ornithologist [ˌɔːnɪˈθɒlədʒɪst] *s̄* Ornithologe *m*, Ornithologin *f* **ornithology** [ˌɔːnɪˈθɒlədʒɪ] *s̄* Ornithologie *f*

Aussprache in internationaler Lautschrift

schedule [ˈskedʒʊəl, *(bes Br)* ˈʃedjuːl] **A** *s̄* Programm *n*, Zeitplan *m*; *(bes US)* Fahr-/Flugplan *m*; *(bes US* SCHULE) Stundenplan *m*;

Britisches und US-amerikanisches Englisch

coaching [ˈkəʊtʃɪŋ] *s̄* SPORT Training *n*; SCHULE Nachhilfe *f*;

Sachgebiete in Großbuchstaben

reopen [ˌriːˈəʊpən] **A** *v/t* wieder öffnen; *Schule, Geschäft* wiedereröffnen; *Debatte* wiederaufnehmen; JUR *Fall* wieder aufrollen **B** *v/i* wieder aufgehen; *(Geschäft)* wieder eröffnen

Erklärende Hinweise in Kursivschrift

---

right [raɪt]

A Adjektiv	**B** Adverb
C Substantiv	**D** transitives Verb

— **A** Adjektiv —
1 richtig; **he thought it ~ to warn me** er hielt es für richtig, mich zu warnen;

Gliederungsübersicht am Kopf langer Einträge

lesson [ˈlesn] *s̄* **1** SCHULE *etc* Stunde *f*, Lektion *f*; **~s** Unterricht *m*; **a French ~** eine Französischstunde; **to give** *od* **teach a ~** eine Stunde geben **2** *(fig)* Lehre *f*; **he has learned his ~** er hat seine Lektion gelernt; **to teach sb a ~** jdm eine Lektion erteilen

Arabische Ziffern zur Bedeutungsdifferenzierung

---

 racket

Im Englischen gibt es je nach Sportart die verschiedensten Bezeichnungen für „Schläger". Beim Hockey sagt man **stick** [stɪk], beim Golf **club** [klʌb], bei Tischtennis, Kricket und Baseball **bat** [bæt], bei Tennis und Federball **racket** [ˈrækɪt].

WORTSCHA

Info-Fenster mit Zusatzinfos zu Wortschatz, Grammatik und Landeskunde

Wörterbuch-Verlag Nr. 1:
Langenscheidt belegt lt. Marktforschungsinstitut media control GfK
den ersten Platz bei **Fremdsprachen-Wörterbüchern**.
Weitere Informationen dazu unter www.langenscheidt.de

Langenscheidt

**Premium-Schulwörterbuch
Englisch**

Langenscheidt

Premium
Schulwörterbuch Englisch

Englisch – Deutsch
Deutsch – Englisch

Völlige Neuentwicklung

Herausgegeben von der
Langenscheidt-Redaktion

Langenscheidt
Berlin · München · Wien · Zürich · New York

Projektleitung: Dr. Wolfgang Walther

Koordination: Rachele Zoli-Sudbrock

Lexikografische Bearbeitung: Veronika Schnorr, Dr. Helen Galloway, Horst Kopleck, Dr. Wolfgang Walther

Redaktionsassistenz: Jany Milena Schneider

Bildrecherche: Kathrin Mosandl und Dr. Helen Galloway
in Zusammenarbeit mit der Langenscheidt-Redaktion

Englische Kurzgrammatik: Angela Einberger

Projektleitung Vokabeltrainer: Antje Schaaf

Datenverarbeitung: Thomas Zacher

Herstellung: Birgit Kustermann

Neue deutsche Rechtschreibung nach den gültigen amtlichen Regeln und DUDEN-Empfehlungen

Als Marken geschützte Wörter werden in diesem Wörterbuch in der Regel durch das Zeichen ® kenntlich gemacht. Das Fehlen eines solchen Hinweises begründet jedoch nicht die Annahme, eine nicht gekennzeichnete Ware oder eine Dienstleistung sei frei.

Ergänzende Hinweise, für die wir jederzeit dankbar sind, bitte wir zu richten an:
Langenscheidt Verlag, Postfach 40 11 20, 80711 München
redaktion.wb@langenscheidt.de

© 2009 Langenscheidt KG, Berlin und München
Typografisches Konzept: KOCHAN & PARTNER GmbH, München
Satz: preXtension GbR, Grafrath
Druck: Parzeller Druck- und Mediendienstleistungen, Fulda
Printed in Germany
ISBN 978-3-468-11461-8

Inhalt

Hinweise für die Benutzer	7
Phonetische Zeichen	16
Englisch – Deutsch	**19**
Deutsch – Englisch	**745**
Britische und amerikanische Abkürzungen	1361
Deutsche Abkürzungen	1376
Literarische Fachbegriffe	1385
Englische Kurzgrammatik	**1395**
Englische unregelmäßige Verben	1451
Zahlen	1458
Britische und amerikanische Maße und Gewichte	1461
Deutsche Maße und Gewichte	1463
Temperaturumrechnung	1465
Kommunikation auf Englisch	**1467**
Verzeichnis der Info-Fenster	1499
Bildnachweis	1504
Abkürzungen und Symbole	1509

Hinweise für die Benutzer

Das **Langenscheidt Premium-Schulwörterbuch Englisch** basiert auf einem völlig neuen Wörterbuchkonzept mit einem mehrfarbigen Layout, das gezielt für Lernende kreiert wurde. Die übersichtliche Struktur und die ansprechende Darstellung in einer Wörterbuchgestaltung, die von Langenscheidt speziell für die Reihe der Premium-Schulwörterbücher entwickelt wurde, garantieren optimale Lesbarkeit, schnelles Nachschlagen und eine klare Hinführung zur korrekten Übersetzung.

Das auffälligste Merkmal des neuen didaktischen Konzepts besteht in der Verwendung von Fotos. Wörter mit gleicher Aussprache oder gleicher Schreibweise, aber unterschiedlicher Bedeutung sind mit Fotos versehen, damit sich die Wörterbuchbenutzer die Bedeutungsunterschiede leichter einprägen können. Durch diese zusätzliche Visualisierung können Lernende sich an solche Bedeutungsunterschiede besser erinnern als durch bloßes Nachschlagen.

Das Wörterbuch ist vor allem als **Lern- und Nachschlagewerk** für Schülerinnen und Schüler bis zum Abitur gedacht. Mit seinen rund 130 000 Stichwörtern und Wendungen bietet es einen aktuellen und ausgewogenen Wortschatz der Alltagssprache sowie den Wortschatz wichtiger Fachgebiete, den diese Zielgruppe braucht.

Zu den herausragenden Eigenschaften des **Premium-Schulwörterbuchs Englisch** gehören außerdem durch ein Ausrufezeichen klar hervorgehobene didaktische Warnhinweise und Tipps zur Fehlervermeidung bei der Sprachproduktion. So werden z. B. Unterschiede zwischen britischem und amerikanischem Englisch, Abweichungen in der Singular- und Pluralbildung der Substantive sowie typische Fehlerquellen leicht erkannt. Auf diese Weise macht dieses Lernerwörterbuch beim Nachschlagen auch effektives Lernen möglich.

Info-Fenster werden in unterschiedlichen Farben dargestellt. Jede Farbe steht für ein bestimmtes Thema: Landeskunde, Wortschatz, Grammatik, Sprachgebrauch, falsche Freunde und englische Aussprache. Die Wörterbuchbenutzer erhalten auf diese Weise wichtige und interessante Zusatzinformationen über den Stichworteintrag hinaus.

Ein Lesezeichen mit wichtigen im **Premium-Schulwörterbuch Englisch** verwendeten Abkürzungen und englischen Lautschriftzeichen sowie ein Vokabeltrainer auf CD-ROM mit dem Grundwortschatz für die Schule und interaktiven Übungen sind die besonderen Extras dieses Lern- und Nachschlagewerks erster Klasse.

1 Alphabetische Reihenfolge

Die Stichwörter sind streng alphabetisch geordnet. Ausgenommen davon sind die englischen *phrasal verbs*, die ihrem jeweiligen Grundverb zugeordnet sind, und Varianten von Hauptstichwörtern, die unmittelbar hinter dem jeweiligen Hauptstichwort zu finden sind. Auch eingeklammerte weibliche Formen von Substantiven im deutsch-englischen Teil folgen gelegentlich nicht dem Alphabet. So steht aus Platzgründen *Arbeiter(in)* vor *Arbeiterbewegung*. Erfordert die weibliche Form allerdings eine andere Übersetzung, dann erfolgt die Einordnung des Stichworts dem Alphabet entsprechend. In Klammern stehende Buchstaben in einem Stichwort werden bei der alphabetischen Einordnung berücksichtigt. *enc(l)* findet man also an der Stelle von *encl*. Die Umlaute *ä, ö, ü* werden alphabetisch wie *a, o, u* behandelt: *Wärme* steht also hinter *Warmduscher*, so als wäre das *ä* ein *a*.

Abkürzungen, Akronyme und Eigennamen sind an alphabetischer Stelle im Wörterverzeichnis zu finden. Zusammengesetzte Wörter stehen ebenfalls an ihrer Stelle im Alphabet. Unter zusammengesetzten Wörtern werden zusammengeschriebene Wörter (*tablecloth*), mit Bindestrich geschriebene Wörter (*LCD-Anzeige*) und auch getrennt geschriebene Wörter (*table lamp*) verstanden, die eine begriffliche Einheit bilden.

Redensarten und feste Wendungen sind in der Regel unter dem ersten bedeutungstragenden Element der Wendung zu finden. *jdm keine Hoffnungen machen* findet man also unter *Hoffnung*.

2 Rechtschreibung

Für die Schreibung der deutschen Wörter gelten die DUDEN-Empfehlungen auf der Basis der neuen deutschen Rechtschreibung, gültig seit dem 1.8.2006.

In diesem Wörterbuch wird der Bindestrich am Zeilenanfang wiederholt, wenn mit Bindestrich geschriebene Wörter getrennt werden.

3 Aussprache und Betonung

Die Aussprache der Stichwörter steht mit Betonungsangaben in eckigen Klammern meist direkt hinter dem blau bzw. rot gedruckten Stichwort. Wenn unterschiedliche Wortarten eines Stichworts unterschiedlich ausgesprochen werden, erscheint die Lautschrift an entsprechend anderer Stelle. Die Umschrift wird mit den Zeichen der *International Phonetic Association* wiedergegeben, vgl. S. 16 f.

psychological [ˌsaɪkəˈlɒdʒɪkəl] ADJ psychologisch, psychisch; **he's not really ill, it's all ~** er ist nicht wirklich krank, das ist alles psychisch bedingt **psychologically** [ˌsaɪkəˈlɒdʒɪkəlɪ] ADV psychisch, psychologisch **psychological thriller** S̅ FILM, LIT Psychothriller *m* **psychologist** [saɪˈkɒlədʒɪst] S̅ Psychologe *m*, Psychologin *f* **psychology** [saɪˈkɒlədʒɪ] S̅ Psychologie *f*

9 ‖ HINWEISE FÜR DIE BENUTZER

Für Wortzusammensetzungen, wie z. B. **psychological thriller** oder **package deal, package holiday, package tour** (Beispiel unten), bei denen die Lautschrift von **psychological, thriller, package, deal, holiday** und **tour** im Wörterbuch enthalten ist, wird auf eine erneute Ausspracheangabe verzichtet:

> **package** ['pækɪdʒ] **A** s̱ Paket *n*; **software ~** Softwarepaket *n* **B** v̱/ṯ *Waren* verpacken **package deal** s̱ Pauschalangebot *n* **package holiday**, **package tour** s̱ Pauschalreise *f* **packaging** ['pækɪdʒɪŋ] s̱ **1** Verpackung *f* **2** Präsentation *f*

4 Grammatische Hinweise

Angaben zu den Stammformen der unregelmäßigen englischen Verben, zu unregelmäßigen Pluralformen bei den Substantiven sowie zu den unregelmäßigen Steigerungen bei den Adjektiven finden Sie unter dem jeweiligen Stichwort. Eine Liste der im Wörterbuch enthaltenen englischen unregelmäßigen Verben befindet sich außerdem im Anhang des Wörterbuchs auf den Seiten 1451 bis 1457.

5 Erläuternde Hinweise und Sachgebiete

Erläuternde Hinweise in kursiver Schrift erleichtern die Wahl der richtigen Übersetzung. Dazu gehören **Kollokatoren**, also Wörter, die üblicherweise mit dem Stichwort im Satz kombiniert werden. Kollokatoren erscheinen ohne Klammern, alle anderen erklärenden Zusätze (Indikatoren) in Klammern:

> **schwer** **A** ADJ **1** heavy; (≈ *massiv*) *Fahrzeug, Maschine* powerful; **ein 10 kg ~er Sack** a sack weighing 10 kgs **2** (≈ *ernst*) serious, grave; *Zeit, Schicksal* hard; *Leiden, Strafe* severe; **~e Verluste** heavy losses; **das war ein ~er Schlag für ihn** it was a hard blow for him **3** (≈ *anstrengend, schwierig*) hard; *Geburt* difficult **B** ADV **1** *beladen, bewaffnet* heavily **2** *arbeiten* hard; *bestrafen* severely; **~ verdientes Geld** hard-earned money; **es mit jdm ~ haben** to have a hard time with sb **3** (≈ *ernstlich*) seriously; *behindert* severely; *kränken* deeply;

Synonyme und andere erklärende Angaben stehen kursiv in Klammern:

> **Ausbau** m̱ (≈ *das Ausbauen*) removal; (≈ *Erweiterung*) extension (*zu* into); (≈ *Umbau*) conversion (*zu* (in)to); (≈ *Festigung: von Position*) consolidation

Sachgebiete werden (meist selbsterklärend) in Form von verkleinerten Großbuchstaben angegeben, die am Ende des Buchs in einer Übersicht erläutert werden. Steht eine Sachgebietsbezeichnung hinter dem Hauptstichwort, bezieht sie sich auf alle folgenden Übersetzungen. Steht sie innerhalb des Artikels vor einer Übersetzung, so gilt sie nur für diese:

Rang Ⓜ **1** MIL rank; (*in Firma, gesellschaftlich, in Wettbewerb*) place; **alles, was ~ und Namen hat** everybody who is anybody; **jdm den ~ streitig machen** (*fig*) to challenge sb's position; **jdm den ~ ablaufen** (*fig*) to outstrip sb; **ein Künstler/Wissenschaftler von ~** an artist/scientist of standing **2** THEAT circle; **erster/zweiter ~** dress/upper circle, first/second circle (*US*) **3 Ränge** PL (SPORT ≈ *Tribünenränge*) stands *pl*

In einfacher Schrägschrift (*kursiv*) erscheinen auch Grammatik- und Stilangaben sowie Elemente, die sich vom Stichwort, von der Wendung oder von der Übersetzung abheben sollen. Dazu gehören auch umschreibende Entsprechungen für ein Stichwort oder eine Wendung, für die es keine direkte Übersetzung gibt:

achthundert NUM eight hundred **achtjährig** ADJ **1** (*acht Jahre alt*) eight-year-old *attr*; **ein ~es Kind** an eight-year-old child, a child of eight **2** (*acht Jahre dauernd*) eight-year *attr*; **~es Gymnasium** *high-school education at a Gymnasium lasting eight rather than the traditional nine years*

6 Präpositionen und Kasusangaben

Präpositions- und Kasusangaben stehen unmittelbar hinter der Übersetzung, wo dies zur Fehlervermeidung notwenig ist:

rächen Ⓐ V/T *jdn, Untat* to avenge (*etw an jdm* sth on sb) Ⓑ V/R (*Mensch*) to get one's revenge (*an jdm für etw* on sb for sth); **deine Faulheit wird sich ~** you'll pay for being so lazy

robbery ['rɒbəri] S̲ Raub *m kein pl*, Einbruch *m* (*of* in +*akk*); **armed ~** bewaffneter Raubüberfall; **bank ~** Bankraub *m*

7 Lexikografische Zeichen

~ Die Tilde (das Wiederholungszeichen) vertritt das Stichwort innerhalb des Artikels:

rush [rʌʃ] Ⓐ S̲ **1** (⚠ kein pl) Andrang *m*; (*von Luft*) Stoß *m*; **they made a ~ for the door** sie drängten zur Tür; **there was a ~ for the seats** alles stürzte sich auf die Sitze; **there's been a ~ on these goods** diese Waren sind rasend weggegangen; **the Christmas ~** der Weihnachtsbetrieb; **a ~ of orders** eine Flut von Aufträgen; **a ~ of blood to the head** Blutandrang *m* im Kopf **2** (⚠ kein *pl*) Eile *f*, Hast *f*; **to be in a ~** in Eile sein; **I did it in a ~** ich habe es sehr hastig gemacht; **is there any ~ for this?** eilt das?; **it all happened in such a ~** das ging alles so plötzlich **B** v̅i̅ eilen, hasten,

---

[1,2] **Hochzahlen** unterscheiden Wörter gleicher Schreibung mit ganz unterschiedlicher Bedeutung:

scale[1] [skeɪl] s̅ (*von Fisch*) Schuppe *f*
scale[2] s̅ (**pair of**) **~s** *pl*, **~** (*form*) Waage *f*
scale[3] s̅ **1** Skala *f*, Tabelle *f* **2** Messgerät *n* **3** MUS Tonleiter *f*; **the ~ of G** die G(-Dur)-Tonleiter **4** (*von Landkarte*) Maßstab *m*; **on a ~ of 5 km to the cm** in einem Maßstab von 5 km zu 1 cm;

; Der **Strichpunkt** trennt Übersetzungen, die sich in der Bedeutung unterscheiden:

abbrechen **A** v̅i̅ to break off; *Zelt* to take down; (≈ *niederreißen*) to demolish; IT *Operation* to abort; *Veranstaltung, Verfahren* to stop; *Streik, Suche, Mission* to call off; *Schwangerschaft* to terminate; **die Schule ~** to stop going to school;

, Das **Komma** verbindet sehr ähnliche Übersetzungen, oft auch britische, amerikanische und andere regionale Varianten:

abgeben **A** v̅i̅ **1** (≈ *abliefern*) to hand *od* give in; (≈ *hinterlassen*) to leave; (≈ *übergeben*) to hand over, to deliver; (≈ *weggeben*) to give away; (≈ *verkaufen*) to sell **2** (≈ *abtreten*) *Posten* to relinquish (*an +akk* to) **3** SPORT *Punkte, Rang* to concede; (≈ *abspielen*) to pass **4** (≈ *ausströmen*) *Wärme, Sauerstoff* to give off, to emit **5** (≈ *abfeuern*) *Schuss, Salve* to fire **6** (≈

Abi n̅ (SCHULE *umg*) *abk* **von** Abitur **Abistreich** m̅ (*umg*) *event organized by pupils on finishing their school-leaving exams or on the last day of lessons which involves playing tricks on the teachers* **Abitur** n̅ *school-leaving exam and university entrance qualification,* ≈ A levels *pl* (*Br*), ≈ Highers *pl* (*schott*), ≈ high-school diploma (*US*) **Abiturient(in)** m̅(f̅) *person who is doing/ has done the Abitur* **Abiturklasse** f̅ ≈ sixth form (*Br*), senior grade (*US*) **Abiturzeugnis** n̅ *certificate for having passed the Abitur,* ≈ A level (*Br*) *od* Highers (*schott*) certificate, ≈ high school diploma (*US*)

→ Der Pfeil bedeutet **siehe**.

Der Verweispfeil → hat verschiedene Funktionen. Er verweist zum einen von einem Stichwort auf ein anderes Stichwort mit abweichender Schreibweise, unter der die ausführliche Darstellung des Stichworts zu finden ist. Bei dem Stichwort, auf das verwiesen wird, finden Sie dann die Übersetzung(en) und weitere Angaben. Im deutsch-englischen Teil des Wörterbuchs verweist der Verweispfeil gelegentlich auch von Stichwörtern mit alter Schreibung auf die mit der neuen deutschen Rechtschreibung (Stengel m → Stängel). Stehen Verweiswort und Wort, auf das verwiesen wird, in der alphabetischen Reihenfolge dicht hintereinander, wird auch das Gleichheitszeichen = statt des Verweispfeils → verwendet.

1 2 3 Übersetzungen mit stark unterschiedlicher Bedeutung sind durch arabische Zahlen in hellgrauen Kästchen gegliedert:

stimmen A V/I **1** (≈ *richtig sein*) to be right; **stimmt es, dass ...?** is it true that ...?; **das stimmt** that's right; **das stimmt nicht** that's not right, that's wrong; **hier stimmt was nicht!** there's something wrong here; **stimmt so!** keep the change **2** (≈ *zusammenpassen*) to go (together) **3** (≈ *wählen*) to vote; **für/gegen jdn/ etw ~** to vote for/against sb/sth **B** V/T *Instrument*

A B C Verschiedene Wortarten (z. B. Substantiv, Adjektiv, Adverb) bzw. die transitive, intransitive usw. Verwendung eines Verbs sind durch Großbuchstaben in dunkelgrauen Kästchen gegliedert:

drill [drɪl] **A** S Bohrer m **B** V/T bohren; *Zahn* anbohren **C** V/I bohren; **to ~ for oil** nach Öl bohren

Sonstiges:

Ein Komma (,) zwischen Wendungen oder Übersetzungen zeigt an, dass die Wendungen oder Übersetzungen gleichwertig sind. Ein Strichpunkt (;) zwischen Übersetzungen zeigt einen Bedeutungsunterschied an, der durch erklärende Zusätze (*Schrägschrift*) erläutert ist. Ein Schrägstrich (/) dient dazu, dass mit einer Struktur verschiedene Bedeutungen erfasst werden können: **to feel good/bad** = sich gut/ schlecht fühlen. Eine Tilde (~) ersetzt in einer Wendung das vorausgehende Stichwort. Ein Gedankenstrich (–) unterscheidet zwischen zwei Sprechern. Eine Wellenlinie (≈) steht vor einer Synonymangabe in *Schrägschrift* bzw. gibt an, dass die Übersetzung nur eine ungefähre Entsprechung des Stichworts ist.

GROSSBUCHSTABEN in Wendungen und Übersetzungen bedeuten, dass das Wort betont ist.

8 Kennzeichnung der Stilebenen

Die Stilangaben *umg* = umgangssprachlich; *sl* = saloppe Umgangssprache, Slang; *vulg* = vulgär; *geh* = gehoben; *förml* = förmlich; *lit* = literarisch werden sowohl für das Stichwort bzw. die ausgangssprachliche Wendung als auch für die entsprechende Übersetzung verwendet. Stilangaben zu Beginn eines Eintrags, einer Bedeutung oder Unterbedeutung beziehen sich auf alle Wendungen bzw. Bedeutungen innerhalb dieses Eintrags. Die Übersetzung wird möglichst so gewählt, dass sie auf der gleichen Stilebene wie das Stichwort bzw. die Wendung liegt. Bei neutralem Stil wird keine Stilangabe gemacht.

9 Zusatzinformationen zum Lernen

Stichwörter und Wendungen, die zum englischen Grundwortschatz gehören, sind rot hervorgehoben. Ebenfalls rot gekennzeichnet sind Stichwörter mit Verwechslungsgefahr, auf die sich Fotos beziehen:

mechanic [mɪ'kænɪk] [S] Mechaniker(in) *m(f)*

mechanical [mɪ'kænɪkəl] [ADJ] mechanisch; *Spielzeug* technisch; **a ~ device** ein Mechanismus *m* **mechanical engineer** [S] Maschinenbauer(in) *m(f)* **mechanical engineering** [S] Maschinenbau *m* **mechanics** [mɪ'kænɪks] [S] [1] (❗ mit Verb im Singular) Mechanik *f* [2] (❗ mit Verb im Plural) (*fig: des Schreibens etc*) Technik *f* **mechanism** ['mekənɪzəm] [S] Mechanismus *m* **mechanize** ['mekənaɪz] [V/T] mechanisieren

medal ['medl] [S] Medaille *f*, Orden *m* **medallion** [mɪ'dæljən] [S] Medaillon *n*, Medaille *f* **medallist**, (*US*) **medalist** ['medəlɪst] [S] Medaillengewinner(in) *m(f)*

Durch Fotos werden unterschiedliche Bedeutungen gleich lautender Wörter visualisiert, die in der jeweils anderen Sprache meist durch ganz unterschiedliche Übersetzungen wiedergegeben werden. Hiermit werden die Lernenden durch visuelle Zusatzinformationen für Unterschiede in den beiden Sprachen sensibilisiert. Die Fotos prägen sich ein und bilden gemeinsam mit dem Eintrag ein organisches Ganzes. Somit bleiben die Unterschiede länger und besser im Gedächtnis. Rote Unterschriften unter den Fotos fassen die Unterschiede prägnant zusammen, die im Eintrag selbst ausführlich behandelt werden.

HINWEISE FÜR DIE BENUTZER | 14

chip [tʃɪp] A 5 1 Splitter *m*; (*von Holz*) Span *m*; **chocolate ~s** ≈ Schokoladenstückchen *pl*; **he's a ~ off the old block** er ist ganz der Vater; **to have a ~ on one's shoulder** einen Komplex haben (*about* wegen) 2 (*Br*) **~s** *pl* Pommes frites *pl* (= (US) **French fries**) 3 (*US*) **~s** *pl* Chips *pl* (= (Br) **crisps**) 4 (*in Porzellan etc*) abgestoßene Ecke; **this cup has a ~** diese Tasse ist angeschlagen 5 (*beim Poker*, IT) Chip *m*; **when the ~s are down** wenn es drauf ankommt B VT 1 *Tasse, Stein* anschlagen; *Lack* abstoßen; *Holz* beschädigen 2 SPORT *Ball* chippen ♦**chip away at** VI +*präp obj Autorität, System* unterminieren; *Schulden* reduzieren, verringern ♦**chip in** VI (*umg*) 1 (≈ unterbrechen) sich einschalten 2 **he chipped in with £3** er steuerte £ 3 bei ♦**chip off** VT *trennb Lack etc* wegschlagen

▶ **chips**

Achten Sie auf den Unterschied

Englisch	Deutsch
chips (*Br*)	Pommes frites
(potato) chips (*US*)	Kartoffelchips

Deutsch	Englisch
Kartoffelchips	crisps (*Br*)
	(potato) chips (*US*)
Pommes frites	chips (*Br*)
	(French) fries (*US*)

Übrigens: Auch in britischen Restaurants werden Pommes frites oft als **French fries** bzw. **French fried potatoes** bezeichnet.

FALSCHE FREUNDE ◀

chips *Br* —
Pommes frites

chip —
(Computer)chip

chips *US* —
Chips

chips —
Chips *beim Poker*

Wie am Beispiel „chip" ersichtlich, sind im Zusammenspiel sich ergänzender Wahrnehmungs- und Informationseinheiten Info-Fenster von herausragender Bedeutung. Sie stellen wichtige sprachliche und kulturelle Besonderheiten vor und

15 ‖ HINWEISE FÜR DIE BENUTZER

befinden sich in beiden Wörterbuchteilen jeweils in der Nähe des Stichworts, auf das sie sich beziehen. Sie behandeln 6 Themengebiete: Landeskunde, Wortschatz, Grammatik, Sprachgebrauch, falsche Freunde und englische Aussprache. Jedes Themengebiet hat seine eigene Farbe. Ein alphabetisches Verzeichnis der Info-Fenster befindet sich auf S. 1499.

Didaktische Warnhinweise und Tipps zur Fehlervermeidung bei der Sprachproduktion erscheinen in runden Klammern nach einem Ausrufezeichen ❶. Solche Hinweise warnen vor möglichen Fehlerquellen, machen auf Unterschiede zwischen britischem und amerikanischem Englisch, auf grammatische, pragmatische und emotionale Besonderheiten aufmerksam.

> **Dudelsack** M̲ bagpipes *pl;* ~ **spielen** to play the bagpipes (❶ mit **the**)
> **Duell** N̲ duel (*um* over); **jdn zum** ~ **(heraus)fordern** to challenge sb to a duel **duellieren** V̲R̲ to (fight a) duel
> **Duett** N̲ (MUS, *fig*) duet; **im** ~ **singen** to sing a duet
> **Duft** M̲ smell **duften** V̲I̲ to smell; **nach etw** ~ to smell of sth; **das duftet!** it smells good (❶ nicht „well") **duftend** A̲D̲J̲ Parfüm, Blumen etc

Phonetische Zeichen

Einfache Vokale

[ʌ]	kurzes *a* wie in *Matsch, Kamm*, aber dunkler	**much** [mʌtʃ], **come** [kʌm]
[ɑː]	langes *a*, etwa wie in *Bahn*	**after** ['ɑːftə'], **park** [pɑːk]
[æ]	mehr zum *a* hin als *ä* in *Wäsche*	**flat** [flæt], **madam** ['mædəm]
[ə]	wie das End-*e* in *Berge, mache, bitte*	**after** ['ɑːftə'], **arrival** [ə'raɪvəl]
[e]	*e* wie in *Brett*	**let** [let], **men** [men]
[ɜː]	etwa wie *ir* in *flirten*, aber offener	**first** [fɜːst], **learn** [lɜːn]
[ɪ]	kurzes *i* wie in *Mitte, billig*	**in** [ɪn], **city** ['sɪtɪ]
[iː]	langes *i* wie in *nie, lieben*	**see** [siː], **evening** ['iːvnɪŋ]
[ɒ]	wie *o* in *Gott*, aber offener	**shop** [ʃɒp], **job** [dʒɒb]
[ɔː]	wie *o* in *Hose*	**morning** ['mɔːnɪŋ], **course** [kɔːs]
[ʊ]	kurzes *u* wie in *Mutter*	**good** [gʊd], **look** [lʊk]
[uː]	langes *u* wie in *Schuh*, aber offener	**too** [tuː], **shoot** [ʃuːt]

Diphthonge

[aɪ]	etwa wie in *Mai, Neid*	**my** [maɪ], **night** [naɪt]
[aʊ]	etwa wie in *blau, Couch*	**now** [naʊ], **about** [ə'baʊt]
[əʊ]	von [ə] zu [ʊ] gleiten	**home** [həʊm], **know** [nəʊ]
[ɛə]	wie *är* in *Bär*, aber kein *r* sprechen	**air** [ɛə'], **square** [skwɛə']
[eɪ]	klingt wie *äi*	**eight** [eɪt], **stay** [steɪ]
[ɪə]	von [ɪ] zu [ə] gleiten	**near** [nɪə'], **here** [hɪə']
[ɔɪ]	etwa wie *eu* in *neu*	**join** [dʒɔɪn], **choice** [tʃɔɪs]
[ʊə]	wie *ur* in *Kur*, aber kein *r* sprechen	**you're** [jʊə'], **tour** [tʊə']

Halbvokale

[j]	wie *j* in *jetzt*	**yes** [jes], **tube** [tjuːb]
[w]	mit gerundeten Lippen ähnlich wie [ʊ] gebildet. Kein deutsches *w*!	**way** [weɪ], **one** [wʌn], **quick** [kwɪk]

Konsonanten

[ŋ]	wie *ng* in *Ding*	**thing** [θɪŋ], **English** ['ɪŋglɪʃ]
[r]	Zunge liegt zurückgebogen am Gaumen auf. Nicht gerollt und nicht im Rachen gebildet!	**room** [ruːm], **hurry** ['hʌrɪ]
[s]	stimmloses *s* wie in *lassen, Liste*	**see** [siː], **famous** ['feɪməs]

[z]	stimmhaftes s wie in *lesen, Linsen*	**zero** [ˈzɪərəʊ], **is** [ɪz], **runs** [rʌnz]
[ʃ]	wie *sch* in *Scholle, Fisch*	**shop** [ʃɒp], **fish** [fɪʃ]
[tʃ]	wie *tsch* in *tschüs, Matsch*	**cheap** [tʃiːp], **much** [mʌtʃ]
[ʒ]	stimmhaftes *sch* wie in *Genie, Etage*	**television** [ˈtelɪˌvɪʒən]
[dʒ]	wie in *Job, Gin*	**just** [dʒʌst], **bridge** [brɪdʒ]
[θ]	wie *ss* in *Fass*, aber gelispelt	**thanks** [θæŋks], **both** [bəʊθ]
[ð]	wie *s* in *Saft*, aber gelispelt	**that** [ðæt], **with** [wɪð]
[v]	etwa wie deutsches *w*, Oberzähne auf Oberkante der Unterlippe	**very** [ˈveri], **over** [ˈəʊvəʳ]
[x]	wie *ch* in *ach*	**loch** [lɒx]

Sonstiges

[ː]	bedeutet, dass der vorhergehende Vokal lang zu sprechen ist.
[ˈ]	Hauptton
[ˌ]	Nebenton
[ʳ]	vor Vokal gesprochenes [r]

Vokale und Konsonaten, die häufig nicht ausgesprochen werden, sind kursiv dargestellt, z. B. **convention** [kənˈvenʃən], **attempt** [əˈtempt]

Englisch — Deutsch

ABLA

A, a [eɪ] S̄ A n, a n; (SCHULE: Note) Eins f; **A sharp** MUS Ais n, ais n; **A flat** MUS As n, as n

a [eɪ, ə] UNBEST ART, vor Vokal **an** ■ ein(e); **so large a school** so eine große od eine so große Schule; **a young man** ein junger Mann ■ (in negativen Verbindungen) **not a** kein(e); **he didn't want a present** er wollte kein Geschenk ■ **he's a doctor/Frenchman** er ist Arzt/Franzose; **he's a famous doctor/Frenchman** er ist ein berühmter Arzt/Franzose; **as a young girl** als junges Mädchen; **to be of an age** gleich alt sein ■ pro; **50p a kilo** 50 Pence das od pro Kilo; **twice a month** zweimal im od pro Monat; **50 km an hour** 50 Kilometer pro Stunde

AA ■ abk von American Association britischer Automobilklub, ≈ ADAC ■ abk von Alcoholics Anonymous AA, Anonyme Alkoholiker

A & E abk von accident and emergency Notaufnahme f

AB (US UNIV) abk = BA

aback [ə'bæk] ADV **to be taken ~** erstaunt sein

abandon [ə'bændən] VT ■ verlassen; Auto (einfach) stehen lassen; **to ~ ship** das Schiff verlassen ■ Projekt, Hoffnung aufgeben

abashed [ə'bæʃt] ADJ beschämt; **to feel ~** sich schämen

abate [ə'beɪt] VI nachlassen; (Hochwasser) zurückgehen

abattoir ['æbətwɑː'] S̄ Schlachthof m

abbey ['æbɪ] S̄ Abtei f

abbr., abbrev. abk von abbreviation Abk.
abbreviate [ə'briːvɪeɪt] VT abkürzen (to mit)
abbreviation [ə,briːvɪ'eɪʃən] S̄ Abkürzung f
ABC¹ S̄ Abc n; **it's as easy as ~** das ist doch kinderleicht
ABC² abk von American Broadcasting Company amerikanische Rundfunkgesellschaft
abdicate ['æbdɪkeɪt] ■ VT verzichten auf (+akk) ■ VI abdanken **abdication** [,æbdɪ'keɪʃən] S̄ Abdankung f
abdomen ['æbdəmən] S̄ Unterleib m; (von Insekten) Hinterleib m **abdominal** [æb'dɒmɪnl] ADJ **~ pain** Unterleibsschmerzen pl
abduct [æb'dʌkt] VT entführen **abduction** [æb'dʌkʃən] S̄ Entführung f
aberration [,æbə'reɪʃən] S̄ Anomalie f; (von Kurs) Abweichung f
abet [ə'bet] VT → aid
abhor [əb'hɔː'] VT verabscheuen
abhorrence [əb'hɒrəns] S̄ Abscheu f (of vor +dat)
abhorrent [əb'hɒrənt] ADJ abscheulich; **the very idea is ~ to me** schon der Gedanke daran ist mir zuwider
abide [ə'baɪd] VT (≈ tolerieren) ausstehen; **I cannot ~ living here** ich kann es nicht aushalten, hier zu leben ◆**abide by** VI +obj sich halten an (+akk); **I ~ what I said** ich bleibe bei dem, was ich gesagt habe
ability [ə'bɪlɪtɪ] S̄ Fähigkeit f; **~ to pay/hear** Zahlungs-/Hörfähigkeit f; **to the best of my ~** nach (besten) Kräften
abject ['æbdʒekt] ADJ Zustand erbärmlich; Armut bitter
ablaze [ə'bleɪz] ADV, ADJ präd (wörtl) in Flammen; **to be ~** in Flammen stehen; **to set sth ~** etw in Brand stecken

---

▶ der Gebrauch des unbestimmten Artikels a(n)

Im Gegensatz zum Deutschen wird der unbestimmte Artikel im Englischen verwendet bei Angaben zu Staatsangehörigkeit, Konfession, Beruf und ganz allgemein bei Gruppenzuordnungen:

I'm a Catholic.	Ich bin Katholik.
My brother is a dentist.	Mein Bruder ist Zahnarzt.

Nach **as** (= als) erscheint in der Regel ebenfalls der unbestimmte Artikel:
As an expert in this field I should know.	Als Experte auf diesem Gebiet müsste ich es wissen.

Das englische **a(n)** entspricht bei Angaben zu Preis, Geschwindigkeit, Häufigkeit o. Ä. dem deutschen „pro", „je" usw.:

The apples are only 99 p a pound.	Die Äpfel kosten nur 99 Pence pro Pfund (= 454 g).
We go to the pub at least twice a week.	Wir gehen mindestens zweimal in der Woche in die Kneipe.

GRAMMATIK

A ABLE | 22

able ['eɪbl] ADJ fähig; **to be ~ to do sth** etw tun können; **if you're not ~ to understand that** wenn Sie nicht fähig sind, das zu verstehen; **I'm afraid I am not ~ to give you that information** ich bin leider nicht in der Lage, Ihnen diese Informationen zu geben **able-bodied** [ˌeɪblˈbɒdɪd] ADJ (gesund und) kräftig; MIL tauglich **able(-bodied) seaman** ṣ, pl **-men** Vollmatrose m

ably ['eɪblɪ] ADV gekonnt, fähig

abnormal [æbˈnɔːməl] ADJ anormal; MED abnorm **abnormality** [ˌæbnɔːˈmælɪtɪ] ṣ Anormale(s) n; MED Abnormität f **abnormally** [æbˈnɔːməlɪ] ADV abnormal

aboard [əˈbɔːd] **A** ADV an Bord, im Zug, im Bus; **all ~!** alle an Bord!; (im Zug, Bus) alle einsteigen!; **to go ~** an Bord gehen **B** PRÄP **~ the ship/plane** an Bord des Schiffes/Flugzeugs; **~ the train/bus** im Zug/Bus

abode [əˈbəʊd] ṣ (JUR: a. **place of abode**) Wohnsitz m; **of no fixed ~** ohne festen Wohnsitz

abolish [əˈbɒlɪʃ] VT abschaffen **abolition** [ˌæbəʊˈlɪʃən] ṣ Abschaffung f

abominable [əˈbɒmɪnəbl] ADJ grässlich; **~ snowman** Schneemensch m **abominably** [əˈbɒmɪnəblɪ] ADV grässlich; **~ rude** furchtbar unhöflich **abomination** [əˌbɒmɪˈneɪʃən] ṣ Scheußlichkeit f

aboriginal [ˌæbəˈrɪdʒənl] **A** ADJ der (australischen) Ureinwohner **B** ṣ = Aborigine **Aborigine** [ˌæbəˈrɪdʒɪnɪ] ṣ Ureinwohner(in) m(f) (Australiens)

abort [əˈbɔːt] **A** VT IT abbrechen **B** VT MED abtreiben; RAUMF, IT abbrechen; **an ~ed attempt** ein abgebrochener Versuch **abortion** [əˈbɔːʃən] ṣ Abtreibung f; **to get** od **have an ~** eine Abtreibung vornehmen lassen **abortion pill** ṣ Abtreibungspille f **abortive** [əˈbɔːtɪv] ADJ Plan gescheitert

abound [əˈbaʊnd] VI im Überfluss vorhanden sein, reich sein (in an +dat)

about [əˈbaʊt] **A** ADV **1** (bes Br) herum, umher, in der Nähe (❗ = (US) **around**); **to run ~** umherrennen; **I looked ~** ich sah ringsumher; **to leave things (lying) ~** Sachen herumliegen lassen; **to be up and ~ again** wieder auf den Beinen sein; **there's a thief ~** ein Dieb geht um; **there was nobody ~ who could help** es war niemand in der Nähe, der hätte helfen können **2 to be ~ to** im Begriff sein zu; (≈ Absicht haben) vorhaben, zu …; **I was ~ to go out** ich wollte gerade ausgehen; **it's ~ to rain** es regnet gleich; **he's ~ to start school** er kommt demnächst in die Schule **3** ungefähr; **he's ~ 40** er ist ungefähr 40; **he is ~ the same,**

doctor sein Zustand hat sich kaum geändert, Herr Doktor; **that's ~ it** das ist so ziemlich alles; **that's ~ right** das stimmt (so) ungefähr; **I've had ~ enough of this** jetzt reicht es mir aber allmählich (umg) **B** PRÄP **1** (bes Br) in (+dat) (… herum); **scattered ~ the room** im ganzen Zimmer verstreut; **there's something ~ him** er hat so etwas an sich; **while you're ~ it** wenn du gerade od schon dabei bist; **and be quick ~ it!** und beeil dich damit! **2** (≈ betreffend) über (+akk); **tell me all ~ it** erzähl doch mal; **he knows ~ it** er weiß davon; **what's it all ~?** worum geht es (eigentlich)?; **he's promised to do something ~ it** er hat versprochen, (in der Sache) etwas zu unternehmen; **how** od **what ~ me?** und ich, was ist mit mir? (umg); **how** od **what ~ it/going to the cinema?** wie wärs damit/mit (dem) Kino? **about-face** [əˌbaʊtˈfeɪs], **about-turn** [əˌbaʊtˈtɜːn] **A** ṣ (MIL, fig) Kehrtwendung f; **to do an ~** (fig) sich um hundertachtzig Grad drehen **B** INT **about face** od **turn!** (und) kehrt!

above [əˈbʌv] **A** ADV oben; (≈ höher) darüber; **from ~** von oben; **the apartment ~** die Wohnung oben od darüber **B** PRÄP über (+dat); (mit Richtungsangabe) über (+akk); **~ all** vor allem; **he valued money ~ his family** er schätzte Geld mehr als seine Familie; **he's ~ that sort of thing** er ist über so etwas erhaben; **it's ~ my head** od **me** das ist mir zu hoch; **to get ~ oneself** (umg) größenwahnsinnig werden (umg); **children aged five and ~** Kinder im Alter von fünf und darüber **C** ADJ attr **the ~ persons** die oben genannten Personen; **the ~ paragraph** der vorangehende Abschnitt **D** ṣ **the ~** (≈ Gesagtes, Geschriebenes) Obiges n (form); (≈ Person) der/die Obengenannte **above-average** ADJ überdurchschnittlich **above board** ADJ präd, **aboveboard** ADJ attr korrekt; **open and ~** offen und ehrlich **above-mentioned** ADJ oben erwähnt

abrasion [əˈbreɪʒən] ṣ MED (Haut)abschürfung f **abrasive** [əˈbreɪsɪv] ADJ Reinigungsmittel scharf; Oberfläche rau; (fig) Mensch aggressiv **abrasively** [əˈbreɪsɪvlɪ] ADV etw sagen scharf; kritisieren harsch

abreast [əˈbrest] ADV Seite an Seite; **to march four ~** zu viert nebeneinander marschieren; **~ of sb/sth** neben jdm/etw; **to keep ~ of the news** mit den Nachrichten auf dem Laufenden bleiben

abridge [əˈbrɪdʒ] VT Buch kürzen **abridgement** [əˈbrɪdʒmənt] ṣ (Vorgang) Kürzen n; (≈ Buch) gekürzte Ausgabe

abroad [əˈbrɔːd] ADV **1** im Ausland; **to go ~** ins Ausland gehen; **from ~** aus dem Ausland **2**

23 ‖ ABYS **A**

there is a rumour (*Br*) *od* **rumor** (*US*) **~ that ...**
ein Gerücht geht um, dass …
abrupt [ə'brʌpt] ADJ **1** abrupt; **to come to an
~ end** ein abruptes Ende nehmen; **to bring sth
to an ~ halt** (*wörtl*) etw abrupt zum Stehen brin-
gen; (*fig*) etw plötzlich stoppen **2** (≈ brüsk)
schroff **abruptly** [ə'brʌptli] ADV abrupt; *ant-
worten* schroff
abs [æbz] PL (*umg*) Bauchmuskeln *pl*
ABS *abk von* anti-lock braking system ABS *n*;
~ brakes ABS-Bremsen *pl*
abscess ['æbsɪs] S Abszess *m*
abseil ['æbseɪl] V/I (*Br*) sich abseilen (❗ = (*US*)
rappel)
absence ['æbsəns] S **1** Abwesenheit *f*; (*bes von
Schule*) Fehlen *n*, Absenz *f* (*österr, schweiz*); **in the ~
of the chairman** in Abwesenheit des Vorsit-
zenden; **~ makes the heart grow fonder**
(*sprichw*) die Liebe wächst mit der Entfernung
(*sprichw*) **2** Fehlen *n*; **~ of enthusiasm** Mangel
m an Enthusiasmus; **in the ~ of further evi-
dence** in Ermangelung weiterer Beweise
absent ['æbsənt] **A** ADJ **1** abwesend; **to be ~
from school/work** in der Schule/am Arbeits-
platz fehlen; **~!** SCHULE fehlt!; **to go ~ with-
out leave** MIL sich unerlaubt von der Truppe
entfernen; **~ parent** nicht betreuender Eltern-
teil; **to ~ friends!** auf unsere abwesenden
Freunde! **2** (*geistig*) (geistes)abwesend **3** (≈ *nicht
vorhanden*) **to be ~** fehlen **B** [æb'sent] V/R **to ~
oneself (from)** fernbleiben (+*dat*, von); (≈ *zeitwei-
se*) sich zurückziehen (von) **absentee**
[,æbsən'tiː] S Abwesende(r) *m/f(m)*; **there were
a lot of ~s** es fehlten viele **absentee ballot**
S (*bes US*) ≈ Briefwahl *f* (❗ = (*Br*) **postal vote**)
absenteeism [,æbsən'tiːɪzəm] S häufige
Abwesenheit; (*pej*) Krankfeiern *n*; SCHULE
Schwänzen *n*; **the rate of ~ among workers**
die Abwesenheitsquote bei Arbeitern **ab-
sently** ['æbsəntli] ADV (geistes)abwesend **ab-
sent-minded** [,æbsənt'maɪndɪd] ADJ geistes-
abwesend, zerstreut **absent-mindedly**
[,æbsənt'maɪndɪdli] ADV *sich verhalten* zerstreut;
blicken (geistes)abwesend **absent-minded-
ness** [,æbsənt'maɪndɪdnɪs] S Geistesabwesen-
heit *f*, Zerstreutheit *f*
absolute ['æbsəluːt] ADJ absolut; *Lüge, Idiot* aus-
gemacht; **the divorce was made ~** die Schei-
dung wurde ausgesprochen
absolutely [,æbsə'luːtli] ADV absolut; *wahr* völ-
lig; *fantastisch* wirklich; *ablehnen* strikt; *verboten*
streng; *notwendig* unbedingt; *beweisen* eindeutig;
~! durchaus; (≈ *einverstanden*) genau!; **do you
agree? — ~** sind Sie einverstanden? — voll-
kommen; **you're ~ right** Sie haben völlig
recht

absolute majority S absolute Mehrheit
absolute zero S (❗ kein *pl*) absoluter Null-
punkt
absolution [,æbsə'luːʃən] S KIRCHE Absoluti-
on *f* **absolve** [əb'zɒlv] V/T (*von Verantwortung*)
entlassen (*from* aus); (*von Sünden*) lossprechen
(*from* von); (*von Schuld*) freisprechen (*from* von)
absorb [əb'sɔːb] V/T absorbieren; *Wucht, Stoß*
dämpfen; **to be ~ed in a book** *etc* in ein Buch
etc vertieft sein; **she was completely ~ed in
her family** sie ging völlig in ihrer Familie
auf **absorbent** ADJ absorbierend **absorb-
ent cotton** S (*US*) Watte *f* (❗ = (*Br*) **cotton
wool**) **absorbing** ADJ fesselnd **absorption**
[əb'sɔːpʃən] S Absorption *f*; (*von Wucht, Stoß*)
Dämpfung *f*; **her total ~ in her studies** ihr
vollkommenes Aufgehen in ihrem Studium
abstain [əb'steɪn] V/I sich enthalten (*from
+gen*); **to ~ from alcohol** sich des Alkohols ent-
halten **2** (*bei Wahl*) sich der Stimme enthalten
abstention [əb'stenʃən] S (*bei Wahl*) (Stimm)-
enthaltung *f*; **were you one of the ~s?** waren
Sie einer von denen, die sich der Stimme ent-
halten haben? **abstinence** ['æbstɪnəns] S
Abstinenz *f* (*from* von)
abstract¹ ['æbstrækt] **A** ADJ abstrakt; **~ noun**
Abstraktum *n* **B** S (*kurze*) Zusammenfassung;
in the ~ abstrakt
absurd [əb'sɜːd] ADJ absurd; **don't be ~!** sei
nicht albern; **what an ~ waste of time!** so ei-
ne blödsinnige Zeitverschwendung! **ab-
surdity** [əb'sɜːdɪti] S Absurdität *f* **absurdly**
[əb'sɜːdli] ADV *sich verhalten* absurd; *teuer* unsinnig
abundance [ə'bʌndəns] S (*großer*) Reichtum
(*of* an +*dat*); **in ~** in Hülle und Fülle; **a country
with an ~ of oil** ein Land mit reichen Ölvor-
kommen **abundant** [ə'bʌndənt] ADJ reich,
üppig; *Zeit* reichlich; *Energie* ungeheuer; **apples
are in ~ supply** es gibt Äpfel in Hülle und Fülle
abundantly [ə'bʌndəntli] ADV reichlich; **to
make it ~ clear that ...** mehr als deutlich
zu verstehen geben, dass …
abuse [ə'bjuːs] **A** S **1** (❗ kein *pl*) Beschimp-
fungen *pl*; **a term of ~** ein Schimpfwort *n*;
to shout ~ at sb jdm Beschimpfungen an
den Kopf werfen **2** (❗ kein *pl*) Missbrauch
m; **~ of authority** Amtsmissbrauch *m*; **the sys-
tem is open to ~** das System lässt sich leicht
missbrauchen **B** [ə'bjuːz] V/T **1** beschimpfen **2**
missbrauchen **abusive** [ə'bjuːsɪv] ADJ beleidi-
gend; *Beziehung* abusiv; **~ language** Beleidigun-
gen *pl* **abusively** [ə'bjuːsɪvli] ADV beleidigend
abysmal [ə'bɪzməl] ADJ (*fig*) entsetzlich; *Leistung
etc* miserabel **abysmally** [ə'bɪzməli] ADV ent-
setzlich; *abschneiden* miserabel
abyss [ə'bɪs] S Abgrund *m*

AC *abk* von **alternating current**

A/C *abk* FIN von **account** Kto.

academic [ˌækəˈdemɪk] **A** ADJ akademisch; *Vorgehensweise, Interesse* wissenschaftlich; **~ advisor** (US) Studienberater(in) *m(f)* **B** S̄ Akademiker(in) *m(f)* **academically** [ˌækəˈdemɪkəlɪ] ADV **1** wissenschaftlich; **to be ~ inclined** geistige Interessen haben; **~ gifted** intellektuell begabt **2** **she is not doing well ~** SCHULE sie ist in der Schule nicht gut; UNIV sie ist mit ihrem Studium nicht sehr erfolgreich **academy** [əˈkædəmɪ] S̄ Akademie *f*

acc. FIN *abk* von **account** Kto.

accede [ækˈsiːd] V̄Ī **1 to ~ to the throne** den Thron besteigen **2** zustimmen (*to* +*dat*)

accelerate [ækˈseləreɪt] **A** V̄T beschleunigen **B** V̄Ī beschleunigen; (*Wandel*) sich beschleunigen; (*Wachstum etc*) zunehmen; **he ~d away** er gab Gas und fuhr davon **acceleration** [ækˌseləˈreɪʃən] S̄ Beschleunigung *f* **accelerator** [ækˈseləreɪtə°] S̄ (*a.* **accelerator pedal**) Gaspedal *n*; **to step on the ~** aufs Gas treten

accent [ˈæksənt] S̄ Akzent *m*; **to speak without/with an ~** akzentfrei/mit Akzent sprechen; **to put the ~ on sth** (*fig*) den Akzent auf etw (*akk*) legen; **the ~ is on the first syllable** die Betonung liegt auf der ersten Silbe **accentuate** [ækˈsentjʊeɪt] V̄T betonen; (*beim Sprechen*, MUS) akzentuieren

▶ **accent**

Accents bezeichnen Varianten einer Sprache, die sich in ihrer Aussprache unterscheiden. Im Gegensatz dazu zeichnen sich die **dialects** durch ihre Unterschiede in Grammatik und Wortschatz aus.

Der Akzent lässt sich meist sozial einer Gesellschaftsschicht sowie geografisch einer bestimmten Region oder größeren Stadt zuordnen, z. B. **Cockney** als starker Akzent, der der Londoner Arbeiterschicht zugeschrieben wird.

Der angesehenste britische Akzent ist die **Received Pronunciation (RP)**, welche nicht regional festgelegt ist und mit der Zugehörigkeit des Sprechers zu einer höheren sozialen Schicht assoziiert wird.

LANDESKUNDE ◀

accept [əkˈsept] **A** V̄T **1** akzeptieren; *Entschuldigung, Geschenk, Einladung* annehmen; *Verantwortung* übernehmen; *Darstellung* glauben **2** *Notwendigkeit* einsehen; *Mensch, Pflicht* akzeptieren; **it is generally** *od* **widely ~ed that ...** es ist allgemein anerkannt, dass ...; **we must ~ the fact that**

... wir müssen uns damit abfinden, dass ...; **I ~ that it might take a little longer** ich sehe ein, dass es etwas länger dauern könnte; **to ~ that sth is one's responsibility/duty** etw als seine Verantwortung/Pflicht akzeptieren **3** *Schicksal, Konditionen* hinnehmen **4** HANDEL *Scheck* annehmen **B** V̄Ī annehmen **acceptability** [əkˌseptəˈbɪlɪtɪ] S̄ Annehmbarkeit *f* **acceptable** [əkˈseptəbl] ADJ akzeptabel (*to* für); *Verhalten* zulässig; *Geschenk* passend; **any job would be ~ to him** ihm wäre jede Stelle recht **acceptably** [əkˈseptəblɪ] ADV **1** behandeln, sich verhalten anständig, korrekt **2 ~ safe** ausreichend sicher **acceptance** [əkˈseptəns] S̄ **1** Annahme *f*; (*von Verantwortung*) Übernahme *f*; (*von Darstellung*) Glauben *n*; **to find** *od* **win** *od* **gain ~** anerkannt werden **2** (*von Fakten*) Anerkennung *f* **3** (≈ *Tolerieren*) Hinnahme *f* **4** (HANDEL: *von Scheck*) Annahme *f* **accepted** ADJ *Tatsache* (allgemein) anerkannt

access [ˈækses] **A** S̄ **1** Zugang *m* (*to* zu); (*bes zu Zimmer etc*) Zutritt *m* (*to* zu); **to give sb ~** jdm Zugang gewähren (*to* zu); **to refuse sb ~** jdm den Zugang verwehren (*to* zu); **to have ~ to sb/sth** Zugang zu jdm/etw haben; **to gain ~ to sb/sth** sich (*dat*) zu jdm/etw verschaffen; **"access only"** „nur für Anlieger *od* (*österr*) Anrainer" **2** IT Zugriff *m* **B** V̄Ī IT zugreifen auf (+*akk*) **access code** S̄ Zugangscode *m* **accessibility** [ækˌsesɪˈbɪlɪtɪ] S̄ Zugänglichkeit *f* **accessible** [ækˈsesəbl] ADJ zugänglich (*to* +*dat*) **accession** [ækˈseʃən] S̄ **1** (*a.* **accession to the throne**) Thronbesteigung *f* **2** (*in Bücherei*) (Neu)anschaffung *f* **accessory** [ækˈsesərɪ] S̄ **1** Extra *n*; MODE Accessoire *n* **2** **accessories** PL Zubehör *n*; **toilet accessories** Toilettenartikel *pl* **3** JUR Helfershelfer(in) *m(f)* **access road** S̄ Zufahrt(sstraße) *f* **access time** S̄ Zugriffszeit *f*

accident [ˈæksɪdənt] S̄ Unfall *m*, Havarie *f* (*österr*); BAHN, FLUG Unglück *n*; (≈ *Peinlichkeit*) Missgeschick *n*; (≈ *Fügung*) Zufall *m*; **~ and emergency department/unit** Notaufnahme *f*; **she has had an ~** sie hat einen Unfall gehabt; (*beim Kochen etc*) ihr ist ein Missgeschick passiert; **by ~** zufällig; (≈ *unbeabsichtigt*) aus Versehen; **~s will happen** (*sprichw*) so was kann vorkommen; **it was an ~** es war ein Versehen **accidental** [ˌæksɪˈdentl] ADJ **1** *Zusammentreffen etc* zufällig; *Schlag* versehentlich **2** *Verletzung, Tod* durch Unfall **accidentally** [ˌæksɪˈdentəlɪ] ADV zufällig; (≈ *unbeabsichtigt*) versehentlich **accident insurance** S̄ Unfallversicherung *f* **accident prevention** S̄ Unfallverhütung *f* **accident-prone** ADJ vom Pech verfolgt

acclaim [əˈkleɪm] **A** V̄T feiern (*as* als) **B** S̄ Beifall *m*; (*von Kritikern*) Anerkennung *f*

acclimate [əˈklaɪmeɪt] $\overline{VII}$ (*US*) = **acclimatize**
acclimatization [əˌklaɪmətaɪˈzeɪʃən], (*US*)
acclimation [ˌæklaɪˈmeɪʃən] $\overline{S}$ Akklimatisie-
rung *f* (*to* an +*akk*); (*an neue Umgebung etc*) Gewöh-
nung *f* (*to* an +*akk*) **acclimatize** [əˈklaɪmətaɪz],
(*US*) **acclimate** [əˈklaɪmeɪt] $\boxed{A}$ $\overline{VII}$ **to become**
~d sich akklimatisieren, sich eingewöhnen $\boxed{B}$
$\overline{VII}$ (*a.* $\overline{VR}$ **acclimatize oneself**) sich akklima-
tisieren (*to* an +*akk*)

accommodate [əˈkɒmədeɪt] $\overline{VII}$ $\boxed{1}$ unterbrin-
gen $\boxed{2}$ Platz haben für $\boxed{3}$ (*form*) dienen (+*dat*); **I**
think we might be able to ~ you ich glaube,
wir können Ihnen entgegenkommen **ac-**
commodating [əˈkɒmədeɪtɪŋ] $\overline{ADJ}$ entge-
genkommend

accommodation [əˌkɒməˈdeɪʃən] $\overline{S}$ $\boxed{1}$ (*US*
accommodations) (❗ im britischen Eng-
lisch **accommodation** nur im Singular, ohne
Plural, im amerikanischen Englisch **accom-**
modations im Plural) Unterkunft *f*, Zimmer
n, Wohnung *f* $\boxed{2}$ (*US a.* **accommodations**)
Platz *m*; **seating ~** Sitzplätze *pl*; **sleeping ~**
for six Schlafgelegenheit *f* für sechs Personen
accompaniment [əˈkʌmpənɪmənt] $\overline{S}$ Beglei-
tung *f* (*a.* MUS) **accompanist** [əˈkʌmpənɪst]
$\overline{S}$ Begleiter(in) *m(f)*
accompany [əˈkʌmpənɪ] $\overline{VII}$ begleiten (*a.*
MUS); **~ing letter** Begleitschreiben *n*
accomplice [əˈkʌmplɪs] $\overline{S}$ Komplize *m*, Kom-
plizin *f*; **to be an ~ to a crime** Komplize bei
einem Verbrechen sein
accomplish [əˈkʌmplɪʃ] $\overline{VII}$ schaffen; **that**
didn't ~ anything damit war nichts erreicht
accomplished $\overline{ADJ}$ *Sportler* fähig; *Leistung* voll-
endet; *Lügner* versiert **accomplishment** $\overline{S}$
$\boxed{1}$ (❗ kein *pl*) (*von Aufgabe*) Bewältigung *f* $\boxed{2}$ Fer-
tigkeit *f*, Leistung *f*
accord [əˈkɔːd] $\boxed{A}$ $\overline{S}$ Übereinstimmung *f*; POL
Abkommen *n*; **of one's/its own ~** von selbst;
with one ~ geschlossen; *singen, rufen etc* wie aus
einem Mund(e) $\boxed{B}$ $\overline{VII}$ gewähren; *Titel* verleihen
(*sb sth* jdm etw) **accordance** [əˈkɔːdəns] $\overline{S}$ **in**
~ with entsprechend (+*dat*) **accordingly** [ə-
ˈkɔːdɪŋlɪ] $\overline{ADV}$ (dem)entsprechend
according to [əˈkɔːdɪŋˈtuː] $\overline{PRAP}$ zufolge (+*dat*),
nach, entsprechend (+*dat*); **~ the map** der Kar-
te nach; **~ Peter** laut Peter, Peter zufolge; **to**
go ~ plan nach Plan verlaufen; **we did it ~ the**
rules wir haben uns an die Regeln gehalten
accordion [əˈkɔːdɪən] $\overline{S}$ Akkordeon *n*
accost [əˈkɒst] $\overline{VII}$ ansprechen, anpöbeln (*pej*)
account [əˈkaʊnt] $\overline{S}$ $\boxed{1}$ Darstellung *f*, Bericht
m; **to keep an ~ of one's expenses** über seine
Ausgaben Buch führen; **by** *od* **from all ~s** nach
allem, was man hört; **to give an ~ of sth** über

etw (*akk*) Bericht erstatten; **to be called** *od* **held**
to ~ for sth über etw (*akk*) Rechenschaft able-
gen müssen $\boxed{2}$ **to take ~ of sb/sth, to take sb/**
sth into ~ jdn/etw in Betracht ziehen; **to take**
no ~ of sb/sth jdn/etw außer Betracht lassen;
on no ~ auf (gar) keinen Fall; **on this/that ~**
deshalb; **~ of the weather** wegen *od* auf-
grund des Wetters; **on my ~** meinetwegen; **of**
no ~ ohne Bedeutung $\boxed{3}$ FIN, HANDEL Konto *n*
(*with* bei); **to buy sth on ~** etw auf (Kunden)-
kredit kaufen; **please charge it to my ~** stel-
len Sie es mir bitte in Rechnung; **to settle** *od*
square ~s *od* **one's ~ with sb** (*fig*) mit jdm ab-
rechnen $\boxed{4}$ **accounts** $\overline{PL}$ (*von Firma, Verein*) (Ge-
schäfts)bücher *pl*; **to keep the ~s** die Bücher
führen ♦**account for** $\overline{VII}$ +*obj* $\boxed{1}$ erklären; *Ver-*
halten, Ausgaben Rechenschaft ablegen über
(+*akk*); **all the children were accounted for**
der Verbleib aller Kinder war bekannt; **there's**
no accounting for taste über Geschmack lässt
sich (nicht) streiten $\boxed{2}$ der Grund sein für; **this**
area accounts for most of the country's min-
eral wealth aus dieser Gegend stammen die
meisten Bodenschätze des Landes
accountability [əˌkaʊntəˈbɪlɪtɪ] $\overline{S}$ Verant-
wortlichkeit *f* (*to sb* jdm gegenüber) **account-**
able [əˈkaʊntəbl] $\overline{ADJ}$ verantwortlich (*to sb* jdm);
to hold sb ~ (for sth) jdn (für etw) verantwort-
lich machen
accountancy [əˈkaʊntənsɪ] $\overline{S}$ Buchführung *f*
accountant [əˈkaʊntənt] $\overline{S}$ Buchhalter(in)
m(f), Wirtschaftsprüfer(in) *m(f)* **account**
book $\overline{S}$ Geschäftsbuch *n* **accounting** [ə-
ˈkaʊntɪŋ] $\overline{S}$ Buchhaltung *f* **accounting de-**
partment $\overline{S}$ (*US*) Buchhaltung *f* **account**
number $\overline{S}$ Kontonummer *f* **accounts de-**
partment $\overline{S}$ (*Br*) Buchhaltung *f*
accumulate [əˈkjuːmjʊleɪt] $\boxed{A}$ $\overline{VII}$ ansammeln
$\boxed{B}$ $\overline{VII}$ sich ansammeln **accumulation** [əˌkjuː-
mjʊˈleɪʃən] $\overline{S}$ Ansammlung *f* **accumulative**
[əˈkjuːmjʊlətɪv] $\overline{ADJ}$ gesamt
accuracy [ˈækjʊrəsɪ] $\overline{S}$ Genauigkeit *f*; (*von Rake-*
te) Zielgenauigkeit *f* **accurate** [ˈækjʊrɪt] $\overline{ADJ}$
genau; *Rakete* zielgenau; **the clock is ~** die
Uhr geht genau; **the test is 90 per cent ~**
der Test ist 90%ig sicher **accurately** [ˈækjʊr-
ɪtlɪ] $\overline{ADV}$ genau
accusation [ˌækjʊˈzeɪʃən] $\overline{S}$ Beschuldigung *f*;
JUR Anklage *f*; (≈ *Tadel*) Vorwurf *m*
accusative [əˈkjuːzətɪv] $\boxed{A}$ $\overline{S}$ Akkusativ *m*; **in**
the ~ im Akkusativ $\boxed{B}$ $\overline{ADJ}$ Akkusativ-; **~ case**
Akkusativ *m*
accuse [əˈkjuːz] $\overline{VII}$ $\boxed{1}$ JUR anklagen (*of* wegen,
+*gen*); **he is ~d of murder** er ist des Mordes
angeklagt $\boxed{2}$ beschuldigen; **to ~ sb of doing**
od **having done sth** jdn beschuldigen, etw ge-

tan zu haben; **are you accusing me of lying?**
willst du (damit) vielleicht sagen, dass ich lü-
ge? **accused** $\overline{S}$ **the ~** der/die Angeklagte
accusing [ə'kjuːzɪŋ] $\overline{ADJ}$ anklagend; **he had
an ~ look on his face** sein Blick klagte an **ac-
cusingly** [ə'kjuːzɪŋlɪ] $\overline{ADV}$ anklagend
accustom [ə'kʌstəm] $\overline{VT}$ **to be ~ed to sth** an
etw (akk) gewöhnt sein; **to be ~ed to doing sth**
gewohnt sein, etw zu tun; **to become** od **get
~ed to sth** sich an etw (akk) gewöhnen; **to be-
come** od **get ~ed to doing sth** sich daran ge-
wöhnen, etw zu tun

▶ **accustomed to**

⚠ Nach **accustomed to** steht entweder ein
Gerund oder ein Substantiv, aber nie ein Infinitiv!

to be / get accusto-med to doing sth	gewohnt sein / sich daran gewöhnen, etw zu tun
to be / get accusto-med to sth	etw gewohnt sein / sich an etw gewöhnen

GRAMMATIK ◀

AC/DC abk **von** alternating current/direct
current Allstrom; (umg ≈ bisexuell) bi (umg)
ace [eɪs] $\overline{A}$ $\overline{S}$ Ass n; **the ~ of clubs** das Kreuz-
-Ass; **to have an ~ up one's sleeve** noch einen
Trumpf in der Hand haben; **to be an ~ at sth**
ein Ass in etw (dat) sein; **to serve an ~** (Tennis)
ein Ass servieren $\overline{B}$ $\overline{ADJ}$ attr (≈ ausgezeichnet) Star-
acetate ['æsɪteɪt] $\overline{S}$ Azetat n **acetic acid** [ə-
,siː'tɪk'æsɪd] $\overline{S}$ Essigsäure f
ache [eɪk] $\overline{A}$ $\overline{S}$ (dumpfer) Schmerz m $\overline{B}$ $\overline{VI}$ $\overline{1}$
wehtun, schmerzen; **my head ~s** mir tut
der Kopf weh; **it makes my head/arms ~** da-
von tut mir der Kopf/tun mir die Arme weh;
I'm aching all over mir tut alles weh; **it makes
my heart ~ to see him** (fig) es tut mir in der
Seele weh, wenn ich ihn sehe $\overline{2}$ (fig) **to ~ to do
sth** sich danach sehnen, etw zu tun
achieve [ə'tʃiːv] $\overline{VT}$ erreichen; Erfolg erzielen;
she ~d a great deal sie hat eine Menge ge-
leistet; (≈ erfolgreich) sie hat viel erreicht; **he will
never ~ anything** er wird es nie zu etwas brin-
gen **achievement** [ə'tʃiːvmənt] $\overline{S}$ Leistung f
achiever [ə'tʃiːvəʳ] $\overline{S}$ Leistungstyp m (umg); **to
be an ~** leistungsorientiert sein; **high ~**
SCHULE leistungsstarkes Kind
Achilles [ə'kɪliːz] $\overline{S}$ **~ heel** (fig) Achillesferse f
aching ['eɪkɪŋ] $\overline{ADJ}$ attr schmerzend **achy** ['eɪkɪ]
$\overline{ADJ}$ (umg) schmerzend; **I feel ~ all over** mir tut
alles weh
acid ['æsɪd] $\overline{A}$ $\overline{ADJ}$ $\overline{1}$ sauer $\overline{2}$ (fig) ätzend $\overline{B}$ $\overline{S}$ $\overline{1}$
CHEM Säure f $\overline{2}$ (umg ≈ LSD) Acid n (sl) **acidic**

[ə'sɪdɪk] $\overline{ADJ}$ sauer **acidity** [ə'sɪdɪtɪ] $\overline{S}$ $\overline{1}$ Säure f
$\overline{2}$ Magensäure f **acid rain** $\overline{S}$ saurer Regen
acid test $\overline{S}$ Feuerprobe f
acknowledge [ək'nɒlɪdʒ] $\overline{VT}$ anerkennen;
Wahrheit, Niederlage zugeben; Brief den Empfang
bestätigen von; Gruß erwidern; **to ~ sb's pres-
ence** jds Anwesenheit zur Kenntnis nehmen
acknowledgement $\overline{S}$ Anerkennung f;
(von Wahrheit, Niederlage) Eingeständnis n; (von
Brief) Empfangsbestätigung f; **he waved in ~**
er winkte zurück; **in ~ of** in Anerkennung (+gen)
acne ['æknɪ] $\overline{S}$ Akne f
acorn ['eɪkɔːn] $\overline{S}$ Eichel f
acoustic [ə'kuːstɪk] $\overline{ADJ}$ akustisch **acoustic
guitar** $\overline{S}$ Akustikgitarre f **acoustics** $\overline{S}$ pl
(von Zimmer) Akustik f
acquaint [ə'kweɪnt] $\overline{VT}$ $\overline{1}$ bekannt machen; **to
be ~ed with sth** mit etw bekannt sein; **to be-
come ~ed with sth** etw kennenlernen; Tatsa-
chen, Wahrheit etw erfahren; **to ~ oneself** od
to make oneself ~ed with sth sich mit etw
vertraut machen $\overline{2}$ **to be ~ed with sb** mit
jdm bekannt sein; **we're not ~ed** wir kennen
uns nicht; **to become** od **get ~ed** sich (näher)
kennenlernen **acquaintance** $\overline{S}$ $\overline{1}$ Bekann-
te(r) m/f(m); **we're just ~s** wir kennen uns bloß
flüchtig; **a wide circle of ~s** ein großer Be-
kanntenkreis $\overline{2}$ (von Mensch) Bekanntschaft f;
(von Thema, Sachgebiet) Kenntnis f (with +gen); **to
make sb's ~** jds Bekanntschaft machen
acquiescence [,ækwɪ'esns] $\overline{S}$ Einwilligung f
(in in +akk)
acquire [ə'kwaɪəʳ] $\overline{VT}$ erwerben, sich (dat) an-
eignen, annehmen; **where did you ~ that?**
woher hast du das?; **to ~ a taste/liking for
sth** Geschmack/Gefallen an etw (dat) finden;
caviar is an ~d taste Kaviar ist (nur) für Ken-
ner **acquisition** [,ækwɪ'zɪʃən] $\overline{S}$ $\overline{1}$ Erwerb m,
Aneignung f $\overline{2}$ (≈ Gegenstand) Anschaffung f **ac-
quisitive** [ə'kwɪzɪtɪv] $\overline{ADJ}$ habgierig
acquit [ə'kwɪt] $\overline{A}$ $\overline{VT}$ freisprechen; **to be ~ted
of a crime** von einem Verbrechen freigespro-
chen werden $\overline{B}$ $\overline{VR}$ **he ~ted himself well** er
hat seine Sache gut gemacht **acquittal** [ə-
'kwɪtl] $\overline{S}$ Freispruch m (on von)
acre ['eɪkəʳ] $\overline{S}$ (⚠ = 4046,8 m²) ≈ Morgen m
acrid ['ækrɪd] $\overline{ADJ}$ Geschmack bitter; Geruch säuer-
lich; Rauch beißend
acrimonious [,ækrɪ'məʊnɪəs] $\overline{ADJ}$ erbittert;
Scheidung verbittert ausgefochten
acrobat ['ækrəbæt] $\overline{S}$ Akrobat(in) m(f) **acro-
batic** [,ækrəʊ'bætɪk] $\overline{ADJ}$ akrobatisch **acro-
batics** $\overline{PL}$ Akrobatik f
acronym ['ækrənɪm] $\overline{S}$ Akronym n
across [ə'krɒs] $\overline{A}$ $\overline{ADV}$ $\overline{1}$ hinüber, herüber,
(quer)durch; **shall I go ~ first?** soll ich zuerst

hinüber(gehen)?; **~ from your house** eurem Haus gegenüber **2** (Maß) breit; (von Kreis etc) im Durchmesser **3** (Kreuzworträtsel) waagerecht **B** PRÄP **1** (Richtung) über (+akk); (≈ diagonal) quer durch (+akk); **to run ~ the road** über die Straße laufen; **to wade ~ a river** durch einen Fluss waten; **a tree fell ~ the path** ein Baum fiel quer über den Weg; **~ country** querfeldein **2** (Position) über (+dat); **a tree lay ~ the path** ein Baum lag quer über dem Weg; **from ~ the sea** von der anderen Seite des Meeres; **he lives ~ the street from us** er wohnt uns gegenüber; **you could hear him (from) ~ the hall** man konnte ihn von der anderen Seite der Halle hören **across-the-board** [ə-ˈkrɒsðəˈbɔːd] ADJ attr allgemein; → **board**

acrylic [əˈkrɪlɪk] **A** S̱ Acryl n **B** ADJ Acryl-; Kleid aus Acryl

act [ækt] **A** S̱ **1** Tat f; (≈ offizielle Handlung) Akt m; **an ~ of mercy** ein Gnadenakt m; **an ~ of God** höhere Gewalt kein pl; **an ~ of war** eine kriegerische Handlung; **an ~ of madness** ein Akt m des Wahnsinns; **to catch sb in the ~ of doing sth** jdn dabei ertappen, wie er etw tut **2** PARL Gesetz n **3** THEAT Akt m; (≈ Auftritt) Nummer f; **a one-~ play** ein Einakter m; **to get in on the ~** (fig umg) mit von der Partie sein; **he's really got his ~ together** (umg) (≈ bei Vorhaben etc) er hat die Sache wirklich im Griff; (in seinem Dasein) er hat im Leben erreicht, was er wollte **4** (fig) Theater n; **to put on an ~** Theater spielen **B** V̱Ṯ spielen; **to ~ the innocent** die gekränkte Unschuld spielen **C** V̱I̱ **1** THEAT spielen; THEAT schauspielern; (fig) Theater spielen; **he's only ~ing** er tut (doch) nur so; **to ~ innocent** etc sich unschuldig etc stellen **2** (Droge) wirken; **to ~ as …** wirken als …, fungieren als …; **to ~ on behalf of sb** jdn vertreten **3** sich verhalten; **she ~ed as if** od **as though she was surprised** sie tat so, als ob sie überrascht wäre **4** handeln; **the police couldn't ~** die Polizei konnte nichts unternehmen ♦**act on** V̱I̱ +obj **1** wirken auf (+akk) **2** Warnung handeln auf (+akk) … hin; Rat folgen (+dat); **acting on an impulse** einer plötzlichen Eingebung folgend ♦**act out** V̱Ṯ trennb durchspielen ♦**act up** V̱I̱ (umg) jdm Ärger machen; (Mensch) Theater machen (umg), sich aufspielen; (Maschine) verrückt spielen (umg); **my back is acting up** mein Rücken macht mir Ärger ♦**act upon** V̱I̱ +obj = **act on**

acting [ˈæktɪŋ] **A** ADJ **1** stellvertretend attr **2** attr THEAT schauspielerisch **B** S̱ THEAT Darstellung f; (≈ Aktivität) Spielen n; (≈ als Beruf) Schauspielerei f; **he's done some ~** er hat schon Theater gespielt

action [ˈækʃən] S̱ **1** (🛑 kein pl) Handeln n;

(von Roman etc) Handlung f; **a man of ~** ein Mann der Tat; **to take ~** etwas unternehmen; **course of ~** Vorgehen n; **no further ~** keine weiteren Maßnahmen **2** Tat f **3** **in/out of ~** in/nicht in Aktion; Maschine in/außer Betrieb; **to go into ~** in Aktion treten; **to put a plan into ~** einen Plan in die Tat umsetzen; **he's been out of ~ since he broke his leg** er war nicht mehr einsatzfähig, seit er sich das Bein gebrochen hat **4** Action f (sl); **there's no ~ in this film** in dem Film passiert nichts **5** MIL Aktionen pl; **enemy ~** feindliche Handlungen pl; **killed in ~** gefallen; **the first time they went into ~** bei ihrem ersten Einsatz **6** (von Maschine) Arbeitsweise f; (von Uhr, Gewehr) Mechanismus m; (von Sportler etc) Bewegung f **7** Wirkung f (on auf +akk) **8** JUR Klage f; **to bring an ~ (against sb)** eine Klage (gegen jdn) anstrengen **action film** S̱ Actionfilm m **action movie** S̱ (bes US) Actionfilm m **action-packed** ADJ aktionsgeladen **action replay** S̱ Wiederholung f **action shot** S̱ FOTO Actionfoto n; FILM Actionszene f **action stations** P̱Ḻ Stellung f; **~!** Stellung!; (fig) an die Plätze!

activate [ˈæktɪveɪt] V̱Ṯ Mechanismus betätigen; (Schalter) in Gang setzen; Alarm auslösen; Bombe zünden; CHEM, PHYS aktivieren

active [ˈæktɪv] ADJ aktiv; Verstand, Leben rege; **to be politically/sexually ~** politisch/sexuell aktiv sein; **on ~ service** MIL im Einsatz; **to be on ~ duty** (bes US MIL) aktiven Wehrdienst leisten; **he played an ~ part in it** er war aktiv daran beteiligt **actively** [ˈæktɪvlɪ] ADV aktiv; Abneigung zeigen offen **activist** [ˈæktɪvɪst] S̱ Aktivist(in) m(f) **activity** [ækˈtɪvɪtɪ] S̱ **1** (🛑 kein pl) Aktivität f; (in Stadt, Büro) geschäftiges Treiben **2** (≈ Zeitvertreib) Betätigung f; **the church organizes many activities** die Kirche organisiert viele Veranstaltungen; **criminal activities** kriminelle Aktivitäten pl **activity holiday** S̱ (Br) Aktivurlaub m

actor [ˈæktə*r*] S̱ Schauspieler(in) m(f)

actress [ˈæktrɪs] S̱ Schauspielerin f

actual [ˈæktjʊəl] ADJ eigentlich; Resultat tatsächlich; Fall, Beispiel konkret; **in ~ fact** eigentlich; **what were his ~ words?** was genau hat er gesagt?; **this is the ~ house** das ist hier das Haus; **~ size** Originalgröße f

actually [ˈæktjʊəlɪ] ADV **1** (als Füllwort: meist nicht übersetzt) **~ I haven't started yet** ich habe noch (gar) nicht damit angefangen **2** eigentlich, übrigens; **as you said before, and ~ you were quite right** wie Sie schon sagten, und eigentlich hatten Sie völlig recht; **~ you were quite right, it was a bad idea** Sie hatten übrigens völlig recht, es war eine schlechte Idee; **I'm**

going soon, tomorrow ~ ich gehe bald, nämlich morgen **3** tatsächlich; **if you** ~ **own an apartment** wenn Sie tatsächlich eine Wohnung besitzen; **oh, you're** ~ **in/ready!** oh, du bist sogar da/fertig!; **I haven't** ~ **started yet** ich habe noch nicht angefangen; **as for** ~ **doing it** wenn es dann daran geht, es auch zu tun

acumen ['ækjʊmen] s͞ **business** ~ Geschäftssinn m

acupuncture ['ækjʊ,pʌŋktʃəʳ] s͞ Akupunktur f

acute [ə'kjuːt] A͞D͞J **1** akut; Peinlichkeit riesig **2** Sehvermögen scharf; Gehör fein **3** MATH Winkel spitz **4** LING ~ **accent** Akut m **acutely** [ə'kjuːtlɪ] A͞D͞V akut; spüren intensiv; verlegen, sensibel äußerst; **to be** ~ **aware of sth** sich (dat) einer Sache (gen) genau bewusst sein

AD abk von Anno Domini n. Chr., A.D.

ad [æd] s͞ abk von advertisement (umg) Anzeige f; TV, RADIO Werbespot m

Adam ['ædəm] s͞ ~'s **apple** Adamsapfel m; **I don't know him from** ~ (umg) ich habe keine Ahnung, wer er ist (umg)

adamant ['ædəmənt] A͞D͞J hart; Weigerung hartnäckig; **to be** ~ unnachgiebig sein; **he was** ~ **about going** er bestand hartnäckig darauf zu gehen **adamantly** ['ædəməntlɪ] A͞D͞V hartnäckig; **to be** ~ **opposed to sth** etw scharf ablehnen

adapt [ə'dæpt] A͞ v͞t anpassen (to +dat); Maschine umstellen (to, for auf +akk); Fahrzeug, Gebäude umbauen (to, for für); Text bearbeiten (for für); ~**ed from the Spanish** aus dem Spanischen übertragen und bearbeitet B͞ v͞i sich anpassen (to +dat) **adaptability** [ə,dæptə'bɪlɪtɪ] s͞ Anpassungsfähigkeit f **adaptable** [ə'dæptəbl] A͞D͞J anpassungsfähig **adaptation** [,ædæp-'teɪʃən] s͞ (von Buch etc) Bearbeitung f **adapter** [ə'dæptəʳ] s͞ ELEK Adapter m **adaptor** [ə-'dæptəʳ] s͞ = adapter

ADD abk von attention deficit disorder ADS n, Aufmerksamkeitsdefizit-Syndrom n

add [æd] A͞ v͞t **1** MATH addieren, dazuzählen (to zu); **to** ~ **8 to 5** 8 zu 5 hinzuzählen **2** Zutaten, Bemerkung etc hinzufügen (to zu); BAU anbauen; ~**ed to which** ... hinzu kommt, dass ...; **transport** ~**s 10% to the cost** es kommen 10% Transportkosten hinzu; **they** ~ **10% for service** sie rechnen 10% für Bedienung dazu; **to** ~ **value to sth** den Wert einer Sache (gen) erhöhen B͞ v͞i **1** MATH addieren; **she just can't** ~ sie kann einfach nicht rechnen **2 to** ~ **to sth** zu etw beitragen; **it will** ~ **to the time the job takes** es wird die Arbeitszeit verlängern ♦**add on** v͞t trennb Betrag dazurechnen; Zimmer anbauen; Bemerkungen anfügen ♦**add**

up A͞ v͞t trennb zusammenzählen B͞ v͞i (Zahlen) stimmen; (fig) sich reimen; **it all adds up** (wörtl) es summiert sich; (fig) es passt alles zusammen; **to** ~ **to** (Zahlen) ergeben

added ['ædɪd] A͞D͞J attr zusätzlich; ~ **value** Mehrwert m

addict ['ædɪkt] s͞ Süchtige(r) m/f(m); **he's a television/heroin** ~ er ist fernseh-/heroinsüchtig **addicted** [ə'dɪktɪd] A͞D͞J süchtig; **to be/become** ~ **to heroin/drugs** heroin-/rauschgiftsüchtig sein/werden; **he is** ~ **to sport** Sport ist bei ihm zur Sucht geworden **addiction** [ə'dɪkʃən] s͞ Sucht f (to nach); ~ **to drugs/alcohol** Rauschgift-/Trunksucht f **addictive** [ə-'dɪktɪv] A͞D͞J **to be** ~ süchtig machen; **these drugs/watching TV can become** ~ diese Drogen können/Fernsehen kann zur Sucht werden; ~ **drug** Suchtdroge f

addition [ə'dɪʃən] s͞ **1** MATH Addition f **2** Zusatz m (to zu); (zu Liste) Ergänzung f (to zu); **in** ~ außerdem; **in** ~ **(to this) he said ...** und außerdem sagte er ...; **in** ~ **to her other hobbies** zusätzlich zu ihren anderen Hobbys **additional** A͞D͞J zusätzlich; ~ **charge** Aufpreis m **additive** ['ædɪtɪv] s͞ Zusatz m **add-on** ['ædɒn] s͞ IT Zusatz m

address [ə'dres] A͞ s͞ **1** Adresse f; **home** ~ Privatadresse f; (von Reisenden) Heimatanschrift f; **what's your** ~? wo wohnen Sie?; **I've come to the wrong** ~ ich bin hier falsch od an der falschen Adresse; **at this** ~ unter dieser Adresse; **"not known at this ~"** „Empfänger unbekannt" **2** Ansprache f; **form of** ~ (Form f der) Anrede f **3** IT Adresse f B͞ v͞t **1** Brief adressieren (to an +akk) **2** Beschwerde richten (to an +akk) **3** Versammlung sprechen zu; Mensch anreden; **don't** ~ **me as "Colonel"** nennen Sie mich nicht „Colonel" **4** Problem angehen C͞ v͞r **to** ~ **oneself to sb** jdn ansprechen **address book** s͞ Adressbuch n **addressee** [,ædre'siː] s͞ Empfänger(in) m(f) **address label** s͞ Adressenaufkleber m

adenoids ['ædɪnɔɪdz] P͞L Rachenmandeln pl

adept ['ædept] A͞D͞J geschickt (in, at in +dat)

adequacy ['ædɪkwəsɪ] s͞ Adäquatheit f **adequate** ['ædɪkwɪt] A͞D͞J adäquat; Zeit genügend inv; **to be** ~ (aus)reichen; (≈ gut genug) zulänglich od adäquat sein; **this is just not** ~ das ist einfach unzureichend; **more than** ~ mehr als genug; Beheizung etc mehr als ausreichend **adequately** ['ædɪkwɪtlɪ] A͞D͞V **1** ausreichend **2** angemessen

♦**adhere to** v͞i +obj Plan, Prinzip festhalten an (+dat); Regel sich halten an (+akk) **adherence** [əd'hɪərəns] s͞ Festhalten n (to an +dat); (von Regel) Befolgung f (to +gen) **adherent** [əd'hɪərənt] s͞

29 ‖ ADO **A**

Anhänger(in) *m(f)*

adhesion [əd'hi:ʒən] s̲ (von Partikeln etc) Adhäsion *f*, Haftfähigkeit *f*; (von Leim) Klebebefestigung *f* **adhesive** [əd'hi:zɪv] **A** s̲ Klebstoff *m*, Pick *m* (österr) **B** ADJ haftend; (Oberfläche) klebend **adhesive tape** s̲ Klebstreifen *m*

ad infinitum [,ædɪnfɪ'naɪtəm] ADV für immer

adjacent [ə'dʒeɪsənt] ADJ angrenzend; **to be ~ to sth** an etw (akk) angrenzen; **the ~ room** das Nebenzimmer

adjectival ADJ, **adjectivally** ADV [,ædʒek'taɪvəl, -ɪ] adjektivisch **adjective** ['ædʒɪktɪv] s̲ Adjektiv *n*

adjoin [ə'dʒɔɪn] **A** V̲T̲ grenzen an (+akk) **B** V̲I̲ aneinandergrenzen **adjoining** [ə'dʒɔɪnɪŋ] ADJ benachbart; bes ARCH anstoßend; Feld angrenzend; **the ~ room** das Nebenzimmer; **in the ~ office** im Büro nebenan

adjourn [ə'dʒɜ:n] **A** V̲T̲ **1** vertagen (until auf +akk); **he ~ed the meeting for three hours** er unterbrach die Konferenz für drei Stunden **2** (US) beenden **B** V̲I̲ **1** sich vertagen (until auf +akk); **to ~ for lunch/one hour** zur Mittagspause/für eine Stunde unterbrechen **2** **to ~ to the living room** sich ins Wohnzimmer begeben **adjournment** s̲ Vertagung *f* (until auf +akk); (kurzzeitig) Unterbrechung *f*

adjudicate [ə'dʒu:dɪkeɪt] **A** V̲T̲ Wettbewerb Preisrichter(in) sein **B** V̲I̲ (bei Wettbewerb etc) als Preisrichter(in) fungieren

adjust [ə'dʒʌst] **A** V̲T̲ **1** einstellen; Hebel (richtig) stellen; (≈ korrigieren) nachstellen; Höhe, Geschwindigkeit regulieren; Zahlen korrigieren; Bedingungen ändern; Hut, Krawatte zurechtrücken; **do not ~ your set** ändern Sie nichts an der Einstellung Ihres Geräts **2** **to ~ oneself to sth** sich einer Sache (dat) anpassen **3** VERS Schaden regulieren **B** V̲I̲ sich anpassen (to +dat) **adjustable** [ə'dʒʌstəbl] ADJ verstellbar; Geschwindigkeit, Temperatur regulierbar **adjustment** [ə'dʒʌstmənt] s̲ **1** Einstellung *f*; (von Hebel) (richtige) Stellung *f*; (≈ Korrektur) Nachstellung *f*; (von Höhe, Geschwindigkeit) Regulierung *f*; (von Bedingungen) Änderung *f*; **to make ~s** Änderungen vornehmen; **to make ~s to one's plans** seine Pläne ändern **2** (gesellschaftlich etc) Anpassung *f* **3** VERS Regulierung *f*

ad lib [æd'lɪb] ADV aus dem Stegreif **ad-lib** V̲T̲ & V̲I̲ improvisieren

admin ['ædmɪn] abk von administration **administer** [əd'mɪnɪstə'] V̲T̲ **1** Institution, Fonds verwalten; Geschäfte führen **2** Strafe verhängen (to über +akk); **to ~ justice** Recht sprechen **3** Medikament verabreichen (to sb jdm) **administrate** [æd'mɪnɪstreɪt] V̲T̲ = administer **administration** [əd,mɪnɪs'treɪʃən] s̲ **1** (❶ kein

pl) Verwaltung *f*; (von Projekt etc) Organisation *f*; **to spend a lot of time on ~** viel Zeit auf Verwaltungsangelegenheiten verwenden **2** Regierung *f*; **the Merkel ~** die Regierung Merkel **3** (❶ kein pl) **the ~ of justice** die Rechtsprechung **administrative** [əd'mɪnɪstrətɪv] ADJ administrativ **administrative body** s̲ Verwaltungsbehörde *f* **administrative costs** P̲L̲ Verwaltungskosten *pl* **administrator** [əd'mɪnɪstreɪtə'] s̲ Verwalter(in) *m(f)*; JUR Verwaltungsbeamte(r) *m*/-beamtin *f*

admirable ADJ, **admirably** ADV ['ædmərəbl, -ɪ] bewundernswert, ausgezeichnet

admiral ['ædmərəl] s̲ Admiral(in) *m(f)* **Admiralty** ['ædmərəltɪ] s̲ (Br) Admiralität *f*; (≈ Abteilung) britisches Marineministerium

admiration [,ædmə'reɪʃən] s̲ Bewunderung *f*; **to win the ~ of all/of the world** von allen/von aller Welt bewundert werden

admire [əd'maɪə'] V̲T̲ bewundern **admirer** [əd'maɪərə'] s̲ Verehrer(in) *m(f)* **admiring** ADJ, **admiringly** ADV [əd'maɪərɪŋ, -lɪ] bewundernd

admissible [əd'mɪsɪbl] ADJ zulässig **admission** [əd'mɪʃən] s̲ **1** Zutritt *m*; (zu Universität) Zulassung *f*; (in Krankenhaus) Einlieferung *f* (to in +akk); (≈ Preis) Eintritt *m*; **to gain ~ to a building** Zutritt zu einem Gebäude erhalten; **~ fee** Eintrittspreis *m* **2** (JUR: von Beweismaterial) Zulassung *f* **3** Eingeständnis *n*; **on** od **by his own ~** nach eigenem Eingeständnis; **that would be an ~ of failure** das hieße, sein Versagen eingestehen

admit [əd'mɪt] V̲T̲ **1** hereinlassen; (als Mitglied) aufnehmen (to in +akk); **children not ~ted** kein Zutritt für Kinder; **to be ~ted to hospital** ins Krankenhaus eingeliefert werden **2** zugeben; **do you ~ (to) stealing his hat?** geben Sie zu, seinen Hut gestohlen zu haben? ◆**admit to** V̲I̲ +obj eingestehen; **I have to ~ a certain feeling of admiration** ich muss gestehen, dass mir das Bewunderung abnötigt

admittance [əd'mɪtəns] s̲ (zu Gebäude) Zutritt *m* (to zu); (in Klub) Aufnahme *f* (to in +akk); **I gained ~ to the hall** mir wurde der Zutritt zum Saal gestattet; **no ~ except on business** Zutritt für Unbefugte verboten **admittedly** [əd'mɪtɪdlɪ] ADV zugegebenermaßen; **~ this is true** zugegeben, das stimmt

admonish [əd'mɒnɪʃ] V̲T̲ ermahnen (for wegen) **admonishment** [əd'mɒnɪʃmənt], **admonition** [,ædməʊ'nɪʃən] s̲ (form) **1** Tadel *m* **2** Ermahnung *f*

ad nauseam [,æd'nɔ:zɪæm] ADV bis zum Überdruss

ado [ə'du:] s̲ **much ~ about nothing** viel Lärm

A ADOL | 30

um nichts; **without more** *od* **further** ~ ohne Weiteres

adolescence [ˌædəʊˈlesns] s̄ 1 Jugend f 2 Pubertät f **adolescent** [ˌædəʊˈlesnt] A ADJ 1 Jugendliche(r) m/f(m) B ADJ 1 Jugend- 2 pubertär

adopt [əˈdɒpt] VT 1 Kind adoptieren; **your cat has ~ed me** (umg) deine Katze hat sich mir angeschlossen 2 Idee, Methode übernehmen; Angewohnheiten annehmen **adopted** ADJ Adoptiv-, adoptiert; ~ **child** Adoptivkind n; **her ~ country** ihre Wahlheimat **adoption** [əˈdɒpʃən] s̄ 1 (von Kind) Adoption f 2 (von Idee, Methode) Übernahme f; (von Angewohnheiten) Annahme f **adoptive** [əˈdɒptɪv] ADJ Adoptiv-; ~ **parents** Adoptiveltern pl; ~ **home/country** Wahlheimat f

adorable [əˈdɔːrəbl] ADJ bezaubernd; **she is ~** sie ist ein Schatz **adoration** [ˌædəˈreɪʃən] s̄ 1 (von Gott) Anbetung f 2 (von Familie, Ehefrau) grenzenlose Liebe (of für) **adore** [əˈdɔːʳ] VT 1 Gott anbeten 2 Familie, Ehefrau über alles lieben 3 (umg) Whisky etc (über alles) lieben **adoring** ADJ, **adoringly** ADV [əˈdɔːrɪŋ, -lɪ] bewundernd

adorn [əˈdɔːn] VT schmücken

adrenalin(e) [əˈdrenəlɪn] s̄ MED Adrenalin n; **working under pressure gets the ~ going** Arbeiten unter Druck weckt ungeahnte Kräfte

Adriatic (Sea) [ˌeɪdrɪˈætɪk(ˈsiː)] s̄ Adria f

adrift [əˈdrɪft] ADV, ADJ präd SCHIFF treibend; **to be ~** treiben

adroit [əˈdrɔɪt] ADJ geschickt **adroitly** [əˈdrɔɪtlɪ] ADV geschickt

ADSL TEL abk von asymmetric digital subscriber line ADSL, asymmetrischer, digitaler Teilnehmeranschluss n

adult [ˈædʌlt, (US) əˈdʌlt] A s̄ Erwachsene(r) m/f(m); **~s only** nur für Erwachsene B ADJ 1 erwachsen; Tier ausgewachsen; **he spent his ~ life in New York** er hat sein Leben als Erwachsener in New York verbracht 2 Film, Kurs für Erwachsene; ~ **education** Erwachsenenbildung f

adulterate [əˈdʌltəreɪt] VT Wein etc panschen; Lebensmittel abwandeln

adulterer [əˈdʌltərəʳ] s̄ Ehebrecher m **adulteress** [əˈdʌltərɪs] s̄ Ehebrecherin f **adulterous** [əˈdʌltərəs] ADJ ehebrecherisch **adultery** [əˈdʌltərɪ] s̄ Ehebruch m; **to commit ~** Ehebruch begehen

adulthood [ˈædʌlthʊd, (US) əˈdʌlthʊd] s̄ Erwachsenenalter n; **to reach ~** erwachsen werden

advance [ədˈvɑːns] A s̄ 1 Fortschritt m 2 MIL Vormarsch m 3 (≈ Zahlung) Vorschuss m (on auf +akk) 4 **advances** PL (fig) Annäherungsversuche pl 5 **in ~** im Voraus; **to send sb on in ~** jdn vorausschicken; **£100 in ~** £ 100 als Vorschuss;

to arrive in ~ of the others vor den anderen ankommen; **to be (well) in ~ of sb** jdm (weit) voraus sein B VT 1 Termin, Zeit vorverlegen 2 MIL Truppe vorrücken lassen 3 weiterbringen; Sache, Karriere fördern; Wissen vergrößern 4 Zahlung (als) Vorschuss geben (sb jdm) C VI 1 MIL vorrücken 2 vorankommen; **to ~ toward(s) sb/sth** auf jdn/etw zugehen 3 (fig) Fortschritte pl machen **advance booking** s̄ Reservierung f; THEAT Vorverkauf m **advance booking office** s̄ THEAT Vorverkaufsstelle f **advance copy** n s̄ Vorausexemplar n **advanced** ADJ 1 Student, Stufe, Alter, Technologie fortgeschritten; Studium höher; Modell weiterentwickelt; Gesellschaft hoch entwickelt; ~ **English** Englisch für Fortgeschrittene; **Advanced Vocational Certificate in Education** fachgebundenes Abitur, Fachabitur n; **he is very ~ for his age** er ist für sein Alter sehr weit 2 Plan ausgefeilt; **in the ~ stages of the disease** im fortgeschrittenen Stadium der Krankheit **advancement** s̄ 1 Förderung f 2 (stellungsmäßig) Aufstieg m **advance notice** s̄ frühzeitiger Bescheid, Vorwarnung f; **to be given ~** frühzeitig Bescheid/eine Vorwarnung erhalten **advance payment** s̄ Vorauszahlung f **advance warning** s̄ = advance notice

advantage [ədˈvɑːntɪdʒ] s̄ Vorteil m; **to have an ~ (over sb)** (jdm gegenüber) im Vorteil sein; **that gives you an ~ over me** damit sind Sie mir gegenüber im Vorteil; **to have the ~ of sb** jdm überlegen sein; **to take ~ of sb** jdn ausnutzen; (euph: sexuell) jdn missbrauchen; **to take ~ of sth** etw ausnutzen; **he turned it to his own ~** er machte es sich (dat) zunutze; **to use sth to one's ~** etw für sich nutzen **advantageous** [ˌædvənˈteɪdʒəs] ADJ vorteilhaft; **to be ~ to sb** für jdn von Vorteil sein

advent [ˈædvənt] s̄ 1 (von Ära etc) Beginn m; (von Düsenflugzeugen etc) Aufkommen n 2 KIRCHE Advent Advent m **Advent calendar** s̄ (❗ Vorsicht, Schreibung) Adventskalender m

adventure [ədˈventʃəʳ] A s̄ 1 Abenteuer n; **to have an ~** ein Abenteuer erleben 2 (❗ kein pl) **love/spirit of ~** Abenteuerlust f; **to look for ~** (das) Abenteuer suchen B attr Abenteuer- **adventure playground** s̄ Abenteuerspielplatz m **adventurer** [ədˈventʃərəʳ] s̄ Abenteurer(in) m(f) **adventurous** [ədˈventʃərəs] ADJ Mensch abenteuerlustig; Reise abenteuerlich

adverb [ˈædvɜːb] s̄ Adverb n **adverbial** ADJ, **adverbially** ADV [ədˈvɜːbɪəl, -lɪ] adverbial

adversary [ˈædvəsərɪ] s̄ Widersacher(in) m(f); (bei Wettbewerb) Gegner(in) m(f) **adverse** [ˈædvɜːs] ADJ ungünstig; Reaktion negativ **adverse-**

ly [əd'vɜːslɪ] <u>ADV</u> negativ **adversity** [əd'vɜːsɪtɪ] <u>s</u> (❗ kein pl) Not f; **in ~** im Unglück

advert ['ædvɜːt] <u>s</u> (umg) abk von **advertise-ment** Anzeige f; TV, RADIO Werbespot m

advertise ['ædvətaɪz] <u>A</u> <u>VT</u> **1** werben für; **I've seen that soap ~d on television** ich habe die Werbung für diese Seife im Fernsehen gesehen **2** (in Zeitung) Wohnung etc inserieren; Stelle ausschreiben; **to ~ sth in a shop window/ on local radio** etw durch eine Schaufensteranzeige/im Regionalsender anbieten <u>B</u> <u>VI</u> **1** HANDEL werben **2** (in Zeitung) inserieren; **to ~ for sb/sth** jdn/etw (per Anzeige) suchen; **to ~ for sth on local radio/in a shop window** etw per Regionalsender/durch Anzeige im Schaufenster suchen

advertisement [əd'vɜːtɪsmənt, (US) ˌædvə'taɪzmənt] <u>s</u> **1** HANDEL Werbung f; (bes in Zeitung) Anzeige f **2** (≈ Bekanntgabe) Anzeige f; **to put** od **place an ~ in the paper** eine Anzeige in die Zeitung setzen

advertising ['ædvətaɪzɪŋ] <u>s</u> Werbung f; **he works in ~** er ist in der Werbung (tätig) **advertising agency** <u>s</u> Werbeagentur f **advertising campaign** <u>s</u> Werbekampagne f

advice [əd'vaɪs] <u>s</u> (❗ kein pl, ohne a) Rat m (❗ kein pl); **a piece of ~** ein Rat(schlag) m; **let me give you a piece of ~** od **some ~** ich will Ihnen einen guten Rat geben; **to take sb's ~** jds Rat (be)folgen; **take my ~** höre auf mich; **to seek (sb's) ~** (jdn) um Rat fragen; **to take legal ~** einen Rechtsanwalt zurate ziehen

---

▶ advice

❗ **advice** hat keine Pluralform und ist nicht zählbar, wird also ohne den Artikel **an** verwendet.

Can you give me some advice?	Kannst du mir einen Rat / ein paar Ratschläge geben?
a helpful piece of advice	ein hilfreicher Ratschlag

GRAMMATIK ◀

---

advisability [əd,vaɪzə'bɪlɪtɪ] <u>s</u> Ratsamkeit f **advisable** [əd'vaɪzəbl] <u>ADJ</u> ratsam

advise [əd'vaɪz] <u>A</u> <u>VT</u> jdm raten (+dat); (professionell) beraten; **I would ~ you to do it/not to do it** ich würde dir zuraten/abraten; **to ~ sb against doing sth** jdm abraten, etw zu tun; **what would you ~ me to do?** wozu würden Sie mir raten? <u>B</u> <u>VI</u> **1** raten; **I shall do as you ~** ich werde tun, was Sie mir raten **2** (US) **to ~ with sb** sich mit jdm beraten **advisedly** [əd-

'vaɪzɪdlɪ] <u>ADV</u> richtig; **and I use the word ~** ich verwende bewusst dieses Wort **adviser** [əd-'vaɪzəʳ] <u>s</u> Ratgeber(in) m(f); (professionell) Berater(in) m(f); **legal ~** Rechtsberater(in) m(f) **advisory** [əd'vaɪzərɪ] <u>ADJ</u> beratend; **to act in a purely ~ capacity** rein beratende Funktion haben

---

▶ advise mit Infinitiv oder Gerund

Ob bei Aktiv- oder Passivkonstruktionen, **advise** wird mit dem Infinitiv verbunden, wenn die Person, welcher der Ratschlag gilt, erwähnt wird; ohne Person steht das Gerund. In Konstruktionen mit **against** steht immer das Gerund:

We always advise candidates to apply early.	Wir geben Kandidaten immer den Rat, sich frühzeitig zu bewerben.
Drivers are advised to check tyre pressures regularly.	Autofahrern wird geraten, den Reifendruck regelmäßig zu überprüfen.
The manufacturers advise using only high-quality detergents.	Die Hersteller raten, nur hochwertige Waschmittel zu verwenden.
She advised me against buying it.	Sie hat mir davon abgeraten, es zu kaufen.

❗ Gleiches gilt für **allow, encourage, forbid, permit** und **recommend**.

GRAMMATIK ◀

---

advocate ['ædvəkɪt] <u>A</u> <u>s</u> **1** (von Sache) Befürworter(in) m(f) **2** (bes schott JUR) (Rechts)anwalt m/-anwältin f <u>B</u> ['ædvəkeɪt] <u>VT</u> eintreten für; Plan etc befürworten

Aegean [iː'dʒiːən] <u>ADJ</u> **the ~ (Sea)** die Ägäis

aegis ['iːdʒɪs] <u>s</u> **under the ~ of** unter der Schirmherrschaft von

aerial ['ɛərɪəl] <u>A</u> <u>s</u> (bes Br) Antenne f (❗ = (US) **antenna**) <u>B</u> <u>ADJ</u> Luft-; **~ photograph** Luftbild n

aerobatics [ˌɛərəʊ'bætɪks] <u>PL</u> Kunstfliegen n

aerobics [ɛər'əʊbɪks] <u>s</u> (❗ mit Verb im Singular oder Plural) Aerobic n

aerodrome ['ɛərədrəʊm] <u>s</u> (Br) Flugplatz m

aerodynamic <u>ADJ</u>, **aerodynamically** <u>ADV</u> [ˌɛərəʊdaɪ'næmɪk, -lɪ] aerodynamisch **aerodynamics** <u>s</u> (❗ mit Verb im Singular) Aerodynamik f **aeronautic(al)** [ˌɛərə'nɔːtɪk(əl)] <u>ADJ</u> aeronautisch **aeronautical engineering** <u>s</u> Flugzeugbau m **aeronautics** <u>s</u> (❗ mit Verb im Singular) Luftfahrt f **aeroplane** ['ɛərəpleɪn] <u>s</u> (Br) Flugzeug n (❗ = (US) **airplane**) **aerosol** ['ɛərəsɒl] <u>s</u> Sprühdose f; **~**

paint Sprayfarbe *f*; **~ spray** Aerosolspray *n* **aerospace** ['ɛərəʊspeɪs] *in zssgn* Raumfahrt-

aesthete, *(US)* **esthete** ['i:sθi:t] [S] Ästhet(in) *m(f)* **aesthetic(al)**, *(US)* **esthetic(al)** [i:s'θetɪk(əl)] [ADJ] ästhetisch **aesthetically**, *(US)* **esthetically** [i:s'θetɪkəlɪ] [ADV] in ästhetischer Hinsicht; **~ pleasing** ästhetisch schön **aesthetics**, *(US)* **esthetics** [i:s'θetɪks] [S] ([!] mit Verb im Singular) Ästhetik *f*

afar [ə'fɑ:ʳ] [ADV] *(liter)* **from ~** aus der Ferne

affair [ə'fɛəʳ] [S] [1] Sache *f*; **the Watergate ~** die Watergate-Affäre; **this is a sorry state of ~s!** das sind ja schöne Zustände!; **your private ~s don't concern me** deine Privatangelegenheiten sind mir egal; **financial ~s have never interested me** Finanzfragen haben mich nie interessiert; **that's my ~!** das ist meine Sache! [2] Verhältnis *n*; **to have an ~ with sb** ein Verhältnis mit jdm haben

affect [ə'fekt] [VT] [1] sich auswirken auf *(+akk)*; *(negativ)* angreifen; *Gesundheit* schaden *(+dat)* [2] betreffen [3] berühren [4] *(Krankheiten)* befallen

affectation [,æfek'teɪʃən] [S] Affektiertheit *f* ([!] kein pl); **an ~** eine affektierte Angewohnheit **affected** [ADJ], **affectedly** [ADV] [ə'fektɪd, -lɪ] affektiert **affecting** [ə'fektɪŋ] [ADJ] rührend **affection** [ə'fekʃən] [S] Zuneigung *f* ([!] kein pl) *(for, towards* zu); **I have** *od* **feel a great ~ for her** ich mag sie sehr gerne; **you could show a little more ~ toward(s) me** du könntest mir gegenüber etwas mehr Gefühl zeigen; **he has a special place in her ~s** er nimmt einen besonderen Platz in ihrem Herzen ein **affectionate** [ə'fekʃənɪt] [ADJ] liebevoll **affectionately** [ADV] liebevoll; **yours ~, Wendy** *(am Briefende)* in Liebe, Deine Wendy

affidavit [,æfɪ'deɪvɪt] [S] JUR eidesstattliche Erklärung

affiliate [ə'fɪlɪeɪt] [A] [VT] angliedern *(to +dat)*; **the two banks are ~d** die zwei Banken sind aneinander angeschlossen; **~d company** Schwesterfirma *f* [B] [VI] sich angliedern *(with* an *+akk)* **affiliation** [ə,fɪlɪ'eɪʃən] [S] Angliederung *f (to, with* an *+akk)*; **what are his political ~s?** was ist seine politische Zugehörigkeit?

affinity [ə'fɪnɪtɪ] [S] [1] Neigung *f (for, to* zu) [2] *(≈ Ähnlichkeit)* Verwandtschaft *f*

affirm [ə'fɜ:m] [VT] versichern, beteuern **affirmation** [,æfə'meɪʃən] [S] Versicherung *f*, Beteuerung *f* **affirmative** [ə'fɜ:mətɪv] [A] [S] **to answer in the ~** mit Ja antworten [B] [ADJ] bejahend; **the answer is ~** die Antwort ist bejahend *od* ja; **~ action** *(US)* ≈ positive Diskriminierung *(bei der Vergabe von Arbeits- und Studienplätzen etc)* [C] [INT] richtig **affirmatively** [ə'fɜ:mətɪvlɪ] [ADV] bejahend

afflict [ə'flɪkt] [VT] plagen; *(Unruhen, Verletzungen)* heimsuchen; **to be ~ed by a disease** an einer Krankheit leiden **affliction** [ə'flɪkʃən] [S] Gebrechen *n*, Beschwerde *f*

affluence ['æflʊəns] [S] Wohlstand *m* **affluent** [ADJ] reich, wohlhabend

afford [ə'fɔ:d] [VT] sich *(dat)* leisten; **I can't ~ to buy both of them/to make a mistake** ich kann es mir nicht leisten, beide zu kaufen/einen Fehler zu machen; **I can't ~ the time** ich habe einfach nicht die Zeit **affordable** [ə'fɔ:dəbl] [ADJ], **affordably** [ADV] erschwinglich, finanziell möglich *od* tragbar

afforestation [æ,fɒrɪs'teɪʃən] [S] Aufforstung *f*

affront [ə'frʌnt] [S] Affront *m (to* gegen)

Afghan ['æfgæn] [A] [S] [1] Afghane *m*, Afghanin *f* [2] *(≈ Sprache)* Afghanisch *n* [3] *(a.* **Afghan hound)** Afghane *m* [B] [ADJ] afghanisch **Afghanistan** [æf'gænɪstæn] [S] Afghanistan *n*

aficionado [ə,fɪʃjə'nɑ:dəʊ] [S], *pl* **-s** Liebhaber(in) *m(f)*

afloat [ə'fləʊt] [ADV, ADJ] *präd* [1] SCHIFF **to be ~** schwimmen; **to stay ~** sich über Wasser halten; *(Gegenstand)* schwimmen; **at last we were ~ again** endlich waren wir wieder flott [2] *(fig)* **to get/keep a business ~** ein Geschäft auf die Beine stellen/über Wasser halten

afoot [ə'fʊt] [ADV] **there is something ~** da ist etwas im Gange

aforementioned [ə,fɔ:'menʃənd], **aforesaid** [ə'fɔ:sed] [ADJ] *attr (form)* oben genannt

afraid [ə'freɪd] [ADJ] *präd* [1] **to be ~ (of sb/sth)** (vor jdm/etw) Angst haben; **don't be ~!** keine Angst!; **there's nothing to be ~ of** Sie brauchen keine Angst zu haben; **I am ~ of hurting him** ich fürchte, ich könnte ihm wehtun; **to make sb ~** jdm Angst machen; **I am ~ to leave her alone** ich habe Angst davor, sie allein zu lassen; **I was ~ of waking the children** ich wollte die Kinder nicht wecken; **he's not ~ to say what he thinks** er scheut sich nicht zu sagen, was er denkt; **that's what I was ~ of, I was ~ that would happen** das habe ich befürchtet; **to be ~ for sb/sth** Angst um jdn/etw haben [2] **I'm ~ I can't do it** leider kann ich es nicht machen; **are you going? — I'm ~ not/I'm ~ so** gehst du? — leider nicht/ja, leider

afresh [ə'freʃ] [ADV] noch einmal von Neuem

Africa ['æfrɪkə] [S] Afrika *n*

African ['æfrɪkən] [A] [S] Afrikaner(in) *m(f)* [B] [ADJ] afrikanisch **African-American** [,æfrɪkənə'merɪkən] [A] [ADJ] afroamerikanisch [B] [S] Afroamerikaner(in) *m(f)*

Afrikaans [,æfrɪ'kɑ:ns] [S] Afrikaans *n* **Afrikaner** [,æfrɪ'kɑ:nəʳ] [S] Afrika(a)nder(in) *m(f)*

Afro-American **A** ADJ afroamerikanisch **B** S̲ Afroamerikaner(in) m(f) **Afro-Caribbean** **A** ADJ afrokaribisch **B** S̲ Afrokaribe m, Afrokaribin f

aft [ɑːft] SCHIFF ADV sitzen achtern; gehen nach achtern

after ['ɑːftə] **A** PRÄP nach (+dat); **~ dinner** nach dem Essen; **~ that** danach; **the day ~ tomorrow** übermorgen; **the week ~ next** übernächste Woche; **ten ~ eight** (US) zehn nach acht (❗ = (Br) **ten past eight**); **~ you** nach Ihnen; **I was ~ him** (in Schlange etc) ich war nach ihm dran; **he shut the door ~ him** er machte die Tür hinter ihm zu; **about a mile ~ the village** etwa eine Meile nach dem Dorf; **to shout ~ sb** hinter jdm herrufen; **~ what has happened** nach allem, was geschehen ist; **to do sth ~ all** etw schließlich doch tun; **~ all I've done for you!** und das nach allem, was ich für dich getan habe!; **~ all, he is your brother** er ist immerhin dein Bruder; **you tell me lie ~ lie** du erzählst mir eine Lüge nach der anderen; **it's just one thing ~ another** od **the other** es kommt eins zum anderen; **one ~ the other** eine(r, s) nach der/dem anderen; **day ~ day** Tag für Tag; **before us lay mile ~ mile of barren desert** vor uns erstreckte sich meilenweit trostlose Wüste; **~ El Greco** in der Art von El Greco; **she takes ~ her mother** sie kommt ganz nach ihrer Mutter; **to be ~ sb/sth** hinter jdm/etw her sein; **she asked ~ you** sie hat sich nach dir erkundigt; **what are you ~?** was willst du?; **he's just ~ a free meal** er ist nur auf ein kostenloses Essen aus **B** ADV danach, hinterher; **the week ~** die Woche darauf; **soon ~** kurz danach **C** KONJ nachdem; **~ he had closed the door he began to speak** nachdem er die Tür geschlossen hatte, begann er zu sprechen; **what will you do ~ he's gone?** was machst du, wenn er weg ist?; **~ finishing it I will ...** wenn ich das fertig habe, werde ich ... **D** S̲ **afters** PL (Br umg) Nachtisch m; **what's for ~s?** was gibts zum Nachtisch? **afterbirth** S̲ Nachgeburt f **aftercare** S̲ (für Genesende) Nachbehandlung f **after-dinner** ADJ nach dem Essen; **~ nap** Verdauungsschlaf m; **~ speech** Tischrede f **aftereffect** S̲ Nachwirkung f **after-hours** ADJ nach Geschäftsschluss **afterlife** S̲ Leben n nach dem Tode **aftermath** S̲ Nachwirkungen pl; **in the ~ of sth** nach etw

afternoon [,ɑːftə'nuːn] **A** S̲ Nachmittag m; **in the ~, ~s** (bes US) nachmittags; **at three o'clock in the ~** (um) drei Uhr nachmittags; **on Sunday ~** (am) Sonntagnachmittag; **on Sunday ~s** am Sonntagnachmittag; **on the ~ of December 2nd** am Nachmittag des 2. Dezember; **this/tomorrow/yesterday ~** heute/morgen/gestern Nachmittag; **good ~!** guten Tag!; **~!** servus! (österr), grüezi! (schweiz), Tag! (umg) **B** ADJ attr Nachmittags-; **~ performance** Nachmittagsvorstellung f **afternoon tea** S̲ (Br) (Nachmittags)tee m

after-sales service S̲ Kundendienst m **aftershave (lotion)** S̲ Aftershave n **aftershock** S̲ Nachbeben n **after-sun** ADJ **~ lotion** After-Sun-Lotion f **aftertaste** S̲ Nachgeschmack m; **to leave an unpleasant ~** einen unangenehmen Nachgeschmack hinterlassen **afterthought** S̲ nachträgliche Idee; **the window was added as an ~** das Fenster kam erst später dazu **afterward** ['ɑːftəwəd] ADV (US) = **afterwards**

afterwards ['ɑːftəwədz] ADV nachher, danach; **this was added ~** das kam nachträglich dazu

again [ə'gen] ADV **1** wieder; **~ and ~, time and ~** immer wieder; **to do sth ~** etw noch (ein)mal tun; **never** od **not ever ~** nie wieder; **if that happens ~** wenn das noch einmal passiert; **all over ~** noch (ein)mal von vorn; **what's his name ~?** wie heißt er noch gleich?; **to begin ~** von Neuem anfangen; **not ~!** (nicht) schon wieder!; **it's me ~** da bin ich wieder; (am Telefon) ich bins noch (ein)mal **2** (bei Mengenangaben) **as much ~** noch (ein)mal so viel; **he's as old ~ as Mary** er ist doppelt so alt wie Mary **3** (≈ andererseits) wiederum; (≈ überdies) außerdem; **but then** od **there ~, it may not be true** vielleicht ist es auch gar nicht wahr

against [ə'genst] **A** PRÄP **1** gegen (+akk); **he's ~ her going** er ist dagegen, dass sie geht; **to have something/nothing ~ sb/sth** etwas/nichts gegen jdn/etw haben; **~ their wishes** entgegen ihrem Wunsch; **push all the chairs right back ~ the wall** stellen Sie alle Stühle direkt an die Wand; **to draw money ~ security** gegen Sicherheit Geld abheben **2** (≈ in Erwartung von) Alter für (+akk); Unheil im Hinblick auf (+akk) **3** (≈ verglichen mit) **(as) ~** gegenüber (+dat); **she had three prizes (as) ~ his six** sie hatte drei Preise, er hingegen sechs; **the advantages of flying (as) ~ going by boat** die Vorteile von Flugreisen gegenüber Schiffsreisen **B** ADJ präd dagegen

age [eɪdʒ] **A** S̲ **1** Alter n; **what is her ~?, what ~ is she?** wie alt ist sie?; **he is ten years of ~** er ist zehn Jahre alt; **at the ~ of 15, at ~ 15** mit 15 Jahren; **at your ~** in deinem Alter; **she's the same ~ as me** sie ist so alt wie ich; **but he's twice your ~** aber er ist ja doppelt so alt wie du; **she doesn't look her ~** man sieht ihr ihr

A AGEB | 34

Alter nicht an; **be** *od* **act your ~!** sei nicht kindisch! **2** JUR **to come of ~** volljährig werden; *(fig)* den Kinderschuhen entwachsen; **under ~** minderjährig; **~ of consent** Ehemündigkeitsalter *n*; **intercourse with girls under the ~ of consent** Unzucht *f* mit Minderjährigen **3** Zeit(alter *n*) *f*; **the ~ of technology** das technologische Zeitalter; **the Stone ~** die Steinzeit; **the Edwardian ~** die Zeit *od* Ära Edwards VII **4** *(umg)* **~s, an ~** eine Ewigkeit *(umg)*; **I haven't seen him for ~s** ich habe ihn eine Ewigkeit nicht gesehen *(umg)*; **to take ~s** eine Ewigkeit dauern *(umg)*; *(Mensch)* ewig brauchen *(umg)* **5** *VI* altern; *(Wein)* reifen; **you have ~d** du bist alt geworden **age bracket** $\overline{S}$ Altersklasse *f* **aged** [eɪdʒd] **A** ADJ **1** im Alter von; **a boy ~ ten** ein zehnjähriger Junge **2** ['eɪdʒɪd] *Mensch* betagt **B** ['eɪdʒɪd] PL **the ~** die Alten *pl* **age difference, age gap** $\overline{S}$ Altersunterschied *m* **age group** $\overline{S}$ Altersgruppe *f* **ag(e)ing** ['eɪdʒɪŋ] ADJ *Mensch* alternd *attr*; *Bevölkerung* älter werdend *attr*; **the ~ process** das Altern **age-ism** ['eɪdʒɪzəm] $\overline{S}$ Altersdiskriminierung *f* **ageless** ADJ zeitlos **age limit** $\overline{S}$ Altersgrenze *f*

agency ['eɪdʒənsɪ] $\overline{S}$ HANDEL Agentur *f*; **translation ~** Übersetzungsbüro *n*

agenda [ə'dʒendə] $\overline{S}$ Tagesordnung *f*; **they have their own ~** sie haben ihre eigenen Vorstellungen; **on the ~** auf dem Programm

agent ['eɪdʒənt] $\overline{S}$ **1** HANDEL Vertreter(in) *m(f)*; *(≈ Organisation)* Vertretung *f* **2** Agent(in) *m(f)*; **business ~** Agent(in) *m(f)* **3** CHEM **cleansing ~** Reinigungsmittel *n*

age-old ADJ uralt **age range** $\overline{S}$ Altersgruppe *f* **age-related** ADJ altersbedingt; **~ allowance** FIN Altersfreibetrag *m*

aggravate ['ægrəveɪt] *VT* **1** verschlimmern **2** aufregen, reizen **aggravating** ['ægrəveɪtɪŋ] ADJ ärgerlich; *Kind* lästig **aggravation** [ˌægrə'veɪʃən] $\overline{S}$ **1** Verschlimmerung *f* **2** Ärger *m*; **she was a constant ~ to him** sie reizte ihn ständig

aggregate ['ægrɪgɪt] **A** $\overline{S}$ Gesamtmenge *f*; **on ~** SPORT in der Gesamtwertung **B** ADJ gesamt, Gesamt-

aggression [ə'greʃən] $\overline{S}$ (❗ kein pl) Aggression *f*, Aggressivität *f*; **an act of ~** ein Angriff *m* **aggressive** [ə'gresɪv] ADJ aggressiv; *Vertreter* aufdringlich *(pej)* **aggressively** ADV aggressiv, energisch **aggressiveness** [ə'gresɪvnɪs] $\overline{S}$ Aggressivität *f*; *(von Vertreter)* Aufdringlichkeit *f (pej)* **aggressor** [ə'gresə'] $\overline{S}$ Aggressor(in) *m(f)* **aggrieved** [ə'gri:vd] ADJ betrübt *(at, by* über *+akk)*, verletzt *(at, by* durch*)*

aggro ['ægrəʊ] $\overline{S}$ **1** (❗ kein pl) *(Br umg)* **don't give me any ~** mach keinen Ärger *(umg)*; **all**

the ~ of moving das ganze Theater mit dem Umziehen **2** (❗ kein pl) Schlägerei *f*

agile ['ædʒaɪl] ADJ wendig; *Bewegungen* gelenkig; *Tier* flink; **he has an ~ mind** er ist geistig sehr wendig **agility** [ə'dʒɪlɪtɪ] $\overline{S}$ Wendigkeit *f*; *(von Tier)* Flinkheit *f*

aging ADJ, $\overline{S}$ = ag(e)ing

agitate ['ædʒɪteɪt] *VT* **1** *Flüssigkeit* aufrühren; *Wasseroberfläche* aufwühlen **2** *(fig)* aufregen **agitated** ADJ, **agitatedly** ADV ['ædʒɪteɪtɪd, -lɪ] aufgeregt **agitation** [ˌædʒɪ'teɪʃən] $\overline{S}$ **1** *(fig)* Erregung *f* **2** POL Agitation *f* **agitator** ['ædʒɪteɪtə'] $\overline{S}$ Agitator(in) *m(f)*

AGM *abk von* annual general meeting JHV *f*

ago [ə'gəʊ] ADV vor; **years/a week ~** vor Jahren/einer Woche; **a little while ~** vor Kurzem; **that was years ~** das ist schon Jahre her; **how long ~ is it since you last saw him?** wie lange haben Sie ihn schon nicht mehr gesehen?; **that was a long time** *od* **long ~** das ist schon lange her; **as long ~ as 1950** schon 1950

> ### ago und past tense
>
> Bei Zeitangaben mit **ago** steht immer das **past tense:**
>
> | | |
> |---|---|
> | She passed her exam three years ago. | Sie hat ihre Prüfung vor drei Jahren bestanden. |
> | About an hour ago it <u>was</u> reported that a bomb had exploded outside the station. | Vor etwa einer Stunde wurde berichtet, dass eine Bombe vor dem Bahnhof explodiert sei. |
>
> GRAMMATIK ◁

agog [ə'gɒg] ADJ *präd* gespannt; **the whole village was ~ (with curiosity)** das ganze Dorf platzte fast vor Neugierde

agonize ['ægənaɪz] *VI* sich *(dat)* den Kopf zermartern *(over* über *+akk)* **agonized** ADJ gequält **agonizing** ['ægənaɪzɪŋ] ADJ qualvoll **agonizingly** ['ægənaɪzɪŋlɪ] ADV qualvoll; **~ slow** aufreizend langsam **agony** ['ægənɪ] $\overline{S}$ Qual *f*; **that's ~** das ist eine Qual; **to be in ~** Qualen leiden **agony aunt** $\overline{S}$ *(Br umg)* Briefkastentante *f (umg)* **agony column** $\overline{S}$ *(Br umg)* Kummerkasten *m*

agoraphobia [ˌægərə'fəʊbɪə] $\overline{S}$ MED Platzangst *f*

agrarian [ə'grɛərɪən] ADJ Agrar-

agree [ə'gri:] *prät, pperf* agreed **A** *VT* **1** *Preis etc* vereinbaren **2 to ~ to do sth** sich bereit erklären, etw zu tun **3** zugeben **4** zustimmen *(+dat)*; **we all ~ that ...** wir sind alle der Meinung, dass ...; **it was ~d that ...** man einigte sich darauf, dass ...; **we ~d to do it** wir haben

35 ‖ AIM A

beschlossen, das zu tun; **we ~ to differ** wir sind uns einig, dass wir uns uneinig sind **B** *VI* **1** einer Meinung sein; (≈ *Vereinbarung erzielen*) sich einigen (*about* über +*akk*); **to ~ with sb** jdm zustimmen; **I ~!** der Meinung bin ich auch; **I couldn't ~ more/less** ich bin völlig/überhaupt nicht dieser Meinung; **it's too late now, don't** *od* **wouldn't you ~?** meinen Sie nicht auch, dass es jetzt zu spät ist?; **to ~ with sth** mit etw einverstanden sein; **to ~ with a theory** *etc* eine Theorie *etc* akzeptieren **2** (*Behauptungen, Zahlen,* GRAM) übereinstimmen **3** whisky doesn't ~ with me ich vertrage Whisky nicht ♦**agree on** *VI* +*obj* sich einigen auf (+*akk*) ♦**agree to** *VI* +*obj* zustimmen (+*dat*)

▶ to agree

To agree bedeutet „zustimmen", und es gibt im Englischen verschiedene Möglichkeiten zu sagen, dass man der gleichen Meinung ist:

That's a great idea!	Das ist 'ne tolle Idee.
I totally agree with you.	Ich bin ganz deiner Meinung.
I think you're right.	Ich glaub, du hast recht.

SPRACHGEBRAUCH ◀

agreeable [ə'griːəbl] *ADJ* **1** angenehm **2** *präd* **is that ~ to you?** sind Sie damit einverstanden? **agreeably** [ə'griːəblɪ] *ADV* angenehm **agreed** *ADJ* **1** *präd* einig; **to be ~ on sth** sich über etw (*akk*)einig sein; **to be ~ on doing sth** sich darüber einig sein, etw zu tun; **are we all ~?** sind wir uns da einig?, sind alle einverstanden? **2** vereinbart; **it's all ~** es ist alles abgesprochen; **~?** einverstanden?; **~!** abgemacht, stimmt **agreement** [ə'griːmənt] *S* **1** Übereinkunft *f*, Abkommen *n*; **to enter into an ~** einen Vertrag (ab)schließen; **to reach (an) ~** zu einer Einigung kommen **2** Einigkeit *f*; **by mutual ~** in gegenseitigem Einvernehmen; **to be in ~ with sb** mit jdm einer Meinung sein; **to be in ~ with sth** mit etw übereinstimmen; **to be in ~ about sth** über etw (*akk*) einig sein **3** Einwilligung *f* (*to* zu) **agribusiness** ['ægrɪbɪznɪs] *S* Agroindustrie *f* **agricultural** [ˌægrɪ'kʌltʃ(ə)rəl] *ADJ* landwirtschaftlich; *Land, Reform* Agrar- **agriculture** ['ægrɪkʌltʃə'] *S* Landwirtschaft *f*; **Minister of Agriculture** (*Br*) Landwirtschaftsminister(in) *m(f)* **aground** [ə'graʊnd] *ADV* **to go** *od* **run ~** auf Grund laufen

ah [ɑː] *INT* ah; (*Schmerz*) au; (*Mitleid*) o, ach **ahead** [ə'hed] *ADV* **1** **the mountains lay ~** vor uns *etc* lagen die Berge; **the German runner was/drew ~** der deutsche Läufer lag vorn/zog nach vorne; **he is ~ by about two minutes** er hat etwa zwei Minuten Vorsprung; **to stare straight ~** geradeaus starren; **keep straight ~** immer geradeaus; **full speed ~** (SCHIFF, *fig*) volle Kraft voraus; **we sent him on ~** wir schickten ihn voraus; **in the months ~** in den bevorstehenden Monaten; **we've a busy time ~** vor uns liegt eine Menge Arbeit; **to plan ~** vorausplanen **2** **~ of sb/sth** vor jdm/etw; **walk ~ of me** geh voran; **we arrived ten minutes ~ of time** wir kamen zehn Minuten vorher an; **to be/get ~ of schedule** schneller als geplant vorankommen; **to be ~ of one's time** (*fig*) seiner Zeit voraus sein

ahoy [ə'hɔɪ] *INT* **ship ~!** Schiff ahoi!

AI *abk von* artificial intelligence KI *f*

aid [eɪd] **A** *S* **1** (❶ kein *pl*) Hilfe *f*; (**foreign**) **~** Entwicklungshilfe *f*; **with the ~ of a screwdriver** mithilfe eines Schraubenziehers; **to come** *od* **go to sb's ~** jdm zu Hilfe kommen; **in ~ of the blind** zugunsten der Blinden; **what's all this in ~ of?** (*umg*) wozu soll das gut sein? **2** Hilfsmittel *n* **B** *VT* unterstützen; **to ~ sb's recovery** jds Heilung fördern; **to ~ and abet sb** JUR jdm Beihilfe leisten; (*nach Verbrechen*) jdn begünstigen **aid agency** *S* Hilfsorganisation *f*

aide [eɪd] *S* Helfer(in) *m(f)*, (persönlicher) Berater **aide-de-camp** ['eɪddə'kɒŋ] *S, pl* aides-de-camp *f* MIL Adjutant(in) *m(f)* **2** = **aide**

aiding and abetting ['eɪdɪŋənd ə'betɪŋ] *S* JUR Beihilfe *f*; (*nach Verbrechen*) Begünstigung *f*

AIDS, Aids [eɪdz] *abk von* acquired immune deficiency syndrome Aids *n* **AIDS-infected** *ADJ* Aids-infiziert **AIDS-related** *ADJ* aidsbedingt **AIDS sufferer, AIDS victim** *S* Aids-Kranke(r) *m/f(m)* **AIDS test** *S* Aidstest *m*

ailing ['eɪlɪŋ] *ADJ* (*wörtl*) kränklich; (*fig*) krankend **ailment** ['eɪlmənt] *S* Leiden *n*; **minor ~s** leichte Beschwerden *pl*

aim [eɪm] **A** *S* **1** Zielen *n*; **to take ~** zielen (*at* auf +*akk*); **his ~ was bad/good** er zielte schlecht/gut **2** Ziel *n*; **with the ~ of doing sth** mit dem Ziel, etw zu tun; **what is your ~ in life?** was ist Ihr Lebensziel?; **to achieve one's ~** sein Ziel erreichen **B** *VT* **1** *Rakete, Kamera* richten (*at auf* +*akk*); *Stein, Pistole etc* zielen mit (*at auf* +*akk*); **he ~ed a punch at my stomach** sein Schlag zielte auf meinen Bauch **2** (*fig*) *Bemerkung* richten (*at gegen*); **this book is ~ed at the general public** dieses Buch wendet sich an die Öffentlichkeit; **to be ~ed at sth** (*neue*

A AIML 36

Gesetze etc) auf etw (akk) abgezielt sein **C** VII **1** (mit Waffe etc) zielen (at, for auf +akk) **2** isn't that ~ing a bit high? wollen Sie nicht etwas hoch hinaus?; **to ~ at** od **for sth** auf etw (akk) abzielen; **with this TV programme** (Br) od **program** (US) **we're ~ing at a much wider audience** mit diesem Fernsehprogramm wollen wir einen größeren Teilnehmerkreis ansprechen; **we ~ to please** bei uns ist der Kunde König **3** (umg) **to ~ to do sth** vorhaben, etw zu tun

aimless ADJ, **aimlessly** ADV ['eɪmlɪs, -lɪ] ziellos; handeln planlos **aimlessness** ['eɪmlɪsnɪs] S Ziellosigkeit f; (von Handlung) Planlosigkeit f

ain't [eɪnt] = am not, is not, are not, has not, have not

air [eəʳ] **A** S **1** Luft f; **a change of ~** eine Luftveränderung; **to go out for a breath of (fresh) ~** frische Luft schnappen (gehen); **to go by ~** fliegen; (Güter) per Flugzeug transportiert werden **2** (fig) **there's something in the ~** es liegt etwas in der Luft; **it's still all up in the ~** (umg) es ist noch alles offen; **to clear the ~** die Atmosphäre reinigen; **to pull** od **pluck sth out of the ~** (fig) etw auf gut Glück nennen; → thin **3** RADIO, TV **to be on the ~** (Programm) gesendet werden; (Sender) senden; **to go off the ~** (Moderator) die Sendung beenden; (Sender) das Programm beenden **4** Auftreten n; (≈ Gesichtsausdruck) Miene f; **with an ~ of bewilderment** mit bestürzter Miene; **she had an ~ of mystery about her** sie hatte etwas Geheimnisvolles an sich **5 airs** PL Getue n, Gehabe n; **to put on ~s** sich zieren; **~s and graces** Allüren pl **B** VII **1** lüften **2** Unmut Luft machen (+dat); Meinung darlegen **3** (bes US RADIO, TV) senden **air ambulance** S Rettungsflugzeug n, Rettungshubschrauber m **air bag** S Airbag m **air base** S Luftwaffenstützpunkt m **air bed** S (Br) Luftmatratze f **airborne** ADJ **1 to be ~** sich in der Luft befinden **2** MIL **~ troops** Luftlandetruppen pl **air brake** S Druckluftbremse f **airbrush** KUNST VII mit der Spritzpistole bearbeiten **air cargo** S, pl -es Luftfracht f **air-conditioned** ADJ klimatisiert **air conditioning** S (❗ kein pl) Klimatisierung f; (≈ System) Klimaanlage f

aircraft S, pl aircraft Flugzeug n **aircraft carrier** S Flugzeugträger m **air crash** S Flugzeugabsturz m **aircrew** S Flugpersonal n **airer** ['eərəʳ] S Trockenständer m **airfare** S Flugpreis m **airfield** S Flugplatz m **air force** S Luftwaffe f **air freight** S Luftfracht f **air gun** S Luftgewehr n **airhead** S (pej umg) Hohlkopf m (umg) **air hole** S Luftloch m **air hostess** S Stewardess f **airily** ['eərɪlɪ] ADV etw sagen etc leichthin **airing** ['eərɪŋ] S (von Bett-

wäsche etc) Lüften n; **to give sth a good ~** etw gut durchlüften lassen; **to give an idea an ~** (fig umg) eine Idee darlegen **airing cupboard** S (Br) Trockenschrank m **air letter** S Luftpostbrief m **airlift A** S Luftbrücke f **B** VII **to ~ sth in** etw über eine Luftbrücke hineinbringen

airline S Fluggesellschaft f **airliner** S Verkehrsflugzeug n

airmail ['eəmeɪl] **A** S Luftpost f; **to send sth (by) ~** etw per Luftpost schicken **B** VII per Luftpost schicken **airmail letter** S Luftpostbrief m **airman** S, pl -men Flieger m; (US: in Luftwaffe) Gefreite(r) m **air mattress** S Luftmatratze f **Air Miles®** PL Flugmeilen pl **airplane** S (US) Flugzeug n (❗ = (Br) aeroplane) **air pocket** S Luftloch n **air pollution** S Luftverunreinigung f, Luftverschmutzung f

airport ['eəpɔːt] S Flughafen m **airport bus** S Flughafenbus m **airport tax** S Flughafengebühr f

air pressure S Luftdruck m **air pump** S Luftpumpe f **air rage** S aggressives Verhalten von Flugpassagieren **air raid** S Luftangriff m **air-raid shelter** S Luftschutzkeller m **air-raid warning** S Fliegeralarm m **air rifle** S Luftgewehr n **air-sea rescue** S Rettung f durch Seenotflugzeuge **airship** S Luftschiff n **airshow** S Luftfahrtausstellung f **airsick** ADJ luftkrank **airspace** S Luftraum m **airspeed** S Fluggeschwindigkeit f **airstrip** S Start-und-Lande-Bahn f **air terminal** S Terminal m od n **airtight** ADJ (wörtl) luftdicht; (fig) Argument hieb- und stichfest **airtime** S RADIO, TV Sendezeit f **air-to-air** ADJ MIL Luft-Luft- **air traffic** S Flugverkehr m, Luftverkehr m **air-traffic control** S Flugleitung f **air-traffic controller** S Fluglotse m, Fluglotsin f **air vent** S **1** Ventilator m **2** Belüftungsschacht m **airwaves** PL Radiowellen pl **airway** S MED Atemwege pl **airworthy** ADJ flugtüchtig **airy** ['eərɪ] ADJ (+er) Zimmer luftig **airy-fairy** ['eərɪ'feərɪ] ADJ (Br umg) versponnen; Ausrede windig

aisle [aɪl] S Gang m; (in Kirche) Seitenschiff n; (im Zentrum) Mittelgang m; **~ seat** Sitz m am Gang; **to walk down the ~ with sb** jdn zum Altar führen; **he had them rolling in the ~s** (umg) er brachte sie so weit, dass sie sich vor Lachen kugelten (umg)

ajar [ə'dʒɑːʳ] ADJ, ADV angelehnt

aka abk von also known as alias

akimbo [ə'kɪmbəʊ] ADJ **with arms ~** die Arme in die Hüften gestemmt

akin [ə'kɪn] ADJ präd ähnlich (to +dat)

alacrity [ə'lækrɪtɪ] S Eifer m; **to accept with ~**

ohne zu zögern annehmen
à la mode [ɑːlɑːˈməʊd] ADJ *(US)* mit Eis
alarm [əˈlɑːm] A S 1 (!) kein pl Sorge f; **to be in a state of ~** besorgt sein, erschreckt sein; **to cause sb ~** jdn beunruhigen 2 Alarm m; **to raise** od **give** od **sound the ~** Alarm geben od *(fig)* schlagen 3 Alarmanlage f; **~ (clock)** Wecker m; **car ~** Autoalarmanlage f; **~ (clock)** Wecker m; **car ~** Autoalarmanlage f B VT beunruhigen, erschrecken; **don't be ~ed** erschrecken Sie nicht **alarm bell** S Alarmglocke f; **to set ~s ringing** *(fig)* die Alarmglocken klingeln lassen
alarm clock S Wecker m **alarming** [əˈlɑːmɪŋ] ADJ beunruhigend, erschreckend; *Nachricht* alarmierend **alarmingly** [əˈlɑːmɪŋli] ADV erschreckend **alarmist** [əˈlɑːmɪst] A S Panikmacher(in) m(f) B ADJ Rede Unheil prophezeiend attr; *Politiker* Panik machend attr
alas [əˈlæs] INT *(obs)* leider
Alaska [əˈlæskə] S Alaska n
Albania [ælˈbeɪnɪə] S Albanien n **Albanian** [ælˈbeɪnɪən] A ADJ albanisch B S 1 Albaner(in) m(f) 2 (≈ *Sprache*) Albanisch n
albatross [ˈælbətrɒs] S Albatros m
albino [ælˈbiːnəʊ] A S, pl -s Albino m B ADJ Albino-
album [ˈælbəm] S Album n
alcohol [ˈælkəhɒl] S Alkohol m **alcohol-free** [ˌælkəhɒlˈfriː] ADJ alkoholfrei **alcoholic** [ˌælkəˈhɒlɪk] A ADJ *Getränk* alkoholisch; *Mensch* alkoholsüchtig B S Alkoholiker(in) m(f); **to be an ~** Alkoholiker(in) sein; **Alcoholics Anonymous** Anonyme Alkoholiker pl **alcoholism** [ˈælkəhɒlɪzəm] S Alkoholismus m **alcopop** [ˈælkəpɒp] S Alcopop m, *fertig gemischter, alkoholhaltiger Cocktail*

▶ **alcoholic**

In Anlehnung an **alcoholic** sind andere Wörter entstanden, die auch etwas mit Sucht zu tun haben:

chocoholic	Schokoladensüchtige(r)
shopaholic	Kaufsüchtige(r)
workaholic	Arbeitssüchtige(r)

WORTSCHATZ ◂

alder [ˈɔːldə] S Erle f
ale [eɪl] S Ale n *Ale n helles englisches Bier*
alert [əˈlɜːt] A ADJ aufmerksam; **to be ~ to sth** vor etw *(dat)* auf der Hut sein B VT warnen *(to* vor *+dat)*; *Truppen* in Gefechtsbereitschaft versetzen; *Feuerwehr etc* alarmieren C S Alarm m; **to be on (the) ~** einsatzbereit sein; (≈ *wachsam*) auf der Hut sein *(for* vor *+dat)* **alertness** S Aufmerksamkeit f
A level [ˈeɪˌlevl] S *(Br)* Abschluss m der Sekundarstufe 2; **to take one's ~s** ≈ das Abitur machen, ≈ maturieren *(österr)*; **3 ~s** ≈ das Abitur od die Matura *(österr, schweiz)* in 3 Fächern

  A level

A level ist die Kurzform von **advanced level** und bezeichnet eine Schulprüfung, die in England und Wales im Alter von ca. 18 Jahren abgelegt wird. Normalerweise werden **A levels** in drei (manchmal mehr) Fächern gemacht und qualifizieren zum Hochschulstudium.

LANDESKUNDE ◂

alfresco [ælˈfreskəʊ] ADV, ADJ präd im Freien
algae [ˈælɡiː] PL Algen pl
algebra [ˈældʒɪbrə] S Algebra f
Algeria [ælˈdʒɪərɪə] S Algerien n **Algerian** A S Algerier(in) m(f) B ADJ algerisch
algorithm [ˈælɡərɪðəm] S Algorithmus m
alias [ˈeɪlɪæs] A ADV alias B S Deckname m
alibi [ˈælɪbaɪ] S Alibi n
alien [ˈeɪlɪən] A S POL Ausländer(in) m(f); *(Science Fiction)* außerirdisches Wesen B ADJ 1 ausländisch; SCIENCE FICTION außerirdisch 2 fremd; **to be ~ to sb/sth** jdm/einer Sache fremd sein **alienate** [ˈeɪlɪəneɪt] VT *Menschen* befremden; *öffentliche Meinung* gegen sich aufbringen; **to ~ oneself from sb/sth** sich jdm/einer Sache entfremden **alienated** [ˈeɪlɪəneɪtɪd] ADJ **to feel ~** sich ausgeschlossen fühlen **alienation** [ˌeɪlɪəˈneɪʃən] S Entfremdung f *(from* von*)*
alight¹ [əˈlaɪt] *(form)* VI *(Mensch)* aussteigen *(from* aus*)*; *(Vogel)* sich niederlassen *(on* auf *+dat)*; **his eyes ~ed on the ring** sein Blick fiel auf den Ring
alight² ADJ präd **to be ~** brennen; **to keep the fire ~** das Feuer in Gang halten; **to set sth ~** etw in Brand setzen
align [əˈlaɪn] VT **to ~ sth with sth** etw auf etw *(akk)* ausrichten; **they have ~ed themselves against him** sie haben sich gegen ihn zusammengeschlossen **alignment** S Ausrichtung f; **to be out of ~** nicht richtig ausgerichtet sein *(with* nach*)*
alike [əˈlaɪk] ADV, ADJ präd gleich; **they're/they look very ~** sie sind/sehen sich *(dat)* sehr ähnlich; **they always think ~** sie sind immer einer Meinung; **winter and summer ~** Sommer wie Winter
alimentary [ˌælɪˈmentəri] ADJ ANAT **~ canal** Verdauungskanal m
alimony [ˈælɪmənɪ] S Unterhaltszahlung f; **to**

pay ~ Unterhalt zahlen

alive [ə'laɪv] ADJ **präd 1** lebendig; **to be ~** leben; **the greatest musician ~** der größte lebende Musiker; **to stay ~** am Leben bleiben; **to keep sb/sth ~** (wörtl, fig) jdn/etw am Leben erhalten; **to be ~ and kicking** (hum umg) gesund und munter sein; **~ and well** gesund und munter; **to come ~** lebendig werden; **to bring sth ~** Geschichte etw lebendig werden lassen **2 ~ with** erfüllt von; **to be ~ with tourists/insects** etc von Touristen/Insekten etc wimmeln

alkali ['ælkəlaɪ] S̲, pl -(e)s Base f; (Metall, AGR) Alkali n **alkaline** ['ælkəlaɪn] ADJ alkalisch

all [ɔːl]

A Adjektiv	B Pronomen
C Adverb	D Substantiv

— A Adjektiv —

(pl) alle; (sg) ganze(r, s), alle(r, s) (⚠ bei Substantiven im Plural **all** und **all the** = „alle", bei Substantiven im Singular **all the** und **all of the** = „der/die/das ganze ..."); ~ **the children** alle Kinder; ~ **kinds** od **sorts of people** alle möglichen Leute; ~ **the tobacco** der ganze Tabak; ~ **you boys can come with me** ihr Jungen könnt alle mit mir kommen; ~ **the time** den ganzen Tag; ~ **day (long)** den ganzen Tag (lang); **to dislike ~ sport** jeglichen Sport ablehnen; **in ~ respects** in jeder Hinsicht; ~ **my books** alle meine Bücher; ~ **my life** mein ganzes Leben (lang); **they ~ came** sie sind alle gekommen; **he took it ~** er hat alles genommen; **he's seen/ done it ~** für ihn gibt es nichts Neues mehr; **I don't understand ~ that** ich verstehe das alles nicht; **what's ~ this/that?** was ist denn das?; (verärgert) was soll denn das!; **what's ~ this I hear about you leaving?** was höre ich da! Sie wollen gehen?; **with ~ possible speed** so schnell wie möglich; **with ~ due care** mit angemessener Sorgfalt

— B Pronomen —

1 alles; **I'm just curious, that's ~** ich bin nur neugierig, das ist alles; **that's ~ that matters** darauf allein kommt es an; **that is ~ (that) I can tell you** mehr kann ich Ihnen nicht sagen; **it was ~ I could do not to laugh** ich musste an mich halten, um nicht zu lachen; ~ **of Paris/of the house** ganz Paris/das ganze Haus; ~ **of it** alles; ~ **of £5** ganze £ 5; **ten people in ~** insgesamt zehn Personen; ~ **or nothing** alles oder nichts; **the whole family came, children and ~** die Familie kam mit Kind und Kegel **2 at ~** überhaupt; **nothing at**

~ gar nichts; **I'm not angry at ~** ich bin überhaupt nicht wütend; **it's not bad at ~** das ist gar nicht schlecht; **if at ~ possible** wenn irgend möglich; **why me of ~ people?** warum ausgerechnet ich? **3 happiest** etc **of ~** am glücklichsten etc; **I like him best of ~** von allen mag ich ihn am liebsten; **most of ~** am meisten; ~ **in ~** alles in allem; **it's ~ one to me** das ist mir (ganz) egal; **for ~ I know she could be ill** was weiß ich, vielleicht ist sie krank **4** alle pl; ~ **of them** (sie) alle; **the score was two ~** es stand zwei zu zwei

— C Adverb —

1 ganz; ~ **excited** etc ganz aufgeregt etc; ~ **by myself** ganz allein; **that's ~ very fine** od **well** das ist alles ganz schön und gut; **all over** überall; **it was red ~ over** es war ganz rot; ~ **down the front of her dress** überall vorn auf ihrem Kleid; ~ **along the road** die ganze Straße entlang; **to know the answer ~ along** die Antwort die ganze Zeit wissen; **there were chairs ~ around the room** rundum im Zimmer standen Stühle; **I'm ~ for it!** ich bin ganz dafür **2** ~ **the happier** etc noch glücklicher etc; ~ **the funnier because ...** umso lustiger, weil ...; ~ **the same** trotzdem; ~ **the same, it's a pity** trotzdem ist es schade; **it's ~ the same to me** das ist mir (ganz) egal; **he's ~ there/not ~ there** er ist voll da/nicht ganz da (umg); **it's not ~ that bad** so schlimm ist es nun auch wieder nicht; **the party won ~ but six of the seats** die Partei hat alle bis auf sechs Sitze gewonnen

— D Substantiv —

one's ~ alles; **the horses were giving their ~** die Pferde gaben ihr Letztes

Allah ['ælə] S̲ Allah m

all-American ADJ Mannschaft uramerikanisch; **an ~ boy** ein durch und durch amerikanischer Junge **all-around** ADJ (US) = all-round

all clear S̲ Entwarnung f; **to give/sound the ~ Entwarnung** geben **all-consuming** ADJ Leidenschaft überwältigend **all-day** ADJ ganztägig; **it was an ~ meeting** die Sitzung dauerte den ganzen Tag

allegation [ˌælɪ'geɪʃən] S̲ Behauptung f **allege** [ə'ledʒ] V̲T̲ behaupten; **he is ~d to have said that ...** er soll angeblich gesagt haben, dass ... **alleged** [ə'ledʒd] ADJ, **allegedly** [ə'ledʒɪdlɪ] ADV angeblich

allegiance [ə'liːdʒəns] S̲ Treue f (to +dat); **oath of ~** Treueeid m

allegoric(al) [ˌælɪ'gɒrɪk(əl)] ADJ, **allegorically** [ˌælɪ'gɒrɪkəlɪ] ADV allegorisch **allegory** ['ælɪgərɪ] S̲ Allegorie f

alleluia [ˌælɪ'luːjə] A INT (h)alleluja B S̲

(H)alleluja *n*
all-embracing [ˌɔːlɪmˈbreɪsɪŋ] ADJ (all)umfassend
allergic [əˈlɜːdʒɪk] ADJ (wörtl, fig) allergisch (to gegen) **allergy** [ˈælədʒɪ] S Allergie *f* (to gegen)
alleviate [əˈliːvɪeɪt] VT lindern **alleviation** [əˌliːvɪˈeɪʃən] S Linderung *f*
alley [ˈælɪ] S 1 (enge) Gasse 2 (≈ zum Kegeln etc) Bahn *f* **alleyway** [ˈælɪweɪ] S Durchgang *m*

alley — (enge) Gasse

alley — (Kegel)bahn

alliance [əˈlaɪəns] S Verbindung *f*; (von Staaten) Bündnis *n*; (historisch) Allianz *f* **allied** [ˈælaɪd] ADJ verbunden; (bei Angriff etc) verbündet; **the Allied forces** die Alliierten **Allies** [ˈælaɪz] PL HIST **the ~** die Alliierten *pl*
alligator [ˈælɪgeɪtə^r] S Alligator *m*
all-important ADJ außerordentlich wichtig; **the ~ question** die Frage, auf die es ankommt
all-in ADJ *attr*, **all in** ADJ *präd* Inklusiv-; **~ price** Inklusivpreis *m* **all-inclusive** ADJ Pauschal-
all-in-one ADJ *Taucheranzug etc* einteilig **all-in wrestling** S SPORT Freistilringen *n*
alliteration [əˌlɪtəˈreɪʃən] S Alliteration *f*
all-night [ˌɔːlˈnaɪt] ADJ *attr* Café (die ganze Nacht) durchgehend geöffnet; *Wache* die ganze Nacht andauernd *attr*; **we had an ~ party** wir haben die ganze Nacht durchgemacht; **there is an ~ bus service** die Busse verkehren die ganze Nacht über
allocate [ˈæləkeɪt] VT zuteilen (to sb jdm), verteilen (to auf +akk); *Aufgaben* vergeben (to an +akk); **to ~ money to** *od* **for a project** Geld für ein Projekt bestimmen **allocation** [ˌæləˈkeɪʃən] S Zuteilung *f*, Verteilung *f*; (≈ Summe) Zuwendung *f*

allot [əˈlɒt] VT zuteilen (to sb/sth jdm/etw); *Zeit* vorsehen (to für); *Geldmittel* bestimmen (to für)
allotment [əˈlɒtmənt] S (Br) Schrebergarten *m*
all out ADV **to go ~ to do sth** alles daransetzen, etw zu tun; **all-out** ADJ *Krieg* total; *Angriff* massiv; *Anstrengung* äußerste(r, s)
allow [əˈlaʊ] A VT 1 erlauben; *Verhalten etc* zulassen; **to ~ sb sth** jdm etw erlauben; **to ~ sb to do sth** jdm erlauben, etw zu tun; **to be ~ed to do sth** etw tun dürfen; **smoking is not ~ed** Rauchen ist nicht gestattet; "**no dogs ~ed**" „Hunde müssen draußen bleiben"; **to ~ oneself sth** sich (*dat*) etw erlauben, sich (*dat*) etw gönnen; **to ~ oneself to be waited on/persuaded** *etc* sich bedienen/überreden *etc* lassen; **~ me!** gestatten Sie (*form*); **to ~ sth to happen** zulassen, dass etw geschieht; **to be ~ed in/out** hinein-/hinausdürfen 2 *Anspruch, Tor* anerkennen 3 *Rabatt, Summe* geben; *Raum* lassen; *Zeit* einplanen; **~ (yourself) an hour to cross the city** rechnen Sie mit einer Stunde, um durch die Stadt zu kommen; **~ing** *od* **if we ~ that ...** angenommen, (dass) ... B VI **if time ~s** falls es zeitlich möglich ist ♦**allow for** VI +obj berücksichtigen; **allowing for the fact that ...** unter Berücksichtigung der Tatsache, dass ...; **after allowing for** nach Berücksichtigung (+gen)
allowable [əˈlaʊəbl] ADJ zulässig; (FIN: steuerlich) absetzbar **allowance** [əˈlaʊəns] S 1 finanzielle Unterstützung; (staatlich) Beihilfe *f*; (für Überstunden etc) Zulage *f*; (US: für Kinder) Taschengeld *n* (⚠ = (Br) **pocket money**); **clothing ~** Kleidungsgeld *n*; **he gave her an ~ of £500 a month** er stellte ihr monatlich £ 500 zur Verfügung 2 FIN Freibetrag *m* 3 **to make ~(s) for sth** etw berücksichtigen; **to make ~s for sb** bei jdm Zugeständnisse machen
alloy [ˈælɔɪ] S Legierung *f*
all-party ADJ POL Allparteien- **all-purpose** ADJ Allzweck-
all right [ˈɔːlˈraɪt] A ADJ *präd* in Ordnung, okay (*umg*); **it's ~** es geht; (≈ *funktioniert*) es ist in Ordnung; **that's** *od* **it's ~** (als Antwort auf Dank, Entschuldigung) schon gut; **to taste ~** ganz gut schmecken; **is it ~ for me to leave early?** kann ich früher gehen?; **it's ~ by me** ich habe nichts dagegen; **it's ~ for you (to talk)** du hast gut reden; **he's ~** (*umg*) der ist in Ordnung (*umg*); **are you ~?** (≈ *gesund*) geht es Ihnen gut?; (≈ *unverletzt*) ist Ihnen etwas passiert?; **are you feeling ~?** fehlt Ihnen was? B ADV 1 gut; **did I do it ~?** habe ich es recht gemacht?; **did you get home ~?** bist du gut nach Hause gekommen?; **did you find it ~?** haben Sie es denn gefunden? 2 (≈ *sicherlich*) schon; **that's the boy ~** das

ist der Junge; **oh yes, we heard you ~** o ja, und ob wir dich gehört haben [C] [INT] gut, okay *(umg)*, in Ordnung; **may I leave early? — ~** kann ich früher gehen? — ja; **~ that's enough!** komm, jetzt reichts (aber)!; **~, ~! I'm coming** schon gut, ich komme ja!
all-round [ADJ] *(bes Br)* Allround-; **a good ~ performance** eine rundum gute Leistung **all--rounder** [S] *(Br)* Allroundmann *m*/-frau *f*; SPORT Allroundsportler(in) *m(f)* **All Saints' Day** [S] Allerheiligen *n* **all-seater** [ADJ] *(Br* SPORT) *Stadion* ohne Stehplätze **All Souls' Day** [S] Allerseelen *n* **allspice** [S] Piment *m od n* **all-star** [ADJ] Star-; **~ cast** Starbesetzung *f* **all-terrain bike** [S] Mountainbike *n* **all--terrain vehicle** [S] Geländefahrzeug *n* **all--time** [A] [ADJ] aller Zeiten; **the ~ record** der Rekord aller Zeiten; **an ~ high/low** der höchste/niedrigste Stand aller Zeiten [B] [ADV] **~ best** beste(r, s) aller Zeiten
allude [ə'lu:d] [VI] *+obj* **to ~ to** anspielen auf *(+akk)*
alluring [ADJ], **alluringly** [ADV] verführerisch
allusion [ə'lu:ʒən] [S] Anspielung *f (to* auf *+akk)*
all-weather [ˌɔ:l'weðə^r] [ADJ] Allwetter-; **~ pitch** Allwetterplatz *m* **all-wheel drive** [S] Allradantrieb *m*
ally ['ælaɪ] [A] [S] Verbündete(r) *m/f(m)*; HIST Alliierte(r) *m* [B] [ə'laɪ] [VT] verbinden *(with, to* mit); *(zum Angriff etc)* verbünden *(with, to* mit); **to ~ oneself with** *od* **to sb** sich mit jdm verbünden
almighty [ɔ:l'maɪtɪ] [A] [ADJ] [1] allmächtig; **Almighty God, God Almighty** KIRCHE der Allmächtige; *(in Gebet)* allmächtiger Gott; **God** *od* **Christ Almighty!** *(umg)* Allmächtiger! *(umg)* [2] *(umg) Streit* mordsmäßig *(umg)*; **there was an ~ bang and …** es gab einen Mordsknall und … *(umg)* [B] [S] **the Almighty** der Allmächtige
almond ['ɑ:mənd] [S] Mandel *f*
almost ['ɔ:lməʊst] [ADV] fast; **he ~ fell** er wäre fast gefallen; **she'll ~ certainly come** es ist ziemlich sicher, dass sie kommt
alms [ɑ:mz] [PL] Almosen *pl*
aloe vera ['æləʊ'vɪərə] [S] Aloe Vera *f*
alone [ə'ləʊn] [A] [ADJ] *präd* allein(e) [B] [ADV] allein(e); **Simon ~ knew the truth** nur Simon kannte die Wahrheit; **to stand ~** *(fig)* einzig dastehen; **to go it ~** *(umg ≈ unabhängig sein)* auf eigenen Beinen stehen
along [ə'lɒŋ] [A] [PRÄP] *(Richtung)* entlang *(+akk)*; *(Position)* entlang *(+dat)*; **he walked ~ the river** er ging den Fluss entlang; **somewhere ~ the way** irgendwo auf dem Weg [B] [ADV] [1] weiter-; **to move ~** weitergehen; **run ~** nun lauf!; **he'll be ~ soon** er muss gleich da sein; **I'll be ~ in a minute** ich komme gleich [2] **~ with** zusammen mit; **to come ~ with sb** mit jdm mitkommen; **take an umbrella ~** nimm einen Schirm mit **alongside** [ə'lɒŋ'saɪd] [A] [PRÄP] neben *(+dat)*; **he works ~ me** er ist ein Kollege von mir, er arbeitet neben mir [B] [ADV] daneben; **a police car drew up ~** ein Polizeiauto fuhr neben mich/ihn *etc* heran
aloud [ə'laʊd] [ADV] laut
alphabet ['ælfəbet] [S] Alphabet *n*; **does he know the** *od* **his ~?** kann er schon das Abc?
alphabetic(al) [ˌælfə'betɪk(əl)] [ADJ] alphabetisch; **in alphabetical order** in alphabetischer Reihenfolge **alphabetically** [ˌælfə'betɪkəlɪ] [ADV] alphabetisch
alpine ['ælpaɪn] [ADJ] alpin; **~ flower** Alpenblume *f*; **~ scenery** Berglandschaft *f*
Alps [ælps] [PL] Alpen *pl*
already [ɔ:l'redɪ] [ADV] schon, bereits; **I've ~ seen it, I've seen it ~** ich habe es schon gesehen
alright [ˌɔ:l'raɪt] [ADJ, ADV] = all right
Alsace ['ælsæs] [S] das Elsass **Alsace-Lorraine** ['ælsæslə'reɪn] [S] Elsass-Lothringen *n* **alsatian** [æl'seɪʃən] [S] *(Br: a.* **alsatian dog**) (Deutscher) Schäferhund (❗ = (US) **German shepherd**)
also ['ɔ:lsəʊ] [ADV] auch, außerdem; **her cousin ~ came** *od* **came ~** ihre Cousine kam auch; **not only … but ~** nicht nur … sondern auch; **~, I must explain that …** außerdem muss ich erklären, dass …
altar ['ɒltə^r] [S] Altar *m* **altar boy** [S] Ministrant *m*
alter ['ɒltə^r] [A] [VT] ändern; **to ~ sth completely** etw vollkommen verändern; **it does not ~ the fact that …** das ändert nichts an der Tatsache, dass … [B] [VI] sich ändern **alteration** [ˌɒltə'reɪʃən] [S] Änderung *f*; *(äußerlich)* Veränderung *f*; **to make ~s to sth** Änderungen an etw *(dat)* vornehmen; **(this timetable is) subject to ~** Änderungen (im Fahrplan sind) vorbehalten; **closed for ~s** wegen Umbau geschlossen
altercation [ˌɒltə'keɪʃən] [S] Auseinandersetzung *f*
alternate [ɒl'tɜ:nɪt] [A] [ADJ] [1] **on ~ days** jeden zweiten Tag; **they put down ~ layers of brick and mortar** sie schichteten (immer) abwechselnd Ziegel und Mörtel aufeinander [2] alternativ; **~ route** Ausweichstrecke *f* [B] ['ɔ:ltəneɪt] [VT] abwechseln lassen; **to ~ one thing with another** zwischen einer Sache und einer anderen (ab)wechseln [C] ['ɔ:ltəneɪt] [VI] (sich) abwechseln; ELEK alternieren **alternately** [ɒl'tɜ:nɪtlɪ] [ADV] [1] wechselweise [2] = alternatively **alternating** ['ɒltɜ:neɪtɪŋ] [ADJ] wechselnd; **~ current** Wechselstrom *m*

41 ‖ AMEN **A**

alternative [ɒl'tɜːnətɪv] **A** ADJ Alternativ-; **~ route** Ausweichstrecke *f* **B** s̄ Alternative *f*; **I had no ~ (but ...)** ich hatte keine andere Wahl (als ...) **alternatively** [ɒl'tɜːnətɪvlɪ] ADV als Alternative; **or ~, he could come with us** oder aber, er kommt mit uns mit; **a prison sentence of three months or ~ a fine of £5000** eine Gefängnisstrafe von drei Monaten oder wahlweise eine Geldstrafe von £ 5000 **alternative medicine** s̄ Alternativmedizin *f*

alternator ['ɒltɜːneɪtəʳ] s̄ ELEK Wechselstromgenerator *m*; AUTO Lichtmaschine *f*

although [ɔːl'ðəʊ] KONJ obwohl; **the house, ~ small ...** obwohl das Haus klein ist ...

altimeter ['æltɪmiːtəʳ] s̄ Höhenmesser *m*

altitude ['æltɪtjuːd] s̄ Höhe *f*; **what is our ~?** in welcher Höhe befinden wir uns?; **we are flying at an ~ of ...** wir fliegen in einer Höhe von ...

alt key ['ɒltkiː] s̄ IT Alt-Taste *f*

alto ['æltəʊ] **A** s̄, *pl* -s Alt *m* **B** ADJ Alt- **C** ADV **to sing ~** Alt singen

altogether [,ɔːltə'geðəʳ] ADV **1** insgesamt; **~ it was very pleasant** alles in allem war es sehr nett **2** vollkommen; **he wasn't ~ surprised** er war nicht übermäßig überrascht; **it was ~ a waste of time** es war vollkommene Zeitverschwendung; **that is another matter ~** das ist etwas ganz anderes

altruism ['æltrʊɪzəm] s̄ Altruismus *m* **altruistic** ADJ, **altruistically** ADV [,æltrʊ'ɪstɪk, -əlɪ] altruistisch

aluminium [,æljʊ'mɪnɪəm], (US) **aluminum** [ə'luːmɪnəm] s̄ Aluminium *n*; **~ foil** Alufolie *f*

alumna [ə'lʌmnə] s̄, *pl* -e [ə'lʌmniː] (US) ehemalige Schülerin/Studentin **alumnus** [ə'lʌmnəs] s̄, *pl* alumni [ə'lʌmnaɪ] (US) ehemaliger Schüler/Student

always ['ɔːlweɪz] ADV immer; **we could ~ go by train** wir könnten doch auch den Zug nehmen

Alzheimer's (disease) ['ælts,haɪməz(dɪ,ziːz)] s̄ Alzheimerkrankheit *f*

AM 1 RADIO *abk von* amplitude modulation **AM 2** (*Br*) POL *abk von* Assembly Member Mitglied *n* der walisischen Versammlung

am [æm] *1. Person sg präs von* be

am, a. m. *abk von* ante meridiem; **2 am** 2 Uhr morgens; **12 am** 0 Uhr

amalgam [ə'mælgəm] s̄ Amalgam *n*; (*fig*) Mischung *f* **amalgamate** [ə'mælgəmeɪt] **A** v̄t̄ fusionieren **B** v̄ī̄ fusionieren **amalgamation** [ə,mælgə'meɪʃən] s̄ Fusion *f*

amass [ə'mæs] v̄t̄ anhäufen

amateur ['æmətəʳ] **A** s̄ **1** Amateur(in) *m(f)* **2** (*pej*) Dilettant(in) *m(f)* **B** ADJ **1** *attr* Amateur-; **~ painter** Hobbymaler(in) *m(f)* **2** (*pej*) = amateur-

ish amateur dramatics [,æmətədrə-'mætɪks] PL Laiendrama *n* **amateurish** ADJ, **amateurishly** ADV (*pej*) dilettantisch

amaze [ə'meɪz] v̄t̄ erstaunen; **I was ~d to learn that ...** ich war erstaunt zu hören, dass ...; **to be ~d at sth** über etw (*akk*) erstaunt sein; **it ~s me that ...** ich finde es erstaunlich, dass ... **amazement** s̄ Erstaunen *n*; **much to my ~** zu meinem großen Erstaunen

amazing [ə'meɪzɪŋ] ADJ erstaunlich **amazingly** [ə'meɪzɪŋlɪ] ADV erstaunlich; **~ (enough), he got it right first time** erstaunlicherweise hat er es gleich beim ersten Mal richtig gemacht

Amazon ['æməzən] s̄ Amazonas *m*; (MYTH, *fig*) Amazone *f*

ambassador [æm'bæsədəʳ] s̄ Botschafter(in) *m(f)*

amber ['æmbəʳ] **A** s̄ Bernstein *m*; (*Farbe*) Bernsteingelb *n*; (*Br*: *von Ampel*) Gelb *n* **B** ADJ aus Bernstein, bernsteinfarben; (*Br*) Ampel gelb

ambidextrous [,æmbɪ'dekstrəs] ADJ beidhändig

ambience ['æmbɪəns] s̄ Atmosphäre *f*

ambiguity [,æmbɪ'gjuːɪtɪ] s̄ Zweideutigkeit *f*, Mehrdeutigkeit *f* **ambiguous** ADJ, **ambiguously** ADV [æm'bɪgjʊəs, -lɪ] zweideutig, mehrdeutig

ambition [æm'bɪʃən] s̄ **1** Ambition *f*; **she has ~s in that direction/for her son** sie hat Ambitionen in dieser Richtung/ehrgeizige Pläne für ihren Sohn; **my ~ is to become prime minister** es ist mein Ehrgeiz, Premierminister zu werden **2** Ehrgeiz *m* **ambitious** [æm-'bɪʃəs] ADJ ehrgeizig; *Unterfangen* kühn **ambitiously** [æm'bɪʃəslɪ] ADV ehrgeizig; **rather ~, we set out to prove the following** wir hatten uns das ehrgeizige Ziel gesteckt, das Folgende zu beweisen

ambivalent [æm'bɪvələnt] ADJ ambivalent

ambulance ['æmbjʊləns] s̄ Krankenwagen *m*, Rettung *f* (*schweiz*) **ambulance driver** s̄ Krankenwagenfahrer(in) *m(f)*, Rettungsfahrer(in) *m(f)* (*schweiz*) **ambulanceman** s̄, *pl* -men Sanitäter *m* **ambulance service** s̄ Rettungsdienst *m*, Rettung *f* (*schweiz*); (*System*) Rettungswesen *n*

ambush ['æmbʊʃ] **A** s̄ Überfall *m* (aus dem Hinterhalt); **to lie in ~ for sb** (MIL, *fig*) jdm im Hinterhalt auflauern **B** v̄t̄ (aus dem Hinterhalt) überfallen

ameba s̄ (US) = amoeba

amen [,ɑː'men] INT amen; **~ to that!** (*fig umg*) ja, wahrlich *od* fürwahr! (*hum*)

amenable [ə'miːnəbl] ADJ zugänglich (*to* +*dat*)

amend [ə'mend] v̄t̄ *Gesetz, Text* ändern, ergänzen; *Gewohnheiten, Verhalten* verbessern **amendment** 5̲ *(von Gesetz, in Text)* Änderung *f (to +gen); (≈ Ergänzung)* Zusatz *m (to zu);* **the First/Second** *etc* **Amendment** *(US POL)* Zusatz *m 1/2 etc*

amends [əˈmendz] P̲L̲ **to make ~ for sth** etw wiedergutmachen; **to make ~ to sb for sth** jdn für etw entschädigen

amenity [əˈmiːnɪtɪ] 5̲ **(public) ~** öffentliche Einrichtung; **close to all amenities** in günstiger Einkaufs- und Verkehrslage

Amerasian [æmeˈreɪʃn] 5̲ *Mensch amerikanisch-asiatischer Herkunft*

America [əˈmerɪkə] 5̲ Amerika *n*

American [əˈmerɪkən] A̲ A̲D̲J̲ amerikanisch; **~ English** amerikanisches Englisch; **the ~ Dream** der amerikanische Traum B̲ 5̲ 1̲ Amerikaner(in) *m(f)* 2̲ LING Amerikanisch *n*

American Indian 5̲ Indianer(in) *m(f)* **Americanism** [əˈmerɪkənɪzəm] 5̲ LING Amerikanismus *m* **Americanization** [əˌmerɪkənaɪˈzeɪʃən] 5̲ Amerikanisierung *f* **Americanize** [əˈmerɪkənaɪz] V̲/T̲ amerikanisieren **American plan** 5̲ Vollpension *f* **Amerindian** [æməˈrɪndɪən] A̲ 5̲ Indianer(in) *m(f)* B̲ A̲D̲J̲ indianisch

amethyst [ˈæmɪθɪst] 5̲ Amethyst *m*

Amex [ˈæmeks] 5̲ *(US) abk* von American Stock Exchange Amex *f*

amiable A̲D̲J̲, **amiably** A̲D̲V̲ [ˈeɪmɪəbl, -ɪ] liebenswürdig

amicable [ˈæmɪkəbl] A̲D̲J̲ *Mensch* freundlich; *Beziehungen* freundschaftlich; *Diskussion* friedlich; JUR *Übereinkunft* gütlich; **to be on ~ terms** freundschaftlich miteinander verkehren **amicably** [ˈæmɪkəblɪ] A̲D̲V̲ freundlich; *diskutieren* friedlich; JUR *sich einigen* gütlich

amid(st) [əˈmɪd(st)] P̲R̲Ä̲P̲ inmitten *(+gen)*

amino acid [əˈmiːnəʊˈæsɪd] 5̲ Aminosäure *f*

amiss [əˈmɪs] A̲ A̲D̲J̲ *präd* **there's something ~** da stimmt irgendetwas nicht B̲ A̲D̲V̲ **to take sth ~** *(Br)* (jdm) etw übel nehmen; **a drink would not go ~** etwas zu trinken wäre gar nicht verkehrt

ammo [ˈæməʊ] 5̲ (❗ kein pl) *(umg)* Munition *f*

ammonia [əˈməʊnɪə] 5̲ Ammoniak *n*

ammunition [ˌæmjʊˈnɪʃən] 5̲ Munition *f* **ammunition belt** 5̲ Patronengurt *m* **ammunition dump** 5̲ Munitionslager *n*

amnesia [æmˈniːzɪə] 5̲ Amnesie *f*

amnesty [ˈæmnɪstɪ] 5̲ Amnestie *f*

amniocentesis [ˌæmnɪəʊsenˈtiːsɪs] 5̲ MED Fruchtwasseruntersuchung *f*

amoeba, *(US)* **ameba** [əˈmiːbə] 5̲ Amöbe *f*

amok [əˈmɒk] A̲D̲V̲ = amuck

among(st) [əˈmʌŋ(st)] P̲R̲Ä̲P̲ unter *(+akk od dat);* **~ other things** unter anderem; **she had sung with Madonna ~ others** sie hatte unter ande-

rem mit Madonna gesungen; **to stand ~ the crowd** (mitten) in der Menge stehen; **they shared it out ~ themselves** sie teilten es untereinander auf; **talk ~ yourselves** unterhaltet euch; **he's ~ our best players** er gehört zu unseren besten Spielern; **to count sb ~ one's friends** jdn zu seinen Freunden zählen; **this habit is widespread ~ the French** diese Sitte ist bei den Franzosen weitverbreitet

amoral [eɪˈmɒrəl] A̲D̲J̲ amoralisch

amorous [ˈæmərəs] A̲D̲J̲ amourös; *Blick* verliebt

amount [əˈmaʊnt] A̲ 5̲ 1̲ Betrag *m;* **total ~** Gesamtsumme *f;* **debts to** *(Br)* od **in** *(US)* **the ~ of £2000** Schulden in Höhe von £ 2000; **in 12 equal ~s** in 12 gleichen Beträgen; **a small ~ of money** eine geringe Summe; **large ~s of money** Unsummen *pl* 2̲ Menge *f; (an Geschicklichkeit etc)* Maß *n (of* an *+dat);* **an enormous ~ of work** sehr viel Arbeit; **any ~ of time/food** beliebig viel Zeit/Essen; **no ~ of talking would persuade him** kein Reden würde ihn überzeugen B̲ V̲/I̲ 1̲ sich belaufen *(to* auf *+akk)* 2̲ gleichkommen *(to +dat);* **it ~s to the same thing** das kommt (doch) aufs Gleiche hinaus; **he will never ~ to much** aus ihm wird nie etwas werden

amp(ère) [ˈæmp(eə')] 5̲ Ampere *n*

ampersand [ˈæmpəsænd] 5̲ Et-Zeichen *f,* Und-Zeichen *n*

amphetamine [æmˈfetəmiːn] 5̲ Amphetamin *n*

amphibian [æmˈfɪbɪən] 5̲ Amphibie *f* **amphibious** [æmˈfɪbɪəs] A̲D̲J̲ amphibisch; **~ vehicle/aircraft** Amphibienfahrzeug *n*/-flugzeug *n*

ample [ˈæmpl] A̲D̲J̲ *(+er)* 1̲ reichlich 2̲ *Figur, Proportionen* üppig

amplification [ˌæmplɪfɪˈkeɪʃən] 5̲ RADIO Verstärkung *f* **amplifier** [ˈæmplɪfaɪə'] 5̲ RADIO Verstärker *m* **amplify** [ˈæmplɪfaɪ] V̲/T̲ RADIO verstärken

amply [ˈæmplɪ] A̲D̲V̲ reichlich

amputate [ˈæmpjʊteɪt] V̲/T̲ & V̲/I̲ amputieren **amputation** [ˌæmpjʊˈteɪʃən] 5̲ Amputation *f* **amputee** [ˌæmpjʊˈtiː] 5̲ Amputierte(r) *m/f(m)*

amuck [əˈmʌk] A̲D̲V̲ **to run ~** *(wörtl, fig)* Amok laufen

amuse [əˈmjuːz] A̲ V̲/T̲ amüsieren, unterhalten; **let the children do it if it ~s them** lass die Kinder doch, wenn es ihnen Spaß macht B̲ V̲/R̲ **the children can ~ themselves for a while** die Kinder können sich eine Zeit lang selbst beschäftigen; **to ~ oneself (by) doing sth** etw zu seinem Vergnügen tun; **how do you ~ yourself now you're retired?** wie vertreiben Sie sich *(dat)* die Zeit, wo Sie jetzt im Ru-

hestand sind? **amused** ADJ amüsiert; **she seemed ~ at my suggestion** sie schien über meinen Vorschlag amüsiert (zu sein); **to keep sb/oneself ~** jdm/sich (dat) die Zeit vertreiben; **give him his toys, that'll keep him ~** gib ihm sein Spielzeug, dann ist er friedlich

amusement [ə'mjuːzmənt] S **1** Vergnügen n; **to do sth for one's own ~** etw zu seinem Vergnügen tun **2 amusements** PL (auf Jahrmarkt) Attraktionen pl; (in Seebad) Spielautomaten etc **amusement arcade** S (Br) Spielhalle f **amusement park** S Vergnügungspark m **amusing** [ə'mjuːzɪŋ] ADJ amüsant; **how ~** das ist aber lustig!; **I don't find that very ~** das finde ich gar nicht lustig **amusingly** [ə-'mjuːzɪŋlɪ] ADV amüsant

an [æn, ən, n] UNBEST ART → a

anabolic steroid [ˌænə'bɒlɪk'stɪərɔɪd] S Anabolikum n

anachronism [ə'nækrənɪzəm] S Anachronismus m **anachronistic** [əˌnækrə'nɪstɪk] ADJ anachronistisch

anaemia, (US) **anemia** [ə'niːmɪə] S Anämie f **anaemic**, (US) **anemic** [ə'niːmɪk] ADJ anämisch

anaesthetic, (US) **anesthetic** [ˌænɪs'θetɪk] S Narkose f, Narkosemittel n; **general ~** Vollnarkose f; **local ~** örtliche Betäubung; **the nurse gave him a local ~** die Schwester gab ihm eine Spritze zur örtlichen Betäubung **anaesthetist**, (US) **anesthetist** [æ'niːsθɪtɪst] S Anästhesist(in) m(f) **anaesthetize**, (US) **anesthetize** [æ'niːsθɪtaɪz] VT betäuben

anagram ['ænəgræm] S Anagramm n

anal ['eɪnəl] ADJ anal, Anal-; **~ intercourse** Analverkehr m

analgesic [ˌænæl'dʒiːsɪk] S Schmerzmittel n **analog(ue)** ['ænəlɒg] ADJ TECH analog **analogy** [ə'nælədʒɪ] S Analogie f

analyse, (bes US) **analyze** ['ænəlaɪz] VT analysieren **analysis** [ə'næləsɪs] S, pl analyses [ə-'næləsiːz] Analyse; **what's your ~ of the situation?** wie beurteilen Sie die Situation?; **on (closer) ~** bei genauerer Untersuchung **analyst** ['ænəlɪst] S Analytiker(in) m(f) **analytical** ADJ, **analytically** ADV [ˌænə'lɪtɪkəl, -ɪ] analytisch **analyze** ['ænəlaɪz] VT (US) = analyse

anarchic(al) [æ'nɑːkɪk(əl)] ADJ anarchisch **anarchism** ['ænəkɪzəm] S Anarchismus m **anarchist** ['ænəkɪst] S Anarchist(in) m(f) **anarchy** ['ænəkɪ] S Anarchie f

anatomical ADJ, **anatomically** ADV [ˌænə-'tɒmɪkəl, -ɪ] anatomisch **anatomy** [ə'nætəmɪ] S Anatomie f

ancestor ['ænsɪstə'] S Vorfahr m **ancestral** [æn'sestrəl] ADJ seiner/ihrer Vorfahren; **~ home** Stammsitz m **ancestry** ['ænsɪstrɪ] S Abstammung f; (≈ die Vorfahren) Ahnenreihe f; **to trace one's ~** seine Abstammung zurückverfolgen

anchor ['æŋkə'] A S **1** SCHIFF Anker m; **to drop ~** vor Anker gehen; **to weigh ~** den Anker lichten **2** (bes US TV) Anchorman m, Anchorwoman f B VT (SCHIFF, fig) verankern C VI SCHIFF vor Anker gehen **anchorage** ['æŋkərɪdʒ] S SCHIFF Ankerplatz m **anchorman** ['æŋkəmæn] S, pl -men [-mən] (bes US TV) Anchorman m (❶ = (Br) presenter) **anchorwoman** ['æŋkəwʊmən] S, pl -women [-wɪmɪn] (bes US TV) Anchorwoman f (❶ = (Br) presenter)

anchovy ['æntʃəvɪ] S Sardelle f

ancient ['eɪnʃənt] A ADJ **1** alt; **in ~ times** im Altertum; **~ Rome** das alte Rom; **the ~ Romans** die alten Römer; **~ monument** (Br) historisches Denkmal **2** (umg) Mensch etc uralt B S **the ~s** die Völker od Menschen des Altertums **ancient history** S (wörtl) Alte Geschichte; **that's ~** (fig) das ist schon längst Geschichte

ancillary [æn'sɪlərɪ] ADJ Neben-, Hilfs-; **~ course** UNIV Begleitkurs m; **~ staff/workers** Hilfskräfte pl

and [ænd, ənd, nd, ən] KONJ **1** und; **nice ~ early** schön früh; **try ~ come** versuch zu kommen; **wait ~ see!** abwarten!; **don't go ~ spoil it!** nun verdirb nicht alles!; **one more ~ I'm finished** noch eins, dann bin ich fertig; **~ so on ~ so forth** und so weiter und so fort **2** (bei Aufzählung) und; **better ~ better** immer besser; **for days ~ days** tagelang; **for miles ~ miles** meilenweit **3** **three hundred ~ ten** dreihundert(und)zehn; **one ~ a half** anderthalb

Andes ['ændiːz] PL Anden pl

android ['ændrɔɪd] S Androide m

anecdotal [ˌænɪk'dəʊtəl] ADJ anekdotisch **anecdote** ['ænɪkdəʊt] S Anekdote f

anemia [ə'niːmɪə] S (US) = anaemia **anemic** [ə'niːmɪk] ADJ (US) = anaemic

anemone [ə'nemənɪ] S BOT Anemone f

anesthesia etc (US) = anaesthesia etc

anew [ə'njuː] ADV **1** aufs Neue; **let's start ~** fangen wir wieder von Neuem an **2** auf eine neue Art und Weise

angel ['eɪndʒəl] S Engel m **angelic** [æn-'dʒelɪk] ADJ engelhaft

anger ['æŋgə'] A S Ärger m; **a fit of ~** ein Wutanfall m; **public ~** öffentliche Empörung; **to speak in ~** im Zorn sprechen; **to be filled with ~** wütend sein B VT ärgern

angina (pectoris) [æn'dʒaɪnə('pektərɪs)] S Angina Pectoris f

angle¹ ['æŋgl] S **1** Winkel m; **at an ~ of 40°** in einem Winkel von 40°; **at an ~** schräg; **he was**

wearing his hat at an ~ er hatte seinen Hut schief aufgesetzt **2** Ecke f **3** (≈ *Aspekt*) Seite f **4** (≈ *Meinung*) Standpunkt m

angle² 𝑉/𝐼 (*bes Br* FISCH) angeln ♦**angle for** 𝑉/𝐼 +*obj* (*fig*) fischen nach; **to ~ sth** auf etw (*akk*) aus sein

Anglepoise (lamp)® [ˈæŋglpɔɪz(ˈlæmp)] 𝑆 Gelenkleuchte f

angler [ˈæŋglə⁽ʳ⁾] 𝑆 Angler(in) m(f)

Anglican [ˈæŋglɪkən] **A** 𝑆 Anglikaner(in) m(f) **B** ADJ anglikanisch **Anglicanism** [ˈæŋglɪkənɪzəm] 𝑆 Anglikanismus m

anglicism [ˈæŋglɪsɪzəm] 𝑆 Anglizismus m **anglicize** [ˈæŋglɪsaɪz] 𝑉/𝑇 anglisieren

angling [ˈæŋglɪŋ] 𝑆 (*bes Br*) Angeln n

Anglo-American **A** 𝑆 Angloamerikaner(in) m(f) **B** ADJ angloamerikanisch **Anglo-Indian** **A** 𝑆 in Indien lebender Engländer m/lebende Engländerin f; (≈ *Eurasier*) Angloinder(in) m(f) **B** ADJ angloindisch **Anglo-Irish** **A** PL **the ~** die Angloiren pl **B** ADJ angloirisch **Anglophile** [ˈæŋgləʊfaɪl] 𝑆 Anglophile(r) m/f(m) **Anglo-Saxon** [ˈæŋgləʊˈsæksən] **A** 𝑆 **1** (≈ *Mensch*) Angelsachse m, Angelsächsin f **2** LING Angelsächsisch n **B** ADJ angelsächsisch

angora [æŋˈgɔːrə] **A** ADJ Angora-; **~ wool** Angorawolle f **B** 𝑆 Angorawolle f

angrily [ˈæŋgrɪlɪ] ADV wütend

angry [ˈæŋgrɪ] ADJ (+*er*) zornig; *Brief, Blick* wütend; **to be ~** wütend sein; **to be ~ with** *od* **at sb** über jdn verärgert sein; **to be ~ at** *od* **about sth** sich über etw (*akk*) ärgern; **to get ~ (with** *od* **at sb/about sth)** (mit jdm/über etw *akk*) böse werden; **you're not ~ (with me), are you?** du bist (mir) doch nicht böse(, oder)?; **to be ~ with oneself** sich über sich (*akk*) selbst ärgern; **to make sb ~** jdn ärgern

anguish [ˈæŋgwɪʃ] 𝑆 Qual f; **to be in ~** Qualen leiden; **he wrung his hands in ~** er rang die Hände in Verzweiflung; **the news caused her great ~** die Nachricht bereitete ihr großen Schmerz; **the decision caused her great ~** die Entscheidung bereitete ihr große Qual(en) **anguished** ADJ qualvoll

angular [ˈæŋgjʊlə⁽ʳ⁾] ADJ *Form* eckig; *Gesichtszüge, Stil* kantig

animal [ˈænɪməl] **A** 𝑆 Tier n; (≈ *brutaler Mensch*) Bestie f; **man is a social ~** der Mensch ist ein soziales Wesen **B** ADJ *attr* Tier-; *Produkte* tierisch; **~ experiments** Tierversuche pl; **~ magnetism** rein körperliche Anziehungskraft **Animal Liberation Front** 𝑆 (*Br*) *militante Tierschützerorganisation* **animal lover** 𝑆 Tierfreund(in) m(f) **animal rights** PL Tierrechte pl; **~ activist** Tierschützer(in) m(f) **animal welfare** 𝑆 Tierschutz m

animate [ˈænɪmɪt] ADJ belebt, lebend **animated** ADJ lebhaft; **~ cartoon/film** Zeichentrickfilm m **animatedly** ADV rege; *reden* lebhaft **animation** [ˌænɪˈmeɪʃən] 𝑆 Lebhaftigkeit f; FILM Animation f

animosity [ˌænɪˈmɒsɪtɪ] 𝑆 Feindseligkeit f (*towards* gegenüber)

aniseed [ˈænɪsiːd] 𝑆 Anis m

ankle [ˈæŋkl] 𝑆 Knöchel m **anklebone** 𝑆 Sprungbein n **ankle bracelet** 𝑆 Fußkettchen n **ankle-deep** **A** ADJ knöcheltief **B** ADV **he was ~ in water** er stand bis an die Knöchel im Wasser **ankle sock** 𝑆 Söckchen n

annex [əˈneks] **A** 𝑉/𝑇 annektieren **B** [ˈæneks] 𝑆 **1** (*von Dokument*) Anhang m **2** Nebengebäude n, Anbau m **annexation** [ˌænekˈseɪʃən] 𝑆 Annexion f **annexe** [ˈæneks] 𝑆 (*Br*) = annex B2

annihilate [əˈnaɪəleɪt] 𝑉/𝑇 vernichten **annihilation** [əˌnaɪəˈleɪʃən] 𝑆 Vernichtung f

anniversary [ˌænɪˈvɜːsərɪ] 𝑆 Jahrestag m, Hochzeitstag m; **~ gift** Geschenk n zum Jahrestag/Hochzeitstag; **the ~ of his death** sein Todestag m

annotate [ˈænəʊteɪt] 𝑉/𝑇 mit Anmerkungen versehen

announce [əˈnaʊns] 𝑉/𝑇 bekannt geben; *Radiosendung* ansagen; (*über Lautsprecher*) durchsagen; *Heirat etc* anzeigen; **to ~ sb** jdn melden; **the arrival of flight BA 742 has just been ~d** soeben ist die Ankunft des Fluges BA 742 gemeldet worden **announcement** 𝑆 Bekanntmachung f; (*von Sprecher*) Ankündigung f; (*über Lautsprecher etc*) Durchsage f; (*im Radio etc*) Ansage f; (*von Heirat etc*) Anzeige f **announcer** [əˈnaʊnsə⁽ʳ⁾] 𝑆 RADIO, TV Ansager(in) m(f)

annoy [əˈnɔɪ] 𝑉/𝑇 ärgern, aufregen, belästigen; **to be ~ed that ...** verärgert sein, weil ...; **to be ~ed with sb/about sth** sich über jdn/etw ärgern; **to get ~ed** sich aufregen **annoyance** [əˈnɔɪəns] 𝑆 (🛈 kein pl) Ärger m; **to his ~** zu seinem Ärger **annoying** [əˈnɔɪɪŋ] ADJ ärgerlich; *Gewohnheit* lästig; **the ~ thing (about it) is that ...** das Ärgerliche (daran) ist, dass ... **annoyingly** [əˈnɔɪɪŋlɪ] ADV aufreizend; **~, the bus didn't turn up** ärgerlicherweise kam der Bus nicht

annual [ˈænjʊəl] **A** 𝑆 **1** BOT einjährige Pflanze **2** (≈ *Buch*) Jahresalbum n **B** ADJ jährlich, Jahres-; **~ accounts** Jahresbilanz f **annual general meeting** 𝑆 Jahreshauptversammlung f **annually** [ˈænjʊəlɪ] ADV jährlich **annual report** 𝑆 Geschäftsbericht m **annuity** [əˈnjuːɪtɪ] 𝑆 (Leib)rente f

annul [əˈnʌl] 𝑉/𝑇 annullieren; *Vertrag, Ehe* auflösen **annulment** [əˈnʌlmənt] 𝑆 Annullierung f; (*von Vertrag, Ehe*) Auflösung f

Annunciation [əˌnʌnsɪ'eɪʃən] S̲ BIBEL Mariä Verkündigung f
anoint [ə'nɔɪnt] V̲T̲ salben; **to ~ sb king** jdn zum König salben
anomaly [ə'nɒməlɪ] S̲ Anomalie f
anonymity [ˌænə'nɪmɪtɪ] S̲ Anonymität f
anonymous A̲D̲J̲, **anonymously** A̲D̲V̲ [ə-'nɒnɪməs, -lɪ] anonym
anorak ['ænəræk] S̲ (Br) Anorak m (❗ = (US) **Windbreaker**®)
anorexia (nervosa) [ænə'reksɪə(nɜ:'vəʊsə)] S̲ Anorexie f **anorexic** [ænə'reksɪk] A̲D̲J̲ magersüchtig
another [ə'nʌðə'] A̲ A̲D̲J̲ 1 noch eine(r, s); **~ one** noch eine(r, s); **take ~ ten** nehmen Sie noch (weitere) zehn; **I don't want ~ drink!** ich möchte nichts mehr trinken; **without ~ word** ohne ein weiteres Wort 2 (fig) ein zweiter, eine zweite, ein zweites; **there is not ~ man like him** so einen Mann gibt es nur einmal 3 ein anderer, eine andere, ein anderes; **that's quite ~ matter** das ist etwas ganz anderes; **~ time** ein andermal B̲ P̲R̲O̲N̲ ein anderer, eine andere, ein anderes; **have ~!** nehmen Sie (doch) noch einen!; **they help one ~** sie helfen einander; **at one time or ~** irgendwann; **what with one thing and ~** bei all dem Trubel
Ansaphone® ['ɑ:nsəfəʊn] S̲ Anrufbeantworter m
ANSI abk von **American National Standards Institute** amerikanischer Normenausschuss
answer ['ɑ:nsə'] A̲ S̲ 1 Antwort f (to auf +akk); **to get an/no ~** Antwort/keine Antwort bekommen; **there was no ~** (am Telefon, auf Klingelzeichen) es hat sich niemand gemeldet; **in ~ to my question** auf meine Frage hin 2 Lösung f (to +gen); **there's no easy ~** es gibt dafür keine Patentlösung B̲ V̲T̲ 1 antworten auf (+akk), antworten (+dat); Prüfungsfragen, Kritik beantworten; **to ~ the telephone** das Telefon abnehmen; **to ~ the bell** od **door** die Tür öffnen; **shall I ~ it?** (Telefon) soll ich rangehen?; (Tür) soll ich hingehen? 2 Hoffnung, Erwartung erfüllen; Bedürfnis befriedigen; **people who ~ that description** Leute, auf die diese Beschreibung zutrifft C̲ V̲I̲ antworten; **if the phone rings, don't ~** wenn das Telefon läutet, geh nicht ran ◆**answer back** A̲ V̲I̲ widersprechen; **don't ~!** keine Widerrede! B̲ V̲T̲ trennb **to answer sb back** jdm widersprechen ◆**answer for** V̲I̲ +obj verantwortlich sein für; **he has a lot to ~ for** er hat eine Menge auf dem Gewissen ◆**answer to** V̲I̲ +obj 1 **to ~ sb for sth** jdm für etw Rechenschaft schuldig sein 2 **to ~ a description** einer Beschreibung entsprechen 3 **to ~**

the name of ... auf den Namen ... hören
answerable ['ɑ:nsərəbl] A̲D̲J̲ verantwortlich; **to be ~ to sb (for sth)** jdm gegenüber (für etw) verantwortlich sein **answering machine** ['ɑ:nsərɪŋməˈʃi:n] S̲ Anrufbeantworter m
answerphone ['ɑ:nsəfəʊn] S̲ (Br) Anrufbeantworter m; **~ message** Ansage f auf dem Anrufbeantworter
ant [ænt] S̲ Ameise f
antagonism [æn'tægənɪzəm] S̲ Antagonismus m, Feindseligkeit f (to(wards) gegenüber)
antagonist [æn'tægənɪst] S̲ Gegner(in) m(f)
antagonistic [ænˌtægə'nɪstɪk] A̲D̲J̲ feindselig; **to be ~ to** od **toward(s) sb/sth** jdm/gegen etw feindselig gesinnt sein **antagonize** [æn-'tægənaɪz] V̲T̲ gegen sich aufbringen
Antarctic [ænt'ɑ:ktɪk] A̲ A̲D̲J̲ antarktisch B̲ S̲ **the ~** die Antarktis **Antarctica** [ænt'ɑ:ktɪkə] S̲ die Antarktis **Antarctic Circle** S̲ südlicher Polarkreis **Antarctic Ocean** S̲ Südpolarmeer n
anteater ['ænt,i:tə'] S̲ Ameisenbär m
antecedents [ˌæntɪ'si:dənts] P̲L̲ (von Ereignis) Vorgeschichte f
antelope ['æntɪləʊp] S̲ Antilope f
antenatal [ˌæntɪ'neɪtl] A̲D̲J̲ vor der Geburt; **~ care** Schwangerschaftsfürsorge f; **~ clinic** Sprechstunde f für Schwangere
antenna [æn'tenə] S̲ 1 pl **-e** [æn'teni:] ZOOL Fühler m 2 pl **-e** od **-s** (bes US) RADIO, TV Antenne f (❗ = (Br) **aerial**)

not answering

Not answering bedeutet „nicht antworten". Im Englischen gibt es verschiedene Möglichkeiten auszudrücken, dass man keine Antwort geben möchte:

I'd rather not answer that.	Das möchte ich lieber nicht beantworten.
I'm not telling you.	Das sage ich dir nicht.
That's none of your business.	Das geht dich nichts an.

SPRACHGEBRAUCH

englische Fremdwörter

Einige Fremdwörter haben zwei Pluralformen: ihren ursprünglichen Plural und den englischen -s-Plural. Hier einige Beispiele:

antenna	antennas / antennae
bureau	bureaus / bureaux

cactus	cactuses / cacti
formula	formulas / formulae
index	indexes / indices
referendum	referendums / referenda
stadium	stadiums / stadia
tempo	tempos / tempi

GRAMMATIK ◁

antenna — Fühler

antenna US — Antenne

anteroom ['æntɪruːm] s̲ Vorzimmer n
anthem ['ænθəm] s̲ Hymne f
ant hill s̲ Ameisenhaufen m
anthology [æn'θɒlədʒɪ] s̲ Anthologie f
anthrax ['ænθræks] s̲ Anthrax m (fachspr), Milzbrand m
anthropological [ˌænθrəpə'lɒdʒɪkəl] ADJ anthropologisch **anthropologist** [ˌænθrə'pɒlədʒɪst] s̲ Anthropologe m, Anthropologin f **anthropology** [ˌænθrə'pɒlədʒɪ] s̲ Anthropologie f
anti ['æntɪ] (umg) A ADJ präd in Opposition (umg) B PRÄP gegen (+akk)
anti-abortionist s̲ Abtreibungsgegner(in) m(f) **anti-aircraft** ADJ Flugabwehr- **anti--American** ADJ antiamerikanisch **antiballistic missile** [ˌæntɪbə'lɪstɪk-] s̲ Antiraketenrakete f **antibiotic** [ˌæntɪbaɪ'ɒtɪk] s̲ Antibiotikum n **antibody** s̲ Antikörper m
anticipate [æn'tɪsɪpeɪt] VT erwarten, vorhersehen; **as ~d** wie erwartet **anticipation** [ænˌtɪsɪ'peɪʃən] s̲ 1 Erwartung f; **to wait in ~** gespannt warten 2 Vorausberechnung f
anticlimax s̲ Enttäuschung f **anticlock-**

wise ADV (bes Br) gegen den Uhrzeigersinn (⚠ = (US) **counterclockwise**)
antics ['æntɪks] PL Eskapaden pl, Streiche pl; **he's up to his old ~ again** er macht wieder seine Mätzchen (umg)
anticyclone s̲ Hoch(druckgebiet) n **anti--dandruff** ADJ gegen Schuppen **antidepressant** s̲ Antidepressivum n **antidote** ['æntɪdəʊt] s̲ Gegenmittel n (against, to, for gegen)
antifreeze s̲ Frostschutz(mittel n) m **antiglare** ADJ (US) blendfrei (⚠ = (Br) **dazzle-free**)
anti-globalization ADJ **~ protester** Globalisierungsgegner(in) m(f) **antihistamine** s̲ Antihistamin(ikum) n **anti-lock** ADJ **~ braking system** ABS-Bremsen pl **antimatter** s̲ Antimaterie f **antinuclear** ADJ **~ protesters** Atomwaffengegner pl
antipathy [æn'tɪpəθɪ] s̲ Antipathie f (towards gegen)
antipersonnel ADJ **~ mine** Antipersonenmine f **antiperspirant** s̲ Antitranspirant n
antipodean [ænˌtɪpə'diːən] ADJ (Br) australisch und neuseeländisch **Antipodes** [æn'tɪpədiːz] PL (Br) Australien und Neuseeland
antiquarian [ˌæntɪ'kwɛərɪən] ADJ Bücher antiquarisch; **~ bookshop** Antiquariat n **antiquated** ['æntɪkweɪtɪd] ADJ antiquiert **antique** [æn'tiːk] A ADJ antik; **~ pine** Kiefer f antik B s̲ Antiquität f **antique dealer** s̲ Antiquitätenhändler(in) m(f) **antique shop** s̲ Antiquitätengeschäft n **antiquity** [æn'tɪkwɪtɪ] s̲ 1 das Altertum; (römisch) die Antike; **in ~** im Altertum/in der Antike 2 **antiquities** PL (≈ alte Sachen) Altertümer pl
antiriot ADJ **~ police** Bereitschaftspolizei f
anti-Semite s̲ Antisemit(in) m(f) **anti-Semitic** ADJ antisemitisch **anti-Semitism** s̲ Antisemitismus m **antiseptic** A s̲ Antiseptikum n B ADJ antiseptisch **anti-smoking** ADJ Kampagne Antiraucher- **antisocial** ADJ unsozial; **I work ~ hours** ich arbeite zu Zeiten, wo andere freihaben **antiterrorist** ADJ zur Terrorismusbekämpfung **antitheft device** s̲ Diebstahlsicherung f
antithesis [æn'tɪθɪsɪs] s̲, pl **antitheses** [æn'tɪθɪsiːz] Antithese f (to, of zu)
anti-virus program s̲ IT Virenschutzprogramm n **anti-virus software** s̲ IT Antivirensoftware f **antivivisectionist** s̲ Gegner(in) m(f) der Vivisektion **anti-wrinkle** ADJ **~ cream** Antifaltencreme f
antler ['æntlə'] s̲ **(set** od **pair of) ~s** Geweih n
antonym ['æntənɪm] s̲ Antonym n
anus ['eɪnəs] s̲ After m
anvil ['ænvɪl] s̲ Amboss m (a. ANAT)
anxiety [æŋ'zaɪətɪ] s̲ Sorge f; **to cause sb ~**

jdm Sorgen machen; **in his ~ to get away** weil er unbedingt wegkommen wollte

anxious [ˈæŋkʃəs] ADJ **1** besorgt; *Mensch, Gedanken* ängstlich; **to be ~ about sb/sth** um jdn/etw besorgt sein; **to be ~ about doing sth** Angst haben, etw zu tun **2** *Augenblick, Warten* bang; **it's been an ~ time for us all** wir alle haben uns (in dieser Zeit) große Sorgen gemacht **3 to be ~ to do sth** bestrebt sein, etw zu tun; **I am ~ that he should do it** *od* **for him to do it** mir liegt viel daran, dass er es tut **anxiously** [ˈæŋkʃəslɪ] ADV besorgt **2** gespannt

any [ˈenɪ] **A** ADJ **1** (*interrogativ, konditional, verneinend: nicht übersetzt*) (*mit sg Substantiv*) irgendein(e); (*mit pl Substantiv*) irgendwelche; (*mit unzählbaren Substantiven*) etwas; **not ~** kein/keine; **if I had ~ plan/money** wenn ich irgendeinen Plan/etwas Geld hätte; **if it's ~ help (at all)** wenn das (irgendwie) hilft; **it won't do ~ good** es wird nichts nützen; **without ~ difficulty** ohne jede Schwierigkeit; **are there ~ problems?** gibt es Probleme? (⚠ in Fragen meist nicht übersetzt) **2** jede(r, s) (beliebige …); (*mit pl od unzählbaren Substantiven*) alle; **~ one will do** es ist jede(r, s) recht; **~ one you like** was du willst; **you can come at ~ time** du kannst jederzeit kommen; **thank you — ~ time** danke! — bitte!; **~ old …** (*umg*) jede(r, s) x-beliebige … (*umg*) **B** PRON **1** (*interrogativ, konditional, verneinend*) welche; **I want to meet a psychologist, do you know ~?** ich würde gerne einen Psychologen kennenlernen, kennen Sie einen?; **I need some butter/stamps, do you have ~?** ich brauche Butter/Briefmarken, haben Sie welche?; **have you seen ~ of my ties?** haben Sie eine von meinen Krawatten gesehen?; **don't you have ~ (at all)?** haben Sie (denn) (überhaupt) keinen/keine/keines?; **he wasn't having ~ (of it/that)** (*umg*) er wollte nichts davon hören; **few, if ~, will come** wenn überhaupt, werden nur wenige kommen; **if ~ of you can sing** wenn (irgend)jemand von euch singen kann **2** alle; **~ who do come …** alle, die kommen … **C** ADV kälter *etc* noch; **not ~ bigger** *etc* nicht größer *etc* (⚠ vor Komparativ meist nicht übersetzt); **we can't go ~ further** wir können nicht mehr weiter gehen; **are you feeling ~ better?** geht es dir etwas besser?; **do you want ~ more soup?** willst du noch etwas Suppe?; **don't you want ~ more tea?** willst du keinen Tee mehr?; **~ more offers?** noch weitere Angebote?; **I don't want ~ more (at all)** ich möchte (überhaupt) nichts mehr

anybody [ˈenɪbɒdɪ] **A** PRON **1** (irgend)jemand (⚠ in Fragen und verneinten Sätzen, in bejahten Sätzen = **somebody**); **not … ~** niemand, keine(r); **(does) ~ want my book?** will jemand mein Buch?; **I can't see ~** ich kann niemand(en) sehen **2** jede(r); **it's ~'s game** das Spiel kann von jedem gewonnen werden; **is there ~ else I can talk to?** gibt es sonst jemand(en), mit dem ich sprechen kann?; **I don't want to see ~ else** ich möchte niemand anderen sehen **B** S jemand; **he's not just ~** er ist nicht einfach irgendjemand; **everybody who is ~ was there** alles, was Rang und Namen hat, war dort

anyhow [ˈenɪhaʊ] ADV = **anyway**

anymore [ˌenɪˈmɔː] ADV (+v) nicht mehr; → **any**

anyone [ˈenɪwʌn] PRON, S = **anybody**

anyplace [ˈenɪpleɪs] ADV (US *umg*) = **anywhere**

anything [ˈenɪθɪŋ] **A** PRON **1** (irgend)etwas (⚠ in Fragen und verneinten Sätzen, in bejahten Sätzen = **something**); **not ~** nichts; **is it/isn't it worth ~?** ist es etwas/gar nichts wert?; **did/didn't he say ~ else?** hat er (sonst) noch etwas/sonst (gar) nichts gesagt?; **did/didn't they give you ~ at all?** haben sie euch überhaupt etwas/überhaupt nichts gegeben?; **are you doing ~ tonight?** hast du heute Abend schon etwas vor?; **he's as smart as ~** (*umg*) er ist clever wie noch was (*umg*) **2** alles; **~ you like** (alles,) was du willst; **I wouldn't do it for ~** ich würde es um keinen Preis tun; **~ else is impossible** alles andere ist unmöglich; **~ but that!** alles, nur das nicht!; **~ but!** von wegen! **B** ADV (*umg*) **it isn't ~ like him** das sieht ihm überhaupt nicht ähnlich; **it didn't cost ~ like £100** es kostete bei Weitem keine £ 100

anyway [ˈenɪweɪ] ADV jedenfalls; (≈ *ungeachtet dessen*) trotzdem; **~, that's what I think** das ist jedenfalls meine Meinung; **I told him**

---

47 ‖ ANYW **A**

▶ **die Verwendung von any**

any steht in verneinten Sätzen, besonders mit **never, rarely, hardly, without**:

| I've never had any doubts about this. | Daran hatte ich nie irgendwelche Zweifel. |

in Fragen:

| Are there any problems? | Gibt es Probleme? |

in der Bedeutung „irgendeine(r, s), irgendwelche(r, s)":

| Choose any book you like. | Such dir (irgend)ein Buch aus. |

GRAMMATIK

not to, but he did it ~ ich habe es ihm verboten, aber er hat es trotzdem gemacht; **who cares, ~?** überhaupt, wen kümmert es denn schon?

anyways ['enɪweɪz] ADV (*US dial*) = anyway

anywhere ['enɪweə'] ADV **1** irgendwo (🔴 in Fragen und verneinten Sätzen, in bejahten Sätzen = **somewhere**); *gehen* irgendwohin; **not ~** nirgends/nirgendwohin; **he'll never get ~** er wird es zu nichts bringen; **I wasn't getting ~** ich kam (einfach) nicht weiter; **I haven't found ~ to live yet** ich habe noch nichts gefunden, wo ich wohnen kann; **the cottage was miles from ~** das Häuschen lag jwd (*umg*); **there could be ~ between 50 and 100 people** es könnten (schätzungsweise) 50 bis 100 Leute sein **2** überall; *gehen* überallhin; **they could be ~** sie könnten überall sein; **~ you like** wo/wohin du willst

apart [ə'pɑːt] ADV **1** auseinander; **I can't tell them ~** ich kann sie nicht auseinanderhalten; **to live ~** getrennt leben; **to come** *od* **fall ~** entzweigehen; **to take sth ~** etw auseinandernehmen **2** beiseite, abseits (*from* +*gen*); **he stood ~ from the group** er stand abseits von der Gruppe **3** abgesehen von; **~ from that, the gearbox is also faulty** außerdem ist (auch) das Getriebe schadhaft

apartheid [ə'pɑːteɪt] S Apartheid *f*

apartment [ə'pɑːtmənt] S (*bes US*) Wohnung *f* (🔴 = (Br) **flat**); **~ house** *od* **block** *od* **building** Wohnblock *m* (🔴 = (Br) **block of flats**)

apathetic [ˌæpə'θetɪk] ADJ apathisch **apathy** ['æpəθɪ] S Apathie *f*

ape [eɪp] S Affe *m*

aperture ['æpətjʊə'] S Öffnung *f*; FOTO Blende *f*

apex ['eɪpeks] S, *pl* **-es** *od* **apices** Spitze *f*; (*fig*) Höhepunkt *m*

APEX BAHN, FLUG *abk* von advance purchase excursion fare **A** ADJ *attr* Frühbucher- **B** S Frühbucherticket *n*

aphrodisiac [ˌæfrəʊ'dɪzɪæk] S Aphrodisiakum *n*

apices ['eɪpɪsiːz] *pl* von apex

apiece [ə'piːs] ADV pro Stück, pro Person; **I gave them two ~** ich gab ihnen je zwei; **they had two cakes ~** sie hatten jeder zwei Kuchen

Apocalypse [ə'pɒkəlɪps] S Apokalypse *f* **apocalyptic** [əˌpɒkə'lɪptɪk] ADJ apokalyptisch

apolitical [ˌeɪpə'lɪtɪkəl] ADJ apolitisch

apologetic [əˌpɒlə'dʒetɪk] ADJ entschuldigend *attr*, bedauernd *attr*; **she wrote me an ~ letter** sie schrieb mir und entschuldigte sich vielmals; **he was most ~ (about it)** er entschul-

digte sich vielmals (dafür) **apologetically** [əˌpɒlə'dʒetɪkəlɪ] ADV entschuldigend

apologize [ə'pɒlədʒaɪz] VI sich entschuldigen (*to* bei); **to ~ for sb/sth** sich für jdn/etw entschuldigen **apology** [ə'pɒlədʒɪ] S Entschuldigung *f*; **to make** *od* **offer sb an ~** jdn um Verzeihung bitten; **Mr Jones sends his apologies** Herr Jones lässt sich entschuldigen; **I owe you an ~** ich muss dich um Verzeihung bitten; **I make no ~** *od* **apologies for the fact that ...** ich entschuldige mich nicht dafür, dass ...

apoplectic [ˌæpə'plektɪk] ADJ (*umg*) cholerisch; **~ fit** MED Schlaganfall *m* **apoplexy** ['æpəpleksɪ] S Schlaganfall *m*

apostle [ə'pɒsl] S (*wörtl*, *fig*) Apostel *m*

apostrophe [ə'pɒstrəfɪ] S GRAM Apostroph *m*

appal, (*US a.*) **~l** [ə'pɔːl] VT entsetzen; **to be ~led (at** *od* **by sth)** (über etw *akk*) entsetzt sein **appalling**, **appallingly** ADV [ə'pɔːlɪŋ, -lɪ] entsetzlich

apparatus [ˌæpə'reɪtəs] S Apparat *m*; (*in Turnhalle*) Geräte *pl*; **a piece of ~** ein Gerät *n*

apparent [ə'pærənt] ADJ **1** offensichtlich; **to be ~ to sb** jdm klar sein; **to become ~** sich (deutlich) zeigen; **for no ~ reason** aus keinem ersichtlichen Grund **2** scheinbar **apparently** [ə'pærəntlɪ] ADV anscheinend

apparition [ˌæpə'rɪʃən] S Erscheinung *f*

appeal [ə'piːl] **A** S **1** Appell *m* (*for* um); **~ for funds** Spendenappell *m*; **to make an ~ to sb** an jdn appellieren, einen Appell an jdn richten; **to make an ~ to sb for sth** jdn um etw bitten, jdn zu etw aufrufen **2** (*gegen Entscheidung*) Einspruch *m*; (JUR: *gegen Urteil*) Berufung *f*; (*Verhandlung*) Revision *f*; **he lost his ~** er verlor in der Berufung; **Court of Appeal** Berufungsgericht *n* **3** Reiz *m* (*to* für); **his music has (a) wide ~** seine Musik spricht weite Kreise an **B** VI **1** (*dringend*) bitten; **to ~ to sb for sth** jdn um etw bitten; **to ~ to the public to do sth** die Öffentlichkeit (dazu) aufrufen, etw zu tun **2** (*gegen Entscheidung*) Einspruch erheben (*to* bei); JUR Berufung einlegen (*to* bei) **3** appellieren (*to an* +*akk*); SPORT Beschwerde einlegen **4** (≈ *attraktiv sein*) reizen (*to sb* jdn); (*Bewerber, Idee*) zusagen (*to sb* jdm) **appealing** [ə'piːlɪŋ] ADJ **1** attraktiv **2** *Blick, Stimme* flehend

appear [ə'pɪə'] VI **1** erscheinen; **to ~ from behind sth** hinter etw (*dat*) auftauchen; **to ~ in public** sich in der Öffentlichkeit zeigen; **to ~ in court** vor Gericht erscheinen; **to ~ as a witness** als Zeuge/Zeugin auftreten **2** scheinen; **he ~ed (to be) drunk** er schien betrunken zu sein; **it ~s that ...** es hat den Anschein, dass ...; **it ~s not** anscheinend nicht; **there ~s to be a mistake** da scheint ein Irrtum vorzuliegen; **it ~s to me that ...** mir scheint, dass ...

appearance [əˈpɪərəns] s̲ 1 Erscheinen n; (*unerwartet*) Auftauchen n *kein pl*; THEAT Auftritt m; **to put in** od **make an ~** sich sehen lassen 2 Aussehen n; (*bes von Mensch*) Äußere(s) n; **for the sake of ~s** um den Schein zu wahren; **to keep up ~s** den (äußeren) Schein wahren

appease [əˈpiːz] v̲t̲ beschwichtigen

append [əˈpend] v̲t̲ *Anmerkungen etc* anhängen (*to* an +*akk*) (a. IT) **appendage** [əˈpendɪdʒ] s̲ (*fig*) Anhängsel n **appendectomy** [ˌæpenˈdektəmɪ] s̲ Blinddarmoperation f **appendicitis** [əˌpendɪˈsaɪtɪs] s̲ Blinddarmentzündung f **appendix** [əˈpendɪks] s̲, *pl* appendices od -es 1 ANAT Blinddarm m; **to have one's ~ out** sich (*dat*) den Blinddarm herausnehmen lassen 2 (*von Buch etc*) Anhang m

appetite [ˈæpɪtaɪt] s̲ Appetit m; (*fig*) Verlangen n; **to have an/no ~ for sth** Appetit/keinen Appetit auf etw (*akk*) haben; (*fig*) Verlangen/kein Verlangen nach etw haben; **I hope you've got an ~** ich hoffe, ihr habt Appetit!; **to spoil one's ~** sich (*dat*) den Appetit verderben **appetizer** [ˈæpɪtaɪzər] s̲ Appetitanreger m, Vorspeise f, appetitanregendes Getränk **appetizing** [ˈæpɪtaɪzɪŋ] a̲d̲j̲ appetitlich; *Geruch* lecker

applaud [əˈplɔːd] A v̲t̲ applaudieren; *Anstrengungen, Mut* loben; *Entscheidung* begrüßen B v̲i̲ applaudieren **applause** [əˈplɔːz] s̲ (⚠ *kein pl*) Applaus m

apple [ˈæpl] s̲ Apfel m; **to be the ~ of sb's eye** jds Liebling sein **apple-green** a̲d̲j̲ apfelgrün **apple pie** s̲ ≈ gedeckter Apfelkuchen **apple sauce** s̲ GASTR Apfelmus n

applet [æplɪt] s̲ IT Applet n

appliance [əˈplaɪəns] s̲ Vorrichtung f; (*im Haushalt*) Gerät n

applicable [əˈplɪkəbl] a̲d̲j̲ anwendbar (*to* auf +*akk*); (*auf Formular*) zutreffend (*to* für); **that isn't ~ to you** das trifft auf Sie nicht zu **applicant** [ˈæplɪkənt] s̲ (*für Stelle*) Bewerber(in) m/f (*for* um, für); (*für Darlehen*) Antragsteller(in) m/f (*for* für, auf +*akk*)

application [ˌæplɪˈkeɪʃən] s̲ 1 (*für Stelle etc*) Bewerbung f (*for* um, für); (*für Darlehen*) Antrag m (*for* auf +*akk*) 2 (*von Farbe, Salbe*) Auftragen n; (*von Regeln, Wissen*) Anwendung f; **"for external ~ only"** MED „nur zur äußerlichen Anwendung" 3 Fleiß m **application form** s̲ Antragsformular n; (*für Job*) Bewerbungsbogen m **application program** s̲ IT Anwendungsprogramm n **application software** s̲ IT Anwendersoftware f **applicator** [ˈæplɪkeɪtər] s̲ Aufträger m; (*für Tampons*) Applikator m

applied [əˈplaɪd] a̲d̲j̲ *attr* Mathematik etc angewandt

apply [əˈplaɪ] A v̲t̲ *Farbe, Salbe* auftragen (*to* auf +*akk*); *Verband* anlegen; *Druck, Regeln, Wissen* anwenden (*to* auf +*akk*); *Bremse* betätigen; **to ~ oneself (to sth)** sich (bei etw) anstrengen; **that term can be applied to many things** dieser Begriff trifft auf viele Dinge zu B v̲i̲ 1 sich bewerben (*for* um, für); **to ~ to sb for sth** (*für Job, Stipendium*) sich bei jdm für etw bewerben; **~ within** Anfragen im Laden; **she has applied to college** sie hat sich um einen Studienplatz beworben 2 gelten (*to* für)

appoint [əˈpɔɪnt] v̲t̲ einstellen, ernennen; **to ~ sb to an office** jdn in ein Amt berufen; **to ~ sb sth** jdn zu etw ernennen; **to ~ sb to do sth** jdn dazu bestimmen, etw zu tun **appointed** [əˈpɔɪntɪd] a̲d̲j̲ *Zeit, Ort* festgesetzt; *Aufgabe* zugewiesen; *Vertreter* ernannt

appointment [əˈpɔɪntmənt] s̲ 1 Verabredung f; (*geschäftlich, bei Arzt etc*) Termin m (*with* bei); **to make an ~ with sb** mit jdm eine Verabredung treffen/einen Termin vereinbaren; **a doctor's ~** ein Termin beim Arzt; **I made an ~ to see the doctor** ich habe mir beim Arzt einen Termin geben lassen; **do you have an ~?** sind Sie angemeldet?; **to keep an ~** einen Termin einhalten; **by ~** auf Verabredung; (*geschäftlich, bei Arzt, Anwalt etc*) nach Vereinbarung 2 Einstellung f, Ernennung f **appointment(s) book** s̲ Terminkalender m

appraisal [əˈpreɪzl] s̲ (*von Wert, Schaden*) Abschätzung f; (*von Fähigkeiten*) Beurteilung f **appraise** [əˈpreɪz] v̲t̲ *Wert, Schaden* schätzen; *Fähigkeiten* einschätzen

appreciable a̲d̲j̲, **appreciably** a̲d̲v̲ [əˈpriːʃəbl, -ɪ] beträchtlich **appreciate** [əˈpriːʃɪeɪt] A v̲t̲ 1 *Gefahren, Probleme etc* sich (*dat*) bewusst sein (+*gen*); *jds Wünsche etc* Verständnis haben für; **I ~ that you cannot come** ich verstehe, dass ihr nicht kommen könnt 2 zu schätzen wissen; **thank you, I ~ it** vielen Dank, sehr nett von Ihnen; **I would ~ it if you could do this by tomorrow** könnten Sie das bitte bis morgen erledigen? 3 *Kunst, Musik* schätzen B v̲i̲ FIN **to ~ (in value)** im Wert steigen **appreciation** [əˌpriːʃɪˈeɪʃən] s̲ 1 (*von Problemen, Gefahren*) Erkennen n 2 Anerkennung f; (*von Mensch*) Wertschätzung f; **in ~ of sth** zum Dank für etw; **to show one's ~** seine Dankbarkeit (be)zeigen 3 Verständnis n; (*für Kunst*) Sinn m (*of* für); **to write an ~ of sb/sth** einen Bericht über jdn/ etw schreiben 4 (*Wert*)steigerung f (*in* bei) **appreciative** [əˈpriːʃɪətɪv] a̲d̲j̲ anerkennend, dankbar

apprehend [ˌæprɪˈhend] v̲t̲ festnehmen **apprehension** [ˌæprɪˈhenʃən] s̲ Besorgnis f; a

feeling of ~ eine dunkle Ahnung **apprehensive** [ˌæprɪˈhensɪv] ADJ ängstlich; **to be ~ of sth** etw befürchten; **he was ~ about the future** er schaute mit ängstlicher Sorge in die Zukunft **apprehensively** [ˌæprɪˈhensɪvlɪ] ADV ängstlich

apprentice [əˈprentɪs] A S Lehrling m, Auszubildende(r) m/f(m); ~ **electrician** Elektrikerlehrling m B VT **to be ~d to sb** bei jdm in die Lehre gehen **apprenticeship** [əˈprentɪʃɪp] S Lehre f; **to serve one's** ~ seine Lehre absolvieren

approach [əˈprəʊtʃ] A VI sich nähern; (Termin etc) nahen B VT 1 sich nähern (+dat); FLUG sich anfliegen; (fig) heranreichen an (+akk); **to** ~ **thirty** auf die dreißig zugehen; **the train is now ~ing platform 3** der Zug hat Einfahrt auf Gleis 3; **something ~ing a festive atmosphere** eine annähernd festliche Stimmung 2 jdn, Organisation herantreten an (+akk) (about wegen) 3 Problem, Aufgabe angehen C S 1 (Heran)nahen n; (von Truppen) Heranrücken n; FLUG Anflug m (to an +akk) 2 (an jdn, Organisation) Herantreten n 3 (≈ Haltung) Ansatz m (to zu); **a positive ~ to teaching** eine positive Einstellung zum Unterrichten; **his ~ to the problem** seine Art, an das Problem heranzugehen; **try a different ~** versuchs doch mal anders **approachable** [əˈprəʊtʃəbl] ADJ Mensch leicht zugänglich **approach path** S FLUG Einflugschneise f **approach road** S Zufahrtsstraße f, (Autobahn)zubringer m, Auffahrt f

approbation [ˌæprəˈbeɪʃən] S Zustimmung f; (von Kritikern) Beifall m

appropriate¹ [əˈprəʊprɪɪt] ADJ 1 geeignet (for, to für); (für Situation, Gelegenheit) angemessen (to +dat); Name, Bemerkung treffend; **to be ~ for doing sth** geeignet sein, etw zu tun 2 entsprechend; Behörde zuständig; **put a tick where ~** Zutreffendes bitte ankreuzen; **delete as ~** Nichtzutreffendes streichen

appropriate² [əˈprəʊprɪeɪt] VT sich (dat) aneignen

appropriately [əˈprəʊprɪɪtlɪ] ADV treffend; gekleidet passend (for, to für) **appropriateness** [əˈprəʊprɪɪtnɪs] S Eignung f; (von Kleidung, Bemerkung, Name) Angemessenheit f

approval [əˈpruːvəl] S 1 Anerkennung f, Zustimmung f (of zu); **to win sb's ~ (for sth)** jds Zustimmung (für etw) gewinnen; **to give one's ~ for sth** seine Zustimmung zu etw geben; **to meet with/have sb's ~** jds Zustimmung finden/haben; **to show one's ~ of sth** zeigen, dass man einer Sache (dat) zustimmt 2 HANDEL **on ~** zur Probe, zur Ansicht

approve [əˈpruːv] A VT Entscheidung billigen; Projekt genehmigen B VI **to ~ of sb/sth** von

jdm/etw etwas halten; **I don't ~ of him/it** ich halte nichts von ihm/davon; **I don't ~ of children smoking** ich bin dagegen, dass Kinder rauchen **approving** ADJ anerkennend, zustimmend **approvingly** ADV anerkennend

approx. abk von **approximately** ca. **approximate** [əˈprɒksɪmɪt] A ADJ ungefähr; **these figures are only ~** dies sind nur ungefähre Werte; **three hours is the ~ time needed** man braucht ungefähr drei Stunden B [əˈprɒksɪmeɪt] VT **to ~ sth** einer Sache (dat) in etwa entsprechen **approximately** [əˈprɒksɪmətlɪ] ADV ungefähr **approximation** [əˌprɒksɪˈmeɪʃən] S Annäherung f (of, to an +akk); (≈ Zahl) (An)näherungswert m; **his story was an ~ of the truth** seine Geschichte entsprach in etwa der Wahrheit

Apr abk von **April** Apr.

APR abk von **annual percentage rate** Jahreszinssatz m

après-ski [ˌæpreɪˈskiː] A S Après-Ski n B ADJ attr Après-Ski-

apricot [ˈeɪprɪkɒt] A S Aprikose f, Marille f (österr) B ADJ (a. **apricot-coloured**) aprikosenfarben

April [ˈeɪprəl] S April m; ~ **shower** Aprilschauer m; → September **April fool** S Aprilnarr m; ~! ≈ April, April!; **to play an ~ on sb** jdn in den April schicken **April Fools' Day** S der erste April

▶ April Fools' Day

Auch in den englischsprachigen Ländern ist es üblich, Aprilscherze zu machen. Normalerweise geschieht dies nur bis 12.00 Uhr mittags. Ist einem der Scherz gelungen, ruft man **April fool!** (≈ April! April!).

LANDESKUNDE◀

apron [ˈeɪprən] S Schürze f **apron strings** PL **to be tied to sb's ~** jdm am Schürzenzipfel hängen (umg)

apt [æpt] ADJ (+er) 1 passend 2 **to be ~ to do sth** dazu neigen, etw zu tun

Apt. abk von **apartment** Z, Zi

aptitude [ˈæptɪtjuːd] S Begabung f **aptitude test** S Eignungsprüfung f

aptly [ˈæptlɪ] ADV passend

aquajogging [ˈækwədʒɒgɪŋ] S Aquajogging n **aqualung** [ˈækwəlʌŋ] S Tauchgerät n **aquamarine** [ˌækwəməˈriːn] A S Aquamarin m; (≈ Farbe) Aquamarin n B ADJ aquamarin **aquaplane** [ˈækwəpleɪn] VI (Auto etc) (auf nasser Straße) ins Rutschen geraten **aquaplaning**

['ækwəpleɪnɪŋ] ⓢ Aquaplaning n; **in order to prevent the car from ~** um ein Aquaplaning zu verhindern **aquarium** [ə'kwɛərɪəm] ⓢ Aquarium n **Aquarius** [ə'kwɛərɪəs] ⓢ Wassermann m; **he's (an) ~** er ist (ein) Wassermann **aquarobics** [ækwə'rəʊbɪks] ⓢ (❗ mit Verb im Singular) Aquarobic n, Wassergymnastik f **aquatic** [ə'kwætɪk] ADJ Wasser-; **~ sports** Wassersport m **aqueduct** ['ækwɪdʌkt] ⓢ Aquädukt m od n

Arab ['ærəb] A ⓢ Araber m, Araberin f; **the ~s** die Araber B ADJ attr arabisch; **~ horse** Araber m **Arabia** [ə'reɪbɪə] ⓢ Arabien n **Arabian** ADJ arabisch **Arabic** ['ærəbɪk] A ⓢ Arabisch n B ADJ arabisch

arable ['ærəbl] ADJ Acker-; **~ farming** Ackerbau m; **~ land** Ackerland n

arbitrarily ['ɑːbɪtrərəlɪ] ADV willkürlich **arbitrary** ['ɑːbɪtrərɪ] ADJ willkürlich

arbitrate ['ɑːbɪtreɪt] A VT schlichten B VI vermitteln **arbitration** [ˌɑːbɪ'treɪʃən] ⓢ Schlichtung f; **to go to ~** vor eine Schlichtungskommission gehen **arbitrator** ['ɑːbɪtreɪtə'] ⓢ Vermittler(in) m(f); bes IND Schlichter(in) m(f)

arc [ɑːk] ⓢ Bogen m

arcade [ɑː'keɪd] ⓢ ARCH Arkade f; (≈ mit Geschäften) Passage f

arch[1] [ɑːtʃ] A ⓢ ❶ Bogen m ❷ (von Fuß) Wölbung f B VT Rücken krümmen; Augenbrauen hochziehen; **the cat ~ed its back** die Katze machte einen Buckel

arch[2] ADJ attr Erz-; **~ enemy** Erzfeind(in) m(f)

archaeological, (US) **archeological** [ˌɑːkɪə'lɒdʒɪkəl] ADJ archäologisch **archaeologist**, (US) **archeologist** [ˌɑːkɪ'ɒlədʒɪst] ⓢ Archäologe m, Archäologin f **archaeology**, (US) **archeology** [ˌɑːkɪ'ɒlədʒɪ] ⓢ Archäologie f

archaic [ɑː'keɪɪk] ADJ veraltet **archaism** ['ɑːkeɪɪzəm] ⓢ veralteter Ausdruck

archangel ['ɑːkˌeɪndʒl] ⓢ Erzengel m **archbishop** ⓢ Erzbischof m

arched [ɑːtʃt] ADJ gewölbt; **~ window** (Rund)-bogenfenster n

archeological etc (US) = **archaeological** etc

archer ['ɑːtʃə'] ⓢ Bogenschütze m/-schützin f **archery** ['ɑːtʃərɪ] ⓢ Bogenschießen n

archetypal ['ɑːkɪtaɪpəl] ADJ archetypisch (geh), typisch; **he is the ~ millionaire** er ist ein Millionär, wie er im Buche steht **archetype** ['ɑːkɪtaɪp] ⓢ Archetyp(us) m (form)

archipelago [ˌɑːkɪ'pelɪgəʊ] ⓢ, pl -(e)s Archipel m

architect ['ɑːkɪtekt] ⓢ Architekt(in) m(f); **he was the ~ of his own downfall** er hat seinen Ruin selbst verursacht **architectural** ADJ

architecturally ADV [ˌɑːkɪ'tektʃərəl, -ɪ] architektonisch **architecture** ['ɑːkɪtektʃə'] ⓢ Architektur f

▶ **architectural styles**

classical	a) klassisch
	b) klassizistisch
Romanesque [ˌrəʊmə'nesk]	romanisch
Norman ['nɔːmən]	normannisch
Gothic ['gɒθɪk]	gotisch
Renaissance [rə'neɪsɑːns]	Renaissance…
baroque [bə'rɒk]	barock
rococo [rə'kəʊkəʊ]	Rokoko…
neoclassical [niːəʊ'klæsɪkl]	klassizistisch
modernist ['mɒdənɪst]	modernistisch
postmodern [ˌpəʊst'mɒdən], **postmodernist** [ˌpəʊst'mɒdənɪst]	postmodern

WORTSCHATZ ◀

archive ['ɑːkaɪv] ⓢ Archiv n (a. IT); **~ material** Archivmaterial n **archives** PL Archiv n

arch-rival [ˌɑːtʃ'raɪvəl] ⓢ Erzrivale m, Erzrivalin f

archway ['ɑːtʃweɪ] ⓢ Torbogen m

arctic ['ɑːktɪk] A ADJ arktisch B ⓢ **the Arctic** die Arktis **Arctic Circle** ⓢ nördlicher Polarkreis **Arctic Ocean** ⓢ Nordpolarmeer n

ardent ['ɑːdənt] ADJ leidenschaftlich **ardently** ['ɑːdəntlɪ] ADV leidenschaftlich; wünschen, bewundern glühend

arduous ['ɑːdjʊəs] ADJ beschwerlich; Arbeit anstrengend; Aufgabe mühselig

are [ɑː'] 2. Person sg, 1., 2., 3. Person pl präs von be

area ['ɛərɪə] ⓢ ❶ Fläche f; **20 sq metres** (Br) od **meters** (US) **in ~** eine Fläche von 20 Quadratmetern ❷ Gebiet n, Gegend f, Gelände n; (in Diagramm etc) Bereich m; **in the ~** in der Nähe; **do you live in the ~?** wohnen Sie hier (in der Gegend)?; **in the London ~** im Londoner Raum; **protected ~** Schutzgebiet n; **dining/sleeping ~** Ess-/Schlafbereich m; **no smoking ~** Nichtraucherzone f; **the (penalty) ~** (bes Br FUSSB) der Strafraum; **a mountainous ~** eine bergige Gegend; **a wooded ~** ein Waldstück n, ein Waldgebiet n; **the infected ~s of the lungs** die befallenen Teile od Stellen der Lunge ❸ (fig) Bereich m; **his ~ of responsibility** sein Verantwortungsbereich m; **~ of interest** Interessengebiet n **area code** ⓢ (US TEL) Vorwahl

A AREA | 52

arm — Arm

arm — Ärmel

arm — (Arm)lehne

(nummer) f (❗ = (Br) **dialling code**) **area manager** s̄ Gebietsleiter m
arena [ə'riːnə] s̄ Arena f
aren't [ɑːnt] = are not; → be
Argentina [ˌɑːdʒən'tiːnə] s̄ Argentinien n **Argentine** ['ɑːdʒəntaɪn] s̄ **the ~** Argentinien n
Argentinian [ˌɑːdʒən'tɪnɪən] A s̄ Argentinier(in) m(f) B ADJ argentinisch
arguable ['ɑːgjʊəbl] ADJ **it is ~ that …** es lässt sich der Standpunkt vertreten, dass …; **it is ~ whether …** es ist (noch) die Frage, ob … **arguably** ['ɑːgjʊəblɪ] ADV wohl; **this is ~ his best book** dies dürfte sein bestes Buch sein
argue ['ɑːgjuː] A VI 1 streiten, sich streiten, sich zanken; **there's no arguing with him** mit ihm kann man nicht reden; **don't ~ with your mother!** du sollst deiner Mutter nicht widersprechen!; **there is no point in arguing** da erübrigt sich jede (weitere) Diskussion 2 **to ~ for** od **in favour** (Br) od **favor** (US) **of/against sth** für/gegen etw sprechen; **this ~s in his favour** (Br) od **favor** (US) das spricht zu seinen Gunsten B VT 1 Sache, Fall diskutieren; **a well ~d case** ein gut begründeter Fall 2 behaupten; **he ~s that …** er vertritt den Standpunkt, dass … ◆**argue out** VT trennb Problem ausdiskutieren; **to argue sth out with sb** etw mit jdm durchsprechen
argument ['ɑːgjʊmənt] s̄ 1 Diskussion f; **for the sake of ~** rein theoretisch 2 Auseinandersetzung f; **to have an ~** sich streiten, sich zanken 3 Argument n; **Professor Ayer's ~ is that …** Professor Ayers These lautet, dass … **argumentative** [ˌɑːgjʊ'mentətɪv] ADJ streitsüchtig
aria ['ɑːrɪə] s̄ Arie f
arid ['ærɪd] ADJ dürr
Aries ['eəriːz] s̄ ASTROL Widder m; **she is (an) ~** sie ist (ein) Widder
arise [ə'raɪz] prät **arose** [ə'rəʊz] pperf **arisen** [ə'rɪzn] VI 1 sich ergeben; (Frage, Problem) aufkommen; **should the need ~** falls sich die Notwendigkeit ergibt 2 **to ~ out of** od **from sth** sich aus etw ergeben
aristocracy [ˌærɪs'tɒkrəsɪ] s̄ Aristokratie f
aristocrat ['ærɪstəkræt] s̄ Aristokrat(in) m(f)
aristocratic [ˌærɪstə'krætɪk] ADJ aristokratisch
arithmetic [ə'rɪθmətɪk] s̄ Rechnen n
ark [ɑːk] s̄ **Noah's ~** die Arche Noah
arm¹ [ɑːm] s̄ 1 ANAT Arm m; **in one's ~s** im Arm; **to give sb one's ~** (Br) jdm den Arm geben; **to take sb in one's ~s** jdn in die Arme nehmen; **to hold sb in one's ~s** jdn umarmen; **to put** od **throw one's ~s around sb** die Arme um jdn schlingen (geh); **~ in ~** Arm in Arm; **to welcome sb with open ~s** jdn mit offenen Armen empfangen; **within ~'s reach** in Reichweite; **it cost him an ~ and a leg** (umg) es kostete ihn ein Vermögen 2 Ärmel m 3 (Fluss)arm m; (von Sessel) (Arm)lehne f
arm² A VT bewaffnen; **to ~ sth with sth** etw mit etw ausrüsten; **to ~ oneself with sth** sich mit etw bewaffnen B VI aufrüsten **armaments** ['ɑːməmənts] PL Ausrüstung f
armchair ['ɑːmtʃeəʳ] s̄ Sessel m, Fauteuil n (österr)
armed [ɑːmd] ADJ bewaffnet **armed forces** PL Streitkräfte pl **armed robbery** s̄ bewaffneter Raubüberfall
Armenia [ɑː'miːnɪə] s̄ Armenien n **Armenian** [ɑː'miːnɪən] A ADJ armenisch B s̄ 1 (≈ Mensch) Armenier(in) m(f) 2 LING Armenisch n
armful s̄ Arm m voll kein pl **armhole** s̄ Armloch n
armistice ['ɑːmɪstɪs] s̄ Waffenstillstand m **Armistice Day** s̄ 11.11., Tag des Waffenstillstands (1918)
armour, (US) **armor** ['ɑːməʳ] s̄ Rüstung f; **suit of ~** Rüstung f **armoured**, (US) **armored** ['ɑːməd] ADJ Panzer-; **~ car** Panzerwagen m; **~ personnel carrier** Schützenpanzer(wagen)

53 ‖ ARTE **A**

m **armour-plated**, (US) **armor-plated**
‾A‾D‾J‾ gepanzert **armour plating**, (US) **armor
plating** ‾S‾ Panzerung *f* **armoury**, (US) **ar-
mory** [ˈɑːmərɪ] ‾S‾ **1** Arsenal *n*, Waffenlager *n*
2 (US) Munitionsfabrik *f*

armpit ‾S‾ Achselhöhle *f* **armrest** ‾S‾ Armlehne
f

arms [ɑːmz] ‾P‾L‾ **1** Waffen *pl*; **to take up ~
(against sb/sth)** (gegen jdn/etw) zu den Waf-
fen greifen; (fig) (gegen jdn/etw) zum Angriff
übergehen; **to be up in ~ (about sth)** (fig
umg) (über etw akk) empört sein **2** HERALD
Wappen *n* **arms control** ‾S‾ Rüstungskontrol-
le *f* **arms race** ‾S‾ Wettrüsten *n*

army [ˈɑːmɪ] ‾A‾ ‾S‾ **1** Armee *f*; **~ of occupation**
Besatzungsarmee *f*; **to be in the ~** beim Militär
sein; **to join the ~** zum Militär gehen **2** (fig)
Heer *n* **B** attr Militär-; **~ life** Soldatenleben *n*;
~ officer Offizier(in) *m(f)* in der Armee

A-road [ˈeɪrəʊd] ‾S‾ (Br) ≈ Bundesstraße *f*

aroma [əˈrəʊmə] ‾S‾ Aroma *n* **aromathera-
py** [əˌrəʊməˈθerəpɪ] ‾S‾ Aromatherapie *f* **aro-
matic** [ˌærəʊˈmætɪk] ‾A‾D‾J‾ aromatisch

arose [əˈrəʊz] prät von **arise**

around [əˈraʊnd] ‾A‾ ‾A‾D‾V‾ herum, rum (umg); **I
looked all ~** ich sah mich nach allen Seiten
um; **they came from all ~** sie kamen von
überall her; **he turned ~** er drehte sich um;
for miles ~ meilenweit im Umkreis; **to travel
~** herumreisen; **is he ~?** ist er da?; **see you ~!**
(umg) bis bald! **B** PRÄP **1** um, um … herum **2** **to
wander ~ the city** durch die Stadt spazieren;
to travel ~ Scotland durch Schottland reisen;
the church must be ~ here somewhere die
Kirche muss hier irgendwo sein **3** (bei Datum)
um; (bei Uhrzeit) gegen; (bei Gewicht, Preis) etwa;
→ **round**

arouse [əˈraʊz] ‾V‾T‾ erregen

arr abk von **arrival**, **arrives** Ank.

arrange [əˈreɪndʒ] ‾V‾T‾ **1** ordnen; Gegenstände
aufstellen; Bücher in Regal anordnen; Blumen ar-
rangieren **2** vereinbaren; Party arrangieren;
I'll ~ for you to meet him ich arrangiere
für Sie ein Treffen mit ihm; **an ~d marriage**
eine arrangierte Ehe; **if you could ~ to be
there at five** wenn du es so einrichten kannst,
dass du um fünf Uhr da bist; **a meeting has
been ~d for next month** nächsten Monat
ist ein Treffen angesetzt **3** MUS arrangieren
arrangement ‾S‾ **1** Anordnung *f*; **a flower
~** ein Blumenarrangement *n* **2** Vereinbarung
f, Verabredung *f*; **a special ~** eine Sonderrege-
lung; **to have/come to an ~ with sb** eine Re-
gelung mit jdm getroffen haben/treffen **3**
(meist pl) Pläne *pl*, Vorbereitungen *pl*; **to make
~s for sb/sth** für jdn/etw Vorbereitungen tref-

fen; **to make ~s for sth to be done** veranlas-
sen, dass etw getan wird; **to make one's own
~s** selber zusehen(, wie …); **seating ~s** Sitz-
ordnung *f*

array [əˈreɪ] ‾S‾ **1** Ansammlung *f*; (von Gegenstän-
den) stattliche Reihe **2** IT (Daten)feld *n*

arrears [əˈrɪəz] ‾P‾L‾ Rückstände *pl*; **to get** od **fall
into ~** in Rückstand kommen; **to have ~ of
£5000** mit £ 5000 im Rückstand sein; **to be
paid in ~** rückwirkend bezahlt werden

arrest [əˈrest] ‾A‾ ‾V‾T‾ festnehmen, verhaften **B**
‾S‾ Festnahme *f*, Verhaftung *f*; **to be under ~**
festgenommen/verhaftet sein **arrest war-
rant** ‾S‾ Haftbefehl *m*

arrival [əˈraɪvəl] ‾S‾ **1** Ankunft *f* kein pl; (von Waren,
Neuigkeiten) Eintreffen *n* kein pl; **on ~** bei Ankunft;
he was dead on ~ bei seiner Einlieferung ins
Krankenhaus wurde der Tod festgestellt; **~
time** Ankunftszeit *f*; **~s** BAHN, FLUG Ankunft *f*
2 (≈ Mensch) Ankömmling *m*; **new ~** Neuan-
kömmling *m* **arrivals lounge** [ə-
ˈraɪvəlzˌlaʊndʒ] ‾S‾ Ankunftshalle *f*

arrive [əˈraɪv] ‾V‾I‾ ankommen; **to ~ home** nach
Hause kommen; (bes nach Reise) zu Hause an-
kommen; **to ~ at a town/the airport** in einer
Stadt/am Flughafen ankommen; **the train will
~ at platform 10** der Zug fährt auf Gleis 10 ein;
to ~ at a decision/result zu einer Entschei-
dung/einem Ergebnis kommen

arrogance [ˈærəgəns] ‾S‾ Arroganz *f* **arro-
gant** ‾A‾D‾J‾, **arrogantly** ‾A‾D‾V‾ arrogant

arrow [ˈærəʊ] ‾S‾ Pfeil *m* **arrow key** ‾S‾ IT Pfeil-
taste *f*

arse [ɑːs] (Br sl) ‾A‾ ‾S‾ Arsch *m* (sl) (**❶** = (US) **ass**);
get your ~ in gear! setz mal deinen Arsch in
Bewegung! (sl); **tell him to get his ~ into my
office** sag ihm, er soll mal in meinem Büro
antanzen (umg) **B** ‾V‾T‾ **I can't be ~d** ich hab kei-
nen Bock (sl) **♦arse about** od **around** ‾V‾I‾ (Br
umg) rumblödeln (umg)

arsehole [ˈɑːshəʊl] ‾S‾ (Br vulg) Arschloch *n* (vulg)
(**❶** = (US) **asshole**)

arsenal [ˈɑːsɪnl] ‾S‾ MIL Arsenal *n*; (fig) Waffenla-
ger *n*

arsenic [ˈɑːsnɪk] ‾S‾ Arsen *n*; **~ poisoning** Ar-
senvergiftung *f*

arson [ˈɑːsn] ‾S‾ Brandstiftung *f* **arsonist** ‾S‾
Brandstifter(in) *m(f)*

art [ɑːt] ‾A‾ ‾S‾ **1** Kunst *f*; **the ~s** die schönen
Künste; **there's an ~ to it** das ist eine Kunst;
~s and crafts Kunsthandwerk *n* **2** **~s** UNIV
Geisteswissenschaften *pl*; **~s minister** Kultur-
minister(in) *m(f)* **B** ‾A‾D‾J‾ attr Kunst- **art college**
‾S‾ Kunsthochschule *f*

arterial [ɑːˈtɪərɪəl] ‾A‾D‾J‾ **~ road** AUTO Fernver-
kehrsstraße *f* **artery** [ˈɑːtərɪ] ‾S‾ **1** ANAT Arterie

f **2** (*a.* **traffic artery**) Verkehrsader *f*
art gallery ⓢ (❗ Vorsicht, Schreibung)
Kunstgalerie *f* **art-house** ADJ *attr* ~ **film** Experimentalfilm *m*; ~ **cinema** ≈ Programmkino *n*
arthritic [ɑːˈθrɪtɪk] ADJ arthritisch; **she is** ~ sie
hat Arthritis **arthritis** [ɑːˈθraɪtɪs] ⓢ Arthritis *f*
artichoke [ˈɑːtɪtʃəʊk] ⓢ Artischocke *f*
article [ˈɑːtɪkl] ⓢ **1** Gegenstand *m*; (*auf Liste*) Posten *m*; HANDEL Artikel *m*; ~ **of furniture** Möbelstück *n*; ~**s of clothing** Kleidungsstücke *pl*
2 (*in Zeitung, Verfassung, a.* GRAM) Artikel *m*; (*von Vertrag*) Paragraf *m*
articulate [ɑːˈtɪkjʊlɪt] **A** ADJ klar; **to be** ~ sich
gut *od* klar ausdrücken können **B** [ɑːˈtɪkjʊleɪt]
VT **1** artikulieren **2** darlegen **C** [ɑːˈtɪkjʊleɪt]
VI artikulieren **articulated lorry** (*Br*), **articulated truck** [ɑːˈtɪkjʊleɪtɪd-] ⓢ Sattelschlepper *m* **articulately** [ɑːˈtɪkjʊlɪtlɪ] ADV aussprechen artikuliert; *sich ausdrücken* klar
artificial [ˌɑːtɪˈfɪʃəl] ADJ künstlich; (*pej*) Lächeln
etc gekünstelt; ~ **leather/silk** Kunstleder *n*/-seide *f*; ~ **limb** Prothese *f*; **you're so** ~ du bist
nicht echt **artificial insemination** ⓢ
künstliche Befruchtung **artificial intelligence** ⓢ künstliche Intelligenz **artificially**
[ˌɑːtɪˈfɪʃəlɪ] ADV künstlich, gekünstelt **artificial respiration** ⓢ künstliche Beatmung *f*
artillery [ɑːˈtɪlərɪ] ⓢ Artillerie *f*
artisan [ˈɑːtɪzæn] ⓢ Handwerker(in) *m(f)*
artist [ˈɑːtɪst] ⓢ Künstler(in) *m(f)*; ~**'s impression** Zeichnung *f* **artiste** [ɑːˈtiːst] ⓢ Künstler(in) *m(f)*; (≈ *im Zirkus*) Artist(in) *m(f)* **artistic**
[ɑːˈtɪstɪk] ADJ künstlerisch, kunstvoll, kunstverständig; **she's very** ~ sie ist künstlerisch veranlagt *od* begabt/sehr kunstverständig **artistically** [ɑːˈtɪstɪkəlɪ] ADV künstlerisch, kunstvoll
artistic director ⓢ künstlerischer Direktor,
künstlerische Direktorin **artistry** [ˈɑːtɪstrɪ] ⓢ
Kunst *f* **Art Nouveau** [ˈɑːnuːˈvəʊ] ⓢ Jugendstil *m* **art school** ⓢ Kunsthochschule *f* **arts**
degree ⓢ Abschlussexamen *n* der philosophischen Fakultät **Arts Faculty, Faculty**
of Arts ⓢ philosophische Fakultät **artwork**
[ˈɑːtwɜːk] ⓢ **1** (*in Buch*) Bildmaterial *n* **2** (*für Anzeige etc*) Druckvorlage *f* **3** (≈ *Bild etc*) Kunstwerk *n*
arty [ˈɑːtɪ] ADJ (+*er*) (*umg*) Künstler-; *Mensch* auf
Künstler machend (*pej*); *Film* geschmäcklerisch
arty-farty [ˈɑːtɪˈfɑːtɪ] ADJ (*hum umg*) = **arty**
Aryan [ˈɛərɪən] **A** ⓢ Arier(in) *m(f)* **B** ADJ arisch
as [æz, əz] **A** KONJ **1** (≈ *zeitlich*) als, während **2** (≈ *kausal*) da **3** (≈ *obwohl*) **rich as he is I won't marry him** obwohl er reich ist, werde ich ihn nicht
heiraten; **much as I admire her, ...** sosehr ich
sie auch bewundere, ...; **be that as it may** wie
dem auch sei **4** (*Art*) wie; **do as you like** machen Sie, was Sie wollen; **leave it as it is** lass

das so; **the first door as you go in** die erste
Tür, wenn Sie hereinkommen; **knowing him**
as I do so wie ich ihn kenne; **it is bad enough**
as it is es ist schon schlimm genug; **as it were**
sozusagen **5** **as if** *od* **though** als ob; **it isn't as**
if he didn't see me schließlich hat er mich ja
gesehen; **as for him** (und) was ihn angeht; **as**
from now ab jetzt; **so as to** (≈ *Zweck*) um zu +*inf*;
(≈ *Art*) so, dass; **he's not so silly as to do that** er
ist nicht so dumm, das zu tun **B** ADV **as ... as** so
... wie (❗ bei Vergleichen ohne Steigerung);
twice as old doppelt so alt; **just as nice** genauso nett; **late as usual!** wie immer zu spät!;
as recently as yesterday erst gestern; **she is**
very clever, as is her brother sie ist sehr intelligent, genau(so) wie ihr Bruder; **as many/**
much as I could so viele/so viel ich (nur) konnte; **there were as many as 100 people there**
es waren bestimmt 100 Leute da; **the same**
man as was here yesterday derselbe Mann,
der gestern hier war **C** PRÄP **1** als; **to treat**
sb as a child jdn wie ein Kind behandeln **2**
wie (zum Beispiel)
asap [ˈeɪsæp] *abk von* as soon as possible
baldmöglichst
asbestos [æzˈbestəs] ⓢ Asbest *m*
ascend [əˈsend] **A** VI aufsteigen; **in ~ing order** in aufsteigender Reihenfolge **B** VT *Treppe*
hinaufsteigen; *Berg* erklimmen (*geh*) **ascendancy, ascendency** [əˈsendənsɪ] ⓢ Vormachtstellung *f*; **to gain (the)** ~ **over sb** die
Vorherrschaft über jdn gewinnen **Ascension** [əˈsenʃən] ⓢ **the** ~ (*Christi*) Himmelfahrt
f **Ascension Day** ⓢ Himmelfahrt(stag *m*) *n*
ascent [əˈsent] ⓢ Aufstieg *m*; **the** ~ **of Ben**
Nevis der Aufstieg auf den Ben Nevis
ascertain [ˌæsəˈteɪn] VT ermitteln
ascetic [əˈsetɪk] **A** ADJ asketisch **B** ⓢ Asket *m*
ASCII [ˈæskɪ] *abk von* American Standard
Code for Information Interchange; ~ **file**
ASCII-Datei *f*
ascorbic acid [əˈskɔːbɪkˈæsɪd] ⓢ Askorbinsäure *f*
ascribe [əˈskraɪb] VT zuschreiben (*sth to sb* jdm
etw); *Bedeutung, Gewicht* beimessen (*to sth* einer
Sache *dat*)
ash[1] [æʃ] ⓢ (*a.* **ash tree**) Esche *f*
ash[2] ⓢ Asche *f*; ~**es** Asche *f*; **to reduce sth to**
~**es** etw völlig niederbrennen
ashamed [əˈʃeɪmd] ADJ beschämt; **to be** *od* **feel**
~ **(of sb/sth)** sich schämen (für jdn/etw); **it's**
nothing to be ~ **of** deswegen braucht man
sich nicht zu schämen; **you ought to be** ~
(of yourself) du solltest dich (was) schämen!
ashore [əˈʃɔːʳ] ADV an Land; **to run** ~ stranden;
to put ~ an Land gehen

55 | ASSE **A**

---

ashtray ⒮ Aschenbecher m **Ash Wednesday** ⒮ Aschermittwoch m

Asia ['eɪʃə] ⒮ Asien n **Asia Minor** ⒮ Kleinasien n

Asian ['eɪʃn], **Asiatic** [ˌeɪʃɪˈætɪk] Ⓐ ADJ ⒈ asiatisch ⒉ (Br) indopakistanisch Ⓑ ⒮ ⒈ Asiat(in) m(f) ⒉ (Br) Indopakistaner(in) m(f) **Asian-American** [ˌeɪʃnəˈmerɪkən] Ⓐ ADJ asiatisch--amerikanisch Ⓑ ⒮ Amerikaner(in) m(f) asiatischer Herkunft

aside [əˈsaɪd] ADV ⒈ zur Seite; **to set sth ~ for sb** etw für jdn beiseitelegen; **to turn ~** sich abwenden ⒉ (bes US) **~ from** außer; **~ from being chairman of this committee he is …** außer Vorsitzender dieses Ausschusses ist er auch …

A-side ['eɪsaɪd] ⒮ A-Seite f

ask [ɑːsk] Ⓐ V̱Ṯ ⒈ fragen; Frage stellen; **to ~ sb the way** jdn nach dem Weg fragen; **don't ~ me!** (umg) frag mich nicht, was weiß ich! (umg) ⒉ einladen; (zum Tanz) auffordern ⒊ bitten (sb for sth jdn um etw), verlangen (sth of sb etw von jdm); **to ~ sb to do sth** jdn darum bitten, etw zu tun; **that's ~ing too much** das ist zu viel verlangt ⒋ HANDEL Preis verlangen Ⓑ V̱I̱ ⒈ fragen; **to ~ about sb/sth** sich nach jdm/ etw erkundigen ⒉ bitten (for sth um etw); **there's no harm in ~ing** Fragen kostet nichts!; **that's ~ing for trouble** das kann ja nicht gut gehen; **to ~ for Mr X** Herrn X verlangen ◆**ask after** V̱I̱ +obj sich erkundigen nach; **tell her I was asking after her** grüß sie schön von mir ◆**ask around** V̱I̱ herumfragen ◆**ask back** V̱Ṯ trennb ⒈ zu sich einladen ⒉ **they never asked me back again** sie haben mich nie wieder eingeladen ◆**ask in** V̱Ṯ trennb hereinbitten ◆**ask out** V̱Ṯ trennb einladen ◆**ask over** V̱Ṯ trennb zu sich einladen ◆**ask round** V̱Ṯ trennb (bes Br) = ask over

asking ['ɑːskɪŋ] ⒮ (❗ kein pl) **to be had for the ~** umsonst od leicht od mühelos zu haben sein; **he could have had it for the ~** er hätte es leicht bekommen können **asking price** ['ɑːskɪŋˌpraɪs] ⒮ Verkaufspreis m

asleep [əˈsliːp] ADJ präd ⒈ schlafend; **to be (fast** od **sound) ~** (fest) schlafen; **to fall ~** einschlafen ⒉ (umg ≈ gefühllos) eingeschlafen

A/S level ['eɪˈesˌlevl] ⒮ (Br SCHULE) abk von Advanced Supplementary level ≈ Fachabitur n, ≈ Berufsmatura f (österr, schweiz)

asocial [eɪˈsəʊʃəl] ADJ ungesellig

asparagus [əsˈpærəgəs] ⒮ (❗ kein pl) Spargel m

aspect ['æspekt] ⒮ ⒈ Erscheinung f, Aussehen n ⒉ (von Thema) Aspekt m; **what about the security ~?** was ist mit der Sicherheit? ⒊ (von

Haus) **to have a southerly ~** Südlage haben

asphalt ['æsfælt] ⒮ Asphalt m

asphyxiate [æsˈfɪksɪeɪt] V̱Ṯ & V̱I̱ ersticken; **to be ~d** ersticken **asphyxiation** [æsˌfɪksɪˈeɪʃən] ⒮ Erstickung f

aspirate ['æspəreɪt] V̱Ṯ aspirieren **aspiration** [ˌæspəˈreɪʃən] ⒮ Aspiration f

aspire [əˈspaɪə] V̱I̱ **to ~ to sth** nach etw streben; **to ~ to do sth** danach streben, etw zu tun

aspirin ['æsprɪn] ⒮ Kopfschmerztablette f

aspiring [əˈspaɪərɪŋ] ADJ aufstrebend

ass¹ [æs] ⒮ (wörtl, fig u umg) Esel m; **to make an ~ of oneself** sich lächerlich machen

ass² [æs] (US sl) Arsch m (sl) (❗ = (Br) **arse**); **to kick ~** mit der Faust auf den Tisch hauen (umg); **to work one's ~ off** sich zu Tode schuften (umg); **kiss my ~!** du kannst mich mal am Arsch lecken! (vulg)

assail [əˈseɪl] V̱Ṯ angreifen; **to be ~ed by doubts** von Zweifeln geplagt werden **assailant** [əˈseɪlənt] ⒮ Angreifer(in) m(f)

assassin [əˈsæsɪn] ⒮ Attentäter(in) m(f) **assassinate** [əˈsæsɪneɪt] V̱Ṯ ein Attentat verüben auf (+akk); **Kennedy was ~d in Dallas** Kennedy wurde in Dallas ermordet **assassination** [əˌsæsɪˈneɪʃən] ⒮ (geglücktes) Attentat (of auf +akk); **~ attempt** Attentat n

assault [əˈsɔːlt] Ⓐ ⒮ ⒈ MIL Sturm(angriff) m (on auf +akk); (fig) Angriff m (on gegen) ⒉ JUR Körperverletzung f; **sexual ~** Notzucht f Ⓑ V̱Ṯ ⒈ JUR tätlich werden gegen; (sexuell) herfallen über (+akk); (≈ vergewaltigen) sich vergehen an (+dat) ⒉ MIL angreifen **assault troops** P̱Ḻ Sturmtruppen pl

assemble [əˈsembl] Ⓐ V̱Ṯ zusammensetzen; Fakten zusammentragen; (Mannschaft) zusammenstellen Ⓑ V̱I̱ sich versammeln **assembly** [əˈsemblɪ] ⒮ ⒈ Versammlung f; **the Welsh Assembly** die walisische Versammlung ⒉ SCHULE Morgenappell m (❗ In britischen Schulen versammeln sich morgens die Schülerinnen und Schüler und die Lehrerinnen und Lehrer, bevor sie in ihre Klassenzimmer gehen.) ⒊ Zusammenbau m; (von Maschine) Montage f **assembly hall** ⒮ SCHULE Aula f **assembly line** ⒮ Montageband n **Assembly Member** ⒮ Mitglied n des walisischen Parlaments **assembly point** ⒮ Sammelplatz m **assembly worker** ⒮ Montagearbeiter(in) m(f)

assent [əˈsent] Ⓐ ⒮ Zustimmung f Ⓑ V̱I̱ zustimmen; **to ~ to sth** einer Sache (dat) zustimmen

assert [əˈsɜːt] V̱Ṯ behaupten; Unschuld beteuern; **to ~ one's authority** seine Autorität geltend machen; **to ~ one's rights** sein Recht behaupten; **to ~ oneself** sich durchsetzen (over gegenüber) **assertion** [əˈsɜːʃən] ⒮ Behauptung f; **to**

make an ~ eine Behauptung aufstellen **as-sertive** ADJ, **assertively** ADV [ə'sɜːtɪv, -lɪ] bestimmt **assertiveness** 5̄ Bestimmtheit f

assess [ə'ses] V/T **1** einschätzen; *Vorschlag* abwägen; *Schaden* abschätzen **2** *Grundbesitz* schätzen **assessment** 5̄ **1** Einschätzung f; *(von Schaden)* Schätzung f; **what's your ~ of the situation?** wie sehen *od* beurteilen Sie die Lage? **2** *(von Grundbesitz)* Schätzung f **assessor** [ə'sesə'] 5̄ VERS (Schadens)gutachter(in) m(f); UNIV Prüfer(in) m(f)

asset ['æset] 5̄ **1** *(meist pl)* Vermögenswert m; *(in Bilanz)* Aktivposten m; **~s** Vermögen n; *(in Bilanz)* Aktiva pl; **personal ~s** persönlicher Besitz **2** *(fig)* **he is one of our great ~s** er ist einer unserer besten Leute

asshole ['æʃhəʊl] 5̄ *(US sl)* Arschloch n *(vulg)* (❗ = (Br) **arsehole**)

assign [ə'saɪn] V/T **1** zuweisen *(to sb* jdm); **2** berufen; *(mit Aufgabe etc)* beauftragen *(to* mit); **she was ~ed to this school** sie wurde an diese Schule berufen **assignment** 5̄ **1** Aufgabe f, Auftrag m; **to be on (an) ~** einen Auftrag haben **2** *(in der Schule)* Referat n; **to do one's history ~** an seinem Geschichtsreferat arbeiten **3** Berufung f; *(mit Aufgabe etc)* Beauftragung f *(to* mit) **4** Zuweisung f

assimilate [ə'sɪmɪleɪt] V/T aufnehmen **assim-ilation** [ə,sɪmɪ'leɪʃən] 5̄ Aufnahme f

assist [ə'sɪst] **A** V/T helfen (+*dat*), assistieren (+*dat*); **to ~ sb with sth** jdm bei etw behilflich sein; **to ~ sb in doing sth** jdm helfen, etw zu tun **B** V/I helfen; **to ~ with sth** bei etw helfen; **to ~ in doing sth** helfen, etw zu tun **assist-ance** [ə'sɪstəns] 5̄ Hilfe f; **to come to sb's ~** jdm zu Hilfe kommen; **can I be of any ~?** kann ich irgendwie helfen? **assistant** [ə'sɪstənt] **A** 5̄ (❗ Vorsicht, Schreibung) Assistent(in) m(f); *(in Geschäft)* Verkäufer(in) m(f) (❗ = (US) **sales-clerk**) **B** ADJ attr stellvertretend **assistant professor** 5̄ (❗ Vorsicht, Schreibung) *(US)* Assistenz-Professor(in) m(f) **assistant refer-ee** 5̄ (❗ Vorsicht, Schreibung) FUSSB Schieds-richterassistent(in) m(f)

associate [ə'səʊʃɪt] **A** 5̄ Kollege m, Kollegin f; HANDEL Teilhaber(in) m(f) **B** [ə'səʊʃɪeɪt] V/T assoziieren; **to ~ oneself with sb/sth** sich jdm/einer Sache anschließen **C** [ə'səʊʃɪeɪt] V/I **to ~ with** verkehren mit **associate direc-tor** 5̄ Direktor einer Firma, der jedoch nicht offiziell als solcher ernannt wurde **associate member** 5̄ außerordentliches Mitglied **as-sociate professor** 5̄ *(US)* außerordentlicher Professor, außerordentliche Professorin **association** [ə,səʊsɪ'eɪʃən] 5̄ **1** (❗ kein pl) Umgang m, Zusammenarbeit f **2** Verband m

3 *(≈ geistig)* Assoziation f *(with* an +*akk)*

assorted [ə'sɔːtɪd] ADJ gemischt **assort-ment** [ə'sɔːtmənt] 5̄ Mischung f; *(von Waren)* Auswahl f *(of* an +*dat)*

asst *abk von* **assistant**

assume [ə'sjuːm] V/T **1** annehmen, voraussetzen; **let us ~ that you are right** nehmen wir an, Sie hätten recht; **assuming (that) ...** angenommen(, dass) ...; **to ~ office** sein Amt antreten; **to ~ a look of innocence** eine unschuldige Miene aufsetzen **2** *Kontrolle* übernehmen **assumed** ADJ **~ name** angenommener Name **assumption** [ə'sʌmpʃən] 5̄ **1** Annahme f, Voraussetzung f; **to go on the ~ that ...** von der Voraussetzung ausgehen, dass ... **2** *(von Macht)* Übernahme f **3** KIRCHE **the Assump-tion** Mariä Himmelfahrt f

assurance [ə'ʃʊərəns] 5̄ **1** Versicherung f, Zusicherung f **2** *(≈ Selbstvertrauen)* Sicherheit f **3** *(Br)* (Lebens)versicherung f **assure** [ə'ʃʊə'] V/T **1** **to ~ sb of sth** jdn einer Sache *(gen)* versichern, jdm etw zusichern; **to ~ sb that ...** jdm versichern/zusichern, dass ... **2** *Erfolg* sichern; **he is ~d of a warm welcome wherever he goes** er kann sich überall eines herzlichen Empfanges sicher sein **3** *(Br) Leben* versichern **assured** [ə'ʃʊəd] ADJ sicher; **to rest ~ that ...** sicher sein, dass ... **assuredly** [ə'ʃʊərɪdlɪ] ADV mit Sicherheit

asterisk ['æstərɪsk] 5̄ Sternchen n

astern [ə'stɜːn] ADV SCHIFF achtern

asteroid ['æstərɔɪd] 5̄ Asteroid m

asthma ['æsmə] 5̄ Asthma n **asthma at-tack** ['æsməˌtæk] 5̄ Asthmaanfall m **asth-matic** [æs'mætɪk] **A** 5̄ Asthmatiker(in) m(f) **B** ADJ asthmatisch

astonish [ə'stɒnɪʃ] V/T erstaunen; **to be ~ed** erstaunt sein **astonishing** ADJ, **astonish-ingly** ADV [ə'stɒnɪʃɪŋ, -lɪ] erstaunlich; **~ly (enough)** erstaunlicherweise **astonish-ment** 5̄ Erstaunen n *(at über* +*akk)*; **she looked at me in ~** sie sah mich erstaunt an

astounding ADJ, **astoundingly** ADV [ə-'staʊndɪŋ, -lɪ] erstaunlich

astray [ə'streɪ] ADJ **to go ~** verloren gehen; **to lead sb ~** *(fig)* jdn vom rechten Weg abbringen

astringent [əs'trɪndʒənt] ADJ *Bemerkung, Humor* beißend

astrologer [əs'trɒlədʒə'] 5̄ Astrologe m, Astrologin f **astrological** [,æstrə'lɒdʒɪkəl] ADJ astrologisch **astrology** [əs'trɒlədʒɪ] 5̄ Astrologie f

astronaut ['æstrənɔːt] 5̄ Astronaut(in) m(f)

astronomer [əs'trɒnəmə'] 5̄ Astronom(in) m(f) **astronomical** ADJ, **astronomically** ADV [,æstrə'nɒmɪkəl, -lɪ] astronomisch **astron-**

omy [əs'trɒnəmɪ] _S_ Astronomie f
astrophysics [ˌæstrəʊ'fɪzɪks] _S_ (❗ mit Verb im Singular) Astrophysik f
astute [ə'stjuːt] _ADJ_ schlau; _Geist_ scharf **astutely** [ə'stjuːtlɪ] _ADV_ scharfsinnig **astuteness** _S_ Schlauheit f
asylum [ə'saɪləm] _S_ **1** Asyl n; **to ask for (political)** ~ um (politisches) Asyl bitten **2** (Irren-) anstalt f **asylum-seeker** _S_ [ə'saɪləm,siːkə'] Asylbewerber(in) m(f)
asymmetric(al) [ˌeɪsɪ'metrɪk(əl)] _ADJ_ asymmetrisch **asymmetry** [æ'sɪmɪtrɪ] _S_ Asymmetrie f
at [æt] _PRÄP_ **1** (_Position_) an (+dat), bei (+dat); (_mit Ortsangabe_) in (+dat); **at a table** an einem Tisch; **at the top** an der Spitze; **at home** zu Hause; **at the university** (_US_), **at university** an od auf der Universität; **at school** in der Schule; **at the hotel** im Hotel; **at the baker's** beim Bäcker; **at my brother's** bei meinem Bruder; **at a party** auf od bei einer Party; **at the station** am Bahnhof **2** (_Richtung_) **to point at sb/sth** auf jdn/etw zeigen; **to look at sb/sth** jdn/etw ansehen **3** (_zeitlich_) **at ten o'clock** um zehn Uhr; **at night** bei Nacht; **at Christmas/Easter** _etc_ zu Weihnachten/Ostern _etc_; **at your age/16 (years of age)** in deinem Alter/mit 16 (Jahren); **three at a time** drei auf einmal; **at the start/end** am Anfang/Ende **4** (_Aktivität_) **at play** beim Spiel; **at work** bei der Arbeit; **good at sth** gut in etw (dat); **while we are at it** (_umg_) wenn wir schon mal dabei sind **5** (_Zustand_) **to be at an advantage** im Vorteil sein; **at a profit** mit Gewinn; **I'd leave it at that** ich würde es dabei belassen **6** auf (+akk) ... (hin); **at his request** auf seine Bitte (hin); **at that he left the room** daraufhin verließ er das Zimmer **7** _wütend etc_ über (+akk) **8** (_Tempo, Maß_) **at 50 km/h** mit 50 km/h; **at 50p a pound** für 50 Pence pro Pfund; **at 5% interest** zu 5% Zinsen; **at a high price** zu einem hohen Preis; **when the temperature is at 90°** wenn die Temperatur auf 90° ist
ate [eɪt, et] _prät_ von **eat**
atheism ['eɪθɪɪzəm] _S_ Atheismus m **atheist** ['eɪθɪɪst] _S_ Atheist(in) m(f)
Athens ['æθɪnz] _S_ Athen n
athlete ['æθliːt] _S_ Athlet(in) m(f), Leichtathlet(in) m(f) **athlete's foot** [ˌæθliːtz'fʊt] _S_ Fußpilz m **athletic** [æθ'letɪk] _ADJ_ sportlich; _Körperbau_ athletisch **athletics** _S_ (_Br_) (❗ mit Verb im Singular) Leichtathletik f (❗ = (US) **track and field**); ~ **meeting** Leichtathletikwettkampf m
Atlantic [ət'læntɪk] **A** _S_ (a. **Atlantic Ocean**) Atlantik m **B** _ADJ_ attr atlantisch
atlas ['ætləs] _S_ Atlas m

ATM [ˌeɪtiː'em] _ABK_ von **automated teller machine** Geldautomat m
atmosphere ['ætməsfɪə'] _S_ Atmosphäre f **atmospheric** [ˌætməs'ferɪk] _ADJ_ atmosphärisch
atmospheric pressure _S_ Luftdruck m
atom ['ætəm] _S_ Atom n **atom bomb** _S_ Atombombe f **atomic** [ə'tɒmɪk] _ADJ_ atomar **atomic bomb** _S_ Atombombe f **atomic energy** _S_ Kernenergie f **Atomic Energy Authority** _S_ (_Br_), **Atomic Energy Commission** _S_ (_US_) Atomkommission f **atomic power** _S_ **1** Atomkraft f **2** Atomantrieb m **atomic structure** _S_ Atombau m
atomizer ['ætəmaɪzə'] _S_ Zerstäuber m
atone [ə'təʊn] _V/I_ **to ~ for sth** (für) etw büßen **atonement** _S_ Sühne f; **in ~ for sth** als Sühne für etw
A to Z® _S_ Stadtplan m (_mit Straßenverzeichnis_)
atrocious _ADJ_, **atrociously** _ADV_ [ə'trəʊʃəs, -lɪ] grauenhaft **atrocity** [ə'trɒsɪtɪ] _S_ Grausamkeit f
atrophy ['ætrəfɪ] **A** _S_ Schwund m **B** _V/I_ verkümmern, schwinden
at sign ['ætsaɪn] _S_ (_in E-Mail-Adresse_) @-Zeichen n, At-Zeichen n, Klammeraffe m (_umg_)
attach [ə'tætʃ] _VT_ **1** befestigen (to an +dat); _einem Brief_ beiheften; **please find ~ed ...** beigeheftet ...; **to ~ conditions to sth** Bedingungen an etw (akk) knüpfen **2** **to be ~ed to sb/sth** an jdm/etw hängen **3** _Wichtigkeit_ beimessen (to +dat)
attaché [ə'tæʃeɪ] _S_ Attaché m **attaché case** _S_ Aktenkoffer m
attachment [ə'tætʃmənt] _S_ **1** (_von Werkzeug etc_) Zusatzteil n **2** Zuneigung f (to zu) **3** IT Anhang m, Attachment n
attack [ə'tæk] **A** _S_ **1** Angriff m (on auf +akk); **to be under ~** angegriffen werden; **to go on to the ~** zum Angriff übergehen **2** MED etc Anfall m; **to have an ~ of nerves** plötzlich Nerven bekommen **B** _VT_ **1** angreifen; (_bei Raub etc_) überfallen **2** _Problem_ in Angriff nehmen **C** _VI_ angreifen; **an ~ing side** eine offensive Mannschaft
attacker [ə'tækə'] _S_ Angreifer(in) m(f)
attain [ə'teɪn] _VT_ _Ziel, Rang_ erreichen, erlangen; _Glück_ gelangen zu **attainable** [ə'teɪnəbl] _ADJ_ erreichbar; _Glück, Macht_ zu erlangen
attempt [ə'tempt] **A** _VT_ versuchen; _Aufgabe_ sich versuchen an (+dat); **~ed murder** Mordversuch m **B** _S_ Versuch m; (≈ _Angriff_) (Mord)anschlag m (on auf +akk); **an ~ on the record** ein Versuch, den Rekord zu brechen; **to make an ~ at doing sth** od **to do sth** versuchen, etw zu tun; **at the first ~** beim ersten Versuch
attend [ə'tend] **A** _VT_ besuchen; _Hochzeit_ anwesend sein bei; **well ~ed** gut besucht **B** _VI_ anwesend sein; **are you going to ~?** gehen Sie

A ATTE | 58

hin? ♦**attend to** VI +obj sich kümmern um; *Arbeit etc* Aufmerksamkeit widmen (+*dat*); *Lehrer etc* zuhören (+*dat*); *Kunden etc* bedienen; **are you being attended to?** werden Sie schon bedient?; **that's being attended to** das wird (bereits) erledigt

attendance [ə'tendəns] S **1** Anwesenheit f (*at* bei); **to be in ~ at sth** bei etw anwesend sein **2** Teilnehmerzahl f **attendance record** S **he doesn't have a very good ~** er fehlt oft **attendant** [ə'tendənt] S (*in Museum*) Aufseher(in) m(f)

attention [ə'tenʃən] S **1** (🔴 kein pl) Aufmerksamkeit f; **to call** *od* **draw sb's ~ to sth, to call** *od* **draw sth to sb's ~** jdn auf etw (*akk*) aufmerksam machen; **to turn one's ~ to sb/sth** seine Aufmerksamkeit auf jdn/etw richten; **to pay ~/no ~ to sb/sth** jdn/etw beachten/nicht beachten; **to pay ~ to the teacher** dem Lehrer zuhören; **to hold sb's ~** jdn fesseln; **~!** Achtung!; **your ~, please** ich bitte um Aufmerksamkeit; (*bei offizieller Ankündigung*) Achtung, Achtung!; **it has come to my ~ that ...** ich bin darauf aufmerksam geworden, dass ...; **for the ~ of Miss Smith** zu Händen von Frau Smith **2** MIL **to stand to ~** stillstehen; **~!** stillgestanden! **Attention Deficit Disorder** S MED Aufmerksamkeitsdefizit-Syndrom n **attention span** S Konzentrationsvermögen n

attentive [ə'tentɪv] ADJ aufmerksam; **to be ~ to sb** sich jdm gegenüber aufmerksam verhalten; **to be ~ to sb's needs** sich um jds Bedürfnisse kümmern **attentively** [ə'tentɪvlɪ] ADV aufmerksam

attenuate [ə'tenjʊeɪt] VT abschwächen; **attenuating circumstances** mildernde Umstände

attest [ə'test] VT bescheinigen; (*eidlich*) beschwören ♦**attest to** VI +obj bezeugen **attestation** [ˌætes'teɪʃən] S (≈ *Dokument*) Bescheinigung f

attic ['ætɪk] S Dachboden m, Estrich m (*schweiz*); (*bewohnt*) Mansarde f; **in the ~** auf dem (Dach)boden

attitude ['ætɪtjuːd] S Einstellung f (*to, towards* zu), Haltung f (*to, towards* gegenüber); **women with ~** kämpferische Frauen

attn *abk* von **attention** z. Hd. von

attorney [ə'tɜːnɪ] S **1** Bevollmächtigte(r) m/f(m); **letter of ~** (*schriftliche*) Vollmacht f **2** (*US*) (Rechts)anwalt m/-anwältin f (🔴 = (Br) **barrister**) **Attorney General** S, pl Attorneys General *od* Attorney Generals (*US*) ≈ Generalbundesanwalt m/-anwältin f; (*Br*) ≈ Justizminister(in) m(f)

attract [ə'trækt] VT **1** anziehen; (*Idee etc*) an-

sprechen; **she feels ~ed to him** sie fühlt sich von ihm angezogen **2** *Aufmerksamkeit* auf sich (*akk*) ziehen; *neue Mitglieder etc* anziehen; **to ~ publicity** (*öffentliches*) Aufsehen erregen **attraction** [ə'trækʃən] S **1** (PHYS, fig) Anziehungskraft f; (*bes von Großstadt etc*) Reiz m **2** Attraktion f

attractive [ə'træktɪv] ADJ attraktiv; *Lächeln* anziehend; *Haus, Kleid* reizvoll, fesch (*österr*) **attractively** [ə'træktɪvlɪ] ADV attraktiv; *gekleidet, möbliert* reizvoll; **~ priced** zum attraktiven Preis (*at von*) **attractiveness** [ə'træktɪvnɪs] S Attraktivität f; (*von Aussicht etc*) Reiz m

attributable [ə'trɪbjʊtəbl] ADJ **to be ~ to sb/ sth** jdm/einer Sache zuzuschreiben sein **attribute** [ə'trɪbjuːt] A VT **to ~ sth to sb** jdm etw zuschreiben; **to ~ sth to sth** etw auf etw (*akk*) zurückführen; *Bedeutung etc* einer Sache (*dat*) etw beimessen B ['ætrɪbjuːt] S Attribut n

atypical [ˌeɪ'tɪpɪkəl] ADJ atypisch

aubergine ['əʊbəʒiːn] S (*Br*) Aubergine f, Melanzani f (*österr*) (🔴 = (US) **eggplant**)

auburn ['ɔːbən] ADJ *Haar* rot-braun

auction ['ɔːkʃən] A S Auktion f; **to sell sth by ~** etw versteigern; **to put sth up for ~** etw zur Versteigerung anbieten B VT (a. **auction off**) versteigern **auctioneer** [ˌɔːkʃə'nɪəʳ] S Auktionator(in) m(f) **auction room(s)** S(pl) Auktionshalle f

audacious ADJ, **audaciously** ADV [ɔː'deɪʃəs, -lɪ] **1** dreist **2** kühn **audacity** [ɔː'dæsɪtɪ], **audaciousness** [ɔː'deɪʃəsnɪs] S **1** Dreistigkeit f; **to have the ~ to do sth** die Dreistigkeit besitzen, etw zu tun **2** Kühnheit f

audible ADJ, **audibly** ADV ['ɔːdɪbl, -lɪ] hörbar **audience** ['ɔːdɪəns] S **1** Publikum n kein pl; RADIO Zuhörerschaft f (🔴 **Audience** steht mit Verb im Singular, wenn man es als Gesamtheit betrachtet und mit Verb im Plural, wenn man an die einzelnen Personen denkt.) **2** Audienz f (*with* bei)

audio book S Hörbuch n **audio cassette** S Audiokassette f **audio equipment** S (*in Studio*) Audiogeräte pl; (≈ *Hi-Fi*) Stereoanlage f **audiotape** A S **1** (Ton)band m **2** (*US*) Kassette f B VT auf (Ton)band/Kassette aufnehmen **audio typist** S Phonotypistin f **audiovisual** ADJ audiovisuell

audit ['ɔːdɪt] A S Buchprüfung f B VT prüfen **audition** [ɔː'dɪʃən] A S THEAT Vorsprechprobe f; (*von Musiker*) Probespiel n; (*von Sänger*) Vorsingen n B VT vorsprechen/vorspielen/vorsingen lassen C VI vorsprechen/vorspielen/vorsingen

auditor ['ɔːdɪtəʳ] S HANDEL Buchprüfer(in) m(f)

59 ‖ AUTO **A**

auditorium [ˌɔːdɪˈtɔːrɪəm] ꜱ̲ Auditorium *n*
au fait [ˌəʊˈfeɪ] A̲D̲J̲ **to be ~ with sth** mit etw vertraut sein
Aug *abk* von August Aug.
augment [ɔːgˈment] A̲ V̲T̲ vermehren B̲ V̲I̲ zunehmen **augmentation** [ˌɔːgmənˈteɪʃən] ꜱ̲ Vermehrung *f*; (*zahlenmäßig*) Zunahme *f*; MUS Augmentation *f*; **breast ~** Brustvergrößerung *f*
augur [ˈɔːgəʳ] V̲I̲ **to ~ well/ill** etwas Gutes/nichts Gutes verheißen
August [ˈɔːgəst] ꜱ̲ August *m*; → September
auld [ɔːld] A̲D̲J̲ (+er) (*schott*) alt; **for ~ lang syne** um der alten Zeiten willen
aunt [ɑːnt] ꜱ̲ Tante *f* **auntie, aunty** [ˈɑːntɪ] ꜱ̲ (*bes Br umg*) Tante *f*; **~!** Tantchen!
au pair [ˌəʊˈpɛəʳ] ꜱ̲, *pl* - s (*a*. **au pair girl**) Au-pair(-Mädchen) *n*
aural [ˈɔːrəl] A̲D̲J̲ Gehör-; **~ examination** Hörtest *m*
auspices [ˈɔːspɪsɪz] P̲L̲ **under the ~ of** unter der Schirmherrschaft (+gen) **auspicious** [ɔːsˈpɪʃəs] A̲D̲J̲ günstig; *Beginn* vielversprechend **auspiciously** [ɔːsˈpɪʃəslɪ] A̲D̲V̲ vielversprechend
Aussie [ˈɒzɪ] (*umg*) A̲ ꜱ̲ Australier(in) *m(f)* B̲ A̲D̲J̲ australisch
austere [ɒsˈtɪəʳ] A̲D̲J̲ streng; *Zimmer* karg **austerely** [ɒsˈtɪəlɪ] A̲D̲V̲ streng; *möblieren* karg; *leben* asketisch **austerity** [ɒsˈterɪtɪ] ꜱ̲ ◼ Strenge *f*, Schmucklosigkeit *f* ◼ **~ budget** Sparhaushalt *m*; **~ measures** Sparmaßnahmen *pl*
Australasia [ˌɒstrəˈleɪsjə] ꜱ̲ Australien und Ozeanien *n* **Australasian** A̲ ꜱ̲ Ozeanier(in) *m(f)* B̲ A̲D̲J̲ ozeanisch
Australia [ɒsˈtreɪlɪə] ꜱ̲ Australien *n*
Australian [ɒsˈtreɪlɪən] A̲ ꜱ̲ Australier(in) *m(f)* B̲ A̲D̲J̲ australisch
Austria [ˈɒstrɪə] ꜱ̲ Österreich *n*
Austrian [ˈɒstrɪən] A̲ ꜱ̲ Österreicher(in) *m(f)* B̲ A̲D̲J̲ österreichisch
authentic [ɔːˈθentɪk] A̲D̲J̲ authentisch; *Antiquitäten, Tränen* echt **authentically** [ɔːˈθentɪkəlɪ] A̲D̲V̲ echt, authentisch **authenticate** [ɔːˈθentɪkeɪt] V̲T̲ bestätigen; *Dokument* beglaubigen, visieren (*schweiz*) **authentication** [ɔːˈθentɪˈkeɪʃən] ꜱ̲ Bestätigung *f*; (*von Dokument*) Beglaubigung *f* **authenticity** [ˌɔːθenˈtɪsɪtɪ] ꜱ̲ Echtheit *f*; (*von Anspruch*) Berechtigung *f*
author [ˈɔːθəʳ] ꜱ̲ Autor(in) *m(f)*; (*von Bericht*) Verfasser(in) *m(f)*
authoritarian [ˌɔːθɒrɪˈtɛərɪən] A̲ A̲D̲J̲ autoritär B̲ ꜱ̲ autoritärer Mensch; **to be an ~** autoritär sein **authoritative** [ɔːˈθɒrɪtətɪv] A̲D̲J̲ ◼ bestimmt; *Verhalten* Respekt einflößend ◼ zuverlässig **authoritatively** [ɔːˈθɒrɪtətɪvlɪ] A̲D̲V̲ be-

stimmt, zuverlässig **authority** [ɔːˈθɒrɪtɪ] ꜱ̲ ◼ Autorität *f*, Befugnis *f*, Vollmacht *f*; **who's in ~ here?** wer ist hier der Verantwortliche?; **parental ~** Autorität der Eltern; JUR elterliche Gewalt; **to be in** *od* **have ~ over sb** Weisungsbefugnis gegenüber jdm haben (*form*); **on one's own ~** auf eigene Verantwortung; **to have the ~ to do sth** berechtigt sein, etw zu tun; **to give sb the ~ to do sth** jdm die Vollmacht erteilen, etw zu tun ◼ (*a*. *pl*) Behörde *f*, Verwaltung *f*, (Staats)gewalt *f*; **the local ~** *od* **authorities** die Gemeindeverwaltung; **you must have respect for ~** du musst Achtung gegenüber Respektspersonen haben ◼ (anerkannte) Autorität *f*; **to have sth on good ~** etw aus zuverlässiger Quelle wissen **authorization** [ˌɔːθəraɪˈzeɪʃən] ꜱ̲ Genehmigung *f*, Recht *n* **authorize** [ˈɔːθəraɪz] V̲T̲ ◼ ermächtigen; **to be ~d to do sth** das Recht haben, etw zu tun ◼ genehmigen **authorized** A̲D̲J̲ *Person, Bank* bevollmächtigt; *Biografie* autorisiert; **"authorized personnel only"** „Zutritt nur für Befugte"; **~ signature** Unterschrift *f* eines bevollmächtigten Vertreters
autism [ˈɔːtɪzəm] ꜱ̲ Autismus *m* **autistic** [ɔːˈtɪstɪk] A̲D̲J̲ autistisch
auto [ˈɔːtəʊ] ꜱ̲, *pl* -s (*US*) Auto *n*
autobiographical [ˈɔːtəʊˌbaɪəʊˈgræfɪkəl] A̲D̲J̲ autobiografisch **autobiography** [ˌɔːtəʊbaɪˈɒgrəfɪ] ꜱ̲ Autobiografie *f*
Autocue® [ˈɔːtəʊkjuː] ꜱ̲ (*BrTV*) Teleprompter® *m*
autofocus [ˈɔːtəʊfəʊkəs] ꜱ̲ FOTO Autofokus *m*
autogenic [ˌɔːtəʊˈdʒenɪk] A̲D̲J̲ **~ training** autogenes Training
autograph [ˈɔːtəɡrɑːf] A̲ ꜱ̲ Autogramm *n* B̲ V̲T̲ signieren
automat [ˈɔːtəmæt] ꜱ̲ (*US*) Automatenrestaurant *n* **automate** [ˈɔːtəmeɪt] V̲T̲ automatisieren **automated teller machine** [ˌɔːtəmeɪtɪdˈteləməʃiːn] ꜱ̲ (*US*) Geldautomat *m* **automatic** [ˌɔːtəˈmætɪk] A̲ A̲D̲J̲ automatisch; **~ rifle** *od* **weapon** Schnellfeuergewehr *n* B̲ ꜱ̲ ◼ Automatikwagen *m* ◼ automatische Waffe ◼ Waschautomat *m* **automatically** [ˌɔːtəˈmætɪkəlɪ] A̲D̲V̲ automatisch **automation** [ˌɔːtəˈmeɪʃən] ꜱ̲ Automatisierung *f* **automaton** [ɔːˈtɒmətən] ꜱ̲, *pl* -s *od* automata [-ətə] Roboter *m*
automobile [ˈɔːtəməbiːl] ꜱ̲ Auto(mobil) *n*
autonomous A̲D̲J̲, **autonomously** A̲D̲V̲ [ɔːˈtɒnəməs, -lɪ] autonom **autonomy** [ɔːˈtɒnəmɪ] ꜱ̲ Autonomie *f*
autopilot [ˌɔːtəʊˈpaɪlət] ꜱ̲ Autopilot *m*; **on ~** (*wörtl*) mit Autopilot; **he was on ~** (*fig*) er funktionierte wie ferngesteuert

autopsy ['ɔ:tɒpsɪ] *s̄* Autopsie *f*
autumn ['ɔ:təm] (*bes Br*) **A** *s̄* Herbst *m*; **in (the)** ~ im Herbst (❗ = (US) **fall**) **B** *ADJ attr* Herbst-, herbstlich; ~ **leaves** bunte (Herbst)blätter *pl*
autumnal [ɔ:'tʌmnəl] *ADJ* herbstlich
auxiliary [ɔ:g'zɪlɪərɪ] **A** *ADJ* Hilfs-, zusätzlich; ~ **nurse** Hilfspfleger *m*, Schwesternhelferin *f*; ~ **verb** Hilfsverb *n* **B** *s̄* Hilfskraft *f*; **nursing** ~ Schwesternhelferin *f*
Av *abk* von **avenue**
avail [ə'veɪl] **A** *VR* **to** ~ **oneself of sth** von etw Gebrauch machen **B** *s̄* **to no** ~ vergebens
availability [ə,veɪlə'bɪlɪtɪ] *s̄* Erhältlichkeit *f*, Vorrätigkeit *f*, Verfügbarkeit *f*; **offer subject to** ~ nur solange der Vorrat reicht; **because of the limited** ~ **of seats** weil nur eine begrenzte Anzahl an Plätzen zur Verfügung steht
available [ə'veɪləbl] *ADJ* erhältlich, vorrätig; *Zeit, Sitzplätze* frei; *Ressourcen* verfügbar; **to be** ~ vorhanden sein, zur Verfügung stehen, frei sein; **to make sth** ~ **to sb** jdm etw zur Verfügung stellen; *Informationen* jdm etw zugänglich machen; **the best dictionary** ~ das beste Wörterbuch, das es gibt; **when will you be** ~ **to start in the new job?** wann können Sie die Stelle antreten?
avalanche ['ævəlɑ:nʃ] *s̄* (*wörtl, fig*) Lawine *f*
avant-garde ['ævɒŋ'gɑ:d] **A** *s̄* Avantgarde *f* **B** *ADJ* avantgardistisch
AVCE *abk* von **Advanced Vocational Certificate in Education** fachgebundenes Abitur, Fachabitur *n*
Ave *abk* von **avenue**
avenge [ə'vendʒ] *VT* rächen; **to** ~ **oneself on sb (for sth)** sich an jdm (für etw) rächen
avenue ['ævənju:] *s̄* Allee *f*
average ['ævərɪdʒ] **A** *s̄* Durchschnitt *m*; **to do an** ~ **of 50 miles a day/3% a week** durchschnittlich 50 Meilen pro Tag fahren/3% pro Woche erledigen; **on** ~ durchschnittlich; **above** ~ überdurchschnittlich; **below** ~ unterdurchschnittlich **B** *ADJ* durchschnittlich, mittelmäßig; **above/below** ~ über-/unterdurchschnittlich; **the** ~ **man** der Durchschnittsbürger; **of** ~ **height** von mittlerer Größe **C** *VT* *Geschwindigkeit etc* auf einen Schnitt von … kommen; **we** ~**d 80 km/h** wir sind durchschnittlich 80 km/h gefahren ◆**average out A** *VT trennb* **if you average it out** im Durchschnitt; **it'll average itself out** es wird sich ausgleichen **B** *VI* **1** durchschnittlich ausmachen (*at, to +akk*) **2** sich ausgleichen
averse [ə'vɜ:s] *ADJ präd* abgeneigt; **I am not** ~ **to a glass of wine** einem Glas Wein bin ich nicht abgeneigt **aversion** [ə'vɜ:ʃən] *s̄* Abneigung *f* (*to* gegen); **he has an** ~ **to getting wet**

er hat eine Abscheu davor, nass zu werden
avian flu [,eɪvɪən'flu:] *s̄* Vogelgrippe *f*
aviation [,eɪvɪ'eɪʃən] *s̄* die Luftfahrt
avid ['ævɪd] *ADJ* begeistert; **I am an** ~ **reader** ich lese leidenschaftlich gern
avocado [,ævə'kɑ:dəʊ] *s̄*, *pl* **-s** (*a.* **avocado pear**) Avocado(birne) *f*
avoid [ə'vɔɪd] *VT* vermeiden; *jdn* meiden; *Hindernis* ausweichen (+*dat*); *Pflicht* umgehen; **in order to** ~ **being seen** um nicht gesehen zu werden; **I'm not going if I can possibly** ~ **it** wenn es sich irgendwie vermeiden lässt, gehe ich nicht **avoidable** [ə'vɔɪdəbl] *ADJ* vermeidbar **avoidance** [ə'vɔɪdəns] *s̄* Vermeidung *f*, Umgehung *f*
await [ə'weɪt] *VT* erwarten; *Entscheidung* entgegensehen (+*dat*); **the long ~ed day** der lang ersehnte Tag; **he is ~ing trial** sein Fall steht noch zur Verhandlung
awake [ə'weɪk] *prät* **awoke**, *pperf* **awoken** *od* **awaked** [ə'weɪkt] **A** *VI* erwachen **B** *VT* wecken **C** *ADJ präd* wach; **to be/lie/stay** ~ wach sein/liegen/bleiben; **to keep sb** ~ jdn wach halten; **wide** ~ hellwach **awaken** [ə'weɪkən] *VT & VI* = **awake awakening** [ə'weɪkɪŋ] *s̄* Erwachen *n*; **a rude** ~ (*wörtl, fig*) ein böses Erwachen
award [ə'wɔ:d] **A** *VT* *Preis, Strafe* zuerkennen (*to sb* jdm); *akademischen Grad etc* verleihen (*to sb* jdm); **to be ~ed damages** Schadenersatz zugesprochen bekommen **B** *s̄* Preis *m*; (*für Tapferkeit etc*) Auszeichnung *f*; **to make an** ~ **(to sb)** einen Preis (an jdn) vergeben **award(s) ceremony** *s̄* FILM, THEAT, TV Preisverleihung *f*
award-winning *ADJ* preisgekrönt
aware [ə'weər] *ADJ bes präd* bewusst; **to be** ~ **of sb/sth** sich (*dat*) jds/einer Sache bewusst sein; **I was not** ~ **that …** es war mir nicht bewusst, dass …; **not that I am** ~ **(of)** nicht dass ich wüsste; **as far as I am** ~ so viel ich weiß; **to make sb** ~ **of sth** jdm etw bewusst machen **awareness** *s̄* Bewusstsein *n*
away [ə'weɪ] **A** *ADV* **1** weg; **three miles** ~ **(from here)** drei Meilen von hier; **lunch seemed a long time** ~ es schien noch lange bis zum Mittagessen zu sein; **but he was** ~ **before I could say a word** aber er war fort *od* weg, bevor ich den Mund auftun konnte; **to look** ~ wegsehen; ~ **we go!** los (gehts)!; **they're** ~! (*Pferde, Läufer etc*) sie sind gestartet; **to give** ~ weggeben; **to gamble** ~ verspielen **2** fort, weg; **he's** ~ **in London** er ist in London **3** SPORT **to play** ~ auswärts spielen; **they're** ~ **to Arsenal** sie spielen auswärts bei Arsenal **4** **to work** ~ vor sich (*akk*) hin arbeiten **5** **ask** ~! frag nur!; **right** *od* **straight** ~ sofort **B** *ADJ attr* SPORT Auswärts-; ~ **goal** Auswärtstor *m*; ~

61 ‖ BACK

match Auswärtsspiel *n*; ~ **team** Gastmann-
schaft *f*

awe [ɔː] s̲ Ehrfurcht *f*; **to be in ~ of sb** Ehr-
furcht vor jdm haben **awe-inspiring** [ˈɔːɪn-
ˌspaɪərɪŋ] A̲D̲J̲ Ehrfurcht gebietend **awesome**
[ˈɔːsəm] A̲D̲J̲ beeindruckend; (*bes US umg ≈ ausge-
zeichnet*) irre (*umg*) **awe-stricken** [ˈɔːˌstrɪkən],
awe-struck [ˈɔːˌstrʌk] A̲D̲J̲ von Ehrfurcht er-
griffen

awful [ˈɔːfəl] A̲D̲J̲ schrecklich; **an ~ lot of mon-
ey** (*umg*) furchtbar viel Geld **awfully** [ˈɔːflɪ]
A̲D̲V̲ (*umg*) schrecklich (*umg*) **awfulness** [ˈɔːfʊl-
nɪs] s̲ Schrecklichkeit *f*

awkward [ˈɔːkwəd] A̲D̲J̲ ■ schwierig; *Zeit, Winkel*
ungünstig; **to make things ~ for sb** jdm
Schwierigkeiten machen; **~ customer** übler
Bursche (*umg*) ■ peinlich, verlegen; *Schweigen*
betreten; **I feel ~ about doing that** es ist
mir unangenehm, das zu tun; **to feel ~ in
sb's company** sich in jds Gesellschaft (*dat*)
nicht wohlfühlen ■ unbeholfen **awkwardly**
[ˈɔːkwədlɪ] A̲D̲V̲ ■ ungeschickt; *liegen* unbequem
■ peinlich, verlegen **awkwardness** s̲ ■
Schwierigkeit *f*; (*von Zeit, Winkel*) Ungünstigkeit *f*
■ Peinlichkeit *f* ■ Verlegenheit *f* ■ Unbehol-
fenheit *f*

awning [ˈɔːnɪŋ] s̲ Markise *f*; (*von Wohnwagen*)
Vordach *n*

awoke [əˈwəʊk] *prät* von awake **awoken** [ə-
ˈwəʊkən] *pperf* von awake

AWOL [ˈeɪwɒl] MIL *abk* von absent without
leave

axe, (*US*) **ax** [æks] A̲ s̲ Axt *f*; **to get** *od* **be given
the ~** (*Angestellter*) abgesägt werden; (*Projekt*) ein-
gestellt werden ■ V̲T̲ streichen; *jdn* entlassen

axis [ˈæksɪs] s̲, *pl* **axes** [ˈæksiːz] Achse *f*

axle [ˈæksl] s̲ Achse *f*

aye [aɪ] I̲N̲T̲ (*bes schott dial*) ja; **~, ~, Sir** SCHIFF ja-
wohl, Herr Admiral *etc*

azalea [əˈzeɪlɪə] s̲ Azalee *f*

Azores [əˈzɔːz] P̲L̲ Azoren *pl*

azure [ˈæʒəʳ] A̲D̲J̲ azurblau; **~ blue** azurblau

B

B, b [biː] s̲ B *n*, b *n*; (SCHULE: *Note*) Zwei *f*; MUS H
n, h *n*; **B flat** B *n*, b *n*; **B sharp** His *n*, his *n*

b *abk* von born geb.

BA *abk* von Bachelor of Arts B.A.

babble [ˈbæbl] A̲ s̲ Gemurmel *n*, Geplapper *n*;
~ (of voices) Stimmengewirr *n* B̲ V̲I̲ plappern
(*umg*)

babe [beɪb] s̲ ■ (*bes US umg*) Baby *n* (*umg*) ■ (*umg ≈
Mädchen*) Mieze *f* (*umg*); (*als Anrede*) Schätzchen *n*
(*umg*)

baboon [bəˈbuːn] s̲ Pavian *m*

baby [ˈbeɪbɪ] A̲ s̲ ■ Baby *n*; (*von Tier*) Junge(s) *n*;
to have a ~ ein Baby bekommen; **since he/
she was a ~** von klein auf; **don't be such a
~!** stell dich nicht so an! (*umg*); **to be left hold-
ing the ~** (*Br umg*) der Dumme sein (*umg*) ■ (*bes
US umg: als Anrede*) Schätzchen *n* (*umg*) B̲ V̲T̲ (*umg*)
wie einen Säugling behandeln **baby blue** s̲
Himmelblau *n* **baby-blue** A̲D̲J̲ (*umg*) himmel-
blau **baby boom** s̲ Babyboom *m* **baby
boy** s̲ kleiner Junge **baby brother** s̲ klei-
ner Bruder **baby carriage** s̲ (*US*) Kinderwa-
gen *m* (🛈 = (Br) pram) **baby clothes** P̲L̲ Ba-
bywäsche *f* **baby-faced** A̲D̲J̲ milchgesichtig
baby food s̲ Babynahrung *f* **baby girl** s̲
kleines Mädchen **babyish** [ˈbeɪbɪɪʃ] A̲D̲J̲ kin-
disch **baby seat** s̲ Baby(sicherheits)sitz *m*
baby sister s̲ kleine Schwester **baby-sit**
prät, pperf baby-sat V̲I̲ babysitten; **she ~s for
them** sie geht bei ihnen babysitten **baby-
-sitter** s̲ Babysitter(in) *m(f)* **baby-sitting** s̲
Babysitting *n* **baby stroller** s̲ (*US: für Kinder*)
Sportwagen *m* (🛈 = (Br) pushchair) **baby-
-talk** s̲ Kindersprache *f* **baby tooth** s̲ Milch-
zahn *m*

bachelor [ˈbætʃələʳ] s̲ ■ Junggeselle *m*; **he's
a ~** er ist Junggeselle (🛈 mit a) ■ UNIV **Bach-
elor of Arts/Science/Education** Bachelor *m*
(der philosophischen/naturwissenschaftlichen
Fakultät/der Erziehungswissenschaft);; **Bache-
lor of Engineering/Medicine** Bachelor *m*
der Ingenieurwissenschaften/Medizin **bach-
elor flat** s̲ Junggesellenwohnung *f*

bacillus [bəˈsɪləs] s̲, *pl* **bacilli** [bəˈsɪlaɪ] Bazillus
m

back [bæk] A̲ s̲ ■ (*von Mensch, Tier, Buch*) Rücken
m; (*von Stuhl*) (Rücken)lehne *f*; **to break one's ~**
(*wörtl*) sich (*dat*) das Rückgrat brechen; (*fig*) sich
abrackern; **behind sb's ~** (*fig*) hinter jds Rücken
(*dat*); **to put one's ~ into sth** (*fig*) sich bei etw

BACK | 62

B

anstrengen; **to put** *od* **get sb's ~ up** jdn gegen sich aufbringen; **to turn one's ~ on sb** (*wörtl*) jdm den Rücken zuwenden; (*fig*) sich von jdm abwenden; **get off my ~!** (*umg*) lass mich endlich in Ruhe!; **he's got the boss on his ~** er hat seinen Chef auf dem Hals; **to have one's ~ to the wall** (*fig*) in die Enge getrieben sein; **I was pleased to see the ~ of them** (*umg*) ich war froh, sie endlich los zu sein (*umg*) **2** Rückseite *f*; (*von Hand, Kleid*) Rücken *m*; (*von Stoff*) linke Seite; **I know London like the ~ of my hand** ich kenne London wie meine Westentasche; **at the ~ of the cupboard** hinten im Schrank; **he drove into the ~ of me** er ist mir hinten reingefahren (*umg*); **at/on the ~ of the bus** hinten im/am Bus; **in the ~ (of a car)** hinten (im Auto); **it's been at the ~ of my mind** es hat mich beschäftigt; **at the ~ of beyond** am Ende der Welt **B** ADJ Hinter- **C** ADV **1** zurück; (*stand*) **~!** zurück(treten)!; **~ and forth** hin und her; **to pay sth ~** etw zurückzahlen; **to come ~** zurückkommen; **there and ~** hin und zurück **2** wieder; **I'll never go ~** da gehe ich nie wieder hin; **~ in London** zurück in London **3** (≈ *zeitlich*) **a week ~** vor einer Woche; **as far ~ as the 18th century** bis ins 18. Jahrhundert zurück, schon im 18. Jahrhundert; **~ in March, 1997** im März 1997 **D** VT **1** unterstützen **2** wetten auf (+*akk*) **3** *Auto* zurücksetzen; **he ~ed his car into the tree/garage** er fuhr rückwärts gegen den Baum/in die Garage **E** VI (*Auto*) zurücksetzen; **she ~ed into me** sie fuhr rückwärts in mein Auto ♦**back away** VI zurückweichen (*from* vor +*dat*) ♦**back down** VI (*fig*) nachgeben ♦**back off** VI **1** zurückweichen **2** sich zurückhalten; **~!** verschwinde! ♦**back on to** VI +*obj* hinten angrenzen an (+*akk*) ♦**back out** VI **1** (*Auto etc*) rückwärts herausfahren **2** (*fig: aus Geschäft etc*) aussteigen (*of, from* aus) (*umg*) ♦**back up** A VI (*Auto etc*) zurücksetzen **2** (*Verkehr*) sich stauen **B** VT *trennb* **1** unterstützen; *Darstellung* bestätigen; **he can back me up in this** er kann das bestätigen **2** *Auto etc* zurückfahren **3** IT si-

---

▶ **back to front**

Beachten Sie den Unterschied in der Bedeutung:

back to front	verkehrt herum: mit dem hinteren Teil nach vorne, z. B. der V-Ausschnitt eines Pullovers ist hinten
inside out	verkehrt herum: mit dem inneren Teil nach außen

SPRACHGEBRAUCH ◀

---

chern

backache 5 Rückenschmerzen *pl* **back alley** 5 Gasse *f* **back bench** 5 (*bes Br*) **the ~es** das Plenum **backbencher** 5 (*bes Br*) Hinterbänkler(in) *m(f)* **backbiting** 5 Lästern *n* **backbone** 5 Rückgrat *n* **back burner** 5 **to put sth on the ~** (*fig umg*) etw zurückstellen **back catalogue** 5 MUS ältere Aufnahmen *pl*, Back-Katalog *m* **backchat** 5 (❶ *kein pl*) (*umg*) Widerrede *f* **back copy** 5 alte Ausgabe **back cover** 5 Rückseite *f* **backdate** VT (zu)rückdatieren; **salary increase ~ to May** Gehaltserhöhung rückwirkend ab Mai **back door** 5 Hintertür *f*; **by the ~** (*fig*) durch die Hintertür **backdrop** 5 Hintergrund *m* **back end** 5 hinteres Ende; **at the ~ of the year** gegen Ende des Jahres

backer ['bækə'] 5 **1** his **~s** (diejenigen,) die ihn unterstützen **2** HANDEL Geldgeber(in) *m(f)* **backfire** VI **1** AUTO Fehlzündungen haben **2** (*umg: Plan etc*) ins Auge gehen (*umg*); **it ~d on us** der Schuss ging nach hinten los (*umg*) **backgammon** 5 Backgammon *n* **back garden** 5 Garten *m* (hinterm Haus)

background ['bækgraʊnd] A 5 **1** Hintergrund *m* **2** (*bildungsmäßig*) Werdegang *m*; (*gesellschaftlich*) Verhältnisse *pl*; (≈ *familiär*) Herkunft *f kein pl*; **children from all ~s** Kinder aus allen Schichten **B** ADJ Hintergrund-; *Lektüre* vertiefend; **~ music** Hintergrundmusik *f*; **~ information** Hintergrundinformationen *pl*

backhand A 5 SPORT Rückhand *f kein pl*, Rückhandschlag *m* **B** ADJ **~ stroke** Rückhandschlag *m* **C** ADV mit der Rückhand **backhanded** ADJ *Kompliment* zweifelhaft **backhander** 5 **1** SPORT Rückhandschlag *m* **2** (*umg*) Schmiergeld *n*; **to give sb a ~** jdn schmieren (*umg*)

backing ['bækɪŋ] 5 **1** Unterstützung *f* **2** MUS Begleitung *f*; **~ singer** Begleitsänger(in) *m(f)*; **~ vocals** Begleitung *f*

backlash 5 (*fig*) Gegenreaktion *f* **backless** ADJ *Kleid* rückenfrei **backlog** 5 Rückstände *pl*; **I have a ~ of work** ich bin mit der Arbeit im Rückstand **backpack** 5 Rucksack *m* **backpacker** 5 Rucksacktourist(in) *m(f)* **backpacking** 5 **to go ~** trampen **back pain** 5 Rückenschmerzen *pl* **back pay** 5 Nachzahlung *f* **back-pedal** VI (*wörtl*) rückwärtstreten; (*fig umg*) einen Rückzieher machen (*umg*) (*on* bei) **back pocket** 5 Gesäßtasche *f* **back rest** 5 Rückenstütze *f* **back road** 5 kleine Landstraße **back seat** 5 Rücksitz *m* **back-seat driver** 5 **she is a terrible ~** sie redet beim Fahren immer rein **backside** 5 (*Br umg*) Hintern *m* (*umg*) **backslash** 5 IT Backslash *m* **backspace** VT&VI TYPO zurücksetzen

63 | BAG

backspace key s̄ Rücktaste f **backstage** ADV, ADJ hinter der Bühne **backstreet** s̄ Seitensträßchen n **backstreet abortion** s̄ illegale Abtreibung **backstroke** s̄ Rückenschwimmen n; **can you do the ~?** können Sie rückenschwimmen? **back to back** ADV Rücken an Rücken; (Gegenstände) mit den Rückseiten aneinander **back-to-back** ADJ direkt aufeinanderfolgend attr **back to front** ADV verkehrt herum **back tooth** s̄ Backenzahn m, Stockzahn m (österr) **backtrack** VI denselben Weg zurückgehen; (fig) einen Rückzieher machen (on sth bei etw) **backup** A s̄ ◻1 Unterstützung f ◻2 IT Sicherungskopie f B ADJ ◻1 zur Unterstützung; **~ plan** Ausweichplan m ◻2 IT **~ copy** Sicherungskopie f

backward ['bækwəd] A ADJ ◻1 **a ~ glance** ein Blick zurück; **a ~ step** (fig) ein Schritt m zurück ◻2 (fig) rückständig; (pej) Kind zurückgeblieben B ADV = **backwards backwardness** ['bækwədnɪs] s̄ (geistig) Zurückgebliebenheit f; (von Gebiet) Rückständigkeit f

backwards ['bækwədz] ADV rückwärts; **to fall ~** nach hinten fallen; **to walk ~ and forwards** hin und her gehen; **to bend over ~ to do sth** (umg) sich (dat) ein Bein ausreißen, um etw zu tun (umg); **I know it ~** (Br) od **~ and forwards** (US) das kenne ich in- und auswendig

back yard s̄ Hinterhof m; **in one's own ~** (fig) vor der eigenen Haustür

bacon ['beɪkən] s̄ Frühstücksspeck m; **~ and eggs** Eier mit Speck; **to bring home the ~** (umg) die Brötchen verdienen (umg)

bacteria [bæk'tɪərɪə] pl von **bacterium bacterial** [bæk'tɪərɪəl] ADJ bakteriell **bacterium** [bæk'tɪərɪəm] s̄, pl **bacteria** [bæk'tɪərɪə] Bakterie f

bad¹ [bæd] ADJ, komp **worse**, sup **worst** ◻1 schlecht; Geruch übel, unanständig, böse, unar-

---

▶ **bacteria: englische Fremdwörter**

Eine Reihe von Fremdwörtern hat im Englischen die ursprüngliche Pluralform beibehalten und bildet keinen „englischen" -s-Plural. Wichtige Beispiele hierfür sind:

analysis	analyses
bacterium	bacteria
crisis	crises
criterion	criteria
phenomenon	phenomena
thesis	theses

GRAMMATIK ◂

---

tig; **it was a ~ thing to do** das hättest du etc nicht tun sollen; **he went through a ~ time** er hat eine schlimme Zeit durchgemacht; **I've had a really ~ day** ich hatte einen furchtbaren Tag; **to go ~** schlecht werden; **he's ~ at French** er ist schlecht in Französisch; **that's not a ~ idea!** das ist keine schlechte Idee!; **too ~ you couldn't make it** (es ist) wirklich schade, dass Sie nicht kommen konnten; **I feel really ~ about not having told him** es tut mir wirklich leid, dass ich ihm das nicht gesagt habe; **don't feel ~ about it** machen Sie sich (dat) keine Gedanken (darüber) ◻2 schlimm; Unfall, Fehler, Kälte schwer; Kopfschmerzen stark; **he's got it ~** (umg) ihn hats schwer erwischt (umg) ◻3 (≈ ungünstig) Zeit ungünstig ◻4 Magen krank; Bein schlimm; **the economy is in a ~ way** (Br) es steht schlecht mit der Wirtschaft; **I feel ~** mir ist nicht gut; **how is he? — he's not so ~** wie geht es ihm? — nicht schlecht

bad² prät von **bid**

bad blood s̄ böses Blut; **there is ~ between them** sie haben ein gestörtes Verhältnis **bad cheque**, (US) **bad check** s̄ ungedeckter Scheck

baddie ['bædɪ] s̄ (umg) Bösewicht m

bade [beɪd] prät von **bid**

badge [bædʒ] s̄ Abzeichen n, Button m, Plakette f, Aufkleber m, Pickerl n (österr)

badger ['bædʒəʳ] A s̄ Dachs m B VT zusetzen (+dat); **to ~ sb for sth** jdm mit etw in den Ohren liegen

bad hair day s̄ (umg) Scheißtag m (umg), Tag m, an dem alles schiefgeht

badly ['bædlɪ] ADV ◻1 schlecht; **to do ~** (in Prüfung etc) schlecht abschneiden; FIN schlecht stehen; HANDEL schlecht gehen; **to go ~** schlecht laufen; **to be ~ off** schlecht dran sein; **to think ~ of sb** schlecht von jdm denken ◻2 verletzt, im Irrtum schwer ◻3 sehr; **to want sth ~** etw unbedingt wollen; **I need it ~** ich brauche es dringend

bad-mannered [ˌbæd'mænəd] ADJ unhöflich **badminton** ['bædmɪntən] s̄ Federball n; SPORT Badminton n

bad-tempered [ˌbæd'tempəd] ADJ schlecht gelaunt; **to be ~** schlechte Laune haben; (ständig) ein übellauniger Mensch sein

baffle ['bæfl] VT verblüffen, vor ein Rätsel stellen; **it really ~s me how ...** es ist mir wirklich ein Rätsel, wie ... **baffling** ['bæflɪŋ] ADJ Fall rätselhaft; **I find it ~** es ist mir ein Rätsel

bag [bæg] A s̄ ◻1 Tasche f (❗ = (US) **purse**), Beutel m, Schultasche f, Tüte f, Sack m, Reisetasche f; **~s** (Reise)gepäck n; **to pack one's ~s** seine Sachen packen; **it's in the ~** (fig

BAGE | 64

B

umg) das ist gelaufen (*umg*) ☑ (*umg*) **~s of** jede Menge (*umg*) ☑ (*pej umg*) (**old**) **~** Schachtel *f* (*pej umg*); **ugly old ~** Schreckschraube *f* (*umg*) ☐ V̅T̅ in Tüten/Säcke verpacken

bagel [ˈbeɪɡəl] S̅ Bagel *m*, *kleines, rundes Brötchen*

baggage [ˈbæɡɪdʒ] S̅ (Reise)gepäck *n* (❗ = (Br) a. **luggage**) **baggage allowance** S̅ Freigepäck *n* **baggage car** S̅ (US) Gepäckwagen *m* (❗ = (Br) **luggage van**) **baggage check** S̅ Gepäckkontrolle *f* **baggage checkroom** S̅ (US) Gepäckaufbewahrung *f* (❗ = (Br) **left-luggage** (**office**)) **baggage claim** S̅ Gepäckausgabe *f* **baggage handler** S̅ Gepäckmann *m* **baggage locker** S̅ (*bes US*) Gepäckschließfach *n* (❗ = (Br) **left-luggage locker**) **baggage reclaim** S̅ Gepäckausgabe *f*

baggy [ˈbæɡɪ] A̅D̅J̅ (+er) *Kleidung* zu weit; (≈ *unförmig*) *Hose* ausgebeult; *Pullover* ausgeleiert

bag lady S̅ Stadtstreicherin *f*

bagpipes [ˈbæɡpaɪps] P̅L̅ Dudelsack *m*; **to play the ~** Dudelsack spielen (❗ mit the)

bag-snatcher [ˈbæɡˌsnætʃə'] S̅ Handtaschendieb(in) *m(f)*

baguette [bæˈɡet] S̅ Baguette *f od n*

Bahamas [bəˈhɑːməz] P̅L̅ **the ~** die Bahamas *pl*

bail¹ [beɪl] S̅ JUR Kaution *f*; **to stand ~ for sb** für jdn (die) Kaution stellen ◆**bail out** V̅T̅ *trennb* ☐ (*fig*) aus der Patsche helfen (+*dat*) (*umg*) ☑ *Boot* = **bale out**

bail² V̅T̅ = **bale²**

bailiff [ˈbeɪlɪf] S̅ (JUR, *Br: a.* **sheriff's bailiff**) Amtsdiener(in) *m(f)*; (Br) Gerichtsvollzieher(in) *m(f)*; (US) Gerichtsdiener(in) *m(f)*

bait [beɪt] A̅ S̅ Köder *m*; **to take the ~** anbeißen ☐ V̅T̅ ☐ *Haken* mit einem Köder versehen ☑ *jdn* quälen

bake [beɪk] A̅ V̅T̅ GASTR backen; **~d apples** *pl* Bratäpfel *pl*; **~d beans** *pl* weiße Bohnen *pl* in Tomatensoße; **~d potatoes** *pl* in der Schale gebackene Kartoffeln *pl* ☐ V̅I̅ GASTR backen; (*Kuchen*) im (Back)ofen sein

baker [ˈbeɪkə'] A̅ S̅ Bäcker(in) *m(f)*; **~'s** (**shop**) Bäckerei *f* **baker's dozen** [ˌbeɪkəzˈdʌzn] S̅ 13 (Stück) **bakery** [ˈbeɪkərɪ] S̅ Bäckerei *f* **baking** [ˈbeɪkɪŋ] A̅ S̅ GASTR Backen *n* B̅ A̅D̅J̅ (*umg*) **I'm ~** ich komme um vor Hitze; **it's ~** (**hot**) **today** es ist eine Affenhitze heute (*umg*) **baking dish** S̅ Backform *f* **baking mitt** S̅ (US) Topfhandschuh *m* **baking pan** S̅ (US) Backblech *n* **baking powder** S̅ (❗ kein Plural) Backpulver *n* **baking sheet** S̅ Backblech *n* **baking soda** S̅ ≈ Backpulver *n* **baking tin** S̅ (Br) Backform *f* **baking tray** S̅ (Br) Kuchenblech *n*

Balaclava [ˌbæləˈklɑːvə] S̅ Kapuzenmütze *f*

balance [ˈbæləns] A̅ S̅ ☐ Waage *f*; **to be** *od* **hang in the ~** (*fig*) in der Schwebe sein ☑ Gegengewicht *n* (*to* zu); (*fig*) Ausgleich *m* (*to* für) ☑ Gleichgewicht *n*; **to keep/lose one's ~** das Gleichgewicht (be)halten/verlieren; **to throw sb off** (**his**) **~** jdn aus dem Gleichgewicht bringen; **the right ~ of personalities in the team** eine ausgewogene Mischung verschiedener Charaktere in der Mannschaft; **the ~ of power** das Gleichgewicht der Kräfte; **on ~** (*fig*) alles in allem ☑ HANDEL, FIN Saldo *m*; (*von Bankkonto*) Kontostand *m*; (*von Firma*) Bilanz *f*; **~ in hand** HANDEL Kassen(be)stand *m*; **~ carried forward** Saldoübertrag *m*; **~ of payments/trade** Zahlungs-/Handelsbilanz *f*; **~ of trade surplus/deficit** Handelsbilanzüberschuss *m*/-defizit *n* ☑ Rest *m*; **to pay off the ~** den Rest bezahlen; **my father has promised to make up the ~** mein Vater hat versprochen, die Differenz zu (be)zahlen ☐ V̅T̅ ☐ im Gleichgewicht halten, ins Gleichgewicht bringen; **the seal ~s a ball on its nose** der Seehund balanciert einen Ball auf der Nase ☑ abwägen (*against* gegen); **to ~ sth against sth** etw einer Sache (*dat*) gegenüberstellen ☑ ausgleichen ☑ HANDEL, FIN *Konto* abschließen, ausgleichen; *Budget* ausgleichen; **to ~ the books** die Bilanz ziehen *od* machen C̅ V̅I̅ ☐ Gleichgewicht halten; (*Waage*) sich ausbalancieren; **he ~d on one foot** er balancierte auf einem Bein ☑ HANDEL, FIN ausgeglichen sein; **the books don't ~** die Abrechnung stimmt nicht; **to make the books ~** die Abrechnung ausgleichen ◆**balance out** A̅ V̅T̅ *trennb* ausgleichen; **they balance each other out** sie halten sich die Waage B̅ V̅I̅ sich ausgleichen

balanced A̅D̅J̅ ausgewogen; **~ budget** ausgeglichener Haushalt **balance sheet** S̅ FIN Bilanz *f*, Bilanzaufstellung *f* **balancing act** [ˈbælənsɪŋækt] S̅ Balanceakt *m*

balcony [ˈbælkənɪ] S̅ ☐ Balkon *m* ☑ THEAT oberster Rang

bald [bɔːld] A̅D̅J̅ (+er) ☐ kahl; **he is ~** er hat eine Glatze; **to go ~** kahl werden; **~ patch** kahle Stelle ☑ *Reifen* abgefahren **bald eagle** S̅ weißköpfiger Seeadler **bald-faced** A̅D̅J̅ (US) *Lüge* unverfroren, unverschämt **baldheaded** A̅D̅J̅ kahl- *od* glatzköpfig **balding** [ˈbɔːldɪŋ] A̅D̅J̅ **he is ~** er bekommt langsam eine Glatze **baldly** [ˈbɔːldlɪ] A̅D̅V̅ (*fig*) unverblümt, grob **baldness** [ˈbɔːldnɪs] S̅ Kahlheit *f*

bale¹ [beɪl] S̅ (*Heu etc*) Bündel *n*; (*Watte*) Ballen *m*

bale² V̅I̅ SCHIFF schöpfen ◆**bale out** A̅ V̅I̅ ☐ FLUG abspringen (*of* aus) ☑ SCHIFF schöpfen B̅ V̅T̅ *trennb* SCHIFF *Wasser* schöpfen; *Schiff* aus-

ball — Ball

ball of the foot — Fußballen

ball — Ball

schöpfen
Balearic [ˌbælɪˈærɪk] ADJ **the ~ Islands** die Balearen pl
balk, baulk [bɔːk] VI zurückschrecken (at vor +dat)
Balkan [ˈbɔːlkən] A ADJ Balkan- B S **the ~s** der Balkan
ball¹ [bɔːl] S 1 Ball m, Kugel f; (aus Wolle) Knäuel m; (Billard) Kugel f; **to play ~** Ball/Baseball spielen; **the cat lay curled up in a ~** die Katze hatte sich zusammengerollt; **to keep the ~ rolling** das Gespräch in Gang halten; **to start the ~ rolling** den Stein ins Rollen bringen; **the ~ is in your court** Sie sind am Ball (umg); **to be on the ~** (umg) am Ball sein (umg); **to run with the ~** (US umg) die Sache mit Volldampf vorantreiben (umg) 2 ANAT **~ of the foot** Fußballen m 3 (sl) (= Hoden) Ei n meist pl (sl); (pl) Eier pl (sl); **~s** (umg ≈ Mut) Schneid m (umg)
ball² S 1 (≈ Tanz) Ball m 2 (umg) **to have a ~** sich prima amüsieren (umg)
ballad [ˈbæləd] S MUS, LIT Ballade f
ball-and-socket joint [ˌbɔːlənˈsɒkɪtdʒɔɪnt] S Kugelgelenk n
ballast [ˈbæləst] S (SCHIFF, FLUG, fig) Ballast m
ball bearing S Kugellager n, Kugellagerkugel f **ball boy** S Balljunge m
ballerina [ˌbæləˈriːnə] S Ballerina f, Primaballerina f
ballet [ˈbæleɪ] S Ballett n; **to do ~** Ballett tanzen **ballet dancer** S Balletttänzer(in) m(f) **ballet shoe** S Ballettschuh m
ball game S Ballspiel n; **it's a whole new ~** (fig umg) das ist eine ganz andere Chose (umg)
ball girl S Ballmädchen n
ballistic [bəˈlɪstɪk] ADJ ballistisch; **to go ~** (umg) an die Decke gehen (umg) **ballistic missile** S Raketengeschoss n **ballistics** [bəˈlɪstɪks] S (❗ mit Verb im Singular) Ballistik f
balloon [bəˈluːn] A S FLUG (Frei)ballon m; (als Spielzeug) (Luft)ballon m B VI sich blähen
ballot [ˈbælət] A S Abstimmung f, Wahl f; **first/second ~** erster/zweiter Wahlgang; **to hold a ~** abstimmen B VT Mitglieder abstimmen lassen **ballot box** S Wahlurne f **ballot paper** S Stimmzettel m **ballot rigging** S Wahlbetrug m
ballpark S 1 (US) Baseballstadion n 2 **~ figure** Richtzahl f
ballpoint (pen) S Kugelschreiber m; **to write in ~** mit Kugelschreiber schreiben
ballroom S Ballsaal m **ballroom dancing** S Gesellschaftstänze pl
balls-up [ˈbɔːlzʌp], (bes US) **ball up** S (umg) Durcheinander n; **he made a complete ~ of the job** er hat bei der Arbeit totale Scheiße gebaut (sl) ◆**balls up**, (bes US) **ball up** VT trennb (umg) verhunzen (umg)
balm [bɑːm] S Balsam m (❗ Als Substanz hat **balm** keinen Plural. **Balms** bezeichnet verschiedene Sorten.) **balmy** [ˈbɑːmɪ] ADJ (+er) sanft
baloney [bəˈləʊnɪ] S 1 (umg) Quatsch m (umg) 2 (US ≈ Wurst) Mortadella f
Baltic [ˈbɔːltɪk] A ADJ Ostsee-, baltisch; **the ~ States** die baltischen Staaten B S **the ~** die Ostsee **Baltic Sea** S Ostsee f
bamboo [bæmˈbuː] A S, pl **-s** Bambus m B attr **~ shoots** pl Bambussprossen pl
bamboozle [bæmˈbuːzl] VT (umg) übers Ohr hauen (umg)
ban [bæn] A S Verbot n; HANDEL Embargo n; **to put a ~ on sth** etw verbieten; **a ~ on smoking** Rauchverbot n B VT verbieten; Sportler etc sperren; **to ~ sb from doing sth** jdm verbieten, etw zu tun; **she was ~ned from driving** ihr wurde Fahrverbot erteilt
banal [bəˈnɑːl] ADJ banal
banana [bəˈnɑːnə] S Banane f **banana peel** S Bananenschale f **bananas** ADJ präd (umg ≈ ver-

BANA | 66

rückt) **bescheuert** (*umg*); **to go ~** durchdrehen (*umg*) **banana skin** ⓢ Bananenschale *f*; **to slip on a ~** (*fig*) über eine Kleinigkeit stolpern

band¹ [bænd] ⓢ **1** (*aus Stoff, Eisen,* RADIO) Band *n*; (*an Maschine*) Riemen *m* **2** Streifen *m*

band² ⓢ **1** Schar *f*; (*von Dieben etc*) Bande *f* **2** MUS Band *f*, Tanzkapelle *f*, (Musik)kapelle *f* ◆**band together** ⓥⁱ sich zusammenschließen

bandage ['bændɪdʒ] Ⓐ ⓢ Verband *m* Ⓑ ⓥⁱ (*a.* **bandage up**) verbinden

Band-Aid® ['bændeɪd] (*US*) ⓢ Heftpflaster *n* (❗ = (Br) **plaster**)

bandan(n)a [bæn'dænə] ⓢ großes Schnupftuch, Halstuch *n*

B & B [ˌbiː'ən'biː] ⓢ *abk* **von** bed and breakfast

bandit ['bændɪt] ⓢ Bandit(in) *m(f)*

band leader ⓢ Bandleader(in) *m(f)* **bandmaster** ⓢ Kapellmeister *m* **bandsman** ['bændzmən] ⓢ, *pl* **-men** [-mən] Musiker *m*; **military ~** Mitglied *n* eines Musikkorps **bandstand** ⓢ Musikpavillon *m* **bandwagon** ⓢ **to jump** *od* **climb on the ~** (*fig umg*) auf den fahrenden Zug aufspringen **bandwidth** ⓢ RADIO, IT Bandbreite *f*

bandy ['bændɪ] ⒶⒹⒿ **~ legs** O-Beine ◆**bandy about** (*Br*) *od* **around** ⓥⁱ *trennb* jds Namen immer wieder nennen; *Ideen* verbreiten; *Zahlen, Worte* um sich werfen mit

bane [beɪn] ⓢ Fluch *m*; **it's the ~ of my life** das ist noch mal mein Ende (*umg*)

bang¹ [bæŋ] Ⓐ ⓢ **1** Knall *m*, Plumps *m*; **there was a ~ outside** draußen hat es geknallt **2** Schlag *m* Ⓑ ⒶⒹⓋ **1** **to go ~** knallen; (*Ballon*) zerplatzen **2** (*umg*) genau; **his answer was ~ on** seine Antwort war genau richtig; **she came ~ on time** sie war auf die Sekunde pünktlich; **~ up to date** brandaktuell (*umg*) Ⓒ ⒾⓃⓉ peng; **~ goes my chance of promotion** (*umg*) und das wars dann mit der Beförderung (*umg*) Ⓓ ⓥⁱ **1** schlagen; **he ~ed his fist on the table** er schlug mit der Faust auf den Tisch **2** *Tür* zuschlagen **3** *Kopf, Schienbein* sich (*dat*) anschlagen (*on an* +*dat*); **to ~ one's head** *etc* **on sth** mit dem Kopf *etc* gegen etw knallen (*umg*) Ⓔ ⓥⁱ (*Feuerwerk, Pistole*) knallen; **to ~ on** *od* **at sth** gegen *od* an etw (*akk*) schlagen ◆**bang about** (*Br*) *od* **around** Ⓐ ⓥⁱ Krach machen Ⓑ ⓥⁱ *trennb* Krach machen mit ◆**bang down** ⓥⁱ *trennb* (hin)knallen (*umg*), zuknallen (*umg*); **to ~ the receiver** den Hörer aufknallen (*umg*) ◆**bang into** ⓥⁱ +*obj* prallen auf (+*akk*) ◆**bang on about** ⓥⁱ +*obj* (*Br umg*) schwafeln von (*umg*) ◆**bang out** ⓥⁱ *trennb* **to ~ a tune on the piano** eine Melodie auf dem Klavier hämmern (*umg*) ◆**bang up** ⓥⁱ *trennb* (*sl*) *Straftäter* einbuchten (*umg*)

bang² ⓢ (*US*) Pony *m* (❗ = (Br) **fringe**); **~s** Ponyfrisur *f*

banger ['bæŋə'] ⓢ **1** (*Br umg*) Wurst *f* **2** (*umg* ≈ *altes Auto*) Klapperkiste *f* (*umg*) **3** (*Br* ≈ *Feuerwerk*) Knallkörper *m*

Bangladesh [ˌbæŋɡlə'deʃ] ⓢ Bangladesch *n* **Bangladeshi** [ˌbæŋɡlə'deʃi] Ⓐ ⓢ Bangladeshi *m/f(m)* Ⓑ ⒶⒹⒿ aus Bangladesch

bangle ['bæŋɡl] ⓢ Armreif(en) *m*

bangs ⓅⓁ (*US*) Pony *m* (❗ = (Br) **fringe**)

banish ['bænɪʃ] ⓥⁱ jdn verbannen, vertreiben **banishment** ⓢ Verbannung *f*

banister, bannister ['bænɪstə'] ⓢ (*a.* **banisters**) Geländer *n*

banjo ['bændʒəʊ] ⓢ, *pl* **-es** *od* (*US*) **-s** Banjo *n*; **to play the ~** Banjo spielen (❗ *mit* **the**)

bank¹ [bæŋk] Ⓐ ⓢ **1** (*von Erde*) Damm *m*; (≈ *Abhang*) Böschung *f*; **~ of snow** Schneeverwehung *f* **2** (*von Fluss, See*) Ufer *n*; **we sat on the ~s of a river** wir saßen an einem Flussufer Ⓑ ⓥⁱ FLUG in die Querlage gehen

bank² Ⓐ ⓢ Bank *f*; **to keep** *od* **be the ~** die Bank halten Ⓑ ⓥⁱ zur Bank bringen Ⓒ ⓥⁱ **where do you ~?** bei welcher Bank haben Sie Ihr Konto? ◆**bank on** ⓥⁱ +*obj* sich verlassen auf (+*akk*); **I was banking on your coming** ich hatte fest damit gerechnet, dass du kommst

bank account *n* Bankkonto *n* **bank balance** *n* Kontostand *m* **bankbook** ⓢ Sparbuch *n* **bank card** ⓢ Scheckkarte *f* **bank charge** ⓢ Kontoführungsgebühr *f* **bank clerk** ⓢ Bankangestellte(r) *m/f(m)* **bank code** ⓢ (*Br*) Bankleitzahl *f* **banker** ['bæŋkə'] ⓢ FIN Bankier *m*, Banker(in) *m/f* (*umg*); (*beim Spielen*) Bankhalter(in) *m(f)* **banker's card** ⓢ Scheckkarte *f* **banker's cheque** (*Br*), **banker's draft** (*US*) ⓢ Bankscheck *m* **banker's order** ⓢ Dauerauftrag *m* **bank giro** ⓢ, *pl* **-s** Banküberweisung *f* **bank holiday** ⓢ (*Br*) öffentlicher Feiertag; (*US*) Bankfeiertag *m* **banking** ['bæŋkɪŋ] Ⓐ ⓢ Bankwesen *n*; **he**

▶ **bank holiday**

Die gesetzlichen Feiertage heißen in Großbritannien deshalb **bank holidays**, weil an diesen Tagen die Banken geschlossen hatten bzw. haben. Auch traditionelle Feiertage wie **Good Friday** (Karfreitag), **Christmas Day** (erster Weihnachtsfeiertag) und **New Year's Day** (Neujahrstag) sind **bank holidays**. Oft fällt ein solcher Feiertag auf einen Montag und heißt demzufolge **bank holiday Monday**, das daraus resultierende lange Wochenende **bank holiday weekend**.

LANDESKUNDE ◀

wants to go into ~ er will ins Bankfach gehen ■B ATTR Bank- **bank loan** S̄ Bankkredit m **bank manager** S̄ Filialleiter(in) m(f); **my ~** der Filialleiter/die Filialleiterin meiner Bank **banknote** S̄ Banknote f **bank raid** S̄ Banküberfall m **bank rate** S̄ (Br) Diskontsatz m **bank robber** S̄ Bankräuber(in) m(f) **bank robbery** S̄ Bankraub m
bankrupt ['bæŋkrʌpt] ■A S̄ Bankrotteur(in) m(f) ■B ADJ bankrott; **to go ~** Bankrott machen ■C VT zugrunde richten **bankruptcy** ['bæŋkrəptsɪ] S̄ Bankrott m, Konkurs m **bankruptcy proceedings** PL Konkursverfahren n
bank sort code S̄ Bankleitzahl f **bank statement** S̄ Kontoauszug m **bank transfer** S̄ Banküberweisung f
banned substance S̄ SPORT illegale od verbotene Substanz
banner ['bænə'] S̄ Banner n, Transparent n **banner headlines** ['bænə'hedlaɪnz] PL Schlagzeilen pl
banning ['bænɪŋ] S̄ Verbot n; **the ~ of cars from city centres** (Br) od **centers** (US) das Fahrverbot in den Innenstädten
bannister ['bænɪstə'] S̄ = banister
banns [bænz] PL KIRCHE Aufgebot n; **to read the ~** das Aufgebot verlesen
banquet ['bæŋkwɪt] S̄ Festessen n
banter ['bæntə'] S̄ Geplänkel n
baptism ['bæptɪzəm] S̄ Taufe f; **~ of fire** (fig) Feuertaufe f **Baptist** ['bæptɪst] S̄ Baptist(in) m(f); **the ~ Church** die Baptistengemeinde; (≈ Lehre) der Baptismus **baptize** [bæp'taɪz] VT taufen
bar¹ [bɑː^r] ■A S̄ ■1 Stange f; FUSSB Querbalken m; (≈ Süßigkeit) Riegel m; **~ of gold** Goldbarren m; **a ~ of chocolate, a chocolate ~** eine Tafel Schokolade, ein Schokoladenriegel; **a ~ of soap** ein Stück n Seife ■2 (von Käfig) (Gitter)stab m; **the window has ~s** das Fenster ist vergit-

tert; **to put sb behind ~s** jdn hinter Gitter bringen ■3 (SPORT: horizontal) Reck n; (für Hochsprung etc) Latte f; **~s** pl Barren m; (wall) **~s** Sprossenwand f ■4 JUR **the Bar** die Anwaltschaft; **to be called** od (US) **admitted to the Bar** als Verteidiger zugelassen werden ■5 (≈ Kneipe) Lokal n, Bar f; (Teil der Gaststätte) Gaststube f; (≈ Ausschank) Theke f ■6 MUS Takt m, Taktstrich m ■B VT ■1 blockieren; **to ~ sb's way** jdm den Weg versperren ■2 Fenster, Tür versperren ■3 jdn ausschließen; Handlung etc untersagen; **they've been ~red from the club** sie haben Klubverbot
bar² PRÄP **~ none** ohne Ausnahme; **~ one** außer einem
barb [bɑːb] S̄ Widerhaken m
Barbados [bɑː'beɪdɒs] S̄ Barbados n
barbarian [bɑː'bɛərɪən] ■A S̄ Barbar(in) m(f) ■B ADJ barbarisch **barbaric** [bɑː'bærɪk] ADJ barbarisch, grausam; (fig umg) Verhältnisse grauenhaft **barbarism** ['bɑːbərɪzəm] S̄ Barbarei f **barbarity** [bɑː'bærɪtɪ] S̄ Barbarei f; (fig) Primitivität f, Grausamkeit f **barbarous** ['bɑːbərəs] ADJ (HIST, fig) barbarisch, grausam; Wache etc roh; Akzent grauenhaft
barbecue ['bɑːbɪkjuː] ■A S̄ GASTR Grill m; (≈ Fest) Grillparty f, Barbecue n ■B VT grillen
barbed [bɑːbd] ADJ (fig) Bemerkung bissig **barbed wire** S̄ Stacheldraht m **barbed-wire fence** S̄ Stacheldrahtzaun m
barber ['bɑːbə'] S̄ (Herren)friseur m; **at/to the ~'s** beim/zum Friseur **barbershop** ['bɑːbəʃɒp] ■A S̄ (US) (Herren)friseurgeschäft n ■B ADJ **~ quartet** Barbershop-Quartett n
barbiturate [bɑː'bɪtjʊrɪt] S̄ Barbiturat n
bar chart S̄ Balkendiagramm n **bar code** S̄ Strichcode m, Bar-Code m **bar code reader** S̄ Strichcodeleser m **bar crawl** S̄ (US) Kneipenbummel m (❗ = (Br) pub crawl)
bare [bɛə'] ■A ADJ (+er) ■1 nackt; Zimmer leer; **~**

bar — (Müsli)riegel

bar — Reck

bar — Bar, Theke

BARE | 68

B

patch kahle Stelle; **the ~ facts** die nackten Tatsachen; **with his ~ hands** mit bloßen Händen **2** knapp; **the ~ minimum** das absolute Minimum **B** V̅T̅ *Brust, Beine* entblößen; (*beim Arzt*) frei machen; *Zähne* fletschen; **to ~ one's soul** seine Seele entblößen **bareback** A̅D̅V̅, A̅D̅J̅ ohne Sattel **barefaced** A̅D̅J̅ (*fig*) unverschämt **barefoot(ed)** **A** A̅D̅V̅ barfuß **B** A̅D̅J̅ barfüßig **bareheaded** A̅D̅J̅, A̅D̅V̅ ohne Kopfbedeckung **barely** [ˈbɛəlɪ] A̅D̅V̅ kaum **bareness** S̅ (*von Baum*) Kahlheit *f*; (*von Zimmer*) Leere *f*

bargain [ˈbɑːɡɪn] **A** S̅ **1** Handel *m*; **to make** *od* **strike a ~ with you** sich einigen; **I'll make a ~ with you** ich mache Ihnen ein Angebot; **to keep one's side of the ~** sich an die Abmachung halten; **you drive a hard ~** Sie stellen ja harte Forderungen!; **into the ~** obendrein **2** (*billig*) Sonderangebot *n*; (≈ *Erworbenes*) Gelegenheitskauf *m*, Occasion *f* (*schweiz*); **what a ~!** das ist aber günstig! **B** V̅I̅ handeln (*for* um), verhandeln ◆**bargain for** V̅I̅ *+obj* **I got more than I bargained for** ich habe vielleicht mein blaues Wunder erlebt! (*umg*) ◆**bargain on** V̅I̅ *+obj* zählen auf (*+akk*)

bargain hunter S̅ **the ~s** Schnäppchenjäger *pl* **bargain-hunting** S̅ **to go ~** auf Schnäppchenjagd gehen **bargaining** [ˈbɑːɡɪnɪŋ] S̅ Handeln *n*, Verhandeln *n*; **~ position** Verhandlungsposition *f* **bargain offer** S̅ Sonderangebot *n* **bargain price** S̅ Sonderpreis *m*; **at a ~** zum Sonderpreis **bargain sale** S̅ Ausverkauf *m*

barge [bɑːdʒ] **A** S̅ Frachtkahn *m*, Schleppkahn *m*, Hausboot *n* **B** V̅T̅ **he ~d his way into the room** er ist (ins Zimmer) hereingeplatzt (*umg*); **he ~d his way through the crowd** er hat sich durch die Menge geboxt (*umg*) **C** V̅I̅ **to ~ into a room** (in ein Zimmer) hereinplatzen (*umg*); **to ~ out of a room** aus einem Zimmer hinausstürmen; **he ~d through the crowd** er drängte sich durch die Menge ◆**barge in** V̅I̅ (*umg*) **1** (*in Zimmer*) hereinplatzen (*umg*) **2** (≈ *unterbrechen*) dazwischenplatzen (*umg*) (*on* bei) ◆**barge into** V̅I̅ *+obj* jdn (hinein)rennen in (*+akk*); *Objekt* rennen gegen (*umg*)

bargepole [ˈbɑːdʒpəʊl] S̅ **I wouldn't touch him with a ~** (*Br umg*) den würde ich noch nicht mal mit der Kneifzange anfassen (*umg*)

bar graph S̅ I̅T̅ Balkendiagramm *n*

bar hop S̅ (*US*) Kneipenbummel *m* (❗ = (*Br*) **pub crawl**)

baritone [ˈbærɪtəʊn] **A** S̅ Bariton *m* **B** A̅D̅J̅ Bariton-

bark¹ [bɑːk] S̅ (*von Baum*) Rinde *f*, Borke *f*

bark² **A** S̅ (*von Hund*) Bellen *n* **B** V̅I̅ bellen; **to ~ at sb** jdn anbellen; (*Mensch*) jdn anfahren; **to be**

~ing up the wrong tree (*fig umg*) auf dem Holzweg sein (*umg*) ◆**bark out** V̅T̅ *trennb Befehle* bellen

barkeep(er) [ˈbɑːkiːp(ə)] S̅ (*US*) Gastwirt *m*, Barkeeper *m*

barking (mad) [ˈbɑːkɪŋ(ˈmæd)] A̅D̅J̅ (*umg*) total verrückt

barley [ˈbɑːlɪ] S̅ Gerste *f* **barley sugar** S̅ **1** Malzzucker *m* **2** *hartes Zuckerbonbon* **barley water** S̅ *Art Gerstenextrakt*; **lemon ~** konzentriertes Zitronengetränk

barmaid S̅ Bardame *f* **barman** S̅, *pl* -men Barkeeper *m*

barmy [ˈbɑːmɪ] A̅D̅J̅ (+er) (*Br umg*) bekloppt (*umg*); *Idee etc* blödsinnig (*umg*)

barn [bɑːn] S̅ **1** Scheune *f*, Stadel *m* (*österr, schweiz*) **2** (*US: für Lkws*) Depot *n* **barn dance** S̅ Bauerntanz *m* **barn owl** S̅ Schleiereule *f* **barnyard** S̅ (Bauern)hof *m*

barometer [bəˈrɒmɪtə] S̅ Barometer *n* **barometric pressure** [ˌbærəʊmetrɪkˈpreʃə] Luftdruck *m*

baron [ˈbærən] S̅ Baron *m*; **oil ~** Ölmagnat *m*; **press ~** Pressezar *m* **baroness** [ˈbærənɪs] S̅ Baronin *f*; (*unverheiratet*) Baronesse *f*

baroque [bəˈrɒk] **A** A̅D̅J̅ barock, Barock- **B** S̅ Barock *m od n*

barracks [ˈbærəks] P̅L̅ (❗ oft mit Verb im Singular) M̅I̅L̅ Kaserne *f*; **to live in ~** in der Kaserne wohnen

▶ **barracks** ≠ **Baracken**

barracks	= Kaserne
Baracke	= **shack**

FALSCHE FREUNDE ◀

barred [bɑːd] A̅D̅J̅ **~ window** Gitterfenster *n*

barrel [ˈbærəl] S̅ **1** Fass *n*; (*für Öl*) Tonne *f*; (≈ *Maßeinheit*) (❗ = 158,97 l) Barrel *n*; **they've got us over a ~** (*umg*) sie haben uns in der Zange (*umg*); **it wasn't exactly a ~ of laughs** (*umg*) es war nicht gerade komisch; **he's a ~ of laughs** (*umg*) er ist eine echte Spaßkanone (*umg*) **2** (*von Pistole*) Lauf *m* **barrel organ** S̅ Leierkasten *m*

barren [ˈbærən] A̅D̅J̅ unfruchtbar **barrenness** S̅ Unfruchtbarkeit *f*

barrette [bəˈret] S̅ (*US*) (Haar)spange *f* (❗ = (*Br*) **hair slide**)

barricade [ˌbærɪˈkeɪd] **A** S̅ Barrikade *f* **B** V̅T̅ verbarrikadieren

barrier [ˈbærɪə] S̅ **1** Barriere *f*, Schranke *f*, (Leit)planke *f* **2** (*fig*) Hindernis *n*; (*zwischen Menschen*) Schranke *f*; **trade ~s** Handelsschranken *pl*; **language ~** Sprachbarriere *f*; **a ~ to success**

BAT

etc ein Hindernis für den Erfolg *etc*; **to break down ~s** Zäune niederreißen **barrier contraceptive** s͞ mechanisches Verhütungsmittel **barrier cream** s͞ Haut(schutz)creme *f*

barring ['bɑːrɪŋ] PRÄP **~ accidents** falls nichts passiert; **~ one** außer einem

barrister ['bærɪstə'] s͞ (Br) Rechtsanwalt *m*/-anwältin *f* (⚠ = (US) **attorney**)

barrow ['bærəʊ] s͞ Karren *m*

bar stool s͞ Barhocker *m* **bartender** ['bɑːtendə'] s͞ (US) Barkeeper *m*; **~!** hallo!

barter ['bɑːtə'] VT & VI (*Waren*) tauschen (*for* gegen)

base[1] [beɪs] A s͞ 1 Basis *f*; (*von Statue etc*) Sockel *m*; (*von Lampe, Berg*) Fuß *m*; **at the ~ (of)** unten (an +*dat*) 2 (MIL: *im Urlaub*) Stützpunkt *m*, Basis *f* 3 (*Baseball*) Mal *n*, Base *n*; **at od on ~** auf Mal *od* on Base 2; **to touch ~** (US *umg*) sich melden (*with* bei); **to touch** *od* **cover all the ~s** (US *fig*) an alles denken B VT 1 (*fig*) Hoffnungen, Theorie basieren (*on* auf +*akk*); Beziehung bauen (*on* auf +*akk*); **to be ~d on sth** auf etw (*dat*) basieren; **to ~ one's technique on sth** in seiner Technik von etw ausgehen 2 stationieren; **the company is ~d in London** die Firma hat ihren Sitz in London; **my job is ~d in Glasgow** ich arbeite in Glasgow

base[2] ADJ (+*er*) Metall unedel

baseball ['beɪsbɔːl] s͞ Baseball *m* od *n* **baseball cap** s͞ Baseballmütze *f*

base camp s͞ Basislager *n* **-based** [-beɪst] ADJ suf **London-based** mit Sitz in London; **to be computer-based** auf Computerbasis arbeiten **baseless** ADJ unbegründet **baseline** ['beɪslaɪn] s͞ (*Tennis*) Grundlinie *f*

basement ['beɪsmənt] s͞ Untergeschoss *n*; **~ flat** (Br) *od* **apartment** Souterrainwohnung *f* (⚠ = (US) **garden apartment**)

base rate s͞ Leitzins *m*

bash [bæʃ] (*umg*) A s͞ 1 Schlag *m* 2 **I'll have a ~ (at it)** ich probiers mal (*umg*) B VT Auto eindellen (*umg*); **to ~ one's head (against** *od* **on sth)** sich (*dat*) den Kopf (an etw (*dat*)) anschlagen; **to ~ sb on** *od* **over the head with sth** jdm mit etw auf den Kopf hauen ◆**bash in** VT trennb Tür einschlagen; Hut, Auto eindellen (*umg*); **to bash sb's head in** jdm den Schädel einschlagen (*umg*) ◆**bash up** VT trennb (bes Br *umg*) Auto demolieren (*umg*)

bashful ['bæʃfʊl] ADJ, **bashfully** ['bæʃfəlɪ] ADV schüchtern, gschamig (österr)

Basic ['beɪsɪk] IT *abk von* beginner's all-purpose symbolic instruction code BASIC *n*

basic ['beɪsɪk] A ADJ 1 Grund-; Grund, Thema Haupt-; Punkte wesentlich; Absicht eigentlich; **there's no ~ difference** es besteht kein grundlegender Unterschied; **the ~ thing to remember is ...** woran man vor allem denken muss, ist ...; **his knowledge is rather ~** er hat nur ziemlich elementare Kenntnisse; **the furniture is rather ~** die Möbel sind ziemlich primitiv; **~ salary** Grundgehalt *n*; **~ vocabulary** Grundwortschatz *m* 2 notwendig B PL **the ~s** das Wesentliche; **to get down to (the) ~s** zum Kern der Sache kommen; **to get back to ~s** sich auf das Wesentliche besinnen **basically** ['beɪsɪkəlɪ] ADV im Grunde, hauptsächlich; **is that correct? — ~ yes** stimmt das? — im Prinzip, ja; **that's ~ it** das wärs im Wesentlichen **basic English** s͞ englischer Grundwortschatz **basic rate** s͞ Eingangssteuersatz *m*

basil ['bæzl] s͞ BOT Basilikum *n*

basin ['beɪsn] s͞ 1 Schüssel *f*, (Wasch)becken *n* 2 GEOG Becken *n*

basis ['beɪsɪs] s͞, *pl* **bases** ['beɪsiːz] Basis *f*; **we're working on the ~ that ...** wir gehen von der Annahme aus, dass ...; **to be on a sound ~** auf festen Füßen stehen;

bask [bɑːsk] VI (*in der Sonne*) sich aalen (*in* in +*dat*); (*in jds Gunst etc*) sich sonnen (*in* in +*dat*)

basket ['bɑːskɪt] s͞ Korb *m*, Körbchen *n* **basketball** s͞ Basketball *m* **basket case** s͞ (*sl*) hoffnungsloser Fall **basket chair** s͞ Korbsessel *m*

Basle [bɑːl] s͞ Basel *n*

Basque [bæsk] A s͞ 1 Baske *m*, Baskin *f* 2 (≈ *Sprache*) Baskisch *n* B ADJ baskisch

bass [beɪs] MUS A s͞ Bass *m* B ADJ Bass- **bass clef** s͞ Bassschlüssel *m* **bass drum** s͞ große Trommel

bassoon [bə'suːn] s͞ Fagott *n*; **to play the ~** Fagott spielen (⚠ mit **the**)

bastard ['bɑːstəd] s͞ 1 (*wörtl*) uneheliches Kind 2 (*sl*) Scheißkerl *m* (*umg*); **poor ~** armes Schwein (*umg*); **this question is a real ~** diese Frage ist wirklich hundsgemein (*umg*) **bastardize** ['bɑːstədaɪz] VT (*fig*) verfälschen

baste [beɪst] VT GASTR (mit Fett) begießen

bat[1] [bæt] s͞ ZOOL Fledermaus *f*; **(as) blind as a ~** stockblind (*umg*)

bat[2] SPORT A s͞ (*Baseball, Kricket*) Schlagholz *n*;

▶ bat

Im Englischen gibt es je nach Sportart die verschiedensten Bezeichnungen für „Schläger". Beim Hockey sagt man **stick** [stɪk], beim Golf **club** [klʌb], bei Tischtennis, Kricket und Baseball **bat** [bæt], bei Tennis und Federball **racket** ['rækɪt].

WORTSCHATZ

BAT | 70

bat — Fledermaus

bat — (Tischtennis)schläger

(Tischtennis) Schläger m; **off one's own ~** (Br umg) auf eigene Faust (umg); **right off the ~** (US) prompt B V̄T & V̄I (Baseball, Kricket) schlagen
bat³ V̄T **not to ~ an eyelid** (Br) od **eye** (US) nicht mal mit der Wimper zucken
batch [bætʃ] S̄ (von Menschen) Schwung m (umg); (≈ Versandgut) Sendung f; (von Briefen, Arbeit) Stoß m **batch command** S̄ Batchbefehl m **batch file** S̄ IT Batchdatei f **batch job** S̄ Stapelverarbeitung f **batch processing** S̄ IT Stapelverarbeitung f
bated ['beɪtɪd] ADJ **with ~ breath** mit angehaltenem Atem
bath [bɑːθ] A S̄ ◨ Bad n; **to have** od **take a ~** baden; **to give sb a ~** jdn baden ◩ (Bade)wanne f ◪ **(swimming) ~s** pl (Schwimm)bad n; **(public) ~s** pl Badeanstalt f B V̄T (Br) baden C V̄I (Br) (sich) baden **bathe** [beɪð] A V̄T ◨ baden, waschen; **to ~ one's eyes** ein Augenbad machen; **~d in tears** tränenüberströmt; **to be ~d in sweat** schweißgebadet sein ◩ (US) = bath B B V̄I baden C S̄ Bad n; **to have** od **take a ~** baden **bather** ['beɪðə'] S̄ Badende(r) m/f(m) **bathing** ['beɪðɪŋ] A S̄ Baden n B ADJ Bade- **bathing cap** S̄ Badekappe f **bathing costume**, **bathing suit** S̄ Badeanzug m **bathing trunks** PL Badehose f **bathmat** ['bɑːθmæt] S̄ Bademattte f **bathrobe** ['bɑːθrəʊb] S̄ Bademantel m
bathroom ['bɑːθruːm] S̄ Bad n, Badezimmer n; (US euph) Toilette f (❶ = (Br) **lavatory**) **bathroom cabinet** S̄ Toilettenschrank m **bathroom scales** PL Personenwaage f **bath salts** PL Badesalz n **bathtowel** S̄ Badetuch

n **bathtub** S̄ Badewanne f
baton ['bætən], (US) bæ'tɒn] S̄ ◨ MUS Taktstock m ◩ (von Polizist) Schlagstock m ◪ (in Staffellauf) Stab m **baton charge** S̄ **to make a ~** Schlagstöcke einsetzen
batsman ['bætsmən] S̄, pl -men [-mən] SPORT Schlagmann m
battalion [bə'tælɪən] S̄ (MIL, fig) Bataillon n
batter¹ ['bætə'] S̄ GASTR Teig m
batter² S̄ SPORT Schlagmann m
batter³ A V̄T einschlagen auf (+akk), prügeln B V̄I schlagen; **to ~ at the door** an die Tür trommeln (umg) ♦ **batter down** V̄T trennb Tür einschlagen
battered ['bætəd] ADJ übel zugerichtet, misshandelt; Hut, Auto verbeult; Möbel, Ruf ramponiert (umg) **batterer** ['bætərə'] S̄ **wife-~** prügelnder Ehemann; **child-~** prügelnder Vater, prügelnde Mutter **battering** ['bætərɪŋ] S̄ (wörtl) Prügel pl; **he/it got** od **took a real ~** er/es hat ganz schön was abgekriegt (umg)
battery ['bætərɪ] S̄ Batterie f **battery charger** S̄ Ladegerät n **battery farm** S̄ Legebatterie f **battery farming** S̄ Legebatterien pl **battery hen** S̄ AGR Batteriehuhn n **battery-operated** ADJ batteriegespeist **battery-powered** ADJ batteriebetrieben
battle ['bætl] A S̄ (wörtl) Schlacht f; (fig) Kampf m; **to fight a ~** eine Schlacht schlagen; (fig) einen Kampf führen; **to do ~ for sb/sth** sich für jdn/etw einsetzen; **killed in ~** (im Kampf) gefallen; **~ of wits** Machtkampf m; **~ of words** Wortgefecht n; **~ of wills** geistiger Wettstreit; **that's half the ~** damit ist schon viel gewonnen; **getting an interview is only half the ~** damit, dass man ein Interview bekommt, ist es noch nicht getan B V̄I sich schlagen; (fig) kämpfen C V̄T (fig) **to ~ one's way through four qualifying matches** sich durch vier Qualifikationsspiele durchschlagen ♦ **battle out** V̄T trennb **to battle it out** sich einen harten Kampf liefern

battle-axe, (US) **battle-ax** S̄ (umg ≈ Frau) Drachen m (umg) **battle cry** S̄ Schlachtruf m bat-

 bathroom

Bathroom bedeutet im amerikanischen Englisch außer Badezimmer auch Toilette. Wenn man also im amerikanischen Englisch hört „**He's / She's gone to the bathroom.**", dann bedeutet das aller Wahrscheinlichkeit nach nicht, dass sich die Person duscht oder ein Bad nimmt, sondern lediglich, dass er / sie die Toilette benutzt.

SPRACHGEBRAUCH

bath(room) — Bad(ezimmer)   bath — (Bade)wanne   (swimming) baths — (Schwimm)bad

tlefield s̅ Schlachtfeld n **battleground** s̅ Schlachtfeld n **battlements** ['bætlmənts] P̅L̅ Zinnen pl **battleship** s̅ Schlachtschiff n
batty ['bætɪ] A̅D̅J̅ (+er) (Br umg) verrückt
baud [bɔːd] s̅ IT Baud n
baulk [bɔːk] V̅T̅ = balk
Bavaria [bə'vɛərɪə] s̅ Bayern n **Bavarian** [bə'vɛərɪən] A s̅ 1 Bayer(in) m(f) 2 (≈ Dialekt) Bayrisch n B A̅D̅J̅ bay(e)risch
bawl [bɔːl] A V̅I̅ brüllen; (umg ≈ weinen) heulen (umg) B V̅T̅ Befehl brüllen ♦**bawl out** V̅T̅ trennb Befehl brüllen
bay¹ [beɪ] s̅ Bucht f; **Hudson Bay** die Hudson Bay
bay² s̅ 1 Ladeplatz m 2 Parkbucht f
bay³ s̅ **to keep** od **hold sb/sth at ~** jdn/etw in Schach halten
bay⁴ A A̅D̅J̅ Pferd (kastanien)braun B s̅ (≈ Pferd) Braune(r) m
bay leaf s̅ Lorbeerblatt n
bayonet ['beɪənɪt] s̅ Bajonett n **bayonet fitting** s̅ ELEK Bajonettfassung f
bay window s̅ Erkerfenster n
bazaar [bə'zɑː] s̅ Basar m
BBC abk von British Broadcasting Corporation BBC f

▶ BBC

Die **BBC** (**British Broadcasting Corporation**) ist eine staatlich finanzierte Rundfunk- und Fernsehanstalt, die über zahlreiche TV-Kanäle sowie überregionale und regionale Rundfunksender verfügt. Zu ihr gehört auch der **BBC World Service**, der in mehr als 40 Sprachen sendet und seit 1991 auch über das Fernsehen (**BBC World Service TV**) zu empfangen ist.

LANDESKUNDE

BBQ abk von barbecue
BC abk von before Christ v. Chr.

be [biː]

präs **am, is, are**, prät **was, were**, pperf **been**

A Kopulativverb	B Hilfsverb
C intransitives Verb	D unpersönliches Verb

— A Kopulativverb —

1 sein; **be sensible!** sei vernünftig; **who's that? — it's me/that's Mary** wer ist das? — ich bins/das ist Mary; **he is a soldier/a German** er ist Soldat/Deutscher; **he wants to be a doctor** er möchte Arzt werden; **he's a good student** er ist ein guter Student; **he's five** er ist fünf; **two times two is four** zwei mal zwei ist vier 2 **how are you?** wie gehts?; **she's not at all well** es geht ihr gar nicht gut; **to be hungry** Hunger haben; **I am hot** mir ist heiß 3 kosten; **how much is that?** wie viel kostet das? 4 gehören (+dat); **that book is his** das Buch gehört ihm 5 stehen; **the verb is in the present** das Verb steht in der Gegenwart

— B Hilfsverb —

1 (in Verlaufsform) **what are you doing?** was machst du da?; **they're coming tomorrow** sie kommen morgen; **I have been waiting for you for half an hour** ich warte schon seit einer halben Stunde auf Sie; **will you be seeing him tomorrow?** sehen od treffen Sie sie morgen?; **I was packing my case when ...** ich war gerade beim Kofferpacken, als ... 2 (im Passiv) werden; **he was run over** er ist überfahren worden; **it is being repaired** es wird gerade repariert; **I will not be intimidated** ich lasse mich nicht einschüchtern; **they are to be married** sie werden heiraten; **the car is to be sold** das Auto soll verkauft werden; **what is to be done?** was soll geschehen? 3 (Pflicht ausdrückend) **I am to look after her** ich soll mich um sie kümmern; **I am not to be disturbed** ich möchte nicht gestört werden; **I wasn't to tell you his name** ich hätte Ihnen eigentlich nicht sagen sollen, wie er heißt 4 (≈ Bestimmung ausdrückend) **she was never to return** sie sollte nie zurückkehren 5

bead — Perle   bead — (Schweiß)perle

(*Möglichkeit ausdrückend*) **he was not to be persuaded** er ließ sich nicht überreden; **if it were** *od* **was to snow** falls es schneien sollte; **and if I were to tell him?** und wenn ich es ihm sagen würde; 6 (*in Fragen und Antworten*) **he's always late, isn't he? — yes he is** er kommt doch immer zu spät, nicht? — ja, das stimmt; **he's never late, is he? — yes he is** er kommt nie zu spät, oder? — oh, doch; **it's all done, is it? — yes it is/no it isn't** es ist also alles erledigt? — ja/nein

— **C** intransitives Verb —

sein, bleiben; **we've been here a long time** wir sind schon lange hier; **let me be** lass mich; **be that as it may** wie dem auch sei; **I've been to Paris** ich war schon (ein)mal in Paris; **the milkman has already been** der Milchmann war schon da; **he has been and gone** er war da und ist wieder gegangen; **here is a book/are two books** hier ist ein Buch/sind zwei Bücher; **here/there you are** (*bei Begrüßung*) da sind Sie ja; (≈ *bitte schön*) hier/da, bitte; **there he was sitting at the table** da saß er nun am Tisch; **nearby there are two churches** in der Nähe sind zwei Kirchen

— **D** unpersönliches Verb —

sein; **it is dark** es ist dunkel; **tomorrow is Friday** morgen ist Freitag; **it is 5 km to the nearest town** es sind 5 km bis zur nächsten Stadt; **it was us** *od* **we** (*form*) **who found it** WIR haben das gefunden; **were it not for the fact that I am a teacher, I would ...** wenn ich kein Lehrer wäre, dann würde ich ...; **were it not for him**, **if it weren't** *od* **wasn't for him** wenn er nicht wäre; **had it not been** *od* **if it hadn't been for him** wenn er nicht gewesen wäre

beach [biːtʃ] S Strand *m*; **on the ~** am Strand **beach ball** S Wasserball *m* **beach buggy** S Strandbuggy *m* **beach towel** S Strandtuch

n **beach volleyball** S Beachvolleyball *m*
beacon ['biːkən] S Leuchtfeuer *n*, Funkfeuer *n*
bead [biːd] S 1 Perle *f* (⚠ aus Holz oder Glas); **(string of) ~s** Perlenschnur *f*, Perlenkette *f* 2 (*von Schweiß*) Tropfen *m*, Perle *f*
beagle ['biːgl] S Beagle *m*
beak [biːk] S Schnabel *m*
beaker ['biːkəʳ] S Becher *m*; CHEM *etc* Becherglas *n*
be-all and end-all ['biːɔːlənd'endɔːl] S **the ~** das A und O; **it's not the ~** das ist auch nicht alles
beam [biːm] A S 1 (BAU, *von Waage*) Balken *m* 2 (*von Licht*) Strahl *m*; **to be on full** *od* **high ~** das Fernlicht eingeschaltet haben B VI strahlen; **to ~ down** (*Sonne*) niederstrahlen; **she was ~ing with joy** sie strahlte übers ganze Gesicht C VT RADIO, TV ausstrahlen **beaming** ['biːmɪŋ] ADJ strahlend
bean [biːn] S 1 Bohne *f*; **he hasn't (got) a ~** (*umg*) er hat keinen roten Heller (*umg*) 2 (*fig*) **to be full of ~s** (*umg*) putzmunter sein (*umg*) **beanbag** S Sitzsack *m* **beanburger** S vegetarischer Hamburger (*mit Bohnen*) **beanfeast** S (*umg*) Schmaus *m* (*umg*) **beanpole** S Bohnenstange *f* **bean sprout** S Sojabohnensprosse *f*
bear¹ [bɛəʳ] *prät* **bore**, *pperf* **borne** A VT 1 tragen; *Geschenk etc* mit sich führen; *Kennzeichen, Ähnlichkeit* aufweisen; **he was borne along by the crowd** die Menge trug ihn mit (sich); **it doesn't ~ thinking about** man darf gar nicht daran denken 2 *Liebe, Groll* empfinden 3 ertragen; *Schmerzen* aushalten; *Kritik, Geruch, Lärm etc* vertragen; **she can't ~ being laughed at** sie kann es nicht vertragen, wenn man über sie lacht 4 gebären; → **born** B VI 1 **to ~ left/north** sich links/nach Norden halten C VR sich halten ♦**bear away** VT *trennb* 1 forttragen 2 *Sieg etc* davontragen ♦**bear down** VI sich nahen (*geh*) ♦**bear on** VI +*obj* = **bear (up)on** ♦**bear out** VT *trennb* bestätigen; **to bear sb out in sth** jdn in etw bestätigen ♦**bear up** VI sich halten; **how are you? — bearing up!** wie gehts? — man lebt! ♦**bear (up)on** VI +*obj* betreffen ♦**bear with** VI +*obj* **if you would just ~ me for a couple of minutes** wenn Sie sich vielleicht zwei Minuten gedulden wollen
bear² S 1 Bär *m* 2 ASTRON **the Great/Little Bear** (*Br*) der Große/Kleine Bär *od* Wagen (⚠ = (*US*) **the Great/Little Dipper**) 3 BÖRSE Baissespekulant *m*
bearable ['bɛərəbl] ADJ erträglich
beard [bɪəd] S Bart *m* **bearded** ADJ bärtig
bearer ['bɛərəʳ] S Träger(in) *m(f)*; (*von Neuigkeiten, Scheck*) Überbringer *m*; (*von Namen, Pass*) Inha-

73 ‖ **BED**

B

ber(in) *m(f)*

bear hug ⓢ ungestüme Umarmung
bearing ['bɛərɪŋ] ⓢ **1** Haltung *f* **2** Auswirkung *f* (on auf +akk), Bezug *m* (on zu); **to have some/no ~ on sth** von Belang/belanglos für etw sein, einen gewissen/keinen Bezug zu etw haben **3 to get** *od* **find one's ~s** sich zurechtfinden; **to lose one's ~s** die Orientierung verlieren
bear market ⓢ BÖRSE Baisse *f*
beast [biːst] ⓢ **1** Tier *n* **2** (umg ≈ Mensch) Biest *n*
beastly ['biːstlɪ] (umg) ADJ scheußlich
beat [biːt] *v: prät* **beat**, *pperf* **beaten** A ⓢ **1** Schlag *m*; (wiederholt) Schlagen *n*; **to the ~ of the drum** zum Schlag der Trommeln **2** (von Polizist) Runde *f*; (≈ Bezirk) Revier *n*; **to be on the ~** seine Runde machen **3** MUS, DICHTUNG Takt *m*; (mit Taktstock) Taktschlag *m* B VT **1** schlagen; **to ~ a/one's way through sth** einen/sich (dat) einen Weg durch etw bahnen; **to ~ a/the drum** trommeln; **~ it!** (fig umg) hau ab! (umg); **the bird ~s its wings** der Vogel schlägt mit den Flügeln; **to ~ time (to the music)** den Takt schlagen **2** (≈ Niederlage beibringen) schlagen; (Rekord) brechen; **to ~ sb into second place** jdn auf den zweiten Platz verweisen; **you can't ~ real wool** es geht doch nichts über reine Wolle; **if you can't ~ them, join them** (umg) wenn dus nicht besser machen kannst, dann mach es genauso; **coffee ~s tea any day** Kaffee ist allemal besser als Tee; **it ~s me (how/ why …)** (umg) es ist mir ein Rätsel(, wie/warum …) (umg) **3** Etat, Menschenmassen zuvorkommen (+dat); **I'll ~ you down to the beach** ich bin vor dir am Strand; **to ~ the deadline** vor Ablauf der Frist fertig sein; **to ~ sb to it** jdm zuvorkommen C VI schlagen; (Regen) trommeln; **to ~ on the door (with one's fists)** (mit den Fäusten) gegen die Tür schlagen D ADJ **1** (umg ≈ erschöpft) **to be (dead)** ≈ total kaputt sein (umg) **2** (umg ≈ besiegt) **to be ~(en)** aufgeben müssen (umg); **he doesn't know when he's ~(en)** er gibt nicht auf (umg); **this problem's got me ~** mit dem Problem komme ich nicht klar (umg) ♦**beat back** VT trennb zurückschlagen ♦**beat down** A VI (Regen) herunterprasseln; (Sonne) herunterbrennen B VT trennb **1 I managed to beat him down (on the price)** ich konnte den Preis herunterhandeln **2** Tür einrennen ♦**beat in** VT trennb **1** Tür einschlagen **2** GASTR Eier etc unterrühren ♦**beat off** VT trennb abwehren ♦**beat out** VT trennb Feuer ausschlagen; Rhythmus schlagen, trommeln; **to beat sb's brains out** (umg) jdm den Schädel einschlagen (umg) ♦**beat up** VT trennb jdn zusammenschlagen ♦**beat up on** VI +obj (US umg ≈ schlagen) verhauen (umg); (≈ schikanieren) ein-

schüchtern
beaten ['biːtn] A *pperf* von **beat** B ADJ Erde festgetreten; **to be off the ~ track** (fig) abgelegen sein **beating** ['biːtɪŋ] ⓢ **1** Prügel *pl*; **to give sb a ~** jdn verprügeln; **to get a ~** verprügelt werden **2** (von Trommel, Herz, Flügeln) Schlagen *n* **3** Niederlage *f*; **to take a ~ (at the hands of sb)** (von jdm) nach allen Regeln der Kunst geschlagen werden **4 to take some ~** nicht leicht zu übertreffen sein **beat-up** ['biːtʌp] ADJ (umg) ramponiert (umg)
beautician [bjuːˈtɪʃən] ⓢ Kosmetiker(in) *m(f)*
beautiful ['bjuːtɪful] ADJ schön; Idee, Mahlzeit wunderbar; Schwimmer, Arbeit hervorragend (❗ Bei einem Mann sagt man **handsome**.)
beautifully ['bjuːtɪfəlɪ] ADV schön; zubereitet, einfach herrlich; schwimmen sehr gut **beautify** ['bjuːtɪfaɪ] VT verschönern
beauty ['bjuːtɪ] ⓢ **1** Schönheit *f*; **~ is in the eye of the beholder** (sprichw) schön ist, was (einem) gefällt; **the ~ of it is that …** das Schöne *od* Schönste daran ist, dass … **2** Prachtexemplar *n* **beauty contest** ⓢ Schönheitswettbewerb *m* **beauty parlour**, (US) **beauty parlor** ⓢ Schönheitssalon *m* **beauty queen** ⓢ Schönheitskönigin *f* **beauty salon, beauty shop** ⓢ Schönheitssalon *m* **beauty sleep** ⓢ (hum) Schlaf *m* **beauty spot** ⓢ **1** Schönheitsfleck *m* **2** (≈ Ort) schönes Fleckchen **beauty treatment** ⓢ kosmetische Behandlung
beaver ['biːvəʳ] ⓢ Biber *m* ♦**beaver away** VI (umg) schuften (umg) (at an +dat)
became [bɪˈkeɪm] prät von **become**
because [bɪˈkɒz] A KONJ weil, da; **it was the more surprising ~ we were not expecting it** es war umso überraschender, als wir es nicht erwartet hatten; **why did you do it? — just ~** (umg) warum hast du das getan? — darum B PRÄP **~ of** wegen (+gen od +dat); **I only did it ~ of you** ich habe es nur deinetwegen getan
beck [bek] ⓢ **to be at sb's ~ and call** jdm voll und ganz zur Verfügung stehen
beckon ['bekən] VT & VI winken; **he ~ed to her to follow (him)** er gab ihr ein Zeichen, ihm zu folgen
become [bɪˈkʌm] prät **became**, pperf **become** VI werden; **it has ~ a rule** es ist jetzt Vorschrift; **it has ~ a nuisance/habit** es ist lästig/zur Gewohnheit geworden; **to ~ interested in sb/sth** anfangen, sich für jdn/etw zu interessieren; **to ~ king/a doctor** König/Arzt werden; **what has ~ of him?** was ist aus ihm geworden?; **what's to ~ of him?** was soll aus ihm werden?
B Ed abk von Bachelor of Education

BED | 74

bed [bed] s **1** Bett n; **to go to ~** zu od ins Bett gehen; **to put sb to ~** jdn ins od zu Bett bringen; **to get into ~** sich ins Bett legen; **to get into ~ with sb** mit jdm ins Bett steigen (umg); **he must have got out of ~ on the wrong side** (umg) er ist wohl mit dem linken Fuß zuerst aufgestanden; **to be in ~** im Bett sein; **to make the ~** das Bett machen; **can I have a ~ for the night?** kann ich hier/bei euch etc übernachten? **2** (von Erz, Kohle) Lager n; **a ~ of clay** Lehmboden m **3** (von Meer) Grund m; (von Fluss) Bett n **4** (für Blumen) Beet n ♦**bed down** VI sein Lager aufschlagen; **to ~ for the night** sein Nachtlager aufschlagen

bed — Bett

bed — (Blumen)beet

bed and breakfast s Übernachtung f mit Frühstück; (a. **bed and breakfast place**) Frühstückspension f; **"bed and breakfast"** „Fremdenzimmer" **bedbug** s Wanze f **bedclothes** PL (Br) Bettzeug n **bedcover** s Tagesdecke f; **~s** pl Bettzeug n **bedding** ['bedɪŋ] s Bettzeug n **bedding plant** s Setzling m
bedevil [bɪ'devl] VT erschweren
bedhead s Kopfteil m des Bettes
bedlam ['bedləm] s (fig) Chaos n
bed linen s Bettwäsche f **bedpan** s Bettpfanne f
bedraggled [bɪ'dræɡld] ADJ **1** triefnass **2** verdreckt **3** ungepflegt
bed rest s Bettruhe f; **to follow/keep ~** die Bettruhe befolgen/einhalten **bedridden** ['bedrɪdn] ADJ bettlägerig
bedroom ['bedru:m] s Schlafzimmer n **bedside** ['bedsaɪd] s **to be at sb's ~** an jds Bett (dat) sein **bedside lamp** s Nachttischlampe f **bedside table** s Nachttisch m **bedsit(ter)** ['bedsɪt(ə')] (umg), **bedsitting room** [,bed'sɪtɪŋrʊm] s (Br) möbliertes Zimmer **bedsore** s wund gelegene Stelle; **to get ~s** sich wund liegen **bedspread** s Tagesdecke f **bedstead** s Bettgestell n **bedtime** s Schlafenszeit f; **it's ~** es ist Schlafenszeit; **his ~ is 10 o'clock** er geht um 10 Uhr schlafen; **it's past your ~** du müsstest schon lange im Bett sein **bedtime story** s Gutenachtgeschichte f **bed-wetting** s Bettnässen n
bee [bi:] s Biene f; **to have a ~ in one's bonnet** (umg) einen Tick haben (umg)
beech [bi:tʃ] s **1** Buche f **2** Buche(nholz n) f
beef [bi:f] A s Rindfleisch n B VI (umg) meckern (umg) (about über +akk) ♦**beef up** VT trennb aufmotzen (umg)
beefburger s Hamburger m **Beefeater** s Beefeater m **beefsteak** s Beefsteak n **beefy** ['bi:fɪ] ADJ (+er) fleischig
beehive s Bienenstock m **beekeeper** s Imker(in) m(f) **beeline** s **to make a ~ for sb/sth** schnurstracks auf jdn/etw zugehen
been [bi:n] pperf von be
beep [bi:p] (umg) A s Tut(tut) n (umg); **leave your name and number after the ~** hinterlassen Sie Ihren Namen und Nummer nach dem Signalton B VT **to ~ the** od **one's horn** hupen C VI tuten (umg); **~ ~!** tut, tut (umg)
beeper ['bi:pə'] s akustischer Zeichengeber, Piepser m (umg)
beer [bɪə'] s Bier n (❗ Als Getränk hat **beer** keinen Plural. **Beers** sagt man zu verschiedenen Biersorten oder einzelnen Gäsern.); **two ~s, please** zwei Bier, bitte **beer belly** s (umg) Bierbauch m (umg) **beer bottle** s Bierflasche f **beer garden** s (Br) Biergarten m **beer glass** s Bierglas n **beer mat** s (Br) Bierdeckel m
bee sting s Bienenstich m **beeswax** ['bi:zwæks] s Bienenwachs n
beet [bi:t] s Rübe f
beetle ['bi:tl] s Käfer m
beetroot [bi:tru:t] s Rote Bete od Rübe
before [bɪ'fɔ:'] A PRÄP vor (+dat); (mit Richtungsangabe) vor (+akk); **the year ~ last** das vorletzte Jahr; **the day ~ yesterday** vorgestern; **the day ~ that** der Tag davor; **~ then** vorher; **you should have done it ~ now** das hättest du schon (eher) gemacht haben sollen; **~ long** bald; **~ everything else** zuallererst; **to come ~ sb/sth** vor jdm/etw kommen; **ladies ~ gentlemen** Damen haben den Vortritt; **~ my (very) eyes** vor meinen Augen; **the task ~ us** die Aufgabe, vor der wir stehen B ADV davor, vorher;

75 ‖ BEHI

B

have you been to Scotland ~? waren Sie schon einmal in Schottland?; **I have seen** *etc* **this ~** ich habe das schon einmal gesehen *etc*; **never ~** noch nie; **(on) the evening/day ~** am Abend/Tag vorher; **(in) the year ~** im Jahr davor; **two hours ~** zwei Stunden vorher; **two days ~** zwei Tage davor *od* zuvor; **things continued as ~** alles war wie gehabt; **life went on as ~** das Leben ging seinen gewohnten Gang; **that chapter and the one ~** dieses Kapitel und das davor **C** KONJ bevor; **~ doing sth** bevor man etw tut; **you can't go ~ this is done** du kannst erst gehen, wenn das gemacht ist; **it will be a long time ~ he comes back** es wird lange dauern, bis er zurückkommt **beforehand** [bɪˈfɔːhænd] ADV im Voraus; **you must tell me ~** Sie müssen mir vorher Bescheid sagen **before-tax** [bɪˈfɔːtæks] ADJ vor Steuern

beg [beg] **A** VT **1** Geld betteln um **2** Vergebung bitten um; **to ~ sth of sb** jdn um etw bitten; **he ~ged to be allowed to …** er bat darum, … zu dürfen; **I ~ to differ** ich erlaube mir, anderer Meinung zu sein **3** jdn anflehen; **I ~ you!** ich flehe dich an! **4** **to ~ the question** an der eigentlichen Frage vorbeigehen **B** VI **1** betteln; (Hund) Männchen machen **2** (um Hilfe etc) bitten (for um) **3** **to go ~ging** (umg) noch zu haben sein, keine Abnehmer finden

began [bɪˈgæn] prät von begin

beggar [ˈbegəʳ] **A** S **1** Bettler(in) m(f); **~s can't be choosers** (sprichw) in der Not frisst der Teufel Fliegen (sprichw) **2** (Br umg) Kerl m (umg); **poor ~!** armer Kerl! (umg); **a lucky ~** ein Glückspilz m **B** VT (fig) **to ~ belief** nicht zu fassen sein

begin [bɪˈgɪn] prät began, pperf begun **A** VT **1** beginnen, anfangen; Arbeit anfangen mit; Aufgabe in Angriff nehmen; **to ~ to do sth** od **doing sth** anfangen od beginnen, etw zu tun; **to ~ working on sth** mit der Arbeit an etw (dat) beginnen; **she ~s the job next week** sie fängt nächste Woche (bei der Stelle) an; **to ~ school** in die Schule kommen; **she began to feel tired** sie wurde langsam müde; **she's ~ning to understand** sie fängt langsam an zu verstehen; **I'd begun to think you weren't coming** ich habe schon gedacht, du kommst nicht mehr **2** anfangen; Brauch einführen; Firma, Bewegung gründen; Krieg auslösen **B** VI anfangen, beginnen; (neues Stück etc) anlaufen; **to ~ by doing sth** etw zuerst (einmal) tun; **he began by saying that …** er sagte einleitend, dass …; **~ning from Monday** ab Montag; **~ning from page 10** von Seite 10 an; **it all began when …** es fing alles damit an, dass …; **to ~ with there were only three** anfänglich waren es nur drei;

to ~ with, this is wrong, and … erstens einmal ist das falsch, dann …; **to ~ on sth** mit etw anfangen od beginnen

beginner [bɪˈgɪnəʳ] S Anfänger(in) m(f); **~'s luck** Anfängerglück n

beginning [bɪˈgɪnɪŋ] S Anfang m; (von Brauch, Bewegung) Entstehen n kein pl; **at the ~** zuerst; **at the ~ of sth** am Anfang einer Sache (gen); **at the ~ of July** Anfang Juli; **from the ~** von Anfang an; **from the ~ of the week/poem** seit Anfang der Woche/vom Anfang des Gedichtes an; **read the paragraph from the ~** lesen Sie den Paragrafen von (ganz) vorne; **from ~ to end** von vorn bis hinten, von Anfang bis Ende; **to start again at** od **from the ~** noch einmal von vorn anfangen; **to begin at the ~** ganz vorn anfangen; **it was the ~ of the end for him** das war der Anfang vom Ende für ihn

▶ **in / at the beginning**

In the beginning bedeutet „zuerst, ursprünglich":

In the beginning God created the heavens and the earth.	Am Anfang schuf Gott Himmel und Erde.

In den anderen Fällen verwendet man **at the beginning**:

At the beginning of the novel you wonder what it's all about.	Am Anfang des Romans fragt man sich, was das alles soll.

GRAMMATIK ◀

begonia [bɪˈgəʊnɪə] S Begonie f

begrudge [bɪˈgrʌdʒ] VT **1** **to ~ doing sth** etw widerwillig tun **2** missgönnen (sb sth jdm etw)

begrudgingly [bɪˈgrʌdʒɪŋlɪ] ADV widerwillig

beguiling [bɪˈgaɪlɪŋ] ADJ betörend

begun [bɪˈgʌn] pperf von begin

behalf [bɪˈhɑːf] S **on** od **in** (US) **~ of** für, im Interesse von, im Namen von, im Auftrag von

behave [bɪˈheɪv] **A** VI sich verhalten, sich benehmen; **to ~ well/badly** sich gut/schlecht benehmen; **what a way to ~!** was für ein Benehmen!; **to ~ badly/well toward(s) sb** jdn schlecht/gut behandeln; **~!** benimm dich! **B** VR **to ~ oneself** sich benehmen; **~ yourself!** benimm dich! **behaviour**, (US) **behavior** [bɪˈheɪvjəʳ] S **1** Benehmen n; **to be on one's best ~** sich von seiner besten Seite zeigen **2** Verhalten n (to(wards) gegenüber)

behead [bɪˈhed] VT enthaupten, köpfen

behind [bɪˈhaɪnd] **A** PRÄP hinter (+dat); (mit Rich-

BEIG | 76

tungsangabe) hinter (+*akk*); **come out from ~ the door** komm hinter der Tür (her)vor; **he came up ~ me** er trat von hinten an mich heran; **walk close ~ me** gehen Sie dicht hinter mir; **put it ~ the books** stellen Sie es hinter die Bücher; **what is ~ this incident?** was steckt hinter diesem Vorfall?; **to be ~ sb** hinter jdm zurück sein; **to be ~ schedule** im Verzug sein; **to be ~ the times** *(fig)* hinter seiner Zeit zurück(geblieben) sein; **you must put the past ~ you** Sie müssen Vergangenes vergangen sein lassen **B** [ADV] **1** hinten, dahinter; **from ~** von hinten; **to look ~** zurückblicken **2** **to be ~ with one's studies** mit seinen Studien im Rückstand sein **C** s̱ *(umg)* Hinterteil *n (umg)*

beige [beɪʒ] **A** [ADJ] beige **B** s̱ Beige *n*

being ['biːɪŋ] s̱ **1** Dasein *n*; **to come into ~** entstehen; **to bring into ~** ins Leben rufen **2** (Lebe)wesen *n*; **~s from outer space** Wesen *pl* aus dem All

Belarus ['belərʊs] s̱ GEOG Belarus *n*

belated [ADJ], **belatedly** [ADV] [bɪ'leɪtɪd, -lɪ] verspätet

belch [beltʃ] **A** [Vi] rülpsen **B** [Vt] *(a.* **belch forth** *od* **out)** *Rauch* ausstoßen **C** s̱ Rülpser *m (umg)*

beleaguered [bɪ'liːgəd] [ADJ] *(fig)* unter Druck stehend

belfry ['belfrɪ] s̱ Glockenstube *f*

Belgian ['beldʒən] **A** s̱ Belgier(in) *m(f)* **B** [ADJ] belgisch **Belgium** ['beldʒəm] s̱ Belgien *n*

Belgrade [bel'greɪd] s̱ Belgrad *n*

belie [bɪ'laɪ] [Vt] **1** widerlegen **2** hinwegtäuschen über (+*akk*)

belief [bɪ'liːf] s̱ Glaube *m (in an* +*akk*), Lehre *f*; **beyond ~** unglaublich; **in the ~ that …** im Glauben, dass …; **it is my ~ that …** ich bin der Überzeugung, dass … **believable** [bɪ'liːvəbl] [ADJ] glaubwürdig

believe [bɪ'liːv] **A** [Vt] glauben; **I don't ~ you** das glaube ich (Ihnen) nicht; **don't you ~ it** wers glaubt, wird selig *(umg)*; **~ you me!** *(umg)* das können Sie mir glauben!; **~ it or not** ob Sie es glauben oder nicht; **would you ~ it!** *(umg)* ist das (denn) die Möglichkeit *(umg)*; **I would never have ~d it of him** das hätte ich nie von ihm geglaubt; **he could hardly ~ his eyes** er traute seinen Augen nicht; **he is ~d to be ill** es heißt, dass er krank ist; **I ~ so/not** ich glaube schon/nicht **B** [Vi] an Gott glauben ♦**believe in** [Vi] +*obj* **1** glauben an (+*akk*); **he doesn't ~ doctors** er hält nicht viel von Ärzten **2** **to ~ sth** (prinzipiell) für etw sein; **he believes in getting up early** er ist überzeugter Frühaufsteher; **he believes in giving people a second chance** er gibt

▶ Verben ohne -ing-Form

Verben, die Zustände beschreiben, stehen selten in der -ing-Form. Dies gilt u. a. für folgende Verben in folgenden Bedeutungen:

believe	glauben
contain	enthalten
exist	existieren
hate	hassen
hear	hören
know	wissen
like	mögen
look	aussehen
love	lieben
mean	bedeuten
need	brauchen
own	besitzen
remember	sich erinnern
see	sehen
seem / appear	scheinen
think	meinen
want	wollen

GRAMMATIK ◁

prinzipiell jedem noch einmal eine Chance; **I don't ~ compromises** ich halte nichts von Kompromissen

believer [bɪ'liːvə'] s̱ **1** REL Gläubige(r) *m/f(m)* **2** **to be a (firm) ~ in sth** (grundsätzlich) für etw sein

Belisha beacon [bɪ,liːʃə'biːkən] s̱ *(Br)* gelbes Blinklicht an Zebrastreifen

bell [bel] s̱ **1** Glocke *f*, Glöckchen *n*; (*in Schule, an Tür, von Fahrrad*) Klingel *f* **2** **there's the ~** es klingelt *od* läutet **bellboy** s̱ *(bes US)* Page *m* **bellhop** s̱ *(US)* = bellboy

belligerence [bɪ'lɪdʒərəns] s̱ Kriegslust *f*, Streitlust *f* **belligerent** [ADJ] *Staat* kriegslustig; *Mensch* streitlustig; *Rede* aggressiv **belligerently** [ADV] streitlustig

bellow ['beləʊ] **A** [Vt & Vi] brüllen; **to ~ at sb** jdn anbrüllen **B** s̱ Brüllen *n*

bellows ['beləʊz] [PL] Blasebalg *m*; **a pair of ~** ein Blasebalg

bell pull s̱ Klingelzug *m* **bell push** s̱ Klingel *f*

belly ['belɪ] s̱ Bauch *m* **bellyache** *(umg)* **A** s̱ Bauchschmerzen *pl* **B** [Vi] murren *(about über* +*akk*) **bellybutton** s̱ *(umg)* Bauchnabel *m* **belly dance** s̱ Bauchtanz *m* **belly dancer** s̱

77 | BERK

B

Bauchtänzerin f **bellyflop** ˈsˌ Bauchklatscher m (umg); **to do a ~** einen Bauchklatscher machen (umg) **bellyful** [ˈbelɪfʊl] ˈsˌ (umg) **I've had a ~ of writing these letters** ich habe die Nase voll davon, immer diese Briefe zu schreiben (umg) **belly laugh** ˈsˌ dröhnendes Lachen; **he gave a great ~** er lachte lauthals los **belly up** ADV **to go ~** (umg: Firma) pleitegehen (umg)

belong [bɪˈlɒŋ] VII gehören (to sb jdm, to sth zu etw); **who does it ~ to?** wem gehört es?; **to ~ together** zusammengehören; **to ~ to a club** einem Klub angehören; **to feel that one doesn't ~** das Gefühl haben, dass man nicht dazugehört; **it ~s under the heading of ...** das fällt in die Rubrik der ... **belongings** [bɪˈlɒŋɪŋz] PL Sachen pl, Besitz m; **personal ~** persönlicher Besitz; **all his ~** sein ganzes Hab und Gut

Belorussia [ˌbjeləʊˈrʌʃə] ˈsˌ GEOG Weißrussland n

beloved [bɪˈlʌvɪd] A ADJ geliebt B ˈsˌ **dearly ~** REL liebe Brüder und Schwestern im Herrn

below [bɪˈləʊ] A PRÄP unterhalb (+gen), unter (+dat od mit Richtungsangabe +akk); **her skirt comes well ~ her knees** od **the knee** ihr Rock geht bis weit unters Knie; **to be ~ sb** (rangmäßig) unter jdm stehen B ADV **1** unten; **in the valley ~** drunten im Tal; **one floor ~** ein Stockwerk tiefer; **the apartment ~** die Wohnung darunter, die Wohnung unter uns; **down ~** unten; **see ~** siehe unten **2** **15 degrees ~** 15 Grad unter null

belt [belt] A ˈsˌ **1** Gürtel m; (zum Tragen, im Auto) Gurt m; **that was below the ~** das war ein Schlag unter die Gürtellinie; **to tighten one's ~** (fig) den Gürtel enger schnallen; **industrial ~** Industriegürtel m **2** TECH (Treib)riemen m; (≈ zur Warenbeförderung) Band n B VII (umg) knallen (umg); **she ~ed him one in the eye** sie knallte ihm eins aufs Auge (umg) **C** VII (umg) rasen (umg) **♦belt out** VII trennb (umg) Melodie schmettern (umg); (auf Klavier) hämmern (umg) **♦belt up** VII (umg) die Klappe halten (umg)

bemoan [bɪˈməʊn] VII beklagen

bench [bentʃ] ˈsˌ **1** Bank f **2** Werkbank f **3** SPORT **on the ~** auf der Reservebank **benchmark** [ˈbentʃmɑːk] ˈsˌ (fig) Maßstab m **bench press** ˈsˌ SPORT Bankdrücken n

bend [bend] v: prät, pperf **bent** A ˈsˌ Biegung f; (in Straße) Kurve f; **there is a ~ in the road** die Straße macht (da) eine Kurve; **to go/be round the ~** (Br umg) verrückt werden/sein (umg); **to drive sb round the ~** (Br umg) jdn verrückt machen (umg) B VII **1** biegen; Kopf beugen; **to ~ sth out of shape** etw verbiegen **2** (fig) Regeln, Wahrheit es nicht so genau nehmen mit **C** VII

1 sich biegen; (Mensch) sich beugen; **this metal ~s easily** dieses Metall verbiegt sich leicht, dieses Metall lässt sich leicht biegen; **my arm won't ~** ich kann den Arm nicht biegen **2** (Fluss) eine Biegung machen; (Straße) eine Kurve machen **♦bend back** A VII sich zurückbiegen, sich nach hinten biegen B VII trennb zurückbiegen **♦bend down** A VII sich bücken; **she bent down to look at the baby** sie beugte sich hinunter, um das Baby anzusehen B VII trennb Kanten nach unten biegen **♦bend over** A VII sich bücken; **to ~ to look at sth** sich nach vorn beugen, um etw anzusehen B VII trennb umbiegen

beneath [bɪˈniːθ] A PRÄP **1** unter (+dat od mit Richtungsangabe +akk), unterhalb (+gen) **2** **it is ~ him** das ist unter seiner Würde B VII unten

benefactor [ˈbenɪfæktə] ˈsˌ Wohltäter m **beneficial** [ˌbenɪˈfɪʃəl] ADJ gut (to für), günstig **beneficiary** [ˌbenɪˈfɪʃərɪ] ˈsˌ Nutznießer(in) m(f); (von Nachlass) Begünstigte(r) m/f(m)

benefit [ˈbenɪfɪt] A ˈsˌ **1** Vorteil m, Gewinn m; **to derive** od **get ~ from sth** aus etw Nutzen ziehen; **for your ~** Ihretwegen; **we should give him the ~ of the doubt** wir sollten das zu seinen Gunsten auslegen **2** Unterstützung f; **to be on ~(s)** staatliche Unterstützung erhalten B VII guttun (+dat) **C** VII profitieren (from, by von); **he would ~ from a week off** eine Woche Urlaub würde ihm guttun; **I think you'll ~ from the experience** ich glaube, diese Erfahrung wird Ihnen nützlich sein **benefit concert** ˈsˌ Benefizkonzert n

Benelux [ˈbenɪlʌks] ˈsˌ **~ countries** Beneluxstaaten pl

benevolent [bɪˈnevələnt] ADJ wohlwollend

BEng abk von **Bachelor of Engineering** B.Eng.

benign [bɪˈnaɪn] ADJ **1** gütig **2** MED Tumor gutartig

bent [bent] A prät, pperf von **bend** B ADJ **1** gebogen, verbogen **2** **to be ~ on sth/doing sth** etw unbedingt wollen/tun wollen **C** ˈsˌ Neigung f (for zu); **people with** od **of a musical ~** Menschen mit einer musikalischen Veranlagung

benzene [ˈbenziːn] ˈsˌ Benzol n

bequeath [bɪˈkwiːð] VII vermachen (to sb jdm) **bequest** [bɪˈkwest] ˈsˌ (≈ Vorgang) Vermachen n (to an +akk); (≈ Erbe) Nachlass m

bereaved [bɪˈriːvd] ADJ leidtragend; **the ~** die Hinterbliebenen pl **bereavement** ˈsˌ Trauerfall m

beret [ˈbereɪ] ˈsˌ Baskenmütze f

Bering Sea [ˈberɪŋ-] ˈsˌ Beringmeer n **Bering Strait** [ˈberɪŋ-] ˈsˌ Beringstraße f

berk [bɜːk] ˈsˌ (Br umg) Dussel m (umg)

BERL | 78

B

Berlin [bɜː'lɪn] ⒮ Berlin n
Bermuda shorts [bɜː'mjuːdə-] ⒫ Bermuda-shorts pl
Berne [bɜːn] ⒮ Bern n
berry ['berɪ] ⒮ Beere f
berserk [bə'sɜːk] wild; **to go ~** wild werden; (Publikum) zu toben anfangen, überschnappen (umg)
berth [bɜːθ] Ⓐ ⒮ **1** (auf Schiff) Koje f; (im Zug) Schlafwagenplatz m **2** (SCHIFF: für Schiff) Liegeplatz m **3 to give sb/sth a wide ~** (fig) einen (weiten) Bogen um jdn/etw machen Ⓑ ⓥⓘ anlegen Ⓒ ⓥⓣ **where is she ~ed?** wo liegt es?
beset [bɪ'set] prät, pperf beset ⓥⓣ **to be ~ with difficulties** voller Schwierigkeiten sein; **~ by doubts** von Zweifeln befallen
beside [bɪ'saɪd] ⓟⓡⓐⓟ **1** neben (+dat od mit Richtungsangabe +akk); Straße, Fluss an (+dat od mit Richtungsangabe +akk); **~ the road** am Straßenrand **2 to be ~ the point** damit nichts zu tun haben; **to be ~ oneself** außer sich sein (with vor)
besides [bɪ'saɪdz] Ⓐ ⓐⓓⓥ außerdem; **many more ~** noch viele mehr; **have you got any others ~?** haben Sie noch andere? Ⓑ ⓟⓡⓐⓟ außer; **others ~ ourselves** außer uns noch anderen; **there were three of us ~ Mary** Mary nicht mitgerechnet, waren wir zu dritt; **~ which he was unwell** außerdem fühlte er sich nicht wohl
besiege [bɪ'siːdʒ] ⓥⓣ belagern
besotted [bɪ'sɒtɪd] ⓐⓓⓙ völlig vernarrt (with in +akk)
bespoke [bɪ'spəʊk] ⓐⓓⓙ **a ~ tailor** ein Maßschneider m
best [best] Ⓐ ⓐⓓⓙ sup von good beste(r, s) attr; **to be ~** am besten sein; **to be ~ of all** am allerbesten sein; **that was the ~ thing about her** das war das Beste an ihr; **it's ~ to wait** das Beste ist zu warten; **may the ~ man win!** dem Besten der Sieg!; **the ~ part of the year/my money** fast das ganze Jahr/all mein Geld Ⓑ ⓐⓓⓥ sup von well am besten; mögen am liebsten; **the ~ fitting dress** das am besten passende Kleid; **her ~ known novel** ihr bekanntester Roman; **he was ~ known for ...** er war vor allem bekannt für ...; **~ of all** am allerbesten/-liebsten; **as ~ I could** so gut ich konnte; **I thought it ~ to go** ich hielt es für das Beste zu gehen; **do as you think ~** tun Sie, was Sie für richtig halten; **you know ~** Sie müssen es (am besten) wissen; **you had ~ go now** am besten gehen Sie jetzt Ⓒ ⒮ **the ~** der/die/das Beste; **his last book was his ~** sein letztes Buch war sein bestes; **they are the ~ of friends** sie sind enge Freunde; **to do one's ~** sein Bestes tun; **do the ~ you can!** machen Sie

es so gut Sie können!; **it's the ~ I can do** mehr kann ich nicht tun; **to get the ~ out of sb/sth** das Beste aus jdm/etw herausholen; **to make the ~ of it/a bad job** das Beste daraus machen; **to make the ~ of one's opportunities** seine Chancen voll nützen; **it's all for the ~** es ist nur zum Guten; **to do sth for the ~** etw in bester Absicht tun; **to the ~ of my ability** so gut ich kann/konnte; **to the ~ of my knowledge** meines Wissens; **to look one's ~** besonders gut aussehen; **it's not enough (even) at the ~ of times** das ist schon normalerweise nicht genug; **at ~** bestenfalls; **all the ~** alles Gute! **best-before date** ⒮ Haltbarkeitsdatum n **best-dressed** ⓐⓓⓙ bestgekleidet attr
bestial ['bestɪəl] ⓐⓓⓙ bestialisch **bestiality** [ˌbestɪ'ælɪtɪ] ⒮ **1** (von Verhalten) Bestialität f; (von Mensch) Brutalität f **2** (≈ Handlung) Gräueltat f
best man ⒮, pl **-men** Trauzeuge m (des Bräutigams)
bestow [bɪ'stəʊ] ⓥⓣ ((up)on sb jdm) etw schenken; Ehre erweisen; Titel, Medaille verleihen
bestseller ⒮ Verkaufsschlager m; (≈ Buch) Bestseller m **bestselling** ⓐⓓⓙ Artikel absatzstark; Autor Erfolgs-; **a ~ novel** ein Bestseller m
bet [bet] v: prät, pperf bet Ⓐ ⒮ Wette f (on auf +akk); **to make od have a ~ with sb** mit jdm wetten Ⓑ ⓥⓣ **1** wetten; **I ~ him £5** ich habe mit ihm (um) £ 5 gewettet **2** (umg) wetten; **I ~ he'll come!** wetten, dass er kommt! (umg); **~ you I can!** (umg) wetten, dass ich das kann! (umg) Ⓒ ⓥⓘ wetten; **to ~ on a horse** auf ein Pferd setzen; **don't ~ on it** darauf würde ich nicht wetten; **you ~!** (umg) und ob! (umg); **want to ~?** wetten?
beta-blocker ['biːtəˌblɒkə'] ⒮ Betablocker m
betray [bɪ'treɪ] ⓥⓣ verraten (to an +dat); Vertrauen enttäuschen **betrayal** [bɪ'treɪəl] ⒮ Verrat m (of an +dat); **a ~ of trust** ein Vertrauensbruch m
better Ⓐ ⓐⓓⓙ komp von good besser; **he's ~** es geht ihm wieder besser; **his foot is getting ~** seinem Fuß geht es schon viel besser; **I hope you get ~ soon** hoffentlich sind Sie bald wieder gesund; **~ and ~** immer besser; **that's ~!** (Zustimmung) so ist es besser!; (Erleichterung) so!; **it couldn't be ~** es könnte gar nicht besser sein; **the ~ part of an hour/my money** fast eine Stunde/mein ganzes Geld; **it would be ~ to go early** es wäre besser, früh zu gehen; **you would be ~ to go early** Sie gehen besser früh; **to go one ~** einen Schritt weiter gehen; (bei Angebot) höhergehen; **this hat has seen ~ days** dieser Hut hat auch schon bessere Tage gesehen (umg) Ⓑ ⓐⓓⓥ komp von well besser; mögen lieber; **they are ~ off than we are** sie sind besser dran als wir; **he is ~ off where he is er**

ist besser dran, wo er ist (umg); **I had ~ go** ich gehe jetzt wohl besser; **you'd ~ do what he says** tun Sie lieber, was er sagt; **I won't touch it — you'd ~ not!** ich fasse es nicht an — das will ich dir auch geraten haben C S **all the ~, so much the ~** umso besser; **the sooner the ~** je eher, desto besser; **to get the ~ of sb** jdn unterkriegen (umg); (mit Problem etc) jdm schwer zu schaffen machen D V/R (sozial) sich verbessern

betting ['betɪŋ] S Wetten n **betting shop** S Wettannahme f **betting slip** S Wettschein m

between [bɪ'twiːn] A PRÄP 1 zwischen (+dat); (mit Richtungsangabe) zwischen (+akk); **I was sitting ~ them** ich saß zwischen ihnen; **sit down ~ those two boys** setzen Sie sich zwischen diese beiden Jungen; **in ~** zwischen (+dat/akk); **~ now and next week we must …** bis nächste Woche müssen wir …; **there's nothing ~ them** (keine Beziehung) zwischen ihnen ist nichts 2 unter (+dat/akk); **divide the sweets ~ the children** verteilen Sie die Süßigkeiten unter die Kinder; **we shared an apple ~ us** wir teilten uns (dat) einen Apfel; **that's just ~ ourselves** das bleibt aber unter uns 3 (≈ gemeinsam) **~ us/them** zusammen; **we have a car ~ the three of us** wir haben zu dritt ein Auto B ADV dazwischen; **in ~** dazwischen; **the space/time ~** der Raum/die Zeit dazwischen

beverage ['bevərɪdʒ] S Getränk n

beware [bɪ'wɛəʳ] V/I nur imp u. inf **to ~ of sb/sth** sich vor jdm/etw hüten; **to ~ of doing sth sich davor hüten, etw zu tun;** **"beware of the dog"** „Vorsicht, bissiger Hund"; **"beware of pickpockets"** „vor Taschendieben wird gewarnt"

▶ beware ≠ bewahren

beware	= sich hüten, sich in Acht nehmen
bewahren	= keep; protect

 FALSCHE FREUNDE

bewilder [bɪ'wɪldəʳ] V/T verwirren **bewildered** [bɪ'wɪldəd] ADJ verwirrt **bewildering** [bɪ'wɪldərɪŋ] ADJ verwirrend **bewilderment** [bɪ'wɪldəmənt] S Verwirrung f; **in ~** verwundert

bewitch [bɪ'wɪtʃ] V/T (fig) bezaubern **bewitching** [bɪ'wɪtʃɪŋ] ADJ bezaubernd

beyond [bɪ'jɒnd] A PRÄP 1 (≈ auf der anderen Seite) jenseits (+gen) (geh); (≈ weiter als) über (+akk) … hinaus; **~ the Alps** jenseits der Alpen 2 (zeitlich) **~ 6 o'clock** nach 6 Uhr; **~ the middle of June** über Mitte Juni hinaus 3 (≈ übertreffend) **a task ~ her abilities** eine Aufgabe, die über ihre Fähigkeiten geht; **that is ~ human understanding** das übersteigt menschliches Verständnis; **~ repair** nicht mehr zu reparieren; **that's ~ me** das geht über meinen Verstand 4 (verneinend, in Fragen) außer; **have you any money ~ what you have in the bank?** haben Sie außer dem, was Sie auf der Bank haben, noch Geld?; **~ this/that** sonst B ADV (≈ auf der anderen Seite) jenseits davon (geh); (zeitlich) danach; (≈ weiter) darüber hinaus; **India and the lands ~** Indien und die Gegenden jenseits davon; **… a river, and ~ is a small field** … ein Fluss, und danach kommt ein kleines Feld

biannual ADJ, **biannually** ADV [baɪ'ænjʊəl, -lɪ] 1 zweimal jährlich 2 halbjährlich

bias ['baɪəs] S (von Zeitung etc) (einseitige) Ausrichtung f (towards auf +akk); (von Mensch) Vorliebe f (towards für); **to have a ~ against sth** (Zeitung etc) gegen etw eingestellt sein; (Mensch) eine Abneigung gegen etw haben; **to have a left-/right-wing ~** nach links/rechts ausgerichtet sein **biased**, (US) **biassed** ['baɪəst] ADJ voreingenommen; **~ in favour** (Br) od **favor** (US) **of/against** voreingenommen für/gegen

bib [bɪb] S Lätzchen n

Bible ['baɪbl] S Bibel f (⚠ im Sinne von Heilige Schrift großgeschrieben, wenn das Buch gemeint ist, kleingeschrieben) **Bible-basher** S (umg) aufdringlicher Bibelfritze (sl) **Bible story** S biblische Geschichte **biblical** ['bɪblɪkəl] ADJ biblisch

bibliography [ˌbɪblɪ'ɒgrəfɪ] S Bibliografie f

bicarbonate of soda [baɪˌkɑːbənɪtəv'səʊdə] S GASTR ≈ Backpulver n

bicentenary [ˌbaɪsən'tiːnərɪ], (US) **bicentennial** [ˌbaɪsən'tenɪəl] A S zweihundertjähriges Jubiläum B ADJ zweihundertjährig

biceps ['baɪseps] PL Bizeps m

bicker ['bɪkəʳ] V/I sich zanken; **they are always ~ing** sie liegen sich dauernd in den Haaren **bickering** ['bɪkərɪŋ] S Gezänk n

bicycle ['baɪsɪkl] S Fahrrad n, Velo n (schweiz); **to ride a ~** Fahrrad fahren; → cycle

bid [bɪd] A V/T 1 prät, pperf **bid** (bei Auktion) bieten (for auf +akk) 2 prät KART reizen 3 prät bade od bad, pperf bidden **to ~ sb farewell** von jdm Abschied nehmen B V/I 1 prät, pperf **bid** (bei Auktion) bieten 2 prät, pperf **bid** KART reizen C S 1 (bei Auktion) Gebot n (for auf +akk); HANDEL Angebot n (for für) 2 KART Gebot n 3 Versuch m; **to make a ~ for freedom** versuchen, die Freiheit zu erlangen; **in a ~ to stop smoking** um das Rauchen aufzugeben **bidden** ['bɪdn] pperf von **bid bidder** ['bɪdəʳ] S **to sell to the highest ~** an den Meistbietenden verkaufen **bidding** ['bɪdɪŋ] S 1 (bei Aukti-

on) Bieten n ⟨2⟩ KART Reizen n
bide [baɪd] *VT* **to ~ one's time** den rechten Augenblick abwarten
bidet ['biːdeɪ] *S* Bidet *n*
biennial [baɪ'enɪəl] *ADJ* zweijährlich
bifocal [baɪ'fəʊkəl] **A** *ADJ* Bifokal- **B** *S* **bifocals** *PL* Bifokalbrille *f*
big [bɪg] **A** *ADJ* (+er) ⟨1⟩ groß; **a ~ man** ein großer, schwerer Mann; **my ~ brother** mein großer Bruder ⟨2⟩ (≈ wichtig) groß; **to be ~ in publishing** eine Größe im Verlagswesen sein; **to be onto something ~** (umg) einer großen Sache auf der Spur sein ⟨3⟩ (≈ eingebildet) **~ talk** Angeberei *f* (umg); **he's getting too ~ for his boots** (umg: Angestellter) er wird langsam größenwahnsinnig; **to have a ~ head** (umg) eingebildet sein ⟨4⟩ (iron) großzügig, großmütig; **he was ~ enough to admit he was wrong** er hatte die Größe zuzugeben, dass er unrecht hatte ⟨5⟩ (umg ≈ modisch) in (umg) ⟨6⟩ (fig) **to earn ~ money** das große Geld verdienen (umg); **to have ~ ideas** große Pläne haben; **to have a ~ mouth** (umg) eine große Klappe haben (umg); **to do things in a ~ way** alles im großen (Stil) tun; **it's no ~ deal** (umg) das ist nichts Besonderes, (das ist) schon in Ordnung; **~ deal!** (iron umg) na und? (umg); **what's the ~ idea?** (umg) was soll denn das? (umg); **our company is ~ on service** (umg) unsere Firma ist ganz groß in puncto Kundendienst **B** *ADV* **to talk ~** groß daherreden (umg); **to think ~** im großen Maßstab planen; **to make it ~ (as a singer)** (als Sänger(in)) ganz groß rauskommen (umg)
bigamist ['bɪgəmɪst] *S* Bigamist *m* **bigamy** ['bɪgəmɪ] *S* Bigamie *f*
Big Apple *S* **the ~** (umg) New York *n* **big bang** *S* ASTRON Urknall *m* **big business** *S* Großkapital *n*; **to be ~** das große Geschäft sein **big cat** *S* Großkatze *f* **big dipper** ⟨1⟩ (Br) Achterbahn *f* ⟨2⟩ (US ASTRON) **Big Dipper** Großer Bär *od* Wagen **big game** *S* JAGD Großwild *n* **bighead** *S* (umg) Angeber(in) *m(f)* (umg) **bigheaded** *ADJ* (umg) angeberisch (umg) **bigmouth** *S* (umg) Angeber(in) *m(f)* (umg), Schwätzer(in) *m(f)* (pej) **big name** *S* (umg ≈ Mensch) Größe *f* (in +gen); **all the ~s were there** alles, was Rang und Namen hat, war da

Big Apple

Big Apple ist eine liebevolle Bezeichnung für New York. Sie geht auf die Jazzmusiker der 20er und 30er Jahre zurück, für die New York die besten Karriereaussichten bot.

LANDESKUNDE

bill — Schnabel

bill — Rechnung

bigoted ['bɪgətɪd] *ADJ* eifernd; REL bigott **bigotry** ['bɪgətrɪ] *S* eifernde Borniertheit; REL Bigotterie *f*
big shot *S* hohes Tier (umg) **big time** *S* (umg) **to make** *od* **hit the ~** groß einsteigen (umg) **big-time** *ADV* (umg) **they lost ~** sie haben gewaltig verloren **big toe** *S* große Zehe **big top** *S* Hauptzelt *n* **big wheel** *S* (Br) Riesenrad *n* **bigwig** *S* (umg) hohes Tier (umg); **the local ~s** die Honoratioren des Ortes
bike [baɪk] (umg) **A** *S* (Fahr)rad *n*, Velo *n* (schweiz), Motorrad *n*, Töff *m* (schweiz); **to go on a ~ ride** eine Radtour machen; **on your ~!** (Br) verschwinde! (umg) **B** *VI* radeln (umg) **bike path** *S* (umg) Radweg *m* **biker** ['baɪkə'] *S* (umg) Motorradfahrer *m*, Töfffahrer *m* (schweiz)
bikini [bɪ'kiːnɪ] *S* Bikini *m*
bilateral *ADJ*, **bilaterally** [baɪ'lætərəl, -ɪ] *ADV* bilateral
bilberry ['bɪlbərɪ] *S* Heidelbeere *f*
bile [baɪl] *S* ⟨1⟩ MED Galle *f* ⟨2⟩ (fig) Übellaunigkeit *f*
bilingual *ADJ*, **bilingually** *ADV* [baɪ'lɪŋgwəl, -ɪ] zweisprachig; **~ secretary** Fremdsprachensekretär(in) *m(f)*
bill[1] [bɪl] *S* (von Vogel, Schildkröte) Schnabel *m*
bill[2] [bɪl] *S* ⟨1⟩ Rechnung *f*; **could we have the ~ please?** (bes Br) zahlen bitte! ⟨2⟩ (US) Banknote *f* (⚠ = (Br) **note**); **five-dollar ~** Fünfdollarschein *m* ⟨3⟩ THEAT Programm *n*; **to head** *od* **top the ~, to be top of the ~** Star *m* des Abends/der Saison sein ⟨4⟩ PARL (Gesetz)entwurf *m*; **the ~ was passed** das Gesetz wurde verabschiedet ⟨5⟩ *bes* HANDEL, FIN **~ of exchange** Wechsel *m*; **to**

BIRO

give sb a clean ~ of health jdm (gute) Gesundheit bescheinigen; **to fit the ~** (fig) der/die/das Richtige sein B VT eine Rechnung ausstellen (+dat); **we won't ~ you for that, sir** wir werden Ihnen das nicht berechnen
billboard ['bɪlbɔːd] S Reklametafel f
billet ['bɪlɪt] VT MIL einquartieren (on sb bei jdm)
billfold ['bɪlfəʊld] S (US) Brieftasche f (⚠ = (Br) **wallet**)
billiards ['bɪljədz] S (⚠ mit Verb im Singular) Billard n
billion ['bɪljən] S (⚠ kein Plural-s, wenn nach Zahl) Milliarde f; (Br obs) Billion f; **~s of ...** (umg) Tausende von ... **billionaire** [bɪljə'nɛəʳ] S Milliardär(in) m(f) **billionth** ['bɪljənθ] A ADJ milliardste(r, s); (Br obs) billionste(r, s) B S Milliardstel n; (Br obs) Billionstel n

▶ billion

Vorsicht bei **billion**! Es handelt sich nicht um die deutsche Billion (1.000.000.000.000), sondern **billion** entspricht der deutschen Milliarde (1.000.000.000).
Man sagt z. B. **a / one, two, several billion dollars**. Wenn also eine Zahl vor **billion** steht, hat **billion** kein Plural-s. **Billions of dollars** ist aber richtig, da keine Zahl vor **billion** steht.

GRAMMATIK

Bill of Rights S ≈ Grundgesetz n
billow ['bɪləʊ] VI (Segel) sich blähen; (Kleid etc) sich bauschen; (Rauch) in Schwaden vorüberziehen
billposter ['bɪlpəʊstəʳ], **billsticker** ['bɪlstɪkəʳ] S Plakatkleber m
billy goat ['bɪlɪgəʊt] S Ziegenbock m
bimbo ['bɪmbəʊ] S, pl -s (pej umg) Häschen n (umg)
bin [bɪn] S (bes Br) Mülleimer m, Mistkübel m (österr), Mülltonne f, Abfallbehälter m (⚠ = (US) **can**)
binary ['baɪnərɪ] ADJ binär **binary code** S IT Binärcode m **binary number** S MATH binäre Zahl **binary system** S MATH Dualsystem n, binäres System
bin bag ['bɪnbæg] S (Br) Müllsack m (⚠ = (US) **garbage bag**)
bind [baɪnd] v: prät, pperf **bound** A VT 1 binden (to an +akk); jdn fesseln; (fig) verbinden (to mit); **bound hand and foot** an Händen und Füßen gefesselt 2 Wunde, Arm etc verbinden 3 (vertraglich) **to ~ sb to sth** jdn zu etw verpflichten; **to ~ sb to do sth** jdn verpflichten, etw zu tun B S (umg) **to be (a bit of) a ~** (Br) recht lästig sein

◆**bind together** VT trennb (wörtl) zusammenbinden; (fig) verbinden ◆**bind up** VT trennb 1 Wunde verbinden 2 (fig) **to be bound up with** od **in sth** eng mit etw verknüpft sein
binder ['baɪndəʳ] S Hefter m **binding** ['baɪndɪŋ] A S 1 (von Buch) Einband m; (≈ Vorgang) Binden n 2 (von Skiern) Bindung f B ADJ bindend (on für)
binge [bɪndʒ] (umg) A S **to go on a ~** auf eine Sauftour gehen (umg), eine Fresstour machen (umg) B VI auf eine Sauf-/Fresstour gehen (umg); **to ~ on sth** sich mit etw vollstopfen (umg) **binge drinking** ['bɪndʒ,drɪŋkɪŋ] S Kampftrinken n
bingo ['bɪŋgəʊ] S (⚠ kein pl) Bingo n
bin liner S (Br) Mülltüte f (⚠ = (US) **trash-can liner**)
binoculars [bɪ'nɒkjʊləz] PL Fernglas n; **a pair of ~** ein Fernglas n
biochemical ADJ biochemisch **biochemist** S Biochemiker(in) m(f) **biochemistry** S Biochemie f **biodegradable** ADJ biologisch abbaubar **biodiesel** S Biodiesel m **biodiversity** S Artenvielfalt f **biodynamic** ADJ biodynamisch **biofuel** S Biokraftstoff m
biographer [baɪ'ɒgrəfəʳ] S Biograf(in) m(f) **biographic(al)** [ˌbaɪəʊ'græfɪk(əl)] ADJ biografisch **biography** [baɪ'ɒgrəfɪ] S Biografie f
biological [ˌbaɪə'lɒdʒɪkəl] ADJ biologisch; **~ waste** Bioabfall m **biologist** [baɪ'ɒlədʒɪst] S Biologe m, Biologin f
biology [baɪ'ɒlədʒɪ] S Biologie f
biomass S Biomasse f
bionic [baɪ'ɒnɪk] ADJ bionisch
biopsy ['baɪɒpsɪ] S Biopsie f
biosphere S Biosphäre f **biotechnology** [ˌbaɪəʊtek'nɒlədʒɪ] S Biotechnik f **bioweapon** S Biowaffe f
birch [bɜːtʃ] S 1 Birke f 2 (als Peitsche) Rute f
bird [bɜːd] S 1 Vogel m; **to tell sb about the ~s and the bees** jdm erzählen, wo die kleinen Kinder herkommen 2 (Br umg ≈ Mädchen) Tussi f umg **birdbath** S Vogelbad n **bird box** S Vogelhäuschen n **bird brain** S (umg) **to be a ~** ein Spatzenhirn haben (umg) **birdcage** S Vogelbauer n **bird flu** S Vogelgrippe f **bird sanctuary** S Vogelschutzgebiet n **birdseed** S Vogelfutter n **bird's-eye view** S Vogelperspektive f; **to get a ~ of the town** die Stadt aus der Vogelperspektive sehen **bird's nest** S Vogelnest n **birdsong** S Vogelgesang m **bird table** S Futterplatz m (für Vögel) **bird-watcher** S Vogelbeobachter(in) m(f)
Biro® ['baɪərəʊ] S (Br) Kugelschreiber m, Kuli m (umg)

BIRT | 82

B

birth [bɜːθ] ⓢ Geburt f; (von Bewegung etc) Aufkommen n; (von neuem Zeitalter) Anbruch m; **the country of his ~** sein Geburtsland n; **blind from** od **since ~** von Geburt an blind; **to give ~ to** gebären; **to give ~** entbinden; (Tier) jungen; **Scottish by ~** gebürtiger Schotte; **of low** od **humble ~** von niedriger Geburt **birth certificate** ⓢ Geburtsurkunde f **birth control** ⓢ Geburtenkontrolle f **birthdate** ⓢ Geburtsdatum n

birthday [ˈbɜːθdeɪ] ⓢ Geburtstag m; **what did you get for your ~?** was hast du zum Geburtstag bekommen? **birthday cake** ⓢ Geburtstagskuchen m od -torte f **birthday card** ⓢ Geburtstagskarte f **birthday party** ⓢ Geburtstagsfeier f, Kindergeburtstag m **birthday suit** ⓢ (umg) **in one's ~** im Adams-/Evaskostüm (umg) **birthmark** ⓢ Muttermal n **birthplace** ⓢ Geburtsort m **birthrate** ⓢ Geburtenrate f **birthright** ⓢ Geburtsrecht n

Biscay [ˈbɪskeɪ] ⓢ **the Bay of ~** der Golf von Biskaya

biscuit [ˈbɪskɪt] ⓢ ◫ (Br) Keks m, Biscuit n (schweiz) (◫ = (US) **cookie**); (≈ für Hund) Hundekuchen m; **that takes the ~!** (Br umg) das übertrifft alles ◪ (US) Brötchen n

bisect [baɪˈsekt] ⓥⓣ in zwei Teile teilen; MATH halbieren

bisexual [ˌbaɪˈseksjʊəl] Ⓐ ADJ bisexuell Ⓑ ⓢ Bisexuelle(r) m/f(m)

bishop [ˈbɪʃəp] ⓢ ◫ KIRCHE Bischof m ◪ SCHACH Läufer m **bishopric** [ˈbɪʃəprɪk] ⓢ Bistum n

bison [ˈbaɪsn] ⓢ (amerikanisch) Bison m; (europäisch) Wisent m

bistro [ˈbiːstrəʊ] ⓢ, pl -s Bistro n

bit¹ [bɪt] ⓢ ◫ (für Pferd) Gebissstange f ◪ (von Bohrer) (Bohr)einsatz m

bit² Ⓐ ⓢ ◫ Stück n, Stückchen n; (von Glas) Scherbe f; (von Buch etc) Teil m; (in book etc) Stelle f; **a few ~s of furniture** ein paar Möbelstücke; **a ~ of bread** ein Stück Brot; **I gave my ~ to my sister** ich habe meiner Schwester meinen Teil gegeben; **a ~** ein bisschen; **a ~ of advice** ein Rat m; **we had a ~ of trouble** wir hatten ein wenig Ärger; **it wasn't a ~ of help** das war überhaupt keine Hilfe; **there's quite a ~ of bread left** es ist noch eine ganze Menge Brot da; **in ~s and pieces** (≈ zerbrochen) in tausend Stücken; **bring all your ~s and pieces** bring deine Siebensachen; **to pull** od **tear sth to ~s** (wörtl) etw in Stücke reißen; (fig) keinen guten Faden an etw (dat) lassen; **~ by** ~ Stück für Stück, nach und nach; **it/he is every ~ as good as ...** es/er ist genauso gut, wie ...; **to do one's ~** sein(en) Teil tun; **a ~ of a bruise** ein kleiner Fleck; **he's**

a ~ of a rogue er ist ein ziemlicher Schlingel; **she's a ~ of a connoisseur** sie versteht einiges davon; **it's a ~ of a nuisance** das ist schon etwas ärgerlich ◪ (zeitlich) **a ~** ein Weilchen n; **he's gone out for a ~** er ist mal kurz weggegangen ◫ (mit Bezug auf Kosten) **a ~** eine ganze Menge; **it cost quite a ~** das hat ganz schön (viel) gekostet (umg) Ⓑ ADV **a ~** ein bisschen; **wasn't she a little ~ surprised?** war sie nicht etwas erstaunt?; **I'm not a (little) ~ surprised** das wundert mich überhaupt nicht; **quite a ~** ziemlich viel

bit³ ⓢ IT Bit n

bit⁴ prät von **bite**

bitch [bɪtʃ] Ⓐ ⓢ ◫ Hündin f ◪ (sl ≈ Frau) Miststück n (umg), Hexe f; **silly ~** doofe Ziege (umg) ◫ (umg) **to have a ~ (about sb/sth)** (über jdn/etw) meckern (umg) Ⓑ ⓥⓘ (umg) meckern (umg) (about über +akk) **bitchiness** [ˈbɪtʃɪnɪs] ⓢ Gehässigkeit f **bitchy** [ˈbɪtʃɪ] ADJ (+er) (umg) gehässig

bite [baɪt] v: prät bit, pperf bitten Ⓐ ⓢ ◫ Biss m; (durch Insekt) Stich m; **to have a ~ (out) of the apple** ein biss in den Apfel ◪ FISCH **I've got a ~** es hat einen angebissen ◫ (zu essen) Happen m; **do you fancy a ~ (to eat)?** möchten Sie was essen? Ⓑ ⓥⓣ beißen; (Insekt) stechen; **to ~ one's nails** an den Nägeln kauen; **to ~ one's tongue/lip** sich (dat) auf die Zunge/Lippen beißen; **he won't ~ you** (fig umg) er wird dich schon nicht beißen (umg); **once bitten twice shy** (sprichw) (ein) gebranntes Kind scheut das Feuer (sprichw) Ⓒ ⓥⓘ ◫ beißen; (Insekten) stechen ◪ (Fisch, fig umg) anbeißen ♦**bite into** ⓥⓘ +obj (hinein)beißen in (+akk) ♦**bite off** ⓥⓣ trennb abbeißen; **he won't bite your head off** (umg) er wird dir schon nicht den Kopf abreißen; **to ~ more than one can chew** (sprichw) sich (dat) zu viel zumuten

bite-size(d) [ˈbaɪtsaɪz(d)] ADJ mundgerecht

biting [ˈbaɪtɪŋ] ADJ beißend; Wind schneidend

bitmap ⓢ IT ◫ (◉) kein pl) Bitmap n ◪ (a. **bitmapped image**) Bitmap-Abbildung f **bitmapped** ADJ IT Bitmap-; **~ graphics** Bitmapgrafik f **bit part** ⓢ kleine Nebenrolle

bitten [ˈbɪtn] pperf von **bite**

bitter [ˈbɪtə^r] Ⓐ ADJ (+er) bitter; Wind eisig; Gegner, Kampf erbittert; Mensch verbittert; **it's ~ today** es ist heute bitterkalt; **to the ~ end** bis zum bitteren Ende Ⓑ ADV **~ cold** bitterkalt Ⓒ ⓢ (Br) halbdunkles obergäriges Bier **bitterly** [ˈbɪtəlɪ] ADV ◫ enttäuscht, kalt bitter; weinen, sich beschweren bitterlich; bekämpfen erbittert ◪ verbittert **bitterness** ⓢ Bitterkeit f; (von Wind) bittere Kälte; (von Kampf) Erbittertheit f

biweekly [ˌbaɪˈwiːklɪ] Ⓐ ADJ ◫ **~ meetings** Konferenzen, die zweimal wöchentlich statt-

83 | BLAN

blade — Klinge   blade — Blatt *von Propeller*   blade — (Gras)halm

finden ② vierzehntäglich B ADV ① zweimal in der Woche ② vierzehntäglich
bizarre [bɪˈzɑːʳ] ADJ bizarr
blab [blæb] A VI quatschen (*umg*); (≈ *Geheimnis ausplaudern*) plappern B VT (*a.* **blab out**) Geheimnis ausplaudern
black [blæk] A ADJ (+*er*) ① schwarz; **~ man/woman** Schwarze(r) *m/f(m)*; **~ and blue** grün und blau; **~ and white photography** Schwarz-Weiß-Fotografie *f*; **the situation isn't so ~ and white as that** die Situation ist nicht so eindeutig schwarz-weiß ② Aussichten, Stimmung düster; **maybe things aren't as ~ as they seem** vielleicht ist alles gar nicht so schlimm, wie es aussieht; **this was a ~ day for …** das war ein schwarzer Tag für … ③ (*fig*) böse B S ① Schwarz *n*; **he is dressed in ~** er trägt Schwarz; **it's written down in ~ and white** es steht schwarz auf weiß geschrieben; **in the ~** FIN in den schwarzen Zahlen ② (≈ *Mensch*) Schwarze(r) *m/f(m)* ♦**black out** A VI das Bewusstsein verlieren B VT *trennb* Fenster verdunkeln
black-and-white ADJ schwarz-weiß **blackberry** S Brombeere *f* **blackbird** S Amsel *f*
blackboard S Tafel *f*; **to write sth on the ~** etw an die Tafel schreiben **black book** S **to be in sb's ~s** bei jdm schlecht angeschrieben sein (*umg*) **black box** S FLUG Flugschreiber *m* **blackcurrant** S Schwarze Johannisbeere, Schwarze Ribisel (*österr*) **black economy** S Schattenwirtschaft *f* **blacken** VT ① schwarz machen; (*US* GASTR) schwärzen; **the walls were ~ed by the fire** die Wände waren vom Feuer schwarz ② (*fig*) **to ~ sb's name** *od* **reputation** jdn schlechtmachen **black eye** S blaues Auge; **to give sb a ~** jdm ein blaues Auge schlagen **Black Forest** S Schwarzwald *m* **Black Forest gateau** S (*bes Br*) Schwarzwälder Kirschtorte *f* **blackhead** S Mitesser *m*, Bibeli *n* (*schweiz*) **black hole** S (ASTRON, *fig*) schwarzes Loch **black humour**, (*US*) **black humor** S schwarzer Humor **black ice** S Glatteis *n* **black list** S schwarze Liste **blacklist** VT auf die schwarze Liste setzen

black magic S Schwarze Kunst **blackmail** A S Erpressung *f* B VT erpressen; **to ~ sb into doing sth** jdn durch Erpressung dazu zwingen, etw zu tun **blackmailer** S Erpresser(in) *m(f)* **black market** S Schwarzmarkt *m* B ADJ *attr* Schwarzmarkt- **black marketeer** S Schwarzhändler(in) *m(f)* **blackout** S ① MED Ohnmachtsanfall *m*; **I must have had a ~** ich muss wohl in Ohnmacht gefallen sein ② Stromausfall *m* ③ Nachrichtensperre *f* **black pepper** S schwarzer Pfeffer **black pudding** S ≈ Blutwurst *f* **Black Sea** S Schwarzes Meer **black sheep** S (*fig*) schwarzes Schaf **blacksmith** S Hufschmied *m* **black spot** S (*a.* **accident black spot**) Gefahrenstelle *f* **black tie** A S (*bei Einladung*) Abendgarderobe *f* B ADJ mit Smokingzwang, in Abendgarderobe
bladder [ˈblædəʳ] S ANAT, BOT Blase *f*
blade [bleɪd] S ① (*von Messer, Werkzeug*) Klinge *f* ② (*von Propeller*) Blatt *n* ③ (*von Gras*) Halm *m*
blame [bleɪm] A VT die Schuld geben (+*dat*); **to ~ sb for sth/sth on sb** jdm die Schuld an etw (*dat*) geben; **to ~ sth on sth** die Schuld an etw (*dat*) auf etw (*akk*) schieben; **you only have yourself to ~** das hast du dir selbst zuzuschreiben; **who/what is to ~ for this accident?** wer/was ist schuld an diesem Unfall?; **to ~ oneself for sth** sich für etw verantwortlich fühlen; **well, I don't ~ him** das kann ich ihm nicht verdenken B S Schuld *f*; **to put the ~ for sth on sb** jdm die Schuld an etw (*dat*) geben; **to take the ~** die Schuld auf sich (*akk*) nehmen **blameless** ADJ schuldlos
blanch [blɑːntʃ] A VT GASTR Gemüse blanchieren; *Mandeln* brühen B VI (*Mensch*) blass werden (**with** vor +*dat*)
blancmange [bləˈmɒnʒ] S Pudding *m*
bland [blænd] ADJ (+*er*) fad
blank [blæŋk] A ADJ (+*er*) ① *Seite, Wand* leer; **a ~ space** eine Lücke; (*auf Formular*) ein freies Feld; **please leave ~** bitte frei lassen ② ausdruckslos, verständnislos; **to look ~** verständnislos dreinschauen; **my mind** *od* **I went ~** ich hatte ein Brett vor dem Kopf (*umg*) B S ① Leere *f*; **my**

mind was a complete ~ ich hatte totale Mattscheibe (umg); **to draw a ~** (fig) kein Glück haben **2** Platzpatrone f ♦**blank out** VT trennb Gedanken etc ausschalten

blank cheque, (US) **blank check** S Blankoscheck m; **to give sb a ~** (fig) jdm freie Hand geben

blanket ['blæŋkɪt] **A** S Decke f; **a ~ of snow** eine Schneedecke **B** ADJ attr Behauptung pauschal; Verbot generell

blankly ['blæŋklɪ] ADV ausdruckslos, verständnislos; **she just looked at me ~** sie sah mich nur groß an (umg)

blare [blɛəʳ] VTI plärren; (Trompeten) schmettern ♦**blare out** VI schallen; (Trompeten) schmettern

blasé ['blɑːzeɪ] ADJ gleichgültig

blaspheme [blæs'fiːm] VTI Gott lästern; **to ~ against sb/sth** (wörtl, fig) jdn/etw schmähen (geh) **blasphemous** ['blæsfɪməs] ADJ (wörtl, fig) blasphemisch **blasphemy** ['blæsfɪmɪ] S Blasphemie f

blast [blɑːst] **A** S **1** Windstoß m; (von Warmluft) Schwall m; **a ~ of wind** ein Windstoß; **an icy ~** ein eisiger Wind; **a ~ from the past** (umg) eine Erinnerung an vergangene Zeiten **2** **the ship gave a long ~ on its foghorn** das Schiff ließ sein Nebelhorn ertönen **3** Explosion f; **with the heating on (at) full ~** mit der Heizung voll aufgedreht **B** VT **1** sprengen **2** Rakete schießen; Luft blasen **C** INT (umg) **~ (it)!** verdammt! (umg); **~ this car!** dieses verdammte Auto! (umg) ♦**blast off** VI (Rakete) abheben ♦**blast out** VI (Musik) dröhnen

blasted ADJ, ADV (umg) verdammt (umg) **blast furnace** S Hochofen m **blastoff** ['blɑːstɒf] S Abschuss m

blatant ['bleɪtənt] ADJ offensichtlich; Fehler krass; Lügner unverfroren; Verachtung offen **blatantly** ['bleɪtəntlɪ] ADV offensichtlich, offen; **she ~ ignored it** sie hat das schlicht und einfach ignoriert

blaze¹ [bleɪz] **A** S **1** Feuer n; **six people died in the ~** sechs Menschen kamen in den Flammen um **2** **a ~ of lights** ein Lichtermeer n; **a ~ of colour** (Br) od **color** (US) ein Meer n von Farben **B** VI **1** (Sonne, Feuer) brennen **2** (Waffen) feuern; **with all guns blazing** aus allen Rohren feuernd

blaze² VT **to ~ a trail** (fig) den Weg bahnen

blazer ['bleɪzəʳ] S Blazer m (a. SCHULE)

blazing ['bleɪzɪŋ] ADJ **1** brennend; Feuer lodernd; Sonne grell **2** (fig) Streit furchtbar

bleach [bliːtʃ] **A** S Bleichmittel n, Reinigungsmittel n **B** VT bleichen

bleak [bliːk] ADJ (+er) **1** Ort, Landschaft öde **2** Wetter rau **3** (fig) trostlos **bleakness** ['bliːknɪs] S **1** (von Landschaft) Öde f **2** (fig) Trostlosigkeit f; (von Aussichten) Trübheit f

bleary ['blɪərɪ] ADJ (+er) Augen trübe, verschlafen **bleary-eyed** ['blɪərɪ,aɪd] ADJ verschlafen

bleat [bliːt] VI (Schaf, Kalb) blöken; (Ziege) meckern

bleed [bliːd] prät, pperf **bled** [bled] **A** VI bluten; **to ~ to death** verbluten **B** VT **1** **to ~ sb dry** jdn total ausnehmen (umg) **2** Heizkörper (ent)lüften **bleeding** ['bliːdɪŋ] **A** S Blutung f; **internal ~** innere Blutungen pl **B** ADJ **1** blutend **2** (Br umg) verdammt (umg) **C** ADV (Br umg) verdammt (umg)

bleep [bliːp] **A** S RADIO, TV Piepton m **B** VI piepen **C** VT Arzt rufen **bleeper** ['bliːpəʳ] S Piepser m (umg)

blemish ['blemɪʃ] **A** S Makel m **B** VT Ruf beflecken; **~ed skin** unreine Haut

blend [blend] **A** S Mischung f; **a ~ of tea** eine Teemischung **B** VT **1** (ver)mischen **2** GASTR einrühren; (in Küchenmaschine) mixen **C** VI **1** (Stimmen, Farben) verschmelzen **2** (a. **blend in**) harmonieren ♦**blend in** **A** VT trennb einrühren; Farbe darunter mischen **B** VI = blend C

blender ['blendəʳ] S Mixer m

bless [bles] VT segnen; **God ~ (you)** behüt dich/euch Gott; **~ you!** (bei Niesen) Gesundheit!; **to be ~ed with** gesegnet sein mit **blessed** ['blesɪd] ADJ **1** REL heilig; **the Blessed X** der selige X **2** (euph umg) verflixt (umg) **Blessed Virgin** S Heilige Jungfrau (Maria) **blessing** ['blesɪŋ] S Segen m; **he can count his ~s** da kann er von Glück sagen; **it was a ~ in disguise** es war schließlich doch ein Segen

blew [bluː] prät von blow²

blight [blaɪt] **A** S (fig) **these slums are a ~ upon the city** diese Slums sind ein Schandfleck für die Stadt **B** VT (fig) Hoffnungen vereiteln; **to ~ sb's life** jdm das Leben verderben

blimey ['blaɪmɪ] INT (Br umg) verflucht (umg)

blind [blaɪnd] **A** ADJ (+er) **1** blind; **to go ~** erblinden; **a ~ man/woman** ein Blinder/eine Blinde; **~ in one eye** auf einem Auge blind; **to be ~ to sth** (fig) für etw blind sein; **to turn a ~ eye to sth** bei etw ein Auge zudrücken; **~ faith (in sth)** blindes Vertrauen (in etw akk) **2** Ecke unübersichtlich **B** VT **1** (Licht, Sonne) blenden; **the explosion ~ed him** er ist durch die Explosion blind geworden **2** (fig: Liebe etc) blind machen (to für, gegen) **C** S **1** **the ~** die Blinden pl **2** (an Fenster) Rollo n, Jalousie f; (außen) Rollladen m **D** ADV **1** FLUG fliegen blind **2** **~ drunk** (umg) sinnlos betrunken **blind alley** S Sackgasse f **blind date** S Rendezvous n mit einem/einer Unbekannten **blinder**

85 | BLOO

['blaɪndə'] ⓢ (US) Scheuklappe f (⚠ = (Br) **blinker**) **blindfold** ['blaɪndfəʊld] Ⓐ ⓥⓣ die Augen verbinden (+dat) Ⓑ ⓢ Augenbinde f Ⓒ ⓐⓓⓙ **I could do it ~** (umg) das mach ich mit links (umg) **blinding** ['blaɪndɪŋ] ⓐⓓⓙ Licht blendend; Kopfschmerzen furchtbar **blindingly** ['blaɪndɪŋlɪ] ⓐⓓⓥ **it is ~ obvious** das sieht doch ein Blinder (umg) **blindly** ['blaɪndlɪ] ⓐⓓⓥ blind(lings) **blind man's buff** ⓢ Blindekuh ohne art **blindness** ⓢ Blindheit f (to gegenüber) **blind spot** ⓢ AUTO, FLUG toter Winkel; **to have a ~ about sth** einen blinden Fleck in Bezug auf etw (akk) haben
blink [blɪŋk] Ⓐ ⓢ Blinzeln n; **to be on the ~** (umg) kaputt sein (umg) Ⓑ ⓥⓘ ① (Mensch) blinzeln ② (Licht) blinken Ⓒ ⓥⓣ **to ~ one's eyes** mit den Augen zwinkern **blinker** ['blɪŋkə'] ⓢ ① pl ② (US umg: AUTO) Blinker m (⚠ = (Br) **indicator**) **blinkers** pl (für Pferde) Scheuklappen pl **blinkered** ⓐⓓⓙ ① (fig) engstirnig ② Pferd mit Scheuklappen **blinking** ['blɪŋkɪŋ] (Br umg) ⓐⓓⓙ, ⓐⓓⓥ verflixt (umg)
blip [blɪp] ⓢ leuchtender Punkt; (fig) kurzzeitiger Tiefpunkt
bliss [blɪs] ⓢ Glück n; **this is ~!** das ist herrlich!
blissful ⓐⓓⓙ Zeit, Gefühl herrlich; Lächeln (glück)selig; **in ~ ignorance of the fact that …** (iron) in keinster Weise ahnend, dass … **blissfully** ⓐⓓⓥ herrlich; **~ happy** überglücklich; **he remained ~ ignorant of what was going on** er ahnte in keinster Weise, was eigentlich vor sich ging
blister ['blɪstə'] Ⓐ ⓢ Blase f Ⓑ ⓥⓘ (Haut) Blasen bekommen; (Lack) Blasen werfen **blistered** ['blɪstəd] ⓐⓓⓙ **to have ~ skin/hands** Blasen auf der Haut/an den Händen haben; **to be ~** Blasen haben **blistering** ['blɪstərɪŋ] ⓐⓓⓙ ① Hitze, Sonne glühend; Tempo mörderisch ② Angriff vernichtend **blister pack** ⓢ (Klar)sichtpackung f
blithely ['blaɪðlɪ] ⓐⓓⓥ weitermachen munter; behaupten unbekümmert
blizzard ['blɪzəd] ⓢ Schneesturm m
bloated ['bləʊtɪd] ⓐⓓⓙ ① aufgedunsen; **I feel absolutely ~** (umg) ich bin zum Platzen voll (umg) ② (fig: vor Stolz) aufgeblasen (with vor +dat)
blob [blɒb] ⓢ (von Tinte) Klecks m; (von Lack) Tupfer m; (von Eiscreme) Klacks m
bloc [blɒk] ⓢ POL Block m
block [blɒk] Ⓐ ⓢ ① Block m; (von Scharfrichter) Richtblock m; **~s** (≈ Spielzeug) (Bau)klötze pl; **~ of flats** (Br) Wohnblock m (⚠ = (US) **apartment house**); **she lived in the next ~** (bes US) sie wohnte im nächsten Block ② (in Rohr, MED) Verstopfung f; **I've a mental ~ about it** da habe ich totale Mattscheibe (umg) ③ (umg ≈ Kopf) **to**

knock sb's ~ off jdm eins überziehen (umg) ④ (meist pl: a. **starting block**) Startblock m Ⓑ ⓥⓣ ① blockieren; Verkehr, Fortschritt aufhalten; Rohr verstopfen; **to ~ sb's way** jdm den Weg versperren ② IT blocken ♦**block in** ⓥⓣ trennb einkeilen ♦**block off** ⓥⓣ trennb Straße absperren ♦**block out** ⓥⓣ trennb ① Licht nicht durchlassen; **the trees are blocking out all the light** die Bäume nehmen das ganze Licht weg ② Schmerz, Vergangenheit verdrängen; Lärm unterdrücken ♦**block up** ⓥⓣ trennb ① Gang blockieren; Rohr verstopfen; **my nose is** od **I'm all blocked up** meine Nase ist völlig verstopft ② (≈ füllen) Loch zustopfen
blockade [blɒ'keɪd] Ⓐ ⓢ MIL Blockade f Ⓑ ⓥⓣ blockieren **blockage** ['blɒkɪdʒ] ⓢ Verstopfung f **blockbuster** ⓢ (umg) Knüller m (umg); (≈ Film) Kinohit m (umg) **blockhead** ⓢ (umg) Dummkopf m **block letters** ⓟⓛ Blockschrift f **block vote** ⓢ Stimmenblock m
blog [blɒg] ⓢ INTERNET ⓢ Blog n od m
blogger ['blɒgə'] ⓢ INTERNET ⓢ Blogger(in) m(f)
blogosphere ['blɒgəsfɪə'] ⓢ IT Blogosphäre f
bloke [bləʊk] ⓢ (Br umg) Typ m (umg)
blond [blɒnd] ⓐⓓⓙ (meist Mann) blond **blonde** [blɒnd] Ⓐ ⓐⓓⓙ (Frau) blond Ⓑ ⓢ Blondine f

blonde

Blonde ist entweder die „Blondine" oder auch die mögliche Schreibweise für „blond" bei „blonden Haaren". Bei „blonden Haaren" schreibt man aber häufig auch **blond hair**. Bei einer männlichen Person verwendet man immer nur **blond** (ohne -e):

| a blond boy | ein blonder Junge; |
| He's blond. | Er ist blond. |

SPRACHGEBRAUCH

blood [blʌd] ⓢ ① Blut n; **to give ~** Blut spenden; **to shed ~** Blut vergießen; **it makes my ~ boil** das macht mich rasend; **his ~ ran cold** es lief ihm eiskalt über den Rücken; **this firm needs new ~** diese Firma braucht frisches Blut ② (fig) **it's in his ~** das liegt ihm im Blut **blood bank** ⓢ Blutbank f **blood bath** ⓢ Blutbad n **blood clot** ⓢ Blutgerinnsel n **bloodcurdling** ⓐⓓⓙ grauenerregend; **they heard a ~ cry** sie hörten einen Schrei, der ihnen das Blut in den Adern erstarren ließ (geh) **blood donor** ⓢ Blutspender(in) m(f) **blood group** ⓢ Blutgruppe f **bloodless** ⓐⓓⓙ unblutig **blood poisoning** ⓢ Blutvergiftung f **blood pressure** ⓢ Blutdruck m; **to have high ~** hohen

BLOO | 86

B

Blutdruck haben **blood-red** ADJ blutrot **blood relation** S̅ Blutsverwandte(r) m/f(m) **blood sample** S̅ MED Blutprobe f **bloodshed** S̅ Blutvergießen n **bloodshot** ADJ blutunterlaufen **blood sports** PL Jagdsport, Hahnenkampf etc **bloodstain** S̅ Blutfleck m **bloodstained** ADJ blutbefleckt **bloodstream** S̅ Blutkreislauf m **blood sugar** S̅ Blutzucker m; **~ level** Blutzuckerspiegel m **blood test** S̅ Blutprobe f **bloodthirsty** ADJ blutrünstig **blood transfusion** S̅ (Blut)transfusion f **blood vessel** S̅ Blutgefäß n **bloody** ['blʌdɪ] A ADJ (+er) 1 (wörtl) blutig (Br umg) verdammt (umg); Genie, Wunder echt (umg); **~ hell!** verdammt! (umg); (erstaunt) Menschenskind! (umg) B ADV (Br umg) verdammt (umg); blöd, dumm sau- (umg); toll echt (umg); **not ~ likely** da ist überhaupt nichts drin (umg); **he can ~ well do it himself** das soll er schön alleine machen, verdammt noch mal! (umg) **bloody-minded** ['blʌdɪ'maɪndɪd] ADJ (Br umg) stur (umg)

bloom [bluːm] A S̅ Blüte f; **to be in (full) ~** in (voller) Blüte stehen; **to come into ~** aufblühen B V̅I̅ blühen

blooming ['bluːmɪŋ] ADJ (umg) verflixt (umg)

blooper ['bluːpəʳ] S̅ (US umg) Schnitzer m (umg)

blossom ['blɒsəm] A S̅ Blüte f; **in ~** in Blüte B V̅I̅ blühen

blot [blɒt] A S̅ 1 (Tinten)klecks m 2 (fig: auf Ruf, Ansehen) Fleck m (on auf +dat); **a ~ on the landscape** ein Schandfleck m in der Landschaft B V̅T̅ 1 Tinte ablöschen ♦**blot out** V̅T̅ trennb 1 (fig) Sonne, Landschaft verdecken; Erinnerungen auslöschen

blotch [blɒtʃ] S̅ Fleck m **blotchy** ADJ (+er) Haut fleckig; Farbe klecksig

blotting paper ['blɒtɪŋ-] S̅ Löschpapier n

blouse [blaʊz] S̅ Bluse f

blow[1] [bləʊ] S̅ Schlag m; **to come to ~s** handgreiflich werden; **to deal sb/sth a ~** (fig) jdm/einer Sache einen Schlag versetzen; **to strike a ~ for sth** (fig) einer Sache (dat) einen großen Dienst erweisen

blow[2] v: prät blew, pperf blown A V̅I̅ 1 (Wind) wehen; **there was a draught** (Br) od **draft** (US) **~ing in from the window** es zog vom Fenster her; **the door blew open/shut** die Tür flog auf/zu 2 (Mensch) blasen (on auf +akk) **then the whistle blew** SPORT da kam der Pfiff 3 (Sicherung) durchbrennen B V̅T̅ 1 (Luftzug) wehen; (starker Wind, Mensch) blasen; (Sturm) treiben; **the wind blew the ship off course** der Wind trieb das Schiff vom Kurs ab; **to ~ sb a kiss** jdm eine Kusshand zuwerfen 2 **to ~ one's nose** sich (dat) die Nase putzen 3 Trompete blasen; Blasen machen; **the referee blew his whistle** der

Schiedsrichter pfiff; **to ~ one's own trumpet** (Br) od **horn** (US) (fig) sein eigenes Lob singen 4 Ventil, Dichtung platzen lassen; **I've ~n a fuse** mir ist eine Sicherung durchgebrannt; **to be ~n to pieces** in die Luft gesprengt werden; (Mensch) zerfetzt werden 5 (umg) Geld verpulvern (umg) 6 (Br umg) **~!** Mist! (umg); **~ the expense!** das ist doch wurscht, was es kostet (umg) 7 (umg) **to ~ one's chances of doing sth** es sich (dat) verscherzen, etw zu tun; **I think I've ~n it** ich glaube, ich habs versaut (umg) ♦**blow away** A V̅I̅ wegfliegen B V̅T̅ trennb wegblasen ♦**blow down** V̅T̅ trennb (wörtl) umwehen ♦**blow in** V̅I̅ trennb Fenster etc eindrücken ♦**blow off** A V̅I̅ wegfliegen B V̅T̅ trennb wegblasen; **to blow sb's head off** jdm eine Kugel durch den Kopf jagen (umg) ♦**blow out** V̅T̅ trennb 1 Kerze ausblasen 2 **to blow one's/sb's brains out** sich/jdm eine Kugel durch den Kopf jagen (umg) ♦**blow over** A V̅I̅ sich legen B V̅T̅ trennb Baum umstürzen ♦**blow up** A V̅I̅ 1 in die Luft fliegen; (Bombe) explodieren 2 (Sturm, Streit) ausbrechen B V̅T̅ trennb 1 Brücke, Mensch in die Luft jagen 2 Reifen, Ballon aufblasen 3 Foto vergrößern 4 (fig ≈ übertreiben) aufbauschen (into zu)

blow-dry ['bləʊdraɪ] A S̅ **to have a cut and ~** sich (dat) die Haare schneiden und föhnen lassen B V̅T̅ föhnen **blow dryer** S̅ Haartrockner m **blowlamp** ['bləʊlæmp] S̅ Lötlampe f **blown** pperf von blow[2] **blowtorch** S̅ Lötlampe f **blowy** ['bləʊɪ] ADJ (+er) windig

BLT S̅ abk von bacon, lettuce and tomato Sandwich mit Schinkenspeck, Salat und Tomate **blubber** ['blʌbəʳ] A S̅ Walfischspeck m B V̅T̅ & V̅I̅ (umg) heulen (umg)

bludgeon ['blʌdʒən] V̅T̅ **to ~ sb to death** jdn zu Tode prügeln

blue [bluː] A ADJ (+er) 1 blau; **with cold** blau vor Kälte; **until you're ~ in the face** (umg) bis zum Gehtnichtmehr (umg); **once in a ~ moon** alle Jubeljahre (einmal) 2 (umg) melancholisch; **to feel ~** den Moralischen haben (umg) 3 (umg) Sprache derb; Witz schlüpfrig, Porno- B S̅ 1 Blau n; **out of the ~** (fig umg) aus heiterem Himmel (umg); **to have the ~s** (umg) den Moralischen haben (umg) 2 MUS **the ~s** pl der Blues **bluebell** S̅ Sternhyazinthe f **blue beret** S̅ Blauhelm m **blueberry** S̅ Blau- od Heidelbeere f **blue-blooded** ADJ blaublütig **bluebottle** S̅ Schmeißfliege f **blue cheese** S̅ Blauschimmelkäse m **blue-chip** ADJ Unternehmen erstklassig; Aktien Bluechip- **blue-collar** ADJ **~ worker** Arbeiter m **blue-eyed** ADJ blauäugig; **sb's ~ boy** (fig) jds Liebling(sjunge) m **blue jeans** PL Bluejeans pl **blue movie** S̅ Pornofilm m **blueprint** S̅ Blaupause f; (fig) Plan m

bluetit ﹏ Blaumeise f

bluff ◼ ▽ᴛ & ᴠɪ bluffen; **he ~ed his way through it** er hat sich durchgeschummelt (umg) ◼ ﹏ Bluff m; **to call sb's ~** es darauf ankommen lassen ♦**bluff out** ▽ᴛ trennb **to bluff one's way out of sth** sich aus etw rausreden (umg)

bluish ['bluːɪʃ] ᴀᴅᴊ bläulich

blunder ['blʌndəʳ] ◼ ﹏ (dummer) Fehler; **to make a ~** einen Bock schießen (umg), einen Fauxpas begehen ◼ ᴠɪ ◻ einen Bock schießen (umg), sich blamieren ◻ (≈ beim Gehen) tappen (into gegen)

blunt [blʌnt] ◼ ᴀᴅᴊ (+er) ◻ stumpf ◻ Mensch geradeheraus präd; Botschaft unverblümt; **he was very ~ about it** er hat sich sehr deutlich ausgedrückt ◼ ▽ᴛ stumpf machen **bluntly** ['blʌntlɪ] ᴀᴅᴠ sprechen geradeheraus; **he told us quite ~ what he thought** er sagte uns ganz unverblümt seine Meinung **bluntness** ﹏ Unverblümtheit f

blur [blɜːʳ] ◼ ﹏ verschwommener Fleck; **the trees became a ~** man konnte die Bäume nur noch verschwommen erkennen; **a ~ of colours** (Br) od **colors** (US) ein buntes Durcheinander von Farben ◼ ▽ᴛ ◻ Umrisse, Foto unscharf machen; **to have ~red vision** nur noch verschwommen sehen; **to be/become ~red** undeutlich sein/werden ◻ (fig) Sinne, Urteilsvermögen trüben; Bedeutung verwischen ◼ ᴠɪ verschwimmen

blurb [blɜːb] ﹏ Informationen pl; (von Buch) Klappentext m

blurt (out) [blɜːt('aʊt)] ▽ᴛ trennb herausplatzen mit (umg)

blush [blʌʃ] ◼ ᴠɪ erröten (with vor +dat) ◼ ﹏ Erröten n kein pl **blusher** ['blʌʃəʳ] ﹏ Rouge n

bluster ['blʌstəʳ] ◼ ᴠɪ ein großes Geschrei machen ◼ ▽ᴛ **to ~ one's way out of sth** etw lautstark abstreiten

blustery ['blʌstərɪ] ᴀᴅᴊ stürmisch

Blu-Tack® ['bluːtæk] ﹏ blaue Klebmasse, mit der z. B. Papier auf Beton befestigt werden kann

Blvd. abk von boulevard

BMA abk von British Medical Association britischer Ärzteverband

B-movie ['biːˌmuːvɪ] ﹏ B-Movie n

BMX abk von bicycle motocross BMX-Radsport m; (≈ Fahrzeug) BMX-Rad n

BO (umg) abk von body odour

boa ['bəʊə] ﹏ Boa f; **~ constrictor** Boa constrictor f

boar [bɔːʳ] ﹏ Eber m, Keiler m

board [bɔːd] ◼ ﹏ ◻ Brett n, Tafel f, Schwarzes Brett, Schild n; (von Fußboden) Diele f ◻ Verpflegung f; **~ and lodging** Kost und Logis; **full/half** **~** Voll-/Halbpension f ◻ Ausschuss m, Beirat m, Behörde f; (von Firma: a. **board of directors**) Vorstand m; (von britischer/amerikanischer Firma) Verwaltungsrat m; (einschließlich Aktionären etc) Aufsichtsrat m; **to have a seat on the ~** im Vorstand/Aufsichtsrat sein; **~ of governors** (Br SCHULE) Verwaltungsrat m; **Board of Trade** (Br) Handelsministerium n; (US) Handelskammer f ◻ SCHIFF, FLUG **on ~** an Bord; **to go on ~** an Bord gehen; **on ~ the ship/plane** an Bord des Schiffes/Flugzeugs; **on ~ the bus** im Bus ◻ (fig) **across the ~** allgemein; zustimmen, ablehnen pauschal; **to go by the ~** (Vorschläge etc) unter den Tisch fallen; **to take sth on ~** etw begreifen ◼ ▽ᴛ Schiff, Flugzeug besteigen; Zug, Bus einsteigen in (+akk) ◼ ᴠɪ ◻ in Pension sein (with bei) ◻ FLUG die Maschine besteigen; **flight ZA173 now ~ing at gate 13** Passagiere des Fluges ZA173, bitte zum Flugsteig 13 ♦**board up** ▽ᴛ trennb Fenster mit Brettern vernageln

boarder ['bɔːdəʳ] ﹏ ◻ Pensionsgast m ◻ SCHULE Internatsschüler(in) m(f) **board game** ﹏ Brettspiel n **boarding card** ['bɔːdɪŋ-] ﹏ Bordkarte f **boarding house** ﹏ Pension f **boarding kennel** ﹏ Hundepension f **boarding pass** ﹏ Bordkarte f **boarding school** ﹏ Internat n; **to go to ~** ins Internat gehen (❗ ohne **the**) **board meeting** ﹏ Vorstandssitzung f **boardroom** ﹏ Vorstandsetage f **boardwalk** ﹏ (US) Holzsteg m; (am Strand) hölzerne Uferpromenade

boast [bəʊst] ◼ ﹏ Prahlerei f ◼ ᴠɪ prahlen (about, of mit, to sb jdm gegenüber) ◼ ▽ᴛ ◻ sich rühmen (+gen) (geh) ◻ prahlen **boastful** ᴀᴅᴊ, **boastfully** ᴀᴅᴠ prahlerisch **boasting** ['bəʊstɪŋ] ﹏ Prahlerei f (about, of mit)

boat [bəʊt] ﹏ Boot n, Schiff n; **by ~** mit dem Schiff; **to miss the ~** (fig umg) den Anschluss verpassen; **we're all in the same ~** (fig umg) wir sitzen alle in einem od im gleichen Boot **boat hire** ﹏ Bootsverleih m **boathouse** ﹏ Bootshaus n **boating** ['bəʊtɪŋ] ﹏ Bootfahren n; **to go ~** eine Bootsfahrt machen; **~ holiday/trip** Bootsferien pl/-fahrt f **boatload** ﹏ Bootsladung f **boat race** ﹏ Regatta f **boat train** ﹏ Zug m mit Fährenanschluss **boatyard** ﹏ Bootshandlung f; (Trockendock) Liegeplatz m

bob¹ [bɒb] ◼ ᴠɪ sich auf und ab bewegen; **to ~ (up and down) in** od on the water auf dem Wasser schaukeln; (Korken etc) sich im Wasser auf und ab bewegen; **he ~bed out of sight** er duckte sich ◼ ▽ᴛ Kopf nicken mit ◼ ﹏ (von Kopf) Nicken n kein pl ♦**bob down** ◼ ᴠɪ sich ducken ◼ ▽ᴛ trennb Kopf ducken ♦**bob up** ◼ ᴠɪ auftauchen ◼ ▽ᴛ trennb **he bobbed his head up** sein Kopf schnellte hoch

BOB | 88

B

bob[2] 🔢 **1** (≈ *Haarschnitt*) Bubikopf *m* **2** **a few bits and ~s** so ein paar Dinge
bobbin ['bɒbɪn] 🔢 Spule *f*, Rolle *f*
bobble hat 🔢 (*Br*) Pudelmütze *f*
bobby pin ['bɒbɪpɪn] 🔢 (*US*) Haarklemme *f* (❶ = (*Br*) (**hair**)**grip**)
bobsleigh, (*US*) **bobsled** **A** 🔢 Bob *m* **B** **VI** Bob fahren
bode [bəʊd] **VI** **to ~ well/ill** ein gutes/schlechtes Zeichen sein
bodge [bɒdʒ] **VT** = **botch**
bodice ['bɒdɪs] 🔢 Mieder *n*
bodily ['bɒdɪlɪ] **A** **ADJ** körperlich; **~ needs** leibliche Bedürfnisse *pl*; **~ functions** Körperfunktionen *pl* **B** **ADV** gewaltsam
body ['bɒdɪ] 🔢 **1** Körper *m*; **the ~ of Christ** der Leib des Herrn; **just enough to keep ~ and soul together** gerade genug, um Leib und Seele zusammenzuhalten **2** Leiche *f* **3** (*von Kirche, Rede, Armee: a.* **main body**) Hauptteil *m*; **the main ~ of the students** das Gros der Studenten **4** (*von Menschen*) Gruppe *f*; **the student ~** die Studentenschaft; **a large ~ of people** eine große Menschenmenge; **in a ~** geschlossen **5** (≈ *Organisation*) Organ *n*, Gremium *n*, Körperschaft *f* **6** (≈ *Menge*) **a ~ of evidence** Beweismaterial *n* **7** (*a.* **body stocking**) Body *m* **body blow** 🔢 (*fig*) Schlag *m* ins Kontor (*to, for* für) **body builder** 🔢 Bodybuilder(in) *m(f)* **body building** 🔢 Bodybuilding *n* **bodyguard** 🔢 Leibwache *f* **body language** 🔢 Körpersprache *f* **body lotion** 🔢 Körperlotion *f* **body odour**, **body odor** (*US*) 🔢 Körpergeruch *m* **body piercing** 🔢 Piercing *n* **body (repair) shop** 🔢 Karosseriewerkstatt *f* **body search** 🔢 Leibesvisitation *f* **body stocking** 🔢 Body(stocking) *m* **body warmer** 🔢 Thermoweste *f* **bodywork** 🔢 AUTO Karosserie *f*
bog [bɒg] 🔢 **1** Sumpf *m* **2** (*Br umg*) Klo *n* (österr), Häus(e)l *n* (österr) **♦bog down** **VT** *trennb* **to get bogged down** stecken bleiben; (*in Einzelheiten*) sich verzetteln
bogey, **bogy** ['bəʊgɪ] 🔢, *pl* **bogeys**, **bogies** **1** (*fig*) Schreckgespenst *n* **2** (*Br umg*) Popel *m* (*umg*)
bogeyman ['bəʊgɪmæn] *pl* **-men** [-men] schwarzer Mann
boggle ['bɒgl] **VI** **the mind ~s** das ist kaum auszumalen (*umg*)
boggy ['bɒgɪ] **ADJ** (+*er*) sumpfig
bog-standard [ˌbɒg'stændəd] **ADJ** (*Br umg*) stinknormal (*umg*)
bogus ['bəʊgəs] **ADJ** *Name* falsch; *Papiere* gefälscht; *Firma* Schwindel-; *Behauptung* erfunden
Bohemia [bəʊ'hiːmɪə] 🔢 **1** GEOG Böhmen *n* **2** (*fig*) Boheme *f* **bohemian** [bəʊ'hiːmɪən] **A** 🔢 Bohemien *m* **B** **ADJ** *Lebensstil* unkonventionell

boil[1] [bɔɪl] 🔢 MED Furunkel *m*
boil[2] [bɔɪl] **A** **VI** **1** (*wörtl*) kochen; **the kettle was ~ing** das Wasser im Kessel kochte **2** (*fig umg*) **~ing hot water** kochend heißes Wasser; **it was ~ing (hot) in the office** es war eine Affenhitze im Büro (*umg*); **I was ~ing (hot)** mir war fürchterlich heiß **B** **VT** kochen; **~ed/hard ~ed egg** weich/hart gekochtes Ei; **~ed potatoes** Salzkartoffeln *pl* **C** 🔢 **to bring sth to the** (*Br od a* (*US*) **~** etw aufkochen lassen; **to come to/go off the ~** zu kochen anfangen/aufhören **♦boil down** (*fig*) **to ~ to sth** auf etw (*akk*) hinauslaufen; **what it boils down to is that ...** das läuft darauf hinaus, dass ... **♦boil over** **VI** (*wörtl*) überkochen
boiled sweet 🔢 Bonbon *n*, Zuckerl *n* (österr) **boiler** ['bɔɪlə'] 🔢 (*im Haushalt*) Boiler *m*; (*von Schiff*) (Dampf)kessel *m* **boiler room** 🔢 Kesselraum *m* **boiler suit** 🔢 (*Br*) Overall *m* **boiling point** ['bɔɪlɪŋpɔɪnt] 🔢 Siedepunkt *m*; **at ~** auf dem Siedepunkt; **to reach ~** den Siedepunkt erreichen; (*Mensch*) auf dem Siedepunkt anlangen
boisterous ['bɔɪstərəs] **ADJ** ausgelassen
bok choy [bɒk'tʃɔɪ] 🔢 (*US*) = **pak-choi**
bold [bəʊld] **ADJ** (+*er*) **1** mutig **2** dreist **3** *Farben etc* kräftig; *Stil* kraftvoll **4** TYPO fett, halbfett; **~type** Fettdruck *m* **boldly** ['bəʊldlɪ] **ADV** **1** mutig **2** dreist **3** auffallend **boldness** 🔢 **1** Mut *m* **2** Dreistigkeit *f* **3** (*von Farben etc*) Kräftigkeit *f*; (*von Stil*) Ausdruckskraft *f*
Bolivia [bə'lɪvɪə] 🔢 Bolivien *n*
bollard ['bɒləd] 🔢 Poller *m*
bollocking ['bɒləkɪŋ] 🔢 (*Br sl*) Schimpfkanonade *f* (*umg*); **to give sb a ~** jdn zur Sau machen (*umg*)
bollocks ['bɒləks] **PL** (*sl*) **1** Eier *pl* (*sl*) **2** (≈ *Unsinn*) **(that's) ~!** Quatsch mit Soße! (*umg*)
bolster ['bəʊlstə'] **A** 🔢 Nackenrolle *f* **B** **VT** (*a.* **bolster up**: *fig*) *Wirtschaft* Auftrieb geben (+*dat*)
bolt [bəʊlt] **A** 🔢 **1** (*an Tür etc*) Riegel *m* **2** TECH Bolzen *m* **3** Blitzstrahl *m*; **it was like a ~ from the blue** (*fig*) das war wie ein Blitz aus heiterem Himmel **4** **he made a ~ for the door** er machte einen Satz zur Tür; **to make a ~ for it** losrennen **B** **ADV** **~ upright** kerzengerade **C** **VI** **1** (*Pferd*) durchgehen; (*Mensch*) Reißaus nehmen (*umg*) **2** rasen **D** **VT** **1** *Tür* verriegeln **2** TECH verschrauben (*to* mit); **to ~ together** verschrauben **3** (*a.* **bolt down**) *Essen* hinunterschlingen
bomb [bɒm] **A** 🔢 **1** Bombe *f* **2** (*Br umg*) **the car goes like a ~** das ist die reinste Rakete von Wagen (*umg*); **the car cost a ~** das Auto hat ein Bombengeld gekostet (*umg*); **to make a ~** eine Stange Geld verdienen (*umg*); **to go**

down a ~ Riesenanklang finden (with bei) (umg) B VT bombardieren C VI 1 (umg ≈ rasen) fegen (umg) 2 (US umg ≈ versagen) durchfallen (umg)
♦**bomb along** VI (umg) dahinrasen (umg)
bombard [bɒmˈbɑːd] VT (MIL, fig) bombardieren **bombardment** S (MIL, fig) Bombardierung f
bombastic [bɒmˈbæstɪk] ADJ bombastisch
bomb attack S Bombenangriff m **bomb disposal** S Bombenräumung f **bomb disposal squad** S Bombenräumtrupp m **bomber** [ˈbɒmə'] S 1 (≈ Flugzeug) Bomber m 2 (≈ Terrorist) Bombenattentäter(in) m(f) **bomber jacket** S Fliegerjacke f **bombing** [ˈbɒmɪŋ] A S Bombenangriff m (of auf +akk) B ADJ Angriff Bomben- **bomb scare** S Bombenalarm m **bombshell** S (fig) **this news was a ~** die Nachricht schlug wie eine Bombe ein; **to drop a** od **the ~, to drop a ~** die Bombe platzen lassen **bomb shelter** S Luftschutzkeller m **bomb site** S Trümmergrundstück n **bomb threat** S Bombendrohung f
bona fide [ˈbəʊnəˈfaɪdɪ] ADJ bona fide, echt; **it's a ~ offer** es ist ein Angebot auf Treu und Glauben
bonanza [bəˈnænzə] S (fig) Goldgrube f; **the oil ~** der Ölboom
bond [bɒnd] A S 1 (fig) Bindung f 2 **bonds** PL (wörtl) Fesseln pl; (fig) Bande pl (geh) 3 HANDEL, FIN Pfandbrief m; **government ~** Staatsanleihe f B VT 1 (Leim) binden 2 **to ~ with one's baby** Liebe zu seinem Kind entwickeln; **we ~ed immediately** wir haben uns auf Anhieb gut verstanden

bolt — Riegel

bolt (of lightning) — Blitzstrahl

bondage [ˈbɒndɪdʒ] S 1 (fig liter) **in ~ to sth** einer Sache (dat) unterworfen 2 (sexuell) Fesseln n; **~ gear** Sadomasoausrüstung f
bonded warehouse S Zolllager n
bone [bəʊn] A S Knochen m; (von Fisch) Gräte f; **~s** pl (von Toten) Gebeine pl; **chilled to the ~** völlig durchgefroren; **to work one's fingers to the ~** sich (dat) die Finger abarbeiten; **~ of contention** Zankapfel m; **to have a ~ to pick with sb** (umg) mit jdm ein Hühnchen zu rupfen haben (umg); **I'll make no ~s about it, you're …** (umg) du bist, ehrlich gesagt, …; **I can feel it in my ~s** das spüre ich in den Knochen B VT die Knochen lösen aus; Fisch entgräten ♦**bone up on** VI +obj (umg) pauken (umg) **bone china** S feines Porzellan **bone dry** ADJ präd, **bone-dry** ADJ attr (umg) knochentrocken **bone idle** ADJ (Br umg) stinkfaul **bone structure** S Gesichtszüge pl
bonfire [ˈbɒnfaɪə'] S Feuer n im Freien **bonfire night** S 5. November (Jahrestag der Pulververschwörung)

▶ **Bonfire Night**

Eine andere Bezeichnung für **Guy Fawkes Night** am 5. November. An diesem Abend feiern vor allem Kinder mit Freudenfeuern und Feuerwerk. Geschichtlicher Hintergrund ist die Vereitelung der katholischen Pulververschwörung (**Gunpowder Plot**) gegen die britische Regierung im Jahr 1605. Guy Fawkes war einer der Verschwörer.

LANDESKUNDE

bonk [bɒŋk] (umg) VT & VI bumsen (umg)
bonkers [ˈbɒŋkəz] ADJ (bes Br umg) meschugge (umg); **to be ~** spinnen (umg)
bonnet [ˈbɒnɪt] S 1 (von Frau) Haube f; (von Baby) Häubchen n 2 (Br AUTO) Motorhaube f (= (US) **hood**)
bonnie, bonny [ˈbɒnɪ] ADJ (bes schott) schön; Baby prächtig
bonsai [ˈbɒnsaɪ] S, pl - Bonsai n
bonus [ˈbəʊnəs] S 1 Prämie f; (≈ zu Weihnachten etc) Gratifikation f; **~ scheme** Prämiensystem n; **~ point** Bonuspunkt m 2 (umg) Zugabe f
bony [ˈbəʊnɪ] ADJ (+er) knochig
boo[1] [buː] A INT buh; **he wouldn't say ~ to a goose** (umg) er ist ein schüchternes Pflänzchen B VT Redner, Schiedsrichter auspfeifen C VI buhen D S, pl -s Buhruf m
boo[2] S, pl -s (US umg) Freund(in) m(f), Partner(in) m(f)
boob [buːb] A S 1 (Br umg ≈ Fehler) Schnitzer m (umg) 2 (umg) Brust f; **big ~s** große Titten pl od Möpse pl (sl) B VI (Br umg) einen Schnitzer ma-

chen (umg) **booby prize** ṣ Scherzpreis für den schlechtesten Teilnehmer **booby trap** Ⓐ ṣ MIL etc versteckte Bombe Ⓑ V̄T **the suitcase was booby-trapped** in dem Koffer war eine Bombe versteckt

booing ['buːɪŋ] ṣ Buhrufen n

book [bʊk] Ⓐ ṣ ▇ Buch n, Heft n; **the Book of Genesis** die Genesis, das 1. Buch Mose; **to throw the ~ at sb** (umg) jdn nach allen Regeln der Kunst fertigmachen (umg); **to go by the ~** sich an die Vorschriften halten; **to be in sb's good/bad ~s** bei jdm gut/schlecht angeschrieben sein (umg); **he'll use every trick in the ~** (umg) er wird alles und jedes versuchen ▇ Heft n; **~ of stamps** Briefmarkenheftchen n ▇ **books** P̄L HANDEL, FIN Bücher pl; **to do the ~s for sb** jdm die Bücher führen Ⓑ V̄T ▇ bestellen; Platz, Zimmer buchen; Künstler engagieren; **fully ~ed** (Vorstellung) ausverkauft; (Flug) ausgebucht; (Hotel) voll belegt; **to ~ sb through to Hull** BAHN jdn bis Hull durchbuchen ▇ (umg) Fahrer aufschreiben (umg); Fußballspieler verwarnen; **to be ~ed for speeding** wegen zu schnellen Fahrens aufgeschrieben werden Ⓒ V̄I bestellen, buchen; **to ~ through to Hull** bis Hull durchlösen ♦**book in** Ⓐ V̄I (in Hotel etc) sich eintragen; **we booked in at** od **into the Hilton** wir sind im Hilton abgestiegen Ⓑ V̄T trennb **to book sb into a hotel** jdm ein Hotelzimmer reservieren lassen; **we're booked in at** od **into the Hilton** unsere Zimmer sind im Hilton reserviert ♦**book up** V̄T trennb **to be (fully) booked up** (ganz) ausgebucht sein; (Vorstellung, Theater) ausverkauft sein

bookable ['bʊkəbl] ĀDJ ▇ im Vorverkauf erhältlich ▇ SPORT **a ~ offence** (Br) od **offense** (US) ein Verstoß m, für den es eine Verwarnung gibt

bookcase ṣ Bücherregal n, Bücherschrank m **book end** ṣ Bücherstütze f **bookie** ['bʊkɪ] ṣ (umg) Buchmacher(in) m(f) **booking** ['bʊkɪŋ] ṣ Buchung f; (von Künstler) Engagement n; **to make a ~** buchen; **to cancel a ~** den Tisch/die Karte etc abbestellen, die Reise/den Flug etc stornieren **booking clerk** ṣ Fahrkartenverkäufer(in) m(f) **booking fee** ṣ Buchungsgebühr f **booking office** ṣ BAHN Fahrkartenschalter m; THEAT Vorverkaufsstelle f **book-keeper** ṣ Buchhalter(in) m(f) **book-keeping** ṣ Buchhaltung f **booklet** ṣ Broschüre f **book lover** ṣ Bücherfreund(in) m(f) **bookmaker** ṣ Buchmacher(in) m(f) **bookmark** Ⓐ ṣ Lesezeichen n; IT Bookmark n Ⓑ V̄T IT ein Bookmark einrichten für **bookseller** ṣ Buchhändler m **bookshelf** ṣ Bücherbord n **bookshelves** P̄L Bücherregal n **bookshop** (bes Br), **bookstore** (US) ṣ Buchhandlung f **bookstall** ṣ Bücherstand m **bookstand** ṣ (US) ▇ Lesepult n ▇ Bücherregal n ▇ (auf Bahnhof, Flughafen) Bücherstand m **book token** ṣ Buchgutschein m **bookworm** ṣ (fig) Bücherwurm m

boom[1] [buːm] ṣ SCHIFF Baum m

boom[2] Ⓐ ṣ (von Waffen) Donnern n; (von Stimme) Dröhnen n Ⓑ V̄I (Stimme: a. **boom out**) dröhnen; (Waffen) donnern Ⓒ ĪN̄T bum

boom[3] Ⓐ V̄I (Handel) boomen (umg); **business is ~ing** das Geschäft blüht Ⓑ ṣ (geschäftlich, fig) Boom m

boomerang ['buːməræŋ] ṣ Bumerang m

booming[1] ['buːmɪŋ] ĀDJ Geräusch dröhnend

booming[2] ĀDJ Wirtschaft, Handel boomend

boon [buːn] ṣ Segen m

boor [bʊəʳ] ṣ Rüpel m **boorish** ĀDJ, **boorishly** ĀDV ['bʊərɪʃ, -lɪ] rüpelhaft

boost [buːst] Ⓐ ṣ Auftrieb m kein pl; ELEK, AUTO Verstärkung f; **to give sb/sth a ~** jdm/einer Sache Auftrieb geben; **to give a ~ to sb's morale** jdm Auftrieb geben Ⓑ V̄T Produktion, Absatz, Wirtschaft ankurbeln; Gewinne, Einkommen erhöhen; Selbstvertrauen stärken; Moral heben **booster** ['buːstəʳ] ṣ (MED: a. **booster shot**) Wiederholungsimpfung f

boot [buːt] Ⓐ ṣ ▇ Stiefel m; **the ~ is on the other foot** (fig) es ist genau umgekehrt; **to give sb the ~** (umg) jdn rausschmeißen (umg); **to get the ~** (umg) rausgeschmissen werden (umg) ▇ (Br: von Auto) Kofferraum m (❗ = (US) **trunk**) Ⓑ V̄T ▇ (umg ≈ treten) einen (Fuß)tritt geben (+dat)

boot — Stiefel

boot Br — Kofferraum

91 ‖ BOTH

B

₂ IT laden, booten **C** V/I IT laden ♦**boot out**
V/T trennb (umg) rausschmeißen (umg) ♦**boot up**
V/T & V/I trennb IT booten
bootee [buː'tiː] S gestrickter Babyschuh
booth [buːð] S **1** (Markt)bude f, (Messe)stand
m **2** (≈ zum Telefonieren) Zelle f; (≈ bei Wahlen) Kabine
f; (in Restaurant) Nische f
bootlace S Schnürsenkel m **bootleg** ADJ
Whisky etc schwarzgebrannt; Waren schwarz her-
gestellt **bootlicker** S (pej umg) Speichellecker
m (pej umg) **boot polish** S Schuhcreme f
bootstrap S **to pull oneself up by one's**
(own) ~s (umg) sich aus eigener Kraft hochar-
beiten
booty ['buːtɪ] S Beute f
booze [buːz] (umg) **A** S Alkohol m; **keep off the**
~ lass das Saufen sein (umg); **bring some ~**
bring was zu schlucken mit (umg) **B** V/I saufen
(umg); **to go out boozing** saufen gehen (umg)
boozer ['buːzəʳ] S **1** (pej umg) Säufer(in) m(f)
(pej umg) **2** (Br umg) Kneipe f (umg) **booze-up**
['buːzʌp] S (umg) Besäufnis n (umg) **boozy**
['buːzɪ] ADJ (+er) (umg) Blick, Gesicht versoffen
(umg); **~ party** Sauferei f (umg); **~ lunch** Essen
n mit reichlich zu trinken
border ['bɔːdə] **A** S **1** Rand m **2** Grenze f; **on**
the French ~ an der französischen Grenze;
north/south of the ~ (Br) im/nach Schott-
land/England **3** (in Garten) Rabatte f **4** (an Kleid)
Bordüre f **B** V/T **1** Weg säumen; Grundstück be-
grenzen, umschließen **2** grenzen an (+akk)
♦**border on** od **upon** V/I +obj grenzen an
(+akk)
border dispute S Grenzstreitigkeit f **bor-**
der guard S Grenzsoldat m **bordering**
ADJ angrenzend **borderline** **A** S Grenze f;
to be on the ~ an der Grenze liegen **B** ADJ
(fig) **a ~ case** ein Grenzfall m; **it was a ~ pass**
er ist ganz knapp durchgekommen **bor-**
der town S Grenzstadt f
bore¹ [bɔːʳ] **A** V/T Loch bohren **B** V/I bohren (for
nach) **C** S Kaliber n; **a 12 ~ shotgun** eine Flinte
vom Kaliber 12
bore² **A** S **1** (≈ Mensch) Langweiler m **2** (≈ Situ-
ation etc) **to be a ~** langweilig od (österr) fad sein;
it's such a ~ having to go es ist wirklich zu
dumm, dass ich etc gehen muss **B** V/T langwei-
len; **to ~ sb stiff** od **to tears** (umg) jdn zu Tode
langweilen; **to be/get ~d** sich langweilen; **I'm**
~d mir ist langweilig; **he is ~d with his job**
seine Arbeit langweilt ihn
bore³ prät von bear¹
boredom ['bɔːdəm] S Lang(e)weile f
boring ['bɔːrɪŋ] ADJ langweilig, fad (österr)
born [bɔːn] **A** pperf von bear¹; **to be ~** geboren
werden; **I was ~ in 1988** ich bin od wurde 1988

geboren; **when were you ~?** wann sind Sie
geboren?; **he was ~ into a rich family** er wur-
de in eine reiche Familie hineingeboren; **to be**
~ deaf von Geburt an taub sein; **the baby was**
~ dead das Baby war eine Totgeburt; **I wasn't**
~ yesterday (umg) ich bin nicht von gestern
(umg); **there's one ~ every minute!** (fig umg)
die Dummen werden nicht alle! **B** ADJ suf **he**
is Chicago-~ er ist ein gebürtiger Chicagoer;
his French-~ wife seine Frau, die gebürtige
Französin ist **C** ADJ geboren; **he is a ~ teacher**
er ist der geborene Lehrer; **an Englishman ~**
and bred ein echter Engländer **born-again**
['bɔːnə,gen] ADJ Christ etc wiedergeboren
borne [bɔːn] pperf von bear¹
borough ['bʌrə] S (a. **municipal bor-**
ough) Bezirk m
borrow ['bɒrəʊ] **A** V/T (sich dat) borgen (from
von) (❗) jdm etw borgen heißt **to lend sb**
sth); (von Bank) sich (dat) leihen; Buch ausleihen;
(fig) Idee übernehmen (from von); **to ~ money**
from the bank Kredit bei der Bank aufnehmen
B V/I borgen; (bei Bank) Kredit m aufnehmen
borrower ['bɒrəʊəʳ] S (von Kapital etc) Kredit-
nehmer(in) m(f) **borrowing** ['bɒrəʊɪŋ] S gov-
ernment **~** staatliche Kreditaufnahme; **con-**
sumer ~ Verbraucherkredit m; **~ require-**
ments Kreditbedarf m
Bosnia ['bɒznɪə] S Bosnien n **Bosnia-Her-**
zegovina ['bɒznɪə,hɜːtsəgəʊ'viːnə] S Bosnien
und Herzegowina n **Bosnian** **A** ADJ bosnisch
B S Bosnier(in) m(f)
bosom ['bʊzəm] **A** S **1** Busen m **2** (fig) **in the ~**
of his family im Schoß der Familie **B** ADJ attr
Busen-
boss [bɒs] S Chef m, Boss m (umg); **his wife is**
the ~ seine Frau hat das Sagen; **OK, you're**
the ~ in Ordnung, du hast zu bestimmen
♦**boss about** od **around** (Br) V/T trennb
(umg) rumkommandieren (umg)
bossy ['bɒsɪ] ADJ (+er) herrisch
botanic(al) [bə'tænɪk(əl)] ADJ botanisch **bot-**
anist ['bɒtənɪst] S Botaniker(in) m(f) **botany**
['bɒtənɪ] S Botanik f
botch [bɒtʃ] V/T (umg: a. **botch up**) verpfu-
schen; Pläne vermasseln (umg); **a ~ed job** ein
Pfusch m (umg) **botch-up** ['bɒtʃʌp] S (umg)
Pfusch m (umg)
both [bəʊθ] **A** ADJ beide; **~ (the) boys** beide
Jungen **B** PRON beide, beides; **~ of them were**
there, they were ~ there sie waren (alle) bei-
de da; **~ of these answers are wrong** beide
Antworten sind falsch **C** ADV **both … and …**
sowohl … als auch …; **~ you and I** wir beide;
John and I ~ came John und ich sind beide
gekommen; **is it black or white? — ~** ist es

BOTH | 92

B

schwarz oder weiß? — beides; **you and me ~** (umg) wir zwei beide (umg)

bother ['bɒðə'] **A** V̅T̅ **1** stören, belästigen; (≈ beunruhigen) Sorgen machen (+dat); (Problem, Frage) keine Ruhe lassen (+dat); **I'm sorry to ~ you but …** es tut mir leid, dass ich Sie damit belästigen muss, aber …; **don't ~ your head about that** zerbrechen Sie sich (dat) darüber nicht den Kopf; **I shouldn't let it ~ you** machen Sie sich mal keine Sorgen **2 I can't be ~ed** ich habe keine Lust; **I can't be ~ed with people like him** für solche Leute habe ich nichts übrig; **I can't be ~ed to do that** ich habe einfach keine Lust, das zu machen; **do you want to stay or go? — I'm not ~ed** willst du bleiben oder gehen? — das ist mir egal; **I'm not ~ed about him/the money** seinetwegen/wegen des Geldes mache ich mir keine Gedanken; **don't ~ to do it again** das brauchen Sie nicht nochmals zu tun; **she didn't even ~ to ask** sie hat gar nicht erst gefragt; **please don't ~ getting up** od **to get up** bitte, bleiben Sie doch sitzen **B** V̅I̅ sich kümmern (about um); (≈ beunruhigt sein) sich (dat) Sorgen machen (about um); **don't ~ about me!** machen Sie sich meinetwegen keine Sorgen; (sarkastisch) ist ja egal, was ich will; **he/it is not worth ~ing about** über ihn/darüber brauchen wir gar nicht zu reden; **I'm not going to ~ with that** das lasse ich; **don't ~!** nicht nötig!; **you needn't have ~ed!** das wäre nicht nötig gewesen! **C** S̅ **1** Plage f; **I know it's an awful ~ for you but …** ich weiß, dass Ihnen das fürchterliche Umstände macht, aber … **2** Ärger m, Schwierigkeiten pl; **we had a spot** od **bit of ~ with the car** wir hatten Ärger mit dem Auto; **I didn't have any ~ getting the visa** es war kein Problem, das Visum zu bekommen; **it wasn't any ~** (≈ nicht erwähnenswert) das ist gern geschehen; (≈ nicht schwierig) das war ganz einfach; **the children were no ~ at all** wir hatten mit den Kindern überhaupt keine Probleme; **to go to a lot of ~ to do sth** sich (dat) mit etw viel Mühe geben

bottle ['bɒtl] **A** S̅ Flasche f; **a ~ of wine** eine Flasche Wein **B** V̅T̅ in Flaschen abfüllen ♦**bottle out** V̅I̅ (Br umg) die Nerven verlieren ♦**bottle up** V̅T̅ trennb Emotionen in sich (dat) aufstauen

bottle bank S̅ Altglascontainer m **bottled** A̅D̅J̅ Gas in Flaschen; Bier Flaschen- **bottle-feed** V̅T̅ aus der Flasche ernähren **bottleneck** S̅ Engpass m **bottle-opener** S̅ Flaschenöffner m

bottom ['bɒtəm] **A** S̅ **1** (≈ von Kiste, Glas) Boden m; (von Berg, Säule) Fuß m; (von Seite, Bildschirm) unteres Ende; (von Liste, Straße) Ende n; **which end is the ~?** wo ist unten?; **at the ~ of the page/league/hill** etc unten auf der Seite/in der Tabelle/am Berg etc; **at the ~ of the mountain** am Fuß des Berges; **to be (at the) ~ of the class** der/die Letzte in der Klasse sein; **at the ~ of the garden** hinten im Garten; **~s up!** hoch die Tassen (umg); **from the ~ of my heart** aus tiefstem Herzen; **at ~** (fig) im Grunde **2** Unterseite f; **on the ~ of the tin** unten an der Dose **3** (von Meer, Fluss) Grund m; **at the ~ of the sea** auf dem Meeresboden **4** (von Mensch) Hintern m (umg) **5** (fig) **to be at the ~ of sth** hinter etw (dat) stecken, einer Sache (dat) zugrunde liegen; **to get to the ~ of sth** einer Sache (dat) auf den Grund kommen **6** (Br AUTO) **~ (gear)** erster Gang; **in ~ (gear)** im ersten Gang **7** tracksuit **~s** Trainingsanzughose f; **bikini ~(s)** Bikiniunterteil n **B** A̅D̅J̅ attr untere(r, s), unterste(r, s); **~ half** (von Kiste) untere Hälfte; (von Liste, Klasse) zweite Hälfte **bottomless** A̅D̅J̅ **a ~ pit** (fig) ein Fass ohne Boden **bottom line** S̅ (fig) **that's the ~** (≈ Faktor) das ist das Entscheidende (dabei); (≈ Resultat) darauf läuft es im Endeffekt hinaus

bough [baʊ] S̅ Ast m

bought [bɔːt] prät, pperf von **buy**

bouillon ['buːjɒŋ] S̅ Bouillon f, Rindsuppe f (österr) **bouillon cube** S̅ (US) Brühwürfel m

boulder ['bəʊldə'] S̅ Felsblock m

boulevard ['buːləvɑː'] S̅ Boulevard m

bounce [baʊns] **A** V̅I̅ **1** (Ball) springen; **the child ~d up and down on the bed** das Kind hüpfte auf dem Bett herum **2** (umg: Scheck) platzen (umg) **3** IT = **bounce back B** V̅T̅ **1** Ball aufprallen lassen; **he ~d the ball against the wall** er warf den Ball gegen die Wand; **he ~d the baby on his knee** er ließ das Kind auf den Knien reiten **2** IT = **bounce back** ♦**bounce back** **A** V̅I̅ **1** (IT: E-Mail) als nicht zustellbar zurückkommen **2** (fig umg) sich nicht unterkriegen lassen (umg) **B** V̅T̅ IT E-Mail als nicht zustellbar zurückschicken ♦**bounce off** **A** V̅T̅ immer getrennt **to bounce sth off sth** etw von etw abprallen lassen; **to bounce an idea off sb** (fig umg) eine Idee an jdm testen (umg) **B** V̅I̅ abprallen

bouncer ['baʊnsə'] S̅ (umg) Rausschmeißer(in) m(f) (umg) **bouncy** ['baʊnsɪ] A̅D̅J̅ (+er) Matratze federnd **bouncy castle®** S̅ Hüpfburg f

bound¹ [baʊnd] S̅ meist pl Grenze f; **within the ~s of probability** im Bereich des Wahrscheinlichen; **his ambition knows no ~s** sein Ehrgeiz kennt keine Grenzen; **the bar is out of ~s** das Betreten des Lokals ist verboten; **this part of town is out of ~s** dieser Stadtteil ist Sperrzone

bow — (Geigen)bogen

bow — Schleife

bound² **A** s̄ Sprung m **B** v/i springen; **the dog came ~ing up** der Hund kam angesprungen
bound³ **A** prät, pperf von **bind** **B** ADJ **1** gebunden; **~ hand and foot** an Händen und Füßen gebunden **2 to be ~ to do sth** etw bestimmt tun; **it's ~ to happen** das muss so kommen **3 but I'm ~ to say …** (umg) aber ich muss schon sagen …
bound⁴ ADJ präd **to be ~ for London** auf dem Weg nach London sein; (vor dem Aufbruch) nach London gehen; **all passengers ~ for London will …** alle Passagiere nach London werden …
boundary ['baʊndərɪ] s̄ Grenze f **boundary line** s̄ Grenzlinie f; SPORT Spielfeldgrenze f
boundless ADJ grenzenlos
bountiful ['baʊntɪfʊl] ADJ großzügig; Ernte, Geschenke (über)reich
bouquet ['bʊkeɪ] s̄ **1** Strauß m **2** (von Wein) Bukett n **bouquet garni** ['bʊkeɪgɑː'niː] s̄ GASTR Kräutermischung f
bourbon ['bɜːbən] s̄ (a. **bourbon whiskey**) Bourbon m (❗ Als Getränk hat **bourbon** keinen Plural. **Bourbons** sagt man zu verschiedenen Sorten oder einzelnen Gläsern.); **two ~s, please** zwei Bourbon bitte
bourgeois ['bʊəʒwɑː] **A** s̄ Bürger(in) m(f); (pej) Spießbürger(in) m(f) **B** ADJ bürgerlich; (pej) spießbürgerlich **bourgeoisie** [,bʊəʒwɑː'ziː] s̄ Bürgertum n
bout [baʊt] s̄ **1** (von Grippe etc) Anfall m; **a ~ of fever** ein Fieberanfall m; **a drinking ~** eine Zecherei **2** SPORT Kampf m
boutique [buː'tiːk] s̄ Boutique f
bow¹ [baʊ] s̄ **1** (Waffe, für Geige) Bogen m; **a ~ and arrow** Pfeil und Bogen pl **2** (≈ Knoten) Schleife f
bow² [baʊ] **A** s̄ Verbeugung f; **to take a ~** sich verbeugen **B** v/i **1** sich verbeugen (to sb vor jdm) **2** (fig) sich beugen (before vor +dat, under unter +dat, to +dat); **to ~ to the inevitable** sich in das Unvermeidliche fügen **C** v/t **to ~ one's head** den Kopf senken; (bei Gebet) sich verneigen ♦**bow down** v/i (wörtl) sich beugen; **to ~ to** od **before sb** (fig) sich jdm beugen ♦**bow out** v/i (fig) sich verabschieden; **to ~ of sth** sich aus etw zurückziehen
bow³ [baʊ] s̄ oft pl Bug m; **on the port ~** backbord(s) voraus
bowed¹ [baʊd] ADJ Beine krumm
bowed² [baʊd] ADJ Mensch gebeugt; Schultern hängend
bowel ['baʊəl] s̄ meist pl **1** ANAT Eingeweide n meist pl; **a ~ movement** Stuhl(gang) m **2** (fig) **the ~s of the earth** das Erdinnere
bowl¹ [bəʊl] s̄ **1** Schüssel f, Schale f; (für Zucker etc) Schälchen n; **a ~ of milk** eine Schale Milch **2** (von WC) Becken n
bowl² **A** v/i **1** Bowling spielen **2** (Kricket) werfen **B** v/t **1** Ball rollen **2** (Kricket) Ball werfen ♦**bowl over** v/t trennb (fig) umwerfen; **he was bowled over by the news** die Nachricht hat ihn (einfach) überwältigt
bow-legged [,bəʊ'legɪd] ADJ o-beinig
bowler¹ ['bəʊlə'] s̄ (Kricket) Werfer m
bowler² s̄ (Br: a. **bowler hat**) Melone f (❗ = (US) **derby**)
bowling ['bəʊlɪŋ] s̄ **1** (Kricket) Werfen n **2** Bowling n; **to go ~** bowlen gehen **bowling alley**

bowl — Schüssel, Schale

to bowl — Bowling spielen

BOWL | 94

s̄ Bowlingbahn f **bowling green** s̄ Rasenfläche f für Bowling **bowls** [bəʊlz] s̄ (❗ mit Verb im Singular) Bowling n
bow tie [bəʊ-] s̄ Fliege f
box¹ [bɒks] Ⓐ V̄T̄ & V̄Ī SPORT boxen; **to ~ sb's ears** jdn ohrfeigen od (österr) watschen Ⓑ s̄ **a ~ on the ears** eine Ohrfeige, eine Watsche (österr)
box² s̄ ❶ (aus Holz) Kiste f; (≈ aus Pappe) Karton m; (für Streichhölzer etc) Schachtel f; (mit Pralinen etc) Packung f ❷ (auf Formular) Kästchen n ❸ THEAT Loge f ❹ (bes Br umg ≈ Fernseher) Glotze f (umg); **what's on the ~?** was gibts im Fernsehen?; **I was watching the ~** ich habe geglotzt (umg) ◆**box in** V̄T̄ trennb geparktes Auto einklemmen

to box — boxen

box — Karton

boxcar [ˈbɒkskɑːʳ] s̄ (US BAHN) (geschlossener) Güterwagen
boxer [ˈbɒksəʳ] s̄ ❶ SPORT Boxer(in) m(f) ❷ (≈ Hund) Boxer m **boxer briefs** P̄L̄ Boxershorts pl (eng anliegend) **boxer shorts** P̄L̄ Boxershorts pl **boxing** [ˈbɒksɪŋ] s̄ Boxen n **Boxing Day** s̄ (Br) zweiter Weihnachts(feier)tag **boxing gloves** P̄L̄ Boxhandschuhe pl **boxing match** s̄ Boxkampf m **boxing ring** s̄ Boxring m
box junction s̄ VERKEHR gelb schraffierte Kreuzung (in die bei Stau nicht eingefahren werden darf) **box number** s̄ Chiffre f; (in Postamt) Postfach n **box office** Ⓐ s̄ Kasse f, Kassa f (österr) Ⓑ A̱T̄T̄R̄ **~ success/hit** Kassenschlager m
boy [bɔɪ] s̄ ❶ Junge m, Bub m (österr, schweiz); **the Jones ~** der Junge von Jones; **~s will be ~s** Jungen sind nun mal so ❷ (umg ≈ Kumpel) Knabe m (umg); **the old ~** (≈ Chef) der Alte (umg); (≈ Vater) mein etc alter Herr ❸ (≈ Freund) **the ~s** meine/seine Kumpels; **our ~s** (≈ Mannschaft) unsere Jungs ❹ **oh ~!** (umg) Junge, Junge! (umg)
boy band s̄ MUS Boygroup f
boycott [ˈbɔɪkɒt] Ⓐ s̄ Boykott m Ⓑ V̄T̄ boykottieren
boyfriend s̄ Freund m (❗ mit dem ein Mädchen eine Beziehung hat) **boyhood** s̄ Kindheit f, Jugend(zeit) f **boyish** [ˈbɔɪɪʃ] A̱D̄J̄ jungenhaft; Frau knabenhaft **boy scout** s̄ Pfadfinder m **Boy Scouts** P̄L̄ Pfadfinder pl
bpi, **BPI** IT abk von bits per inch BPI
bps, **BPS** IT abk von bits per second BPS
bra [brɑː] s̄ abk von brassière BH m
brace [breɪs] Ⓐ s̄ (für Zähne) Klammer f; MED Stützapparat m Ⓑ V̄R̄ sich bereithalten; **to ~ oneself for sth** sich auf etw (akk) gefasst machen; **~ yourself, I've got bad news for you** mach dich auf eine schlechte Nachricht gefasst
bracelet [ˈbreɪslɪt] s̄ Armband n, Armreif(en) m
braces [ˈbreɪsɪz] P̄L̄ (Br) Hosenträger pl (❗ = (US) **suspenders**); **a pair of ~** (ein Paar) Hosenträger
bracing [ˈbreɪsɪŋ] A̱D̄J̄ anregend; Klima Reiz-
bracken [ˈbrækən] s̄ Adlerfarn m
bracket [ˈbrækɪt] Ⓐ s̄ ❶ Winkelträger m, (Regal)träger m ❷ TYPO, MUS Klammer f; **in ~s** in Klammern ❸ Gruppe f Ⓑ V̄T̄ (a. **bracket together**) (fig) zusammenfassen
brag [bræg] Ⓐ V̄Ī angeben (about, of mit) Ⓑ V̄T̄ **to ~ that** damit angeben, dass **bragging** [ˈbrægɪŋ] s̄ Angeberei f
braid [breɪd] Ⓐ s̄ ❶ (von Haar) Zopf m ❷ (≈ Besatz) Borte f Ⓑ V̄T̄ (≈ Zopf) flechten
Braille [breɪl] Ⓐ s̄ Blindenschrift f Ⓑ A̱D̄J̄ Blindenschrift-
brain [breɪn] s̄ ❶ ANAT Gehirn n; **he's got sex on the ~** (umg) er hat nur Sex im Kopf ❷

▶ Boxing Day

Es gibt unterschiedliche Erklärungen für den Namen **Boxing Day**. Vermutlich heißt er so, weil früher die Kirchen am 26. Dezember den Inhalt der **boxes** (Opferstöcke) als Almosen verteilten. Der Name kann aber auch auf die Päckchen mit Geschenken oder Resten vom Weihnachtsessen hindeuten, die Begüterte ihren Bediensteten an diesem Tag gaben. In Irland wird dieses Fest nach dem heiligen Stefan **St Stephen's Day** genannt.

LANDESKUNDE ◀

brains pl ANAT Gehirn n; GASTR Hirn n ■ Verstand m; **~s** pl Intelligenz f, Grips m (umg); **he has ~s** er ist intelligent; **use your ~s** streng mal deinen Kopf an **brainbox** s (hum umg) Schlauberger m (umg) **brainchild** s Erfindung f; (≈ Idee) Geistesprodukt n **brain-damaged** ADJ hirngeschädigt **braindead** ADJ (ge)hirntot **brain drain** s Abwanderung f von Wissenschaftlern, Braindrain m **brain haemorrhage**, **brain hemorrhage** (US) s (Ge)hirnblutung f **brainless** ADJ hirnlos, dumm **brain scan** s Computertomografie f des Schädels **brainstorm** s (US) Geistesblitz m **brainstorming** s Brainstorming n; **to have a ~ session** ein Brainstorming veranstalten **brain surgeon** s Hirnchirurg(in) m(f) **brain tumour**, (US) **brain tumor** s Gehirntumor m **brainwash** VT einer Gehirnwäsche (dat) unterziehen; **to ~ sb into believing** etc **that** … jdm (ständig) einreden, dass … **brainwashing** s Gehirnwäsche f **brainwave** s (Br) Geistesblitz m **brainy** ['breɪnɪ] ADJ (+er) (umg) gescheit
braise [breɪz] VT GASTR schmoren
brake [breɪk] A s TECH Bremse f; **to put the ~s on** bremsen B VI bremsen **brake disc** s Bremsscheibe f **brake fluid** s Bremsflüssigkeit f **brake light** s Bremslicht n **brake lining** s Bremsbelag m **brake pad** s Bremsklotz m **brake pedal** s Bremspedal n **brake shoe** s Bremsbacke f **braking** s Bremsen n **braking distance** s Bremsweg m
bramble ['bræmbl] s Brombeerstrauch m
bran [bræn] s Kleie f
branch [brɑːntʃ] A s ■ BOT Zweig m, Ast m ■ (von Fluss) Arm m; (von Straße) Abzweigung f; (von Familie) Zweig m; (von Gleis) Abzweig m ■ (in Fluss, Straße, Gleis) Gabelung f ■ HANDEL Zweigstelle f, Ablage f (schweiz); **main ~** (von Geschäftsstelle f; (von Laden) Hauptgeschäft n ■ (von Fach) Zweig m B VI (Fluss, Straße) sich gabeln, sich verzweigen ◆**branch off** VI abzweigen ◆**branch out** VI (fig) sein Geschäft ausdehnen (into auf +akk); **to ~ on one's own** sich selbstständig machen
branch line s BAHN Nebenlinie f **branch manager** s Filialleiter m **branch office** s Zweigstelle f, Ablage f (schweiz)
brand [brænd] A s ■ (von Vieh) Brandzeichen n B VT ■ Waren mit seinem Warenzeichen versehen; **~ed goods** Markenartikel pl ■ Vieh mit einem Brandzeichen kennzeichnen ■ (≈ denunzieren) brandmarken **branding** ['brændɪŋ] s Markenkennzeichnung f
brandish ['brændɪʃ] VT schwingen
brand leader s führende Marke **brand**

branch — Zweig, Ast

branch — Abzweigung

name s Markenname m **brand-new** ADJ nagelneu
brandy ['brændɪ] s Weinbrand m (❗ Als Getränk hat **brandy** keinen Plural. **Brandies** sagt man zu verschiedenen Sorten oder einzelnen Gläsern.); **two brandies, please** zwei Weinbrand bitte
brash [bræʃ] ADJ (+er) dreist
brass [brɑːs] A s ■ Messing n ■ **the ~** MUS die Blechbläser pl ■ (umg) **the top ~** die hohen Tiere (umg) B ADJ Messing-; MUS Blech-; **~ player** Blechbläser m; **~ section** Blechbläser pl **brass band** s Blaskapelle f
brass plaque, **brass plate** s Messingschild n
brat [bræt] s (pej umg) Balg m od n (umg); (Mädchen) Göre f (umg)
bravado [brəˈvɑːdəʊ] s ■ (❗ kein pl) Draufgängertum n ■ (❗ kein pl) gespielte Tapferkeit
brave [breɪv] A ADJ (+er) mutig, tapfer; **be ~!** nur Mut!; **~ new world** schöne neue Welt B VT die Stirn bieten (+dat); Wetter trotzen (+dat) **bravely** ['breɪvlɪ] ADV tapfer **bravery** ['breɪvərɪ] s Mut m
bravo [brɑːˈvəʊ] INT bravo!
brawl [brɔːl] A VI sich schlagen B s Schlägerei f **brawling** ['brɔːlɪŋ] s Schlägereien pl
brawn [brɔːn] s Muskelkraft f; **he's all ~ and no brains** er hat Muskeln, aber kein Gehirn **brawny** ['brɔːnɪ] ADJ (+er) muskulös
bray [breɪ] VI (Esel) schreien
brazen ['breɪzn] ADJ dreist; Lüge schamlos ◆**brazen out** VT trennb **to brazen it out**

BRAZ | 96

B

durchhalten; *(durch Lügen)* sich durchmogeln *(umg)*

brazenly ['breɪznlɪ] ADV dreist; *lügen* schamlos **Brazil** [brə'zɪl] S Brasilien *n* **brazil** S *(a.* **brazil nut)** Paranuss *f* **Brazilian** [brə'zɪlɪən] A S Brasilianer(in) *m(f)* B ADJ brasilianisch

breach [briːtʃ] A S 1 Verstoß *m (of gegen)*; **a ~ of contract** ein Vertragsbruch; **~ of the peace** JUR öffentliche Ruhestörung; **a ~ of security** ein Verstoß *m* gegen die Sicherheitsbestimmungen; **~ of trust** FIN Untreue *f* 2 *(in Mauer, Überwachungssystem)* Lücke *f* B VT 1 *Mauer* eine Bresche schlagen in (+*akk*); *Überwachungssystem, Verteidigungslinien* durchbrechen 2 *Vertrag* verletzen

bread [bred] S 1 (⚠ kein pl) Brot *n*; **a piece of ~ and butter** ein Butterbrot *n*; **he knows which side his ~ is buttered (on)** er weiß, wo was zu holen ist 2 **writing is his ~ and butter** er verdient sich seinen Lebensunterhalt mit Schreiben 3 *(umg ≈ Geld)* Kohle *f (umg)* **breadbin** S *(Br)* Brotkasten *m* **breadboard** S Brot(schneide)brett *n* **breadbox** S *(US)* Brotkasten *m* **breadcrumbs** PL GASTR Paniermehl *n*; **in ~** paniert **breadknife** S Brotmesser *n* **breadline** S **to be on the ~** *(fig)* nur das Allernotwendigste zum Leben haben **bread roll** S Brötchen *n* **breadstick** S Knabberstange *f*

breadth [bretθ] S Breite *f*; **a hundred metres** *(Br) od* **meters** *(US)* **in ~** hundert Meter breit **breadwinner** ['bredwɪnəʳ] S Brotverdiener(in) *m(f)*

break [breɪk] *v: prät* **broke**, *pperf* **broken** A S 1 Bruch *m* 2 Lücke *f*; **row upon row of houses without a ~** Häuserzeile auf Häuserzeile, ohne Lücke 3 *(a. Br* SCHULE*)* Pause *f*; **without a ~** ununterbrochen; **to take** *od* **have a ~** (eine) Pause machen; **at ~** SCHULE in der Pause; **give me a ~!** *(umg)* nun mach mal halblang! *(umg)* 4 Abwechslung *f*; **~ in the weather** Wetterumschwung *m* 5 Erholung *f* 6 Urlaub *m* 7 **at ~ of day** bei Tagesanbruch 8 *(umg)* **they made a ~ for it** sie versuchten zu entkommen; **we had a few lucky ~s** wir haben ein paarmal Glück gehabt; **she had her first big ~ in a Broadway play** sie bekam ihre erste große Chance in einem Broadwaystück B VT 1 *Knochen* sich *(dat)* brechen; *Stock* zerbrechen, kaputt schlagen; *Glas* zerbrechen; *Fenster* einschlagen; *Ei* aufbrechen; **to ~ one's leg** sich *(dat)* das Bein brechen 2 *Spielzeug, Stuhl* kaputt machen 3 *Versprechen, Rekord* brechen; *Gesetz, Regel* verletzen 4 *Reise, Stille* unterbrechen 5 *Haut* ritzen; *Oberfläche* durchbrechen 6 *(≈ zerstören)* jdn mürbemachen; *Streik* brechen; *Code* entziffern; **to ~ sb (finan-**

cially) jdn ruinieren 7 *Fall* dämpfen 8 *Neuigkeiten* mitteilen; **how can I ~ it to her?** wie soll ich es ihr sagen? C VI 1 *(Knochen, Stimme)* brechen; *(Seil)* zerreißen; *(Fenster)* kaputtgehen; *(Glas)* zerbrechen; **his voice is beginning to ~** er kommt in den Stimmbruch 2 *(Uhr, Stuhl)* kaputtgehen 3 (eine) Pause machen; **to ~ for lunch** Mittagspause machen 4 *(Wetter)* umschlagen 5 *(Welle)* sich brechen 6 *(Tag)* anbrechen; *(Sturm)* losbrechen 7 *(Neuigkeiten)* bekannt werden 8 *(Firma)* **to ~ even** seine (Un)kosten decken ♦**break away** 1 weglaufen; *(Gefangener)* sich losreißen; **he broke away from the rest of the field** er hängte das ganze Feld ab 2 sich trennen ♦**break down** A VI 1 zusammenbrechen; *(Verhandlungen, Ehe)* scheitern 2 *(Fahrzeug)* eine Panne haben; *(Maschine)* versagen 3 *(Ausgaben)* sich aufschlüsseln; (CHEM: *Substanz)* sich aufspalten *(into in* +*akk)* B VT *trennb* 1 *Tür* einrennen; *Mauer* niederreißen 2 *Ausgaben* aufschlüsseln; *(≈ Zusammensetzung ändern)* umsetzen ♦**break in** A VI 1 unterbrechen *(on sb/sth* jdn/ etw) 2 einbrechen B VT *trennb* **Tür** aufbrechen ♦**break into** VI +*obj* 1 *Haus* einbrechen in (+*akk*); *Safe, Auto* aufbrechen 2 *Ersparnisse* anbrechen 3 **to ~ song** zu singen anfangen ♦**break off** A VI abbrechen B VT *trennb* abbrechen; *Verlobung* lösen ♦**break open** VT *trennb* aufbrechen ♦**break out** VI 1 *(Feuer, Krieg)* ausbrechen 2 **to ~ in a rash** einen Ausschlag bekommen; **he broke out in a sweat** ihm brach der Schweiß aus 3 ausbrechen *(from, of* aus) ♦**break through** A VI durchbrechen B VI +*obj* durchbrechen ♦**break up** A VI 1 *(Straße, Eisdecke)* aufbrechen 2 *(Menge)* auseinanderlaufen; *(Versammlung, Partnerschaft)* sich auflösen; *(Ehe)* in die Brüche gehen; *(Freunde)* sich trennen; **to ~ with sb** sich von jdm trennen 3 *(Br* SCHULE*)* aufhören; **when do you ~?** wann hört es bei euch die Schule auf? 4 TEL **you're breaking up** ich kann Sie nicht verstehen B VT *trennb* 1 *Boden* aufbrechen 2 *Ehe, Gemeinschaft* zerstören; *Versammlung (durch Polizei)* auflösen; **he broke up the fight** er trennte die Kämpfer; **break it up!** auseinander!

breakable ['breɪkəbl] ADJ zerbrechlich **breakage** ['breɪkɪdʒ] S **to pay for ~s** für zerbrochene Ware bezahlen **breakaway** ['breɪkəˌweɪ] ADJ *Gruppe* Splitter- **break command** S IT Unterbrechungsbefehl *m* **break dance** VI Breakdance tanzen

breakdown ['breɪkdaʊn] S 1 *(von Maschine)* Betriebsschaden *m*; *(von Fahrzeug)* Panne *f* 2 *(von System,* MED*)* Zusammenbruch *m* 3 *(von Zahlen etc)* Aufschlüsselung *f* **breakdown service** S Pannendienst *m* **breakdown truck** S Ab-

97 ‖ BRIB · **B**

schleppwagen *m*
breaker ['breɪkə'] ⓢ **1** (≈ *Welle*) Brecher *m* **2** (*a.* **breaker's ⟨yard⟩**) **to send a vehicle to the ~'s ⟨yard⟩** ein Fahrzeug abwracken
breakeven point [breɪk'iːvən,pɔɪnt] ⓢ Gewinnschwelle *f*
breakfast ['brekfəst] Ⓐ ⓢ Frühstück *n*, Morgenessen *n* (*schweiz*); **to have ~** frühstücken; **for ~** zum Frühstück Ⓑ ⓥⓘ frühstücken; **he ~ed on bacon and eggs** er frühstückte Eier mit Speck **breakfast cereal** ⓢ Zerealien *pl* **breakfast television** ⓢ Frühstücksfernsehen *n* **breakfast time** ⓢ Frühstückszeit *f*

▶ **breakfast (English / continental)**

Das traditionelle **English breakfast** (auch **cooked breakfast** genannt) besteht aus Eiern (Spiegeleiern, Rührei oder pochierten Eiern), Schinkenspeck, gebratenen Würstchen, Tomaten und Pilzen oder auch geräuchertem Fisch. Aus zeitlichen Gründen und „wegen der Linie" wird ein solch üppiges Frühstück zu Hause immer seltener eingenommen, in Hotels, Pensionen und sogar in manchen Schnellimbissstuben ist es aber häufig im Angebot. Das **continental breakfast** hingegen besteht lediglich aus Cornflakes o. Ä. und Toast / Brötchen mit Butter und Marmelade.

LANDESKUNDE ◀

break-in ['breɪkɪn] ⓢ Einbruch *m*; **we've had a ~** bei uns ist eingebrochen worden **breaking point** ⓢ (*fig*) **she is at** *od* **has reached ~** sie ist nervlich völlig am Ende (ihrer Kräfte) **breakneck** ⓐⓓⓙ **at ~ speed** (*Br*) mit halsbrecherischer Geschwindigkeit **break-out** ⓢ Ausbruch *m* **breakthrough** ⓢ (MIL, *fig*) Durchbruch *m* **break-up** ⓢ (*von Freundschaft*) Bruch *m*; (*von Ehe*) Zerrüttung *f*; (*von Partnerschaft*) Auflösung *f* **breakwater** ⓢ Wellenbrecher *m*
breast [brest] ⓢ Brust *f* **breastbone** ⓢ Brustbein *n*; (*von Vogel*) Brustknochen *m* **breast cancer** ⓢ Brustkrebs *m* **-breasted** [-'brestɪd] ⓐⓓⓙ *suf* **a double-/single-breasted jacket** ein Einreiher *m*/Zweireiher *m* **breast-fed** ⓐⓓⓙ **to be ~** gestillt werden **breast-feed** ⓥⓣ&ⓥⓘ stillen **breast-feeding** ⓢ Stillen *n* **breast pocket** ⓢ Brusttasche *f* **breaststroke** ⓢ Brustschwimmen *n*; **to swim** *od* **do the ~** brustschwimmen
breath [breθ] ⓢ **1** Atem *m*; **to take a deep ~** einmal tief Luft holen; **to have bad ~** Mundgeruch haben; **out of ~** außer Atem; **short of ~** kurzatmig; **to get one's ~ back** wieder zu Atem kommen; **in the same ~** im selben Atemzug; **to take sb's ~ away** jdm den Atem

verschlagen; **to say sth under one's ~** etw vor sich (*akk*) hin murmeln; **you're wasting your ~** du redest umsonst **2** **~ of wind** Lüftchen *n*
breathable ['briːðəbl] ⓐⓓⓙ Stoff, Kleidung atmungsaktiv **breathalyze** ['breθəlaɪz] ⓥⓣ blasen lassen **Breathalyzer®** ['breθəlaɪzə'] ⓢ Alkomat *m*
breathe [briːð] Ⓐ ⓥⓘ atmen; **now we can ~ again** jetzt können wir wieder frei atmen; **I don't want him breathing down my neck** ich will nicht, dass er mir die Hölle heiß macht (*umg*) Ⓑ ⓥⓣ **1** Luft einatmen; **to ~ one's last** seinen letzten Atemzug tun **2** atmen (*into* in +*akk*); **he ~d garlic all over me** er verströmte einen solchen Knoblauchgeruch; **he ~d new life into the firm** er brachte neues Leben in die Firma **3** **to ~ a sigh of relief** erleichtert aufatmen; **don't ~ a word of it!** sag kein Sterbenswörtchen darüber! ♦**breathe in** ⓥⓘ,ⓥⓣ *trennb* einatmen ♦**breathe out** ⓥⓘ,ⓥⓣ *trennb* ausatmen
breather ['briːðə'] ⓢ Atempause *f*; **to take** *od* **have a ~** sich verschnaufen **breathing** ['briːðɪŋ] ⓢ Atmung *f* **breathing apparatus** ⓢ Sauerstoffgerät *n* **breathing space** ⓢ (*fig*) Atempause *f* **breathless** ['breθlɪs] ⓐⓓⓙ atemlos; **~ with excitement** ganz atemlos vor Aufregung **breathtaking** ['breθteɪkɪŋ] ⓐⓓⓙ atemberaubend **breath test** ⓢ Atemalkoholtest *m*
bred [bred] *prät, pperf* von **breed**
-bred ⓐⓓⓙ *suf* -erzogen
breeches ['brɪtʃɪz] ⓟⓛ Kniehose *f*, Reithose *f*
breed [briːd] *v: prät, pperf* **bred** Ⓐ ⓢ Art *f* Ⓑ ⓥⓣ Tiere züchten Ⓒ ⓥⓘ (*Tiere*) Junge haben; (*Vögel*) brüten **breeding** ['briːdɪŋ] ⓢ **1** Fortpflanzung und Aufzucht *f* der Jungen **2** Zucht *f* **3** (≈ *Erziehung: a.* **good breeding**) gute Erziehung
breeze [briːz] ⓢ Brise *f* ♦**breeze in** ⓥⓘ **he breezed into the room** er kam fröhlich ins Zimmer geschneit
breezily ['briːzɪlɪ] ⓐⓓⓥ (*fig*) frisch-fröhlich **breezy** ['briːzɪ] ⓐⓓⓙ (+*er*) **1** Tag, Ort windig **2** Art und Weise frisch-fröhlich
brevity ['brevɪtɪ] ⓢ Kürze *f*
brew [bruː] Ⓐ ⓢ **1** (≈ *Bier*) Bräu *n* **2** Tee *m* Ⓑ ⓥⓣ Bier brauen; *Tee* aufbrühen Ⓒ ⓥⓘ **1** (*Bier*) gären; (*Tee*) ziehen **2** (*fig*) **there's trouble ~ing** da braut sich ein Konflikt zusammen **brewer** ['bruːə'] ⓢ Brauer *m* **brewery** ['bruːərɪ] ⓢ Brauerei *f*
bribe [braɪb] Ⓐ ⓢ Bestechung *f*; **to take a ~** sich bestechen lassen; **to offer sb a ~** jdn bestechen wollen Ⓑ ⓥⓣ bestechen; **to ~ sb to do sth** jdn bestechen, damit er etw tut **bribery** ['braɪbərɪ] ⓢ Bestechung *f*

BRIC | 98

B

bric-a-brac ['brɪkəbræk] 𝔰 Nippes m
brick [brɪk] 𝔰 **1** BAU Backstein m; **he came** od **was down on me like a ton of ~s** (umg) er hat mich unheimlich fertiggemacht (umg) **2** (≈ Spielzeug) (Bau)klotz m; **box of (building) ~s** Baukasten m ◆**brick up** Vᴛ trennb Fenster zumauern
bricklayer 𝔰 Maurer m **brick-red** ADJ ziegelrot **brick wall** 𝔰 (fig umg) **I might as well be talking to a ~** ich könnte genauso gut gegen eine Wand reden; **it's like banging one's head against a ~** es ist, wie wenn man mit dem Kopf gegen die Wand rennt; **to come up against** od **hit a ~** plötzlich vor einer Mauer stehen **brickwork** 𝔰 Backsteinmauerwerk n
bridal ['braɪdl] ADJ Braut-; **~ gown** Hochzeitskleid n **bridal suite** 𝔰 Hochzeitssuite f
bride [braɪd] 𝔰 Braut f
bridegroom ['braɪdgruːm] 𝔰 Bräutigam m
bridesmaid ['braɪdzmeɪd] 𝔰 Brautjungfer f
bridge¹ [brɪdʒ] A 𝔰 Brücke f; (von Nase) Sattel m; **to build ~s** (fig) Brücken schlagen B Vᴛ (fig) überbrücken; **to ~ the gap** (fig) die Zeit überbrücken
bridge² 𝔰 KART Bridge n
bridging loan ['brɪdʒɪŋləʊn] 𝔰 Überbrückungskredit m
bridle ['braɪdl] 𝔰 (von Pferd) Zaum m **bridle path** 𝔰 Reitweg m
brief [briːf] A ADJ (+er) kurz; **in ~** kurz; **the news in ~** Kurznachrichten pl; **to be ~, ...** um es kurz zu machen, ... B 𝔰 **1** JUR Auftrag m (an einen Anwalt); (≈ Dokumente) Unterlagen pl zu dem/einem Fall **2** Auftrag m C Vᴛ a. JUR instruieren
briefcase ['briːfkeɪs] 𝔰 (Akten)tasche f **briefing** ['briːfɪŋ] 𝔰 (a. **briefing session**) Einsatzbesprechung f **briefly** ['briːflɪ] ADV kurz
briefs [briːfs] Pʟ Slip m; **a pair of ~** ein Slip
brigade [brɪ'geɪd] 𝔰 MIL Brigade f
bright [braɪt] ADJ (+er) **1** hell; Farbe leuchtend; Stern, Augen strahlend; Tag heiter; **~ red** knallrot; **it was really ~ outside** es war wirklich sehr hell draußen; **~ intervals** METEO Aufheiterungen pl **2** fröhlich; **I wasn't feeling too ~** es ging mir nicht besonders gut; **~ and early** in aller Frühe **3** schlau; Kind aufgeweckt; Idee glänzend; (iron) intelligent **4** Aussichten glänzend; **things aren't looking too ~** es sieht nicht gerade rosig aus **brighten (up)** ['braɪtn(ʌp)] A Vᴛ trennb **1** aufheitern **2** aufhellen B Vɪ **1** (Wetter) sich aufklären od aufheitern **2** (Mensch) fröhlicher werden **brightly** ['braɪtlɪ] ADV **1** scheinen, brennen hell; **~ lit** hell erleuchtet **2** fröhlich **brightness** 𝔰 Helligkeit f; (von Farbe) Leuchten n; (von Stern, Augen) Strahlen n
brill ADJ (Br) (umg) super (umg), toll (umg) **brilliance** ['brɪljəns] 𝔰 **1** Strahlen n **2** (fig) Großar-

tigkeit f; (von Geist, Wissenschaftler) Brillanz f **brilliant** ['brɪljənt] A ADJ **1** (fig) großartig (a. iron); Geist, Wissenschaftler brillant; Student hervorragend; **to have a ~ time** sich blendend amüsieren; **he is ~ with my children** er versteht sich großartig mit meinen Kindern; **to be ~ at sth/doing sth** etw hervorragend können/tun können **2** Sonnenschein, Farbe strahlend B INT (umg) super (umg) **brilliantly** ['brɪljəntlɪ] ADV **1** scheinen, beleuchtet hell; **~ coloured** (Br) od **colored** (US) in kräftigen Farben **2** großartig; etw leisten brillant; komisch, einfach herrlich
brim [brɪm] A 𝔰 Rand m; **full to the ~ (with sth)** randvoll (mit etw) B Vɪ strotzen (with von od vor +dat); **her eyes were ~ming with tears** ihre Augen schwammen in Tränen ◆**brim over** Vɪ überfließen (with vor +dat)
brimful ['brɪm'fʊl] ADJ (wörtl) randvoll; (fig) voll (of, with von)
brine [braɪn] 𝔰 Sole f; (zum Einlegen) Lake f
bring [brɪŋ] prät, pperf brought Vᴛ bringen; (a. **bring with one**) mitbringen; **did you ~ the car** etc? haben Sie den Wagen etc mitgebracht?; **to ~ sb inside** jdn hereinbringen; **to ~ tears to sb's eyes** jdm die Tränen in die Augen treiben; **I cannot ~ myself to speak to him** ich kann es nicht über mich bringen, mit ihm zu sprechen; **to ~ sth to a close** od **an end** etw zu Ende bringen; **to ~ sth to sb's attention** jdn auf etw (akk) aufmerksam machen ◆**bring about** Vᴛ trennb herbeiführen ◆**bring along** Vᴛ trennb mitbringen ◆**bring back** Vᴛ trennb **1** zurückbringen **2** Brauch wiedereinführen; **to bring sb back to life** jdn wieder lebendig machen ◆**bring down** Vᴛ trennb **1** (≈ durch Schüsse) herunterholen; (≈ landen) herunterbringen; **you'll bring the boss down on us** da werden wir es mit dem Chef zu tun bekommen **2** Regierung zu Fall bringen **3** senken; Schwellung reduzieren ◆**bring forward** Vᴛ trennb **1** jdn, Stuhl nach vorne bringen **2** Termin vorverlegen **3** HANDEL **amount brought forward** Übertrag m ◆**bring in** Vᴛ trennb **1** (wörtl) hereinbringen (obj, -to in +akk); Ernte, Einkünfte einbringen **2** (fig) Mode einführen; PARL Gesetz einbringen; **to bring sth into fashion** etw in Mode bringen **3** Polizei etc einschalten (on bei); **don't bring him into it** lass ihn aus der Sache raus; **why bring that in?** was hat das damit zu tun? ◆**bring off** Vᴛ trennb zustande bringen; **he brought it off!** er hat es geschafft! (umg) ◆**bring on** Vᴛ trennb **1** herbeiführen **2** SPORT Spieler einsetzen **3** **to bring sth (up)on oneself** sich (dat) etw selbst aufladen; **you brought it (up)on yourself** das hast du dir selbst zuzuschreiben ◆**bring out** Vᴛ trennb

99 ‖ BROA

■1 *(wörtl)* (heraus)bringen *(of aus)*; *(aus Tasche)* herausholen *(of aus)* ■2 *jdn* die Hemmungen nehmen *(+dat)* ■3 **to ~ the best in sb** das Beste in jdm zum Vorschein bringen ■4 *(a.* **bring out on strike)** auf die Straße schicken ■5 *Produkt, Buch* herausbringen ■6 hervorheben ■7 **to bring sb out in a rash** bei jdm einen Ausschlag verursachen ♦**bring over** V/T *trennb (wörtl)* herüberbringen ♦**bring round** *(bes Br)* V/T *trennb* ■1 vorbeibringen ■2 *Gespräch* bringen *(to auf +akk)* ■3 *Bewusstlosen* wieder zu Bewusstsein bringen ■4 *(≈ überzeugen)* herumkriegen *(umg)* ♦**bring to** V/T *immer getrennt* **to bring sb to** jdn wieder zu Bewusstsein bringen ♦**bring together** V/T *trennb* zusammenbringen ♦**bring up** V/T *trennb* ■1 *(nach oben)* heraufbringen; *(nach vorn)* hinbringen ■2 *Summe* erhöhen *(to auf +akk); Standard, Niveau* anheben; **to bring sb up to a certain standard** jdn auf ein gewisses Niveau bringen ■3 *Kind* großziehen, erziehen; **to bring sb up to do sth** jdn dazu erziehen, etw zu tun ■4 *Gegessenes* brechen ■5 *(≈ erwähnen)* zur Sprache bringen ♦**bring upon** V/T *trennb* = **bring on** 3
brink [brɪŋk] S Rand *m*; **on the ~ of sth** am Rande von etw; **on the ~ of doing sth** nahe daran, etw zu tun
brisk [brɪsk] ADJ *(+er)* ■1 *Mensch* forsch; *Tempo* flott; **to go for a ~ walk** einen ordentlichen Spaziergang machen ■2 *(fig) Geschäft* lebhaft **briskly** ['brɪsklɪ] ADV *sprechen, handeln* forsch; *gehen* flott
bristle ['brɪsl̩] A S Borste *f*; *(von Bart)* Stoppel *f* B V/I *(fig)* zornig werden; **to ~ with anger** vor Wut schnauben **bristly** ['brɪslɪ] ADJ *(+er) Kinn* stoppelig; *Haar, Bart* borstig
Brit [brɪt] S *(umg)* Brite *m*, Britin *f*
Britain ['brɪtən] S Großbritannien *n*

  Britain or the UK

Im Deutschen sagt man oft England, wenn man Großbritannien meint. Besonders bei Schotten und Walisern kommt das oft gar nicht gut an. Klar, diese begriffliche Verengung ist ja eigentlich auch nicht ganz korrekt.
Großbritannien heißt **Great Britain** (oder kurz **Britain**) und schließt außer England auch Schottland und Wales ein.
Spricht man vom **United Kingdom of Great Britain and Northern Ireland** (oder kurz **UK**), dann ist damit das Vereinigte Königreich von Großbritannien und Nordirland gemeint.

LANDESKUNDE ◁

British ['brɪtɪʃ] A ADJ britisch; **I'm ~** ich bin Brite/Britin; **~ English** britisches Englisch B S **the ~** *pl* die Briten *pl* **British-Asian** [ˌbrɪtɪʃ'eɪʃn] A ADJ britisch-asiatisch B S Brite *m*/Britin *f* asiatischer Herkunft **British Council** S British Council *m, Organisation zur Förderung britischer Kultur im Ausland* **British Isles** PL **the ~** die Britischen Inseln **Briton** ['brɪtən] S (❗ wird nur in historischem Zusammenhang verwendet oder im Zeitungsjargon) Brite *m*, Britin *f*

▶ **die britische Regierung**

Prime Minister	Premierminister(in)
Deputy Prime Minister	Vizepremierminister(in)
Foreign Secretary	Außenminister(in)
Home Secretary	Innenminister(in)
Defence Secretary	Verteidigungsminister(in)
Chancellor of the Exchequer	Finanzminister(in)
Member of Parliament (MP)	Abgeordnete(r)

Parlament und Ministerien	
House of Commons	Unterhaus
House of Lords	Oberhaus
the Cabinet	Kabinett
Foreign Office	Außenministerium
Home Office	Innenministerium
Ministry of Defence	Verteidigungsministerium
Treasury	Finanzministerium
Department of Health	Gesundheitsministerium
Department for Education and Skills	Bildungsministerium

WORTSCHATZ ◁

Brittany ['brɪtənɪ] S die Bretagne
brittle ['brɪtl̩] ADJ spröde; **~ bones** schwache Knochen
broach [brəʊtʃ] V/T *Thema* anschneiden
B-road [ˈbiːrəʊd] S *(Br)* ≈ Landstraße *f*
broad [brɔːd] A ADJ *(+er)* ■1 breit; **to make ~er** verbreitern ■2 *Theorie* umfassend, allgemein ■3 *Unterscheidung, Umriss* grob; *Sinn* weit ■4 *Akzent* stark B S *(US sl ≈ Frau)* Tussi *f (pej)* **broadband** IT A ADJ Breitband- B S Breitband *n*
broadcast ['brɔːdkɑːst] v: *prät, pperf* broadcast A S RADIO, TV Sendung *f*; *(von Fußballspiel etc)* Übertragung *f* B V/T ■1 RADIO, TV senden; Veran-

B

staltung übertragen **2** (fig) Gerücht verbreiten **C** `V/I` RADIO, TV senden **broadcaster** ['brɔːd-kɑːstə'] `S` RADIO, TV Rundfunk-/Fernsehsprecher(in) _m(f)_, Rundfunk-/Fernsehpersönlichkeit _f_ **broadcasting** ['brɔːdkɑːstɪŋ] **A** `S` RADIO, TV Sendung _f_; (von Veranstaltung) Übertragung _f_; **to work in ~** beim Rundfunk/Fernsehen arbeiten **B** `ATTR` RADIO Rundfunk-; TV Fernseh-

broaden (out) ['brɔːdn(aʊt)] **A** `V/T` (trennb) (fig) Haltung, Einstellung aufgeschlossener machen; **to broaden one's horizons** (fig) seinen Horizont erweitern **B** `V/I` sich verbreitern **broad jump** `S` (US SPORT) Weitsprung _m_ **broadly** ['brɔːdlɪ] `ADV` allgemein; beschreiben grob; zustimmen weitgehend; **~ speaking** ganz allgemein gesprochen **broad-minded** `ADJ` tolerant **broadsheet** `S` PRESSE _großformatige Zeitung_

brocade [brəʊ'keɪd] **A** `S` Brokat _m_ **B** `ATTR` Brokat-

broccoli ['brɒkəlɪ] `S` (❗ mit Verb im Singular) Brokkoli _pl_

brochure ['brəʊʃjʊə'] `S` Broschüre _f_

broil [brɔɪl] `V/T & V/I` GASTR grillen

broke [brəʊk] **A** prät von **break** **B** `ADJ` präd (umg) pleite (umg); **to go ~** Pleite machen (umg); **to go for ~** alles riskieren

broken ['brəʊkən] **A** pperf von **break** **B** `ADJ` **1** kaputt; Knochen gebrochen; Glas etc kaputt **2** (fig) Herz, Mann, Versprechen, Englisch gebrochen; Ehe zerrüttet; **from a ~ home** aus zerrütteten Familienverhältnissen **broken-down** ['brəʊkən'daʊn] `ADJ` kaputt (umg) **broken-hearted** ['brəʊkən'hɑːtɪd] `ADJ` untröstlich

broker ['brəʊkə'] **A** `S` (BÖRSE, FIN) Makler _m_ **B** `V/T` aushandeln

bronchitis [brɒŋ'kaɪtɪs] `S` Bronchitis _f_

bronze [brɒnz] **A** `S` Bronze _f_ **B** `ADJ` Bronze-**Bronze Age** `S` Bronzezeit _f_ **bronzed** `ADJ` Gesicht, Mensch braun **bronze medal** `S` Bronzemedaille _f_ **bronze medallist** `S` Bronzemedaillengewinner(in) _m(f)_ **bronzing** `ADJ` Bräunungs-

brooch [brəʊtʃ] `S` Brosche _f_

brood [bruːd] **A** `S` Brut _f_ **B** `V/I` (fig) grübeln **♦brood over** od **(up)on** `V/I` +obj nachgrübeln über (+akk)

broody ['bruːdɪ] `ADJ` **1** **to be feeling ~** (hum umg) den Wunsch nach einem Kind haben **2** grüblerisch, schwerblütig

brook [brʊk] `S` Bach _m_

broom [bruːm] `S` Besen _m_ **broom cupboard** `S` Besenschrank _m_ **broomstick** `S` Besenstiel _m_; **a witch on her ~** eine Hexe auf ihrem Besen

Bros `PL` HANDEL abk von **Brothers** Gebr.

broth [brɒθ] `S` Fleischbrühe _f_, Rindsuppe _f_

(österr), Suppe _f_

brothel ['brɒθl] `S` Bordell _n_

brother ['brʌðə'] `S`, pl **-s** od (obs Kirche) **brethren** Bruder _m_; **they are ~ and sister** sie sind Geschwister; **my ~s and sisters** meine Geschwister; **the Clarke ~s** die Brüder Clarke; **oh ~!** (bes US umg) Junge, Junge! (umg); **his ~ officers** seine Offizierskameraden **brotherhood** `S` (≈ Vereinigung) Bruderschaft _f_

brother-in-law `S`, pl **brothers-in-law** Schwager _m_ **brotherly** ['brʌðəlɪ] `ADJ` brüderlich

brought [brɔːt] prät, pperf von **bring**

brow [braʊ] `S` **1** (von Auge) Braue _f_ **2** Stirn _f_ **3** (Berg)kuppe _f_

brown [braʊn] **A** `ADJ` (+er) braun **B** `S` Braun _n_ **C** `V/T` bräunen; Fleisch anbraten **D** `V/I` braun werden **♦brown off** `V/T` **to be browned off with sb/sth** (bes Br umg) jdn/etw satthaben (umg)

brown ale `S` Malzbier _n_ **brown bear** `S` Braunbär _m_ **brown bread** `S` Grau- od Mischbrot _n_, Vollkornbrot _n_ **brownfield** ['braʊn-fiːld] `ADJ` Gelände Brachflächen- **brownie** ['braʊnɪ] `S` **1** kleiner Schokoladenkuchen **2** Brownie (bei Pfadfindern) Wichtel _m_ **Brownie points** `PL` Pluspunkte _pl_; **to score ~ with sb** sich bei jdm beliebt machen **brownish** `ADJ` bräunlich **brown paper** `S` Packpapier _n_ **brown rice** `S` geschälter Reis **brown sauce** `S` (Br GASTR) braune Soße **brown sugar** `S` brauner Zucker

browse [braʊz] **A** `V/I` **1 to ~ through a book** in einem Buch schmökern; **to ~ (around)** sich umsehen **2** IT browsen **B** `V/T` IT browsen **C** `S` **to have a ~ (around)** sich umsehen; **to have a ~ through the books** in den Büchern schmökern **browser** ['braʊzə'] `S` IT Browser _m_

bruise [bruːz] **A** `S` blauer Fleck; (auf Obst) Druckstelle _f_ **B** `V/T` einen blauen Fleck/blaue Flecke(n) schlagen (+dat); Obst beschädigen; **to ~ one's elbow** sich (dat) einen blauen Fleck am Ellbogen holen **bruised** `ADJ` **1 to be ~** einen blauen Fleck/blaue Flecke haben; (Obst) eine Druckstelle/Druckstellen haben; **she has a ~ shoulder, her shoulder is ~** sie hat einen blauen Fleck auf der Schulter **2** (fig) Ego verletzt **bruising** ['bruːzɪŋ] `S` Prellungen _pl_

brunch [brʌntʃ] `S` Brunch _m_

brunette [bruː'net] **A** `S` Brünette _f_ **B** `ADJ` brünett

brunt [brʌnt] `S` **to bear the (main) ~ of the attack** die volle Wucht des Angriffs tragen; **to bear the (main) ~ of the costs** die Hauptlast der Kosten tragen; **to bear the ~** das meis-

101 ‖ BUDG

B

te abkriegen

brush [brʌʃ] **A** s̄ Bürste f; (zum Malen, Rasieren, Backen) Pinsel m; (am Kamin) Besen m; (mit Schaufel) Handbesen od -feger m; **to give sth a ~** etw bürsten; **to give one's hair a ~** sich die Haare bürsten **B** v̄t̄ **1** bürsten, wischen, fegen, wischen (schweiz); **to ~ one's teeth** sich (dat) die Zähne putzen; **to ~ one's hair** sich (dat) das Haar bürsten **2** fegen, wischen (schweiz) **3** (≈ leicht berühren) streifen ♦**brush against** v̄ī +obj streifen ♦**brush aside** v̄t̄ trennb jdn, Hindernis zur Seite schieben ♦**brush away** v̄t̄ trennb verscheuchen ♦**brush off** v̄t̄ trennb **1** Schmutz abbürsten **2** (umg) jdn abblitzen lassen (umg); Vorschlag, Kritik zurückweisen ♦**brush past** v̄ī streifen (obj +akk) ♦**brush up** v̄t̄ trennb (fig: a. **brush up on**) Thema auffrischen

brushoff s̄ (umg) **to give sb the ~** jdn abblitzen lassen (umg) **brushstroke** s̄ Pinselstrich m

brusque ā̄dj (+er), **brusquely** ā̄dv [bruːsk, -lı] brüsk; Antwort schroff

Brussels ['brʌslz] s̄ Brüssel n **Brussels sprouts** p̄ī Rosenkohl m, Kohlsprossen pl (österr)

brutal ['bruːtl] ā̄dj brutal **brutality** [bruː-'tælıtı] s̄ Brutalität f **brutalize** ['bruːtəlaız] v̄t̄ brutalisieren **brutally** ['bruːtəlı] ā̄dv brutal **brute** [bruːt] **A** s̄ brutaler Kerl **B** ā̄dj attr roh; **by ~ force** mit roher Gewalt **brutish** ['bruːtıʃ] ā̄dj viehisch, brutal

BSc abk von Bachelor of Science B.Sc.

BSE abk von bovine spongiform encephalopathy BSE f

B-side ['biːsaıd] s̄ B-Seite f

BST abk von British Summer Time britische Sommerzeit

BT abk von British Telecom britisches Telekommunikationsunternehmen

BTW abk von by the way übrigens

bubble ['bʌbl] **A** s̄ Blase f; **to blow ~s** Blasen machen; **the ~ has burst** (fig) alles ist wie eine Seifenblase zerplatzt **B** v̄ī **1** (Flüssigkeit) sprudeln; (Wein) perlen **2** (mit Geräusch) blubbern (umg); (Soße etc) brodeln; (Bach) plätschern **3** (fig) **to ~ with enthusiasm** fast platzen vor Begeisterung ♦**bubble over** v̄ī (wörtl) überschäumen; (fig) übersprudeln (with vor +dat)

bubble bath s̄ Schaumbad n **bubble gum** s̄ Bubblegum m **bubble memory** s̄ IT Blasenspeicher m **bubble pack** s̄ (Klar)sichtpackung f; (a. **bubble wrap**) Luftpolsterfolie f **bubbly** ['bʌblı] **A** ā̄dj (+er) **1** (wörtl) sprudelnd **2** (fig umg) Persönlichkeit temperamentvoll **B** s̄ (umg) Schampus m (umg)

Bucharest [,bjuːkə'rest] s̄ Bukarest n

buck [bʌk] **A** s̄ **1** (≈ Rotwild) Bock m; (≈ Kaninchen) Rammler m **2** (US umg) Dollar m; **20 ~s** 20 Dollar; **to make a ~** Geld verdienen; **to make a fast** od **quick ~** (a. Br) schnell Kohle machen (umg) **3** **to pass the ~** den schwarzen Peter weitergeben **B** v̄ī (Pferd) bocken **C** v̄t̄ **you can't ~ the market** gegen den Markt kommt man nicht an; **to ~ the trend** sich dem Trend widersetzen ♦**buck up** (umg) **A** v̄ī **1** sich ranhalten (umg) **2** aufleben; **~!** Kopf hoch! **B** v̄t̄ trennb **1** aufmuntern **2** **to buck one's ideas up** sich zusammenreißen (umg)

bucket ['bʌkıt] **A** s̄ Eimer m; **a ~ of water** ein Eimer m Wasser **B** v̄ī (Br umg) **it's ~ing (down)!** es gießt wie aus Kübeln (umg) **bucketful** s̄ Eimer m; **by the ~** (fig umg) tonnenweise (umg) **bucket shop** s̄ FIN Schwindelmakler m, Agentur f für Billigreisen

Buckingham Palace ['bʌkıŋəm'pælıs] s̄ der Buckingham-Palast

buckle ['bʌkl] **A** s̄ Schnalle f **B** v̄t̄ **1** Gürtel, Schuhe zuschnallen **2** Rad etc verbiegen, verbeulen **C** v̄ī sich verbiegen ♦**buckle down** v̄ī (umg) sich dahinter klemmen (umg); **to ~ to a task** sich hinter eine Aufgabe klemmen (umg)

buckskin s̄ Wildleder n

buckwheat s̄ Buchweizen m

bud [bʌd] **A** s̄ Knospe f; **to be in ~** Knospen treiben **B** v̄ī Knospen treiben; (Baum a.) ausschlagen

Budapest [,bjuːdə'pest] s̄ Budapest n

Buddha ['bʊdə] s̄ Buddha m **Buddhism** ['bʊdızəm] s̄ Buddhismus m **Buddhist** ['bʊdıst] **A** ā̄dj Buddhist(in) m(f) ā̄dj buddhistisch

budding ['bʌdıŋ] ā̄dj (fig) Dichter etc angehend

buddy ['bʌdı] s̄ (US umg) Kumpel m, Spezi m (österr) (🔻 = (Br) **pal**)

budge [bʌdʒ] **A** v̄ī **1** sich bewegen (🔻 meist verneint gebraucht); **~ up** od **over!** mach Platz! **2** (fig) nachgeben; **I will not ~ an inch** ich werde keinen Fingerbreit nachgeben **B** v̄t̄ (von der Stelle) bewegen

budgerigar ['bʌdʒərıgaː'] s̄ Wellensittich m

budget ['bʌdʒıt] **A** s̄ Etat m, Budget n **B** v̄ī haushalten **C** v̄t̄ Geld, Zeit verplanen; Kosten einplanen ♦**budget for** v̄ī +obj (im Etat) einplanen

-budget suf **low-budget** mit bescheidenen Mitteln finanziert; **big-budget** aufwendig (finanziert) **budget account** s̄ Kundenkonto n **budget day** s̄ PARL ≈ Haushaltsdebatte f **budget deficit** s̄ Haushaltsdefizit n **budget holiday** s̄ Billigreise f **budgeting** ['bʌdʒıtıŋ] s̄ Budgetierung f **budget speech** s̄ PARL Etatrede f

budgie ['bʌdʒı] s̄ (umg) abk von budgerigar

Wellensittich *m*
buff¹ [bʌf] Ⓐ s̄ **1 in the ~** nackt **2** (≈ *Farbe*) Gelbbraun *n* Ⓑ ADJ gelbbraun Ⓒ VT *Metall* polieren
buff² s̄ (*umg* ≈ *Kino-, Computer-* etc) Fan *m* (*umg*)
buffalo [ˈbʌfələʊ] s̄, *pl* -es, *kollektiv: pl* - Büffel *m*
buffer [ˈbʌfə'] s̄ *a.* IT Puffer *m*; BAHN Prellbock *m* **buffering** [ˈbʌfərɪŋ] s̄ IT Pufferung *f* **buffer state** s̄ POL Pufferstaat *m* **buffer zone** s̄ Pufferzone *f*
buffet¹ [ˈbʌfɪt] VT hin und her werfen; **~ed by the wind** vom Wind gerüttelt
buffet² [ˈbʊfeɪ] s̄ Büfett *n*; (Br BAHN) Speisewagen *m*; (≈ *Mahlzeit*) Stehimbiss; (*kalt*) kaltes Büfett; **~ lunch** Stehimbiss *m* **buffet car** s̄ (Br BAHN) Speisewagen *m* (⚠ = (US) **diner**)
bug [bʌɡ] Ⓐ s̄ **1** *a.* IT Wanze *f*; (*umg*) Käfer *m*; **~s** *pl* Ungeziefer *n* **2** (*umg*) Bazillus *f*; **he picked up a ~** er hat sich (*dat*) eine Krankheit geholt; **there must be a ~ going about** das geht zurzeit um **3** (*umg*) **she's got the travel ~** die Reiselust hat sie gepackt Ⓑ VT **1** *Zimmer* Wanzen *pl* installieren in (+*dat*) (*umg*); **this room is ~ged** das Zimmer ist verwanzt (*umg*) **2** (*umg*) stören, nerven (*umg*) **bugbear** [ˈbʌɡbɛə'] s̄ Schreckgespenst *n* **bug-free** [ˌbʌɡˈfriː] ADJ IT fehlerfrei
bugger [ˈbʌɡə'] Ⓐ s̄ (*umg*) Scheißkerl *m* (*umg*); **you lucky ~!** du hast vielleicht ein Schwein! (*umg*) Ⓑ INT (Br *umg*) **~ (it)!** Scheiße! (*umg*); **~ this car!** dieses Scheißauto! (*umg*); **~ him** dieser Scheißkerl (*umg*), der kann mich mal (*umg*)
◆**bugger about** *od* **around** (Br *umg*) Ⓐ VI rumgammeln (*umg*); **to ~ with sth** an etw (*dat*) rumpfuschen (*umg*) Ⓑ VT trennb verarschen (*umg*) ◆**bugger off** VI (Br *umg*) abhauen (*umg*) ◆**bugger up** VT trennb (Br *umg*) versauen (*umg*)
bugger all [ˌbʌɡərˈɔːl] s̄ (Br *umg*) rein gar nichts **buggered** ADJ (Br *umg*) im Arsch (*sl*); **I'm ~ if I'll do it** ich denke nicht im Traum daran, es zu tun
bugging device [ˈbʌɡɪŋˌdɪvaɪs] s̄ Abhörgerät *n*
buggy [ˈbʌɡɪ] s̄ (*a.* **baby buggy**)® (Br) Sportwagen *m*; (US) Kinderwagen *m*
build [bɪld] *v: prät, pperf* **built** Ⓐ s̄ Körperbau *m* Ⓑ VT **1** bauen; **the house is being built** das Haus ist im Bau **2** (*fig*) *Karriere* etc aufbauen; *Zukunft* schaffen Ⓒ VI bauen ◆**build in** VT trennb (*wörtl, fig*) einbauen ◆**build on** Ⓐ VT trennb anbauen; **to build sth onto sth** etw an etw (*akk*) anbauen Ⓑ VT +*obj* bauen auf (+*akk*) ◆**build up** Ⓐ VI **1** (*Geschäft*) wachsen; (*Rückstand*) sich ablagern; (*Druck*) zunehmen **2** (*Verkehr*) sich verdichten; (*Schlange*) sich bilden Ⓑ VT trennb aufbauen (*into* zu); *Druck* steigern; *jds Selbstvertrauen* stärken; **porridge builds you up** von Porridge wirst du groß und stark; **to ~ sb's hopes** jdm Hoffnung(en) machen; **to ~ a reputation** sich (*dat*) einen Namen machen
builder [ˈbɪldə'] s̄ Bauarbeiter(in) *m(f)*, Bauunternehmer *m*; **~'s merchant** Baustoffhändler *m*
building [ˈbɪldɪŋ] s̄ **1** Gebäude *n*; **it's the next ~ but one** das ist zwei Häuser weiter **2** Bauen *n* **building and loan association** s̄ (US) Bausparkasse *f* (⚠ = (Br) **building society**) **building block** s̄ Bauklotz *m*; (*fig*) Baustein *m* **building contractor** s̄ Bauunternehmer *m* **building materials** PL Baumaterial *n* **building site** s̄ Baustelle *f* **building society** s̄ (Br) Bausparkasse *f* (⚠ = (US) **building and loan association**) **building trade** s̄ Baugewerbe *n* **build-up** s̄ **1** (*umg*) Werbung *f*; **the chairman gave the speaker a tremendous ~** der Vorsitzende hat den Redner ganz groß angekündigt **2** (*von Druck*) Steigerung *f*; **a ~ of traffic** eine Verkehrsverdichtung **built** [bɪlt] Ⓐ PRÄT, PPERF von **build** Ⓑ ADJ **heavily/slightly ~** kräftig/zierlich gebaut **built-in** ADJ *Schrank* etc Einbau- **built-up** ADJ **~ area** bebautes Gebiet; VERKEHR geschlossene Ortschaft
bulb [bʌlb] s̄ **1** (Blumen)zwiebel *f*; (*von Knoblauch*) Knolle *f* **2** ELEK (Glüh)birne *f* **bulbous** [ˈbʌlbəs] ADJ *Pflanze* knollig; *Triebe* etc knotig; **~ nose** Knollennase *f*

bulb — (Blumen)zwiebel

bulb — (Glüh)lampe, (Glüh)birne

Bulgaria [bʌlˈɡɛərɪə] s̄ Bulgarien *n* **Bulgarian** Ⓐ ADJ bulgarisch Ⓑ s̄ **1** Bulgare *m*, Bulgarin *f* **2** LING Bulgarisch *n*
bulge [bʌldʒ] Ⓐ s̄ Wölbung *f*, Unebenheit *f*;

103 ‖ **BUNG** | **B**

what's that ~ in your pocket? was steht denn in deiner Tasche so vor? B̄ V̄ī 1 (a. **bulge out**) (an)schwellen, sich wölben, vorstehen; **his eyes were bulging** (fig) er bekam Stielaugen (umg) 2 prall gefüllt sein, voll sein **bulging** ['bʌldʒɪŋ] ADJ Magen prall; Taschen prall gefüllt

bulimia [bə'lɪmɪə] S̄ Bulimie f **bulimic** [bə-'lɪmɪk] A̅ ADJ bulimisch B̄ S̄ Bulimiker(in) m(f)

bulk [bʌlk] S̄ 1 Größe f, massige Form; (von Mensch) massige Gestalt 2 (a. **great bulk**) größter Teil 3 HANDEL **in ~** en gros **bulk buying** S̄ Großeinkauf m **bulky** ['bʌlkɪ] ADJ (+er) 1 Gegenstand sperrig; **~ goods** Sperrgut n 2 Mensch massig

bull [bʊl] S̄ 1 Stier m, Bulle m; **to take the ~ by the horns** (fig) den Stier bei den Hörnern packen; **like a ~ in a china shop** (umg) wie ein Elefant im Porzellanladen (umg) 2 (≈ Elefant, Wal) Bulle m; **a ~ elephant** ein Elefantenbulle m 3 BÖRSE Haussespekulant(in) m(f) 4 (umg) Quatsch m (umg) **bull bars** PL AUTO Kuhfänger m **bulldog** ['bʊldɒg] S̄ Bulldogge f **bulldog clip** S̄ (Br) Papierklammer f **bulldozer** ['bʊl-dəʊzə] S̄ Bulldozer m

bullet ['bʊlɪt] S̄ Kugel f **bullet hole** S̄ Einschuss(loch n) m

bulletin ['bʊlɪtɪn] S̄ Bulletin n **bulletin board** S̄ (US IT) Schwarzes Brett

bulletproof ADJ kugelsicher **bullet wound** S̄ Schussverletzung f

bullfighting S̄ Stierkampf m

bullion ['bʊljən] S̄ (⚠ kein pl) Gold-/Silberbarren pl

bullish ['bʊlɪʃ] ADJ **to be ~ about sth** in Bezug auf etw (akk) zuversichtlich sein

bull market S̄ BÖRSE Haussemarkt m

bullock ['bʊlək] S̄ Ochse m

bullring S̄ Stierkampfarena f **bull's-eye** S̄ Scheibenmittelpunkt m; (≈ Treffer) Schuss m ins Schwarze **bullshit** (sl) A̅ S̄ (fig) Scheiß m (umg) B̄ INT ach Quatsch (umg) C̄ V̄ī Scheiß erzählen (umg) D̄ V̄T̄ **to ~ sb** jdm Scheiß erzählen (umg)

bully ['bʊlɪ] A̅ S̄ Tyrann m; **you great big ~** du Rüpel B̄ V̄T̄ tyrannisieren, drangsalieren; **to ~ sb into doing sth** jdn so unter Druck setzen, dass er etc etw tut; **to ~ one's way into sth** sich gewaltsam Zutritt zu etw verschaffen **bully-boy** ['bʊlɪbɔɪ] ADJ attr **~ tactics** Einschüchterungstaktik f **bullying** ['bʊlɪɪŋ] A̅ ADJ tyrannisch B̄ S̄ Tyrannisieren n, Drangsalieren n, Anwendung f von Druck (of auf +akk)

bulwark ['bʊlwək] S̄ (wörtl, fig) Bollwerk n

bum[1] [bʌm] S̄ (bes Br umg) Hintern m (umg)

bum[2] (umg) A̅ S̄ (bes US) Rumtreiber m (umg), Penner m (umg) B̄ ADJ beschissen (umg) C̄ V̄T̄ Geld, Nah-

rung schnorren (umg) (off sb bei jdm); **could I ~ a lift into town?** kannst du mich in die Stadt mitnehmen? ◆**bum about** (Br) od **around** (umg) A̅ V̄ī rumgammeln (umg) B̄ V̄ī +obj ziehen durch (umg)

bum bag S̄ Gürteltasche f

bumblebee ['bʌmblbiː] S̄ Hummel f

bumf [bʌmf] S̄ = **bumph**

bummer ['bʌmə] S̄ (umg) **what a ~** (≈ Ärgernis etc) so 'ne Scheiße (umg)

bump [bʌmp] A̅ S̄ 1 Bums m (umg); **to get a ~ on the head** sich (dat) den Kopf anschlagen; **the car has had a few ~s** mit dem Auto hat es ein paarmal gebumst (umg) 2 Unebenheit f; (am Kopf etc) Beule f; (am Auto) Delle f B̄ V̄T̄ stoßen (obj gegen); eigenes Auto eine Delle fahren in (+akk); fremdes Auto auffahren auf (+akk); **to ~ one's head** sich (dat) den Kopf anstoßen (on, against an +dat) ◆**bump into** V̄ī +obj 1 stoßen gegen; (Fahrer, Auto) fahren gegen; fremdes Auto fahren auf (+akk) 2 (umg) begegnen (+dat), treffen ◆**bump off** V̄T̄ trennb (umg) abmurksen (umg) ◆**bump up** V̄T̄ trennb (umg) (to auf +akk) Preise, Betrag erhöhen; Gehalt aufbessern

bumper ['bʌmpə] A̅ S̄ (von Auto) Stoßstange f B̄ ADJ **~ crop** Rekordernte f; **a special ~ edition** eine Riesensonderausgabe **bumper car** S̄ Autoskooter m **bumper sticker** S̄ AUTO Aufkleber m, Pickerl n (österr)

bumph [bʌmf] S̄ (Br umg) Papierkram m (umg)

bumpkin ['bʌmpkɪn] S̄ (a. **country bumpkin**) (Bauern)tölpel m

bumpy ['bʌmpɪ] ADJ (+er) Oberfläche uneben; Straße, Fahrt holp(e)rig; Flug unruhig

bun [bʌn] S̄ 1 Brötchen n, süßes Teilchen 2 Knoten m

bunch [bʌntʃ] S̄ 1 (von Blumen) Strauß m; (von Bananen) Büschel n; **a ~ of roses** ein Strauß m Rosen; **a ~ of flowers** ein Blumenstrauß m; **~ of grapes** Weintraube f; **~ of keys** Schlüsselbund m; **the best of the ~** die Allerbesten, das Beste vom Besten 2 (umg: von Menschen) Haufen m (umg); **a small ~ of tourists** eine kleine Gruppe Touristen 3 (umg) **thanks a ~** (bes iron) schönen Dank ◆**bunch together** od **up** V̄ī (Menschen) Grüppchen bilden

bundle ['bʌndl] A̅ S̄ 1 Bündel n; **to tie sth in a ~** etw bündeln 2 (fig) **a ~ of** eine ganze Menge; **he is a ~ of nerves** er ist ein Nervenbündel; **it cost a ~** (umg) das hat eine Stange Geld gekostet (umg) B̄ V̄T̄ 1 bündeln; **~d software** IT Softwarepaket n 2 Sachen stopfen; Menschen verfrachten ◆**bundle off** V̄T̄ trennb jdn schaffen ◆**bundle up** V̄T̄ trennb bündeln

bung [bʌŋ] (Br) A̅ S̄ (von Fass) Spund(zapfen) m B̄ V̄T̄ (Br umg) schmeißen (umg) ◆**bung up** V̄T̄

BUNG | 104

B

trennb (*umg*) *Rohr* verstopfen; **I'm all bunged up** meine Nase ist verstopft

bungalow ['bʌŋɡələʊ] s̲ Bungalow *m*

bungee jumping ['bʌndʒi:'dʒʌmpɪŋ] s̲ Bungeespringen *n*

bungle ['bʌŋɡl] s̲ verpfuschen

bunk¹ [bʌŋk] s̲ **to do a ~** (*Br umg*) türmen (*umg*)
♦bunk off v̅i̅ (*Br* SCHULE *umg*) schwänzen

bunk² s̲ (*auf Schiff*) Koje *f*; (*in Schlafsaal*) Bett *n*
bunk beds p̅l̅ Etagenbett *n*

bunker ['bʌŋkəʳ] s̲ (*beim Golf*, MIL) Bunker *m*

bunny ['bʌnɪ] s̲ (*a.* **bunny rabbit**) Hase *m*

Bunsen (burner) ['bʌnsn('bɜ:nəʳ)] s̲ Bunsenbrenner *m*

buoy [bɔɪ] s̲ Boje *f* **♦buoy up** v̅t̅ *trennb* (*fig*, FIN) Auftrieb geben (+*dat*); *jds Hoffnung* beleben

buoyant ['bɔɪənt] a̅d̅j̅ ◨ *Schiff* schwimmend ◨ (*fig*) *Stimmung* heiter ◨ FIN *Markt* fest; *Geschäfte* rege

burden ['bɜ:dn] a̅ s̲ ◨ (*wörtl*) Last *f* ◨ (*fig*) Belastung *f* (*on, to* für); **I don't want to be a ~ to you** ich möchte Ihnen nicht zur Last fallen; **the ~ of proof is on him** er muss den Beweis dafür liefern ◨ v̅t̅ belasten

bureaucracy [bjʊəˈrɒkrəsɪ] s̲ Bürokratie *f*

bureaucrat ['bjʊərəʊkræt] s̲ Bürokrat *m*

bureaucratic [ˌbjʊərəʊˈkrætɪk] a̅d̅j̅ bürokratisch

bureau de change [ˌbjʊərəʊdɪˈʃɒndʒ] s̲, *pl* bureaux de change Wechselstube *f*

burgeoning ['bɜ:dʒənɪŋ] a̅d̅j̅ *Industrie, Markt* boomend; *Karriere* Erfolg versprechend; *Nachfrage* wachsend

burger ['bɜ:ɡəʳ] s̲ (*umg*) Hamburger *m* **burger bar** s̲ Imbissstube *f*

burglar ['bɜ:ɡləʳ] s̲ Einbrecher(in) *m(f)* **burglar alarm** s̲ Alarmanlage *f* **burglarize** ['bɜ:ɡləraɪz] v̅t̅ (*US*) einbrechen in (+*akk*) (❗ = (*Br*) **burgle**); **the place/he was ~d** in dem Gebäude/bei ihm wurde eingebrochen **burglarproof** ['bɜ:ɡləpru:f] a̅d̅j̅ einbruchsicher **burglary** ['bɜ:ɡlərɪ] s̲ Einbruch *m*, (Einbruchs)diebstahl *m* **burgle** ['bɜ:ɡl] v̅t̅ (*Br*) einbrechen in (+*akk*) (❗ = (US) **burglarize**); **the place/he was ~d** in dem Gebäude/bei ihm wurde eingebrochen

burial ['berɪəl] s̲ Beerdigung *f*; **Christian ~** christliches Begräbnis **burial ground** s̲ Begräbnisstätte *f*

burly ['bɜ:lɪ] a̅d̅j̅ (+*er*) kräftig

Burma ['bɜ:mə] s̲ Birma *n*

burn [bɜ:n] v: *prät, pperf* burnt (*Br*) *od* burned a̅ s̲ Brandwunde *f*, Brandfleck *m*; **severe ~s** schwere Verbrennungen *pl* ◨ v̅t̅ ◨ verbrennen; *Gebäude* niederbrennen; **to ~ oneself** sich verbrennen; **to be ~ed to death** verbrannt wer-

den; (*bei Unfall*) verbrennen; **to ~ a hole in sth** ein Loch in etw (*akk*) brennen; **to ~ one's fingers** sich (*dat*) die Finger verbrennen; **he's got money to ~** (*fig*) er hat Geld wie Heu; **to ~ one's bridges** (*Br fig*) alle Brücken hinter sich (*dat*) abbrechen ◨ *Toast etc* verbrennen lassen, anbrennen lassen; (*Sonne*) *Haut* verbrennen ◨ IT *CD, DVD* brennen c̲ v̅i̅ ◨ brennen; **to ~ to death** verbrennen ◨ (*Gebäck*) verbrennen, anbrennen; **she ~s easily** sie bekommt leicht einen Sonnenbrand **♦burn down** a̅ v̅i̅ (*Haus*) abbrennen; (*Kerze*) herunterbrennen b̲ v̅t̅ *trennb* abbrennen **♦burn out** a̅ v̅i̅ (*Feuer, Kerze*) ausgehen b̲ v̅i̅/r̲ ◨ (*Kerze*) herunterbrennen; (*Feuer*) ausbrennen ◨ (*fig umg*) **to burn oneself out** sich kaputtmachen (*umg*) c̲ v̅t̅ *trennb meist passiv* **burned out cars** ausgebrannte Autos; **he is burned out** (*umg*) er hat sich völlig verausgabt **♦burn up** v̅t̅ *trennb Kraftstoff, Energie* verbrauchen

burner ['bɜ:nəʳ] s̲ (*von Gasherd, Lampe*) Brenner *m* **burning** ['bɜ:nɪŋ] a̅ a̅d̅j̅ brennend; *Ehrgeiz* glühend b̲ ◨ **I can smell ~** es riecht verbrannt

burnt [bɜ:nt] a̅d̅j̅ (*Br*) verbrannt

▶ **Burns' Night**

Am 25. Januar feiern die Schotten in aller Welt den Geburtstag ihres Nationaldichters **Robert** (**„Rabbie") Burns** (1759-96). Dazu wird **haggis** mit Kartoffelbrei und Steckrübenpüree gegessen. Es wird eine Auswahl seiner Gedichte vorgetragen, meist gibt es einen Dudelsackspieler, und nach dem Essen wird getanzt.

LANDESKUNDE ◀

---

burp [bɜ:p] (*umg*) a̅ v̅i̅ rülpsen (*umg*); (*Baby*) aufstoßen b̲ s̲ Rülpser *m* (*umg*)

burrow ['bʌrəʊ] a̅ s̲ (*von Kaninchen etc*) Bau *m* b̲ v̅i̅ graben

bursary ['bɜ:sərɪ] s̲ (*Br*) Stipendium *n*

burst [bɜ:st] v: *prät, pperf* burst a̅ s̲ ◨ (*von Granate etc*) Explosion *f* ◨ (*in Rohr etc*) Bruch *m* ◨ (*von Aktivität*) Ausbruch *m*; **~ of laughter** Lachsalve *f*; **~ of applause** Beifallssturm *m*; **~ of speed** Spurt *m*; **a ~ of automatic gunfire** eine Maschinengewehrsalve b̲ v̅i̅ ◨ platzen; **to ~ open** aufspringen; **to be full to ~ing** zum Platzen voll sein; **to be ~ing with health** vor Gesundheit strotzen; **to be ~ing with pride** vor Stolz platzen; **if I eat any more, I'll ~** (*umg*) wenn ich noch mehr esse, platze ich (*umg*); **I'm ~ing** (*umg*) ich muss ganz dringend (*umg*) ◨ **to ~ into tears** in Tränen ausbrechen; **to ~ into flames** in Flammen aufgehen; **he ~ into the room** er platzte ins Zimmer; **to ~ into song** lossingen

105 ‖ BUSY

C _VT_ _Ballon, Blase, Reifen_ zum Platzen bringen; _(jdn)_ kaputtmachen _(umg)_; _Rohr_ sprengen; **the river has ~ its banks** der Fluss ist über die Ufer getreten ◆**burst in** _VI_ hineinstürzen; **he ~ on us** er platzte bei uns herein ◆**burst out** _VI_ **1 to ~ of a room** aus einem Zimmer stürzen **2 to ~ laughing** in Gelächter ausbrechen

bury ['berɪ] _VT_ **1** begraben; _Schatz_ vergraben; **where is he buried?** wo liegt _od_ ist er begraben?; **that's all dead and buried** _(fig)_ das ist schon lange passé _(umg)_; **buried by an avalanche** von einer Lawine verschüttet; **to ~ one's head in the sand** _(fig)_ den Kopf in den Sand stecken **2** _Finger_ vergraben _(in in +dat)_; _Klauen, Zähne_ schlagen _(in in +akk)_; **to ~ one's face in one's hands** das Gesicht in den Händen vergraben

bus[1] [bʌs] **A** _S_, _pl_ **-es** _od (US)_ **-ses** Bus _m_; **by ~** mit dem Bus; **to be on the ~** im Bus sitzen **B** _VT_ _(bes US)_ mit dem Bus befördern

bus[2] _S_ IT (Daten)bus _m_

bus boy _S_ _(US)_ Bedienungshilfe _f_

bus conductor _S_ Busschaffner _m_ **bus driver** _S_ Busfahrer(in) _m(f)_

bush [bʊʃ] _S_ **1** Busch _m_; _(a._ **bushes)** Gebüsch _n_; **to beat about** _(Br)_ _od_ **around the ~** _(fig)_ um den heißen Brei herumreden **2** _(in Afrika, Australien)_ Busch _m_ **bushfire** _S_ Buschfeuer _n_

bushy ['bʊʃɪ] _ADJ_ _(+er)_ buschig

busily ['bɪzɪlɪ] _ADV_ eifrig

business ['bɪznɪs] _S_ **1** (❗) kein Plural, aber im Sinne von _Laden, Firma_ Plural möglich) Geschäft _n_, Branche _f_; **a small ~** ein kleines Unternehmen; **a family ~** ein Familienunternehmen _n_; **to go into/set up in ~ with sb** mit jdm ein Geschäft gründen; **what line of ~ is she in?** was macht sie beruflich?; **to be in the publishing/insurance ~** im Verlagswesen/in der Versicherungsbranche tätig sein; **to go out of ~** zumachen; **to do ~ with sb** Geschäfte _pl_ mit jdm machen; **"business as usual"** das Geschäft bleibt geöffnet; **it's ~ as usual** alles geht wie gewohnt weiter; **how's ~?** wie gehen die Geschäfte?; **~ is good** die Geschäfte gehen gut; **on ~** geschäftlich; **to know one's ~** seine Sache verstehen; **to get down to ~** zur Sache kommen; **you shouldn't mix ~ with pleasure** man sollte Geschäftliches und Vergnügen trennen **2** (❗) kein pl) _(fig umg)_ **to mean ~** es ernst meinen **3** (❗) kein pl) Sache _f_; **that's my ~** das ist meine Sache; **that's no ~ of yours, that's none of your ~** das geht dich nichts an; **to make it one's ~ to do sth** es sich _(dat)_ zur Aufgabe machen, etw zu tun; **you've no ~ doing that** du hast kein Recht, das zu

tun; **moving house can be a stressful ~** ein Umzug kann ganz schön stressig sein **business activity** _S_ Geschäftstätigkeit _f_ **business address** _S_ Geschäftsadresse _f_ **business associate** _S_ Geschäftspartner(in) _m(f)_ **business card** _S_ (Visiten)karte _f_ **business centre,** _(US)_ **business center** _S_ Geschäftszentrum _n_ **business class** _S_ Businessklasse _f_ **business expenses** _PL_ Spesen _pl_ **business hours** _PL_ Geschäftsstunden _pl_ **business letter** _S_ Geschäftsbrief _m_ **businesslike** _ADJ_ _Art und Weise_ geschäftsmäßig; _Mensch_ nüchtern **business lunch** _S_ Geschäftsessen _n_

businessman _S_, _pl_ **-men** Geschäftsmann _m_ **business management** _S_ Betriebswirtschaft(slehre) _f_ **business park** _S_ Industriegelände _n_ **business people** _PL_ Geschäftsleute _pl_ **business practice** _S_ Geschäftspraxis _f_ **business proposition** _S_ Geschäftsangebot _n_; _(≈ Idee)_ Geschäftsvorhaben _n_ **business school** _S_ Wirtschaftsschule _f_ **business sector** _S_ Geschäftsbereich _m_ **business sense** _S_ Geschäftssinn _m_ **business studies** _PL_ Wirtschaftslehre _f_ **business suit** _S_ Straßenanzug _m_ **business trip** _S_ Geschäftsreise _f_

businesswoman _S_, _pl_ **-women** Geschäftsfrau _f_

busker ['bʌskə'] _S_ Straßenmusikant _m_

bus lane _S_ Busspur _f_ **busload** _S_ **a ~ of children** eine Busladung Kinder **bus pass** _S_ Seniorenkarte _f_ für Busse, Behindertenkarte _f_ für Busse **bus route** _S_ Buslinie _f_; **we're not on a ~** wir haben keine Busverbindung **bus service** _S_ Busverbindung _f_; _(≈ Netz)_ Busverbindungen _pl_ **bus shelter** _S_ Wartehäuschen _n_ **bus station** _S_ Busbahnhof _m_

bus stop _S_ Bushaltestelle _f_

bust[1] [bʌst] _S_ Büste _f_; ANAT Busen _m_; **~ measurement** Oberweite _f_

bust[2] _v: prät, pperf_ **bust** _(umg)_ **A** _ADJ_ **1** kaputt _(umg)_ **2** pleite _(umg)_ **B** _ADV_ **to go ~** pleitegehen _(umg)_ **C** _VT_ kaputt machen _(umg)_ **D** _VI_ kaputtgehen _(umg)_

bus ticket _S_ Busfahrschein _m_

bustle ['bʌsl] **A** _S_ Betrieb _m_ _(of in +dat)_ **B** _VI_ **to ~ about** geschäftig hin und her eilen _(umg)_; **the marketplace was bustling with activity** auf dem Markt herrschte ein reges Treiben **bustling** ['bʌslɪŋ] _ADJ_ **1** _Straße_ belebt **2** _Person_ geschäftig

bust-up ['bʌstʌp] _S_ _(umg)_ Krach _m_ _(umg)_; **they had a ~** sie haben Krach gehabt _(umg)_

busway ['bʌsweɪ] _S_ _(US)_ Busspur _f_

busy ['bɪzɪ] **A** _ADJ_ _(+er)_ **1** _Mensch_ beschäftigt; **are**

you ~? haben Sie gerade Zeit?; *(geschäftlich)* haben Sie viel zu tun?; **I'll come back when you're less ~** ich komme wieder, wenn Sie mehr Zeit haben; **to keep sb/oneself ~** jdn/sich selbst beschäftigen; **I was ~ studying** ich war gerade beim Lernen ❷ *Leben, Zeit* bewegt; *Ort* belebt; *Straße* stark befahren; **it's been a ~ day/week** heute/diese Woche war viel los; **have you had a ~ day?** hast du heute viel zu tun gehabt?; **he leads a very ~ life** bei ihm ist immer etwas los ❸ *(bes US)* Telefonleitung besetzt **B** V̄T̄ **to ~ oneself doing sth** sich damit beschäftigen, etw zu tun; **to ~ oneself with sth** sich mit etw beschäftigen **busybody** ['bɪzɪˌbɒdɪ] S̄ Wichtigtuer *m* **busy signal** S̄ *(bes US* TEL*)* Besetztzeichen *n*

but [bʌt] **A** KONJ ❶ aber; **~ you must know that ...** Sie müssen aber wissen, dass ...; **they all went ~ I didn't** sie sind alle gegangen, nur ich nicht; **~ then he couldn't have known that** aber er hat das ja gar nicht wissen können; **~ then it is well paid** aber dafür wird es gut bezahlt ❷ **not X ~ Y** nicht X sondern Y **B** ADV **I cannot (help) ~ think that ...** ich kann nicht umhin zu denken, dass ...; **one cannot (help) ~ admire him** man kann ihn nur bewundern; **you can ~ try** du kannst es immerhin versuchen; **I had no alternative ~ to leave** mir blieb keine andere Wahl als zu gehen **C** PRÄP **no one ~ me could do it** nur ich konnte es tun; **anything ~ that!** (alles,) nur das nicht!; **it was anything ~ simple** das war alles andere als einfach; **he was nothing ~ trouble** er hat nur Schwierigkeiten gemacht; **the last house ~ one** das vorletzte Haus; **the next street ~ one** die übernächste Straße; **~ for you I would be dead** wenn Sie nicht gewesen wären, wäre ich tot; **I could definitely live in Scotland, ~ for the weather** ich könnte ganz bestimmt in Schottland leben, wenn das Wetter nicht wäre

butane ['bjuːteɪn] S̄ Butan *n*

butch [bʊtʃ] ADJ maskulin

butcher ['bʊtʃə'] **A** S̄ Fleischer *m*, Fleischhauer *m* *(österr)*; **~'s (shop)** Fleischerei *f*; **at the ~'s** beim Fleischer **B** V̄T̄ schlachten; *Menschen* abschlachten

butler ['bʌtlə'] S̄ Butler *m*

butt¹ [bʌt] S̄ *(a.* **butt end***)* dickes Ende, (Gewehr)kolben *m*; *(von Zigarette)* Stummel *m*

butt² S̄ *(umg ≈ Zigarette)* Kippe *f* *(umg)*

butt³ S̄ *(fig)* **she's always the ~ of his jokes** sie ist immer (die) Zielscheibe seines Spottes

butt⁴ V̄T̄ mit dem Kopf stoßen ♦**butt in** V̄Ī sich einmischen *(on* in +*akk)*

butt⁵ S̄ *(US umg)* Arsch *m* *(vulg)*; **get up off your ~** setz mal deinen Arsch in Bewegung *(sl)* **butt call** S̄ *(US umg)* unbeabsichtigter Anruf durch Sitzen auf dem Handy

butter ['bʌtə'] **A** S̄ Butter *f*; **she looks as if ~ wouldn't melt in her mouth** sie sieht aus, als ob sie kein Wässerchen trüben könnte **B** V̄T̄ *Brot* buttern ♦**butter up** V̄T̄ trennb *(umg)* um den Bart gehen *(+dat)* *(umg)* **butter bean** S̄ Mondbohne *f* **buttercup** S̄ Butterblume *f* **butter dish** S̄ Butterdose *f* **butterfingered** ['bʌtəˌfɪŋgəd] ADJ *(umg)* tollpatschig *(umg)*

butterfly ['bʌtəflaɪ] S̄ ❶ Schmetterling *m*; **I've got/I get butterflies (in my stomach)** mir ist/wird ganz flau im Magen *(umg)* ❷ *(Schwimmen)* Butterfly *m*

butterfly — Schmetterling

butterfly — Delfin, Schmetterling

buttermilk S̄ Buttermilch *f* **butterscotch** ADJ Karamell-

buttock ['bʌtək] S̄ (Hinter)backe *f*; **~s** *pl* Gesäß *n*

button ['bʌtn] **A** S̄ Knopf *m*; **his answer was right on the ~** *(umg)* seine Antwort hat voll ins Schwarze getroffen *(umg)* **B** V̄T̄ zuknöpfen **C** V̄Ī *(Kleidungsstück)* geknöpft werden ♦**button up** V̄T̄ trennb zuknöpfen

button-down ['bʌtndaʊn] ADJ **~ collar** Button-down-Kragen *m* **buttonhole** **A** S̄ ❶ Knopfloch *n* ❷ Blume *f* im Knopfloch **B** V̄T̄ *(fig)* zu fassen bekommen **button mushroom** S̄ junger Champignon

buy [baɪ] *v*: *prät, pperf* **bought** **A** V̄T̄ ❶ kaufen; **to ~ and sell goods** Waren an- und verkaufen ❷ (fig) Zeit gewinnen ❸ **to ~ sth** (umg) etw akzeptieren ❹ VI kaufen ❺ N (umg) Kauf m; **to be a good ~** ein guter Kauf sein ♦**buy back** VT trennb zurückkaufen ♦**buy in** VT trennb Waren einkaufen ♦**buy into** VT+obj HANDEL sich einkaufen in (+akk) ♦**buy off** VT trennb (umg ≈ bestechen) kaufen (umg) ♦**buy out** VT trennb Aktionäre auszahlen; Firma aufkaufen ♦**buy up** VT trennb aufkaufen

buyer ['baɪə'] N Käufer m; (≈ Agent) Einkäufer m
buyout ['baɪaʊt] N Aufkauf m
buzz [bʌz] ❶ VI ❶ summen ❷ **my ears are ~ing** mir dröhnen die Ohren; **my head is ~ing** mir schwirrt der Kopf; **the city was ~ing with excitement** die Stadt war in heller Aufregung ❷ VT (mit dem Summer) rufen ❸ N ❶ (von Stimmen) Gemurmel n; **~ of anticipation** erwartungsvolles Gemurmel ❷ (umg ≈ Anruf) **to give sb a ~** jdn anrufen ❸ (umg) **I get a ~ from driving fast** ich verspüre einen Kitzel, wenn ich schnell fahre ♦**buzz off** VI (Br umg) abziehen (umg)
buzzard ['bʌzəd] N Bussard m
buzzer ['bʌzə'] N Summer m
buzz word N Modewort n
by [baɪ] ❶ PRÄP ❶ bei, an (+dat); (mit Richtungsangabe) an (+akk); (≈ in direkter Nachbarschaft) neben (+dat); (mit Richtungsangabe) neben (+akk); **by the window** am od beim Fenster; **by the sea** an der See; **come and sit by me** komm, setz dich neben mich ❷ (≈ via) über (+akk) ❸ **to rush** etc **by sb/sth** an jdm/etw vorbeieilen etc ❹ **by day/night** bei Tag/Nacht ❺ bis; **can you do it by tomorrow?** kannst du es bis morgen machen?; **by tomorrow I'll be in France** morgen werde ich in Frankreich sein; **by the time I got there, he had gone** bis ich dorthin kam, war er gegangen; **but by that time** od **by then it will be too late** aber dann ist es schon zu spät; **by now** inzwischen ❻ **by the hour** stundenweise; **one by one** einer nach dem anderen; **two by two** paarweise; **letters came in by the hundred** Hunderte von Briefen kamen in ❼ von; **killed by a bullet** von einer Kugel getötet ❽ **by bus/car/bicycle** mit dem Bus/Auto/Fahrrad; **to pay by cheque** (Br) od **check** (US) mit Scheck bezahlen; **made by hand** handgearbeitet; **to know sb by name/sight** jdn dem Namen nach/vom Sehen her kennen; **to lead sb by the hand** jdn an der Hand führen; **by myself/himself** etc allein ❾ **by saving hard he managed to ...** durch eisernes Sparen gelang es ihm ...; **by turning this knob** wenn Sie an diesem Knopf drehen ❿ nach; **by my watch** nach meiner Uhr; **to call sb/sth by his/its proper name** jdn/etw beim richtigen Namen nennen; **if it's OK by you** etc wenn es Ihnen etc recht ist; **it's all right by me** von mir aus gern ⓫ um; **broader by a foot** um einen Fuß breiter; **it missed me by inches** es verfehlte mich um Zentimeter ⓬ **to divide/multiply by** dividieren durch/multiplizieren mit; **20 feet by 30** 20 mal 30 Fuß; **I swear by Almighty God** ich schwöre beim allmächtigen Gott; **by the way** übrigens ❷ ADV ❶ **to pass by** etc vorbeikommen etc ❷ **to put by** beiseitelegen ❸ **by and large** im Großen und Ganzen

 by

Benutzt man **by** zusammen mit Verkehrsmitteln, also come / go / travel usw. **by boat, by bus, by car, by train, by plane** usw., entfällt der bestimmte oder unbestimmte Artikel **the** bzw. **a**: **Did you come by car or by bus?** — Bist du mit dem Auto oder mit dem Bus gekommen?

GRAMMATIK

bye [baɪ] INT (umg) tschüs(s), servus! (österr); **~ for now!** bis bald!
bye-bye ['baɪ'baɪ] INT (umg) Wiedersehen (umg)
by(e)-election [baɪɪ'lekʃən] N Nachwahl f
Byelorussia [ˌbjeləʊ'rʌʃə] N Weißrussland n
bylaw, **bye-law** ['baɪlɔː] N Verordnung f; **bylaws** PL (US: von Firma) Satzung f **bypass** ['baɪpɑːs] ❶ N Umgehungsstraße f, Umfahrung(sstraße) f (österr); MED Bypass m ❷ VT umgehen
bypass operation N Bypassoperation f
bypass surgery N Bypasschirurgie f **by-product** ['baɪprɒdʌkt] N Nebenprodukt n **byroad** N Neben- od Seitenstraße f **bystander** ['baɪstændə'] N Zuschauer m; **innocent ~** unbeteiligter Zuschauer
byte [baɪt] N IT Byte n
byword ['baɪwɜːd] N **to become a ~ for sth** gleichbedeutend mit etw werden

C, c [siː] C, c n; (SCHULE: Note) Drei f; **C sharp** Cis n; **C flat** Ces n
C abk von **centigrade** C
c abk von **cent** c, ct
CA ❶ abk von **chartered accountant** ❷ abk von **Central America**
c/a abk von **current account** Girokonto

CAB

cabin — Hütte

cabin — Kabine, Passagierraum

cab [kæb] s 1 Taxi n 2 (von Lkw) Führerhaus n
cabaret ['kæbəreɪ] s Varieté n; (satirisch) Kabarett n
cabbage ['kæbɪdʒ] s Kohl m
cabbie, cabby ['kæbɪ] s (umg) Taxifahrer(in) m(f) **cab driver** s Taxifahrer(in) m(f)
cabin ['kæbɪn] s 1 Hütte f 2 SCHIFF Kajüte f 3 FLUG Passagierraum m **cabin attendant** s FLUG Flugbegleiter(in) m(f) **cabin crew** s FLUG Flugbegleitpersonal n
cabinet ['kæbɪnɪt] s 1 Schränkchen n, Vitrine f 2 PARL Kabinett n **cabinet minister** s Minister(in) m(f) **cabinet reshuffle** s (Br POL) Kabinettsumbildung f
cable ['keɪbl] s 1 Tau n; (aus Draht) Kabel n, Seil n 2 ELEK Kabel n 3 Telegramm n 4 TV Kabelfernsehen n **cable car** s Drahtseilbahn f **cable channel** s Kabelkanal m **cable railway** s Bergbahn f **cable television** s Kabelfernsehen n
caboodle [kə'buːdl] s (umg) **the whole (kit and) ~** das ganze Zeug(s) (umg), der ganze Kram (umg)
cache [kæʃ] s 1 Versteck n 2 (IT: a. **cache memory**) Zwischenspeicher m
cackle ['kækl] A s 1 (von Hühnern) Gackern n 2 (meckerndes) Lachen B VT (Hühner) gackern; (Mensch) meckernd lachen
cactus ['kæktəs] s, pl -es od cacti ['kæktaɪ] Kaktus m
CAD [kæd] abk von computer-aided design CAD
cadaver [kə'dævəʳ] s Kadaver m, Leiche f
CAD/CAM ['kæd'kæm] abk von computer--aided design/computer-aided manufacture CAD/CAM
caddie ['kædɪ] (Golf) A s Caddie m B VI Caddie sein
caddy ['kædɪ] s 1 (für Tee) Büchse f 2 (US) Einkaufswagen m (⚠ = (Br) **trolley**) 3 = caddie I
cadence ['keɪdəns] s MUS Kadenz f
cadet [kə'det] s MIL etc Kadett m
cadge [kædʒ] VT & VI (Br umg) schnorren (umg) (from sb bei od von jdm); **could I ~ a lift with you?** könnten Sie mich vielleicht (ein Stück) mitnehmen?
Caesar ['siːzəʳ] s Cäsar m
Caesarean, (US) **Cesarean** [siː'zɛərɪən] s (MED: a. **Caesarean section**) Kaiserschnitt m; **she had a (baby by) ~** sie hatte einen Kaiserschnitt
Caesarian, (US) **Cesarian** [siː'zɛərɪən] s = Caesarean
café ['kæfeɪ] s Café n, Kaffeehaus n (österr)
cafeteria [ˌkæfɪ'tɪərɪə] s Cafeteria f
cafetière [ˌkæfə'tjɛəʳ] s Kaffeebereiter m
caff [kæf] s (Br umg) Café n, Kaffeehaus n (österr)
caffein(e) ['kæfiːn] s Koffein n
cage [keɪdʒ] s Käfig m
cagey ['keɪdʒɪ] ADJ (umg) vorsichtig, ausweichend
cagoule [kə'guːl] s Windhemd n
cahoots [kə'huːts] s (umg) **to be in ~ with sb** mit jdm unter einer Decke stecken
cairn [kɛən] s Steinpyramide f
cajole [kə'dʒəʊl] VT gut zureden (+dat); **to ~ sb into doing sth** jdn dazu bringen, etw zu tun
cake [keɪk] s Kuchen m, Torte f, Gebäckstück n;

cable — Drahtseil

cable — (Strom)kabel

a piece of ~ (fig umg) ein Kinderspiel n; **to sell like hot ~s** weggehen wie warme Semmeln (umg); **you can't have your ~ and eat it** (sprichw) beides auf einmal geht nicht **cake mix** s̄ Backmischung f **cake mixture** s̄ Kuchenteig m **cake pan** s̄ (US) Kuchenform f **cake shop** s̄ Konditorei f **cake tin** s̄ (Br: zum Backen) Kuchenform f; (zur Aufbewahrung) Kuchenbüchse f

cakes

cake	Kuchen
crumpet ['krʌmpɪt]	rundes Hefegebäck, das getoastet und mit Butter (und Marmelade) gegessen wird
Danish (pastry ['peɪstrɪ])	Plundergebäck (süßes Blätterteiggebäck)
flan	(Obst)torte
gateau ['gætəʊ]	Sahnetorte
pie	1. meist gedeckter Obstkuchen 2. Pastete
scone [skɒn]	kleines, brötchenähnliches Buttergebäck, das mit Butter bzw. extra dicker Sahne und Marmelade gegessen wird
Swiss roll tart	Biskuitrolle 1. Obstkuchen 2. Mürbeteigkuchen mit Marmeladen- oder Cremefüllung

❶ „Keks" heißt auf Englisch **biscuit** bzw. US **cookie / cooky**.

WORTSCHATZ

calamity [kə'læmɪtɪ] s̄ Katastrophe f
calcium ['kælsɪəm] s̄ Kalzium n
calculate ['kælkjʊleɪt] VT ❶ berechnen ❷ (fig) kalkulieren **calculated** ADJ (≈ absichtlich) berechnet; **a ~ risk** ein kalkuliertes Risiko **calculating** ADJ berechnend **calculation** [,kælkjʊ'leɪʃən] s̄ Berechnung f, Schätzung f; **you're out in your ~s** du hast dich verrechnet **calculator** ['kælkjʊleɪtə'] s̄ Rechner m **calculus** ['kælkjʊləs] s̄ MATH Infinitesimalrechnung f
Caledonia [,kælə'dəʊnɪə] s̄ Kaledonien n
calendar ['kæləndə'] s̄ ❶ (❶ Vorsicht, Schreibung) (Wand)kalender m (❶ Taschenkalender = **diary**) ❷ Terminkalender m; **~ of events** Veranstaltungskalender m **calendar month** s̄ Kalendermonat m

calf — Kalb

calf — Wade

calf[1] [kɑːf] s̄, pl **calves** ❶ Kalb n ❷ (≈ Elefant, Robbe etc) Junge(s) n
calf[2] s̄, pl **calves** ANAT Wade f
calfskin ['kɑːfskɪn] s̄ Kalb(s)leder n
calibre, (US) **caliber** ['kælɪbə'] s̄ (wörtl, fig) Kaliber n
California [,kælɪ'fɔːnɪə] s̄ Kalifornien n **Californian** ADJ kalifornisch
call [kɔːl] Ⓐ s̄ ❶ Ruf m; **to give sb a ~** jdn (herbei)rufen, jdn wecken; **a ~ for help** ein Hilferuf m ❷ TEL Gespräch n; **to give sb a ~** jdn anrufen; **to take a ~** ein Gespräch entgegennehmen ❸ Aufruf m; (fig: anlockend) Ruf m; **to be on ~** Bereitschaftsdienst haben ❹ Besuch m; **I have several ~s to make** ich muss noch einige Besuche machen ❺ Inanspruchnahme f; HANDEL Nachfrage f (for nach); **to have many ~s on one's time** zeitlich sehr in Anspruch genommen sein ❻ Grund m; **there is no ~ for you to worry** es besteht kein Grund zur Sorge Ⓑ VT ❶ rufen; Versammlung einberufen; Wahlen ausschreiben; Streik ausrufen; JUR Zeugen aufrufen; **the landlord ~ed time** der Wirt rief „Feierabend"; **the ball was ~ed out** der Ball wurde für „aus" erklärt ❷ nennen; **to be ~ed** heißen; **what's he ~ed?** wie heißt er?; **what do you ~ your cat?** wie heißt deine Katze?; **she ~s me lazy** sie nennt mich faul; **what's this ~ed in German?** wie heißt das auf Deutsch?; **let's ~ it a day** machen wir Schluss für heute; **~ it £5** sagen wir £ 5 ❸ TEL anrufen; (≈ per Funkruf) rufen; **I ~ed her on my mobile** ich habe sie von meinem Handy aus angerufen Ⓒ VI ❶ rufen; **to ~ for help** um Hilfe rufen; **to ~ to sb**

CALL | 110

jdm zurufen **2** vorbeikommen; **she ~ed to see her mother** sie machte einen Besuch bei ihrer Mutter; **the gasman ~ed** der Gasmann kam **3** TEL anrufen; (*per Funkruf*) rufen; **who's ~ing, please?** wer spricht da bitte?; **thanks for ~ing** vielen Dank für den Anruf ◆**call (a)round** V̄Ī (*umg*) vorbeikommen ◆**call at** V̄Ī +*obj* vorbeigehen bei; BAHN halten in (+*dat*); **a train for Lisbon calling at ...** ein Zug nach Lissabon über ... ◆**call away** V̄Ī trennb wegrufen; **I was called away on business** ich wurde geschäftlich abgerufen; **he was called away from the meeting** er wurde aus der Sitzung gerufen ◆**call back** V̄Ī & V̄Ī trennb zurückrufen ◆**call for** V̄Ī +*obj* **1** rufen; *Speisen* kommen lassen **2** verlangen (nach); *Mut* verlangen; **that calls for a drink!** darauf müssen wir einen trinken!; **that calls for a celebration!** das muss gefeiert werden! **3** abholen ◆**call in** V̄Ī vorbeigehen (*at, on* bei) ◆**call off** V̄Ī trennb *Termin, Streik* absagen; *Vereinbarung* rückgängig machen; (≈ *beenden*) abbrechen; *Verlobung* lösen ◆**call on** V̄Ī +*obj* **1** besuchen **2** = **call upon** ◆**call out** A V̄Ī rufen B V̄Ī trennb **1** *Namen* aufrufen **2** *Arzt* rufen; *Feuerwehr* alarmieren ◆**call out for** V̄Ī +*obj* *Nahrung* verlangen; *Hilfe* rufen um ◆**call over** V̄Ī trennb herbeirufen, zu sich rufen ◆**call up** A V̄Ī trennb **1** (*Br* MIL) *Reservist* einberufen; *Verstärkung* mobilisieren **2** SPORT berufen (*to in* +*akk*) **3** TEL anrufen **4** (*fig*) *Erinnerungen* (herauf)beschwören B V̄Ī TEL anrufen ◆**call upon** V̄Ī +*obj* **to ~ sb to do sth** jdn bitten, etw zu tun; **to ~ sb's generosity** an jds Großzügigkeit (*akk*) appellieren

call box S̄ (*Br*) Telefonzelle *f* **call centre** S̄ (*Br*) Callcenter *n* **caller** ['kɔːləʳ] S̄ **1** Besucher(in) *m(f)* **2** TEL Anrufer(in) *m(f)* **caller display** (*Br*), **caller ID** (*US*) S̄ TEL Anruferkennung *f* **call forwarding** S̄ TEL Anrufweiterschaltung *f* **callgirl** ['kɔːlgɜːl] S̄ Callgirl *n* **calligraphy** [kə'lɪgrəfɪ] S̄ Kalligrafie *f* **calling** ['kɔːlɪŋ] S̄ Berufung *f* **calling card** S̄ Visitenkarte *f*

callisthenics, (*US*) **calisthenics** [ˌkælɪs-ˈθenɪks] S̄ (❗ mit Verb im Singular oder Plural) Gymnastik *f*

callous A̅D̅J̅, **callously** A̅D̅V̅ ['kæləs, -lɪ] herzlos **callousness** S̄ Herzlosigkeit *f*

call-out charge, **call-out fee** ['kɔːlaʊt-] S̄ Anfahrtkosten *pl* **call screening** S̄ TEL Call Screening *n*, *Sperrung bestimmter Rufnummernbereiche* **call-up** S̄ (*Br*) (MIL) Einberufung *f*; SPORT Berufung *f* (*to in* +*akk*) **call-up papers** P̅L̅ (*Br* MIL) Einberufungsbescheid *m*

callus ['kæləs] S̄ MED Schwiele *f* **call waiting** S̄ TEL Anklopffunktion *f*

calm [kɑːm] A A̅D̅J̅ (+*er*) ruhig; **keep ~!** bleib ruhig!; (**cool,**) **~ and collected** ruhig und gelassen B S̄ Ruhe *f*; **the ~ before the storm** die Ruhe vor dem Sturm C V̄Ī beruhigen; **to ~ sb's fears** jdn beruhigen ◆**calm down** A V̄Ī trennb beruhigen B V̄Ī sich beruhigen; (*Wind*) abflauen

calming A̅D̅J̅ beruhigend **calmly** ['kɑːmlɪ] A̅D̅V̅ ruhig **calmness** S̄ Ruhe *f*

calorie ['kælərɪ] S̄ Kalorie *f*; **low on ~s** kalorienarm

calorie-conscious A̅D̅J̅ kalorienbewusst

calves [kɑːvz] *pl* von **calf**[1, 2]

CAM [kæm] *abk* von **computer-aided manufacture** CAM

camaraderie [ˌkæmə'rɑːdərɪ] S̄ Kameradschaft *f*

Cambodia [kæm'bəʊdɪə] S̄ Kambodscha *n*

camcorder ['kæmkɔːdəʳ] S̄ Camcorder *m*

came [keɪm] *prät* von **come**

camel ['kæməl] A S̄ Kamel *n* B A̅T̅T̅R̅ *Mantel* kamelhaarfarben

cameo ['kæmɪəʊ] S̄, *pl* -**s** **1** (≈ *Schmuck*) Kamee *f* **2** (*a.* **cameo part**) Miniaturrolle *f*

camera ['kæmərə] S̄ Kamera *f*, Fotoapparat *m* **camera crew** S̄ Kamerateam *n* **cameraman** S̄, *pl* -**men** Kameramann *m* **cameraphone** S̄ Fotohandy *n* **camera-shy** A̅D̅J̅ kamerascheu **camerawoman** S̄, *pl* -**women** Kamerafrau *f* **camerawork** S̄ Kameraführung *f*

camisole ['kæmɪsəʊl] S̄ Mieder *n*

camomile ['kæməʊmaɪl] S̄ Kamille *f*; **~ tea** Kamillentee *m*

camouflage ['kæməflɑːʒ] A S̄ Tarnung *f* B V̄Ī tarnen

camp[1] [kæmp] A S̄ **1** Lager *n*; **to pitch ~** Zelte *od* ein Lager aufschlagen; **to strike** *od* **break ~** das Lager *od* die Zelte abbrechen; **to have a foot in both ~s** mit beiden Seiten zu tun haben B V̄Ī zelten; MIL lagern; **to go ~ing** zelten (gehen) ◆**camp out** V̄Ī zelten

camp[2] A̅D̅J̅ tuntenhaft (*umg*)

campaign [kæm'peɪn] A S̄ **1** MIL Feldzug *m* **2** (*fig*) Kampagne *f* B V̄Ī **1** MIL Krieg führen **2** (*fig*) (*for* für) (*against* gegen) sich einsetzen **campaigner** [kæm'peɪnəʳ] S̄ (*für etw*) Befürworter(in) *m(f)* (*for* +*gen*); (*gegen etw*) Gegner(in) *m(f)* (*against* +*gen*)

camp bed S̄ (*Br*) Campingliege *f* **camper** ['kæmpəʳ] S̄ Camper(in) *m(f)* **camper van** S̄ Wohnmobil *n* **campfire** S̄ Lagerfeuer *n* **campground** S̄ (*US*) Campingplatz *m*

camping ['kæmpɪŋ] S̄ Camping *n* **camping gas** S̄ (*US*) Campinggas *n* **camping site**, **camp site** S̄ Campingplatz *m*

campus ['kæmpəs] S Campus m

can[1] [kæn] *prät* **could** VAUX (⚠ wird nur im Präsens und im „simple past" verwendet, in anderen Zeiten **to be able to**) können; (≈ *Erlaubnis haben a.*) dürfen; **~ you come tomorrow?** kannst du morgen kommen?; **I ~'t** *od* **~not go to the theatre** ich kann nicht ins Theater (gehen); **he'll help you all he ~** er wird tun, was in seinen Kräften steht; **as soon as it ~ be arranged** sobald es sich machen lässt; **could you tell me …** können *od* könnten Sie mir sagen, …; **~ you speak German?** können *od* sprechen Sie Deutsch?; **~ I come too?** kann ich mitkommen?; **~** *od* **could I take some more?** darf ich mir noch etwas nehmen?; **how ~/could you say such a thing!** wie können/könnten Sie nur of bloß so etwas sagen!; **where ~ it be?** wo kann das bloß sein?; **you ~'t be serious** das kann doch wohl nicht dein Ernst sein; **it could be that he's got lost** vielleicht hat er sich verlaufen; **you could try telephoning him** Sie könnten ihn ja mal anrufen; **you could have told me** das hätten Sie mir auch sagen können; **we could do with some new furniture** wir könnten neue Möbel gebrauchen; **I could do with a drink now** ich könnte jetzt etwas zu trinken vertragen; **this room could do with a coat of paint** das Zimmer könnte mal wieder gestrichen werden

can[2] S 🅰 Kanister m; (*bes US:* für Abfall) (Müll)eimer m (⚠ = (Br) **bin**) 🅱 Dose f; **a ~ of beer** eine Dose Bier; **a beer ~** eine Bierdose

Canada ['kænədə] S Kanada n

Canadian [kə'neɪdɪən] 🅰 ADJ kanadisch 🅱 S Kanadier(in) m(f)

canal [kə'næl] S Kanal m

canapé ['kænəpeɪ] S Appetithappen m

Canaries [kə'nɛərɪz] PL = **Canary Islands canary** [kə'nɛərɪ] S Kanarienvogel m **Canary Islands** [kə'nɛərɪ,aɪləns], **Canary Isles** [kə-'nɛərɪ'aɪlz] PL Kanarische Inseln pl

cancel ['kænsəl] 🅰 VT 🚺 absagen; (offiziell) stornieren; *Pläne* aufgeben; *Zug* streichen; **the train has been ~led** (Br) *od* **~ed** (US) der Zug fällt aus 🅱 rückgängig machen; *Auftrag* stornieren; *Abonnement* kündigen 🔟 *Fahrkarte* entwerten 🅱 VI absagen ♦**cancel out** VT trennb MATH aufheben; (*fig*) zunichtemachen; **to cancel each other out** MATH sich aufheben; (*fig*) sich gegenseitig aufheben

cancellation [,kænsə'leɪʃən] S 🚺 Absage f; (offiziell) Stornierung f; (von *Plänen*) Aufgabe f; (von *Zug*) Streichung f 🅱 Rückgängigmachung f; (von *Auftrag*) Stornierung f; (von *Abonnement*) Kündigung f

cancer ['kænsə'] S MED Krebs m; **~ of the throat** Kehlkopfkrebs m; **Cancer** ASTROL Krebs m; **he's (a) Cancer** er ist (ein) Krebs **cancerous** ['kænsərəs] ADJ krebsartig

candelabra [,kændɪ'lɑːbrə] S Kandelaber m

candid ['kændɪd] ADJ offen

candidacy ['kændɪdəsɪ] S Kandidatur f **candidate** ['kændɪdeɪt] S Kandidat(in) m(f); **to stand as (a) ~** kandidieren

candidly ['kændɪdlɪ] ADV offen; **to speak ~** offen *od* ehrlich sein

candied ['kændɪd] ADJ GASTR kandiert; **~ peel** Zitronat n, Orangeat n

candle ['kændl] S Kerze f **candlelight** S Kerzenlicht n; **by ~** im Kerzenschein; **a ~ dinner** ein Essen n bei Kerzenlicht **candlestick** S Kerzenhalter m

candour, (US) **candor** ['kændə'] S Offenheit f

candy ['kændɪ] S (US) Bonbon m *od* n, Zuckerl n (österr) (⚠ = (Br) **sweet**); (allg) Süßigkeiten pl (⚠ in diesem Sinn kein pl) **candy bar** S (US) Schokoladenriegel m **candyfloss** S (Br) Zuckerwatte f (⚠ = (US) **cotton candy**) **candy store** S (US) Süßwarenhandlung f (⚠ = (Br) **sweetshop**)

cane [keɪn] 🅰 S 🚺 (≈ *aus Bambus*) Rohr n 🅱 (Spazier)stock m, Stecken m (*bes österr, schweiz*); (≈ *zur Bestrafung*) (Rohr)stock m; **to get the ~** Prügel bekommen 🅱 VT mit dem Stock schlagen

cane sugar S Rohrzucker m

canine ['keɪnaɪn] 🅰 S (*a.* **canine tooth**) Eckzahn m 🅱 ADJ Hunde-

canister ['kænɪstə'] S Behälter m

cannabis ['kænəbɪs] S Cannabis m

canned [kænd] ADJ 🚺 (US) Dosen- (⚠ = (Br) **tinned**); **~ beer** Dosenbier n; **~ goods** Konserven pl 🅱 (*umg*) **~ music** Musikberieselung f (*umg*); **~ laughter** Gelächter n vom Band

cannibal ['kænɪbəl] S Kannibale m, Kannibalin f **cannibalism** ['kænɪbəlɪzəm] S Kannibalismus m

cannibalization [,kænɪbəlaɪ'zeɪʃən] S WIRTSCH Kannibalisierung f

cannon ['kænən] S MIL Kanone f **cannonball** S Kanonenkugel f

cannot ['kænɒt] Verneinung von **can**[1]

canny ['kænɪ] ADJ (+*er*) vorsichtig

canoe [kə'nuː] 🅰 S Kanu n 🅱 VI Kanu fahren **canoeing** [kə'nuːɪŋ] S Kanusport m; **to go ~** Kanu fahren

canonize ['kænənaɪz] VT KIRCHE heiligsprechen

can-opener ['kæn,əʊpnə'] S Dosenöffner m

canopy ['kænəpɪ] S Markise f; (von *Bett*) Baldachin m

can't [kɑːnt] = **can not**

cantaloup(e) ['kæntəluːp] S Honigmelone f

CANT | 112

cantankerous [kæn'tæŋkərəs] ADJ mürrisch
canteen [kæn'tiːn] S Kantine f; UNIV Mensa f
canter ['kæntəʳ] VII langsam galoppieren
canton ['kæntɒn] S Kanton m
canvas ['kænvəs] S Leinwand f, Segeltuch n, Zeltbahn f; **under ~** im Zelt; **~ shoes** Segeltuchschuhe pl
canvass ['kænvəs] A VII 1 POL Bezirk Wahlwerbung machen in (+dat); jdn für seine Partei zu gewinnen suchen 2 Kunden werben; Meinungen erforschen B VII 1 POL um Stimmen werben 2 HANDEL werben **canvasser** ['kænvəsəʳ] S 1 POL Wahlhelfer(in) m(f) 2 HANDEL Vertreter(in) m(f) **canvassing** ['kænvəsɪŋ] S 1 POL Wahlwerbung f 2 HANDEL Klinkenputzen n (umg)
canyon, (US) **cañon** ['kænjən] S Cañon m
canyoning ['kænjənɪŋ] S SPORT Canyoning n
CAP abk von **Common Agricultural Policy** GAP f
cap [kæp] A S 1 Mütze f, Badekappe f; **if the ~ fits(, wear it)** (Br sprichw) wem die Jacke passt (, der soll sie sich (dat) anziehen) 2 (Br SPORT) **he has won 50 ~s for Scotland** er ist 50 Mal mit der schottischen Mannschaft angetreten 3 Verschluss m; (von Stift, Ventil) Kappe f 4 (≈ Verhütungsmittel) Pessar n B VII 1 SPORT **~ped player** Nationalspieler(in) m(f); **he was ~ped four times for England** er wurde viermal für die englische Nationalmannschaft aufgestellt 2 **and then to ~ it all ...** und, um dem Ganzen die Krone aufzusetzen ...; **they ~ped spending at £50,000** die Ausgaben wurden bei £ 50.000 gedeckelt
capability [ˌkeɪpə'bɪlɪtɪ] S 1 Fähigkeit f; **sth is within sb's capabilities** jd ist zu etw fähig; **sth is beyond sb's capabilities** etw übersteigt jds Fähigkeiten 2 MIL Potenzial n **capable** ['keɪpəbl] ADJ 1 kompetent 2 **to be ~ of doing sth** etw tun können; **to be ~ of sth** zu etw fähig sein; **it's ~ of speeds of up to ...** es erreicht Geschwindigkeiten bis zu ... **capably** ['keɪpəblɪ] ADV kompetent
capacity [kə'pæsɪtɪ] S 1 Fassungsvermögen n, Kapazität f; **seating ~ of 400** 400 Sitzplätze; **working at full ~** voll ausgelastet; **the Stones played to ~ audiences** die Stones spielten vor ausverkauften Sälen 2 Fähigkeit f; **his ~ for learning** seine Aufnahmefähigkeit 3 Eigenschaft f; **speaking in his official ~ as mayor, he said ...** er sagte in seiner Eigenschaft als Bürgermeister ...
cape¹ [keɪp] S Cape n
cape² [keɪp] S GEOG Kap n **Cape gooseberry** S Kapstachelbeere f, Physalis f **Cape Horn** S Kap n Hoorn **Cape of Good Hope** S Kap

n der guten Hoffnung
caper¹ ['keɪpəʳ] A VII herumtollen B S Eskapade f
caper² S BOT, GASTR Kaper f
capital ['kæpɪtl] A S 1 (a. **capital city**) Hauptstadt f; (fig) Zentrum n 2 (a. **capital letter**) Großbuchstabe m; **small ~s** Kapitälchen pl (fachspr); **please write in ~s** bitte in Blockschrift schreiben! 3 (❗ kein pl) (FIN, fig) Kapital n; **to make ~ out of sth** (fig) aus etw Kapital schlagen B ADJ Buchstabe Groß-; **love with a ~ L** die große Liebe **capital assets** PL Kapitalvermögen n **capital expenditure** S Kapitalaufwendungen pl **capital gains tax** S Kapitalertragssteuer f **capital investment** S Kapitalanlage f **capitalism** ['kæpɪtəlɪzəm] S Kapitalismus m **capitalist** ['kæpɪtəlɪst] A S Kapitalist(in) m(f) B ADJ kapitalistisch ◆**capitalize on** VII +präp (fig) Kapital schlagen aus
capital offence S Kapitalverbrechen n
capital punishment S die Todesstrafe
Capitol ['kæpɪtl] S Kapitol n
capitulate [kə'pɪtjʊleɪt] VII kapitulieren (to vor +dat) **capitulation** [kə,pɪtjʊ'leɪʃən] S Kapitulation f
cappuccino [ˌkæpʊ'tʃiːnəʊ] S, pl **-s** Cappuccino m (❗ Als Getränk hat **cappuccino** keinen Plural. **Cappuccinos** sagt man zu einzelnen Tassen.)
caprice [kə'priːs] S Laune(nhaftigkeit) f **capricious** [kə'prɪʃəs] ADJ launisch
Capricorn ['kæprɪkɔːn] S Steinbock m; **I'm (a) ~** ich bin (ein) Steinbock
capsicum ['kæpsɪkəm] S Pfefferschote f
capsize [kæp'saɪz] A VII kentern B VII zum Kentern bringen
capsule ['kæpsjuːl] S Kapsel f
captain ['kæptɪn] A S MIL Hauptmann m; SCHIFF, FLUG, SPORT Kapitän m; **yes, ~!** jawohl, Herr Hauptmann/Kapitän! **~ of industry** Industriekapitän m B VII Mannschaft anführen; Schiff befehligen **captaincy** ['kæptənsɪ] S Befehl m; SPORT Führung f; **under his ~** mit ihm als Kapitän
caption ['kæpʃən] A S Überschrift f, Bildunterschrift f B VII betiteln
captivate ['kæptɪveɪt] VII faszinieren **captivating** ['kæptɪveɪtɪŋ] ADJ bezaubernd **captive** ['kæptɪv] A S Gefangene(r) m/f(m); **to take sb ~** jdn gefangen nehmen; **to hold sb ~** jdn gefangen halten B ADJ **a ~ audience** ein unfreiwilliges Publikum **captive market** S Monopol-Absatzmarkt m **captivity** [kæp'tɪvɪtɪ] S Gefangenschaft f
captor ['kæptəʳ] S **his ~s treated him kindly** er wurde nach seiner Gefangennahme gut be-

113 ‖ CARD

car — Auto

car — (Straßenbahn)wagen

handelt **capture** ['kæptʃə'] **A** V̄T̄ **1** Stadt einnehmen; *Schatz* erobern; *jdn* gefangennehmen; *Tier* (ein)fangen **2** (*fig*) *Aufmerksamkeit* erregen **3** IT *Daten* erfassen **B** S̄ Eroberung *f*; (*von entflohenem Häftling*) Gefangennahme *f*; (*von Tier*) Einfangen *n*; (IT: *von Daten*) Erfassung *f*

car [kɑːʳ] S̄ **1** Auto *n*; **by ~** mit dem Auto; **~ ride** Autofahrt *f* **2** (*von Straßenbahn*) Wagen *m*
car accident S̄ Autounfall *m*, Havarie *f* (*österr*)
carafe [kəˈræf] S̄ Karaffe *f*
car alarm S̄ Auto-Alarmanlage *f*
caramel ['kærəməl] S̄ Karamell *m*; (≈ *Bonbon*) Karamelle *f*
carat ['kærət] S̄ Karat *n*; **nine ~ gold** neunkarätiges Gold
caravan ['kærəvæn] S̄ **1** (Br AUTO) Wohnwagen *m* (⚠ = (US) **trailer**); **~ holiday** Ferien *pl* im Wohnwagen **2** Zirkuswagen *m* **caravan site** S̄ Campingplatz *m* für Wohnwagen
caraway seeds ['kærəweɪsɪdz] PL Kümmel (-körner *pl*) *m*

carbohydrate ['kɑːbəʊˈhaɪdreɪt] S̄ Kohle(n)hydrat *n*
car bomb S̄ Autobombe *f*
carbon ['kɑːbən] S̄ CHEM Kohlenstoff *m* **carbonated** ['kɑːbəˌneɪtəd] ADJ mit Kohlensäure (versetzt) **carbon copy** S̄ Durchschlag *m*; **to be a ~ of sth** das genaue Ebenbild einer Sache (*gen*) sein **carbon credit** S̄ Emissionsrechte *pl* **carbon dating** S̄ Kohlenstoffdatierung *f* **carbon dioxide** S̄ Kohlendioxid *n* **carbon emissions** PL Kohlendioxidemissionen *pl* **carbon footprint** S̄ Kohlenstofffußabdruck *m* **carbon monoxide** S̄ Kohlenmonoxid *n* **carbon offsetting** S̄ CO₂-Ausgleich *m*

car-boot sale S̄ ≈ Flohmarkt *m*
carburettor, (US) **carburetor** [ˌkɑːbəˈretəʳ] S̄ Vergaser *m*
carcass ['kɑːkəs] S̄ Leiche *f*, Kadaver *m*
car chase S̄ Verfolgungsjagd *f* (*mit dem Auto*)
carcinogen [kɑːˈsɪnədʒen] S̄ Karzinogen *n*
carcinogenic [ˌkɑːsɪnəˈdʒenɪk] ADJ karzinogen
car crash S̄ (Auto)unfall *m*, Havarie *f* (*österr*)
card [kɑːd] S̄ **1** (⚠ kein *pl*) Pappe *f* **2** (≈ *für Grüße, geschäftlich*) Karte *f* **3** (Scheck-/Kredit)karte *f* **4** (Spiel)karte *f*; **to play ~s** Karten spielen; **to lose money at ~s** Geld beim Kartenspiel verlieren; **game of ~s** Kartenspiel *n* **5** (*fig*) **to put** *od* **lay one's ~s on the table** seine Karten aufdecken; **to play one's ~s right** geschickt taktieren; **to hold all the ~s** alle Trümpfe in der Hand haben; **to play** *od* **keep one's ~s close to one's chest** *od* (US) **to the vest** sich (*dat*) nicht in die Karten sehen lassen; **it's on the ~s** das ist zu erwarten

cardamom ['kɑːdəməm] S̄ Kardamom *m od n*
cardboard **A** S̄ Pappe *f* **B** ATTR Papp- **cardboard box** S̄ (Papp)karton *m* **card game** S̄ Kartenspiel *n*
cardiac arrest S̄ Herzstillstand *m*
cardigan ['kɑːdɪgən] S̄ Strickjacke *f*, Janker *m* (*österr*)
cardinal ['kɑːdɪnl] **A** S̄ KIRCHE Kardinal *m* **B**

card — (Weihnachts)karte

card — (Scheck)karte, (Kredit)karte

card — (Spiel)karte

CARD | 114

C

ADJ Haupt- **cardinal number** ⓢ Kardinalzahl f **cardinal sin** ⓢ Todsünde f

card index ⓢ Kartei f; (*in Bücherei*) Katalog m

cardio- [ˈkɑːdɪəʊ-] **PRÄF** Kardio-; **cardiogram** Kardiogramm n **cardiologist** [ˌkɑːdɪˈɒlɪdʒɪst] ⓢ Kardiologe m, Kardiologin f **cardiology** [ˌkɑːdɪˈɒlədʒɪ] ⓢ Kardiologie f

cardphone ⓢ Kartentelefon n **card player** ⓢ Kartenspieler(in) m(f) **card trick** ⓢ Kartenkunststück n

care [kɛəʳ] **A** ⓢ **1** Sorge f (*of* um); **he hasn't a ~ in the world** er hat keinerlei Sorgen **2** Sorgfalt f; **this word should be used with ~** dieses Wort sollte sorgfältig *od* mit Sorgfalt gebraucht werden; **paint strippers need to be used with ~** Abbeizmittel müssen vorsichtig angewandt werden; **"handle with ~"** „Vorsicht, zerbrechlich"; **to take ~** aufpassen; **bye-bye, take ~** tschüs(s), machs gut; **to take ~ to do sth** sich bemühen, etw zu tun; **to take ~ over** *od* **with sth/in doing sth** etw sorgfältig tun **3** Pflege f; **to take ~ of sth** auf etw (*akk*) aufpassen; *sein Äußeres, Auto* etw pflegen, etw schonen; **to take ~ of oneself** sich um sich selbst kümmern; (*gesundheitlich*) sich schonen **4** (*von alten Menschen*) Versorgung f; **medical ~** ärztliche Versorgung; **to take ~ of sb** sich um jdn kümmern; **that takes ~ of him/it** das wäre erledigt; **let me take ~ of that** überlassen Sie das mir; **that can take ~ of itself** das wird sich schon irgendwie geben **B** **VI** **I don't ~** das ist mir egal; **for all I ~** meinetwegen; **who ~s?** na und?; **to ~ about sth** Wert auf etw (*akk*) legen; **that's all he ~s about** alles andere ist ihm egal; **he ~s deeply about her** sie liegt ihm sehr am Herzen; **he doesn't ~ about her** sie ist ihm gleichgültig **C** **VT** **I** **I don't ~ what people say** es ist mir egal, was die Leute sagen; **what do I ~?** was geht mich das an?; **I couldn't ~ less** das ist mir doch völlig egal **2** **to ~ to do sth** etw gerne tun wollen; **I wouldn't ~ to meet him** ich würde keinen gesteigerten Wert darauf legen, ihn kennenzulernen ◆**care for** **VI** +*obj* **1** sich kümmern um; *Möbel etc* pflegen; **well cared-for** gepflegt **2** **I don't ~ that suggestion/him** dieser Vorschlag/er sagt mir nicht zu; **would you ~ a cup of tea?** hätten Sie gerne eine Tasse Tee?; **I've never much cared for his films** ich habe mir noch nie viel aus seinen Filmen gemacht;

but you know I do ~ you aber du weißt doch, dass du mir viel bedeutest

career [kəˈrɪəʳ] **A** ⓢ Karriere f, Beruf m, Laufbahn f; **to make a ~ for oneself** Karriere machen **B** **ATTR** Karriere-; *Soldat* Berufs-; **a good/ bad ~ move** ein karrierefördernder/karriereschädlicher Schritt **C** **VI** rasen **Careers Adviser** ⓢ Berufsberater(in) m(f) **careers guidance** ⓢ Berufsberatung f **Careers Officer** ⓢ → Careers Adviser **career woman** ⓢ, pl **-women** Karrierefrau f

carefree [ˈkɛəfriː] **ADJ** sorglos

careful [ˈkɛəfʊl] **ADJ** sorgfältig, vorsichtig; (*mit Geld etc*) sparsam; **~!** Vorsicht!; **to be ~** aufpassen (*of* auf +*akk*); **be ~ with the glasses** sei mit den Gläsern vorsichtig; **she's very ~ about what she eats** sie achtet genau darauf, was sie isst; **to be ~ about doing sth** es sich (*dat*) gut überlegen, ob man etw tun soll; **be ~ (that) they don't hear you** gib acht, damit *od* dass sie dich nicht hören; **be ~ not to drop it** pass auf, dass du das nicht fallen lässt; **he is very ~ with his money** er hält sein Geld gut zusammen **carefully** [ˈkɛəfəlɪ] **ADV** sorgfältig, vorsichtig; *überlegen* gründlich; *zuhören* gut; *erläutern* genau **carefulness** ⓢ Sorgfalt f, Vorsicht f **care home** ⓢ Pflegeheim n **care label** ⓢ Pflegeetikett n

careless [ˈkɛəlɪs] **ADJ** nachlässig; *Fahrer* leichtsinnig; *Bemerkung* gedankenlos; **~ mistake** Flüchtigkeitsfehler m; **how ~ of me!** wie dumm von mir, wie ungeschickt von mir **carelessly** [ˈkɛəlɪslɪ] **ADV** **1** unvorsichtigerweise **2** *etw sagen* gedankenlos; *wegwerfen* achtlos **carelessness** ⓢ Nachlässigkeit f

caress [kəˈres] **A** ⓢ Liebkosung f **B** **VT** streicheln, liebkosen

caretaker ⓢ (*Br*) Hausmeister(in) m(f), Abwart(in) m(f) (*schweiz*) **❶** = (*US*) **superintendent) care worker** ⓢ Heimbetreuer(in) für Kinder, Geisteskranke oder alte Menschen **careworn** **ADJ** von Sorgen gezeichnet

car ferry ⓢ Autofähre f

cargo [ˈkɑːgəʊ] ⓢ, pl **-es** Fracht f **cargo pants** **PL** Cargohose f

car hire ⓢ Autovermietung f

Caribbean [ˌkærɪˈbiːən, (*US*) kæˈrɪbiːən] **A** **ADJ** karibisch; **~ Sea** Karibisches Meer; **a ~ island** eine Insel in der Karibik **B** ⓢ Karibik f

caricature [ˈkærɪkətjʊəʳ] **A** ⓢ Karikatur f **B** **VT** karikieren

caring [ˈkɛərɪŋ] **ADJ** *Wesen* mitfühlend; *Ehemann* liebevoll; *Gesellschaft* mitmenschlich; **~ profession** Sozialberuf m

car insurance ⓢ Kfz-Versicherung f

Carinthia [kəˈrɪnθɪə] ⓢ **GEOG** Kärnten n

car jack 𝑆 Wagenheber *m* **carjacking** ['kɑː-ˌdʒækɪŋ] 𝑆 Carjacking *n*, Autoraub *m* **car keys** PL Autoschlüssel *pl* **carload** 𝑆 **1** AUTO Wagenladung *f* **2** (*US* BAHN) Waggonladung *f*
carnage ['kɑːnɪdʒ] 𝑆 Blutbad *n*
carnal ['kɑːnl] ADJ fleischlich; **~ desires** sinnliche Begierden *pl*
carnation [kɑːˈneɪʃən] 𝑆 Nelke *f*
carnival ['kɑːnɪvəl] **A** 𝑆 Volksfest *n*, Karneval *m* **B** ATTR Fest-, Karnevals-

▶ Notting Hill Carnival

Notting Hill Carnival ist das bekannteste und größte, von karibischen Rhythmen geprägte Straßenfest Großbritanniens, das jährlich an einem langen Wochenende Ende August im Londoner Stadtteil Notting Hill stattfindet. Es wurde 1965 als Treffen der multikulturellen Einwohner initiiert. Höhepunkt ist der große Festumzug mit viel karibischer Musik und bunt geschmückten Festwagen.

LANDESKUNDE ◀

carnivore ['kɑːnɪvɔː'] 𝑆 Fleischfresser *m* **carnivorous** [kɑːˈnɪvərəs] ADJ fleischfressend
carol ['kærəl] 𝑆 Lied *n* **carol singers** PL ≈ Sternsinger *pl* **carol singing** 𝑆 Weihnachtssingen *n*
carousel [ˌkæruːˈsel] 𝑆 (*US*) Karussell *n*, Ringelspiel *n* (*österr*) (❗ = (*Br*) **roundabout**)
car owner 𝑆 Autohalter(in) *m(f)*
carp¹ [kɑːp] 𝑆 Karpfen *m*
carp² VI nörgeln, raunzen (*österr*), sempern (*österr*)
car park 𝑆 (*Br*) Parkplatz *m* (❗ = (*US*) **parking lot**), Parkhaus *n*; **~ ticket** Parkschein *m* **car parking** 𝑆 **~ facilities are available** Parkplatz vorhanden
carpenter ['kɑːpɪntə'] 𝑆 Zimmermann *m*, Zimmerfrau *f*, Tischler(in) *m(f)* **carpentry** ['kɑːpɪntrɪ] 𝑆 Zimmerhandwerk *n*; (*als Hobby*) Tischlern *n*
carpet ['kɑːpɪt] **A** 𝑆 Teppich *m*, Teppichboden *m* **B** VT (mit Teppichen/Teppichboden) auslegen **carpet-sweeper** 𝑆 Teppichkehrer *m* **carpet tile** 𝑆 Teppichfliese *f*
car phone 𝑆 Autotelefon *n* **carpool** 𝑆 **1** Fahrgemeinschaft *f* **2** Fuhrpark *m* **carport** 𝑆 Einstellplatz *m* **car rental** 𝑆 (*US*) Autovermietung *f*
carriage ['kærɪdʒ] 𝑆 **1** Kutsche *f* **2** (*Br* BAHN) Wagen *m* **3** HANDEL Beförderung *f*; **~ paid** frei Haus **carriageway** ['kærɪdʒweɪ] 𝑆 (*Br*) Fahrbahn *f*
carrier ['kærɪə'] 𝑆 **1** Spediteur *m* **2** (*von Krankheit*) Überträger *m* **3** Flugzeugträger *m* **4** (*Br: a.* **carrier bag**) Tragetasche *f* **carrier pigeon** 𝑆 Brieftaube *f*
carrion ['kærɪən] 𝑆 Aas *n*
carrot ['kærət] 𝑆 Mohrrübe *f*; (*fig*) Köder *m* **carrot-and-stick** ADJ **~ policy** Politik *f* von Zuckerbrot und Peitsche
carry ['kærɪ] **A** VT **1** tragen; *Geld* bei sich haben; **to ~ sth about** *od* **around with one** etw mit sich herumtragen **2** (*Fahrzeug*) befördern; **this coach carries 30 people** dieser Bus kann 30 Personen befördern; **the current carried them along** die Strömung trieb sie mit sich **3** (*fig*) **this job carries a lot of responsibility** dieser Posten bringt viel Verantwortung mit sich; **the offence carries a penalty of £50** darauf steht eine Geldstrafe von £ 50 **4** HANDEL *Waren* führen **5** (TECH: *Rohr*) führen; (*Draht*) übertragen **6** **the motion was carried unanimously** der Antrag wurde einstimmig angenommen **7** MED **people ~ing the AIDS virus** Menschen, die das Aidsvirus in sich (*dat*) tragen; **to be ~ing a child** schwanger sein **8** MATH **... and ~ 2** ... übertrage *od* behalte 2 **B** VI (*Ton*) tragen; **the sound of the alphorn carried for miles** der Klang des Alphorns war meilenweit zu hören ◆**carry away** VT trennb **1** (*wörtl*) (hin)wegtragen **2** (*fig*) **to get carried away** sich nicht mehr bremsen können (*umg*); **don't get carried away!** übertreibs nicht!; **to be carried away by one's feelings** sich (in seine Gefühle) hineinsteigern ◆**carry forward** VT trennb FIN vortragen ◆**carry off**

carriage — Kutsche

carriage *Br* — (Eisenbahn)wagen

$\overline{VT}$ *trennb* **1** wegtragen **2** *Preise* gewinnen **3** **to carry it off** es hinkriegen (*umg*) ♦**carry on** $\boxed{A}$ $\overline{VI}$ **1** weitermachen; (*Leben*) weitergehen **2** (*umg*) reden und reden; (≈ *Szene machen*) ein Theater machen (*umg*); **to ~ about sth** sich über etw (*akk*) auslassen **3** (≈ *Affäre haben*) etwas haben (*umg*) $\boxed{B}$ $\overline{VT}$ trennb **1** *Tradition, Geschäft* fortführen **2** *Gespräch* führen ♦**carry out** $\overline{VT}$ trennb **1** (*wörtl*) heraustragen **2** (*fig*) *Befehl, Arbeit* ausführen; *Versprechen* erfüllen; *Plan, Suche* durchführen; *Drohungen* wahr machen ♦**carry over** $\overline{VT}$ trennb FIN vortragen ♦**carry through** $\overline{VT}$ trennb zu Ende führen

carryall $\overline{S}$ (*US*) (Einkaufs-/Reise)tasche *f* **carrycot** $\overline{S}$ (*Br*) Babytragetasche *f* (❗ = (*US*) **traveling baby bag**) **carry-on** $\overline{S}$ (*umg*) Theater *n* (*umg*) **carry-out** (*US, schott*) $\overline{S}$ Speisen *pl*/Getränke *pl* zum Mitnehmen; **let's get a ~** kaufen wir uns etwas zum Mitnehmen

carsick ['kɑːsɪk] $\overline{ADJ}$ **I used to get ~** früher wurde mir beim Autofahren immer schlecht

cart [kɑːt] $\boxed{A}$ $\overline{S}$ **1** Karren *m* **2** (*US*) *a.***shopping cart** Einkaufswagen *m* (❗ = (*Br*) **trolley**) $\boxed{B}$ $\overline{VT}$ (*fig umg*) mit sich schleppen ♦**cart away** *od* **off** $\overline{VT}$ trennb abtransportieren

carte blanche ['kɑːt'blɑːnʃ] $\overline{S}$ (❗ kein *pl*) **to give sb ~** jdm eine Blankovollmacht geben

cartel [kɑː'tel] $\overline{S}$ Kartell *n*

carthorse ['kɑːthɔːs] $\overline{S}$ Zugpferd *n*

cartilage ['kɑːtɪlɪdʒ] $\overline{S}$ Knorpel *m*

cartload ['kɑːtləʊd] $\overline{S}$ Wagenladung *f*

carton ['kɑːtən] $\overline{S}$ (Papp)karton *m*; (*Zigaretten*) Stange *f*; (*Milch*) Tüte *f*

cartoon [kɑː'tuːn] $\overline{S}$ **1** Cartoon *m od n*, Karikatur *f* **2** FILM, TV (Zeichen)trickfilm *m* **cartoon character** $\overline{S}$ Comicfigur *f* **cartoonist** [ˌkɑː'tuːnɪst] $\overline{S}$ **1** Karikaturist(in) *m(f)* **2** (FILM, TV) Trickzeichner(in) *m(f)* **cartoon strip** $\overline{S}$ (*bes Br*) Cartoon *m od n*

cartridge ['kɑːtrɪdʒ] $\overline{S}$ (*für Gewehr, Stift*) Patrone *f*; FOTO Kassette *f* **cartridge belt** $\overline{S}$ Patronengurt *m*

cartwheel ['kɑːtwiːl] $\overline{S}$ (*wörtl*) Wagenrad *n*; SPORT Rad *n*; **to turn** *od* **do ~s** Rad schlagen

carve [kɑːv] $\boxed{A}$ $\overline{VT}$ **1** *Holz* schnitzen; *Stein etc* (be)hauen; **~d in(to) the stone** in den Stein gehauen **2** GASTR tranchieren $\boxed{B}$ $\overline{VI}$ GASTR tranchieren ♦**carve out** $\overline{VT}$ trennb **to ~ a career for oneself** sich (*dat*) eine Karriere aufbauen ♦**carve up** $\overline{VT}$ trennb **1** *Fleisch* aufschneiden **2** (*fig*) *Erbe* verteilen; *Land* aufteilen

carvery ['kɑːvərɪ] $\overline{S}$ Büfett *n* **carving** ['kɑːvɪŋ] $\overline{S}$ KUNST Skulptur *f*, Holzschnitt *m* **carving knife** $\overline{S}$ Tranchiermesser *n*

carwash ['kɑːwɒʃ] $\overline{S}$ Autowaschanlage *f*

cascade [kæs'keɪd] $\boxed{A}$ $\overline{S}$ Kaskade *f* $\boxed{B}$ $\overline{VI}$ (*a.* **cas-**

cade down) (*onto* auf +*akk*) (in Kaskaden) herabfallen

case[1] [keɪs] $\overline{S}$ **1** Fall *m*; **is that the ~ with you?** ist das bei Ihnen der Fall?; **as the ~ may be** je nachdem; **in most ~s** meist(ens); **in ~** falls; **(just) in ~** für alle Fälle; **in ~ of emergency** im Notfall; **in any ~** sowieso; **in this/that ~** in dem Fall; **to win one's ~** JUR seinen Prozess gewinnen; **the ~ for the defence** die Verteidigung; **in the ~ Higgins v Schwarz** in der Sache Higgins gegen Schwarz; **the ~ for/against capital punishment** die Argumente für/gegen die Todesstrafe; **to have a good ~** JUR gute Chancen haben durchzukommen; **there's a very good ~ for adopting this method** es spricht sehr viel dafür, diese Methode zu übernehmen; **to put one's ~** seinen Fall darlegen; **to put the ~ for sth** etw vertreten; **to be on the ~** am Ball sein **2** GRAM Fall *m*; **in the genitive ~** im Genitiv **3** (*umg* ≈ *Mensch*) Type *f* (*umg*); **a hopeless ~** ein hoffnungsloser Fall

case[2] $\overline{S}$ **1** Koffer *m*, Kiste *f*; (≈ *zum Ausstellen*) Vitrine *f* (*für Brille*) Etui *n*; (*für CD*) Hülle *f*; (*für Musikinstrument*) Kasten *m* **3** TYPO **upper/lower ~** groß-/kleingeschrieben

case history $\overline{S}$ MED Krankengeschichte *f*; SOZIOL, PSYCH Vorgeschichte *f*

casement ['keɪsmənt] $\overline{S}$ Flügelfenster *n*

case study $\overline{S}$ Fallstudie *f*

cash [kæʃ] $\boxed{A}$ $\overline{S}$ **1** Bargeld *n*; **~ in hand** Barbestand *m*; **to pay (in) ~** bar bezahlen; **how much do you have in ready ~?** wie viel Geld haben Sie verfügbar?; **~ in advance** Vorauszahlung *f*; **~ on delivery** per Nachnahme **2** Geld *n*; **to be short of ~** knapp bei Kasse sein (*umg*); **I'm out of ~** ich bin blank (*umg*) $\boxed{B}$ $\overline{VT}$ *Scheck* einlösen ♦**cash in** $\boxed{A}$ $\overline{VT}$ trennb einlösen $\boxed{B}$ $\overline{VI}$ **to ~ on sth** aus etw Kapital schlagen

cash-and-carry $\overline{S}$ Cash and Carry *m*, Verbrauchermarkt *m* **cashback** $\overline{S}$ Barauszahlung *f* (*zusätzlich zu dem Preis der gekauften Ware, wenn man mit Bankkarte bezahlt*); **I'd like £10 ~, please** und ich hätte gern zusätzlich £ 10 in bar **cashbook** $\overline{S}$ Kassenbuch *n* **cash box** $\overline{S}$ (Geld)kassette *f* **cash card** $\overline{S}$ (Geld)automatenkarte *f* **cash desk** $\overline{S}$ (*Br*) Kasse *f*, Kassa *f* (*österr*) **cash discount** $\overline{S}$ Skonto *m od n* **cash dispenser** $\overline{S}$ (*Br*) Geldautomat *m*

cashew ['kæʃuː] $\overline{S}$ Cashewnuss *f*

cash flow $\boxed{A}$ $\overline{S}$ Cashflow *m* $\boxed{B}$ $\overline{ATTR}$ **cash-flow problems** Liquiditätsprobleme *pl* **cashier** [kæ'ʃɪəʳ] $\overline{S}$ Kassierer(in) *m(f)* **cashless** ['kæʃləs] $\overline{ADJ}$ bargeldlos **cash machine** $\overline{S}$ (*bes US*) Geldautomat *m*

cashmere ['kæʃmɪəʳ] $\overline{S}$ Kaschmir *m*

cash payment $\overline{S}$ Barzahlung *f* **cash point**

s̄ (Br) Geldautomat m **cash register** s̄ Registrierkasse f
casing ['keɪsɪŋ] s̄ TECH Gehäuse n
casino [kə'siːnəʊ] s̄, pl -s (Spiel)kasino n
cask [kɑːsk] s̄ Fass n
casket ['kɑːskɪt] s̄ **1** Schatulle f **2** (US) Sarg m
casserole ['kæsərəʊl] s̄ GASTR Schmortopf m; **a lamb ~** eine Lammkasserolle
cassette [kæ'set] s̄ Kassette f **cassette deck** s̄ Kassettendeck n
cassette player, **cassette recorder** s̄ Kassettenrekorder m **cassette radio** s̄, pl -s Radiorekorder m
cassock ['kæsək] s̄ Talar m
cast [kɑːst] v: prät, pperf **cast** **A** s̄ **1** Gipsverband m **2** THEAT Besetzung f **B** VT **1** werfen; Netz auswerfen; **to ~ one's vote** seine Stimme abgeben; **to ~ one's eyes over sth** einen Blick auf etw (akk) werfen; **to ~ a shadow** einen Schatten werfen (on auf +akk) **2** TECH, KUNST gießen **3** THEAT **they ~ him as the villain** sie haben ihm die Rolle des Schurken gegeben **C** VI FISCH die Angel auswerfen ♦**cast about** (Br) od **around for** VI +obj zu finden versuchen; **he was casting about** od **around for something to say** er suchte nach Worten ♦**cast aside** VT trennb Sorgen ablegen; jdn fallen lassen ♦**cast back** VT trennb **to cast one's thoughts back** seine Gedanken zurückschweifen lassen (to in +akk) ♦**cast off** VT & VI trennb **1** SCHIFF losmachen **2** (Handarbeit) abketten
castaway ['kɑːstəweɪ] s̄ Schiffbrüchige(r) m/f(m)
caste [kɑːst] **A** s̄ Kaste f **B** ADJ attr Kasten-
caster ['kɑːstə'] s̄ = castor **caster sugar** s̄ (Br) Sandzucker m
castigate ['kæstɪɡeɪt] VT geißeln
casting vote s̄ ausschlaggebende Stimme
cast iron A s̄ Gusseisen n **B** ADJ **cast-iron 1** (wörtl) gusseisern **2** (fig) Konstitution eisern; Alibi hieb- und stichfest
castle ['kɑːsl] s̄ **1** Schloss n, Burg f **2** SCHACH Turm m
castoffs ['kɑːstɒfs] PL (Br umg) abgelegte Kleider pl; **she's one of his ~** (fig umg) sie ist eine seiner ausrangierten Freundinnen (umg)
castor ['kɑːstə'] s̄ Rad n **castor oil** s̄ Rizinus(öl) n
castrate [kæs'treɪt] VT kastrieren **castration** [kæs'treɪʃən] s̄ Kastration f
casual ['kæʒjʊl] ADJ **1** zufällig; Bekannter, Blick flüchtig **2** (≈ sorglos) lässig; Haltung gleichgültig; Bemerkung beiläufig; **it was just a ~ remark** das habe ich/hat er etc nur so gesagt; **he was very ~ about it** es war ihm offensichtlich gleich-

castle — Schloss, Burg

castle — *Schach* Turm

gültig, das hat ihn kaltgelassen (umg); **the ~ observer** der oberflächliche Betrachter **3** zwanglos; Kleidung leger; **a ~ shirt** ein Freizeithemd n; **he was wearing ~ clothes** er war leger gekleidet **4** Arbeit Gelegenheits-; Beziehung locker **casually** ['kæʒjʊlɪ] ADV **1** (≈ emotionslos) ungerührt **2** beiläufig, lässig; gekleidet leger
casualty ['kæʒjʊltɪ] s̄ **1** Opfer n **2** (a. **casualty unit**) Notaufnahme f; **to go to ~** in die Notaufnahme gehen; **to be in ~** in der Notaufnahme sein **casualty ward** s̄ Unfallstation f (❗) = (US) **emergency room, ER**)
cat [kæt] s̄ Katze f; **to let the ~ out of the bag** die Katze aus dem Sack lassen; **to play a ~-and-mouse game with sb** mit jdm Katz und Maus spielen; **there isn't room to swing a ~** (umg) man kann sich nicht rühren(, so eng ist es); **that's put the ~ among the pigeons!** da hast du etc aber was (Schönes) angerichtet!; **he doesn't have a ~ in hell's chance of winning** er hat nicht die geringste Chance zu gewinnen; **when** od **while the ~'s away the mice will play** (sprichw) wenn die Katze aus dem Haus ist, tanzen die Mäuse (sprichw); **has the ~ got your tongue?** (umg) du hast wohl die Sprache verloren?
catacombs ['kætəkuːmz] PL Katakomben pl
catalogue, (US) **catalog** ['kætəlɒɡ] **A** s̄ **1** Katalog m **2** **a ~ of errors** eine Serie von Fehlern **B** VT katalogisieren
catalyst ['kætəlɪst] s̄ Katalysator m
catalytic converter [ˌkætəlɪtɪkkən'vɜːtə'] s̄ AUTO Katalysator m
catamaran [ˌkætəmə'ræn] s̄ Katamaran m

CATA ‖ 118

catapult ['kætəpʌlt] **A** 𝒮 (Br) Schleuder f (❶ = (US) **slingshot**) **B** 𝒱𝒯 katapultieren
cataract ['kætərækt] 𝒮 MED grauer Star
catarrh [kə'tɑː'] 𝒮 Katarrh m
catastrophe [kə'tæstrəfi] 𝒮 Katastrophe f; **to end in ~** in einer Katastrophe enden **catastrophic** [ˌkætə'strɒfɪk] ADJ katastrophal
catcall 𝒮 THEAT **~s** pl Pfiffe und Buhrufe pl
catch [kætʃ] v: prät, pperf **caught A** 𝒮 **1** (von Ball etc) **to make a (good) ~** (gut) fangen; **he missed an easy ~** er hat einen leichten Ball nicht gefangen **2** FISCH Fang m **3** (≈ Schwierigkeit) Haken m; **there's a ~!** die Sache hat einen Haken **4** Verschluss m **B** 𝒱𝒯 **1** fangen; Dieb fassen; (umg ≈ erreichen) erwischen (umg); **to ~ sb's arm, to ~ sb by the arm** jdn am Arm fassen; **to ~ sight/a glimpse of sb/sth** jdn/etw erblicken; **to ~ sb's attention/eye** jdn auf sich (akk) aufmerksam machen **2** erwischen; **to ~ sb by surprise** jdn überraschen; **to be caught unprepared** nicht darauf vorbereitet sein; **to ~ sb at a bad time** jdm ungelegen kommen; **I caught him flirting with my wife** ich habe ihn (dabei) erwischt, wie er mit meiner Frau flirtete; **you won't ~ me signing any contract** (umg) ich unterschreibe doch keinen Vertrag; **caught in the act** auf frischer Tat ertappt; **we were caught in a storm** wir wurden von einem Unwetter überrascht; **to ~ sb on the wrong foot** od **off balance** (fig) jdn überrumpeln **3** Bus etc nehmen **4** (≈ rechtzeitig eintreffen für) Bus erreichen; **if I hurry I'll ~ the end of the film** wenn ich mich beeile kriege ich das Ende des Films noch mit (umg) **5** I **caught my finger in the car door** ich habe mir den Finger in der Wagentür eingeklemmt; **he caught his foot in the grating** er ist mit dem Fuß im Gitter hängen geblieben **6** (≈ hören) mitkriegen (umg) **7** **to ~ an illness** sich (dat) eine Krankheit zuziehen; **he's always ~ing cold(s)** er erkältet sich leicht; **you'll ~ your death (of cold)!** du holst dir den Tod! (umg); **to ~ one's breath** Luft holen; **the blow caught him on the arm** der Schlag traf ihn am Arm; **you'll ~ it!** (Br umg) du kannst (was) erleben! (umg) **C** 𝒱𝒯 klemmen, sich verfangen; **her dress caught in the door** sie blieb mit ihrem Kleid in der Tür hängen **♦catch on** 𝒱𝒯 (umg) **1** (≈ populär werden) ankommen **2** (≈ verstehen) kapieren (umg) **♦catch out** 𝒱𝒯 trennb (fig) überführen; (mit Fangfrage etc) hereinlegen (umg) **♦catch up A** 𝒱𝒯 aufholen; **to ~ on one's sleep** Schlaf nachholen; **to ~ on** od **with one's work** Arbeit nachholen; **to ~ with sb** jdn einholen **B** 𝒱𝒯 trennb **1** **to catch sb up** jdn einholen **2** **to get caught up in sth** sich in etw (dat) verfangen; in Verkehr in etw (akk)

kommen
catch-22 [ˌkætʃtwenti'tuː] 𝒮 **a ~ situation** (umg) eine Zwickmühle **catchall** ['kætʃɔːl] 𝒮 allgemeine Bezeichnung/Klausel etc **catcher** ['kætʃə'] 𝒮 Fänger m **catching** ['kætʃɪŋ] ADJ (MED, fig) ansteckend **catchment area** ['kætʃmənt'eərɪə] 𝒮 Einzugsgebiet n **catch phrase** 𝒮 Slogan m **catchword** ['kætʃwɜːd] 𝒮 Schlagwort n **catchy** ['kætʃi] ADJ (+er) Melodie eingängig; Titel einprägsam
categorical [ˌkætɪ'gɒrɪkəl] ADJ kategorisch; **he was quite ~ about it** er hat das mit Bestimmtheit gesagt **categorically** [ˌkætɪ'gɒrɪkəli] ADV behaupten, abstreiten kategorisch; etw sagen mit Bestimmtheit **categorize** ['kætɪgəraɪz] 𝒱𝒯 kategorisieren **category** ['kætɪgərɪ] 𝒮 Kategorie f
♦cater ['keɪtə'] 𝒱𝒯 **1** +obj **1** mit Speisen und Getränken versorgen **2** ausgerichtet sein auf (+akk); (a. **cater to**) Bedürfnisse, Geschmack gerecht werden (+dat)
caterer ['keɪtərə'] 𝒮 Lieferfirma f für Speisen und Getränke, Partyservice m **catering** 𝒮 Versorgung f mit Speisen und Getränken (for +gen); **who's doing the ~?** wer liefert das Essen und die Getränke?; **~ trade** (Hotel- und) Gaststättengewerbe n **catering service** ['keɪtərɪŋ,sɜːvɪs] 𝒮 Partyservice m
caterpillar ['kætəpɪlə'] 𝒮 ZOOL Raupe f
catfish 𝒮, pl – Wels m, Katzenfisch m **cat flap** 𝒮 Katzenklappe f
cathedral [kə'θiːdrəl] 𝒮 Dom m, Kathedrale f; **~ town/city** Domstadt f
catheter ['kæθɪtə'] 𝒮 Katheter m
cathode-ray tube [ˌkæθəʊd'reɪtjuːb] 𝒮 Kat(h)odenstrahlröhre f
Catholic ['kæθəlɪk] **A** ADJ KIRCHE katholisch; **the ~ Church** die katholische Kirche **B** 𝒮 Katholik(in) m(f) **Catholicism** [kə'θɒlɪsɪzəm] 𝒮 Katholizismus m
catkin 𝒮 BOT Kätzchen n **cat litter** 𝒮 Katzenstreu f **catnap** **A** 𝒮 **to have a ~** ein Nickerchen n machen (umg) **B** 𝒱𝒯 dösen
CAT scan ['kæt,skæn] 𝒮 Computertomografie f
Catseye® ['kæts,aɪ] 𝒮 (Br AUTO) Katzenauge n
catsup ['kætsəp] 𝒮 (US) = **ketchup**
cattle ['kætl] PL Rinder pl, Vieh n; **500 head of ~** 500 Rinder **cattle-grid**, (US) **cattle guard** 𝒮 Weiderost m **cattle market** 𝒮 Viehmarkt m **cattle shed** 𝒮 Viehstall m **cattle truck** 𝒮 BAHN Viehwagen m
catty ['kætɪ] ADJ (+er) gehässig
catwalk ['kætwɔːk] 𝒮 Laufsteg m
caucus ['kɔːkəs] 𝒮 (US) Sitzung f
caught [kɔːt] prät, pperf von **catch**

119 ‖ CELS

cauldron [ˈkɔːldrən] s̄ großer Kessel
cauliflower [ˈkɒliflaʊəʳ] s̄ Blumenkohl m, Karfiol m (österr)
cause [kɔːz] A s̄ 1 Ursache f (of für); **~ and effect** Ursache und Wirkung; **what was the ~ of the fire?** wodurch ist das Feuer entstanden? 2 Grund m; **the ~ of his failure** der Grund für sein Versagen; **with (good) ~** mit (triftigem) Grund; **there's no ~ for alarm** es besteht kein Grund zur Aufregung; **you have every ~ to be worried** du hast allen Anlass zur Sorge 3 (≈ Zweck) Sache f; **to work for** od **in a good ~** sich für eine gute Sache einsetzen; **he died for the ~ of peace** er starb für den Frieden; **it's all in a good ~** es ist für eine gute Sache B v̄t verursachen; **to ~ sb grief** jdm Kummer machen; **to ~ sb to do sth** (form) jdn veranlassen, etw zu tun (form)
causeway [ˈkɔːzweɪ] s̄ Damm m
caustic [ˈkɔːstɪk] adj (CHEM, fig) ätzend; Bemerkung bissig
caution [ˈkɔːʃən] A s̄ 1 Vorsicht f; **"caution!"** „Vorsicht!"; **to act with ~** Vorsicht walten lassen 2 Warnung f; (offiziell) Verwarnung f B v̄t **to ~ sb** jdn warnen (against vor +dat); (offiziell) jdn verwarnen; **to ~ sb against doing sth** jdn davor warnen, etw zu tun **cautious** [ˈkɔːʃəs] adj vorsichtig; **to give sth a ~ welcome** etw mit verhaltener Zustimmung aufnehmen **cautiously** [ˈkɔːʃəsli] adv vorsichtig; **~ optimistic** verhalten optimistisch
cavalcade [ˌkævəlˈkeɪd] s̄ Kavalkade f
cavalier [ˌkævəˈlɪəʳ] adj unbekümmert
cavalry [ˈkævəlrɪ] s̄ Kavallerie f **cavalry officer** s̄ Kavallerieoffizier m
cave [keɪv] s̄ Höhle f ♦**cave in** v̄ɪ 1 einstürzen 2 (umg) nachgeben
caveman s̄, pl **-men** Höhlenmensch m **cave painting** s̄ Höhlenmalerei f
cavern [ˈkævən] s̄ Höhle f **cavernous** [ˈkævənəs] adj tief
caviar(e) [ˈkævɪɑːʳ] s̄ Kaviar m
cavity [ˈkævɪtɪ] s̄ Hohlraum m; (in Zahl) Loch n; **nasal ~** Nasenhöhle f **cavity wall** s̄ Hohlwand f; **~ insulation** Schaumisolierung f
cayenne pepper [ˈkeɪənˈpepəʳ] s̄ Cayennepfeffer m
CB abk **von** Citizens' Band CB; **CB radio** CB-Funk m
CBE (Br) abk **von** Commander of the Order of the British Empire britischer Verdienstorden
CBI (Br) abk **von** Confederation of British Industry ≈ BDI
CBS abk **von** Columbia Broadcasting System CBS
cc[1] abk **von** cubic centimetre cc, cm[3]

cc[2] abk **von** carbon copy s̄ Kopie f; **cc:** … Kopie (an): …
CCTV s̄ abk **von** closed-circuit television Fernsehüberwachungsanlage f
CD abk **von** compact disc CD f; **CD burner** CD-Brenner m; **CD player** CD-Spieler m; **CD writer** CD-Brenner m
CD-R s̄ ɪt abk **von** compact disk - recordable CD-R f, (einmal) beschreibbare CD
CD-ROM [ˈsiːdiːˈrɒm] abk **von** compact disk - read only memory CD-ROM f; **~ drive** CD-ROM-Laufwerk n
CD-RW s̄ ɪt abk **von** compact disk - rewritable CD-RW f, wiederbeschreibbare CD
CDT (US) abk **von** Central Daylight Time minus sechs Stunden mitteleuropäischer Zeit
cease [siːs] A v̄ɪ enden; (Lärm) verstummen B v̄t beenden; Feuer, Geschäftstätigkeit einstellen; **to ~ doing sth** aufhören, etw zu tun **cease-fire** [ˈsiːsˈfaɪəʳ] s̄ Feuerpause f, Waffenruhe f **ceaseless** adj endlos **ceaselessly** adv unaufhörlich
cedar [ˈsiːdəʳ] s̄ 1 Zeder f 2 (a. **cedarwood**) Zedernholz n
cede [siːd] v̄t Territorium abtreten (to an +akk)
Ceefax® [ˈsiːfæks] s̄ Videotext der BBC
ceiling [ˈsiːlɪŋ] s̄ 1 (Zimmer)decke f 2 (fig) Höchstgrenze f, Plafond m (schweiz)
celebrate [ˈselɪbreɪt] A v̄t 1 feiern 2 Messe zelebrieren; Kommunion feiern B v̄ɪ feiern **celebrated** adj gefeiert (for wegen) **celebration** [ˌselɪˈbreɪʃən] s̄ 1 Feier f, Feiern n; **in ~ of** zur Feier (+gen) 2 (von Messe) Zelebration f; (von Kommunion) Feier f **celebratory** [ˌselɪˈbreɪtəri] adj Mahlzeit, Drink zur Feier des Tages **celebrity** [sɪˈlebrɪtɪ] s̄ Berühmtheit f
celeriac [səˈlerɪæk] s̄ (Knollen)sellerie f
celery [ˈselərɪ] s̄ Stangensellerie m od f; **three stalks of ~** drei Stangen Sellerie
celestial [sɪˈlestɪəl] adj ASTRON Himmels-
celibacy [ˈselɪbəsɪ] s̄ Zölibat n od m **celibate** [ˈselɪbɪt] adj REL keusch
cell [sel] s̄ 1 Zelle f; **~ wall** Zellwand f 2 (US umg) = cellphone
cellar [ˈseləʳ] s̄ Keller m
cellist [ˈtʃelɪst] s̄ Cellist(in) m(f) **cello**, **'cello** [ˈtʃeləʊ] s̄, pl **-s** Cello n; **to play the ~** Cello spielen (❗ mit the)
Cellophane® [ˈseləfeɪn] s̄ Cellophan® n
cellphone [ˈselfəʊn] s̄ (bes US) Handy n, Mobiltelefon n **cellular** [ˈseljʊləʳ] adj zellular, Zell- **cellular phone** s̄ Mobiltelefon n
cellulite [ˈseljʊˌlaɪt] s̄ Cellulitis f
celluloid [ˈseljʊlɔɪd] s̄ Zelluloid n
cellulose [ˈseljʊləʊs] s̄ Zellstoff m
Celsius [ˈselsɪəs] adj Celsius-; **30 degrees ~** 30

CELT | 120

Grad Celsius

Celt [kelt, selt] $\overline{S}$ Kelte *m*, Keltin *f* **Celtic** ['keltɪk, 'seltɪk] $\overline{ADJ}$ keltisch

cement [sə'ment] $\overline{A}$ $\overline{S}$ Zement *m* $\overline{B}$ $\overline{VT}$ zementieren; *(fig)* festigen **cement mixer** $\overline{S}$ Betonmischmaschine *f*

cemetery ['semɪtrɪ] $\overline{S}$ Friedhof *m*

cenotaph ['senətɑːf] $\overline{S}$ Mahnmal *n*

censor ['sensə^r] $\overline{A}$ $\overline{S}$ Zensor *m* $\overline{B}$ $\overline{VT}$ zensieren **censorship** $\overline{S}$ Zensur *f*; **press ~, ~ of the press** Pressezensur *f*

census ['sensəs] $\overline{S}$ Volkszählung *f*

cent [sent] $\overline{S}$ Cent *m*; **thirty ~s** dreißig Cent; **I haven't a ~** *(US)* ich habe keinen Cent

centenary [sen'tiːnərɪ] $\overline{S}$ hundertster Jahrestag **centennial** [sen'tenɪəl] $\overline{S}$ *(bes US)* Hundertjahrfeier *f*

center $\overline{S}$ *(US)* = **centre**

centigrade ['sentɪɡreɪd] $\overline{ADJ}$ Celsius-; **one degree ~** ein Grad Celsius **centilitre**, *(US)* **centiliter** ['sentɪˌliːtə^r] $\overline{S}$ Zentiliter *m od n*

centimetre, *(US)* **centimeter** ['sentɪˌmiːtə^r] $\overline{S}$ Zentimeter *m od n* **centipede** ['sentɪpiːd] $\overline{S}$ Tausendfüßler *m*

central ['sentrəl] $\overline{ADJ}$ **1** zentral, Zentral-, Haupt-; **the ~ area of the city** das Innenstadtgebiet; **~ London** das Zentrum von London **2** *(fig)* wesentlich; *Bedeutung, Thema* zentral; **to be ~ to sth** das Wesentliche an etw *(dat)* sein **Central America** $\overline{S}$ Mittelamerika *n* **Central American** $\overline{ADJ}$ mittelamerikanisch **central bank** $\overline{S}$ FIN Zentral(noten)bank *f* **Central Europe** $\overline{S}$ Mitteleuropa *n* **Central European** $\overline{ADJ}$ mitteleuropäisch **Central European Time** $\overline{S}$ mitteleuropäische Zeit **central government** $\overline{S}$ Zentralregierung *f* **central heating** $\overline{S}$ Zentralheizung *f* **centralization** [ˌsentrəlaɪ'zeɪʃən] $\overline{S}$ Zentralisierung *f* **centralize** ['sentrəlaɪz] $\overline{VT}$ zentralisieren **central locking** [ˌsentrəl'lɒkɪŋ] $\overline{S}$ Zentralverriegelung *f* **centrally** ['sentrəlɪ] $\overline{ADV}$ zentral; **~ heated** zentralbeheizt **central nervous system** $\overline{S}$ Zentralnervensystem *n* **central processing unit** $\overline{S}$ IT Zentraleinheit *f* **central reservation** $\overline{S}$ *(Br)* Mittelstreifen *m* (= (US) **median strip**) **Central Standard Time** $\overline{S}$ Central Standard Time *f* **central station** $\overline{S}$ Hauptbahnhof *m*

centre, *(US)* **center** ['sentə^r] $\overline{A}$ $\overline{S}$ **1** Zentrum *n* **2** *a.* POL Mitte *f*; *(von Kreis)* Mittelpunkt *m*; *(von Ort)* Stadtmitte *f*, Zentrum *n*; **~ of gravity** Schwerpunkt *m*; **she always wants to be the ~ of attention** sie will immer im Mittelpunkt stehen; **the man at the ~ of the controversy** der Mann im Mittelpunkt der Kontroverse; **left of ~** POL links der Mitte; **party of the ~** Partei

f der Mitte $\overline{B}$ $\overline{VT}$ **1** zentrieren **2** **to be ~d on sth** sich auf etw *(akk)* konzentrieren ♦**centre (up)on** $\overline{VI}$ +*obj* kreisen um

centre back, *(US)* **center back** $\overline{S}$ SPORT Vorstopper(in) *m(f)* **centrefold**, *(US)* **centerfold** $\overline{S}$ doppelseitiges Bild in der Mitte einer Zeitschrift **centre forward**, *(US)* **center forward** $\overline{S}$ SPORT Mittelstürmer(in) *m(f)* **centre half**, *(US)* **center half** $\overline{S}$ SPORT Stopper(in) *m(f)* **centre party**, *(US)* **center party** $\overline{S}$ Partei *f* der Mitte **centrepiece**, *(US)* **centerpiece** $\overline{S}$ *(fig)* *(von Treffen, Rede)* Kernstück *n*; *(von Roman, Arbeit)* Herzstück *n*; *(von Konzert, Show)* Hauptattraktion *f*

centrifugal [ˌsentrɪ'fjuːɡəl] $\overline{ADJ}$ **~ force** Fliehkraft *f*

century ['sentjʊrɪ] $\overline{S}$ Jahrhundert *n*; **in the twentieth ~** im zwanzigsten Jahrhundert, im 20. Jahrhundert

CEO *(US)* *abk* **von** chief executive officer

ceramic [sɪ'ræmɪk] $\overline{ADJ}$ keramisch **ceramics** $\overline{S}$ **1** (❗ mit Verb im Singular) (≈ *Kunst*) Keramik *f* **2** (❗ mit Verb im Plural) (≈ *Artikel*) Keramik(en *pl*) *f*

cereal ['sɪərɪəl] $\overline{S}$ **1** Getreide *n* **2** Zerealien *pl*, Getreideflocken *pl* (❗ **Cereal** verwendet man in diesen Bedeutungen nicht im Plural. Mit **cereals** bezeichnet man verschiedene Sorten von Getreide oder Getreideflocken.)

cerebral ['serɪbrəl] $\overline{ADJ}$ **~ palsy** zerebrale Lähmung

ceremonial [ˌserɪ'məʊnɪəl] $\overline{ADJ}$ zeremoniell **ceremoniously** [ˌserɪ'məʊnɪəslɪ] $\overline{ADV}$ mit großem Zeremoniell **ceremony** ['serɪmənɪ] $\overline{S}$ **1** Zeremonie *f* **2** Förmlichkeit(en *pl*) *f*; **to stand on ~** förmlich sein

cert[1] [sɜːt] *abk* **von** certificate

cert[2] [sɜːt] $\overline{S}$ *(Br umg)* **a (dead) ~** eine todsichere Sache *(umg)*

certain ['sɜːtən] $\overline{A}$ $\overline{ADJ}$ **1** sicher, gewiss; **are you ~ of** *od* **about that?** sind Sie sich *(dat)* dessen sicher?; **is he ~?** weiß er das genau?; **I don't know for ~, but ...** ich bin mir nicht ganz sicher, aber ...; **I can't say for ~** ich kann das nicht genau sagen; **he is ~ to come** er wird ganz bestimmt kommen; **to make ~ of sth** für etw sorgen; **be ~ to tell him** vergessen Sie bitte nicht, ihm das zu sagen **2** *attr* gewiss; *Bedingungen* bestimmt; **a ~ gentleman** ein gewisser Herr; **to a ~ extent** *od* **degree** in gewisser Hinsicht; **of a ~ age** in einem gewissen Alter $\overline{B}$ $\overline{PRON}$ einige; **~ of you** einige von euch

certainly ['sɜːtənlɪ] $\overline{ADV}$ sicher(lich), bestimmt; **~ not!** ganz bestimmt nicht; **I ~ will not!** ich denke nicht daran!; **~!** sicher! **certainty** ['sɜːtəntɪ] $\overline{S}$ Gewissheit *f*; **his success is a ~**

121 ‖ CHAM

er wird mit Sicherheit Erfolg haben; **it's a ~ that ...** es ist absolut sicher, dass ...
certifiable [ˌsɜːtɪˈfaɪəbl] ADJ (umg) nicht zurechnungsfähig **certificate** [səˈtɪfɪkɪt] S̅ Bescheinigung f, Zeugnis n; FILM Freigabe f **certified mail** S̅ (US) Einschreiben n (❗ = (Br) **recorded delivery) certify** [ˈsɜːtɪfaɪ] V̅T̅ bescheinigen; JUR beglaubigen; **this is to ~ that ...** hiermit wird bestätigt, dass ...; **she was certified dead** sie wurde für tot erklärt; **the painting has been certified (as) genuine** das Gemälde wurde als echt erklärt
cervical cancer [ˈsɜːvɪkəl-, səˈvaɪkəl-] S̅ Gebärmutterhalskrebs m **cervical smear** S̅ Abstrich m
Cesarean, Cesarian [siːˈzɛərɪən] S̅ (US) = **Caesarean**
cessation [seˈseɪʃən] S̅ Ende n; (von Feindseligkeiten) Einstellung f
cesspit [ˈsespɪt], **cesspool** [ˈsespuːl] S̅ Jauchegrube f, Güllengrube f (schweiz)
CET abk von Central European Time MEZ
cf abk von confer usw.
CFC abk von chlorofluorocarbon FCKW n
chafe [tʃeɪf] A V̅T̅ (auf)scheuern; **his shirt ~d his neck** sein (Hemd)kragen scheuerte (ihn) B V̅I̅ 1 sich aufscheuern 2 (fig) sich ärgern (at, against über +akk)
chaffinch [ˈtʃæfɪntʃ] S̅ Buchfink m
chain [tʃeɪn] A S̅ Kette f, (Berg)kette f; **~ of shops** Ladenkette f; **~ of events** Kette von Ereignissen; **~ of command** MIL Befehlskette f; (in Firma) Weisungskette f B V̅T̅ anketten; **to ~ sb/sth to sth** jdn/etw an etw (akk) ketten
◆**chain up** V̅T̅ trennb Gefangenen in Ketten legen; Hund an die Kette legen
chain letter S̅ Kettenbrief m **chain mail** S̅ Kettenhemd n **chain reaction** S̅ Kettenreaktion f **chain saw** S̅ Kettensäge f **chain-smoke** V̅I̅ kettenrauchen **chain smoker** S̅ Kettenraucher(in) m(f) **chain store** S̅ Kettenladen m
chair [tʃɛəʳ] A S̅ 1 Stuhl m, Sessel m (österr), Sessel m, Fauteuil n (österr); **please take a ~** bitte nehmen Sie Platz! 2 (in Ausschuss etc) Vorsitz m; **to be in/take the ~** den Vorsitz führen 3 UNIV Lehrstuhl m (of für) 4 (US umg) **the ~** der elektrische Stuhl B V̅T̅ den Vorsitz führen bei
chairlift S̅ Sessellift m
chairman S̅, pl **-men** Vorsitzende(r) m/f(m); **Mr/Madam Chairman** Herr Vorsitzender/Frau Vorsitzende **chairmanship** S̅ Vorsitz m
chairperson S̅ Vorsitzende(r) m/f(m)
chairwoman S̅, pl **-women** Vorsitzende f
chalet [ˈʃæleɪ] S̅ Chalet n
chalk [tʃɔːk] S̅ Kreide f; **not by a long ~** (Br umg)

bei Weitem nicht; **they're as different as ~ and cheese** (Br) sie sind (so verschieden) wie Tag und Nacht
challenge [ˈtʃælɪndʒ] A S̅ 1 Herausforderung f (to an +akk); (fig) Anforderung(en pl) f; **to issue a ~ to sb** jdn herausfordern; **this job is a ~** bei dieser Arbeit ist man gefordert; **I see this task as a ~** ich sehe diese Aufgabe als Herausforderung; **those who rose to the ~** diejenigen, die sich der Herausforderung stellten 2 (nach Führungsposten etc) Griff m (for nach); **a direct ~ to his authority** eine direkte Infragestellung seiner Autorität B V̅T̅ 1 (zu Rennen etc) herausfordern; **to ~ sb to do sth** wetten, dass jd etw nicht (tun) kann; **to ~ sb to a duel** jdn zum Duell fordern; **to ~ sb to a game** jdn zu einer Partie herausfordern 2 (fig) fordern 3 (fig) jds Autorität infrage stellen **-challenged** [ˈtʃælɪndʒd] ADJ suf (meist hum) **vertically-challenged** zu kurz geraten (hum); **intellectually-challenged** geistig minderbemittelt (umg)
challenger [ˈtʃælɪndʒəʳ] S̅ Herausforderer m, Herausforderin f **challenging** [ˈtʃælɪndʒɪŋ] ADJ 1 herausfordernd 2 anspruchsvoll
chamber [ˈtʃeɪmbəʳ] S̅ 1 (obs) Gemach n (obs) 2 **Chamber of Commerce** Handelskammer f; **the Upper/Lower Chamber** PARL die Erste/Zweite Kammer **chambermaid** S̅ Zimmermädchen n **chamber music** S̅ Kammermusik f **chamber orchestra** S̅ Kammerorchester n **chamber pot** S̅ Nachttopf m

---

▶ **chairman / chairperson**

Aus Gründen der Gleichberechtigung haben etliche Begriffe, für die es früher nur die Form gab, die auf **-man** endete, eine neutrale, nicht geschlechtsspezifische Bezeichnung erhalten.

traditionelle Form	neutrale Form
chairman	chairperson
spokesman	spokesperson
salesman	salesperson
layman	layperson
fireman	firefighter
policeman	police officer
businessmen	businesspeople*
sportsmen	sportspeople*

* Hier unterscheidet man im Singular aber noch zwischen **businessman / businesswoman** bzw. **sportsman / sportswoman**.

SPRACHGEBRAUCH ◀

CHAM | 122

chameleon [kə'miːliən] $\overline{S}$ (ZOOL, *fig*) Chamäleon *n*

champagne [ʃæm'peɪn] $\overline{S}$ Sekt *m*, Champagner *m* (❶ Als Getränk hat **champagne** keinen Plural. **Champagnes** kann man sagen, wenn man verschiedene Champagnersorten meint.); ~ **glass** Sekt-/Champagnerglas *n*

champion ['tʃæmpjən] $\boxed{A}$ $\overline{S}$ $\boxed{1}$ SPORT Meister(in) *m(f)*; ~**s** (= *Team*) Meister *m*; **world** ~ Weltmeister(in) *m(f)*; **heavyweight** ~ **of the world** Weltmeister *m* im Schwergewicht $\boxed{2}$ (*von Sache*) Verfechter *m* $\boxed{B}$ $\overline{VT}$ eintreten für **championship** ['tʃæmpjənʃɪp] $\overline{S}$ $\boxed{1}$ SPORT Meisterschaft *f* $\boxed{2}$ **championships** $\overline{PL}$ Meisterschaftskämpfe *pl*

chance [tʃɑːns] $\boxed{A}$ $\overline{S}$ $\boxed{1}$ Zufall *m*, Glück *n*; **by** ~ zufällig; **would you by any** ~ **be able to help?** könnten Sie mir vielleicht behilflich sein? $\boxed{2}$ Chance(n *pl*) *f*, Möglichkeit *f*; **(the)** ~**s are that ... wahrscheinlich ...**; **what are the** ~**s of his coming?** wie groß ist die Wahrscheinlichkeit, dass er kommt?; **is there any** ~ **of us meeting again?** könnten wir uns vielleicht wiedersehen?; **he doesn't stand** *od* **hasn't got a** ~ er hat keine(rlei) Chance(n); **he has a good** ~ **of winning** er hat gute Aussicht zu gewinnen; **to be in with a** ~ eine Chance haben; **no** ~**!** (*umg*) nee! (*umg*); **you won't get another** ~ das ist eine einmalige Gelegenheit; **I had the** ~ **to go** *od* **of going** ich hatte (die) Gelegenheit, dahin zu gehen; **now's your** ~**!** das ist deine Chance! $\boxed{3}$ Risiko *n*; **to take a** ~ es darauf ankommen lassen; **he's not taking any** ~**s** er geht kein Risiko ein $\boxed{B}$ $\overline{ATTR}$ zufällig; ~ **meeting** zufällige Begegnung $\boxed{C}$ $\overline{VT}$ **I'll** ~ **it!** (*umg*) ich versuchs mal (*umg*) ◆**chance (up)on** $\overline{VT}$ +*obj* zufällig treffen, zufällig stoßen auf (+*akk*)

chancellor ['tʃɑːnsələr] $\overline{S}$ Kanzler *m*; **Chancellor (of the Exchequer)** (*Br*) Schatzkanzler(in) *m(f)*

chandelier [ˌʃændə'lɪər] $\overline{S}$ Kronleuchter *m*

change [tʃeɪndʒ] $\boxed{A}$ $\overline{S}$ $\boxed{1}$ Veränderung *f*, Änderung *f* (*to* +*gen*); **a** ~ **for the better/worse** eine Verbesserung/Verschlechterung; ~ **of address** Adressenänderung *f*; **a** ~ **in the weather** eine Wetterveränderung; **no** ~ unverändert; **I need a** ~ **of scene** ich brauche Tapetenwechsel; **to make** ~**s (to sth)** (an etw *dat*) (Ver)änderungen *pl* vornehmen; **I didn't have a** ~ **of clothes with me** ich hatte nichts zum Wechseln mit $\boxed{2}$ Abwechslung *f*; **(just) for a** ~ zur Abwechslung (mal); **that makes a** ~ das ist mal was anderes $\boxed{3}$ Wechsel *m*; **a** ~ **of government** ein Regierungswechsel *m* $\boxed{4}$ (❶ kein *pl*) Wechselgeld *n*, Kleingeld *n*; **can you give me** ~ **for a pound?** können Sie mir ein Pfund wechseln?; **I**

haven't got any ~ ich habe kein Kleingeld; **you won't get much** ~ **out of £5** von £ 5 wird wohl nicht viel übrig bleiben; **keep the** ~ der Rest ist für Sie $\boxed{B}$ $\overline{VT}$ $\boxed{1}$ wechseln; *Adresse, Namen* ändern; **to** ~ **trains** *etc* umsteigen; **to** ~ **one's clothes** sich umziehen; **to** ~ **a wheel/the oil** ein Rad/das Öl wechseln; **to** ~ **a baby's nappy** (*Br*) *od* **diaper** (*US*) (bei einem Baby) die Windeln wechseln; **to** ~ **the sheets** *od* **the bed** die Bettwäsche wechseln; **to** ~ **hands** den Besitzer wechseln; **she** ~**d places with him** er und sie tauschten die Plätze $\boxed{2}$ (ver)ändern; *jdn, Ideen* ändern; (≈ *transformieren*) verwandeln; **to** ~ **sb/ sth into sth** jdn/etw in etw (*akk*) verwandeln $\boxed{3}$ umtauschen; **she** ~**d the dress for one of a different colour** sie tauschte das Kleid gegen ein andersfarbiges um $\boxed{4}$ (*Br* AUTO) **to** ~ **gear** schalten (❶ = (US) **to shift gears** $\boxed{C}$ $\overline{VI}$ $\boxed{1}$ sich ändern; (*Ampel*) umspringen (*to* auf +*akk*); **to** ~ **from sth into ...** sich aus etw in ... (*akk*) verwandeln $\boxed{2}$ sich umziehen; **she** ~**d into an old skirt** sie zog sich einen alten Rock an; **I'll just** ~ **out of these old clothes** ich muss mir noch die alten Sachen ausziehen $\boxed{3}$ umsteigen; **all** ~**!** alle aussteigen! $\boxed{4}$ **to** ~ **to a different system** auf ein anderes System umstellen; **I** ~**d to philosophy from chemistry** ich habe von Chemie zu Philosophie gewechselt ◆**change around** $\overline{VT}$ *trennb* = change round **B** ◆**change down** $\overline{VI}$ (*Br* AUTO) in einen niedrigeren Gang schalten ◆**change over** $\boxed{A}$ $\overline{VI}$ $\boxed{1}$ sich umstellen (*to* auf +*akk*); **we have just changed over from gas to electricity** hier *od* bei uns ist gerade von Gas auf Strom umgestellt worden $\boxed{2}$ (≈ *zu anderer Tätigkeit etc*) wechseln $\boxed{B}$ $\overline{VT}$ *trennb* austauschen ◆**change round** (*bes Br*) $\boxed{A}$ $\overline{VI}$ = change over **I** $\boxed{B}$ $\overline{VT}$ *trennb Zimmer* umräumen; *Möbel* umstellen ◆**change up** $\overline{VI}$ (*Br* AUTO) in einen höheren Gang schalten

changeable ['tʃeɪndʒəbl] $\overline{ADJ}$ *Charakter* unbeständig; *Wetter* wechselhaft; *Stimmung* wechselnd **change machine** $\overline{S}$ Geldwechsler *m* **changeover** ['tʃeɪndʒəʊvər] $\overline{S}$ Umstellung *f* (*to* auf +*akk*) **changing** ['tʃeɪndʒɪŋ] $\overline{ADJ}$ wechselnd **changing room** $\overline{S}$ Ankleideraum *m*; SPORT Umkleideraum *m*

channel ['tʃænl] $\boxed{A}$ $\overline{S}$ $\boxed{1}$ *a.* TV, RADIO Kanal *m*; **the (English) Channel** der Ärmelkanal $\boxed{2}$ *meist pl* (*fig*: *von Bürokratie etc*) Dienstweg *m*; (*von Informationen etc*) Kanal *m*; **to go through the official** ~**s** den Dienstweg gehen $\boxed{3}$ Furche *f* $\boxed{B}$ $\overline{VT}$ $\boxed{1}$ *Wasser* (hindurch)leiten $\boxed{2}$ (*fig*) lenken (*into* auf +*akk*) **Channel ferry** $\overline{S}$ (*Br*) Kanalfähre *f* **channel-hopping** $\overline{S}$ (*Br* TV *umg*) Zappen *n* (*umg*) **Channel Islands** $\overline{PL}$ Kanalinseln *pl*

channel-surfing S (*bes US* TV *umg*) = **channel-hopping** **Channel Tunnel** S Kanaltunnel *m*

chant [tʃɑːnt] [A] S Gesang *m*; (*von Fußballfans etc*) Sprechchor *m* [B] VT im (Sprech)chor rufen; KIRCHE singen [C] VI Sprechchöre anstimmen; KIRCHE singen

chaos ['keɪɒs] S Chaos *n*; **complete ~** ein totales Durcheinander **chaotic** [keɪ'ɒtɪk] ADJ chaotisch

chap[1] [tʃæp] VT spröde machen; **~ped lips** aufgesprungene Lippen *pl*

chap[2] S (*Br umg*) Typ *m* (*umg*)

chapel ['tʃæpəl] S Kapelle *f*

chaperon(e) ['ʃæpərəʊn] [A] S Anstandsdame *f* [B] VT Anstandsdame spielen bei

chaplain ['tʃæplɪn] S Kaplan *m* **chaplaincy** ['tʃæplənsɪ] S Diensträume *pl* eines Kaplans

chapter ['tʃæptəʳ] S Kapitel *n*

char[1] [tʃɑːʳ] VT verkohlen

char[2] (*Br umg*) S (*a.* **charwoman**, **charlady**) Putzfrau *f*

character ['kærɪktəʳ] S [1] Charakter *m*; (*von Mensch*) Wesen *n* (❗ kein pl); **it's out of ~ for him to do that** es ist eigentlich nicht seine Art, so etwas zu tun; **to be of good/bad ~** ein guter/schlechter Mensch sein; **she has no ~** sie hat keine eigene Note [2] (Roman)figur *f*; THEAT Gestalt *f* [3] (≈ *Mensch*) Original *n*; (*umg*) Typ *m* (*umg*) [4] TYPO, IT Zeichen *n* **characteristic** [ˌkærɪktə'rɪstɪk] [A] ADJ charakteristisch (*of* für) [B] S (typisches) Merkmal **characterization** [ˌkærɪktəraɪ'zeɪʃən] S Personenbeschreibung *f*, Charakterisierung *f* **characterize** ['kærɪktəraɪz] VT charakterisieren **character set** S IT Zeichensatz *m* **character space** S IT Zeichenplatz *m*

charade [ʃə'rɑːd] S Scharade *f*; (*fig*) Farce *f*

char-broiled ['tʃɑːˌbrɔɪld] ADJ (*US*) = **char-grilled**

charcoal ['tʃɑːkəʊl] S Holzkohle *f*

charge [tʃɑːdʒ] [A] S [1] JUR Anklage *f* (*of* wegen); **convicted on all three ~s** in allen drei Anklagepunkten für schuldig befunden; **on a ~ of murder** wegen Mordverdacht [2] Angriff *m* [3] Gebühr *f*; **what's the ~?** was kostet das?; **to make a ~ (of £5) for sth** (£ 5 für) etw berechnen; **there's an extra ~ for delivery** die Lieferung wird zusätzlich berechnet; **free of ~** kostenlos, gratis; **delivered free of ~** Lieferung frei Haus [4] (Spreng)ladung *f*; ELEK, PHYS Ladung *f* [5] **to be in ~** die Verantwortung haben; **who is in ~ here?** wer ist hier der Verantwortliche?; **to be in ~ of sth** für etw die Verantwortung haben; (*Abteilung*) etw leiten; **to put sb in ~ of sth** jdm die Verantwortung für etw übertragen; (*von Abteilung*) jdm die Leitung von etw übertragen; **the children were placed in their aunt's ~** die Kinder wurden der Obhut der Tante anvertraut; **to take ~ of sth** etw übernehmen; **he took ~ of the situation** er nahm die Sache in die Hand [B] VT [1] JUR anklagen; (*fig*) beschuldigen; **to ~ sb with doing sth** jdm vorwerfen, etw getan zu haben [2] (≈ *angreifen*) stürmen [3] *Gebühr* berechnen; **I won't ~ you for that** ich berechne Ihnen nichts dafür [4] in Rechnung stellen; **please ~ all these purchases to my account** bitte setzen Sie diese Einkäufe auf meine Rechnung [5] *Batterie* (auf)laden [6] (*form*) **to ~ sb with sth** jdn mit etw beauftragen [C] VI [1] stürmen, angreifen (*at sb* jdn); **~!** vorwärts! [2] (*umg*) rennen; **he ~d into the room** er stürmte ins Zimmer

chargeable ['tʃɑːdʒəbl] ADJ **to be ~ to sb** auf jds Kosten (*akk*) gehen **charge account** S Kunden(kredit)konto *n* **charge card** S Kundenkreditkarte *f* **charged** [tʃɑːdʒd] ADJ geladen **chargé d'affaires** ['ʃɑːʒeɪdæ'fɛəʳ] S Chargé d'affaires *m* **charger** ['tʃɑːdʒəʳ] S (*für Batterie*) Ladegerät *n*

char-grilled ['tʃɑːˌgrɪld] ADJ (*Br*) vom Holzkohlengrill

chariot ['tʃærɪət] S Streitwagen *m* (*liter*)

charisma [kæ'rɪzmə] S Charisma *n* **charismatic** [ˌkærɪz'mætɪk] ADJ charismatisch

charitable ['tʃærɪtəbl] ADJ menschenfreundlich; *Organisation* karitativ; **to have ~ status** als gemeinnützig anerkannt sein **charity** ['tʃærɪtɪ] S [1] Menschenfreundlichkeit *f* [2] **to live on ~** von Almosen leben [3] karitative Organisation; **to work for ~** für die Wohlfahrt arbeiten; **a collection for ~** eine Sammlung für wohltätige Zwecke

charlady ['tʃɑːˌleɪdɪ] S (*Br*) Reinemache- *od* Putzfrau *f*

charlatan ['ʃɑːlətən] S Scharlatan *m*

charm [tʃɑːm] [A] S [1] Charme *m kein pl*; **feminine ~s** (weibliche) Reize *pl*; **to turn on the ~** seinen (ganzen) Charme spielen lassen [2] Bann *m* [3] Talisman *m* [B] VT bezaubern; **to ~ one's way out of sth** sich mit Charme vor etw (*dat*) drücken

charming ['tʃɑːmɪŋ] ADJ charmant; **~!** (*iron*) wie reizend! (*iron*)

chart [tʃɑːt] [A] S [1] Tabelle *f*, Diagramm *n*, Karte *f*; **on a ~** in einer Tabelle/einem Diagramm [2] **charts** PL (≈ *Top Twenty*) Charts *pl* [B] VT *Fortschritt* auswerten

charter ['tʃɑːtəʳ] [A] S Charta *f*; (*von Stadt*) Gründungsurkunde *f* [B] VT *Flugzeug* chartern **chartered accountant** [ˌtʃɑːtədə'kaʊntənt] S (*Br*) staatlich geprüfter Bilanzbuchhalter, staat-

lich geprüfte Bilanzbuchhalterin **charter flight** ‾S‾ Charterflug *m* **charter plane** ‾S‾ Charterflugzeug *n*
charwoman ['tʃɑː,wʊmən] ‾S‾, *pl* -women [-wɪmɪn] (*Br*) = **charlady**
chase [tʃeɪs] **A** ‾S‾ Verfolgungsjagd *f*; **a car ~** eine Verfolgungsjagd im Auto; **to give ~** die Verfolgung aufnehmen; **to cut to the ~** (*bes US umg*) zum Kern der Sache kommen **B** ‾VT‾ jagen, verfolgen **C** ‾VI‾ **to ~ after sb** hinter jdm herrennen (*umg*); (*in Auto*) hinter jdm herrasen (*umg*); **to ~ around** herumrasen (*umg*)
♦**chase away** *od* **off** ‾VT‾ *trennb* wegjagen
♦**chase down** ‾VT‾ *trennb* (*US*) aufspüren
♦**chase up** ‾VT‾ *trennb* jdn rankriegen (*umg*); *Informationen etc* ranschaffen (*umg*)
chaser ['tʃeɪsə'] ‾S‾ **have a whisky ~** trinken Sie einen Whisky dazu
chasm ['kæzəm] ‾S‾ Kluft *f*
chassis ['ʃæsɪ] ‾S‾ Chassis *n*
chaste [tʃeɪst] ‾ADJ‾ (+*er*) keusch **chasten** ['tʃeɪsn] ‾VT‾ **~ed by ...** durch ... zur Einsicht gelangt
chastise [tʃæs'taɪz] ‾VT‾ schelten
chastity ['tʃæstɪtɪ] ‾S‾ Keuschheit *f*
chat [tʃæt] **A** ‾S‾ Unterhaltung *f*; **could we have a ~ about it?** können wir uns mal darüber unterhalten? **B** ‾VI‾ plaudern; (*on the Internet*) im Internet chatten ♦**chat up** ‾VT‾ *trennb* (*Br umg*) jdn einreden auf (+*akk*); (*um Beziehung anzu-*

knüpfen) anquatschen (*umg*)
chat line ‾S‾ IT Chatline *f* **chat room** ‾S‾ IT Chatroom *m* **chat show** ‾S‾ (*Br*) Talkshow *f*
chatter ['tʃætə'] **A** ‾S‾ Geschwätz *n* **B** ‾VI‾ schwatzen; (*Zähne*) klappern **chatterbox** ['tʃætəbɒks] ‾S‾ Quasselstrippe *f* (*umg*) **chattering** ['tʃætərɪŋ] **A** ‾S‾ Geschwätz *n* **B** ‾ADJ‾ **the ~ classes** (*Br pej umg*) das Bildungsbürgertum
chatty ['tʃætɪ] ‾ADJ‾ (+*er*) geschwätzig; **written in a ~ style** im Plauderton geschrieben
chauffeur ['ʃəʊfə'] ‾S‾ Chauffeur *m*
chauvinism ['ʃəʊvɪnɪzəm] ‾S‾ Chauvinismus *m* **chauvinist** ['ʃəʊvɪnɪst] **A** ‾S‾ männlicher Chauvinist **B** ‾ADJ‾ (**male) ~ pig** Chauvinistenschwein *n* (*umg*) **chauvinistic** [,ʃəʊvɪ'nɪstɪk] ‾ADJ‾ chauvinistisch
cheap [tʃiːp] **A** ‾ADJ‾ (+*er*) *a.* ‾ADV‾ billig; **to feel ~** sich (*dat*) schäbig vorkommen; **it doesn't come ~** es ist nicht billig; **it's ~ at the price** es ist spottbillig **B** ‾S‾ **to buy sth on the ~** (*umg*) etw für einen Pappenstiel kaufen (*umg*); **to make sth on the ~** (*umg*) etw ganz billig produzieren **cheapen** ['tʃiːpən] ‾VT‾ (*fig*) schlechtmachen **cheaply** ['tʃiːplɪ] ‾ADV‾ billig; *leben* günstig **cheapness** ‾S‾ billiger Preis
cheat [tʃiːt] **A** ‾VT‾ betrügen; **to ~ sb out of sth** jdn um etw betrügen **B** ‾VI‾ betrügen; (*in Prüfung etc*) mogeln (*umg*) **C** ‾S‾ Betrüger(in) *m(f)*; (*in Prüfung etc*) Mogler(in) *m(f)* (*umg*) ♦**cheat on** ‾VI‾ +*obj* betrügen

---

▶ chatting on the Internet

Beim Chatten im Internet wird man oft mit seltsamen Abkürzungen konfrontiert, deren originelle Auflösungen folgendermaßen aussehen:

AFAIK	as far as I know	soweit ich weiß
BFN	bye for now	Tschüs (erst mal)!
BION	believe it or not	ob du es glaubst oder nicht
BOT	back on topic	zurück zum Thema
BTW	by the way	übrigens
FOAF	friend of a friend	der Freund eines Freundes / einer Freundin *oder* die Freundin einer Freundin / eines Freundes
FOC	free of charge	kostenlos
FYE	for your entertainment	zu deiner Unterhaltung
FYI	for your information	zu deiner Information
IMO	in my opinion	meiner Meinung nach
IOW	in other words	mit anderen Worten
OIC	oh I see	Aha, ich verstehe!
NW	no way	Kommt nicht in Frage!
TIA	thanks in advance	danke im Voraus

WORTSCHATZ ◀

cheating ['tʃiːtɪŋ] s̄ Betrug m; (in Prüfung etc) Mogeln n (umg)
Chechenia [tʃe'tʃɛnɪə], **Chechnya** ['tʃetʃnjə] s̄ Tschetschenien n
check [tʃek] A s̄ 1 Überprüfung f; **to keep a ~ on sb/sth** jdn/etw überwachen 2 **to hold** od **keep sb in ~** jdn in Schach halten; **to keep one's temper in ~** sich beherrschen 3 Karo (-muster) n 4 (US) Scheck m (⚠ = (Br) **cheque**) 5 (US) Rechnung f (⚠ = (Br) **bill**) 6 (US ≈ Markierung) Haken m B v̄t 1 überprüfen; **to ~ whether** od **if ...** nachprüfen, ob ... 2 kontrollieren, aufhalten 3 FLUG Gepäck einchecken; (US) Mantel etc abgeben C v̄i nachfragen (with bei), nachsehen; **I was just ~ing** ich wollte nur nachprüfen ♦**check in** A v̄i (auf Flughafen) einchecken; (in Hotel) sich anmelden; **what time do you have to ~?** wann musst du am Flughafen sein? B v̄t trennb (auf Flughafen) Gepäck einchecken; (in Hotel) anmelden ♦**check off** v̄t trennb (bes US) abhaken ♦**check out** A v̄i sich abmelden; (≈ von Hotel) abreisen, sich austragen B v̄t trennb Fakten überprüfen; **check it out with the boss** klären Sie das mit dem Chef ab ♦**check over** v̄t trennb überprüfen ♦**check through** v̄t trennb 1 Rechnung durchsehen 2 **they checked my bags through to Berlin** mein Gepäck wurde nach Berlin durchgecheckt ♦**check up** v̄i überprüfen ♦**check up on** v̄i +obj überprüfen; jdn kontrollieren

▶ **checks and balances**

Das System der **checks and balances** stellt im Rahmen der Gewaltenteilung ein Werkzeug der gegenseitigen Kontrolle zwischen den drei Säulen der Regierung dar.
Legislative (**Congress**), Exekutive (**President**) und Judikative (**Supreme Court**) verfügen jeweils über die Macht und haben die Aufgabe, die Handlungen der beiden anderen zu kontrollieren (**check**) und ggf. auszugleichen (**balance**). So beschränken die drei eigenständigen Institutionen die Macht der jeweils anderen, um Machtmissbrauch zu verhindern, z. B. indem der Oberste Gerichtshof Handlungen des Präsidenten oder Gesetze für verfassungswidrig erklären kann.

LANDESKUNDE

checkbook ['tʃekbʊk] s̄ (US) Scheckbuch n (⚠ = (Br) **chequebook**) **check card** s̄ (US) Scheckkarte f (⚠ = (Br) **cheque card**)
checked [tʃekt] ADJ Muster kariert; **~ pattern** Karomuster n

checker ['tʃekəʳ] s̄ 1 (US: in Supermarkt) Kassierer(in) m(f) 2 (US) Garderobenfrau f/-mann m
checkerboard ['tʃekəbɔːd] s̄ (US) Damebrett n (⚠ = (Br) **draughtboard**) **checkers** ['tʃekəz] s̄ (⚠ mit Verb im Singular) (US) Damespiel n (⚠ = (Br) **draughts**); **to play ~** Dame spielen **check-in** (**desk**) ['tʃekɪn(,desk)] s̄ FLUG Abflugschalter m; (US: in Hotel) Rezeption f **checking** ['tʃekɪŋ] s̄ Kontrolle f **checking account** s̄ (US) Girokonto n (⚠ = (Br) **current account**) **check list** s̄ Checkliste f **checkmate** A s̄ Schachmatt n; **~!** matt! B v̄t matt setzen **checkout** s̄ Kasse f, Kassa f (österr) **checkpoint** s̄ Kontrollpunkt m **checkroom** s̄ (US THEAT) Garderobe f; BAHN Gepäckaufbewahrung f **checkup** s̄ MED Check-up m; **to have a ~/go for a ~** einen Check-up machen lassen
cheddar ['tʃedəʳ] s̄ Cheddar(käse) m
cheek [tʃiːk] A s̄ 1 Backe f 2 (Br) Frechheit f; **to have the ~ to do sth** die Frechheit haben, etw zu tun; **enough of your ~!** jetzt reichts aber!
cheekbone ['tʃiːkbəʊn] s̄ Wangenknochen m **cheekily** ['tʃiːkɪlɪ] ADV (Br) frech **cheeky** ['tʃiːkɪ] ADJ (+er) (Br) frech; **it's a bit ~ asking for another pay rise so soon** es ist etwas unverschämt, schon wieder eine Gehaltserhöhung zu verlangen
cheep [tʃiːp] A s̄ Piep m, Piepser m B v̄i piepsen
cheer [tʃɪəʳ] A s̄ 1 Beifallsruf m, Jubel m; **three ~s for Mike!** ein dreifaches Hurra für Mike!; **~s!** (umg) prost! 2 Aufmunterung f B v̄t jdm zujubeln (+dat); Ereignis bejubeln C v̄i jubeln ♦**cheer on** v̄t trennb anfeuern ♦**cheer up** A v̄t trennb aufmuntern; Wohnung aufheitern B v̄i (Mensch) vergnügter werden, (Verhältnisse) besser werden; **~!** lass den Kopf nicht hängen!
cheerful ['tʃɪəfʊl] ADJ fröhlich; Ort, Farbe etc heiter; Nachrichten erfreulich, gefreut (schweiz); Melodie fröhlich; **to be ~ about sth** in Bezug auf etw optimistisch sein **cheerfully** ['tʃɪəfʊlɪ] ADV fröhlich **cheering** ['tʃɪərɪŋ] A s̄ Jubel m B ADJ jubelnd **cheerio** ['tʃɪərɪ'əʊ] INT (bes Br umg) Wiedersehen (umg), tschüs(s) (umg), servus! (österr) **cheerleader** ['tʃɪəliːdəʳ] s̄ Cheerleader m(f) **cheers** [tʃɪəz] INT → cheer I **cheery** ['tʃɪərɪ] ADJ (+er) fröhlich, vergnügt
cheese [tʃiːz] s̄ Käse m (⚠ **Cheese** hat keinen Plural. **Cheeses** bezeichnet verschiedene Käsesorten.); **say ~!** FOTO bitte recht freundlich **cheeseboard** s̄ Käsebrett n; (≈ Auswahl) Käseplatte f **cheeseburger** s̄ Cheeseburger m **cheesecake** s̄ GASTR Käsekuchen m **cheesecloth** s̄ Käseleinen n **cheesed off** [tʃiːzd'ɒf] ADJ (Br umg) angeödet (umg)

C

cheetah ['tʃi:tə] [S] Gepard *m*
chef [ʃef] [S] Küchenchef(in) *m(f)*, Koch *m*, Köchin *f*
chemical ['kemɪkəl] [A] [ADJ] chemisch [B] [S] Chemikalie *f* **chemical engineering** [S] Chemotechnik *f* **chemical toilet** [S] Chemietoilette *f*
chemist ['kemɪst] [S] [1] Chemiker(in) *m(f)* [2] *(Br)* Drogist(in) *m(f)*, Apotheker(in) *m(f)*; **~'s shop** Drogerie *f*, Apotheke *f* ([!] = (US) **drugstore**)

chemist

In Großbritannien und Amerika gibt es den Unterschied zwischen Apotheke und Drogerie nicht. Im britischen **chemist's** oder amerikanischen **drugstore** kann man von Schreibwaren über Kosmetika auch all das kaufen, was es in einer Drogerie gibt. An einem gesonderten Schalter bekommt man dort auch Medikamente. Man sagt **at / from / to the chemist's** — in / von / zu der Apotheke, in / von / zu der Drogerie, aber **at / from / to the drugstore** (ohne 's) — in / von / zu der Apotheke, in / von / zu der Drogerie.

LANDESKUNDE

chemistry ['kemɪstrɪ] [S] Chemie *f*; **the ~ between us was perfect** wir haben uns sofort vertragen
chemo ['ki:məʊ] [S] ([!] kein Plural) *(umg)* Chemo *f (umg)* **chemotherapy** [,ki:məʊ'θerəpɪ] [S] Chemotherapie *f*
cheque, *(US)* **check** [tʃek] [S] Scheck *m*; **a ~ for £100** ein Scheck über £ 100; **to pay by ~** mit (einem) Scheck bezahlen **cheque account** [S] Girokonto *n* **chequebook**, *(US)* **checkbook** ['tʃekbʊk] [S] Scheckbuch *n* **cheque card** [S] Scheckkarte *f*
chequered, *(US)* **checkered** ['tʃekəd] [ADJ] *(fig) Geschichte* bewegt
cherish ['tʃerɪʃ] [V/T] *Gefühle, Hoffnung* hegen; *Idee* sich hingeben *(+dat)*; **to ~ sb's memory** jds Andenken in Ehren halten **cherished** [ADJ] *Überzeugung* lang gehegt; **her most ~ possessions** die Dinge, an denen sie am meisten hängt
cherry ['tʃerɪ] [A] [S] Kirsche *f* [B] [ADJ] *(Farbe)* kirschrot; GASTR Kirsch- **cherry-pick** *(fig umg)* [A] [V/T] die Rosinen herauspicken aus *(umg)* [B] [V/I] sich *(dat)* die Rosinen herauspicken *(umg)* **cherry picker** [S] *(≈ Fahrzeug)* Bockkran *m* **cherry tomato** [S], *pl* -es Kirschtomate *f*
cherub ['tʃerəb] [S] [1] *pl* -im ['tʃerəbɪm] KIRCHE Cherub *m* [2] *pl* -s KUNST Putte *f*
chess [tʃes] [S] Schach(spiel) *n* **chessboard** [S] Schachbrett *n* **chessman**, *pl* -men, **chesspiece** [S] Schachfigur *f* **chess set** [S] Schachspiel *n*
chest¹ [tʃest] [S] Kiste *f*, Truhe *f*; **~ of drawers** Kommode *f*
chest² [S] ANAT Brust *f*; **to get sth off one's ~** *(fig umg)* sich *(dat)* etw von der Seele reden; **~ muscle** Brustmuskel *m*; **~ pain** Schmerzen *pl* in der Brust
chestnut ['tʃesnʌt] [A] [S] [1] Kastanie *f* [2] *(≈ Farbe)* Kastanienbraun *n* [3] *(≈ Pferd)* Fuchs *m* [B] [ADJ] kastanienbraun
chew [tʃu:] [V/T] kauen; **don't ~ your fingernails** kaue nicht an den Nägeln ♦**chew on** [V/I] *+obj* [1] *(wörtl)* (herum)kauen auf *(+dat)* [2] *(umg: a.* **chew over**) *Problem* sich *(dat)* durch den Kopf gehen lassen
chewing gum ['tʃu:ɪŋgʌm] [S] ([!] kein pl) Kaugummi *m od n*; **two pieces of ~** zwei Kaugummis **chewy** ['tʃu:ɪ] [ADJ] *Fleisch* zäh; *Bonbon* weich
chick [tʃɪk] [S] [1] Küken *n*; *(≈ junger Vogel)* Junge(s) *n* [2] *(umg ≈ Mädchen)* Mieze *f (umg)*
chicken ['tʃɪkɪn] [A] [S] Huhn *n*; GASTR Hähnchen *n*; **~ liver** Geflügelleber *f*; **don't count your ~s (before they're hatched)** *(sprichw)* man soll den Tag nicht vor dem Abend loben *(sprichw)* [B] [ADJ] *(umg)* feig; **he's ~** er ist ein Feigling ♦**chicken out** [V/I] *(umg)* kneifen *(umg)*
chicken farmer [S] Hühnerzüchter *m* **chicken feed** [S] *(umg ≈ geringer Betrag)* Peanuts *pl (umg)* **chickenpox** [S] Windpocken *pl* **chickenshit** *(US sl)* [A] [S] [1] *(≈ Feigling)* Memme *f (pej umg)* [2] **to be ~** Scheiße sein *(sl)* [B] [ADJ] [1] feige [2] beschissen *(umg)* **chicken wire** [S] Hühnerdraht *m*
chickpea ['tʃɪkpi:] [S] Kichererbse *f*
chicory ['tʃɪkərɪ] [S] Chicorée *m od f*
chief [tʃi:f] [A] [S], *pl* -s Leiter(in) *m(f)*; *(von Stamm)* Häuptling *m*; *(umg ≈ Boss)* Chef(in) *m(f)*; **~ of police** Polizeipräsident(in) *od* -chef(in) *m(f)*; **~ of staff** MIL Stabschef(in) *m(f)* [B] [ADJ] [1] wichtigste(r, s) [2] Haupt-; **~ executive** leitender Direktor, leitende Direktorin; **~ executive officer** Generaldirektor(in) *m(f)* **chief constable** [S] *(Br)* Polizeipräsident(in) *m(f)* **chiefly** ['tʃi:flɪ] [ADV] hauptsächlich
child [tʃaɪld] [S], *pl* children Kind *n*; **when I was a ~** in *od* zu meiner Kindheit **child abuse** [S] Kindesmisshandlung *f*; *(sexuell)* Kindesmissbrauch *m* **child-bearing** [A] [S] Mutterschaft *f* [B] [ADJ] **of ~ age** im gebärfähigen Alter **child benefit** [S] *(Br)* Kindergeld *n* **childbirth** [S] Geburt *f*; **to die in ~** bei der Geburt sterben **childcare** [S] Kinderbetreuung *f*
childhood [S] Kindheit *f* **childish** [ADJ], **childishly** [ADV] ['tʃaɪldɪʃ, -lɪ] *(pej)* kindisch **childishness** [S] *(pej)* kindisches Gehabe **childless** [ADJ]

CHIP 127

kinderlos **childlike** ADJ kindlich **child lock** s̄ Kindersicherung f **childminder** s̄ (Br) Tagesmutter f **childminding** s̄ (Br) Beaufsichtigung f von Kindern **child molester** s̄ Person, die Kinder (sexuell) belästigt **child prodigy** s̄ Wunderkind n **childproof** ADJ kindersicher **children** ['tʃɪldrən] pl von **child child seat** s̄ Kindersitz m **child's play** s̄ ein Kinderspiel n

Chile ['tʃɪlɪ] s̄ Chile n **Chilean** ['tʃɪlɪən] A ADJ chilenisch B s̄ Chilene m, Chilenin f

chill [tʃɪl] A s̄ 1 Frische f; **there's quite a ~ in the air** es ist ziemlich frisch 2 MED fieberhafte Erkältung; **to catch a ~** sich verkühlen B ADJ frisch C VT 1 kühlen; **I was ~ed to the bone** die Kälte ging mir bis auf die Knochen 2 (fig) Blut gefrieren lassen D VI (umg) chillen (sl), relaxen (sl) ♦**chill out** VI (umg) relaxen (sl)

chilli, (US) **chili** ['tʃɪlɪ] s̄ Peperoni pl; (≈ Gewürz, Gericht) Chili m

chilling ['tʃɪlɪŋ] ADJ schreckenerregend

chilly ['tʃɪlɪ] ADJ (+er) kühl; **I feel ~** mich fröstelt

chime [tʃaɪm] A s̄ Glockenspiel n; (von Türklingel) Läuten n kein pl B VI läuten ♦**chime in** VI (umg) sich einschalten

chimney ['tʃɪmnɪ] s̄ Schornstein m **chimneypot** s̄ Schornsteinkopf m **chimney sweep** s̄ Schornsteinfeger(in) m(f)

chimp [tʃɪmp] (umg), **chimpanzee** [,tʃɪmpæn'ziː] s̄ Schimpanse m

chin [tʃɪn] s̄ Kinn n; **keep your ~ up!** Kopf hoch!; **he took it on the ~** (fig umg) er hat's mit Fassung getragen

China ['tʃaɪnə] s̄ China n

china ['tʃaɪnə] A s̄ Porzellan n B ADJ Porzellan-

Chinatown s̄ Chinesenviertel n

Chinese [tʃaɪ'niːz] A s̄ 1 Chinese m, Chinesin f 2 (≈ Sprache) Chinesisch n B ADJ chinesisch; **~ restaurant** Chinarestaurant n **Chinese leaves** PL Chinakohl m

chink¹ [tʃɪŋk] s̄ Ritze f, Spalt m; **a ~ of light** ein dünner Lichtstrahl

chink² VI klirren; (Münzen) klimpern

chin strap s̄ Kinnriemen m

chip [tʃɪp] A s̄ 1 Splitter m; (von Holz) Span m; **chocolate ~s** ≈ Schokoladenstückchen pl; **he's a ~ off the old block** er ist ganz der Vater; **to have a ~ on one's shoulder** einen Komplex haben (about wegen) 2 (Br) **~s** pl Pommes frites pl (⚠ = (US) **French fries**) 3 (US) **~s** pl Chips pl (⚠ = (Br) **crisps**) 4 (in Porzellan etc) abgestoßene Ecke; **this cup has a ~** diese Tasse ist angeschlagen 5 (beim Poker, IT) Chip m; **when the ~s are down** wenn es drauf ankommt B VT 1 Tasse, Stein anschlagen; Lack abstoßen; Holz beschädigen 2 SPORT Ball chippen ♦**chip away at** VI +präp obj Autorität, System unterminieren; Schulden reduzieren, verringern ♦**chip in** VI (umg) 1 (≈ unterbrechen) sich einschalten 2 **he chipped in with £3** er steuerte £ 3 bei ♦**chip off** VT trennb Lack etc wegschlagen

▶ **chips**

Achten Sie auf den Unterschied

Englisch	Deutsch
chips (Br)	Pommes frites
(potato) chips (US)	Kartoffelchips

Deutsch	Englisch
Kartoffelchips	**crisps** (Br)
	(potato) chips (US)
Pommes frites	**chips** (Br)
	(French) fries (US)

Übrigens: Auch in britischen Restaurants werden Pommes frites oft als **French fries** bzw. **French fried potatoes** bezeichnet.

FALSCHE FREUNDE

chipboard ['tʃɪpbɔːd] s̄ Spanholz n

chipmunk ['tʃɪpmʌŋk] s̄ Backenhörnchen n

chip pan s̄ Fritteuse f **chipped** [tʃɪpt] ADJ 1 Tasse angeschlagen; Lack abgesplittert 2 (Br GASTR) **~ potatoes** Pommes frites pl (⚠ = (US) **French fries**) **chippings** ['tʃɪpɪŋz] PL (von Holz) Späne pl; (≈ auf Straße) Schotter m **chippy** ['tʃɪpɪ] s̄ (Br umg) Pommesbude f (umg) **chip**

chips Br —
Pommes frites

chip —
(Computer)chip

chips US —
Chips

chips —
Chips beim Poker

CHIR | 128

shop _s_ (Br) Imbissbude f
chiropodist [kɪ'rɒpədɪst] _s_ Fußpfleger(in) m(f)
chiropody [kɪ'rɒpədɪ] _s_ Fußpflege f **chiropractor** ['kaɪərəʊˌpræktə'] _s_ Chiropraktiker(in) m(f)
chirp [tʃɜ:p] _vi_ (Vögel) zwitschern; (Grillen) zirpen
chirpy ['tʃɜ:pɪ] _adj_ (+er) (umg) munter
chisel ['tʃɪzl] _a_ _s_ Meißel m; (für Holz) Beitel m _b_ _vt_ meißeln; (in Holz) stemmen
chit [tʃɪt] _s_ (a. **chit of paper**) Zettel m
chitchat ['tʃɪttʃæt] _s_ (umg) Geschwätz n
chivalrous _adj_, **chivalrously** _adv_ ['ʃɪvəlrəs, -lɪ] ritterlich **chivalry** ['ʃɪvəlrɪ] _s_ Ritterlichkeit f
chives [tʃaɪvz] _pl_ Schnittlauch m
chlorine ['klɔːriːn] _s_ Chlor n
chlorofluorocarbon [ˌklɔːrəʊfluərə'kɑːbən] _s_ Chlorfluorkohlenwasserstoff m
chloroform ['klɒrəfɔːm] _s_ Chloroform n
chlorophyll ['klɒrəfɪl] _s_ Chlorophyll n
choc-ice ['tʃɒkaɪs] _s_ Eismohrle n, Eiscreme mit Schokoladenüberzug
chock-a-block ['tʃɒkəblɒk] _adj_ (bes Br umg), **chock-full** ['tʃɒkfʊl] _adj_ (umg) knüppelvoll (umg)
chocoholic [ˌtʃɒkə'hɒlɪk] _s_ (umg) Schokoladensüchtige(r) m/f(m), Schokosüchtige(r) m/f(m) (umg); **to be a ~** nach Schokolade süchtig sein
chocolate ['tʃɒklɪt] _a_ _s_ Schokolade f (❶ in diesem Sinn kein pl); (**hot** od **drinking**) ~ Schokolade f; **a ~** eine Praline _b_ _adj_ Schokoladen- **chocolate bar** _s_ Tafel f Schokolade, Schokoladenriegel m **chocolate biscuit** _s_ Schokoladenkeks m **chocolate cake** _s_ Schokoladenkuchen m
choice [tʃɔɪs] _a_ _s_ _1_ Wahl f; **it's your ~** du hast die Wahl; **to make a ~** eine Wahl treffen; **I didn't do it from ~** ich habe es mir nicht ausgesucht; **he had no** od **little ~ but to obey** er hatte keine (andere) Wahl als zu gehorchen; **it was your ~** du wolltest es ja so; **the drug/ weapon of ~** die bevorzugte Droge/Waffe _2_ Auswahl f (of an +dat, von) _b_ _adj_ HANDEL Qualitäts-
choir ['kwaɪə'] _s_ Chor m **choirboy** _s_ Chorknabe m **choir master** _s_ Chorleiter m
choke [tʃəʊk] _a_ _vt_ jdn ersticken, (er)würgen; **in a voice ~d with tears/emotion** mit tränenerstickter/tief bewegter Stimme _b_ _vi_ ersticken (on an +dat) _c_ _s_ AUTO Choke m ♦**choke back** _vt_ trennb Tränen unterdrücken
cholera ['kɒlərə] _s_ Cholera f
cholesterol [kɒ'lestərəl] _s_ Cholesterin n
chomp [tʃɒmp] _vt_ laut mahlen; (beim Essen) mampfen (umg)
choose [tʃuːz] _prät_ chose, _pperf_ chosen _a_ _vt_ _1_

(aus)wählen; **to ~ a team** eine Mannschaft auswählen od zusammenstellen; **they chose him as their leader** od **to be their leader** sie wählten ihn zu ihrem Anführer _2_ **to ~ to do sth** es vorziehen, etw zu tun _b_ _vi_ **to ~** (**between** od **among/from**) wählen (zwischen +dat/aus od unter +dat); **there is nothing** od **little to ~ between them** sie sind gleich gut
choos(e)y ['tʃuːzɪ] _adj_ (+er) wählerisch
chop¹ [tʃɒp] _a_ _s_ _1_ GASTR Kotelett n _2_ (umg) **to get the ~** (Arbeitsplätze etc) dem Rotstift zum Opfer fallen; (Arbeiter) rausgeschmissen werden (umg) _b_ _vt_ hacken; Fleisch etc klein schneiden ♦**chop down** _vt_ trennb Baum fällen ♦**chop off** _vt_ trennb abschlagen ♦**chop up** _vt_ trennb zerhacken
chop² _vt_ **to ~ and change** (**one's mind**) ständig seine Meinung ändern
chopper ['tʃɒpə'] _s_ _1_ Hackbeil n _2_ (umg) Hubschrauber m **chopping block** ['tʃɒpɪŋ-] _s_ Hackklotz m; (für Holz, bei Hinrichtung) Block m **chopping board** _s_ (Br) Hackbrett n **chopping knife** _s_ (Br) Hackmesser n; (mit runder Klinge) Wiegemesser n **choppy** ['tʃɒpɪ] _adj_ (+er) Meer kabbelig
chopstick _s_ Stäbchen n
choral ['kɔːrəl] _adj_ Chor-; **~ society** Gesangverein m
chord [kɔːd] _s_ MUS Akkord m; **to strike the right ~** (fig) den richtigen Ton treffen
chore [tʃɔː'] _s_ lästige Pflicht; **~s** pl Hausarbeit f; **to do the ~s** die Hausarbeit erledigen
choreographer [ˌkɒrɪ'ɒgrəfə'] _s_ Choreograf(in) m(f) **choreography** [ˌkɒrɪ'ɒgrəfɪ] _s_ Choreografie f
chorister ['kɒrɪstə'] _s_ (Kirchen)chormitglied n, Chorknabe m
chorus ['kɔːrəs] _s_ _1_ Refrain m _2_ (≈ Sänger) Chor m; (≈ Tänzer) Tanzgruppe f **chorus line** _s_ Revue f
chose [tʃəʊz] _prät_ von choose **chosen** ['tʃəʊzn] _a_ _pperf_ von choose _b_ _adj_ **the ~ few** die wenigen Auserwählten
choux pastry ['ʃuː'peɪstrɪ] _s_ Brandteig m
chowder ['tʃaʊdə'] _s_ sämige Fischsuppe
Christ [kraɪst] _a_ _s_ Christus m _b_ _int_ (sl) Herrgott (umg) **christen** ['krɪsn] _vt_ taufen; **to ~ sb after sb** jdn nach jdm (be)nennen **christening** ['krɪsnɪŋ] _s_ Taufe f
Christian ['krɪstɪən] _a_ _s_ Christ m _b_ _adj_ christlich **Christianity** [ˌkrɪstɪ'ænɪtɪ] _s_ Christentum n **Christian name** _s_ Vorname m
Christmas ['krɪsməs] _s_ Weihnachten n; **are you going home for ~?** fährst du (über) Weihnachten nach Hause?; **what did you get for ~?** was hast du zu Weihnachten bekommen?;

CINE

merry od **happy ~!** frohe od fröhliche Weihnachten! **Christmas box** s̄ (Br) Trinkgeld n zu Weihnachten **Christmas cake** s̄ Früchtekuchen mit Zuckerguss zu Weihnachten **Christmas card** s̄ Weihnachtskarte f **Christmas carol** s̄ Weihnachtslied n **Christmas Day** s̄ der erste Weihnachtstag; **on ~** am ersten (Weihnachts)feiertag; **Christmas Eve** s̄ Heiligabend m; **on ~** Heiligabend **Christmas present** s̄ Weihnachtsgeschenk n, Christkindl n (österr) **Christmas pudding** s̄ Plumpudding m **Christmastide, Christmas time** s̄ Weihnachtszeit f **Christmas tree** s̄ Weihnachtsbaum m

▶ **Christmas Day**

Weihnachten wird in englischsprachigen Ländern am 25. Dezember gefeiert. Am 24., dem **Christmas Eve**, hängt man einen großen Strumpf ans Bettende oder über den Kamin, in der Erwartung, dass **Santa Claus** (der Weihnachtsmann) ihn über Nacht mit kleinen Geschenken füllt. Am **Christmas Day** (25. Dez.) finden die Bescherung und das große Weihnachtsessen mit der Familie statt. In Großbritannien isst man normalerweise Truthahn mit Kastanienfüllung, Röstkartoffeln, Rosenkohl und Preiselbeeren. Traditionell gibt es außerdem den **Christmas pudding**, eine deftige warme Mehlspeise mit Früchten, Brandy und Sahne.

LANDESKUNDE ◀

chrome [krəʊm] s̄ Chrom n
chromosome ['krəʊməsəʊm] s̄ Chromosom n
chronic ['krɒnɪk] ADJ **1** chronisch; **Chronic Fatigue Syndrome** chronisches Erschöpfungssyndrom **2** (umg) miserabel (umg) **chronically** ['krɒnɪklɪ] ADV chronisch
chronicle ['krɒnɪkl] A s̄ Chronik f B VT aufzeichnen
chronological [ˌkrɒnə'lɒdʒɪkəl] ADJ chronologisch; **in ~ order** in chronologischer Reihenfolge **chronologically** [ˌkrɒnə'lɒdʒɪkəlɪ] ADV chronologisch; **~ arranged** in chronologischer Reihenfolge **chronology** [krə'nɒlədʒɪ] s̄ Chronologie f
chrysanthemum [krɪ'sænθəməm] s̄ Chrysantheme f
chubby ['tʃʌbɪ] ADJ (+er) rundlich; **~ cheeks** Pausbacken pl
chuck [tʃʌk] VT (umg) **1** schmeißen (umg) **2** (umg) Freundin etc Schluss machen mit; Job hinschmeißen (umg) ♦**chuck away** VT trennb (umg) wegschmeißen (umg); Geld aus dem Fenster schmeißen (umg) ♦**chuck in** VT trennb (Br umg) Job hinschmeißen (umg); **to chuck it (all) in** den Laden hinschmeißen (umg) ♦**chuck out** VT trennb (umg) rausschmeißen (umg); **to be chucked out** rausfliegen (of aus) (umg) ♦**chuck up** VI (Br umg) sich übergeben
chuckle ['tʃʌkl] VI leise in sich (akk) hineinlachen
chuffed [tʃʌft] ADJ (Br umg) vergnügt und zufrieden
chum [tʃʌm] s̄ (umg) Kumpel m (umg), Spezi m (österr) **chummy** ['tʃʌmɪ] ADJ (+er) (umg) kameradschaftlich; **to be ~ with sb** mit jdm sehr dicke sein (umg)
chunk [tʃʌŋk] s̄ großes Stück; (≈ Fleisch) Batzen m; (≈ Stein) Brocken m **chunky** ['tʃʌŋkɪ] ADJ (+er) (umg) stämmig; Wollsachen dick, klobig
Chunnel ['tʃʌnəl] s̄ (umg) Kanaltunnel m
church [tʃɜːtʃ] s̄ Kirche f; **to go to ~** in die Kirche gehen; **the Church of England** die anglikanische Kirche **churchgoer** ['tʃɜːtʃɡəʊə'] s̄ Kirchgänger(in) m(f) **church hall** s̄ Gemeindehalle f **church service** s̄ Gottesdienst m **church wedding** s̄ kirchliche Trauung **churchyard** s̄ Friedhof m
churn [tʃɜːn] A s̄ **1** Butterfass n **2** (Br) Milchkanne f B VT Schlamm etc aufwühlen C VI **his stomach was ~ing** sein Magen revoltierte ♦**churn out** VT trennb am laufenden Band produzieren ♦**churn up** VT trennb aufwühlen
chute [ʃuːt] s̄ Rutsche f; (≈ für Abfall) Müllschlucker m
chutney ['tʃʌtnɪ] s̄ Chutney m
CIA abk von **Central Intelligence Agency** CIA m
CID (Br) abk von **Criminal Investigation Department** ≈ Kripo f
cider ['saɪdə'] s̄ Cidre m, Apfelwein m
cig [sɪɡ] s̄ (umg) Zigarette f
cigar [sɪ'ɡɑː'] s̄ Zigarre f
cigarette [ˌsɪɡə'ret] s̄ Zigarette f **cigarette case** s̄ Zigarettenetui n **cigarette end** s̄ Zigarettenstummel m **cigarette holder** s̄ Zigarettenspitze f **cigarette lighter** s̄ Feuerzeug n **cigarette machine** s̄ Zigarettenautomat m **cigarette paper** s̄ Zigarettenpapier n
cinch [sɪntʃ] s̄ (umg) **it's a ~** das ist ein Kinderspiel
cinder ['sɪndə'] s̄ **~s** pl Asche f; **burnt to a ~** (Br fig) verkohlt **Cinderella** [ˌsɪndə'relə] s̄ (wörtl, fig) Aschenputtel n
cinema ['sɪnəmə] s̄ (bes Br) Kino n (⚠ = (US) **movie theater**); **at/to the ~** im/ins Kino **cinemagoer** ['sɪnəməɡəʊə'] s̄ (Br) Kinogänger(in)

CINN | 130

m(f) (❗ = (US) **moviegoer**)
cinnamon ['sɪnəmən] **A** ⓢ Zimt *m* **B** A̲D̲J̲ *attr* Zimt-
cipher ['saɪfəʳ] ⓢ Chiffre *f*; **in ~** chiffriert
circle ['sɜːkl] **A** ⓢ ⓵ Kreis *m*; **to stand in a ~** im Kreis stehen; **to have come full ~** (*fig*) wieder da sein, wo man angefangen hat; **we're just going round in ~s** (*fig*) wir bewegen uns nur im Kreise; **a close ~ of friends** ein enger Freundeskreis; **in political ~s** in politischen Kreisen; **he's moving in different ~s now** er verkehrt jetzt in anderen Kreisen ⓶ (*Br*THEAT) Rang *m* **B** V̲T̲ ⓵ kreisen um; **the enemy ~d the town** der Feind kreiste die Stadt ein ⓶ einen Kreis machen um; **~d in red** rot umkringelt **C** V̲I̲ kreisen ◆**circle around** V̲I̲ (*Vögel*) Kreise ziehen; (*Flugzeug*) kreisen
circuit ['sɜːkɪt] ⓢ ⓵ Rundgang *m*/-fahrt *f*/-reise *f* (*of* um); **to make a ~ of sth** um etw herumgehen/-fahren; **three ~s of the racetrack** drei Runden auf der Rennbahn ⓶ ELEK Stromkreis *m*, Schaltung *f* **circuit board** ⓢ TECH Platine *f* **circuit breaker** ⓢ Stromkreisunterbrecher *m* **circuit diagram** ⓢ Schaltplan *m*
circuitous [sɜː'kjuːɪtəs] A̲D̲J̲ umständlich **circuitry** ['sɜːkətrɪ] ⓢ Schaltkreise *pl* **circuit training** ⓢ Zirkeltraining *n*
circular ['sɜːkjʊləʳ] **A** A̲D̲J̲ kreisförmig; **~ motion** Kreisbewegung *f* **B** ⓢ (*in Firma*) Rundschreiben *n*; (≈ *Werbung*) Wurfsendung *f* **circulate** ['sɜːkjʊleɪt] **A** V̲I̲ ⓵ zirkulieren; (*Verkehr*) fließen; (*Gerücht*) kursieren ⓶ (*auf Party etc*) die Runde machen **B** V̲T̲ Gerücht in Umlauf bringen; *Memo etc* zirkulieren lassen **circulation** [,sɜːkjʊ'leɪʃən] ⓢ ⓵ MED Kreislauf *m*; **to have poor ~** Kreislaufstörungen haben; **this coin was withdrawn from** *od* **taken out of ~** diese Münze wurde aus dem Verkehr gezogen; **to be out of ~** (*umg*) (*Mensch*) von der Bildfläche verschwunden sein; (*Verbrecher, Politiker*) aus dem Verkehr gezogen worden sein ⓶ (*von Zeitung*) Auflage(nziffer) *f* **circulatory** [,sɜːkjʊ'leɪtərɪ] A̲D̲J̲ Kreislauf-; **~ system** Blutkreislauf *m*
circumcise ['sɜːkəmsaɪz] V̲T̲ beschneiden **circumcision** [,sɜːkəm'sɪʒən] ⓢ Beschneidung *f*
circumference [sə'kʌmfərəns] ⓢ Umfang *m*; **the tree is 10 ft in ~** der Baum hat einen Umfang von 10 Fuß
circumnavigate [,sɜːkəm'nævɪgeɪt] V̲T̲ umfahren **circumnavigation** ['sɜːkəm,nævɪ'geɪʃən] ⓢ Fahrt *f* (*of* um); (*in Jacht a.*) Umseglung *f*; **~ of the globe** Fahrt *f* um die Welt, Weltumseglung *f*
circumspect ['sɜːkəmspekt] A̲D̲J̲ umsichtig
circumstance ['sɜːkəmstəns] ⓢ Umstand *m*; **in** *od* **under the ~s** unter diesen Umständen;

in *od* **under no ~s** unter gar keinen Umständen; **in certain ~s** unter Umständen **circumstantial** [,sɜːkəm'stænʃəl] A̲D̲J̲ JUR **~ evidence** Indizienbeweis *m*; **the case against him is purely ~** sein Fall beruht allein auf Indizienbeweisen
circus ['sɜːkəs] ⓢ Zirkus *m*
cirrhosis [sɪ'rəʊsɪs] ⓢ Zirrhose *f*
CIS *abk* von **Commonwealth of Independent States** GUS *f*
cissy ['sɪsɪ] ⓢ = **sissy**
cistern ['sɪstən] ⓢ Zisterne *f*; (*von WC*) Spülkasten *m*
cite [saɪt] V̲T̲ zitieren
citizen ['sɪtɪzn] ⓢ ⓵ Bürger(in) *m(f)* ⓶ (*Staats*)bürger(in) *m(f)*; **French ~** französischer Staatsbürger, französische Staatsbürgerin **Citizens' Advice Bureau** ⓢ (*Br*) ≈ Bürgerberatungsstelle *f* **citizenship** ⓢ Staatsbürgerschaft *f*
citric acid ['sɪtrɪk'æsɪd] ⓢ Zitronensäure *f* **citrus** ['sɪtrəs] ⓢ **~ fruits** Zitrusfrüchte *pl*
city ['sɪtɪ] ⓢ ⓵ Stadt *f*, Großstadt *f*; **the ~ of Glasgow** die Stadt Glasgow ⓶ (*in London*) **the City** die City **city centre**, (US) **city center** ⓢ Stadtzentrum *n* **city dweller** ⓢ Stadtbewohner(in) *m(f)* **city father** ⓢ Stadtverordnete(r) *m*; **the ~s** die Stadtväter *pl*
city hall ⓢ (US) Rathaus *n*, Stadtverwaltung *f* (❗ = (Br) **town hall**) **city life** ⓢ (Groß)stadtleben *n* **cityscape** ⓢ (Groß)stadtlandschaft *f*
civic ['sɪvɪk] A̲D̲J̲ Bürger-; *Pflichten als Bürger*; *Behörden* städtisch
civil ['sɪvl] A̲D̲J̲ ⓵ bürgerlich ⓶ höflich; **to be ~ to sb** höflich zu jdm sein ⓷ JUR zivilrechtlich **civil defence**, (US) **civil defense** ⓢ Zivilschutz *m* **civil disobedience** ⓢ ziviler Ungehorsam **civil engineer** ⓢ Bauingenieur(in) *m(f)* **civil engineering** ⓢ Hoch- und Tiefbau *m* **civilian** [sɪ'vɪlɪən] **A** ⓢ Zivilist(in) *m(f)* **B** A̲D̲J̲ zivil, Zivil-; **in ~ clothes** in Zivil; **~ casualties** Verluste *pl* unter der Zivilbevölkerung **civilization** [,sɪvɪlaɪ'zeɪʃən] ⓢ ⓵ Zivilisation *f* ⓶ (*der Griechen etc*) Kultur *f* **civilize** ['sɪvɪlaɪz] V̲T̲ zivilisieren **civilized** A̲D̲J̲ ⓵ zivilisiert; **all ~ nations** alle Kulturnationen ⓶ *Bedingungen, Uhrzeit* zivil **civil law** ⓢ bürgerliches Recht **civil marriage** ⓢ standesamtliche Trauung **civil rights** **A** P̲L̲ (staats)bürgerliche Rechte *pl* **B** A̲T̲T̲R̲ Bürgerrechts- **civil servant** ⓢ ≈ Staatsbeamte(r) *m*, Staatsbeamtin *f* **civil service** ⓢ ≈ Staatsdienst *m* (*ohne Richter und Lehrer*), Beamtenschaft *f* **civil war** ⓢ Bürgerkrieg *m*

CJD *abk* von **Creutzfeldt-Jakob disease** CJK *f*
claim [kleɪm] **A** V̲T̲ ⓵ Anspruch *m* erheben auf

131 ‖ CLAS

(+akk); Sozialhilfe etc beantragen, beanspruchen; **to ~ sth as one's own** etw für sich beanspruchen; **the fighting ~ed many lives** die Kämpfe forderten viele Menschenleben ☑ behaupten ᴮ ᵛᵀ ᴵVERS Ansprüche geltend machen ☑ **to ~ for sth** (dat) etw zurückzahlen lassen; **you can ~ for your travelling expenses** Sie können sich (dat) Ihre Reisekosten zurückerstatten lassen ᶜ ˢ ᴵ Anspruch m; (≈ auf Lohn) Forderung f; **his ~ to the property** sein Anspruch auf das Grundstück; **to lay ~ to sth** Anspruch auf etw (akk) erheben; **to put in a ~** (**for sth**) etw beantragen; **~ for damages** Schadensersatzanspruch m ☑ Behauptung f; **to make a ~** eine Behauptung aufstellen; **I make no ~ to be a genius** ich erhebe nicht den Anspruch, ein Genie zu sein ♦**claim back** ᵛᵀ trennb zurückfordern; **to claim sth back (as expenses)** sich (dat) etw zurückzahlen lassen
claimant ['kleɪmənt] ˢ (für Sozialhilfe etc) Antragsteller(in) m(f); ᴶᵁᴿ Kläger(in) m(f)
clairvoyant [kleə'vɔɪənt] ˢ Hellseher(in) m(f)
clam [klæm] ˢ (Klaff)muschel f ♦**clam up** ᵛᴵ (umg) keinen Piep (mehr) sagen (umg)
clamber ['klæmbə'] ᵛᴵ klettern; **to ~ up a hill** auf einen Berg klettern
clamour, (US) **clamor** ['klæmə'] ᴬ ˢ lautstark erhobene Forderung (for nach) ᴮ ᵛᴵ **to ~ for sth** nach etw schreien; **the men were ~ing to go home** die Männer forderten lautstark die Heimkehr
clamp [klæmp] ᴬ ˢ Schraubzwinge f; MED, ELEK Klemme f; (für Auto) Parkkralle f ᴮ ᵛᵀ (ein)spannen; Auto eine Parkkralle befestigen an (+dat) ♦**clamp down** ᵛᴵ (fig) rigoros durchgreifen ♦**clamp down on** ᵛᴵ +obj jdn an die Kandare nehmen; Aktivitäten einen Riegel vorschieben (+dat)
clampdown ['klæmpdaʊn] ˢ Schlag m (on gegen)
clan [klæn] ˢ ᴵ (in Schottland) Clan m, Stamm m ☑ (hum ≈ Familie) Sippe f
clandestine [klæn'destɪn] ᴬᴰᴶ geheim; Treffen Geheim-
clang [klæŋ] ᴬ ˢ Klappern n ᴮ ᵛᴵ klappern ᶜ ᵛᵀ klappern mit **clanger** ['klæŋə'] ˢ (Br umg) Schnitzer m (umg); **to drop a ~!** ins Fettnäpfchen treten (umg)
clap [klæp] ᴬ ˢ Klatschen n kein pl; **a ~ of thunder** ein Donnerschlag m; **give him a ~!** klatscht ihm Beifall!; **a ~ on the back** ein Schlag m auf die Schulter ᴮ ᵛᵀ Beifall klatschen (+dat); **to ~ one's hands** in die Hände klatschen; **to ~ sb on the back** jdm auf die Schulter klopfen; **he ~ped his hand over my mouth** er hielt mir den Mund zu ᶜ ᵛᴵ (Bei-

fall) klatschen **clapped-out** ['klæptaʊt] ᴬᴰᴶ attr, **clapped out** ['klæpt'aʊt] ᴬᴰᴶ präd (umg) klapprig; **a ~ old car** eine alte Klapperkiste (umg) **clapper** ['klæpə'] ˢ **to go/drive/work like the ~s** (Br umg) ein Mordstempo draufhaben (umg) **clapping** ˢ Beifall m **claptrap** ['klæptræp] ˢ (umg) Geschwafel n (umg)
claret ['klærət] roter Bordeauxwein (❗ Als Getränk hat **claret** keinen Plural. **Clarets** sagt man zu verschiedenen Sorten oder einzelnen Gläsern.)
clarification [ˌklærɪfɪ'keɪʃən] ˢ Klarstellung f; **I'd like a little ~ on this point** ich hätte diesen Punkt gerne näher erläutert **clarify** ['klærɪfaɪ] ᵛᵀ klären; Text erklären; Behauptung näher erläutern
clarinet [ˌklærɪ'net] ˢ Klarinette f; **to play the ~** Klarinette spielen (❗ mit **the**)
clarity ['klærɪtɪ] ˢ Klarheit f
clash [klæʃ] ᴬ ᵛᴵ ᴵ (Demonstranten) zusammenstoßen ☑ (Farben) sich beißen; (Filme) sich überschneiden; **we ~ too much** wir passen einfach nicht zusammen ᴮ ˢ ᴵ (von Demonstranten) Zusammenstoß m; (zwischen Menschen) Konflikt m ☑ (von Persönlichkeiten) Unvereinbarkeit f; **a ~ of interests** eine Interessenkollision
clasp [klɑːsp] ᴬ ˢ (Schnapp)verschluss m ᴮ ᵛᵀ (er)greifen; **to ~ sb's hand** jds Hand ergreifen; **to ~ one's hands (together)** die Hände falten; **to ~ sb in one's arms** jdn in die Arme nehmen
class [klɑːs] ᴬ ˢ ᴵ (≈ Gruppe, a. SCHULE) Klasse f (❗ **Class** steht mit Verb im Singular, wenn man sie als Gesamtheit betrachtet und mit Verb im Plural, wenn man an die einzelnen Personen denkt.); **they're just not in the same ~** man kann sie einfach nicht vergleichen; **in a ~ of its own** weitaus das Beste; **I don't like her ~es** ihr Unterricht gefällt mir nicht; **the French ~** (≈ Unterricht) die Französischstunde; (≈ Schüler) die Französischklasse; **the ~ of 1980** der Jahrgang 1980, die Schul-//Universitätsabgänger etc des Jahres 1980 ☑ gesellschaftliche Stellung; **the ruling ~** die herrschende Klasse ᴲ (Br UNIV) Prädikat n; **a first-~ degree** ein Prädikatsexamen n; **second-~ degree** ≈ Prädikat Gut ᴬ (umg) Stil m; **to have ~** (Mensch) Format haben ᴮ ᴬᴰᴶ (umg) erstklassig ᶜ ᵛᵀ einordnen **class-conscious** ᴬᴰᴶ standesbewusst, klassenbewusst **class distinction** ˢ Klassenunterschied m
classic ['klæsɪk] ᴬ ᴬᴰᴶ klassisch; **a ~ example of sth** ein klassisches Beispiel für etw ᴮ ˢ Klassiker m
classical ['klæsɪkəl] ᴬᴰᴶ klassisch; Architektur klassizistisch; Ausbildung humanistisch; **~ music** klassische Musik; **the ~ world** die antike Welt

classics ['klæsɪks] _s̄_ (❗ mit Verb im Singular) UNIV Altphilologie _f_

classification [,klæsɪfɪ'keɪʃən] _s̄_ Klassifizierung _f_ **classified** ['klæsɪfaɪd] _ADJ_ in Klassen eingeteilt; ~ **ad(vertisement)** Kleinanzeige _f_; ~ **information** MIL Verschlusssache _f_; POL Geheimsache _f_ **classify** ['klæsɪfaɪ] _VT_ klassifizieren

classless _ADJ_ _Gesellschaft_ klassenlos **classmate** _s̄_ Mitschüler(in) _m(f)_ **class reunion** _s̄_ Klassentreffen _n_ **classroom** _s̄_ Klassenzimmer _n_ **classroom assistant** _s̄_ (❗ Vorsicht, Schreibung) Assistenzlehrkraft _f_ **class system** _s̄_ Klassensystem _n_

classy ['klɑːsɪ] _ADJ_ (+er) (umg) nobel (umg)

clatter ['klætə'] _A_ _s̄_ Geklapper _n_ _B_ _VI_ klappern

clause [klɔːz] _s̄_ **1** GRAM Satz _m_ **2** JUR _etc_ Klausel _f_

claustrophobia [,klɔːstrə'fəʊbɪə] _s̄_ Klaustrophobie _f_ **claustrophobic** [,klɔːstrə'fəʊbɪk] _ADJ_ klaustrophob(isch); **it's so ~ in here** hier kriegt man Platzangst (umg)

claw [klɔː] _A_ _s̄_ Kralle _f_; (von Hummer) Schere _f_ _B_ _VT_ kratzen; **they ~ed their way out from under the rubble** sie wühlten sich aus dem Schutt hervor; **he ~ed his way to the top** (fig) er hat sich an die Spitze durchgeboxt _C_ _VI_ **to ~ at sth** sich an etw (akk) krallen

clay [kleɪ] _s̄_ Lehm _m_ **clay court** _s̄_ (Tennis) Sandplatz _m_ **clay pigeon shooting** _s̄_ Tontaubenschießen _n_

clean [kliːn] _A_ _ADJ_ (+er) **1** sauber; **to wash sth ~** etw abwaschen; **to wipe a disk ~** IT alle Daten von einer Diskette löschen; **to make a ~ start** ganz von vorne anfangen, ein neues Leben anfangen; **he has a ~ record** gegen ihn liegt nichts vor; **a ~ driving licence** ein Führerschein _m_ ohne Strafpunkte; **a ~ break** (fig) ein klares Ende **2** _Witz_ stubenrein **3** **to make a ~ breast of sth** etw gestehen _B_ _ADV_ glatt; **I ~ forgot** das habe ich glatt(weg) vergessen (umg); **he got ~ away** er verschwand spurlos; **to cut ~ through sth** etw ganz durchschneiden/durchschlagen _etc_; **to come ~** (umg) auspacken (umg); **to come ~ about sth** etw gestehen _C_ _VT_ sauber machen; _Nägel, Pinsel_ reinigen; _Fenster, Schuhe, Gemüse_ putzen; _Fisch, Wunde_ säubern; (mit Wasser) (ab)waschen; (mit Tuch) abwischen; **to ~ one's hands** sich (dat) die Hände waschen od (mit Tuch) abwischen; **to ~ one's teeth** sich (dat) die Zähne putzen; **~ the dirt off your face** wisch dir den Schmutz vom Gesicht! _D_ _VI_ reinigen _E_ _s̄_ **to give sth a ~;** → vt ♦**clean off** _VT_ trennb abwaschen; (mit Tuch) abwischen; _Schmutz_ entfernen ♦**clean out** _VT_ trennb (wörtl)

gründlich sauber machen ♦**clean up** _A_ _VT_ trennb **1** (wörtl) sauber machen; _Gebäude_ reinigen; _Durcheinander_ aufräumen **2** (fig) **the new mayor cleaned up the city** der neue Bürgermeister hat für Sauberkeit in der Stadt gesorgt; **to ~ television** den Bildschirm (von Gewalt, Sex _etc_) säubern _B_ _VI_ (wörtl) aufräumen

clean-cut ['kliːn'kʌt] _ADJ_ _Mensch_ gepflegt; ~ **features** klare Gesichtszüge _pl_ **cleaner** ['kliːnə'] _s̄_ **1** Reinemachefrau _f_; **the ~s** das Reinigungspersonal **2** (≈ Geschäft) ~'s Reinigung _f_ **3** Reinigungsmittel _n_ **cleaning** ['kliːnɪŋ] _s̄_ **the ladies who do the ~** die Frauen, die (hier) sauber machen; ~ **fluid** Reinigungsflüssigkeit _f_ **cleaning lady** _s̄_ Reinemachefrau _f_ **cleanliness** ['klenlɪnɪs] _s̄_ Reinlichkeit _f_ **clean-living** ['kliːn'lɪvɪŋ] _ADJ_ anständig **cleanly** ['kliːnlɪ] _ADV_ sauber; **the bone broke ~** es war ein glatter Knochenbruch **cleanness** _s̄_ Sauberkeit _f_ **clean-out** ['kliːnaʊt] _s̄_ **to give sth a ~** etw sauber machen **cleanse** [klenz] _VT_ reinigen **cleanser** ['klenzə'] _s̄_ Reinigungsmittel _n_; (für Haut) Reinigungsmilch _f_ **clean-shaven** ['kliːn'ʃeɪvn] _ADJ_ glatt rasiert **cleansing** ['klenzɪŋ] _ADJ_ Reinigungs- **cleansing department** _s̄_ Stadtreinigung _f_

clear [klɪə']

A Adjektiv	B Substantiv
C Adverb	D transitives Verb
E intransitives Verb	

— A Adjektiv —

(+er) **1** klar; _Teint_ rein; _Foto_ scharf; **on a ~ day** bei klarem Wetter; **to be ~ to sb** jdm klar sein; **you weren't very ~** du hast dich nicht sehr klar ausgedrückt; **is that ~?** alles klar?; **let's get this ~, I'm the boss** eins wollen wir mal klarstellen, ich bin hier der Chef; **to be ~ on** _od_ **about sth** (sich dat) über etw (akk) im Klaren sein; **to make oneself ~** sich klar ausdrücken; **to make it ~ to sb that …** es jdm (unmissverständlich) klarmachen, dass …; **a ~ profit** ein Reingewinn _m_; **to have a ~ lead** klar führen **2** frei; **to be ~ of sth** frei von etw sein; **we're now ~ of debts** jetzt sind wir schuldenfrei; **the bottom of the door should be about 3 mm ~ of the floor** zwischen Tür und Fußboden müssen etwa 3 mm Luft sein; **at last we were/got ~ of the prison walls** endlich hatten wir die Gefängnismauern hinter uns **3** (Br ≈ Vorsprung habend) **Rangers are now three points ~ of Celtic** Rangers liegt jetzt drei Punkte vor Celtic

— B Substantiv —

CLIM

to be in the ~ frei von jedem Verdacht sein; **we're not in the ~ yet** wir sind noch nicht aus allem heraus

— **C** Adverb —

1 loud and ~ laut und deutlich **2** (≈ *vollständig*) **he got ~ away** er verschwand spurlos **3 he leapt ~ of the burning car** er rettete sich durch einen Sprung aus dem brennenden Auto; **to steer** *od* **keep ~ of sb** jdm aus dem Wege gehen; **to steer** *od* **keep ~ of sth** etw meiden; **to steer** *od* **keep ~ of a place** um einen Ort einen großen Bogen machen; **exit, keep ~** Ausfahrt frei halten!; **stand ~ of the doors!** bitte von den Türen zurücktreten!

— **D** transitives Verb —

1 *Rohr* reinigen; *Verstopfung* beseitigen; *Landstück, Straße* räumen; IT *Bildschirm* löschen; **to ~ the table** den Tisch abräumen; **to ~ a space for sth** für etw Platz schaffen; **to ~ the way for sb/sth** den Weg für jdn/etw frei machen; **to ~ a way through the crowd** sich (*dat*) einen Weg durch die Menge bahnen; **to ~ a room** (*von Menschen*) ein Zimmer räumen; (*von Sachen*) ein Zimmer ausräumen; **to ~ one's head** (wieder) einen klaren Kopf bekommen **2** *Schnee, Unrat* räumen **3** JUR jdn freisprechen; *seinen Namen* rein waschen **4 he ~ed the bar easily** er übersprang die Latte mit Leichtigkeit; **raise the car till the wheel ~s the ground** das Auto anheben, bis das Rad den Boden nicht mehr berührt **5** *Schuld* begleichen **6** *Warenlager* räumen **7** (≈ *amtlich genehmigen*) abfertigen; **to ~ a cheque** *od* (US) **check** bestätigen, dass ein Scheck gedeckt ist; **you'll have to ~ that with management** Sie müssen das mit der Firmenleitung regeln; **~ed by security** von den Sicherheitsbehörden für unbedenklich erklärt

— **E** intransitives Verb —

(*Wetter*) aufklaren; (*Nebel, Rauch*) sich auflösen
♦**clear away** **A** VT trennb wegräumen **B** VI **1** (*Nebel etc*) sich auflösen **2** den Tisch abräumen
♦**clear off** VI (*Br umg*) abhauen (*umg*) ♦**clear out** **A** VT trennb ausräumen **B** VI (*umg*) verschwinden (*umg*) ♦**clear up** **A** VT trennb **1** *Angelegenheit* klären; *Geheimnis* aufklären **2** aufräumen; *Gerümpel* wegräumen **B** VI **1** (*Wetter*) (sich) aufklären **2** aufräumen

clearance ['klɪərəns] S **1** Beseitigung f **2** (*durch Zoll*) Abfertigung f; (*durch Sicherheitsbehörden*) Unbedenklichkeitserklärung f **clearance sale** S HANDEL Räumungsverkauf m **clear-cut** ['klɪə'kʌt] ADJ klar; *Thema* klar umrissen **clear-headed** ['klɪə'hedɪd] ADJ Mensch, Entscheidung besonnen **clearing** S (*im Wald*) Lichtung f **clearly** ['klɪəlɪ] ADV **1** klar; **~ visible** klar zu sehen **2** eindeutig; **~ we cannot allow …** wir können keinesfalls zulassen …; **this ~ can't be true** das kann auf keinen Fall stimmen **clearness** S Klarheit f; (*von Teint*) Reinheit f **clear-sighted** ['klɪə'saɪtɪd] ADJ (*fig*) scharfsichtig

cleavage ['kliːvɪdʒ] S Dekolleté n
cleaver ['kliːvə^r] S Hackbeil n
clef [klef] S (Noten)schlüssel m
cleft palate S Wolfsrachen m
clematis ['klemətɪs] S Klematis f
clemency ['klemənsɪ] S Milde f (*towards sb* jdm gegenüber); **the prisoner was shown ~** dem Gefangenen wurde eine milde Behandlung zuteil

clementine ['klemətaɪn] S Klementine f
clench [klentʃ] VT *Faust* ballen; *Zähne* zusammenbeißen; (≈ *mit Hand*) packen
clergy ['klɜːdʒɪ] PL Klerus m **clergyman** ['klɜːdʒɪmən] S, pl -men [-mən] Geistliche(r) m **clergywoman** ['klɜːdʒɪ,wʊmən] pl -women [-wɪmɪn] S Geistliche f
clerical ['klerɪkəl] ADJ **1 ~ work/job** Schreib- *od* Büroarbeit f; **~ worker** Schreib- *od* Bürokraft f; **~ staff** Schreibkräfte pl; **~ error** Versehen n, Schreibfehler m **2** KIRCHE geistlich
clerk [klɑːk, (US) klɜːrk] S **1** (Büro)angestellte(r) m/f(m) **2** Schriftführer(in) m(f) **3** (US) Verkäufer(in) m(f) (❗ = (Br) **assistant**) **4** (US) Hotelsekretär(in) m(f)
clever ['klevə^r] ADJ **1** schlau **2** klug; *Gerät* raffiniert; **to be ~ at sth** in etw (*dat*) geschickt sein; **he is ~ at raising money** er ist geschickt, wenn es darum geht, Geld aufzubringen
cleverly ['klevəlɪ] ADV geschickt, schlau
cleverness S **1** Schlauheit f **2** Klugheit f **3** (≈ *Listigkeit*) Schläue pl
cliché ['kliːʃeɪ] S Klischee n **clichéd** ADJ klischeehaft
click [klɪk] **A** S Klicken n; (*von Schalter*) Knipsen n; (*von Fingern*) Schnipsen n **B** VI **1** klicken; (*Schalter*) knipsen **2** (*Finger*) schnipsen **2** (*umg*) **suddenly it all ~ed (into place)** plötzlich hatte es gefunkt (*umg*); **some people you ~ with straight away** mit manchen Leuten versteht man sich auf Anhieb **C** VT *Finger* schnippen mit; **to ~ sth into place** etw einschnappen lassen ♦**click on** VI IT **to ~ the mouse** mit der Maus klicken; **to ~ an icon** ein Icon anklicken
clickable ['klɪkəbl] ADJ IT anklickbar
client ['klaɪənt] S Kunde m, Kundin f; (*von Anwalt*) Klient(in) m(f) **clientele** [,kliːɒn'tel] S Kundschaft f
cliff [klɪf] S Klippe f **cliffhanger** S Superthriller m (*umg*)
climate ['klaɪmɪt] S Klima n; **to move to a war-**

mer ~ in eine wärmere Gegend ziehen; ~ **conference** Klimakonferenz f **climate change** s̄ Klimawandel m **climatic** [klaɪˈmætɪk] ADJ Klima-

climax [ˈklaɪmæks] s̄ Höhepunkt m
climb [klaɪm] A VT 1 (a. **climb up**) klettern auf (+akk); Berg steigen auf (+akk); Leiter hoch- od hinaufsteigen; Klippe hochklettern; **my car can't ~ that hill** mein Auto schafft den Berg nicht; **to ~ a rope** an einem Seil hochklettern 2 (a. **climb over**) klettern über (+akk) B VI klettern, bergsteigen; (in Zug, Auto etc) steigen (into in +akk); (Preise, Flugzeug) steigen C s̄ 1 **we're going out for a ~** wir machen eine Bergtour, wir gehen bergsteigen 2 (von Flugzeug) Steigflug m; **the plane went into a steep ~** das Flugzeug zog steil nach oben ♦**climb down** A VI (von Baum) herunterklettern; (von Leiter) heruntersteigen B VI +obj Baum herunterklettern von; Leiter heruntersteigen ♦**climb in** VI einsteigen ♦**climb up** A VI = climb B B VI +obj Leiter etc hinaufsteigen; Baum hochklettern
climb-down [ˈklaɪmdaʊn] s̄ (fig) Abstieg m
climber [ˈklaɪmə] s̄ Bergsteiger(in) m(f), Kletterer(in) m(f) **climbing** [ˈklaɪmɪŋ] A ADJ 1 Berg(steiger)-, Kletter-; Unfall beim Bergsteigen 2 Pflanze Kletter- B s̄ Bergsteigen nt, Klettern nt; **to go ~** bergsteigen/klettern gehen
clinch [klɪntʃ] VT Sache zum Abschluss bringen; **to ~ the deal** den Handel perfekt machen; **that ~es it** damit ist der Fall erledigt **clincher** [ˈklɪntʃə] s̄ (umg) **that was the ~** das gab den Ausschlag
cling [klɪŋ] prät, pperf **clung** VI sich klammern (to an +akk); (Kleidung) sich anschmiegen (to +dat); **to ~ together** sich aneinanderklammern; (Liebespaar) sich umschlingen; **she clung around her father's neck** sie hing ihrem Vater am Hals **clingfilm** [ˈklɪŋfɪlm] s̄ Frischhaltefolie f **clinging** [ˈklɪŋɪŋ] ADJ Kleidungsstück sich anschmiegend; **she's the ~ sort** sie ist wie eine Klette (umg) **clingwrap** [ˈklɪŋræp] s̄ (US) Frischhaltefolie f
clinic [ˈklɪnɪk] s̄ Klinik f **clinical** [ˈklɪnɪkəl] ADJ 1 MED klinisch 2 (fig) nüchtern **clinically** [ˈklɪnɪkəlɪ] ADV klinisch; **~ depressed** klinisch depressiv
clink [klɪŋk] A VT klirren lassen; **to ~ glasses with sb** mit jdm anstoßen B VI klirren
clip¹ [klɪp] A s̄ Klammer f B VT **to ~ sth onto sth** etw an etw (akk) anklemmen C VI **to ~ on (to sth)** (an etw akk) angeklemmt werden; **to ~ together** zusammengeklemmt werden
clip² A VT 1 scheren; Hecke a., Fingernägel schneiden 2 (a. **clip out**) Zeitungsartikel ausschneiden; (a. **clip off**) Haar abschneiden 3 (Auto, Kugel) streifen B s̄ 1 **to give the hedge a ~** die Hecke (be)schneiden 2 he gave him a **~ round the ear** er gab ihm eins hinter die Ohren (umg) 3 (von Film) Clip m
clip art s̄ IT Clip-Art f **clipboard** s̄ 1 Klemmbrett nt 2 IT Zwischenablage f **clip-on** ADJ Krawatte zum Anstecken; **~ earrings** Klips pl; **~ sunglasses** Sonnenklip m **clippers** [ˈklɪpəz] PL (a. **pair of clippers**) Schere f, Haarschneidemaschine f, Nagelzange f **clipping** s̄ (≈ von Zeitungsartikel) Ausschnitt m
clique [kliːk] s̄ Clique f
clitoris [ˈklɪtərɪs] s̄ Klitoris f
cloak [kləʊk] A s̄ (wörtl) Umhang m; (fig) Schleier m; **under the ~ of darkness** im Schutz der Dunkelheit B VT (fig) verhüllen **cloak-and--dagger** ADJ geheimnisumwittert **cloakroom** s̄ 1 (Br) Garderobe f 2 (Br euph) Waschraum m (euph)
clobber [ˈklɒbə] (umg) A s̄ (Br ≈ Habseligkeiten) Zeug nt (umg); (≈ Kleider) Klamotten pl (umg) B VT (≈ besiegen) **to get ~ed** eins übergebraten kriegen (umg)
clock [klɒk] s̄ 1 Uhr f (❶ Die Armbanduhr heißt watch.); **round the ~** rund um die Uhr; **against the ~** SPORT nach od auf Zeit; **to work against the ~** gegen die Uhr arbeiten; **to beat the ~** schneller als vorgesehen fertig sein; **to put the ~ back/forward** die Uhr zurückstellen/vorstellen; **to turn the ~ back** (fig) die Zeit zurückdrehen; **to watch the ~** (umg) dauernd auf die Uhr sehen 2 (umg) **it's got 100,000 miles on the ~** es hat einen Tacho-

clip — Klammer

I'm clipping my nails — ich schneide mir die Nägel

CLOS

stand von 100.000 Meilen ♦**clock in** od **on** <u>VI</u> (den Arbeitsbeginn) stempeln od stechen ♦**clock off** od **out** <u>VI</u> (das Arbeitsende) stempeln od stechen ♦**clock up** <u>VT</u> trennb Geschwindigkeit fahren

clock face <u>S</u> Zifferblatt n **clockmaker** <u>S</u> Uhrmacher(in) m(f) **clock tower** <u>S</u> Uhrturm m **clockwise** <u>ADJ, ADV</u> im Uhrzeigersinn **clockwork** <u>A</u> <u>S</u> (von Spielzeug) Aufziehmechanismus m; **like ~** wie am Schnürchen <u>B</u> <u>ATTR</u> **1** Spielzeugauto etc aufziehbar **2 with ~ regularity** mit der Regelmäßigkeit eines Uhrwerks

clod [klɒd] <u>S</u> Klumpen m

clog [klɒɡ] <u>A</u> <u>S</u> Holzschuh m; **~s** pl Clogs pl <u>B</u> <u>VT</u> (a. **clog up**) Rohr etc verstopfen; **~ged with traffic** verstopft <u>C</u> <u>VI</u> (Rohr etc: a. **clog up**) verstopfen

cloister ['klɔɪstə'] <u>S</u> **1** Kreuzgang m **2** Kloster n

clone [kləʊn] <u>A</u> <u>S</u> Klon m <u>B</u> <u>VT</u> klonen

close[1] [kləʊs] <u>A</u> <u>ADJ</u> (+er) **1** in der Nähe (**to** +gen, von); **is Glasgow ~ to Edinburgh?** liegt Glasgow in der Nähe von Edinburgh?; **you're very ~** (bei Ratespiel etc) du bist dicht dran; **at ~ quarters** aus unmittelbarer Nähe; **we use this pub because it's the ~st** wir gehen in dieses Lokal, weil es am nächsten ist **2** (zeitlich) nahe (bevorstehend) **3** (fig) Freund, Beziehung eng; Verwandter nahe; Ähnlichkeit groß; **they were very ~ (to each other)** sie standen sich sehr nahe **4** Prüfung genau; **now pay ~ attention to me** jetzt hör mir gut zu; **you have to pay very ~ attention to the traffic signs** du musst genau auf die Verkehrszeichen achten **5** schwül; (in Zimmer) stickig **6** Kampf, Ergebnis knapp; **a ~ (-fought) match** ein (ganz) knappes Spiel; **a ~ finish** ein Kopf-an-Kopf-Rennen n; **it was a ~ thing** od **call** das war knapp! <u>B</u> <u>ADV</u> (+er) nahe; **~ by** in der Nähe; **stay ~ to me** bleib dicht bei mir; **~ to the ground** nahe am Boden; **he followed ~ behind me** er ging dicht hinter mir; **don't stand too ~ to the fire** stell dich nicht zu nahe ans Feuer; **to be ~ to tears** den Tränen nahe sein; **~ together** nahe zusammen; **this pattern comes ~st to the sort of thing we wanted** dieses Muster kommt dem, was wir uns vorgestellt haben, am nächsten; **(from) ~ up** von Nahem

close[2] [kləʊz] <u>A</u> <u>VT</u> **1** schließen; Fabrik stilllegen; Straße sperren; **to ~ one's eyes/ears to sth** sich einer Sache gegenüber blind/taub stellen **2** Versammlung beenden; Konto etc auflösen; **the matter is ~d** der Fall ist abgeschlossen <u>B</u> <u>VI</u> **1** sich schließen, zugehen; (Laden, Fabrik) schließen, zumachen; (auf Dauer) stillgelegt werden; **his eyes ~d** die Augen fielen ihm zu **2** BÖRSE schließen <u>C</u> <u>S</u> Ende n; **to come to a ~** enden; **to draw to a ~** sich dem Ende nähern; **to bring sth to a ~** etw beenden ♦**close down** <u>A</u> <u>VI</u> (Firma etc) schließen, zumachen (umg); (Fabrik: auf Dauer) stillgelegt werden <u>B</u> <u>VT</u> trennb Firma schließen; Fabrik (auf Dauer) stilllegen ♦**close in** <u>VI</u> (Nacht) hereinbrechen; (Tage) kürzer werden; (Feind etc) bedrohlich nahe kommen; **to ~ on sb** jdm auf den Leib rücken; **the police are closing in on him** die Polizei zieht das Netz um ihn zu, die Polizisten umzingeln ihn ♦**close off** <u>VT</u> trennb (ab)sperren ♦**close on** <u>VI</u> +obj einholen ♦**close up** <u>VT</u> trennb Haus, Laden zumachen

closed <u>ADJ</u> geschlossen; Straße gesperrt; **behind ~ doors** hinter verschlossenen Türen; **"closed"** „geschlossen"; **sorry, we're ~** tut uns leid, wir haben geschlossen; **~ circuit** ELEK geschlossener Stromkreis

closed-circuit television [ˌkləʊzd,sɜ:kɪt-'telɪvɪʒən] <u>S</u> Fernsehüberwachungsanlage f

closedown ['kləʊzdaʊn] <u>S</u> (eines Geschäfts) Schließung f; (einer Fabrik) Stilllegung f **closed shop** <u>S</u> **we have a ~** wir haben Gewerkschaftszwang

close-fitting [kləʊs-] <u>ADJ</u> eng anliegend

close-knit [kləʊs-] <u>ADJ</u>, komp **closer-knit** Gemeinschaft eng od fest zusammengewachsen

closely ['kləʊslɪ] <u>ADV</u> **1** eng; verwandt nah(e); folgen (zeitlich) dicht; **he was ~ followed by a policeman** ein Polizist ging dicht hinter ihm; **the match was ~ contested** der Spielausgang war hart umkämpft **2** zuhören genau; **a ~-guarded secret** ein streng gehütetes Geheimnis

closeness ['kləʊsnɪs] <u>S</u> **1** Nähe f **2** (fig: von Freundschaft) Innigkeit f **close-run** <u>ADJ</u>, komp **closer-run it was a ~ thing** es war eine knappe Sache **close season** <u>S</u> **1** FUSSB Saisonpause f **2** JAGD, FISCH Schonzeit f

closet ['klɒzɪt] <u>S</u> (US)(begehbarer) Wandschrank m, Wandkasten m (österr, schweiz); **to come out of the ~** (fig) sich outen

▶ closet ≠ Klosett

closet (US)	=	Wandschrank
Klosett	=	toilet

FALSCHE FREUNDE ◀

close-up ['kləʊsʌp] <u>S</u> Nahaufnahme f; **in ~** in Nahaufnahme; (Gesicht) in Großaufnahme

closing ['kləʊzɪŋ] <u>A</u> <u>S</u> Schließung f; (von Fabrik: auf Dauer) Stilllegung f <u>B</u> <u>ADJ</u> **1** Bemerkungen abschließend; **~ arguments** JUR Schlussplädoyers pl **2** BÖRSE **~ prices** Schlusskurse pl **closing date** <u>S</u> Einsendeschluss m **clos-**

ing-down sale [ˌkləʊzɪŋˈdaʊnseɪl] S HANDEL Räumungsverkauf m **closing time** S Ladenschluss m; (Br: von Kneipe) Sperrstunde f
closure [ˈkləʊʒəʳ] S Schließung f; (von Straße) Sperrung f
clot [klɒt] A S (Blut)gerinnsel n B VI (Blut) gerinnen
cloth [klɒθ] S 1 Stoff m 2 Tuch n, Lappen m 3 Tischdecke f
clothe [kləʊð] prät, pperf **clothed** VT anziehen
clothes [kləʊðz] PL Kleider pl; **his mother still washes his ~** seine Mutter macht ihm immer noch die Wäsche; **with one's ~ on/off** an-/ausgezogen; **to put on/take off one's ~** sich an-/ausziehen **clothes basket** S Wäschekorb m **clothes brush** S Kleiderbürste f **clothes hanger** S Kleiderbügel m **clothes horse** S Wäscheständer m **clothes line** S Wäscheleine f **clothes peg**, (US) **clothes pin** S Wäscheklammer f **clothes shop** S Bekleidungsgeschäft n **clothing** [ˈkləʊðɪŋ] S Kleidung f, Gewand n (österr)
clotted cream [ˈklɒtɪdˈkriːm] S dicke Sahne (aus erhitzter Milch)
cloud [klaʊd] A S Wolke f; (von Rauch) Schwaden m; **to have one's head in the ~s** in höheren Regionen schweben; **to be on ~ nine** (umg) im siebten Himmel schweben (umg); **every ~ has a silver lining** (sprichw) kein Unglück ist so groß, es hat sein Glück im Schoß (sprichw) B VT (fig) trüben; **to ~ the issue** die Angelegenheit verschleiern ♦**cloud over** VI (Himmel) sich bewölken
cloudburst S Wolkenbruch m **cloud-cuckoo-land** S **you're living in ~** du lebst auf dem Mond (umg) **cloudless** ADJ wolkenlos **cloudy** [ˈklaʊdɪ] ADJ (+er) 1 Himmel bewölkt; **it's getting ~** es bewölkt sich 2 Flüssigkeit etc trüb
clout [klaʊt] A S 1 (umg) Schlag m; **to give sb a ~** jdm eine runterhauen (umg) 2 (politisch) Schlagkraft f B VT (umg) hauen (umg)
clove [kləʊv] S 1 Gewürznelke f 2 **~ of garlic** Knoblauchzehe f
clover [ˈkləʊvəʳ] S Klee m
clown [klaʊn] A S Clown m; (pej umg) Trottel m; **to act the ~** den Clown spielen B VI (a. **clown about** od **around**) herumblödeln (umg)
club [klʌb] A S 1 (≈ Waffe) Knüppel m 2 Golfschläger m 3 **clubs** PL KART Kreuz n; **the nine of ~s** die Kreuzneun 4 (≈ Klub m, Verein m; (≈ Nachtklub) Klub m; FUSSB Verein m; **join the ~!** (umg) gratuliere! du auch!; **the London ~ scene** das Nachtleben von London B VT einknüppeln auf (+akk) C VI **to go clubbing** Nachtklubs besuchen ♦**club together** VI (Br) zusammenlegen

clubhouse S Klubhaus n **club member** S Vereins- od Klubmitglied n
clue [kluː] S Anhaltspunkt m; (in Kreuzworträtsel) Frage f; **to find a/the ~ to sth** den Schlüssel zu etw finden; **I'll give you a ~** ich gebe dir einen Tipp; **I haven't a ~!** (ich hab) keine Ahnung! ♦**clue up** VT trennb (umg) **to be clued up on** od **about sth** über etw (akk) im Bilde sein, mit etw vertraut sein **clueless** ADJ (umg) ahnungslos
clumsily [ˈklʌmzɪlɪ] ADV ungeschickt, schwerfällig **clumsiness** S Ungeschicklichkeit f, Schwerfälligkeit f **clumsy** [ˈklʌmzɪ] ADJ (+er) 1 ungeschickt, schwerfällig 2 Fehler dumm
clung [klʌŋ] prät, pperf von **cling**
cluster [ˈklʌstəʳ] A S Gruppe f B VI (Menschen) sich drängen od scharen
clutch [klʌtʃ] A S 1 AUTO Kupplung f; **to let in/out the ~** ein-/auskuppeln 2 (fig) **to fall into sb's ~es** jdm in die Hände fallen B VT umklammern, umklammert halten ♦**clutch at** VI +obj (wörtl) schnappen nach (+dat); (fig) sich klammern an (+akk)
clutter [ˈklʌtəʳ] A S Durcheinander n B VT (a. **clutter up** zu voll machen (umg)/stellen; **to be ~ed with sth** (Kopf, Zimmer, Schublade) mit etw vollgestopft sein; (Boden, Schreibtisch) mit etw übersät sein
cm abk von **centimetre** cm
CO abk von **Commanding Officer**
Co 1 abk von **company** KG f 2 abk von **county**
co- [kəʊ-] PRÄF Mit-, mit-
c/o abk von **care of** bei, c/o
coach [kəʊtʃ] A S 1 Kutsche f 2 BAHN (Eisenbahn)wagen m 3 (Br) (Reise)bus m (⚠ Stadtbus im britischen English (Br) = bus, (US) ebenfalls bus; **by ~** mit dem Bus; **~ travel/journeys** Busreisen pl; **~ driver** Busfahrer m 4 SPORT Trainer m B VT 1 SPORT trainieren 2 **to ~ sb for an exam** jdn aufs Examen vorbereiten
coaching [ˈkəʊtʃɪŋ] S SPORT Training n; SCHULE Nachhilfe f **coach party** S (Br) Busreisegruppe f **coach station** S (Br) Busbahnhof m **coach trip** S (Br) Busfahrt f
coagulate [kəʊˈægjʊleɪt] VI (Blut) gerinnen; (Milch) dick werden

---

club

Im Englischen gibt es je nach Sportart die verschiedensten Bezeichnungen für „Schläger". Beim Hockey sagt man **stick** [stɪk], beim Golf **club** [klʌb], bei Tischtennis, Kricket und Baseball **bat** [bæt], bei Tennis und Federball **racket** [ˈrækɪt].

WORTSCHATZ

COCO

coal [kəʊl] S̅ Kohle f (❗ Als Bezeichnung der Substanz hat **coal** keinen Plural. **Coals** bezeichnet einzelne Kohlestücke.)
coalface S̅ (Br) Streb m **coal fire** S̅ Kamin m
coal-fired ADJ Kohle(n)-; **~ power station** Kohlekraftwerk n
coalition [ˌkəʊəˈlɪʃən] S̅ Koalition f; **~ agreement** Koalitionsvereinbarung f; **~ government** Koalitionsregierung f
coal mine S̅ Zeche f **coal miner** S̅ Bergmann m **coal-mining** S̅ Kohle(n)bergbau m
coarse [kɔːs] ADJ (+er) **1** grob **2** (≈ ordinär) gewöhnlich; Witz derb **coarseness** [ˈkɔːsnɪs] S̅ **1** Grobheit f **2** (fig ≈ Vulgarität) Gewöhnlichkeit f; (von Benehmen) Grobheit f; (von Witz) Unanständigkeit f; (von Ausdrucksweise) Derbheit f
coast [kəʊst] A S̅ Küste f; **on the ~** am Meer; **we're going to the ~** wir fahren ans Meer; **the ~ is clear** (fig) die Luft ist rein B V̅I̅ **1** (Auto, Radfahrer) (im Leerlauf) fahren **2** (fig) **to be ~ing along** mühelos vorankommen **coastal** [ˈkəʊstəl] ADJ Küsten-; **~ traffic** Küstenschifffahrt f
coaster [ˈkəʊstə'] S̅ Untersetzer m
coastguard S̅ Küstenwache f **coastline** S̅ Küste f
coat [kəʊt] A S̅ **1** Mantel m, (Arzt)kittel m **2** HERALD **~ of arms** Wappen n **3** (von Tier) Fell n **4** (von Lack etc) Anstrich m; **give it a second ~** streich es noch einmal B V̅T̅ (mit Lack etc) streichen; **to be ~ed with mud** mit einer Schmutzschicht überzogen sein **coat hanger** S̅ Kleiderbügel m **coat hook** S̅ Kleiderhaken m **coating** [ˈkəʊtɪŋ] S̅ Überzug m **coat rack** S̅ (Wand)garderobe f **coat stand** S̅ Garderobenständer m
co-author [ˌkəʊˈɔːθə'] S̅ Mitautor(in) m(f)
coax [kəʊks] V̅T̅ überreden; **to ~ sb into doing sth** jdn beschwatzen, etw zu tun (umg); **to ~ sth out of sb** jdm etw entlocken
cob [kɒb] S̅ **corn on the ~** Maiskolben m

cobble [ˈkɒbl] A S̅ (a. **cobblestone**) Kopfstein m B V̅T̅ **a ~d street** eine Straße mit Kopfsteinpflaster ♦**cobble together** V̅T̅ trennb (umg) zusammenschustern
cobbler [ˈkɒblə'] S̅ Schuster m
cobblestone [ˈkɒblstəʊn] S̅ Kopfstein m
COBOL [ˈkəʊbɒl] abk von **common business oriented language** COBOL
cobweb [ˈkɒbweb] S̅ Spinnennetz n; **a brisk walk will blow away the ~s** (fig) ein ordentlicher Spaziergang und man hat wieder einen klaren Kopf
cocaine [kəˈkeɪn] S̅ Kokain n
cock [kɒk] A S̅ **1** (Br) Hahn m (❗ = (US) **rooster**) **2** (≈ Vogel allg.) Männchen n **3** (sl ≈ Penis) Schwanz m (sl) B V̅T̅ Ohren spitzen ♦**cock up** V̅T̅ trennb (Br umg) versauen (umg)
cock-a-doodle-doo S̅ Kikeriki n **cock-a--hoop** ADJ ganz aus dem Häuschen **cock--a-leekie (soup)** S̅ Lauchsuppe f mit Huhn
cockatiel [ˌkɒkəˈtiːl] S̅ Nymphensittich m
cockatoo [ˌkɒkəˈtuː] S̅, pl **-s** Kakadu m
cockerel [ˈkɒkərəl] S̅ (bes Br) junger Hahn
cockeyed [ˈkɒkaɪd] ADJ (umg) schief **cockily** [ˈkɒkɪlɪ] ADV (umg) großspurig
cockle [ˈkɒkl] S̅ Herzmuschel f
cockney [ˈkɒknɪ] A S̅ **1** (≈ Dialekt) Cockney n **2** (≈ Mensch) Cockney m B ADJ Cockney-
cockpit [ˈkɒkpɪt] S̅ Cockpit n
cockroach [ˈkɒkrəʊtʃ] S̅ Kakerlak m
cocktail [ˈkɒkteɪl] S̅ Cocktail m **cocktail bar** S̅ Cocktailbar f **cocktail cabinet** S̅ Hausbar f **cocktail lounge** S̅ Cocktailbar f **cocktail stick** S̅ Cocktailspieß m **cocktail waiter** S̅ (bes US) Getränkekellner m **cocktail waitress** S̅ (bes US) Getränkekellnerin f
cockup [ˈkɒkʌp] S̅ (Br umg) **to be a ~** in die Hose gehen (umg); **to make a ~ of sth** bei od mit etw Scheiße bauen (umg) **cocky** [ˈkɒkɪ] ADJ (+er) (umg) großspurig
cocoa [ˈkəʊkəʊ] S̅ Kakao m (❗ Als Getränk

coat — Mantel

coat — (Arzt)kittel

coat of arms — Wappen

COCO | 138

hat **cocoa** keinen Plural. **Cocoas** sagt man zu verschiedenen Sorten oder einzelnen Tassen.)

coconut ['kəʊkənʌt] **A** s̲ Kokosnuss f **B** ATTR Kokos- **coconut oil** s̲ Kokosöl n

cocoon [kə'kuːn] **A** s̲ Kokon m **B** v/t einhüllen

COD abk von **cash** (Br) od **collect** (US) **on delivery** per Nachnahme

cod [kɒd] s̲, pl - Kabeljau m

code [kəʊd] **A** s̲ **1** a. IT Code m; **in ~** verschlüsselt; **to put into ~** verschlüsseln **2** (≈ Regeln) Kodex m; **~ of conduct** Verhaltenskodex m; **~ of practice** Verfahrensregeln pl **3** TEL Vorwahl f **4** post od zip (US) **~** Postleitzahl f **B** v/t verschlüsseln; IT codieren **coded** ['kəʊdɪd] ADJ **1** codiert **2** Hinweis versteckt; **in ~ language** in verschlüsselter od codierter Sprache

codeine ['kəʊdiːn] s̲ Codein n

code name s̲ Deckname m **code number** s̲ Kennziffer f **co-determination** [ˌkəʊdɪtɜːmɪ'neɪʃən] s̲ IND Mitbestimmung f **code word** s̲ Codewort n **coding** ['kəʊdɪŋ] s̲ **1** Chiffrieren n; **a new ~ system** ein neues Chiffriersystem **2** IT Codierung(en pl) f

cod-liver oil ['kɒdlɪvər͵ɔɪl] s̲ Lebertran m

co-ed, coed ['kəʊ'ed] **A** s̲ (Br umg) gemischte Schule **B** ADJ gemischt **coeducational** ['kəʊˌedjʊ'keɪʃənl] ADJ Schule Koedukations-

coerce [kəʊ'ɜːs] v/t zwingen; **to ~ sb into doing sth** jdn dazu zwingen, etw zu tun **coercion** [kəʊ'ɜːʃən] s̲ Zwang m

coexist [ˌkəʊɪg'zɪst] v/i nebeneinander bestehen; **to ~ with** od **alongside sb/sth** neben jdm/etw bestehen **coexistence** [ˌkəʊɪg-'zɪstəns] s̲ Koexistenz f

C of E abk von **Church of England**

coffee ['kɒfɪ] s̲ Kaffee m (❗ Als Getränk hat **coffee** keinen Plural. **Coffees** sagt man zu verschiedenen Sorten oder einzelnen Tassen.); **two ~s, please** zwei Kaffee, bitte **coffee bar** s̲ Café n, Kaffeehaus n (österr) **coffee bean** s̲ Kaffeebohne f **coffee break** s̲ Kaffeepause f **coffee cup** s̲ Kaffeetasse f **coffee filter** s̲ Kaffeefilter m **coffee grinder** s̲ Kaffeemühle f **coffee grounds** PL Kaffeesatz m **coffee machine** s̲ Kaffeemaschine f **coffee maker** s̲ Kaffeemaschine f **coffee mill** s̲ Kaffeemühle f **coffeepot** s̲ Kaffeekanne f **coffee shop** s̲ Café n, Kaffeehaus n (österr), Imbissstube f **coffee table** s̲ Couchtisch m **coffee-table** ADJ **~ book** Bildband m

coffin ['kɒfɪn] s̲ Sarg m

cog [kɒg] s̲ TECH Zahn m, Zahnrad n; **he's only a ~ in the machine** (fig) er ist nur ein Rädchen im Getriebe

cognac ['kɒnjæk] s̲ Kognak m; (französisch) Cognac® m (❗ Als Getränk hat **cognac** keinen Plural. **Cognacs** sagt man zu verschiedenen Sorten oder einzelnen Gläsern.)

cognate ['kɒgneɪt] ADJ verwandt

cogwheel s̲ Zahnrad n

cohabit [kəʊ'hæbɪt] v/i zusammenleben

cohere [kəʊ'hɪə'] v/i **1** (wörtl) zusammenhängen **2** (fig: Gemeinschaft) eine Einheit bilden; (Argumente etc) kohärent sein **coherence** [kəʊ-'hɪərəns] s̲ (von Argumenten) Kohärenz f; **his speech lacked ~** seiner Rede (dat) fehlte der Zusammenhang **coherent** [kəʊ'hɪərənt] ADJ **1** zusammenhängend **2** Logik, Argumente kohärent **coherently** [kəʊ'hɪərəntlɪ] ADV **1** zusammenhängend **2** kohärent **cohesion** [kəʊ-'hiːʒən] s̲ (von Gruppe) Zusammenhalt m

coil [kɔɪl] **A** s̲ **1** (von Seil etc) Rolle f; (von Rauch) Kringel m; (von Haaren) Kranz m **2** ELEK Spule f **3** (≈ Verhütungsmittel) Spirale f **B** v/t aufwickeln; **to ~ sth round sth** etw um etw wickeln

coin [kɔɪn] **A** s̲ Münze f; **the other side of the ~** (fig) die Kehrseite der Medaille **B** v/t Ausdruck prägen; **..., to ~ a phrase** ..., um mich mal so auszudrücken **coinage** ['kɔɪnɪdʒ] s̲ Währung f **coin box** s̲ Münzfernsprecher m

coincide [ˌkəʊɪn'saɪd] v/i **1** (örtlich, zeitlich) zusammenfallen **2** übereinstimmen; **the two concerts ~** die beiden Konzerte finden zur gleichen Zeit statt **coincidence** [kəʊ-'ɪnsɪdəns] s̲ Zufall m; **what a ~!** welch ein Zufall! **coincidental** ADJ, **coincidentally** ADV [kəʊˌɪnsɪ'dentl, -təlɪ] zufällig

coin-operated ['kɔɪn'ɒpəreɪtɪd] ADJ Münz-; **~ machine** Münzautomat m

Coke® [kəʊk] s̲ (umg) (Coca-)Cola® f (❗ Plural nur für einzelne Gläser.)

coke s̲ (umg ≈ Kokain) Koks m (umg)

Col abk von **Colonel**

col abk von **column** Sp.

colander ['kʌləndə'] s̲ Sieb n

cold [kəʊld] **A** ADJ (+er) **1** kalt; **~ meats** Aufschnitt m; **I am ~** mir ist kalt; **my hands are ~** ich habe kalte Hände; **if you get ~** wenn es dir zu kalt wird; **in ~ blood** kaltblütig; **to get ~ feet** (fig umg) kalte Füße kriegen (umg); **that brought him out in a ~ sweat** dabei brach ihm der kalte Schweiß aus; **to throw ~ water on sb's plans** (umg) jdm eine kalte Dusche geben **2** (fig) kalt; Empfang betont kühl; (≈ leidenschaftslos) kühl; **to be ~ to sb** jdn kühl behandeln; **that leaves me ~** das lässt mich kalt **3** (umg) **to be out ~** bewusstlos sein, k. o. sein **B** s̲ **1** Kälte f; **to feel the ~** kälteempfindlich sein; **to be left out in the ~** (fig) ausgeschlossen werden **2** MED Erkältung f, Schnupfen m; **to have a ~** erkältet sein, einen Schnupfen

haben; **to catch (a) ~** sich erkälten **cold-blooded** ADJ (ZOOL, fig) kaltblütig **cold calling** S HANDEL unaufgeforderte Telefonwerbung **cold cuts** PL (US) Aufschnitt m **cold-hearted** ADJ kaltherzig **coldly** ['kəʊldlɪ] ADV kalt; Antwort, Empfang betont kühl **coldness** S Kälte f; (von Antwort, Empfang) betonte Kühle **cold room** S Kühlraum m **cold shoulder** S (umg) **to give sb the ~** jdm die kalte Schulter zeigen **cold sore** S MED Bläschenausschlag m **cold start** S AUTO, IT Kaltstart m **cold storage** S Kühllagerung f **cold turkey** (umg) A ADJ **a ~ cure** ein kalter Entzug (sl) B ADV **to come off drugs ~** einen kalten Entzug machen (sl) **cold war** S Kalter Krieg
coleslaw ['kəʊlslɔː] S Krautsalat m
colic ['kɒlɪk] S Kolik f
collaborate [kə'læbəreɪt] VI 1 **to ~ with sb on** od **in sth** mit jdm bei etw zusammenarbeiten 2 (mit Feind) kollaborieren **collaboration** [kə,læbə'reɪʃən] S 1 Zusammenarbeit f, Mitarbeit f 2 (mit Feind) Kollaboration f **collaborative** [kə'læbərətɪv] ADJ gemeinschaftlich **collaborator** [kə'læbəreɪtəʳ] S 1 Mitarbeiter(in) m(f) 2 (mit Feind) Kollaborateur(in) m(f)
collage [kɒ'lɑːʒ] S Collage f
collapse [kə'læps] A VI 1 zusammenbrechen; (Verhandlungen) scheitern; (Preise, Regierung) stürzen; **they all ~d with laughter** sie konnten sich alle vor Lachen nicht mehr halten; **she ~d onto her bed, exhausted** sie plumpste erschöpft aufs Bett 2 (Tisch) sich zusammenklappen lassen B S Zusammenbruch m; (von Verhandlungen) Scheitern n; (von Regierung) Sturz m **collapsible** [kə'læpsəbl] ADJ Tisch zusammenklappbar; **~ umbrella** Taschenschirm m
collar ['kɒləʳ] A S 1 Kragen m; **he got hold of him by the ~** er packte ihn am Kragen 2 (für Hund) Halsband n B VT fassen **collarbone** ['kɒləbəʊn] S Schlüsselbein n **collar size** S Kragenweite f
collateral [kɒ'lætərəl] S FIN (zusätzliche) Sicherheit **collateral damage** S MIL, POL Kollateralschaden m
colleague ['kɒliːg] S Kollege m, Kollegin f
collect [kə'lekt] A VT 1 sammeln; leere Gläser einsammeln; Abfall aufsammeln; Preis bekommen; Hab und Gut zusammenpacken; Steuern einziehen; Fahrgeld kassieren; (≈ akkumulieren) ansammeln; Staub anziehen 2 abholen (from bei) B VI 1 sich ansammeln; (Staub) sich absetzen 2 kassieren; (für Wohlfahrt) sammeln C ADV (US) **to pay ~** bei Empfang bezahlen; **to call ~** ein R-Gespräch führen ♦**collect up** VT trennb einsammeln; Abfall aufsammeln; Hab und Gut zusammenpacken

collect call S (US) R-Gespräch n (❗ = (Br) **reverse charge call**) **collected** ADJ 1 **the ~ works of Oscar Wilde** Oscar Wildes gesammelte Werke 2 ruhig
collection [kə'lekʃən] S 1 (≈ von Menschen, Dingen) Ansammlung f; (von Briefmarken) Sammlung f 2 (von Briefkasten) Leerung f; (für Wohlfahrt) Sammlung f; (in Kirche) Kollekte f; **to hold a ~ for sb/sth** für jdn/etw eine Sammlung durchführen
collective [kə'lektɪv] ADJ kollektiv **collective bargaining** S Tarifverhandlungen pl **collectively** [kə'lektɪvlɪ] ADV gemeinsam **collective noun** S GRAM Kollektivum n **collector** [kə'lektəʳ] S Sammler(in) m(f); **~'s** Stück Sammler-
college ['kɒlɪdʒ] S 1 College n; **to go to ~** studieren; **to be at ~** studieren; **to start ~** sein Studium beginnen; **we met at ~** wir haben uns im Studium kennengelernt 2 (für Musik etc) Fachhochschule f; **College of Art** Kunstakademie f **collegiate** [kə'liːdʒɪɪt] ADJ College-; **~ life** das Collegeleben
collide [kə'laɪd] VI (wörtl) zusammenstoßen; SCHIFF kollidieren; **to ~ with sb** mit jdm zusammenstoßen; **to ~ with sth** gegen etw prallen
colliery ['kɒlɪərɪ] S Zeche f
collision [kə'lɪʒən] S (wörtl) Zusammenstoß m; (fig) Konflikt m; SCHIFF Kollision f; **on a ~ course** auf Kollisionskurs
colloquial [kə'ləʊkwɪəl] ADJ umgangssprachlich **colloquialism** [kə'ləʊkwɪəlɪzəm] S umgangssprachlicher Ausdruck
collusion [kə'luːʒən] S (geheime) Absprache;

collar — Kragen

collar — (Hunde)halsband

they're acting in ~ sie haben sich abgesprochen

Cologne [kəˈləʊn] ⎯S⎯ Köln n

cologne [kəˈləʊn] ⎯S⎯ Kölnischwasser n

colon[1] [ˈkəʊlən] ⎯S⎯ ANAT Dickdarm m

colon[2] ⎯S⎯ GRAM Doppelpunkt m

colonel [ˈkɜːnl] ⎯S⎯ Oberst m; (als Anrede) Herr Oberst

colonial [kəˈləʊnɪəl] ADJ Kolonial-, kolonial

colonialism [kəˈləʊnɪəlɪzəm] ⎯S⎯ Kolonialismus m **colonialist** [kəˈləʊnɪəlɪst] A ADJ kolonialistisch B S Kolonialist(in) m(f)

colonist [ˈkɒlənɪst] ⎯S⎯ Siedler(in) m(f) **colonization** [ˌkɒlənaɪˈzeɪʃən] ⎯S⎯ Kolonisation f **colonize** [ˈkɒlənaɪz] V̄T̄ kolonisieren

colonnade [ˌkɒləˈneɪd] ⎯S⎯ Säulengang m

colony [ˈkɒlənɪ] ⎯S⎯ Kolonie f

color etc (US) = **colour** etc

colossal [kəˈlɒsl] ADJ gewaltig; Fehler ungeheuer; Mann, Stadt riesig

colostomy [kəˈlɒstəmɪ] ⎯S⎯ MED Kolostomie f; ~ **bag** Kolostomiebeutel m

colour, (US) **color** [ˈkʌlər] A ⎯S⎯ 1 Farbe f; **what ~ is it?** welche Farbe hat es?; **red in ~** rot; **the film was in ~** der Film war in Farbe; **~ illustration** farbige Illustration 2 (Gesichts)farbe f; **to bring the ~ back to sb's cheeks** jdm wieder Farbe geben 3 Hautfarbe f; **to add ~ to a story** einer Geschichte (dat) Farbe geben 4 **colours** P̄L̄ SPORT (Sport)abzeichen n; **to show one's true ~s** (fig) sein wahres Gesicht zeigen B V̄T̄ 1 (wörtl) anmalen; KUNST kolorieren; (mit Farbstoff) färben 2 (fig) beeinflussen C V̄Ī̄ (Mensch: a. **colour up**) erröten ♦**colour in** V̄T̄ trennb anmalen; KUNST kolorieren

colourant, (US) **colorant** [ˈkʌlərənt] ⎯S⎯ Farbstoff m **colour-blind**, (US) **color-blind** ADJ farbenblind **coloured**, (US) **colored** [ˈkʌləd] ADJ 1 bunt 2 (pej) Mensch farbig (❗) wird als abwertend empfunden; politisch korrekt ist **a man of colour, a woman of colour, people of colour** etc.) **-coloured**, (US) **-colored** ADJ suf **yellow-coloured** gelb; **straw-coloured** strohfarben **colourfast**, (US) **colorfast** [ˈkʌləfɑːst] ADJ farbecht **colourful**, (US) **colorful** ADJ 1 (wörtl) bunt; Anblick farbenprächtig 2 (fig) Darstellung etc farbig; Leben (bunt) bewegt; Persönlichkeit (bunt) schillernd; **his ~ past** seine bewegte Vergangenheit 3 (euph) Sprache derb **colourfully**, (US) **colorfully** ADV bunt **colouring**, (US) **coloring** [ˈkʌlərɪŋ] ⎯S⎯ 1 Farbstoff m 2 Farben pl **colouring book**, (US) **coloring book** ⎯S⎯ Malbuch n **colourless**, (US) **colorless** [ˈkʌləlɪs] ADJ farblos **colour photograph**, (US) **color photograph** ⎯S⎯ Farbfoto n **colour printer**, (US)

color printer ⎯S⎯ Farbdrucker m **colour scheme**, (US) **color scheme** ⎯S⎯ Farbzusammenstellung f **colour supplement**, (US) **color supplement** ⎯S⎯ Magazin n **colour television**, (US) **color television** ⎯S⎯ Farbfernsehen n, Farbfernseher m

colt [kəʊlt] ⎯S⎯ Hengstfohlen n

Co Ltd abk von **company limited** GmbH f

Columbus Day ⎯S⎯ (US) amerikanischer Feiertag am zweiten Montag im Oktober, an dem die Entdeckung Amerikas durch Kolumbus gefeiert wird

column [ˈkɒləm] ⎯S⎯ 1 (ARCH, von Rauch) Säule f 2 (von Fahrzeugen) Kolonne f; (auf gedruckter Seite) Spalte f; (≈ Zeitungsartikel) Kolumne f

coma [ˈkəʊmə] ⎯S⎯ Koma n; **to be in a ~** im Koma liegen; **to fall into a ~** ins Koma fallen

comb [kəʊm] A ⎯S⎯ 1 Kamm m 2 **to give one's hair a ~** sich kämmen B V̄T̄ 1 Haare kämmen; **to ~ one's hair** sich kämmen 2 durchkämmen; Zeitungen durchforsten ♦**comb out** V̄T̄ trennb Haare auskämmen ♦**comb through** V̄Ī̄ +obj Dateien etc durchgehen; Läden durchstöbern

combat [ˈkɒmbæt] A ⎯S⎯ Kampf m B V̄T̄ bekämpfen **combatant** [ˈkɒmbətənt] ⎯S⎯ Kombattant m **combative** [ˈkɒmbətɪv] ADJ kämpferisch, aggressiv **combat jacket** ⎯S⎯ Feldjacke f **combats** P̄L̄ (Br) Armeehose f **combat troops** P̄L̄ Kampftruppen pl **combat trousers** P̄L̄ (Br) Armeehose f

combination [ˌkɒmbɪˈneɪʃən] ⎯S⎯ Kombination f, Vereinigung f; (von Ereignissen) Verkettung f; **in ~** zusammen, gemeinsam; **an unusual colour ~** eine ungewöhnliche Farbzusammenstellung **combination lock** ⎯S⎯ Kombinationsschloss n **combination sandwich** ⎯S⎯ (US) gemischt belegtes Sandwich

combine [kəmˈbaɪn] A V̄T̄ kombinieren B V̄Ī̄ sich zusammenschließen C [ˈkɒmbaɪn] ⎯S⎯ 1 WIRTSCH Konzern m 2 (AGR: a. **combine harvester**) Mähdrescher m **combined** [kəmˈbaɪnd] ADJ gemeinsam; Anstrengungen vereint; Kräfte vereinigt; **~ with** in Kombination mit

combustible [kəmˈbʌstɪbl] ADJ brennbar **combustion** [kəmˈbʌstʃən] ⎯S⎯ Verbrennung f

come [kʌm] prät **came**, pperf **come** A V̄Ī̄ 1 kommen, reichen (to an/in/bis etc +akk); **they came to a town/castle** sie kamen in eine Stadt/zu einem Schloss; **~ and get it!** (das) Essen ist fertig!; **I don't know whether I'm coming or going** ich weiß nicht (mehr), wo mir der Kopf steht (umg); **~ and see me soon** besuchen Sie mich bald einmal; **he has ~ a long way** er hat einen weiten Weg hinter sich; (fig) er ist weit gekommen; **he came running into**

COME

the room er kam ins Zimmer gerannt; **he came hurrying/laughing into the room** er eilte/kam lachend ins Zimmer; **coming!** ich komme (gleich)!; **Christmas is coming** bald ist Weihnachten; **May ~s before June** Mai kommt vor Juni; **the adjective must ~ before the noun** das Adjektiv muss vor dem Substantiv stehen; **the weeks to ~** die nächsten Wochen; **that must ~ first** das muss an erster Stelle kommen ☐ geschehen; **~ what may** ganz gleich, was geschieht; **you could see it coming** das konnte man ja kommen sehen; **she had it coming to her** (umg) das musste ja so kommen ☐ **how ~?** (umg) wieso?; **how ~ you're so late?** wieso kommst du so spät? ☐ werden; **his dreams came true** seine Träume wurden wahr; **the handle has ~ loose** der Griff hat sich gelockert ☐ HANDEL erhältlich sein; **milk now ~s in plastic bottles** es gibt jetzt Milch in Plastikflaschen ☐ (+inf) **I have ~ to believe him** mittlerweile glaube ich ihm; **(now I) ~ to think of it** wenn ich es mir recht überlege ☐ (umg) **I've known him for three years ~ January** im Januar kenne ich ihn drei Jahre; **~ again?** wie bitte?; **she is as vain as they ~** sie ist so eingebildet wie nur was (umg) ☐ (umg ≈ Orgasmus haben) kommen (umg) ☐ VT (Br umg) **don't ~ the innocent with me** spielen Sie hier bloß nicht den Unschuldigen! ◆**come about** VI unpers passieren; **this is why it came about** das ist so gekommen ◆**come across** ☐ VI ☐ herüberkommen ☐ verstanden werden ☐ wirken; **he wants to ~ as a tough guy** er mimt gerne den starken Mann (umg) ☐ VI +obj treffen auf (+akk); **if you ~ my watch ...** wenn du zufällig meine Uhr siehst ◆**come after** ☐ VI +obj ☐ **the noun comes after the verb** das Substantiv steht nach dem Verb ☐ herkommen hinter (+dat) ☐ nachkommen ☐ VI nachkommen ◆**come along** VI ☐ (≈ sich beeilen: a. **come on**) kommen ☐ mitkommen; **~ with me** kommen Sie mal (bitte) mit ☐ (≈ sich entwickeln: a. **come on**) **to be coming along** sich machen; **how is your broken arm? — it's coming along nicely** was macht dein gebrochener Arm? — dem gehts ganz gut ☐ (≈ erscheinen) kommen, sich ergeben ◆**come apart** VI auseinanderfallen, zerlegbar sein ◆**come (a)round** VI ☐ vorbeikommen ☐ es sich (dat) anders überlegen; **eventually he came (a)round to our way of thinking** schließlich machte er sich (dat) unsere Denkungsart zu eigen ☐ wieder zu sich (dat) kommen ◆**come at** VI +obj (≈ angreifen) jdn losgehen auf (+akk) ◆**come away** VI ☐ (weg)gehen; **~ with me for a few days** fahr

doch ein paar Tage mit mir weg!; **~ from there!** komm da weg! ☐ (≈ sich lösen) abgehen ◆**come back** VI ☐ zurückkommen, zurückfahren; **can I ~ to you on that one?** kann ich später darauf zurückkommen?; **the colour is coming back to her cheeks** langsam bekommt sie wieder Farbe ☐ **his name is coming back to me** langsam erinnere ich mich wieder an seinen Namen; **ah yes, it's all coming back** ach ja, jetzt fällt mir alles wieder ein; **they came back into the game with a superb goal** sie fanden mit einem wunderbaren Tor ins Spielgeschehen zurück ◆**come before** VI JUR gebracht werden vor (+akk) ◆**come between** VI +obj Liebespaar treten zwischen (+akk) ◆**come by** ☐ VI +obj kriegen ☐ VI (≈ besuchen) vorbeikommen ◆**come close to** VI +obj = **come near to** ◆**come down** VI ☐ herunterkommen; (Regen) fallen; **~ from there at once!** komm da sofort runter! ☐ (Preise) sinken ☐ (≈ abhängen von) ankommen (to auf +akk); **when it comes down to it** letzten Endes ☐ **you've ~ in the world a bit** du bist aber ganz schön tief gesunken ☐ reichen (to bis auf +akk, zu); **her hair comes down to her shoulders** die Haare gehen ihr bis auf die Schultern ☐ (Tradition, Erzählung) überliefert werden ◆**come down on** VI +obj **you've got to ~ one side or the other** du musst dich so oder so entscheiden ◆**come down with** VI +obj Krankheit kriegen ◆**come for** VI +obj kommen wegen ◆**come forward** VI ☐ sich melden ☐ **to ~ with help** Hilfe anbieten; **to ~ with a good suggestion** mit einem guten Vorschlag kommen ◆**come from** VI +obj kommen aus; **where does he/it ~?** wo kommt er/das her?; **I know where you're coming from** (umg) ich weiß, was du meinst ◆**come in** VI ☐ (he)reinkommen; **~!** herein! ☐ ankommen ☐ (Flut) kommen ☐ (Meldung etc) hereinkommen; **a report has just ~ of ...** uns ist gerade eine Meldung über ... zugegangen ☐ **he came in fourth** er wurde Vierter ☐ **he has £15,000 coming in every year** er hat £15.000 im Jahr ☐ **where do I ~?** welche Rolle spiele ich dabei?; **that will ~ handy** (umg) od **useful** das kann ich/man noch gut gebrauchen ◆**come in for** VI +obj Aufmerksamkeit erregen; Kritik einstecken müssen ◆**come in on** VI +obj Vorhaben sich beteiligen an (+dat) ◆**come into** VI +obj ☐ erben ☐ **I don't see where I ~ all this** ich verstehe nicht, was ich mit der ganzen Sache zu tun habe; **to ~ one's own** zeigen, was in einem steckt; **to ~ being** entstehen; **to ~ sb's possession** in jds Besitz (akk) gelangen ◆**come near to** VI +obj nahe kommen (+dat); **to ~ doing sth** drauf und dran sein,

COME | 142

etw zu tun; **he came near to committing suicide** er war *od* stand kurz vor dem Selbstmord ◆**come of** V/i +obj **nothing came of it** es ist nichts daraus geworden; **that's what comes of disobeying!** das kommt davon, wenn man nicht hören will! ◆**come off** A V/i **1** (*von Fahrrad etc*) runterfallen **2** (*Knopf, Lack*) abgehen **3** (*Flecken*) weg- *od* rausgehen **4** stattfinden **5** (*Versuch*) klappen (*umg*) **6** (*in Bezug auf Leistung*) abschneiden; **he came off well in comparison to his brother** im Vergleich zu seinem Bruder ist er gut weggekommen B V/i +obj **1** Fahrrad etc fallen von **2** (*Knopf, Lack, Fleck*) abgehen von **3** *Drogen, Medikamente* aufhören mit **4** (*umg*) ~ **it!** nun mach mal halblang! (*umg*) ◆**come on** A V/i **1** = come along 1; ~! komm! **2** (*Br*) = come along 3 **3** **I've a cold coming on** ich kriege eine Erkältung **4** SPORT ins Spiel kommen; THEAT auftreten B V/i +obj = come (up)on ◆**come on to** V/i +obj (*bes US umg*) anmachen (*umg*) ◆**come out** V/i **1** (he)rauskommen; **to ~ of a room** *etc* aus einem Zimmer *etc* kommen; **to ~ fighting** (*fig*) sich kämpferisch geben; **he came out in a rash** er bekam einen Ausschlag; **to ~ against/in favour of sth** sich gegen/für etw aussprechen; **to ~ of sth badly/well** bei etw schlecht/nicht schlecht wegkommen; **to ~ on top** sich durchsetzen **2** (*Buch*) erscheinen; (*Produkt*) auf den Markt kommen; (*Film*) (in den Kinos) anlaufen; (≈ *Popularität erlangen*) bekannt werden **3** IND **to ~ (on strike)** in den Streik treten **4** FOTO **the photo of the hills hasn't ~ very well** das Foto von den Bergen ist nicht sehr gut geworden **5** (*Splitter, Flecken etc*) (he)rausgehen **6** (≈ *Summe*) betragen; **the total comes out at £500** das Ganze beläuft sich auf (+akk) *od* macht (*umg*) £ 500 **7** sich outen ◆**come out with** V/i +obj Bemerkungen loslassen (*umg*) ◆**come over** A V/i **1** (*wörtl*) herüberkommen; **he came over to England** er kam nach England **2** **he came over to our side** er trat auf unsere Seite über **3** (*umg*) werden; **I came over (all) queer** mir wurde ganz komisch (*umg*) B V/i +obj (*Gefühle*) überkommen; **what's ~ you?** was ist denn (auf einmal) mit dir los? ◆**come round** V/i **1** vorbeikommen *od* -schauen **2** **Christmas has ~ again** nun ist wieder Weihnachten **3** es sich (*dat*) anders überlegen, wieder vernünftig werden (*umg*) **4** wieder zu sich kommen ◆**come through** A V/i durchkommen; **your papers haven't ~ yet** Ihre Papiere sind noch nicht fertig; **his divorce has ~** seine Scheidung ist durch (*umg*) B V/i +obj Krankheit, Gefahr überstehen ◆**come to** A V/i (*a.* **come to oneself**) wieder zu sich kommen B V/i +obj **1** **that didn't**

~ **anything** daraus ist nichts geworden **2** *unpers* **when it comes to mathematics ...** wenn es um Mathematik geht, ...; **let's hope it never comes to a court case** *od* **to court** wollen wir hoffen, dass es nie zum Prozess kommt; **it comes to the same thing** das läuft auf dasselbe hinaus **3** (*Preis, Rechnung*) **how much does it ~?** wie viel macht das?; **it comes to £20** es kommt auf £ 20 **4** **to ~ a decision** zu einer Entscheidung kommen; **what is the world coming to!** wohin soll das noch führen! ◆**come together** V/i zusammenkommen ◆**come under** V/i +obj *Kategorie* kommen unter (+akk) ◆**come up** V/i **1** (*wörtl*) hochkommen; (*Sonne, Mond*) aufgehen; **do you ~ to town often?** kommen Sie oft in die Stadt?; **he came up to me with a smile** er kam lächelnd auf mich zu **2** (*Pflanzen*) herauskommen **3** (*zum Thema werden*) aufkommen; (*Name*) erwähnt werden; **I'm afraid something has ~** ich bin leider verhindert **4** (*Lottozahl etc*) gewinnen; **to ~ for sale** zum Verkauf kommen; **my contract will soon ~ for renewal** mein Vertrag muss bald verlängert werden **5** (*Position, Job*) frei werden **6** (*Prüfung, Wahlen*) bevorstehen ◆**come up against** V/i +obj stoßen auf (+akk); *gegnerische Mannschaft* treffen auf (+akk) ◆**come (up)on** V/i +obj stoßen auf (+akk) ◆**come up to** V/i +obj **1** reichen bis zu *od* an (+akk) **2** *Erwartungen* entsprechen (+dat) **3** (*umg* ≈ *sich nähern*) **she's coming up to twenty** sie wird bald zwanzig; **it's just coming up to 10 o'clock** es ist gleich 10 Uhr ◆**come up with** V/i +obj Antwort, Idee haben; *Plan* sich (*dat*) ausdenken; *Vorschlag* machen; **let me know if you ~ anything** sagen Sie mir Bescheid, falls Ihnen etwas einfällt

comeback ['kʌmbæk] S (THEAT *etc, fig*) Comeback *nt*; **to make** *od* **stage a ~** ein Comeback machen

comedian [kə'miːdɪən] S Komiker(in) *m(f)* **comedienne** [kə,miːdɪ'en] S Komikerin *f*

comedown ['kʌmdaʊn] S (*umg*) Abstieg *m*

comedy ['kɒmɪdɪ] S Komödie *f*

come-on ['kʌmɒn] S (*umg* ≈ *Verlockung*) Köder *m* (*fig*); **to give sb the ~** jdn anmachen (*umg*)

comet ['kɒmɪt] S Komet *m*

comfort ['kʌmfət] A S **1** Komfort *m*; **to live in ~ komfortabel** leben; **with all modern ~s** mit allem Komfort **2** Trost *m*; **to take ~ from the fact that ...** sich damit trösten, dass ...; **you are a great ~ to me** es beruhigt mich sehr, dass Sie da sind; **it is no ~** *od* **of little ~ to know that ...** es ist nicht sehr tröstlich zu wissen, dass ...; **too close for ~** bedrohlich nahe B V/t trösten

comfortable ['kʌmfətəbl] ADJ **1** bequem; *Zim-*

COMM

mer komfortabel; *Temperatur* angenehm; **to make sb/oneself ~** es jdm/sich bequem machen; **the patient is ~** der Patient ist wohlauf **2** *(fig)* Leben angenehm; *Führung* sicher; *Sieger* überlegen; **to feel ~ with sb/sth** sich bei jdm/etw wohlfühlen; **I'm not very ~ about it** mir ist nicht ganz wohl bei der Sache **comfortably** ['kʌmfətəblɪ] ADV **1** bequem; *eingerichtet* komfortabel **2** *(fig)* siegen sicher; *leben* angenehm; *sich leisten können* gut und gern; **they are ~ off** es geht ihnen gut **comfort eating** s̄ Frustessen n *(umg)* **comforter** ['kʌmfətəʳ] s̄ *(US)* Steppdecke f ⚠ = (Br) **duvet, quilt**) **comforting** ['kʌmfətɪŋ] ADJ tröstlich **comfort station** s̄ *(US)* öffentliche Toilette **comfy** ['kʌmfɪ] ADJ (+er) *(umg) Sessel* bequem; *Zimmer* gemütlich; **are you ~?** sitzt/liegst du bequem?

comic ['kɒmɪk] A ADJ komisch; **~ actor** Komödiendarsteller(in) m(f); **~ verse** humoristische Gedichte pl B s̄ **1** Komiker(in) m(f) **2** Comicheft(chen) n **3** *(US)* **~s** Comics pl **comical** ADJ, **comically** ['kɒmɪkəl, -ɪ] ADV komisch **comic book** s̄ Comicbuch n **comic strip** s̄ Comicstrip m

coming ['kʌmɪŋ] A s̄ Kommen n; **~(s) and going(s)** Kommen und Gehen n; **~ of age** Erreichung f der Volljährigkeit B ADJ *(wörtl, fig)* kommend; **the ~ election** die bevorstehende Wahl **coming-out** [,kʌmɪŋ'aʊt] s̄ Coming-out n, Outing n *Bekenntnis zur Homosexualität*

comma ['kɒmə] s̄ Komma n

command [kə'mɑːnd] A VT **1** befehlen **2** *Armee, Schiff* kommandieren **3** **to ~ sb's respect** jdm Respekt abnötigen B s̄ **1** *a.* IT Befehl m; **at/by the ~ of** auf Befehl +gen; **on ~** auf Befehl **2** MIL Kommando n; **to be in ~** das Kommando haben *(of* über +akk); **to take ~** das Kommando übernehmen *(of* +gen); **under his ~** unter seinem Kommando; **to be second in ~** zweiter Befehlshaber sein **3** *(fig)* Beherrschung f; **his ~ of English is excellent** er beherrscht das Englische ausgezeichnet; **I am at your ~** ich stehe zu Ihrer Verfügung **commandeer** [,kɒmən'dɪəʳ] VT *(MIL, fig)* beschlagnahmen **commander** [kə'mɑːndəʳ] s̄ MIL, FLUG Kommandant(in) m(f); SCHIFF Fregattenkapitän(in) m(f) **commander in chief** s̄, pl **commanders in chief** Oberbefehlshaber(in) m(f) **commanding** [kə'mɑːndɪŋ] ADJ *Stelle* führend; *Stimme* Kommando- *(pej)*; **to have a ~ lead** überlegen führen **commanding officer** s̄ MIL befehlshabender Offizier **commandment** [kə'mɑːndmənt] s̄ BIBEL Gebot n

commemorate [kə'meməreɪt] VT gedenken (+*gen*) **commemoration** [kə,memə'reɪʃən] s̄ Gedenken n; **in ~ of** zum Gedenken an (+*akk*) **commemorative** [kə'memərətɪv] ADJ Gedenk-

commencement [kə'mensmənt] s̄ **1** *(form)* Beginn m **2** *(US)* Graduierungsfeier f *von Highschool etc*

commend [kə'mend] VT loben **commendable** [kə'mendəbl] ADJ lobenswert **commendation** [,kɒmen'deɪʃən] s̄ Auszeichnung f

commensurate [kə'menʃərɪt] ADJ entsprechend *(with* +*dat*); **to be ~ with sth** einer Sache (*dat*) entsprechen

comment ['kɒment] A s̄ Bemerkung f *(on, about* über +*akk, zu); (offiziell)* Kommentar m *(on* zu*); (≈ in Text etc)* Anmerkung f; **no ~** kein Kommentar!; **to make a ~** eine Bemerkung machen B VT sich äußern *(on* über +*akk, zu*) C VT bemerken **commentary** ['kɒməntərɪ] s̄ Kommentar m *(on* zu) **commentate** ['kɒmenteɪt] VT RADIO, TV Reporter(in) m(f) sein *(on* bei) **commentator** ['kɒmenteɪtəʳ] s̄ RADIO, TV Reporter(in) m(f)

commerce ['kɒmɜːs] s̄ Handel m

commercial [kə'mɜːʃəl] A ADJ Handels-; *Räume, Fahrzeug* Geschäfts-; *Produktion, Radio, Erfolg* kommerziell; *(pej) Musik etc* kommerziell; **of no ~ value** ohne Verkaufswert; **it makes good ~ sense** das lässt sich kaufmännisch durchaus vertreten B s̄ RADIO, TV Werbespot m; **during the ~s** während der (Fernseh)werbung **commercial at** s̄ IT At-Zeichen n, Klammeraffe m *(umg)* **commercial break** s̄ Werbepause f **commercialism** [kə'mɜːʃəlɪzəm] s̄ Kommerzialisierung f **commercialization** [kə,mɜːʃələɪ'zeɪʃən] s̄ Kommerzialisierung f **commercialize** [kə'mɜːʃəlaɪz] VT kommerzialisieren **commercially** [kə'mɜːʃəlɪ] ADV geschäftlich; *herstellen* kommerziell

commiserate [kə'mɪzəreɪt] VT mitfühlen *(with* mit) **commiseration** [kə,mɪzə'reɪʃən] s̄ **my ~s** herzliches Beileid *(on* zu)

commission [kə'mɪʃən] A s̄ **1** *(für Gemälde etc)* Auftrag m **2** HANDEL Provision f; **on ~** auf Provision(sbasis); **to charge ~** eine Kommission berechnen **3** Kommission f; **the (EC) Commission** die EG-Kommission B VT *Gemälde* in Auftrag geben; **to ~ sb to do sth** jdn damit beauftragen, etw zu tun **commissioned officer** s̄ Offizier m **commissioner** [kə'mɪʃənəʳ] s̄ Polizeipräsident(in) m(f)

commit [kə'mɪt] A VT **1** *Verbrechen* begehen **2** **to ~ sb (to prison)** jdn ins Gefängnis einweisen; **to have sb ~ted (to an asylum)** jdn in eine Anstalt einweisen lassen; **to ~ sb for trial** jdn einem Gericht überstellen; **to ~ sb/sth to sb's care** jdn/etw jds Obhut *(dat)* anvertrauen

3 festlegen (to auf +akk); **to ~ resources to a project** Mittel für ein Projekt einsetzen; **that doesn't ~ you to buying the book** das verpflichtet Sie nicht zum Kauf des Buches **B** **VI** **to ~ to sth** sich zu etw verpflichten **C** **VR** sich festlegen (to auf +akk); **you have to ~ yourself totally to the cause** man muss sich voll und ganz für die Sache einsetzen; **the government has ~ted itself to reforms** die Regierung hat sich zu Reformen verpflichtet **commitment** S Verpflichtung f, Engagement n; **his family ~s** seine familiären Verpflichtungen pl; **his teaching ~s** seine Lehrverpflichtungen pl; **he is frightened of ~** er hat Angst davor, sich festzulegen **committed** ADJ engagiert; **he is so ~ to his work that ...** er geht so in seiner Arbeit auf, dass ...; **all his life he has been ~ to this cause** er hat sich sein Leben lang für diese Sache eingesetzt

committee [kə'mɪtɪ] S Ausschuss m; **to be** od **sit on a ~** in einem Ausschuss sitzen; **~ meeting** Ausschusssitzung f; **~ member** Ausschussmitglied n

commodity [kə'mɒdɪtɪ] S Ware f; (landwirtschaftlich) Erzeugnis n

common ['kɒmən] **A** ADJ (+er) **1** gemeinsam; **~ land** Allmende f; **it is ~ knowledge that ...** es ist allgemein bekannt, dass ...; **to find ~ ground** eine gemeinsame Basis finden; **sth is ~ to everyone/sth** alle haben/etw hat etw gemein **2** häufig; Vogel (weit)verbreitet; Glauben, Brauch (weit)verbreitet **3** normal; **it's quite a ~ sight** das sieht man ziemlich häufig; **it's ~ for visitors to feel ill here** Besucher fühlen sich hier häufig krank **4** gewöhnlich; **the ~ man** der Normalbürger; **the ~ people** die einfachen Leute **B** S **1** (≈ Landstück) Anger m **2** **to have sth in ~ (with sb/sth)** etw (mit jdm/etw) gemein haben; **to have a lot/nothing in ~** viele/keine Gemeinsamkeiten haben; **in ~ with many other people ...** (genauso) wie viele andere ... **common cold** S Schnupfen m **common denominator** S **lowest ~** (MATH, fig) kleinster gemeinsamer Nenner **commoner** ['kɒmənəʳ] S Bürgerliche(r) m/f(m) **common factor** S gemeinsamer Teiler **common law** S Gewohnheitsrecht n **common-law** ADJ **she is his ~ wife** sie lebt mit ihm in eheähnlicher Gemeinschaft **commonly** ['kɒmənlɪ] ADV häufig, gemeinhin; **a ~ held belief** eine weitverbreitete Ansicht; **(more) ~ known as ...** besser bekannt als ... **Common Market** S Gemeinsamer Markt **common-or-garden** ADJ (Br) Feld-, Wald- und Wiesen- (umg) **commonplace** **A** ADJ alltäglich **B** S Gemeinplatz m **common**

room S Aufenthaltsraum m **Commons** ['kɒmənz] PL **the ~** PARL das Unterhaus **common sense** S gesunder Menschenverstand **common-sense** ADJ vernünftig **commonwealth** ['kɒmənwelθ] S **the (British) Commonwealth** das Commonwealth

> **the British Commonwealth**

Das **British Commonwealth** ist ein loser Verbund von ungefähr 50 Ländern (z. B. Kanada, Australien, Südafrika, Indien), die früher zum **British Empire** (dem britischen Weltreich) gehörten.

LANDESKUNDE ◁

commotion [kə'məʊʃən] S Aufregung f meist kein unbest art, Lärm m; **to cause a ~** Aufsehen erregen

communal ['kɒmjuːnl] ADJ **1** Gemeinde-; **~ life** Gemeinschaftsleben n **2** gemeinsam **communally** ['kɒmjuːnəlɪ] ADV gemeinsam; **to be ~ owned** Gemein- od Gemeinschaftseigentum sein **commune** ['kɒmjuːn] S Kommune f

communicate [kə'mjuːnɪkeɪt] **A** VT übermitteln; Ideen, Gefühle vermitteln **B** VI **1** in Verbindung stehen **2** sich verständigen **communication** [kə,mjuːnɪ'keɪʃən] S **1** Kommunikation f; (von Ideen, Informationen) Vermittlung f; **means of ~** Kommunikationsmittel n; **to be in ~ with sb** mit jdm in Verbindung stehen (about wegen); **~s breakdown** gestörte Kommunikation **2** Verständigung f **3** Mitteilung f **4** **~s** (≈ Straßen etc) Kommunikationsnetz n; **they're trying to restore ~s** man versucht, die Verbindung wiederherzustellen **5** **~s** TEL Telekommunikation f **communication cord** S (Br BAHN) ≈ Notbremse f **communication skills** PL Kommunikationsfähigkeit f **communications satellite** S Nachrichtensatellit m **communicative** [kə'mjuːnɪkətɪv] ADJ mitteilsam

communion [kə'mjuːnɪən] S **1** Zwiesprache f **2** (KIRCHE: a. **Communion**, protestantisch) Abendmahl n; (katholisch) Kommunion f

communiqué [kə'mjuːnɪkeɪ] S Kommuniqué n

communism ['kɒmjʊnɪzəm] S Kommunismus m **communist** ['kɒmjʊnɪst] **A** S Kommunist(in) m(f) **B** ADJ kommunistisch **Communist Party** S kommunistische Partei **community** [kə'mjuːnɪtɪ] S Gemeinschaft f; **the ~ at large** das ganze Volk; **a sense of ~** (ein) Gemeinschaftsgefühl n; **to work in the ~** im Sozialbereich tätig sein **community centre**, (US) **community center** S Ge-

meindezentrum *n* **community chest** *s̄* (US) Wohltätigkeitsfonds *m* **community college** *s̄* (US) *College zur Berufsausbildung und Vorbereitung auf ein Hochschulstudium* **community service** *s̄* JUR Sozialdienst *m*

commute [kəˈmjuːt] Ⓐ VT umwandeln Ⓑ VI pendeln Ⓒ *s̄* Pendelfahrt *f* **commuter** [kəˈmjuːtə'] *s̄* Pendler(in) *m(f)*; **the ~ belt** das Einzugsgebiet; **~ train** Pendlerzug *m* **commuting** *s̄* Pendeln *n*; **within ~ distance** nahe genug, um zu pendeln

compact[1] [kəmˈpækt] Ⓐ ADJ (+er) kompakt; *Boden, Schnee* fest Ⓑ VT *Schnee, Erde* festtreten/-fahren *etc*

compact[2] [ˈkɒmpækt] *s̄* Puderdose *f*

compact disc *s̄* Compact Disc *f*; **~ player** CD-Spieler *m*

companion [kəmˈpænjən] *s̄* ❶ Begleiter(in) *m(f)*; **travelling ~** Reisebegleiter(in) *m(f)*; **drinking ~** Zechgenosse *m*, -genossin *f* ❷ Freund(in) *m(f)* **companionship** *s̄* Gesellschaft *f*

company [ˈkʌmpənɪ] Ⓐ *s̄* ❶ Gesellschaft *f*; **to keep sb ~** jdm Gesellschaft leisten; **I enjoy his ~** ich bin gern mit ihm zusammen; **he's good ~** seine Gesellschaft ist angenehm; **she has a cat, it's ~ for her** sie hält sich eine Katze, da hat sie (wenigstens) Gesellschaft; **you'll be in good ~ if …** wenn du …, bist du in guter Gesellschaft ❷ Besuch *m* ❸ HANDEL Firma *f*; **Smith & Company, Smith & Co.** Smith & Co.; **publishing ~** Verlag *m*; **a clothes ~** ein Textilbetrieb *m* ❹ THEAT (Schauspiel)truppe *f* ❺ MIL Kompanie *f* Ⓑ ATTR Firmen- **company car** *s̄* Firmenwagen *m* **company director** *s̄* Direktor(in) *m(f)* **company pension** *s̄* Betriebsrente *f* **company policy** *s̄* Geschäftspolitik *f*

comparable [ˈkɒmpərəbl] ADJ vergleichbar (*with, to* mit); **comparably** [ˈkɒmpərəblɪ] ADV ähnlich **comparative** [kəmˈpærətɪv] Ⓐ ADJ ❶ *Religion etc* vergleichend ❷ relativ; **to live in ~ luxury** relativ luxuriös leben Ⓑ *s̄* GRAM Komparativ *m* **comparatively** [kəmˈpærətɪvlɪ] ADV verhältnismäßig

compare [kəmˈpɛə'] Ⓐ VT vergleichen (*with, to* mit); **~d with** *od* **to** im Vergleich zu; **to ~ notes** Eindrücke/Erfahrungen austauschen Ⓑ VI sich vergleichen lassen (*with* mit); **it ~s badly/well** es schneidet vergleichsweise schlecht/gut ab; **how do the two cars ~ in terms of speed?** wie sieht ein Geschwindigkeitsvergleich der beiden Wagen aus? **comparison** [kəmˈpærɪsn] *s̄* Vergleich *m* (*to* mit); **in** *od* **by ~** vergleichsweise; **in** *od* **by ~ with** im Vergleich zu; **to make** *od* **draw a ~** einen Vergleich anstellen; **there's no ~** das ist gar kein Vergleich

compartment [kəmˈpɑːtmənt] *s̄* (*in Schreibtisch etc*) Fach *n*; BAHN Abteil *n* **compartmentalize** [ˌkɒmpɑːtˈmentəlaɪz] VT aufsplittern

compass [ˈkʌmpəs] *s̄* ❶ Kompass *m* ❷ **compasses** PL (*a.* **pair of compasses**) Zirkel *m*

compass bearing *s̄* Kompasspeilung *f*

compassion [kəmˈpæʃən] *s̄* Mitleid *n* (*for* mit)

compassionate [kəmˈpæʃənɪt] ADJ mitfühlend; **on ~ grounds** aus familiären Gründen

compassionate leave *s̄* Beurlaubung *f* wegen einer dringenden Familienangelegenheit

compatibility [kəmˌpætəˈbɪlɪtɪ] *s̄* Vereinbarkeit *f*; MED Verträglichkeit *f*; IT Kompatibilität *f* **compatible** [kəmˈpætɪbl] ADJ vereinbar; MED verträglich; IT kompatibel; **to be ~** zueinanderpassen; **an IBM-~ computer** ein IBM--kompatibler Computer

compatriot [kəmˈpætrɪət] *s̄* Landsmann *m*, Landsmännin *f*

compel [kəmˈpel] VT zwingen **compelling** [kəmˈpelɪŋ] ADJ zwingend; *Leistung* bezwingend; **to make a ~ case for sth** schlagende Beweise für etw liefern

compendium [kəmˈpendɪəm] *s̄* Handbuch *n*; **~ of games** Spielmagazin *n*

compensate [ˈkɒmpənseɪt] Ⓐ VT entschädigen; MECH ausgleichen ◆**compensate for** VI +obj (*mit Geld*) ersetzen; (*anderweitig*) wieder wettmachen

compensation [ˌkɒmpənˈseɪʃən] *s̄* Entschädigung *f*; **in ~** als Entschädigung **compensatory** [kəmˈpensətərɪ] ADJ kompensierend

compère [ˈkɒmpɛə'] (Br) Ⓐ *s̄* Conférencier *m* Ⓑ VT **to ~ a show** bei einer Show der Conférencier sein

compete [kəmˈpiːt] VI ❶ konkurrieren; **to ~ with each other** sich (gegenseitig) Konkurrenz machen; **to ~ for sth** um etw kämpfen; **his poetry can't ~ with Eliot's** seine Gedichte können sich nicht mit denen Eliots messen ❷ SPORT teilnehmen; **to ~ with/against sb** gegen jdn kämpfen

competence [ˈkɒmpɪtəns], **competency** [ˈkɒmpɪtənsɪ] *s̄* Fähigkeit *f*; **his ~ in handling money** sein Geschick im Umgang mit Geld **competent** [ˈkɒmpɪtənt] ADJ fähig, kompetent, angemessen; **to be ~ to do sth** kompetent *od* fähig sein, etw zu tun **competently** [ˈkɒmpɪtəntlɪ] ADV kompetent

competition [ˌkɒmpɪˈtɪʃən] *s̄* ❶ (⚠ kein pl) Konkurrenz *f* (*for* um); **unfair ~** unlauterer Wettbewerb; **to be in ~ with sb** mit jdm konkurrieren ❷ Wettbewerb *m*, Preisausschreiben *n* **competitive** [kəmˈpetɪtɪv] ADJ ❶ *Haltung* vom Konkurrenzdenken geprägt; *Sport* (Wett)-

COMP | 146

kampf-; **~ spirit** Konkurrenzgeist m; (von Mannschaft) Kampfgeist m; **he's very ~** (beruflich etc) er ist sehr ehrgeizig **2** HANDEL wettbewerbsfähig; **a highly ~ market** ein Markt mit starker Konkurrenz **competitively** [kəm'petɪtɪvlɪ] ADV **1 to be ~ priced** im Preis konkurrenzfähig sein **2** in Wettkämpfen **competitiveness** ▪S Konkurrenzgeist m

competitor [kəm'petɪtə] ▪S **1** SPORT Teilnehmer(in) m(f); **to be a ~** teilnehmen **2** HANDEL Konkurrent(in) m(f); **our ~s** unsere Konkurrenz

compile [kəm'paɪl] VT zusammenstellen; Materialien sammeln; IT kompilieren **compiler** [kəm'paɪlə] ▪S (von Wörterbuch) Verfasser(in) m(f); IT Compiler m

complacency [kəm'pleɪsnsɪ] ▪S Selbstzufriedenheit f **complacent** ADJ, **complacently** ADV [kəm'pleɪsənt, -lɪ] selbstzufrieden

complain [kəm'pleɪn] VI sich beklagen (about über +akk, sich beschweren (about über +akk, to bei); **(I) can't ~** (umg) ich kann nicht klagen (umg); **to ~ of sth** über etw (akk) klagen; **she's always ~ing** sie muss sich immer beklagen

complaint [kəm'pleɪnt] ▪S **1** Klage f, Beschwerde f (to bei); **I have no cause for ~** ich kann mich nicht beklagen; **~s department** HANDEL Reklamationsabteilung f **2** (≈ Krankheit) Beschwerden pl; **a very rare ~** eine sehr seltene Krankheit

complement ['kɒmplɪmənt] A ▪S volle Stärke; **we've got our full ~ in the office now** unser Büro ist jetzt voll besetzt B ['kɒmplɪment] VT ergänzen, vervollkommnen; **to ~ each other** sich ergänzen **complementary** [ˌkɒmplɪ'mentərɪ] ADJ Komplementär-

complete [kəm'pliːt] A ADJ **1** ganz attr, vollzählig; **my happiness was ~** mein Glück war vollkommen; **the ~ works of Shakespeare** die gesammelten Werke Shakespeares; **~ with** komplett mit **2** attr völlig; Anfänger, Katastrophe total; Überraschung voll; **we were ~ strangers** wir waren uns völlig fremd B VT **1** vervollständigen; Mannschaft vollzählig machen; Ausbildung abrunden; **that ~s my collection** damit ist meine Sammlung vollständig **2** beenden; Bauwerk, Arbeit fertigstellen; Haftstrafe verbüßen; **~ this phrase** ergänzen Sie diesen Ausspruch; **it's not ~d yet** es ist noch nicht fertig **3** Formular ausfüllen

completely [kəm'pliːtlɪ] ADV vollkommen; **he's ~ wrong** er hat völlig unrecht **completeness** [kəm'pliːtnɪs] ▪S Vollständigkeit f **completion** [kəm'pliːʃən] ▪S Fertigstellung f; (von Projekt, Kurs) Abschluss m; **to be near ~** kurz vor dem Abschluss stehen; **to bring sth to ~** etw zum Abschluss bringen; **on ~**

of the course nach Abschluss des Kurses

complex ['kɒmpleks] A ADJ komplex, kompliziert B ▪S Komplex m; **industrial ~** Industriekomplex m; **he has a ~ about his ears** er hat Komplexe wegen seiner Ohren

complexion [kəm'plekʃən] ▪S **1** Teint m, Gesichtsfarbe f **2** (fig) Anstrich m, Aspekt m; **to put a new** etc **~ on sth** etw in einem neuen etc Licht erscheinen lassen

complexity [kəm'pleksɪtɪ] ▪S Komplexität f

compliance [kəm'plaɪəns] ▪S Einverständnis n; (von Regeln etc) Einhalten n (with +gen); **in ~ with the law** dem Gesetz gemäß **compliant** ADJ entgegenkommend, nachgiebig

complicate ['kɒmplɪkeɪt] VT komplizieren **complicated** ADJ kompliziert **complication** [ˌkɒmplɪ'keɪʃən] ▪S Komplikation f

complicity [kəm'plɪsɪtɪ] ▪S Mittäterschaft f (in bei)

compliment ['kɒmplɪmənt] A ▪S **1** Kompliment n (on zu, wegen); **to pay sb a ~** jdm ein Kompliment machen; **my ~s to the chef** mein Kompliment dem Koch/der Köchin **2 compliments** PL (form) Grüße pl; **"with the ~s of Mr X/the management"** „mit den besten Empfehlungen von Herrn X/der Geschäftsleitung" B ['kɒmplɪment] VT ein Kompliment/ Komplimente machen (+dat) (on wegen, zu) **complimentary** [ˌkɒmplɪ'mentərɪ] ADJ **1** schmeichelhaft; **to be ~ about sb/sth** sich schmeichelhaft über jdn/etw äußern **2** (≈ gratis) Frei-; **~ copy** Freiexemplar n; (von Magazin) Werbenummer f

comply [kəm'plaɪ] VI einwilligen; (System etc) die Bedingungen erfüllen; **to ~ with sth** einer Sache (dat) entsprechen; (System) in Einklang mit etw stehen; **to ~ with a request** einer Bitte nachkommen; **to ~ with the rules** sich an die Regeln halten

component [kəm'pəunənt] A ▪S (Bestand)teil m B ADJ **a ~ part** ein (Bestand)teil m; **the ~ parts of a machine** die einzelnen Maschinenteile pl

compose [kəm'pəuz] VT **1** Musik komponieren; Brief abfassen; Gedicht verfassen **2** bilden; **to be ~d of** sich zusammensetzen aus; **water is ~d of ...** Wasser besteht aus ... **3 to ~ oneself** sich sammeln; **to ~ one's thoughts** Ordnung in seine Gedanken bringen **composed** ADJ gelassen

composer [kəm'pəuzə] ▪S MUS Komponist(in) m(f)

composite ['kɒmpəzɪt] ADJ zusammengesetzt **composition** [ˌkɒmpə'zɪʃən] ▪S **1** MUS, KUNST Komposition f **2** SCHULE Aufsatz m **3** Zusammensetzung f

compost ['kɒmpɒst] ▪S Kompost m; (für Pflanzen)

Blumenerde f; ~ **heap** Komposthaufen m
composure [kəmˈpəʊʒəʳ] s̄ Beherrschung f
compound[1] [ˈkɒmpaʊnd] A s̄ CHEM Verbindung f B ADJ GRAM zusammengesetzt C [kəmˈpaʊnd] VT verschlimmern; *Problem* vergrößern
compound[2] [ˈkɒmpaʊnd] s̄ Lager n; (≈ Unterkünfte) Siedlung f; (in Zoo) Gehege n
compound fracture s̄ MED offener od komplizierter Bruch **compound interest** s̄ FIN Zinseszins m
comprehend [ˌkɒmprɪˈhend] VT verstehen **comprehensible** [ˌkɒmprɪˈhensəbl] ADJ verständlich **comprehension** [ˌkɒmprɪˈhenʃən] s̄ 1 Verständnis n, Begriffsvermögen n; **that is beyond my ~** das übersteigt mein Begriffsvermögen; (Verhalten) das ist mir unbegreiflich 2 SCHULE Fragen pl zum Textverständnis **comprehensive** [ˌkɒmprɪˈhensɪv] A ADJ umfassend; **(fully) ~ insurance** Vollkasko(versicherung f) n B s̄ (Br) Gesamtschule f **comprehensively** [ˌkɒmprɪˈhensɪvlɪ] ADV umfassend **comprehensive school** s̄ (Br) Gesamtschule f
compress [kəmˈpres] VT komprimieren (into auf +akk); Materialien zusammenpressen (into zu)
compressed air [kəmˌprestˈɛəʳ] s̄ Druck- od Pressluft f
comprise [kəmˈpraɪz] VT bestehen aus
compromise [ˈkɒmprəmaɪz] A s̄ Kompromiss m; **to reach a ~** einen Kompromiss schließen B ADJ attr Kompromiss- C VI Kompromisse schließen (about in +dat); **we agreed to ~** wir einigten uns auf einen Kompromiss D VT jdn kompromittieren; **to ~ oneself** sich kompromittieren; **to ~ one's reputation** seinem guten Ruf schaden; **to ~ one's principles** seinen Prinzipien untreu werden **compromising** ADJ kompromittierend
compulsion [kəmˈpʌlʃən] s̄ Zwang m; PSYCH innerer Zwang; **you are under no ~** niemand zwingt Sie **compulsive** [kəmˈpʌlsɪv] ADJ zwanghaft; **he is a ~ eater** er hat die Esssucht; **he is a ~ liar** er hat einen krankhaften Trieb zu lügen; **it makes ~ reading** das muss man einfach lesen **compulsively** [kəmˈpʌlsɪvlɪ] ADV zwanghaft **compulsory** [kəmˈpʌlsərɪ] ADJ obligatorisch; *Maßnahmen* Zwangs-; *Fach* Pflicht-
computation [ˌkɒmpjʊˈteɪʃən] s̄ Berechnung f **computational** ADJ Computer- **compute** [kəmˈpjuːt] VT berechnen (at auf +akk), errechnen
computer [kəmˈpjuːtəʳ] s̄ Computer m; **to put/have sth on ~** etw im Computer speichern/(gespeichert) haben; **it's all done by ~** das geht alles per Computer; **~ skills** Computerkenntnisse pl **computer-aided design** s̄ rechnergestützter Entwurf **computer-aided manufacturing** s̄ computergestützte Fertigung **computer-based** ADJ auf Computerbasis **computer-controlled** ADJ rechnergesteuert **computer dating** s̄ Partnervermittlung f per Computer **computer-designed** ADJ mit Computerunterstützung entworfen **computer error** s̄ Computerfehler m **computer freak** s̄ (umg) Computerfreak m (umg) **computer game** s̄ Computerspiel n **computer-generated** ADJ computergeneriert **computer graphics** PL Computergrafik f **computerization** [kəmˌpjuːtəraɪˈzeɪʃən] s̄ Computerisierung f; **the ~ of the factory** die Umstellung der Fabrik auf Computer **computerize** [kəmˈpjuːtəraɪz] VT computerisieren; *Firma, Arbeitsweise* auf Computer od EDV umstellen **computer language** s̄ Computersprache f **computer literate** ADJ **to be ~** sich mit Computern auskennen **computer network** s̄ Computernetzwerk n **computer-operated** ADJ computergesteuert **computer operator** s̄ Operator(in) m(f) **computer printout** s̄ (Computer)ausdruck m **computer program** s̄ (Computer)programm n **computer programmer** s̄ Programmierer(in) m(f) **computer science** s̄ Informatik f **computer studies** PL Computerwissenschaft f **computer virus** s̄ Computervirus m **computing** [kəmˈpjuːtɪŋ] s̄ (≈ Fach) Computerwissenschaft f; **her husband's in ~** ihr Mann ist in der Computerbranche
comrade [ˈkɒmrɪd] s̄ Kamerad m; POL Genosse m, Genossin f **comradeship** s̄ Kameradschaft(lichkeit) f
con[1] [kɒn] ADV, s̄ → pro[2]
con[2] (umg) A s̄ Schwindel m, Pflanz m (österr); **it's a ~!** das ist alles Schwindel B VT hereinlegen (umg); **to ~ sb out of sth** jdn um etw bringen; **to ~ sb into doing sth** jdn durch einen faulen Trick dazu bringen, dass er etw tut (umg)
con artist s̄ (umg) Schwindler(in) m(f)
concave [ˈkɒnkeɪv] ADJ konkav; *Spiegel* Konkav-
conceal [kənˈsiːl] VT verbergen; **why did they ~ this information from us?** warum hat man uns diese Informationen vorenthalten? **concealed** ADJ verborgen; *Eingang* verdeckt **concealment** [kənˈsiːlmənt] s̄ (von Tatsachen) Verheimlichung f; (von Beweismitteln) Unterschlagung f
concede [kənˈsiːd] VT 1 *Land* abtreten (to an +akk); **to ~ victory to sb** vor jdm kapitulieren; **to ~ a match** aufgeben; (≈ verlieren) ein Match abgeben; **to ~ a penalty** einen Elfmeter verursachen; **to ~ a point to sb** SPORT einen

Punkt an jdn abgeben ☑ zugeben; **Rechte** zugestehen (*to sb* jdm); **to ~ defeat** sich geschlagen geben
conceit [kənˈsiːt] S̄ Einbildung *f* **conceited** ADJ eingebildet
conceivable [kənˈsiːvəbl] ADJ denkbar; **it is hardly ~ that ...** es ist kaum denkbar, dass ... **conceivably** [kənˈsiːvəbli] ADV **she may ~ be right** es ist durchaus denkbar, dass sie recht hat **conceive** [kənˈsiːv] A VT 1 **Kind** empfangen ☑ sich (*dat*) vorstellen; **Idee** haben B VI (*Frau*) empfangen
♦**conceive of** VI +*obj* sich (*dat*) vorstellen
concentrate [ˈkɒnsəntreɪt] A VT konzentrieren (*on* auf +*akk*); **to ~ all one's energies on sth** sich (voll und) ganz auf etw (*akk*) konzentrieren; **to ~ on sth** sich auf etw (*akk*) konzentrieren B VI sich konzentrieren; **to ~ on doing sth** sich darauf konzentrieren, etw zu tun **concentrated** ADJ konzentriert; **~ orange juice** Orangensaftkonzentrat *n* **concentration** [ˌkɒnsənˈtreɪʃən] S̄ 1 Konzentration *f*; **powers of ~** Konzentrationsfähigkeit *f* ☑ Ansammlung *f* **concentration camp** S̄ Konzentrationslager *n*, KZ *n*
concentric [kənˈsentrɪk] ADJ konzentrisch
concept [ˈkɒnsept] S̄ Begriff *m*, Vorstellung *f*; **our ~ of the world** unser Weltbild *n*; **his ~ of marriage** seine Vorstellungen von der Ehe **conception** [kənˈsepʃən] S̄ 1 Vorstellung *f*, Konzeption *f*; **he has no ~ of how difficult it is** er hat keine Vorstellung, wie schwer das ist ☑ (*von Kind*) die Empfängnis
concern [kənˈsɜːn] A S̄ 1 Angelegenheit(en *pl*) *f*; (≈ *wichtige Sache*) Anliegen *n*; **the day-to-day ~s of government** die täglichen Regierungsgeschäfte; **it's no ~ of his** das geht ihn nichts an ☑ HANDEL Konzern *m* ☒ Sorge *f*; **the situation is causing ~** die Lage ist besorgniserregend; **there's some/no cause for ~** es besteht Grund/kein Grund zur Sorge; **to do sth out of ~ for sb** etw aus Sorge um jdn tun; **he showed great ~ for your safety** er war sehr um Ihre Sicherheit besorgt ☒ Bedeutung *f*; **issues of national ~** Fragen *pl* von nationalem Interesse; **to be of little/great ~ to sb** jdm nicht/sehr wichtig sein B VT 1 handeln von; **it ~s the following issue** es geht um die folgende Frage; **the last chapter is ~ed with ...** das letzte Kapitel behandelt ... ☑ betreffen; **that doesn't ~ you** das betrifft Sie nicht; (*brüskierend*) das geht Sie nichts an; **where money is ~ed** wenn es um Geld geht; **as far as the money is ~ed** was das Geld betrifft; **as far as he is ~ed it's just another job, but ...** für ihn ist es nur ein anderer Job, aber ...;

conductor — Dirigent

conductor — Schaffner

as far as I'm ~ed you can do what you like von mir aus kannst du tun und lassen, was du willst; **the department ~ed** die betreffende Abteilung; **the persons ~ed** die Betroffenen ☒ **he is only ~ed with facts** ihn interessieren nur die Fakten; **we should be ~ed more with** *od* **about quality** Qualität sollte uns ein größeres Anliegen sein; **there's no need for you to ~ yourself about that** darum brauchen Sie sich nicht zu kümmern ☒ **to be ~ed about sth** sich (*dat*) um etw Sorgen machen; **I was very ~ed to hear about your illness** ich habe mir Sorgen gemacht, als ich von Ihrer Krankheit hörte; **I am ~ed to hear that ...** es beunruhigt mich, dass ...; **~ed parents** besorgte Eltern **concerning** PRÄP bezüglich (+*gen*)
concert [ˈkɒnsət] S̄ MUS Konzert *n*; **were you at the ~?** waren Sie in dem Konzert?; **Madonna in ~** Madonna live **concerted** [kənˈsɜːtɪd] ADJ konzertiert **concertgoer** S̄ Konzertbesucher(in) *m(f)* **concert hall** S̄ Konzerthalle *f* **concertina** [ˌkɒnsəˈtiːnə] S̄ Konzertina *f*; **to play the ~** Konzertina spielen (⚠ mit *the*) **concerto** [kənˈtʃɜːtəʊ] S̄, *pl* -s Konzert *n* **concert pianist** S̄ Pianist(in) *m(f)*
concession [kənˈseʃən] S̄ Zugeständnis *n* (*to* an +*akk*); HANDEL Konzession *f*; **to make ~s to sb** jdm Zugeständnisse machen **concessionary** [kənˈseʃənəri] ADJ **Tarif, Fahrpreis** verbilligt
conciliation [kənˌsɪlɪˈeɪʃən] S̄ Schlichtung *f* **conciliatory** [kənˈsɪlɪətərɪ] ADJ versöhnlich
concise ADJ, **concisely** ADV [kənˈsaɪs, -lɪ] präzis(e)
conclude [kənˈkluːd] A VT 1 beenden ☑ **Vertrag** abschließen ☒ folgern (*from* aus) ☒ zu dem Schluss kommen B VI enden; **I would like to ~ by saying ...** abschließend möchte ich sagen ... **concluding** [kənˈkluːdɪŋ] ADJ **Bemerkungen** abschließend **conclusion** [kənˈkluː-

ʒən] ̄s ▪1 Abschluss m; (von Aufsatz etc) Schluss m; **in ~** abschließend ▪2 Schluss(folgerung f) m; **what ~ do you draw** od **reach from all this?** welchen Schluss ziehen Sie daraus? **conclusive** [kənˈkluːsɪv] ADJ überzeugend; JUR Beweise einschlägig, eindeutig **conclusively** [kənˈkluːsɪvlɪ] ADV beweisen eindeutig

concoct [kənˈkɒkt] VT GASTR etc (zu)bereiten; (hum) kreieren

concourse [ˈkɒŋkɔːs] ̄s Eingangshalle f; (US: in Park) freier Platz

concrete¹ [ˈkɒŋkriːt] ADJ Maßnahmen konkret

concrete² A ̄s Beton m B ADJ Beton- **concrete mixer** ̄s Betonmischmaschine f

concur [kənˈkɜː] VI übereinstimmen **concurrent** [kənˈkʌrənt] ADJ gleichzeitig; **to be ~ with sth** mit etw zusammentreffen **concurrently** [kənˈkʌrəntlɪ] ADV gleichzeitig

concuss [kənˈkʌs] VT **to be ~ed** eine Gehirnerschütterung haben **concussion** [kənˈkʌʃən] ̄s Gehirnerschütterung f

condemn [kənˈdem] VT ▪1 verurteilen; **to ~ sb to death** jdn zum Tode verurteilen ▪2 (fig) verdammen (to zu) ▪3 Gebäude für abbruchreif erklären **condemnation** [ˌkɒndemˈneɪʃən] ̄s Verurteilung f

condensation [ˌkɒndenˈseɪʃən] ̄s (an Fensterscheibe etc) Kondenswasser n; **the windows are covered with ~** die Fenster sind beschlagen **condense** [kənˈdens] A VT/I ▪1 kondensieren ▪2 (≈ kürzen) zusammenfassen B VI (Gas) kondensieren **condensed milk** [kənˌdenstˈmɪlk] ̄s Kondensmilch f

condescend [ˌkɒndɪˈsend] VI **to ~ to do sth** sich herablassen, etw zu tun **condescending** ADJ (pej) herablassend; **to be ~ to** od **toward(s) sb** jdn herablassend behandeln **condescendingly** ADV (pej) herablassend

condition [kənˈdɪʃən] A ̄s ▪1 Bedingung f, Voraussetzung f; **on ~ that ...** unter der Bedingung, dass ...; **on no ~** auf keinen Fall; **he made it a ~ that ...** er machte es zur Bedingung, dass ... ▪2 **conditions** PL Verhältnisse pl; **working ~s** Arbeitsbedingungen pl; **living ~s** Wohnverhältnisse pl; **weather ~s** die Wetterlage ▪3 (⚠ kein pl) Zustand m; **it is in bad ~** es ist in schlechtem Zustand; **he is in a critical ~** sein Zustand ist kritisch; **you're in no ~ to drive** du bist nicht mehr fahrtüchtig; **to be out of ~** keine Kondition haben; **to keep in/get into ~** in Form bleiben/kommen ▪4 MED Beschwerden pl; **he has a heart ~** er ist herzkrank B VT ▪1 bedingen; **to be ~ed by** bedingt sein durch ▪2 PSYCH etc konditionieren **conditional** [kənˈdɪʃənl] A ADJ ▪1 bedingt ▪2 GRAM konditional, Konditional-; **the ~ tense** der Konditional B ̄s GRAM Konditional m **conditioner** [kənˈdɪʃənə] ̄s (für Haare) Pflegespülung f; (für Waschgang) Weichspüler m **conditioning shampoo** [kənˈdɪʃənɪŋʃæmˈpuː] ̄s, pl -s Pflegeshampoo n

condo [ˈkɒndəʊ] ̄s, pl -s (umg) → condominium

condolence [kənˈdəʊləns] ̄s **please accept my ~s on the death of your mother** (meine) aufrichtige Anteilnahme zum Tode Ihrer Mutter

condom [ˈkɒndɒm] ̄s Kondom n od m

condominium [ˌkɒndəˈmɪnɪəm] ̄s (US) ▪1 ≈ Haus n mit Eigentumswohnungen ▪2 ≈ Eigentumswohnung f

condone [kənˈdəʊn] VT (stillschweigend) hinwegsehen über (+akk)

conducive [kənˈdjuːsɪv] ADJ förderlich (to +dat)

conduct [ˈkɒndʌkt] A ̄s Benehmen n (towards gegenüber) B [kənˈdʌkt] VT ▪1 führen; Untersuchung durchführen; **~ed tour (of)** Führung f (durch); **he ~ed his own defence** er übernahm seine eigene Verteidigung ▪2 MUS dirigieren ▪3 PHYS leiten; Blitz ableiten C [kənˈdʌkt] VT MUS dirigieren D [kənˈdʌkt] VR sich benehmen

conductor [kənˈdʌktə] ̄s ▪1 MUS Dirigent(in) m(f) ▪2 (≈ in Bus) Schaffner m, Kondukteur m (schweiz); (US BAHN) Zugführer m ▪3 PHYS Leiter m, Blitzableiter m **conductress** [kənˈdʌktrɪs] ̄s (in Bus) Schaffnerin f, Kondukteurin f (schweiz)

cone [kəʊn] ̄s ▪1 Kegel m; (≈ zur Verkehrsführung) Leitkegel m ▪2 BOT Zapfen m ▪3 (Eis)tüte f

confectioners' sugar [kənˈfekʃənəz] ̄s (US) Puderzucker m (⚠ = (Br) **icing sugar**) **confectionery** [kənˈfekʃənərɪ] ̄s Süßwaren pl

confederacy [kənˈfedərəsɪ] ̄s POL Bündnis n; (von Nationen) Konföderation f **confederate** [kənˈfedərɪt] ADJ konföderiert **confederation** [kənˌfedəˈreɪʃən] ̄s Bund m; **the Swiss**

cone — (Verkehrs)kegel

cone — Eistüte

CONF | 150

Confederation die Schweizerische Eidgenossenschaft

confer [kən'fɜ:ʳ] **A** _vt_ (on, upon sb jdm) verleihen **B** _vi_ sich beraten **conference** ['kɒnfərəns] _s_ Konferenz f; (informell) Besprechung f **conference call** _s_ TEL Konferenzschaltung f **conference room** _s_ Konferenzzimmer n

confess [kən'fes] **A** _vt_ **1** zugeben **2** KIRCHE bekennen; (dem Priester) beichten **B** _vi_ **1** gestehen (to +akk); **to ~ to sth** etw gestehen **2** KIRCHE beichten **confession** [kən'feʃən] _s_ **1** Eingeständnis n; (von Schuld, Verbrechen) Geständnis n; **I have a ~ to make** ich muss dir etwas gestehen **2** KIRCHE Beichte f; **to hear ~** (die) Beichte hören **confessional** [kən'feʃənl] _s_ Beichtstuhl m

confetti [kən'feti:] _s_ Konfetti n

confide [kən'faɪd] _vt_ anvertrauen (to sb jdm) ♦**confide in** _vi_ +obj sich anvertrauen (+dat); **to ~ sb about sth** jdm etw anvertrauen

confidence ['kɒnfɪdəns] _s_ **1** Vertrauen n (in zu), Zuversicht f; **to have (every/no) ~ in sb/sth** (volles/kein) Vertrauen zu jdm/etw haben; **I have every ~ that ...** ich bin ganz zuversichtlich, dass ...; **to put one's ~ in sb/sth** auf jdn/etw bauen; **motion/vote of no ~** Misstrauensantrag m/-votum n **2** (Selbst)vertrauen n **3 in (strict) ~** (streng) vertraulich; **to take sb into one's ~** jdn ins Vertrauen ziehen **confidence trick** _s_ Schwindel m, Pflanz m (österr) **confidence trickster** _s_ = con man **confident** ['kɒnfɪdənt] _adj_ **1** überzeugt; Blick zuversichtlich; **to be ~ of success** vom Erfolg überzeugt sein; **to be/feel ~ about sth** in Bezug auf etw zuversichtlich sein **2** (selbst)sicher **confidential** [,kɒnfɪ'denʃəl] _adj_ vertraulich; **to treat sth as ~** etw vertraulich behandeln **confidentiality** [,kɒnfɪ,denʃɪ'ælɪtɪ] _s_ Vertraulichkeit f **confidentially** [,kɒnfɪ'denʃəlɪ] _adv_ vertraulich, im Vertrauen **confidently** ['kɒnfɪdəntlɪ] _adv_ **1** zuversichtlich **2** selbstsicher

configure [kən'fɪgəʳ] _vt_ IT konfigurieren

confine [kən'faɪn] **A** _vt_ **1** (ein)sperren; **to be ~d to the house** nicht aus dem Haus können; **to be ~d to barracks** Kasernenarrest haben **2** Bemerkungen beschränken (to auf +akk); **to ~ oneself to doing sth** sich darauf beschränken, etw zu tun **B** _confines_ ['kɒnfaɪnz] _pl_ Grenzen pl **confined** [kən'faɪnd] _adj_ Raum begrenzt **confinement** [kən'faɪnmənt] _s_ (≈ Handlung) Einsperren n; (≈ Zustand) Eingesperrtsein n

confirm [kən'fɜ:m] _vt_ **1** bestätigen **2** KIRCHE konfirmieren; Katholik firmen **confirmation** [,kɒnfə'meɪʃən] _s_ **1** Bestätigung f **2** KIRCHE Konfirmation f; (von Katholiken) Firmung f **con-**

firmed _adj_ **1** erklärt; Atheist überzeugt; Junggeselle eingefleischt **2** Buchung bestätigt

confiscate ['kɒnfɪskeɪt] _vt_ beschlagnahmen; **to ~ sth from sb** jdm etw abnehmen **confiscation** [,kɒnfɪs'keɪʃən] _s_ Beschlagnahme f

conflate [kən'fleɪt] _vt_ zusammenfassen

conflict ['kɒnflɪkt] _s_ Konflikt m, Zusammenstoß m; **to be in ~ with sb/sth** mit jdm/etw im Konflikt liegen; **to come into ~ with sb/sth** mit jdm/etw in Konflikt geraten; **~ of interests** Interessenkonflikt m **B** [kən'flɪkt] _vi_ im Widerspruch stehen (with zu) **conflicting** [kən'flɪktɪŋ] _adj_ widersprüchlich

conform [kən'fɔ:m] _vi_ entsprechen (to +dat); (Menschen) sich anpassen (to an +akk) **conformist** [kən'fɔ:mɪst] **A** _adj_ konformistisch **B** _s_ Konformist m **conformity** [kən'fɔ:mɪtɪ] _s_ **1** Konformismus m **2** Übereinstimmung f; (sozial) Anpassung f (with an +akk)

confound [kən'faʊnd] _vt_ verblüffen

confront [kən'frʌnt] _vt_ **1** gegenübertreten (+dat); (Probleme, Entscheidungen) sich stellen (+dat) **2 to ~ sb with sth** jdn mit etw/jdm konfrontieren; **to be ~ed with sth** mit etw konfrontiert sein **confrontation** [,kɒnfrən'teɪʃən] _s_ Konfrontation f

confuse [kən'fju:z] _vt_ **1** jdn verwirren; Situation verworren machen; **don't ~ the issue!** bring (jetzt) nicht alles durcheinander! **2** verwechseln **confused** _adj_ konfus **confusing** [kən'fju:zɪŋ] _adj_ verwirrend **confusion** [kən'fju:ʒən] _s_ **1** Durcheinander n; **to be in ~** durcheinander sein; **to throw everything into ~** alles durcheinanderbringen **2** Verwirrung f

congeal [kən'dʒi:l] _vi_ erstarren; (Blut) gerinnen

congenial [kən'dʒi:nɪəl] _adj_ ansprechend; Atmosphäre angenehm

congenital [kən'dʒenɪtl] _adj_ angeboren

congested [kən'dʒestɪd] _adj_ überfüllt; (mit Verkehr) verstopft **congestion** [kən'dʒestʃən] _s_ Stau m; **the ~ in the city centre is getting so bad ...** die Verstopfung in der Innenstadt nimmt derartige Ausmaße an ... **congestion charge** _s_ City-Maut f

congratulate [kən'grætjʊleɪt] _vt_ gratulieren (+dat) (on zu)

congratulations [kən,grætjʊ'leɪʃənz] **A** _pl_ Glückwünsche pl; **to offer one's ~** jdm gratulieren **B** _int_ herzlichen Glückwunsch!; **~ on ...!** herzlichen Glückwunsch zu ...! **congratulatory** [kən'grætjʊlətərɪ] _adj_ Glückwunsch-

congregate ['kɒŋgrɪgeɪt] _vi_ sich sammeln **congregation** [,kɒŋgrɪ'geɪʃən] _s_ KIRCHE Gemeinde f

congress ['kɒŋgres] _s_ **1** Kongress m; (von Partei) Parteitag m **2 Congress** (US etc POL) der Kongress (❶ Der amerikanische Kongress besteht aus Senat und Repräsentantenhaus.) **congressional** [kɒŋˈɡreʃənl] ADJ Kongress- **Congressman** [ˈkɒŋɡresmən] ⟨S⟩, pl -men [-mən] Kongressabgeordnete(r) m **Congresswoman** [ˈkɒŋɡresˌwʊmən] ⟨S⟩, pl -women [-wɪmɪn] Kongressabgeordnete f

▶ Congress

Der **Congress**, die Legislative der USA, besteht aus zwei Kammern: dem **House of Representatives** und dem **Senate**. Das Repräsentantenhaus hat 435 Mitglieder, die für eine Amtszeit von zwei Jahren gewählt werden. Die Anzahl der Mitglieder pro Staat ist abhängig von der jeweiligen Bevölkerungsdichte. In den Senat entsendet jeder Staat zwei Repräsentanten; seine Mitglieder sind auf 6 Jahre gewählt (alle 2 Jahre wird 1/3 neu gewählt). Die Hauptaufgabe des **Congress** besteht in der Gesetzgebung.

LANDESKUNDE ◀

conical [ˈkɒnɪkl] ADJ kegelförmig
conifer [ˈkɒnɪfəʳ] ⟨S⟩ Nadelbaum m; **~s** Nadelhölzer pl **coniferous** [kəˈnɪfərəs] ADJ Nadel-
conjecture [kənˈdʒektʃəʳ] A VT vermuten B VI Vermutungen anstellen C ⟨S⟩ Vermutung f
conjugal [ˈkɒndʒʊɡəl] ADJ ehelich; Stand Ehe-
conjugate [ˈkɒndʒʊɡeɪt] VT GRAM konjugieren **conjugation** [ˌkɒndʒʊˈɡeɪʃən] ⟨S⟩ GRAM Konjugation f
conjunction [kənˈdʒʌŋkʃən] ⟨S⟩ ❶ GRAM Konjunktion f ❷ **in ~ with the new evidence** in Verbindung mit dem neuen Beweismaterial; **the programme was produced in ~ with the NBC** das Programm wurde in Zusammenarbeit mit NBC aufgezeichnet
conjunctivitis [kənˌdʒʌŋktɪˈvaɪtɪs] ⟨S⟩ MED Bindehautentzündung f
conjure [ˈkʌndʒəʳ] VT & VI zaubern; **to ~ something out of nothing** etwas aus dem Nichts herbeizaubern ♦**conjure up** VT trennb Erinnerungen etc heraufbeschwören
conjurer [ˈkʌndʒərəʳ] ⟨S⟩ Zauberkünstler(in) m(f) **conjuring** [ˈkʌndʒərɪŋ] ⟨S⟩ Zaubern n; **~ trick** Zaubertrick m **conjuror** [ˈkʌndʒərəʳ] ⟨S⟩ = conjurer
conk [kɒŋk] ⟨S⟩ (Br umg ≈ Nase) Riecher m (umg) ♦**conk out** VI (umg) den Geist aufgeben
conker [ˈkɒŋkəʳ] ⟨S⟩ (Br umg) (Ross)kastanie f
con man ⟨S⟩, pl **con men** (umg) Schwindler m, Bauernfänger m (umg)
connect [kəˈnekt] A VT ❶ verbinden (to, with mit) (a. IT); (ELEK etc: a. **connect up**) anschließen (to an +akk); **I'll ~ you** TEL ich verbinde (Sie);

to be ~ed miteinander verbunden sein; **to be ~ed with** (Ideen) eine Beziehung haben zu; **he's ~ed with the university** er hat mit der Universität zu tun ❷ (fig) in Verbindung bringen; **I always ~ Paris with springtime** ich verbinde Paris immer mit Frühling B VI ❶ Kontakt haben; **~ing rooms** angrenzende Zimmer pl (mit Verbindungstür) ❷ BAHN, FLUG etc Anschluss haben (with an +akk); **~ing flight** Anschlussflug m ♦**connect up** VT trennb ELEK etc anschließen (to, with an +akk)
connection [kəˈnekʃən] ⟨S⟩ ❶ Verbindung f (to, with zu, mit); (an Stromnetz) Anschluss m (to an +akk); **~ charge** TEL Anschlussgebühr f ❷ (fig) Zusammenhang m; **in ~ with** in Zusammenhang mit ❸ (≈ geschäftlich) Beziehung f (with zu); **to have ~s** Beziehungen haben ❹ BAHN etc Anschluss m **connector** [kəˈnektəʳ] ⟨S⟩ Verbindungsstück n; ELEK Lüsterklemme f
connoisseur [ˌkɒnəˈsɜːʳ] ⟨S⟩ Kenner m
connotation [ˌkɒnəʊˈteɪʃən] ⟨S⟩ Assoziation f
conquer [ˈkɒŋkəʳ] VT ❶ (wörtl) Land erobern; Feind besiegen ❷ (fig) bezwingen **conqueror** [ˈkɒŋkərəʳ] ⟨S⟩ Eroberer m, Eroberin f **conquest** [ˈkɒŋkwest] ⟨S⟩ Eroberung f; (über Feind) Sieg m (of über +akk)
conscience [ˈkɒnʃəns] ⟨S⟩ Gewissen n; **to have a clear/guilty ~** ein reines/böses Gewissen haben (about wegen); **with an easy ~** mit ruhigem Gewissen; **she/it is on my ~** ich habe ihretwegen/deswegen Gewissensbisse **conscientious** [ˌkɒnʃɪˈenʃəs] ADJ gewissenhaft **conscientiously** [ˌkɒnʃɪˈenʃəslɪ] ADV gewissenhaft **conscientious objector** ⟨S⟩ MIL Kriegsdienstverweigerer m (aus Gewissensgründen)
conscious [ˈkɒnʃəs] ADJ ❶ MED bei Bewusstsein ❷ bewusst; **to be ~ of sth** sich (dat) einer Sache (gen) bewusst sein; **I was ~ that** es war mir bewusst, dass; **environmentally ~** umweltbewusst **-conscious** ADJ suf -bewusst **consciously** [ˈkɒnʃəslɪ] ADV bewusst **consciousness** ⟨S⟩ Bewusstsein n; **to lose ~** das Bewusstsein verlieren
conscript [kənˈskrɪpt] A VT einberufen B [ˈkɒnskrɪpt] ⟨S⟩ (Br) Wehrpflichtige(r) m **conscripted** [kənˈskrɪptɪd] ADJ Soldat einberufen; Truppe aus Wehrpflichtigen bestehend **conscription** [kənˈskrɪpʃən] ⟨S⟩ Wehrpflicht f
consecrate [ˈkɒnsɪkreɪt] VT weihen **consecration** [ˌkɒnsɪˈkreɪʃən] ⟨S⟩ Weihe f; (in Messe) Wandlung f
consecutive [kənˈsekjʊtɪv] ADJ aufeinanderfolgend; Zahlen fortlaufend; **on four ~ days** vier Tage hintereinander **consecutively** [kənˈsekjʊtɪvlɪ] ADV nacheinander; nummeriert fortlaufend

CONS | 152

consensus [kənˈsensəs] s̄ Übereinstimmung f; **what's the ~?** was ist die allgemeine Meinung?; **the ~ is that ...** man ist allgemein der Meinung, dass ...; **there was no ~ (among them)** sie waren sich nicht einig

consent [kənˈsent] **A** V̄ī zustimmen (to +dat); **to ~ to do sth** sich bereit erklären, etw zu tun; **to ~ to sb doing sth** damit einverstanden sein, dass jd etw tut **B** s̄ Zustimmung f (to zu); **he is by general ~ ...** man hält ihn allgemein für ...

consequence ['kɒnsɪkwəns] s̄ **1** Folge f; **in ~** folglich; **as a ~ of ...** als Folge (+gen); **to face the ~s** die Folgen tragen **2** Wichtigkeit f; **it's of no ~** das spielt keine Rolle **consequent** ['kɒnsɪkwənt] ADJ attr daraus folgend **consequently** ['kɒnsɪkwəntlɪ] ADV folglich

conservation [ˌkɒnsəˈveɪʃən] s̄ Erhaltung f **conservation area** s̄ Naturschutzgebiet n; (in Stadt) unter Denkmalschutz stehendes Gebiet **conservationist** s̄ Umweltschützer(in) m(f), Denkmalpfleger(in) m(f)

conservatism [kənˈsɜːvətɪzəm] s̄ Konservatismus m **conservative** [kənˈsɜːvətɪv] **A** ADJ konservativ, vorsichtig; **the Conservative Party** (Br) die Konservative Partei **B** s̄ (POL: a. **Conservative**) Konservative(r) m/f(m) **conservatively** [kənˈsɜːvətɪvlɪ] ADV konservativ; schätzen, investieren vorsichtig

conservatory [kənˈsɜːvətrɪ] s̄ Wintergarten m **conserve** [kənˈsɜːv] V̄ī erhalten; Kräfte schonen; Energie sparen

consider [kənˈsɪdər] V̄ī **1** Idee, Angebot nachdenken über (+akk); Möglichkeiten sich (dat) überlegen **2** in Erwägung ziehen; **to ~ doing sth** überlegen od erwägen, etw zu tun; **I'm ~ing going abroad** ich spiele mit dem Gedanken, ins Ausland zu gehen **3** in Betracht ziehen; **I won't even ~ it!** ich denke nicht daran!; **I'm sure he would never ~ doing anything criminal** ich bin überzeugt, es käme ihm nie in den Sinn, etwas Kriminelles zu tun **4** denken an (+akk); Kosten, Schwierigkeiten, Fakten berücksichtigen; **when one ~s that ...** wenn man bedenkt, dass ...; **all things ~ed** alles in allem; **~ this case, for example** nehmen Sie zum Beispiel diesen Fall; **have you ~ed going by train?** haben Sie daran gedacht, mit dem Zug zu fahren? **5** betrachten als; jdn halten für; **to ~ sb to be ...** jdn für ... halten; **to ~ oneself lucky** sich glücklich schätzen; **~ it done!** schon so gut wie geschehen! **6** (eingehend) betrachten

considerable [kənˈsɪdərəbl] ADJ beträchtlich; Interesse, Einkommen groß; Anzahl, Leistung beachtlich; **to a ~ extent** od **degree** weitgehend; **for some ~ time** für eine ganze Zeit **considerably** [kənˈsɪdərəblɪ] ADV beträchtlich **considerate** [kənˈsɪdərɪt] ADJ rücksichtsvoll (to (-wards)) gegenüber), aufmerksam **considerately** [kənˈsɪdərɪtlɪ] ADV rücksichtsvoll **consideration** [kənˌsɪdəˈreɪʃən] s̄ **1** (🔴 kein pl) Überlegung f; **I'll give it my ~** ich werde es mir überlegen **2** (🔴 kein pl) **to take sth into ~** etw berücksichtigen; **taking everything into ~** alles in allem; **the matter is under ~** die Sache wird zurzeit geprüft (form); **in ~ of** mit Rücksicht auf (+akk) **3** (🔴 kein pl) Rücksicht f (for auf +akk); **to show** od **have ~ for sb** Rücksicht auf jdn nehmen; **his lack of ~ (for others)** seine Rücksichtslosigkeit (anderen gegenüber) **4** Faktor m; **money is not a ~** Geld spielt keine Rolle **considered** ADJ Ansicht ernsthaft **considering** **A** PRÄP wenn man ... (akk) bedenkt **B** KONJ wenn man bedenkt **C** ADV it's not too bad ~ es ist eigentlich gar nicht so schlecht

consign [kənˈsaɪn] V̄ī übergeben (to +dat); **it was ~ed to the rubbish heap** es landete auf dem Abfallhaufen **consignment** [kənˈsaɪnmənt] s̄ Sendung f **consignment note** s̄ HANDEL Frachtbrief m

consist [kənˈsɪst] V̄ī **to ~ of** bestehen aus; **his happiness ~s in helping others** sein Glück besteht darin, anderen zu helfen

consistency [kənˈsɪstənsɪ] s̄ **1** (🔴 kein pl) Konsequenz f; **his statements lack ~** seine Aussagen widersprechen sich **2** (🔴 kein pl) (von Leistung) Stetigkeit f; (von Stil) Einheitlichkeit f **3** Konsistenz f **consistent** [kənˈsɪstənt] ADJ **1** konsequent **2** Leistung stetig; Stil einheitlich **3** **to be ~ with sth** einer Sache (dat) entsprechen **consistently** [kənˈsɪstəntlɪ] ADV **1** sich verhalten konsequent; versagen ständig; ablehnen hartnäckig **2** einheitlich

consolation [ˌkɒnsəˈleɪʃən] s̄ Trost m kein pl; **it is some ~ to know that ...** es ist tröstlich zu wissen, dass ...; **old age has its ~s** das Alter hat auch seine guten Seiten **consolation prize** s̄ Trostpreis m

console[1] [kənˈsəʊl] V̄ī trösten

console[2] ['kɒnsəʊl] s̄ (Kontroll)pult n

consolidate [kənˈsɒlɪdeɪt] V̄ī **1** festigen **2** zusammenlegen; Unternehmen zusammenschließen **consolidation** [kənˌsɒlɪˈdeɪʃən] s̄ Festigung f

consommé [kɒnˈsɒmeɪ] s̄ Kraftbrühe f

consonant ['kɒnsənənt] s̄ PHON Konsonant m

consortium [kənˈsɔːtɪəm] s̄ Konsortium n

conspicuous [kənˈspɪkjʊəs] ADJ auffällig, offensichtlich; **to be/make oneself ~** auffallen; **he was ~ by his absence** er glänzte durch Abwesenheit **conspicuously** [kənˈspɪkjʊəslɪ]

153 ‖ CONS

A̲D̲V̲ auffällig

conspiracy [kənˈspɪrəsɪ] S̲ Verschwörung f
conspirator [kənˈspɪrətəʳ] S̲ Verschwörer(in)
m(f) **conspiratorial** [kənˌspɪrəˈtɔːrɪəl] A̲D̲J̲ verschwörerisch **conspire** [kənˈspaɪəʳ] V̲/I̲ sich
verschwören (against gegen); **to ~ (together)
to do sth** sich verabreden, etw zu tun
constable [ˈkʌnstəbl] S̲ (Br) Polizist(in) m(f)
constabulary [kənˈstæbjʊlərɪ] S̲ (Br) Polizei
f kein pl
Constance [ˈkɒnstəns] S̲ (Stadt) Konstanz n;
Lake ~ der Bodensee
constancy [ˈkɒnstənsɪ] S̲ Beständigkeit f; (von
Freund, Liebhaber) Treue f **constant** [ˈkɒnstənt]
A̲ A̲D̲J̲ 1 Unterbrechungen ständig 2 Temperatur konstant 3 Zuneigung beständig B̲ S̲ Konstante f
constantly [ˈkɒnstəntlɪ] A̲D̲V̲ (an)dauernd
constellation [ˌkɒnstəˈleɪʃən] S̲ Konstellation
f
consternation [ˌkɒnstəˈneɪʃən] S̲ Bestürzung
f, Sorge f; **in ~** bestürzt; **to cause ~** Grund zur
Sorge geben; (Nachricht) Bestürzung auslösen
constipated [ˈkɒnstɪpeɪtɪd] A̲D̲J̲ **he is ~** er hat
Verstopfung **constipation** [ˌkɒnstɪˈpeɪʃən] S̲
(🚨 kein pl) Verstopfung f
constituency [kənˈstɪtjʊənsɪ] S̲POL Wahlkreis
m **constituent** [kənˈstɪtjʊənt] A̲ A̲D̲J̲ **~ part**
Bestandteil m B̲ S̲ 1 POL Wähler(in) m(f) 2 Bestandteil m
constitute [ˈkɒnstɪtjuːt] V̲/T̲ 1 bilden 2 darstellen; **that ~s a lie** das ist eine glatte Lüge
constitution [ˌkɒnstɪˈtjuːʃən] S̲ 1 POL Verfassung f; (von Verein etc) Satzung f 2 (von Mensch)
Konstitution f; **to have a strong ~** eine starke
Konstitution haben **constitutional**
[ˌkɒnstɪˈtjuːʃənl] A̲D̲J̲ POL Verfassungs-; Monarchie
konstitutionell
constrained [kənˈstreɪnd] A̲D̲J̲ gezwungen; **to
feel ~ by sth** sich durch etw eingeengt sehen
constraint S̲ 1 Zwang m 2 Beschränkung f
construct [kənˈstrʌkt] V̲/T̲ bauen; Satz bilden;
Roman etc aufbauen; Theorie entwickeln **construction** [kənˈstrʌkʃən] S̲ 1 (von Gebäude, Straße) Bau m; **under ~** in od im Bau; **sentence ~**
Satzbau m 2 (≈ Werk) Bau m; (≈ Brücke, a. GRAM)
Konstruktion f **construction industry** S̲
Bauindustrie f **construction site** S̲ Baustelle f **construction worker** S̲ Bauarbeiter(in) m(f) **constructive** A̲D̲J̲, **constructively** A̲D̲V̲ [kənˈstrʌktɪv, -lɪ] konstruktiv
consul [ˈkɒnsəl] S̲ Konsul m **consulate**
[ˈkɒnsjʊlɪt] S̲ Konsulat n
consult [kənˈsʌlt] A̲ V̲/T̲ konsultieren; Wörterbuch
nachschlagen in (+dat); Landkarte nachsehen auf
(+dat); **he did it without ~ing anyone** er hat
das getan, ohne jemanden zu fragen B̲ V̲/I̲ sich

beraten **consultancy** [kənˈsʌltənsɪ] S̲ (≈ Firma)
Beratungsbüro n **consultant** [kənˈsʌltənt] A̲
S̲ 1 (Br) MED Facharzt m/-ärztin f (am Krankenhaus)
2 Berater(in) m(f); **~s** (≈ Firma) Beratungsbüro n
B̲ A̲D̲J̲ attr beratend **consultation** [ˌkɒnsəl-
ˈteɪʃən] S̲ Besprechung f; (durch Arzt, Anwalt) Konsultation f (of +gen); (US: beim Arzt) Sprechstunde f
(🚨 = (Br) surgery); **in ~ with** in gemeinsamer
Beratung mit **consulting hours** P̲L̲ MED
Sprechstunde f, Ordination f (österr) **consulting room** S̲ MED Sprechzimmer n, Ordination f (österr)
consumable [kənˈsjuːməbl] S̲ Konsumgut n;
~s IT Verbrauchsmaterial n **consume** [kən-
ˈsjuːm] V̲/T̲ 1 Speisen, Getränke zu sich nehmen;
WIRTSCH konsumieren 2 (Feuer) vernichten;
Kraftstoff verbrauchen; Energie aufbrauchen
consumer [kənˈsjuːməʳ] S̲ Verbraucher(in)
m(f) **consumer demand** S̲ Nachfrage f
consumer goods P̲L̲ Konsumgüter pl **consumerism** [kənˈsjuːmərɪzəm] S̲ Konsumdenken n **consumer profile** S̲ Verbraucherprofil n **consumer protection** S̲ Verbraucherschutz m **consumer society** S̲ Konsumgesellschaft f **consumer spending** S̲
Verbraucherausgaben pl
consummate [kənˈsʌmɪt] A̲ A̲D̲J̲ Können vollendet B̲ [ˈkɒnsəmeɪt] V̲/T̲ Ehe vollziehen
consumption [kənˈsʌmpʃən] S̲ Konsum m,
Verbrauch m; **not fit for human ~** zum Ver-

▶ **the Constitution**

1786/87 traten die 55 **Founding Fathers**, darunter
James Madison, Benjamin Franklin, George Washington und Thomas Jefferson, in der **Constitutional Convention** (verfassungsgebende Versammlung) in Philadelphia zusammen, um die
erste schriftliche Verfassung der USA aufzusetzen, die 1789 in Kraft trat und bis heute gilt. Sie
schufen einen Staatenbund mit starker Zentralregierung. Der **Great Compromise** bestand darin, einen **Congress** mit zwei Kammern zu bilden:
Im **Senate** ist jeder Bundesstaat gleich stark
vertreten, im **House of Representatives** dagegen entsprechend seiner Bevölkerungszahl.
Die ursprünglich **7 articles**, beruhend auf den
Grundsätzen des **federal system of government** (Bundesstaatensystem), der **separation of
powers** (Gewaltenteilung) sowie der **checks and
balances** (gegenseitige Kontrollen), wurden im
Laufe der Zeit um etliche **amendments** (Zusatzartikel) ergänzt, u. a. um die **Bill of Rights**.

LANDESKUNDE ◀

CONT ‖ 154

zehr ungeeignet; **world ~ of oil** Weltölverbrauch *m*

contact ['kɒntækt] **A** 𝕊 **1** Kontakt *m*; **to be in ~ with sb/sth** mit jdm/etw in Kontakt stehen; **to keep in ~ with sb** mit jdm in Kontakt bleiben; **to come into ~ with sb/sth** mit jdm/etw in Berührung kommen; **he has no ~ with his family** er hat keinen Kontakt zu seiner Familie; **I'll get in ~** ich werde von mir hören lassen; **how can we get in(to) ~ with him?** wie können wir ihn erreichen?; **to make ~** sich miteinander in Verbindung setzen; **to lose ~ (with sb/sth)** den Kontakt (zu jdm/etw) verlieren **2** (≈ *Mensch*) Kontaktperson *f*; **~s** *pl* Kontakte *pl* **B** 𝕍𝕋 jdn sich in Verbindung setzen mit; *Polizei* sich wenden an (+*akk*); **I've been trying to ~ you for hours** ich versuche schon seit Stunden, Sie zu erreichen **contact lens** 𝕊 Kontaktlinse *f*

contagious [kən'teɪdʒəs] ADJ (MED, *fig*) ansteckend

contain [kən'teɪn] 𝕍𝕋 **1** enthalten **2** (*Behälter, Zimmer*) fassen **3** *sich, Emotionen* beherrschen; *Krankheit, Inflation* in Grenzen halten; **he could hardly ~ himself** er konnte kaum an sich (*akk*) halten

container [kən'teɪnəʳ] **A** 𝕊 **1** Behälter *m* **2** HANDEL Container *m* **B** ADJ *attr* Container-; **~ ship** Containerschiff *n*

contaminate [kən'tæmɪneɪt] 𝕍𝕋 verschmutzen, vergiften; (*durch Radioaktivität*) verseuchen **contamination** [kən,tæmɪ'neɪʃən] 𝕊 (❗ kein *pl*) Verschmutzung *f*, Vergiftung *f*; (*durch Radioaktivität*) Verseuchung *f*

contd *abk* von **continued** Forts., Fortsetzung *f*

contemplate ['kɒntempleɪt] 𝕍𝕋 **1** betrachten **2** nachdenken über (+*akk*), in Erwägung ziehen; **he would never ~ violence** der Gedanke an Gewalttätigkeit würde ihm nie kommen; **to ~ doing sth** daran denken, etw zu tun

contemporary [kən'tempərərɪ] **A** ADJ **1** *Ereignisse* gleichzeitig; *Literatur* zeitgenössisch **2** *Leben* heutig; *Kunst* zeitgenössisch **B** 𝕊 Altersgenosse *m*/-genossin *f*; (*geschichtlich*) Zeitgenosse *m*/-genossin *f*

contempt [kən'tempt] 𝕊 **1** Verachtung *f*; **to hold in ~** verachten; **beneath ~** unter aller Kritik **2** JUR **to be in ~ (of court)** das Gericht missachten **contemptible** ADJ verachtenswert **contemptuous** [kən'temptjuəs] ADJ verächtlich; *Mensch* herablassend

contend [kən'tend] **A** 𝕍𝕀 **1** kämpfen; **then you'll have me to ~ with** dann bekommst du es mit mir zu tun **2** **to ~ with sb/sth** mit jdm/etw fertig werden **B** 𝕍𝕋 behaupten **contender** [kən'tendəʳ] 𝕊 Kandidat(in) *m(f)*;

SPORT Wettkämpfer(in) *m(f)* (*for* um)

content¹ [kən'tent] **A** ADJ *präd* zufrieden; **to be/feel ~** zufrieden sein; **she's quite ~ to stay at home** sie bleibt ganz gern zu Hause **B** 𝕍𝕋 **to ~ oneself with** sich zufriedengeben mit; **to ~ oneself with doing sth** sich damit zufriedengeben, etw zu tun

content² ['kɒntent] 𝕊 **1** **contents** PL Inhalt *m*; (**table of**) **~s** Inhaltsverzeichnis *n* **2** (❗ kein pl) Gehalt *m*

contented ADJ, **contentedly** ADV [kən'tentɪd, -lɪ] zufrieden

contentment [kən'tentmənt] 𝕊 Zufriedenheit *f*

contest ['kɒntest] **A** 𝕊 (*for* um) Kampf *m*, Wettbewerb *m*; **it's no ~** das ist ein ungleicher Kampf **B** 𝕍𝕋 **1** kämpfen um **2** bestreiten; JUR *Testament* anfechten **contestant** [kən'testənt] 𝕊 (Wettbewerbs)teilnehmer(in) *m(f)*; (*in Quiz*) Kandidat(in) *m(f)*

context ['kɒntekst] 𝕊 Zusammenhang *m*; **(taken) out of ~** aus dem Zusammenhang gerissen

continent ['kɒntɪnənt] 𝕊 GEOG Kontinent *m*; (≈ *Landmasse*) Festland *n*; **the Continent (of Europe)** (*Br*) Kontinentaleuropa *n*; **on the Continent** in Europa **continental** [,kɒntɪ'nentl] ADJ **1** GEOG kontinental **2** (*Br*) europäisch; *Urlaub* in Europa **continental breakfast** 𝕊 kleines Frühstück **continental quilt** 𝕊 Steppdecke *f*

contingency [kən'tɪndʒənsɪ] 𝕊 Eventualität *f*; **a ~ plan** ein Ausweichplan *m*

contingent [kən'tɪndʒənt] 𝕊 Kontingent *n*; MIL Trupp *m*

continual ADJ, **continually** ADV [kən'tɪnjʊəl, -ɪ] ständig, ununterbrochen **continuation** [kən,tɪnjʊ'eɪʃən] 𝕊 **1** Fortsetzung *f* **2** Wiederaufnahme *f*

continue [kən'tɪnjuː] **A** 𝕍𝕋 fortsetzen; **to ~ doing** *od* **to do sth** etw weiter tun; **to ~ to read, to ~ reading** weiterlesen; **to be ~d** Fortsetzung folgt; **~d on p 10** Fortsetzung auf Seite 10 **B** 𝕍𝕀 weitermachen; (*Krise*) (an)dauern; (*Wetter*) anhalten; (≈ *Straße, Konzert etc*) weitergehen; **to ~ on one's way** weiterfahren, weitergehen; **he ~d after a short pause** er redete/schrieb/las *etc* nach einer kurzen Pause weiter; **to ~ with one's work** mit seiner Arbeit weitermachen; **please ~** bitte machen Sie weiter, fahren Sie fort; **he ~s to be optimistic** er ist nach wie vor optimistisch; **to ~ at university/with a company/as sb's secretary** auf der Universität/bei einer Firma/jds Sekretärin bleiben

continuity [,kɒntɪ'njuːɪtɪ] 𝕊 Kontinuität *f*

continuous [kən'tɪnjuəs] ADJ dauernd; *Linie*

durchgezogen; *Anstieg, Bewegung* stetig; **to be in ~ use** ständig in Benutzung sein; **~ assessment** Beurteilung *f* der Leistungen während des ganzen Jahres; **~ tense** GRAM Verlaufsform *f* **continuously** [kən'tɪnjʊəslɪ] ADV dauernd, ununterbrochen; *ansteigen, sich bewegen* stetig

contort [kən'tɔːt] VT verziehen (*into* zu); **a face ~ed with pain** ein schmerzverzerrtes Gesicht **contortion** [kən'tɔːʃən] N (*von Akrobat etc*) Verrenkung *f*; (*von Gesicht*) Verzerrung *f* **contortionist** [kən'tɔːʃənɪst] N Schlangenmensch *m*

contour ['kɒntʊə'] N 1 Kontur *f* 2 GEOG Höhenlinie *f* **contour line** N Höhenlinie *f* **contour map** N Höhenlinienkarte *f*

contra- ['kɒntrə-] PRÄF Gegen-, Kontra-

contraband ['kɒntrəbænd] N (⚠ kein pl) Schmuggelware *f*

contraception [,kɒntrə'sepʃən] N Empfängnisverhütung *f* **contraceptive** [,kɒntrə'septɪv] A N empfängnisverhütendes Mittel B ADJ empfängnisverhütend; *Pille* Antibaby-

contract¹ ['kɒntrækt] A N Vertrag *m*; HANDEL Auftrag *m*; **to enter into** *od* **make a ~** einen Vertrag eingehen; **to be under ~** unter Vertrag stehen (*to* bei, *mit*); B [kən'trækt] VT Schulden machen; *Grippe etc* erkranken an (+*dat*) C [kən'trækt] VI HANDEL **to ~ to do sth** sich vertraglich verpflichten, etw zu tun ♦**contract out** A VI sich nicht anschließen (*of* +*dat*) B VT trennb HANDEL außer Haus machen lassen (*to* von)

contract² [kən'trækt] VI (*Muskel, Metall*) sich zusammenziehen

contraction [kən'trækʃən] N 1 (*von Muskel, Metall*) Zusammenziehen *n* 2 (*bei Geburt*) **~s** Wehen *pl*

contractor [kən'træktə'] N Auftragnehmer *m*; BAU Bauunternehmer *m*; **that is done by outside ~s** damit ist eine andere Firma beauftragt

contractual [kən'trækt*ʃ*ʊəl] ADJ vertraglich

contradict [,kɒntrə'dɪkt] VT (*jdm*) widersprechen (+*dat*); **to ~ oneself** sich (*dat*) widersprechen **contradiction** [,kɒntrə'dɪkʃən] N Widerspruch *m* (*of* zu); **full of ~s** voller Widersprüchlichkeiten **contradictory** [,kɒntrə'dɪktərɪ] ADJ widersprüchlich

contraflow ['kɒntrəfləʊ] N VERKEHR Gegenverkehr *m*

contralto [kən'træltəʊ] A N, *pl* -s Alt *m* B ADJ *Stimme* Alt-

contraption [kən'træpʃən] N (*umg*) Apparat *m* (*umg*)

contrary ['kɒntrərɪ] A ADJ entgegengesetzt, gegensätzlich; **sth is ~ to sth** etw steht im Gegensatz zu etw; **~ to what I expected** entgegen meinen Erwartungen B N Gegenteil *n*; **on** the ~ im Gegenteil; **unless you hear to the ~** sofern Sie nichts Gegenteiliges hören; **quite the ~** ganz im Gegenteil

contrast ['kɒntrɑːst] A N Gegensatz *m* (*with, to* zu, *between* zwischen); (≈ *deutlicher Unterschied, a.* TV) Kontrast *m* (*with, to* zu); **by** *od* **in ~** im Gegensatz dazu; **to be in ~ with** *od* **to sth** im Gegensatz/in Kontrast zu etw stehen B [kən'trɑːst] VT gegenüberstellen (*with* +*dat*) C [kən'trɑːst] VI im Gegensatz *od* in Kontrast stehen (*with* zu) **contrasting** [kən'trɑːstɪŋ] ADJ *Meinungen* gegensätzlich; *Farben* kontrastierend

contravene [,kɒntrə'viːn] VT verstoßen gegen **contravention** [,kɒntrə'venʃən] N **to be in ~ of ...** gegen ... verstoßen

contribute [kən'trɪbjuːt] A VT beitragen (*to* zu); *Geld, Mittel* beisteuern (*to* zu); (*für Wohlfahrt*) spenden (*to* für) B VI beitragen (*to* zu); (*zu Rentenkasse, Zeitung, Gesellschaft*) einen Beitrag leisten (*to* zu); (*zu Geschenk*) beisteuern (*to* zu); (*zu Wohlfahrt*) spenden (*to* für) **contribution** [,kɒntrɪ'bjuːʃən] N Beitrag *m* (*to* zu); **to make a ~ to sth** einen Beitrag zu etw leisten **contributor** [kən'trɪbjʊtə'] N (*an Magazin etc*) Mitarbeiter(in) *m(f)* (*to an* +*dat*); (*von Waren, Geld*) Spender(in) *m(f)* **contributory** [kən'trɪbjʊtərɪ] ADJ 1 **it's certainly a ~ factor** es ist sicherlich ein Faktor, der mit eine Rolle spielt 2 *Rentenkasse* beitragspflichtig

con trick N (*umg*) Schwindel *m*, Pflanz *m* (*österr*)

contrive [kən'traɪv] VT 1 entwickeln, fabrizieren; **to ~ a means of doing sth** einen Weg finden, etw zu tun 2 bewerkstelligen; **to ~ to do sth** es fertigbringen, etw zu tun **contrived** ADJ gestellt

control [kən'trəʊl] A N 1 (⚠ kein pl) Aufsicht *f* (*of* über +*akk*); (*von Geldmitteln*) Verwaltung *f* (*of* +*gen*); (*von Situation, Emotionen*) Beherrschung *f* (*of* +*gen*); (≈ *Selbstkontrolle*) (Selbst)beherrschung *f*; (*über Territorium*) Gewalt *f* (*over* über +*akk*); (*von Preisen, Seuche*) Kontrolle *f* (*of* +*gen*); **his ~ of the ball** seine Ballführung; **to be in ~ of sth, to have ~ of sth** *Firma, Büro etw* leiten; *Geldmittel* etw verwalten; **to be in ~ of sth, to have sth under ~** etw in der Hand haben; *Auto, Umweltverschmutzung* etw unter Kontrolle haben; **to have no ~ over sb/sth** keinen Einfluss auf jdn/ etw haben; **to lose ~ (of sth)** (etw) nicht mehr in der Hand haben; *über Auto* die Kontrolle (über *akk*) verlieren; **to lose ~ of oneself** die Beherrschung verlieren; **to be/get out of ~** (*Kind, Schulklasse*) außer Rand und Band sein/ geraten; (*Situation, Auto*) außer Kontrolle sein/ geraten; (*Preise, Seuche, Umweltverschmutzung*) sich jeglicher Kontrolle (*dat*) entziehen; **to be under ~** unter Kontrolle sein; (*Kinder, Schulklasse*) sich

benehmen; everything is under ~ wir/sie etc haben die Sache im Griff (umg); **circumstances beyond our ~** nicht in unserer Hand liegende Umstände ❷ Regler m; (von Fahrzeug, Maschine) Schalter m; **to be at the ~s** (von Flugzeug) am Kontrollpult sitzen ❸ VT kontrollieren; (Firma) leiten; (Organisation) in der Hand haben; (Tier, Kind) fertig werden mit; (Verkehr) regeln; (Emotionen, Bewegungen) beherrschen; (Temperatur, Geschwindigkeit) regulieren; **to ~ oneself** sich beherrschen **control centre**, (US) **control center** S Kontrollzentrum n **control desk** S Steuer- od Schaltpult n; TV, RADIO Regiepult n **control freak** S (umg) **most men are total ~s** die meisten Männer müssen immer alles unter Kontrolle haben **control key** S IT Control--Taste f **controlled** [kən'trəʊld] ADJ **~ drugs** od **substances** verschreibungspflichtige Medikamente pl **controller** [kən'trəʊləʳ] S ❶ (RADIO ≈ Direktor) Intendant(in) m(f) ❷ Leiter(in) m(f) des Rechnungswesens **controlling** ADJ attr (Behörde) Aufsichts- **control panel** S Schalttafel f; (in Flugzeug, an Fernsehgerät) Bedienungsfeld n **control room** S Kontrollraum m; MIL (Operations)zentrale f; (von Polizei) Zentrale f **control stick** S FLUG, IT Steuerknüppel m **control tower** S FLUG Kontrollturm m

controversial [ˌkɒntrə'vɜ:ʃəl] ADJ umstritten **controversy** ['kɒntrəvɜ:sɪ, kən'trɒvəsɪ] S Streit m

conundrum [kə'nʌndrəm] S Rätsel n

conurbation [ˌkɒnɜ:'beɪʃən] S Ballungsgebiet n

convalesce [ˌkɒnvə'les] VI genesen (from, after von) **convalescence** [ˌkɒnvə'lesəns] S Genesung(szeit) f

convection oven S (US) Umluftherd m (🔔 = (Br) **fan oven**)

convene [kən'vi:n] A VT Versammlung einberufen B VI zusammenkommen; (Parlament etc) zusammentreten

convenience [kən'vi:nɪəns] S ❶ (🔔 kein pl) Annehmlichkeit f; **for the sake of ~** aus praktischen Gründen; **with all modern ~s** mit allem modernen Komfort ❷ (🔔 kein pl) **at your own ~** wann es Ihnen passt (umg); **at your earliest ~** HANDEL möglichst bald **convenience foods** PL Fertiggerichte pl

convenient [kən'vi:nɪənt] ADJ praktisch; (Gebiet) günstig gelegen; (Zeit) günstig; **if it is ~** wenn es Ihnen (so) passt; **is tomorrow ~ (for you)?** passt (es) Ihnen morgen?; **the trams are very ~** (≈ in der Nähe) die Straßenbahnhaltestellen liegen sehr günstig; (≈ nützlich) die Straßenbahn ist sehr praktisch **conveniently** [kən'vi:nɪəntlɪ]

ADV günstigerweise; (gelegen) günstig

convent ['kɒnvənt] S (Frauen)kloster n

convention [kən'venʃən] S ❶ Brauch m; (≈ Regel) Konvention f ❷ Abkommen n ❸ Konferenz f; POL Versammlung f **conventional** [kən'venʃənl] ADJ konventionell, herkömmlich; (Stil) traditionell; **~ medicine** konventionelle Medizin **conventionally** [kən'venʃnəlɪ] ADV konventionell

converge [kən'vɜ:dʒ] VI (Linien) zusammenlaufen (at in od an +dat); MATH, PHYS konvergieren (at in +dat); **to ~ on sb/sth/New York** von überallher zu jdm/etw/nach New York strömen **convergence** [kən'vɜ:dʒəns] S (fig: von Ansichten) Annäherung f; **~ criteria** (in EU) Konvergenzkriterien pl

conversation [ˌkɒnvə'seɪʃən] S Unterhaltung f; SCHULE Konversation f; **to make ~** Konversation machen; **to get into/be in ~ with sb** mit jdm ins Gespräch kommen/im Gespräch sein; **to have a ~ with sb (about sth)** sich mit jdm (über etw akk) unterhalten **conversational** [ˌkɒnvə'seɪʃənl] ADJ Unterhaltungs-; **~ German** gesprochenes Deutsch **conversationally** [ˌkɒnvə'seɪʃnəlɪ] ADV schreiben im Plauderton **conversationalist** [ˌkɒnvə-'seɪʃnəlɪst] S guter Gesprächspartner, gute Gesprächspartnerin; **not much of a ~** nicht gerade ein Konversationsgenie

conversion [kən'vɜ:ʃən] S ❶ Konversion f (into in +akk); (von Fahrzeug) Umrüstung f; (von Haus) Umbau m (into zu); **~ table** Umrechnungstabelle f ❷ (REL, fig) Bekehrung f **convert** ['kɒnvɜ:t] A S Bekehrte(r) m/f(m); (zu anderem Glauben) Konvertit m; **to become a ~ to sth** (wörtl, fig) sich zu etw bekehren B [kən'vɜ:t] VT ❶ konvertieren (into in +akk); (Fahrzeug) umrüsten; (Dachboden) ausbauen (into zu); (Haus) umbauen (into zu) ❷ (REL, fig) bekehren (to zu); (zu anderem Glauben) konvertieren C [kən'vɜ:t] VI sich verwandeln lassen (into in +akk) **converted** ADJ umgebaut; (Dachboden) ausgebaut **convertible** [kən'vɜ:təbl] A ADJ verwandelbar B S (≈ Auto) Cabrio n

convex [kɒn'veks] ADJ konvex, Konvex-

convey [kən'veɪ] VT ❶ befördern ❷ (Meinung, Idee) vermitteln; (Bedeutung) klarmachen; (Nachricht, Grüße) übermitteln **conveyor belt** [kən'veɪəbelt] S Fließband n, Förderband n

convict ['kɒnvɪkt] A S Sträfling m B [kən'vɪkt] VT JUR verurteilen (of wegen); **a ~ed criminal** ein verurteilter Verbrecher, eine verurteilte Verbrecherin **conviction** [kən'vɪkʃən] S ❶ JUR Verurteilung f; **previous ~s** Vorstrafen ❷ Überzeugung f; **his speech lacked ~** seine Rede klang wenig überzeugend; **his fundamental political ~s** seine politische Gesin-

> **showing conviction** | **Überzeugung ausdrücken**

I'm absolutely certain.	Ich bin mir ganz sicher.
I'm sure this is the right direction.	Ich bin mir sicher, dass das die richtige Richtung ist.
They managed to convince me.	Sie konnten mich überzeugen.
All right, you've persuaded me.	Na gut, Sie haben mich überzeugt.
Beyond a shadow of a doubt.	Ohne den geringsten Zweifel.
There's no doubt in my mind that we did the right thing.	Es besteht für mich kein Zweifel, dass wir das Richtige getan haben.
I'm positive this is where I left it.	Ich bin ganz sicher, dass ich es hier hingetan habe.

SPRACHGEBRAUCH

nung
convince [kən'vɪns] VT überzeugen; **I'm trying to ~ him that ...** ich versuche, ihn davon zu überzeugen, dass ... **convinced** ADJ überzeugt **convincing** ADJ, **convincingly** ADV [kən'vɪnsɪŋ, -lɪ] überzeugend
convivial [kən'vɪvɪəl] ADJ ■ heiter und unbeschwert ■ gesellig
convoluted [ˌkɒnvə'luːtɪd] ADJ verwickelt
convoy ['kɒnvɔɪ] S (fig) Konvoi m; **in ~** im Konvoi
convulsion [kən'vʌlʃən] S MED Schüttelkrampf m kein pl
coo [kuː] VI gurren
cook [kʊk] A S Koch m, Köchin f; **she is a good ~** sie kocht gut; **too many ~s (spoil the broth)** (sprichw) viele Köche verderben den Brei (sprichw) B VT Speisen zubereiten, kochen, braten; **a ~ed meal** eine warme Mahlzeit; **a ~ed breakfast** ein Frühstück n mit warmen Gerichten C VI kochen, braten; **the pie takes half an hour to ~** die Pastete ist in einer halben Stunde fertig ◆**cook up** VT trennb (umg) Geschichte etc erfinden, sich (dat) ausdenken **cookbook** ['kʊkbʊk] S Kochbuch n
cooker ['kʊkə'] S (bes Br) Herd m **cooker hood** S (Br) Abzugshaube f **cookery** ['kʊkərɪ] S Kochen n; **French ~** französische Küche **cookery book** S (bes Br) Kochbuch n
cookie, cooky ['kʊkɪ] S ■ (US) Keks m, Biscuit n (schweiz) (!) = (Br) biscuit); **Christmas ~** Weihnachtsplätzchen n ■ IT Cookie n
cooking ['kʊkɪŋ] S Kochen n; (≈ Zubereitetes) Essen n; **French ~** französisches Essen; **his ~ is atrocious** er kocht miserabel **cooking apple** S Kochapfel m **cooking sauce** S Fertigsauce f
cool [kuːl] A ADJ (+er) ■ kühl; **serve ~** kalt od (gut) gekühlt servieren; **"keep in a ~ place"** „kühl aufbewahren" ■ besonnen; **to keep ~** einen kühlen Kopf behalten; **keep ~!** reg dich nicht auf! ■ kaltblütig; **a ~ customer** (umg) ein cooler Typ (umg) ■ (umg ≈ toll) cool (sl); **to act ~** sich cool geben (sl) B S ■ Kühle f ■ (umg) **keep your ~!** reg dich nicht auf!; **to lose one's ~** durchdrehen (umg) C VT ■ kühlen, abkühlen ■ (umg) **~ it!** reg dich ab! (umg) D VI abkühlen ◆**cool down** A VI ■ (wörtl) abkühlen; (Mensch) sich abkühlen ■ sich beruhigen; **to let things ~** die Sache etwas ruhen lassen B VT trennb abkühlen ◆**cool off** VI sich abkühlen
cool bag S Kühltasche f **cool box** S Kühlbox f **coolheaded** [ˌkuːl'hedɪd] ADJ besonnen **cooling** ['kuːlɪŋ] ADJ Getränk, Dusche kühlend; Effekt (ab)kühlend; Zuneigung abnehmend; Begeisterung, Interesse nachlassend **coolly** ['kuːlɪ] ADV ■ ruhig ■ (≈ unfreundlich) kühl ■ kaltblütig **coolness** S ■ Kühle f ■ Besonnenheit f ■ Kaltblütigkeit f
coop [kuːp] S (a. **hen coop**) Hühnerstall m ◆**coop up** VT trennb jdn einsperren; Gruppe zusammenpferchen (umg)
co-op ['kəʊ'ɒp] S (≈ Laden) Konsum m **cooperate** [kəʊ'ɒpəreɪt] VI zusammenarbeiten **cooperation** [kəʊˌɒpə'reɪʃən] S Zusammenarbeit f **cooperative** [kəʊ'ɒpərətɪv] A ADJ ■ kooperativ ■ Firma auf Genossenschaftsbasis; **~ farm** Bauernhof m auf Genossenschaftsbasis B S Genossenschaft f **cooperative bank** S (US) Genossenschaftsbank f
coopt [kəʊ'ɒpt] VT selbst (hinzu)wählen
coordinate [kəʊ'ɔːdɪnɪt] A S Koordinate f; **~s** Kleidung f zum Kombinieren B [kəʊ'ɔːdɪneɪt] VT koordinieren; **to ~ one thing with another** eine Sache auf eine andere abstimmen **coordinated** ADJ koordiniert **coordination** [kəʊˌɔːdɪ'neɪʃən] S Koordination f **coordinator** [kəʊ'ɔːdɪneɪtə'] S Koordinator(in) m(f)
cop [kɒp] A S (umg) Polizist(in) m(f), Bulle m (pej umg) B VT (umg) **you're going to ~ it** du wirst

Ärger kriegen (umg) ♦**cop out** VI (umg) aussteigen (umg) (of aus)
cope [kəʊp] VI zurechtkommen; (arbeitsmäßig) es schaffen; **to ~ with** fertig werden mit; **I can't ~ with all this work** ich bin mit all der Arbeit überfordert
copier ['kɒpɪəʳ] S Kopierer m
co-pilot ['kəʊpaɪlət] S Kopilot(in) m(f)
copious ['kəʊpɪəs] ADJ reichlich
cop-out ['kɒpaʊt] S (umg) Rückzieher m (umg); **this solution is just a ~** diese Lösung weicht dem Problem nur aus
copper ['kɒpəʳ] S **1** Kupfer n **2** (≈ Farbe) Kupferrot n **3** (bes Br umg ≈ Münze) **~s** Kleingeld n **4** (umg) Polizist(in) m(f), Bulle m (pej umg)
co-produce [ˌkəʊprə'djuːs] VT koproduzieren
copse [kɒps] S Wäldchen n
copy ['kɒpɪ] A S **1** Kopie f; FOTO Abzug m; **to take** od **make a ~ of sth** eine Kopie von etw machen; **to write out a fair ~** etw ins Reine schreiben **2** (von Buch etc) Exemplar n; **a ~ of today's "Times"** die „Times" von heute **3** PRESSE etc Text m B VT nachahmen; SCHULE etc abschreiben C VT **1** kopieren, abschreiben; **to ~ sth to a disk** etw auf eine Diskette kopieren **2** nachmachen **3** (SCHULE etc: von jdm) abschreiben **copycat** A S (umg) Nachahmer(in) m(f) B ADJ attr **his was a ~ crime** er war ein Nachahmungstäter **copy editor** S PRESSE Redakteur(in) m(f) **copying machine** ['kɒpɪɪŋ-] S Kopiergerät n **copy-protected** ADJ IT kopiergeschützt **copyright** ['kɒpɪraɪt] S Urheberrecht n **copywriter** ['kɒpɪraɪtəʳ] S Werbetexter(in) m(f)
coral ['kɒrəl] S Koralle f **coral reef** S Korallenriff n
cord [kɔːd] A S **1** Schnur f, Kordel f **2** **cords** PL (a. **a pair of cords**) Kordhose f, Schnürlsamthose f (österr) B ATTR (Br) Kord-, Schnürlsamt- (österr)

cordial ['kɔːdɪəl] A ADJ freundlich B S Fruchtsaftkonzentrat n (❗ Als Getränk hat **cordial** keinen Plural. **Cordials** sagt man zu verschiedenen Sorten.)
cordless ['kɔːdlɪs] ADJ schnurlos; **~ phone** schnurloses Telefon
cordon bleu [ˌkɔːdɒn'blɜː] ADJ Koch vorzüglich; Rezept, Gericht exquisit
corduroy ['kɔːdərɔɪ] S Kordsamt m, Schnürlsamt m (österr)
core [kɔːʳ] A S Kern m; (von Apfel) Kerngehäuse n; (von Fels) Innere(s) n; **rotten to the ~** (fig) durch und durch schlecht B ADJ attr Thema Kern-; Fach Haupt-; **~ activity** od **business** HANDEL Kerngeschäft n C VT Obst entkernen; Apfel das Kerngehäuse (+gen) entfernen **corer** ['kɔːrəʳ] S GASTR Apfelstecher m
Corfu [kɔː'fuː] S Korfu n
coriander [ˌkɒrɪ'ændəʳ] S Koriander m
cork [kɔːk] A S **1** (❗ kein pl) Kork m **2** Korken m B VT zu- od verkorken C ADJ Kork- **corked** ADJ **the wine is ~** der Wein schmeckt nach Kork **corkscrew** ['kɔːkskruː] S Korkenzieher m
corn[1] [kɔːn] S **1** (❗ kein pl) (Br) Getreide n **2** Korn n **3** (❗ kein pl) (bes US) Mais m; **~ on the cob** Maiskolben m (❗ wird auch im britischen Englisch so genannt)
corn[2] S Hühnerauge n; **~ plaster** Hühneraugenpflaster n
corn bread S (US) Maisbrot n **corncob** S Maiskolben m
cornea ['kɔːnɪə] S Hornhaut f
corned beef ['kɔːnd'biːf] S Corned Beef n
corner ['kɔːnəʳ] A S Ecke f; FUSSB a. Corner m (österr, schweiz); (von Mund ≈ Ort) Winkel m; (in Straße) Kurve f; **at** od **on the ~** an der Ecke; **it's just round the ~** (örtlich) es ist gleich um die Ecke; (umg: zeitlich) das steht kurz bevor; **to turn the ~** (wörtl) um die Ecke biegen; **we've turned the ~ now** (fig) wir sind jetzt über den Berg; **out of**

corn *Br* — Getreide

corn — Korn

corn *bes US* — Mais

the ~ of one's eye aus dem Augenwinkel (heraus); **to cut ~s** (fig) das Verfahren abkürzen; **to drive** od **force sb into a ~** (fig) jdn in die Enge treiben; **in every ~ of Europe/the globe** in allen (Ecken und) Winkeln Europas/der Erde; **an attractive ~ of Britain** eine reizvolle Gegend Großbritanniens; **to take a ~** FUSSB eine Ecke ausführen B VT 1 in die Enge treiben 2 HANDEL Markt monopolisieren C VI **this car ~s well** dieses Auto hat eine gute Kurvenlage
-cornered ADJ suf -eckig; **three-cornered** dreieckig **corner kick** S FUSSB Eckstoß m, Corner m (österr, schweiz) **corner shop** S Laden m an der Ecke **cornerstone** S (US) Grundstein m (❗ = (Br) foundation stone) **corner store** S (US) = corner shop
cornet ['kɔːnɪt] S 1 MUS Kornett n; **to play the ~** Kornett spielen (❗ mit **the**) 2 (Eis)tüte f
cornfield S (Br) Kornfeld n; (US) Maisfeld n
cornflakes PL Cornflakes pl **cornflour** S (Br) Stärkemehl n (❗ = (US) **cornstarch**) **cornflower** S Kornblume f
Cornish ['kɔːnɪʃ] ADJ aus Cornwall **Cornish pasty** S (Br) Gebäckstück aus Blätterteig mit Fleischfüllung
cornmeal S (US) Maismehl n **cornstarch** S (US) Stärkemehl n (❗ = (Br) **cornflour**)
corny ['kɔːnɪ] ADJ (+er) (umg) 1 Witz blöd (umg) 2 kitschig
coronary ['kɒrənərɪ] A ADJ MED Koronar- (fachspr); **~ failure** Herzversagen n (umg) B S Herzinfarkt m
coronation [ˌkɒrə'neɪʃən] S Krönung f
coroner ['kɒrənə'] S Beamter, der Todesfälle untersucht, die nicht eindeutig eine natürliche Ursache haben
coronet ['kɒrənɪt] S Krone f
corp. abk von corporation
corporal ['kɔːpərəl] S MIL Stabsunteroffizier(in) m(f)
corporal punishment S Prügelstrafe f
corporate ['kɔːpərɪt] ADJ 1 gemeinsam 2 korporativ, Firmen-; JUR Korporations-; **~ finance** Unternehmensfinanzen pl; **~ identity** Corporate Identity f; **~ image** Firmenimage n **corporate hospitality** S Unterhaltung und Bewirtung von Firmenkunden **corporate law** S Gesellschaftsrecht n **corporation** [ˌkɔːpə'reɪʃən] S 1 Gemeinde f 2 (Br HANDEL) Handelsgesellschaft f; (US HANDEL) Gesellschaft f mit beschränkter Haftung; **joint-stock ~** (US) Aktiengesellschaft f; **private ~** Privatunternehmen n; **public ~** staatliches Unternehmen **corporation tax** S Körperschaftssteuer f
corps [kɔːʳ] S, pl ~ MIL Korps n **corps de ballet** S Corps de Ballet n

corpse [kɔːps] S Leiche f
corpulent ['kɔːpjʊlənt] ADJ korpulent
corpus ['kɔːpəs] S 1 (≈ Sammlung) Korpus m 2 Großteil m; **the main ~ of his work** der Hauptteil seiner Arbeit **Corpus Christi** ['kɔːpəs-'krɪstɪ] S KIRCHE Fronleichnam m
corpuscle ['kɔːpʌsl] S **blood ~** Blutkörperchen n
correct [kə'rekt] A ADJ 1 richtig; **to be ~** (Mensch) recht haben; **am I ~ in thinking that …?** gehe ich recht in der Annahme, dass …?; **~ change only** nur abgezähltes Geld 2 korrekt; **it's the ~ thing to do** das gehört sich so; **she was ~ to reject the offer** es war richtig, dass sie das Angebot abgelehnt hat B VT korrigieren; **~ me if I'm wrong** Sie können mich gern berichtigen; **I stand ~ed** ich nehme alles zurück **correcting fluid** [kə'rektɪŋ-ˌfluːɪd] S Korrekturflüssigkeit f
correction [kə'rekʃən] S Korrektur f; **to do one's ~s** SCHULE die Verbesserung machen **correctional** ADJ (US) **the ~ system** das Justizvollzugssystem; **~ facility** Justizvollzugsanstalt f **correction pen** S Tintenkiller m **corrective** [kə'rektɪv] A ADJ korrigierend; **to take ~ action** korrigierend eingreifen; **to have ~ surgery** sich einem korrigierenden Eingriff unterziehen B S Korrektiv n **correctly** [kə'rektlɪ] ADV 1 richtig; **if I remember ~** wenn ich mich recht entsinne 2 sich verhalten korrekt
correctness S (von Verhalten) Korrektheit f
correlate ['kɒrɪleɪt] A VT zueinander in Beziehung setzen B VI sich entsprechen; **to ~ with sth** mit etw in Beziehung stehen **correlation** [ˌkɒrɪ'leɪʃən] S Beziehung f, enger Zusammenhang
correspond [ˌkɒrɪs'pɒnd] VI 1 entsprechen (to, with +dat); (gegenseitig) sich entsprechen 2 (brieflich) korrespondieren (with mit) **correspondence** S 1 Übereinstimmung f 2 (≈ brieflich) Korrespondenz f; (in Zeitung) Leserbriefe pl; **to be in ~ with sb** mit jdm korrespondieren; (privat) mit jdm in Briefwechsel stehen **correspondence course** S Fernkurs m **correspondent** S PRESSE Korrespondent(in) m(f) **corresponding** [ˌkɒrɪs'pɒndɪŋ] ADJ entsprechend **correspondingly** [ˌkɒrɪs'pɒndɪŋlɪ] ADV (dem)entsprechend
corridor ['kɒrɪdɔːʳ] S Korridor m; (in Zug, Bus) Gang m; **in the ~s of power** an den Schalthebeln der Macht
corroborate [kə'rɒbəreɪt] VT bestätigen
corrode [kə'rəʊd] A VT zerfressen B VI korrodieren **corroded** ADJ korrodiert **corrosion** [kə'rəʊʒən] S Korrosion f **corrosive** [kə'rəʊzɪv] ADJ korrosiv

CORR | 160

C

corrugated ['kɒrəgeɪtɪd] ADJ gewellt; **~ cardboard** dicke Wellpappe **corrugated iron** S Wellblech n

corrupt [kə'rʌpt] A ADJ verdorben, korrupt; IT *Diskette* nicht lesbar B V/T verderben; (form) bestechen; IT *Daten* zerstören **corruptible** [kə'rʌptəbl] ADJ korrumpierbar **corruption** [kə'rʌpʃən] S **1** Korruption f; (IT: *von Daten*) Zerstörung f **2** Verdorbenheit f **corruptly** [kə'rʌptlɪ] ADV korrupt

corset ['kɔːsɪt] S, **corsets** pl Korsett n

Corsica ['kɔːsɪkə] S Korsika n

cortège [kɔː'teɪʒ] S Prozession f, Leichenzug m

cortisone ['kɔːtɪzəʊn] S Kortison n

cos[1] [kɒz] abk von cosine cos

cos[2] [kɒs] S (a. **cos lettuce**) Romagnasalat m

cos[3] [kəz] KONJ (umg) = **because**

cosily, (US) **cozily** ['kəʊzɪlɪ] ADV behaglich

cosine ['kəʊsaɪn] S Kosinus m

cosiness, (US) **coziness** ['kəʊzɪnɪs] S Gemütlichkeit f, mollige Wärme

cosmetic [kɒz'metɪk] A ADJ kosmetisch B S Kosmetikum n **cosmetic case** S (US) Waschbeutel m, Kulturbeutel m (⚠ = (Br) **sponge bag, toilet bag**) **cosmetic surgery** S kosmetische Chirurgie; **she's had ~** sie hat eine Schönheitsoperation gehabt

cosmic ['kɒzmɪk] ADJ kosmisch

cosmopolitan [ˌkɒzmə'pɒlɪtən] ADJ kosmopolitisch

cosmos ['kɒzmɒs] S Kosmos m

cost [kɒst] v: prät, pperf cost A V/T **1** kosten; **how much does it ~?** wie viel kostet es?; **how much will it ~ to have it repaired?** wie viel kostet die Reparatur?; **it ~ him a lot of time** es kostete ihn viel Zeit; **that mistake could ~ you your life** der Fehler könnte dich das Leben kosten; **it'll ~ you** (umg) das kostet dich was (umg) **2** prät, pperf **costed** (≈ berechnen) veranschlagen B S **1** (wörtl) Kosten pl (of für); **to bear the ~ of sth** die Kosten für etw tragen; **the ~ of petrol these days** die Benzinpreise heutzutage; **at little ~ to oneself** ohne große eigene Kosten; **to buy/sell at ~** zum Selbstkostenpreis kaufen/verkaufen **2** (fig) Preis m; **at all ~s, at any ~** um jeden Preis; **at the ~ of one's health** etc auf Kosten seiner Gesundheit etc; **he found out to his ~ that ...** er machte die bittere Erfahrung, dass ... **3 costs** PL JUR Kosten pl; **to be ordered to pay ~s** zur Übernahme der Kosten verurteilt werden

co-star ['kəʊstaː] A S einer der Hauptdarsteller; **Burton and Taylor were ~s** Burton und Taylor spielten die Hauptrollen B V/T **the film ~s R. Burton** der Film zeigt R. Burton in einer der Hauptrollen C V/I als Hauptdarsteller auftreten

Costa Rica ['kɒstə'riːkə] S Costa Rica n

cost-cutting A S Kostenverringerung f B ADJ attr **~ exercise** kostendämpfende Maßnahmen pl **cost-effective** ADJ rentabel **cost-effectiveness** S Rentabilität f **costing** ['kɒstɪŋ] S Kalkulation f **costly** ['kɒstlɪ] ADJ teuer **cost of living** S Lebenshaltungskosten pl **cost price** S Selbstkostenpreis m **cost-saving** ADJ kostensparend

costume ['kɒstjuːm] S Kostüm n, Badeanzug m **costume drama** S Kostümfilm m; TV Serie f in historischen Kostümen **costume jewellery** S Modeschmuck m

cosy, (US) **cozy** ['kəʊzɪ] A ADJ (+er) gemütlich, mollig warm; (fig) *Plausch* gemütlich B S (für Teekanne) Wärmer m

cot [kɒt] S (bes Br) Kinderbett n (⚠ = (US) **crib**); (US) Feldbett n **cot death** S (Br) plötzlicher Kindstod (⚠ = (US) **crib death**)

cottage ['kɒtɪdʒ] S Häuschen n **cottage cheese** S Hüttenkäse m **cottage industry** S Manufaktur f **cottage pie** S Hackfleisch mit Kartoffelbrei überbacken

cotton ['kɒtn] A S Baumwolle f, Baumwollstoff m, (Baumwoll)garn n; **absorbent ~** (US) Watte f (⚠ = (Br) **cotton wool**) B ADJ Baumwoll- **♦cotton on** V/I (Br umg) es kapieren (umg); **to ~ to sth** etw checken (umg)

cotton bud S (Br) Wattestäbchen n (⚠ = (US) Q-tip®) **cotton candy** S (US) Zuckerwatte f (⚠ = (Br) **candyfloss**) **cotton pad** S Wattepad n **cotton-picking** ADJ (US umg) verflucht (umg) **cotton wool** S (Br) Watte f (⚠ = (US) **absorbent cotton**)

couch [kaʊtʃ] S Sofa n; (≈ in Arztpraxis) Liege f; (≈ in psychiatrischer Praxis) Couch f **couchette** [kuː'ʃet] S BAHN Liegewagen(platz) m **couch potato** S, pl **-es** (umg) Couchpotato f

cough [kɒf] A S Husten m; **he has a bit of a ~** er hat etwas Husten; **a smoker's ~** Raucherhusten m B VT & VI husten **♦cough up** A VT trennb (wörtl) aushusten B VT untrennb (fig umg) *Geld* rausrücken (umg) C VI (fig umg) blechen (umg)

cough drop S (Br) → cough sweet **cough mixture** S Hustensaft m **cough sweet** S (Br) Hustenbonbon n, Hustenzuckerl n (österr) **cough syrup** S Hustensaft m

could [kʊd] prät von can[1]

couldn't ['kʊdnt] = could not

could've ['kʊdəv] = could have

council ['kaʊnsl] A S Rat m; **city/town ~** Stadtrat m; **to be on the ~** Ratsmitglied sein; **Council of Europe** Europarat m; **Council of Ministers** POL Ministerrat m B ADJ attr **~ meet-**

COUN

ing Ratssitzung f **council estate** s̄ (Br) Sozialwohnungssiedlung f **council flat** s̄ (Br) Sozialwohnung f; **~s** pl Sozialwohnungen pl (⚠ = (US) **public housing**) **council house** s̄ (Br) Sozialwohnung f **council housing** s̄ sozialer Wohnungsbau **councillor**, (US) **councilor** ['kaʊnsələʳ] s̄ Ratsmitglied n, Stadtrat m/-rätin f; **~ Smith** Herr Stadtrat/Frau Stadträtin Smith **council tax** s̄ (Br) Kommunalsteuer f

▶ British Council

1934 gegründet, fördert das von der Regierung unterstützte **British Council** kulturelle Beziehungen zum Ausland und bietet weltweit Englischkurse an. Es entspricht etwa dem deutschen Goethe-Institut.

LANDESKUNDE ◁

counsel ['kaʊnsəl] **A** s̄ pl JUR Rechtsanwalt m; **~ for the defence/prosecution** Verteidiger(in) m(f)/Vertreter(in) m(f) der Anklage **B** VT jdn beraten; Vorgehensweise empfehlen; **to ~ sb to do sth** jdm raten, etw zu tun **counselling**, (US) **counseling** ['kaʊnsəlɪŋ] s̄ Beratung f; (ärztlich etc) Therapie f; **to need ~** professionelle Hilfe brauchen; **to go for** od **have ~** zur Beratung/Therapie gehen **counsellor**, (US) **counselor** ['kaʊnsələʳ] s̄ **1** Berater(in) m(f) **2** (US, Ir) Rechtsanwalt m/-anwältin f

count¹ [kaʊnt] **A** s̄ **1** Zählung f; **she lost ~ when she was interrupted** sie kam mit dem Zählen durcheinander, als sie unterbrochen wurde; **I've lost all ~ of her boyfriends** ich habe die Übersicht über ihre Freunde vollkommen verloren; **to keep ~ (of sth)** (etw) mitzählen; **at the last ~** bei der letzten Zählung; **on the ~ of three** bei drei gehts los **2** JUR Anklagepunkt m; **you're wrong on both ~s** (fig) Sie haben in beiden Punkten unrecht **B** VT **1** (ab)zählen; Wahlstimmen (aus)zählen; **I only ~ed ten people** ich habe nur zehn Leute gezählt **2** (≈ betrachten) ansehen; (≈ einschließen) mitrechnen; **to ~ sb (as) a friend** jdn als Freund ansehen; **you should ~ yourself lucky to be alive** Sie können noch von Glück sagen, dass Sie noch leben; **not ~ing the children** die Kinder nicht mitgerechnet **C** VI **1** zählen; **to ~ to ten** bis zehn zählen; **~ing from today** von heute an (gerechnet) **2** angesehen werden, mitgerechnet werden, wichtig sein; **the children don't ~** die Kinder zählen nicht; **that doesn't ~** das zählt nicht; **every minute/it all ~s** jede Minute ist/das ist alles wichtig; **to ~ against sb** gegen jdn sprechen ♦**count among** VI +obj zählen zu ♦**count down** VI den Countdown durchführen ♦**count for** VI +obj **to ~ a lot** sehr viel bedeuten; **to ~ nothing** nichts gelten ♦**count in** VT trennb mitzählen; **to count sb in on sth** davon ausgehen od damit rechnen, dass jd bei etw mitmacht; **you can count me in!** Sie können mit mir rechnen ♦**count on** VI +obj rechnen mit; **to ~ doing sth** die Absicht haben, etw zu tun; **you can ~ him to help you** du kannst auf seine Hilfe zählen ♦**count out** VT trennb **1** Geld abzählen **2** (umg) **(you can) count me out!** ohne mich! ♦**count up** VT trennb zusammenzählen

count² s̄ Graf m

countable ['kaʊntəbl] ADJ zählbar (GRAM)

countdown ['kaʊntdaʊn] s̄ Countdown m

counter ['kaʊntəʳ] **A** s̄ **1** Ladentisch m, Theke f; (in Bank etc) Schalter m; **medicines which can be bought over the ~** Medikamente, die man rezeptfrei bekommt **2** Spielmarke f **3** TECH Zähler m **B** VT & VI kontern (a. SPORT) **C** ADV **~ to** gegen (+akk); **the results are ~ to expectations** die Ergebnisse widersprechen den Erwartungen **counteract** VT entgegenwirken (+dat) **counterargument** s̄ Gegenargument n **counterattack** **A** s̄ Gegenangriff m **B** VT & VI zurückschlagen **counterbalance** **A** s̄ Gegengewicht n **B** VT ausgleichen **counterclockwise** ADJ, ADV (US) = **anticlockwise counterespionage** s̄ Spionageabwehr f **counterfeit** ['kaʊntəfiːt] **A** ADJ gefälscht; **~ money** Falschgeld n **B** s̄ Fälschung f **C** VT fälschen **counterfoil** ['kaʊntəfɔɪl] s̄ Kontrollabschnitt m **counterintelligence** s̄ = counterespionage **countermeasure** s̄ Gegenmaßnahme f **counteroffensive** s̄ MIL Gegenoffensive f **counterpart** s̄ Gegenstück n **counterpoint** s̄ (MUS, fig) Kontrapunkt m **counterproductive** ADJ widersinnig; Kritik, Maßnahmen kontraproduktiv **counter-revolution** s̄ Konterrevolution f **counter-revolutionary** ADJ konterrevolutionär **countersign** VT gegenzeichnen

countess ['kaʊntɪs] s̄ Gräfin f

countless ['kaʊntlɪs] ADJ unzählig attr

country ['kʌntrɪ] s̄ **1** Land n; **his own ~** seine Heimat; **to go to the ~** Neuwahlen ausschreiben; **~ of origin** HANDEL Ursprungsland n **2** (⚠ kein pl) (im Gegensatz zu Stadt) Land n; (≈ Gegend) Landschaft f; **in/to the ~** auf das/aufs Land; **this is good fishing ~** das ist eine gute Fischgegend; **this is mining ~** dies ist ein Bergbaugebiet **country and western** s̄ Country-und-Western-Musik f **country--and-western** ADJ Country- und Western- **country code** s̄ **1** TEL internationale Vor-

COUN | 162

wahl **2** (*Br*) Verhaltenskodex *m* für Besucher auf dem Lande **country dancing** ̅s̅ Volkstanz *m* **country dweller** ̅s̅ Landbewohner(in) *m(f)* **country house** ̅s̅ Landhaus *n* **country life** ̅s̅ das Landleben **countryman** ̅s̅, *pl* -men **1** Landsmann *m*; **his fellow countrymen** seine Landsleute **2** (≈ *Dorfbewohner etc*) Landmann *m* **country music** ̅s̅ Countrymusik *f* **country people** ᴘ̅ʟ Leute *pl* vom Land(e) **country road** ̅s̅ Landstraße *f* **countryside** ̅s̅ Landschaft *f*, Land *n* **country-wide** ᴀ̅ᴅ̅ᴊ landesweit **countrywoman** ̅s̅, *pl* -women **1** Landsmännin *f* **2** (≈ *Dorfbewohnerin etc*) Landfrau *f*

county ['kaʊntɪ] ̅s̅ (*Br*) Grafschaft *f*; (*US*) (Verwaltungs)bezirk *m* **county council** ̅s̅ (*Br*) Grafschaftsrat *m* **county seat** ̅s̅ (*US*) Hauptstadt eines Verwaltungsbezirkes **county town** ̅s̅ (*Br*) Hauptstadt einer Grafschaft

coup [kuː] ̅s̅ Coup *m*, Staatsstreich *m*

couple ['kʌpl] ᴀ̅ ̅s̅ **1** Paar *n*, Ehepaar *n*; **in ~s** paarweise **2** (*umg*) **a ~** zwei, ein paar; **a ~ of letters** *etc* ein paar Briefe *etc*; **a ~ of times** ein paarmal; **a ~ of hours** ungefähr zwei Stunden ʙ̅ ᴠ̅ᴛ verbinden, koppeln; **smoking ~d with poor diet ...** Rauchen in Verbindung mit schlechter Ernährung ... **coupler** ['kʌplə] ̅s̅ ɪᴛ Koppler *m* **couplet** ['kʌplɪt] ̅s̅ Verspaar *n* **coupling** ̅s̅ **1** Verbindung *f*, Kopplung *f* **2** Kupplung *f*

coupon ['kuːpɒn] ̅s̅ Gutschein *m*

courage ['kʌrɪdʒ] ̅s̅ Mut *m*; **to have the ~ of one's convictions** Zivilcourage haben; **to take one's ~ in both hands** sein Herz in beide Hände nehmen **courageous** [kə'reɪdʒəs] ᴀ̅ᴅ̅ᴊ mutig, couragiert **courageously** [kə'reɪdʒəslɪ] ᴀ̅ᴅ̅ᴠ kämpfen mutig; *kritisieren* couragiert

courgette [kʊə'ʒet] ̅s̅ (*Br*) Zucchini *f* (🔴 = (US) **zucchini**)

courier ['kʊrɪə] ̅s̅ **1** Kurier *m*; **by ~** per Kurier **2** Reiseleiter(in) *m(f)*

course [kɔːs] ̅s̅ **1** (*von Flugzeug* ≈ *Rennbahn*) Kurs *m*; (*von Fluss, Geschichte*) Lauf *m*; (*für Golf*) Platz *m*; (*fig: von Beziehung*) Verlauf *m*; (*bei Aktion etc*) Vorgehensweise *f*; **to change** *od* **alter ~** den Kurs ändern; **to be on/off ~** auf Kurs sein/vom Kurs abgekommen sein; **to be on ~ for sth** (*fig*) gute Aussichten auf etw (*akk*) haben; **to let sth take** *od* **run its ~** einer Sache (*dat*) ihren Lauf lassen; **the affair has run its ~** die Angelegenheit ist zu einem Ende gekommen; **which ~ of action did you take?** wie sind Sie vorgegangen?; **the best ~ of action would be ...** das Beste wäre ...; **in the ~ of the meeting** während der Versammlung; **in the ~ of time** im Laufe der Zeit

2 **of ~** natürlich; **of ~!** natürlich!; **don't you like me? — of ~ I do** magst du mich nicht? — doch, natürlich; **he's rather young, of ~, but ...** er ist natürlich ziemlich jung, aber ... **3** SCHULE, UNIV Studium *n*, Kurs(us) *m*; (*beruflich*) Lehrgang *m*; **to go on a French ~** einen Französischkurs(us) besuchen; **a ~ in first aid** ein Erste-Hilfe-Kurs; **a ~ of lectures, a lecture ~** eine Vorlesungsreihe **4** GASTR Gang *m*; **a three-~ meal** ein Essen *n* mit drei Gängen

court [kɔːt] ᴀ̅ ̅s̅ **1** JUR Gericht *n*, Gerichtssaal *m*; **to appear in ~** vor Gericht erscheinen; **to take sb to ~** jdn verklagen; **to go to ~ over a matter** eine Sache vor Gericht bringen **2** (*königlich*) Hof *m* **3** SPORT Platz *m*; (*für Squash*) Halle *f* ʙ̅ ᴠ̅ᴛ werben um; *Gefahr* herausfordern **court appearance** ̅s̅ Erscheinen *n* vor Gericht **court case** ̅s̅ JUR Gerichtsverfahren *n*, Prozess *m*

courteous ᴀ̅ᴅ̅ᴊ, **courteously** ᴀ̅ᴅ̅ᴠ ['kɜːtɪəs, -lɪ] höflich **courtesy** ['kɜːtɪsɪ] ̅s̅ Höflichkeit *f*; **~ of** freundlicherweise zur Verfügung gestellt von **courtesy bus** ̅s̅ gebührenfreier Bus

court fine ̅s̅ JUR Ordnungsgeld *n* **court hearing** ̅s̅ JUR Gerichtsverhandlung *f* **courthouse** ̅s̅ JUR Gerichtsgebäude *n* **court martial** ̅s̅, *pl* court martials *od* courts martial MIL Militärgericht *n* **court-martial** ᴠ̅ᴛ vor das/ein Militärgericht stellen (*for wegen*) **court order** ̅s̅ JUR gerichtliche Verfügung **courtroom** ̅s̅ JUR Gerichtssaal *m* **court shoes** ᴘ̅ʟ (*Br*) Pumps *pl* (🔴 = (US) **pumps**) **courtyard** ̅s̅ Hof *m*

cousin ['kʌzn] ̅s̅ Cousin *m*, Cousine *f*; **Kevin and Susan are ~s** Kevin und Susan sind Cousin und Cousine

cove [kəʊv] ̅s̅ GEOG (kleine) Bucht

covenant ['kʌvɪnənt] ̅s̅ Schwur *m*; BIBEL Bund *m*; JUR Verpflichtung *f* zu regelmäßigen Spenden

Coventry ['kɒvəntrɪ] **to send sb to ~** (*Br umg*) jdn schneiden (*umg*)

cover ['kʌvə] ᴀ̅ ̅s̅ **1** Deckel *m*; (*aus Stoff*) Bezug *m*; (*für Schreibmaschine etc*) Hülle *f*; (*von Lkw*) Plane *f*; (≈ *Betttuch*) (Bett)decke *f*; **he put a ~ over it** er deckte es zu; **she pulled the ~s up to her chin** sie zog die Decke bis ans Kinn (hoch) **2** (*von Buch*) Einband *m*; (*von Magazin*) Umschlag *m*; (*dünner*) (Schutz)umschlag *m*; **to read a book from ~ to ~** ein Buch von der ersten bis zur letzten Seite lesen; **on the ~** auf dem Einband/Umschlag; (*von Magazin*) auf der Titelseite **3** (🔴 kein *pl*) Schutz *m* (*from vor +dat, gegen*); MIL Deckung *f* (*from vor +dat, gegen*); **to take ~** (*bei Regen*) sich unterstellen; MIL in Deckung gehen

(from vor *+dat)*; **under ~ of darkness** im Schutz(e) der Dunkelheit ❹ *(Br)* (HANDEL, FIN) Deckung *f*, Versicherung *f*; **to take out ~ for a car** ein Auto versichern; **to take out ~ against fire** eine Feuerversicherung abschließen; **to get ~ for sth** etw versichern (lassen); **do you have adequate ~?** sind Sie ausreichend versichert? ❺ Tarnung *f*; **to operate under ~** als Agent tätig sein ❻ VT ❶ bedecken, zudecken; *Sessel* beziehen; **a ~ed way** ein überdachter Weg; **the mountain was ~ed with** *od* **in snow** der Berg war schneebedeckt; **you're all ~ed with dog hairs** du bist voller Hundehaare ❷ *Fehler, Spuren* verdecken; **to ~ one's face with one's hands** sein Gesicht in den Händen verbergen ❸ *(≈ schützen, a.* FIN*)* decken; VERS versichern; **will £30 ~ the drinks?** reichen £ 30 für die Getränke?; **he gave me £30 to ~ the drinks** er gab mir £ 30 für Getränke; **he only said that to ~ himself** er hat das nur gesagt, um sich abzudecken ❹ *(≈ mit Waffe)* sichern; **to keep sb ~ed** jdn in Schach halten ❺ *Eventualitäten* vorsehen; **what does your travel insurance ~ you for?** was deckt deine Reiseversicherung ab? ❻ PRESSE berichten über *(+akk)* ❼ *Strecke* zurücklegen ❽ MUS *Lied* neu interpretieren ♦**cover for** VI *+obj Mitarbeiter* vertreten ♦**cover over** VT *trennb* zudecken; *(zum Schutz)* abdecken ♦**cover up** A VI **to ~ for sb** jdn decken B VT *trennb* ❶ zudecken ❷ *Wahrheit* vertuschen
coverage ['kʌvərɪdʒ] *s* (⚠ kein pl) *(in Medien)* Berichterstattung *f* (*of* über *+akk*); **the games got excellent TV ~** die Spiele wurden ausführlich im Fernsehen gebracht **coverall** *s* meist *pl (US)* Overall *m* **cover charge** *s* Kosten *pl* für ein Gedeck **covered market** [,kʌvəd 'mɑːkɪt] *s* überdachter Markt **cover girl** *s* Titelmädchen *n*, Covergirl *n* **covering** ['kʌvərɪŋ] *s* Decke *f*; **a ~ of snow** eine Schneedecke **covering letter**, *(US)* **cover letter** *s* Begleitbrief *m* **cover note** *s* Deckungszusage *f* **cover story** *s* Titelgeschichte *f*
covert ADJ, **covertly** ADV ['kʌvət, -lɪ] heimlich **cover-up** ['kʌvərʌp] *s* Vertuschung *f* **cover version** *s* MUS Coverversion *f*
covet ['kʌvɪt] VT begehren
cow¹ [kaʊ] *s* ❶ Kuh *f*; **till the ~s come home** *(fig umg)* bis in alle Ewigkeit *(umg)* ❷ *(pej umg:* dumm*)* Kuh *f (umg)*; *(boshaft)* gemeine Ziege *(umg)*; **cheeky ~!** freches Stück! *(umg)*
cow² VT einschüchtern
coward ['kaʊəd] *s* Feigling *m* **cowardice** ['kaʊədɪs], **cowardliness** ['kaʊədlɪnɪs] *s* Feigheit *f* **cowardly** ['kaʊədlɪ] ADJ feig(e)
cowbell *s* Kuhglocke *f* **cowboy** *s* ❶ Cowboy *m*; **to play ~s and Indians** Indianer spielen ❷ *(fig umg)* Gauner *m (umg)* **cowboy hat** *s* Cowboyhut *m*
cower ['kaʊə(r)'] VI sich ducken, kauern; **he stood ~ing in a corner** er stand geduckt in einer Ecke
cowgirl *s* Cowgirl *n* **cowhand** *s* Hilfscowboy *m*; *(auf Bauernhof)* Stallknecht *m* **cowhide** *s* ❶ Kuhhaut *f* ❷ *(kein pl)* Rindsleder *n* ❸ *(US)* Lederpeitsche *f*
cowl [kaʊl] *s* Kapuze *f*
cowpat *s* Kuhfladen *m* **cowshed** *s* Kuhstall *m*
cox [kɒks] *s* Steuermann *m*
coy [kɔɪ] ADJ *(+er)* verschämt; *(≈ kokett)* neckisch; **to be ~ about sth** in Bezug auf etw *(akk)* verschämt tun **coyly** ['kɔɪlɪ] ADV schüchtern, gschamig *(österr)*
coyote [kɔɪ'əʊtɪ] *s* Kojote *m*
cozy ADJ *(US)* = **cosy**
C/P HANDEL *abk von* **carriage paid** frachtfrei
CPU *abk von* **central processing unit** CPU *f*, Zentraleinheit *f*
crab [kræb] *s* Krabbe *f* **crabby** ['kræbɪ] ADJ *(+er)* griesgrämig **crabmeat** ['kræbmiːt] *s* Krabbenfleisch *n*
crack [kræk] A *s* ❶ Riss *m*, Ritze *f*, Spalte *f*; *(in Keramik)* Sprung *m*; **leave the window open a ~** lass das Fenster einen Spalt offen; **at the ~ of dawn** in aller Frühe; **to fall** *od* **slip through the ~s** *(US fig)* durch die Maschen schlüpfen ❷ *(≈ Geräusch)* Knacks *m*; *(von Pistole, Peitsche)* Knall *m*, Knallen *n kein pl* ❸ Schlag *m*; **to give oneself a ~ on the head** sich *(dat)* den Kopf anschlagen ❹ *(umg)* Witz *m*; **to make a ~ about sb/sth** einen Witz über jdn/etw reißen ❺ *(umg)* **to have a ~ at sth** etw mal probieren *(umg)* ❻ *(≈ Droge)* Crack *n* B ADJ *attr* erstklassig; MIL Elite-; **~ shot** Meisterschütze *m*, Meisterschützin *f* C VT ❶ *Tasse etc* einen Sprung/Sprünge machen in *(+akk)*; *Eis* einen Riss/Risse machen in *(+akk)* ❷ *Nüsse, Safe* knacken; *(fig umg) Code* knacken; *Fall, Problem* lösen; **I've ~ed it** ich habs! ❸ *Witz* reißen ❹ *Peitsche* knallen mit; *Finger* knacken mit; **to ~ the whip** *(fig)* die Peitsche schwingen ❺ **he ~ed his head against the pavement** er krachte mit dem Kopf aufs Pflaster D VI ❶ *(Tasse etc)* einen Sprung/Sprünge bekommen; *(Eis)* einen Riss/Risse bekommen; *(Lippen)* rissig werden ❷ brechen ❸ knacken; *(Peitsche, Pistole)* knallen ❹ *(umg)* **to get ~ing** loslegen *(umg)*; **to get ~ing with** *od* **on sth** mit etw loslegen *(umg)*; **get ~ing!** los jetzt! ❺ = **crack up I**; **he ~ed under the strain** er ist unter der Belastung zusammengebrochen ♦**crack down** VI hart durchgreifen *(on* bei*)* ♦**crack on** VI *(Br umg)* weitermachen

♦**crack open** <u>VT</u> *trennb* aufbrechen; **to ~ the champagne** die Sektkorken knallen lassen ♦**crack up** **A** <u>VI</u> (*fig umg*) durchdrehen (*umg*); (*unter Druck*) zusammenbrechen; **I/he must be cracking up** (*hum*) so fängts an (*umg*) **B** <u>VT</u> *trennb* (*umg*) **it's not all it's cracked up to be** so toll ist es dann auch wieder nicht **crackdown** ['krækdaʊn] <u>S</u> (*umg*) scharfes Durchgreifen **cracked** <u>ADJ</u> *Tasse, Eis* gesprungen; *Knochen* angebrochen, gebrochen; *Oberfläche* rissig; *Lippen* aufgesprungen **cracker** ['krækə'] <u>S</u> **1** Cracker *m* **2** Knallbonbon *n* **crackers** ['krækəz] <u>ADJ</u> *präd* (*Br umg*) übergeschnappt (*umg*)

crackle ['krækl] **A** <u>VI</u> (*Feuer*) knistern; (*Telefonleitung*) knacken **B** <u>S</u> Knacken *n* **crackling** ['kræklɪŋ] <u>S</u> **1** (⚠ kein pl) = **crackle 2** (⚠ kein pl) GASTR Kruste *f* (*des Schweinebratens*) **crackpot** ['krækpɒt] (*umg*) **A** <u>S</u> Spinner(in) *m(f)* (*umg*) **B** <u>ADJ</u> verrückt

cradle ['kreɪdl] **A** <u>S</u> Wiege *f*; (*von Telefon*) Gabel *f* **B** <u>VT</u> an sich (*akk*) drücken; **he was cradling his injured arm** er hielt sein (*dat*) seinen verletzten Arm; **to ~ sb/sth in one's arms** jdn/etw fest in den Armen halten

craft [krɑːft] <u>S</u> **1** Kunsthandwerk *n* **2** (⚠ kein pl) Kunst *f* **3** *pl* craft Boot *n* **craft fair** <u>S</u> Kunstgewerbemarkt *m* **craftily** ['krɑːftɪlɪ] <u>ADV</u> clever **craftiness** ['krɑːftɪnɪs] <u>S</u> Cleverness *f* **craftsman** ['krɑːftsmən] <u>S</u>, *pl* -men [-mən] Kunsthandwerker *m* **craftsmanship** ['krɑːftsmənʃɪp] <u>S</u> Handwerkskunst *f* **craftswoman** ['krɑːftswʊmən] <u>S</u>, *pl* -women [-wɪmɪn] Kunsthandwerkerin *f* **crafty** ['krɑːftɪ] <u>ADJ</u> (+*er*) clever; **he's a ~ one** (*umg*) er ist ein ganz Schlauer (*umg*)

cram [kræm] **A** <u>VT</u> vollstopfen, hineinstopfen (*in*/*to*) in +*akk*); *Menschen* hineinzwängen (*in*/*to*) in +*akk*); **the room was ~med (with furniture)** der Raum war (mit Möbeln) vollgestopft; **we were all ~med into one room** wir waren alle in einem Zimmer zusammengepfercht **B** <u>VI</u> pauken (*umg*) ♦**cram in** <u>VI</u> sich hineinquetschen (*-to* in +*akk*)

cramp [kræmp] **A** <u>S</u> MED Krampf *m*; **to have ~ in one's leg** einen Krampf im Bein haben; **stomach ~s** *pl* Magenkrämpfe *pl* **B** <u>VT</u> (*fig*) **to ~ sb's style** jdm im Weg sein **cramped** <u>ADJ</u> *Platz* beschränkt; *Zimmer* beengt; **we are very ~ (for space)** wir sind räumlich sehr beschränkt

crampon ['kræmpən] <u>S</u> Steigeisen *n*

cranberry ['krænbərɪ] <u>S</u> Preiselbeere *f*; **~ sauce** Preiselbeersoße *f*

crane [kreɪn] **A** <u>S</u> **1** Kran *m*; **~ driver** Kranführer(in) *m(f)* **2** ORN Kranich *m* **B** <u>VT</u> **to ~ one's neck** sich (*dat*) fast den Hals verrenken (*umg*)

crane — Kran   crane — Kranich

cranefly ['kreɪnflaɪ] <u>S</u> Schnake *f*

crank¹ [kræŋk] <u>S</u> Spinner(in) *m(f)* (*umg*); (*US*) Griesgram *m*

crank² **A** <u>S</u> MECH Kurbel *f* **B** <u>VT</u> (*a.* **crank up**) ankurbeln **crankshaft** ['kræŋkʃɑːft] <u>S</u> AUTO Kurbelwelle *f*

cranky ['kræŋkɪ] <u>ADJ</u> (+*er*) **1** verrückt **2** (*bes US*) griesgrämig

cranny ['krænɪ] <u>S</u> Ritze *f*

crap [kræp] **A** <u>S</u> **1** (*sl*) Scheiße *f* (*vulg*) **2** (*umg* ≈ *Unsinn*) Scheiße *f* (*umg*); **a load of ~** große Scheiße (*umg*) **B** <u>VI</u> (*sl*) scheißen (*vulg*) **C** <u>ADJ</u> *attr* (*umg*) Scheiß- (*umg*)

crap game <u>S</u> (*US*) Würfelspiel *n* (*mit zwei Würfeln*)

crappy ['kræpɪ] <u>ADJ</u> (+*er*) (*umg*) beschissen (*umg*)

crash [kræʃ] **A** <u>S</u> **1** Krach *m kein pl*, Krachen *n kein pl*; **there was a ~ upstairs** es hat oben gekracht; **with a ~** krachend **2** Unfall *m*, Havarie *f* (*österr*), Karambolage *f* (*Flugzeug*)unglück *n*; **to be in a (car) ~** in einen (Auto)unfall verwickelt sein; **to have a ~** einen (Auto)unfall haben, einen Unfall verursachen **3** FIN Zusammenbruch *m*; BÖRSE Börsenkrach *m* **4** IT Absturz *m* **B** <u>ADV</u> krach; **he went ~ into a tree** er krachte gegen einen Baum **C** <u>VT</u> **1** *Auto* einen Unfall haben mit; *Flugzeug* abstürzen mit; **to ~ one's car into sth** mit dem Auto gegen etw krachen **2** IT *Programm, System* zum Absturz bringen **3** (*umg*) **to ~ a party** uneingeladen zu einer Party gehen **D** <u>VI</u> **1** einen Unfall haben; (*Flugzeug*, IT) abstürzen; **to ~ into sth** gegen etw (*akk*) krachen **2** krachen; **to ~ to the ground** zu Boden krachen; **the whole roof came ~ing down (on him)** das ganze Dach krachte auf ihn herunter **3** FIN Pleite machen (*umg*) **4** (*umg*: *a.* **crash out** ≈ *schlafen*) knacken (*sl*) **crash barrier** <u>S</u> Leitplanke *f* **crash course** <u>S</u> Intensivkurs *m* **crash diet** <u>S</u> Radikalkur *f*

crash helmet <u>S</u> Sturzhelm *m* **crash-land** **A** <u>VI</u> bruchlanden **B** <u>VT</u> bruchlanden mit **crash-landing** <u>S</u> Bruchlandung *f* **crash**

CRED

test 5 VERKEHR Crashtest m
crass [kraːs] ADJ (+er) krass; (≈ grob) unfein
crassly ['kraːslɪ] ADV krass; **sich benehmen** unfein
crate [kreɪt] 5 Kiste f; (mit Bier) Kasten m
crater ['kreɪtə'] 5 Krater m
cravat(te) [krə'væt] 5 Halstuch n (⚠ nicht „Krawatte")
crave [kreɪv] VT sich sehnen nach ♦**crave for** VI +obj sich sehnen nach
craving ['kreɪvɪŋ] 5 Verlangen n; **to have a ~ for sth** Verlangen nach etw haben
crawfish ['krɔːfɪʃ] 5, pl - (US) → crayfish
crawl [krɔːl] A 5 **1** **we could only go at a ~** wir kamen nur im Schneckentempo voran **2** (beim Schwimmen) Kraul(stil) m; **to do the ~** kraulen B VI **1** (Mensch, Verkehr) kriechen; (Baby) krabbeln; **he tried to ~ away** er versuchte wegzukriechen **2** wimmeln (with von); **the street was ~ing with police** auf der Straße wimmelte es von Polizisten **3** **he makes my skin ~** wenn ich ihn sehe, kriege ich eine Gänsehaut **4** (umg) kriechen (to vor +dat); **he went ~ing to teacher** er ist gleich zum Lehrer gerannt
crawler lane ['krɔːləleɪn] 5 (Br AUTO) Kriechspur f
crayfish ['kreɪfɪʃ] (Br), **crawfish** (US) 5, pl - **1** Flusskrebs m **2** (im Meer) Languste f
crayon ['kreɪən] A 5 Buntstift m, Wachs(mal)stift m, Pastellstift m B VT & VI (mit Bunt-/Wachsmalstiften) malen
craze [kreɪz] A 5 Fimmel m (umg); **there's a ~ for collecting old things just now** es ist zurzeit große Mode, alte Sachen zu sammeln B VT **a ~d gunman** ein Amokschütze m; **he had a ~d look on his face** er hatte den Gesichtsausdruck eines Wahnsinnigen **crazily** ['kreɪzɪlɪ] ADV **1** herumwirbeln etc wie verrückt **2** (≈ irre) verrückt **craziness** ['kreɪzɪnɪs] 5 Verrücktheit f **crazy** ['kreɪzɪ] ADJ (+er) verrückt (with vor +dat); **to drive sb ~** jdn verrückt machen; **to go ~** verrückt werden; **like ~** (umg) wie verrückt (umg); **to be ~ about sb/sth** ganz verrückt auf jdn/etw sein (umg); **football-~** fußballverrückt (umg) **crazy golf** 5 (Br) Minigolf n (⚠ = (US) **putt-putt golf**) **crazy paving** 5 Mosaikpflaster n
creak [kriːk] A 5 Knarren n kein pl; (von Scharnier, Bettfeder) Quietschen n kein pl B VI knarren; (Scharnier, Bettfeder) quietschen **creaky** ['kriːkɪ] ADJ (+er) knarrend; Scharnier, Bettfeder quietschend
cream [kriːm] A 5 **1** Sahne f, Obers m (österr), Nidel m (schweiz); (≈ Lotion) Creme f; **~ of asparagus/chicken soup** Spargel-/Hühnercremesuppe f **2** (≈ Farbe) Creme(farbe f) n **3** (fig) die Besten; **the ~ of the crop** (≈ Menschen) die Elite;

(≈ Dinge) das Nonplusultra B ADJ **1** (Farbe) creme inv, cremefarben **2** Torte Sahne-, Creme- C VT Butter cremig rühren ♦**cream off** VT trennb (fig) absahnen
cream cake 5 Sahnetorte f, Sahnetörtchen n
cream cheese 5 (Doppelrahm)frischkäse m
creamer ['kriːmə'] 5 **1** (US) Sahnekännchen n **2** (≈ Milchpulver) Kaffeeweißer m **cream puff** 5 Windbeutel m **cream tea** 5 Nachmittagstee m **creamy** ['kriːmɪ] ADJ (+er) sahnig, cremig
crease [kriːs] A 5 Falte f; (in Stoff) Kniff m; (in Hose) (Bügel)falte f B VT Kleidungsstück Falten/eine Falte machen in (+akk); Stoff, Papier Kniffe/einen Kniff machen in (+akk); (unabsichtlich) zerknittern **creased** [kriːst] ADJ zerknittert **crease-proof** ['kriːspruːf], **crease-resistant** ['kriːsrɪzɪstənt] ADJ knitterfrei
create [kriː'eɪt] VT schaffen; die Welt erschaffen; Durchzug, Lärm verursachen; Eindruck machen; Probleme schaffen; (durch Ereignis hervorgerufen) verursachen; IT Datei anlegen **creation** [kriː-'eɪʃən] 5 **1** (⚠ kein pl) Schaffung f; (von Welt) Erschaffung f **2** (⚠ kein pl) **the Creation** die Schöpfung; **the whole of ~** die Schöpfung **3** KUNST Werk n **creative** [kriː'eɪtɪv] ADJ Kraft schöpferisch; Vorgehensweise, Mensch kreativ; **the ~ use of language** kreativer Sprachgebrauch **creative accounting** 5 kreative Buchführung f (um einen falschen Eindruck vom erzielten Gewinn zu erwecken) **creatively** [kriː'eɪtɪvlɪ] ADV kreativ **creative writing** 5 dichterisches Schreiben **creativity** [ˌkriːeɪ'tɪvɪtɪ] 5 schöpferische Begabung; (von Vorgehensweise) Kreativität f **creator** [kriː'eɪtə'] 5 Schöpfer(in) m(f)
creature ['kriːtʃə'] 5 Geschöpf n **creature comforts** PL leibliches Wohl
crèche [kreʃ] 5 (Br) (Kinder)krippe f; (bes US) Kinderheim n
credentials [krɪ'denʃəlz] PL Referenzen pl, (Ausweis)papiere pl; **to present one's ~** seine Papiere vorlegen
credibility [ˌkredə'bɪlɪtɪ] 5 Glaubwürdigkeit f
credible ['kredɪbl] ADJ glaubwürdig **credibly** ['kredɪblɪ] ADV glaubhaft
credit ['kredɪt] A 5 **1** (⚠ kein pl) FIN Kredit m; (in Kneipe etc) Stundung f; **the bank will let me have £5,000 ~** die Bank räumt mir einen Kredit von £ 5.000 ein; **to buy on ~** auf Kredit kaufen; **his ~ is good** er ist kreditwürdig; (bei kleineren Beträgen) er ist vertrauenswürdig; **to give sb (unlimited) ~** jdm (unbegrenzt) Kredit geben **2** FIN (Gut)haben n; HANDEL Kreditposten m; **to be in ~** Geld n auf dem Konto haben; **to keep one's account in ~** sein Konto nicht überziehen; **the ~s and debits** Soll und

CRED | 166

Haben *n*; **how much have we got to our ~?** wie viel haben wir auf dem Konto? 🖪 (❗ kein pl) Ehre *f*, Anerkennung *f*; **he's a ~ to his family** er macht seiner Familie Ehre; **that's to his ~** das ehrt ihn; **her generosity does her ~** ihre Großzügigkeit macht ihr alle Ehre; **to come out of sth with ~** ehrenvoll aus etw hervorgehen; **to get all the ~** die ganze Anerkennung einstecken; **to take the ~ for sth** das Verdienst für etw in Anspruch nehmen; **~ where ~ is due** (*sprichw*) Ehre, wem Ehre gebührt (*sprichw*) 🖪 (❗ kein pl) Glaube *m*; **to give ~ to sth** etw glauben 🖪 (*bes US* UNIV) Schein *m* 🖪 **credits** PL FILM *etc* Vor-/Nachspann *m* 🖪 VT 🖪 glauben; **would you ~ it!** ist das denn die Möglichkeit! 🖪 zuschreiben (+*dat*); **I ~ed him with more sense** ich habe ihn für vernünftiger gehalten; **he was ~ed with having invented it** die Erfindung wurde ihm zugeschrieben 🖪 FIN gutschreiben; **to ~ a sum to sb's account** jds Konto (*dat*) einen Betrag gutschreiben (lassen) **creditable** ['kredɪtəbl] ADJ lobenswert **creditably** ['kredɪtəblɪ] ADV löblich **credit account** 🗐 Kreditkonto *n* **credit balance** 🗐 Kontostand *m* **credit card** 🗐 Kreditkarte *f* **credit check** 🗐 Überprüfung *f* der Kreditwürdigkeit; **to run a ~ on sb** jds Kreditwürdigkeit überprüfen **credit facilities** PL Kreditmöglichkeiten *pl* **credit limit** 🗐 Kreditrahmen *m* **credit note** 🗐 Gutschrift *f* **creditor** ['kredɪtə'] 🗐 Gläubiger *m* **credit rating** 🗐 Kreditwürdigkeit *f* **credit risk** 🗐 **to be a good/poor ~** ein geringes/großes Kreditrisiko darstellen **credit side** 🗐 Habenseite *f*; **on the ~ he's young** für ihn spricht, dass er jung ist **creditworthiness** 🗐 Kreditwürdigkeit *f* **creditworthy** ADJ kreditwürdig

credo ['kriːdəʊ] 🗐, *pl* -s Glaubensbekenntnis *n* **credulity** [krɪ'djuːlɪtɪ] 🗐 (❗ kein pl) Leichtgläubigkeit *f* **credulous** ['kredjʊləs] ADJ leichtgläubig **creed** [kriːd] 🗐 (*fig*) Credo *n* **creek** [kriːk] 🗐 (*bes Br*) (kleine) Bucht; (*US*) Bach *m*; **to be up the ~ (without a paddle)** (*umg*) in der Tinte sitzen (*umg*)

creep [kriːp] *v*: *prät, pperf* **crept** 🖪 VI schleichen, kriechen; **the water level crept higher** der Wasserspiegel kletterte höher; **the story made my flesh ~** bei der Geschichte bekam ich eine Gänsehaut 🖪 🗐 🖪 (*umg* ≈ *Mensch*) Widerling *m* (*umg*) 🖪 (*umg*) **he gives me the ~s** er ist mir nicht geheuer; **this old house gives me the ~s** in dem alten Haus ist es mir nicht geheuer ◆**creep in** VI (*Fehler, Zweifel*) sich einschleichen (*-to* in +*akk*) ◆**creep up** VI sich heranschleichen (*on* an +*akk*); (*Preise*) (in die Höhe)

klettern

creepy ['kriːpɪ] ADJ (+*er*) unheimlich **creepy--crawly** ['kriːpɪ'krɔːlɪ] (*umg*) 🗐 Krabbeltier *n* **cremate** [krɪ'meɪt] VT einäschern **cremation** [krɪ'meɪʃən] 🗐 Einäscherung *f* **crematorium** [,kremə'tɔːrɪəm], (*bes US*) **crematory** ['kremə,tɔːrɪ] 🗐 Krematorium *n* **creosote** ['krɪəsəʊt] 🖪 🗐 Kreosot *n* 🖪 VT mit Kreosot streichen

crêpe [kreɪp] 🖪 🗐 🖪 TEX Krepp *m* 🖪 GASTR Crêpe *m* 🖪 ADJ Krepp- **crêpe paper** 🗐 Krepppapier *n*

crept [krept] *prät, pperf* von **creep**
crescendo [krɪ'ʃendəʊ] 🗐, *pl* -s MUS Crescendo *n*; (*fig*) Zunahme *f*
crescent ['kresnt] 🗐 Halbmond *m*; (*in Straßennamen*) Weg *m* (*halbmondförmig verlaufende Straße*)
cress [kres] 🗐 (Garten)kresse *f*
crest [krest] 🗐 🖪 (*von Vogel*) Haube *f*; (*von Hahn, Berg, Welle*) Kamm *m*; **he's riding on the ~ of a wave** (*fig*) er schwimmt im Augenblick oben 🖪 HERALD Helmzierde *f*; (≈ *Abzeichen*) Wappen *n* **crestfallen** ['krest,fɔːlən] ADJ niedergeschlagen

Crete [kriːt] 🗐 Kreta *n*
cretin ['kretɪn] 🗐 (*umg*) Schwachkopf *m* (*umg*) **cretinous** ['kretɪnəs] ADJ (*umg*) schwachsinnig **Creutzfeldt-Jakob disease** [,krɔɪtsfelt-'jækɒbdɪ,ziːz] 🗐 Creutzfeldt-Jakob-Krankheit *f*
crevasse [krɪ'væs] 🗐 (Gletscher)spalte *f*
crevice ['krevɪs] 🗐 Spalte *f*
crew [kruː] 🗐 🖪 Besatzung *f*; **50 passengers and 20 ~** 50 Passagiere und 20 Mann Besatzung 🖪 (*Br umg*) Bande *f* **crew cut** 🗐 Bürstenschnitt *m* **crew member** 🗐 Besatzungsmitglied *n* **crew neck** 🗐 runder Halsausschnitt; (*a.* **crew-neck pullover** *od* **sweater**) Pullover *m* mit rundem Halsausschnitt
crib [krɪb] 🗐 🖪 (*US*) Kinderbett *n* (❗ = (Br) **cot**) 🖪 Krippe *f* **crib death** 🗐 (*US*) plötzlicher Kindstod (❗ = (Br) **cot death**)
crick [krɪk] 🖪 🗐 **a ~ in one's neck** ein steifes Genick 🖪 VT **to ~ one's back** sich (*dat*) einen steifen Rücken zuziehen
cricket¹ ['krɪkɪt] 🗐 Grille *f*
cricket² 🗐 SPORT Kricket *n*; **that's not ~** (*fig umg*) das ist nicht fair **cricket bat** 🗐 (Kricket)-schlagholz *n* **cricketer** ['krɪkɪtə'] 🗐 Kricketspieler *m*(*f*) **cricket match** 🗐 Kricketspiel *n* **cricket pitch** 🗐 Kricketfeld *n*
crime [kraɪm] 🗐 Straftat *f*; (≈ *schweres Vergehen, fig*) Verbrechen *n*; **it's a ~ to throw away all that good food** es ist eine Schande, all das gute Essen wegzuwerfen; **~ is on the increase** die Zahl der Verbrechen nimmt zu
Crimea [kraɪ'mɪə] 🗐 GEOG Krim *f* **Crimean**

CROP

[kraɪˈmiən] ADJ Krim-
crime prevention S̲ Verbrechensverhütung f **crime rate** S̲ Verbrechensrate f **crime scene** S̲ Tatort m **crime wave** S̲ Verbrechenswelle f
criminal [ˈkrɪmɪnl] A S̲ Straftäter(in) m(f) (form), Kriminelle(e) m/f(m); (fig) Verbrecher(in) m(f) B ADJ **1** kriminell; **~ law** Strafrecht n; **to have a ~ record** vorbestraft sein **2** (fig) kriminell **criminal charge** S̲ **she faces ~s** sie wird eines Verbrechens angeklagt **criminal code** S̲ Strafgesetzbuch n **criminal court** S̲ Strafkammer m **criminality** [ˌkrɪmɪˈnælɪtɪ] S̲ Kriminalität f **criminalize** [ˈkrɪmɪnəlaɪz] VT kriminalisieren **criminal lawyer** S̲ Anwalt m/Anwältin f für Strafsachen, Strafverteidiger(in) m(f) **criminally** [ˈkrɪmɪnəlɪ] ADV kriminell, verbrecherisch **criminal offence**, (US) **criminal offense** S̲ strafbare Handlung **criminologist** [ˌkrɪmɪˈnɒlədʒɪst] S̲ Kriminologe m, Kriminologin f **criminology** [ˌkrɪmɪˈnɒlədʒɪ] S̲ Kriminologie f
crimson [ˈkrɪmzn] A ADJ purpurrot; **to turn** od **go ~** knallrot werden (umg) B S̲ Purpurrot n
cringe [krɪndʒ] VI zurückschrecken (at vor +dat); (fig) schaudern; **he ~d at the thought** er od ihn schauderte bei dem Gedanken; **he ~d when she mispronounced his name** er zuckte zusammen, als sie seinen Namen falsch aussprach
crinkle [ˈkrɪŋkl] A S̲ (Knitter)falte f B VT (zer)knittern C VI knittern **crinkled** ADJ zerknittert **crinkly** [ˈkrɪŋklɪ] ADJ (+er) Papier zerknittert; Ecken wellig
cripple [ˈkrɪpl] A S̲ Krüppel m B VT jdn zum Krüppel machen; Schiff, Flugzeug aktionsunfähig machen; (fig) lähmen; **~d with rheumatism** von Rheuma praktisch gelähmt **crippling** [ˈkrɪplɪŋ] ADJ lähmend; Steuern erdrückend; **a ~ disease** ein Leiden, das einen bewegungsunfähig macht; **a ~ blow** ein schwerer Schlag
crisis [ˈkraɪsɪs] S̲, pl **crises** [ˈkraɪsiːz] Krise f; **to reach ~ point** den Höhepunkt erreichen; **in times of ~** in Krisenzeiten **crisis centre** S̲ Einsatzzentrum n (für Krisenfälle) **crisis management** S̲ Krisenmanagement n
crisp [krɪsp] A ADJ (+er) Apfel knackig; Keks knusprig, resch (österr); Schnee verharscht; Art knapp; Luft frisch; Geldschein brandneu B S̲ (Br) **~s** pl Chips pl (❶ = (US) **chips**); **burned to a ~** völlig verbrutzelt **crispbread** [ˈkrɪspbred] S̲ Knäckebrot n **crisply** [ˈkrɪsplɪ] ADV knackig, knusprig, resch (österr); schreiben, sich ausdrücken knapp **crispy** [ˈkrɪspɪ] ADJ (+er) (umg) knusprig, resch (österr)
criterion [kraɪˈtɪərɪən] S̲, pl **criteria** [kraɪˈtɪərɪə] Kriterium n
critic [ˈkrɪtɪk] S̲ Kritiker(in) m(f); **literary ~** Literaturkritiker(in) m(f); **he's his own worst ~** er kritisiert sich selbst am meisten; **she is a constant ~ of the government** sie kritisiert die Regierung ständig **critical** [ˈkrɪtɪkəl] ADJ kritisch; MED Patient in kritischem Zustand; **the book was a ~ success** das Buch kam bei den Kritikern an; **to cast a ~ eye over sth** sich (dat) etw kritisch ansehen; **to be ~ of sb/sth** jdn/etw kritisieren; **it is ~ (for us) to understand what is happening** es ist (für uns) von entscheidender Bedeutung zu wissen, was vorgeht; **of ~ importance** von entscheidender Bedeutung **critically** [ˈkrɪtɪkəlɪ] ADV **1** kritisch **2** krank schwer **3** **to be ~ important** von entscheidender Bedeutung sein **4** **~ acclaimed** in den Kritiken gelobt
criticism [ˈkrɪtɪsɪzəm] S̲ Kritik f; **literary ~** Literaturkritik f; **to come in for a lot of ~** schwer kritisiert werden
criticize [ˈkrɪtɪsaɪz] VT & VI kritisieren; **to ~ sb for sth** jdn für etw kritisieren; **I ~d her for always being late** ich kritisierte sie dafür, dass sie immer zu spät kommt **critique** [krɪˈtiːk] S̲ Kritik f
critter [ˈkrɪtəʳ] S̲ (US dial) = creature
croak [krəʊk] VT & VI (Frosch) quaken; (Rabe, Mensch) krächzen
Croat [ˈkrəʊæt] S̲ Kroate m, Kroatin f; LING Kroatisch n **Croatia** [krəʊˈeɪʃə] S̲ Kroatien n **Croatian** [krəʊˈeɪʃən] A S̲ = Croat B ADJ kroatisch; **she is ~** sie ist Kroatin
crochet [ˈkrəʊʃeɪ] A S̲ (a. **crochet work**) Häkelei f; **~ hook** Häkelnadel f B VT & VI häkeln
crockery [ˈkrɒkərɪ] S̲ (Br) Geschirr n
crocodile [ˈkrɒkədaɪl] S̲ Krokodil n **crocodile tears** PL Krokodilstränen pl
crocus [ˈkrəʊkəs] S̲ Krokus m
croissant [ˈkrwɑːsɒŋ] S̲ Hörnchen n, Kipferl n (österr)
crony [ˈkrəʊnɪ] S̲ Freund(in) m(f)
crook [krʊk] A S̲ **1** Gauner m (umg) **2** Hirtenstab m B VT Finger krümmen; Arm beugen **crooked** [ˈkrʊkɪd] ADJ krumm; Lächeln schief; Mensch unehrlich **crookedly** [ˈkrʊkɪdlɪ] ADV schief
croon [kruːn] A VT leise singen B VI leise singen **crooner** [ˈkruːnəʳ] S̲ Sänger m (sentimentaler Lieder)
crop [krɒp] A S̲ **1** Ernte f, (Feld)frucht f; (fig ≈ große Zahl) Schwung m; **a good ~ of potatoes** eine gute Kartoffelernte; **to bring the ~s in** die Ernte einbringen; **a ~ of problems** (umg) eine Reihe von Problemen **2** (von Vogel) Kropf m **3** Reitpeitsche f B VT Haar stutzen; **the goat**

~ped the grass die Ziege fraß das Gras ab; ~ped hair kurz geschnittenes Haar ◆crop up VI aufkommen; something's cropped up es ist etwas dazwischengekommen

cropper ['krɒpəʳ] S (Br umg) to come a ~ (wörtl) hinfliegen (umg); (fig ≈ versagen) auf die Nase fallen

crop top S MODE bauchfreies Shirt od Top

croquet ['krəʊkeɪ] S Krocket(spiel) n

croquette [krəʊ'ket] S Krokette f

cross¹ [krɒs] A S 1 Kreuz n; to make the sign of the Cross das Kreuzzeichen machen; we all have our ~ to bear wir haben alle unser Kreuz zu tragen 2 Kreuzung f; (fig) Mittelding n; a ~ between a laugh and a bark eine Mischung aus Lachen und Bellen 3 FUSSB Flanke f B ATTR Straße, Linie Quer- C VT 1 Straße, Fluss, Berge überqueren; Streikpostenkette überschreiten; Land, Zimmer durchqueren; to ~ sb's path (fig) jdm über den Weg laufen; it ~ed my mind that … es fiel mir ein, dass … 2 kreuzen; to ~ one's legs die Beine übereinanderschlagen; to ~ one's arms die Arme verschränken; I'm keeping my fingers ~ed (for you) (umg) ich drücke (dir) die Daumen (umg) 3 Buchstabe, T einen Querstrich machen durch; a ~ed cheque ein Verrechnungsscheck m; to ~ sth through ihn durchstreichen 4 to ~ oneself sich bekreuzigen 5 to ~ sb jdn verärgern D VI 1 die Straße überqueren; (über Ärmelkanal etc) hinüberfahren 2 (Wege, Briefe) sich kreuzen; our paths have ~ed several times (fig) unsere Wege haben sich öfters gekreuzt ◆cross off VT trennb streichen (obj aus, von) ◆cross out VT trennb ausstreichen ◆cross over VI 1 die Straße überqueren 2 überwechseln (to zu)

cross² ADJ (+er) böse; to be ~ with sb mit jdm od auf jdn böse sein

crossbar S (von Fahrrad) Stange f; SPORT Querlatte f cross-border ADJ HANDEL grenzüberschreitend crossbow S (Stand)armbrust f crossbreed A S Kreuzung f B VT kreuzen cross-Channel ADJ attr Kanal- cross-check VT überprüfen cross-country A ADJ Querfeldein-; ~ skiing Langlauf m B ADV querfeldein C S Querfeldeinrennen n cross-dress VI sich als Transvestit kleiden cross-dresser S Transvestit m cross-dressing S Transvestismus m cross-examination S Kreuzverhör n (of über +akk) cross-examine VT ins Kreuzverhör nehmen cross-eyed ADJ schielend; to be ~ schielen cross-fertilize VT BOT kreuzbefruchten crossfire S Kreuzfeuer n; to be caught in the ~ ins Kreuzfeuer geraten crossing ['krɒsɪŋ] S 1 Überquerung f; (≈ von Meer) Überfahrt f 2 Übergang m, Kreuzung f cross-legged [,krɒs'leg(ɪ)d] ADJ, ADV (auf dem Boden) im Schneidersitz crossly ['krɒslɪ] ADV böse cross-party ADJ POL parteienübergreifend, überparteilich cross-purposes PL to be od talk at ~ aneinander vorbeireden cross-refer VT verweisen (to auf +akk) cross-reference S (Quer)verweis m (to auf +akk)

crossroads S (❗ mit Verb im Singular oder Plural) (wörtl) Kreuzung f; (fig) Scheideweg m cross section S Querschnitt m; a ~ of the population ein Querschnitt durch die Bevölkerung cross-stitch S (Handarbeit) Kreuzstich m cross-town ADJ (US) quer durch die Stadt crosswalk S (US) Fußgängerüberweg m (❗ = (Br) pedestrian crossing) crossways, crosswise ADV quer crossword (puzzle) S Kreuzworträtsel n; to do ~s Kreuzworträtsel lösen

crotch [krɒtʃ] S (von Hose) Schritt m; ANAT Unterleib m

crotchet ['krɒtʃɪt] S (Br MUS) Viertelnote f (❗ = (US) quarter note); ~ rest Viertelpause f (❗ = (US) quarter-note rest)

crotchety ['krɒtʃɪtɪ] ADJ (umg) miesepetrig (umg)

crouch [kraʊtʃ] VI sich zusammenkauern; to ~ down sich niederkauern

crow¹ [krəʊ] S ORN Krähe f; as the ~ flies (in der) Luftlinie

crow² A S (von Hahn) Krähen n kein pl B VI 1 (Hahn) krähen 2 (fig) angeben, hämisch frohlocken (over über +akk)

crowbar ['krəʊbɑːʳ] S Brecheisen n

crowd [kraʊd] A S 1 Menschenmenge f;

crow — Krähe

to crow — krähen

169 ‖ CRUS

(SPORT, THEAT) Zuschauermenge f; **to get lost in the ~(s)** in der Menge verloren gehen; **~s of people** Menschenmassen pl; **there was quite a ~** es waren eine ganze Menge Leute da; **a whole ~ of us** ein ganzer Haufen von uns (umg) ◙ Clique f; **the university ~** die Uni-Clique; **the usual ~** die üblichen Leute ◙ (❗ kein pl) **to follow the ~** mit der Herde laufen; **she hates to be just one of the ~** sie geht nicht gern in der Masse unter ◙ V̅T̅ (sich) drängen; **to ~ (a)round** sich herumdrängen; **to ~ (a)round sb/sth** (sich) um jdn/etw herumdrängen ◙ V̅T̅ **to ~ the streets** die Straßen bevölkern ◆**crowd out** V̅T̅ trennb **the pub was crowded out** das Lokal war gerammelt voll (umg)

crowded ['kraʊdɪd] A̅D̅J̅ ◙ Zug etc überfüllt; **the streets/shops are ~** es ist voll auf den Straßen/in den Geschäften; **~ with people** voller Menschen ◙ Stadt überbevölkert **crowd pleaser** ['kraʊdpliːzəʳ] S̅ Publikumsliebling m; (≈ Veranstaltung) Publikumserfolg m **crowd puller** ['kraʊdpʊləʳ] S̅ Kassenmagnet m

crown [kraʊn] A̅ S̅ ◙ Krone f; **to be heir to the ~** Thronfolger(in) m(f) sein ◙ (von Kopf) Wirbel m; (von Berg) Kuppe f ◙ V̅T̅ krönen; **he was ~ed king** er ist zum König gekrönt worden **crown court** S̅ Bezirksgericht für Strafsachen **crown jewels** P̅L̅ Kronjuwelen pl **crown prince** S̅ Kronprinz m **crown princess** S̅ Kronprinzessin f

crow's feet P̅L̅ Krähenfüße pl **crow's nest** S̅ SCHIFF Mastkorb m

crucial ['kruːʃəl] A̅D̅J̅ ◙ entscheidend (to für) ◙ äußerst wichtig **crucially** ['kruːʃəlɪ] A̅D̅V̅ ausschlaggebend; **~ important** von entscheidender Bedeutung

crucible ['kruːsɪbl] S̅ (Schmelz)tiegel m

crucifix ['kruːsɪfɪks] S̅ Kruzifix n **crucifixion** [ˌkruːsɪˈfɪkʃən] S̅ Kreuzigung f **crucify** ['kruːsɪfaɪ] V̅T̅ (wörtl) kreuzigen ◙ (fig umg) in der Luft zerreißen (umg)

crude [kruːd] A̅ A̅D̅J̅ (+er) ◙ Roh-, roh ◙ derb ◙ primitiv; Zeichnung grob; Versuch unbeholfen ◙ S̅ Rohöl n **crudely** ['kruːdlɪ] A̅D̅V̅ ◙ derb ◙ primitiv; sich benehmen ungehobelt; **to put it ~** um es ganz grob auszudrücken **crudeness** ['kruːdnɪs], **crudity** ['kruːdɪtɪ] S̅ ◙ Derbheit f ◙ Primitivität f **crude oil** S̅ Rohöl n

crudités ['kruːdɪteɪz] P̅L̅ rohes Gemüse, serviert mit Dips

cruel ['kruːəl] A̅D̅J̅ grausam (to zu); **to be ~ to animals** ein Tierquäler sein; **to be ~ to one's dog** seinen Hund quälen; **don't be ~!** sei nicht so gemein! **cruelly** ['kruːəlɪ] A̅D̅V̅ grausam **cruelty** ['kruːəltɪ] S̅ Grausamkeit f (to gegenüber); **~ to children** Kindesmisshandlung f;

~ to animals Tierquälerei f **cruelty-free** A̅D̅J̅ Kosmetika nicht an Tieren getestet

cruet ['kruːɪt] S̅ Gewürzständer m

cruise [kruːz] A̅ V̅I̅ ◙ (Auto) Dauergeschwindigkeit fahren; **we were cruising along the road** wir fuhren (gemächlich) die Straße entlang; **we are now cruising at a height of ...** wir fliegen nun in einer Flughöhe von ... ◙ (fig) **to ~ to victory** einen leichten Sieg erringen ◙ V̅T̅ (Schiff) befahren; (Auto) Straßen fahren auf (+dat); Gebiet abfahren ◙ S̅ Kreuzfahrt f; **to go on a ~** eine Kreuzfahrt machen **cruise missile** S̅ Marschflugkörper m

crumb [krʌm] S̅ Krümel m **crumble** ['krʌmbl] A̅ V̅T̅ zerkrümeln; **to ~ sth into/onto sth** etw in/auf etw (akk) krümeln ◙ V̅I̅ (Ziegelstein) bröckeln; (Kuchen) krümeln; (Erde, Gebäude) zerbröckeln; (fig: Widerstand) sich auflösen ◙ S̅ (Br GASTR) Obst n mit Streusel; (auf Kuchen) Streusel pl; **rhubarb ~** mit Streuseln bestreutes, überbackenes Rhabarberdessert **crumbly** ['krʌmblɪ] A̅D̅J̅ (+er) Stein, Erde bröckelig; Kuchen krümelig **crummy** ['krʌmɪ] A̅D̅J̅ (+er) (umg) mies (umg) **crumpet** ['krʌmpɪt] S̅ GASTR süßes, pfannkuchenartiges Gebäck **crumple** ['krʌmpl] A̅ V̅T̅ (a. **crumple up**) zerknittern, zusammenknüllen; Metall eindrücken ◙ V̅I̅ zusammenbrechen; (Metall) zusammengedrückt werden

crunch [krʌntʃ] A̅ V̅T̅ ◙ Keks etc mampfen (umg); **he ~ed the ice underfoot** das Eis zersplitterte unter seinen Füßen; **to ~ the gears** AUTO die Gänge reinwürgen (umg) ◙ IT verarbeiten ◙ V̅I̅ (Kies) knirschen; **he ~ed across the gravel** er ging mit knirschenden Schritten über den Kies; **he was ~ing on a carrot** er mampfte eine Möhre (umg) ◙ S̅ ◙ (umg) **the ~** der große Krach; **when it comes to the ~** wenn der entscheidende Moment kommt ◙ SPORT **~ machine** Bauchmuskelmaschine f; **crunches** P̅L̅ Bauchpressen pl **crunchy** ['krʌntʃɪ] A̅D̅J̅ (+er) Apfel knackig; Keks knusprig, resch (österr)

crusade [kruːˈseɪd] A̅ S̅ Kreuzzug m ◙ V̅I̅ einen Kreuzzug/Kreuzzüge führen **crusader** [kruːˈseɪdəʳ] S̅ HIST Kreuzfahrer m; (fig) Apostel m

crush [krʌʃ] A̅ S̅ ◙ Gedrängel n; **it'll be a bit of a ~** es wird ein bisschen eng werden ◙ (umg) **to have a ~ on sb** in jdn verschossen sein (umg); **schoolgirl ~** Schulmädchenschwärmerei f ◙ Saftgetränk n ◙ V̅T̅ ◙ quetschen; Obst zerdrücken, zerquetschen; (≈ töten) zu Tode quetschen; Knoblauchzehe (zer)stoßen; Eis stoßen; Metall zusammenpressen; Kleidung, Papier zerknittern; **I was ~ed between two enormous men in the plane** ich war im Flugzeug zwischen zwei fetten Männern eingequetscht; **to ~ sb**

CRUS ‖ 170

into sth jdn in etw (akk) quetschen; **to ~ sth into sth** etw in etw (akk) stopfen ☑ (fig) Feind vernichten; Opposition niederschlagen **crushing** ['krʌʃɪŋ] ADJ Niederlage zerschmetternd; Schlag vernichtend

crust [krʌst] S̄ Kruste f; **the earth's ~** die Erdkruste; **to earn a ~** (umg) seinen Lebensunterhalt verdienen

crustacean [krʌs'teɪʃən] S̄ Schalentier n

crusty ['krʌstɪ] ADJ (+er) knusprig, resch (österr)

crutch [krʌtʃ] S̄ ☑ Krücke f ☑ = **crotch**

cry [kraɪ] A S̄ ☑ Schrei m, Ruf m; **to give a ~** (auf)schreien; **a ~ of pain** ein Schmerzensschrei m; **a ~ for help** ein Hilferuf m; **he gave a ~ for help** er rief um Hilfe ☑ **to have a good ~** sich einmal richtig ausweinen B V̄ı̄ ☑ weinen; (Baby) schreien; **she was ~ing for her teddy bear** sie weinte nach ihrem Teddy ☑ rufen, schreien; **to ~ for help** um Hilfe rufen/schreien C V̄t̄ ☑ rufen, schreien ☑ weinen; **to ~ one's eyes out** sich (dat) die Augen ausweinen; **to ~ oneself to sleep** sich in den Schlaf weinen ♦**cry off** V̄ı̄ (Br) einen Rückzieher machen ♦**cry out** V̄ı̄ ☑ aufschreien; **to ~ to sb** jdm etwas zuschreien; **well, for crying out loud!** (umg) na, das darf doch wohl nicht wahr sein! ☑ (fig) **to be crying out for sth** nach etw schreien

crybaby ['kraɪbeɪbɪ] S̄ (umg) Heulsuse f (umg)

crying ['kraɪɪŋ] A ADJ (fig) **it is a ~ shame** es ist jammerschade B S̄ Weinen n; (von Baby) Schreien n

crypt [krɪpt] S̄ Krypta f; (≈ Grab) Gruft f

cryptic ['krɪptɪk] ADJ Bemerkung hintergründig; Hinweis etc verschlüsselt **cryptically** ['krɪptɪkəlɪ] ADV hintergründig

crystal ['krɪstl] A S̄ Kristall m B ADJ Kristall-**crystal ball** S̄ Glaskugel f **crystal-clear** ADJ glasklar **crystallize** ['krɪstəlaɪz] V̄ı̄ (wörtl) kristallisieren; (fig) feste Form annehmen **crystallized** ADJ kristallisiert; Früchte kandiert

CS gas S̄ ≈ Tränengas n

CST abk von Central Standard Time minus sieben Stunden mitteleuropäischer Zeit

ct ☑ abk von **cent** ct ☑ abk von **carat** Karat

cub [kʌb] S̄ ☑ (von Tier) Junge(s) n ☑ **Cub** (bei Pfadfindern) Wölfling m

Cuba ['kjuːbə] S̄ Kuba n **Cuban** A ADJ kubanisch B S̄ Kubaner(in) m(f)

cubbyhole ['kʌbɪhəʊl] S̄ Kabuff n

cube [kjuːb] A S̄ ☑ Würfel m ☑ MATH dritte Potenz B V̄t̄ MATH hoch 3 nehmen; **four ~d** vier hoch drei **cube root** S̄ Kubikwurzel f **cube sugar** S̄ Würfelzucker m **cubic** ['kjuːbɪk] ADJ Kubik-; **~ metre** Kubikmeter cu-

bic capacity S̄ Fassungsvermögen n; (von Motor) Hubraum m

cubicle ['kjuːbɪkəl] S̄ Kabine f; (in WC) (Einzel)toilette f

cubism ['kjuːbɪzəm] S̄ Kubismus m **cubist** ['kjuːbɪst] A S̄ Kubist(in) m(f) B ADJ kubistisch

Cub Scout S̄ Wölfling m

cuckoo ['kʊkuː] S̄, pl -s Kuckuck m **cuckoo clock** S̄ Kuckucksuhr f

cucumber ['kjuːkʌmbə'] S̄ (Salat)gurke f; **as cool as a ~** seelenruhig

cud [kʌd] S̄ **to chew the ~** (wörtl) wiederkäuen

cuddle ['kʌdl] A S̄ Liebkosung f; **to give sb a ~** jdn in den Arm nehmen; **to have a ~** schmusen B V̄t̄ in den Arm nehmen C V̄ı̄ schmusen ♦**cuddle up** V̄ı̄ sich kuscheln (to, against an +akk); **to ~ in bed** sich im Bett zusammenkuscheln

cuddly ['kʌdlɪ] ADJ (+er) knuddelig (umg) **cuddly toy** S̄ Schmusetier n (umg)

cudgel ['kʌdʒəl] S̄ (Br) Knüppel m

cue [kjuː] S̄ ☑ (THEAT, fig) Stichwort n; FILM, TV Zeichen n zum Aufnahmebeginn; MUS Einsatz m; **to take one's ~ from sb** sich nach jdm richten ☑ (Billard) Queue n **cue ball** S̄ Spielball m

cuff¹ [kʌf] S̄ ☑ Manschette f; **off the ~** aus dem Stegreif ☑ (US) (Hosen)aufschlag m (❗ = (Br) **turn-up**)

cuff² V̄t̄ einen Klaps geben (+dat)

cuff link S̄ Manschettenknopf m

cuisine [kwɪ'ziːn] S̄ Küche f

cul-de-sac ['kʌldəsæk] S̄ (Br) Sackgasse f (❗ = (US) **dead-end street**)

culinary ['kʌlɪnərɪ] ADJ kulinarisch; Geschick im Kochen

cull [kʌl] A S̄ Keulen n B V̄t̄ ☑ (als überschüssig) erlegen ☑ kranke Tiere keulen

culminate ['kʌlmɪneɪt] V̄ı̄ (fig) gipfeln (in in +dat), herauslaufen (in auf +akk) **culmination** [ˌkʌlmɪ'neɪʃən] S̄ (fig) Höhepunkt m, Ende n

culottes [kjuː'lɒts] PL Hosenrock m; **a pair of ~** ein Hosenrock

culpability [ˌkʌlpə'bɪlɪtɪ] S̄ (form) Schuld f **culpable** ['kʌlpəbl] ADJ (form) schuldig **culprit** ['kʌlprɪt] S̄ Schuldige(r) m/f(m); JUR Täter(in) m(f); (umg) Übeltäter(in) m(f)

cult [kʌlt] A S̄ (REL, fig) Kult m B ATTR Kult-

cultivate ['kʌltɪveɪt] V̄t̄ ☑ (wörtl) kultivieren; Getreide etc anbauen ☑ (fig) Beziehungen pflegen **cultivated** ADJ (AGR, fig) kultiviert **cultivation** [ˌkʌltɪ'veɪʃən] S̄ ☑ (wörtl) Kultivieren n; (von Getreide etc) Anbau m ☑ (fig: von Beziehungen) Pflege f (of von) **cultivator** ['kʌltɪveɪtə'] S̄ (≈ Maschine) Grubber m

cult movie S̄ Kultfilm m

cultural ['kʌltʃərəl] ADJ Kultur-, kulturell; **~**

differences kulturelle Unterschiede pl **culturally** ['kʌltʃərəlɪ] ADV kulturell
culture ['kʌltʃə'] S̲ Kultur f; (von Tieren) Zucht f; **a man of ~/of no ~** ein Mann mit/ohne Kultur; **to study German ~** die deutsche Kultur studieren **cultured** ADJ kultiviert **culture shock** S̲ Kulturschock m
cum [kʌm] PRÄP **a sort of sofa-~-bed** eine Art von Sofa und Bett in einem
cumbersome ['kʌmbəsəm] ADJ Kleidung (be)hinderlich; Stil schwerfällig; Prozedur beschwerlich
cumin ['kʌmɪn] S̲ Kreuzkümmel m
cumulative ['kju:mjʊlətɪv] ADJ gesamt **cumulative interest** S̲ FIN Zins und Zinseszins **cumulatively** ['kju:mjʊlətɪvlɪ] ADV kumulativ
cunnilingus [ˌkʌnɪ'lɪŋgəs] S̲ Cunnilingus m
cunning ['kʌnɪŋ] A S̲ Schlauheit f B ADJ Plan, Mensch schlau, gerissen; Miene verschmitzt
cunningly ['kʌnɪŋlɪ] ADV schlau; **a ~ designed little gadget** ein clever ausgedachtes Ding
cunt [kʌnt] S̲ (vulg) Fotze f (vulg); (als Schimpfwort) Arsch m (vulg)
cup [kʌp] A S̲ Tasse f; (≈ Trophäe) Pokal m; (mit Henkel) Becher m; (GASTR: Maßeinheit) 8 fl oz = 0,22 l; **a ~ of tea** eine Tasse Tee; **that's not my ~ of tea** (fig umg) das ist nicht mein Fall; **they're out of the Cup** sie sind aus dem Pokal(-wettbewerb) ausgeschieden B VT Hände hohl machen; **to ~ one's hand to one's ear** die Hand ans Ohr halten
cupboard ['kʌbəd] S̲ (in Küche, Wohnzimmer) Schrank m, Kasten m (österr, schweiz) (!) Kleiderschrank = (Br) **wardrobe**, (US) **closet**) **cupcake** S̲ kleiner, runder Kuchen **Cup Final** S̲ Pokalendspiel n **cupful** S̲, pl cupsful, cupfuls Tasse(voll) f
cupid ['kju:pɪd] S̲ Amorette f; **Cupid** Amor m
cupola ['kju:pələ] S̲ ARCH Kuppel f
cuppa ['kʌpə] S̲ (Br umg) Tasse Tee f
cup size S̲ (von BH) Körbchengröße f **cup tie** S̲ Pokalspiel n **Cup Winners' Cup** S̲ FUSSB Europapokal m der Pokalsieger
curable ['kjʊərəbl] ADJ heilbar
curb [kɜ:b] A S̲ 1 (fig) Behinderung f; **to put a ~ on sth** etw einschränken 2 (US) Bordsteinkante f (!) = (Br) **kerb**) B VT (fig) zügeln; Ausgaben dämpfen; Immigration bremsen (umg) **curbside** ADJ (US) Straßenrand m; **~ parking** Kurzparken n
curd [kɜ:d] S̲ (oft pl) Quark m, Topfen m (österr)
curd cheese S̲ Weißkäse m
curdle ['kɜ:dl] A VT gerinnen lassen B VI gerinnen; **his blood ~d** das Blut gerann ihm in den Adern

cure [kjʊə'] A VT 1 MED heilen; **to be ~d (of sth)** (von etw) geheilt sein 2 (fig) Inflation etc abhelfen (+dat); **to ~ sb of sth** jdm etw austreiben 3 Speisen haltbar machen; (mit Salz) pökeln; (mit Rauch) räuchern, selchen (österr); (mit Wärme) trocknen B S̲ MED (Heil)mittel n (for gegen); (≈ Behandlung) Heilverfahren n (for sb für jdn, for sth gegen etw); (≈ in Heilbad etc) Kur f; (fig) Mittel n (for gegen); **there's no ~ for that** (wörtl) das ist unheilbar; (fig) dagegen kann man nichts machen **cure-all** ['kjʊərɔ:l] S̲ Allheilmittel n
curfew ['kɜ:fju:] S̲ Ausgangssperre f; **to be under ~** unter Ausgangssperre stehen
curio ['kjʊərɪəʊ] S̲, pl -s Kuriosität f **curiosity** [ˌkjʊərɪ'ɒsɪtɪ] S̲ (!) kein pl) Neugier f, Wissbegier(de) f; **out of** od **from ~** aus Neugier
curious ['kjʊərɪəs] ADJ 1 neugierig; **I'm ~ to know what he'll do** ich bin mal gespannt, was er macht; **I'm ~ to know how he did it** ich bin neugierig zu erfahren, wie er das gemacht hat; **why do you ask? — I'm just ~** warum fragst du? — nur so 2 sonderbar; **how ~!** wie seltsam! **curiously** ['kjʊərɪəslɪ] ADV 1 neugierig 2 seltsam; **~ (enough), he didn't object** merkwürdigerweise hatte er nichts dagegen
curl [kɜ:l] A S̲ (von Haar) Locke f B VT Haare locken, in Locken legen, kräuseln; Ecken umbiegen C VI (Haar) sich locken, sich kräuseln; (von Natur aus) lockig sein; (Papier) sich wellen ♦**curl up** A VI sich zusammenrollen; (Papier) sich wellen; **to ~ in bed** sich ins Bett kuscheln; **to ~ with a good book** es sich (dat) mit einem guten Buch gemütlich machen B VT trennb wellen; Ecken hochbiegen; **to curl oneself/itself up** sich zusammenkugeln
curler ['kɜ:lə'] S̲ Lockenwickel m; **to put one's ~s in** sich (dat) die Haare eindrehen; **my hair was in ~s** ich hatte Lockenwickel im Haar
curlew ['kɜ:lju:] S̲ Brachvogel m
curling ['kɜ:lɪŋ] S̲ SPORT Curling n **curling tongs** PL, (US) **curling iron** S̲ Lockenschere f, Lockenstab m **curly** ['kɜ:lɪ] ADJ (+er) Haar lockig, kraus; Schwanz geringelt; Muster verschnörkelt **curly-haired** ['kɜ:lɪ'hɛəd] ADJ lockig, krausköpfig
currant ['kʌrənt] S̲ 1 Korinthe f 2 BOT Johannisbeere f, Ribisel f (österr); **~ bush** Johannisbeerstrauch m, Ribiselstrauch m (österr) **currant bun** S̲ Rosinenbrötchen n
currency ['kʌrənsɪ] S̲ 1 FIN Währung f; **foreign ~** Devisen pl 2 **to gain ~** sich verbreiten
currency market S̲ Devisenmarkt m
current ['kʌrənt] A ADJ gegenwärtig; Politik, Preis aktuell; Forschung, Monat laufend; Ausgabe letzte(r, s); Meinung verbreitet; **~ affairs** aktuel-

currant — Korinthe

currant — Johannisbeere

le Fragen *pl*; **in ~ use** allgemein gebräuchlich **B** s̲ **1** Strömung *f*, Luftströmung *f*; **with/against the ~** mit dem/gegen den Strom **2** ELEK Strom *m* **3** (*fig: von Ereignissen etc*) Trend *m* **current account** s̲ Girokonto *n* **current assets** PL Umlaufvermögen *n* **current capital** s̲ (*US*) Betriebskapital *n* **current expenses** PL laufende Ausgaben *pl* **currently** ['kʌrəntlɪ] ADV gegenwärtig

curricula [kə'rɪkjʊlə] *pl* von curriculum **curricular** [kə'rɪkjʊlə'] ADJ lehrplanmäßig **curriculum** [kə'rɪkjʊləm] s̲, *pl* curricula Lehrplan *m*; **to be on the ~** auf dem Lehrplan stehen **curriculum vitae** [kə'rɪkjʊləm'vi:taɪ] s̲ (*Br*) Lebenslauf *m* (❗ = (US) **résumé**)

curry¹ ['kʌrɪ] GASTR s̲ Curry *m* od *n*; (≈ *Gericht*) Curry *n*; **~ sauce** Currysoße *f*

curry² VT **to ~ favour (with sb)** sich (bei jdm) einschmeicheln

curry powder s̲ Currypulver *n*

curse [kɜ:s] **A** s̲ Fluch *m*; (umg) Plage *f* (umg); **the ~ of drunkenness** der Fluch des Alkohols; **to be under a ~** unter einem Fluch stehen; **to put sb under a ~** jdn mit einem Fluch belegen **B** VT **1** verfluchen; **~ you/it!** (umg) verflucht! (umg); **where is he now, ~ him!** (umg) wo steckt er jetzt, der verfluchte Kerl! (umg) **2** fluchen über (+akk) **3** (*fig*) **to be ~d with sb/sth** mit jdm/etw geschlagen sein **C** VI fluchen **cursed** ['kɜːsɪd] ADJ (umg) verflucht (umg)

cursor ['kɜːsə'] s̲ IT Cursor *m*

cursorily ['kɜːsərɪlɪ] ADV flüchtig **cursory** ['kɜːsərɪ] ADJ flüchtig

curt [kɜːt] ADJ (+er) *Mensch* kurz angebunden; *Brief, Ablehnung* knapp; **to be ~ with sb** zu jdm kurz angebunden sein

curtail [kɜːˈteɪl] VT kürzen

curtain ['kɜːtn] s̲ **1** (❗ meist *pl*) (*Br: aus dichtem Material*) Vorhang *m*, Gardine *f* (❗ = (US) **drapes**); **to draw** *od* **pull the ~s** (≈ *öffnen*) den Vorhang/die Vorhänge aufziehen; (≈ *schließen*) den Vorhang/die Vorhänge zuziehen **2** (*US: aus durchsichtigem Material*) Store *m*, Tüllgardine *f* (❗ = (Br) **net curtain**) **3** THEAT Vorhang *m*; **the ~ rises/falls** der Vorhang hebt sich/fällt ♦**curtain off** VT trennb durch einen Vorhang/Vorhänge abtrennen

curtain call s̲ THEAT Vorhang *m*; **to take a ~** vor den Vorhang treten **curtain hook** s̲ Gardinengleithaken *m* **curtain pole** s̲ Vorhangstange *f* **curtain rail** s̲ Vorhangschiene *f* **curtain ring** s̲ Gardinenring *m*

curtly ['kɜːtlɪ] ADV *antworten* knapp; *sich weigern* kurzerhand

curtsey, (*US*) **curtsy** ['kɜːtsɪ] **A** s̲ Knicks *m* **B** VI knicksen (*to* vor +dat)

curvaceous [kɜːˈveɪʃəs] ADJ üppig **curvature** ['kɜːvətʃə'] s̲ Krümmung *f*, Verkrümmung *f*; **~ of the spine** Rückgratkrümmung *f*; (*abnormal*) Rückgratverkrümmung *f* **curve** [kɜːv] **A** s̲ Kurve *f*; (*von Körper, Vase*) Rundung *f*; (*von Fluss*) Biegung *f*; **there's a ~ in the road** die Straße macht einen Bogen **B** VT biegen **C** VI **1** (*Linie, Straße*) einen Bogen machen; (*Fluss*) eine Biegung machen **2** sich wölben; (*Metallstreifen*) sich biegen **curved** [kɜːvd] ADJ *Linie* gebogen; *Oberfläche* gewölbt

cushion ['kʊʃən] **A** s̲ Kissen *n*; (*a. fig*) Polster *n* (❗ Das Kopfkissen fürs Bett heißt **pillow**.); **~ cover** Kissenbezug *m* **B** VT *Fall, Schlag* dämpfen

cushy ['kʊʃɪ] ADJ (+er) (umg) bequem; **a ~ job** ein ruhiger Job

cussword ['kʌswɜːd] s̲ (*US umg*) Kraftausdruck *m*

custard ['kʌstəd] s̲ ≈ Vanillesoße *f*, ≈ Vanillepudding *m*

custodian [kʌsˈtəʊdɪən] s̲ (*von Museum*) Aufseher(in) *m(f)*; (*von Schatz*) Hüter(in) *m(f)* **custody** ['kʌstədɪ] s̲ **1** Obhut *f*; (JUR: *für Kinder*) Sorgerecht *n* (*of* für, über +akk), Vormundschaft *f* (*of* für, über +akk); **to put** *od* **place sth in sb's ~** etw jdm zur Aufbewahrung anvertrauen; **the mother was awarded ~ of the children after the divorce** der Mutter wurde bei der Scheidung das Sorgerecht über die Kinder zugesprochen **2** (*polizeilicher*) Gewahrsam *m*; **to take sb into ~** jdn verhaften

custom ['kʌstəm] **A** s̲ **1** Brauch *m* **2** (An)gewohnheit *f*; **it was his ~ to rest each afternoon** er pflegte am Nachmittag zu ruhen

173 ‖ CUTO

(geh) **3** (**!** kein pl) HANDEL Kundschaft f; **to take one's ~ elsewhere** woanders Kunde werden **4** **customs** PL Zoll m; **to go through ~s** durch den Zoll gehen **B** ADJ (US) Anzug maßgefertigt; Schreiner auf Bestellung arbeitend **customarily** ['kʌstəmərɪlɪ] ADV üblicherweise **customary** ['kʌstəmərɪ] ADJ üblich, gewohnt; **it's ~ to wear a tie** man trägt normalerweise od gewöhnlich eine Krawatte **custom-built** ['kʌstəm'bɪlt] ADJ speziell angefertigt

customer ['kʌstəmə'] S **1** HANDEL Kunde m, Kundin f; **our ~s** unsere Kundschaft **2** (umg ≈ Mensch) Kunde m (umg) **customer service(s)** S Kundendienst m; **~ department** Kundendienstabteilung f

customize ['kʌstəmaɪz] VT auf Bestellung fertigen **custom-made** ['kʌstəmmeɪd] ADJ Kleidung maßgefertigt; Möbel, Auto speziell angefertigt

customs authorities PL Zollbehörden pl **customs declaration** S Zollerklärung f **customs officer** S Zollbeamte(r) m, Zollbeamtin f

---

cut [kʌt]
v: prät, pperf cut

A Substantiv	B Adjektiv
C transitives Verb	D intransitives Verb

— A Substantiv —

1 Schnitt m, Schnittwunde f; **to make a ~ in sth** in etw (akk) einen Einschnitt machen; **his hair could do with a ~** seine Haare könnten mal wieder geschnitten werden; **it's a ~ above the rest** es ist den anderen um einiges überlegen **2** (von Preis) Senkung f; (von Gehältern, Ausgaben, Text, Film etc) Kürzung f; (von Arbeitszeit) (Ver)kürzung f; (von Produktion) Einschränkung f; **a ~ in taxes** eine Steuersenkung; **a 1% ~ in interest rates** eine 1%ige Senkung des Zinssatzes; **he had to take a ~ in salary** er musste eine Gehaltskürzung hinnehmen **3** (von Fleisch) Stück n **4** (umg) (An)teil m; **to take one's ~** sich (dat) seinen Teil od Anteil nehmen **5** ELEK **power/electricity ~** Stromausfall m

— B Adjektiv —

geschnitten; Rasen gemäht; **~ flowers** Schnittblumen pl

— C transitives Verb —

1 schneiden; Kuchen anschneiden; Seil durchschneiden; Rasen mähen; **to ~ one's finger** sich (dat) am Finger schneiden; **to ~ one's nails** sich (dat) die Nägel schneiden; **to ~ oneself (shaving)** sich (beim Rasieren) schneiden; **to ~ sth in half/three** etw

halbieren/dritteln; **to ~ a hole in sth** ein Loch in etw (akk) schneiden; **to ~ to pieces** zerstückeln; **to ~ open** aufschneiden; **he ~ his head open** er hat sich (dat) den Kopf aufgeschlagen; **to have** od **get one's hair ~** sich (dat) die Haare schneiden lassen; **to ~ sb loose** jdn losschneiden **2** Glas, Diamant schleifen; Stoff zuschneiden; Schlüssel anfertigen **3** Verbindungen abbrechen **4** Preise herabsetzen; Arbeitszeit, Ausgaben, Gehalt, Film kürzen; Produktion verringern **5** Teile von Text, Film streichen; **to ~ and paste text** IT Text ausschneiden und einfügen **6** KART **to ~ the cards/the pack** abheben **7** Motor abstellen **8** **to ~ sb short** jdm das Wort abschneiden; **to ~ sth short** etw vorzeitig abbrechen; **to ~ a long story short** der langen Rede kurzer Sinn; **to ~ sb dead** (Br) jdn wie Luft behandeln; **to ~ a tooth** zahnen; **aren't you ~ting it a bit fine?** (Br) ist das nicht ein bisschen knapp?; **to ~ one's losses** eine Sache abschließen, ehe der Schaden (noch) größer wird

— D intransitives Verb —

1 (Messer, Schere) schneiden; **to ~ loose** (fig) sich losmachen; **to ~ both ways** (fig) ein zweischneidiges Schwert sein; **to ~ and run** abhauen (umg) **2** FILM überblenden (to zu), abbrechen; **~!** Schnitt!

♦**cut across** VT +obj **1** (wörtl) hinübergehen/-fahren etc (obj über +akk); **if you ~ the fields** wenn Sie über die Felder gehen **2** (fig) **this problem cuts across all ages** dieses Problem betrifft alle Altersgruppen ♦**cut back** A VI **1** zurückgehen/-fahren; FILM zurückblenden **2** sich einschränken; **to ~ on expenses** etc die Ausgaben etc einschränken; **to ~ on smoking/sweets** weniger rauchen/Süßigkeiten essen **B** VT trennb **1** Pflanzen zurückschneiden **2** Produktion, Ausgaben einschränken ♦**cut down** A VT trennb **1** Baum fällen **2** Zahl, Ausgaben einschränken; Text zusammenstreichen (to auf +akk); **to cut sb down to size** jdn auf seinen Platz verweisen **B** VI sich einschränken; **to ~ on sth** etw einschränken; **to ~ on sweets** weniger Süßigkeiten essen ♦**cut in** VI **1** sich einschalten (on in +akk); **to ~ on sb** jdn unterbrechen **2** AUTO sich direkt vor ein anderes/das andere Auto hineindrängen; **to ~ in front of sb** jdn schneiden ♦**cut into** VT +obj **1** Kuchen anschneiden **2** (fig) Ersparnisse ein Loch reißen in (+akk); Urlaub verkürzen ♦**cut off** VT trennb **1** abschneiden; **we're very ~ out here** wir leben hier draußen sehr abgeschieden; **to cut sb off in the middle of a sentence** jdn mitten im Satz unterbrechen **2** enterben **3** Gas etc abstellen; **we've been ~** TEL wir

CUTO | 174

sind unterbrochen worden ♦**cut out** A VII (*Motor*) aussetzen B VII *trennb* 1 ausschneiden; *Kleid* zuschneiden 2 (heraus)streichen; *Rauchen* aufhören mit; **double glazing cuts out the noise** Doppelfenster verhindern, dass der Lärm hereindringt; **cut it out!** (*umg*) lass das (sein)! (*umg*); **and you can ~ the self-pity for a start!** und mit Selbstmitleid brauchst du gar nicht erst zu kommen! 3 (*fig*) **to be ~ for sth** zu etw geeignet sein; **he's not ~ to be a doctor** er ist nicht zum Arzt geeignet 4 **to have one's work ~** alle Hände voll zu tun haben ♦**cut up** VII *trennb* 1 *Fleisch* aufschneiden; *Holz* spalten 2 AUTO **to cut sb up** jdn schneiden

cut-and-dried [ˌkʌtən'draɪd] ADJ (*fig*) festgelegt; **as far as he's concerned the whole issue is now ~** für ihn ist die ganze Angelegenheit erledigt **cut-and-paste** [ˌkʌtən'peɪst] ADJ (*US*) **a ~ job** eine zusammengestückelte Arbeit (*meist pej*) **cutback** ['kʌtbæk] S Kürzung *f* **cute** [kjuːt] ADJ (+er) 1 (*umg*) süß 2 (*bes US umg ≈ schlau*) prima (*umg*); (≈ *raffiniert*) schlau, clever (*umg*)
cuticle ['kjuːtɪkl] S Nagelhaut *f*
cutlery ['kʌtləri] S (❗ kein pl) (*bes Br*) Besteck *n* (❗ = (US) **flatware**)
cutlet ['kʌtlɪt] S Schnitzel *n*
cut loaf S aufgeschnittenes Brot **cutoff** S 1 TECH Ausschaltmechanismus *m* 2 (a. **cutoff point**) Trennlinie *f* **cutout** A S 1 Ausschneidemodell *n* 2 ELEK Sperre *f* B ADJ 1 Modell etc zum Ausschneiden 2 ELEK Abschalt- **cut-price** ADJ zu Schleuderpreisen; **~ offer** Billigangebot *n* **cut-rate** ADJ zu verbilligtem Tarif **cutter** ['kʌtə*ʳ*] S **a pair of (wire) ~s** eine Drahtschere **cut-throat** ['kʌtθrəʊt] ADJ Wettbewerb mörderisch **cutting** ['kʌtɪŋ] A S 1 Schneiden *n*; (*von Rasen*) Mähen *n*; (*von Kuchen*) Anschneiden *n* 2 (*von Glas, Edelstein*) Schliff *m*; (*von Schlüssel*) Anfertigung *f* 3 (*von Preisen*) Herabsetzung *f*; (*von Arbeitszeit*) Verkürzung *f*; (*von Ausgaben, Gehalt*) Kürzung *f* 4 FILM Schnitt *m*; (*teilweise*) Streichung *f* 5 (*Br: aus Zeitung*) Ausschnitt *m* 6 GARTEN Ableger *m*; **to take a ~** einen Ableger nehmen B ADJ 1 scharf; **to be at the ~ edge of sth** in etw (*dat*) führend sein 2 (*fig*) Bemerkung spitz **cutting board** S (*US*) = **chopping board cutting edge** S 1 Schneide *f*, Schnittkante *f* 2 (*fig*) letzter Stand (*of +gen*) **cutting room** S FILM Schneideraum *m*; **to end up on the ~ floor** (*fig*) im Papierkorb enden **cuttlefish** ['kʌtlfɪʃ] S, *pl* - Sepie *f*
cut up ADJ (*umg*) **he was very ~ about it** das hat ihn schwer getroffen
CV *abk* von curriculum vitae

cwt *abk* von hundredweight
cyanide ['saɪənaɪd] S Zyanid *n*
cybercafé ['saɪbə-] S Internetcafé *n* **cybernetics** S (❗ mit Verb im Singular) Kybernetik *f* **cyberspace** S Cyberspace *m*
cycle ['saɪkl] A S 1 Zyklus *m*; (*von Ereignissen*) Gang *m* 2 (Fahr)rad *n* B VII mit dem (Fahr)rad fahren **cycle lane** S (Fahr)radweg *m* **cycle path** S (Fahr)radweg *m* **cycler** ['saɪklə*ʳ*] S (*US*) = cyclist **cycle race** S Radrennen *n* **cycle rack** S Fahrradständer *m* **cycle shed** S Fahrradstand *m* **cycle track** S (Fahr)radweg *m*; SPORT Radrennbahn *f* **cyclic(al)** ['saɪklɪk-(əl)] ADJ zyklisch; WIRTSCH konjunkturbedingt **cycling** ['saɪklɪŋ] S Radfahren *n*; **I enjoy ~** ich fahre gern Rad **cycling holiday** S Urlaub *m* mit dem Fahrrad **cycling shorts** PL Radlerhose *f* **cycling tour** S Radtour *f* **cyclist** ['saɪklɪst] S (Fahr)radfahrer(in) *m(f)* **cyclone** ['saɪkləʊn] S Zyklon *m*; **~ cellar** (*US*) tiefer Keller zum Schutz vor Zyklonen **cygnet** ['sɪgnɪt] S Schwanjunge(s) *n* **cylinder** ['sɪlɪndə*ʳ*] S MATH, AUTO Zylinder *m*; **a four-~ car** ein vierzylindriges Auto; **to be firing on all ~s** (*fig*) in Fahrt sein **cylinder capacity** S AUTO Hubraum *m* **cylinder head** S AUTO Zylinderkopf *m* **cylindrical** [sɪ'lɪndrɪkəl] ADJ zylindrisch **cymbal** ['sɪmbəl] S Beckenteller *m*; **~s** Becken *n*
cynic ['sɪnɪk] S Zyniker(in) *m(f)* **cynical** ADJ, **cynically** ADV ['sɪnɪkəl, -klɪ] zynisch; **he was very ~ about it** er äußerte sich sehr zynisch dazu **cynicism** ['sɪnɪsɪzəm] S Zynismus *m*
cypher S = cipher
Cypriot ['sɪprɪət] A ADJ zypriotisch B S Zypriot(in) *m(f)* **Cyprus** ['saɪprəs] S Zypern *n* **Cyrillic** ['sɪrɪlɪk] ADJ kyrillisch
cyst [sɪst] S Zyste *f*
cystitis [sɪ'staɪtɪs] S Blasenentzündung *f*
czar [zɑː*ʳ*] S Zar *m*
Czech [tʃek] A ADJ tschechisch B S 1 Tscheche *m*, Tschechin *f* 2 LING Tschechisch *n* **Czechoslovakia** [tʃekəʊslə'vækɪə] S HIST die Tschechoslowakei **Czech Republic** S Tschechien *n*, Tschechische Republik

D

D, d [di:] ⒮ D n, d n; SCHULE ausreichend; **D sharp** Dis n, dis n; **D flat** Des n, des n

'd = had, would

DA (US) abk von District Attorney

dab¹ [dæb] **A** ⒮ Klecks m; (von Creme, Puder etc) Tupfer m; (von Flüssigkeit, Leim) Tropfen m; **a ~ of ointment** etc ein bisschen Salbe etc; **to give sth a ~ of paint** etw überstreichen **B** ⒱ⓣ (mit Puder etc) betupfen; (mit Handtuch) tupfen; **to ~ one's eyes** sich (dat) die Augen tupfen; **she ~bed ointment on the wound** sie betupfte sich (dat) die Wunde mit Salbe

dab² ⒶⒹⒿ (umg) **to be a ~ hand at sth** gut in etw (dat) sein; **to be a ~ hand at doing sth** sich darauf verstehen, etw zu tun

dabble ['dæbl] ⒱ⓘ (fig) **to ~ in/at sth** sich (nebenbei) mit etw beschäftigen; **he ~s in stocks and shares** er versucht sich an der Börse

dacha ['dætʃə] ⒮ Datsche f

dachshund ['dækshʊnd] ⒮ Dackel m

dad [dæd], **daddy** ['dædɪ] ⒮ (umg) Papa m (umg) (⚠ **Dad** und **Daddy** werden in der Anrede großgeschrieben.) **daddy-longlegs** [ˌdædɪ'lɒŋlegz] ⒮, pl - (Br) Schnake f; (US) Weberknecht m

daffodil ['dæfədɪl] ⒮ Narzisse f

daft [dɑːft] ⒶⒹⒿ (+er) doof (umg); **what a ~ thing to do** so was Doofes (umg); **he's ~ about football** (umg) er ist verrückt nach Fußball (umg)

dagger ['dægə'] ⒮ Dolch m; **to be at ~s drawn with sb** (fig) mit jdm auf (dem) Kriegsfuß stehen; **to look ~s at sb** (Br) jdn mit Blicken durchbohren

dahlia ['deɪlɪə] ⒮ Dahlie f

daily ['deɪlɪ] **A** ⒶⒹⒿ, ⒶⒹⓋ täglich; **~ newspaper** Tageszeitung f; **~ wage** Tageslohn m; **~ grind** täglicher Trott; **~ life** der Alltag; **he is employed on a ~ basis** er ist tageweise angestellt **B** ⒮ Tageszeitung f **daily bread** ⒮ (fig) **to earn one's ~** sich (dat) sein Brot verdienen

daintily ['deɪntɪlɪ] ⒶⒹⓋ zierlich; sich bewegen anmutig **dainty** ['deɪntɪ] ⒶⒹⒿ (+er) ⓘ zierlich; Bewe-

---

▶ **daily**

Daily bleibt unverändert, egal ob es vor einem Substantiv steht, einem Verb folgt oder einem Adjektiv zugeordnet ist.

GRAMMATIK ◁

---

gung anmutig ⓶ geziert

dairy ['dɛərɪ] ⒮ Molkerei f **dairy cattle** ⓟⓛ Milchvieh n **dairy cow** ⒮ Milchkuh f **dairy farm** ⒮ auf Milchviehhaltung spezialisierter Bauernhof **dairy farming** ⒮ Milchviehhaltung f **dairy produce** ⒮, **dairy products** ⓟⓛ Milchprodukte pl

daisy ['deɪzɪ] ⒮ Gänseblümchen n; **to be pushing up the daisies** (umg) sich (dat) die Radieschen von unten besehen (hum) **daisywheel** ['deɪzɪwiːl] ⒮ TYPO, IT Typenrad m **daisywheel printer** ⒮ Typenraddrucker m

Dalmatian [dæl'meɪʃən] ⒮ (≈ Hund) Dalmatiner m

dam [dæm] **A** ⒮ Damm m **B** ⒱ⓣ (a. **dam up**) (auf)stauen; Tal eindämmen

damage ['dæmɪdʒ] **A** ⒮ ⓘ (⚠ im britischen Englisch kein pl) Schaden m (to an +dat); **to do a lot of ~** großen Schaden anrichten; **to do sb/sth a lot of ~** jdm/einer Sache (dat) großen Schaden zufügen; **it did no ~ to his reputation** das hat seinem Ruf nicht geschadet; **the ~ is done** (fig) es ist passiert ⓶ **damages** ⓟⓛ JUR Schadenersatz m ⓷ (umg ≈ Kosten) **what's the ~?** was kostet der Spaß? (umg) **B** ⒱ⓣ schaden (+dat); Maschine, Möbel, Baum beschädigen; **to ~ one's eyesight** sich (dat) die Augen verderben; **to ~ one's chances** sich (dat) die Chancen verderben **damage limitation** ⒮ Schadensbegrenzung f **damaging** ['dæmɪdʒɪŋ] ⒶⒹⒿ schädlich; Bemerkungen abträglich; **to be ~ to sb/sth** schädlich für jdn/etw sein

dame [deɪm] ⒮ ⓘ Dame (Br) Titel der weiblichen Träger des „Order of the British Empire" ⓶ THEAT (komische) Alte

dammit ['dæmɪt] ⒾⓃⓉ (umg) verdammt (umg); **it weighs 2 kilos as near as ~** es wiegt so gut wie 2 Kilo

damn [dæm] **A** ⒾⓃⓉ (umg) verdammt (umg) **B** ⒮ (umg) **he doesn't give a ~** er schert sich einen Dreck (darum) (umg); **I don't give a ~** das ist mir piepegal (umg) **C** ⒶⒹⒿ attr (umg) verdammt; **it's a ~ nuisance** das ist ein verdammter Mist (umg); **a ~ sight better** verdammt viel besser (umg); **I can't see a ~ thing** verdammt (noch mal), ich kann überhaupt nichts sehen (umg) **D** ⒶⒹⓋ (umg) verdammt; **I should ~ well think so** das will ich doch stark annehmen; **pretty ~ good/ quick** verdammt gut/schnell (umg); **you're ~ right** du hast völlig recht **E** ⒱ⓣ ⓘ REL verdammen ⓶ verurteilen; Buch etc verreißen ⓷ (umg) **~ him/you!** verdammt! (umg); **~ it!** verdammt (noch mal)! (umg); **well, I'll be ~ed!** Donnerwetter! (umg); **I'll be ~ed if I'll go there** ich denk nicht (im Schlaf) dran, da hinzugehen (umg); **I'll be ~ed if I know** weiß der Teufel

DAMN | 176

(*umg*) **damnation** [dæm'neɪʃən] **A** 🔲 KIRCHE Verdammung *f*, Verdammnis *f* **B** INT (*umg*) verdammt (*umg*)

damned [dæmd] **A** ADJ 🔢 verdammt 🔢 (*umg*) = damn C **B** ADV = damn D **C** 🔲 (KIRCHE, *liter*) **the ~** *pl* die Verdammten *pl* **damnedest** ['dæm-dɪst] 🔲 **to do** *od* **try one's ~** (*umg*) verdammt noch mal sein Möglichstes tun (*umg*)

damning ['dæmɪŋ] ADJ vernichtend; *Beweise* belastend

damp [dæmp] **A** ADJ (+*er*) feucht **B** 🔲 Feuchtigkeit *f* **C** 🔲 🔢 anfeuchten 🔢 *Geräusche, Begeisterung* dämpfen; (*a.* **damp down**) *Feuer* ersticken **dampen** ['dæmpən] 🔲 = damp C **damper** ['dæmpə'] 🔲 **to put a ~ on sth** einer Sache (*dat*) einen Dämpfer aufsetzen **dampness** 🔲 Feuchtigkeit *f*

damson ['dæmzən] 🔲 Damaszenerpflaume *f*

dance [dɑːns] **A** 🔲 Tanz *m*; **~ class** Tanzstunde *f*; **may I have the next ~?** darf ich um den nächsten Tanz bitten?; **to go to a ~** tanzen gehen **B** 🔲 tanzen **C** 🔲 🔢 tanzen; **would you like to ~?** möchten Sie tanzen? 🔢 (≈ *sich bewegen*) **to ~ about** (herum)tänzeln; **to ~ up and down** auf- und abhüpfen; **to ~ for joy** einen Freudentanz aufführen **dance band** 🔲 Tanzkapelle *f* **dance floor** 🔲 Tanzboden *m* **dance hall** 🔲 Tanzsaal *m* **dance music** 🔲 Tanzmusik *f* **dancer** ['dɑːnsə'] 🔲 Tänzer(in) *m(f)* **dancing** ['dɑːnsɪŋ] **A** 🔲 Tanzen *n* **B** ATTR Tanz- **dancing girl** 🔲 Tänzerin *f*

dandelion ['dændɪlaɪən] 🔲 Löwenzahn *m* **dandruff** ['dændrəf] 🔲 (❗ nur im Singular verwendet) Schuppen *pl*

Dane [deɪn] 🔲 Däne *m*, Dänin *f*

danger ['deɪndʒə'] 🔲 🔢 Gefahr *f*; **the ~s of smoking** die mit dem Rauchen verbundenen Gefahren; **to put sb/sth in ~** jdn/etw gefährden; **to be in ~ of doing sth** Gefahr laufen, etw zu tun; **the species is in ~ of extinction** die Art ist vom Aussterben bedroht; **out of ~** außer Gefahr; **there is a ~ of fire** es besteht Feuergefahr; **there is a ~ of his getting lost** es besteht die Gefahr, dass er sich verirrt; **to be a ~ to sb/sth** für jdn/etw eine Gefahr bedeuten; **he's a ~ to himself** er bringt sich selbst in Gefahr 🔢 **"danger"** „Achtung, Lebensgefahr!"; VERKEHR „Gefahrenstelle"; **"danger, keep out"** „Zutritt verboten, Lebensgefahr!" **danger money** 🔲 Gefahrenzulage *f*

dangerous ['deɪndʒrəs] ADJ gefährlich; *Fahrweise* rücksichtslos; **the Bronx can be a ~ place** die Bronx kann gefährlich sein; **this is a ~ game we're playing** wir spielen hier gefährlich **dangerously** ['deɪndʒrəslɪ] ADV gefährlich; *niedrig, hoch* bedenklich; *fahren* rücksichts-

los; **the deadline is getting ~ close** der Termin rückt bedenklich nahe; **she was ~ ill** sie war todkrank; **let's live ~ for once** lass uns einmal etwas riskieren **danger signal** 🔲 Warnsignal *n*

dangle ['dæŋgl] **A** VT baumeln lassen **B** VI baumeln

Danish ['deɪnɪʃ] **A** ADJ dänisch **B** 🔲 (≈ *Sprache*) Dänisch *n* **Danish blue (cheese)** 🔲 Blauschimmelkäse *m* **Danish pastry** 🔲 Plundergebäck *n*

Danube ['dænjuːb] 🔲 Donau *f*

dappled ['dæpld] ADJ 🔢 gefleckt 🔢 *Pferd* scheckig

dare [dɛə'] **A** VI es wagen, sich trauen; **he wouldn't ~!** er wird sich schwer hüten; **you ~!** untersteh dich!; **how ~ you!** was fällt dir ein! **B** VT 🔢 **to ~ (to) do sth** (es) wagen, etw zu tun; **he wouldn't ~ say anything bad about his boss** er wird sich hüten, etwas Schlechtes über seinen Chef zu sagen; **how ~ you say such things?** wie kannst du es wagen, so etwas zu sagen? 🔢 (≈ *herausfordern*) **go on, I ~ you!** (trau dich doch, du) Feigling!; **are you daring me?** wetten, dass? (*umg*); **(I) ~ you to jump off** spring doch, du Feigling! **C** 🔲 Mutprobe *f*; **to do sth for a ~** etw als Mutprobe tun **daredevil** ['dɛə,devl] **A** 🔢 waghalsig **B** ADJ **daring** ['dɛərɪŋ] **A** ADJ 🔢 mutig; *Versuch* kühn; *Flucht* waghalsig 🔢 (≈ *dreist*) wagemutig; *Buch* gewagt **B** 🔲 Wagemut *m* **daringly** ['dɛərɪŋlɪ] ADV mutig, kühn (*geh*)

dark [dɑːk] **A** ADJ (+*er*) dunkel; **it's getting ~** es wird dunkel; **~ blue** ein dunkles Blau **B** 🔲 🔢 **the ~** die Dunkelheit; **they aren't afraid of the ~** sie haben keine Angst vor der Dunkelheit; **after/before ~** nach/vor Einbruch der Dunkelheit; **we'll be back after ~** wir kommen wieder, wenn es dunkel ist 🔢 (*fig*) **to be in the ~ (about sth)** keine Ahnung (von etw) haben; **to keep sb in the ~ (about sth)** jdn (über etw *akk*) im Dunkeln lassen **dark age** 🔲 **the Dark Ages** das frühe Mittelalter; **to be living in the ~s** (*pej*) im finstersten Mittelalter leben **dark chocolate** 🔲 Zartbitterschokolade *f* **darken** ['dɑː-kən] **A** VT (*wörtl*) dunkel machen **B** VI (*wörtl*) dunkel werden; (*Himmel*) sich verdunkeln; (*vor Sturm*) sich verfinstern **dark-eyed** ADJ dunkeläugig **dark glasses** PL Sonnenbrille *f*; (*von Blinden*) dunkle Brille **dark horse** 🔲 (*fig*) stilles Wasser **darkness** 🔲 (*wörtl*) Dunkelheit *f*; **in total ~** in völliger Dunkelheit; **the house was in ~** das Haus lag im Dunkeln **darkroom** 🔲 FOTO Dunkelkammer *f* **dark-skinned** ADJ dunkelhäutig

darling ['dɑːlɪŋ] 🔲 🔢 Schatz *m*, Schätzchen *n*;

he is the ~ of the crowds er ist der Publikumsliebling; **be a ~ and ...** sei ein Schatz und ... **2** (als Anrede) Liebling m
darn¹ [dɑːn] VT (≈ nähen) stopfen
darn² (a. **darned**) (umg) **A** ADJ verdammt (umg); **a ~ sight better** ein ganzes Ende besser (umg) **B** ADV verdammt (umg); **we'll do as we ~ well please** wir machen genau das, was wir wollen; **~ near impossible** so gut wie unmöglich **C** VT **~ it!** verflixt noch mal! (umg) **darned** [dɑːnd] ADJ, ADV (umg) = **darn**²
dart [dɑːt] **A** s **1** (Bewegung) Satz m **2** SPORT (Wurf)pfeil m **B** VI flitzen; (Fisch) schnellen; **to ~ out** hinausflitzen; (Fisch, Zunge) herausschnellen; **to ~ in** hereinstürzen; **he ~ed behind a bush** er hechtete hinter einen Busch **C** VT Blick werfen; **to ~ a glance at sb** jdm einen Blick zuwerfen **dart board** s Dartscheibe f **darts** [dɑːts] s (⚠ mit Verb im Singular) Darts n
dash [dæʃ] **A** s **1** Jagd f; **he made a ~ for the door** er stürzte auf die Tür zu; **she made a ~ for it** sie rannte, so schnell sie konnte; **to make a ~ for freedom** versuchen, in die Freiheit zu entkommen; **it was a mad ~ to the hospital** wir/sie etc eilten Hals über Kopf zum Krankenhaus **2 a ~ of** etwas; **a ~ of colour** (Br) od **color** (US) ein Farbtupfer m **3** TYPO Gedankenstrich m **B** VT **1** schleudern; **to ~ sth to pieces** etw in tausend Stücke zerschlagen **2** jds Hoffnungen zunichtemachen **3** (umg) = **darn**² C **C** VI **1** sausen (umg); **to ~ into a room** in ein Zimmer stürmen; **to ~ away/back/up** fort-/zurück-/hinaufstürzen **2** schlagen; (Wellen) peitschen ◆**dash off A** VI losstürzen; **sorry to have to ~ like this** es tut mir leid, dass ich so forthetzen muss **B** VT trennb Brief, Aufsatz hinwerfen
dashboard ['dæʃbɔːd] s Armaturenbrett n
dashing ['dæʃɪŋ] (obs) ADJ **1** schneidig, flott, fesch (bes österr) **2** temperamentvoll, dynamisch; **a ~ young officer** ein zackiger junger Offizier
DAT s abk von digital audio tape DAT n
data ['deɪtə] s (⚠ meist mit Verb im Singular) Daten pl **data analysis** s Datenanalyse f **data bank** s Datenbank f **database** s Datenbank f; **~ manager** Datenbankmanager(in) m(f) **data capture** s Datenerfassung f **data carrier** s Datenträger m **data file** s Datei f **data processing** s Datenverarbeitung f **data projector** s Beamer m **data protection** s Datenschutz m **data retrieval** s Datenabruf m **data transfer** s Datentransfer m **data transmission** s Datenübertragung f
date¹ [deɪt] s Dattel f

date² **A** s **1** Datum n; (historisch) Jahreszahl f; (geschäftlich etc) Termin m; **~ of birth** Geburtsdatum n; **what's the ~ today?** welches Datum haben wir heute?; **to ~** bis heute **2** Verabredung f; (mit Freund, Freundin) Rendezvous n; **who's his ~?** mit wem trifft er sich?; **his ~ didn't show up** diejenige, mit der er ausgehen wollte, hat ihn versetzt (umg); **to make a ~ with sb** sich mit jdm verabreden; **I've got a lunch ~ today** ich habe mich heute zum Mittagessen verabredet **B** VT **1** mit dem Datum versehen; Brief datieren; **a letter ~d the seventh of August** ein vom siebten August datierter Brief **2** (≈ Alter ermitteln) Kunstwerk etc datieren **3** Freund, Freundin ausgehen mit; (regelmäßig) gehen mit (umg) **C** VI **1 to ~ back to** zurückdatieren auf (+akk); **to ~ from** zurückgehen auf (+akk); (Antiquität etc) stammen aus **2** (Paar) miteinander gehen **dated** ['deɪtɪd] ADJ altmodisch **date rape** s Vergewaltigung nach einem Rendezvous **date-rape drug** s Vergewaltigungsdroge f **dating agency** ['deɪtɪŋ-] s Partnervermittlung f

▶ **date**

Im amerikanischen Englisch wird das Datum (**date**) oft anders dargestellt als im britischen Englisch. Der 6. Dezember 2009 wird z. B. **12/06/2009** oder **2009/12/06** geschrieben. Das kann leicht zu Verwechslungen führen, weil im Gegensatz zum Deutschen zuerst der Monat und dann der Tag genannt wird. Wenn man auf Nummer sicher gehen will, schreibt man am besten aus: **6 December 2009** oder **6 Dec 2009**.

SPRACHGEBRAUCH

dative ['deɪtɪv] **A** s Dativ m; **in the ~** im Dativ **B** ADJ **~ object** Dativobjekt n; **the ~ case** der Dativ
daub [dɔːb] VT Wände beschmieren; Farbe schmieren; Fett, Schlamm streichen
daughter ['dɔːtə] s Tochter f
daughter-in-law ['dɔːtərɪnlɔː] s, pl daughters-in-law Schwiegertochter f
daunt [dɔːnt] VT **to be ~ed by sth** sich von etw entmutigen lassen **daunting** ['dɔːntɪŋ] ADJ

 St David's Day

Der 1. März ist der Nationalfeiertag der Waliser. Am **St David's Day** trägt man traditionell Lauch (**leek**) oder eine Osterglocke (**daffodil**) im Knopfloch.

LANDESKUNDE

DAWD | 178

D

entmutigend
dawdle ['dɔːdl] 🔽 trödeln **dawdler** ['dɔːdləʳ]
🔽 Trödler(in) *m(f)*, Tandler(in) *m(f)* (österr)
dawn [dɔːn] 🅰 🔽 (Morgen)dämmerung *f*, Tagesanbruch *m*; **at ~** bei Tagesanbruch; **it's almost ~** es ist fast Morgen; **from ~ to dusk** von morgens bis abends 🅱 🔽 🔢 **day was already ~ing** es dämmerte schon 🔢 (fig: neues Zeitalter etc) anbrechen 🔢 (umg) **to ~ (up)on sb** jdm zum Bewusstsein kommen; **it ~ed on him that ...** es wurde ihm langsam klar, dass ... **dawn raid** 🔽 (durch Polizei) Razzia *f* (in den frühen Morgenstunden)

day [deɪ] 🔽 🔢 Tag *m*; **it will arrive any ~ now** es muss jeden Tag kommen; **what ~ is it today?** welcher Tag ist heute?; **twice a ~** zweimal täglich; **the ~ before yesterday** vorgestern; **the ~ after/before, the following/previous ~** am Tag danach/zuvor; **the ~ after tomorrow** übermorgen; **from that ~ on(wards)** von dem Tag an; **two years ago to the ~** auf den Tag genau vor zwei Jahren; **one ~** eines Tages; **one of these ~s** irgendwann (einmal); **~ in, ~ out** tagein, tagaus; **they went to London for the ~** sie machten einen Tagesausflug nach London; **for ~s** tagelang; **~ after ~** Tag für Tag; **~ by ~** jeden Tag; **the other ~** neulich; **at the end of the ~** (fig) letzten Endes; **to live from ~ to ~** von einem Tag auf den andern leben; **today of all ~s** ausgerechnet heute; **some ~ soon** demnächst; **I remember it to this ~** daran erinnere ich mich noch heute; **all ~** den ganzen Tag; **to travel during the ~** od **by ~** tagsüber reisen; **at that time of ~** zu der Tageszeit; **to be paid by the ~** tageweise bezahlt werden; **let's call it a ~** machen wir Schluss; **to have a nice ~** einen schönen Tag verbringen; **to have a lazy ~** einen Tag faulenzen; **have a nice ~!** viel Spaß!; (bes US) schönen Tag noch!; **did you have a nice ~?** wars schön?; **did you have a good ~ at the office?** wie wars im Büro?; **what a ~!** (schrecklich) so ein fürchterlicher Tag!; **that'll be the ~** das möchte ich sehen 🔢 **these ~s** heutzutage; **what are you doing these ~s?** was machst du denn so?; **in this ~ and age** heutzutage; **in ~s to come** künftig; **in his younger ~s** als er noch jünger war; **the happiest ~s of my life** die glücklichste Zeit meines Lebens; **those were the ~s** das waren noch Zeiten; **in the old ~s** früher; **in the good old ~s** in der guten alten Zeit; **it's early ~s yet** es ist noch zu früh; **this material has seen better ~s** dieser Stoff hat (auch) schon bessere Tage gesehen 🔢 (❗ kein pl) (≈ Kampf, Wettbewerb) **to win** od **carry the ~** den Sieg bringen; **to save the ~** den Kampf

retten **daybreak** 🔽 Tagesanbruch *m*; **at ~** bei Tagesanbruch **daycare** 🔽 **to be in ~** in einer Tagesstätte untergebracht sein **day(care) centre,** (US) **day(care) center** 🔽 Tagesstätte *f*, Altentagesstätte *f* **daydream** 🅰 🔽 Tagtraum *m* 🅱 🔽 (❗ regelmäßiges Verb) (mit offenen Augen) träumen **daydreamer** 🔽 Träumer(in) *m(f)* **day labourer,** (US) **day laborer** 🔽 Tagelöhner(in) *m(f)* **daylight** ['deɪlaɪt] 🔽 Tageslicht *n*; **in broad ~** am helllichten Tage; **to scare the living ~s out of sb** (umg) jdm einen fürchterlichen Schreck einjagen (umg) **daylight robbery** 🔽 (Br umg) Halsabschneiderei *f* (umg) **daylight saving time** 🔽 (bes US) Sommerzeit *f* (❗ = (Br) **summer time**) **day nursery** 🔽 Kindertagesstätte *f* **day-old** 🔲 Streik, Waffenstillstand seit einem Tag andauernd; Essen, Zeitung vom Vortag **day pupil** 🔽 SCHULE Externe(r) *m/f(m)* **day release** 🔽 (Br) tageweise Freistellung von Angestellten zur Weiterbildung **day return (ticket)** 🔽 (Br BAHN) Tagesrückfahrkarte *f* **day ticket** 🔽 (Br BAHN) Tagesrückfahrkarte *f* **daytime** ['deɪtaɪm] 🅰 🔽 Tag *m*; **in the ~** tagsüber 🅱 🔲 am Tage; **what's your ~ phone number?** unter welcher Nummer sind Sie tagsüber erreichbar?; **~ television** Vor- und Nachmittagsprogramm *n* **day-to-day** 🔲 täglich, alltäglich; **on a ~ basis** tageweise **day trip** 🔽 Tagesausflug *m* **day-tripper** 🔽 Tagesausflügler(in) *m(f)*

daze [deɪz] 🔽 Benommenheit *f*; **in a ~** ganz benommen **dazed** 🔲 benommen
dazzle ['dæzl] 🔽 blenden **dazzle-free** 🔲 (Br) blendfrei (❗ = (US) **antiglare**) **dazzling** ['dæzlɪŋ] 🔲 (wörtl) blendend
DC 🔢 abk von direct current 🔢 abk von District of Columbia *Bundesdistrikt von Washington*
D/D abk von direct debit
D-day ['diːdeɪ] 🔽 (HIST, fig) der Tag X
deactivate [diːˈæktɪˌveɪt] 🔽 entschärfen
dead [ded] 🅰 🔲 🔢 tot; **he has been ~ for two years** er ist seit zwei Jahren tot; **to shoot sb ~** jdn erschießen; **over my ~ body** (umg) nur über meine Leiche (umg) 🔢 Glieder abgestorben; **my hand's gone ~** ich habe kein Gefühl in meiner Hand; **to be ~ to the world** tief und fest schlafen 🔢 TEL tot; **to go ~** ausfallen 🔢 völlig; **~ silence** Totenstille *f*; **to come to a ~ stop** völlig zum Stillstand kommen 🔢 (umg ≈ erschöpft) völlig kaputt (umg); **she looked half ~** sie sah völlig kaputt aus (umg); **I'm ~ on my feet** ich bin zum Umfallen kaputt (umg) 🅱 🔲 🔢 genau; **~ straight** schnurgerade; **to be ~ on time** auf die Minute pünktlich kommen 🔢 (Br umg ≈ sehr) total (umg); **~ tired** totmüde; **you're ~ right** Sie haben völlig recht; **he was ~ lucky**

er hat irrsinnig Glück gehabt; **~ slow** ganz langsam; **to be ~ certain about sth** (umg) bei etw todsicher sein; **he's ~ against it** er ist total dagegen [3] **to stop ~** abrupt stehen bleiben [C] s [1] **the ~** *pl* die Toten *pl* [2] **in the** *od* **at ~ of night** mitten in der Nacht **dead centre**, (US) **dead center** s genaue Mitte; **to hit sth ~** etw genau in die Mitte treffen **deaden** ['dedn] VT *Schmerz* mildern; *Geräusch* dämpfen; *Gefühle* abstumpfen **dead end** s Sackgasse *f*; **to come to a ~** (*wörtl*: *Straße*) in einer Sackgasse enden; (*Fahrer*) an eine Sackgasse kommen; (*fig*) in eine Sackgasse geraten **dead-end** ADJ *attr* **~ street** (*bes US*) Sackgasse *f* (❗ = (Br) **cul-de-sac**); **a ~ job** ein Job *m* ohne Aufstiegsmöglichkeiten **deadline** s (letzter) Termin; **to fix** *od* **set a ~** eine Frist setzen; **to work to a ~** auf einen Termin hinarbeiten **deadlock** s **to reach (a) ~** in eine Sackgasse geraten; **to end in ~** sich festfahren **deadlocked** ['dedlɒkt] ADJ *Verhandlungen etc* festgefahren **deadly** ['dedlı] [A] ADJ (+er) tödlich; **their ~ enemy** ihr Todfeind *m* [B] ADV **~ dull** todlangweilig (umg); **he was ~ serious** er meinte es todernst; **~ poisonous** tödlich **deadpan** ADJ *Gesicht* unbewegt; *Stil, Humor* trocken; **with a ~ expression** mit unbeweglicher Miene **Dead Sea** s Totes Meer **dead weight** s TECH Eigengewicht *n*

deaf [def] [A] ADJ (+er) taub; **as ~ as a (door)post** stocktaub [B] s **the ~** *pl* die Tauben *pl* **deaf aid** s Hörgerät *n* **deaf-and-dumb** [ˌdefən'dʌm] ADJ taubstumm **deafen** VT (*wörtl*) taub machen **deafening** ['defnıŋ] ADJ *Lärm* ohrenbetäubend; **a ~ silence** ein eisiges Schweigen **deaf-mute** ['def'mjuːt] s Taubstumme(r) *m/f(m)* **deafness** s Taubheit *f* (to gegenüber)

deal[1] [diːl] [A] s Menge *f*; **a good** *od* **great ~ of** eine Menge; **not a great ~ of** nicht (besonders) viel; **and that's saying a great ~** und damit ist schon viel gesagt; **to mean a great ~ to sb** jdm viel bedeuten [B] ADV **a good** *od* **great ~** viel

deal[2] *v: prät, pperf* dealt [A] s [1] (*a.* **business deal**) Geschäft *n*, Handel *m*; **to do** *od* **make a ~ with sb** mit jdm ein Geschäft machen; **it's a ~** abgemacht! [2] (umg) **to give sb a fair ~** jdn anständig behandeln [B] VT [1] (*a.* **deal out**) *Karten* geben [2] *Drogen* dealen (umg) [C] VI [1] KART geben [2] (*mit Drogen*) dealen (umg) ♦**deal in** VI +obj HANDEL handeln mit ♦**deal out** VT trennb verteilen (to an +akk); *Karten* (aus)geben (to +dat); **to ~ punishment** Strafen verhängen ♦**deal with** VI +obj [1] (≈ *geschäftlich*) verhandeln mit [2] sich kümmern um; *Gefühle* umgehen mit; HANDEL *Aufträge* erledigen; **let's ~ the adjectives first** behandeln wir zuerst die Adjektive; **you bad boy, I'll ~ you later** (umg) dich nehm ich mir später vor, du Lausebengel! (umg) [3] (*Buch etc*) handeln von; (*Autor*) sich befassen mit

dealer ['diːləʳ] s [1] HANDEL Händler(in) *m(f)*, Großhändler(in) *m(f)* [2] (*mit Drogen*) Dealer(in) *m(f)* (umg) [3] KART Kartengeber *m* **dealing** ['diːlıŋ] s [1] Handel *m*; (*mit Drogen*) Dealen *n* [2] **dealings** PL HANDEL Geschäfte *pl*; (*allg*) Umgang *m*; **to have ~s with sb** mit jdm zu tun haben **dealt** [delt] *prät, pperf* von **deal**[2]

dean [diːn] s KIRCHE, UNIV Dekan(in) *m(f)*

dear [dıəʳ] [A] ADJ (+er) [1] lieb; **she is a ~ friend of mine** sie ist eine sehr gute Freundin von mir; **that is my ~est wish** das ist mein sehnlichster Wunsch; **these memories are very ~ to him** diese Erinnerungen sind ihm teuer [2] (≈ *reizend*) süß [3] (*in Brief*) **~ John** lieber John!; **~ Sir** sehr geehrter Herr X!; **~ Madam** sehr geehrte Frau X!; **~ Sir or Madam** sehr geehrte Damen und Herren!; **~ Mr Kemp** sehr geehrter Herr Kemp!, lieber Herr Kemp! (❗ Die erste Zeile nach der Anrede beginnt im Englischen mit einem Großbuchstaben.) [4] teuer [B] INT **oh ~!** oje! [C] s **hello/thank you ~** hallo/vielen Dank; **Robert ~** (mein lieber) Robert; **yes, ~** (*zwischen Mann und Frau*) ja, Liebling [D] ADV teuer; **this will cost them ~** das wird sie teuer zu stehen kommen **dearly** ['dıəlı] ADV [1] *lieben* von ganzem Herzen; **I would ~ love to marry** ich würde liebend gern heiraten [2] (*fig*) **he paid ~ (for it)** er hat es teuer bezahlt

death [deθ] s Tod *m*; **~ by drowning** Tod durch Ertrinken; **to be burned to ~** verbrennen; (*auf dem Scheiterhaufen*) verbrannt werden; **to starve to ~** verhungern; **to bleed to ~** verbluten; **to freeze to ~** erfrieren; **to put sb to ~** jdn hinrichten; **to drink oneself to ~** sich zu Tode trinken; **to be at ~'s door** an der Schwelle des Todes stehen; **it will be the ~ of you** (umg) das wird dein Tod sein; **he will be the ~ of me** (umg) er bringt mich noch ins Grab; **to catch one's ~ (of cold)** (umg) sich (*dat*) den Tod holen; **I am sick to ~ of all this** (umg) ich bin das alles gründlich satt; **he looked like ~ warmed up** (*Br umg*) *od* **over** (*US umg*) er sah wie der Tod auf Urlaub aus (umg) **deathbed** s Sterbebett *n*; **to be on one's ~** auf dem Sterbebett liegen **deathblow** s Todesstoß *m* **death camp** s Vernichtungslager *n* **death certificate** s Totenschein *m* **death duties** PL (*Br*) Erbschaftssteuern *pl* **deathly** ['deθlı] [A] ADJ **~ hush** *od* **silence** Totenstille *f* [B] ADV **~ pale** totenblass; **~ quiet** totenstill **death penalty** s Todesstrafe *f* **death row** s Todestrakt *m* **death**

D

DEAT │ 180

D

sentence z Todesurteil n **death threat** z Morddrohung f **death toll** z Zahl f der (Todes)opfer **deathtrap** z Todesfalle f **death warrant** z **to sign one's own ~** (fig) sein eigenes Todesurteil unterschreiben

debase [dɪ'beɪs] ̅V̅T̅ **1** jdn entwürdigen **2** Fähigkeiten herabsetzen

debatable [dɪ'beɪtəbl] ̲A̲D̲J̲ fraglich **debate** [dɪ'beɪt] ̅A̅ ̅V̅T̅ ̅&̅ ̅V̅I̅ debattieren (with mit, about über +akk); **he was debating whether or not to go** er überlegte hin und her, ob er gehen sollte ̅B̅ z Debatte f

debauchery [dɪ'bɔːtʃərɪ] z Ausschweifung f; **a life of ~** ein ausschweifendes Leben

debilitate [dɪ'bɪlɪteɪt] ̅V̅T̅ schwächen **debilitating** [dɪ'bɪlɪteɪtɪŋ] ̲A̲D̲J̲ schwächend; Geldmangel etc lähmend

debit ['debɪt] ̅A̅ z Debet n; (bei Bank) Sollsaldo n; **~ account** Debetkonto n ̅B̅ ̅V̅T̅ **to ~ sb/sb's account (with a sum)** jdn/jds Konto (mit einer Summe) belasten **debit card** z Kundenkarte f

debrief [ˌdiː'briːf] ̅V̅T̅ befragen; **to be ~ed** Bericht erstatten

debris ['debriː] z (❗ mit Verb im Singular) Trümmer pl; GEOL Geröll n

debt [det] z Schuld f; (≈ Geld) Schulden pl; **to be in ~** verschuldet sein (to gegenüber); **to be £5 in ~** £ 5 Schulden haben (to bei); **he is in my ~** (finanziell) er hat Schulden bei mir; (wegen Hilfeleistung etc) er steht in meiner Schuld; **to run** od **get into ~** sich verschulden; **to get out of ~** aus den Schulden herauskommen; **to repay a ~** eine Schuld begleichen **debtor** ['detə'] z Schuldner(in) m(f) **debt relief** z Schuldenerleichterung m

debug [ˌdiː'bʌg] ̅V̅T̅ IT entwanzen; **~ging program** Fehlerkorrekturprogramm n **debugger** [ˌdiː'bʌgə'] z IT Debugger m

début ['deɪbjuː] z Debüt n; **to make one's ~** THEAT debütieren; **~ album** Debütalbum n

Dec abk von December Dez.

decade ['dekeɪd] z Jahrzehnt n

decadence ['dekədəns] z Dekadenz f **decadent** ̲A̲D̲J̲ dekadent

decaf ['diːkæf] z abk von decaffeinated (umg) (❗ Als Getränk hat **decaf** keinen Plural. **Decafs** sagt man zu verschiedenen Sorten.) Koffeinfreie(r) m (umg) **decaffeinated** [ˌdiː'kæfɪneɪtɪd] ̲A̲D̲J̲ koffeinfrei

decal ['diːkæl] z (US) Abziehbild n

decanter [dɪ'kæntə'] z Karaffe f

decapitate [dɪ'kæpɪteɪt] ̅V̅T̅ enthaupten (geh)

decathlete [dɪ'kæθliːt] z Zehnkämpfer m **decathlon** [dɪ'kæθlən] z Zehnkampf m

decay [dɪ'keɪ] ̅A̅ ̅V̅I̅ verfallen; (Fleisch, Gemüse)

verwesen; (Zahn) faulen ̅B̅ z Verfall m; (von Fleisch, Gemüse) Verwesung f; **tooth ~** Zahnfäule f; **to fall into ~** verfallen **decayed** [dɪ'keɪd] ̲A̲D̲J̲ Zahn faul; Körper, Gemüse verwest

deceased [dɪ'siːst] (JUR, form) ̅A̅ ̲A̲D̲J̲ verstorben ̅B̅ z **the ~** der/die Tote od Verstorbene; (pl) die Verstorbenen pl

deceit [dɪ'siːt] z Täuschung f **deceitful** ̲A̲D̲J̲ betrügerisch **deceitfully** [dɪ'siːtfəlɪ] ̲A̲D̲V̲ betrügerischerweise; sich verhalten betrügerisch **deceitfulness** z Falschheit f **deceive** [dɪ'siːv] ̅V̅T̅ täuschen; Ehepartner betrügen; **to ~ oneself** sich (dat) selbst etwas vormachen

decelerate [diː'seləreɪt] ̅V̅I̅ (Auto, Zug) langsamer werden; (Fahrer) die Geschwindigkeit herabsetzen

December [dɪ'sembə'] z Dezember m; → September

decency ['diːsənsɪ] z Anstand m; **it's only common ~ to ...** es gehört sich einfach, zu ...; **he could have had the ~ to tell me** er hätte es mir anständigerweise auch sagen können **decent** ['diːsənt] ̲A̲D̲J̲ **1** anständig; **are you ~?** (umg) bist du schon salonfähig? (umg); **to do the ~ thing** das einzig Anständige tun **2** passabel, annehmbar **decently** ['diːsəntlɪ] ̲A̲D̲V̲ anständig

decentralization [ˌdiːˌsentrəlaɪ'zeɪʃən] z Dezentralisierung f **decentralize** [diː'sentrəlaɪz] ̅V̅T̅ ̅&̅ ̅V̅I̅ dezentralisieren **decentralized** ̲A̲D̲J̲ dezentral

deception [dɪ'sepʃən] z Täuschung f; (von Ehepartner) Betrug m **deceptive** [dɪ'septɪv] ̲A̲D̲J̲ irreführend; **to ~** täuschen; **appearances can be ~** der Schein trügt **deceptively** [dɪ'septɪvlɪ] ̲A̲D̲V̲ einfach täuschend; stark überraschend; mild trügerisch; **to look ~ like sb/sth** jdm/einer Sache täuschend ähnlich sehen

decide [dɪ'saɪd] ̅A̅ ̅V̅T̅ entscheiden, beschließen; **what did you ~?** wie habt ihr euch entschieden?, was habt ihr beschlossen?; **did you ~ anything?** habt ihr irgendwelche Entscheidungen getroffen?; **I have ~d we are making a mistake** ich bin zu der Ansicht gekommen, dass wir einen Fehler machen; **I'll ~ what we do!** ich bestimme, was wir tun! ̅B̅ ̅V̅I̅ (sich) entscheiden; **to ~ for/against sth** (sich) für/gegen etw entscheiden ◆**decide on** ̅V̅I̅ +obj sich entscheiden für

decided [dɪ'saɪdɪd] ̲A̲D̲J̲ Verbesserung entschieden; Vorteil deutlich **decidedly** [dɪ'saɪdɪdlɪ] ̲A̲D̲V̲ entschieden; **he's ~ uncomfortable about it** es ist ihm gar nicht wohl dabei; **~ dangerous** ausgesprochen gefährlich **decider** [dɪ'saɪdə'] z (Br) Entscheidungsspiel n; (≈ Tor) Entscheidungstreffer m **deciding** [dɪ'saɪdɪŋ] ̲A̲D̲J̲

entscheidend
deciduous [dɪˈsɪdjʊəs] ADJ ~ **tree/forest** Laubbaum m/-wald m
decimal [ˈdesɪməl] A ADJ Dezimal- B S Dezimalzahl f **decimal point** S Komma n (⚠ im Englischen Punkt bei Dezimalbrüchen, nicht Komma wie im Deutschen)
decimate [ˈdesɪmeɪt] VT dezimieren
decipher [dɪˈsaɪfəʳ] VT entziffern
decision [dɪˈsɪʒən] S Entscheidung f (on über +akk), Entschluss m; (bes von Gremium etc) Beschluss m; **to make a ~** eine Entscheidung treffen; **it's your ~** das musst du entscheiden; **~s, ~s!** immer diese Entscheidungen! **decision-making** ADJ attr ~ **skills** Entschlusskraft f; **the ~ process** der Entscheidungsprozess **decisive** [dɪˈsaɪsɪv] ADJ 1 entscheidend 2 Vorgehensweise entschlossen; Mensch entschlussfreudig **decisively** [dɪˈsaɪsɪvlɪ] ADV ändern entscheidend; besiegen deutlich **decisiveness** S Entschlossenheit f
deck [dek] S 1 (von Bus, Schiff) Deck n; **on ~** auf Deck; **to go up on ~** an Deck gehen; **top od upper ~** Oberdeck n 2 **a ~ of cards** ein Kartenspiel n **deck chair** S Liegestuhl m -**decker** [-ˈdekəʳ] S suf -decker m
declaration [ˌdekləˈreɪʃən] S Erklärung f; (beim Zoll) Deklaration f (form); **~ of love** Liebeserklärung f; **~ of bankruptcy** Konkursanmeldung f; **to make a ~** eine Erklärung abgeben; **~ of war** Kriegserklärung f
declare [dɪˈkleəʳ] VT Absicht erklären; Ergebnis bekannt geben; Waren angeben; **have you anything to ~?** haben Sie etwas zu verzollen?; **to ~ one's support** seine Unterstützung zum Ausdruck bringen; **to ~ war (on sb)** (jdm) den Krieg erklären; **to ~ a state of emergency** den Notstand ausrufen; **to ~ independence** sich für unabhängig erklären; **to ~ sb bankrupt** jdn für bankrott erklären; **to ~ sb the winner** jdn zum Sieger erklären **declared** ADJ erklärt
declension [dɪˈklenʃən] S GRAM Deklination f
decline [dɪˈklaɪn] A S Rückgang m; (von Reich) Niedergang m; **to be on the od in ~, to go od fall into ~** (Geschäfte) zurückgehen; (Reich) verfallen B VT 1 Einladung ablehnen 2 GRAM deklinieren C VI 1 (Geschäfte) zurückgehen; (Wert) geringer werden; (Beliebtheit, Einfluss) abnehmen 2 GRAM dekliniert werden
decode [ˌdiːˈkəʊd] VT decodieren **decoder** [ˌdiːˈkəʊdəʳ] S Decoder m
decompose [ˌdiːkəmˈpəʊz] VI sich zersetzen **decomposition** [ˌdiːkɒmpəˈzɪʃən] S Zersetzung f
decontaminate [ˌdiːkənˈtæmɪneɪt] VT entgiften; radioaktiven Bereich entseuchen **decontamination** [ˌdiːkəntæmɪˈneɪʃn] S Entgiftung f; (eines radioaktiven Bereiches) Entseuchung f

décor [ˈdeɪkɔːʳ] S Ausstattung f
decorate [ˈdekəreɪt] VT Kuchen verzieren; Straße, Weihnachtsbaum schmücken; Zimmer tapezieren, (an)streichen; (für besonderen Anlass) dekorieren **decorating** [ˈdekəreɪtɪŋ] S Tapezieren n, Streichen n **decoration** [ˌdekəˈreɪʃən] S Verzierung f, Schmuck m kein pl; **Christmas ~s** Weihnachtsschmuck m; **interior ~** Innenausstattung f **decorative** [ˈdekərətɪv] ADJ dekorativ **decorator** [ˈdekəreɪtəʳ] S (Br) Maler(in) m(f)
decoy [ˈdiːkɔɪ] S Köder m; (Mensch) Lockvogel m; **police ~** Lockvogel m der Polizei; **~ manoeuvre** (Br) od **maneuver** (US) Falle f
decrease [diːˈkriːs] A VI abnehmen; (Kräfte) nachlassen B VT reduzieren C [ˈdiːkriːs] S Abnahme f; (von Produktion etc) Rückgang m; (von Kräften) Nachlassen n **decreasingly** [diːˈkriːsɪŋlɪ] ADV immer weniger
decree [dɪˈkriː] A S Anordnung f; (POL: von König etc) Erlass m; JUR Verfügung f; (von Gericht) Entscheid m B VT verordnen; **he ~d an annual holiday on 1st April** er erklärte den 1. April zum Feiertag **decree absolute** S JUR endgültiges Scheidungsurteil **decree nisi** [dɪˌkriːˈnaɪsaɪ] S JUR vorläufiges Scheidungsurteil
decrepit [dɪˈkrepɪt] ADJ altersschwach; Haus baufällig
dedicate [ˈdedɪkeɪt] VT widmen (to sb jdm); **to ~ oneself od one's life to sb/sth** sich od sein Leben jdm/einer Sache widmen **dedicated** ADJ Haltung hingebungsvoll; Dienste, Fans treu; (beruflich) engagiert; **a ~ nurse** eine Krankenschwester, die mit Leib und Seele bei der Sache ist; **she's ~ to her students** sie engagiert sich sehr für ihre Studenten **dedication** [ˌdedɪˈkeɪʃən] S 1 Hingabe f (to an +akk) 2 (in Buch) Widmung f
deduce [dɪˈdjuːs] VT schließen (from aus)
deduct [dɪˈdʌkt] VT abziehen (from von); **to ~ sth from the price** etw vom Preis ablassen; **after ~ing 5%** nach Abzug von 5% **deductible** [dɪˈdʌktəbl] ADJ abziehbar; (steuerlich) absetzbar **deduction** [dɪˈdʌkʃən] S 1 Abzug m; (von Preis) Nachlass m (from für, auf +akk) 2 **by a process of ~** durch Folgern
deed [diːd] S 1 Tat f; **good ~** gute Tat; **evil ~** Übeltat f; **in ~** tatsächlich 2 JUR Übertragungsurkunde f; **~ of covenant** Vertragsurkunde f
deem [diːm] VT **to ~ sb/sth (to be) sth** jdn/etw für etw erachten (geh) od halten; **it was ~ed necessary** man hielt es für nötig

DEEP | 182

D

deep [diːp] **A** ADJ (+er) tief, breit; (≈ profund) tiefsinnig; Sorge groß; **the pond/snow was 4 feet ~** der Teich war/der Schnee lag 4 Fuß tief; **two feet ~ in snow** mit zwei Fuß Schnee bedeckt; **two feet ~ in water** zwei Fuß tief unter Wasser; **the ~ end** (von Schwimmbad) das Tiefe; **to go off (at) the ~ end** (fig umg) auf die Palme gehen (umg); **to be thrown in at the ~ end** (fig) gleich zu Anfang richtig ranmüssen (umg); **the spectators stood ten ~** die Zuschauer standen zu zehnt hintereinander; **~est sympathy** aufrichtiges Beileid; **~ down, she knew he was right** im Innersten wusste sie, dass er recht hatte; **~ in conversation** ins Gespräch vertieft; **to be in ~ trouble** in großen Schwierigkeiten sein **B** ADV (+er) tief; **~ into the night** bis tief in die Nacht hinein **deepen** [ˈdiːpən] **A** VT vertiefen; Rätsel vergrößern; Krise verschärfen **B** VI tiefer werden; (Kummer) zunehmen; (Rätsel) größer werden; (Streit) sich vertiefen; (Krise) sich verschärfen **deepening** [ˈdiːpənɪŋ] ADJ Sorge zunehmend; Krise sich verschärfend; Rätsel sich vertiefend **deep-fat fryer** ʃ Fritteuse f **deepfreeze** ʃ Tiefkühltruhe f, Gefrierschrank m **deep-fry** VT frittieren **deeply** [ˈdiːplɪ] ADV tief; besorgt, unglücklich, misstrauisch äußerst; schockiert, dankbar zutiefst; lieben sehr; **~ committed** stark engagiert; **they are ~ embarrassed by it** es ist ihnen äußerst peinlich; **to fall ~ in love** sich sehr verlieben **deep-pan pizza** ʃ Pfannenpizza f **deep-rooted** ADJ, komp **deeper-rooted** (fig) tief verwurzelt **deep-sea** ADJ Tiefsee- **deep-set** ADJ, komp **deeper-set** tief liegend **deep space** ʃ der äußere Weltraum **deep vein thrombosis** ʃ MED tiefe Venenthrombose

deer [dɪəʳ], pl - Reh n, Hirsch m; (kollektiv) Rotwild n

de-escalate [ˌdiːˈeskəleɪt] VT deeskalieren

deface [dɪˈfeɪs] VT verunstalten

defamatory [dɪˈfæmətərɪ] ADJ diffamierend

default [dɪˈfɔːlt] **A** ʃ **1** **to win by ~** kampflos gewinnen **2** [ˈdiːfɔːlt] IT Default m, Voreinstellung f **B** [ˈdiːfɔːlt] ATTR IT voreingestellt; **~ drive** Standardlaufwerk n **C** VI (≈ in Bezug auf Pflichten etc) säumig sein

defeat [dɪˈfiːt] **A** ʃ Niederlage f; (von Gesetzesvorlage) Ablehnung f; **their ~ of the enemy** ihr Sieg über den Feind; **to admit ~** sich geschlagen geben; **to suffer a ~** eine Niederlage erleiden **B** VT Armee, Mannschaft besiegen; Gesetzesvorlage ablehnen; **that would be ~ing the purpose of the exercise** dann verliert die Übung ihren Sinn

defect¹ [ˈdiːfekt] ʃ Fehler m, Defekt m

defect² [dɪˈfekt] VI POL sich absetzen; **to ~ to**

the enemy zum Feind überlaufen **defection** [dɪˈfekʃən] ʃ POL Überlaufen n

defective [dɪˈfektɪv] ADJ fehlerhaft; Maschine, Gen defekt

defence, (US) **defense** [dɪˈfens] ʃ **1** (**!** kein pl) Verteidigung f; **in his ~** zu seiner Verteidigung; **to come to sb's ~** jdn verteidigen; **his only ~ was …** seine einzige Rechtfertigung war … **2** Abwehrmaßnahme f; MIL Befestigung f; **as a ~ against** als Schutz gegen; **his ~s were down** er war wehrlos **defence counsel**, (US) **defense counsel** ʃ Verteidiger(in) m(f) **defenceless**, (US) **defenseless** ADJ schutzlos **defence mechanism** ʃ PHYSIOL, PSYCH Abwehrmechanismus m **defence minister**, (US) **defense minister** ʃ Verteidigungsminister(in) m(f)

defend [dɪˈfend] VT verteidigen (against gegen) **defendant** ʃ Angeklagte(r) m/f(m), Beklagte(r) m/f(m) **defender** [dɪˈfendəʳ] ʃ Verteidiger(in) m(f) **defending** ADJ **the ~ champions** die Titelverteidiger pl

defense etc (US) = **defence** etc **defensive** [dɪˈfensɪv] **A** ADJ defensiv **B** ʃ **to be on the ~** (MIL, fig) in der Defensive sein **defensively** [dɪˈfensɪvlɪ] ADV a. SPORT defensiv

defer [dɪˈfɜːʳ] VT verschieben; **to ~ doing sth** es verschieben, etw zu tun

deferred payment ʃ Zahlungsaufschub m; (US) Ratenzahlung f

defiance [dɪˈfaɪəns] ʃ Trotz m (of sb jdm gegenüber); (von Befehl, Gesetz) Missachtung f (of+gen); **an act of ~** eine Trotzhandlung; **in ~ of sb/sth** jdm/etw zum Trotz **defiant** ADJ trotzig, aufsässig, herausfordernd **defiantly** ADV trotzig; sich weigern standhaft

deficiency [dɪˈfɪʃənsɪ] ʃ Mangel m; FIN Defizit n; (von Character, System) Schwäche f; **iron ~** Eisenmangel m **deficient** ADJ unzulänglich; **sb/sth is ~ in sth** jdm/einer Sache fehlt es an etw (dat)

deficit [ˈdefɪsɪt] ʃ Defizit n

definable [dɪˈfaɪnəbl] ADJ definierbar; Grenzen, Pflichten bestimmbar **define** [dɪˈfaɪn] VT definieren; Pflichten etc festlegen

definite [ˈdefɪnɪt] ADJ **1** definitiv; Antwort, Entscheidung klar; Abkommen, Termin, Plan fest; **is that ~?** ist das sicher?; **for ~** mit Bestimmtheit **2** Zeichen deutlich; Vorteil, Verbesserung eindeutig; Möglichkeit echt **3** Auftreten bestimmt; **she was very ~ about it** sie war sich (dat) sehr sicher **definite article** ʃ GRAM bestimmter Artikel **definitely** [ˈdefɪnɪtlɪ] ADV **1** entscheiden, bestimmen endgültig; **it's not ~ arranged/agreed yet** es steht noch nicht fest **2** (≈ klar) eindeutig, bestimmt, auf jeden Fall; **~ not** auf keinen Fall; **he ~ wanted to come** er wollte bestimmt

183 ‖ DELI

kommen **definition** [ˌdefɪˈnɪʃən] ꜱ **1** Definition f; **by ~** definitionsgemäß **2** (von Aufgaben, Grenzen) Festlegung f **3** FOTO, TV Bildschärfe f
definitive [dɪˈfɪnɪtɪv] ADJ Sieg, Antwort entschieden; Buch maßgeblich (on für)
deflate [ˌdiːˈfleɪt] VT die Luft ablassen aus; **he felt a bit ~d when** … es war ein ziemlicher Dämpfer für ihn, dass … **deflation** [ˌdiː-ˈfleɪʃən] ꜱ FIN Deflation f
deforestation [diːˌfɒrɪˈsteɪʃən] ꜱ Entwaldung f
deformed [dɪˈfɔːmd] ADJ deformiert; TECH verformt **deformity** [dɪˈfɔːmɪtɪ] ꜱ Deformität f
defraud [dɪˈfrɔːd] VT **to ~ sb of sth** jdn um etw betrügen
defrost [ˌdiːˈfrɒst] **A** VT Kühlschrank abtauen; Lebensmittel auftauen **B** VI (Kühlschrank) abtauen; (Lebensmittel) auftauen
deft ADJ (+er), **deftly** ADV ['deft, -lɪ] geschickt
defuse [ˌdiːˈfjuːz] VT entschärfen
defy [dɪˈfaɪ] VT **1** jdm sich widersetzen (+dat); Befehlen, Gesetz, Gefahr trotzen (+dat) **2** (fig) widerstehen (+dat); **to ~ description** jeder Beschreibung spotten; **that defies belief!** das ist ja unglaublich!; **to ~ gravity** den Gesetzen der Schwerkraft widersprechen
degenerate [dɪˈdʒenəreɪt] VI degenerieren; (Menschen, Moral) entarten; **the demonstration ~d into violence** die Demonstration artete in Gewalttätigkeiten aus **degeneration** [dɪˌdʒenəˈreɪʃən] ꜱ Degeneration f
degradable [dɪˈɡreɪdəbl] ADJ Müll etc abbaubar **degradation** [ˌdeɡrəˈdeɪʃən] ꜱ Erniedrigung f; GEOL Erosion f; CHEM Abbau m **degrade** [dɪˈɡreɪd] **A** VT erniedrigen; CHEM abbauen; **to ~ oneself** sich erniedrigen **B** VI CHEM sich abbauen **degrading** [dɪˈɡreɪdɪŋ] ADJ erniedrigend
degree [dɪˈɡriː] ꜱ **1** Grad m kein pl; **an angle of 90 ~s** ein Winkel m von 90 Grad; **first ~ murder** Mord m; **second ~ murder** Totschlag m **2** (von Risiko etc) Maß n; **some** od **a certain ~ of** ein gewisses Maß an (+dat); **to some ~, to a (certain) ~** in gewissem Maße; **to such a ~ that …** in solchem Maße, dass … **3** UNIV akademischer Grad; **to get one's ~** seinen akademischen Grad erhalten; **to do a ~** studieren; **when did you do your ~?** wann haben Sie das Examen gemacht?; **I'm doing a ~ in languages** ich studiere Sprachwissenschaften; **I've got a ~ in Business Studies** ich habe einen Hochschulabschluss in Wirtschaftslehre **degree course** ꜱ Universitätskurs, der mit dem ersten akademischen Grad abschließt
dehydrated [ˌdiːhaɪˈdreɪtɪd] ADJ dehydriert; Lebensmittel getrocknet; Mensch, Haut ausgetrock-

net **dehydration** [ˌdiːhaɪˈdreɪʃən] ꜱ Austrocknung f
de-icer [ˌdiːˈaɪsəʳ] ꜱ Enteiser m; (für Auto) Defroster m
deign [deɪn] VT **to ~ to do sth** sich herablassen, etw zu tun
deity [ˈdiːɪtɪ] ꜱ Gottheit f
déjà vu [ˈdeɪʒɑːˈvuː] ꜱ Déjà-vu-Erlebnis n; **a feeling** od **sense of ~** das Gefühl, das schon einmal gesehen zu haben
dejected ADJ, **dejectedly** ADV [dɪˈdʒektɪd, -lɪ] deprimiert **dejection** [dɪˈdʒekʃən] ꜱ Depression f
delay [dɪˈleɪ] **A** VT **1** verschieben; **to ~ doing sth** es verschieben, etw zu tun; **he ~ed paying until …** er wartete so lange mit dem Zahlen, bis …; **rain ~ed play** der Beginn des Spiels verzögerte sich wegen Regens **2** jdn, Verkehr aufhalten; **the bus was ~ed** der Bus hatte Verspätung **B** VI warten; **to ~ in doing sth** es verschieben, etw zu tun; **he ~ed in paying the bill** er schob die Zahlung der Rechnung hinaus **C** ꜱ **1** Aufenthalt m; (in Verkehrsfluss) Stockung f; (von Zug, Flug) Verspätung f; (≈ Zeitverzug) Verzögerung f; **roadworks are causing ~s of up to 1 hour** Straßenbauarbeiten verursachen Staus bis zu 1 Stunde; **"delays possible (until …)"** „Staugefahr! (bis …)"; **there are ~s to all flights** alle Flüge haben Verspätung; **without ~** unverzüglich; **without further ~** ohne weitere Verzögerung **delaying** [dɪˈleɪɪŋ] ADJ verzögernd; **~ tactics** Verzögerungstaktik f
delegate [ˈdelɪɡeɪt] **A** VT delegieren; Befugnisse übertragen (to sb jdm); **to ~ sb to do sth** jdn damit beauftragen, etw zu tun **B** VI delegieren **C** [ˈdelɪɡət] ꜱ Delegierte(r) m/f(m) **delegation** [ˌdelɪˈɡeɪʃən] ꜱ Delegation f
delete [dɪˈliːt] VT streichen; IT löschen, entfernen; **"delete where applicable"** „Nichtzutreffendes (bitte) streichen" **delete key** ꜱ Löschtaste f, Entfernungstaste f **deletion** [dɪˈliːʃən] ꜱ Streichung f; IT Löschung f; **to make a ~** etwas streichen
deli [ˈdelɪ] ꜱ (umg) = delicatessen
deliberate [dɪˈlɪbərɪt] **A** ADJ **1** absichtlich; Versuch, Beleidigung, Lüge bewusst **2** besonnen; Bewegung bedächtig **B** [dɪˈlɪbəreɪt] VI nachdenken (on, upon über +akk); (mit anderen) sich beraten (on, upon über +akk, wegen) **C** [dɪˈlɪbəreɪt] VT bedenken; (≈ diskutieren) beraten **deliberately** [dɪˈlɪbərɪtlɪ] ADV **1** absichtlich; **the blaze was started ~** der Brand wurde vorsätzlich gelegt **2** überlegt; sich bewegen bedächtig **deliberation** [dɪˌlɪbəˈreɪʃən] ꜱ **1** Überlegung f (on zu) **2** **deliberations** PL (≈ Diskussionen) Beratungen pl (of, on über +akk)

DELI | 184

D

delicacy ['delɪkəsɪ] ‹ʒ› **1** = delicateness **2** (≈ Speise) Delikatesse f **delicate** ['delɪkɪt] **A** ADJ **1** fein; Gesundheit zart; Mensch, Porzellan zerbrechlich; Magen empfindlich; **she's feeling a bit ~ after the party** nach der Party fühlt sie sich etwas angeschlagen **2** Unternehmen, Thema, Situation heikel **B** **delicates** PL Feinwäsche f **delicately** ['delɪkɪtlɪ] ADV **1** sich bewegen zart **2** parfümiert fein; **~ flavoured** (Br) od **flavored** (US) mit einem delikaten Geschmack **3** taktvoll **delicateness** ‹ʒ› **1** Zartheit f **2** Feinheit f **3** (von Unternehmen, Thema, Situation) heikle Natur **delicatessen** [ˌdelɪkə'tesn] ‹ʒ› Feinkostgeschäft n (❗ Der Plural ist **delicatessens**) **delicious** [dɪ'lɪʃəs] ADJ **1** Speise etc köstlich **2** (≈ wunderbar) herrlich **deliciously** [dɪ'lɪʃəslɪ] ADV **1** zart köstlich **2** warm, duftend herrlich **delight** [dɪ'laɪt] **A** ‹ʒ› Freude f; **to my ~** zu meiner Freude; **he takes great ~ in doing that** es bereitet ihm große Freude, das zu tun; **he's a ~ to watch** es ist eine Freude, ihm zuzusehen **B** V/i sich erfreuen (in an +dat) **delighted** [dɪ'laɪtɪd] ADJ (with über +akk) erfreut; **to be ~** sich sehr freuen (at über +akk, that dass); **absolutely ~** hocherfreut; **~ to meet you!** sehr angenehm!; **I'd be ~ to help you** ich würde Ihnen sehr gern helfen **delightful** [dɪ'laɪtfʊl] ADJ reizend; Wetter, Party wunderbar **delightfully** [dɪ'laɪtfəlɪ] ADV wunderbar **delinquency** [dɪ'lɪŋkwənsɪ] ‹ʒ› Kriminalität f **delinquent** [dɪ'lɪŋkwənt] **A** ADJ straffällig **B** ‹ʒ› Delinquent(in) m(f) **delirious** [dɪ'lɪrɪəs] ADJ MED im Delirium; (fig) im Taumel; **to be ~ with joy** im Freudentaumel sein **deliriously** [dɪ'lɪrɪəslɪ] ADV **~ happy** euphorisch; MED im Delirium **delirium** [dɪ'lɪrɪəm] ‹ʒ› MED Delirium n; (fig) Taumel m **deliver** [dɪ'lɪvə'] **A** V/t **1** Waren liefern; Nachricht überbringen; (regelmäßig) zustellen; **to ~ sth to sb** jdm etw liefern/überbringen/zustellen; **he ~ed the goods to the door** er lieferte die Waren ins Haus; **~ed free of charge** frei Haus (geliefert); **to ~ the goods** (fig umg) das Geforderte leisten **2** Rede halten; Ultimatum stellen; Urteil verkünden **3** MED Kind zur Welt bringen **B** V/i (wörtl) liefern **delivery** [dɪ'lɪvərɪ] ‹ʒ› **1** (von Waren) (Aus)lieferung f; (von Post) Zustellung f; **please allow 28 days for ~** die Lieferzeit kann bis zu 28 Tagen betragen **2** MED Entbindung f **delivery boy** ‹ʒ› Bote m **delivery charge** ‹ʒ› Lieferkosten pl; (für Post) Zustellgebühr f **delivery costs** PL Versandkosten pl **delivery date** ‹ʒ› Liefertermin m **delivery man** ‹ʒ›, pl -men Lieferant m **delivery note** ‹ʒ› Lieferschein m **delivery room** ‹ʒ› Kreißsaal m **de-**

livery service ‹ʒ› Zustelldienst m **delivery van** ‹ʒ› Lieferwagen m **delta** ['deltə] ‹ʒ› Delta n **delude** [dɪ'luːd] V/t täuschen; **to ~ oneself** sich (dat) etwas vormachen **deluded** ADJ voller Illusionen **deluge** ['deljuːdʒ] ‹ʒ› (wörtl) Überschwemmung f; (von Regen) Guss m; (fig) Flut f **delusion** [dɪ'luːʒən] ‹ʒ› Illusion f; PSYCH Wahnvorstellung f; **to be under a ~** in einem Wahn leben; **to have ~s of grandeur** den Größenwahn haben **de luxe** [dɪ'lʌks] ADJ Luxus-; **~ model** Luxusmodell n; **~ version** De-Luxe-Ausführung f **delve** [delv] V/i (in Buch) sich vertiefen (into in +akk); **to ~ in(to) one's pocket** tief in die Tasche greifen; **to ~ into the past** die Vergangenheit erforschen **demand** [dɪ'mɑːnd] **A** V/t verlangen; Zeit beanspruchen; **he ~ed money** er wollte Geld haben; **he ~ed to know what had happened** er verlangte zu wissen, was passiert war; **he ~ed to see my passport** er wollte meinen Pass sehen **B** ‹ʒ› **1** Forderung f (for nach); **by popular ~** auf allgemeinen Wunsch; **to be available on ~** auf Wunsch erhältlich sein; **to make ~s on sb** Forderungen an jdn stellen **2** (❗ kein pl) HANDEL Nachfrage f; **there's no ~ for it** es besteht keine Nachfrage danach; **to be in (great) ~** sehr gefragt sein **demanding** [dɪ'mɑːndɪŋ] ADJ Kind, Job anstrengend; Lehrer, Vorgesetzter anspruchsvoll **demean** [dɪ'miːn] **A** V/r sich erniedrigen; **I will not ~ myself by doing that** ich werde mich nicht dazu hergeben, das zu tun **B** V/t erniedrigen **demeaning** [dɪ'miːnɪŋ] ADJ erniedrigend **demeanour**, (US) **demeanor** [dɪ'miːnə'] ‹ʒ› Benehmen n, Haltung f **demented** [dɪ'mentɪd] ADJ verrückt **dementia** [dɪ'menʃɪə] ‹ʒ› Schwachsinn m **demerara (sugar)** [ˌdeməˈrɛərə(ˈʃʊgə')] ‹ʒ› (Br) brauner Rohrzucker **demi** ['demɪ] PRÄF Halb-, halb- **demigod** ['demɪgɒd] ‹ʒ› Halbgott m, Halbgöttin f **demilitarization** ['diːˌmɪlɪtəraɪˈzeɪʃən] ‹ʒ› Entmilitarisierung f **demilitarize** [ˌdiːˈmɪlɪtəraɪz] V/t entmilitarisieren; **~d zone** entmilitarisierte Zone **demisemiquaver** [ˌdemɪˈsemɪkweɪvə'] ‹ʒ› (Br MUS) Zweiunddreißigstel(note) f (❗ = (US) **thirty-second note**) **demister** [ˌdiːˈmɪstə'] ‹ʒ› Gebläse n **demo** ['deməʊ] **A** ‹ʒ›, pl -s abk von demonstration Demo(nstration) f **B** ADJ attr **~ tape** Demoband n

demobilize [diːˈməʊbɪlaɪz] _vt_ demobilisieren
democracy [dɪˈmɒkrəsɪ] _s_ Demokratie f
democrat [ˈdeməkræt] _s_ Demokrat(in) m(f);
Democrat (US POL) Demokrat(in) m(f) Mitglied bzw. Anhänger der demokratischen Partei **democratic** [ˌdeməˈkrætɪk] _adj_ **1** demokratisch;
the Social Democratic Party die Sozialdemokratische Partei; **the Christian Democratic Party** die Christlich-Demokratische Partei **2**
Democratic (US POL) der Demokratischen Partei; **the Democratic Party** die Demokratische Partei **democratically** [ˌdeməˈkrætɪkəlɪ] _adv_ demokratisch
demolish [dɪˈmɒlɪʃ] _vt_ Haus abbrechen; (fig) Gegner vernichten; (hum) Kuchen etc vertilgen
demolition [ˌdeməˈlɪʃən] _s_ Abbruch m
demolition squad _s_ Abbruchkolonne f
demon [ˈdiːmən] _s_ Dämon m; (umg ≈ Kind) Teufel m **demonic** [dɪˈmɒnɪk] _adj_ dämonisch
demonstrate [ˈdemənstreɪt] **A** _vt_ beweisen, demonstrieren; Gerät etc vorführen **B** _vi_ demonstrieren **demonstration** [ˌdemənˈstreɪʃən] _s_ Beweis m, Demonstration f (a. POL etc); (von Gerät etc) Vorführung f; **he gave us a ~** er zeigte es uns **demonstration model** _s_ Vorführmodell n **demonstrative** [dɪˈmɒnstrətɪv] _adj_ demonstrativ **demonstrator** [ˈdemənstreɪtə] _s_ **1** HANDEL Vorführer(in) m(f) (von technischen Geräten) **2** POL Demonstrant(in) m(f)
demoralize [dɪˈmɒrəlaɪz] _vt_ entmutigen; Truppen etc demoralisieren **demoralizing** _adj_ entmutigend; (für Truppen etc) demoralisierend
demote [dɪˈməʊt] _vt_ MIL degradieren (to zu); (in Job) zurückstufen; **to be ~d** SPORT absteigen
demotivate [ˌdiːˈməʊtɪveɪt] _vt_ demotivieren
den [den] _s_ **1** (von Löwe etc) Höhle f; (von Fuchs) Bau m **2** (≈ Zimmer) Bude f (umg)
denationalize [ˌdiːˈnæʃnəlaɪz] _vt_ entstaatlichen
denial [dɪˈnaɪəl] _s_ **1** Leugnen n **2** Ablehnung f; (von Rechten) Verweigerung f
denim [ˈdenɪm] **A** _s_ **1** Jeansstoff m **2** **denims** _pl_ Jeans pl **B** _adj attr_ Jeans-
Denmark [ˈdenmɑːk] _s_ Dänemark n
denomination [dɪˌnɒmɪˈneɪʃən] _s_ **1** KIRCHE Konfession f **2** Bezeichnung f **3** (von Geld) Nennbetrag m
denote [dɪˈnəʊt] _vt_ bedeuten; (Symbol, Wort) bezeichnen
denounce [dɪˈnaʊns] _vt_ **1** anprangern, denunzieren (sb to sb jdn bei jdm) **2** Alkoholkonsum etc verurteilen
dense [dens] _adj_ (+er) **1** dicht; Menge dicht gedrängt **2** (umg) begriffsstutzig (umg) **densely** [ˈdenslɪ] _adv_ bevölkert, bewaldet dicht **density** [ˈdensɪtɪ] _s_ Dichte f; **population ~** Bevölkerungsdichte f
dent [dent] **A** _s_ (in Metal) Beule f; (in Holz) Kerbe f **B** _vt_ Auto verbeulen; Holz eine Delle machen in (+akk); (umg) Stolz anknacksen (umg)
dental [ˈdentl] _adj_ Zahn-; Behandlung zahnärztlich **dental floss** _s_ Zahnseide f **dental hygiene** _s_ Zahnpflege f **dental nurse** _s_ Zahnarzthelfer(in) m(f) **dental surgeon** _s_ Zahnarzt m/-ärztin f
dentist [ˈdentɪst] _s_ Zahnarzt m, Zahnärztin f; **at the ~('s)** beim Zahnarzt **dentistry** [ˈdentɪstrɪ] _s_ Zahnmedizin f **dentures** [ˈdentʃəz] _pl_ Zahnprothese f, Gebiss n
denunciation [dɪˌnʌnsɪˈeɪʃən] _s_ Anprangerung f, Denunziation f, Verurteilung f
Denver boot [ˈdenvəˈbuːt] _s_ (US) Parkkralle f (⚠ = (Br) **wheel clamp**)
deny [dɪˈnaɪ] _vt_ **1** bestreiten, leugnen; (offiziell) dementieren; **do you ~ having said that?** bestreiten _od_ leugnen Sie, das gesagt zu haben?; **there's no ~ing it** das lässt sich nicht bestreiten **2** **to ~ sb's request** jdm seine Bitte abschlagen; **to ~ sb his rights** jdm seine Rechte vorenthalten; **to ~ sb access (to sth)** jdm den Zugang (zu etw) verwehren; **to ~ sb credit** jdm den Kredit verweigern; **I can't ~ her anything** ich kann ihr nichts abschlagen; **why should I ~ myself these little comforts?** warum sollte ich mir das bisschen Komfort nicht gönnen?
deodorant [diːˈəʊdərənt] _s_ Deodorant n
dep. _abk_ von departs, departure Abf.
depart [dɪˈpɑːt] _vi_ weggehen, abreisen; **the train at platform 6 ~ing for …** der Zug an Bahnsteig 6 nach …; **to be ready to ~** startbereit sein; **the visitors were about to ~** die Gäste waren im Begriff aufzubrechen **departed** [dɪˈpɑːtɪd] **A** _adj_ (≈ tot) verstorben **B** _s_ **the (dear) ~** der/die (liebe) Verstorbene
department [dɪˈpɑːtmənt] _s_ **1** Abteilung f; (von Behörde) Ressort n; **Department of Transport** (Br) _od_ **Transportation** (US) Verkehrsministerium n **2** SCHULE, UNIV Fachbereich m **departmental** [ˌdiːpɑːtˈmentl] _adj_ Abteilungs-; SCHULE, UNIV Fachbereichs-; (in Behörde) des Ressorts
department store _s_ Kaufhaus n
departure [dɪˈpɑːtʃə[r]] _s_ **1** Weggang m, Abreise f (from aus), Abfahrt f; FLUG Abflug m; **"departures"** „Abfahrt"; FLUG „Abflug" **2** (fig ≈ Veränderung) neue Richtung f **departure board** _s_ BAHN Abfahrtstafel f; FLUG Abfluganzeige f **departure gate** _s_ Ausgang m **departure lounge** _s_ Abflughalle f, Warteraum m **departure time** _s_ FLUG Abflugzeit f; (BAHN: von Bus) Abfahrtzeit f

depend [dɪˈpend] _VI_ **1** abhängen (_on sb/sth_ von jdm/etw); **it ~s on what you mean by reasonable** es kommt darauf an, was Sie unter vernünftig verstehen; **how long are you staying? — it ~s** wie lange bleiben Sie? — das kommt darauf an; **it all ~s on …** das kommt ganz auf … an; **~ing on his mood** je nach seiner Laune; **~ing on how late we arrive** je nachdem, wie spät wir ankommen **2** sich verlassen (_on, upon_ auf +_akk_); **you can ~ (up)on it!** darauf können Sie sich verlassen! **3** (_Mensch_) **to ~ on** angewiesen sein auf (+_akk_) **dependable** [dɪˈpendəbl] _ADJ_ zuverlässig **dependant, dependent** [dɪˈpendənt] _S_ Abhängige(r) _m/f(m)_; **do you have ~s?** haben Sie Angehörige? **dependence** _S_ Abhängigkeit _f_ (_on, upon_ von); **drug/alcohol ~** Drogen-/Alkoholabhängigkeit _f_ **dependency** [dɪˈpendənsɪ] _S_ = dependence **dependent** **A** _ADJ_ abhängig; **~ on insulin** insulinabhängig; **to be ~ on** _od_ **upon sb/sth** von jdm/etw abhängig sein; **to be ~ on** _od_ **upon sb/sth for sth** für etw auf jdn/etw angewiesen sein **B** _S_ = dependant

depict [dɪˈpɪkt] _VT_ darstellen **depiction** [dɪˈpɪkʃən] _S_ Darstellung _f_

depilatory [dɪˈpɪlətərɪ] **A** _ADJ_ enthaarend; **~ cream** Enthaarungscreme _f_ **B** _S_ Enthaarungsmittel _n_

deplete [dɪˈpliːt] _VT_ **1** erschöpfen **2** verringern **depletion** [dɪˈpliːʃən] _S_ **1** Erschöpfung _f_ **2** Verringerung _f_; (_von Vorräten, Mitgliedern_) Abnahme _f_

deplorable [dɪˈplɔːrəbl] _ADJ_ schrecklich, schändlich; **it is ~ that … es ist eine Schande, dass …** **deplore** [dɪˈplɔːʳ] _VT_ **1** bedauern **2** missbilligen

deploy [dɪˈplɔɪ] _VT_ (MIL, _fig_) einsetzen; **the number of troops ~ed in Germany** die Zahl der in Deutschland stationierten Streitkräfte **deployment** [dɪˈplɔɪmənt] _S_ (MIL, _fig_) Einsatz _m_, Stationierung _f_

deport [dɪˈpɔːt] _VT_ _Gefangenen_ deportieren; _Ausländer_ abschieben **deportation** [ˌdiːpɔːˈteɪʃən] _S_ (_von Gefangenen_) Deportation _f_; (_von Ausländer_) Abschiebung _f_

depose [dɪˈpəʊz] _VT_ absetzen

deposit [dɪˈpɒzɪt] **A** _VT_ **1** hinlegen, hinstellen **2** _Geld_ deponieren (_in, with_ bei); **I ~ed £500 in my account** ich zahlte £ 500 auf mein Konto ein **B** _S_ **1** HANDEL Anzahlung _f_; (≈ _als Sicherheit_) Kaution _f_; (_für Flasche etc_) Pfand _n_, Depot _n_ (_schweiz_); **to put down a ~ of £1000 on a car** eine Anzahlung von £ 1000 für ein Auto leisten **2** (_in Wein_, GEOL) Ablagerung _f_; (≈ _von Erz_) (Lager)-stätte _f_ **deposit account** _S_ Sparkonto _n_ **deposit slip** _S_ (US) Einzahlungsschein _m_

(❗ = (Br) **paying-in slip**)

depot [ˈdepəʊ] _S_ **1** Depot _n_, Lager(haus) _n_ **2** (US BAHN) Bahnhof _m_

depraved [dɪˈpreɪvd] _ADJ_ verworfen **depravity** [dɪˈprævɪtɪ] _S_ Verworfenheit _f_

deprecating _ADJ_, **deprecatingly** _ADV_ [ˈdeprɪkeɪtɪŋ, -lɪ] missbilligend

depreciate [dɪˈpriːʃɪeɪt] _VI_ an Wert verlieren

depress [dɪˈpres] _VT_ jdn deprimieren; _Markt_ schwächen **depressed** _ADJ_ **1** deprimiert (_about_ über +_akk_); MED depressiv; **to look ~** niedergeschlagen aussehen **2** WIRTSCH _Markt_ flau; _Wirtschaft_ geschwächt **depressing** _ADJ_ deprimierend; **these figures make ~ reading** es ist deprimierend, diese Zahlen zu lesen **depressingly** _ADV_ deprimierend; **it all sounded ~ familiar** es hörte sich alles nur zu vertraut an **depression** [dɪˈpreʃən] _S_ **1** (❗ kein pl) Depression _f_; MED Depressionen _pl_ **2** METEO Tief(druckgebiet) _n_ **3** WIRTSCH Flaute _f_; **the Depression** die Weltwirtschaftskrise

deprivation [ˌdeprɪˈveɪʃən] _S_ **1** Entzug _m_, Verlust _m_; (_von Rechten_) Beraubung _f_ **2** (≈ _Zustand_) Entbehrung _f_ **deprive** [dɪˈpraɪv] _VT_ **to ~ sb of sth** jdn einer Sache (_gen_) berauben; (_seiner Rechte_) jdm etw vorenthalten; **the team was ~d of the injured Owen** die Mannschaft musste ohne den verletzten Owen auskommen; **she was ~d of sleep** sie litt am Schlafmangel **deprived** _ADJ_ _Mensch, Familie, Gegend_ benachteiligt; _Kindheit_ arm; **the ~ areas of the city** die Armenviertel der Stadt

dept _abk_ von **department** Abt.

depth [depθ] _S_ **1** Tiefe _f_; **at a ~ of 3 feet** in 3 Fuß Tiefe; **to be out of one's ~** (_wörtl, fig_) den Boden unter den Füßen verlieren; **in ~** eingehend; _Interview_ ausführlich **2** **~(s)** Tiefen _pl_; **in the ~s of despair** in tiefster Verzweiflung; **in the ~s of winter/the forest** im tiefsten Winter/Wald; **to sink to new ~s** so tief wie nie zuvor sinken

deputize [ˈdepjʊtaɪz] _VI_ vertreten (_for sb_ jdn) **deputy** [ˈdepjʊtɪ] **A** _S_ **1** Stellvertreter(in) _m(f)_ **2** (_a._ **deputy sheriff**) Hilfssheriff _m_ **B** _ADJ_ _attr_ stellvertretend **deputy head** [ˌdepjʊtɪˈhed] _S_ (Br) Konrektor(in) _m(f)_

derail [dɪˈreɪl] _VT_ entgleisen lassen; (_fig_) scheitern lassen; **to be ~ed** entgleisen

deranged [dɪˈreɪndʒd] _ADJ_ _Verstand_ verwirrt; _Mensch_ geistesgestört

derby [ˈdɜːbɪ] _S_ (US) Melone _f_ (❗ = (Br) **bowler (hat)**)

deregulate [diːˈreɡjʊleɪt] _VT_ deregulieren, dem freien Wettbewerb überlassen **deregulation** [ˌdiːreɡjʊˈleɪʃən] _S_ Deregulierung _f_, Wettbewerbsfreiheit _f_ (_of_ für)

187 ‖ DESI

derelict ['derɪlɪkt] ADJ verfallen
derivation [ˌderɪ'veɪʃən] S̱ Ableitung f; CHEM
Derivation f **derivative** [dɪ'rɪvətɪv] A ADJ ab-
geleitet; (fig) nachgeahmt B S̱ Ableitung f **de-
rive** [dɪ'raɪv] A V̱Ṯ Idee, Name ableiten (from
von); Gewinn ziehen (from aus); Genugtuung gewin-
nen (from aus) B V̱Ī̱ **to ~ from** sich ableiten von;
(Macht, Reichtum) beruhen auf (+dat); (Ideen) stam-
men von
dermatitis [ˌdɜːmə'taɪtɪs] S̱ Hautentzündung f
dermatologist [ˌdɜːmə'tɒlədʒɪst] S̱ Hautarzt
m, Hautärztin f **dermatology** [ˌdɜːmə-
'tɒlədʒɪ] S̱ Dermatologie f
derogatory [dɪ'rɒgətərɪ] ADJ abfällig
descend [dɪ'send] A V̱Ī̱ **1** hinuntergehen, hi-
nunterfahren; (Straße) hinunterführen; (Berg) ab-
fallen **2** abstammen (from von) **3** (≈ angreifen)
herfallen (on, upon über +akk); (Trauer) befallen
(on, upon sb jdn); (Stille) sich senken (on, upon über
+akk) **4** (umg ≈ besuchen) **to ~ (up)on sb** jdn über-
fallen (umg); **thousands of fans are expected
to ~ on the city** man erwartet, dass Tausende
von Fans die Stadt überlaufen B V̱Ṯ **1** Treppe hinunter-
gehen **2** **to be ~ed from** abstammen von **de-
scendant** S̱ Nachkomme m **descent** [dɪ-
'sent] S̱ **1** Hinuntergehen n, Abstieg m; **~ by
parachute** Fallschirmabsprung m **2** Abstam-
mung f; **of noble ~** von adliger Abstammung
descramble [diː'skræmbl] V̱Ṯ TEL entschlüs-
seln
describe [dɪ'skraɪb] V̱Ṯ beschreiben; **~ him for
us** beschreiben Sie ihn uns (dat); **to ~ oneself/
sb as ...** sich/jdn als ... bezeichnen; **the police
~ him as dangerous** die Polizei bezeichnet
ihn als gefährlich; **he is ~d as being tall with
short fair hair** er wird als groß mit kurzen
blonden Haaren beschrieben
description [dɪ'skrɪpʃən] S̱ **1** Beschreibung f;
she gave a detailed ~ of what had happened
sie beschrieb ausführlich, was vorgefallen
war; **to answer (to)** od **fit the ~ of ...** der Be-
schreibung als ... entsprechen; **do you know
anyone of this ~?** kennen Sie jemanden, auf
den diese Beschreibung zutrifft? **2** Art f; **vehi-
cles of every ~** od **of all ~s** Fahrzeuge aller Art
descriptive [dɪ'skrɪptɪv] ADJ beschreibend;
Schilderung anschaulich
desecrate ['desɪkreɪt] V̱Ṯ schänden
desegregation ['diːˌsegrɪ'geɪʃən] S̱ Aufhe-
bung f der Rassentrennung (of in +dat), Desegre-
gation f
desensitize [ˌdiː'sensɪtaɪz] V̱Ṯ MED desensibi-
lisieren; **to become ~d to sth** (fig) einer Sache
(dat) gegenüber abstumpfen
desert[1] ['dezət] A S̱ Wüste f B ADJ attr Wüsten-

desert[2] [dɪ'zɜːt] A V̱Ṯ verlassen, im Stich las-
sen; **by the time the police arrived the place
was ~ed** als die Polizei eintraf, war niemand
mehr da; **in winter the place is ~ed** im Winter
ist der Ort verlassen B V̱Ī̱ (MIL, fig) desertieren
deserted [dɪ'zɜːtɪd] ADJ verlassen; Ort unbe-
wohnt; Straße menschenleer **deserter** [dɪ'zɜː-
tə'] S̱ (MIL, fig) Deserteur(in) m(f) **desertion**
[dɪ'zɜːʃən] S̱ Verlassen n; MIL Desertion f; (fig)
Fahnenflucht f
desert island ['dezət-] S̱ einsame Insel
deserts [dɪ'zɜːts] P̱Ḻ **to get one's just ~** seine
verdiente Strafe bekommen
deserve [dɪ'zɜːv] V̱Ṯ verdienen; **he ~s to win**
er verdient den Sieg; **he ~s to be punished** er
verdient es, bestraft zu werden; **she ~s better**
sie hat etwas Besseres verdient **deservedly**
[dɪ'zɜːvɪdlɪ] ADV verdientermaßen; **and ~ so** und
das zu Recht **deserving** [dɪ'zɜːvɪŋ] ADJ ver-
dienstvoll; Sieger verdient
desiccated ['desɪkeɪtɪd] ADJ getrocknet
design [dɪ'zaɪn] A S̱ **1** (von Haus, Bild, Kleid) Ent-
wurf m; (von Auto, Maschine) Konstruktion f; **it was
a good/faulty ~** es war gut/schlecht konstru-
iert **2** (❗ kein pl) (als Fach) Design n **3** Muster n
4 Absicht f; **by ~** absichtlich; **to have ~s on
sb/sth** es auf jdn/etw abgesehen haben B V̱Ṯ
1 (≈ zeichnen) entwerfen; Maschine konstruieren; **a
well ~ed machine** eine gut durchkonstruierte
Maschine **2** **to be ~ed for sb/sth** für jdn/etw
bestimmt sein; **this magazine is ~ed to ap-
peal to young people** diese Zeitschrift soll
junge Leute ansprechen
designate ['dezɪgneɪt] V̱Ṯ **1** ernennen; **to ~ sb
as sth** jdn zu etw ernennen **2** bestimmen;
smoking is permitted in ~d areas Rauchen
ist in den dafür bestimmten Bereichen er-
laubt; **to be the ~d driver** als Fahrer bestimmt
sein
designer [dɪ'zaɪnə'] A S̱ **1** Designer(in) m(f) **2**
Modeschöpfer(in) m(f) **3** (von Maschinen) Konst-
rukteur(in) m(f) B ADJ attr Designer-; **~ clothes**
Designerkleider pl; **~ stubble** Dreitagebart m
desirability [dɪˌzaɪərə'bɪlɪtɪ] S̱ Wünschbarkeit
f **desirable** [dɪ'zaɪərəbl] ADJ **1** wünschens-
wert, erwünscht; Ziel erstrebenswert **2** Position,
Angebot reizvoll **3** Frau begehrenswert **desire**
[dɪ'zaɪə'] A S̱ Wunsch m (for nach), Sehnsucht f
(for nach); (sexuell) Verlangen n (for nach); **a ~ for
peace** ein Verlangen n nach Frieden; **heart's ~**
Herzenswunsch m; **I have no ~ to see him** ich
habe kein Verlangen, ihn zu sehen; **I have no
~ to cause you any trouble** ich möchte Ihnen
keine Unannehmlichkeiten bereiten B V̱Ṯ
wünschen; etw sich (dat) wünschen; Frau begeh-
ren; Frieden verlangen nach; **if ~d** auf Wunsch;

DESK | 188

D

to have the ~d effect die gewünschte Wirkung haben; **it leaves much** od **a lot to be ~d** das lässt viel zu wünschen übrig; **it leaves something to be ~d** es lässt zu wünschen übrig

desk [desk] S̲ Schreibtisch m; SCHULE Pult n; (in Laden) Kasse f, Kassa f (österr); (in Hotel) Empfang m **desk calendar** S̲ (❗ Vorsicht, Schreibung) (US) Tischkalender m **desk clerk** S̲ (US) Empfangschef m, Empfangsdame f **desk job** S̲ Bürojob m **desk lamp** S̲ Schreibtischlampe f **desktop computer** S̲ Desktopcomputer m **desktop publishing** S̲ Desktop-Publishing n

desolate ['desəlɪt] ADJ trostlos; Ort verwüstet; Gefühl, Schrei verzweifelt **desolation** [,desə-'leɪʃən] S̲ ◼1 (durch Krieg) Verwüstung f ◼2 (von Landschaft ≈ Kummer) Trostlosigkeit f

despair [dɪ'spɛəʳ] A̲ S̲ Verzweiflung f (about, at über +akk); **to be in ~** verzweifelt sein B̲ V̲I̲ verzweifeln; **to ~ of doing sth** alle Hoffnung aufgeben, etw zu tun **despairing** ADJ, **despairingly** ADV [dɪs'pɛərɪŋ, -lɪ] verzweifelt

despatch [dɪ'spætʃ] V̲T̲,̲S̲ (bes Br) = dispatch

desperate ['despərɪt] ADJ ◼1 verzweifelt; Verbrecher zum Äußersten entschlossen; Lösung extrem; **to get** od **grow ~** verzweifeln; **things are ~** die Lage ist extrem; **the ~ plight of the refugees** die schreckliche Not der Flüchtlinge; **to be ~ to do sth** etw unbedingt tun wollen; **to be ~ for sth** etw unbedingt brauchen; **are you going out with Jim? you must be ~!** (umg hum) du gehst mit Jim aus? dir muss es ja wirklich schlecht gehen!; **I'm not that ~!** so schlimm ist es auch wieder nicht! ◼2 Not, Bedarf dringend; **to be in ~ need of sth** etw dringend brauchen; **a building in ~ need of repair** ein Gebäude, das dringend repariert werden muss **desperately** ['despərɪtlɪ] ADV ◼1 kämpfen, suchen, probieren verzweifelt ◼2 benötigen dringend; wollen unbedingt ◼3 wichtig, traurig äußerst; **~ ill** schwer krank; **to be ~ worried (about sth)** sich (dat) (über etw akk) schreckliche Sorgen machen; **I'm not ~ worried** ich mache mir keine allzu großen Sorgen; **to be ~ keen to do sth** etw unbedingt tun wollen; **I'm not ~ keen on …** ich bin nicht besonders scharf auf (akk) …; **~ unhappy** todunglücklich; **to try ~ hard to do sth** verzweifelt versuchen, etw zu tun **desperation** [,despə'reɪʃən] S̲ Verzweiflung f

despicable [dɪ'spɪkəbl] ADJ verabscheuungswürdig; Mensch verachtenswert **despicably** [dɪ'spɪkəblɪ] ADV (+v) abscheulich

despise [dɪ'spaɪz] V̲T̲ verachten

despite [dɪ'spaɪt] PR̲Ä̲P̲ trotz (+gen); **~ his warn-**

ings seinen Warnungen zum Trotz; **~ what she says** trotz allem, was sie sagt

despondent [dɪ'spɒndənt] ADJ niedergeschlagen

dessert [dɪ'zɜːt] S̲ Nachtisch m; **for ~** zum Nachtisch **dessertspoon** [dɪ'zɜːtspuːn] S̲ Dessertlöffel m

destabilization [,diːsteɪbɪlaɪ'zeɪʃən] S̲ Destabilisierung f **destabilize** [diː'steɪbɪlaɪz] V̲T̲ destabilisieren

destination [,destɪ'neɪʃən] S̲ Reiseziel n; (von Waren) Bestimmungsort m **destine** ['destɪn] V̲T̲ bestimmen; **to be ~d to do sth** dazu bestimmt sein, etw zu tun; **we were ~d to meet** das Schicksal hat es so gewollt, dass wir uns begegnen; **I was ~d never to see them again** ich sollte sie nie (mehr) wiedersehen **destined** ADJ **~ for** unterwegs nach; Waren für **destiny** ['destɪnɪ] S̲ Schicksal n

destitute ['destɪtjuːt] ADJ mittellos **destitution** [,destɪ'tjuːʃn] S̲ (völlige) Armut

destroy [dɪ'strɔɪ] V̲T̲ zerstören, kaputt machen; Dokumente, Spuren, jdn vernichten; Tier einschläfern; Hoffnungen, Chancen zunichtemachen; **to be ~ed by fire** durch Brand vernichtet werden **destroyer** [dɪ'strɔɪəʳ] S̲ SCHIFF Zerstörer m **destruction** [dɪ'strʌkʃən] S̲ ◼1 (≈ Vorgang) Zerstörung f; (von Menschen, Dokumenten) Vernichtung f ◼2 (≈ Schaden) Verwüstung f **destructive** [dɪ'strʌktɪv] ADJ destruktiv; Kraft, Natur zerstörerisch **destructiveness** [dɪ'strʌktɪvnɪs] S̲ Destruktivität f; (von Feuer, Krieg) zerstörende Wirkung; (von Waffe) Zerstörungskraft f

detach [dɪ'tætʃ] V̲T̲ loslösen; Formular abtrennen; Maschinenteil, Abdeckung abnehmen (from von) **detachable** [dɪ'tætʃəbl] ADJ Maschinenteil, Kragen abnehmbar; Formular abtrennbar (from von) **detached** ADJ ◼1 Art und Weise distanziert ◼2 (Br) **~ house** Einzelhaus n

detail ['diːteɪl] S̲ Detail n, Einzelheit f; **in ~** im Detail; **please send me further ~s** bitte schicken Sie mir nähere Einzelheiten; **to go into ~s** ins Detail gehen **detailed** ADJ ausführlich; Analyse eingehend; Wissen, Arbeit, Ergebnisse, Bild detailliert

detain [dɪ'teɪn] V̲T̲ in Haft nehmen; **to be ~ed** (≈ Vorgang) verhaftet werden; (≈ Zustand) sich in Haft befinden; **to ~ sb for questioning** jdn zur Vernehmung festhalten

detect [dɪ'tekt] V̲T̲ entdecken, ausfindig machen; Verbrechen aufdecken; Bewegung, Geräusche wahrnehmen **detection** [dɪ'tekʃən] S̲ ◼1 (von Verbrechen, Fehler) Entdeckung f; **to avoid** od **escape ~** nicht entdeckt werden ◼2 (von Gas, Minen) Aufspürung f **detective** [dɪ'tektɪv] S̲ Detektiv(in) m(f), Kriminalbeamte(r) m/-beamtin f **de-**

tective agency [S] Detektivbüro *n* **detective constable** [S] *(Br)* Kriminalbeamte(r) *m*/-beamtin *f* **detective inspector** [S] Kriminalinspektor(in) *m(f)* **detective sergeant** [S] Kriminalmeister(in) *m(f)* **detective story** [S] Kriminalgeschichte *f*, Krimi *m (umg)* **detective work** [S] kriminalistische Arbeit **detector** [dɪ'tektəʳ] [S] TECH Detektor *m*

detention [dɪ'tenʃən] [S] Haft *f*; *(≈ Vorgang)* Festnahme *f*; SCHULE Nachsitzen *n*; **to get ~** SCHULE nachsitzen müssen; **he's in ~** SCHULE er sitzt nach **detention centre**, *(US)* **detention center** [S] Jugendstrafanstalt *f*

deter [dɪ'tɜːʳ] [VT] abhalten, abschrecken; **to ~ sb from sth** jdn von etw abhalten; **to ~ sb from doing sth** jdn davon abhalten, etw zu tun

detergent [dɪ'tɜːdʒənt] [S] Reinigungsmittel *n*, Waschmittel *n* (❗ Als Substanz hat **detergent** keinen Plural. **Detergents** sind verschiedene Sorten.)

deteriorate [dɪ'tɪərɪəreɪt] [VI] sich verschlechtern; *(Materialien)* verderben; *(Gewinne)* zurückgehen **deterioration** [dɪˌtɪərɪə'reɪʃən] [S] Verschlechterung *f*; *(von Materialien)* Verderben *n*

determinate [dɪ'tɜːmɪnɪt] [ADJ] *Anzahl, Richtung* bestimmt; *Vorstellung* festgelegt **determination** [dɪˌtɜːmɪ'neɪʃən] [S] Entschlossenheit *f*; **he has great ~** er ist ein Mensch von großer Entschlusskraft **determine** [dɪ'tɜːmɪn] [VT] bestimmen; *Bedingungen, Preis* festlegen

determined [dɪ'tɜːmɪnd] [ADJ] entschlossen; **he is ~ that …** er hat (fest) beschlossen, dass …; **to be ~ to do sth** fest entschlossen sein, etw zu tun; **he's ~ to make me lose my temper** er legt es darauf an, dass ich wütend werde

deterrent [dɪ'terənt] [A] [S] Abschreckungsmittel *n*; **to be a ~** abschrecken [B] [ADJ] abschreckend

detest [dɪ'test] [VT] hassen; **I ~ having to get up early** ich hasse es, früh aufstehen zu müssen **detestable** [dɪ'testəbl] [ADJ] widerwärtig, abscheulich

detonate ['detəneɪt] [A] [VI] zünden; *(Bombe)* detonieren [B] [VT] zur Explosion bringen **detonator** ['detəneɪtəʳ] [S] Zündkapsel *f*

detour ['diːtʊəʳ] [S] [1] Umweg *m* [2] *(von Verkehr)* Umleitung *f*

detox ['diːtɒks] [S] *(umg)* Entzug *m (umg)* **detoxification** [ˌdiːtɒksɪfɪ'keɪʃən] [S] Entgiftung *f* **detoxify** [ˌdiː'tɒksɪfaɪ] [VT] entgiften

detract [dɪ'trækt] [VI] **to ~ from sth** einer Sache *(dat)* Abbruch tun

detriment ['detrɪmənt] [S] Schaden *m*; **to the ~ of sth** zum Schaden von etw **detrimental** [ˌdetrɪ'mentl] [ADJ] schädlich; *(einer Sache)* abträglich *(to +dat)*; **to be ~ to sb/sth** jdm/einer Sache *(dat)* schaden

deuce [djuːs] [S] *(Tennis)* Einstand *m*

devaluation [ˌdɪvælju'eɪʃən] [S] Abwertung *f* **devalue** [diː'væljuː] [VT] abwerten

devastate ['devəsteɪt] [VT] [1] *Stadt, Land* verwüsten; *Wirtschaft* zugrunde richten [2] *(umg)* umhauen *(umg)*; **I was ~d** das hat mich umgehauen *(umg)*; **they were ~d by the news** die Nachricht hat sie tief erschüttert **devastating** ['devəsteɪtɪŋ] [ADJ] [1] verheerend; **to be ~ to** *od* **for sth, to have a ~ effect on sth** verheerende Folgen für etw haben [2] *(fig) Effekt* schrecklich; *Nachricht* niederschmetternd; *Angriff, Leistung* unschlagbar; *Niederlage, Schlag* vernichtend; **a ~ loss** ein vernichtender Verlust; **to be ~ for sb** jdn niederschmettern **devastation** [ˌdevə'steɪʃən] [S] Verwüstung *f*

develop [dɪ'veləp] [A] [VT] [1] entwickeln [2] *Gebiet* erschließen; *Altstadt* sanieren; *Erkältung* sich *(dat)* zuziehen [B] [VI] sich entwickeln; *(Talent, Handlung etc)* sich entfalten; **to ~ into sth** sich zu etw entwickeln **developer** [dɪ'veləpəʳ] [S] **late ~** Spätentwickler(in) *m(f)* **developing** [dɪ'veləpɪŋ] [ADJ] *Krise* aufkommend; *Wirtschaft* sich entwickelnd; **the ~ world** die Entwicklungsländer *pl* **developing country** [S] Entwicklungsland *n*

development [dɪ'veləpmənt] [S] [1] Entwicklung *f*; **to await (further) ~s** neue Entwicklungen abwarten [2] *(von Gebiet)* Erschließung *f*; *(von Altstadt)* Sanierung *f*; **industrial ~** Gewerbegebiet *n*; **office ~** Bürokomplex *m*; **we live in a new ~** wir leben in einer neuen Siedlung **developmental** [dɪveləp'mentl] [ADJ] Entwicklungs-; **~ aid** *od* **assistance** POL Entwicklungshilfe *f*; **~ stage** Entwicklungsphase *f*

deviate ['diːvɪeɪt] [VI] abweichen *(from* von) **deviation** [ˌdiːvɪ'eɪʃən] [S] Abweichung *f*

device [dɪ'vaɪs] [S] [1] Gerät *n*; **(explosive) ~** Sprengkörper *m* [2] **to leave sb to his own ~s** jdn sich *(dat)* selbst überlassen

devil ['devl] [S] [1] Teufel *m*; *(≈ Sache)* Plage *f*; **you little ~!** du kleiner Satansbraten! [2] *(umg)* **I had a ~ of a job getting here** es war verdammt schwierig, hierherzukommen *(umg)*; **who the ~ …?** wer zum Teufel …? [3] **to be between the Devil and the deep blue sea** sich in einer Zwickmühle befinden; **go to the ~!** *(umg)* scher dich zum Teufel! *(umg)*; **speak of the ~!** wenn man vom Teufel spricht! **devilish** ['devlɪʃ] [ADJ] teuflisch **devil's advocate** [S] **to play ~** den Advocatus Diaboli spielen

devious ['diːvɪəs] [ADJ] *Mensch* verschlagen; *Mittel* hinterhältig; *Plan, Spiel* trickreich; **by ~ means**

auf die krumme Tour (umg); **to have a ~ mind** ganz schön schlau sein **deviously** ['diːvɪəslɪ] ADV (+v) mit List und Tücke **deviousness** ['diːvɪəsnɪs] S Verschlagenheit f

devoid [dɪ'vɔɪd] ADJ **~ of** ohne

devolution [ˌdiːvə'luːʃən] S (von Macht) Übertragung f (from ... to von ... auf +akk); POL Dezentralisierung f

devote [dɪ'vəʊt] VT widmen (to +dat); Kräfte konzentrieren (to auf +akk); Gebäude verwenden (to für) **devoted** ADJ Ehefrau, Vater liebend; Diener, Fan treu; Bewunderer eifrig; **to be ~ to sb** jdn innig lieben; (Diener, Fan) jdm treu ergeben sein; **to be ~ to one's family** in seiner Familie völlig aufgehen **devotedly** [dɪ'vəʊtɪdlɪ] ADV hingebungsvoll; dienen, folgen treu; unterstützen eifrig **devotion** [dɪ'vəʊʃən] S (gegenüber Freund, Ehefrau etc) Ergebenheit f (to gegenüber); (an Arbeit) Hingabe f (to an +akk); **~ to duty** Pflichteifer m

devour [dɪ'vaʊəʳ] VT verschlingen

devout [dɪ'vaʊt] ADJ Mensch, Muslim fromm; Marxist, Anhänger überzeugt **devoutly** [dɪ'vaʊtlɪ] ADV REL (+adj) tief; (+v) fromm

dew [djuː] S Tau m

dexterity [deks'terɪtɪ] S Geschick n

DfEE (Br) abk von Department for Education and Employment Ministerium n für Bildung und Arbeit

diabesity [ˌdaɪə'biːsɪtɪ] S Diabetes m wegen Fettleibigkeit **diabetes** [ˌdaɪə'biːtiːz] S Diabetes m **diabetic** [ˌdaɪə'betɪk] A ADJ **1** zuckerkrank **2** Schokolade, Medikamente für Diabetiker B S Diabetiker(in) m(f)

diabolic [ˌdaɪə'bɒlɪk], **diabolical** [ˌdaɪə'bɒlɪkəl] ADJ (umg) entsetzlich; **diabolical weather** Sauwetter n (umg)

diagnose ['daɪəgnəʊz] VT diagnostizieren **diagnosis** [ˌdaɪəg'nəʊsɪs] S, pl **diagnoses** [ˌdaɪəg'nəʊsiːz] Diagnose f; **to make a ~** eine Diagnose stellen **diagnostic** [ˌdaɪəg'nɒstɪk] ADJ diagnostisch **diagnostics** S (! mit Verb im Singular oder Plural) Diagnose f

diagonal [daɪ'ægənl] A ADJ diagonal B S Diagonale f **diagonally** [daɪ'ægənəlɪ] ADV diagonal, schräg; **he crossed the street ~** er ging schräg über die Straße; **~ opposite sb/sth** jdm/einer Sache (dat) schräg gegenüber **diagram** ['daɪəgræm] S Diagramm n; (≈ Tabelle) grafische Darstellung; **as shown in the ~** wie das Diagramm/die grafische Darstellung zeigt **dial** ['daɪəl] A S (von Uhr) Zifferblatt n; (von Messgerät) Skala f; TEL Wählscheibe f; (an Radio etc) Einstellskala f B S VT & VI TEL wählen; **to ~ direct** durchwählen; **you can ~ London direct** man kann nach London durchwählen; **to ~ 999** den Notruf wählen

dialect ['daɪəlekt] A S Dialekt m, Mundart f B ATTR Dialekt-

dialling code ['daɪəlɪŋ-] S (Br TEL) Vorwahl (-nummer) f (! = (US) **area code**) **dialling tone** S (Br TEL) Amtszeichen n (! = (US) **dial tone**)

dialogue, (US) **dialog** ['daɪəlɒg] S Dialog m; **~ box** IT Dialogfeld n

dial tone S (US TEL) Amtszeichen n (! = (Br) **dialling tone**) **dial-up** ['daɪəl'ʌp] ADJ attr IT Wähl-; **~ link** Wählverbindung f; **~ modem** (Wähl)modem n

dialysis [daɪ'ælɪsɪs] S Dialyse f

diameter [daɪ'æmɪtəʳ] S Durchmesser m; **to be one foot in ~** einen Durchmesser von einem Fuß haben

diamond ['daɪəmənd] S **1** Diamant m **2** diamonds PL KART Karo n; **the seven of ~s** die Karosieben; **~ bracelet** Diamantarmband n **diamond jubilee** S 60-jähriges Jubiläum **diamond-shaped** ADJ rautenförmig **diamond wedding** S diamantene Hochzeit **diaper** ['daɪəpəʳ] S (US) Windel f (! = (Br) **nappy**)

diaphragm ['daɪəfræm] S ANAT, PHYS Diaphragma n; FOTO Blende f; (≈ Verhütungsmittel) Pessar n

diarrhoea, (US) **diarrhea** [ˌdaɪə'riːə] S Durchfall m

diary ['daɪərɪ] S Tagebuch n; (im Büro) (Termin)kalender m (! Wandkalender = **calendar**); **to keep a ~** Tagebuch führen; **desk/pocket ~** Schreibtisch-/Taschenkalender m; **I've got it in my ~** es steht in meinem (Termin)kalender

dice [daɪs] A S, pl - Würfel m; **to roll the ~** würfeln B VT GASTR in Würfel schneiden

dick [dɪk] S (sl ≈ Penis) Schwanz m (sl) **dickhead** ['dɪkhed] S (pej umg) Idiot m (umg)

dicky bow ['dɪkɪˌbəʊ] S (Br ≈ Krawatte) Fliege f

dictate [dɪk'teɪt] VT & VI diktieren ♦**dictate to** VI +obj diktieren (+dat); **I won't be dictated to** ich lasse mir keine Vorschriften machen **dictation** [dɪk'teɪʃən] S Diktat n

dictator [dɪk'teɪtəʳ] S Diktator(in) m(f) **dictatorial** ADJ, **dictatorially** ADV [ˌdɪktə'tɔːrɪəl, -ɪ] diktatorisch **dictatorship** [dɪk'teɪtəʃɪp] S (POL, fig) Diktatur f

dictionary ['dɪkʃənrɪ] S Wörterbuch n

did [dɪd] prät von **do**

didactic [dɪ'dæktɪk] ADJ didaktisch

diddle ['dɪdl] VT (umg) bescheißen (umg)

didn't ['dɪdənt] = **did not**; → **do**

die [daɪ] A VI **1** (wörtl) sterben; **to ~ of** od **from hunger/pneumonia** vor Hunger/an Lungenentzündung sterben; **he ~d from his injuries**

191 ∥ DIGI

er erlag seinen Verletzungen; **he ~d a hero** er starb als Held; **to be dying** im Sterben liegen; **never say ~!** nur nicht aufgeben!; **to ~ laughing** (umg) sich totlachen (umg); **I'd rather ~!** (umg) lieber würde ich sterben! **2** (fig umg) **to be dying to do sth** darauf brennen, etw zu tun; **I'm dying to know what happened** ich bin schrecklich gespannt zu hören, was passiert ist; **I'm dying for a cigarette** ich brauche jetzt unbedingt eine Zigarette; **I'm dying of thirst** ich verdurste fast; **I'm dying for him to visit** ich kann seinen Besuch kaum noch abwarten **B** [V̅T̅] **to ~ a hero's/a violent death** den Heldentod/eines gewaltsamen Todes sterben ♦**die away** [V̅I̅] (Ton, Geräusch) schwächer werden; (Wind) sich legen ♦**die down** [V̅I̅] nachlassen; (Feuer) herunterbrennen; (Ton, Geräusch) schwächer werden ♦**die off** [V̅I̅] (hin)wegsterben ♦**die out** [V̅I̅] aussterben
die-hard ['daɪhɑːd] [A̅D̅J̅] zäh; (pej) reaktionär
diesel ['diːzəl] [S̅] Diesel m **diesel oil** [S̅] Dieselöl n
diet ['daɪət] **A** [S̅] Nahrung f; (für Diabetiker etc) Diät f; (zum Abnehmen) Schlankheitskur f; **to put sb on a ~** jdm eine Schlankheitskur verordnen; **to be/go on a ~** eine Schlankheitskur machen **B** [V̅I̅] eine Schlankheitskur machen **dietician** [ˌdaɪə'tɪʃən] [S̅] Diätist(in) m(f)
differ ['dɪfəʳ] [V̅I̅] **1** sich unterscheiden (from von) **2** **to ~ with sb over sth** über etw (akk) anderer Meinung sein als jd
difference ['dɪfrəns] [S̅] **1** Unterschied m (in, between zwischen +dat); **that makes a big ~ to me** das ist für mich ein großer Unterschied; **to make a ~ to sth** einen Unterschied bei etw machen; **that makes a big od a lot of ~, that makes all the ~** das ändert die Sache völlig; **what ~ does it make if ...?** was macht es schon, wenn ...?; **it makes no ~, it doesn't make any ~** es ist egal; **it makes no ~ to me** das ist mir egal; **for all the ~ it makes** obwohl es ja eigentlich egal ist; **I can't tell the ~** ich kann keinen Unterschied erkennen; **a job with a ~** (umg) ein Job, der mal was anderes ist **2** (zwischen Beträgen, Summen) Differenz f **3** Auseinandersetzung f; **a ~ of opinion** eine Meinungsverschiedenheit; **to settle one's ~s** die Differenzen beilegen
different ['dɪfrənt] **A** [A̅D̅J̅] andere(r, s), anders präd (from, to als), verschieden; **completely ~** völlig verschieden, völlig verändert; **that's ~!** das ist was anderes!; **in what way are they ~?** wie unterscheiden sie sich?; **to feel (like) a ~ person** ein ganz anderer Mensch sein; **to do something ~** etwas anderes tun; **that's quite a ~ matter** das ist etwas völlig anderes; **he**

wants to be ~ er will unbedingt anders sein **B** [A̅D̅V̅] anders; **he doesn't know any ~** er weiß es nicht besser **differential** [ˌdɪfə'renʃəl] [S̅] Unterschied m (between zwischen +dat) **differentiate** [ˌdɪfə'renʃɪeɪt] [V̅T̅ & V̅I̅] unterscheiden **differently** ['dɪfrəntlɪ] [A̅D̅V̅] anders (from als), unterschiedlich
difficult ['dɪfɪkəlt] [A̅D̅J̅] schwer; Mensch, Situation, Buch schwierig; **the ~ thing is that ...** die Schwierigkeit liegt darin, dass ...; **it was ~ for him to leave her** es fiel ihm schwer, sie zu verlassen; **it's ~ for youngsters od youngsters find it ~ to get a job** junge Leute haben Schwierigkeiten, eine Stelle zu finden; **he's ~ to get on with** es ist schwer, mit ihm auszukommen; **to make it ~ for sb** es jdm nicht leicht machen; **to have a ~ time (doing sth)** Schwierigkeiten haben(, etw zu tun); **to put sb in a ~ position** jdn in eine schwierige Lage bringen; **to be ~ (about sth)** (wegen etw) Schwierigkeiten machen
difficulty ['dɪfɪkəltɪ] [S̅] Schwierigkeit f; **with/ without ~** mit/ohne Schwierigkeiten; **he had ~ (in) setting up in business** es fiel ihm nicht leicht, sich selbstständig zu machen; **she had great ~ (in) breathing** sie konnte kaum atmen; **in ~ od difficulties** in Schwierigkeiten; **to get into difficulties** in Schwierigkeiten geraten
diffident ['dɪfɪdənt] [A̅D̅J̅] zurückhaltend, bescheiden; Lächeln zaghaft
dig [dɪg] v: prät, pperf **dug** **A** [V̅T̅] **1** graben; Garten umgraben; Grab ausheben **2** bohren (sth into sth etw in etw +akk); **to ~ sb in the ribs** jdn in die Rippen stoßen **B** [V̅I̅] graben; TECH schürfen; **to ~ for minerals** Erz schürfen **C** [S̅] (Br) Stoß m; **to give sb a ~ in the ribs** jdm einen Rippenstoß geben ♦**dig around** [V̅I̅] (umg) herumsuchen ♦**dig in** **A** [V̅I̅] (umg: beim Essen) reinhauen (umg) **B** [V̅T̅] trennb **to dig one's heels in** (fig) sich auf die Hinterbeine stellen (umg) ♦**dig into** [V̅I̅] +obj **to dig (deep) into one's pockets** (fig) tief in die Tasche greifen ♦**dig out** [V̅T̅] trennb ausgraben (of aus) ♦**dig up** [V̅T̅] trennb ausgraben; Erde aufwühlen; Garten umgraben; **where did you dig her up?** (umg) wo hast du die denn aufgegabelt? (umg)
digest [daɪ'dʒest] [V̅T̅ & V̅I̅] verdauen **digestible** [dɪ'dʒestɪbl] [A̅D̅J̅] verdaulich **digestion** [dɪ-'dʒestʃən] [S̅] Verdauung f **digestive** [dɪ-'dʒestɪv] **A** [A̅D̅J̅] Verdauungs- **B** [S̅] **1** (US) Aperitif m **2** (Br: a. **digestive biscuit**) Keks aus Roggenmehl **digestive system** [dɪ-'dʒestɪvsɪstəm] [S̅] Verdauungssystem n
digger ['dɪgəʳ] [S̅] TECH Bagger m
digicam ['dɪdʒɪkæm] [S̅] IT Digitalkamera f

D

DIGI | 192

D

digit ['dɪdʒɪt] 🔊 **1** Finger *m* **2** Zehe *f* **3** MATH Ziffer *f*; **a four-~ number** eine vierstellige Zahl

digital ['dɪdʒɪtəl] ADJ Digital-; **~ display** Digitalanzeige *f*; **~ technology** Digitaltechnik *f* **digital audio tape** 🔊 DAT-Band *n* **digital camera** 🔊 Digitalkamera *f* **digitally** ['dɪdʒɪtəlɪ] ADV digital; **~ remastered** digital aufbereitet; **~ recorded** im Digitalverfahren aufgenommen **digital projector** 🔊 Beamer *m* **digital radio** 🔊, *pl* -s digitales Radio **digital recording** 🔊 Digitalaufnahme *f* **digital television**, **digital TV** 🔊 digitales Fernsehen

digitize ['dɪdʒɪtaɪz] VT IT digitalisieren

dignified ['dɪgnɪfaɪd] ADJ *Mensch* (ehr)würdig; *Art, Gesicht* würdevoll **dignitary** ['dɪgnɪtərɪ] 🔊 Würdenträger(in) *m(f)* **dignity** ['dɪgnɪtɪ] 🔊 Würde *f*; **to die with ~** in Würde sterben; **to lose one's ~** sich blamieren

digress [daɪ'gres] VI abschweifen

dike [daɪk] 🔊 = dyke

dilapidated [dɪ'læpɪdeɪtɪd] ADJ verfallen

dilate [daɪ'leɪt] VI (*Pupillen*) sich erweitern

dildo ['dɪldəʊ] 🔊, *pl* -s Dildo *m*

dilemma [daɪ'lemə] 🔊 Dilemma *n*; **to be in a ~** sich in einem Dilemma befinden; **to place sb in a ~** jdn in ein Dilemma bringen (*umg*)

diligence ['dɪlɪdʒəns] 🔊 Fleiß *m* **diligent** ['dɪlɪdʒənt] ADJ fleißig; *Suche, Arbeit* sorgfältig **diligently** ['dɪlɪdʒəntlɪ] ADV fleißig; *suchen, arbeiten* sorgfältig

dill [dɪl] 🔊 Dill *m* **dill pickle** 🔊 saure Gurke (*mit Dill eingelegt*)

dilute [daɪ'luːt] **A** VT verdünnen; **~ to taste** nach Geschmack verdünnen **B** ADJ verdünnt

dim [dɪm] **A** ADJ (+er) **1** *Licht* schwach; *Zimmer* dunkel; **the room grew ~** im Zimmer wurde es dunkel **2** undeutlich; *Erinnerung* dunkel; **I have a ~ recollection of it** ich erinnere mich nur (noch) dunkel daran **3** (*umg* ≈ *dumm*) beschränkt (*umg*) **B** VT *Licht* dämpfen; **to ~ the lights** THEAT das Licht langsam ausgehen lassen; **~med headlights** *pl* (US) Abblendlicht *n* (⚠ (Br) **dipped headlights**) **C** VI (*Licht*) schwach werden

dime [daɪm] 🔊 (US) Zehncentstück *n*

dimension [daɪ'menʃən] 🔊 Dimension *f*; (≈ *Abmessung*) Maß *n* **-dimensional** [-daɪ'menʃənl] ADJ *suf* -dimensional

diminish [dɪ'mɪnɪʃ] **A** VT verringern **B** VI sich verringern; **to ~ in size** kleiner werden; **to ~ in value** im Wert sinken

diminutive [dɪ'mɪnjʊtɪv] **A** ADJ winzig, klein; GRAM diminutiv **B** 🔊 GRAM Verkleinerungsform *f*

dimly ['dɪmlɪ] ADV **1** *scheinen* schwach **2** *undeut-* lich; *sehen* verschwommen; **I was ~ aware that ...** es war mir undeutlich bewusst, dass ...

dimmer ['dɪmə'] 🔊 ELEK Dimmer *m*; **~s** *pl* (US AUTO) Abblendlicht *n*, Begrenzungsleuchten *pl* **dimmer switch** 🔊 Dimmer *m* **dimness** 🔊 **1** (*von Licht*) Schwäche *f*; **the ~ of the room** das Halbdunkel im Zimmer **2** (*von Umriss*) Undeutlichkeit *f*

dimple ['dɪmpl] 🔊 (*an Backe, Kinn*) Grübchen *n*

dimwit 🔊 (*umg*) Schwachkopf *m* (*umg*) **dimwitted** [,dɪm'wɪtɪd] ADJ (*umg*) beschränkt, schwachsinnig (*umg*)

din [dɪn] 🔊 Lärm *m*; **an infernal ~** ein Höllenlärm *m*

dine [daɪn] VI speisen (*on etw*); **they ~d on caviare every night** sie aßen jeden Abend Kaviar **diner** ['daɪnə'] 🔊 **1** Speisende(r) *m/f(m)*; (*in Restaurant*) Gast *m* **2** (US) Esslokal *n* **3** (US) Speisewagen *m* (⚠ = (Br) **buffet car**)

dinghy ['dɪŋgɪ] 🔊 Dingi *n*, Schlauchboot *n*

dingy ['dɪndʒɪ] ADJ (+er) düster

dining car 🔊 Speisewagen *m* **dining hall** 🔊 Speisesaal *m*

dining room 🔊 Esszimmer *n*, Speiseraum *m* **dining table** 🔊 Esstisch *m*

dinner ['dɪnə'] 🔊 Abendessen *n*, Nachtmahl *n* (*österr*), Nachtessen *n* (*schweiz*); (*formal*) Essen *n*; (≈ *Lunch*) Mittagessen *n*; **to be eating** *od* **having one's ~** zu Abend/Mittag essen; **we're having people to ~** wir haben Gäste zum Essen; **~'s ready** das Essen ist fertig; **to finish one's ~** zu Ende essen; **to go out to ~** auswärts essen (gehen) **dinner jacket** 🔊 (Br) Smoking *m* (⚠ = (US) **tuxedo**) **dinner money** 🔊 (Br SCHULE) Essensgeld *n* **dinner party** 🔊 Abendgesellschaft *f* (*mit Essen*); **to have** *od* **give a small ~** ein kleines Essen geben **dinner service** 🔊 Tafelservice *n* **dinner table** 🔊 Tafel *f* **dinnertime** 🔊 Essenszeit *f*

dinosaur ['daɪnəsɔː'] 🔊 Dinosaurier *m*

diocese ['daɪəsɪs] 🔊 Diözese *f*

diode ['daɪəʊd] 🔊 Diode *f*

dioxide [daɪ'ɒksaɪd] 🔊 Dioxid *n*

Dip *abk von* **diploma**

dip [dɪp] **A** VT **1** (*in/to*) in (+*akk*) (*in Flüssigkeit*) tauchen; *Brot* (ein)tunken; **to ~ sth in flour/egg** etw in Mehl/Ei wälzen **2** (*in Tasche etc*) *Hand* stecken **3** (Br AUTO) *Scheinwerfer* abblenden; **~ped headlights** Abblendlicht *n* (⚠ = (US) **dimmed headlights**) **B** VI (*Boden*) sich senken; (*Temperatur, Preise*) fallen **C** 🔊 **1 to go for a** *od* **to have a ~** kurz mal schwimmen gehen **2** Bodensenke *f*; (≈ *Abhang*) Abfall *m* **3** (*von Preisen*) Fallen *n* **4** GASTR Dip *m* **◆dip into** VI +*obj* **1** (*fig*) **to ~ one's pocket** tief in die Tasche greifen; **to ~ one's savings** an seine Ersparnisse gehen

193 ‖ DISA

2 *Buch* einen kurzen Blick werfen in (+*akk*)
diphtheria [dɪfˈθɪərɪə] s̲ Diphtherie *f*
diphthong [ˈdɪfθɒŋ] s̲ Diphthong *m*
diploma [dɪˈpləʊmə] s̲ Diplom *n*
diplomacy [dɪˈpləʊməsɪ] s̲ Diplomatie *f*; **to use ~** diplomatisch vorgehen **diplomat** [ˈdɪpləmæt] s̲ Diplomat(in) *m(f)* **diplomatic** [ˌdɪpləˈmætɪk] a̲d̲j̲ diplomatisch **diplomatic bag** s̲ (*Br*) Diplomatenpost *f* (🔴 = (US) **diplomatic pouch**) **diplomatic immunity** s̲ Immunität *f* **diplomatic pouch** s̲ (*US*) Diplomatenpost *f* (🔴 = (Br) **diplomatic bag**) **diplomatic service** s̲ diplomatischer Dienst
dipper [ˈdɪpə'] s̲ (*US* ASTRON) **the Big** *od* **Great/Little Dipper** der Große/Kleine Wagen *od* Bär (🔴 = (Br) **the Great/Little Bear**)
dip rod s̲ (*US*) = dipstick **dipstick** [ˈdɪpstɪk] s̲ Ölmessstab *m*
DIP switch [ˈdɪpswɪtʃ] s̲ IT DIP-Schalter *m*
dip switch s̲ AUTO Abblendschalter *m*
dire [daɪə'] a̲d̲j̲ **1** *Folgen* verheerend; *Warnung, Drohung* unheilvoll; *Effekt* katastrophal; *Situation* miserabel; **in ~ poverty** in äußerster Armut; **to be in ~ need of sth** etw dringend brauchen; **to be in ~ straits** in einer ernsten Notlage sein **2** (*umg* ≈ *schrecklich*) mies (*umg*)
direct [daɪˈrɛkt] a̲ a̲d̲j̲ direkt; *Verantwortung, Ursache* unmittelbar; *Zug* durchgehend; *entgegengesetzt* genau; **to be a ~ descendant of sb** ein direkter Nachkomme von jdm sein; **to pay by ~ debit** (*Br*) *od* **deposit** (*US*) per Einzugsauftrag bezahlen; **avoid ~ sunlight** direkte Sonneneinstrahlung meiden; **to take a ~ hit** einen Volltreffer einstecken **b** v̲t̲ **1** *Bemerkung, Brief* richten (*to* an +*akk*); *Bemühungen, Blick* richten (*towards* auf +*akk*); *Wut* auslassen (*towards* an +*akk*); **the violence was ~ed against the police** die Gewalttätigkeiten richteten sich gegen die Polizei; **to take ~ sb's attention to sb/sth** jds Aufmerksamkeit auf jdn/etw lenken; **can you ~ me to the town hall?** können Sie mir den Weg zum Rathaus sagen? **2** *Firma* leiten; *Verkehr* regeln **3** (≈ *befehlen*) anweisen (*sb to do sth* jdn, etw zu tun) **4** *Film, Stück* Regie führen bei; *Sendung* leiten **c** a̲d̲v̲ direkt **direct access** s̲ IT Direktzugriff *m* **direct action** s̲ direkte Aktion; **to take ~** direkt handeln **direct current** s̲ ELEK Gleichstrom *m* **direct flight** s̲ Direktflug *m*
direction [dɪˈrɛkʃən] s̲ **1** Richtung *f*; **in the wrong/right ~** in die falsche/richtige Richtung; **in the ~ of Hamburg/the hotel** in Richtung Hamburg/des Hotels; **a sense of ~** (*wörtl*) Orientierungssinn *m* **2** (*von Firma*) Leitung *f* **3** (*von Film, Stück*) Regie *f*; (*von Sendung*) Leitung *f*

4 **directions** p̲l̲ Anweisungen *pl*, Angaben *pl*, (Gebrauchs)anweisung *f* **directive** [dɪˈrɛktɪv] s̲ Direktive *f* **directly** [dɪˈrɛktlɪ] a̲d̲v̲ direkt, sofort; (≈ *in Kürze*) gleich; **he is ~ descended from X** er stammt in direkter Linie von X ab; **~ responsible** unmittelbar verantwortlich **direct object** s̲ GRAM direktes Objekt **director** [dɪˈrɛktə'] s̲ Direktor(in) *m(f)*; FILM, THEAT Regisseur(in) *m(f)* **director's chair** s̲ FILM Regiestuhl *m* **directory** [dɪˈrɛktərɪ] s̲ **1** Adressbuch *n*; TEL Telefonbuch *n*; (≈ *Gelbe Seiten*) Branchenverzeichnis *n*; **~ inquiries** (*Br*) *od* **assistance** (*US*) (TEL) (Fernsprech)auskunft *f* **2** IT Directory *n*, Verzeichnis *n*
dirt [dɜːt] s̲ Schmutz *m*, Erde *f*; (≈ *Kot*) Dreck *m*; **to be covered in ~** völlig verschmutzt sein; **to treat sb like ~** jdn wie (den letzten) Dreck behandeln (*umg*) **dirt-cheap** a̲d̲j̲,̲ a̲d̲v̲ (*umg*) spottbillig (*umg*) **dirt track** s̲ Feldweg *m*; SPORT Aschenbahn *f*
dirty [ˈdɜːtɪ] a̲ a̲d̲j̲ (+*er*) schmutzig; *Spieler* unfair; *Buch, Film, Ausdruck* unanständig; **to get sth ~** etw schmutzig machen; **a ~ mind** eine schmutzige Fantasie; **~ old man** (*pej, hum*) alter Lustmolch (*umg*); **to give sb a ~ look** (*umg*) jdm einen giftigen Blick zuwerfen (*umg*) **b** v̲t̲ beschmutzen **dirty bomb** s̲ (MIL *sl*) schmutzige Bombe **dirty trick** s̲ gemeiner Trick **dirty weekend** s̲ (*hum umg*) Liebeswochenende *n* **dirty work** s̲ **to do sb's ~** (*fig*) sich (*dat*) für jdn die Finger schmutzig machen
disability [ˌdɪsəˈbɪlɪtɪ] s̲ Behinderung *f* **disable** [dɪsˈeɪbl] v̲t̲ **1** jdn zum/zur Behinderten machen **2** *Waffe* unbrauchbar machen **disabled** a̲ a̲d̲j̲ behindert; **severely/partially ~** schwer/leicht behindert; **physically ~** körperbehindert; **mentally ~** geistig behindert; **~ toilet** Behindertentoilette *f* **b** p̲l̲ **the ~** die Behinderten *pl*
disadvantage [ˌdɪsədˈvɑːntɪdʒ] s̲ Nachteil *m*; **to be at a ~** im Nachteil sein; **to put sb at a ~** jdn benachteiligen **disadvantaged** a̲d̲j̲ benachteiligt **disadvantageous** a̲d̲j̲,̲ **disadvantageously** a̲d̲v̲ [ˌdɪsædvɑːˈnteɪdʒəs, -lɪ] nachteilig
disagree [ˌdɪsəˈɡriː] v̲i̲ **1** (*mit jdm, Ansicht*) nicht übereinstimmen; (*mit Vorschlag*) nicht einverstanden sein; (*zwei Menschen*) sich (*dat*) nicht einig sein **2** eine Meinungsverschiedenheit haben **3** (*Klima, Essen*) **to ~ with sb** jdm nicht bekommen; **garlic ~s with me** ich vertrage keinen Knoblauch **disagreeable** [ˌdɪsəˈɡriːəbl] a̲d̲j̲ unangenehm; *Mensch* unsympathisch **disagreement** s̲ **1** (*in Bezug auf Ansichten*) Uneinigkeit *f* **2** Meinungsverschiedenheit *f*

to disagree

Es gibt im Englischen verschiedene Möglichkeiten zu sagen, dass man anderer Meinung ist:

I don't think so.	Ich glaube nicht.
No, I don't agree.	Nein, das sehe ich anders.
I think you're wrong.	Ich glaube, das stimmt nicht / Sie haben unrecht.

SPRACHGEBRAUCH

disallow [ˌdɪsə'laʊ] VT nicht anerkennen
disappear [ˌdɪsə'pɪə'] VI verschwinden; **he ~ed from sight** er verschwand; **to ~ into thin air** sich in Luft auflösen **disappearance** [ˌdɪsə'pɪərəns] S Verschwinden n
disappoint [ˌdɪsə'pɔɪnt] VT enttäuschen **disappointed** ADJ enttäuscht; **she was ~ to learn that ...** sie war enttäuscht, als sie erfuhr, dass ...; **to be ~ that ...** enttäuscht (darüber) sein, dass ...; **to be ~ in** od **with** od **by sb/sth** von jdm/etw enttäuscht sein **disappointing** [ˌdɪsə'pɔɪntɪŋ] ADJ enttäuschend; **how ~!** so eine Enttäuschung! **disappointment** S Enttäuschung f
disapproval [ˌdɪsə'pruːvl] S Missbilligung f **disapprove** [ˌdɪsə'pruːv] VI dagegen sein; **to ~ of sb** jdn ablehnen; **to ~ of sth** etw missbilligen **disapproving** ADJ, **disapprovingly** ADV [ˌdɪsə'pruːvɪŋ, -lɪ] missbilligend
disarm [dɪs'ɑːm] A VT entwaffnen B VI MIL abrüsten **disarmament** [dɪs'ɑːməmənt] S Abrüstung f
disarray [ˌdɪsə'reɪ] S Unordnung f; **to be in ~** (Gedanken, Organisation) durcheinander sein
disassemble ['dɪsə'sembl] VT auseinandernehmen
disaster [dɪ'zɑːstə'] S Katastrophe f, Fiasko n **disaster area** S Katastrophengebiet n **disaster movie** S Katastrophenfilm m **disastrous** [dɪ'zɑːstrəs] ADJ katastrophal; **to be ~ for sb/sth** katastrophale Folgen für jdn/etw haben **disastrously** [dɪ'zɑːstrəslɪ] ADV katastrophal; **it all went ~ wrong** es was eine Katastrophe
disbelief ['dɪsbə'liːf] S Ungläubigkeit f; **in ~** ungläubig **disbelieve** ['dɪsbə'liːv] VT nicht glauben
disc, (bes US) **disk** [dɪsk] S **1** Scheibe f; ANAT Bandscheibe f **2** (≈ LP, IT) Platte f; (≈ Compact Disc) CD f; (≈ Digital Versatile Disc) DVD f

disc, disk

Man schreibt **disc** (britisch) bzw. **disk** (amerikanisch), wenn man eine Scheibe im herkömmlichen Sinne meint, z. B.:

a metal disc / disk — eine Metallscheibe.
Hard disk (Festplatte) wird aber in beiden Ländern mit **k** geschrieben.

SPRACHGEBRAUCH

discard [dɪ'skɑːd] VT ausrangieren; Idee, Plan verwerfen
discerning [dɪ'sɜːnɪŋ] ADJ Publikum, Leser anspruchsvoll, kritisch; Auge, Ohr fein
discharge [dɪs'tʃɑːdʒ] A VT **1** Gefangenen, Patient entlassen; **he ~d himself (from hospital)** er hat das Krankenhaus auf eigene Verantwortung verlassen **2** ELEK entladen; Flüssigkeit, Gas ausstoßen; **the factory was discharging toxic gas into the atmosphere** aus der Fabrik strömten giftige Gase in die Atmosphäre; **to ~ effluents into a river** Abwässer in einen Fluss einleiten B ['dɪstʃɑːdʒ] S **1** (von Soldat) Abschied m **2** ELEK Entladung f; (von Gas) Ausströmen n; (von Flüssigkeit) Ausfluss m; (von Eiter) Absonderung f
disciple [dɪ'saɪpl] S (wörtl) Jünger m; (fig) Schü-

disc — Scheibe

disc — Bandscheibe

disc — CD, DVD

ler(in) *m(f)*
disciplinary [ˌdɪsɪˈplɪnərɪ] *ADJ* Disziplinar-, disziplinarisch; **~ proceedings** *od* **procedures** Disziplinarverfahren *n* **discipline** [ˈdɪsɪplɪn] *A* s̄ Disziplin *f*; **to maintain ~** die Disziplin aufrechterhalten *B* *VT* disziplinieren **disciplined** *ADJ* diszipliniert
disc jockey s̄ Diskjockey *m*
disclaimer [dɪsˈkleɪməʳ] s̄ Dementi *n*; **to issue a ~** eine Gegenerklärung abgeben
disclose [dɪsˈkləʊz] *VT* *Geheimnis* enthüllen; *Nachricht, Identität* bekannt geben; *Einkommen* angeben **disclosure** [dɪsˈkləʊʒəʳ] s̄ *1* (*von Geheimnis*) Enthüllung *f*; (*von Identität*) Bekanntgabe *f* *2* Mitteilung *f*
disco [ˈdɪskəʊ] s̄, *pl* -s Disco *f*
discolour, (US) **discolor** [dɪsˈkʌləʳ] *A* *VT* verfärben *B* *VI* sich verfärben **discoloured**, (US) **discolored** [dɪsˈkʌləd] *ADJ* verfärbt
discomfort [dɪsˈkʌmfət] s̄ (*wörtl*) Beschwerden *pl*; (*fig* ≈ *Beklommenheit*) Unbehagen *n*
disconcert [ˌdɪskənˈsɜːt] *VT* beunruhigen **disconcerting** *ADJ* beunruhigend
disconnect [ˌdɪskəˈnekt] *VT* *Rohr etc* trennen; *Fernseher, Bügeleisen* ausschalten; *Gas, Strom* abstellen
discontent [ˈdɪskənˈtent] s̄ Unzufriedenheit *f* **discontented** *ADJ*, **discontentedly** *ADV* [ˌdɪskənˈtentɪd, -lɪ] unzufrieden
discontinue [ˌdɪskənˈtɪnjuː] *VT* aufgeben; *Gespräch, Behandlung, Projekt* abbrechen; *Gebrauch* beenden; HANDEL *Modell, Serie* auslaufen lassen; *Produktion* einstellen; **a ~d line** HANDEL eine ausgelaufene Serie
discord [ˈdɪskɔːd] s̄ Uneinigkeit *f*
discotheque [ˈdɪskəʊtek] s̄ Diskothek *f*
discount [ˈdɪskaʊnt] s̄ Rabatt *m*, Skonto *n od m*; **to give a ~ on sth** Rabatt auf etw (*akk*) geben; **to give sb a 5% ~** jdm 5% Rabatt/Skonto geben; **at a ~** auf Rabatt/Skonto geben **discount rate** s̄ FIN Diskontsatz *m* **discount store** s̄ Discountgeschäft *n*
discourage [dɪsˈkʌrɪdʒ] *VT* *1* entmutigen *2* **to ~ sb from doing sth** jdm abraten, etw zu tun; (*mit Erfolg*) jdn davon abbringen, etw zu tun *3* abhalten; *Annäherungsversuche, Spekulationen* zu verhindern suchen; *Rauchen* unterbinden **discouraging** *ADJ*, **discouragingly** *ADV* [dɪsˈkʌrɪdʒɪŋ, -lɪ] entmutigend
discourse [ˈdɪskɔːs] s̄ *1* (*form*) Diskurs *m* *2* LING Rede *f*; **direct/indirect ~** (US) direkte/indirekte Rede (❗ = (Br) **direct/indirect speech**)
discover [dɪsˈkʌvəʳ] *VT* entdecken; *Schuldigen* finden; *Geheimnis, Wahrheit* herausfinden; *Ursache* feststellen; *Fehler* bemerken **discoverer** [dɪsˈkʌvərəʳ] s̄ Entdecker(in) *m(f)*
discovery [dɪsˈkʌvərɪ] s̄ Entdeckung *f*
discredit [dɪsˈkredɪt] *A* *VT* diskreditieren *B* s̄ (❗ kein pl) Misskredit *m*
discreet [dɪsˈkriːt] *ADJ* diskret; *Krawatte* dezent; **at a ~ distance** in einer diskreten Entfernung; **to maintain a ~ presence** eine unauffällige Präsenz aufrechterhalten; **to be ~ about sth** etw diskret behandeln **discreetly** [dɪsˈkriːtlɪ] *ADV* diskret; *gekleidet, geschmückt* dezent
discrepancy [dɪˈskrepənsɪ] s̄ Diskrepanz *f* (*between* zwischen +*dat*)
discretion [dɪˈskreʃən] s̄ *1* Diskretion *f* *2* Ermessen *n*; **to leave sth to sb's ~** etw in jds Ermessen (*akk*) stellen; **use your own ~** Sie müssen nach eigenem Ermessen handeln
discriminate [dɪˈskrɪmɪneɪt] *VI* *1* unterscheiden (*between* zwischen +*dat*) *2* Unterschiede machen (*between* zwischen +*dat*); **to ~ in favour** (*Br*) *od* **favor** (*US*) **of/against sb** jdn bevorzugen/benachteiligen ♦**discriminate against** *VI* +*obj* diskriminieren; **they were discriminated against** sie wurden diskriminiert
discriminating [dɪˈskrɪmɪneɪtɪŋ] *ADJ* *Mensch* anspruchsvoll; *Auge* kritisch **discrimination** [dɪˌskrɪmɪˈneɪʃən] s̄ *1* (❗ ohne **the**) Diskriminierung *f* (*against* von); **racial ~** Rassendiskriminierung *f*; **sex(ual) ~** Diskriminierung *f* aufgrund des Geschlechts *2* Unterscheidung *f* (*between* zwischen +*dat*) **discriminatory** [dɪˈskrɪmɪnətərɪ] *ADJ* diskriminierend
discus [ˈdɪskəs] s̄ Diskus *m*; **in the ~** SPORT im Diskuswerfen
discuss [dɪsˈkʌs] *VT* besprechen, diskutieren
discussion [dɪsˈkʌʃən] s̄ Diskussion *f* (*of, about* über +*akk*); (≈ *Treffen*) Besprechung *f*; **after much** *od* **a lot of ~** nach langen Diskussionen; **to be under ~** zur Diskussion stehen; **that is still under ~** das ist noch in der Diskussion; **open to ~** zur Diskussion gestellt; **a subject for ~** ein Diskussionsthema *n*; **to come up for ~** zur Diskussion gestellt werden
disdain [dɪsˈdeɪn] *A* *VT* verachten *B* s̄ Verachtung *f* **disdainful** [dɪsˈdeɪnfʊl] *ADJ*, **disdainfully** [dɪsˈdeɪnfəlɪ] *ADV* herablassend; *Blick* verächtlich
disease [dɪˈziːz] s̄ Krankheit *f* **diseased** *ADJ* krank; *Gewebe* befallen
disembark [ˌdɪsɪmˈbɑːk] *VI* von Bord gehen **disembarkation** [ˌdɪsemboːˈkeɪʃən] s̄ Landung *f*
disengage [ˌdɪsɪnˈgeɪdʒ] *VT* *1* lösen (*from* aus) *2* **to ~ the clutch** AUTO auskuppeln
disentangle [ˈdɪsɪnˈtæŋgl] *VT* entwirren; **to ~ oneself (from sth)** (*wörtl*) sich (aus etw) lösen; (*fig*) sich (von etw) lösen

DISF | 196

disfavour, *(US)* **disfavor** [dɪsˈfeɪvəʳ] ⓢ Ungnade *f*; *(≈ Abneigung)* Missfallen *n*; **to fall into ~ (with)** in Ungnade fallen (bei)
disfigure [dɪsˈfɪgəʳ] ⱱⱦ verunstalten; *Landschaft* verschandeln
disgrace [dɪsˈgreɪs] Ⓐ ⓢ Schande *f* (*to* für); *(Mensch)* Schandfleck *m* (*to* +gen); **you're a complete ~!** mit dir kann man sich wirklich nur blamieren!; **the cost of rented accommodation is a ~** es ist eine Schande, wie teuer Mietwohnungen sind; **in ~** mit Schimpf und Schande; **to bring ~ (up)on sb** jdm Schande machen; **to be in ~** in Ungnade (gefallen) sein *(with* bei) Ⓑ ⱱⱦ Schande machen (+dat); *Familie* Schande bringen über (+akk); **to ~ oneself** sich blamieren **disgraceful** ᴀᴅᴊ erbärmlich (schlecht); *Benehmen, Szenen* skandalös; **it's quite ~ how ...** es ist wirklich eine Schande, wie ... **disgracefully** ᴀᴅᴠ schändlich
disgruntled [dɪsˈgrʌntld] ᴀᴅᴊ verstimmt
disguise [dɪsˈgaɪz] Ⓐ ⱱⱦ unkenntlich machen; *Stimme* verstellen; *Missfallen* verbergen; *Geschmack* kaschieren; *Tatsachen* verschleiern; **to ~ oneself/sb as** sich/jdn verkleiden als Ⓑ ⓢ *(wörtl)* Verkleidung *f*; **in ~** verkleidet
disgust [dɪsˈgʌst] Ⓐ ⓢ Ekel *m*; *(über jds Benehmen)* Empörung *f*; **in ~** voller Ekel/Empörung; **much to his ~ they left** sehr zu seiner Empörung gingen sie Ⓑ ⱱⱦ *(Mensch, Anblick)* anekeln; *(Handlungen)* empören **disgusted** ᴀᴅᴊ angeekelt; *(über jds Benehmen)* empört; **to be ~ with sb** empört über jdn sein; **to be ~ with sth** angewidert von etw sein; **I was ~ with myself** ich war mir selbst zuwider **disgusting** [dɪsˈgʌstɪŋ] ᴀᴅᴊ ❶ widerlich, ekelhaft ❷ *Buch, Film* anstößig, obszön; **don't be ~** sei nicht so ordinär ❸ unerhört **disgustingly** [dɪsˈgʌstɪŋlɪ] ᴀᴅᴠ ekelhaft
dish [dɪʃ] ⓢ ❶ Schale *f*, Schüssel *f* ❷ **dishes** ᴘʟ Geschirr *n*; **to do the ~es** abwaschen ❸ Gericht *n*; **pasta ~es** Nudelgerichte *pl* ❹ *(a.* **dish aerial** *(Br) od* **antenna** *(US))* Parabolantenne *f*, Schüssel *f (umg)* ◆**dish out** ⱱⱦ *trennb (umg)* austeilen ◆**dish up** Ⓐ ⱱⱦ *trennb (wörtl)* auf dem Teller anrichten Ⓑ ⱱɪ anrichten
disharmony [ˈdɪsˈhɑːmənɪ] ⓢ Disharmonie *f*
dishcloth [ˈdɪʃklɒθ] ⓢ Geschirrtuch *n*, Spültuch *n*
dishearten [dɪsˈhɑːtn] ⱱⱦ entmutigen **disheartening** ᴀᴅᴊ, **dishearteningly** ᴀᴅᴠ [dɪsˈhɑːtnɪŋ, -lɪ] entmutigend
dishevelled, *(US)* **disheveled** [dɪˈʃevəld] ᴀᴅᴊ *Haare* zerzaust; *Mensch* ungepflegt
dishonest [dɪsˈɒnɪst] ᴀᴅᴊ unehrlich, verlogen; *Plan* unlauter **dishonestly** [dɪsˈɒnɪstlɪ] ᴀᴅᴠ ❶ unehrlich; *behaupten* unehrlicherweise ❷ betrü-

gerisch, in betrügerischer Absicht **dishonesty** [dɪsˈɒnɪstɪ] ⓢ Unehrlichkeit *f*, Verlogenheit *f*; *(von Plan)* Unlauterkeit *f*
dishonour, *(US)* **dishonor** [dɪsˈɒnəʳ] Ⓐ ⓢ Schande *f*; **to bring ~ (up)on sb** Schande über jdn bringen Ⓑ ⱱⱦ schänden; *seiner Familie* Schande machen (+dat) **dishonourable**, *(US)* **dishonorable** ᴀᴅᴊ, **dishonourably**, *(US)* **dishonorably** ᴀᴅᴠ [dɪsˈɒnərəbl, -lɪ] unehrenhaft
dishtowel ⓢ *(US, schott)* Geschirrtuch *n* (❶ = *(Br)* **tea towel**)
dishwasher ⓢ (Geschirr)spülmaschine *f* **dishwasher-proof** ᴀᴅᴊ spülmaschinenfest **dishwater** ⓢ Spülwasser *n*
dishy [ˈdɪʃɪ] ᴀᴅᴊ *(+er) (umg)* Frau, Mann toll *(umg)*
disillusion [ˌdɪsɪˈluːʒən] ⱱⱦ desillusionieren
disincentive [ˌdɪsɪnˈsentɪv] ⓢ Entmutigung *f*
disinclination [ˌdɪsɪnklɪˈneɪʃən] ⓢ Abneigung *f* **disinclined** [ˈdɪsɪnˈklaɪnd] ᴀᴅᴊ abgeneigt
disinfect [ˌdɪsɪnˈfekt] ⱱⱦ desinfizieren **disinfectant** [ˌdɪsɪnˈfektənt] ⓢ Desinfektionsmittel *n*
disinformation [ˌdɪsɪnfəˈmeɪʃn] ⓢ (❶ kein *pl*) Desinformation *f*, gezielte Falschinformation
disinherit [ˈdɪsɪnˈherɪt] ⱱⱦ enterben
disintegrate [dɪsˈɪntɪgreɪt] ⱱɪ zerfallen; *(Gestein)* auseinanderbröckeln; *(Gruppe)* sich auflösen; *(Ehe, Gesellschaft)* zusammenbrechen **disintegration** [dɪsˌɪntɪˈgreɪʃən] ⓢ Zerfall *m*; *(von Gestein)* Auseinanderbröckeln *n*; *(von Gruppe)* Auflösung *f*; *(von Ehe, Gesellschaft)* Zusammenbruch *m*
disinterest [dɪsˈɪntrəst] ⓢ Desinteresse *n* (*in* an +dat) **disinterested** [dɪsˈɪntrɪstɪd] ᴀᴅᴊ uneigennützig; objektiv
disjointed [dɪsˈdʒɔɪntɪd] ᴀᴅᴊ unzusammenhängend
disk [dɪsk] ⓢ ɪᴛ Platte *f*; *(≈ Floppy Disk)* Diskette *f* (❶ Im Zusammenhang mit Computern schreibt man **disk** sowohl im britischen wie auch im amerikanischen Englisch mit „k". In anderen Zusammmenhängen ist **disk** die amerikanische Schreibung von britisch **disc**.); **on ~** auf Platte/Diskette **disk drive** ⓢ Diskettenlaufwerk *n*, Festplattenlaufwerk *n* **diskette** [dɪsˈket] ⓢ Diskette *f* **disk operating system** ⓢ Betriebssystem *n* **disk space** ⓢ Speicherkapazität *f*
dislike [dɪsˈlaɪk] Ⓐ ⱱⱦ nicht mögen; **to ~ doing sth** etw ungern tun; **I ~ him/it intensely** ich mag ihn/es überhaupt nicht; **I don't ~ it** ich habe nichts dagegen Ⓑ ⓢ Abneigung *f* (*of* gegen); **to take a ~ to sb/sth** eine Abneigung gegen jdn/etw entwickeln
dislocate [ˈdɪsləʊkeɪt] ⱱⱦ ᴍᴇᴅ verrenken; **to ~ one's shoulder** sich *(dat)* den Arm auskugeln

dislocation [ˌdɪsləʊˈkeɪʃn] Ⓢ Verrenkung *f*
disloyal [dɪsˈlɔɪəl] ADJ illoyal; **to be ~ to sb** jdm gegenüber nicht loyal sein **disloyalty** [dɪsˈlɔɪəltɪ] Ⓢ Illoyalität *f (to* gegenüber)
dismal [ˈdɪzməl] ADJ *Ort, Aussichten, Wetter* trostlos; *Leistung* miserabel **dismally** [ˈdɪzməlɪ] ADV *versagen* kläglich
dismantle [dɪsˈmæntl] V/T auseinandernehmen; *Gerüst* abbauen
dismay [dɪsˈmeɪ] Ⓐ Ⓢ Bestürzung *f*; **in ~** bestürzt Ⓑ V/T bestürzen
dismiss [dɪsˈmɪs] V/T Ⓛ *(aus Job etc)* entlassen; *Versammlung* auflösen; **~!** wegtreten!; "**class ~ed**" „ihr dürft gehen" Ⓩ *Spekulationen, Behauptungen* abtun; **to ~ sth from one's mind** etw verwerfen Ⓔ JUR *Berufung* abweisen **dismissal** [dɪsˈmɪsəl] Ⓢ Ⓛ Entlassung *f* Ⓩ JUR Abweisung *f* **dismissive** [dɪsˈmɪsɪv] ADJ *Bemerkung* wegwerfend; *Geste* abweisend **dismissively** [dɪsˈmɪsɪvlɪ] ADV abweisend
dismount [dɪsˈmaʊnt] V/I absteigen
disobedience [ˌdɪsəˈbiːdɪəns] Ⓢ Ungehorsam *m (to* gegenüber*)* **disobedient** [ˌdɪsəˈbiːdɪənt] ADJ ungehorsam **disobey** [ˌdɪsəˈbeɪ] V/T nicht gehorchen (+dat); *Gesetz* übertreten
disorder [dɪsˈɔːdər] Ⓢ Ⓛ Durcheinander *n*; **in ~** durcheinander Ⓩ POL Unruhen *pl* Ⓔ MED Funktionsstörung *f*; **eating ~** Störung *f* des Essverhaltens **disorderly** [dɪsˈɔːdəlɪ] ADJ Ⓛ unordentlich; *Warteschlange* ungeordnet Ⓩ *(≈ ungebärdig)* wild; *Menge* undiszipliniert; *Benehmen* ungehörig
disorganized [dɪsˈɔːgənaɪzd] ADJ systemlos, chaotisch; **he is completely ~** bei ihm geht alles drunter und drüber
disorient [dɪsˈɔːrɪent], **disorientate** [dɪsˈɔːrɪənteɪt] V/T verwirren
disown [dɪsˈəʊn] V/T verleugnen
disparaging, **disparagingly** ADV [dɪsˈpærɪdʒɪŋ, -lɪ] geringschätzig
dispatch Ⓐ V/T [dɪsˈpætʃ] *Brief, Waren* senden; *jdn, Truppen etc* (ent)senden Ⓑ Ⓢ [dɪsˈpætʃ, ˈdɪspætʃ] *(≈ Bericht)* Depesche *f* **dispatch note** Ⓢ *(von Waren)* Begleitschein *m* **dispatch rider** Ⓢ Melder(in) *m(f)*
dispel [dɪsˈspel] V/T *Zweifel, Ängste* zerstreuen; *Mythos* zerstören
dispensable [dɪsˈpensəbl] ADJ entbehrlich
dispense [dɪsˈpens] V/T verteilen (to an +akk); *(Automat)* ausgeben; **to ~ justice** Recht sprechen ♦**dispense with** V/I +obj verzichten auf (+akk)
dispenser [dɪsˈpensər] Ⓢ *(≈ Behälter)* Spender *m*; *(≈ für Glücksspiele)* Automat *m* **dispensing** [dɪsˈpensɪŋ] ADJ **~ chemist** Apotheker(in) *m(f)*
disperse [dɪsˈpɜːs] Ⓐ V/T verstreuen; BOT *Samen*

verteilen; *Menge* auflösen; *(fig) Wissen* verbreiten Ⓑ V/I sich auflösen
displace [dɪsˈpleɪs] V/T verschieben; *Menschen* vertreiben **displaced person** [dɪsˌpleɪstˈpɜːsn] Ⓢ Vertriebene(r) *m/f(m)* **displacement** Ⓢ Verschiebung *f*; *(von Menschen)* Vertreibung *f*; *(≈ Ersatz)* Ablösung *f*
display [dɪsˈpleɪ] Ⓐ V/T Ⓛ *etw* zeigen; *Gefühle* zur Schau stellen; *Macht* demonstrieren; *Bekanntmachung* aushängen; *(auf Bildschirm)* anzeigen Ⓩ *Waren* ausstellen Ⓑ Ⓢ Ⓛ Zeigen *n*; *(von Gefühlen a.)* Zurschaustellung *f*; *(von Macht)* Demonstration *f*; **to make a great ~ of sth** etw groß zur Schau stellen; **to make a great ~ of doing sth** etw betont auffällig tun; **to be/go on ~** ausgestellt sein/werden; **these are only for ~** die sind nur zur Ansicht Ⓩ *(von Gemälden etc)* Ausstellung *f*; *(von Tänzern)* Vorführung *f*; MIL Schau *f*; *firework* **~** (öffentliches) Feuerwerk Ⓔ HANDEL Auslage *f* **display cabinet** Ⓢ Schaukasten *m* **display case** Ⓢ Vitrine *f* **display unit** Ⓢ IT Bildschirmgerät *n*
displease [dɪsˈpliːz] V/T missfallen (+dat) **displeasure** [dɪsˈpleʒər] Ⓢ Missfallen *n (at* über +akk*)*
disposable [dɪsˈspəʊzəbl] ADJ Wegwerf-; **~ razor** Wegwerfrasierer *m*; **~ nappy** *(Br)* **diaper** *(US)* Wegwerfwindel *f*; **~ needle** Einwegnadel *f*; **~ contact lenses** Kontaktlinsen *pl* zum Wegwerfen **disposal** [dɪsˈspəʊzəl] Ⓢ Ⓛ Loswerden *n*; *(von Müll, Leiche)* Beseitigung *f* Ⓩ **the means at sb's ~** die jdm zur Verfügung stehenden Mittel; **to put sth at sb's ~** jdm etw zur Verfügung stellen; **to be at sb's ~** jdm zur Verfügung stehen ♦**dispose of** V/I +obj loswerden; *Müll, Leiche* beseitigen; *(≈ töten)* eliminieren
disposed [dɪsˈspəʊzd] ADJ *(form)* **to be ~ to do sth** bereit sein, etw zu tun, etw tun wollen; **to be well ~ to(wards) sth** einer Sache *(dat)* wohlwollend gegenüberstehen **disposition** [ˌdɪspəˈzɪʃən] Ⓢ Veranlagung *f*; **her cheerful ~** ihre fröhliche Art
dispossess [ˌdɪspəˈzes] V/T enteignen
disproportionate [ˌdɪsprəˈpɔːʃnɪt] ADJ **to be ~ (to sth)** in keinem Verhältnis (zu etw) stehen; **a ~ amount of money** ein unverhältnismäßig hoher Geldbetrag **disproportionately** [ˌdɪsprəˈpɔːʃnɪtlɪ] ADV (+adj) unverhältnismäßig; **~ large numbers of ...** unverhältnismäßig viele ...
disprove [dɪsˈpruːv] V/T widerlegen
dispute [dɪsˈspjuːt] Ⓐ V/T Ⓛ *Behauptung* bestreiten; *Anspruch, Testament* anfechten Ⓩ *Thema* sich streiten über (+akk); **the issue was hotly ~d** das Thema wurde hitzig diskutiert Ⓔ kämpfen um; *Gebiet* beanspruchen Ⓑ Ⓢ [dɪsˈspjuːt, ˈdɪspjuːt] Ⓛ

(❗ kein pl) Disput *m*; **to be beyond ~** außer Frage stehen; **there is some ~ about which horse won** es ist umstritten, welches Pferd gewonnen hat [2] Streit *m* [3] IND Auseinandersetzung *f*

disqualification [dɪsˌkwɒlɪfɪˈkeɪʃən] [S] Ausschluss *m*; SPORT Disqualifikation *f*; **~ (from driving)** Führerscheinentzug *m* **disqualify** [dɪsˈkwɒlɪfaɪ] [VT] untauglich machen (*from* für); SPORT *etc* disqualifizieren; **to ~ sb from driving** jdm den Führerschein entziehen

disregard [ˈdɪsrɪˈgɑːd] [A] [VT] ignorieren [B] [S] Missachtung *f* (*for gen*); **to show complete ~ for sth** etw völlig außer Acht lassen

disrepair [ˈdɪsrɪˈpɛəʳ] [S] Baufälligkeit *f*; **in a state of ~** baufällig; **to fall into ~** verfallen

disreputable [dɪsˈrepjʊtəbl] [ADJ] *Mensch, Hotel, Kneipe* verrufen; *Benehmen* unehrenhaft **disrepute** [ˈdɪsrɪˈpjuːt] [S] schlechter Ruf; **to bring sth into ~** etw in Verruf bringen

disrespect [ˌdɪsrɪsˈpekt] [S] Respektlosigkeit *f* (*for* gegenüber); **to show ~ for sth** keinen Respekt vor etw (*dat*) haben **disrespectful** [ADJ], **disrespectfully** [ADV] respektlos

disrupt [dɪsˈrʌpt] [VT] stören **disruption** [dɪsˈrʌpʃən] [S] Störung *f* **disruptive** [dɪsˈrʌptɪv] [ADJ] störend; *Effekt* zerstörerisch

dissatisfaction [ˈdɪsˌsætɪsˈfækʃən] [S] Unzufriedenheit *f* **dissatisfactory** [ˌdɪssætɪsˈfæktərɪ] [ADJ] unbefriedigend (*to* für) **dissatisfied** [dɪsˈsætɪsfaɪd] [ADJ] unzufrieden

dissect [dɪˈsekt] [VT] *Tier* sezieren; (*fig*) *Bericht, Theorie* zergliedern

dissent [dɪˈsent] [S] Nichtübereinstimmung *f* **dissenting** [dɪˈsentɪŋ] [ADJ] *attr* abweichend

dissertation [ˌdɪsəˈteɪʃən] [S] wissenschaftliche Arbeit; (*für Doktorprüfung*) Dissertation *f*

disservice [dɪsˈsɜːvɪs] [S] **to do oneself/sb a ~** sich/jdm einen schlechten Dienst erweisen

dissident [ˈdɪsɪdənt] [A] [S] Dissident(in) *m(f)* [B] [ADJ] dissident

dissimilar [dɪˈsɪmɪləʳ] [ADJ] unterschiedlich (*to* von), verschieden; **not ~ (to sb/sth)** (jdm/einer Sache) nicht ungleich *od* nicht unähnlich

dissipate [ˈdɪsɪpeɪt] [VT] *Nebel* auflösen; *Wärme* ableiten; *Zweifel, Ängste* zerstreuen; *Spannungen* lösen

dissociate [dɪˈsəʊʃɪeɪt] [VT] trennen (*from* von); **to ~ oneself from sb/sth** sich von jdm/etw distanzieren

dissolute [ˈdɪsəluːt] [ADJ] *Mensch, Lebensstil* zügellos

dissolve [dɪˈzɒlv] [A] [VT] auflösen [B] [VI] sich (auf)lösen; **it ~s in water** es ist wasserlöslich, es löst sich in Wasser

dissuade [dɪˈsweɪd] [VT] **to ~ sb from doing sth** jdn davon abbringen, etw zu tun

distance [ˈdɪstəns] [A] [S] Entfernung *f*, Abstand *m*; (*zurückgelegt*) Strecke *f*; **at a ~ of two feet** in zwei Fuß Entfernung; **the ~ between the railway lines** der Abstand zwischen den Eisenbahnschienen; **what's the ~ between London and Glasgow?** wie weit ist es von London nach Glasgow?; **in the ~** in der Ferne; **to gaze into the ~** in die Ferne starren; **he admired her from a ~** (*fig*) er bewunderte sie aus der Ferne; **it's within walking ~** es ist zu Fuß erreichbar; **a short ~ away** ganz in der Nähe; **it's quite a ~ (away)** es ist ziemlich weit (entfernt); **the race is over a ~ of 3 miles** das Rennen geht über eine Distanz von 3 Meilen; **to keep one's ~** Abstand halten [B] [VT] **to ~ oneself/sb from sb/sth** sich/jdn von jdm/etw distanzieren

distant [ˈdɪstənt] [A] [ADJ] (*örtlich, zeitlich*) fern; *Klang, Verwandter, Erinnerung* entfernt; **the ~ mountains** die Berge in der Ferne; **in the not too ~ future** in nicht allzu ferner Zukunft [B] [ADV] (*zeitlich, örtlich*) entfernt **distantly** [ˈdɪstəntlɪ] [ADV] **~ related (to sb)** entfernt (mit jdm) verwandt

distasteful [dɪsˈteɪstfʊl] [ADJ] unangenehm

distil, (*US*) **distill** [dɪˈstɪl] [VT] CHEM destillieren; *Whisky etc* brennen **distillery** [dɪˈstɪlərɪ] [S] Destillerie *f*, Brennerei *f*

distinct [dɪˈstɪŋkt] [ADJ] [1] verschieden; **as ~ from** im Unterschied zu [2] deutlich; *Geschmack* bestimmt; **to have ~ memories of sb/sth** sich deutlich an jdn/etw erinnern; **to get the ~ idea** *od* **impression that …** den deutlichen Eindruck bekommen, dass …; **to have the ~ feeling that …** das bestimmte Gefühl haben, dass …; **to have a ~ advantage (over sb)** (jdm gegenüber) deutlich im Vorteil sein; **there is a ~ possibility that …** es besteht eindeutig die Möglichkeit, dass … **distinction** [dɪˈstɪŋkʃən] [S] [1] Unterschied *m*; **to make** *od* **draw a ~ (between two things)** (zwischen zwei Dingen) unterscheiden [2] SCHULE, UNIV Auszeichnung *f*; **he got a ~ in French** er hat das Französischexamen mit Auszeichnung bestanden **distinctive** [dɪˈstɪŋktɪv] [ADJ] unverwechselbar; *Merkmal, Klang* unverkennbar; *Stimme, Kleidung* charakteristisch; (≈ *bemerkenswert*) auffällig; **~ features** (*von Mensch*) besondere Kennzeichen **distinctly** [dɪˈstɪŋktlɪ] [ADV] [1] deutlich [2] eindeutig; *seltsam* ausgesprochen

distinguish [dɪˈstɪŋgwɪʃ] [A] [VT] [1] unterscheiden [2] *Gestalt* erkennen [B] [VI] **to ~ between** unterscheiden zwischen (+*dat*) [C] [VR] sich auszeichnen **distinguishable** [dɪˈstɪŋgwɪʃəbl] [ADJ] unterscheidbar; **to be (barely) ~ from sth** (kaum) von etw zu unterscheiden sein; **to be ~ by sth**

an etw (*dat*) erkennbar sein **distinguished** ADJ *Gast* angesehen; *Schriftsteller* angesehen; *Karriere* glänzend **distinguishing** ADJ kennzeichnend; **he has no ~ features** er hat keine besonderen Kennzeichen

distort [dɪˈstɔːt] VT verzerren; *Tatsachen* verdrehen **distorted** ADJ verzerrt; *Gesicht* entstellt **distortion** [dɪˈstɔːʃən] S Verzerrung *f*; (*von Tatsachen*) Verdrehung *f*

distract [dɪˈstrækt] VT ablenken; **to ~ sb's attention** jdn ablenken **distracted** ADJ **1** zerstreut **2** beunruhigt **distraction** [dɪˈstrækʃən] S **1** (🔴 kein pl) Unaufmerksamkeit *f* **2** Ablenkung *f* **3** **to drive sb to ~** jdn zur Verzweiflung treiben

distraught [dɪˈstrɔːt] ADJ verzweifelt

distress [dɪˈstres] S **1** Verzweiflung *f*, Leiden *n*, Kummer *m* **2** (≈ *Gefahr*) Not *f*; **to be in ~** (*Schiff*) in Seenot sein; (*Flugzeug*) in Not sein; **~ call** Notsignal *n* **3** VT Kummer machen (+*dat*); **don't ~ yourself** machen Sie sich (*dat*) keine Sorgen! **distressed** ADJ bekümmert, erschüttert (*about* von) **distressing** [dɪˈstresɪŋ] ADJ erschreckend **distress signal** S Notsignal *n*

distribute [dɪˈstrɪbjuːt] VT verteilen (*to* an +*akk*); HANDEL *Waren* vertreiben (*to, among* an +*akk*) **distribution** [ˌdɪstrɪˈbjuːʃən] S Verteilung *f*, Verbreitung *f*; (WIRTSCH: *von Waren*) Vertrieb *m*; **~ network** Vertriebsnetz *n*; **~ system** Vertriebssystem *n* **distributor** [dɪˈstrɪbjʊtəʳ] S Verteiler(in) *m(f)*; HANDEL Großhändler *m*, Händler(in) *m(f)*

district [ˈdɪstrɪkt] S Gebiet *n*; (*von Stadt*) Viertel *n*; (≈ *geografisch*) Gegend *f*; ADMIN (*Verwaltungs*)bezirk *m*; **shopping/business ~** Geschäftsviertel *n* **district attorney** S (*US*) Bezirksstaatsanwalt *m*/-anwältin *f* **district council** S (*Br*) Bezirksregierung *f* **district court** S (*US* JUR) Bezirksgericht *n*

distrust [dɪsˈtrʌst] A VT misstrauen (+*dat*) B S Misstrauen *n* (*of* gegenüber) **distrustful** [dɪsˈtrʌstfʊl] ADJ misstrauisch (*of* gegenüber)

disturb [dɪsˈtɜːb] A VT stören, beunruhigen; **sorry to ~ you** entschuldigen Sie bitte die Störung; **to ~ the peace** die Ruhe stören B VI stören; **"please do not ~"** „bitte nicht stören" **disturbance** S **1** Unruhe *f*; (*in Straße*) (Ruhe)störung *f*; **to cause** *od* **create a ~** Unruhe/eine Ruhestörung verursachen **2** (≈ *Unterbrechung*) Störung *f* **disturbed** ADJ **1** PSYCH gestört **2** beunruhigt (*about, at, by* über +*akk*) **disturbing** [dɪsˈtɜːbɪŋ] ADJ beunruhigend; **some viewers may find these scenes ~** einige Zuschauer könnten an diesen Szenen Anstoß nehmen

disunity [ˌdɪsˈjuːnɪti] S Uneinigkeit *f*

disuse [ˈdɪsˈjuːs] S **to fall into ~** nicht mehr benutzt werden **disused** [ˈdɪsˈjuːzd] ADJ *Gebäude* leer stehend; *Zeche* stillgelegt

ditch [dɪtʃ] A S Graben *m* B VT (*umg*) jdn abhängen (*umg*); *Freund(in)* abservieren (*umg*); *Plan* baden gehen lassen (*umg*)

dither [ˈdɪðəʳ] VI zaudern; **to ~ over sth** mit etw zaudern; **to ~ over how/whether ...** schwanken, wie/ob ...

ditto [ˈdɪtəʊ] S **I'd like coffee — ~ (for me)** (*umg*) ich möchte Kaffee — dito *od* ich auch

dive [daɪv] v: *prät* dived *od* (*US*) dove, *pperf* dived A S **1** Sprung *m*; (*von Flugzeug*) Sturzflug *m*; **to make a ~ for sth** (*fig umg*) sich auf etw (*akk*) stürzen **2** (*pej umg* ≈ *Nachtklub etc*) Spelunke *f* (*umg*) B VI **1** springen; (*unter Wasser*) tauchen; (*U-Boot*) untertauchen; (*Flugzeug*) einen Sturzflug machen; **the goalkeeper ~d for the ball** der Torwart hechtete nach dem Ball **2** (*umg*) **he ~d under the table** er verschwand blitzschnell unter dem Tisch; **to ~ for cover** eilig in Deckung gehen; **he ~d into a taxi** er stürzte (sich) in ein Taxi ◆**dive in** VI **1** (*Schwimmer*) hineinspringen **2** (*umg: beim Essen*) ~! hau(t) rein! (*umg*)

diver [ˈdaɪvəʳ] S Taucher(in) *m(f)*, Turmspringer(in) *m(f)*, Kunstspringer(in) *m(f)*

diverge [daɪˈvɜːdʒ] VI abweichen (*from* von); (*zwei Dinge*) voneinander abweichen

diverse [daɪˈvɜːs] ADJ **1** (*mit sg*) gemischt; *Auswahl* breit **2** (*mit pl*) unterschiedlich; *Interessen* vielfältig **diversification** [daɪˌvɜːsɪfɪˈkeɪʃən] S Abwechslung *f*; (*von Unternehmen etc*) Diversifikation *f* **diversify** [daɪˈvɜːsɪfaɪ] A VT abwechslungsreich(er) gestalten; *Unternehmen etc* diversifizieren B VI HANDEL diversifizieren

diversion [daɪˈvɜːʃən] S **1** (*von Verkehr etc*) Umleitung *f* **2** (≈ *Entspannung*) Unterhaltung *f* **3** (MIL, *fig*) Ablenkung *f*; **to create a ~** ablenken; **as a ~** um abzulenken

diversity [daɪˈvɜːsɪti] S Vielfalt *f*

divert [daɪˈvɜːt] VT *Verkehr etc* umleiten; *Aufmerksamkeit* ablenken; *Schlag* abwenden; *Ressourcen* umlenken

divide [dɪˈvaɪd] A VT **1** trennen **2** *a.* MATH teilen (*into* in +*akk*); (*zwischen mehreren*) aufteilen; **the river ~s the city into two** der Fluss teilt die Stadt; **to ~ 6 into 36, to ~ 36 by 6** 36 durch 6 teilen **3** verteilen **4** (*bei Streit*) entzweien B VI sich teilen; **to ~ into groups** sich in Gruppen aufteilen C S **the cultural ~** die Kluft zwischen den Kulturen ◆**divide off** A VI sich (ab)trennen B VT *trennb* (ab)trennen ◆**divide out** VT *trennb* aufteilen (*among* unter +*akk od dat*) ◆**divide up** A VI = divide B B VT *trennb* = divide I 2, 3

divided [dɪˈvaɪdɪd] ADJ geteilt; *Regierung* zerstritten; **to have ~ loyalties** nicht zu vereinbaren-

DIVI | 200

D

de Pflichten haben; **to be ~ on** *od* **over sth** sich in etw (*dat*) nicht einig sein **divided highway** ⓢ (*US*) ≈ Schnellstraße f (❗ = (Br) **dual carriageway**)

dividend ['dɪvɪdend] ⓢ FIN Dividende f; **to pay ~s** (*fig*) sich bezahlt machen

dividing line ⓢ Trennlinie f

divine [dɪ'vaɪn] ADJ (REL, *fig umg*) göttlich

diving ['daɪvɪŋ] ⓢ Tauchen n, Springen n; SPORT Wasserspringen n **diving board** ⓢ (Sprung)brett n **diving suit** ⓢ Taucheranzug m

divinity [dɪ'vɪnɪtɪ] ⓢ 🔢 Göttlichkeit f 🔢 Theologie f

division [dɪ'vɪʒən] ⓢ 🔢 Teilung f; MATH Teilen n 🔢 ADMIN Abteilung f; (*in Firma*) Geschäftsbereich m 🔢 (*fig: zwischen sozialen Schichten*) Schranke f 🔢 (*fig*) Uneinigkeit f 🔢 SPORT Liga f

divorce [dɪ'vɔːs] 🅰 ⓢ JUR Scheidung f (*from* von); **he wants a ~** er will sich scheiden lassen; **to get a ~ (from sb)** sich (von jdm) scheiden lassen 🅱 V͞T sich scheiden lassen von; **to get ~d** sich scheiden lassen 🅲 V͞I sich scheiden lassen

divorced [dɪ'vɔːst] ADJ JUR geschieden (*from* von) **divorcee** [dɪˌvɔː'siː] ⓢ Geschiedene(r) m/f(m); **she is a ~** sie ist geschieden

DIY [diːaɪ'waɪ] (Br) *abk* von **do-it-yourself** ⓢ Heimwerken n; **she was doing some ~** sie machte einige Heimwerkerarbeiten **DIY shop, DIY store** ⓢ Baumarkt m

dizziness ['dɪzɪnɪs] ⓢ Schwindel m **dizzy** ['dɪzɪ] ADJ (+er) schwindelig; **I'm (feeling) ~** mir ist schwindelig (*from* von); **~ spell** Schwindelanfall m

DJ *abk* von **disc jockey** DJ m

DNA *abk* von **de(s)oxyribonucleic acid** DNS f **DNA profiling** ⓢ genetischer Fingerabdruck **DNA test** ⓢ Gentest m

---

do [duː]

v: prät **did**, *pperf* **done**

| **A** Hilfsverb | **B** transitives Verb |
| **C** intransitives Verb | **D** Substantiv |

— **A** Hilfsverb —

🔢 (*fragend, verneinend*) **do you understand?** verstehen Sie?; **I don't** *od* **do not understand** ich verstehe nicht; **what did he say?** was hat er gesagt?; **didn't you** *od* **did you not know?** haben Sie das nicht gewusst?; **don't be silly!** sei nicht albern! 🔢 (*zur Bestätigung*) oder; **you know him, don't you?** Sie kennen ihn (doch), oder?; **you don't know him, do you?** Sie kennen ihn also nicht, oder?; **so you know**

them, **do you?** (*erstaunt*) Sie kennen sie also wirklich!; **he does understand, doesn't he?** das versteht er doch, oder? 🔢 (*als Verbersatz*) **you speak better German than I do** Sie sprechen besser Deutsch als ich; **so do I** ich auch; **neither do I** ich auch nicht; **I don't like cheese but he does** ich mag keinen Käse, aber ich schon; **they said he would go and he did** sie sagten, er würde gehen und das tat er (dann) auch 🔢 (*bei Antwort*) **do you see them often? — yes, I do/no, I don't** sehen Sie sie oft? — ja/nein; **you didn't go, did you? — yes, I did** Sie sind nicht gegangen, oder? — doch; **they speak French — oh, do they?** sie sprechen Französisch — ja?, ach, wirklich?; **they speak German — do they really?** sie sprechen Deutsch — wirklich?; **may I come in? — do!** darf ich hereinkommen? — ja, bitte; **shall I open the window? — no, don't!** soll ich das Fenster öffnen? — nein, bitte nicht!; **who broke the window? — I did** wer hat das Fenster eingeschlagen? — ich 🔢 (*zur Betonung*) **DO come!** (*bes Br*) kommen Sie doch (bitte)!; **DO shut up!** (*bes Br*) sei doch (endlich) ruhig!; **it's very expensive, but I DO like it** es ist zwar sehr teuer, aber es gefällt mir nun mal; **so you DO know them!** Sie kennen sie also doch!

— **B** transitives Verb —

🔢 tun, machen; **I've done a stupid thing** ich habe da was Dummes gemacht; **it can't be done** es lässt sich nicht machen; **can you do it by yourself?** schaffst du das allein?; **to do the housework/one's homework** die Hausarbeit/seine Hausaufgaben machen; **you do the painting and I'll do the papering** du streichst an und ich tapeziere; **to do one's make-up** sich schminken; **to do one's hair** sich frisieren; **to do one's teeth** (Br) sich (*dat*) die Zähne putzen; **to do the dishes** spülen; **to do the washing** Wäsche waschen; **to do the ironing** bügeln, glätten (*schweiz*); **he can't do anything about it** er kann nichts daran ändern; **are you doing anything this evening?** haben Sie heute Abend schon etwas vor?; **we'll have to do something about this** wir müssen da etwas unternehmen; **does that do anything for you?** macht dich das an? (*umg*); **Brecht doesn't do anything for me** Brecht sagt mir nichts; **I've done everything I can** ich habe alles getan, was ich kann; **I've got nothing to do** ich habe nichts zu tun; **I shall do nothing of the sort** ich werde nichts dergleichen tun; **he does nothing but complain** er nörgelt immer nur; **what's to be done?** was ist da zu tun?; **but what can**

you do? aber was kann man da machen?; **what do you want me to do (about it)?** und was soll ich da machen?; **what have you done to him?** was haben Sie mit ihm gemacht?; **now what have you done!** was hast du jetzt bloß wieder angestellt *od* gemacht?; **what are you doing on Saturday?** was machen Sie am Sonnabend?; **how do you do it?** (*erstaunt*) wie machen Sie das bloß?; **what does your father do?** was macht Ihr Vater (*beruflich*)?; **that's done it** (*umg*) da haben wir die Bescherung! (*umg*); **that does it!** jetzt reichts mir! **2** (≈ *bereitstellen*) **what can I do for you?** was kann ich für Sie tun?; **sorry, we don't do lunches** wir haben leider keinen Mittagstisch; **we do a wide range of herbal teas** wir führen eine große Auswahl an Kräutertees; **who did the food for your reception?** wer hat bei Ihrem Empfang für das Essen gesorgt? **3** (*nur Prät, Part Perf*) **the work's done now** die Arbeit ist gemacht *od* fertig; **I haven't done** (*Br*) *od* **I'm not done telling you what I think of you** mit dir bin ich noch lange nicht fertig; **done!** abgemacht!; **are you done?** (*umg*) bist du endlich fertig?; **it's all over and done with** das ist alles erledigt; (*Geschenenes*) das ist alles vorbei **4** SCHULE *etc* durchnehmen; **I've never done any German** ich habe nie Deutsch gelernt **5** GASTR machen (*umg*); **to do the cooking** kochen; **well done** durch(gebraten); **is the meat done?** ist das Fleisch durch? **6** **to do a play** ein Stück aufführen; **to do a film** einen Film machen **7** (≈ *imitieren*) nachmachen **8** *Stadt, Sehenswürdigkeiten* besuchen **9** AUTO *etc* fahren; **this car can do 100** das Auto fährt 100 **10** (*umg*) passen (*sb* jdm); (≈ *genügen*) reichen (*sb* jdm); **that will do me nicely** das reicht allemal **11** (*umg: in Gefängnis*) sitzen

— C intransitives Verb —

1 **do as I do** mach es wie ich; **he did well to take advice** er tat gut daran, sich beraten zu lassen; **he did right** es war richtig von ihm; **he did right/well to go** es war richtig/gut, dass er gegangen ist **2** **how are you doing?** wie gehts (Ihnen)?; **I'm not doing so badly** es geht mir gar nicht so schlecht; **he's doing well at school** er ist gut in der Schule; **to do well/badly in a test** bei einer Klassenarbeit gut/schlecht abschneiden; **his business is doing well** sein Geschäft geht gut; **how do you do?** guten Tag! **3** (≈ *sich eignen*) gehen; **that will never do!** das geht nicht!; **this room will do** das Zimmer ist in Ordnung **4** reichen; **will £10 do?** reichen £ 10?; **you'll have to make do with £10** £ 10 müssen Ihnen

reichen; **that'll do!** jetzt reichts aber!

— D Substantiv —

pl -s (*Br umg*) Veranstaltung *f*, Fete *f* (*umg*)
♦**do away with** *VII* +*obj* abschaffen ♦**do down** *VIT* trennb (*Br umg* ≈ *kritisieren*) runtermachen (*umg*) ♦**do for** *VII* +*obj* (*umg*) jdn fertigmachen (*umg*); *Projekt* zunichtemachen; **to be done for** (*Mensch*) erledigt sein (*umg*); (*Projekt*) gestorben sein (*umg*) ♦**do in** *VIT* trennb (*umg*) **1** (≈ *töten*) um die Ecke bringen (*umg*) **2** **to be** *od* **feel done in** fertig sein (*umg*) ♦**do up** *VIT* trennb **1** *Kleid etc* zumachen **2** *Haus* (neu) herrichten ♦**do with** *VII* +*obj* **1** brauchen; **I could ~ a cup of tea** ich könnte eine Tasse Tee vertragen (*umg*); **it could ~ a clean** es müsste mal sauber gemacht werden **2** **what has that got to ~ it?** was hat das damit zu tun?; **that has** *od* **is nothing to ~ you!** das geht Sie gar nichts an!; **it has something to ~ her being adopted** es hat etwas damit zu tun, dass sie adoptiert wurde; **it has to ~ ...** dabei geht es um ...; **money has a lot to ~ it** Geld spielt eine große Rolle dabei **3** **what have you done with my gloves/your hair?** was hast du mit meinen Handschuhen/deinem Haar gemacht?; **he doesn't know what to ~ himself** er weiß nicht, was er mit sich anfangen soll **4** **to be done with sb/sth** mit jdm/etw fertig sein ♦**do without** *VII* +*obj* auskommen ohne; **I can ~ your advice** Sie können sich Ihren Rat sparen; **I could have done without that!** das hätte mir (wirklich) erspart bleiben können

d.o.b. *abk* von **d**ate **o**f **b**irth geb.

doc [dɒk] *s* (*umg*) *abk* von **doctor**

docile ['dəʊsaɪl] *ADJ* sanftmütig

dock[1] [dɒk] *s* Dock *n*; **~s** *pl* Hafen *m*

dock[2] *s* JUR Anklagebank *f*; **to stand in the ~** auf der Anklagebank sitzen

dock[3] *VIT* *Lohn* kürzen; *Punkte* abziehen; **to ~ £100 off sb's wages** jds Lohn um £ 100 kürzen

dockland *s* Hafenviertel *n* **dockyard** *s* Werft *f*

doctor ['dɒktə'] *s* **1** MED Arzt *m*, Ärztin *f*; **the ~'s** (≈ *Praxis*) der Arzt; **to go to the ~** zum Arzt gehen; **to send for the ~** den Arzt holen; **he is a ~** er ist Arzt; **a woman ~** eine Ärztin; **to be under ~'s orders** in ärztlicher Behandlung sein; **it's just what the ~ ordered** (*fig umg*) das ist genau das Richtige **2** UNIV *etc* Doktor *m*; **to get one's ~'s degree** promovieren, seinen Doktor machen; **Dear Doctor Smith** Sehr geehrter Herr Dr./Sehr geehrte Frau Dr. Smith

doctorate ['dɒktərɪt] *s* Doktorwürde *f*; **he's still doing his ~** er sitzt immer noch an seiner Doktorarbeit

DOCT ‖ 202

D

doctrine ['dɒktrɪn] ⓢ Doktrin f, Lehre f
document ['dɒkjʊmənt] Ⓐ ⓢ Dokument n Ⓑ ⓥⓣ dokumentieren; *Fall* beurkunden **documentary** [ˌdɒkjʊ'mentərɪ] Ⓐ ⓐⓓⓙ dokumentarisch Ⓑ ⓢ (FILM, TV) Dokumentarfilm m **documentation** [ˌdɒkjʊmen'teɪʃən] ⓢ Dokumentation f
docusoap ['dɒkjʊsəʊp] ⓢ TV Dokusoap f
doddle ['dɒdl] ⓢ (*Br umg*) **it was a ~** es war ein Kinderspiel
dodge [dɒdʒ] Ⓐ ⓥⓣ ausweichen (+*dat*); *Wehrdienst* sich drücken vor (+*dat*) Ⓑ ⓥⓘ ausweichen; **to ~ out of the way** zur Seite springen; **to ~ behind a tree** hinter einen Baum springen
dodgem® ['dɒdʒəm] ⓢ (Auto)skooter m
dodgy ['dɒdʒɪ] ⓐⓓⓙ (*Br umg*) Ⓐ *Mensch, Firma* zwielichtig; *Gegend* zweifelhaft; *Plan* unsicher; *Situation* verzwickt (*umg*); **there's something ~ about him** er ist nicht ganz koscher (*umg*); **he's on ~ ground** er befindet sich auf unsicherem Boden Ⓑ *Rücken, Herz* schwach; *Maschinenteil etc* defekt
doe [dəʊ] ⓢ Reh n, Hirschkuh f
doer ['du:ə'] ⓢ Tatmensch m, Macher(in) m(f)
does [dʌz] 3. Person sg von **do doesn't** ['dʌznt] = **does not**
dog [dɒg] Ⓐ ⓢ Ⓐ Hund m Ⓑ **to work like a ~** (*umg*) wie ein Pferd arbeiten (*umg*) Ⓑ ⓥⓣ verfolgen; **~ged by controversy** von Kontroversen verfolgt **dog biscuit** ⓢ Hundekuchen m **dog collar** ⓢ (*wörtl*) Hundehalsband n; (*von Pfarrer*) Kollar n **dog-eared** ['dɒgɪəd] ⓐⓓⓙ mit Eselsohren **dog food** ⓢ Hundefutter n
dogged ['dɒgɪd] ⓐⓓⓙ zäh; *Widerstand, Verfolgung* hartnäckig **doggedly** ['dɒgɪdlɪ] ⓐⓓⓥ beharrlich
doggie, doggy ['dɒgɪ] ⓢ (*umg*) Hündchen n **dog licence**, (*US*) **dog license** ⓢ Hundemarke f
dogma ['dɒgmə] ⓢ Dogma n **dogmatic** [dɒg'mætɪk] ⓐⓓⓙ dogmatisch; **to be very ~ about sth** in etw (*dat*) sehr dogmatisch sein
do-gooder ['du:'gʊdə'] ⓢ (*pej*) Weltverbesserer m, Weltverbesserin f
dogsbody ['dɒgzbɒdɪ] ⓢ (*Br*) **she's/he's the general ~** sie/er ist (das) Mädchen für alles **dog-tired** ⓐⓓⓙ hundemüde
doily ['dɔɪlɪ] ⓢ (Zier)deckchen n
doing ['du:ɪŋ] ⓢ Ⓐ Tun n; **this is your ~** das ist dein Werk; **it was none of my ~** ich hatte nichts damit zu tun; **that takes some ~** da gehört (schon) etwas dazu Ⓑ **doings** ⓟⓛ (*umg*) Taten pl **do-it-yourself** ['du:ɪtjə'self] ⓐⓓⓙ, ⓢ = DIY
doldrums ['dɒldrəmz] ⓟⓛ **to be in the ~** Trübsal blasen; (*Firma*) in einer Flaute stecken

dole [dəʊl] ⓢ (*Br umg*) Arbeitslosenunterstützung f, Alu f (*umg*); **to go/be on the ~** stempeln (gehen) ◆**dole out** ⓥⓣ trennb austeilen
dole money ⓢ (*Br umg*) Arbeitslosenunterstützung f
doll [dɒl] ⓢ Puppe f
dollar ['dɒlə'] ⓢ (❶ Zeichen $) Dollar m; **5 ~s** 5 Dollar **dollar bill** ⓢ Dollarnote f **dollar sign** ⓢ Dollarzeichen n

▶ **dollar**

Der Dollar kommt in einigen Redewendungen vor, z. B.:

to feel like a million dollars	sich pudelwohl fühlen
I'd bet my bottom dollar on it.	Ich gehe jede Wette ein.
You can bet your bottom dollar on it.	Da kannst du Gift drauf nehmen.

SPRACHGEBRAUCH ◀

dollop ['dɒləp] ⓢ (*umg*) Schlag m (*umg*)
doll's house, (*US*) **doll house** ⓢ Puppenhaus n **dolly** ['dɒlɪ] ⓢ (*umg*) Püppchen n
dolomite ['dɒləmaɪt] ⓢ Dolomit m; **the Dolomites** die Dolomiten pl
dolphin ['dɒlfɪn] ⓢ Delfin m
domain [dəʊ'meɪn] ⓢ (*fig*) Domäne f; IT Domain n **domain name** ⓢ IT Domainname m
dome [dəʊm] ⓢ ARCH Kuppel f
domestic [də'mestɪk] ⓐⓓⓙ Ⓐ häuslich; **~ quarrel** Ehekrach m; **~ appliances** Haushaltsgeräte pl; **for ~ use** für den Hausgebrauch Ⓑ *bes* POL, HANDEL inländisch; *Angelegenheiten* innenpolitisch; **~ trade** Binnenhandel m **domesticated** [də'mestɪkeɪtɪd] ⓐⓓⓙ domestiziert; *Mensch* häuslich **domestic economy** ⓢ POL Binnenwirtschaft f **domestic flight** ⓢ Inlandflug m **domestic market** ⓢ POL, HANDEL Binnenmarkt m **domestic partner** ⓢ (*US*) Lebenspartner(in) m(f) (*mit dem/der man zusammenwohnt*) **domestic policy, domestic politics** ⓢ Innenpolitik f **domestic servant** ⓢ Hausangestellte(r) m/f(m) **domestic violence** ⓢ Gewalt f in der Familie
dominance ['dɒmɪnəns] ⓢ Vorherrschaft f (*over über +akk*) **dominant** ['dɒmɪnənt] ⓐⓓⓙ dominierend; *Gen* dominant; **to be ~ od the ~ force in sth** etw dominieren **dominate** ['dɒmɪneɪt] ⓥⓣ & ⓥⓘ dominieren **domination** [ˌdɒmɪ'neɪʃən] ⓢ (Vor)herrschaft f **domineering** [ˌdɒmɪ'nɪərɪŋ] ⓐⓓⓙ herrisch
Dominican Republic ⓢ Dominikanische Republik

dominion [də'mɪnɪən] [S] [1] (❗ kein pl) Herrschaft *f* (*over* über *+akk*) [2] Herrschaftsgebiet *n*
domino ['dɒmɪnəʊ] [S], *pl* -es [1] Dominostein *m* [2] (*game*) **~es** Domino *n* (❗ Englisch mit Verb im Singular); **a game of ~es** ein Dominospiel
donate [dəʊ'neɪt] [VT & VI] spenden **donation** [dəʊ'neɪʃən] [S] (≈ *Vorgang*) Spenden *n*; (≈ *Geschenk*) Spende *f*; **to make a ~ of £10,000** £ 10.000 spenden
done [dʌn] [A] *pperf* von **do** [B] [ADJ] [1] *Arbeit* erledigt; *Gemüse* gar; *Fleisch* durch; *Kuchen* durchgebacken; **to get sth ~** etw fertig kriegen; **is it ~ yet?** ist es schon erledigt?; **the butter is (all) ~** (*umg*) die Butter ist alle [2] **it's not the ~ thing** das tut man nicht
donkey ['dɒŋkɪ] [S] Esel *m* **donkey's years** [PL] (*umg*) **she's been here for ~** (*umg*) sie ist schon eine Ewigkeit hier
donor ['dəʊnəʳ] [S] Spender(in) *m(f)* **donor card** [S] Organspenderausweis *m*
don't [dəʊnt] = **do not**
donut ['dəʊnʌt] [S] (*bes US*) = **doughnut**
doodah ['du:dɑ:], (*US*) **doodad** ['du:dæd] [S] (*umg*) Dingsda *n* (*umg*)
doodle ['du:dl] [A] [VI] Männchen malen [B] [VT] kritzeln [C] [S] Gekritzel *n*
doom [du:m] [A] [S] [1] Schicksal *n* [2] Verhängnis *n*; **it's not all gloom and ~** so schlimm ist es ja alles gar nicht [B] [VT] verdammen; **to be ~ed** verloren sein; **~ed to failure** zum Scheitern verurteilt **doomsday** ['du:mzdeɪ] [S] der Jüngste Tag
door [dɔ:ʳ] [S] [1] Tür *f*; (*von Kino etc*) Eingang *m*; **there's someone at the ~** da ist jemand an der Tür; **was that the ~?** hat es geklingelt/geklopft?; **to answer the ~** die Tür aufmachen; **to see sb to the ~** jdn zur Tür bringen; **to pay at the ~** an der (Abend)kasse zahlen; **three ~s away** drei Häuser weiter [2] **by** *od* **through the back ~** durch ein Hintertürchen; **to have a foot** *od* **toe in the ~** mit einem Fuß drin sein; **to be at death's ~** an der Schwelle des Todes stehen (*geh*); **to show sb the ~** jdm die Tür weisen; **to shut** *od* **slam the ~ in sb's face** jdm die Tür vor der Nase zumachen; **out of ~s** im Freien; **behind closed ~s** hinter verschlossenen Türen **doorbell** [S] Türklingel *f*; **there's the ~** es hat geklingelt **door chain** [S] Sicherheitskette *f* **doorframe** [S] Türrahmen *m* **doorhandle** [S] Türklinke *f*, Türfalle *f* (*schweiz*), Türknauf *m* **doorknob** [S] Türknauf *m* **doorknocker** [S] Türklopfer *m* **doorman** [S], *pl* -men (*von Hotel*) Portier *m*; (*von Nachtklub etc*) Rausschmeißer *m* **doormat** [S] Fußmatte *f*; (*fig*) Fußabtreter *m* **doorstep** [S] Eingangsstufe *f*; **the bus stop is just on my ~** (*fig*) die Bushaltestelle ist direkt vor meiner Tür **door-to-door** [ADJ] *attr*, **door to door** [ADJ] *präd* [1] **~ salesman** Vertreter *m* [2] *Lieferung* von Haus zu Haus; **police are carrying out ~ inquiries** die Polizei befragt alle Anwohner **doorway** [S] (*von Zimmer*) Tür *f*; (*von Gebäude*) Eingang *m*
dope [dəʊp] [A] [S] (❗ kein pl) SPORT Aufputschmittel *n* [B] [VT] dopen **dope test** [S] (SPORT *umg*) Dopingkontrolle *f* **dopey**, **dopy** ['dəʊpɪ] [ADJ] (*+er*) (*umg* ≈ *dumm*) bekloppt (*umg*); (≈ *nicht bei Sinnen*) benebelt (*umg*)
dorm [dɔ:m] (*umg*) *abk* von **dormitory** **dormant** ['dɔ:mənt] [ADJ] *Vulkan* untätig; *Konto* ruhend; **~ state** Ruhezustand *m*; **to remain ~** ruhen; (*Virus*) schlummern
dormer (window) ['dɔ:mə('wɪndəʊ)] [S] Mansardenfenster *n*
dormitory ['dɔ:mɪtrɪ] [S] Schlafsaal *m*; (*US*) Wohnheim *n*; **~ suburb** *od* **town** Schlafstadt *f*
DOS [dɒs] IT *abk* von **disk operating system** DOS *n*
dosage ['dəʊsɪdʒ] [S] Dosis *f* **dose** [dəʊs] [A] [S] [1] MED Dosis *f*; (*fig*) Ration *f*; **he needs a ~ of his own medicine** (*fig*) man sollte es ihm mit gleicher Münze heimzahlen; **in small/large ~s** (*fig*) in kleinen/großen Mengen; **she's all right in small ~s** sie ist nur (für) kurze Zeit zu ertragen [2] (*umg: von Krankheit*) Anfall *m*; **she's just had a ~ of the flu** sie hat gerade Grippe gehabt [B] [VT] *jdn* Arznei geben (*+dat*)
dosser ['dɒsəʳ] [S] (*Br umg* ≈ *Obdachloser*) Penner(in) *m(f)* **dosshouse** ['dɒshaʊs] [S] (*Br umg* ≈ *Obdachlosenheim*) Penne *f*
dossier ['dɒsɪeɪ] [S] Dossier *m od n*
dot [dɒt] [A] [S] [1] Punkt *m* [2] **to arrive on the ~** auf die Minute pünktlich (an)kommen; **at 3 o'clock on the ~** haargenau um 3 Uhr [B] [VT] **~ted line** punktierte Linie; **to tear along the ~ted line** entlang der punktierten Linie abtrennen; **to sign on the ~ted line** (*fig*) formell zustimmen **dotcom**, **dot.com** [dɒt'kɒm] [S] (*a.* **dot-com company**) Internetfirma *f*
dote on ['dəʊtɒn] [VI] *+obj* abgöttisch lieben **doting** ['dəʊtɪŋ] [ADJ] **her ~ parents** ihre sie abgöttisch liebenden Eltern
dot matrix (printer) [S] Matrixdrucker *m*
dotty ['dɒtɪ] [ADJ] (*+er*) (*Br umg*) kauzig
double ['dʌbl] [A] [ADV] [1] doppelt so viel; *zählen* doppelt; **~ the size (of)** doppelt so groß (wie); **~ the amount** doppelt so viel; **we paid her ~ what she was getting before** wir zahlten ihr das Doppelte von dem, was sie vorher bekam [2] **to bend ~** sich krümmen; **to fold sth ~** etw einmal falten [B] [ADJ] [1] doppelt [2] Doppel-; **it is spelled with a ~ p** es wird mit zwei p ge-

D

DOUB ‖ 204

schrieben; **my phone number is 9, ~ 3, 2, 4** meine Telefonnummer ist neun drei drei zwei vier **C** ⓈⒾ das Doppelte Ⓙ (≈ *Mensch*) Doppelgänger(in) *m(f)*; (FILM, THEAT) Double *n* Ⓔ **at the ~** *a.* MIL im Laufschritt; (*fig*) im Eiltempo; **on the ~** (*fig*) auf der Stelle **D** ⓋⓉ verdoppeln **E** ⓋⓇ Ⓘ sich verdoppeln Ⓙ **this bedroom ~s as a study** dieses Schlafzimmer dient auch als Arbeitszimmer ♦**double back** ⓋⓇ kehrtmachen ♦**double over** ⓋⓇ = double up ♦**double up** ⓋⓇ sich krümmen

double agent Ⓢ Doppelagent(in) *m(f)* **double-barrelled name**, (US) **double-barreled name** Ⓢ Doppelname *m* **double-barrelled shotgun**, (US) **double-barreled shotgun** Ⓢ doppelläufiges Gewehr **double bass** Ⓢ Kontrabass *m*; **to play the ~** Kontrabass spielen (❗ mit **the**) **double bed** Ⓢ Doppelbett *n* **double-check** ⓋⓉ & ⓋⓇ noch einmal (über)prüfen **double chin** Ⓢ Doppelkinn *n* **double-click** IT ⓋⓉ & ⓋⓇ doppelklicken (*on* auf +*akk*) **double cream** Ⓢ Schlagsahne *f*, (Schlag)obers *m* (*österr*) **double-cross** (*umg*) ⓋⓉ ein Doppelspiel *od* falsches Spiel treiben mit **double-dealing** **A** Ⓢ Betrügerei(en) *f(pl)* **B** Ⓐ|Ⓓ|Ⓙ betrügerisch **double-decker** Ⓢ Doppeldecker *m* **double doors** ⓅⓁ Flügeltür *f* **double Dutch** Ⓢ (*bes Br*) Kauderwelsch *n*; **it was ~ to me** das waren für mich böhmische Dörfer **double entendre** [ˈduːblɒnˈtɒndrə] Ⓢ (*bes Br*) Zweideutigkeit *f* **double figures** ⓅⓁ zweistellige Zahlen *pl* **double glazing** Ⓢ Doppelfenster *pl* **double life** Ⓢ Doppelleben *n* **double meaning** Ⓢ **it has a ~** es ist doppeldeutig **double-park** ⓋⓇ in der zweiten Reihe parken **double-quick** (*umg*) **A** Ⓐ|Ⓓ|Ⓥ im Nu **B** Ⓐ|Ⓓ|Ⓙ **in ~ time** im Nu

double room Ⓢ Doppelzimmer *n* **doubles** [ˈdʌblz] (❗ mit Verb im Singular *od* Plural) SPORT Doppel *n*; **to play ~** im Doppel spielen **double-sided** Ⓐ|Ⓓ|Ⓙ IT zweiseitig **double-space** ⓋⓉ TYPO mit doppeltem Zeilenabstand drucken **double spacing** Ⓢ doppelter Zeilenabstand **double take** Ⓢ **he did a ~** er musste zweimal hingucken **double vision** Ⓢ MED **he suffered from ~** er sah doppelt **double whammy** Ⓢ Doppelschlag *m* **double yellow lines** ⓅⓁ gelbe Doppellinie am Fahrbahnrand zur Kennzeichnung des absoluten Halteverbots **doubly** [ˈdʌblɪ] Ⓐ|Ⓓ|Ⓥ doppelt; **to make ~ sure (that …)** ganz sichergehen(, dass …)

doubt [daʊt] **A** Ⓢ Zweifel *m*; **to have one's ~s about sth** (so) seine Bedenken hinsichtlich einer Sache (*gen*) haben; **I have my ~s about her**

ich habe bei ihr (so) meine Bedenken; **I have no ~s about taking the job** ich habe keine Bedenken, die Stelle anzunehmen; **there's no ~ about it** daran gibt es keinen Zweifel; **I have no ~ about it** ich bezweifle das nicht; **to cast ~ on sth** etw in Zweifel ziehen; **I am in no ~ as to what** *od* **about what he means** ich bin mir völlig im Klaren darüber, was er meint; **the outcome is still in ~** das Ergebnis ist noch ungewiss; **when in ~** im Zweifelsfall; **no ~ he will come tomorrow** höchstwahrscheinlich kommt er morgen; **without (a) ~** ohne Zweifel **B** ⓋⓉ bezweifeln; *Ehrlichkeit, Wahrheit* anzweifeln; **I'm sorry I ~ed you** es tut mir leid, dass ich an dir gezweifelt habe; **I don't ~ it** das bezweifle ich (auch gar) nicht; **I ~ whether he will come** ich bezweifle, dass er kommen wird **doubtful** [ˈdaʊtfʊl] Ⓐ|Ⓓ|Ⓙ Ⓘ unsicher; **I'm still ~** ich habe noch Bedenken; **to be ~ about sth** an etw (*dat*) zweifeln; **to be ~ about doing sth** Bedenken haben, ob man etw tun soll; **I was ~ whether I could manage it** ich bezweifelte, ob ich es schaffen könnte Ⓙ unwahrscheinlich; **it is ~ that...** es ist zweifelhaft, ob … Ⓔ *Ruf* fragwürdig; *Ergebnis* ungewiss; *Geschmack, Qualität* zweifelhaft; **it is ~ whether …** es ist fraglich, ob … **doubtless** [ˈdaʊtləs] Ⓐ|Ⓓ|Ⓥ zweifellos, sicherlich

dough [daʊ] Ⓢ Ⓘ Teig *m* Ⓙ (*umg* ≈ *Geld*) Kohle *f* (*umg*) **doughnut** (*Br*), **donut** (US) [ˈdaʊnʌt] Ⓢ Berliner (Pfannkuchen) *m*

dour [ˈdʊə] Ⓐ|Ⓓ|Ⓙ verdrießlich

douse [daʊs] ⓋⓉ Wasser schütten über (+*akk*); **to ~ sb/sth** *od* **with petrol** jdn/etw mit Benzin übergießen

dove[1] [dʌv] Ⓢ Taube *f* (❗ = weiße Taube, auch als Symbol des Friedens, Taube in der Stadt und Brieftaube = **pigeon**)

dove[2] [dəʊv] (US) *prät* von dive

dowdy [ˈdaʊdɪ] Ⓐ|Ⓓ|Ⓙ (+*er*) ohne jeden Schick

---

down [daʊn]

A Adverb	**B** Präposition
C Adjektiv	**D** transitives Verb

— **A** Adverb —

Ⓘ (*bei Richtungsangabe*) herunter, hinunter, nach unten; **to jump ~** herunter-/hinunterspringen; **on his way ~ from the summit** auf seinem Weg vom Gipfel herab/hinab; **on the way ~ to London** auf dem Weg nach London runter (*umg*); **all the way ~ to the bottom** bis ganz nach unten; **~ with …!** nieder mit …! Ⓙ (*Position*) unten; **~ there** da unten; **~ here** hier unten; **head ~** mit dem Kopf nach unten; **I'll**

205 ‖ DOWN

be ~ **in a minute** ich komme sofort runter; **I've been ~ with flu** ich habe mit Grippe (im Bett) gelegen **3** **he came ~ from London yesterday** er kam gestern aus London; **he's ~ at his brother's** er ist bei seinem Bruder; **he lives ~ South** er wohnt im Süden; **his temperature is ~** sein Fieber ist zurückgegangen; **interest rates are ~ to/by 3%** der Zinssatz ist auf/um 3% gefallen; **he's ~ to his last £10** er hat nur noch £ 10; **they're still three goals ~** sie liegen immer noch mit drei Toren zurück; **I've got it ~ in my diary** ich habe es in meinem Kalender notiert; **let's get it ~ on paper** halten wir es schriftlich fest; **to be ~ for the next race** für das nächste Rennen gemeldet sein; **from the biggest ~** vom Größten angefangen; **~ through the ages** von jeher; **~ to** bis zu, **from 1700 ~ to the present** von 1700 bis zur Gegenwart; **to be ~ to sb/sth** an jdm/etw liegen; **it's ~ to you to decide** die Entscheidung liegt bei Ihnen; **I've put ~ a deposit on a new bike** ich habe eine Anzahlung für ein neues Fahrrad gemacht

— **B** Präposition —

1 **to go ~ the hill** etc den Berg etc hinuntergehen; **he ran his finger ~ the list** er ging (mit dem Finger) die Liste durch; **he's already halfway ~ the hill** er ist schon auf halbem Wege nach unten; **the other skiers were further ~ the slope** die anderen Skifahrer waren weiter unten; **she lives ~ the street** sie wohnt weiter die Straße entlang; **he was walking ~ the street** er ging die Straße entlang; **if you look ~ this road** wenn Sie diese Straße hinunterblicken **2** (Br umg) **he's gone ~ the pub** er ist in die Kneipe gegangen; **she's ~ the shops** sie ist einkaufen gegangen

— **C** Adjektiv —

(umg) **1** **he was (feeling) a bit ~** er fühlte sich ein wenig down (umg) **2** (≈ defekt) **to be ~** außer Betrieb sein; IT abgestürzt sein

— **D** transitives Verb —

Bier etc runterkippen (umg); **to ~ tools** die Arbeit niederlegen

down-and-out s̄ Penner(in) m(f) (umg) **down arrow** s̄ IT Abwärtspfeil m **downcast** ADJ entmutigt **downer** ['daʊnə'] s̄ **1** Beruhigungsmittel n **2** (umg) **to be on a ~** down sein (umg) **downfall** s̄ **1** Sturz m **2** Ruin m **downgrade** V̄T̄ Hotel, Job herunterstufen; jdn degradieren **down-hearted** ADJ entmutigt **downhill** A ADV bergab; **to go ~** heruntergehen/-fahren; (Straße) bergab gehen; **the economy is going ~** mit der Wirtschaft geht

es bergab; **things just went steadily ~** es ging immer mehr bergab **B** ADJ **1** **~ slope** Abhang m; **the path is ~ for two miles** der Weg führt zwei Meilen bergab; **it was ~ all the way after that** danach wurde alles viel einfacher **2** SKI **~ skiing** Abfahrtslauf m **C** s̄ SKI Abfahrtslauf m **Downing Street** ['daʊnɪŋ,striːt] s̄ die Downing Street; (als Regierungssitz) die britische Regierung

download IT A V̄T̄ (herunter)laden **B** V̄Ī **it won't ~** Runterladen ist nicht möglich **C** s̄ Download m **D** ATTR ladbar **downloadable** ADJ IT herunterladbar **down-market** A ADJ Produkt für den Massenmarkt; **this restaurant is more ~** dieses Restaurant ist weniger exklusiv **B** ADV **to go ~** sich auf den Massenmarkt ausrichten **down payment** s̄ FIN Anzahlung f **downplay** V̄Ī herunterspielen (umg) **downpour** s̄ Wolkenbruch m **downright** A ADV ausgesprochen; ekelhaft geradezu **B** ADJ a **~ lie** eine glatte Lüge **downriver** ADV flussabwärts (from von); **~ from Bonn** unterhalb von Bonn **downshift** V̄Ī in eine schlechter bezahlte Stelle überwechseln, runterschalten (umg) **downside** s̄ Kehrseite f **downsize** ['daʊnsaɪz] V̄Ī verkleinern **downsizing** HANDEL, IT s̄ Downsizing n

Down's syndrome ['daʊnz'sɪndrəʊm] MED A s̄ Downsyndrom n **B** ATTR a **~ baby** ein an Downsyndrom leidendes Kind

downstairs [,daʊn'steəz] A ADV gehen nach unten; sich befinden, schlafen unten **B** ['daʊnsteəz] ADJ **the ~ phone** das Telefon unten; **~ apartment** Parterrewohnung f; **our ~ neighbours** (Br) od **neighbors** (US) die Nachbarn unter uns; **the woman ~** die Frau von unten **C** ['daʊnsteəz] s̄ **the ~** das Erdgeschoss **downstate** (US) ADJ **in ~ Illinois** im Süden von Illinois **downstream** ADV flussabwärts **down-to-earth** ADJ nüchtern; **he's very ~** er steht mit beiden Füßen auf der Erde **downtown** (bes US) A ADV fahren in die (Innen)stadt; wohnen in der (Innen)stadt **B** ADJ **~ Chicago** die Innenstadt von Chicago **downturn** s̄ (geschäftlich) Rückgang m; **to take a ~** zurückgehen; **his fortunes took a ~** sein Glücksstern sank **down under** (umg) A s̄ Australien n, Neuseeland n **B** ADV leben in Australien/Neuseeland; fliegen nach Australien/Neuseeland **downward** ['daʊnwəd] A ADV (a. **downwards**) nach unten; **to slope ~(s)** abfallen; **face ~(s)** (Mensch) mit dem Gesicht nach unten; (Buch) mit der aufgeschlagenen Seite nach unten; **everyone from the Queen ~(s)** jeder, bei der Königin angefangen **B** ADJ nach unten; **~ movement** Abwärtsbewegung f; **~ slope** Abhang m; **~**

trend Abwärtstrend *m*; **to take a ~ turn** sich zum Schlechteren wenden **downwind** ['daʊnwɪnd] ADV in Windrichtung (*of, from* +gen)
dowry ['daʊrɪ] S Mitgift *f*
dowse [daʊs] VT = douse
doz *abk von* dozen Dtzd.
doze [dəʊz] A S Nickerchen *n*; **to have a ~** dösen B VI (vor sich hin) dösen ♦**doze off** VI einnicken
dozen ['dʌzn] S Dutzend *n*; **80p a ~** 80 Pence das Dutzend; **two ~ eggs** zwei Dutzend Eier; **half a ~** ein halbes Dutzend; (*fig umg*) eine ganze Menge; **~s of times** (*umg*) x--mal (*umg*); **there were ~s of incidents like this one** (*umg*) es gab Dutzende solcher Vorfälle; **~s of people came** (*umg*) Dutzende von Leuten kamen

> **Plural bei Zahlenangaben**

Nach einer Zahl wird an Wörter wie **dozen, hundred, thousand, million** usw. kein Plural-s angehängt:

I'll take three dozen of these.	Ich nehme drei Dutzend davon.

Aber: **There were dozens of apples on the tree.**

Bei Maßangaben aus Zahl + Substantiv steht das Substantiv im Singular, wenn ein weiteres Substantiv folgt:

There was a 50-mile tailback on the M1.	Auf der Autobahn M1 gab es einen Rückstau von 50 Meilen.

Aber: **The tailback stretched for 50 miles.**

GRAMMATIK

dozy ['dəʊzɪ] ADJ (+er) ◨ schläfrig, verschlafen ◩ (*Br umg*) schwer von Begriff (*umg*)
dpi IT *abk von* dots per inch dpi
dpt *abk von* department Abt.
Dr *abk von* doctor Dr.
drab [dræb] ADJ (+er) trist; *Leben etc* eintönig
drably ['dræblɪ] ADV gekleidet trist; gemalt in tristen Farben
draft [drɑːft] A S ◨ Entwurf *m* ◩ (*US MIL*) Einberufung *f* (*zum Wehrdienst*) ◪ (*US*) = draught ◫ IT Konzeptausdruck *m* B VT ◨ entwerfen ◩ (*US MIL*) einziehen; **he was ~ed into the England squad** er wurde für die englische Nationalmannschaft aufgestellt C *attr* IT **~ mode** Konzeptmodus *m* **draft letter** S Entwurf *m* eines/des Briefes **draft version** S Entwurf *m*
drafty ['drɑːftɪ] ADJ (+er) (*US*) = draughty
drag [dræg] A S ◨ **it was a long ~ up to the top of the hill** es war ein langer, mühseliger Aufstieg zum Gipfel ◩ (*umg*) **what a ~!** (*langweilig*) Mann, ist der/die/das langweilig! (*umg*); (*ärgerlich*) so'n Mist (*umg*) ◪ (*umg: an Zigarette*) Zug *m* (*on, at* an +*dat*); **give me a ~** lass mich mal ziehen ◫ (*umg*) **in ~** in Frauenkleidung B VT ◨ schleppen; **he ~ged her out of/into the car** er zerrte sie aus dem/in das Auto; **she ~ged me to the library every Friday** sie schleppte mich jeden Freitag in die Bücherei; **to ~ one's feet** *od* **heels** (*fig*) die Sache schleifen lassen ◩ (IT: *mit Maus*) ziehen C VI ◨ schleifen; (*Füße*) schlurfen ◩ (*fig: Zeit, Arbeit*) sich hinziehen; (*Gespräch*) sich in die Länge ziehen; (*Gespräch*) sich (mühsam) hinschleppen ♦**drag along** VT trennb mitschleppen ♦**drag apart** VT trennb auseinanderzerren ♦**drag away** VT trennb wegschleppen; **if you can drag yourself away from the television for a second …** wenn du dich vielleicht mal für eine Sekunde vom Fernsehen losreißen könntest … ♦**drag behind** A VT +*obj* **to drag sb/sth behind one** jdn/etw hinter sich (*dat*) herschleppen B VI (*fig*) zurückbleiben ♦**drag down** VT trennb (*wörtl*) herunterziehen; (*fig*) mit sich ziehen ♦**drag in** VT trennb (*wörtl*) hineinziehen; **look what the cat's dragged in** (*fig umg*) sieh mal, wer da kommt ♦**drag off** VT trennb (*wörtl*) wegzerren; **to drag sb off to a concert** jdn in ein Konzert schleppen ♦**drag on** VI sich in die Länge ziehen; (*Gespräch*) sich hinschleppen ♦**drag out** VT trennb ◨ Gespräch in die Länge ziehen ◩ **eventually I had to drag it out of him** schließlich musste ich es ihm aus der Nase ziehen (*umg*)
drag and drop S IT Drag-and-Drop *n* **drag lift** S SKI Schlepplift *m*
dragon ['drægən] S Drache *m* **dragonfly** ['drægən,flaɪ] S Libelle *f*
drag queen S (*umg*) *m* Travestiekünstler
drain [dreɪn] A S ◨ Rohr *n*, Abfluss *m*, Kanalisationsrohr *n*; (≈ *Abdeckung*) Rost *m*; **to pour money down the ~** (*fig umg*) das Geld zum Fenster hinauswerfen; **I had to watch all our efforts go down the ~** ich musste zusehen, wie alle unsere Bemühungen zunichte(gemacht) wurden ◩ (*von Ressourcen etc*) Belastung *f* (*on* +*gen*) B VT ◨ (*wörtl*) drainieren; *Land* entwässern; *Gemüse* abgießen, abtropfen lassen ◩ (*fig*) **to feel ~ed** sich ausgelaugt fühlen C VI ◨ (*Gemüse, Geschirr*) abtropfen ◩ **the blood ~ed from his face** das Blut wich aus seinem Gesicht ♦**drain away** VI (*Flüssigkeit*) ablaufen; (*Kräfte*) dahinschwinden ♦**drain off** VT trennb abgießen, abtropfen lassen
drainage ['dreɪnɪdʒ] S ◨ Dränage *f*; (*von Land*)

Entwässerung f **2** Entwässerungssystem n; *(von Haus, Stadt)* Kanalisation f **draining board**, *(US)* **drain board** S̲ Ablauf m **drainpipe** S̲ Abflussrohr n

drake [dreɪk] S̲ Enterich m, Erpel m

dram [dræm] S̲ *(Br)* Schluck m (Whisky)

drama ['drɑːmə] S̲ Drama n; **to make a ~ out of a crisis** eine Krise dramatisieren **drama queen** S̲ *(pej umg)* Schauspielerin f *(pej umg)*

dramatic [drə'mætɪk] A̲D̲J̲ dramatisch

dramatist ['dræmətɪst] S̲ Dramatiker(in) m(f) **dramatize** ['dræmətaɪz] V̲T̲ dramatisieren

drank [dræŋk] *prät* von drink

drape [dreɪp] A̲ V̲T̲ **to ~ sth over sth** etw über etw *(akk)* drapieren B̲ S̲ **drapes** P̲L̲ *(US)* Gardinen pl (**!** = *(Br)* **curtains**)

drastic ['dræstɪk] A̲D̲J̲ drastisch; *Veränderungen a.* einschneidend **drastically** ['dræstɪkəlɪ] A̲D̲V̲ drastisch, radikal

draught, *(US)* **draft** [drɑːft] S̲ **1** (Luft)zug m; **there's a terrible ~ in here** hier zieht es fürchterlich **2** Fassbier n; **on ~** vom Fass **3** **draughts** *(Br)* (**!** mit Verb im Singular) Damespiel n (**!** = *(US)* **checkers**) **4** (≈ Skizze) = draft **draught beer**, *(US)* **draft beer** S̲ Fassbier n **draughtboard** ['drɑːftbɔːd] S̲ *(Br)* Damebrett n (**!** = *(US)* **checkerboard**)

draughtsman, *(US)* **draftsman** ['drɑːftsmən] S̲, pl -men [-mən] Zeichner m; *(von Dokumenten)* Verfasser m **draughty**, *(US)* **drafty** ['drɑːftɪ] A̲D̲J̲ (+er) zugig; **it's ~ in here** hier zieht es

draw[1] [drɔː] *prät* drew, *pperf* drawn A̲ V̲T̲ zeichnen; *Linie* ziehen; **we must ~ the line somewhere** *(fig)* irgendwo muss Schluss sein; **I ~ the line at cheating** Mogeln kommt für mich nicht infrage B̲ V̲I̲ zeichnen

draw[2] [drɔː] v: *prät* drew, *pperf* drawn A̲ V̲T̲ **1** ziehen; *Vorhänge* aufziehen, zuziehen; **he drew his chair nearer the fire** er rückte seinen Stuhl näher an den Kamin heran **2** holen; **to ~ inspiration from sb/sth** sich von jdm/etw inspirieren lassen; **to ~ strength from sth** Kraft aus etw schöpfen; **to ~ comfort from sth** sich mit etw trösten; **to ~ money from the bank** Geld (vom Konto) abheben; **to ~ dole** Arbeitslosenunterstützung beziehen; **to ~ one's pension** seine Rente bekommen **3** **the play has ~n a lot of criticism** das Theaterstück hat viel Kritik auf sich *(akk)* gezogen; **he refuses to be ~n** er lässt sich auf nichts ein **4** *Interesse* erregen; *Kunden* anlocken; **to feel ~n toward(s) sb** sich zu jdm hingezogen fühlen **5** *Schlussfolgerung, Vergleich* ziehen; *Unterscheidung* treffen **6** SPORT **to ~ a match** unentschieden

spielen **7** *(bei Auslosung etc)* ziehen; **we've been ~n (to play) away** wir sind für ein Auswärtsspiel gezogen worden B̲ V̲I̲ **1** kommen; **he drew to one side** er ging/fuhr zur Seite; **to ~ to an end** od **to a close** zu Ende gehen; **the two horses drew level** die beiden Pferde zogen gleich; **to ~ near** herankommen *(to an +akk)*; **he drew nearer** od **closer (to it)** er kam (immer) näher (heran); **Christmas is ~ing nearer** Weihnachten rückt näher **2** SPORT unentschieden spielen; **they drew 2-2** sie trennten sich 2:2 unentschieden (**!** in GB gesprochen **two two**, in den USA gesprochen **two to two**) C̲ S̲ **1** (≈ Lotterie) Ziehung f; SPORT Auslosung f **2** SPORT Unentschieden n; **the match ended in a ~** das Spiel endete unentschieden

◆**draw alongside** V̲I̲ heranfahren/-kommen (+obj an +akk) ◆**draw apart** V̲I̲ sich lösen ◆**draw aside** V̲T̲ *trennb* jdn beiseitenehmen ◆**draw away** V̲I̲ **1** *(Auto)* losfahren **2** *(Läufer etc)* davonziehen *(from sb* jdm) **3** sich entfernen; **she drew away from him when he put his arm around her** sie rückte von ihm ab, als er den Arm um sie legte ◆**draw back** A̲ V̲I̲ zurückweichen B̲ V̲T̲ *trennb* zurückziehen; *Vorhänge* aufziehen ◆**draw in** A̲ V̲I̲ *(Zug)* einfahren; *(Auto)* anhalten B̲ V̲T̲ *trennb Publikum* anziehen ◆**draw into** V̲T̲ *trennb* hineinziehen ◆**draw off** V̲T̲ *(Auto)* losfahren ◆**draw on** A̲ V̲I̲ **as the night drew on** mit fortschreitender Nacht B̲ V̲I̲ +obj (a. **draw upon**) sich stützen auf (+akk); **the author draws on his experiences in the desert** der Autor schöpft aus seinen Erfahrungen in der Wüste ◆**draw out** A̲ V̲I̲ *(Zug)* ausfahren; *(Auto)* herausfahren *(of* aus) B̲ V̲T̲ *trennb* **1** herausziehen; *Geld* abheben **2** in die Länge ziehen ◆**draw together** V̲T̲ *trennb (wörtl, fig)* miteinander verknüpfen ◆**draw up** A̲ V̲I̲ (an)halten B̲ V̲T̲ *trennb* **1** (≈ formulieren) entwerfen; *Testament* aufsetzen; *Liste* aufstellen **2** *Stuhl* heranziehen ◆**draw upon** V̲I̲ +obj = draw on B

drawback ['drɔːbæk] S̲ Nachteil m

drawbridge ['drɔːbrɪdʒ] S̲ Zugbrücke f

drawer S̲ [drɔːʳ] Schublade f

drawing ['drɔːɪŋ] S̲ Zeichnung f; **I'm no good at ~** ich kann nicht gut zeichnen **drawing board** S̲ Reißbrett n; **it's back to the ~** *(fig)* das muss noch einmal ganz neu überdacht werden **drawing paper** S̲ Zeichenpapier n **drawing pin** S̲ *(Br)* Reißzwecke f (**!** = *(US)* **thumbtack**) **drawing room** S̲ Wohnzimmer n; *(in Villa)* Salon m

drawl [drɔːl] A̲ V̲T̲ schleppend aussprechen B̲ S̲ schleppende Sprache; **a southern ~** ein schleppender südlicher Dialekt

drawn [drɔːn] **A** *pperf* von **draw**[1,2] **B** _ADJ_ **1** *Vorhänge* zugezogen; *Rollos* heruntergezogen **2** (*von Sorgen*) abgehärmt **3** *Spiel* unentschieden

dread [dred] **A** _VTI_ sich fürchten vor (+*dat*); **I'm ~ing Christmas this year** dieses Jahr graut es mir schon vor Weihnachten; **I ~ to think what may happen** ich wage nicht daran zu denken, was passieren könnte; **I'm ~ing seeing her again** ich denke mit Schrecken an ein Wiedersehen mit ihr; **he ~s going to the dentist** er hat schreckliche Angst davor, zum Zahnarzt zu gehen **B** _S_ **a sense of ~** ein Angstgefühl *n*; **the thought filled me with ~** bei dem Gedanken wurde mir angst und bange; **to live in ~ of being found out** in ständiger Angst davor leben, entdeckt zu werden **dreadful** _ADJ_ schrecklich; *Wetter a.* furchtbar; **what a ~ thing to happen** wie furchtbar, dass das passieren musste; **to feel ~** sich elend fühlen; **I feel ~ about it** (≈ *beschämt*) es ist mir schrecklich peinlich **dreadfully** _ADV_ schrecklich

dreadlocks ['dredlɒks] _PL_ Dreadlocks *pl*, Rastalocken *pl*

dream [driːm] *v: prät, pperf* **dreamt** (*Br*) *od* **dreamed** **A** _S_ Traum *m*; **to have a bad ~** schlecht träumen; **the whole business was like a bad ~** die ganze Angelegenheit war wie ein böser Traum; **sweet ~s!** träume süß!; **to have a ~ about sb/sth** von jdm/ etw träumen; **it worked like a ~** (*umg*) das ging wie im Traum; **the woman of his ~s** die Frau seiner Träume; **never in my wildest ~s did I think I'd win** ich hätte in meinen kühnsten Träumen nicht gedacht, dass ich gewinnen würde; **all his ~s came true** all seine Träume gingen in Erfüllung; **it was a ~ come true** es war ein Traum, der wahr geworden war **B** _VTI_ träumen (*about, of* von) **C** _VTI_ träumen; **he ~s of being free one day** er träumt davon, eines Tages frei zu sein; **I would never have ~ed of doing such a thing** ich hätte nicht im Traum daran gedacht, so etwas zu tun; **I wouldn't ~ of it** das würde mir nicht im Traum einfallen; **I never ~ed (that) …** ich hätte mir nie träumen lassen, dass … **D** _ADJ attr_ Traum- ◆**dream up** _VTI trennb_ (*umg*) sich (*dat*) ausdenken; **where did you dream that up?** wie bist du denn bloß darauf gekommen?

dreamer ['driːmə'] _S_ Träumer(in) *m(f)* **dreamily** ['driːmɪlɪ] _ADV_ verträumt **dreamt** [dremt] (*Br*) *prät, pperf* von **dream dreamy** ['driːmɪ] _ADJ_ (+*er*) verträumt

dreariness ['drɪərɪnɪs] _S_ Trostlosigkeit *f*; (*von Job, Leben*) Eintönigkeit *f* **dreary** ['drɪərɪ] _ADJ_ (+*er*) trostlos; *Job* eintönig; *Buch* langweilig, fad (*österr*)

dredge [dredʒ] _VTI_ *Fluss, Kanal* ausbaggern, schlämmen

drench [drentʃ] _VTI_ durchnässen; **I'm absolutely ~ed** ich bin durch und durch nass; **to be ~ed in sweat** schweißgebadet sein

dress [dres] **A** _S_ Kleid *n* **B** _VTI_ **1** anziehen; **to get ~ed** sich anziehen; **to ~ sb in sth** jdm etw anziehen; **~ed in black** schwarz gekleidet; **he was ~ed in a suit** er trug einen Anzug **2** GASTR *Salat* anmachen; *Hähnchen* bratfertig machen **3** *Wunde* verbinden **C** _VTI_ sich anziehen; **to ~ in black** sich schwarz kleiden; **to ~ for dinner** sich zum Essen umziehen ◆**dress down** **A** _VTI trennb_ **to dress sb down** jdn herunterputzen (*umg*) **B** _VTI_ sich betont lässig kleiden ◆**dress up** _VTI_ **1** sich fein machen **2** sich verkleiden; **he came dressed up as Santa Claus** er kam als Weihnachtsmann (verkleidet)

dress circle _S_ erster Rang **dresser** ['dresə'] _S_ **1** Anrichte *f* **2** (*US*) Frisierkommode *f* **dressing** ['dresɪŋ] _S_ **1** MED Verband *m* **2** GASTR Dressing *n* **dressing-down** _S_ (*umg*) Standpauke *f* (*umg*); **to give sb a ~** jdn herunterputzen (*umg*) **dressing gown** _S_ Morgenmantel *m*, Bademantel *m* **dressing room** _S_ THEAT (Künstler)garderobe *f*; SPORT Umkleidekabine *f* **dressing table** _S_ Frisierkommode *f* **dressmaker** _S_ (Damen)schneider(in) *m(f)* **dress rehearsal** _S_ Generalprobe *f*

drew [druː] *prät* von **draw**[1,2]

dribble ['drɪbl] **A** _VTI_ **1** (*Flüssigkeit*) tropfen **2** (*Mensch*) sabbern **3** SPORT dribbeln **B** _VTI_ **1** SPORT **to ~ the ball** mit dem Ball dribbeln **2** (*Baby*) kleckern; **he ~d milk down his chin** er kleckerte sich (*dat*) Milch übers Kinn **C** _S_ **1** (*von Wasser*) ein paar Tropfen **2** (*von Speichel*) Tropfen *m*

dribs and drabs [ˌdrɪbzən'dræbz] _PL_ **in ~** (*umg*) kleckerweise (*umg*)

dried [draɪd] **A** *prät, pperf* von **dry** **B** _ADJ_ getrocknet; *Blut* eingetrocknet; **~ yeast** Trockenhefe *f* **dried flowers** _PL_ Trockenblumen *pl* **dried fruit** _S_ Dörrobst *n* **drier** _S_ = **dryer**

drift [drɪft] **A** _VTI_ **1** treiben; (*Sand*) wehen **2** (*fig: Mensch*) sich treiben lassen; **to let things ~** die Dinge treiben lassen; **he was ~ing aimlessly along** (*in Leben etc*) er lebte planlos in den Tag hinein; **young people are ~ing away from the villages** junge Leute wandern aus den Dörfern ab; **the audience started ~ing away** das Publikum begann wegzugehen **B** _S_ **1** (*von Sand, Schnee*) Verwehung *f* **2** (≈ *Bedeutung*) Tendenz *f*; **I caught the ~ of what he said** ich verstand, worauf er hinauswollte; **if you get my ~** wenn Sie mich richtig verstehen ◆**drift off** _VTI_ **to ~ (to sleep)** einschlafen

209 ‖ DRIV

drifter ['drɪftəʳ] s̲ Gammler(in) m(f); **he's a bit of a ~** ihn hälts nirgends lange **driftwood** s̲ Treibholz n

drill [drɪl] A s̲ Bohrer m B v̲t̲ bohren; Zahn anbohren C v̲i̲ bohren; **to ~ for oil** nach Öl bohren

drink [drɪŋk] v: prät drank, pperf drunk A s̲ 1 Getränk n; **food and ~** Essen und Getränke; **may I have a ~?** kann ich etwas zu trinken haben?; **would you like a ~ of water?** möchten Sie etwas Wasser? 2 (alkoholisch) Drink m; **have a ~!** trink doch was!; **can I get you a ~?** kann ich Ihnen etwas zu trinken holen?; **I need a ~!** ich brauche was zu trinken!; **he likes a ~** er trinkt gern (einen); **the ~s are on me** die Getränke zahle ich; **the ~s are on the house** die Getränke gehen auf Kosten des Hauses 3 (❶ kein pl) Alkohol m; **he has a ~ problem** er trinkt; **to be the worse for ~** betrunken sein; **to take to ~** zu trinken anfangen; **his worries drove him to ~** vor lauter Sorgen fing er an zu trinken B v̲t̲ trinken; **is the water fit to ~?** ist das Trinkwasser? C v̲i̲ trinken; **he doesn't ~** er trinkt nicht; **his father drank** sein Vater war Trinker; **to go out ~ing** einen trinken gehen; **to ~ to sb/sth** auf jdn/etw trinken ♦**drink up** v̲i̲, v̲t̲ trennb austrinken; **~!** trink aus!

drinkable ['drɪŋkəbl] ADJ trinkbar **drink--driver** s̲ (Br) angetrunkener Autofahrer, angetrunkene Autofahrerin (❶ = (US) **drunk driver**) **drink-driving** (Br) s̲ Trunkenheit f am Steuer (❶ = (US) **drunk driving**) **drinker** ['drɪŋkəʳ] s̲ Trinker(in) m(f); **he's a heavy ~** er ist ein starker Trinker **drinking** ['drɪŋkɪŋ] A s̲ Trinken n; **his ~ caused his marriage to break up** an seiner Trunksucht ging seine Ehe in die Brüche; **underage ~** der Alkoholkonsum von Minderjährigen B ADJ Trink-; **~ spree** Sauftour f (umg) **drinking chocolate** s̲ Trinkschokolade f **drinking fountain** s̲ Trinkwasserbrunnen m **drinking problem** s̲ Alkoholproblem n **drinking water** s̲ Trinkwasser n **drinks machine** s̲ Getränkeautomat m

drip [drɪp] A v̲i̲ tropfen; **to be ~ping with sweat** schweißgebadet sein; **to be ~ping with blood** vor Blut triefen B v̲t̲ tropfen C s̲ 1 (≈ Geräusch) Tropfen n 2 Tropfen m 3 MED Tropf m; **to be on a ~** am Tropf hängen 4 (umg: Mensch) Waschlappen m (umg) **drip-dry** A ADJ Hemd bügelfrei B v̲t̲ tropfnass aufhängen **dripping** ['drɪpɪŋ] A ADJ 1 **~ (wet)** tropfnass 2 Wasserhahn tropfend B s̲ Tropfen n

drive [draɪv] v: prät drove, pperf driven A s̲ 1 AUTO (Auto)fahrt f; **to go for a ~** ein bisschen (raus)fahren; **he took her for a ~** er machte

mit ihr eine Spazierfahrt; **it's about one hour's ~** es ist etwa eine Stunde Fahrt (entfernt) 2 (a. **driveway**) Einfahrt f, Auffahrt f 3 PSYCH etc Trieb m; **sex ~** Sexualtrieb m 4 (≈ Energie) Schwung m 5 HANDEL, POL etc Aktion f 6 MECH **front-wheel/rear-wheel ~** Vorderrad-/Hinterradantrieb m; **left-hand ~** Linkssteuerung f 7 IT Laufwerk n B v̲t̲ 1 treiben; **to ~ sb out of the country** jdn aus dem Land (ver)treiben; **to ~ sb mad** jdn verrückt machen; **to ~ sb to murder** jdn zum Mord treiben 2 Auto, Passagier fahren; **I'll ~ you home** ich fahre Sie nach Hause 3 Motor antreiben, betreiben 4 (bei Arbeit etc) hart herannehmen C v̲i̲ 1 fahren; **can you** od **do you ~?** fahren Sie Auto?; **he's learning to ~** er lernt Auto fahren; **did you come by train? — no, we drove** sind Sie mit der Bahn gekommen? — nein, wir sind mit dem Auto gefahren; **it's cheaper to ~** mit dem Auto ist es billiger 2 (Regen) schlagen ♦**drive along** v̲i̲ dahinfahren ♦**drive at** v̲i̲ +obj (fig ≈ meinen) hinauswollen auf (+akk) ♦**drive away** A v̲i̲ wegfahren B v̲t̲ trennb jdn, Sorgen vertreiben ♦**drive back** A v̲i̲ zurückfahren B v̲t̲ trennb 1 zurückdrängen 2 zurückfahren ♦**drive home** v̲t̲ trennb Nagel einschlagen; Argument einhämmern ♦**drive in** A v̲i̲ (hinein)fahren; **he drove into the garage** er fuhr in die Garage B v̲t̲ trennb Nagel (hin)einschlagen ♦**drive off** A v̲i̲ abfahren B v̲t̲ trennb 1 Feind vertreiben 2 **he was driven off in an ambulance** er wurde in einem Krankenwagen weggebracht od abtransportiert ♦**drive on** v̲i̲ weiterfahren ♦**drive out** v̲t̲ trennb hinaustreiben ♦**drive up** A v̲i̲ vorfahren B v̲t̲ Preise in die Höhe treiben

drive-by ADJ Schießerei aus dem fahrenden Auto heraus **drive-in** A ADJ **~ cinema** (bes Br) movie theater (US) Autokino n; **~ restaurant** Drive-in-Restaurant n B s̲ (≈ Restaurant) Drive-in m

drivel ['drɪvl] s̲ (pej) Blödsinn m

driven ['drɪvn] pperf von drive **-driven** ['drɪvn] ADJ suf -betrieben; **battery-driven** batteriebetrieben

driver ['draɪvəʳ] s̲ 1 Fahrer(in) m(f); **~'s seat** (wörtl) Fahrersitz m 2 IT Treiber m

driver's license s̲ (US) Führerschein m (❶ = (Br) **driving licence**) **drive-through**, (bes US) **drive-thru** A s̲ Drive-in B ADJ Restaurant Drive-in- **driveway** s̲ Auffahrt f, Zufahrtsstraße f **driving** ['draɪvɪŋ] A s̲ Fahren n; **I don't like ~** ich fahre nicht gern (Auto) B ADJ 1 **the ~ force behind sth** die treibende Kraft bei etw 2 **~ rain** peitschender Regen; **~ snow** Schneetreiben n **driving conditions** PL

Straßenverhältnisse *pl* **driving instructor** ẕ Fahrlehrer(in) *m(f)* **driving lesson** ẕ Fahrstunde *f*

driving licence ẕ (*Br*) Führerschein *m* (**❶** = (*US*) **driver's license**) **driving mirror** ẕ Rückspiegel *m* **driving offence**, (*US*) **driving offense** *n* Verkehrsdelikt *n* **driving school** ẕ Fahrschule *f* **driving seat** ẕ Fahrersitz *m*; **to be in the ~** (*fig*) die Zügel in der Hand haben **driving test** ẕ Fahrprüfung *f*

drizzle ['drɪzl] **A** ẕ Nieselregen *m* **B** *Vǐ* nieseln **C** *Vǐ* träufeln **drizzly** ['drɪzlɪ] *ADJ* it's ~ es nieselt

drone [drəʊn] **A** ẕ (*von Bienen*) Summen *n*; (*von Motor*) Brummen *n* **B** *Vǐ* **❶** (*Biene*) summen; (*Motor*) brummen **❷** (*a.* **drone on**) eintönig sprechen; **he ~d on and on for hours** er redete stundenlang in seinem monotonen Tonfall

drool [druːl] *Vǐ* sabbern; (*Tier*) geifern ♦**drool over** *Vǐ* +*obj* richtig verliebt sein in (+*akk*); **he sat there drooling over a copy of Playboy** er geilte sich an einem Playboyheft auf (*sl*)

droop [druːp] *Vǐ* **❶** (*wörtl: Schultern*) hängen; (*Kopf*) herunterfallen; (*Lider*) herunterhängen; (*vor Müdigkeit*) zufallen; (*Blumen*) die Köpfe hängen lassen **❷** (*fig*) erlahmen **droopy** ['druːpɪ] *ADJ* schlaff; *Schwanz* herabhängend; *Schnurrbart* nach unten hängend; *Lider* herunterhängend

drop [drɒp] **A** ẕ **❶** Tropfen *m*; **a ~ of blood** ein Tropfen *m* Blut; **a ~ of wine?** ein Schlückchen *n* Wein? **❷** (*von Temperatur, Preisen*) Rückgang *m* (*in gen*); (*plötzlich*) Sturz *m* (*in gen*); **a ~ in prices** ein Preisrückgang *m*/-sturz *m* **❸** Höhenunterschied *m*; **there's a ~ of ten feet down to the ledge** bis zu dem Felsvorsprung geht es zehn Fuß hinunter; **it was a sheer ~ from the top of the cliff into the sea** die Klippen fielen schroff zum Meer ab **B** *Vǐ* **❶** fallen lassen; *Bombe* abwerfen; **I ~ped my watch** meine Uhr ist runtergefallen; **don't ~ it!** lass es nicht fallen!; **he ~ped his heavy cases on the floor** er setzte *od* stellte seine schweren Koffer auf dem Boden ab **❷** (*mit Auto*) jdn absetzen; *Waren etc* abliefern **❸** *Bemerkung, Namen* fallen lassen; *Andeutung* machen **❹** **to ~ sb a note** *od* **a line** jdm ein paar Zeilen schreiben **❺** auslassen, weglassen (*from in* +*dat*); **the paper refused to ~ the story** die Zeitung weigerte sich, die Geschichte fallen zu lassen **❻** aufgeben; *Idee, Freund* fallen lassen; *Gespräch* abbrechen; *JUR Fall* niederschlagen; **you'd better ~ the idea** schlagen Sie sich (*dat*) das aus dem Kopf; **to ~ geography** Geografie abwählen; **to ~ sb from a team** jdn aus einer Mannschaft nehmen; **let's ~ the subject** lassen wir das Thema; **~ it!** (*umg*) hör auf (da-

mit)!; **~ everything!** (*umg*) lass alles stehen und liegen! **C** *Vǐ* **❶** (herunter)fallen; (*Temperatur etc*) sinken; (*Wind*) sich legen **❷** fallen; **to ~ to the ground** sich zu Boden fallen lassen; **I'm ready to ~** (*umg*) ich bin zum Umfallen müde (*umg*); **she danced till she ~ped** (*umg*) sie tanzte bis zum Umfallen (*umg*); **to ~ dead** tot umfallen; **~ dead!** (*umg*) geh zum Teufel! (*umg*) **❸** (≈ *aufhören, Gespräch etc*) aufhören; **to let sth ~** etw auf sich beruhen lassen; **shall we let it ~?** sollen wir es darauf beruhen lassen? ♦**drop back** *Vǐ* zurückfallen ♦**drop behind** *Vǐ* zurückfallen; **to ~ sb** hinter jdn zurückfallen ♦**drop by** *Vǐ* (*umg*) vorbeikommen ♦**drop down** **A** *Vǐ* herunterfallen; **he dropped down behind the hedge** er duckte sich hinter die Hecke; **to ~ dead** tot umfallen; **he has dropped down to eighth** er ist auf den achten Platz zurückgefallen **B** *Vǐ trennb* fallen lassen ♦**drop in** *Vǐ* (*umg*) vorbeikommen; **I've just dropped in for a minute** ich wollte nur mal kurz hereinschauen ♦**drop off** **A** *Vǐ* **❶** abfallen; (*Griff etc*) abgehen **❷** einschlafen **B** *Vǐ trennb* jdn absetzen; *Paket* abliefern ♦**drop out** *Vǐ* **❶** herausfallen (*of aus*) **❷** (*aus Wettbewerb etc*) ausscheiden (*of aus*); **to ~ of a race** (*vor dem Start*) an einem Rennen nicht teilnehmen; (*nach dem Start*) aus dem Rennen ausscheiden; **he dropped out of the course** er gab den Kurs auf; **to ~ of society** aus der Gesellschaft aussteigen (*umg*); **to ~ of school** (*Br*) die Schule vorzeitig verlassen; (*US*) die Universität vorzeitig verlassen

drop-down menu ẕ IT Dropdown-Menü *n* **drop-in centre** ẕ (*Br*) Tagesstätte *f* **droplet** ['drɒplɪt] ẕ Tröpfchen *n* **dropout** ẕ (*aus Gesellschaft*) Aussteiger(in) *m(f)* (*umg*); UNIV Studienabbrecher(in) *m(f)* **droppings** ['drɒpɪŋz] *PL* Kot *m*

drought [draʊt] ẕ Dürre *f*

drove[1] [drəʊv] ẕ Schar *f*; **they came in ~s** sie kamen in hellen Scharen

drove[2] *prät von* **drive**

drown [draʊn] **A** *Vǐ* ertrinken **B** *Vǐ* **❶** ertränken; **to be ~ed** ertrinken; **to ~ one's sorrows** seine Sorgen ertränken **❷** (*a.* **drown out**) *Lärm, Stimmen* übertönen

drowsiness ['draʊzɪnɪs] ẕ Schläfrigkeit *f*, Verschlafenheit *f*; **to cause ~** schläfrig machen **drowsy** ['draʊzɪ] *ADJ* (+*er*) schläfrig, verschlafen

drudgery ['drʌdʒərɪ] ẕ stumpfsinnige Plackerei

drug [drʌg] **A** ẕ **❶** MED, PHARM Medikament *n*; (*für Narkose*) Betäubungsmittel *n*; SPORT Dopingmittel *n*; **he's on ~s** MED er muss Medika-

mente nehmen ☑ Droge f; **to be on ~s** drogensüchtig sein; **to take ~s** Drogen nehmen ☒ V̄T̄ (≈ für Narkose) betäuben **drug abuse** S̄ Drogenmissbrauch m; **~ prevention** Drogenprävention f **drug addict** S̄ Drogensüchtige(r) m/f(m) **drug addiction** S̄ Drogensucht f **drug dealer** S̄ Drogenhändler(in) m(f) **drugged** [drʌgd] ADJ **to be ~** unter Beruhigungsmitteln stehen; **he seemed ~** er schien wie betäubt **druggist** ['drʌgɪst] S̄ (US) Drogist(in) m(f) **drug pusher** S̄ Dealer(in) m(f) (umg) **drug squad** S̄ Rauschgiftdezernat n **drugs raid** S̄ Drogenrazzia f **drugs test** S̄ Dopingtest m
drugstore S̄ (US) Drogerie f, Drugstore m (❗ = (Br) **chemist's**) **drug traffic, drug trafficking** S̄ Drogenhandel m **drug trafficker** S̄ Drogenschieber(in) m(f) **drug user** S̄ Drogenbenutzer(in) m(f)

▶ drugstore

In Großbritannien und Amerika gibt es den Unterschied zwischen Apotheke und Drogerie nicht. Im amerikanischen **drugstore** oder beim britischen **chemist's** kann man von Schreibwaren über Kosmetika auch all das kaufen, was es in einer Drogerie gibt. An einem gesonderten Schalter bekommt man dort auch Medikamente.

LANDESKUNDE ◁

drum [drʌm] ☒ S̄ ☐ MUS Trommel f; **the ~s** (Pop, Jazz) das Schlagzeug; **to play the ~s** Schlagzeug spielen (❗ mit the) ☑ (für Öl) Tonne f ☒ V̄Ī (MUS, fig) trommeln ☒ V̄T̄ **to ~ one's fingers on the table** mit den Fingern auf den Tisch trommeln ◆**drum into** V̄T̄ immer getrennt **to drum sth into sb** jdm etw eintrichtern (umg) ◆**drum up** V̄T̄ trennb Begeisterung wecken; Unterstützung auftreiben
drumbeat S̄ Trommelschlag m **drummer** ['drʌmə'] S̄ Schlagzeuger(in) m(f) **drumstick** ['drʌmstɪk] S̄ ☐ MUS Trommelschlägel od -stock m ☑ (von Hähnchen) Keule f
drunk [drʌŋk] ☒ pperf von **drink** ☒ ADJ (+er) ☐ (❗ **drunk** wird prädikativ benutzt) betrunken; **he was slightly ~** er war leicht betrunken; **to get ~** betrunken werden (on von), sich betrinken (on mit); **to be as ~ as a lord** od **skunk** (umg) blau wie ein Veilchen sein (umg) ☑ (fig) **to be ~ with** od **on success** vom Erfolg berauscht sein; **to be ~ with** od **on power** im Machtrausch sein ☒ S̄ Betrunkene(r) m/f(m), Trinker(in) m(f) **drunkard** ['drʌŋkəd] S̄ Trinker(in) m(f) **drunk driver** S̄ (bes US) angetrunkener Autofahrer, angetrunkene Autofahrerin

(❗ = (Br) **drink-driver**) **drunk driving, drunken driving** S̄ (bes US) Trunkenheit f am Steuer (❗ = (Br) **drink-driving**) **drunken** ADJ (❗ **drunken** wird vor dem Substantiv benutzt) betrunken; Abend feuchtfröhlich; **in a ~ stupor** im Vollrausch **drunkenly** ['drʌŋkənlɪ] ADV betrunken; sich benehmen wie ein Betrunkener/eine Betrunkene **drunkenness** S̄ Betrunkenheit f; (≈ gewohnheitsmäßig) Trunksucht f **drunkometer** [drʌŋ'kɒmɪtə'] S̄ (US) = Breathalyzer®

dry [draɪ] prät, pperf **dried** ☒ V̄T̄ trocknen; **to ~ oneself** sich abtrocknen; **he dried his hands** er trocknete sich (dat) die Hände ab; **to ~ the dishes** das Geschirr abtrocknen; **to ~ one's eyes** sich (dat) die Tränen abwischen ☒ V̄Ī ☐ trocknen ☑ (≈ beim Spülen) abtrocknen ☒ ADJ trocken; **to run ~** (Fluss) austrocknen; **~ spell** Trockenperiode f; **the ~ season** die Trockenzeit; **~ bread** trocken Brot ☒ S̄ **to give sth a ~** etw trocknen ◆**dry off** ☒ V̄Ī trocknen ☒ V̄T̄ trennb abtrocknen ◆**dry out** ☒ V̄Ī (Kleider) trocknen; (Erde, Haut) austrocknen ☒ V̄T̄ trennb Kleider trocknen; Erde, Haut austrocknen ◆**dry up** ☒ V̄Ī ☐ (Bach) austrocknen; (Feuchtigkeit) trocknen; (Inspiration, Einkommen) versiegen ☑ (≈ beim Spülen) abtrocknen ☒ V̄T̄ trennb Geschirr abtrocknen; Flussbett austrocknen
dry-clean V̄T̄ chemisch reinigen; **to have a dress ~ed** ein Kleid chemisch reinigen lassen **dry-cleaner's** S̄ chemische Reinigung **dry-cleaning** S̄ chemische Reinigung **dryer** ['draɪə'] S̄ ☐ Wäschetrockner m ☑ Händetrockner m ☒ Trockenhaube f **dry ice** S̄ Tro-

drumstick — Trommelstock

drumstick — (Hähnchen)keule

dryer — (Wäsche)trockner   dryer — (Hände)trockner   dryer — Trockenhaube

ckeneis n **drying-up** ⊼ Abtrocknen n; **to do the ~** abtrocknen **dryness** ⊼ Trockenheit f **dry rot** ⊼ (Haus)schwamm m **dry run** ⊼ Probe f
DSL abk von digital subscriber line DSL; **~ connection** DSL-Anschluss m
DST (bes US) abk von daylight saving time Sommerzeit f
DTI (Br) abk von Department of Trade and Industry ≈ Handelsministerium n
DTP abk von desktop publishing DTP n
dual ['djʊəl] ADJ ⓵ doppelt ⓶ zweierlei **dual carriageway** ⊼ (Br) ≈ Schnellstraße f (❗ = (US) **divided highway**) **dual nationality** ⊼ doppelte Staatsangehörigkeit **dual-purpose** ADJ zweifach verwendbar
dub [dʌb] VT Film synchronisieren; **the film was ~bed into French** der Film war französisch synchronisiert; **~bed version** Synchronfassung f **dubbing** ['dʌbɪŋ] ⊼ FILM Synchronisation f
dubious ['djuːbɪəs] ADJ ⓵ zweifelhaft; Idee, Behauptung, Basis fragwürdig; **it sounds ~ to me** ich habe da meine Zweifel ⓶ unsicher; **I was ~ at first, but he convinced me** ich hatte zuerst Bedenken, aber er überzeugte mich; **to be ~ about sth** etw anzweifeln
duchess ['dʌtʃɪs] ⊼ Herzogin f **duchy** ['dʌtʃɪ] ⊼ Herzogtum n
duck [dʌk] A ⊼ Ente f; **to take to sth like a ~ to water** bei etw gleich in seinem Element sein; **it's (like) water off a ~'s back to him** das prallt alles an ihm ab B VI ⓵ (a. **duck down**) sich ducken ⓶ **he ~ed out of the room** er verschwand aus dem Zimmer C VT ⓵ untertauchen ⓶ ausweichen (+dat) **duckling** ['dʌklɪŋ] ⊼ Entenküken n
duct [dʌkt] ⊼ ⓵ ANAT Röhre f ⓶ (für Flüssigkeit, Gas) (Rohr)leitung f; ELEK Rohr n
dud [dʌd] (umg) A ADJ ⓵ nutzlos; **~ batteries** Batterien, die nichts taugen ⓶ gefälscht B ⊼

(≈ Bombe) Blindgänger m; (≈ Münze) Fälschung f; (≈ Mensch) Niete f (umg); **this battery is a ~** diese Batterie taugt nichts
dude [duːd] ⊼ (US umg) Kerl m (umg)
due [djuː] A ADJ ⓵ fällig; **to be ~** (Flugzeug, Zug, Bus) ankommen sollen; (Wahlen etc) anstehen; **the train was ~ ten minutes ago** der Zug sollte vor 10 Minuten ankommen; **when is the baby ~?** wann soll das Baby kommen?; **the results are ~ at the end of the month** die Ergebnisse sind Ende des Monats fällig; **he is ~ back tomorrow** er soll morgen zurückkommen; **to be ~ out** herauskommen sollen; **he is ~ to speak about now** er müsste jetzt gerade seine Rede halten; **the building is ~ to be demolished** das Gebäude soll demnächst abgerissen werden; **he is ~ for a rise** (Br) od **raise** (US) ihm steht eine Gehaltserhöhung zu; **she is ~ for promotion** sie ist mit einer Beförderung an der Reihe; **the prisoner is ~ for release** od **~ to be released** der Gefangene soll jetzt entlassen werden; **the car is ~ for a service** das Auto muss zur Inspektion; **~ date** FIN Fälligkeitstermin m ⓶ Aufmerksamkeit gebührend; Pflege nötig; **in ~ course** zu gegebener Zeit; **with (all) ~ respect** bei allem Respekt (to für) ⓷ **to be ~** (Geld) ausstehen; **to be ~ to sb** (Geld, Urlaub) jdm zustehen; **to be ~ a couple of days off** ein paar freie Tage verdient haben ⓸ **due to** aufgrund +gen; (≈ verursacht von) durch; **his death was ~ to natural causes** er ist eines natürlichen Todes gestorben B ⊼ ⓵ **dues** PL (≈ an Verein etc) (Mitglieds)beitrag m ⓶ **to give him his ~, he did at least try** eins muss man ihm lassen, er hat es wenigstens versucht C ADV **~ north** direkt nach Norden; **~ east of the village** in Richtung Osten des Dorfes
duel ['djʊəl] A ⊼ Duell n B VI sich duellieren
duet [djuː'et] ⊼ Duo n, Duett n
duffel bag ⊼ Matchbeutel m **duffel coat** ⊼

Dufflecoat m
dug prät, pperf von **dig**
duke [djuːk] s̄ Herzog m **dukedom** ['djuːkdəm] s̄ Herzogtum n; (≈ Titel) Herzogswürde f
dull [dʌl] A ADJ (+er) **1** Licht, Wetter trüb; Leuchten schwach; Farbe, Augen, Metall matt; **it will be ~ at first** (in Wetterbericht) es wird anfangs bewölkt **2** langweilig, fad (österr); **there's never a ~ moment** man langweilt sich keinen Augenblick **3** Geräusch, Schmerz dumpf B VT **1** Schmerz betäuben; Sinne abstumpfen **2** Geräusch dämpfen
dullness s̄ **1** (von Licht) Trübheit f; (von Farbe, Augen, Metall) Mattheit f; (von Wetter) Trübheit f; (von Himmel) Bedecktheit f **2** Langweiligkeit f **3** (BÖRSE, HANDEL: von Markt) Flauheit f **dully** ['dʌlli] ADV **1** matt, schwach **2** pochen, schmerzen dumpf
duly ['djuːli] ADV **1** wählen, unterzeichnen ordnungsgemäß; **to be ~ impressed** gebührend beeindruckt sein **2** wie erwartet; **he ~ obliged** er tat es dann auch
dumb [dʌm] ADJ (+er) **1** stumm, sprachlos **2** (bes US umg) doof (umg); **that was a ~ thing to do** wie kann man nur so etwas Dummes machen!; **to play ~** sich dumm stellen ♦**dumb down** VT trennb anspruchsloser machen
dumbass ['dʌmæs] s̄ (US umg) Nullchecker m (umg)**dumbbell** ['dʌmbel] s̄ SPORT Hantel f
dumbfound [dʌm'faʊnd] VT verblüffen **dumbfounded** [dʌm'faʊndɪd] ADJ verblüfft, sprachlos **dumbing down** [ˌdʌmɪŋ'daʊn] s̄ Verdummung f **dumb waiter** s̄ Speiseaufzug m
dummy ['dʌmi] A s̄ **1** Attrappe f, Schaufensterpuppe f **2** (Br: für Baby) Schnuller m (❗ = (US) **pacifier**) **3** (umg) Idiot m (umg) B ADJ attr unecht; **a ~ bomb** eine Bombenattrappe **dummy run** s̄ Probe f, Übung f
dump [dʌmp] A s̄ **1** (Br) Müllkippe f **2** MIL Depot n **3** (pej umg) (≈ Ort) Kaff n (umg); (≈ Gebäude)

dummy —
Schaufensterpuppe

dummy Br —
Schnuller

213 ｜ DUST

Dreckloch n (pej umg) **4** (umg) **to be down in the ~s** down sein (umg) B VT **1** (≈ loswerden) abladen; Koffer etc fallen lassen, lassen; (umg) Freund(in) abschieben; Auto abstellen; **to ~ sb/sth on sb** jdn/etw bei jdm abladen **2** IT dumpen **dumper** ['dʌmpə'] s̄ (≈ Lkw) Kipper m **dumping** s̄ Abladen n; **"no ~"** (Br) „Schuttabladen verboten!"
dumpling ['dʌmplɪŋ] s̄ GASTR Kloß m
Dumpster® ['dʌmpstə'] s̄ (US) (Müll)container m (❗ = (Br) **skip**) **dump truck** s̄ Kipper m
dune [djuːn] s̄ Düne f
dung [dʌŋ] s̄ Dung m; AGR Mist m
dungarees [ˌdʌŋɡə'riːz] PL (bes Br) Latzhose f; **a pair of ~** eine Latzhose
dungeon ['dʌndʒən] s̄ Verlies n
dunk [dʌŋk] VT (ein)tunken
dunno ['dʌnəʊ] = (I) don't know
duo ['djuːəʊ] s̄, pl -s Duo n
duplex ['djuːpleks] s̄ (bes US) = **duplex apartment/house duplex apartment** s̄ (bes US) zweistöckige Wohnung **duplex house** s̄ (US) Zweifamilienhaus n
duplicate ['djuːplɪkeɪt] A VT **1** (maschinell) kopieren **2** Erfolg wiederholen; (unnötigerweise) zweimal machen B ['djuːplɪkɪt] s̄ Kopie f; (von Schlüssel) Zweitschlüssel m; **in ~** in doppelter Ausfertigung C ['djuːplɪkɪt] ADJ zweifach; **a ~ copy** eine Kopie; **a ~ key** ein Zweitschlüssel m **duplication** [ˌdjuːplɪ'keɪʃən] s̄ (von Dokumenten) Vervielfältigung f; (von Arbeit, Bemühung) Wiederholung f
duplicity [djuː'plɪsɪti] s̄ Doppelspiel n
durability [ˌdjʊərə'bɪlɪti] s̄ **1** (von Material) Strapazierfähigkeit f **2** (von Frieden, Beziehung) Dauerhaftigkeit f **durable** ['djʊərəbl] ADJ **1** Material strapazierfähig; **CDs are more ~ than tapes** CDs halten länger als Kassetten **2** Frieden, Beziehung dauerhaft **duration** [djʊə'reɪʃən] s̄ Dauer f; **for the ~ of** für die Dauer (+gen)
Durex® ['djʊəreks] s̄ Gummi m (umg)
during ['djʊərɪŋ] PRÄP während (+gen)

▶ **during**

Für „während" vor dem Substantiv nimmt man im Englischen **during**. Wenn mit „während" ein Nebensatz eingeleitet wird, verwendet man **while** [waɪl].

GRAMMATIK ◀

dusk [dʌsk] s̄ (Abend)dämmerung f; **at ~** bei Einbruch der Dunkelheit
dust [dʌst] A s̄ (❗ kein pl) Staub m; **covered in ~** staubbedeckt; **to gather ~** verstauben; **to give sth a ~** etw abstauben B VT **1** Möbel ab-

stauben; *Zimmer* Staub wischen in (+dat) ▪ GASTR bestäuben ▪ *vi* Staub wischen ♦**dust down** *vt trennb* abbürsten; (*mit Hand*) abklopfen; **to dust oneself down** (*fig*) sich reinwaschen ♦**dust off** *vt trennb Schmutz* wegwischen; **to dust oneself off** (*fig*) sich reinwaschen

dustbin *s* (*Br*) Mülltonne *f* (❗ = (*US*) **garbage can**) **dustbin man** *s, pl* -**men** (*Br*) = **dustman dust cover** *s* (*für Buch*) (Schutz)umschlag *m*; (*für Möbel*) Schonbezug *m* **duster** ['dʌstə'] *s* Staubtuch *n*; SCHULE (Tafel)-schwamm *m* **dusting** ['dʌstɪŋ] *s* ▪ Staubwischen *n*; **to do the ~** Staub wischen ▪ **a ~ of snow** eine dünne Schneedecke **dust jacket** *s* (Schutz)umschlag *m* **dustman** *s, pl* -**men** (*Br*) Müllmann *m* (❗ = (*US*) **garbage man, trash collector**) **dustpan** *s* Kehrschaufel *f* **dusty** ['dʌstɪ] *adj* (+er) staubig; *Möbel, Buch* verstaubt

Dutch [dʌtʃ] ▪ *adj* holländisch; **a ~ man** ein Holländer *m*; **a ~ woman** eine Holländerin; **he is ~** er ist Holländer ▪ *s* ▪ **the ~** die Holländer *pl* ▪ (≈ *Sprache*) Holländisch *n* ▪ *adv* **to go ~ (with sb)** (*umg*) (mit jdm) getrennte Kasse machen **Dutch cap** *s* Pessar *n* **Dutch courage** *s* (*umg*) **to give oneself ~** sich (*dat*) Mut antrinken (*from* mit)

Dutchman *s, pl* -**men** Holländer *m*
Dutchwoman *s, pl* -**women** Holländerin *f*
dutiful ['djuːtɪfʊl] *adj* pflichtbewusst
duty ['djuːtɪ] *s* ▪ Pflicht *f*; **to do one's ~ (by sb)** seine Pflicht (gegenüber jdm) tun; **to report for ~** sich zum Dienst melden; **to be on ~** (*Arzt etc*) im Dienst sein; SCHULE *etc* Aufsicht haben; **who's on ~ tomorrow?** wer hat morgen Dienst/Aufsicht?; **he went on ~ at 9** sein Dienst fing um 9 an; **to be off ~** nicht im Dienst sein; **he comes off ~ at 9** sein Dienst endet um 9 ▪ FIN Zoll *m*; **to pay ~ on sth** Zoll auf etw (*akk*) zahlen **duty-free** [djuːtɪˈfriː] *adj, adv* zollfrei **duty-free allowance** *s* Zollkontingent *n*, Freimenge *f* **duty-free shop** *s* Duty-free-Shop *m* **duty officer** *s* Offizier *m* vom Dienst **duty roster** *s* Dienstplan *m*

duvet ['djuːveɪ] *s* (*Br*) Steppdecke *f* (❗ = (*US*) **comforter**)
DV cam [diːˈviːkæm] *s* digitale Videokamera, DV-Cam *f*
DVD *s abk von* digital versatile *od* video disc DVD *f*; **the film is out on ~** den Film gibt es auch als DVD **DVD drive** *s* DVD-Laufwerk *n* **DVD player** *s* DVD-Player *m* **DVD-Rom** *s* DVD-Rom *f* **DVD writer** *s* DVD-Brenner *m*
DVT *abk von* deep vein thrombosis
dwarf [dwɔːf] ▪ *s, pl* dwarves *od* -s [dwɔːvz]

Zwerg *m* ▪ *adj* **~ shrubs** Zwergsträucher *pl* ▪ *vt* **to be ~ed by sb/sth** neben jdm/etw klein erscheinen

dwell [dwel] *prät, pperf* dwelt *vi* (*liter*) weilen (*geh*) ♦**dwell (up)on** *vi +obj* verweilen bei; **to ~ the past** sich ständig mit der Vergangenheit befassen; **let's not ~ it** wir wollen uns nicht (länger) damit aufhalten

dweller ['dwelə'] *s* **cave ~** Höhlenbewohner(in) *m(f)* **dwelling** ['dwelɪŋ] *s* (*form*) Wohnung *f*; **~ house** Wohnhaus *n* **dwelt** [dwelt] *prät, pperf* von **dwell**

dwindle ['dwɪndl] *vi* (*Zahlen*) zurückgehen; (*Vorräte*) schrumpfen **dwindling** ['dwɪndlɪŋ] *adj Zahlen* zurückgehend; *Vorräte* schwindend

dye [daɪ] ▪ *s* Farbstoff *m*; **hair ~** Haarfärbemittel *n*; **food ~** Lebensmittelfarbe *f* ▪ *vt* färben; **~d blonde hair** blond gefärbtes Haar

dying ['daɪɪŋ] ▪ *ppr von* **die** ▪ *adj* ▪ (*wörtl*) sterbend; *Pflanze* eingehend; *Worte* letzte(r, s) ▪ (*fig*) *Industrie, Kunst* aussterbend; *Minuten* letzte(r, s) ▪ *s* **the ~** *pl* die Sterbenden

dyke, (*US*) **dike** [daɪk] *s* ▪ Deich *m* ▪ (*sl*) Lesbe *f* (*umg*)

dynamic [daɪˈnæmɪk] ▪ *adj* dynamisch ▪ *s* Dynamik *f* **dynamics** *s* (❗ mit Verb im Singular oder Plural) Dynamik *f* **dynamism** ['daɪnəmɪzəm] *s* Dynamismus *m*; (*von Mensch*) Dynamik *f*

dynamite ['daɪnəmaɪt] *s* (*wörtl*) Dynamit *n*; (*fig*) Sprengstoff *m*

dynamo ['daɪnəməʊ] *s, pl* -**s** Dynamo *m*; AUTO Lichtmaschine *f*

dynasty ['dɪnəstɪ] *s* Dynastie *f*
dysentery ['dɪsɪntrɪ] *s* Ruhr *f*
dyslexia [dɪsˈleksɪə] *s* Legasthenie *f* **dyslexic** [dɪsˈleksɪk] ▪ *adj* legasthenisch; **she is ~** sie ist Legasthenikerin ▪ *s* Legastheniker(in) *m(f)*

E, e [iː] *s* E *n*, e *n*; (SCHULE ≈ *Note*) Fünf *f*; **E flat** Es *n*, es *n*; **E sharp** Eis *n*, eis *n*
E *abk von* east O
e- [iː] *präf* E-, elektronisch
each [iːtʃ] ▪ *adj* jede(r, s); **~ one of us** jeder von uns; **~ and every one of us** jeder Einzelne von uns ▪ *pron* ▪ jede(r, s); **~ of them gave their** *od* **his opinion** jeder sagte seine Meinung ▪ **~ other** sich; **they haven't seen ~ other for a long time** sie haben sich lange nicht gese-

hen; **you must help ~ other** ihr müsst euch gegenseitig helfen; **on top of ~ other** aufeinander; **next to ~ other** nebeneinander; **they went to ~ other's house(s)** sie besuchten einander zu Hause C ADV **je; we gave them one apple ~** wir haben ihnen je einen Apfel gegeben; **the books are £10 ~** die Bücher kosten je £ 10; **carnations at 50p ~** Nelken zu 50 Pence das Stück

eager ['i:gəʳ] ADJ eifrig; *Antwort* begeistert; **to be ~ to do sth** etw unbedingt tun wollen **eagerly** ['i:gəli] ADV eifrig; *erwarten* gespannt; *akzeptieren* bereitwillig; **~ awaited** mit Spannung erwartet **eagerness** ['i:gənɪs] S Eifer *m*

eagle ['i:gl] S Adler *m*

ear[1] [ɪəʳ] S Ohr *n*; **to keep one's ~s open** die Ohren offen halten; **to be all ~s** ganz Ohr sein; **to lend an ~** zuhören; **it goes in one ~ and out the other** das geht zum einen Ohr hinein und zum anderen wieder hinaus; **to be up to one's ~s in work** bis über beide Ohren in Arbeit stecken [2] **to have a good ~ for music** ein feines Gehör für Musik haben; **to play by ~** nach dem Gehör spielen; **to play it by ~** (*fig*) improvisieren

ear[2] S (*von Korn*) Ähre *f*

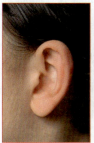
ear — Ohr

ear — Ähre

earache S (❗ mit Verb im Singular) Ohrenschmerzen *pl* **eardrum** S Trommelfell *n* **earful** S (*umg*) **to get an ~** mit einer Flut von Beschimpfungen überschüttet werden; **to give sb an ~** jdn zusammenstauchen (*umg*)

earl [ɜ:l] S Graf *m*

earlier ['ɜ:lɪə] A ADJ *komp von* early früher; **at an ~ date** früher B ADV **~ (on)** früher; **~ (on) in the novel** an einer früheren Stelle in dem Roman; **~ (on) today** heute (vor einigen Stunden); **~ (on) this year** früher in diesem Jahr; **I cannot do it ~ than Thursday** ich kann es nicht eher als Donnerstag machen

ear lobe S Ohrläppchen *n*

early ['ɜ:lɪ] A ADV [1] **~ (on)** früh; **~ in 1915/in February** Anfang 1915/Februar; **~ (on) in the year** Anfang des Jahres; **~ (on) in his/her/their** *etc* **life** in jungen Jahren; **~ (on) in the race** zu Anfang des Rennens; **~ (on) in the evening** am frühen Abend; **as ~ as** schon; **~ this month/year** Anfang des Monats/Jahres; **~ today/this morning** heute früh; **the earliest he can come is tomorrow** er kann frühestens morgen kommen [2] früher (als erwartet), zu früh; **she left ten minutes ~** sie ist zehn Minuten früher gegangen; **to be five minutes ~** fünf Minuten zu früh kommen; **he left school ~** er ging früher von der Schule nach Hause; (*endgültig*) er ging vorzeitig von der Schule ab; **to get up/go to bed ~** früh aufstehen/ins Bett gehen B ADJ (+*er*) [1] früh; *Tod* vorzeitig; **an ~ morning drive** eine Spritztour im frühen Morgen; **we had an ~ lunch** wir aßen früh zu Mittag; **in ~ winter** zu Winteranfang; **the ~ days** die ersten Tage; **~ January** Anfang Januar; **in the ~ 1980s** Anfang der Achtzigerjahre; **to have an ~ night** früh ins Bett gehen; **until** *od* **into the ~ hours** bis in die frühen Morgenstunden; **at an ~ age** in jungen Jahren; **from an ~ age** von klein auf; **to be in one's ~ thirties** Anfang dreißig sein; **it's ~ days (yet)** (*bes Br*) wir sind noch im Anfangsstadium [2] *Mensch* frühgeschichtlich; **~ baroque** Frühbarock *m* [3] bald; **at the earliest possible moment** so bald wie irgend möglich **early bird** S Frühaufsteher(in) *m(f)* **early closing** S **it's ~ today** die Geschäfte sind heute Nachmittag geschlossen **early retirement** S **to take ~** vorzeitig in den Ruhestand gehen **early riser** S Frühaufsteher(in) *m(f)* **early warning system** S Frühwarnsystem *n*

earmark VT (*fig*) vorsehen **earmuffs** PL Ohrenschützer *pl*

earn [ɜ:n] VT verdienen (❗ **To earn** bezieht sich nur auf Geld. Lob oder Ähnliches verdienen heißt **to deserve**.); FIN Zinsen bringen; **to ~ one's keep/a living** Kost und Logis/seinen Lebensunterhalt verdienen; **this ~ed him a lot of respect** das trug ihm große Achtung ein; **he's ~ed it** das hat er sich (*dat*) verdient

earnest ['ɜ:nɪst] A ADJ ernst; *Diskussion* ernsthaft B S **in ~** richtig; **to be in ~ about sth** etw ernst meinen **earnestly** ['ɜ:nɪstli] ADV ernst; *diskutieren, versuchen, erklären* ernsthaft; *hoffen* innig

earnings ['ɜ:nɪŋz] PL Verdienst *m*; (*von Firma*) Einkünfte *pl*

ear, nose and throat ADJ *attr* Hals-Nasen-Ohren-; **~ specialist** Hals-Nasen-Ohren-Facharzt *m*/-ärztin *f* **earphones** PL Kopfhörer *pl* **earpiece** S Hörer *m* **ear piercing** S Durch-

EARP | 216

E

stechen *n* der Ohrläppchen **earplug** 5̲ Ohropax® *n* **earring** 5̲ Ohrring *m* **earset** 5̲ Earset *n*, Ohrhörer *m* **earshot** 5̲ out of/within ~ außer/in Hörweite **ear-splitting** ADJ ohrenbetäubend

earth [ɜːθ] A 5̲ **1** Erde *f*; **the ~, Earth** die Erde; **on ~** auf der Erde; **to the ends of the ~** bis ans Ende der Welt; **where/who** *etc* **on ~ …?** (*umg*) wo/wer *etc* … bloß?; **what on ~ …?** (*umg*) was in aller Welt …? (*umg*); **nothing on ~ will stop me now** keine Macht der Welt hält mich jetzt noch auf; **there's no reason on ~ why …** es gibt keinen erdenklichen Grund, warum …; **it cost the ~** (*Br umg*) das hat eine schöne Stange Geld gekostet (*umg*); **to come back down to ~** (*fig*) wieder auf den Boden der Tatsachen (zurück)kommen; **to bring sb down to ~ (with a bump)** (*fig*) jdn (unsanft) wieder auf den Boden der Tatsachen zurückholen **2** (*von Fuchs etc*) Bau *m* B VT (*Br* ELEK) erden 🔴 = (US) **to ground**) **earthenware** [ˈɜːθənweəˈ] A 5̲ **1** Ton *m* **2** Tongeschirr *n* B ADJ aus Ton, Ton- **earthly** [ˈɜːθlɪ] ADJ **1** irdisch **2** there's no ~ reason why … es gibt nicht den geringsten Grund, warum … **earthquake** 5̲ Erdbeben *n* **earth tremor** 5̲ Erdstoß *m* **earthworm** 5̲ Regenwurm *m* **earthy** [ˈɜːθɪ] ADJ **1** Geruch erdig **2** (*fig*) Mensch urtümlich, urchig (*schweiz*); *Humor, Sprache* derb

earwax 5̲ Ohrenschmalz *n* **earwig** 5̲ Ohrwurm *m*

ease [iːz] A 5̲ **1** I am never at ~ in his company in seiner Gesellschaft fühle ich mich immer befangen; **to be** *od* **feel at ~ with oneself** sich (in seiner Haut) wohlfühlen; **to put sb at (his/her) ~** jdm die Befangenheit nehmen; **to put** *od* **set sb's mind at ~** jdn beruhigen; **(stand) at ~!** MIL rührt euch! **2** Leichtigkeit *f*; **with (the greatest of) ~** mit (größter) Leichtigkeit; **for ~ of use** um die Benutzung zu erleichtern B VT **1** *Schmerz* lindern; **to ~ the burden on sb** jdm eine Last abnehmen **2** *Seil* lockern; *Druck, Spannung* verringern; *Situation* entspannen; **he ~d the lid off** er löste den Deckel behutsam ab; **he ~d his way through the hole** er schob sich vorsichtig durch das Loch C VI nachlassen ◆**ease off** *od* **up** VI **1** langsamer werden; **the doctor told him to ease up a bit at work** der Arzt riet ihm, bei der Arbeit etwas kürzerzutreten **2** (*Schmerz, Regen*) nachlassen

easel [ˈiːzl] 5̲ Staffelei *f*

easily [ˈiːzɪlɪ] ADV **1** leicht; **~ accessible** (*Ort*) leicht zu erreichen; **he learnt to swim ~** er lernte mühelos schwimmen; **it could just as ~ happen here** es könnte genauso gut hier

passieren **2** it's ~ 25 miles es sind gut und gerne 25 Meilen; **they are ~ the best** sie sind mit Abstand die Besten **3** *sprechen, atmen* ganz entspannt

east [iːst] A 5̲ **the ~** der Osten; **in the ~** im Osten; **to the ~** nach Osten; **to the ~ of** östlich von; **the wind is coming from the ~** der Wind kommt von Ost(en); **the ~ of France** der Osten Frankreichs; **East-West relations** Ost-West-Beziehungen *pl* B ADV nach Osten; **the kitchen faces ~** die Küche liegt nach Osten; **~ of Paris/the river** östlich von Paris/des Flusses C ADJ Ost-; **~ coast** Ostküste *f* **East Berlin** 5̲ Ostberlin *n* **eastbound** ADJ (in) Richtung Osten; **the ~ carriageway of the M4** (*Br*) die M4 in Richtung Osten

Easter [ˈiːstəˈ] A 5̲ Ostern *n*; **at ~** an *od* zu Ostern B ADJ *attr* Oster- **Easter bunny** 5̲ Osterhase *m* **Easter egg** 5̲ Osterei *n*

easterly [ˈiːstəlɪ] ADJ östlich, Ost-; **an ~ wind** ein Ostwind *m*; **in an ~ direction** in östlicher Richtung

Easter Monday 5̲ Ostermontag *m*

eastern [ˈiːstən] ADJ Ost-, östlich; **Eastern Europe** Osteuropa *n* **easterner** [ˈiːstənəˈ] 5̲ (*bes US*) Oststaatler(in) *m(f)*; **he's an ~** er kommt aus dem Osten **easternmost** [ˈiːstənməʊst] ADJ östlichste(r, s)

Easter Sunday 5̲ Ostersonntag *m*

East European A ADJ osteuropäisch B 5̲ Osteuropäer(in) *m(f)* **East German** A ADJ ostdeutsch B 5̲ Ostdeutsche(r) *m/f(m)* **East Germany** 5̲ Ostdeutschland *n*; HIST die DDR **eastward** A ADV (*a.* **eastwards**) nach Osten B ADJ *Richtung* östlich **eastwardly** ADV, ADJ = eastward

easy [ˈiːzɪ] A ADJ (*+er*) leicht; *Lösung* einfach; **it's ~ to forget that …** man vergisst leicht, dass …; **it's ~ for her** sie hat es leicht; **that's ~ for you to say** du hast gut reden; **he was an ~ winner** er hat mühelos gewonnen; **that's the ~ part** das ist das Einfache; **it's an ~ mistake to make** den Fehler kann man leicht machen; **to be within ~ reach of sth** etw leicht erreichen können; **as ~ as pie** kinderleicht; **easier said than done** leichter gesagt als getan; **to take the ~ way out** es sich (*dat*) leicht machen; **she is ~ to get on with** mit ihr kann man gut auskommen; **to have it ~, to have an ~ time (of it)** es leicht haben; **to be ~ on the eye/ear** angenehm anzusehen/anzuhören sein; **at an ~ pace** in gemütlichem Tempo; **I don't feel ~ about it** es ist mir nicht recht B ADV (*umg*) **to go ~ on sb** nicht so streng mit jdm sein; **to go ~ on sth** mit etw sparsam umgehen; **to take it ~, to take things ~** sich schonen; **take it ~!** immer mit der Ruhe!; **~ does it** immer sachte **easy chair** ⓢ Sessel m, Fauteuil n (österr) **easy-going** ADJ gelassen **easy money** ⓢ leicht verdientes Geld; **you can make ~** Sie können leicht Geld machen **easy touch** ⓢ **to be an ~** (umg) nicht Nein sagen können

eat [iːt] v: prät **ate**, pperf **eaten** VT & VI essen; (Tier) fressen; **to ~ one's breakfast** frühstücken; **to ~ one's lunch/dinner** zu Mittag/Abend essen; **he was forced to ~ his words** er musste alles zurücknehmen; **he won't ~ you** (umg) er wird dich schon nicht fressen (umg); **what's ~ing you?** (umg) was hast du denn? ◆**eat away at** VI +obj ① (Rost etc) anfressen ② (fig) Rücklagen angreifen ◆**eat into** VI +obj Metall anfressen; Kapital angreifen; Zeit verkürzen ◆**eat out** A VI zum Essen ausgehen B VT trennb **Elvis Presley, eat your heart out** Elvis Presley, da kannst du vor Neid erblassen ◆**eat up** A VT trennb ① (wörtl) aufessen; (Tier) auffressen ② (fig) verbrauchen B VI aufessen

eatable [ˈiːtəbl] ADJ (die Qualität einer Mahlzeit betreffend) essbar, genießbar (❗) „essbar" im Sinne von „nicht giftig" heißt **edible**; **eat-by date** [ˈiːtbaɪdeɪt] ⓢ (von Lebensmitteln) Haltbarkeitsdatum n **eaten** [ˈiːtn] pperf von **eat** **eater** [ˈiːtə^r] ⓢ Esser(in) m(f) **eating** [ˈiːtɪŋ] ⓢ Essen n **eating disorder** ⓢ Essstörung f **eau de Cologne** [ˈəʊdəkəˈləʊn] ⓢ Kölnischwasser n

eaves [iːvz] PL Dachvorsprung m

eavesdrop [ˈiːvzdrɒp] VI (heimlich) lauschen; **to ~ on a conversation** ein Gespräch belauschen

ebb [eb] A ⓢ Ebbe f; **~ and flow** (fig) Auf und Ab n; **at a low ~** (fig) auf einem Tiefstand B VI ① (Flut) zurückgehen ② (fig: a. **ebb away**, Begeisterung) verebben; (Leben) zu Ende gehen **ebb tide** ⓢ Ebbe f

e-book [ˈiːbʊk] ⓢ Onlinebuch n

e-business [ˌiːˈbɪznɪs] ⓢ ① Internetfirma f ② E-Business n

EC abk von **European Community** EG f

e-card [ˈiːkɑːd] ⓢ E-Card f, elektronische Grußkarte

e-cash [ˈiːkæʃ] ⓢ E-Cash n, elektronische Geldüberweisung

ECB abk von **European Central Bank** EZB f

eccentric [ɪkˈsentrɪk] A ADJ exzentrisch B ⓢ Exzentriker(in) m(f) **eccentricity** [ˌeksənˈtrɪsɪtɪ] ⓢ Exzentrizität f

ecclesiastical [ɪˌkliːzɪˈæstɪkəl] ADJ kirchlich

ECG abk von **electrocardiogram** EKG n

echo [ˈekəʊ] A ⓢ, pl **-es** Echo n; (fig) Anklang m (of an +akk) B VT (fig) wiedergeben C VI (Klang) widerhallen; (Zimmer, Schritte) hallen; **her words ~ed in his ears** ihre Worte hallten ihm in den Ohren

éclair [eɪˈklɛə^r] ⓢ Liebesknochen m

eclipse [ɪˈklɪps] A ⓢ ASTRON Finsternis f; **~ of the sun/moon** Sonnen-/Mondfinsternis f B VT (fig) in den Schatten stellen

eco- [ˈiːkəʊ-] PRÄF Öko-, öko- **ecofriendly** [ˌiːkəʊˈfrendlɪ] ADJ (Br) umweltfreundlich **ecological** [ˌiːkəʊˈlɒdʒɪkəl] ADJ ökologisch; **~ disaster** Umweltkatastrophe f; **~ damage** Umweltschäden pl **ecologist** [ɪˈkɒlədʒɪst] ⓢ Ökologe m, Ökologin f **ecology** [ɪˈkɒlədʒɪ] ⓢ Ökologie f

e-commerce [ˈiːkɒmɜːs] ⓢ E-Commerce m

economic [ˌiːkəˈnɒmɪk] ADJ ① Wirtschafts-; **~ growth** Wirtschaftswachstum n ② Preis, Miete wirtschaftlich **economical** [ˌiːkəˈnɒmɪkəl] ADJ sparsam; **to be ~ with sth** mit etw haushalten; **they were ~ with the truth** sie haben es mit der Wahrheit nicht so genau genommen; **an ~ style** LIT ein prägnanter Stil **economically** [ˌiːkəˈnɒmɪkəlɪ] ADV ① wirtschaftlich; **after the war, the country suffered ~** nach dem Krieg litt die Wirtschaft des Landes ② sparsam; **to use sth ~** mit etw sparsam umgehen **economic migrant**, **economic refugee** ⓢ Wirtschaftsmigrant(in) m(f) **economics** [ˌiːkəˈnɒmɪks] ⓢ ① (❗ mit Verb im Singular) Wirtschaftswissenschaften pl ② pl **the ~ of the situation** die wirtschaftliche Seite der Situation **economist** [ɪˈkɒnəmɪst] ⓢ Wirtschaftswissenschaftler(in) m(f)

economic, economical

Economic bezieht sich auf die Wirtschaft oder die Wirtschaftspolitik. **Economical** hat mit Wirtschaft direkt nichts zu tun. Es bedeutet „wirtschaftlich" oder „ökonomisch" im Sinne von „sparsam".

SPRACHGEBRAUCH

economize [ɪˈkɒnəmaɪz] VI sparen ◆**economize on** VI +obj sparen

economy [ɪˈkɒnəmɪ] ⓢ ① Wirtschaft f kein pl ② Einsparung f; **a false ~** falsche Sparsamkeit **economy class** ⓢ Touristenklasse f **economy drive** ⓢ Sparmaßnahmen pl **economy size** ⓢ Sparpackung f

ecosystem ⓢ Ökosystem n **ecotourism** ⓢ Ökotourismus m **eco-warrior** ⓢ (umg) Ökokämpfer(in) m(f)

ecstasy [ˈekstəsɪ] ⓢ ① Ekstase f; **to be in ~** ekstatisch sein ② (≈ Droge) Ecstasy n

ecumenical [ˌiːkjʊˈmenɪkəl] ADJ (form) ökume-

nisch
eczema ['eksɪmə] *s̄* Ekzem *n*
ed **1** *abk von* editor Hrsg. **2** *abk von* edition Ausg.
eddy ['edɪ] *s̄* Wirbel *m*
Eden ['i:dn] *s̄* (*a. fig*) **Garden of ~** Garten *m* Eden
edge [edʒ] **A** *s̄* **1** (*von Messer*) Schneide *f*; **to take the ~ off sth** (*fig*) etw der Wirkung (*gen*) berauben; *Schmerz* etw lindern; **to be on ~** nervös sein; **there was an ~ to his voice** seine Stimme klang ärgerlich; **to have the ~ on sb/sth** jdm/etw überlegen sein; **it gives her/it that extra ~** darin besteht eben der kleine Unterschied **2** Rand *m*; (*von Backstein*) Kante *f*; (*von See, Fluss, Meer*) Ufer *n*; **at the ~ of the road** am Straßenrand; **the film had us on the ~ of our seats** der Film war unheimlich spannend **B** *vt* **1** einfassen; **~d in black** mit einem schwarzen Rand **2** **to ~ one's way toward(s) sth** sich allmählich auf etw (*akk*) zubewegen; **she ~d her way through the crowd** sie schlängelte sich durch die Menge **C** *vi* sich schieben; **to ~ toward(s) the door** sich zur Tür stehlen; **he ~d past me** er schob sich an mir vorbei ♦**edge out** *vt trennb* beiseitedrängen; **Germany edged England out of the final** Deutschland verdrängte England aus dem Endspiel

edge — Schneide

edge — Ufer

edgeways ['edʒweɪz], (*US*) **edgewise** ['edʒwaɪz] *adv* hochkant; **I couldn't get a word in ~** ich bin überhaupt nicht zu Wort gekommen
edgy ['edʒɪ] *adj* (*+er*) nervös
EDI *abk von* electronic data interchange
edible ['edɪbl] *adj* essbar

edict ['i:dɪkt] *s̄* Erlass *m*
edifice ['edɪfɪs] *s̄* Gebäude *n*
Edinburgh ['edɪnbərə] *s̄* Edinburg(h) *n*
edit ['edɪt] *vt* *Zeitung, Magazin* herausgeben; *Buch, Text* redigieren; *Film* schneiden; IT editieren
♦**edit out** *vt trennb* herausnehmen; (*aus Film, Band*) herausschneiden; *Figur (aus Geschichte)* herausstreichen
editable ['edɪtəbl] *adj* IT *Datei* editierbar **editing** ['edɪtɪŋ] *s̄* (*von Zeitung, Magazin*) Herausgabe *f*; (*von Buch, Text*) Redaktion *f*; (*von Film*) Schnitt *m*; IT Editieren *n* **edition** [ɪ'dɪʃən] *s̄* Ausgabe *f*, Auflage *f* **editor** ['edɪtə'] *s̄* Herausgeber(in) *m(f)*, (Verlags)lektor(in) *m(f)*; FILM Cutter(in) *m(f)*; **sports ~** Sportredakteur(in) *m(f)* **editorial** [,edɪ'tɔ:rɪəl] **A** *adj* redaktionell **B** *s̄* Leitartikel *m*
EDP *abk von* electronic data processing EDV *f*
educate ['edjʊkeɪt] *vt* **1** SCHULE, UNIV erziehen; **he was ~d at Eton** er ist in Eton zur Schule gegangen **2** *Öffentlichkeit* informieren; **we need to ~ our children about drugs** wir müssen dafür sorgen, dass unsere Kinder über Drogen Bescheid wissen **educated** *adj* gebildet; **to make an ~ guess** eine fundierte *od* wohlbegründete Vermutung anstellen
education [,edjʊ'keɪʃən] *s̄* Erziehung *f*, Ausbildung *f*; (≈ *Wissen*) Bildung *f*; **College of Education** pädagogische Hochschule; **(local) ~ authority** Schulbehörde *f*; **to get an ~** eine Ausbildung bekommen; **she had a university ~** sie hatte eine Universitätsausbildung; **she had little ~** sie war ziemlich ungebildet **educational** *adj* **1** erzieherisch, schulisch; **~ system** Bildungswesen *n*, Bildungssystem *n* **2** *Thema* pädagogisch **3** *Erfahrung* lehrreich; **~ film** Lehrfilm *m*; **~ toy** pädagogisch wertvolles Spielzeug **educationally** [,edjʊ'keɪʃnəlɪ] *adv* **~ subnormal** lernbehindert
edutainment [,edjʊ'teɪnmənt] *s̄* Edutainment *n*
Edwardian [ed'wɔ:dɪən] *adj* Edwardianisch; **~ England** England in der Zeit Eduards VII.
EEC *s̄* (*obs*) *abk von* European Economic Community EG *f*, EWG *f* (*obs*)
EEG *abk von* electroencephalogram EEG *n*
eel [i:l] *s̄* Aal *m*
eerie, eery ['ɪərɪ] *adj* (*+er*) unheimlich **eerily** ['ɪərɪlɪ] *adv* (*+v*) unheimlich; (*+adj*) auf unheimliche Weise; **the whole town was ~ quiet** in der ganzen Stadt herrschte eine unheimliche Stille
effect [ɪ'fekt] *s̄* **1** Wirkung *f*, Auswirkung *f*; **alcohol has the ~ of dulling your senses** Alkohol bewirkt eine Abstumpfung der Sinne; **the ~ of this is that …** das hat zur Folge, dass …;

to feel the ~s of the drugs die Wirkung der Drogen spüren; **to no ~** erfolglos; **to have an ~ on sb/sth** eine Wirkung auf jdn/etw haben; **to have no ~** keine Wirkung haben; **to take ~** (*Medikament*) wirken; **with immediate ~** mit sofortiger Wirkung; **with ~ from 3 March** mit Wirkung vom 3. März; **to create an ~** einen Effekt erzielen; **only for ~** nur zum Effekt; **we received a letter to the ~ that ...** wir erhielten ein Schreiben des Inhalts, dass ...; **... or words to that ~** ... oder etwas in diesem Sinne **2 in ~** in Wirklichkeit **3** (*Gesetz*) **to come into** *od* **take ~** in Kraft treten **effective** [ɪ'fektɪv] ADJ **1** *Maßnahmen* effektiv; *Behandlung, Abschreckung* wirksam; *Kombination* wirkungsvoll; **to be ~ in doing sth** bewirken, dass etw geschieht; **to be ~ against sth** (*Medikament*) gegen etw wirken **2** (≈ *geltend*) in Kraft; **a new law, ~ from** *od* **becoming ~ on 1 August** ein neues Gesetz, das am 1. August in Kraft tritt **effectively** [ɪ'fektɪvlɪ] ADV **1** wirksam; *funktionieren, arbeiten* effektiv **2** effektiv **effectiveness** S Wirksamkeit f; (*von Strategie*) Effektivität f **effeminate** [ɪ'femɪnɪt] ADJ feminin **effervescent** [ˌefə'vesnt] ADJ sprudelnd **efficacy** ['efɪkəsɪ] S Wirksamkeit f **efficiency** [ɪ'fɪʃənsɪ] S Fähigkeit f; (*von Maschine, Organisation*) Leistungsfähigkeit f; (*von Methode*) Wirksamkeit f; (*von Motor*) Sparsamkeit f **efficient** ADJ *Mensch* fähig; *Maschine, Organisation* leistungsfähig; *Motor* sparsam; *Service* gut; *Methode* wirksam; *Art und Weise* rationell; **to be ~ at (doing) sth** etw gut können **efficiently** ADV effektiv; **to work more ~** rationeller arbeiten **effigy** ['efɪdʒɪ] S Bildnis n **effluent** ['efluənt] S Abwasser n **effort** ['efət] S **1** Versuch m; (≈ *Arbeit*) Anstrengung f; **to make an ~ to do sth** sich bemühen, etw zu tun; **to make the ~ to do sth** sich (*dat*) die Mühe machen, etw zu tun; **to make every ~** *od* **a great ~ to do sth** sich sehr bemühen, etw zu tun; **he made no ~ to be polite** er machte sich (*dat*) nicht die Mühe, höflich zu sein; **it's an ~** es kostet einige Mühe; **come on, make an ~** komm, streng dich an; **it's worth the ~** die Mühe lohnt sich **2** Aktion f **3** (*umg*) Unternehmen n; **it was a pretty poor ~** das war eine ziemlich schwache Leistung; **it's not bad for a first ~** das ist nicht schlecht für den Anfang **effortless** ADJ mühelos **effortlessly** ADV mühelos **effusive** [ɪ'fjuːsɪv] ADJ überschwänglich, exaltiert **E-fit** ['iːfɪt] S elektronisch erstelltes Fahndungsfoto **EFL** *abk* von English as a Foreign Language

Englisch als Fremdsprache **eg** *abk* von exempli gratia z. B. **EGA** IT *abk* von enhanced graphics adapter EGA m **egalitarianism** [ɪˌgælɪ'teərɪənɪzəm] S Egalitarismus m **egg** [eg] S Ei n; **to put all one's ~s in one basket** (*sprichw*) alles auf eine Karte setzen ♦**egg on** VT *trennb* anstacheln **egg cup** S Eierbecher m **eggplant** S (US) Aubergine f, Melanzani f (*österr*) (❗ = (Br) **aubergine**) **eggshell** S Eierschale f **egg timer** S Eieruhr f **egg whisk** S Schneebesen m **egg white** S Eiweiß n **egg yolk** S Eigelb n **ego** ['iːgəʊ] S, *pl* -s PSYCH Ego n; (≈ *Stolz*) Selbstbewusstsein n; (≈ *Dünkel*) Einbildung f; **his ~ won't allow him to admit he is wrong** sein Stolz lässt ihn nie zugeben, dass er unrecht hat **egocentric** [ˌiːgəʊ'sentrɪk] ADJ egozentrisch **egoism** ['iːgəʊɪzəm] S Egoismus m **egoist** ['iːgəʊɪst] S Egoist(in) m(f) **egoistic(al)** [ˌiːgəʊ'ɪstɪk(əl)] ADJ egoistisch **egotism** ['iːgəʊtɪzəm] S Ichbezogenheit f **egotist** ['iːgəʊtɪst] S ichbezogener Mensch **egotistic(al)** [ˌiːgəʊ'tɪstɪk(əl)] ADJ ichbezogen **ego trip** S (*umg*) Egotrip m (*umg*) **Egypt** ['iːdʒɪpt] S Ägypten n **Egyptian** [ɪ'dʒɪpʃən] A ADJ ägyptisch B S Ägypter(in) m(f) **EIB** *abk* von European Investment Bank EIB f **eiderdown** ['aɪdədaʊn] S Federbett n **eight** [eɪt] A ADJ acht B S Acht f; → six **eighteen** ['eɪ'tiːn] A ADJ achtzehn B S Achtzehn f **eighteenth** ['eɪ'tiːnθ] A ADJ achtzehnte(r, s) B S **1** Achtzehntel n **2** Achtzehnte(r, s); → sixteenth **eighth** [eɪtθ] A ADJ achte(r, s) B S **1** Achtel n **2** Achte(r, s); → sixth **eighth note** S (US MUS) Achtelnote f (❗ = (Br) **quaver**); **~ rest** Achtelpause f (❗ = (Br) **quaver rest**) **eightieth** ['eɪtɪəθ] A ADJ achtzigste(r, s) B S **1** Achtzigstel n **2** Achtzigste(r, s); → sixtieth **eighty** ['eɪtɪ] A ADJ achtzig B S Achtzig f; → sixty **Eire** ['ɛərə] S Irland n **either** ['aɪðəʳ, 'iːðəʳ] A ADJ, PRON **1** eine(r, s) (von beiden); **there are two boxes on the table, take ~ (of them)** auf dem Tisch liegen zwei Schachteln, nimm eine davon **2** jede(r, s), beide *pl*; **~ day would suit me** beide Tage passen mir; **which bus will you take? — ~ (will do)** welchen Bus wollen Sie nehmen? — das ist egal; **on ~ side of the street** auf beiden Seiten der Straße; **it wasn't in ~ (box)** es war in keiner der beiden (Kisten) B ADV, KONJ **1** (*nach Verneinung*) auch nicht; **I haven't**

EJAC ‖ 220

~ **ich auch nicht** 2 » **...** or entweder ... oder; *(bei Verneinung)* weder ... noch; **he must be ~ lazy or stupid** er muss entweder faul oder dumm sein; **I have never been to ~ Paris or Rome** ich bin weder in Paris noch in Rom gewesen 3 **she inherited some money and not an insignificant amount ~** sie hat Geld geerbt, und (zwar) gar nicht so wenig

ejaculate [ɪ'dʒækjʊleɪt] *VI* PHYSIOL ejakulieren **ejaculation** [ɪˌdʒækjʊ'leɪʃən] *S* PHYSIOL Ejakulation *f*

eject [ɪ'dʒekt] **A** *VT* 1 *Mieter* hinauswerfen 2 *Kassette* auswerfen **B** *VI* *(Pilot)* den Schleudersitz betätigen **ejector seat** [ɪ'dʒektəsiːt], *(US)* **ejection seat** *S* FLUG Schleudersitz *m*

EKG *S* *(US)* = **ECG**

elaborate [ɪ'læbərɪt] **A** *ADJ* 1 kompliziert, ausgeklügelt; *Schema* groß angelegt; *Pläne, Vorsichtsmaßnahmen* umfangreich; *Vorbereitungen* ausführlich; *Gestaltung* aufwendig 2 kunstvoll **B** *VI* [ɪ-'læbəreɪt] **would you care to** *od* **could you ~ on that?** könnten Sie darauf näher eingehen? **elaborately** [ɪ'læbərɪtlɪ] *ADV* 1 ausführlich, kompliziert; **an ~ staged press conference** eine mit großem Aufwand veranstaltete Pressekonferenz 2 kunstvoll

elapse [ɪ'læps] *VI* vergehen

elastic [ɪ'læstɪk] **A** *ADJ* elastisch; **~ waist** Taille *f* mit Gummizug **B** *S* (🚫 kein pl) Gummi(band *n*) *m*; **a piece of ~** ein Gummiband *n* **elasticated** [ɪ'læstɪkeɪtɪd] *ADJ* elastisch; **~ waist** Taille *f* mit Gummizug **elastic band** *S* *(bes Br)* Gummiband *n* **elasticity** [ˌiːlæs'tɪsɪtɪ] *S* Elastizität *f* **Elastoplast®** [ɪ'læstəʊplɑːst] *S* *(Br)* Heftpflaster *n* (🚫 = (US) **Band-Aid®**)

elation [ɪ'leɪʃən] *S* Begeisterung *(at über +akk)*

elbow ['elbəʊ] **A** *S* Ellbogen *m* **B** *VT* **he ~ed his way through the crowd** er boxte sich durch die Menge; **to ~ sb aside** jdn beiseitestoßen; **he ~ed me in the stomach** er stieß mir *od* mich mit dem Ellbogen in den Magen **elbow grease** *S* *(umg)* Muskelkraft *f* **elbowroom** *S* *(umg)* Ellbogenfreiheit *f* *(umg)*

elder¹ ['eldə'] **A** *ADJ* *attr komp von* **old** 1 *Bruder etc* ältere(r, s) 2 **Pliny the ~** Plinius der Ältere **B** *S* 1 **respect your ~s** du musst Respekt vor Älteren haben 2 *(von Stamm, in Kirche)* Älteste(r) *m*

elder² *S* BOT Holunder *m*, Holler *m* *(österr)* **elderberry** ['eldə,berɪ] *S* Holunderbeere *f*, Hollerbeere *f* *(österr)*; **~ wine** Holunder- *od* *(österr)* Hollerwein *m*

elderly ['eldəlɪ] *ADJ* ältlich, ältere(r, s) *attr*; **the ~** *pl* ältere Menschen *pl* **elder statesman** *S*, *pl* -men (alt)erfahrener Staatsmann **eldest** ['eldɪst] **A** *ADJ* *attr sup von* **old** *(Bruder etc)* ältes-

te(r, s) **B** *S* the ~ der/die/das Älteste; *(pl)* die Ältesten *pl*; **the ~ of four children** das älteste von vier Kindern; **my ~** *(umg)* mein Ältester, meine Älteste

elect [ɪ'lekt] **A** *VT* 1 wählen; **he was ~ed chairman** er wurde zum Vorsitzenden gewählt; **to ~ sb to the Senate** jdn in den Senat wählen 2 sich entscheiden für; **to ~ to do sth** sich dafür entscheiden, etw zu tun **B** *ADJ* **the president ~** der designierte Präsident

election [ɪ'lekʃən] *S* Wahl *f* **election campaign** *S* Wahlkampf *m* **electioneering** [ɪ-ˌlekʃə'nɪərɪŋ] *S* Wahlkampf *m*, Wahlpropaganda *f* **elective** [ɪ'lektɪv] *S* *(US* SCHULE, UNIV*)* Wahlfach *n* **electoral** [ɪ'lektərəl] *ADJ* Wahl-; **~ process** Wahlverfahren *n*; **~ system** Wahlsystem *n* **electoral register**, **electoral roll** *S* Wählerverzeichnis *n* **electorate** [ɪ'lektərɪt] *S* Wählerschaft *f*

electric [ɪ'lektrɪk] **A** *ADJ* 1 elektrisch, Strom-; **~ car/vehicle** Elektroauto *n*; **~ razor** Elektrorasierer *m*; **~ kettle** elektrischer Wasserkocher 2 *(fig)* wie elektrisiert **B** *S* 1 *(umg)* Elektrizität *f* 2 **electrics** *PL* Strom *m*; AUTO Elektrik *f*

electrical [ɪ'lektrɪkəl] *ADJ* elektrisch; **~ appliance** Elektrogerät *n* **electrical engineer** *S* Elektrotechniker(in) *m(f)*, Elektroingenieur(in) *m(f)* **electrical engineering** *S* Elektrotechnik *f* **electrically** [ɪ'lektrɪkəlɪ] *ADV* elektrisch; **an ~ powered car** ein Wagen *m* mit Elektroantrieb **electric blanket** *S* Heizdecke *f* **electric chair** *S* elektrischer Stuhl **electric cooker** *S* Elektroherd *m* **electric fence** *S* Elektrozaun *m* **electric fire** *S* elektrisches Heizgerät **electric guitar** *S* E-Gitarre *f* **electric heater** *S* elektrisches Heizgerät

electrician [ɪlek'trɪʃən] *S* Elektriker(in) *m(f)* **electricity** [ɪlek'trɪsɪtɪ] *S* Elektrizität *f*; *(elektrischer)* Strom; **~ price** Strompreis *m*; **~ production** Stromerzeugung *f* **electricity meter** *S* Stromzähler *m* **electric organ** *S* elektrische Orgel **electric shock** *S* Stromschlag *m*; MED Elektroschock *m* **electric toothbrush** *S* elektrische Zahnbürste **electrify** [ɪ'lektrɪfaɪ] *VT* 1 BAHN elektrifizieren 2 *(fig)* elektrisieren **electrocardiogram** [ɪˌlektrəʊ-kɑː,dɪəʊgræm] *S* Elektrokardiogramm *n* **electrocute** [ɪ'lektrəkjuːt] *VT* durch einen (Strom-)schlag töten; *(bei Todesurteil)* auf dem elektrischen Stuhl hinrichten **electrode** [ɪ-'lektrəʊd] *S* Elektrode *f* **electrolysis** [ɪlek-'trɒlɪsɪs] *S* Elektrolyse *f* **electromagnetic** [ɪ-ˌlektrəʊmæg'netɪk] *ADJ* elektromagnetisch **electron** [ɪ'lektrɒn] *S* Elektron *n*

electronic *ADJ*, **electronically** *ADV* [ɪlek-

E

221 ‖ ELSE

ˈtrɒnɪk, -əlɪ] elektronisch **electronic bank-ing** s͟ elektronischer Zahlungsverkehr **elec-tronic data interchange** s͟ IT elektronischer Datenaustausch **electronic data processing** s͟ IT elektronische Datenverarbeitung **electronic engineering** s͟ Elektronik f **electronic mail** s͟ E-Mail f **electronics** s͟ **1** (❶ mit Verb im Singular) (als Fach) Elektronik f **2** (❶ mit Verb im Plural) (von Maschine etc) Elektronik f **electronic surveillance** s͟ elektronische Überwachung **electronic tagging** s͟ elektronische Fußfesseln pl **electroplated** [ɪˈlektrəʊpleɪtɪd] A̲D̲J̲ (galvanisch) versilbert/verchromt etc **electroshock therapy** [ɪˈlektrəʊʃɒkˈθerəpɪ] s͟ Elektroschocktherapie f

elegance [ˈelɪɡəns] s͟ Eleganz f **elegant** A̲D̲J̲, **elegantly** A̲D̲V̲ elegant

element [ˈelɪmənt] s͟ Element n; **one of the key ~s of the peace plan** einer der grundlegenden Bestandteile des Friedensplans; **an ~ of danger** ein Gefahrenelement n; **an ~ of truth** eine Spur von Wahrheit; **a criminal ~** ein paar Kriminelle; **to be in one's ~** in seinem Element sein **elemental** [ˌelɪˈmentl] A̲D̲J̲ (liter) elementar; **~ force** Naturgewalt f **elementary** [ˌelɪˈmentərɪ] A̲D̲J̲ **1** Tatsache grundlegend; **~ mistake** Grundfehler m **2** SCHULE Stufe Elementar-; **~ skills/knowledge** Grundkenntnisse pl; **~ maths** Elementarmathematik f **elementary school** s͟ (US) Grundschule f (❶ = (Br) **primary school**)

▶ **elementary school**

Der erste Abschnitt der Schulausbildung in den USA ist die **elementary school**, auch **grammar** oder **grade school** genannt, welche Kinder im Alter von 6 bis 11 oder 13 absolvieren. Schwerpunktmäßig werden die **three Rs** (**R**eading, **W**riting, **A**rithmetic) unterrichtet, dazu kommen Natur- und Geisteswissenschaften sowie Sport und musische Fächer.

LANDESKUNDE ◀

elephant [ˈelɪfənt] s͟ Elefant m **elevate** [ˈelɪveɪt] V̲T̲ **1** heben; Blutdruck etc erhöhen **2** (fig: geistig) erbauen **3** **to ~ sb to the peerage** jdn in den Adelsstand erheben **elevated** A̲D̲J̲ **1** erhöht; **~ railway** (Br) od **railroad** (US) Hochbahn f; **the ~ section of the M4** die als Hochstraße gebaute Strecke der M4 **2** Status, Stil, Sprache gehoben **elevation** [ˌelɪˈveɪʃən] s͟ Höhe f über dem Meeresspiegel **elevator** [ˈelɪveɪtə*] s͟ (US) Fahrstuhl m (❶ = (Br) **lift**)

eleven [ɪˈlevn] A̲ s͟ Elf f; **the second ~** FUSSB die zweite Mannschaft B̲ A̲D̲J̲ elf; → **six elevenses** [ɪˈlevnzɪz] s͟ (❶ mit Verb im Singular oder Plural) (Br) zweites Frühstück, Znüni n (schweiz)

eleventh [ɪˈlevnθ] A̲ A̲D̲J̲ elfte(r, s); **at the ~ hour** (fig) fünf Minuten vor zwölf B̲ s͟ **1** Elftel n **2** Elfte(r, s); → **sixth**

elf [elf] s͟, pl **elves** Kobold m

eligibility [ˌelɪdʒəˈbɪlɪtɪ] s͟ Berechtigung f **eligible** [ˈelɪdʒəbl] A̲D̲J̲ infrage kommend; (für Wettbewerb etc) teilnahmeberechtigt; (für Stipendium etc) berechtigt; (für Mitgliedschaft) aufnahmeberechtigt; **to be ~ for a job** für einen Posten infrage kommen; **to be ~ for a pension** pensionsberechtigt sein; **an ~ bachelor** ein begehrter Junggeselle

eliminate [ɪˈlɪmɪneɪt] V̲T̲ **1** ausschließen; Konkurrent ausschalten; Armut, Verschwendung ein Ende machen (+dat); Problem beseitigen; **our team was ~d** unsere Mannschaft ist ausgeschieden **2** (≈ töten) eliminieren **elimination** [ɪˌlɪmɪˈneɪʃən] s͟ **1** Ausschluss m; (von Konkurrent) Ausschaltung f; (von Armut, Verschwendung) Beendung f; (von Problem) Beseitigung f; **by (a) process of ~** durch negative Auslese **2** (≈ Tötung) Eliminierung f

elite [eɪˈliːt] A̲ s͟ (oft pej) Elite f B̲ A̲D̲J̲ Elite-; **~ group** Elitegruppe f **elitism** [eɪˈliːtɪzəm] s͟ Elitedenken n **elitist** [eɪˈliːtɪst] A̲ A̲D̲J̲ elitär B̲ s͟ elitär Denkende(r) m/f(m); **he's an ~** er denkt elitär

Elizabethan [ɪˌlɪzəˈbiːθən] A̲ A̲D̲J̲ elisabethanisch B̲ s͟ Elisabethaner(in) m(f)

elk [elk] s͟ Elch m

elliptic(al) [ɪˈlɪptɪk(əl)] A̲D̲J̲ MATH etc elliptisch **elm** [elm] s͟ Ulme f

elocution [ˌeləˈkjuːʃən] s͟ Sprechtechnik f; **~ lessons** Sprechunterricht m

elope [ɪˈləʊp] V̲I̲ durchbrennen (umg), um zu heiraten

eloquence [ˈeləkwəns] s͟ Redegewandtheit f; (von Worten) Gewandtheit f **eloquent** A̲D̲J̲ Rede, Worte gewandt; Sprecher redegewandt **eloquently** A̲D̲V̲ ausdrücken mit beredten Worten; zeigen deutlich

else [els] A̲D̲V̲ **1** andere(r, s); **anybody ~ would have done it** jeder andere hätte es gemacht; **is there anybody ~ there?** ist sonst (noch) jemand da?; **does anybody ~ want it?** will jemand anders es haben?; **somebody ~** sonst jemand; **I'd prefer something ~** ich möchte lieber etwas anderes; **have you anything ~ to say?** haben Sie sonst noch etwas zu sagen?; **do you find this species anywhere ~?** findet man die Gattung auch anderswo?; **they**

ELSE | 222

E

haven't got anywhere ~ **to go** sie können sonst nirgends anders hingehen; **this is somebody ~'s umbrella** dieser Schirm gehört jemand anders; **something ~** sonst etwas; **that car is something ~** (*umg*) das Auto ist einfach spitze (*umg*); **if all ~ fails** wenn alle Stricke reißen; **above all ~** vor allen Dingen; **anything ~?** (*in Laden*) sonst noch etwas?; **everyone/everything ~** alle anderen/alles andere; **everywhere ~** überall sonst; **somewhere** *od* **someplace** (*bes US*) **~** woanders; (*mit Richtungsangabe*) woandershin; **from somewhere ~** woandersher **2** (*bei Verneinung*) **nobody ~, no one ~** sonst niemand; **nothing ~** sonst nichts; **what do you want? — nothing ~, thank you** was möchten Sie? — danke, nichts weiter; **if nothing ~, you'll enjoy it** auf jeden Fall wird es dir Spaß machen; **there's nothing ~ for it but to …** da gibt es keinen anderen Ausweg, als zu …; **nowhere ~** sonst nirgends *od* nirgendwo; (*mit Richtungsangabe*) sonst nirgendwohin; **there's not much ~ we can do** wir können kaum etwas anderes tun **3** (*in Fragen*) **where/who/what ~?** wo/wer/was sonst?; **who ~ but John?** wer anders als John?; **how ~ can I do it?** wie kann ich es denn sonst machen?; **what ~ could I have done?** was hätte ich sonst tun können? **4** sonst; **do it now** (*or*) **~ you'll be punished** tu es jetzt, sonst setzt es Strafe; **do it or ~ …!** mach das, sonst …!; **he's either a genius or ~ he's mad** er ist entweder ein Genie oder aber verrückt **elsewhere** [ˌelsˈwɛəʳ] ADV woanders; **to go ~** woandershin gehen; **her thoughts were ~** sie war mit ihren Gedanken woanders

ELT *abk von* English Language Teaching Englischunterricht *m* für Ausländer

elucidate [ɪˈluːsɪdeɪt] VT *Text* erklären; *Situation* erhellen

elude [ɪˈluːd] VT *Polizei, Feind* entkommen (*+dat*); **to ~ capture** entkommen; **sleep ~d her** sie konnte keinen Schlaf finden; **the name ~s me** der Name ist mir entfallen **elusive** [ɪ-ˈluːsɪv] ADJ **1** *Ziel, Erfolg* schwer erreichbar, unerreichbar; **financial success proved ~** der finanzielle Erfolg wollte sich nicht einstellen **2** schwer zu erreichen; *Beute* schwer zu fangen

elves [elvz] *pl von* elf

emaciated [ɪˈmeɪsɪeɪtɪd] ADJ ausgezehrt

E-mail, e-mail [ˈiːmeɪl] **A** S E-Mail *f* **B** VT **to ~ sb** jdm eine E-Mail schicken; **to ~ sth** etw per E-Mail schicken **E-mail address, e-mail address** S E-Mail-Adresse *f*

emancipate [ɪˈmænsɪpeɪt] VT *Frauen* emanzipieren; *Sklaven* freilassen; *Land* befreien **emancipated** [ɪˈmænsɪpeɪtɪd] ADJ emanzipiert

emancipation [ɪˌmænsɪˈpeɪʃən] S Emanzipation *f*; (*von Sklaven*) Freilassung *f*; (*von Land*) Befreiung *f*

embalm [ɪmˈbɑːm] VT einbalsamieren

embankment [ɪmˈbæŋkmənt] S (*Ufer*)böschung *f*; BAHN Bahndamm *m*; (≈ *Deich*) (*Ufer*)damm *m*

embargo [ɪmˈbɑːgəʊ] S, *pl* -es Embargo *n*; **trade ~** Handelsembargo *n*; **to place/lift an ~ on sth** ein Embargo über etw (*akk*) verhängen/aufheben

embark [ɪmˈbɑːk] VI **1** SCHIFF sich einschiffen **2** (*fig*) **to ~ up(on) sth** etw beginnen **embarkation** [ˌembɑːˈkeɪʃən] S Einschiffung *f* **embarkation papers** PL Bordpapiere *pl*

embarrass [ɪmˈbærəs] VT in Verlegenheit bringen; (*Großzügigkeit etc*) beschämen; **she was ~ed by the question** die Frage war ihr peinlich **embarrassed** ADJ verlegen; **I am/feel so ~** (**about it**) es ist mir so peinlich; **she was ~ to be seen with him** *od* **about being seen with him** es war ihr peinlich, mit ihm gesehen zu werden **embarrassing** ADJ peinlich **embarrassingly** ADV auf peinliche Weise, peinlicherweise; **it was ~ bad** es war so schlecht, dass es schon peinlich war **embarrassment** S Verlegenheit *f*; **to cause ~ to sb** jdn in Verlegenheit bringen; **to my great ~ she … sie …,** was mir sehr peinlich war; **she's an ~ to her family** sie blamiert die ganze Familie (*umg*)

embassy [ˈembəsɪ] S Botschaft *f*

embed [ɪmˈbed] VT **1** einlassen; **the car was firmly ~ded in the mud** das Auto steckte im Schlamm fest; **the bullet ~ded itself in the wall** die Kugel bohrte sich in die Wand **2** IT **~ded commands** eingebettete Befehle

embellish [ɪmˈbelɪʃ] VT schmücken; (*fig*) *Bericht* ausschmücken; *Wahrheit* beschönigen

embers [ˈembəz] PL Glut *f*

embezzle [ɪmˈbezl] VT unterschlagen **embezzlement** S Unterschlagung *f*

embitter [ɪmˈbɪtəʳ] VT verbittern

emblem [ˈembləm] S Emblem *n*

embodiment [ɪmˈbɒdɪmənt] S Verkörperung *f*; **to be the ~ of evil** das Böse in Person sein **embody** [ɪmˈbɒdɪ] VT **1** *Ideal etc* verkörpern **2** enthalten

embossed [ɪmˈbɒst] ADJ geprägt; *Muster* erhaben

embrace [ɪmˈbreɪs] **A** VT **1** umarmen; **they ~d each other** sie umarmten sich **2** *Religion* annehmen; *Sache* sich annehmen (*+gen*) **3** umfassen **B** VI sich umarmen **C** S Umarmung *f*

embroider [ɪmˈbrɔɪdəʳ] **A** VT *Stoff* besticken; *Muster* sticken **B** VI sticken **embroidered**

ADJ *Stoff* **bestickt**; *Muster* **(auf)gestickt** *(on* auf +*akk)*
embroidery [ɪmˈbrɔɪdərɪ] S̲ Stickerei *f*
embryo [ˈembrɪəʊ] S̲, *pl* **-s** Embryo *m* **embry-onic** [ˌembrɪˈɒnɪk] ADJ *(bes fig)* **keimhaft**
emcee [ˈemˈsiː] S̲ Conférencier *m*, Zeremonienmeister(in) *m(f)*
emerald [ˈemərəld] A̲ S̲ **1** Smaragd *m* **2** *(≈ Farbe)* Smaragdgrün *n* B̲ ADJ smaragden; **~ ring** Smaragdring *m* **Emerald Isle** S̲ **the ~** die Grüne Insel
emerge [ɪˈmɜːdʒ] V̲I̲ **1** auftauchen; **one arm ~d from beneath the blanket** ein Arm tauchte unter der Decke hervor; **he ~d from the house** er kam aus dem Haus; **he ~d (as) the winner** er ging als Sieger hervor **2** *(Leben, Nation)* entstehen **3** *(Wahrheit etc)* sich herausstellen **emergence** [ɪˈmɜːdʒəns] S̲ Auftauchen *n; (von Nation)* Entstehung *f; (von Theorie)* Aufkommen *n*
emergency [ɪˈmɜːdʒənsɪ] A̲ S̲ Notfall *m*, Notlage *f;* **in an ~, in case of ~** im Notfall; **to declare a state of ~** den Notstand erklären; **the doctor's been called out on an ~** der Arzt ist zu einem Notfall gerufen worden B̲ ADJ **1** Not-; *Hauptversammlung* außerordentlich; *Reparatur* notdürftig; **~ regulations** Notverordnung *f;* **to undergo ~ surgery** sich einer Notoperation unterziehen; **~ plan/procedure** Plan *m/*Maßnahmen *pl* für den Notfall; **for ~ use only** nur für den Notfall **2** Katastrophen-; **~ relief** Katastrophenhilfe *f* **3** Notstands- **emergency brake** S̲ Notbremse *f* **emergency call** S̲ Notruf *m* **emergency cord** S̲ BAHN Notbremse *f* **emergency exit** S̲ Notausgang *m* **emergency landing** S̲ Notlandung *f* **emergency room** S̲ *(US)* Unfallstation *f* (🛈 = *(Br)* **casualty ward, emergency ward**) **emergency services** P̲L̲ Notdienst *m* **emergency stop** S̲ AUTO Vollbremsung

f **emergency ward** S̲ *(Br)* Unfallstation *f* (🛈 = *(US)* **emergency room**)
emergent [ɪˈmɜːdʒənt] ADJ *(form) Nation etc* aufstrebend
emigrant [ˈemɪɡrənt] S̲ Auswanderer *m*, Auswanderin *f*, Emigrant(in) *m(f)* 🛈 Menschen, die ihr Land verlassen, weil sie dort verfolgt werden, werden häufiger **refugees**) genannt.
emigrate [ˈemɪɡreɪt] V̲I̲ auswandern, emigrieren **emigration** [ˌemɪˈɡreɪʃən] S̲ Auswanderung *f*, Emigration *f* **émigré** [ˈemɪɡreɪ] S̲ Emigrant(in) *m(f)*
eminence [ˈemɪnəns] S̲ hohes Ansehen **eminent** ADJ angesehen **eminently** ADV *vernünftig* ausgesprochen; *wünschenswert* überaus; **~ suitable** vorzüglich geeignet; **to be ~ capable of sth** eindeutig zu etw fähig sein
emir [eˈmɪəʳ] S̲ Emir *m* **emirate** [ˈemɪrɪt] S̲ Emirat *n*
emissary [ˈemɪsərɪ] S̲ Abgesandte(r) *m/f(m)*
emission [ɪˈmɪʃən] S̲ Ausstrahlung *f; (von Abgasen etc)* Emission *f (fachspr); (von Gas)* Ausströmen *n; (von Rauch, Dampf)* Abgabe *f* **emission-free** ADJ VERKEHR schadstofffrei **emit** [ɪˈmɪt] V̲T̲ *Licht* ausstrahlen; *Strahlung* emittieren *(fachspr); Geräusche* abgeben; *Gas* ausströmen; *Rauch, Dampf* abgeben
emoticon [ɪˈməʊtɪkən] S̲ IT Emoticon *n* **emotion** [ɪˈməʊʃən] S̲ **1** Gefühl *n* **2** (🛈 kein *pl*) (Gemüts)bewegung *f;* **to show no ~** unbewegt bleiben **emotional** ADJ emotional; *Problem, Trauma* seelisch; *Unterstützung* psychologisch; *Abschied* gefühlvoll; **to get ~** sich aufregen; **~ outburst** Gefühlsausbruch *m;* **~ state** Gemütszustand *m* **emotional blackmail** S̲ psychologische Erpressung **emotionally** [ɪˈməʊʃnəlɪ] ADV **1** seelisch; **I don't want to get ~ involved** ich will mich nicht ernsthaft engagieren; **~ disturbed** seelisch gestört **2**

▶ emoticons

Will man bestimmte Emotionen in einer E-Mail vermitteln, kann man sich der sogenannten „Emoticons" bedienen, auch „Smileys" genannt, die durch eine Tastenkombination erzeugt werden. Hier eine kleine Auswahl:

:-)	glücklich	:-(	unglücklich, traurig; enttäuscht
:-))	sehr glücklich (*aber auch* Doppelkinn)	:-<	traurig, enttäuscht
:'-)	Weinen vor Freude	:-((	sehr unglücklich, sehr enttäuscht
:-D	lautes Lachen	:'-(	Weinen
;-)	Augenzwinkern	:-/	skeptisch; „nicht so gut"
:-*	Küsschen	:-l	ernst; „finde ich nicht so komisch"
:-x	Küsschen	:-X	Lippen versiegelt (*auch* dicker Kuss)
:-@	Schrei	:-)	boshafte, ironische Bemerkung
:-o	überrascht; schockiert	+O:-)	der Papst

WORTSCHATZ ◀

EMOT | 224

emotional; **~ charged** spannungsgeladen **emotionless** ADJ *Stimme* ausdruckslos **emotive** [ɪˈməʊtɪv] ADJ *Thema* emotional; *Ausdruck* emotional gefärbt

empathize [ˈempəθaɪz] V/I sich hineinversetzen (*with* in +*akk*) **empathy** [ˈempəθɪ] S̄ Einfühlungsvermögen n

emperor [ˈempərə'] S̄ Kaiser m (❗ In Verbindung mit Namen wird **Emperor** großgeschrieben. Kaiserin = **empress**)

emphasis [ˈemfəsɪs] S̄ Betonung f; **to put ~ on a word** ein Wort betonen; **to say sth with ~** etw nachdrücklich betonen; **to put the ~ on sth** etw betonen; **to put the ~ on doing sth** Wert darauf legen, etw zu tun; **there is too much ~ on research** die Forschung steht zu sehr im Vordergrund **emphasize** [ˈemfəsaɪz] V/T betonen **emphatic** [ɪmˈfætɪk] ADJ **1** entschieden; *Leugnen* energisch; **to be ~ (that …)** darauf bestehen(, dass …); **to be ~ about sth** auf etw (*dat*) bestehen **2** *Sieg* klar; *Niederlage* schwer **emphatically** [ɪmˈfætɪkəlɪ] ADV **1** nachdrücklich; *ablehnen, abstreiten* entschieden **2** eindeutig

▶ **to emphasize**

To emphasize bedeutet „betonen". Es gibt im Englischen verschiedene Möglichkeiten, etwas zu betonen oder eine Aussage zu verstärken:

The view was absolutely beautiful.	Die Aussicht war wirklich herrlich.
His results were extremely bad.	Seine Ergebnisse waren extrem schlecht.
I think the lesson was really interesting.	Ich finde, die Stunde war wirklich interessant.

SPRACHGEBRAUCH ◀

empire [ˈempaɪə'] S̄ **1** Reich n, Weltreich n; **the Holy Roman Empire** das Heilige Römische Reich (deutscher Nation); **the British Empire** das Britische Weltreich **2** (*fig, bes* HANDEL) Imperium n; **his business ~** sein Geschäftsimperium n

empirical [emˈpɪrɪkəl] ADJ empirisch

employ [ɪmˈplɔɪ] V/T **1** *jdn* beschäftigen, anstellen; *Privatdetektiv* beauftragen; **he has been ~ed with us for 15 years** er ist schon seit 15 Jahren bei uns; **to be ~ed in doing sth** damit beschäftigt sein, etw zu tun **2** *Methode, Können* anwenden; **they ~ed the services of a chemist to help them** sie zogen einen Chemiker heran, um ihnen zu helfen **employable** [ɪmˈplɔɪəbl] ADJ *Arbeiter* anstellbar

employee [ˌɪmplɔɪˈiː] S̄ Angestellte(r) m/f(m); **~s and employers** Arbeitnehmer und Arbeitgeber; **the ~s** (*von Firma*) die Belegschaft

employer [ɪmˈplɔɪə'] S̄ Arbeitgeber(in) m(f); **~s' federation** Arbeitgeberverband m

employment [ɪmˈplɔɪmənt] S̄ **1** Arbeit f; **to seek ~** Arbeit suchen; **how long is it since you were last in ~?** wann hatten Sie Ihre letzte Stellung?; **conditions/contract of ~** Arbeitsbedingungen pl/-vertrag m **2** Beschäftigung f, Einstellen n **3** (*von Methode, Können*) Anwendung f **employment agency** S̄ Stellenvermittlung f

empower [ɪmˈpaʊə'] V/T **1** **to ~ sb to do sth** jdn ermächtigen, etw zu tun **2** *Minderheiten* stärken

empress [ˈempris] S̄ Kaiserin f (❗ In Verbindung mit Namen wird **Empress** großgeschrieben. Kaiser = **emperor**)

emptiness [ˈemptɪnɪs] S̄ Leere f

empty [ˈemptɪ] **A** ADJ (+*er*) leer; *Haus* leer stehend *attr*; *Platz* frei; *Worte* ausdruckslos; **to feel ~** (*fig*) ein Gefühl der Leere haben; **there were no ~ seats** es waren keine Plätze frei; **on an ~ stomach** mit leerem Magen; *Alkoholkonsum etc* auf leeren Magen **B** S̄ *meist pl* **empties** Leergut n **C** V/T **1** leeren; *Kiste, Zimmer* ausräumen; *Tank* ablassen; *Lkw* abladen **2** *Flüssigkeit* ausgießen **D** V/I (*Fluss*) münden (*into* in +*akk*) ♦**empty out** V/T *trennb* ausleeren

empty-handed ADJ **to return ~** mit leeren Händen zurückkehren **empty-headed** ADJ strohdumm **empty nesters** PL *Eltern, deren Kinder erwachsen und aus dem Haus sind*

EMS *abk von* European Monetary System EWS n

EMU *abk von* European Monetary Union EWU f

emulate [ˈemjʊleɪt] V/T **1** nacheifern (+*dat*); **I tried to ~ his success** ich versuchte, es ihm gleichzutun **2** IT emulieren

emulsion [ɪˈmʌlʃən] S̄ (*a.* **emulsion paint**) Emulsionsfarbe f

enable [ɪˈneɪbl] V/T **to ~ sb to do sth** es jdm ermöglichen, etw zu tun

enact [ɪˈnækt] V/T POL *Gesetz* erlassen

enamel [ɪˈnæməl] **A** S̄ Email n, Emaillack m; (*von Zähnen*) Zahnschmelz m **B** ADJ Email-; **~ paint** Emaillack m

enamour, (US) enamor [ɪˈnæmə'] V/T **to be ~ed of sth** von etw angetan sein; **she was not exactly ~ed of the idea** sie war von der Idee nicht gerade begeistert

encapsulate [ɪnˈkæpsjʊleɪt] V/T (*fig*) zusammenfassen

encase [ɪnˈkeɪs] V/T verkleiden (*in* mit); *Drähte*

umgeben (in mit)
enchant [ɪn'tʃɑ:nt] VT entzücken; **to be ~ed by sth** von etw od über etw (akk) entzückt sein
enchanting [ɪn'tʃɑ:ntɪŋ] ADJ entzückend
encircle [ɪn'sɜ:kl] VT umgeben; (Truppen) einkreisen; Gebäude umstellen
enc(l) abk von **enclosure(s)** Anl.
enclose [ɪn'kləʊz] VT **1** umgeben, einzäunen **2** (in Post) beilegen (with +dat); **I am enclosing the original with the translation** anbei die Übersetzung sowie der Originaltext **enclosed** ADJ **1** Bereich geschlossen **2** (in Post) beiliegend; **a photo was ~ in the letter** dem Brief lag ein Foto bei; **please find ~ ...** in der Anlage od beiliegend finden Sie ... **enclosure** [ɪn'kləʊʒəʳ] S **1** eingezäuntes Grundstück; (für Tiere) Gehege n **2** (≈ Dokumente) Anlage f
encode [ɪn'kəʊd] VT a. IT codieren
encompass [ɪn'kʌmpəs] VT umfassen
encore ['ɒŋkɔ:ʳ] **A** INT Zugabe **B** S Zugabe f
encounter [ɪn'kaʊntəʳ] **A** VT treffen auf (+akk); Schwierigkeiten, Widerstand stoßen auf (+akk); (liter) jdn begegnen (+dat) **B** S Begegnung f; **sexual ~** sexuelle Erfahrung
encourage [ɪn'kʌrɪdʒ] VT jdn ermutigen, anregen; Projekt, Investition fördern; Mannschaft anfeuern; **to be ~d by sth** durch etw neuen Mut schöpfen; **to ~ sb to do sth** jdn ermutigen, etw zu tun **encouragement** S Ermutigung f, Anregung f, Unterstützung f; **to give sb (a lot of) ~** jdn (sehr) ermuntern **encouraging** [ɪn'kʌrɪdʒɪŋ] ADJ ermutigend; **I found him very ~** er hat mir sehr viel Mut gemacht **encouragingly** [ɪn'kʌrɪdʒɪŋlɪ] ADV ermutigend; (+adj) erfreulich; (Satz einleitend) erfreulicherweise
encroach [ɪn'krəʊtʃ] VI **to ~ (up)on** Land vordringen in (+akk); Rechte eingreifen in (+akk); Zeit in Anspruch nehmen **encroachment** [ɪn'krəʊtʃmənt] S (in Land) Vordringen n; (in Rechte) Eingriff m; (von Zeit) Beanspruchung f
encrust [ɪn'krʌst] VT **~ed with earth** erdverkrustet; **a jewel-~ed brooch** eine juwelenbesetzte Brosche
encryption [ɪn'krɪpʃən] S IT, TEL, TV Verschlüsselung f
encumbrance [ɪn'kʌmbrəns] S Belastung f, Last f

 Encyclopaedia Britannica

Die berühmteste und umfangreichste englischsprachige Enzyklopädie ist die **Encyclopaedia Britannica** [ɪn,saɪkləpi:dɪəbrɪ'tænɪkə]. In Buchform besteht sie aus 40 Bänden.

LANDESKUNDE

encyclop(a)edia [ɪn,saɪkləʊ'pi:dɪə] S Lexikon n **encyclop(a)edic** [ɪn,saɪkləʊ'pi:dɪk] ADJ enzyklopädisch

end [end]

A Substantiv	B Adjektiv
C transitives Verb	D intransitives Verb

— **A** Substantiv —

1 Ende n; (von Finger) Spitze f; **our house is the fourth from the ~** unser Haus ist das viertletzte; **to the ~s of the earth** bis ans Ende der Welt; **from ~ to ~** von einem Ende zum anderen; **who'll meet you at the other ~?** wer holt dich ab, wenn du ankommst?; **Lisa's on the other ~** (on the phone) Lisa ist am Telefon; **for hours on ~** stundenlang ununterbrochen; **~ to ~** mit den Enden aneinander; **to change ~s** SPORT die Seiten wechseln; **to make ~s meet** (fig) zurechtkommen (umg); **to see no further than the ~ of one's nose** nicht weiter sehen als seine Nase (reicht); **at our/your ~** bei uns/Ihnen; **how are things at your ~?** wie sieht es bei Ihnen aus?; **at the ~** schließlich; **at/toward(s) the ~ of December** Ende/gegen Ende Dezember; **at the ~ of the war** am Ende des Krieges; **at the ~ of the book** am Schluss des Buches; **at the ~ of the day** (fig) letzten Endes; **as far as I'm concerned, that's the ~ of the matter!** für mich ist die Sache erledigt; **we shall never hear the ~ of it** das werden wir noch lange zu hören kriegen; **to be at an ~** zu Ende sein; **to be at the ~ of one's patience/strength** mit seiner Geduld/seinen Kräften am Ende sein; **to watch a film to the ~** einen Film bis zu Ende ansehen; **that's the ~ of him** er ist erledigt; **that's the ~ of that** das ist damit erledigt; **to bring to an ~** zu Ende bringen; **to come to an ~** zu Ende gehen; **in the ~** schließlich; **to put an ~ to sth** einer Sache (dat) ein Ende setzen; **he met a violent ~** er starb einen gewaltsamen Tod **2** (von Kerze, Zigarette) Stummel m **3** **we met no ~ of famous people** (bes Br) wir trafen viele berühmte Leute; **it pleased her no ~** (bes Br) das hat ihr irrsinnig gefallen (umg) **4** Zweck m; **to what ~?** (form) zu welchem Zweck?; **an ~ in itself** Selbstzweck ohne art

— **B** Adjektiv —
attr letzte(r, s); **the ~ house** das letzte Haus

— **C** transitives Verb —
beenden; **to ~ it all** (≈ Selbstmord begehen) Schluss machen

— **D** intransitives Verb —

ENDU ‖ 226

enden; **we ~ed with a song** zum Schluss sangen wir ein Lied; **to be ~ing** zu Ende gehen; **to ~ by doing sth** schließlich etw tun; **to ~ in an "s"** auf „s" enden; **an argument which ~ed in a fight** ein Streit, der mit einer Schlägerei endete

♦**end up** ⃞vi enden; **to ~ doing sth** schließlich etw tun; **to ~ (as) a lawyer** schließlich Rechtsanwalt werden; **to ~ (as) an alcoholic** als Alkoholiker enden; **we ended up at Joe's** wir landeten schließlich bei Joe (umg); **you'll ~ in trouble** Sie werden noch Ärger bekommen

endanger [ɪnˈdeɪndʒəʳ] ⃞vt gefährden **endangered** ⃞ADJ vom Aussterben bedroht

endear [ɪnˈdɪəʳ] ⃞vt beliebt machen (to bei); **to ~ oneself to sb** sich bei jdm beliebt machen **endearing** [ɪnˈdɪərɪŋ] ⃞ADJ liebenswert **endearment** ⃞s **term of ~** Kosename m

endeavour, (US) **endeavor** [ɪnˈdevəʳ] ⃞A ⃞s Anstrengung f; **in an ~ to please her** um ihr eine Freude zu machen ⃞B ⃞vt sich anstrengen

endemic [enˈdemɪk] ⃞ADJ endemisch; **~ to** endemisch in (dat)

endgame [ˈendɡeɪm] ⃞s Endspiel n **ending** [ˈendɪŋ] ⃞s (von Geschichte) Ausgang m, Ende n; (von Wort) Endung f; **a happy ~** ein Happy End

endive [ˈendaɪv] ⃞s Endiviensalat m

endless [ˈendlɪs] ⃞ADJ ⃞1 endlos; Vielfalt unendlich; Vorrat unbegrenzt; **the list is ~** die Liste nimmt kein Ende ⃞2 unzählig; **the possibilities are ~** es gibt unendlich viele Möglichkeiten ⃞3 Straße endlos (lang); Warteschlange endlos lang **endlessly** ⃞ADV endlos

endorse [ɪnˈdɔːs] ⃞vt ⃞1 Scheck indossieren ⃞2 (Br JUR) **I had my licence ~d** ich bekam einen Strafvermerk auf meinem Führerschein ⃞3 billigen; Produkt, Firma empfehlen **endorsement** ⃞s (von Ansicht) Billigung f; (von Produkt, Firma) Empfehlung f

endow [ɪnˈdaʊ] ⃞vt ⃞1 eine Stiftung machen an (+akk) ⃞2 (fig) **to be ~ed with a natural talent for singing** ein sängerisches Naturtalent sein; **she's well ~ed** (hum) sie ist von der Natur reichlich ausgestattet (worden) **endowment** ⃞s Stiftung f **endowment mortgage** ⃞s Hypothek f mit Lebensversicherung **endowment policy** ⃞s Kapitallebensversicherung f

end product ⃞s Endprodukt n; (fig) Produkt n **end result** ⃞s Endergebnis n

endurance [ɪnˈdjʊərəns] ⃞s Durchhaltevermögen n **endurance test** ⃞s Belastungsprobe f **endure** [ɪnˈdjʊəʳ] ⃞A ⃞vt ⃞1 Schmerz erleiden ⃞2 ertragen; **she can't ~ being laughed at** sie kann es nicht vertragen, wenn man über sie

lacht ⃞B ⃞vi bestehen **enduring** [ɪnˈdjʊərɪŋ] ⃞ADJ dauerhaft; Liebe, Glaube beständig; Popularität bleibend

end user ⃞s Endverbraucher(in) m(f) **endways** [ˈendweɪz], **endwise** [ˈendwaɪz] ⃞ADV mit dem Ende zuerst, mit den Enden aneinander

enema [ˈenɪmə] ⃞s Einlauf m

enemy [ˈenəmɪ] ⃞A ⃞s (wörtl, fig) Feind(in) m(f); **make enemies** sich (dat) Feinde machen; **he is his own worst ~** er schadet sich (dat) selbst am meisten ⃞B ⃞ADJ attr feindlich; Position des Feindes

energetic [ˌenəˈdʒetɪk] ⃞ADJ energiegeladen, aktiv; (≈ mühevoll) anstrengend; **to be very ~** viel Energie haben **energetically** [ˌenəˈdʒetɪkəlɪ] ⃞ADV energisch; tanzen voller Energie **energize** [ˈenədʒaɪz] ⃞vt (fig) neue Energie geben (+dat)

energy [ˈenədʒɪ] ⃞s (⚡ kein pl) Energie f; **chocolate gives you ~** Schokolade gibt neue Energie; **to save one's ~ for sth** seine Kräfte für etw aufsparen **energy conservation** ⃞s Energieeinsparung f **energy-efficient** ⃞ADJ energiesparend **energy-saving** ⃞ADJ energiesparend; **~ measures** Energiesparmaßnahmen pl **energy tax** ⃞s Energiesteuer f

enforce [ɪnˈfɔːs] ⃞vt durchführen; Disziplin sorgen für; Entscheidung, Verbot durchsetzen; **the police ~ the law** die Polizei sorgt für die Einhaltung der Gesetze **enforcement** ⃞s Durchführung f

Eng. ⃞1 abk von England ⃞2 abk von English engl.

engage [ɪnˈɡeɪdʒ] ⃞A ⃞vt ⃞1 Arbeiter anstellen; Künstler engagieren; Anwalt sich (dat) nehmen; **to ~ the services of sb** jdn anstellen/engagieren; Anwalt sich (dat) jdn nehmen ⃞2 Aufmerksamkeit in Anspruch nehmen; **to ~ sb in conversation** jdn in ein Gespräch verwickeln ⃞3 AUTO **to ~ the clutch** (ein)kuppeln ⃞B ⃞vi **to ~ in sth** sich an etw (dat) beteiligen; **to ~ in conversation** sich unterhalten

engaged [ɪnˈɡeɪdʒd] ⃞ADJ ⃞1 **~ (to be married)** verlobt (to mit); **to get** od **become ~ (to sb)** sich (mit jdm) verloben ⃞2 Toilette, Telefonleitung besetzt ⃞3 (form) **to be otherwise ~** (derzeitig) anderweitig beschäftigt sein; **to be ~ in sth** mit etw beschäftigt sein; **to be ~ in doing sth** dabei sein, etw zu tun **engaged tone** ⃞s TEL Besetztzeichen n **engagement** ⃞s ⃞1 Verabredung f; **a dinner ~** eine Verabredung zum Essen ⃞2 Verlobung f **engagement ring** ⃞s Verlobungsring m **engaging** [ɪnˈɡeɪdʒɪŋ] ⃞ADJ Mensch angenehm; Charakter einnehmend

engender [ɪnˈdʒendəʳ] ⃞vt (fig) erzeugen

engine [ˈendʒɪn] ⃞s ⃞1 Maschine f; (von Auto, Flug-

engine — Motor

engine — Lokomotive

zeug) Motor m ☐ BAHN Lokomotive f **-engined** [-'endʒɪnd] ADJ suf -motorig; **twin-engined** zweimotorig **engine driver** S̅ (Br) Lok(omotiv)führer(in) m(f) (❗ = (US) **engineer**)
engineer [ˌendʒɪ'nɪəʳ] A S̅ ☐ TECH Techniker(in) m(f), Ingenieur(in) m(f) ☐ (US BAHN) Lokführer(in) m(f) (❗ = (Br) **engine driver**) B V̅T̅ ☐ TECH konstruieren ☐ (fig) Kampagne organisieren; *Niedergang* einfädeln
engineering [ˌendʒɪ'nɪərɪŋ] S̅ TECH Technik f, Maschinenbau m, Ingenieurwesen n; **a brilliant piece of ~** eine Meisterkonstruktion
England ['ɪŋɡlənd] A S̅ England n B ADJ attr **the ~ team** die englische Mannschaft
English ['ɪŋɡlɪʃ] A ADJ englisch; **he is ~** er ist Engländer; **he's an ~ teacher** er ist Englischlehrer; (full) **~ breakfast** englisches Frühstück B S̅ ☐ **the ~** pl die Engländer pl ☐ LING Englisch n; UNIV Anglistik f; **can you speak ~?** können Sie Englisch?; **he doesn't speak ~** er spricht kein Englisch; **"English spoken"** „hier wird Englisch gesprochen"; **they were speaking ~** sie unterhielten sich auf Englisch; **he speaks very good ~** er spricht ein sehr gutes Englisch; **in ~** auf Englisch; **to translate sth into/from ~** etw ins Englische/aus dem Englischen übersetzen **English Channel** S̅ Ärmelkanal m
Englishman S̅, pl **-men** Engländer m **English muffin** S̅ (US GASTR) flaches Milchbrötchen, das meist getoastet gegessen wird **English speaker** S̅ Englischsprachige(r) m/f(m)
English-speaking ADJ englischsprachig
Englishwoman S̅, pl **-women** Engländerin f

engrave [ɪn'ɡreɪv] V̅T̅ *Metall* gravieren; *Muster* eingravieren **engraving** S̅ (Kupfer-/Stahl-)stich m, Holzschnitt m; (≈ *Muster*) Gravierung f
engross [ɪn'ɡrəʊs] V̅T̅ **to become ~ed in one's work** sich in seine Arbeit vertiefen; **to be ~ed in conversation** ins Gespräch vertieft sein **engrossing** [ɪn'ɡrəʊsɪŋ] ADJ fesselnd
engulf [ɪn'ɡʌlf] V̅T̅ verschlingen; **to be ~ed by flames** in Flammen stehen
enhance [ɪn'hɑːns] V̅T̅ verbessern; *Preis, Wert* erhöhen
enigma [ɪ'nɪɡmə] S̅ Rätsel n **enigmatic** ADJ, **enigmatically** ADV [ˌenɪɡ'mætɪk, -əlɪ] rätselhaft
enjoy [ɪn'dʒɔɪ] A V̅T̅ genießen; *Erfolg* haben; *gute Gesundheit* sich erfreuen (+gen) (geh); **he ~s swimming** er schwimmt gern; **he ~ed writing the book** es hat ihm Freude gemacht, das Buch zu schreiben; **I ~ed the concert** das Konzert hat mir gefallen; **he ~ed the meal** das Essen hat ihm gut geschmeckt; **I didn't ~ it at all** es hat mir überhaupt keinen Spaß gemacht; **to ~ life** das Leben genießen; **did you ~ your meal?** hat Ihnen das Essen gefallen? B V̅R̅ **to ~ oneself** sich amüsieren; **~ yourself!** viel Spaß! **enjoyable** [ɪn'dʒɔɪəbl] ADJ nett; *Film, Buch* unterhaltsam; *Abend* angenehm **enjoyment** S̅ Vergnügen n; **she gets a lot of ~ from reading** Lesen macht ihr großen Spaß
enlarge [ɪn'lɑːdʒ] A V̅T̅ vergrößern; *Öffnung a.* erweitern B V̅I̅ **to ~ (up)on sth** auf etw (akk) näher eingehen **enlargement** S̅ FOTO Vergrößerung f
enlighten [ɪn'laɪtn] V̅T̅ aufklären (on, as to, about über +akk) **enlightened** ADJ aufgeklärt **enlightening** ADJ aufschlussreich **enlightenment** S̅ **the Enlightenment** die Aufklärung
enlist [ɪn'lɪst] A V̅I̅ sich melden (*in* zu) B V̅T̅ *Rekruten* einziehen; *Unterstützung* gewinnen; **I had to ~ his help** ich musste seine Hilfe in Anspruch nehmen
enliven [ɪn'laɪvn] V̅T̅ beleben
en masse [ˌɑ̃'mæs] ADV alle zusammen
enmity ['enmɪtɪ] S̅ Feindschaft f
enormity [ɪ'nɔːmɪtɪ] S̅ ☐ (❗ kein pl) ungeheures Ausmaß ☐ (*von Verbrechen*) Ungeheuerlichkeit f **enormous** [ɪ'nɔːməs] ADJ riesig; *Mensch* ungeheuer dick, riesig groß; *Menge, Anstrengung, Erleichterung* ungeheuer; **he has ~ talent** er hat enorm viel Talent; **~ amounts of money** Unsummen pl; **an ~ amount of work** eine Unmenge Arbeit **enormously** [ɪ'nɔːməslɪ] ADV (+v) enorm; (+adj) ungeheuer
enough [ɪ'nʌf] A ADJ genug; **~ sugar/apples**

ENQU | 228

genug *od* genügend Zucker/Äpfel; **~ trouble/ problems** genug Ärger/Probleme; **proof ~** Beweis genug **B** PRON genug (*of* von); **I had not seen ~ of his work** ich hatte noch nicht genug von seiner Arbeit gesehen; **I hope it's ~** ich hoffe, es reicht; **two years was ~** zwei Jahre reichten; **this noise is ~ to drive me mad** dieser Lärm macht mich noch ganz verrückt; **one song was ~ to show he couldn't sing** ein Lied genügte, um zu zeigen, dass er nicht singen konnte; **I've got ~ to worry about** ich habe genug Sorgen; **~ is ~** was zu viel ist, ist zu viel; **~ said** mehr braucht man nicht zu sagen; **I've had ~** ich habe genug, jetzt reichts mir aber (*umg*); **that's ~!** jetzt reicht es aber! **C** ADV **1** genug; **to be punished ~** genug bestraft sein; **he knows well ~ what I said** er weiß ganz genau, was ich gesagt habe **2** **to be happy ~** einigermaßen zufrieden sein; **to be happy ~ to do sth** etw so weit ganz gern tun; **she sounded sincere ~** sie schien so weit ganz ehrlich; **it is easy ~ to make them yourself** man kann sie ohne Weiteres selbst machen; **easily ~** ohne größere Schwierigkeiten **3** **oddly** *od* **funnily ~** komischerweise

enquire *etc* [ɪnˈkwaɪəʳ] = **inquire** *etc*

enrage [ɪnˈreɪdʒ] VT wütend machen

enrich [ɪnˈrɪtʃ] VT bereichern; *Boden, Nahrung* anreichern **enriched** [ɪnˈrɪtʃt] ADJ **~ with vitamins** mit Vitaminen angereichert

enrol, (*US*) **enroll** [ɪnˈrəʊl] **A** VT einschreiben; *Mitglieder* aufnehmen; *Schüler* anmelden **B** VI sich einschreiben; SCHULE *etc* sich anmelden **enrolment**, (*US*) **enrollment** [ɪnˈrəʊlmənt] S Einschreibung *f*; SCHULE *etc* Anmeldung *f*; UNIV Immatrikulation *f*

en route [ɒnˈruːt] ADV unterwegs; **~ to/for/ from** auf dem Weg zu/nach/von

ensemble [ãːˈnˈsãːmbl] S **1** Ensemble *n* **2** Ansammlung *f*

ensign [ˈensaɪn] S **1** Nationalflagge *f* **2** (*US* SCHIFF) Fähnrich *m* zur See

enslave [ɪnˈsleɪv] VT zum Sklaven machen

en suite [ˈɒnˈswiːt] ADJ **~ room** Zimmer *n* mit eigenem Bad

ensure [ɪnˈʃʊəʳ] VT sicherstellen, sichern; **will you ~ that I get a seat?** sorgen Sie dafür, dass ich einen Platz bekomme?

ENT *abk* von **ear, nose and throat** HNO; **~ department** HNO-Abteilung *f*

entail [ɪnˈteɪl] VT mit sich bringen; *Arbeit* erforderlich machen; **what is ~ed in buying a house?** was ist zum Hauskauf alles erforderlich?; **this will ~ (my) buying a new car** das bringt mit sich *od* macht es erforderlich, dass ich mir ein neues Auto kaufen muss

entangle [ɪnˈtæŋgl] VT **1** **to become ~d in sth** sich in etw (*dat*) verfangen **2** **to become ~d** sich verwirren **3** (*fig: in Affäre etc*) verwickeln (*in* in +*akk*)

enter [ˈentəʳ] **A** VT **1** hereinkommen in (+*akk*), hineingehen in (+*akk*); *Haus a.* betreten; *Parkplatz* einfahren in (+*akk*); *Land* einreisen in (+*akk*); **the dispute is ~ing its fifth year** die Auseinandersetzung zieht sich jetzt schon ins fünfte Jahr hin; **the thought never ~ed my head** *od* **mind** so etwas wäre mir nie eingefallen **2** *Organisation etc* eintreten in (+*akk*); **to ~ a profession** einen Beruf ergreifen **3** eintragen (*in* in +*akk*); eingeben; **to ~ sb's/one's name** jdn/sich eintragen **4** (*für Prüfung etc*) anmelden **5** *Rennen* sich beteiligen an (+*dat*) **B** VI **1** hereinkommen, hineingehen, eintreten; (*mit Auto*) einfahren **2** THEAT auftreten **3** (*zu Rennen, Prüfung*) sich melden (*for* zu) **C** S IT **hit ~** Enter drücken ♦**enter into** VI +*obj* **1** *Beziehungen, Verhandlungen* aufnehmen; *Bündnis* schließen; **to ~ conversation with sb** ein Gespräch mit jdm anknüpfen; **to ~ correspondence with sb** mit jdm in Briefwechsel treten **2** eine Rolle spielen bei

enter key S IT Enter-Taste *f*

enterprise [ˈentəpraɪz] S **1** (❗ kein pl) Initiative *f* **2** (≈ *Firma*) Unternehmen *n*; **private ~** privates Unternehmertum **enterprising** [ˈentəpraɪzɪŋ] ADJ *Mensch* einfallsreich

entertain [ˌentəˈteɪn] **A** VT **1** bewirten **2** unterhalten, belustigen **3** *Gedanken* sich tragen mit; *Verdacht* hegen; *Hoffnung* nähren **B** VI Gäste haben **entertainer** [ˌentəˈteɪnəʳ] S Entertainer(in) *m(f)*

entertaining [ˌentəˈteɪnɪŋ] **A** ADJ unterhaltsam, amüsant **B** S die Bewirtung von Gästen; **she does a lot of ~** sie hat oft Gäste

entertainment [ˌentəˈteɪnmənt] S Unterhaltung *f*, Entertainment *n* **entertainment industry** S Unterhaltungsindustrie *f*

enthral, (*US*) **enthrall** [ɪnˈθrɔːl] VT begeistern **enthralling** ADJ spannend

enthuse [ɪnˈθjuːz] VI schwärmen (*over* von) **enthusiasm** [ɪnˈθjuːzɪæzəm] S **1** Begeisterung *f*; **she showed little ~ for the scheme** sie zeigte sich von dem Plan nicht sehr begeistert; **I can't work up any ~ for the idea** ich kann mich für die Idee nicht begeistern **2** Leidenschaft *f* **enthusiast** [ɪnˈθjuːzɪæst] S Enthusiast(in) *m(f)*; **he's a rock-and-roll ~** er ist begeisterter Rock 'n' Roll-Anhänger **enthusiastic** [ɪn,θjuːzɪˈæstɪk] ADJ begeistert; **he was very ~ about the plan** er war von dem Plan äußerst begeistert; **to be ~ about doing sth** etw mit Begeisterung tun **enthusiastically** [ɪn,θjuːzɪˈæstɪkəlɪ] ADV begeistert

229 ‖ EPIL

entice [ɪnˈtaɪs] *VT* locken; **to ~ sb to do sth** *od* **into doing sth** jdn dazu verleiten, etw zu tun; **to ~ sb away** jdn weglocken **enticing** [ɪnˈtaɪsɪŋ] *ADJ* verlockend

entire [ɪnˈtaɪəʳ] *ADJ* ganz; *Kosten, Karriere* gesamt **entirely** [ɪnˈtaɪəlɪ] *ADV* **1** ganz; **the accident was ~ the fault of the other driver** der andere Fahrer hatte die ganze Schuld an dem Unfall **2** *(emph)* völlig; **I agree ~** ich stimme voll und ganz zu; **to be another matter ~** *od* **an ~ different matter** etwas ganz *od* völlig anderes sein **entirety** [ɪnˈtaɪərətɪ] *S* **in its ~** in seiner Gesamtheit

entitle [ɪnˈtaɪtl] *VT* **1** **it is ~d ...** es hat den Titel ... **2** **to ~ sb to sth** jdn zu etw berechtigen; *zu Entschädigung etc* jdm den Anspruch auf etw *(akk)* geben; **to ~ sb to do sth** jdn dazu berechtigen, etw zu tun; **to be ~d to sth** das Recht auf etw *(akk)* haben; *auf Entschädigung etc* Anspruch auf etw *(akk)* haben; **to be ~d to do sth** das Recht haben, etw zu tun; **I'm ~d to my own opinion** ich kann mir meine eigene Meinung bilden **entitlement** *S* Berechtigung *f (to* zu); *(auf Entschädigung etc)* Anspruch *m (to* auf *+akk)*; **what is your holiday ~?** *(Br)* wie viel Urlaub steht Ihnen zu?

entity [ˈentɪtɪ] *S* Wesen *n*

entourage [ˌɒntʊˈrɑːʒ] *S* Entourage *f*

entrails [ˈentreɪlz] *PL (wörtl)* Eingeweide *pl*

entrance¹ [ɪnˈtrɑːns] *VT* in Entzücken versetzen; **to be ~d** verzückt sein; **to be ~d by/with sth** von etw entzückt sein

entrance² [ˈentrəns] *S* **1** Eingang *m*, Einfahrt *f* **2** Eintritt *m (to* in *+akk)*; THEAT Auftritt *m*; *(zu Klub etc)* Zutritt *m (to* zu); **to make one's ~** THEAT auftreten; *(fig)* erscheinen; **to gain ~ to a university** die Zulassung zu einer Universität erhalten **entrance examination** *S* Aufnahmeprüfung *f* **entrance fee** *S (für Museum etc)* Eintrittsgeld *n* **entrance hall** *S* Eingangshalle *f* **entrance qualifications** *PL* Zulassungsanforderungen *pl* **entrant** *S (bei Wettkampf)* Teilnehmer(in) *m(f)*; SCHULE *etc* Prüfling *m*

entreat [ɪnˈtriːt] *VT* anflehen **entreaty** [ɪnˈtriːtɪ] *S* dringende Bitte

entrée [ˈɒntreɪ] *S (Br)* Vorspeise *f*; *(bes US)* Hauptgericht *n*

entrenched [ɪnˈtrentʃd] *ADJ Position* unbeugsam; *Überzeugung* fest verwurzelt

entrepreneur [ˌɒntrəprəˈnɜːʳ] *S* Unternehmer(in) *m(f)* **entrepreneurial** [ˌɒntrəprəˈnɜːrɪəl] *ADJ* unternehmerisch

entrust [ɪnˈtrʌst] *VT* anvertrauen *(to sb* jdm); **to ~ a child to sb's care** ein Kind jds Obhut anvertrauen; **to ~ sb with a task** jdn mit einer Aufgabe betrauen; **to ~ sb with a secret** jdm ein Geheimnis anvertrauen

entry [ˈentrɪ] *S* **1** *(into* in *+akk)* Eintritt *m*, Einfahrt *f*; *(in Land)* Einreise *f*; **"no ~"** „Zutritt verboten"; VERKEHR „keine Einfahrt" **2** Eingang *m*, Einfahrt *f* **3** *(in Kalender, Wörterbuch)* Eintrag *m*; **the dictionary has 30,000 entries** das Wörterbuch enthält 30.000 Stichwörter **4** *(für Wettkampf)* Meldung *f*; **the closing date for entries is Friday** der Einsendeschluss ist Freitag **entry form** *S* Anmeldeformular *n* **entry permit** *S* Passierschein *m*; *(für Land)* Einreiseerlaubnis *f* **entry phone** *S* Türsprechanlage *f* **entry visa** *S* Einreisevisum *n* **entryway** *S (US)* Eingang *m*, Einfahrt *f*

E number *S* E-Nummer *f*

enumerate [ɪˈnjuːməreɪt] *VT* aufzählen

envelope [ˈenvələʊp] *S* (Brief)umschlag *m*

enviable [ˈenvɪəbl] *ADJ* beneidenswert **envious** [ˈenvɪəs] *ADJ* neidisch; **to be ~ of sb/sth** auf jdn/etw neidisch sein **enviously** [ˈenvɪəslɪ] *ADV* neidisch

environment [ɪnˈvaɪərənmənt] *S* Umwelt *f*, Umgebung *f*; *(≈ kulturell)* Milieu *n* **Environment Agency** *S (Br)* Umweltbehörde *f* **environmental** [ɪnˌvaɪərənˈmentl] *ADJ* **1** Umwelt-; **~ disaster** Umweltkatastrophe *f*; **~ expert** Umweltexperte *m*/-expertin *f*; **~ impact** Auswirkung *f* auf die Umwelt **2** Umweltschutz-; **~ group** Umweltschutzorganisation *f* **3** umgebungsbedingt **environmentalism** [ɪnˌvaɪərənˈmentəlɪzəm] *S* Umweltbewusstsein *n* **environmentalist** [ɪnˌvaɪərənˈmentəlɪst] *S* Umweltschützer(in) *m(f)* **environmentally** [ɪnˌvaɪərənˈmentəlɪ] *ADV* umwelt-; **~ correct** umweltgerecht; **~ conscious** *od* **aware** umweltbewusst; **~ friendly/unfriendly** umweltfreundlich/-feindlich **Environmental Protection Agency** *S (US* ADMIN*) ≈* Umweltministerium *n* **environs** [ɪnˈvaɪərənz] *PL* Umgebung *f*

envisage [ɪnˈvɪzɪdʒ] *VT* sich *(dat)* vorstellen

envoy [ˈenvɔɪ] *S* Bote *m*, Botin *f*; *(≈ Diplomat)* Gesandte(r) *m/f(m)*

envy [ˈenvɪ] **A** *S* Neid *m* **B** *VT* beneiden; **to ~ sb sth** jdn um etw beneiden

enzyme [ˈenzaɪm] *S* Enzym *n*

epic [ˈepɪk] **A** *ADJ* episch; *Roman* monumental; *Leistung, Kampf* gewaltig; *Reise* lang und abenteuerlich; **~ film** Monumentalfilm *m* **B** *S* Epos *n*

epicenter *(US)* **epicenter** [ˈepɪsentəʳ] *S* Epizentrum *n*

epidemic [ˌepɪˈdemɪk] *S* Epidemie *f (a. fig)*

epilepsy [ˈepɪlepsɪ] *S* Epilepsie *f* **epileptic** [ˌepɪˈleptɪk] **A** *ADJ* epileptisch; **~ fit** epileptischer Anfall; **he is ~** er ist Epileptiker **B** *S* Epi-

EPIL | 230

leptiker(in) *m(f)*

epilogue, (US) **epilog** ['epɪlɒg] *s* Epilog *m*

Epiphany [ɪ'pɪfənɪ] *s* das Dreikönigsfest

episcopal [ɪ'pɪskəpəl] *ADJ* bischöflich

episode ['epɪsəʊd] *s* **1** Episode *f*; (von Geschichte, TV, RADIO) Fortsetzung *f* **2** (≈ Ereignis) Vorfall *m*

episodic [,epɪ'sɒdɪk] *ADJ* episodenhaft

epistle [ɪ'pɪsl] *s* BIBEL Brief *m* (to an +akk)

epitaph ['epɪtɑːf] *s* Epitaph *n*

epithet ['epɪθet] *s* Beiname *m*

epitome [ɪ'pɪtəmɪ] *s* Inbegriff *m* (of +gen, an +dat) **epitomize** [ɪ'pɪtəmaɪz] *VT* verkörpern

epoch ['iːpɒk] *s* Epoche *f*

equal ['iːkwəl] **A** *ADJ* gleich; **an ~ amount of land** gleich viel Land; **~ numbers of men and women** gleich viele Männer und Frauen; **to be ~ in size (to)** gleich groß sein (wie); **a is ~ to b** a ist gleich b; **an amount ~ to the purchase price** eine dem Kaufpreis entsprechende Summe; **other things being ~** wenn nichts dazwischenkommt; **~ opportunities** Chancengleichheit *f*; **~ rights for women** die Gleichberechtigung der Frau; **to be on ~ terms (with sb)** (mit jdm) gleichgestellt sein; **to be ~ to the task** der Aufgabe gewachsen sein; **to feel ~ to sth** sich zu etw imstande fühlen **B** *s* Gleichgestellte(r) *m/f(m)*; **she is his ~** sie ist ihm ebenbürtig; **to treat sb as an ~** jdn als ebenbürtig behandeln; **to have no ~** nicht seinesgleichen haben, unübertroffen sein **C** *VI* **three times three ~s nine** drei mal drei (ist) gleich neun; **let x = 3 x** sei (gleich) 3 **D** *VT* gleichkommen (+dat) **equality** [ɪ'kwɒlɪtɪ] *s* Gleichheit *f* **equalize** [ɪ'kwəlaɪz] **A** SPORT ausgleichen **equalizer** ['iːkwəlaɪzə'] *s* **1** (Br SPORT) Ausgleich *m*; FUSSB etc Ausgleichstreffer *m*; **to score** od **get the ~** den Ausgleich erzielen **2** (US hum umg ≈ Waffe) Kanone *f* (sl) **equally** ['iːkwəlɪ] *ADV* **1** verteilen gleichmäßig; **~ spaced** in gleichmäßigen Abständen; (zeitlich) in regelmäßigen Abständen **2** (+adj) genauso; **all foreigners should be treated ~** alle Ausländer sollten gleich behandelt werden **equals sign** ['iːkwəlz'saɪn] *s* Gleichheitszeichen *n*

equate [ɪ'kweɪt] *VT* **1** gleichsetzen **2** auf die gleiche Stufe stellen **equation** [ɪ'kweɪʒən] *s* (MATH, fig) Gleichung *f*; **that doesn't even enter the ~** das steht doch überhaupt nicht zur Debatte

equator [ɪ'kweɪtə'] *s* Äquator *m*; **at the ~** am Äquator **equatorial** [,ekwə'tɔːrɪəl] *ADJ* äquatorial, Äquatorial-

equestrian [ɪ'kwestrɪən] *ADJ* Reit-, Reiter-; **~ events** Reitveranstaltung *f*, Reitturnier *n*

equidistant ['iːkwɪ'dɪstənt] *ADJ* gleich weit

entfernt (from von)

equilateral ['iːkwɪ'lætərəl] *ADJ* gleichseitig

equilibrium [,iːkwɪ'lɪbrɪəm] *s* Gleichgewicht *n*; **to keep/lose one's ~** das Gleichgewicht halten/verlieren

equinox ['iːkwɪnɒks] *s* Tagundnachtgleiche *f*; **the spring ~** die Frühjahrs-Tagundnachtgleiche

equip [ɪ'kwɪp] *VT* jdn, Armee ausrüsten; Küche ausstatten; **he is well ~ped for the job** (fig) er hat das nötige Rüstzeug für die Stelle **equipment** *s* (❗ kein pl) Ausrüstung *f*; **laboratory ~** Laborausstattung *f*; **office ~** Büroeinrichtung *f*; **electrical ~** Elektrogeräte *pl*; **kitchen ~** Küchengeräte *pl*

equitable *ADJ*, **equitably** *ADV* ['ekwɪtəbl, -lɪ] gerecht **equities** ['ekwɪtɪːz] *PL* FIN Stammaktien *pl*

equivalent [ɪ'kwɪvələnt] **A** *ADJ* **1** gleichwertig; **that's ~ to saying ...** das ist gleichbedeutend damit, zu sagen ... **2** entsprechend; **it is ~ to £30** das entspricht £ 30 **B** *s* Äquivalent *n*; (≈ Gegenstück) Pendant *n*; **that is the ~ of ...** das entspricht ... (dat); **what is the ~ in euros?** was ist der Gegenwert in Euro?; **the American ~ of ...** das amerikanische Pendant zu ...

equivocal [ɪ'kwɪvəkəl] *ADJ* (form) **1** Antwort zweideutig; Position, Resultat unklar **2** Haltung zwiespältig; Mensch ambivalent **equivocate** [ɪ'kwɪvəkeɪt] *VI* ausweichen

ER (US) abk von *emergency room* Unfallstation *f*

era ['ɪərə] *s* Ära *f*; GEOL Erdzeitalter *n*; **the Christian ~** (die) christliche Zeitrechnung

eradicate [ɪ'rædɪkeɪt] *VT* ausrotten

erase [ɪ'reɪz] *VT* ausradieren; (von Band, IT) löschen **eraser** [ɪ'reɪzə'] *s* Radiergummi *n* od *m*

erect [ɪ'rekt] **A** *VT* Haus bauen; Statue, Denkmal errichten (to sb jdm); Gerüst aufstellen; Zelt aufschlagen; (fig) Barriere errichten **B** *ADJ* aufrecht; **to stand ~** gerade stehen; **to walk ~** aufrecht gehen **2** PHYSIOL Penis, Nippel steif **erection** [ɪ'rekʃən] *s* **1** (von Haus) (Er)bauen *n*; (von Statue, Denkmal, Barriere) Errichten *n* **2** PHYSIOL Erektion *f*

ergonomic [,ɜːgəʊ'nɒmɪk] *ADJ* ergonomisch

ERM *s* abk von *Exchange Rate Mechanism*

ermine ['ɜːmɪn] *s* Hermelin *m*

erode [ɪ'rəʊd] *VT* auswaschen; (fig) Vertrauen etc untergraben; Autorität unterminieren

erogenous [ɪ'rɒdʒənəs] *ADJ* erogen

erosion [ɪ'rəʊʒən] *s* Erosion *f*; (fig: von Autorität) Unterminierung *f*

erotic *ADJ*, **erotically** *ADV* [ɪ'rɒtɪk, -əlɪ] erotisch **eroticism** [ɪ'rɒtɪsɪzəm] *s* Erotik *f*

err [ɜː'] *VI* sich irren; **to ~ in one's judgement**

231 ESSE

sich in seinem Urteil irren; **it is better to ~ on the side of caution** man sollte im Zweifelsfall lieber zu vorsichtig sein

errand ['erənd] ⊼ (≈ *Einkauf*) Besorgung *f*; (*für Nachricht*) Botengang *m*; **to send sb on an ~** jdn auf Besorgungen/einen Botengang schicken

errant ['erənt] ADJ *Lebenswandel* sündig; *Ehemann etc* untreu

erratic [ı'rætık] ADJ unberechenbar; *Fortschritt, Rhythmus* ungleichmäßig; *Leistung* variabel; *Bewegung* unkontrolliert; **to be (very) ~** (*Verkaufszahlen*) (stark) schwanken; **~ mood swings** starke Stimmungsschwankungen *pl*; **his ~ driving** sein unberechenbarer Fahrstil

erroneous [ı'rəʊnıəs] ADJ falsch; *Annahme* irrig **erroneously** [ı'rəʊnıəslı] ADV fälschlicherweise

error ['erəʳ] ⊼ 1 Fehler *m* 2 Irrtum *m*; **in ~** irrtümlicherweise; **to see the ~ of one's ways** seine Fehler einsehen **error message** ⊼ IT Fehlermeldung *f*

erudite ['erʊdaıt] ADJ gelehrt **erudition** [,erʊ'dıʃən] ⊼ Gelehrsamkeit *f*

erupt [ı'rʌpt] V/I ausbrechen; (*fig*) explodieren; **her face had ~ed in spots** sie hatte im ganzen Gesicht Pickel bekommen **eruption** [ı'rʌpʃən] ⊼ Ausbruch *m*

escalate ['eskəleıt] ⊼ V/T *Krieg* ausweiten 🅱 V/I eskalieren; (*Kosten*) in die Höhe schnellen **escalation** [,eskə'leıʃən] ⊼ Eskalation *f* **escalator** ['eskəleıtəʳ] ⊼ Rolltreppe *f*

escalope [ı'skæləp] ⊼ Schnitzel *n*

escapade [,eskə'peıd] ⊼ Eskapade *f*

escape [ı'skeıp] ⊼ V/I 1 fliehen (*from* aus), entkommen (*from +dat*); (*aus Gefängnis etc*) ausbrechen (*from* aus); (*Wasser*) auslaufen (*from* aus); (*Gas*) ausströmen (*from* aus); **an ~d prisoner/tiger** ein entflohener Häftling/entsprungener Tiger; **to ~ from poverty** der Armut entkommen 2 davonkommen 🅱 V/T 1 entkommen (*+dat*) 2 entgehen (*+dat*); **no department will ~ these cuts** keine Abteilung wird von diesen Kürzungen verschont bleiben; **he narrowly ~d injury** er ist gerade noch unverletzt davongekommen; **he narrowly ~d being run over** er wäre um ein Haar überfahren worden; **but you can't ~ the fact that …** aber du kannst nicht abstreiten, dass … 3 **his name ~s me** sein Name ist mir entfallen; **nothing ~s him** ihm entgeht nichts 🅲 ⊼ 1 (*aus Gefängnis etc*) Ausbruch *m*; (*aus Land*) Flucht *f* (*from* aus); (*fig*) Flucht *f* (*from* vor *+dat*); **to make one's ~** ausbrechen; **to have a miraculous ~** auf wunderbare Weise davonkommen; **there's no ~** (*fig*) es gibt keinen Ausweg 2 (*von Gas*) Ausströmen *n*; **due**

to an ~ of gas aufgrund ausströmenden Gases 3 IT hit ~ Escape drücken **escape attempt**, **escape bid** ⊼ Fluchtversuch *m* **escape chute** ⊼ Notrutsche *f* **escape clause** ⊼ JUR Rücktrittsklausel *f* **escape key** ⊼ IT Escape-Taste *f* **escape route** ⊼ Fluchtweg *m* **escapism** [ı'skeıpızəm] ⊼ Wirklichkeitsflucht *f* **escapologist** [,eskə'pɒlədʒıst] ⊼ Entfesselungskünstler(in) *m(f)*

escort ['eskɔːt] ⊼ ⊼ 1 Geleitschutz *m*; (*Fahrzeuge*) Eskorte *f*; **under ~** unter Bewachung; **motorcycle ~** Motorradeskorte *f* 2 Begleiter *m*, Hostess *f* 🅱 [ı'skɔːt] V/T begleiten **escort agency** ⊼ Hostessenagentur *f*

Eskimo ['eskıməʊ] (*pej*) ⊼ ADJ Eskimo-, eskimoisch 🅱 ⊼, *pl* -s Eskimo *m*, Eskimofrau *f*

ESL *abk von* **English as a Second Language** Englisch *n* als Zweitsprache *od* Fremdsprache

esophagus ⊼ (*bes US*) = **oesophagus**

esoteric [,esəʊ'terık] ADJ esoterisch

esp. *abk von* **especially** bes.

especial [ı'speʃəl] ADJ besondere(r, s)

especially [ı'speʃəlı] ADV 1 besonders; **not ~** nicht besonders; **(more) ~ as …** vor allem, weil …; **~ in summer** vor allem im Sommer; **why Jim ~?** warum gerade Jim? 2 eigens; **I came ~ to see you** ich bin eigens gekommen, um dich zu sehen; **to do sth ~ for sb/sth** etw speziell für jdn/etw tun

espionage [,espıə'nɑːʒ] ⊼ Spionage *f*

esplanade [,esplə'neıd] ⊼ (Strand)promenade *f*

espresso [e'spresəʊ] ⊼, *pl* -s ~ **(coffee)** Espresso *m* (❗ Als Getränk hat **espresso** keinen Plural. **Espressos** sagt man zu verschiedenen Sorten oder einzelnen Tassen.)

esquire [ı'skwaıəʳ] ⊼ (*Br*) **James Jones, Esq** Herrn James Jones

essay ['eseı] ⊼ Essay *m od n*; *bes* SCHULE Aufsatz *m*

essence ['esəns] ⊼ 1 Wesen *n*; **in ~** im Wesentlichen; **time is of the ~** Zeit ist von entscheidender Bedeutung; **the novel captures the ~ of life in the city** der Roman fängt das Leben in der Stadt perfekt ein 2 CHEM, GASTR Essenz *f* **essential** [ı'senʃəl] ⊼ ADJ 1 unbedingt notwendig; *Versorgungsgüter* lebenswichtig; **it is ~ to act quickly** schnelles Handeln ist unbedingt erforderlich; **it is ~ that you understand this** du musst das unbedingt verstehen; **~ for good health** für die Gesundheit unerlässlich 2 wesentlich; *Frage, Rolle* entscheidend; **I don't doubt his ~ goodness** ich zweifle nicht an, dass er im Grunde ein guter Mensch ist 🅱 ⊼ **just bring the ~s** bring nur das Allernotwendigste mit; **with only the bare ~s** nur

ESSE | 232

mit dem Allernotwendigsten ausgestattet; **the ~s of German grammar** die Grundlagen pl der deutschen Grammatik **essentially** [ɪ'senʃəlɪ] ADV im Wesentlichen, im Grunde genommen

est. ◼1 abk von **established** gegr. ◼2 abk von **estimated** geschätzt; *Ankunftszeit* voraussichtlich

establish [ɪ'stæblɪʃ] A VT ◼1 gründen; *Beziehungen* aufnehmen; *Verbindungen* anknüpfen; *Frieden* stiften; *Ordnung* (wieder) herstellen; *Ruf* sich (dat) verschaffen ◼2 beweisen; **we have ~ed that ...** wir haben bewiesen od gezeigt, dass ... ◼3 *Identität, Fakten* ermitteln ◼ VR sich etablieren; **he has now firmly ~ed himself in the company** er ist jetzt in der Firma fest etabliert **established** ADJ etabliert; **it's an ~ practice** od **custom** es ist allgemein üblich; **well ~ as sth** allgemein als etw anerkannt; **it's an ~ fact that ...** es steht fest, dass ...; **~ 1850** HANDEL etc gegründet 1850 **establishment** S ◼1 *(von Beziehungen etc)* Aufnahme f; *(von Firma)* Gründung f ◼2 Institution f; **commercial ~** kommerzielles Unternehmen ◼3 **the Establishment** das Establishment

estate [ɪ'steɪt] S ◼1 Gut n; **country ~** Landgut n; **family ~** Familienbesitz m ◼2 JUR Nachlass m; **to leave one's ~ to sb** jdm seinen ganzen Besitz vermachen od hinterlassen ◼3 (bes Br) Siedlung f, Industriegelände n **estate agent** S (Br) Immobilienmakler(in) m(f) (❗ = (US) **Realtor®**) **estate car** S (Br) Kombi(wagen) m (❗ = (US) **station wagon**)

esteem [ɪ'stiːm] A VT jdn hoch schätzen B S Wertschätzung f; **to hold sb/sth in (high) ~** jdn/etw (hoch) schätzen; **to be held in great ~** sehr geschätzt werden; **he went down in my ~** er ist in meiner Achtung gesunken

esthete etc (bes US) S = **aesthete** etc

estimable ['estɪməbl] ADJ schätzenswert

estimate ['estɪmɪt] A S ◼1 Schätzung f; **it is just an ~** das ist nur geschätzt; **at a rough ~** grob geschätzt ◼2 HANDEL (Kosten)voranschlag m; **to get an ~** einen (Kosten)voranschlag einholen B ['estɪmeɪt] VT schätzen; **his wealth is ~d at ...** sein Vermögen wird auf ... geschätzt; **I ~ she must be 40** ich schätze sie auf 40 **estimation** [,estɪ'meɪʃən] S ◼1 Einschätzung f ◼2 Achtung f; **he went up/down in my ~** er ist in meiner Achtung gestiegen/gesunken

Estonia [e'stəʊnɪə] S Estland n **Estonian** A ADJ estnisch B S ◼1 Este m, Estin f ◼2 LING Estnisch n

estrange [ɪ'streɪndʒ] VT **they are ~d** (Ehepaar) sie haben sich auseinandergelebt; **his ~d wife** seine von ihm getrennt lebende Frau

estrogen ['iːstrəʊdʒən] S (US) = **oestrogen**

estuary ['estjʊərɪ] S Mündung f

ET (US) abk von **Eastern Time** Ostküstenzeit f minus sechs Stunden mitteleuropäischer Zeit

ETA abk von **estimated time of arrival** voraussichtliche Ankunft

e-tailer ['iːteɪlə'] S E-Tailer m, elektronischer Einzelhändler

etc. abk von **et cetera** etc., usw. **etcetera** [ɪt'setərə] ADV und so weiter, et cetera

etch [etʃ] A VT ätzen, in Kupfer stechen; (in anderen Metallen) radieren B VT ätzen, in Kupfer stechen; (in andere Metalle) radieren; **the event was ~ed on his mind** das Ereignis hatte sich ihr ins Gedächtnis eingegraben **etching** ['etʃɪŋ] S Ätzung f, Kupferstich m; (in anderen Metallen) Radierung f

eternal [ɪ'tɜːnl] ADJ ◼1 ewig ◼2 endlos **eternally** [ɪ'tɜːnəlɪ] ADV ewig; *optimistisch* immer; **to be ~ grateful (to sb/for sth)** (jdm/für etw) ewig dankbar sein **eternity** [ɪ'tɜːnɪtɪ] S Ewigkeit f; REL das ewige Leben

ether ['iːθə'] S (CHEM, poet) Äther m **ethereal** [ɪ'θɪərɪəl] ADJ ätherisch

ethic ['eθɪk] S Ethik f **ethical** ['eθɪkəl] ADJ ethisch attr; *Philosophie* Moral-; **it is not ~ to ...** es ist unethisch, zu ... **ethically** ['eθɪkəlɪ] ADV ethisch, ethisch einwandfrei **ethics** ['eθɪks] S ◼1 (❗ mit Verb im Singular) Ethik f ◼2 (❗ mit Verb im Plural) Moral f

Ethiopia [,iːθɪ'əʊpɪə] S Äthiopien n

ethnic ['eθnɪk] ADJ ◼1 ethnisch; **~ violence** Rassenkrawalle pl; **~ Germans** Volksdeutsche pl ◼2 *Kleidung* folkloristisch; **~ music** Folklore f **ethnically** ['eθnɪklɪ] ADV ethnisch **ethnic cleansing** S (euph) ethnische Säuberung

e-ticket S E-Ticket n

etiquette ['etɪket] S Etikette f

etymological ADJ, **etymologically** ADV [,etɪmə'lɒdʒɪkəl, -lɪ] etymologisch **etymology** [,etɪ'mɒlədʒɪ] S Etymologie f

EU abk von **European Union** EU f

eucalyptus [,juːkə'lɪptəs] S Eukalyptus m

Eucharist ['juːkərɪst] S KIRCHE Abendmahlsgottesdienst m; **the ~** das (heilige) Abendmahl

eulogy ['juːlədʒɪ] S Lobesrede f

eunuch ['juːnək] S Eunuch m

euphemism ['juːfəmɪzəm] S Euphemismus m **euphemistic** [,juːfə'mɪstɪk] ADJ euphemistisch **euphemistically** [,juːfə'mɪstɪkəlɪ] ADV euphemistisch, verhüllend; **to be ~ described/known as ...** beschönigend als ... bezeichnet werden/bekannt sein

euphoria [juː'fɔːrɪə] S Euphorie f **euphoric** [juː'fɒrɪk] ADJ euphorisch

Eurasian [jʊə'reɪʃn] A ADJ eurasisch B S Eurasier(in) m(f)

euro ['jʊərəʊ] S (! Zeichen €) Euro *m*; **5 ~s** 5 Euro **eurocentric** ADJ eurozentrisch **Eurocheque**, (*US*) **Eurocheck** ['jʊərəʊtʃek] S Eurocheque *m* **Eurocrat** ['jʊərəʊkræt] S Eurokrat(in) *m(f)* **Euro MP** S (*umg*) Europaabgeordnete(r) *m/f(m)*

Europe ['jʊərəp] S Europa *n*

European [,jʊərə'pi:ən] [A] ADJ europäisch [B] S Europäer(in) *m(f)* **European Central Bank** S Europäische Zentralbank **European Commission** S Europäische Kommission **European Community** S Europäische Gemeinschaft **European Convention** S EU-Konvent *m* **European Council** S Europäischer Rat **European Court of Justice** S Europäischer Gerichtshof **European Economic Community** S Europäische Wirtschaftsgemeinschaft **European Investment Bank** S Europäische Investitionsbank **European Monetary System** S Europäisches Währungssystem **European Monetary Union** S Europäische Währungsunion **European Parliament** S Europäisches Parlament

European Union S Europäische Union

Euro-sceptic ['jʊərəʊ,skeptɪk] S Euroskeptiker(in) *m(f)* **euro zone** S Eurozone *f*

euthanasia [,ju:θə'neɪzɪə] S Euthanasie *f*

evacuate [ɪ'vækjʊeɪt] VT räumen; *Bevölkerung* evakuieren (*from* aus, *to* nach) **evacuation** [ɪ,vækjʊ'eɪʃən] S Räumung *f*; (*von Bevölkerung*) Evakuierung *f* **evacuee** [ɪ,vækjʊ'i:] S Evakuierte(r) *m/f(m)*

evade [ɪ'veɪd] VT ausweichen (*+dat*); *Verfolgern* entkommen (*+dat*); *Festnahme* sich entziehen (*+dat*); **to ~ taxes** Steuern hinterziehen

evaluate [ɪ'væljʊeɪt] VT *Immobilie, Wert* schätzen (*at* auf *+akk*); *Schaden* festsetzen (*at* auf *+akk*); *Chancen, Leistung* beurteilen; *Beweise, Resultate* auswerten **evaluation** [ɪ,væljʊ'eɪʃən] S (*von Immobilie, Wert*) Schätzung *f*; (*von Chancen, Leistung*) Beurteilung *f*; (*von Beweisen, Resultaten*) Auswertung *f*

evangelic(al) [,i:væn'dʒelɪk(əl)] ADJ evangelikal **evangelist** [ɪ'vændʒəlɪst] S Prediger(in) *m(f)*

evaporate [ɪ'væpəreɪt] VI [1] (*Flüssigkeit*) verdunsten [2] (*fig*) sich in Luft auflösen; (*Hoffnungen*) sich zerschlagen **evaporated milk** [ɪ'væpəreɪtɪd'mɪlk] S Kondensmilch *f*

evasion [ɪ'veɪʒən] S Ausweichen *n* (*of* vor *+dat*); (*von Steuern*) Hinterziehung *f* **evasive** [ɪ'veɪzɪv] ADJ ausweichend; **they were ~ about it** sie redeten drum herum; **to take ~ action** ein Ausweichmanöver machen **evasively** [ɪ'veɪzɪvlɪ] ADV ausweichend

eve [i:v] S Vorabend *m*; **on the ~ of** am Vorabend von *od +gen*

even ['i:vən] [A] ADJ [1] *Oberfläche* eben [2] gleichmäßig [3] *Mengen, Werte* gleich; **they are an ~ match** sie sind einander ebenbürtig; **I will get ~ with you for that** das werde ich dir heimzahlen; **that makes us ~** (*fig*) damit sind wir quitt; **he has an ~ chance of winning** seine Gewinnchancen stehen fifty-fifty (*umg*); **to break ~** die Kosten decken [4] *Zahl* gerade [B] ADV [1] sogar; **it'll be difficult, impossible ~** das wird schwierig sein, wenn nicht (so)gar unmöglich [2] (*mit Komp*) sogar noch; **that's ~ better** das ist sogar (noch) besser [3] **not ~** nicht einmal; **without ~ a smile** ohne auch nur zu lächeln [4] **~ if** selbst wenn; **~ though** obwohl; **but ~ then** aber sogar dann; **~ so** (aber) trotzdem ♦**even out** [A] VI (*Preise*) sich einpendeln [B] VT *trennb* **that should even things out a bit** dadurch müsste ein gewisser Ausgleich erzielt werden ♦**even up** [A] VT *trennb* **that will even things up** das wird die Sache etwas ausgleichen [B] VI **can we ~ later?** können wir später abrechnen?

even-handed ADJ, **even-handedly** ADV [,ivn'hændɪd, -lɪ] gerecht, fair

evening ['i:vnɪŋ] S Abend *m*; **in the ~** abends, am Abend; **this/tomorrow/yesterday ~** heute/morgen/gestern Abend; **that ~** an jenem Abend; **on the ~ of the twenty-ninth** am Abend des 29.; **one ~ as I ...** eines Abends, als ich ...; **every Monday ~** jeden Montagabend; **all ~** den ganzen Abend (lang) **evening class** S Abendkurs *m*; **to go to** *od* **take ~es** *od* **an ~ in French** einen Abendkurs in Französisch besuchen **evening dress** S Abendanzug *m*, Abendkleid *n* **evening gown** S Abendkleid *n* **evening paper** S Abendzeitung *f* **evening wear** S Abendkleidung *f*

evenly ['i:vənlɪ] ADV gleichmäßig; *teilen* in gleiche Teile; **the contestants were ~ matched** die Gegner waren einander ebenbürtig; **your weight should be ~ balanced (between your two feet)** Sie sollten Ihr Gewicht gleichmäßig (auf beide Füße) verteilen; **public opinion seems to be ~ divided** die öffentliche Meinung scheint in zwei gleich große Lager gespalten zu sein **evenness** S (*von Boden*) Ebenheit *f*

evensong ['i:vənsɒŋ] S Abendgottesdienst *m*

event [ɪ'vent] S [1] Ereignis *n*; **in the normal course of ~s** normalerweise [2] Veranstaltung *f*; SPORT Wettkampf *m* [3] **in the ~ of her death** im Falle ihres Todes; **in the ~ of fire** im Brandfall; **in the unlikely ~ that ...** falls, was sehr unwahrscheinlich ist, ...; **in any ~ I can't give**

EVEN | 234

E

you my permission ich kann dir jedenfalls nicht meine Erlaubnis geben; **at all ~s** auf jeden Fall **eventful** [ɪˈventfʊl] ADJ ereignisreich **eventual** [ɪˈventʃʊəl] ADJ **he predicted the ~ fall of the government** er hat vorausgesagt, dass die Regierung am Ende *od* schließlich zu Fall kommen würde; **the ~ success of the project is not in doubt** es besteht kein Zweifel, dass das Vorhaben letzten Endes Erfolg haben wird; **he lost to the ~ winner** er verlor gegen den späteren Gewinner **eventuality** [ɪˌventʃʊˈælɪtɪ] S Eventualität *f*; **be ready for any ~** sei auf alle Eventualitäten gefasst **eventually** [ɪˈventʃʊəlɪ] ADV schließlich; (≈ *irgendwann*) eines Tages; (≈ *längerfristig*) auf lange Sicht

ever [ˈevəʳ] ADV **1** je(mals); **not ~** nie; **nothing ~ happens** es passiert nie etwas; **it hardly ~ snows here** hier schneit es kaum (jemals); **if I ~ catch you doing that again** wenn ich dich noch einmal dabei erwische; **seldom, if ~** selten, wenn überhaupt; **he's a rascal if ~ there was one** er ist ein richtig gehender kleiner Halunke; **don't you ~ say that again!** sag das ja nie mehr!; **have you ~ been to Glasgow?** bist du schon einmal in Glasgow gewesen?; **did you ~ see** *od* **have you ~ seen anything so strange?** hast du schon jemals so etwas Merkwürdiges gesehen?; **more beautiful than ~ (before)** schöner denn je (zuvor); **the first ... ~** der *etc* allererste ...; **I'll never, ~ forgive myself** das werde ich mir nie im Leben verzeihen **2 ~ since I was a boy** seit ich ein Junge war; **~ since I have lived here ...** seitdem ich hier lebe ...; **~ since (then)** seitdem; **for ~** für immer; **it seemed to go on for ~** es schien ewig zu dauern; **~ increasing power** ständig wachsende Macht; **an ~ present feeling** ein ständiges Gefühl; **all she ~ does is complain** sie tut nichts anderes als sich ständig zu beschweren **3 she's the best grandmother ~** sie ist die beste Großmutter, die es gibt; **what ~ shall we do?** was sollen wir bloß machen?; **why ~ not?** warum denn bloß nicht? **4** (*umg*) **~ so/such** unheimlich; **~ so slightly drunk** ein ganz klein wenig betrunken; **he's ~ such a nice man** er ist ein ungemein netter Mensch; **I am ~ so sorry** es tut mir schrecklich leid; **thank you ~ so much** ganz herzlichen Dank **Everest** [ˈevərest] S (**Mount**) **~** der (Mount) Everest

evergreen [ˈevəɡriːn] A ADJ immergrün B S Nadelbaum *m* **everlasting** [ˌevəˈlɑːstɪŋ] ADJ ewig; **to his ~ shame** zu seiner ewigen Schande **evermore** [ˌevəˈmɔːʳ] ADV (*liter*) auf immer und ewig; **for ~** in alle Ewigkeit

every [ˈevrɪ] ADJ **1** jede(r, s); **you must examine ~ one** Sie müssen jeden (Einzelnen) untersuchen; **~ man for himself** jeder für sich; **in ~ way** in jeder Hinsicht; **he is ~ bit as clever as his brother** er ist ganz genauso schlau wie sein Bruder; **~ single time I ...** immer wenn ich ...; **~ fifth day, ~ five days** alle fünf Tage; **write on ~ other page** bitte jede zweite Seite beschreiben; **one in ~ twenty people** jeder zwanzigste Mensch; **~ so often, ~ once in a while, ~ now and then** *od* **again** ab und zu; **his ~ word** jedes Wort, das er sagte **2 I have ~ confidence in him** ich habe volles Vertrauen zu ihm; **I have/there is ~ hope that ...** ich habe allen Grund/es besteht aller Grund zu der Hoffnung, dass ...; **there was ~ prospect of success** es bestand alle Aussicht auf Erfolg

everybody [ˈevrɪbɒdɪ] PRON jeder(mann), alle *pl*; **~ has finished** alle sind fertig; **it's not ~ who can afford a big house** nicht jeder kann sich (*dat*) ein großes Haus leisten

▶ **das Possessivpronomen nach somebody und everybody**

Steht nach **somebody** oder **everybody** ein Possessivpronomen, dann meist das geschlechtsneutrale **their**, um das umständliche **his or her** zu vermeiden:

Everbody is entitled to say their own opinion.
Everybody should do their best to conserve energy.

GRAMMATIK ◄

everyday [ˈevrɪdeɪ] ADJ (all)täglich; **~ clothes** Alltagskleidung *f*; **to be an ~ occurrence** (all)täglich vorkommen; **for ~ use** für den täglichen Gebrauch; **~ life** der Alltag **everyone** [ˈevrɪwʌn] PRON = everybody **everything** [ˈevrɪθɪŋ] S alles; **~ possible** alles Mögliche; **~ you have** alles, was du hast; **is ~ all right?** ist alles in Ordnung?; **money isn't ~** Geld ist nicht alles **everywhere** [ˈevrɪweəʳ] ADV überall, überallhin; **from ~** von überallher; **~ you look there's a mistake** wo man auch hinsieht, findet man Fehler

evict [ɪˈvɪkt] V/T zur Räumung zwingen (*from +gen*); **they were ~ed** sie wurden zum Verlassen ihrer Wohnung gezwungen **eviction** [ɪˈvɪkʃən] S Ausweisung *f* **eviction order** S Räumungsbefehl *m*

evidence [ˈevɪdəns] S **1** (❗ kein pl) Beweis *m*, Beweise *pl*; **there is no ~ that ...** es deutet nichts darauf hin, dass ... **2** (❗ kein pl) JUR Beweismaterial *n*, Beweisstück *n*; (*von Zeuge*)

235 ‖ EXCE

Aussage f; **we haven't got any ~** wir haben keinerlei Beweise; **for lack of ~** aus Mangel an Beweisen; **all the ~ was against him** alles sprach gegen ihn; **to give ~** aussagen **3 to be in ~** sichtbar sein **evident** ADJ, **evidently** ADV ['evɪdənt, -lɪ] offensichtlich

evil ['iːvl] A s̄ 1 Böse(s) n 2 Übel n; **the lesser/ greater of two ~s** das kleinere/größere Übel B ADJ böse; Einfluss, Ruf schlecht; Ort verhext; **~ deed** Übeltat f; **with ~ intent** mit od aus böser Absicht

evocative [ɪ'vɒkətɪv] ADJ atmosphärisch; **to be ~ of sth** etw heraufbeschwören **evoke** [ɪ'vəʊk] VT heraufbeschwören; Reaktion hervorrufen

evolution [,iːvə'luːʃən] s̄ Evolution f **evolutionary** [,iːvə'luːʃnərɪ] ADJ evolutionär; **~ theory** Evolutionstheorie f **evolve** [ɪ'vɒlv] A VT entwickeln B VI sich entwickeln

ewe [juː] s̄ Mutterschaf n

ex [eks] s̄ (umg) Verflossene(r) m/f(m) (umg) **ex-** [eks-] PRÄF ehemalig, Ex-; **~wife** Exfrau f

exacerbate [ek'sæsəbeɪt] VT verschlimmern; Situation a. verschärfen

exact [ɪg'zækt] ADJ genau; **to be ~ about sth** etw genau darlegen; **do you have the ~ amount?** haben Sie es passend?; **until this ~ moment** bis genau zu diesem Augenblick; **the ~ same thing** genau das Gleiche; **he's 47 to be ~** er ist 47, um genau zu sein **exacting** [ɪg'zæktɪŋ] ADJ Mensch, Arbeit anspruchsvoll; Niveau hoch **exactly** [ɪg'zæktlɪ] ADV genau; **I wanted to know ~ where my mother was buried** ich wollte genau wissen, wo meine Mutter begraben war; **that's ~ what I was thinking** genau das habe ich auch gedacht; **at ~ five o'clock** um Punkt fünf Uhr; **at ~ 9.43 a. m./the right time** genau um 9.43 Uhr/zur richtigen Zeit; **I want to get things ~ right** ich will es ganz richtig machen; **who ~ will be in charge?** wer wird eigentlich die Verantwortung haben?; **you mean we are stuck? — ~** wir sitzen also fest? — stimmt genau; **is she sick? — not ~** ist sie krank? — eigentlich nicht; **not ~** (iron) nicht gerade **exactness** [ɪg'zæktnɪs] s̄ Genauigkeit f

exaggerate [ɪg'zædʒəreɪt] A VT 1 übertreiben; **he ~d what really happened** er hat das, was wirklich geschehen war, übertrieben dargestellt 2 Wirkung verstärken B VI übertreiben **exaggerated** ADJ übertrieben **exaggeration** [ɪg,zædʒə'reɪʃən] s̄ Übertreibung f; **a bit of an ~** leicht übertrieben

exalted [ɪg'zɔːltɪd] ADJ Position hoch

exam [ɪg'zæm] s̄ Prüfung f **examination** [ɪg,zæmɪ'neɪʃən] s̄ 1 SCHULE, UNIV etc Prüfung

f; **geography ~** Geografieprüfung f 2 Untersuchung f; (von Maschine, Örtlichkeit, Pass) Kontrolle f; **the matter is still under ~** die Angelegenheit wird noch geprüft od untersucht; **she underwent a thorough ~** sie wurde gründlich untersucht 3 (JUR: von Zeuge) Verhör n; (von Fall, Papieren) Untersuchung f **examine** [ɪg'zæmɪn] VT 1 (for auf +akk) untersuchen; Papiere etc prüfen; Maschine, Pass, Gepäck kontrollieren; **you need (to have) your head ~d** (umg) du solltest dich mal auf deinen Geisteszustand untersuchen lassen 2 Schüler, Kandidat prüfen (in in +dat, on über +akk) 3 JUR Zeuge verhören **examinee** [ɪg,zæmɪ'niː] s̄ Prüfling m, (Examens)kandidat(in) m(f) **examiner** [ɪg'zæmɪnər] s̄ SCHULE, UNIV Prüfer(in) m(f)

example [ɪg'zɑːmpl] s̄ Beispiel n; **for ~** zum Beispiel; **to set a good ~** ein gutes Beispiel geben; **to follow sb's ~** jds Beispiel folgen; **to take sth as an ~** sich (dat) an etw ein Beispiel nehmen; **to make an ~ of sb** an jdm ein Exempel statuieren

exasperate [ɪg'zɑːspəreɪt] VT zur Verzweiflung bringen; **to become** od **get ~d** verzweifeln (mit an +dat) **exasperating** [ɪg'zɑːspəreɪtɪŋ] ADJ ärgerlich; Verzögerung, Arbeit leidig attr; Mensch nervig (umg); **it's so ~ not to be able to buy a newspaper** es ist wirklich zum Verzweifeln, dass man keine Zeitung bekommen kann **exasperation** [ɪg,zɑːspə'reɪʃən] s̄ Verzweiflung f (with über +akk)

excavate ['ekskəveɪt] VT Erdreich ausschachten, ausbaggern; ARCHÄOL Gelände Ausgrabungen machen auf (+dat) **excavation** [,ekskə'veɪʃən] s̄ 1 ARCHÄOL (Aus)grabung f; **~s** (≈ Gelände) Ausgrabungsstätte f 2 (von Tunnel etc) Graben n **excavator** ['ekskəveɪtər] s̄ Bagger m

exceed [ɪk'siːd] VT 1 übersteigen (by um); **to ~ 5 kilos in weight** das Gewicht von 5 kg übersteigen; **a fine not ~ing £500** eine Geldstrafe bis zu £ 500 2 hinausgehen über (+akk); Erwartungen übertreffen; Grenzen, Befugnisse überschreiten **exceedingly** [ɪk'siːdɪŋlɪ] ADV (+adj, adv) äußerst

excel [ɪk'sel] A VI sich auszeichnen B VT **to ~ oneself** (oft iron) sich selbst übertreffen **excellence** ['eksələns] s̄ hervorragende Qualität; **academic ~** höchste wissenschaftliche Qualität **Excellency** ['eksələnsɪ] s̄ **Your/His ~** Eure/Seine Exzellenz

excellent ADJ, **excellently** ADV ['eksələnt, -lɪ] hervorragend

except [ɪk'sept] A PRÄP außer (+dat); **what can they do ~ wait?** was können sie (anders) tun als warten?; **~ for** abgesehen von; **~ that ...** außer dass ...; **~ for the fact that** abgesehen

E

EXCE | 236

davon, dass ...; **~ if** es sei denn(, dass); **~ when** außer wenn **B** KONJ doch **C** VT ausnehmen **excepting** [ɪkˈseptɪŋ] PRÄP außer; **not ~ X** X nicht ausgenommen

exception [ɪkˈsepʃən] S **1** Ausnahme f; **to make an ~** eine Ausnahme machen; **with the ~ of** mit Ausnahme von; **this case is an ~ to the rule** dieser Fall ist eine Ausnahme; **the ~ proves the rule** (sprichw) Ausnahmen bestätigen die Regel (sprichw); **sb/sth is no ~** jd/ etw ist keine Ausnahme **2 to take ~ to sth** Anstoß m an etw (dat) nehmen **exceptional** [ɪkˈsepʃənl] ADJ außergewöhnlich; **of ~ quality** außergewöhnlich gut; **~ case** Ausnahmefall m; **in ~ cases, in** od **under ~ circumstances** in Ausnahmefällen **exceptionally** [ɪkˈsepʃənlɪ] ADV außergewöhnlich

excerpt [ˈeksɜːpt] S Auszug m

excess [ɪkˈses] **A** S **1** Übermaß n (of an +dat); **to drink to ~** übermäßig trinken; **he does everything to ~** er übertreibt bei allem; **to be in ~ of** hinausgehen über (+akk); **a figure in ~ of ...** eine Zahl über (+dat) ... **2 excesses** PL Exzesse pl, Ausschweifungen pl **3** Überschuss m **B** ADJ überschüssig; **~ fat** Fettpolster n **excess baggage** S Übergewicht n **excessive** [ɪkˈsesɪv] ADJ übermäßig; Preise, Geschwindigkeit überhöht; Forderungen übertrieben; **~ amounts of** übermäßig viel; **~ drinking** übermäßiger Alkoholgenuss **excessively** [ɪkˈsesɪvlɪ] ADV (+v) übermäßig; trinken a. zu viel; (+adj) allzu **excess weight** S Übergewicht n

exchange [ɪksˈtʃeɪndʒ] **A** VT tauschen; Geld wechseln (for in +akk); Informationen, Meinungen, Telefonnummern austauschen; **to ~ words** einen Wortwechsel haben; **to ~ letters** einen Briefwechsel führen; **to ~ greetings** sich grüßen; **to ~ insults** sich gegenseitig beleidigen; **to ~ one thing for another** eine Sache gegen eine andere austauschen od (in Laden) umtauschen **B** S **1** (von Gefangenen, Meinungen) Austausch m; (von Gekauftem) Umtausch m; **in ~ dafür**; **in ~ for money** gegen Geld; **in ~ for lending me your car** dafür, dass Sie mir Ihr Auto geliehen haben **2** (a. **school ~**) Schüleraustausch m **3** BÖRSE Börse f **4** (**telephone**) **~** Fernamt n **exchange rate** S Wechselkurs m **Exchange Rate Mechanism** S FIN Wechselkursmechanismus m **exchange student** S Austauschstudent(in) m(f)

exchequer [ɪksˈtʃekə] S Finanzministerium n

excise duties [ˈeksaɪz-] PL (Br), **excise tax** S (US) Verbrauchssteuern pl

excitable [ɪkˈsaɪtəbl] ADJ leicht erregbar **excite** [ɪkˈsaɪt] VT **1** aufregen, begeistern; **the whole village was ~d by the news** das ganze

Dorf war über die Nachricht in Aufregung **2** Leidenschaft etc erregen; Interesse, Neugier wecken **excited** [ɪkˈsaɪtɪd] ADJ aufgeregt, erregt, begeistert; **to be ~ that...** begeistert darüber sein, dass ...; **to be ~ about sth** von etw begeistert sein; (bei Zukünftigem) sich auf etw (akk) freuen; **to become** od **get ~ (about sth)** sich (über etw akk) aufregen; **to get ~** (sexuell) erregt werden; **it was nothing to get ~ about** es war nichts Besonderes **excitedly** [ɪkˈsaɪtɪdlɪ] ADV aufgeregt **excitement** S Aufregung f; **there was great ~ when ...** es herrschte große Aufregung, als ...; **what's all the ~ about?** wozu die ganze Aufregung?; **his novel has caused great ~** sein Roman hat große Begeisterung ausgelöst

exciting [ɪkˈsaɪtɪŋ] ADJ aufregend; Spieler sensationell; Aussicht reizvoll; Krimi spannend

excl 1 abk von excluding ohne **2** abk von exclusive exkl.

exclaim [ɪkˈskleɪm] **A** VI **he ~ed in surprise when he saw it** er schrie überrascht auf, als er es sah **B** VT ausrufen **exclamation** [ˌekskləˈmeɪʃən] S Ausruf m **exclamation mark**, (US) **exclamation point** S Ausrufezeichen n

exclude [ɪkˈskluːd] VT ausschließen; **to ~ sb from the team/an occupation** jdn aus der Mannschaft/von einer Beschäftigung ausschließen; **to ~ a child from school** ein Kind vom Schulunterricht ausschließen; **to ~ sb from doing sth** jdn davon ausschließen, etw zu tun; **£200 excluding VAT** (Br) £ 200 ohne Mehrwertsteuer; **everything excluding the house** alles ausgenommen das Haus **exclusion** [ɪkˈskluːʒən] S Ausschluss m (from von); **she thought about her job to the ~ of everything else** sie dachte ausschließlich an ihre Arbeit **exclusive** [ɪkˈskluːsɪv] **A** ADJ **1** exklusiv; Gebrauch a. alleinig; **~ interview** Exklusivinterview n; **~ offer** Exklusivangebot n; **~ rights to sth** Alleinrechte pl an etw (dat); PRESSE Exklusivrechte pl an etw (dat) **2** exklusive inv; **they are mutually ~** sie schließen einander aus **B** S PRESSE Exklusivbericht m, Exklusivinterview n **exclusively** [ɪkˈskluːsɪvlɪ] ADV ausschließlich; PRESSE exklusiv

excommunicate [ˌekskəˈmjuːnɪkeɪt] VT exkommunizieren

excrement [ˈekskrɪmənt] S Kot m **excrete** [ɪkˈskriːt] VT ausscheiden

excruciating [ɪkˈskruːʃɪeɪtɪŋ] ADJ unerträglich; Anblick, Erfahrung fürchterlich; **I was in ~ pain** ich hatte unerträgliche Schmerzen

excursion [ɪkˈskɜːʃən] S Ausflug m; **to go on an ~** einen Ausflug machen

237 ‖ EXIS

excusable [ɪkˈskjuːzəbl] ADJ verzeihlich
excuse [ɪkˈskjuːz] A VT 1 entschuldigen; **he ~d himself for being late** er entschuldigte sich, dass er zu spät kam 2 **to ~ sb** jdm verzeihen; **to ~ sb for having done sth** jdm verzeihen, dass er etw getan hat; **~ me for interrupting** entschuldigen Sie bitte die Störung; **excuse me!** Entschuldigung!; (empört) erlauben Sie mal! 3 **to ~ sb from (doing) sth** jdm etw erlassen; **you are ~d** (zu Kindern) ihr könnt gehen; **can I be ~d?** darf ich mal verschwinden? (umg); **and now if you will ~ me I have work to do** und nun entschuldigen Sie mich bitte, ich habe zu arbeiten B [ɪksˈkjuːs] S 1 Entschuldigung f; **they had no ~ for attacking him** sie hatten keinen Grund, ihn anzugreifen; **to give sth as an ~** etw zu seiner Entschuldigung vorbringen 2 Ausrede f; **to make ~s for sb/sth** jdn/etw entschuldigen; **I have a good ~ for not going** ich habe eine gute Ausrede, warum ich nicht hingehen kann; **he's only making ~s** er sucht nur nach einer Ausrede; **a good ~ for a party** ein guter Grund, eine Party zu feiern
ex-directory [ˌeksdaɪˈrektərɪ] ADJ (Br) **to be ~** nicht im Telefonbuch stehen (⚠ = (US) **unlisted**)
executable [ˈeksɪkjuːtəbl] ADJ **~ file** IT Programmdatei f **execute** [ˈeksɪkjuːt] VT 1 Befehl, Bewegung ausführen 2 IT ausführen 3 Verbrecher hinrichten **execution** [ˌeksɪˈkjuːʃən] S 1 (von Pflichten) Erfüllung f; **in the ~ of his duties** bei der Ausübung seines Amtes 2 (als Strafe) Hinrichtung f **executioner** [ˌeksɪˈkjuːʃnəʳ] S Henker m
executive [ɪgˈzekjʊtɪv] A S 1 Manager(in) m(f); **senior ~** Geschäftsführer(in) m(f) 2 HANDEL, POL Vorstand m; **to be on the ~** Vorstandsmitglied sein 3 **the ~** (POL: von Regierung) die Exekutive B ADJ 1 Position leitend; **~ power** Exekutivgewalt f; **~ decision** Managemententscheidung f 2 (≈ Luxus) für gehobene Ansprüche **executive board** S Vorstand m **executive committee** S Vorstand m **executor** [ɪgˈzekjʊtəʳ] S Testamentsvollstrecker m
exemplary [ɪgˈzemplərɪ] ADJ beispielhaft (in sth in etw dat) **exemplify** [ɪgˈzemplɪfaɪ] VT veranschaulichen
exempt [ɪgˈzempt] A ADJ befreit (from von); **diplomats are ~** Diplomaten sind ausgenommen B VT befreien; **to ~ sb from doing sth** jdn davon befreien, etw zu tun; **to ~ sth from a ban** etw von einem Verbot ausnehmen **exemption** [ɪgˈzempʃən] S Befreiung f; **~ from taxes** Steuerfreiheit f
exercise [ˈeksəsaɪz] A S 1 Übung f; **to do one's ~s in the morning** Morgengymnastik machen 2 (⚠ kein pl) Bewegung f; **physical ~** (körperliche) Bewegung 3 **it was a pointless ~** es war völlig sinnlos; **it was a useful ~ in public relations** für die Public Relations war es nützlich B VT Körper, Geist trainieren; Macht, Rechte ausüben C VI **if you ~ regularly ...** wenn Sie sich viel bewegen ...; **you don't ~ enough** du hast zu wenig Bewegung **exercise bike** S Heimtrainer m **exercise book** S Heft n
exert [ɪgˈzɜːt] A VT Druck, Macht ausüben (on auf +akk); Gewalt anwenden B VR sich anstrengen **exertion** [ɪgˈzɜːʃən] S Anstrengung f; **rugby requires strenuous physical ~** Rugby fordert unermüdlichen körperlichen Einsatz; **after the day's ~s** nach des Tages Mühen
exhale [eksˈheɪl] VI ausatmen
exhaust [ɪgˈzɔːst] A VT erschöpfen; **we have ~ed the subject** wir haben das Thema erschöpfend behandelt B S (bes Br AUTO etc) Auspuff m (⚠ = (US) **tailpipe**) **exhausted** ADJ erschöpft; Ersparnisse aufgebraucht; **his patience was ~** er war mit seiner Geduld am Ende **exhaust fumes** PL Auspuffgase pl **exhausting** [ɪgˈzɔːstɪŋ] ADJ anstrengend **exhaustion** [ɪgˈzɔːstʃən] S Erschöpfung f **exhaustive** [ɪgˈzɔːstɪv] ADJ Liste vollständig; Suche gründlich **exhaust pipe** S (bes Br) Auspuffrohr n (⚠ = (US) **tailpipe**)
exhibit [ɪgˈzɪbɪt] A VT 1 Gemälde etc ausstellen 2 Können zeigen B VI ausstellen C S 1 Ausstellungsstück n 2 JUR Beweisstück n
exhibition [ˌeksɪˈbɪʃən] S 1 (von Gemälden etc) Ausstellung f 2 **to make an ~ of oneself** ein Theater machen (umg) **exhibition centre**, (US) **exhibition center** S Ausstellungszentrum n, Messegelände n **exhibitionist** [ˌeksɪˈbɪʃənɪst] S Exhibitionist(in) m(f) **exhibitor** [ɪgˈzɪbɪtəʳ] S Aussteller(in) m(f)
exhilarated [ɪgˈzɪləreɪtɪd] ADJ **to feel ~** in Hochstimmung sein **exhilarating** ADJ Erlebnis aufregend; Gefühl berauschend **exhilaration** [ɪgˌzɪləˈreɪʃən] S Hochgefühl n
exhort [ɪgˈzɔːt] VT ermahnen
exhume [eksˈhjuːm] VT exhumieren
exile [ˈeksaɪl] A S 1 Verbannte(r) m/f(m) 2 Verbannung f; **to go into ~** ins Exil gehen; **in ~** im Exil B VT verbannen (from aus)
exist [ɪgˈzɪst] VI existieren; **it doesn't ~** das gibt es nicht; **doubts still ~** noch bestehen Zweifel; **the understanding which ~s between the two countries** das Einvernehmen zwischen den beiden Ländern; **the possibility ~s that ...** es besteht die Möglichkeit, dass ...; **she ~s on very little** sie kommt mit sehr wenig aus **existence** [ɪgˈzɪstəns] S 1 Existenz f; **to be in**

E

EXIS | 238

E

~ existieren, bestehen; **to come into** ~ entstehen; **the only one in** ~ der Einzige, den es gibt **2** Leben *n*; **means of** ~ Lebensunterhalt *m* **existent** ADJ existent **existentialism** [ˌegzɪs-'tenʃəlɪzəm] S Existenzialismus *m* **existing** [ɪg-'zɪstɪŋ] ADJ *Bedingungen* gegenwärtig

exit ['eksɪt] A S **1** (*von Bühne*) Abgang *m*; (*von Wettbewerb*) Ausscheiden *n*; **to make an/one's** ~ (*von Bühne*) abgehen; (*aus Zimmer*) hinausgehen **2** Ausgang *m*, Ausfahrt *f* B VI hinausgehen; (*von Bühne*) abgehen; IT das Programm *etc* verlassen C VT IT verlassen **exit poll** S *bei Wahlen unmittelbar nach Verlassen der Wahllokale durchgeführte Umfrage* **exit visa** S Ausreisevisum *n*

exodus ['eksədəs] S (*aus Land*) Abwanderung *f*; (BIBEL, *a. fig*) Exodus *m*; **general** ~ allgemeiner Aufbruch

exorbitant [ɪg'zɔːbɪtənt] ADJ überhöht **exorbitantly** [ɪg'zɔːbɪtntlɪ] ADV ~ **priced** *od* **expensive** maßlos teuer

exorcism ['eksɔːsɪzəm] S Exorzismus *m* **exorcize** ['eksɔːsaɪz] VT exorzieren

exotic [ɪg'zɒtɪk] ADJ exotisch; ~ **holidays** (*bes Br*) *od* **vacation** (*US*) Urlaub *m* in exotischen Ländern

expand [ɪk'spænd] A VT ausdehnen, erweitern B VI CHEM, PHYS sich ausdehnen; (*Wirtschaft*) wachsen; (*Produktion*) zunehmen; (*Horizonte*) sich erweitern; **we want to** ~ wir wollen expandieren *od* (uns) vergrößern; **the market is** ~**ing** der Markt wächst ♦**expand (up)on** VT *Thema* weiter ausführen

expanse [ɪk'spæns] S Fläche *f*; (*von Meer etc*) Weite *f kein pl*; **a vast** ~ **of grass** eine riesige Grasfläche; **an** ~ **of woodland** ein Waldgebiet *n* **expansion** [ɪk'spænʃən] S Ausdehnung *f*; (*von Produktion a.*) Erweiterung *f*; (*von Wirtschaft*) Expansion *f* **expansion board** S IT Erweiterungsplatine *f* **expansion card** S IT Erweiterungskarte *f* **expansion slot** S IT Erweiterungssteckplatz *m* **expansive** [ɪk'spænsɪv] ADJ *Mensch* mitteilsam; **to be in an** ~ **mood** in gesprächiger Stimmung sein

expat ['eks,pæt] S, ADJ = expatriate **expatriate** [eks'pætrɪət] A S im Ausland Lebende(r) *m*/*f*(*m*); **British** ~**s** im Ausland lebende Briten B ADJ im Ausland lebend; ~ **community** Ausländergemeinde *f*

expect [ɪk'spekt] A VT **1** erwarten, rechnen mit; **that was to be** ~**ed** das war zu erwarten; **I know what to** ~ ich weiß, was mich erwartet; **I** ~**ed as much** das habe ich erwartet; **he failed as (we had)** ~**ed** er fiel, wie erwartet, durch; **to** ~ **to do sth** erwarten *od* damit rechnen, etw zu tun; **it is hardly to be** ~**ed that …**

es ist kaum zu erwarten *od* damit zu rechnen, dass …; **the talks are** ~**ed to last two days** die Gespräche sollen zwei Tage dauern; **she is** ~**ed to resign tomorrow** es wird erwartet, dass sie morgen zurücktritt; **you can't** ~ **me to agree to that!** Sie erwarten doch wohl nicht, dass ich dem zustimme!; **to** ~ **sth** *od* **from sb** etw von jdm erwarten; **to** ~ **sb to do sth** erwarten, dass jd etw tut; **what do you** ~ **me to do about it?** was soll ich da tun?; **are we** ~**ed to tip the waiter?** müssen wir dem Kellner Trinkgeld geben?; **I will be** ~**ing you tomorrow** ich erwarte dich morgen; **we'll** ~ **you when we see you** (*umg*) wenn ihr kommt, dann kommt ihr (*umg*) **2** glauben; **yes, I** ~ **so** ja, ich glaube schon; **no, I** ~ **not** nein, ich glaube nicht; **I** ~ **it will rain** es wird wohl regnen; **I** ~ **you're tired** Sie werden sicher müde sein; **I** ~ **he turned it down** ich nehme an, er hat abgelehnt B VI **she's** ~**ing** sie erwartet ein Kind **expectant** [ɪk-'spektənt] ADJ erwartungsvoll **expectantly** [ɪk'spektəntlɪ] ADV erwartungsvoll; *warten* gespannt **expectation** [ˌekspek'teɪʃən] S Erwartung *f*; **against all** ~(**s**) wider Erwarten; **to exceed all** ~(**s**) alle Erwartungen übertreffen **expected** ADJ erwartet

expedite ['ekspɪdaɪt] VT beschleunigen

expedition [ˌekspɪ'dɪʃən] S Expedition *f*; **shopping** ~ Einkaufstour *f*; **to go on an** ~ auf (eine) Expedition gehen; **to go on a shopping** ~ eine Einkaufstour machen

expel [ɪk'spel] VT **1** (*aus Land*) ausweisen, ausschaffen (*schweiz*) (*from aus*); (*von Schule*) verweisen (*from von*, +*gen*) **2** *Gas, Flüssigkeit* ausstoßen

expend [ɪk'spend] VT verwenden (*on auf* +*akk*, *on doing sth darauf*, *etw zu tun*) **expendable** [ɪk'spendəbl] ADJ (*form*) entbehrlich **expenditure** [ɪk'spendɪtʃə'] S Ausgaben *pl* **expense** [ɪk'spens] S **1** Kosten *pl*; **at my** ~ auf meine Kosten; **at great** ~ mit hohen Kosten; **they went to the** ~ **of installing a lift** sie gaben viel Geld dafür aus, einen Lift einzubauen; **at sb's** ~, **at the** ~ **of sb** auf jds Kosten (*akk*) **2** (❗) *meist Plural*) HANDEL Spesen *pl* **expense account** S Spesenkonto *n* **expenses-paid** ADJ **an all-**~ **holiday** ein Gratisurlaub *m*

expensive [ɪk'spensɪv] ADJ teuer; **they were too** ~ **for most people** die meisten Leute konnten sie sich nicht leisten **expensively** [ɪk'spensɪvlɪ] ADV teuer

experience [ɪk'spɪərɪəns] A S **1** Erfahrung *f*; **to know sth from** ~ etw aus Erfahrung wissen; **to speak from** ~ aus eigener Erfahrung sprechen; **he has no** ~ **of living in the country** er kennt das Landleben nicht; **I gained a lot of**

EXPR

useful ~ ich habe viele nützliche Erfahrungen gemacht; ~ **in a job/in business** Berufs-/Geschäftserfahrung f; **to have a lot of teaching** ~ große Erfahrung als Lehrer(in) haben; **he is working in a factory to gain** ~ er arbeitet in einer Fabrik, um praktische Erfahrungen zu sammeln **2** Erlebnis n; **I had a nasty** ~ mir ist etwas Unangenehmes passiert; **it was a new** ~ **for me** es war völlig neu für mich **B** V̄T̄ **1** Schmerz, Hunger **erfahren**; schwere Zeiten **durchmachen**; Probleme **haben 2** fühlen **experienced** ADJ **erfahren**; **we need someone more** ~ wir brauchen jemanden, der mehr Erfahrung hat; **to be** ~ **in sth** in etw (dat) Erfahrung haben

experiment [ɪkˈsperɪmənt] **A** S̄ Versuch m; **to do an** ~ einen Versuch machen; **as an** ~ versuchsweise **B** V̄Ī experimentieren (on, with mit)
experimental [ɪkˌsperɪˈmentl] ADJ experimentell; **to be at an** od **in the** ~ **stage** sich im Versuchsstadium befinden **experimentation** [ɪkˌsperɪmenˈteɪʃən] S̄ Experimentieren n

expert [ˈekspɜːt] **A** S̄ Experte m, Expertin f, Fachmann m, Fachfrau f; JUR Sachverständige(r) m/f(m); **he is an** ~ **on the subject** er ist Fachmann auf diesem Gebiet **B** ADJ **1** Fahrer etc meisterhaft; **to be** ~ **at doing sth** es hervorragend verstehen, etw zu tun **2** Rat, Hilfe fachmännisch; **an** ~ **opinion** ein Gutachten n **expertise** [ˌekspɜːˈtiːz] S̄ Sachverstand m (in in +dat, auf dem Gebiet +gen) **expertly** [ˈekspɜːtlɪ] ADV meisterhaft; fahren geschickt **expert witness** S̄ Sachverständige(r) m/f(m)

expiration date [ˌekspəˈreɪʃndeɪt] S̄ (US) Verfallsdatum n **expire** [ɪkˈspaɪəʳ] V̄Ī (Pacht, Pass) ablaufen **expiry** [ɪkˈspaɪərɪ] S̄ Ablauf m; ~ **date** (Br) Verfallsdatum n

explain [ɪkˈspleɪn] **A** V̄T̄ erklären (to sb jdm); **that is easy to** ~, **that is easily** ~ed das lässt sich leicht erklären; **he wanted to see me but wouldn't** ~ **why** er wollte mich sehen, sagte aber nicht, warum **B** V̄R̄ sich rechtfertigen; ~ **yourself!** was soll das? **C** V̄Ī es erklären; **please** ~ bitte erklären Sie das ♦**explain away** V̄T̄ trennb eine Erklärung finden für

explanation [ˌekspləˈneɪʃən] S̄ Erklärung f; **it needs some** ~ es bedarf einer Erklärung **explanatory** [ɪkˈsplænətərɪ] ADJ erklärend

expletive [ɪkˈspliːtɪv] S̄ Kraftausdruck m

explicit [ɪkˈsplɪsɪt] ADJ Beschreibung (klar und) deutlich; Anweisung ausdrücklich; (bes sexuell) eindeutig; **sexually** ~ sexuell explizit **explicitly** [ɪkˈsplɪsɪtlɪ] ADV **1** beschreiben deutlich **2** verbieten, erwähnen ausdrücklich; (+adj) eindeutig

explode [ɪkˈspləʊd] **A** V̄Ī explodieren; **to** ~

with anger vor Wut platzen (umg) **B** V̄T̄ **1** sprengen **2** (fig) Theorie zu Fall bringen

exploit [ˈeksplɔɪt] **A** S̄ Heldentat f; ~**s** Abenteuer pl **B** [ɪksˈplɔɪt] V̄T̄ Arbeiter ausbeuten; Freund, Schwäche ausnutzen; Ressourcen nutzen **exploitation** [ˌeksplɔɪˈteɪʃən] S̄ (von Arbeitern) Ausbeutung f; (von Freund, Schwäche) Ausnutzung f

exploration [ˌeksplɔːˈreɪʃən] S̄ Erforschung f; (von Stadt) Erkundung f **exploratory** [ɪkˈsplɔrətərɪ] ADJ exploratorisch; ~ **talks** Sondierungsgespräche pl; ~ **trip/expedition** Erkundungsfahrt f/-expedition f **explore** [ɪkˈsplɔːʳ] **A** V̄T̄ erforschen; Frage, Aussichten untersuchen (a. MED); Möglichkeiten prüfen **B** V̄Ī **to go exploring** auf Entdeckungsreise gehen; **he went off into the village to** ~ er ging auf Entdeckungsreise ins Dorf **explorer** [ɪkˈsplɔːrəʳ] S̄ Forscher(in) m(f)

explosion [ɪkˈspləʊʒən] S̄ Explosion f **explosive** [ɪkˈspləʊzɪv] **A** S̄ Sprengstoff m **B** ADJ explosiv; Laune aufbrausend; ~ **device** Sprengsatz m; ~ **charge** Sprengladung f

export [ɪkˈspɔːt] **A** V̄T̄ & V̄Ī exportieren **B** [ˈekspɔːt] S̄ Export m **C** [ˈekspɔːt] ADJ attr Export- **export duty** [ˈekspɔːt-] S̄ Export- od Ausfuhrzoll m **exporter** [ɪkˈspɔːtəʳ] S̄ **1** Exporteur m (of von) **2** Exportland n (of für) **export licence**, (US) **export license** S̄ Exportgenehmigung f **export trade** S̄ Exporthandel m

expose [ɪkˈspəʊz] V̄T̄ **1** Felsen, Draht freilegen **2** (einer Gefahr etc) aussetzen (to +dat) **3** Unkenntnis offenbaren; **to** ~ **oneself** sich entblößen **4** Unrecht aufdecken; Skandal enthüllen; jdn entlarven **5** FOTO belichten **exposed** ADJ **1** Position ungeschützt; (fig) exponiert; **to be** ~ **to sth** einer Sache (dat) ausgesetzt sein **2** Körperteil unbedeckt; Drähte frei liegend; **to feel** ~ (fig) sich allen Blicken ausgesetzt fühlen **exposure** [ɪkˈspəʊʒəʳ] S̄ **1** (an Sonne, Luft) Aussetzung f (to +dat); **to be suffering from** ~ MED an Unterkühlung leiden; **to die of** ~ MED erfrieren **2** (von Mensch) Entlarvung f; (von Verbrechen) Aufdeckung f **3** FOTO Belichtung(szeit) f **4** (in Medien) Publicity f

express [ɪkˈspres] **A** V̄T̄ ausdrücken; **to** ~ **oneself** sich ausdrücken; **if I may** ~ **my opinion** wenn ich meine Meinung äußern darf; **the feeling which is** ~ed **here** das Gefühl, das hier zum Ausdruck kommt **B** ADJ **1** Befehl, Erlaubnis ausdrücklich; Zweck bestimmt **2** by ~ **mail** per Eilzustellung; ~ **service** Expressdienst m **C** ADV **to send a letter** ~ einen Brief per Express schicken **D** S̄ Schnellzug m, Schnellbus m **express delivery** S̄ Eilzustellung f

expression [ɪkˈspreʃən] S̄ (Gesichts)ausdruck m; **as an** ~ **of our gratitude** zum Ausdruck unserer Dankbarkeit; **to give ~ to sth** etw zum Ausdruck bringen **expressionism** [ɪk-ˈspreʃənɪzm̩] $\overline{s}$ Expressionismus m **expressionist** [ɪkˈspreʃənɪst] **A** $\overline{s}$ Expressionist(in) m(f) **B** ADJ expressionistisch **expressionless** ADJ ausdruckslos **expressive** [ɪkˈspresɪv] ADJ ausdrucksvoll **expressly** [ɪkˈspreslɪ] ADV **1** verbieten, erklären ausdrücklich **2** he did it ~ to annoy me er hat es absichtlich getan, um mich zu ärgern

express train $\overline{s}$ Schnellzug m **expressway** $\overline{s}$ (Br) Schnellstraße f (❶ = (US) **speedway, thr(o)ughway)**

expulsion [ɪkˈspʌlʃən] $\overline{s}$ (aus Land) Ausweisung f (from aus); (von Schule) Verweisung f

exquisite [ɪkˈskwɪzɪt] ADJ erlesen; Speisen köstlich; Aussicht, Anblick bezaubernd **exquisitely** [ɪkˈskwɪzɪtlɪ] ADV sich kleiden erlesen; gestaltet aufs kunstvollste

ex-serviceman [eksˈsɜːvɪsmən] $\overline{s}$, pl -men [-mən] Exsoldat m **ex-servicewoman** [eksˈsɜːvɪswʊmən] $\overline{s}$, pl -women [-wɪmɪn] Exsoldatin f

ext abk von extension App.

extend [ɪkˈstend] **A** VT **1** Arme ausstrecken **2** Besuch, Frist verlängern **3** Macht ausdehnen; Haus anbauen an (+akk); Besitz vergrößern; **to ~ one's lead** seine Führung ausbauen **4** (to sb jdm) Gastfreundschaft erweisen; Einladung, Dank aussprechen; **to ~ a welcome to sb** jdn willkommen heißen **B** VI (Mauer, Garten) sich erstrecken (to, as far as bis); (Leiter) sich ausziehen lassen; (Gespräche etc) sich hinziehen **extended family** [ɪkˈstendɪd-] $\overline{s}$ Großfamilie f **extended memory** $\overline{s}$ IT erweiterter Arbeitsspeicher **extension** [ɪkˈstenʃən] $\overline{s}$ **1** Verlängerung f; (von Haus) Anbau m **2** TEL (Neben)anschluss m; ~ **3714** Apparat 3714 **extension cable** $\overline{s}$ Verlängerungskabel n **extension lead** $\overline{s}$ Verlängerungsschnur f **extensive** [ɪkˈstensɪv] ADJ Gebiet, Tour ausgedehnt; Pläne, Gewalt weitreichend; Forschung, Sammlung, Reparatur, Wissen umfangreich; Verbrennungen großflächig; Schaden beträchtlich; Erfahrung reich; Netz weitverzweigt; **the facilities available are very ~** es steht eine Vielzahl von Einrichtungen zur Verfügung; **we had fairly ~ discussions** wir haben es ziemlich ausführlich diskutiert **extensively** [ɪkˈstensɪvlɪ] ADV reisen, schreiben viel; benutzen häufig; erforschen, diskutieren ausführlich; verändern beträchtlich; **the clubhouse was ~ damaged** an dem Klubhaus entstand ein beträchtlicher Schaden; **this edition has been ~ revised** diese Ausgabe ist grundlegend überarbeitet worden

extent [ɪkˈstent] $\overline{s}$ **1** Länge f, Ausdehnung f **2**

(von Wissen, Änderungen, Macht) Umfang m; (von Schaden) Ausmaß n **3** Grad m; **to some ~** bis zu einem gewissen Grade; **to what ~** inwieweit; **to a certain ~** in gewissem Maße; **to a large/lesser ~** in hohem/geringerem Maße; **to such an ~ that ...** dermaßen, dass ...

extenuate [ɪkˈstenjʊeɪt] VT **extenuating circumstances** mildernde Umstände

exterior [ɪkˈstɪərɪə] **A** $\overline{s}$ Äußere(s) n; **on the ~** außen **B** ADJ Außen-; ~ **wall** Außenwand f; ~ **decoration/paintwork** Außenanstrich m

exterminate [ɪkˈstɜːmɪneɪt] VT ausrotten **extermination** [ɪkˌstɜːmɪˈneɪʃən] $\overline{s}$ Ausrottung f

external [ekˈstɜːnl̩] ADJ **1** äußere(r, s); Maße Außen-; **the ~ walls of the house** die Außenwände des Hauses; ~ **appearance** Aussehen n; **for ~ use** PHARM zur äußerlichen Anwendung; ~ **call** TEL externes Gespräch **2** Angelegenheiten, Politik auswärtig **3** Prüfer extern **external borders** PL Landesgrenzen pl **externally** [ekˈstɜːnəlɪ] ADV **1** anwenden äußerlich; **he remained ~ calm** er blieb äußerlich ruhig **2** POL außenpolitisch **external trade** $\overline{s}$ Außenhandel m

extinct [ɪkˈstɪŋkt] ADJ ausgestorben; Vulkan erloschen; (fig) Reich untergegangen; **to become ~** aussterben **extinction** [ɪkˈstɪŋkʃən] $\overline{s}$ Aussterben n; **this animal was hunted to ~** diese Tierart wurde durch Jagen ausgerottet

extinguish [ɪkˈstɪŋgwɪʃ] VT Feuer, Kerze (aus)löschen; Zigarette ausmachen; Licht löschen **extinguisher** [ɪkˈstɪŋgwɪʃə] $\overline{s}$ Feuerlöscher m

extort [ɪkˈstɔːt] VT Geld erpressen (from von) **extortion** [ɪkˈstɔːʃən] $\overline{s}$ (von Geld) Erpressung f; **this is sheer ~!** (umg) das ist ja Wucher! **extortionate** [ɪkˈstɔːʃənɪt] ADJ Betrag horrend; Miete, Rechnung a. maßlos hoch; ~ **prices** Wucherpreise pl **extortionist** [ɪkˈstɔːʃənɪst] $\overline{s}$ Erpresser(in) m(f), Wucherer m, Wucherin f

extra [ˈekstrə] **A** ADJ zusätzlich; **we need an ~ chair** wir brauchen noch einen Stuhl; **to work ~ hours** Überstunden machen; **to make an ~ effort** sich besonders anstrengen; ~ **troops were called in** es wurde Verstärkung gerufen; **take ~ care!** sei besonders vorsichtig!; **an ~ £30 a week** £ 30 mehr pro Woche; **send 75p ~ for postage and packing** schicken Sie zusätzlich 75 Pence für Porto und Verpackung; **there is no ~ charge for breakfast** das Frühstück wird nicht zusätzlich berechnet; **available at no ~ cost** ohne Aufpreis erhältlich **B** ADV **1** zahlen, kosten mehr; **breakfast costs ~** das Frühstück wird zusätzlich berechnet; **post and packing ~** zuzüglich Porto und Verpackung **2** besonders **C** $\overline{s}$ **1** **extras** PL zusätzliche Kosten pl; (von Maschine) Zubehör n; (von

241 ‖ EYE

Auto) Extras *pl* **2** (FILM, THEAT) Statist(in) *m(f)*
extra- PRÄF **1** außer- **2** extra; **~large** extra
groß; *Kleidung* übergroß
extract [ɪk'strækt] **A** VT **1** herausnehmen; *Kor-
ken etc* (heraus)ziehen *(from aus)*; *Saft, Öl, DNS* ge-
winnen *(from aus)*; *Zahn* ziehen; *Kugel* entfernen
2 *(fig)* Informationen entlocken *(from +dat)* **B** ['ek-
strækt] S **1** *(aus Buch etc)* Auszug *m* **2** MED,
GASTR Extrakt *m* **extraction** [ɪk'strækʃən] S
1 *(von Öl, DNS)* Gewinnung *f* **2** *(bei Zahnarzt)* **he
had to have an ~** ihm musste ein Zahn gezo-
gen werden **3** Herkunft *f* **extractor** [ɪk-
'stræktə'] S Entsafter *m* **extractor fan** S
Sauglüfter *m*
extracurricular ['ekstrəkə'rɪkjʊlə'] ADJ außer-
halb des Stundenplans; **~ activity** *(bes hum)* Frei-
zeitaktivität *f (hum)*
extradite ['ekstrədaɪt] VT ausliefern **extradi-
tion** [,ekstrə'dɪʃn] S Auslieferung *f*
extramarital ['ekstrə'mærɪtl] ADJ außerehe-
lich
extraneous [ɪk'streɪnɪəs] ADJ *(form)* unwesent-
lich
extraordinarily [ɪk'strɔːdnrɪlɪ] ADV außeror-
dentlich; *hoch, gut etc* ungemein
extraordinary [ɪk'strɔːdnrɪ] ADJ **1** außerge-
wöhnlich; *Erfolg, Mut a.* außerordentlich; *Verhal-
ten, Erscheinung* eigenartig; *Geschichte, Abenteuer*
seltsam; **it's ~ to think that ...** es ist (schon)
eigenartig, wenn man denkt, dass ...; **what an
~ thing to say!** wie kann man nur so etwas
sagen!; **it's ~ how much he resembles his
brother** es ist erstaunlich, wie sehr er seinem
Bruder ähnelt **2** *(Br form)* Maßnahme außeror-
dentlich; **~ meeting** Sondersitzung *f* **ex-
traordinary general meeting** S außer-
ordentliche Hauptversammlung
extrapolate [ek'stræpəleɪt] VT & VI extrapolie-
ren *(from aus)*
extrasensory ['ekstrə'sensərɪ] ADJ außersinn-
lich; **~ perception** außersinnliche Wahrneh-
mung
extra-special ['ekstrə'speʃəl] ADJ ganz beson-
dere(r, s); **to take ~ care over sth** sich *(dat)*
besonders viel Mühe mit etw geben
extraterrestrial ['ekstrətɪ'restrɪəl] **A** ADJ au-
ßerirdisch **B** S außerirdisches Lebewesen
extra time S *(Br* SPORT) Verlängerung *f* (⚠ =
(US) **overtime**); **we had to play ~** der Schieds-
richter ließ nachspielen
extravagance [ɪk'strævəgəns] S Luxus *m kein
pl*, Verschwendung *f*; **if you can't forgive her
little ~s** wenn Sie es ihr nicht verzeihen kön-
nen, dass sie sich ab und zu einen kleinen Lu-
xus leistet **extravagant** ADJ **1** *Mensch* ver-
schwenderisch; *Geschmack, Hobby* teuer; **your**

~ spending habits deine Angewohnheit,
das Geld mit vollen Händen auszugeben **2** *Ge-
schenk* extravagant; *Lebensstil* aufwendig **3** *Verhal-
ten, Lob, Anspruch* übertrieben **extravaganza**
[ɪk,strævə'gænzə] S Ausstattungsstück *n*
extreme [ɪk'striːm] **A** ADJ **1** äußerste(r, s); *Unbeha-
gen, Gefahr* größte(r, s); *Beispiel, Bedingungen, Verhal-
ten* extrem; *Maßnahmen* drastisch; *Schwierigkeit,
Druck* ungeheuer; *Armut* bitterste(r, s); **of ~ im-
portance** äußerst wichtig; **~ case** Extremfall
m; **fascists of the ~ right** extrem rechts ste-
hende Faschisten; **at the ~ left of the picture**
ganz links im Bild **B** S Extrem *n*; **~s of temper-
ature** extreme Temperaturen *pl*; **in the ~** im
höchsten Grade; **to go from one ~ to the oth-
er** von einem Extrem ins andere fallen; **to go
to ~s** es übertreiben; **to take** *od* **carry sth to
~s** etw bis zum Extrem treiben **extremely**
[ɪk'striːmlɪ] ADV äußerst; *wichtig, hoch a.* extrem;
was it difficult? — ~! war es schwierig? —
sehr! **extremism** [ɪk'striːmɪzəm] S Extremis-
mus *m* **extremist** [ɪk'striːmɪst] **A** S Extre-
mist(in) *m(f)* **B** ADJ extremistisch; **~ group** Ext-
remistengruppe *f* **extremity** [ɪk'stremɪtɪ] S **1**
äußerstes Ende **2** **extremities** PL *(≈ Hände
und Füße)* Extremitäten *pl*
extrovert ['ekstrəʊvɜːt] **A** ADJ extrovertiert **B**
S extrovertierter Mensch **extroverted** ['ek-
strəʊ,vɜːtɪd] ADJ *(bes US)* extrovertiert
exuberance [ɪg'zuːbərəns] S *(von Mensch)*
Überschwänglichkeit *f*; *(von Stil)* Vitalität *f* **exu-
berant** [ɪg'zuːbərənt] ADJ *Mensch* über-
schwänglich; *Stimmung* überschäumend; *Stil*
übersprudelnd **exuberantly** [ɪg'zjuːbərən-
tlɪ] ADV überschwänglich; *(bes Kind)* übermütig
exude [ɪg'zjuːd] VT **1** *Flüssigkeit* ausscheiden; *Ge-
ruch* ausströmen **2** *(fig)* *Selbstvertrauen* ausstrah-
len

---

eye [aɪ]

A Substantiv	B transitives Verb

— A Substantiv —

Auge *n*; *(von Nadel)* Öhr *n*; **with tears in her ~s**
mit Tränen in den Augen; **with one's ~s
closed** mit geschlossenen Augen; **as far as
the ~ can see** so weit das Auge reicht; **that's
one in the ~ for him** *(umg)* da hat er eins aufs
Dach gekriegt *(umg)*; **to cast** *od* **run one's ~
over sth** etw überfliegen; **to look sb
(straight) in the ~** jdm in die Augen sehen;
to set ~s on sb/sth jdn/etw zu Gesicht
bekommen; **a strange sight met our ~s** ein
seltsamer Anblick bot sich uns; **use your ~s!**
hast du keine Augen im Kopf?; **with one's**

own **~s** mit eigenen Augen; **before my very ~s** (direkt) vor meinen Augen; **it was there all the time right in front of my ~s** es lag schon die ganze Zeit da, direkt vor meiner Nase; **I don't have ~s in the back of my head** ich hab doch hinten keine Augen; **to keep an ~ on sb/sth** auf jdn/etw aufpassen; **the police are keeping an ~ on him** die Polizei beobachtet ihn; **to take one's ~s off sb/sth** die Augen *od* den Blick von jdm/etw abwenden; **to keep one's ~s open** *od* **peeled** (umg) die Augen offen halten; **to keep an ~ open** *od* **out for sth** nach etw Ausschau halten; **to keep an ~ on expenditure** auf die Ausgaben achten *od* aufpassen; **to open sb's ~s to sb/sth** jdm die Augen über jdn/etw öffnen; **to close** *od* **shut sb's ~s to sth** die Augen vor etw (dat) verschließen; **to see ~ to ~ with sb** mit jdm einer Meinung sein; **to make ~s at sb** jdm schöne Augen machen; **to catch sb's ~** jds Aufmerksamkeit erregen; **the dress caught my ~** das Kleid fiel mir ins Auge; **with a critical ~** mit kritischem Blick; **with an ~ to the future** im Hinblick auf die Zukunft; **with an ~ to buying sth** in der Absicht, etw zu kaufen; **I've got my ~ on you** ich beobachte dich genau; **to have one's ~ on sth** auf etw (akk) ein Auge geworfen haben; **to have a keen ~ for sth** einen scharfen Blick für etw haben; **an ~ for detail** ein Blick fürs Detail; **to be up to one's ~s in work** (Br umg) in Arbeit ersticken (umg); **to be up to one's ~s in debt** (Br umg) bis über beide Ohren verschuldet sein (umg)

— **B** transitives Verb —

anstarren

◆**eye up** V̄T̄ trennb mustern
eyeball S̄ Augapfel m; **to be ~ to ~** sich Auge in Auge gegenüberstehen; **drugged up to the ~s** (bes Br umg) total zugedröhnt (umg) **eyebrow** S̄ Augenbraue f; **that will raise a few ~s** da werden sich einige wundern **eyebrow pencil** S̄ Augenbrauenstift m **eye candy** S̄ (umg) Augenschmaus m, was fürs Auge (umg) **eye-catching** ĀDJ auffallend; *Plakat* auffällig **eye contact** S̄ **to make ~ with sb** Blickkontakt mit jdm aufnehmen **-eyed** [-aɪd] ĀDJ suf -äugig; **green-eyed** grünäugig **eye-drops** ['aɪdrɒps] P̄L̄ Augentropfen pl **eyeful** ['aɪfʊl] S̄ **he got an ~ of soda water** er bekam Selterswasser ins Auge; **I opened the bathroom door and got quite an ~** ich öffnete die Badezimmertür und sah allerhand (umg) **eyeglasses** P̄L̄ (US) Brille f **eyelash** S̄ Augenwimper f **eyelet** ['aɪlɪt] S̄ Öse f **eyelevel** ĀDJ attr Grill in Augenhöhe

eyelid ['aɪlɪd] S̄ Augenlid n **eyeliner** ['aɪlaɪnə'] S̄ Eyeliner m **eye-opener** S̄ **that was a real ~ to me** das hat mir die Augen geöffnet **eye patch** S̄ Augenklappe f **eyepiece** S̄ Okular n **eye shadow** S̄ Lidschatten m **eyesight** S̄ Sehkraft f; **to have good/poor ~** gute/schlechte Augen haben; **his ~ is failing** seine Augen lassen nach **eyesore** S̄ Schandfleck m **eyestrain** S̄ Überanstrengung f der Augen **eye test** S̄ Augentest m **eyewash** S̄ (fig umg) Gewäsch n (umg); (≈ Täuschung) Augenwischerei f **eyewear** S̄ Brillen, Kontaktlinsen etc, Eyewear f **eyewitness** S̄ Augenzeuge m/-zeugin f
e-zine ['iːziːn] S̄ IT Internetmagazin n

F

F, f [ef] S̄ F n, f n; (SCHULE: Note) Sechs f; **F sharp** Fis n, fis n; **F flat** Fes n, fes n
F abk von Fahrenheit F
f abk von feminine f
FA abk von Football Association Britischer Fußballbund
fab [fæb] ĀDJ (umg) abk von fabulous toll (umg)
fable ['feɪbl] S̄ Fabel f
fabric ['fæbrɪk] S̄ ◨ TEX Stoff m ◪ (fig: von Gesellschaft etc) Gefüge n
fabricate ['fæbrɪkeɪt] V̄T̄ Geschichte erfinden; Beweismaterial fälschen **fabrication** [ˌfæbrɪ'keɪʃən] S̄ Erfindung f; **it's (a) pure ~** das ist ein reines Märchen od (eine) reine Erfindung
fabulous ['fæbjʊləs] ĀDJ sagenhaft (umg) **fabulously** ['fæbjʊləslɪ] ĀDV reich, teuer sagenhaft (umg); (umg ≈ herrlich) fantastisch (umg)
façade [fə'sɑːd] S̄ Fassade f

face [feɪs]

A Substantiv	B transitives Verb
C intransitives Verb	

— **A** Substantiv —

◨ Gesicht n; (von Uhr) Zifferblatt n; (von Fels) (Steil)wand f; **we were standing ~ to ~** wir standen einander Auge in Auge gegenüber; **to come ~ to ~ with sb** jdn treffen; **he told him so to his ~** er sagte ihm das (offen) ins Gesicht; **he shut the door in my ~** er schlug mir die Tür vor der Nase zu; **he laughed in my ~** er lachte mir ins Gesicht; **to be able to**

243 ‖ FACT

look sb in the ~ jdm in die Augen sehen können; **in the ~ of great difficulties** etc angesichts od trotz größter Schwierigkeiten etc; **to save/lose ~** das Gesicht wahren/verlieren; **to put sth ~ up(wards)/down (-wards)** etw mit der Vorderseite nach oben/unten legen; **to be ~ up(wards)/down(wards)** (Mensch) mit dem Gesicht nach oben/unten liegen; (Objekt) mit der Vorderseite nach oben/unten liegen; **the changing ~ of politics** das sich wandelnde Gesicht der Politik; **he/it vanished off the ~ of the earth** (umg) er/es war wie vom Erdboden verschwunden; **on the ~ of it** so, wie es aussieht ▢ Gesicht(s-ausdruck m) n; **to make** od **pull a ~** das Gesicht verziehen; **to make** od **pull ~s/a funny ~** Grimassen/eine Grimasse schneiden (at sb jdm); **to put a brave ~ on it** sich (dat) nichts anmerken lassen

— **B** transitives Verb —

▢ gegenüber sein (+dat), gegenüberstehen/-liegen etc (+dat); (Fenster) Norden etc gehen nach; Garten liegen zu; (Haus, Zimmer) Norden etc liegen nach; **to ~ the light** mit dem Gesicht zum Licht stehen/sitzen etc; **~ the front!** sieh nach vorn!; **~ this way!** bitte sehen Sie hierher!; **the wall facing you** die Wand Ihnen gegenüber ▢ (fig) Möglichkeit rechnen müssen mit; **to ~ death** dem Tod ins Auge sehen; **to ~ financial ruin** vor dem finanziellen Ruin stehen; **to be ~d with sth** sich einer Sache (dat) gegenübersehen; **the problem facing us** das Problem, mit dem wir konfrontiert sind; **to be ~d with a bill for £100** eine Rechnung über £ 100 präsentiert bekommen ▢ Situation, Gefahr, Kritik sich stellen (+dat); Feind gegenübertreten (+dat); **to ~ (the) facts** den Tatsachen ins Auge sehen; **let's ~ it** machen wir uns doch nichts vor ▢ (umg) verkraften (umg); Stück Kuchen etc runterkriegen (umg); **I can't ~ seeing anyone** ich kann einfach niemanden sehen; **I can't ~ it** (umg) ich bringe es einfach nicht über mich

— **C** intransitives Verb —

(Haus, Zimmer) liegen (towards, onto zu); (Fenster) gehen (onto, towards auf +akk, zu); **he was facing away from me** er saß mit dem Rücken zu mir; **they were all facing toward(s) the window** sie saßen alle mit dem Gesicht zum Fenster (hin); **the house ~s south/toward(s) the sea** das Haus liegt nach Süden/zum Meer hin

♦**face up to** VTI +obj Tatsachen ins Gesicht sehen (+dat); Realität, Probleme sich auseinandersetzen mit; **he won't ~ the fact that ...** er will es nicht wahrhaben, dass ...

face cloth S̲ (Br) Waschlappen m (🔸 = (US)

washcloth) **face cream** S̲ Gesichtscreme f **faceless** ADJ (fig) anonym **face-lift** S̲ (wörtl) Facelift(ing) n; **to have a ~** sich (dat) das Gesicht liften lassen **face mask** S̲ (Kosmetik) Gesichtsmaske f **face pack** S̲ Gesichtspackung f **face powder** S̲ Gesichtspuder m **face-saving** ADJ **a ~ measure** eine Maßnahme, die dazu dient, das Gesicht zu wahren

facet ['fæsɪt] S̲ (wörtl) Facette f; (fig) Seite f

facetious [fə'siːʃəs] ADJ spöttisch

face-to-face ADJ persönlich; Kontakt direkt

face value S̲ **to take sth at ~** (fig) etw für bare Münze nehmen **facial** ['feɪʃəl] ADJ Gesichts-; **~ expression** Gesichtsausdruck m

facile ['fæsaɪl] ADJ (pej) Lösung simpel; Bemerkung nichtssagend **facilitate** [fə'sɪlɪteɪt] VT erleichtern

facility [fə'sɪlɪtɪ] S̲ Einrichtung f; **we have no facilities for disposing of toxic waste** wir haben keine Möglichkeit zur Beseitigung von Giftmüll; **a hotel with all facilities** ein Hotel mit allem Komfort; **facilities for the disabled** Einrichtungen pl für Behinderte; **cooking facilities** Kochgelegenheit f; **toilet facilities** Toiletten pl; **credit ~** Kredit m

facing ['feɪsɪŋ] ADJ **on the ~ page** auf der gegenüberliegenden Seite

facsimile [fæk'sɪmɪlɪ] S̲ Faksimile n

fact [fækt] S̲ ▢ Tatsache f; (historisch etc) Faktum n; **hard ~s** nackte Tatsachen pl; **~s and figures** Fakten und Zahlen; **despite the ~ that ...** der Tatsache zum Trotz, dass ...; **to know for a ~ that ...** ganz sicher wissen, dass; **the ~ (of the matter) is that ...** die Sache ist die, dass ...; **... and that's a ~** ... darüber besteht kein Zweifel!; **is that a ~?** tatsächlich? ▢ (🔸 kein pl) Wirklichkeit f; **~ and fiction** Dichtung und Wahrheit; **based on ~** auf Tatsachen beruhend ▢ **in (actual) ~** eigentlich, tatsächlich, nämlich; **in ~, as a matter of ~** eigentlich; (verstärkend) sogar; **I don't suppose you know him? — in (actual) ~** od **as a matter of ~ I do** Sie kennen ihn nicht zufällig? — doch, eigentlich schon; **do you know him? — in (actual) ~** od **as a matter of ~ I do** kennen Sie ihn? — jawohl; **it won't be easy, in ~** od **as a matter of ~ it'll be very difficult** es wird nicht einfach sein, es wird sogar sehr schwierig sein; **as a matter of ~ we were just talking about you** wir haben (nämlich) eben von Ihnen geredet **fact-finding** ['fæktfaɪndɪŋ] ADJ **~ mission** Erkundungsmission f

faction ['fækʃən] S̲ (Partei)gruppe f; POL Fraktion f, Splittergruppe f

fact of life S̲ ▢ **that's just a ~** so ist es nun mal im Leben ▢ **facts of life** PL (sexuell) **to tell

FACT | 244

sb the facts of life jdn aufklären; **to know the facts of life** aufgeklärt sein

factor ['fæktə'] $\overline{s}$ Faktor *m*; **to be a ~ in determining sth** etw mitbestimmen; **by a ~ of three** *etc* mit einem Faktor von drei *etc*

factory ['fæktərɪ] $\overline{s}$ Fabrik *f* **factory farming** $\overline{s}$ industriell betriebene Viehzucht **factory floor** $\overline{s}$ Produktionsstätte *f*

factsheet ['fæktʃiːt] $\overline{s}$ Informationsblatt *n*

factual ['fæktjʊəl] $\overline{ADJ}$ *Beweise* auf Tatsachen beruhend; *Bericht* sachlich; **~ information** Sachinformationen *pl*; **~ error** Sachfehler *m*; **the book is largely ~** das Buch beruht zum größten Teil auf Tatsachen

faculty ['fækəltɪ] $\overline{s}$ **1** Fähigkeit *f*; **mental faculties** geistige Fähigkeiten *pl*; **~ of hearing/sight** Hör-/Sehvermögen *n*; **to be in (full) possession of (all) one's faculties** im Vollbesitz seiner Kräfte sein **2** UNIV Fakultät *f*; **the medical ~, the ~ of medicine** die medizinische Fakultät

fad [fæd] $\overline{s}$ Tick *m* (umg); (≈ *Mode*) Masche *f* (umg); **it's just a ~** das ist nur ein momentaner Tick (umg)

fade [feɪd] $\overline{A}$ $\overline{vi}$ **1** verblassen; (*Blume, Schönheit*) verblühen; (*Gefühl*) schwinden (geh); (*Hoffnung*) zerrinnen; (*Musik etc*) verklingen; (*Signal*) schwächer werden; **hopes are fading of finding any more survivors** die Hoffnung, noch weitere Überlebende zu finden, wird immer geringer; **to ~ into the background** sich im Hintergrund halten **2** RADIO, TV, FILM **to ~ to another scene** (allmählich) zu einer anderen Szene überblenden $\overline{B}$ $\overline{vt}$ ausbleichen ◆**fade away** $\overline{vi}$ (*Musik etc*) verklingen ◆**fade in** $\overline{vt}$ *trennb* RADIO, TV, FILM allmählich einblenden ◆**fade out** $\overline{vt}$ *trennb* RADIO, TV, FILM abblenden

faded ['feɪdɪd] $\overline{ADJ}$ verblasst; *Blume, Schönheit* verblüht; **a pair of ~ jeans** verblichene Jeans *pl*

faeces, (US) **feces** ['fiːsiːz] $\overline{PL}$ Kot *m*

fag [fæg] $\overline{s}$ **1** (*Br umg* ≈ *Zigarette*) Kippe *f* (umg) **2** (*bes US sl*) Schwule(r) *m* (umg) **fag end** $\overline{s}$ (*Br umg*: *von Zigarette*) Kippe *f* (umg) **fagot** ['fægət] $\overline{s}$ (*bes US sl*) Schwule(r) *m* (umg)

Fahrenheit ['færənhaɪt] $\overline{s}$ Fahrenheit *n*

fail [feɪl] $\overline{A}$ $\overline{vi}$ **1** keinen Erfolg haben, versagen; (*Plan, Experiment, Ehe*) scheitern; (*Versuch*) fehlschlagen; (*Kandidat*) durchfallen; (*Firma*) eingehen; **he ~ed in his attempt to take control of the company** sein Versuch, die Leitung der Firma zu übernehmen, schlug fehl; **to ~ in one's duty** seine Pflicht nicht tun; **if all else ~s** wenn alle Stricke reißen; **to ~ miserably** kläglich scheitern **2** (*Gesundheit*) sich verschlechtern; (*Sehfähigkeit*) nachlassen **3** (*Batterie,*

Motor) ausfallen; (*Bremsen, Herz*) versagen $\overline{B}$ $\overline{vt}$ **1** *Kandidaten* durchfallen lassen; *Fach* durchfallen in (+*dat*); **to ~ an exam** eine Prüfung nicht bestehen **2** im Stich lassen; **words ~ me** mir fehlen die Worte **3** **to ~ to do sth** etw nicht tun; **she ~ed to lose weight** es gelang ihr nicht abzunehmen; **she never ~s to amaze me** sie versetzt mich immer wieder in Erstaunen; **I ~ to see why** es ist mir völlig unklar, warum; (*empört*) ich sehe gar nicht ein, warum $\overline{C}$ $\overline{s}$ **without ~** auf jeden Fall, garantiert **failed** $\overline{ADJ}$ gescheitert; *Firma* bankrott; *Schriftsteller* verhindert **failing** $\overline{A}$ $\overline{s}$ Fehler *m* $\overline{B}$ $\overline{PRÄP}$ **~ this/that** (oder) sonst, und wenn das nicht möglich ist; **~ which** ansonsten **fail-safe** ['feɪlseɪf] $\overline{ADJ}$ (ab)gesichert; *Methode* hundertprozentig sicher; *Mechanismus, System* störungssicher

failure ['feɪljə'] $\overline{s}$ **1** Misserfolg *m*; (*von Plan, Experiment, Ehe*) Scheitern *n*; (*von Versuch*) Fehlschlag *m*; (*von Firma*) Eingehen *n*; (≈ *Mensch*) Versager(in) *m(f)* (at in +*dat*); **because of his ~ to act** weil er nicht gehandelt hat **2** (*von Generator*) Ausfall *m*; (*von Bremsen*) Versagen *n*; **liver ~** Leberversagen *n*

faint [feɪnt] $\overline{A}$ $\overline{ADJ}$ (+*er*) **1** schwach; *Spuren, Linie* undeutlich; *Zeichen* blass; *Farbe* verblasst; *Klang, Hoffnung, Lächeln* leise; **your voice is very ~** (*am Telefon*) man hört dich kaum; **I have a ~ memory of that day** ich kann mich schwach an den Tag erinnern; **I haven't the ~est idea** (*emph*) ich habe nicht die geringste Ahnung **2** *präd* MED **she was** *od* **felt ~** sie war einer Ohnmacht nahe $\overline{B}$ $\overline{vi}$ MED in Ohnmacht fallen (*with, from* vor +*dat*) **faint-hearted** [feɪnt'hɑːtɪd] $\overline{ADJ}$ zaghaft; **it's not for the ~** es ist nichts für ängstliche Gemüter **faintly** ['feɪntlɪ] $\overline{ADV}$ *scheinen* schwach; *riechen, lächeln, absurd* leicht; **the words are just ~ visible** die Worte sind gerade noch sichtbar; **I could hear the siren ~** ich konnte die Sirene gerade noch hören

fair[1] [fɛə'] $\overline{A}$ $\overline{ADJ}$ (+*er*) **1** gerecht, fair (*to od on sb* jdm gegenüber, gegen jdn); **he tried to be ~ to everybody** er versuchte, allen gegenüber gerecht zu sein; **~ point** *od* **comment** das lässt sich (natürlich) nicht abstreiten; **it is ~ to say that ...** man kann wohl sagen, dass ...; **to be ~, ...** man muss (fairerweise) dazusagen, dass ...; **it's only ~ to ask him** man sollte ihn fairerweise fragen; **~ enough!** na gut **2** *Summe* ziemlich groß; **a ~ amount of money** ziemlich viel Geld; **it's a ~ way** es ist ziemlich weit; **a ~ number of students** ziemlich viele Studenten; **a ~ chance of success** ziemlich gute Erfolgsaussichten **3** *Schätzung, Idee* ziemlich gut; **I've a ~ idea that he's going to resign** ich bin mir ziemlich sicher, dass er zurücktreten wird **4** (≈

245 | FALL

Note) befriedigend; **to mark an essay 'fair'** einen Aufsatz mit „befriedigend" benoten ▣ *Mensch, Haare* blond ▣ *Mensch* hellhäutig; *Haut* hell ▣ *Wetter* heiter ▣ ADV **to play ~ fair** sein; SPORT fair spielen; **they beat us ~ and square** sie haben uns deutlich geschlagen
fair² s̄ (Jahr)markt *m*, Volksfest *n*; HANDEL Messe *f*
fair copy s̄ Reinschrift *f*; **to write out a ~ of sth** etw ins Reine schreiben **fair game** s̄ (fig) Freiwild *n* **fairground** s̄ Festplatz *m* **fair-haired** ADJ blond **fairly** ['fɛəlɪ] ADV ▣ ziemlich; **~ recently** erst kürzlich ▣ *behandeln* gerecht ▣ geradezu; **we ~ flew along** wir sausten nur so dahin **fair-minded** ['fɛəmaɪndɪd] ADJ gerecht **fairness** ['fɛənɪs] s̄ Gerechtigkeit *f*; **in all ~** gerechterweise **fair play** s̄ (SPORT, fig) Fairplay *n* **fair trade** s̄ Fairer Handel (*mit Entwicklungsländern*); (US) Preisbindung *f* **fairway** s̄ (*Golf*) Fairway *n* **fair-weather** ADJ **a ~ friend** ein Freund, der nur in guten Zeiten ein Freund ist
fairy ['fɛərɪ] s̄ Fee *f* **fairy godmother** s̄ gute Fee **fairy lights** PL bunte Lichter *pl* **fairy story, fairy tale** s̄ Märchen *n* **fairy-tale** ADJ (fig) märchenhaft
fait accompli [ˌfeta'kɒmpliː] s̄ vollendete Tatsache
faith [feɪθ] s̄ ▣ Vertrauen *n* (*in* zu), Glaube *m* (*in* an +*akk*); **to have ~ in sb** jdm (ver)trauen; **to have ~ in sth** Vertrauen in etw (*akk*) haben; **to act in good/bad ~** in gutem Glauben/böser Absicht handeln ▣ (≈ *Religion*) Glaube *m kein pl* ▣ **to keep ~ with sb** jdm treu bleiben, jdm die Treue halten (*geh*)
faithful ['feɪθfʊl] ADJ ▣ treu; **to be ~ to sb/sth** jdm/einer Sache treu sein ▣ *Kopie* originalge-

faithful

Der Briefschluss **Yours faithfully** bzw. im amerikanischen Englisch **Sincerely yours** oder **Yours truly** wird verwendet, wenn der Name des Adressaten nicht bekannt ist und der Brief demzufolge „anonym" mit **Dear Sir**, **Dear Madam** oder **Dear Sir or Madam** beginnt. Bei einer Anrede wie **Dear Mr Smith** oder **Dear Mrs Martin** würde man den Brief mit **Yours sincerely**, im amerikanischen Englisch unverändert mit **Sincerely yours** oder **Yours truly** schließen. Allerdings wird diese starre Regel heute nicht immer eingehalten. Man findet im britischen Englisch trotz anonymer Anrede im Briefschluss oft auch **Yours sincerely** usw.

SPRACHGEBRAUCH ◂

treu **faithfully** ['feɪθfəlɪ] ADV ▣ **Yours ~** (*Br: in Brief*) hochachtungsvoll ▣ *wiederherstellen* originalgetreu; *reproduzieren* genau **faith healer** s̄ Gesundbeter(in) *m(f)*

faithfully

Yours faithfully verwendet man im britischen Englisch nur dann, wenn der Name des Adressaten nicht bekannt ist und der Brief demzufolge „anonym" mit **Dear Sir**, **Dear Madam** oder **Dear Sir or Madam** beginnt. Im amerikanischen Englisch verwendet man nicht **Yours faithfully**, sondern **Sincerely yours** oder **Yours truly**. Im Deutschen haben sich in all diesen Fällen als Begrüßung das neutrale „Sehr geehrte Damen und Herren" und die Schlussformel „Mit freundlichen Grüßen" eingebürgert.

SPRACHGEBRAUCH ◂

fake [feɪk] ▣ ADJ unecht; *Geldschein, Gemälde* gefälscht; **~ fur** Pelzimitation *f*; **a ~ suntan** Bräune *f* aus der Flasche ▣ s̄ Fälschung *f*; (*von Schmuck*) Imitation *f*; (≈ *Mensch*) Schwindler(in) *m(f)*; **the painting was a ~** das Gemälde war gefälscht ▣ VT vortäuschen; *Gemälde, Resultat* fälschen; *Einbruch, Unfall* fingieren
falcon ['fɔːlkən] s̄ Falke *m*
Falkland Islands ['fɔːklənd,aɪləndz], **Falklands** ['fɔːkləndz] PL Falklandinseln *pl*
fall [fɔːl] *v: prät* **fell**, *pperf* **fallen** ▣ s̄ ▣ Fall *m kein pl*; **she had a bad ~** sie ist schwer gestürzt; **~ of rain** Regenfall *m*; **there was another heavy ~ (of snow)** es hat wieder viel geschneit ▣ (*von Stadt etc*) Einnahme *f*; (*von Regierung*) Sturz *m* ▣ Sinken *n*; (*plötzlich*) Sturz *m*; (*von Temperatur*) Abfall *m*; (*von Mitgliedschaft*) Abnahme *f* ▣ (*a.* **falls**) Wasserfall *m*; **Niagara Falls** die Niagarafälle ▣ (US) Herbst *m* (🔸 = (Br) **autumn**); **in the ~** im Herbst ▣ VI ▣ fallen; (SPORT: *aus großer Höhe*) stürzen; (*Objekt*) herunterfallen; (*Mitgliedschaft etc*) abnehmen; **to ~ to one's death** tödlich abstürzen; **to ~ into a trap** in die Falle gehen; **his face fell** er machte ein langes Gesicht; **to ~ in battle** fallen; **her eyes fell on a strange object** (*fig*) ihr Blick fiel auf einen merkwürdigen Gegenstand ▣ (*Stadt*) eingenommen werden; (*Regierung*) gestürzt werden ▣ (*Nacht*) hereinbrechen ▣ (*Ostern etc*) fallen (*on* auf +*akk*); (*bei Klassifizierung*) fallen (*under* unter +*akk*) ▣ sich gliedern (*into* in +*akk*); **to ~ into categories** sich in Kategorien gliedern lassen ▣ werden; **to ~ asleep** einschlafen; **to ~ ill** krank werden; **to ~ in love with sb** sich in jdn verlieben ▣ **to ~ into decline** (*Gebäude*) verkommen; **to ~ into a deep sleep** in tiefen Schlaf

FALL | 246

fall — Fall, Sturz

fall, falls — Wasserfall

fall — US Herbst

fallen; **to ~ into bad habits** in schlechte Gewohnheiten verfallen; **to ~ apart** *od* **to pieces** aus dem Leim gehen (*umg*); (*Firma, Leben*) aus den Fugen geraten; **I fell apart when he left me** meine Welt brach zusammen, als er mich verließ ♦**fall about** (*a.* **fall about laughing**) *VI* (*Br umg*) sich kranklachen (*umg*) ♦**fall away** *VI* **1** (*Boden*) abfallen **2** = **fall off** ♦**fall back** *VI* zurückweichen (*a.* MIL) ♦**fall back (up)on** *VI +obj* zurückgreifen auf (+*akk*) ♦**fall behind** *VI* **1** SPORT, SCHULE zurückfallen (*obj* hinter +*akk*) **2** (*mit Miete, Arbeit*) in Rückstand geraten ♦**fall down** *VI* **1** (*Mensch*) hinfallen; (*Objekt*) herunterfallen; (*Haus*) einstürzen **2** hinunterfallen (*obj* +*akk*) ♦**fall for** *VI +obj* **1 I really fell for him** er hatte es mir angetan **2** *Produktwerbung etc* hereinfallen auf (+*akk*) ♦**fall in** *VI* **1** hineinfallen; **2** einstürzen **3** MIL ~! antreten! ♦**fall in with** *VI +obj* sich anschließen (+*dat*); *schlechte Gesellschaft* geraten in (+*akk*) ♦**fall off** *VI* **1** (*wörtl*) herunterfallen (*obj* von) **2** abnehmen ♦**fall on** *VI +obj* **1** (≈ *stolpern*) fallen über (+*akk*) **2** (*Entscheidung, Aufgabe*) zufallen (+*dat*); (*Schuld*) treffen (+*akk*); **the responsibility falls on your shoulders** Sie tragen *od* haben die Verantwortung **3** (≈ *angreifen*) herfallen über (+*akk*) ♦**fall out** *VI* **1** herausfallen; **to ~ of sth** aus etw fallen **2** sich (zer)streiten **3** MIL wegtreten ♦**fall over A** (*Mensch*) hinfallen; (*Objekt*) umfallen **B** *VI +obj* **1** (≈ *stolpern*) fallen über (+*akk*); **they were falling over each other to get the book** sie drängelten sich, um das Buch zu bekommen **2 to ~ oneself to do sth** sich (*dat*) die größte Mühe geben, etw zu tun ♦**fall through** *VI* (*Plan*) ins Wasser fallen ♦**fall to** *VI* (*Verantwortung etc*) zufallen (+*dat*)

fallacy ['fæləsɪ] *S* Irrtum *m*

fallen ['fɔːlən] *pperf* von **fall fall guy** *S* (*bes US umg*) Sündenbock *m*

fallibility [ˌfælɪ'bɪlɪtɪ] *S* Fehlbarkeit *f* **fallible** ['fæləbl] *ADJ* fehlbar

falling-out *S* Streit *m* **falling star** *S* Sternschnuppe *f* **fall-off** *S* Abnahme *f* **fallout** ['fɔːlaʊt] *S* radioaktiver Niederschlag

fallow ['fæləʊ] *ADJ* AGR brachliegend; **most of the fields are (lying)** ~ die meisten Felder liegen brach

false [fɔːls] *ADJ* (+*er*) falsch; *Wimpern* künstlich; *Papiere* gefälscht; **that's a ~ economy** das ist am falschen Ort gespart; **under** *od* **by ~ pretences** (*Br*) *od* **pretenses** (*US*) unter Vorspiegelung falscher Tatsachen; **to ring ~** nicht echt klingen **false alarm** *S* falscher Alarm **false friend** *S* LING falscher Freund **falsehood** ['fɔːlshʊd] *S* Unwahrheit *f* **falsely** ['fɔːlslɪ] *ADV* angeklagt, verurteilt zu Unrecht; *berichten* fälschlicherweise **false move** *S* **one ~, and ...** (*fig*) ein kleiner Fehler und ... **false start** *S* Fehlstart *m* **false teeth** *PL* (künstliches) Gebiss **falsification** [ˌfɔːlsɪfɪ'keɪʃən] *S* (Ver)fälschung *f* **falsify** ['fɔːlsɪfaɪ] *VT* fälschen; *Resultat* verfälschen

falter ['fɔːltəʳ] *VI* (*Sprecher*) stocken; (*beim Gehen*) zögern **faltering** *ADJ* *Stimme* stockend; *Schritte* zögernd; *Wirtschaft* geschwächt

fame [feɪm] *S* Ruhm *m*; **~ and fortune** Ruhm und Reichtum

familial [fə'mɪlɪəl] *ADJ* familiär

familiar [fə'mɪljəʳ] *ADJ* **1** *Umgebung, Anblick* gewohnt; *Gestalt, Stimme* vertraut; *Mensch* bekannt; *Titel, Melodie* geläufig; *Beschwerde* häufig; **his face is ~** das Gesicht ist mir bekannt; **to be ~ to sb** jdm bekannt sein; **it looks very ~** es kommt mir sehr bekannt vor; **that sounds ~** das habe ich doch schon mal gehört; **I am ~ with the word** das Wort ist mir bekannt *od* vertraut; **are you ~ with these modern techniques?** wissen Sie über diese modernen Techniken Bescheid? **2** *Ton* familiär; (≈ *zu freundlich*) plumpvertraulich; **to be on ~ terms with sb** mit jdm auf vertrautem Fuß stehen **familiarity** [fəˌmɪlɪ-'ærɪtɪ] *S* (❗ kein pl) Vertrautheit *f* **familiarize** [fə'mɪlɪəraɪz] *VT* **to ~ sb/oneself with sth**

jdn/sich mit etw vertraut machen
family ['fæmɪlɪ] A S̲ Familie f; (im weiteren Sinne) Verwandtschaft f (❗ **Family** steht mit Verb im Singular, wenn man sie als Gesamtheit betrachtet, und mit Verb im Plural, wenn man an die einzelnen Personen denkt.); **to start a ~** eine Familie gründen; **has he any ~?** hat er Familie?; **it runs in the ~** das liegt in der Familie; **he's one of the ~** er gehört zur Familie B ATTR Familien-; **~ business** Familienunternehmen n; **a ~ friend** ein Freund/eine Freundin der Familie **family business** S̲ Familienbetrieb m **family circle** S̲ Familienkreis m **family company** S̲ Familienbetrieb m **family doctor** S̲ Hausarzt m/-ärztin f
family man S̲, pl -men Familienvater m
family name S̲ Familienname m **family planning** S̲ Familienplanung f **family planning clinic** S̲ Familienberatungsstelle f **family room** S̲ ① (bes US) Wohnzimmer n ② (Br) für Kinder zugelassener Raum in einem Lokal **family-size** ADJ in Haushaltsgröße; Packung Familien- **family tree** S̲ Stammbaum m
famine ['fæmɪn] S̲ Hungersnot f **famished** ['fæmɪʃt] ADJ (umg) ausgehungert; **I'm ~** ich sterbe vor Hunger (umg)
famous ['feɪməs] ADJ berühmt (for durch, für) **famously** ['feɪməslɪ] ADV bekanntermaßen
fan¹ [fæn] A S̲ B ① Fächer m ② Ventilator m B VT to ~ sb/oneself jdm/sich (Luft) zufächeln; **to ~ the flames** (fig) Öl ins Feuer gießen ◆**fan out** VI (bei Suche etc) ausschwärmen
fan² S̲ Fan m; **I'm quite a ~ of yours** ich bin ein richtiger Verehrer von Ihnen
fan-assisted ['fænəˌsɪstɪd] ADJ **~ oven** Umluftherd m
fanatic [fə'nætɪk] S̲ Fanatiker(in) m(f) **fanatical** ADJ fanatisch; **he is ~ about it** es geht ihm über alles; **I'm ~ about fitness** ich bin ein Fitnessfanatiker **fanaticism** [fə'nætɪsɪzəm] S̲ Fanatismus m
fan belt S̲ Keilriemen m
fanciful ['fænsɪfʊl] ADJ ① Idee fantastisch ② unrealistisch; **I think you're being somewhat ~** ich glaube, das ist etwas weit hergeholt

fan club S̲ Fanklub m
fancy ['fænsɪ] A VT ① (≈ mögen) **I ~ that car** das Auto gefällt mir; **he fancies a house on Crete** er hätte gern ein Haus auf Kreta; **I didn't ~ that job** die Stelle hat mich nicht gereizt; **do you ~ a walk/beer?** hast du Lust zu einem Spaziergang/auf ein Bier?; **she fancies doing that** sie würde das gern tun, sie hätte Lust, das zu tun; **I don't ~ him** ich finde ihn nicht attraktiv; **I don't ~ my chances of getting that job** ich rechne mir keine großen Chancen aus, die Stelle zu bekommen ② sich (dat) einbilden, glauben ③ **~ doing that!** so was(, das) zu tun!; **~ that!** (umg) (nein) so was!; **~ him winning!** wer hätte gedacht, dass er gewinnt! B VR von sich eingenommen sein; **he fancies himself as an expert** er hält sich für einen Experten C S̲ ① **a passing ~** nur so eine Laune; **he's taken a ~ to her** sie hat es ihm angetan; **to take** od **catch sb's ~** jdm gefallen D ADJ (+er) ① (umg) Kleidung ausgefallen; Frisur, Bewegung kunstvoll; Speisen raffiniert; **nothing ~** nichts Ausgefallenes ② (oft pej umg) Haus, Auto chic (umg); Restaurant nobel **fancy dress** S̲ (Masken)kostüm n; **is it ~?** geht man da verkleidet hin?; **they came in ~** sie kamen verkleidet; **fancy-dress party** Kostümfest n **fancy goods** PL Geschenkartikel pl
fanfare ['fænfeə'] S̲ Fanfare f; **trumpet ~** Trompetenstoß m
fang [fæŋ] S̲ (von Schlange) Giftzahn m; (von Wolf) Fang m
fan heater S̲ Heizlüfter m
fan mail S̲ Verehrerpost f
fanny ['fænɪ] S̲ ① (bes US umg) Po m ② (Br sl) Möse f (vulg) **fanny pack** S̲ MODE Gürteltasche f
fan oven S̲ (Br) Umluftherd m (❗ = (US) **convection oven**)
fantasize ['fæntəsaɪz] VI fantasieren; (im Traum) Fantasievorstellungen haben (about von) **fantastic** [fæn'tæstɪk] A INT (umg) fantastisch! B ADJ (umg) fantastisch; **a ~ amount of, ~ amounts of** wahnsinnig viel (umg) **fantastically** [fæn'tæstɪkəlɪ] ADV (umg) wahnsinnig

fan — Fächer

fan — Ventilator

fan — Fan

FANT | 248

(umg) **fantasy** ['fæntəsɪ] ẕ (≈ Hirngespinst) Fantasie f (❶ Fantasie als Fähigkeit heißt **imagination**.)

fanzine ['fænziːn] ẕ Fanmagazin n

FAQ ẕ IT abk von frequently asked questions häufig gestellte Fragen pl

far [fɑːʳ] komp further, farther, sup furthest, farthest **A** ADV **1** weit; **we don't live ~ od we live not ~ from here** wir wohnen nicht weit von hier; **I'll go with you as ~ as the gate** ich begleite dich bis zum Tor; **~ and wide** weit und breit; **from ~ and near od wide** von nah und fern; **~ away** weit weg; **I won't be ~ off od away** ich bin ganz in der Nähe; **have you come ~?** kommen Sie von weit her?; **how ~ have you got with your plans?** wie weit sind Sie mit Ihren Plänen (gekommen)?; **~ better** weit besser **2** (zeitlich) **as ~ back as 1945** schon (im Jahr) 1945; **~ into the night** bis spät in die Nacht **3** **as** od **so ~ as I'm concerned** was mich betrifft; **it's all right as ~ as it goes** das ist so weit ganz gut; **in so ~ as** insofern als; **by ~ the best, the best by ~** bei Weitem der/die/das Beste; **~ from satisfactory** alles andere als befriedigend; **~ from liking him I find him quite unpleasant** ich mag ihn nicht, ich finde ihn (im Gegenteil) sogar ausgesprochen unsympathisch; **~ from it!** (ganz) im Gegenteil; **~ be it from me to ...** es sei mir fern, zu ...; **so ~** bisher, so weit; **so ~ so good** so weit, so gut; **to go ~** (Vorräte etc) weit reichen; (Mensch) es weit bringen; **I would go so ~ as to say ...** ich würde so weit gehen zu sagen ...; **that's going too ~** das geht zu weit; **not ~ off** (räumlich) nicht weit; (bei Vermutung, Wurf etc) fast (getroffen); **the weekend isn't ~ off now** es ist nicht mehr lang bis zum Wochenende **B** ADJ hintere(r, s); **the ~ end of the room** das andere Ende des Zimmers; **the ~ door** die Tür am anderen Ende des Zimmers; **on the ~ side of** auf der anderen Seite von; **in the ~ distance** in weiter Ferne; **it's a ~ cry from ...** (fig) das ist etwas ganz anderes als ... **faraway, far-away** ['fɑːrəweɪ] ADJ **1** Ort entlegen; Land fern; Geräusch weit entfernt **2** Blick verträumt

fare [fɛəʳ] **A** ẕ **1** Fahrpreis m; FLUG Flugpreis m; (auf Fähre) Preis m für die Überfahrt; (≈ Münzen etc) Fahrgeld n **2** (obs, form ≈ Nahrung) Kost f; **traditional Christmas ~** ein traditionelles Weihnachtsessen **B** VII **he ~d well** es ging ihm gut; **the dollar ~d well on the stock exchange** der Dollar schnitt an der Börse gut ab

Far East ẕ **the ~** der Ferne Osten

fare-dodger ẕ Schwarzfahrer(in) m(f) **fare stage** ẕ Tarifgrenze f

farewell [fɛə'wel] ẕ Abschied m; **to say** od

make one's ~s sich verabschieden, Abschied nehmen; **to bid sb ~** jdm Auf Wiedersehen sagen; **~ speech** Abschiedsrede f

far-fetched ADJ weit hergeholt **far-flung** ADJ abgelegen

farm [fɑːm] **A** ẕ Bauernhof m, Gutshof m; (in USA, Australien) Farm f; **chicken ~** Hühnerfarm f **B** ATTR landwirtschaftlich; **~ labourer** (Br) od **laborer** (US) Landarbeiter(in) m(f); **~ animals** Tiere pl auf dem Bauernhof **C** VIT Land bebauen; Vieh halten; Pelztiere etc züchten **D** VII Landwirtschaft betreiben ◆**farm out** VIT trennb Arbeit vergeben (on, to an +akk)

farmer ['fɑːməʳ] ẕ Bauer m, Bäuerin f; (in USA, Australien) Farmer(in) m(f); **~'s wife** Bäuerin f

farmers' market ẕ Bauernmarkt m **farmhand** ẕ Landarbeiter(in) m(f) **farmhouse** ẕ Bauernhaus n **farming** ['fɑːmɪŋ] ẕ Landwirtschaft f **farmland** ẕ Ackerland n **farm produce** ẕ landwirtschaftliches Erzeugnis **farmyard** ẕ Hof m

far-off ['fɑːrɒf] ADJ **1** (vergangen) weit zurückliegend; (zukünftig) weit entfernt **2** Ort fern **far-reaching** ADJ weitreichend **far-sighted** ADJ (fig) weitblickend

fart [fɑːt] (umg) **A** ẕ **1** Furz m (umg) **2** **he's a boring old ~** er ist ein langweiliger alter Knacker (umg) **B** VII furzen (umg)

farther ['fɑːðəʳ] komp von far **A** ADV = further I **B** ADJ weiter entfernt; **at the ~ end** am anderen Ende **farthest** ['fɑːðɪst] ADJ, ADV sup von far; **the ~ point of the island** der am weitesten entfernte Punkt der Insel

fascia ['feɪʃɪə] ẕ (für Handy) Oberschale f

fascinate ['fæsɪneɪt] VIT faszinieren **fascinating** ['fæsɪneɪtɪŋ] ADJ faszinierend **fascination** [ˌfæsɪ'neɪʃən] ẕ Faszination f; **to watch in ~** gebannt zusehen; **his ~ with the cinema** die Faszination, die das Kino auf ihn ausübt

fascism ['fæʃɪzəm] ẕ Faschismus m **fascist** ['fæʃɪst] **A** ẕ Faschist(in) m(f) **B** ADJ faschistisch

fashion ['fæʃən] **A** ẕ **1** (❶ kein pl) Art (und Weise) f; **(in the) Indian ~** auf Indianerart; **in the usual ~** wie üblich; **in a similar ~** auf ähnliche Weise; **to do sth after a ~** etw recht und schlecht machen **2** Mode f; **(back) in ~** (wieder) modern; **it's all the ~** es ist große Mode; **to come into/go out of ~** in Mode/aus der Mode kommen; **she always wears the latest ~s** sie ist immer nach der neuesten Mode gekleidet **B** VIT formen **fashionable** ['fæʃnəbl] ADJ modisch; Restaurant, Gegend chic; **to become ~** in Mode kommen **fashionably** ['fæʃnəblɪ] ADV modisch **fashion-conscious** ADJ modebewusst **fashion designer** ẕ Modezeichner(in) m(f) **fashion maga-**

FAVO

zine ⟨s⟩ Modezeitschrift f **fashion parade** ⟨s⟩ Modenschau f **fashion show** ⟨s⟩ Modenschau f

fast[1] [fɑːst] ⟨ADJ⟩ (+er) ⟨ADV⟩ schnell; **she's a ~ runner** sie kann schnell laufen; **to pull a ~ one (on sb)** (umg) jdn übers Ohr hauen (umg); **to be ~** (Uhr) vorgehen; **to be five minutes ~** fünf Minuten vorgehen

fast[2] ⟨A⟩ ⟨ADJ⟩ **1** fest **2** Farbstoff farbecht **B** ⟨ADV⟩ **1** fest; **to stick ~** festsitzen; (mit Klebstoff) festkleben **2** **to be ~ asleep** fest schlafen

fast[3] ⟨A⟩ ⟨Vi⟩ fasten **B** ⟨s⟩ Fasten n, Fastenzeit f

fast-breeder reactor ⟨s⟩ Schneller Brüter

fasten [ˈfɑːsn] ⟨A⟩ ⟨VT⟩ befestigen (to, onto an +dat); Knopf, Kleid etc zumachen; Tür (ab)schließen; **to ~ one's seat belt** sich anschnallen; **to ~ two things together** zwei Dinge aneinander befestigen **B** ⟨Vi⟩ sich schließen lassen; **the dress ~s at the back** das Kleid wird hinten zugemacht; **these two pieces ~ together** diese zwei Teile werden miteinander verbunden ◆**fasten on** ⟨VT⟩ festmachen (obj, -to an +dat) ◆**fasten up** ⟨VT⟩ trennb Kleid zumachen; **could you fasten me up?** (umg) kannst du mir zumachen? (umg)

fastener [ˈfɑːsnəʳ], **fastening** [ˈfɑːsnɪŋ] ⟨s⟩ Verschluss m

fast food ⟨s⟩ Fast Food n **fast-food restaurant** ⟨s⟩ Fast-Food-Restaurant n **fast-forward** ⟨VT & Vi⟩ vorspulen

fastidious [fæsˈtɪdɪəs] ⟨ADJ⟩ genau (about in Bezug auf +akk)

fast lane ⟨s⟩ Überholspur f; **life in the ~** (fig) das hektische Leben

fat [fæt] ⟨A⟩ ⟨ADJ⟩ (+er) **1** dick; (umg) Gewinn üppig; **to get** od **become ~** dick werden **2** (iron umg) **that's a ~ lot of good** das bringt doch überhaupt nichts; **~ lot of help she was** sie war 'ne schöne Hilfe! (iron umg); **~ chance!** schön wärs! **B** ⟨s⟩ ANAT, GASTR, CHEM Fett n

fatal [ˈfeɪtl] ⟨ADJ⟩ **1** tödlich (to, for für); **he had a ~ accident** er ist tödlich verunglückt **2** Fehler verhängnisvoll; **to be prove ~ to** od **for sb/sth** das Ende für jdn/etw bedeuten; **it would be ~ to do that** es wäre verhängnisvoll, das zu tun **fatalistic** [ˌfeɪtəˈlɪstɪk] ⟨ADJ⟩ fatalistisch **fatality** [fəˈtælɪtɪ] ⟨s⟩ Todesfall m; (bei Unfall, in Krieg) (Todes)opfer n; **there were no fatalities** es gab keine Todesopfer **fatally** [ˈfeɪtəlɪ] ⟨ADV⟩ **1** verletzt tödlich **2** beschädigen, schwächen auf Dauer; **to be ~ flawed** fatale Mängel aufweisen

fate [feɪt] ⟨s⟩ Schicksal n; **to leave sth to ~** etw dem Schicksal überlassen **fated** ⟨ADJ⟩ **to be ~ to be unsuccessful** zum Scheitern verurteilt sein; **they were ~ never to meet again** es war ihnen bestimmt, sich nie wiederzusehen **fateful** [ˈfeɪtfʊl] ⟨ADJ⟩ Tag schicksalhaft; Entschei-

dung verhängnisvoll

fat-free [ˈfætfriː] ⟨ADJ⟩ fettfrei

father [ˈfɑːðəʳ] ⟨A⟩ ⟨s⟩ **1** Vater m (to sb jdm); (≈ Geistlicher) Pater m; **like ~ like son** der Apfel fällt nicht weit vom Stamm; **(our) Father** Vater m (unser) (⚠ **Father** wird in der Anrede großgeschrieben.) **2** ~s pl (≈ Vorfahren) Väter pl **B** ⟨VT⟩ Kind zeugen **Father Christmas** ⟨s⟩ (Br) der Weihnachtsmann **father figure** ⟨s⟩ Vaterfigur f **fatherhood** ⟨s⟩ Vaterschaft f

father-in-law ⟨s⟩, pl **fathers-in-law** Schwiegervater m **fatherland** ⟨s⟩ Vaterland n **fatherly** [ˈfɑːðəlɪ] ⟨ADJ⟩ väterlich **Father's Day** ⟨s⟩ Vatertag m

fathom [ˈfæðəm] ⟨A⟩ ⟨s⟩ Faden m **B** ⟨VT⟩ (umg: a. **fathom out**) verstehen; **I just can't ~ him (out)** er ist mir ein Rätsel; **I couldn't ~ it (out)** ich kam der Sache nicht auf den Grund

fatigue [fəˈtiːg] ⟨s⟩ **1** Erschöpfung f **2** (TECH: von Metall etc) Ermüdung f **3** **fatigues** ⟨PL⟩ MIL Arbeitsanzug m

fatso [ˈfætsəʊ] ⟨s⟩, pl **-es** (umg) Dickerchen n (umg) **fatten** [ˈfætn] ⟨VT⟩ (a. **fatten up**) Tiere mästen; Menschen herausfüttern (umg) **fattening** [ˈfætnɪŋ] ⟨ADJ⟩ dick machend; **chocolate is ~** Schokolade macht dick **fatty** [ˈfætɪ] ⟨A⟩ ⟨ADJ⟩ (+er) fett, fettig **B** ⟨s⟩ (umg) Dickerchen n (umg)

faucet [ˈfɔːsɪt] ⟨s⟩ (US) Hahn m (⚠ = (Br) **tap**)

fault [fɔːlt] ⟨A⟩ ⟨s⟩ **1** Fehler m; TECH Defekt m; **to find ~ with sb/sth** etwas an jdm/etw auszusetzen haben; **he was at ~** er war im Unrecht **2** (⚠ kein pl) **it won't be my ~ if ...** es ist nicht meine Schuld, wenn ...; **whose ~ is it?** wer ist schuld (daran)? **3** GEOL Verwerfung f **B** ⟨VT⟩ **I can't ~ it/him** ich habe nichts daran/an ihm auszusetzen **fault-finding** [ˈfɔːlt-ˌfaɪndɪŋ] ⟨A⟩ ⟨ADJ⟩ krittelig **B** ⟨s⟩ Krittelei f **faultless** ⟨ADJ⟩ fehlerlos; Englisch etc fehlerfrei **faulty** [ˈfɔːltɪ] ⟨ADJ⟩ (+er) TECH defekt; HANDEL fehlerhaft; Logik falsch

fauna [ˈfɔːnə] ⟨s⟩ Fauna f

faux pas [fəʊˈpɑː] ⟨s⟩ Fauxpas m

fava bean [ˈfɑːvəbiːn] ⟨s⟩ (US) dicke Bohne

favour, (US) **favor** [ˈfeɪvəʳ] ⟨A⟩ ⟨s⟩ **1** (⚠ kein pl) Gunst f; **to find ~ with sb** bei jdm Anklang finden; **to be in ~ with sb** bei jdm gut angeschrieben sein; (Mode, Autor etc) bei jdm beliebt sein; **to be/fall out of ~** in Ungnade (gefallen) sein/fallen **2** **to be in ~ of sth** für etw sein; **to be in ~ of doing sth** dafür sein, etw zu tun; **a point in his ~** ein Punkt zu seinen Gunsten; **the judge ruled in his ~** der Richter entschied zu seinen Gunsten; **all those in ~ raise their hands** alle, die dafür sind, Hand hoch **3** Vergünstigung f; **to show ~ to sb** jdn bevorzugen **4** Gefallen m; **to ask a ~ of sb** jdn um einen

FAVO ‖ 250

F

Gefallen bitten; **to do sb a ~** jdm einen Gefallen tun; **would you do me the ~ of returning my library books?** wären Sie bitte so freundlich und würden meine Bücher in die Bücherei zurückbringen?; **as a ~ to him** ihm zuliebe **B** <u>VT</u> **1** *Idee* für gut halten, bevorzugen **2** (*US*) **favorable**, (*US*) **favorable** ['feɪvərəbl] <u>ADJ</u> **1** positiv; **her request met with a ~ response** ihre Bitte stieß auf Zustimmung **2** günstig (*to* für), vorteilhaft; **to show sth in a ~ light** etw in einem günstigen Licht zeigen; **on ~ terms** zu günstigen Bedingungen; **conditions are ~ for development** für die Entwicklung herrschen günstige Bedingungen **favourably**, (*US*) **favorably** ['feɪvərəblɪ] <u>ADV</u> **1** *reagieren* positiv; *betrachten* wohlwollend; **he was ~ impressed by it** er war davon sehr angetan; **to be ~ disposed** *od* **inclined to (-wards) sb/sth** jdm/einer Sache gewogen sein (*geh*) **2** günstig; **to compare ~** im Vergleich gut abschneiden

favourite, (*US*) **favorite** ['feɪvərɪt] **A** <u>S</u> **1** (≈ *Mensch*) Liebling *m*; (HIST *pej*) Günstling *m* **2 this one is my ~** das habe ich am liebsten; **this book is my ~** das ist mein Lieblingsbuch **3** SPORT Favorit(in) *m(f)*; **Chelsea are the ~s** Chelsea ist (der) Favorit **B** <u>ADJ</u> *attr* Lieblings-; **my ~ film** mein Lieblingsfilm *m* **favouritism**, (*US*) **favoritism** ['feɪvərɪtɪzəm] <u>S</u> Vetternwirtschaft *f* (*umg*)

fax [fæks] **A** <u>S</u> **1** Fax *n*; **to send sth by ~** etw faxen **B** <u>VT</u> faxen **fax machine** <u>S</u> = fax **fax number** <u>S</u> (Tele)faxnummer *f*

faze [feɪz] <u>VT</u> verdattern (*umg*); **the question didn't ~ me at all** die Frage brachte mich keineswegs aus der Fassung

FBI (*US*) *abk* von Federal Bureau of Investigation FBI *n*

fear [fɪəʳ] **A** <u>S</u> **1** Angst *f* (*of* vor +*dat*), Furcht *f* (*of* vor +*dat*); **~ of failure/flying** Versagens-/Flugangst *f*; **there are ~s that ...** es wird befürchtet, dass ...; **to be in ~ of sb/sth** Angst vor jdm/etw haben; **she spoke quietly for ~ of waking the baby** sie sprach leise, um das Baby nicht aufzuwecken **2** (❶ kein pl) **no ~!** (*umg*) nie im Leben! (*umg*); **there's no ~ of that happening again** keine Angst, das passiert so leicht nicht wieder **B** <u>VT</u> (be)fürchten; **he's a man to be ~ed** er ist ein Mann, den man fürchten muss; **many women ~ to go out at night** viele Frauen haben Angst davor, abends auszugehen **C** <u>VI</u> **to ~ for** fürchten für *od* um; **never ~!** keine Angst! **fearful** <u>ADJ</u> **1** ängstlich; **to be ~ of sb/sth** Angst vor jdm/etw haben; **I was ~ of waking her** ich befürchtete, dass ich sie aufwecken würde **2** furcht-

bar **fearless** <u>ADJ</u>, **fearlessly** <u>ADV</u> furchtlos **fearsome** ['fɪəsəm] <u>ADJ</u> furchterregend

feasibility [ˌfiːzə'bɪlɪtɪ] <u>S</u> (*von Plan etc*) Durchführbarkeit *f* **feasibility study** <u>S</u> Machbarkeitsstudie *f* **feasible** ['fiːzəbl] <u>ADJ</u> **1** möglich; *Plan* durchführbar **2** plausibel

feast [fiːst] **A** <u>S</u> **1** Festessen *n*; **a ~ for the eyes** eine Augenweide **2** KIRCHE, REL Fest *n*; **~ day** Feiertag *m* **B** <u>VI</u> (*wörtl*) Festgelage *pl*/ein Festgelage halten; **to ~ on sth** sich an etw (*dat*) gütlich tun **C** <u>VT</u> **to ~ one's eyes on sb/sth** seine Augen an jdm/etw weiden

feat [fiːt] <u>S</u> Leistung *f*; (*heroisch*) Heldentat *f*

feather ['feðəʳ] <u>S</u> Feder *f*; **~s** Gefieder *n*; **as light as a ~** federleicht; **they are birds of a ~** sie sind vom gleichen Schlag **feather bed** <u>S</u> mit Federn gefüllte Matratze **featherbrained** <u>ADJ</u> dümmlich **feather duster** <u>S</u> Staubwedel *m*

feature ['fiːtʃəʳ] **A** <u>S</u> **1** (Gesichts)zug *m* **2** Merkmal *n*; **special ~** Besonderheit *f* **3** (*von Zimmer etc*) herausragendes Merkmal; **to make a ~ of sth** etw besonders betonen; **the main ~** die Hauptattraktion **4** PRESSE, RADIO, TV Feature *n* **B** <u>VT</u> **1** PRESSE *Meldung* bringen **2** **this film ~s an English actress** in diesem Film spielt eine englische Schauspielerin mit; **the album ~s their latest hit single** auf dem Album ist auch ihre neueste Hitsingle **C** <u>VI</u> vorkommen; **the story ~d on all today's front pages** die Geschichte war heute auf allen Titelseiten **feature film** <u>S</u> Spielfilm *m* **feature-length** <u>ADJ</u> *Film* mit Spielfilmlänge

Feb *abk* von February Febr.

February ['febrʊərɪ] <u>S</u> Februar *m*, Feber *m* (*österr*); → September

feces ['fiːsiːz] <u>PL</u> (*US*) = faeces

Fed <u>S</u> (*US*) Zentralbank *f* der USA

fed[1] [fed] *prät, pperf* von feed

fed[2] <u>S</u> (*US umg*) FBI-Agent(in) *m(f)*

federal ['fedərəl] <u>ADJ</u> Bundes-; *System etc* föderalistisch (*a.* US HIST); **~ state** Bundesstaat *m*; **the Federal Republic of Germany** die Bundesrepublik Deutschland; **Federal Reserve (Bank)** (*US*) Zentralbank *f* **federalism** ['fedərəlɪzəm] <u>S</u> Föderalismus *m* **federation** [ˌfedə'reɪʃən] <u>S</u> Föderation *f*

fed up <u>ADJ</u> (*umg*) **I'm ~** ich habe die Nase voll (*umg*); **I'm ~ with him** ich habe ihn satt; **I'm ~ waiting for him** ich habe es satt, auf ihn zu warten

fee [fiː] <u>S</u> Gebühr *f*; (*von Arzt, Anwalt*) Honorar *n*; (≈ *für Mitgliedschaft*) Beitrag *m*; **(school) ~s** Schulgeld *n*

feeble ['fiːbl] <u>ADJ</u> (+*er*) schwach; *Versuch* kläglich; *Ausrede* faul (*umg*) **feeble-minded** [ˌfiːbl-

'maɪndɪd] ADJ dümmlich **feebly** ['fiːblɪ] ADV schwach; *lächeln* kläglich; *etw sagen* wenig überzeugend

feed [fiːd] v: *prät, pperf* fed A ⓢ **1** (*von Tieren*) Fütterung f; (*von Baby*) Mahlzeit f **2** Futter n; **when is the baby's next ~?** wann wird das Baby wieder gefüttert? **3** (TECH: *an Computer*) Eingabe f (*into* in +akk) B V/T **1** (≈ *versorgen*) jdn, Armee verpflegen; *Familie* ernähren **2** (≈ *zu essen geben*) *Baby, Tier* füttern; *Pflanze* düngen; **to ~ sth to sb** jdm etw zu essen geben **3** *Maschine* versorgen; *Feuer* etwas legen auf (+akk); (*fig*) *Fantasie* nähren; **he steals to ~ his heroin habit** er stiehlt, um sich mit Heroin zu versorgen; **to ~ sth into a machine** etw in eine Maschine geben; **to ~ information (in)to a computer** Informationen in einen Computer eingeben **4** TECH führen C V/I (*Tier*) fressen; (*Baby*) gefüttert werden ♦**feed in** V/T *trennb Draht etc* einführen (*obj* in +akk); *Informationen* eingeben (*obj* in +akk) ♦**feed on** A V/I +obj sich (er)nähren von; (*fig*) sich nähren von B V/T *trennb* +obj **to feed sb on sth** *Tier, Baby* jdn mit etw füttern; *Erwachsenen* jdn mit etw ernähren

feedback ⓢ (*fig*) Feedback n; **to provide more ~ on sth** ausführlicher über etw (*akk*) berichten

feeder ['fiːdə'] A ⓢ **1** (*für Vögel*) Futterhalter m **2** Zubringer(straße f) m; (≈ *von öffentlichen Verkehrsmitteln*) Zubringerlinie f B ATTR Zubringer-

feeding bottle ⓢ Flasche f **feeding time** ⓢ (*für Tier*) Fütterungszeit f; (*für Baby*) Zeit f für die Mahlzeit

feel [fiːl] v: *prät, pperf* felt A V/T **1** fühlen, befühlen; **to ~ one's way** sich vortasten; **I'm still ~ing my way** (*in my new job*) ich versuche noch, mich (in meiner neuen Stelle) zurechtzufinden **2** *Stich, Sonne* spüren; **I can't ~ anything in my left leg** ich habe kein Gefühl im linken Bein; **I felt it move** ich spürte, wie es sich bewegte **3** *Freude, Angst* empfinden; *Auswirkungen* spüren **4** (≈ *betroffen sein*) *Hitze, Verlust* leiden unter (+dat); **I felt that!** (*Schmerz*) das hat wehgetan! **5** glauben; **what do you ~ about him/it?** was halten Sie von ihm/davon?; **it was felt that ...** man war der Meinung, dass ...; **he felt it necessary** er hielt es für notwendig B V/I **1** sich fühlen; **I ~ sick** mir ist schlecht; **to ~ certain/hungry** sicher/hungrig sein; **I ~ cold** mir ist kalt; **I felt sad** mir war traurig zumute; **I felt as though I'd never been away** mir war, als ob ich nie weg gewesen wäre; **I felt as if I was going to be sick** ich dachte, mir würde schlecht werden; **how do you ~ about him?** (*emotionell*) was empfinden Sie für ihn?; **you can imagine what I felt like** od **how I felt** Sie können sich (*dat*) vorstellen, wie mir zumute war; **what does it ~ like** od **how does it ~ to be all**

alone? wie fühlt man sich so ganz allein?; **what does it ~ like** od **how does it ~ to be the boss?** wie fühlt man sich als Chef? **2** sich anfühlen; **the room ~s warm** das Zimmer kommt einem warm vor **3** meinen; **how do you ~ about him/going for a walk?** was halten Sie von ihm/von einem Spaziergang?; **that's just how I ~** das meine ich auch **4** **to ~ like** Lust haben auf (+akk); **I ~ like something to eat** ich möchte jetzt gern etwas essen; **I ~ like going for a walk** ich habe Lust spazieren zu gehen; **I felt like screaming** ich hätte am liebsten geschrien; **I don't ~ like it** ich habe keine Lust dazu C ⓢ (❗ kein pl) **let me have a ~!** lass (mich) mal fühlen!; **it has a papery ~** es fühlt sich wie Papier an; **the room has a cosy ~** das Zimmer hat eine gemütliche Atmosphäre; **to get a ~ for sth** (*fig*) ein Gefühl n für etw bekommen ♦**feel for** V/I +obj Mitgefühl haben mit; **I ~ you** Sie tun mir leid **2** (≈ *suchend*) tasten nach; (*in Tasche etc*) kramen nach ♦**feel up to** V/I +obj sich gewachsen fühlen (+dat)

▶ **to feel**

To feel ist ein Verb der Sinneswahrnehmung. Auf dieses folgt ein Adjektiv und kein Adverb, was daran zu erkennen ist, dass kein **-ly** angeschlossen wird:

I feel fine.	Ich fühle mich prima.
This feels smooth.	Das fühlt sich glatt an.

GRAMMATIK ◁

feel-bad ['fiːlbæd] ADJ **~ factor** Frustfaktor m
feeler ['fiːlə'] ⓢ **1** ZOOL Fühler m **2** (*fig*) **to put out ~s** seine Fühler ausstrecken **feel-good** ['fiːlgʊd] ADJ Wohlfühl-; **~ factor** Wohlfühlfaktor m
feeling ['fiːlɪŋ] ⓢ **1** Gefühl n; **I've lost all ~ in my right arm** ich habe kein Gefühl mehr im rechten Arm; **I know the ~** ich weiß, wie das ist **2** (Vor)gefühl n; **I've a funny ~ she won't come** ich hab so das Gefühl, dass sie nicht kommt **3** (a. **feelings**) Meinung f (*on* zu); **there was a general ~ that ...** man war allgemein der Ansicht, dass ...; **there's been a lot of bad ~ about this decision** wegen dieser Entscheidung hat es viel böses Blut gegeben **4** **~s** Gefühle pl; **to have ~s for sb** Gefühle für jdn haben; **you've hurt his ~s** Sie haben ihn verletzt; **no hard ~s?** nimm es mir nicht übel
fee-paying ['fiːpeɪɪŋ] ADJ *Schule* gebührenpflichtig; *Student* Gebühren zahlend
feet [fiːt] pl von **foot**

feign [feɪn] *VT* vortäuschen; **to ~ illness** sich krank stellen **feigned** [feɪnd] *ADJ* vorgeblich *attr*
feint [feɪnt] *A S* SPORT Finte *f* *B VI* SPORT eine Finte anwenden (*a. fig*)
feline [ˈfiːlaɪn] *ADJ* (*wörtl*) Katzen-; (*fig*) katzenhaft
fell[1] [fɛl] *prät* von **fall**
fell[2] *S* (= Haut) Fell *n*
fell[3] *VT* Baum fällen; jdn niederstrecken
fellatio [fɪˈleɪʃɪəʊ] *S* (!) kein *pl* Fellatio *f*
fellow[1] [ˈfɛləʊ] *S* [1] Mann *m*, Typ *m* (*umg*); **poor ~!** der Arme!; **this journalist ~** dieser komische Journalist [2] Kumpel *m* (*umg*), Spezi *m* (*österr*) [3] UNIV Fellow *m* [4] (*von Verein*) Mitglied *n*
fellow[2] *PRÄF* **our ~ bankers/doctors** unsere Berufskollegen *pl*; **~ student** Kommilitone *m*, Kommilitonin *f*; **~ member** (*in Verein etc*) Klubkamerad(in) *m(f)*; POL Parteigenosse *m*/-genossin *f*; **~ sufferer** Leidensgenosse *m*/-genossin *f*; **~ worker** Kollege *m*, Kollegin *f*; **he is a ~ lexicographer** er ist auch Lexikograf; **"my ~ Americans..."** "meine lieben amerikanischen Mitbürger..." **fellow citizen** *S* Mitbürger(in) *m(f)* **fellow countrymen** *PL* Landsleute *pl* **fellow men** *PL* Mitmenschen *pl* **fellowship** [ˈfɛləʊʃɪp] *S* [1] (△kein *pl*) Kameradschaft *f* [2] UNIV Forschungsstipendium *n*; (≈ Stellung) Position eines Fellow **fellow traveller**, (US) **fellow traveler** *S* (*wörtl*) Mitreisende(r) *m/f(m)*
felony [ˈfɛlənɪ] *S* (schweres) Verbrechen
felt[1] [fɛlt] *prät, pperf* von **feel**
felt[2] *A S* Filz *m* *B ADJ attr* Filz- **felt-tip (pen)** [ˈfɛlttɪp(ˈpɛn)] *S* Filzstift *m*
female [ˈfiːmeɪl] *A ADJ* weiblich; *Rechte* Frauen-; **a ~ doctor** eine Ärztin; **a ~ companion** eine Gesellschafterin; **a ~ football team** eine Damenfußballmannschaft *B S* [1] (≈ *Tier*) Weibchen *n* [2] (*umg*) Frau *f*; (*pej*) Weib *f*; (*pej*)
feminine [ˈfɛmɪnɪn] *A ADJ* feminin; *Schönheit, Eigenschaften* weiblich *B S* GRAM Femininum *n*
feminine hygiene *S* Monatshygiene *f*
femininity [ˌfɛmɪˈnɪnɪtɪ] *S* Weiblichkeit *f*
feminism [ˈfɛmɪnɪzəm] *S* Feminismus *m*
feminist [ˈfɛmɪnɪst] *A S* Feminist(in) *m(f)* *B ADJ* feministisch; **the ~ movement** die Frauenbewegung
femur [ˈfiːmə’] *S* Oberschenkelknochen *m*
fen [fɛn] *S* Moorland *n*; **the Fens** die Niederungen in East Anglia
fence [fɛns] *A S* Zaun *m*; SPORT Hindernis *n*; **to sit on the ~** (*fig*) neutral bleiben *B VI* SPORT fechten ♦**fence in** *VT trennb* (*wörtl*) einzäunen
♦**fence off** *VT trennb* abzäunen
fencer [ˈfɛnsə’] *S* SPORT Fechter(in) *m(f)* **fencing** [ˈfɛnsɪŋ] *S* [1] SPORT Fechten *n* [2] Zaun *m*

fend [fɛnd] *VI* **to ~ for oneself** für sich (selbst) sorgen ♦**fend off** *VT trennb* abwehren
fender [ˈfɛndə’] *S* [1] Kamingitter *n* [2] (US) (*an Auto*) Kotflügel *m* (!) = (Br) **wing**); (*an Fahrrad*) Schutzblech *n*
fennel [ˈfɛnl] *S* BOT Fenchel *m*
feral [ˈfɛrəl] *ADJ attr* verwildert; **~ cat** Wildkatze *f*
ferment [ˈfɜːment] *A S* (*fig*) Unruhe *f*; **the city was in ~** es brodelte in der Stadt *B* [fəˈment] *VI* gären *C* [fəˈment] *VT* (*wörtl*) fermentieren **fermentation** [ˌfɜːmenˈteɪʃən] *S* Gärung *f*
fern [fɜːn] *S* Farn(kraut *n*) *m*
ferocious [fəˈrəʊʃəs] *ADJ* wild; *Hund* äußerst bissig; *Blick* grimmig; *Schlacht* erbittert; *Streit* heftig; *Angriff* brutal **ferociously** [fəˈrəʊʃəslɪ] *ADV* kämpfen, sich streiten heftig; angreifen aufs Schärfste; anstarren grimmig; bellen wütend **ferocity** [fəˈrɒsɪtɪ] *S* (*von Tier*) Wildheit *f*; (*von Hund*) Bissigkeit *f*; (*von Schlacht, Streit*) Heftigkeit *f*; (*von Angriff*) Brutalität *f*
ferret [ˈfɛrɪt] *A S* Frettchen *n* *B VI* (*a.* **ferret about** *od* **around**) herumstöbern ♦**ferret out** *VT trennb* (Br *umg*) aufstöbern
Ferris wheel [ˈfɛrɪsˌwiːl] *S* Riesenrad *n*
ferrous [ˈfɛrəs] *ADJ* Eisen-
ferry [ˈfɛrɪ] *A S* Fähre *f* *B VT* (*a.* **ferry across** *od* **over**) übersetzen; (*mit Auto*) transportieren; **to ~ sb across a river** jdn über einen Fluss setzen; **to ~ sb/sth back and forth** jdn/etw hin- und herbringen **ferryboat** *S* Fähre *f* **ferryman** *S, pl* -men Fährmann *m* **ferry service** *S* Fährdienst *m*
fertile [ˈfɜːtaɪl] *ADJ* fruchtbar **fertility** [fəˈtɪlɪtɪ]

to fence — fechten

fence — Zaun

253 ‖ FIEL

ṣ Fruchtbarkeit f **fertilization** [ˌfɜːtɪlaɪ-
'zeɪʃən] ṣ Befruchtung f **fertilize** ['fɜːtɪlaɪz]
v̅t̅ befruchten; *Boden* düngen **fertilizer** ['fɜːtɪ-
laɪzəʳ] ṣ Dünger m

fervent ['fɜːvənt] a̅d̅j leidenschaftlich; *Hoffnung*
inbrünstig *(geh)* **fervently** ['fɜːvəntlɪ] a̅d̅v lei-
denschaftlich; *hoffen, wünschen, beten* inbrünstig
(geh) **fervour**, *(US)* **fervor** ['fɜːvəʳ] ṣ Leiden-
schaftlichkeit f

fester ['festəʳ] v̅i̅ eitern; *(fig: Ärger)* nagen

festival ['festɪvəl] ṣ ᴵ KIRCHE *etc* Fest n ᴵᴵ Fes-
tival n **festive** ['festɪv] a̅d̅j festlich; **the ~ sea-
son** die Festzeit **festivity** [fe'stɪvɪtɪ] ṣ Feier f;
festivities pl Feierlichkeiten pl

feta (cheese) ['fetə'tʃiːz] ṣ Feta(käse) m

fetch [fetʃ] a̅ v̅t̅ ᴵ holen, abholen; **would you
~ a handkerchief for me** *od* **~ me a handker-
chief**? kannst du mir ein Taschentuch holen
(gehen)?; **she ~ed in the washing** sie holte
die Wäsche herein ᴵᴵ *bestimmten Preis etc* (ein)-
bringen ʙ v̅i̅ **to ~ and carry for sb** bei jdm
Mädchen für alles sein **fetching** ['fetʃɪŋ]
a̅d̅j attraktiv

fête [feɪt] a̅ ṣ Fest n ʙ v̅t̅ feiern

fetid ['fetɪd] a̅d̅j übel riechend

fetish ['fetɪʃ] ṣ Fetisch m; **to have a ~ for
leather/cleanliness** einen Leder-/Sauberkeits-
tick haben *(umg)*

fetters ['fetəz] p̅l Fesseln pl

fetus ['fiːtəs] ṣ *(US)* = **foetus**

feud [fjuːd] *(wörtl, fig)* a̅ ṣ Fehde f ʙ v̅i̅ sich be-
fehden

feudal ['fjuːdl] a̅d̅j Feudal-, feudal; **~ system**
Feudalsystem n **feudalism** ['fjuːdəlɪzəm] ṣ
Feudalismus m

fever ['fiːvəʳ] ṣ ᴵ Fieber n *kein pl*; **to have a ~**
Fieber haben ᴵᴵ *(fig)* Aufregung f; **election ~**
Wahlfieber n; **in a ~ of excitement** in fieber-
hafter Erregung **feverish** ['fiːvərɪʃ] a̅d̅j ᴵ fie-
berhaft ᴵᴵ MED **to be ~** Fieber haben **fever-
ishly** ['fiːvərɪʃlɪ] a̅d̅v fieberhaft

few [fjuː] a̅d̅j (+er) p̅r̅o̅n̅ ᴵ wenige; **~ people
come to see him** nur wenige Leute besuchen
ihn; **~ and far between** dünn gesät; **as ~ as
ten cigarettes a day** schon zehn Zigaretten
am Tag; **there were 3 too ~** es waren 3 zu
wenig da; **he is one of the ~ people who
…** er ist einer der wenigen, die …; **~ of them
came** wenige von ihnen kamen; **there are too
~ of you** ihr seid zu wenige ᴵᴵ a̅ ein paar; a̅ **~
more days** noch ein paar Tage; a̅ **~ times** ein
paar Male; **there were quite a ~ waiting**
ziemlich viele warteten; **he's had a ~ (too
many)** er hat einen über den Durst getrunken;
quite a ~ books ziemlich viele Bücher; **in the
next ~ days** in den nächsten paar Tagen; **ev-**

ery ~ days alle paar Tage; a̅ **~ more** ein paar
mehr; **quite a ~** eine ganze Menge; **the ~ who
knew him** die wenigen, die ihn kannten **few-
er** ['fjuːəʳ] a̅d̅j, p̅r̅o̅n̅ *komp von* few weniger; **no
~ than** nicht weniger als **fewest** ['fjuːɪst] *sup*
von few a̅ a̅d̅j die wenigsten ʙ p̅r̅o̅n̅ die we-
nigsten, am wenigsten

fiancé [fɪ'ãːŋseɪ] ṣ Verlobte(r) m **fiancée** [fɪ-
'ãːŋseɪ] ṣ Verlobte f

fiasco [fɪ'æskəʊ] ṣ, pl -s, *(US a.)* -es Fiasko n

fib [fɪb] *(umg)* a̅ ṣ Flunkerei f *(umg)*; **don't tell ~s**
flunker nicht! *(umg)* ʙ v̅i̅ flunkern *(umg)* **fibber**
['fɪbəʳ] ṣ *(umg)* Flunkerer m, Flunkerin f *(umg)*,
Schwindler(in) m(f)

fibre, *(US)* **fiber** ['faɪbəʳ] ṣ ᴵ Faser f ᴵᴵ Ballast-
stoffe pl ᴵᴵᴵ *(fig)* **moral ~** Charakterstärke f **fi-
breglass**, *(US)* **fiberglass** a̅ ṣ Glasfaser f
ʙ a̅d̅j aus Glasfaser

fickle ['fɪkl] a̅d̅j launenhaft

fiction ['fɪkʃən] ṣ ᴵ (❗ kein pl) LIT Prosalite-
ratur f; **you'll find that under ~** das finden Sie
unter Belletristik; **work of ~** Erzählung f; *(län-
ger)* Roman m ᴵᴵ (freie) Erfindung f; **that's pure ~**
das ist frei erfunden **fictional** ['fɪkʃənl] a̅d̅j ᴵ
erfunden; *Drama* fiktional ᴵᴵ erzählerisch; **his ~
writing** seine erzählenden Schriften **ficti-
tious** [fɪk'tɪʃəs] a̅d̅j ᴵ *Name* falsch ᴵᴵ LIT *Roman-
figur etc* erfunden

fiddle ['fɪdl] a̅ ṣ ᴵ (MUS *umg)* Fiedel f *(umg)*; **to
play second ~ to sb** *(fig)* in jds Schatten *(dat)*
stehen; **as fit as a ~** kerngesund ᴵᴵ *(Br umg ≈
Schwindel)* Schiebung f; *(mit Geld)* faule Geschäfte
pl *(umg)*; **tax ~** Steuermanipulation f; **to be on
the ~** krumme Dinger machen *(umg)* ʙ v̅t̅ *(Br
umg)* Geschäftsbücher frisieren *(umg)*; **he ~d it so
that …** er hat es so hingebogen, dass … ♦**fid-
dle about** *(Br)* *od* **around** v̅i̅ **to fiddle about**
od **around with sth** an etw *(dat)* herumspielen,
mit etw herumspielen

fiddly ['fɪdlɪ] a̅d̅j (+er) *(Br)* *Arbeit* knifflig *(umg)*;
Schaltung etc umständlich

fidelity [fɪ'delɪtɪ] ṣ Treue f *(to* zu)

fidget ['fɪdʒɪt] a̅ v̅i̅ (a. **fidget about** *od*
around) zappeln ʙ ṣ (≈ *Mensch)* Zappelphilipp
m *(umg)* **fidgety** ['fɪdʒɪtɪ] a̅d̅j zappelig; *Publikum*
unruhig

field [fiːld] a̅ ṣ ᴵ Feld n, Wiese f, Weide f; **corn
~** Getreidefeld n; **potato ~** Kartoffelacker m; **in
the ~s** auf dem Feld; **~ of battle** Schlachtfeld
n; **~ of vision** Blickfeld n ᴵᴵ *(für Fußball etc)* Platz
m; **sports** *od* **games ~** Sportplatz m ᴵᴵᴵ *(von Arbeit,
Forschung etc)* Gebiet n; **what ~ are you in?** auf
welchem Gebiet arbeiten Sie? ᴵᴵᴵᴵ Praxis f; **work
in the ~** Feldforschung f ᴵᴵᴵᴵᴵ Datenfeld n ʙ v̅t̅
ᴵ *Ball* auffangen und zurückwerfen; *(fig)* *Frage etc*
abblocken; **he had to ~ calls from customers**

er musste Kunden am Telefon abwimmeln (umg) **2** *Mannschaft* auf den Platz schicken **3** POL *Kandidat* aufstellen **C** V̄T̄ (*Baseball etc*) als Fänger spielen **field day** S̄ (*fig*) **I had a ~** ich hatte meinen großen Tag **fielder** ['fiːldəʳ] S̄ (*Baseball etc*) Fänger(in) *m(f)* **field event** S̄ SPORT *Disziplin, die nicht auf der Aschenbahn ausgetragen wird* **field hockey** S̄ (*US*) Hockey *n* **field sports** P̄L̄ Sport *m* im Freien (*Jagen und Fischen*) **field study** S̄ Feldstudie *f* **field test** S̄ Feldversuch *m* **field-test** V̄T̄ in einem Feldversuch/in Feldversuchen testen **field trip** S̄ Exkursion *f* **field work** S̄ Arbeit *f* im Gelände; (*soziologisch etc*) Feldforschung *f*

fiend [fiːnd] S̄ **1** Dämon *m*; (≈ *Mensch*) Teufel *m* **2** (*umg*) Fanatiker(in) *m(f)*; **tennis ~** Tennisnarr *m* **fiendish** Ā̄D̄J̄ teuflisch; **he took a ~ delight in doing it** es machte ihm eine höllische Freude, es zu tun **2** (*umg*) *Plan* höllisch raffiniert (*umg*) **3** (*umg*) *Problem* verzwickt (*umg*) **fiendishly** Ā̄D̄V̄ (*umg*) schwer höllisch (*umg*)

fierce [fɪəs] Ā̄D̄J̄ (+*er*) *Tier* aggressiv; *Mensch, Blick* grimmig; *Kampf, Widerstand* erbittert; *Debatte* heftig; *Angriff, Wettbewerb* scharf; *Hitze* glühend; **he has a ~ temper** er braust schnell auf **fiercely** ['fɪəslɪ] Ā̄D̄V̄ *bekämpfen* heftig; *kritisieren* scharf; *verteidigen, argumentieren* leidenschaftlich; *kämpferisch, loyal* äußerst; **the fire was burning ~** es brannte lichterloh

fiery ['faɪərɪ] Ā̄D̄J̄ (+*er*) *Hitze* glühend; *Temperament* hitzig; *Rede* feurig; **to have a ~ temper** ein Hitzkopf *m* sein

FIFA ['fiːfə] *abk* **von** Federation of International Football Associations FIFA *f*

fifteen ['fɪf'tiːn] Ā̄ Ā̄D̄J̄ fünfzehn **B** S̄ Fünfzehn *f*

fifteenth ['fɪf'tiːnθ] Ā̄ Ā̄D̄J̄ fünfzehnte(r, s) **B** S̄ **1** Fünfzehnte(r, s) **2** Fünfzehntel *n*; → **sixteenth**

fifth [fɪfθ] Ā̄ Ā̄D̄J̄ fünfte(r, s) **B** S̄ **1** Fünfte(r, s) **2** Fünftel *n* **3** MUS Quinte *f* **4** **to take the ~** (*US umg*) die Aussage verweigern; → **sixth**

▶ **Fifth Avenue**

So heißt eine der berühmtesten Straßen New Yorks. Sie ist für ihre teuren Geschäfte und Luxushotels bekannt und teilt **Manhattan** in zwei Teile, die **West Side** und die **East Side**.

LANDESKUNDE ◀

fiftieth ['fɪftɪɪθ] Ā̄ Ā̄D̄J̄ fünfzigste(r, s) **B** S̄ **1** Fünfzigste(r, s) **2** Fünfzigstel *n*; → **sixth**

fifty ['fɪftɪ] Ā̄ Ā̄D̄J̄ fünfzig **B** S̄ Fünfzig *f*; → **sixty**

fifty-fifty ['fɪftɪ'fɪftɪ] Ā̄ Ā̄D̄V̄ fifty-fifty (*umg*); **to go ~ (with sb)** (mit jdm) fifty-fifty machen

(*umg*) **B** Ā̄D̄J̄ **he has a ~ chance of survival** er hat eine fünfzigprozentige Überlebenschance

fig [fɪg] S̄ Feige *f*

fig. *abk* **von** figure(s) Abb.

fight [faɪt] *v: prät, pperf* fought Ā̄ S̄ **1** Kampf *m*, Schlägerei *f*, Streit *m*; **to have a ~ with sb** sich mit jdm schlagen; (≈ *mit Worten*) sich mit jdm streiten; **to put up a good ~** sich tapfer schlagen; **do you want a ~?** du willst dich wohl mit mir anlegen?; **he won't give in without a ~** er ergibt sich nicht kampflos; **the ~ for survival** der Kampf ums Überleben **2** Kampfgeist *m*; **there was no ~ left in him** sein Kampfgeist war erloschen **B** V̄Ī̄ kämpfen, sich schlagen; (≈ *mit Worten*) sich streiten; **to ~ against disease** Krankheiten bekämpfen; **to ~ for sb/sth** um jdn/etw kämpfen; **to ~ for breath** nach Atem ringen **C** V̄T̄ kämpfen mit *od* gegen, sich schlagen mit; *Brand, Krankheit, Verbrechen, Inflation* bekämpfen; **to ~ a duel** sich duellieren; **to ~ one's way through the crowd** sich durch die Menge kämpfen ♦**fight back** Ā̄ V̄Ī̄ zurückschlagen; MIL Widerstand leisten; SPORT zurückkämpfen **B** V̄T̄ *trennb Tränen* unterdrücken ♦**fight off** V̄T̄ *trennb* abwehren; **I'm still trying to ~ this cold** ich kämpfe immer noch mit dieser Erkältung ♦**fight out** V̄T̄ *trennb* **to fight it out** es untereinander ausfechten

fighter ['faɪtəʳ] S̄ **1** Kämpfer(in) *m(f)*; (*Boxen*) Fighter *m*; **he's a ~** (*fig*) er ist eine Kämpfernatur **2** FLUG Jagdflugzeug *n* **fighter pilot** S̄ Jagdflieger *m* **fighting** ['faɪtɪŋ] S̄ MIL Gefecht *n*, Prügeleien *pl*; **~ broke out** Kämpfe brachen aus **fighting fit** Ā̄D̄J̄ (*Br umg*) topfit (*umg*) **fighting spirit** S̄ Kampfgeist *m*

fig leaf S̄ Feigenblatt *n*

figment ['fɪgmənt] S̄ **it's all a ~ of his imagination** das ist alles eine Ausgeburt seiner Fantasie

figurative ['fɪgjʊrətɪv] Ā̄D̄J̄ *Sprache* bildlich; *Bedeutung* übertragen **figuratively** ['fɪgjʊrətɪvlɪ] Ā̄D̄V̄ im übertragenen Sinn

figure ['fɪgəʳ] Ā̄ S̄ **1** Zahl *f*, Ziffer *f*; (≈ *Betrag*) Summe *f*; **he didn't want to put a ~ on it** er wollte keine Zahlen nennen; **he's good at ~s** er ist ein guter Rechner; **to reach double ~s** in die zweistelligen Zahlen gehen; **a three-~ sum** eine dreistellige Summe **2** (*geometrisch*) Figur *f*; **~ (of) eight** Acht *f*; **to lose one's ~** seine Figur verlieren; **she's a fine ~ of a woman** sie ist eine stattliche Frau; **he's a fine ~ of a man** er ist ein Bild von einem Mann **3** (≈ *menschlich*) Gestalt *f* **4** Persönlichkeit *f*; **the great ~s of history** die Großen der Geschichte; **a key public ~** eine Schlüsselfigur des öffentlichen Lebens; ~ **of fun** Witzfigur f 5 LIT ~ **of speech** Redensart f; **it's just a ~ of speech** das sagt man doch nur so B Vi 1 (bes US umg) glauben 2 (US umg) begreifen C Vi 1 erscheinen; **he ~d prominently in my plans** er spielte eine bedeutende Rolle in meinen Plänen 2 (umg) **that ~s** das hätte ich mir denken können ♦**figure on** Vi +obj (bes US) rechnen mit ♦**figure out** Vt trennb 1 begreifen 2 ausrechnen; Antwort herausbekommen

figurehead 5 (SCHIFF, fig) Galionsfigur f **figure skating** 5 Eiskunstlaufen n

Fiji ['fiːdʒiː] 5 Fidschi-Inseln pl

filament ['filəmənt] 5 ELEK (Glüh)faden m

filch [filtʃ] Vt (umg) klauen (umg), stibitzen (umg)

file[1] [faɪl] A 5 Feile f B Vt feilen; **to ~ one's nails** sich (dat) die Fingernägel feilen

file[2] A 5 1 Aktenordner m; **it's in the ~s somewhere** das muss irgendwo bei den Akten sein 2 Akte f (on sb über jdn, on sth zu etw); **have we got that on ~?** haben wir das bei den Akten?; **to open** od **start a ~ on sb/sth** eine Akte über jdn/zu etw anlegen; **to keep sb/sth on ~** jds Unterlagen/die Unterlagen über etw (akk) zurückbehalten; **the Kowalski ~** die Akte Kowalski 3 IT Datei f; **to have sth on ~** etw im Computer gespeichert haben B Vt 1 Akten ablegen 2 PRESSE Bericht einsenden 3 JUR Klage erheben; Prozess anstrengen C Vi **to ~ for divorce** die Scheidung einreichen; **to ~ for bankruptcy** Konkurs anmelden

file[3] A 5 Reihe f; **in single ~** im Gänsemarsch; MIL in Reihe B Vi **to ~ in** hereinmarschieren; **they ~d out of the classroom** sie gingen hintereinander aus dem Klassenzimmer; **the troops ~d past the general** die Truppen marschierten am General vorbei

file cabinet 5 (US) Aktenschrank m **file management** 5 IT Dateiverwaltung f **file manager** 5 IT Dateimanager m **filename** 5 IT Dateiname m

filet [fɪ'leɪ] 5 (US) = fillet

filial ['fɪlɪəl] ADJ Pflichten Kindes-

filing ['faɪlɪŋ] 5 (von Akten) Ablegen n; **have you done the ~?** haben Sie die Akten schon abgelegt? **filing cabinet** 5 Aktenschrank m **filings** ['faɪlɪŋz] PL Späne pl **filing system** 5 Ablagesystem n **filing tray** 5 Ablagekorb m

fill [fɪl] A Vt 1 füllen; Zähne plombieren; (fig) (aus)füllen; **I had three teeth ~ed** ich bekam drei Zähne plombiert od gefüllt 2 erfüllen; **~ed with admiration** voller Bewunderung; **~ed with emotion** gefühlsgeladen 3 Stellung besetzen; Rolle übernehmen; **the position is already ~ed** die Stelle ist schon besetzt B Vi sich füllen C 5 **to drink one's ~** seinen Durst löschen; **to eat one's ~** sich satt essen; **I've had my ~ of him** (umg) ich habe von ihm die Nase voll (umg) ♦**fill in** A Vi **to ~ for sb** für jdn einspringen B Vt trennb 1 Loch auffüllen; **he's just filling in time** er überbrückt nur die Zeit 2 Formular ausfüllen; Namen, Wort eintragen 3 **to fill sb in (on sth)** jdn (über etw akk) aufklären ♦**fill out** A Vi (Mensch) fülliger werden; (Gesicht) voller werden B Vt trennb Formular ausfüllen ♦**fill up** A Vi 1 AUTO (auf)tanken 2 (Saal etc) sich füllen B Vt trennb Tank, Tasse vollfüllen; (Fahrer) volltanken; Loch füllen; **that pie has really filled me up** ich fühle mich wirklich voll nach dieser Pastete; **you need something to fill you up** du brauchst was Sättigendes

fillet ['fɪlɪt] A 5 GASTR Filet n; **~ of beef** Rinderfilet n B Vt GASTR filetieren

filling ['fɪlɪŋ] A 5 Füllung f; **I had to have three ~s** ich musste mir drei Zähne plombieren lassen B ADJ Mahlzeit sättigend, währschaft (schweiz)

filling station 5 Tankstelle f

film [fɪlm] A 5 Film m; (von Staub) Schicht f; **to make** od **shoot a ~** einen Film drehen od machen; **to make a ~** einen Film machen; **to go to (see) a ~** ins Kino gehen B Vt Stück verfilmen; Szene filmen; jdn einen Film machen von C Vi filmen; **we start ~ing** od **~ing starts tomorrow** die Dreharbeiten fangen morgen an **film clip** 5 Filmausschnitt m **film festival** 5 Filmfestspiele pl **film industry** 5 Filmindustrie f **film maker** 5 Filmemacher(in) m(f) **film script** 5 Drehbuch n **film star** 5 Filmstar m **film studio** 5, pl -s Filmstudio

file — Feile

file — Akte

file — Datei

FILM | 256

F

n **film version** ⚲ Verfilmung *f*
Filofax® ['faɪləʊfæks] ⚲ Filofax® *m*
filter ['fɪltəʳ] **A** ⚲ Filter *m*; FOTO, MECH Filter *n*
od m **B** V̄T̄ filtern **C** V̄Ī (*Licht*) durchscheinen;
(*Flüssigkeit, Geräusch*) durchsickern ◆**filter in**
V̄Ī (*Menschen*) allmählich eindringen ◆**filter
out** **A** V̄Ī (*Menschen*) einer nach dem anderen
herausgehen **B** V̄T̄ *trennb* (*wörtl*) herausfiltern
filter coffee ⚲ Filterkaffee *m* **filter lane** ⚲
(*Br*) Abbiegespur *f* (❶ = (US) **turning lane**) **fil-
ter paper** *n* **filter tip** ⚲ Filter
m **filter-tipped** ADJ ~ **cigarette** Filterziga-
rette *f*
filth [fɪlθ] ⚲ (*wörtl*) Schmutz *m*; (*fig*) Schweinerei *f*
(*umg*) **filthy** ['fɪlθɪ] ADJ (+er) dreckig; *Angewohnheit*
ekelhaft; *Magazin* obszön; **to live in ~ condi-
tions** im Dreck leben; **you've got a ~ mind!**
du hast eine schmutzige Fantasie!
fin [fɪn] ⚲ **1** Flosse *f* **2** FLUG Seitenleitwerk *n*
final ['faɪnl] **A** ADJ **1** letzte(r, s); **~ round** letzte
Runde, Endrunde *f*; **~ stage(s)** Endstadium *n*; **~
chapter** Schlusskapitel *m* **2** *Resultat, Version* end-
gültig; **~ score** Endergebnis *n*; **that's my ~ of-
fer** das ist mein letztes Angebot; **the judges'
decision is ~** der Rechtsweg ist ausgeschlos-
sen; **... and that's ~!** ... und damit basta! (*umg*)
B ⚲ **1** *bes* SPORT Finale *n*; (*von Quiz*) Endrunde *f*;
(≈ *von Turnier*) Endspiel *n*, Endlauf *m*; **to get to the
~** ins Finale kommen; **World Cup Final** FUSSB
Endspiel *n* der Fußballweltmeisterschaft; **the
~s** das Finale, die Endrunde **2** **finals** PL (*Br
UNIV*) Abschlussprüfung *f* **final demand** ⚲
letzte Mahnung *od* Zahlungsaufforderung *f* **fi-
nale** [fɪ'nɑːlɪ] ⚲ Finale *n* **finalist** ['faɪnəlɪst] ⚲
SPORT Finalist(in) *m(f)* **finalize** ['faɪnəlaɪz] V̄T̄
Pläne, Einzelheiten endgültig festlegen; *Handel*
zum Abschluss bringen
finally ['faɪnəlɪ] ADV **1** schließlich, endlich **2**
zum Schluss **3** *entscheiden* endgültig **final
whistle** ⚲ FUSSB Schlusspfiff *m*; **to blow
the ~** das Spiel abpfeifen
finance [faɪ'næns] **A** ⚲ **1** Finanzen *pl*; **high ~**
Hochfinanz *f* **2** Geld *n*; **it's a question of ~** das
ist eine Geldfrage; **~s** Finanzen *pl* **B** V̄T̄ finan-
zieren **finance director** ⚲ Leiter(in) *m(f)*
der Finanzabteilung **financial** [faɪ'nænʃəl]
ADJ **1** finanziell; **~ resources** Geldmittel *pl* **2**
BÖRSE, WIRTSCH Finanz-; **on the ~ markets**
auf den Finanzmärkten; **~ investment** Geldan-
lage *f* **financial adviser**, **financial con-
sultant** ⚲ Finanzberater(in) *m(f)* **financial
director** ⚲ HANDEL Leiter(in) *m(f)* der Finanz-
abteilung **financially** [faɪ'nænʃəlɪ] ADV finan-
ziell; **the company is ~ sound** die Finanzlage
der Firma ist gesund; **~ viable** rentabel **fi-
nancial year** ⚲ (*Br*) Geschäftsjahr *n* **finan-**

cier [faɪ'nænsɪəʳ] ⚲ Finanzier *m*
finch [fɪntʃ] ⚲ Fink *m*
find [faɪnd] *v: prät, pperf* found **A** V̄T̄ **1** finden;
it's nowhere to be found es lässt sich nir-
gendwo finden; **to ~ pleasure in sth** Freude
an etw (*dat*) haben; **he was found dead in
bed** er wurde tot im Bett aufgefunden; **where
am I going to ~ the time?** wo nehme ich nur
die Zeit her?; **I don't ~ it easy to tell you this**
es fällt mir nicht leicht, Ihnen das zu sagen; **he
always found languages easy** ihm fielen
Sprachen immer leicht; **I ~ it impossible to
understand him** ich kann ihn einfach nicht
verstehen; **I found myself smiling** ich musste
unwillkürlich lächeln; **I ~ myself in an impos-
sible situation** ich befinde mich in einer un-
möglichen Situation; **one day he suddenly
found himself out of a job** eines Tages war
er plötzlich arbeitslos; **this flower is found
all over England** diese Blume findet man in
ganz England **2** besorgen (*sb sth* jdm etw);
go and ~ me a needle hol mir doch mal eine
Nadel; **we'll have to ~ him a desk** wir müssen
einen Schreibtisch für ihn finden **3** feststellen;
Ursache herausfinden; **we found the car
wouldn't start** es stellte sich heraus, dass
das Auto nicht ansprang; **you will ~ that I
am right** Sie werden sehen, dass ich recht ha-
be **4** JUR **to ~ sb guilty/not guilty** jdn schul-
dig sprechen/freisprechen; **how do you ~ the
accused?** wie lautet Ihr Urteil? **5** IT suchen; **~
and replace** suchen und ersetzen **B** V̄Ī JUR **to
~ for/against the accused** den Angeklagten
freisprechen/verurteilen **C** ⚲ Fund *m* ◆**find
out** **A** V̄T̄ *trennb* herausfinden; (≈ *bei Missetaten
etc*) erwischen, auf die Schliche kommen
(+*dat*) (*umg*); **you've been found out** du bist er-
tappt (*umg*) **B** V̄Ī es herausfinden; **to ~ about
sb/sth** jdn/etw entdecken; **to help children
~ about other countries** Kindern dabei hel-
fen, etwas über andere Länder herauszufin-
den
finder ['faɪndəʳ] ⚲ Finder(in) *m(f)* **finding**
['faɪndɪŋ] ⚲ **~s** *pl* Ergebnis(se) *n(pl)*; MED Befund
m
fine¹ [faɪn] **A** ⚲ JUR Geldstrafe *f*, Bußgeld *n* **B**
V̄T̄ JUR zu einer Geldstrafe verurteilen; **he was
~d £100** er musste £ 100 Strafe bezahlen; **he
was ~d for speeding** er hat einen Strafzettel
für zu schnelles Fahren bekommen
fine² **A** ADJ (+er) **1** ausgezeichnet; *Gebäude, Aus-
sicht* herrlich; *Leistung, Spieler* großartig; **you're
doing a ~ job** Sie machen Ihre Sache ganz
ausgezeichnet; **she's a ~ woman** sie ist eine
bewundernswerte Frau; (*in Bezug auf Statur*) sie
ist eine stattliche Frau **2** in Ordnung; **any**

more? — **no, that's ~** noch etwas? — nein, danke; **everything's going to be just ~** es wird schon alles gut gehen; **these apples are ~ for cooking** diese Äpfel eignen sich (gut) zum Kochen; **the doctor said it was ~ for me to play** der Arzt sagte, ich dürfte ohne Weiteres spielen; **you look ~ (to me)** (ich finde,) du siehst gut aus; **your idea sounds ~** Ihre Idee hört sich gut an; **she is ~** (gesundheitlich) es geht ihr gut; (≈ allgemein) mit ihr ist alles in Ordnung; **how are you?** — **~, thanks** wie geht es Ihnen? — danke, gut; **a glass of water and I'll be ~** nach einem Glas Wasser wird es mir wieder gut gehen; **that's ~ with** od **by me** ich habe nichts dagegen 🔢 fein; Wein, Porzellan erlesen; Kleidung ausgesucht; Stoff dünn; Haus vornehm; Gesichtszüge zart; **the ~st ingredients** die erlesensten Zutaten; **a ~ rain** Nieselregen m; **to read the ~ print** das Kleingedruckte lesen; **not to put too ~ a point on it** um ganz offen zu sein 🔢 Wetter, Tag schön; **when it is/was ~** bei schönem Wetter; **one ~ day** eines schönen Tages 🔢 (iron) Freund etc schön (iron); **you're a ~ one to talk!** du kannst gerade reden! 🅱 ADV 🔢 tadellos; **you're doing ~** Sie machen Ihre Sache gut; (gesundheitlich) Sie machen gute Fortschritte; **we get on ~** wir kommen ausgezeichnet miteinander aus 🔢 schneiden dünn **fine art** S̲ 🔢 meist pl schöne Künste pl **he's got it down to a ~** er hat den Bogen heraus (umg) **finely** ['faɪnlɪ] ADV fein; schneiden dünn; **~ tuned** Motor genau eingestellt **finery** ['faɪnərɪ] S̲ **wedding guests in all their ~** Hochzeitsgäste in vollem Staat

finesse [fɪ'nes] S̲ Gewandtheit f

fine-tooth comb S̲ **to go over sth with a ~** etw genau unter die Lupe nehmen **fine-tuning** S̲ Feinabstimmung f

finger ['fɪŋgə'] 🅰 S̲ Finger m; **she can twist him round her little ~** sie kann ihn um den (kleinen) Finger wickeln; **I didn't lay a ~ on her** ich habe sie nicht angerührt; **he wouldn't lift a ~ to help me** er würde keinen Finger rühren, um mir zu helfen; **I can't put my ~ on it, but ...** ich kann es nicht genau ausmachen, aber ...; **you've put your ~ on it there** da haben Sie den kritischen Punkt berührt; **pull your ~ out!** (Br umg) es wird Zeit, dass du Nägel mit Köpfen machst! (umg); **to give sb the ~** (bes US umg) jdm den Stinkefinger zeigen (umg) 🅱 V̲T̲ anfassen **fingermark** S̲ Fingerabdruck m **fingernail** S̲ Fingernagel m **fingerprint** S̲ Fingerabdruck m; **to take sb's ~s** jdm Fingerabdrücke abnehmen **fingertip** S̲ Fingerspitze f; **to have sth at one's ~s** etw parat haben (umg)

finicky ['fɪnɪkɪ] ADJ pingelig (umg); (in Bezug auf Essen) wählerisch

finish ['fɪnɪʃ] 🅰 S̲ 🔢 Ende n; (von Rennen) Finish n; (≈ Linie) Ziel n; **from start to ~** von Anfang bis Ende 🔢 (von Industrieprodukt) Finish n; (von Keramik) Oberfläche f 🅱 V̲T̲ 🔢 beenden; Ausbildung, Kurs abschließen; Arbeit erledigen; **he's ~ed the painting** er ist mit dem Bild fertig; **to have ~ed doing sth** damit fertig sein, etw zu tun; **when I ~ eating ...** wenn ich mit dem Essen fertig bin, ...; **to ~ writing sth** etw zu Ende schreiben; **when do you ~ work?** wann machen Sie Feierabend?; **she never lets him ~ (what he's saying)** sie lässt ihn nie ausreden; **give me time to ~ my drink** lass mich austrinken; **~ what you're doing** mach fertig, was du angefangen hast 🔢 ruinieren; (≈ töten, umg ≈ erschöpfen) den Rest geben (+dat) (umg); **another strike could ~ the firm** noch ein Streik könnte das Ende für die Firma bedeuten 🔢 Oberfläche, Produkt fertig bearbeiten 🅲 V̲I̲ 🔢 aus sein; (Mensch: mit Arbeit etc) fertig sein; (≈ Schluss machen) aufhören; (Musikstück etc) enden; **my course ~es this week** mein Kurs geht diese Woche zu Ende; **we'll ~ by singing a song** wir wollen mit einem Lied schließen; **I've ~ed** ich bin fertig 🔢 SPORT das Ziel erreichen; **to ~ first** als Erster durchs Ziel gehen **♦finish off** V̲T̲ trennb 🔢 Arbeit fertig machen; Job erledigen; **to ~ a letter** einen Brief zu Ende schreiben 🔢 Suppe etc aufessen; Flasche austrinken 🔢 (≈ töten) den Gnadenstoß geben (+dat) 🔢 jdn den Rest geben (+dat) (umg) **♦finish up** V̲I̲ (an einem Ort) landen (umg); **he finished up a nervous wreck** er war zum Schluss ein Nervenbündel; **you'll ~ wishing you'd never started** du wünschst dir bestimmt noch, du hättest gar nicht erst angefangen **♦finish with** V̲I̲ +obj 🔢 nicht mehr brauchen; **I've finished with the paper** ich bin mit der Zeitung fertig 🔢 **I've finished with him** (mit Freund) ich habe mit ihm Schluss gemacht

finished ['fɪnɪʃt] ADJ 🔢 fertig; **I'm nearly ~** ich bin fast fertig; **to be ~ doing sth** (US) damit fertig sein, etw zu tun; **to be ~ with sb/sth** mit jdm/etw fertig sein, von jdm/etw nichts mehr wissen wollen; **I'm ~ with politics** mit der Politik ist es für mich vorbei; **~ goods** Fertigprodukte pl; **the ~ article** das fertige Produkt, die endgültige Version 🔢 aufgebraucht, zu Ende; **the wine is ~** es ist kein Wein mehr da 🔢 (umg) **to be ~** (Politiker etc) erledigt sein (umg) (as als); **we're ~, it's ~ between us** es ist aus zwischen uns 🔢 Produkt fertig bearbeitet **finishing line** ['fɪnɪʃɪŋ] S̲ Ziellinie f

finite ['faɪnaɪt] ADJ begrenzt; **a ~ number** eine

begrenzte Zahl; MATH eine endliche Zahl; **coal and oil are ~ resources** Kohle und Öl sind nicht erneuerbare Ressourcen
Finland ['fɪnlənd] S̄ Finnland n **Finn** [fɪn] S̄ Finne m, Finnin f **Finnish** ['fɪnɪʃ] A ADJ finnisch; **he is ~** er ist Finne; **she is ~** sie ist Finnin B S̄ LING Finnisch n
fiord [fjɔːd] S̄ Fjord m
fir [fɜːʳ] S̄ Tanne f **fir cone** S̄ Tannenzapfen m **fire** [faɪəʳ] A S̄ ◨ Feuer n; **the house was on ~** das Haus brannte; **to set ~ to sth, to set sth on ~** etw anzünden, etw in Brand stecken; **to catch ~** Feuer fangen; **you're playing with ~** (fig) du spielst mit dem Feuer; **to open ~ on sb** das Feuer auf jdn eröffnen; **cannon ~** Kanonenschüsse pl; **to come under ~** unter Beschuss geraten ◨ (in Haus) Brand m; **there was a ~ next door** nebenan hat es gebrannt; **fire!** Feuer! ◨ (Kamin)feuer n, Ofen m B V̄T ◨ Keramik brennen ◨ (fig) Fantasie beflügeln; **to ~ sb with enthusiasm** jdn begeistern ◨ Waffe, Pfeil abschießen; Schuss abgeben; Rakete zünden; **to ~ a gun at sb** auf jdn schießen; **to ~ questions at sb** Fragen auf jdn abfeuern ◨ (umg ≈ entlassen) feuern (umg) C V̄I ◨ schießen (at auf +akk); **~!** (gebt) Feuer! ◨ (Motor) zünden; **the engine is only firing on three cylinders** der Motor läuft nur auf drei Zylindern ♦**fire away** V̄I (umg) losschießen (umg) ♦**fire off** V̄T trennb abfeuern; Brief loslassen ♦**fire up** V̄T trennb (fig) anfeuern
fire alarm S̄ Feueralarm m, Feuermelder m **firearm** S̄ Feuerwaffe f **fire brigade** S̄ (Br) Feuerwehr f **fire department** S̄ (US) Feuerwehr f (❶ = (Br) **fire service**) **fire door** S̄ Feuertür f **fire drill** S̄ Probealarm m **fire--eater** S̄ Feuerschlucker m **fire engine** S̄ (Br) Feuerwehrauto n (❶ = (US) **fire truck**) **fire escape** S̄ Feuertreppe f, Feuerleiter f **fire exit** S̄ Notausgang m **fire-extinguisher** S̄ Feuerlöscher m **firefighter** S̄ Feuerwehrmann m/-frau f **firefighting** ADJ attr Maßnahmen, Team zur Feuerbekämpfung; **~ equipment** Feuerlöschgeräte pl **fire hazard** S̄ **to be a ~** feuergefährlich sein **firehouse** S̄ (US) Feuerwache f **fire hydrant** S̄ Hydrant m **firelighter** S̄ Feueranzünder m **fireman** S̄, pl -men Feuerwehrmann m (❶ Feuerwehrfrau = **female fire fighter, woman fire fighter**) **fireplace** S̄ Kamin m **firepower** S̄ Feuerkraft f **fire prevention** S̄ Brandschutz m **fireproof** ADJ feuerfest **fire raising** S̄ (bes Br) Brandstiftung f **fire regulations** P̄L Brandschutzbestimmungen pl **fire service** S̄ (Br) Feuerwehr f (❶ = (US) **fire department**) **fireside** S̄ **to sit by the ~** am Kamin sitzen

fire station S̄ Feuerwache f **fire truck** S̄ (US) = **fire engine firewall** S̄ IT Firewall f **firewoman** S̄, pl -women Feuerwehrfrau f **firewood** S̄ Brennholz n **fireworks** P̄L ◨ Feuerwerkskörper pl ◨ Feuerwerk n **firing** ['faɪərɪŋ] S̄ MIL Feuer n; (von Waffe) Abfeuern n **firing line** S̄ (MIL, fig) Schusslinie f; **to be in the ~** in der Schusslinie stehen **firing squad** S̄ Exekutionskommando n

fireworks — Feuerwerkskörper

fireworks — Feuerwerk

firm¹ [fɜːm] S̄ Firma f; **~ of lawyers** Rechtsanwaltsbüro n
firm² A ADJ (+er) fest; Bauch straff; Griff sicher, stabil; Entscheidung endgültig; Aktion entschlossen; Maßnahme durchgreifend; **to get** od **take a ~ hold on sth** etw festhalten; **to have a ~ understanding of sth** etw gut verstehen; **to be ~ about sth** auf etw (dat) bestehen; **to be ~ with sb** jdm gegenüber bestimmt auftreten; **she's ~ with the children** sie ist streng mit den Kindern; **to take a ~ stand** od **line against sth** energisch gegen etw vorgehen; **to be a ~ favourite** (Br) od **favorite** (US) (**with sb**) (bei jdm) sehr beliebt sein B ADV **to hold sth ~** etw festhalten; **to stand** od **hold ~** standhaft bleiben ♦**firm up** V̄T trennb Muskeln kräftigen; Schenkel straffen
firmly ['fɜːmlɪ] ADV ◨ fest, sicher; **it was held ~ in place with a pin** es wurde von einer Nadel festgehalten; **to be ~ committed to sth** sich voll für etw einsetzen ◨ etw sagen bestimmt; **I shall tell her quite ~ that ...** ich werde ihr klipp und klar sagen, dass ... **firmness** S̄ (von Mensch, Aktion) Entschlossenheit f; (≈ Striktheit)

Strenge f

first [fɜːst] **A** ADJ erste(r, s); **his ~ novel** sein Erstlingsroman m; **he was ~ in the queue** (Br) od **in line** (US) er war der Erste in der Schlange; **he was ~ in Latin** er war der Beste in Latein; **who's ~?** wer ist der Erste?; **the ~ time I saw her …** als ich sie zum ersten Mal sah, …; **in ~ place** SPORT etc an erster Stelle; **in the ~ place** zunächst einmal; **why didn't you say so in the ~ place?** warum hast du denn das nicht gleich gesagt? **B** ADV **1** zuerst; kommen, gehen als Erste(r, s); **~ come ~ served** (sprichw) wer zuerst kommt, mahlt zuerst (sprichw); **you (go) ~** nach Ihnen; **she came ~ in the race** sie wurde Erste in dem Rennen; **he says ~ one thing then another** er sagt mal so, mal so; **he always puts his job ~** seine Arbeit kommt bei ihm immer vor allen anderen Dingen **2** zunächst, erstens; **~ of all** vor allem; **~ and foremost** zuallererst **3** zum ersten Mal; **when this model was ~ introduced** zu Anfang, als das Modell herauskam; **when it ~ became known that …** als erstmals bekannt wurde, dass …; **this work was ~ performed in 1997** dieses Werk wurde 1997 uraufgeführt **4** (zu)erst; **I must finish this ~** ich muss das erst fertig machen **5** **I'd die ~!** lieber würde ich sterben! **C** S̲ **1** **the ~** der/die/das Erste, der/die/das Erstere; **he was the ~ to finish** er war als Erster fertig; (in Rennen) er ging als Erster durchs Ziel; **this is the ~ I've heard of it** das ist mir ja ganz neu; **the ~ he knew about it was when he saw it in the paper** er hat erst davon erfahren, als er es in der Zeitung las; **at ~** zuerst, zunächst; **from the ~** von Anfang an **2** (Br UNIV) Eins f; **he got a ~** er bestand (sein Examen) mit „Eins" od „sehr gut" **3** AUTO **~ gear** der erste Gang; **in ~** im ersten Gang **first aid** S̲ Erste Hilfe **first-aid kit** S̲ Verband(s)kasten m **first-born** **A** ADJ erstgeboren **B** S̲ Erstgeborene(r) m/f(m)

first class **A** S̲ erste Klasse **B** ADJ präd **that's absolutely ~!** das ist einfach spitze! (umg) **first-class** **A** ADJ attr **1** erstklassig; **he's a ~ cook** er ist ein erstklassiger Koch **2** Fahrkarte erster Klasse; **a ~ compartment** ein Erste-Klasse-Abteil n; **~ passengers** Reisende pl in der ersten Klasse **3** (Post) **~ stamp** Briefmarke für die bevorzugt beförderte Post; **~ letter** bevorzugt beförderter Brief; (Br UNIV) **~ (honours) degree** Examen n mit „Eins" od „sehr gut"; **he graduated with ~ honours** er machte sein Examen mit „Eins" od „sehr gut" **B** ADV **1** reisen erster Klasse **2** (Post) **to send sth ~** etw mit der bevorzugt beförderten Post schicken **first cousin** S̲ Cousin m/Cousine f ersten Grades **first-degree** ADJ Verbrennungen etc ersten Gra-

des präd **first edition** S̲ Erstausgabe f **first floor** S̲ **1** (Br) erster Stock **2** (US) Erdgeschoss n, Erdgeschoss (österr) (!) Im amerikanischen Englisch wird das Erdgeschoss als erster Stock gezählt, folglich liegt die Zählung der Stockwerke immer eins über der deutschen und britischen Zählung.) **first form** S̲ (Br SCHULE) erste Klasse **first-former** S̲ (Br SCHULE) Erstklässler(in) m(f) **first-hand** **A** ADJ aus erster Hand; **to have ~ knowledge of sth** etw aus eigener Erfahrung kennen; **they have ~ experience of charitable organizations** sie haben persönlich Erfahrungen mit Wohlfahrtsverbänden gemacht **B** ADV hören, erleben persönlich **First Lady** S̲ First Lady f **first language** S̲ Muttersprache f **firstly** ['fɜːstlɪ] ADV zuerst; **it's not yours and secondly …** erstens einmal gehört es nicht dir und zweitens … **First Minister** S̲ (Br POL) Erster Minister, Erste Ministerin

first name S̲ Vorname m; **they're on ~ terms** sie reden sich mit Vornamen an **first night** S̲ THEAT Premiere f **first person** S̲ **the ~ plural** die erste Person Plural; **the story is in the ~** die Geschichte wird von einem Icherzähler/ einer Icherzählerin erzählt **first-rate** ADJ erstklassig **first thing** **A** S̲ **she just says the ~ that comes into her head** sie sagt einfach das, was ihr zuerst einfällt; **the ~ (to do) is to …** als Erstes muss man …; **the ~ to remember is that she hates formality** man muss vor allem daran denken, dass sie Förmlichkeit nicht mag; **~s first** eins nach dem anderen; (≈ nach Bedeutung) das Wichtigste zuerst; **he doesn't know the ~ about cars** von Autos hat er nicht die geringste Ahnung **B** ADV gleich; **I'll go ~ in the morning** ich gehe gleich morgen früh; **I'm not at my best ~ (in the morning)** früh am Morgen bin ich nicht gerade in Hochform **first-time buyer** S̲ jd, der zum ersten Mal ein Haus/eine Wohnung kauft, Erstkäufer(in) m(f) **First World War** S̲ **the ~** der Erste Weltkrieg

firth [fɜːθ] S̲ (schott) Förde f, Meeresarm m

fir tree S̲ Tannenbaum m

fiscal ['fɪskəl] ADJ finanziell; **~ policy** Finanzpolitik f

fish [fɪʃ] **A** S̲, pl - od (verschiedene Arten) **-es** Fisch m; **to drink like a ~** (umg) wie ein Loch saufen (umg); **there are plenty more ~ in the sea** (fig umg) es gibt noch mehr (davon) auf der Welt **B** VI fischen, angeln; **to go ~ing** fischen/angeln gehen ◆**fish for** VI +obj **1** (wörtl) fischen, angeln **2** (fig) Komplimente fischen nach; **they were fishing for information** sie waren auf Informationen aus

FISH | 260

fish and chips ⓢ (❗ mit Verb im Singular) (Br) Fish and Chips n **fishbone** ⓢ (Fisch)gräte f **fish cake** ⓢ Fischfrikadelle f **fisherman** [ˈfɪʃəmən] ⓢ, pl -men [-mən] Fischer m, Angler m **fish farm** ⓢ Fischzucht(anlage) f **fishfinger** ⓢ (Br) Fischstäbchen n (❗ = (US) **fish stick**) **fish-hook** ⓢ Angelhaken m **fishing** [ˈfɪʃɪŋ] ⓢ Fischen n, Angeln n; IND Fischerei f **fishing boat** ⓢ Fischerboot n **fishing line** ⓢ Angelschnur f **fishing net** ⓢ Fischnetz n **fishing rod** ⓢ Angelrute f **fishing tackle** ⓢ Angelgeräte pl **fishing village** ⓢ Fischerdorf n **fishmonger** [ˈfɪʃmʌŋɡəʳ] ⓢ (Br) Fischhändler(in) m(f) **fishmonger's** ⓢ (Br) Fischgeschäft n **fish pond** ⓢ Fischteich m **fish stick** ⓢ (US) Fischstäbchen n (❗ = (Br) **fish finger**) **fish tank** ⓢ Aquarium n **fishy** [ˈfɪʃɪ] ADJ (+er) **1** ~ **smell** Fischgeruch m **2** (umg) verdächtig; **something ~ is going on** hier ist was faul (umg)

▶ **fish and chips**

Fish and chips, auch fish 'n' chips geschrieben, gehört nach wie vor zu den beliebtesten britischen Gerichten. Zu einem frittierten Fischfilet isst man dicke Pommes frites, die mit Salz und Malzessig gewürzt werden.

◀ **LANDESKUNDE**

fissure [ˈfɪʃəʳ] ⓢ Riss m; (tief) Kluft f; (eng) Spalt m **fist** [fɪst] ⓢ Faust f **fistful** [ˈfɪstfʊl] ⓢ Handvoll f; **a ~ of pound coins** eine Handvoll Pfundmünzen

fit¹ [fɪt] A ADJ (+er) **1** geeignet; ~ **to eat** essbar; ~ **to drink** trinkbar; **she's not ~ to be a mother** sie ist als Mutter völlig ungeeignet **2** richtig; **I'll do as I think** od **see** ~ ich handle, wie ich es für richtig halte; **to see** ~ **to do sth** es für richtig od angebracht halten, etw zu tun **3** gesund; Sportler fit; **she is not yet ~ to travel** sie ist noch nicht reisefähig **4** **to be** ~ **to drop** (Br) zum Umfallen müde sein B ⓢ (von Kleidung) Passform f; **it is a very good/bad** ~ es sitzt wie angegossen/nicht gut; **it's a bit of a tight** ~ (Kleidungsstück) es ist etwas eng; (beim Einparken) es geht so gerade (noch) C VT **1** (Abdeckung etc) passen auf (+akk); (Schlüssel) passen in (+akk); (Kleidung) passen (+dat); **"one size ~s all"** „Einheitsgröße"; **that part won't** ~ **this machine** das Teil passt nicht für diese Maschine **2** anbringen (to an +dat), einbauen (in in +akk), ausstatten; **to** ~ **a car with an alarm** eine Alarmanlage in ein Auto einbauen; **to have a new kitchen ~ted** eine neue Küche einbauen lassen **3** den Tatsachen entsprechen (+dat) D VI **1** (Kleid, Schlüssel) passen **2** (≈ übereinstimmen) zu-

sammenpassen; **the facts don't** ~ die Fakten sind widersprüchlich; **it all ~s** es passt alles zusammen ◆**fit in** A VT trennb **1** unterbringen; **you can fit five people into this car** in diesem Auto haben fünf Personen Platz **2** jdn einen Termin geben (+dat); Verabredung unterbringen, einschieben; **Sir Charles could fit you in at 3 o'clock** um 3 Uhr hätte Sir Charles Zeit für Sie B VI hineinpassen; **the clothes won't ~(to) the case** die Sachen passen nicht in den Koffer; **how does this** ~? wie passt das ins Ganze?; **to** ~ **with sth** (Pläne) etw (akk) passen; **he doesn't** ~ **here** er passt nicht hierhin ◆**fit out** VT trennb Schiff, jdn ausstatten; **they've fitted one room out as an office** sie haben eines der Zimmer als Büro eingerichtet ◆**fit up** VT trennb **to fit sb/sth up with sth** jdn/ etw mit etw ausstatten

fit² ⓢ (MED, fig) Anfall m; ~ **of coughing** Hustenanfall m; **in a** ~ **of anger** in einem Anfall von Wut; **in ~s and starts** stoßweise; **to be in ~s (of laughter)** sich vor Lachen biegen (umg); **he'd have a** ~ (fig umg) er würde (ja) einen Anfall kriegen (umg)

fitful [ˈfɪtfʊl] ADJ unbeständig; Fortschritt stoßweise; Schlaf unruhig **fitfully** [ˈfɪtfəlɪ] ADV schlafen unruhig; arbeiten sporadisch

fitness [ˈfɪtnɪs] ⓢ Fitness f **fitness instructor** ⓢ Fitnesstrainer(in) m(f)

fitted [ˈfɪtɪd] ADJ **1** **to be** ~ **with sth** mit etw ausgestattet sein **2** Einbau-; Schlafzimmer mit Einbauelementen; ~ **wardrobe** Einbauschrank m; ~ **units** Einbauelemente pl; ~ **kitchen** Einbauküche f **3** Jackett tailliert; ~ **carpet** (Br) Teppichboden m; ~ **sheet** Spannbetttuch n **fitter** [ˈfɪtəʳ] ⓢ TECH (Maschinen)schlosser(in) m(f) **fitting** [ˈfɪtɪŋ] A ADJ passend; Strafe angemessen B ⓢ **1** (von Kleidung) Anprobe f **2** Zubehörteil n; ~**s** Ausstattung f; **bathroom ~s** Badezimmereinrichtung f; **electrical ~s** Elektroinstallationen pl **fittingly** [ˈfɪtɪŋlɪ] ADV (+adj) angemessen **fitting room** ⓢ Anproberaum m, Anprobekabine f

five [faɪv] A ADJ fünf B ⓢ Fünf f; → **six five-fold** A ADJ fünffach B ADV um das Fünffache **fiver** [ˈfaɪvəʳ] ⓢ (umg) Fünfpfund-/Fünfdollarschein m **five-star hotel** ⓢ Fünf-Sterne-Hotel n

fix [fɪks] A VT **1** befestigen (sth to sth etw an/auf etw dat); (fig) Ideen verankern; **to** ~ **sth in one's mind** sich (dat) etw fest einprägen **2** Augen, Aufmerksamkeit richten (on, upon auf +akk); Kamera richten (on auf +akk); **everybody's attention was ~ed on her** alle sahen sie wie gebannt an **3** Datum, Preis festlegen; (≈ sich einigen auf) ausmachen; **nothing has been ~ed yet** es ist noch

261 ‖ FLAN

nichts fest (ausgemacht *od* beschlossen worden) **4** arrangieren; *Tickets etc* besorgen, organisieren *(umg)*; **have you got anything ~ed for tonight?** haben Sie (für) heute Abend schon etwas vor? **5** *(umg)* **I'll ~ him** dem werd ichs besorgen *(umg)* **6** (≈ *reparieren*) in Ordnung bringen **7** *etwas zu essen/trinken* machen; **to ~ one's hair** sich frisieren **8** *(umg) Rennen, Kampf* manipulieren; *Preise* absprechen; **the whole thing was ~ed** das war eine abgekartete Sache *(umg)* **B** S̱ **1** *(umg)* **to be in a ~** in der Klemme sitzen *(umg)* **2** *(umg: von Drogen)* Druck *m (sl)*; **I need my daily ~ of chocolate** *(umg)* ich brauche meine tägliche Schokoladenration **3** *(umg)* **the fight was a ~** der Kampf war eine abgekartete Sache *(umg)* ◆**fix on** V̄T̄ *trennb* festmachen *(obj auf +dat)*, anbringen ◆**fix together** V̄T̄ *trennb* zusammenmachen *(umg)* ◆**fix up** V̄T̄ *trennb* **1** arrangieren; *Urlaub etc* festmachen; **have you got anything fixed up for this evening?** haben Sie (für) heute Abend schon etwas vor? **2** **to fix sb up with sth** jdm etw verschaffen **3** *Haus* einrichten

fixation [fɪkˈseɪʃən] S̱ PSYCH Fixierung *f*; **she has a ~ about** *od* **on cleanliness** sie hat einen Sauberkeitsfimmel *(umg)* **fixed** [fɪkst] ADJ **1** *Zeit, Betrag* fest(gesetzt); *Position* unveränderlich; **there's no ~ agenda** es gibt keine feste Tagesordnung; **of no ~ abode** *od* **address** JUR ohne festen Wohnsitz; **~ assets** WIRTSCH Anlagevermögen *n*; **~ price** Festpreis *m*; **~ rate** FIN fester Zinssatz; **~ mortgage rate** festverzinsliches Hypothekendarlehen; **~ penalty** pauschale Geldbuße **2** *Idee* fest; *Lächeln* starr **3** *Wahlen, Spiel* manipuliert; **the whole thing was ~** das war eine abgekartete Sache *(umg)* **4** *(umg)* **how are we ~ for time?** wie siehts mit der Zeit aus?; **how are you ~ for money** *etc*? wie siehts bei dir mit Geld *etc* aus? **fixed assets** P̱Ḻ HANDEL feste Anlagen *pl* **fixed-interest** ADJ **~ loan** Festzinsanleihe *f* **fixedly** [ˈfɪksɪdlɪ] ADV starr **fixed-rate** [ˈfɪkstreɪt] ADJ Festzins-; **~ mortgage** Festzinshypothek *f* **fixed-term contract** S̱ Zeitvertrag *m*, befristeter Vertrag **fixings** [ˈfɪksɪŋz] P̱Ḻ *(US* GASTR*)* Beilagen *pl* **fixture** [ˈfɪkstʃəʳ] S̱ **1** **~s** Ausstattung *f*; **~s and fittings** Anschlüsse und unbewegliches Inventar *(form)* **2** *(Br* SPORT*)* Spiel *n*, Match *n (bes österr)*

fizz [fɪz] V̄I̱ perlen

fizzle [ˈfɪzl] V̄I̱ zischen ◆**fizzle out** V̄I̱ *(Feuerwerk, Begeisterung)* verpuffen; *(Plan)* im Sande verlaufen

fizzy [ˈfɪzɪ] ADJ *(+er)* sprudelnd; **to be ~** sprudeln; **a ~ drink** eine Brause

fjord [fjɔːd] S̱ Fjord *m*

F key S̱ IT Funktionstaste *f*

fl. *abk von* floor St.

flabbergast [ˈflæbəɡɑːst] V̄T̄ *(umg)* verblüffen; **I was ~ed to see him** ich war platt, als ich ihn sah *(umg)*

flaccid [ˈflæksɪd] ADJ *(liter)* schlaff; *Prosa* kraftlos

flag¹ [flæɡ] S̱ Fahne *f*, Fähnchen *n*; SCHIFF Flagge *f*; **to fly the ~ (for)** *(fig)* die Fahne hochhalten (für) ◆**flag down** V̄T̄ *trennb* jdn, *Taxi* anhalten

flag² V̄I̱ erlahmen; **he's ~ging** er wird müde

flag³ S̱ *(a.* flagstone*)* Steinplatte *f*

flag day S̱ **1** *(Br)* Tag, an dem eine Straßensammlung für einen wohltätigen Zweck durchgeführt wird **2** Flag Day *(US)* 14. Juni, Gedenktag der Einführung der amerikanischen Nationalflagge

flagpole [ˈflæɡpəʊl] S̱ Fahnenstange *f*

flagrant [ˈfleɪɡrənt] ADJ eklatant; *missachten* unverhohlen

flagship A S̱ B ADJ *attr* Vorzeige-; **~ store** Vorzeigeladen *m* **flagstone** S̱ (Stein)platte *f*, Fliese *f*; *Plättli n (schweiz)*

flail [fleɪl] A V̄T̄ **he ~ed his arms about** *od* **around wildly** er schlug wild (mit den Armen) um sich B V̄I̱ **to ~ (about)** herumfuchteln

flair [flɛəʳ] S̱ Talent *n*, Flair *n*

flak [flæk] S̱ *(fig)* **he's been getting a lot of ~ (for it)** er ist (dafür) mächtig unter Beschuss geraten *(umg)*

flake [fleɪk] A S̱ *(von Schnee, Seife)* Flocke *f*; *(von Lack)* Splitter *m*; *(von Haut)* Schuppe *f*; *(von Schokolade)* Raspel *m* B V̄I̱ *(Mauerwerk etc)* abbröckeln; *(Lack)* abblättern ◆**flake off** V̄I̱ *(Mauerwerk)* abbröckeln; *(Lack)* abblättern; *(Haut)* sich schälen ◆**flake out** V̄I̱ *(umg: vor Erschöpfung)* abschlaffen *(umg)*; *(vor Müdigkeit)* einpennen *(umg)*

flak jacket S̱ kugelsichere Weste

flaky [ˈfleɪkɪ] ADJ *(+er)* **1** *Lack* brüchig; *Kruste* blättrig; *Haut* schuppig **2** *(bes US)* verrückt **flaky pastry** S̱ Blätterteig *m*

flame [fleɪm] A S̱ **1** Flamme *f*; **the house was in ~s** das Haus stand in Flammen **2** IT Flame *f*, (persönlicher) Angriff B V̄T̄ IT **to ~ sb** jdm eine Flame schicken **flaming** [ˈfleɪmɪŋ] ADJ **1** lodernd; **~ red hair** feuerrotes Haar; **to have a ~ row (with sb)** sich (mit jdm) streiten, dass die Fetzen fliegen *(umg)* **2** *(Br umg)* verdammt *(umg)*; **it's a ~ nuisance** Mensch, das ist vielleicht ein Mist *(umg)*

flamingo [fləˈmɪŋɡəʊ] S̱, *pl* -(e)s Flamingo *m*

flammable [ˈflæməbl] ADJ feuergefährlich

flan [flæn] S̱ Kuchen *m*; **fruit ~** Obstkuchen *m* **flan case** S̱ Tortenboden *m*

flank [flæŋk] A S̱ *(von Tier,* MIL*)* Flanke *f* B V̄T̄ flankieren

flannel [ˈflænl] A S̱ **1** Flanell *m* **2** *(Br)* Wasch-

FLAN | 262

lappen m (⚠ = (US) **washcloth**) B ADJ Flanell-
flannelette [ˌflænə'let] S (Br) Baumwollfla-
nell m; **~ sheet** Biberbetttuch n
flap [flæp] A S 1 (von Tasche) Klappe f; (von Zelt)
Eingang m 2 (Br umg) **to get in(to) a ~** in helle
Aufregung geraten B VII (Flügel) schlagen; (Segel
etc) flattern; **his coat ~ped about his legs** der
Mantel schlackerte ihm um die Beine (umg) C
VII **to ~ its wings** mit den Flügeln schlagen; **to
~ one's arms** mit den Armen rudern
flapjack ['flæpdʒæk] S (US) Pfannkuchen m;
(Br) Haferkeks m; Flachbiskuit n (schweiz)
flare [flɛəʳ] A S 1 Leuchtsignal n 2 MODE (**a
pair of) ~s** (umg) eine Schlaghose f B VII 1 (Streich-
holz) aufleuchten 2 (Hose) ausgestellt sein 3 (fig:
Unruhen) aufflammen; **tempers ~d** die Gemüter
erhitzten sich ♦**flare up** VII (Situation) auffla-
ckern; **his acne flared up** seine Akne trat wie-
der auf; **she flared up at me** sie fuhr mich an
flared [flɛəd] ADJ Hose ausgestellt
flash [flæʃ] A S 1 Aufblinken n kein pl, Aufblit-
zen n kein pl; (von Metall, Schmuck) Blitzen n kein pl;
there was a sudden ~ of light plötzlich blitzte
es hell auf; **~ of lightning** Blitz m 2 (fig) **~ of
colour** (Br) od **color** (US) Farbtupfer m; **~ of in-
spiration** Geistesblitz m; **in a ~** wie der Blitz; **as
quick as a ~** blitzschnell 3 FOTO Blitz(licht n)
m; **to use a ~** Blitzlicht benutzen B VII 1 auf-
blinken, aufblitzen, blinken; (Metall, Schmuck)
blitzen; **to ~ on and off** immer wieder aufblin-
ken 2 **to ~ past** od **by** vorbeisausen etc; (Urlaubs-
zeit etc) vorbeifliegen; **the thought ~ed
through my mind that ...** mir kam plötzlich
der Gedanke, dass ... C VII 1 aufleuchten las-
sen; **to ~ one's headlights at sb** jdn mit der
Lichthupe anblinken; **she ~ed him a look of
contempt/gratitude** sie blitzte ihn verächt-
lich/dankbar an 2 (umg: a. **flash around**)
protzen mit; Ausweis kurz vorzeigen; **don't ~
all that money around** wedel nicht so mit
dem vielen Geld herum (umg) D ADJ (umg) protzig
(pej), chic ♦**flash back** VII FILM zurückblenden
(to auf +akk); **his mind flashed back to the
events of the last year** er erinnerte sich plötz-
lich an die Ereignisse des letzten Jahres
flashback S FILM Rückblende f **flash card**
S SCHULE Leselernkarte f **flasher** ['flæʃəʳ] S
(umg) Exhibitionist(in) m(f) **flashlight** S (bes
US) Taschenlampe f (⚠ = (Br) **torch**) **flashy**
['flæʃɪ] ADJ (+er) auffällig
flask [flɑːsk] S 1 Flakon m; CHEM Glaskolben m
2 Flachmann m (umg) 3 Thermosflasche® f
flat¹ [flæt] A ADJ (+er) 1 flach; Reifen, Füße platt;
Oberfläche eben; **he stood ~ against the wall** er
stand platt gegen die Wand gedrückt; **as ~ as
a pancake** (umg: Reifen) total platt; (Landschaft) to-

tal flach; **to fall ~ on one's face** auf die Nase
fallen; **to lie ~** flach liegen 2 (fig) fade; Geschäfte
lustlos; Batterie leer; Bier schal; **to fall ~** (Witz)
nicht ankommen 3 Weigerung deutlich 4 MUS
Instrument zu tief (gestimmt); Stimme zu tief 5
HANDEL Pauschal-; **~ rate** Pauschale f B ADV
1 ablehnen kategorisch; **he told me ~** (out) **that
... er sagte mir klipp und klar, dass ...; in ten
seconds ~** in sage und schreibe (nur) zehn Se-
kunden; **~ broke** (umg) total pleite (umg); **to go
~ out** voll aufdrehen (umg); **to work ~ out** auf
Hochtouren arbeiten 2 MUS **to sing/play ~** zu
tief singen/spielen C S 1 (von Hand) Fläche f;
(von Klinge) flache Seite 2 MUS Erniedrigungs-
zeichen n 3 AUTO Platte(r) m (umg)
flat² S (bes Br) Wohnung f (⚠ = (US) **apartment**)
flat bench S SPORT Flachbank f **flat-chest-
ed** ADJ flachbrüstig **flat feet** PL Plattfüße pl
flat-hunting S (Br) Wohnungssuche f; **to
go/be ~** auf Wohnungssuche gehen/sein
flatly ['flætlɪ] ADV ablehnen, abstreiten katego-
risch; widersprechen aufs Schärfste; **to be ~ op-
posed to sth** etw rundweg ablehnen **flat-
mate** ['flætmeɪt] S (Br) Mitbewohner(in) m(f)
flatness S (von Fläche) Ebenheit f **flat screen**
S, **flat-screen monitor** S IT Flachbild-
schirm m **flat-screen TV** S Flachbildfernse-
her m
flatten ['flætn] A VII 1 Weg etc ebnen; (Sturm)
Getreide niederdrücken; Stadt dem Erdboden
gleichmachen 2 (fig) niederschlagen B VR **to
~ oneself against sth** sich platt gegen od
an etw drücken ♦**flatten out** A VII (Landschaft)
flach(er) werden B VII trennb Weg ebnen; Papier
glätten
flatter ['flætəʳ] VII schmeicheln (+dat); **I was
very ~ed by his remark** ich fühlte mich
von seiner Bemerkung sehr geschmeichelt;
don't ~ yourself! bilde dir ja nichts ein! **flat-
terer** ['flætərəʳ] S Schmeichler(in) m(f) **flat-
tering** ['flætərɪŋ] ADJ schmeichelhaft; Farbe
vorteilhaft **flattery** ['flætərɪ] S Schmeichelei-
en pl
flatulence ['flætjʊləns] S Blähung(en) f(pl)
flatware ['flætwɛəʳ] S (US) Besteck n (⚠ = (Br)
cutlery)
flaunt [flɔːnt] VII zur Schau stellen; **to ~ one-
self** sich groß in Szene setzen
flautist ['flɔːtɪst] S Flötist(in) m(f)
flavour, (US) **flavor** ['fleɪvəʳ] A S Geschmack
m, Aroma n; (fig) Beigeschmack m; **strawberry-
~ ice cream** Eis n mit Erdbeergeschmack; **he is
~ of the month** (umg) er ist diesen Monat in
(umg) B VII Geschmack verleihen (+dat); **pineap-
ple-~ed** mit Ananasgeschmack **flavouring**,
(US) **flavoring** ['fleɪvərɪŋ] S GASTR Aroma

263 ‖ FLIP

(-stoff m) n; **rum ~** Rumaroma n **flavourless**, (US) **flavorless** ['fleɪvəlɪs] ADJ geschmacklos

flaw [flɔː] S (wörtl) Fehler m **flawed** ADJ fehlerhaft; **his logic was ~** seine Logik enthielt Fehler **flawless** ADJ Leistung fehlerlos; Teint makellos; **~ English** fehlerloses Englisch

flax [flæks] S BOT Flachs m

flea [fliː] S Floh m **flea market** S Flohmarkt m

fleck [flek] A S Tupfen m, Fleck(en) m, Spritzer m; (von Staub) Teilchen n B ADJ **~ed wool** melierte Wolle; **blue ~ed with white** blau mit weißen Tupfen

fled [fled] prät, pperf von **flee**

fledg(e)ling ['fledʒlɪŋ] A S ORN Jungvogel m B ADJ Demokratie jung

flee [fliː] prät, pperf **fled** A VI fliehen (from vor +dat); Stadt, Land fliehen aus; Gefahr entfliehen (+dat)

fleece [fliːs] A S Vlies n; (≈ Stoff) Webpelz m B VT (fig umg) **to ~ sb** jdn schröpfen **fleecy** ['fliːsɪ] ADJ flauschig

fleet [fliːt] S 1 SCHIFF Geschwader n, Flotte f 2 (≈ Autos) (Fuhr)park m; **he owns a ~ of trucks** er hat einen Lastwagenpark

fleeting ['fliːtɪŋ] ADJ flüchtig; **a ~ visit** eine Stippvisite (umg); **to catch a ~ glimpse of sb/sth** einen flüchtigen Blick auf jdn/etw werfen können

Flemish ['flemɪʃ] A ADJ flämisch B S LING Flämisch n

flesh [fleʃ] S Fleisch n, (Frucht)fleisch n; (von Gemüse) Mark n; **one's own ~ and blood** sein eigen(es) Fleisch und Blut; **in the ~** in Person ♦**flesh out** VT trennb ausgestalten; Einzelheiten eingehen auf (+akk)

flesh-coloured, (US) **flesh-colored** ADJ fleischfarben **flesh wound** S Fleischwunde f **fleshy** ['fleʃɪ] ADJ (+er) fleischig

flew [fluː] prät von **fly**[2]

flex [fleks] A S (Br) Schnur f, Kabel n B VT Arm etc beugen; **to ~ one's muscles** seine Muskeln spielen lassen **flexibility** [,fleksɪ'bɪlɪtɪ] S 1 (wörtl) Biegsamkeit f 2 (fig) Flexibilität f **flexible** ['fleksəbl] ADJ 1 (wörtl) biegsam 2 (fig) flexibel; **to work ~ hours** Gleitzeit arbeiten; **to be ~ about sth** in Bezug auf etw (akk) flexibel sein **flex(i)time** ['fleks(ɪ)taɪm] S Gleitzeit f

flick [flɪk] A S (mit Fingern) Schnipsen n kein pl; **with a ~ of the whip** mit einem Peitschenschnalzen B VT Peitsche knallen mit; Finger schnalzen mit; Schalter anknipsen; Staub wegschnipsen; **she ~ed her hair out of her eyes** sie strich sich (dat) die Haare aus den Augen; **he ~ed the piece of paper onto the floor** er schnipste das Papier auf den Fußboden

♦**flick through** VI +obj Buch (schnell) durchblättern; Seiten (schnell) umblättern; TV-Kanäle (schnell) wechseln

flicker ['flɪkə'] VI (Flamme, Licht) flackern; (Bildschirm) flimmern; **a smile ~ed across his face** ein Lächeln huschte über sein Gesicht **flicker-free** ADJ Bildschirm flimmerfrei

flick knife S (Br) Klappmesser n (⚠ = (US) **switchblade**)

flier ['flaɪə'] S 1 FLUG Flieger(in) m(f); **to be a good/bad ~** Fliegen gut/nicht vertragen 2 Flugblatt n

flies [flaɪz] PL (Br) (Hosen)schlitz m

flight[1] [flaɪt] S 1 Flug m; **in ~** (Vogel) im Flug; FLUG in der Luft 2 **to be in the top ~** (fig) zur Spitze gehören 3 **~ of fancy** geistiger Höhenflug 4 **~ (of stairs)** Treppe f, Stiege f (österr)

flight[2] S Flucht f; **to put the enemy to ~** den Feind in die Flucht schlagen; **to take ~** die Flucht ergreifen

flight attendant S Flugbegleiter(in) m(f) **flight bag** S Schultertasche f **flight deck** S 1 SCHIFF Flugdeck n 2 FLUG Cockpit n **flight number** S Flugnummer f **flight path** S Flugbahn f **flight recorder** S Flugschreiber m **flight simulator** S Simulator m

flimsy ['flɪmzɪ] ADJ (+er) 1 Konstruktion leicht gebaut; Stoff dünn; Kiste instabil 2 (fig) Beweise dürftig; Ausrede fadenscheinig

flinch [flɪntʃ] VI 1 zurückzucken; **without ~ing** ohne mit der Wimper zu zucken 2 (fig) **to ~ from sth** vor etw (dat) zurückschrecken

fling [flɪŋ] v: prät, pperf **flung** A S 1 (fig umg) **to have a final ~** sich noch einmal richtig austoben 2 (umg) **to have a ~ (with sb)** eine Affäre (mit jdm) haben B VT schleudern; **to ~ the window open** das Fenster aufstoßen; **the door was flung open** die Tür flog auf; **to ~ one's arms round sb's neck** jdm die Arme um den Hals werfen; **to ~ oneself into a chair/to the ground** sich in einen Sessel/auf den Boden werfen ♦**fling off** VT trennb (wörtl) Mantel abwerfen ♦**fling out** VT trennb Objekt wegwerfen; jdn hinauswerfen ♦**fling up** VT trennb **to fling one's arms up in horror** entsetzt die Hände über dem Kopf zusammenschlagen

flint [flɪnt] S Feuerstein m

flip [flɪp] A S **by the ~ of a coin** durch Hochwerfen einer Münze B VT schnippen; Schalter knipsen; **to ~ a coin** eine Münze werfen C VI (umg) durchdrehen (umg) ♦**flip over** A VT trennb umdrehen B VI (Flugzeug) sich in der Luft (um)drehen ♦**flip through** VI +obj Buch durchblättern; Seiten umblättern

flip chart S Flipchart f **flip-flop** S (Br) Gum-

FLIP │ 264

milatsche f (umg) (❗) = (US) **thong**
flippant ['flɪpənt] ADJ leichtfertig
flipper ['flɪpə'] S Flosse f
flip phone S TEL Klapphandy n, Klapp-Handy n
flipping ['flɪpɪŋ] ADJ, ADV (Br umg emph) verdammt (umg)
flip side S (von Schallplatte) B-Seite f
flirt [flɜ:t] A S flirten; **to ~ with an idea** mit einem Gedanken spielen; **to ~ with danger** die Gefahr herausfordern B S **he is just a ~** er will nur flirten **flirtation** [flɜ:'teɪʃən] S Flirt m, Flirten n **flirtatious** [flɜ:'teɪʃəs] ADJ kokett **flirty** ['flɜ:tɪ] ADJ kokett
flit [flɪt] A V/I flattern; (Mensch) huschen; **to ~ in and out** rein- und rausflitzen B S (Br) **to do a (moonlight) ~** bei Nacht und Nebel umziehen
float [fləʊt] A S ❶ (an Angel, in Spülkasten) Schwimmer m ❷ (≈ Fahrzeug) Festwagen m B V/I schwimmen, treiben; (in der Luft) schweben; **the body ~ed (up) to the surface** die Leiche kam an die Wasseroberfläche C VT HANDEL, FIN Firma gründen; (fig) Ideen in den Raum stellen **floating voter** [,fləʊtɪŋ'vəʊtə'] S (fig) Wechselwähler m
flock [flɒk] A S ❶ (von Schafen, a. KIRCHE) Herde f; (von Vögeln) Schwarm m ❷ (von Menschen) Haufen m (umg) B VT in Scharen kommen; **to ~ around sb** sich um jdn scharen
flog [flɒg] VT ❶ auspeitschen ❷ (Br umg) verscherbeln (umg) **flogging** ['flɒgɪŋ] S Tracht f Prügel; JUR Prügelstrafe f; (von Dieb, Meuterer) Auspeitschen n
flood [flʌd] A S Flut f; **~s** Überschwemmung f; **the river is in ~** der Fluss führt Hochwasser; **she was in ~s of tears** sie war in Tränen gebadet B VT überschwemmen; **the cellar was ~ed** der Keller war überschwemmt od stand unter Wasser; **to ~ the engine** den Motor absaufen lassen (umg); **~ed with complaints** mit Beschwerden überhäuft; **~ed with light** lichtdurchflutet C VI ❶ (Fluss) über die Ufer treten, überborden (schweiz); (Badewanne) überlaufen; (Keller) unter Wasser stehen; (Land) überschwemmt werden ❷ (Menschen) strömen ◆**flood back** VI (Erinnerungen) wieder aufwallen ◆**flood in** VI **the letters just flooded in** wir/sie etc hatten eine Flut von Briefen
floodgate ['flʌdgeɪt] S Schleusentor n; **to open the ~s** (fig) Tür und Tor öffnen (to +dat)
flooding ['flʌdɪŋ] S Überschwemmung f
floodlight S Scheinwerfer m **floodlighting** S Flutlicht(anlage f) n **floodlit** ADJ **~ football match** Fußballspiel n unter Flutlicht
flood protection S Hochwasserschutz m
flood tide S Flut f

floor [flɔ:'] A S ❶ (Fuß)boden m; (≈ von Tanzlokal) Tanzfläche f; **ocean ~** Meeresgrund m; **stone/tiled ~** Stein-/Fliesenboden m; **to take to the ~** (≈ tanzen) aufs Parkett gehen; **to hold** od **have the ~** (Redner) das Wort haben ❷ Stock m; **first ~** (Br) erster Stock; (US) Erdgeschoss n; **on the second ~** (Br) im zweiten Stock; (US) im ersten Stock ❸ Plenarsaal m; (von Börse) Parkett n B VT ❶ zu Boden schlagen ❷ verblüffen **floorboard** S Diele f **floor cloth** S Scheueror Putzlappen m **floor exercise** S Bodenübung f **flooring** ['flɔ:rɪŋ] S ❶ (Fuß)boden m ❷ Fußbodenbelag m **floor leader** S (US POL) Fraktionsführer(in) m(f) **floor plan** S Grundriss m (eines Stockwerkes) **floor space** S Stellraum m; **if you've got a sleeping bag we have plenty of ~** wenn du einen Schlafsack hast, wir haben viel Platz auf dem Fußboden **floor trading** S BÖRSE Parketthandel m **floorwalker** S (US HANDEL) Ladenaufsicht f
floozie, floozy ['flu:zɪ] S (umg) Flittchen n (umg)
flop [flɒp] A VI ❶ (Mensch) sich fallen lassen ❷ (Objekt) fallen ❸ (umg) (Plan) ein Reinfall n sein (umg); (Stück, Buch) durchfallen B S (umg) Flop m (umg) **floppy** ['flɒpɪ] A ADJ (+er) schlaff; **~ hat** Schlapphut m B S Diskette f
floppy disk S IT Diskette f; **~ drive** Diskettenlaufwerk n
flora ['flɔ:rə] S Flora f **floral** ['flɔ:rəl] ADJ ❶ Tapete geblümt; **~ design** od **pattern** Blumenmuster n ❷ Blumen- **florid** ['flɒrɪd] ADJ (meist pej) Sprache schwülstig (pej) **florist** ['flɒrɪst] S Florist(in) m(f); **~'s (shop)** Blumengeschäft n
floss [flɒs] A S Zahnseide f B VT mit Zahnseide reinigen C VI sich (dat) die Zähne mit Zahnseide reinigen
flotation [fləʊ'teɪʃən] S (HANDEL: von Firma) Gründung f; BÖRSE Börseneinführung f
flotsam ['flɒtsəm] S **~ and jetsam** Treibgut n, Strandgut n
flounder[1] ['flaʊndə'] S Flunder f
flounder[2] VI sich abstrampeln; **we ~ed about in the mud** wir quälten uns mühselig im Schlamm; **the economy was ~ing** der Wirtschaft ging es schlecht
flour ['flaʊə'] S Mehl n (❗ Als Substanz hat **flour** keinen Plural. **Flours** bezeichnet verschiedene Mehlsorten.)
flourish ['flʌrɪʃ] A VI (prächtig) gedeihen; (Geschäfte) florieren; **crime ~ed in poor areas** in den armen Gegenden gedieh das Verbrechen B VT Stock etc herumwedeln mit C S ❶ (≈ Dekoration) Schnörkel m ❷ (≈ Bewegung) eleganter Schwung **flourishing** ['flʌrɪʃɪŋ] ADJ florierend

265 ‖ FLYO

attr; Karriere erfolgreich; *Pflanze* prächtig gedeihend *attr*

floury ['flaʊərɪ] ADJ mehlig

flout [flaʊt] VT sich hinwegsetzen über (+*akk*)

flow [fləʊ] A VI 1 fließen; **where the river ~s into the sea** wo der Fluss ins Meer mündet; **to keep the traffic ~ing** den Verkehr nicht ins Stocken kommen lassen 2 (*Haare*) wallen B S Fluss *m*; **the ~ of traffic** der Verkehrsfluss; **to go with the ~** (*fig*) mit dem Strom schwimmen; **he was in full ~** er war richtig in Fahrt **flow chart**, **flow diagram** S Flussdiagramm *n*

flower ['flaʊə'] A S Blume *f*, Blüte *f*; **to be in ~** in Blüte stehen B VI blühen **flower arrangement** S Blumengesteck *n* **flower arranging** S Blumenstecken *n* **flowerbed** S Blumenbeet *n* **flowering** ['flaʊərɪŋ] ADJ Blüten-; **~ plant** Blütenpflanze *f*; **~ shrub** Zierstrauch *m* **flowerpot** S Blumentopf *m* **flower shop** S Blumenladen *m* **flowery** ['flaʊərɪ] ADJ 1 *Tapete* geblümt 2 (*fig*) blumig

flowing ['fləʊɪŋ] ADJ fließend; *Gewand* wallend; *Stil* flüssig

flown [fləʊn] pperf von fly²

fl. oz. abk von fluid ounce(s)

flu [fluː] S Grippe *f*; **to get** od **catch/have (the) ~** (die od eine) Grippe bekommen/haben

fluctuate ['flʌktjʊeɪt] VI schwanken **fluctuation** [ˌflʌktjʊ'eɪʃən] S Schwankung *f*

fluency ['fluːənsɪ] S 1 (*in Fremdsprache*) fließendes Sprechen; **this job requires ~ in German** für diese Stelle ist fließendes Deutsch Voraussetzung; **~ in two foreign languages is a requirement** die Beherrschung von zwei Fremdsprachen ist Voraussetzung 2 (*in Muttersprache*) Gewandtheit *f* **fluent** ['fluːənt] ADJ 1 **to be ~** die Sprache fließend sprechen; **to be ~ in German, to speak ~ German** fließend Deutsch sprechen; **she is ~ in six languages** sie beherrscht sechs Sprachen fließend 2 (*in Muttersprache*) gewandt 3 *Bewegung* flüssig **fluently** ['fluːəntlɪ] ADV sprechen, schreiben (*in Fremdsprache*) fließend; (*in Muttersprache*) flüssig

fluff [flʌf] A S (❗ kein pl) (*von Tieren*) Flaum *m*; (*von Stoff*) Fusseln *pl*; **a bit of ~** eine Fussel B VT 1 *Kissen* aufschütteln 2 *Gelegenheit* vermasseln (*umg*) ♦**fluff up** VT trennb *Kissen* aufschütteln

fluffy ['flʌfɪ] ADJ (+*er*) 1 *Hausschuhe* flauschig; *Kaninchen* flaumweich; **~ white clouds** weiße Schäfchenwolken; **~ toy** Kuscheltier *n* 2 *Reis* locker; *Backmischung* schaumig

fluid ['fluːɪd] A S Flüssigkeit *f* B ADJ flüssig; *Umrisse* fließend **fluid ounce** S Flüssigkeitsmaß (*Brit: =28,4 ml, US: =29,6 ml*)

flummox ['flʌməks] VT (*umg*) durcheinander-

bringen; **to be ~ed by sth** durch etw aus dem Konzept gebracht werden (*umg*)

flung [flʌŋ] prät, pperf von fling

flunk [flʌŋk] VT (*umg*) *Prüfung* verhauen (*umg*); **to ~ German/an exam** in Deutsch/bei einer Prüfung durchfallen (*umg*)

fluorescent [flʊə'resənt] ADJ *Farbe* leuchtend; *Anstrich* fluoreszierend **fluorescent light** S Neonlampe *f* **fluorescent lighting** S Neonbeleuchtung *f*

fluoride ['flʊəraɪd] S Fluorid *n*; **~ toothpaste** Fluorzahnpasta *f*

flurry ['flʌrɪ] S 1 (*von Schnee*) Gestöber *n* 2 (*fig*) **a ~ of activity** eine Hektik; **a ~ of excitement** hektische Aufregung

flush¹ [flʌʃ] A S 1 (*in WC*) (Wasser)spülung *f* 2 (≈ vor Scham etc) Röte *f* B VI 1 (*Gesicht*) rot werden (*with* vor +*dat*) 2 (*WC*) spülen C VT spülen; **to ~ the lavatory** od **toilet** spülen; **to ~ sth down the toilet** etw die Toilette hinunterspülen ♦**flush away** VT trennb wegspülen ♦**flush out** VT trennb 1 *Becken* ausspülen 2 *Spione* aufspüren

flush² ADJ präd bündig; **cupboards ~ with the wall** Schränke, die mit der Wand abschließen

flushed ['flʌʃt] ADJ **to be ~ with success/happiness** über seinen Erfolg/vor Glück strahlen

fluster ['flʌstə'] VT nervös machen, durcheinanderbringen; **to be ~ed** nervös od aufgeregt sein, durcheinander sein

flute [fluːt] S MUS Querflöte *f*; **to play the ~** Querflöte spielen (❗ mit the) **flutist** ['fluːtɪst] S (US) = flautist

flutter ['flʌtə'] A VI 1 flattern B VT *Fächer* wedeln mit; *Flügel* flattern mit; **to ~ one's eyelashes** mit den Wimpern klimpern (*hum*) C S 1 **all of a ~** in heller Aufregung 2 (*Br umg*) **to have a ~** sein Glück (beim Wetten) versuchen

flux [flʌks] S Fluss *m*; **in a state of ~** im Fluss

fly¹ [flaɪ] S Fliege *f*; **he wouldn't hurt a ~** er könnte keiner Fliege etwas zuleide tun

fly² v: prät flew, pperf flown A VI fliegen; (*Zeit*) (ver)fliegen; (*Fahne*) wehen; **time flies!** wie die Zeit vergeht!; **the door flew open** die Tür flog auf; **to ~ into a rage** einen Wutanfall bekommen; **to ~ at sb** (*umg*) auf jdn losgehen; **he really let ~** er legte kräftig los; **to send sb/sth ~ing** jdn/etw umwerfen (*umg*); **to go ~ing** (*Mensch*) hinfallen; **to ~ in the face of authority/tradition** sich über jede Autorität/alle Traditionen hinwegsetzen B VT fliegen; *Drachen* steigen lassen; *Fahne* wehen lassen ♦**fly away** VI wegfliegen ♦**fly in** VT & VI einfliegen; **she flew in this morning** sie ist heute Morgen mit dem Flugzeug angekommen ♦**fly off** VI 1 abfliegen; (*Vogel*) wegfliegen; **to ~ to the**

F

south nach Süden fliegen ☑ (*Hut, Deckel*) wegfliegen ♦**fly out** Ⓐ ⓥⓘ ausfliegen; **I ~ tomorrow** ich fliege morgen hin Ⓑ ⓥⓣ *trennb* hinfliegen, ausfliegen ♦**fly past** Ⓐ ⓥⓘ ① vorbeifliegen ② (*Zeit*) verfliegen Ⓑ ⓥⓘ +*obj* **to ~ sth** an etw (*dat*) vorbeifliegen

fly³ ⓢ (Hosen)schlitz *m*

fly-fishing ⓢ Fliegenfischen *n*

flying ['flaɪɪŋ] ⓢ Fliegen *n*; **he likes ~** er fliegt gerne; **he's afraid of ~** er hat Flugangst **flying boat** ⓢ Flugboot *n* **flying colours**, (*US*) **flying colors** ⓟⓛ **to pass with ~** glänzend abschneiden **flying saucer** ⓢ fliegende Untertasse **flying start** ⓢ **to get off to a ~** sport hervorragend wegkommen (*umg*); (*fig*) einen glänzenden Start haben **flying visit** ⓢ Stippvisite *f*

flyover ⓢ ① (*Br*) Überführung *f* (❗ = (US) **overpass**) ② (*US*) Luftparade *f* (❗ = (Br) **flypast**) **flypaper** ⓢ Fliegenfänger *m* **fly-past** ⓢ (*Br*) Luftparade *f* (❗ = (US) **flyover**) **fly sheet** ⓢ Überzelt *n* **fly spray** ⓢ Fliegenspray *m* **fly swat (-ter)** ⓢ Fliegenklatsche *f* **flyweight** ⓢ sport Fliegengewichtler(in) *m(f)* **flywheel** ⓢ Schwungrad *n*

FM *abk* von **frequency modulation** FM

foal [fəʊl] Ⓐ ⓢ Fohlen *n* Ⓑ ⓥⓘ fohlen

foam [fəʊm] Ⓐ ⓢ Schaum *m* Ⓑ ⓥⓘ schäumen; **to ~ at the mouth** (*wörtl*) Schaum vorm Mund *od* (*Tier*) vorm Maul haben; (*fig*) schäumen **foam rubber** ⓢ Schaumgummi *m* **foamy** ['fəʊmɪ] ⓐⓓⓙ (+*er*) schäumend

fob [fɒb] ⓥⓣ (*bes Br*) **to ~ sb off** jdn abspeisen; **to ~ sth off on sb** jdm etw andrehen

focal point ['fəʊkəlpɔɪnt] ⓢ Brennpunkt *m*; **his family is the ~ of his life** seine Familie ist der Mittelpunkt seines Lebens **focus** ['fəʊkəs] Ⓐ ⓢ, *pl* **foci** ['fəʊkɪ] Brennpunkt *m*; **in ~** *Kamera* (scharf) eingestellt; *Foto* scharf; **out of ~** *Kamera* unscharf eingestellt; *Foto* unscharf; **to keep sth in ~** (*fig*) etw im Blickfeld behalten; **he was the ~ of attention** er stand im Mittelpunkt Ⓑ ⓥⓣ *Instrument* einstellen (*on* auf +*akk*); *Licht* bündeln; (*fig*) Anstrengungen konzentrieren (*on* auf +*akk*); **to ~ one's mind** sich konzentrieren; **I should like to ~ your attention on a new problem** ich möchte Ihre Aufmerksamkeit auf ein neues Problem lenken Ⓒ ⓥⓘ **to ~ on sth** sich auf etw (*akk*) konzentrieren; **I can't ~ properly** ich kann nicht mehr klar sehen **focus(s)ed** ['fəʊkəst] ⓐⓓⓙ (*fig*) fokussiert

fodder ['fɒdə'] ⓢ Futter *n*

foe [fəʊ] ⓢ (*liter*) Widersacher(in) *m(f)* (*geh*)

foetus, (*bes US*) **fetus** ['fiːtəs] ⓢ Fötus *m*

fog [fɒɡ] Ⓐ ⓢ Nebel *m* Ⓑ ⓥⓣ & ⓥⓘ (*a.* **fog up** *od* **over**) beschlagen **fogbound** ['fɒɡbaʊnd] ⓐⓓⓙ *Schiff, Flugzeug* durch Nebel festgehalten; *Flughafen* wegen Nebel(s) geschlossen; **the main road to Edinburgh is ~** auf der Hauptstraße nach Edinburgh herrscht dichter Nebel

fogey ['fəʊɡɪ] ⓢ (*umg*) **old ~** alter Kauz (*umg*)

foggy ['fɒɡɪ] ⓐⓓⓙ (+*er*) ① neb(e)lig ② (*fig*) **I haven't the foggiest (idea)** (*umg*) ich habe keinen blassen Schimmer (*umg*) **foghorn** ⓢ schiff Nebelhorn *n* **fog lamp**, **fog light** ⓢ auto Nebelscheinwerfer *m*

fogy ⓢ = **fogey**

foil¹ [fɔɪl] ⓢ Folie *f* (❗ Die Folie für den Tageslichtprojektor heißt **transparency**.)

foil² ⓥⓣ *Pläne* durchkreuzen; *Bemühungen* vereiteln

foist [fɔɪst] ⓥⓣ **to ~ sth (off) on sb** jdm etw andrehen; *Aufgabe* etw auf jdn abschieben

fold [fəʊld] Ⓐ ⓢ Falte *f*; **~s of skin** Hautfalten *pl*; **~s of fat** Fettwülste *pl* Ⓑ ⓥⓣ ① *Papier, Tuch* zusammenfalten; **to ~ a newspaper in two** eine Zeitung falten; **to ~ one's arms** die Arme verschränken ② einwickeln (*in* in +*akk*) ③ gastr **to ~ sth into sth** etw unter etw (*akk*) heben Ⓒ ⓥⓘ ① (*Tisch*) sich zusammenklappen lassen ② (*Firma*) eingehen ♦**fold away** ⓥⓘ (*Tisch*) zusammenklappbar sein ♦**fold back** ⓥⓣ *trennb* Bettdecke zurückschlagen ♦**fold down** ⓥⓣ *trennb* Ecke kniffen ♦**fold up** ⓥⓣ *trennb Papier* zusammenfalten

folder ['fəʊldə'] ⓢ ① Aktendeckel *m*, Ordner *m* ② IT Ordner *m* **folding** ['fəʊldɪŋ] ⓐⓓⓙ *attr* Klapp-; **~ chair** Klappstuhl *m* **folding doors** ⓟⓛ Falttür *f*

folder — Aktendeckel

folder — (Datei)ordner

foliage ['fəʊlɪɪdʒ] ⓢ Blätter *pl*

folk [fəʊk] ⓟⓛ (*a.* **folks** *umg*) Leute *pl*; **a lot of ~(s) believe …** viele (Leute) glauben …; **old ~** alte Menschen; **my ~s** meine Leute (*umg*) **folk dance** ⓢ Volkstanz *m* **folklore** ⓢ Folklore *f* **folk music** ⓢ Volksmusik *f* **folk**

singer [S] Sänger(in) *m(f)* von Volksliedern, Folksänger(in) *m(f)* **folk song** [S] Volkslied *n*, Folksong *m* **folksy** ['fəʊksɪ] [ADJ] *(US) Wesensart* herzlich **folk tale** [S] Volksmärchen *n*

follow ['fɒləʊ] [A] [V/T] folgen *(+dat)*; *Kurs, Karriere, Nachrichten* verfolgen; *Mode* mitmachen; *Rat, Anweisung* befolgen; *Sport etc* sich interessieren für; *Rede* (genau) verfolgen; **he ~ed me about** er folgte mir überallhin; **he ~ed me out** er folgte mir nach draußen; **we're being ~ed** wir werden verfolgt; **he arrived first, ~ed by the ambassador** er kam als Erster, gefolgt vom Botschafter; **the dinner will be ~ed by a concert** im Anschluss an das Essen findet ein Konzert statt; **how do you ~ that?** das ist kaum zu überbieten; **I love lasagne ~ed by ice cream** besonders gern mag ich Lasagne und danach Eis; **do you ~ me?** können Sie mir folgen?; **to ~ one's heart** auf die Stimme seines Herzens hören; **which team do you ~?** für welche Mannschaft sind Sie? [B] [V/I] folgen; **his argument was as ~s** er argumentierte folgendermaßen; **to ~ in sb's footsteps** *(fig)* in jds Fußstapfen *(akk)* treten; **it doesn't ~ that ...** daraus folgt nicht, dass ...; **that doesn't ~** nicht unbedingt!; **I don't ~** das verstehe ich nicht ♦**follow on** [V/I] nachkommen ♦**follow through** [V/I] **to ~ with sth** *(Plan)* etw zu Ende verfolgen; *(Drohung)* etw wahr machen ♦**follow up** [V/T] *trennb* [1] *Anfrage* nachgehen *(+dat)*; *Angebot* aufgreifen [2] sich näher beschäftigen mit; *Sache* weiterverfolgen [3] *Erfolg* ausbauen

follower ['fɒləʊəʳ] [S] Anhänger(in) *m(f)*; **to be a ~ of fashion** sehr modebewusst sein; **he's a ~ of Blair** er ist Blair-Anhänger **following** [A] [ADJ] [1] folgend; **the ~ day** der nächste *od* (darauf) folgende Tag [2] **a ~ wind** Rückenwind *m* [B] [S] [1] Anhängerschaft *f* [2] **he said the ~** er sagte Folgendes [C] [PRÄP] nach **follow-up** ['fɒləʊ,ʌp] [S] Fortsetzung *f (to +gen)*

folly ['fɒlɪ] [S] Verrücktheit *f*; **it is sheer ~** es ist der reinste Wahnsinn

fond [fɒnd] [ADJ] *(+er)* [1] **to be ~ of sb/sth** jdn/etw mögen; **she is very ~ of animals** sie ist sehr tierlieb(end); **to become** *od* **grow ~ of sb/sth** jdn/etw lieb gewinnen; **to be ~ of doing sth** etw gern tun [2] *Eltern, Blick* liebevoll; **to have ~ memories of sth** schöne Erinnerungen an etw *(akk)* haben [3] *(≈ naiv)* **in the ~ hope/belief that ...** in der vergeblichen Hoffnung, dass ...

fondle ['fɒndl] [V/T] (zärtlich) spielen mit, streicheln **fondly** ['fɒndlɪ] [ADV] [1] liebevoll; **to remember sb ~** jdn in bester Erinnerung behalten; **to remember sth ~** sich gern an etw *(akk)* erinnern [2] naiverweise **fondness** [S] *(zu Menschen)* Zuneigung *f (for zu)*; *(für Speisen, Gegenden etc)* Vorliebe *f (for* für)

fondue ['fɒndu:] [S] Fondue *n*; **~ set** Fondueset *n*

font [fɒnt] [S] TYPO Schrift *f*

food [fu:d] [S] (❗ kein pl) Essen *n*; *(für Tiere)* Futter *n*; *(allg)* Nahrung *f*, Nahrungsmittel *n*, Lebensmittel *pl*; **~ and drink** Essen und Trinken; **I haven't any ~** ich habe nichts zu essen; **~ for thought** Stoff *m* zum Nachdenken **food additives** [PL] chemische Zusätze *pl* **food chain** [S] Nahrungskette *f* **food combining** [S] Trennkost *f* **food industry** [S] Lebensmittelindustrie *f* **food poisoning** [S] Lebensmittelvergiftung *f* **food processor** [S] Küchenmaschine *f* **food stamp** [S] *(US)* Lebensmittelmarke *f* **foodstuff** [S] Nahrungsmittel *n* **food technology** [S] Lebensmitteltechnologie *f*

fool [fu:l] [A] [S] Dummkopf *m*; **don't be a ~!** sei nicht (so) dumm!; **he was a ~ not to accept** es war dumm von ihm, nicht anzunehmen; **to be ~ enough to ...** so dumm *od* blöd *(umg)* sein, zu ...; **to play** *od* **act the ~** herumalbern; **to make a ~ of sb** jdn lächerlich machen; **he made a ~ of himself** er hat sich blamiert [B] [V/I] herumalbern; **to ~ with sb/sth** mit jdm/etw spielen; **stop ~ing (around)!** lass den Blödsinn! [C] [V/T] zum Narren halten, hereinlegen *(umg)*; *(durch Verkleidung etc)* täuschen; **I was completely ~ed** ich bin vollkommen darauf hereingefallen; **you had me ~ed** ich habe das tatsächlich geglaubt; **they ~ed him into believing that ...** sie haben ihm weisgemacht, dass ... ♦**fool about** *(Br) od* **fool around** [V/I] [1] herumtrödeln [2] herumalbern; **to fool about** *od* **around with sth** mit etw Blödsinn machen [3] *(sexuell)* **he's fooling around with my wife** er treibt seine Spielchen mit meiner Frau

foolhardy ['fu:l,hɑ:dɪ] [ADJ] tollkühn **foolish** ['fu:lɪʃ] [ADJ] dumm; **don't do anything ~** mach keinen Unsinn; **what a ~ thing to do** wie kann man nur so dumm sein; **it made him look ~** dadurch hat er sich blamiert **foolishly** ['fu:lɪʃlɪ] [ADV] *handeln* unklug; *etw sagen* dummerweise **foolishness** [S] Dummheit *f* **foolproof** ['fu:lpru:f] [ADJ] *Methode* unfehlbar; *Rezept* idiotensicher *(umg)*

foot [fʊt] [A] [S], *pl* feet Fuß *m*; *(von Bett)* Fußende *n*; **to get back on one's feet** wieder auf die Beine kommen; **on ~** zu Fuß; **I'll never set ~ here again!** hier kriegen mich keine zehn Pferde mehr her! *(umg)*; **the first time he set ~ in the office** als er das erste Mal das Büro betrat; **to get to one's feet** aufstehen; **to jump to one's feet** aufspringen; **to put one's feet up** *(wörtl)* die Füße hochlegen; *(fig)* es sich *(dat)* bequem machen; **3 ~** *od* **feet long** 3 Fuß

FOOT | 268

lang (**!** 1 **foot** = 30,48 cm); **he's 6 ~ 3** ≈ er ist 1,90 m; **to put one's ~ down** ein Machtwort sprechen; AUTO Gas geben; **to put one's ~ in it** ins Fettnäpfchen treten; **to find one's feet** sich eingewöhnen; **to get/be under sb's feet** jdm im Wege stehen *od* sein; **to get off on the wrong ~** einen schlechten Start haben; **to stand on one's own two feet** auf eigenen Füßen stehen; **a nice area, my ~!** (*umg*) und das soll eine schöne Gegend sein! **B** VͭT Rechnung bezahlen **foot-and-mouth (disease)** ['fʊtənˈmaʊθ(dɪˌziːz)] S̲ Maul- und Klauenseuche *f*

> **foot, feet**

Wenn **foot** (30,48 cm) vor dem Substantiv steht oder zusammen mit **inch** (2,54 cm) verwendet wird, bleibt die Singularform **foot** erhalten:

a two-<u>foot</u>-long fish — ein 60 cm langer Fisch; **He's six <u>foot</u> six tall.** (= Er ist sechs Fuß und sechs Inches / sechseinhalb Fuß groß.) — Er ist 1,98 m groß.

Aber:

The fish is two <u>feet</u> long. — Der Fisch ist 60 cm lang.

GRAMMATIK ◂

football ['fʊtbɔːl] S̲ **1** Fußball *m* **2** (American) Football *m* **football boot** S̲ Fußballschuh *m* **footballer** ['fʊtbɔːləʳ] S̲ **1** (*Br*) Fußballspieler(in) *m(f)*, Fußballer(in) *m(f)* **2** (*im American Football*) Footballspieler *m* **football hooligan** S̲ Fußballrowdy *od* -hooligan *m* **football player** S̲ **1** Fußballspieler(in) *m(f)* **2** (*im American Football*) Footballspieler *m* **football pools** PͪL Fußballtoto *n od m*

footbridge S̲ Fußgängerbrücke *f* **-footed** [-fʊtɪd] AͩDJ *suf* -füßig; **four-footed** vierfüßig **footer** ['fʊtəʳ] S̲ IT Fußzeile *f* **foothills** PͪL (Gebirgs)ausläufer *pl* **foothold** S̲ Halt *m*; **to gain a ~** (*fig*) Fuß fassen **footing** ['fʊtɪŋ] S̲ **1** (*wörtl*) Halt *m*; **to lose one's ~** den Halt verlieren **2** (*fig*) Basis *f*, Beziehung *f*; **on an equal ~** auf gleicher Basis **footlights** PͪL THEAT Rampenlicht *n* **footnote** S̲ Fußnote *f*; (*fig*) Anmerkung *f* **foot passenger** S̲ Fußgänger(in) *m(f)*, Fußpassagier(in) *m(f)* **footpath** S̲ Fußweg *m* **footprint** S̲ Fußabdruck *m* **footprints** PͪL Fußspuren *pl* **footrest** S̲ Fußstütze *f* **footsore** AͩDJ **to be ~** wunde Füße haben **footstep** S̲ Schritt *m* **footstool** S̲ Fußbank *f* **footwear** S̲ Schuhe *pl* **footwork** S̲ (**!** kein *pl*) SPORT Beinarbeit *f*

for [fɔːʳ] **A** PRͣÄP **1** für; (*Zweck*) zu, für; (*Ziel*) nach; **a letter ~ me** ein Brief für mich; **destined ~ greatness** zu Höherem bestimmt; **what ~?** wofür?, wozu?; **what is this knife ~?** wozu dient dieses Messer?; **he does it ~ pleasure** er macht es zum *od* aus Vergnügen; **what did you do that ~?** warum *od* wozu haben Sie das getan?; **what's the English ~ 'Handy'?** wie sagt man „Handy" auf Englisch?; **a bag ~ carrying books (in)** eine Tasche, um Bücher zu tragen; **to go to Spain ~ one's holidays** nach Spanien in Urlaub fahren; **the train ~ Stuttgart** der Zug nach Stuttgart; **to leave ~ the USA** in die USA *od* nach Amerika abreisen; **it's not ~ me to say** es steht mir nicht zu, mich dazu zu äußern; **D ~ Daniel** D wie Daniel; **are you ~ or against it?** sind Sie dafür oder dagegen?; **I'm all ~ helping him** ich bin sehr dafür, ihm zu helfen; **~ my part** was mich betrifft; **as ~ him** was ihn betrifft; **what do you want ~ your birthday?** was wünschst du dir zum Geburtstag?; **it's all very well ~ you to talk** Sie haben gut reden; **~ further information see page 77** weitere Informationen finden Sie auf Seite 77; **his knack ~ saying the wrong thing** sein Talent, das Falsche zu sagen **2** (≈ *wegen*) aus; **~ this reason** aus diesem Grund; **to go to prison ~ theft** wegen Diebstahls ins Gefängnis wandern; **to choose sb ~ his ability** jdn wegen seiner Fähigkeiten wählen; **if it were not ~ him** wenn er nicht wäre **3** trotz (+*gen od* (*umg*) +*dat*) **4** (*zeitlich*) seit; (*mit Futur*) für; **I have not seen her ~ two years** ich habe sie seit zwei Jahren nicht gesehen; **he walked ~ two hours** er ist zwei Stunden lang marschiert; **I am going away ~ a few days** ich werde (für *od* auf) ein paar Tage wegfahren; **I shall be away ~ a month** ich werde einen Monat (lang) weg sein; **can you get it done ~ Monday?** können Sie es bis *od* für Montag fertig haben?; **~ a while/time** (für) eine Weile/einige Zeit; **the meeting was scheduled ~ 9 o'clock** die Besprechung sollte um 9 Uhr stattfinden **5** (*Strecke*) **we walked ~ two miles** wir sind zwei Meilen weit gelaufen; **there are roadworks on the M8 ~ two miles** auf der M8 gibt es eine zwei Meilen lange Baustelle; **~ miles** meilenweit **6** **it's easy ~ him to do it** er kann das leicht tun; **I brought it ~ you to see** ich habe es mitgebracht, damit Sie es sich (*dat*) ansehen können; **the best thing would be ~ you to leave** das Beste wäre, wenn Sie weggingen; **there's still time ~ him to come** er kann immer noch kommen; **you're (in) ~ it!** (*umg*) jetzt bist du dran! (*umg*) **B** KͦONJ denn **C** AͩDJ *präd* dafür

269 ‖ FORE

forbad(e) [fə'bæd] *prät von* forbid
forbid [fə'bɪd] *prät* forbad(e), *pperf* forbidden
⟨VT⟩ verbieten; **to ~ sb to do sth** jdm verbieten, etw zu tun; **God** *od* **Heaven ~!** Gott behüte *od* bewahre! **forbidden** ⟨ADJ⟩ verboten; **they are ~ to enter** sie dürfen nicht hereinkommen; **smoking is (strictly) ~** Rauchen ist (streng) verboten; **~ subject** Tabuthema *n* **forbidding** [fə'bɪdɪŋ] ⟨ADJ⟩ *Mensch* Furcht einflößend; *Ort* unwirtlich; *Aussichten* düster
force [fɔːs] ⟨A⟩ ⟨S⟩ ⟨1⟩ (🔴 *kein pl*) Kraft *f*; *(von Stoß)* Wucht *f*; *(≈ Zwang)* Gewalt *f*; **by** *od* **through sheer ~ of numbers** aufgrund zahlenmäßiger Überlegenheit; **there is a ~ 5 wind blowing** es herrscht Windstärke 5; **they were there in ~** sie waren in großer Zahl da; **to come into/be in ~** in Kraft treten/sein ⟨2⟩ (🔴 *kein pl*) *(fig) (von Argument)* Überzeugungskraft *f*; **by ~ of habit** aus Gewohnheit; **the ~ of circumstances** der Druck der Verhältnisse ⟨3⟩ *(≈ Autorität)* Macht *f*; **there are various ~s at work here** hier sind verschiedene Kräfte am Werk; **he is a powerful ~ in the reform movement** er ist ein einflussreicher Mann in der Reformbewegung ⟨4⟩ **the ~s** MIL die Streitkräfte *pl*; **the (police) ~** die Polizei; **to join ~s** sich zusammentun ⟨B⟩ ⟨VT⟩ ⟨1⟩ zwingen; **to ~ sb/oneself to do sth** jdn/sich zwingen, etw zu tun; **he was ~d to conclude that …** er sah sich zu der Folgerung gezwungen *od* gedrängt, dass …; **to ~ sth (up)on sb** jdm etw aufdrängen; **he ~d himself on her** *(sexuell)* er tat ihr Gewalt an; **to ~ a smile** gezwungen lächeln ⟨2⟩ erzwingen; **he ~d a confession out of me** er erzwang ein Geständnis von mir; **to ~ an error** SPORT einen Fehler erzwingen ⟨3⟩ aufbrechen ⟨4⟩ **to ~ books into a box** Bücher in eine Kiste zwängen; **if it won't open/go in, don't ~ it** wenn es nicht aufgeht/passt, wende keine Gewalt an; **to ~ one's way into sth** sich *(dat)* gewaltsam Zugang zu etw verschaffen; **to ~ a car off the road** ein Auto von der Fahrbahn drängen ◆**force back** ⟨VT⟩ *trennb* unterdrücken ◆**force down** ⟨VT⟩ *trennb Essen* hinunterquälen ◆**force up** ⟨VT⟩ *trennb Preise* hochtreiben
forced [fɔːst] ⟨ADJ⟩ ⟨1⟩ Zwangs-; *Repatriierung a.* gewaltsam ⟨2⟩ *Lächeln, Unterhaltung* gezwungen **forced labour**, *(US)* **forced labor** ⟨S⟩ Zwangsarbeit *f* **force-feed** ['fɔːsfiːd] *v: prät, pperf* force-fed ⟨VT⟩ zwangsernähren **forceful** ⟨ADJ⟩ ⟨1⟩ *Schlag* kräftig ⟨2⟩ *Wesensart* energisch; *Charakter* stark; *Stil, Erinnerung* eindringlich; *Argument* überzeugend **forcefully** ⟨ADV⟩ ⟨1⟩ *entfernen* gewaltsam ⟨2⟩ *handeln* entschlossen; *argumentieren* eindringlich **forcefulness** ['fɔːsfʊlnɪs] ⟨S⟩ energische *od* entschlossene Art; *(von Charakter,*

Persönlichkeit) Stärke *f*; *(von Argument)* Eindringlichkeit *f*, Überzeugungskraft *f*
forceps ['fɔːseps] ⟨PL⟩ *(a.* **pair of forceps)** Zange *f*
forcible ⟨ADJ⟩, **forcibly** ⟨ADV⟩ ['fɔːsəbl, -ɪ] gewaltsam
ford [fɔːd] ⟨A⟩ ⟨S⟩ Furt *f* ⟨B⟩ ⟨VT⟩ durchqueren
fore [fɔːʳ] ⟨A⟩ ⟨S⟩ **to come to the ~** ins Blickfeld geraten ⟨B⟩ ⟨ADJ⟩ *attr* vordere(r, s) **forearm** ['fɔːrɑːm] ⟨S⟩ Unterarm *m* **foreboding** [fɔː-'bəʊdɪŋ] ⟨S⟩ (Vor)ahnung *f*, ungutes Gefühl **forecast** ['fɔːkɑːst] ⟨A⟩ ⟨VT⟩ voraussagen ⟨B⟩ ⟨S⟩ Vorhersage *f* **forecaster** ['fɔːkɑːstəʳ] ⟨S⟩ METEO Meteorologe *m*, Meteorologin *f* **forecourt** ['fɔːkɔːt] ⟨S⟩ Vorhof *m* **forefather** ['fɔː-ˌfɑːðəʳ] ⟨S⟩ Ahn *m*, Vorfahr *m* **forefinger** ['fɔː-ˌfɪŋɡəʳ] ⟨S⟩ Zeigefinger *m* **forego** [fɔː'ɡəʊ] *prät* forewent, *pperf* foregone ⟨VT⟩ verzichten auf *(+akk)* **foregone** [fɔː'ɡɒn] ⟨A⟩ *pperf von* forego ⟨B⟩ ['fɔːɡɒn] ⟨ADJ⟩ **it was a ~ conclusion** es stand von vornherein fest **foreground** ['fɔːɡraʊnd] ⟨S⟩ Vordergrund *m*; **in the ~** im Vordergrund **forehand** ['fɔːhænd] SPORT ⟨A⟩ ⟨S⟩ Vorhand *f* ⟨B⟩ ⟨ATTR⟩ Vorhand-
forehead ['fɔːhed, 'fɒrɪd] ⟨S⟩ Stirn *f*
foreign ['fɒrən] ⟨ADJ⟩ ⟨1⟩ *Mensch* ausländisch; *Essen, Sitten* fremdländisch; **to be ~** Ausländer(in) *m(f)* sein; **~ countries** das Ausland; **~ travel** Auslandsreisen *pl*; **~ news** Auslandsnachrichten *pl* (🔴 Englisch mit Verb im Singular) ⟨2⟩ Fremd-; **~ body** Fremdkörper *m*; **to be ~ to sb** jdm fremd sein **foreign affairs** ⟨PL⟩ Außenpolitik *f* **foreign aid** ⟨S⟩ Entwicklungshilfe *f* **foreign correspondent** ⟨S⟩ Auslandskorrespondent(in) *m(f)* **foreign currency** ⟨S⟩ Devisen *pl*
foreigner ['fɒrənəʳ] ⟨S⟩ Ausländer(in) *m(f)* **foreign exchange** ⟨S⟩ **on the ~s** an den Devisenbörsen **foreign language** ⟨A⟩ ⟨S⟩ Fremdsprache *f* ⟨B⟩ ⟨ATTR⟩ *Film* fremdsprachig; **~ assistant** Fremdsprachenassistent(in) *m(f)* **Foreign Minister** ⟨S⟩ Außenminister(in) *m(f)* **Foreign Office** ⟨S⟩ *(Br)* Auswärtiges Amt **foreign policy** ⟨S⟩ POL Außenpolitik *f* **Foreign Secretary** ⟨S⟩ *(Br)* Außenminister(in) *m(f)* **foreign trade** ⟨S⟩ Außenhandel *m*
foreleg ['fɔːleg] ⟨S⟩ Vorderbein *n* **foreman** ['fɔːmən] ⟨S⟩, *pl* -men [-mən] Vorarbeiter *m*; BAU Polier *m* **foremost** ['fɔːməʊst] ⟨A⟩ ⟨ADJ⟩ führend; **~ among them was John** John führte mit ihnen ⟨B⟩ ⟨ADV⟩ vor allem **forename** ['fɔːneɪm] ⟨S⟩ Vorname *m*
forensic [fə'rensɪk] ⟨ADJ⟩ forensisch; MED gerichtsmedizinisch **forensic medicine** ⟨S⟩ Gerichtsmedizin *f* **forensic science** ⟨S⟩ Kriminaltechnik *f*
foreplay ['fɔːpleɪ] ⟨S⟩ Vorspiel *n* **forerunner**

['fɔː,rʌnə'] s̄ Vorläufer m **foresee** [fɔːˈsiː] prät foresaw [fɔːˈsɔː] pperf foreseen [fɔːˈsiːn] V/T vorhersehen **foreseeable** [fɔːˈsiːəbl] ADJ voraussehbar; **in the ~ future** in absehbarer Zeit **foresight** [ˈfɔːsaɪt] s̄ Weitblick m **foreskin** [ˈfɔːskɪn] s̄ Vorhaut f
forest [ˈfɒrɪst] s̄ Wald m, Forst m
forestall [fɔːˈstɔːl] V/T jdn zuvorkommen (+dat)
forester [ˈfɒrɪstə] s̄ Förster(in) m(f) **forest ranger** s̄ (US) Förster(in) m(f) **forestry** [ˈfɒrɪstrɪ] s̄ Forstwirtschaft f
foretaste [ˈfɔːteɪst] s̄ Vorgeschmack m; **to give sb a ~ of sth** jdm einen Vorgeschmack von etw geben **foretell** [fɔːˈtel] prät, pperf foretold [fɔːˈtəʊld] V/T vorhersagen
forever [fərˈevə] ADV ▮ ewig; weitermachen immer; **Scotland ~!** ein Hoch auf Schottland!; **it takes ~** (umg) es dauert ewig (umg); **these slate roofs last ~** (umg) diese Schieferdächer halten ewig ▮ sich verändern unwiderruflich; **the old social order was gone ~** das alte Gesellschaftssystem war für immer verschwunden; **to be ~ doing sth** (umg) (an)dauernd od ständig etw tun
forewarn [fɔːˈwɔːn] V/T vorher warnen **forewent** [fɔːˈwent] prät von forego **foreword** [ˈfɔːwɜːd] s̄ Vorwort n
forfeit [ˈfɔːfɪt] ▮ ▮ bes JUR verwirken ▮ (fig) sein Leben einbüßen; Recht, Platz verlieren ▮ s̄ bes JUR Strafe f; (fig) Einbuße f; (in Spiel) Pfand n **forfeiture** [ˈfɔːfɪtʃə] s̄ Verlust m, Einbuße f; (von Anspruch) Verwirkung f
forgave [fəˈgeɪv] prät von forgive
forge [fɔːdʒ] ▮ s̄ Schmiede f ▮ V/T ▮ Metall, Plan schmieden; Bündnis schließen ▮ Unterschrift fälschen ▮ V/I **to ~ ahead** vorwärtskommen **forger** [ˈfɔːdʒə] s̄ Fälscher(in) m(f) **forgery** [ˈfɔːdʒərɪ] s̄ Fälschung f; **the signature was a ~** die Unterschrift war gefälscht
forget [fəˈget] prät forgot, pperf forgotten ▮ V/T vergessen; Fähigkeit, Sprache verlernen; **and don't you ~ it!** und dass du das ja nicht vergisst!; **to ~ to do sth** vergessen, etw zu tun; **I ~ his name** sein Name ist mir entfallen; **not ~ting ...** nicht zu vergessen ...; **~ it!** schon gut!; **you might as well ~ it** (umg) das kannst du vergessen (umg) ▮ V/I es vergessen; **don't ~!** vergiss (es) nicht!; **I never ~** ich vergesse nie etwas ▮ V/R sich vergessen ♦**forget about** V/I +obj vergessen
forgetful [fəˈgetfʊl] ADJ vergesslich **forgetfulness** [fəˈgetfʊlnɪs] s̄ Vergesslichkeit f **forget-me-not** [fəˈgetmɪnɒt] s̄ BOT Vergissmeinnicht n
forgivable [fəˈgɪvəbl] ADJ verzeihbar
forgive [fəˈgɪv] prät forgave, pperf forgiven [fəˈgɪvn] V/T verzeihen; Sünde vergeben; **to ~ sb for sth** jdm etw verzeihen; **to ~ sb for doing sth** jdm verzeihen, dass er/sie etw getan hat **forgiveness** s̄ (⚠ kein pl) **to ask/beg (sb's) ~** (jdn) um Verzeihung od Vergebung (bes KIRCHE) bitten **forgiving** [fəˈgɪvɪŋ] ADJ versöhnlich
forgo [fɔːˈgəʊ] prät forwent, pperf forgone V/T = forego
forgot [fəˈgɒt] prät von forget **forgotten** [fəˈgɒtn] pperf von forget
fork [fɔːk] ▮ s̄ ▮ Gabel f ▮ (in Straße) Gabelung f; **take the left ~** nehmen Sie die linke Abzweigung ▮ V/I (Straße, Ast) sich gabeln; **to ~ (to the) right** (Straße) nach rechts abzweigen ♦**fork out** (umg) V/I, V/T trennb blechen (umg)

fork — Gabel

fork — Gabelung

forked [fɔːkt] ADJ gegabelt; Zunge gespalten
fork-lift (truck) [ˈfɔːklɪft(ˈtrʌk)] (umg) s̄ Gabelstapler m
forlorn [fəˈlɔːn] ADJ ▮ verlassen, trostlos ▮ Versuch verzweifelt; **in the ~ hope of finding a better life** in der verzweifelten Hoffnung auf ein besseres Leben
form [fɔːm] ▮ s̄ ▮ Form f, Gestalt f; **~ of address** Anrede f; **a ~ of apology** eine Art der Entschuldigung; **in the ~ of** in Form von od +gen; **in tablet ~** in Tablettenform; **to be in fine ~** in guter Form sein; **to be on/off ~** in/außer Form sein; **he was in great ~ that evening** er war an dem Abend in Hochform; **on past ~** auf dem Papier ▮ Formular n ▮ (Br SCHULE) Klasse f (⚠ = (US) **grade**) ▮ V/T ▮ Objekt, Charakter formen (into zu) ▮ Vorliebe entwickeln; Freundschaft schließen; Meinung sich (dat) bilden; Plan entwerfen ▮ Regierung, Teil, Kreis bilden; Firma

271 ‖ FORW

gründen; **to ~ a queue** (Br) od **line** (US) eine Schlange bilden **C** **Vi** Gestalt annehmen

formal ['fɔːməl] **ADJ** **1** Mensch, Ausdrucksweise förmlich; Gespräche, Ankündigung formell; Anlass feierlich; **to make a ~ apology** sich in aller Form entschuldigen; **~ dress** Gesellschaftskleidung f **2** Stil formal **3** Ausbildung ordentlich **formality** [fɔː'mælɪtɪ] **S** **1** (🛈 kein pl) (von Mensch, Zeremonie) Förmlichkeit f **2** Formalität f **formalize** ['fɔːməlaɪz] **Vt** Regeln formalisieren; Abkommen formell bekräftigen **formally** ['fɔːməlɪ] **ADV** sich benehmen, kleiden förmlich; ankündigen offiziell; sich entschuldigen in aller Form; **~ charged** JUR offiziell angeklagt

format ['fɔːmæt] **A** **S** Format n; (in Bezug auf Inhalt) Aufmachung f; RADIO, TV Struktur f **B** **Vt** IT formatieren **formation** [fɔː'meɪʃən] **S** **1** Formung f; (von Regierung, Ausschuss) Bildung f; (von Firma) Gründung f **2** (von Flugzeugen) Formation f; **battle ~** Gefechtsaufstellung f **formative** ['fɔːmətɪv] **ADJ** prägend; **her ~ years** die charakterbildenden Jahre in ihrem Leben

former ['fɔːmə'] **A** **ADJ** **1** ehemalig, früher; **his ~ wife** seine Exfrau; **in ~ times** od **days** in früheren Zeiten **2** **the ~ alternative** die erstere Alternative **B** **S** **the ~** der/die/das Erstere, die Ersteren pl

-former [-,fɔːmɔ'] **S** suf (Br SCHULE) -klässler(in) m(f); **fifth-former** Fünftklässler(in) m(f) **formerly** ['fɔːməlɪ] **ADV** früher; **the ~ communist countries** die ehemals kommunistischen Länder; **we had ~ agreed that ...** wir hatten uns seinerzeit darauf geeinigt, dass ...

form feed **S** IT Papiervorschub m **Formica®** [fɔː'maɪkə] **S** Schichtstoff(platte f) m **formidable** ['fɔːmɪdəbl] **ADJ** Herausforderung, Leistung, Kraft gewaltig; Mensch, Ruf beeindruckend; Gegner mächtig; Talente außerordentlich **formidably** ['fɔːmɪdəblɪ] **ADV** hervorragend; **~ gifted** od **talented** außerordentlich begabt od talentiert

form letter **S** IT Formbrief m **formula** ['fɔːmjʊlə] **S**, pl **-s** od **-e** [fɔː'mjuːliː] **1** Formel f; (von Salbe etc) Rezeptur f; **there's no sure ~ for success** es gibt kein Patentrezept für Erfolg; **all his books follow the same ~** alle seine Bücher sind nach demselben Rezept geschrieben **2** (🛈 kein pl) (a. **formula milk**) Säuglingsmilch f **Formula One** **S** SPORT Formel 1 **formulate** ['fɔːmjʊleɪt] **Vt** formulieren **formulation** [,fɔːmjʊ'leɪʃən] **S** Formulierung f

forsake [fə'seɪk] prät **forsook** [fə'sʊk] pperf **forsaken** [fə'seɪkn] **Vt** verlassen

fort [fɔːt] **S** MIL Fort n; **to hold the ~** (fig) die Stellung halten

forte ['fɔːteɪ] **S** Stärke f

forth [fɔːθ] **ADV** (form, obs) **1** heraus-, hervor-; **to come ~** herauskommen **2** **and so ~** und so weiter **forthcoming** [fɔːθ'kʌmɪŋ] **ADJ** (form) **1** attr Ereignis bevorstehend; Buch in Kürze erscheinend; Film in Kürze anlaufend **2** **to be ~** (Geld) zur Verfügung gestellt werden; (Hilfe) geleistet werden **3** **to be ~ about sth** offen über etw (akk) reden; **not to be ~ on** od **about sth** sich über etw (akk) zurückhalten **forthright** ['fɔːθraɪt] **ADJ** direkt; (≈ ehrlich) offen

fortieth ['fɔːtɪθ] **A** **ADJ** vierzigste(r, s) **B** **S** **1** Vierzigstel n **2** Vierzigste(r, s); → **sixth**

fortifications [,fɔːtɪfɪ'keɪʃənz] **PL** MIL Befestigungen pl **fortify** ['fɔːtɪfaɪ] **Vt** MIL Stadt befestigen; jdn bestärken

fortnight ['fɔːtnaɪt] **S** (bes Br) vierzehn Tage **fortnightly** ['fɔːtnaɪtlɪ] (bes Br) **A** **ADJ** vierzehntäglich; **~ visits** Besuche pl alle vierzehn Tage **B** **ADV** alle vierzehn Tage

fortress ['fɔːtrɪs] **S** Festung f

fortuitous **ADJ**, **fortuitously** **ADV** fɔː'tjuːɪtəs, -lɪ] zufällig

fortunate ['fɔːtʃənɪt] **ADJ** glücklich; **we are ~ that ...** wir können von Glück reden, dass ...; **it is ~ that ...** es ist ein Glück, dass ...; **it was ~ for him/Mr Fox that...** es war sein Glück/ein Glück für Mr Fox, dass ...

fortunately ['fɔːtʃənɪtlɪ] **ADV** zum Glück; **~ for me, my friend noticed it** zu meinem Glück hat mein Freund es bemerkt **fortune** ['fɔː-tʃuːn] **S** **1** Schicksal n; **she followed his ~s with interest** sie verfolgte sein Geschick mit Interesse; **he had the good ~ to have rich parents** er hatte das Glück, reiche Eltern zu haben; **to tell sb's ~** jdm wahrsagen **2** Vermögen n; **to make a ~** ein Vermögen machen; **to make one's ~** sein Glück machen; **it costs a ~** es kostet ein Vermögen **fortune-teller** ['fɔː-tʃuːntelə'] **S** Wahrsager(in) m(f)

forty ['fɔːtɪ] **A** **ADJ** vierzig **B** **S** Vierzig f; → **sixty** **forum** ['fɔːrəm] **S** Forum n

forward ['fɔːwəd] **A** **ADV** **1** (a. **forwards**) vorwärts, nach vorn; **to take two steps ~** zwei Schritte vortreten; **to rush ~** sich vorstürzen; **to go straight ~** geradeaus gehen; **he drove backward(s) and ~(s) between the station and the house** er fuhr zwischen Haus und Bahnhof hin und her **2** (zeitlich) **from this time ~** seitdem; (≈ zukünftig) von jetzt an **3** **to come ~** sich melden; **to bring ~ new evidence** neue Beweise pl vorlegen **B** **ADV** **1** vordere(r, s); (mit Richtungsangabe) Vorwärts-; **this seat is too far ~** dieser Sitz ist zu weit vorn **2** Planung Voraus- **3** dreist **C** **S** SPORT Stürmer(in) m(f) **D** **Vt** **1** Karriere voranbringen **2** Brief nachsenden, weiterleiten;

Gepäck, Dokument **weiterleiten**; (*bei Spedition*) **übersenden**, **transportieren forwarding address** [ˌfɔːwədɪŋəˈdres] 〚S〛 Nachsendeadresse f **forward-looking** [ˈfɔːwədlʊkɪŋ] 〚ADJ〛 fortschrittlich **forwards** [ˈfɔːwədz] 〚ADV〛 = forward l1 **forward slash** 〚S〛 TYPO Slash m, Schrägstrich m

forwent [fɔːˈwent] *prät* von forgo

fossil [ˈfɒsl] 〚S〛 (*wörtl*) Fossil n **fossil fuel** 〚S〛 fossiler Brennstoff m **fossilized** [ˈfɒsɪlaɪzd] 〚ADJ〛 versteinert

foster [ˈfɒstəʳ] 〚A〛 〚ADJ〛 *attr* ADMIN Pflege-; **their children are in ~ care** ihre Kinder sind in Pflege 〚B〛 〚VT〛 ❶ *Kind* in Pflege nehmen ❷ *Entwicklung* fördern **foster child** 〚S〛 Pflegekind n **foster family** 〚S〛 Pflegefamilie f **foster home** 〚S〛 Pflegestelle f **foster parents** 〚PL〛 Pflegeeltern pl

fought [fɔːt] *prät*, *pperf* von fight

foul [faʊl] 〚A〛 〚ADJ〛 ❶ *Geschmack* widerlich; *Wasser* faulig; *Luft* stickig; *Geruch* ekelhaft ❷ *Benehmen* abscheulich; *Tag* scheußlich (*umg*); **he was really ~ to her** er war wirklich gemein *od* fies (*umg*) zu ihr; **she has a ~ temper** sie ist ein ganz übellauniger Mensch; **to be in a ~ mood** *od* **temper** eine ganz miese Laune haben (*umg*); **~ weather** scheußliches Wetter ❸ anstößig; **~ language** Schimpfwörter *pl* ❹ **to fall ~ of the law** mit dem Gesetz in Konflikt geraten; **to fall ~ of sb** es sich (*dat*) mit jdm verderben 〚B〛 〚VT〛 ❶ *Luft* verpesten; *Bürgersteig* verunreinigen ❷ SPORT foulen 〚C〛 〚S〛 SPORT Foul n **foul-mouthed** 〚ADJ〛 unflätig **foul play** 〚S〛 ❶ SPORT unfaires Spiel ❷ (*fig*) **the police do not suspect ~** die Polizei hat keinen Verdacht auf einen unnatürlichen Tod

found[1] [faʊnd] *prät*, *pperf* von find

found[2] 〚VT〛 gründen; **to ~ sth (up)on sth** *Meinung* etw auf etw (*dat*) gründen; **our society is ~ed on this** das ist die Grundlage unserer Gesellschaft; **the novel is ~ed on fact** der Roman basiert auf Tatsachen **foundation** [faʊnˈdeɪʃən] 〚S〛 ❶ Stiftung f; **research ~** Forschungsstiftung f ❷ **~s** *pl* (*von Haus*) Fundament n ❸ (*fig*) Grundlage f; **to be without ~** (*Gerüchte*) jeder Grundlage entbehren ❹ (≈ *Make-up*) Grundierungscreme f **foundation stone** 〚S〛 (*Br*) Grundstein m (❗ = (*US*) **cornerstone**)

founder[1] [ˈfaʊndəʳ] 〚S〛 Gründer(in) m(f); (*von Wohlfahrtsorganisation*) Stifter(in) m(f)

founder[2] 〚VI〛 ❶ (*Schiff*) sinken ❷ (*fig: Projekt*) scheitern

founder member 〚S〛 Gründungsmitglied n **Founding Fathers** [ˈfaʊndɪŋˈfɑːðəz] 〚PL〛 (*US*) Väter *pl*

foundry [ˈfaʊndrɪ] 〚S〛 Gießerei f

fount [faʊnt] 〚S〛 ❶ (*fig*) Quelle f ❷ TYPO Schrift f

fountain [ˈfaʊntɪn] 〚S〛 Brunnen m **fountain pen** 〚S〛 Füllfederhalter m

four [fɔːʳ] 〚A〛 〚ADJ〛 vier 〚B〛 〚S〛 Vier f; **on all ~s** auf allen vieren; → six **four-door** 〚ADJ〛 *attr* viertürig **four-figure** 〚ADJ〛 *attr* vierstellig **fourfold** 〚A〛 〚ADJ〛 vierfach 〚B〛 〚ADV〛 um das Vierfache **four-leaf clover** 〚S〛 vierblättriges Kleeblatt **four-legged** 〚ADJ〛 vierbeinig **four-letter word** 〚S〛 Vulgärausdruck m **four-poster (bed)** 〚S〛 Himmelbett n **four-seater** 〚A〛 〚ADJ〛 viersitzig 〚B〛 〚S〛 Viersitzer m **foursome** 〚S〛 Quartett n **four-star** 〚ADJ〛 Vier-Sterne-; **hotel/restaurant** Vier-Sterne-Hotel/-Restaurant n **four-star petrol** 〚S〛 (*Br*) Super(benzin) n (❗ = (*US*) **premium**)

fourteen [fɔːˈtiːn] 〚A〛 〚ADJ〛 vierzehn 〚B〛 〚S〛 Vierzehn f

fourteenth [fɔːˈtiːnθ] 〚A〛 〚ADJ〛 vierzehnte(r, s) 〚B〛 〚S〛 ❶ Vierzehntel n ❷ Vierzehnte(r, s); → sixteenth

fourth [fɔːθ] 〚A〛 〚ADJ〛 vierte(r, s) 〚B〛 〚S〛 ❶ Viertel n ❷ Vierte(r, s); **in ~** im vierten Gang; → sixth **fourthly** [ˈfɔːθlɪ] 〚ADV〛 viertens **four-wheel drive** 〚S〛 Vierradantrieb m **four-wheeler** 〚S〛 (*US*) Quad n

▶ **the Fourth of July**

Am 4. Juli 1776 wurde die Unabhängigkeitserklärung der Vereinigten Staaten unterzeichnet. Die Amerikaner feiern ihren Nationalfeiertag, auch **Independence Day** genannt, mit Picknicks, Paraden, feierlichen Reden und Feuerwerk.

LANDESKUNDE ◀

fowl [faʊl] 〚S〛 (*kollektiv*) Geflügel n; (≈ *einzelnes Tier*) Huhn n *etc*

fox [fɒks] 〚A〛 〚S〛 Fuchs m 〚B〛 〚VT〛 verblüffen **foxglove** 〚S〛 BOT Fingerhut m **fox-hunting** 〚S〛 Fuchsjagd f; **to go ~** auf die *od* zur Fuchsjagd gehen

foyer [ˈfɔɪeɪ] 〚S〛 Foyer n; (*bes US: in Wohnhaus*) Diele f

Fr ❶ *abk* von Father ❷ *abk* von Friar

fraction [ˈfrækʃən] 〚S〛 ❶ MATH Bruch m; **to do ~s** bruchrechnen ❷ (*fig*) Bruchteil m; **move it just a ~** verrücke es (um) eine Spur; **for a ~ of a second** einen Augenblick lang **fractional** [ˈfrækʃənl] 〚ADJ〛 MATH Bruch-; (*fig*) geringfügig; **~ part** Bruchteil m **fractionally** [ˈfrækʃənəlɪ] 〚ADV〛 weniger, langsamer geringfügig; *steigen* um einen Bruchteil

fracture [ˈfræktʃəʳ] 〚A〛 〚S〛 Bruch m 〚B〛 〚VT & VI〛 brechen; **he ~d his shoulder** er hat sich (*dat*) die Schulter gebrochen; **~d skull** Schädelbruch m

273 ‖ FREE

fragile ['frædʒaɪl] ADJ *Objekt* zerbrechlich; *Struktur* fragil; **"fragile (handle) with care"** „Vorsicht, zerbrechlich!"; **to feel ~** (*umg*) sich angeschlagen fühlen **fragility** [frə'dʒɪlɪtɪ] S (*von Glas, Porzellan*) Zerbrechlichkeit f; (*von Stoff*) Feinheit f; (*von Gesundheit*) Zartheit f; (*von Frieden, Waffenstillstand*) Brüchigkeit f; (*von Geisteszustand, Wirtschaft*) Labilität f

fragment ['frægmənt] S Bruchstück n; (*von Glas*) Scherbe f; (*von Programm etc*) Bruchteil m **fragmentary** ['frægməntərɪ] ADJ (*wörtl, fig*) fragmentarisch, bruchstückhaft **fragmentation** [ˌfrægmen'teɪʃən] S (*von Gesellschaft*) Zerfall m **fragmented** [fræg'mentɪd] ADJ bruchstückhaft, unzusammenhängend

fragrance ['freɪgrəns] S Duft m **fragrant** ['freɪgrənt] ADJ duftend; **~ smell** Duft m

frail [freɪl] ADJ (+er) *Mensch* gebrechlich; *Gesundheit* zart; *Struktur* fragil; **to look ~** (*Mensch*) schwach aussehen **frailty** ['freɪltɪ] S (*von Mensch*) Gebrechlichkeit f

frame [freɪm] A S **1** Rahmen m; (*von Bauwerk, Schiff*) Gerippe n; (*von Brille*: a. **frames**) Gestell n **2** **~ of mind** (≈ *geistig*) Verfassung f; (≈ *Laune*) Stimmung f; **in a cheerful ~ of mind** in fröhlicher Stimmung **3** FILM, FOTO (Einzel)bild n **B** VT **1** Bild rahmen; (*fig*) Gesicht etc ein- od umrahmen **2** *Antwort, Frage* formulieren **3** (*umg*) **he said he had been ~d** er sagte, man habe ihm die Sache angehängt (*umg*) **framework** S (*wörtl*) Grundgerüst n; (*fig: von Essay etc*) Gerippe n; (*von Gesellschaft*) grundlegende Struktur; **within the ~ of …** im Rahmen (+*gen*) …

France [frɑːns] S Frankreich n

franchise ['fræntʃaɪz] S **1** POL Wahlrecht n **2** HANDEL Franchise f

Franco- ['fræŋkəʊ-] *in zssgn* Französisch-, Franko-

frank¹ [fræŋk] ADJ (+er) offen; **to be ~ with sb** offen mit od zu jdm sein; **to be (perfectly) ~ (with you)** um (ganz) ehrlich zu sein

frank² VT *Brief* frankieren, stempeln

frankfurter ['fræŋk,fɜːtə'] S (Frankfurter) Würstchen n

frankincense ['fræŋkɪnsens] S Weihrauch m

frankly ['fræŋklɪ] ADV **1** *sich unterhalten* offen **2** ehrlich gesagt; **quite ~, I don't care** um ganz ehrlich zu sein, es ist mir egal **frankness** ['fræŋknɪs] S Offenheit f

frantic ['fræntɪk] ADJ **1** *Mensch, Suche* verzweifelt; **I was ~** ich war außer mir; **to drive sb ~** jdn zur Verzweiflung treiben **2** *Tag* hektisch; **~ activity** hektisches Treiben, fieberhafte Tätigkeit **frantically** ['fræntɪkəlɪ] ADV **1** *suchen, versuchen* verzweifelt **2** *arbeiten, herumlaufen* hektisch; *winken, kritzeln* wie wild

fraternal [frə'tɜːnl] ADJ brüderlich **fraternity** [frə'tɜːnɪtɪ] S Vereinigung f; (*US* UNIV) Verbindung f; **the legal ~** die Juristen pl; **the criminal ~** die Kriminellen pl **fraternize** ['frætənaɪz] VI (freundschaftlichen) Umgang haben (with mit)

fraud [frɔːd] S **1** (🔴 kein pl) Betrug m, Schwindel m **2** Betrüger(in) m(f); (*Krankheit vortäuschend*) Simulant(in) m(f) **fraudulent** ['frɔːdjʊlənt] ADJ betrügerisch **fraudulently** ['frɔːdjʊləntlɪ] ADV *sich verhalten* betrügerisch; *sich verschaffen* auf betrügerische Weise

fraught [frɔːt] ADJ **1** **~ with difficulty** voller Schwierigkeiten; **~ with danger** gefahrvoll **2** *Stimmung* gespannt; *Mensch* angespannt

fray¹ [freɪ] S **to enter the ~** (*fig*) sich in den Kampf od Streit einschalten

fray² VI (*Tuch*) (aus)fransen; (*Seil*) sich durchscheuern; **tempers began to ~** die Gemüter begannen sich zu erhitzen

frazzle ['fræzl] A S (*umg*) **burnt to a ~** (*Br*) völlig verkohlt; **worn to a ~** (≈ *erschöpft*) total kaputt (*umg*) **B** VT (*US umg*) ausfransen

freak [friːk] A S **1** (≈ *Mensch, Tier*) Missgeburt f; **~ of nature** Laune f der Natur **2** (*umg*) **health ~** Gesundheitsfreak m (*umg*) **3** (*umg* ≈ *seltsamer Mensch*) Irre(r) m/f(m) **B** ADJ *Wetter, Bedingungen* anormal; *Sturm* ungewöhnlich stark; *Unfall* verrückt **♦freak out** (*umg*) A VI ausflippen (*umg*) **B** VT trennb **it freaked me out** dabei bin ich ausgeflippt (*umg*)

freakish ['friːkɪʃ] ADJ *Wetter* launisch

freckle ['frekl] S Sommersprosse f **freckled** ['frekld], **freckly** ['freklɪ] ADJ sommersprossig

free [friː] A ADJ (+er) **1** frei; **as ~ as a bird** frei wie ein Vogel; **to go ~** freigelassen werden; **you're ~ to choose** die Wahl steht Ihnen frei; **you're ~ to go now** Sie können jetzt gehen(, wenn Sie wollen); **(do) feel ~ to ask questions** fragen Sie ruhig; **feel ~!** (*umg*) bitte, gern(e)!; **~ elections** freie Wahlen pl; **~ from worry** sorgenfrei; **~ from blame** frei von Schuld; **~ of sth** frei von etw; **~ of fear** ohne Angst; **at last I was ~ of her** endlich war ich sie los; **I wasn't ~ earlier** ich hatte nicht eher Zeit **2** kostenlos; **it's ~** das kostet nichts; **admission ~** Eintritt frei; **to get sth ~** etw umsonst bekommen; **we got in ~** od **for ~** (*umg*) wir kamen umsonst rein; **~ delivery** (porto)freier Versand **3** **to be ~ with one's money** großzügig mit seinem Geld umgehen; **to be ~ with one's advice** Ratschläge erteilen **B** VT freilassen, befreien, losbinden **♦free up** VT jdn frei machen; *Zeit* freimachen; *Geld* verfügbar machen

-free ADJ suf -frei **free-and-easy** ['friːən'iːzɪ]

FREE ‖ 274

ADJ *attr,* **free and easy** ADJ *präd* ungezwungen; (*moralisch*) locker **freebie, freebee** ['fri:bi:] S̅ (*umg*) Werbegeschenk *n*

freedom ['fri:dəm] S̅ Freiheit *f;* ~ **of speech** Redefreiheit *f;* **to give sb (the)** ~ **to do sth** jdm (die) Freiheit lassen, etw zu tun **freedom fighter** S̅ Freiheitskämpfer(in) *m(f)* **free enterprise** S̅ freies Unternehmertum **Freefone®** ['fri:fəʊn] S̅ (*Br*) **call** ~ **0800** rufen Sie gebührenfrei unter 0800 an; ~ **number** gebührenfreie Telefonnummer (❗ = (US) **toll-free**) **free-for-all** S̅ (≈ *Kampf*) allgemeine Schlägerei **free gift** S̅ (Gratis)geschenk *n* **freehold** A S̅ Besitzrecht *n* B ADJ ~ **property** freier Grundbesitz **free house** S̅ (*Br*) *Wirtshaus, das nicht an eine bestimmte Brauerei gebunden ist* **free kick** S̅ SPORT Freistoß *m* **freelance** A ADJ *Journalist* frei(schaffend); *Arbeit* freiberuflich B ADV freiberuflich C S̅ (*a.* **freelancer**) Freiberufler(in) *m(f),* freier Mitarbeiter, freie Mitarbeiterin **freeloader** S̅ (*umg*) Schmarotzer(in) *m(f)* **freely** ['fri:lɪ] ADV ◘ großzügig; **to use sth** ~ reichlich von etw Gebrauch machen; **I** ~ **admit that ...** ich gebe gern zu, dass ... ◙ *reden, sich bewegen* frei; *fließen* ungehindert; **to be** ~ **available** ohne Schwierigkeiten zu haben sein **free-market economy** S̅ freie Marktwirtschaft **Freemason** S̅ Freimaurer *m* **freemasonry** S̅ Freimaurerei *f* **Freepost®** S̅ "Freepost" ≈ „Gebühr zahlt Empfänger" **free-range** ADJ *Huhn* frei laufend; *Schwein* aus Freilandhaltung; ~ **eggs** Eier *pl* von frei laufenden Hühnern **free sample** S̅ Gratisprobe *f* **free speech** S̅ Redefreiheit *f* **freestanding** ADJ frei stehend **freestyle** S̅ (*Schwimmen*) Freistil *m* **free time** S̅ freie Zeit, Freizeit *f* **free-to-air** ADJ (*Br* TV) *Program, Kanal* frei empfangbar **free trade** S̅ Freihandel *m* **freeware** S̅ IT Freeware *f*

freeway S̅ (*US*) Autobahn *f* (❗ = (Br) **motorway**) **freewheel** V̅I̅ im Freilauf fahren **free will** S̅ **he did it of his own** ~ er hat es aus freien Stücken getan

freeze [fri:z] *v: prät* **froze,** *pperf* **frozen** A V̅I̅ ◘ METEO frieren, gefrieren; (*See*) zufrieren; (*Rohre*) einfrieren; **to** ~ **to death** (*wörtl*) erfrieren; **meat** ~**s well** Fleisch lässt sich gut einfrieren ◙ (*fig: Lächeln*) erstarren ◚ in der Bewegung verharren; ~**!** keine Bewegung! B V̅I̅ ◘ *Wasser* gefrieren; GASTR einfrieren ◙ WIRTSCH *Vermögenswerte* festlegen; *Kredit, Konto* einfrieren; *Film* anhalten C S̅ ◘ METEO Frost *m* ◙ WIRTSCH Stopp *m;* **a wage(s)** ~**, a** ~ **on wages** ein Lohnstopp *m* ♦**freeze over** V̅I̅ (*See, Fluss*) überfrieren ♦**freeze up** V̅I̅ zufrieren; (*Rohre*) einfrieren

freeze-dry ['fri:zdraɪ] V̅T̅ gefriertrocknen **freezer** ['fri:zə] S̅ Tiefkühltruhe *f,* Gefrierschrank *m;* (*Br: von Kühlschrank:* *a.* **freezer compartment**) Gefrierfach *n* (❗ = (US) **icebox**) **freezing** ['fri:zɪŋ] A ADJ ◘ (*wörtl*) *Temperatur* unter null; ~ **weather** Frostwetter *n* ◙ eiskalt; *Wind* eisig; **in the** ~ **cold** bei klirrender Kälte; **it's** ~ **(cold)** es ist eiskalt; **I'm** ~ mir ist eiskalt; **my hands/feet are** ~ meine Hände/Füße sind eiskalt B S̅ ◘ GASTR Einfrieren *n* ◙ der Gefrierpunkt; **above/below** ~ über/unter null **freezing point** S̅ Gefrierpunkt *m;* **below** ~ unter null

freight [freɪt] S̅ Fracht *f* **freight car** S̅ (*US*) Waggon *m,* Güterwagen *m* (❗ = (Br) **goods truck**) **freight depot** S̅ (*US*) Güterbahnhof *m* (❗ = (Br) **goods depot**) **freighter** ['freɪtə] S̅ SCHIFF Frachter *m* **freight train** S̅ (*US*) Güterzug *m* (❗ = (Br) **goods train**)

French [frentʃ] A ADJ französisch; **he is** ~ er ist Franzose B S̅ ◘ LING Französisch *n;* **in** ~ auf französisch ◙ **the** ~ *pl* die Franzosen *pl* **French bean** S̅ (*Br*) grüne Bohne, Fisole *f* (*österr*) (❗ = (US) **string bean**) **French bread** S̅ Baguette *n* **French doors** P̅L̅ Verandatür *f* **French dressing** S̅ GASTR ◘ (*Br*) Vinaigrette *f* ◙ (*US*) French Dressing *n* **French fries** P̅L̅ (*bes US*) Pommes frites *pl* **French horn** S̅ MUS (Wald)horn *n;* **to play the** ~ Waldhorn spielen (❗ mit **the**) **French kiss** S̅ Zungenkuss *m* **French loaf** S̅ Baguette *f*

Frenchman S̅, *pl* -**men** Franzose *m* **French stick** S̅ Baguette *f* **French toast** S̅ *in Ei getunktes gebratenes Brot* **French windows** P̅L̅ Verandatür *f*

Frenchwoman S̅, *pl* -**women** Französin *f*

frenetic [frə'netɪk] ADJ hektisch; *Tanzen* wild **frenetically** [frə'netɪklɪ] ADV (+v) wie wild; *arbeiten* fieberhaft; *tanzen* frenetisch

frenzied ['frenzɪd] ADJ fieberhaft; *Angriff* wild **frenzy** ['frenzɪ] S̅ Raserei *f;* **in a** ~ in wilder Aufregung; **he worked himself up into a** ~ er steigerte sich in eine Raserei (hinein); ~ **of activity** hektische Betriebsamkeit; ~ **of excitement** helle Aufregung

frequency ['fri:kwənsɪ] S̅ Häufigkeit *f;* PHYS Frequenz *f;* **high/low** ~ Hoch-/Niederfrequenz *f*

frequent ['fri:kwənt] A ADJ häufig; *Berichte* zahlreich; **there are** ~ **trains** es verkehren viele Züge; **violent clashes were a** ~ **occurrence** es kam oft zu gewalttätigen Zusammenstößen B [frɪ'kwent] V̅T̅ (*form*) *Ort* (oft) besuchen **frequently** ['fri:kwəntlɪ] ADV oft, häufig

fresco ['freskəʊ] S̅, *pl* -(e)s Fresko(gemälde) *n*

fresh [freʃ] A ADJ frisch; *Anweisungen* neu; *Anschul-*

digungen, Berichte **weitere(r, s)**; *Angriff* **erneut**; *Herangehensweise* **erfrischend**; **~ supplies** Nachschub *m*; **to make a ~ start** neu anfangen; **as ~ as a daisy** taufrisch **B** <u>ADV</u> **1** *(≈ direkt)* **young men ~ out of university** junge Männer, die frisch von der Universität kommen; **cakes ~ from the oven** ofenfrische Kuchen **2** *(umg)* **we're ~ out of cheese** uns ist gerade der Käse ausgegangen; **they are ~ out of ideas** ihnen sind die Ideen ausgegangen **fresh air** <u>S</u> frische Luft; **to go out into the ~** an die frische Luft gehen; **to go for a breath of ~** frische Luft schnappen gehen; **to be (like) a breath of ~** *(fig)* wirklich erfrischend sein **freshen** ['freʃn] **A** <u>VII</u> *(Wind)* auffrischen; *(Luft)* frisch werden **B** <u>VIT</u> **chewing gum to ~ the breath** Kaugummi, um den Atem zu erfrischen **♦freshen up A** <u>VII & VIR</u> sich frisch machen **B** <u>VIT</u> *trennb Zimmer* frischer aussehen lassen; *Image* aufmöbeln *(umg)* **fresher** ['freʃə'] <u>S</u> *(Br UNIV umg)* Erstsemester *n* *(umg)* **freshly** ['freʃlɪ] <u>ADV</u> frisch; **a ~ baked cake** ein frisch gebackener Kuchen **freshman** ['freʃmən] <u>S</u>, *pl* **-men** [-mən] *(US UNIV)* Erstsemester *n* *(umg)* **freshness** <u>S</u> Frische *f* **freshwater** ['freʃwɔːtə'] <u>ADJ</u> *attr* **~ fish** Süßwasserfisch *m*

fret¹ [fret] <u>VII</u> sich *(dat)* Sorgen machen *(about* um); **don't ~** beruhige dich

fret² <u>S</u> *(auf Gitarre etc)* Bund *m*

fretful ['fretfʊl] <u>ADJ</u> *Kind* quengelig; *Erwachsene(r)* wehleidig

fret saw <u>S</u> Laubsäge *f*

Freudian slip <u>S</u> freudscher Versprecher

FRG *abk von* **Federal Republic of Germany** BRD *f*

Fri *abk von* **Friday** Fr.

friar ['fraɪə'] <u>S</u> Mönch *m*; **Friar John** Bruder John

friction ['frɪkʃən] <u>S</u> **1** Reibung *f* **2** *(fig)* Reibereien *pl*; **there is constant ~ between them** sie reiben sich ständig aneinander

Friday ['fraɪdɪ] <u>S</u> Freitag *m*; → **Tuesday**

fridge [frɪdʒ] <u>S</u> *(Br)* Kühlschrank *m* (**!** = (US) **refrigerator**) **fridge-freezer** ['frɪdʒ'friːzə'] <u>S</u> *(Br)* Kühl-Gefrierkombination *f*

fried [fraɪd] **A** *prät, pperf von* **fry B** <u>ADJ</u> gebraten; **~ egg** Spiegelei *n*; **~ potatoes** Bratkartoffeln *pl*

friend [frend] <u>S</u> Freund(in) *m(f)*, Bekannte(r) *m/f(m)*; **to become** *od* **make ~s with sb** mit jdm Freundschaft schließen; **he makes ~s easily** er findet leicht Freunde; **he's no ~ of mine** er ist nicht mein Freund; **to be ~s with sb** mit jdm befreundet sein; **we're just (good) ~s** da ist nichts, wir sind nur gut befreundet **friendliness** ['frendlɪnɪs] <u>S</u> Freundlichkeit *f*; *(von Beziehung)* Freundschaftlichkeit *f*

friendly ['frendlɪ] **A** <u>ADJ</u> (+er) **1** freundlich; *Auseinandersetzung, Rat* freundschaftlich; *Hund* zutraulich; **to be ~ to sb** freundlich zu jdm sein; **to be ~ (with sb)** (mit jdm) befreundet sein; **~ relations** freundschaftliche Beziehungen *pl*; **to be on ~ terms with sb** mit jdm auf freundschaftlichem Fuße stehen; **to become** *od* **get ~ with sb** sich mit jdm anfreunden **2** POL *Staat* befreundet; *Regierung* freundlich gesinnt *(to +dat)* **B** <u>S</u> SPORT Freundschaftsspiel *n*

friendship ['frendʃɪp] <u>S</u> Freundschaft *f*

frier [fraɪə'] <u>S</u> GASTR Fritteuse *f* **fries** [fraɪz] <u>PL</u> *(bes US umg)* Pommes *pl (umg)* (**!** = (Br) **chips**)

frieze [friːz] <u>S</u> ARCH Fries *m*, Zierstreifen *m*

frigate ['frɪgɪt] <u>S</u> SCHIFF Fregatte *f*

fright [fraɪt] <u>S</u> Schreck(en) *m*; **to get a ~** sich erschrecken; **to give sb a ~** jdm einen Schreck(en) einjagen

frighten ['fraɪtn] <u>VIT</u> erschrecken, Angst machen *(+dat)*; **to be ~ed by sth** vor etw *(dat)* erschrecken; **to ~ the life out of sb** jdn zu Tode erschrecken **♦frighten away** *od* **off** <u>VIT</u> *trennb* abschrecken; *(mit Absicht)* verscheuchen

frightened ['fraɪtnd] <u>ADJ</u> ängstlich; *Blick a.* angsterfüllt; **to be ~ (of sb/sth)** (vor jdm/etw) Angst haben; **don't be ~** hab keine Angst; **they were ~ (that) there would be another earthquake** sie hatten Angst (davor), dass es noch ein Erdbeben geben könnte

frightening ['fraɪtnɪŋ] <u>ADJ</u> *Erlebnis* furchterregend; *Situation, Anblick, Gedanke* erschreckend; **to look ~** zum Fürchten aussehen; **it is ~ to think what could happen** es ist beängstigend, wenn man denkt, was alles passieren könnte

frightful ['fraɪtfʊl] <u>ADJ</u> *(umg)* furchtbar

frigid ['frɪdʒɪd] <u>ADJ</u> frigide

frill [frɪl] <u>S</u> **1** *(an Oberhemd)* Rüsche *f* **2** *(fig)* **with all the ~s** mit allem Drum und Dran *(umg)*; **a simple meal without ~s** ein schlichtes Essen **frilly** ['frɪlɪ] <u>ADJ</u> (+er) *Kleidung* mit Rüschen; **to be ~** Rüschen haben; **~ dress** Rüschenkleid *n*

fringe [frɪndʒ] <u>S</u> **1** *(an Schal)* Fransen *pl* **2** *(Br ≈ Frisur)* Pony *m* (**!** = (US) **bangs**) **3** *(fig)* Rand *m*; **on the ~ of the forest** am Waldrand; **the ~s of a city** die Randbezirke *pl* einer Stadt **fringe benefits** <u>PL</u> zusätzliche Leistungen *pl* **fringe group** <u>S</u> Randgruppe *f* **fringe theatre**, *(US)* **fringe theater** <u>S</u> avantgardistisches Theater

Frisbee® ['frɪzbɪ] <u>S</u> Frisbee® *n*

frisk [frɪsk] <u>VIT</u> *Verdächtigen etc* filzen *(umg)*

frisky ['frɪskɪ] <u>ADJ</u> (+er) verspielt

fritter¹ ['frɪtə'] <u>VIT</u> *(Br: a.* **fritter away**) vergeuden

fritter² <u>S</u> GASTR Beignet *m*

frivolous ['frɪvələs] <u>ADJ</u> *Haltung, Bemerkung* frivol;

fringe — Fransen

fringe Br — Pony

Handlung albern
frizzy ['frɪzɪ] ADJ (+er) *Haar* kraus
fro [frəʊ] ADV → to; → to-ing and fro-ing
frock [frɒk] S Kleid *n*
frog [frɒg] S Frosch *m*; **to have a ~ in one's throat** einen Frosch im Hals haben **frogman** S, *pl* -men Froschmann *m* **frogmarch** VT (*Br*) (weg)schleifen **frog suit** S Taucheranzug *m*
frolic ['frɒlɪk] *v: prät, pperf* **frolicked** VI (*a.* **frolic about** *od* **around**) herumtoben
from [frɒm] PRÄP 1 von (+*dat*), aus (+*dat*); **he has come ~ London** er ist von London gekommen; **he comes** *od* **is ~ Germany** er ist aus Deutschland; **where does he come ~?, where is he ~?** woher stammt er?; **the train ~ Manchester** der Zug aus Manchester; **the train ~ Manchester to London** der Zug von Manchester nach London; **~ house to house** von Haus zu Haus; **a representative ~ the company** ein Vertreter der Firma; **to take sth ~ sb** jdm etw wegnehmen; **to steal sth ~ sb** jdm etw stehlen; **where did you get that ~?** wo hast du das her?; **I got it ~ the supermarket/Kathy** ich habe es aus dem Supermarkt/von Kathy; **quotation ~ "Hamlet"/the Bible/Shakespeare** Zitat *n* aus „Hamlet"/aus der Bibel/nach Shakespeare; **translated ~ the English** aus dem Englischen übersetzt; **made ~ ...** aus ... hergestellt; **he ran away ~ home** er rannte von zu Hause weg; **he escaped ~ prison** er entkam aus dem Gefängnis; **~ inside** von innen; **~ experience** aus Erfahrung; **to stop sb ~ doing sth** jdn davon zurückhalten, etw zu tun 2 (*zeitlich*) seit (+*dat*); (*in der Zukunft*) ab (+*dat*), von (+*dat*) ... an; **~ last week until** *od* **to yesterday** von letzter Woche bis gestern; **~ now on** von jetzt an, ab jetzt; **~ then on** von da an; **~ time to time** von Zeit zu Zeit; **as ~ the 6th May** vom 6. Mai an, ab (dem) 6. Mai; **5 years ~ now** in 5 Jahren 3 von (+*dat*) (... *weg*); (*von Stadt etc*) von (+*dat*) ... (entfernt); **to work away ~ home** außer Haus arbeiten 4 ab (+*dat*); **~ £2 (upwards)** ab £ 2 (aufwärts); **dresses (ranging) ~ £60 to £80** Kleider *pl* zwischen £ 60 und £ 80 5 (*Veränderung*) **things went ~ bad to worse** es wurde immer schlimmer; **he went ~ office boy to director** er stieg vom Laufjungen zum Direktor auf; **a price increase ~ £1 to £1.50** eine Preiserhöhung von £ 1 auf £ 1,50 6 (*Unterschied*) **he is quite different ~ the others** er ist ganz anders als die andern; **to tell black ~ white** Schwarz und Weiß auseinanderhalten 7 (≈ *aufgrund von*) **weak ~ hunger** schwach vor Hunger; **to suffer ~ sth** an etw (*dat*) leiden; **to shelter ~ the rain** sich vor dem Regen unterstellen; **to protect sb ~ sth** jdn vor etw (*dat*) schützen; **to judge ~ recent reports** ... nach neueren Berichten zu urteilen ...; **~ the look of things** ... (so) wie die Sache aussieht ... 8 MATH **3 ~ 8 leaves 5** 8 weniger 3 ist 5; **take 12 ~ 18** nimm 12 von 18 weg; **£10 will be deducted ~ your account** £ 10 werden von Ihrem Konto abgebucht 9 +*präp* **~ over/across sth** über etw (*akk*) hinweg; **~ beneath sth** unter etw (*dat*) hervor; **~ among the trees** zwischen den Bäumen hervor; **~ inside the house** von drinnen

fromage frais [ˌfrɒmɑːʒ'freɪ] S ≈ Quark *m*, ≈ Topfen *m* (*österr*)

front [frʌnt] A S 1 Vorderseite *f*, Vorderteil *n*; (*von Gebäude*) Vorderfront *f*; **in ~** vorne; **in ~ of sb/sth** vor jdm/etw; **at the ~ of** (*in etw*) vorne in (+*dat*); (*außen*) vor (+*dat*); (≈ *führend*) an der Spitze (+*gen*); **look in ~ of you** blicken Sie nach vorne; **the ~ of the queue** (*Br*) *od* **line** (*US*) die Spitze der Schlange 2 MIL, POL, METEO Front *f*; **on the wages ~** was die Löhne betrifft 3 (*Br*) Strandpromenade *f* 4 Fassade *f*; **to put on a bold ~** eine tapfere Miene zur Schau stellen; **it's just a ~** das ist nur Fassade B ADV **up ~** vorne; **50% up ~** 50% Vorschuss C VT *Organisation* leiten D ADJ vorderste(r, s), Vorder-; *Seite* erste(r, s); **~ tooth/wheel** Vorderzahn *m*/-rad *n*; **~ row** erste *od* vorderste Reihe **frontal** ['frʌntl] ADJ *attr* **~ attack** Frontalangriff *m* **front bench** S PARL vorderste Reihe (*wo die führenden Politiker sitzen*) **frontbencher** S PARL führendes Fraktionsmitglied **front door** S Haustür *f* **front garden** S Vorgarten *m*
frontier [frʌn'tɪə'] S Grenze *f*
front line S Front(linie) *f* **frontline** ADJ MIL Front- **front man**, *pl* **front men** (*pej*) Strohmann *m* **front page** S Titelseite *f* **front-page** ADJ *attr* auf der ersten Seite; **to be** *od* **make ~ news** Schlagzeilen machen **front seat** S Platz *m* in der ersten Reihe; AUTO Vordersitz *m* **front-seat passenger** S

277 ‖ FUGI

VERKEHR Beifahrer(in) *m(f)* **front-wheel drive** ⓢ Vorderradantrieb *m*

frost [frɒst] Ⓐ ⓢ Frost *m*; *(auf Blättern etc)* Raureif *m* Ⓑ v/t *(bes US)* Kuchen mit Zuckerguss überziehen (❗ = (Br) **to ice**) ◆**frost over** *od* **up** v/i *(Fenster etc)* zufrieren **frostbite** ⓢ Frostbeulen *pl*; *(schwerer)* Erfrierungen *pl* **frosted** ['frɒstɪd] ADJ *(bes US: Kuchen)* mit Zuckerguss überzogen (❗ = (Br) **iced**) **frosted glass** ⓢ Milchglas *n* **frosting** ['frɒstɪŋ] ⓢ *(bes US)* Zuckerguss *m* (❗ = (Br) **icing**) **frosty** ['frɒstɪ] ADJ (+er) frostig; *Boden* von Raureif bedeckt; *Blick* eisig; ~ **weather** Frostwetter *n*

froth [frɒθ] Ⓐ ⓢ *a.* MED Schaum *m* Ⓑ v/i schäumen; **the dog was ~ing at the mouth** der Hund hatte Schaum vor dem Maul; **he was ~ing at the mouth (with rage)** er schäumte vor Wut **frothy** ['frɒθɪ] ADJ (+er) schäumend; *Mischung* schaumig

frown [fraʊn] Ⓐ ⓢ Stirnrunzeln *n kein pl*; **to give a ~** die Stirn(e) runzeln Ⓑ v/i die Stirn(e) runzeln *(at* über *+akk)* ◆**frown (up)on** v/i *+obj (fig)* missbilligen; **this practice is frowned (up)on** diese Gewohnheit ist verpönt

froze [frəʊz] *prät von* freeze **frozen** ['frəʊzn] Ⓐ *ppert von* freeze Ⓑ ADJ ⓵ *Boden* gefroren; *Rohr* eingefroren; ~ **hard** hart gefroren; ~ **(over)** *See* zugefroren; ~ **solid** ganz zugefroren ⓶ *Fleisch* tiefgekühlt; ~ **peas** gefrorene Erbsen ⓷ *(umg) Mensch* eiskalt; **I'm ~** mir ist eiskalt; **to be ~ stiff** steif gefroren sein ⓸ starr; ~ **in horror** starr vor Schreck **frozen food** ⓢ Tiefkühlkost *f*

frugal ['fruːgəl] ADJ genügsam; *Mahlzeit* karg

fruit [fruːt] ⓢ *(kollektiv)* Obst *n*; *(BOT, fig)* Frucht *f*; **would you like some** *od* **a piece of ~?** möchten Sie etwas Obst? **fruitcake** ⓢ englischer Kuchen **fruit cocktail** ⓢ Obstsalat *m* **fruitful** ADJ *Verhandlungen* fruchtbar; *Versuch* erfolgreich **fruition** [fruːˈɪʃən] ⓢ **to come to ~** sich verwirklichen **fruitless** ADJ fruchtlos; *Versuch* vergeblich **fruit machine** ⓢ *(Br)* Spielautomat *m* **fruit salad** ⓢ Obstsalat *m* **fruit tree** ⓢ Obstbaum *m* **fruity** ['fruːtɪ] ADJ (+er) ⓵ *Geschmack* fruchtig ⓶ *Stimme* volltönend

frump [frʌmp] ⓢ *(pej)* Vogelscheuche *f (umg)* **frumpy** ['frʌmpɪ] ADJ *(pej)* ohne jeden Schick

frustrate [frʌˈstreɪt] v/t jdn frustrieren; *Pläne* durchkreuzen; **he was ~d in his efforts** seine Anstrengungen waren vergebens **frustrated** ADJ frustriert; **I get ~ when ...** es frustriert mich, wenn ...; **he's a ~ poet** er wäre gern ein Dichter **frustrating** [frʌˈstreɪtɪŋ] ADJ frustrierend **frustration** [frʌˈstreɪʃən] ⓢ Frustration *f kein pl*

fry [fraɪ] v/t (in der Pfanne) braten; **to ~ an egg** ein Ei in die Pfanne schlagen Ⓑ v/i braten

Ⓒ ⓢ *(US)* Barbecue *n* **fryer** [fraɪəʳ] ⓢ GASTR Fritteuse *f* **frying pan** ['fraɪɪŋˌpæn], *(US)* **frypan** ['fraɪpæn] ⓢ Bratpfanne *f*; **to jump out of the ~ into the fire** *(sprichw)* vom Regen in die Traufe kommen *(sprichw)* **fry-up** ['fraɪʌp] ⓢ Pfannengericht *n*

FT *abk von* Financial Times *britische Wirtschaftszeitung*

ft *abk von* foot/feet ft

fuchsia ['fjuːʃə] ⓢ Fuchsie *f*

fuck [fʌk] *(vulg)* Ⓐ v/t ⓵ *(wörtl)* ficken *(vulg)* ⓶ ~ **you!** leck mich am Arsch *(vulg)*; ~ **him!** der kann mich doch am Arsch lecken *(vulg)* Ⓑ v/i ficken *(vulg)* Ⓒ ⓢ ⓵ *(wörtl)* Fick *m (vulg)* ⓶ **I don't give a ~** ich kümmere mich einen Scheiß darum *(umg)*; **who the ~ is that?** wer ist denn das, verdammt noch mal? *(umg)* Ⓓ INT *(verdammt)* Scheiße *(umg)* ◆**fuck off** v/i *(vulg)* sich verpissen *(sl)*; ~! verpiss dich! *(sl)* ◆**fuck up** *(vulg)* Ⓐ v/t *trennb* versauen *(umg)*; *Arbeit* verpfuschen *(umg)*; **she is really fucked up** sie ist total verkorkst *(umg)*; **heroin will really fuck you up** Heroin macht dich echt kaputt *(umg)* Ⓑ v/i Scheiß machen *(umg)*

fuck all ['fʌkɔːl] *(vulg)* ⓢ einen Scheiß *(sl)*; **he knows ~ about it** er hat null Ahnung *(umg)*; **I've done ~ all day** ich hab den ganzen Tag nichts auf die Reihe gekriegt *(umg)* **fucker** ['fʌkəʳ] ⓢ *(vulg)* Arsch *m (vulg)*, Arschloch *n (vulg)* **fucking** ['fʌkɪŋ] *(vulg)* Ⓐ ADJ Scheiß- *(umg)*; **this ~ machine** diese Scheißmaschine *(umg)*; ~ **hell!** verdammte Scheiße! *(umg)* Ⓑ ADV **it's ~ cold** es ist arschkalt *(umg)*; **a ~ awful film** ein total beschissener Film *(umg)*

fuddy-duddy ['fʌdɪˌdʌdɪ] ⓢ *(umg)* **an old ~** ein alter Kauz

fudge [fʌdʒ] Ⓐ ⓢ GASTR Fondant *m* Ⓑ v/t *Frage* ausweichen *(+dat)*

fuel [fjʊəl] Ⓐ ⓢ Brennstoff *m*; *(für Auto)* Kraftstoff *m*, Benzin *n*; FLUG Treibstoff *m*; **to add ~ to the flames** *od* **fire** *(fig)* Öl in die Flammen *od* ins Feuer gießen Ⓑ v/t antreiben; *(fig) Konflikt* schüren; *Spekulationen* Nahrung geben *(+dat)*; **power stations fuelled** *(Br) od* **fueled** *(US)* **by oil** mit Öl befeuerte Kraftwerke **fuel gauge** ⓢ *(US)* Benzinuhr *f* (❗ = (Br) **petrol gauge**) **fueling station** ['fjʊəlɪŋˌsteɪʃən] ⓢ *(US)* Tankstelle *f* (❗ = (Br) **petrol station**) **fuel-injected** ADJ ~ **engine** Einspritzmotor *m* **fuel injection** ⓢ *(Benzin)*einspritzung *f* **fuel pump** ⓢ Benzinpumpe *f* **fuel tank** ⓢ Öltank *m* **fuel tanker** ⓢ *(US)* (Benzin)tankwagen *m* (❗ = (Br) **petrol tanker**)

fug [fʌg] ⓢ *(Br umg)* Mief *m (umg)*

fugitive ['fjuːdʒɪtɪv] Ⓐ ⓢ Flüchtling *m (from* vor *+dat)* Ⓑ ADJ flüchtig

FULF | 278

fulfil, *(US)* **fulfill** [fʊlˈfɪl] *vT* erfüllen; *Aufgabe* ausführen; *Ambition* verwirklichen; **to be** *od* **feel ~led** Erfüllung finden **fulfilling** [fʊlˈfɪlɪŋ] *ADJ* **a ~ job** ein Beruf, in dem man Erfüllung findet **fulfilment,** *(US)* **fulfillment** *s* Erfüllung *f*

full [fʊl] **A** *ADJ* (+*er*) voll; *Figur* füllig; *Bericht* vollständig; **to be ~ of ...** voller (+*gen*) *od* voll von ... sein; **don't talk with your mouth ~** sprich nicht mit vollem Mund; **I have a ~ day ahead of me** ich habe einen ausgefüllten Tag vor mir; **I am ~ (up)** *(umg)* ich bin voll (bis obenhin) *(umg)*; **we are ~ up for July** wir sind für Juli völlig ausgebucht; **to make ~ use of sth** etw voll ausnutzen; **that's a ~ day's work** damit habe ich *etc* den ganzen Tag zu tun; **I waited two ~ hours** ich habe zwei ganze Stunden gewartet; **the ~ details** die genauen Einzelheiten; **to be ~ of oneself** von sich (selbst) eingenommen sein; **she was ~ of it** sie hat gar nicht mehr aufgehört, davon zu reden **B** *ADV* **it is a ~ five miles from here** es sind gute fünf Meilen von hier; **I know ~ well that ...** ich weiß sehr wohl, dass ... **C** *s* **in ~** ganz, vollständig; **to write one's name in ~** seinen Namen ausschreiben; **to pay in ~** den vollen Betrag bezahlen **fullback** *s* SPORT Verteidiger(in) *m(f)* **full beam** *s* *(Br* AUTO) Fernlicht *n* (❗ = (US) **high beam**); **to drive (with one's headlights) on ~** mit Fernlicht fahren **full-blown** *ADJ* *Krise, Krieg* richtiggehend; *Herzinfarkt* richtig; **~ Aids** Vollbild-Aids *n* **full-bodied** [ˈfʊlˈbɒdɪd] *ADJ* *Wein* vollmundig **full-cream milk** *s* Vollmilch *f* **full employment** *s* Vollbeschäftigung *f* **full-fledged** *ADJ* *(US)* = **fully fledged full-frontal** *ADJ* Nackt-; *(fig)* *Angriff* direkt; **the ~ nudity in this play** die völlig nackten Schauspieler in diesem Stück **full-grown** *ADJ* ausgewachsen **full house** *s* *(bei Concert etc)* volles Haus; **they played to a ~** sie spielten vor vollem Haus **full-length** *ADJ* **1** *Film* abendfüllend; *Roman* vollständig **2** *Kleid* (boden)lang; *Stiefel* hoch; *Vorhang* bodenlang; **~ mirror** großer Spiegel(, in dem man sich ganz sehen kann); **~ portrait** Ganzporträt *n* **full member** *s* Vollmitglied *n* **full moon** *s* Vollmond *m* **full name** *s* Vor- und Zuname *m* **full-page** *ADJ* ganzseitig **full-scale** *ADJ* **1** *Krieg, Aufstand* richtiggehend; *Untersuchung* gründlich; *Suche* groß angelegt **2** *Zeichnung* in Originalgröße **full-size(d)** *ADJ* *Fahrrad etc* richtig (groß) **full-sized** *ADJ* *Modell* lebensgroß **full stop** *s* *(bes Br* GRAM) Punkt *m* (❗ = (US) **period**); **to come to a ~** zum völligen Stillstand kommen; **I'm not going, ~!** *(umg)* ich gehe nicht und damit basta *(umg)* **full time** **A** *s* SPORT reguläre Spielzeit; **at ~** nach

Ablauf der regulären Spielzeit; **the whistle blew for ~** das Spiel wurde abgepfiffen **B** *ADV* arbeiten ganztags **full-time** *ADJ* **1** *Arbeiter* ganztags angestellt; **~ job** Ganztagsstelle *f*; **it's a ~ job** *(fig umg)* es hält einen ganz schön auf Trab *(umg)*; **~ work** Ganztagsarbeit *f*; **~ student** Vollstudent(in) *m(f)* **2** SPORT **the ~ score** der Schlussstand **fully** [ˈfʊlɪ] *ADV* gesund, bewusst völlig; *in Betrieb, qualifiziert* voll; *verstehen, sich erholen* voll und ganz; **~ automatic** vollautomatisch; **~ booked** ausgebucht; **~ clothed** (ganz) angezogen; **a ~-equipped kitchen** eine komplett ausgestattete Küche **fully fledged** *ADJ* *Mitglied* richtig; *Arzt etc* voll qualifiziert **fully qualified** *ADJ* voll qualifiziert

fumble [ˈfʌmbl] **A** *vi* (*a.* **fumble about** *od* **around**) umhertasten; **to ~ (about) for sth** nach etw tasten; *(in Tasche, Schublade)* nach etw wühlen **B** *vT* vermasseln *(umg)*; **to ~ the ball** den Ball nicht sicher fangen

fume [fjuːm] *vi* *(fig umg)* wütend sein **fumes** [fjuːmz] *PL* Dämpfe *pl*; *(von Auto)* Abgase *pl*; **petrol** *(Br)* *od* **gas** *(US)* **~** Benzindämpfe *pl* **fumigate** [ˈfjuːmɪɡeɪt] *vT* ausräuchern

fun [fʌn] **A** *s* Spaß *m*, Hetz *f* *(österr)*; **to have great ~ doing sth** viel Spaß daran haben, etw zu tun; **this is ~!** das macht Spaß!; **we just did it for ~** wir haben das nur aus Spaß gemacht; **to spoil the ~** den Spaß verderben; **it's ~ doing this** es macht Spaß, das zu tun; **it's no ~ living on your own** es macht nicht gerade Spaß, allein zu leben; **he is great ~** man kriegt mit ihm viel Spaß *(umg)*; **the party was good ~** die Party hat viel Spaß gemacht; **that sounds like ~** das klingt gut; **I was just having a bit of ~** ich hab doch nur Spaß gemacht; **to make ~ of sb/sth** sich über jdn/etw lustig machen **B** *ADJ* *attr* *(umg)* **squash is a ~ game** Squash macht Spaß; **he's a real ~ person** er ist wirklich ein lustiger Kerl

function [ˈfʌŋkʃən] **A** *s* **1** Funktion *f* (*a.* MATH) **2** Veranstaltung *f*; *(≈ offiziell)* Feier *f* **B** *vi* funktionieren; **to ~ as** fungieren als **functional** *ADJ* **1** funktionsfähig **2** zweckmäßig; **~ food** Functional Food *n* **functionary** [ˈfʌŋkʃənərɪ] *s* Funktionär(in) *m(f)* **function key** *s* IT Funktionstaste *f*

fund [fʌnd] **A** *s* **1** FIN Fonds *m* **2** **funds** *PL* Mittel *pl*; **public ~s** öffentliche Mittel *pl*; **to be short of ~s** knapp bei Kasse sein *(umg)* **B** *vT* finanzieren

fundamental [ˌfʌndəˈmentl] **A** *ADJ* **1** *Thema* grundlegend; *Grund* eigentlich; *Punkt* zentral; *Teil* wesentlich; **~ principle** Grundprinzip *n*; **of ~ importance** von grundlegender Bedeutung **2** *Problem, Unterschied* grundsätzlich; *Veränderung* grundlegend; *Fehler* fundamental; ~ **structure** Grundstruktur f B PL ~s (*von Fachgebiet*) Grundbegriffe pl **fundamentalism** [ˌfʌndə'mentəlɪzəm] S Fundamentalismus m **fundamentalist** [ˌfʌndə'mentəlɪst] A ADJ fundamentalistisch B S Fundamentalist(in) m(f) **fundamentally** [ˌfʌndə'mentəli] ADV im Grunde (genommen); *anders, falsch* grundlegend; *anderer Meinung sein* grundsätzlich; **the treaty is ~ flawed** der Vertrag enthält grundlegende Fehler

funding ['fʌndɪŋ] S Finanzierung f **fundraiser** S Spendensammler(in) m(f) **fundraising** S Geldbeschaffung f; ~ **campaign** Aktion f zur Geldbeschaffung, Spendenaktion f

funeral ['fju:nərəl] S Beerdigung f; **were you at his ~?** waren Sie auf seiner Beerdigung? **funeral director** S Beerdigungsunternehmer(in) m(f) **funeral home** S (US) Leichenhalle f **funeral parlour** S (Br) Leichenhalle f **funeral service** S Trauergottesdienst m

funfair ['fʌnfeə'] S Kirmes f

fungal ['fʌŋɡəl] ADJ Pilz-; ~ **infection** Pilzinfektion f **fungi** ['fʌŋɡaɪ] pl von fungus **fungicide** ['fʌŋɡɪsaɪd] S Fungizid n **fungus** ['fʌŋɡəs] S, pl fungi BOT, MED Pilz m

fun-loving ['fʌnlʌvɪŋ] ADJ lebenslustig

funnel ['fʌnl] S 1 Trichter m 2 SCHIFF, BAHN Schornstein m

funnel — Trichter
funnel — Schornstein

funnily ['fʌnɪli] ADV 1 komisch 2 amüsant **funny** ['fʌni] A ADJ (+er) 1 komisch, witzig; **don't try to be ~** (*umg*) mach keine Witze!; **to see the ~ side of sth** das Lustige an etw (dat) sehen; **it's not ~!** das ist überhaupt nicht komisch!; **there's something ~ about that place** der Ort ist irgendwie merkwürdig; **(it's) ~ (that) you should say that** komisch, dass Sie das sagen; **I just feel a bit ~** (*umg*) mir ist ein bisschen komisch; **I feel ~ about seeing her again** (*umg*) mir ist komisch dabei zumute, sie wiederzusehen; **she's a bit ~ (in the head)** sie spinnt ein bisschen (*umg*) 2 (*umg*) ~ **business** faule Sachen pl (*umg*); **there's something ~ going on here** hier ist doch was faul (*umg*); **don't try anything ~** keine faulen Tricks! (*umg*) B PL **the funnies** (US PRESSE, *umg*) die Comicstrips pl **funny bone** S Musikantenknochen m

fur [fɜː'] A S 1 Fell n; (*für Kleidung*) Pelz m (❗ in der Bedeutung Fell kein pl); **the cat has beautiful ~** die Katze hat ein wunderschönes Fell; **a ~-lined coat** ein pelzgefütterter Mantel 2 **furs** PL Pelze pl B ATTR Pelz-; ~ **coat/collar** Pelzmantel m/-kragen m ◆**fur up** VI (*Kessel*) verkalken

furious ['fjʊərɪəs] ADJ 1 wütend; *Debatte, Angriff* heftig; **to be ~ about sth** wütend über etw (akk) sein; **to be ~ at** od **with sb (for doing sth)** wütend auf jdn sein(, weil er/sie etw getan hat) 2 *Geschwindigkeit* rasend; **at a ~ pace** in rasendem Tempo; **the jokes came hat Schlag auf Schlag furiously** ['fjʊərɪəsli] ADV 1 *reagieren* wütend 2 *kritzeln, suchen* wie wild

furl [fɜːl] VT *Segel, Flagge* einrollen; *Schirm* zusammenrollen

furlong ['fɜːlɒŋ] S Achtelmeile f

furnace ['fɜːnɪs] S Hochofen m; METALL Schmelzofen m

furnish ['fɜːnɪʃ] VT 1 *Haus* einrichten; ~**ed room** möbliertes Zimmer 2 **to ~ sb with sth** jdm etw liefern **furnishings** ['fɜːnɪʃɪŋz] PL Mobiliar n, Einrichtung f; **with ~ and fittings** voll eingerichtet

furniture ['fɜːnɪtʃə'] S (❗ mit Verb im Singular) Möbel pl; **a piece of ~** ein Möbelstück n; **I must buy some ~** ich muss Möbel kaufen

furore [fjʊə'rɔː'], (US) **furor** ['fjʊrɔː'] S Protest(e) m(pl); **to cause a ~** einen Skandal verursachen

furred [fɜːd] ADJ *Zunge* belegt

furrow ['fʌrəʊ] A S AGR Furche f; (*an Stirn*) Runzel f B VT *Stirn* runzeln

furry ['fɜːri] ADJ (+er) 1 *Körper* haarig; *Schwanz* buschig; ~ **animal** Tier n mit Pelz; **the kitten is so soft and ~** das Kätzchen ist so weich und kuschelig 2 *Stoff* flauschig; ~ **toy** Plüschtier n

further ['fɜːðə'] A ADV komp von far weiter; ~ **on** weiter entfernt; ~ **back** (*örtlich*) weiter zurück; (≈ *zeitlich*) früher; **is it much ~ to the airport?** ist es noch weit bis zum Flughafen?; **nothing could be ~ from the truth** nichts könnte weiter von der Wahrheit entfernt sein; **he has decided not to take the matter any ~** er hat beschlossen, die Angelegenheit auf sich

FURT | 280

beruhen zu lassen; **in order to make the soup go ~** um die Suppe zu strecken; **~, I would like to say that ...** darüber hinaus möchte ich sagen, dass ... **B** ADJ **1** = farther **2** weiter; **will there be anything ~?** kann ich sonst noch etwas für Sie tun?; **~ details** nähere *od* weitere Einzelheiten *pl* **C** VT *Interessen, Sache* fördern; **to ~ one's education** sich weiterbilden; **to ~ one's career** beruflich vorankommen **further education** S Weiterbildung *f* **furthermore** ['fɜːðəmɔː'] ADV außerdem, weiters (*österr*) **furthermost** ['fɜːðəməʊst] ADJ äußerste(r, s) **furthest** ['fɜːðɪst] **A** ADV am weitesten; **these fields are ~ (away) from his farm** diese Felder liegen am weitesten von seinem Hof entfernt; **this is the ~ north you can go** dies ist der nördlichste Punkt, den man erreichen kann; **it was the ~ the Irish team had ever got** so weit war die irische Mannschaft noch nie gekommen **B** ADJ am weitesten entfernt; **the ~ of the three villages** das entfernteste von den drei Dörfern; **5 km at the ~** höchstens 5 km

furtive ['fɜːtɪv] ADJ verdächtig; *Blick* verstohlen
fury ['fjʊəri] S Wut *f*; **in a ~** wütend
fuse, (*US*) **fuze** [fjuːz] **A** VT **1** *Metalle* verschmelzen **2** (*Br* ELEK) **to ~ the lights** die Sicherung durchbrennen lassen **3** (*fig*) vereinigen **B** VI **1** (*Metalle*) sich verbinden; (*Knochen*) zusammenwachsen **2** (*Br* ELEK) durchbrennen; **the lights ~d** die Sicherung war durchgebrannt **3** (*fig: a.* **fuse together**) sich vereinigen **C** S **1** ELEK Sicherung *f*; **to blow the ~s** die Sicherung durchbrennen lassen **2** (*von Bombe etc*) Zündschnur *f*; **to light the ~** die Zündschnur anzünden; **she has got a short ~** (*fig umg*) sie explodiert schnell **fuse box** S Sicherungskasten *m*
fused ADJ *Stecker* gesichert
fuselage ['fjuːzəlɑːʒ] S (Flugzeug)rumpf *m*
fusion ['fjuːʒən] S (*fig*) Verschmelzung *f*; PHYS (Kern)fusion *f*
fuss [fʌs] **A** S Theater *n* (*umg*); **I don't know what all the ~ is about** ich weiß wirklich nicht, was der ganze Wirbel soll (*umg*); **without (any) ~** ohne großes Theater (*umg*); **to cause a ~** Theater machen (*umg*); **to kick up a ~** Krach schlagen (*umg*); **to make a ~ about sth** viel Wirbel um etw machen (*umg*); **to make a ~ of sb** um jdn viel Wirbel machen (*umg*) **B** VI sich (un-)nötig aufregen; **don't ~, mother!** ist ja gut, Mutter! ◆**fuss over** VI +*obj* Theater machen um; *Gäste a.* sich (*dat*) große Umstände machen mit
fussed [fʌst] ADJ (*Br umg*) **I'm not ~ (about it)** es ist mir egal **fusspot** ['fʌspɒt] S (*Br umg*) Umstandskrämer(in) *m(f)* (*umg*) **fussy** ['fʌsi] ADJ (+*er*) wählerisch, kleinlich, genau; **to be ~ about one's appearance** großen Wert auf sein Äußeres legen; **she is not ~ about her food** sie ist beim Essen nicht wählerisch; **the child is a ~ eater** das Kind ist beim Essen wählerisch; **I'm not ~** (*umg*) das ist mir egal
fusty ['fʌsti] ADJ (+*er*) muffig
futile ['fjuːtaɪl] ADJ sinnlos **futility** [fjuː'tɪlɪti] S Sinnlosigkeit *f*
futon ['fuːtɒn] S Futon *m*
future ['fjuːtʃə'] **A** S **1** Zukunft *f*; **in ~** in Zukunft; **in the foreseeable ~** in absehbarer Zeit; **what plans do you have for the ~?** was für Zukunftspläne haben Sie?; **the ~** GRAM das Futur **2** BÖRSE **futures** PL Termingeschäfte *pl* **B** ADJ *attr* **1** (zu)künftig; **at a** *od* **some ~ date** zu einem späteren Zeitpunkt; **his ~ plans** seine Zukunftspläne; **in ~ years** in den kommenden Jahren; **you can keep it for ~ reference** Sie können es behalten, um später darauf Bezug zu nehmen **2** GRAM **the ~ tense** das Futur **futuristic** [ˌfjuːtʃə'rɪstɪk] ADJ futuristisch
fuze S, VT & VI (*US*) = fuse
fuzz [fʌz] S Flaum *m* **fuzzy** ['fʌzi] ADJ (+*er*) **1** *Stoff* flauschig **2** *Bild, Erinnerung* verschwommen
fwd *abk von* forward *Brief* nachsenden; *Gepäck, Dokument* weiterleiten; (*bei Spedition*) übersenden, transportieren
f-word ['ef,wɜːd] S (*umg*) **I try not to use the ~ in front of the children** ich versuche, vor den Kindern möglichst keine schlimmen Flüche zu gebrauchen
FYI *abk von* for your information zu Ihrer Information

G

G, g [dʒiː] S G *n*, g *n*; **G sharp** Gis *n*, gis *n*; **G flat** Ges *n*, ges *n*
G (*US*) *abk von* general audience FILM jugendfrei
g *abk von* gram(s), gramme(s) g
gab [gæb] (*umg*) **A** S **to have the gift of the ~** nicht auf den Mund gefallen sein **B** VI quasseln (*umg*)
gable ['geɪbl] S Giebel *m* **gabled** ['geɪbld] ADJ **~ house/roof** Giebelhaus/-dach *n*
gadget ['gædʒɪt] S Gerät *n*; **the latest electronic ~** die neueste elektronische Spielerei
gadgetry ['gædʒɪtri] S Geräte *pl*

281 ‖ GAME

Gaelic ['geɪlɪk] **A** ADJ gälisch **B** S̄ LING Gälisch
n

gaffe [gæf] S̄ Fauxpas m, taktlose Bemerkung;
to make a ~ einen Fauxpas begehen, ins Fett-
näpfchen treten (umg)

gag [gæg] **A** S̄ **1** Knebel m **2** (≈ Witz) Gag m **B**
V̄T̄ knebeln **C** V̄ī **1** würgen (on an +dat) **2 to be
~ging for sth** (umg) scharf auf etw (akk) sein

gaga ['gɑːgɑː] ADJ (Br umg) plemplem (umg); Greis
verkalkt (umg)

gage S̄, V̄T̄ (US) = **gauge**

gaggle ['gægl] S̄ (von Gänsen) Herde f

gaily ['geɪlɪ] ADV fröhlich; bemalt farbenfroh

gain [geɪn] **A** S̄ **1** (**❶** kein pl) Vorteil m, Profit
m; **his loss is our ~** sein Verlust ist unser Ge-
winn **2 gains** PL Gewinn m, Gewinne pl **3** (in
+Gen) Zunahme f; **~ in weight, weight ~** Ge-
wichtszunahme f **B** V̄T̄ gewinnen; Wissen erwer-
ben; Vorteil, Respekt, Zugang sich (dat) verschaffen;
Kontrolle, Führung übernehmen; Punkte etc erzie-
len, erreichen; **what does he hope to ~ by
it?** was verspricht er sich (dat) davon?; **to ~ in-
dependence** unabhängig werden; **to ~ sb's
confidence** jds Vertrauen erlangen; **to ~ ex-
perience** Erfahrungen sammeln; **to ~ ground
(an)** Boden gewinnen; (Gerüchte) sich verbreiten;
to ~ time Zeit gewinnen; **he ~ed a reputation
as ...** er hat sich (dat) einen Namen als ... ge-
macht; **to ~ speed** schneller werden; **she has
~ed weight** sie hat zugenommen; **to ~ pop-
ularity** an Beliebtheit (dat) gewinnen; **my
watch ~s five minutes each day** meine
Uhr geht fünf Minuten pro Tag vor **C** V̄ī **1**
(Uhr) vorgehen **2** aufholen **3** profitieren (by
von); **society would ~ from that** das wäre
für die Gesellschaft von Vorteil; **we stood
to ~ from the decision** die Entscheidung
war für uns von Vorteil **4 to ~ in confidence**
mehr Selbstvertrauen bekommen; **to ~ in
popularity** an Beliebtheit (dat) gewinnen
♦gain on V̄ī +obj einholen

gainful ['geɪnfʊl] ADJ einträglich; **to be in ~
employment** erwerbstätig sein **gainfully**
['geɪnfʊlɪ] ADV **~ employed** erwerbstätig

gala ['gɑːlə] S̄ großes Fest; THEAT, FILM Gala-
veranstaltung f; **swimming/sports ~** großes
Schwimm-/Sportfest

galaxy ['gæləksɪ] S̄ ASTRON Sternsystem n; **the
Galaxy** die Milchstraße

gale [geɪl] S̄ **1** Sturm m; **it was blowing a ~** ein
Sturm tobte; **~ force 8** Sturmstärke 8 **2** (fig) **~s
of laughter** Lachsalven pl **gale-force
winds** PL orkanartige Winde **gale warning**
S̄ Sturmwarnung f

gall [gɔːl] **A** S̄ (umg) **to have the ~ to do sth** die
Frechheit besitzen, etw zu tun **B** V̄T̄ (fig) maßlos

ärgern

gallant ['gælənt] ADJ **1** tapfer **2** ritterlich **gal-
lantly** ['gæləntlɪ] ADV **1** tapfer **2** ritterlich

gallantry ['gæləntrɪ] S̄ **1** Tapferkeit f **2** (≈
in Bezug auf Frauen) Galanterie f

gall bladder S̄ Gallenblase f

galleon ['gælɪən] S̄ Galeone f

gallery ['gælərɪ] S̄ **1** (**❶** Vorsicht, Schrei-
bung) Galerie f; THEAT Balkon m **2** KUNST
(Kunst)galerie f

galley ['gælɪ] S̄ SCHIFF Galeere f; (≈ Küche) Kom-
büse f

Gallic ['gælɪk] ADJ gallisch

gallivant [,gælɪ'vænt] V̄ī **to ~ about** od
around sich herumtreiben, strawanzen (österr)

gallon ['gælən] S̄ Gallone f (**❶** (Br) = 4,5459 l,
(US) = 3,7853 l)

gallop ['gæləp] **A** S̄ Galopp m; **at a ~** im Ga-
lopp; **at full ~** im gestreckten Galopp **B** V̄ī ga-
loppieren

gallows ['gæləʊz] S̄ (**❶** mit Verb im Singular)
Galgen m; **to send/bring sb to the ~** jdn an
den Galgen bringen

gallstone ['gɔːlstəʊn] S̄ Gallenstein m

galore [gə'lɔːʳ] ADV in Hülle und Fülle

galvanize ['gælvənaɪz] V̄T̄ (fig) elektrisieren; **to
~ sb into doing** od **to do sth** jdm einen Stoß
geben, etw sofort zu tun **galvanized** ADJ
Stahl galvanisiert

gamble ['gæmbl] **A** S̄ (fig) Risiko n; **it's a ~** es
ist riskant; **I'll take a ~ on it/him** ich riskiere
es/es mit ihm **B** V̄ī **1** (wörtl) (um Geld) spielen
(with mit); (auf Pferde etc) wetten **2** (fig) **to ~ on
sth** sich auf etw (akk) verlassen **C** V̄T̄ **1** Geld ein-
setzen; **to ~ sth on sth** etw auf etw (akk) setzen
2 (fig) aufs Spiel setzen **♦gamble away** V̄T̄
trennb verspielen

gambler ['gæmbləʳ] S̄ Spieler(in) m(f) **gam-
bling** S̄ Spielen n (um Geld); (auf Pferde etc) Wet-
ten n

gambol ['gæmbəl] V̄ī herumtollen, herum-
springen

game¹ [geɪm] S̄ **1** Spiel n, Sport(art f) m; (≈ Plan)
Vorhaben n; (von Billard, Brettspiel etc) Partie f; **to
have** od **play a ~ of football/chess** etc Fuß-
ball/Schach etc spielen; **do you fancy a quick
~ of chess?** hättest du Lust, ein bisschen
Schach zu spielen?; **he had a good ~** er spielte
gut; **~ of chance** Glücksspiel n; **~ set and
match to X** Satz und Spiel (geht an) X; **one
~ all** eins beide; **to play ~s with sb** (fig) mit
jdm spielen; **the ~ is up** das Spiel ist aus;
two can play at that ~ wie du mir, so ich
dir (umg); **to beat sb at his own ~** jdn mit
den eigenen Waffen schlagen; **to give the
~ away** alles verderben; **I wonder what his**

~ is? ich frage mich, was er im Schilde führt 🔟 **games** (❗ mit Verb im Plural) SPORT Spiele *pl* 🔟 **games** (❗ mit Verb im Singular) SCHULE Sport *m* 🔟 *(umg)* Branche *f*; **how long have you been in this ~?** wie lange machen Sie das schon? 🔟 (❗ kein *pl*) JAGD, GASTR Wild *n*

game² ADJ mutig; **to be ~** mitmachen; **to be ~ for anything** für alles zu haben sein; **to be ~ for a laugh** jeden Spaß mitmachen

game bird ₅ Federwild *n kein pl* **gamekeeper** ['geɪmkiːpəʳ] ₅ Wildhüter(in) *m(f)* **gamely** ['geɪmlɪ] ADV mutig **game reserve** ₅ Wildschutzgebiet *n* **game show** ₅ TV Spielshow *f* **games software** ₅ Software *f* für Computerspiele **game warden** ₅ Jagdaufseher *m*

gaming ['geɪmɪŋ] ₅ = gambling

gammon ['gæmən] ₅ leicht geräucherter *od* *(österr)* geselchter Vorderschinken, (gekochter) Schinken; **~ steak** *dicke Scheibe Vorderschinken zum Braten oder Grillen*

gamut ['gæmət] ₅ *(fig)* Skala *f*

gander ['gændəʳ] ₅ Gänserich *m*

gang [gæŋ] ₅ Haufen *m*; *(von Kriminellen, Jugendlichen)* Bande *f*; *(von Freunden etc)* Clique *f*; **there was a whole ~ of them** es war ein ganzer Haufen ♦**gang up** VT sich zusammentun; **to ~ against** *od* **on sb** sich gegen jdn verbünden

gangland ['gæŋlænd] ADJ Unterwelt-

gangling ['gæŋglɪŋ] ADJ schlaksig

gangrene ['gæŋgriːn] ₅ Brand *m*

gangster ['gæŋstəʳ] ₅ Gangster(in) *m(f)*

gangway ['gæŋweɪ] ₅ 🔟 SCHIFF Landungsbrücke *f* 🔟 Gang *m*

gantry ['gæntrɪ] ₅ *(für Kran)* Portal *n*; *(auf Autobahn)* Schilderbrücke *f*; BAHN Signalbrücke *f*

gaol [dʒeɪl] ₅, VT = jail

gap [gæp] ₅ Lücke *f*, Spalt *m*, Riss *m*; *(fig: in Unterhaltung)* Pause *f*; *(≈ Abgrund)* Kluft *f*; **to close the ~** *(in Rennen)* (den Abstand) aufholen; **a ~ in one's knowledge** eine Bildungslücke; **a four-year ~** ein Abstand *m* von vier Jahren

gape [geɪp] VI 🔟 *(Abgrund)* klaffen 🔟 gaffen; **to ~ at sb/sth** jdn/etw (mit offenem Mund) anstarren **gaping** ['geɪpɪŋ] ADJ Loch riesig; *Abgrund* klaffend

gap year ₅ *(Br SCHULE)* Überbrückungsjahr *n*

garage ['gærɑːʒ, *(US)* gəˈrɑːʒ] ₅ 🔟 Garage *f* 🔟 *(Br)* Tankstelle *f*, (Reparatur)werkstatt *f* **garage sale** ₅ Garagenverkauf *m*

garbage ['gɑːbɪdʒ] ₅ *(wörtl bes US)* Müll *m* (❗ = *(Br)* **rubbish**); *(fig)* Schund *m*; *(≈ Unsinn)* Quatsch *m (umg)*; IT Garbage *m* **garbage can** ₅ *(US)* Mülleimer *m*, Mistkübel *m (österr)*, Mülltonne *f* (❗ = *(Br)* **rubbish bin**) **garbage collec-**

tion ₅ *(US)* Müllabfuhr *f* (❗ = *(Br)* **rubbish collection**) **garbage collector** ₅ *(US)* Müllarbeiter *m* (❗ = *(Br)* **dustbin man**); **the ~s** die Müllabfuhr **garbage disposal unit** ₅ *(US)* Müllschlucker *m* (❗ = *(Br)* **refuse chute**) **garbage dump** ₅ *(US)* Mülldeponie *f* (❗ = *(Br)* **rubbish dump**) **garbage man** ₅, *pl* **garbage men** *(US)* = garbage collector **garbage truck** ₅ *(US)* Müllwagen *m* (❗ = *(Br)* **dustbin lorry**)

garbled ['gɑːbld] ADJ *Nachricht etc* konfus; *Darstellung* wirr

garden ['gɑːdn] 🔼 ₅ Garten *m*; **the Garden of Eden** der Garten Eden 🔽 VI im Garten arbeiten **garden apartment** ₅ *(US)* Souterrainwohnung *f* (❗ = *(Br)* **basement flat, garden flat**) **garden centre**, *(US)* **garden center** ₅ Gartencenter *n* **gardener** ['gɑːdnəʳ] ₅ Gärtner(in) *m(f)* **garden flat** ₅ *(Br)* Souterrainwohnung *f* **gardening** ['gɑːdnɪŋ] ₅ Gartenarbeit *f*; **she loves ~** sie arbeitet gerne im Garten; **~ tools** Gartengeräte *pl* **garden party** ₅ Gartenparty *f* **garden path** ₅ **to lead sb up** *(bes Br)* **od down** *(bes US)* **the ~** *(fig)* jdn an der Nase herumführen *(umg)*

gargle ['gɑːgl] 🔼 VI gurgeln 🔽 ₅ Gurgelwasser *n*

gargoyle ['gɑːgɔɪl] ₅ Wasserspeier *m*

garish ['gɛərɪʃ] ADJ *(pej) Farben* grell; *Kleidung* knallbunt

garland ['gɑːlənd] ₅ Girlande *f*

garlic ['gɑːlɪk] ₅ Knoblauch *m* **garlic bread** ₅ Knoblauchbrot *n* **garlic crusher** ₅ Knoblauchpresse *f* **garlic mushrooms** PL *frittierte Pilze mit Knoblauch* **garlic press** ₅ Knoblauchpresse *f*

garment ['gɑːmənt] ₅ Kleidungsstück *n*

garner ['gɑːnəʳ] VT sammeln; *Unterstützung* gewinnen

garnet ['gɑːnɪt] ₅ Granat *m*

garnish ['gɑːnɪʃ] 🔼 VT garnieren 🔽 ₅ Garnierung *f*

garret ['gærət] ₅ Mansarde *f*

garrison ['gærɪsən] 🔼 ₅ Garnison *f* 🔽 VT *Truppen* in Garnison legen; **to be ~ed** in Garnison liegen

garrulous ['gærʊləs] ADJ geschwätzig

garter ['gɑːtəʳ] ₅ Strumpfband *n*, Strumpfhalter *m* **garter belt** ₅ Strumpfgürtel *m*

gas [gæs] 🔼 ₅ 🔟 Gas *n*; **to cook with ~** mit Gas kochen 🔟 (❗ kein *pl*) *(US)* Benzin *n* (❗ = *(Br)* **petrol**); **to step on the ~** Gas geben 🔟 *(≈ für Narkose)* Lachgas *n* 🔟 MIL (Gift)gas *n* 🔽 VT vergasen; **to ~ oneself** sich mit Gas vergiften **gasbag** ₅ *(umg)* Quasselstrippe *f (umg)* **gas can** ₅ *(US)* Reservekanister *m* (❗ = *(Br)* **petrol**

can) gas cap S̲ (US) Tankdeckel m (❗ = (Br) **petrol cap) gas chamber** S̲ Gaskammer f **gas cooker** S̲ Gasherd m **gaseous** ['gæsɪəs] A̲D̲J̲ gasförmig **gas fire** S̲ Gasofen m **gas gauge** S̲ (US) Benzinuhr f (❗ = (Br) **petrol gauge)**

gash [gæʃ] A̲ S̲ klaffende Wunde, tiefe Kerbe B̲ V̲T̲ aufschlitzen; **he fell and ~ed his knee** er ist gestürzt und hat sich (dat) dabei das Knie aufgeschlagen

gas heater S̲ Gasofen m **gas heating** S̲ Gasheizung f **gas jet** S̲ Gasdüse f

gasket ['gæskɪt] S̲ TECH Dichtung f

gas main S̲ Gasleitung f **gasman** S̲, pl -men Gasmann m (umg) **gas mask** S̲ Gasmaske f **gas meter** S̲ Gasuhr f **gasolene, gasoline** ['gæsəʊliːn] S̲ (US) Benzin n (❗ = (Br) **petrol) gas oven** S̲ Gasherd m

gasp [gɑːsp] A̲ S̲ tiefer Atemzug; **to give a ~** (of surprise/fear etc) (vor Überraschung/Angst etc) nach Luft schnappen (umg) B̲ V̲I̲ keuchen, tief einatmen; (überrascht etc) nach Luft schnappen (umg); **to ~ for breath** od **air** nach Atem ringen; **he ~ed with astonishment** er war so erstaunt, dass es ihm den Atem verschlug; **I'm ~ing for a cup of tea** (umg) ich lechze nach einer Tasse Tee (umg)

gas pipe S̲ Gasleitung f **gas pump** S̲ (US) Zapfsäule f (❗ = (Br) **petrol pump) gas ring** S̲ Gasbrenner m, Gaskocher m **gas station** S̲ (US) Tankstelle f (❗ = (Br) **petrol station) gas stove** S̲ Gasherd m, Gaskocher m **gas tank** S̲ (US) Benzintank m (❗ = (Br) **petrol tank) gas tanker** S̲ (US) (Benzin)tankwagen m (❗ = (Br) **petrol tanker) gas tap** S̲ Gashahn m

gastric ['gæstrɪk] A̲D̲J̲ Magen-, gastrisch (fachspr) **gastric flu** S̲ Darmgrippe f **gastric juices** P̲L̲ Magensäfte pl **gastric ulcer** S̲ Magengeschwür n **gastroenteritis** [ˌgæstrəʊˌentə-'raɪtɪs] S̲ Magen-Darm-Entzündung f **gastronomic** [ˌgæstrə'nɒmɪk] A̲D̲J̲ gastronomisch **gastronomy** [gæs'trɒnəmɪ] S̲ Gastronomie f **gasworks** ['gæswɜːks] S̲ (❗ mit Verb im Singular oder Plural) Gaswerk n

gate [geɪt] S̲ Tor n; (von Garten) Pforte f; FLUG Flugsteig m

gateau ['gætəʊ] S̲, pl **gateaux** ['gætəʊz] (bes Br) Torte f

gate-crash V̲T̲ (umg) **to ~ a party** in eine Party reinplatzen (umg) **gate-crasher** S̲ ungeladener Gast **gatehouse** S̲ Pförtnerhaus n **gate money** S̲ SPORT Einnahmen pl **gatepost** S̲ Torpfosten m **gateway** S̲ Tor n (to zu)

gather ['gæðə'] A̲ V̲T̲ 1̲ sammeln; Menschen versammeln; Blumen pflücken; Ernte einbringen; Unterstützung gewinnen; Glasscherben etc aufsam-

meln; Hab und Gut (zusammen)packen; **to ~ one's strength** Kräfte sammeln; **to ~ one's thoughts** seine Gedanken ordnen 2̲ **to ~ speed** schneller werden; **to ~ strength** stärker werden 3̲ schließen (from aus); **I ~ed that** das dachte ich mir; **from what** od **as far as I can ~** (so) wie ich es sehe; **I ~ she won't be coming** ich nehme an, dass sie nicht kommt; **as you might have ~ed …** wie Sie vielleicht bemerkt haben … 4̲ (Handarbeit) raffen; (an Saum) fassen B̲ V̲I̲ (Menschen) sich versammeln; (Objekte, Staub etc) sich (an)sammeln; (Wolken) sich zusammenziehen ♦**gather (a)round** V̲I̲ zusammenkommen; **come on, children, ~!** kommt alle her, Kinder! ♦**gather together** V̲T̲ trennb einsammeln; Hab und Gut zusammenpacken; Menschen versammeln ♦**gather up** V̲T̲ trennb aufsammeln; Hab und Gut zusammenpacken; Rock (hoch)raffen

gathering ['gæðərɪŋ] A̲ S̲ Versammlung f; **family ~** Familientreffen n; **a social ~** ein geselliges Beisammensein B̲ A̲D̲J̲ Sturm aufziehend

GATT [gæt] HIST abk von General Agreement on Tariffs and Trade GATT n

gauche [gəʊʃ] A̲D̲J̲ unbeholfen

gaudily ['gɔːdɪlɪ] A̲D̲V̲ knallbunt **gaudy** ['gɔː-dɪ] A̲D̲J̲ (+er) knallig (umg)

gauge [geɪdʒ] A̲ S̲ 1̲ Messgerät n; **pressure ~** Druckmesser m 2̲ BAHN Spurweite f 3̲ (fig) Maßstab m (of für) B̲ V̲T̲ (fig) Charakter, Fortschritt beurteilen; Reaktion abschätzen; Stimmung einschätzen; (≈ raten) schätzen

gaunt [gɔːnt] A̲D̲J̲ hager, abgezehrt

gauntlet¹ ['gɔːntlɪt] S̲ **to throw down the ~** (fig) den Fehdehandschuh hinwerfen

gauntlet² S̲ **to (have to) run the ~ of sth** einer Sache (dat) ausgesetzt sein

gauze [gɔːz] S̲ Gaze f

gave [geɪv] prät von give

gawk [gɔːk] (umg) V̲I̲ = gawp

gawp [gɔːp] V̲I̲ (Br umg) glotzen (umg); **to ~ at sb/sth** jdn/etw anglotzen (umg)

gay [geɪ] A̲ A̲D̲J̲ (+er) Mensch schwul (umg); **~ bar** Schwulenkneipe f; **the ~ community** die Schwulen pl B̲ S̲ Schwule(r) m/f(m)

gaze [geɪz] A̲ S̲ Blick m; **in the public ~** im Blickpunkt der Öffentlichkeit B̲ V̲I̲ starren; **to ~ at sb/sth** jdn/etw anstarren; **they ~d into each other's eyes** sie blickten sich tief in die Augen

gazebo [gə'ziːbəʊ] S̲, pl -s Gartenlaube f

gazelle [gə'zel] S̲ Gazelle f

gazette [gə'zet] S̲ Zeitung f; (≈ regierungsamtlich) Amtsblatt n

GB 1̲ abk von Great Britain GB n, Großbritan-

nien *n* **2** *abk von* **gigabyte** GB *n*, Gigabyte *n*

gbh *abk von* **grievous bodily harm**

GCSE (*Br*) *abk von* **General Certificate of Secondary Education** ≈ mittlere Reife

---

▶ **GCSE**

Das **G**eneral **C**ertificate of **S**econdary **E**ducation [ˌdʒenrəlsəˌtɪfɪkətəvˌsekəndərɪedjuˈkeɪʃn] oder **GCSE** [ˌdʒiːsiːesˈiː] ist die allgemeine Schulabschlussprüfung, an der die Mehrheit der Schüler in England, Wales und Nordirland im Alter von 15 und 16 Jahren teilnimmt. Danach kann man entweder ins Berufsleben eintreten oder eine höhere schulische Ausbildung anstreben. Wenn ein Schüler oder eine Schülerin auf einer weiterführenden Schule das Abitur machen will, muss er oder sie dafür in mindestens fünf Fächern das „GCSE" haben. Für die Note werden die Leistungen des ganzen Schuljahres und die Prüfungsergebnisse gewertet.

LANDESKUNDE ◀

GDP *abk von* **gross domestic product** BIP *n*

GDR HIST *abk von* **German Democratic Republic** DDR *f*

gear [gɪəʳ] **A** S̲ **1** AUTO *etc* Gang *m*; **~s** *pl* Getriebe *n*; (*von Fahrrad*) Gangschaltung *f*; **a bicycle with three ~s** ein Fahrrad *n* mit Dreigangschaltung; **the car is in ~** der Gang ist eingelegt; **the car is/you're not in ~** das Auto ist im Leerlauf; **to change** (*bes Br*) *od* **shift** (*US*) **~** schalten; **to change** (*bes Br*) *od* **shift** (*US*) **into third ~** in den dritten Gang schalten; **to get one's brain in(to) ~** (*umg*) seine Gehirnwindungen in Gang setzen **2** (❗ kein *pl*) (*umg*) Zeug *n* (*umg*); (≈ *Kleidung etc*) Sachen *pl* (*umg*) **B** V̲T̲ (*fig*) ausrichten (*to* auf +*akk*); **to be ~ed to(wards) sb/sth** auf jdn/etw abgestellt sein; (*Bedürfnisse*) auf jdn/etw ausgerichtet sein ♦**gear up** V̲T̲ *trennb* **to gear oneself up for sth** (*fig*) sich auf etw (*akk*) einstellen

gearbox S̲ Getriebe *n* **gear lever**, (*US*) **gear shift**, **gear stick** S̲ Schaltknüppel *m*

gee [dʒiː] I̲N̲T̲ **1** (*bes US umg*) Mensch (*umg*) **2** **~ up!** hü!

geek [giːk] S̲ (*bes US umg*) Waschlappen *m* (*umg*) **geek-speak** [ˈgiːkspiːk] S̲ (*bes US umg*) Fachchinesisch *n* (*umg*)

geese [giːs] *pl von* **goose**

geezer [ˈgiːzəʳ] S̲ (*umg*) Kerl *m* (*umg*); **old ~** Opa *m* (*umg*)

Geiger counter [ˈgaɪgəˌkaʊntəʳ] S̲ Geigerzähler *m*

gel [dʒel] **A** S̲ Gel *n* **B** V̲I̲ gelieren; (*fig: Menschen*) sich verstehen

gelatin(e) [ˈdʒelətiːn] S̲ Gelatine *f* **gelatinous** [dʒɪˈlætɪnəs] A̲D̲J̲ gelatineartig

gelignite [ˈdʒelɪgnaɪt] S̲ Plastiksprengstoff *m*

gem [dʒem] S̲ Edelstein *m*; (*fig* ≈ *Mensch*) Juwel *n*; (*von Sammlung etc*) Prachtstück *n*; **thanks Pat, you're a ~** danke, Pat, du bist ein Schatz

Gemini [ˈdʒemɪnaɪ] S̲ (❗ mit Verb im Singular) Zwillinge *pl*; **he's (a) ~** er ist (ein) Zwilling

gemstone [ˈdʒemstəʊn] S̲ Edelstein *m*

gen [dʒen] S̲ (*Br umg*) Informationen *pl* ♦**gen up** V̲I̲ (*Br umg*) **to ~ on sth** sich über etw (*akk*) informieren

gen. *abk von* **general(ly)** allg.

gender [ˈdʒendəʳ] S̲ Geschlecht *n*; **what ~ is this word?** welches Geschlecht hat dieses Wort?; **the feminine/masculine/neuter ~** das Femininum/Maskulinum/Neutrum

gene [dʒiːn] S̲ Gen *n*

genera [ˈdʒenərə] *pl von* **genus**

general [ˈdʒenərəl] **A** A̲D̲J̲ allgemein; **to be ~** (*Formulierung*) allgemein gehalten sein; (≈ *vage*) unbestimmt sein; **his ~ appearance** sein Aussehen im Allgemeinen; **there was ~ agreement among the two groups** die beiden Gruppen waren sich grundsätzlich einig; **I've got the ~ idea** ich habe eine Vorstellung, worum es geht; **in ~ terms** generell; **as a ~ rule** im Allgemeinen **B** S̲ **1** **in ~** im Allgemeinen **2** MIL General(in) *m(f)* **general anaesthetic**, (*US*) **general anesthetic** S̲ Vollnarkose *f* **General Certificate of Secondary Education** S̲ (*Br*) Abschluss *m* der Sekundarstufe, ≈ mittlere Reife **general dealer** S̲ (*US*) = **general store general delivery** A̲D̲V̲ (*US, Can*) postlagernd (❗ = (*Br*) **poste restante**) **general election** S̲ Parlamentswahlen *pl* **general headquarters** S̲ (❗ mit Verb im Singular oder Plural) MIL Generalkommando *n* **generality** [ˌdʒenəˈrælɪt] S̲ **to talk in generalities** ganz allgemein sprechen **generalization** [ˌdʒenərəlaɪˈzeɪʃən] S̲ Verallgemeinerung *f* **generalize** [ˈdʒenərəlaɪz] V̲T̲ & V̲I̲ verallgemeinern; **to ~ about sth** etw verallgemeinern **general knowledge** S̲ Allgemeinwissen *n*

generally [ˈdʒenərəlɪ] A̲D̲V̲ **1** im Großen und Ganzen **2** im Allgemeinen; **they are ~ cheapest** sie sind in der Regel am billigsten; **~ speaking** im Allgemeinen **3** akzeptiert allgemein; **zu haben** überall **general manager** S̲ Hauptgeschäftsführer(in) *m(f)* **general meeting** S̲ Vollversammlung *f*; (*von Aktionären etc*) Hauptversammlung *f* **general practice** S̲ (*Br* MED) Allgemeinmedizin *f*; **to be in ~** praktischer Arzt/praktische Ärztin sein **general**

285 ‖ GERI

practitioner ⬚ Arzt m/Ärztin f für Allgemeinmedizin **general public** ⬚ Öffentlichkeit f **general-purpose** ADJ Universal-; ~ **cleaner** Universalreiniger m **General Secretary** ⬚ Generalsekretär(in) m(f) **general store** ⬚ Gemischtwarenhandlung f **general strike** ⬚ Generalstreik m

generate ['dʒenəreɪt] VT erzeugen; *Einkommen* einbringen; *Aufregung* hervorrufen **generation** [ˌdʒenə'reɪʃən] ⬚ **1** Generation f **2** Erzeugung f **generation gap** ⬚ the ~ Generationsunterschied m **generator** ['dʒenəreɪtəʳ] ⬚ Generator m

generic [dʒɪ'nerɪk] ADJ artmäßig; ~ **name** od **term** Oberbegriff m; ~ **brand** (US) Hausmarke f **generic drug** ⬚ Generikum n

generosity [ˌdʒenə'rɒsɪtɪ] ⬚ Großzügigkeit f **generous** ['dʒenərəs] ADJ **1** großzügig; *Bedingungen a.* günstig; *Portion* reichlich; **to be ~ in one's praise** mit Lob nicht geizen **2** großmütig **generously** ['dʒenərəslɪ] ADV **1** *spenden* großzügigerweise; *belohnen* großzügig; **please give ~ (to …)** wir bitten um großzügige Spenden (für …) **2** *zustimmen, anbieten* großmütigerweise

genesis ['dʒenɪsɪs] ⬚, pl **geneses** ['dʒenɪsiːz] Entstehung f

genetic [dʒɪ'netɪk] ADJ genetisch **genetically** [dʒɪ'netɪkəlɪ] ADV genetisch; ~ **engineered** genmanipuliert; ~ **modified** gentechnisch verändert **genetic engineering** ⬚ Gentechnologie f **geneticist** [dʒɪ'netɪsɪst] ⬚ Genetiker(in) m(f) **genetics** ⬚ (❶ mit Verb im Singular) Genetik f

Geneva [dʒɪ'niːvə] ⬚ Genf n; **Lake ~** der Genfer See

genial ['dʒiːnɪəl] ADJ *Mensch* herzlich; *Atmosphäre* angenehm; **a ~ host** ein warmherziger Gastgeber **geniality** [ˌdʒiːnɪ'ælətɪ] ⬚ Herzlichkeit f

genie ['dʒiːnɪ] ⬚ dienstbarer Geist

genii ['dʒiːnɪaɪ] pl von **genius**

genital ['dʒenɪtl] ADJ Geschlechts-, Genital-; ~ **organs** Geschlechtsorgane pl **genitals** ['dʒenɪtlz] PL Geschlechtsteile pl

genitive ['dʒenɪtɪv] **A** ⬚ GRAM Genitiv m; **in the ~** im Genitiv **B** ADJ Genitiv-; ~ **case** Genitiv m

genius ['dʒiːnɪəs] ⬚, pl **-es** od **genii** Genie n; (= *geistige Fähigkeit*) Schöpferkraft f; **a man of ~** ein Genie n; **to have a ~ for sth/doing sth** eine besondere Gabe für etw haben/dafür haben, etw zu tun

genocide ['dʒenəʊsaɪd] ⬚ Völkermord m

genome ['dʒiːnəʊm] ⬚ Genom n

gent [dʒent] ⬚ (umg) abk von **gentleman** Herr

m; **where is the ~s?** (*Br* ≈ *WC*) wo ist die Herrentoilette? (❶ = (US) **men's room**)

genteel [dʒen'tiːl] ADJ vornehm **gentility** [dʒen'tɪlɪtɪ] ⬚ Vornehmheit f

gentle ['dʒentl] ADJ (+er) **1** sanft; *Druck, Windhauch* leicht; *Schritt, Spaziergang* gemächlich; **cook over a ~ heat** bei geringer Hitze kochen; **to be ~ with sb** sanft mit jdm umgehen; **to be ~ with sth** vorsichtig mit etw umgehen **2** mild; *Überredung* freundlich; **a ~ hint** eine zarte Andeutung; **a ~ reminder** ein zarter Wink

gentleman ['dʒentlmən] ⬚, pl **-men** [-mən] **1** Gentleman m **2** Herr m; **gentlemen!** meine Herren! **gentlemanly** ['dʒentlmənlɪ] ADJ ritterlich, gentlemanlike *präd*; **that is hardly ~ conduct** dieses Verhalten gehört sich nicht für einen Gentleman **gentlemen's agreement** ['dʒentlmənzə'griːmənt] ⬚ Gentlemen's Agreement n; *bes* HANDEL Vereinbarung f auf Treu und Glauben **gentleness** ⬚ Sanftheit f **gently** ['dʒentlɪ] ADV sanft; *kochen* langsam; *behandeln* schonend; **she needs to be handled ~** mit ihr muss man behutsam umgehen; **~ does it!** sachte, sachte!

gentry ['dʒentrɪ] PL niederer Adel

genuine ['dʒenjʊɪn] ADJ **1** echt **2** aufrichtig; *Anteilnahme, Interesse* ernsthaft; *Angebot* ernst gemeint; *Fehler* wirklich; **she looked at me in ~ astonishment** sie sah mich aufrichtig erstaunt an **3** *Mensch* natürlich **genuinely** ['dʒenjʊɪnlɪ] ADV wirklich; **they are ~ concerned** sie machen sich ernsthafte Sorgen **genuineness** ['dʒenjʊɪnnɪs] ⬚ **1** Echtheit f **2** Aufrichtigkeit f

genus ['dʒenəs] ⬚, pl **genera** BIOL Gattung f

geographic(al) [dʒɪə'græfɪk(əl)] ADJ geografisch

geography [dʒɪ'ɒgrəfɪ] ⬚ Geografie f

geological [dʒɪəʊ'lɒdʒɪkəl] ADJ geologisch **geologist** [dʒɪ'ɒlədʒɪst] ⬚ Geologe m, Geologin f **geology** [dʒɪ'ɒlədʒɪ] ⬚ Geologie f

geometric(al) [dʒɪəʊ'metrɪk(əl)] ADJ geometrisch **geometry** [dʒɪ'ɒmɪtrɪ] ⬚ MATH Geometrie f; **~ set** (Zirkelkasten m mit) Zeichengarnitur f

▶ **St George's Day**

Der 23. April ist **St George's Day**, der Nationalfeiertag der Engländer. Traditionalisten tragen eine Rose (**rose**) im Knopfloch.

LANDESKUNDE ◀

Georgian ['dʒɔːdʒɪən] ADJ (Br) georgianisch

geranium [dʒɪ'reɪnɪəm] ⬚ Geranie f

gerbil ['dʒɜːbɪl] ⬚ Wüstenspringmaus f

geriatric [ˌdʒerɪ'ætrɪk] ADJ **1** MED geriatrisch

GERI | 286

2 (*pej umg*) altersschwach **geriatric care** 5̲
Altenpflege *f* **geriatrics** [ˌdʒerɪ'ætrɪks] 5̲ (❗
mit Verb im Singular) Geriatrie *f*
germ [dʒɜːm] 5̲ Keim *m*
German ['dʒɜːmən] **A** ADJ deutsch; **he is** ~ er
ist Deutscher; **she is** ~ sie ist Deutsche **B** 5̲ **1**
Deutsche(r) *m/f(m)*; **the** ~**s** die Deutschen **2**
LING Deutsch *n*; ~ **lessons** Deutschunterricht
m; **in** ~ auf Deutsch **German Democratic
Republic** 5̲ HIST Deutsche Demokratische
Republik **Germanic** [dʒɜː'mænɪk] ADJ HIST,
LING germanisch **German measles** 5̲ (❗
mit Verb im Singular) Röteln *pl* **German
shepherd (dog)**, (*US*) **German sheep
dog** 5̲ Deutscher Schäferhund (❗ = (Br) **Alsa-
tian**) **German-speaking** ADJ deutschspra-
chig; ~ **Switzerland** die Deutschschweiz
Germany ['dʒɜːmənɪ] 5̲ Deutschland *n*
germ-free ADJ keimfrei
germinate ['dʒɜːmɪneɪt] V̲I̲ keimen; (*fig*) aufkei-
men (*geh*) **germination** [ˌdʒɜːmɪ'neɪʃən] 5̲
(*wörtl*) Keimung *f*
germ warfare 5̲ bakteriologische Kriegsfüh-
rung
gerund ['dʒerənd] 5̲ Gerund *n*, Gerundium *n*

▶ **the gerund**

Das Gerundium oder Gerund (**gerund** ['dʒerʌnd])
ist ein Substantiv, das von einer Verbform ab-
geleitet wurde. Ins Deutsche wird es meist als
Substantiv übersetzt:

Travelling on buses Beim Busfahren wird
always makes me sick. mir immer schlecht.

Auch deutsche Fremdwörter wie **Jogging**,
Shopping oder **Training** gehen auf englische
Gerundialformen zurück.

GRAMMATIK ◀

gestation [dʒe'steɪʃən] 5̲ (*wörtl: von Tieren*) Träch-
tigkeit *f*; (*von Menschen*) Schwangerschaft *f*; (*fig*)
Reifwerden *n*
gesticulate [dʒe'stɪkjʊleɪt] V̲I̲ gestikulieren;
to ~ **at sb/sth** auf jdn/etw deuten
gesture ['dʒestʃəʳ] **A** 5̲ Geste *f*; **to make a** ~
eine Geste machen; **a** ~ **of defiance** eine he-
rausfordernde Geste; **as a** ~ **of goodwill** als
Zeichen des guten Willens **B** V̲I̲ gestikulieren;
to ~ **at sb/sth** auf jdn/etw deuten; **he** ~**d with
his head toward(s) the safe** er deutete mit
dem Kopf auf den Safe

get [get]
prät **got**, *pperf* **got** *od* (*US*) **gotten**

A transitives Verb **B** intransitives Verb
C reflexives Verb

— **A** transitives Verb —

1 bekommen, kriegen (*umg*); *Sonne* abbekom-
men; *Verletzung* sich (*dat*) zuziehen; *Merkmale*
haben (*from* von); (≈ *nehmen*) *Bus* fahren mit;
where did you ~ **it (from)?** woher hast du
das?; **he got the idea for his book while he
was abroad** die Idee zu dem Buch kam ihm,
als er im Ausland war; **I got quite a surprise**
ich war ziemlich überrascht; **I** ~ **the feeling
that …** ich habe das Gefühl, dass …; **to** ~ **sb
by the leg** jdn am Bein packen; **(I've) got
him!** (*umg*) ich hab ihn! (*umg*); **(I've) got it!** (*umg*)
ich habs! (*umg*); **I'll** ~ **you for that!** (*umg*) das
wirst du mir büßen!; **you've got me there!**
(*umg*) da bin ich überfragt; **what do you** ~
from it? was hast du davon? **2** *etw* sich (*dat*)
besorgen; *Finanzen, Job* finden; (≈ *mit Geld*)
kaufen; *Auto, Katze* sich (*dat*) anschaffen; **to** ~
sb/oneself sth, to ~ **sth for sb/oneself** jdm/
sich etw besorgen; **to need to** ~ **sth** etw
brauchen; **to** ~ **a glimpse of sb/sth** jdn/etw
kurz zu sehen bekommen; **we could** ~ **a taxi**
wir könnten (uns *dat*) ein Taxi nehmen; **could
you** ~ **me a taxi?** könnten Sie mir ein Taxi
rufen?; ~ **a load of that!** (*umg*) hat man Töne!
(*umg*) **3** holen; **to** ~ **sb from the station** jdn
vom Bahnhof abholen; **can I** ~ **you a drink?**
möchten Sie etwas zu trinken?; **I got him a
drink** ich habe ihm etwas zu trinken geholt
4 *Ziel* treffen **5** TEL erreichen; **you've got the
wrong number** Sie sind falsch verbunden **6**
Essen machen; **I'll** ~ **you some breakfast** ich
mache dir etwas zum Frühstück **7** essen; **to** ~
breakfast frühstücken; **to** ~ **lunch** zu Mittag
essen; **to** ~ **a snack** eine Kleinigkeit essen **8**
bringen; **to** ~ **sb to hospital** jdn ins
Krankenhaus bringen; **they managed to** ~
him home sie schafften ihn nach Hause;
where does that ~ **us?** (*umg*) was bringt uns
(*dat*) das? (*umg*); **this discussion isn't** ~**ting us
anywhere** diese Diskussion führt zu nichts; **to**
~ **sth to sb** jdm etw zukommen lassen, jdm
etw bringen **9** kapieren (*umg*); (≈ *schriftlich*)
notieren; **I don't** ~ **it** (*umg*) da komme ich
nicht mit (*umg*); **I don't** ~ **you** ich verstehe
nicht, was du meinst; ~ **it?** (*umg*) kapiert? (*umg*)
10 (*mit Passiv*) werden; **when did it last** ~
painted? wann ist es zuletzt gestrichen
worden?; **I got paid** ich wurde bezahlt **11**
to ~ **sb to do sth** etw von jdm machen
lassen; (≈ *überreden*) jdn dazu bringen, etw zu
tun; **I'll** ~ **him to phone you back** ich sage

ihm, er soll zurückrufen; **you'll never ~ him
to understand** du wirst es nie schaffen, dass
er das versteht; **you'll ~ yourself thrown out**
du bringst es so weit, dass du hinausgewor-
fen wirst; **to ~ the washing done** die Wäsche
waschen; **to ~ some work done** Arbeit
erledigen; **to ~ things done** was fertig
kriegen (umg); **to ~ sth made for sb/oneself**
jdm/sich etw machen lassen; **I'll ~ the house
painted soon** ich lasse bald das Haus
streichen; **did you ~ your expenses paid?**
haben Sie Ihre Spesen erstattet bekommen?;
to ~ sb/sth ready jdn/etw fertig machen; **to
~ sth clean/open** etw sauber kriegen/auf-
kriegen (umg); **to ~ sb drunk** jdn betrunken
machen; **to ~ one's hands dirty** (wörtl, fig) sich
(dat) die Hände schmutzig machen; **he can't ~
the lid to stay open** er kriegt es nicht hin,
dass der Deckel aufbleibt (umg); **to ~ sth going**
Maschine etw in Gang bringen; Party etw in
Fahrt bringen; **to ~ sb talking** jdn zum
Sprechen bringen; **to have got sth** (Br) etw
haben

— **B** intransitives Verb —

1 kommen; **to ~ home** nach Hause kommen;
to ~ here hier ankommen; **can you ~ to
work by bus?** kannst du mit dem Bus zur
Arbeit fahren?; **I've got as far as page 16** ich
bin auf Seite 16; **to ~ there** (fig umg) es schaffen
(umg); **how's the work going? — we're ~ting
there!** wie geht die Arbeit voran? — langsam
wirds was! (umg); **to ~ somewhere/nowhere**
(bei Bemühung etc) weiterkommen/nicht weiter-
kommen; **to ~ somewhere/nowhere (with
sb)** (bei jdm) etwas/nichts erreichen; **you
won't ~ far on £10** mit £ 10 kommst du nicht
weit **2** werden; **I'm ~ting cold** mir wird es
kalt; **to ~ dressed** etc sich anziehen etc; **to ~
married** heiraten; **I'm ~ting bored** ich
langweile mich langsam; **how stupid can
you ~?** wie kann man nur so dumm sein?; **to
~ started** anfangen; **to ~ to know sb/sth** jdn/
etw kennenlernen; **how did you ~ to know
about that?** wie hast du davon erfahren?; **to
~ to like sb** jdn sympathisch finden; **to ~ to
like sth** an etw (dat) Gefallen finden; **to ~ to
do sth** die Möglichkeit haben, etw zu tun; **to
~ to see sb/sth** jdn/etw zu sehen bekommen;
to ~ to work sich an die Arbeit machen; **to ~
working** etc anfangen zu arbeiten etc; **I got
talking to him** ich kam mit ihm ins Gespräch;
to ~ going (Mensch) aufbrechen; (Party etc) in
Schwung kommen; **to have got to do sth** etw
tun müssen; **I've got to** ich muss

— **C** reflexives Verb —

gehen, kommen; **I had to ~ myself to the**
hospital ich musste ins Krankenhaus (gehen);
to ~ oneself pregnant schwanger werden;
**you'll ~ yourself killed if you go on driving
like that** du bringst dich noch um, wenn du
weiter so fährst

♦**get about** V\i (Br) (obj in +dat) **1** sich bewegen
können, herumkommen **2** (Neuigkeiten) sich he-
rumsprechen; (Gerücht a.) sich verbreiten ♦**get
across** A VI **1** hinüberkommen; (+obj) Straße,
Fluss kommen über (+akk) **2** (Bedeutung) klar wer-
den (to +dat) B VT immer getrennt **1** herüberbrin-
gen; (+obj) (herüber)bringen/-bekommen über
(+akk) **2** Ideen verständlich machen (to sb jdm)
♦**get ahead** VI vorankommen (in in +dat);
to ~ of sb (in Rennen) jdn überholen ♦**get
along** VI **1** gehen; **I must be getting along**
ich muss jetzt gehen **2** zurechtkommen **3** vo-
rankommen **4** auskommen (with mit); **they ~
quite well** sie kommen ganz gut miteinander
aus ♦**get around** A VI = get about B VT & \i
VI +obj = get round ♦**get around to** VI +obj =
get round to ♦**get at** VI +obj **1** herankommen
an (+akk); Lebensmittel, Geld gehen an (+akk); **don't
let him ~ the whisky** lass ihn nicht an den
Whisky (ran) **2** Wahrheit herausbekommen **3**
(umg) hinauswollen auf (+akk); **what are you
getting at?** worauf willst du hinaus? **4** **to ~
sb** (umg) an jdm etwas auszusetzen haben
(umg) ♦**get away** A VI wegkommen; (Gefange-
ner) entkommen (from sb jdm); **I'd like to ~ early
today** ich würde heute gern früher gehen;
you can't ~ od **there's no getting away from
the fact that …** man kommt nicht um die Tat-
sache herum, dass …; **to ~ from it all** sich von
allem frei machen B VT immer getrennt **get her
away from here** sehen Sie zu, dass sie hier
wegkommt; **get him/that dog away from
me** schaff ihn mir/schaff mir den Hund vom
Leib ♦**get away with** VI +obj (umg) **he'll**
~ that das wird nicht gut gehen; **he got away with it** er ist ungeschoren davon-
gekommen (umg) ♦**get back** A VI zurückkom-
men, zurückgehen; **to ~ (home)** nach Hause
kommen; **to ~ to bed** wieder ins Bett gehen;
to ~ to work (nach Krankheit etc) wieder arbeiten
können; (nach Urlaub) wieder arbeiten gehen; **~!**
zurück(treten)! B VT trennb **1** zurückbekommen
2 zurückbringen **3** **I'll get you back for that**
das werde ich dir heimzahlen ♦**get back at**
VI +obj (umg) sich rächen an (+dat); **to ~ sb for sth**
jdm etw heimzahlen (umg) ♦**get back to** VI
+obj sich wieder in Verbindung setzen mit;
I'll ~ you on that ich werde darauf zurück-
kommen ♦**get behind** VI **1** +obj Baum sich
stellen hinter (+akk); **to ~ the wheel** sich ans
od hinter das Steuer setzen **2** (fig: mit Zeitplan)

in Rückstand kommen ♦**get by** _vi_ **1** **to let sb ~** jdn vorbeilassen **2** (_umg_) **she could just about ~ in German** mit ihren Deutschkenntnissen könnte sie gerade so durchkommen (_umg_) **3** (_umg_) durchkommen (_umg_); **she gets by on very little money** sie kommt mit sehr wenig Geld aus ♦**get down** _vi_ **1** heruntersteigen (_obj, from_ von), herunterkommen (_obj, from +akk_); **to ~ the stairs** die Treppe hinuntergehen **2** sich bücken, sich ducken; **to ~ on all fours** sich auf alle viere begeben **3** _vt trennb_ **1** herunternehmen, herunterbringen (_≈ schlucken_) Essen hinunterbringen **3** (_umg ≈ deprimieren_) fertigmachen (_umg_) ♦**get down to** _vi +obj_ sich machen an (_+akk_); **to ~ business** zur Sache kommen ♦**get in** _vi_ **1** hereinkommen (_obj, -to_ in _+akk_); (_in Auto etc_) einsteigen (_obj, -to_ in _+akk_); **the smoke got in(to) my eyes** ich habe Rauch in die Augen bekommen (_umg_) **2** (_Zug, Bus_) ankommen (_-to_ in _+dat_); (_Flugzeug_) landen **3** nach Hause kommen **B** _vt trennb_ **1** hereinbringen (_obj, -to_ in _+akk_) **2** hineinbekommen (_-to_ in _+akk_); (_fig_) Bitte anbringen **3** _Lebensmittel_ holen; **to ~ supplies** sich (_dat_) Vorräte zulegen **4** _Handwerker_ kommen lassen ♦**get in on** _vi +obj_ (_umg_) mitmachen bei (_umg_); **to ~ the act** mitmischen (_umg_) ♦**get into** **A** _vi +obj_; → get in l1 **1** _Schulden, Schwierigkeiten_ geraten in (_+akk_); _Schlägerei_ verwickelt werden in (_+akk_); **to ~ bed** sich ins Bett legen; **what's got into him?** (_umg_) was ist bloß in ihn gefahren? (_umg_) **2** _Buch_ sich einlesen bei; _Aufgabe_ sich einarbeiten in (_+akk_) **3** _Kleider_ anziehen; (_≈ mit Mühe_) hineinkommen in (_+akk_) **B** _vt +obj immer getrennt Schulden etc_ bringen in (_+akk_); **to get oneself into trouble** sich in Schwierigkeiten (_akk_) bringen ♦**get in with** _vi +obj_ **1** Anschluss finden an (_+akk_) **2** sich gut stellen mit ♦**get off** **A** _vi_ **1** (_aus Bus etc_) aussteigen (_obj_ aus); (_von Fahrrad, Pferd_) absteigen (_obj_ von); **to tell sb where to ~** (_umg_) jdm gründlich die Meinung sagen (_umg_) **2** (_von Leiter etc_) heruntersteigen (_obj_ von); **~!** lass (mich) los! **3** (_≈ verlassen_) loskommen; **it's time you got off to school** es ist Zeit, dass ihr in die Schule geht; **I'll see if I can ~ (work) early** ich werde mal sehen, ob ich früher (von der Arbeit) wegkann (_umg_); **what time do you ~ work?** wann hören Sie mit der Arbeit auf? **4** _+obj Hausaufgabe etc_ nicht machen müssen; **he got off tidying up his room** er kam darum herum, sein Zimmer aufräumen zu müssen (_umg_) **5** (_fig_) davonkommen (_umg_) **B** _vt_ **1** _trennb_ wegbekommen (_obj_ von); _Kleider_ ausziehen; _Abdeckung_ heruntertun (_obj_ von), abnehmen (_obj +dat_); **get your dirty hands off my clean shirt** nimm deine schmutzigen Hände von meinem sau-

beren Hemd; **get him off my property!** schaffen Sie ihn von meinem Grundstück! **2** _+obj immer getrennt_ (_umg_) kriegen (_umg_) (_obj_ von); **I got that idea off John** ich habe die Idee von John **3** _trennb Post_ losschicken; **to get sb off to school** jdn für die Schule fertig machen **4** _trennb Tag_ freibekommen ♦**get off with** _vi +obj_ (_umg_) aufreißen (_umg_) ♦**get on** **A** _vi_ **1** hinaufsteigen; (_+obj_) (hinauf)steigen auf (_+akk_); (_in Zug etc_) einsteigen (_obj, -to_ in _+akk_); (_auf Fahrrad, Pferd_) aufsteigen (_obj, -to_ auf _+akk_) **2** weitermachen **3** _time is getting on_ es wird langsam spät; **he is getting on** er wird langsam alt **4** vorankommen; (_Patient, Schüler_) Fortschritte machen; **to ~ in the world** es zu etwas bringen **5** zurechtkommen; **how did you ~ in the exam?** wie gings (dir) in der Prüfung?; **how are you getting on?** wie gehts? **6** (_Freunde etc_) sich verstehen **B** _vt trennb_ (_obj_ auf _+akk_) _Kleider_ anziehen; _Abdeckung_ drauftun ♦**get on for** _vi +obj_ (_zeitlich, altersmäßig_) zugehen auf (_+akk_); **he's getting on for 40** er geht auf die 40 zu; **there were getting on for 60 people there** es waren fast 60 Leute da ♦**get on to** _vi +obj_ (_umg_) sich in Verbindung setzen mit; **I'll ~ him about it** ich werde ihn daraufhin ansprechen ♦**get onto** _vi +obj_; → get on l1 ♦**get on with** _vi +obj_ weitermachen mit, weiterkommen mit; **~ it!** nun mach schon! (_umg_); **to let sb ~ sth** jdn etw machen lassen; **this will do to be getting on with** das tuts wohl für den Anfang (_umg_) ♦**get out** **A** _vi_ **1** herauskommen (_of_ aus), herausklettern (_of_ aus); (_aus Bus, Auto_) aussteigen (_of_ aus) **2** weggehen (_of_ aus); (_Tier, Häftling_) entkommen; (_Neuigkeiten_) an die Öffentlichkeit dringen; **he has to ~ of the country** er muss das Land verlassen; **~!** raus! (_umg_); **~ of my house!** raus aus meinem Haus! (_umg_); **to ~ of bed** aufstehen **3** weggehen; **you ought to ~ more** Sie müssten mehr rauskommen (_umg_) **B** _vt trennb_ **1** (_of_ aus) herausmachen; _Menschen_ hinausbringen; (_≈ mit Mühe_) hinausbekommen; **I couldn't get it out of my head** _od_ **mind** ich konnte es nicht vergessen **2** herausholen (_of_ aus) **3** _Geld_ abheben (_of_ von) ♦**get out of** **A** _vi +obj_; → get out I _Verpflichtung, Strafe_ herumkommen um; **you can't ~ it now** jetzt kannst du nicht mehr anders; **I'll ~ practice** ich verlerne es; **to ~ the habit of doing sth** sich (_dat_) abgewöhnen, etw zu tun **B** _vt +obj immer getrennt Geständnis, Wahrheit_ herausbekommen aus; _Geld_ herausholen aus; _Vergnügen_ haben an (_+dat_); **to get the best/most out of sb/sth** das Beste aus jdm herausholen/etw machen; → get out B ♦**get over** **A** _vi_ **1** hinüberge-

hen (obj über +akk), hinüberklettern; (+obj) klettern über (+akk); **2** +obj Enttäuschung, Erlebnis (hin)wegkommen über (+akk); Schock, Krankheit sich erholen von; **I can't ~ it** (umg) da komm ich nicht drüber weg (umg) **B** V̄T̄ trennb Ideen etc verständlich machen (to +dat) ◆**get over with** V̄T̄ immer getrennt hinter sich (akk) bringen; **let's get it over with** bringen wirs hinter uns ◆**get past** V̄Ī = **get by 1** ◆**get round** (bes Br) V̄Ī herumkommen (obj um); Schwierigkeit, Gesetz umgehen ◆**get round to** V̄Ī +obj (bes Br umg) **to ~ sth** zu etw kommen; **to ~ doing sth** dazu kommen, etw zu tun ◆**get through A** V̄Ī **1** durchkommen (obj durch) **2 to ~ to the final** in die Endrunde kommen **3** TEL durchkommen (umg) (to sb zu jdm, to Germany nach Deutschland) **4** (≈ sich verständlich machen) **he has finally got through to her** endlich hat er es geschafft, dass sie es begreift **5** +obj Arbeit erledigen; Flasche leer machen; Zeit herumbekommen; (≈ konsumieren) verbrauchen; Teller aufessen **B** V̄T̄ immer getrennt **1** Vorschlag durchbringen (obj durch); **to get sb through an exam** jdn durchs Examen bringen **2** Nachricht durchgeben (to +dat); Versorgungsgüter durchbringen **3 to get sth through (to sb)** (jdm) etw klarmachen ◆**get to** V̄Ī +obj **1** kommen zu; Hotel, Stadt ankommen in (+dat); **where did you ~ last night?** wo bist du gestern Abend abgeblieben? (umg) **2** (umg) **I got to thinking/wondering** ich hab mir überlegt/mich gefragt **3** (umg) aufregen; **don't let them ~ you** ärgere dich nicht über sie ◆**get together A** V̄Ī zusammenkommen, sich zusammenschließen; **why don't we ~ later?** warum treffen wir uns nicht später? **B** V̄T̄ trennb zusammenbringen; Geld zusammenbekommen; **to get one's things together** seine Sachen zusammenpacken ◆**get up A** V̄Ī **1** aufstehen **2** hinaufsteigen (obj auf +akk); (Fahrzeug) hinaufkommen (obj +akk); **he couldn't ~ the stairs** er kam nicht die Treppe hinauf **B** V̄T̄ **1** immer getrennt aus dem Bett holen, aufhelfen (+dat) **2** trennb **to ~ speed** sich beschleunigen; **to get one's strength up** wieder neue Kräfte sammeln; **to ~ an appetite** (umg) Hunger bekommen (umg) ◆**get up to** V̄Ī +obj **1** erreichen; Seite in Buch kommen bis; **as soon as he got up to me** sobald er neben mir stand **2** anstellen (umg); **what have you been getting up to?** was hast du getrieben? (umg)
getaway **A** S̄ Flucht f; **to make one's ~** sich davonmachen (umg) **B** ADJ attr **~ car** Fluchtauto n **get-together** S̄ (umg) Treffen n; **family ~** Familientreffen n **get-up** S̄ (umg) Aufmachung f (umg) **get-well card** S̄ Karte f mit Genesungswünschen

geyser ['giːzəʳ] S̄ GEOL Geysir m
ghastly ['gɑːstlɪ] ADJ (+er) **1** (umg) schrecklich **2** Verbrechen grausig
gherkin ['gɜːkɪn] S̄ Gewürzgurke f (❗ Die Salatgurke heißt **cucumber.**)
ghetto ['getəʊ] S̄, pl **-(e)s** Getto n **ghetto blaster** ['getəʊblɑːstəʳ] S̄ (umg) Gettoblaster m (umg)
ghost [gəʊst] S̄ **1** Gespenst n, Geist m **2** (fig) **I don't have** od **stand the ~ of a chance** ich habe nicht die geringste Chance **ghostly** ['gəʊstlɪ] ADJ (+er) gespenstisch **ghost story** S̄ Geister- od Gespenstergeschichte f **ghost town** S̄ Geisterstadt f **ghost train** S̄ (Br: auf Jahrmarkt) Geisterbahn f
GHQ abk von General Headquarters
GHz abk von gigahertz GHz
GI (US) abk von government issue S̄ GI m
giant ['dʒaɪənt] **A** S̄ Riese m; (fig) (führende) Größe; (≈ Unternehmen) Gigant m; **a ~ of a man** ein Riese (von einem Mann); **publishing ~** Großverlag m **B** ADJ riesig; **~ panda** s Riesenpanda m **giant slalom** S̄ SPORT Riesenslalom m
gibber ['dʒɪbəʳ] V̄Ī schnattern; **a ~ing idiot** ein daherplappernder Idiot **gibberish** ['dʒɪbərɪʃ] S̄ Quatsch m (umg); (unverständlich) Kauderwelsch n
giblets ['dʒɪblɪts] PL Geflügelinnereien pl
Gibraltar [dʒɪ'brɔːltəʳ] S̄ Gibraltar n
giddiness ['gɪdɪnɪs] S̄ Schwindelgefühl n **giddy** ['gɪdɪ] ADJ (+er) **1** (wörtl) schwind(e)lig; **I feel ~** mir ist schwind(e)lig **2** Höhe schwindelnd **3** (fig) ausgelassen
gift [gɪft] S̄ **1** Geschenk n; **that question was a ~** (umg) die Frage war ja geschenkt (umg) **2** Gabe f; **to have a ~ for sth** ein Talent n für etw haben; **she has a ~ for teaching** sie hat eine Begabung zur Lehrerin; **he has a ~ for music** er ist musikalisch begabt **gift certificate** S̄ (US) Geschenkgutschein m **gifted** ['gɪftɪd] ADJ begabt (in für) **gift token, gift voucher** S̄ Geschenkgutschein m **giftwrap A** V̄T̄ in Geschenkpapier einwickeln **B** S̄ Geschenkpapier n
gig [gɪg] S̄ (umg) Konzert n, Gig m (umg); **to do a ~** ein Konzert geben, auftreten
gigabyte ['dʒɪgəbaɪt] S̄ IT Gigabyte n
gigantic [dʒaɪ'gæntɪk] ADJ riesig
giggle ['gɪgl] **A** S̄ Gekicher n kein pl; **to get the ~s** anfangen herumzukichern **B** V̄Ī kichern **giggly** ['gɪglɪ] ADJ (+er) albern
gill [gɪl] S̄ (von Fisch) Kieme f
gilt [gɪlt] **A** S̄ Vergoldung f **B** ADJ vergoldet
gimmick ['gɪmɪk] S̄ effekthascherischer Gag; (≈ Gerät etc) Spielerei f; HANDEL verkaufsfördernde

GIMM ‖ 290

Maßnahme **gimmickry** ['gɪmɪkrɪ] s̲ Effekthascherei f; (in Werbung) Gags pl; (≈ Geräte etc) Spielereien pl **gimmicky** ['gɪmɪkɪ] A̲D̲J̲ effekthascherisch

gin [dʒɪn] s̲ Gin m (❗ Als Getränk hat **gin** keinen Plural. **Gins** sagt man zu verschiedenen Sorten oder einzelnen Gläsern.); ~ **and tonic** Gin Tonic m

ginger ['dʒɪndʒəʳ] A̲ s̲ Ingwer m B̲ A̲D̲J̲ 1̲ GASTR Ingwer- 2̲ Haar kupferrot; Katze rötlich gelb **ginger ale** s̲ Gingerale n (❗ Als Getränk hat **ginger ale** keinen Plural. **Ginger ales** sagt man zu verschiedenen Sorten oder einzelnen Gläsern.) **ginger beer** s̲ Ingwerlimonade f (❗ Als Getränk hat **ginger beer** keinen Plural. **Ginger beers** sagt man zu verschiedenen Sorten oder einzelnen Gläsern.) **gingerbread** A̲ s̲ Lebkuchen m (mit Ingwergeschmack) B̲ A̲D̲J̲ attr Lebkuchen- **gingerly** ['dʒɪndʒəlɪ] A̲D̲V̲ vorsichtig

gipsy ['dʒɪpsɪ] s̲, A̲D̲J̲ = gypsy
giraffe [dʒɪ'rɑːf] s̲ Giraffe f
girder ['gɜːdəʳ] s̲ Träger m
girdle ['gɜːdl] s̲ Hüfthalter m
girl [gɜːl] s̲ Mädchen n, Dirndl n (österr), Tochter f; (≈ Partnerin) Freundin f; **an English ~** eine Engländerin; **I'm going out with the ~s tonight** ich gehe heute Abend mit meinen Freundinnen aus **girl Friday** s̲ Allroundsekretärin f **girlfriend** s̲ Freundin f **Girl Guide** s̲ (Br) Pfadfinderin f (❗ = (US) **Girl Scout**) **girlhood** s̲ Mädchenzeit f, Jugend f; **in her ~** in ihrer Jugend **girlie, girly** ['gɜːlɪ] A̲D̲J̲ attr (umg) girliehaft; Magazin Girlie- **girlish** ['gɜːlɪʃ] A̲D̲J̲ mädchenhaft **Girl Scout** s̲ (US) Pfadfinderin f (❗ = (Br) **Girl Guide**)

giro ['dʒaɪrəʊ] s̲, pl -s (Br) (von Bank) Giro(verkehr m) n; (von Post) Postscheckverkehr m; ~ **(cheque)** Sozialhilfeüberweisung f; **to pay a bill by ~** eine Rechnung durch Überweisung bezahlen
girth [gɜːθ] s̲ Umfang m
gismo s̲, pl -s (umg) = gizmo
gist [dʒɪst] s̲ (❗ kein pl) Wesentliche(s) n; **I got the ~ of it** das Wesentliche habe ich verstanden

---

give [gɪv]
v: prät **gave**, pperf **given**

A transitives Verb   B intransitives Verb
C Substantiv

— A transitives Verb —
1̲ geben; **to ~ sb sth** od **sth to sb** jdm etw geben; **to ~ sb one's cold** (umg) jdn mit seiner Erkältung anstecken; **to ~ sth for sth** (≈ Geld)

etw für etw ausgeben; (≈ Güter) etw gegen etw tauschen; **what will you ~ me for it?** was gibst du mir dafür?; **how much did you ~ for it?** wie viel hast du dafür bezahlt?; **six foot, ~ or take a few inches** ungefähr sechs Fuß 2̲ schenken, spenden; **to ~ sb sth** od **sth to sb** jdm etw schenken; **it was ~n to me by my uncle** ich habe es von meinem Onkel geschenkt bekommen 3̲ Ärger, Freude machen; **to ~ sb support** jdn unterstützen; **to be ~n a choice** die Wahl haben; **to ~ sb a smile** jdn anlächeln; **to ~ sb a push** jdm einen Stoß geben; **to ~ one's hair a brush** sich (dat) die Haare bürsten; **who gave you that idea?** wer hat dich denn auf die Idee gebracht?; **what ~s you that idea?** wie kommst du denn auf die Idee?; **it ~s me great pleasure to ...** es ist mir eine große Freude ...; **to ~ sb a shock** jdm einen Schock versetzen; **to ~ a cry** aufschreien; **to ~ way** nachgeben (to +dat); **~ way to oncoming traffic** (Br) der Gegenverkehr hat Vorfahrt; **"give way"** (Br VERKEHR) „Vorfahrt beachten!", **"Vortritt beachten!"** (schweiz) (❗ = (US) **yield**) 4̲ (≈ als Strafe) erteilen; **he gave the child a smack** er gab dem Kind einen Klaps; **to ~ sb five years** jdn zu fünf Jahren verurteilen; **~ yourself time to recover** lassen Sie sich Zeit, um sich zu erholen; **it's an improvement, I'll ~ you that** es ist eine Verbesserung, das gestehe ich (dir) ein; **he's a good worker, I'll ~ him that** eines muss man ihm lassen, er arbeitet gut 5̲ Informationen, Beschreibung geben; seinen Namen angeben; Entscheidung, Meinung, Ergebnis mitteilen; **~ him my regards** richten Sie ihm (schöne) Grüße von mir aus; **to ~ sb a warning** jdn warnen 6̲ Party geben; Rede halten; Trinkspruch ausbringen (to sb auf jdn); **~ us a song** sing uns was vor; **he gave a shrug** er zuckte mit den Schultern

— B intransitives Verb —
1̲ nachgeben; (Seil, Kabel) reißen 2̲ Geld spenden; **you have to be prepared to ~ and take** (fig) man muss zu Kompromissen bereit sein

— C Substantiv —
Nachgiebigkeit f; (von Bett) Federung f

♦**give away** V̲T̲ trennb 1̲ weggeben, verschenken 2̲ Braut zum Altar führen 3̲ Preise vergeben 4̲ (fig) verraten (to sb an jdn); **to give the game away** (umg) alles verraten ♦**give back** V̲T̲ trennb zurückgeben ♦**give in** A̲ V̲I̲ sich ergeben (to sb jdm); (bei Spiel) aufgeben; (≈ zurückstecken) nachgeben (to +dat); **to ~ to temptation** der Versuchung erliegen B̲ V̲T̲ trennb Aufsatz einreichen ♦**give off** V̲T̲ untrennb Wärme abgeben;

291 ‖ GLIT

Geruch verbreiten ♦**give out** **A** *vi* (*Vorräte, Kräfte*) zu Ende gehen; (*Motor*) versagen; **my voice gave out** mir versagte die Stimme **B** *vt trennb* **1** austeilen **2** bekannt geben **C** *vt untrennb* = give off ♦**give over** **A** *vt trennb* übergeben (*to +dat*) **B** *vi* (*dial umg*) aufhören **C** *vi +obj* aufhören; **~ tickling me!** hör auf, mich zu kitzeln! ♦**give up** **A** *vi* aufgeben **B** *vt trennb* **1** aufgeben; **to ~ doing sth** es aufgeben, etw zu tun; **I'm trying to ~ smoking** ich versuche, das Rauchen aufzugeben; **to give sb/sth up as lost** jdn/etw verloren geben **2** *Platz* frei machen (*to* für); **to give oneself up** sich ergeben ♦**give up on** *vi +präp obj* abschreiben

give-and-take *s* (gegenseitiges) Geben und Nehmen **giveaway** *s* **it was a real ~ when he said ...** er verriet sich, als er sagte ... **given** **A** *pperf* von give **B** *adj* **1** (*mit unbest Artikel*) bestimmt; (*mit best Artikel*) angegeben; **in a ~ period** in einem bestimmten Zeitraum; **within the ~ period** im angegebenen Zeitraum **2** **~ name** (*bes US*) Vorname *m* **3** **to be ~ to sth** zu etw neigen; **I'm not ~ to drinking on my own** ich habe nicht die Angewohnheit, allein zu trinken **C** *konj* **~ that he ...** angesichts der Tatsache, dass er ...; **~ time, we can do it** wenn wir genug Zeit haben, können wir es schaffen; **~ the chance, I would ...** wenn ich die Gelegenheit hätte, würde ich ... **giver** ['gɪvəʳ] *s* Spender(in) *m(f)*
gizmo ['gɪzməʊ] *s*, *pl* -s (*umg*) Ding *n* (*umg*)
glacé ['glæseɪ] *adj* kandiert
glacier ['glæsɪəʳ] *s* Gletscher *m*
glad [glæd] *adj* (+*er*) *präd* froh; **to be ~ about sth** sich über etw (*akk*) freuen; **I'm ~ (about that)** das freut mich; **to be ~ of sth** froh über etw (*akk*) sein; **we'd be ~ of your help** wir wären froh, wenn Sie uns helfen könnten; **I'd be ~ of your opinion on this** ich würde gerne Ihre Meinung dazu hören; **I'm ~ you like it** ich freue mich, dass es Ihnen gefällt; **I'll be ~ to show you everything** ich zeige Ihnen gerne alles **gladden** *vt* erfreuen
gladiator ['glædieɪtəʳ] *s* Gladiator *m*
gladly ['glædlɪ] *adv* gern(e) **gladness** ['glædnəs] *s* Freude *f*
glamor *s* (*US*) = glamour **glamorize** ['glæməraɪz] *vt* idealisieren; *Gewalt* verherrlichen **glamorous** ['glæmərəs] *adj* glamourös; *Anlass* glanzvoll **glamour**, (*US*) **glamor** ['glæməʳ] *s* Glamour *m*; (*von Anlass*) Glanz *m*
glance [glɑːns] **A** *s* Blick *m*; **at first ~** auf den ersten Blick; **to take a quick ~ at sth** einen kurzen Blick auf etw (*akk*) werfen; **we exchanged ~s** wir sahen uns kurz an **B** *vi* blicken; **to ~ at sb/sth** jdn/etw kurz ansehen;

to ~ at *od* **through a report** einen kurzen Blick in einen Bericht werfen ♦**glance off** *vi* (*obj* von) (*Kugel etc*) abprallen
gland [glænd] *s* Drüse *f* **glandular** ['glændjʊləʳ] *adj* **~ fever** Drüsenfieber *n*
glare [gleəʳ] **A** *s* **1** greller Schein; **the ~ of the sun** das grelle Sonnenlicht **2** stechender Blick **B** *vi* **1** (*Licht, Sonne*) grell scheinen **2** (*zornig*) starren; **to ~ at sb/sth** jdn/etw zornig anstarren **glaring** ['gleərɪŋ] *adj* **1** *Sonne, Licht* grell **2** *Beispiel, Unterlassung* eklatant **glaringly** ['gleərɪŋlɪ] *adv* **~ obvious** *Tatsache etc* überdeutlich; **it was ~ obvious that he had no idea** es war nur zu ersichtlich, dass er keine Ahnung hatte

glass [glɑːs] **A** *s* **1** Glas *n*; **a pane of ~** eine Glasscheibe; **a ~ of wine** ein Glas Wein **2** **~es** *pl*, **pair of ~es** Brille *f* **B** *adj attr* Glas- **glass ceiling** *s* (*fig*) gläserne Decke; **she hit the ~** sie kam als Frau beruflich nicht mehr weiter **glass fibre**, (*US*) **glass fiber** *s* Glasfaser *f* **glassful** *s* Glas *n* **glasshouse** *s* (*Br* GARTEN) Gewächshaus *n* **glassy** ['glɑːsɪ] *adj* (+*er*) *Fläche, Meer* spiegelglatt; **~-eyed** *Blick* glasig
glaucoma [glɔːˈkəʊmə] *s* grüner Star
glaze [gleɪz] **A** *s* Glasur *f* **B** *vt* **1** *Fenster* verglasen **2** *Keramik, Kuchen* glasieren **C** *vi* (*Augen*: *a.* **glaze over**) glasig werden; **she had a ~d look in her eyes** sie hatte einen glasigen Blick **glazier** ['gleɪzɪəʳ] *s* Glaser(in) *m(f)* **glazing** ['gleɪzɪŋ] *s* Glasur *f*
gleam [gliːm] **A** *s* Schimmer *m*, Schimmern *n*; **a ~ of light** ein Lichtschimmer *m*; **he had a ~ in his eye** seine Augen funkelten **B** *vi* schimmern; (*Augen*) funkeln **gleaming** ['gliːmɪŋ] *adj* schimmernd; *Augen* funkelnd; **~ white** strahlend weiß
glee [gliː] *s* Freude *f*, Schadenfreude *f*; **he shouted with ~** er stieß einen Freudenschrei aus **gleeful** *adj* vergnügt, schadenfroh
glen [glen] *s* Tal *n*
glib [glɪb] *adj* (+*er*) zungenfertig; *Antwort* leichtzüngig
glide [glaɪd] *vi* gleiten, schweben; (*Flugzeug*) im Gleitflug fliegen **glider** ['glaɪdəʳ] *s* FLUG Segelflugzeug *n* **gliding** ['glaɪdɪŋ] *s* FLUG Segelfliegen *n*
glimmer ['glɪməʳ] **A** *s* **1** (*von Licht*) Schimmer *m* **2** (*fig*) = gleam I **B** *vi* (*Licht*) schimmern; (*Feuer*) glimmen
glimpse [glɪmps] **A** *s* Blick *m*; **to catch a ~ of sb/sth** einen flüchtigen Blick auf jdn/etw werfen können **B** *vt* einen Blick erhaschen von
glisten ['glɪsn] *vi* glänzen; (*Tautropfen*) glitzern
glitch [glɪtʃ] *s* IT Funktionsstörung *f*; **a technical ~** eine technische Panne

GLIT | 292

G

glitter ['glɪtə'] A S Glitzern n; (zur Dekoration) Glitzerstaub m B VII glitzern; (Augen, Diamanten) funkeln **glittering** ['glɪtərɪŋ] ADJ glitzernd; Augen, Diamanten funkelnd; Anlass glanzvoll
glitzy ['glɪtsɪ] ADJ (+er) (umg) glanzvoll
gloat [gləʊt] VII sich großtun (over, about mit); (über jds Unglück) sich hämisch freuen (over, about über +akk); **there's no need to ~ (over me)!** das ist kein Grund zur Schadenfreude!
global ['gləʊbl] ADJ global; Rezession a. weltweit; **~ peace** Weltfrieden m **global economy** S Weltwirtschaft f **globalization** [,gləʊbəlaɪ-'zeɪʃən] S Globalisierung f **globalize** ['gləʊbəlaɪz] VIT&VII globalisieren **globally** ['gləʊbə-lɪ] ADV **1** global **2** allgemein **global trade** S Welthandel m **global village** S Weltdorf n **global warming** S Erwärmung f der Erdatmosphäre **globe** [gləʊb] S Kugel f, Globus m; **all over the ~** auf der ganzen Erde od Welt **globe artichoke** S Artischocke f **globe-trotter** S Globetrotter(in) m(f)
globule ['glɒbjuːl] S Kügelchen n; (von Öl, Wasser) Tröpfchen n
gloom [gluːm] S **1** Düsterkeit f **2** düstere Stimmung **gloomily** ['gluːmɪlɪ] ADV niedergeschlagen, pessimistisch **gloomy** ['gluːmɪ] ADJ (+er) düster; Wetter, Licht trüb; Mensch niedergeschlagen, pessimistisch (about über +akk); Aussichten trübe; **he is very ~ about his chances of success** er beurteilt seine Erfolgschancen sehr pessimistisch
glorification [,glɔːrɪfɪ'keɪʃən] S Verherrlichung f **glorified** ADJ **I'm just a ~ secretary** ich bin nur eine bessere Sekretärin **glorify** ['glɔːrɪfaɪ] VIT verherrlichen **glorious** ['glɔːrɪəs] ADJ **1** herrlich **2** Karriere glanzvoll; Sieg ruhmreich **gloriously** ['glɔːrɪəslɪ] ADV herrlich; **~ happy** überglücklich **glory** ['glɔːrɪ] A S **1** Ruhm m; **moment of ~** Ruhmesstunde f **2** Herrlichkeit f; **they restored the car to its former ~** sie restaurierten das Auto, bis es seine frühere Schönheit wiedererlangt hatte B VII **to ~ in one's/sb's success** sich in seinem/jds Erfolg sonnen
gloss¹ [glɒs] S Glanz m; **~ finish** FOTO Glanz (-beschichtung f) m; (von Farbe) Lackanstrich m
♦gloss over VIT trennb **1** vertuschen **2** beschönigen
gloss² S Erläuterung f; **to put a ~ on sth** etw interpretieren
glossary ['glɒsərɪ] S Glossar n
gloss (paint) S Glanzlack(farbe f) m **glossy** ['glɒsɪ] ADJ (+er) glänzend; **~ magazine** (Hochglanz)magazin n; **~ paper/paint** Glanzpapier n/-lack m; **~ print** FOTO Hochglanzbild n
glove [glʌv] S (Finger)handschuh m; **to fit (sb)**

like a ~ (jdm) wie angegossen passen **glove compartment** S AUTO Handschuhfach n
glove puppet S (Br) Handpuppe f (❶ = (US) **hand puppet**)
glow [gləʊ] A VII glühen; (Uhrzeiger) leuchten; (Lampe) scheinen; **she/her cheeks ~ed with health** sie hatte ein blühendes Aussehen; **to ~ with pride** vor Stolz glühen B S Glühen n; (von Lampe) Schein m; (von Feuer) Glut f; **her face had a healthy ~** ihr Gesicht hatte eine blühende Farbe
glower ['glaʊə'] VII **to ~ at sb** jdn finster ansehen
glowing ['gləʊɪŋ] ADJ Schilderung begeistert; **to speak of sb/sth in ~ terms** voller Begeisterung von jdm/etw sprechen **glow-worm** ['gləʊ,wɜːm] S Glühwürmchen n
glucose ['gluːkəʊs] S Traubenzucker m
glue [gluː] A S Leim m, Pick m (österr) B VIT kleben, picken (österr); **to ~ sth down/on** etw fest-/ankleben; **to ~ sth to sth** etw an etw (dat) festkleben; **to keep one's eyes ~d to sb/sth** jdn/etw nicht aus den Augen lassen; **he's been ~d to the TV all evening** er hängt schon den ganzen Abend vorm Fernseher (umg); **we were ~d to our seats** wir saßen wie gebannt auf unseren Plätzen **glue-sniffing** ['gluː,snɪfɪŋ] S (Klebstoff)schnüffeln n, Pickschnüffeln m (österr)
glum [glʌm] ADJ (+er) niedergeschlagen **glumly** ['glʌmlɪ] ADV niedergeschlagen
glut [glʌt] S Schwemme f
gluten ['gluːtən] S Gluten n
glutinous ['gluːtɪnəs] ADJ klebrig
glutton ['glʌtn] S Vielfraß m; **she's a ~ for punishment** sie ist die reinste Masochistin (umg) **gluttonous** ['glʌtənəs] ADJ (wörtl, fig) unersättlich; Mensch gefräßig **gluttony** ['glʌtənɪ] S Völlerei f
glycerin(e) ['glɪsəriːn] S Glyzerin n
GM abk von genetically modified; **~ foods** pl gentechnisch veränderte Lebensmittel pl
gm abk von gram(s), gramme(s) g
GMO S abk von genetically modified organism genetisch veränderter Organismus, GVO m
GMT abk von Greenwich Mean Time WEZ
gnash [næʃ] VIT **to ~ one's teeth** mit den Zähnen knirschen
gnat [næt] S (Stech)mücke f
gnaw [nɔː] A VIT nagen an (+dat); Loch nagen B VII nagen; **to ~ at** od **on sth** an etw (dat) nagen; **to ~ at sb** (fig) jdn quälen **gnawing** ['nɔːɪŋ] ADJ Zweifel, Schmerz nagend; Angst quälend
gnome [nəʊm] S Gnom m, Gartenzwerg m
GNP abk von gross national product BSP

GNVQ (*Br* SCHULE) *abk* von **General National Vocational Qualification** ≈ Berufsschulabschluss *m*

 GNVQ

Die **G**eneral **N**ational **V**ocational **Q**ualification in Großbritannien bietet berufsbezogene Ausbildungen und Prüfungen auf unterschiedlichem Niveau an, z. B. dem **GCSE** (**G**eneral **C**ertificate of **S**econdary **E**ducation) entsprechend. Sie wird zunehmend an Schulen, v. a. aber an **Colleges of Further Education** (weiterbildende Schulen) angeboten.

LANDESKUNDE

go [gəʊ]
v: prät **went**, *pperf* **gone**

A intransitives Verb	B Hilfsverb
C transitives Verb	D Substantiv

— **A** intransitives Verb —

1 gehen, fahren, fliegen, reisen; (*Straße*) führen; **the doll goes everywhere with her** sie nimmt die Puppe überallhin mit; **you go first** geh du zuerst!; **you go next** du bist der Nächste; **there you go** bitte; (≈ *rechthaberisch*) na bitte; **here we go again!** (*umg*) jetzt geht das schon wieder los! (*umg*); **where do we go from here?** (*wörtl*) wo gehen wir anschließend hin?; (*fig*) und was (wird) jetzt?; **to go to church/school** in die Kirche/Schule gehen (⚠ Englisch ohne **the**); **to go to school in Oxford** die Schule in Oxford besuchen; **to go to evening classes** Abendkurse besuchen; **to go to work** zur Arbeit gehen; **what shall I go in?** was soll ich anziehen?; **the garden goes down to the river** der Garten geht bis zum Fluss hinunter; **to go to France** nach Frankreich fahren; **I have to go to the doctor** ich muss zum Arzt (gehen); **to go to war** Krieg führen (*over* wegen); **to go to sb for sth** jdn wegen etw fragen, bei jdm etw holen; **to go on a journey** eine Reise machen; **to go on a course** einen Kurs machen; **to go on holiday** (*Br*) *od* **vacation** (*US*) in Urlaub gehen; **to go for a walk** spazieren gehen; **to go for a newspaper** eine Zeitung holen gehen; **go and shut the door** mach mal die Tür zu; **he's gone and lost his new watch** (*umg*) er hat seine neue Uhr verloren; **now you've gone and done it!** (*umg*) na, jetzt hast du es geschafft!; **to go shopping** einkaufen gehen; **to go looking for sb/sth** nach jdm/etw suchen **2** gehen, (ab)fahren, (ab)fliegen; **has he gone yet?** ist er schon weg?; **we must go** *od* **be going** (*umg*) wir müssen gehen; **go!** SPORT los!; **here goes!** jetzt gehts los! (*umg*) **3** verschwinden, aufgebraucht werden; (*Zeit*) vergehen; **it is** *od* **has gone** es ist weg; **where has it gone?** wo ist es geblieben?; **all his money goes on computer games** er gibt sein ganzes Geld für Computerspiele aus; **£75 a week goes on rent** £ 75 die Woche sind für die Miete (weg); **it's just gone three** es ist kurz nach drei; **two days to go till …** noch zwei Tage bis …; **two exams down and one to go** zwei Prüfungen geschafft und eine kommt noch **4** verschwinden, abgeschafft werden; **that settee will have to go** das Sofa muss weg; **hundreds of jobs will go** Hunderte von Stellen werden verloren gehen **5** (≈ *sich verkaufen*) **the hats aren't going very well** die Hüte gehen nicht sehr gut (weg); **it went for £5** es ging für £ 5 weg; **how much did the house go for?** für wie viel wurde das Haus verkauft?; **going, going, gone!** zum Ersten, zum Zweiten, und zum Dritten!; **he has gone so far as to accuse me** er ist so weit gegangen, mich zu beschuldigen **6** (*Preis etc*) gehen (*to* an +*akk*) **7** (*Uhr*) gehen; (*Auto, Maschine*) laufen; **to make sth go** etw in Gang bringen; **to get going** in Schwung kommen; **to get sth going** etw in Gang bringen, etw in Fahrt bringen; **to keep going** weitermachen; (*Maschine*) weiterlaufen; (*Auto*) weiterfahren; **keep going!** weiter!; **to keep the fire going** das Feuer anbehalten; **this prospect kept her going** diese Aussicht hat sie durchhalten lassen; **here's £50 to keep you going** hier hast du erst mal £ 50 **8** (*Veranstaltung, Abend*) verlaufen; **how does the story go?** wie war die Geschichte noch mal?; **we'll see how things go** (*umg*) wir werden sehen, wie es läuft (*umg*); **the way things are going I'll …** so wie es aussieht, werde ich …; **she has a lot going for her** sie ist gut dran; **how's it going?** (*umg*) wie gehts (denn so)? (*umg*); **how did it go?** wie wars?; **how's the essay going?** was macht der Aufsatz?; **everything is going well** alles läuft gut; **if everything goes well** wenn alles gut geht **9** (≈ *nicht mehr funktionieren*) kaputtgehen; (*Kräfte, Augenlicht*) nachlassen; (*Bremsen*) versagen; **his mind is going** er lässt geistig sehr nach **10** werden; **to go deaf** taub werden; **to go hungry** hungern; **I went cold** mir wurde kalt; **to go to sleep** einschlafen **11** gehen, passen, hingehören; (*in Schublade etc*) (hin)kommen; (≈ *harmonieren*) dazu passen; **4 into 12 goes 3** 4 geht in 12 dreimal; **4 into 3**

GOAB | 294

won't go **3** durch 4 geht nicht **12** (≈ *Geräusch verursachen*) machen; **to go bang** peng machen; **there goes the bell** es klingelt **13** **anything goes!** alles ist erlaubt; **that goes for me too** das meine ich auch; **there are several jobs going** es sind mehrere Stellen zu haben; **large fries to go** (US) eine große Portion Pommes zum Mitnehmen; **the money goes to help the poor** das Geld soll den Armen helfen; **the money will go toward(s) a new car** das ist Geld für ein neues Auto; **he's not bad as bosses go** verglichen mit anderen Chefs ist er nicht übel

— **B** Hilfsverb —

I'm/I was going to do it ich werde/wollte es tun; **I had been going to do it** ich habe es tun wollen; **it's going to rain** es wird wohl regnen

— **C** transitives Verb —

1 *Strecke* gehen; (*Auto*) fahren; **my mind went a complete blank** ich hatte ein Brett vor dem Kopf (*umg*) **2** (*umg*) sagen

— **D** Substantiv —

pl goes **1** (*umg*) Schwung *m*; **to be on the go** auf Trab sein (*umg*); **he's got two women on the go** er hat zwei Frauen gleichzeitig; **it's all go** es ist immer was los (*umg*) **2** Versuch *m*; **at the first go** auf Anhieb (*umg*); **at the second go** beim zweiten Versuch; **at** *od* **in one go** auf einen Schlag (*umg*); (*austrinken*) in einem Zug (*umg*); **to have a go** (*Br*) es probieren; **to have a go at doing sth** versuchen, etw zu tun; **have a go!** versuchs *od* probiers (*umg*) doch mal!; **to have a go at sb** (*umg*) jdn runterputzen (*umg*) **3** **it's your go** du bist an der Reihe; **miss one go** (*Br*) einmal aussetzen; **can I have a go?** darf ich mal? **4** **to make a go of sth** in etw (*dat*) Erfolg haben; **from the word go** von Anfang an

♦**go about** **A** v̅i̅ **1** (*Br*) herumlaufen; **to ~ with sb** mit jdm zusammen sein **2** (*Br*) (*Grippe etc*) umgehen **B** v̅i̅ +obj **1** *Aufgabe* anpacken; **how does one ~ finding a job?** wie bekommt man eine Stelle? **2** *Arbeit* erledigen; **to ~ one's business** sich um seine eigenen Geschäfte kümmern ♦**go across** **A** v̅i̅ +obj überqueren **B** v̅i̅ hinübergehen, hinüberfahren ♦**go after** v̅i̅ +obj **1** nachgehen (+*dat*), nachfahren (+*dat*); **the police went after the escaped criminal** die Polizei hat den entkommenen Verbrecher gejagt **2** anstreben ♦**go against** v̅i̅ +obj **1** (*Glück*) sein gegen; (*Ereignisse*) ungünstig verlaufen für; **the verdict went against her** das Urteil fiel zu ihren Ungunsten aus; **the vote went against her** sie verlor die Abstimmung **2** im Widerspruch stehen zu; *Prinzipien* gehen gegen; jdm sich wi-

dersetzen (+*dat*); jds Wünschen zuwiderhandeln (+*dat*) ♦**go ahead** v̅i̅ **1** vorangehen; (*in Rennen*) sich an die Spitze setzen; (≈ *früher*) vorausgehen, vorausfahren; **to ~ of sb** vor jdm gehen, sich vor jdn setzen, jdm vorausgehen/-fahren **2** es machen; (*Projekt*) vorangehen; (*Veranstaltung*) stattfinden; **~!** nur zu!; **to ~ with sth** etw durchführen ♦**go along** v̅i̅ **1** entlanggehen; (*zu Konzert etc*) hingehen; **to ~ to sth** zu etw gehen; **as one goes along** nach und nach, nebenbei; **I made the story up as I went along** ich habe mir die Geschichte beim Erzählen ausgedacht **2** mitgehen (*with* mit) **3** zustimmen (*with* +*dat*) ♦**go around** v̅i̅ = go about I, go round ♦**go away** v̅i̅ (weg)gehen; (*auf Urlaub*) wegfahren ♦**go back** v̅i̅ **1** zurückgehen, zurückkehren (*to* zu); **they have to ~ to Germany/school** sie müssen wieder nach Deutschland zurück/zur Schule; **when do the schools ~?** wann fängt die Schule wieder an?; **to ~ to the beginning** wieder von vorn anfangen; **there's no going back** es gibt kein Zurück mehr **2** (≈ *zeitlich*) zurückreichen (*to* bis zu); **we ~ a long way** wir kennen uns schon ewig **3** (*Uhr*) zurückgestellt werden ♦**go back on** v̅i̅ +obj zurücknehmen; *Entscheidung a.* rückgängig machen; **I never ~ my word** was ich versprochen habe, halte ich auch ♦**go before** **A** v̅i̅ vorangehen; **everything that had gone before** alles Vorhergehende **B** v̅i̅ +obj **to ~ the court** vor Gericht erscheinen ♦**go beyond** v̅i̅ +obj hinausgehen über (+*akk*) ♦**go by** **A** v̅i̅ vorbeigehen, vorbeifahren (*obj* an +*dat*); (*Zeit*) vergehen; **as time went by** mit der Zeit; **in days gone by** in längst vergangenen Tagen **B** v̅i̅ +obj **1** (≈ *bei Entscheidung etc*) gehen nach; *Uhr* sich richten nach; *Regeln* sich halten an (+*akk*); **if that's anything to ~** wenn man danach gehen kann; **going by what he said** nach dem, was er sagte **2** **to ~ the name of Smith** Smith heißen ♦**go down** v̅i̅ **1** hinuntergehen (*obj* +*akk*), hinunterfahren (*obj* +*akk*); (*Sonne, Schiff*) untergehen; (*Flugzeug*) abstürzen; **to ~ on one's knees** sich hinknien; (*um sich zu entschuldigen*) auf die Knie fallen **2** (≈ *akzeptiert werden*) ankommen (*with* bei); **that won't ~ well with him** das wird er nicht gut finden **3** (*Flut, Schwellung*) zurückgehen; (*Preise*) sinken; **he has gone down in my estimation** er ist in meiner Achtung gesunken; **to ~ in history** in die Geschichte eingehen; **to ~ with a cold** eine Erkältung bekommen **4** gehen (*to* bis); **I'll ~ to the bottom of the page** ich werde die Seite noch fertig machen **5** IT ausfallen **6** SPORT absteigen; (≈ *in Spiel*) verlieren; **they went down 2-1 to Rang-**

ers sie verloren 2:1 gegen Rangers (❶ in GB gesprochen **two one**, in den USA gesprochen **two to one**) ◆**go for** *vi* +obj ❶ (*umg* ≈ *angreifen*) losgehen auf (+*akk*) (*umg*) ❷ (*umg*) gut finden; (≈ *auswählen*) nehmen; **~ it!** nichts wie ran! (*umg*) ◆**go in** *vi* ❶ hineingehen ❷ (*Sonne*) verschwinden ❸ hineinpassen ◆**go in for** *vi* +obj ❶ *Wettbewerb* teilnehmen an (+*dat*) ❷ **to ~ sports** sich für Sport interessieren ◆**go into** *vi* +obj ❶ *Haus, Politik* gehen in (+*akk*); *Militär etc* gehen zu; **to ~ teaching** Lehrer(in) werden ❷ *Auto* (hinein)fahren in (+*akk*); *Mauer* fahren gegen ❸ *Koma* fallen in (+*akk*); **to ~ hysterics** hysterisch werden ❹ sich befassen mit, abhandeln; **to ~ detail** auf Einzelheiten eingehen; **a lot of effort has gone into it** da steckt viel Mühe drin ◆**go off** **A** *vi* ❶ weggehen, wegfahren (*on* mit); **he went off to the States** er fuhr in die Staaten; **to ~ with sb/sth** mit jdm/ etw auf und davon gehen (*umg*) ❷ (*Licht*) ausgehen; (*Strom*) wegbleiben ❸ (*Waffe etc*) losgehen; (*Wecker*) klingeln ❹ (*Br: Lebensmittel*) schlecht werden; (*Milch*) sauer werden ❺ verlaufen; **to ~ well/badly** gut/schlecht gehen **B** *vi* +obj (*Br*) nicht mehr mögen; **I've gone off him** ich mache mir nichts mehr aus ihm ◆**go on** **A** *vi* ❶ ❶ passen (*obj* auf +*akk*) ❷ (*Licht*) angehen ❸ weitergehen, weiterfahren; **to ~ with sth** mit etw weitermachen; **to ~ trying** es weiter(hin) versuchen; **~ with your work** arbeite weiter; **to ~ speaking** weitersprechen; **~, tell me!** na, sag schon!; **he went on to say that ...** dann sagte er, dass ...; **I can't ~** ich kann nicht mehr ❹ unaufhörlich reden; **don't ~ (about it)** nun hör aber (damit) auf; **to ~ about sb/sth** stundenlang von jdm/etw erzählen ❺ passieren; (*Party etc*) im Gange sein; **this has been going on for a long time** das geht schon lange so; **what's going on here?** was geht hier vor? ❻ (*Zeit*) vergehen; **as time goes on** im Laufe der Zeit ❼ THEAT auftreten **B** *vi* +obj ❶ *Bus, Fahrrad* fahren mit; *Fahrt* machen ❷ gehen nach; **we've got nothing to ~** wir haben keine Anhaltspunkte ❸ **to ~ the dole** (*Br*) stempeln gehen (*umg*) **to ~ a diet** eine Schlankheitskur machen; **to ~ the pill** die Pille nehmen; **to ~ television** im Fernsehen auftreten ◆**go on for** *vi* +obj *Alter* zugehen auf (+*akk*); **there were going on for twenty people there** es waren fast zwanzig Leute da ◆**go out** *vi* ❶ hinausgehen; **to ~ of a room** aus einem Zimmer gehen ❷ weggehen; (*ins Theater etc, a. Feuer*) ausgehen; (*mit Freund(in)*) gehen; **to ~ for a meal** essen gehen; **to ~ to work** arbeiten gehen; **to ~ on strike** in den Streik treten ❸ (*Flut*) zurückgehen ❹ **my heart went out to him** ich fühlte mit ihm

❺ SPORT ausscheiden ❻ **to go all out** sich ins Zeug legen (*for* für) ❼ (RADIO, TV: *Sendung*) ausgestrahlt werden ◆**go over** **A** *vi* ❶ hinübergehen, hinüberfahren ❷ (≈ *zu anderer Ansicht, Diät*) übergehen (*to* zu) ❸ (TV, RADIO: *in anderes Studio etc*) umschalten **B** *vi* +obj durchgehen; **to ~ sth in one's mind** etw überdenken ◆**go past** *vi* vorbeigehen (*obj* an +*dat*); (*Auto*) vorbeifahren (*obj* an +*dat*); (*Zeit*) vergehen ◆**go round** *vi* (*bes Br*) ❶ sich drehen ❷ (≈ *Umweg machen*) **to ~ sth** um etw herumgehen/-fahren ❸ (≈ *besuchen*) vorbeigehen (*to* bei) ❹ (*in Museum etc*) herumgehen (*obj* in +*dat*) ❺ (aus)reichen; **there's enough food to ~** es ist genügend zu essen da ❻ +obj (≈ *einkreisen*) herumgehen um ❼ = go about | ◆**go through** **A** *vi* durchgehen; (*Geschäft*) abgeschlossen werden; (*Scheidung, Gesetz*) durchkommen; SPORT sich qualifizieren (*to* für) **B** *vi* +obj ❶ *Loch, Zoll* gehen durch ❷ *Formalitäten* durchmachen ❸ *Liste* durchgehen ❹ *Tasche* durchsuchen ❺ aufbrauchen; *Geld* ausgeben ◆**go through with** *vi* +obj *Verbrechen* ausführen; **she couldn't ~ it** sie brachte es nicht fertig ◆**go together** *vi* zusammenpassen ◆**go under** **A** *vi* untergehen; (*Firma*) eingehen (*umg*) **B** *vi* +obj ❶ durchgehen unter (+*dat*); (≈ *größenmäßig*) passen unter (+*akk*) ❷ **to ~ the name of Jones** als Jones bekannt sein ◆**go up** *vi* ❶ (*Preis*) steigen ❷ hinaufsteigen (*obj* +*akk*) ❸ (*Aufzug* ≈ *nach Norden reisen*) hochfahren; (THEAT: *Vorhang*) hochgehen; (*Häuser*) gebaut werden ❹ **to ~ in flames** in Flammen aufgehen ◆**go with** *vi* +obj ❶ jdm gehen mit ❷ passen zu ◆**go without** **A** *vi* +obj nicht haben; **to ~ food** nichts essen; **to ~ breakfast** nicht frühstücken; **to have to ~ sth** auf etw (*akk*) verzichten müssen **B** *vi* darauf verzichten

goad [ɡəʊd] *vt* aufreizen; **to ~ sb into sth** jdn zu etw anstacheln

go-ahead ['ɡəʊəhed] **A** *adj* fortschrittlich **B** *s̄* **to give sb/sth the ~** jdm/für etw grünes Licht geben

goal [ɡəʊl] *s̄* ❶ SPORT Tor *n*; **to score a ~** ein Tor erzielen ❷ *Ziel n*; **to set (oneself) a ~** (*sich dat*) ein Ziel setzen **goal area** *s̄* Torraum *m* **goal difference** *s̄* Tordifferenz *f* **goalie** ['ɡəʊlɪ] *s̄* (*umg*) Tormann *m*/-frau *f* **goalkeeper** *s̄* Torhüter(in) *m(f)* **goal kick** *s̄* Abstoß *m* (vom Tor) **goal line** *s̄* Torlinie *f* **goalmouth** *s̄* unmittelbarer Torbereich **goalpost** *s̄* Torpfosten *m*; **to move the ~s** (*fig umg*) die Spielregeln (ver)ändern

goat [ɡəʊt] *s̄* Ziege *f* **goatee (beard)** [ɡəʊˈtiː(ˌbɪəd)] *s̄* Spitzbart *m* **goat's cheese** *s̄* Ziegenkäse *m*

gob[1] [ɡɒb] *vi* (*Br umg*) spucken; **to ~ at sb** jdn

GOB | 296

anspucken

gob² Ṣ (*Br umg ≈ Mund*) Schnauze *f* (*umg*); **shut your ~!** halt die Schnauze! (*umg*)

gobble ['gɒbl] ⅤⒻ verschlingen ♦**gobble down** ⅤⒻ *trennb* hinunterschlingen ♦**gobble up** ⅤⒻ *trennb* verschlingen

gobbledegook, gobbledygook ['gɒbldɪ-,guːk] Ṣ (*umg*) Kauderwelsch *n*

go-between ['gəʊbɪ,twiːn] Ṣ, *pl* -s Vermittler(in) *m(f)*

goblet ['gɒblɪt] Ṣ Pokal *m*

goblin ['gɒblɪn] Ṣ Kobold *m*

go-cart ['gəʊkɑːt] Ṣ (≈ *für Kinder*) Seifenkiste *f*; SPORT Gokart *m*

god [gɒd] Ṣ Gott *m* (❗ Der christliche Gott wird großgeschrieben, heidnische Götter werden kleingeschrieben.); **God willing** so Gott will; **God (only) knows** (*umg*) wer weiß; **for God's sake!** (*umg*) um Himmels willen (*umg*); **what/why in God's name ...?** um Himmels willen, was/warum ...? **god-awful** ADJ (*umg*) beschissen (*umg*) **godchild** Ṣ Patenkind *n* **goddammit** [,gɒd'dæmɪt] INT verdammt noch mal! (*umg*) **goddamn, goddam** ADJ (*bes US umg*) gottverdammt (*umg*); **it's no ~ use!** es hat überhaupt keinen Zweck, verdammt noch mal! (*umg*) **goddamned** ADJ = goddamn **goddaughter** Ṣ Patentochter *f* **goddess** ['gɒdɪs] Ṣ Göttin *f* **godfather** Ṣ Pate *m*; **my ~** mein Patenonkel *m* **godforsaken** ADJ (*umg*) gottverlassen **godless** ADJ gottlos **godmother** Ṣ Patin *f*; **my ~** meine Patentante *f* **godparent** Ṣ Pate *m*, Patin *f* **godsend** Ṣ Geschenk *n* des Himmels **godson** Ṣ Patensohn *m*

-goer Ṣ *suf* -gänger(in) *m(f)*; **cinemagoer** Kinogänger(in) *m(f)*

goes [gəʊz] 3. *Person sg präs* von **go**

go-getter ['gəʊgetəʳ] Ṣ (*umg*) Ellbogentyp *m* (*pej umg*)

goggle ['gɒgl] ⅤⒾ starren; **to ~ at sb/sth** jdn/etw anstarren **goggles** ['gɒglz] PL Schutzbrille *f*

going ['gəʊɪŋ] A *ppr* von **go** B Ṣ ❶ Weggang *m* ❷ **it's slow ~** es geht nur langsam voran; **that's good ~** das ist ein flottes Tempo; **it's heavy ~ talking to him** es ist sehr mühsam, sich mit ihm zu unterhalten; **while the ~ is good** (noch) rechtzeitig C ADJ ❶ *Satz, Rate* üblich ❷ (*nach sup: umg*) **the best thing ~** das Beste überhaupt ❸ **to sell a business as a ~ concern** ein bestehendes Unternehmen verkaufen **goings-on** [,gəʊɪŋ'zɒn] PL (*umg*) Dinge *pl*

go-kart ['gəʊ,kɑːt] Ṣ Gokart *m*

gold [gəʊld] A Ṣ ❶ Gold *n* ❷ (*umg*) Goldmedaille *f* B ADJ golden; **~ jewellery** (*Br*) *od* **jewelry** (*US*)

Goldschmuck *m*; **~ coin** Goldmünze *f* **gold disc** Ṣ goldene Schallplatte **gold dust** Ṣ **to be (like) ~** (*fig*) sehr schwer zu finden sein **golden** ['gəʊldən] ADJ golden; *Haare* goldblond; **fry until ~** anbräunen; **a ~ opportunity** eine einmalige Gelegenheit **golden age** Ṣ (*fig*) Blütezeit *f* **golden eagle** Ṣ Steinadler *m* **golden goal** Ṣ FUSSB Golden Goal *n* **golden rule** Ṣ goldene Regel; **my ~ is never to ...** ich mache es mir zu Regel, niemals zu ... **golden syrup** Ṣ (*Br*) (gelber) Sirup **golden wedding (anniversary)** Ṣ goldene Hochzeit **goldfish** Ṣ, *pl* - Goldfisch *m* **goldfish bowl** Ṣ Goldfischglas *n* **gold leaf** Ṣ Blattgold *n* **gold medal** Ṣ Goldmedaille *f* **gold medallist** Ṣ Goldmedaillengewinner(in) *m(f)* **gold mine** Ṣ Goldgrube *f* **gold-plate** ⅤⒻ vergolden **gold rush** Ṣ Goldrausch *m* **goldsmith** Ṣ Goldschmied(in) *m(f)*

golf [gɒlf] Ṣ Golf *n* **golf bag** Ṣ Golftasche *f* **golf ball** Ṣ Golfball *m* **golf club** Ṣ ❶ Golfschläger *m* ❷ Golfklub *m* **golf course** Ṣ Golfplatz *m* **golfer** ['gɒlfəʳ] Ṣ Golfer(in) *m(f)*

gondola ['gɒndələ] Ṣ Gondel *f*

gone [gɒn] A *pperf* von **go** B ADJ *präd* (*umg* ≈ *schwanger*) **she was 6 months ~** sie war im 7. Monat C PRÄP **it's just ~ three** es ist gerade drei Uhr vorbei

gong [gɒŋ] Ṣ ❶ Gong *m* ❷ (*Br umg ≈ Medaille*) Blech *n* (*umg*)

gonna ['gɒnə] = going to

gonorrhoea, (*US*) **gonorrhea** [,gɒnə'rɪə] Ṣ Gonorrhö *f*, Tripper *m*

goo [guː] Ṣ (*umg*) (❗ kein *pl*) Schmiere *f* (*umg*)

good [gʊd]

A Adjektiv	B Adverb
C Substantiv	

— A Adjektiv —

,*komp* **better**, *sup* **best** ❶ gut; **that's a ~ one!** das ist ein guter Witz; (*meist iron: bei Ausrede*) wers glaubt, wird selig! (*umg*); **you've done a ~ day's work** du hast gute Arbeit (für einen Tag) geleistet; **a ~ meal** eine ordentliche Mahlzeit; **to be ~ with people** gut mit Menschen umgehen können; **it's too ~ to be true** es ist zu schön, um wahr zu sein; **to be ~ for sb** gut für jdn sein; **it's a ~ thing** *od* **job I was there** (nur) gut, dass ich dort war; **~ nature** Gutmütigkeit *f*; **to be ~ to sb** gut zu jdm sein; **that's very ~ of you** das ist sehr nett von Ihnen; **(it was) ~ of you to come** nett, dass Sie gekommen sind; **would you be ~ enough to tell me ...** wären Sie so nett, mir zu sagen ... (a. iron); **~ old Charles!** der gute alte Charles!; **the car is ~ for another few years** das Auto hält noch ein paar Jahre; **she's ~ for nothing** sie ist ein Nichtsnutz; **that's always ~ for a laugh** darüber kann man immer lachen; **to have a ~ cry** sich ausweinen; **to have a ~ laugh** so richtig lachen (*umg*); **to take a ~ look at sth** sich (*dat*) etw gut ansehen; **it's a ~ 8 km** es sind gute 8 km; **a ~ many people** ziemlich viele Leute; **~ morning** guten Morgen; **to be ~ at sth** gut in etw (*dat*) sein; **to be ~ at sport/languages** gut im Sport/in Sprachen sein; **to be ~ at sewing** gut nähen können; **I'm not very ~ at it** ich kann es nicht besonders gut; **that's ~ enough** das reicht; **if he gives his word, that's ~ enough for me** wenn er sein Wort gibt, reicht mir das; **it's just not ~ enough!** so geht das nicht!; **to feel ~** sich wohlfühlen; **I don't feel too ~ about it** mir ist nicht ganz wohl dabei; **to make ~** *Fehler* wiedergutmachen; *Drohung* wahr machen; **to make ~ one's losses** seine Verluste wettmachen; **as ~ as new** so gut wie neu; **he as ~ as called me a liar** er nannte mich praktisch einen Lügner **2** *Urlaub, Abend* schön; **did you have a ~ day?** wie wars heute?; **to have a ~ time** sich gut amüsieren; **have a ~ time!** viel Spaß! **3** artig; **(as) ~ as gold** mustergültig; **be a ~ girl/boy and ...** sei so lieb und ...; **~ girl/boy!** gut!; **that's a ~ dog!** guter Hund! **4** *Auge, Bein* gesund **5** gut, prima; **(it's) ~ to see you** (es ist) schön, dich zu sehen; **~ grief** *od* **gracious!** ach du liebe Güte! (*umg*); **~ for you** *etc*! gut!, prima! **6** schön; **~ and hard** (*umg*) ganz schön fest (*umg*); **~ and proper** (*umg*) ganz anständig (*umg*)

— **B** *Adverb* —

gut; **how are you? — ~!** wie gehts? — gut!

— **C** *Substantiv* —

1 Gute(s) *n*; **~ and evil** Gut und Böse; **to do ~** Gutes tun; **to be up to no ~** (*umg*) nichts Gutes im Schilde führen (*umg*) **2** Wohl *n*; **for the ~ of the nation** zum Wohl(e) der Nation; **I did it for your own ~** ich habe es nur gut mit dir gemeint; **for the ~ of one's health** *etc* seiner Gesundheit *etc* zuliebe; **he'll come to no ~** mit ihm wird es noch ein böses Ende nehmen; **what's the ~ of hurrying?** wozu eigentlich die Eile?; **if that is any ~ to you** wenn es dir hilft; **to do (some) ~** (etwas) helfen *od* nützen; **to do sb ~** jdm helfen; (*Ruhe, Arznei*) jdm guttun; **what ~ will that do you?** was hast du davon?; **that's no ~** das ist nichts; **he's no ~ to us** er nützt uns (*dat*) nichts; **it's no ~ doing it like that** es hat keinen Sinn, das so zu machen; **he's no ~ at**

it er kann es nicht **3** **for ~** für immer
goodbye [gʊdˈbaɪ] **A** 5 Abschied *m*; **to say ~** sich verabschieden; **to wish sb ~, to say ~ to sb** sich von jdm verabschieden; **to say ~ to sth** einer Sache (*dat*) Lebewohl sagen **B** INT Auf Wiedersehen, servus! (*österr*) **C** ADJ attr Abschieds- **good-for-nothing** 5 Nichtsnutz *m*, Fink *m* (*schweiz*) **Good Friday** 5 Karfreitag *m* **good-humoured**, (*US*) **good-humored** ADJ gutmütig, gut gelaunt; *Veranstaltung* friedlich
good-looking ADJ gut aussehend **good-natured** ADJ gutmütig; *Demonstration* friedlich; *Spaß* harmlos **goodness** [ˈgʊdnɪs] 5 Güte *f*; **out of the ~ of his/her heart** aus reiner Herzensgüte; **~ knows** weiß der Himmel (*umg*); **for ~' sake** um Himmels willen (*umg*); **(my) ~!** meine Güte! (*umg*) **goodnight** [gʊdˈnaɪt] ADJ attr **~ kiss** Gutenachtkuss *m* **goods** [gʊdz] PL Güter *pl*; **leather ~** Lederwaren *pl*; **stolen ~** Diebesgut *n*; **~ train** Güterzug *m*; **if we don't come up with the ~ on time** (*umg*) wenn wir es nicht rechtzeitig schaffen **goods depot** 5 (*Br*) Güterbahnhof *m* (❗ = (US) **freight depot**) **good-sized** ADJ ziemlich groß **goods train** 5 (*Br*) Güterzug *m* (❗ = (US) **freigth train**) **goods truck** 5 (*Br*) Güterwagen *m* (❗ = (US) **freight car**) **good-tempered** ADJ verträglich; *Tier* gutartig; *Verhalten* gutmütig **goodwill** 5 Wohlwollen *n*; (*zwischen Nationen*) Goodwill *m*; **a gesture of ~** ein Zeichen seines/ihres *etc* guten Willens **goody** [ˈgʊdɪ] (*umg*) 5 Leckerbissen *m*, Süßigkeit *f* **goody-goody** (*umg*) 5 Musterkind *n* (*umg*)
gooey [ˈguːɪ] ADJ (+er) (*umg*) klebrig
goof [guːf] (*umg*) VII **1** danebenhauen (*umg*) **2** (*US: a.* **goof around**) (herum)trödeln (*umg*); **to ~ off** abzwitschern (*umg*) **goofy** [ˈguːfɪ] ADJ (+er) (*umg*) doof (*umg*)
google [ˈguːgl] VT IT googeln nach, im Internet suchen
goose [guːs] 5, *pl* geese Gans *f* **gooseberry** [ˈgʊzbəri] 5 Stachelbeere *f* **goose bumps** PL, **goose flesh** 5 Gänsehaut *f* **goose pimples** PL (*Br*) Gänsehaut *f*
gorge [gɔːdʒ] **A** 5 GEOG Schlucht *f* **B** VR schlemmen; **to ~ (oneself) on sth** etw verschlingen
gorgeous [ˈgɔːdʒəs] ADJ **1** herrlich **2** (*umg*) hinreißend; *Geschenk* toll (*umg*); **his new girlfriend is ~** seine neue Freundin sieht klasse aus (*umg*)
gorilla [gəˈrɪlə] 5 Gorilla *m*
gory [ˈgɔːrɪ] ADJ blutrünstig; *Mord, Tat* blutig
gosh [gɒʃ] INT Mensch (*umg*), Mann (*umg*)
gospel [ˈgɒspəl] 5 BIBEL Evangelium *n*; **the Gospels** die Evangelien *pl* **gospel truth** 5

GOSS | 298

(umg) reine Wahrheit

gossip ['gɒsɪp] **A** S̲ **1** (❗ kein pl) Klatsch m, Schwatz m; **to have a ~ with sb** mit jdm schwatzen **2** Klatschbase f **B** V̅I̅ schwatzen, klatschen **gossip column** S̲ Klatschkolumne od -spalte f

got [gɒt] prät, pperf von get

Gothic ['gɒθɪk] A̅D̅J̅ gotisch

gotta ['gɒtə] = got to; **I ~ go** ich muss gehen

gotten ['gɒtn] (bes US) pperf von get

gouge [gaʊdʒ] V̅T̅ bohren; **the river ~d a channel in the mountainside** der Fluss grub sich (dat) sein Bett in den Berg ♦**gouge out** V̅T̅ trennb herausbohren; **to gouge sb's eyes out** jdm die Augen ausstechen

goulash ['guːlæʃ] S̲ Gulasch n

gourd [gʊəd] S̲ Flaschenkürbis m; (getrocknet) Kürbisflasche f

gourmet ['gʊəmeɪ] S̲ Feinschmecker(in) m(f)

gout [gaʊt] S̲ MED Gicht f

Gov abk von governor

govern ['gʌvən] **A** V̅T̅ **1** regieren; Provinz, Schule verwalten **2** (Gesetze) bestimmen; Entscheidung, Handlung beeinflussen **B** V̅I̅ POL regieren **governess** ['gʌvənɪs] S̲ Gouvernante f **governing body** S̲ leitendes Gremium

government ['gʌvənmənt] **A** S̲ **1** Regierung f; **die G~ is** od **are planning new taxes** die Regierung plant neue Steuern (❗ **Government** wird großgeschrieben, wenn eine bestimmte Regierung gemeint ist.) **2** Regierungsform f **B** attr Regierungs-, der Regierung; **~ official** Regierungsbeamter m/-beamtin f; **~ backing** staatliche Unterstützung; **~ intervention** staatlicher Eingriff **governmental** [ˌgʌvən'mentl] A̅D̅J̅ Regierungs- **government department** S̲ Ministerium n **government-funded** A̅D̅J̅ mit staatlichen Mitteln finanziert **government spending** S̲ öffentliche Ausgaben pl **governor** ['gʌvənə'] S̲ **1** Gouverneur(in) m(f) **2** (bes Br: von Gefängnis) Direktor(in) m(f); (von Schule) ≈ Mitglied n des Schulbeirats; **the (board of) ~s** der Vorstand; (von Schule) ≈ der Schulbeirat **governor general** S̲ Generalgouverneur(in) m(f)

govt abk von government Reg.

gown [gaʊn] S̲ Kleid n; (≈ Abendkleid) Robe f; (in Krankenhaus) Kittel m; (von Richter) Talar m; **wedding ~** Hochzeitskleid n

GP (Br) abk von general practitioner; **to go to one's GP** zu seinem Hausarzt/seiner Hausärztin gehen

GPS S̲ abk von global positioning system GPS n

grab [græb] **A** S̲ **to make a ~ at** od **for sth** nach etw greifen; **to be up for ~s** (umg) zu haben

sein (umg) **B** V̅T̅ **1** packen, wegschnappen (umg); (umg ≈ fangen) schnappen (umg); Gelegenheit beim Schopf ergreifen (umg); **he ~bed (hold of) my sleeve** er packte mich am Ärmel; **I'll just ~ a sandwich** (umg) ich esse nur schnell ein Sandwich **2** (umg) **how does that ~ you?** wie findest du das? **C** V̅I̅ **to ~ at** greifen nach; **he ~bed at the chance of promotion** er ließ sich die Chance, befördert zu werden, nicht entgehen

grace [greɪs] **A** S̲ **1** (❗ kein pl) Anmut f; **to do sth with (a) good/bad ~** etw anstandslos/widerwillig od unwillig tun **2** Zahlungsfrist f; **to give sb a few days' ~** jdm ein paar Tage Zeit lassen **3** **to say ~** das Tischgebet sprechen **4** Gnade f; **by the ~ of God** durch die Gnade Gottes; **to fall from ~** in Ungnade fallen **B** V̅T̅ beehren (with mit); Empfang etc sich (dat) die Ehre geben bei (+dat) **graceful** A̅D̅J̅ anmutig; Verbeugung, Benehmen elegant **gracefully** A̅D̅V̅ **1** anmutig **2** akzeptieren etc anstandslos; **to grow old ~** in Würde alt werden **gracious** ['greɪʃəs] **A** A̅D̅J̅ (form ≈ höflich) liebenswürdig **B** I̅N̅T̅ (obs) **good** od **goodness ~ (me)!** ach du meine Güte!

gradation [grə'deɪʃən] S̲ Abstufung f

grade [greɪd] **A** S̲ **1** Niveau n; (von Waren) (Güte)klasse f; **to make the ~** (fig umg) es schaffen (umg) **2** (≈ beruflich) Position f, Gehaltsstufe f **3** (US SCHULE) Note f (❗ = (Br) **mark**); Klasse f (❗ = (Br) **form**); **to get good/poor ~s** gute/schlechte Noten bekommen **4** (US) Neigung f (❗ = (Br) **gradient**) **B** V̅T̅ **1** Waren klassifizieren; Schüler einstufen **2** (US SCHULE) benoten (❗ = (Br) **to mark**) **grade crossing** S̲ (US) Bahnübergang m (❗ = (Br) **level crossing**) **-grader** [-greɪdə'] S̲ suf (US SCHULE) -klässler(in) m(f); **sixth-grader** Sechstklässler(in) m(f) **grade school** S̲ (US) ≈ Grundschule f (❗ = (Br) **primary school**)

▶ **grade**

Im Amerika und Kanada werden die Schuljahre als **grades** bezeichnet. Sie beginnen mit **first grade** in der Grundschule und werden durchgezählt bis zu **twelfth grade** in der Highschool.

LANDESKUNDE ◀

gradient ['greɪdɪənt] S̲ (bes Br) Neigung f (❗ = (US) **grade, upgrade**); **a ~ of 1 in 10** eine Steigung/ein Gefälle von 10%

gradual ['grædjʊəl] A̅D̅J̅ allmählich; Fortschritt langsam; Abhang sanft **gradually** ['grædjʊəlɪ] A̅D̅V̅ allmählich; abfallen sanft

graduate ['grædjʊɪt] **A** S̲ (Br UNIV) (Hochschul)absolvent(in) m(f), Akademiker(in) m(f);

(US SCHULE) Schulabgänger(in) *m(f)* (**!** = (Br) **school leaver**); **high-school ~** (US) ≈ Abiturient(in) *m(f)*, ≈ Maturant(in) *m(f)* (österr, schweiz) **B** ['grædʒʊeɪt] *V/I* UNIV graduieren; (US SCHULE) die Abschlussprüfung bestehen (from an +dat); **to ~ in English** einen Hochschulabschluss in Englisch machen; **she ~d to television from radio** sie arbeitete sich vom Radio zum Fernsehen hoch **graduate** ['grædʊɪt] *in zssgn* (Br) für Akademiker; *Arbeitslosigkeit* unter den Akademikern **graduate school** [-'grædʊɪt] *s* (US) Hochschulabteilung für Studenten mit abgeschlossenem Studium **graduate student** ['grædʊɪt] *s* (US) Student(in) mit abgeschlossenem Studium **graduation** [,grædjʊ-'eɪʃən] *s* (UNIV, US SCHULE) Abschlussfeier *f*

graffiti [grə'fiːtɪ] *s* (**!** mit Verb im Singular) Graffiti *pl* **graffiti artist** *s* Graffitikünstler(in) *m(f)*

graft [grɑːft] **A** *s* **1** MED Transplantat *n* **2** (bes US umg) Mauschelei *f* (umg) **3** (Br umg) Schufterei *f* (umg) **B** *V/I* MED übertragen (on auf +akk)

grail [greɪl] *s* Gral *m*

grain [greɪn] *s* **1** (**!** kein pl) Getreide *n* **2** Korn *n*; (fig: von Wahrheit) Körnchen *n* **3** (von Holz) Maserung *f*; **it goes against the** (Br) od **my** (US) **~** (fig) es geht einem gegen den Strich

gram, (Br) **gramme** [græm] *s* Gramm *n*

grammar ['græmə'] *s* Grammatik *f*; **that is bad ~** das ist grammat(ikal)isch falsch; **English ~** die englische Grammatik (**!** ohne **the**) **grammar school** *s* (Br) ≈ Gymnasium *n*; (US) ≈ Mittelschule *f* (Stufe zwischen Grundschule und höherer Schule) **grammatical** [grə-'mætɪkəl] *ADJ* **1** grammatisch; **~ error** Grammatikfehler *m* **2** grammat(ikal)isch richtig; **his English is not ~** sein Englisch ist grammatikalisch falsch **grammatically** [grə-'mætɪkəlɪ] *ADV* **~ correct** grammat(ikal)isch richtig

gramme *s* = gram

gran [græn] *s* (umg) Oma *f* (umg) (**!** **Gran** wird in der Anrede großgeschrieben.)

granary ['grænərɪ] *s* Kornkammer *f*

grand [grænd] **A** *ADJ* (+er) grandios; *Bauwerk* prachtvoll; *Geste* großartig; *Ideen* hochfliegend; *Getue* vornehm; **on a ~ scale** im großen Rahmen; **~ occasion** feierlicher Anlass **B** *s* (FIN umg) Riese *m* (umg); **ten ~** zehn Riesen (umg)

grandad ['grændæd] *s* (umg) Opa *m* (umg) (**!** **Grandad** wird in der Anrede großgeschrieben.)

grandchild *s* Enkel(kind *n*) *m*

grand(d)ad *s* (umg) Opa *m* (umg) (**!** **Granddad** wird in der Anrede großgeschrieben.)

granddaughter *s* Enkelin *f*

grandfather ['grænd̩fɑːðə'] *s* Großvater *m* (**!** **Grandfather** wird in der Anrede großgeschrieben.) **grandfather clock** *s* Standuhr *f* **grand finale** *s* großes Finale **grandiose** ['grændɪəʊz] *ADJ* (pej) Stil schwülstig; *Idee* hochfliegend **grand jury** *s* (US JUR) Großes Geschworenengericht **grandly** ['grændlɪ] *ADV* **1** eindrucksvoll, grandios; **it is ~ described as/called/titled ...** es trägt die grandiose Bezeichnung ... **2** großspurig, hochtrabend

grandma *s* (umg) Oma *f* (umg) (**!** **Grandma** wird in der Anrede großgeschrieben.)

grandmother *s* Großmutter *f* (**!** **Grandmother** wird in der Anrede großgeschrieben.)

grandpa *s* (umg) Opa *m* (umg) (**!** **Grandpa** wird in der Anrede großgeschrieben.)

grandparent *s* Großvater *m*/-mutter *f* **grandparents** *PL* Großeltern *pl* **grand piano** *s*, *pl* -s Flügel *m* **grand slam** *s* **to win the ~** SPORT alle Wettbewerbe gewinnen **grandson** *s* Enkel(sohn) *m* **grandstand** *s* Haupttribüne *f* **grand total** *s* Gesamtsumme *f*; **a ~ of £50** insgesamt £ 50

granite ['grænɪt] *s* Granit *m*

granny, **grannie** ['grænɪ] *s* (umg) Oma *f* (umg) (**!** **Granny** wird in der Anrede großgeschrieben.)

grant [grɑːnt] **A** *V/I* **1** gewähren (sb jdm); *Erlaubnis*, *Visum* erteilen (sb jdm); *Antrag* stattgeben (+dat) (form); *Wunsch* erfüllen; **to ~ an amnesty to sb** jdn amnestieren **2** zugestehen; **to take sb/sth for ~ed** jdn/etw als selbstverständlich hinnehmen; **to take it for ~ed that ...** es selbstverständlich finden, dass ... **B** *s* Subvention *f*; UNIV etc Stipendium *n*

granulated sugar ['grænjʊleɪtɪd'ʃʊgə'] *s* Zuckerraffinade *f* **granule** ['grænjuːl] *s* Körnchen *n*

grape [greɪp] *s* (Wein)traube *f*; **a bunch of ~s** eine (ganze) Weintraube **grapefruit** *s* Grapefruit *f* **grapevine** *s* Weinstock *m*; **I heard it on** od **through the ~** es ist mir zu Ohren gekommen

graph [grɑːf] *s* Diagramm *n* **graphic** ['græfɪk] *ADJ* **1** *Schilderung* anschaulich; (krass) drastisch; **to describe sth in ~ detail** etw in allen Einzelheiten anschaulich darstellen **2** KUNST grafisch **graphically** ['græfɪkəlɪ] *ADV* anschaulich; (krass) auf drastische Art **graphical user interface** *s* IT grafische Benutzeroberfläche **graphic artist** *s* Grafiker(in) *m(f)* **graphic arts** *PL*, **graphic design** *s* Grafik *f* **graphic designer** *s* Grafiker(in) *m(f)* **graphics** ['græfɪks] **A** *PL* **1** Zeich-

nungen *pl* ② IT Grafik *f* ᴮ ADJ *attr* IT Grafik-
graphics card S̄ IT Grafikkarte *f*
graphite ['græfaɪt] S̄ Grafit *m*
graph paper S̄ Millimeterpapier *n*
grasp [grɑːsp] ᴬ S̄ ① Griff *m*; **the knife slipped from her ~** das Messer rutschte ihr aus der Hand; **when fame was within their ~** als Ruhm in greifbare Nähe gerückt war ② (*fig*) Verständnis *n*; **to have a good ~ of sth** etw gut beherrschen ᴮ VT ① ergreifen, festhalten; **he ~ed the bundle in his arms** er hielt das Bündel in den Armen ② (*fig*) begreifen ᶜ VI **to ~ at sth** (*wörtl*) nach etw greifen; (*fig*) sich auf etw (*akk*) stürzen **grasping** ADJ (*fig*) habgierig

grass [grɑːs] ᴬ S̄ ① Gras *n*; **blade of ~** Grashalm *m* ② (⚠ *kein pl*) Rasen *m*; AGR Weide(land *n*) *f* ③ (*umg* ≈ Marihuana) Gras *n* (*umg*) ᴮ VT (*Br umg*) singen (*umg*) (*to* bei); **to ~ on sb** jdn verpfeifen (*umg*)
grasshopper S̄ Heuschrecke *f* **grassland** S̄ Grasland *n* **grass roots** PL Basis *f* **grass--roots** ADJ *attr* Basis-, an der Basis; **at ~ level** an der Basis; **a ~ movement** eine Bürgerinitiative **grass snake** S̄ Ringelnatter *f* **grassy** ['grɑːsɪ] ADJ (+*er*) grasig; **~ slope** Grashang *m*

grass — Gras

grass — Rasen

grate¹ [greɪt] S̄ Gitter *n*; (*von Kamin*) (Feuer)rost *m*
grate² ᴬ VT GASTR reiben ᴮ VI (*fig*) wehtun (*on sb* jdm); **to ~ on sb's nerves** jdm auf die Nerven gehen
grateful ['greɪtfʊl] ADJ dankbar; **I'm ~ to you for buying the tickets** ich bin dir dankbar (dafür), dass du die Karten gekauft hast **grate-fully** ['greɪtfəlɪ] ADV dankbar
grater ['greɪtə] S̄ Reibe *f*
gratification [ˌgrætɪfɪ'keɪʃən] S̄ Genugtuung *f* **gratify** ['grætɪfaɪ] VT ① erfreuen; **I was gratified to hear that ...** ich habe mit Genugtuung gehört, dass ... ② zufriedenstellen **gratifying** ['grætɪfaɪɪŋ] ADJ (sehr) erfreulich; **it is ~ to learn that ...** es ist erfreulich zu erfahren, dass ...
gratitude ['grætɪtjuːd] S̄ Dankbarkeit *f* (*to* gegenüber)
gratuitous [grə'tjuːɪtəs] ADJ überflüssig **gratuity** [grə'tjuːɪtɪ] S̄ Gratifikation *f*; (*form*) Trinkgeld *n*
grave¹ [greɪv] S̄ Grab *n*; **to turn in one's ~** sich im Grabe herumdrehen; **to dig one's own ~** (*fig*) sein eigenes Grab graben *od* schaufeln
grave² ADJ (+*er*) Gefahr, Schwierigkeit groß; *Situation, Mensch* ernst; *Fehler, Krankheit* schwer; *Zweifel* stark
grave digger S̄ Totengräber(in) *m(f)*
gravel ['grævəl] ᴬ S̄ Kies *m*, Schotter *m* ᴮ ADJ *attr* Kies-; *Auffahrt* mit Kies bedeckt
gravely ['greɪvlɪ] ADV ① krank, verletzt schwer; **~ concerned** ernstlich besorgt ② *nicken* ernst
gravestone S̄ Grabstein *m* **graveyard** S̄ Friedhof *m*
gravitate ['grævɪteɪt] VI (*wörtl*) angezogen werden (*to(wards)* von); (*fig*) hingezogen werden (*to* (*-wards*) zu) **gravitational** [ˌgrævɪ'teɪʃənəl] ADJ Gravitations- **gravitation** [ˌgrævɪ'teɪʃn], **gravity** ['grævɪtɪ] S̄ ① PHYS Schwerkraft *f*; **centre** (*Br*) *od* **center** (*US*) **of ~** Schwerpunkt *m* ② (*von Mensch, Situation*) Ernst *m*; (*von Fehler, Verbrechen*) Schwere *f*; **the ~ of the news** die schlimmen Nachrichten
gravy ['greɪvɪ] S̄ (⚠ *kein pl*) GASTR Bratensaft *m*, Soße *f* **gravy boat** S̄ Sauciere *f*
gray S̄, ADJ, VI (US) = **grey**
graze¹ [greɪz] ᴬ VI (*Rinder etc*) weiden ᴮ VT *Rinder* weiden lassen
graze² ᴬ VT streifen; **to ~ one's knees** sich (*dat*) die Knie aufschürfen; **to ~ oneself** sich (*dat*) die Haut aufschürfen ᴮ S̄ Abschürfung *f*
GRE (*US UNIV*) *abk von* **Graduate Record Examination** Zulassungsprüfung *f* für ein weiterführendes Studium
grease [griːs] ᴬ S̄ Fett *n*, Schmiere *f* ᴮ VT fetten; AUTO, TECH schmieren **greasepaint** S̄ THEAT (Fett)schminke *f* **greaseproof** ADJ **~ paper** Pergamentpapier *n* **greasy** ['griːsɪ] ADJ (+*er*) *Essen* fett; *Haar, Haut* fettig; *Fläche* rutschig
great [greɪt] ᴬ ADJ (+*er*) ① groß, riesig; **there is a ~ need for economic development** wirtschaftliche Entwicklung ist dringend nötig; **of no ~ importance** ziemlich unwichtig; **in ~ detail** ganz ausführlich; **to take a ~ interest**

in sth sich sehr für etw interessieren; **with ~ difficulty** mit großen Schwierigkeiten; **to a ~ extent** in hohem Maße; **it was ~ fun** es hat großen Spaß gemacht; **a ~ many, a ~ number of** sehr viele; **his ~est work** sein Hauptwerk *n*; **he was a ~ friend of my father** er war mit meinem Vater sehr gut befreundet; **to be a ~ believer in sth** sehr viel von etw halten; **to be a ~ believer in doing sth** grundsätzlich dafür sein, etw zu tun [2] *(umg)* toll *(umg)*, prima *(umg)*; **this whisk is ~ for sauces** dieser Schneebesen eignet sich besonders gut für Soßen; **to be ~ at football** ein großer Fußballspieler sein; **to feel ~** sich toll *od* prima fühlen *(umg)*; **my wife isn't feeling so ~** meiner Frau geht es nicht besonders gut [3] ausgezeichnet; **one of the ~ footballers of our generation** einer der großen Fußballspieler unserer Generation [B] [INT] *(umg)* toll *(umg)*; **oh ~** *(iron)* na wunderbar [C] [ADV] [1] *(umg)* **she's doing ~** *(in Job)* sie macht sich hervorragend; *(gesundheitlich)* sie macht große Fortschritte; **everything's going ~** alles läuft nach Plan [2] **~ big** *(emph umg)* riesengroß [D] [S] *meist pl (≈ Mensch)* Größe *f*
great ape [S] Menschenaffe *m* **great-aunt** [S] Großtante *f*

Great Britain [S] Großbritannien *n* **Great Dane** [S] Deutsche Dogge **greater** ['greɪtəʳ] [ADJ] *komp* von **great** größer; **of ~ importance is ...** noch wichtiger ist ... **Greater London** [S] Groß-London *n* **greatest** ['greɪtɪst] [A] [ADJ] *sup* von **great** größte(r, s); **with the ~ (of) pleasure** mit dem größten Vergnügen [B] [S] **he's the ~** *(umg)* er ist der Größte

Great Britain

Mit Großbritannien werden England, Wales und Schottland bezeichnet. Briten, vor allem, wenn sie aus Schottland oder Wales sind, reagieren manchmal sehr gereizt, wenn man zu **Great Britain** „England" sagt.

LANDESKUNDE

great-grandchild [S] Urenkel(in) *m(f)* **great-granddaughter** [S] Urenkelin *f* **great-grandfather** [S] Urgroßvater *m* **great-grandmother** [S] Urgroßmutter *f*
great-grandparents [PL] Urgroßeltern *pl* **great-grandson** [S] Urenkel *m* **Great Lakes** [PL] **the ~** die Großen Seen *pl* **greatly** ['greɪtlɪ] [ADV] *steigern, übertreiben* stark; *bewundern, überraschen* sehr; **he was not ~ surprised** er war nicht besonders überrascht **great-nephew** ['greɪt,nefjuː] [S] Großneffe *m* **greatness** ['greɪtnəs] [S] Größe *f*, Bedeutung *f* **great-niece** [S] Großnichte *f* **great-uncle** [S] Großonkel *m*

Greece [griːs] [S] Griechenland *n*

greed [griːd] [S] Gier *f (for* nach); *(≈ Völlerei)* Gefräßigkeit *f*; **~ for money/power** Geld-/Machtgier *f* **greedily** ['griːdɪlɪ] [ADV] gierig **greediness** ['griːdɪnɪs] [S] Gierigkeit *f*; *(≈ Völlerei)* Gefräßigkeit *f* **greedy** ['griːdɪ] [ADJ] *(+er)* gierig *(for* auf *+akk*, nach); *(≈ in Bezug auf Essen)* gefräßig; **~ for power** machtgierig; **don't be so ~!** sei nicht so unbescheiden

Greek [griːk] [A] [ADJ] griechisch; **he is ~** er ist Grieche [B] [S] [1] LING Griechisch *n*; **Ancient ~** Altgriechisch *n*; **it's all ~ to me** *(umg)* das sind böhmische Dörfer für mich *(umg)* [2] Grieche *m*, Griechin *f*

green [griːn] [A] [ADJ] *(+er)* grün; *Verbraucher* umweltbewusst; *Produkt, Technologie* umweltfreundlich; **to be ~ with envy** blass vor Neid sein [B] [S] [1] *(≈ Farbe, auf Golfplatz)* Grün *n* [2] Grünfläche *f*; **(village) ~** Dorfwiese *f* [3] **greens** [PL] Grüngemüse *n* [4] POL **the Greens** die Grünen *pl* [C] [ADV] POL grün **greenback** [S] *(US umg)* Lappen *m (sl)*, Geldschein *m* **green bean** [S] grüne Bohne, Fisole *f (österr)* **green belt** [S] Grüngürtel *m* **green card** [S] [1] *(US)* Aufenthaltsgenehmigung *f* [2] *(Br* VERS) grüne Versicherungskarte **greenery** ['griːnərɪ] [S] Grün *n*; *(von Baum)* grünes Laub **greenfield** [ADJ] **~ site** Bauplatz *m* im Grünen **green fingers** [PL] *(Br)* **to have ~** eine Hand für Pflanzen haben (❗ = (US) **green thumb**) **greenfly** [S] Blattlaus *f* **greengrocer** [S] *(bes Br)* (Obst- und) Gemüsehändler(in) *m(f)*; **at the ~'s (shop)** im Gemüseladen **greenhorn** [S] *(umg)* Greenhorn *n*, Einfaltspinsel *m* **greenhouse** [S] Gewächshaus *n* **greenhouse effect** [S] Treibhauseffekt *m* **greenhouse gas** [S] Treibhausgas *n* **greenish** ['griːnɪʃ] [ADJ] grünlich **Greenland** ['griːnlənd] [S] Grönland *n* **green light** [S] grünes Licht; **to give sb/sth the ~** jdm/einer Sache grünes Licht geben **green man** [S] *(an Ampel)* grünes Licht; *(kinderspr)* grünes Männchen **green onion** [S] *(US)* Frühlingszwiebel *f* (❗ = (Br) **spring onion**) **Green Party** [S] **the ~** die Grünen *pl* **green pepper** [S] (grüne) Paprikaschote **green thumb** [S] *(US)* = **green fingers**

Greenwich (Mean) Time ['grenɪtʃ('miːn)-,taɪm] [S] westeuropäische Zeit *f*

greet [griːt] [VT] begrüßen, empfangen, grüßen; *Nachricht* aufnehmen **greeting** ['griːtɪŋ] [S] Gruß *m*; **~s** Grüße *pl*; **to send ~s to sb** Grüße an jdn senden, jdn grüßen lassen **greetings card** [S] Grußkarte *f*

gregarious [grɪ'gɛərɪəs] [ADJ] gesellig

grenade [grɪ'neɪd] [S] Granate *f*

grew [gruː] prät von **grow**
grey, (US) **gray** [greɪ] A ADJ (+er) **1** grau; *Himmel* trüb; **to go** od **turn ~** (*Mensch, Haare*) grau werden **2** *Markt, (Wähler)stimme* Senioren- B S Grau n **grey area** S (fig) Grauzone f **grey-haired** ADJ grauhaarig **greyhound** ['greɪhaʊnd] S Windhund m **greyish**, (US) **grayish** ['greɪɪʃ] ADJ gräulich **grey matter** S (MED umg) graue Zellen pl **grey squirrel** S Grauhörnchen n
grid [grɪd] S **1** Gitter n **2** the (national) ~ ELEK das Überland(leitungs)netz
griddle ['grɪdl] S GASTR gusseiserne Platte zum Pfannkuchenbacken
gridiron ['grɪd,aɪən] S **1** GASTR (Brat)rost m **2** (US FUSSB) Spielfeld n **gridlock** ['grɪdlɒk] S VERKEHR totaler Stau; **total ~** VERKEHR Verkehrsinfarkt m **gridlocked** ADJ *Straße* völlig verstopft **grid reference** S Planquadratangabe f
grief [griːf] S Leid n, große Trauer; **to come to ~** Schaden erleiden; (≈ *versagen*) scheitern **grief-stricken** ['griːf,strɪkən] ADJ tieftraurig **grievance** ['griːvəns] S Klage f; (≈ *Ärger*) Groll m; **to have a ~ against sb for sth** jdm etw übel nehmen **grieve** ['griːv] A VT Kummer bereiten (+dat); **it ~s me to see that ...** ich sehe mit Schmerz od Kummer, dass ... B VI trauern (at, about über +akk); **to ~ for sb/sth** um jdn/etw trauern **grievous** ['griːvəs] ADJ (form) schwer; *Fehler a.* schwerwiegend; **~ bodily harm** JUR schwere Körperverletzung
grill [grɪl] A S **1** GASTR Grill m, (Brat)rost m; (≈ *Speise*) Grillgericht n **2** = **grille** B VT **1** GASTR grillen **2** (umg) **to ~ sb about sth** jdn über etw (akk) ausquetschen (umg)
grille [grɪl] S Gitter n, Fenstergitter n; (an Tür etc) Sprechgitter n
grilling ['grɪlɪŋ] S **1** GASTR Grillen n **2** strenges Verhör **grill pan** S (Br) Grillpfanne f
grim [grɪm] ADJ (+er) **1** grauenvoll; *Erinnerung* grauenhaft; *Situation* ernst; (≈ *deprimierend*) trostlos; (≈ *ernst*) grimmig; **to look ~** (*Lage, Zukunft*) trostlos aussehen; (*Mensch*) ein grimmiges Gesicht machen **2** (umg) fürchterlich (umg); **to feel ~** sich elend od mies (umg) fühlen
grimace ['grɪməs] A S Grimasse f B VI Grimassen schneiden
grimly ['grɪmlɪ] ADV **1** *an etw festhalten* verbissen **2** mit grimmiger Miene
grin [grɪn] A S Lächeln n, Grinsen n B VI lächeln, grinsen; **to ~ and bear it** gute Miene zum bösen Spiel machen; **to ~ at sb** jdn anlächeln/angrinsen
grind [graɪnd] v: prät, pperf **ground** A VT **1** zermahlen; *Kaffee, Mehl* mahlen; **to ~ one's teeth** mit den Zähnen knirschen **2** *Linse, Messer* schleifen B VI **to ~ to a halt** od **standstill** (wörtl) quietschend zum Stehen kommen; (fig) stocken; (*Produktion etc*) zum Erliegen kommen C S (fig umg) Schufterei f (umg); (US umg) Streber(in) m(f) (umg); **the daily ~** der tägliche Trott; **it's a real ~** das ist ganz schön mühsam (umg) ♦**grind down** VT trennb (fig) zermürben ♦**grind up** VT trennb zermahlen
grinder ['graɪndə'] S **1** Fleischwolf m **2** Kaffeemühle f **grindstone** ['graɪndstəʊn] S **to keep one's nose to the ~** hart arbeiten; **back to the ~** wieder in die Tretmühle (hum)
grip [grɪp] A S **1** Griff m; (an Seil, auf Straße) Halt m; **to get a ~ on the rope** am Seil Halt finden; **these shoes have got a good ~** diese Schuhe greifen gut; **to get a ~ on sth** (*Situation etc*) etw in den Griff bekommen; **to get a ~ on oneself** (umg) sich zusammenreißen (umg); **to let go** od **release one's ~** loslassen (on sth etw); **to lose one's ~** (wörtl) den Halt verlieren; (fig) nachlassen; **to lose one's ~ on reality** den Bezug zur Wirklichkeit verlieren; **the country is in the ~ of a general strike** das Land ist von einem Generalstreik lahmgelegt; **to get** od **come to ~s with sth** etw in den Griff bekommen **2** (bes Br: in Haar) Klemmchen n (⚠ = (US) **bobby pin**) B VT packen; **the tyre** (Br) **or tire** (US) **~s the road well** der Reifen greift gut C VI greifen
gripping ['grɪpɪŋ] ADJ packend
grisly ['grɪzlɪ] ADJ (+er) grausig
grist [grɪst] S **it's all ~ to his/the mill** das kann er/man alles verwerten; (*Genugtuung*) das ist Wasser auf seine Mühle

grill — Grill

grill(e) — Gitter

303 ‖ GROU

gristle [ˈgrɪsl̩] ꜱ Knorpel *m* **gristly** [ˈgrɪslɪ] ᴀᴅᴊ (+er) knorpelig

grit [grɪt] ᴀ ꜱ Staub *m*; (≈ Steine) Splitt *m*; (für Straßen um Winter) Streusand *m* ᴮ ᴠ/ᴛ 1 Straße streuen 2 **to ~ one's teeth** die Zähne zusammenbeißen **gritty** [ˈgrɪtɪ] ᴀᴅᴊ (+er) 1 (fig) Entschlossenheit zäh 2 (fig) Drama wirklichkeitsnah; Porträt ungeschminkt

grizzle [ˈgrɪzl̩] ᴠ/ɪ (Br umg: Kind) quengeln (umg)

grizzly [ˈgrɪzlɪ] ꜱ (a. **grizzly bear**) Grizzly (-bär) *m*

groan [grəʊn] ᴀ ꜱ Stöhnen *n* kein pl; **to let out** od **give a ~** (auf)stöhnen ᴮ ᴠ/ɪ stöhnen (with vor +dat); (Bretter) ächzen (with vor +dat); **the table ~ed under the weight** der Tisch ächzte unter der Last

grocer [ˈgrəʊsə͏r] ꜱ Lebensmittelhändler(in) *m(f)*; **at the ~'s** im Lebensmittelladen **grocery** [ˈgrəʊsərɪ] ꜱ 1 Lebensmittelgeschäft *n* 2 **groceries** ᴘʟ Lebensmittel *pl*

groggy [ˈgrɒgɪ] ᴀᴅᴊ (+er) (umg) groggy präd inv (umg)

groin [grɔɪn] ꜱ ᴀɴᴀᴛ Leiste *f*; **to kick sb in the ~** jdn in den Unterleib treten

groom [gruːm] ᴀ ꜱ 1 Stallbursche *m* 2 Bräutigam *m* ᴮ ᴠ/ᴛ 1 Pferd striegeln; **to ~ oneself** sich putzen; **well ~ed** gepflegt 2 **he's being ~ed for the Presidency** er wird als zukünftiger Präsidentschaftskandidat aufgebaut

groove [gruːv] ꜱ Rille *f*

groovy [ˈgruːvɪ] ᴀᴅᴊ (+er) (umg) irre (sl)

grope [grəʊp] ᴀ ᴠ/ɪ (a. **grope around** od **about**) (herum)tasten (for nach); (nach Worten) suchen (for nach); **to be groping in the dark** im Dunkeln tappen; (≈ ziellos arbeiten) vor sich (akk) hin wursteln (umg) ᴮ ᴠ/ᴛ (umg) Freundin befummeln (umg); **to ~ one's way** sich vorwärtstasten ᴄ ꜱ (umg) **to have a ~** fummeln (umg)

gross¹ [grəʊs] ꜱ (🔴 kein pl) Gros *n*

gross² ᴀ ᴀᴅᴊ (+er) 1 Übertreibung, Fehler grob; **that is a ~ understatement** das ist stark untertrieben 2 fett 3 (umg) abstoßend 4 Gesamt-; (≈ vor Abzügen) Brutto-; **~ amount** Gesamtbetrag *m*; **~ income** Bruttoeinkommen *n* ᴮ ᴠ/ᴛ brutto verdienen **gross domestic product** ꜱ WIRTSCH Bruttoinlandsprodukt *n* **grossly** [ˈgrəʊslɪ] ᴀᴅᴠ ungerecht, unverantwortlich äußerst; übertreiben stark **gross national product** ꜱ WIRTSCH Bruttosozialprodukt *n*

grotesque [grəʊˈtesk] ᴀᴅᴊ grotesk; Idee absurd **grotesquely** [grəʊˈtesklɪ] ᴀᴅᴠ auf groteske Art; geschwollen grauenhaft

grotto [ˈgrɒtəʊ] ꜱ, pl -(e)s Grotte *f*

grotty [ˈgrɒtɪ] ᴀᴅᴊ (+er) (umg) 1 grausig (umg), verdreckt (umg) 2 mies (umg)

grouch [graʊtʃ] ꜱ 1 Klage *f*; **to have a ~**

schimpfen (about über +akk) 2 (umg ≈ Mensch) Muffel *m* (umg) **grouchy** [ˈgraʊtʃɪ] ᴀᴅᴊ (+er) griesgrämig

ground¹ [graʊnd] ᴀ ꜱ 1 Boden *m*; **hilly ~** hügeliges Gelände; **there is common ~ between us** uns verbindet einiges; **to be on dangerous ~** (fig) sich auf gefährlichem Boden bewegen; **on familiar ~** auf vertrautem Boden; **to gain/ lose ~** Boden gewinnen/verlieren; **to lose ~ to sb/sth** gegenüber jdm/etw an Boden verlieren; **to give ~ to sb/sth** vor jdm/etw zurückweichen; **to break new ~** neue Gebiete erschließen; **to prepare the ~ for sth** den Boden für etw vorbereiten; **to cover a lot of ~** (fig) eine Menge Dinge behandeln; **to stand one's ~** (wörtl) nicht von der Stelle weichen; (fig) seinen Mann stehen; **above/below ~** über/unter der Erde; **to fall to the ~** (wörtl) zu Boden fallen; **to burn sth to the ~** etw niederbrennen; **it suits me down to the ~** das ist ideal für mich; **to get off the ~** (Flugzeug etc) abheben; (fig: Pläne etc) sich realisieren 2 Platz *m* 3 **grounds** ᴘʟ Gelände *n*, Anlagen *pl* 4 **grounds** ᴘʟ (≈ Ablagerung) Satz *m* 5 (US ELEK) Erde *f* (🔴 = (Br) **earth**) 6 Grund *m*; **to have ~(s) for sth** Grund zu etw haben; **~s for dismissal** Entlassungsgrund *m*/-gründe pl; **on the ~s of …** aufgrund … (gen); **on the ~s that …** mit der Begründung, dass …; **on health ~s** aus gesundheitlichen Gründen ᴮ ᴠ/ᴛ 1 FLUG Maschine aus dem Verkehr ziehen; **to be ~ed by bad weather** wegen schlechten Wetters nicht starten können 2 Kind Hausarrest erteilen (+dat); **she was ~ed for a week** sie hatte eine Woche Hausarrest 3 (US ELEK) erden (🔴 = (Br) **to earth**) 4 **to be ~ed on sth** sich auf etw (akk) gründen

ground² ᴀ prät, pperf von **grind** ᴮ ᴀᴅᴊ Kaffee gemahlen; **freshly ~ black pepper** frisch gemahlener schwarzer Pfeffer; **~ meat** (US) Hackfleisch *n*, Faschierte(s) *n* (österr) (🔴 = (Br) **mince**) **ground-breaking** ᴀᴅᴊ umwälzend; Forschung bahnbrechend **ground control** ꜱ FLUG Bodenkontrolle *f* **ground crew** ꜱ Bodenpersonal *n* **ground floor** ꜱ (Br) Erdgeschoss *n*, Erdgeschoß *n* (österr) (≈ (US) **first floor**) **ground frost** ꜱ Bodenfrost *m* **grounding** ꜱ Grundwissen *n*; **to give sb a ~ in English** jdm die Grundlagen pl des Englischen beibringen **groundkeeper** ꜱ (US) = **groundsman groundless** ᴀᴅᴊ grundlos **ground level** ꜱ Boden *m*; **below ~** unter dem Boden **groundnut** ꜱ Erdnuss *f* **ground plan** ꜱ Grundriss *m* **ground rules** ᴘʟ Grundregeln pl **groundsheet** ꜱ Zeltboden(plane *f*) *m* **groundsman** [ˈgraʊndzmən] ꜱ, pl -men [-mən] (bes Br) Platzwart *m* (🔴 = (US) **ground-**

keeper) **ground staff** ⓢ FLUG Bodenpersonal *n*; SPORT Platzwarte *pl* **ground water** ⓢ Grundwasser *n* **groundwork** ⓢ Vorarbeit *f*; **to do the ~ for sth** die Vorarbeit für etw leisten **ground zero** ⓢ, *pl* -(e)s ❶ *(von Explosion)* Bodennullpunkt *m* ❷ (❗ kein Plural) HIST **Ground Zero** HIST Ground Zero *m*, Gelände in New York, auf dem das World Trade Center stand

group [gruːp] Ⓐ ⓢ Gruppe *f*; **a ~ of people** eine Gruppe Menschen; **a ~ of trees** eine Baumgruppe Ⓑ ATTR Gruppen-; *Aktivitäten a.* in der Gruppe Ⓒ ⓋⓉ gruppieren; **to ~ together** zusammentun **group booking** ⓢ Gruppenbuchung *f* **groupie** [ˈgruːpɪ] ⓢ *(umg)* Groupie *n* **grouping** [ˈgruːpɪŋ] ⓢ Gruppierung *f*

▶ **group**

Wenn man bei **group** die Gruppe als geschlossene Einheit sieht, steht das Verb im Singular:
The group has decided to stay here.
Wenn man aber an die einzelnen Mitglieder denkt, steht das Verb im Plural:
The group have decided to stay here.

GRAMMATIK ◁

grouse¹ [graʊs] ⓢ, *pl* - Waldhuhn *n*, Schottisches Moor(schnee)huhn

grouse² *(Br umg)* ⓋⒾ meckern *(umg)* *(about* über *+akk)*

grove [grəʊv] ⓢ Hain *m*

grovel [ˈgrɒvl] ⓋⒾ kriechen; **to ~ to** *od* **before sb** *(fig)* vor jdm kriechen **grovelling**, *(US)* **groveling** [ˈgrɒvəlɪŋ] ⓢ Kriecherei *f (umg)*

grow [grəʊ] *prät* grew, *pperf* grown Ⓐ ⓋⓉ ❶ *Pflanzen* ziehen, anbauen, züchten ❷ **to ~ a beard** *(dat)* einen Bart wachsen lassen Ⓑ ⓋⒾ ❶ wachsen, zunehmen, sich vergrößern; **to ~ in popularity** immer beliebter werden; **fears were ~ing for her safety** man machte sich zunehmend Sorgen um ihre Sicherheit; **the economy is ~ing by 2% a year** die Wirtschaft wächst um 2% pro Jahr; **pressure is ~ing for him to resign** er gerät zunehmend unter Druck zurückzutreten ❷ werden; **to ~ to be sth** allmählich etw sein; **to ~ to hate sb** jdn hassen lernen; **I've ~n to like him** ich habe ihn mit der Zeit lieb gewonnen; **to ~ used to sth** sich an etw *(akk)* gewöhnen ◆ **grow apart** ⓋⒾ *(fig)* sich auseinanderentwickeln ◆ **grow from** ⓋⒾ *+obj* entstehen aus ◆ **grow into** ⓋⒾ *+obj* ❶ *Kleider, Job* hineinwachsen in *(+akk)* ❷ sich entwickeln zu; **to ~ a man/ woman** zum Mann/zur Frau heranwachsen

◆ **grow on** ⓋⒾ *+obj* **it'll ~ you** das wird dir mit der Zeit gefallen ◆ **grow out** ⓋⒾ herauswachsen ◆ **grow out of** ⓋⒾ *+obj* ❶ *Kleider* herauswachsen aus; **to ~ a habit** eine Angewohnheit ablegen ❷ entstehen aus ◆ **grow up** ⓋⒾ aufwachsen, erwachsen werden; *(fig: Stadt)* entstehen; **what are you going to do when you ~?** was willst du mal werden, wenn du groß bist?; **~!, when are you going to ~?** werde endlich erwachsen!

grower [ˈgrəʊə] ⓢ *(von Obst, Gemüse)* Anbauer(in) *m(f)*; *(von Blumen)* Züchter(in) *m(f)*

growing [ˈgrəʊɪŋ] ADJ wachsend; *Kind* heranwachsend; *Bedeutung, Zahl* zunehmend

growl [graʊl] Ⓐ ⓢ Knurren *n kein pl* Ⓑ ⓋⒾ knurren; **to ~ at sb** jdn anknurren Ⓒ ⓋⓉ *Antwort* knurren

grown [grəʊn] Ⓐ *pperf von* grow Ⓑ ADJ erwachsen; **fully ~** ausgewachsen **grown-up** [ˈgrəʊnʌp] Ⓐ ADJ erwachsen; **they have a ~ family** sie haben schon erwachsene Kinder Ⓑ ⓢ Erwachsene(r) *m/f(m)*

▶ **grown-up**

Das Wort **grown-up** für einen Erwachsenen wird von Kindern benutzt oder wenn Erwachsene zu Kindern sprechen. Erwachsene untereinander würden es nicht benutzen und stattdessen **adult** [ˈædʌlt] sagen.

SPRACHGEBRAUCH ◁

growth [grəʊθ] ⓢ ❶ Wachstum *n*, Zunahme *f*, Vergrößerung *f*; *(von Kapital)* Zuwachs *m*; **~ industry** Wachstumsindustrie *f*; **~ rate** WIRTSCH Wachstumsrate *f* ❷ *(≈ Pflanzen)* Vegetation *f*; *(von einzelner Pflanze)* Triebe *pl* ❸ MED Wucherung *f*

grub [grʌb] Ⓐ ⓢ ❶ Larve *f* ❷ *(umg ≈ Essen)* Fressalien *pl (hum umg)* Ⓑ ⓋⒾ *(a.* **grub about** *od* **around)** wühlen *(in* in *+dat, for* nach)

grubby [ˈgrʌbɪ] ADJ *(+er)* dreckig; *Mensch, Kleidung* schmuddelig *(umg)*

grudge [grʌdʒ] Ⓐ ⓢ Groll *m (against* gegen)**; to bear sb a ~, to have a ~ against sb** jdm grollen; **I bear him no ~** ich trage ihm das nicht nach Ⓑ ⓋⓉ **to ~ sb sth** jdm etw nicht gönnen; **I don't ~ you your success** ich gönne Ihnen Ihren Erfolg **grudging** [ˈgrʌdʒɪŋ] ADJ widerwillig

gruelling, *(US)* **grueling** [ˈgrʊəlɪŋ] ADJ *Arbeit, Reise* (äußerst) anstrengend; *Tempo* mörderisch *(umg)*; *Rennen* (äußerst) strapaziös

gruesome [ˈgruːsəm] ADJ grausig

gruff ADJ, **gruffly** ADV [ˈgrʌf, -lɪ] barsch

grumble [ˈgrʌmbl] ⓋⒾ murren, sempern *(österr)* *(about, over* über *+akk)*

305 ‖ GUIL

grumpily ['grʌmpɪlɪ] _ADV_ (umg) mürrisch
grumpy ['grʌmpɪ] _ADJ_ (+er) (umg) mürrisch
grungy ['grʌndʒɪ] _ADJ_ (umg) mies (umg)
grunt [grʌnt] **A** _S_ Grunzen n kein pl; (schmerzhaft
etc) Ächzen n kein pl **B** _VII_ grunzen; (vor Schmerz,
Anstrengung) ächzen **C** _VIT_ knurren
G-string ['dʒiːstrɪŋ] _S_ Tangahöschen n
guarantee [ˌgærən'tiː] **A** _S_ Garantie f (of für);
to have od **carry a 6-month ~** 6 Monate Ga-
rantie haben; **there is a year's ~ on this
watch** auf der Uhr ist ein Jahr Garantie; **while
it is still under ~** solange noch Garantie da-
rauf ist; **that's no ~ that ...** das heißt noch
lange nicht, dass ... **B** _VIT_ garantieren (sb sth
jdm etw); **I can't ~ (that) he will be any good**
ich kann nicht dafür garantieren, dass er gut
ist **guaranteed** _ADJ_ garantiert; **to be ~ for
three months** (Waren) drei Monate Garantie
haben **guarantor** [ˌgærən'tɔː] _S_ Garant(in)
m(f); JUR a. Bürge m, Bürgin f
guard [gɑːd] **A** _S_ **1** Wache f; **to change ~**
Wachablösung machen; **to be under ~** be-
wacht werden; **to keep sb/sth under ~** jdn/
etw bewachen; **to be on ~, to stand ~** Wache
stehen; **to stand ~ over sth** etw bewachen **2**
Sicherheitsbeamte(r) m/-beamtin f; (in Park etc)
Wächter(in) m(f); (bes US) Gefängniswärter(in)
m(f) (❶ = (Br) **warder**; (Br BAHN) Zugbeglei-
ter(in) m(f), Konkukteur(in) m(f) (schweiz) **3 to
drop** od **lower one's ~** (wörtl) seine Deckung
vernachlässigen; (fig) seine Reserve aufgeben;
the invitation caught me off ~ ich war auf
die Einladung nicht vorbereitet; **to be on
one's ~ (against sth)** (fig) (vor etw dat) auf
der Hut sein; **to put sb on his ~ (against
sth)** jdn (vor etw dat) warnen **4** Schutz m
(against gegen); (an Geräten) Schutz(vorrichtung
f) m **B** _VIT_ Gefangenen, Wertgegenstände bewachen;
Schatz hüten; Gepäck aufpassen auf (+akk); jdn,
Haus schützen (from, against vor +dat); **a closely
~ed secret** ein streng gehütetes Geheimnis
♦**guard against** _VII_ +obj Betrug etc sich in Acht
nehmen vor (+dat); Krankheit, Angriff vorbeugen
(+dat); **you must ~ catching cold** Sie müssen
aufpassen, dass Sie sich nicht erkälten
guard dog _S_ Wachhund m **guard duty** _S_
to be on ~ auf Wache sein **guarded** _ADJ_ Ant-
wort etc vorsichtig **guardian** ['gɑːdɪən] _S_ Hü-
ter(in) m(f); JUR Vormund m **guardrail** ['gɑːdreɪl]
_S_ Schutzgeländer n **guardsman** ['gɑːdzmən]
_S_, pl -men [-mən] Gardist m **guard's van**
['gɑːdzvæn] _S_ (Br BAHN) Dienstwagen m
Guernsey ['gɜːnzɪ] _S_ Guernsey n
guer(r)illa [gə'rɪlə] **A** _S_ Guerillero m, Gueril-
lera f **B** _ATTR_ Guerilla- **guer(r)illa war,
guer(r)illa warfare** _S_ Guerillakrieg m

guess [ges] **A** _S_ Vermutung f, Schätzung f; **to
have** od **make a ~ (at sth)** (etw) raten, (etw)
schätzen; **it's a good ~** gut geschätzt; **it
was just a lucky ~** das war ein Zufallstreffer
m; **I'll give you three ~es** dreimal darfst du
raten; **at a rough ~** grob geschätzt; **your ~
is as good as mine!** (umg) da kann ich auch
nur raten!; **it's anybody's ~** (umg) das wissen
die Götter (umg) **B** _VII_ **1** raten; **to keep sb ~ing**
jdn im Ungewissen lassen; **you'll never ~!** das
wirst du nie erraten **2** (bes US) **I ~ not** wohl
nicht; **he's right, I ~** er hat wohl recht; **I think
he's right — I ~ so** ich glaube, er hat recht —
ja, das hat er wohl **C** _VIT_ **1** raten; (≈ richtig) er-
raten; Wert etc schätzen; **I ~ed as much** das ha-
be ich mir schon gedacht; **you'll never ~ who
...** das errätst du nie, wer ...; **~ what!** (umg)
stell dir vor! (umg) **2** (bes US) **I ~ we'll just have
to wait and see** wir werden wohl abwarten
müssen **guesswork** ['geswɜːk] _S_ (reine) Ver-
mutung
guest [gest] _S_ Gast m; **~ of honour** (Br) od hon-
or (US) Ehrengast m; **be my ~** (umg) nur zu! (umg)
guest appearance _S_ Gastauftritt m; **to
make a ~** als Gast auftreten **guesthouse**
_S_ (Fremden)pension f **guest room** _S_ Gäste-
zimmer n **guest speaker** _S_ Gastredner(in)
m(f)
guffaw [gʌ'fɔː] **A** _S_ schallendes Lachen kein pl
B _VII_ schallend (los)lachen
GUI abk von graphical user interface GUI n
guidance ['gaɪdəns] _S_ Leitung f, Beratung f
(on über +akk); (durch Vorgesetzte etc) Anleitung f;
to give sb ~ on sth jdn bei etw beraten
guide [gaɪd] **A** _S_ **1** Führer(in) m(f); (fig ≈ Hinweis)
Anhaltspunkt m (to für); (≈ Modell) Leitbild n **2** (Br)
Guide Pfadfinderin f (❶ = (US) **Girl Scout**) **3**
Anleitung f, Handbuch n (to +gen); (≈ für Reise) Füh-
rer m; **as a rough ~** als Faustregel **B** _VIT_ jdn füh-
ren; **to be ~d by sb/sth** sich von jdm/etw lei-
ten lassen **guidebook** ['gaɪdbʊk] _S_ (Reise)-
führer m (to von) **guided missile** [ˌgaɪdɪd-
'mɪsaɪl] _S_ ferngelenktes Geschoss **guide
dog** _S_ Blindenhund m **guided tour**
[ˌgaɪdɪd'tʊə'] _S_ Führung f (of durch) **guideline**
['gaɪdlaɪn] _S_ Richtlinie f; **safety ~s** Sicherheits-
hinweise pl; **I gave her a few ~s on looking
after a kitten** ich gab ihr ein paar Hinweise,
wie man eine junge Katze versorgt **guiding**
ATTR **~ force** leitende Kraft; **~ principle** Leitmo-
tiv n
guild [gɪld] _S_ HIST Zunft f; (≈ Klub etc) Verein m
guillotine [ˌgɪlə'tiːn] **A** _S_ **1** Guillotine f **2** (Pa-
pier)schneidemaschine f **B** _VIT_ mit der Guillo-
tine hinrichten
guilt [gɪlt] _S_ Schuld f (for, of an +dat); **feelings of**

~ Schuldgefühle pl; ~ **complex** Schuldkomplex m **guiltily** ['gɪltɪlɪ] ADV schuldbewusst
guilty ['gɪltɪ] ADJ (+er) ◨ *Lächeln, Schweigen* schuldbewusst; *Geheimnis* mit Schuldgefühlen verbunden; ~ **conscience** schlechtes Gewissen; ~ **feelings** Schuldgefühle pl; **to feel ~ (about doing sth)** ein schlechtes Gewissen haben(, weil man etw tut/getan hat); **to make sb feel ~** jdm ein schlechtes Gewissen einreden ◩ schuldig (of sth einer Sache gen); **the ~ person** der/die Schuldige; **the ~ party** die schuldige Partei; **to find sb ~/not ~ (of sth)** jdn (einer Sache gen) für schuldig/nicht schuldig befinden; **to plead (not) ~ to a crime** sich eines Verbrechens (nicht) schuldig bekennen; **a ~ verdict, a verdict of ~** ein Schuldspruch m; **a not ~ verdict, a verdict of not ~** ein Freispruch m; **their parents are ~ of gross neglect** ihre Eltern haben sich grobe Fahrlässigkeit zuschulden kommen lassen; **we're all ~ of neglecting the problem** uns trifft alle die Schuld, dass das Problem vernachlässigt wurde
guinea pig s̄ Meerschweinchen n; (fig) Versuchskaninchen n
guitar [gɪ'tɑːʳ] s̄ Gitarre f; **to play the ~** Gitarre spielen (❗ mit **the**) **guitarist** [gɪ'tɑːrɪst] s̄ Gitarrist(in) m(f)
gulch [gʌlʃ] s̄ (US) Schlucht f
gulf [gʌlf] s̄ ◨ Golf m; **the Gulf of Mexico** der Golf von Mexiko ◩ tiefe Kluft **Gulf States** PL **the ~** die Golfstaaten pl **Gulf Stream** s̄ Golfstrom m **Gulf War** s̄ Golfkrieg m
gull [gʌl] s̄ Möwe f
gullible ['gʌlɪbl] ADJ leichtgläubig
gulp [gʌlp] ⓐ s̄ Schluck m; **in one ~** auf einen Schluck ⓑ V/T (a. **gulp down**) Getränk runterstürzen; *Essen* runterschlingen ⓒ V/I (≈ beim Schlucken) würgen
gum¹ [gʌm] s̄ (❗ oft a. pl) ANAT Zahnfleisch n kein pl
gum² ⓐ s̄ ◨ Gummi n ◩ Klebstoff m, Pick m (österr) ◪ Kaugummi m ⓑ V/T kleben, picken (österr)
gumption ['gʌmpʃən] s̄ (umg) Grips m (umg)

gumshield s̄ Zahnschutz m
gun [gʌn] ⓐ s̄ Kanone f, Gewehr n, Pistole f; **to carry a ~** (mit einer Schusswaffe) bewaffnet sein; **to draw a ~ on sb** jdn mit einer Schusswaffe bedrohen; **big ~** (fig umg) hohes od großes Tier (umg) (in in +dat); **to stick to one's ~s** nicht nachgeben; **to jump the ~** (fig) voreilig handeln; **to be going great ~s** (Br umg) toll in Schwung od Fahrt sein (umg); (Auto) wie geschmiert laufen (umg); (Firma) gut in Schuss sein (umg) ⓑ V/T (a. **gun down**) jdn erschießen ⓒ V/I (umg) **to be ~ning for sb** (fig) jdn auf dem Kieker haben (umg) **gunboat** s̄ Kanonenboot n
gunfight s̄ Schießerei f **gunfighter** s̄ Revolverheld m **gunfire** s̄ Schießerei f; MIL Geschützfeuer n
gunge [gʌndʒ] s̄ (Br umg) klebriges Zeug (umg)
gunk [gʌŋk] s̄ (bes US umg) = gunge
gun licence, (US) **gun license** s̄ Waffenschein m **gunman** ['gʌnmən] s̄, pl -men [-mən] (mit einer Schusswaffe) Bewaffnete(r) m; **they saw the ~** sie haben den Schützen gesehen **gunner** ['gʌnəʳ] s̄ MIL Artillerist m
gunpoint s̄ **to hold sb at ~** jdn mit einer Schusswaffe bedrohen **gunpowder** s̄ Schießpulver n **gunrunner** s̄ Waffenschmuggler(in) od -schieber(in) m(f) **gunrunning** s̄ Waffenschmuggel m **gunshot** s̄ Schuss m; ~ **wound** Schusswunde f **gurgle** ['gɜːgl] ⓐ s̄ (von Flüssigkeit) Gluckern n kein pl; (von Baby) Glucksen n kein pl ⓑ V/I (Flüssigkeit) gluckern; (Baby) glucksen (with vor +dat)
gurney ['gɜːnɪ] s̄ (US) (Trag)bahre f
gush [gʌʃ] ⓐ s̄ (von Wasser etc) Strahl m; (von Worten) Schwall m; (von Gefühlen) Ausbruch m ⓑ V/I ◨ (a. **gush out**) herausschießen ◩ (umg) schwärmen (umg) (about, over von); **gushing** ADJ ◨ *Wasser* (heraus)schießend ◩ (fig) überschwänglich
gusset ['gʌsɪt] s̄ Zwickel m
gust [gʌst] ⓐ s̄ Bö(e) f; **a ~ of cold air** ein Schwall m kalte Luft ⓑ V/I böig wehen
gusto ['gʌstəʊ] s̄ (❗ kein Plural) Begeisterung f; **to do sth with ~** etw mit Genuss tun
gusty ['gʌstɪ] ADJ (+er) böig

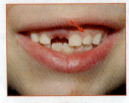

gum — Zahnfleisch

gum — Klebstoff

gum — Kaugummi

gut [gʌt] **A** S **1** Darm m **2** Bauch m **3** meist pl (umg) Eingeweide n; **to slog** od **work one's ~s out** (umg) wie blöd schuften (umg); **to hate sb's ~s** (umg) jdn auf den Tod nicht ausstehen können (umg); **~ reaction** rein gefühlsmäßige Reaktion, Bauchentscheidung f; **my ~ feeling is that ...** rein gefühlsmäßig würde ich sagen, dass ... **4 guts** PL (umg) Mumm m (umg) **B** VT **1** Tier ausnehmen **2** (Feuer) ausbrennen; (≈ leeren) ausräumen; **it was completely ~ted by the fire** es war völlig ausgebrannt **gutless** ADJ (fig umg) feige **gutsy** ['gʌtsɪ] ADJ (umg) Mensch mutig; Vorgehen kämpferisch **gutted** ADJ (bes Br umg) **I was ~** ich war total am Boden (umg)

gutter ['gʌtə'] **A** S Dachrinne f; (in Straße) Gosse f **B** VI (Flamme) flackern **guttering** ['gʌtərɪŋ] S Regenrinnen pl **gutter press** S (Br pej) Boulevardpresse f

guttural ['gʌtərəl] ADJ guttural

guy[1] [gaɪ] S (umg) Typ m (umg); **hey, you ~s** he Leute (umg); **are you ~s ready?** seid ihr fertig?

guy[2] S (a. **guy-rope**) Halteseil n, Zeltschnur f **Guy Fawkes' Night** [,gaɪ'fɔ:ksnaɪt] S (Br) Feierlichkeiten, Feuerwerk usw. zum Gedenken an die Pulververschwörung vom 5. November 1605

guzzle ['gʌzl] (umg) **A** VI (≈ essen) futtern (umg); (≈ trinken) schlürfen **B** VT futtern (umg), schlürfen; Benzin saufen (umg)

gym [dʒɪm] S **1** Turnhalle f **2** Fitnesscenter n **3** Turnen n **gym kit**, (US) **gym gear** S Turnzeug n **gymnasium** [dʒɪm'neɪzɪəm] S, pl -s od (form) **gymnasia** [dʒɪm'neɪzɪə] Turnhalle f **gymnast** ['dʒɪmnæst] S Turner(in) m(f) **gymnastic** [dʒɪm'næstɪk] ADJ turnerisch; **~ exercises** Turnübungen **gymnastics** [dʒɪm-'næstɪks] S **1** (❗ mit Verb im Singular) Gymnastik f kein pl, Turnen n kein pl; **to do ~** Gymnastik machen; SCHULE turnen **2** (❗ mit Verb im Plural) Übungen pl **gym shoe** S (Br) Turnschuh m (❗ = (US) **sneaker**) **gym teacher** S Turnlehrer(in) m(f) **gym trainer** S Fitness-

---

▶ **gypsies**

Die Entsprechung „Zigeuner" ist die im deutschen Sprachraum vorherrschende Bezeichnung für **gypsy** ['dʒɪpsɪ]. Sie wird von einigen zu den „Zigeunern" gehörenden ethnischen Minderheitsgruppen als diskriminierend abgelehnt, nicht zuletzt auch wegen der Ausrottungspolitik während der Nazizeit in Deutschland. Daher wird häufig auch „Sinti und Roma" als Sammelname verwendet. **Gypsy** hingegen stößt nicht auf die gleiche Ablehnung.

SPRACHGEBRAUCH ◀

---

trainer(in) m(f)

gynaecological, (US) **gynecological** [,gaɪnɪkə'lɒdʒɪkəl] ADJ gynäkologisch **gynaecologist**, (US) **gynecologist** [,gaɪnɪ-'kɒlədʒɪst] S Gynäkologe m, Gynäkologin f **gynaecology**, (US) **gynecology** [,gaɪnɪ-'kɒlədʒɪ] S Gynäkologie f

gypsy ['dʒɪpsɪ] **A** S Zigeuner(in) m(f) (neg!); **gypsies** Sinti und Roma pl **B** ADJ Zigeuner- (neg!)

gyrate [,dʒaɪə'reɪt] VI (herum)wirbeln, sich drehen; (Tänzer) sich drehen und winden

gyroscope ['dʒaɪərə,skəʊp] S Gyroskop n

H

H, h [eɪtʃ] S H n, h n

h abk von **hour(s)** h

haberdashery [,hæbə'dæʃərɪ] S (Br) Kurzwaren pl (❗ = (US) **notions**); (US) Herrenbekleidung f

habit ['hæbɪt] S **1** Gewohnheit f; (unerwünscht) (An)gewohnheit f; **to be in the ~ of doing sth** die Angewohnheit haben, etw zu tun; **it became a ~** es wurde zur Gewohnheit; **from (force of) ~** aus Gewohnheit; **I don't make a ~ of inviting strangers in** (für) gewöhnlich bitte ich Fremde nicht herein; **to get into/to get sb into the ~ of doing sth** sich/jdm angewöhnen, etw zu tun; **to get into bad ~s** in schlechte Gewohnheiten verfallen; **to get out of/to get sb out of the ~ of doing sth** sich/jdm abgewöhnen, etw zu tun; **to have a ~ of doing sth** die Angewohnheit haben, etw zu tun **2** Sucht f; **to have a cocaine ~** kokainsüchtig sein **3** (≈ Gewand, von Mönch etc) Habit n od m **habitable** ['hæbɪtəbl] ADJ bewohnbar **habitat** ['hæbɪtæt] S Heimat f **habitation** [,hæbɪ'teɪʃən] S **unfit for human ~** menschenunwürdig

habitual [hə'bɪtjʊəl] ADJ **1** gewohnt **2** gewohnheitsmäßig; **~ criminal** Gewohnheitsverbrecher(in) m(f) **habitually** [hə'bɪtjʊəlɪ] ADV ständig, regelmäßig

hack[1] [hæk] **A** VT **1** hacken; **to ~ sb/sth to pieces** (wörtl) jdn/etw zerstückeln **2** (umg) **to ~ it** es bringen (sl) **B** VI hacken (a. IT); **he ~ed at the branch** er schlug auf den Ast; **to ~ into the system** in das System eindringen

hack[2] S **1** (pej = Autor) Schreiberling m **2** (US) Taxi n

hacker ['hækə'] S IT Hacker(in) m(f) **hacking**

HACK | 308

H

['hækɪŋ] **A** ADJ ~ **cough** trockener Husten **B** S
IT Hacken n

hackles ['hæklz] PL **to get sb's ~ up** jdn auf
die Palme bringen (umg)

hacksaw ['hæksɔː] S Metallsäge f

had [hæd] prät, pperf **von** have

haddock ['hædək] S, pl - Schellfisch m

hadn't ['hædnt] = had not

haemoglobin, (US) **hemoglobin** [ˌhiː-
məʊˈgləʊbɪn] S Hämoglobin n **haemophil-
ia**, (US) **hemophilia** [ˌhiːməʊˈfɪlɪə] S Bluter-
krankheit f **haemophiliac**, (US) **hemo-
philiac** [ˌhiːməʊˈfɪlɪæk] S Bluter m **haemor-
rhage**, (US) **hemorrhage** ['heˈmərɪdʒ] **A** S
Blutung f **B** VTi bluten **haemorrhoids**, (US)
hemorrhoids ['heˈmərɔɪdz] PL Hämorr(ho)-
iden pl

hag [hæg] S Hexe f

haggard ['hægəd] ADJ ausgezehrt, abge-
spannt

haggis ['hægɪs] S schottisches Gericht aus ge-
hackten Schafsinnereien und Hafer im Schafsma-
gen

haggle ['hægl] Vi feilschen (about od over um)
haggling S Gefeilsche n

Hague [heɪg] S **the ~** Den Haag n

hail[1] [heɪl] **A** S Hagel m; **a ~ of blows** ein Hagel
von Schlägen; **in a ~ of bullets** im Kugelhagel
B Vi hageln

hail[2] **A** VT **to ~ sb/sth as sth** jdn/etw als etw
feiern ᎒ zurufen (+dat); Taxi anhalten; **within
~ing distance** in Rufweite **B** Vi **they ~ from
... sie kommen aus ... C** INT **the Hail Mary** das
Ave Maria

hailstone S Hagelkorn n **hailstorm** S Hagel
(-schauer) m

hair [heə] **A** S ᎒ (❶ kein pl) (kollektiv) Haare pl,
Haar n, Behaarung f; **body ~** Körperbehaarung
f; **to do one's ~** sich frisieren; **to have one's ~
cut** sich (dat) die Haare schneiden lassen; **to let
one's ~ down** (fig) aus sich (dat) herausgehen;
keep your ~ on! (Br umg) ruhig Blut! ᎒ (≈ einzel-
nes) Haar n; **not a ~ out of place** (fig) wie aus

▶ **hair**

Im Englischen wird **hair** nur dann im Plural
verwendet, wenn man von einzelnen Haaren
spricht und nicht von den Haaren auf dem Kopf
insgesamt. Als Eselsbrücke kann man sich mer-
ken: Wo im Deutschen „Haar" für „Haare" stehen
kann, verwendet man im Englischen **hair** ohne
Plural-s: Sie hat lockiges Haar. — **She has curly
hair.**

GRAMMATIK ◀

dem Ei gepellt; **I'm allergic to cat ~** ich bin
gegen Katzenhaare allergisch **B** ATTR Haar-
hairband S Haarband n **hairbrush** S Haar-
bürste f **hair clip** S Clip m

haircut S Haarschnitt m; **to have** od **get a ~**
sich (dat) die Haare schneiden lassen

hairdo S, pl **-s** (umg) Frisur f

hairdresser S Friseur m, Friseuse f; **the ~'s**
der Friseur **hairdressing** S Frisieren n
hairdressing salon S Friseursalon m
hairdrier S Haartrockner m, Föhn m
-haired ['heəd] ADJ suf **-haarig; long-haired**
langhaarig **hair gel** S (Haar)gel n **hairgrip**
S (Br) Haarklemme f (❶ = (US) **bobby pin**)
hairline S Haaransatz m **hairline crack**
S Haarriss m **hairline fracture** S Haarriss
m **hairpiece** S Haarteil n, Toupet n **hairpin**
S Haarnadel f **hairpin (bend)** S Haarnadel-
kurve f **hair-raising** ADJ haarsträubend **hair
remover** S Haarentferner m **hair restorer**
S Haarwuchsmittel n **hair's breadth** S Haa-
resbreite f; **he was within a ~ of winning** er
hätte um ein Haar gewonnen **hair slide** S
(Br) Haarspange f (❶ = (US) **barrette**) **hair-
splitting** S Haarspalterei f **hairspray** S
Haarspray m od n **hairstyle** S Frisur f **hair
stylist** S Coiffeur m, Coiffeuse f **hairy** ['heərɪ]
ADJ (+er) Mensch, Spinne behaart; Brust haarig

hake [heɪk] S See- od Meerhecht m

half [hɑːf] **A** S, pl **halves** ᎒ Hälfte f; **the first ~
of the year** die erste Jahreshälfte; **to cut sth in
~** etw halbieren; **to tear sth in ~** etw durch-
reißen; **~ of it/them** die Hälfte davon/von ih-
nen; **~ the money** die Hälfte des Geldes; **~ a
million dollars** eine halbe Million Dollar; **he
gave me ~** er gab mir die Hälfte; **~ an hour**
eine halbe Stunde; **to go halves (with sb on
sth)** (mit jdm mit etw) halbe-halbe machen
(umg); **bigger by ~** anderthalbmal so groß;
to increase sth by ~ etw um die Hälfte ver-
größern; **he is too clever by ~** (Br umg) das ist
ein richtiger Schlaumeier; **one and a ~** einein-
halb, anderthalb; **an hour and a ~** eineinhalb
od anderthalb Stunden; **he's two and a ~** er ist
zweieinhalb; **he doesn't do things by halves**
er macht keine halben Sachen; **~ and ~** halb
und halb; **my better** (hum) od **other ~** meine
bessere Hälfte ᎒ SPORT Halbzeit f ᎒ (≈ Fahr-, Ein-
trittskarte, für Kind) halbe Karte (umg); **two and a ~
(to London)** zweieinhalb(mal London) ᎒ klei-
nes Bier **B** ADJ halb; **at** od **for ~ price** zum hal-
ben Preis; **~ man ~ beast** halb Mensch, halb
Tier **C** ADV ᎒ halb; **I ~ thought ...** ich hätte fast
gedacht ...; **the work is only ~ done** die Ar-
beit ist erst zur Hälfte erledigt; **to be ~ asleep**
schon fast schlafen; **~ laughing, ~ crying** halb

lachend, halb weinend; **he only ~ understands** er begreift *od* versteht nur die Hälfte; **she's ~ German** sie ist zur Hälfte Deutsche; **it's ~ past three** *od* **~ three** es ist halb vier; **he is ~ as big as his sister** er ist halb so groß wie seine Schwester; **~ as big again** anderthalbmal so groß; **he earns ~ as much as you** er verdient halb so viel wie Sie [2] (*Br umg*) **he's not ~ stupid** er ist unheimlich dumm; **it didn't ~ rain** es HAT vielleicht geregnet; **not ~!** und wie! **half-a-dozen** [S] halbes Dutzend **halfback** [S] SPORT Mittelfeldspieler(in) *m(f)* **half-baked** ADJ (*fig*) unausgegoren **half board** [S] Halbpension *f* **half bottle** [S] **a ~ of wine** eine kleine Flasche Wein **half-brother** [S] Halbbruder *m* **half--caste** [S] (*obs, pej*) Mischling *m* **half-circle** [S] Halbkreis *m* **half-day** [S] (≈ *Urlaub*) halber freier Tag; **we've got a ~** wir haben einen halben Tag frei **half-dead** ADJ (*wörtl, fig*) halb tot (*with* vor +*dat*) **half-dozen** [S] halbes Dutzend **half-empty** ADJ halb leer **half-fare** [S] halber Fahrpreis **half-full** ADJ halb voll **half--hearted** ADJ halbherzig, lustlos; **he was rather ~ about accepting** er nahm ohne rechte Lust an **half-heartedly** ADV halben Herzens; **to do sth ~** etw ohne rechte Überzeugung *od* Lust tun **half-hour** [S] halbe Stunde **half--hourly** [A] ADV alle halbe Stunde [B] ADJ halbstündlich **half-mast** [S] **at ~** (auf) halbmast **half measure** [S] halbe Maßnahme **half--moon** [S] Halbmond *m* **half-note** [S] (*US MUS*) halbe Note (❗ = (Br) **minim**) **half--pay** [S] halber Lohn, halbes Gehalt **half-pint** [S] [1] ≈ Viertelliter *m od* [2] kleines Bier **half--pipe** [S] SPORT Halfpipe *f* **half-price** ADJ, ADV zum halben Preis; **to be ~** die Hälfte kosten **half-sister** [S] Halbschwester *f* **half term** [S] (*Br*) Ferien *pl* in der Mitte des Trimesters; **we get three days at ~** wir haben drei Tage Ferien in der Mitte des Trimesters **half-time** [A] [S] SPORT Halbzeit *f*; **at ~** zur Halbzeit [B] ATTR Halbzeit-, zur Halbzeit; **~ score** Halbzeitstand *m* **half-truth** [S] Halbwahrheit *f* **half volley** [S] (*Tennis*) Halfvolley *m* **halfway** ['hɑːfˌweɪ] [A] ADJ *attr* halb; **when we reached the ~ stage** *od* **point on our journey** als wir die Hälfte der Reise hinter uns (*dat*) hatten; **we're past the ~ stage** wir haben die Hälfte geschafft [B] ADV **~ to** auf halbem Weg nach; **we drove ~ to London** wir fuhren die halbe Strecke nach London; **~ between ...** (genau) zwischen ...; **I live ~ up the hill** ich wohne auf halber Höhe des Berges; **~ through a book** halb durch ein Buch (durch); **she dropped out ~ through the race** nach der Hälfte des Rennens gab sie auf; **to meet sb ~** jdm (auf halbem Weg) entgegenkommen **halfway house** [S] (*fig*) Zwischending *n* **halfwit** [S] (*fig*) Schwachkopf *m* **half-yearly** ADV halbjährlich

> **half three = half past three**

Oft lässt man im Englischen bei der Zeitangabe das Wort **past** nach **half** einfach weg. Vorsicht! **Half three** ist aber „halb vier" und nicht „halb drei".

GRAMMATIK

halibut ['hælɪbət] [S], *pl* - Heilbutt *m*
hall [hɔːl] [S] [1] Diele *f* [2] Halle *f*, Saal *m*; (≈ *von Dorf*) Gemeindehaus *n*; (≈ *von Schule*) Aula *f* [3] Herrenhaus *n*; (*Br:* a. **hall of residence**) Studenten(wohn)heim *n* [4] (*US*) Gang *m*
hallelujah [ˌhælɪˈluːjə] [A] INT halleluja [B] [S] Halleluja *n*
hallmark [ˈhɔːlmɑːk] [S] [1] (Feingehalts)stempel *m* [2] (*fig*) Kennzeichen *n* (*of* +*gen*, für)
hallo [həˈləʊ] INT, [S] = **hello**
hallowed ['hæləʊd] ADJ geheiligt; **on ~ ground** auf heiligem Boden
Halloween, Hallowe'en [ˌhæləʊˈiːn] [S] Halloween *n*
hallucinate [həˈluːsɪneɪt] VI halluzinieren
hallucination [həˌluːsɪˈneɪʃən] [S] Halluzination *f* **hallucinatory** [həˈluːsɪnətərɪ] ADJ *Droge* Halluzinationen hervorrufend *attr*, halluzinogen (*fachspr*); *Wirkung* halluzinatorisch
hallway [ˈhɔːlweɪ] [S] Flur *m*
halo ['heɪləʊ] [S], *pl* -(e)s Heiligenschein *m*

hall — Diele

hall — Halle

hall *US* — Gang

HALT | 310

halt [hɔːlt] **A** s̲ Pause f; **to come to a ~** zum Stillstand kommen; **to bring sth to a ~** etw zum Stillstand bringen; **to call a ~ to sth** einer Sache (dat) ein Ende machen; **the government called for a ~ to the fighting** die Regierung verlangte die Einstellung der Kämpfe **B** v̲i̲ zum Stillstand kommen, stehen bleiben; MIL haltmachen **C** v̲t̲ zum Stillstand bringen; Kämpfe einstellen **D** i̲n̲t̲ halt

halter ['hɔːltə'] s̲ (von Pferd) Halfter n **halterneck** ['hɒltənek] a̲d̲j̲ rückenfrei mit Nackenverschluss

halting ['hɔːltɪŋ] a̲d̲j̲ Stimme zögernd; Rede stockend; Englisch holprig

halt sign s̲ AUTO Stoppschild n

halve [haːv] v̲t̲ **1** halbieren **2** auf die Hälfte reduzieren **halves** [haːvz] pl von half

ham [hæm] s̲ GASTR Schinken m; **~ sandwich** Schinkenbrot n ◆**ham up** v̲t̲ trennb (umg) **to ham it up** zu dick auftragen

hamburger ['hæm,bɜːgə'] s̲ Hamburger m

hamlet ['hæmlɪt] s̲ kleines Dorf

hammer ['hæmə'] **A** s̲ Hammer m; **to go at it ~ and tongs** (umg) sich ins Zeug legen (umg); (bei Streit) sich in die Wolle kriegen (umg); **to go/come under the ~** unter den Hammer kommen **B** v̲t̲ **1** hämmern; **to ~ a nail into a wall** einen Nagel in die Wand schlagen **2** (umg ≈ besiegen) eine Schlappe beibringen +dat (umg) **C** v̲i̲ hämmern; **to ~ on the door** an die Tür hämmern ◆**hammer home** v̲t̲ trennb Nachdruck verleihen (+dat); **he tried to hammer it home to the pupils that ...** er versuchte, den Schülern einzubläuen od einzuhämmern, dass... ◆**hammer out** v̲t̲ trennb (fig) Abkommen ausarbeiten; Melodie hämmern

hammering ['hæmərɪŋ] s̲ (bes Br umg) Schlappe f (umg); **our team took a ~** unsere Mannschaft musste eine Schlappe einstecken (umg)

hammock ['hæmək] s̲ Hängematte f

hamper¹ ['hæmpə'] s̲ (bes Br) Korb m, Geschenkkorb m

hamper² v̲t̲ behindern; **to be ~ed (by sth)** (durch etw) gehandicapt sein; **the police were ~ed in their search by the shortage of clues** der Mangel an Hinweisen erschwerte der Polizei die Suche

hamster ['hæmstə'] s̲ Hamster m

hamstring ['hæmstrɪŋ] s̲ ANAT Kniesehne f

---

hand [hænd]

A Substantiv	B transitives Verb

— A Substantiv —

1 Hand f; (von Uhr) Zeiger m; **on (one's) ~s and** knees auf allen vieren; **to take sb by the ~** jdn an die Hand nehmen; **~ in ~** Hand in Hand; **to go ~ in ~ with sth** mit etw einhergehen od Hand in Hand gehen; **~s up!** Hände hoch!; **~s up who knows the answer** Hand hoch, wer es weiß; **~s off!** (umg) Hände weg!; **keep your ~s off my wife** lass die Finger von meiner Frau!; **made by ~** handgearbeitet; **to live (from) ~ to mouth** von der Hand in den Mund leben; **with a heavy/firm ~** (fig) mit harter/fester Hand; **to get one's ~s dirty** (fig) sich (dat) die Hände schmutzig machen **2** Seite f; **on my right ~** rechts von mir; **on the one ~ ... on the other ~ ...** einerseits ..., andererseits ... **3** **your future is in your own ~s** Sie haben Ihre Zukunft (selbst) in den Händen; **he put the matter in the ~s of his lawyer** er übergab die Sache seinem Anwalt; **to put oneself in (-to) sb's ~s** sich jdm anvertrauen; **to fall into the ~s of sb** jdm in die Hände fallen; **to fall into the wrong ~s** in die falschen Hände geraten; **to be in good ~s** in guten Händen sein; **to change ~s** den Besitzer wechseln; **he suffered terribly at the ~s of the enemy** er machte in den Händen des Feindes Schreckliches durch; **he has too much time on his ~s** er hat zu viel Zeit zur Verfügung; **he has five children on his ~s** er hat fünf Kinder am Hals (umg); **everything she could get her ~s on** alles, was sie in die Finger bekommen konnte; **just wait till I get my ~s on him!** warte nur, bis ich ihn zwischen die Finger kriege! (umg); **to take sb/sth off sb's ~s** jdm jdn/etw abnehmen **4** Arbeiter(in) m(f); **all ~s on deck!** alle Mann an Deck! **5** Handschrift f **6** KART Blatt n; (≈ Spiel) Runde f **7** **to ask for a lady's ~ (in marriage)** um die Hand einer Dame anhalten; **to have one's ~s full with sb/sth** mit jdm/etw alle Hände voll zu tun haben; **to wait on sb ~ and foot** jdn von vorne und hinten bedienen; **to have a ~ in sth** an etw (dat) beteiligt sein; **I had no ~ in it** ich hatte damit nichts zu tun; **to keep one's ~ in** in Übung bleiben; **to lend** od **give sb a ~** jdm behilflich sein; **give me a ~!** hilf mir mal!; **to be ~ in glove with sb** mit jdm unter einer Decke stecken; **to win ~s down** mühelos od spielend gewinnen; **to have the upper ~** die Oberhand behalten; **to get** od **gain the upper ~ (of sb)** (über jdn) die Oberhand gewinnen; **they gave him a big ~** sie gaben ihm großen Applaus; **let's give our guest a big ~** und nun großen Beifall für unseren Gast; **to be an old ~ (at sth)** ein alter Hase (in etw dat) sein; **to keep sth at ~** etw in

311 ‖ HAND

Reichweite haben; **at first ~** aus erster Hand; **he had the situation well in ~** er hatte die Situation im Griff; **to take sb in ~** (≈ *disziplinieren*) jdn in die Hand nehmen; (≈ *betreuen*) jdn in Obhut nehmen; **he still had £600 in ~** er hatte £ 600 übrig; **the matter in ~** die vorliegende Angelegenheit; **there were no experts on ~** es standen keine Experten zur Verfügung; **to eat out of sb's ~** jdm aus der Hand fressen; **things got out of ~** die Dinge sind außer Kontrolle geraten; **I dismissed the idea out of ~** ich verwarf die Idee sofort; **I don't have the letter to ~** ich habe den Brief gerade nicht zur Hand

— **B** transitives Verb —

geben (*sth to sb, sb sth*) jdm etw); **you've got to ~ it to him** (*fig umg*) das muss man ihm lassen (*umg*)

♦**hand (a)round** V͟T͟ *trennb* herumreichen, austeilen ♦**hand back** V͟T͟ *trennb* zurückgeben ♦**hand down** V͟T͟ *trennb* **1** (*fig*) weitergeben; *Tradition* überliefern; *Wertgegenstand etc* vererben (*to +dat*); **the farm's been handed down from generation to generation** der Hof ist durch die Generationen weitervererbt worden **2** J͟U͟R͟ *Urteil* fällen ♦**hand in** V͟T͟ *trennb* abgeben; *Rücktritt* einreichen ♦**hand on** V͟T͟ *trennb* weitergeben (*to an +akk*) ♦**hand out** V͟T͟ *trennb* verteilen (*to sb an jdn*); *Rat* erteilen (*to sb jdm*) ♦**hand over** V͟T͟ *trennb* (herüber)reichen (*to +dat*), weitergeben (*to an +akk*), (her)geben (*to +dat*); *Gefangenen* übergeben (*to +dat*), ausliefern; *Macht* abgeben (*to an +akk*); *Kontrolle, Besitz* übergeben (*to +dat, an +akk*); **I now hand you over to our correspondent** ich übergebe nun an unseren Korrespondenten ♦**hand up** V͟T͟ *trennb* hinaufreichen

handbag S͟ (*Br*) Handtasche f (❗ = (US) **purse**) **hand baggage** S͟ Handgepäck n **handball** A͟ S͟ **1** Handball m **2** (F͟U͟S͟S͟B͟ ≈ *Regelverstoß*) Handspiel n **B** I͟N͟T͟ F͟U͟S͟S͟B͟ Hand **hand basin** S͟ Handwaschbecken n **handbill** S͟ Handzettel m **handbook** S͟ Handbuch n **handbrake** S͟ Handbremse f **hand-carved** A͟D͟J͟ handgeschnitzt **hand cream** S͟ Handcreme f **handcuff** V͟T͟ Handschellen anlegen (*+dat*) **handcuffs** P͟L͟ Handschellen pl **handdrier** S͟ Händetrockner m **handful** [ˈhændfʊl] S͟ **1** Handvoll f; (*von Haar*) Büschel n **2** (*fig*) **those children are a ~** die Kinder können einen ganz schön in Trab halten **hand grenade** S͟ Handgranate f **handgun** S͟ Handfeuerwaffe f **hand-held** A͟D͟J͟ *Computer* Handheld-**handicap** [ˈhændɪkæp] A͟ S͟ **1** S͟P͟O͟R͟T͟ Handicap n **2** Handicap n, Behinderung f **B** V͟T͟ **to be (physically/mentally) ~ped** (körperlich/

geistig) behindert sein; **~ped children** pl behinderte Kinder pl (❗ wird oft als abwertend empfunden)

handicraft [ˈhændɪkrɑːft] S͟ Kunsthandwerk n; **~s** Kunstgewerbe n

handily [ˈhændɪlɪ] A͟D͟V͟ *gelegen* günstig

handiwork [ˈhændɪwɜːk] S͟ **1** (❗ kein pl) (*wörtl*) Arbeit f, Handarbeit f; **examples of the children's ~** Werkarbeiten/Handarbeiten pl der Kinder **2** (❗ kein pl) (*fig*) Werk n; (*pej*) Machwerk n

handkerchief [ˈhæŋkətʃɪf] S͟ Taschentuch n, Nastuch n (*schweiz*)

handle [ˈhændl] A͟ S͟ Griff m; (*von Tür*) Klinke f, (Tür)falle f (*schweiz*); (*bes von Besen, Kochtopf*) Stiel m; (*von Korb, Tasse*) Henkel m; **to fly off the ~** (*umg*) an die Decke gehen (*umg*) **B** V͟T͟ **1** berühren; **be careful how you ~ that** gehen Sie vorsichtig damit um; **"handle with care"** „Vorsicht - zerbrechlich" **2** umgehen mit; *Sache, Problem* sich befassen mit, fertig werden mit, erledigen; *Fahrzeug* steuern; **how would you ~ the situation?** wie würden Sie sich in der Situation verhalten?; **I can't ~ pressure** ich komme unter Druck nicht zurecht; **you keep quiet, I'll ~ this** sei still, lass mich mal machen **3** H͟A͟N͟D͟E͟L͟ *Waren* handeln mit od in (*+dat*); *Aufträge* bearbeiten **C** V͟I͟ (*Schiff, Flugzeug*) sich steuern lassen; (*Auto*) sich fahren lassen **handlebar(s)** [ˈhændlbɑː, -bɑːz] S͟(pl) Lenkstange f **handler** [ˈhændlə] S͟ Hundeführer(in) m(f); **baggage ~** Gepäckmann m **handling** [ˈhændlɪŋ] S͟ Umgang m (*of* mit); (*von Sache, Problem*) Behandlung f (*of +gen*); (*von offizieller Seite*) Bearbeitung f; **her adroit ~ of the economy** ihre geschickte Handhabung der Wirtschaft; **his ~ of the matter** die Art, wie er die Angelegenheit angefasst hat; **his successful ~ of the crisis** seine Bewältigung der Krise **handling charge** S͟ Bearbeitungsgebühr f; (*von Bank*) Kontoführungsgebühren pl

hand lotion S͟ Handlotion f **hand luggage** S͟ (*Br*) Handgepäck n **handmade** A͟D͟J͟ handgearbeitet; **this is ~** das ist Handarbeit **hand mirror** S͟ Handspiegel m **hand-operated** A͟D͟J͟ handbedient, handbetrieben **hand-out** S͟ **1** (Geld)zuwendung f **2** Essensspende f; S͟C͟H͟U͟L͟E͟ Arbeitsblatt n **handover** S͟ P͟O͟L͟ Übergabe f; **~ of power** Machtübergabe f **hand-picked** A͟D͟J͟ (*fig*) sorgfältig ausgewählt **hand puppet** S͟ (*US*) Handpuppe f (❗ = (Br) **glove puppet**) **handrail** S͟ Geländer n; (*von Schiff*) Reling f **handset** S͟ T͟E͟L͟ Hörer m **hands-free** [ˈhændzˈfriː] A͟D͟J͟ Freisprech-; **~ kit** Freisprechset n od -anlage f **handshake** [ˈhændʃeɪk] S͟ Händedruck m

handsome ['hænsəm] ADJ **1** gut aussehend; *Gesicht, Äußeres* attraktiv, elegant; **he is ~** er sieht gut aus **2** *Gewinn* ansehnlich; *Belohnung* großzügig; *Sieg* deutlich **handsomely** ['hænsəmli] ADV bezahlen großzügig; *belohnen* reichlich; *siegen* überlegen
hands-on ['hændz'ɒn] ADJ aktiv, engagiert
handstand S Handstand m **hand-to--hand** ADJ **~ fighting** Nahkampf m **hand--to-mouth** ADJ kümmerlich **hand towel** S Händehandtuch n
handwriting S Handschrift f **handwritten** ADJ handgeschrieben **handy** ['hændɪ] ADJ (+er) **1** *Gerät* praktisch; *Tipp* nützlich; *Größe* handlich; **to come in ~** sich als nützlich erweisen; **my experience as a teacher comes in ~** meine Lehrerfahrung kommt mir zugute **2** geschickt; **to be ~ with a tool** mit einem Werkzeug gut umgehen können **3** in der Nähe; **the house is (very) ~ for the shops** das Haus liegt (ganz) in der Nähe der Geschäfte; **to keep** *od* **have sth ~** etw griffbereit haben **handyman** ['hændɪmæn] S, pl -men [-mən] Heimwerker m; (als Job) Hilfskraft f

handy

Handy bedeutet im Englischen, dass etwas praktisch oder handlich ist oder dass man etwas (immer) zur Hand hat. Mit dem deutschen „Handy" hat das nichts zu tun. Das heißt im britischen Englisch **mobile phone** oder kurz **mobile** und im amerikanischen Englisch vorzugsweise **cell phone**, kurz **cell**.

FALSCHE FREUNDE

hang [hæŋ] v: *prät, pperf* hung A VT **1** hängen; *Bild, Vorhang, Kleider* aufhängen; **to ~ wallpaper** tapezieren; **to ~ sth from sth** etw an etw (*dat*) aufhängen; **to ~ one's head** den Kopf hängen lassen **2** *prät, pperf* hanged *Verbrecher* hängen; **to ~ oneself** sich erhängen **3** (*umg*) **~ the cost!** ist doch piepegal, was es kostet (*umg*) B VI **1** (*Bild, Vorhang*) hängen (*on* an +*dat*, *from* von); (*Haar*) fallen **2** (*düstere Stimmung etc*) hängen (*over* über +*dat*) **3** (*Verbrecher*) gehängt werden; **to be sentenced to ~** zum Tod durch Erhängen verurteilt werden C S (!) kein pl (*umg*) **to get the ~ of sth** den (richtigen) Dreh bei etw herauskriegen (*umg*) ♦**hang about** (*Br*) *od* **around** A VI (*umg*) warten; (*Jugendliche*) sich herumtreiben (*umg*), strawanzen (*österr*); **to keep sb hanging around** jdn warten lassen; **to hang around with sb** sich mit jdm herumtreiben (*umg*); **hang about, I'm just coming** wart mal, ich komm ja schon; (*umg*) **he doesn't hang around** er ist einer von der schnellen Truppe (*umg*) B VI +*obj* **to hang around a place** sich an einem Ort herumtreiben (*umg*) ♦**hang back** VI (*wörtl*) sich zurückhalten ♦**hang in** VI (*umg*) **just ~ there!** bleib am Ball (*umg*) ♦**hang on** A VI **1** sich festhalten (*to* an etw *dat*) **2** durchhalten; (*umg*) warten; **~ (a minute)** einen Augenblick (mal) B VI +*obj* **he hangs on her every word** er hängt an ihren Lippen; **everything hangs on his decision** alles hängt von seiner Entscheidung ab ♦**hang on to** VI +*obj* **1** (*wörtl*) festhalten; (*fig*) *Hoffnung* sich klammern an (+*akk*) **2** behalten; **to ~ power** sich an die Macht klammern ♦**hang out** A VI **1** (*Zunge*) heraushängen **2** (*umg*) sich aufhalten B VT trennb hinaushängen ♦**hang together** VI (*Argumentation, Ideen*) folgerichtig *od* zusammenhängend sein; (*Alibi*) keinen Widerspruch enthalten; (*Geschichte etc*) zusammenhängen ♦**hang up** A VI TEL auflegen; **he hung up on me** er legte einfach auf B VT trennb *Bild* aufhängen; *Hörer* auflegen ♦**hang upon** VI +*obj* = hang on B
hangar ['hæŋə'] S Hangar m
hanger ['hæŋə'] S (Kleider)bügel m **hanger--on** [,hæŋər'ɒn] S, pl hangers-on Satellit m
hang-glider S Drachen m **hang-gliding** S Drachenfliegen n **hanging** ['hæŋɪŋ] S **1** (*von Verbrecher*) Hinrichtung f (durch den Strang) **2** **hangings** PL Wandbehänge pl **hanging basket** S Blumenampel f **hangman** S, pl -men Henker m; (≈ *Spiel*) Galgen m **hang--out** S (*umg*) Stammlokal n; (*von Jugendlichen etc*) Treff m (*umg*) **hangover** S Kater m (*umg*) **hang-up** S (*umg*) Komplex m (*about* wegen)
hanker ['hæŋkə'] VI sich sehnen (*for* od *after sth* nach etw) **hankering** ['hæŋkərɪŋ] S Sehnsucht f; **to have a ~ for sth** Sehnsucht nach etw haben
hankie, hanky ['hæŋkɪ] S (*umg*) Taschentuch n, Nastuch n (*schweiz*)
hanky-panky ['hæŋkɪ'pæŋkɪ] S (*bes Br umg*) Gefummel n (*umg*)
Hanover ['hænəʊvə'] S Hannover n
haphazard [,hæp'hæzəd] ADJ willkürlich; **in a ~ way** planlos
happen ['hæpən] VI **1** geschehen, sich ereignen, passieren; **it ~ed like this ...** es war so ...; **what's ~ing?** was ist los?; **it just ~ed** es ist (ganz) von allein passiert *od* gekommen; **as if nothing had ~ed** als ob nichts geschehen *od* gewesen wäre; **don't let it ~ again** dass das nicht noch mal passiert!; **what has ~ed to him?** was ist ihm passiert?, was ist aus ihm geworden?; **if anything should ~ to me** wenn mir etwas zustoßen *od* passieren sollte; **it all ~ed so quickly** es ging alles so schnell **2**

to ~ to do sth zufällig(erweise) etw tun; **do you ~ to know whether …?** wissen Sie zufällig, ob …?; **I picked up the nearest paper, which ~ed to be the Daily Mail** ich nahm die erstbeste Zeitung zur Hand, es war zufällig die Daily Mail; **as it ~s I don't like that kind of thing** so etwas mag ich nun einmal nicht **happening** ['hæpnɪŋ] ⯑ Ereignis *n*, Vorfall *m*; **there have been some strange ~s in that house** in dem Haus sind sonderbare Dinge vorgegangen

happily ['hæpɪli] ADV ◼ glücklich; *spielen* vergnügt; **it all ended ~** es ging alles gut aus; **they lived ~ ever after** (*in Märchen*) und wenn sie nicht gestorben sind, dann leben sie noch heute ◼ *zusammen leben* harmonisch ◼ gern; **I would ~ have lent her the money** ich hätte ihr das Geld ohne weiteres geliehen ◼ glücklicherweise **happiness** ['hæpɪnɪs] ⯑ Glück *n*, Zufriedenheit *f*

happy ['hæpɪ] ADJ (+er) ◼ glücklich; **the ~ couple** das Brautpaar; **a ~ ending** ein Happy End *n*; **~ birthday (to you)** herzlichen Glückwunsch zum Geburtstag; **Happy Easter/Christmas** frohe Ostern/Weihnachten ◼ **(not) to be ~ about** *od* **with sth** mit etw (nicht) zufrieden sein; **to be ~ to do sth** etw gern tun; (≈ *erleichtert*) froh sein, etw zu tun; **I was ~ to hear that you passed your exam** es hat mich gefreut zu hören, dass du die Prüfung bestanden hast **happy-go-lucky** ADJ unbekümmert **happy hour** ⯑ Happy Hour *f*

harass ['hærəs] VT belästigen; **don't ~ me** dräng mich doch nicht so! **harassed** ADJ abgespannt; **a ~ father** ein (viel) geplagter Vater **harassment** ⯑ Belästigung *f*; **racial ~** rassistisch motivierte Schikanierung; **sexual ~** sexuelle Belästigung

harbour, (US) **harbor** ['hɑːbəʳ] ◼ ⯑ Hafen *m* ◼ VT ◼ *Verbrecher etc* Unterschlupf gewähren (+*dat*) ◼ *Zweifel etc* hegen

▶ **harbor, harbour**

Mit dem amerikanischen **harbor** oder dem britischen **harbour** wird ein natürlicher Seehafen oder ein Hafen für kleine Schiffe bezeichnet. Ein anderes Wort für „Hafen" ist **port** [pɔːt]. Das ist eine vom Menschen geschaffene Hafenanlage an Flüssen oder am Meer mit Docks und Lagerhallen oder ein Hafen für militärische Zwecke.

SPRACHGEBRAUCH ◀

hard [hɑːd] ◼ ADJ (+er) ◼ hart; *Winter, Frost* streng; **as ~ as rocks** *od* **iron** steinhart; **he leaves all the ~ work to me** die ganze Schwerarbeit

überlässt er mir; **to be a ~ worker** sehr fleißig sein; **it was ~ going** man kam nur mühsam voran; **to be ~ on sb** streng mit jdm sein; **to be ~ on sth** etw strapazieren; **to have a ~ time** es nicht leicht haben; **I had a ~ time finding a job** ich hatte Schwierigkeiten, eine Stelle zu finden; **to give sb a ~ time** jdm das Leben schwer machen; **there are no ~ feelings between them** sie sind einander nicht böse; **no ~ feelings?** nimm es mir nicht übel; **to be as ~ as nails** knallhart sein (*umg*) ◼ schwer, schwierig; **to understand** schwer verständlich; **that is a very ~ question to answer** diese Frage lässt sich nur schwer beantworten; **she is ~ to please** man kann ihr kaum etwas recht machen; **it's ~ to tell** es ist schwer zu sagen; **I find it ~ to believe** ich kann es kaum glauben; **she found it ~ to make friends** es fiel ihr schwer, Freunde zu finden; **to play ~ to get** so tun, als sei man nicht interessiert ◼ *ziehen, treten* kräftig; *schlagen* heftig; **to give sb/sth a ~ push** jdm/etw einen harten Stoß versetzen; **it was a ~ blow (for them)** (*fig*) es war ein schwerer Schlag (für sie) ◼ *Fakten* gesichert; **~ evidence** sichere Beweise *pl* ◼ ADV arbeiten hart; *laufen* sehr schnell; *atmen* schwer; *studieren* eifrig; *zuhören* genau; *nachdenken* scharf; *ziehen, drücken* kräftig; *regnen* stark (❶ **Hardly** ist nicht das Adverb zu **hard**, sondern heißt „kaum".); **she works ~ at keeping herself fit** sie gibt sich viel Mühe, sich fit zu halten; **to try ~** sich wirklich Mühe geben; **no matter how ~ I try …** wie sehr ich mich auch anstrenge, …; **to be ~ pushed** *od* **put to do sth** es sehr schwer finden, etw zu tun; **to be ~ done by** übel dran sein; **they are ~ hit by the cuts** sie sind von den Kürzungen schwer getroffen; **~ left** scharf links; **to follow ~ upon sth** unmittelbar auf etw (*akk*) folgen **hard and fast** ADJ fest **hardback** ◼ ADJ (*a.* **hardbacked**) *Buch* gebunden ◼ ⯑ gebundene Ausgabe **hardboard** ⯑ Hartfaserplatte *f* **hard-boiled** ADJ *Ei* hart gekocht **hard cash** ⯑ Bargeld *n* **hard copy** ⯑ Ausdruck *m* **hard core** ⯑ (*fig*) harter Kern **hard-core** ADJ ◼ *Porno* hart; **~ film** harter Pornofilm ◼ *Bandenmitglieder* zum harten Kern gehörend **hardcover** ADJ, ⯑ (US) = **hardback hard currency** ⯑ harte Währung

hard disk ⯑ IT Festplatte *f* **hard disk drive** ⯑ Festplattenlaufwerk *n* **hard drug** ⯑ harte Droge **hard-earned** ADJ *Geld* sauer verdient; *Sieg* hart erkämpft **hard-edged** ADJ (*fig*) hart, kompromisslos; *Realität* hart **harden** ['hɑːdn] ◼ VT *Stahl* härten; **this ~ed his attitude** dadurch hat sich seine Haltung verhärtet; **to**

HARD 314

~ oneself to sth sich gegen etw abhärten; *(gefühlsmäßig a.)* gegen etw unempfindlich werden **B** *vi* hart werden; *(fig: Haltung)* sich verhärten; **his face ~ed** sein Gesicht bekam einen harten Ausdruck **hardened** *ADJ Stahl* gehärtet; *Truppen* abgehärtet; *Arterien* verkalkt; **~ criminal** Gewohnheitsverbrecher(in) *m(f)*; **you become ~ to it after a while** daran gewöhnt man sich mit der Zeit **hard-fought** *ADJ Kampf* erbittert; *Sieg* hart erkämpft; *Spiel* hart **hard hat** *s* Schutzhelm *m* **hardhearted** *ADJ* hartherzig **hard-hitting** *ADJ Reportage* äußerst kritisch **hard labour**, *(US)* **hard labor** *s* Zwangsarbeit *f* **hard left** *s POL* **the ~** die extreme Linke **hard line** *s* **to take a ~** eine harte Linie verfolgen **hardline** *ADJ* kompromisslos **hardliner** *s* Hardliner(in) *m(f)* *(bes POL)* **hard luck** *s (umg)* Pech *n (on* für); **~!** Pech gehabt!

hardly ['hɑːdlɪ] *ADV* **1** kaum; **~ ever** fast nie; **~ any money** fast kein Geld; **it's worth ~ anything** es ist fast nichts wert; **you've ~ eaten anything** du hast (ja) kaum etwas gegessen; **there was ~ anywhere to go** man konnte fast nirgends hingehen **2** *(≈ sicherlich nicht)* wohl kaum

hardness ['hɑːdnɪs] *s* **1** Härte *f* **2** Schwierigkeit *f* **hard-nosed** *ADJ (umg) Mensch* abgebrüht *(umg); Haltung* rücksichtslos **hard on** *s (sl)* Ständer *m (umg)*; **to have a ~** einen stehen haben *(umg)* **hard-pressed** *ADJ* hart bedrängt; **to be ~ to do sth** es sehr schwer finden, etw zu tun **hard right** *s POL* **the ~** die extreme Rechte **hard sell** *s* aggressive Verkaufstaktik **hardship** ['hɑːdʃɪp] *s* Not *f*, Entbehrung *f* **hard shoulder** *s (bes Br)* Seitenstreifen *m* (❗ = *(US)* **shoulder**)

hardware ['hɑːdwɛəʳ] *A s* **1** (❗ kein pl) Eisenwaren *pl*, Haushaltswaren *pl* **2** IT Hardware *f* **B** *ATTR* **1 ~ shop** *od* **store** Eisenwarenhandlung *f* **2** IT Hardware **hard-wearing** *ADJ* widerstandsfähig; *Kleider* strapazierfähig **hard-won** *ADJ* schwer erkämpft **hardwood** *s* Hartholz *n* **hard-working** *ADJ* fleißig **hardy** ['hɑːdɪ] *ADJ (+er)* robust; *Pflanze* winterhart **hare** [hɛəʳ] *A s* (Feld)hase *m* **B** *vi (Br umg)* flitzen *(umg)* **harebrained** ['hɛəbreɪnd] *ADJ* verrückt **harelip** *s* Hasenscharte *f* **harem** [hɑːˈriːm] *s* Harem *m* **haricot** ['hærɪkəʊ] *s* **~ (bean)** Gartenbohne *f* **harm** [hɑːm] *A s* (❗ kein pl) Verletzung *f*; *(materiell, seelisch)* Schaden *m*; **to do ~ to sb** jdm eine Verletzung/jdm Schaden zufügen; **to do ~ to sth** einer Sache *(dat)* schaden; **you could do somebody/yourself ~ with that knife** mit dem Messer können Sie jemanden/sich verletzen; **he never did anyone any ~** er hat keiner

Fliege jemals etwas zuleide getan; **you will come to no ~** es wird Ihnen nichts geschehen; **it will do more ~ than good** es wird mehr schaden als nützen; **it won't do you any ~** es wird dir nicht schaden; **to mean no ~** es nicht böse meinen; **no ~ done** es ist nichts Schlimmes passiert; **there's no ~ in asking** es kann nicht schaden, zu fragen; **where's** *od* **what's the ~ in that?** was kann denn das schaden?; **to keep** *od* **stay out of ~'s way** der Gefahr *(dat)* aus dem Weg gehen; **I've put those tablets in the cupboard out of ~'s way** ich habe die Tabletten im Schrank in Sicherheit gebracht **B** *vi* verletzen; *Umwelt etc* schaden (+dat) **harmful** *ADJ* schädlich *(to* für) **harmless** *ADJ* harmlos **harmlessly** ['hɑːmlɪslɪ] *ADV* harmlos; **the missile exploded ~ outside the town** die Rakete explodierte außerhalb der Stadt, ohne Schaden anzurichten

harmonic [hɑːˈmɒnɪk] *ADJ* harmonisch **harmonica** [hɑːˈmɒnɪkə] *s* Harmonika *f*; **to play the ~** Harmonika spielen (❗ mit **the**) **harmonious** *ADJ*, **harmoniously** *ADV* [hɑːˈməʊnɪəs, -lɪ] harmonisch **harmonize** ['hɑːmənaɪz] *A* *vi* harmonisieren; *Ideen etc* miteinander in Einklang bringen **B** *vi* **1** *(Farben)* harmonieren **2** MUS mehrstimmig singen **harmony** ['hɑːmənɪ] *s* Harmonie *f*; *(fig)* Eintracht *f*; **to live in perfect ~ with sb** in Eintracht mit jdm leben

harness ['hɑːnɪs] *A s* **1** Geschirr *n*; **to work in ~** *(fig)* zusammenarbeiten **2** *(von Fallschirm)* Gurtwerk *n*; *(für Kleinkind)* Laufgurt *m* **B** *vi* **1** *Pferd* anschirren; **to ~ a horse to a carriage** ein Pferd vor einen Wagen spannen **2** nutzen

harp [hɑːp] *s* Harfe *f*; **to play the ~** Harfe spielen (❗ mit **the**) ◆**harp on** *vi (umg)* **to ~ sth** auf etw *(dat)* herumreiten; **he's always harping on about ...** er spricht ständig von ...

harpoon [hɑːˈpuːn] *A s* Harpune *f* **B** *vi* harpunieren

harpsichord ['hɑːpsɪkɔːd] *s* Cembalo *n*; **to play the ~** Cembalo spielen (❗ mit **the**)

harrowing ['hærəʊɪŋ] *ADJ Geschichte* erschütternd; *Erlebnis* grauenhaft

harsh [hɑːʃ] *ADJ (+er) Winter* streng; *Klima, Umwelt, Klang* rau; *Bedingungen, Behandlung* hart; *Kritik* scharf; *Licht* grell; *Wirklichkeit* bitter; **to be ~ with sb** jdn hart anfassen; **don't be too ~ with him** sei nicht zu streng mit *od* hart zu ihm **harshly** ['hɑːʃlɪ] *ADV* **1** *bewerten, behandeln* streng; *kritisieren* scharf **2** *etw sagen* schroff; **he never once spoke ~ to her** er sprach sie nie in einem scharfen Ton an **harshness** ['hɑːʃnɪs] *s* Härte *f*; *(von Klima, Umwelt)* Rauheit *f*; *(von Kritik)* Schärfe *f*

315 ‖ HAVE

harvest ['hɑːvɪst] **A** S̱ Ernte f; **a bumper potato ~** eine Rekordkartoffelernte **B** V̱Ṯ ernten
harvest festival S̱ Erntedankfest n
has [hæz] 3. Person sg präs von have **has-been** ['hæzbiːn] S̱ (pej) vergangene Größe
hash [hæʃ] S̱ **1** (fig) **to make a ~ of sth** etw vermasseln (umg) **2** TEL Doppelkreuz n **3** (umg ≈ Droge) Hasch n (umg) **hash browns** [hæf-'braʊnz] P̱Ḻ ≈ Kartoffelpuffer pl, Erdäpfelpuffer pl (österr)
hashish ['hæʃɪʃ] S̱ Haschisch n
hasn't ['hæznt] = has not
hassle ['hæsl] (umg) **A** S̱ **1** Auseinandersetzung f **2** Mühe f; **we had a real ~ getting these tickets** es hat uns (dat) viel Mühe gemacht, diese Karten zu bekommen; **getting there is such a ~** es ist so umständlich, dorthin zu kommen **B** V̱Ṯ bedrängen; **stop hassling me** lass mich in Ruhe!; **I'm feeling a bit ~d** ich fühle mich etwas im Stress (umg)
haste [heɪst] S̱ Eile f, Hast f; **to do sth in ~** etw in Eile tun; **to make ~** sich beeilen; **to make ~ to do sth** sich beeilen, etw zu tun **hasten** ['heɪsn] **A** V̱I̱ sich beeilen; **I ~ to add that ...** ich muss allerdings hinzufügen, dass ... **B** V̱Ṯ beschleunigen **hastily** ['heɪstɪlɪ] A̱ḎV̱ **1** eilig; essen, sich anziehen hastig; hinzufügen schnell **2** übereilt **hasty** ['heɪstɪ] A̱ḎJ̱ (+er) **1** hastig; Abreise plötzlich; **to beat a ~ retreat** sich schnellstens aus dem Staub machen (umg) **2** übereilt; **don't be ~!** nicht so schnell!; **I had been too ~** ich hatte voreilig gehandelt
hat [hæt] S̱ **1** Hut m; **to put on one's ~** den od seinen Hut aufsetzen; **to take one's ~ off** den Hut abnehmen **2** (fig) **I'll eat my ~ if ...** ich fresse einen Besen, wenn ... (umg); **I take my ~ off to him** Hut ab vor ihm!; **to keep sth under one's ~** (umg) etw für sich behalten; **at the drop of a ~** auf der Stelle; **that's old ~** (umg) das ist ein alter Hut (umg) **hatbox** S̱ Hutschachtel f
hatch¹ [hætʃ] **A** V̱Ṯ (a. **hatch out**) ausbrüten **B** V̱I̱ (a. **hatch out**: Vogel) ausschlüpfen; **when will the eggs ~?** wann schlüpfen die Jungen aus?
hatch² S̱ **1** SCHIFF Luke f; (in Fußboden, Decke) Bodenluke f **2** (service) ~ Durchreiche f **3** **down the ~!** (umg) hoch die Tassen! (umg)
hatchback ['hætʃbæk] S̱ Hecktürmodell n
hatchet ['hætʃɪt] S̱ Beil n; **to bury the ~** (fig) das Kriegsbeil begraben **hatchet job** S̱ (umg) **to do a ~ on sb** jdn fertigmachen (umg)
hatchway ['hætʃweɪ] S̱ = hatch² 1
hate [heɪt] **A** V̱Ṯ hassen; **to ~ to do sth** od **doing sth** es hassen, etw zu tun; **I ~ seeing** od **to see her in pain** ich kann es nicht ertragen, sie leiden zu sehen; **I ~ it when ...** ich kann es

nicht ausstehen, wenn ...; **I ~ to bother you** es ist mir sehr unangenehm, dass ich Sie belästigen muss; **I ~ to admit it but ...** es fällt mir sehr schwer, das zugeben zu müssen, aber ...; **she ~s me having any fun** sie kann es nicht haben, wenn ich Spaß habe; **I'd ~ to think I'd never see him again** ich könnte den Gedanken, ihn nie wiederzusehen, nicht ertragen **B** S̱ Hass m (for, of auf +akk); **one of his pet ~s is plastic cutlery/having to wait** Plastikbesteck/Warten ist ihm ein Gräuel **hated** ['heɪtɪd] A̱ḎJ̱ verhasst **hateful** A̱ḎJ̱ abscheulich; Mensch unausstehlich **hate mail** S̱ beleidigende Briefe pl
hatpin ['hætpɪn] S̱ Hutnadel f
hatred ['heɪtrɪd] S̱ Hass m (for, of auf +akk); **racial ~** Rassenhass m
hat stand, (US) **hat tree** S̱ Garderobenständer m **hat trick** S̱ Hattrick m; **to score a ~** einen Hattrick erzielen
haughty ['hɔːtɪ] A̱ḎJ̱ (+er) überheblich; Blick geringschätzig
haul [hɔːl] **A** S̱ **1** **it's a long ~** es ist ein weiter Weg; **short/long/medium ~ aircraft** Kurz-/ /Lang-/Mittelstreckenflugzeug n; **over the long ~** (bes US) langfristig **2** (fig) Beute f; (von Drogen etc) Fund m **B** V̱Ṯ **1** ziehen; **he ~ed himself to his feet** er wuchtete sich wieder auf die Beine **2** befördern ♦**haul in** V̱Ṯ trennb einholen; Seil einziehen
haulage ['hɔːlɪdʒ] S̱ (bes Br) Transport m **haulage business** S̱ (bes Br) Transportunternehmen n, Spedition(sfirma) f; (≈ Sparte) Speditionsbranche f **haulier** ['hɔːlɪə'], (US) **hauler** ['hɔːlə'] S̱ (≈ Firma) Spedition f
haunch [hɔːntʃ] S̱ **~es** Gesäß n; (von Tier) Hinterbacken pl; **to squat on one's ~es** in der Hocke sitzen
haunt [hɔːnt] **A** V̱Ṯ **1** (Gespenst) spuken in (+dat) **2** jdn verfolgen; (Erinnerung) nicht loslassen **B** S̱ Stammlokal n; (≈ für Urlaub etc) Lieblingsort m; **her usual childhood ~s** Stätten, die sie in ihrer Kindheit oft aufsuchte **haunted** A̱ḎJ̱ **1** Spuk-; **~ castle** Spukschloss n; **this place is ~** hier spukt es; **is it ~?** spukt es da? **2** Blick gequält

have [hæv]
prät, pperf had, 3. Person sg präs has

A Hilfsverb	B Hilfsverb
C transitives Verb	

— A Hilfsverb —
1 haben; **I ~/had seen** ich habe/hatte gesehen; **had I seen him, if I had seen him**

HAVE 316

wenn ich ihn gesehen hätte; **having seen him** als ich ihn gesehen hatte; **having realized this** nachdem ich das erkannt hatte; **I ~ lived** od **~ been living here for 10 years** ich wohne od lebe schon 10 Jahre hier ▨ sein; **to ~ gone** gegangen sein; **you HAVE grown!** du bist aber gewachsen!; **to ~ been** gewesen sein ▨ **you've seen her, ~n't you?** du hast sie gesehen, oder nicht?; **you ~n't seen her, ~ you?** du hast sie nicht gesehen, oder?; **you ~n't seen her — yes, I ~** du hast sie nicht gesehen — doch; **you've made a mistake — no, I ~n't** du hast einen Fehler gemacht — nein(, hab ich nicht); **I ~ seen a ghost — ~ you?** ich habe ein Gespenst gesehen — tatsächlich?

— B Hilfsverb —

to ~ to do sth etw tun müssen; **I ~ (got** bes Br) **to do it** ich muss es tun od machen; **she was having to get up at 6 o'clock** sie musste um 6 Uhr aufstehen; **you didn't ~ to tell her** das hätten Sie ihr nicht unbedingt sagen müssen od brauchen

— C transitives Verb —

▨ haben; **~ you (got** bes Br) od **do you ~ a car?** hast du ein Auto?; **I ~n't (got** bes Br) od **I don't ~ a pen** ich habe keinen Kugelschreiber; **I ~ (got** bes Br) **work/a translation to do** ich habe zu arbeiten/eine Übersetzung zu erledigen; **I must ~ more time** ich brauche mehr Zeit; **thanks for having me** vielen Dank für Ihre Gastfreundschaft; **he has diabetes** er ist zuckerkrank; **to ~ a heart attack** einen Herzinfarkt bekommen; **I've (got** bes Br) **a headache** ich habe Kopfschmerzen; **to ~ a pleasant evening** einen netten Abend verbringen; **to ~ a good time** Spaß haben; **~ a good time!** viel Spaß!; **to ~ a walk** einen Spaziergang machen; **to ~ a swim** schwimmen gehen; **to ~ a baby** ein Baby bekommen; **he had the audience in hysterics** das Publikum kugelte sich vor Lachen; **he had the police baffled** die Polizei stand vor einem Rätsel; **as rumour** (Br) od **rumor** (US) **has it** Gerüchten zufolge; **I won't ~ this sort of rudeness!** diese Unhöflichkeit lasse ich mir ganz einfach nicht bieten; **I won't ~ him insulted** ich lasse es nicht zu od dulde es nicht, dass man ihn beleidigt; **to let sb ~ sth** jdm etw geben ▨ **to ~ breakfast** frühstücken; **to ~ lunch** zu Mittag essen; **to ~ tea with sb** mit jdm (zusammen) Tee trinken; **will you ~ tea or coffee?** möchten Sie lieber Tee oder Kaffee?; **will you ~ a drink/cigarette?** möchten Sie etwas zu trinken/eine Zigarette?; **what will you ~? — I'll ~ the steak** was

möchten Sie gern(e)? — ich hätte gern das Steak; **he had a cigarette** er rauchte eine Zigarette ▨ (gepackt) haben; **he had (got** (bes Br)) **me by the throat** er hatte mich am Hals gepackt; **you ~ me there** da bin ich überfragt ▨ Party geben; Versammlung abhalten ▨ mögen; **which one will you ~?** welche(n, s) möchten Sie haben od hätten Sie gern? ▨ **to ~ sth done** etw tun lassen; **to ~ one's hair cut** sich (dat) die Haare schneiden lassen; **he had his car stolen** man hat ihm sein Auto gestohlen; **I've had three windows broken** (bei) mir sind drei Fenster eingeworfen worden; **to ~ sb do sth** jdn etw tun lassen; **I had my friends turn against me** ich musste es erleben, wie od dass sich meine Freunde gegen mich wandten; **that coat has had it** (umg) der Mantel ist im Eimer (umg); **if I miss the bus, I've had it** (umg) wenn ich den Bus verpasse, bin ich geliefert (umg); **let him ~ it!** (umg) gibs ihm! (umg); **~ it your own way** halten Sie es, wie Sie wollen; **you've been had!** (umg) da hat man dich übers Ohr gehauen (umg)

♦**have around** V̲T̲ immer getrennt **he's a useful man to ~** es ist ganz praktisch, ihn zur Hand zu haben ♦**have in** V̲T̲ immer getrennt ▨ im Haus haben ▨ **to have it in for sb** (umg) jdn auf dem Kieker haben (umg) ▨ **I didn't know he had it in him** ich hätte ihm das nicht zugetraut ♦**have off** V̲T̲ immer getrennt **to have it off with sb** (Br umg) es mit jdm treiben (umg) ♦**have on** A̲ V̲T̲ trennb Kleidung, Radio anhaben B̲ V̲T̲ immer getrennt ▨ vorhaben; (≈ beschäftigt sein) zu tun haben ▨ (umg ≈ betrügen) übers Ohr hauen (umg); (≈ veralbern) auf den Arm nehmen (umg), pflanzen (österr) ♦**have out** V̲T̲ immer getrennt ▨ herausgenommen bekommen; **he had his tonsils out** ihm wurden die Mandeln herausgenommen ▨ **I'll have it out with him** ich werde mit ihm reden ♦**have over** od (bes Br) **round** V̲T̲ immer getrennt (bei sich) zu Besuch haben, (zu sich) einladen

haven ['heɪvən] S̲ (fig) Zufluchtsstätte f

haven't ['hævnt] = **have not haves** [hævz] P̲L̲ (umg) **the ~ and the have-nots** die Betuchten und die Habenichtse

havoc ['hævək] S̲ verheerender Schaden, Chaos n; **to cause** od **create ~** ein Chaos verursachen; **to wreak ~ in/on/with sth, to play ~ with sth** bei etw verheerenden Schaden anrichten; **this wreaked ~ with their plans** das brachte ihre Pläne völlig durcheinander

Hawaii [hə'waɪiː] S̲ Hawaii n

hawk[1] [hɔːk] S̲ ▨ ORN Habicht m; **to watch sb like a ~** jdn ganz genau beobachten ▨ (fig ≈ Politiker) Falke m

hawk² _VT_ hausieren (gehen) mit, verkaufen **hawker** ['hɔːkər] _S_ Hausierer(in) _m(f)_, Straßenhändler(in) _m(f)_

hawthorn ['hɔːθɔːn] _S_ (a. **hawthorn bush/tree**) Weißdorn _m_

hay [heɪ] _S_ Heu _n_ **hay fever** _S_ Heuschnupfen _m_ **hayrick**, **haystack** _S_ Heuhaufen _m_ **haywire** ['heɪwaɪər] _ADJ_ präd (umg) **to go ~** durchdrehen (umg); (Pläne) über den Haufen geworfen werden (umg); (Maschine) verrückt spielen (umg)

hazard ['hæzəd] _A_ _S_ 1 Gefahr _f_, Risiko _n_; **it's a fire ~** es stellt eine Feuergefahr dar; **to pose a ~ (to sb/sth)** eine Gefahr (für jdn/etw) darstellen 2 **hazards** _PL_ (AUTO: a. **hazard (warning) lights**) Warnblinklicht _n_ _B_ _VT_ riskieren; **if I might ~ a suggestion** wenn ich mir einen Vorschlag erlauben darf; **to ~ a guess** (es) wagen, eine Vermutung anzustellen **hazardous** ['hæzədəs] _ADJ_ gefährlich, riskant; **such jobs are ~ to one's health** solche Arbeiten gefährden die Gesundheit **hazardous waste** _S_ Sondermüll _m_

haze [heɪz] _S_ 1 Dunst _m_ 2 (fig) **he was in a ~** er war vollkommen verwirrt

hazelnut ['heɪzlnʌt] _S_ Haselnuss _f_

hazy ['heɪzɪ] _ADJ_ (+er) Wetter diesig; Sonnenschein trübe; Umriss verschwommen; Details unklar; **I'm a bit ~ about that** ich bin mir nicht ganz im Klaren darüber

H-bomb ['eɪtʃbɒm] _S_ H-Bombe _f_

HD _abk_ von **high definition** HD, hochauflösend

he [hiː] _A_ _PERS PR_ er; **Harry Rigg? who's he?** Harry Rigg? wer ist das denn? _B_ _S_ **it's a he** (umg) es ist ein Er _C_ _PRÄF_ männlich

---

head [hed]

A Substantiv	B transitives Verb
C intransitives Verb	

— **A** Substantiv —

1 Kopf _m_; (von Pfeil) Spitze _f_; (von Bett) Kopf(ende _n_) _m_; (von Bier) Blume _f_; **from ~ to foot** von Kopf bis Fuß; **he can hold his ~ high** er kann sich sehen lassen; **~s or tails?** Kopf oder Zahl?; **~s you win** bei Kopf gewinnst du; **to keep one's ~ above water** (fig) sich über Wasser halten; **to go to one's ~** einem zu Kopf steigen; **I can't make ~ nor tail of it** daraus werde ich nicht schlau; **use your ~** streng deinen Kopf an; **it never entered his ~ that ...** es kam ihm nie in den Sinn, dass ...; **we put our ~s together** wir haben unsere Köpfe zusammengesteckt; **the joke went over his ~** er verstand den Witz nicht; **to keep one's ~**

den Kopf nicht verlieren; **to lose one's ~** den Kopf verlieren; **at the ~ of the page/stairs** oben auf der Seite/an der Treppe; **at the ~ of the table** am Kopf(ende) des Tisches; **at the ~ of the queue** (Br) an der Spitze der Schlange; **a ~ od per ~** pro Kopf; **to be ~ and shoulders above sb** (fig) jdm haushoch überlegen sein; **to fall ~ over heels in love with sb** sich bis über beide Ohren in jdn verlieben; **to fall ~ over heels down the stairs** kopfüber die Treppe herunterfallen; **to stand on one's ~** auf dem Kopf stehen; **to turn sth on its ~** (fig) etw umkehren; **to laugh one's ~ off** (umg) sich fast totlachen (umg); **to shout one's ~ off** (umg) sich (dat) die Lunge aus dem Leib schreien (umg); **to scream one's ~ off** (umg) aus vollem Halse schreien; **he can't get it into his ~ that ...** es will ihm nicht in den Kopf, dass ...; **I can't get it into his ~ that ...** ich kann es ihm nicht begreiflich machen, dass ...; **to take it into one's ~ to do sth** sich (dat) in den Kopf setzen, etw zu tun; **don't put ideas into his ~** bring ihn bloß nicht auf dumme Gedanken!; **to get sb/sth out of one's ~** sich (dat) jdn/etw aus dem Kopf schlagen; **he is off his ~** (Br umg) er ist (ja) nicht (ganz) bei Trost (umg); **he has a good ~ for figures** er ist ein guter Rechner; **you need a good ~ for heights** Sie müssen schwindelfrei sein; **to come to a ~** sich zuspitzen; **to bring matters to a ~** die Sache auf die Spitze treiben 2 **twenty ~ of cattle** zwanzig Stück Vieh 3 (von Familie) Oberhaupt _n_; (von Organisation) Chef(in) _m(f)_; (von Abteilung) Leiter(in) _m(f)_; SCHULE Schulleiter(in) _m(f)_; **~ of department** Abteilungsleiter(in) _m(f)_; SCHULE, UNIV Fachbereichsleiter(in) _m(f)_; **~ of state** Staatsoberhaupt _n_

— **B** transitives Verb —

1 anführen, führen; Team leiten; **a coalition government ~ed by Mrs Merkel** eine Koalitionsregierung unter der Führung von Frau Merkel 2 **in the chapter ~ed ...** in dem Kapitel mit der Überschrift ... 3 FUSSB köpfen

— **C** intransitives Verb —

gehen, fahren; **the tornado was ~ing our way** der Tornado kam auf uns zu

♦**head back** _VI_ zurückgehen/-fahren; **it's time we were heading back now** es ist Zeit, sich auf den Rückweg zu machen ♦**head for** _VI_ +obj 1 zugehen/zufahren auf (+akk); Stadt etc gehen/fahren in Richtung (+gen); Tür, Kneipe zusteuern auf (+akk) (umg); **where are you heading od headed for?** wo gehen/fahren Sie hin? 2 (fig) zusteuern auf (+akk); **you're heading for trouble** du bist auf dem besten Weg, Ärger zu

HEAD | 318

H

bekommen; **to ~ victory/defeat** auf einen Sieg/eine Niederlage zusteuern **♦head off** Ⓐ ⁅ᵥ̄ₜ⁆ trennb **1** umdirigieren **2** *Krieg, Streik* abwenden Ⓑ ⁅ᵥ̄ᵢ⁆ sich aufmachen

headache ⁅S̄⁆ Kopfschmerzen *pl*; *(umg)* Problem *n*; **to have a ~** Kopfschmerzen haben; **this is a bit of a ~ (for us)** das macht *od* bereitet uns ziemliches Kopfzerbrechen **headband** ⁅S̄⁆ Stirnband *n* **head boy** ⁅S̄⁆ *vom Schulleiter bestimmter Schulsprecher* **headbutt** ⁅ᵥ̄ₜ⁆ mit dem Kopf stoßen **head cold** ⁅S̄⁆ Kopfgrippe *f* **headcount** ⁅S̄⁆ **to have** *od* **take a ~** abzählen **headdress** ⁅S̄⁆ Kopfschmuck *m* **headed notepaper** ⁅S̄⁆ Schreibpapier *n* mit Briefkopf **header** ['hedə'] ⁅S̄⁆ FUSSB Kopfball *m*, Köpfler *m* *(österr, schweiz)* **headfirst** ⁅A̅D̅V̅⁆ kopfüber **headgear** ⁅S̄⁆ Kopfbedeckung *f* **head girl** ⁅S̄⁆ *vom Schulleiter bestimmte Schulsprecherin* **head-hunt** ⁅ᵥ̄ₜ⁆ abwerben **head-hunter** ⁅S̄⁆ *(fig)* Headhunter(in) *m(f)* **heading** ⁅S̄⁆ Überschrift *f* **headlamp, headlight** ⁅S̄⁆ Scheinwerfer *m* **headland** ⁅S̄⁆ Landspitze *f* **headlight** ⁅S̄⁆ = headlamp

headline ⁅S̄⁆ PRESSE Schlagzeile *f*; **he is always in the ~s** er macht immer Schlagzeilen; **to hit** *od* **make the ~s** Schlagzeilen machen; **the news ~s** Kurznachrichten *pl* **headline news** ⁅S̄⁆ (❗ mit Verb im Singular) **to be ~** in den Schlagzeilen sein **headlong** ⁅A̅D̅V̅⁆ Hals über Kopf *(umg)*; *fallen* vornüber

headmaster ⁅S̄⁆ *(bes Br)* Schulleiter *m* (❗ = (US) **principal**)

headmistress ⁅S̄⁆ *(bes Br)* Schulleiterin *f* (❗ = (US) **principal**) **head office** ⁅S̄⁆ Zentrale *f* **head-on** Ⓐ ⁅A̅D̅V̅⁆ **1** zusammenstoßen frontal **2** *(fig) angehen* direkt; **to confront sb/sth ~** jdm/ einer Sache ohne Umschweife entgegentreten Ⓑ ⁅A̅D̅J̅⁆ **~ collision** Frontalzusammenstoß *m* **headphones** ⁅P̅L̅⁆ Kopfhörer *pl* **headquarters** ⁅S̄⁆ (❗ mit Verb im Singular oder Plural) MIL Hauptquartier *n*; *(von Firma)* Zentrale *f* **headrest** ⁅S̄⁆ Kopfstütze *f* **headroom** ⁅S̄⁆ lichte Höhe; *(in Auto)* Kopfraum *m* **headscarf** ⁅S̄⁆ Kopftuch *n* **headset** ⁅S̄⁆ Kopfhörer *pl* **head start** ⁅S̄⁆ Vorsprung *m* *(on sb* jdm gegenüber*)* **headstrong** ⁅A̅D̅J̅⁆ dickköpfig **head teacher** ⁅S̄⁆ *(Br)* = headmaster, headmistress **head waiter** ⁅S̄⁆ Oberkellner *m* **headway** ⁅S̄⁆ **to make ~** vorankommen **headwind** ⁅S̄⁆ Gegenwind *m* **headword** ⁅S̄⁆ *(in Wörterbuch)* Stichwort *n*

heal [hiːl] Ⓐ ⁅ᵥ̄ᵢ⁆ heilen Ⓑ ⁅ᵥ̄ₜ⁆ **1** MED heilen **2** *(fig) Differenzen* beilegen **♦heal up** ⁅ᵥ̄ᵢ⁆ zuheilen

healer ['hiːlə'] ⁅S̄⁆ Heiler(in) *m(f)* *(geh)* **healing** ['hiːlɪŋ] Ⓐ ⁅S̄⁆ Heilung *f*; *(von Wunde)* (Zu)heilen *n* Ⓑ ⁅A̅D̅J̅⁆ MED Heil-, heilend; **~ process** Heilpro-

zess *m*

health [helθ] ⁅S̄⁆ Gesundheit *f*; **in good ~** bei guter Gesundheit; **to suffer from poor** *od* **bad ~** kränklich sein; **to be good/bad for one's ~** gesund/ungesund sein; **~ and safety regulations** Arbeitsschutzvorschriften *pl*; **to drink (to) sb's ~** auf jds Wohl *(akk)* trinken; **your ~!** zum Wohl! **health authority** ⁅S̄⁆ Gesundheitsbehörde *f* **health care** ⁅S̄⁆ Gesundheitsfürsorge *f* **health centre**, (US) **health center** ⁅S̄⁆ MED Ärztezentrum *n* **health club** ⁅S̄⁆ Fitnesscenter *n* **health-conscious** ⁅A̅D̅J̅⁆ gesundheitsbewusst **health farm** ⁅S̄⁆ Gesundheitsfarm *f* **health food** ⁅S̄⁆ Reformkost *f* **health food shop** (Br), **health food store** (bes US) ⁅S̄⁆ Bioladen *m* **healthily** ['helθɪlɪ] ⁅A̅D̅V̅⁆ gesund; *wachsen* kräftig **health insurance** ⁅S̄⁆ Krankenversicherung *f* **health problem** ⁅S̄⁆ **to have ~s** gesundheitliche Probleme haben **health resort** ⁅S̄⁆ Kurort *m* **Health Service** ⁅S̄⁆ *(Br)* **the ~** das Gesundheitswesen **health warning** ⁅S̄⁆ (gesundheitlicher) Warnhinweis

healthy ['helθɪ] ⁅A̅D̅J̅⁆ (+er) gesund; **to earn a ~ profit** einen ansehnlichen Gewinn machen

heap [hiːp] Ⓐ ⁅S̄⁆ Haufen *m*; **he fell in a ~ on the floor** er sackte zu Boden; **at the bottom/top of the ~** *(fig)* ganz unten/oben; **~s of** *(umg)* ein(en) Haufen *(umg)*; **~s of times** zigmal *(umg)*; **~s of enthusiasm** jede Menge Enthusiasmus *(umg)* Ⓑ ⁅ᵥ̄ₜ⁆ häufen; **to ~ praise on sb/ sth** jdn/etw mit Lob überschütten; **a ~ed spoonful** ein gehäufter Löffel **♦heap up** ⁅ᵥ̄ₜ⁆ trennb aufhäufen

hear [hɪə'] *prät, pperf* **heard** Ⓐ ⁅ᵥ̄ₜ⁆ hören; **I ~d him say that …** ich habe ihn sagen hören, dass …; **there wasn't a sound to be ~d** es war kein Laut zu hören; **to make oneself ~d** sich *(dat)* Gehör verschaffen; **I ~ you play chess** ich höre, Sie spielen Schach; **I've ~d it all before** ich habe das schon hundertmal gehört; **I must be ~ing things** ich glaube, ich höre nicht richtig; **to ~ a case** JUR einen Fall verhandeln; **to ~ evidence** JUR Zeugen vernehmen Ⓑ ⁅ᵥ̄ᵢ⁆ hören; **he cannot ~ very well** er hört nicht sehr gut; **~, ~!** (sehr) richtig!; PARL hört!, hört!; **he's left his wife — yes, so I ~** er hat seine Frau verlassen — ja, ich habe es gehört; **to ~ about sth** von etw erfahren; **never ~d of him/it** nie (von ihm/davon) gehört; **he was never ~d of again** man hat nie wieder etwas von ihm gehört; **I've never ~d of such a thing!** das ist ja unerhört! **♦hear of** ⁅ᵥ̄ₜ⁆ +obj *(fig)* **I won't ~ it** ich will davon (gar) nichts hören **♦hear out** ⁅ᵥ̄ₜ⁆ trennb jdn ausreden lassen

319 ‖ HEAV

heard [hɜːd] *prät, pperf* von hear **hearing** ['hɪərɪŋ] S̲ 🔢 Gehör *n*; **to have a keen sense of ~** ein gutes Gehör haben 🔢 **within/out of ~** in/außer Hörweite 🔢 POL Anhörung *f*; JUR Verhandlung *f*; **disciplinary ~** Disziplinarverfahren *n* **hearing aid** S̲ Hörgerät *n* **hearsay** ['hɪəseɪ] S̲ Gerüchte *pl*; **to know sth from** *od* **by ~** etw vom Hörensagen wissen **hearse** [hɜːs] S̲ Leichenwagen *m*

heart [hɑːt] S̲ 🔢 Herz *n*; **to break sb's ~** jdm das Herz brechen; **to have a change of ~** sich anders besinnen; **to be close** *od* **dear to one's ~** jdm am Herzen liegen; **to learn sth (off) by ~** etw auswendig lernen; **he knew in his ~ she was right** er wusste im Grunde seines Herzens, dass sie recht hatte; **with all my ~** von ganzem Herzen; **from the bottom of one's ~** aus tiefstem Herzen; **to put (one's) ~ and soul into sth** sich mit Leib und Seele einer Sache (*dat*) widmen; **to take sth to ~** sich (*dat*) etw zu Herzen nehmen; **we (only) have your interests at ~** uns liegen doch nur Ihre Interessen am Herzen; **to set one's ~ on sth** sein Herz an etw (*akk*) hängen (*geh*); **to one's ~'s content** nach Herzenslust; **most men are boys at ~** die meisten Männer sind im Grunde (ihres Herzens) noch richtige Kinder; **his ~ isn't in it** er ist nicht mit dem Herzen dabei; **to lose ~** den Mut verlieren; **to take ~** Mut fassen; **her ~ is in the right place** (*umg*) sie hat das Herz auf dem rechten Fleck (*umg*); **to have a ~ of stone** ein Herz aus Stein haben; **my ~ was in my mouth** (*umg*) mir schlug das Herz bis zum Hals; **I didn't have the ~ to say no** ich brachte es nicht übers Herz, Nein zu sagen; **she has a ~ of gold** sie hat ein goldenes Herz; **my ~ sank** mein Mut sank; (*besorgt*) mir wurde bang ums Herz; **in the ~ of the forest** mitten im Wald; **the ~ of the matter** der Kern der Sache 🔢 **hearts** PL KART Herz *n*; (*Bridge*) Coeur *n*; **queen of ~s** Herz-/Coeurdame *f* **heartache** S̲ Kummer *m* **heart attack** S̲ Herzanfall *m*, Herzinfarkt *m*; **I nearly had a ~** (*fig umg*) ich habe fast einen Herzschlag gekriegt (*umg*) **heartbeat** S̲ Herzschlag *m* **heartbreak** S̲ großer Kummer **heartbreaking** ADJ herzzerreißend **heartbroken** ADJ todunglücklich **heartburn** S̲ Sodbrennen *n* **heart condition** S̲ Herzleiden *n* **heart disease** S̲ Herzkrankheit *f* **hearten** ['hɑːtn] V̲T̲ ermutigen **heartening** ['hɑːtnɪŋ] ADJ ermutigend **heart failure** S̲ Herzversagen *n*; **he suffered ~** sein Herz hat versagt **heartfelt** ADJ Dank, Entschuldigung aufrichtig; *Tribut, Bitte* tief empfunden

hearth [hɑːθ] S̲ Feuerstelle *f*, Kamin *m*

heartily ['hɑːtɪlɪ] ADV 🔢 herzlich; *essen* tüchtig 🔢 *empfehlen* uneingeschränkt; *zustimmen* voll und ganz; *willkommen heißen* von Herzen; **to be ~ sick of sth** etw herzlich leid sein **heartless** ADJ herzlos, grausam **heartlessly** ADV grausam **heart-rending** ADJ herzzerreißend **heartstrings** PL **to pull** *od* **tug at sb's ~** jdn zu Tränen rühren **heart-throb** S̲ (*umg*) Schwarm *m* (*umg*) **heart-to-heart** A ADJ ganz offen; **to have a ~ talk with sb** sich mit jdm ganz offen aussprechen B S̲ offene Aussprache; **it's time we had a ~** es ist Zeit, dass wir uns einmal offen aussprechen **heart transplant** S̲ Herztransplantation *f* **heart trouble** S̲ Herzbeschwerden *pl* **heartwarming** ADJ herzerfreuend **hearty** ['hɑːtɪ] ADJ (+er) 🔢 herzlich; *Art und Weise* raubeinig 🔢 *Empfehlung* uneingeschränkt; *Abneigung* tief; **~ welcome** herzlicher Empfang 🔢 *Mahlzeit* herzhaft, währschaft (*schweiz*); *Appetit* gesund; **to be a ~ eater** einen gesunden Appetit haben

heat [hiːt] A S̲ 🔢 Hitze *f*; PHYS Wärme *f*; **on** *od* **over (a) low ~** bei schwacher Hitze; **in the ~ of the moment** in der Hitze des Gefechts, in der Erregung 🔢 SPORT Vorlauf *m*; (*Boxen etc*) Vorkampf *m* 🔢 **on** (*Br*) *od* **in** (*bes US*) **~** brünstig; (*Hund, Katze*) läufig B V̲T̲ erhitzen; *Zimmer* heizen; *Haus, Schwimmbad* beheizen C V̲I̲ warm werden **♦heat up** A V̲I̲ sich erwärmen B V̲T̲ *trennb* erwärmen; *Essen* aufwärmen

heated ['hiːtɪd] ADJ 🔢 (*wörtl*) *Schwimmbad* beheizt; *Zimmer* geheizt; *Handtuchhalter* heizbar 🔢 (*fig*) *Debatte* hitzig; *Meinungsaustausch* heftig **heatedly** ['hiːtɪdlɪ] ADV hitzig; *argumentieren* heftig **heater** ['hiːtə'] S̲ Ofen *m*; (*in Auto*) Heizung *f*

heath [hiːθ] S̲ Heide *f*

heathen ['hiːðən] A ADJ heidnisch B S̲ Heide *m*, Heidin *f*

heather ['heðə'] S̲ Heidekraut *n*

heating ['hiːtɪŋ] S̲ Heizung *f* **heatproof** ADJ hitzebeständig **heat rash** S̲ Hitzeausschlag *m* **heat recovery** S̲ Wärmerückgewinnung *f* **heat-resistant** ADJ hitzebeständig **heatstroke** S̲ Hitzschlag *m* **heat wave** S̲ Hitzewelle *f*

heave [hiːv] A V̲T̲ 🔢 (≈ *nach oben*) (hoch)hieven (*onto* auf +*akk*); (≈ *ziehen*) schleppen 🔢 werfen 🔢 *Seufzer* ausstoßen B V̲I̲ 🔢 hieven 🔢 (*Wellen, Busen*) wogen (*geh*); (*Magen*) sich umdrehen

heaven ['hevn] S̲ Himmel *m* (❗ Der Himmel, den man sehen kann heißt sky.); **the ~s** (*liter*) der Himmel; **in ~** im Himmel; **to go to ~** in den Himmel kommen; **he is in (seventh) ~** er ist im siebten Himmel; **it was ~** es war einfach himmlisch; **(good) ~s!** (du) lieber Himmel! (*umg*); **would you like to? — (good) ~s**

H

HEAV | 320

no! möchten Sie? — um Himmels willen, bloß nicht!; **~ knows what …** weiß der Himmel, was … (*umg*); **~ forbid!** bloß nicht, um Himmels willen! (*umg*); **for ~'s sake!** um Himmels willen!; **what in ~'s name …?** was um Himmels willen …? **heavenly** ['hevnlɪ] ADJ **1** himmlisch, Himmels-; **~ body** Himmelskörper *m* **2** (*umg*) himmlisch

heavily ['hevɪlɪ] ADV stark; *bevölkert* dicht; *bewaffnet, atmen* schwer; *bewacht* streng; *sich bewegen* schwerfällig; **~ disguised** völlig unkenntlich gemacht; **to lose ~** hoch verlieren; **to be ~ involved in** *od* **with sth** sehr viel mit etw zu tun haben; **to be ~ into sth** (*umg*) voll auf etw (*akk*) abfahren (*umg*); **to be ~ outnumbered** zahlenmäßig stark unterlegen sein; **to be ~ defeated** eine schwere Niederlage erleiden; **~ built** kräftig gebaut

heavy ['hevɪ] ADJ (+*er*) **1** schwer; *Regen, Verkehr, Trinker* stark; *Sturz* hart (❗ Schwer im Sinne von „schwierig" heißt **difficult**.); **with a ~ heart** schweren Herzens; **~ breathing** schweres Atmen; **the conversation was ~ going** die Unterhaltung war mühsam; **this book is very ~ going** das Buch liest sich schwer **2** *Stille* bedrückend; *Himmel* bedeckt **heavy-duty** ADJ strapazierfähig **heavy goods vehicle** ⒮ Lastkraftwagen *m* **heavy industry** ⒮ Schwerindustrie *f* **heavy metal** ⒮ MUS Heavymetal *m* **heavyweight** ['hevɪweɪt] ⒮ **1** SPORT Schwergewichtler(in) *m(f)* **2** (*fig umg*) großes Tier (*umg*); **the literary ~s** die literarischen Größen *pl*

Hebrew ['hi:bru:] **A** ADJ hebräisch **B** ⒮ **1** Hebräer(in) *m(f)* **2** LING Hebräisch *n*
Hebrides ['hebrɪdi:z] PL Hebriden *pl*
heck [hek] INT (*umg*) **oh ~!** zum Kuckuck! (*umg*); **ah, what the ~!** ach, was solls! (*umg*); **what the ~ do you mean?** was zum Kuckuck soll das heißen? (*umg*); **I've a ~ of a lot to do** ich habe irrsinnig viel zu tun (*umg*)
heckle ['hekl] **A** VT (*durch Zwischenrufe*) stören **B** VI Zwischenrufe machen **heckler** ['heklə'] ⒮ Zwischenrufer(in) *m(f)*
hectare ['hektɑː'] ⒮ Hektar *m od n*
hectic ['hektɪk] ADJ hektisch
he'd [hi:d] = he would, he had
hedge [hedʒ] **A** ⒮ Hecke *f* **B** VI ausweichen **C** VT **to ~ one's bets** auf Nummer sicher gehen (*umg*) **hedge fund** ⒮ FIN Hedgefonds *m* **hedgehog** ⒮ Igel *m* **hedgerow** ⒮ Hecke *f* **hedge trimmer** ⒮ Elektroheckenschere *f*
heed [hi:d] **A** ⒮ **to pay ~ to sb/sth, to take ~ of sb/sth** jdm/einer Sache Beachtung schenken **B** VT beachten; **he never ~s my advice** er hört nie auf meinen Rat **heedless** ADJ

to be ~ of sth etw nicht beachten
heel [hi:l] **A** ⒮ Ferse *f*; (*von Schuh*) Absatz *m*; **be right on sb's ~s** jdm auf den Fersen folgen; **the police were hot on our ~s** die Polizei war uns dicht auf den Fersen; **to be down at ~** heruntergekommen sein; **to take to one's ~s** sich aus dem Staub(e) machen; **~!** (*zu Hund*) (bei) Fuß!; **to bring sb to ~** jdn an die Kandare nehmen (*umg*) **B** VT **these shoes need ~ing** diese Schuhe brauchen neue Absätze
hefty ['heftɪ] ADJ (+*er*) (*umg*) *Mensch* kräftig (gebaut); *Objekt* massiv; *Geldstrafe, Kinnhaken* saftig (*umg*)

height [haɪt] ⒮ **1** Höhe *f*; (*von Mensch*) Größe *f*; **to be six feet in ~** sechs Fuß hoch sein; **what ~ are you?** wie groß sind Sie?; **you can raise the ~ of the saddle** du kannst den Sattel höherstellen; **at shoulder ~** in Schulterhöhe; **at the ~ of his power** auf der Höhe seiner Macht; **the ~ of luxury** das Nonplusultra an Luxus; **at the ~ of the season** in der Hauptsaison; **at the ~ of summer** im Hochsommer; **at its ~ the company employed 12,000 people** in ihrer Glanzzeit hatte die Firma 12.000 Angestellte; **during the war emigration was at its ~** im Krieg erreichte die Auswanderungswelle ihren Höhepunkt; **to be the ~ of fashion** der letzte Schrei sein **2** **heights** PL Höhen *pl*; **to be afraid of ~s** nicht schwindelfrei sein **heighten** ['haɪtn] VT höhermachen; (≈ *betonen*) hervorheben; *Gefühle, Spannung* verstärken; **~ed awareness** erhöhte Aufmerksamkeit
heinous ['heɪnəs] ADJ abscheulich
heir [ɛə'] ⒮ Erbe *m*, Erbin *f* (*to +gen*); **~ to the throne** Thronfolger(in) *m(f)* **heiress** ['ɛərɪs] ⒮ Erbin *f* **heirloom** ['ɛəlu:m] ⒮ Erbstück *n*
heist [haɪst] ⒮ (*bes US umg*) Raubüberfall *m*
held [held] *prät, pperf von* hold
helicopter ['helɪkɒptə'] ⒮ Hubschrauber *m* **helipad** ['helɪpæd] ⒮ Hubschrauberlandeplatz *m* **heliport** ['helɪpɔ:t] ⒮ Heliport *m* **heliskiing** ['helɪ,ski:ɪŋ] ⒮ Heliskiing *n* (*Skifahren mit einem Hubschrauber, der den Skifahrer auf den Gipfel fliegt*)

helium ['hi:lɪəm] ⒮ Helium *n*
hell [hel] ⒮ **1** Hölle *f*; **to go to ~** (*wörtl*) in die Hölle kommen; **all ~ broke loose** die Hölle war los; **it's ~ working there** es ist die reine Hölle, dort zu arbeiten; **a living ~** die Hölle auf Erden; **to go through ~** Höllenqualen ausstehen; **she made his life ~** sie machte ihm das Leben zur Hölle; **to give sb ~** (*umg*) jdm die Hölle heiß machen; **there'll be ~ to pay when he finds out** wenn er das erfährt, ist der Teufel los (*umg*); **I did it (just) for the ~ of it** (*umg*) ich habe es nur zum Spaß gemacht; **~ for leather**

was das Zeug hält; **the mother-in-law from ~** die böse Schwiegermutter, wie sie im Buche steht; **the holiday from ~** der absolut katastrophale Urlaub ② (umg) **a ~ of a noise** ein Höllenlärm m (umg); **I was angry as ~** ich war stinksauer (umg); **to work like ~** arbeiten, was das Zeug hält; **to run like ~** laufen, was die Beine hergeben; **it hurts like ~** es tut wahnsinnig weh (umg); **we had a** od **one ~ of a time** (≈ negativ) es war grauenhaft; (≈ positiv) wir haben uns prima amüsiert (umg); **a ~ of a lot** verdammt viel (umg); **she's a** od **one ~ of a girl** die ist schwer in Ordnung (umg); **that's one** od **a ~ of a climb** das ist eine wahnsinnige Kletterei (umg); **to ~ with you** hol dich der Teufel (umg); **to ~ with it!** verdammt noch mal (umg); **go to ~!** scher dich zum Teufel! (umg); **where the ~ is it?** wo ist es denn, verdammt noch mal? (umg); **you scared the ~ out of me** du hast mich zu Tode erschreckt; **like ~ he will!** den Teufel wird er tun (umg); **what the ~ was solls** (umg)

he'll [hiːl] = he shall, he will
hellbent [ˌhelˈbent] ADJ versessen (**on** auf +akk)
hellish [ˈhelɪʃ] ADJ (fig umg) höllisch (umg); Verkehr, Erkältung mörderisch (umg); **it's ~** es ist die reinste Hölle (umg) **hellishly** [ˈhelɪʃlɪ] ADV (umg) heiß höllisch (umg); schwierig verteufelt (umg)
hello [həˈləʊ] ▲ INT hallo, servus (österr), grüezi (schweiz); **say ~ to your aunt** sag deiner Tante mal schön „Guten Tag!"; **say ~ to your parents (from me)** grüß deine Eltern (von mir) ⓑ S̄, pl **-s** Hallo n

▶ hello

Es gibt verschiedene Möglichkeiten, jemanden zu „begrüßen" oder „Hallo zu sagen":
Hello! / Hello there! — Hallo!
Hi! / Hey! — Hi!
How are you / How are you doing? / How's it going? — Wie gehts?

SPRACHGEBRAUCH

hell-raiser [ˈhelreɪzə’] S̄ (umg) ausschweifender Mensch
helm [helm] S̄ SCHIFF Steuer n
helmet [ˈhelmɪt] S̄ Helm m
help [help] ▲ S̄ Hilfe f; **with his brother's ~** mithilfe seines Bruders; **his ~ with the project** seine Mithilfe an dem Projekt; **to ask sb for ~** jdn um Hilfe bitten; **to be of ~ to sb** jdm helfen; **he isn't much ~ to me** er ist mir keine große Hilfe ⓑ Vᴛ ① helfen (ˌdat); **to ~ sb (to) do sth** jdm (dabei) helfen, etw zu tun; **to ~ sb with the cooking/his bags** jdm beim Kochen/mit seinen Taschen helfen; **~!** Hilfe!; **can I ~ you?** kann ich (Ihnen) behilflich sein?; **that won't ~ you** das wird Ihnen nichts nützen; **to ~ sb on/off with his/her** etc **coat** jdm in den/aus dem Mantel helfen; **to ~ sb up** jdm aufhelfen ② **to ~ oneself to sth** sich (dat) etw nehmen; (umg ≈ stehlen) etw mitgehen lassen; **~ yourself!** nehmen Sie sich doch! ③ **he can't ~ it** er kann nichts dafür; **not if I can ~ it** nicht, wenn es nach mir geht; **I couldn't ~ laughing** ich konnte mir nicht helfen, ich musste (einfach) lachen; **I couldn't ~ thinking ...** ich konnte nicht umhin zu denken ...; **it can't be ~ed** das lässt sich nicht ändern ⓒ Vɪ helfen; **and your attitude didn't ~ either** und Ihre Einstellung war auch nicht gerade hilfreich ♦**help out** ▲ Vɪ aushelfen (**with** bei) ⓑ Vᴛ trennb helfen (+dat) (**with** mit)
help desk S̄ telefonischer Informationsdienst, Support m **helper** [ˈhelpə’] S̄ Helfer(in) m(f), Gehilfe m, Gehilfin f **helpful** ADJ ① hilfsbereit, hilfreich ② Rat, Werkzeug nützlich **helpfully** ADV ① hilfsbereit, hilfreich ② liebenswürdigerweise **helping** [ˈhelpɪŋ] ▲ S̄ Portion f; **to take a second ~ of sth** sich (dat) noch einmal von etw nehmen ⓑ ADJ attr **to give** od **lend a ~ hand to sb** jdm behilflich sein **helpless** ADJ hilflos; **he was ~ to prevent it** er konnte es nicht verhindern; **she was ~ with laughter** sie konnte sich vor Lachen kaum halten **helplessly** ADV hilflos; zusehen a. machtlos **helplessness** [ˈhelplɪsnɪs] S̄ Hilflosigkeit f, Machtlosigkeit f **helpline** S̄ Informationsdienst m **help screen** S̄ IT Hilfsbildschirm m
helter-skelter [ˌheltə’ˈskeltə’] ADV Hals über Kopf (umg)
hem [hem] ▲ S̄ Saum m ⓑ Vᴛ säumen ♦**hem in** Vᴛ trennb einschließen; (fig) einengen
he-man [ˈhiːmæn] S̄, pl **-men** [-men] (umg) sehr männlicher Typ
hemisphere [ˈhemɪsfɪə’] S̄ Hemisphäre f; **in the northern ~** auf der nördlichen Halbkugel
hemline [ˈhemlaɪn] S̄ Saum m
hemo- in zssgn (US) = haemo-
hemp [hemp] S̄ BOT Hanf m
hen [hen] S̄ ① Henne f ② Weibchen n
hence [hens] ADV ① also; **~ the name** daher der Name ② **two years ~** in zwei Jahren **henceforth** [ˌhensˈfɔːθ] ADV von nun an
henchman [ˈhentʃmən] S̄, pl **-men** [-mən] (pej) Spießgeselle m
henna [ˈhenə] ▲ S̄ Henna f ⓑ Vᴛ mit Henna färben
hen night S̄ Junggesellinnenabschied m
hen party S̄ (umg) Damenkränzchen n; (vor Hochzeit) Junggesellinnenabschied m **hen-**

peck [VT] **he is ~ed** er steht unterm Pantoffel (umg)
hepatitis [ˌhepəˈtaɪtɪs] ⓢ Hepatitis f
heptathlon [hepˈtæθlɒn] ⓢ Siebenkampf m
her [hɜːˀ] **A** [PERS PR] (akk obj, mit präp +akk) sie; (dat obj, mit präp +dat) ihr; **it's ~** sie ists **B** [POSS ADJ] ihr; → **my**
herald [ˈherəld] **A** ⓢ (fig) (Vor)bote m (geh) **B** [VT] ankündigen; **tonight's game is being ~ed as the match of the season** das Spiel heute Abend wird als die Begegnung der Saison groß herausgebracht **heraldry** [ˈherəldrɪ] ⓢ Wappenkunde f
herb [hɜːb], (US) a. [ɜːb] ⓢ Kraut n **herbaceous** [hɜːˈbeɪʃəs], (US) a. [ɜːˈbeɪʃəs] [ADJ] krautig **herbaceous border** ⓢ Staudenrabatte f **herbal** [ˈhɜːbəl], (US) a. [ˈɜːbəl] [ADJ] Kräuter-; **~ tea** Kräutertee m **herb garden** ⓢ Kräutergarten m **herbicide** [ˈhɜːbɪsaɪd], (US) a. [ˈɜːbɪsaɪd] ⓢ Herbizid n
herd [hɜːd] **A** ⓢ Herde f; (von Rotwild) Rudel n **B** [VT] treiben **herdsman** [ˈhɜːdzmən] ⓢ, pl **-men** [-mən] Hirte m
here [hɪəˀ] [ADV] hier; (mit Richtungsangabe) hierher, hierhin; **come ~!** komm her!; **~ I am** da od hier bin ich; **~'s the taxi** das Taxi ist da; **~ he comes** da kommt od ist er ja; **this one ~** der/die/das hier od da; **~ and now** auf der Stelle; **I won't be ~ for lunch** ich bin zum Mittagessen nicht da; **~ and there** hier und da; **near ~** (hier) in der Nähe; **I've read down to ~** ich habe es bis hierher od hierhin gelesen; **it's in/over ~** es ist hier (drin)/hier drüben; **put it in ~** stellen Sie es hierherein; **~ you are** (bitte sehr) hier(, bitte); (endlich gefunden) da bist du ja!; **~ we are, home again** so, da wären wir also wieder zu Hause; **~ we go again, another crisis** da hätten wir also wieder eine Krise; **~ goes!** dann mal los; **~, let me do that homm,** lass mich das mal machen; **~'s to you!** auf Ihr Wohl!; **it's neither ~ nor there** es spielt keine Rolle; **I've had it up to ~ (with him/it)** (umg) ich habe die Nase voll (von ihm/davon) (umg)
hereabouts [ˈhɪərəbaʊts] [ADV] hier (in der Gegend) **hereby** [ADV] (form) hiermit
hereditary [hɪˈredɪtərɪ] [ADJ] erblich; **~ disease** Erbkrankheit f; **~ peer** Peer, der seine Peerswürde geerbt hat **heredity** [hɪˈredɪtɪ] ⓢ Vererbung f
heresy [ˈherəsɪ] ⓢ Ketzerei f **heretic** [ˈherətɪk] ⓢ Ketzer(in) m(f)
herewith [ˌhɪəˈwɪð] [ADV] (form) hiermit
heritage [ˈherɪtɪdʒ] ⓢ Erbe n
hermaphrodite [hɜːˈmæfrədaɪt] ⓢ Zwitter m
hermetically [hɜːˈmetɪkəlɪ] [ADV] **~ sealed** hermetisch verschlossen

hermit [ˈhɜːmɪt] ⓢ Einsiedler(in) m(f)
hernia [ˈhɜːnɪə] ⓢ (Eingeweide)bruch m
hero [ˈhɪərəʊ], pl **-es** Held m **heroic** [hɪˈrəʊɪk] **A** [ADJ] **1** heldenhaft, mutig; Handlung a. heroisch; **~ action** od **deed** Heldentat f; **~ attempt** tapferer Versuch **2** LIT Helden- **B** ⓢ **heroics** pl Heldentaten pl

hero

Viele Substantive, die auf **-o** enden, bilden die Pluralform auf **-oes**. Einige wichtige Beispiele hierfür sind:
hero — heroes
potato — potatoes
tomato — tomatoes
In diesem Wörterbuch werden solche Abweichungen an Ort und Stelle genannt.

GRAMMATIK

heroin [ˈherəʊɪn] ⓢ Heroin n; **~ addict** Heroinsüchtige(r) m/f(m)
heroine [ˈherəʊɪn] ⓢ Heldin f **heroism** [ˈherəʊɪzəm] ⓢ Heldentum n, Kühnheit f
heron [ˈherən] ⓢ Reiher m
hero worship ⓢ Verehrung f (of +gen); (von Popstar etc) Schwärmerei f (of für)
herpes [ˈhɜːpiːz] ⓢ MED Herpes m
herring [ˈherɪŋ] ⓢ Hering m **herringbone** [ˈherɪŋbəʊn] [ADJ] attr **~ pattern** Fischgrät(en)muster n
hers [hɜːz] [POSS PR] ihre(r, s); → **mine¹**
herself [hɜːˈself] [PERS PR] **1** (akk u. dat obj, mit präp) sich; → **myself 2** (emph) (sie) selbst
he's [hiːz] = **he is, he has**
hesitancy [ˈhezɪtənsɪ] ⓢ Zögern n, Unschlüssigkeit f **hesitant** [ˈhezɪtənt] [ADJ] zögernd, unschlüssig
hesitate [ˈhezɪteɪt] [VI] zögern; (beim Sprechen) stocken; **I am still hesitating about what I should do** ich bin mir immer noch nicht schlüssig, was ich tun soll; **don't ~ to contact me** zögern Sie nicht, sich an mich zu wenden **hesitation** [ˌhezɪˈteɪʃən] ⓢ Zögern n; **after some/a moment's ~** nach einigem/kurzem Zögern
heterogeneous [ˌhetərəʊˈdʒiːnɪəs] [ADJ] heterogen
heterosexual [ˌhetərəʊˈsekʃʊəl] **A** [ADJ] heterosexuell **B** ⓢ Heterosexuelle(r) m/f(m) **heterosexuality** [ˌhetərəʊˌsekʃʊˈælɪtɪ] ⓢ Heterosexualität f
het up [ˌhetˈʌp] [ADJ] (Br umg) aufgeregt; **to get ~ about/over sth** sich über etw (akk)/wegen einer Sache (gen) aufregen
hexagon [ˈheksəgən] ⓢ Sechseck n **hexago-**

nal [hek'sægənəl] ADJ sechseckig

heyday ['heɪdeɪ] ⟨s⟩ Glanzzeit f

HGV (Br) abk von **heavy goods vehicle** Lkw m

hi [haɪ] INT hallo, servus (österr), grüezi (schweiz)

hibernate ['haɪbəneɪt] VI Winterschlaf halten **hibernation** [ˌhaɪbə'neɪʃən] ⟨s⟩ (wörtl, fig) Winterschlaf m

hiccough, hiccup ['hɪkʌp] A ⟨s⟩ Schluckauf m; (fig umg) Problemchen n (umg); **to have the ~s** den Schluckauf haben; **without any ~s** ohne Störungen B VI hicksen (dial); **he started ~ing** er bekam den Schluckauf

hick [hɪk] ⟨s⟩ (US umg) Hinterwäldler(in) m(f) (umg)

hickey ['hɪkɪ] ⟨s⟩ (US umg) Knutschfleck m (umg) (❶ = (Br) **lovebite**)

hide[1] [haɪd] v: prät **hid** [hɪd] pperf **hid** od **hidden** ['hɪdn] A VT verstecken (from vor +dat; Wahrheit, Gefühle verbergen (from vor +dat; Mond, Rost verdecken; **hidden from view** nicht zu sehen; **there is a hidden agenda** da steckt noch etwas anderes dahinter B VI sich verstecken (from sb vor jdm); **he was hiding in the cupboard** er hielt sich im Schrank versteckt C ⟨s⟩ Versteck n ♦**hide away** A VI sich verstecken B VT trennb verstecken ♦**hide out** VI sich verstecken

hide[2] ⟨s⟩ Haut f, Fell n

hide-and-seek, (US) **hide-and-go-seek** ⟨s⟩ Versteckspiel n; **to play ~** Verstecken spielen

hideaway ⟨s⟩ Versteck n, Zufluchtsort m

hideous ['hɪdɪəs] ADJ grauenhaft **hideously** ['hɪdɪəslɪ] ADV grauenhaft; (emph) teuer schrecklich; **~ ugly** potthässlich (umg)

hideout ['haɪdaʊt] ⟨s⟩ Versteck n

hiding[1] ['haɪdɪŋ] ⟨s⟩ **to be in ~** sich versteckt halten; **to go into ~** untertauchen

hiding[2] ⟨s⟩ 1 Tracht f Prügel; **to give sb a good ~** jdm eine Tracht Prügel geben 2 (umg) **the team got a real ~** die Mannschaft musste eine schwere Schlappe einstecken (umg)

hiding place ⟨s⟩ Versteck n

hierarchic(al) [ˌhaɪə'rɑːkɪk(əl)] ADJ hierarchisch **hierarchy** ['haɪərɑːkɪ] ⟨s⟩ Hierarchie f

hieroglyphics [ˌhaɪərə'ɡlɪfɪks] PL Hieroglyphen pl

higgledy-piggledy ['hɪɡldɪ'pɪɡldɪ] ADJ, ADV durcheinander

high [haɪ] A ADJ (+er) 1 hoch präd, hohe(r, s) attr; Höhe groß; Wind stark; **a building 80 metres** (Br) od **meters** (US) **~, an 80-metre** (Br) od **80-meter** (US) **~ building** ein 80 Meter hohes Gebäude; **on one of the ~er floors** in einem der oberen Stockwerke; **the river is quite ~** der Fluss führt ziemlich viel Wasser; **to be left ~ and dry** auf dem Trockenen sitzen (umg); **on the ~est authority** von höchster Stelle; **to be ~ and**

mighty erhaben tun; **of the ~est calibre** (Br) od **caliber** (US)**/quality** von bestem Format/ bester Qualität; **casualties were ~** es gab viele Opfer; MIL es gab hohe Verluste; **the temperature was in the ~ twenties** die Temperatur lag bei fast 30 Grad; **to pay a ~ price for sth** etw teuer bezahlen; **to the ~est degree** im höchsten Grad od Maß; **in ~ spirits** in Hochstimmung; **~ in fat** fettreich; **it's ~ time you went home** es wird höchste Zeit, dass du nach Hause gehst 2 (umg: mit Drogen) high (umg); **to get ~ on cocaine** sich mit Kokain anturnen (sl) B ADV (+er) hoch; **~ up** hoch oben; (Bewegung) hoch hinauf; **~er up the hill was a small farm** etwas weiter oben am Berg lag ein kleiner Bauernhof; **~ up in the organization** weit oben in der Organisationsstruktur; **one floor ~er** ein Stockwerk höher; **to go as ~ as £200** bis zu £ 200 (hoch) gehen; **feelings ran ~** die Gemüter erhitzten sich; **to search ~ and low** überall suchen C ⟨s⟩ 1 **the pound has reached a new ~** das Pfund hat einen neuen Höchststand erreicht; **sales have reached an all-time ~** die Verkaufszahlen sind so hoch wie nie zuvor; **the ~s and lows of my career** die Höhen und Tiefen pl meiner Laufbahn 2 METEO Hoch n **high altar** ⟨s⟩ Hochaltar m **high beam** ⟨s⟩ (US AUTO) Fernlicht n (❶ = (Br) **full beam**); **to drive on ~** mit Fernlicht fahren **highbrow** ADJ intellektuell; Geschmack, Musik anspruchsvoll **highchair** ⟨s⟩ Hochstuhl m **High Church** ⟨s⟩ Hochkirche f **high court** ⟨s⟩ oberstes Gericht **high-definition** ADJ Fernsehen hochauflösend **high-density** ADJ IT Diskette mit hoher Schreibdichte **high-energy** ADJ energiereich **higher** ['haɪə'] A ADJ komp von **high** B ⟨s⟩ **Higher** (schott) ≈ Abiturabschluss m, ≈ Matura f (österr, schweiz); **to take one's Highers** ≈ das Abitur machen; **three Highers** ≈ das Abitur in drei Fächern **higher education** ⟨s⟩ Hochschulbildung f **Higher National Certificate** ⟨s⟩ (Br) ≈ Berufsschulabschluss m **Higher National Diploma** ⟨s⟩ (Br) Qualifikationsnachweis in technischen Fächern **high explosive** ⟨s⟩ hochexplosiver Sprengstoff **high-fibre,** (US) **high-fiber** ADJ ballaststoffreich **high-flier, high-flyer** ⟨s⟩ (umg) Senkrechtstarter(in) m(f) **high-flying** ADJ (fig) Geschäftsmann erfolgreich; Lebensstil exklusiv **high ground** ⟨s⟩ 1 hoch liegendes Land 2 (fig) **to claim the moral ~** die moralische Überlegenheit für sich beanspruchen **high-handed** ADJ selbstherrlich; Behandlung arrogant **high-heeled** ADJ hochhackig **high heels** PL hohe Absätze pl **high-interest**

ADJ FIN hochverzinslich **high jinks** PL (umg) ausgelassene Späße pl **high jump** S SPORT Hochsprung m **high jumper** S SPORT Hochspringer(in) m(f) **Highlands** PL (schottische) Highlands pl **high-level** ADJ Gespräche auf höchster Ebene; IT Sprache höher **highlight** A S 1 ~s (in Haar) Strähnchen pl 2 (fig) Höhepunkt m B VT 1 Problem ein Schlaglicht werfen auf (+akk) 2 (mit Textmarker) hervorheben; IT markieren **highlighter** S Textmarker m, Leuchtstift m **highly** ['haɪlɪ] ADV 1 äußerst; brennbar leicht; ungewöhnlich höchst; **to be ~ critical of sb/sth** jdn/etw scharf kritisieren; **~ trained** äußerst gut ausgebildet; Facharbeiter hoch qualifiziert; **~ skilled** äußerst geschickt; Arbeiter, Belegschaft hoch qualifiziert; **~ respected** hochgeachtet; **~ intelligent** hochintelligent; **~ unlikely** od **improbable** äußerst od höchst unwahrscheinlich 2 angesehen hoch; **to speak ~ of sb/sth** sich sehr positiv über jdn/etw äußern; **to think ~ of sb/sth** eine hohe Meinung von jdm/etw haben; **~ recommended** sehr empfehlenswert **highly strung** ADJ (Br) nervös (❗ = (US) **high-strung**) **high-minded** ADJ Ideale hoch **highness** S **Her/Your Highness** Ihre/Eure Hoheit **high-performance** ADJ Hochleistungs- **high-pitched** ADJ hoch; Schrei schrill **high point** S Höhepunkt m **high-powered** ADJ 1 Maschine, Computer leistungsfähig; Waffe leistungsstark 2 Job anspruchsvoll **high-pressure** ADJ METEO **~ area** Hochdruckgebiet n **high priest** S Hohepriester m **high priestess** S Hohepriesterin f **high-profile** ADJ profiliert **high-quality** ADJ hochwertig **high-ranking** ADJ hoch (rangig) **high-resolution** ADJ hochauflösend **high-rise** ADJ **~ building** Hochhaus n; **~ office (block)** Bürohochhaus n; **~ flats** (Br) (Wohn)hochhaus n **high-risk** ADJ risikoreich; **~ group** Risikogruppe f
high school S (Br) ≈ Oberschule f (für 11 bis 18-Jährige); (US) ≈ Oberschule f (für 15 bis 18-Jährige) **high-school diploma** S (US) ≈ Abiturzeugnis n **high-scoring** ADJ Fußballspiel etc torreich **high seas** PL **the ~** die Meere pl; **on the ~** auf hoher See **high season** S Hochsaison f **high-security** ADJ **~ prison** Hochsicherheitsgefängnis n **high society** S Highsociety f **high-speed** ADJ schnell; **~ car chase** wilde Verfolgungsjagd im Auto; **~ train** Hochgeschwindigkeitszug m; **~ film** hochempfindlicher Film **high spirits** PL Hochstimmung f; **youthful ~** jugendlicher Übermut **high street** S (Br) Hauptstraße f; **~ banks** Geschäftsbanken pl; **~ shops** Geschäfte pl in der Innenstadt **high-strung** ADJ (US) nervös

(❗ = (Br) **highly strung**) **high tea** S (frühes) Abendessen od Nachtmahl (österr) od Nachtessen (schweiz) **hightech** S,ADJ = hi tech, hi-tech **high technology** S Hochtechnologie f

 high school

Die **secondary education** in den USA findet an **high schools** statt. Diese beginnt mit der 7. oder 9. Klasse und endet mit dem **high school diploma** nach der 12. Klasse im Alter von 17 Jahren. Bei der sechsstufigen Gesamtschule unterscheidet man **Junior High School** (7.-9. Klasse) und **Senior High School** (10.-12. Klasse). Neben den Pflichtfächern (Englisch, Naturwissenschaften, Mathematik, Fremdsprachen, Geschichte) werden eine Reihe von lebenspraktischen Wahlfächern (z. B. Kochkurse, Erste Hilfe) angeboten.

LANDESKUNDE

high tide S Flut f, Hochwasser n **high treason** S Hochverrat m **high-up** ADJ Persönlichkeit hochgestellt **highway** S 1 (US) Highway m, ≈ Bundesstraße f 2 (Br) Landstraße f; **public ~** öffentliche Straße **Highway Code** S (Br) Straßenverkehrsordnung f **high wire** S Drahtseil n
hijack ['haɪdʒæk] A VT entführen; (fig) für sich beanspruchen B S Entführung f **hijacker** ['haɪdʒækə'] S Entführer(in) m(f) **hijacking** ['haɪdʒækɪŋ] S Entführung f
hike [haɪk] A VI wandern B S 1 (wörtl) Wanderung f 2 (fig: von Zinssatz etc) Erhöhung f ♦**hike up** VT trennb Preise erhöhen
hiker ['haɪkə'] S Wanderer m, Wanderin f **hiking** ['haɪkɪŋ] S Wandern n **hiking boots** PL Wanderstiefel pl
hilarious [hɪ'lɛərɪəs] ADJ urkomisch (umg) **hilariously** [hɪ'lɛərɪəslɪ] ADV sehr amüsant **hilarity** [hɪ'lærɪtɪ] S Heiterkeit f, Fröhlichkeit f, Gelächter n
hill [hɪl] S Hügel m, Berg m; (≈ Neigung) Hang m; **to park on a ~** am Berg parken; **to be over the ~** (fig umg) die besten Jahre hinter sich (dat) haben **hillbilly** ['hɪlbɪlɪ] (US umg) S Hinterwäldler(in) m(f) (pej) **hillock** ['hɪlək] S Hügel m **hillside** S Hang m **hilltop** S Gipfel m **hill-walker** S Bergwanderer m, Bergwanderin f **hill-walking** S Bergwandern n **hilly** ['hɪlɪ] ADJ (+er) hüg(e)lig
hilt [hɪlt] S Heft n; **(up) to the ~** (fig) voll und ganz
him [hɪm] PERS PR 1 (akk obj, mit präp +akk) ihn; (dat obj, mit präp +dat) ihm 2 (emph) er; **it's ~** er ists
himself [hɪm'self] PERS PR 1 (akk u. dat obj, mit präp)

sich; → myself [2] (emph) (er) selbst
hind¹ [haɪnd] [S] ZOOL Hirschkuh *f*
hind² [ADJ] Hinter-; **~ legs** Hinterbeine *pl*
hinder ['hɪndəʳ] [VT] behindern; **to ~ sb from doing sth** jdn daran hindern, etw zu tun
Hindi ['hɪndiː] [S] Hindi *n*
hindquarters ['haɪndkwɔːtəz] [PL] Hinterteil *n*; (von Pferd) Hinterhand *f*
hindrance ['hɪndrəns] [S] Behinderung *f*, Hindernis *n* (to für); **the children are a ~** die Kinder sind hinderlich
hindsight ['haɪndsaɪt] [S] **with ~ it's easy to criticize** im Nachhinein ist es leicht zu kritisieren; **it was, in ~, a mistaken judgement** es war, rückblickend betrachtet, ein Fehlurteil
Hindu ['hɪnduː] [A] [ADJ] hinduistisch [B] [S] Hindu *m* **Hinduism** ['hɪnduːɪzəm] [S] Hinduismus *m*
hinge [hɪndʒ] [A] [S] (von Tür) Angel *f*; (von Kiste etc) Scharnier *n* [B] [VI] (fig) abhängen (on von)
hint [hɪnt] [A] [S] [1] Andeutung *f*; **to give a/no ~ of sth** etw ahnen lassen/nicht ahnen lassen; **to drop sb a ~** jdm einen Wink geben; **OK, I can take a ~** schon recht, ich verstehe [2] Spur *f*; **a ~ of garlic** eine Spur Knoblauch; **a ~ of irony** ein Hauch *m* von Spott; **with just a ~ of sadness in his smile** mit einem leichten Anflug von Traurigkeit in seinem Lächeln; **at the first ~ of trouble** beim ersten Zeichen von Ärger [3] Tipp *m* [B] [VT] andeuten (to gegenüber) ♦**hint at** [VI] +obj **he hinted at changes in the cabinet** er deutete an, dass es Umbesetzungen im Kabinett geben würde; **he hinted at my involvement in the affair** er spielte auf meine Rolle in der Affäre an
hinterland ['hɪntəlænd] [S] Hinterland *n*
hip¹ [hɪp] [S] Hüfte *f*; **with one's hands on one's ~s** die Arme in die Hüften gestemmt
hip² [INT] **~! ~!, hurrah!** hipp hipp, hurra!
hip³ [ADJ] (umg) hip (umg)
hipbone [S] ANAT Hüftbein *n* **hip flask** [S] Flachmann *m* (umg) **hip hop** [S] MUS Hip-Hop *m*
hippie [S] = hippy
hippo ['hɪpəʊ] [S], *pl* -s (umg) Nilpferd *n*
hip pocket [S] Gesäßtasche *f*
hippopotamus [ˌhɪpə'pɒtəməs] [S], *pl* -es od hippopotami [ˌhɪpə'pɒtəmaɪ] Flusspferd *n*
hippy, **hippie** ['hɪpɪ] [S] Hippie *m*
hip replacement [S] Hüftoperation *f* **hipsters** ['hɪpstəz] [PL] Hipsters *pl*, Hüfthose *f*
hire [haɪəʳ] (bes Br) [A] [S] Mieten *n*; (von Anzug) Leihen *n*; (≈ durch Arbeitgeber) Einstellen *n*; **the hall is available for ~** man kann den Saal mieten; **for ~** (Taxi) frei [B] [VT] [1] mieten; *Anzug* leihen; **~d car** Mietwagen *m* [2] *Arbeitskraft* einstellen ♦**hire out** [VT] *trennb* (bes Br) vermieten
hire-purchase [ˌhaɪə'pɜːtʃəs] [S] (Br) Ratenkauf *m* (❗ = (US) **installment plan**); **on ~** auf Teilzahlung; **~ agreement** Teilzahlungs(kauf)-vertrag *m*
his [hɪz] [A] [POSS ADJ] sein; → my [B] [POSS PR] seine(r, s); → mine¹
Hispanic [hɪs'pænɪk] [A] [ADJ] hispanisch [B] [S] Hispanoamerikaner(in) *m(f)*
hiss [hɪs] [A] [VI] zischen; (Katze) fauchen [B] [VT] zischen [C] [S] Zischen *n*; (von Katze) Fauchen *n*
hissy fit ['hɪsɪˌfɪt] [S] (US umg) Wutanfall *m*; **to throw a ~** einen Wutanfall bekommen
historian [hɪs'tɔːrɪən] [S] Historiker(in) *m(f)* **historic** [hɪs'tɒrɪk] [ADJ] historisch **historical** [hɪs'tɒrɪkəl] [ADJ] historisch; **~ research** Geschichtsforschung *f* **historically** [hɪs'tɒrɪkəlɪ] [ADV] [1] traditionellerweise [2] *von Bedeutung* historisch
history ['hɪstərɪ] [S] Geschichte *f*; **that's all ~ now** (fig) das gehört jetzt alles der Vergangenheit an; **he's ~** er ist schon lange vergessen; **he has a ~ of violence** er hat eine Vorgeschichte als Gewalttäter; **he has a ~ of heart disease** er hat schon lange ein Herzleiden
histrionics [ˌhɪstrɪ'ɒnɪks] [PL] theatralisches Getue
hit [hɪt] v: prät, pperf hit [A] [S] [1] Schlag *m*; (auf Ziel) Treffer *m* [2] Erfolg *m*; (≈ Lied) Hit *m*; **to be a ~ with sb** bei jdm gut ankommen [3] (IT: *auf Website*) Hit *m* [B] [VT] [1] schlagen; IT: *Taste* drücken; **to ~ one's head against sth** sich (dat) den Kopf an etw (dat) stoßen; **he ~ his head on the table** er schlug mit dem Kopf auf dem Tisch auf; **the car ~ a tree** das Auto fuhr gegen einen Baum; **he was ~ by a stone** er wurde von einem Stein getroffen; **the tree was ~ by lightning** der Baum wurde vom Blitz getroffen; **you won't know what has ~ you** (umg) du wirst dein blaues Wunder erleben (umg) [2] *Ziel* treffen; *Tempo, Niveau* erreichen; **you've ~ it (on the head)** (fig) du hast es (genau) getroffen; **he's been ~ in the leg** er ist am Bein getroffen worden [3] betreffen; **to be hard ~ by sth** von etw schwer getroffen werden [4] (≈ *gelangen zu*) erreichen; **to ~ the rush hour** in den Stoßverkehr kommen; **to ~ a problem** ein Problem stoßen [5] (fig umg) **to ~ the bottle** zur Flasche greifen; **to ~ the roof** in die Luft gehen (umg); **to ~ the road** sich auf die Socken machen (umg) [C] [VI] schlagen ♦**hit back** [VI, VT] *trennb* zurückschlagen; **he ~ at his critics** er gab seinen Kritikern Kontra ♦**hit off** [VT] *trennb* **to hit it off with sb** (umg) prima mit jdm auskommen (umg) ♦**hit on** [VI] +obj [1] stoßen auf (+akk) [2] (bes US umg ≈ beschwatzen) anmachen (umg) ♦**hit out** [VI] [1] (wörtl) einschlagen (at sb auf jdn) [2] (fig) **to ~ at sb/sth** jdn/etw attackieren ♦**hit upon** [VI] +obj = hit

H

HITA ‖ 326

H

on 1

hit-and-miss ADJ = hit-or-miss **hit-and--run** ADJ ~ **accident** Unfall *m* mit Fahrerflucht; ~ **driver** unfallflüchtiger Fahrer, unfallflüchtige Fahrerin

hitch [hɪtʃ] **A** S Haken *m*; *(in Plan etc a.)* Problem *n*; **a technical** ~ eine technische Panne; **without a** ~ reibungslos; **there's been a** ~ da ist ein Problem aufgetaucht **B** VT **1** festmachen *(sth to sth* etw an etw *dat)* **2** *(umg)* **to get ~ed** heiraten **3** **to** ~ **a lift** *od* **ride** trampen; **she ~ed a lift** *od* **ride with a truck driver** ein Lastwagenfahrer nahm sie mit **C** VI *(bes Br)* trampen

♦hitch up VT *trennb* **1** Wohnwagen anhängen **2** *Rock* hochziehen

hitcher ['hɪtʃəʳ] S *(bes Br umg)* Anhalter(in) *m(f)*

hitchhike VI per Anhalter fahren, trampen **hitchhiker** S Anhalter(in) *m(f)* **hitchhiking** S Trampen *n*

hi tech ['haɪˌtek] S Spitzentechnologie *f* **hi--tech** ['haɪˌtek] ADJ Hightech-

hitherto [ˌhɪðə'tuː] ADV bisher

hit list S Abschussliste *f* **hitman** S, *pl* -**men** *(umg)* Killer *m* *(umg)* **hit-or-miss** ADJ auf gut Glück *präd* **hit parade** S Hitparade *f* **hit record** S Hit *m* **hits counter** S INTERNET Besucherzähler *m*, Counter *m* **hit squad** S Killerkommando *n*

HIV *abk* von human immunodeficiency virus HIV *n*; ~ **positive** HIV-positiv

hive [haɪv] S **1** Bienenstock *m*; *(≈ Insekten)* (Bienen)schwarm *m* **2** *(fig)* **the office was a** ~ **of activity** das Büro glich einem Bienenhaus

HM *abk* von His/Her Majesty S. M./I. M.

HMS *(Br)* *abk* von His/Her Majesty's Ship HMS *f*

HNC *(Br)* *abk* von Higher National Certificate

HND *(Br)* *abk* von Higher National Diploma

hoard [hɔːd] **A** S Vorrat *m*; **a** ~ **of weapons** ein Waffenlager *n*; **a** ~ **of money** gehortetes Geld **B** VT *(a.* **hoard up***)* Lebensmittel etc hamstern; *Vorräte, Waffen* horten **hoarder** ['hɔːdəʳ] S Hamsterer *m*, Hamsterin *f*

hoarding¹ ['hɔːdɪŋ] S *(von Lebensmitteln etc)* Hamstern *n*

hoarding² S *(Br)* **(advertising)** ~ Plakatwand *f* (**⚠** = (US) **billboard**)

hoarfrost ['hɔː'frɒst] S (Rau)reif *m*

hoarse [hɔːs] ADJ *(+er)* heiser

hoax [həʊks] S *(≈ Ulk)* Streich *m*, blinder Alarm **hoax call** S **a** ~ ein blinder Alarm

hob [hɒb] S *(auf Kochherd)* Kochfeld *n*

hobble ['hɒbl] **A** VI humpeln **B** VT *(fig)* behindern

hobby ['hɒbɪ] S Hobby *n* **hobbyhorse** ['hɒbɪˌhɔːs] S Steckenpferd *n*

hobnob ['hɒbnɒb] VI she's been seen hob-

nobbing with the chairman sie ist viel mit dem Vorsitzenden zusammen gesehen worden

hobo ['həʊbəʊ] S, *pl* -(e)s *(US ≈ Landstreicher)* Penner *m* *(umg)* (**⚠** = (Br) **tramp**)

Hobson's choice ['hɒbsəns'tʃɔɪs] S **it's** ~ da habe ich (wohl) keine andere Wahl

hockey ['hɒkɪ] S Hockey *n*; *(US)* Eishockey *n* **hockey player** S Hockeyspieler(in) *m(f)*; *(US)* Eishockeyspieler(in) *m(f)* **hockey stick** S Hockeyschläger *m*

hodgepodge ['hɒdʒpɒdʒ] S *(US)* = hotchpotch

hoe [həʊ] **A** S Hacke *f* **B** VT & VI hacken

hog [hɒg] **A** S (Mast)schwein *n*; *(US)* Schwein *n* **B** VT *(umg)* in Beschlag nehmen; **a lot of drivers** ~ **the middle of the road** viele Fahrer meinen, sie hätten die Straßenmitte gepachtet *(umg)*; **to** ~ **the limelight** alle Aufmerksamkeit für sich beanspruchen

Hogmanay [ˌhɒgmə'neɪ] S *(schott)* Silvester *n*

hogwash S *(umg)* Quatsch *m*

hoist [hɔɪst] **A** VT hochheben, hochziehen; *Flagge* hissen; *Segel* aufziehen **B** S Hebevorrichtung *f*

---

hold [həʊld]
v: prät, pperf **held**

A Substantiv	**B** transitives Verb
C intransitives Verb	

— **A** Substantiv —

1 Griff *m*; **to have/catch** ~ **of sth** *(wörtl)* etw festhalten/packen; **to keep** ~ **of sth** etw nicht loslassen, etw behalten; **to grab** ~ **of sb/sth** jdn/etw packen; **grab** ~ **of my hand** fass mich bei der Hand; **to get** ~ **of sth** sich an etw *(dat)* festhalten; *(fig)* etw finden *od* auftreiben *(umg); Drogen* etw in die Finger bekommen; *Tatsachen* etw in Erfahrung bringen; **to get** ~ **of sb** *(fig)* jdn auftreiben *(umg)*; *(am Telefon etc)* jdn erreichen; **to lose one's** ~ den Halt verlieren; **to take** ~ *(Idee)* sich durchsetzen; *(Feuer)* sich ausbreiten; **to be on** ~ warten; *(fig)* auf Eis liegen; **to put sb on** ~ TEL jdn auf Wartestellung schalten; **to put sth on** ~ *(fig)* etw auf Eis legen; **when those two have a row, there are no** ~**s barred** *(fig)* wenn die beiden sich streiten, dann kennen sie nichts mehr *(umg)* **2** Einfluss *m* *(over auf +akk)*; **to have a** ~ **over** *od* **on sb** (großen) Einfluss auf jdn ausüben; **he hasn't got any** ~ **on** *od* **over me** er kann mir nichts anhaben; **the president has consolidated his** ~ **on power** der Präsident hat seine Macht gefestigt **3** SCHIFF, FLUG Frachtraum

HOLI

m

— **B** transitives Verb —

1 halten; **to ~ sb/sth tight** jdn/etw (ganz) festhalten; **this car ~s the road well** dieses Auto hat eine gute Straßenlage; **to ~ sth in place** etw (fest)halten; **to ~ hands** sich an der Hand halten; (*Liebespaar, Kinder*) Händchen halten **2** enthalten; (*Flasche etc*) fassen; (*Bus, Saal*) Platz haben für; **this room ~s twenty people** in diesem Raum haben zwanzig Personen Platz; **what does the future ~?** was bringt die Zukunft? **3** meinen, behaupten; **I have always held that …** ich habe schon immer behauptet, dass …; **to ~ the view** *od* **opinion that …** die Meinung vertreten, dass …; **to ~ sb responsible (for sth)** jdn (für etw) verantwortlich machen **4** *Geiseln etc* festhalten; **to ~ sb (prisoner)** jdn gefangen halten; **to ~ sb hostage** jdn als Geisel festhalten; **there's no ~ing him** er ist nicht zu bremsen (*umg*); **~ the line!** bleiben Sie am Apparat!; **she can/can't ~ her drink** (*bes Br*) sie verträgt was/nichts; **to ~ one's fire** nicht schießen; **to ~ one's breath** (*wörtl*) den Atem anhalten; **don't ~ your breath!** (*iron*) erwarte nicht zu viel!; **~ it!** (*umg*) Moment mal (*umg*); **~ it there!** so ist gut **5** *Posten* innehaben; *Pass, Genehmigung* haben; *Macht, Aktien* besitzen; SPORT *Rekord* halten; MIL *Stellung* halten; **to ~ office** im Amt sein; **to ~ one's own** sich behaupten (können); **to ~ sb's attention** jds Aufmerksamkeit fesseln **6** *Versammlung, Wahlen* abhalten; *Gespräche* führen; *Party* geben; KIRCHE *Gottesdienst* (ab)halten; **to ~ a conversation** eine Unterhaltung führen

— **C** intransitives Verb —

1 (*Seil, Nagel*) halten; **to ~ firm** *od* **fast** halten; **to ~ still** still halten; **to ~ tight** festhalten; **will the weather ~?** wird sich das Wetter wohl halten?; **if his luck ~s** wenn ihm das Glück treu bleibt **2** TEL **please ~!** bitte bleiben Sie am Apparat! **3** gelten; **to ~ good** (*Regel, Zusage etc*) gelten

♦**hold against** *vt* immer getrennt **to hold sth against sb** jdm etw übel nehmen ♦**hold back A** sich zurückhalten, zögern **B** *vt trennb* **1** *Menschenmenge* zurückhalten; *Flutwasser* (auf)stauen; *Gefühle* unterdrücken; **to hold sb back from doing sth** jdn daran hindern, etw zu tun **2** hindern, voranzukommen **3** verheimlichen ♦**hold down** *vt trennb* **1** niederhalten; (*an einem Ort*) (fest)halten **2** *Arbeitsstelle* haben; **he can't hold any job down for long** er kann sich in keiner Stellung lange halten ♦**hold in** *vt trennb* Bauch einziehen ♦**hold off A** *vi* **1** warten; (*Feind*) nicht angreifen; **they held off eating until she arrived** sie warteten mit dem Essen, bis sie kam **2** (*Regen*) ausbleiben; **I hope the rain holds off** ich hoffe, dass es nicht regnet **B** *vt trennb* Angriff abwehren ♦**hold on A** *vi* **1** (*wörtl*) sich festhalten **2** (≈ *ertragen*) aushalten **3** warten; **~ (a minute)!** Moment!; **now ~ a minute!** Moment mal! **B** *vt trennb* (fest)halten; **to be held on by sth** mit etw befestigt sein ♦**hold on to** *vt* +*obj* **1** (*wörtl*) festhalten; **they held on to each other** sie hielten sich aneinander fest **2** (*fig*) *Hoffnung* nicht aufgeben **3** behalten; *Position* beibehalten; **to ~ the lead** in Führung bleiben; **to ~ power** sich an der Macht halten ♦**hold out A** *vi* **1** (*Vorräte etc*) reichen **2** (≈ *ertragen*) aushalten, nicht nachgeben; **to ~ for sth** auf etw (*dat*) bestehen **B** *vt trennb* **1** (*wörtl*) ausstrecken; **to ~ sth to sb** jdm etw hinhalten; **hold your hand out** halt die Hand auf; **she held out her arms** sie breitete die Arme aus **2** (*fig*) **I held out little hope of seeing him again** ich machte mir nur wenig Hoffnung, ihn wiederzusehen ♦**hold to** *vt* +*obj* festhalten an (+*dat*); **I ~ my belief that …** ich bleibe dabei, dass … ♦**hold together** *vt, vi trennb* zusammenhalten ♦**hold up A** *vi* (*Theorie*) sich halten lassen **B** *vt trennb* **1** hochheben; **~ your hand** heb die Hand; **to hold sth up to the light** etw gegen das Licht halten **2** stützen, tragen **3 to hold sb up as an example** jdn als Beispiel hinstellen **4** anhalten; (≈ *verzögern*) jdn aufhalten; *Verkehr, Produktion* ins Stocken bringen **5** *Bank* überfallen

holdall ['həʊldɔːl] *s* Reisetasche *f* **holder** ['həʊldə] *s* **1** Besitzer(in) *m(f)*; (*von Titel, Pass*) Inhaber(in) *m(f)* **2** Halter *m*; (≈ *für Zigarette*) Spitze *f* **holding** ['həʊldɪŋ] *s* **1** (FIN: *von Aktien*) Anteil *m* (*in* an +*dat*) **2** Landgut *n* **holding company** *s* Holding(gesellschaft) *f* **hold-up** *s* **1** Verzögerung *f*; (*von Verkehr*) Stockung *f*; **what's the ~?** warum dauert das so lange? **2** bewaffneter Raubüberfall

hole [həʊl] *s* **1** Loch *n*; (*von Fuchs*) Bau *m*; **to be full of ~s** (*fig: Handlung, Darstellung*) viele Schwächen aufweisen; (*Argument, Theorie*) unhaltbar sein **2** (*umg*) **to be in a ~** in der Patsche sitzen (*umg*); **to get sb out of a ~** jdm aus der Patsche *od* Klemme helfen (*umg*) **3** (*pej umg*) Loch *n* (*umg*); (≈ *Stadt*) Kaff *n* (*umg*) ♦**hole up** *vi* (*umg*) sich verkriechen

hole puncher *s* Locher *m*

holiday ['hɒlɪdeɪ] **A** *s* **1** freier Tag, Feiertag *m*; **to take a ~** einen Tag frei nehmen **2** (*bes Br*) *oft pl* Ferien *pl* (*bes* SCHULE), Urlaub *m* (= (US) **vacation**); **the Christmas ~s** die Weihnachtsferien *pl*; **on ~** in den Ferien, auf *od* im Urlaub; **to**

H

HOLI | 328

go on ~ Ferien/Urlaub machen; **to take a month's ~** einen Monat Urlaub nehmen B̄ V̄Ī (*bes Br*) Urlaub machen (**!** = (US) **to vacation**) **holiday camp** S̄ Feriendorf *n* **holiday entitlement** S̄ Urlaubsanspruch *m* **holiday home** S̄ Ferienhaus *n*/-wohnung *f* **holiday-maker** S̄ Urlauber(in) *m(f)* **holiday resort** S̄ Ferienort *m* **holiday season** S̄ Urlaubszeit *f*

holiness ['həʊlɪnɪs] S̄ Heiligkeit *f*; **His/Your Holiness** KIRCHE Seine/Eure Heiligkeit

holistic [həʊ'lɪstɪk] ĀDJ holistisch

Holland ['hɒlənd] S̄ Holland *n*

holler ['hɒlə'] V̄T & V̄Ī (*umg: a.* **holler out**) brüllen

H

hollow ['hɒləʊ] Ā ĀDJ hohl; (≈ *bedeutungslos*) leer; *Sieg* geschenkt; (≈ *nicht ehrlich*) unaufrichtig B̄ S̄ ▯ Höhlung *f* ▯ Vertiefung *f*; (≈ *Tal*) (Boden)senke *f* ◆**hollow out** V̄T *trennb* aushöhlen

holly ['hɒlɪ] S̄ Stechpalme *f*

holocaust ['hɒləkɔːst] S̄ ▯ Inferno *n* ▯ (*im Dritten Reich*) Holocaust *m*

hologram ['hɒləgræm] S̄ Hologramm *n*

hols [hɒlz] (*Br umg*) *abk* **von** holidays

holster ['həʊlstə'] S̄ (Pistolen)halfter *n od f*

holy ['həʊlɪ] ĀDJ REL heilig; *Boden* geweiht **Holy Bible** S̄ **the ~** die Heilige Schrift **Holy Communion** S̄ das heilige Abendmahl **Holy Father** S̄ **the ~** der Heilige Vater **Holy Ghost** S̄ = Holy Spirit **Holy Land** S̄ **the ~** das Heilige Land **Holy Spirit** S̄ **the ~** der Heilige Geist **holy water** S̄ Weihwasser *n* **Holy Week** S̄ Karwoche *f*

homage ['hɒmɪdʒ] S̄ Huldigung *f*; **to pay ~ to sb** jdm huldigen

home [həʊm] Ā S̄ ▯ Zuhause *n*; (≈ *Gebäude*) Haus *n*; (≈ *Land, Gegend*) Heimat *f*; **his ~ is in Brussels** er ist in Brüssel zu Hause; **Bournemouth is his second ~** Bournemouth ist seine zweite Heimat (geworden); **he invited us round to his ~** er hat uns zu sich (nach Hause) eingeladen; **away from ~** von zu Hause weg; **he worked away from ~** er hat auswärts gearbeitet; **at ~** zu Hause; SPORT auf eigenem Platz; **to be or feel at ~ with sb** sich in jds Gegenwart (*dat*) wohlfühlen; **he doesn't feel at ~ with English** er fühlt sich im Englischen nicht sicher *od* zu Hause; **to make oneself at ~** es sich (*dat*) gemütlich machen; **to make sb feel at ~** es jdm gemütlich machen; **to leave ~** von zu Hause weggehen; **Scotland is the ~ of the haggis** Schottland ist die Heimat des Haggis; **the city is ~ to some 1,500 students** in dieser Stadt wohnen etwa 1.500 Studenten ▯ Heim *n*, Waisenhaus *n* B̄ ĀDV ▯ zu Hause; (*mit Richtungsangabe*) nach Hause; **to come ~** nach Hause kommen, heimkommen; **to go ~** nach Hause gehen/fahren; (*in Heimatland*) heimfahren; **to get ~** nach Hause kommen; **I have to get ~ before ten** ich muss vor zehn zu Hause sein; **to return ~ from abroad** aus dem Ausland zurückkommen ▯ **to bring sth ~ to sb** jdm etw klarmachen; **sth comes ~ to sb** etw wird jdm schmerzlich bewusst ◆**home in** V̄Ī (*Raketen*) sich ausrichten (*on sth* auf etw *akk*); **to ~ on a target** ein Ziel finden *od* selbstständig ansteuern; **he homed in on the essential point** er hat den wichtigsten Punkt herausgegriffen **home address** S̄ Privatanschrift *f* **home-baked** ĀDJ selbst gebacken **home banking** S̄ Homebanking *n* **home-brew** S̄ selbst gebrautes Bier **homecoming** S̄ Heimkehr *f* **home computer** S̄ Heimcomputer *m* **home cooking** S̄ Hausmannskost *f* **Home Counties** P̄L̄ *Grafschaften, die an London angrenzen* **home economics** S̄ (**!** mit Verb im Singular) Hauswirtschaft(slehre) *f* **home entertainment system** S̄ Home-Entertainment-System *n* **home game** S̄ SPORT Heimspiel *n* **home ground** S̄ SPORT eigener Platz; **to be on ~** (*fig*) sich auf vertrautem Terrain bewegen **home-grown** ĀDJ *Gemüse* selbst gezogen; (*fig*) *Talent* heimisch **home help** S̄ Haushaltshilfe *f* **home key** S̄ IT Hometaste *f* **homeland** S̄ Heimat(land *n*) *f* **homeless** Ā ĀDJ obdachlos B̄ P̄L̄ **the ~** die Obdachlosen *pl* **homelessness** S̄ Obdachlosigkeit *f* **home life** S̄ Familienleben *n* **homely** ['həʊmlɪ] ĀDJ (+*er*) ▯ *Atmosphäre* behaglich ▯ *Essen* bürgerlich ▯ (*US*) *Mensch* unscheinbar **home-made** ĀDJ selbst gemacht **homemaker** S̄ (*US*) Hausfrau *f* **home movie** S̄ Amateurfilm *m* **home news** S̄ (**!** mit Verb im Singular) Meldungen *pl* aus dem Inland **Home Office** S̄ (*Br*) Innenministerium *n*

homeopath *etc* (*US*) = homoeopath *etc*

homeowner S̄ Hauseigentümer(in) *m(f)*, Wohnungseigentümer(in) *m(f)* **home page** S̄ IT Homepage *f* **home rule** S̄ Selbstverwaltung *f* **home run** S̄ (*Baseball*) Homerun *m*; **to hit a ~** um alle vier Male laufen **Home Secretary** S̄ (*Br*) Innenminister(in) *m(f)* **home shopping** S̄ Homeshopping *n* **homesick** ĀDJ **to be ~** Heimweh haben (*for nach*) **homesickness** S̄ Heimweh *n* **homestead** S̄ ▯ Heimstätte *f* ▯ (*US*) Heimstätte *f* für Siedler **home straight**, **home stretch** S̄ SPORT Zielgerade *f*; **we're in the ~ now** (*fig umg*) das Ende ist in Sicht **home team** S̄ SPORT Gastgeber *pl* **home town**, (*US*) **hometown** S̄ Heimatstadt *f* **home truth** S̄ (*Br*) bittere

Wahrheit; **to tell sb a few ~s** jdm die Augen öffnen **home video** 5̲, pl -s Amateurvideo n **homeward** ['həʊmwəd] A̲D̲J̲ **~ journey** Heimreise f; **we are ~ bound** es geht Richtung Heimat **homeward(s)** ['həʊmwəd(z)] A̲D̲V̲ nach Hause

homework 5̲ (❶ kein pl) S C H U L E Hausaufgaben pl; **to give sb sth as ~** jdm etw aufgeben **homeworker** 5̲ Heimarbeiter(in) m(f) **homeworking** 5̲ Heimarbeit f **homey** ['həʊmɪ] A̲D̲J̲ (+er) (US umg) gemütlich

homicidal [ˌhɒmɪˈsaɪdl̩] A̲D̲J̲ gemeingefährlich; **that man is a ~ maniac** dieser Mann ist ein mordgieriger Verrückter **homicide** ['hɒmɪsaɪd] 5̲ Totschlag m

homily ['hɒmɪlɪ] 5̲ Predigt f

homing pigeon 5̲ Brieftaube f

homoeopath, (US) **homeopath** ['həʊmɪəʊpæθ] 5̲ Homöopath(in) m(f) **homoeopathic**, (US) **homeopathic** [ˌhəʊmɪəʊˈpæθɪk] A̲D̲J̲ homöopathisch **homoeopathy**, (US) **homeopathy** [ˌhəʊmɪˈɒpəθɪ] 5̲ Homöopathie f

homogeneous [ˌhɒməˈdʒiːnɪəs] A̲D̲J̲ homogen **homogenize** [həˈmɒdʒənaɪz] V̲T̲ homogenisieren **homogenous** [həˈmɒdʒɪnəs] A̲D̲J̲ homogen

homophobia [ˌhəʊməʊˈfəʊbɪə] 5̲ Homophobie f **homophobic** [ˌhəʊməʊˈfəʊbɪk] A̲D̲J̲ homophob

homosexual [ˌhɒməʊˈseksjʊəl] A̲ A̲D̲J̲ homosexuell B̲ 5̲ Homosexuelle(r) m/f(m) **homosexuality** [ˌhɒməʊseksjʊˈælɪtɪ] 5̲ Homosexualität f

homy A̲D̲J̲ (+er) (US umg) = homey

Hon ❶ abk von honorary ❷ abk von Honourable

hone [həʊn] V̲T̲ Klinge schleifen; (fig) Fähigkeiten vervollkommnen

honest ['ɒnɪst] A̲ A̲D̲J̲ ❶ ehrlich; **to be ~ with sb** jdm die Wahrheit sagen; **to be ~ about sth** etw ehrlich darstellen; **to be perfectly ~ (with you)** ... um (ganz) ehrlich zu sein ...; **the ~ truth** die reine Wahrheit ❷ (≈ anständig) Mensch redlich; **to make an ~ living** sein Geld redlich verdienen ❸ Fehler echt B̲ A̲D̲V̲ (umg) **it's true, ~ it is** es stimmt, ganz ehrlich **honestly** ['ɒnɪstlɪ] A̲D̲V̲ ehrlich; erwarten wirklich; **I don't mind, ~** es ist mir wirklich egal; **quite ~ I don't remember it** ehrlich gesagt od um ehrlich zu sein, ich kann mich daran nicht erinnern; **~!** (verzweifelt) also wirklich! **honesty** ['ɒnɪstɪ] 5̲ Ehrlichkeit f, Redlichkeit f; **in all ~** ganz ehrlich

honey ['hʌnɪ] 5̲ ❶ Honig m ❷ (umg: als Anrede) Schätzchen n **honeybee** 5̲ (Honig)biene f

honeycomb 5̲ (Bienen)wabe f **honeydew melon** 5̲ Honigmelone f **honeymoon** ['hʌnɪmuːn] A̲ 5̲ Flitterwochen pl, Hochzeitsreise f; **to be on one's ~** in den Flitterwochen/auf Hochzeitsreise sein B̲ V̲I̲ seine Hochzeitsreise machen; **they are ~ing in Spain** sie sind in Spanien auf Hochzeitsreise **honeysuckle** ['hʌnɪsʌkl̩] 5̲ Geißblatt n

honk [hɒŋk] A̲ V̲I̲ ❶ (Auto) hupen ❷ (Gänse) schreien B̲ V̲T̲ Hupe drücken auf (+akk)

honor etc (US) = **honour** etc **honorary** ['ɒnərərɪ] A̲D̲J̲ Ehren- **honorary degree** 5̲ ehrenhalber verliehener akademischer Grad

honour, (US) **honor** ['ɒnə] A̲ 5̲ ❶ Ehre f; **sense of ~** Ehrgefühl n; **man of ~** Ehrenmann m; **in ~ of sb/sth** zu Ehren von jdm/etw ❷ **Your Honour** Hohes Gericht; **His Honour** das Gericht ❸ (≈ Ehrung) **~s** Auszeichnung(en) f(pl) ❹ **to do the ~s** (umg) den Gastgeber spielen ❺ U N I V **~s** (a. **honours degree**) akademischer Grad mit Prüfung im Spezialfach; **to get first-class ~s** das Examen mit Auszeichnung od „sehr gut" bestehen B̲ V̲T̲ ❶ jdn ehren; **I would be ~ed** es wäre mir eine Ehre; **I should be ~ed if you** ... ich würde mich geehrt fühlen, wenn Sie ... ❷ Scheck annehmen; Schulden begleichen; Versprechen halten; Vertrag erfüllen **honourable**, (US) **honorable** ['ɒnərəbl̩] A̲D̲J̲ ❶ ehrenhaft; Entlassung ehrenvoll ❷ (Br PARL) **the Honourable member for X** der (Herr)/die (Frau) Abgeordnete für X **honourably**, (US) **honorably** ['ɒnərəblɪ] A̲D̲V̲ in Ehren; sich verhalten ehrenhaft **honours degree** ['ɒnəz-] 5̲ = honour I5 **honours list** 5̲ (Br) Liste f der Titel- und Rangverleihungen (die zweimal im Jahr veröffentlicht wird)

hooch [huːtʃ] 5̲ (❶ kein pl) (bes US umg) Stoff m (sl)

hood [hʊd] 5̲ ❶ Kapuze f ❷ A U T O Verdeck n; (US) (Motor)haube f (❶ (= Br bonnet)); (von Herd) Abzugshaube f **hooded** ['hʊdɪd] A̲D̲J̲ Kleidungsstück mit Kapuze

hoodlum ['huːdləm] 5̲ Rowdy m, Gangster m (umg)

hoodwink ['hʊdwɪŋk] V̲T̲ (umg) (he)reinlegen (umg); **to ~ sb into doing sth** jdn dazu verleiten, etw zu tun

hoody ['hʊdɪ] 5̲ (Br umg) ❶ (≈ Kleidungsstück) Kapuzenshirt n, Kapuzi n (umg) ❷ (≈ Jugendlicher) Kapuzentyp m (umg), Kapuzenshirtträger m

hoof [huːf] 5̲, pl -s od hooves Huf m

hook [hʊk] A̲ 5̲ Haken m; **he fell for it ~, line and sinker** er ging auf den Leim; **by ~ or by crook** auf Biegen und Brechen; **that lets me off the ~** (umg) damit bin ich aus dem Schneider (umg); **to leave the phone off the ~** den

HOOK | 330

hood — Kapuze

hood US — (Motor)haube

Hörer neben das Telefon legen, nicht auflegen; **the phone was ringing off the ~** (US umg) das Telefon klingelte pausenlos B VT 1 **to ~ a trailer to a car** einen Anhänger an ein Auto hängen; **to ~ one's arm around sb** seinen Arm um etw schlingen 2 **to be/get ~ed on sth** (umg) Drogen von etw abhängig sein/werden; Film, Essen auf etw (akk) stehen (umg); **he's ~ed on the idea** er ist von der Idee besessen ♦**hook on** A VI (an)gehakt werden (to an +akk) B VT trennb anhaken (to an +akk) ♦**hook up** A VI **to ~ with sb** sich jdm anschließen B VT trennb 1 Kleid zuhaken 2 Wohnwagen ankoppeln 3 Computer anschließen (to an +akk); RADIO, TV anschließen (with an +akk) **hook and eye** S Haken und Öse ohne art **hooked** [hʊkt] ADJ **~ nose** Hakennase f **hooker** ['hʊkəʳ] S (bes US umg) Nutte f (umg) (❗= (Br) **tart**) **hooky** ['hʊkɪ] S (US umg) **to play ~** (die) Schule schwänzen (umg) **hooligan** ['huːlɪgən] S Rowdy m **hooliganism** ['huːlɪgənɪzəm] S Rowdytum n **hoop** [huːp] S Reifen m; (Basketball) Korb m **hooray** [huːˈreɪ] INT = hurrah **hoot** [huːt] A S 1 (von Eule) Schrei m; **~s of laughter** johlendes Gelächter; **I don't care** od **give a ~** od **two ~s** (umg) das ist mir piepegal (umg) od völlig schnuppe (umg); **to be a ~** (umg) zum Schreien (komisch) sein 2 AUTO Hupen n kein pl B VI 1 (Eule) schreien; **to ~ with laughter** in johlendes Gelächter ausbrechen 2 AUTO hupen C VT (bes Br AUTO) **to ~ one's/the horn** hupen **hooter** ['huːtəʳ] S (Br) 1 AUTO Hupe f; (in Fabrik) Sirene f 2 (umg ≈ Nase) Zinken m (umg) **Hoover**® ['huːvəʳ] S (Br) Staubsauger m **hoover** ['huːvəʳ] (Br) VT & VI (staub)saugen ♦**hoover up** VT +obj (staub)saugen **hoovering** ['huːvərɪŋ] S **to do the ~** (staub)saugen **hooves** [huːvz] pl von **hoof** **hop**¹ [hɒp] A S 1 (kleiner) Sprung, Satz m; **to catch sb on the ~** (fig umg) jdn überraschen od überrumpeln 2 (FLUG umg) **a short ~** ein Katzensprung m (umg) B VI (Tier) hüpfen; (Kaninchen) hoppeln; (Mensch) (auf einem Bein) hüpfen; **to ~ on** aufsteigen; **to ~ on a train** in einen Zug einsteigen; **he ~ped on his bicycle** er schwang sich auf sein Fahrrad; **he ~ped over the wall** er sprang über die Mauer C VT (Br umg) **~ it!** zieh Leine (umg) **hop**² S BOT Hopfen m **hope** [həʊp] A S Hoffnung f; **beyond ~** hoffnungslos; **in the ~ of doing sth** in der Hoffnung, etw zu tun; **to have (high** od **great) ~s of doing sth** hoffen, etw zu tun; **don't get your ~s up** mach dir keine großen Hoffnungen; **there's no ~ of that** da braucht man sich gar keine Hoffnungen zu machen; **to give up ~ of doing sth** die Hoffnung aufgeben, etw zu tun; **some ~!** (umg) schön wärs! (umg); **she hasn't got a ~ in hell of passing her exams** (umg) es besteht nicht die geringste Chance, dass sie ihre Prüfung besteht B VI hoffen (for auf +akk); **to ~ for the best** das Beste hoffen; **a pay rise would be too much to ~ for** auf eine Gehaltserhöhung braucht man sich (dat) gar keine Hoffnungen zu machen; **I ~ so** hoffentlich; **I ~ not** hoffentlich nicht C VT hoffen; **I ~ to see you** hoffentlich sehe ich Sie; **the party cannot ~ to win** für die Partei besteht keine Hoffnung zu gewinnen; **to ~ against ~ that ...** trotz allem die Hoffnung nicht aufgeben, dass ... **hopeful** A ADJ 1 hoffnungsvoll; **he was still ~ (that ...)** er machte sich (dat) immer noch Hoffnungen(, dass ...); **they weren't very ~** sie hatten keine große Hoffnung; **he was feeling more ~** er war optimistischer 2 **it is not a ~ sign** es ist kein gutes Zeichen B S **presidential ~s** Anwärter pl auf die Präsidentschaft **hopefully** ADV 1 hoffnungsvoll 2 (umg) hoffentlich

hopeless ['həʊplɪs] ADJ hoffnungslos; Versuch, Aufgabe aussichtslos; Säufer, Romantiker unverbesserlich; **she's a ~ manager** als Managerin ist sie ein hoffnungsloser Fall; **I'm ~ at maths** in Mathe bin ich ein hoffnungsloser Fall; **to be ~ at doing sth** etw überhaupt nicht können **hopelessly** ['həʊplɪslɪ] ADV **~ confused** völlig verwirrt; **I feel ~ inadequate** ich komme mir

völlig minderwertig vor; **he got ~ lost** er hat sich hoffnungslos verirrt **hopelessness** s̄ Hoffnungslosigkeit f
hopping mad ['hɒpɪŋ'mæd] ADJ (umg) fuchsteufelswild (umg) **hopscotch** s̄ Hopse f (umg) **hop, skip and jump** s̄, **hop, step and jump** s̄ Dreisprung m
horde [hɔːd] s̄ (umg) Masse f; (von Kindern etc) Horde f (pej)
horizon [həˈraɪzn] s̄ Horizont m; **on the ~** am Horizont; (fig) in Sicht; **below the ~** hinter dem Horizont **horizontal** [ˌhɒrɪˈzɒntl] ADJ horizontal; **~ line** Waag(e)rechte f **horizontal bar** s̄ Reck n **horizontally** [ˌhɒrɪˈzɒntəlɪ] ADV horizontal
hormone ['hɔːməʊn] s̄ Hormon n **hormone replacement therapy** s̄ Hormonersatztherapie f
horn [hɔːn] s̄ 1 Horn n 2 AUTO Hupe f; SCHIFF (Signal)horn n; **to sound** od **blow the ~** AUTO hupen; SCHIFF tuten
hornet ['hɔːnɪt] s̄ Hornisse f
horn-rimmed ['hɔːnrɪmd] ADJ **~ glasses** Hornbrille f **horny** ['hɔːnɪ] ADJ (+er) 1 (wörtl) hornartig; Hände schwielig 2 (umg) (≈ sexuell erregt) geil (umg)
horoscope ['hɒrəskəʊp] s̄ Horoskop n
horrendous [hɒˈrendəs] ADJ 1 Unfall, Erlebnis grauenhaft; Verbrechen, Überfall abscheulich 2 (umg) Bedingungen fürchterlich (umg); Verlust, Preis horrend; **children's shoes are a ~ price** Kinderschuhe sind horrend teuer **horrendously** [hɒˈrendəslɪ] ADV (umg) teuer horrend
horrible ['hɒrɪbl] ADJ 1 (umg) schrecklich (umg); Essen grauenhaft (umg); Kleidung, Farbe, Geschmack scheußlich; Mensch gemein; **to be ~ to sb** gemein zu jdm sein 2 Tod, Unfall grauenhaft **horribly** ['hɒrɪblɪ] ADV 1 grauenhaft; **they died ~** sie starben einen grauenhaften Tod 2 (umg) betrunken, teuer schrecklich (umg) **horrid** ['hɒrɪd] ADJ schrecklich; **don't be so ~** sei nicht so gemein (umg) **horrific** [hɒˈrɪfɪk] ADJ entsetzlich **horrifically** [hɒˈrɪfɪkəlɪ] ADV grauenhaft **horrify** ['hɒrɪfaɪ] VT entsetzen; **it horrifies me to think what ...** ich denke (nur) mit Entsetzen daran, was ... **horrifying** ['hɒrɪfaɪɪŋ] ADJ schrecklich **horror** ['hɒrəʳ] A s̄ 1 Entsetzen n; (≈ Abneigung) Horror m (of vor +dat); **to have a ~ of sth** einen Horror vor etw (dat) haben; **to have a ~ of doing sth** einen Horror davor haben, etw zu tun; **they watched in ~** sie sahen entsetzt zu 2 meist pl (des Krieges etc) Schrecken m 3 (umg) **you little ~!** du kleines Ungeheuer! (umg) B ATTR Horror-; **~ film/story** Horrorfilm m/-geschichte f **horror-stricken** ['hɒrəˌstrɪkən], **horror-struck** ['hɒrəˌstrʌk] ADJ von Entsetzen gepackt
hors d'oeuvre [ɔːˈdɜːv] s̄ Vorspeise f
horse [hɔːs] s̄ Pferd n; **to eat like a ~** wie ein Scheunendrescher m essen od fressen (umg); **I could eat a ~** ich könnte ein ganzes Pferd essen; **straight from the ~'s mouth** aus erster Hand ◆**horse about** (Br) od **around** VI (umg) herumalbern (umg)
horseback s̄ **on ~** zu Pferd **horsebox** s̄ Pferdetransporter m, Pferdetransportwagen m **horse chestnut** s̄ Rosskastanie f **horse-drawn** ADJ **~ cart** Pferdewagen m; **~ carriage** Kutsche f **horseman** s̄, pl -men Reiter m **horseplay** s̄ Alberei f **horsepower** s̄ Pferdestärke f; **a 200 ~ engine** ein Motor mit 200 PS **horse race** s̄ Pferderennen n **horse racing** s̄ Pferderennsport m; (≈ Veranstaltungen) Pferderennen pl **horseradish** s̄ Meerrettich m, Kren m (österr) **horse-riding** s̄ Reiten n; **to go ~** reiten gehen **horseshoe** s̄ Hufeisen n **horse trading** s̄ (fig) Kuhhandel m **horsewoman** s̄, pl -women Reiterin f
horticultural [ˌhɔːtɪˈkʌltʃərəl] ADJ Garten(bau)- **horticulture** ['hɔːtɪkʌltʃəʳ] s̄ Gartenbau(kunst f) m
hose [həʊz] A s̄ Schlauch m B VT (a. **hose down**) abspritzen **hosepipe** ['həʊzpaɪp] s̄ (bes Br) Schlauch m
hosiery ['həʊʒərɪ] s̄ Strumpfwaren pl
hospice ['hɒspɪs] s̄ Hospiz n
hospitable [hɒsˈpɪtəbl] ADJ 1 gastfreundlich; **to be ~ to sb** jdn gastfreundlich od gastlich aufnehmen 2 Ort, Klima gastlich

horn — Horn

horn — Hupe

(French) horn — (Wald)horn

HOSP | 332

hospital ['hɒspɪtl] ⓢ Krankenhaus n, Spital n (österr, schweiz); **in** od (US) **in the ~** im Krankenhaus; **he was taken to ~** er wurde ins Krankenhaus eingeliefert

hospitality [,hɒspɪ'tælɪtɪ] ⓢ Gastfreundschaft f

hospitalize ['hɒspɪtəlaɪz] ⓥⓉ ins Krankenhaus od (österr, schweiz) Spital einweisen; **he was ~d for three months** er lag drei Monate lang im Krankenhaus

Host [həʊst] ⓢ KIRCHE Hostie f

host¹ [həʊst] Ⓐ ⓢ Gastgeber(in) m(f); **to be** od **play ~ to sb** jds Gastgeber(in) m(f) sein Ⓑ ⓥⓉ Fernsehsendung Gastgeber(in) sein bei; Veranstaltung ausrichten

host² ⓢ Menge f; **he has a ~ of friends** er hat eine Menge Freunde

hostage ['hɒstɪdʒ] ⓢ Geisel f; **to take/hold sb ~** jdn als Geisel nehmen/halten **hostage-taker** ⓢ Geiselnehmer(in) m(f)

hostel ['hɒstəl] ⓢ (Wohn)heim n

hostess ['həʊstes] ⓢ Ⓘ Gastgeberin f; **to be** od **play ~ to sb** jds Gastgeberin sein Ⓩ (in Nachtklub) Hostess f Ⓔ FLUG Stewardess f

host family ⓢ Gastfamilie f

hostile ['hɒstaɪl] ⓐⓓⓙ feindselig; Gesellschaft, Presse feindlich (gesinnt); Kräfte, Übernahmeangebot feindlich, unwirtlich; **to be ~ to sb** sich jdm gegenüber feindlich verhalten; **to be ~ to** od **toward(s) sth** einer Sache (dat) feindlich gegenüberstehen **hostility** [hɒs'tɪlɪtɪ] ⓢ Ⓘ Feindseligkeit f; (zwischen Menschen) Feindschaft f; **~ to foreigners** Ausländerfeindlichkeit f Ⓩ **hostilities** ⓟⓁ Feindseligkeiten pl

hot [hɒt] Ⓐ ⓐⓓⓙ (+er) Ⓘ heiß; Mahlzeit, Wasser, Getränk warm; **I am** od **feel ~** mir ist (es) heiß; **with ~ and cold water** mit warm und kalt Wasser; **the room was ~** in dem Zimmer war es heiß; **I'm getting ~** mir wird (es) warm Ⓩ Currygericht etc scharf Ⓔ (umg ≈ gut) stark (umg); **he's pretty ~ at maths** in Mathe ist er ganz schön stark (umg) Ⓠ (fig) **to be (a) ~ favourite** (Br) od **favorite** (US) der große Favorit sein; **~ tip** heißer Tipp; **~ news** das Neuste vom Neuen (❶ Englisch mit Verb im Singular!); **~ off the press** gerade erschienen; **to get into ~ water** in Schwulitäten kommen (umg); **to get (all) ~ and bothered** (umg) ganz aufgeregt werden (about wegen); **to get ~ under the collar about sth** wegen etw in Rage geraten Ⓑ ⓐⓓⓥ (+er) **he keeps blowing ~ and cold** er sagt einmal hü und einmal hott Ⓒ ⓢ **to have the ~s for sb** (umg) auf jdn scharf sein (umg) ◆**hot up** ⓥⓘ (umg) **things are hotting up in the Middle East** die Lage im Nahen Osten verschärft sich; **things are hotting up** es geht langsam los

hot air ⓢ (fig) leeres Gerede **hot-air balloon** ⓢ Heißluftballon m **hot-blooded** ⓐⓓⓙ heißblütig

hotchpotch ['hɒtʃpɒtʃ] ⓢ (Br) Mischmasch m (❶ = (US) **hodgepodge**)

hot dog ⓢ Hot dog m od n

hotel [həʊ'tel] ⓢ Hotel n **hotel manager** ⓢ Hoteldirektor(in) m(f) **hotel room** ⓢ Hotelzimmer n

hot flashes (US), **hot flushes** (Br) ⓟⓁ MED fliegende Hitze, Hitzewallungen pl **hotfoot** ⓥⓉ **to ~ it** (umg) sich davonmachen **hothead** ⓢ Hitzkopf m **hot-headed** ⓐⓓⓙ hitzköpfig **hothouse** Ⓐ ⓢ Treibhaus n Ⓑ ⓐⓓⓙ attr (wörtl) Treibhaus- **hot key** ⓢ IT Hotkey m, Abkürzungstaste f **hot line** ⓢ POL heißer Draht; TV etc Hotline f **hotly** ['hɒtlɪ] ⓐⓓⓥ Ⓘ debattieren, abstreiten heftig; umstritten heiß Ⓩ **he was ~ pursued by two policemen** zwei Polizisten waren ihm dicht auf den Fersen (umg) **hotplate** ⓢ (von Herd) Kochplatte f **hot potato** ⓢ, pl -es (fig umg) heißes Eisen **hot seat** ⓢ **to be in the ~** auf dem Schleudersitz sein **hotshot** ⓢ (umg) Ass n (umg) **hot spot** ⓢ POL Krisenherd m; (umg ≈ Klub) heißer Schuppen (umg); IT Hotspot m **hot spring** ⓢ heiße Quelle **hot stuff** ⓢ (umg) **this is ~** das ist große Klasse (umg); (≈ provokant) das ist Zündstoff; **she's/he's ~** sie/er ist große Klasse (umg); (≈ sexy) das ist eine scharfe Braut (sl)/ein scharfer Typ (umg) **hot-tempered** ⓐⓓⓙ leicht aufbrausend **hot-water** ⓐⓓⓙ attr Heißwasser- **hot-water bottle** ⓢ Wärmflasche f, Bettflasche f (schweiz)

hoummos, houm(o)us ['huːməs] ⓢ Houmos m

hound [haʊnd] Ⓐ ⓢ JAGD (Jagd)hund m Ⓑ ⓥⓉ hetzen; **to be ~ed by the press** von der Presse verfolgt werden ◆**hound out** ⓥⓉ trennb verjagen

hour ['aʊə'] ⓢ Ⓘ Stunde f; **half an ~, a half ~** eine halbe Stunde; **three-quarters of an ~** eine Dreiviertelstunde; **a quarter of an ~** eine viertel Stunde; **an ~ and a half** anderthalb od eineinhalb Stunden; **it's two ~s' walk** sind zwei Stunden zu Fuß; **at fifteen hundred ~s** (gesprochen) um fünfzehn Uhr; **~ after ~** Stunde um Stunde; **on the ~** zur vollen Stunde; **every ~ on the ~** jede volle Stunde; **20 minutes past the ~** 20 Minuten nach; **at all ~s (of the day and night)** zu jeder (Tages- und Nacht)zeit; **what! at this ~ of the night!** was! zu dieser nachtschlafenden Zeit!; **to drive at 50 kilometres an ~** 50 Kilometer in der Stunde fahren; **to be paid by the ~** stundenweise bezahlt werden; **for ~s** stundenlang; **he took ~s to do it** er brauchte stundenlang dazu; **the man/he-**

ro of the ~ der Mann/Held der Stunde ❷ **hours** PL (*von Laden*) Geschäftszeit(en) f(pl); (*von Gaststätte etc*) Öffnungszeiten pl; (≈ *von Büro*) Dienststunden pl; (≈ *von Angestellten*) Arbeitszeit f; (*von Arzt*) Sprechstunde f, Ordination f (österr); **out of/after ~s** (*von Kneipe*) außerhalb der gesetzlich erlaubten Zeit; (*von Büro/Angestellten*) außerhalb der Arbeitszeit/nach Dienstschluss; **to work long ~s** einen langen Arbeitstag haben **hourglass** ⓢ Sanduhr f **hour hand** ⓢ kleiner Zeiger **hourly** ['aʊəlɪ] Ⓐ ADJ ❶ stündlich; **an ~ bus service** ein stündlich verkehrender Bus; **at ~ intervals** stündlich; **at two-~ intervals** alle zwei Stunden ❷ *Lohn* pro Stunde; **~ wage** *od* **pay** Stundenlohn m; **~ rate** Stundensatz m; **on an ~ basis** stundenweise Ⓑ ADV ❶ (*wörtl*) jede Stunde ❷ *bezahlen* stundenweise **house** [haʊs] Ⓐ ⓢ, pl **houses** ['haʊzɪz] ❶ Haus n; (≈ *Hausstand*) Haushalt m; **at my ~** bei mir (zu Hause); **to my ~** zu mir nach Hause; **to keep ~ (for sb)** (jdm) den Haushalt führen; **they set up ~ together** sie gründeten einen gemeinsamen Haushalt; **to put** *od* **set one's ~ in order** (*fig*) seine Angelegenheiten in Ordnung bringen; **they get on like a ~ on fire** (*umg*) sie kommen ausgezeichnet miteinander aus; **the upper/lower ~** POL das Ober-/Unterhaus; **House of Commons/Lords** (*Br*) (britisches) Unter-/Oberhaus; **House of Representatives** (*US*) Repräsentantenhaus n; **the Houses of Parliament** das Parlament(sgebäude); **on the ~** auf Kosten des Hauses; **we ordered a bottle of ~ red** wir bestellten eine Flasche von dem roten Hauswein; **to bring the ~ down** (*umg*) ein Bombenerfolg (beim Publikum) sein (*umg*) ❷ (*in Internat*) Gruppenhaus n ❸ **full ~** KART Full House n; (*beim Bingo*) volle Karte Ⓑ [haʊz] VT unterbringen; **this building ~s ten families** in diesem Gebäude sind zehn Fami-

▶ House of Commons

House of Commons wird das Unterhaus des britischen Parlaments genannt, in dem 659 gewählte Volksvertreter (529 aus England, 72 aus Schottland, 40 aus Wales und 18 aus Nordirland), sog. **Members of Parliament**, den Großteil der parlamentarischen Aufgaben erledigen. Diese bestehen v. a. aus der Gesetzgebung (Legislative), der Kontrolle der Regierung (d. h. der Exekutive) sowie der Überwachung der Finanzen.
Den Vorsitz im **House of Commons** führt der **Speaker**, der die parlamentarischen Diskussionen leitet.

LANDESKUNDE ◀

lien untergebracht **house arrest** ⓢ Hausarrest m **housebound** ADJ ans Haus gefesselt **housebreaking** ⓢ Einbruch(sdiebstahl) m **house-broken** ADJ (*US*) stubenrein **housecoat** ⓢ Morgenmantel m

▶ House of Lords

House of Lords wird das Oberhaus des britischen Parlaments genannt, dessen Vorsitz der **Lord Chancellor** hat. Es besteht aus über 700 nicht gewählten Mitgliedern, darunter **Lords Spiritual** (höhere Bischöfe der **Church of England**) und **Lords Temporal** (Lords auf Lebenszeit). Letztere bestehen aus den **Law Lords** (höhere Richter, **highest court of appeal**), den **hereditary peers** (ererbter Adelstitel) und den **life peers** (Ehrentitel auf Lebenszeit verliehen). Nur ein kleiner Teil der Mitglieder zeigt wirklich Interesse an der Politik und besucht regelmäßig die Sitzungen. Das **House of Lords** übt zwar eine wichtige Kontrollfunktion über die Regierung aus, stellt — frei von Parteizwängen — ein wichtiges Gremium für Diskussionen dar und übt konstruktive Kritik an Gesetzesvorschlägen, kann jedoch faktisch lediglich eine Gesetzesvorlage auf ihrem Weg zum Gesetz verzögern.

LANDESKUNDE ◀

household ['haʊshəʊld] Ⓐ ⓢ Haushalt m Ⓑ ATTR Haushalts-; **~ appliance** Haushaltsgerät n; **~ chores** Hausarbeit f **householder** ['haʊs,həʊldə'] ⓢ Haus-/Wohnungsinhaber(in) m(f) **household name** ⓢ **to be a ~** ein Begriff sein; **to become a ~** zu einem Begriff werden **household waste** ⓢ Hausmüll m **house-hunt** VI auf Haussuche sein; **they have started ~ing** sie haben angefangen, nach einem Haus zu suchen **househusband** ⓢ Hausmann m **housekeeper** ⓢ Haushälterin f **housekeeping** ⓢ ❶ Haushalten n ❷ (*Br*: *a*. **housekeeping money**) Haushaltsgeld n **housemate** ⓢ **my ~s** meine Mitbewohner **House music** ⓢ Hausmusik f **house plant** ⓢ Zimmerpflanze f **houseproud** ADJ **she is ~** sie ist eine penible Hausfrau **house rules** PL Hausordnung f **house-to-house** ADJ **to conduct ~ inquiries** von Haus zu Haus gehen und fragen **housetrained** ADJ stubenrein **house-warming (party)** ⓢ Einzugsparty f; **to have a ~** Einzug feiern
housewife ⓢ Hausfrau f **housework** ⓢ Hausarbeit f **housing** ['haʊzɪŋ] ⓢ ❶ Unterbringung f ❷ Wohnungen pl ❸ TECH Gehäuse

n **housing association** ⊠ Wohnungsbaugesellschaft *f* **housing benefit** ⊠ (*Br*) Wohngeld *n* **housing development,** (*Br a.*) **housing estate** ⊠ Wohnsiedlung *f*
hovel ['hɒvəl] ⊠ armselige Hütte; (*fig pej*) Bruchbude *f*
hover ['hɒvə'] *VI* **1** schweben; **he was ~ing between life and death** er schwebte zwischen Leben und Tod; **the exchange rate is ~ing around 110 yen to the dollar** der Wechselkurs bewegt sich um die 110 Yen für den Dollar **2** (*fig*) herumstehen; **don't ~ over me** geh endlich weg ♦**hover about** (*Br*) *od* **around** *VI* herumlungern; **he was hovering around, waiting to speak to us** er strich um uns herum und wartete auf eine Gelegenheit, mit uns zu sprechen
hovercraft ⊠, *pl* - Luftkissenboot *n*
how [haʊ] *ADV* **1** wie; **~ come?** (*umg*) wieso (denn das)?; **~ do you mean?** (*umg*) wie meinst du das?; **~ is it that we** *od* **~ come** (*umg*) **we earn less?** wieso *od* warum verdienen wir denn weniger?; **~ do you know that?** woher wissen Sie das?; **I'd like to learn ~ to swim** ich würde gerne schwimmen lernen; **~ nice!** wie nett!; **how much** (+*v*) wie sehr; (+*subst, adj, adv, Aktionsverben*) wie viel; **~ many** wie viel, wie viele; **~ would you like to …?** hätten Sie Lust, … zu …?; **~ do you do?** guten Tag/Abend!; **how are you?** wie geht es Ihnen?; **~'s work?** was macht die Arbeit? (*umg*); **~ are things at school?** wie gehts in der Schule?; **~ did the job interview go?** wie ist das Bewerbungsgespräch gelaufen?; **~ about …?** wie wäre es mit …?; **~ about it?** wie wäre es damit?; **~ about going for a walk?** wie wärs mit einem Spaziergang?; **I've had enough, ~ about you?** mir reichts, wie siehts bei dir aus?; **and ~!** und ob *od* wie!; **~ he's grown!** er ist aber groß geworden **2** dass **how'd** [haʊd] = **how did, how had, how would**
however [haʊ'evə'] *A* *KONJ* jedoch, aber *B* *ADV* **1** wie … auch, wie; **~ you do it** wie immer du es machst; **~ much you cry** und wenn du noch so weinst; **wait 30 minutes or ~ long it takes** warte eine halbe Stunde oder so lange, wie es dauert **2** wie … bloß; **~ did you manage it?** wie hast du das bloß geschafft?
howl [haʊl] *A* ⊠ Schrei *m*; (*von Tier, Wind*) Heulen *n kein pl*; **~s of laughter** brüllendes Gelächter; **~s (of protest)** Protestgeschrei *n* *B* *VI* (*Mensch*) brüllen; (*Tier*) jaulen; (*Wind ≈ weinen*) heulen; (*Baby*) schreien; **to ~ with laughter** in brüllendes Gelächter ausbrechen *C* *VT* hinausbrüllen
howler ['haʊlə'] ⊠ (*Br umg*) Schnitzer *m* (*umg*); **he made a real ~** da hat er sich (*dat*) einen

Hammer geleistet (*umg*)
how'll [haʊl] = **how shall, how will how's** [haʊz] = **how has, how is how've** [haʊv] = **how have**
HP, hp **1** *abk von* **hire-purchase** **2** *abk von* **horse power** PS
HQ *abk von* **headquarters**
hr *abk von* **hour** Std.
HRH *abk von* **His/Her Royal Highness** S. M./I. M.
HRT *abk von* **hormone replacement therapy**
HST (*US*) *abk von* **Hawaiian Standard Time** hawaiische Zeit *minus elf Stunden mitteleuropäischer Zeit*
ht *abk von* **height**
HTML IT *abk von* **hypertext mark-up language** HTML
hub [hʌb] ⊠ **1** (*Rad*)nabe *f* **2** (*fig*) Mittelpunkt *m*
hubbub ['hʌbʌb] ⊠ Tumult *m*; **a ~ of voices** ein Stimmengewirr *n*
hubcap ['hʌbkæp] ⊠ Radkappe *f*
huddle ['hʌdl] *VI* (*a.* **to be huddled**) (sich) kauern; **they ~d under the umbrella** sie drängten sich unter dem Schirm zusammen; **we ~d around the fire** wir saßen eng zusammengedrängt um das Feuer herum ♦**huddle together** *VI* sich aneinanderkauern; **to be huddled together** aneinanderkauern ♦**huddle up** *VI* sich zusammenkauern
hue [hjuː] ⊠ Farbe *f*, Schattierung *f*
huff [hʌf] ⊠ **to be/go off in a ~** beleidigt sein/ abziehen (*umg*) **huffy** ['hʌfɪ] *ADJ* (+*er*) beleidigt, empfindlich; **to get/be ~ about sth** wegen etw eingeschnappt (*umg*) *od* beleidigt sein
hug [hʌg] *A* ⊠ Umarmung *f*; **to give sb a ~** jdn umarmen *B* *VT* **1** umarmen **2** sich dicht halten an (+*akk*) *C* *VI* sich umarmen
huge [hjuːdʒ] *ADJ* (+*er*) riesig; *Appetit, Defizit a.* Riesen- (*umg*); *Anstrengung* gewaltig; **a ~ job** eine Riesenarbeit (*umg*); **~ numbers of these children** ungeheuer viele von diesen Kindern **hugely** ['hjuːdʒlɪ] *ADV* (*emph*) außerordentlich; **the whole thing is ~ enjoyable** das Ganze macht ungeheuer viel Spaß **hugeness** ['hjuːdʒnɪs] ⊠ riesiges Ausmaß
hulk [hʌlk] ⊠ **1** SCHIFF (Schiffs)rumpf *m* **2** (*umg ≈ Mensch*) Hüne *m* (*umg*) **hulking** ['hʌlkɪŋ] *ADJ* **~ great, great ~** massig
hull[1] [hʌl] ⊠ SCHIFF Schiffskörper *m*
hull[2] *A* ⊠ Hülse *f* *B* *VT* schälen
hullabaloo [ˌhʌləbə'luː] ⊠ (❗ kein Plural) (*Br umg*) Spektakel *m*
hullo [hʌ'ləʊ] *INT* (*Br*) = **hello**
hum [hʌm] *A* ⊠ Summen *n*; (*von Motor*) Brummen *n*; (*von Apparat*) Surren *n*; (*von Stimmen*) Gemurmel *n* *B* *VI* **1** summen; (*Motor*) brummen;

335 ‖ HUNG

(Apparat) surren **2** *(fig umg)* in Schwung kommen; **the headquarters was ~ming with activity** im Hauptquartier ging es zu wie in einem Bienenstock **3 to ~ and haw** *(umg)* herumdrucksen *(umg) (over, about* um) **C** v̄t̄ summen

human ['hjuːmən] **A** ADJ menschlich; *Gesundheit* des Menschen; **~ error** menschliches Versagen; **~ shield** menschlicher Schutzschild; **I'm only ~** ich bin auch nur ein Mensch **B** s̄ Mensch *m* **human being** s̄ Mensch *m* **humane** [hjuːˈmeɪn] ADV human **humanely** [hjuːˈmeɪnlɪ] ADV human; *töten* (möglichst) schmerzlos **human interest** s̄ *(in Zeitungsartikel etc)* Emotionalität *f*; **a ~ story** eine ergreifende Story **humanism** ['hjuːmənɪzəm] s̄ Humanismus *m* **humanitarian** [hjuːˌmænɪˈtɛərɪən] **A** s̄ Vertreter(in) *m(f)* des Humanitätsgedankens **B** ADJ humanitär **humanitarianism** [ˌhjuːmænɪˈtɛərɪənɪzəm] s̄ Humanitarismus *m* **humanity** [hjuːˈmænɪtɪ] s̄ **1** die Menschheit **2** Humanität *f* **3** **humanities** PL Geisteswissenschaften *pl* **humankind** [ˌhjuːmənˈkaɪnd] s̄ die Menschheit **humanly** ['hjuːmənlɪ] ADV menschlich; **as far as ~ possible** soweit überhaupt möglich; **to do all that is ~ possible** alles Menschenmögliche tun **human nature** s̄ die menschliche Natur; **it's ~ to do that** es liegt (nun einmal) in der Natur des Menschen, das zu tun **human race** s̄ **the ~** die Menschheit **human resources** PL WIRTSCH Arbeitskräftepotenzial *n* **human resources department** s̄ Personalabteilung *f* **human rights** PL Menschenrechte *pl*; **~ organization** Menschenrechtsorganisation *f*

humble ['hʌmbl] **A** ADJ *(+er)* bescheiden; *Angestellter* einfach; *Ursprünge* niedrig; **my ~ apologies!** ich bitte inständig um Verzeihung! **B** v̄t̄ demütigen; **to be/feel ~d** sich *(dat)* klein vorkommen

humbug ['hʌmbʌg] s̄ **1** *(Br)* Pfefferminzbonbon *m od n* **2** *(umg ≈ Gerede)* Humbug *m*

humid ['hjuːmɪd] ADJ feucht; **it's ~ today** es ist schwül heute **humidifier** [hjuːˈmɪdɪfaɪəʳ] s̄ Luftbefeuchter *m* **humidity** [hjuːˈmɪdɪtɪ] s̄ (Luft)feuchtigkeit *f*

humiliate [hjuːˈmɪlɪeɪt] v̄t̄ demütigen **humiliating** [hjuːˈmɪlɪeɪtɪŋ] ADJ *Niederlage* demütigend **humiliation** [hjuːˌmɪlɪˈeɪʃən] s̄ Demütigung *f* **humility** [hjuːˈmɪlɪtɪ] s̄ Demut *f*, Bescheidenheit *f*

humming ['hʌmɪŋ] s̄ Summen *n* **hummingbird** ['hʌmɪŋbɜːd] s̄ Kolibri *m*

hummus ['hʊməs] s̄ = hoummos

humor *etc (US)* = humour *etc* **humorous** ['hjuːmərəs] ADJ humorvoll; *Situation* komisch;

Idee witzig **humorously** ['hjuːmərəslɪ] ADV humorvoll, heiter

humour, *(US)* **humor** ['hjuːməʳ] **A** s̄ **1** Humor *m*; **a sense of ~** (Sinn *m* für) Humor *m* **2** Stimmung *f*; **to be in a good ~** gute Laune haben; **with good ~** gut gelaunt **B** v̄t̄ **to ~ sb** jdm seinen Willen lassen; **do it just to ~ him** tus doch, damit er seinen Willen hat **humourless**, *(US)* **humorless** ADJ humorlos

hump [hʌmp] **A** s̄ **1** ANAT Buckel *m*; *(von Kamel)* Höcker *m* **2** *(≈ Anhöhe)* Hügel *m* **B** v̄t̄ *(umg)* schleppen **humpbacked** ['hʌmpbækt] ADJ *Brücke* gewölbt

hunch [hʌntʃ] **A** s̄ Gefühl *n*; **to act on a ~** einem inneren Gefühl zufolge handeln; **your ~ paid off** du hattest die richtige Ahnung, es hat sich gelohnt **B** v̄t̄ *(a.* **hunch up***)* **to ~ one's shoulders** die Schultern hochziehen; **he was ~ed over his desk** er saß über seinen Schreibtisch gebeugt **hunchback** s̄ Buck(e)lige(r) *m/f(m)* **hunchbacked** ADJ buck(e)lig

hundred ['hʌndrɪd] **A** ADJ hundert; **a** *od* **one ~ years** (ein)hundert Jahre; **two/several ~ years** zweihundert/mehrere hundert Jahre; **a** *od* **one ~ and one** *(wörtl)* (ein)hundert(und)eins; *(fig)* tausend; **(one) ~ and first** hundert(und)erste(r, s); **a** *od* **one ~ thousand** (ein)hunderttausend; **a** *od* **one ~ per cent** hundert Prozent; **a (one) ~ per cent increase** eine Erhöhung von *od* um hundert Prozent; **I'm not a** *od* **one ~ per cent sure** ich bin nicht hundertprozentig sicher **B** s̄ hundert *num*; *(geschriebene Zahl)* Hundert *f*; **~s** Hunderte *pl*; **one in a ~** einer unter hundert; **eighty out of a ~** achtzig von hundert; **~s of times** hundertmal; **~s and ~s** Hunderte und Aberhunderte; **~s of** *od* **and thousands** Hunderttausende *pl*; **he earns nine ~ a month** er verdient neunhundert im Monat; **to live to be a ~** hundert Jahre alt werden; **they came in their ~s** *od* **by the ~** sie kamen zu hunderten **hundredfold** ['hʌndrɪdfəʊld] ADJ, ADV hundertfach; **to increase a ~** um das Hundertfache steigern

hundredth ['hʌndrɪdθ] **A** ADJ **1** hundertste(r, s) **2** hundertstel **B** s̄ **1** Hundertste(r, s) **2** Hundertstel *n*; → sixth **hundredweight** ['hʌndrɪdweɪt] s̄ Zentner *m*; *(Br)* 50,8 kg; *(US)* 45,4 kg

hung [hʌŋ] *prät, pperf* von hang

Hungarian [hʌŋˈgɛərɪən] **A** ADJ ungarisch **B** s̄ **1** Ungar(in) *m(f)* **2** LING Ungarisch *n*

Hungary ['hʌŋgərɪ] s̄ Ungarn *n*

hunger ['hʌŋgəʳ] s̄ Hunger *m* *(for* nach); **to die of ~** verhungern

hunger strike s̄ **to be on (a) ~** sich im Hungerstreik befinden; **to go on (a) ~** in (den) Hungerstreik treten

HUNG | 336

hung over ADJ **to be ~** einen Kater haben (umg) **hung parliament** S̅ Parlament n ohne klare Mehrheitsverhältnisse; **the election resulted in a ~** die Wahl führte zu einem parlamentarischen Patt

hungrily ['hʌŋgrɪlɪ] ADV (wörtl, fig) hungrig

hungry ['hʌŋgrɪ] ADJ (+er) hungrig; **to be** od **feel/get ~** Hunger haben/bekommen; **to go ~** hungern; **~ for power** machthungrig; **to be ~ for news** sehnsüchtig auf Nachricht warten

hung up ADJ (umg) **to be/get ~ about sth** wegen etw einen Knacks weghaben (umg)/durchdrehen (umg); **he's ~ on her** (umg) er steht auf sie (sl)

hunk [hʌŋk] S̅ 1 Stück n 2 (fig umg ≈ Mann) **a gorgeous ~** ein MANN! (umg)

hunky-dory ['hʌŋkɪ'dɔːrɪ] ADJ (umg) **that's ~** das ist in Ordnung

hunt [hʌnt] A S̅ 1 Jagd f; (fig) Suche f; **the ~ is on** die Suche hat begonnen; **to have a ~ for sth** nach etw fahnden (umg) B V̅T̅ JAGD jagen; Verbrecher fahnden nach; Vermissten, Artikel suchen C V̅I̅ 1 JAGD jagen; **to go ~ing** auf die Jagd gehen 2 suchen (for, after nach); **he is ~ing for a job** er sucht eine Stelle ♦**hunt down** V̅T̅ trennb (unerbittlich) Jagd machen auf (+akk); (≈ fangen) zur Strecke bringen ♦**hunt out** V̅T̅ trennb heraussuchen

hunter ['hʌntəʳ] S̅ Jäger(in) m(f) **hunting** ['hʌntɪŋ] S̅ die Jagd

hurdle ['hɜːdl] S̅ (SPORT, fig) Hürde f; **~s** Hürdenlauf m (❶ Englisch mit Verb im Singular); **the 100m ~s** (die) 100 m Hürden; **to fall at the first ~** (fig) (schon) über die erste od bei der ersten Hürde stolpern **hurdler** ['hɜːdləʳ] S̅ SPORT Hürdenläufer(in) m(f)

hurl [hɜːl] V̅T̅ schleudern; **to ~ insults at sb** jdm Beleidigungen entgegenschleudern

hurly-burly ['hɜːlɪ'bɜːlɪ] S̅ Rummel m (umg)

hurrah [hə'rɑː], **hurray** [hə'reɪ] INT hurra; **~ for the king!** ein Hoch dem König!

hurricane ['hʌrɪkən] S̅ Orkan m, Hurrikan m

hurried ['hʌrɪd] ADJ eilig; Zeremonie hastig durchgeführt; Abreise überstürzt **hurriedly** ['hʌrɪdlɪ] ADV eilig; etw sagen hastig; abreisen in großer Eile

hurry ['hʌrɪ] A S̅ Eile f; **in my ~ to get it finished ...** vor lauter Eile, damit fertig zu werden ...; **to do sth in a ~** etw schnell od hastig tun; **I need it in a ~** ich brauche es eilig; **to be in a ~** es eilig haben; **I won't do that again in a ~!** (umg) das mache ich so schnell nicht wieder!; **what's the ~?** was soll die Eile?; **there's no ~** es eilt nicht B V̅I̅ sich beeilen, laufen; **there's no need to ~** kein Grund zur Eile;

don't ~! lass dir Zeit! C V̅T̅ jdn (zur Eile) antreiben, scheuchen (umg); Arbeit beschleunigen; (≈ übertreiben) überstürzen; **don't ~ me** hetz mich nicht so! ♦**hurry along** A V̅I̅ sich beeilen; **~ there, please!** schnell weitergehen, bitte! B V̅T̅ trennb jdn weiterdrängen; (mit Arbeit) zur Eile antreiben; Arbeit etc vorantreiben ♦**hurry up** A V̅I̅ sich beeilen; **~!** Beeilung!; **~ and put your coat on!** mach schon und zieh dir deinen Mantel an! B V̅T̅ trennb jdn zur Eile antreiben; Arbeit vorantreiben

hurt [hɜːt] v: prät, pperf hurt A V̅T̅ 1 wehtun (+dat), verletzen; **to ~ oneself** sich (dat) wehtun; **to ~ one's arm** sich (dat) am Arm wehtun, sich (dat) den Arm verletzen; **my arm is ~ing me** mir tut der Arm weh; **if you go on like that someone is bound to get ~** wenn ihr so weitermacht, verletzt sich bestimmt noch jemand 2 schaden (+dat); **it won't ~ him to wait** es schadet ihm gar nicht(s), wenn er etwas warten muss B V̅I̅ 1 (fig) wehtun; **that ~s!** das tut weh! 2 schaden C S̅ Schmerz m; (von Gefühlen) Verletzung f (to +gen) D ADJ Arm, Gefühle verletzt; Blick gekränkt **hurtful** ADJ verletzend

hurtle ['hɜːtl] V̅I̅ rasen; **the car was hurtling along** das Auto sauste dahin; **he came hurtling round the corner** er kam um die Ecke gerast

husband ['hʌzbənd] A S̅ Ehemann m; **my ~** mein Mann; **they are ~ and wife** sie sind Eheleute od verheiratet B V̅T̅ Ressourcen sparsam umgehen mit **husbandry** ['hʌzbəndrɪ] S̅ Landwirtschaft f

hush [hʌʃ] A V̅T̅ zum Schweigen bringen B V̅I̅ still sein C S̅ Stille f; **a ~ fell over the crowd** die Menge verstummte plötzlich D INT pst; **~, ~, it's all right** sch, sch, es ist ja gut ♦**hush up** V̅T̅ trennb vertuschen

hushed [hʌʃt] ADJ Stimmen gedämpft; Menschenmenge schweigend; Gerichtssaal still; **in ~ tones** mit gedämpfter Stimme **hush-hush** ['hʌʃ'hʌʃ] ADJ (umg) streng geheim

husk [hʌsk] S̅ Schale f; (von Weizen) Spelze f

husky¹ ['hʌskɪ] ADJ (+er) rau; Stimme heiser

husky² S̅ Schlittenhund m

hussy ['hʌsɪ] S̅ 1 (≈ Mädchen) Fratz m (umg) 2 Flittchen n (pej)

hustle ['hʌsl] A S̅ **~ and bustle** geschäftiges Treiben B V̅T̅ **to ~ sb out of a building** jdn schnell aus einem Gebäude befördern (umg)

hut [hʌt] S̅ Hütte f

hutch [hʌtʃ] S̅ Verschlag m

hyacinth ['haɪəsɪnθ] S̅ Hyazinthe f

hyaena, hyena [haɪ'iːnə] S̅ Hyäne f

hybrid ['haɪbrɪd] A S̅ BOT, ZOOL Kreuzung f; (fig) Mischform f B ADJ BOT, ZOOL Misch-; **~ ve-**

hicle Hybridfahrzeug *n*

hydrant ['haɪdrənt] s̄ Hydrant *m*

hydrate [haɪ'dreɪt] v̄t̄ hydratisieren

hydraulic [haɪ'drɒlɪk] a̅d̅j̅ hydraulisch **hydraulics** s̄(❶ mit Verb im Singular) Hydraulik *f*

hydrocarbon s̄ Kohlenwasserstoff *m* **hydrochloric acid** s̄ Salzsäure *f* **hydroelectric power** s̄ durch Wasserkraft erzeugte Energie **hydroelectric power station** s̄ Wasserkraftwerk *n* **hydrofoil** s̄ Tragflächenboot *n* **hydrogen** ['haɪdrɪdʒən] s̄ Wasserstoff *m* **hydrogen bomb** s̄ Wasserstoffbombe *f* **hydrotherapy** s̄ Wasserbehandlung *f*

hyena [haɪ'iːnə] s̄ = hyaena

hygiene ['haɪdʒiːn] s̄ Hygiene *f*; **personal ~** Körperpflege *f* **hygienic** [haɪ'dʒiːnɪk] a̅d̅j̅ hygienisch

hymn [hɪm] s̄ Kirchenlied *n* **hymn book** s̄ Gesangbuch *n*

hype [haɪp] (*umg*) a̅ s̄ Publicity *f*; **media ~** Medienrummel *m* (*umg*); **all this ~ about ...** dieser ganze Rummel um ... (*umg*) b̄ v̄t̄ (*a.* **hype up**) Publicity machen für; **the film was ~d up too much** um den Film wurde zu viel Rummel gemacht (*umg*) **hyped up** ['haɪpt'ʌp] a̅d̅j̅ (*umg*) aufgeputscht, aufgedreht (*umg*)

hyperactive a̅d̅j̅ überaktiv; **a ~ thyroid** eine Überfunktion der Schilddrüse **hypercritical** ['haɪpə'krɪtɪkəl] a̅d̅j̅ übertrieben kritisch **hyperlink** ɪt̄ a̅ s̄ Hyperlink *m* b̄ v̄t̄ per Hyperlink verbinden **hypermarket** s̄ (*Br*) Verbrauchermarkt *m* **hypersensitive** a̅d̅j̅ überempfindlich **hypertension** s̄ Hypertonie *f*, erhöhter Blutdruck **hypertext** s̄ ɪt̄ Hypertext *m* **hyperventilate** [,haɪpə'ventɪleɪt] v̄i̅ hyperventilieren

hyphen ['haɪfən] s̄ Bindestrich *m*, Trennstrich *m*, Trennungsstrich *m* **hyphenate** ['haɪfəneɪt] v̄t̄ mit Bindestrich schreiben; **~d word** Bindestrichwort *n* **hyphenation** [,haɪfə'neɪʃən] s̄ Silbentrennung *f*

hypnosis [hɪp'nəʊsɪs] s̄ Hypnose *f* **hypnotherapy** [,hɪpnəʊ'θerəpɪ] s̄ Hypnotherapie *f* **hypnotic** [hɪp'nɒtɪk] a̅d̅j̅ ❶ *Trance* hypnotisch; **~ state** Hypnosezustand *m* ❷ *Musik, Augen* hypnotisierend **hypnotism** ['hɪpnətɪzəm] s̄ Hypnotismus *m* **hypnotist** ['hɪpnətɪst] s̄ Hypnotiseur(in) *m(f)* **hypnotize** ['hɪpnətaɪz] v̄t̄ hypnotisieren; **to be ~d by sb/sth** (*fig*) von jdm/etw wie hypnotisiert sein

hypo- [haɪpəʊ-] p̅r̅ä̅f̅ hypo-; **hypoallergenic** hypoallergen

hypochondria [,haɪpəʊ'kɒndrɪə] s̄ Hypochondrie *f* **hypochondriac** [,haɪpəʊ-

'kɒndrɪæk] s̄ Hypochonder *m*

hypocrisy [hɪ'pɒkrɪsɪ] s̄ Heuchelei *f* **hypocrite** ['hɪpəkrɪt] s̄ Heuchler(in) *m(f)* **hypocritical** [,hɪpə'krɪtɪkəl] a̅d̅j̅ heuchlerisch

hypodermic needle s̄ (Injektions)nadel *f* **hypodermic syringe** s̄ (Injektions)spritze *f*

hypothermia [,haɪpəʊ'θɜːmɪə] s̄ Unterkühlung *f*

hypothesis [haɪ'pɒθɪsɪs] s̄, *pl* **hypotheses** [haɪ'pɒθɪsiːz] Hypothese *f* **hypothetical** [,haɪpəʊ'θetɪkəl] a̅d̅j̅ hypothetisch **hypothetically** [,haɪpəʊ'θetɪkəlɪ] a̅d̅v̅ theoretisch

hysterectomy [,hɪstə'rektəmɪ] s̄ Totaloperation *f* (*fachspr*)

hysteria [hɪ'stɪərɪə] s̄ Hysterie *f* **hysterical** [hɪ'sterɪkəl] a̅d̅j̅ ❶ hysterisch ❷ (*umg*) wahnsinnig komisch (*umg*) **hysterically** [hɪ'sterɪkəlɪ] a̅d̅v̅ ❶ hysterisch ❷ (*umg*) **~ funny** wahnsinnig komisch (*umg*) **hysterics** p̄l̄ Hysterie *f*; **to have ~** hysterisch werden; (*fig umg*) sich totlachen

Hz *abk* von hertz Hz

I¹**, i** [aɪ] s̄ I *n*, i *n*

I² p̅e̅r̅s̅ p̅r̅ ich

ibid *abk* von ibidem ib., ibd.

ice [aɪs] a̅ s̄ ❶ Eis *n*; (*auf Straße*) (Glatt)eis *n*; **to be as cold as ~** eiskalt sein; **my hands are like ~** ich habe eiskalte Hände; **to put sth on ~** (*fig*) etw auf Eis legen; **to break the ~** (*fig*) das Eis brechen; **to be skating on thin ~** (*fig*) sich aufs Glatteis begeben/begeben haben; **that cuts no ~ with me** (*umg*) das kommt bei mir nicht an ❷ (*Br*) (Speise)eis *n* b̄ v̄t̄ (*Br*) Kuchen mit Zuckerguss überziehen (❶ = (US) **to frost**) **♦ice over** v̄i̅ zufrieren; (*Windschutzscheibe*) vereisen **♦ice up** v̄i̅ (*Windschutzscheibe*) vereisen; (*Rohre*) einfrieren

ice age s̄ Eiszeit *f* **ice axe**, (*US*) **ice ax** s̄ Eispickel *m* **iceberg** s̄ Eisberg *m* **iceberg lettuce** s̄ Eisbergsalat *m* **icebound** a̅d̅j̅ *Hafen, See* zugefroren; *Schiff, Ort* vom Eis eingeschlossen **icebox** s̄ (*im Kühlschrank*) Eisfach *n* **icebreaker** s̄ Eisbrecher *m* **ice bucket** s̄ Eiskühler *m* **icecap** s̄ (*polar*) Eiskappe *f* **ice-cold** a̅d̅j̅ eiskalt **ice-cool** a̅d̅j̅ (*fig*) *Mensch* supercool (*umg*)

ice cream s̄ Eis *n* **ice-cream cone**, **ice-cream cornet** s̄ Eistüte *f* **ice-cream par-**

ICEC | 338

ice — Eis

ice Br — (Speise)eis

lour, (US) **ice-cream parlor** s̄ Eisdiele f **ice cube** s̄ Eiswürfel m **iced** [aɪst] ADJ **1** Getränk eisgekühlt; **~ tea** Eistee m **2** Teilchen mit Zuckerguss überzogen **ice dancing** s̄ Eistanz m **ice floe** s̄ Eisscholle f **ice hockey** s̄ Eishockey n **Iceland** ['aɪslənd] s̄ Island n **Icelandic** [aɪs'lændɪk] **A** ADJ isländisch **B** s̄ LING Isländisch n **ice lolly** s̄ (Br) Eis n am Stiel (❗ = (US) **Popsicle®**) **ice pack** s̄ Eisbeutel m **ice pick** s̄ Eispickel m **ice rink** s̄ (Kunst)eisbahn f **ice-skate** VI Schlittschuh laufen **ice skate** s̄ Schlittschuh m **ice-skater** s̄ Schlittschuhläufer(in) m(f), Eiskunstläufer(in) m(f) **ice-skating** s̄ Schlittschuhlaufen n, Eiskunstlauf m **ice water** s̄ Eiswasser n **icicle** ['aɪsɪkl] s̄ Eiszapfen m **icily** ['aɪsɪlɪ] ADV (fig) eisig; lächeln kalt **icing** ['aɪsɪŋ] s̄ (❗ kein pl) (Br GASTR) Zuckerguss m (❗ = (US) **frosting**); **this is the ~ on the cake** (fig) das ist die Krönung des Ganzen **icing sugar** s̄ (Br) Puderzucker m (❗ = (US) **confectioners' sugar, powdered sugar**) **icon** ['aɪkɒn] s̄ **1** Ikone f **2** IT Icon n **iconic** [aɪ'kɒnɪk] ADJ **an ~ figure** eine Ikone **ICU** abk von intensive care unit **icy** ['aɪsɪ] ADJ (+er) **1** Straße vereist; **the ~ conditions on the roads** das Glatteis auf den Stra-

ßen; **when it's ~** bei Glatteis **2** Wind, Hände eiskalt; **~ cold** eiskalt **3** (fig) Blick eisig; Empfang frostig

ID s̄ abk von identification, identity; **I don't have any ID on me** ich habe keinen Ausweis dabei; **the man didn't have any ID** der Mann konnte sich nicht ausweisen

 ID

In Großbritannien und Amerika gibt es (noch) keine Personalausweise wie in Deutschland. Man hat entweder einen Pass, oder man weist sich mit dem Führerschein, der Sozialversicherungskarte oder Ähnlichem aus.

LANDESKUNDE ◀

I'd [aɪd] = I would, I had
ID card [aɪ'diːkɑːd] s̄ Ausweis m, Personalausweis m
idea [aɪ'dɪə] s̄ **1** Idee f; (plötzlich) Einfall m; **good ~!** gute Idee!; **that's not a bad ~** das ist keine schlechte Idee; **the very ~!** (nein,) so was!; **the very ~ of eating horse meat revolts me** der bloße Gedanke an Pferdefleisch ekelt mich; **he is full of (bright) ~s** ihm fehlt es nie an (guten) Ideen; **to hit upon the ~ of doing sth** den plötzlichen Einfall haben, etw zu tun; **that gives me an ~, we could …** da fällt mir ein, wir könnten …; **he got the ~ for his novel while having a bath** die Idee zu seinem Roman kam ihm in der Badewanne; **he's got the ~ into his head that …** er bildet sich (dat) ein, dass …; **where did you get the ~ that I was ill?** wie kommst du auf den Gedanken, dass ich krank war?; **don't you go getting ~s about promotion** machen Sie sich (dat) nur keine falschen Hoffnungen auf eine Beförderung; **to put ~s into sb's head** jdm einen Floh ins Ohr setzen; **the ~ was to meet at 6** wir wollten uns um 6 treffen; **what's the big ~?** (umg) was soll das denn?; **the ~ is to reduce expenditure** es geht darum, die Ausgaben zu senken; **that's the ~** genau (das ist's)!; **you're getting the ~** Sie verstehen langsam, worum es geht **2** Meinung f; (≈ Konzept) Vorstellung f; **if that's your ~ of fun** wenn Sie das lustig finden; **this isn't my ~ of a holiday** so stelle ich mir den Urlaub nicht vor **3** Ahnung f; **you've no ~ how worried I've been** du kannst dir nicht vorstellen, welche Sorgen ich mir gemacht habe; **(I've) no ~** (ich habe) keine Ahnung; **I've got some ~ (of) what this is all about** ich weiß so ungefähr, worum es hier geht; **I have an ~ that …** ich habe so das Gefühl, dass …; **could you give me an ~ of how**

339 ‖ IGNO

long …? könnten Sie mir ungefähr sagen, wie lange …?; **to give you an ~ of how difficult it is** um Ihnen eine Vorstellung davon zu vermitteln, wie schwierig es ist

ideal [aɪˈdɪəl] **A** 𝔰̄ Ideal n (of +gen) **B** ADJ ideal; **~ solution** Ideallösung f; **he is ~ od the ~ person for the job** er ist für den Job ideal geeignet; **in an ~ world** im Idealfall **idealism** [aɪˈdɪəlɪzəm] 𝔰̄ Idealismus m **idealist** [aɪˈdɪəlɪst] 𝔰̄ Idealist(in) m(f) **idealistic** [aɪˌdɪəˈlɪstɪk] ADJ idealistisch **idealize** [aɪˈdɪəlaɪz] V/T idealisieren **ideally** [aɪˈdɪəlɪ] ADV **1** idealerweise **2** passend ideal

identical [aɪˈdentɪkəl] ADJ identisch, der-/die-/dasselbe; **~ twins** eineiige Zwillinge pl; **we have ~ views** wir haben die gleichen Ansichten

identifiable [aɪˈdentɪˌfaɪəbl] ADJ identifizierbar; **he is ~ by his red hair** er ist an seinem roten Haar zu erkennen **identification** [aɪˌdentɪfɪˈkeɪʃən] 𝔰̄ **1** Identifizierung f; (fig: von Problemen) Erkennen n **2** Ausweispapiere pl **3** (≈ Unterstützung) Identifikation f **identification parade** 𝔰̄ Gegenüberstellung f (zur Identifikation des Täters) **identifier** [aɪˈdentɪfaɪəʳ] 𝔰̄ IT Kennzeichnung f **identify** [aɪˈdentɪfaɪ] **A** V/T identifizieren; Pflanze etc bestimmen; (an Merkmal) erkennen; **to ~ one's goals** sich (dat) Ziele setzen; **to ~ sb/sth by** jdn/etw an etw (dat) erkennen **B** V/R **1 to ~ oneself** sich ausweisen **2 to ~ oneself with sb/sth** sich mit jdm/etw identifizieren **C** V/I (mit Filmheld etc) sich identifizieren **Identikit®** [aɪˈdentɪkɪt] 𝔰̄ **~ (picture)** Phantombild n **identity** [aɪˈdentɪtɪ] 𝔰̄ Identität f; **to prove one's ~** sich ausweisen; **proof of ~** Legitimation f **identity card** 𝔰̄ Ausweis m, Personalausweis m **identity papers** PL Ausweispapiere pl **identity parade** 𝔰̄ Gegenüberstellung f

ideological [ˌaɪdɪəˈlɒdʒɪkəl] ADJ ideologisch **ideology** [ˌaɪdɪˈɒlədʒɪ] 𝔰̄ Ideologie f

idiocy [ˈɪdɪəsɪ] 𝔰̄ Blödheit f

idiom [ˈɪdɪəm] 𝔰̄ **1** Redewendung f **2** Sprache f, Idiom n **idiomatic** [ˌɪdɪəˈmætɪk] ADJ idiomatisch; **to speak ~ German** idiomatisch richtiges Deutsch sprechen; **an ~ expression** eine Redensart

idiosyncrasy [ˌɪdɪəˈsɪŋkrəsɪ] 𝔰̄ Eigenart f **idiosyncratic** [ˌɪdɪəsɪŋˈkrætɪk] ADJ eigenartig **idiot** [ˈɪdɪət] 𝔰̄ Idiot m; **what an ~!** so ein Idiot od Dummkopf!; **to feel like an ~** sich dumm vorkommen **idiotic** [ˌɪdɪˈɒtɪk] ADJ idiotisch

idle [ˈaɪdl] **A** ADJ **1** Person müßig; Augenblick ruhig; **his car was lying ~** sein Auto stand unbenutzt herum **2** faul **3** IND Arbeiter unbeschäftigt; Ma-

schine stillstehend attr, außer Betrieb; **the machine stood ~** die Maschine stand still **4** Versprechen, Drohung leer; Spekulation müßig; **~ curiosity** pure Neugier **B** V/I faulenzen; **a day spent idling on the river** ein Tag, den man untätig auf dem Wasser verbringt ◆**idle away** V/T trennb seine Zeit etc vertrödeln

idleness [ˈaɪdlnɪs] 𝔰̄ **1** Untätigkeit f, Müßiggang (liter) m **2** Faulheit f **idler** [ˈaɪdləʳ] 𝔰̄ Faulenzer(in) m(f) **idly** [ˈaɪdlɪ] ADV **1** untätig, müßig; **to stand ~ by** untätig herumstehen **2** faul **3** blicken gedankenverloren

idol [ˈaɪdl] 𝔰̄ (wörtl) Götze m; (fig, FILM, TV etc) Idol n **idolatry** [aɪˈdɒlətrɪ] 𝔰̄ (wörtl) Götzendienst m; (fig) Vergötterung f **idolize** [ˈaɪdəlaɪz] V/T abgöttisch verehren; **to ~ sth** etw anbeten

I'd've [ˈaɪdəv] = I would have

idyll [ˈɪdɪl] 𝔰̄ **1** LIT Idylle f **2** (fig) Idyll n **idyllic** [ɪˈdɪlɪk] ADJ idyllisch

i. e. abk von id est d. h.

if [ɪf] **A** KONJ (❗ Vor **if** steht kein Komma.) wenn, falls, ob; **I would be really pleased if you could do it** wenn Sie das tun könnten, wäre ich sehr froh; **I wonder if he'll come** ich bin gespannt, ob er kommt; **what if …?** was ist, wenn …?; **I'll let you know if and when I come to a decision** ich werde Ihnen mitteilen, ob und wann ich mich entschieden habe; **(even) if** auch wenn; **even if they are poor, at least they are happy** sie sind zwar arm, aber wenigstens glücklich; **if only I had known!** wenn ich das nur gewusst hätte!; **if I knew her number I'd tell you** wenn ich ihre Nummer wüsste, würde ich sie dir sagen (❗ Wenn etwas unwahrscheinlich oder nicht der Fall ist, steht im Englischen im if-Satz das „simple past" und im Hauptsatz das Konditional.); **he acts as if he were** od **was** (umg) **rich** er tut so, als ob er reich wäre; **it's not as if I meant to hurt her** es ist nicht so, dass ich ihr hätte wehtun wollen; **if necessary** falls nötig; **if so** wenn ja; **if not** falls nicht; **this is difficult, if not impossible** das ist schwer, wenn nicht sogar unmöglich; **if I were you** an Ihrer Stelle; **if anything this one is bigger** wenn überhaupt, dann ist dieses hier größer; **if I know Pete, he'll …** so wie ich Pete kenne, wird er …; **well, if it isn't old Jim!** (umg) ich werd verrückt, das ist doch der Jim (umg) **B** **ifs and buts** Wenn und Aber n

igloo [ˈɪɡluː] 𝔰̄, pl -s Iglu m od n

ignite [ɪɡˈnaɪt] **A** V/T entzünden; (fig) erwecken **B** V/I sich entzünden **ignition** [ɪɡˈnɪʃən] 𝔰̄ AUTO Zündung f **ignition key** 𝔰̄ Zündschlüssel m

ignoramus [ˌɪɡnəˈreɪməs] 𝔰̄ Ignorant(in) m(f)

ignorance ['ɪgnərəns] ʒ̄ Unwissenheit f; (in Bezug auf Fachgebiet) Unkenntnis f; **to keep sb in ~ of sth** jdn in Unkenntnis über etw (akk) lassen **ignorant** ['ɪgnərənt] ADJ **1** unwissend; (in Bezug auf Plan) nicht informiert (of über +akk); **to be ~ of the facts** die Tatsachen nicht kennen **2** ungehobelt **ignore** [ɪg'nɔː] VT ignorieren; Bemerkung übergehen; **I'll ~ that** (Bemerkung) ich habe nichts gehört

ikon ['aɪkɒn] ʒ̄ = icon

ilk [ɪlk] ʒ̄ **people of that ~** solche Leute

ill [ɪl] **A** ADJ **1** präd krank; **to fall** od **be taken ~** krank werden; **I feel ~** mir ist nicht gut; **he is ~ with fever** er hat Fieber; **to be ~ with chicken pox** an Windpocken erkrankt sein **2** komp **worse**, sup **worst** Auswirkungen unerwünscht; **~ will** böses Blut; **I don't bear them any ~ will** ich trage ihnen nichts nach; **to suffer ~ health** gesundheitlich angeschlagen sein; **due to ~ health** aus Gesundheitsgründen **B** ʒ̄ **1** (liter) **to bode ~** Böses ahnen lassen; **to speak ~ of sb** schlecht über jdn reden **2 ills** PL Missstände pl **C** ADV schlecht

ill. abk von illustrated, illustration Abb., Abbildung f

I'll [aɪl] = I will, I shall

ill-advised ADJ unklug; **you would be ~ to trust her** Sie wären schlecht beraten, wenn Sie ihr trauten **ill-at-ease** ADJ unbehaglich **ill-conceived** ADJ Plan schlecht durchdacht **ill-disposed** ADJ **to be ~ to(wards) sb** jdm übel gesinnt sein

illegal [ɪ'liːgəl] ADJ unrechtmäßig, gesetzwidrig; Handel, Einwanderung, Drogen illegal; Partei verboten **illegality** [,ɪliː'gælɪtɪ] ʒ̄ Unrechtmäßigkeit f, Gesetzwidrigkeit f; (von Handel, Drogen, Organisation) Illegalität f **illegally** [ɪ'liːgəlɪ] ADV unrechtmäßig, gesetzwidrig; **~ imported** illegal eingeführt; **they were convicted of ~ possessing a handgun** sie wurden wegen unerlaubten Besitzes einer Handfeuerwaffe verurteilt

illegible ADJ, **illegibly** ADV [ɪ'ledʒəbl, -ɪ] unleserlich

illegitimacy [,ɪlɪ'dʒɪtɪməsɪ] ʒ̄ (von Kind) Unehelichkeit f **illegitimate** [,ɪlɪ'dʒɪtɪmɪt] ADJ **1** Kind unehelich **2** Argument unzulässig

ill-fated ADJ verhängnisvoll **ill-fitting** ADJ Kleider, Gebiss schlecht sitzend; Schuhe schlecht passend **ill-gotten gains** PL unrechtmäßiger Gewinn

illicit [ɪ'lɪsɪt] ADJ illegal; Affäre verboten; **~ trade** Schwarzhandel m

ill-informed ['ɪlɪn,fɔːmd] ADJ schlecht informiert (about über +akk)

illiteracy [ɪ'lɪtərəsɪ] ʒ̄ Analphabetentum n **il-**

literate [ɪ'lɪtərət] **A** ADJ des Schreibens und Lesens unkundig; Bevölkerung analphabetisch; **he's ~** er ist Analphabet; **many people are computer-~** viele Menschen kennen sich nicht mit Computern aus **B** ʒ̄ Analphabet(in) m(f)

ill-judged ADJ unklug **ill-mannered** ADJ unhöflich **ill-matched** ADJ nicht zusammenpassend; **they're ~** sie passen nicht zueinander **ill-natured** ADJ bösartig

illness ['ɪlnɪs] ʒ̄ Krankheit f

illogical [ɪ'lɒdʒɪkəl] ADJ unlogisch

ill-tempered ADJ missmutig, übellaunig, schlecht gelaunt präd **ill-timed** ADJ unpassend **ill-treat** VT misshandeln **ill-treatment** ʒ̄ Misshandlung f

illuminate [ɪ'luːmɪneɪt] VT **1** beleuchten; **~d sign** Leuchtzeichen n **2** (fig) Thema erläutern **illuminating** [ɪ'luːmɪneɪtɪŋ] ADJ aufschlussreich **illumination** [ɪ,luːmɪ'neɪʃən] ʒ̄ Beleuchtung f **illuminations** PL festliche Beleuchtung

illusion [ɪ'luːʒən] ʒ̄ Illusion f, Täuschung f; **to be under the ~ that …** sich (dat) einbilden, dass …; **to be under** od **have no ~s** sich (dat) keine Illusionen machen; **it gives the ~ of space** es vermittelt die Illusion von räumlicher Weite **illusory** [ɪ'luːsərɪ] ADJ illusorisch

illustrate ['ɪləstreɪt] VT illustrieren; **his lecture was ~d by coloured slides** er veranschaulichte seinen Vortrag mit Farbdias; **~d (magazine)** Illustrierte f **illustration** [,ɪləs'treɪʃən] ʒ̄ **1** Illustration f **2** (fig) Beispiel n **illustrative** ['ɪləstrətɪv] ADJ veranschaulichend; **~ of** beispielhaft für **illustrator** ['ɪləstreɪtə] ʒ̄ Illustrator(in) m(f)

illustrious [ɪ'lʌstrɪəs] ADJ glanzvoll; Mensch berühmt

ill-will ʒ̄ **I don't bear him any ~** ich trage es ihm nicht nach

I'm [aɪm] = I am

image ['ɪmɪdʒ] ʒ̄ **1** Bild n, Vorstellung f **2** Abbild n; **he is the ~ of his father** er ist seinem Vater wie aus dem Gesicht geschnitten **3** Image n; **brand ~** Markenimage n **imagery** ['ɪmɪdʒərɪ] ʒ̄ Metaphorik f; **visual ~** Bildersymbolik f **imaginable** [ɪ'mædʒɪnəbl] ADJ vorstellbar; **the easiest/fastest way ~** der denkbar einfachste/schnellste Weg **imaginary** [ɪ'mædʒɪnərɪ] ADJ Gefahr eingebildet; Charaktere erfunden; **~ world** Fantasiewelt f

imagination [ɪ,mædʒɪ'neɪʃən] ʒ̄ Fantasie f, Einbildung f; **to have (a lively** od **vivid) ~** (eine lebhafte od rege) Fantasie haben; **use your ~** lassen Sie Ihre Fantasie spielen; **to lack ~** fantasielos od einfallslos sein; **it's just your ~!** das bilden Sie sich (dat) nur ein!; **to capture sb's ~** jdn in seinen Bann ziehen **imaginative** ADJ, **imaginatively** ADV [ɪˈmædʒ/nətɪv, -lɪ] fantasievoll

imagine [ɪˈmædʒɪn] VT **1** sich (dat) vorstellen; **~ you're rich** stellen Sie sich mal vor, Sie wären reich; **you can ~ how I felt** Sie können sich vorstellen, wie mir zumute war; **I can't ~ living there** ich kann mir nicht vorstellen, dort zu leben **2** sich (dat) einbilden; **don't ~ that ...** bilden Sie sich nur nicht ein, dass ...; **you're (just) imagining things** (umg) Sie bilden sich das alles nur ein **3** annehmen; **is that her father? — I would ~ so** ist das ihr Vater? — ich denke schon; **I would never have ~d he could have done that** ich hätte nie gedacht, dass er das tun würde

imbalance [ɪmˈbæləns] S Unausgeglichenheit f

imbecile [ˈɪmbəsiːl] S Schwachkopf m

IMF abk von International Monetary Fund IWF m

imitate [ˈɪmɪteɪt] VT imitieren, nachahmen **imitation** [ˌɪmɪˈteɪʃən] **A** S Imitation f, Nachahmung f; **to do an ~ of sb** jdn imitieren od nachahmen **B** ADJ unecht, künstlich; **~ leather** Kunstleder n; **~ jewellery** unechter Schmuck **imitative** [ˈɪmɪtətɪv] ADJ nachahmend, imitierend **imitator** [ˈɪmɪteɪtəʳ] S Nachahmer(in) m(f), Imitator(in) m(f)

immaculate [ɪˈmækjʊlɪt] ADJ untadelig

immaterial [ˌɪməˈtɪərɪəl] ADJ unwesentlich; **that's (quite) ~** das spielt keine Rolle, das ist egal

immature [ˌɪməˈtjʊəʳ] ADJ unreif **immaturity** [ˌɪməˈtjʊərɪtɪ] S Unreife f

immeasurable [ɪˈmeʒərəbl] ADJ unermesslich

immediacy [ɪˈmiːdɪəsɪ] S **1** Unmittelbarkeit f **2** Dringlichkeit f **immediate** [ɪˈmiːdɪət] ADJ **1** unmittelbar; Wirkung, Nachfolger direkt; Reaktion sofortig; **the ~ family** die engste Familie; **our ~ plan is to go to France** wir fahren zuerst einmal nach Frankreich; **to take ~ action** sofort handeln; **with ~ effect** mit sofortiger Wirkung; **the matter requires your ~ attention** die Sache bedarf sofort Ihrer Aufmerksamkeit **2** Problem, Sorge dringendste(r, s); **my ~ concern was for the children** mein erster Gedanke galt den Kindern

immediately [ɪˈmiːdɪətlɪ] **A** ADV **1** sofort, gleich; abreisen umgehend; **~ before that** unmittelbar davor **2** unmittelbar **B** KONJ (Br) sobald

immemorial [ˌɪmɪˈmɔːrɪəl] ADJ uralt; **from time ~** seit undenklichen Zeiten

immense [ɪˈmens] ADJ enorm; Ozean gewaltig; Leistung großartig **immensely** [ɪˈmenslɪ] ADV enorm

immerse [ɪˈmɜːs] VT **1** (wörtl) eintauchen (in in +akk); **to ~ sth in water** etw in Wasser tauchen; **to be ~d in water** unter Wasser sein **2** (fig) **to ~ oneself in one's work** sich in seine Arbeit vertiefen **immersion heater** S (Br) Boiler m

immigrant [ˈɪmɪgrənt] **A** S Einwanderer m, Einwanderin f **B** ATTR **the ~ community** die Einwanderer pl **immigrant workers** PL ausländische Arbeitnehmer pl **immigrate** [ˈɪmɪgreɪt] VI einwandern (to in +dat)

immigration [ˌɪmɪˈgreɪʃən] S Einwanderung f; (a. **immigration control**) Einwanderungsstelle f **immigration authorities** PL, **immigration department** S Einwanderungsbehörde f **immigration officer** S (beim Zoll) Grenzbeamte(r) m/-beamtin f

imminent [ˈɪmɪnənt] ADJ nahe bevorstehend; **to be ~** nahe bevorstehen

immobile [ɪˈməʊbaɪl] ADJ unbeweglich, bewegungslos **immobilize** [ɪˈməʊbɪlaɪz] VT Auto, gebrochenes Bein stilllegen; Armee bewegungsunfähig machen; **to be ~d by fear/pain** sich vor Angst/Schmerzen nicht bewegen können **immobilizer** [ɪˈməʊbɪlaɪzəʳ] S AUTO Wegfahrsperre f

immoderate [ɪˈmɒdərɪt] ADJ Verlangen übermäßig; Ansichten übertrieben, extrem

immodest [ɪˈmɒdɪst] ADJ **1** unbescheiden **2** unanständig

immoral [ɪˈmɒrəl] ADJ unmoralisch **immorality** [ˌɪmɒˈrælɪtɪ] S Unmoral f **immorally** [ɪˈmɒrəlɪ] ADV unmoralisch

immortal [ɪˈmɔːtl] **A** ADJ unsterblich; Leben ewig **B** S Unsterbliche(r) m/f(m) **immortality** [ˌɪmɔːˈtælɪtɪ] S Unsterblichkeit f **immortalize** [ɪˈmɔːtəlaɪz] VT verewigen

immovable [ɪˈmuːvəbl] ADJ (wörtl) unbeweglich; (fig) Hindernis unüberwindlich

immune [ɪˈmjuːn] ADJ **1** MED immun (from, to gegen) **2** (fig) sicher (from, to vor +dat); (gegenüber Kritik etc) immun (to gegen); **~ from prosecution** vor Strafverfolgung geschützt **immune system** S Immunsystem n **immunity** [ɪˈmjuːnɪtɪ] S Immunität f (to, against gegen); **~ from prosecution** Schutz m vor Strafverfolgung **immunization** [ˌɪmjʊnaɪˈzeɪʃən] S Immunisierung f **immunize** [ˈɪmjʊnaɪz] VT immunisieren

impact [ˈɪmpækt] S Aufprall m (on, against auf +akk), Zusammenprall m; (≈ Kraft) Wucht f; (fig) (Aus)wirkung f (on auf +akk); **on ~ (with)** beim Aufprall (auf +akk)/Zusammenprall (mit) etc; **his speech had a great ~ on his audience**

IMPA | 342

seine Rede machte großen Eindruck auf seine Zuhörer

impair [ɪmˈpɛə^r] _vt_ beeinträchtigen; _Gesundheit_ schaden (+_dat_) **impairment** _s_ Schaden _m_; **visual ~** Sehschaden _m_

impale [ɪmˈpeɪl] _vt_ aufspießen (_on_ auf +_dat_)

impart [ɪmˈpɑːt] _vt_ **1** _Informationen_ übermitteln; _Wissen_ vermitteln **2** verleihen

impartial [ɪmˈpɑːʃəl] _adj_ unparteiisch **impartiality** [ɪm‚pɑːʃɪˈælɪtɪ] _s_ Unparteilichkeit _f_ **impartially** [ɪmˈpɑːʃəlɪ] _adv_ _handeln_ unparteiisch; _beurteilen_ unvoreingenommen

impassable [ɪmˈpɑːsəbl] _adj_ unpassierbar

impasse [ɪmˈpɑːs] _s_ (_fig_) Sackgasse _f_; **to have reached an ~** sich festgefahren haben

impassioned [ɪmˈpæʃnd] _adj_ leidenschaftlich

impassive _adj_, **impassively** _adv_ [ɪmˈpæsɪv, -lɪ] gelassen

impatience [ɪmˈpeɪʃəns] _s_ Ungeduld _f_ **impatient** [ɪmˈpeɪʃənt] _adj_ ungeduldig; **to be ~ to do sth** unbedingt etw tun wollen **impatiently** [ɪmˈpeɪʃəntlɪ] _adv_ ungeduldig

impeach [ɪmˈpiːtʃ] _vt_ JUR (_eines Amtsvergehens_) anklagen; (_US_) _Präsident_ ein Amtsenthebungsverfahren einleiten gegen **impeachment** [ɪmˈpiːtʃmənt] _s_ JUR Anklage _f_ (_wegen eines Amtsvergehens_); (_US: von Präsident_) Amtsenthebungsverfahren _n_

impeccable _adj_, **impeccably** _adv_ [ɪmˈpekəbl, -lɪ] tadellos

impede [ɪmˈpiːd] _vt_ _jdn_ hindern; _Verkehr, Entwicklung_ behindern **impediment** [ɪmˈpedɪmənt] _s_ **1** Hindernis _n_ **2** MED Behinderung _f_; **speech ~** Sprachfehler _m_

impel [ɪmˈpel] _vt_ **to ~ sb to do sth** jdn (dazu) nötigen, etw zu tun

impending [ɪmˈpendɪŋ] _adj_ bevorstehend; **a sense of ~ doom** eine Ahnung von unmittelbar drohendem Unheil

impenetrable [ɪmˈpenɪtrəbl] _adj_ undurchdringlich; _Festung_ uneinnehmbar; _Geheimnis_ unergründlich

imperative [ɪmˈperətɪv] **A** _adj_ _Wunsch_ dringend **B** _s_ GRAM Imperativ _m_; **in the ~** im Imperativ

imperceptible [‚ɪmpəˈseptəbl] _adj_ (_to sb_ für jdn) nicht wahrnehmbar **imperceptibly** [‚ɪmpəˈseptəblɪ] _adv_ kaum wahrnehmbar

imperfect [ɪmˈpɜːfɪkt] **A** _adj_ unvollkommen; _Waren_ fehlerhaft **B** _s_ GRAM Imperfekt _n_ **imperfection** [‚ɪmpəˈfekʃən] _s_ Mangel _m_ **imperfectly** [ɪmˈpɜːfɪktlɪ] _adv_ unvollkommen, unvollständig

imperial [ɪmˈpɪərɪəl] _adj_ **1** Reichs- **2** kaiserlich, Kaiser- **3** _Gewichtsmaße_ englisch **imperialism** [ɪmˈpɪərɪəlɪzəm] _s_ Imperialismus _m_ (_oft pej_)

imperil [ɪmˈperɪl] _vt_ gefährden

impermeable [ɪmˈpɜːmɪəbl] _adj_ undurchlässig

impersonal [ɪmˈpɜːsənl] _adj_ unpersönlich (_a._ GRAM) **impersonally** [ɪmˈpɜːsənəlɪ] _adv_ unpersönlich

impersonate [ɪmˈpɜːsəneɪt] _vt_ **1** sich ausgeben als **2** imitieren, nachahmen **impersonation** [ɪm‚pɜːsəˈneɪʃən] _s_ Imitation _f_, Nachahmung _f_; **he does ~s of politicians** er imitiert Politiker; **his Elvis ~** seine Elvis-Imitation **impersonator** [ɪmˈpɜːsəneɪtə^r] _s_ Imitator(in) _m(f)_

impertinence [ɪmˈpɜːtɪnəns] _s_ Unverschämtheit _f_ **impertinent** _adj_ unverschämt (_to_ zu, gegenüber)

imperturbable [‚ɪmpəˈtɜːbəbl] _adj_ unerschütterlich; **he is completely ~** er ist durch nichts zu erschüttern

impervious [ɪmˈpɜːvɪəs] _adj_ **1** undurchlässig; **~ to water** wasserundurchlässig **2** (_fig_) unzugänglich (_to_ für); (_von Kritik_) unberührt (_to_ von)

impetuous [ɪmˈpetjʊəs] _adj_ ungestüm

impetus [ˈɪmpɪtəs] _s_ Impuls _m_, Schwung _m_

impinge [ɪmˈpɪndʒ] _vt_ (_jds Leben_) beeinflussen (_on_ +_akk_); (_jds Rechte etc_) einschränken (_on_ +_akk_)

impish [ˈɪmpɪʃ] _adj_ schelmisch

implacable _adj_, **implacably** _adv_ [ɪmˈplækəbl, -lɪ] unerbittlich

implant [ɪmˈplɑːnt] **A** _vt_ **1** (_fig_) einimpfen (_in sb_ jdm) **2** MED implantieren **B** [ˈɪmplɑːnt] _s_ MED Implantat _n_

implement [ˈɪmplɪmənt] **A** _s_ Gerät _n_, Werkzeug _n_ **B** [ˈɪmplɪment] _vt_ _Gesetz_ vollziehen; _Maßnahmen_ durchführen **implementation** [‚ɪmplɪmenˈteɪʃən] _s_ (_von Gesetz_) Vollzug _m_; (_von Plan_) Durchführung _f_

implicate [ˈɪmplɪkeɪt] _vt_ **to ~ sb in sth** jdn in etw verwickeln **implication** [‚ɪmplɪˈkeɪʃən] _s_ Implikation _f_; **by ~** implizit **implicit** [ɪmˈplɪsɪt] _adj_ **1** implizit; _Drohung_ indirekt; **to be ~ in sth** durch etw impliziert werden; _in Abkommen etc_ in etw (_dat_) impliziert sein **2** _Überzeugung_ absolut **implicitly** [ɪmˈplɪsɪtlɪ] _adv_ **1** implizit **2** **to trust sb** jdm blind vertrauen **implied** [ɪmˈplaɪd] _adj_ impliziert

implode [ɪmˈpləʊd] _vi_ implodieren

implore [ɪmˈplɔː^r] _vt_ anflehen **imploring** _adj_, **imploringly** _adv_ [ɪmˈplɔːrɪŋ, -lɪ] flehentlich

imply [ɪmˈplaɪ] _vt_ **1** andeuten, implizieren; **are you ~ing** _od_ **do you mean to ~ that …?** wollen Sie damit vielleicht sagen _od_ andeuten, dass …? **2** schließen lassen auf (+_akk_) **3** bedeuten

impolite [‚ɪmpəˈlaɪt] _adj_ unhöflich (_to sb_ jdm

gegenüber)

import ['ɪmpɔːt] **A** S̲ **1** HANDEL Import m **2** (von Rede etc) Bedeutung f **B** [ɪm'pɔːt] V̲T̲ importieren

importance [ɪm'pɔːtəns] S̲ Wichtigkeit f; **to be of great ~** äußerst wichtig sein; **to attach the greatest ~ to sth** einer Sache (dat) größten Wert od größte Wichtigkeit beimessen

important [ɪm'pɔːtənt] A̲D̲J̲ wichtig, einflussreich; **that's not ~** das ist unwichtig; **it's not ~** das macht nichts; **the (most) ~ thing is to stay fit** das Wichtigste od die Hauptsache ist, fit zu bleiben; **he's trying to sound ~** er spielt sich auf; **to make sb feel ~** jdm das Gefühl geben, er/sie sei wichtig **importantly** [ɪm'pɔːtəntlɪ] A̲D̲V̲ **1** (meist pej) wichtigtuerisch (pej) **2 ... and, more ~, ...** und, was noch wichtiger ist, ...

importation [ˌɪmpɔː'teɪʃən] S̲ Import m **import duty** S̲ Importzoll m **imported** [ɪm'pɔːtɪd] A̲D̲J̲ importiert, Import-; **~ goods/cars** Importwaren/-autos pl **importer** [ɪm'pɔːtə'] S̲ Importeur(in) m(f) (of von)

impose [ɪm'pəʊz] A̲ V̲T̲ **1** Bedingungen, Meinungen aufzwingen (on sb jdm); Geldstrafe, Urteil verhängen (on gegen); **to ~ a tax on sth** etw mit einer Steuer belegen **2 to ~ oneself on sb** sich jdm aufdrängen; **he ~d himself on them for three months** er ließ sich einfach drei Monate bei ihnen nieder **B** V̲i̲ zur Last fallen (on sb jdm) **imposing** [ɪm'pəʊzɪŋ] A̲D̲J̲ beeindruckend **imposition** [ˌɪmpə'zɪʃən] S̲ Zumutung f (on für); **I'd love to stay if it's not too much of an ~ (on you)** ich würde liebend gern bleiben, wenn ich Ihnen nicht zur Last falle

impossibility [ɪmˌpɒsə'bɪlɪtɪ] S̲ Unmöglichkeit f

impossible [ɪm'pɒsəbl] A̲ A̲D̲J̲ **1** unmöglich; **~!** ausgeschlossen!; **it is ~ for him to leave** er kann unmöglich gehen; **this cooker is ~ to clean** es ist unmöglich, diesen Herd sauber zu kriegen; **to make it ~ for sb to do sth** es jdm unmöglich machen, etw zu tun **2** Lage aussichtslos; **an ~ choice** eine unmögliche Wahl; **you put me in an ~ position** du bringst mich in eine unmögliche Lage **3** (umg) Mensch unmöglich (umg) **B** S̲ Unmögliche(s) n; **to do the ~** Unmögliches tun, das Unmögliche tun **impossibly** [ɪm'pɒsəblɪ] A̲D̲V̲ unmöglich; **an ~ high standard** ein unerreichbar hohes Niveau

imposter, impostor [ɪm'pɒstə'] S̲ Betrüger(in) m(f)

impotence ['ɪmpətəns] S̲ **1** Impotenz f **2** (fig) Machtlosigkeit f **impotent** ['ɪmpətənt] A̲D̲J̲ **1** impotent **2** (fig) machtlos

impound [ɪm'paʊnd] V̲T̲ **1** Besitz beschlagnahmen **2** Auto abschleppen (lassen)

impoverish [ɪm'pɒvərɪʃ] V̲T̲ in Armut bringen **impoverished** [ɪm'pɒvərɪʃt] A̲D̲J̲ arm

impracticable [ɪm'præktɪkəbl] A̲D̲J̲ impraktikabel **impractical** [ɪm'præktɪkəl] A̲D̲J̲ unpraktisch **impracticality** [ɪmˌpræktɪ'kælɪtɪ] S̲ Unbrauchbarkeit f

imprecise A̲D̲J̲, **imprecisely** A̲D̲V̲ [ˌɪmprɪ'saɪs, -lɪ] ungenau **imprecision** [ˌɪmprɪ'sɪʒən] S̲ Ungenauigkeit f

impregnable [ɪm'pregnəbl] A̲D̲J̲ MIL Festung uneinnehmbar; (fig) Position unerschütterlich

impregnate ['ɪmpregneɪt] V̲T̲ BIOL befruchten

impress [ɪm'pres] A̲ V̲T̲ **1** jdn beeindrucken, imponieren (+dat); **he doesn't ~ me as a politician** als Politiker macht er keinen Eindruck auf mich **2** einschärfen (on sb jdm); Idee (deutlich) klarmachen (on sb jdm) **B** V̲i̲ Eindruck machen, Eindruck schinden (umg)

impression [ɪm'preʃən] S̲ **1** Eindruck m, Gefühl n; **the theatre made a lasting ~ on me** das Theater beeindruckte mich tief; **his words made an ~** seine Worte machten Eindruck; **to give sb the ~ that ...** jdm den Eindruck vermitteln, dass ...; **he gave the ~ of being unhappy** er wirkte unglücklich; **I was under the ~ that ...** ich hatte den Eindruck, dass ... **2** Nachahmung f, Imitation f; **to do an ~ of sb** jdn nachahmen **impressionable** [ɪm'preʃnəbl] A̲D̲J̲ für Eindrücke empfänglich; **at an ~ age** in einem Alter, in dem man für Eindrücke besonders empfänglich ist **impressionism** [ɪm'preʃənɪzəm] S̲ Impressionismus m **impressionist** [ɪm'preʃənɪst] S̲ **1** Impressionist(in) m(f) **2** Imitator(in) m(f) **impressive** [ɪm'presɪv] A̲D̲J̲ beeindruckend **impressively** [ɪm'presɪvlɪ] A̲D̲V̲ eindrucksvoll

imprint [ɪm'prɪnt] V̲T̲ (fig) einprägen (on sb jdm); **to be ~ed on sb's mind** sich jdm eingeprägt haben

imprison [ɪm'prɪzn] V̲T̲ inhaftieren; **to be ~ed** gefangen sein **imprisonment** S̲ Inhaftierung f; (≈ Zustand) Gefangenschaft f; **to sentence sb to life ~** jdn zu lebenslänglicher Freiheitsstrafe verurteilen

improbability [ɪmˌprɒbə'bɪlɪtɪ] S̲ Unwahrscheinlichkeit f **improbable** [ɪm'prɒbəbl] A̲D̲J̲ unwahrscheinlich

impromptu [ɪm'prɒmptjuː] A̲D̲J̲ improvisiert; **an ~ speech** eine Stegreifrede

improper [ɪm'prɒpə'] A̲D̲J̲ unpassend; (≈ anstößig) unanständig; benutzen unsachgemäß; **~ use of drugs/one's position** Drogen-/Amtsmissbrauch m **improperly** [ɪm'prɒpəlɪ] A̲D̲V̲ han-

IMPR 344

deln unpassend; *gebrauchen* unsachgemäß; (≈ *anstößig*) unanständig **impropriety** [ˌɪmprə-ˈpraɪətɪ] 𝑆 Unschicklichkeit *f*; **financial ~** finanzielles Fehlverhalten

improve [ɪmˈpruːv] **A** 𝑉𝑇 verbessern; *Wissen* erweitern; *äußere Erscheinung* verschönern; *Produktion* steigern; **to ~ one's mind** sich weiterbilden **B** 𝑉𝐼 sich verbessern; (*äußere Erscheinung*) schöner werden; (*Produktion*) steigen; **the invalid is improving** dem Kranken geht es besser; **things are improving** es sieht schon besser aus **C** 𝑉𝑅 **to ~ oneself** an sich (*dat*) arbeiten ♦**improve (up)on** 𝑉𝐼 +*obj* **1** besser machen; *Leistung* verbessern **2** *Angebot* überbieten

improved 𝐴𝐷𝐽 verbessert **improvement** 𝑆 Verbesserung *f*; (*von äußerer Erscheinung*) Verschönerung *f*; (*von Produktion*) Steigerung *f*; (*gesundheitlich*) Besserung *f*; **an ~ on the previous one** eine Verbesserung gegenüber dem Früheren; **to carry out ~s to a house** Ausbesserungs-/Verschönerungsarbeiten an einem Haus vornehmen

improvisation [ˌɪmprəvaɪˈzeɪʃən] 𝑆 Improvisation *f* **improvise** [ˈɪmprəvaɪz] 𝑉𝑇 & 𝑉𝐼 improvisieren

imprudent 𝐴𝐷𝐽, **imprudently** 𝐴𝐷𝑉 [ɪmˈpruːdənt, -lɪ] unklug

impudence [ˈɪmpjʊdəns] 𝑆 Unverschämtheit *f* **impudent** 𝐴𝐷𝐽, **impudently** 𝐴𝐷𝑉 [ˈɪmpjʊdənt, -lɪ] unverschämt

impulse [ˈɪmpʌls] 𝑆 Impuls *m*, (Stoß)kraft *f*; **on ~** impulsiv; **an ~ buy** ein Impulsivkauf *m* **impulse buying** 𝑆 impulsives *od* spontanes Kaufen **impulsive** [ɪmˈpʌlsɪv] 𝐴𝐷𝐽 impulsiv **impunity** [ɪmˈpjuːnɪtɪ] 𝑆 Straflosigkeit *f*; **with ~** ungestraft

impurity [ɪmˈpjʊərɪtɪ] 𝑆 Unreinheit *f*

---

in [ɪn]

A Präposition	**B** Adverb
C Adjektiv	**D** Substantiv

— **A** Präposition —

1 in (+*dat*); (*mit Richtungsangabe*) in (+*akk*); **it was in the bag** es war in der Tasche; **he put it in the bag** er steckte es in die Tasche; **in here/there** hier/da drin (*umg*); (*mit Richtungsangabe*) hier/da hinein; **in the street** auf der/die Straße; **in (the) church** in der Kirche; **in Germany/Switzerland/the United States** in Deutschland/der Schweiz/den Vereinigten Staaten; **the highest mountain in Scotland** der höchste Berg Schottlands *od* in Schottland; **the best in the class** der Klassenbeste; **he doesn't have it in him to ...** er bringt es

nicht fertig, ... zu ... **2** (*bei Jahres-, Zeitangaben*) in (+*dat*); **in 1999** (im Jahre) 1999; **in May 1999** im Mai 1999; **in the sixties** in den Sechzigerjahren; **in (the) spring** im Frühling; **in the morning(s)** morgens, am Vormittag; **in the afternoon** nachmittags, am Nachmittag; **in the daytime** tagsüber; **in those days** damals; **she is in her thirties** sie ist in den Dreißigern; **in old age** im Alter; **in my childhood** in meiner Kindheit; **she did it in three hours** sie machte es in drei Stunden; **in a week('s time)** in einer Woche; **I haven't seen him in years** ich habe ihn jahrelang nicht mehr gesehen; **in a moment** *od* **minute** sofort **3** (*bei Mengenangaben*) zu; **to walk in twos** zu zweit gehen; **in small quantities** in kleinen Mengen **4** (*Verhältnis*) **he has a one in 500 chance of winning** er hat eine Gewinnchance von eins zu 500; **one (man) in ten** jeder Zehnte; **one book in ten** jedes zehnte Buch; **one in five children** ein Kind von fünf; **a tax of twenty pence in the pound** ein Steuersatz von zwanzig Prozent; **there are 12 inches in a foot** ein Fuß hat 12 Zoll **5** (*Art und Weise*) **to speak in a loud voice** mit lauter Stimme sprechen; **to speak in German** Deutsch reden; **to pay in dollars** mit *od* in Dollar bezahlen; **to stand in a row/in groups** in einer Reihe/in Gruppen stehen; **in this way** so, auf diese Weise; **she squealed in delight** sie quietschte vor Vergnügen; **in surprise** überrascht; **to live in luxury** im Luxus leben; **in his shirt** im Hemd; **dressed in white** weiß gekleidet; **to write in ink** mit Tinte schreiben; **in marble** in Marmor, marmorn; **a rise in prices** ein Preisanstieg *m*; **ten feet in height** zehn Fuß hoch; **the latest thing in hats** der letzte Schrei bei Hüten **6** (*bei Berufsangaben*) **he is in the army** er ist beim Militär; **he is in banking** er ist im Bankwesen (tätig) **7** **in saying this, I ...** wenn ich das sage, ... ich; **in trying to save him she fell into the water herself** beim Versuch, ihn zu retten, fiel sie selbst ins Wasser; **in that** insofern als; **the plan was unrealistic in that it didn't take account of the fact that ...** der Plan war unrealistisch, da *od* weil er nicht berücksichtigte, dass ...

— **B** Adverb —

da; **there is nobody in** es ist niemand da/zu Hause; **the tide is in** es ist Flut; **he's in for a surprise** er kann sich auf eine Überraschung gefasst machen; **we are in for rain** uns (*dat*) steht Regen bevor; **to have it in for sb** (*umg*) es auf jdn abgesehen haben (*umg*); **to be in on sth** an einer Sache beteiligt sein; *Geheimnis etc* über etw (akk) Bescheid wissen; **to be (well) in with sb** sich gut mit jdm verstehen

— **C** Adjektiv —

(umg) **in** inv (umg); **long skirts are in** lange Röcke sind in (umg); **the in thing is to ...** es ist zurzeit in (umg) od Mode, zu ...

— **D** Substantiv —

1 **the ins and outs** die Einzelheiten pl; **to know the ins and outs of sth** bei einer Sache genau Bescheid wissen **2** (US POL) **the ins** die Regierungspartei

inability [ˌɪnəˈbɪlɪtɪ] s̄ Unfähigkeit f; **~ to pay** Zahlungsunfähigkeit f

inaccessible [ˌɪnækˈsesəbl] ADJ **1** unzugänglich (to sb/sth für jdn/etw); **to be ~ by land/sea** auf dem Landweg/Seeweg nicht erreichbar sein **2** (fig) Musik, Roman unverständlich

inaccuracy [ɪnˈækjʊrəsɪ] s̄ Ungenauigkeit f, Unrichtigkeit f **inaccurate** [ɪnˈækjʊrɪt] ADJ ungenau, unrichtig; **she was ~ in her judgement of the situation** ihre Beurteilung der Lage traf nicht zu; **it is ~ to say that ...** es ist nicht richtig zu sagen, dass ... **inaccurately** [ɪnˈækjʊrɪtlɪ] ADV ungenau, unrichtig

inaction [ɪnˈækʃən] s̄ Untätigkeit f **inactive** [ɪnˈæktɪv] ADJ untätig; Verstand träge **inactivity** [ˌɪnækˈtɪvɪtɪ] s̄ Untätigkeit f

inadequacy [ɪnˈædɪkwəsɪ] s̄ Unzulänglichkeit f; (von Maßnahme) Unangemessenheit f **inadequate** [ɪnˈædɪkwɪt] ADJ unzulänglich; **she makes him feel ~** sie gibt ihm das Gefühl der Unzulänglichkeit

inadmissible [ˌɪnədˈmɪsəbl] ADJ unzulässig

inadvertently [ˌɪnədˈvɜːtəntlɪ] ADV versehentlich

inadvisable [ˌɪnədˈvaɪzəbl] ADJ unratsam

inalienable [ɪnˈeɪlɪənəbl] ADJ Rechte unveräußerlich

inane [ɪˈneɪn] ADJ dumm

inanimate [ɪnˈænɪmɪt] ADJ leblos

inapplicable [ɪnˈæplɪkəbl] ADJ Antwort unzutreffend; Regeln nicht anwendbar (to sb auf jdn)

inappropriate [ˌɪnəˈprəʊprɪɪt] ADJ unpassend; Zeit ungünstig; **you have come at a most ~ time** Sie kommen sehr ungelegen **inappropriately** [ˌɪnəˈprəʊprɪɪtlɪ] ADV unpassend

inapt [ɪnˈæpt] ADJ ungeschickt

inarticulate [ˌɪnɑːˈtɪkjʊlɪt] ADJ unklar ausgedrückt; **she's very ~** sie kann sich nur schlecht ausdrücken

inasmuch [ɪnəzˈmʌtʃ] ADV **~ as** da, weil, insofern als

inattention [ˌɪnəˈtenʃən] s̄ Unaufmerksamkeit f; **~ to detail** Ungenauigkeit f im Detail **inattentive** ADJ [ˌɪnəˈtentɪv] unaufmerksam

inaudible ADJ, **inaudibly** ADV [ɪnˈɔːdəbl, -ɪ] unhörbar (to für)

inaugural [ɪˈnɔːgjʊrəl] ADJ Vorlesung Antritts-; Treffen, Rede Eröffnungs- **inaugurate** [ɪˈnɔːgjʊreɪt] VT **1** Präsident etc in sein/ihr Amt einführen **2** Gebäude einweihen **inauguration** [ɪˌnɔːgjʊˈreɪʃən] s̄ **1** (von Präsident etc) Amtseinführung f **2** (von Gebäude) Einweihung f

in-between [ɪnbɪˈtwiːn] ADJ (umg) Mittel-; **it is sort of ~** es ist so ein Mittelding; **~ stage** Zwischenstadium n

inbound [ˈɪnˌbaʊnd] ADJ Flug ankommend

inbox [ˈɪnbɒks] s̄ (E-mail) Posteingang m

inbred [ˈɪnˈbred] ADJ angeboren (in sb jdm) **inbreeding** [ˈɪnˈbriːdɪŋ] s̄ Inzucht f

inbuilt [ˈɪnbɪlt] ADJ Sicherheitsvorrichtung etc integriert; Abneigung instinktiv

Inc (US) abk von Incorporated

incalculable [ɪnˈkælkjʊləbl] ADJ unermesslich

incandescent [ˌɪnkænˈdesnt] ADJ (wörtl) (weiß) glühend

incantation [ˌɪnkænˈteɪʃən] s̄ Zauber(spruch) m

incapability [ɪnˌkeɪpəˈbɪlɪtɪ] s̄ Unfähigkeit f **incapable** [ɪnˈkeɪpəbl] ADJ unfähig; **to be ~ of doing sth** nicht imstande sein, etw zu tun; **she is physically ~ of lifting it** sie ist körperlich nicht in der Lage, es zu heben; **~ of working** arbeitsunfähig

incapacitate [ˌɪnkəˈpæsɪteɪt] VT unfähig machen (from doing sth etw zu tun); **~d by his broken ankle** durch seinen gebrochenen Knöchel behindert **incapacity** [ˌɪnkəˈpæsɪtɪ] s̄ Unfähigkeit f (for für) **incapacity benefit** s̄ (Br) Invalidenunterstützung f

in-car [ˈɪnkɑː] ADJ attr Auto-; Radio etc im Auto; **~ computer** Autocomputer m

incarcerate [ɪnˈkɑːsəreɪt] VT einkerkern **incarceration** [ˌɪnkɑːsəˈreɪʃən] s̄ (≈ Vorgang) Einkerkerung f; (≈ Zustand) Kerkerhaft f

incarnate [ɪnˈkɑːnɪt] ADJ **he's the devil ~** er ist der Teufel in Person

incendiary [ɪnˈsendɪərɪ] ADJ Brand- **incendiary device** s̄ Brandsatz m

incense[1] [ɪnˈsens] VT wütend machen; **~d** wütend (at, by über +akk)

incense[2] [ˈɪnsens] s̄ KIRCHE Weihrauch m

incentive [ɪnˈsentɪv] s̄ Anreiz m; **~ scheme** IND Anreizsystem n

incessant [ɪnˈsesnt] ADJ unaufhörlich

incest [ˈɪnsest] s̄ Inzest m **incestuous** [ɪnˈsestjʊəs] ADJ blutschänderisch

inch [ɪntʃ] **A** s̄ (❗ = 2,54 cm) Zoll m; **3.5 ~ disk** 3,5-Zoll-Diskette f; **he came within an ~ of being killed** er ist dem Tod um Haaresbreite entgangen; **they beat him (to) within an ~ of his life** sie haben ihn so geschlagen, dass er fast gestorben wäre; **the lorry missed me by ~es** der Lastwagen hat mich um Haaresbreite verfehlt; **he knows every ~ of the area** er kennt die Gegend wie seine Westentasche; **he is every ~ a soldier** er ist jeder Zoll ein Soldat; **they searched every ~ of the room** sie durchsuchten das Zimmer Zentimeter für Zentimeter B Vi **to ~ forward** sich millimeterweise vorwärtsschieben C Vt langsam manövrieren; **he ~ed his way through** er schob sich langsam durch

> inch

1 inch = 2,54 cm
1 foot = 30,48 cm = 12 inches
1 yard = 91,44 cm = 3 feet
1 mile = 1,61 km

Die Größen von Kleidungsstücken und Bildschirmen werden oft in Inch angegeben. Eine Jeans mit den Maßen 30 x 32 hat rund 76 cm Bundweite und 81 cm Beinlänge.

LANDESKUNDE

incidence ['ɪnsɪdəns] s Häufigkeit f; **a high ~ of crime** eine hohe Verbrechensquote **incident** ['ɪnsɪdənt] s 1 Ereignis n, Vorfall m; **a day full of ~** ein ereignisreicher Tag; **an ~ from his childhood** ein Kindheitserlebnis n 2 (diplomatisch etc) Zwischenfall m; (≈ Krawall etc) Vorfall m; **without ~** ohne Zwischenfälle **incidental** [ˌɪnsɪˈdentl] ADJ nebensächlich; Bemerkung beiläufig **incidentally** [ˌɪnsɪˈdentəlɪ] ADV übrigens **incidental music** s Begleitmusik f
incinerate [ɪnˈsɪnəreɪt] Vt verbrennen **incineration** [ɪnsɪnəˈreɪʃən] s Verbrennung f **incinerator** [ɪnˈsɪnəreɪtə'] s (Müll)verbrennungsanlage f
incision [ɪnˈsɪʒən] s Schnitt m; MED Einschnitt m **incisive** [ɪnˈsaɪsɪv] ADJ Stil, Ton prägnant; Mensch scharfsinnig **incisively** [ɪnˈsaɪsɪvlɪ] ADV reden prägnant; argumentieren scharfsinnig **incisor** [ɪnˈsaɪzə'] s Schneidezahn m
incite [ɪnˈsaɪt] Vt aufhetzen; Gewalt aufhetzen zu **incitement** s (⚠ kein pl) Aufhetzung f
incl abk von inclusive, including incl., inkl.
inclement [ɪnˈklemənt] ADJ Wetter rau
inclination [ˌɪnklɪˈneɪʃən] s Neigung f; **my (natural) ~ is to carry on** ich neige dazu, weiterzumachen; **I have no ~ to see him again** ich habe keinerlei Bedürfnis, ihn wiederzusehen; **he showed no ~ to leave** er schien nicht gehen zu wollen **incline** [ɪnˈklaɪn] A Vt 1 Kopf neigen 2 veranlassen; **this ~s me to think that he must be lying** das lässt mich vermuten, dass er lügt B Vi 1 (≈ Abhang) sich neigen; (Boden) abfallen 2 (≈ tendieren) neigen C ['ɪnklaɪn] s Neigung f; (von Berg) Abhang m **inclined** [ɪnˈklaɪnd] ADJ **to be ~ to do sth** Lust haben, etw zu tun; (≈ tendieren) dazu neigen, etw zu tun; **I am ~ to think that …** ich neige zu der Ansicht, dass …; **I'm ~ to disagree** ich möchte da doch widersprechen; **it's ~ to break** das bricht leicht; **if you feel ~** wenn Sie Lust haben od dazu aufgelegt sind; **if you're that way ~** wenn Ihnen so etwas liegt; **artistically ~** künstlerisch veranlagt
include [ɪnˈkluːd] Vt einschließen, enthalten; (auf Liste, in Gruppe) aufnehmen; **your name is not ~d on the list** Ihr Name ist nicht auf der Liste; **service not ~d** Bedienung nicht inbegriffen; **everyone, children ~d** alle einschließlich der Kinder; **does that ~ me?** gilt das auch für mich? **including** PRÄP einschließlich, inklusive; **that makes seven ~ you** mit Ihnen sind das sieben; **many people, ~ my father, had been invited** viele Leute, darunter mein Vater, waren eingeladen; **~ the service charge, ~ service** Bedienung (mit) inbegriffen; **up to and ~ March 4th** bis einschließlich 4. März **inclusion** [ɪnˈkluːʒən] s Aufnahme f **inclusive** [ɪnˈkluːsɪv] ADJ inklusive; **~ price** Inklusivpreis m; **from 1st to 6th May ~** vom 1. bis einschließlich 6. Mai
incognito [ˌɪnkɒgˈniːtəʊ] ADV inkognito
incoherent [ˌɪnkəʊˈhɪərənt] ADJ Stil, Rede zusammenhanglos; Mensch sich undeutlich ausdrückend; Betrunkener etc schwer verständlich **incoherently** [ˌɪnkəʊˈhɪərəntlɪ] ADV zusammenhanglos
income ['ɪnkʌm] s Einkommen n; **low-~ families** einkommensschwache Familien pl **income bracket** s Einkommensklasse f **income support** s (Br) Sozialhilfe f **income tax** s Lohnsteuer f, Einkommensteuer f
incoming ['ɪnˌkʌmɪŋ] ADJ 1 ankommend; Post eingehend; **~ tide** Flut f; **to receive ~ (phone) calls** (Telefon)anrufe entgegennehmen 2 Präsident neu
incommunicado [ˌɪnkəmjʊnɪˈkɑːdəʊ] ADJ präd ohne jede Verbindung zur Außenwelt; **to be ~** (fig) für niemanden zu sprechen sein
incomparable [ɪnˈkɒmpərəbl] ADJ nicht vergleichbar; Schönheit, Geschick unvergleichlich
incompatibility ['ɪnkəmˌpætɪˈbɪlɪtɪ] s Unvereinbarkeit f; (von Medikament, Farben) Unverträglichkeit f; TECH Inkompatibilität f; **divorce on grounds of ~** Scheidung aufgrund der Unvereinbarkeit der Charaktere der Ehepartner

347 ‖ INCR

---

incompatible [ˌɪnkəmˈpætəbl] ADJ unvereinbar; TECH nicht kompatibel; *Medikament, Farben* nicht miteinander verträglich; **we are ~, she said** wir passen überhaupt nicht zusammen *od* zueinander, sagte sie; **to be ~ with sb/sth** nicht zu jdm/etw passen

incompetence [ɪnˈkɒmpɪtəns] Ⴝ Unfähigkeit *f* **incompetent** ADJ unfähig; *Management* inkompetent; *Arbeitsleistung* unzulänglich **incompetently** ADV schlecht

incomplete [ˌɪnkəmˈpliːt] ADJ *Sammlung* unvollständig; *Information* lückenhaft

incomprehensible [ɪnˌkɒmprɪˈhensəbl] ADJ unverständlich (*to sb* jdm)

incomprehension [ˌɪnkɒmprɪˈhenʃən] Ⴝ Unverständnis *n*

inconceivable [ˌɪnkənˈsiːvəbl] ADJ unvorstellbar

inconclusive [ˌɪnkənˈkluːsɪv] ADJ *Resultat* unbestimmt; *Diskussion, Untersuchung* ergebnislos; *Beweise* nicht überzeugend **inconclusively** [ˌɪnkənˈkluːsɪvlɪ] ADV ergebnislos (❗ kein pl) (*von Bemerkung*) Unpassende(s); (*von Situation*) Absurdität *f*; (*von Verhalten*) Unangebrachtheit *f* **incongruity** [ˌɪnkɒŋˈgruːɪtɪ] Ⴝ **incongruous** [ɪnˈkɒŋgrʊəs] ADJ *Paar, Mischung* wenig zusammenpassend *attr*; *Bemerkung* unpassend; *Verhalten* unangebracht

inconsequential [ɪnˌkɒnsɪˈkwenʃəl] ADJ unbedeutend

inconsiderable [ˌɪnkənˈsɪdərəbl] ADJ unerheblich

inconsiderate ADJ, **inconsiderately** ADV [ˌɪnkənˈsɪdərɪt, -lɪ] rücksichtslos

inconsistency [ˌɪnkənˈsɪstənsɪ] Ⴝ **1** Widersprüchlichkeit *f* **2** (*von Arbeit*) Unbeständigkeit *f* **inconsistent** ADJ **1** widersprüchlich; **to be ~ with sth** zu etw im Widerspruch stehen **2** *Arbeit* unbeständig; *Mensch* inkonsequent **inconsistently** ADV **1** widersprüchlich **2** *arbeiten* ungleichmäßig

inconsolable [ˌɪnkənˈsəʊləbl] ADJ untröstlich

inconspicuous [ˌɪnkənˈspɪkjʊəs] ADJ unauffällig; **to make oneself ~** so wenig Aufsehen wie möglich erregen

incontinence [ɪnˈkɒntɪnəns] Ⴝ MED Inkontinenz *f* **incontinent** [ɪnˈkɒntɪnənt] ADJ MED inkontinent

inconvenience [ˌɪnkənˈviːnɪəns] A Ⴝ Unannehmlichkeit *f* (*to sb* für jdn); **it was something of an ~ not having a car** es war eine ziemlich lästige *od* leidige Angelegenheit, kein Auto zu haben; **I don't want to cause you any ~** ich möchte Ihnen keine Umstände machen B VT Unannehmlichkeiten bereiten (+*dat*); **don't ~ yourself** machen Sie keine Umstände **incon-**

venient ADJ ungünstig; **if it's ~, I can come later** wenn es Ihnen ungelegen ist, kann ich später kommen; **it is ~ to have to wait** es ist lästig, warten zu müssen **inconveniently** ADV ungünstig

incorporate [ɪnˈkɔːpəreɪt] VT **1** aufnehmen (*into* in +*akk*) **2** enthalten **3** **~d company** (*US*) Aktiengesellschaft *f* **incorporation** [ɪnˌkɔːpəˈreɪʃən] Ⴝ Aufnahme *f* (*into, in* in +*akk*)

incorrect [ˌɪnkəˈrekt] ADJ **1** falsch; **that is ~** das stimmt nicht; **you are ~** Sie haben unrecht **2** *Verhalten* inkorrekt **incorrectly** [ˌɪnkəˈrektlɪ] ADV falsch, inkorrekt; **I had ~ assumed that …** ich hatte fälschlich(erweise) angenommen, dass …

incorrigible [ɪnˈkɒrɪdʒəbl] ADJ unverbesserlich

incorruptible [ˌɪnkəˈrʌptəbl] ADJ *Mensch* charakterstark, unbestechlich

increase [ɪnˈkriːs] A VI zunehmen; (*Steuern*) erhöht werden; (*Kraft*) wachsen; (*Preis, Verkaufszahlen, Nachfrage*) steigen; **to ~ in breadth/size/number** breiter/größer/mehr werden; **to ~ in size/number** größer/mehr werden; **industrial output ~d by 2% last year** die Industrieproduktion wuchs im letzten Jahr um 2% B VT vergrößern; *Lärm, Anstrengungen* verstärken; *Handel* erweitern; *Steuern, Preis, Nachfrage, Tempo* erhöhen; *Chancen* verbessern; **he ~d his efforts** er strengte sich mehr an; **they ~d her salary by £2,000** sie erhöhten ihr Jahresgehalt um £ 2.000 C [ˈɪnkriːs] Ⴝ Zunahme *f*, Vergrößerung *f*; (*von Tempo*) Erhöhung *f* (*in* +*gen*); (*von Verkaufszahlen*) Zuwachs *m*; (*von Nachfrage*) Verstärkung *f*; (*einkommensmäßig*) Gehaltserhöhung *f*; **to get an ~ of £5 per week** £ 5 pro Woche mehr bekommen; **to be on the ~** ständig zunehmen; **~ in value** Wertsteigerung *f*; **rent ~** Mieterhöhung *f* **increasing** [ɪnˈkriːsɪŋ] ADJ zunehmend; **an ~ number of people** mehr und mehr Leute; **there are ~ signs that …** es gibt immer mehr Anzeichen dafür, dass … **increasingly** [ɪnˈkriːsɪŋlɪ] ADV zunehmend; **~, people are finding that …** man findet in zunehmendem Maße, dass …

incredible [ɪnˈkredəbl] ADJ unglaublich; *Landschaft, Musik* sagenhaft; **it seems ~ to me that …** ich kann es nicht fassen, dass …; **you're ~** (*umg*) du bist wirklich unschlagbar **incredibly** [ɪnˈkredəblɪ] ADV unglaublich, unwahrscheinlich; **~, he wasn't there** unglaublicherweise war er nicht da

incredulity [ˌɪnkrɪˈdjuːlɪtɪ] Ⴝ Ungläubigkeit *f* **incredulous** ADJ, **incredulously** ADV [ɪnˈkredjʊləs, -lɪ] ungläubig

increment [ˈɪnkrɪmənt] Ⴝ Zuwachs *m* **incre-**

mental [ˌɪnkrɪˈmentl] ADJ (Br) zunehmend; **~ costs** Grenzkosten pl

incriminate [ɪnˈkrɪmɪneɪt] VT belasten **incriminating** [ɪnˈkrɪmɪneɪtɪŋ], **incriminatory** [ɪnˈkrɪmɪneɪtərɪ] ADJ belastend

in-crowd [ˈɪnkraʊd] ṣ (umg) Schickeria f (umg)

incubate [ˈɪnkjʊbeɪt] VT Ei ausbrüten; Bakterien züchten B VI ausgebrütet werden **incubation** [ˌɪnkjʊˈbeɪʃən] ṣ (von Ei) Ausbrüten n; (von Bakterien) Züchten n **incubator** [ˈɪnkjʊbeɪtə'] ṣ Brutkasten m

incur [ɪnˈkɜː'] VT **1** to **~ the wrath of sb** jds Zorn auf sich (akk) ziehen **2** FIN Verlust erleiden; Ausgaben machen

incurable [ɪnˈkjʊərəbl] ADJ MED unheilbar; (fig) unverbesserlich

indebted [ɪnˈdetɪd] ADJ **1** (fig) verpflichtet; **to be ~ to sb for sth** jdm für etw (zu Dank) verpflichtet sein **2** FIN verschuldet (to sb bei jdm) **indebtedness** ṣ (fig) Verpflichtung f (to gegenüber); FIN Verschuldung f

indecency [ɪnˈdiːsnsɪ] ṣ Unanständigkeit f **indecent** [ɪnˈdiːsnt] ADJ unanständig; Witz schmutzig; Betrag unerhört; **with ~ haste** mit ungebührlicher Eile od Hast **indecent assault** ṣ Notzucht f **indecently** [ɪnˈdiːsntlɪ] ADV unanständig; **to be ~ assaulted** sexuell missbraucht werden

indecipherable [ˌɪndɪˈsaɪfərəbl] ADJ nicht zu entziffern attr

indecision [ˌɪndɪˈsɪʒən] ṣ Unentschlossenheit f **indecisive** [ˌɪndɪˈsaɪsɪv] ADJ **1** Mensch unentschlossen (in od about od over sth in Bezug auf etw akk) **2** Wahl ergebnislos; Resultat nicht eindeutig

indeed [ɪnˈdiːd] ADV **1** tatsächlich; **I feel, ~ I know he is right** ich habe das Gefühl, ja ich weiß (sogar), dass er recht hat; **isn't that strange? — ~ (it is)** ist das nicht seltsam? — allerdings; **are you coming? — ~ I am!** kommst du? — aber natürlich; **are you pleased? — yes, ~!** bist du zufrieden? — oh ja, das kann man wohl sagen!; **did you/ is it/has she** etc **~?** tatsächlich?; **~?** ach wirklich?; **where ~?** ja, wo?; **if ~ ...** falls ... wirklich **2** (zur Verstärkung) wirklich; **very ... — ~** wirklich sehr ...; **thank you very much ~** vielen herzlichen Dank

indefatigable ADJ, **indefatigably** ADV [ˌɪndɪˈfætɪɡəbl, -ɪ] unermüdlich

indefensible [ˌɪndɪˈfensəbl] ADJ Verhalten unentschuldbar; Politik unhaltbar; **morally ~** moralisch nicht vertretbar

indefinable [ˌɪndɪˈfaɪnəbl] ADJ Farbe undefinierbar; Gefühl unbestimmt

indefinite [ɪnˈdefɪnɪt] ADJ unbestimmt **indefinite article** ṣ GRAM unbestimmter Artikel

indefinitely [ɪnˈdefɪnɪtlɪ] ADV warten endlos; verschieben, schließen auf unbestimmte Zeit; **we can't go on like this ~** wir können nicht endlos so weitermachen

indelicate [ɪnˈdelɪkət] ADJ Mensch taktlos

indent [ɪnˈdent] VT TYPO einrücken **indentation** [ˌɪndenˈteɪʃən] ṣ Kerbe f; TYPO Einrückung f

independence [ˌɪndɪˈpendəns] ṣ Unabhängigkeit f (of von); **to gain** od **achieve/declare ~** die Unabhängigkeit erlangen/erklären **Independence Day** ṣ (US) der Unabhängigkeitstag

independent [ˌɪndɪˈpendənt] A ADJ unabhängig (of sb/sth von jdm/etw); **a man of ~ means** eine Person mit Privateinkommen; **to become ~** (Land) die Unabhängigkeit erlangen; **~ retailer** (US) selbstständiger Einzelhändler, selbstständige Einzelhändlerin B ṣ POL Unabhängige(r) m/f(m) **independently** [ˌɪndɪˈpendəntlɪ] ADV unabhängig (of sb/sth von jdm/etw); leben ohne fremde Hilfe; arbeiten selbstständig; **they each came ~ to the same conclusion** sie kamen unabhängig voneinander zur gleichen Schlussfolgerung **independent school** ṣ unabhängige Schule

in-depth [ˈɪndepθ] ADJ gründlich; Interview ausführlich

indescribable [ˌɪndɪˈskraɪbəbl] ADJ unbeschreiblich; (umg) schrecklich

indestructible [ˌɪndɪˈstrʌktəbl] ADJ unzerstörbar

indeterminate [ˌɪndɪˈtɜːmɪnɪt] ADJ unbestimmt; **of ~ sex** von unbestimmbarem Geschlecht

index [ˈɪndeks] ṣ **1** pl **-es** (in Buch) Index m; (in Bücherei) Katalog m; (≈ aus Karten) Kartei f **2** pl **-es** od **indices** Index m; **cost-of-living ~** Lebenshaltungskostenindex m **index card** ṣ Karteikarte f **index finger** ṣ Zeigefinger m **index-linked** ADJ Zinssatz indexgebunden; Rente dynamisch

India [ˈɪndɪə] ṣ Indien n **India ink** ṣ (US) Tusche f

Indian [ˈɪndɪən] A ADJ **1** indisch **2** indianisch, Indianer- B ṣ **1** Inder(in) m(f) **2** Indianer(in) m(f) (❗ Indianer als **Indians** zu bezeichnen, ist politisch nicht korrekt, man sollte sie **Native Americans** nennen.) **Indian ink** ṣ Tusche f **Indian Ocean** ṣ Indischer Ozean **Indian summer** ṣ Altweibersommer m

indicate [ˈɪndɪkeɪt] A VT **1** zeigen, zeigen auf (+akk); **large towns are ~d in red** Großstädte sind rot gekennzeichnet; **to ~ one's intention to do sth** seine Absicht anzeigen, etw zu tun **2** erkennen lassen; **opinion polls ~ that ...** die

Meinungsumfragen deuten darauf hin, dass … **3** *Temperatur* (an)zeigen **B** V̅I̅ (*bes Br* AUTO) blinken (**!** = (US) **to signal**) **indication** [ˌɪndɪˈkeɪʃən] S̅ (An)zeichen *n* (*of* für); **he gave a clear ~ of his intentions** er ließ seine Absichten deutlich erkennen; **he gave no ~ that he was ready** nichts wies darauf hin, dass er bereit war; **that is some ~ of what we can expect** das gibt uns einen Vorgeschmack auf das, was wir zu erwarten haben **indicative** [ɪnˈdɪkətɪv] **A** ADJ **1** bezeichnend (*of* für); **to be ~ of sth** auf etw (*akk*) hindeuten **2** GRAM **~ mood** Indikativ *m* **B** S̅ GRAM Indikativ *m*; **in the ~** im Indikativ, in der Wirklichkeitsform **indicator** [ˈɪndɪkeɪtəʳ] S̅ Anzeiger *m*; (≈ *Nadel etc*) Zeiger *m*; (*bes Br* AUTO) Blinker *m* (**!** = (US) **turn signal**); (*fig*) Messlatte *f*; **pressure ~** Druckmesser *m*; **this is an ~ of economic recovery** dies ist ein Indikator für den Aufschwung

indices [ˈɪndɪsiːz] *pl von* **index**

indict [ɪnˈdaɪt] V̅T̅ anklagen (*on a charge of sth* einer Sache *gen*); (*US* JUR) Anklage erheben gegen (*for* wegen) **indictment** [ɪnˈdaɪtmənt] S̅ Anschuldigung *f*; **to be an ~ of sth** (*fig*) ein Armutszeugnis *n* für etw sein

indifference [ɪnˈdɪfrəns] S̅ Gleichgültigkeit *f* (*to, towards* gegenüber); **it's a matter of complete ~ to me** das ist mir völlig egal *od* gleichgültig **indifferent** [ɪnˈdɪfrənt] ADJ **1** gleichgültig (*to, towards* gegenüber); **he is quite ~ about it/to her** es/sie ist ihm ziemlich gleichgültig **2** mittelmäßig

indigenous [ɪnˈdɪdʒɪnəs] ADJ einheimisch (*to* in +*dat*); **plants ~ to Canada** in Kanada heimische Pflanzen

indigestible [ˌɪndɪˈdʒestəbl] ADJ MED unverdaulich **indigestion** [ˌɪndɪˈdʒestʃən] S̅ Verdauungsbeschwerden *pl*

indignant ADJ, **indignantly** ADV [ɪnˈdɪɡnənt, -lɪ] entrüstet (*at, about, with* über +*akk*) **indignation** [ˌɪndɪɡˈneɪʃən] S̅ Entrüstung *f* (*at, about, mit* über +*akk*)

indigo [ˈɪndɪɡəʊ] ADJ indigofarben

indirect [ˌɪndɪˈrekt] ADJ indirekt; **by an ~ route** auf Umwegen; **to make an ~ reference to sb/sth** auf jdn/etw anspielen *od* indirekt Bezug nehmen **indirectly** [ˌɪndɪˈrektlɪ] ADV indirekt **indirect object** S̅ GRAM Dativobjekt *n* **indirect speech** S̅ GRAM indirekte Rede

indiscernible [ˌɪndɪˈsɜːnəbl] ADJ nicht erkennbar; *Geräusch* nicht wahrnehmbar

indiscreet [ˌɪndɪˈskriːt] ADJ indiskret, taktlos; **to be ~ about sth** in Bezug auf etw (*akk*) indiskret sein **indiscreetly** [ˌɪndɪˈskriːtlɪ] ADV indiskret, taktlos **indiscretion** [ˌɪndɪˈskreʃən] S̅ **1**

Indiskretion *f*, Taktlosigkeit *f* **2** Affäre *f* **indiscriminate** [ˌɪndɪˈskrɪmɪnɪt] ADJ wahllos; *Auswahl* willkürlich **indiscriminately** [ˌɪndɪˈskrɪmɪntlɪ] ADV wahllos; *auswählen* willkürlich

indispensable [ˌɪndɪˈspensəbl] ADJ unentbehrlich

indisposed [ˌɪndɪˈspəʊzd] ADJ indisponiert (*geh*)

indisputable [ˌɪndɪˈspjuːtəbl] ADJ unbestreitbar; *Beweise* unanfechtbar

indistinct [ˌɪndɪˈstɪŋkt] ADJ unklar; *Geräusch* schwach **indistinctly** [ˌɪndɪˈstɪŋktlɪ] ADV wahrnehmen verschwommen; *sprechen* undeutlich; *sich erinnern* dunkel

indistinguishable [ˌɪndɪˈstɪŋɡwɪʃəbl] ADJ nicht unterscheidbar; **the twins are ~ (from one another)** man kann die Zwillinge nicht (voneinander) unterscheiden

individual [ˌɪndɪˈvɪdʒʊəl] **A** ADJ **1** einzeln; **~ cases** Einzelfälle *pl* **2** eigen; **~ portion** Einzelportion *f* **3** individuell **B** S̅ Individuum *n* **individualism** [ˌɪndɪˈvɪdʒʊəlɪzm] S̅ Individualismus *m* **individualist** [ˌɪndɪˈvɪdʒʊəlɪst] S̅ Individualist(in) *m(f)* **individualistic** [ˌɪndɪˈvɪdʒʊəlɪstɪk] ADJ individualistisch **individuality** [ˈɪndɪˌvɪdʒʊˈælɪtɪ] S̅ Individualität *f* **individually** [ˌɪndɪˈvɪdʒʊəlɪ] ADV individuell, einzeln

indivisible [ˌɪndɪˈvɪzəbl] ADJ unteilbar

indoctrinate [ɪnˈdɒktrɪneɪt] V̅T̅ indoktrinieren **indoctrination** [ɪnˌdɒktrɪˈneɪʃən] S̅ Indoktrination *f*

indolence [ˈɪndələns] S̅ Trägheit *f* **indolent** [ˈɪndələnt] ADJ träge

indomitable [ɪnˈdɒmɪtəbl] ADJ *Mensch, Mut* unbezwingbar; *Wille* eisern

Indonesia [ˌɪndəʊˈniːzɪə] S̅ Indonesien *n* **Indonesian** [ˌɪndəʊˈniːzɪən] **A** ADJ indonesisch **B** S̅ Indonesier(in) *m(f)*

indoor [ˈɪndɔːʳ] ADJ Innen-; **~ market** überdachter Markt; **~ plant** Zimmerpflanze *f*; **~ swimming pool** Hallenbad *n* **indoors** [ɪnˈdɔːz] ADV drin(nen) (*umg*), innen, zu Hause; (*Richtungsangabe*) ins Haus; **to stay ~** im Haus bleiben; **go and play ~** geh ins Haus *od* nach drinnen spielen

indorse *etc* = **endorse**

induce [ɪnˈdjuːs] V̅T̅ **1** **to ~ sb to do sth** jdn dazu bringen, etw zu tun **2** *Reaktion, Schlaf* herbeiführen; *Erbrechen* verursachen; *Wehen* einleiten; **a stress-/drug-~d condition** ein durch Stress/Drogen ausgelöstes Leiden

induction [ɪnˈdʌkʃən] S̅ **1** (*von Bischof etc*) Amtseinführung *f*; (*von Angestellten*) Einarbeitung *f*; (*US* MIL) Einberufung *f* **2** (*von Wehen*) Einleitung *f* **induction course** S̅ Einführungskurs *m*

INDU ‖ 350

indulge [ɪn'dʌldʒ] **A** _vⁱ_ nachgeben (+_dat_); _Kinder_ verwöhnen; **he ~s her every whim** er erfüllt ihr jeden Wunsch; **she ~d herself with a glass of wine** sie gönnte sich (_dat_) ein Glas Wein **B** _vⁱ_ **to ~ in sth** sich (_dat_) etw gönnen; _einem Laster, Träumen_ sich einer Sache (_dat_) hingeben; **dessert came, but I didn't ~** (_umg_) der Nachtisch kam, aber ich konnte mich beherrschen **indulgence** [ɪn'dʌldʒəns] _s_ **1** Nachsicht _f_, Verwöhnung _f_ **2** Luxus _m_; (≈ _Essen, Vergnügen_) Genuss _m_ **indulgent** _ADJ_, **indulgently** _ADV_ [ɪn'dʌldʒənt, -lɪ] nachsichtig (_to_ gegenüber)

industrial [ɪn'dʌstrɪəl] _ADJ_ industriell, Industrie-; **~ nation** Industriestaat _m_; **the Industrial Revolution** die industrielle Revolution **industrial action** _s_ Arbeitskampfmaßnahmen _pl_; **to take ~** in den Ausstand treten **industrial dispute** _s_ Auseinandersetzungen _pl_ zwischen Arbeitgebern und Arbeitnehmern, Tarifkonflikt _m_, Streik _m_ **industrial estate** _s_ (_Br_) Industriegebiet _n_ **industrialist** [ɪn'dʌstrɪəlɪst] _s_ Industrielle(r) _m/f(m)_ **industrialization** [ɪnˌdʌstrɪəlaɪ'zeɪʃən] _s_ Industrialisierung _f_ **industrialize** [ɪn'dʌstrɪəlaɪz] _vⁱᵗ & vⁱ_ industrialisieren; **~d nation** Industrienation _f_ **industrial park** _s_ (_US_) Industriegelände _n_ **industrial relations** _PL_ Beziehungen _pl_ zwischen Arbeitnehmern und Gewerkschaften **industrial site** _s_ Industriegelände _n_ **industrial tribunal** _s_ Arbeitsgericht _n_ **industrial unrest** _s_ Arbeitsunruhen _pl_ **industrial waste** _s_ Industriemüll _m_ **industrious** _ADJ_, **industriously** _ADV_ [ɪn'dʌstrɪəs, -lɪ] fleißig

industry ['ɪndəstrɪ] _s_ Industrie _f_; **heavy ~** Schwerindustrie _f_

inebriated [ɪ'niːbrɪeɪtɪd] _ADJ_ (_form_) betrunken

inedible [ɪn'edɪbl] _ADJ_ nicht essbar, ungenießbar

ineffective [ˌɪnɪ'fektɪv] _ADJ_ ineffektiv; _Manager etc_ unfähig; **to be ~ against sth** nicht wirksam gegen etw sein **ineffectively** [ˌɪnɪ'fektɪvlɪ] _ADV_ ineffektiv **ineffectiveness** _s_ Ineffektivität _f_; (_von Manager etc_) Unfähigkeit _f_ **ineffectual** [ˌɪnɪ'fektjʊəl] _ADJ_ ineffektiv

inefficiency [ˌɪnɪ'fɪʃənsɪ] _s_ (_von Mensch_) Unfähigkeit _f_; (_von Maschine_) geringe Leistung; (_von Unternehmen_) Unproduktivität _f_ **inefficient** [ˌɪnɪ'fɪʃənt] _ADJ_ _Mensch_ unfähig; _Maschine_ leistungsschwach; _Methode_ unrationell; _Unternehmen_ unproduktiv; **to be ~ at doing sth** etw schlecht machen **inefficiently** [ˌɪnɪ'fɪʃəntlɪ] _ADV_ schlecht; **to work ~** (_Mensch_) unrationell arbeiten; (_Maschine_) unwirtschaftlich arbeiten

ineligible [ɪn'elɪdʒəbl] _ADJ_ (_zu Beihilfe etc_) nicht berechtigt (_for_ zu Leistungen +_gen_); (_für Job,_ _Amt_) ungeeignet; **~ for military service** wehruntauglich; **to be ~ for a pension** nicht pensionsberechtigt sein

inept [ɪ'nept] _ADJ_ ungeschickt **ineptitude** [ɪ'neptɪtjuːd], **ineptness** [ɪ'neptnɪs] _s_ Ungeschick _n_

inequality [ˌɪnɪ'kwɒlɪtɪ] _s_ Ungleichheit _f_

inert [ɪ'nɜːt] _ADJ_ unbeweglich **inert gas** _s_ CHEM Edelgas _n_ **inertia** [ɪ'nɜːʃə] _s_ Trägheit _f_

inescapable [ˌɪnɪs'keɪpəbl] _ADJ_ unvermeidlich; _Tatsache_ unausweichlich

inessential [ˌɪnɪ'senʃəl] _ADJ_ unwesentlich

inestimable [ɪn'estɪməbl] _ADJ_ unschätzbar

inevitability [ɪnˌevɪtə'bɪlɪtɪ] _s_ Unvermeidlichkeit _f_ **inevitable** [ɪn'evɪtəbl] **A** _ADJ_ unvermeidlich; **defeat seemed ~** die Niederlage schien unabwendbar **B** _s_ **the ~** das Unvermeidliche **inevitably** [ɪn'evɪtəblɪ] _ADV_ zwangsläufig; **one question ~ leads to another** eine Frage zieht unweigerlich weitere nach sich; **~, he got drunk** es konnte ja nicht ausbleiben, dass er sich betrank; **as ~ happens on these occasions** wie es bei solchen Anlässen immer ist

inexact [ˌɪnɪg'zækt] _ADJ_ ungenau

inexcusable [ˌɪnɪks'kjuːzəbl] _ADJ_ unverzeihlich

inexhaustible [ˌɪnɪg'zɔːstəbl] _ADJ_ unerschöpflich

inexpensive _ADJ_, **inexpensively** _ADV_ [ˌɪnɪk'spensɪv, -lɪ] billig

inexperience [ˌɪnɪk'spɪərɪəns] _s_ Unerfahrenheit _f_ **inexperienced** _ADJ_ unerfahren; _Skifahrer etc_ ungeübt; **to be ~ in doing sth** wenig Erfahrung darin haben, etw zu tun

inexpertly [ɪn'ekspɜːtlɪ] _ADV_ unfachmännisch

inexplicable [ˌɪnɪk'splɪkəbl] _ADJ_ unerklärlich **inexplicably** [ˌɪnɪk'splɪkəblɪ] _ADV_ (+_adj_) unerklärlich; (+_v_) unerklärlicherweise

inexpressible [ˌɪnɪk'spresəbl] _ADJ_ unbeschreiblich

inextricable [ˌɪnɪk'strɪkəbl] _ADJ_ _Verwicklung_ unentwirrbar; _Verbindung_ untrennbar **inextricably** [ˌɪnɪk'strɪkəblɪ] _ADV_ _verwickelt_ unentwirrbar; _verbunden_ untrennbar

infallibility [ɪnˌfælə'bɪlɪtɪ] _s_ Unfehlbarkeit _f_ **infallible** [ɪn'fæləbl] _ADJ_ unfehlbar

infamous ['ɪnfəməs] _ADJ_ berüchtigt (_for_ wegen) **infamy** ['ɪnfəmɪ] _s_ Verrufenheit _f_

infancy ['ɪnfənsɪ] _s_ frühe Kindheit; (_fig_) Anfangsstadium _n_; **in early ~** in frühester Kindheit; **when radio was still in its ~** als das Radio noch in den Kinderschuhen steckte **infant** ['ɪnfənt] _s_ Säugling _m_, Kleinkind _n_; **she teaches ~s** sie unterrichtet Grundschulkinder; **~ class** (_Br_) _erste und zweite Grundschulklasse_

INFL

351

infantile ['ɪnfəntaɪl] ADJ kindisch **infant mortality** s̄ Säuglingssterblichkeit f
infantry ['ɪnfəntrɪ] s̄ MIL Infanterie f **infantryman** ['ɪnfəntrɪmən] s̄, pl -men [-mən] Infanterist m
infant school s̄ (Br) Grundschule für die ersten beiden Jahrgänge
infatuated [ɪn'fætjʊeɪtɪd] ADJ vernarrt (mit in +akk); **to become ~ with sb** sich in jdn vernarren **infatuation** [ɪn,fætjʊ'eɪʃən] s̄ Vernarrtheit f (with in +akk)
infect [ɪn'fekt] VT Wunde, Blut infizieren; jdn anstecken; **to be ~ed with sth** sich mit etw angesteckt haben; **his wound became ~ed** seine Wunde entzündete sich **infected** [ɪn'fektɪd] ADJ infiziert
infection [ɪn'fekʃən] s̄ Infektion f
infectious [ɪn'fekʃəs] ADJ ansteckend
infer [ɪn'fɜ:r] VT **1** (≈ folgern) schließen (from aus) **2** andeuten
inferior [ɪn'fɪərɪər] A ADJ Qualität minderwertig; Mensch unterlegen; (rangmäßig) untergeordnet; **an ~ workman** ein weniger guter Handwerker; **to be ~ to sth** von minderer Qualität sein als etw; **to be ~ to sb** jdm unterlegen sein; (rangmäßig) jdm untergeordnet sein; **he feels ~** er kommt sich (dat) unterlegen od minderwertig vor B s̄ **one's ~s** (rangmäßig) seine Untergebenen pl **inferiority** [ɪn,fɪərɪ'ɒrɪtɪ] s̄ Minderwertigkeit f; (von Mensch) Unterlegenheit f (to gegenüber); (rangmäßig) untergeordnete Stellung **inferiority complex** s̄ Minderwertigkeitskomplex m
infernal [ɪn'fɜ:nl] ADJ (umg) Ärgernis verteufelt; Lärm höllisch **inferno** [ɪn'fɜ:nəʊ] s̄, pl -s Flammenmeer n; **a blazing ~** ein flammendes Inferno
infertile [ɪn'fɜ:taɪl] ADJ unfruchtbar; Tier fortpflanzungsunfähig **infertility** [,ɪnfɜ:'tɪlɪtɪ] s̄ Unfruchtbarkeit f **infertility treatment** s̄ Sterilitätsbehandlung f
infest [ɪn'fest] VT (Ungeziefer) herfallen über (+akk); **to be ~ed with rats** mit Ratten verseucht sein
infidel ['ɪnfɪdəl] s̄ HIST, REL Ungläubige(r) m/f(m) **infidelity** [,ɪnfɪ'delɪtɪ] s̄ Untreue f
in-fighting ['ɪnfaɪtɪŋ] s̄ (fig) interner Machtkampf
infiltrate ['ɪnfɪltreɪt] VT POL Organisation unterwandern; Spione einschleusen **infiltration** [,ɪnfɪl'treɪʃən] s̄ POL Unterwanderung f
infinite ['ɪnfɪnɪt] ADJ (wörtl) unendlich; Möglichkeiten unendlich viele **infinitely** ['ɪnfɪnɪtlɪ] ADV unendlich; besser unendlich viel **infinitesimal** [,ɪnfɪnɪ'tesɪməl] ADJ unendlich klein
infinitive [ɪn'fɪnɪtɪv] s̄ GRAM Infinitiv m; **in the ~** im Infinitiv

infinity [ɪn'fɪnɪtɪ] s̄ (wörtl) Unendlichkeit f; MATH das Unendliche; **to ~** (bis) ins Unendliche
infirm [ɪn'fɜ:m] ADJ gebrechlich **infirmary** [ɪn'fɜ:mərɪ] s̄ Krankenhaus n, Spital n (österr, schweiz); (in Schule etc) Krankenzimmer n; (in Gefängnis) Krankenstation f **infirmity** [ɪn'fɜ:mɪtɪ] s̄ Gebrechlichkeit f; **the infirmities of (old) age** die Altersgebrechen pl
inflame [ɪn'fleɪm] VT **1** MED entzünden; **to become ~d** sich entzünden **2** Situation anheizen **inflammable** [ɪn'flæməbl] ADJ (wörtl) feuergefährlich; Stoff leicht entflammbar; **"highly ~"** „feuergefährlich" **(❶** „Nicht entzündbar" heißt **non-flammable.)** **inflammation** [,ɪnflə'meɪʃən] s̄ MED Entzündung f **inflammatory** [ɪn'flæmətərɪ] ADJ Rede aufrührerisch; **~ speech/pamphlet** Hetzrede/-schrift f
inflatable [ɪn'fleɪtɪbl] A ADJ aufblasbar; **~ dinghy** Schlauchboot n B s̄ Gummiboot n **inflate** [ɪn'fleɪt] A VT **1** (wörtl) aufpumpen, aufblasen **2** WIRTSCH Preise hochtreiben B VI (wörtl) sich mit Luft füllen **inflated** ADJ Preis überhöht; Selbstbewusstsein übersteigert **inflation** [ɪn'fleɪʃən] s̄ WIRTSCH Inflation f; **~ rate** Inflationsrate f **inflationary** [ɪn'fleɪʃənərɪ] ADJ inflationär; **~ pressures/politics** Inflationsdruck m/-politik f
inflected [ɪn'flektɪd] ADJ GRAM Form, Endung flektiert, gebeugt; Sprache flektierend **inflection** [ɪn'flekʃən] s̄ = inflexion
inflexibility [ɪn,fleksɪ'bɪlɪtɪ] s̄ (fig) Unbeugsamkeit f **inflexible** [ɪn'fleksəbl] ADJ (wörtl) starr; (fig) unbeugsam
inflexion [ɪn'flekʃən] s̄ **1** (GRAM: von Wort) Flexion f **2** (von Stimme) Tonfall m
inflict [ɪn'flɪkt] VT Strafe verhängen (on, upon gegen); Schaden zufügen (on sb jdm); Niederlage beibringen (on od upon sb jdm) **infliction** [ɪn'flɪkʃən] s̄ (von Schaden) Zufügen n
in-flight ['ɪnflaɪt] ADJ während des Fluges; Service an Bord; **~ magazine** Bordmagazin n
inflow ['ɪnfləʊ] s̄ **1** (von Wasser, Luft) Zustrom m, Zufließen n; **~ pipe** Zuflussrohr n **2** (fig) (von Menschen, Waren) Zustrom m; (von Ideen) Eindringen n
influence ['ɪnflʊəns] A s̄ Einfluss m (over auf +akk); **to have an ~ on sb/sth** Einfluss auf jdn/etw haben; **the book had** od **was a great ~ on him** das Buch hat ihn stark beeinflusst; **he was a great ~ in ...** er war ein bedeutender Faktor bei ...; **to use one's ~** seinen Einfluss einsetzen; **a man of ~** eine einflussreiche Person; **under the ~ of sb/sth** unter jds Einfluss/ dem Einfluss einer Sache; **under the ~ of**

INFL | 352

drink unter Alkoholeinfluss; **under the ~** (umg) betrunken; **one of my early ~s was Beckett** einer der Schriftsteller, die mich schon früh beeinflusst haben, war Beckett **B** V̅T̅ beeinflussen; **to be easily ~d** leicht beeinflussbar od zu beeinflussen sein **influential** [ˌɪnflʊˈenʃəl] A̅D̅J̅ einflussreich

influenza [ˌɪnflʊˈenzə] S̅ Grippe f

influx [ˈɪnflʌks] S̅ (von Kapital, Waren) Zufuhr f; (von Menschen) Zustrom m

info [ˈɪnfəʊ] S̅ (❶ kein Plural) (umg) = **informa-tion**

inform [ɪnˈfɔːm] A̅ V̅T̅ informieren (about über +akk); **to ~ sb of sth** jdn über etw informieren; **I am pleased to ~ you that ...** ich freue mich, Ihnen mitteilen zu können, dass ...; **to ~ the police** die Polizei verständigen; **to keep sb ~ed** jdn auf dem Laufenden halten (of über +akk) **B** V̅I̅ **to ~ against** od **on sb** jdn denunzieren

informal [ɪnˈfɔːməl] A̅D̅J̅ **1** bes POL Treffen nicht formell; Besuch inoffiziell **2** Atmosphäre zwanglos; Ausdrucksweise ungezwungen **informality** [ˌɪnfɔːˈmælɪtɪ] S̅ **1** (bes POL: von Treffen) nicht formeller Charakter; (von Besuch) inoffizieller Charakter **2** (von Atmosphäre) Zwanglosigkeit f; (von Ausdrucksweise) informeller Charakter **informally** [ɪnˈfɔːməlɪ] A̅D̅V̅ **1** inoffiziell **2** zwanglos

informant [ɪnˈfɔːmənt] S̅ **1** Informant(in) m(f); **according to my ~ the book is out of print** wie man mir mitteilt, ist das Buch vergriffen **2** (police) ~ Polizeispitzel m

information [ˌɪnfəˈmeɪʃən] S̅ (❶ kein pl) Information f, Informationen pl; **a piece of ~** eine Auskunft od Information; **for your ~** zu Ihrer Information; (ungehalten) damit Sie es wissen; **to give sb ~ about** od **on sb/sth** jdm Auskunft od Informationen über jdn/etw geben; **to get ~ about** od **on sb/sth** sich über jdn/etw informieren; **"information"** „Auskunft"; **we have no ~ about that** wir wissen darüber nicht Bescheid; **for further ~ please contact this number ...** Näheres erfahren Sie unter Telefonnummer ... **information centre**, (US) **information center** S̅ Auskunftsbüro n, Informationszentrum n **information desk** S̅ Informationsschalter m **information pack** S̅ Informationsmaterial n **information science** S̅ Informatik f **information scientist** S̅ Informatiker(in) m(f) **information superhighway** S̅ Datenautobahn f **information technology** S̅ Informationstechnik f **informative** [ɪnˈfɔːmətɪv] A̅D̅J̅ aufschlussreich **informed** [ɪnˈfɔːmd] A̅D̅J̅ Beobachter informiert; Vermutung fundiert **informer** [ɪnˈfɔːməʳ] S̅ Informant(in) m(f); **police ~** Po-

lizeispitzel m

infotainment [ˌɪnfəʊˈteɪnmənt] S̅ TV Infotainment n

infrared [ˈɪnfrəˈred] A̅D̅J̅ infrarot

infrastructure [ˈɪnfrəˌstrʌktʃəʳ] S̅ Infrastruktur f

infrequent [ɪnˈfriːkwənt] A̅D̅J̅ selten; **at ~ intervals** in großen Abständen **infrequently** [ɪnˈfriːkwəntlɪ] A̅D̅V̅ selten

infringe [ɪnˈfrɪndʒ] A̅ V̅T̅ verstoßen gegen; Rechte verletzen **B** V̅I̅ **to ~ (up)on sb's rights** jds Rechte verletzen **infringement** S̅ an **~ (of a rule)** ein Regelverstoß m; **the ~ of sb's rights** die Verletzung von jds Rechten

infuriate [ɪnˈfjʊərɪeɪt] V̅T̅ zur Raserei bringen **infuriating** [ɪnˈfjʊərɪeɪtɪŋ] A̅D̅J̅ (äußerst) ärgerlich; **an ~ person** ein Mensch, der einen rasend machen kann

infusion [ɪnˈfjuːʒən] S̅ Tee m

ingenious A̅D̅J̅, **ingeniously** A̅D̅V̅ [ɪnˈdʒiːnɪəs, -lɪ] genial **ingenuity** [ˌɪndʒɪˈnjuːɪtɪ] S̅ Genialität f

ingenuous [ɪnˈdʒenjʊəs] A̅D̅J̅ **1** aufrichtig **2** naiv

ingot [ˈɪŋgət] S̅ Barren m

ingrained [ˌɪnˈgreɪnd] A̅D̅J̅ **1** (fig) Angewohnheit eingefleischt; Vorurteil tief verwurzelt; **to be (deeply) ~** fest verwurzelt sein **2** Schmutz tief eingedrungen

ingratiate [ɪnˈgreɪʃɪeɪt] V̅R̅ **to ~ oneself with sb** sich bei jdm einschmeicheln

ingratitude [ɪnˈgrætɪtjuːd] S̅ Undank m; **sb's ~** jds Undankbarkeit f

ingredient [ɪnˈgriːdɪənt] S̅ Bestandteil m; (in Kochrezept) Zutat f; **all the ~s for success** alles, was man zum Erfolg braucht

inhabit [ɪnˈhæbɪt] V̅T̅ bewohnen; (Tiere) leben in (+dat) **inhabitable** [ɪnˈhæbɪtəbl] A̅D̅J̅ bewohnbar **inhabitant** [ɪnˈhæbɪtənt] S̅ Bewohner(in) m(f)

inhale [ɪnˈheɪl] A̅ V̅T̅ einatmen; MED inhalieren **B** V̅I̅ (Raucher) inhalieren; **do you ~?** rauchen Sie auf Lunge? **inhaler** [ɪnˈheɪləʳ] S̅ Inhalationsapparat m

inherent [ɪnˈhɪərənt] A̅D̅J̅ innewohnend, eigen (to, in +dat) **inherently** [ɪnˈhɪərəntlɪ] A̅D̅V̅ von Natur aus

inherit [ɪnˈherɪt] V̅T̅ & V̅I̅ erben; **the problems which we ~ed from the last government** die Probleme, die uns die letzte Regierung hinterlassen od vererbt hat **inheritance** [ɪnˈherɪtəns] S̅ Erbe n **inherited** [ɪnˈherɪtɪd] A̅D̅J̅ ererbt

inhibit [ɪnˈhɪbɪt] V̅T̅ hemmen; Fähigkeit beeinträchtigen **inhibited** A̅D̅J̅ gehemmt **inhibition** [ˌɪnhɪˈbɪʃən] S̅ Hemmung f; **he has no ~s**

353 ‖ INOP

about speaking French er hat keine Hemmungen, Französisch zu sprechen

inhospitable [ˌɪnhɒˈspɪtəbl] A̲D̲J̲ ungastlich; *Klima, Gegend* unwirtlich

in-house ['ɪnhaʊs] A [ɪnˈhaʊs] A̲D̲J̲ hausintern; *Personal* im Haus B [ɪnˈhaʊs] A̲D̲V̲ hausintern

inhuman [ɪnˈhjuːmən] A̲D̲J̲ unmenschlich **inhumane** [ˌɪnhjuːˈmeɪn] A̲D̲J̲ inhuman; *Behandlung a.* menschenunwürdig **inhumanity** [ˌɪnhjuːˈmænɪtɪ] S̲ Unmenschlichkeit f

inimitable [ɪˈnɪmɪtəbl] A̲D̲J̲ unnachahmlich

initial [ɪˈnɪʃəl] A A̲D̲J̲ anfänglich, Anfangs-; **my ~ reaction** meine anfängliche Reaktion; **in the ~ stages** im Anfangsstadium B S̲ Initiale f C̲ V̲T̲ *Dokument* mit seinen Initialen unterzeichnen **initially** [ɪˈnɪʃəlɪ] A̲D̲V̲ anfangs **initiate** [ɪˈnɪʃɪeɪt] V̲T̲ ◨ den Anstoß geben zu, initiieren *(geh)*; *Diskussion* eröffnen ◩ *(in Verein etc)* feierlich aufnehmen ◪ einweihen; **to ~ sb into sth** jdn in etw *(akk)* einführen **initiation** [ɪˌnɪʃɪˈeɪʃən] S̲ *(in Gesellschaft)* Aufnahme f **initiation ceremony** S̲ Aufnahmezeremonie f **initiative** [ɪˈnɪʃətɪv] S̲ Initiative f; **to take the ~** die Initiative ergreifen; **on one's own ~** aus eigener Initiative; **to have the ~** überlegen sein; **to lose the ~** seine Überlegenheit verlieren **initiator** [ɪˈnɪʃɪeɪtə] S̲ Initiator(in) m(f)

inject [ɪnˈdʒekt] V̲T̲ (ein)spritzen; *Drogen* spritzen; **to ~ sb with sth** MED jdm etw spritzen; **he ~ed new life into the team** er brachte neues Leben in das Team **injection** [ɪnˈdʒekʃən] S̲ Injektion f, Spritze f; **to give sb an ~** jdm eine Spritze geben; **to have an ~** eine Spritze bekommen; **a £250 million cash ~** eine Finanzspritze von 250 Millionen Pfund **injunction** [ɪnˈdʒʌŋkʃən] S̲ JUR gerichtliche Verfügung; **to take out a court ~** eine gerichtliche Verfügung erwirken

injure ['ɪndʒə] V̲T̲ verletzen; *jds Ruf* schaden (+dat); **to ~ one's leg** sich *(dat)* das Bein verletzen; **how many were ~d?, how many ~d were there?** wie viele Verletzte gab es?; **the ~d** die Verletzten *pl*; **the ~d party** JUR der/die Geschädigte **injurious** [ɪnˈdʒʊərɪəs] A̲D̲J̲ schädlich

injury ['ɪndʒərɪ] S̲ Verletzung f *(to +gen)*; **to do sb/oneself an ~** jdn/sich verletzen; **to play ~ time** *(Br* SPORT*) od* **~ overtime** *(US* SPORT*)* nachspielen

injustice [ɪnˈdʒʌstɪs] S̲ Ungerechtigkeit f; **to do sb an ~** jdm unrecht tun

ink [ɪŋk] S̲ Tinte f; KUNST Tusche f; TYPO Druckfarbe f; **to write in red ~** mit roter Tinte schreiben **ink drawing** S̲ Tuschzeichnung f **ink-jet (printer)** S̲ Tintenstrahldrucker m

inkling ['ɪŋklɪŋ] S̲ dunkle Ahnung; **he didn't**

have an ~ er hatte nicht die leiseste Ahnung

ink pad S̲ Stempelkissen n **inkstain** S̲ Tintenfleck m **inky** ['ɪŋkɪ] A̲D̲J̲ (+er) *(wörtl)* tintenbeschmiert; **~ fingers** Tintenfinger pl

inlaid [ɪnˈleɪd] A̲D̲J̲ eingelegt

inland ['ɪnlænd] A A̲D̲J̲ binnenländisch; **~ town** Stadt f im Landesinneren; **~ waterway** Binnenwasserstraße f B A̲D̲V̲ landeinwärts **inland lake** S̲ Binnensee m **Inland Revenue** S̲ *(Br)* ≈ Finanzamt n **inland sea** S̲ Binnenmeer n

inlaw ['ɪnlɔː] S̲ angeheirateter Verwandter, angeheiratete Verwandte; **~s** Schwiegereltern pl

inlay ['ɪnleɪ] S̲ Einlegearbeit f, Intarsien pl

inlet ['ɪnlet] S̲ ◨ Meeresarm m, Flussarm m ◩ TECH Zuleitung f

in-line skates ['ɪnlaɪnˌskeɪts] P̲L̲ Inlineskates pl

inmate ['ɪnmeɪt] S̲ Insasse m, Insassin f

inmost ['ɪnməʊst] A̲D̲J̲ = innermost

inn [ɪn] S̲ Gasthaus n

innards ['ɪnədz] P̲L̲ Innereien pl

innate [ɪˈneɪt] A̲D̲J̲ angeboren **innately** [ɪˈneɪtlɪ] A̲D̲V̲ von Natur aus

inner ['ɪnə] A̲D̲J̲ innere(r, s); **~ city** Innenstadt f **inner-city** A̲D̲J̲ attr Innenstadt-, in den Innenstädten; *Probleme* der Innenstadt/der Innenstädte **innermost** A̲D̲J̲ innerste(r, s) **inner tube** S̲ Schlauch m

innings ['ɪnɪŋz] S̲, pl - *(Kricket)* Innenrunde f; **he has had a good ~** er hatte ein langes, ausgefülltes Leben

innkeeper ['ɪnˌkiːpə] S̲ (Gast)wirt(in) m(f)

innocence ['ɪnəsəns] S̲ Unschuld f **innocent** ['ɪnəsənt] A A̲D̲J̲ ◨ unschuldig; **she is ~ of the crime** sie ist an dem Verbrechen unschuldig ◩ *Frage* naiv; *Bemerkung* arglos B S̲ Unschuld f **innocently** ['ɪnəsəntlɪ] A̲D̲V̲ unschuldig; **the quarrel began ~ enough** der Streit begann ganz harmlos

innocuous A̲D̲J̲, **innocuously** A̲D̲V̲ [ɪˈnɒkjʊəs, -lɪ] harmlos

innovate ['ɪnəʊveɪt] V̲I̲ Neuerungen einführen **innovation** [ˌɪnəʊˈveɪʃən] S̲ Innovation f **innovative** [ɪnəˈveɪtɪv] A̲D̲J̲ innovativ; *Idee* originell **innovator** ['ɪnəʊveɪtə] S̲ Neuerer m, Neuerin f

innuendo [ˌɪnjuˈendəʊ] S̲, pl -es versteckte Andeutung; **sexual ~** sexuelle Anspielung

innumerable [ɪˈnjuːmərəbl] A̲D̲J̲ unzählig

inoculate [ɪˈnɒkjʊleɪt] V̲T̲ impfen *(against gegen)* **inoculation** [ɪˌnɒkjʊˈleɪʃən] S̲ Impfung f

inoffensive [ˌɪnəˈfensɪv] A̲D̲J̲ harmlos

inoperative [ɪnˈɒpərətɪv] A̲D̲J̲ ◨ *Gesetz* außer Kraft ◩ **to be ~** *(Maschine)* nicht funktionieren

inopportune [ɪnˈɒpətjuːn] A̲D̲J̲ inopportun; **to**

INOR ‖ 354

be ~ ungelegen kommen

inordinate [ɪ'nɔːdɪnɪt] ADJ unmäßig; *Zahl, Summe* übermäßig; *Nachfrage* übertrieben **inordinately** [ɪ'nɔːdɪnɪtlɪ] ADV unmäßig; *groß* übermäßig

inorganic [ˌɪnɔː'gænɪk] ADJ anorganisch

inpatient ['ɪnpeɪʃnt] ʃ stationär behandelter Patient/behandelte Patientin

input ['ɪnpʊt] A ʃ 1 (*in Computer*) Eingabe f; (*von Kapital*) Investition f; (*zu Projekt etc*) Beitrag m 2 (≈ *Terminal*) Eingang m B VT IT eingeben

inquest ['ɪnkwest] ʃ JUR gerichtliche Untersuchung der Todesursache; (*fig*) Manöverkritik f

inquire [ɪn'kwaɪə'] A VT sich erkundigen nach; **he ~d whether ...** er erkundigte sich, ob ... B VI sich erkundigen (*about* nach); **"inquire within"** „Näheres im Geschäft" ♦**inquire about** *od* **after** VI +*obj* sich erkundigen nach ♦**inquire into** VI +*obj* untersuchen

inquiring [ɪn'kwaɪərɪŋ] ADJ fragend; *Geist* forschend

inquiry [ɪn'kwaɪərɪ, (US) 'ɪnkwɪrɪ] ʃ 1 Anfrage f (*about* über +*akk*); (*nach dem Weg etc*) Erkundigung f (*about* über +*akk*, nach); **to make inquiries** Erkundigungen einziehen; (*Polizei*) Nachforschungen anstellen (*about sb* über jdn, *about sth* nach etw); **he is helping the police with their inquiries** (*euph*) er wird von der Polizei vernommen 2 Untersuchung f; **to hold an ~ into the cause of the accident** eine Untersuchung der Unfallursache durchführen

inquisitive [ɪn'kwɪzɪtɪv] ADJ neugierig

inroad ['ɪnrəʊd] ʃ (*fig*) **the Japanese are making ~s into the British market** die Japaner dringen in den britischen Markt ein

insane [ɪn'seɪn] A ADJ (*wörtl*) geisteskrank; (*fig umg*) wahnsinnig; **to drive sb ~** (*wörtl*) jdn um den Verstand bringen; (*fig umg*) jdn wahnsinnig machen B PL **the ~** die Geisteskranken pl **insanely** [ɪn'seɪnlɪ] ADV irrsinnig

insanitary [ɪn'sænɪtərɪ] ADJ unhygienisch

insanity [ɪn'sænɪtɪ] ʃ Wahnsinn m

insatiable [ɪn'seɪʃəbl] ADJ unersättlich

inscription [ɪn'skrɪpʃən] ʃ 1 Inschrift f; (*auf Münze*) Aufschrift f 2 (*in Buch*) Widmung f

inscrutable [ɪn'skruːtəbl] ADJ unergründlich (*to* für)

insect ['ɪnsekt] ʃ Insekt n **insect bite** ʃ Insektenstich m **insecticide** [ɪn'sektɪsaɪd] ʃ Insektengift n, Insektizid n (*form*) **insect repellent** ʃ Insektenschutzmittel n

insecure [ˌɪnsɪ'kjʊə'] ADJ 1 unsicher; **if they feel ~ in their jobs** wenn sie sich in ihrem Arbeitsplatz nicht sicher fühlen 2 *Leiter etc* ungesichert **insecurity** [ˌɪnsɪ'kjʊərɪtɪ] ʃ Unsicherheit f

inseminate [ɪn'semɪneɪt] VT befruchten; *Vieh* besamen **insemination** [ɪnˌsemɪ'neɪʃən] ʃ Befruchtung f; (*von Vieh*) Besamung f

insensitive [ɪn'sensɪtɪv] ADJ 1 gefühllos; *Bemerkung* taktlos; **to be ~ to** *od* **about sb's feelings** auf jds Gefühle keine Rücksicht nehmen 2 unempfänglich 3 unempfindlich (*to* gegen); **~ to pain** schmerzunempfindlich **insensitivity** [ɪnˌsensɪ'tɪvɪtɪ] ʃ Gefühllosigkeit f (*towards* gegenüber); (*von Bemerkung*) Taktlosigkeit f

inseparable [ɪn'sepərəbl] ADJ untrennbar; *Freunde* unzertrennlich; **these two issues are ~** diese beiden Fragen sind untrennbar miteinander verbunden **inseparably** [ɪn'sepərəblɪ] ADV untrennbar

insert [ɪn'sɜːt] A VT hineinstecken, hineinlegen, einfügen; *Münze* einwerfen; IT CD einlegen; **to ~ sth in(to) sth** etw in etw (*akk*) stecken, etw in etw (*akk*) hineinlegen, etw in etw (*akk*) einfügen B ['ɪnsɜːt] ʃ (*in Buch*) Einlage f; (≈ *Werbung*) Inserat n **insertion** [ɪn'sɜːʃən] ʃ Hineinstecken n, Hineinlegen n, Einfügen n **insert key** ʃ IT Einfügetaste f

in-service ['ɪnˌsɜːvɪs] ADJ attr **~ training** (berufsbegleitende) Fortbildung

inshore ['ɪn'ʃɔː'] A ADJ Küsten- B ADV in Küstennähe

inside ['ɪn'saɪd] A ʃ 1 Innere(s) n, Innenseite f; **you'll have to ask someone on the ~** Sie müssen einen Insider *od* Eingeweihten fragen; **locked from** *od* **on the ~** von innen verschlossen; **the wind blew the umbrella ~ out** der Wind hat den Schirm umgestülpt; **your sweater's ~ out** du hast deinen Pullover links herum an; **to turn sth ~ out** etw umdrehen; **to know sth ~ out** etw in- und auswendig kennen 2 (*umg*: *a*. **insides**) Eingeweide n B ADJ Innen-, innere(r, s); **~ leg measurement** innere Beinlänge; **~ pocket** Innentasche f C ADV innen, drin(nen); (*Richtungsangabe*) nach innen, herein; **look ~** sehen Sie hinein, sehen Sie innen nach; **come ~!** kommen Sie herein!; **let's go ~** gehen wir hinein; **I heard music coming from ~** ich hörte von innen Musik; **to be ~** (*umg*: *in Gefängnis*) sitzen (*umg*) D PRÄP (*bes US*: *a*. **inside of**) 1 innen in (+*dat*); (*Richtungsangabe*) in (+*akk*) ... (hinein); **don't let him come ~ the house** lassen Sie ihn nicht ins Haus (herein); **he was waiting ~ the house** er wartete im Haus 2 (*zeitlich*) innerhalb **inside information** ʃ Insiderinformationen pl **inside lane** ʃ SPORT Innenbahn f; AUTO Innenspur f **insider** [ɪn'saɪdə'] ʃ Insider(in) m(f) **insider dealing**, **insider trading** ʃ FIN Insiderhandel m

insidious ADJ, **insidiously** ADV [ɪn'sɪdɪəs, -lɪ] heimtückisch

355 ‖ INST

insight ['ɪnsaɪt] ⒮ ⓵ (❗ kein pl) Verständnis *n*; **his ~ into my problems** sein Verständnis für meine Probleme ⓶ Einblick *m* (*into* in +*akk*); **to gain (an) ~ into sth** (einen) Einblick in etw gewinnen

insignia [ɪn'sɪgnɪə] ℙℒ Insignien *pl*

insignificance [ˌɪnsɪg'nɪfɪkəns] ⒮ Bedeutungslosigkeit *f* **insignificant** ᴀᴅᴊ unbedeutend

insincere [ˌɪnsɪn'sɪəʳ] ᴀᴅᴊ unaufrichtig **insincerity** [ˌɪnsɪn'serɪtɪ] ⒮ Unaufrichtigkeit *f*

insinuate [ɪn'sɪnjʊeɪt] ᴠ/ᴛ andeuten (*sth to sb* etw jdm gegenüber); **what are you insinuating?** was wollen Sie damit sagen? **insinuation** [ɪnˌsɪnjʊ'eɪʃən] ⒮ Anspielung *f* (*about* auf +*akk*)

insipid [ɪn'sɪpɪd] ᴀᴅᴊ fade; *Farbe* langweilig, fad (*österr*)

insist [ɪn'sɪst] ᴀ ᴠ/ɪ I **~!** ich bestehe darauf!; **if you ~** wenn Sie darauf bestehen; **he ~s on his innocence** er behauptet beharrlich, unschuldig zu sein; **to ~ on a point** auf einem Punkt beharren; **to ~ on doing sth** darauf bestehen, etw zu tun; **he will ~ on calling her by the wrong name** er redet sie beharrlich beim falschen Namen an ʙ ᴠ/ᴛ **to ~ that ...** darauf beharren *od* bestehen, dass ...; **he ~s that he is innocent** er behauptet beharrlich, unschuldig zu sein **insistence** [ɪn'sɪstəns] ⒮ Bestehen *n* (*on* auf +*dat*); **I did it at his ~** ich tat es auf sein Drängen **insistent** [ɪn'sɪstənt] ᴀᴅᴊ ⓵ *Mensch* hartnäckig; *Vertreter* aufdringlich; **he was most ~ about it** er bestand hartnäckig darauf ⓶ *Forderung* nachdrücklich **insistently** [ɪn'sɪstəntlɪ] ᴀᴅᴠ mit Nachdruck

insofar [ˌɪnsəʊ'fɑːʳ] ᴀᴅᴠ **~ as** soweit

insole ['ɪnsəʊl] ⒮ Einlegesohle *f*

insolence ['ɪnsələns] ⒮ Unverschämtheit *f* **insolent** ᴀᴅᴊ, **insolently** ᴀᴅᴠ ['ɪnsələnt, -lɪ] unverschämt

insoluble [ɪn'sɒljʊbl] ᴀᴅᴊ ⓵ *Substanz* unlöslich ⓶ *Problem* unlösbar

insolvency [ɪn'sɒlvənsɪ] ⒮ Zahlungsunfähigkeit *f* **insolvent** [ɪn'sɒlvənt] ᴀᴅᴊ zahlungsunfähig

insomnia [ɪn'sɒmnɪə] ⒮ Schlaflosigkeit *f* **insomniac** [ɪn'sɒmnɪæk] ⒮ **to be an ~** an Schlaflosigkeit leiden

insomuch [ˌɪnsəʊ'mʌtʃ] ᴀᴅᴠ = inasmuch

inspect [ɪn'spekt] ᴠ/ᴛ prüfen; *Schule etc* inspizieren; **to ~ sth for sth** etw auf etw (*akk*) (hin) prüfen *od* kontrollieren **inspection** [ɪn'spekʃən] ⒮ Prüfung *f*; (*von Schule etc*) Inspektion *f*; **to make an ~ of sth** etw kontrollieren *od* prüfen; *Schule etc* etw inspizieren; **on ~** bei näherer Betrachtung **inspector** [ɪn'spektəʳ] ⒮ (*im Bus*) Kontrol-

leur(in) *m*(*f*), Konducteur(in) *m*(*f*) (*schweiz*); (*von Schulen*) Schulrat *m*, Schulrätin *f*; (*von Polizei*) Polizeiinspektor(in) *m*(*f*); (*höher*) Kommissar(in) *m*(*f*)

inspiration [ˌɪnspə'reɪʃən] ⒮ Inspiration *f* (*for* zu *od* für); **he gets his ~ from ...** er lässt sich von ... inspirieren; **his courage has been an ~ to us all** sein Mut hat uns alle inspiriert **inspirational** [ˌɪnspə'reɪʃənl] ᴀᴅᴊ inspirativ **inspire** [ɪn'spaɪəʳ] ᴠ/ᴛ ⓵ *Respekt* einflößen (*in sb* jdm); *Hoffnungen* (er)wecken (*in* in +*dat*); *Hass* hervorrufen (*in* bei) ⓶ jdn inspirieren; **the book was ~d by a real person** die Inspiration zu dem Buch kommt von einer wirklichen Person **inspired** [ɪn'spaɪəd] ᴀᴅᴊ genial; *Vortragskünstler* inspiriert; **it was an ~ choice** das war genial gewählt **inspiring** [ɪn'spaɪərɪŋ] ᴀᴅᴊ inspirierend

instability [ˌɪnstə'bɪlɪtɪ] ⒮ Instabilität *f*

install [ɪn'stɔːl] ᴠ/ᴛ installieren; *Badezimmer* einbauen; jdn (in ein Amt) einführen; **to have electricity ~ed** ans Elektrizitätsnetz angeschlossen werden **installation** [ˌɪnstə'leɪʃən] ⒮ ⓵ Installation *f*; (*von Telefon*) Anschluss *m*; (*von Küche etc*) Einbau *m*; **~ program** ɪᴛ Installationsprogramm *n* ⓶ (≈ *Maschinen*) Anlage *f* **installment plan** ⒮ (US) Ratenzahlung *f* (❗ = (Br) hire-purchase); **to buy on the ~** auf Raten kaufen **instalment**, (US) **installment** [ɪn'stɔːlmənt] ⒮ ⓵ Fortsetzung *f*; RADIO, TV (Sende)folge *f* ⓶ FIN, HANDEL Rate *f*; **monthly ~** Monatsrate *f*; **to pay in** *od* **by ~s** in Raten *od* ratenweise bezahlen

instance ['ɪnstəns] ⒮ Beispiel *n*, Fall *m*; **for ~** zum Beispiel; **in the first ~** zunächst (einmal)

instant ['ɪnstənt] ᴀ ᴀᴅᴊ ⓵ unmittelbar ⓶ GASTR Instant-; **~ mashed potatoes** fertiger Kartoffelbrei ʙ ⒮ Augenblick *m*; **this ~** auf der Stelle; **it was all over in an ~** in einem Augenblick war alles vorbei; **he left the ~ he heard the news** er ging sofort, als er die Nachricht hörte **instant access** ⒮ FIN, ɪᴛ sofortiger Zugriff (*to* auf +*akk*) **instantaneous** [ˌɪnstən'teɪnɪəs] ᴀᴅᴊ unmittelbar; **death was ~** der Tod trat sofort ein **instantaneously** [ˌɪnstən'teɪnɪəslɪ] ᴀᴅᴠ sofort **instant camera** ⒮ Sofortbildkamera *f* **instant coffee** ⒮ Pulverkaffee *m* **instantly** ['ɪnstəntlɪ] ᴀᴅᴠ sofort **instant messaging** ⒮ INTERNET Instant Messaging *n* **instant replay** ⒮ TV Wiederholung *f*

instead [ɪn'sted] ᴀ ᴘʀÄᴘ **instead of** statt (+*gen od* (*umg*) +*dat*), anstelle von; **~ of going to school** (an)statt zur Schule zu gehen; **~ of that** stattdessen; **his brother came ~ of him** sein Bruder kam an seiner Stelle ʙ ᴀᴅᴠ stattdessen; **if he doesn't want to go, I'll go ~** wenn er

nicht gehen will, gehe ich (stattdessen)
instep ['ɪnstep] ⮯ ANAT Spann m
instigate ['ɪnstɪgeɪt] ⮯ anstiften; *Gewalt* aufrufen zu; *Reform etc* initiieren **instigation** [ˌɪnstɪ'geɪʃən] ⮯ **at sb's ~** auf jds Veranlassung **instigator** ['ɪnstɪgeɪtə'] ⮯ *(zu Verbrechen)* Anstifter(in) *m(f)*; *(von Reform)* Initiator(in) *m(f)*
instil, *(US)* **instill** [ɪn'stɪl] ⮯ einflößen *(into sb* jdm); *Wissen, Disziplin* beibringen *(into sb* jdm)
instinct ['ɪnstɪŋkt] ⮯ Instinkt *m*; **the survival ~** der Überlebenstrieb; **by** *od* **from ~** instinktiv; **to follow one's ~s** sich auf seinen Instinkt verlassen **instinctive** ⮯, **instinctively** ⮯ [ɪn'stɪŋktɪv, -lɪ] instinktiv
institute ['ɪnstɪtjuːt] ⮯ **1** *Reformen* einführen; *Suche* einleiten **2** JUR *Untersuchung* einleiten; *Verfahren* anstrengen *(against* gegen) ⮯ Institut *n*; **Institute of Technology** technische Hochschule; **women's ~** Frauenverein *m* **institution** [ˌɪnstɪ'tjuːʃən] ⮯ Institution *f*, Anstalt *f* **institutional** [ˌɪnstɪ'tjuːʃənl] ⮯ institutionell; **~ care** Anstaltspflege *f*
in-store ['ɪnstɔː'] ⮯ *attr* im Laden
instruct [ɪn'strʌkt] ⮯ **1** unterrichten **2** anweisen, die Anweisung erteilen *(+dat)* **instruction** [ɪn'strʌkʃən] ⮯ **1** Unterricht *m* **2** Anweisung *f*; **what were your ~s?** welche Instruktionen *od* Anweisungen hatten Sie?; **~s for use** Gebrauchsanweisung *f*; **~ manual** TECH Bedienungsanleitung *f* **instructive** [ɪn'strʌktɪv] ⮯ instruktiv **instructor** [ɪn'strʌktə'] ⮯ Lehrer *m*; *(US)* Dozent *m* **instructress** [ɪn'strʌktrɪs] ⮯ Lehrerin *f*; *(US)* Dozentin *f*
instrument ['ɪnstrʊmənt] ⮯ **1** Instrument *n* **2** *(fig)* Werkzeug *n* **instrumental** [ˌɪnstrʊ'mentl] ⮯ **1** *Rolle* entscheidend; **to be ~ in sth** bei etw eine entscheidende Rolle spielen **2** MUS Instrumental-; **~ music/version** Instrumentalmusik *f*/-version *f* **instrumentalist** [ˌɪnstrʊ'mentəlɪst] ⮯ Instrumentalist(in) *m(f)* **instrumentation** [ˌɪnstrʊmen'teɪʃən] ⮯ Instrumentation *f* **instrument panel** ⮯ FLUG Instrumententafel *f*; AUTO Armaturenbrett *n*
insubordinate [ˌɪnsə'bɔːdənɪt] ⮯ aufsässig **insubordination** ['ɪnsəˌbɔːdɪ'neɪʃən] ⮯ Aufsässigkeit *f*
insubstantial [ˌɪnsəb'stænʃəl] ⮯ wenig substanziell; *Anschuldigung* gegenstandslos; *Summe* gering(fügig); *Mahlzeit* dürftig
insufferable ⮯, **insufferably** ⮯ [ɪn'sʌfərəbl, -lɪ] unerträglich
insufficient [ˌɪnsə'fɪʃənt] ⮯ nicht genügend; **~ evidence** Mangel *m* an Beweisen; **~ funds** FIN mangelnde Deckung **insufficiently** [ˌɪnsə'fɪʃəntlɪ] ⮯ unzulänglich
insular ['ɪnsjələ'] ⮯ engstirnig

insulate ['ɪnsjʊleɪt] ⮯ *(wörtl)* isolieren **insulating material** ['ɪnsjʊleɪtɪŋ] ⮯ Isoliermaterial *n* **insulating tape** ⮯ Isolierband *n* **insulation** [ˌɪnsjʊ'leɪʃən] ⮯ *(wörtl)* Isolierung *f*, Isoliermaterial *n*
insulin ['ɪnsjʊlɪn] ⮯ Insulin® *n*
insult [ɪn'sʌlt] ⮯ ⮯ beleidigen ⮯ ['ɪnsʌlt] ⮯ Beleidigung *f*; **an ~ to my intelligence** eine Beleidigung meiner Intelligenz; **to add ~ to injury** das Ganze noch schlimmer machen **insulting** [ɪn'sʌltɪŋ] ⮯ beleidigend; *Frage* unverschämt; **he was very ~ to her** er hat sich ihr gegenüber sehr beleidigend geäußert **insultingly** [ɪn'sʌltɪŋlɪ] ⮯ beleidigend; *sich verhalten* in beleidigender Weise
insurance [ɪn'ʃʊərəns] ⮯ (❗ kein pl) Versicherung *f*; **to take out ~** eine Versicherung abschließen *(against* gegen) **insurance broker** ⮯ Versicherungsmakler(in) *m(f)* **insurance company** ⮯ Versicherungsgesellschaft *f* **insurance policy** ⮯ Versicherungspolice *f*; **to take out an ~** eine Versicherung abschließen
insure [ɪn'ʃʊə'] ⮯ versichern (lassen) *(against* gegen); **he ~d his house contents for £10,000** er schloss eine Hausratsversicherung über £ 10.000 ab; **to ~ one's life** eine Lebensversicherung abschließen **insured** ⮯ versichert *(by,* with bei); **~ against fire** feuerversichert **insurer** [ɪn'ʃʊərə'] ⮯ Versicherer *m*
insurmountable [ˌɪnsə'maʊntəbl] ⮯ unüberwindlich
insurrection [ˌɪnsə'rekʃən] ⮯ Aufstand *m*
intact [ɪn'tækt] ⮯ intakt; **not one window was left ~** kein einziges Fenster blieb ganz *od* heil; **his confidence remained ~** sein Vertrauen blieb ungebrochen *od* unerschüttert
intake ['ɪnteɪk] ⮯ **1** **food ~** Nahrungsaufnahme *f*; **(sharp) ~ of breath** (plötzlicher) Atemzug **2** *(SCHULE: von Asylbewerbern etc)* Aufnahme *f*
integral ['ɪntɪgrəl] ⮯ wesentlich; **to be ~ to sth** ein wesentlicher Bestandteil einer Sache *(gen)* sein
integrate ['ɪntɪgreɪt] ⮯ integrieren; **to ~ sb/ sth into** *od* **with sth** jdn/etw in etw *(akk)* integrieren; **to ~ sth with sth** etw auf etw *(akk)* abstimmen **integrated** ⮯ integriert; *Plan* einheitlich; *Schule* ohne Rassentrennung **integration** [ˌɪntɪ'greɪʃən] ⮯ Integration *f (into* in *+akk)*; **(racial)** ~ Rassenintegration *f*
integrity [ɪn'tegrɪtɪ] ⮯ **1** Integrität *f* **2** Einheit *f*
intellect ['ɪntɪlekt] ⮯ Intellekt *m* **intellectual** [ɪntɪ'lektjʊəl] ⮯ ⮯ intellektuell; *Freiheit, Eigentum* geistig ⮯ ⮯ Intellektuelle(r) *m/f(m)*
intelligence [ɪn'telɪdʒəns] ⮯ **1** Intelligenz *f* **2** Informationen *pl* **3** MIL *etc* Nachrichtendienst *m* **intelligence service** ⮯ POL Nachrich-

357 | INTE

tendienst *m*

intelligent ADJ, **intelligently** ADV [ɪn-
'telɪdʒənt, -lɪ] intelligent **intelligentsia** [ɪn-
ˌtelɪ'dʒentsɪə] *s* Intelligenz *f* **intelligible** [ɪn-
'telɪdʒəbl] ADJ verständlich (*to sb* für jdn)

intend [ɪn'tend] VT beabsichtigen; **I ~ed no
harm** es war (von mir) nicht böse gemeint,
ich hatte nichts Böses beabsichtigt; **it was
~ed as a compliment** das sollte ein Kompli-
ment sein; **I wondered what he ~ed by that
remark** ich fragte mich, was er mit dieser Be-
merkung beabsichtigte; **this park is ~ed for
the general public** dieser Park ist für die Öf-
fentlichkeit bestimmt; **I ~ to leave next year**
ich beabsichtige *od* habe vor, nächstes Jahr zu
gehen; **what do you ~ to do about it?** was
beabsichtigen Sie, dagegen zu tun?; **this is
~ed to help me** das soll mir helfen; **did
you ~ that to happen?** hatten Sie das beab-
sichtigt? **intended** A ADJ *Wirkung* beabsich-
tigt; *Opfer* ausgeguckt; *Ziel* anvisiert B *s* **my ~**
(*umg*) mein Zukünftiger (*umg*), meine Zukünftige
(*umg*)

intense [ɪn'tens] ADJ intensiv; *Enttäuschung* bit-
ter; *Druck* enorm; *Freude* riesig; *Hitze* ungeheuer;
Verlangen brennend; *Wettstreit, Kämpfe, Spekulation*
heftig; *Hass* rasend; *Mensch* ernsthaft **intense-
ly** [ɪn'tenslɪ] ADV **1** äußerst; **I dislike it ~** ich
kann es absolut nicht ausstehen **2** starren, stu-
dieren intensiv **intensification** [ɪn,tensɪfɪ-
'keɪʃən] *s* Intensivierung *f* **intensify** [ɪn-
'tensɪfaɪ] A VT intensivieren; *Ängste* verstärken;
Konflikt verschärfen B VI zunehmen **intensity**
[ɪn'tensɪtɪ] *s* Intensität *f* **intensive** [ɪn'tensɪv]
ADJ intensiv, Intensiv-; **to be in ~ care** MED auf
der Intensivstation sein; **~ care unit** Intensiv-
station *f* **intensively** [ɪn'tensɪvlɪ] ADV intensiv

intent [ɪn'tent] A *s* Absicht *f*; **to all ~s and
purposes** im Grunde B ADJ **1** *Blick* durchdrin-
gend **2** **to be ~ on achieving sth** fest ent-
schlossen sein, etw zu erreichen; **they were
~ on winning** sie wollten unbedingt gewin-
nen **intention** [ɪn'tenʃən] *s* Absicht *f*; **what
was your ~ in publishing the article?** mit
welcher Absicht haben Sie den Artikel veröf-
fentlicht?; **it is my ~ to punish you severely**
ich beabsichtige, Sie streng zu bestrafen; **I
have every ~ of doing it** ich habe die feste
Absicht, das zu tun; **to have no ~ of doing
sth** nicht die Absicht haben, etw zu tun; **with
the best of ~s** in der besten Absicht; **with the
~ of ...** in der Absicht zu ... **intentional**
[ɪn'tenʃənl] ADJ absichtlich **intentionally** [ɪn-
'tenʃnəlɪ] ADV absichtlich

intently [ɪn'tentlɪ] ADV konzentriert

inter- ['ɪntə⁻] PRÄF zwischen-, Zwischen-, in-

ter-, Inter-; **interpersonal** zwischenmensch-
lich

interact [ˌɪntər'ækt] VI aufeinanderwirken;
PSYCH, SOZIOL interagieren **interaction**
[ˌɪntər'ækʃən] *s* gegenseitige Einwirkung;
PSYCH, SOZIOL Interaktion *f* **interactive**
[ˌɪntər'æktɪv] ADJ interaktiv

interbreed ['ɪntə'briːd] VI sich untereinander
vermehren, sich kreuzen

intercede [ˌɪntə'siːd] VI sich einsetzen (*with*
bei, *for, on behalf of* für); (*bei Streit*) vermitteln

intercept [ˌɪntə'sept] VT abfangen; **they ~ed
the enemy** sie schnitten dem Feind den Weg
ab

intercession [ˌɪntə'seʃən] *s* Fürsprache *f*; (*bei
Streit*) Vermittlung *f*

interchange ['ɪntə,tʃeɪndʒ] *s* **1** (*von Straßen*)
Kreuzung *f*, (Autobahn)kreuz *n* **2** Austausch
m **interchangeable** [ˌɪntə'tʃeɪndʒəbl] ADJ
austauschbar **interchangeably** [ˌɪntə-
'tʃeɪndʒəblɪ] ADV **they are used ~** sie können
ausgetauscht werden

intercity [ˌɪntə'sɪtɪ] ADJ Intercity-

intercom ['ɪntəkɒm] *s* (Gegen)sprechanlage
f; SCHIFF, FLUG Bordverständigungsanlage *f*

interconnect [ˌɪntəkə'nekt] A VT **~ed events**
zusammenhängende Ereignisse B VI in Zu-
sammenhang stehen

intercontinental ['ɪntə,kɒntɪ'nentl] ADJ in-
terkontinental, Interkontinental-

intercourse ['ɪntəkɔːs] *s* Verkehr *m*; (**sexual**)
~ (Geschlechts)verkehr *m*

intercultural [ˌɪntə'kʌltʃərəl] ADJ interkultu-
rell

interdepartmental ['ɪntə,diːpɑː't'mentl] ADJ
Beziehungen zwischen den Abteilungen; *Aus-
schuss* abteilungsübergreifend

interdependent [ˌɪntədɪ'pendənt] ADJ wech-
selseitig voneinander abhängig

▶ **intention**

Intention bedeutet „Absicht", und es gibt im
Englischen verschiedene Möglichkeiten auszu-
drücken, was man vorhat:

I've decided to go to university.	Ich habe mich ent-schieden, auf die Uni-versität zu gehen.
I'm planning to go on a cycling tour round Italy.	Ich hab vor, eine Rad-tour durch Italien zu machen.
I would like to be / become a teacher.	Ich möchte gern Leh-rer / Lehrerin werden.

SPRACHGEBRAUCH ◀

interest ['ɪntrɪst] **A** 🅢 **1** Interesse *n* (*in* für); **do you have any ~ in chess?** interessieren Sie sich für Schach?; **to take an ~ in sb/sth** sich für jdn/etw interessieren; **to show (an) ~ in sb/sth** Interesse für jdn/etw zeigen; **is it of any ~ to you?** sind Sie daran interessiert?; **he has lost ~** er hat das Interesse verloren; **his ~s are …** er interessiert sich für …; **in the ~(s) of sth** im Interesse einer Sache (*gen*) **2** (🔴) kein pl) FIN Zinsen *pl* **3** HANDEL Anteil *m*; **German ~s in Africa** deutsche Interessen *pl* in Afrika **B** V̄T̄ interessieren (*in* für, an +*dat*); **to ~ sb in doing sth** jdn dafür interessieren, etw zu tun; **can I ~ you in a drink?** kann ich Sie zu etwas Alkoholischem überreden?

interested ['ɪntrɪstɪd] A̅D̅J̅ **1** interessiert (*in an* +*dat*); **I'm not ~** das interessiert mich nicht; **to be ~ in sb/sth** sich für jdn/etw interessieren, an jdm/etw interessiert sein; **I'm going to the cinema, are you ~ (in coming)?** ich gehe ins Kino, haben Sie Lust mitzukommen?; **I'm selling my car, are you ~?** ich verkaufe meinen Wagen, sind Sie interessiert?; **the company is ~ in expanding its sales** die Firma hat Interesse daran *od* ist daran interessiert, ihren Absatz zu vergrößern; **to get sb ~ (in sth)** jdn (für etw) interessieren **2** **he is an ~ party** er ist befangen, er ist daran beteiligt

interest-free A̅D̅J̅, A̅D̅V̄ zinslos

interest group 🅢 Interessengruppe *f*

interesting ['ɪntrɪstɪŋ] A̅D̅J̅ interessant; **the ~ thing about it is that …** das Interessante daran ist, dass … **interestingly** ['ɪntrɪstɪŋlɪ] A̅D̅V̄ **~ enough, I saw him yesterday** interessanterweise habe ich ihn gestern gesehen

interest rate 🅢 FIN Zinssatz *m*

interface ['ɪntəfeɪs] 🅢 **1** Grenzfläche *f* **2** IT Schnittstelle *f*

interfere [ˌɪntə'fɪə^r] V̄Ī sich einmischen (*in in* +*akk*); (*an Maschinen, Eigentum*) sich zu schaffen machen (*with an* +*dat*); (*euph: sexuell*) sich vergehen (*with an* +*dat*); **don't ~ with the machine** lass die Finger von der Maschine; **to ~ with sth** etw stören; *jds Arbeit a.* etw beeinträchtigen; **to ~ with sb's plans** jds Pläne durchkreuzen **interference** [ˌɪntə'fɪərəns] 🅢 **1** Einmischung *f* **2** RADIO, TV Störung *f* (*with* +*gen*) **interfering** [ˌɪntə'fɪərɪŋ] A̅D̅J̅ sich ständig einmischend

intergovernmental [ˌɪntəgʌvən'mentl] A̅D̅J̅ zwischenstaatlich

interim ['ɪntərɪm] A̅ 🅢 Zwischenzeit *f*; **in the ~** in der Zwischenzeit **B** A̅D̅J̅ vorläufig; **~ agreement** Übergangsabkommen *n*; **~ report** Zwischenbericht *m*; **~ government** Übergangsregierung *f*

interior [ɪn'tɪərɪə^r] A̅ A̅D̅J̅ Innen-; **~ minister** Innenminister(in) *m(f)*; **~ ministry** Innenministerium *n* **B** 🅢 (*von Land*) Innere(s) *n*; (*von Haus*) Innenausstattung *f*; **Department of the Interior** (*US*) Innenministerium *n*; **the ~ of the house has been newly decorated** das Haus ist innen neu gemacht **interior decoration** 🅢 Innenausstattung *f* **interior decorator** 🅢 Innenausstatter(in) *m(f)* **interior design** 🅢 Innenarchitektur *f* **interior designer** 🅢 Innenarchitekt(in) *m(f)*

interject [ˌɪntə'dʒekt] V̄T̄ einwerfen **interjection** [ˌɪntə'dʒekʃən] 🅢 Ausruf *m*; (≈ *Bemerkung*) Einwurf *m*

interlocutor [ˌɪntə'lɒkjutə^r] 🅢 Gesprächspartner(in) *m(f)*

interloper ['ɪntələupə^r] 🅢 Eindringling *m*

interlude ['ɪntəluːd] 🅢 Periode *f*; THEAT Pause *f*, Zwischenspiel *n*; MUS Interludium *n*

intermarry [ˌɪntə'mærɪ] V̄Ī untereinander heiraten

intermediary [ˌɪntə'miːdɪərɪ] A̅ 🅢 (Ver)mittler(in) *m(f)* **B** A̅D̅J̅ **1** mittlere(r, s) **2** vermittelnd

intermediate [ˌɪntə'miːdɪət] A̅D̅J̅ Zwischen-; *Sprachkurs etc* für fortgeschrittene Anfänger; **~ stage** Zwischenstadium *n*; **the ~ stations** die dazwischenliegenden Bahnhöfe; **an ~ student** ein fortgeschrittener Anfänger, eine fortgeschrittene Anfängerin

interminable [ɪn'tɜːmɪnəbl] A̅D̅J̅ endlos

intermingle [ˌɪntə'mɪŋgl] V̄Ī sich mischen (*with* unter +*akk*)

intermission [ˌɪntə'mɪʃən] 🅢 THEAT, FILM Pause *f*

intermittent [ˌɪntə'mɪtənt] A̅D̅J̅ periodisch auftretend **intermittently** [ˌɪntə'mɪtəntlɪ] A̅D̅V̄ periodisch

intern¹ [ɪn'tɜːn] V̄T̄ *jdn* internieren

intern² ['ɪntɜːn] 🅢 (*US*) **1** Assistenzarzt *m*/-ärztin *f* **2** Praktikant(in) *m(f)*

internal [ɪn'tɜːnl] A̅D̅J̅ innere(r, s); (≈ *in Land*) Binnen-; (≈ *in Organisation*) intern; **~ call** internes *od* innerbetriebliches Gespräch; **~ flight** Inlandsflug *m*; **Internal Revenue Service** (*US*) Finanzamt *n*; **~ wall** Innenwand *f* **internal affairs** P̄L̄ innere Angelegenheiten *pl* **internal bleeding** 🅢 innere Blutungen *pl* **internal combustion engine** 🅢 Verbrennungsmotor *m* **internalize** [ɪn'tɜːnəlaɪz] V̄T̄ verinnerlichen **internally** [ɪn'tɜːnəlɪ] A̅D̅V̄ innen, im Inneren; (≈ *in Körper*) innerlich; (≈ *in Land*) landesintern; (≈ *in Organisation*) intern; **"not to be taken ~"** „nicht zum Einnehmen" **internal market** 🅢 WIRTSCH Binnenmarkt *m*; (*von Organisation*) marktwirtschaftliche Struktur

international [ˌɪntə'næʃnəl] A̅ A̅D̅J̅ international; **~ code** TEL internationale Vorwahl; **~ money order** Auslandsanweisung f ⓑ s̲ SPORT ◨ Länderspiel n ◩ Nationalspieler(in) m(f) **International Court of Justice** s̲ Internationaler Gerichtshof **International Date Line** s̲ Datumsgrenze f **internationalize** [ˌɪntəˈnæʃnəlaɪz] v̲t̲ internationalisieren **international law** s̲ internationales Recht **internationally** [ˌɪntəˈnæʃnəlɪ] a̲d̲v̲ international; *konkurrieren* auf internationaler Ebene **International Monetary Fund** s̲ WIRTSCH Internationaler Währungsfonds **International Phonetic Alphabet** s̲ internationale Lautschrift

internee [ˌɪntɜːˈniː] s̲ Internierte(r) m/f(m)

Internet [ˈɪntəˌnet] s̲ **the ~** das Internet; **to surf the ~** im Internet surfen; **to connect to the ~** sich ins Internet einwählen **Internet access** s̲ Internetzugang m **Internet access provider** s̲ Internetprovider m **Internet banking** s̲ Internetbanking n **Internet café** s̲ Internetcafé n **Internet connection** s̲ Internet-Anschluss m **Internet service provider** s̲ Internetprovider m

internment [ɪnˈtɜːnmənt] s̲ Internierung f

internship [ˈɪntɜːnʃɪp] s̲ (US) ◨ MED Medizinalpraktikum n ◩ Praktikum n

interplay [ˈɪntəpleɪ] s̲ Zusammenspiel n

interpret [ɪnˈtɜːprɪt] a̲ v̲t̲ ◨ dolmetschen ◩ interpretieren; *Traum* deuten; **how would you ~ what he said?** wie würden Sie seine Worte verstehen *od* auffassen? ⓑ v̲i̲ dolmetschen **interpretation** [ɪnˌtɜːprɪˈteɪʃən] s̲ Interpretation f; *(von Traum)* Deutung f

interpreter [ɪnˈtɜːprɪtə'] s̲ ◨ Dolmetscher(in) m(f) ◩ IT Interpreter m **interpreting** [ɪnˈtɜːprɪtɪŋ] s̲ Dolmetschen n

interrelate [ˌɪntərɪˈleɪt] a̲ v̲t̲ to be ~d zueinander in Beziehung stehen ⓑ v̲i̲ zueinander in Beziehung stehen

interrogate [ɪnˈterəgeɪt] v̲t̲ verhören **interrogation** [ɪnˌterəˈgeɪʃən] s̲ Verhör n **interrogative** [ˌɪntəˈrɒgətɪv] a̲ a̲d̲j̲ GRAM Interrogativ-; **~ pronoun/clause** Interrogativpronomen n/-satz m ⓑ s̲ GRAM Interrogativpronomen n; *(≈ Modus)* Interrogativ m; **in the ~** in der Frageform **interrogator** [ɪnˈterəgeɪtə'] s̲ Vernehmungsbeamte(r) m/f(m) *(form)*; **my ~s** die, die mich verhören

interrupt [ˌɪntəˈrʌpt] a̲ v̲t̲ unterbrechen ⓑ v̲i̲ unterbrechen; *(bei Arbeit etc)* stören; **stop ~ing!** fall mir/ihm *etc* nicht dauernd ins Wort! **interruption** [ˌɪntəˈrʌpʃən] s̲ Unterbrechung f

intersect [ˌɪntəˈsekt] v̲i̲ sich kreuzen; *(Geometrie)* sich schneiden **intersection** [ˌɪntə-

'sekʃən] s̲ *(von Straßen)* Kreuzung f; *(von Linien)* Schnittpunkt m; **point of ~** Schnittpunkt m

intersperse [ˌɪntəˈspɜːs] v̲t̲ verteilen; **~d with sth** mit etw dazwischen; **a speech ~d with quotations** eine mit Zitaten gespickte Rede; **periods of sunshine ~d with showers** von Schauern unterbrochener Sonnenschein

interstate [ˌɪntəˈsteɪt] a̲ a̲d̲j̲ (US) zwischen den (US-Bundes)staaten; **~ highway** Interstate Highway m ⓑ s̲ (US) Interstate (Highway) m

interval [ˈɪntəvəl] s̲ ◨ *(räumlich, zeitlich)* Abstand m; **at ~s** in Abständen; **at two-weekly ~s** in Abständen von zwei Wochen; **sunny ~s** METEO Aufheiterungen pl ◩ THEAT *etc* Pause f

intervene [ˌɪntəˈviːn] v̲i̲ intervenieren; *(Ereignis)* dazwischenkommen **intervening** [ˌɪntəˈviːnɪŋ] a̲d̲j̲ dazwischenliegend; **in the ~ period** in der Zwischenzeit **intervention** [ˌɪntəˈvenʃən] s̲ Intervention f

interview [ˈɪntəvjuː] a̲ s̲ ◨ Vorstellungsgespräch n; *(bei Behörde etc)* Gespräch n ◩ PRESSE, TV *etc* Interview n ⓑ v̲t̲ ◨ Bewerber ein/das Vorstellungsgespräch führen mit ◩ PRESSE, TV *etc* interviewen **interviewee** [ˌɪntəvjuːˈiː] s̲ Kandidat(in) m(f) (für die Stelle); PRESSE, TV *etc* Interviewte(r) m/f(m) **interviewer** [ˈɪntəvjuːə'] s̲ Leiter(in) m(f) des Vorstellungsgesprächs; PRESSE, TV *etc* Interviewer(in) m(f)

intestate [ɪnˈtestɪt] a̲d̲j̲ JUR **to die ~** ohne Testament sterben

intestinal [ɪnˈtestɪnl] a̲d̲j̲ Darm- **intestine** [ɪnˈtestɪn] s̲ Darm m; **small/large ~** Dünn-/Dickdarm m

intimacy [ˈɪntɪməsɪ] s̲ Vertrautheit f

intimate[1] [ˈɪntɪmɪt] a̲d̲j̲ eng; *(sexuell, fig)* intim; **to be on ~ terms with sb** mit jdm auf vertraulichem Fuß stehen; **to be/become ~ with sb** mit jdm vertraut sein/werden; *(sexuell)* mit jdm intim sein/werden; **to have an ~ knowledge of sth** über etw *(akk)* in allen Einzelheiten Bescheid wissen

intimate[2] [ˈɪntɪmeɪt] v̲t̲ andeuten; **he ~d to them that they should stop** er gab ihnen zu verstehen, dass sie aufhören sollten

intimately [ˈɪntɪmɪtlɪ] a̲d̲v̲ vertraut bestens; *verwandt* eng; *wissen* genau

intimidate [ɪnˈtɪmɪdeɪt] v̲t̲ einschüchtern; **they ~d him into not telling the police** sie schüchterten ihn so ein, dass er der Polizei nichts erzählte **intimidation** [ɪnˌtɪmɪˈdeɪʃən] s̲ Einschüchterung f

into [ˈɪntu] p̲r̲ä̲p̲ ◨ in (+akk); *fahren* gegen; **to translate sth ~ French** etw ins Französische übersetzen; **to change euros ~ pounds** Euro in Pfund umtauschen; **to divide 3 ~ 9** 9 durch

INTO | 360

3 teilen *od* dividieren; **3 ~ 9 goes 3** 3 geht dreimal in 9; **he's well ~ his sixties** er ist in den späten Sechzigern; **research ~ cancer** Krebsforschung *f* ② (*umg*) **to be ~ sb/sth** auf jdn/etw (*akk*) stehen (*umg*); **to be ~ sth** Drogen *etc* etw nehmen; **he's ~ wine** er ist Weinliebhaber; (≈ *Experte*) er ist Weinkenner; **he's ~ computers** er ist Computerfan (*umg*)

intolerable [ADJ], **intolerably** [ADV] [ɪn-ˈtɒlərəbl, -lɪ] unerträglich **intolerance** [ɪn-ˈtɒlərəns] s̱ Intoleranz *f* (of gegenüber) **intolerant** [ɪnˈtɒlərənt] ADJ intolerant (of gegenüber)

intonation [ˌɪntəʊˈneɪʃən] s̱ Intonation *f*

intoxicant [ɪnˈtɒksɪkənt] s̱ Rauschmittel *n* **intoxicated** [ɪnˈtɒksɪkeɪtɪd] ADJ berauscht; **to become ~** sich berauschen (by, with an +dat, von); **~ by** *od* **with success** vom Erfolg berauscht **intoxication** [ɪnˌtɒksɪˈkeɪʃən] s̱ Rausch *m*; **in a state of ~** (form) im Rausch

intractable [ɪnˈtræktəbl] ADJ Problem hartnäckig

intranet [ˈɪntrənet] s̱ IT Intranet *n*

intransigence [ɪnˈtrænsɪdʒəns] s̱ Unnachgiebigkeit *f* **intransigent** [ɪnˈtrænsɪdʒənt] ADJ unnachgiebig

intransitive [ɪnˈtrænsɪtɪv] ADJ intransitiv

intrastate [ˌɪntrəˈsteɪt] ADJ (US) innerhalb des (Bundes)staates

intrauterine device [ˌɪntrəˈjuːtəraɪndɪˌvaɪs] s̱ Intrauterinpessar *n*

intravenous [ˌɪntrəˈviːnəs] ADJ intravenös; **~ drug user** Drogenabhängige(r) *m/f(m)*, der/ die intravenös spritzt

in-tray [ˈɪntreɪ] s̱ Ablage *f* für Eingänge

intrepid [ɪnˈtrepɪd] ADJ kühn

intricacy [ˈɪntrɪkəsɪ] s̱ Kompliziertheit *f*; (von Schach etc) Feinheit *f* **intricate** ADJ, **intricately** [ˈɪntrɪkɪt, -lɪ] kompliziert

intrigue [ɪnˈtriːg] A v̱ı intrigieren B v̱т faszinieren, neugierig machen; **to be ~d with** *od* **by sth** von etw fasziniert sein; **I would be ~d to know why ...** es würde mich schon interessieren, warum ... C [ˈɪntriːg] s̱ Intrige *f* **intriguing** [ɪnˈtriːgɪŋ] ADJ faszinierend

intrinsic [ɪnˈtrɪnsɪk] ADJ Wert, Verdienst immanent, wesentlich **intrinsically** [ɪnˈtrɪnsɪkəlɪ] ADV an sich

intro [ˈɪntrəʊ] s̱, pl **-s** (*umg*) abk von introduction Intro *n* (*umg*)

introduce [ˌɪntrəˈdjuːs] v̱т ① vorstellen (to sb jdm); (in Thema) einführen (to in +akk); **I don't think we've been ~d** ich glaube nicht, dass wir uns kennen; **allow me to** *od* **let me ~ myself** darf ich mich vorstellen? ② Praktik, Reform einführen; P A R L Gesetz einbringen; Thema einlei-

▶ **to introduce someone**

To introduce someone bedeutet „jemanden vorstellen", und es gibt im Englischen verschiedene Möglichkeiten, dies zu tun:

This is my friend Mark.	Das ist mein Freund Mark.
I'd like you to meet my mother.	Ich möchte dir meine Mutter vorstellen.
May I introduce Stella?	Darf ich Stella vorstellen?

SPRACHGEBRAUCH ◀

ten; Sprecher ankündigen; **to ~ sth onto the market** etw auf dem Markt einführen

introduction [ˌɪntrəˈdʌkʃən] s̱ ① Vorstellung *f*; **to make the ~s** die Vorstellung übernehmen; **letter of ~** Einführungsschreiben *n* ② (zu Buch, Musik) Einleitung *f* (to zu) ③ (von Praktik, Reform) Einführung *f*; (von Gesetz) Einbringen *n*; **an ~ to French** eine Einführung ins Französische **introductory** [ˌɪntrəˈdʌktərɪ] ADJ Abschnitt einleitend; Bemerkungen einführend; Kurs Einführungs-

introspection [ˌɪntrəʊˈspekʃən] s̱ Selbstbeobachtung *f*, Introspektion *f* **introspective** [ˌɪntrəʊˈspektɪv] ADJ introspektiv

introvert [ˈɪntrəʊvɜːt] s̱ PSYCH Introvertierte(r) *m/f(m)*; **to be an ~** introvertiert sein **introverted** [ˈɪntrəʊvɜːtɪd] ADJ introvertiert

intrude [ɪnˈtruːd] v̱ı stören; **to ~ on sb** jdn stören; **to ~ on sb's privacy** jds Privatsphäre verletzen **intruder** [ɪnˈtruːdə'] s̱ Eindringling *m* **intrusion** [ɪnˈtruːʒən] s̱ Störung *f*; **forgive the ~, I just wanted to ask ...** entschuldigen Sie, wenn ich hier so eindringe, ich wollte nur fragen ... **intrusive** [ɪnˈtruːsɪv] ADJ aufdringlich; Anwesenheit störend

intuition [ˌɪntjuːˈɪʃən] s̱ Intuition *f* **intuitive** [ɪnˈtjuːɪtɪv] ADJ intuitiv

inundate [ˈɪnʌndeɪt] v̱т überschwemmen; (mit Arbeit) überhäufen; **have you a lot of work on? — I'm ~d** haben Sie viel Arbeit? — ich ersticke darin

invade [ɪnˈveɪd] v̱т MIL einmarschieren in (+akk); (fig) überfallen **invader** [ɪnˈveɪdə'] s̱ MIL Invasor *m* **invading** [ɪnˈveɪdɪŋ] ADJ einmarschierend, ~ **army** Invasionsarmee *f*

invalid[1] [ˈɪnvəlɪd] A ADJ ① krank, körperbehindert ② Kranken-, Invaliden- B s̱ Kranke(r) *m/f(m)*, Körperbehinderte(r) *m/f(m)*

invalid[2] [ɪnˈvælɪd] ADJ bes JUR ungültig; **to declare sth ~** etw für ungültig erklären **invalidate** [ɪnˈvælɪdeɪt] v̱т ungültig machen

invaluable [ɪnˈvæljʊəbl] _ADJ_ unbezahlbar; _Hilfe, Beitrag_ unschätzbar; _Rat_ von unschätzbarem Wert; **to be ~ (to sb)** (für jdn) von unschätzbarem Wert sein

invariable [ɪnˈvɛərɪəbl] _ADJ_ unveränderlich **invariably** [ɪnˈvɛərɪəblɪ] _ADV_ ständig

invasion [ɪnˈveɪʒən] _S_ Invasion _f_; (_in Privatsphäre etc_) Eingriff _m_ (_of_ in +_akk_); **the German ~ of Poland** der Einmarsch _od_ Einfall der Deutschen in Polen **invasive** [ɪnˈveɪsɪv] _ADJ_ MED invasiv

invective [ɪnˈvektɪv] _S_ Beschimpfungen _pl_ (_against_ +_gen_)

invent [ɪnˈvent] _VT_ erfinden

invention [ɪnˈvenʃən] _S_ **1** Erfindung _f_ **2** Fantasie _f_ **inventive** [ɪnˈventɪv] _ADJ_ **1** _Kräfte_ schöpferisch; _Design, Speiseplan_ einfallsreich **2** erfinderisch **inventiveness** [ɪnˈventɪvnɪs] _S_ Einfallsreichtum _m_ **inventor** [ɪnˈventə'] _S_ Erfinder(in) _m(f)_

inventory [ˈɪnvəntrɪ] _S_ Bestandsaufnahme _f_; **to make** _od_ **take an ~ of sth** Inventar von etw _od_ den Bestand einer Sache (_gen_) aufnehmen

inverse [ˈɪnvɜːs] _A_ _ADJ_ umgekehrt _B_ _S_ Gegenteil _n_ **inversion** [ɪnˈvɜːʃən] _S_ (_fig_) Umkehrung _f_ **invert** [ɪnˈvɜːt] _VT_ umkehren **invertebrate** [ɪnˈvɜːtɪbrɪt] _S_ Wirbellose(r) _m_ **inverted commas** _PL_ (_Br_) Anführungszeichen _pl_ (**!** = (US) **quotation marks**); **his new job, in ~** sein sogenannter neuer Job

invest [ɪnˈvest] _A_ _VT_ **1** FIN investieren (_in_ in +_akk od dat_) **2** (_form_) **to ~ sb/sth with sth** jdm/ einer Sache etw verleihen _B_ _VI_ investieren (_in_ in +_akk od dat, mit_ bei); **to ~ in a new car** sich (_dat_) ein neues Auto anschaffen

investigate [ɪnˈvestɪɡeɪt] _A_ _VT_ untersuchen; **to ~ a case** in einem Fall ermitteln _B_ _VI_ nachforschen, ermitteln **investigation** [ɪn‚vestɪˈɡeɪʃən] _S_ Untersuchung _f_ (_into_ +_gen_); **to order an ~ into** _od_ **of sth** anordnen, dass in einer Sache (_dat_) ermittelt wird; **on ~ it turned out that …** bei näherer Untersuchung stellte (es) sich heraus, dass …; **to be under ~** überprüft werden; **he is under ~** (_durch Polizei_) gegen ihn wird ermittelt **2** Forschung _f_ **investigative** [ɪnˈvestɪɡətɪv] _ADJ_ investigativ; **~ journalism** Enthüllungsjournalismus _m_ **investigator** [ɪnˈvestɪɡeɪtə'] _S_ Ermittler(in) _m(f)_, (Privat)detektiv(in) _m(f)_

investiture [ɪnˈvestɪtʃə'] _S_ (_von Präsident_) Amtseinführung _f_; (_von Monarch_) Investitur _f_

investment [ɪnˈvestmənt] _S_ FIN Investition _f_; **we need more ~ in industry** in die Industrie muss mehr investiert werden; **foreign ~** Auslandsinvestition(en _pl_) _f_; **this company is a good ~** diese Firma ist eine gute (Kapital)an-

lage; **a portable TV is a good ~** ein tragbarer Fernseher macht sich bezahlt **investment grant** _S_ WIRTSCH Investitionszulage _f_ **investment trust** _S_ Investmenttrust _m_ **investor** [ɪnˈvestə'] _S_ Investor(in) _m(f)_

inveterate [ɪnˈvetərɪt] _ADJ_ _Hass_ tief verwurzelt; _Lügner_ unverbesserlich; **~ criminal** Gewohnheitsverbrecher(in) _m(f)_

invigilate [ɪnˈvɪdʒɪleɪt] (_Br_) _A_ _VT_ Aufsicht führen bei _B_ _VI_ Aufsicht führen **invigilator** [ɪnˈvɪdʒɪleɪtə'] _S_ (_Br_) Aufsichtsperson _f_

invigorate [ɪnˈvɪɡəreɪt] _VT_ beleben, kräftigen **invigorating** [ɪnˈvɪɡəreɪtɪŋ] _ADJ_ _Klima_ gesund; _Seeluft_ erfrischend

invincible [ɪnˈvɪnsəbl] _ADJ_ unbesiegbar

invisible [ɪnˈvɪzəbl] _ADJ_ unsichtbar; **~ to the naked eye** mit dem bloßen Auge nicht erkennbar **invisible earnings** _PL_ WIRTSCH geldwerte Leistungen _pl_

invitation [‚ɪnvɪˈteɪʃən] _S_ Einladung _f_; **by ~ (only)** nur auf Einladung; **at sb's ~** auf jds Aufforderung (_akk_) (hin); **~ to tender** Ausschreibung _f_

invite [ɪnˈvaɪt] _A_ _VT_ **1** einladen; **to ~ sb to do sth** jdn auffordern, etw zu tun **2** _Vorschläge_ bitten um; _Spott_ auslösen _B_ [ˈɪnvaɪt] _S_ (_umg_) Einladung _f_ **♦invite (a)round** _VT_ _trennb_ (zu sich) einladen **♦invite in** _VT_ _trennb_ hereinbitten; **could I invite you in for (a) coffee?** möchten Sie auf eine Tasse Kaffee hereinkommen?

♦invite out _VT_ _trennb_ einladen; **I invited her out** ich habe sie gefragt, ob sie mit mir ausgehen möchte; **to invite sb out for a meal** jdn in ein Restaurant einladen

inviting [ɪnˈvaɪtɪŋ] _ADJ_ einladend; _Aussicht, Speise_ verlockend

invoice [ˈɪnvɔɪs] _A_ _S_ (Waren)rechnung _f_ _B_ _VT_ _Waren_ berechnen; **to ~ sb for sth** jdm für etw eine Rechnung ausstellen; **we'll ~ you** wir senden Ihnen die Rechnung

involuntarily [ɪnˈvɒləntərɪlɪ] _ADV_ unabsichtlich, unwillkürlich **involuntary** [ɪnˈvɒləntərɪ] _ADJ_ unbeabsichtigt; _Repatriierung_ unfreiwillig; _Zucken etc_ unwillkürlich

involve [ɪnˈvɒlv] _VT_ **1** verwickeln (_sb in sth_ jdn in etw _akk_), beteiligen (_sb in sth_ jdn an etw _dat_), betreffen; **the book doesn't ~ the reader** das Buch fesselt _od_ packt den Leser nicht; **it wouldn't ~ you at all** du hättest damit gar nichts zu tun; **to be ~d in sth** etwas mit etw zu tun haben; **to get ~d in sth** in etw (_akk_) verwickelt werden; **to ~ oneself in sth** sich in etw (_dat_) engagieren; **I didn't want to get ~d** ich wollte damit/mit ihm _etc_ nichts zu tun haben; **the person ~d** die betreffende Person; **to be/get ~d with sth** etwas mit etw

zu tun haben, an etw (dat) beteiligt sein; **to be ~d with sb** (sexuell) mit jdm ein Verhältnis haben; **to get ~d with sb** sich mit jdm einlassen (pej); **he got ~d with a girl** er hat eine Beziehung mit einem Mädchen angefangen ❷ mit sich bringen, umfassen, bedeuten; **what does the job ~?** worin besteht die Arbeit?; **will the post ~ much foreign travel?** ist der Posten mit vielen Auslandsreisen verbunden?; **he doesn't understand what's ~d** er weiß nicht, worum es geht; **about £1,000 was ~d** es ging dabei um etwa £ 1.000; **it would ~ moving to Germany** das würde bedeuten, nach Deutschland umzuziehen **involved** ADJ kompliziert **involvement** [ɪnˈvɒlvmənt] S Beteiligung f (in an +dat); (in Verbrechen etc) Verwicklung f (in in +akk); **she denied any ~ in** od **with drugs** sie leugnete, dass sie etwas mit Drogen zu tun hatte
invulnerable [ɪnˈvʌlnərəbl] ADJ unverwundbar; Festung uneinnehmbar; Position unangreifbar
inward [ˈɪnwəd] A ADJ ❶ innere(r, s) ❷ (Richtungsangabe) nach innen B ADV = **inwards inward-looking** [ˈɪnwədˌlʊkɪŋ] ADJ in sich gekehrt **inwardly** [ˈɪnwədlɪ] ADV innerlich **inwards** [ˈɪnwədz] ADV nach innen
in-your-face, in-yer-face [ˌɪnjəˈfeɪs] ADJ (umg) Haltung provokativ
iodine [ˈaɪədiːn] S Jod n
ion [ˈaɪən] S Ion n
iota [aɪˈəʊtə] S **not one ~** nicht ein Jota
IOU abk von **I owe you** Schuldschein m
IPA abk von **International Phonetic Alphabet**
IQ abk von **intelligence quotient** IQ m, Intelligenzquotient m; **IQ test** Intelligenztest m
IRA abk von **Irish Republican Army** IRA f
Iran [ɪˈrɑːn] S (der) Iran **Iranian** [ɪˈreɪnɪən] A ADJ iranisch B S Iraner(in) m(f)
Iraq [ɪˈrɑːk] S (der) Irak **Iraqi** [ɪˈrɑːkɪ] A ADJ irakisch B S Iraker(in) m(f)
irascible [ɪˈræsɪbl] ADJ reizbar
irate [aɪˈreɪt] ADJ zornig; Menge wütend
Ireland [ˈaɪələnd] S Irland n; **Northern ~** Nordirland n; **Republic of ~** Republik f Irland
iris [ˈaɪərɪs] S Iris f
Irish [ˈaɪərɪʃ] A ADJ irisch B S ❶ pl **the ~** die Iren pl ❷ LING Irisch n **Irish Sea** S Irische See
iron [ˈaɪən] A S ❶ Eisen n; **to pump ~** (umg) Krafttraining machen ❷ Bügeleisen n; **he has too many ~s in the fire** er macht zu viel auf einmal; **to strike while the ~ is hot** (sprichw) das Eisen schmieden, solange es heiß ist (sprichw) B ADJ ❶ Eisen-, eisern ❷ (fig) eisern C

iron — Eisen

iron — Bügeleisen

VT & VI bügeln, glätten (schweiz) ♦**iron out** VT trennb ausbügeln
Iron Age S Eisenzeit f **Iron Curtain** S Eiserne(r) Vorhang
ironic(al) [aɪˈrɒnɪk(əl)] ADJ ironisch; **it's really ~** das ist wirklich witzig (umg) **ironically** [aɪˈrɒnɪkəlɪ] ADV ironisch; **and then, ~, it was he himself who had to do it** und dann hat ausgerechnet er es tun müssen
ironing [ˈaɪənɪŋ] S ❶ Bügeln n, Glätten n (schweiz) ❷ Bügelwäsche f; **to do the ~** (die Wäsche) bügeln od (schweiz) glätten **ironing board** S Bügelbrett n
ironmonger's (shop) S (Br) Eisen- und Haushaltswarenhandlung f (❗ = (US) **hardware store**)
irony [ˈaɪrənɪ] S Ironie f kein pl; **the ~ of it is that …** das Ironische daran ist, dass …
irrational [ɪˈræʃənl] ADJ irrational
irreconcilable [ɪˌrekənˈsaɪləbl] ADJ unvereinbar
irredeemable [ˌɪrɪˈdiːməbl] ADJ Verlust unwiederbringlich **irredeemably** [ˌɪrɪˈdiːməblɪ] ADV verloren rettungslos; **democracy was ~ damaged** die Demokratie hatte irreparablen Schaden genommen
irregular [ɪˈregjʊlə] ADJ ❶ a. GRAM unregelmäßig; Form ungleichmäßig; Oberfläche uneben; **he's been a bit ~ recently** (umg) er hat in letzter Zeit ziemlich unregelmäßigen Stuhlgang ❷ unvorschriftsmäßig; **well, it's a bit ~, but I'll …** eigentlich dürfte ich das nicht tun, aber ich … **irregularity** [ɪˌregjʊˈlærɪtɪ] S ❶ Unregelmäßigkeit f; (von Form) Ungleichmäßigkeit f; (von Oberfläche) Unebenheit f ❷ Unvorschriftsmäßigkeit f **irregularly** [ɪˈregjʊləlɪ] ADV unregelmäßig; geformt ungleichmäßig; stattfinden in unregelmäßigen Abständen
irrelevance [ɪˈreləvəns] S Irrelevanz f kein pl; **it's become something of an ~** es ist ziemlich irrelevant geworden **irrelevant** [ɪˈreləvənt]

$\overline{\text{ADJ}}$ irrelevant; *Informationen a.* unwesentlich; **these issues are ~ to the younger generation** diese Fragen sind für die jüngere Generation irrelevant

irreparable [ɪˈrepərəbl] $\overline{\text{ADJ}}$ irreparabel **irreparably** [ɪˈrepərəblɪ] $\overline{\text{ADV}}$ irreparabel; **his reputation was ~ damaged** sein Ruf war unwiderruflich geschädigt

irreplaceable [ˌɪrɪˈpleɪsəbl] $\overline{\text{ADJ}}$ unersetzlich

irrepressible [ˌɪrɪˈpresəbl] $\overline{\text{ADJ}}$ *Bedürfnis, Energie* unbezähmbar; *Mensch* nicht kleinzukriegen

irreproachable [ˌɪrɪˈprəʊtʃəbl] $\overline{\text{ADJ}}$ tadellos

irresistible [ˌɪrɪˈzɪstəbl] $\overline{\text{ADJ}}$ unwiderstehlich (*to* für)

irresolute [ɪˈrezəluːt] $\overline{\text{ADJ}}$ unentschlossen

irrespective [ˌɪrɪˈspektɪv] $\overline{\text{ADJ}}$ **~ of** ungeachtet (+*gen*); **~ of whether they want to or not** egal, ob sie wollen oder nicht

irresponsibility [ˈɪrɪˌspɒnsəˈbɪlɪtɪ] $\overline{\text{S}}$ Unverantwortlichkeit *f*, Verantwortungslosigkeit *f* **irresponsible** [ˌɪrɪˈspɒnsəbl] $\overline{\text{ADJ}}$ unverantwortlich, verantwortungslos **irresponsibly** [ˌɪrɪˈspɒnsəblɪ] $\overline{\text{ADV}}$ unverantwortlich

irretrievable [ˌɪrɪˈtriːvəbl] $\overline{\text{ADJ}}$ nicht mehr wiederzubekommen; *Verlust* unersetzlich; **the information is ~** die Information kann nicht mehr abgerufen werden **irretrievably** [ˌɪrɪˈtriːvəblɪ] $\overline{\text{ADV}}$ **~ lost** für immer verloren; **~ damaged** irreparabel

irreverent [ɪˈrevərənt] $\overline{\text{ADJ}}$ *Verhalten* unehrerbietig; *Bemerkung, Buch* respektlos

irreversible [ˌɪrɪˈvɜːsəbl] $\overline{\text{ADJ}}$ nicht rückgängig zu machen; *Entscheidung* unwiderruflich; *Schaden* bleibend **irreversibly** [ˌɪrɪˈvɜːsəblɪ] $\overline{\text{ADV}}$ für immer; **the peace process has been ~ damaged** der Friedensprozess hat einen nicht wiedergutzumachenden Schaden davongetragen

irrevocable $\overline{\text{ADJ}}$, **irrevocably** $\overline{\text{ADV}}$ [ɪˈrevəkəbl, -lɪ] unwiderruflich

irrigate [ˈɪrɪɡeɪt] $\overline{\text{VT}}$ bewässern **irrigation** [ˌɪrɪˈɡeɪʃən] $\overline{\text{S}}$ AGR Bewässerung *f*

irritable [ˈɪrɪtəbl] $\overline{\text{ADJ}}$ reizbar, gereizt **irritant** [ˈɪrɪtənt] $\overline{\text{S}}$ MED Reizerreger *m*; (≈ *Lärm etc*) Ärgernis *n* **irritate** [ˈɪrɪteɪt] $\overline{\text{VT}}$ ärgern; (*absichtlich,* MED) reizen; (≈ *nervlich*) irritieren; **to get ~d with him** er ärgert mich **irritating** [ˈɪrɪteɪtɪŋ] $\overline{\text{ADJ}}$ ärgerlich; *Husten* lästig; **I find his jokes ~** seine Witze regen mich auf; **the ~ thing is that ...** das Ärgerliche ist, dass ... **irritation** [ˌɪrɪˈteɪʃən] $\overline{\text{S}}$ **1** Ärger *m*, Ärgernis *n* **2** MED Reizung *f*

IRS *abk* von **Internal Revenue Service**

is [ɪz] *3. Person sg präs von* **be**

ISA [ˈaɪsə] $\overline{\text{S}}$ *abk* von **Individual Savings Account** (*Br* FIN) *von Zinsabschlagsteuer befreites Sparkonto*

ISDN *abk* von **Integrated Services Digital Network** ISDN *n*

Islam [ˈɪzlɑːm] $\overline{\text{S}}$ der Islam **Islamic** [ɪzˈlæmɪk] $\overline{\text{ADJ}}$ islamisch

island [ˈaɪlənd] $\overline{\text{S}}$ Insel *f* **islander** [ˈaɪləndəʳ] $\overline{\text{S}}$ Inselbewohner(in) *m(f)* **isle** [aɪl] $\overline{\text{S}}$ **the Isle of Man/Wight** die Insel Man/Wight

isn't [ˈɪznt] = **is not**

isolate [ˈaɪsəʊleɪt] $\overline{\text{VT}}$ isolieren, absondern; **to ~ oneself from other people** sich (von anderen) abkapseln **isolated** $\overline{\text{ADJ}}$ **1** isoliert, abgelegen; *Leben* zurückgezogen; **the islanders feel ~** die Inselbewohner fühlen sich von der Außenwelt abgeschnitten **2** einzeln **isolation** [ˌaɪsəʊˈleɪʃən] $\overline{\text{S}}$ Isoliertheit *f*, Abgelegenheit *f*; **he was in ~ for three months** (*in Krankenhaus*) er war drei Monate auf der Isolierstation; **to live in ~** zurückgezogen leben; **to consider sth in ~** etw gesondert *od* isoliert betrachten **isolation ward** $\overline{\text{S}}$ Isolierstation *f*

ISP IT *abk* von **Internet service provider**

Israel [ˈɪzreɪl] $\overline{\text{S}}$ Israel *n* **Israeli** [ɪzˈreɪlɪ] $\overline{\text{A}}$ $\overline{\text{ADJ}}$ israelisch $\overline{\text{B}}$ $\overline{\text{S}}$ Israeli *m/f(m)*

issue [ˈɪʃuː] $\overline{\text{A}}$ $\overline{\text{VT}}$ *Papiere* ausstellen; *Tickets, Banknoten, Munition* ausgeben; *Briefmarken* herausgeben; *Befehl* erteilen (*to* +*dat*); *Warnung, Erklärung* abgeben; *Ultimatum* stellen; **to ~ sth to sb/sb with sth** etw an jdn ausgeben; **all troops are ~d with ...** alle Truppen sind mit ... ausgerüstet $\overline{\text{B}}$ $\overline{\text{VI}}$ (*Flüssigkeit, Gas*) austreten (*from* aus) $\overline{\text{C}}$ $\overline{\text{S}}$ **1** Frage *f*, Angelegenheit *f*, Problem *n*; **she raised the ~ of human rights** sie brachte die Frage der Menschenrechte zur Sprache; **the whole future of the country is at ~** es geht um die Zukunft des Landes; **this matter is not at ~** diese Angelegenheit steht nicht zur Debatte; **to take ~ with sb over sth** jdm in etw (*dat*) widersprechen; **to make an ~ of sth** etw aufbauschen; **to avoid the ~** ausweichen **2** (*von Banknoten*) Ausgabe *f* **3** (≈ *Magazin etc*) Ausgabe *f*

IT *abk* von **information technology** IT

it [ɪt] $\overline{\text{A}}$ $\overline{\text{PRON}}$ **1** (*Subj*) er/sie/es; (*akk obj*) ihn/sie/es; (*dat obj*) ihm/ihr/ihm; **of it** davon; **under** *etc* **it** darunter *etc*; **who is it?** — **it's me** *od* (*form*) **I** wer ist da? — ich (bins); **what is it?** was ist das?, was ist los?; **that's not it** das ist es (gar) nicht, darum gehts gar nicht; **the cheek of it!** so eine Frechheit!; **I like it here** mir gefällt es hier **2** (*unbest Subj*) es; **it's raining** es regnet; **yes, it is a problem** ja, das ist ein Problem; **it seems simple to me** mir scheint das ganz einfach; **if it hadn't been for her, we would have come** wenn sie nicht gewesen wäre, wären wir gekommen; **it wasn't me**

ICH wars nicht; **I don't think it (is) wise of you ...** ich halte es für unklug, wenn du ...; **it is said that ...** man sagt, dass ...; **it was him** *od* **he** *(form)* **who asked her** ER hat sie gefragt; **it's his appearance I object to** ich habe nur etwas gegen sein Äußeres [3] *(umg)* **that's it!** ja, genau!; *(verärgert)* jetzt reichts mir!; **this is it!** jetzt gehts los! [B] [5] *(umg)* [1] *(in Spiel)* **you're it!** du bist! [2] **he thinks he's it** er bildet sich *(dat)* ein, er sei sonst wer

Italian ['ɪtæljən] [A] ADJ italienisch [B] [5] [1] Italiener(in) *m(f)* [2] LING Italienisch *n*

italic [ɪ'tælɪk] [A] ADJ kursiv [B] [5] **italics** PL Kursivschrift *f*; **in ~s** kursiv (gedruckt)

Italy ['ɪtəlɪ] [5] Italien *n*

itch [ɪtʃ] [A] [5] *(wörtl)* Jucken *n*; **I have an ~** mich juckt es; **I have the ~ to do sth** es reizt *od* juckt *(umg)* mich, etw zu tun [B] VI [1] *(wörtl)* jucken; **my back is ~ing** mir *od* mich juckt der Rücken [2] *(fig umg)* **he is ~ing to ...** es reizt ihn, zu ...

itchy ['ɪtʃɪ] ADJ (+*er*) [1] juckend; **my back is ~** mein Rücken juckt; **I've got an ~ leg** mir juckt das Bein; **I've got ~ feet** *(umg)* ich will hier weg *(umg)* [2] *Stoff* kratzig

it'd ['ɪtəd] = **it would, it had**

item ['aɪtəm] [5] [1] *(auf Tagesordnung)* Punkt *m*; (HANDEL: *in Geschäftsbuch*) (Rechnungs)posten *m*; (≈ *Artikel*) Gegenstand *m*; **~s of clothing** Kleidungsstücke *pl* [2] *(in Nachrichten)* Bericht *m*; RADIO, TV Meldung *f* [3] *(umg)* **Lynn and Craig are an ~** zwischen Lynn und Craig spielt sich was ab *(umg)* **itemize** ['aɪtəmaɪz] VT einzeln aufführen

itinerant [ɪ'tɪnərənt] ADJ umherziehend; **an ~ lifestyle** ein Wanderleben *n*; **~ worker** Wanderarbeiter(in) *m(f)* **itinerary** [aɪ'tɪnərərɪ] [5] [1] (Reise)route *f* [2] Straßenkarte *f*

it'll ['ɪtl] = **it will, it shall**

its [ɪts] POSS ADJ sein(e)/ihr(e)/sein(e)

it's [ɪts] = **it is, it has**

itself [ɪt'self] PRON [1] *(reflexiv)* sich [2] *(emph)* selbst; **and now we come to the text ~** und jetzt kommen wir zum Text selbst; **the frame ~ is worth £1,000** der Rahmen allein ist £ 1.000 wert; **she has been kindness ~** sie war die Freundlichkeit in Person; **in ~, the amount is not important** der Betrag an sich ist unwichtig [3] **by ~** allein; (≈ *automatisch*) von selbst; **seen by ~** einzeln betrachtet; **the bomb went off by ~** die Bombe ging von selbst los

ITV *(Br)* abk von **Independent Television** britische Fernsehanstalt

IUD abk von **intrauterine device**

I've [aɪv] = **I have**

IVF abk von **in vitro fertilization**

ivory ['aɪvərɪ] [A] [5] Elfenbein *n* [B] ADJ [1] elfenbeinern [2] elfenbeinfarben **ivory tower** [5] *(fig)* Elfenbeinturm *m*

ivy ['aɪvɪ] [5] Efeu *m* **Ivy League** [5] *(US)* Eliteuniversitäten *pl* der USA

J

J, j [dʒeɪ] [5] J *n*, j *n*

jab [dʒæb] [A] VT *(mit Ellbogen)* stoßen; *(mit Messer)* stechen; **she ~bed the jellyfish with a stick** sie pik(s)te mit einem Stock in die Qualle (hinein) *(umg)*; **he ~bed his finger at the map** er tippte mit dem Finger auf die Karte [B] VI stoßen *(at sb nach jdm)* [C] [5] [1] *(mit Ellbogen)* Stoß *m*; *(mit Nadel)* Stich *m* [2] *(Br umg ≈ Injektion)* Spritze *f*

jabber ['dʒæbə'] VI *(a.* **jabber away**) plappern

jack [dʒæk] [5] [1] AUTO Wagenheber *m* [2] KART Bube *m* ♦**jack up** VT *trennb Auto* aufbocken

jackdaw ['dʒækdɔː] [5] Dohle *f*

jacket ['dʒækɪt] [5] [1] Jacke *f*, Janker *m* (österr), Jackett *n* [2] *(von Buch)* Schutzumschlag *m*; *(US: von LP)* Plattenhülle *f* (❗ = *(Br)* **sleeve**) [3] **~ potatoes** Ofenkartoffeln *pl*

jack-in-the-box [5] Schachtel- *od* Kastenteufel *m* **jackknife** ['dʒæknaɪf] VI **the lorry ~d** der Lastwagenanhänger hat sich quer gestellt **jack of all trades** [,dʒækəvɔːl'treɪdz] [5] **to be (a) ~** *(sprichw)* ein Hansdampf *m* in allen Gassen sein **jackpot** ['dʒækpɒt] [5] Jackpot *m*; *(in Lotterie)* Hauptgewinn *m*; **to hit the ~** den Hauptgewinn bekommen; *(fig)* das große Los ziehen

Jacuzzi® [dʒə'kuːzɪ] [5] Jacuzzi® *m*, Sprudelbad *n*

jack — Wagenheber   jack — Bube

365 | JAR

jacket — Jacke

jacket — Jackett

jacket potato — Ofenkartoffel

jade [dʒeɪd] **A** S̄ (≈ Stein) Jade m od f; (≈ Farbe) Jadegrün n **B** ADJ Jade-; (Farbe) jadegrün
jaded ['dʒeɪdɪd] ADJ stumpfsinnig, übersättigt; *Erscheinung* verbraucht
jagged ['dʒægɪd] ADJ zackig; *Riss* ausgefranst; *Felsen* zerklüftet; *Berge* spitz
jail [dʒeɪl] **A** S̄ Gefängnis n; **in ~** im Gefängnis; **to go to ~** ins Gefängnis kommen **B** VT ins Gefängnis sperren **jailbreak** S̄ Ausbruch m (aus dem Gefängnis) **jailhouse** S̄ (US) Gefängnis n **jail sentence** S̄ Gefängnisstrafe f
jam¹ [dʒæm] S̄ (Br) Marmelade f (❗ = (US) **jelly**) (❗ Als Bezeichnung der Substanz hat **jam** keinen Plural. **Jams** sagt man zu verschiedenen Sorten.)
jam² **A** S̄ **1** (Verkehrs)stau m **2** Stauung f **3** (umg) **to be in a ~** in der Klemme sitzen (umg); **to get sb/oneself out of a ~** jdn/sich

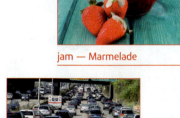
jam — Marmelade

aus der Patsche ziehen (umg) **B** VT **1** festklemmen, einklemmen; **they had him ~med up against the wall** sie hatten ihn gegen die Wand gedrängt; **it's ~med** es klemmt; **he ~med his finger in the door** er hat sich (dat) den Finger in der Tür eingeklemmt **2** (into in +akk) *Dinge* stopfen; *Menschen* quetschen; **to be ~med together** zusammengezwängt sein, zusammengedrängt sein **3** *Straße etc* verstopfen; *Telefonleitungen* blockieren **4** **to ~ one's foot on the brake** eine Vollbremsung machen **C** VI (*Bremse*) sich verklemmen; (*Waffe*) Ladehemmung haben; (*Fenster*) klemmen; **the key ~med in the lock** der Schlüssel blieb im Schloss stecken ♦**jam in** VT trennb einkeilen; **he was jammed in by the crowd** er war in der Menge eingekeilt ♦**jam on** VT trennb **1** **to ~ the brakes** eine Vollbremsung machen **2** **to ~ one's hat** sich (dat) den Hut aufstülpen
Jamaica [dʒə'meɪkə] S̄ Jamaika n
jamb [dʒæm] S̄ (Tür-/Fenster)pfosten m
jam jar S̄ (Br) Marmeladenglas n (❗ = (US) **jelly jar**)
jammy ['dʒæmɪ] ADJ (+er) (Br umg) Glücks-; **a ~ shot** ein Glückstreffer m
jam-packed ADJ überfüllt; **~ with tourists** voller Touristen **jam tart** S̄ Marmeladenkuchen m, Marmeladentörtchen n
Jan abk von **January** Jan.
jangle ['dʒæŋgl] **A** VI (*Glocken*) bimmeln (umg) **B** VT *Münzen* klimpern mit; *Schlüssel* rasseln mit
janitor ['dʒænɪtə'] S̄ Hausmeister(in) m(f), Abwart(in) m(f) (schweiz)
January ['dʒænjʊərɪ] S̄ Januar m, Jänner m (österr); → **September**
Japan [dʒə'pæn] S̄ Japan n
Japanese [,dʒæpə'niːz] **A** ADJ japanisch **B** S̄ **1** Japaner(in) m(f) **2** LING Japanisch n
jar¹ [dʒɑː'] S̄ (für Marmelade etc) Glas n
jar² **A** S̄ Ruck m **B** VI (*Ton*) schauerlich klingen;

jam — (Verkehrs)stau

(Farben) sich beißen (umg) **C** *VT* Knie sich (dat) stauchen; (≈ schütteln) durchrütteln ♦**jar on** *VII* +obj Schauer über den Rücken jagen (+dat)

jargon ['dʒɑːgən] *S* Jargon m
jasmin(e) ['dʒæzmɪn] *S* Jasmin m
jaundice ['dʒɔːndɪs] *S* Gelbsucht f
jaunt [dʒɔːnt] *S* Spritztour f; **to go for a ~** eine Spritztour machen
jauntily ['dʒɔːntɪlɪ] *ADV* munter, fröhlich; **with his hat perched ~ over one ear** den Hut keck auf einem Ohr **jaunty** ['dʒɔːntɪ] *ADJ* (+er) munter
javelin ['dʒævlɪn] *S* Speer m; **in the ~** SPORT im Speerwurf
jaw [dʒɔː] *S* Kiefer m, Kinnlade f; **the lion opened its ~s** der Löwe riss seinen Rachen auf; **his ~ dropped** sein Unterkiefer klappte herunter **jawbone** ['dʒɔːbəʊn] *S* Kieferknochen m
jay [dʒeɪ] *S* Eichelhäher m
jaywalking *S* Unachtsamkeit f (eines Fußgängers) im Straßenverkehr
jazz [dʒæz] **A** *S* MUS Jazz m **B** *attr* Jazz- ♦**jazz up** *VT trennb* aufmöbeln (umg)
jazzy ['dʒæzɪ] *ADJ* (+er) **1** *Farbe, Kleid, Schlips* knallig (umg); *Muster* auffallend **2** *Musik* verjazzt
JCB® *S* Erdräummaschine f
jealous ['dʒeləs] *ADJ Ehemann* eifersüchtig; (*auf jds Erfolg etc*) neidisch; **to be ~ of sb** auf jdn eifersüchtig sein, jdn beneiden **jealously** ['dʒeləslɪ] *ADV* **1** eifersüchtig **2** neidisch **jealousy** *S* **1** Eifersucht f (*of* auf +akk) **2** Neid m
jeans [dʒiːnz] *PL* Jeans pl; **a pair of ~** (ein Paar) Jeans pl
Jeep® [dʒiːp] *S* Jeep® m
jeer [dʒɪə^r] **A** *S* ~s Johlen n kein pl **B** *VI* höhnische Bemerkungen machen; (≈ durch Zwischenrufe) buhen; **to ~ at sb** jdn (laut) verhöhnen **C** *VT* verhöhnen **jeering** ['dʒɪərɪŋ] *S* höhnische Bemerkungen pl; (≈ Buhen) Gejohle n
Jehovah's Witness *S* Zeuge m/Zeugin f Jehovas
Jell-O® ['dʒeləʊ] *S* (US) Wackelpudding m (umg)
jelly ['dʒelɪ] *S* **1** Gelee n; (bes Br ≈ Nachtisch) Wackelpeter m (umg); (bes US) Marmelade f (❗ ≈ (Br) **jam**); (zu Fleisch) Aspik m od n; **my legs were like ~** ich hatte Pudding in den Beinen (umg) **jelly baby** *S* (Br) ≈ Gummibärchen n **jellyfish** *S*, pl - Qualle f **jelly jar** *S* (US) = **jam jar**
jeopardize ['dʒepədaɪz] *VT* gefährden **jeopardy** ['dʒepədɪ] *S* Gefahr f; **in ~** gefährdet; **to put sb/sth in ~** jdn/etw gefährden
jerk [dʒɜːk] **A** *S* **1** Ruck m, Zucken n kein pl; **to give sth a ~** einer Sache (dat) einen Ruck geben; *Seil* an etw (dat) ruckartig ziehen; **the train stopped with a ~** der Zug hielt mit einem Ruck an **2** (umg) Trottel m (umg) **B** *VT* rucken an (+dat); **the impact ~ed his head forward/back** beim Aufprall wurde sein Kopf nach vorn/hinten geschleudert; **he ~ed his head back** er riss den Kopf zurück **C** *VI* **the car ~ed forward** der Wagen machte einen Ruck nach vorn; **the car ~ed to a stop** das Auto hielt ruckweise an ♦**jerk off** *VII* (sl) sich (dat) einen runterholen (umg)
jerky ['dʒɜːkɪ] *ADJ* (+er) ruckartig
Jersey ['dʒɜːzɪ] *S* **1** Jersey n **2** (≈ Kuh) Jersey (-rind) n
jersey ['dʒɜːzɪ] *S* Pullover m; FUSSB etc Trikot n, Leiberl n (österr), Leibchen n (österr, schweiz)
Jerusalem [dʒəˈruːsələm] *S* Jerusalem n **Jerusalem artichoke** *S* Erdartischocke f
jest [dʒest] *S* Scherz m, Witz m; **in ~** im Spaß **jester** ['dʒestə^r] *S* HIST Narr m
Jesuit ['dʒezjʊɪt] *S* Jesuit m
Jesus ['dʒiːzəs] **A** *S* Jesus m; **~ Christ** Jesus Christus **B** *INT* (sl) Mensch (umg); **~ Christ!** Menschenskind! (umg)
jet [dʒet] **A** *S* **1** (von Wasser) Strahl m; **a thin ~ of water** ein dünner Wasserstrahl **2** Düse f **3** (a. **jet plane**) Düsenflugzeug n, Jet m **B** *attr* FLUG Düsen-, Jet- ♦**jet off** *VII* düsen (umg) (*to* nach)

jet — (Wasser)strahl

jet (plane) — Düsenflugzeug

jet-black [ˌdʒetˈblæk] *ADJ* kohlrabenschwarz **jet engine** *S* Düsentriebwerk n **jet fighter** *S* Düsenjäger m **jet foil** *S* Tragflügelboot n **jet lag** *S* Jetlag n; **he's suffering from ~** er hat Jetlag **jetlagged** *ADJ* **to be ~** an Jetlag leiden **jet plane** *S* Düsenflugzeug n **jet propulsion** *S* Düsenantrieb m **jet-pro-**

pelled ADJ mit Düsenantrieb **jet set** s̄ Jetset m **jet-setter** s̄ Jetsetter(in) m(f) **jet ski®** s̄ Wasserbob n

jettison ['dʒetɪsn] VT ■ SCHIFF, FLUG (als Ballast) abwerfen ■ (fig) Plan über Bord werfen; Gegenstände wegwerfen

jetty ['dʒetɪ] s̄ Pier m

Jew [dʒuː] s̄ Jude m, Jüdin f (⚠ Jew wirkt heute oft beleidigend; man sagt eher **Jewish person** oder **he's Jewish, she's Jewish.**)

jewel ['dʒuːəl] s̄ Edelstein m, Schmuckstück n

jeweller, (US) **jeweler** ['dʒuːələʳ] s̄ Juwelier(in) m(f); (≈ Handwerker) Goldschmied(in) m(f); **at the ~'s (shop)** beim Juwelier

jewellery, (US) **jewelry** ['dʒuːəlrɪ] s̄ Schmuck m kein pl; **a piece of ~** ein Schmuckstück n

Jewish ['dʒuːɪʃ] ADJ jüdisch

jibe [dʒaɪb] s̄ = gibe

jiffy ['dʒɪfɪ], **jiff** [dʒɪf] s̄ (umg) Minütchen n (umg); **I won't be a ~** ich komme sofort od gleich, ich bin sofort od gleich wieder da; **in a ~** sofort

Jiffy bag® s̄ (Br) (gepolsterte) Versandtasche

jig [dʒɪg] ■ s̄ lebhafter Volkstanz ■ VI (fig: a. **jig about**) herumhüpfen; **to ~ up and down** herumspringen

jiggle ['dʒɪgl] ■ VT wackeln mit; Türklinke rütteln an (+dat) ■ VI (a. **jiggle about**) herumzappeln

jigsaw ['dʒɪgsɔː] s̄ ■ TECH Tischlerbandsäge f ■ (a. **jigsaw puzzle**) Puzzle(spiel) n

jilt [dʒɪlt] VT Freund(in) den Laufpass geben (+dat); **~ed** verschmäht

jingle ['dʒɪŋgl] ■ s̄ (**advertising**) ~ Jingle m ■ VI (Schlüssel) klimpern; (Glocken) bimmeln ■ VT Schlüssel klimpern mit; Glocken bimmeln lassen

jingoism ['dʒɪŋgəʊɪzəm] s̄ Hurrapatriotismus m

jinx [dʒɪŋks] s̄ **there must be** od **there's a ~ on it** das ist verhext; **to put a ~ on sth** etw verhexen **jinxed** [dʒɪŋkst] ADJ verhext

jitters ['dʒɪtəz] PL (umg) **he had the ~** er hatte das große Zittern (umg); **to give sb the ~** jdn ganz rappelig machen (umg) **jittery** ['dʒɪtərɪ] ADJ (umg) rappelig (umg)

jive [dʒaɪv] VI swingen

Jnr abk von **junior** jun., jr.

job [dʒɒb] s̄ ■ Arbeit f; **I have a ~ to do** ich habe zu tun; **I have a little ~ for you** ich habe da eine kleine Arbeit od Aufgabe für Sie; **to make a good ~ of sth** bei etw gute Arbeit leisten; **we could do a better ~ of running the company** wir könnten die Firma besser leiten; **I had a ~ convincing him** es war gar nicht so einfach, ihn zu überzeugen ■ Stelle f, Job m (umg); **to look for/get/have a ~** eine Stelle suchen/bekommen/haben; **to lose one's ~** seine Stelle verlieren; **500 ~s lost** 500 Arbeitsplätze verloren gegangen ■ Aufgabe f; **that's not my ~** dafür bin ich nicht zuständig; **it's not my ~ to tell him** es ist nicht meine Aufgabe, ihm das zu sagen; **I had the ~ of breaking the news to her** es fiel mir zu, ihr die Nachricht beizubringen; **he's not doing his ~** er erfüllt seine Aufgabe(n) nicht; **I'm only doing my ~** ich tue nur meine Pflicht ■ **that's a good ~!** so ein Glück; **it's a good ~ I brought my cheque book** nur gut, dass ich mein Scheckbuch mitgenommen habe; **to give sb/sth up as a bad ~** jdn/etw aufgeben; **to make the best of a bad ~** das Beste daraus machen; **that should do the ~** das müsste hinhauen (umg); **this is just the ~** das ist genau das Richtige ■ (umg ≈ Schönheitsoperation) Korrektur f; **to have a nose ~** eine Nasenkorrektur machen lassen

job advertisement s̄ Stellenanzeige f **jobbing** ['dʒɒbɪŋ] ADJ Gelegenheits- **Jobcentre** s̄ (Br) Arbeitsamt n **job creation** s̄ Arbeitsbeschaffung f; **~ scheme** Arbeitsbeschaffungsmaßnahme f **job cuts** PL Arbeitsplatzabbau m **job description** s̄ Tätigkeitsbeschreibung f **job-hunting** s̄ Jobsuche f; **to be ~** auf Jobsuche sein **job interview** s̄ Vorstellungsgespräch n **jobless** ADJ arbeitslos **job loss** s̄ **there were 1,000 ~es** 1 000 Arbeitsplätze gingen verloren **job lot** s̄ HANDEL (Waren)posten m **job satisfaction** s̄ Zufriedenheit f am Arbeitsplatz **job security** s̄ Arbeitsplatzsicherheit f **jobseeker** s̄ Arbeitssuchende(r) m/f(m); **~'s allowance** (Br) Arbeitslosengeld n **job sharing** s̄ Jobsharing n

jockey ['dʒɒkɪ] ■ s̄ Jockey m ■ VI **to ~ for position** (fig) rangeln **jockey shorts** PL Jockeyshorts pl

jockstrap ['dʒɒkstræp] s̄ Suspensorium n

jodhpurs ['dʒɒdpəz] PL Reithose(n) f(pl)

jog [dʒɒg] ■ VT stoßen an (+akk) od gegen; jdn anstoßen; **to ~ sb's memory** jds Gedächtnis (dat) nachhelfen ■ VI trotten; SPORT joggen ■ s̄ SPORT Dauerlauf m; **to go for a ~** SPORT joggen (gehen) ♦**jog along** VI ■ (Mensch, Fahrzeug) entlangzuckeln ■ (fig) vor sich (akk) hin wursteln (umg)

jogger ['dʒɒgəʳ] s̄ Jogger(in) m(f) **jogging** ['dʒɒgɪŋ] s̄ Jogging n, Joggen n **jogging pants** PL Jogginghose f

john [dʒɒn] s̄ (bes US umg) Klo n (umg), Häus(e)l n (österr) (⚠ = (Br) **loo**)

John Bull s̄ die Engländer pl

John Doe s̄ (US) Otto Normalverbraucher m (umg)

John Hancock [ˌdʒɒn'hæŋkɒk] s̄ (umg ≈ Unter-

schrift) Friedrich Wilhelm *m* (*umg*)

join [dʒɔɪn] **A** *vt* **1** verbinden (*to* mit); **to ~ two things together** zwei Dinge (miteinander) verbinden; **to ~ hands** sich (*dat*) *od* einander die Hände reichen **2** *Militär* gehen zu; *EU* beitreten (+*dat*); *Partei, Verein* eintreten in (+*akk*); *Firma* anfangen bei; *Gruppe* sich anschließen (+*dat*); **to ~ the queue** sich in die Schlange stellen; **he ~ed us in France** er stieß in Frankreich zu uns; **I'll ~ you in five minutes** ich bin in fünf Minuten bei Ihnen; **may I ~ you?** kann ich mich Ihnen anschließen?; (*auf Parkbank etc*) darf ich mich zu Ihnen setzen?; (*bei Spiel*) kann ich mitmachen?; **will you ~ us?** machen Sie mit?; (≈ *auf Parkbank etc*) wollen Sie sich (nicht) zu uns setzen?; (≈ *auf Spaziergang*) kommen Sie mit?; **will you ~ me in a drink?** trinken Sie ein Glas mit mir? **3** (*Fluss, Straße*) einmünden in (+*akk*) **B** *vi* **1** (*a.* **join together**) (miteinander) verbunden sein, sich (miteinander) verbinden lassen; (*Flüsse*) zusammenfließen; (*Straßen*) sich treffen; **to ~ together in doing sth** etw gemeinsam tun **2** (*als Klubmitglied*) beitreten **C** *s* Naht(stelle) *f* ◆**join in** *vi* mitmachen (*obj* bei); (*bei Protestmarsch*) sich anschließen (*obj* +*dat*); (*bei Gespräch*) sich beteiligen (*obj* an +*dat*); **everybody joined in the chorus** sie sangen alle zusammen den Refrain; **he didn't want to ~ the fun** er wollte nicht mitmachen ◆**join up A** *vi* **1** (*Br MIL*) Soldat werden **2** (*Straßen*) sich treffen **B** *vt trennb* (miteinander) verbinden

joiner ['dʒɔɪnə^r] *s* Schreiner(in) *m(f)*

joint [dʒɔɪnt] **A** *s* **1** ANAT Gelenk *n*; **ankle ~** Knöchel *m* **2** (*in Holz*) Fuge *f*; (*in Rohr*) Verbindung *f*, Verbindungsstelle *f* **3** (*Br GASTR*) Braten *m* (⚠ = (US) **roast**); **a ~ of beef** ein Rinderbraten *m* **4** (*umg*) (≈ *Gaststätte etc*) Laden *m* (*umg*) **5** (*umg* ≈ *Marihuana*) Joint *m* (*umg*) **B** *adj attr* gemeinsam; *Stärke* vereint; **he finished ~ second** *od* **in ~ second place** (*Br*) er belegte gemeinsam mit einem anderen den zweiten Platz; **it was a ~ effort** das ist in Gemeinschaftsarbeit entstanden **joint account** *s* gemeinsames Konto **jointly** ['dʒɔɪntlɪ] *adv* gemeinsam; **to be ~ owned by ...** im gemeinsamen Besitz von ... sein **joint owner** *s* Mitbesitzer(in) *m(f)* **joint ownership** *s* Mitbesitz *m* **joint stock** *s* Aktienkapital *n* **joint stock company** *s* ≈ Kapitalgesellschaft *f* **joint venture** *s* Jointventure *n* (HANDEL)

joist [dʒɔɪst] *s* Balken *m*; (*aus Metall, Beton*) Träger *m*

joke [dʒəʊk] **A** *s* Witz *m*, Scherz *m*, Streich *m*; **for a ~** zum Spaß; **I don't see the ~** ich möchte wissen, was daran so lustig ist *od* sein soll; **he can't take a ~** er versteht keinen Spaß; **what a ~!** zum Totlachen! (*umg*); **it's no ~** das ist nicht witzig; **this is getting beyond a ~** (*Br*) das geht (langsam) zu weit; **to play a ~ on sb** jdm einen Streich spielen; **to make a ~ of sth** Witze über etw (*akk*) machen; **to make ~s about sb/sth** sich über jdn/etw lustig machen **B** *vi* Witze machen (*about* über +*akk*), Spaß machen; **I'm not joking** ich meine das ernst; **you must be joking!** das soll wohl ein Witz sein; **you're joking!** mach keine Witze! **joker** ['dʒəʊkə^r] *s* **1** Witzbold *m* **2** KART Joker *m* **joking** ['dʒəʊkɪŋ] **A** *adj* *Ton* scherzhaft; **it's no ~ matter** darüber macht man keine Witze **B** *s* Witze *pl*; **~ apart** *od* **aside** Spaß beiseite **jokingly** ['dʒəʊkɪŋlɪ] *adv* im Spaß

joky ['dʒəʊkɪ] *adj* lustig

jolly ['dʒɒlɪ] **A** *adj* (+*er*) (*bes Br*) vergnügt **B** *adv* (*Br obs umg*) ganz schön (*umg*); zufrieden mächtig (*umg*); **~ good** prima (*umg*); **I should ~ well hope/think so!** das will ich auch hoffen/gemeint haben!

jolt [dʒəʊlt] **A** *vi* (*Fahrzeug*) holpern, einen Ruck machen **B** *vt* (*wörtl*) durchschütteln, einen Ruck geben (+*dat*); (*fig*) aufrütteln; **she was ~ed awake** sie wurde wach gerüttelt **C** *s* **1** Ruck *m* **2** (*fig umg*) Schock *m*

jostle ['dʒɒsl] **A** *vi* drängeln **B** *vt* anrempeln

jot [dʒɒt] *s* (*umg*) Körnchen *n*; **this won't affect my decision one ~** das wird meine Entscheidung nicht im Geringsten beeinflussen ◆**jot down** *vt trennb* sich (*dat*) notieren; **to ~ notes** Notizen machen

jotter ['dʒɒtə^r] *s* (*Br*) Notizheft(chen) *n* (⚠ = (US) **scratch pad**)

joule [dʒuːl] *s* (≈ *physikalische Einheit*) Joule *n*

journal ['dʒɜːnl] *s* **1** Zeitschrift *f* **2** Tagebuch *n*; **to keep a ~** Tagebuch führen **journalese** [,dʒɜːnə'liːz] *s* Pressejargon *m* **journalism** ['dʒɜːnəlɪzəm] *s* Journalismus *m* **journalist** ['dʒɜːnəlɪst] *s* Journalist(in) *m(f)*

journey ['dʒɜːnɪ] **A** *s* Reise *f*; **to go on a ~**

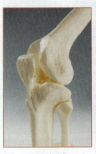
joint — Gelenk

joint *Br* — Braten

journal — Zeitschrift

journal — Tagebuch

verreisen; **it's a ~ of 50 miles** es liegt 50 Meilen entfernt; **it's a two-day ~ to get to ... from here** man braucht zwei Tage, um von hier nach ... zu kommen; **a train ~** eine Zugfahrt; **the ~ home** die Heimreise; **he has quite a ~ to get to work** er muss ziemlich weit fahren, um zur Arbeit zu kommen; **a ~ of discovery** eine Entdeckungsreise **B** [VI] reisen
jovial ['dʒəʊvɪəl] [ADJ] fröhlich
joy [dʒɔɪ] [S] **1** Freude *f*; **to my great ~** zu meiner großen Freude; **this car is a ~ to drive** es ist eine Freude, dieses Auto zu fahren; **one of the ~s of this job is ...** eine der erfreulichen Seiten dieses Berufs ist ... **2** (❗) kein pl) (Br umg) Erfolg *m*; **any ~?** hat es geklappt? (umg); **you won't get any ~ out of him** bei ihm werden Sie keinen Erfolg haben **joyful** ['dʒɔɪfʊl] [ADJ] freudig **joyous** ['dʒɔɪəs] [ADJ] (liter) freudig **joyrider** [S] Joyrider(in) *m(f)*, Strolchenfahrer(in) *m(f)* (schweiz) **joyriding** [S] Joyriding *n*, Strolchenfahrten *pl* (schweiz) **joystick** [S] FLUG Steuerknüppel *m*; IT Joystick *m*
JPEG ['dʒeɪpeg] [S] abk von **Joint Photographic Experts Group** JPEG *n*
Jr abk von **junior** jr., jun.
jubilant ['dʒuːbɪlənt] [ADJ] überglücklich **jubilation** [ˌdʒuːbɪ'leɪʃən] [S] Jubel *m* **jubilee** ['dʒuːbɪliː] [S] Jubiläum *n*
Judaism ['dʒuːdeɪɪzəm] [S] Judentum *n*
judge [dʒʌdʒ] **A** [S] **1** JUR Richter(in) *m(f)*; (bei Wettbewerb) Preisrichter(in) *m(f)*; SPORT Kampfrichter(in) *m(f)* **2** (fig) Kenner(in) *m(f)*; **a good ~ of character** ein guter Menschenkenner; **I'll be the ~ of that** das müssen Sie mich schon selbst beurteilen lassen **B** [VT] **1** JUR *Fall* verhandeln **2** *Wettbewerb* bewerten; SPORT Kampfrichter sein bei **3** (fig) ein Urteil fällen über (+akk); **you shouldn't ~ people by appearances** Sie sollten Menschen nicht nach ihrem Äußeren beurteilen; **you can ~ for yourself** Sie können es selbst beurteilen; **how would you ~ him?** wie würden Sie ihn beurteilen od einschätzen? **4** *Geschwindigkeit* einschätzen **C** [VI] **1** (bei Wettbewerb) Preisrichter sein **2** (fig) ein Urteil fällen, (be)urteilen; **as** od **so far as one can ~** soweit man (es) beurteilen kann; **judging by sth** nach etw zu urteilen; **to ~ by appearances** nach dem Äußeren urteilen; **he let me ~ for myself** er überließ es meinem Urteil
judg(e)ment ['dʒʌdʒmənt] [S] **1** JUR (Gerichts-)urteil *n*; **to pass** od **give ~** das Urteil sprechen (**on** über +akk) **2** Meinung *f*; (von Geschwindigkeit) Einschätzung *f*; **in my ~** meiner Meinung nach; **against one's better ~** wider besseres Wissen **3** Urteilsvermögen *n* **judg(e)mental** [dʒʌdʒ'mentl] [ADJ] wertend **Judg(e)ment Day** [S] Tag *m* des Jüngsten Gerichts
judicial [dʒuː'dɪʃəl] [ADJ] JUR gerichtlich; **~ system** Justizsystem *n* **judiciary** [dʒuː'dɪʃərɪ] [S] Gerichtsbehörden *pl*
judo ['dʒuːdəʊ] [S] (❗) kein Plural) Judo *n*
jug [dʒʌɡ] [S] Kanne *f*, Krug *m*
juggernaut ['dʒʌɡənɔːt] [S] (Br) Schwerlaster *m*
juggle ['dʒʌɡl] **A** [VI] jonglieren **B** [VT] *Bälle* jonglieren (mit); *Zahlen* so hindrehen, dass sie passen; **many women have to ~ (the demands of) family and career** viele Frauen müssen (die Anforderungen von) Familie und Beruf miteinander vereinbaren **juggler** ['dʒʌɡlə'] [S] (wörtl) Jongleur(in) *m(f)*
jugular ['dʒʌɡjʊlə'] [S] **~ (vein)** Drosselvene *f*
juice [dʒuːs] [S] (wörtl, fig umg) Saft *m* **juicy** ['dʒuː-sɪ] [ADJ] (+er) saftig
jukebox ['dʒuːkbɒks] [S] Musikbox *f*
Jul abk von **July** Jul.
July [dʒuː'laɪ] [S] Juli *m*; → **September**
jumble ['dʒʌmbl] **A** [VT] (a. **jumble up**) **1** (wörtl) durcheinanderwerfen; **~d up** durcheinander; **a ~d mass of wires** ein Wirrwarr *m* von Kabeln; **his clothes are ~d together on the bed** seine Kleider liegen in einem unordentlichen Haufen auf dem Bett **2** (fig) *Tatsachen* durcheinanderbringen **B** [S] **1** Durcheinander *n*; (von Worten) Wirrwarr *m* **2** (❗) kein pl) (für Trödelmarkt) gebrauchte Sachen *pl* **jumble sale** [S] (Br) ≈ Flohmarkt *m*, Wohltätigkeitsbasar *m* (❗) = (US) **rummage sale**)
jumbo ['dʒʌmbəʊ] [S], *pl* -s Jumbo(jet) *m* **jumbo-sized** ['dʒʌmbəʊˌsaɪzd] [ADJ] riesig, Riesen-

JUMP || 370

jump [dʒʌmp] **A** ⓢ **1** Sprung *m*; *(auf Parcours)* Hindernis *n*; *(von Preisen)* (sprunghafter) Anstieg **2 to give a ~** zusammenfahren **B** Ⓥⁱⁱ **1** springen; *(Preise)* sprunghaft ansteigen; **to ~ for joy** einen Freudensprung machen; **to ~ to one's feet** aufspringen; **to ~ to conclusions** vorschnelle Schlüsse ziehen; **~ to it!** mach schon!; **the film suddenly ~s from the 18th into the 20th century** der Film macht plötzlich einen Sprung vom 18. ins 20. Jahrhundert; **if you keep ~ing from one thing to another** wenn Sie nie an einer Sache bleiben **2** zusammenzucken; **you made me ~** du hast mich (aber) erschreckt **C** Ⓥⁱ *Zaun, Hindernis* überspringen; **to ~ the lights** bei Rot über die Kreuzung fahren; **to ~ the queue** *(Br)* sich vordrängeln ◆**jump about** *(Br)* *od* **around** Ⓥⁱⁱ herumspringen, herumhüpfen ◆**jump at** Ⓥⁱⁱ +obj *Gelegenheit* sofort beim Schopf ergreifen ◆**jump down** Ⓥⁱⁱ herunterspringen *(from* von); **to ~ sb's throat** jdn anfahren ◆**jump in** Ⓥⁱⁱ hineinspringen; **~!** *(in Auto)* steig ein! ◆**jump off** Ⓥⁱⁱ herunterspringen *(obj* von); *(aus Zug etc)* aussteigen *(obj* aus); *(von fahrendem Zug etc)* abspringen *(obj* von) ◆**jump on** Ⓥⁱⁱ *(wörtl: in Fahrzeug)* einsteigen *(obj, -to* in +akk); **to ~(to)** sb/sth auf jdn/etw springen ◆**jump out** Ⓥⁱⁱ hinausspringen; *(aus Bus etc)* aussteigen *(of* aus); *(aus fahrendem Bus etc)* abspringen *(of* von); **to ~ of the window** aus dem Fenster springen ◆**jump up** Ⓥⁱⁱ hochspringen, hinaufspringen *(onto* auf +akk)

jumper ['dʒʌmpə'] ⓢ **1** *(Br)* Pullover *m* **2** *(US)* Trägerkleid *n* (❗ = *(Br)* **pinafore dress**)

jumper cables ⓅⓁ *(US* AUTO*)* = jump leads

jump leads ⓅⓁ *(Br* AUTO*)* Starthilfekabel *n*

jump rope ⓢ *(US)* Hüpf- *od* Sprungseil *n* (❗ = *(Br)* **skipping rope**) **jump suit** ⓢ Overall *m* **jumpy** ['dʒʌmpɪ] ⒶⒹⒿ *(+er)* *(umg)* nervös

Jun *abk* von June Jun.

junction ['dʒʌŋkʃən] ⓢ BAHN Gleisanschluss *m*; *(von Straßen)* Kreuzung *f* **junction box** ⓢ ELEK Verteilerkasten *m*

juncture ['dʒʌŋktʃə'] ⓢ **at this ~** zu diesem Zeitpunkt

June [dʒuːn] ⓢ Juni *m*; → September

jungle ['dʒʌŋgl] ⓢ Dschungel *m*

junior ['dʒuːnɪə'] **A** ⒶⒹⒿ **1** jünger; **Hiram Schwarz, ~ Hiram Schwarz** junior **2** *Angestellter* untergeordnet; *Offizier* rangniedriger; **to be ~ to sb** unter jdm stehen **3** SPORT Junioren- **B** ⓢ **1** he is two years my ~ er ist zwei Jahre jünger als ich **2** *(Br* SCHULE*)* Grundschüler(in) *m(f)* **3** *(US* UNIV*)* Student(in) im vorletzten Studienjahr **junior college** ⓢ *(US)* ≈ Kollegstufe *f*, Oberstufe *f* (❗ = *(Br)* **sixth-form college**) **junior high (school)** ⓢ *(US)* ≈ Mittelschule

f (❗ Klassen 7-9, Altersgruppe 12-14) **junior minister** ⓢ Staatssekretär(in) *m(f)* **junior partner** ⓢ jüngerer Teilhaber; POL kleinerer (Koalitions)partner **junior school** ⓢ *(Br)* Grundschule *f* (❗ Altersgruppe 7-11)

junk [dʒʌŋk] ⓢ **1** Trödel *m* **2** *(umg)* Ramsch *m* **junk food** ⓢ Junkfood *n* *(umg)* **junkie** ['dʒʌŋkɪ] ⓢ *(umg)* Junkie *m* *(umg)* **junk mail** ⓢ (Post)wurfsendungen *pl* **junk shop** ⓢ Trödelladen *m* **junk yard** ⓢ *(US)* Schrottplatz *m* (❗ = *(Br)* **scrapyard**)

Jupiter ['dʒuːpɪtə'] ⓢ ASTRON Jupiter *m*

jurisdiction [,dʒʊərɪs'dɪkʃən] ⓢ Gerichtsbarkeit *f*, Zuständigkeit(sbereich *m*) *f*

juror ['dʒʊərə'] ⓢ Schöffe *m*, Schöffin *f*, Geschworene(r) *m/f(m)* **jury** ['dʒʊərɪ] ⓢ **1** JUR **the ~** die Schöffen *pl*, die Geschworenen *pl*; **to sit** *od* **be on the ~** Schöffe/Geschworener sein **2** *(bei Wettbewerb)* Jury *f* **jury service** ⓢ Schöffenamt *n*, Amt *n* des Geschworenen

just¹ [dʒʌst] ⒶⒹⱽ **1** *(zeitlich)* gerade; **they have ~ left** sie sind gerade gegangen; **she left ~ before I came** sie war, kurz bevor ich kam, weggegangen; **~ after lunch** gleich nach dem Mittagessen; **he's ~ coming** er kommt gerade; **I'm ~ coming** ich komme ja schon; **I was ~ going to ...** ich wollte gerade ...; **~ as I was going** gerade, als ich gehen wollte; **~ now** gerade erst; **not ~ now** im Moment nicht; **~ now?** jetzt gleich? **2** gerade noch; **it ~ missed** es hat beinahe getroffen; **I've got only ~ enough to live on** mir reicht es gerade so noch zum Leben; **I arrived ~ in time** ich bin gerade (noch) rechtzeitig gekommen **3** genau; **that's ~ like you** das sieht dir ähnlich; **that's ~ it!** das ist es ja gerade!; **that's ~ what I was going to say** genau das wollte ich (auch) sagen **4** nur, bloß; **~ you and me** nur wir beide; **he's ~ a boy** er ist doch noch ein Junge; **I ~ don't like it** ich mag es eben nicht; **~ like that** (ganz) einfach so; **you can't ~ assume ...** Sie können doch nicht ohne Weiteres annehmen ...; **it's ~ not good enough** es ist einfach nicht gut genug **5** *(örtlich)* gleich; **~ above the trees** direkt über den Bäumen; **put it ~ over there** stells mal da drüben hin; **~ here** (genau) hier **6** wirklich; **it's ~ terrible** das ist ja schrecklich! **7** **~ as** genauso; **the blue hat is ~ as nice as the red one** der blaue Hut ist genauso hübsch wie der rote; **it's ~ as well ...** nur gut, dass ...; **~ as I thought!** ich habe es mir doch gedacht!; **~ about** in etwa; **I am ~ about ready** ich bin so gut wie fertig; **did he make it in time? — ~ about** hat ers (rechtzeitig) geschafft? — so gerade; **I am ~ about fed up with it!** *(umg)* so langsam aber sicher hängt es mir zum Hals raus (umg); **~ listen** hör mal; **~ shut up!** sei bloß still!; **~ wait here a moment** warten Sie hier mal (für) einen Augenblick; **~ a moment!** Moment mal!; **I can ~ see him as a soldier** ich kann ihn mir gut als Soldat vorstellen; **can I ~ finish this?** kann ich das eben noch fertig machen?

just² ADJ (+er) gerecht (*to* gegenüber)

justice ['dʒʌstɪs] S ▮ Gerechtigkeit *f*; (*System*) Justiz *f*; **to bring sb to ~** jdn vor Gericht bringen; **to do him ~** um ihm gegenüber gerecht zu sein; **this photograph doesn't do her ~** auf diesem Foto ist sie nicht gut getroffen; **you didn't do yourself ~ in the exams** Sie haben im Examen nicht gezeigt, was Sie können; **ministry of ~** (*Br*), **Department of Justice** (*US*) Justizministerium *n* ▮ Richter(in) *m(f)*; **Justice of the Peace** Friedensrichter(in) *m(f)*

justifiable [ˌdʒʌstɪ'faɪəbl] ADJ gerechtfertigt

justifiably [ˌdʒʌstɪ'faɪəblɪ] ADV mit *od* zu Recht

justification [ˌdʒʌstɪfɪ'keɪʃən] S Rechtfertigung *f* (*of* +*gen*, *for* für); **as (a) ~ for his action** zur Rechtfertigung seiner Handlungsweise

justify ['dʒʌstɪfaɪ] VT ▮ rechtfertigen (*sth to sb* etw vor jdm *od* jdm gegenüber); **he was justified in doing that** es war gerechtfertigt, dass er das tat ▮ TYPO justieren; IT ausrichten

justly ['dʒʌstlɪ] ADV zu Recht; *behandeln* gerecht

jut [dʒʌt] VI (*a*. **jut out**) hervorstehen; **the peninsula ~s out into the sea** die Halbinsel ragt ins Meer hinaus; **to ~ out over the street** über die Straße hinausragen

juvenile ['dʒuːvənaɪl] A S ADMIN Jugendliche(r) *m/f(m)* B ADJ für Jugendliche; **~ crime** Jugendkriminalität *f* **juvenile delinquency** S Jugendkriminalität *f* **juvenile delinquent** S jugendlicher Straftäter, jugendliche Straftäterin

juxtapose ['dʒʌkstəˌpəʊz] VT nebeneinanderstellen

K, k [keɪ] S K *n*, k *n*

K *abk* -tausend; **15 K** 15.000

k S IT *abk von* **kilobyte** KB

kaleidoscope [kə'laɪdəskəʊp] S Kaleidoskop *n*

kangaroo [ˌkæŋgə'ruː] S, *pl* -s Känguru *n*

karaoke [ˌkærə'əʊkɪ] S Karaoke *n*

karate [kə'rɑːtɪ] S Karate *n*

kayak ['kaɪæk] S Kajak *m od n*

kcal ['keɪkæl] *abk von* **kilocalorie** kcal

kebab [kə'bæb] S Kebab *m*

keel [kiːl] S SCHIFF Kiel *m*; **he put the business back on an even ~** er brachte das Geschäft wieder auf die Beine (*umg*) ♦**keel over** VI (*fig umg*) umkippen

keen [kiːn] ADJ (+er) ▮ *Interesse* stark; *Intelligenz* scharf; *Gehör etc* gut ▮ begeistert, stark interessiert; **~ to learn** lernbegierig; **to be ~ on sb** von jdm sehr angetan sein; (*sexuell*) scharf auf jdn sein (*umg*); *auf Popgruppe etc* von jdm begeistert sein; **to be ~ on sth** etw sehr gern mögen; **to be ~ on doing sth** etw mit Begeisterung tun; **to be ~ to do sth** scharf darauf sein, etw zu tun (*umg*); **to be ~ on dancing** leidenschaftlicher Tänzer sein; **he is very ~ on golf** er ist ein Golffan *m*; **I'm not very ~ on him** ich bin von ihm/nicht gerade begeistert; **he's not ~ on her coming** er legt keinen (gesteigerten) Wert darauf, dass sie kommt; **he's very ~ for us to go** er legt sehr großen Wert darauf, dass wir gehen ▮ *Klinge, Wind* scharf

keenly ['kiːnlɪ] ADV ▮ *fühlen* leidenschaftlich; *interessiert* stark ▮ mit Begeisterung; **~ awaited** mit Ungeduld erwartet **keenness** ['kiːnnɪs] S Begeisterung *f*; (*von Bewerber, Student*) starkes Interesse

---

keep [kiːp]
v: *prät*, *pperf* **kept**

A transitives Verb **B** intransitives Verb
C Substantiv

— **A** transitives Verb —

▮ behalten; **you can ~ this book** du kannst dieses Buch behalten; **to ~ a place for sb** einen Platz für jdn frei halten; **to ~ a note of sth** sich (*dat*) etw notieren ▮ halten; **he kept his hands in his pockets** er hat die Hände in der Tasche gelassen; **the garden was well**

KEEP | 372

kept der Garten war (gut) gepflegt; **to ~ sb waiting** jdn warten lassen; **can't you ~ him talking?** können Sie ihn nicht in ein Gespräch verwickeln?; **to ~ the traffic moving** den Verkehr am Fließen halten; **to ~ the conversation going** das Gespräch in Gang halten; **to ~ one's dress clean** sein Kleid nicht schmutzig machen; **to ~ sb quiet** dafür sorgen, dass jd still ist; **just to ~ her happy** damit sie zufrieden ist; **to ~ sb alive** jdn am Leben halten; **to ~ oneself busy** sich selbst beschäftigen; **to ~ oneself warm** sich warm halten 🖪 aufbewahren; **where do you ~ your spoons?** wo sind die Löffel? 🖪 aufheben; **I've been ~ing it for you** ich habe es für Sie aufgehoben 🖪 aufhalten; **I mustn't ~ you** ich will Sie nicht aufhalten; **what's ~ing him?** wo waren Sie denn so lang?; **what's ~ing him?** wo bleibt er denn?; **to ~ sb prisoner** jdn gefangen halten; **they kept him in hospital** sie haben ihn im Krankenhaus behalten 🖪 *Geschäft* führen; *Nutztiere* halten 🖪 versorgen; **I earn enough to ~ myself** ich verdiene genug für mich (selbst) zum Leben; **I have six children to ~** ich habe sechs Kinder zu unterhalten 🖪 *Versprechen* halten; *Regel* befolgen; *Termin* einhalten 🖪 *Tagebuch* führen (*of* über +*akk*)

— **B** intransitives Verb —

🖪 **to ~ to the left** sich links halten; AUTO links fahren 🖪 bleiben; **how are you ~ing?** wie geht es Ihnen so?; **to ~ fit** fit bleiben; **to ~ quiet** still sein; **to ~ silent** schweigen; **to ~ calm** ruhig bleiben; **to ~ doing sth** etw weiter tun, etw dauernd tun; **to ~ walking** weitergehen; **~ going** machen Sie weiter; **I ~ hoping she's still alive** ich hoffe immer noch, dass sie noch lebt; **I ~ thinking …** ich denke immer … 🖪 (*Lebensmittel etc*) sich halten

— **C** Substantiv —

Unterhalt *m*; **I got £300 a week and my ~** ich bekam £ 300 pro Woche und freie Kost und Logis; **to earn one's ~** seinen Lebensunterhalt verdienen; **for ~s** (*umg*) für immer

◆**keep at** 🖪 🖪 +*obj* weitermachen mit; **~ it** machen Sie weiter so 🖪 🖪 +*obj* **to keep sb (hard) at it** jdn hart rannehmen (*umg*) ◆**keep away** 🖪 🖪 (*wörtl*) wegbleiben; **~!** nicht näher kommen!; **~ from that place** gehen Sie da nicht hin; **I just can't ~** es zieht mich immer wieder hin; **~ from him** lassen Sie die Finger von ihm 🖪 🖪 immer getrennt fernhalten (*from* von); **to keep sth away from sth** etw nicht an etw (*akk*) kommen lassen; **to keep sb away from school** jdn nicht in die Schule (gehen) lassen ◆**keep back** 🖪 🖪 zurückbleiben; **~!** bleiben

Sie, wo Sie sind!; **please ~ from the edge** bitte gehen Sie nicht zu nahe an den Rand 🖪 🖪 trennb 🖪 jdn, Haare zurückhalten; *Tränen* unterdrücken; **to keep sb/sth back from sb** jdn/etw von jdm abhalten 🖪 *Geld* einbehalten; *Informationen* verschweigen (*from sb* jdm) ◆**keep down** 🖪 🖪 unten bleiben 🖪 🖪 trennb 🖪 *Kopf* ducken; **keep your voices down** reden Sie nicht so laut 🖪 *Unkraut* unter Kontrolle halten; *Steuern, Preise* niedrig halten; *Kosten* drücken; **to keep numbers down** die Zahlen gering halten; **to keep one's weight down** nicht zunehmen 🖪 *Gegessenes* bei sich behalten ◆**keep from** 🖪 +*obj* 🖪 jdn hindern an (+*dat*); **I couldn't keep him from doing it** ich konnte ihn nicht daran hindern *od* davon abhalten, das zu tun; **the bells keep me from sleeping** die Glocken lassen mich nicht schlafen; **keep them from getting wet** verhindern Sie es, dass sie nass werden; **to keep sb from harm** jdn vor Schaden (*dat*) bewahren 🖪 **to keep sth from sb** jdm etw verschweigen; **can you keep this from your mother?** können Sie das vor Ihrer Mutter geheim halten *od* verbergen? ◆**keep in** 🖪 trennb *Schüler* nachsitzen lassen; **his parents have kept him in** seine Eltern haben ihn nicht gehen lassen ◆**keep in with** 🖪 +*obj* sich gut stellen mit; **he's just trying to ~ her** er will sich nur bei ihr lieb Kind machen ◆**keep off** 🖪 🖪 wegbleiben; **if the rain keeps off** wenn es nicht regnet; **"keep off!"** „Betreten verboten!" 🖪 🖪 trennb fernhalten (*obj* von); *seine Hände* wegnehmen (*obj* von); **to keep one's mind off sth** nicht an etw (*akk*) denken; **keep your hands off** Hände weg! 🖪 🖪 +*obj* vermeiden; **"keep off the grass"** „Betreten des Rasens verboten" ◆**keep on** 🖪 🖪 🖪 weitermachen; **to ~ doing sth** etw weiter tun, etw dauernd tun; **I ~ telling you** ich sage dir ja immer; **to ~ at sb** (*umg*) dauernd an jdm herummeckern (*umg*); **they kept on at him until he agreed** sie haben ihm so lange keine Ruhe gelassen, bis er zustimmte; **to ~ about sth** (*umg*) unaufhörlich von etw reden; **there's no need to ~ about it** (*umg*) es ist wirklich nicht nötig, ewig darauf herumzuhacken (*umg*) 🖪 weitergehen/-fahren; **keep straight on** immer geradeaus 🖪 🖪 trennb 🖪 *Angestellten* weiterbeschäftigen 🖪 *Mantel* anbehalten; *Hut* aufbehalten ◆**keep out** 🖪 🖪 (*aus Gebäude*) draußen bleiben; (*aus Gebiet*) etw nicht betreten; **"keep out"** „Zutritt verboten"; **to ~ of the sun** nicht in die Sonne gehen; **to ~ of sight** sich nicht zeigen; **you ~ of this!** halten Sie sich da raus! 🖪 🖪 trennb jdn nicht hereinlassen (*of in* +*akk*); *Licht, Regen* abhalten; **this screen keeps the sun out of your** eyes diese Blende schützt Ihre Augen vor Sonne ◆**keep to** A *vi* +obj ~ **the main road** bleiben Sie auf der Hauptstraße; **to ~ the schedule/plan** den Zeitplan einhalten; **to ~ the speed limit** sich an die Geschwindigkeitsbegrenzung halten; **to ~ the subject** beim Thema bleiben; **to ~ (oneself) to oneself** nicht sehr gesellig sein; **they keep (themselves) to themselves** sie bleiben unter sich B *vt* +obj **to keep sb to his word/promise** jdn beim Wort nehmen; **to keep sth to a minimum** etw auf ein Minimum beschränken; **to keep sth to oneself** etw für sich behalten; **keep your hands to yourself!** nehmen Sie Ihre Hände weg! ◆**keep together** *vt trennb* zusammen aufbewahren; (≈ vereinigen) Menschen, Dinge zusammenhalten ◆**keep up** A *vi* 1 (Regen) (an)dauern; (Kräfte) nicht nachlassen 2 **to ~ (with sb/sth)** (mit jdm/etw) Schritt halten; (verstandesmäßig) (jdm/einer Sache) folgen können; **to ~ with the news** sich auf dem Laufenden halten B *vt trennb* 1 Zelt aufrecht halten; **to keep his trousers up** damit die Hose nicht herunterrutscht 2 nicht aufhören mit; Studium fortsetzen; Qualität, Preise aufrechterhalten; Geschwindigkeit halten; **I try to ~ my Spanish** ich versuche, mit meinem Spanisch nicht aus der Übung zu kommen; **to keep one's morale up** den Mut nicht verlieren; **keep it up!** (machen Sie) weiter so!; **he couldn't keep it up** er hat schlappgemacht (*umg*) 3 am Schlafengehen hindern; **that child kept me up all night** das Kind hat mich die ganze Nacht nicht schlafen lassen

keeper ['kiːpə'] *s* (in Zoo) Wärter(in) m(f); (Br umg) Torhüter(in) m(f) **keep fit** *s* Fitnessübungen *pl* **keeping** ['kiːpɪŋ] *s* **in ~ with** in Einklang mit **keepsake** ['kiːpseɪk] *s* Andenken *n*
keg [kɛg] *s* 1 kleines Fass 2 (a. **keg beer**) Bier *n* vom Fass
kennel ['kɛnl] *s* 1 Hundehütte *f* 2 ~**s** (Hunde)heim *n*; **to put a dog in ~s** einen Hund in Pflege geben
Kenya ['kɛnjə] *s* Kenia *n*
kept [kɛpt] *prät, pperf* von keep
kerb [kɜːb] *s* (*Br*) Bordkante *f* (❗ = (*US*) **curb**)
  kerb crawling *s* (*Br*) Autostrich *m*
kernel ['kɜːnl] *s* Kern *m*
kerosene ['kɛrəsiːn] *s* Kerosin *n*
kestrel ['kɛstrəl] *s* Turmfalke *m*
ketchup ['kɛtʃəp] *s* Ketchup *n od m*
kettle ['kɛtl] *s* Kessel *m*; **I'll put the ~ on** ich stelle mal eben (Kaffee-/Tee)wasser auf; **the ~'s boiling** das Wasser kocht
key [kiː] A *s* 1 Schlüssel *m* 2 Lösungen *pl*; SCHULE Schlüssel *m*; (auf Landkarte etc) Zeichen-

erklärung *f* 3 (von Klavier, IT) Taste *f* 4 MUS Tonart *f*; **to sing off ~** falsch singen B *ADJ attr* Schlüssel-; Zeuge wichtigste(r, s) C *vt* IT Text eingeben ◆**key in** *vt trennb* IT eingeben ◆**key up** *vt trennb* **to be keyed up about sth** wegen etw ganz aufgedreht sein (*umg*)

key — Schlüssel

key — Taste

keyboard ['kiːbɔːd] *s* (von Klavier) Klaviatur *f*; IT Tastatur *f*; ~ **skills** IT Fertigkeiten *pl* in der Texterfassung; ~(s) (Instrument) Keyboard *n*; **to play the ~(s)** Keyboard spielen (❗ mit the) **key card** *s* Schlüsselkarte *f* **keyhole** *s* Schlüsselloch *n* **keynote** *ADJ attr* ~ **speech** programmatische Rede **keypad** *s* IT Tastenfeld *n* **keypal** *s* (*umg*) Mailfreund(in) m(f) **keyring** *s* Schlüsselring *m* **keyword** *s* Schlüsselwort *n*; (in Register) Schlagwort *n*
kg *abk* von kilogramme(s), kilogram(s) kg
khaki ['kɑːkɪ] A *s* Khaki *n* B *ADJ* khaki(braun *od* -farben)
kick [kɪk] A *s* 1 Tritt *m*; **to give sth a ~** einer Sache (*dat*) einen Tritt versetzen; **what he needs is a good ~ up the backside** *od* **in the pants** (*umg*) er braucht mal einen kräftigen Tritt in den Hintern 2 (*umg*) **she gets a ~ out of it** es macht ihr einen Riesenspaß (*umg*); **to do sth for ~s** etw zum Spaß tun; **how do you get your ~s?** was machen Sie zu ihrem Vergnügen? B *vi* treten; (Tier a.) ausschlagen C *vt* 1 einen Tritt versetzen (+dat); Fußball kicken (*umg*); **to ~ sb in the stomach** jdm in den Bauch treten; **to ~ the bucket** (*umg*) ins Gras beißen (*umg*); **I could have ~ed myself** (*umg*) ich hätte mir in den Hintern beißen können

(umg) **B** (umg) **to ~ the habit** es sich (dat) abgewöhnen ◆**kick about** (Br) od **around A** *Vi* (umg) (Mensch) rumhängen (umg) (obj **in** +dat); (Objekt) rumliegen (umg) (obj **in** +dat) **B** *Vt trennb* **to kick a ball about** od **around** (herum)bolzen (umg) ◆**kick back** *Vt trennb* Tür eintreten ◆**kick in A** *Vt trennb* Tür eintreten; **to kick sb's teeth in** jdm die Zähne einschlagen **B** *Vi* (Droge) wirken ◆**kick off A** *Vi* FUSSB anstoßen; (fig umg) losgehen (umg); **who's going to ~?** (fig umg) wer fängt an? **B** *Vt trennb* wegtreten; Schuhe von sich schleudern; **they kicked him off the committee** (umg) sie warfen ihn aus dem Ausschuss ◆**kick out** *Vt trennb* hinauswerfen (of aus) ◆**kick up** *Vt trennb* (fig umg) **to ~ a fuss** Krach schlagen (umg)

kickboxing *s̄* Kickboxen *n* **kickoff** *s̄* SPORT Anstoß *m*

kid [kɪd] **A** *s̄* **1** (≈ junge Ziege) Kitz *n* **2** (umg) Kind *n*; **when I was a ~** als ich klein war; **to get the ~s to bed** die Kleinen ins Bett bringen; **it's ~'s stuff** das ist was für kleine Kinder (umg); (≈ leicht) das ist doch ein Kinderspiel **B** *Adj attr* (umg) **~ sister** kleine Schwester **C** *Vt* (umg) **to ~ sb** jdn aufziehen (umg), jdn an der Nase rumführen (umg); **don't ~ yourself!** machen Sie sich doch nichts vor!; **who is she trying to ~?**, **who is she ~ding?** wem will sie was weismachen? **D** *Vi* (umg) Jux machen (umg); **no ~ding** im Ernst; **you've got to be ~ding!** das ist doch wohl nicht dein Ernst! **kid gloves** [kɪdˈɡlʌvz] *pl* Glacéhandschuhe *pl*; **to handle** od **treat sb with ~** (fig) jdn mit Samthandschuhen anfassen **kidnap** [ˈkɪdnæp] *Vt* entführen, kidnappen **kidnapper** [ˈkɪdnæpəʳ] *s̄* Entführer(in) *m(f)*, Kidnapper(in) *m(f)* **kidnapping** [ˈkɪdnæpɪŋ] *s̄* Entführung *f*

kidney [ˈkɪdnɪ] *s̄* Niere *f* **kidney bean** *s̄* Kidneybohne *f* **kidney stone** *s̄* MED Nierenstein *m*

kill [kɪl] **A** *Vt* **1** töten, umbringen; Schmerz beseitigen; Unkraut vernichten; **to be ~ed in action** fallen; **to be ~ed in battle/in the car war** im Kampf/Krieg fallen; **to be ~ed in a car accident** bei einem Autounfall ums Leben kommen; **she ~ed herself** sie brachte sich um; **many people were ~ed by the plague** viele Menschen sind der Pest zum Opfer gefallen; **to ~ time** die Zeit totschlagen; **we have two hours to ~** wir haben noch zwei Stunden übrig; **to ~ two birds with one stone** (sprichw) zwei Fliegen mit einer Klappe schlagen (sprichw); **she was ~ing herself (laughing)** (umg) sie hat sich totgelacht (umg); **a few more weeks won't ~ you** (umg) noch ein paar Wochen bringen dich nicht um (umg); **my feet are ~ing me** (umg) mir brennen die Füße; **I'll do it (even) if it ~s me** (umg) ich mache es, und wenn es mich umbringt (umg) **2** TECH Motor abschalten **B** *Vt* töten; **cigarettes can ~** Zigaretten können tödlich sein ◆**kill off** *Vt trennb* **1** vernichten, töten **2** (fig) Gerüchten ein Ende machen (+dat)

killer [ˈkɪləʳ] *s̄* Killer(in) *m(f)* (umg); **this disease is a ~** diese Krankheit ist tödlich; **it's a ~** (umg: Rennen, Job etc) das ist der glatte Mord (umg) **killer whale** *s̄* Schwertwal *m* **killing** [ˈkɪlɪŋ] **1** Töten *n*; **three more ~s in Belfast** drei weitere Morde in Belfast **2** (fig) **to make a ~** einen Riesengewinn machen **killjoy** [ˈkɪldʒɔɪ] *s̄* Spielverderber(in) *m(f)*

kiln [kɪln] *s̄* (Brenn)ofen *m*

kilo [ˈkiːləʊ] *s̄*, *pl* **-s** Kilo *n* **kilobyte** [ˈkiːləʊbaɪt] *s̄* Kilobyte *n*

 kilo

Einige Substantive, die auf -o enden, bilden den Plural nicht auf **-oes** (**tomato — tomatoes**), sondern auf **-os**.

Kurzformen: **kilo — kilos**

Lehnwörter aus anderen Sprachen:
piano — pianos

Wörter, in denen dem **-o** ein Vokal vorangeht:
radio — radios.

GRAMMATIK

kilogram, (Br a.) **kilogramme** [ˈkɪləʊɡræm] *s̄* Kilogramm *n* **kilohertz** [ˈkɪləʊhɜːts] *s̄* Kilohertz *n*

kilometre, (US) **kilometer** [kɪˈlɒmɪtəʳ] *s̄* Kilometer *m* **kilowatt** [ˈkɪləʊwɒt] *s̄* Kilowatt *n*; **~-hour** Kilowattstunde *f*

kilt [kɪlt] *s̄* Kilt *m*, Schottenrock *m* (❗ nur für Männer, karierter Damenrock = **tartan skirt**)

kin [kɪn] *s̄* Familie *f*

kind¹ [kaɪnd] *s̄* Art *f*; (von Kaffee, Lack etc) Sorte *f*; **several ~s of flour** mehrere Mehlsorten; **this ~ of book** diese Art Buch; **all ~s of ...** alle möglichen ...; **what ~ of ...?** was für ein(e) ...?; **the only one of its ~** das Einzige seiner Art; **a funny ~ of name** ein komischer Name; **he's not that ~ of person** so ist er nicht; **they're two of a ~** die beiden sind vom gleichen Typ, sie sind vom gleichen Schlag; **this ~ of thing** so etwas; **you know the ~ of thing I mean** Sie wissen, was ich meine; **... of all ~s** alle möglichen ...; **something of the ~** so etwas Ähnliches; **you'll do nothing of the ~** du wirst das schön bleiben lassen!; **it's not my ~ of holiday** solche Ferien sind nicht mein Fall (umg); **a ~ of ...** eine Art ..., so ein(e) ...; **he was**

~ of worried-looking (umg) er sah irgendwie bedrückt aus; **are you nervous? — ~ of** (umg) bist du nervös? — ja, schon (umg); **payment in ~** Bezahlung f in Naturalien

kind² ADJ (+er) Mensch nett (to zu); Gesicht, Worte freundlich; **he's ~ to animals** er ist gut zu Tieren; **would you be ~ enough to open the door** wären Sie so nett, die Tür zu öffnen; **it was very ~ of you** das war wirklich nett von Ihnen

kindergarten ['kɪndəˌgɑːtn] S Kindergarten m

kind-hearted [ˌkaɪnd'hɑːtɪd] ADJ gütig

kindle ['kɪndl] VT entfachen

kindliness ['kaɪndlɪnɪs] S Freundlichkeit f

kindly ['kaɪndlɪ] A ADV 1 behandeln, sich verhalten freundlich; spenden großzügig; **I don't take ~ to not being asked** es ärgert mich, wenn ich nicht gefragt werde 2 **~ shut the door** machen Sie doch bitte die Tür zu B ADJ (+er) freundlich **kindness** ['kaɪndnɪs] S 1 (!) kein pl) Freundlichkeit f (towards gegenüber); **out of the ~ of one's heart** aus reiner Nächstenliebe 2 Gefälligkeit f

kindred ['kɪndrɪd] A S (!) kein pl) Verwandtschaft f B ADJ verwandt; **~ spirit** Gleichgesinnte(r) m/f(m)

kinetic [kɪ'netɪk] ADJ kinetisch

king [kɪŋ] S König m (!) In Verbindung mit Namen wird **King** großgeschrieben.); **to live like a ~** leben wie ein Fürst

kingdom ['kɪŋdəm] S 1 (wörtl) Königreich n 2 REL **~ of heaven** Himmelreich n; **to blow sth to ~ come** (umg) etw in die Luft jagen (umg); **you can go on doing that till ~ come** (umg) Sie können (so) bis in alle Ewigkeit weitermachen 3 **the animal ~** das Tierreich **king prawn** S Königskrabbe f **king-size(d)** ADJ (umg) großformatig; Zigaretten Kingsize; Bett extra groß

kink [kɪŋk] S (in Seil etc) Knick m; (in Haaren) Welle f

kinky ['kɪŋkɪ] ADJ (+er) (umg) abartig; Unterwäsche etc sexy inv

kinship ['kɪnʃɪp] S Verwandtschaft f

kiosk ['kiːɒsk] S 1 Kiosk m 2 (Br TEL) (Telefon)zelle f

kip [kɪp] (Br umg) A S Schläfchen n; **I've got to get some ~** ich muss mal 'ne Runde pennen (umg) B VI (a. **kip down**) pennen (umg)

kipper ['kɪpə'] S Räucherhering m

kirk [kɜːk] S (schott) Kirche f

kiss [kɪs] A S Kuss m, Busserl n (österr); **~ of life** Mund-zu-Mund-Beatmung f; **that will be the ~ of death for them** das wird ihnen den Todesstoß versetzen B VT küssen, busseln (österr); **to ~ sb's cheek** jdn auf die Wange küssen; **to ~ sb good night** jdm einen Gutenachtkuss geben; **to ~ sth goodbye** (fig umg) sich (dat) etw abschminken (umg) C VI küssen, busseln (österr), sich küssen; **to ~ and make up** sich mit einem Kuss versöhnen

kit [kɪt] S 1 Ausrüstung f; **gym ~** Sportzeug n; **get your ~ off!** (umg) zieh dich aus! 2 Sachen pl 3 (zum Zusammenbauen) Bastelsatz m ♦**kit out** od **up** VT trennb (Br) ausrüsten, einkleiden

kitbag ['kɪtbæg] S Seesack m

kitchen ['kɪtʃɪn] S Küche f **kitchen foil** S Alufolie f **kitchen garden** S Gemüsegarten m **kitchen knife** S Küchenmesser n **kitchen roll** S Küchenrolle f **kitchen scales** PL Küchenwaage f **kitchen sink** S **I've packed everything but the ~** (umg) ich habe den ganzen Hausrat eingepackt **kitchen unit** S Küchenschrank m

kite [kaɪt] S Drachen m; **to fly a ~** (wörtl) einen Drachen steigen lassen

Kite mark S (Br) dreieckiges Gütezeichen

kitschy ['kɪtʃɪ] ADJ (+er) kitschig

kitten ['kɪtn] S Kätzchen n; **to have ~s** (fig umg) Zustände kriegen (umg)

kitty ['kɪtɪ] S (gemeinsame) Kasse

kiwi ['kiːwiː] S 1 ORN Kiwi m 2 (a. **kiwi fruit**) Kiwi(frucht) f 3 (umg) Neuseeländer(in) m(f), Kiwi m (umg)

kiwi — Kiwi

kiwi — Kiwi

Kleenex® ['kliːneks] S Papiertaschentuch n

km abk von **kilometre(s)** km

km/h, **kmph** abk von **kilometres per hour** km/h

knack [næk] S Trick m; (≈ Begabung) Talent n; **there's a (special) ~ to opening it** da ist

ein Trick dabei, wie man das aufbekommt; **you'll soon get the ~ of it** Sie werden den Dreh bald rausbekommen
knackered ['nækəd] ADJ (Br umg) **1** geschafft (umg) **2** kaputt (umg)
knapsack ['næpsæk] S Proviantbeutel m
knee [niː] **A** S Knie n; **to be on one's ~s** auf den Knien liegen; **to go (down) on one's ~s** (wörtl) niederknien **B** VT **to ~ sb in the groin** jdm das Knie zwischen die Beine stoßen
kneecap S Kniescheibe f **knee-deep** ADJ knietief **knee-high** ADJ kniehoch
kneel [niːl] prät, pperf knelt od kneeled VI (before vor +dat) knien; (a. **kneel down**) niederknien
knee-length ['niːleŋθ] ADJ Rock knielang; Stiefel kniehoch; **~ socks** Kniestrümpfe pl **kneepad** S Knieschützer m **knelt** [nelt] prät, pperf von kneel
knew [njuː] prät von know
knickers ['nɪkəz] PL (Br) Schlüpfer m (⚠ = (US) **panties**); **don't get your ~ in a twist!** (umg) dreh nicht gleich durch! (umg)
knick-knack ['nɪknæk] S **~s** Krimskrams m
knife [naɪf] **A** S, pl knives Messer n; **~, fork and spoon** Besteck n; **you could have cut the atmosphere with a ~** die Stimmung war zum Zerreißen gespannt **B** VT einstechen auf (+akk) **knife edge** S **to be balanced on a ~** (fig) auf Messers Schneide stehen **knifepoint** S **to hold sb at ~** jdn mit einem Messer bedrohen
knight [naɪt] **A** S Ritter m; SCHACH Springer m, Pferd n **B** VT zum Ritter schlagen **knighthood** ['naɪthʊd] S Ritterstand m; **to receive a ~** in den Adelsstand erhoben werden
knit [nɪt] prät, pperf knitted od knit **A** VT stricken; **~ three, purl two** drei rechts, zwei links **B** VI **1** stricken **2** (Knochen: a. **knit together**) verwachsen **knitted** ADJ gestrickt; Kleid etc Strick- **knitting** S Stricken n; (≈ Material) Strickzeug n **knitting needle** S Stricknadel f **knitwear** ['nɪtweər] S Strickwaren pl
knives [naɪvz] pl von knife
knob [nɒb] S **1** (an Tür) Knauf m; (an Instrument etc) Knopf m **2** **a ~ of butter** ein Stich m Butter **3** (sl ≈ Penis) Lanze f (sl) **knobbly** ['nɒblɪ] ADJ (+er) Oberfläche uneben; **~ knees** Knubbelknie pl (umg)
knock [nɒk] **A** S **1** (bes Br) Stoß m; **I got a ~ on the head** ich habe einen Schlag auf den Kopf bekommen; **the car took a few ~s** mit dem Auto hat es ein paarmal gebumst (umg) **2** **there was a ~ at the door** es hat (an der Tür) geklopft; **I heard a ~** ich habe es klopfen hören **3** (bes Br) (fig) (Rück)schlag m **B** VT **1** stoßen, schlagen; Kopf etc anstoßen (on an +dat), stoßen gegen; **to ~ one's head** etc sich (dat) den Kopf etc anstoßen; **he ~ed his foot against the table** er stieß mit dem Fuß gegen den Tisch; **to ~ sb to the ground** jdn zu Boden werfen; **to ~ sb unconscious** jdn bewusstlos werden lassen, jdn bewusstlos schlagen; **she ~ed the glass to the ground** sie stieß gegen das Glas und es fiel zu Boden **2** (umg ≈ kritisieren) (he)runtermachen (umg) **C** VI **1** klopfen; **to ~ at** od **on the door** anklopfen; **to ~ at** od **on the window** gegen das Fenster klopfen **2** stoßen (into, against gegen); **he ~ed into the gatepost** er rammte den Türpfosten; **his knees were ~ing** ihm zitterten die Knie ♦**knock about** (Br) od **around A** VI (umg) **1** (Mensch) herumziehen (obj in +dat) **2** (Objekt) herumliegen (obj in +dat) **B** VT trennb **1** verprügeln **2** beschädigen **3** **to knock a ball about** od **around** ein paar Bälle schlagen ♦**knock back** VT trennb (umg) **he knocked back his whisky** er kippte sich (dat) den Whisky hinter die Binde (umg) ♦**knock down** VT trennb **1** umwerfen; Gegner niederschlagen; (Auto) anfahren; Gebäude abreißen; **she was knocked down and killed** sie wurde überfahren **2** Preis herunterhandeln (to auf +akk) ♦**knock off A** VI (umg) Feierabend machen (umg) **B** VT trennb **1** (wörtl) jdn, Vase hinunterstoßen **2** (umg: vom Preis) nachlassen (for sb jdm) **3** (umg) Aufsatz hinhauen (umg) **4** (umg) **to ~ work** Feierabend machen; **knock it off!** nun hör schon auf! ♦**knock on** VI (Br umg) **he's knocking on for fifty** er geht auf die fünfzig zu ♦**knock out** VT trennb **1** Zahn ausschlagen, herausschlagen (of aus) **2** bewusstlos werden lassen, bewusstlos schlagen **3** besiegen (of in +dat); **to be knocked out** ausscheiden (of aus) ♦**knock over** VT trennb umwerfen; (Auto) anfahren ♦**knock up** VT trennb Abendessen auf die Beine stellen (umg); Unterkunft zusammenzimmern
knockdown ['nɒkdaʊn] ADJ attr **~ price** Schleuderpreis m **knocker** ['nɒkər] S **1** (Tür)klopfer m **2** (umg) **~s** Titten pl (sl) **knock-kneed** ADJ x-beinig; **to be ~** X-Beine haben **knockout** ['nɒkaʊt] **A** S **1** (Boxen) K. o. m **2** (umg ≈ Mensch) Wucht f (umg) **B** ATTR **~ competition** Ausscheidungskampf m
knot [nɒt] **A** S **1** Knoten m; **to tie/untie a ~**

to know

Bei Wörtern mit der Buchstabenfolge „kn", z. B. **knee, kneel, knew, knickers, knife, knight, knit, knives, knob, knock, knot, know, knowledge, known**, wird das „K" nicht mitgesprochen.

AUSSPRACHE

einen Knoten machen/aufmachen; **to tie the ~** (fig) den Bund fürs Leben schließen **2** (in Holz) Verwachsung f **B** VT einen Knoten machen in (+akk), verknoten

know [nəʊ]
v: prät **knew**, pperf **known**

A transitives Verb **B** intransitives Verb
C Substantiv

— **A** transitives Verb —

1 wissen; Antwort, Tatsachen kennen; **to ~ what one is talking about** wissen, wovon man redet; **he might even be dead for all I ~** vielleicht ist er sogar tot, was weiß ich; **that's worth ~ing** das ist ja interessant; **before you ~ where you are** ehe man sichs versieht; **she's angry! — don't I ~ it!** (umg) sie ist wütend! — wem sagst du das! (umg) **2** kennen; **if I ~ John, he'll already be there** wie ich John kenne, ist er schon da; **he didn't want to ~ me** er wollte nichts mit mir zu tun haben **3** erkennen; **to ~ sb by his voice** jdn an der Stimme erkennen; **the welfare system as we ~ it** das uns bekannte Wohlfahrtssystem **4** unterscheiden können; **do you ~ the difference between…?** wissen Sie, was der Unterschied zwischen … ist? **5** erleben; **I've never ~n it to rain so heavily** so einen starken Regen habe ich noch nie erlebt; **to ~ that …** wissen, dass …; **to ~ how to do sth** etw tun können; **I don't ~ how you can say that!** wie kannst du das nur sagen!; **to get to ~ sb** jdn kennenlernen; **to get to ~ sth** etw lernen, etw herausfinden; **to get to ~ a place** einen Ort kennenlernen; **to let sb ~ sth** jdm von etw Bescheid geben; **(if you) ~ what I mean** du weißt schon; **there's no ~ing what he'll do** man weiß nie, was er noch tut; **what do you ~!** (umg) sieh mal einer an!; **to be ~n (to sb)** (jdm) bekannt sein; **it is (well) ~n that …** es ist (allgemein) bekannt, dass …; **to be ~n for sth** für etw bekannt sein; **he is ~n as Mr Smith** man kennt ihn als Herrn Smith; **she wishes to be ~n as Mrs White** sie möchte Frau White genannt werden; **to make sth ~n** etw bekannt machen; **to make oneself ~n** sich melden; (to sb bei jdm); **to become ~n** bekannt werden; **to let it be ~n that …** bekannt geben, dass …

— **B** intransitives Verb —

wissen; **who ~s?** wer weiß?; **I ~!** ich weiß!; (gute Idee) ich weiß was!; **I don't ~** (das) weiß ich nicht; **as far as I ~** soviel ich weiß; **he just didn't want to ~** er wollte einfach nicht hören; **I wouldn't ~** (umg) weiß ich (doch) nicht (umg); **how should I ~?** wie soll ich das wissen?; **I ~ better than that** ich bin ja nicht ganz dumm; **I ~ better than to say something like that** ich werde mich hüten, so etwas zu sagen; **he/you ought to have ~n better** das war dumm (von ihm/dir); **they don't ~ any better** sie kennens nicht anders; **OK, you ~ best** o.k., Sie müssens wissen; **you ~, we could …** weißt du, wir könnten …; **it's raining, you ~** es regnet; **wear the black dress, you ~, the one with the red belt** zieh das schwarze Kleid an, du weißt schon, das mit dem roten Gürtel; **you never ~** man kann nie wissen

— **C** Substantiv —

to be in the ~ (umg) Bescheid wissen (umg)
♦**know about** **A** VI +obj Fach sich auskennen in (+dat); Frauen, Pferde sich auskennen mit; (≈ informiert sein) wissen von; **I ~ that** das weiß ich; **did you ~ Maggie?** weißt du über Maggie Bescheid?; **to get to ~ sb/sth** von jdm/etw hören; **I don't ~ that** davon weiß ich nichts; (≈ nicht einverstanden) da bin ich aber nicht so sicher; **I don't ~ you, but I'm hungry** ich weiß nicht, wie es Ihnen geht, aber ich habe Hunger **B** VT trennb +obj **to know a lot about sth** viel über etw (akk) wissen; (in Fachgebiet a.) in etw (dat) gut Bescheid wissen; (von Autos, Pferden etc a.) viel von etw verstehen; **I know all about that** da kenne ich mich aus; (≈ bin informiert) das weiß ich, ich weiß Bescheid ♦**know of** VT +obj Lokal, Methode kennen; jdn gehört haben von; **not that I ~** nicht, dass ich wüsste

know-all S **1** (Br umg) Alleswisser(in) m(f) (❗ = (US) **know-it-all**) **know-how** S Know-how n **knowing** ['nəʊɪŋ] ADJ Lächeln wissend **knowingly** ['nəʊɪŋlɪ] ADV **1** absichtlich **2** lächeln wissend **know-it-all** ['nəʊɪtɔːl] S (US umg) = **know-all**

knowledge ['nɒlɪdʒ] S **1** (❗ kein pl) Wissen n; **to have ~ of** wissen von; **to have no ~ of** nichts wissen von; **to my ~** soviel ich weiß; **not to my ~** nicht, dass ich wüsste **2** (❗ kein pl) Kenntnisse pl; **my ~ of English** meine Englischkenntnisse pl; **my ~ of D.H. Lawrence** was ich von D. H. Lawrence kenne; **the police have no ~ of him** die Polizei weiß nichts über ihn **knowledgeable** ['nɒlɪdʒəbl] ADJ kenntnisreich; **to be ~** viel wissen (about über +akk) **known** **A** pperf von **know** **B** ADJ bekannt

knuckle ['nʌkl] S (Finger)knöchel m; (von Fleisch) Hachse f ♦**knuckle down** VI (umg) sich dahinterklemmen (umg) ♦**knuckle under** VI (umg) spuren (umg); (gegenüber Forderungen) sich beugen (to +dat)

kohl [kəʊl] *S̄ (Kosmetikum)* Kajal *n*
kooky ['kuːkɪ] *ADJ (+er) (US umg)* verrückt
Koran [kɒ'rɑːn] *S̄* Koran *m*
Korea [kə'rɪə] *S̄* Korea *n* **Korean** [kə'rɪən] **A** *ADJ* koreanisch; **~ war** Koreakrieg *m* **B** *S̄* Koreaner(in) *m(f)*
kosher ['kəʊʃə'] *ADJ* **1** koscher **2** *(umg)* in Ordnung
kph *abk von* kilometres per hour km/h
Kraut [kraʊt] *S̄, ADJ* als Schimpfwort gebrauchte Bezeichnung für Deutsche und Deutsches, Piefke *m (österr)*
Kremlin ['kremlɪn] *S̄* **the ~** der Kreml
kumquat ['kʌmkwɒt] *S̄* Kumquat *f, kleine Orange*
kw *abk von* kilowatt(s) kW

L

L, l [el] *S̄* L *n*, l *n*
L **1** *(Br VERKEHR) abk von* Learner Fahrschüler(in) *m(f)* **2** *abk von* large L
l **1** *abk von* litre(s) l. **2** *abk von* left l
lab [læb] *abk von* laboratory
label ['leɪbl] **A** *S̄* **1** *(wörtl)* Etikett *n*, Anhänger *m*, Aufkleber *m*, Pickerl *n (österr)* **2** *(von Plattenfirma)* Label *n* **B** *VT* **1** *(wörtl)* etikettieren, beschriften; **the bottle was labelled** *(Br) od* **labeled** *(US)* **"poison"** die Flasche trug die Aufschrift „Gift" **2** *(fig, pej)* abstempeln
labor *etc (US) =* **labour** *etc*
laboratory [lə'bɒrətərɪ, *(US)* 'læbrə,tɔːrɪ] *S̄* Labor(atorium) *n*; **~ assistant** Laborant(in) *m(f)* (❗ Vorsicht, Schreibung)
labor day *S̄ (US)* ≈ Tag *m* der Arbeit
labor union *S̄ (US)* Gewerkschaft *f* (❗ = *(Br)* **trade union**) **labor unionist** *S̄ (US)* Gewerkschaft(l)er(in) *m(f)* (❗ = *(Br)* **trade unionist**)
labour, *(US)* **labor** ['leɪbə'] **A** *S̄* **1** Arbeit *f*; **it was a ~ of love** ich/er *etc* tat es aus Liebe zur Sache **2** Arbeitskräfte *pl* **3** *(Br POL)* **Labour** die Labour Party **4** *MED* Wehen *pl*; **to be in ~** in den Wehen liegen; **to go into ~** die Wehen bekommen **B** *VT* Thema auswalzen **C** *VI* **1** *(auf Feld etc)* arbeiten **2** *(≈ mit Mühe)* sich quälen; **to ~ up a hill** sich einen Hügel hinaufquälen
labour camp *S̄* Arbeitslager *n* **Labour Day** *S̄* der Tag der Arbeit **labourer** ['leɪbərə'] *S̄* (Hilfs)arbeiter(in) *m(f)*, Landarbeiter(in) *m(f)* **labour force** *S̄* Arbeiterschaft *f* **labour-intensive** *ADJ* arbeitsintensiv **labour market** *S̄* Arbeitsmarkt *m* **labour pains** *PL* Wehen *pl* **Labour Party** *S̄ (Br)* Labour Party *f* **labour-saving** ['leɪbəseɪvɪŋ] *ADJ* arbeitssparend
Labrador ['læbrədɔː'] *S̄* Labradorhund *m*
labyrinth ['læbɪrɪnθ] *S̄* Labyrinth *n*
lace [leɪs] **A** *S̄* **1** (❗ kein *pl*) *(≈ Stoff)* Spitze *f* **2** *(an Schuh)* Schnürsenkel *m* **B** *VT* **1** Schuh zubinden **2 to ~ a drink with drugs/poison** Drogen/Gift in ein Getränk mischen; **~d with brandy** mit einem Schuss Weinbrand ◆**lace up** *VT trennb* (zu)schnüren

lace — Spitze

lace — Schnürsenkel

laceration [ˌlæsə'reɪʃən] *S̄* Fleischwunde *f*, Risswunde *f*
lace-up (shoe) ['leɪsʌp(ʃuː)] *S̄* Schnürschuh *m*
lack [læk] **A** *S̄* **1** Mangel *m*; **for** *od* **through ~ of sth** aus Mangel an etw *(dat)*; **though it wasn't for ~ of trying** nicht, dass er sich *etc* nicht bemüht hätte; **there was a complete ~ of interest** es bestand überhaupt kein Interesse; **~ of time** Zeitmangel *m*; **there was no ~ of applicants** es fehlte nicht an Bewerbern **B** *VT* **they ~ talent** es fehlt ihnen an Talent **C** *VI* **to be ~ing** fehlen; **he is ~ing in confidence** ihm fehlt es an Selbstvertrauen; **he is completely ~ing in any sort of decency** er besitzt überhaupt keinen Anstand
lackadaisical [ˌlækə'deɪzɪkəl] *ADJ* lustlos
lacking ['lækɪŋ] *ADJ* **to be found ~** sich nicht bewähren **lacklustre**, *(US)* **lackluster** ['læk,lʌstə'] *ADJ* langweilig, fad *(österr)*
lacquer ['lækə'] **A** *S̄* **1** Lack *m* **2** Haarspray *n* **B** *VT* lackieren; *Haare* sprayen

379 ‖ LAND

lactose ['læktəʊs] S̲ Laktose f

lacy ['leɪsɪ] A̲D̲J̲ (+er) Spitzen-; **~ underwear** Spitzenunterwäsche

lad [læd] S̲ Junge m, Bub m (österr, schweiz); (≈ Stallarbeiter) Bursche m; **young ~** junger Mann; **he's a bit of a ~** (umg) er ist ein ziemlicher Draufgänger; **he likes a night out with the ~s** (Br umg) er geht gern mal mit seinen Kumpels weg (umg)

ladder ['lædəʳ] A̲ S̲ 1̲ Leiter f; **to be at the top of the ~** ganz oben auf der Leiter stehen; **to move up the social/career ~** gesellschaftlich/beruflich aufsteigen 2̲ (Br: in Strumpf) Laufmasche f B̲ V̲T̲ (Br) **I've ~ed my tights** ich habe mir eine Laufmasche geholt

laddish ['lædɪʃ] A̲D̲J̲ (Br umg: junger Mann) machohaft

laden ['leɪdn] A̲D̲J̲ beladen (with mit)

ladette [læ'det] S̲ (Br umg) Machoweib n (umg)

ladle ['leɪdl] A̲ S̲ (Schöpf)kelle f B̲ V̲T̲ schöpfen

lady ['leɪdɪ] S̲ 1̲ Dame f; **"Ladies"** „Damen" (❗ Englisch mit Verb im Singular) (❗ = (US) women's room); **where is the ladies?** wo ist die Damentoilette?; **ladies' room** Damentoilette f; **ladies and gentlemen!** sehr geehrte Damen und Herren!; **ladies' bicycle** Damen-(fahr)rad n 2̲ Adlige f; **Lady** (als Titel) Lady f **ladybird**, (US) **ladybug** S̲ Marienkäfer m **lady doctor** S̲ Ärztin f **lady-in-waiting** S̲ Ehren- od Hofdame f **lady-killer** S̲ (umg) Herzensbrecher m **ladylike** A̲D̲J̲ damenhaft

lag[1] [læg] A̲ S̲ Zeitabstand m B̲ V̲I̲ zurückbleiben ◆**lag behind** V̲I̲ zurückbleiben; **the government is lagging behind in the polls** die Regierung liegt in den Meinungsumfragen zurück

lager ['lɑːgəʳ] S̲ helles Bier (❗ Als Getränk hat **lager** keinen Plural. **Lagers** sagt man zu verschiedenen Sorten oder einzelnen Gläsern.); **a glass of ~** ein (Glas) Helles; **two ~, please** Zwei Helle, bitte

lagging ['lægɪŋ] S̲ Isolierschicht f, Isoliermaterial n

lagoon [lə'guːn] S̲ Lagune f

laid [leɪd] prät, pperf von lay[3] **laid-back** [ˌleɪd'bæk] A̲D̲J̲ (umg) cool (umg)

lain [leɪn] pperf von lie[2]

lair [lɛəʳ] S̲ Lager n; (von Tier) Bau m

lake [leɪk] S̲ See m; **Lake Constance** der Bodensee (❗ im Englischen ohne the) **Lake District** S̲ Lake District m (Seengebiet im NW Englands)

lakeside A̲ S̲ **at the ~** am See B̲ A̲D̲J̲ **~ cottage** Häuschen n am See

lamb [læm] S̲ 1̲ Lamm n 2̲ Lamm(fleisch) n 3̲ **you poor ~!** du armes Lämmchen!; **like a ~ to the slaughter** wie das Lamm zur Schlachtbank

lamb chop S̲ Lammkotelett n **lambswool** S̲ Lammwolle f

lame [leɪm] A̲D̲J̲ (+er) 1̲ lahm; **to be ~ in one leg** auf einem Bein lahm sein; **the animal was ~** das Tier lahmte 2̲ (fig) Ausrede faul

lament [lə'ment] A̲ S̲ 1̲ (Weh)klage f 2̲ LIT, MUS Klagelied n B̲ V̲T̲ **to ~ the fact that ...** die Tatsache bedauern, dass ... **lamentable** ['læməntəbl] A̲D̲J̲ beklagenswert

laminated ['læmɪneɪtɪd] A̲D̲J̲ geschichtet; Umschlag laminiert; **~ glass** Verbundglas n; **~ plastic** Resopal® n

lamp [læmp] S̲ Lampe f, Laterne f **lamplight** ['læmplaɪt] S̲ **by ~** bei Lampenlicht; **in the ~** im Schein der Lampe(n)

lamppost S̲ Laternenpfahl m **lampshade** S̲ Lampenschirm m

LAN [læn] I̲T̲ abk von local area network LAN n

lance [lɑːns] A̲ S̲ Lanze f B̲ V̲T̲ MED öffnen

lance corporal S̲ Obergefreite(r) m/f(m)

land [lænd] A̲ S̲ 1̲ Land n, Boden m; **by ~** auf dem Landweg; **to see how the ~ lies** (fig) die Lage peilen; **to work on the ~** das Land bebauen; **to live off the ~** sich vom Lande ernähren 2̲ (≈ Grundbesitz) Grund und Boden m, Ländereien pl; **to own ~** Land besitzen; **a piece of ~** ein Stück n Land; (zur Bebauung) ein Grundstück n B̲ V̲T̲ 1̲ Passagiere absetzen; Truppen landen; Waren (von Schiff) an Land bringen; Fisch an Land ziehen; **to ~ a plane** (mit einem Flugzeug) landen 2̲ (umg) kriegen (umg); Job an Land ziehen (umg) 3̲ (Br umg) Schlag landen (umg); **he ~ed him one, he ~ed him a punch on the jaw** er versetzte ihm einen Kinnhaken 4̲ (umg) bringen; **behaviour** (Br) od **behavior** (US) **like that will ~ you in jail** bei einem solchen Betragen wirst du noch mal im Gefängnis landen; **it ~ed me in a mess** dadurch bin ich in einen ganz schönen Schlamassel gekommen (umg); **I've ~ed myself in a real mess** ich bin (ganz schön) in die Klemme geraten (umg) 5̲ (umg) **to ~ sb with sth** jdm etw andrehen (umg); **I got ~ed with him for two hours** ich hatte ihn zwei Stunden lang auf dem Hals (umg) C̲ V̲I̲ landen; (von Schiff) an Land gehen; **we're coming in to ~** wir setzen zur Landung an; **the bomb ~ed on the building** die Bombe fiel auf das Gebäude; **to ~ on one's feet** (wörtl) auf den Füßen landen; (fig) auf die Füße fallen; **to ~ on one's head** auf den Kopf fallen ◆**land up** V̲I̲ (umg) landen (umg); **you'll ~ in trouble** du wirst noch mal Ärger bekommen; **I landed up with nothing** ich hatte schließlich nichts mehr

landed ['lændɪd] A̲D̲J̲ **~ gentry** Landadel m

landfill site ⓈⓊ Mülldeponie f **landing** ['lændɪŋ] ⓈⓊ **1** FLUG Landung f **2** Treppenabsatz m, Stiegenabsatz m *(österr)* **landing card** ⓈⓊ Einreisekarte f **landing gear** ⓈⓊ *(US)* Fahrgestell n (❗ = (Br) **undercarriage**) **landing strip** ⓈⓊ Landebahn f **landlady** ⓈⓊ *(von Wohnung)* Vermieterin f; *(von Gaststätte)* Wirtin f **land line** ⓈⓊ TEL Landkabel n **landlocked** ADJ von Land eingeschlossen **landlord** ⓈⓊ m *(von Wohnung)* Vermieter m; *(von Gaststätte)* Wirt m **landmark** A ⓈⓊ **1** SCHIFF Landmarke f **2** Wahrzeichen n; *(fig)* Meilenstein m B ADJ *Urteil* historisch **land mine** ⓈⓊ Landmine f **landowner** ⓈⓊ Grundbesitzer(in) m(f) **land register** ⓈⓊ *(Br)* Grundbuch n **landscape** ['lændskeɪp] A ⓈⓊ Landschaft f B VT *Grundstück* gärtnerisch gestalten **landscape gardening** ⓈⓊ Landschaftsgärtnerei f **landslide** ⓈⓊ Erdrutsch m

lane [leɪn] ⓈⓊ Sträßchen n, Gasse f; SPORT Bahn f; *(≈ Fahrbahn)* Spur f; SCHIFF Schifffahrtsweg m; **"get in ~"** *(Br)* „einordnen" (❗ = (US) **"merge"**)

language ['læŋgwɪdʒ] ⓈⓊ Sprache f; **your ~ is appalling** deine Ausdrucksweise ist entsetzlich; **bad ~** Kraftausdrücke pl; **strong ~** Schimpfwörter pl **language barrier** ⓈⓊ Sprachbarriere f **language course** ⓈⓊ Sprachkurs(us) m **language lab(oratory)** ⓈⓊ Sprachlabor n **language school** ⓈⓊ Sprachschule f

languid ['læŋgwɪd] ADJ träge **languish** ['læŋgwɪʃ] VI schmachten **lank** [læŋk] ADJ *Haare* strähnig **lanky** ['læŋkɪ] ADJ *(+er)* schlaksig **lantern** ['læntən] ⓈⓊ Laterne f

lap[1] [læp] ⓈⓊ Schoß m; **in** *od* **on her ~** auf dem/ihrem Schoß; **to live in the ~ of luxury** ein Luxusleben führen

lap[2] SPORT A ⓈⓊ Runde f; *(fig)* Etappe f B VT überrunden

lap[3] VI *(Wellen)* plätschern *(against* an *+akk)* ♦**lap up** VT *trennb* **1** *Wasser* auflecken **2** *Lob* genießen

lapel [lə'pel] ⓈⓊ Revers n *od* m

lapse [læps] A ⓈⓊ **1** Fehler m; *(moralisch)* Fehltritt m; **he had a ~ of concentration** seine Konzentration ließ nach; **memory ~s** Gedächtnisschwäche f; **a serious security ~** ein schwerer Verstoß gegen die Sicherheitsvorkehrungen **2** Zeitraum m; **time ~** Zeitraum m; **a ~ in the conversation** eine Gesprächspause B VI **1** verfallen *(into* in *+akk)*; **he ~d into silence** er versank in Schweigen; **he ~d into a coma** er sank in ein Koma **2** ablaufen; **after two months have ~d** nach (Ablauf von) zwei Monaten **lapsed** [læpst] ADJ *Katholik* abtrünnig **laptop** ['læptɒp] IT A ⓈⓊ Laptop m B ATTR Lap-

top-

larch [lɑːtʃ] ⓈⓊ *(a.* **larch tree)** Lärche f

lard [lɑːd] ⓈⓊ Schweineschmalz n

larder ['lɑːdə'] ⓈⓊ *(bes Br)* Speisekammer f, Speiseschrank m

large [lɑːdʒ] A ADJ *(+er)* groß; *Mensch* korpulent; *Mahlzeit* reichlich; **~ print** Großdruck m; **a ~r size** eine größere Größe; **as ~ as life** in voller Lebensgröße B ⓈⓊ **1** **the world at ~** die Allgemeinheit **2** **to be at ~** frei herumlaufen

largely ['lɑːdʒlɪ] ADV zum größten Teil **largeness** ['lɑːdʒnəs] ⓈⓊ Größe f **large-print** *Buch* in Großdruck **large-scale** ADJ groß angelegt; *Änderungen* in großem Rahmen; *Landkarte* in großem Maßstab

lark[1] [lɑːk] ⓈⓊ ORN Lerche f

lark[2] ⓈⓊ *(bes Br umg)* Spaß m, Hetz f *(österr)*; **to do sth for a ~** etw *(nur)* zum Spaß machen ♦**lark about** *od* **around** VI *(Br umg)* herumblödeln

larva ['lɑːvə] ⓈⓊ, pl **-e** ['lɑːvɪ] Larve f

laryngitis [ˌlærɪn'dʒaɪtɪs] ⓈⓊ Kehlkopfentzündung f **larynx** ['lærɪŋks] ⓈⓊ Kehlkopf m

laser ['leɪzə'] ⓈⓊ Laser m **laser disc** ⓈⓊ Laserdisc f **laser printer** ⓈⓊ Laserdrucker m **laser surgery** ⓈⓊ Laserchirurgie f

lash[1] [læʃ] ⓈⓊ Wimper f

lash[2] A ⓈⓊ (Peitschen)schlag m B VT **1** peitschen; *(Regen)* peitschen gegen **2** festbinden *(to* an *+dat)*; **to ~ sth together** etw zusammenbinden C VI **to ~ against** peitschen gegen ♦**lash out** VI **1** *(wild)* um sich schlagen; **to ~ at sb** auf jdn losgehen **2** *(mit Worten)* vom Leder ziehen *(umg)*; **to ~ at sb** gegen jdn wettern

lass [læs] ⓈⓊ (junges) Mädchen

lasso [læ'suː] A ⓈⓊ, pl **-(e)s** Lasso m *od* n B VT mit dem Lasso einfangen

last[1] [lɑːst] A ADJ letzte(r, s); **he was ~ to arrive** er kam als Letzter an; **the ~ person** der Letzte; **the ~ but one, the second ~** der/die/das Vorletzte; **~ Monday** letzten Montag; **~ year** letztes Jahr; **~ but not least** nicht zuletzt, last not least; **the ~ thing** das Letzte; **that was the ~ thing I expected** damit hatte ich am wenigsten gerechnet B der/die/das Letzte; **he was the ~ to leave** er ging als Letzter; **I'm always the ~ to know** ich erfahre immer alles als Letzter; **the ~ of his money** sein letztes Geld; **the ~ of the cake** der Rest des Kuchens; **that was the ~ we saw of him** danach haben wir ihn nicht mehr gesehen; **the ~ I heard, they were getting married** das Letzte, was ich gehört habe, war, dass sie heiraten; **we shall never hear the ~ of it** das werden wir noch lange zu hören kriegen; **at ~** endlich; **at long ~** schließlich und endlich C ADV **when did you**

~ **have a bath?** wann hast du das letzte Mal gebadet?; **he spoke ~** er sprach als Letzter; **the horse came in ~** das Pferd ging als letztes durchs Ziel

 Signalwörter für das past tense

In Sätzen mit Ausdrücken, die einen eindeutigen Bezug zur Vergangenheit haben, muss das **simple past** stehen:

| **When did you last see her?** | Wann haben Sie sie zum letzten Mal gesehen? |

Weitere Signalwörter:
two minutes / days ago, yesterday, last week / Friday, on 1 January 2005, in 1945, just then

GRAMMATIK

last² A V/I **the car has ~ed me eight years** das Auto hat acht Jahre (lang) gehalten; **these cigarettes will ~ me a week** diese Zigaretten reichen mir eine Woche; **he won't ~ the week** er hält die Woche nicht durch B V/I dauern; *Blumen, Ehe* halten; **it can't ~** es hält nicht an; **it won't ~** es wird nicht lange so bleiben; **it's too good to ~** das ist zu schön, um wahr zu sein; **he won't ~ long in this job** er wird in dieser Stelle nicht alt werden (*umg*); **the boss only ~ed a week** der Chef blieb nur eine Woche
last-ditch [ˈlɑːstdɪtʃ] ADJ allerletzte(r, s); *Versuch* in letzter Minute
lasting [ˈlɑːstɪŋ] ADJ *Beziehung* dauerhaft; *Schande etc* anhaltend
lastly [ˈlɑːstlɪ] ADV schließlich **last-minute** ADJ in letzter Minute **last rites** PL Letzte Ölung
latch [lætʃ] S Riegel *m*; **to be on the ~** nicht verschlossen sein; **to leave the door on the ~** die Tür nur einklinken ♦**latch on** V/I (*umg*) ◼ sich anschließen (*to* +*dat*) ◼ kapieren (*umg*)
late [leɪt] A ADJ (+*er*) ◼ spät; **to be ~ (for sth)** (zu etw) zu spät kommen; **the bus is (five minutes) ~** der Bus hat (fünf Minuten) Verspätung; **he is ~ with his rent** er hat seine Miete noch nicht bezahlt; **that made me ~ for work** dadurch bin ich zu spät zur Arbeit gekommen; **due to the ~ arrival of ...** wegen der verspäteten Ankunft ... (+*gen*); **it's too ~ in the day (for you) to do that** es ist zu spät (für dich), das noch zu tun; **it's getting ~** es ist schon spät; **~ train** Spätzug *m*; **they work ~ hours** sie arbeiten bis spät (am Abend); **they had a ~ dinner yesterday** sie haben gestern spät zu Abend gegessen; **"late opening until 7pm"** „verlängerte Öffnungszeiten bis 19 Uhr"; **he's a ~ developer** er ist ein Spätentwickler; **they scored two ~ goals** sie erzielten zwei Tore in den letzten Spielminuten; **in the ~ eighties** Ende der Achtzigerjahre; **a man in his ~ eighties** ein Mann hoch in den Achtzigern; **in the ~ morning** am späten Vormittag; **in ~ June** Ende Juni ◼ verstorben; **the ~ John F. Kennedy** John F. Kennedy B ADV spät; **to arrive ~** (*Mensch*) zu spät kommen; (*Zug*) Verspätung haben; **I'll be home ~ today** ich komme heute spät nach Hause; **the train was running ~** der Zug hatte Verspätung; **the baby was born two weeks ~** das Baby kam zwei Wochen nach dem Termin; **we're running ~** wir sind spät dran; **better ~ than never** besser spät als gar nicht; **to stay up ~** lange aufbleiben; **the chemist is open ~** die Apotheke hat länger geöffnet; **to work ~ at the office** länger im Büro arbeiten; **~ at night** spät abends; **~ last night** spät gestern Abend; **~ into the night** bis spät in die Nacht; **~ in the afternoon** am späten Nachmittag; **~ in the year** (gegen) Ende des Jahres; **they scored ~ in the second half** gegen Ende der zweiten Halbzeit gelang ihnen ein Treffer; **we decided rather ~ in the day to come too** wir haben uns ziemlich spät entschlossen, auch zu kommen; **of ~** in letzter Zeit; **it was as ~ as 1900 before child labour** (*Br*) or **labor** (*US*) **was abolished** erst 1900 wurde die Kinderarbeit abgeschafft **latecomer** [ˈleɪtkʌmə] S Nachzügler(in) *m(f)* (*umg*)
lately [ˈleɪtlɪ] ADV in letzter Zeit **late-night** [ˈleɪtˌnaɪt] ADJ **~ movie** Spätfilm *m*; **~ opening** lange Öffnungszeiten *pl*; **~ shopping** Einkauf *m* am (späten) Abend
latent [ˈleɪtənt] ADJ latent; *Energie* ungenutzt
later [ˈleɪtə] ADJ, ADV später; **at a ~ time** später; **the weather cleared up ~ (on) in the day** das Wetter klärte sich im Laufe des Tages auf; **~ (on) in the play** im weiteren Verlauf des Stückes; **I'll tell you ~ (on)** ich erzähle es dir später; **see you ~!** bis später; **no ~ than Monday** bis spätestens Montag
lateral ADJ, **laterally** ADV [ˈlætərəl, -ɪ] seitlich
latest [ˈleɪtɪst] A ADJ ◼ *Mode* neu(e)ste(r, s); *Technik* modernste(r, s); **the ~ news** das Neu(e)ste (❗ Englisch mit Verb im Singular); **the ~ attempt** der jüngste Versuch ◼ späteste(r, s); **what is the ~ date you can come?** wann kannst du spätestens kommen? B S **the ~ in a series** der jüngste in einer Reihe; **what's the ~ (about John)?** was gibts Neues (über John)?; **wait till you hear the ~!** warte, bis du das Neueste gehört hast!; **at the ~** spätestens

LATE ‖ 382

latex ['leɪteks] s̲ Latex m
lathe [leɪð] s̲ Drehbank f
lather ['lɑːðəʳ] s̲ (Seifen)schaum m
Latin ['lætɪn] A̲ ADJ Charme südländisch B̲ s̲ LING Latein(isch) n **Latin America** s̲ Lateinamerika n **Latin American** A̲ ADJ lateinamerikanisch B̲ s̲ Lateinamerikaner(in) m(f)
latitude ['lætɪtjuːd] s̲ Breite f; (fig) Spielraum m
latrine [ləˈtriːn] s̲ Latrine f
latter ['lætəʳ] A̲ ADJ 1̲ letztere(r, s) 2̲ **the ~ part of the book/story is better** gegen Ende wird das Buch/die Geschichte besser; **the ~ half of the week** die zweite Hälfte der Woche B̲ s̲ **the ~** der/die/das/Letztere **latter-day** ['lætəˈdeɪ] ADJ modern **latterly** ['lætəlɪ] ADV in letzter Zeit
lattice ['lætɪs] s̲ Gitter n
Latvia ['lætvɪə] s̲ Lettland n **Latvian** ['lætvɪən] A̲ ADJ lettisch; **he is ~** er ist Lette B̲ s̲ Lette m, Lettin f; LING Lettisch n
laudable ['lɔːdəbl] ADJ lobenswert

laugh [lɑːf] A̲ s̲ 1̲ Lachen n; **with a ~** lachend; **she gave a loud ~** sie lachte laut auf; **to have a good ~ about sth** sich köstlich über etw (akk) amüsieren; **it'll give us a ~** (umg) das wird lustig; **to have the last ~** es jdm zeigen (umg); **to get a ~** einen Lacherfolg verbuchen 2̲ (umg ≈ Spaß) **what a ~** (das ist ja) zum Totlachen! (umg); **for a ~** aus Spaß; **it'll be a ~** es wird bestimmt lustig; **he's a (good) ~** er ist urkomisch (umg) B̲ VI̲ lachen (about, at über +akk); **to ~ at sb** sich über jdn lustig machen; **you'll be ~ing on the other side of your face** (Br) od **mouth** (US) soon dir wird das Lachen noch vergehen; **to ~ out loud** laut auflachen; **to ~ in sb's face** jdm ins Gesicht lachen; **don't make me ~!** (iron umg) dass ich nicht lache! (umg) ◆**laugh off** VT̲ 1̲ immer getrennt **to laugh one's head off** sich totlachen (umg) 2̲ trennb mit einem Lachen abtun
laughable ['lɑːfəbl] ADJ lachhaft **laughing** ['lɑːfɪŋ] A̲ ADJ **it's no ~ matter** das ist nicht zum Lachen B̲ s̲ Lachen n **laughing gas** s̲ Lachgas n **laughing stock** s̲ Witzfigur f
laughter ['lɑːftəʳ] s̲ Gelächter n
launch [lɔːntʃ] A̲ s̲ 1̲ Barkasse f 2̲ (von Schiff) Stapellauf m; (von Rakete) Abschuss m 3̲ (von Firma) Gründung f; (von Produkt) Einführung f; (von Film, Buch) Lancierung f B̲ VT̲ 1̲ Schiff vom Stapel lassen; Rettungsboot aussetzen; Rakete abschießen 2̲ Firma gründen; Produkt einführen; Film, Buch lancieren; Untersuchung in die Wege leiten; Karriere starten; **the attack was ~ed at 15.00 hours** der Angriff fand um 15.00 Uhr statt; **to ~ a takeover bid** HANDEL ein Übernahmeangebot machen ◆**launch into** VI̲ +obj angreifen; **he launched into a description of**

his house er legte mit einer Beschreibung seines Hauses los (umg)
launch(ing) pad s̲ Abschussrampe f
launder ['lɔːndəʳ] VT̲ waschen und bügeln od (schweiz) glätten; (fig) Geld waschen **Launderette®** [ˌlɔːndəˈret], **laundrette** [ˌlɔːnˈdret] s̲ (Br) Waschsalon m **Laundromat®** ['lɔːndrəʊmæt] s̲ (US) Waschsalon m
laundry ['lɔːndrɪ] s̲ 1̲ Wäscherei f 2̲ Wäsche f; **to do the ~** (Wäsche) waschen **laundry basket** s̲ Wäschekorb m
laurel ['lɒrəl] s̲ Lorbeer m; **to rest on one's ~s** sich auf seinen Lorbeeren ausruhen
lava ['lɑːvə] s̲ Lava f
lavatory ['lævətrɪ] s̲ (bes Br) Toilette f (❗ = (US) **restroom** in Restaurants und **bathroom** in Privathäusern) **lavatory attendant** s̲ Toilettenfrau f/-mann m **lavatory paper** s̲ Toilettenpapier n **lavatory seat** s̲ Toilettensitz m
lavender ['lævɪndəʳ] s̲ Lavendel m
lavish ['lævɪʃ] A̲ ADJ Geschenke großzügig; Lob überschwänglich; Bankett üppig; **to be ~ with sth** mit etw verschwenderisch umgehen B̲ VT̲ **to ~ sth on sb** jdn mit etw überhäufen **lavishly** ['lævɪʃlɪ] ADV ausgestattet großzügig; loben überschwänglich; bewirten reichlich; **~ furnished** luxuriös eingerichtet
law [lɔː] s̲ 1̲ Gesetz n, Recht n; **it's the ~** das ist Gesetz; **to become ~** rechtskräftig werden; **is there a ~ against it?** ist das verboten?; **under French ~** nach französischem Recht; **to keep within the ~** sich im Rahmen des Gesetzes bewegen; **in ~** vor dem Gesetz; **civil/criminal ~** Zivil-/Strafrecht n; **to practise** (Br) od **practice** (US) **~** eine Anwaltspraxis haben; **to take the ~ into one's own hands** das Recht selbst in die Hand nehmen; **~ and order** Recht und Ordnung 2̲ UNIV Jura ohne art 3̲ **the ~** (umg) die Bullen (sl) **law-abiding** ADJ gesetzestreu
lawbreaker s̲ Gesetzesbrecher(in) m(f)
law court s̲ Gerichtshof m **lawful** ['lɔːfʊl] ADJ rechtmäßig **lawfully** ['lɔːfəlɪ] ADV rechtmäßig; **he is ~ entitled to compensation** er hat einen Rechtsanspruch auf Entschädigung **lawless** ['lɔːlɪs] ADJ Handlung gesetzwidrig; Gesellschaft gesetzlos **lawlessness** ['lɔːlɪsnɪs] s̲ Gesetzlosigkeit f
lawn [lɔːn] s̲ Rasen m kein pl **lawn mower** s̲ Rasenmäher m **lawn tennis** s̲ Rasentennis n
law school s̲ (US) juristische Fakultät **lawsuit** s̲ Prozess m; **to bring a ~ against sb** gegen jdn einen Prozess anstrengen
lawyer ['lɔːjəʳ] s̲ (Rechts)anwalt m, (Rechts)anwältin f
lax [læks] ADJ (+er) lax; Moral locker; **to be ~**

383 ‖ LEAD

about sth etw vernachlässigen
laxative ['læksətɪv] **A** ADJ abführend **B** S Abführmittel *n*
lay¹ [leɪ] ADJ Laien-
lay² *prät von* lie²
lay³ *v: prät, pperf* laid **A** VT **1** legen (*sth on sth etw auf etw akk*); *Kranz* niederlegen; *Kabel* verlegen; *Teppich* (ver)legen; **to ~ (one's) hands on** erwischen, finden **2** *Pläne* schmieden; (*bes Br*) *Tisch* decken; **to ~ a trap for sb** jdm eine Falle stellen; **to ~ the blame for sth on sb/sth** jdm/einer Sache die Schuld an etw (*dat*) geben; **to ~ waste** verwüsten **3** *Eier (Huhn)* legen; (*Fisch, Insekt*) ablegen **B** VI (*Huhn*) legen ◆**lay about** **A** VI um sich schlagen **B** VT *trennb* losschlagen gegen ◆**lay aside** VT *trennb* Arbeit weglegen; (≈ *sparen*) auf die Seite legen ◆**lay down** VT *trennb* **1** *Buch etc* hinlegen; **he laid his bag down on the table** er legte seine Tasche auf den Tisch **2** **to ~ one's arms** die Waffen niederlegen; **to ~ one's life** sein Leben geben **3** *Regeln* aufstellen; **to ~ the law** (*umg*) Vorschriften machen (*to sb jdm*) ◆**lay into** VI +*obj* (*umg*) **to ~ sb** auf jdn losgehen; (*mit Worten*) jdn fertigmachen (*umg*) ◆**lay off** **A** VI (*umg*) aufhören (+*obj mit*); **you'll have to ~ smoking** du wirst das Rauchen aufgeben müssen (*umg*); **~ my little brother, will you!** lass bloß meinen kleinen Bruder in Ruhe! **B** VT *trennb Arbeiter* entlassen; **to be laid off** Feierschichten einlegen müssen; (*Kündigung*) entlassen werden ◆**lay on** VT *trennb* Unterhaltung sorgen für; *Busse* einsetzen ◆**lay out** VT *trennb* **1** ausbreiten **2** (≈ *präsentieren*) darlegen **3** *Kleidungsstücke* zurechtlegen; *Leiche* (waschen und) aufbahren **4** (≈ *arrangieren*) anlegen ◆**lay over** VI (*US*) Aufenthalt haben ◆**lay up** VT *trennb* **to be laid up (in bed)** auf der Nase (*umg*) *od* im Bett liegen
layabout S (*Br*) Arbeitsscheue(r) *m/f(m)* **lay-by** S (*Br*) Parkbucht *f*, Parkplatz *m*
layer ['leɪə'] **A** S Schicht *f*, Lage *f*; **to arrange sth in ~s** etw schichten; **several ~s of clothing** mehrere Kleidungsstücke übereinander **B** VT **1** *Haare* abstufen **2** *Gemüse etc* schichten
layman S, *pl* -men Laie *m* **lay-off** S **further ~s were unavoidable** weitere Arbeiter mussten entlassen werden **layout** S Anordnung *f*; TYPO Layout *n*; **we have changed the ~ of this office** wir haben dieses Büro anders aufgeteilt
layover S (*US*) Aufenthalt *m* **layperson** S Laie *m*
laze [leɪz] VI (*a.* **laze about**, **laze around**) faulenzen **lazily** ['leɪzɪlɪ] ADV faul, träge **laziness** ['leɪzɪnɪs] S Faulheit *f*
lazy ['leɪzɪ] ADJ (+*er*) **1** faul; **to be ~ about doing sth** zu faul sein, etw zu tun **2** träge; *Abend* ge-

mütlich **lazybones** ['leɪzɪ,bəʊnz] S (**!** mit Verb im Singular) (*umg*) Faulpelz *m*
lb S (*Gewicht*) ≈ Pfd.
LCD *abk von* liquid crystal display LCD *n*
lead¹ [led] S **1** Blei *n* **2** (*in Bleistift*) Mine *f*
lead² [liːd] *v: prät, pperf* led **A** S **1** Führung *f*; **to be in the ~** in Führung liegen; **to take the ~**, **to move into the ~** in Führung gehen; (*in Liga*) Tabellenführer werden **2** (≈ *zeitlich*) Vorsprung *m*; **to have two minutes' ~ over sb** zwei Minuten Vorsprung vor jdm haben **3** (≈ *Beispiel*) **to take the ~** mit gutem Beispiel vorangehen **4** Anhaltspunkt *m*; **the police have a ~** die Polizei hat eine Spur **5** THEAT Hauptrolle *f*; (≈ *Schauspieler*) Hauptdarsteller(in) *m(f)* **6** (*Br*) (*für Hund*) Leine *f* (**!** = (*US*) **leash**); **on a ~** an der Leine **7** ELEK Kabel *n* **B** VT **1** führen; **to ~ sb in** jdn hineinführen; **that road will ~ you back to the station** auf dieser Straße kommen Sie zum Bahnhof zurück; **to ~ the way** vorangehen; **all this talk is ~ing us nowhere** dieses ganze Gerede bringt uns nicht weiter; **to ~ sb to do sth** jdn dazu bringen, etw zu tun; **what led him to change his mind?** wie kam er dazu, seine Meinung zu ändern?; **I am led to believe that ...** ich habe Grund zu der Annahme, dass ...; **to ~ sb into trouble** jdn in Schwierigkeiten bringen **2** (an)führen; *Team* leiten; **to ~ a party** den Parteivorsitz führen **3** (≈ *Erster sein*) anführen; **they led us by 30 seconds** sie lagen mit 30 Sekunden vor uns (*dat*); **Britain ~s the world in textiles** Großbritannien ist auf dem Gebiet der Textilproduktion führend in der Welt **C** VI **1** führen; **it ~s into that room** es führt zu diesem Raum; **all this talk is ~ing nowhere** dieses ganze Gerede führt zu nichts; **remarks like that could ~ to trouble** solche Bemerkungen können unangenehme Folgen haben **2** vorangehen; (*in Rennen*) in Führung liegen ◆**lead away** VT *trennb* wegführen; *Gefangenen* abführen ◆**lead off** VI (*Straße*) abgehen; **several streets led off the square** mehrere Straßen gingen von dem Platz ab ◆**lead on** VT *trennb* (≈ *täuschen*) anführen (*umg*) ◆**lead on to** VI +*obj* führen zu ◆**lead up** **A** VT *trennb* führen (*to zu*); **to lead sb up the garden path** (*fig*) jdn an der Nase herumführen **B** VI **the events that led up to the war** die Ereignisse, die dem Krieg vorausgingen; **what are you leading up to?** worauf willst du hinaus?; **what's all this leading up to?** was soll das Ganze?
leaded ['ledɪd] ADJ *Benzin* verbleit **leaden** ['ledn] ADJ bleiern; *Schritte* bleischwer
leader ['liːdə'] S **1** Führer(in) *m(f)*; (*von Partei*) Vorsitzende(r) *m/f(m)*; MIL Befehlshaber(in)

L

LEAD | 384

m(f); (*von Bande*) **Anführer(in)** *m(f)*; (*von Projekt*) **Leiter(in)** *m(f)*; (SPORT: *in Liga*) **Tabellenführer** *m*; (*in Rennen*) **der/die Erste**; (*von Orchester*) **Konzertmeister(in)** *m(f)*; **to be the ~** (*in Rennen*) in Führung liegen; **the ~s** (*in Rennen*) die Spitzengruppe; **~ of the opposition** Oppositionsführer(in) *m(f)* **2** (Br PRESSE) Leitartikel *m* **leadership** ['liːdəʃɪp] s̲ Führung *f*, Vorsitz *m*; **under the ~ of** unter (der) Führung von

lead-free ['ledfriː] **A** ADJ bleifrei **B** s̲ bleifreies Benzin

leading ['liːdɪŋ] ADJ **1** vorderste(r, s) **2** *Firma, Schriftsteller* führend; **~ product/sportsman** Spitzenprodukt *n*/-sportler *m*; **~ role** THEAT Hauptrolle *f*; (*fig*) führende Rolle (*in* bei) **leading article** s̲ Leitartikel *m* **leading lady** s̲ Hauptdarstellerin *f* **leading light** s̲ Nummer eins *f* **leading man** s̲, *pl* -men Hauptdarsteller *m*

lead singer ['liːd-] s̲ Leadsänger(in) *m(f)* **lead story** ['liːd-] s̲ Hauptartikel *m*

leaf [liːf] **A** s̲, *pl* leaves **1** Blatt *n*; **he swept the leaves into a pile** er fegte das Laub auf einen Haufen **2** (≈ *Papier*) Blatt *n*; **to take a ~ out of** *od* **from sb's book** sich (*dat*) von jdm eine Scheibe abschneiden; **to turn over a new ~** einen neuen Anfang machen **B** VTI **to ~ through a book** ein Buch durchblättern **leaflet** ['liːflət] s̲ Prospekt *m*, Handzettel *m*, Flugblatt *n* **leafy** ['liːfɪ] ADJ *Baum* belaubt; *Allee* grün

league [liːɡ] s̲ Liga *f*; **League of Nations** Völkerbund *m*; **to be in ~ with sb** mit jdm gemeinsame Sache machen; **the club is top of the ~** der Klub ist Tabellenführer; **he was not in the same ~** (*fig*) er hatte nicht das gleiche Format; **this is way out of your ~!** das ist einige Nummern zu groß für dich! **league table** s̲ Tabelle *f*; (*bes Br: von Schulen etc*) Leistungstabelle *f*

leak [liːk] **A** s̲ undichte Stelle; (*in Behälter*) Loch *n*, Leck *n*; **to have a ~** undicht sein; (*Eimer etc*) lecken **B** VTI **1** (*wörtl*) durchlassen; *Brennstoff* verlieren; **that tank is ~ing acid** aus diesem Tank läuft Säure aus **2** (*fig*) *Informationen etc* zuspielen (*to sb* jdm) **C** VTI *Schiff, Behälter* lecken; (*Dach*) undicht sein; (*Stift, Flüssigkeit*) auslaufen; (*Gas*) ausströmen; **water is ~ing (in) through the roof** es regnet durch (das Dach durch) **♦leak out** VTI **1** (*Flüssigkeit*) auslaufen **2** (*Informationen*) durchsickern

leakage ['liːkɪdʒ] s̲ Auslaufen *n* **leaky** ['liːkɪ] ADJ (+*er*) undicht; *Boot a.* leck

lean¹ [liːn] ADJ (+*er*) mager; *Mensch* hager; **to go through a ~ patch** eine Durststrecke durchlaufen

lean² *prät, pperf* leant (*bes Br*) *od* leaned **A** VTI **1**

lehnen (*against* gegen, *an* +*akk*); **to ~ one's head on sb's shoulder** seinen Kopf an jds Schulter (*akk*) lehnen **2** aufstützen (*on* auf +*dat od akk*); **to ~ one's elbow on sth** sich mit dem Ellbogen auf etw (*akk*) stützen **B** VTI **1** sich neigen (*to* nach); **he ~ed across the counter** er beugte sich über den Ladentisch **2** sich lehnen; **she ~ed on my arm** sie stützte sich auf meinen Arm; **to ~ on one's elbow** sich mit dem Ellbogen aufstützen **3** **to ~ toward(s) socialism** zum Sozialismus tendieren **♦lean back** VTI sich zurücklehnen **♦lean forward** VTI sich vorbeugen **♦lean on** VTI **to ~ sb** sich auf jdn verlassen; (*umg* ≈ *Druck ausüben*) jdn bearbeiten (*umg*) **♦lean out** VTI sich hinauslehnen (*of* aus)

leaning ['liːnɪŋ] **A** ADJ schräg, schief **B** s̲ Neigung *f* **leant** [lent] (*bes Br*) *prät, pperf* von lean²

leap [liːp] **A** *v: prät, pperf* leapt (*bes Br*) *od* leaped **A** s̲ Sprung *m*; (*fig: von Gewinnen etc*) sprunghafter Anstieg; **a great ~ forward** (*fig*) ein großer Sprung nach vorn; **a ~ into the unknown, a ~ in the dark** (*fig*) ein Sprung ins Ungewisse; **by ~s and bounds** (*fig*) sprunghaft **B** VTI springen; **to ~ to one's feet** aufspringen; **the shares ~t by 21p** die Aktien stiegen mit einem Sprung um 21 Pence **♦leap at** VTI +*obj* **to ~ a chance** sofort die Gelegenheit beim Schopf packen **♦leap out** VTI hinausspringen (*of* aus); **he leapt out of the car** er sprang aus dem Auto **♦leap up** VTI (*Preise*) sprunghaft ansteigen

leapfrog ['liːpfrɒɡ] s̲ Bockspringen *n*; **to play ~** Bockspringen spielen **leapt** [lept] (*bes Br*) *prät, pperf* von leap **leap year** s̲ Schaltjahr *n*

learn [lɜːn] *prät, pperf* learnt (*Br*) *od* learned **A** VTI **1** lernen; *Gedicht etc* auswendig lernen; **I ~ed (how) to swim** ich habe schwimmen gelernt **2** erfahren **B** VTI **1** lernen; **to ~ from experience** aus der Erfahrung *od* durch Erfahrung lernen **2** erfahren (*about, of* von) **learned** ['lɜːnɪd] ADJ gelehrt; **a ~ man** ein Gelehrter *m* **learner** ['lɜːnə-] s̲ **1** Lerner(in) *m(f)* **2** Fahrschüler(in) *m(f)* **learning** ['lɜːnɪŋ] s̲ Lernen *n*; **a man of ~** ein Gelehrter *m* **learning curve** s̲ **to be on a steep ~** viel dazulernen **learnt** [lɜːnt] (*Br*) *prät, pperf* von learn

lease [liːs] **A** s̲ Pacht *f*, Pachtvertrag *m*; (*für Wohnung*) Miete *f*, Mietvertrag *m*; (*von Gerät*) Leasing *n*, Leasingvertrag *m*; **a new ~ of life** ein neuer Aufschwung **B** VTI pachten (*from* von); *Wohnung* mieten (*from* von); *Gerät* leasen (*from* von); (*a.* **lease out**) verpachten (*to an* +*akk*); *Wohnung* vermieten (*to an* +*akk*); *Gerät* leasen (*to an* +*akk*) **leasehold** **A** s̲ Pachtbesitz *m*, Pachtvertrag *m* **B** ADJ gepachtet; **~ property** Pachtbesitz *m* **leaseholder** s̲ Pächter(in) *m(f)*

385 ‖ LECT

leash [liːʃ] Ⓢ (US) Leine f (❗ = (Br) **lead**); **on a ~** an der Leine
leasing ['liːsɪŋ] Ⓢ Leasing n
least [liːst] Ⓐ Ⓐᴅᴊ ◰ geringste(r, s) ◱ wenigste(r, s); **he has the ~ money** er hat am wenigsten Geld Ⓑ ADV ◰ (+v) am wenigsten; **~ of all would I wish to offend him** auf gar keinen Fall möchte ich ihn beleidigen ◱ (+adj) **the ~ expensive car** das billigste Auto; **the ~ talented player** der am wenigsten talentierte Spieler; **the ~ known** der/die/das Unbekannteste; **not the ~ bit** kein bisschen Ⓒ Ⓢ **the ~** der/die/das Geringste; **that's the ~ of my worries** darüber mache ich mir die wenigsten Sorgen; **it's the ~ I can do** das ist das wenigste, was ich tun kann; **at ~** wenigstens; **there were at ~ eight** es waren mindestens acht; **we need three at the very ~** allermindestens brauchen wir drei; **all nations love football, not ~ the British** alle Völker lieben Fußball, nicht zuletzt die Briten; **he was not in the ~ upset** er war kein bisschen verärgert; **to say the ~** um es milde zu sagen
leather ['leðə'] Ⓐ Ⓢ Leder n Ⓑ Ⓐᴅᴊ Leder-, ledern; **~ jacket/shoes** Lederjacke f/-schuhe pl
leathery ['leðərɪ] Ⓐᴅᴊ Haut ledern

leave [liːv]
v: prät, pperf **left**

A Substantiv	**B** transitives Verb
C intransitives Verb	

— A Substantiv —
◰ Erlaubnis f; **to ask sb's ~ to do sth** jdn um Erlaubnis bitten, etw zu tun ◱ Urlaub m; **to be on ~** auf Urlaub sein; **I've got ~ to attend the conference** ich habe freibekommen, um an der Konferenz teilzunehmen; **~ of absence** Beurlaubung f ◲ **to take ~ of sb** sich von jdm verabschieden; **to take ~ of one's senses** den Verstand verlieren
— B transitives Verb —
◰ verlassen; **the train left the station** der Zug fuhr aus dem Bahnhof; **when the plane left Rome** als das Flugzeug von Rom abflog; **when he left Rome** als er von Rom wegging/wegfuhr etc; **to ~ the country** das Land verlassen; (für immer) auswandern; **to ~ home** von zu Hause weggehen; **to ~ school** die Schule verlassen; **to ~ the table** vom Tisch aufstehen; **to ~ one's job** seine Stelle aufgeben; **to ~ the road** (≈ bei Unfall) von der Straße abkommen; (≈ Richtung ändern) von der Straße abbiegen; **I'll ~ you at the station** ich setze dich am Bahnhof ab ◱ lassen; Nachricht,

Narbe hinterlassen; **I'll ~ my address with you** ich lasse Ihnen meine Adresse da; **this ~s me free for the afternoon** dadurch habe ich den Nachmittag frei; **~ the dog alone** lass den Hund in Ruhe; **to ~ sb to do sth** es jdm überlassen, etw zu tun; **I'll ~ you to it** ich lasse Sie jetzt allein weitermachen; **let's ~ it at that** lassen wir es dabei (bewenden); **to ~ sth to the last minute** mit etw bis zur letzten Minute warten; **let's ~ this now** lassen wir das jetzt mal ◳ (≈ vergessen) liegen lassen, stehen lassen ◴ (nach Tod) Geld hinterlassen ◵ **to be left** übrig bleiben; **all I have left** alles, was ich noch habe; **I've (got) £6 left** ich habe noch 6 Pfund (übrig); **how many are there left?** wie viele sind noch übrig?; **3 from 10 ~s 7** 10 minus 3 ist 7; **there was nothing left for me to do but to sell it** mir blieb nichts anderes übrig, als es zu verkaufen ◶ überlassen (up to sb jdm); **~ it to me** lass mich nur machen; **to ~ sth to chance** etw dem Zufall überlassen
— C intransitives Verb —
(weg)gehen, abfahren, abfliegen; **we ~ for Sweden tomorrow** wir fahren morgen nach Schweden

♦**leave behind** ᴠᴛ trennb ◰ Auto zurücklassen; Durcheinander hinterlassen; Vergangenheit hinter sich (dat) lassen; **we've left all that behind us** das alles liegt hinter uns; **he left all his fellow students behind** er stellte alle seine Kommilitonen in den Schatten ◱ (≈ vergessen) liegen lassen ♦**leave off** Ⓐ ᴠᴛ trennb Deckel nicht darauftun; Licht auslassen; **you left her name off the list** Sie haben ihren Namen nicht in die Liste aufgenommen Ⓑ ᴠɪ,ᴠɪɪ +obj (umg) aufhören; **~!** lass das!; **he picked up where he left off** er machte weiter, wo er aufgehört hatte ♦**leave on** ᴠᴛ trennb Mantel anbehalten; Licht anlassen ♦**leave out** ᴠᴛ trennb ◰ draußen lassen ◱ auslassen; jdn ausschließen (of von); **you leave my wife out of this** lassen Sie meine Frau aus dem Spiel; **he got left out of things** er wurde nicht mit einbezogen ◲ liegen lassen ♦**leave over** ᴠᴛ trennb **to be left over** übrig (geblieben) sein

leaves [liːvz] pl von leaf
leaving party ['liːvɪŋ] Ⓢ Abschiedsfeier od -party f
Lebanon ['lebənɒn] Ⓢ (the) **~** der Libanon
lecher ['letʃə'] Ⓢ Lüstling m; (hum) Lustmolch m
lecherous ['letʃərəs] Ⓐᴅᴊ lüstern
lectern ['lektəːn] Ⓢ Pult n
lecture ['lektʃə'] Ⓐ Ⓢ ◰ Vortrag m; UNIV Vorlesung f; **to give a ~** einen Vortrag/eine Vorlesung halten (to für, on sth über etw akk) ◱

LECT ‖ 386

(Straf)predigt f **B** VT **1** to ~ sb on sth jdm einen Vortrag/eine Vorlesung über etw (akk) halten; **he ~s us in French** wir hören bei ihm (Vorlesungen in) Französisch **2** to ~ sb jdm eine Strafpredigt halten (on wegen) **C** VI einen Vortrag halten; UNIV eine Vorlesung halten; **he ~s in English** er ist Dozent für Anglistik; **he ~s at Princeton** er lehrt in Princeton **lecture hall** S Hörsaal m **lecture notes** PL (von Professor) Manuskript n; (von Student) Aufzeichnungen pl; (≈ Arbeitsblätter) Vorlesungsskript n **lecturer** ['lektʃərə'] S Dozent(in) m(f), Redner(in) m(f); **assistant ~** ≈ Assistent(in) m(f); **senior ~** ≈ Dozent(in) in höherer Position **lectureship** ['lektʃəʃɪp] S Dozentenstelle f **lecture theatre**, (US) **lecture theater** S Hörsaal m

led [led] prät, pperf von lead²

ledge [ledʒ] S Leiste f; (von Fenster) (innen) Fensterbrett n; (außen) (Fenster)sims n od m; (von Berg) (Fels)vorsprung m

leech [liːtʃ] S Blutegel m

leek [liːk] S Porree m

leer [lɪə'] **A** S anzügliches Grinsen **B** VI **he ~ed at the girl** er warf dem Mädchen lüsterne Blicke zu

leeway ['liːweɪ] S (fig) Spielraum m; (bei Entscheidung) Freiheit f

left¹ [left] prät, pperf von leave

left² **A** ADJ linke(r, s); **no ~ turn** Linksabbiegen verboten; **he's got two ~ feet** (umg) er ist sehr ungelenk **B** ADV links (of von); **keep ~** links fahren **C** S **1** Linke(r, s); **on the ~** links (of von); **on** od **to sb's ~** links von jdm; **take the first (on the) ~ after the church** biegen Sie hinter der Kirche die erste (Straße) links ab; **the third** etc **... from the ~** der/die/das dritte etc ... von links; **to keep to the ~** sich links halten **2** POL Linke f; **to move to the ~** nach links rücken **left back** S linker Verteidiger **left-click** IT **A** VI links klicken **B** VT links klicken auf (+akk) **left-hand** ADJ ~ **drive** Linkssteuerung f; ~ **side** linke Seite; **he stood on the ~ side of the king** er stand zur Linken des Königs; **take the ~ turn** bieg links ab **left-handed** **A** ADJ linkshändig; Vorrichtung für Linkshänder; **both the children are ~** beide Kinder sind Linkshänder **B** ADV mit links **left-hander** S Linkshänder(in) m(f) **leftist** ['leftɪst] ADJ linksgerichtet **left-luggage locker** S (Br) Gepäckschließfach n (🔴 = (US) **baggage locker**) **left-luggage (office)** S (Br) Gepäckaufbewahrung f (🔴 = (US) **baggage checkroom**) **left-of-centre**, (US) **left-of-center** ADJ Politiker links von der Mitte stehend; ~ **party** Mitte-Links-Partei f

leftover **A** ADJ übrig geblieben **B** S **1** ~**s** (Über)reste pl **2** (fig) **to be a ~ from the past** ein Überbleibsel n aus der Vergangenheit sein **left wing** S linker Flügel; **on the ~** POL, SPORT auf dem linken Flügel **left-wing** ADJ linke(r, s) **left-winger** S POL Linke(r) m/f(m); SPORT Linksaußen m

leg [leg] S **1** Bein n; **to be on one's last ~s** auf dem letzten Loch pfeifen (umg); **he hasn't (got) a ~ to stand on** (fig) er kann sich nicht herausreden, das kann er nicht belegen **2** GASTR Keule f, Schlögel m (österr); ~ **of lamb** Lammkeule f, Lammschlögel m (österr) **3** SPORT Etappe f

legacy ['legəsɪ] S Vermächtnis n; (fig pej) Hinterlassenschaft f

legal ['liːgl] ADJ **1** legal; Verpflichtung, Grenzwert gesetzlich; **to make sth ~** etw legalisieren; **it is not ~ to sell drink to children** es ist gesetzlich verboten, Alkohol an Kinder zu verkaufen; ~ **limit** Promillegrenze f; **women had no ~ status** Frauen waren nicht rechtsfähig **2** Rechts-; Angelegenheit, Rat juristisch; Untersuchung gerichtlich; **for ~ reasons** aus rechtlichen Gründen; ~ **charges** od **fees** od **costs** Anwaltskosten pl, Gerichtskosten pl; **the British ~ system** das britische Rechtssystem; **the ~ profession** die Juristenschaft **legal action** S Klage f; **to take ~ against sb** gegen jdn Klage erheben **legal adviser** S Rechtsberater(in) m(f) **legal aid** S Rechtshilfe f **legality** [liːˈgælɪtɪ] S Legalität f; (von Anspruch) Rechtmäßigkeit f; (von Vertrag, Entscheidung) Rechtsgültigkeit f **legalize** ['liːgəlaɪz] VT legalisieren **legally** ['liːgəlɪ] ADV erwerben legal; verheiratet rechtmäßig; verpflichtet gesetzlich; ~ **responsible** vor dem Gesetz verantwortlich; **to be ~ entitled to sth** einen Rechtsanspruch auf etw (akk) haben; ~ **binding** rechtsverbindlich **legal tender** S gesetzliches Zahlungsmittel

legend ['ledʒənd] S Legende f, Sage f; **to become a ~ in one's lifetime** schon zu Lebzeiten zur Legende werden **legendary** ['ledʒəndərɪ] ADJ **1** legendär **2** berühmt

-legged [-'legd, -'legɪd] ADJ suf -beinig; **bare-legged** ohne Strümpfe **leggings** ['legɪŋz] PL Leggings pl

legible ['ledʒɪbl] ADJ lesbar **legibly** ['ledʒɪblɪ] ADV lesbar; schreiben leserlich

legion ['liːdʒən] S Legion f **legionary** ['liːdʒənərɪ] S Legionär m

legislate ['ledʒɪsleɪt] VI Gesetze/ein Gesetz erlassen **legislation** ['ledʒɪsˈleɪʃən] S Gesetze pl **legislative** ['ledʒɪslətɪv] ADJ gesetzgebend

legitimacy [lɪˈdʒɪtɪməsɪ] S Rechtmäßigkeit f **legitimate** [lɪˈdʒɪtɪmət] ADJ **1** legitim; Rechtfertigung begründet **2** Kind ehelich **legiti-**

L

mately [lɪˈdʒɪtɪmətlɪ] ADV legitim, berechtigterweise **legitimize** [lɪˈdʒɪtɪmaɪz] VT legitimieren

legless ADJ (Br umg) sternhagelvoll (umg) **leg press** S SPORT Beinpresse f **legroom** S Beinfreiheit f

leisure [ˈleʒəʳ, (US) ˈliːʒəʳ] S Freizeit f; **do it at your ~** tun Sie es, wenn Sie Zeit dazu haben **leisure activities** PL Freizeitbeschäftigungen pl **leisure centre** S (Br) Freizeitzentrum n **leisure hours** PL Freizeit f **leisurely** [ˈleʒəlɪ] ADJ geruhsam; **to go at a ~ pace** gemächlich gehen; **to have a ~ breakfast** in aller Ruhe frühstücken **leisure time** S Freizeit f **leisurewear** S Freizeitbekleidung f

lemon [ˈlemən] A S Zitrone f B ADJ Zitronen- **lemonade** [ˌleməˈneɪd] S Limonade f, Kracherl n (österr), Zitronenlimonade f (❶ Als Getränk hat lemonade keinen Plural. Lemonades sagt man zu verschiedenen Sorten oder einzelnen Gläsern.) **lemon grass** S BOT, GASTR Zitronengras n **lemon juice** S Zitronensaft m **lemon sole** S Rotzunge f **lemon squeezer** S Zitronenpresse f

lend [lend] prät, pperf lent A VT ❶ leihen (to sb jdm); Geld verleihen (to an +akk) ❷ (fig) verleihen (to +dat); **to ~ (one's) support to sb/sth** jdn/etw unterstützen; **to ~ a hand** helfen B VR **to ~ oneself to** sich für etw eignen ♦**lend out** VT trennb verleihen

lending library S Leihbücherei f **lending rate** S (Darlehens)zinssatz m

length [leŋθ] S ❶ Länge f; **to be 4 feet in ~** 4 Fuß lang sein; **what ~ is it?** wie lang ist es?; **along the whole ~ of the river** den ganzen Fluss entlang ❷ (von Seil) Stück n; (von Schwimmbecken) Bahn f ❸ (zeitlich) Dauer f; **for any ~ of time** für längere Zeit; **at ~** ausführlich ❹ **to go to any ~s to do sth** vor nichts zurückschrecken, um etw zu tun; **to go to great ~s to do sth** sich (dat) sehr viel Mühe geben, um etw zu tun **lengthen** [ˈleŋθən] A VT verlängern; Kleidung länger machen; **to ~ one's stride** größere Schritte machen B VI länger werden **lengthways** [ˈleŋθweɪz], **lengthwise** [ˈleŋθwaɪz] A ADJ Längen-, Längs- B ADV der Länge nach **lengthy** [ˈleŋθɪ] ADJ (+er) sehr lang, langwierig; Rede ausführlich, langatmig (pej); Konferenz lang andauernd

lenience [ˈliːnɪəns], **leniency** [ˈliːnɪənsɪ] S Nachsicht f (towards gegenüber); (von Richter, Urteil) Milde f **lenient** [ˈliːnɪənt] ADJ nachsichtig (towards gegenüber); Richter, Urteil milde; **to be ~ with sb** mit jdm milde umgehen **leniently** [ˈliːnɪəntlɪ] ADV nachsichtig; urteilen milde **lens** [lenz] S Linse f; (in Brille) Glas n; (von Kamera)

Objektiv n; (≈ Vergrößerungsglas) Lupe f **lens cap** S Schutzkappe f

Lent [lent] S Fastenzeit f

lent [lent] prät, pperf von lend

lentil [ˈlentl] S Linse f

Leo [ˈliːəʊ] S, pl -s ASTROL Löwe m; **he's (a) ~** er ist (ein) Löwe

leopard [ˈlepəd] S Leopard m

leotard [ˈliːətɑːd] S Trikot n, Leiberl n (österr), Leibchen n (österr, schweiz), Gymnastikanzug m

leper [ˈlepəʳ] S Leprakranke(r) m/f(m) **leprosy** [ˈleprəsɪ] S Lepra f

lesbian [ˈlezbɪən] A ADJ lesbisch; **~ and gay rights** Rechte pl der Lesben und Schwulen B S Lesbe f (umg)

lesion [ˈliːʒən] S Verletzung f

less [les] A ADJ, ADV, S weniger; **~ noise, please!** nicht so laut, bitte!; **to grow ~** immer weniger werden, abnehmen; **~ and ~** immer weniger; **she saw him ~ and ~ (often)** sie sah ihn immer seltener; **a sum ~ than £1** eine Summe unter £1; **it's nothing ~ than disgraceful** es ist wirklich eine Schande; **~ beautiful** nicht so schön; **~ quickly** nicht so schnell; **none the ~** nichtsdestoweniger; **can't you let me have it for ~?** können Sie es mir nicht etwas billiger lassen?; **~ of that!** komm mir nicht so! B PRÄP weniger; HANDEL abzüglich; **6 ~ 4 is 2** 6 weniger 4 ist 2

lessen [ˈlesn] A VT verringern; Wirkung abschwächen; Schmerz lindern B VI nachlassen

lesser [ˈlesəʳ] ADJ geringer; **to a ~ extent** in geringerem Maße; **a ~ amount** ein kleinerer Betrag

lesson [ˈlesn] S ❶ SCHULE etc Stunde f, Lektion f; **~s** Unterricht m; **a French ~** eine Französischstunde; **to give** od **teach a ~** eine Stunde geben ❷ (fig) Lehre f; **he has learned his ~** er hat seine Lektion gelernt; **to teach sb a ~** jdm eine Lektion erteilen

lest [lest] KONJ (form) damit ... nicht

let prät, pperf let VT ❶ lassen; **to ~ sb do sth** jdn etw tun lassen; **she ~ me borrow the car** sie lieh mir das Auto; **we can't ~ that happen** wir dürfen das nicht zulassen; **he wants to but I won't ~ him** er möchte gern, aber ich lasse ihn nicht od erlaube es ihm nicht; **~ me know what you think** sagen Sie mir (Bescheid), was Sie davon halten; **to ~ sb be** jdn (in Ruhe) lassen; **to ~ sb/sth go, to ~ go of sb/sth** jdn/etw loslassen; **to ~ oneself go** sich gehen lassen; **we'll ~ it pass** od **go this once** wir wollen es mal durchgehen lassen ❷ **~ alone** geschweige denn ❸ **~'s go!** gehen wir!; **yes, ~'s** oh ja!; **~'s not** lieber nicht; **don't ~'s** od **~'s not fight** wir wollen uns doch nicht streiten; **~'s be friends** wir wollen Freunde sein; **~ him try (it)!** das soll

er nur versuchen!; **~ me think** *od* **see, where did I put it?** warte mal, wo habe ich das nur hingetan?; **~ us pray** lasst uns beten; **~ us suppose ...** nehmen wir (mal) an, dass ... **4** (*bes Br*) vermieten; **"to ~"** „zu vermieten"; **we can't find a house to ~** wir können kein Haus finden, das zu mieten ist ♦**let down** VT trennb **1** herunterlassen; **I tried to let him down gently** (*fig*) ich versuchte, ihm das schonend beizubringen **2** *Kleid* länger machen; *Saum* auslassen **3 to let sb down** jdn im Stich lassen (*over* mit); **the weather let us down** das Wetter machte uns einen Strich durch die Rechnung **4** enttäuschen; **to feel ~** enttäuscht sein; **to let oneself down** sich blamieren ♦**let in** VT trennb **1** *Wasser* durchlassen **2** *Luft, Besucher* hereinlassen; (*zu Klub etc*) zulassen (*to* zu); **he let himself in (with his key)** er schloss die Tür auf und ging hinein; **to let oneself in for sth** sich auf etw (*akk*) einlassen; **to let sb in on sth** jdn in etw (*akk*) einweihen ♦**let off** A VT trennb **1** *Waffe* abfeuern **2** *Feuerwerk* hochgehen lassen **3** *Gase* absondern; *Geruch* verbreiten; **to ~ steam** Dampf ablassen **B** VT immer getrennt **1 to let sb off** jdm etw durchgehen lassen; **I'll let you off this time** diesmal drücke ich noch ein Auge zu; **to let sb off with a warning** jdn mit einer Verwarnung davonkommen lassen **2** gehen lassen; **we were ~ early** wir durften früher gehen ♦**let on** VI (*umg*) verraten; **don't ~ you know** lass dir bloß nicht anmerken, dass du das weißt ♦**let out** VT trennb **1** herauslassen; **I'll let myself out** ich finde alleine hinaus; **to ~ a groan** (auf)stöhnen **2** *Häftling* entlassen ♦**let through** VT trennb durchlassen ♦**let up** VI nachlassen
letdown ['letdaʊn] S (*umg*) Enttäuschung f
lethal ['liːθəl] ADJ tödlich; **~ injection** Todesspritze f **2** (*fig*) *Gegner* äußerst gefährlich
lethargic [lɪˈθɑːdʒɪk] ADJ träge **lethargy** ['leθədʒɪ] S Trägheit f
let's [lets] = let us

▶ let's ...

Im Englischen wird die Formulierung **let's ...** sehr viel häufiger gebraucht als das deutsche „lass uns / lasst uns ...". Oft ist es idiomatischer, wenn man „komm, wir machen ..." oder eine ähnliche Formulierung verwendet.

SPRACHGEBRAUCH

letter ['letə'] S **1** Buchstabe m; **to the ~** buchstabengetreu **2** Brief m; HANDEL *etc* Schreiben n (*form*) (*to* an +*akk*); **by ~** schriftlich; **to write a ~ of complaint/apology** sich schriftlich be-

letter — Buchstabe

letter — Brief

schweren/entschuldigen; **~ of recommendation** (*US*) Arbeitszeugnis n **3** LIT **~s** Literatur f **letter bomb** S Briefbombe f
letterbox S (*Br*) Briefkasten m (❶ = (*US*) **mailbox**) **letterhead** S Briefkopf m **lettering** ['letərɪŋ] S Beschriftung f **letters page** ['letəzˈpeɪdʒ] S PRESSE Leserbriefseite f
lettuce ['letɪs] S Kopfsalat m
let-up ['letʌp] S (*umg*) Pause f; (*von Regen etc*) Nachlassen n
leukaemia, (*US*) **leukemia** [luːˈkiːmɪə] S Leukämie f
level ['levl] A ADJ **1** *Fläche* eben; *Löffel* gestrichen **2** auf gleicher Höhe (*with* mit), parallel (*with* zu); **the bedroom is ~ with the ground** das Schlafzimmer liegt ebenerdig **3** gleichauf; (*fig*) gleich gut; **Jones was almost ~ with the winner** Jones kam fast auf gleiche Höhe mit dem Sieger **4** ruhig, ausgeglichen; **to have a ~ head** einen kühlen Kopf haben **B** ADV **~ with** in Höhe (+*gen*); **it should lie ~ with ...** es sollte gleich hoch sein wie ...; **to draw ~ with sb** mit jdm gleichziehen **C** S **1** Höhe f; **on a ~ (with)** auf gleicher Höhe (mit); **at eye ~** in Augenhöhe; **the trees were very tall, almost at roof ~** die Bäume waren sehr hoch, sie reichten fast bis zum Dach **2** Etage f **3** Ebene f; (*sozial etc*) Niveau n; **to raise the ~ of the conversation** der Unterhaltung etwas mehr Niveau geben; **if profit stays at the same ~** wenn sich der Gewinn auf dem gleichen Stand hält; **the ~ of inflation** die Inflationsrate; **a high ~ of interest** sehr großes Interesse; **a high ~ of support** sehr viel Unterstützung;

the talks were held at a very high ~ die Gespräche fanden auf hoher Ebene statt; **on a purely personal ~** rein persönlich 4 (≈ *Menge*) **a high ~ of hydrogen** ein hoher Wasserstoffanteil; **the ~ of alcohol in the blood** der Alkoholspiegel im Blut; **cholesterol ~** Cholesterinspiegel *m*; **the ~ of violence** das Ausmaß der Gewalttätigkeit **D** [VT] 1 *Boden* einebnen; *Stadt* dem Erdboden gleichmachen 2 *Waffe* richten (*at* auf +*akk*); *Anklage* erheben (*at* gegen) 3 SPORT **to ~ the match** den Ausgleich erzielen; **to ~ the score** gleichziehen ◆**level out** [VI] (*Boden:a.* **level off**) eben werden; (*fig*) sich einpendeln

level crossing [S] (*Br*) (beschrankter) Bahnübergang (❗ = (*US*) **grade crossing**) **level--headed** [ADJ] ausgeglichen

lever [ˈliːvəʳ, (*US*) ˈlevəʳ] **A** [S] Hebel *m*; (*fig*) Druckmittel *n* **B** [VT] 1 (hoch)stemmen; **he ~ed the machine-part into place** er hob das Maschinenteil durch Hebelwirkung an seinen Platz; **he ~ed the box open** er stemmte die Kiste auf

leverage [ˈliːvərɪdʒ, (*US*) ˈlevərɪdʒ] [S] Hebelkraft *f*; (*fig*) Einfluss *m*; **to use sth as ~** (*fig*) etw als Druckmittel benutzen

levy [ˈlevɪ] **A** [S] (Steuer)einziehung *f*, Steuer *f* **B** [VT] *Steuern* erheben

lewd [luːd] [ADJ] (+*er*) unanständig; *Bemerkung* anzüglich

lexicon [ˈleksɪkən] [S] Wörterbuch *n*; LING Lexikon *n*

liability [ˌlaɪəˈbɪlɪtɪ] [S] 1 Belastung *f* 2 Haftung *f*; **we accept no ~ for ...** wir übernehmen keine Haftung für ... 3 FIN **liabilities** Verbindlichkeiten *pl* **liable** [ˈlaɪəbl] [ADJ] 1 **to be ~ for** *od* **to sth** einer Sache (*dat*) unterliegen; **to be ~ for tax** steuerpflichtig sein; **to be ~ to prosecution** der Strafverfolgung unterliegen 2 anfällig 3 (≈ *verantwortlich*) **to be ~ for sth** für etw haftbar sein 4 **to be ~ to do sth** (*zukünftig*) wahrscheinlich etw tun (werden); (*gewohnheitsmäßig*) dazu neigen, etw zu tun; **we are ~ to get shot here** wir können hier leicht beschossen werden; **the car is ~ to run out of petrol** (*Br*) *od* **gas** (*US*) **any minute** dem Auto kann jede Minute das Benzin ausgehen

liaise [liːˈeɪz] [VI] als Verbindungsperson fungieren, in Verbindung stehen; **social services and health workers ~ closely** das Sozialamt und der Gesundheitsdienst arbeiten eng zusammen **liaison** [liːˈeɪzɒn] [S] 1 Verbindung *f* 2 (≈ *Affäre*) Liaison *f*

liar [ˈlaɪəʳ] [S] Lügner(in) *m(f)*

lib [lɪb] [S] *abk von* liberation

Lib Dem [ˌlɪbˈdem] (*Br* POL) *abk von* Liberal Democrat

libel [ˈlaɪbəl] **A** [S] (schriftlich geäußerte) Verleumdung (*on* +*gen*) **B** [VT] verleumden **libellous**, (*US*) **libelous** [ˈlaɪbələs] [ADJ] verleumderisch

liberal [ˈlɪbərəl] **A** [ADJ] 1 *Angebot* großzügig; *Portion* reichlich; **to be ~ with one's praise/comments** mit Lob/seinen Kommentaren freigebig sein 2 POL liberal **B** [S] POL Liberale(r) *m/f(m)* **liberal arts** [PL] **the ~** (*bes US*) die geisteswissenschaftlichen Fächer **Liberal Democrat** (*Br* POL) **A** [S] Liberaldemokrat(in) *m(f)* **B** [ADJ] liberaldemokratisch; *Politik* der Liberaldemokraten **liberalism** [ˈlɪbərəlɪzəm] [S] 1 Liberalität *f*; **Liberalism** POL der Liberalismus **liberalization** [ˌlɪbərəlaɪˈzeɪʃən] [S] Liberalisierung *f* **liberalize** [ˈlɪbərəlaɪz] [VT] liberalisieren **liberally** [ˈlɪbərəlɪ] [ADV] großzügig, reichlich **liberal-minded** [ˌlɪbərəlˈmaɪndɪd] [ADJ] liberal

liberate [ˈlɪbəreɪt] [VT] befreien **liberated** [ˈlɪbəreɪtɪd] [ADJ] *Frauen* emanzipiert **liberation** [ˌlɪbəˈreɪʃən] [S] Befreiung *f* **liberty** [ˈlɪbətɪ] [S] 1 Freiheit *f*; **to be at ~ to do sth** etw tun dürfen 2 **I have taken the ~ of giving your name** ich habe mir erlaubt, Ihren Namen anzugeben

Libra [ˈliːbrə] [S] Waage *f*; **she's (a) ~** sie ist (eine) Waage

librarian [laɪˈbrɛərɪən] [S] Bibliothekar(in) *m(f)*

library [ˈlaɪbrərɪ] [S] 1 Bibliothek *f*, Bücherei *f* 2 (Bücher)sammlung *f* (❗ Die Buchhandlung heißt **bookshop, bookstore**.) **library book** [S] Leihbuch *n* **library ticket** [S] Leserausweis *m*

lice [laɪs] *pl von* louse

licence, (*US*) **license** [ˈlaɪsəns] [S] 1 Genehmigung *f*; HANDEL Lizenz *f*; VERKEHR Führerschein *m*; JAGD Jagdschein *m*; **you have to have a (television) ~** man muss Fernsehgebühren bezahlen; **a ~ to practise medicine** (*Br*), **a license to practice medicine** (*US*) die Approbation; **the restaurant has lost its ~** das Restaurant hat seine Schankerlaubnis verloren 2 Freiheit *f* **licence fee** [S] (*Br* TV) ≈ Fernsehgebühr *f* **licence number**, (*US*) **license number** [S] AUTO Kraftfahrzeug- *od* Kfz-Kenn-

▶ licence, license

In Großbritannien gibt es Restaurants, die keine Schankkonzession haben. Oft kann man in diese eigene Getränke mitbringen. Wenn an einem Restaurant ein Schild mit der Aufschrift **fully licensed** hängt, so schenkt dieses Restaurant Alkohol aus, und man darf keine eigenen Getränke mitbringen.

LANDESKUNDE ◀

LICE | 390

zeichen *n* **licence plate**, (US) **license plate** $\overline{S}$ AUTO Nummernschild *n* (❗ = (Br) a. **number plate**) **license** ['laɪsəns] **A** $\overline{S}$ (US) = licence **B** $\overline{VT}$ eine Lizenz/Konzession vergeben an (+*akk*); **to be ~d to do sth** die Genehmigung haben, etw zu tun; **we are not ~d to sell alcohol** wir haben keine Schankerlaubnis **licensed** $\overline{ADJ}$ **1** *Pilot* mit Pilotenschein; *Arzt* approbiert **2** **~ bar** Lokal *n* mit Schankerlaubnis; **fully ~** mit voller Schankerlaubnis **licensee** [,laɪsən'siː] $\overline{S}$ (*von Lokal*) Inhaber(in) *m(f)* einer Schankerlaubnis **license plate number** $\overline{S}$ (US) Kraftfahrzeugkennzeichen *n* (❗ = (Br) **registration number**) **licensing** ['laɪsənsɪŋ] $\overline{ADJ}$ **~ hours** Ausschankzeiten *pl*; **~ laws** Gesetz *n* über den Ausschank und Verkauf alkoholischer Getränke

lichen ['laɪkən] $\overline{S}$ Flechte *f*

lick [lɪk] **A** $\overline{S}$ **1** **to give sth a ~** an etw (*dat*) lecken **2** (*umg*) **a ~ of paint** etwas Farbe **B** $\overline{VT}$ **1** lecken; **he ~ed the ice cream** er leckte am Eis; **to ~ one's lips** sich (*dat*) die Lippen lecken; (*fig*) sich (*dat*) die Finger lecken; **to ~ sb's boots** (*fig*) vor jdm kriechen (*umg*) **2** (*Flammen*) züngeln an (+*dat*) **3** (*umg* ≈ *besiegen*) in die Pfanne hauen (*umg*); **I think we've got it ~ed** ich glaube, wir haben die Sache jetzt im Griff

licorice ['lɪkərɪs] $\overline{S}$ = **liquorice**

lid [lɪd] $\overline{S}$ Deckel *m*; **to keep a ~ on sth** etw unter Kontrolle halten; *Informationen* etw geheim halten

lie¹ [laɪ] **A** $\overline{S}$ Lüge *f*; **to tell a ~** lügen; **I tell a ~, it's tomorrow** ich hab mich vertan, es ist morgen **B** $\overline{VT}$ lügen; **to ~ to sb** jdn belügen

lie² *v: prät* **lay**, *pperf* **lain** **A** $\overline{S}$ Lage *f* **B** $\overline{VT}$ liegen, sich legen; **~ on your back** leg dich auf den Rücken; **the runner lying third** (*bes Br*) der Läufer auf dem dritten Platz; **to ~ asleep** (daliegen und) schlafen; **to ~ dying** im Sterben liegen; **to ~ low** untertauchen; **that responsibility ~s with your department** dafür ist Ihre Abteilung verantwortlich ◆**lie about** (*Br*) *od* **around** $\overline{VT}$ herumliegen ◆**lie ahead** $\overline{VT}$ **what lies ahead of us** was vor uns (*dat*) liegt, was uns (*dat*) bevorsteht ◆**lie back** $\overline{VT}$ sich zurücklehnen ◆**lie behind** $\overline{VT}$ +*obj Entscheidung* stehen hinter (+*dat*) ◆**lie down** $\overline{VT}$ **1** (*wörtl*) sich hinlegen; **he lay down on the bed** er legte sich aufs Bett **2** (*fig*) **he won't take that lying down!** das lässt er sich nicht bieten! ◆**lie in** $\overline{VT}$ im Bett bleiben

lie detector $\overline{S}$ Lügendetektor *m*

lie-down [,laɪ'daʊn] $\overline{S}$ (*umg*) **to have a ~** ein Nickerchen machen (*umg*) **lie-in** [,laɪ'ɪn] $\overline{S}$ (*Br umg*) **to have a ~** (sich) ausschlafen

lieu [luː] $\overline{S}$ (*form*) **money in ~** stattdessen Geld; **in ~ of X** anstelle von X; **I work weekends and get time off in ~** (*bes Br*) ich arbeite an Wochenenden und kann mir dafür (an anderen Tagen) freinehmen

lieutenant [lef'tenənt, (US) luːˈtenənt] $\overline{S}$ Leutnant *m*; (*Br*) Oberleutnant *m*

life [laɪf] $\overline{S}$, *pl* **lives 1** Leben *n*; **plant** ~ die Pflanzenwelt; **this is a matter of ~ and death** hier geht es um Leben und Tod; **to bring sb back to ~** jdn wiederbeleben; **his book brings history to ~** sein Buch lässt die Geschichte lebendig werden; **to come to ~** (*fig*) lebendig werden; **at my time of ~** in meinem Alter; **a job for ~** eine Stelle auf Lebenszeit; **he's doing ~ (for murder)** (*umg*) er sitzt lebenslänglich (wegen Mord) (*umg*); **he got ~** (*umg*) er hat lebenslänglich gekriegt (*umg*); **how many lives were lost?** wie viele (Menschen) sind ums Leben gekommen?; **to take one's own ~** sich (*dat*) das Leben nehmen; **to save sb's ~** (*wörtl*) jdm das Leben retten; (*fig*) jdn retten; **I couldn't do it to save my ~** ich kann es beim besten Willen nicht; **early in ~, in early ~** in frühen Jahren; **later in ~, in later ~** in späteren Jahren; **she leads a busy ~** bei ihr ist immer etwas los; **all his ~** sein ganzes Leben lang; **I've never been to London in my ~** ich war in meinem ganzen Leben noch nicht in London; **to fight for one's ~** um sein Leben kämpfen; **run for your lives!** rennt um euer Leben!; **I can't for the ~ of me ...** (*umg*) ich kann beim besten Willen nicht ...; **never in my ~ have I heard such nonsense** ich habe noch nie im Leben so einen Unsinn gehört; **not on your ~!** (*umg*) ich bin doch nicht verrückt! (*umg*); **get a ~!** (*umg*) sonst hast du keine Probleme? (*umg*); **it seemed to have a ~ of its own** es scheint seinen eigenen Willen zu haben; **full of ~** lebhaft; **the city centre** (*Br*) *od* **center** (US) **was full of ~** im Stadtzentrum ging es sehr lebhaft zu; **he is the ~ and soul** (*Br*) *od* **~** (US) **of every party** er bringt Leben in jede Party; **village ~** das Leben auf dem Dorf; **this is the ~!** ja, ist das ein Leben!; **that's ~** so ist das Leben; **the good ~** das süße Leben **2** Lebensdauer *f* **3** Biografie *f* **life assurance** $\overline{S}$ (*Br*) Lebensversicherung *f* **lifebelt** $\overline{S}$ Rettungsgürtel *m* **lifeboat** $\overline{S}$ Rettungsboot *n* **lifebuoy** $\overline{S}$ Rettungsring *m* **life cycle** $\overline{S}$ Lebenszyklus *m* **life expectancy** $\overline{S}$ Lebenserwartung *f* **lifeguard** $\overline{S}$ (*am Strand*) Rettungsschwimmer(in) *m(f)*; (*in Schwimmbad*) Bademeister(in) *m(f)* **life imprisonment** $\overline{S}$ lebenslängliche Freiheitsstrafe **life insurance** $\overline{S}$ = **life assurance life jacket** $\overline{S}$ (*Br*) Schwimmweste *f* (❗ = (US) **life preserver**) **lifeless** ['laɪflɪs] $\overline{ADJ}$ leblos **lifelike** $\overline{ADJ}$ le-

L

bensecht **lifeline** S̲ (fig) Rettungsanker m; **the telephone is a ~ for many old people** das Telefon ist für viele alte Leute lebenswichtig; **lifelong** ADJ lebenslang; **they are ~ friends** sie sind schon ihr Leben lang Freunde; **his ~ devotion to the cause** die Sache, in deren Dienst er sein Leben gestellt hat **life membership** S̲ Mitgliedschaft f auf Lebenszeit **life-or-death** ADJ **~ struggle** Kampf m auf Leben und Tod **life peer** S̲ Peer m auf Lebenszeit **life preserver** S̲ (US) Schwimmweste f (🔴 = (Br) **life jacket**) **life raft** S̲ Rettungsfloß n **life-saver** S̲ (fig) Retter m in der Not; **it was a real ~!** das hat mich gerettet **life-saving** A S̲ Rettungsschwimmen n B ADJ Gerät zur Lebensrettung; Medikament lebensrettend **life sentence** S̲ lebenslängliche Freiheitsstrafe **life-size(d)** ADJ lebensgroß **lifespan** S̲ Lebenserwartung f **life story** S̲ Lebensgeschichte f **lifestyle** S̲ Lebensstil m **life support machine** S̲ Herz-Lungen-Maschine f **life support system** S̲ Lebenserhaltungssystem n **life-threatening** ADJ lebensbedrohend **lifetime** S̲ 1 Lebenszeit f; (von Batterie, Tier) Lebensdauer f; **once in a ~** einmal im Leben; **during** od **in my ~** während meines Lebens; **the chance of a ~** eine einmalige Chance 2 (fig) Ewigkeit f

lift [lɪft] A S̲ 1 **give me a ~ up** heb mich mal hoch 2 (emotionell) **to give sb a ~** jdn aufmuntern 3 (in Auto etc) Mitfahrgelegenheit f; **to give sb a ~** jdn mitnehmen; **want a ~?** möchten Sie mitkommen?, soll ich dich fahren? 4 (Br) Fahrstuhl m, Aufzug m (🔴 = (US) **elevator**); **he took the ~** er fuhr mit dem Fahrstuhl B V̲T̲ 1 (a. **lift up**) hochheben; Kopf heben 2 (fig: a. **lift up**) **to ~ the spirits** die Stimmung heben; **the news ~ed him out of his depression** durch die Nachricht verflog seine Niedergeschlagenheit 3 Beschränkungen etc aufheben 4 (umg) klauen (umg); (≈ plagiieren) abkupfern (umg) C V̲I̲ (Nebel) sich lichten; (Stimmung) sich heben **liftoff** [ˈlɪftɒf] S̲ RAUMF Start m; **we have ~** der Start ist erfolgt

ligament [ˈlɪgəmənt] S̲ Band n; **he's torn a ~ in his shoulder** er hat einen Bänderriss in der Schulter

light¹ [laɪt] v: prät, pperf **lit** od **lighted** A S̲ 1 Licht n, Lampe f; **by the ~ of a candle** im Schein einer Kerze; **at first ~** bei Tagesanbruch; **to shed ~ on sth** (fig) Licht in etw (akk) bringen; **to see sb/sth in a different ~** jdn/etw in einem anderen Licht sehen; **to see sth in a new ~** etw mit anderen Augen betrachten; **in the ~ of** angesichts (+gen); **to bring sth to ~** etw ans Tageslicht bringen; **to come**

to ~ ans Tageslicht kommen; **finally I saw the ~** (umg) endlich ging mir ein Licht auf (umg); **to see the ~ of day** (Bericht) veröffentlicht werden; (Projekt) verwirklicht werden; **put out the ~s** mach das Licht aus; (traffic) **~s** Ampel f; **the ~s** (von Auto) die Beleuchtung; **~s out!** Licht aus(machen)! 2 **have you (got) a ~?** haben Sie Feuer?; **to set ~ to sth** etw anzünden B ADJ (+er) hell; **~ green** hellgrün; **it's getting ~** es wird hell C V̲T̲ 1 beleuchten; Lampe anmachen 2 Feuer anzünden D V̲I̲ **this fire won't ~** das Feuer geht nicht an **◆light up** A V̲I̲ 1 (Augen) aufleuchten; (Gesicht) sich erhellen 2 **the men took out their pipes and lit up** die Männer holten ihre Pfeifen hervor und zündeten sie an B V̲T̲ trennb 1 beleuchten; **a smile lit up his face** ein Lächeln erhellte sein Gesicht; **Piccadilly Circus was all lit up** der Piccadilly Circus war hell erleuchtet; **flames lit up the night sky** Flammen erleuchteten den Nachthimmel 2 Zigarette anzünden

light² A ADJ (+er) leicht; **~ industry** Leichtindustrie f; **~ opera** Operette f; **~ reading** Unterhaltungslektüre f; **with a ~ heart** leichten Herzens; **as ~ as a feather** federleicht; **to make ~ of one's difficulties** seine Schwierigkeiten auf die leichte Schulter nehmen; **you shouldn't make ~ of her problems** du solltest dich über ihre Probleme nicht lustig machen; **to make ~ work of** spielend fertig werden mit B ADV **to travel ~** mit leichtem Gepäck reisen **◆light (up)on** V̲I̲ +obj (umg) entdecken

light bulb S̲ Glühlampe od -birne f

light-coloured, (US) **light-colored** ADJ, komp **lighter-colo(u)red**, sup **lightest-colo(u)red** hell **light cream** S̲ (US) Sahne f, Obers m (österr), Nidel m (schweiz) (mit geringem Fettgehalt)

lighten¹ [ˈlaɪtn] A V̲T̲ erhellen; Farbe aufhellen B V̲I̲ hell werden; (Stimmung) sich heben

lighten² V̲T̲ leichter machen; **to ~ sb's workload** jdm etwas Arbeit abnehmen

◆lighten up V̲I̲ (umg) die Dinge leichter nehmen; **~!** nimms leicht!

lighter [ˈlaɪtə] S̲ Feuerzeug n **lighter fuel** S̲ Feuerzeugbenzin n

light fitting, **light fixture** S̲ Fassung f, (Lampen)halterung f **light-headed** ADJ, komp **lighter-headed**, sup **lightest-headed** benebelt (umg) **light-hearted** ADJ unbeschwert; Komödie leicht **light-heartedly** ADV unbekümmert, scherzhaft **lighthouse** S̲ Leuchtturm m **lighting** [ˈlaɪtɪŋ] S̲ Beleuchtung f **lightish** [ˈlaɪtɪʃ] ADJ Farbton hell **lightly** [ˈlaɪtlɪ] ADV 1 leicht; gehen leise; **to sleep ~** einen leichten Schlaf haben; **to get off ~** glimpflich davonkommen; **to touch ~ on a subject** ein

LIGH │ 392

Thema nur berühren od streifen **2 to speak ~ of sb/sth** sich abfällig über jdn/etw äußern; **to treat sth too ~** etw nicht ernst genug nehmen; **a responsibility not to be ~ undertaken** eine Verantwortung, die man nicht unüberlegt auf sich nehmen sollte **light meter** S̄ Belichtungsmesser m **lightness** ['laɪtnɪs] S̄ Helligkeit f

lightning ['laɪtnɪŋ] **A** S̄ Blitz m; **a flash of ~** ein Blitz m, ein Blitzschlag m; **struck by ~** vom Blitz getroffen; **we had some ~ an hour ago** vor einer Stunde hat es geblitzt; **there was thunder and ~** es hat geblitzt und gedonnert (❗ Reihenfolge im Englischen); **like (greased) ~** wie der Blitz **B** ATTR blitzschnell, Blitz-; **~ strike** spontaner Streik; **with ~ speed** blitzschnell; **~ visit** Blitzbesuch m **lightning conductor**, (US) **lightning rod** S̄ Blitzableiter m

light pen S̄ IT Lichtgriffel m **light show** S̄ Lightshow f **light switch** S̄ Lichtschalter m **lightweight A** ADJ leicht, (fig) schwach **B** S̄ Leichtgewicht n **light year** S̄ Lichtjahr n

likable ADJ = likeable

like¹ [laɪk] **A** ADJ ähnlich **B** PRÄP wie (❗ bei Vergleichen mit Substantiv und Pronomen **like**, bei Adjektiven **as**); **to be ~ sb** jdm ähnlich sein; **they are very ~ each other** sie sind sich (dat) sehr ähnlich; **to look ~ sb** jdm ähnlich sehen; **what's he ~?** wie ist er?; **he's bought a car - what is it ~?** er hat sich ein Auto gekauft - wie sieht es aus?; **she was ~ a sister to me** sie war wie eine Schwester zu mir; **that's just ~ him!** das sieht ihm ähnlich!; **it's not ~ him** es ist nicht seine Art; **I never saw anything ~ it** so (et)was habe ich noch nie gesehen; **that's more ~ it!** so ist es schon besser!; **that hat's nothing ~ as nice as this one** der Hut ist bei Weitem nicht so hübsch wie dieser; **there's nothing ~ a nice cup of tea!** es geht nichts über eine schöne Tasse Tee!; **is this what you had in mind? — it's something/ nothing ~ it** hattest du dir so etwas vorgestellt? — ja, so ähnlich/nein, überhaupt nicht; **Americans are ~ that** so sind die Amerikaner; **people ~ that** solche Leute; **a car ~ that** so ein Auto; **I found one ~ it** ich habe ein Ähnliches gefunden; **it will cost something ~ £10** es wird so ungefähr £ 10 kosten; **that sounds ~ a good idea** das hört sich gut an; **~ mad** (Br umg), **~ anything** (umg) wie verrückt (umg); **it wasn't ~ that at all** so wars doch gar nicht **C** KONJ **~ I said** wie gesagt **D** S̄ **we shall not see his ~ again** so etwas wie ihn bekommen wir nicht wieder (umg); **and the ~, and such ~** und dergleichen; **I've no time for the ~s of**

him (umg) mit solchen Leuten gebe ich mich nicht ab (umg)

like² **A** VT **1** mögen, gernhaben; **how do you ~ him?** wie gefällt er dir?; **I don't ~ him** ich kann ihn nicht leiden; **he is well ~d here** er ist hier sehr beliebt **2 I ~ black shoes** ich mag schwarze Schuhe, mir gefallen schwarze Schuhe; **I ~ it** das gefällt mir; **I ~ football** ich spiele gerne Fußball; (≈ als Zuschauer) ich finde Fußball gut; **I ~ dancing** ich tanze gern; **we ~ it here** es gefällt uns hier; **that's one of the things I ~ about you** das ist eines der Dinge, die ich an dir mag; **how do you ~ London?** wie gefällt Ihnen London?; **how would you ~ to go for a walk?** was hältst du von einem Spaziergang? **3 I'd ~ an explanation** ich hätte gerne eine Erklärung; **I should ~ more time** ich würde mir gerne noch etwas Zeit lassen; **they would have ~d to come** sie wären gern gekommen; **I should ~ you to do it** ich möchte, dass du es tust; **whether he ~s it or not** ob es ihm passt oder nicht; **I didn't ~ to disturb him** ich wollte ihn nicht stören; **what would you ~?** was hätten od möchten Sie gern?; **would you ~ a drink?** möchten Sie etwas trinken? **B** VI **as you ~** wie Sie wollen; **if you ~** wenn Sie wollen

-like ADJ suf -ähnlich, -artig **likeable** (Br), **likable** ['laɪkəbl] ADJ sympathisch, gefreut (schweiz)

likelihood ['laɪklɪhʊd] S̄ Wahrscheinlichkeit f; **the ~ is that ...** es ist wahrscheinlich, dass ...; **is there any ~ of him coming?** besteht die Möglichkeit, dass er kommt? **likely** ['laɪklɪ] **A** ADJ (+er) **1** wahrscheinlich; **he is not ~ to come** es ist unwahrscheinlich, dass er kommt; **they are ~ to refuse** sie werden wahrscheinlich ablehnen; **a ~ story!** (iron) das soll mal einer glauben! **2** (umg) geeignet; **he is a ~ person for the job** er kommt für die Stelle infrage; **~ candidates** aussichtsreiche Kandidaten **B** ADV wahrscheinlich; **it's more ~ to be early than late** es wird eher früh als spät werden; **not ~!** (iron umg) wohl kaum (umg)

like-minded ['laɪk'maɪndɪd] ADJ gleich gesinnt; **~ people** Gleichgesinnte pl **liken** ['laɪkən] VT vergleichen (to mit) **likeness** ['laɪknɪs] S̄ Ähnlichkeit f; **the painting is a good ~ of him** er ist auf dem Gemälde gut getroffen **likewise** ['laɪkwaɪz] ADV ebenso; **he did ~** er tat das Gleiche; **have a nice weekend — ~** schönes Wochenende! — danke gleichfalls!

liking ['laɪkɪŋ] S̄ **to have a ~ for sb** jdn gernhaben; **she took a ~ to him** er war ihr sympathisch; **to have a ~ for sth** eine Vorliebe für etw haben; **to be to sb's ~** nach jds Geschmack sein

lilac ['laɪlək] **A** S̲ **1** BOT Flieder m **2** (≈ Farbe) (Zart)lila n **B** ADJ (zart)lila

Lilo® ['laɪˌləʊ] S̲ (Br) Luftmatratze f (❗ = (US) **air mattress**)

lilt [lɪlt] S̲ singender Tonfall

lily ['lɪlɪ] S̲ Lilie f

limb [lɪm] S̲ **1** ANAT Glied n; **~s** pl Gliedmaßen pl; **to tear sb ~ from ~** jdn in Stücke reißen; **to risk life and ~** Leib und Leben riskieren **2** **to be out on a ~** (fig) exponiert sein; **to go out on a ~** (fig) sich exponieren ♦**limber up** V/I Lockerungsübungen machen

limbo ['lɪmbəʊ] S̲ (❗ kein Plural) (fig) Übergangsstadium n; **our plans are in ~** unsere Pläne sind in der Schwebe; **I'm in a sort of ~** ich hänge in der Luft (umg)

lime¹ [laɪm] S̲ GEOL Kalk m

lime² S̲ (BOT: a. **lime tree**) Linde(nbaum m) f

lime³ S̲ (BOT ≈ Frucht) Limone(lle) f

limelight ['laɪmlaɪt] S̲ Rampenlicht n; **to be in the ~** im Licht der Öffentlichkeit stehen

limerick ['lɪmərɪk] S̲ Limerick m

limestone ['laɪmstəʊn] S̲ Kalkstein m

limit ['lɪmɪt] **A** S̲ **1** Grenze f, Begrenzung f; VERKEHR Geschwindigkeitsbegrenzung f; HANDEL Limit n; **the city ~s** die Stadtgrenzen pl; **a 40-mile ~** eine Vierzigmeilengrenze; **the 50 km/h ~** die Geschwindigkeitsbegrenzung von 50 Stundenkilometern; **is there any ~ on the size?** ist die Größe beschränkt?; **to put a ~ on sth** etw begrenzen; **there is a ~ to what one person can do** ein Mensch kann nur so viel tun und nicht mehr; **off ~s to military personnel** Zutritt für Militär verboten; **over the ~** zu viel; **your baggage is over the ~** Ihr Gepäck hat Übergewicht; **you shouldn't drive, you're over the ~** du solltest dich nicht ans Steuer setzen, du hast zu viel getrunken; **he was three times over the ~** er hatte dreimal so viel Promille wie gesetzlich erlaubt; **50 pages is my ~** 50 Seiten sind mein Limit **2** (umg) **that's the ~!** das ist die Höhe (umg); **that child is the ~!** dieses Kind ist eine Zumutung! (umg) **B** V/T begrenzen; Freiheit, Ausgaben einschränken; **to ~ sb/sth to sth** jdn/ etw auf etw (akk) beschränken **limitation** [ˌlɪmɪ'teɪʃən] S̲ Beschränkung f; (von Freiheit, Ausgaben) Einschränkung f; **damage ~** Schadensbegrenzung f; **there is no ~ on exports of coal** es gibt keine Beschränkungen für den Kohleexport; **to have one's/its ~s** seine Grenzen haben **limited** ['lɪmɪtɪd] ADJ **1** begrenzt; **this offer is for a ~ period only** dieses Angebot ist (zeitlich) befristet; **this is only true to a ~ extent** dies ist nur in gewissem Maße wahr **2** (bes Br HANDEL) Haftung beschränkt; **ABC Trav-**

el Limited ≈ ABC-Reisen GmbH **limited company** S̲ (bes Br HANDEL) ≈ Gesellschaft f mit beschränkter Haftung **limited edition** S̲ limitierte Auflage **limited liability company** S̲ (bes Br HANDEL) = limited company **limitless** ADJ grenzenlos

limo ['lɪməʊ] S̲, pl **-s** (umg) Limousine f **limousine** ['lɪməziːn] S̲ Limousine f

limp¹ [lɪmp] **A** S̲ Hinken n, Hatschen n (österr); **to walk with a ~** hinken, hatschen (österr) **B** V/I hinken, hatschen (österr)

limp² ADJ (+er) schlapp; Blumen welk

limpet ['lɪmpɪt] S̲ Napfschnecke f; **to stick to sb like a ~** (umg) wie eine Klette an jdm hängen

limply ['lɪmplɪ] ADV schlapp

linden ['lɪndən] S̲ (a. **linden tree**) Linde f

line¹ [laɪn] **A** S̲ **1** (für Wäsche, zum Angeln) Leine f **2** (auf Papier etc) Linie f **3** (≈ auf Haut) Falte f **4** Grenze f; **the (fine** od **thin) ~ between right and wrong** der (feine) Unterschied zwischen Recht und Unrecht; **to draw a ~ between** (fig) einen Unterschied machen zwischen **5** (von Menschen, Autos) Reihe f; (US) Schlange f (❗ = (Br) **queue**); SPORT Linie f; **in (a) ~** in einer Reihe; **in a straight ~** geradlinig; **a ~ of traffic** eine Autoschlange; **to stand in ~** Schlange stehen; **to be in ~ (with)** (fig) in Einklang stehen (mit); **to keep sb in ~** (fig) dafür sorgen, dass jd nicht aus der Reihe tanzt; **to bring sth into ~ (with sth)** (fig) etw auf die gleiche Linie (wie etw) bringen; **to fall** od **get into ~** sich in Reih und Glied aufstellen, sich in einer Reihe aufstellen; **to be out of ~** nicht geradlinig sein; **to step out of ~** (fig) aus der Reihe tanzen; **he was descended from a long ~ of farmers** er stammte aus einem alten Bauerngeschlecht; **it's the latest in a long ~ of tragedies** es ist die neueste Tragödie in einer ganzen Serie; **to be next in ~** als Nächste(r) an der Reihe sein; **enemy ~s** feindliche Stellungen pl; **~s of communication** Verbindungswege pl **6** (≈ Firma, FLUG) Linie f; SCHIFF Reederei f **7** BAHN Strecke f; **~s** pl Gleise pl; **to reach the end of the ~** (fig) am Ende sein **8** TEL Leitung f; **this is a very bad ~** die Verbindung ist sehr schlecht; **to be on the ~ to sb** mit jdm telefonieren; **hold the ~** bleiben Sie am Apparat! **9** (geschrieben) Zeile f; **the teacher gave me 200 ~s** der Lehrer ließ mich 200 mal ... schreiben; **to learn one's ~s** seinen Text auswendig lernen; **to drop sb a ~** jdm ein paar Zeilen schreiben **10** (≈ Richtung) **~ of attack** (fig) Taktik f; **~ of thought** Denkrichtung f; **to be on the right ~s** (fig) auf dem richtigen Weg sein; **he took the ~ that ...** er vertrat den Standpunkt, dass ... **11** Branche f; **what's his ~ (of work)?** was macht er beruflich?; **it's all in the ~ of duty** das gehört zu meinen/seinen *etc* Pflichten 12 *(von Waren)* Kollektion f 13 **somewhere along the ~** irgendwann; **all along the ~** *(fig)* auf der ganzen Linie; **to be along the ~s of …** ungefähr so etwas wie … sein; **something along these ~s** etwas in dieser Art; **I was thinking along the same ~s** ich hatte etwas Ähnliches gedacht; **to put one's life** *etc* **on the ~** *(umg)* sein Leben *etc* riskieren B VT *(≈ Straße, Rabatte)* säumen; **portraits ~d the walls** an den Wänden hing ein Porträt neben dem andern ♦**line up** A VI sich aufstellen; *(≈ in Schlange)* sich anstellen B VT trennb 1 Häftlinge antreten lassen; *Bücher* in einer Reihe aufstellen 2 *Unterhaltung* sorgen für; **what have you got lined up for me today?** was haben Sie heute für mich geplant?; **I've lined up a meeting with the directors** ich habe ein Treffen mit den Direktoren arrangiert

line² VT *Kleidungsstück* füttern; *Rohr* auskleiden; **~ the box with paper** den Karton mit Papier auskleiden; **the membranes which ~ the stomach** die Schleimhäute, die den Magen auskleiden; **to ~ one's pockets** *(fig)* in die eigene Tasche wirtschaften *(umg)*

lineage ['lɪnɪɪdʒ] S Abstammung f
linear ['lɪnɪə'] ADJ linear
lined [laɪnd] ADJ *Gesicht* faltig; *Papier* liniert **line drawing** S Zeichnung f **line manager** S Vorgesetzte(r) m/f(m)
linen ['lɪnɪn] A S Leinen n; *(≈ Laken, Kleidung etc)* Wäsche f B ADJ Leinen- **linen basket** S *(bes Br)* Wäschekorb m **linen closet**, **linen cupboard** S Wäscheschrank m
line printer S IT Zeilendrucker m
liner ['laɪnə'] S SCHIFF Liniendampfer m
linesman ['laɪnzmən] S, pl **-men** [-mən] SPORT Linienrichter m **line spacing** S Zeilenabstand m **line-up** S SPORT Aufstellung f; **she picked the thief out of the ~** sie erkannte den Dieb bei der Gegenüberstellung
linger ['lɪŋɡə'] VI 1 *(a.* **linger on***)* (zurück)bleiben, verweilen *(liter)*; *(Zweifel)* zurückbleiben; *(Duft)* sich halten; **many of the guests ~ed in the hall** viele Gäste standen noch im Flur herum; **to ~ over a meal** sich *(dat)* bei einer Mahlzeit Zeit lassen 2 *(≈ bei Verzögerung)* sich aufhalten
lingerie ['lænʒəriː] S (Damen)unterwäsche f
lingering ['lɪŋɡərɪŋ] ADJ ausgedehnt; *Zweifel* zurückbleibend; *Kuss* innig
lingo ['lɪŋɡəʊ] S, pl **-s** *(umg)* Sprache f, Jargon m
linguist ['lɪŋɡwɪst] S 1 Sprachkundige(r) m/f(m) 2 Linguist(in) m(f) **linguistic** [lɪŋ-'ɡwɪstɪk] ADJ 1 sprachlich; **~ competence** od **ability** Sprachfähigkeit f 2 linguistisch **linguistics** [lɪŋ'ɡwɪstɪks] S (⚠ mit Verb im Singular) Linguistik f
lining ['laɪnɪŋ] S 1 *(von Kleidung etc)* Futter n 2 (Brems)belag m 3 **the ~ of the stomach** die Magenschleimhaut
link [lɪŋk] A S 1 *(von Kette, fig)* Glied n; *(Mensch)* Verbindungsmann m/-frau f 2 Verbindung f; **a rail ~** eine Bahnverbindung; **cultural ~s** kulturelle Beziehungen pl; **the strong ~s between Britain and Australia** die engen Beziehungen zwischen Großbritannien und Australien 3 IT Link m B VT 1 verbinden; **to ~ arms** sich unterhaken *(with* bei); **do you think these murders are ~ed?** glauben Sie, dass zwischen den Morden eine Verbindung besteht?; **his name has been ~ed with several famous women** sein Name ist mit mehreren berühmten Frauen in Verbindung gebracht worden 2 IT per Link verbinden C VI 1 **to ~ (together)** *(Teile einer Geschichte)* sich zusammenfügen lassen; *(Maschinenteile)* verbunden werden 2 IT **to ~ to a site** einen Link zu einer Website haben ♦**link up** A VI zusammenkommen B VT trennb miteinander verbinden
linkup S Verbindung f
lino ['laɪnəʊ] S *(bes Br)*, **linoleum** [lɪ'nəʊlɪəm] S (⚠ kein Plural) Linoleum n
linseed ['lɪnsiːd] S Leinsamen m **linseed oil** S Leinöl n
lion ['laɪən] S Löwe m; **the ~'s share** der Löwenanteil **lioness** ['laɪənɪs] S Löwin f
lip [lɪp] S 1 ANAT Lippe f; **to keep a stiff upper ~** Haltung bewahren; **to lick one's ~s** sich *(dat)*

lip — Lippe

lip — Rand

die Lippen lecken; **the question on everyone's ~s** die Frage, die sich (dat) jeder stellt **2** (von Tasse) Rand m **3** (umg) Frechheit f; **none of your ~!** sei nicht so frech **lip gloss** S Lipgloss m
liposuction ['lɪpəʊˌsʌkʃən] S Fettabsaugung f
lip-read VI/T von den Lippen ablesen **lip ring** S Lippenring m **lip salve** S Lippenpflegestift m **lip service** S **to pay ~ to an idea** ein Lippenbekenntnis zu einer Idee ablegen **lipstick** S Lippenstift m
liquefy ['lɪkwɪfaɪ] **A** VT verflüssigen **B** VI sich verflüssigen
liqueur [lɪˈkjʊəʳ] S Likör m (❗ Als Getränk hat **liqueur** keinen Plural. **Liqueurs** sagt man zu verschiedenen Sorten oder einzelnen Gläsern.)
liquid ['lɪkwɪd] **A** ADJ flüssig **B** S Flüssigkeit f
liquidate ['lɪkwɪdeɪt] VT liquidieren **liquidation** [ˌlɪkwɪˈdeɪʃən] S HANDEL Liquidation f; **to go into ~** in Liquidation gehen **liquid-crystal** ['lɪkwɪdˈkrɪstəl] ADJ **~ display** Flüssigkristallanzeige f **liquidize** ['lɪkwɪdaɪz] VT (im Mixer) pürieren **liquidizer** ['lɪkwɪdaɪzəʳ] S Mixgerät n
liquor ['lɪkəʳ] S (US) Spirituosen pl (❗ = (Br) **spirits**); (allg) Alkohol m (❗ Als Getränk hat **liquor** keinen Plural. **Liquors** sagt man zu verschiedenen Sorten oder einzelnen Gläsern.)

▶ liqueur ≠ liquor

Achten Sie auf den Unterschied:

| **liqueur** [lɪˈkjʊə] | = Likör |
| **liquor** ['lɪkə] | = Spirituosen |

FALSCHE FREUNDE

liquorice, licorice ['lɪkərɪs] S Lakritze f
liquor store S (US) ≈ Wein- und Spirituosengeschäft n (❗ = (Br) **off-licence**)
Lisbon ['lɪzbən] S Lissabon n
lisp [lɪsp] **A** S Lispeln n; **to speak with a ~** lispeln **B** VT & VI lispeln
list[1] [lɪst] **A** S Liste f, Einkaufszettel m; **it's not on the ~** es steht nicht auf der Liste; **~ of names** Namensliste f, Namensverzeichnis n **B** VT notieren; (mit Worten) aufzählen; **it is not ~ed** es ist nicht aufgeführt
list[2] SCHIFF VI Schlagseite haben
listed ['lɪstɪd] ADJ Bauwerk unter Denkmalschutz (stehend attr); **it's a ~ building** es steht unter Denkmalschutz
listen ['lɪsn] VI **1** hören (to sth etw akk); **to ~ to the radio** Radio hören; **if you ~ hard, you can hear the sea** wenn du genau hinhörst, kannst du das Meer hören; **she ~ed carefully to everything he said** sie hörte ihm genau zu; **to ~ for sth** auf etw (akk) horchen; **to ~ for sb** horchen od hören, ob jd kommt **2** zuhören; **~ to me!** hör mir zu!; **~, I know what we'll do** pass auf, ich weiß, was wir machen; **don't ~ to him** hör nicht auf ihn ♦**listen in** VI mithören (on sth etw akk); **I'd like to ~ on** od **to your discussion** ich möchte mir Ihre Diskussion mit anhören
listener ['lɪsnəʳ] S Zuhörer(in) m(f); RADIO Hörer(in) m(f); **to be a good ~** gut zuhören können
listing ['lɪstɪŋ] S **1** Verzeichnis n **2 listings** PL TV, RADIO, FILM Programm n
listless ['lɪstlɪs] ADJ lustlos
lit [lɪt] prät, pperf von **light**[1]
litany ['lɪtənɪ] S Litanei f
liter S (US) = **litre**
literacy ['lɪtərəsɪ] S Fähigkeit f lesen und schreiben zu können; **~ test** Lese- und Schreibtest m
literal ['lɪtərəl] ADJ **1** Bedeutung wörtlich; **in the ~ sense (of the word)** im wörtlichen Sinne **2 that is the ~ truth** das ist die reine Wahrheit
literally ['lɪtərəlɪ] ADV **1** (wort)wörtlich; **to take sb/sth ~** jdn/etw wörtlich nehmen **2** buchstäblich; **I was ~ shaking with fear** ich zitterte regelrecht vor Angst
literary ['lɪtərərɪ] ADJ literarisch; **the ~ scene** die Literaturszene **literary critic** S Literaturkritiker(in) m(f) **literary criticism** S Literaturwissenschaft f **literate** ['lɪtərɪt] ADJ **1 to be ~** lesen und schreiben können **2** gebildet
literature ['lɪtərɪtʃəʳ] S Literatur f; (umg) Informationsmaterial n
Lithuania [ˌlɪθjʊˈeɪnɪə] S Litauen n **Lithuanian** [ˌlɪθjʊˈeɪnɪən] **A** ADJ litauisch; **he is ~** er ist Litauer **B** S Litauer(in) m(f); LING Litauisch n
litigation [ˌlɪtɪˈgeɪʃən] S Prozess m
litmus paper S Lackmuspapier n **litmus test** S (fig) entscheidender Test
litre, (US) **liter** ['liːtəʳ] S Liter m od n
litter ['lɪtəʳ] **A** S **1** Abfall m; (≈ Verpackung etc) Papier n; **the park was strewn with ~** der Park war mit Papier und Abfall übersät **2** ZOOL Wurf m **3** Katzenstreu f **B** VT **to be ~ed with sth** mit etw übersät sein; **glass ~ed the streets** Glasscherben lagen überall auf den Straßen herum **litter bin** S (Br) Abfallkorb m, Abfalltonne f (❗ = (US) **trash can**) **litterbug, litter lout** S (umg) Umweltverschmutzer(in) m(f), Dreckspatz m (umg)
little ['lɪtl] **A** ADJ klein; **a ~ house** ein Häuschen n; **the ~ ones** die Kleinen pl; **a nice ~ profit** ein hübscher Gewinn; **he will have his ~ joke** er

litter — Abfall

litter — Wurf

will auch einmal ein Witzchen machen; **a ~ while ago** vor Kurzem; **in a ~ while** bald B ADV, S 1 wenig; **of ~ importance** von geringer Bedeutung; **~ better than** kaum besser als; **~ more than a month ago** vor kaum einem Monat; **~ did I think that …** ich hätte kaum gedacht, dass …; **~ does he know that …** er hat keine Ahnung, dass …; **as ~ as possible** so wenig wie möglich; **to spend ~ or nothing** so gut wie (gar) nichts ausgeben; **every ~ helps** Kleinvieh macht auch Mist (sprichw); **he had ~ to say** er hatte nicht viel zu sagen; **I see very ~ of her nowadays** ich sehe sie in letzter Zeit sehr selten; **there was ~ we could do** wir konnten nicht viel tun; **~ by ~** nach und nach 2 **a ~** ein wenig, ein bisschen; **a ~ (bit) hot** ein bisschen heiß; **with a ~ effort** mit etwas Anstrengung; **I'll give you a ~ advice** ich gebe dir einen kleinen Tipp; **a ~ after five** kurz nach fünf; **we walked on for a ~** wir liefen noch ein bisschen weiter; **for a ~** für ein Weilchen

▶ little / a little

a little — etwas, ein bisschen
little — wenig, kaum

GRAMMATIK

liturgy ['lɪtədʒɪ] S Liturgie f
live¹ [lɪv] A VT *Leben* führen; **to ~ one's own life** sein eigenes Leben leben B VI 1 leben; **long ~ Queen Anne!** lang lebe Königin Anne!; **to ~ and let ~** leben und leben lassen; **to ~ like a king** wie Gott in Frankreich leben; **not many people ~ to be a hundred** nicht viele Menschen werden hundert (Jahre alt); **to ~ to a ripe old age** ein hohes Alter erreichen; **his name will ~ for ever** sein Ruhm wird nie vergehen; **his music will ~ for ever** seine Musik ist unvergänglich; **he ~d through two wars** er hat zwei Kriege miterlebt; **to ~ through an experience** eine Erfahrung durchmachen; **you'll ~ to regret it** das wirst du noch bereuen 2 wohnen; *(Tier)* leben; **he ~s at 19 Marktstraße** er wohnt in der Marktstraße Nr. 19; **he ~s with his parents** er wohnt bei seinen Eltern; **a house not fit to ~ in** ein unbewohnbares Haus ◆**live down** VT trennb **he'll never live it down** das wird man ihm nie vergessen ◆**live in** VI im Haus *etc* wohnen ◆**live off** VI +obj **to ~ one's relations** auf Kosten seiner Verwandten leben 2 = live on B ◆**live on A** VI weiterleben B VI +obj **to ~ eggs** sich von Eiern ernähren; **to earn enough to ~** genug verdienen, um davon zu leben ◆**live out** VT trennb *Leben* verbringen ◆**live together** VI zusammenleben ◆**live up** VI immer getrennt **to live it up** (umg) die Puppen tanzen lassen (umg) ◆**live up to** VI +obj **to ~ expectations** den Vorstellungen entsprechen; **to ~ one's reputation** seinem Ruf gerecht werden; **he's got a lot to ~ in** ihn werden große Erwartungen gesetzt
live² [laɪv] A ADJ 1 lebend; **a real ~ duke** ein waschechter Herzog 2 *Munition* scharf; ELEK geladen 3 RADIO, TV live; **a ~ programme** (Br) od **program** (US) eine Livesendung B ADV RADIO, TV live
livelihood ['laɪvlɪhʊd] S Lebensunterhalt m; **fishing is their ~** sie verdienen ihren Lebensunterhalt mit Fischfang; **to earn a ~** sich (dat) seinen Lebensunterhalt verdienen **liveliness** ['laɪvlɪnɪs] S Lebhaftigkeit f **lively** ['laɪvlɪ] ADJ (+er) lebhaft; *Schilderung, Fantasie* lebendig; *Melodie* schwungvoll; **things are getting ~** es geht hoch her (umg); **look ~!** mach schnell!
liven up ['laɪvən'ʌp] A VT trennb beleben B VI in Schwung kommen; *(Mensch)* aufleben
liver ['lɪvə'] S Leber f **liver sausage, liverwurst** ['lɪvəwɜːst] (bes US) S Leberwurst f
lives [laɪvz] pl von life
livestock ['laɪvstɒk] S Vieh n
livid ['lɪvɪd] ADJ (umg) wütend (about, at über +akk)
living ['lɪvɪŋ] A ADJ lebend; *Beispiel* lebendig; **the greatest ~ playwright** der bedeutendste noch lebende Dramatiker; **I have no ~ relatives** ich habe keine Verwandten mehr; **a ~ creature** ein Lebewesen n; **(with)in ~ memory** seit Menschengedenken B S 1 **the living** PL

397 ‖ LOCK

die Lebenden *pl* **2 healthy** ~ gesundes Leben **3** Lebensunterhalt *m*; **to earn** *od* **make a** ~ sich *(dat)* seinen Lebensunterhalt verdienen; **what does he do for a ~?** womit verdient er sich *(dat)* seinen Lebensunterhalt?; **to work for one's** ~ arbeiten, um sich *(dat)* seinen Lebensunterhalt zu verdienen **living conditions** P̲L̲ Wohnverhältnisse *pl* **living expenses** P̲L̲ Spesen *pl* **living quarters** P̲L̲ Wohnräume *pl*; MIL *etc* Quartier *n*

living room S̲ Wohnzimmer *n*
lizard [ˈlɪzəd] S̲ Eidechse *f*
llama [ˈlɑːmə] S̲ Lama *n*
load [ləʊd] **A** S̲ **1** Last *f*; *(auf Achse etc)* Belastung *f*; *(von Frachter)* Ladung *f*; **(work)** ~ (Arbeits)pensum *n*; **I put a** ~ **in the washing machine** ich habe die Maschine mit Wäsche gefüllt; **that's a** ~ **off my mind!** da fällt mir ein Stein vom Herzen! **2** ELEK Leistung *f*, Spannung *f* **3** *(umg)* ~**s of, a** ~ **of** jede Menge *(umg)*; **we have ~s** wir haben jede Menge *(umg)*; **it's a** ~ **of old rubbish** *(Br)* das ist alles Blödsinn *(umg)*; **get a** ~ **of this!** hör dir das mal an!, guck dir das mal an! *(umg)* **B** V̲T̲ laden; *Lkw etc* beladen; **the ship was ~ed with bananas** das Schiff hatte Bananen geladen; **to** ~ **a camera** einen Film (in einen Fotoapparat) einlegen **C** V̲I̲ laden ◆**load up** **A** V̲I̲ aufladen **B** V̲T̲ *trennb* **1** *Lkw* beladen; *Waren* aufladen **2** IT laden
loaded [ˈləʊdɪd] A̲D̲J̲ beladen; *Würfel* präpariert; *Waffe, Software* geladen; **a** ~ **question** eine Fangfrage; **he's** ~ *(umg)* er ist stinkreich *(umg)* **loading bay** [ˈləʊdɪŋbeɪ] S̲ Ladeplatz *m*
loaf [ləʊf] S̲, *pl* **loaves** Brot *n*, (Brot)laib *m*; **a** ~ **of bread** ein (Laib) Brot; **a small white** ~ ein kleines Weißbrot ◆**loaf about** *(Br)* *od* **around** V̲I̲ *(umg)* faulenzen
loafer [ˈləʊfə] S̲ Halbschuh *m*
loan [ləʊn] **A** S̲ **1** Leihgabe *f*; *(von Bank etc)* Darlehen *n*; **my friend let me have the money as a** ~ mein Freund hat mir das Geld geliehen; **he let me have the money as a** ~ er hat mir das Geld geliehen **2** **he gave me the** ~ **of his bicycle** er hat mir sein Fahrrad geliehen; **it's on** ~ es ist geliehen, es ist ausgeliehen; **to have sth on** ~ etw geliehen haben *(from* von*)* **B** V̲T̲ leihen *(to sb* jdm*)* **loan shark** S̲ *(umg)* Kredithai *m* *(umg)* **loanword** S̲ Lehnwort *n*
loath, loth [ləʊθ] A̲D̲J̲ **to be** ~ **to do sth** etw ungern tun; **he was** ~ **for us to go** er ließ uns ungern gehen
loathe [ləʊð] V̲T̲ verabscheuen, nicht ausstehen können; **I** ~ **doing it** ich hasse es, das zu tun **loathing** [ˈləʊðɪŋ] S̲ Abscheu *m*
loaves [ləʊvz] *pl* von **loaf**
lob [lɒb] **A** S̲ *(Tennis)* Lob *m* **B** V̲T̲ *Ball* lobben, in

hohem Bogen werfen; **he ~bed the grenade over the wall** er warf die Granate im hohen Bogen über die Mauer
lobby [ˈlɒbɪ] **A** S̲ Eingangshalle *f*; *(von Hotel, Theater)* Foyer *n*; POL Lobby *f* **B** V̲T̲ **to** ~ **one's Member of Parliament** auf seinen Abgeordneten Einfluss nehmen **C** V̲I̲ **the farmers are ~ing for higher subsidies** die Bauernlobby will höhere Subventionen durchsetzen
lobe [ləʊb] S̲ ANAT Ohrläppchen *n*
lobster [ˈlɒbstə] S̲ Hummer *m*
local [ˈləʊkəl] **A** A̲D̲J̲ örtlich, hiesig, dortig; ~ **radio station** Regionalsender *m*; ~ **newspaper** Lokalzeitung *f*; **the** ~ **residents** die Ortsansässigen; ~ **community** Kommune *f*; **at** ~ **level** auf lokaler Ebene; ~ **train** Nahverkehrszug *m*; ~ **time** Ortszeit *f*; **go into your** ~ **branch** gehen Sie zu Ihrer Zweigstelle; ~ **anaesthetic** *od* **anesthetic** *(US)* örtliche Betäubung **B** S̲ **1** *(Br umg ≈ Kneipe)* **the** ~ das Stammlokal **2** Einheimische(r) *m/f(m)*, Einwohner(in) *m(f)* **local area network** S̲ IT lokales Rechnernetz, LAN *n* **local authority** S̲ Kommunalbehörde *f*
local call S̲ TEL Ortsgespräch *n*
local education authority S̲ örtliche Schulbehörde **local government** S̲ Kommunalverwaltung *f*; ~ **elections** Kommunalwahlen *pl* **locality** [ləʊˈkælɪtɪ] S̲ Gegend *f* **localize** [ˈləʊkəlaɪz] V̲T̲ **this custom is very ~d** die Sitte ist auf wenige Orte begrenzt **locally** [ˈləʊkəlɪ] A̲D̲V̲ am Ort; **I prefer to shop** ~ ich kaufe lieber im Ort ein; **was she well-known ~?** war sie in dieser Gegend sehr bekannt?; ~ **grown** in der Region angebaut
lo-carb [ləʊˈkɑːb] A̲D̲J̲ = **low-carb**
locate [ləʊˈkeɪt] V̲T̲ **1** **to be ~d at** *od* **in** sich befinden in *(+dat)*; **the hotel is centrally ~d** das Hotel liegt zentral **2** ausfindig machen **location** [ləʊˈkeɪʃən] S̲ **1** Lage *f*, Standort *m*; **this would be an ideal** ~ **for the airport** das wäre ein ideales Gelände für den Flughafen **2** **they discussed the** ~ **of the proposed airport** sie diskutierten, wo der geplante Flughafen gebaut werden sollte **3** FILM Drehort *m*; **to be on** ~ **in Mexico** bei Außenaufnahmen in Mexiko sein; **part of the film was shot on** ~ **in Mexico** ein Teil der Außenaufnahmen für den Film wurde in Mexiko gedreht
loch [lɒx] S̲ *(schott)* See *m* (❗ in Schottland)
lock¹ [lɒk] S̲ *(von Haar)* Locke *f*
lock² **A** S̲ **1** *(an Tür)* Schloss *n*; **to put sth under** ~ **and key** etw wegschließen **2** *(von Kanal)* Schleuse *f* **B** V̲T̲ *Tür etc* ab- *od* zuschließen; **to** ~ **sb in a room** jdn in einem Zimmer einschließen; **~ed in combat** in Kämpfe verwickelt; **they were ~ed in each other's arms**

sie hielten sich fest umschlungen; **this bar ~s the wheel in position** diese Stange hält das Rad fest C VII schließen; (Rad) blockieren ◆**lock away** VT trennb wegschließen; jdn einsperren ◆**lock in** VT trennb einschließen; **to be locked in** eingesperrt sein ◆**lock on** VI **the missile locks onto its target** das Geschoss richtet sich auf das Ziel ◆**lock out** VT trennb Arbeiter aussperren; **I've locked myself out** ich habe mich ausgesperrt ◆**lock up** A VT trennb abschließen; jdn einsperren; **to lock sth up in sth** etw in etw (dat) einschließen B VI abschließen

lock — Locke

lock — Schloss

locker ['lɒkəʳ] S Schließfach n; SCHIFF, MIL Spind m **locker room** S Umkleideraum m
locket ['lɒkɪt] S Medaillon n
lockout S Aussperrung f **locksmith** S Schlosser(in) m(f)
locomotive [ˌləʊkə'məʊtɪv] S Lokomotive f
locum (tenens) ['ləʊkəm('tenenz)] S (Br) Vertreter(in) m(f)
locust ['ləʊkəst] S Heuschrecke f
lodge [lɒdʒ] A S Pförtnerhaus n; (für Jäger, Skifahrer) Hütte f B VT 1 (Br) jdn unterbringen 2 Beschwerde einlegen (with bei); **to ~ an appeal** Einspruch erheben; JUR Berufung einlegen 3 **to be ~d** (fest)stecken C VI 1 (Br) (zur od in Untermiete) wohnen (with sb, at sb's bei jdm) 2 (Objekt) stecken bleiben **lodger** ['lɒdʒəʳ] S (Br) Untermieter(in) m(f) (⚠ = (US) **roomer**) **lodging** ['lɒdʒɪŋ] S 1 Unterkunft f 2 **lodgings** PL ein möbliertes Zimmer
loft [lɒft] S Boden m, Estrich m (schweiz); **in the ~** auf dem Boden **loft conversion** S Dachausbau m
loftily ['lɒftɪlɪ] ADV hochmütig **lofty** ['lɒftɪ] ADJ (+er) 1 Ambitionen hochfliegend 2 hochmütig
log¹ [lɒg] S Baumstamm m; (für offenes Feuer) Scheit n; **to sleep like a ~** wie ein Stein schlafen
log² A S Aufzeichnungen pl; SCHIFF Logbuch n; **to keep a ~ of sth** über etw (akk) Buch führen B VT Buch führen über (+akk); SCHIFF (ins Logbuch) eintragen; **details are ~ged in the computer** Einzelheiten sind im Computer gespeichert ◆**log in** VI IT einloggen ◆**log off** IT VI ausloggen ◆**log on** IT VI einloggen ◆**log out** VI IT ausloggen
logarithm ['lɒgərɪðəm] S Logarithmus m
logbook S SCHIFF Logbuch n; FLUG Bordbuch n; (von Lkw) Fahrtenbuch n **log cabin** S Blockhaus n
loggerheads ['lɒgəhedz] PL **to be at ~ (with sb)** (bes Br) sich (dat) (mit jdm) in den Haaren liegen (umg)
logic ['lɒdʒɪk] S Logik f; **there's no ~ in that** das ist völlig unlogisch **logical** ['lɒdʒɪkəl] ADJ logisch
logistic [lɒ'dʒɪstɪk] ADJ logistisch **logistics** S (⚠ mit Verb im Singular) Logistik f
logo ['ləʊgəʊ] S, pl -s Logo n
loin [lɔɪn] S (von Tier) Lende f, Lendenstück n
loiter ['lɔɪtəʳ] VI herumlungern
loll [lɒl] VI 1 sich lümmeln 2 (Kopf) hängen; (Zunge) heraushängen ◆**loll about** (Br) od **around** VI herumlümmeln
lollipop ['lɒlɪpɒp] S Lutscher m **lollipop lady** S (Br umg) ≈ Schülerlotsin f **lollipop man** S, pl -men (Br umg) ≈ Schülerlotse m **lolly** ['lɒlɪ] S (bes Br umg) Lutscher m; **an ice ~** (Br) ein Eis n am Stiel (⚠ = (US) **Popsicle**®)

▶ **lollipop woman, lollipop man**

Lollipop woman / lady oder **lollipop man** werden in Großbritannien die Schülerlotsen genannt, die mit einem runden Schild, das einem **lollipop** ähnelt, Autos und Motorräder vor der Schule anhalten, um Schülern ein ungefährdetes Überqueren der Straße zu ermöglichen.

LANDESKUNDE ◀

London ['lʌndən] A S London n B ADJ Londoner **Londoner** ['lʌndənəʳ] S Londoner(in) m(f)
lone [ləʊn] ADJ einzeln, einsam; **~ parent** Alleinerziehende(r) m/f(m); **~ parent family** Einelternfamilie f **loneliness** ['ləʊnlɪnɪs] S Einsamkeit f
lonely ['ləʊnlɪ] ADJ (+er) einsam; **~ hearts column** Kontaktanzeigen pl; **~ hearts club** Sing-

letreff *m* **loner** [ˈləʊnəʳ] S̲ Einzelgänger(in) *m(f)* **lonesome** [ˈləʊnsəm] ADJ *bes US* einsam
long¹ [lɒŋ] A ADJ (+*er*) lang; *Reise a.* weit; **it is 6 feet ~** es ist 6 Fuß lang; **to pull a ~ face** ein langes Gesicht machen; **it's a ~ way** das ist weit; **it's a ~ time since I saw her** ich habe sie schon lange nicht mehr gesehen; **he's been here (for) a ~ time** er ist schon lange hier; **she was abroad for a ~ time** sie war (eine) lange Zeit im Ausland; **to take a ~ look at sth** etw lange *od* ausgiebig betrachten; **how ~ is the film?** wie lange dauert der Film? B ADV lang(e); **don't be ~!** beeil dich!; **don't be too ~ about it** lass dir dazu nicht zu viel Zeit; **I shan't be ~** (*bei Arbeit etc*) ich bin gleich fertig; (*bei Abwesenheit*) ich bin gleich wieder da; **all night ~** die ganze Nacht; **~ ago** vor langer Zeit; **not ~ ago** vor Kurzem; **not ~ before I met you** kurz bevor ich dich kennenlernte; **as ~ as, so ~ as** (≈ *unter der Voraussetzung, dass*) solange; **I can't wait any ~er** ich kann nicht mehr länger warten; **if that noise goes on any ~er** wenn der Lärm weitergeht; **no ~er** nicht mehr; **so ~!** (*umg*) tschüs(s)!, servus! (*österr*) C S̲ **before ~** bald; **are you going for ~?** werden Sie länger weg sein?; **it won't take ~** das dauert nicht lange; **I won't take ~** ich brauche nicht lange (dazu)
long² VI sich sehnen (*for* nach); **he ~ed for his wife to return** er wartete sehnsüchtig auf die Rückkehr seiner Frau; **he is ~ing for me to make a mistake** er möchte zu gern, dass ich einen Fehler mache; **I am ~ing to go abroad** ich brenne darauf, ins Ausland zu gehen; **I'm ~ing to see that film** ich will den Film unbedingt sehen
long-distance A ADJ **long-distance call** Ferngespräch *n*; **~ lorry driver** (*Br*) Fernfahrer(in) *m(f)*; **~ flight** Langstreckenflug *m*; **~ runner** Langstreckenläufer(in) *m(f)*; **~ journey** Fernreise *f* B ADV **to call ~** ein Ferngespräch führen **long-drawn-out** ADJ *Rede* langatmig; *Prozess* langwierig
longed-for [ˈlɒŋdfɔːʳ] ADJ ersehnt
long-grain ADJ **~ rice** Langkornreis *m* **long-haired** ADJ langhaarig **longhand** ADV in Langschrift **long-haul** ADJ **~ truck driver** Fernfahrer(in) *m(f)*
longing [ˈlɒŋɪŋ] A ADJ sehnsüchtig B S̲ Sehnsucht *f* (*for* nach) **longingly** [ˈlɒŋɪŋlɪ] ADV sehnsüchtig
longish [ˈlɒŋɪʃ] ADJ ziemlich lang
longitude [ˈlɒŋgɪtjuːd] S̲ Länge *f*
long johns PL (*umg*) lange Unterhosen *pl* **long jump** S̲ Weitsprung *m* **long-life** ADJ *Batterie* mit langer Lebensdauer **long-life milk** S̲

H-Milch *f* **long-lived** [ˈlɒŋlɪvd] ADJ langlebig; *Erfolg* dauerhaft **long-playing** ADJ **~ record** Langspielplatte *f* **long-range** ADJ *Waffe* mit hoher Reichweite; *Vorhersage* langfristig; **~ missile** Langstreckenrakete *f* **long-running** ADJ *Serie* lange laufend; *Streit* lange andauernd **longshoreman** S̲, *pl* -**men** (*US*) Hafenarbeiter *m* **long shot** S̲ (*umg*) **it's a ~, but …** es ist gewagt, aber …; **not by a ~** bei Weitem nicht **long-sighted** ADJ weitsichtig **long-standing** ADJ alt; *Freundschaft* langjährig **long-stay** ADJ (*Br*) *Parkplatz* Dauer- **long-suffering** ADJ schwer geprüft **long term** S̲ **in the ~** langfristig gesehen **long-term** ADJ langfristig; **~ memory** Langzeitgedächtnis *n*; **the ~ unemployed** die Langzeitarbeitslosen *pl* **long vacation** S̲ UNIV (Sommer)semesterferien *pl*; SCHULE große Ferien *pl* **long wave** S̲ Langwelle *f* **long-winded** ADJ umständlich; *Rede* langatmig
loo [luː] S̲, *pl* -**s** (*Br umg*) Klo *n* (*umg*), Häus(e)l *n* (*österr*) (❗ = (*US*) **john**); **to go to the ~** aufs Klo gehen (*umg*); **in the ~** auf dem Klo (*umg*)
look [lʊk] A S̲ **1** Blick *m*; **she gave me a dirty ~** sie warf mir einen vernichtenden Blick zu; **she gave me a ~ of disbelief** sie sah mich ungläubig an; **to have** *od* **take a ~ at sth** sich (*dat*) etw ansehen; **can I have a ~?** darf ich mal sehen?; **to take a good ~ at sth** sich (*dat*) etw genau ansehen; **to have a ~ for sth** sich nach etw umsehen; **to have a ~ (a)round** sich umsehen; **shall we have a ~ (a)round the town?** sollen wir uns (*dat*) die Stadt ansehen? **2** Aussehen *n*; **there was a ~ of despair in his eyes** ein verzweifelter Blick war in seinen Augen; **I don't like the ~ of him** er gefällt mir gar nicht; **by the ~ of him** so, wie er aussieht **3 looks** PL Aussehen *n*; **good ~s** gutes Aussehen B VI **he ~s his age** man sieht ihm sein Alter an; **he's not ~ing himself these days** er sieht in letzter Zeit ganz verändert aus; **I want to ~ my best tonight** ich möchte heute Abend besonders gut aussehen; **~ what you've done!** sieh dir mal an, was du da angestellt hast!; **~ where you're going!** pass

▶ **to look**

Das Verb **to look** in der Bedeutung „aussehen" wird mit einem Adjektiv, nicht mit einem Adverb, verbunden:

Amanda looks sad.	Amanda sieht traurig aus.
You look angry.	Du siehst verärgert aus.

GRAMMATIK

auf, wo du hintrittst!; ~ **who's here!** guck mal, wer da ist! (umg) **C** VII **1** gucken (umg); **to ~ (a)round** sich umsehen; **to ~ sad/angry** traurig/verärgert aussehen; **to ~ carefully** genau hinsehen; **to ~ and see** nachsehen; ~ **here!** hör (mal) zu!; ~, **I know you're tired, but ...** ich weiß ja, dass du müde bist, aber ...; ~, **there's a better solution** da gibt es doch eine bessere Lösung; ~ **before you leap** (sprichw) erst wägen, dann wagen (sprichw) **2** suchen **3** (≈ scheinen) aussehen; **it ~s all right to me** es scheint mir in Ordnung zu sein; **how does it ~ to you?** was meinst du dazu?; **the car ~s about 10 years old** das Auto sieht so aus, als ob es 10 Jahre alt wäre; **to ~ like** aussehen wie; **the picture doesn't ~ like him** das Bild sieht ihm nicht ähnlich; **it ~s like rain** es sieht nach Regen aus; **it ~s as if we'll be late** es sieht (so) aus, als würden wir zu spät kommen ♦**look after** VII +obj **1** sich kümmern um; **to ~ oneself** auf sich (akk) aufpassen **2** sehen nach; Kinder aufpassen auf (+akk) ♦**look ahead** VII (fig) vorausschauen ♦**look around** VII sich umsehen (for sth nach etw) ♦**look at** VII +obj **1** ansehen; ~ **him!** sieh dir den an!; ~ **the time** so spät ist es schon; **he looked at his watch** er sah auf die Uhr **2** (≈ untersuchen) sich (dat) ansehen **3** betrachten **4** Möglichkeiten sich (dat) überlegen ♦**look away** VII wegsehen ♦**look back** VII sich umsehen (fig) zurückblicken (on sth, to sth auf etw akk); **he's never looked back** (fig umg) es ist ständig mit ihm bergauf gegangen ♦**look down** VII hinuntersehen ♦**look down on** VII +obj herabsehen auf (+akk) ♦**look for** VII +obj suchen; **he's looking for trouble** er wird sich (dat) Ärger einhandeln, er sucht Streit ♦**look forward to** VII +obj sich freuen auf (+akk) ♦**look in** VII (≈ besuchen) vorbeikommen (on sb bei jdm) ♦**look into** VII +obj **1 to ~ sb's face** jdm ins Gesicht sehen; **to ~ the future** in die Zukunft sehen od blicken **2** untersuchen, prüfen ♦**look on** VII **1** zusehen **2 to ~to** (Fenster) (hinaus)gehen auf (+akk); (Haus) liegen an (+dat) **3** +obj (a. **look upon**) betrachten ♦**look out** VII **1** hinaussehen; **to ~ (of) the window** zum Fenster hinaussehen **2** aufpassen; ~! Vorsicht! ♦**look out for** VII +obj **1** Ausschau halten nach **2** ~ **pickpockets** nimm dich vor Taschendieben in Acht ♦**look over** VII trennb Notizen durchsehen ♦**look round** VII (bes Br) = look around ♦**look through** **A** VII +obj **he looked through the window** er sah zum Fenster herein/hinaus **B** VII trennb durchsehen, durchlesen ♦**look to** VII +obj **1** sich verlassen auf (+akk); **they looked to him to solve the problem** sie verließen sich darauf, dass er das Problem lösen würde; **we ~ you for support** wir rechnen auf Ihre od mit Ihrer Hilfe **2 to ~ the future** in die Zukunft blicken ♦**look toward(s)** VII +obj blicken auf (+akk); (Zimmer) liegen od hinausgehen nach ♦**look up** **A** VII **1** aufblicken **2** besser werden; **things are looking up** es geht bergauf **B** VII trennb **1 to look sb up** bei jdm vorbeischauen **2** Wort nachschlagen; Telefonnummer heraussuchen ♦**look upon** VII +obj = look on ♦**look up to** VII +obj **to ~ sb** zu jdm aufsehen

looker-on [ˌlʊkərˈɒn] $\overline{\mathrm{s}}$, pl **lookers-on** Zuschauer(in) m(f) **look-in** [ˈlʊkɪn] $\overline{\mathrm{s}}$ (umg) Chance f **lookout** $\overline{\mathrm{s}}$ **1** ~ **tower** Beobachtungsturm m **2** MIL Wachtposten m **3** **to be on the ~ for, to keep a ~ for** = look out for

loom[1] [luːm] $\overline{\mathrm{s}}$ Webstuhl m

loom[2] VII (a. **loom ahead** od **up**) sich abzeichnen; (Prüfung) bedrohlich näher rücken; **to ~ up out of the mist** bedrohlich aus dem Nebel auftauchen; **to ~ large** eine große Rolle spielen

loony [ˈluːnɪ] (umg) **A** ADJ (+er) bekloppt (umg) **B** $\overline{\mathrm{s}}$ Verrückte(r) m/f(m) (umg) **loony bin** $\overline{\mathrm{s}}$ (umg) Klapsmühle f (umg)

loop [luːp] **A** $\overline{\mathrm{s}}$ **1** Schlaufe f, Schlinge f **2** FLUG **to ~ the ~** einen Looping machen **3** IT Schleife f **B** VII Seil etc schlingen **loophole** [ˈluːphəʊl] $\overline{\mathrm{s}}$ (fig) Hintertürchen n; **a ~ in the law** eine Lücke im Gesetz

loose [luːs] **A** ADJ (+er) **1** lose; Moral, Vereinbarung locker; Kleid weit; Übersetzung frei; **a ~ connection** ELEK ein Wackelkontakt m; **to come ~** (Schraube etc) sich lockern; (Abdeckung etc) sich (los)lösen; (Knopf) abgehen; ~ **talk** leichtfertiges Gerede **2 to break** od **get ~** sich losreißen (from von), ausbrechen; **to turn ~** Tier frei herumlaufen lassen; Gefangenen freilassen; **to be at a ~ end** (fig) nichts mit sich anzufangen wissen; **to tie up the ~ ends** (fig) ein paar offene Probleme lösen **B** $\overline{\mathrm{s}}$ (umg) **to be on the ~** frei herumlaufen **C** VII **1** losmachen **2** lockern **loose change** $\overline{\mathrm{s}}$ Kleingeld n **loose-fitting** ADJ weit **loose-leaf** $\overline{\mathrm{s}}$ ~ **binder** Ringbuch n; ~ **pad** Ringbucheinlage f **loosely** [ˈluːslɪ] ADV **1** lose, locker **2** ~ **based on Shakespeare** frei nach Shakespeare

loosen [ˈluːsn̩] **A** VII **1** lösen **2** lockern; Gürtel weiter machen; Kragen aufmachen; **to ~ one's grip on sth** (wörtl) seinen Griff um etw lockern; (fig) in Bezug auf Partei, Macht etw nicht mehr so fest im Griff haben **B** VII sich lockern ♦**loosen up** **A** VII trennb Muskeln lockern; Erde auflockern **B** VII (Muskeln) locker werden; (Sportler) sich (auf)lockern

401 ‖ LOTI

loot [luːt] **A** *s̄* Beute *f* **B** ⱽᵀ&ⱽᴵ plündern **loot-er** ['luːtə'] *s̄* Plünderer *m*
lop [lɒp] ⱽᵀ (*a.* **lop off**) abhacken
lopsided ['lɒp'saɪdɪd] *ADJ* schief
lord [lɔːd] **A** *s̄* **1** Herr *m* **2** (*Br*) Lord *m*; **the (House of) Lords** das Oberhaus **3** REL **Lord** Herr *m*; **the Lord (our) God** Gott, der Herr; **(good) Lord!** (*umg*) ach, du lieber Himmel! (*umg*); **Lord knows** (*umg*) wer weiß **B** ⱽᵀ **to ~ it over sb** jdn herumkommandieren **Lord Chancellor** *s̄* (*Br*) Lordkanzler *m* **Lord Mayor** *s̄* (*Br*) ≈ Oberbürgermeister *m* **Lord-ship** ['lɔːdʃɪp] *s̄* **His/Your ~** Seine/Eure Lordschaft **Lord's Prayer** ['lɔːdz'prɛə'] *s̄* REL **the ~** das Vaterunser
lore [lɔː'] *s̄* Überlieferungen *pl*
Lorraine [lɒ'reɪn] *s̄* GEOG Lothringen *n*
lorry ['lɒrɪ] *s̄* (*Br*) Last(kraft)wagen *m*, Lkw *m* (🔸 = (*US*) **truck**) **lorry driver** *s̄* (*Br*) Lkw-Fahrer(in) *m(f)* (🔸 = (*US*) **truck driver**)
lose [luːz] *prät, pperf* lost **A** ⱽᵀ **1** verlieren; *Verfolger* abschütteln; **to ~ one's job** die Stelle verlieren; **many men ~ their hair** vielen Männern gehen die Haare aus; **to ~ one's way** (*wörtl*) sich verirren; (*fig*) die Richtung verlieren; **that mistake lost him the game** dieser Fehler kostete ihn den Sieg; **she lost her brother in the war** sie hat ihren Bruder im Krieg verloren; **he lost the use of his legs in the accident** seit dem Unfall kann er seine Beine nicht mehr bewegen; **to ~ no time in doing sth** etw sofort tun; **my watch lost three hours** meine Uhr ist drei Stunden nachgegangen **2** *Gelegenheit* verpassen **3** **to be lost** (*Objekt*) verschwunden sein; (*Mensch*) sich verlaufen haben; **I can't follow the reasoning, I'm lost** ich kann der Argumentation nicht folgen, ich verstehe nichts mehr; **he was soon lost in the crowd** er hatte sich bald in der Menge verloren; **to be lost at sea** auf See geblieben sein; **all is (not) lost!** (noch ist nicht) alles verloren!; **to get lost** sich verirren; (*Objekte*) verloren gehen; **get lost!** (*umg*) verschwinde! (*umg*); **to give sth up for lost** etw abschreiben; **I'm lost without my watch** ohne meine Uhr bin ich verloren *od* aufgeschmissen (*umg*); **classical music is lost on him** er hat keinen Sinn für klassische Musik; **the joke was lost on her** der Witz kam bei ihr nicht an; **to be lost for words** sprachlos sein; **to be lost in thought** in Gedanken versunken sein **B** ⱽᴵ verlieren; (*Uhr*) nachgehen; **you can't ~** du kannst nichts verlieren ♦**lose out** ⱽᴵ (*umg*) schlecht wegkommen (*umg*); **to ~ to sb/sth** von jdm/etw verdrängt werden
loser ['luːzə'] *s̄* Verlierer(in) *m(f)*; **what a ~!** (*umg*) was für eine Null! (*umg*) **losing** ['luːzɪŋ]

ADJ **the ~ team** die unterlegene Mannschaft; **to fight a ~ battle** einen aussichtslosen Kampf führen; **to be on the ~ side** verlieren
loss [lɒs] *s̄* **1** Verlust *m*; **hair ~** Haarausfall *m*; **weight ~** Gewichtsverlust *m*; **memory ~** Gedächtnisverlust *m*; **the factory closed with the ~ of 300 jobs** bei der Schließung der Fabrik gingen 300 Stellen verloren; **he felt her ~ very deeply** ihr Tod war ein schwerer Verlust für ihn; **there was a heavy ~ of life** viele kamen ums Leben; **job ~es** Stellenkürzungen *pl*; **his business is running at a ~** er arbeitet mit Verlust; **to sell sth at a ~** etw mit Verlust verkaufen; **it's your ~** es ist deine Sache; **a dead ~** (*Br umg*) ein böser Reinfall (*umg*); (≈ *Mensch*) ein hoffnungsloser Fall (*umg*); **to cut one's ~es** (*fig*) Schluss machen, ehe der Schaden (noch) größer wird **2** **to be at a ~** nicht mehr weiterwissen; **we are at a ~ for what to do** wir wissen nicht mehr aus noch ein; **to be at a ~ to explain sth** etw nicht erklären können; **to be at a ~ for words** nicht wissen, was man sagen soll
lost [lɒst] **A** *prät, pperf* von **lose** **B** *ADJ attr* verloren; *Sache* aussichtslos; *Mensch* vermisst, abgängig (*bes österr*); *Hund* entlaufen; *Brille etc* verlegt **lost-and-found (department)** *s̄* (*US*) Fundbüro *n* **lost property** *s̄* (*Br*) **1** Fundstücke *pl* **2** = **lost property office** **lost property office** *s̄* (*Br*) Fundbüro *n*
lot¹ [lɒt] *s̄* **1** **to draw ~s** losen, Lose ziehen; **they drew ~s to see who would begin** sie losten aus, wer anfangen sollte **2** (≈ *Schicksal, bei Auktion*) Los *n*; **to throw in one's ~ with sb** sich mit jdm zusammentun **3** (≈ *Grundstück*) Parzelle *f*; **building ~** Bauplatz *m*; **parking ~** (*US*) Parkplatz *m* (🔸 = (*Br*) **car park**) **4** (*bes Br*) **where shall I put this ~?** wo soll ich das Zeug hintun? (*umg*); **can you carry that ~ by yourself?** kannst du das (alles) alleine tragen?; **divide the books up into three ~s** teile die Bücher in drei Stapel ein; **he is a bad ~** (*umg*) er taugt nichts **5** (*bes Br umg* ≈ *Gruppe*) Haufen *m*; **are you ~ coming to the pub?** kommt ihr (alle) in die Kneipe? **6** **the ~** (*umg*) alle, alles; **that's the ~** das ist alles
lot² *s̄, ADV* **a ~, ~s** viel; **a ~ of** viel; **a ~ of money** eine Menge Geld; **a ~ of books, ~s of books** viele Bücher; **such a ~** so viel; **what a ~!** was für eine Menge!; **such a ~ of books** so viele Bücher; **~s and ~s of mistakes** eine Unmenge Fehler; **we see a ~ of John** wir sehen John sehr oft; **things have changed a ~** es hat sich Vieles geändert; **I like him a ~** ich mag ihn sehr; **I feel ~s** *od* **a ~ better** es geht mir sehr viel besser
lotion ['ləʊʃən] *s̄* Lotion *f*

LOTT | 402

lottery ['lɒtərɪ] ⒮ Lotterie f
loud [laʊd] Ⓐ ADJ (+er) ❶ laut; *Proteste* lautstark ❷ *Krawatte* knallbunt Ⓑ ADV laut; **~ and clear** laut und deutlich; **to say sth out ~** etw laut sagen **loud-hailer** [ˌlaʊd'heɪlə'] ⒮ Megafon n **loudly** ['laʊdlɪ] ADV laut; *kritisieren* lautstark **loudmouth** ⒮ (umg) Großmaul n (umg) **loudness** ⒮ Lautstärke f **loudspeaker** [ˌlaʊd'spiːkə'] ⒮ Lautsprecher m
lounge [laʊndʒ] Ⓐ ⒮ Wohnzimmer n; (*in Hotel*) Gesellschaftsraum m; (*auf Flughafen*) Warteraum m Ⓑ Ⓥⓘ faulenzen; **to ~ about** (*Brı*) *od* **around** herumliegen/-sitzen; **to ~ against a wall** sich lässig gegen eine Mauer lehnen **lounge bar** ⒮ Salon m (*vornehmerer Teil einer Gaststätte*)
louse [laʊs] ⒮, *pl* **lice** ZOOL Laus f **lousy** ['laʊzɪ] ADJ (umg) mies (umg); *Streich etc* fies (umg); **I'm ~ at arithmetic** in Mathe bin ich miserabel (umg); **he is a ~ golfer** er spielt miserabel Golf (umg); **to feel ~** sich mies fühlen (umg); **a ~ £3** lausige drei Pfund (umg)
lout [laʊt] ⒮ Rüpel m **loutish** ['laʊtɪʃ] ADJ rüpelhaft
lovable, loveable ['lʌvəbl] ADJ liebenswert
L love [lʌv] Ⓐ ⒮ ❶ Liebe f; **to have a ~ for** *od* **of sth** etw sehr lieben; **~ of learning** Freude f am Lernen; **~ of adventure** Abenteuerlust f; **~ of books** Liebe f zu Büchern; **for the ~ of** aus Liebe zu; **to be in ~ (with sb)** verliebt sein; **to fall in ~ (with sb)** sich (in jdn) verlieben; **to make ~** miteinander schlafen; **to make ~ to sb** mit jdm schlafen; **yes, (my) ~** ja, Liebling; **the ~ of my life** die große Liebe meines Lebens ❷ (*in Grüßen*) **with all my ~** mit herzlichen Grüßen; **~ from Anna** herzliche Grüße von Anna; **give him my ~** grüß ihn von mir; **he sends his ~** er lässt grüßen ❸ (umg: *als Anrede*) mein Lieber/meine Liebe ❹ (*Tennis*) null Ⓑ Ⓥⓣ lieben, gern mögen; **they ~ each other** sie lieben sich; **I ~ tennis** ich mag Tennis sehr gern; **I'd ~ a cup of tea** ich hätte (liebend) gern(e) eine Tasse Tee; **I'd ~ to come** ich würde sehr gern kommen; **we'd ~ you to come** wir würden uns sehr freuen, wenn du kommen würdest; **I ~ the way she smiles** ich mag es, wie sie lächelt Ⓒ Ⓥⓘ lieben **loveable** ADJ = lovable **love affair** ⒮ Verhältnis n

▶ **Love, ...**

In Briefen ist die Schlussformel **Love, Linda** usw. unter guten Freunden und Familienmitgliedern durchaus üblich. Männer untereinander gebrauchen sie allerdings kaum.

SPRACHGEBRAUCH ◁

lovebite ⒮ (*Brı*) Knutschfleck m (umg) (❗ = (US) **hickey**) **love-hate relationship** ⒮ Hassliebe f; **they have a ~** zwischen ihnen besteht eine Hassliebe **loveless** ADJ *Ehe* ohne Liebe **love letter** ⒮ Liebesbrief m **love life** ⒮ Liebesleben n
lovely ['lʌvlɪ] ADJ (+er) wunderschön; *Baby* niedlich; (≈ *charmant*) liebenswürdig; *Lächeln* gewinnend; **that dress looks ~ on you** dieses Kleid steht dir sehr gut; **we had a ~ time** es war sehr schön; **it's ~ and warm** es ist schön warm; **have a ~ holiday** (*bes Brı*) *od* **vacation!** (US) schöne Ferien!; **it's been ~ to see you** es war schön, dich zu sehen **lovemaking** ['lʌvmeɪkɪŋ] ⒮ Liebe f **lover** ['lʌvə'] ⒮ ❶ Liebhaber(in) m(f); **the ~s** das Liebespaar ❷ **a ~ of books** ein(e) Bücherfreund(in) m(f); **a ~ of good food** ein(e) Liebhaber(in) m(f) von gutem Essen; **music-~** Musikliebhaber(in) m(f) *od* -freund(in) m(f) **lovesick** ADJ liebeskrank; **to be ~** Liebeskummer m haben **love song** ⒮ Liebeslied n **love story** ⒮ Liebesgeschichte f **loving** ['lʌvɪŋ] ADJ liebend; *Beziehung* liebevoll; **your ~ son ... in Liebe Euer Sohn ... **lovingly** ['lʌvɪŋlɪ] ADV liebevoll
low [ləʊ] Ⓐ ADJ (+er) niedrig; *Verbeugung, Ton* tief; *Dichte, Qualität* gering; *Vorräte* knapp; **the sun was ~ in the sky** die Sonne stand tief am Himmel; **the river is ~** der Fluss führt wenig Wasser; **a ridge of ~ pressure** ein Tiefdruckkeil m; **to speak in a ~ voice** leise sprechen; **how ~ can you get!** wie kann man nur so tief sinken!; **to feel ~** niedergeschlagen sein Ⓑ ADV zielen nach unten; *sprechen* leise; *fliegen, sich verbeugen* tief; **he's been laid ~ with the flu** (*Brı*) er liegt mit Grippe im Bett; **to run** *od* **get ~** knapp werden; **we are getting ~ on petrol** (*Brı*) *od* **gas** (US) uns (*dat*) geht das Benzin aus Ⓒ ⒮ (METEO, *fig*) Tief n; **to reach a new ~** einen neuen Tiefstand erreichen **low-alcohol** ADJ alkoholarm **lowbrow** ADJ (geistig) anspruchslos **low-cal** ADJ (umg), **low-calorie** ADJ kalorienarm **low-carb** [ləʊ'kɑːb] ADJ (umg) kohlenhydratarm **low-cost** ADJ preiswert **low-cut** ADJ *Kleid* tief ausgeschnitten **lowdown** ⒮ (umg) Informationen *pl*; **what's the ~ on Kowalski?** was wissen *od* haben (umg) wir über Kowalski?; **he gave me the ~ on it** er hat mich darüber aufgeklärt **low-emission** ADJ *Auto* schadstoffarm, abgasarm
lower ['ləʊə'] Ⓐ ADJ ❶ niedriger; (*Körper*)*teil* untere(r, s); *Ton* tiefer; GEOG Nieder-; **the Lower Rhine** der Niederrhein; **~ leg** Unterschenkel m; **the ~ of the two holes** das untere der beiden Löcher; **the ~ deck** (*von Bus*) das untere Deck; (*von Schiff*) das Unterdeck ❷ *Rang, Niveau,*

Tiere niedere(r, s); **the ~ classes** SOZIOL die unteren Schichten; **a ~ middle-class family** eine Familie aus der unteren Mittelschicht; **the ~ school** die unteren Klassen **B** ADV tiefer; **~ down the mountain** weiter unten am Berg; **~ down the list** weiter unten auf der Liste **C** VT **1** *Boot, Last* herunterlassen; *Augen, Waffe* senken; *Fahne* einholen; **he ~ed himself into an armchair** er ließ sich in einen Sessel nieder **2** *Druck, Risiko* verringern; *Preis, Temperatur* senken; **~ your voice** sprich leiser; **to ~ oneself** sich hinunterlassen **lower case** **A** **S** Kleinbuchstaben *pl* **B** ADJ klein **Lower Chamber** **S** Unterhaus *n* **lower-class** ADJ der Unterschicht **lower-income** ADJ mit niedrigem Einkommen **lower sixth (form)** **S** (*Br* SCHULE) vorletztes Schuljahr **low-fat** ADJ *Milch, Käse* fettarm, *Mager-* **low-flying** ADJ **~ plane** Tiefflieger *m* **low-heeled** ADJ mit flachem Absatz **low--income** ADJ einkommensschwach **low--key** ADJ *Einstellung* gelassen; *Empfang* reserviert **lowland** **A** **S** **the Lowlands of Scotland** das schottische Tiefland; **the ~s of Central Europe** die Tiefebenen *pl* Mitteleuropas **B** ADJ des Flachlands; (*in Bezug auf Schottland*) des Tieflands **low-level** ADJ *Strahlung* niedrig **lowly** ['ləʊlɪ] ADJ (+*er*) bescheiden **low-lying** ADJ tief gelegen **low-necked** ADJ tief ausgeschnitten **low-pitched** ADJ tief **low-pressure** ADJ **~ area** Tiefdruckgebiet *n* **low-profile** ADJ wenig profiliert **low-rise** ATTR niedrig (gebaut) **low season** **S** Nebensaison *f* **low--tech** ADJ nicht mit Hightech ausgestattet; **it's pretty ~** es ist nicht gerade Hightech **low tide, low water** **S** Niedrigwasser *n*; **at ~** bei Niedrigwasser **low-wage** ADJ *attr* Niedriglohn-
loyal ['lɔɪəl] ADJ (+*er*) **1** treu; **he was very ~ to his friends** er hielt (treu) zu seinen Freunden; **he remained ~ to his wife/the king** er blieb seiner Frau/dem König treu **2** (*gegenüber Partei*) loyal (*to* gegenüber) **loyalist** **A** **S** Loyalist(in) *m(f)* **B** ADJ loyal; *Truppen* regierungstreu **loyally** ['lɔɪəlɪ] ADV **1** treu **2** loyal **loyalty** ['lɔɪəltɪ] **S 1** Treue *f* **2** (*gegenüber Partei*) Loyalität *f* **loyalty card** **S** (*Br* HANDEL) Paybackkarte *f*
lozenge ['lɒzɪndʒ] **S 1** MED Pastille *f* **2** Raute *f*
LP *abk von* long player, long-playing record LP *f*
LPG *abk von* liquefied petroleum gas Autogas *n*
L-plate ['elpleɪt] **S** Schild mit der Aufschrift „L" (*für Fahrschüler*)
LSD *abk von* lysergic acid diethylamide LSD *n*
Ltd *abk von* Limited GmbH
lubricant ['luːbrɪkənt] **S** Schmiermittel *n* **lu-**

bricate ['luːbrɪkeɪt] VT schmieren
lucid ['luːsɪd] ADJ (+*er*) **1** klar **2** **he was ~ for a few minutes** ein paar Minuten lang war er bei klarem Verstand **lucidly** ['luːsɪdlɪ] ADV klar; *erklären* einleuchtend; *schreiben* verständlich
luck [lʌk] **S** Glück *n*; **by ~** durch einen glücklichen Zufall; **bad ~** Pech *n*; **bad ~!** so ein Pech!; **good ~** Glück *n*; **good ~!** viel Glück!; **no such ~!** schön wärs! (*umg*); **just my ~!** Pech (gehabt), wie immer!; **with any ~** mit etwas Glück; **any ~?** (≈ *mit Versuch*) hats geklappt?; (≈ *bei Verlust*) hast du es gefunden?; **worse ~!** wie schade; **to be in ~** Glück haben; **to be out of ~** kein Glück haben; **he was a bit down on his ~** er hatte eine Pechsträhne; **to bring sb good/bad ~** jdm Glück/Unglück bringen; **as ~ would have it** wie es der Zufall wollte; **Bernstein kisses his cuff links for ~** Bernstein küsst seine Manschettenknöpfe, damit sie ihm Glück bringen; **to try one's ~** sein Glück versuchen **luckily** ['lʌkɪlɪ] ADV glücklicherweise; **~ for me** zu meinem Glück
lucky ['lʌkɪ] ADJ (+*er*) Glücks-; *Zufall, Sieger* glücklich; **you ~ thing!, ~ you!** du Glückliche(r) *m/f(m)*; **the ~ winner** der glückliche Gewinner, die glückliche Gewinnerin; **to be ~** Glück haben (❗ glücklich sein = to be happy); **I was ~ enough to meet him** ich hatte das (große) Glück, ihn kennenzulernen; **you are ~ to be alive** du kannst von Glück sagen, dass du noch lebst; **you were ~ to catch him** du hast Glück gehabt, dass du ihn erwischt hast; **you'll be ~ to make it in time** wenn du das noch schaffst, hast du (aber) Glück; **I want another £500 — you'll be ~!** ich will noch mal £ 500 haben — viel Glück!; **to be ~ that ...** Glück haben, dass ...; **~ charm** Glücksbringer *m*; **it must be my ~ day** ich habe wohl heute meinen Glückstag; **to be ~** (*Zahl etc*) Glück bringen; **it was ~ I stopped him** ein Glück, dass ich ihn aufgehalten habe; **that was a ~ escape** da habe ich/hast du *etc* noch mal Glück gehabt **lucky dip** **S** ≈ Glückstopf *m*
lucrative ['luːkrətɪv] ADJ lukrativ
ludicrous ['luːdɪkrəs] ADJ lächerlich; *Idee, Preise* haarsträubend **ludicrously** ['luːdɪkrəslɪ] ADV grotesk; *klein* lächerlich; *hoch* haarsträubend; **~ expensive** absurd teuer
lug [lʌg] VT schleppen
luggage ['lʌgɪdʒ] **S** (*Br*) Gepäck *n* (❗ = (US) baggage) **luggage allowance** **S** FLUG Freigepäck *n* **luggage locker** **S** Gepäckschließfach *n* **luggage rack** **S** BAHN *etc* Gepäckablage *f* **luggage trolley** **S** Kofferkuli *m* **luggage van** **S** (*Br* BAHN) Gepäckwagen *m* (❗ = (US) baggage car)

lukewarm ['luːkwɔːm] ADJ lauwarm; **he's ~ about** od **on the idea/about her** er ist von der Idee/von ihr nur mäßig begeistert
lull [lʌl] A s Pause f; **a ~ in the fighting** eine Gefechtspause B VT **to ~ a baby to sleep** ein Baby in den Schlaf wiegen; **he ~ed them into a false sense of security** er wiegte sie in trügerische Sicherheit
lullaby ['lʌləbaɪ] s Schlaflied n
lumbago [lʌm'beɪgəʊ] s (!) kein pl) Hexenschuss m
lumber[1] ['lʌmbəʳ] A s (bes US) (Bau)holz n B VT (Br umg) **to ~ sb with sth** jdm etw aufhalsen (umg); **I got ~ed with her for the evening** ich hatte sie den ganzen Abend auf dem Hals (umg)
lumber[2] VI (Karren) rumpeln; (Elefant, Mensch) trampeln
lumberjack s Holzfäller m **lumberyard** s (US) Holzlager n
luminary ['luːmɪnərɪ] s (fig) Koryphäe f **luminous** ['luːmɪnəs] ADJ leuchtend; **~ paint** Leuchtfarbe f
lump [lʌmp] A s 1 Klumpen m; (von Zucker) Stück n 2 Beule f; (im Körper) Geschwulst f; **with a ~ in one's throat** (fig) mit einem Kloß im Hals; **it brings a ~ to my throat** dabei schnürt sich mir die Kehle zu B VT (bes Br umg) **if he doesn't like it he can ~ it** wenns ihm nicht passt, hat er eben Pech gehabt (umg) ♦**lump together** VT trennb 1 zusammentun 2 (bei Beurteilung etc) in einen Topf werfen
lump sum s Pauschalbetrag m; **to pay sth in a ~** etw pauschal bezahlen **lumpy** ['lʌmpɪ] ADJ (+er) Flüssigkeit klumpig; **to go ~** (Soße, Reis) klumpen
lunacy ['luːnəsɪ] s Wahnsinn m
lunar ['luːnəʳ] ADJ Mond- **lunar eclipse** s Mondfinsternis f
lunatic ['luːnətɪk] A ADJ wahnsinnig B s Wahnsinnige(r) m/f(m) **lunatic asylum** s Irrenanstalt f
lunch [lʌntʃ] A s Mittagessen n; **to have ~** (zu) Mittag essen; **to have soup for ~** eine Suppe zum Mittagessen essen; **let's do ~** (umg) wir sollten uns zum Mittagessen treffen; **how long do you get for ~?** wie lange haben Sie Mittagspause?; **he's at ~** er ist beim Mittagessen B VI (zu) Mittag essen **lunchbox** s Lunchbox f **lunch break** s Mittagspause f **luncheon** ['lʌntʃən] s (form) Mittagessen n **luncheon meat** s Frühstücksfleisch n **luncheon voucher** s Essensmarke f **lunch hour** s Mittagsstunde f, Mittagspause f **lunchpail** s (US) Lunchbox f **lunchtime** s Mittagspause f; **they arrived at ~** sie kamen

 lunch

Lunch ist — wo dieser Ausdruck verwendet wird — immer das Mittagessen. Ein **light lunch** ist ein leichtes Mittagessen, ein **hot lunch** eine warme Mahlzeit im Unterschied zu **sandwiches**, ein **working lunch** ein Arbeitsessen (zur Mittagszeit). Manche sagen auch **dinner** zum Mittagessen. Wenn man aber als Ausländer in Großbritannien oder in den USA selbst von **lunch** und **dinner** spricht, sollte man **lunch** verwenden, wenn man eindeutig die Mittagsmahlzeit meint, damit es keine Verwechslung gibt.

SPRACHGEBRAUCH

gegen Mittag an
lung [lʌŋ] s Lunge f **lung cancer** s Lungenkrebs m
lunge [lʌndʒ] A s Satz m nach vorn B VI (sich) stürzen; **to ~ at sb** sich auf jdn stürzen
lurch[1] [lɜːtʃ] s **to leave sb in the ~** (umg) jdn hängen lassen
lurch[2] A s **to give a ~** einen Ruck machen B VI 1 einen Ruck machen 2 sich ruckartig bewegen; **the train ~ed to a standstill** der Zug kam mit einem Ruck zum Stehen
lure [ljʊəʳ] A s Lockmittel n; (fig: von Großstadt, Meer etc) Verlockungen pl B VT anlocken; **to ~ sb away from sth** jdn von etw weglocken; **to ~ sb into a trap** jdn in eine Falle locken
lurid ['ljʊərɪd] ADJ 1 Farbe grell 2 (fig) Beschreibung reißerisch; Details widerlich
lurk [lɜːk] VI lauern; **a nasty suspicion ~ed at the back of his mind** er hegte einen fürchterlichen Verdacht ♦**lurk about** (Br) od **around** VI herumschleichen
lurking ['lɜːkɪŋ] ADJ heimlich; Zweifel nagend
luscious ['lʌʃəs] ADJ 1 köstlich 2 Mädchen zum Anbeißen (umg); Figur üppig
lush [lʌʃ] ADJ 1 Gras saftig; Vegetation üppig 2 (umg) Hotel feudal
lust [lʌst] A s Wollust f, Gier f (for nach); **~ for power** Machtgier f B VI **to ~ after** (sexuell) begehren (+akk); (unersättlich) gieren nach **lustful** ADJ lüstern **lustily** ['lʌstɪlɪ] ADV essen herzhaft; singen aus voller Kehle; schreien aus vollem Hals(e)
lustre, (US) **luster** ['lʌstəʳ] s 1 Schimmer m 2 (fig) Glanz m
lute [luːt] s Laute f
Luxembourg ['lʌksəmbɜːg] s Luxemburg n
luxuriant [lʌg'zjʊərɪənt] ADJ üppig **luxuriate** [lʌg'zjʊərɪeɪt] VI **to ~ in sth** sich in etw (dat) aalen **luxurious** [lʌg'zjʊərɪəs] ADJ luxuriös; **a ~ hotel** ein Luxushotel n **luxury** ['lʌkʃərɪ] A s

Luxus m; **to live a life of** ~ ein Luxusleben führen B ADJ attr Luxus-
LW abk von long wave LW
lychee ['laɪtʃiː] S Litschi f
lying ['laɪɪŋ] A ADJ verlogen B S Lügen n; **that would be** ~ das wäre gelogen
lynch [lɪntʃ] VT lynchen
lyric ['lɪrɪk] A ADJ lyrisch B S (von Popsong) ~**s** pl Text m **lyrical** ['lɪrɪkəl] ADJ lyrisch; **to wax** ~ **about sth** über etw (akk) ins Schwärmen geraten **lyricist** ['lɪrɪsɪst] S MUS Texter(in) m(f)

 lyrics

Mit **lyrics** ist der Text eines Liedes oder eines Songs gemeint. Es heißt z. B.: music and lyrics by **Mick Jagger** — Musik und Text: Mick Jagger.

SPRACHGEBRAUCH

M, m [em] S M n, m n
M abk von medium
m 1 abk von million(s) Mio. 2 abk von metre(s) m 3 abk von mile(s) 4 abk von masculine m.
MA abk von Master of Arts M. A.
ma [mɑː] S (umg) Mama f (umg)
ma'am [mæm] S gnä' Frau f (form); → madam
mac [mæk] S (Br umg) Regenmantel m (❗ = (US) slicker)
macabre [məˈkɑːbrə] ADJ makaber
macaroni [ˌmækəˈrəʊnɪ] S (❗ mit Verb im Singular) Makkaroni pl
macaroon [ˌmækəˈruːn] S Makrone f
mace [meɪs] S (von Bürgermeister etc) Amtsstab m
Macedonia [ˌmæsɪˈdəʊnɪə] S Mazedonien n
machete [məˈʃetɪ] S Buschmesser n
machine [məˈʃiːn] A S Maschine f, Automat m B VT TECH maschinell herstellen **machine gun** S Maschinengewehr n **machine language** S IT Maschinensprache f **machine operator** S Maschinenarbeiter(in) m(f) **machine-readable** ADJ IT maschinenlesbar **machinery** [məˈʃiːnərɪ] S Maschinerie f; **the ~ of government** der Regierungsapparat **machine tool** S Werkzeugmaschine f **machine-washable** ADJ waschmaschinenfest
machinist [məˈʃiːnɪst] S TECH Maschinist(in) m(f); (Textilien) Näherin f
macho [ˈmætʃəʊ] ADJ macho präd, Macho-

mackerel ['mækrəl] S, pl - Makrele f
mackintosh ['mækɪntɒʃ] S Regenmantel m
macro ['mækrəʊ] S, pl -s IT Makro n **macro-** PRÄF makro-, Makro- **macrobiotic** [ˌmækrəʊ-ˈbaɪɒtɪk] ADJ makrobiotisch **macrocosm** ['mækrəʊˌkɒzəm] S Makrokosmos m
mad [mæd] A ADJ (+er) 1 wahnsinnig (with vor +dat), geisteskrank; (umg) verrückt; **to go** ~ wahnsinnig werden; (wörtl) den Verstand verlieren; **to drive sb** ~ jdn wahnsinnig machen; (wörtl) jdn um den Verstand bringen; **it's enough to drive you** ~ es ist zum Verrücktwerden; **you must be** ~**!** du bist wohl wahnsinnig!; **they made a** ~ **rush** od **dash for the door** sie stürzten wie wild zur Tür; **why the** ~ **rush?** warum diese Hektik? 2 (umg ≈ wütend) sauer (umg); **to be** ~ **at sb** auf jdn sauer sein (umg); **to be** ~ **about sth** über etw (akk) sauer sein (umg); **this makes me** ~ das bringt mich auf die Palme (umg) 3 (bes Br umg) **to be** ~ **about** od **on sth** auf etw (akk) verrückt sein; **I'm not exactly** ~ **about this job** ich bin nicht gerade versessen auf diesen Job; **I'm (just)** ~ **about you** ich bin (ganz) verrückt nach dir!; **don't go** ~**!** übertreib es nicht B ADV (umg) **like** ~ wie verrückt; **he ran like** ~ er rannte wie wild
madam ['mædəm] S gnädige Frau (obs, form); **can I help you,** ~**?** kann ich Ihnen behilflich sein?; **Dear Madam** (bes Br) sehr geehrte gnädige Frau (❗ **Madam** wird in der Anrede großgeschrieben. Im Englischen ohne Namen, im Deutschen mit Namen, wenn man ihn weiß.)
madcap ['mædkæp] ADJ Idee versponnen **mad cow disease** S Rinderwahn(sinn) m **madden** ['mædn] VT ärgern **maddening** ['mædnɪŋ] ADJ unerträglich; Angewohnheit aufreizend **maddeningly** ['mædnɪŋlɪ] ADV unerträglich; **the train ride was** ~ **slow** es war zum Verrücktwerden, wie langsam der Zug fuhr
made [meɪd] prät, pperf von make **made-to--measure** ['meɪdtəˈmeʒə'] ADJ maßgeschneidert; Vorhänge nach Maß; ~ **suit** Maßanzug m **made-up** ['meɪdˌʌp] ADJ 1 erfunden 2 geschminkt
madhouse ['mædhaʊs] S Irrenhaus n **madly** ['mædlɪ] ADV 1 wie verrückt 2 (umg ≈ sehr) wahnsinnig; **to be** ~ **in love (with sb)** bis über beide Ohren (in jdn) verliebt sein **madman** ['mædmən] S, pl -men [-mən] Verrückte(r) m **madness** ['mædnɪs] S Wahnsinn m **madwoman** ['mædwʊmən] S, pl -women [-wɪmɪn] Verrückte f
Mafia ['mæfɪə] S Mafia f
mag [mæg] S (umg) Magazin n; **porn** ~ Pornoheft n

magazine [ˌmægəˈziːn] 🔤 **1** Magazin *n* **2** MIL Depot *n* **magazine rack** 🔤 Zeitungsständer *m*

maggot [ˈmægət] 🔤 Made *f*

Magi [ˈmeɪdʒaɪ] 🔤 **the ~** die Heiligen Drei Könige

magic [ˈmædʒɪk] 🄰 🔤 **1** Magie *f*; **a display of ~** ein paar Zauberkunststücke; **he made the spoon disappear by ~** er zauberte den Löffel weg; **as if by ~** wie durch Zauberei; **it worked like ~** (*umg*) es klappte wie am Schnürchen (*umg*) **2** Zauber *m* 🄱 ADJ **1** Zauber-; *Kräfte* magisch; **he hasn't lost his ~ touch** er hat nichts von seiner Genialität verloren **2** (*umg*) toll (*umg*) **magical** ADJ *Kräfte* magisch; *Atmosphäre* unwirklich **magically** ADV wunderbar; **~ transformed** auf wunderbare Weise verwandelt **magic carpet** 🔤 fliegender Teppich **magician** [məˈdʒɪʃən] 🔤 Magier *m*, Zauberkünstler(in) *m(f)*; **I'm not a ~!** ich kann doch nicht hexen! **magic spell** 🔤 Zauber *m*, Zauberspruch *m*; **to cast a ~ on sb** jdn verzaubern **magic wand** 🔤 Zauberstab *m*

magistrate [ˈmædʒɪstreɪt] 🔤 Schiedsmann *m*/-frau *f* **magistrates' court** 🔤 (*Br*) Schiedsgericht *n*

M

magnanimity [ˌmægnəˈnɪmɪtɪ] 🔤 Großmut *f* **magnanimous** [mægˈnænɪməs] ADJ großmütig

magnate [ˈmægneɪt] 🔤 Magnat *m*

magnesium [mægˈniːzɪəm] 🔤 Magnesium *n*

magnet [ˈmægnɪt] 🔤 Magnet *m* **magnetic** [mægˈnetɪk] ADJ (*wörtl*) magnetisch; **he has a ~ personality** er hat ein sehr anziehendes Wesen **magnetic disk** 🔤 IT Magnetplatte *f* **magnetic field** 🔤 Magnetfeld *n* **magnetic strip**, **magnetic stripe** 🔤 Magnetstreifen *m* **magnetism** [ˈmægnɪtɪzəm] 🔤 Magnetismus *m*; (*fig*) Anziehungskraft *f*

magnification [ˌmægnɪfɪˈkeɪʃən] 🔤 Vergrößerung *f*; **high/low ~** starke/geringe Vergrößerung

magnificence [mægˈnɪfɪsəns] 🔤 **1** Großartigkeit *f* **2** Pracht *f* **magnificent** [mægˈnɪfɪsənt] ADJ **1** großartig; **he has done a ~ job** er hat das ganz hervorragend gemacht **2** prächtig **magnificently** [mægˈnɪfɪsəntlɪ] ADV großartig

magnify [ˈmægnɪfaɪ] VT **1** vergrößern **2** aufbauschen **magnifying glass** [ˈmægnɪfaɪɪŋˈglɑːs] 🔤 Vergrößerungsglas *n*

magnitude [ˈmægnɪtjuːd] 🔤 Ausmaß *n*, Bedeutung *f*; **operations of this ~** Vorhaben dieser Größenordnung

magnolia [mægˈnəʊlɪə] 🔤 Magnolie *f*

magpie [ˈmægpaɪ] 🔤 Elster *f*

mahogany [məˈhɒgənɪ] 🄰 🔤 Mahagoni *n* 🄱 ADJ Mahagoni-

maid [meɪd] 🔤 Dienstmädchen *n*, Zimmermädchen *n*

maiden [ˈmeɪdn] ADJ attr Jungfern-; **~ voyage** Jungfernfahrt *f* **maiden name** 🔤 Mädchenname *m*

maid of honour, (*US*) **maid of honor** 🔤 Brautjungfer *f* **maidservant** 🔤 Hausmädchen *n*

mail [meɪl] 🄰 🔤 Post *f* (🔴 = (*Br*) a. **post**); INTERNET a. Mail *f*; **to send sth by ~** etw mit der Post schicken; **is there any ~ for me?** ist Post für mich da? 🄱 VT **1** aufgeben; (*in Briefkasten*) einwerfen; (≈ *senden*) mit der Post schicken **2** per E-Mail senden, mailen (*umg*); **to ~ sb** jdm eine E-Mail senden **mailbag** 🔤 Postsack *m* (🔴 = (*Br*) a. **postbag**) **mailbox** 🔤 **1** (*US*) Briefkasten *m* (🔴 = (*Br*) **letterbox**, **postbox**) **2** IT Mailbox *f* **mailing address** 🔤 (*US*) Postanschrift *f* (🔴 = (*Br*) **postal address**) **mailing list** 🔤 Adressenliste *f*

mailman 🔤, *pl* **-men** (*US*) Briefträger *m* (🔴 = (*Br*) **postman**) **mail merge** 🔤 IT Mailmerge *n* **mail order** 🔤 Postversand *m* **mail-order** ADJ **~ catalogue** (*Br*) *od* **catalog** (*US*) Versandhauskatalog *m*; **~ firm** Versandhaus *n* **mailroom** 🔤 (*bes US*) Poststelle *f* **mailshot** 🔤 (*Br*) Mailshot *m* **mail van** 🔤 Postauto *n*; (*Br BAHN*) Postwagen *m* **mailwoman** 🔤, *pl* **-women** (*US*) Briefträgerin *f* (🔴 = (*Br*) **postwoman**)

maim [meɪm] VT verstümmeln, zum Krüppel machen; **to be ~ed for life** sein Leben lang ein Krüppel bleiben

main [meɪn] 🄰 ADJ attr Haupt-; **the ~ thing is to …** die Hauptsache ist, dass …; **the ~ thing is you're still alive** Hauptsache, du lebst noch 🄱 🔤 **1** Hauptleitung *f*; **the ~s** (*von Stadt*) das öffentliche Versorgungsnetz; ELEK das Stromnetz; (*von Haus*) der Haupthahn; ELEK der Hauptschalter; **the water/electricity was switched off at the ~s** der Haupthahn/Hauptschalter für Wasser/Elektrizität wurde abgeschaltet **2** in the **~** im Großen und Ganzen **main clause** 🔤 GRAM Hauptsatz *m* **main course** 🔤 Hauptgericht *n* **mainframe (computer)** 🔤 Großrechner *m* **mainframe network** 🔤 IT vernetzte Großanlage **mainland** 🔤 Festland *n*; **on the ~ of Europe** auf dem europäischen Festland **main line** 🔤 BAHN Hauptstrecke *f* **mainly** [ˈmeɪnlɪ] ADV hauptsächlich **main office** 🔤 Zentrale *f* **main road** 🔤 Hauptstraße *f* **mains-operated** [ˈmeɪnzˌɒpəreɪtɪd], **mains-powered** [ˈmeɪnzˌpaʊəd] ADJ für Netzbetrieb **mainstay**

s (fig) Stütze f **mainstream** ['meɪnstriːm] **A** *s* Hauptrichtung f **B** ADJ **1** *Politiker* der Mitte; *Meinung* vorherrschend; *Ausbildung* regulär; **~ society** die Mitte der Gesellschaft **2 ~ cinema** Mainstreamkino n **main street** *s* Hauptstraße f

maintain [meɪn'teɪn] VT **1** aufrechterhalten; *Ruhe und Ordnung* wahren; *Geschwindigkeit* beibehalten; **to ~ sth at a constant temperature** etw bei gleichbleibender Temperatur halten **2** *Familie* unterhalten **3** *Maschine* warten; *Straßen* instand halten; **products which help to ~ healthy skin** Produkte, die die Haut gesund erhalten **4** behaupten; **he still ~ed his innocence** er beteuerte immer noch seine Unschuld **maintenance** ['meɪntɪnəns] *s* **1** Aufrechterhaltung f; (von Ruhe und Ordnung) Wahrung f **2** (Br) (von Familie) Unterhalt m; (≈ Sozialhilfe etc) Unterstützung f; **he has to pay ~** er ist unterhaltspflichtig **3** (von Maschine) Wartung f; (von Straßen) Instandhaltung f; (von Garten) Pflege f; (≈ Kosten) Unterhalt m **maintenance costs** PL Unterhaltskosten pl **maintenance payments** PL Unterhaltszahlungen pl

maisonette [ˌmeɪzə'net] *s* Appartement n
maître d' [ˌmetrə'diː] *s* (US) Oberkellner m
maize [meɪz] *s* Mais m
majestic [mə'dʒestɪk] ADJ majestätisch **majesty** ['mædʒɪstɪ] *s* Majestät f; **His/Her Majesty** Seine/Ihre Majestät; **Your Majesty** Eure Majestät

major ['meɪdʒə'] **A** ADJ **1** Haupt-; (≈ wichtig) bedeutend; (≈ weitreichend) groß; *Grund* wesentlich; *Vorfall* schwerwiegend; *Rolle* führend; **a ~ road** eine Hauptverkehrsstraße; **a ~ operation** eine größere Operation **2** MUS Dur-; **~ key** Durtonart f; **A ~** A-Dur n **B** *s* **1** MIL Major(in) m(f) **2** (US UNIV) Hauptfach n; **he's a psychology ~** Psychologie ist/war sein Hauptfach **C** VI (US) **to ~ in French** Französisch als Hauptfach studieren
Majorca [mə'jɔːkə] *s* Mallorca n
majorette [ˌmeɪdʒə'ret] *s* Majorette f
majority [mə'dʒɒrɪtɪ] *s* **1** (❶ mit Verb im Singular oder Plural) Mehrheit f; **to be in a** *od* **the ~ in** der Mehrzahl sein; **to be in a ~ of 3** eine Mehrheit von 3 Stimmen haben; **to have/get a ~** die Mehrheit haben/bekommen; **the ~ of people** die meisten Menschen **2** JUR Volljährigkeit f **majority decision** *s* Mehrheitsbeschluss m

---

make [meɪk]
v: prät, pperf **made**

| **A** transitives Verb | **B** intransitives Verb |
| **C** reflexives Verb | **D** Substantiv |

— **A** transitives Verb —

1 machen; *Brot* backen; *Autos* herstellen; *Kleid* nähen; *Kaffee* kochen; *Frieden* stiften; *Rede* halten; *Entscheidung, Wahl* treffen; **she made it into a suit** sie machte einen Anzug daraus; **to ~ a guess** raten; **made in Germany** in Deutschland hergestellt; **it's made of gold** es ist aus Gold; **to show what one is made of** zeigen, was in einem steckt; **the job is made for him** die Arbeit ist wie für ihn geschaffen; **they're made for each other** sie sind wie geschaffen füreinander; **to ~ sb happy** jdn glücklich machen; **he was made a judge** man ernannte ihn zum Richter; **Shearer made it 1-0** Shearer erzielte das 1:0 (❶ in GB gesprochen **one nil**, in den USA gesprochen **one to zero**); **we decided to ~ a day/night of it** wir beschlossen, den ganzen Tag dafür zu nehmen/(die Nacht) durchzumachen; **to ~ something of oneself** etwas aus sich machen; **he's got it made** (umg) er hat ausgesorgt; **you've made my day** ich könnte dir um den Hals fallen! (umg) **2 to ~ sb do sth** jdn dazu bringen, etw zu tun, jdn zwingen, etw zu tun; **what made you come to this town?** was hat Sie dazu veranlasst, in diese Stadt zu kommen?; **what ~s you say that?** warum sagst du das?; **what ~s you think you can do it?** was macht Sie glauben, dass Sie es schaffen können?; **you can't ~ me!** mich kann keiner zwingen!; **what made it explode?** was hat die Explosion bewirkt?; **it ~s the room look smaller** es lässt den Raum kleiner wirken; **the chemical ~s the plant grow faster** die Chemikalie bewirkt, dass die Pflanze schneller wächst; **that made the cloth shrink** dadurch ging der Stoff ein; **to ~ do with sth** sich mit etw begnügen; **to ~ do with less money** mit weniger Geld auskommen **3** *Geld* verdienen; *Gewinn, Vermögen* machen (on bei) **4** schaffen; **we made good time** wir kamen schnell voran; **sorry I couldn't ~ your party** tut mir leid, ich habe es einfach nicht zu deiner Party geschafft; **we'll never ~ the airport in time** wir kommen garantiert nicht rechtzeitig zum Flughafen; **to ~ it** es schaffen; **he just made it** er hat es gerade noch geschafft; **he'll never ~ it through the winter** er wird den Winter nie überstehen **5** (≈ sein) abgeben; **he made a good father** er gab einen guten Vater ab; **he'll never ~ a soldier** aus dem wird nie ein Soldat; **he'd ~ a good teacher** er wäre ein guter Lehrer; **they ~ a good couple** sie sind ein gutes Paar **6** (er)geben; **2 plus 2 ~s 4** 2 und 2 ist 4; **that ~s £55 you owe me** Sie schulden mir damit (nun) £ 55; **how much does that ~ altogether?** was macht das insgesamt? **7** schätzen auf (+*akk*); **I ~ the total 107** ich komme auf 107; **what time do you ~ it?** wie spät hast du es?; **I ~ it 3.15** ich habe 3.15 Uhr; **I ~ it 3 miles** ich schätze 3 Meilen; **shall we ~ it 7 o'clock?** sagen wir 7 Uhr?

— **B** intransitives Verb —

to ~ as if to do sth Anstalten machen, etw zu tun; (*als Täuschung*) so tun, als wolle man etw tun; **to ~ like...** (*umg*) so tun, als ob...

— **C** reflexives Verb —

to ~ oneself comfortable es sich (*dat*) bequem machen; **you'll ~ yourself ill!** du machst dich damit krank!; **to ~ oneself heard** sich (*dat*) Gehör verschaffen; **to ~ oneself understood** sich verständlich machen; **to ~ oneself sth** sich (*dat*) etw machen; **she made herself a lot of money on the deal** sie hat bei dem Geschäft eine Menge Geld verdient; **to ~ oneself do sth** sich dazu zwingen, etw zu tun; **he's just made himself look ridiculous** er hat sich nur lächerlich gemacht

— **D** Substantiv —

Marke *f*; **what ~ of car do you have?** welche (Auto)marke fahren Sie?

◆**make for** V̄ī +*obj* **1** zuhalten auf (+*akk*); (*Auto*) losfahren auf (+*akk*); **we are making for London** wir wollen nach London; (*im Auto*) wir fahren Richtung London **2** führen zu ◆**make of** V̄ī +*obj* halten von; **don't make too much of it** überbewerten Sie es nicht ◆**make off** V̄ī sich davonmachen ◆**make out** V̄T *trennb* **1** *Scheck* ausstellen (*to ~ed* +*akk*); *Liste* aufstellen **2** ausmachen, entziffern, verstehen; **I can't ~ what he wants** ich komme nicht dahinter, was er will **3** behaupten **4** **to ~ that ...** es so hinstellen, als ob ...; **he made out that he was hurt** er tat, als sei er verletzt; **to make sb out to be clever/a genius** jdn als klug/Genie hinstellen ◆**make up** A V̄ī *trennb* **1** bilden; **to be made up of** bestehen aus **2** *Essen, Bett* zurechtmachen; *Paket* packen; *Liste, Mannschaft* zusammenstellen **3** **to make it up (with sb)** sich (mit jdm) aussöhnen **4** *Gesicht* schminken; **to make sb/oneself up** jdn/sich schminken **5** **to ~ one's mind (to do sth)** sich (dazu) entschließen(, etw zu tun); **my mind is made up** mein Entschluss steht fest; **to ~ one's mind about sb/sth** sich (*dat*) eine Meinung über jdn/etw bilden; **I can't ~ my mind about him** ich weiß nicht, was ich von ihm halten soll **6** erfinden; **you're making that up!** jetzt schwindelst du aber! (*umg*) **7** vollständig machen; **I'll ~ the other £20** ich komme für die restlichen £ 20 auf **8** *Verlust* ausgleichen; *Zeit* aufholen; **to make it up to sb**

(for sth) jdm etw wiedergutmachen **B** V̄ī (*nach Streit*) sich wieder vertragen ◆**make up for** V̄ī +*obj* **to ~ sth** etw ausgleichen; **to ~ lost time** verlorene Zeit aufholen; **that still doesn't ~ the fact that you were very rude** das macht noch lange nicht ungeschehen, dass du sehr unhöflich warst

make-believe A ADJ *attr* Fantasie- **B** S̄ Fantasie *f* **make-or-break** ADJ *attr* (*umg*) entscheidend **makeover** S̄ Schönheitskur *f*; (*von Haus*) Verschönerung *f* **maker** ['meɪkə'] S̄ Hersteller(in) *m(f)* **makeshift** ['meɪkʃɪft] ADJ improvisiert; *Werkzeug* behelfsmäßig; **~ accommodation** Notunterkunft *f*

make-up ['meɪkʌp] S̄ **1** Make-up *n*; THEAT Maske *f*; **she spends hours on her ~** sie braucht Stunden zum Schminken **2** (*von Mannschaft*) Zusammenstellung *f*; (≈ *Charakter*) Veranlagung *f* **make-up bag** S̄ Kosmetiktasche *f* **making** ['meɪkɪŋ] S̄ **1** Herstellung *f*; **the film was three months in the ~** der Film wurde in drei Monaten gedreht; **a star in the ~** ein werdender Star; **it's a disaster in the ~** es bahnt sich eine Katastrophe an; **her problems are of her own ~** an ihren Problemen ist sie selbst schuld; **it was the ~ of him** das hat ihn zu dem gemacht, was er (heute) ist **2** **makings** PL Voraussetzungen *pl* (*of* zu); **he has the ~s of an actor** er hat das Zeug zu einem Schauspieler; **the situation has all the ~s of a strike** die Situation bietet alle Voraussetzungen für einen Streik

maladjusted [ˌmælə'dʒʌstɪd] ADJ verhaltensgestört

malaria [mə'lɛərɪə] S̄ Malaria *f*

malcontent ['mælkən,tent] S̄ Unzufriedene(r) *m/f(m)*

male [meɪl] A ADJ männlich; *Chor, Stimme* Männer-; **a ~ doctor** ein Arzt *m*; **male nurse** Krankenpfleger *m*; **~ crocodile** Krokodilmännchen *n* **B** S̄ (≈ *Tier*) Männchen *n*; (*umg* ≈ *Mensch*) Mann *m* **male chauvinism** S̄ Chauvinismus *m* **male chauvinist** S̄ Chauvi *m* (*umg*) **malevolence** [mə'levələns] S̄ Boshaftigkeit *f* **malevolent** ADJ boshaft

malformed [mæl'fɔːmd] ADJ missgebildet **malfunction** [ˌmæl'fʌŋkʃən] A S̄ (*von Körperorgan*) Funktionsstörung *f*; (*von Maschine*) Defekt *m* **B** V̄ī (*Körperorgan*) nicht richtig arbeiten; (*Maschine*) nicht richtig funktionieren

malice ['mælɪs] S̄ Bosheit *f* **malicious** [mə'lɪʃəs] ADJ boshaft; *Handlung* böswillig; *Anruf* bedrohend **maliciously** [mə'lɪʃəslɪ] ADV *handeln* böswillig; *etw sagen* boshaft

malignant [mə'lɪgnənt] ADJ bösartig **malingerer** [mə'lɪŋgərə'] S̄ Simulant(in) *m(f)*

409 ‖ MANA

▶ mall

Mall oder **shopping mall** nennt man ein großes, meist überdachtes Einkaufszentrum mit vielen unterschiedlichen Geschäften. Die größte **mall** der Welt, **The Mall of America**, erstreckt sich über 32 Hektar und befindet sich nahe der Städte **St Paul** und **Minneapolis** im Bundesstaat **Minnesota**.

LANDESKUNDE ◀

mall [mɔːl, mæl] s̲ a. **shopping mall** Einkaufszentrum n
mallard ['mælɑːd] s̲ Stockente f
malleable ['mælɪəbl] ADJ formbar
mallet ['mælɪt] s̲ Holzhammer m
malnourished [ˌmælˈnʌrɪʃt] ADJ (form) unterernährt **malnutrition** [ˌmælnjuːˈtrɪʃən] s̲ Unterernährung f
malpractice [ˌmælˈpræktɪs] s̲ Berufsvergehen n
malt [mɔːlt] s̲ Malz n
Malta ['mɔːltə] s̲ Malta n **Maltese** [ˌmɔːlˈtiːz] A ADJ maltesisch; **he is ~** er ist Malteser B s̲ Malteser(in) m(f); LING Maltesisch n
maltreat [ˌmælˈtriːt] VT schlecht behandeln, misshandeln **maltreatment** s̲ schlechte Behandlung, Misshandlung f
malt whisky s̲ Malt Whisky m (⚠ Als Getränk hat **malt whisky** keinen Plural. **Malt whiskies** sagt man zu verschiedenen Sorten oder einzelnen Gläsern.)
mam(m)a [məˈmɑː] s̲ (umg) Mama f (umg) (⚠ **Ma(m)a** wird in der Anrede großgeschrieben.)
mammal ['mæməl] s̲ Säugetier n
mammary ['mæmərɪ] ADJ Brust-; **~ gland** Brustdrüse f
mammoth ['mæməθ] A s̲ Mammut n B ADJ Mammut-; Proportionen riesig
man [mæn] A s̲, pl **men** [-men] 1 Mann m; **to make a ~ out of sb** jdn zum Mann machen; **he took it like a ~** er hat es wie ein Mann ertragen; **~ and wife** Mann und Frau; **the ~ in the street** der Mann auf der Straße; **~ of God** Mann m Gottes; **~ of letters** Literat m, Gelehrter m; **~ of property** vermögender Mann; **a ~ of the world** ein Mann m von Welt; **to be ~ enough** Manns genug sein; **~'s bicycle** Herrenfahrrad n; **the right ~** der Richtige; **you've come to the right ~** da sind Sie bei mir richtig; **he's not the ~ for the job** er ist nicht der Richtige für diese Aufgabe; **he's not a ~ to …** er ist nicht der Typ, der …; **he's a family ~** er ist sehr häuslich; **it's got to be a local ~** es muss jemand aus dieser Gegend sein; **follow me, men!** mir nach, Leute!. 2 (a. **Man**) der Mensch, die Menschen 3 man; **no ~** niemand; **any ~** jeder; **that ~!** dieser Mensch!; **they are communists to a ~** sie sind allesamt Kommunisten B VT Schiff bemannen; Barrikaden besetzen; Pumpe, Telefon bedienen; **the ship is ~ned by a crew of 30** das Schiff hat 30 Mann Besatzung

manage ['mænɪdʒ] A VT 1 Firma leiten; Angelegenheiten regeln; Ressourcen einteilen; Popband managen 2 (≈ unter Kontrolle halten) jdn, Tier zurechtkommen mit 3 Aufgabe bewältigen; **two hours is the most I can ~** ich kann mir höchstens zwei Stunden erlauben; **I'll ~ it** das werde ich schon schaffen; **he ~d it very well** er hat das sehr gut gemacht; **can you ~ the cases?** kannst du die Koffer (allein) tragen?; **thanks, I can ~ them** danke, das geht schon; **she can't ~ the stairs** sie schafft die Treppe nicht; **can you ~ two more in the car?** kriegst du noch zwei Leute in dein Auto? (umg); **can you ~ 8 o'clock?** 8 Uhr, ginge od geht das?; **can you ~ another cup?** darfs noch eine Tasse sein?; **I could ~ another piece of cake** ich könnte noch ein Stück Kuchen vertragen; **she ~d a weak smile** sie brachte ein schwaches Lächeln über sich (akk); **to ~ to do sth** es schaffen, etw zu tun; **we have ~d to reduce our costs** es ist uns gelungen, die Kosten zu senken; **he ~d to control himself** es gelang ihm, sich zu beherrschen B VI zurechtkommen; **can you ~?** geht es?; **thanks, I can ~** danke, es geht schon; **how do you ~?** wie schaffen Sie das bloß?; **to ~ without sth** ohne etw auskommen; **I can ~ by myself** ich komme (schon) allein zurecht; **how do you ~ on £100 a week?** wie kommen Sie mit £100 pro Woche aus? **manageable** ['mænɪdʒəbl] ADJ Aufgabe zu bewältigen; Haare leicht frisierbar; Zahl überschaubar; **the situation is ~** die Situation lässt sich in den Griff bekommen; **pieces of a more ~ size** Stücke, die leichter zu handhaben sind

management ['mænɪdʒmənt] s̲ 1 Leitung f; (von Geld) Verwaltung f; (von Angelegenheiten) Regelung f; **time ~** Zeitmanagement n 2 Unternehmensleitung f, Betriebsleitung f; (allg) Leitung f; **"under new ~"** „neuer Inhaber"; (Laden) „neu eröffnet" **management consultant** s̲ Unternehmensberater(in) m(f) **management team** s̲ Führungsriege f
manager ['mænɪdʒəʳ] s̲ HANDEL etc Geschäftsführer(in) m(f), Betriebsleiter(in) m(f); (von Bank etc) Filialleiter(in) m(f); (von Teilbereich) Abteilungsleiter(in) m(f); (von Hotel) Direktor(in) m(f);

MANA | 410

(von Popband etc) **Manager(in)** *m(f)*; *(von Fußball-mannschaft etc)* **Trainer(in)** *m(f)*; **sales** ~ Verkaufsleiter(in) *m(f)* **manageress** [ˌmænɪdʒəˈres] ⓈⒼ HANDEL *etc* Geschäftsführerin *f*; *(von Bank etc)* Filialleiterin *f*; *(von Hotel)* Direktorin *f* **manage-rial** [ˌmænəˈdʒɪərɪəl] ADJ geschäftlich, Management-; *Mitarbeiter* leitend; **at ~ level** auf der Führungsebene; **proven ~ skills** nachgewiesene Leitungsfähigkeit *f* **managing** [ˈmænɪdʒɪŋ] ADJ HANDEL *etc* geschäftsführend, leitend **managing director** [ˈmænɪdʒɪdɪˈrektə'] ⓈⒼ Geschäftsführer(in) *m(f)*

mandarin [ˈmændərɪn] ⓈⒼ ■ hoher Funktionär ■ LING **Mandarin** Hochchinesisch *n* ■ *(≈ Obst)* Mandarine *f*

mandate [ˈmændeɪt] ⓈⒼ Auftrag *m*; POL Mandat *n* **mandatory** [ˈmændətərɪ] ADJ ■ obligatorisch ■ JUR *Strafe* vorgeschrieben

mandolin(e) [ˈmændəlɪn] ⓈⒼ Mandoline *f*; **to play the ~** Mandoline spielen (❗ mit **the**)

mane [meɪn] ⓈⒼ Mähne *f*

man-eating [ˈmænˌiːtɪŋ] ADJ menschenfressend

maneuver Ⓢ,ⓋⓉ&ⓋⒾ *(US)* = manoeuvre

manfully [ˈmænfəlɪ] ADV mutig

manger [ˈmeɪndʒə'] ⓈⒼ Krippe *f*

mangetout [ˈmɑ̃ːʒˈtuː] ⓈⒼ *(Br: a. **mangetout pea**)* Zuckererbse *f* (❗ = (US) **snow pea, sugar pea**)

mangle ⓋⓉ *(a. **mangle up**)* (übel) zurichten

mango [ˈmæŋɡəʊ] ⓈⒼ, *pl* -(e)s ■ *(≈ Frucht)* Mango *f* ■ Mangobaum *m*

mangy [ˈmeɪndʒɪ] ADJ (+er) *Hund* räudig

manhandle [ˈmænhændl] ⓋⓉ ■ jdn grob behandeln; **he was ~d into the back of the van** er wurde recht unsanft in den Laderaum des Wagens verfrachtet ■ *Klavier etc* hieven **manhole** [ˈmænhəʊl] ⓈⒼ Kanalschacht *m* **manhood** [ˈmænhʊd] ⓈⒼ ■ Mannesalter *n* ■ Männlichkeit *f* **man-hour** ⓈⒼ Arbeitsstunde *f* **manhunt** ⓈⒼ *(nach Verbrecher)* (Groß)fahndung *f*, Verbrecherjagd *f*

mania [ˈmeɪnɪə] ⓈⒼ Manie *f*; **he has a ~ for collecting things** er hat einen Sammeltick *(umg)* **maniac** [ˈmeɪnɪæk] ⓈⒼ ■ Wahnsinnige(r) *m/f(m)* ■ *(fig)* **sports ~s** Sportfanatiker *pl*; **you** ~ du bist ja wahnsinnig!

manic [ˈmænɪk] ADJ ■ *Aktivitäten* fieberhaft; *Mensch* rasend ■ PSYCH manisch **manic-depressive** [ˈmænɪkdɪˈpresɪv] Ⓐ ADJ manisch-depressiv Ⓑ ⓈⒼ Manisch-Depressive(r) *m/f(m)*

manicure [ˈmænɪˌkjʊə'] Ⓐ ⓈⒼ Maniküre *f*; **to have a ~** sich *(dat)* (die Hände) maniküren lassen Ⓑ ⓋⓉ maniküren

manifest [ˈmænɪfest] Ⓐ ADJ offenbar Ⓑ ⓋⓉ bekunden Ⓒ ⓋⓇ sich zeigen; NAT, PSYCH *etc* sich

manifestieren **manifestation** [ˌmænɪfeˈsteɪʃən] ⓈⒼ Anzeichen *n* **manifestly** [ˈmænɪfestlɪ] ADV offensichtlich **manifesto** [ˌmænɪˈfestəʊ] ⓈⒼ, *pl* -(e)s Manifest *n*

manifold [ˈmænɪfəʊld] ADJ vielfältig

manila, **manilla** [məˈnɪlə] ⓈⒼ ~ **envelopes** braune Umschläge

manipulate [məˈnɪpjʊleɪt] ⓋⓉ ■ manipulieren; **to ~ sb into doing sth** jdn so manipulieren, dass er/sie etw tut ■ *Maschine etc* handhaben **manipulation** [məˌnɪpjʊˈleɪʃən] ⓈⒼ Manipulation *f* **manipulative** [məˈnɪpjʊlətɪv] ADJ *(pej)* manipulativ; **he was very ~** er konnte andere sehr gut manipulieren

mankind [mænˈkaɪnd] ⓈⒼ die Menschheit (❗ im Englischen ohne **the**) **manly** [ˈmænlɪ] ADJ (+er) männlich **man-made** [ˈmænˈmeɪd] ADJ ■ künstlich; ~ **fibres** *(Br)* od **fibers** *(US)* Kunstfasern *pl* ■ *Katastrophe* vom Menschen verursacht **manned** ADJ *Raumkapsel etc* bemannt

manner [ˈmænə'] ⓈⒼ ■ Art *f*; **in this** ~ auf diese Art und Weise; **in the Spanish** ~ im spanischen Stil; **in such a** ~ **that ...** so ..., dass ...; **in a** ~ **of speaking** sozusagen; **all** ~ **of birds** die verschiedensten Arten von Vögeln; **we saw all** ~ **of interesting things** wir sahen so manches Interessante ■ **manners** ⓅⓁ Benehmen *n*; **it's bad ~s to ...** es gehört sich nicht, zu ...; **he has no ~s** er kann sich nicht benehmen **mannerism** [ˈmænərɪzəm] ⓈⒼ *(in jds Verhalten)* Eigenheit *f*

mannish [ˈmænɪʃ] ADJ männlich wirkend

manoeuvrable, *(US)* **maneuverable** [məˈnuːvrəbl] ADJ manövrierfähig; **easily** ~ leicht zu manövrieren **manoeuvre**, *(US)* **maneuver** [məˈnuːvə'] Ⓐ ⓈⒼ ■ **manoeuvres** ⓅⓁ MIL Manöver *n* od *pl* ■ *(≈ Plan)* Manöver *n* Ⓑ ⓋⓉ&ⓋⒾ manövrieren; **to ~ a gun into position** ein Geschütz in Stellung bringen; **to ~ for position** sich in eine günstige Position manövrieren; **room to** ~ Spielraum *m*

manor [ˈmænə'] ⓈⒼ (Land)gut *n* **manor house** ⓈⒼ Herrenhaus *n*

manpower [ˈmænˌpaʊə'] ⓈⒼ Leistungspotenzial *n*; MIL Stärke *f* **manservant** [ˈmænsɜːvənt] ⓈⒼ, *pl* **menservants** Diener *m*

mansion [ˈmænʃən] ⓈⒼ Villa *f*, Herrenhaus *n* **manslaughter** [ˈmænslɔːtə'] ⓈⒼ Totschlag *m* **mantelpiece** [ˈmæntlpiːs] ⓈⒼ Kaminsims *n* od *m*

man-to-man [ˌmæntəˈmæn] ADJ, ADV von Mann zu Mann

manual [ˈmænjʊəl] Ⓐ ADJ manuell; *Arbeit a.* körperlich; ~ **labourer** *(Br)* od **laborer** *(US)* Schwerarbeiter(in) *m(f)*; ~ **worker** Handarbeiter(in) *m(f)* Ⓑ ⓈⒼ Handbuch *n* **manual gearbox**

(Br), **manual gearshift** (US) $\bar{s}$ Schaltgetriebe n **manually** ['mænjʊəlɪ] ADV manuell; **~ operated** handbetrieben **manual transmission** $\bar{s}$ Schaltgetriebe n
manufacture [ˌmænjʊˈfæktʃəʳ] A $\bar{s}$ Herstellung f B VT (wörtl) herstellen; **~d goods** Industriegüter pl **manufacturer** [ˌmænjʊˈfæktʃərəʳ] $\bar{s}$ Hersteller m **manufacturing** [ˌmænjʊˈfæktʃərɪŋ] A ADJ Herstellungs-; Industrie verarbeitend; **~ company** Herstellerfirma f B $\bar{s}$ Herstellung f
manure [məˈnjʊəʳ] $\bar{s}$ Mist m, Dünger m
manuscript ['mænjʊskrɪpt] $\bar{s}$ Manuskript n
Manx [mæŋks] ADJ der Insel Man
many ['menɪ] ADJ, PRON viele (⚠ im Englischen meist in Fragen und verneinten Sätzen, in bejahten Sätzen **a lot of**); **she has ~** sie hat viele (davon); **as ~ again** noch einmal so viele; **there's one too ~** einer ist zu viel; **he's had one too ~** (umg) er hat einen zu viel getrunken (umg); **a good/great ~ houses** eine (ganze) Anzahl Häuser; **~ a time** so manches Mal **many-coloured**, (US) **many-colored** ADJ vielfarbig **many-sided** ADJ vielseitig
map [mæp] $\bar{s}$ (Land)karte f, Stadtplan m; **this will put Cheam on the ~** (fig) das wird Cheam zu einem Namen verhelfen ♦**map out** VT trennb fig Plan entwerfen
maple ['meɪpl] $\bar{s}$ Ahorn m **maple syrup** $\bar{s}$ Ahornsirup m
Mar abk von March Mrz.
mar [mɑːʳ] VT verderben; Schönheit mindern
marathon ['mærəθən] A $\bar{s}$ (wörtl) Marathon (-lauf) m; **~ runner** Marathonläufer(in) m(f) B ADJ Marathon-
marauder [məˈrɔːdəʳ] $\bar{s}$ Plünderer m, Plünderin f
marble ['mɑːbl] A $\bar{s}$ 1 Marmor m 2 Murmel f; **he's lost his ~s** (umg) er hat nicht mehr alle Tassen im Schrank (umg) B ADJ Marmor-

marble — Marmor

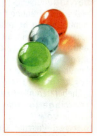

marble — Murmel

marbled ['mɑːbld] ADJ marmoriert; **~ effect** Marmoreffekt m
March [mɑːtʃ] $\bar{s}$ März m; → September
march [mɑːtʃ] A $\bar{s}$ 1 MIL, MUS Marsch m; (≈ Protestaktion etc) Demonstration f 2 (von Zeit) Lauf m B VT & VI marschieren; **to ~ sb off** jdn abführen; **forward ~!** vorwärts(, marsch)!; **quick ~!** im Laufschritt, marsch! **marcher** ['mɑːtʃəʳ] $\bar{s}$ (bei Protestaktion etc) Demonstrant(in) m(f)
marching orders ['mɑːtʃɪŋˌɔːdəz] PL (Br) **the new manager got his ~** der neue Manager ist gegangen worden (umg); **she gave him his ~** sie hat ihm den Laufpass gegeben
Mardi Gras [ˌmɑːdɪˈgrɑː] $\bar{s}$ Karneval m
mare [mɛəʳ] $\bar{s}$ Stute f
margarine [ˌmɑːdʒəˈriːn], **marge** [mɑːdʒ] (umg) $\bar{s}$ Margarine f (⚠ Als Bezeichnung der Substanz hat **margarine** keinen Plural. **Margarines** sagt man zu verschiedenen Sorten.)
margin ['mɑːdʒɪn] $\bar{s}$ 1 (von Seite) Rand m; **a note (written) in the ~** eine Randbemerkung; **to write sth in the ~** etw an den Rand schreiben 2 Spielraum m; **to allow for a ~ of error** etwaige Fehler mit einkalkulieren; **by a narrow ~** knapp 3 (HANDEL: a. **profit margin**) Gewinnspanne f **marginal** ['mɑːdʒɪnl] ADJ 1 Unterschied geringfügig 2 SOZIOL Gruppen randständig 3 (Br PARL) Wahlkreis mit knapper Mehrheit **marginalize** ['mɑːdʒɪnəlaɪz] VT marginalisieren (geh) **marginally** ['mɑːdʒɪnəlɪ] ADV geringfügig; schneller etc etwas
marigold ['mærɪgəʊld] $\bar{s}$ Tagetes f
marihuana, **marijuana** [ˌmærɪˈhwɑːnə] $\bar{s}$ Marihuana n
marina [məˈriːnə] $\bar{s}$ Jachthafen m
marinade [ˌmærɪˈneɪd] $\bar{s}$ Marinade f **marinate** ['mærɪneɪt] VT marinieren
marine [məˈriːn] A ADJ Meeres- B $\bar{s}$ Marineinfanterist(in) m(f); **the ~s** die Marinetruppen pl
mariner ['mærɪnəʳ] $\bar{s}$ Seemann m
marionette [ˌmærɪəˈnet] $\bar{s}$ Marionette f
marital ['mærɪtl] ADJ ehelich **marital status** $\bar{s}$ Familienstand m
maritime ['mærɪtaɪm] ADJ See-; **~ regions** Küstenregionen pl
marjoram ['mɑːdʒərəm] $\bar{s}$ Majoran m
mark¹ [mɑːk] $\bar{s}$ (HIST ≈ Währung) Mark f
mark² A $\bar{s}$ 1 Fleck m, Kratzer m; (auf Haut) Mal n; **dirty ~s** Schmutzflecken pl 2 SCHULE etc Note f (⚠ = (US) **grade**); **high od good ~s** gute Noten pl; **there are no ~s for guessing** (fig) das ist ja wohl nicht schwer zu erraten; **he gets full ~s for punctuality** (fig) in Pünktlichkeit verdient er eine Eins 3 Zeichen n; **the ~s of genius** geniale Züge 4 **the temperature reached the 35° ~** die Temperatur stieg bis

auf 35° an **5 Cooper Mark II** Cooper, II **6 to be quick off the ~** SPORT einen guten Start haben; (fig) blitzschnell handeln; **to be slow off the ~** SPORT einen schlechten Start haben; (fig) nicht schnell genug reagieren; **to be up to the ~** den Anforderungen entsprechen; **to leave one's ~ (on sth)** seine Spuren (an etw dat) hinterlassen; **to make one's ~** sich (dat) einen Namen machen; **on your ~s!** auf die Plätze!; **to be wide of the ~** (fig) danebentippen; **to hit the ~** ins Schwarze treffen **B** V/T **1** beschädigen, schmutzig machen, zerkratzen **2** (zur Identifikation) markieren; **the bottle was ~ed "poison"** die Flasche trug die Aufschrift „Gift"; **~ where you have stopped in your reading** mach dir ein Zeichen, bis wohin du gelesen hast; **to ~ sth with an asterisk** etw mit einem Sternchen versehen; **the teacher ~ed him absent** der Lehrer trug ihn als fehlend ein; **it's not ~ed on the map** es ist nicht auf der Karte eingezeichnet; **it's ~ed with a blue dot** es ist mit einem blauen Punkt gekennzeichnet **3** kennzeichnen; **a decade ~ed by violence** ein Jahrzehnt, das im Zeichen der Gewalt stand; **to ~ a change of policy** auf einen politischen Kurswechsel hindeuten; **it ~ed the end of an era** damit ging eine Ära zu Ende **4** Prüfungsarbeit korrigieren (und benoten) (**!** = (US) **to grade**); **to ~ sth wrong** etw anstreichen **5 ~ my words** das kann ich dir sagen **6** SPORT Gegner decken ♦**mark down** V/T trennb Preis heruntersetzen ♦**mark off** V/T trennb kennzeichnen; Gefahrenbereich absperren ♦**mark out** V/T trennb **1** Tennisplatz etc abstecken **2** bestimmen (for für); **he's been marked out for promotion** er ist zur Beförderung vorgesehen ♦**mark up** V/T trennb Preis erhöhen

marked [mɑːkt] ADJ **1** Kontrast deutlich; Verbesserung spürbar; **in ~ contrast (to sb/sth)** in scharfem Gegensatz (zu jdm/etw) **2 he's a ~ man** er steht auf der schwarzen Liste **markedly** ['mɑːkɪdlɪ] ADV sich verbessern merklich; schneller, mehr wesentlich **marker** ['mɑːkə'] 5 **1** Marke f **2** (bei Prüfung) Korrektor(in) m(f) **3** FUSSB Beschatter(in) m(f) **4** Markierstift m

market ['mɑːkɪt] **A** 5 **1** Markt m; **at the ~** auf dem Markt; **to go to ~** auf den Markt gehen; **to be in the ~ for sth** an etw (dat) interessiert sein; **to be on the ~** auf dem Markt sein; **to come on(to) the ~** auf den Markt kommen; **to put on the ~** Haus zum Verkauf anbieten **2** FIN Börse f **B** V/T vertreiben; **to ~ a product** ein Produkt auf den Markt bringen **marketable** ['mɑːkɪtəbl] ADJ marktfähig **market day** 5 Markttag m **market economy** 5

Marktwirtschaft f **market forces** PL Marktkräfte pl **market garden** 5 Gemüseanbaubetrieb m **marketing** ['mɑːkɪtɪŋ] 5 Marketing n **market leader** 5 Marktführer m **marketplace** 5 **1** Marktplatz m **2** (weltweit) Markt m **market price** 5 Marktpreis m; **at ~s** zu Marktpreisen **market research** 5 Marktforschung f **market sector** 5 Marktsegment n od -sektor m **market share** 5 Marktanteil m **market town** 5 Marktstädtchen n **market value** 5 Marktwert m

marking ['mɑːkɪŋ] 5 **1** Markierung f; (von Fell) Zeichnung f **2** SCHULE etc Korrektur f, Benotung f **3** SPORT Deckung f

marksman ['mɑːksmən] 5, pl -men [-mən] Schütze m; (≈ Polizist) Scharfschütze m

mark-up ['mɑːkʌp] 5 Handelsspanne f; (≈ Erhöhung) Preisaufschlag m; **~ price** Verkaufspreis m

marmalade ['mɑːməleɪd] 5 Marmelade f aus Zitrusfrüchten; **(orange) ~** Orangenmarmelade f (**!** Als Bezeichnung der Substanz hat **marmalade** keinen Plural. **Marmalades** sagt man zu verschiedenen Sorten.)

▶ marmalade

Marm**a**lade unterscheidet sich von der deutschen „Marmel**a**de" dadurch, dass sie aus Zitrusfrüchten — sehr oft aus Orangen, aber auch Zitronen, Limonen, Pampelmusen o. Ä. — gemacht wird. Alle anderen Marmeladensorten heißen im britischen Englisch **jam** und im amerikanischen Englisch **jelly**.

LANDESKUNDE ◀

maroon[1] [mə'ruːn] ADJ kastanienbraun **maroon**[2] V/T **~ed** von der Außenwelt abgeschnitten; **~ed by floods** vom Hochwasser eingeschlossen

marquee [mɑː'kiː] 5 Festzelt n **marquess, marquis** ['mɑːkwɪs] 5 Marquis m **marriage** ['mærɪdʒ] 5 Ehe f; (≈ Feier) Hochzeit f; (≈ Zeremonie) Trauung f; **~ of convenience** Vernunftehe f; **to be related by ~** miteinander verschwägert sein; **an offer of ~** ein Heiratsantrag m **marriage ceremony** 5 Trauzeremonie f **marriage certificate** 5 Heiratsurkunde f **marriage guidance counsellor, (US) marriage guidance counselor** 5 Eheberater(in) m(f) **marriage licence, (US) marriage license** 5 Eheerlaubnis f **marriage vow** 5 Ehegelübde n

married ['mærɪd] ADJ verheiratet (to sb mit jdm); **just** od **newly ~** frisch vermählt; **~ couple** Ehepaar n; **~ couple's allowance** Steuer-

413 ‖ MAST

freibetrag *m* für Verheiratete; **~ life** das Eheleben; **he is a ~ man** er ist verheiratet **married name** ̱S̱ Ehename *m*

marrow ['mærəʊ] ̱S̱ **1** ANAT (Knochen)mark *n*; **to be frozen to the ~** völlig durchgefroren sein **2** (*Br* BOT) Gartenkürbis *m* (🔻 = (US) **vegetable marrow**) **marrowbone** ['mærəʊbəʊn] ̱S̱ Markknochen *m*

marry ['mærɪ] ᴀ̱ V̱Ṯ **1** heiraten; **will you ~ me?** willst du mich heiraten? **2** (*Zeremonie vollziehen*) trauen ʙ̱ V̱I̱ (*a.* **get married**) heiraten; **to ~ into a rich family** in eine reiche Familie einheiraten **♦marry off** V̱Ṯ *trennb* an den Mann/die Frau bringen (*umg*); **he has married off his daughter to a rich young lawyer** er hat dafür gesorgt, dass seine Tochter einen reichen jungen Anwalt heiratet

Mars [mɑːz] ̱S̱ ASTRON Mars *m*

marsh [mɑːʃ] ̱S̱ Sumpf *m*

marshal ['mɑːʃəl] ᴀ̱ ̱S̱ (*bei Protestmarsch*) Ordner(in) *m(f)* ʙ̱ V̱Ṯ geleiten, führen

marshland ̱S̱ Marschland *n* **marshmallow** ̱S̱ Marshmallow *n* **marshy** ['mɑːʃɪ] A̱ḎJ̱ (*+er*) sumpfig

marsupial [mɑːˈsuːpɪəl] ̱S̱ Beuteltier *n*

martial ['mɑːʃəl] A̱ḎJ̱ kriegerisch **martial art** ̱S̱ **the ~s** die Kampfkunst **martial law** ̱S̱ Kriegsrecht *n*

Martian ['mɑːʃɪən] ̱S̱ Marsmensch *m*

martyr ['mɑːtəʳ] ̱S̱ Märtyrer(in) *m(f)* **martyrdom** ['mɑːtədəm] ̱S̱ Martyrium *n*, Märtyrertod *m*

marvel ['mɑːvəl] ᴀ̱ ̱S̱ Wunder *n*; **it's a ~ to me how he does it** (*umg*) es ist mir einfach unerklärlich, wie er das macht ʙ̱ V̱I̱ staunen (*at* über *+akk*) **marvellous**, (*US*) **marvelous** ['mɑːvələs] A̱ḎJ̱ wunderbar; **isn't it ~?** ist das nicht herrlich?; **they've done a ~ job** das haben sie hervorragend gemacht **marvellously**, (*US*) **marvelously** ['mɑːvələslɪ] A̱ḎV̱ (*mit adj*) herrlich; (*mit v*) großartig

Marxism ['mɑːksɪzəm] ̱S̱ der Marxismus **Marxist** ['mɑːksɪst] ᴀ̱ A̱ḎJ̱ marxistisch ʙ̱ ̱S̱ Marxist(in) *m(f)*

marzipan [ˌmɑːzɪˈpæn] ̱S̱ Marzipan *n od m*

mascara [mæˈskɑːrə] ̱S̱ Wimperntusche *f*

mascot ['mæskət] ̱S̱ Maskottchen *n*

masculine ['mæskjʊlɪn] ᴀ̱ A̱ḎJ̱ männlich; *Frau* maskulin; GRAM maskulin ʙ̱ ̱S̱ GRAM Maskulinum *n* **masculinity** [ˌmæskjʊˈlɪnɪtɪ] ̱S̱ Männlichkeit *f*

mash [mæʃ] ᴀ̱ ̱S̱ Brei *m*; (≈ *Kartoffeln*) Püree *n* ʙ̱ V̱Ṯ zerstampfen **mashed** A̱ḎJ̱ **~ potatoes** Kartoffelbrei *m*, Kartoffelstock *m* (*schweiz*); Erdäpfelpüree *n* (*österr*) **masher** ['mæʃəʳ] ̱S̱ Kartoffelstampfer *m*

mask [mɑːsk] ᴀ̱ ̱S̱ Maske *f*; **surgeon's ~** Mundschutz *m* ʙ̱ V̱Ṯ maskieren **masked** A̱ḎJ̱ maskiert **masked ball** ̱S̱ Maskenball *m*

masochism ['mæsəʊkɪzəm] ̱S̱ Masochismus *m* **masochist** ['mæsəʊkɪst] ̱S̱ Masochist(in) *m(f)* **masochistic** [ˌmæsəʊˈkɪstɪk] A̱ḎJ̱ masochistisch

mason ['meɪsn] ̱S̱ **1** Steinmetz(in) *m(f)* **2** Freimaurer *m* **masonic** [məˈsɒnɪk] A̱ḎJ̱ Freimaurer- **masonry** ['meɪsnrɪ] ̱S̱ Mauerwerk *n*

masquerade [ˌmæskəˈreɪd] ᴀ̱ ̱S̱ Maskerade *f* ʙ̱ V̱I̱ **to ~ as ...** (*fig*) sich ausgeben als ...

mass¹ [mæs] ̱S̱ KIRCHE Messe *f*; **to go to ~** zur Messe gehen

mass² ᴀ̱ ̱S̱ **1** Masse *f*, Menge *f*; **a ~ of snow** eine Schneemasse; **a ~ of rubble** ein Schutthaufen *m*; **the ~es** die Masse(n *pl*); **the great ~ of the population** die (breite) Masse der Bevölkerung **2** **masses** P̱Ḻ (*umg*) massenhaft; **he has ~es of money** er hat massenhaft Geld; **the factory is producing ~es of cars** die Fabrik produziert Unmengen von Autos; **I've got ~es to do** ich habe noch massig zu tun (*umg*) ʙ̱ V̱I̱ MIL sich massieren; (*Demonstranten etc*) sich versammeln; **they're ~ing for an attack** sie sammeln sich zum Angriff

massacre ['mæsəkəʳ] ᴀ̱ ̱S̱ Massaker *n* ʙ̱ V̱Ṯ massakrieren

massage ['mæsɑːʒ] ᴀ̱ ̱S̱ Massage *f* ʙ̱ V̱Ṯ massieren **massage parlour**, (*US*) **massage parlor** ̱S̱ Massagesalon *m*

mass destruction ̱S̱ **weapons of ~** Massenvernichtungswaffen *pl*

masseur [mæˈsɜːʳ] ̱S̱ Masseur *m* **masseuse** [mæˈsɜːz] ̱S̱ Masseuse *f*

mass grave ̱S̱ Massengrab *n* **mass hysteria** ̱S̱ Massenhysterie *f*

massive ['mæsɪv] A̱ḎJ̱ riesig; *Aufgabe* gewaltig; *Angriff, Herzinfarkt, Unterstützung* massiv; **on a ~ scale** in riesigem Umfang **massively** ['mæsɪvlɪ] A̱ḎV̱ enorm

mass market ̱S̱ Massenmarkt *m* **mass media** ̱S̱ (🔻 mit Verb im Singular oder Plural) Massenmedien *pl* **mass meeting** ̱S̱ Massenveranstaltung *f* **mass murderer** ̱S̱ Massenmörder(in) *m(f)* **mass-produce** V̱Ṯ in Massenproduktion herstellen **mass production** ̱S̱ Massenproduktion *f* **mass protests** P̱Ḻ Massenproteste *pl* **mass tourism** ̱S̱ Massentourismus *m* **mass unemployment** ̱S̱ Massenarbeitslosigkeit *f*

mast [mɑːst] ̱S̱ SCHIFF Mast(baum) *m*; RADIO *etc* Sendeturm *m*

mastectomy [mæˈstektəmɪ] ̱S̱ Brustamputation *f*

master ['mɑːstəʳ] ᴀ̱ ̱S̱ **1** Herr *m*; **to be ~ of the**

M

situation *Herr m der Lage sein* **2** SCHIFF Kapitän *m* **3** (≈ *Musiker, Maler*) Meister(in) *m(f)* **4** Lehrer *m* **B** VT meistern; *Gefühle* unter Kontrolle bringen; *Technik* beherrschen **master bedroom** S großes Schlafzimmer **master copy** S Original *n* **master craftsman** S, *pl* **-men** Handwerksmeister *m* **master disk** S Hauptplatte *f* **master file** S IT Stammdatei *f* **master key** S Generalschlüssel *m* **masterly** ['mɑːstəlɪ] ADJ meisterhaft **mastermind** **A** S (führender) Kopf **B** VT **who ~ed the robbery?** wer steckt hinter dem Raubüberfall? **Master of Arts/Science** S ≈ Magister *m* (der philosophischen/naturwissenschaftlichen Fakultät) **master of ceremonies** S Zeremonienmeister(in) *m(f)*, Conférencier *m* **masterpiece** S Meisterwerk *n* **master plan** S Gesamtplan *m* **masterstroke** S Meisterstück *n* **master tape** S Originalband *n*; IT Stammband *n* **masterwork** S Meisterwerk *n* **mastery** ['mɑːstərɪ] S (*von Sprache*) Beherrschung *f*; (≈ *Geschick*) Können *n*

masturbate ['mæstəbeɪt] VI masturbieren **masturbation** [ˌmæstə'beɪʃən] S Masturbation *f*

mat [mæt] S Matte *f*, Fußmatte *f*; (*für Trinkglas*) Untersetzer *m*

match¹ [mætʃ] S Streichholz *n*

match² **A** S **1** **to be** *od* **make a good ~** gut zusammenpassen; **I want a ~ for this yellow paint** ich möchte Farbe in diesem Gelbton; **to be a/no ~ for sb** jdm gewachsen/nicht gewachsen sein; **to meet one's ~** seinen Meister finden **2** (≈ *Heirat*) **she made a good ~** sie hat eine gute Partie gemacht **3** SPORT Wettkampf *m*, Spiel *n*, Match *n* (*bes österr*); (Tennis) Match *n*; (*Boxen*) Kampf *m*; **athletics ~** Leichtathletikkampf *m*; **we must have another ~ some time** wir müssen wieder einmal gegeneinander spielen **B** VT **1** (einander) anpassen **2** gleichkommen (+*dat*) (*in an* +*dat*); **a quality that has never been ~ed since** eine Qualität, die bislang unerreicht ist **3** entsprechen (+*dat*) **4** (*Kleidung, Farbe*) passen zu; **to ~ textures and fabrics so that …** Strukturen und Stoffe so aufeinander abstimmen, dass … **5** **to be ~ed against sb** gegen jdn antreten; **to ~ one's strength against sb** seine Kräfte mit jdm messen **C** VI zusammenpassen; **with a skirt to ~** mit (dazu) passendem Rock ♦**match up A** VI zusammenpassen **B** VT *trennb Farben* aufeinander abstimmen; **I matched the lampshade up with the wallpaper** ich fand den passenden Lampenschirm zu der Tapete

matchbook S (*bes US*) Streichholzheftchen *n* **matchbox** S Streichholzschachtel *f* **matched** ADJ zusammenpassend; **they're well ~** die beiden passen gut zusammen; **the boxers were well ~** die Boxer waren einander ebenbürtig **matching** ['mætʃɪŋ] ADJ (dazu) passend; **they form a ~ pair** sie passen zusammen; **a ~ set of wine glasses** ein Satz *m* Weingläser **matchmaker** S Ehestifter(in) *m(f)*, Kuppler(in) *m(f)* (*pej*) **match point** S (*Tennis*) Matchball *m* **matchstick** S Streichholz *n*

mate A S **1** Gehilfe *m*, Gehilfin *f* **2** SCHIFF Maat *m* **3** (*von Tier*) Männchen *n*, Weibchen *n*; **his ~** das Weibchen **4** (*umg*) Freund(in) *m(f)*; **listen, ~** hör mal, Freundchen! (*umg*) **B** VI ZOOL sich paaren

material [mə'tɪərɪəl] **A** ADJ **1** materiell; **~ damage** Sachschaden *m* **2** *bes* JUR *Zeuge* wesentlich **B** S (*a.* **materials**) PL Material *n*; (*für Reportage etc* ≈ *Gewebe*) Stoff *m*; **raw ~s** Rohstoffe *pl*; **writing ~s** Schreibzeug *n* **materialism** [mə'tɪərɪəlɪzəm] S Materialismus *m* **materialistic** [məˌtɪərɪə'lɪstɪk] ADJ materialistisch **materialize** [mə'tɪərɪəlaɪz] VI sich verwirklichen; **the meeting never ~d** das Treffen kam nie zustande; **the money never ~d** von dem Geld habe ich *etc* nie etwas gesehen

maternal [mə'tɜːnl] ADJ mütterlich; **~ grandfather** Großvater mütterlicherseits; **~ affection** *od* **love** Mutterliebe *f* **maternity allowance, maternity benefit** [mə'tɜːnɪtɪ] S (*Br*) Mutterschaftshilfe *f* **maternity dress** S Umstandskleid *n* **maternity leave** S Mutterschaftsurlaub *m* **maternity pay** S (*Br*) Mutterschaftsgeld *n* (als Lohnfortzahlung) **ma-**

match — Streichholz

match — Spiel, Match

415 ‖ MAY

ternity rights PL Anspruchsberechtigung f von Müttern **maternity ward** S̲ Entbindungsstation f

math [mæθ] S̲ (US umg) Mathe f (umg) (❗ = (Br) **maths**) **mathematical** [ˌmæθəˈmætɪkəl] ADJ mathematisch **mathematician** [ˌmæθəməˈtɪʃən] S̲ Mathematiker(in) m(f) **mathematics** [ˌmæθəˈmætɪks] S̲ (❗ mit Verb im Singular) Mathematik f **maths** [mæθs] S̲ (❗ mit Verb im Singular) (Br umg) Mathe f (umg) (❗ = (US) **math**)

matinée [ˈmætɪneɪ] S̲ Matinee f; (nachmittags) Frühvorstellung f

mating [ˈmeɪtɪŋ] S̲ Paarung f **mating call** S̲ Lockruf m **mating season** S̲ Paarungszeit f

matriarch [ˈmeɪtrɪɑːk] S̲ Matriarchin f **matriarchal** [ˌmeɪtrɪˈɑːkl] ADJ matriarchalisch **matriarchy** [ˈmeɪtrɪɑːkɪ] S̲ Matriarchat n

matriculate [məˈtrɪkjʊleɪt] V/I sich immatrikulieren **matriculation** [məˌtrɪkjʊˈleɪʃən] S̲ Immatrikulation f

matrimonial [ˌmætrɪˈməʊnɪəl] ADJ ehelich **matrimony** [ˈmætrɪmənɪ] S̲ (form) Ehe f **matron** [ˈmeɪtrən] S̲ (in Krankenhaus) Oberin f; (in Schule) Schwester f **matronly** [ˈmeɪtrənlɪ] ADJ matronenhaft

matt [mæt] ADJ matt; **a paint with a ~ finish** ein Mattlack m

matted [ˈmætɪd] ADJ verfilzt; **hair ~ with blood/mud** mit Blut/Schlamm verkrustetes Haar

matter [ˈmætə˕] A S̲ 1 (≈ Substanz) die Materie 2 Stoff m; **vegetable ~** pflanzliche Stoffe pl 3 Sache f, Thema n; **a ~ of great urgency** eine äußerst dringende Angelegenheit; **there's the ~ of my expenses** da ist (noch) die Sache mit meinen Ausgaben; **that's quite another ~** das ist etwas (ganz) anderes; **it will be no easy ~ (to) ...** es wird nicht einfach sein, zu ...; **the ~ is closed** der Fall ist erledigt; **for that ~** eigentlich; **it's a ~ of time** das ist eine Frage der Zeit; **it's a ~ of opinion** das ist Ansichtssache; **it's a ~ of adjusting this part exactly** es geht darum, dieses Teil genau einzustellen; **it's a ~ of life and death** es geht um Leben und Tod; **it will be a ~ of a few weeks** es wird ein paar Wochen dauern; **in a ~ of minutes** innerhalb von Minuten; **it's not just a ~ of increasing the money supply** es ist nicht damit getan, die Geldzufuhr zu erhöhen; **as a ~ of course** selbstverständlich; **no ~!** macht nichts; **no ~ how** etc **...** egal, wie etc ...; **no ~ how you do it** wie du es auch machst; **no ~ how hard he tried** so sehr er sich auch anstrengte; **sth is the ~ with sb/sth** etw ist mit jdm/etw los; (krank) etw fehlt jdm; **what's the**

~? was ist (denn) los?; **what's the ~ with you this morning?** — **nothing's the ~** was hast du denn heute Morgen? — gar nichts; **something's the ~ with the lights** mit dem Licht ist irgendetwas nicht in Ordnung 4 **matters** PL Angelegenheiten pl; **to make ~s worse** zu allem Unglück (noch) B V/I **it doesn't ~** macht nichts; **I forgot it, does it ~?** — **yes, it does ~** ich habs vergessen, ist das schlimm? — ja, das ist schlimm; **why should it ~ to me?** warum sollte mir das etwas ausmachen?; **it doesn't ~ to me what you do** es ist mir (ganz) egal, was du machst; **the things which ~ in life** was im Leben wichtig ist **matter-of-fact** [ˌmætərəvˈfækt] ADJ sachlich; **he was very ~ about it** er blieb sehr sachlich

mattress [ˈmætrɪs] S̲ Matratze f

mature [məˈtjʊə˕] A ADJ (+er) reif; Wein ausgereift B V/I 1 (Mensch) reifer werden 2 (Wein, Käse) reifen 3 HANDEL fällig werden **maturely** [məˈtjʊəlɪ] ADV sich verhalten vernünftig **mature student** S̲ Spätstudierende(r) m/f(m) **maturity** [məˈtjʊərɪtɪ] S̲ 1 Reife f; **to reach ~** (Mensch) erwachsen werden, volljährig werden 2 HANDEL Fälligkeit f

maudlin [ˈmɔːdlɪn] ADJ sentimental

maul [mɔːl] V/T übel zurichten

Maundy Thursday [ˌmɔːndɪˈθɜːzdɪ] S̲ Gründonnerstag m

mausoleum [ˌmɔːsəˈlɪəm] S̲ Mausoleum n

mauve [məʊv] A ADJ mauve B S̲ Mauvein n

maverick [ˈmævərɪk] S̲ Einzelgänger(in) m(f)

mawkish [ˈmɔːkɪʃ] ADJ sentimental

max S̲ abk von **maximum** max.

maximize [ˈmæksɪmaɪz] V/T maximieren **maximum** [ˈmæksɪməm] A ADJ attr Höchst-; Länge maximal; **~ penalty** Höchststrafe f; **~ fine** maximale Geldstrafe; **for ~ effect** um die größte Wirkung zu erzielen; **he scored ~ points** er hat die höchste Punktzahl erreicht; **~ security prison** Hochsicherheitsgefängnis n B S̲, pl **-s** od **maxima** Maximum n; **up to a ~ of £8** bis zu maximal £ 8; **temperatures reached a ~ of 34°** die Höchsttemperatur betrug 34° C ADV maximal; **drink two cups of coffee a day ~** trinken Sie maximal zwei Tassen Kaffee pro Tag

May [meɪ] S̲ Mai m

may [meɪ] V/I, prät **might** → **might¹** 1 (a. **might**) können; **it ~ rain** es könnte regnen; **it ~ be that ...** es könnte sein, dass ...; **although it ~ have been useful** obwohl es hätte nützlich sein können; **he ~ not be hungry** vielleicht hat er keinen Hunger; **they ~ be brothers** es könnte sein, dass sie Brüder sind; **that's as ~ be** das mag ja sein(, aber ...); **you ~**

M

well ask das kann man wohl fragen [2] dürfen; **~ I go now?** darf ich jetzt gehen? [3] **I had hoped he might succeed this time** ich hatte gehofft, es würde ihm diesmal gelingen; **we ~** od **might as well go** ich glaube, wir können (ruhig) gehen; **~ you be very happy together** ich wünsche euch, dass ihr sehr glücklich miteinander werdet; **~ the Lord have mercy on your soul** der Herr sei deiner Seele gnädig; **who ~** od **might you be?** und wer sind Sie?

▶ **may**

Man verwendet **may** für etwas, das in der Gegenwart oder Zukunft stattfindet. Man drückt mit **may** auch eine Möglichkeit aus oder fragt um Erlaubnis. Die Möglichkeit wird oft mit „vielleicht" übersetzt. Die Übersetzung des Satzes **Karen may be on holiday** könnte demnach lauten „Vielleicht ist Karen im Urlaub." Die Konstruktion „**may + have + Perfektpartizip**" drückt die Beziehung eines Geschehens zur Vergangenheit oder eine Vermutung aus:

He may have arrived yesterday. — Vielleicht ist er gestern schon angekommen.

GRAMMATIK

maybe ['meɪbiː] ADV vielleicht; **that's as ~** kann schon sein; **~, ~ not** vielleicht, vielleicht auch nicht
May Day S der 1. Mai **Mayday** S Maydaysignal n; (gesprochen) Mayday
mayhem ['meɪhem] S Chaos n
mayo ['meɪəʊ] S (❗) kein Plural) (US umg) Majo f (umg) **mayonnaise** [ˌmeɪəˈneɪz] S (❗) kein Plural) Mayonnaise f
mayor [meə'] S Bürgermeister(in) m(f) **mayoress** ['meərəs] S Frau f Bürgermeister, Bürgermeisterin f
maypole S Maibaum m
maze [meɪz] S Irrgarten m, Labyrinth n; (fig) Gewirr n
MB[1] abk von Bachelor of Medicine
MB[2] abk von megabyte MB, Mbyte
MBA abk von Master of Business Administration; **he's doing an ~** er studiert Betriebswirtschaft
MBE abk von Member of the Order of the British Empire britischer Verdienstorden
MC abk von Master of Ceremonies
MD [1] abk von Doctor of Medicine Dr. med. [2] abk von managing director
me [miː] PRON [1] (akk obj, mit präp +akk) mich; (dat obj, mit präp +dat) mir; **he's older than me** er ist älter als ich [2] (emph) ich; **it's me** ich bins
meadow ['medəʊ] S Wiese f; **in the ~** auf der Wiese
meagre, (US) **meager** ['miːgə'] ADJ spärlich; Summe kläglich; **he earns a ~ £500 a month** er verdient magere £500 im Monat
meal[1] [miːl] S Schrot(mehl n) m
meal[2] S Mahlzeit f, Essen n; **come round for a ~** komm zum Essen (zu uns); **to go for a ~** essen gehen; **to have a (good) ~** (gut) essen; **to make a ~ of sth** (umg) etw auf sehr umständliche Art machen **mealtime** S Essenszeit f; **at ~s** während des Essens
mean[1] [miːn] ADJ (+er) [1] (bes Br) geizig; **you ~ thing!** du Geizhals!; **you ~ thing!** du Miststück! (umg) [3] Geburt niedrig [4] bösartig [5] **he is no ~ player** er ist ein beachtlicher Spieler; **he plays a ~ game of poker** er ist ein ausgefuchster Pokerspieler (umg); **that's no ~ feat** diese Aufgabe ist nicht zu unterschätzen
mean[2] S MATH Mittelwert m
mean[3] prät, pperf meant [ment] VT [1] bedeuten, meinen; **what do you ~ by that?** was willst du damit sagen?; **the name ~s nothing to me** der Name sagt mir nichts; **it ~s starting all over again** das bedeutet, dass wir wieder ganz von vorne anfangen müssen; **he ~s a lot to me** er bedeutet mir viel [2] beabsichtigen; **to ~ to do sth** etw tun wollen; (≈ bewusst) etw absichtlich tun; **to be ~t for sb/sth** für jdn/etw bestimmt sein; **sth is ~t to be sth** etw soll etw sein; **of course it hurt, I ~t it to** od **it was ~t to** natürlich tat das weh, das war Absicht; **I ~t it as a joke** das sollte ein Witz sein; **I was ~t to do that** ich hätte das tun sollen; **I thought it was ~t to be hot in the south** ich dachte immer, dass es im Süden so heiß sei; **this pad is ~t for drawing** dieser Block ist zum Zeichnen gedacht; **he ~s well/no harm** er meint es gut/nicht böse; **to ~ sb no harm** es gut mit jdm meinen, jdm nichts tun wollen; **I ~t no harm by what I said** was ich da gesagt habe, war nicht böse gemeint [3] ernst meinen; **I ~ it!** das ist mein Ernst!; **do you ~ to say you're not coming?** willst du damit sagen, dass du nicht kommst?; **I ~ what I say** ich sage das im Ernst
meander [mɪˈændə'] VI (Fluss) sich (dahin)schlängeln; (Mensch) schlendern
meaning ['miːnɪŋ] S Bedeutung f; **what's the ~ of (the word) "hick"?** was soll das Wort „hick" bedeuten?; **you don't know the ~ of love** du weißt ja gar nicht, was Liebe ist; **what's the ~ of this?** was hat denn das zu bedeuten? **meaningful** ADJ [1] mit Bedeutung; Gedicht, Blick bedeutungsvoll; **to be ~** eine Bedeutung haben [2] sinnvoll; Beziehung tiefer ge-

417 ‖ MEDI

hend **meaningfully** [ˈmiːnɪŋfʊlɪ] ADV ◼ bedeutungsvoll; *bemerken, hinzufügen* vielsagend ◻ *teilnehmen, Zeit verbringen* sinnvoll **meaningless** ADJ bedeutungslos; **my life is ~** mein Leben hat keinen Sinn

meanly [ˈmiːnlɪ] ADV *sich benehmen* gemein **meanness** [ˈmiːnnɪs] S̄ ◼ (*bes Br*) Geiz *m* ◻ Gemeinheit *f* ◼ Bösartigkeit *f*

means [miːnz] S̄, *pl* - ◼ (🔴 mit Verb im Singular) Möglichkeit *f*, Mittel *n*; **a ~ of transport** ein Beförderungsmittel *n*; **a ~ of escape** eine Fluchtmöglichkeit; **a ~ to an end** ein Mittel *n* zum Zweck; **there is no ~ of doing it** es ist unmöglich, das zu tun; **is there any ~ of doing it?** ist es irgendwie möglich, das zu tun?; **we've no ~ of knowing** wir können nicht wissen; **by ~ of sth** durch etw; **by ~ of doing sth** dadurch, dass man etw tut ◻ (🔴 mit Verb im Singular) **by all ~!** (aber) selbstverständlich!; **by no ~** keineswegs ◼ (🔴 mit Verb im Plural) (≈ *Vermögen*) Mittel *pl*; **a man of ~** ein vermögender Mann; **to live beyond one's ~** über seine Verhältnisse leben **means test** S̄ Vermögensveranlagung *f*

meant [ment] *prät, pperf* von **mean³**

meantime [ˈmiːntaɪm] A ADV inzwischen B S̄ **in the ~** in der Zwischenzeit

meanwhile [ˈmiːnwaɪl] ADV inzwischen

measles [ˈmiːzlz] S̄ (🔴 mit Verb im Singular) Masern *pl*

measly [ˈmiːzlɪ] ADJ (+*er*) (*umg*) mick(e)rig (*umg*)

measurably [ˈmeʒərəblɪ] ADV deutlich

measure [ˈmeʒəʳ] A S̄ ◼ Maß *n*; (*fig*) Maßstab *m* (*of* für); **a ~ of length** ein Längenmaß *n*; **to have sth made to ~** etw nach Maß anfertigen lassen; **the furniture has been made to ~** die Möbel sind Maßarbeit; **beyond ~** grenzenlos; **some ~ of** ein gewisses Maß an ◻ Menge *f*; **a small ~ of flour** ein wenig Mehl; **for good ~** sicherheitshalber; **to get the ~ of sb/sth** jdn/ etw (richtig) einschätzen ◼ Maßnahme *f*; **to take ~s to do sth** Maßnahmen ergreifen, um etw zu tun B V̄T̄ messen; (*fig*) beurteilen C V̄Ī messen; **what does it ~?** wie groß ist es? ♦**measure out** V̄T̄ *trennb* abmessen; *Mehl etc* abwiegen ♦**measure up** V̄Ī **he didn't ~** er hat enttäuscht; **to ~ to sth** an etw (*akk*) herankommen

measured [ˈmeʒəd] ADJ *Ton* bedächtig; *Erwiderung* maßvoll; **at a ~ pace** in gemäßigtem Tempo **measurement** [ˈmeʒəmənt] S̄ ◼ Messung *f* ◻ Maß *n*; (≈ *Zahl*) Messwert *m*; (*fig*) Maßstab *m*; **to take sb's ~s** an jdm *od* bei jdm Maß nehmen **measuring jug** S̄ Messbecher *m*

meat [miːt] S̄ Fleisch *n* (🔴 Als Bezeichnung der Substanz hat **meat** keinen Plural. **Meats**

sagt man zu verschiedenen Sorten.); **assorted cold ~s** Aufschnitt *m* **meatball** S̄ Fleischkloß *m* **meat loaf** S̄ ≈ Fleischkäse *m*

Mecca [ˈmekə] S̄ Mekka *n*

mechanic [mɪˈkænɪk] S̄ Mechaniker(in) *m(f)*

mechanical [mɪˈkænɪkəl] ADJ mechanisch; *Spielzeug* technisch; **a ~ device** ein Mechanismus *m* **mechanical engineer** S̄ Maschinenbauer(in) *m(f)* **mechanical engineering** S̄ Maschinenbau *m* **mechanics** [mɪˈkænɪks] S̄ ◼ (🔴 mit Verb im Singular) Mechanik *f* ◻ (🔴 mit Verb im Plural) (*fig: des Schreibens etc*) Technik *f* **mechanism** [ˈmekənɪzəm] S̄ Mechanismus *m* **mechanize** [ˈmekənaɪz] V̄T̄ mechanisieren

medal [ˈmedl] S̄ Medaille *f*, Orden *m* **medallion** [mɪˈdæljən] S̄ Medaillon *n*, Medaille *f* **medallist**, (*US*) **medalist** [ˈmedəlɪst] S̄ Medaillengewinner(in) *m(f)*

meddle [ˈmedl] V̄Ī sich einmischen (*in* in +*akk*), sich zu schaffen machen (*with* an +*dat*); **to ~ with sb** sich mit jdm einlassen **meddlesome** [ˈmedlsəm] ADJ, **meddling** [ˈmedlɪŋ] ADJ *attr* **she's a ~ old busybody** sie mischt sich dauernd in alles ein

media [ˈmiːdɪə] S̄ (🔴 mit Verb im Singular oder Plural) von **medium** Medien *pl*; **he works in the ~** er ist im Mediensektor tätig; **to get ~ coverage** Publicity bekommen

mediaeval ADJ = **medieval**

media event S̄ Medienereignis *n*

median [ˈmiːdɪən] ADJ mittlere(r, s) **median strip** S̄ (*US*) Mittelstreifen *m* (🔴 = (*Br*) **central reservation**)

media studies PL̄ Medienwissenschaft *f*

mediate [ˈmiːdɪeɪt] V̄Ī vermitteln *v/t* aushandeln **mediation** [ˌmiːdɪˈeɪʃən] S̄ Vermittlung *f* **mediator** [ˈmiːdɪeɪtəʳ] S̄ Vermittler(in) *m(f)*

medic [ˈmedɪk] S̄ (*umg*) Mediziner(in) *m(f)* (*umg*) **Medicaid** [ˈmedɪˌkeɪd] S̄ *staatliche Krankenversicherung und Gesundheitsfürsorge für Einkommensschwache unter 65 in den USA*

medical [ˈmedɪkəl] A ADJ medizinisch; *Behandlung, Personal* ärztlich; **the ~ profession** die Ärzteschaft; **~ condition** Erkrankung *f* B S̄ (ärztliche) Untersuchung **medical certificate** S̄ ärztliches Attest **medical history** S̄ *her* **~** ihre Krankengeschichte **medical insurance** S̄ Krankenversicherung *f* **medical officer** S̄ ◼ MIL Stabsarzt *m* ◻ Amtsarzt *m* **medical practice** S̄ Arztpraxis *f*, Ordination *f* (*österr*) **medical practitioner** S̄ Arzt *m*, Ärztin *f* **medical school** S̄ ≈ medizinische Fakultät **medical science** S̄ die ärztliche Wissenschaft **medical student** S̄ Medizinstudent(in) *m(f)* **Medicare** [ˈmedɪˌkeəʳ] S̄ (*US*)

M

MEDI | 418

staatliche Krankenversicherung und Gesundheitsfürsorge für ältere Bürger in den USA **medicated** ['medɪkeɪtɪd] A͞D͞J medizinisch **medication** [ˌmedɪ'keɪʃən] S͟ Medikamente *pl* **medicinal** [me'dɪsɪnl] A͞D͞J Heil-, heilend; **for ~ purposes** zu medizinischen Zwecken; **the ~ properties of various herbs** die Heilkraft verschiedener Kräuter

medicine ['medsɪn, 'medɪsɪn] S͟ **1** Medizin *f* (*umg*), Medikament *n*; **to take one's ~** seine Arznei einnehmen; **to give sb a taste of his own ~** (*fig*) es jdm mit gleicher Münze heimzahlen **2** (≈ *Wissenschaft*) Medizin *f*; **to practise** (*Br*) *od* **practice** (*US*) **~** den Arztberuf ausüben

medieval [ˌmedɪ'iːvəl] A͞D͞J mittelalterlich; **in ~ times** im Mittelalter

mediocre [ˌmiːdɪ'əʊkə] A͞D͞J mittelmäßig **mediocrity** [ˌmiːdɪ'ɒkrɪti] S͟ Mittelmäßigkeit *f*

meditate ['medɪteɪt] V͞I nachdenken (*upon*, *on* über +*akk*); REL, PHIL meditieren **meditation** [ˌmedɪ'teɪʃən] S͟ Nachdenken *n*; REL, PHIL Meditation *f*

Mediterranean [ˌmedɪtə'reɪnɪən] A͞ S͟ Mittelmeer *n*; **in the ~** (≈ *Gebiet*) am Mittelmeer B A͞D͞J Mittelmeer-; *Typ* südländisch; **~ cruise** Kreuzfahrt *f* im Mittelmeer **Mediterranean Sea** S͟ **the ~** das Mittelmeer

medium ['miːdɪəm] A͞ A͞D͞J mittlere(r, s); *Steak* medium; *Unternehmen etc* mittelgroß; **of ~ height/size** mittelgroß; **cook over a ~ heat** bei mittlerer Hitze kochen; **in/over the ~ term** mittelfristig B S͟, *pl* media *od* -s **1** Mittel *n*; TV, RADIO, PRESSE Medium *n*; KUNST Ausdrucksmittel *n*; **advertising ~** Werbeträger *m* **2** *(im Spiritualismus)* Medium *n* **medium-dry** A͞D͞J halbtrocken **medium-range** A͞D͞J **~ aircraft** Mittelstreckenflugzeug *n* **medium-rare** A͞D͞J rosa **medium-sized** A͞D͞J mittelgroß **medium wave** S͟ Mittelwelle *f*

▶ **medium**

Ein Steak kann man in englischsprachigen Ländern **rare**, **medium** und **well done** haben. Es gibt auch noch Zwischenformen, wie **medium-rare**, **medium-well** usw. Bei **rare** ist das Steak innen noch roh, im Deutschen sagt man auch „englisch gebraten". **Medium** entspricht „rosa gebraten", und zu **well done** würde man „gut durchgebraten" sagen.

SPRACHGEBRAUCH ◀

---

medley ['medlɪ] S͟ Gemisch *n*; MUS Medley *n*
meek [miːk] A͞D͞J (+*er*) sanft(mütig); (*pej*) duckmäuserisch **meekly** ['miːklɪ] A͞D͞V sanft; (*pej*) duck-

mäuserisch; *zustimmen* widerspruchslos; *akzeptieren* widerstandslos

meet [miːt] *v*: *prät*, *pperf* met A V͞T **1** treffen; **to arrange to ~ sb** sich mit jdm verabreden; **to ~ a challenge** sich einer Herausforderung (*dat*) stellen; **there's more to it than ~s the eye** da steckt mehr dahinter, als man auf den ersten Blick meint **2** kennenlernen, bekannt gemacht werden mit; **pleased to ~ you!** guten Tag/Abend **3** (*am Bahnhof etc*) abholen (*at* an +*dat*, von) **4** *Ziel*, *Erwartung* erfüllen; *Erfordernis* gerecht werden (+*dat*); *Bedarf* decken B V͞I **1** (*Menschen*) sich begegnen, sich treffen; (*Komitee etc*) zusammenkommen; SPORT aufeinandertreffen; **to ~ halfway** einen Kompromiss schließen **2** sich kennenlernen, bekannt gemacht werden; **we've met before** wir kennen uns bereits; **haven't we met before?** sind wir uns nicht schon mal begegnet? **3** sich treffen, sich vereinigen; (*Linien*) sich schneiden, sich berühren; **our eyes met** unsere Blicke trafen sich C S͟ (*US* SPORT) Sportfest *n* ◆**meet up** V͞I sich treffen ◆**meet with** V͞I +*obj* **1** *Widerstand* stoßen auf (+*akk*); *Erfolg*, *Unfall* haben; *Zustimmung* finden; **I was met with a blank stare** sie/er *etc* starrte mich unwissend an **2** *jdn* treffen

meeting ['miːtɪŋ] S͟ **1** Begegnung *f*, Treffen *n*; (*geschäftlich*) Besprechung *f*; **the minister had a ~ with the ambassador** der Minister traf zu Gesprächen mit dem Botschafter zusammen **2** (*von Ausschuss*) Sitzung *f*; (*von Mitgliedern*, *Belegschaft*) Versammlung *f*; **the committee has three ~s a year** der Ausschuss tagt dreimal im Jahr **3** SPORT Veranstaltung *f*; (*zwischen Mannschaften*) Begegnung *f* **meeting place** S͟ Treffpunkt *m*

mega- ['megə-] PRÄF Mega- **megabyte** ['megəbaɪt] S͟ IT Megabyte *n*; **a 40-~ memory** ein 40-Megabyte-Speicher *m*

megalomania [ˌmegələʊ'meɪnɪə] S͟ Größenwahn *m* **megalomaniac** [ˌmegələʊ'meɪnɪæk] S͟ Größenwahnsinnige(r) *m/f(m)*

megaphone S͟ Megafon *n* **megapixel** S͟ IT Megapixel *n* **megastar** S͟ Megastar *m* **megastore** S͟ Großmarkt *m*

melancholic [ˌmelən'kɒlɪk] A͞D͞J melancholisch **melancholy** ['melənkəlɪ] A͞ A͞D͞J melancholisch; *Ort* trist B S͟ Melancholie *f*

mellow ['meləʊ] A͞ A͞D͞J (+*er*) **1** *Wein* ausgereift; *Aroma* mild; *Farbe*, *Licht* warm; *Stimme* sanft **2** *Mensch* abgeklärt B V͞I (*Mensch*) abgeklärter werden

melodic A͞D͞J, **melodically** A͞D͞V [mɪ'lɒdɪk, -əlɪ] melodisch **melodious** [mɪ'ləʊdɪəs] A͞D͞J melodiös, melodisch

melodrama ['meləʊˌdrɑːmə] S͟ Melodrama *n*

419 ‖ MERC

melodramatic ADJ, **melodramatically**
ADV [ˌmeləʊdrə'mætɪk, -əlɪ] melodramatisch
melody ['melədɪ] S̱ Melodie f
melon ['melən] S̱ Melone f
melt [melt] A̱ V̱Ṯ ◨ (wörtl) schmelzen; Butter zer-
lassen ◧ (fig) Herz etc erweichen Ḇ V̱I̱ ◨ schmel-
zen ◧ (fig) dahinschmelzen ◆**melt away** V̱I̱ ◨
(wörtl) (weg)schmelzen ◧ (fig) sich auflösen, da-
hinschmelzen; (Wut) verfliegen ◆**melt down**
V̱Ṯ trennb einschmelzen
meltdown ['meltdaʊn] S̱ Kernschmelze f; (≈
Unglück) Katastrophe f **melting pot** ['meltɪŋ-
pɒt] S̱ (fig) Schmelztiegel m
member ['membə'] S̱ ◨ Mitglied n; ~ **of the**
family Familienmitglied n; **if any ~ of the au-**
dience ... falls einer der Zuschauer/Zuhörer
...; **the ~ states** die Mitgliedsstaaten pl ◧
PARL Abgeordnete(r) m/f(m), Mandatar(in) m(f)
(österr); ~ **of parliament** Parlamentsmitglied
n **membership** ['membəʃɪp] S̱ ◨ Mitglied-
schaft f (of in +dat) ◧ Mitgliederzahl f **mem-**
bership card S̱ Mitgliedsausweis m **mem-**
bership fee S̱ Mitgliedsbeitrag m
membrane ['membreɪn] S̱ Membran f
memento [mə'mentəʊ] S̱, pl -(e)s Andenken n
(of an +akk)
memo ['meməʊ] S̱, pl -s abk von memoran-
dum Memo n **memoir** ['memwɑː'] S̱ ◨ Kurz-
biografie f ◧ **memoirs** P̱Ḻ Memoiren pl
memo pad S̱ Notizblock m **memorable**
['memərəbl] ADJ unvergesslich, denkwürdig
memorandum [ˌmemə'rændəm] S̱, pl
memoranda [ˌmemə'rændə] Mitteilung f **me-**
morial [mɪ'mɔːrɪəl] A̱ ADJ Denk- Ḇ S̱ Denk-
mal n (to für) **Memorial Day** S̱ (US) ≈ Volks-
trauertag m **memorize** ['meməraɪz] V̱Ṯ sich
(dat) einprägen
memory ['memərɪ] S̱ ◨ Gedächtnis n; **from ~**
aus dem Kopf; **to lose one's ~** sein Gedächtnis
verlieren; **to commit sth to ~** sich (dat) etw
einprägen; ~ **for faces** Personengedächtnis
n; **if my ~ serves me right** wenn ich mich
recht entsinne ◧ Erinnerung f (of an +akk); **I**
have no ~ of it ich kann mich nicht daran er-
innern; **he had happy memories of his father**
er verband angenehme Erinnerungen mit sei-
nem Vater; **in ~ of** zur Erinnerung an (+akk) ◨ IT
Speicher m **memory bank** S̱ IT Datenbank f
memory expansion card S̱ IT Speicher-
erweiterungskarte f **memory stick** S̱ IT Me-
mory Stick m
men [men] pl von man
menace ['menɪs] A̱ S̱ ◨ Bedrohung f (to +gen) ◧
(umg) (Land)plage f; **she's a ~ on the roads** sie
gefährdet den ganzen Verkehr Ḇ V̱Ṯ bedrohen
menacing ['menɪsɪŋ] ADJ drohend; **to look ~**

bedrohlich aussehen **menacingly** ['menɪ-
sɪŋlɪ] ADV drohend; ..., **he said ~** ..., sagte er
mit drohender Stimme
mend [mend] A̱ S̱ **to be on the ~** sich (lang-
sam) erholen Ḇ V̱Ṯ ◨ reparieren; Kleidung flicken
◧ **to ~ one's ways** sich bessern; **you'd better**
~ **your ways** das muss aber anders werden
mit dir! C̱ V̱I̱ (Knochen) (ver)heilen
menial ['miːnɪəl] ADJ niedrig
meningitis [ˌmenɪn'dʒaɪtɪs] S̱ Hirnhautent-
zündung f
menopause ['menəʊpɔːz] S̱ Wechseljahre pl
men's room ['menzruːm] S̱ (bes US) Herrentoi-
lette f (❗ = (Br) **gents**)
menstrual cycle S̱ Menstruationszyklus m
menstruate ['menstrʊeɪt] V̱I̱ menstruieren
menstruation [ˌmenstrʊ'eɪʃən] S̱ Menstrua-
tion f
menswear ['menzweə'] S̱ Herrenbekleidung f
mental ['mentl] ADJ ◨ geistig; Belastung psy-
chisch; **to make a ~ note of sth** sich (dat)
etw merken; ~ **process** Denkvorgang m ◧
(umg) übergeschnappt (umg) **mental arith-**
metic S̱ Kopfrechnen n **mental block** S̱
to have a ~ ein Brett vor dem Kopf haben
(umg) **mental breakdown** S̱ Nervenzusam-
menbruch m **mental health** S̱ Geisteszu-
stand m **mental hospital** S̱ Nervenklinik
f **mental illness** S̱ Geisteskrankheit f **men-**
tality [men'tælɪtɪ] S̱ Mentalität f **mentally**
['mentəlɪ] ADV geistig; ~ **handicapped** geistig
behindert; **he is ~ ill** er ist geisteskrank
menthol ['menθɒl] S̱ Menthol n
mention ['menʃən] A̱ S̱ Erwähnung f; **to get**
od **receive a ~** erwähnt werden; **to give sb/sth**
a ~ jdn/etw erwähnen; **there is no ~ of it** es
wird nicht erwähnt; **his contribution de-**
serves special ~ sein Beitrag verdient es, be-
sonders hervorgehoben zu werden Ḇ V̱Ṯ er-
wähnen (to sb jdm gegenüber); **not to ~** ...
nicht zu vergessen ...; **France and Spain,**
not to ~ Holland Frankreich und Spanien,
von Holland ganz zu schweigen; **don't ~ it!**
(bitte,) gern geschehen!
mentor ['mentɔː'] S̱ Mentor(in) m(f)
menu ['menjuː] S̱ ◨ Speisekarte f; (≈ Gerichte) Me-
nü n (a. IT); **may we see the ~?** können Sie uns
bitte die Karte bringen?; **what's on the ~?** was
gibt es heute (zu essen)? ◧ IT Menü n **menu**
bar S̱ IT Menüleiste f **menu-driven** ADJ IT
menügesteuert
MEP abk von Member of the European Par-
liament Europaabgeordnete(r) m/f(m)
mercenary ['mɜːsɪnərɪ] A̱ ADJ geldgierig;
don't be so ~ sei doch nicht so hinter dem
Geld her (umg) Ḇ S̱ Söldner(in) m(f)

merchandise ['mɜːtʃəndaɪz] [S] (Handels)ware *f* **merchant** ['mɜːtʃənt] [S] Kaufmann *m*/-frau *f*; **corn ~** Getreidehändler(in) *m(f)* **merchant bank** [S] *(Br)* Handelsbank *f* **merchant marine** [S] *(US)* Handelsmarine *f* **merchant navy** [S] *(Br)* Handelsmarine *f*

merciful ['mɜːsɪfʊl] [ADJ] gnädig *(to sb* jdm gegenüber) **mercifully** ['mɜːsɪfəlɪ] [ADV] [1] barmherzig; *jdn behandeln* gnädig [2] glücklicherweise **merciless** [ADJ] unbarmherzig **mercilessly** [ADV] erbarmungslos

Mercury ['mɜːkjʊrɪ] [S] ASTRON Merkur *m*

mercury ['mɜːkjʊrɪ] [S] Quecksilber *n*

mercy ['mɜːsɪ] [S] [1] ([!] kein pl) Erbarmen *n*, Gnade *f*; **to beg for ~** um Gnade bitten; **to have ~/no ~ on sb** mit jdm Erbarmen/kein Erbarmen haben; **to show sb ~/no ~** Erbarmen/kein Erbarmen mit jdm haben; **to be at the ~ of sb/sth** jdm/einer Sache *(dat)* ausgeliefert sein; **we're at your ~** wir sind in Ihrer Hand [2] *(umg)* Segen *m*

mere [mɪəʳ] [ADJ] [1] bloß; **he's a ~ clerk** er ist bloß ein kleiner Angestellter; **a ~ 3%/two hours** bloß 3%/zwei Stunden; **the ~ thought of food made me hungry** schon beim Gedanken an Essen bekam ich Hunger [2] **the ~st ...** der/die/das kleinste ...

merely ['mɪəlɪ] [ADV] lediglich, bloß

merge [mɜːdʒ] [A] [VI] [1] zusammenkommen; *(Farben)* ineinander übergehen; *(Straßen)* zusammenführen; *(US AUTO)* sich einordnen ([!] = (Br) **to get in(to) lane**); **to ~ with sth** sich mit etw vereinen; **to ~ (in) with/into the crowd** in der Menge untergehen/untertauchen; **to ~ into sth** in etw *(akk)* übergehen [2] HANDEL fusionieren [B] [VT] [1] miteinander vereinen; IT *Dateien* mischen [2] HANDEL fusionieren **merger** ['mɜːdʒəʳ] [S] HANDEL Fusion *f*

meringue [mə'ræŋ] [S] Baiser *n*

merit ['merɪt] [A] [S] Verdienst *n*; *(≈ Vorteil)* Vorzug *m*; **a work of great literary ~** ein Werk von großem literarischem Wert; **she was elected on ~** sie gewann die Wahl aufgrund persönlicher Fähigkeiten; **to judge a case on its ~s** einen Fall gesondert behandeln; **to pass an exam with ~** ein Examen mit Auszeichnung bestehen [B] [VT] verdienen

mermaid ['mɜːmeɪd] [S] Meerjungfrau *f*

merrily ['merɪlɪ] [ADV] vergnügt **merriment** ['merɪmənt] [S] Heiterkeit *f*, Gelächter *n* **merry** ['merɪ] [ADJ] *(+er)* [1] fröhlich; **Merry Christmas!** frohe Weihnachten! [2] *(Br umg)* beschwipst *(umg)* **merry-go-round** ['merɪgəʊraʊnd] [S] Karussell *n*, Ringelspiel *n* *(österr)*

mesh [meʃ] [A] [S] [1] Masche *f* [2] Maschendraht *m* [B] [VI] [1] MECH eingreifen *(with* in *+akk)* [2] *(fig: Ansichten)* sich vereinen lassen

mesmerize ['mezməraɪz] [VT] hypnotisieren; *(fig)* fesseln; **the audience sat ~d** die Zuschauer saßen wie gebannt

mess¹ [mes] [A] [S] [1] ([!] kein pl) Durcheinander *n*; *(schmutzig)* Schweinerei *f*; **to be (in) a ~** in einem fürchterlichen Zustand sein, ein einziges Durcheinander sein; *(fig: jds Leben, Karriere)* verkorkst sein *(umg)*; **to be a ~** *(Arbeit)* eine Schweinerei sein *(umg)*; *(Mensch)* unordentlich aussehen; *(seelisch)* verkorkst sein *(umg)*; **to make a ~** Unordnung machen; *(≈ schmutzig)* eine Schweinerei machen *(umg)*; **to make a ~ of sth** etw verpfuschen; *jds Leben* etw verkorksen; *Angelegenheit* etw vermasseln *(umg)*; **you've really made a ~ of things** du hast alles total vermasselt *(umg)*; **what a ~!** das sieht ja vielleicht aus!; *(fig)* ein schöner Schlamassel! *(umg)*; **I'm not tidying up your ~** ich räume nicht für dich auf [2] ([!] kein pl) Schwierigkeiten *pl* [3] ([!] kein pl) *(euph ≈ Exkremente)* Dreck *m*; **the cat has made a ~ on the carpet** die Katze hat auf den Teppich gemacht [B] [VI] = **mess about** B

♦**mess about** *(Br) od* **around** *(umg)* [A] [VT] *trennb jdn* an der Nase herumführen *(umg)* [B] [VI] [1] herumalbern [2] herumgammeln *(umg)* [3] herumfummeln *(umg)* *(with* an *+dat)*; *(als Hobby etc)* herumbasteln *(with* an *+dat)* *(umg)* [4] **he was messing about** *od* **around with my wife** er trieb es mit meiner Frau ♦**mess up** [VT] *trennb* durcheinanderbringen; *(≈ schmutzig machen)* verdrecken; *Arbeit* verpfuschen; *jds Leben* verkorksen *(umg)*; **that's really messed things up** das hat wirklich alles verdorben

mess² [S] MIL Kasino *n*; SCHIFF Messe *f*

message ['mesɪdʒ] [S] [1] Nachricht *f*, Meldung *f*; **to give sb a ~** jdm etwas ausrichten, jdm eine Nachricht geben; **would you give John a ~ (for me)?** könnten Sie John etwas (von mir) ausrichten?; **to send sb a ~** jdn benachrichtigen; **to leave a ~ for sb** jdm eine Nachricht hinterlassen, jdm etwas ausrichten lassen; **can I take a ~ (for him)?** *(am Telefon)* kann ich (ihm) etwas ausrichten? [2] *(≈ Moral)* Botschaft *f*; **to get one's ~ across to sb** es jdm verständlich machen [3] *(fig umg)* **to get the ~** kapieren *(umg)* **message board** [S] INTERNET Forum *n*, Message Board *n* **messenger** ['mesɪndʒəʳ] [S] Bote *m*, Botin *f*

Messiah [mɪ'saɪə] [S] Messias *m*

messily ['mesɪlɪ] [ADV] unordentlich

mess kit *(US)*, **mess tin** *(Br)* [S] Essgeschirr *n*

messy ['mesɪ] [ADJ] *(+er)* [1] schmutzig [2] unordentlich; **he's a ~ eater** er kann nicht ordentlich essen [3] *(fig) Lage* verfahren; *Beziehung* schwierig

met [met] *prät, pperf* von **meet**
meta- ['metə-] PRÄF meta-, Meta- **metabolic** [ˌmetəˈbɒlɪk] ADJ Stoffwechsel-, metabolisch **metabolism** [meˈtæbəlɪzəm] S Stoffwechsel *m*
metal ['metl] S Metall *n* **metal detector** S Metallsuchgerät *n* **metallic** [mɪˈtælɪk] ADJ metallisch; **~ paint** Metalliclack *m*; **~ blue** blaumetallic; **a ~ blue car** ein Auto *n* in Blaumetallic **metallurgy** [meˈtælədʒɪ] S Metallurgie *f* **metalwork** S Metall *n*; **we did ~ at school** wir haben in der Schule Metallarbeiten gemacht
metamorphosis [ˌmetəˈmɔːfəsɪs] S, *pl* metamorphoses [ˌmetəˈmɔːfəsiːz] Metamorphose *f*; *(fig)* Verwandlung *f*
metaphor ['metəfə'] S Metapher *f* **metaphorical** [ˌmetəˈfɒrɪkəl] ADJ metaphorisch **metaphorically** [ˌmetəˈfɒrɪkəlɪ] ADV metaphorisch; **~ speaking** bildlich gesprochen
mete [miːt] VT **to ~ out punishment to sb** jdn bestrafen
meteor ['miːtɪə'] S Meteor *m* **meteoric** [ˌmiːtɪˈɒrɪk] ADJ *(fig)* kometenhaft **meteorite** ['miːtɪəraɪt] S Meteorit *m*
meteorological [ˌmiːtɪərəˈlɒdʒɪkəl] ADJ meteorologisch **meteorologist** [ˌmiːtɪəˈrɒlədʒɪst] S Meteorologe *m*, Meteorologin *f* **meteorology** [ˌmiːtɪəˈrɒlədʒɪ] S Meteorologie *f*
meter¹ ['miːtə'] A S Zähler *m*; (≈ für Wasserverbrauch) Wasseruhr *f*; VERKEHR Parkuhr *f*; **to turn the water off at the ~** das Wasser am Hauptschalter abstellen B VT messen
meter² S *(US)* = **metre**
methane ['miːθeɪn] S Methan *n*
method ['meθəd] S Methode *f*, Verfahren *n*; **~ of payment** Zahlungsweise *f* **methodical** ADJ, **methodically** ADV [mɪˈθɒdɪkəl, -lɪ] methodisch
Methodist ['meθədɪst] A ADJ methodistisch B S Methodist(in) *m(f)*
meths [meθs] S *abk* von **methylated spirits** (⚠ mit Verb im Singular) **methylated spirits** ['meθɪleɪtɪdˈspɪrɪts] S (⚠ mit Verb im Singular) Äthylalkohol *m*
meticulous [mɪˈtɪkjʊləs] ADJ genau; **to be ~ about sth** es mit etw sehr genau nehmen **meticulously** [mɪˈtɪkjʊləslɪ] ADV sorgfältig
me time [miːtaɪm] S Ichzeit *f*
met office ['metˌɒfɪs] S *(Br)* Wetteramt *n*
metre, *(US)* **meter** ['miːtə'] S ◼ Meter *m od n* ◼ DICHTUNG Metrum *n* **metric** ['metrɪk] ADJ metrisch; **to go ~** auf das metrische Maßsystem umstellen
metronome ['metrənəʊm] S Metronom *n*

metropolis [mɪˈtrɒpəlɪs] S Metropole *f* **metropolitan** [ˌmetrəˈpɒlɪtən] ADJ weltstädtisch
mettle ['metl] S Courage *f*
mew [mjuː] A S Miau(en) *n* B VI miauen
Mexican ['meksɪkən] A ADJ mexikanisch B S Mexikaner(in) *m(f)* **Mexico** ['meksɪkəʊ] S Mexiko *n*
mg *abk* von **milligram(s)**, **milligramme(s)** mg
MI5 *(Br) abk* von **Military Intelligence, section 5** MI5 *m*, *Spionageabwehrdienst der britischen Regierung*
MI6 *(Br) abk* von **Military Intelligence, section 6** MI6 *m*, *britischer Auslandsgeheimdienst*
miaow [miːˈaʊ] A S Miau(en) *n* B VI miauen
mice [maɪs] *pl* von **mouse**
mickey ['mɪkɪ] S *(Br umg)* **to take the ~ out of sb** jdn auf den Arm nehmen *(umg)*, jdn pflanzen *(österr)*; **are you taking the ~?** du willst mich/ihn *etc* wohl auf den Arm nehmen *(umg)*
micro- PRÄF mikro-, Mikro- **microbe** ['maɪkrəʊb] S Mikrobe *f* **microbiology** S Mikrobiologie *f* **microchip** S Mikrochip *n* **microcomputer** S Mikrocomputer *m* **microcosm** S Mikrokosmos *m* **microfibre**, *(US)* **microfiber** S Mikrofaser *f* **microfiche** S Mikrofiche *m od n* **microfilm** S Mikrofilm *m* **microlight** S Ultraleichtflugzeug *n* **microorganism** S Mikroorganismus *m* **microphone** S Mikrofon *n* **microprocessor** S Mikroprozessor *m* **micro scooter** S Mini-Roller *m*, City-Roller *m* **microscope** S Mikroskop *n* **microscopic** [ˌmaɪkrəˈskɒpɪk] ADJ mikroskopisch (klein); **in ~ detail** bis ins kleinste Detail **microsurgery** S Mikrochirurgie *f* **microwavable** ['maɪkrəʊweɪvəbl] ADJ mikrowellengeeignet **microwave** S Mikrowelle *f* **microwave oven** S Mikrowellenherd *m*
mid [mɪd] ADJ **in ~ June** Mitte Juni; **in the ~ 1950s** Mitte der Fünfzigerjahre; **temperatures in the ~ eighties** Temperaturen um 85° Fahrenheit; **to be in one's ~ forties** Mitte vierzig sein; **in ~ morning/afternoon** am Vormittag/ Nachmittag; **a ~-morning break** eine Frühstückspause; **a ~-morning snack** ein zweites Frühstück; **in ~ air** in der Luft; **in ~ flight** während des Flugs **midday** ['mɪdˈdeɪ] A S Mittag *m*; **at ~** mittags B ADJ *attr* mittäglich; **~ meal** Mittagessen *n*; **~ sun** Mittagssonne *f*
middle ['mɪdl] A S Mitte *f*; *(von Buch, Film)* Mittelteil *m*; *(von Frucht etc)* Innere(s) *n*; **in the ~ of the table** mitten auf dem Tisch; **in the ~ of the night/day** mitten in der Nacht/am Tag; **in the ~ of nowhere** am Ende der Welt; **in the ~ of summer** mitten im Sommer, im Hochsommer; **in the ~ of May** Mitte Mai; **we were in the ~ of lunch** wir waren mitten

beim Essen; **to be in the ~ of doing sth** mitten dabei sein, etw zu tun; **down the ~** in der Mitte B ADJ mittlere(r, s); **to be in one's ~ twenties** Mitte zwanzig sein **middle age** S̲ mittleres Lebensalter **middle-aged** ADJ in den mittleren Jahren **Middle Ages** PL Mittelalter n **Middle America** S̲ SOZIOL die amerikanische Mittelschicht **middle-class** ADJ bürgerlich **middle class(es)** S̲(pl) Mittelstand m **middle-distance runner** S̲ Mittelstreckenläufer(in) m(f) **Middle East** S̲ Naher Osten **Middle England** S̲ (fig SOZIOL) die englische Mittelschicht **middle finger** S̲ Mittelfinger m **middle-income** ADJ Familie mit mittlerem Einkommen **middleman** S̲, pl -men Mittelsmann m; HANDEL Zwischenhändler m **middle management** S̲ mittleres Management **middle name** S̲ zweiter (Vor)name; **modesty is my ~** (fig) ich bin die Bescheidenheit in Person **middle-of-the--road** ADJ 1 gemäßigt 2 konventionell **middle school** S̲ (Br) Schule für 9-12-jährige **middleweight** S̲ SPORT Mittelgewichtler(in) m(f) **middling** ['mɪdlɪŋ] ADJ mittelmäßig; **how are you? — ~** wie geht es dir? — einigermaßen (umg) **midfield** [,mɪd'fiːld] A S̲ Mittelfeld n B ADJ Mittelfeld-; **~ player** Mittelfeldspieler(in) m(f)

midge [mɪdʒ] S̲ Mücke f
midget ['mɪdʒɪt] A S̲ Liliputaner(in) m(f) B ADJ winzig
Midlands PL the **~** die Midlands **midlife crisis** S̲ Midlife-Crisis f
midnight A S̲ Mitternacht f; **at ~** um Mitternacht B ADJ attr mitternächtlich, Mitternachts-; **~ mass** Mitternachtsmesse f; **the ~ hour** die Mitternachtsstunde **midpoint** S̲ mittlerer Punkt **midriff** ['mɪdrɪf] S̲ Taille f **midst** [mɪdst] S̲ Mitte f; **in the ~ of** mitten in; **our ~** unter uns **midstream** S̲ **in ~** (wörtl) in der Mitte des Flusses; (fig) auf halber Strecke **midsummer** A S̲ Hochsommer m B ADJ im Hochsommer **Midsummer's Day** S̲ Sommersonnenwende f **midterm** ADJ **~ elections** POL Zwischenwahlen pl **midway** A ADV auf halbem Weg; **Düsseldorf is ~ between Krefeld and Cologne** Düsseldorf liegt auf halber Strecke zwischen Krefeld und Köln; **~ through sth** mitten in etw (dat) B ADJ **we've now reached the ~ point** od **stage in the project** das Projekt ist jetzt zur Hälfte fertig **midweek** A ADV mitten in der Woche B ADJ attr **he booked a ~ flight** er buchte einen Flug für Mitte der Woche **Midwest** S̲ Mittelwesten m **Midwestern** ADJ mittelwestlich
midwife ['mɪdwaɪf] S̲, pl -wives [-waɪvz] Heb-

amme f
midwinter [,mɪd'wɪntə'] A S̲ Wintermitte f B ADJ mittwinterlich
miff [mɪf] VT (umg) **to be ~ed about sth** über etw (akk) verärgert sein
might¹ [maɪt] prät von may; **they ~ be brothers** sie könnten Brüder sein; **as you ~ expect** wie zu erwarten war; **you ~ try Smith's** Sie könnten es ja mal bei Smiths versuchen; **he ~ at least have apologized** er hätte sich wenigstens entschuldigen können; **I ~ have known** das hätte ich mir denken können; **she was thinking of what ~ have been** sie dachte an das, was hätte sein können

▶ **might**

Man verwendet **might** ähnlich wie **may**, wenn man eine Möglichkeit, Vermutung oder Ungewissheit ausdrücken will. Das Ausgedrückte gilt oft als noch ungewisser als bei **may**. Anders als **may** wird **might** nicht für Zukünftiges verwendet, sondern ausschließlich für Gegenwärtiges oder Vergangenes. Leitet man eine Frage mit **might** ein, so ist diese besonders höflich formuliert. Man drückt mit **might** auch eine Vermutung im **conditional** aus: **It might be okay.** — Das kann / könnte schon okay sein. Die Übersetzung des Satzes **He might have gone home.** könnte lauten „Möglicherweise ist er nach Hause gegangen." Die Konstruktion „**might + have + Perfektpartizip**" drückt immer die Möglichkeit eines Ereignisses in der Vergangenheit aus, das tatsächlich passiert ist oder hätte passieren können.

GRAMMATIK ◀

might² S̲ Macht f; **with all one's ~** mit aller Kraft **mightily** ['maɪtɪlɪ] ADV (umg) **~ impressive** höchst beeindruckend; **I was ~ relieved** ich war überaus erleichtert
mightn't ['maɪtnt] = might not **might've** ['maɪtəv] = might have
mighty ['maɪtɪ] A ADJ 1 Armee mächtig 2 gewaltig; Jubel lautstark B ADV (bes US umg) mächtig (umg)
migraine ['miːgreɪn] S̲ Migräne f
migrant ['maɪgrənt] A ADJ **~ bird** Zugvogel m; **~ worker** Migrant(in) m(f) B S̲ 1 Zugvogel m 2 Migrant(in) m(f) **migrate** [maɪ'greɪt] VI (ab)wandern; (Vögel) nach Süden ziehen **migration** [maɪ'greɪʃən] S̲ Wanderung f; (von Vögeln) (Vogel)zug m **migratory** [maɪ'greɪtərɪ] ADJ **~ worker** Wanderarbeiter(in) m(f); **~ birds** Zugvögel pl

mike [maɪk] ⒮ (umg) Mikro n (umg)

mild [maɪld] Ⓐ ADJ (+er) mild; Brise, Zigarette leicht; Mensch sanft Ⓑ ⒮ (Br) leichtes dunkles Bier

mildew ['mɪldjuː] ⒮ Schimmel m; (auf Pflanzen) Mehltau m

mildly ['maɪldlɪ] ADV leicht; etw sagen sanft; **to put it ~** gelinde gesagt **mildness** ['maɪldnɪs] ⒮ Milde f; (von Brise) Sanftheit f; (von Mensch) Sanftmütigkeit f

mile [maɪl] ⒮ (⚠ = 1,609 km) Meile f; **nautical ~** Seemeile (⚠ = 1,852 km); **how many ~s per gallon does your car do?** wie viel verbraucht Ihr Auto?; **a fifty-~ journey** eine Fahrt von fünfzig Meilen; **~s (and ~s)** (umg) meilenweit; **they live ~s away** sie wohnen meilenweit weg; **sorry, I was ~s away** (umg) tut mir leid, ich war mit meinen Gedanken ganz woanders (umg); **it stands out a ~** das sieht ja ein Blinder (mit Krückstock) (umg); **he's ~s better at tennis** er spielt hundertmal besser Tennis (umg) **mileage** ['maɪlɪdʒ] ⒮ Meilen pl; (Anzeige auf Gerät) Meilenstand m **mileometer** [maɪˈlɒmɪtəʳ] ⒮ (Br) ≈ Kilometerzähler m **milestone** ['maɪlstəʊn] ⒮ Meilenstein m

militant ['mɪlɪtənt] Ⓐ ADJ militant Ⓑ ⒮ militantes Element

militarism ['mɪlɪtərɪzəm] ⒮ Militarismus m **militaristic** [ˌmɪlɪtəˈrɪstɪk] ADJ militaristisch **military** ['mɪlɪtərɪ] Ⓐ ADJ militärisch; **~ personnel** Militärangehörige pl Ⓑ ⒮ **the ~** das Militär **military base** ⒮ Militärstützpunkt m **military police** ⒮ Militärpolizei f **military policeman** ⒮, pl -men Militärpolizist m **military service** ⒮ Militärdienst m, Präsenzdienst m (österr); **to do one's ~** seinen Militärdienst ableisten; **he's doing his ~** er ist gerade beim Militär

militia [mɪˈlɪʃə] ⒮ Miliz f **militiaman** [mɪˈlɪʃəmən] ⒮, pl -men [-mən] Milizsoldat m

milk [mɪlk] Ⓐ ⒮ Milch f; **it's no use crying over spilled ~** (sprichw) was passiert ist, ist passiert Ⓑ ⓥⓉ melken **milk bar** ⒮ Milchbar f **milk chocolate** ⒮ Vollmilchschokolade f **milk float** ⒮ Milchauto n **milking** ['mɪlkɪŋ] ⒮ Melken n **milkman** ⒮, pl -men Milchmann m **milkshake** ⒮ Milchshake m **milk tooth** ⒮ Milchzahn m **milky** ['mɪlkɪ] ADJ (+er) milchig; **~ coffee** Milchkaffee m **Milky Way** [ˌmɪlkɪˈweɪ] ⒮ Milchstraße f

mill [mɪl] ⒮ Ⓘ Mühle f Ⓙ IND Fabrik f; (für Stoffe) Weberei f ♦**mill about** (Br) od **around** ⓥⓘ umherlaufen

millennium [mɪˈlenɪəm] ⒮, pl -s od millennia [mɪˈlenɪə] Jahrtausend n

miller ['mɪləʳ] ⒮ Müller(in) m(f)

millet ['mɪlɪt] ⒮ Hirse f

milli- ['mɪlɪ-] PRÄF Milli-; **millisecond** Millisekunde f **milligram(me)** ⒮ Milligramm n **millilitre**, (US) **milliliter** ⒮ Milliliter m od n **millimetre**, (US) **millimeter** ⒮ Millimeter m od n

million ['mɪljən] ⒮ Million f; **4 ~ people** 4 Millionen Menschen (⚠ kein Plural-s wenn nach Zahl); **for ~s and ~s of years** für Millionen und Abermillionen von Jahren; **she's one in a ~** (umg) sie ist einsame Klasse (umg); **~s of times** (umg) tausendmal **millionaire** [ˌmɪljəˈneəʳ] ⒮ Millionär m **millionairess** [ˌmɪljəˈneərɪs] ⒮ Millionärin f

millionth ['mɪljənθ] Ⓐ ADJ Ⓘ millionstel Ⓙ millionste(r, s) Ⓑ ⒮ Millionstel n

millipede ['mɪlɪpiːd] ⒮ Tausendfüß(l)er m

millpond ⒮ Mühlteich m

millstone ['mɪlstəʊn] ⒮ Mahlstein m; **she's a ~ around his neck** sie ist für ihn ein Klotz am Bein

mime [maɪm] Ⓐ ⒮ Pantomime f Ⓑ ⓥⓉ pantomimisch darstellen Ⓒ ⓥⓘ Pantomimen spielen **mime artist** ⒮ Pantomime m, Pantomimin f

mimic ['mɪmɪk] Ⓐ ⒮ Imitator(in) m(f); **he's a very good ~** er kann sehr gut Geräusche/andere Leute nachahmen Ⓑ ⓥⓉ nachahmen **mimicry** ['mɪmɪkrɪ] ⒮ Nachahmung f

min Ⓘ abk von **minute(s)** min Ⓙ abk von **minimum** min.

mince [mɪns] Ⓐ ⒮ (bes Br) Hackfleisch n, Faschierte(s) n (österr) (⚠ = (US) **ground meat**) Ⓑ ⓥⓉ (bes Br) durch den Fleischwolf drehen, faschieren (österr) (⚠ = (US) **to grind**); **he doesn't ~ his words** er nimmt kein Blatt vor den Mund Ⓒ ⓥⓘ (Br) tänzeln **mincemeat** ⒮ süße Gebäckfüllung aus Dörrobst und Sirup; **to make ~ of sb** (umg) Hackfleisch aus jdm machen (umg); (mit Worten) jdn zur Schnecke machen (umg) **mince pie** ⒮ mit Mincemeat gefülltes Gebäck **mincer** ['mɪnsəʳ] ⒮ (bes Br) Fleischwolf m

---

mind [maɪnd]

A Substantiv	**B** transitives Verb
C intransitives Verb	

— A Substantiv —

Ⓘ Geist m, Verstand m, Gedanken pl; **it's all in the ~** das ist alles Einbildung; **to blow sb's ~** (umg) jdn umwerfen (umg); **to have a logical ~** logisch veranlagt sein; **state** od **frame of ~** Geisteszustand m; **to put** od **set one's ~ to sth** sich anstrengen, etw zu tun; **he had something on his ~** ihn beschäftigte etwas; **I've a lot on my ~** ich muss mich um (so) viele Dinge kümmern; **you are always on my**

~ ich denke ständig an dich; **keep your ~ on the job** bleib mit den Gedanken bei der Arbeit; **she couldn't get the song out of her ~** das Lied ging ihr nicht aus dem Kopf; **to take sb's ~ off sth** jdn etw vergessen lassen; **my ~ isn't on my work** ich kann mich nicht auf meine Arbeit konzentrieren; **the idea never entered my ~** daran hatte ich überhaupt nicht gedacht; **nothing was further from my ~** nichts lag mir ferner; **in my ~'s eye** vor meinem inneren Auge; **to bring sth to ~** an etw (*akk*) erinnern; **it's a question of ~ over matter** es ist eine Willensfrage 🔟 Lust *f*, Absicht *f*; **I've a good ~ to …** ich hätte große Lust, zu … 🔟 Meinung *f*; **to make up one's ~** sich entscheiden; **to change one's ~** seine Meinung ändern (*about* über +*akk*); **to be in two ~s about sth** sich (*dat*) über etw (*akk*) nicht im Klaren sein; **to have a ~ of one's own** (*Mensch*) eine eigene Meinung haben; (*hum: Maschine etc*) seine Mucken haben (*umg*) 🔟 (≈ *Zurechnungsfähigkeit*) Verstand *m*; **to lose one's ~** den Verstand verlieren; **nobody in his right ~** kein normaler Mensch; **to bear sth in ~** etw nicht vergessen; **to bear sb in ~** an jdn denken; **with this in ~ …** mit diesem Gedanken im Hinterkopf …; **to have sb/sth in ~** an jdn/etw denken; **it puts me in ~ of sb/sth** es weckt in mir Erinnerungen an jdn/etw; **to go out of one's ~** den Verstand verlieren; **I'm bored out of my ~** ich langweile mich zu Tode

— B transitives Verb —

🔟 aufpassen auf (+*akk*), achten auf (+*akk*); **~ what you're doing!** pass (doch) auf!; **~ your language!** drück dich anständig aus!; **~ the step!** (*Br*) Vorsicht Stufe!; **~ your head!** (*Br*) Kopf einziehen (*umg*); **~ your own business** kümmern Sie sich um Ihre eigenen Angelegenheiten 🔟 sich kümmern um; (≈ *Anstoß nehmen*) etwas haben gegen; **I don't ~ the cold** die Kälte macht mir nichts aus; **I don't ~ what he does** es ist mir egal, was er macht; **do you ~ coming with me?** würde es dir etwas ausmachen mitzukommen?; **would you ~ opening the door?** wären Sie so freundlich, die Tür aufzumachen?; **do you ~ my smoking?** macht es Ihnen etwas aus, wenn ich rauche?; **don't ~ me** lass dich (durch mich) nicht stören; **I wouldn't ~ a cup of tea** ich hätte nichts gegen eine Tasse Tee; **never ~ that now** das ist jetzt nicht wichtig; **never ~ him** kümmere dich nicht um ihn

— C intransitives Verb —

🔟 sich (*dat*) etwas daraus machen; (≈ *Anstoß nehmen*) etwas dagegen haben; **nobody seemed to ~** niemand schien etwas dagegen zu haben; **I'd prefer to stand, if you don't ~** ich würde lieber stehen, wenn es Ihnen recht ist; **do you ~?** macht es Ihnen etwas aus?; **do you ~!** (*iron*) ich möchte doch sehr bitten!; **would you ~ waiting a moment?** würde es Ihnen etwas ausmachen, kurz zu warten?; **I don't ~ if I do** ich hätte nichts dagegen; **never ~** macht nichts; (*verzweifelt*) schon gut; **never ~, you'll find another** mach dir nichts draus, du findest bestimmt einen anderen; **oh, never ~, I'll do it myself** ach, schon gut, ich mache es selbst; **never ~ about that now!** das ist doch jetzt nicht wichtig; **I'm not going to finish school, never ~ go to university** ich werde die Schule nicht beenden und schon gar nicht zur Universität gehen 🔟 **~ you get that done** sieh zu, dass du das fertig bekommst; **~ you** allerdings; **~ you, he did try** er hat es immerhin versucht; **he's quite good, ~ you** er ist eigentlich ganz gut

mind-blowing ADJ (*umg*) Wahnsinns- (*umg*) **mind-boggling** ADJ (*umg*) irrsinnig (*umg*) **-minded** [-'maɪndɪd] ADJ *suf* **she's very politically-minded** sie interessiert sich sehr für Politik **minder** ['maɪndə'] S̲ (*umg*) Aufpasser(in) *m(f)* **mindful** ['maɪndfʊl] ADJ **to be ~ of sth** etw bedenken **mindless** ADJ *Zerstörung* sinnlos; *Routine* stumpfsinnig **mind-reader** S̲ Gedankenleser(in) *m(f)* **mindset** S̲ Mentalität *f*

mine[1] [maɪn] POSS PR meine(r, s); **this car is ~** dieses Auto gehört mir; **his friends and ~** seine und meine Freunde; **a friend of ~** ein Freund von mir; **a favourite** (*Br*) *od* **favorite** (*US*) **expression of ~** einer meiner Lieblingsausdrücke

mine[2] **A** S̲ 🔟 BERGB Bergwerk *n*; **to work down the ~s** unter Tage arbeiten 🔟 MIL *etc* Mine *f* 🔟 (*fig*) **he is a ~ of information** er ist ein wandelndes Lexikon (*umg*) **B** V̲T̲ Kohle fördern **C** V̲I̲ **to ~ for sth** nach etw graben **minefield** ['maɪnfiːld] S̲ Minenfeld *n*; **to enter a (political) ~** sich auf (politisch) gefährliches Terrain begeben **miner** ['maɪnə'] S̲ Bergarbeiter(in) *m(f)* **mineral** ['mɪnərəl] **A** S̲ Mineral *n* **B** ADJ mineralisch; **~ deposits** Mineralbestände *pl* **mineral water** S̲ Mineralwasser *n* (❗ Als Getränk hat **mineral water** keinen Plural. **Mineral waters** sagt man zu verschiedenen Sorten oder einzelnen Gläsern.)

minesweeper ['maɪnswiːpə'] S̲ Minensucher *m*

ming [mɪŋ] V̲I̲ (*Br umg*) 🔟 (≈ *stinken*) miefen (*umg*) 🔟 (≈ *hässlich sein*) potthässlich sein (*umg*) **minger** ['mɪŋə'] S̲ (*Br umg*) (≈ *sehr hässliche Person*) hässlicher

Vogel (umg), Vogelscheuche f (umg) **minging** ['mɪŋɪŋ] ADJ (Br umg) **1** (≈ widerwärtig, hässlich) potthässlich (umg) **2** (≈ stinkend) miefig (umg)
mingle ['mɪŋgl] VI sich vermischen; (Menschen) sich untereinander vermischen; (bei Party) sich unter die Gäste mischen
mini- ['mɪnɪ-] PRÄF Mini- **miniature** ['mɪnɪtʃə-] **A** S̄ KUNST Miniatur f; (≈ Behälter) Miniflasche f; **in ~** im Kleinen **B** ADJ attr Miniatur- **miniature golf** S̄ Minigolf n **minibar** S̄ Minibar f **mini-break** S̄ Kurzurlaub m **minibus** S̄ Kleinbus m **minicab** S̄ Kleintaxi n **minicam** S̄ Minicam f **Minidisc®** ['mɪnɪdɪsk] S̄ MUS Minidisc f; **~ player** Minidisc-Spieler m
minim ['mɪnɪm] S̄ (Br MUS) halbe Note (❗ = (US) half-note)
minimal ['mɪnɪml] ADJ minimal; **at ~ cost** zu minimalen Kosten; **with ~ effort** mit minimalem Aufwand **minimalism** ['mɪnɪməlɪzəm] S̄ Minimalismus m **minimize** ['mɪnɪmaɪz] VT minimieren (form) **minimum** ['mɪnɪməm] **A** S̄ Minimum n; **what is the ~ you will accept?** was ist für Sie das Minimum od der Mindestbetrag?; **a ~ of 2 hours/10 people** mindestens 2 Stunden/10 Leute; **to keep sth to a ~** etw auf ein Minimum beschränken **B** ADJ attr Mindest-; **~ age** Mindestalter n; **~ temperature** Tiefsttemperatur f **minimum wage** S̄ Mindestlohn m
mining ['maɪnɪŋ] S̄ BERGB Bergbau m **mining industry** S̄ Bergbau m **mining town** S̄ Bergarbeiterstadt f
minion ['mɪnɪən] S̄ (fig) Trabant m
miniskirt ['mɪnɪskɜːt] S̄ Minirock m, Minijupe m (schweiz)
minister ['mɪnɪstə-] **A** S̄ **1** POL Minister(in) m(f) **2** KIRCHE Pfarrer(in) m(f) **B** VI **to ~ to sb** sich um jdn kümmern; **to ~ to sb's needs** jds Bedürfnisse (akk) befriedigen **ministerial** [ˌmɪnɪˈstɪərɪəl] ADJ POL ministeriell; **~ post** Ministerposten m; **his ~ duties** seine Pflichten

 minister

Man bezeichnet einen Pfarrer der evangelischen Kirche und vor allem von Freikirchen als **minister**. In der anglikanischen Kirche nennt man den Pfarrer **vicar** ['vɪkə]. Der katholische Pfarrer heißt **priest** ['priːst]. In der Anrede sagt man zu einem katholischen Pfarrer **Father** ['fɑːðə], zu einem protestantischen **Vicar**, und ein Pfarrer von Freikirchen wird mit **Mr** ['mɪstə] angeredet. Auf „Herrn Pfarrer X" bezieht man sich im Englischen mit **Reverend X** ['revərənd].

SPRACHGEBRAUCH

als Minister **ministry** ['mɪnɪstrɪ] S̄ **1** POL Ministerium n; **~ of education** Bildungsministerium n **2** KIRCHE **to go into the ~** Geistliche(r) werden
minivan ['mɪnɪvæn] S̄ Kleinbus m, Van m
mink [mɪŋk] S̄ Nerz m
minor ['maɪnə-] **A** ADJ **1** kleiner; (≈ weniger wichtig) unbedeutend; Vergehen, Operation leicht; **~ road** Nebenstraße f **2** MUS Moll-; **~ key** Molltonart f; **G ~** g-Moll n **B** S̄ **1** JUR Minderjährige(r) m/f(m) **2** (US UNIV) Nebenfach n **C** VI (US UNIV) im Nebenfach studieren (in +akk)
Minorca [mɪˈnɔːkə] S̄ Menorca n
minority [maɪˈnɒrɪtɪ] **A** S̄ (❗ mit Verb im Singular oder Plural) Minderheit f; **to be in a** od **the ~** in der Minderheit sein **B** ADJ attr Minderheits-; **~ group** Minderheit f; **(ethnic) ~ students** Studenten pl, die einer (ethnischen) Minderheit angehören **minority government** S̄ Minderheitsregierung f
minor league ADJ **~ baseball** (US) Baseball m od n in den unteren Ligen
minster ['mɪnstə-] S̄ Münster n
minstrel ['mɪnstrəl] S̄ Spielmann m
mint[1] [mɪnt] **A** S̄ Münzanstalt f; **to be worth a ~** (umg) unbezahlbar sein **B** ADJ **in ~ condition** in tadellosem Zustand **C** VT prägen
mint[2] S̄ **1** BOT Minze f **2** Pfefferminz n **mint sauce** S̄ Minzsoße f **mint tea** S̄ Pfefferminztee m
minus ['maɪnəs] **A** PRÄP **1** minus; **£100 ~ taxes** £ 100 abzüglich (der) Steuern **2** ohne **B** ADJ Minus-; **~ point** Minuspunkt m; **~ three degrees** drei Grad minus; **an A ~** eine Eins minus **C** S̄ Minus(zeichen) n
minuscule ['mɪnɪskjuːl] ADJ winzig
minus sign S̄ Minuszeichen n
minute[1] ['mɪnɪt] S̄ **1** Minute f; **it's 23 ~s past 3** es ist 3 Uhr und 23 Minuten; **in a ~** gleich; **this ~!** auf der Stelle!; **I shan't be a ~** es dauert nicht lang; **just a ~!** einen Moment bitte!; **any ~ (now)** jeden Augenblick; **tell me the ~ he comes** sag mir sofort Bescheid, wenn er kommt; **have you got a ~?** hast du mal eine Minute Zeit?; **I don't believe for a** od **one ~ that ...** ich glaube nicht einen Augenblick, dass...; **at the last ~** in letzter Minute **2** **~s** Protokoll n; **to take the ~s** das Protokoll führen
minute[2] [maɪˈnjuːt] ADJ winzig; Einzelheit kleinste(r, s)
minute hand ['mɪnɪthænd] S̄ Minutenzeiger m
miracle ['mɪrəkəl] S̄ Wunder n; **to work** od **perform ~s** (wörtl) Wunder vollbringen; **I can't work ~s** ich kann nicht hexen; **by some ~** (fig) wie durch ein Wunder; **it'll take a ~ for**

us od **we'll need a ~ to be finished on time** da müsste schon ein Wunder geschehen, wenn wir noch rechtzeitig fertig werden sollen **miracle drug** ₅ Wunderdroge f **miraculous** [mɪˈrækjʊləs] ADJ **1** Flucht wundersam; **that is nothing/little short of ~** das grenzt an ein Wunder **2** wunderbar **miraculously** [mɪˈrækjʊləslɪ] ADV **~ the baby was unhurt** es war wie ein Wunder, dass das Baby unverletzt blieb

mirage [ˈmɪrɑːʒ] ₅ Fata Morgana f; (fig) Trugbild n

mire [maɪəʳ] ₅ Morast m

mirror [ˈmɪrəʳ] A ₅ Spiegel m B VT (wider)spiegeln **mirror image** ₅ Spiegelbild n

mirth [mɜːθ] ₅ Heiterkeit f

misadventure [ˌmɪsədˈventʃəʳ] ₅ Missgeschick n

misanthrope [ˈmɪzənθrəʊp] ₅ Misanthrop(in) m(f)

misapply [ˈmɪsəˈplaɪ] VT falsch anwenden

misapprehension [ˈmɪsˌæprɪˈhenʃən] ₅ Missverständnis n; **he was under the ~ that ...** er hatte fälschlicherweise angenommen, dass ...

misappropriate [ˈmɪsəˈprəʊprɪeɪt] VT entwenden; Geld veruntreuen

misbehave [ˈmɪsbɪˈheɪv] VI sich schlecht benehmen **misbehaviour**, (US) **misbehavior** [ˌmɪsbɪˈheɪvɪəʳ] ₅ schlechtes Benehmen, Ungezogenheit f

miscalculate [ˈmɪsˈkælkjʊleɪt] A VT falsch berechnen, falsch einschätzen B VI sich verrechnen, sich verschätzen **miscalculation** [ˈmɪsˌkælkjʊˈleɪʃən] ₅ Rechenfehler m, Fehlkalkulation f, Fehleinschätzung f

miscarriage [ˈmɪsˌkærɪdʒ] ₅ **1** MED Fehlgeburt f **2** **~ of justice** Justizirrtum m **miscarry** [ˌmɪsˈkærɪ] VI MED eine Fehlgeburt haben

miscellaneous [ˌmɪsɪˈleɪnɪəs] ADJ verschieden; **~ expenses/income** sonstige Aufwendungen/Erträge

mischief [ˈmɪstʃɪf] ₅ **1** Schalk m, Unfug m; **he's always getting into ~** er stellt dauernd etwas an; **to keep out of ~** keinen Unfug machen **2** **to cause ~** Unfrieden stiften **3** Schaden m; **to do sb/oneself a ~** jdm/sich Schaden zufügen; (verletzen) jdm/sich etwas (an)tun **mischievous** [ˈmɪstʃɪvəs] ADJ verschmitzt; **her son is really ~** ihr Sohn ist ein Schlingel **mischievously** [ˈmɪstʃɪvəslɪ] ADV lächeln verschmitzt

misconception [ˌmɪskənˈsepʃən] ₅ fälschliche Annahme

misconduct [ˌmɪsˈkɒndʌkt] ₅ schlechtes Benehmen; **gross ~** grobes Fehlverhalten

misconstrue [ˈmɪskənˈstruː] VT missdeuten, falsch auslegen; **you have ~d my meaning** Sie haben mich falsch verstanden

miscount [ˌmɪsˈkaʊnt] A VT falsch zählen; Stimmen falsch auszählen B VI sich verzählen

misdemeanour, (US) **misdemeanor** [ˌmɪsdɪˈmiːnəʳ] ₅ JUR Vergehen n

misdirect [ˈmɪsdɪˈrekt] VT Brief fehlleiten; jdn in die falsche Richtung schicken

miser [ˈmaɪzəʳ] ₅ Geizhals m

miserable [ˈmɪzərəbl] ADJ **1** unglücklich; (≈ schlecht gelaunt) griesgrämig; **to make life ~ for sb, to make sb's life ~** jdm das Leben zur Qual machen **2** Wetter grässlich; Dasein erbärmlich; Ort trostlos **3** jämmerlich; Summe kläglich; **to be a ~ failure** kläglich versagen **miserably** [ˈmɪzərəblɪ] ADV **1** unglücklich **2** versagen kläglich

miserly [ˈmaɪzəlɪ] ADJ geizig; Angebot knauserig; **a ~ £8** mickrige £ 8 (umg); **to be ~ with sth** mit etw geizen

misery [ˈmɪzərɪ] ₅ **1** Trauer f **2** Qualen pl, Elend n; **to make sb's life a ~** jdm das Leben zur Hölle machen; **to put an animal out of its ~** ein Tier von seinen Qualen erlösen; **to put sb out of his ~** (fig) jdn nicht länger auf die Folter spannen

misfire [ˈmɪsˈfaɪəʳ] VI (Motor) fehlzünden; (Plan) fehlschlagen

misfit [ˈmɪsfɪt] ₅ Außenseiter(in) m(f)

misfortune [mɪsˈfɔːtʃuːn] ₅ **1** (schweres) Schicksal n **2** Pech n kein pl; **it was my ~ od I had the ~ to ...** ich hatte das Pech, zu ...

misgiving [mɪsˈgɪvɪŋ] ₅ Bedenken pl; **I had ~s about the scheme** bei dem Vorhaben war mir nicht ganz wohl

misguided [mɪsˈgaɪdɪd] ADJ töricht; Ansichten irrig

mishandle [mɪsˈhændl] VT Fall falsch handhaben

mishap [ˈmɪshæp] ₅ Missgeschick n; **he's had a slight ~** ihm ist ein kleines Missgeschick passiert

mishear [mɪsˈhɪəʳ] prät, pperf **misheard** [ˈmɪsˈhɜːd] A VT falsch hören B VI sich verhören

mishmash [ˈmɪʃmæʃ] ₅ Mischmasch m

misinform [ˈmɪsɪnˈfɔːm] VT falsch informieren; **you've been ~ed** Sie sind falsch informiert **misinformation** [ˈmɪsɪnfəˈmeɪʃən] ₅ (⚠ kein pl) Fehlinformation(en pl) f

misinterpret [ˈmɪsɪnˈtɜːprɪt] VT falsch auslegen; **he ~ed her silence as agreement** er deutete ihr Schweigen fälschlich als Zustimmung **misinterpretation** [ˈmɪsɪnˌtɜːprɪˈteɪʃən] ₅ falsche Auslegung

misjudge [ˈmɪsˈdʒʌdʒ] VT falsch einschätzen **misjudgement** [ˌmɪsˈdʒʌdʒmənt] ₅ Fehlein-

427 | MIST

schätzung *f*

mislay [ˌmɪsˈleɪ] *prät, pperf* **mislaid** [ˌmɪsˈleɪd] *vt* verlegen

mislead [ˌmɪsˈliːd] *prät, pperf* **misled** *vt* irreführen; **you have been misled** Sie irren *od* täuschen sich **misleading** [ˌmɪsˈliːdɪŋ] *adj* irreführend **misled** [ˌmɪsˈled] *prät, pperf* von **mislead**

mismanage [ˈmɪsˈmænɪdʒ] *vt* *Firma* schlecht verwalten; *Angelegenheit* schlecht handhaben **mismanagement** *s* Misswirtschaft *f* **mismatch** [mɪsˈmætʃ] *s* **to be a ~** nicht zusammenpassen

misogynist [mɪˈsɒdʒɪnɪst] *s* Frauenfeind *m* **misplace** [ˈmɪsˈpleɪs] *vt* verlegen **misprint** [ˈmɪsprɪnt] *s* Druckfehler *m* **mispronounce** [ˈmɪsprəˈnaʊns] *vt* falsch aussprechen **mispronunciation** [ˌmɪsprəˌnʌnsɪˈeɪʃn] *s* falsche Aussprache **misread** [ˈmɪsˈriːd] *prät, pperf* **misread** [ˈmɪsˈred] *vt* falsch lesen, falsch verstehen **misrepresent** [ˈmɪsˌreprɪˈzent] *vt* falsch darstellen

miss[1] [mɪs] **A** *s* **1** Fehlschuss *m*; **his first shot was a ~** sein erster Schuss ging daneben; **it was a near ~** *(fig)* das war eine knappe Sache; **we had a near ~ with that car** wir wären fast mit diesem Auto zusammengestoßen **2 to give sth a ~** *(umg)* sich *(dat)* etw schenken **B** *vt* **1** verpassen; (≈ *akustisch etc*) nicht mitbekommen; **to ~ breakfast** nicht frühstücken; (≈ *wegen Verspätung*) das Frühstück verpassen; **they ~ed each other in the crowd** sie verpassten sich in der Menge; **to ~ the boat** *od* **bus** *(fig)* den Anschluss verpassen; **he ~ed school for a week** er hat eine Woche lang die Schule versäumt; **~ a turn** einmal aussetzen; **he doesn't ~ much** *(umg)* ihm entgeht so schnell nichts **2** *Preis* nicht bekommen; **he narrowly ~ed being first/becoming president** er wäre beinahe auf den ersten Platz gekommen/Präsident geworden **3** *Hindernis* (noch) ausweichen können (+*dat*); *Unfall etc* entgehen (+*dat*); **the car just ~ed the tree** das Auto wäre um ein Haar gegen den Baum gefahren **4** übersehen **5** vermissen; **I ~ him** er fehlt mir; **he won't be ~ed** keiner wird ihn vermissen **C** *vi* nicht treffen, danebenschießen, danebengreifen ♦**miss out A** *vt trennb* auslassen, weglassen **B** *vi* *(umg)* zu kurz kommen; **to ~ on sth** etw verpassen

miss[2] *s* **Miss** Fräulein *n*, Frl. *abk* (❶ **Miss** wird in der Anrede großgschrieben.)

misshapen [ˈmɪsˈʃeɪpən] *adj* missgebildet

missile [ˈmɪsaɪl] *s* **1** (Wurf)geschoss *n* **2** Rakete *f*

missing [ˈmɪsɪŋ] *adj* vermisst, abgängig (*bes österr*); *Objekt* verschwunden, fehlend; **to be ~/have gone ~** fehlen; *(Mensch)* vermisst werden; **to go ~** vermisst werden; *(Objekt)* verloren gehen; **~ in action** vermisst **missing person** *s* Vermisste(r) *m/f(m)*

mission [ˈmɪʃən] *s* **1** Auftrag *m*; (≈ *innere Bestimmung*) Berufung *f*; MIL Einsatz *m*; **~ accomplished** (MIL, *fig*) Befehl ausgeführt **2** (≈ *Abordnung*) Delegation *f* **missionary** [ˈmɪʃənrɪ] **A** *s* Missionar(in) *m(f)* **B** *adj* missionarisch

misspell [ˈmɪsˈspel] *prät, pperf* **misspelled** *od* **misspelt** *vt* falsch schreiben **misspelling** [ˌmɪsˈspelɪŋ] *s* **1** Rechtschreibfehler *m* **2** falsche Schreibung

misspent [ˌmɪsˈspent] *adj* **I regret my ~ youth** ich bedaure es, meine Jugend so vergeudet zu haben

mist [mɪst] *s* Nebel *m* (❶ **Mist** bezeichnet leichten Nebel, dichter Nebel heißt **fog**.) ♦**mist over** *vi* (a. **mist up**) (sich) beschlagen

mistake [mɪˈsteɪk] **A** *s* Fehler *m*; **to make a ~** einen Fehler machen, sich irren; **to make the ~ of asking too much** den Fehler machen, zu viel zu verlangen; **by ~** aus Versehen; **there must be some ~** da muss ein Fehler vorliegen **B** *vt, prät* **mistook**, *pperf* **mistaken** falsch verstehen; **there's no mistaking her writing** ihre Schrift ist unverkennbar; **there's no mistaking what he meant** er hat sich unmissverständlich ausgedrückt; **there was no mistaking his anger** er war eindeutig wütend; **to ~ A for B** A mit B verwechseln; **to be ~n about sth/sb** sich in etw/jdm irren; **to be ~n in thinking that ...** fälschlicherweise annehmen, dass ...; **if I am not ~n ...** wenn mich nicht alles täuscht ... **mistaken** [mɪˈsteɪkən] *adj* *Vorstellung* falsch; **a case of ~ identity** eine Verwechslung

mister [ˈmɪstəʳ] *s* Herr *m* (❶ **Mister** wird meist mit **Mr** im britischen Englisch und **Mr.** im amerikanischen Englisch abgekürzt und in der Anrede großgeschrieben.)

mistime [ˈmɪsˈtaɪm] *vt* einen ungünstigen Zeitpunkt wählen für

mistletoe [ˈmɪsltəʊ] *s* (❶ kein pl) Mistel *f*, Mistelzweig *m*

mistook [mɪˈstʊk] *prät* von **mistake**

mistranslate [ˈmɪstrænzˈleɪt] *vt* falsch übersetzen

mistreat [ˌmɪsˈtriːt] *vt* schlecht behandeln, misshandeln **mistreatment** *s* schlechte Behandlung, Misshandlung *f*

mistress [ˈmɪstrɪs] *s* **1** Herrin *f* **2** Geliebte *f*

mistrust [ˈmɪsˈtrʌst] **A** *s* Misstrauen *n* (of ge-

MIST | 428

genüber) **B** _v̄t_ misstrauen (+_dat_) **mistrustful** _ADJ_ misstrauisch; **to be ~ of sb/sth** jdm/einer Sache misstrauen

misty ['mɪstɪ] _ADJ_ (+_er_) neblig

misunderstand ['mɪsʌndə'stænd] _prät, pperf_ misunderstood **A** _v̄t_ missverstehen; **don't ~ me ...** verstehen Sie mich nicht falsch ... **B** _v̄i_ **I think you've misunderstood** ich glaube, Sie haben das missverstanden **misunderstanding** ['mɪsʌndə'stændɪŋ] _s̄_ Missverständnis _n_; **there must be some ~** da muss ein Missverständnis vorliegen **misunderstood** ['mɪsʌndə'stʊd] **A** _pperf_ von **misunderstand B** _ADJ_ unverstanden; _Künstler_ verkannt

misuse ['mɪs'ju:s] **A** _s̄_ Missbrauch _m_; **~ of power/authority** Macht-/Amtsmissbrauch _m_ **B** ['mɪs'ju:z] _v̄t_ missbrauchen

mite[1] [maɪt] _s̄_ ZOOL Milbe _f_

mite[2] _ADV_ (umg) **a ~ surprised** etwas überrascht

mitigate ['mɪtɪgeɪt] _v̄t_ **mitigating circumstances** mildernde Umstände _pl_

mitt [mɪt] _s̄_ **1** = **mitten 2** Baseballhandschuh _m_ **mitten** ['mɪtn] _s̄_ Fausthandschuh _m_

mix [mɪks] **A** _s̄_ Mischung _f_; **a real ~ of people** eine bunte Mischung von Menschen; **a broad racial ~** ein breites Spektrum verschiedener Rassen **B** _v̄t_ (ver)mischen; _Drink_ mixen; _Zutaten_ verrühren; _Teig_ zubereiten; _Salat_ wenden; **you shouldn't ~ your drinks** man sollte nicht mehrere Sachen durcheinandertrinken; **to ~ sth into sth** etw unter etw (akk) mengen; **I never ~ business with** _od_ **and pleasure** ich vermische nie Geschäftliches und Privates **C** _v̄i_ **1** sich mischen lassen **2** zusammenpassen **3** (Menschen) sich vermischen, miteinander verkehren; **he finds it hard to ~** er ist nicht sehr gesellig **♦mix in** _v̄t trennb Ei_ unterrühren **♦mix up** _v̄t trennb_ **1** durcheinanderbringen, verwechseln **2 to be mixed up in sth** in etw (akk) verwickelt sein; **he's got himself mixed up with that gang** er hat sich mit dieser Bande eingelassen

mixed [mɪkst] _ADJ_ gemischt, unterschiedlich; **~ nuts** Nussmischung _f_; **of ~ race** _od_ **parentage** gemischtrassig; **a class of ~ ability** eine Klasse mit Schülern unterschiedlicher Leistungsstärke; **to have ~ feelings about sth** etw mit gemischten Gefühlen betrachten **mixed-ability** _ADJ Gruppe_ mit unterschiedlicher Leistungsstärke **mixed blessing** _s̄_ **it's a ~** das ist ein zweischneidiges Schwert **mixed doubles** (❗ mit Verb im Singular oder Plural) SPORT gemischtes Doppel **mixed grill** _s̄_ Grillteller _m_ **mixed-race** _ADJ_ gemischtrassig **mixed-up** _ADJ attr_, **mixed up** _ADJ präd_ durcheinander _präd; Ideen_ konfus;

I'm all mixed up ich bin völlig durcheinander; **he got all mixed up** er hat alles durcheinandergebracht **mixer** ['mɪksə'] _s̄_ **1** Mixer _m_; (≈ für Zement) Mischmaschine _f_ **2** _Tonic etc_ zum Auffüllen von alkoholischen Mixgetränken

mixture ['mɪkstʃə'] _s̄_ Mischung _f_; GASTR Gemisch _n_; (für Kuchen) Teig _m_; **fold the eggs into the cheese ~** heben Sie die Eier in die Käsemischung unter **mix-up** ['mɪksʌp] _s̄_ Durcheinander _n_, Verwechslung _f_; **there seemed to be some ~ about which train ...** es schien völlig unklar, welchen Zug ...; **there must have been a ~** da muss irgendetwas schiefgelaufen sein (umg)

ml **1** _abk_ von **millilitre** ml **2** _abk_ von **mile**

mm _abk_ von **millimetre(s)** mm

mo [məʊ] _s̄_ (umg) _abk_ von **moment**

moan [məʊn] **A** _s̄_ **1** Stöhnen _n_ **2 to have a ~ about sth** über etw (akk) jammern **B** _v̄i_ **1** stöhnen **2** jammern, sempern (österr) (about über +akk) **C** _v̄t_ **..., he ~ed ...** stöhnte er **moaning** ['məʊnɪŋ] _s̄_ **1** Stöhnen _n_ **2** Gestöhn(e) _n_

moat [məʊt] _s̄_ Wassergraben _m_, Burggraben _m_

mob [mɒb] **A** _s̄_ **1** Horde _f_, Mob _m kein pl_ **2** (umg) Bande _f_ **B** _v̄t_ herfallen über (+akk); _Popstar_ belagern

mobile ['məʊbaɪl] **A** _ADJ_ **1** beweglich **2** _Röntgeneinheit_ fahrbar; _Labor_ mobil **B** _s̄_ **1** TEL Handy _n_ **2** (≈ Zimmerschmuck) Mobile _n_ **mobile home** _s̄_ Mobilheim _n_

mobile phone _s̄_ Handy _n_ **mobility** [məʊ'bɪlɪtɪ] _s̄_ Beweglichkeit _f_, Mobilität _f_; **a car gives you ~** ein Auto macht Sie beweglicher **mobilization** [ˌməʊbɪlaɪ'zeɪʃən] _s̄_ Mobilisierung _f_ **mobilize** ['məʊbɪlaɪz] **A** _v̄t_ mobilisieren **B** _v̄i_ mobil machen

moccasin ['mɒkəsɪn] _s̄_ Mokassin _m_

mocha ['mɒkə] _s̄_ Mokka _m_

mock [mɒk] **A** _s̄_ (Br SCHULE umg) Probeprüfungen _pl_ **B** _ADJ attr Prüfung_ simuliert; _Hinrichtung_ gestellt; **~ leather** Kunstleder _n_ **C** _v̄t_ sich lustig machen über (+akk) **D** _v̄i_ **don't ~** mokier dich nicht! **mockery** ['mɒkərɪ] _s̄_ **1** Spott _m_ **2 to make a ~ of sth** etw lächerlich machen **mocking** _ADJ_, **mockingly** _ADV_ ['mɒkɪŋ, -lɪ] spöttisch

MOD (Br) _abk_ von **Ministry of Defence** britisches Verteidigungsministerium

modal ['məʊdl] _ADJ_ modal; **~ verb** Modalverb _n_

mod cons ['mɒd'kɒnz] _PL_ (Br umg) _abk_ von **modern conveniences** mod. Komf.

mode [məʊd] _s̄_ **1** Art _f_ (und Weise), Form _f_; **~ of transport** Transportmittel _n_ **2** IT Modus _m_, Mode _m_

model ['mɒdl] **A** _s̄_ **1** Modell _n_; MODE Mannequin _n_, Dressman _m_ **2** Muster _n_ (of an +dat); **to**

hold sb up as a ~ jdn als Vorbild hinstellen B ADJ **1** Modell-; **~ railway** (Br) od **railroad** (US) Modelleisenbahn f **2** vorbildlich; **~ pupil** Musterschüler(in) m(f) C VT **1** **to ~ X on Y** Y als Muster für X benutzen; **X is modelled** (Br) od **modeled** (US) **on Y** Y dient als Muster für X; **the system was modelled** (Br) od **modeled** (US) **on the American one** das System war nach amerikanischem Muster aufgebaut; **to ~ oneself on sb** sich (dat) jdn zum Vorbild nehmen **2** Kleid etc vorführen D VI MODE als Mannequin/Dressman arbeiten **modelling,** (US) **modeling** ['mɒdlɪŋ] S **to do some ~** MODE als Mannequin/Dressman arbeiten

modem ['məʊdem] S Modem n

moderate ['mɒdərət] A ADJ gemäßigt; Erhöhung mäßig; Verbesserung leicht; Forderungen vernünftig; Trinker maßvoll; Erfolg bescheiden; **a ~ amount** einigermaßen viel B S POL Gemäßigte(r) m/f(m) C ['mɒdəreɪt] VT mäßigen **moderately** ['mɒdərətlɪ] ADV **1** (mit adj/adv) einigermaßen; Steigerung, Rückgang mäßig; **a ~ priced suit** ein nicht allzu teurer Anzug **2** essen etc in Maßen **moderation** [ˌmɒdə'reɪʃən] S Mäßigung f; **in ~** mit Maß(en)

modern ['mɒdən] ADJ modern; Geschichte neuere und neueste; **Modern Greek** etc Neugriechisch n etc **modern-day** [ˌmɒdən'deɪ] ADJ modern; **~ America** das heutige Amerika **modernization** [ˌmɒdənaɪ'zeɪʃən] S Modernisierung f **modernize** ['mɒdənaɪz] VT modernisieren **modern languages** PL neuere Sprachen pl; UNIV Neuphilologie f

modest ['mɒdɪst] ADJ bescheiden; Preis mäßig; **to be ~ about one's successes** nicht mit seinen Erfolgen prahlen; **on a ~ scale** in bescheidenem Rahmen **modesty** ['mɒdɪstɪ] S Bescheidenheit f

modicum ['mɒdɪkəm] S **a ~ (of)** ein wenig **modification** [ˌmɒdɪfɪ'keɪʃən] S (Ver)änderung f; (von Wortlaut) Modifizierung f; **to make ~s to sth** (Ver)änderungen an etw (dat) vornehmen, etw modifizieren **modifier** ['mɒdɪfaɪər] S GRAM Bestimmungswort n **modify** ['mɒdɪfaɪ] VT (ver)ändern; Wortlaut modifizieren **modular** ['mɒdjʊlər] ADJ aus Elementen zusammengesetzt; IT modular; (bes Br SCHULE, UNIV) modular aufgebaut

modulate ['mɒdjʊleɪt] VT&VI MUS, RADIO modulieren **modulation** [ˌmɒdjʊ'leɪʃən] S MUS, RADIO Modulation f

module ['mɒdjuːl] S (Bau)element n; SCHULE etc Kurs m; IT Modul n; RAUMF Raumkapsel f

mohair ['məʊhεər] S Mohair m

moist [mɔɪst] ADJ (+er) feucht (from, with vor +dat) **moisten** ['mɔɪsn] VT anfeuchten **moisture** ['mɔɪstʃər] S Feuchtigkeit f **moisturizer** ['mɔɪstʃəraɪzər], **moisturizing cream** ['mɔɪstʃəraɪzɪŋ'kriːm] S Feuchtigkeitscreme f

molar (tooth) ['məʊlər(,tuː'θ)] S Backenzahn m, Stockzahn m (österr)

molasses [mə'læsɪz] S (❶ mit Verb im Singular) Melasse f

mold (US) = **mould moldy** ADJ (US) = **mouldy**

mole¹ [məʊl] S ANAT Leberfleck m

mole² S ZOOL Maulwurf m, Schermaus f (schweiz); (umg ≈ Agent) Maulwurf m (umg) **molehill** S Maulwurfshaufen m

molecular [mə'lekjʊlər] ADJ Molekular**molecule** ['mɒlɪkjuːl] S Molekül n

molest [mə'lest] VT belästigen

mollusc ['mɒləsk] S Weichtier n

mollycoddle ['mɒlɪ,kɒdl] VT verhätscheln

molotow cocktail ['mɒlətɒv 'kɒkteɪl] S (US) Molotowcocktail m (❶ = (Br) **petrol bomb**)

molt VI (US) = **moult**

molten ['məʊltən] ADJ geschmolzen; Lava flüssig

mom [mɒm] S (US umg) = **mum²**

moment ['məʊmənt] S Augenblick m; **any ~ now, (at) any ~** jeden Augenblick; **at the ~** im Augenblick; **not at the ~** im Augenblick nicht; **at this (particular) ~ in time** augenblicklich; **for the ~** vorläufig; **not for a** od **one ~ ...** nie(mals) ...; **I didn't hesitate for a ~** ich habe keinen Augenblick gezögert; **in a ~** gleich; **to leave things until the last ~** alles erst im letzten Moment erledigen; **just a ~!, wait a ~!** Moment mal!; **I shan't be a ~** ich bin gleich wieder da, ich bin gleich so weit; **I have just this ~ heard about it** ich habe es eben od gerade erst erfahren; **we haven't a ~ to lose** wir haben keine Minute zu verlieren; **not a ~'s peace** keine ruhige Minute; **one ~ she was laughing, the next she was crying** zuerst lachte sie, einen Moment später weinte sie; **the ~ I saw him I knew ...** als ich ihn sah, wusste ich sofort ...; **tell me the ~ he comes** sagen Sie mir sofort Bescheid, wenn er kommt; **the ~ of truth** die Stunde der Wahrheit; **the film has its ~s** streckenweise hat der Film was (umg) **momentarily** ['məʊməntərɪlɪ] ADV (für) einen Augenblick **momentary** ['məʊməntərɪ] ADJ kurz, momentan; **there was a ~ silence** einen Augenblick lang herrschte Stille

momentous [məʊ'mentəs] ADJ bedeutungsvoll

momentum [məʊ'mentəm] S Schwung m; **to gather** od **gain ~** (wörtl) sich beschleunigen; (fig) in Gang kommen; **to lose ~** Schwung verlieren

Mon abk von **Monday** Mo.

monarch ['mɒnək] [S] Monarch(in) *m(f)* **monarchist** ['mɒnəkɪst] [S] Monarchist(in) *m(f)* **monarchy** ['mɒnəkɪ] [S] Monarchie *f*
monastery ['mɒnəstərɪ] [S] (Mönchs)kloster *n* **monastic** [mə'næstɪk] [ADJ] klösterlich; **~ order** Mönchsorden *m*
Monday ['mʌndɪ] [S] Montag *m*; → Tuesday
monetary ['mʌnɪtərɪ] [ADJ] währungspolitisch; **~ policy** Währungspolitik *f*; **~ union** Währungsunion *f* **monetary unit** [S] Währungseinheit *f*
money ['mʌnɪ] [S] Geld *n*; **to make ~** (viel) Geld verdienen; *(Geschäft)* etwas einbringen; **to lose ~** Geld verlieren; *(Geschäft)* Verluste haben; **to be in the ~** *(umg)* Geld wie Heu haben; **what's the ~ like in this job?** wie wird der Job bezahlt?; **to earn good ~** gut verdienen; **to get one's ~'s worth** etwas für sein Geld bekommen **money belt** [S] ≈ Gürteltasche *f* **moneybox** [S] Sparbüchse *f* **money laundering** [S] Geldwäsche *f* **moneylender** [S] Geldverleiher(in) *m(f)* **money market** [S] Geldmarkt *m* **money order** [S] Zahlungsanweisung *f*; *(US)* Postanweisung *f* (❗ = (Br) **postal order**) **money-spinner** [S] *(umg)* Verkaufsschlager *m (umg)* **money supply** [S] Geldvolumen *n*
mongrel ['mʌŋgrəl] [S] Promenadenmischung *f*; *(pej)* Köter *m*
monitor ['mɒnɪtə^r] [A] [S] [1] SCHULE **book ~** Bücherwart(in) *m(f)* [2] TV, TECH Monitor *m*; IT *a.* Bildschirm *m* [3] Überwacher(in) *m(f)* [B] [VT] [1] *Telefongespräch* abhören; *Fernsehprogramm* mithören [2] überwachen; *Ausgaben etc* kontrollieren
monk [mʌŋk] [S] Mönch *m*
monkey ['mʌŋkɪ] [A] [S] Affe *m*; *(fig ≈ Kind)* Schlingel *m*; **I don't give a ~'s** *(Br umg)* das ist mir scheißegal *(umg)* [B] [VI] **to ~ around** *(umg)* herumalbern; **to ~ around with sth** an etw *(dat)* herumfummeln *(umg)* **monkey business** [S] *(umg)* **no ~!** mach(t) mir keine Sachen! *(umg)* **monkey wrench** [S] Engländer *m*
mono ['mɒnəʊ] [A] [S] (❗ kein pl) Mono *n* [B] [ADJ] Mono-, mono-
monochrome ['mɒnəkrəʊm] [ADJ] monochrom
monocle ['mɒnəkəl] [S] Monokel *n*
monogamous [mɒ'nɒgəməs] [ADJ] monogam **monogamy** [mɒ'nɒgəmɪ] [S] Monogamie *f*
monolingual [,mɒnə'lɪŋgwəl] [ADJ] einsprachig
monolithic [,mɒnəʊ'lɪθɪk] [ADJ] *(fig)* gigantisch
monologue, *(US)* **monolog** ['mɒnəlɒg] [S] Monolog *m*
monopolize [mə'nɒpəlaɪz] [VT] *(wörtl) Markt* monopolisieren; *(fig) jdn* mit Beschlag belegen; *Diskussion* beherrschen **monopoly** [mə'nɒpəlɪ] [S] *(wörtl)* Monopol *n*
monorail ['mɒnəreɪl] [S] Einschienenbahn *f*
monosyllabic [,mɒnəʊsɪ'læbɪk] [ADJ] *(fig)* einsilbig
monotone ['mɒnətəʊn] [S] monotoner Klang, monotone Stimme **monotonous** [mə'nɒtənəs] [ADJ] monoton; **it's getting ~** es wird allmählich langweilig **monotony** [mə'nɒtənɪ] [S] Monotonie *f*
monoxide [mɒ'nɒksaɪd] [S] Monoxid *n*
monsoon [mɒn'su:n] [S] Monsun *m*; **the ~s, the ~ season** die Monsunzeit
monster ['mɒnstə^r] [A] [S] [1] Ungetüm *n*; *(≈ Tier)* Ungeheuer *n* [2] Monster *n* [3] Unmensch *m* [B] [ATTR] riesenhaft **monstrosity** [mɒn'strɒsɪtɪ] [S] Monstrosität *f* **monstrous** ['mɒnstrəs] [ADJ] [1] riesig [2] abscheulich; *Verbrechen* grässlich
month [mʌnθ] [S] Monat *m*; **in** *od* **for ~s** seit Langem; **it went on for ~s** es hat sich monatelang hingezogen; **one ~'s salary** ein Monatsgehalt; **by the ~** monatlich
monthly ['mʌnθlɪ] [A] [ADJ, ADV] monatlich; **~ magazine** Monats(zeit)schrift *f*; **~ salary** Monatsgehalt *n*; **they have ~ meetings** sie treffen sich einmal im Monat; **to pay on a ~ basis** monatlich zahlen; **twice ~** zweimal pro Monat [B] [S] Monats(zeit)schrift *f*
monty ['mɒntɪ] [S] *(umg)* **the full ~** absolut alles
monument ['mɒnjʊmənt] [S] Denkmal *n*; *(fig)* Zeugnis *n* *(to +gen)* **monumental** [,mɒnjʊ'mentl] [ADJ] enorm; **on a ~ scale** *Katastrophe* von riesigem Ausmaß; *Bauwerk* monumental
moo [mu:] [VI] muhen
mooch [mu:tʃ] *(umg)* [VI] tigern *(umg)*; **I spent all day just ~ing about** *(Br) od* **around the house** ich habe den ganzen Tag zu Hause herumgegammelt *(umg)*
mood¹ [mu:d] [S] Stimmung *f*, Laune *f*; **he's in one of his ~s** er hat mal wieder eine seiner Launen; **he was in a good/bad ~** er hatte gute/schlechte Laune; **to be in a cheerful ~** gut aufgelegt sein; **to be in a festive/forgiving ~** feierlich/versöhnlich gestimmt sein; **I'm in no ~ for laughing** mir ist nicht nach *od* zum Lachen zumute; **to be in the ~ for sth** zu etw aufgelegt sein; **to be in the ~ to do sth** dazu aufgelegt sein, etw zu tun; **to be in no ~ to do sth** nicht in der Stimmung sein, etw zu tun; **I'm not in the ~ to work** ich habe keine Lust zum Arbeiten; **I'm not in the ~** ich bin nicht dazu aufgelegt
mood² [S] GRAM Modus *m*; **indicative ~** Indikativ *m*
moodiness ['mu:dɪnɪs] [S] Launenhaftigkeit *f*

431 ‖ MORM

moody ['muːdɪ] ADJ (+er) launisch, schlecht gelaunt

moon [muːn] ⒮ Mond *m*; **is there a ~ tonight?** scheint heute der Mond?; **when the ~ is full** bei Vollmond; **to promise sb the ~** jdm das Blaue vom Himmel versprechen; **to be over the ~** (*umg*) überglücklich sein ♦**moon about** (*Br*) *od* **around** Ⅵ (vor sich *akk* hin) träumen; **to moon about** *od* **around (in) the house** zu Hause hocken

moonbeam ⒮ Mondstrahl *m* **moonless** ADJ mondlos **moonlight** Ⓐ⒮ Mondlicht *n*; **it was ~** der Mond schien Ⅵ (*umg*) schwarzarbeiten, pfuschen (*österr*) **moonlighting** ⒮ (*umg*) Schwarzarbeit *f*, Pfusch *m* (*österr*) **moonlit** ADJ mondbeschienen; *Landschaft* mondhell

moonshine ⒮ Mondschein *m*

moor¹ [mʊəʳ] ⒮ (Hoch)moor *n*

moor² Ⅵ&Ⅵ festmachen **mooring** ['mʊərɪŋ] ⒮ Anlegeplatz *m*; **~s** Verankerung *f*

moose [muːs] ⒮, *pl* - Elch *m*

moot [muːt] ADJ **a ~ point** eine fragliche Sache

mop [mɒp] Ⓐ⒮ Mopp *m*; **her ~ of curls** ihr Wuschelkopf *m* ⒝ Ⅵ *Boden* wischen; **to ~ one's brow** sich (*dat*) den Schweiß von der Stirn wischen ♦**mop up** ⒶⅥ *trennb* aufwischen; **she mopped up the sauce with a piece of bread** sie tunkte die Soße mit einem Stück Brot auf ⒝ Ⅵ (auf)wischen

mope [məʊp] Ⅵ Trübsal blasen (*umg*) ♦**mope about** (*Br*) *od* **around** Ⅵ mit einer Jammermiene herumlaufen

moped ['məʊped] ⒮ Moped *n*

moral ['mɒrəl] Ⓐ ADJ moralisch; **~ values** sittliche Werte *pl*; **to give sb ~ support** jdn moralisch unterstützen ⒝ ⒮ ⒈ Moral *f* ⒉ **morals** PL (≈ *Prinzipien*) Moral *f*

morale [mɒˈrɑːl] ⒮ Moral *f*; **to boost sb's ~** jdm (moralischen) Auftrieb geben

moralistic [ˌmɒrəˈlɪstɪk] ADJ moralisierend

morality [məˈrælɪtɪ] ⒮ Moralität *f*; (≈ *System*) Ethik *f* **moralize** ['mɒrəlaɪz] Ⅵ moralisieren

morally ['mɒrəlɪ] ADV moralisch

moratorium [ˌmɒrəˈtɔːrɪəm] ⒮ Stopp *m*, Moratorium *n*

morbid ['mɔːbɪd] ADJ krankhaft; *Sinn für Humor etc* makaber; *Gedanken* düster; *Mensch* trübsinnig; **don't be so ~!** sieh doch nicht alles so schwarz!

---

more [mɔːʳ]

A Substantiv und Pronomen	**B** Adjektiv
C Adverb	

— A Substantiv und Pronomen —

mehr, noch welche; **~ and ~** immer mehr; **three ~** noch drei; **many/much ~** viel mehr; **not many/much ~** nicht mehr viele/viel; **no ~** nichts mehr, keine mehr; **some ~** noch etwas, noch welche; **there isn't/aren't any ~** mehr gibt es nicht, es ist nichts/es sind keine mehr da; **is/are there any ~?** gibt es noch mehr?, ist noch etwas/sind noch welche da?; **even ~** noch mehr; **let's say no ~ about it** reden wir nicht mehr darüber; **there's ~ to come** das ist noch nicht alles; **what ~ do you want?** was willst du denn noch?; **there's ~ to it** da steckt (noch) mehr dahinter; **there's ~ to bringing up children than ...** zum Kindererziehen gehört mehr als ...; **and what's ~, ...** und außerdem ...; **(all) the ~** umso mehr; **the ~ you give him, the ~ he wants** je mehr du ihm gibst, desto mehr verlangt er; **the ~ the merrier** je mehr, desto besser

— B Adjektiv —

mehr, noch mehr; **two ~ bottles** noch zwei Flaschen; **a lot/a little ~ money** viel/etwas mehr Geld; **a few ~ weeks** noch ein paar Wochen; **no ~ friends** keine Freunde mehr; **no ~ squabbling!** Schluss mit dem Zanken!; **do you want some ~ tea/books?** möchten Sie noch etwas Tee/noch ein paar Bücher?; **there isn't any ~ wine** es ist kein Wein mehr da; **there aren't any ~ books** mehr Bücher gibt es nicht, es sind keine Bücher mehr da

— C Adverb —

⒈ mehr; **~ and ~** immer mehr; **it will weigh/grow a bit ~** es wird etwas mehr wiegen/noch etwas wachsen; **to like sth ~** etw lieber mögen; **~ than** mehr als; **it will ~ than meet the demand** das wird die Nachfrage mehr als genügend befriedigen; **he's ~ lazy than stupid** er ist eher faul als dumm; **no ~ than** nicht mehr als; **he's ~ like a brother to me** er ist eher wie ein Bruder (für mich); **once ~** noch einmal; **no ~, not any ~** nicht mehr; **to be no ~** nicht mehr existieren; **if he comes here any ~ ...** wenn er noch länger hierherkommt ...; **~ or less** mehr oder weniger; **neither ~ nor less, no ~, no less** nicht mehr und nicht weniger ⒉ (*bei Komparativ*) -er (*than* als); **~ beautiful** schöner; **~ and ~ beautiful** immer schöner; **~ seriously** ernster; **no ~ stupid than I am** (auch) nicht dümmer als ich

moreover [mɔːˈrəʊvəʳ] ADV zudem

morgue [mɔːg] ⒮ Leichenschauhaus *n*

Mormon ['mɔːmən] Ⓐ ADJ mormonisch; **~ church** Mormonenkirche *f* ⒝ ⒮ Mormone *m*,

Mormonin f
morning ['mɔːnɪŋ] A S Morgen m; **in the ~** morgens, morgen früh; **early in the ~** am frühen Morgen, morgen früh; **(at) 7 in the ~** (um) 7 Uhr morgens; **at 2 in the ~** um 2 Uhr früh; **this/yesterday ~** heute/gestern Morgen; **tomorrow ~** morgen früh; **it was the ~ after** es war am nächsten Morgen B ATTR am Morgen, morgendlich; **~ flight** Vormittagsflug m
morning paper S Morgenzeitung f **morning sickness** S (Schwangerschafts)übelkeit f
Morocco [məˈrɒkəʊ] S Marokko n
moron ['mɔːrɒn] S (umg) Trottel m (umg) **moronic** [məˈrɒnɪk] ADJ (umg) idiotisch (umg)
morose ADJ, **morosely** ADV [məˈrəʊs, -lɪ] missmutig
morphine ['mɔːfiːn] S Morphium n
morse [mɔːs] S (a. **Morse code**) Morseschrift f
morsel ['mɔːsl] S Bissen m
mortal ['mɔːtl] A ADJ 1 sterblich 2 tödlich; **to deal (sb/sth) a ~ blow** (jdm/einer Sache) einen tödlichen Schlag versetzen; **~ enemy** Todfeind(in) m(f) B S Sterbliche(r) m/f(m) **mortality** [mɔːˈtælɪtɪ] S **~ rate** Sterblichkeitsziffer f
mortally ['mɔːtəlɪ] ADV tödlich; **~ ill** todkrank
mortal sin S Todsünde f
mortar ['mɔːtəʳ] S Mörtel m **mortarboard** ['mɔːtəˌbɔːd] S UNIV Doktorhut m
mortgage ['mɔːɡɪdʒ] A S Hypothek f (on auf +akk/dat); **a ~ for £50,000** eine Hypothek über £ 50.000 B VT hypothekarisch belasten **mortgage rate** S Hypothekenzinssatz m
mortician [ˌmɔːˈtɪʃən] S (US) Bestattungsunternehmer(in) m(f)
mortify ['mɔːtɪfaɪ] VT **he was mortified** es war ihm äußerst peinlich
mortuary ['mɔːtjʊərɪ] S Leichenhalle f
mosaic [məʊˈzeɪɪk] S Mosaik n
Moscow ['mɒskəʊ] S Moskau n
Moselle [məʊˈzel] S Mosel f
Moslem ['mɒzlem] A ADJ muslimisch B S Muslim(in) m(f)
mosque [mɒsk] S Moschee f
mosquito [mɒˈskiːtəʊ] S, pl -(e)s Stechmücke f, Moskito m
moss [mɒs] S Moos n **mossy** ['mɒsɪ] ADJ (+er) moosbedeckt
most [məʊst] A ADJ sup 1 meiste(r, s); Vergnügen größte(r, s); **who has (the) ~ money?** wer hat am meisten Geld?; **for the ~ part** größtenteils, im Großen und Ganzen 2 die meisten; **~ people** die meisten (Leute) B S, PRON das meiste, die meisten; **~ of it** das meiste; **~ of them** die meisten (von ihnen); **~ of the money** das meiste Geld; **~ of his friends** die meisten seiner Freunde; **~ of the day** fast den ganzen Tag über; **~ of the time** die meiste Zeit, meist, meistens; **at ~** höchstens; **to make the ~ of sth** etw voll ausnützen; Urlaub etc etw in vollen Zügen genießen C ADV 1 sup (+v) am meisten; (+adj) -ste(r, s); (+adv) am -sten; **the ~ beautiful ...** der/die/das schönste ...; **what ~ displeased him ...**, **what displeased him ~ ...** was ihm am meisten missfiel ...; **~ of all** am allermeisten 2 äußerst; **~ likely** höchstwahrscheinlich

 most

Im Gegensatz zu **meist** im Deutschen wird **most** ohne Artikel benutzt:
Most cars today have ABS. — Heutzutage haben die meisten Autos ABS.

GRAMMATIK

mostly ['məʊstlɪ] ADV hauptsächlich, meistens, zum größten Teil; **they are ~ women** die meisten sind Frauen
MOT [ˌeməʊˈtiː] (Br) A S **~ (test)** ≈ TÜV m; **it failed its ~** ≈ es ist nicht durch den TÜV gekommen B VT **to get one's car ~'d** ≈ sein Auto zum TÜV bringen; **I got my car ~'d** (mit Erfolg) ≈ mein Auto ist durch den TÜV gekommen
motel [məʊˈtel] S Motel n
moth [mɒθ] S 1 Nachtfalter m 2 Motte f
mothball S Mottenkugel f
mother ['mʌðəʳ] A S Mutter f (⚠ **Mother** wird in der Anrede großgeschrieben.); **she's a ~ of three** sie hat drei Kinder B ATTR Mutter-

moth — Nachtfalter

moth — Motte

c *vt* bemuttern **motherboard** ⓢ IT Mutterplatine *f* **mother country** ⓢ Heimat *f*, Mutterland *n* **mother figure** ⓢ Mutterfigur *f* **motherhood** ⓢ Mutterschaft *f*

mother-in-law ⓢ, *pl* mothers-in-law Schwiegermutter *f* **motherland** ⓢ Heimat *f* **motherly** [ˈmʌðəlɪ] ADJ mütterlich **mother-of-pearl** [ˌmʌðərəvˈpɜːl] **A** ⓢ Perlmutt *n* **B** ADJ Perlmutt- **Mother's Day** ⓢ Muttertag *m* **mother-to-be** ⓢ, *pl* mothers-to-be werdende Mutter **mother tongue** ⓢ Muttersprache *f*

motif [məʊˈtiːf] ⓢ KUNST, MUS Motiv *n*; (*Handarbeiten*) Muster *n*

motion [ˈməʊʃən] **A** ⓢ **1** Bewegung *f*; **to be in ~** sich bewegen; (*Zug etc*) fahren; **to set** *od* **put sth in ~** etw in Gang setzen; **to go through the ~s of doing sth** etw der Form halber tun **2** Antrag *m* **B** *vt* **to ~ sb to do sth** jdm ein Zeichen geben, dass er etw tun solle; **he ~ed me to a chair** er wies mir einen Stuhl an **c** *vi* **to ~ to sb to do sth** jdm ein Zeichen geben, dass er etw tun solle **motionless** ADJ reg(ungs)los; **to stand ~** bewegungslos dastehen **motion picture** ⓢ (*bes US*) Film *m* **motion sensor** ⓢ Bewegungsmelder *m*

motivate [ˈməʊtɪveɪt] *vt* motivieren **motivated** ADJ motiviert; **he's not ~ enough** es fehlt ihm die nötige Motivation **motivation** [ˌməʊtɪˈveɪʃən] ⓢ Motivation *f* **motive** [ˈməʊtɪv] ⓢ Motiv *n* **motiveless** [ˈməʊtɪvlɪs] ADJ unmotiviert

motley [ˈmɒtlɪ] ADJ kunterbunt

motor [ˈməʊtəʳ] **A** ⓢ **1** Motor *m* **2** (*Br umg*) Auto *n* **B** ATTR **1** PHYSIOL motorisch **2** Kraftfahrzeug- **motorbike** ⓢ Motorrad *n*, Töff *m* (*schweiz*) **motorboat** ⓢ Motorboot *n* **motorcade** [ˈməʊtəkeɪd] ⓢ Fahrzeugkolonne *f* **motorcar** ⓢ (*form*) Auto *n*

motorcycle ⓢ Motorrad *n*, Töff *m* (*schweiz*) **motorcycling** ⓢ Motorradfahren *n*, Töfffahren *n* (*schweiz*); SPORT Motorradsport *m* **motorcyclist** ⓢ Motorradfahrer(in) *m(f)*, Töfffahrer(in) *m(f)* (*schweiz*) **motor home** ⓢ Wohnmobil *n* **motor industry** ⓢ Kraftfahrzeugindustrie *f* **motoring** (*bes Br*) **A** ADJ *attr* Auto-; **~ offence** Verkehrsdelikt *n* **B** ⓢ **school of ~** Fahrschule *f* **motorist** ⓢ Autofahrer(in) *m(f)* **motorize** [ˈməʊtəraɪz] *vt* **to be ~d** motorisiert sein **motor lodge** ⓢ (*US*) Motel *n* **motor mechanic** ⓢ Kraftfahrzeugmechaniker(in) *m(f)* **motor racing** ⓢ Rennsport *m* **motor scooter** ⓢ Motorroller *m* **motor sport** ⓢ Motorsport *m* **motor vehicle** ⓢ (*form*) Kraftfahrzeug *n*

motorway ⓢ (*Br*) Autobahn *f*; **~ driving** das

Fahren auf der Autobahn

mottled [ˈmɒtld] ADJ gesprenkelt

motto [ˈmɒtəʊ] ⓢ, *pl* -(e)s Motto *n*

mould[1], (*US*) **mold** [məʊld] **A** ⓢ **1** Form *f* **2** (*fig*) **to be cast in** *od* **from the same/a different ~** (*Menschen*) vom gleichen/von einem anderen Schlag sein; **to break the ~** (*fig*) mit der Tradition brechen **B** *vt* formen (*into* zu)

mould[2], (*US*) **mold** ⓢ (≈ *Fäulnis*) Schimmel *m* **mouldy**, (*US*) **moldy** [ˈməʊldɪ] ADJ (*+er*) verschimmelt; **to go ~** verschimmeln

moult, (*US*) **molt** [məʊlt] *vi* (*Vogel*) sich mausern; (*Säugetier*) sich haaren

mound [maʊnd] ⓢ **1** Hügel *m*, Wall *m*; (*Baseball*) Wurfmal *n* **2** Haufen *m*; (*von Büchern*) Stapel *m*

Mount [maʊnt] ⓢ **~ Etna** *etc* der Ätna *etc*; **~ Everest** Mount Everest *m*; **on ~ Sinai** auf dem Berg(e) Sinai

mount [maʊnt] **A** ⓢ **1** Reittier *n* **2** (*von Maschine*) Sockel *m*; (*von Edelstein*) Fassung *f*; (*von Bild*) Passepartout *n* **B** *vt* **1** besteigen **2** montieren; *Bild* aufziehen; *Edelstein* (ein)fassen **3** *Angriff*, *Expedition* organisieren; **to ~ a guard** eine Wache aufstellen **4** (*zur Begattung*) bespringen **c** *vi* **1** aufsteigen; (*auf Pferd*) aufsitzen **2** (*a.* **mount up**) zunehmen; (*Beweise*) sich häufen; **the death toll has ~ed to 800** die Todesziffer ist auf 800 gestiegen; **pressure is ~ing on him to resign** er sieht sich wachsendem Druck ausgesetzt, zurückzutreten

mountain [ˈmaʊntɪn] ⓢ Berg *m*; **in the ~s** in den Bergen; **to make a ~ out of a molehill** aus einer Mücke einen Elefanten machen (*umg*) **mountain bike** ⓢ Mountainbike *n* **mountain chain** ⓢ Bergkette *f* **mountaineer** [ˌmaʊntɪˈnɪəʳ] ⓢ Bergsteiger(in) *m(f)* **mountaineering** [ˌmaʊntɪˈnɪərɪŋ] ⓢ Bergsteigen *n* **mountainous** [ˈmaʊntɪnəs] ADJ gebirgig; (*fig*) riesig **mountain range** ⓢ Gebirgszug *m* **mountainside** ⓢ (Berg)hang *m*

mounted [ˈmaʊntɪd] ADJ *Truppen etc* beritten **Mountie** [ˈmaʊntɪ] ⓢ (*umg*) *berittener kanadischer Polizist*

mounting [ˈmaʊntɪŋ] ADJ wachsend; **there is ~ evidence that …** es häufen sich die Beweise dafür, dass …

mourn [mɔːn] **A** *vt* betrauern; (*fig*) nachtrauern (*+dat*) **B** *vi* trauern; **to ~ for** *od* **over sb** um jdn trauern **mourner** [ˈmɔːnəʳ] ⓢ Trauernde(r) *m/f(m)* **mournful** ADJ traurig; *Ruf* klagend **mourning** [ˈmɔːnɪŋ] ⓢ Trauerzeit *f*; (≈ *Anzug etc*) Trauer(kleidung) *f*; **to be in ~ for sb** um jdn trauern; **next Tuesday has been declared a day of national ~** für den kommenden Dienstag wurde Staatstrauer angeordnet

mouse [maʊs] ⓢ, *pl* mice Maus *f* (*a.* IT) (❗) Für

die Computermaus kann man im Plural auch **mouses** sagen.) **mouse button** ⓢ IT Maustaste f **mouse click** ⓢ IT Mausklick m **mousehole** ⓢ Mauseloch n **mouse mat**, **mouse pad** ⓢ Mauspad n, Mausmatte f **mouse pointer** ⓢ IT Mauszeiger m **mouse potato** ⓢ, pl **-es** (umg) (❗ Dieser Ausdruck ist gebildet in Anlehnung an **couch potato** und beschreibt jemanden, der dauernd nur vor dem Computer hockt.) **mousetrap** ⓢ Mausefalle f **mousy** ADJ = mousy

mousse [muːs] ⓢ ❶ Creme(speise) f ❷ (a. **styling mousse**) Schaumfestiger m

moustache, (US) **mustache** [məˈstɑːʃ] ⓢ Schnurrbart m, Schnauz m (schweiz)

mousy, **mousey** [ˈmaʊsɪ] ADJ (+er) mausgrau

mouth [maʊθ] A ⓢ Mund m; (von Tier) Maul n; (von Vogel) Rachen m; (von Flasche) Öffnung f; (von Fluss) Mündung f; **to keep one's (big) ~ shut (about sth)** (umg) (über etw akk) die Klappe halten (umg); **me and my big ~!** (umg) ich konnte wieder nicht die Klappe halten (umg); **he has three ~s to feed** er hat drei Mäuler zu stopfen (umg) B [maʊð] VT (geräuschlos) mit Lippensprache sagen **mouthful** [ˈmaʊθfʊl] ⓢ Schluck m, Bissen m; (fig) (≈ schwieriges Wort) Zungenbrecher m **mouth organ** ⓢ Mundharmonika f; **to play the ~** Mundharmonika spielen (❗ mit the) **mouthpiece** ⓢ Mundstück n; (fig) Sprachrohr n **mouth-to-mouth** ADJ **~ resuscitation** Mund-zu-Mund-Beatmung f **mouthwash** ⓢ Mundwasser n **mouthwatering** ADJ lecker; (fig) verlockend

movable [ˈmuːvəbl] ADJ beweglich

---

move [muːv]

A transitives Verb   **B** intransitives Verb
C Substantiv

— **A** transitives Verb —

❶ bewegen; Rad (an)treiben; Möbel etc woanders hinstellen, wegstellen, umräumen; Stuhl rücken; Fahrzeug wegfahren; Hindernis aus dem Weg räumen; Schachfigur ziehen mit; Arm wegnehmen; Hand wegziehen; Patienten verlegen; Mitarbeiter versetzen; **to ~ sth to a different place** etw an einen anderen Platz stellen; **I can't ~ this handle** der Griff lässt sich nicht bewegen; **you'll have to ~ these books** Sie müssen diese Bücher wegräumen; **his parents ~d him to another school** seine Eltern haben ihn in eine andere Schule getan ❷ verlegen; IT verschieben; **we've been ~d to a new office** wir mussten in ein anderes Büro

umziehen; **to ~ house** (Br) umziehen, zügeln (schweiz) ❸ (emotional) rühren, erschüttern; **to be ~d** gerührt/erschüttert sein; **to ~ sb to tears** jdn zu Tränen rühren; **to ~ sb to do sth** jdn dazu bringen, etw zu tun

— **B** intransitives Verb —

❶ sich bewegen; (Fahrzeug) fahren; (Verkehr) vorankommen; **the wheel began to ~** das Rad setzte sich in Bewegung; **nothing ~d** nichts rührte sich; **don't ~!** stillhalten!; **to keep moving** nicht stehen bleiben; **to keep sb/sth moving** jdn/etw in Gang halten; **to ~ away from sth** sich von etw entfernen; **to ~ closer to sth** sich einer Sache (dat) nähern; **things are moving at last** endlich kommen die Dinge in Gang; **to ~ with the times** mit der Zeit gehen; **to ~ in royal circles** in königlichen Kreisen verkehren ❷ umziehen, zügeln (schweiz); **we ~d to London/to a bigger house** wir sind nach London/in ein größeres Haus umgezogen; **they ~d to Germany** sie sind nach Deutschland gezogen ❸ (≈ Standort wechseln) gehen, fahren; **he has ~d to room 52** er ist jetzt in Zimmer 52; **she has ~d to a different company** sie hat die Firma gewechselt; **~!** weitergehen!; (≈ Drohung) verschwinden Sie!; **don't ~** gehen Sie nicht weg ❹ (umg) ein Tempo draufhaben (umg); **he can really ~** der ist unheimlich schnell (umg) ❺ (fig) etwas unternehmen; **we'll have to ~ quickly** wir müssen schnell handeln

— **C** Substantiv —

❶ (in Spiel) Zug m; (fig) Schritt m, Maßnahme f; **it's my ~** ich bin am Zug; **to make a ~** einen Zug machen; **to make the first ~** (fig) den ersten Zug machen ❷ Bewegung f; **to watch sb's every ~** jdn nicht aus den Augen lassen; **it's time we made a ~** es wird Zeit, dass wir gehen; **to make a ~ to do sth** (fig) Anstalten machen, etw zu tun; **to be on the ~** unterwegs sein; **to get a ~ on** (umg) sich beeilen; **get a ~ on!** nun mach schon! (umg) ❸ Umzug m; (beruflich) Stellenwechsel m

◆**move about** (Br) A VT trennb umarrangieren; Möbel umräumen B VI sich (hin und her) bewegen; (≈ reisen) unterwegs sein; **I can hear him moving about** ich höre ihn herumlaufen ◆**move along** A VT trennb weiterrücken; **they are trying to move things along** sie versuchen, die Dinge voranzutreiben B VI (in Sitzreihe) aufrücken; (Fußgänger) weitergehen ◆**move around** VT & VI trennb = move about ◆**move aside** A VT trennb zur Seite schieben B VI zur Seite gehen ◆**move away** A VT trennb wegräumen; **to move sb away from sb/sth** jdn von jdm/etw entfernen B VI ❶ weggehen; (Auto) losfahren; (≈ Wohnung wechseln) wegziehen (from aus, von) **2** (fig) sich entfernen (from von) ◆**move back A** VIT trennb **1** Objekt zurückstellen; jdn wieder unterbringen (into in +dat) **2** (nach hinten) Objekte zurückschieben; Auto zurückfahren **B** VIT **1** zurückkommen; (in Haus, Wohnung) wieder einziehen (into in +akk) **2** zurückweichen; ~, please! bitte zurücktreten! ◆**move down A** VIT trennb (weiter) nach unten stellen, (weiter) nach hinten stellen **B** VIT nach unten rücken, weiterrücken; (in Bus etc) nach hinten aufrücken; **he had to ~ a year** SCHULE er musste eine Klasse zurück ◆**move forward A** VIT trennb **1** jdn vorgehen lassen; Stuhl vorziehen; Auto vorfahren **2** (fig) Veranstaltung vorverlegen **B** VIT vorrücken; (Auto) vorwärtsfahren ◆**move in** VIT **1** einziehen (-to in +akk) **2** sich nähern (on +dat); (Truppen etc) anrücken; (Arbeiter) (an)kommen ◆**move off A** VIT trennb wegschicken **B** VIT weggehen ◆**move on A** VIT trennb **the policeman moved them on** der Polizist forderte sie auf weiterzugehen **B** VIT weitergehen; (Autos) weiterfahren; **it's about time I was moving on** (fig: beruflich etc) es wird Zeit, dass ich (mal) etwas anderes mache; **time is moving on** die Zeit vergeht ◆**move out A** VIT trennb **1** (aus Zimmer) hinausräumen **2** Truppen abziehen; **they moved everybody out of the danger zone** alle mussten die Gefahrenzone räumen **B** VIT (aus Haus, Wohnung) ausziehen; (Truppen) abziehen ◆**move over A** VIT trennb herüberschieben; **he moved the car over to the side** er fuhr an die Seite heran **B** VIT zur Seite rücken; **~!** rück mal ein Stück (umg); **to ~ to a new system** ein neues System einführen ◆**move up A** VIT trennb (weiter) nach oben stellen, befördern; Schüler versetzen; **they moved him up two places** sie haben ihn zwei Plätze vorgerückt **B** VIT (fig) aufsteigen

moveable ADJ = movable

movement ['muːvmənt] ʃ **1** Bewegung f; (fig) Trend m (towards zu); **the ~ of traffic** der Verkehrsfluss f **2** MUS Satz m

movie ['muːvɪ] ʃ (bes US) Film m; (the) **~s** der Film; **to go to the ~s** ins Kino gehen **moviegoer** ʃ (bes US) Kinogänger(in) m(f) (⚠ = (Br) cinemagoer) **movie star** ʃ (bes US) Filmstar m **movie theater** ʃ (US) Kino n (⚠ (Br) cinema)

moving ['muːvɪŋ] ADJ **1** beweglich **2** ergreifend **moving company** ʃ (US) Umzugsunternehmen n

mow [məʊ] prät mowed, pperf mown od mowed VIT & VI mähen ◆**mow down** VIT trennb (fig) niedermähen

mower ['məʊəʳ] ʃ Rasenmäher m **mown** [məʊn] pperf von mow

MP (Br POL) abk von Member of Parliament

MP3® ʃ MP3®; **~ player** MP3-Player m

MPEG ['empeg] ʃ abk von Moving Pictures Experts Group MPEG n

mpg abk von miles per gallon Benzinverbrauch in Meilen pro Gallone

mph abk von miles per hour Meilen pro Stunde

MPV ʃ abk von multi-purpose vehicle Minivan m

Mr ['mɪstəʳ] abk von Mister Herr m (⚠ Im amerikanischen Englisch wird **Mr.** meist mit Punkt geschrieben).

MRI ʃ MED abk von magnetic resonance imaging Kernspintomografie f

Mrs ['mɪsɪz] abk von Mistress Frau f (⚠ Im amerikanischen Englisch wird **Mrs.** meist mit Punkt geschrieben).

MS ʃ abk von multiple sclerosis MS

Ms [mɪz] ʃ Frau f (auch für Unverheiratete) (⚠ Im amerikanischen Englisch wird **Ms, Ms.** mit oder ohne Punkt geschrieben).

MSc abk von Master of Science

MSP (Br POL) abk von Member of the Scottish Parliament Abgeordnete(r) m/f(m) od Mandatar(in) m(f) (österr) des schottischen Parlaments

Mt abk von Mount

mth abk von month

much [mʌtʃ] **A** ADJ, S viel inv (⚠ im Englischen meist in Fragen und verneinten Sätzen, in bejahten Sätzen a lot, a lot of); **how ~** wie viel inv; **not ~** nicht viel; **that ~** so viel; **but that ~ I do know** aber DAS weiß ich; **we don't see ~ of each other** wir sehen uns nur selten; **it's not up to ~** (umg) es ist nicht gerade berühmt (umg); **I'm not ~ of a cook** ich bin keine große Köchin; **that wasn't ~ of a party** die Party war nicht gerade besonders; **I find that a bit (too) ~ after all I've done for him** nach allem was ich für ihn getan habe, finde ich das ein ziemlich starkes Stück (umg); **that insult was too ~ for me** die Beleidigung ging mir zu weit; **this job is too ~ for me** ich bin der Arbeit nicht gewachsen; **far too ~** viel zu viel; **(just) as ~** genauso viel inv; **not as ~** nicht so viel; **as ~ as you want** so viel du willst; **as ~ as £2m** zwei Millionen Pfund; **as ~ again** noch einmal so viel; **I thought as ~** das habe ich mir gedacht; **so ~** so viel inv; **it's not so ~ a problem of modernization as ...** es ist nicht so sehr ein Problem der Modernisierung, als ...; **I couldn't make ~ of that chapter** mit dem Kapitel konnte ich nicht viel anfangen (umg) **B** ADV **1** viel; **a ~-admired woman** eine viel be-

MUCK | 436

M

wunderte Frau; **so ~** so viel, so sehr; **too ~** zu viel, zu sehr; **I like it very ~** es gefällt mir sehr gut; **I don't like him ~** ich kann ihn nicht besonders leiden; **thank you very ~** vielen Dank; **I don't ~ care** *od* **care ~** es ist mir ziemlich egal; **however ~ he tries** wie sehr er sich auch bemüht; **~ as I like him** sosehr ich ihn mag **2** weitaus; **I would ~ rather stay** ich würde viel lieber bleiben **3** beinahe; **they are produced in ~ the same way** sie werden auf sehr ähnliche Art hergestellt

muck [mʌk] 五 Dreck *m*; *(zum Düngen)* Mist *m* ◆**muck about** *od* **around** *(Br umg)* 🄰 V̄ī *trennb* **to muck sb about** jdn verarschen *(umg)* 🄱 V̄ī **1** herumalbern *(umg)* **2** herumfummeln *(with an +dat)* ◆**muck in** V̄ī *(Br umg)* mit anpacken *(umg)* ◆**muck out** *(Br)* 🄰 V̄ī *trennb* (aus)misten 🄱 V̄ī ausmisten ◆**muck up** V̄ī *trennb (Br umg)* vermasseln *(umg)*

mucky ['mʌkı] ADJ *(+er)* schmutzig; **you ~ pup!** *(Br umg)* du Ferkel! *(umg)*

mucous ['mju:kəs] ADJ schleimig, Schleim-**mucus** ['mju:kəs] 五 Schleim *m*

mud [mʌd] 五 **1** Schlamm *m*; *(auf Straße)* Matsch *m* **2** *(fig)* **his name is ~** *(umg)* er ist unten durch *(umg)*

muddle ['mʌdl] 🄰 五 Durcheinander *n*; **to get in(to) a ~** *(Dinge)* durcheinandergeraten; *(Mensch)* konfus werden; **to get oneself in(to) a ~ over sth** mit etw nicht klarkommen *(umg)*; **to be in a ~** völlig durcheinander sein 🄱 V̄ī durcheinanderbringen; *zwei Dinge* verwechseln; *jdn* verwirren ◆**muddle along** V̄ī vor sich *(akk)* hinwursteln *(umg)* ◆**muddle through** V̄ī sich (irgendwie) durchschlagen ◆**muddle up** V̄ī *trennb* = **muddle** B

muddled ['mʌdld] ADJ konfus; *Gedanken* wirr; **to get ~ (up)** *(Dinge)* durcheinandergeraten; *(Mensch)* konfus werden

muddy ['mʌdı] ADJ *(+er)* schmutzig; *Boden* matschig; **I'm all ~** ich bin ganz voll Schlamm **mudflap** 五 Schmutzfänger *m* **mudguard** 五 *(an Fahrrad)* Schutzblech *n*; AUTO Kotflügel *m* **mudpack** 五 Schlammpackung *f*

muesli ['mju:zlı] 五 Müsli *n*

muffin ['mʌfın] 五 **1** Muffin *m*, *kleiner Kuchen* **2** *(Br) weiches, flaches Milchbrötchen, meist warm gegessen*

muffle ['mʌfl] V̄ī dämpfen **muffled** ['mʌfld] ADJ gedämpft **muffler** ['mʌflə'] 五 *(US AUTO)* Auspuff(topf) *m* (❗ = *(Br)* **silencer**)

mug [mʌg] 🄰 五 **1** Becher *m*, Haferl *n* *(österr)*; *(für Bier)* Krug *m* **2** *(bes Br umg)* Trottel *m* *(umg)* 🄱 V̄ī überfallen ◆**mug up** V̄ī *trennb (Br umg: a.* **mug up on***)* **to mug sth/one's French up, to ~ on sth/one's French** etw/Französisch

pauken *(umg)*

mugger ['mʌgə'] 五 Straßenräuber(in) *m(f)*
mugging ['mʌgıŋ] 五 Straßenraub *m kein pl*
muggy ['mʌgı] ADJ *(+er)* schwül; *Hitze* drückend
mule[1] [mju:l] 五 Maultier *n*; **(as) stubborn as a ~** (so) störrisch wie ein Maulesel
mule[2] 五 Pantoffel *m*
◆**mull over** V̄ī *trennb* sich *(dat)* durch den Kopf gehen lassen
mulled wine [,mʌld'waın] 五 Glühwein *m*
multicoloured, *(US)* **multicolored** ADJ mehrfarbig; *Stoff* bunt **multicultural** ADJ multikulturell **multifocals** ['mʌltı,fəʊkəlz] P̄L Gleitsichtgläser *pl*, Gleitsichtbrille *f* **multilateral** ADJ POL multilateral **multilingual** ADJ mehrsprachig **multimedia** ADJ multimedial; IT Multimedia- **multimillionaire** 五 Multimillionär(in) *m(f)* **multinational** 🄰 五 Multi *m* *(umg)* 🄱 ADJ multinational **multiparty** ADJ POL Mehrparteien-
multiple ['mʌltıpl] 🄰 ADJ **1** *(+sg)* mehrfach; **~ collision** Massenkarambolage *f* **2** *(+pl)* mehrere; **he died of ~ injuries** er erlag seinen zahlreichen Verletzungen 🄱 五 MATH Vielfache(s) *n*; **eggs are usually sold in ~s of six** Eier werden gewöhnlich in Einheiten zu je sechs verkauft **multiple choice** 五 Multiple-Choice--Verfahren *n* **multiple sclerosis** 五 multiple Sklerose **multiplex** ['mʌltıpleks] 🄰 五 Multiplexkino *n* 🄱 ADJ TECH Mehrfach-, Vielfach- **multiplication** [,mʌltıplı'keıʃən] 五 MATH Multiplikation *f* **multiplication sign** 五 MATH Multiplikationszeichen *n* **multiplication table** 五 MATH Multiplikationstabelle *f*; **he knows his ~s** er kann das Einmaleins **multiplicity** [,mʌltı'plısıtı] 五 Vielzahl *f*
multiply ['mʌltıplaı] 🄰 V̄ī MATH multiplizieren; **4 multiplied by 6 is 24** 4 mal 6 ist 24 🄱 V̄ī **1** *(fig)* sich vervielfachen **2** sich vermehren
multipurpose ADJ Mehrzweck- **multiracial** ADJ gemischtrassig **multistorey**, *(US)* **multistory** ADJ mehrstöckig; **~ flats** *(Br)*, **multistory apartments** *(US)* (Wohn)hochhäuser *pl*; **~ car park** Park(hoch)haus *n* **multitasking** 五 IT Multitasking *n*
multitude ['mʌltıtju:d] 五 Menge *f*; **a ~ of** eine Vielzahl von, eine Menge
multivitamin 🄰 五 Multivitaminpräparat *n* 🄱 ADJ Multivitamin-
mum[1] [mʌm] ADJ *(umg)* **to keep ~** den Mund halten *(about* über *+akk) (umg)*
mum[2] 五 *(Br umg)* Mutter *f* (❗ = *(US)* **mom**); *(als Anrede)* Mutti *f* *(umg)* (❗ **Mum** wird in der Anrede großgeschrieben.)
mumble ['mʌmbl] 🄰 V̄ī murmeln 🄱 V̄ī vor sich

hin murmeln
mumbo jumbo ['mʌmbəʊ'dʒʌmbəʊ] *s̲* (❗ kein pl) Hokuspokus *m*; (≈ *Unsinn*) Kauderwelsch *n*
mummy¹ ['mʌmɪ] *s̲* Mumie *f*
mummy² (*Br umg*) Mama *f* (*umg*) (❗ **Mummy** wird in der Anrede großgeschrieben.)
mumps [mʌmps] *s̲* (❗ mit Verb im Singular) Mumps *m od f* (*umg*) *ohne art*
munch [mʌntʃ] *VT̲&̲VI̲* mampfen (*umg*)
mundane [ˌmʌnˈdeɪn] *ADJ̲* (*fig*) alltäglich
Munich ['mjuːnɪk] *s̲* München *n*
municipal [mjuːˈnɪsɪpəl] *ADJ̲* städtisch; **~ elections** Gemeinderatswahl *f* **municipality** [mjuːˌnɪsɪˈpælɪtɪ] *s̲* Gemeinde *f*
munition [mjuːˈnɪʃən] *s̲ meist pl* Waffen *pl* und Munition *f*
mural ['mjʊərəl] *s̲* Wandgemälde *n*
murder ['mɜːdə'] **A** *s̲* **1** (*wörtl*) Mord *m*; **the ~ of John F. Kennedy** der Mord an John F. Kennedy **2** (*fig umg*) **it was ~** es war mörderisch; **it'll be ~** es wird schrecklich werden; **to get away with ~** sich (*dat*) alles erlauben können **B** *VT̲* (*wörtl*) ermorden **murderer** ['mɜːdərə'] *s̲* Mörder(in) *m(f)* **murderess** ['mɜːdərɪs] *s̲* Mörderin *f* **murderous** ['mɜːdərəs] *ADJ̲* blutrünstig; **~ attack** Mordanschlag *m*
murky ['mɜːkɪ] *ADJ̲* (+er) trüb; *Straße* düster; *Vergangenheit* dunkel; **it's really ~ outside** draußen ist es so düster
murmur ['mɜːmə'] **A** *s̲* Murmeln *n*; **there was a ~ of discontent** ein unzufriedenes Murmeln erhob sich; **without a ~** ohne zu murren **B** *VT̲* murmeln; (*unzufrieden*) murren **C** *VI̲* murmeln; (*unzufrieden*) murren (*about, against* über *+akk*); (*fig*) rauschen **murmuring** ['mɜːmərɪŋ] *s̲* **~s (of discontent)** Unmutsäußerungen *pl* (*from +gen*)
muscle ['mʌsl] *s̲* Muskel *m*; (*fig*) Macht *f*; **he never moved a ~** er rührte sich nicht ◆**muscle in** *VI̲* (*umg*) mitmischen (*umg*) (*on* bei)
muscle building *s̲* Muskelaufbau *m*
muscl(e)y ['mʌsəlɪ] *ADJ̲* (*umg*) muskelbepackt (*umg*)
muscular ['mʌskjʊlə'] *ADJ̲* **1** Muskel-; **~ cramp** *od* **spasm** Muskelkrampf *m* **2** *Körper* muskulös **muscular dystrophy** *s̲* Muskelschwund *m*
muse [mjuːz] **A** *VI̲* nachgrübeln (*about, on* über *+akk*) **B** *s̲* Muse *f*
museum [mjuːˈzɪəm] *s̲* Museum *n*
mush [mʌʃ] *s̲* Brei *m*
mushroom ['mʌʃrʊm] **A** *s̲* (essbarer) Pilz, Schwammerl *n* (*österr*), Champignon *m* **B** *ATTR̲* Pilz-; **~ cloud** Atompilz *m* **C** *VI̲* wie die Pilze aus dem Boden schießen; **unemployment has ~ed** die Arbeitslosigkeit ist explosionsartig angestiegen
mushy ['mʌʃɪ] *ADJ̲* (+er) matschig; *Flüssigkeit* breiig; **to go ~** zu Brei werden **mushy peas** *PL̲* Erbsenmus *n*
music ['mjuːzɪk] *s̲* Musik *f*; (≈ *Partitur*) Noten *pl* (❗ Die einzelne Note heißt **note**.); **to set** *od* **put sth to ~** etw vertonen; **it was (like) ~ to my ears** das war Musik in meinen Ohren; **to face the ~** (*fig*) dafür gradestehen
musical ['mjuːzɪkəl] **A** *ADJ̲* **1** musikalisch; **~ note** Note *f* **2** melodisch **B** *s̲* Musical *n* **musical box** *s̲* Spieluhr *f* **musical chairs** *s̲* (❗ mit Verb im Singular) Reise *f* nach Jerusalem **musical instrument** *s̲* Musikinstrument *n* **musically** ['mjuːzɪkəlɪ] *ADV̲* musikalisch **musical score** *s̲* Partitur *f*; (für *Film etc*) Musik *f* **music box** *s̲* Spieldose *f* **music hall** *s̲* Varieté *n*
musician [mjuːˈzɪʃən] *s̲* Musiker(in) *m(f)* **music stand** *s̲* Notenständer *m*
musk [mʌsk] *s̲* Moschus *m* **musky** ['mʌskɪ] *ADJ̲* (+er) **~ smell** *od* **scent** Moschusduft *m*
Muslim ['mʊzlɪm] *ADJ̲, s̲* = Moslem
muslin ['mʌzlɪn] *s̲* Musselin *m*
muss [mʌs] (*US umg*) *VT̲* (*a*. **muss up**) in Unordnung bringen
mussel ['mʌsl] *s̲* (Mies)muschel *f*

must [mʌst] **A** *VI̲/AUX̲ nur präs* **1** müssen (❗ In allen anderen Zeiten außer Präsens wird **must** durch **to have to** ersetzt.); **you ~ (go and) see this church** Sie müssen sich (*dat*) diese Kirche unbedingt ansehen; **if you ~ know** wenn du es unbedingt wissen willst; **~ I?** muss das sein?; **I ~ have lost it** ich muss es wohl verloren haben; **he ~ be older than that** er muss älter sein; **I ~ have been dreaming** da habe ich wohl geträumt; **you ~ be crazy!** du bist ja wahnsinnig! **2** (*bei Verneinung*) dürfen; **I ~n't forget that** ich darf das nicht vergessen **B** *s̲* (*umg*) Muss *n*; **a sense of humour** (*Br*) *od* **humor** (*US*) **is a ~** man braucht unbedingt Humor
mustache *s̲* (*US*) = moustache
mustard ['mʌstəd] **A** *s̲* Senf *m* (❗ Als Bezeichnung der Substanz hat **mustard** keinen Plural. **Mustards** sagt man zu verschiedenen Sorten.) **B** *ATTR̲* Senf-
muster ['mʌstə'] *VT̲* (*fig*: *a*. **muster up**) Mut aufbringen
must-have *s̲* **this computer game is a ~** dieses Computerspiel muss man einfach haben
mustn't ['mʌsnt] = must not **must-see** *s̲* **this film is a ~** diesen Film muss man einfach gesehen haben **must've** ['mʌstəv] = must have
musty ['mʌstɪ] *ADJ̲* (+er) moderig
mutant ['mjuːtənt] *s̲* Mutation *f* **mutation**

MUTE | 438

[mjuː'teɪʃən] s̲ Variante f; BIOL Mutation f
mute [mjuːt] ADJ stumm **muted** ['mjuːtɪd] ADJ gedämpft; (fig) leise
mutilate ['mjuːtɪleɪt] V̲T̲ verstümmeln **mutilation** [ˌmjuːtɪ'leɪʃən] s̲ Verstümmelung f
mutinous ['mjuːtɪnəs] ADJ SCHIFF meuterisch; (fig) rebellisch **mutiny** ['mjuːtɪnɪ] A s̲ Meuterei f B V̲I̲ meutern
mutter ['mʌtəʳ] A s̲ Murmeln n B V̲T̲ murmeln C V̲I̲ murmeln; (unzufrieden) murren **muttering** ['mʌtərɪŋ] s̲ Gemurmel n kein pl
mutton ['mʌtn] s̲ Hammel(fleisch n) m
mutual ['mjuːtjʊəl] ADJ Vertrauen gegenseitig; Bemühungen beiderseitig; Interesse gemeinsam; **the feeling is ~** das beruht (ganz) auf Gegenseitigkeit **mutually** ['mjuːtjʊəlɪ] ADV beide; vorteilhaft für beide Seiten
Muzak® ['mjuːzæk] s̲ Berieselungsmusik f (umg)
muzzle ['mʌzl] A s̲ 1 Maul n 2 (für Hund etc) Maulkorb m 3 (von Gewehr) Mündung f B V̲T̲ Tier einen Maulkorb umlegen (+dat)
MW abk von **medium wave** MW
my [maɪ] POSS ADJ mein; **I've hurt my leg** ich habe mir das Bein verletzt; **in my country** bei uns
myriad ['mɪrɪəd] A s̲ **a ~ of** Myriaden von B ADJ unzählige
myrrh [mɜːʳ] s̲ Myrrhe f
myself [maɪ'self] PERS PR 1 (akk obj, mit präp +akk) mich; (dat obj, mit präp +dat) mir; **I said to ~** ich sagte mir; **singing to ~** vor mich hin singend; **I wanted to see (it) for ~** ich wollte es selbst sehen 2 (emph) (ich) selbst; **my wife and ~** meine Frau und ich; **I thought so ~** das habe ich auch gedacht; **... if I say so** od **it ~** ... auch wenn ich es selbst sage; **(all) by ~** (ganz) allein(e) 3 **I'm not (feeling) ~ today** mit mir ist heute etwas nicht in Ordnung; **I just tried to be ~** ich versuchte, mich ganz natürlich zu benehmen
mysterious [mɪ'stɪərɪəs] ADJ mysteriös; Fremder geheimnisvoll; **for some ~ reason** aus unerfindlichen Gründen
mystery ['mɪstərɪ] s̲ Rätsel n, Geheimnis n; **to be shrouded** od **surrounded in ~** von einem Geheimnis umgeben sein **mystery story** s̲ Kriminalgeschichte f **mystery tour** s̲ Fahrt f ins Blaue
mystical ['mɪstɪkəl] ADJ mystisch **mysticism** ['mɪstɪsɪzəm] s̲ Mystizismus m
mystified ['mɪstɪfaɪd] ADJ verblüfft; **I am ~ as to how this could happen** es ist mir ein Rätsel, wie das passieren konnte **mystify** ['mɪstɪfaɪ] V̲T̲ vor ein Rätsel stellen **mystifying** ['mɪstɪfaɪɪŋ] ADJ rätselhaft

myth [mɪθ] s̲ Mythos m; (fig) Märchen n **mythical** ['mɪθɪkəl] ADJ 1 mythisch; **the ~ figure/character of Arthur** die Sagengestalt des Artus 2 Figur legendär 3 (≈ irreal) fantastisch
mythological [ˌmɪθə'lɒdʒɪkəl] ADJ mythologisch **mythology** [mɪ'θɒlədʒɪ] s̲ Mythologie f

N

N, n [en] s̲ N n, n n
N abk von **north** N
n/a abk von **not applicable** entf.
nab [næb] V̲T̲ (umg) 1 erwischen 2 sich (dat) grapschen (umg); **somebody had ~bed my seat** mir hatte jemand den Platz geklaut (umg)
nadir ['neɪdɪəʳ] s̲ 1 ASTRON Nadir m 2 (fig) Tiefstpunkt m
naff [næf] ADJ (Br umg) 1 blöd (umg) 2 Farbe, Auto ordinär
nag¹ [næg] A V̲T̲ herumnörgeln an (+dat); (mit Fragen etc) keine Ruhe lassen (+dat) (for wegen); **don't ~ me** nun lass mich doch in Ruhe!; **to ~ sb about sth** jdm wegen etw keine Ruhe lassen; **to ~ sb to do sth** jdm schwer zusetzen, damit er etw tut B V̲I̲ herumnörgeln; (mit Fragen etc) keine Ruhe geben; **stop ~ging** hör auf zu meckern (umg) C s̲ Nörgler(in) m(f); (mit Fragen etc) Quälgeist m
nag² s̲ Mähre f
nagging ['nægɪŋ] ADJ Schmerz dumpf; Zweifel quälend
nail [neɪl] A s̲ Nagel m; **as hard as ~s** knallhart (umg); **to hit the ~ on the head** (fig) den Nagel auf den Kopf treffen; **to be a ~ in sb's coffin** (fig) ein Nagel zu jds Sarg sein B V̲T̲ 1 nageln; **to ~ sth to the floor** etw an den Boden nageln 2 (umg) **to ~ sb** sich (dat) jdn schnappen (umg); (≈ anklagen) jdn drankriegen (umg) ♦**nail down** V̲T̲ trennb festnageln
nailbiter ['neɪlbaɪtəʳ] s̲ (umg) spannendes Buch/spannender Film etc **nail-biting** ADJ (umg) Fußballspiel spannungsgeladen **nailbrush** s̲ Nagelbürste f **nail clippers** PL Nagelzwicker m **nailfile** s̲ Nagelfeile f **nail polish** s̲ (bes US) Nagellack m (🔥 = (Br) **nail varnish**) **nail polish remover** s̲ (bes US) Nagellackentferner m **nail scissors** PL Nagelschere f **nail varnish** s̲ (Br) Nagellack m (🔥 = (US) **nail polish**)
naïve [naɪ'iːv] ADJ (+er) naiv **naïvety** [naɪ'iːvətɪ]

439 ‖ NATI

~̄ Naivität f

naked ['neɪkɪd] ADJ nackt; *Flamme* ungeschützt; **invisible to the ~ eye** mit bloßem Auge nicht erkennbar

name [neɪm] A ~̄ 1 Name *m*; **what's your ~?** wie heißen Sie?; **my ~ is ...** ich heiße ...; **what's the ~ of this street?** wie heißt diese Straße?; **a man by the ~ of Gunn** ein Mann namens Gunn; **to know sb by ~** jdn mit Namen kennen; **to refer to sb/sth by ~** jdn/ etw namentlich *od* mit Namen nennen; **what ~ shall I say?** wie ist Ihr Name, bitte?; TEL wer ist am Apparat?; (*Butler*) wen darf ich melden?; **in the ~ of** im Namen (+*gen*); **I'll put your ~ down** (*in Liste etc*) ich trage dich ein; (*für Kurs, Unterricht etc*) ich melde dich an (*for* zu, *for a school* in einer Schule); **to call sb ~s** jdn beschimpfen; **not to have a penny/cent to one's ~** völlig pleite sein (*umg*) 2 Ruf *m*; **to have a good/bad ~** einen guten/schlechten Ruf haben; **to get a bad ~** in Verruf kommen; **to give sb a bad ~** jdn in Verruf bringen; **to make a ~ for oneself as** sich (*dat*) einen Namen machen als B VT 1 jdn nennen; *Schiff etc* einen Namen geben (+*dat*); **I ~ this child/ship X** ich taufe dieses Kind/Schiff auf den Namen X; **the child is ~d Peter** das Kind hat den Namen Peter; **they refused to ~ the victim** sie hielten den Namen des Opfers geheim; **to ~ ~s** Namen nennen; **~ three US states** nennen Sie drei US-Staaten; **you ~ it, he's done it** es gibt nichts, was er noch nicht gemacht hat 2 ernennen; **to ~ sb as leader** jdn zum Führer ernennen; **they ~d her as the winner of the award** sie haben ihr den Preis verliehen; **to ~ sb as one's heir** jdn zu seinem Erben bestimmen **name-dropping** ~̄ (*umg*) Angeberei *f* mit berühmten Bekannten **nameless** ADJ **a person who shall remain ~** jemand, der ungenannt bleiben soll **namely** ['neɪmlɪ] ADV nämlich **nameplate** ~̄ Namensschild *n* **namesake** ~̄ Namensvetter(in) *m(f)* **name tag** ~̄ Namensschild *n*

nan(a) ['nænə] ~̄ Oma *f* (*umg*)

nan bread ['nɑːnbred] ~̄ *warm serviertes, fladenförmiges Weißbrot als Beilage zu indischen Fleischgerichten*

nanny ['nænɪ] ~̄ Kindermädchen *n*

nanotechnology [ˌnænəʊtek'nɒlədʒɪ] ~̄ Nanotechnologie *f*

nap [næp] A ~̄ Nickerchen *n*; **afternoon ~** Nachmittagsschläfchen *n*; **to have** *od* **take a ~** ein Nickerchen machen B VI **to catch sb ~ping** (*fig*) jdn überrumpeln

nape [neɪp] ~̄ **~ of the/one's neck** Genick *n*

napkin ['næpkɪn] ~̄ Serviette *f*

nappy ['næpɪ] ~̄ (*Br*) Windel *f* (🔔 = (US) **diaper**)
nappy rash ~̄ (*Br*) **Jonathan's got ~** Jonathan ist wund (🔔 = (US) **diaper rash**)
narcissism [nɑː'sɪsɪzəm] ~̄ Narzissmus *m*
narcissistic [ˌnɑːsɪ'sɪstɪk] ADJ narzisstisch
narcotic [nɑː'kɒtɪk] ~̄ 1 ~(s) Rauschgift *n* 2 MED Narkotikum *n*
narrate [nə'reɪt] VT erzählen **narration** [nə'reɪʃən] ~̄ Erzählung *f* **narrative** ['nærətɪv] A ~̄ Erzählung *f*, Schilderung *f* B ADJ erzählend **narrator** [nə'reɪtəʳ] ~̄ Erzähler(in) *m(f)*; **first--person ~** Icherzähler(in) *m(f)*
narrow ['nærəʊ] A ADJ (+*er*) eng; *Hüfte* schmal; *Ansichten* engstirnig; *Führung, Niederlage* knapp; **to have a ~ escape** mit knapper Not davonkommen B VT *Straße* verengen; **they decided to ~ the focus of their investigation** sie beschlossen, ihre Untersuchung einzuengen C VI sich verengen ♦**narrow down** VT trennb (*to* auf +*akk*) beschränken; **that narrows it down a bit** dadurch wird die Auswahl kleiner
narrowly ['nærəʊlɪ] ADV 1 *besiegen, verfehlen* knapp; *entkommen* mit knapper Not; **he ~ escaped being knocked down** er wäre beinahe überfahren worden 2 *definieren* eng; **to focus too ~ on sth** sich zu sehr auf etw (*akk*) beschränken **narrow-minded** ADJ, **narrow-mindedly** ADV engstirnig **narrow--mindedness** ~̄ Engstirnigkeit *f*
nasal ['neɪzəl] ADJ 1 ANAT, MED Nasen- 2 LING nasal; *Stimme* näselnd **nasal spray** ~̄ Nasenspray *n*
nastily ['nɑːstɪlɪ] ADV gemein; **to speak ~ to sb** zu jdm gehässig sein **nasty** ['nɑːstɪ] ADJ (+*er*) 1 scheußlich; *Angewohnheit, Benehmen* abscheulich; *Überraschung, Sturz* böse; *Situation, Unfall* schlimm; *Virus, Kurve* gefährlich; **that's a ~-looking cut** der Schnitt sieht böse aus; **to turn ~** (*Mensch*) unangenehm werden; (*Wetter*) schlecht umschlagen 2 gemein; **he has a ~ temper** mit ihm ist nicht gut Kirschen essen; **to be ~ about sb** gemein über jdn reden; **that was a ~ thing to say/do** das war gemein; **what a ~ man** was für ein ekelhafter Mensch
nation ['neɪʃən] ~̄ Nation *f*; **to address the ~** zum Volk sprechen; **the whole ~ watched him do it** das ganze Land sah ihm dabei zu
national ['næʃənəl] A ADJ national; *Streik, Skandal* landesweit; *Presse* überregional; **the ~ average** der Landesdurchschnitt; **~ character** Nationalcharakter *m*; **~ language** Landessprache *f* B ~̄ Staatsbürger(in) *m(f)*; **foreign ~** Ausländer(in) *m(f)* **national anthem** ~̄ Nationalhymne *f* **national costume**, **national dress** ~̄ Nationaltracht *f* **national debt** ~̄ Staatsverschuldung *f* **national flag** ~̄ Na-

N

tionalflagge f **National Front** Ⓢ (Br) rechts-radikale Partei **National Guard** Ⓢ (bes US) Nationalgarde f **National Health (Service)** Ⓢ (Br) staatlicher Gesundheitsdienst; **I got it on the ~** ≈ das hat die Krankenkasse bezahlt **national holiday** Ⓢ gesetzlicher Feiertag **national insurance** Ⓢ (Br) Sozialversicherung f; **~ contributions** Sozialversicherungsbeiträge pl **nationalism** ['næʃnəlɪzəm] Ⓢ Nationalismus m **nationalist** ['næʃnəlɪst] Ⓐ ADJ nationalistisch Ⓑ Ⓢ Nationalist(in) m(f) **nationalistic** [,næʃnə'lɪstɪk] ADJ nationalistisch
nationality [,næʃə'nælɪtɪ] Ⓢ Staatsangehörigkeit f; **what ~ is he?** welche Staatsangehörigkeit hat er?; **she is of German ~** sie ist die deutsche Staatsangehörigkeit **nationalize** ['næʃnəlaɪz] VT verstaatlichen **National Lottery** Ⓢ (Br) ≈ Lotto n **nationally** ['næʃnəlɪ] ADV landesweit **national park** Ⓢ Nationalpark m **national security** Ⓢ Staatssicherheit f **national service** Ⓢ Wehrdienst m, Präsenzdienst m (österr) **National Trust** Ⓢ (Br) National Trust m, Natur- und Denkmalschutzverein in Großbritannien **nationwide** ['neɪʃən,waɪd] ADJ, ADV landesweit; **we have 300 branches ~** wir haben 300 Niederlassungen im ganzen Land

native ['neɪtɪv] Ⓐ ADJ einheimisch; Bevölkerung eingeboren; **~ town** Heimatstadt f; **~ language** Muttersprache f; **a ~ German** ein gebürtiger Deutscher, eine gebürtige Deutsche; **an animal ~ to India** ein in Indien beheimatetes Tier Ⓑ Ⓢ ⓵ Einheimische(r) m/f(m); (in Kolonie) Eingeborene(r) m/f(m); **a ~ of Britain** ein gebürtiger Brite, eine gebürtige Britin ⓶ **to be a ~ of ...** (Pflanze, Tier) in ... beheimatet sein
Native American Ⓐ ADJ indianisch Ⓑ Ⓢ Indianer(in) m(f) **native country** Ⓢ Heimatland n **native speaker** Ⓢ Muttersprachler(in) m(f); **I'm not a ~ of English** Englisch ist nicht meine Muttersprache
nativity [nə'tɪvɪtɪ] Ⓢ **the Nativity** Christi Geburt f; **~ play** Krippenspiel n
NATO ['neɪtəʊ] abk von North Atlantic Treaty Organization NATO f
natter ['nætə'] (Br umg) Ⓐ VI schwatzen (umg) Ⓑ Ⓢ **to have a ~** einen Schwatz halten (umg)
natty ['nætɪ] ADJ (+er) (umg) chic
natural ['nætʃrəl] Ⓐ ADJ ⓵ natürlich; Gesetze, Seide Natur-; Fehler verständlich; **~ resources** Rohstoffquellen pl; **it is (only) ~ for him to think ...** es ist nur natürlich, dass er denkt ...; **the ~ world** die Natur; **to die of ~ causes** eines natürlichen Todes sterben; **~ remedy** Naturheilmittel n; **she is a ~ blonde** sie ist von Natur aus blond ⓶ Fähigkeit angeboren; **a ~ talent** eine

natürliche Begabung; **he is a ~ comedian** er ist der geborene Komiker Ⓔ Eltern leiblich Ⓑ Ⓢ ⓵ MUS Auflösungszeichen n; **D ~ D, d** ⓶ (umg ≈ Mensch) Naturtalent n **natural childbirth** Ⓢ natürliche Geburt **natural disaster** Ⓢ Naturkatastrophe f **natural gas** Ⓢ Erdgas n **natural history** Ⓢ Naturkunde f **naturalist** ['nætʃrəlɪst] Ⓢ Naturforscher(in) m(f)
naturalistic [,nætʃrə'lɪstɪk] ADJ naturalistisch
naturalization [,nætʃrəlaɪ'zeɪʃən] Ⓢ Einbürgerung f; **~ papers** Einbürgerungsurkunde f
naturalize ['nætʃrəlaɪz] VT jdn einbürgern; **to become ~d** eingebürgert werden **naturally** ['nætʃrəlɪ] ADV ⓵ natürlich, verständlicherweise ⓶ von Natur aus; **he is ~ artistic/lazy** er ist künstlerisch veranlagt/von Natur aus faul; **to do what comes ~** seiner Natur folgen; **it comes ~ to him** das fällt ihm leicht **natural science** Ⓢ Naturwissenschaft f
nature ['neɪtʃə'] Ⓢ ⓵ Natur f; **Nature** die Natur; **laws of ~** Naturgesetze pl; **it is not in my ~ to say that** es entspricht nicht meiner Art, das zu sagen; **it is in the ~ of young people to want to travel** es liegt im Wesen junger Menschen, reisen zu wollen ⓶ (von Objekt) Beschaffenheit f; **the ~ of the case is such ...** der Fall liegt so ... Ⓔ Art f; **things of this ~** derartiges; **... or something of that ~** ... oder etwas in der Art **nature reserve** Ⓢ Naturschutzgebiet n **nature study** Ⓢ Naturkunde f **nature trail** Ⓢ Naturlehrpfad m
naturism ['neɪtʃərɪzəm] Ⓢ Freikörperkultur f, FKK ohne art **naturist** ['neɪtʃərɪst] Ⓐ Ⓢ FKK-Anhänger(in) m(f) Ⓑ ADJ FKK-; **~ beach** FKK-Strand m
naughtily ['nɔːtɪlɪ] ADV frech; sich benehmen unartig **naughty** ['nɔːtɪ] ADJ (+er) ⓵ frech; Kind, Hund unartig; **it was ~ of him to break it** das war aber gar nicht lieb von ihm, dass er das kaputt gemacht hat ⓶ Witz, Worte unanständig
nausea ['nɔːsɪə] Ⓢ MED Übelkeit f **nauseating** ['nɔːsɪeɪtɪŋ] ADJ ekelerregend **nauseous** ['nɔːsɪəs] ADJ MED **that made me (feel) ~** dabei wurde mir übel
nautical ['nɔːtɪkəl] ADJ nautisch **nautical mile** Ⓢ Seemeile f
naval ['neɪvəl] ADJ der Marine **naval base** Ⓢ Flottenbasis f **naval battle** Ⓢ Seeschlacht f **naval officer** Ⓢ Marineoffizier(in) m(f)
nave [neɪv] Ⓢ (von Kirche) Hauptschiff n
navel ['neɪvəl] Ⓢ ANAT Nabel m **navel piercing** Ⓢ Nabelpiercing n
navigable ['nævɪgəbl] ADJ schiffbar **navigate** ['nævɪgeɪt] Ⓐ VI SCHIFF, FLUG navigieren; AUTO den Fahrer dirigieren; **I don't know**

441 ‖ NEAT

the route, you'll have to ~ ich kenne die Stre-
cke nicht, du musst mich dirigieren **B** V̅T̅ **1**
Schiff, Flugzeug navigieren **2** durchfahren; *(Flug-
zeug)* durchfliegen; *Meer* durchqueren **navi-
gation** [ˌnævɪˈɡeɪʃən] S̅ Navigation *f* **navi-
gator** [ˈnævɪɡeɪtəʳ] S̅ SCHIFF Navigationsoffi-
zier(in) *m(f)*; FLUG Navigator(in) *m(f)*; VERKEHR
Beifahrer(in) *m(f)*

navy [ˈneɪvɪ] **A** S̅ **1** (Kriegs)marine *f*; **to serve
in the ~** in der Marine dienen **2** *(a.* **navy
blue)** Marineblau *n* **B** ADJ **1** *attr* Marine- **2**
(a. **navy-blue)** marineblau

NB *abk von* nota bene NB

NBC **1** *(US) abk von* National Broadcasting
Company NBC *f* **2** MIL *abk von* nuclear, bio-
logical and chemical ABC-

NE *abk von* north-east NO

---

near [nɪəʳ]
(+er)

A Adverb	**B** Präposition
C Adjektiv	**D** transitives Verb
E intransitives Verb	

— A Adverb —

1 nahe; **he lives quite ~** er wohnt ganz in der
Nähe; **you live ~er/~est** du wohnst näher/am
nächsten; **could you move ~er together?**
könnten Sie enger zusammenrücken?; **that
was the ~est I ever got to seeing him** da
hätte ich ihn fast gesehen; **to be ~ at hand**
zur Hand sein; *(Läden)* in der Nähe sein; *(Hilfe)*
ganz nahe sein **2** genau; **as ~ as I can tell**
soweit ich es beurteilen kann; **(that's)
enough** das haut so ungefähr hin *(umg)* **3**
fast; **he very ~ succeeded** fast wäre es ihm
gelungen **4** *(negativ)* **it's nowhere ~ enough**
das ist bei Weitem nicht genug; **we're not
~ (to) solving the problem** wir sind der
Lösung des Problems kein bisschen näher
gekommen; **he is nowhere** *od* **not anywhere
~ as clever as you** er ist bei Weitem nicht so
klug wie du

— B Präposition —

(a. **near to)** **1** nahe an *(+dat)*; *(mit Richtungs-
angabe)* nahe an *(+akk)*; *(≈ benachbart)* in der Nähe
von *od +gen*; **the hotel is very ~ (to) the
station** das Hotel liegt ganz in der Nähe des
Bahnhofs; **move the chair ~er (to) the table**
rücken Sie den Stuhl näher an den Tisch; **to
get ~/~er (to) sb/sth** nahe/näher an jdn/etw
herankommen; **keep ~ me** bleib in meiner
Nähe; **~ here/there** hier/dort in der Nähe;
don't come ~ me komm mir nicht zu nahe; **~
(to) where ...** nahe der Stelle, wo ...; **to be**

~est to sth einer Sache *(dat)* am nächsten
sein; **take the chair ~est (to) you** nehmen Sie
den Stuhl direkt neben Ihnen; **to be ~ (to)
tears** den Tränen nahe sein; **the project is ~
(to) completion** das Projekt steht vor seinem
Abschluss **2** *(zeitlich)* gegen; **~ death** dem
Tode nahe; **come back ~er (to) 3 o'clock**
kommen Sie gegen 3 Uhr wieder; **~ the end
of the play** gegen Ende des Stücks; **I'm ~ the
end of the book** ich habe das Buch fast zu
Ende gelesen; **her birthday is ~ (to) mine** ihr
und mein Geburtstag liegen nahe beieinan-
der **3** ähnlich *(+dat)*; **German is ~er (to)
Dutch than English is** Deutsch ist dem
Holländischen ähnlicher als Englisch

— C Adjektiv —

1 nahe; **to be ~** in der Nähe sein; *(Gefahr, das
Ende)* nahe sein; *(Ereignis)* bevorstehen; **to be
~er/~est** näher/am nächsten sein; **it looks
very ~** es sieht so aus, als ob es ganz nah
wäre; **his answer was ~er than mine/~est**
seine Antwort traf eher zu als meine/traf die
Sachlage am ehesten **2** *(fig)* Entkommen knapp;
a ~ disaster fast ein Unglück *n*; **his ~est rival**
sein schärfster Rivale, seine schärfste Rivalin;
round up the figure to the ~est pound
runden Sie die Zahl auf das nächste Pfund
auf; **£50 or ~est offer** HANDEL Verhand-
lungsbasis £ 50; **that's the ~est thing you'll
get to an answer** eine bessere Antwort
kannst du kaum erwarten; **my ~est and
dearest** meine Lieben *pl*

— D transitives Verb —

sich nähern *(+dat)*; **to be ~ing sth** *(fig)* auf etw
(akk) zugehen; **she was ~ing fifty** sie ging auf
die Fünfzig zu; **to ~ completion** kurz vor dem
Abschluss stehen

— E intransitives Verb —

näher rücken

nearby [nɪəˈbaɪ] **A** ADV *(a.* **near by)** in der
Nähe **B** ADJ nahe gelegen **Near East** S̅ Naher
Osten; **in the ~** im Nahen Osten

nearly [ˈnɪəlɪ] ADV fast, beinahe; **I ~ laughed**
ich hätte fast gelacht; **we are ~ there** wir sind
fast da; *(mit Arbeit)* wir sind fast so weit; **he very
~ drowned** er wäre um ein Haar ertrunken;
not ~ bei Weitem nicht **nearly-new** [ˌnɪəlɪ-
ˈnjuː] ADJ **~ shop** Second-Hand-Laden *m* **near
miss** S̅ FLUG Beinahezusammenstoß *m* **near-
side** AUTO **A** ADJ auf der Beifahrerseite **B** S̅
Beifahrerseite *f* **near-sighted** ADJ kurzsich-
tig **near thing** S̅ that was a ~ das war
knapp

neat [niːt] ADJ *(+er)* **1** ordentlich; *Äußeres* ge-
pflegt; **~ and tidy** hübsch ordentlich **2** *passen*
genau **3** *Lösung* elegant; *Trick* schlau **4** *(bes Br)* **to**

drink one's whisky ~ Whisky pur trinken ▣ (US umg) prima (umg) **neatly** ['niːtlɪ] ADV ◼ ordentlich ◼ gewandt **neatness** ⓢ Ordentlichkeit f
necessarily ['nɛsɪsərɪlɪ] ADV notwendigerweise; **not ~** nicht unbedingt
necessary ['nɛsɪsərɪ] A ADJ ◼ notwendig; **it is ~ to …** man muss …; **is it really ~ for me to come?** muss ich denn wirklich kommen?; **it's not ~ for you to come** Sie brauchen nicht zu kommen; **all the ~ qualifications** alle erforderlichen Qualifikationen; **if/when ~** wenn nötig; **that won't be ~** das wird nicht nötig sein; **to make the ~ arrangements** die notwendigen Maßnahmen treffen; **to do everything ~** alles Nötige tun ◼ *Veränderung* unausweichlich B ⓢ *meist pl* **the ~** *od* **necessaries** das Notwendige **necessitate** [nɪ'sɛsɪteɪt] VT notwendig machen **necessity** [nɪ'sɛsɪtɪ] ⓢ Notwendigkeit f; **out of ~** aus Not; **the bare necessities** das Notwendigste
neck [nɛk] ⓢ ◼ Hals m; **to break one's ~** sich (dat) den Hals brechen; **to risk one's ~** Kopf und Kragen riskieren; **to save one's ~** seinen Hals aus der Schlinge ziehen; **to be up to one's ~ in work** bis über den Hals in der Arbeit stecken; **to stick one's ~ out** seinen Kopf riskieren ◼ (*von Kleid etc*) Ausschnitt m; **it has a high ~** es ist hochgeschlossen **neck and neck** ADV Kopf an Kopf **necklace** ['nɛklɪs] ⓢ (Hals)kette f **neckline** ⓢ Ausschnitt m **necktie** ⓢ (*bes US*) Krawatte f
nectar ['nɛktə] ⓢ Nektar m
nectarine ['nɛktərɪn] ⓢ Nektarine f
née [neɪ] ADJ **Mrs Smith, ~ Jones** Frau Smith, geborene Jones

need [niːd] A ⓢ ◼ (❗ kein pl) Notwendigkeit f (*for +gen*); **if ~ be** nötigenfalls; **(there is) no ~ for sth** etw ist nicht nötig; **(there is) no ~ to do sth** etw braucht nicht getan werden; **to be (badly) in ~ of sth** etw (dringend) brauchen; **in ~ of repair** reparaturbedürftig; **to have no ~ of sth** etw nicht brauchen ◼ (❗ kein pl) Not f; **in time(s) of ~** in schwierigen Zeiten; **those in ~** die Notleidenden pl ◼ Bedürfnis n; **your ~ is greater than mine** Sie haben es nötiger als ich; **there is a great ~ for …** es besteht ein großer Bedarf an (+dat) … B VT brauchen; **much ~ed** dringend notwendig; **just what I ~ed** genau das Richtige; **that's all I ~ed** (*iron*) das hat mir gerade noch gefehlt; **this incident ~s some explanation** dieser Vorfall bedarf einer Erklärung (*gen*); **it ~s a coat of paint** es muss gestrichen werden; **sth ~s doing** etw muss gemacht werden; **to ~ to do sth** etw tun müssen; **not to ~ to do sth** etw nicht zu tun brauchen; **you shouldn't ~ to be told** das müsste man dir nicht erst sagen müssen C V/AUX ◼ (*positiv*) müssen; **~ he go?** muss er gehen?; **no-one ~ go** *od* **~s to go home yet** es braucht noch keiner nach Hause zu gehen; **you only ~ed to ask** du hättest nur (zu) fragen brauchen ◼ (*negativ*) brauchen; **we ~n't have gone** wir hätten gar nicht gehen brauchen; **you ~n't have bothered** das war nicht nötig; **that ~n't be the case** das muss nicht unbedingt der Fall sein
needle ['niːdl] ⓢ Nadel f; **it's like looking for a ~ in a haystack** es ist, als ob man eine Stecknadel im Heuhaufen suchte
needless ['niːdlɪs] ADJ unnötig; *Tod, Zerstörung* sinnlos; **~ to say, …** natürlich … **needlessly** ['niːdlɪslɪ] ADV unnötig(erweise); *zerstören, töten* sinnlos; **you are worrying quite ~** Ihre Sorgen sind vollkommen unbegründet
needlework ['niːdlwɜːk] ⓢ Handarbeit f
needn't ['niːdnt] = need not
needy ['niːdɪ] A ADJ (+er) bedürftig B ⓢ **the ~** die Bedürftigen pl
negative ['nɛgətɪv] A ADJ negativ; *Antwort* verneinend; GRAM verneint B ⓢ ◼ Verneinung f; **to answer in the ~** eine verneinende Antwort geben; **put this sentence into the ~** verneinen Sie diesen Satz ◼ FOTO Negativ n C INT nein
neglect [nɪ'glɛkt] A VT vernachlässigen; **to ~ to do sth** es versäumen, etw zu tun B ⓢ Nachlässigkeit f; **to be in a state of ~** verwahrlost sein **neglected** ADJ vernachlässigt; *Garten etc* verwahrlost **neglectful** ADJ nachlässig
négligé(e) ['nɛglɪʒeɪ] ⓢ Negligé n

neck — Hals

neck — Ausschnitt

negligence ['neglɪdʒəns] S̲ Nachlässigkeit *f*; JUR Fahrlässigkeit *f* **negligent** ['neglɪdʒənt] A̲D̲J̲ nachlässig; JUR fahrlässig **negligently** ['neglɪdʒəntlɪ] A̲D̲V̲ nachlässig; JUR fahrlässig
negligible ['neglɪdʒəbl] A̲D̲J̲ unwesentlich
negotiable [nɪ'gəʊʃɪəbl] A̲D̲J̲ **these terms are ~** über diese Bedingungen kann verhandelt werden **negotiate** [nɪ'gəʊʃɪeɪt] A̲ V̲T̲ **1** verhandeln über (+akk), aushandeln **2** *Kurve* nehmen B̲ V̲I̲ verhandeln (*for* über +akk) **negotiation** [nɪ,gəʊʃɪ'eɪʃən] S̲ Verhandlung *f*; **the matter is still under ~** über diese Sache wird noch verhandelt **negotiator** [nɪ'gəʊʃɪeɪtəʳ] S̲ Unterhändler(in) *m(f)*
Negro ['niːgrəʊ] A̲ A̲D̲J̲ Schwarzen- B̲ S̲, *pl* -es Schwarze(r) *m/f(m)*
neigh [neɪ] V̲I̲ wiehern
neighbour, (US) **neighbor** ['neɪbəʳ] S̲ Nachbar(in) *m(f)*; (*in Restaurant etc*) Tischnachbar(in) *m(f)*
neighbourhood, (US) **neighborhood** ['neɪbəhʊd] S̲ Gegend *f*, Nachbarschaft *f*
neighbouring, (US) **neighboring** ['neɪbərɪŋ] A̲D̲J̲ benachbart; **~ village** Nachbardorf *n* **neighbourly**, (US) **neighborly** ['neɪbəlɪ] A̲D̲J̲ *Mensch* nachbarlich; *Beziehungen* gutnachbarlich
neither ['naɪðəʳ] A̲ A̲D̲V̲ **neither ... nor** weder ... noch; **he ~ knows nor cares** er weiß es nicht und will es auch nicht wissen B̲ K̲O̲N̲J̲ auch nicht; **if you don't go, ~ shall I** wenn du nicht gehst, gehe ich auch nicht; **he didn't do it (and) ~ did his sister** weder er noch seine Schwester haben es getan C̲ A̲D̲J̲ keine(r, s) (der beiden); **~ one of them** keiner von beiden D̲ P̲R̲O̲N̲ keine(r, s); **~ of them** keiner von beiden
neoclassical A̲D̲J̲ klassizistisch
neon ['niːɒn] A̲D̲J̲ *attr* Neon-
neo-Nazi [,niːəʊ'nɑːtsɪ] A̲ S̲ Neonazi *m* B̲ A̲D̲J̲ neonazistisch
neon sign S̲ Neonschild *n*, Neonreklame *f*
nephew ['nevjuː, 'nefjuː] S̲ Neffe *m*
Neptune ['neptjuːn] S̲ ASTRON Neptun *m*
nerd [nɜːd] S̲ (*umg*) uncooler Typ (*sl*); **computer ~** Computerfreak *m* (*umg*) **nerdy** ['nɜːdɪ] A̲D̲J̲ (+er) (*umg*) uncool (*sl*)
nerve [nɜːv] S̲ **1** Nerv *m*; **to get on sb's ~s** (*umg*) jdm auf die Nerven gehen; **to touch a ~** einen wunden Punkt berühren **2** (❗) kein pl) Mut *m*; **to lose one's ~** die Nerven verlieren; **to have the ~ to do sth** sich trauen, etw zu tun **3** (❗) kein pl) (*umg*) Frechheit *f*; **to have the ~ to do sth** die Frechheit besitzen, etw zu tun; **he's got a ~!** der hat Nerven! (*umg*)
nerve-racking, **nerve-wracking** A̲D̲J̲

nervenaufreibend
nervous ['nɜːvəs] A̲D̲J̲ **1** *Störung* nervös; **~ tension** Nervenanspannung *f* **2** ängstlich, nervös; **to be** *od* **feel ~** Angst haben, sich (*dat*) Sorgen machen, nervös sein; **I am ~ about the exam** mir ist bange vor dem Examen; **I was rather ~ about giving him the job** mir war nicht wohl bei dem Gedanken, ihm die Stelle zu geben; **I am rather ~ about diving** ich habe eine ziemliche Angst vor dem Tauchen **nervous breakdown** S̲ Nervenzusammenbruch *m* **nervous energy** S̲ Vitalität *f* **nervously** ['nɜːvəslɪ] A̲D̲V̲ ängstlich, nervös **nervousness** ['nɜːvəsnəs] S̲ Nervosität *f* **nervous system** S̲ Nervensystem *n* **nervous wreck** S̲ (*umg*) **to be a ~** mit den Nerven völlig am Ende sein
nest [nest] A̲ S̲ **1** Nest *n* **2** (*von Tischen etc*) Satz *m* B̲ V̲I̲ nisten **nest egg** S̲ (*fig*) Notgroschen *m*
nestle ['nesl] V̲I̲ **to ~ up to** sich an jdn schmiegen; **to ~ against sb** sich an jdn anschmiegen; **the village nestling in the hills** das Dorf, das zwischen den Bergen eingebettet liegt
Net [net] S̲ (*umg*) **the ~** IT das Internet
net¹ [net] A̲ S̲ **1** Netz *n*; **to slip through the ~** (*Verbrecher*) durch die Maschen schlüpfen **2** (*für Vorhänge*) Tüll *m* B̲ V̲T̲ *Fisch* mit dem Netz fangen
net² A̲D̲J̲ *Preis, Gewicht* Netto-; **~ disposable income** verfügbares Nettoeinkommen **2** (*fig*) End-; **~ result** Endergebnis *n*
netball S̲ (*Br*) Korbball *m* **net curtain** S̲ (*Br*) Store *m*, Tüllgardine *f* (❗ = (US) **curtain**)
Netherlands ['neðələndz] S̲ (❗ mit Verb im Singular oder Plural) **the ~** die Niederlande *pl*
netiquette ['netɪket] S̲ IT Netiquette *f*
net profit S̲ Reingewinn *m*
netspeak S̲ (INTERNET *umg*) Chat-Slang *m* (*umg*), Internetjargon *m*
netting ['netɪŋ] S̲ Netz *n*, Maschendraht *m*; (*für Vorhänge*) Tüll *m*
nettle ['netl] A̲ S̲ BOT Nessel *f*; **to grasp the ~** (*fig*) in den sauren Apfel beißen B̲ V̲T̲ (*fig umg*) jdn wurmen (*umg*)
net weight S̲ Nettogewicht *n*
network ['netwɜːk] A̲ S̲ **1** Netz *n* **2** RADIO, TV Sendenetz *n*; ELEK, IT Netzwerk *n*; **~ driver/server** IT Netzwerktreiber *m*/-server *m* B̲ V̲T̲ *Programm* im ganzen Netzbereich ausstrahlen; IT vernetzen C̲ V̲I̲ im Netzwerk arbeiten **network card** S̲ IT Netzwerkkarte *f* **networking** ['netwɜːkɪŋ] S̲ **1** IT Networking *n* **2** Knüpfen *n* von Kontakten
neurological [,njʊərə'lɒdʒɪkəl] A̲D̲J̲ neurologisch **neurologist** [njʊə'rɒlədʒɪst] S̲ Neurologe *m*, Neurologin *f* **neurology** [njʊə-

'rɒlədʒɪ] $\overline{s}$ Neurologie f **neurosis** [njʊəˈrəʊsɪs] $\overline{s}$, pl **neuroses** [njʊəˈrəʊsiːz] Neurose f **neurosurgery** [ˈnjʊərəʊˌsɜːdʒərɪ] $\overline{s}$ Neurochirurgie f **neurotic** [njʊəˈrɒtɪk] $\boxed{A}$ $\boxed{ADJ}$ neurotisch; **to be ~ about sth** in Bezug auf etw (akk) neurotisch sein $\boxed{B}$ $\overline{s}$ Neurotiker(in) m(f)

neuter [ˈnjuːtəʳ] $\boxed{A}$ $\boxed{ADJ}$ GRAM sächlich $\boxed{B}$ $\overline{VT}$ Katze, Hund kastrieren

neutral [ˈnjuːtrəl] $\boxed{A}$ $\boxed{ADJ}$ neutral, farblos $\boxed{B}$ $\overline{s}$ $\boxed{1}$ Neutrale(r) m/f(m) $\boxed{2}$ AUTO Leerlauf m; **to be in ~** im Leerlauf sein; **to put the car in ~** den Gang herausnehmen **neutrality** [njuːˈtrælɪtɪ] $\overline{s}$ Neutralität f **neutralize** [ˈnjuːtrəlaɪz] $\overline{VT}$ neutralisieren

neutron [ˈnjuːtrɒn] $\overline{s}$ Neutron n

never [ˈnevəʳ] $\boxed{ADV}$ $\boxed{1}$ nie, niemals (geh); **~ again** nie wieder; **~ before** noch nie; **~ even** nicht einmal $\boxed{2}$ (emph = nicht) **I ~ slept a wink** (umg) ich habe kein Auge zugetan; **Spurs were beaten — ~!** (umg) Spurs ist geschlagen worden — nein!; **well I ~ (did)!** (umg) nein, so was!; **~ fear** keine Angst **never-ending** [ˈnevərˈendɪŋ] $\boxed{ADJ}$ endlos **nevertheless** [ˌnevəðəˈles] $\boxed{ADV}$ dennoch

new [njuː] $\boxed{ADJ}$ (+er) neu; **the ~ people at number five** die Neuen in Nummer fünf; **that's nothing ~** das ist nichts Neues; **what's ~?** (umg) was gibts Neues? (umg); **I'm ~ to this job** ich bin neu in dieser Stelle; **she's ~ to the game** SPORT sie ist erst seit Kurzem bei diesem Sport dabei; (fig) sie ist neu auf diesem Gebiet **New Age Traveller** $\overline{s}$ (Br) Aussteiger(in) m(f) **newbie** [ˈnjuːbɪ] $\overline{s}$ (umg) Neuling m **new blood** $\overline{s}$ (fig) frisches Blut **newborn** $\boxed{ADJ}$ neugeboren **newcomer** $\overline{s}$ Neuankömmling m; (in Job) Neuling m (to in +dat); **they are ~s to this town** sie sind neu in dieser Stadt **New England** $\overline{s}$ Neuengland n **newfangled** $\boxed{ADJ}$ neumodisch **new-found** $\boxed{ADJ}$ Glück neu (-gefunden); Selbstvertrauen neugeschöpft **Newfoundland** [ˈnjuːfəndlənd] $\overline{s}$ Neufundland n **newish** [ˈnjuːɪʃ] $\boxed{ADJ}$ ziemlich neu **newly** [ˈnjuːlɪ] $\boxed{ADV}$ frisch; **~ made** ganz neu; Brot, Kuchen frisch gebacken; **~ arrived** neu angekommen; **~ married** frisch vermählt **newlyweds** [ˈnjuːlɪwedz] $\boxed{PL}$ (umg) Frischvermählte pl **new moon** $\overline{s}$ Neumond m; **there's a ~ tonight** heute Nacht ist Neumond

news [njuːz] $\overline{s}$ $\boxed{1}$ (❗ mit Verb im Singular) Nachricht f, Neuigkeit(en) f(pl); **a piece of ~** eine Neuigkeit; **I have no ~ of him** ich habe nichts von ihm gehört; **there is no ~** es gibt nichts Neues zu berichten; **have you heard the ~?** haben Sie schon (das Neueste) gehört?; **tell us your ~** erzähl uns das Neueste; **I have ~ for you** (iron) ich habe eine Überraschung für

dich; **good ~** gute Nachrichten; **that's bad ~ for ...** das ist ein schwerer Schlag für ...; **who will break the ~ to him?** wer wird es ihm sagen od beibringen?; **that is ~ to me!** das ist mir ganz neu! $\boxed{2}$ (❗ mit Verb im Singular) PRESSE, RADIO, TV Nachrichten pl; **~ in brief** Kurznachrichten pl; **financial ~** Wirtschaftsbericht m; **it was on the ~** das kam in den Nachrichten; **to be in the ~** von sich reden machen **news agency** $\overline{s}$ Nachrichtenagentur f **newsagent** $\overline{s}$ (Br) Zeitungshändler(in) m(f) (❗ = (US) **newsdealer**) **news blackout** $\overline{s}$ Nachrichtensperre f **news bulletin** $\overline{s}$ Bulletin n **newscast** $\overline{s}$ Nachrichtensendung f **newscaster** $\overline{s}$ Nachrichtensprecher(in) m(f) **newsdealer** $\overline{s}$ (US) Zeitungshändler(in) m(f) (❗ = (Br) **newsagent**) **newsflash** $\overline{s}$ Kurzmeldung f **newsgroup** $\overline{s}$ INTERNET Newsgroup f **news headlines** $\boxed{PL}$ Kurznachrichten pl **newsletter** $\overline{s}$ Rundschreiben n

newspaper [ˈnjuːzˌpeɪpəʳ] $\overline{s}$ Zeitung f; **daily ~** Tageszeitung f **newspaper article** $\overline{s}$ Zeitungsartikel m **newsreader** $\overline{s}$ Nachrichtensprecher(in) m(f) **newsroom** $\overline{s}$ Nachrichtenredaktion f **newsstand** $\overline{s}$ Zeitungsstand m **new-style** [ˈnjuːˈstaɪl] $\boxed{ADJ}$ im neuen Stil **news vendor** $\overline{s}$ Zeitungsverkäufer(in) m(f) **newsworthy** [ˈnjuːzwɜːðɪ] $\boxed{ADJ}$ **to be ~** Neuigkeitswert haben

newt [njuːt] $\overline{s}$ Wassermolch m

New Testament $\overline{s}$ **the ~** das Neue Testament **new wave** $\boxed{A}$ $\overline{s}$ neue Welle $\boxed{B}$ $\boxed{ADJ}$ attr der neuen Welle **New World** $\overline{s}$ **the ~** die Neue Welt

New Year $\overline{s}$ neues Jahr; (≈ Tag) Neujahr n; **to see in the ~** das neue Jahr begrüßen; **Happy ~!** (ein) gutes neues Jahr!; **at ~** an Neujahr; **~ resolution** (guter) Vorsatz für das neue Jahr **New Year's Day** $\overline{s}$ Neujahr n

New Year's Eve $\overline{s}$ Silvester n

New Zealand $\boxed{A}$ $\overline{s}$ Neuseeland n $\boxed{B}$ $\boxed{ADJ}$ attr neuseeländisch

New Zealander $\overline{s}$ Neuseeländer(in) m(f)

next [nekst] $\boxed{A}$ $\boxed{ADJ}$ nächste(r, s); **he came back the ~ day** er kam am nächsten Tag wieder; **(the) ~ time** das nächste Mal; **(the) ~ moment** im nächsten Moment; **from one moment to the ~** von einem Moment zum anderen; **this time ~ week** nächste Woche um diese Zeit; **the year after ~** übernächstes Jahr; **the ~ day but one** der übernächste Tag; **who's ~?** wer ist der Nächste?; **you're ~** Sie sind an der Reihe; **my name is ~ on the list** mein Name kommt als nächster auf der Liste; **the ~ but one** der/die/das Übernächste; **the ~ thing I knew I ...** bevor ich wusste, wie mir geschah,

445 ‖ NIGH

... ich ...; *(nach Ohnmacht etc)* das Nächste, woran ich mich erinnern kann, war, dass ich ...; **the ~ size up/down** die nächstkleinere/ nächstgrößere Größe B ADV 1 das nächste Mal; (≈ *im Folgenden*) danach; **what shall we do ~?** und was sollen wir als Nächstes machen?; **whatever ~?** *(überrascht)* Sachen gibts! *(umg)* 2 **next to sb/sth** neben jdm/etw; *(mit Richtungsangabe)* neben jdn/etw; **the ~ to last row** die vorletzte Reihe; **~ to nothing** so gut wie nichts; **~ to impossible** nahezu unmöglich 3 **the ~ best** der/die/das Nächstbeste; **this is the ~ best thing** das ist das Nächstbeste; **the ~ oldest boy** der zweitälteste Junge C S Nächste(r) *m/f(m)* **next door** ['neks'dɔːʳ] ADV nebenan; **let's go ~** gehen wir nach nebenan; **they live ~ to us** sie wohnen (direkt) neben uns; **he has the room ~ to me** er hat das Zimmer neben mir; **we live ~ to each other** wir wohnen Tür an Tür; **the boy ~** der Junge von nebenan **next-door** ['neks'dɔːʳ] ADJ **the ~ neighbour** *(Br)* od **neighbor** *(US)* der direkte Nachbar; **we are ~ neighbours** *(Br)* od **neighbors** *(US)* wir wohnen Tür an Tür; **the ~ house** das Nebenhaus **next of kin** S, *pl* - nächster Verwandter, nächste Verwandte

NFL *(US) abk* von National Football League amerikanische Fußball-Nationalliga

NGO *abk* von nongovernmental organization Nicht-Regierungs-Organisation *f*, NRO *f*

NHS *(Br) abk* von National Health Service

nib [nɪb] S Feder *f*

nibble ['nɪbl] A V̲T̲ knabbern B V̲I̲ *(at* an *+dat)* knabbern C S **~s** *pl* Knabbereien *pl*

nice [naɪs] ADJ *(+er)* 1 nett, fesch *(österr)*; *Wetter, Geruch, Essen, Arbeit* gut; *Gefühl, Auto* schön; **to have a ~ time** sich gut amüsieren; **have a ~ day!** *(bes US)* schönen Tag noch!; **the ~ thing about Venice** das Schöne an Venedig; **it's ~ to see you again** es freut mich, Sie wieder zu treffen; **it's been ~ meeting you** ich habe mich gefreut, Sie kennenzulernen; **I had a ~ rest** ich habe mich schön ausgeruht; **~ one!** toll! *(umg)* 2 *(zur Verstärkung)* schön; **a ~ long bath** ein schönes, langes Bad; **~ and warm** schön warm; **take it ~ and easy** überanstrengen Sie sich nicht 3 *(iron)* **you're in a ~ mess** du sitzt schön im Schlamassel *(umg)*; **that's a ~ way to talk to your mother** das ist ja eine schöne Art, mit deiner Mutter zu sprechen **nice-looking** ['naɪs'lʊkɪŋ] ADJ schön; *Frau, Mann* gut aussehend; **to be ~** gut aussehen **nicely** ['naɪslɪ] ADV nett; *sich benehmen* gut; **to be coming along ~** sich gut machen; **to ask ~** höflich fragen; **say thank you ~!** sag mal schön Danke!; **that will do**

~ das reicht vollauf; he's doing very ~ for himself er ist sehr gut gestellt, er scheffelt Geld *(umg)*; **to be ~ spoken** sich gepflegt ausdrücken; **~ done** gut gemacht **niceties** ['naɪsɪtɪz] P̲L̲ Feinheiten *pl*

niche [niːʃ] S Nische *f*; *(fig)* Plätzchen *n*

nick¹ [nɪk] A S 1 Kerbe *f* 2 **in the ~ of time** gerade noch (rechtzeitig) 3 *(Br umg)* **in good/ bad ~** gut/nicht gut in Schuss *(umg)* B V̲T̲ **to ~ oneself** *(umg)* sich schneiden

nick² *(Br)* A V̲T̲ *(umg)* 1 einsperren *(umg)* 2 klauen *(umg)* B S *(umg)* Knast *m (umg)*

nickel ['nɪkl] S 1 Nickel *n* 2 *(US)* Fünfcentstück *n* **nickel-plated** ['nɪkl'pleɪtɪd] ADJ vernickelt

nickname ['nɪkneɪm] A S Spitzname *m* B V̲T̲ **they ~d him Baldy** sie gaben ihm den Spitznamen Baldy

nicotine ['nɪkətiːn] S Nikotin *n* **nicotine patch** S Nikotinpflaster *n*

niece [niːs] S Nichte *f*

nifty ['nɪftɪ] ADJ *(+er)* *(umg)* flott *(umg)*; *Gerät* schlau *(umg)*; **a ~ little car** ein netter kleiner Flitzer *(umg)*

niggardly ['nɪgədlɪ] ADJ knaus(e)rig; *Betrag* armselig

niggle ['nɪgl] A V̲I̲ herumkritteln *(umg)* *(about* an *+dat)* B V̲T̲ quälen **niggling** ['nɪglɪŋ] ADJ *Zweifel, Schmerz* quälend; *Gefühl* ungut

night [naɪt] A S Nacht *f*; T̲H̲E̲A̲T̲ Abend *m*; **last ~** gestern Abend, letzte Nacht; **tomorrow ~** morgen Abend/Nacht; **on Friday ~** Freitagabend/-nacht; **11 o'clock at ~** 11 Uhr nachts; **6 o'clock at ~** 6 Uhr abends; **she works at ~** sie arbeitet nachts; **in/during the ~** in/während der Nacht; **the ~ before** am Abend/die Nacht zuvor; **the ~ before last** vorgestern Abend/vorletzte Nacht; **to spend the ~ at a hotel** in einem Hotel übernachten; **to have a good/bad ~** od **~'s sleep** gut/schlecht schlafen; **~-~!** *(umg)* gut Nacht!; **all ~ (long)** die ganze Nacht; **to have a ~ out** *(abends)* ausgehen; **to have an early ~** früh schlafen gehen; **to be on ~s** Nachtdienst haben; *(Arbeiter)* Nachtschicht haben B ADV **~s** *(bes US)* nachts **nightcap** S Schlaftrunk *m (umg)* **nightclub** S Nachtklub *m* **nightdress** S Nachthemd *n* **nightfall** S **at ~** bei Einbruch der Dunkelheit **nightgown** S Nachthemd *n* **nightie** ['naɪtɪ] S *(umg)* Nachthemd *n* **nightingale** ['naɪtɪŋgeɪl] S Nachtigall *f* **nightlife** S Nachtleben *n* **night-light** S Nachtlicht *n* **nightly** ['naɪtlɪ] A ADJ (all)nächtlich, (all)abendlich B ADV jede Nacht, jeden Abend **nightmare** ['naɪtmɛəʳ] S Albtraum *m*; **that was a ~ of a journey** die Reise war ein Albtraum **night owl** S *(umg)* Nachteule *f (umg)* **night safe** S

N

Nachttresor m **night school** ̅s Abendschule f **night shift** ̅s Nachtschicht f; **to be on ~** Nachtschicht haben **nightshirt** ̅s (Herren)nachthemd n **nightspot** ̅s Nachtlokal n **night stick** ̅s (US) Schlagstock m (❗ = (Br) **truncheon**) **night-time** A ̅s Nacht f; **at ~** nachts B ADJ attr nächtlich; **~ temperature** Nachttemperatur f **night watchman** ̅s, pl -men Nachtwächter(in) m(f)

nihilistic [ˌnaɪɪˈlɪstɪk] ADJ nihilistisch

nil [nɪl] ̅s null, nichts; **the score was one-~** es stand eins zu null; → **zero**

Nile [naɪl] ̅s Nil m

nimble [ˈnɪmbl] ADJ (+er) flink, gelenkig; Geist beweglich **nimbly** [ˈnɪmblɪ] ADV gelenkig

nine [naɪn] A ADJ neun; **~ times out of ten** in neun Zehntel der Fälle B ̅s Neun f; **dressed (up) to the ~s** in Schale (umg); **to call 999** (Br) od **911** (US) den Notruf wählen; → **six** **nine-eleven, 9/11** [ˌnaɪnˈlevn] ̅s die Angriffe auf das World Trade Center am 11. September 2001

▶ 9/11

Nine eleven ist zum Synonym geworden für den schlimmsten Terroranschlag der amerikanischen Geschichte, der sich am 11. 9. 2001 ereignete. Zwei entführte Passagierflugzeuge flogen in die **twin towers** des **World Trade Center** in New York, die wenig später in sich zusammenbrachen und über 3000 Menschen in den Tod rissen.

LANDESKUNDE ◀

nineteen [ˈnaɪnˈtiːn] A ADJ neunzehn B ̅s Neunzehn f; **she talks ~ to the dozen** (Br umg) sie redet wie ein Wasserfall (umg)

nineteenth [ˈnaɪnˈtiːnθ] A ADJ 1 neunzehnte(r, s) 2 neunzehntel B ̅s 1 Neunzehnte(r, s) 2 Neunzehntel n; → **sixteenth**

ninetieth [ˈnaɪntɪɪθ] A ADJ 1 neunzigste(r, s) 2 neunzigstel B ̅s 1 Neunzigste(r, s) 2 Neunzigstel n

nine-to-five [ˌnaɪntəˈfaɪv] ADJ Büro-; **~ job** Bürojob m

ninety [ˈnaɪntɪ] A ADJ neunzig B ̅s Neunzig f; → **sixty**

ninth [naɪnθ] A ADJ 1 neunte(r, s) 2 neuntel B ̅s 1 Neunte(r, s) 2 Neuntel n; → **sixth**

nip[1] [nɪp] A ̅s 1 Kniff m; (durch Tier etc) Biss m 2 **there's a ~ in the air** es ist ganz schön frisch B V/T 1 kneifen, zwicken (österr); **the dog ~ped his ankle** der Hund hat ihn am Knöchel gezwickt 2 **to ~ sth in the bud** (fig) etw im Keim ersticken C V/I (Br umg) sausen (umg); **to ~ up (-stairs)** hochflitzen (umg); **I'll just ~ down to** the shops ich gehe mal kurz einkaufen (umg) ◆**nip out** V/I (Br umg) kurz weggehen (umg)

nip[2] ̅s (umg) Schlückchen n

nipple [ˈnɪpl] ̅s ANAT Brustwarze f, Nippel m (umg); (US: an Babyflasche) Sauger m (❗ = (Br) **teat**)

nippy [ˈnɪpɪ] ADJ (+er) 1 (Br umg) flott; Auto spritzig 2 Wetter frisch

nit [nɪt] ̅s 1 ZOOL Nisse f 2 (Br umg) Schwachkopf m **nit-pick** [ˈnɪtpɪk] V/I (umg) pingelig sein (umg) **nit-picking** [ˈnɪtpɪkɪŋ] ̅s (umg) Korinthenkackerei f (umg)

nitrate [ˈnaɪtreɪt] ̅s Nitrat n

nitric acid [ˌnaɪtrɪkˈæsɪd] ̅s Salpetersäure f

nitrogen [ˈnaɪtrədʒən] ̅s Stickstoff m

nitty-gritty [ˈnɪtɪˈgrɪtɪ] ̅s (umg) **to get down to the ~** zur Sache kommen

nitwit [ˈnɪtwɪt] ̅s (umg) Schwachkopf m (umg)

No, no abk von **number** Nr.

no [nəʊ] A ADV 1 nein; **to answer no** mit Nein antworten 2 (mit Komp) nicht; **I can bear it no longer** ich kann es nicht länger ertragen; **I have no more money** ich habe kein Geld mehr; **he returned to England in an aircraft carrier no less** er kehrte auf nichts Geringerem als einem Flugzeugträger nach England zurück B ADJ kein; **no one person could do it** keiner könnte das allein tun; **no other man** kein anderer; **it's of no interest** das ist belanglos; **it's no use** od **no good** das hat keinen Zweck; **no smoking** Rauchen verboten; **there's no telling what he'll do** man kann nie wissen, was er tun wird; **there's no denying it** es lässt sich nicht leugnen; **there's no pleasing him** ihm kann man es auch nie recht machen; **he's no genius** er ist nicht gerade ein Genie; **this is no place for children** das ist hier nichts für Kinder; **in no time** im Nu; **at no little expense** zu großen Kosten; **there is no such thing** so etwas gibt es nicht; **I'll do no such thing** ich werde mich hüten C ̅s, pl -es Nein n; (≈ bei Wahl) Neinstimme f; **I won't take no for an answer** ich bestehe darauf

Nobel [ˈnəʊbel] ̅s **~ prize** Nobelpreis m; **~ peace prize** Friedensnobelpreis m

nobility [nəʊˈbɪlɪtɪ] ̅s 1 (❗ kein pl) (Hoch)adel m 2 (❗ kein pl) (≈ Eigenschaft) Edle(s) n **noble** [ˈnəʊbl] A ADJ (+er) 1 adlig; **to be of ~ birth** adlig sein 2 Tat, Gedanken nobel; Versuch heldenhaft B ̅s Adlige(r) m/f(m) **nobleman** ̅s, pl -men Adlige(r) m **noblewoman** ̅s, pl -women Adlige f **nobly** [ˈnəʊblɪ] ADV 1 vornehm; (≈ tapfer) heldenhaft 2 (umg) großmütig

nobody [ˈnəʊbədɪ] A PRON niemand; **~ else** sonst niemand; **~ else but you can do it** außer dir kann das niemand; **~ else offered to give them money** sonst hat sich niemand angebo-

447 ‖ NONR

ten, ihnen Geld zu geben; **like ~'s business** wie nichts **B** ⓢ Niemand *m kein pl*

no-brainer [ˌnəʊ'breɪnəʳ] ⓢ (*umg*) **1** (≈ *leicht zu erledigende Sache*) Kinderspiel *n* **2** (≈ *einfache Angelegenheit*) **to be a ~** keine Frage sein **no-claim(s) bonus** ['nəʊˌkleɪm(z)'bəʊnəs] ⓢ Schadenfreiheitsrabatt *m*

nocturnal [nɒk'tɜːnl] ADJ nächtlich; **~ animal** Nachttier *n*

nod [nɒd] **A** ⓢ Nicken *n*; **to give a ~** nicken **B** Ⅵ nicken; **to ~ to sb** jdm zunicken; **to ~ toward(s) sth** mit dem Kopf auf etw zeigen **C** Ⅶ **to ~ one's head** mit dem Kopf nicken ◆**nod off** Ⅵ einnicken (*umg*)

node [nəʊd] ⓢ **1** Knoten *m* **2** IT Node *m*, Knoten *m*

nodule ['nɒdjuːl] ⓢ Knötchen *n*

no-frills ADJ *attr Preis* ohne (alle) Extras; *Stil* einfach **no-go area** ⓢ Sperrgebiet *n* **no-good** ADJ nichtsnutzig **no-holds-barred** ADJ kompromisslos

noise [nɔɪz] ⓢ Geräusch *n*, Lärm *m*; **what was that ~?** was war das für ein Geräusch?; **the ~ of the traffic** der Straßenlärm; **it made a lot of ~** es war sehr laut; **don't make a ~!** sei leise!; **stop making such a ~** hör auf, solchen Lärm zu machen **noiselessly** ['nɔɪzlɪslɪ] ADV geräuschlos **noise level** ⓢ Geräuschpegel *m* **noisily** ['nɔɪzɪlɪ] ADV laut; *protestieren* laut, stark

noisy ['nɔɪzɪ] ADJ (*+er*) laut; *Protest* lautstark; **this is a ~ house** in dem Haus ist es laut

nomad ['nəʊmæd] ⓢ Nomade *m*, Nomadin *f* **nomadic** [nəʊ'mædɪk] ADJ nomadisch; **~ lifestyle** Nomadenleben *n*

no-man's-land ['nəʊmænzlænd] ⓢ Niemandsland *n*

nominal ['nɒmɪnl] ADJ nominell **nominal value** ⓢ Nennwert *m*

nominate ['nɒmɪneɪt] Ⅶ **1** ernennen; **he was ~d chairman** er wurde zum Vorsitzenden ernannt **2** nominieren; **he was ~d for the presidency** er wurde als Präsidentschaftskandidat aufgestellt; **to ~ sb for sth** jdn für etw nominieren **nomination** [ˌnɒmɪ'neɪʃən] ⓢ **1** Ernennung *f* **2** Nominierung *f*

nominative ['nɒmɪnətɪv] GRAM **A** ⓢ Nominativ *m* **B** ADJ **(the) ~ case** der Nominativ

nominee [ˌnɒmɪ'niː] ⓢ Kandidat(in) *m(f)*

nonaggression [nɒn-] ⓢ **~ treaty** Nichtangriffspakt *m* **nonalcoholic** ADJ alkoholfrei **nonattendance** ⓢ Nichtteilnahme *f* (*at an* +*dat*)

nonchalance ['nɒnʃələns] ⓢ Lässigkeit *f* **nonchalant** ADJ, **nonchalantly** ADV ['nɒnʃələnt, -lɪ] lässig

noncommissioned ADJ MIL **~ officer** Unteroffizier(in) *m(f)* **noncommittal** ADJ zurückhaltend; **to be ~ about whether ...** sich nicht festlegen, ob ... **noncommittally** ADV unverbindlich **nonconformist** **A** ⓢ Nonkonformist(in) *m(f)* **B** ADJ nonkonformistisch **nondescript** ['nɒndɪskrɪpt] ADJ *Geschmack, Farbe* unbestimmbar; *Erscheinung* unauffällig **nondrinker** ⓢ Nichttrinker(in) *m(f)* **nondriver** ⓢ Nichtfahrer(in) *m(f)*

none [nʌn] **A** PRON keine(r, s); **~ of the boys/them** keiner der Jungen/von ihnen; **~ of the girls** keines der Mädchen; **~ of this/the cake** nichts davon/von dem Kuchen; **~ of this is any good** das ist alles nicht gut; **do you have any bread/apples? — ~ (at all)** haben Sie Brot/Äpfel? — nein, gar keines/keine; **there is ~ left** es ist nichts übrig; **their guest was ~ other than ...** ihr Gast war kein anderer als ...; **he would have ~ of it** er wollte davon nichts wissen **B** ADV **to be ~ the wiser** um nichts schlauer sein; **she looks ~ the worse for her ordeal** trotz allem, was sie durchzustehen hatte, sieht sie gut aus; **he was ~ too happy about it** er war darüber gar nicht erfreut; **~ too sure/easy** durchaus nicht sicher/einfach

nonentity [nɒ'nentɪtɪ] ⓢ unbedeutende Figur **nonessential** [nɒnɪ'senʃəl] **A** ADJ unnötig **B** ⓢ **nonessentials** PL nicht (lebens)notwendige Dinge *pl*

nonetheless [ˌnʌnðə'les] ADV trotzdem

nonevent ⓢ (*umg*) Reinfall *m* (*umg*) **nonexecutive** ADJ **~ director** ≈ Aufsichtsratsmitglied *n* (*ohne Entscheidungsbefugnis*) **nonexistent** ADJ nicht vorhanden; **discipline is ~ here** hier herrscht keine Disziplin **non-fat** ADJ fettlos **nonfattening** ADJ nicht dick machend *attr*; **fruit is ~** Obst macht nicht dick **nonfiction** **A** ⓢ Sachbücher *pl* **B** ADJ **~ book** Sachbuch *n* **nonflammable** ADJ nicht entzündbar **nonmember** ⓢ **open to ~s** Gäste willkommen **non-negotiable** ADJ **the price is ~** über den Preis lässt sich nicht verhandeln

no-no ['nəʊnəʊ] ⓢ (❗ kein *pl*) (*umg*) **that's a ~!** das gibts nicht!

no-nonsense ['nəʊˌnɒnsəns] ADJ (kühl und) sachlich

nonpayment ⓢ Nichtzahlung *f* **nonplus** ['nɒn'plʌs] Ⅶ **completely ~sed** völlig verdutzt **nonpolitical** ADJ nicht politisch **nonpolluting** [ˌnɒnpə'luːtɪŋ] ADJ umweltfreundlich **non-profit-making**, (*US*) **nonprofit** ADJ keinen Gewinn anstrebend *attr* **non-renewable** ADJ nicht erneuerbar **nonresident** ⓢ Nicht(orts)ansässige(r) *m/f(m)*; (*in Hotel*) nicht im Haus wohnender Gast; **open to ~s** auch für Nichthotelgäste **nonreturnable** ADJ **~ bottle** Einwegflasche *f*; **~ deposit** Anzahlung *f*

nonsense ['nɒnsəns] S (❶ kein pl) Unsinn *m*, Dummheiten *pl*; **~!** Unsinn!; **I've had enough of this ~** jetzt reichts mir aber; **what's all this ~ about a cut in salary?** was soll all das Gerede von einer Gehaltskürzung?; **he will stand no ~ from anybody** er lässt nicht mit sich spaßen **nonsensical** [nɒn'sensɪkəl] ADJ unsinnig **nonslip** ADJ rutschfest **nonsmoker** S Nichtraucher(in) *m(f)* **nonsmoking** ADJ Nichtraucher-; **we have a ~ policy** bei uns herrscht Rauchverbot **nonstarter** S *(fig ≈ Idee)* Blindgänger *m* **nonstick** ADJ antihaftbeschichtet **nonstop** A ADJ *Zug* durchgehend; *Reise* ohne Unterbrechung; **~ flight** Nonstop-Flug *m* B ADV *arbeiten* ununterbrochen; *fliegen* nonstop **nonswimmer** S Nichtschwimmer(in) *m(f)* **nontaxable** ADJ nicht steuerpflichtig **nontoxic** ADJ ungiftig **nonverbal** ADJ nicht verbal **nonviolence** S Gewaltlosigkeit *f* **nonviolent** ADJ gewaltlos; *Verbrechen* nicht gewalttätig

noodle ['nuːdl] S GASTR Nudel *f*

nook [nʊk] S Winkel *m*; **in every ~ and cranny** in jedem Winkel

nookie, nooky ['nʊkɪ] S *(umg)* **to have a bit of ~** (ein bisschen) bumsen *(umg)*

noon [nuːn] A S Mittag *m*; **at ~** um 12 Uhr mittags B ADJ 12-Uhr-

no-one, no one ['nəʊwʌn] PRON = **nobody**

noontime *(bes US)* A S Mittagszeit *f*; **at ~** um die Mittagsstunde *(geh)* B ADJ zur Mittagszeit

noose [nuːs] S Schlinge *f*

nope [nəʊp] ADV *(umg)* ne(e) *(dial)*, nein

no place ADV *(bes US umg)* = **nowhere**

nor [nɔː*ʳ*] KONJ 1 noch; **neither ... ~** weder ... noch 2 und ... auch nicht; **I shan't go, ~ will you** ich gehe nicht, und du auch nicht; **~ do I** ich auch nicht

Nordic ['nɔːdɪk] ADJ nordisch; **~ walking** Nordic Walking *n*

norm [nɔːm] S Norm *f*

normal ['nɔːməl] A ADJ normal, üblich; **it's ~ practice** das ist so üblich; **he is not his ~ self** er ist so anders; **a higher than ~ risk of infection** ein Infektionsrisiko, das über dem Normalen liegt B S (❶ kein pl) **below ~** unter dem Durchschnitt; **her temperature is below/above ~** sie hat Untertemperatur/erhöhte Temperatur; **when things are back to** *od* **return to ~** wenn sich alles wieder normalisiert hat; **carry on as ~** machen Sie normal weiter **normality** [nɔː'mælɪtɪ] S Normalität *f*; **to return to ~** sich wieder normalisie-

ren **normally** ['nɔːməlɪ] ADV 1 normalerweise 2 normal

Norman ['nɔːmən] A ADJ normannisch; **the ~ Conquest** der normannische Eroberungszug B S Normanne *m*, Normannin *f* **Normandy** ['nɔːməndɪ] S Normandie *f*

Norse [nɔːs] ADJ altnordisch

north [nɔːθ] A S Norden *m*; **in/from the ~** im/aus dem Norden; **to the ~ of** nördlich von; **the wind is in the ~** es ist Nordwind; **to face ~** nach Norden liegen; **the North of Scotland** Nordschottland *n* B ADJ *attr* Nord-; **North German** norddeutsch C ADV nach Norden; **~ of** nördlich von **North Africa** S Nordafrika *n* **North America** S Nordamerika *n* **North American** A ADJ nordamerikanisch B S Nordamerikaner(in) *m(f)* **North Atlantic** S Nordatlantik *m* **northbound** ADJ *Straße* nach Norden (führend); *Verkehr* in Richtung Norden **northeast** A S Nordosten *m*; **in the ~** im Nordosten; **from the ~** von Nordost B ADJ Nordost-, nordöstlich; **~ England** Nordostengland *n* C ADV nach Nordosten; **~ of** nordöstlich von **northeasterly** ADJ nordöstlich **northerly** ['nɔːðəlɪ] ADJ nördlich

northern ['nɔːðən] ADJ nördlich; **~ Germany** Norddeutschland *n*; **Northern Irish** nordirisch **northerner** ['nɔːðənə*ʳ*] S Nordengländer(in) *m(f) etc*; **he is a ~** er kommt aus dem Norden (des Landes) **Northern Ireland** S Nordirland *n* **northernmost** ['nɔːðənməʊst] ADJ nördlichste(r, s) **North Pole** S Nordpol *m* **North Sea** A S Nordsee *f* B ADJ Nordsee- **North-South divide** S Nord-Süd-Gefälle *n* **northward** A ADJ nördlich B ADV *(a.* **northwards)** nordwärts **northwest** A S Nordwesten *m* B ADJ Nordwest-, nordwestlich; **~ England** Nordwestengland *n* C ADV nach Nordwest(en); **~ of** nordwestlich von **northwesterly** ADJ nordwestlich

Norway ['nɔːweɪ] S Norwegen *n*

Norwegian [nɔː'wiːdʒən] A ADJ norwegisch B S 1 Norweger(in) *m(f)* 2 LING Norwegisch *n*

Nos., nos. *abk* von **numbers** Nrn.

nose [nəʊz] A S Nase *f*; **to hold one's ~** sich *(dat)* die Nase zuhalten; **my ~ is bleeding** ich habe Nasenbluten; **follow your ~** immer der Nase nach; **she always has her ~ in a book** sie hat dauernd den Kopf in einem Buch (vergraben); **to do sth under sb's ~** etw vor jds Augen tun; **it was right under his ~** er hatte es direkt vor der Nase; **he can't see beyond** *od* **further than the end of his ~** er kann nicht weiter sehen, als sein eigener Schatten reicht; **to get up sb's ~** *(fig umg)* jdm auf den Geist gehen *(umg)*; **to poke one's ~ into sth** *(fig)* seine Nase in etw (akk) stecken; **you keep your ~ out of this** (umg) halt du dich da raus (umg); **to cut off one's ~ to spite one's face** (sprichw) sich ins eigene Fleisch schneiden; **to look down one's ~ at sb/sth** auf jdn/etw herabblicken; **to pay through the ~** (umg) sich dumm und dämlich zahlen (umg); **to tail** Autos Stoßstange an Stoßstange **B** _VT_ **the car ~d its way into the stream of traffic** das Auto schob sich in den fließenden Verkehr vor ♦**nose about** (Br) od **around** _VI_ herumschnüffeln (umg)

nosebleed _S_ Nasenbluten n; **to have a ~** Nasenbluten haben **nosedive** **A** _S_ FLUG Sturzflug m; **the company's profits took a ~** mit der Firma ging es rapide bergab **B** _VI_ (Flugzeug) im Sturzflug herabgehen; (fig) den Bach runtergehen (umg) **nosedrops** _PL_ Nasentropfen pl **nose ring** _S_ Nasenring m **nosey** _ADJ_ = **nosy**

nosh [nɒʃ] (Br sl) _S_ (≈ Essen) Futter n (umg)

no-smoking _ADJ_ = **nonsmoking**

nostalgia [nɒˈstældʒɪə] _S_ Nostalgie f (for nach); **to feel ~ for sth** sich nach etw zurücksehnen **nostalgic** [nɒˈstældʒɪk] _ADJ_ nostalgisch, wehmütig; **to feel ~ for sth** sich nach etw zurücksehnen

nostril [ˈnɒstrəl] _S_ Nasenloch n; (von Pferd) Nüster f

nosy [ˈnəʊzɪ] _ADJ_ (+er) (umg) neugierig **nosy parker** [ˌnəʊzɪˈpɑːkə²] _S_ (Br umg) Schnüffler(in) m(f) (umg)

not [nɒt] _ADV_ **1** nicht; **he told me ~ to do that** er sagte, ich solle das nicht tun; **~ a word** kein Wort; **~ a bit** kein bisschen; **~ one of them** kein Einziger; **~ a thing** überhaupt nichts; **~ any more** nicht mehr; **~ yet** noch nicht; **~ even** nicht einmal; **~ so** (als Antwort) nein; **he's decided ~ to do it — I should think/ hope ~** er hat sich entschlossen, es nicht zu tun — das möchte ich auch meinen/hoffen; **~ at all** überhaupt nicht; (≈ nichts zu danken) gern geschehen; **~ that I care** nicht, dass es mir etwas ausmacht(e); **~ that I know of** nicht, dass ich wüsste; **it's ~ that I don't believe him** ich glaube ihm ja **2** **it's hot, isn't it?** es ist heiß, nicht wahr od nicht? (umg); **isn't it hot?** (es ist) heiß, nicht wahr?; **isn't he naughty!** ist er nicht frech?; **you are coming, aren't you?** Sie kommen doch, oder?

notable [ˈnəʊtəbl] _ADJ_ **1** bedeutend, beträchtlich **2** auffallend; **with a few ~ exceptions** bis auf einige rühmliche Ausnahmen **notably** [ˈnəʊtəblɪ] _ADV_ **1** auffallend **2** insbesondere; **most ~** vor allem

notary (public) [ˈnəʊtərɪ(ˈpʌblɪk)] _S_ Notar(in) m(f)

notch [nɒtʃ] _S_ Kerbe f ♦**notch up** _VT_ trennb

Punkte erzielen; Erfolg verzeichnen können

note [nəʊt] **A** _S_ **1** Notiz f; (länger) Briefchen n; **~s** Aufzeichnungen pl, Konzept n; **to speak without ~s** frei sprechen; **to leave sb a ~** jdm ein paar Zeilen hinterlassen; **to take** od **make ~s** Notizen machen; **to take** od **make a ~ of sth** sich (dat) etw notieren **2** (🔴 kein pl) **to take ~ of sth** von etw Notiz nehmen **3** (🔴 kein pl) **nothing of ~** nichts Erwähnenswertes **4** MUS Note f; (≈ Klang) Ton m; **to play the right/wrong ~** richtig/falsch spielen; **to strike the right ~** (fig) den richtigen Ton treffen; **on a personal ~** persönlich gesprochen; **on a more positive ~** aus positiver Sicht; **to sound a ~ of caution** zur Vorsicht mahnen; **there was a ~ of warning in his voice** seine Stimme hatte einen unterton **5** (Br FIN) Schein m (🔴 = (US) bill); **a £5 ~, a five-pound ~** ein Fünfpfundschein m **B** _VT_ **1** bemerken **2** beachten **3** = **note down** ♦**note down** _VT_ trennb notieren, sich (dat) notieren

notebook [ˈnəʊtbʊk] _S_ Notizbuch n; **~ (computer)** Notebook m **noted** [ˈnəʊtɪd] _ADJ_ berühmt (for für, wegen) **notelet** [ˈnəʊtlɪt] _S_ Briefkarte f **notepad** _S_ Notizblock m **notepaper** _S_ Briefpapier n **noteworthy** _ADJ_ beachtenswert

nothing [ˈnʌθɪŋ] **A** _S, PRON, ADV_ nichts; **it was reduced to ~** es blieb nichts davon übrig; **it was all or ~** es ging um alles oder nichts; **£500 is ~ to her** £ 500 sind für sie gar nichts; **it came to ~** da ist nichts draus geworden; **I can make ~ of it** das sagt mir nichts; **he thinks ~ of doing that** er findet nichts dabei(, das zu tun); **think ~ of it** keine Ursache!; **there was ~ doing at the club** (umg) im Klub war nichts los; **for ~** umsonst; **there's ~ (else) for it but to leave** da bleibt einem nichts übrig als zu gehen; **there was ~ in it for me** das hat sich für mich nicht gelohnt; **there's ~ in the rumour** (Br) od **rumor** (US) an dem Gerücht ist nichts (Wahres); **there's ~ to it** (umg) das ist kinderleicht (umg); **~ but** nur; **~ else** sonst nichts; **~ more** sonst nichts; **I'd like ~ more than that** ich möchte nichts lieber als das; **~ much** nicht viel; **~ if not polite** äußerst höflich; **~ new** nichts Neues; **it was ~ like as big** es war lange nicht so groß **B** _S_ **1** MATH Null f **2** Nichts n; **thank you — it was ~** danke — das war doch selbstverständlich; **what's wrong with you? —** (it's) **~** was ist mit dir los? — nichts **nothingness** _S_ Nichts n

no through road _S_ **it's a ~** es ist keine Durchfahrt

notice [ˈnəʊtɪs] **A** _S_ **1** Bescheid m; (≈ schriftlich a.) Mitteilung f; (von Ereignis, Veranstaltung) Ankündigung f; **we need three weeks' ~** wir müssen drei Wochen vorher Bescheid wissen; **to give ~ of sth** von etw Bescheid geben; **to give sb ~ of sth** jdm etw mitteilen; **he didn't give us much ~** er hat uns nicht viel Zeit gegeben; **at short ~** kurzfristig; **at a moment's ~** jederzeit; **at three days' ~** innerhalb von drei Tagen; **until further ~** bis auf Weiteres **2** (*öffentlich*) Anschlag m, Schild n; (*in Zeitung*) Anzeige f; **I saw a ~ in the paper about the concert** ich habe das Konzert in der Zeitung angekündigt gesehen **3** (*von Miet-, Arbeitsverhältnis*) Kündigung f; **to give sb ~** jdm kündigen; **to give od hand** od **turn** (*US*) **in one's ~** kündigen; **a month's ~** eine einmonatige Kündigungsfrist; **she gave me** od **I was given a month's ~** mir wurde zum nächsten Monat gekündigt **4** **to take ~ of sth** von etw Notiz nehmen, etw beachten; **to take no ~ of sb/sth** von jdm/etw keine Notiz nehmen; **take no ~!** kümmern Sie sich nicht darum!; **to bring sth to sb's ~** jdn auf etw (*akk*) aufmerksam machen; (*in Brief etc*) jdn von etw in Kenntnis setzen **B** V̄T̄ bemerken, zur Kenntnis nehmen; **without my noticing it** ohne dass ich etwas bemerkt habe; **I ~d her hesitating** ich merkte, dass sie zögerte; **to get oneself ~d** auf sich (*akk*) aufmerksam machen; (*negativ*) auffallen **noticeable** ['nəʊtɪsəbl] ADJ erkennbar, sichtbar, deutlich; *Erleichterung* merklich; **the stain is very ~** der Fleck fällt ziemlich auf; **it is ~ that ...** man merkt, dass ... **noticeably** ['nəʊtɪsəblɪ] ADV deutlich; *erleichtert* sichtlich **notice board** ['nəʊtɪsbɔːd] S̄ (*bes Br*) Anschlagbrett n

notification [,nəʊtɪfɪ'keɪʃən] S̄ Benachrichtigung f **notify** ['nəʊtɪfaɪ] V̄T̄ benachrichtigen; **to ~ sb of sth** jdn von etw benachrichtigen; *Behörde* jdm etw melden

notion ['nəʊʃən] S̄ Idee f, Vorstellung f; (*≈ vage*) Ahnung f; **I have no ~ of time** ich habe überhaupt kein Zeitgefühl; **he got the ~ (into his head) that she wouldn't help him** irgendwie hat er sich (*dat*) eingebildet, sie würde ihm nicht helfen

notions P̄L̄ (*US*) Kurzwaren pl (🔴 = (Br) **haberdashery**)

notoriety [,nəʊtə'raɪətɪ] S̄ traurige Berühmtheit **notorious** [nəʊ'tɔːrɪəs] ADJ berüchtigt; *Spieler, Lügner* notorisch; **a ~ woman** eine Frau von schlechtem Ruf **notoriously** [nəʊ'tɔːrɪəslɪ] ADV bekanntlich; **it is ~ difficult to treat** es lässt sich bekanntlich nur sehr schwer behandeln; **to be ~ unreliable** für seine Unzuverlässigkeit berüchtigt sein

notwithstanding [,nɒtwɪθ'stændɪŋ] (*form*) A PR̄ÄP ungeachtet (*+gen*) (*form*) B ADV nichtsdesto-

trotz

nougat ['nuːgɑː] S̄ Nugat m

nought [nɔːt] S̄ **1** Null f **2** (*liter*) Nichts n; **to come to ~** sich zerschlagen **noughties** ['nɔːtɪz] P̄L̄ (*umg*) *das erste Jahrzehnt des dritten Jahrtausends*, Nullerjahre pl (*umg*)

noun [naʊn] S̄ Substantiv n

nourish ['nʌrɪʃ] V̄T̄ **1** (*wörtl*) nähren; *jdn* ernähren **2** (*fig*) *Hoffnungen* hegen **nourishing** ['nʌrɪʃɪŋ] ADJ nahrhaft, währschaft (*schweiz*) **nourishment** S̄ Nahrung f

nouveau riche [,nuːvəʊ'riːʃ] S̄, pl **-x -s** [,nuːvəʊ'riːʃ] Neureiche(r) m/f(m)

Nov abk von **November** Nov.

Nova Scotia ['nəʊvə'skəʊʃə] S̄ Neuschottland n

novel[1] ['nɒvəl] S̄ Roman m

novel[2] ADJ neu(artig)

novelist ['nɒvəlɪst] S̄ Romanschriftsteller(in) m(f) **novella** [nə'velə] S̄ Novelle f

novelty ['nɒvəltɪ] S̄ **1** Neuheit f; **the ~ has worn off** der Reiz des Neuen ist vorbei **2** Krimskrams m

November [nəʊ'vembə] S̄ November m; → **September**

novice ['nɒvɪs] S̄ (*fig*) Anfänger(in) m(f) (*at* bei)

now [naʊ] A ADV jetzt, sofort, gerade; (*≈ heutzutage*) heute; **just ~** gerade, sofort; **it's ~ or never** er jetzt oder nie; **what is it ~?** was ist denn nun schon wieder?; **by ~** inzwischen; **before ~** bis jetzt; **we'd have heard before ~** das hätten wir (inzwischen) schon gehört; **for ~** vorläufig; **even ~** selbst jetzt noch; **any day ~** jetzt jeden Tag; **from ~ on(wards)** von nun an; **between ~ and the end of the week** bis zum Ende der Woche; **in three days from ~** (heute) in drei Tagen; **(every) ~ and then, ~ and again** ab und zu **B** KŌN̄J̄ **~ (that) you've seen him** jetzt, wo Sie ihn gesehen haben **C** ĪNT̄ also; **~, ~!** na, na!; **well ~** also; **~ then** also (jetzt); **~, why didn't I think of that?** warum habe ich bloß nicht daran gedacht?

nowadays ['naʊədeɪz] ADV heute

no way ADV → **way**

nowhere ['nəʊweə] ADV nirgendwo; (*mit Richtungsangabe*) nirgendwohin; **they have ~ (else) to go** sie können (sonst) nirgends unterkommen; **there was ~ to hide** man konnte sich nirgends verstecken; **to appear out of ~** aus heiterem Himmel auftauchen; **we're getting ~** wir kommen nicht weiter; **rudeness will get you ~** Grobheit bringt dir gar nichts ein

no-win situation [,nəʊwɪnsɪtjʊ'eɪʃən] S̄ **it's a ~** wie mans macht ists falsch

noxious ['nɒkʃəs] ADJ **1** schädlich **2** giftig

451 ‖ NUTR

nozzle ['nɒzl] ꜱ Düse f

nuance ['njuːɑːns] ꜱ Nuance f

nuclear ['njuːklɪə] ᴀᴅᴊ Atom-; *Brennstoff* nuklear **nuclear deterrent** ꜱ nukleares Abschreckungsmittel **nuclear disarmament** ꜱ nukleare Abrüstung **nuclear energy** ꜱ = nuclear power **nuclear family** ꜱ Kleinfamilie f **nuclear-free** ᴀᴅᴊ atomwaffenfrei **nuclear missile** ꜱ Atomrakete f **nuclear physics** ꜱ (❶ mit Verb im Singular) Kernphysik f **nuclear power** ꜱ Atomkraft f **nuclear power station** ꜱ Atomkraftwerk n **nuclear reactor** ꜱ Atomreaktor m **nuclear reprocessing plant** ꜱ nukleare Wiederaufbereitungsanlage **nuclear test** ꜱ Atom(waffen)test m **nuclear war** ꜱ Atomkrieg m **nuclear waste** ꜱ Atommüll m **nuclear weapon** ꜱ Atomwaffe f

nucleus ['njuːklɪəs] ꜱ, pl nuclei [-lɪaɪ] Kern m

nude [njuːd] ᴀ ᴀᴅᴊ nackt; ᴋᴜɴꜱᴛ Akt-; **~ figure** Akt m ʙ ꜱ ᴋᴜɴꜱᴛ Akt m; **in the ~** nackt

nudge [nʌdʒ] ᴀ ᴠᴛ anstoßen ʙ ꜱ Stups m

nudism ['njuːdɪzm] ꜱ FKK f, Freikörperkultur f **nudist** ['njuːdɪst] ꜱ Nudist(in) m(f) **nudist beach** ꜱ Nacktbadestrand m **nudity** ['njuːdɪtɪ] ꜱ Nacktheit f

nugget ['nʌgɪt] ꜱ Klumpen m; *(fig: von Informationen etc)* Brocken m

nuisance ['njuːsns] ꜱ **1** (≈ *Mensch*) Plage f; **sorry to be a ~** entschuldigen Sie, wenn ich störe; **to make a ~ of oneself** lästig werden **2** (≈ *Sache*) **to be a ~** lästig sein, ärgerlich sein; **what a ~** wie ärgerlich **nuisance call** ꜱ ᴛᴇʟ Schockanruf m; **~s** pl Telefonterror m (*umg*)

null [nʌl] ᴀᴅᴊ ᴊᴜʀ (null und) nichtig **nullify** ['nʌlɪfaɪ] ᴠᴛ annullieren

numb [nʌm] ᴀ ᴀᴅᴊ (+er) taub; *(gefühlsmäßig)* benommen; **hands ~ with cold** Hände, die vor Kälte taub sind ʙ ᴠᴛ *(Kälte)* taub machen; *(Injektion, etc)* betäuben

number ['nʌmbə] ᴀ ꜱ **1** ᴍᴀᴛʜ Zahl f, Ziffer f **2** Anzahl f; **a ~ of problems** eine (ganze) Anzahl von Problemen; **large ~s of people** (sehr) viele Leute; **on a ~ of occasions** des Öfteren; **boys and girls in equal ~s** ebenso viele Jungen wie Mädchen; **in a small ~ of cases** in wenigen Fällen; **ten in ~** zehn an der Zahl; **to be found in large ~s** zahlreich vorhanden sein; **in small/large ~s** in kleinen/großen Mengen; **any ~ can play** beliebig viele Spieler können teilnehmen **3** *(von Haus etc)* Nummer f; **at ~ 4** (in) Nummer 4; **the ~ 47 bus** die Buslinie 47; **I've got the wrong ~** ich habe mich verwählt; **it was a wrong ~** ich/er *etc* war falsch verbunden; **the ~ one tennis player** (*umg*) der Tennisspieler Nummer eins (*umg*); **the single** went straight to od straight in at ~ one die Single stieg gleich auf Nummer eins ein; **to look after ~ one** (*umg*) (vor allem) an sich (*akk*) selbst denken **4** ᴛʜᴇᴀᴛ Nummer f; (≈ *Kleid*) Kreation f **5** one of their/our ~ eine(r) aus ihren/unseren Reihen ʙ ᴠᴛ **1** nummerieren **2** zählen (*among* zu); **the group ~ed 50** es waren 50 (Leute in der Gruppe); **his days are ~ed** seine Tage sind gezählt **numbering** ['nʌmbərɪŋ] ꜱ Nummerierung f **number plate** ꜱ (*Br*) Nummernschild n (❶ = (US) **license plate**) **numbers lock** ꜱ ɪᴛ Zahlenverriegelung f

numbly ['nʌmlɪ] ᴀᴅᴠ benommen **numbness** ['nʌmnɪs] ꜱ Taubheit f

numeracy ['njuːmərəsɪ] ꜱ Rechnen n **numeral** ['njuːmərəl] ꜱ Ziffer f **numerate** ['njuːmərɪt] ᴀᴅᴊ rechenkundig; **to be ~** rechnen können **numeric** [njuː'merɪk] ᴀᴅᴊ **~ keypad** numerisches Tastenfeld **numerical** [njuː-'merɪkəl] ᴀᴅᴊ *Reihenfolge* numerisch; *Überlegenheit* zahlenmäßig **numerically** [njuː'merɪkəlɪ] ᴀᴅᴠ zahlenmäßig; **~ controlled** numerisch gesteuert **numerous** ['njuːmərəs] ᴀᴅᴊ zahlreich; **on ~ occasions** bei vielen Gelegenheiten

nun [nʌn] ꜱ Nonne f

Nuremberg ['njʊərəm,bɜːg] ꜱ Nürnberg n

nurse [nɜːs] ᴀ ꜱ (Kranken)schwester f; (≈ *Erzieherin*) Kindermädchen n; **male ~** Krankenpfleger m ʙ ᴠᴛ **1** pflegen; **to ~ sb back to health** jdn gesund pflegen; **he stood there nursing his bruised arm** er stand da und hielt seinen verletzten Arm **2** *Kleinkind* stillen

nursery ['nɜːsərɪ] ꜱ **1** Kinderzimmer n **2** Kindergarten m, Kindertagesstätte f **3** ᴀɢʀ, ɢᴀʀᴛᴇɴ Gärtnerei f, Baumschule f **nursery nurse** ꜱ Kindermädchen n **nursery rhyme** ꜱ Kinderreim m **nursery school** ꜱ Kindergarten m **nursery school teacher** ꜱ Kindergärtner(in) m(f) **nursery slope** ꜱ ꜱᴋɪ Idiotenhügel m (*hum*)

nursing ['nɜːsɪŋ] ᴀ ꜱ **1** Pflege f **2** Krankenpflege f ʙ ᴀᴅᴊ *attr* Pflege-; **~ staff** Pflegepersonal n; **the ~ profession** die Krankenpflege, die Pflegeberufe pl **nursing home** ꜱ Pflegeheim n

nut [nʌt] ꜱ **1** ʙᴏᴛ Nuss f; **a tough ~ to crack** *(fig)* eine harte Nuss pl; *(umg: ≈ Mensch)* Spinner(in) m(f) *(umg)* **3** ᴍᴇᴄʜ (Schrauben)mutter f **nutcase** ꜱ *(umg)* Spinner(in) m(f) *(umg)* **nutcracker** ꜱ, **nutcrackers** ᴘʟ Nussknacker m **nutmeg** ꜱ Muskatnuss f

nutrient ['njuːtrɪənt] ꜱ Nährstoff m **nutrition** [njuː'trɪʃən] ꜱ Ernährung f **nutritional** ᴀᴅᴊ Nähr-; **~ value** Nährwert m; **~ information** Nährwertangaben pl **nutritionist** [njuː-'trɪʃənɪst] ꜱ Ernährungswissenschaftler(in) m(f) **nutritious** [njuː'trɪʃəs] ᴀᴅᴊ nahrhaft, währ-

NUTS | 452

nut — Nuss

nut — Mutter

schaft (schweiz)
nuts [nʌts] ADJ präd (umg) **to be ~** spinnen (umg); **to be ~ about sb/sth** ganz verrückt nach jdm/auf etw (akk) sein (umg) **nutshell** ['nʌtʃel] S **in a ~** (fig) mit einem Wort **nutter** ['nʌtə'] S (Br umg) Spinner(in) m(f) (umg), Verrückte(r) m/f(m); **he's a ~** er hat einen Stich (umg) **nutty** ['nʌtɪ] ADJ (+er) ▯ nussartig, mit Nüssen ▮ (umg) bekloppt (umg)
nuzzle ['nʌzl] A VT beschnüffeln B VI **to ~ (up) against sb** sich an jdn schmiegen
NW abk von north-west NW
nylon ['naɪlɒn] A S ▯ TEX Nylon® n ▮ **nylons** PL Nylonstrümpfe pl B ADJ Nylon-®; **~ shirt** Nylonhemd n
nymph [nɪmf] S MYTH Nymphe f
nymphomaniac [ˌnɪmfəʊˈmeɪnɪæk] S Nymphomanin f
NZ abk von New Zealand

O

O, o [əʊ] S ▯ O n, o n ▮ (Br) Null f; **the area code is ~ two five one** die Vorwahl ist null zwei fünf eins
oaf [əʊf] S Flegel m
oak [əʊk] S Eiche f
OAP (Br) abk von old-age pensioner
oar [ɔː'] S Ruder n
oasis [əʊˈeɪsɪs] S, pl **oases** [əʊˈeɪsiːz] Oase f

oat [əʊt] S meist pl Hafer m; **~s** pl GASTR Haferflocken pl **oatcake** ['əʊtkeɪk] S Haferkeks m, Haferbiskuit n (schweiz)
oath [əʊθ] S ▯ Schwur m; JUR Eid m; **to take** od **swear an ~** schwören; JUR einen Eid leisten; **he took an ~ of loyalty to the government** er schwor der Regierung Loyalität; **to be under ~** JUR unter Eid stehen ▮ Fluch m
oatmeal ['əʊtmiːl] S (⚠ kein pl) Haferschrot m
OBE abk von Officer of the Order of the British Empire britischer Verdienstorden
obedience [əˈbiːdɪəns] S (⚠ kein pl) Gehorsam m **obedient** [əˈbiːdɪənt] ADJ gehorsam; **to be ~** gehorchen (to +dat) **obediently** [əˈbiːdɪəntlɪ] ADV gehorsam
obelisk ['ɒbɪlɪsk] S ARCH Obelisk m
obese [əʊˈbiːs] ADJ fettleibig **obesity** [əʊˈbiːsɪtɪ] S Fettleibigkeit f
obey [əˈbeɪ] A VT gehorchen (+dat); Regeln etc befolgen; **I expect to be ~ed** ich erwarte, dass man meine Anordnungen befolgt B VI gehorchen
obituary [əˈbɪtjʊərɪ] S Nachruf m
object¹ ['ɒbdʒɪkt] S ▯ Gegenstand m; **he was an ~ of scorn** er war die Zielscheibe der Verachtung ▮ Ziel n; **the ~ of the exercise** der Zweck der Übung; **that defeats the ~** das verfehlt seinen Zweck ▰ **money is no ~** Geld spielt keine Rolle ▱ GRAM Objekt n
object² [əbˈdʒekt] A VI dagegen sein, protestieren, Einwände erheben; **to ~ to sth** etw missbilligen; **I don't ~ to that** ich habe nichts dagegen (einzuwenden); **he ~s to my drinking** er nimmt daran Anstoß, dass ich trinke; **I ~ to people smoking in my house** ich verbitte mir, dass in meinem Haus geraucht wird; **I ~ to him bossing me around** ich wehre mich dagegen, dass er mich (so) herumkommandiert B VT einwenden **objection** [əbˈdʒekʃən] S Einwand m (to gegen); **to make an ~ (to sth)** einen Einwand (gegen etw) machen; **I have no ~ to his going away** ich habe nichts dagegen (einzuwenden), dass er weggeht; **are there any ~s?** irgendwelche Einwände?; **~!** JUR Einspruch! **objectionable** [əbˈdʒekʃənəbl] ADJ störend; Bemerkung anstößig; **he's a most ~ person** er ist unausstehlich
objective [əbˈdʒektɪv] A ADJ objektiv B S Ziel n **objectivity** [ˌɒbdʒekˈtɪvɪtɪ] S Objektivität f
objector [əbˈdʒektə'] S Gegner(in) m(f) (to +gen)
obligation [ˌɒblɪˈgeɪʃən] S Verpflichtung f; **to be under an ~ to do sth** verpflichtet sein, etw zu tun **obligatory** [ɒˈblɪgətərɪ] ADJ obligatorisch; **~ subject** Pflichtfach n; **biology is ~** Biologie ist Pflicht; **attendance is ~** Anwesenheit

ist vorgeschrieben; **identity cards were made** ~ Personalausweise wurden Vorschrift **oblige** [əˈblaɪdʒ] **A** **VT** **1** zwingen, verpflichten (*sb to do sth* jdn, etw zu tun); **to feel ~d to do sth** sich verpflichtet fühlen, etw zu tun; **you are not ~d to answer this question** Sie brauchen diese Frage nicht zu beantworten **2** einen Gefallen tun (*+dat*); **much ~d!** herzlichen Dank!; **I am much ~d to you for this!** ich bin Ihnen dafür sehr dankbar **B** **VI** **she is always ready to ~** sie ist immer sehr gefällig; **anything to ~** stets zu Diensten! **obliging** [əˈblaɪdʒɪŋ] **ADJ** entgegenkommend **obligingly** [əˈblaɪdʒɪŋlɪ] **ADV** entgegenkommenderweise

oblique [əˈbliːk] **A** **ADJ** **1** *Linie* schräg; *Winkel* schief **2** (*fig*) indirekt **B** **S** Schrägstrich *m* **obliquely** [əˈbliːklɪ] **ADV** (*fig*) indirekt

obliterate [əˈblɪtəreɪt] **VT** auslöschen; *Stadt* vernichten

oblivion [əˈblɪvɪən] **S** Vergessenheit *f*; **to fall into ~** in Vergessenheit geraten **oblivious** [əˈblɪvɪəs] **ADJ** **to be ~ of** *od* **to sth** sich (*dat*) einer Sache (*gen*) nicht bewusst sein; **he was quite ~ of his surroundings** er nahm seine Umgebung gar nicht wahr **obliviously** [əˈblɪvɪəslɪ] **ADV** **to carry on ~** einfach (unbeirrt) weitermachen

oblong [ˈɒblɒŋ] **A** **ADJ** rechteckig **B** **S** Rechteck *n*

obnoxious [ɒbˈnɒkʃəs] **ADJ** widerwärtig; *Verhalten* unausstehlich; **an ~ person** ein Ekel *n* (*umg*) **obnoxiously** [ɒbˈnɒkʃəslɪ] **ADV** widerlich; *sich benehmen* unausstehlich

OBO *abk von* **or best offer** oder Höchstgebot **oboe** [ˈəʊbəʊ] **S** Oboe *f*; **to play the ~** Oboe spielen (❗ *mit* **the**)

obscene [əbˈsiːn] **ADJ** obszön; **~ publication** Veröffentlichung *f* mit pornografischem Inhalt **obscenity** [əbˈsenɪtɪ] **S** Obszönität *f*; **he used an ~** er gebrauchte einen ordinären Ausdruck **obscure** [əbˈskjʊəʳ] **A** **ADJ** (*+er*) **1** dunkel; *Stil* undurchsichtig; *Sprache, Dichter* schwer verständlich; **for some ~ reason** aus einem unerfindlichen Grund **2** obskur; *Schriftsteller* unbekannt **B** **VT** **1** *Aussicht* verdecken **2** *Wahrheit* verschleiern **obscurely** [əbˈskjʊəlɪ] **ADV** undeutlich **obscurity** [əbˈskjʊərɪtɪ] **S** **1** (*von Stil, Argument*) Unklarheit *f* **2** (❗ kein pl) (*von Geburt, Ursprüngen*) Dunkel *n*; **to live in ~** zurückgezogen leben; **to sink into ~** in Vergessenheit geraten

obsequious [əbˈsiːkwɪəs] **ADV** unterwürfig (*towards*) gegenüber

observable [əbˈzɜːvəbl] **ADJ** erkennbar **observance** [əbˈzɜːvəns] **S** (*von Gesetz*) Befolgung *f* **observant** [əbˈzɜːvənt] **ADJ** aufmerksam;

that's very ~ of you das hast du aber gut bemerkt **observation** [ˌɒbzəˈveɪʃən] **S** **1** Beobachtung *f*; **to keep sb/sth under ~** jdn/etw unter Beobachtung halten; (*Polizei*) jdn/etw observieren (*form*); **he's in hospital for ~** er ist zur Beobachtung im Krankenhaus **2** Bemerkung *f* **observatory** [əbˈzɜːvətrɪ] **S** Observatorium *n* **observe** [əbˈzɜːv] **VT** **1** beobachten; (*Polizei*) überwachen **2** bemerken **3** achten auf (*+akk*); *Regel, Brauch* einhalten; *Jahrestag* begehen; **to ~ a minute's silence** eine Schweigeminute einlegen **observer** [əbˈzɜːvəʳ] **S** Zuschauer(in) *m(f)*; MIL, POL Beobachter(in) *m(f)*

obsess [əbˈses] **VT** **to be ~ed by** *od* **with sb/sth** von jdm/etw besessen sein **obsession** [əbˈseʃən] **S** **1** fixe Idee, Zwangsvorstellung *f* **2** Besessenheit *f* (*with* von); **this ~ with order** dieser Ordnungswahn *m* **obsessive** [əbˈsesɪv] **ADJ** zwanghaft; **to be ~ about** etw besessen sein; **to become ~** zum Zwang werden **obsessively** [əbˈsesɪvlɪ] **ADV** wie besessen

obsolescent [ˌɒbsəˈlesnt] **ADJ** **to be ~** anfangen zu veralten; (*Maschine*) technisch (fast) überholt sein **obsolete** [ˈɒbsəliːt] **ADJ** überholt; **to become ~** veralten

obstacle [ˈɒbstəkl] **S** Hindernis *n*; **to be an ~ to sb/sth** jdm/einer Sache im Weg(e) stehen **obstetrician** [ˌɒbstəˈtrɪʃən] **S** Geburtshelfer(in) *m(f)* **obstetrics** [ɒbˈstetrɪks] **S** (❗ mit Verb im Singular) Geburtshilfe *f*

obstinacy [ˈɒbstɪnəsɪ] **S** Hartnäckigkeit *f* **obstinate** [ˈɒbstɪnɪt] **ADJ** hartnäckig **obstruct** [əbˈstrʌkt] **VT** **1** blockieren; *Aussicht* versperren; **you're ~ing my view** Sie versperren mir die Sicht **2** behindern; SPORT sperren; **to ~ the police** die Arbeit der Polizei behindern **obstruction** [əbˈstrʌkʃən] **S** **1** Behinderung *f*; SPORT Sperren *n*; **to cause an ~** den Verkehr behindern **2** Hindernis *n*; **there is an ~ in the pipe** das Rohr ist verstopft **obstructive** [əbˈstrʌktɪv] **ADJ** obstruktiv

obtain [əbˈteɪn] **VT** erhalten; *Kenntnisse* erwerben; **to ~ sth through hard work** etw durch harte Arbeit erreichen; *Besitz* sich (*dat*) etw mühsam erarbeiten; **to ~ sth for sb** jdm etw beschaffen; **they ~ed the release of the hostages** sie erreichten die Freilassung der Geiseln **obtainable** [əbˈteɪnəbl] **ADJ** erhältlich

obtrusive [əbˈtruːsɪv] **ADJ** aufdringlich; *Gebäude* zu auffällig

obtuse [əbˈtjuːs] **ADJ** **1** (*Geometrie*) stumpf **2** *Mensch* begriffsstutzig

obvious [ˈɒbvɪəs] **ADJ** offensichtlich; (≈ ohne *Zartgefühl*) plump; *Tatsache* eindeutig; *Abneigung* sichtlich; **that's the ~ solution** das ist die

OBVI │ 454

nächstliegende Lösung; **for ~ reasons** aus naheliegenden Gründen; **it was ~ he didn't want to come** er wollte offensichtlich nicht kommen; **it's quite ~ he doesn't understand** es ist doch klar, dass er nicht versteht; **I would have thought that was perfectly ~** das liegt doch auf der Hand, das springt doch ins Auge; **with the ~ exception of …** natürlich mit Ausnahme von … **obviously** ['ɒbvɪəslɪ] ADV offensichtlich; **he's ~ French** er ist eindeutig ein Franzose; **~!** natürlich!; **~ he's not going to like it** das wird ihm natürlich nicht gefallen; **he's ~ not going to get the job** er bekommt die Stelle nicht, das ist ja klar (umg)

occasion [ə'keɪʒən] S ⬛ Gelegenheit f; **on that ~** zu jener Gelegenheit; **on another ~** ein anderes Mal; **on several ~s** mehrmals; **(on) the first ~** beim ersten Mal; **to rise to the ~** sich der Lage gewachsen zeigen ⬛ Ereignis n; **on the ~ of his birthday** anlässlich seines Geburtstages (geh) ⬛ Anlass m; **should the ~ arise** sollte es nötig werden **occasional** ADJ gelegentlich; **he likes a ~ cigar** er raucht gelegentlich ganz gern eine Zigarre; **she made ~ visits to England** sie fuhr ab und zu nach England **occasionally** ADV gelegentlich; **very ~** sehr selten

occult [ɒ'kʌlt] A ADJ okkult B S Okkulte n

occupancy ['ɒkjʊpənsɪ] S Bewohnen n; (≈ Zeit) Wohndauer f **occupant** ['ɒkjʊpənt] S (von Haus) Bewohner(in) m(f); (von Posten) Inhaber(in) m(f); (von Fahrzeug) Insasse m, Insassin f

occupation [,ɒkjʊ'peɪʃən] S ⬛ Beruf m; **what is his ~?** was ist er von Beruf? ⬛ Beschäftigung f ⬛ MIL Okkupation f; **army of ~** Besatzungsarmee f **occupational** [,ɒkjʊ'peɪʃənl] ADJ Berufs-, beruflich **occupational pension (scheme)** S betriebliche Altersversorgung **occupational therapy** S Beschäftigungstherapie f

occupied ['ɒkjʊpaɪd] ADJ ⬛ Sitzplatz belegt; **a room ~ by four people** ein von vier Personen bewohntes Zimmer ⬛ MIL etc Land besetzt ⬛ beschäftigt; **to keep sb ~** jdn beschäftigen; **he kept his mind ~** er beschäftigte sich geistig **occupier** ['ɒkjʊpaɪə'] S (von Haus) Bewohner(in) m(f)

occupy ['ɒkjʊpaɪ] VT ⬛ Haus bewohnen; Sitzplatz belegen ⬛ MIL etc besetzen ⬛ Posten innehaben ⬛ beanspruchen; Raum einnehmen; Zeit in Anspruch nehmen ⬛ beschäftigen

occur [ə'kɜː'] VI ⬛ geschehen; (Schwierigkeit) sich ergeben; (Änderung) stattfinden; **that doesn't ~ very often** das gibt es nicht oft ⬛ vorkommen ⬛ einfallen (to sb jdm); **it ~s to me that …** ich habe den Eindruck, dass …; **it just ~red to me**

es ist mir gerade eingefallen; **it never ~red to me** darauf bin ich noch nie gekommen; **it didn't even ~ to him to ask** er kam erst gar nicht auf den Gedanken, zu fragen **occurrence** [ə'kʌrəns] S ⬛ Ereignis n ⬛ Auftreten n; **further ~s of this nature must be avoided** weitere Vorkommnisse dieser Art müssen vermieden werden

ocean ['əʊʃən] S Ozean m **ocean-going** ['əʊʃəngəʊɪŋ] ADJ hochseetauglich **Oceania** [,əʊʃɪ'eɪnɪə] S Ozeanien n **ocean liner** S Ozeandampfer m **oceanography** [,əʊʃə'nɒgrəfɪ] S Meereskunde f

o'clock [ə'klɒk] ADV at 5 ~ um 5 Uhr; **5 ~ in the morning/evening** 5 Uhr morgens/abends; **the 9 ~ train** der 9-Uhr-Zug

Oct abk von **October** Okt.

octagon ['ɒktəgən] S Achteck n **octagonal** [ɒk'tægənl] ADJ achteckig

octane ['ɒkteɪn] S Oktan n

octave ['ɒktɪv] S MUS Oktave f

October [ɒk'təʊbə'] S Oktober m; → September

octopus ['ɒktəpəs] S Tintenfisch m

OD (umg) VI eine Überdosis nehmen

odd [ɒd] A ADJ (+er) ⬛ seltsam; **how ~** (wie) seltsam; **the ~ thing about it is that …** das Merkwürdige daran ist, dass …; **it seemed ~ to me** es kam mir komisch vor ⬛ Zahl ungerade ⬛ Schuh, Handschuh einzeln; **he is (the) ~ one out** er ist überzählig; (charakterlich) er steht (immer) abseits; **in each group underline the word which is the ~ man** od **one out** unterstreichen Sie in jeder Gruppe das nicht dazugehörige Wort ⬛ 600-~ pounds gut 600 Pfund ⬛ übrig; **the ~ one left over** der/die/das Überzählige ⬛ at ~ times ab und zu; **he likes the ~ drink** er trinkt gerne mal einen; **he does all the ~ jobs** er macht alles, was an Arbeit anfällt B ADV (umg) **he was acting a bit ~** er benahm sich etwas komisch **oddball** ['ɒdbɔːl] (umg) S Spinner(in) m(f) **oddity** ['ɒdɪtɪ] S Kuriosität f **odd-jobman** [,ɒd'dʒɒbmæn] S, pl -men Mädchen n für alles **oddly** ['ɒdlɪ] ADV merkwürdig; **an ~ shaped room** ein Raum, der eine seltsame Form hat **oddment** S meist pl Restposten m

odds [ɒdz] PL ⬛ (bei Wetten) Odds pl; (von Buchmacher) Kurse pl; **the ~ are 6 to 1** die Chancen stehen 6 zu 1; **to pay over the ~** (umg) zu viel bezahlen ⬛ Chance(n) f(pl); **the ~ were against us** alles sprach gegen uns; **the ~ were in our favour** (Br) od **favor** (US) alles sprach für uns; **against all the ~** entgegen allen Erwartungen; **the ~ are that …** es sieht ganz so aus, als ob … ⬛ **to be at ~ with sb over sth** mit jdm in

455 ‖ OFFA

etw (dat) nicht übereinstimmen **odds and ends** PL Krimskrams m **odds-on** [ˈɒdzɒn]
A ADJ the ~ **favourite** (Br) od **favorite** (US) der klare Favorit **B** ADV it's ~ that ... es ist so gut wie sicher, dass ...
ode [əʊd] S Ode f (to, on an +akk)
odious [ˈəʊdɪəs] ADJ Mensch abstoßend; Handlung abscheulich
odometer [ɒˈdɒmɪtəʳ] S Kilometerzähler m
odour, (US) **odor** [ˈəʊdəʳ] S Geruch m **odourless**, (US) **odorless** ADJ geruchlos
Odyssey [ˈɒdɪsɪ] S Odyssee f
OECD abk von **Organization for Economic Cooperation and Development** OECD f
oesophagus, (US) **esophagus** [iːˈsɒfəgəs] S Speiseröhre f
oestrogen [ˈiːstrəʊdʒən] S (Br) Östrogen n
of [ɒv, əv] PRÄP **1** von (+dat); **the wife of the doctor** die Frau des Arztes, die Frau vom Arzt; **a friend of ours** ein Freund/eine Freundin von uns; **of it** davon; **the first of May** der Erste Mai; **that damn dog of theirs** (umg) ihr verdammter Hund (umg); **it is very kind of you** es ist sehr freundlich von Ihnen; **south of Paris** südlich von Paris; **a quarter of six** (US) Viertel vor sechs (⚠ = (Br) (a) **quarter to six**); **fear of God** Gottesfurcht f; **his love of his father** die Liebe zu seinem Vater; **the whole of the house** das ganze Haus; **half of the house** das halbe Haus; **how many of them?** wie viele (davon)?; **there were six of us** wir waren zu sechst; **he is not one of us** er gehört nicht zu uns; **one of the best** einer der Besten; **he asked the six of us to lunch** er lud uns sechs zum Mittagessen ein; **of the ten only one was absent** von den zehn fehlte nur einer; **today of all days** ausgerechnet heute; **you of all people** gerade Sie; **he warned us of the danger** er warnte uns vor der Gefahr; **what of it?** ja und? **2** (Grund angebend) **he died of cancer** er starb an Krebs; **he died of hunger** er verhungerte; **it tastes of garlic** es schmeckt nach Knoblauch **3** (Material bezeichnend) aus **4** (Eigenschaft) **a man of courage** ein mutiger Mensch; **a girl of ten** ein zehnjähriges Mädchen; **the city of Paris** die Stadt Paris; **that idiot of a waiter** dieser Idiot von Kellner **5** (zeitlich) **of late** in letzter Zeit; **of an evening** (umg) abends

off [ɒf]

| A Adverb | B Adjektiv |
| C Präposition | |

— **A** Adverb —
1 (Entfernung) **the house is 5 km ~** das Haus ist

5 km entfernt; **it's a long way ~** das ist weit weg; (zeitlich) das liegt in weiter Ferne; **August isn't very far ~** es ist nicht mehr lang bis August **2** (Abreise etc) **to be/go ~** gehen; **he's ~ to school** er ist zur Schule gegangen; **I must be ~** ich muss (jetzt) weg (umg); **where are you ~ to?** wohin gehen Sie denn?; **~ we go!** los!; **they're ~** SPORT sie sind vom Start; **she's ~ again** (umg: mit Nörgelei etc) sie legt schon wieder los (umg); **3** **he helped me ~ with my coat** er half mir aus dem Mantel; **the handle has come ~** der Griff ist abgegangen **4** **3%** ~ HANDEL 3% Nachlass; **to give sb £5 ~** jdm £ 5 Ermäßigung geben; **he let me have £5 ~** er gab es mir (um) £ 5 billiger **5** (≈ arbeitsfrei) **to have time ~ to do sth** (Zeit) freibekommen haben, um etw zu tun; **I've got a day ~** ich habe einen Tag frei (-bekommen); **to be ~ sick** wegen Krankheit fehlen **6** **~ and on, on and ~** ab und zu; **straight ~** gleich

— **B** Adjektiv —
1 attr Tag etc schlecht; **I'm having an ~ day today** ich bin heute nicht in Form **2** präd (Br) verdorben; Milch schlecht; **to go ~** schlecht werden **3** präd Spiel, Verhandlungen abgesagt; **I'm afraid veal is ~ today** Kalbfleisch gibt es heute leider nicht; **their engagement is ~** ihre Verlobung ist gelöst **4** Fernseher, Licht, Maschine aus(geschaltet); Wasserhahn zu(-gedreht); **the electricity was ~** der Strom war abgeschaltet **5** **they are badly/well ~** sie sind nicht gut/(ganz) gut gestellt; **he is better ~ staying in England** er steht sich in England besser; **he was quite a bit ~ in his calculations** er hatte sich in seinen Berechnungen ziemlich vertan **6** präd (umg) **that's a bit ~!** das ist ein dicker Hund! (umg)

— **C** Präposition —
1 von (+dat); **he jumped ~ the roof** er sprang vom Dach; **I got it ~ my friend** (umg) ich habs von meinem Freund (gekriegt) (umg); **we live ~ cheese on toast** wir leben von Käse und Toastbrot; **I've got the day ~ school tomorrow** morgen habe ich frei od keine Schule; **he got £2 ~ the shirt** er bekam das Hemd £ 2 billiger; **the lid had been left ~ the tin** jemand hatte den Deckel nicht wieder auf die Büchse getan **2** **the house was just ~ the main road** das Haus lag in unmittelbarer Nähe der Hauptstraße; **a road ~ Bank Street** eine Querstraße zur Bank Street; **~ the map** nicht auf der Karte; **I'm ~ sausages** Wurst kann mich zurzeit nicht reizen

off air ADV TV, RADIO nicht auf Sendung; **to go ~** (Sendung) enden

offal ['ɒfəl] $\overline{s}$ (⚠ kein pl) Innereien pl
offbeat ADJ unkonventionell **off-centre**, (US) **off-center** A ADJ nicht in der Mitte B ADV schief **off chance** $\overline{s}$ **I just did it on the ~** ich habe es auf gut Glück getan; **I came on the ~ of seeing her** ich kam in der Hoffnung, sie vielleicht zu sehen **off-colour**, (US) **off-color** ADJ (bes Br) unwohl; **to feel/be ~** sich nicht wohlfühlen **off-duty** ADJ attr außer Dienst
offence, (US) **offense** [ə'fens] $\overline{s}$ ❶ JUR Straftat f, Vergehen n; **to commit an ~** sich strafbar machen; **it is an ~ to … …** ist bei Strafe verboten ❷ (⚠ kein pl) (von jds Gefühlen) Kränkung f; (von Anstandsgefühl) Anstoß m; **to cause ~ to sb** jdn kränken; **to take ~ at sth** wegen etw gekränkt sein; **no ~ to the Germans, of course!** damit will ich natürlich nichts gegen die Deutschen gesagt haben; **no ~ (meant)** nichts für ungut ❸ [ɒ'fens] (US ≈ Stürmerreihe) Angriff m
offend [ə'fend] A VT Gefühle kränken; jdn Anstoß erregen bei B VI (ein) Unrecht tun ♦**offend against** VI +obj verstoßen gegen
offended [ə'fendɪd] ADJ beleidigt; **to be ~ by sth** sich von etw verletzt fühlen **offender** [ə'fendəʳ] $\overline{s}$ (Straf)täter(in) m(f); **sex ~** Sexualstraftäter(in) m(f) **offending** [ə'fendɪŋ] ADJ ❶ Person JUR zuwiderhandelnd ❷ störend; Maschinenteil defekt
offense $\overline{s}$ (US) = **offence offensive** [ə'fensɪv] A ADJ ❶ MIL Offensiv-; Geruch abstoßend; Sprache, Film anstößig; Bemerkung, Verhalten beleidigend; **to find sb/sth ~** jdn/etw abstoßend finden; **he was ~ to her** er beleidigte sie B $\overline{s}$ (MIL, SPORT) Offensive f; **to take the ~** in die Offensive gehen; **to go on to the ~** zum Angriff übergehen **offensively** [ə'fensɪvlɪ] ADV widerlich; (moralisch) anstößig; (≈ mit Worten) beleidigend
offer ['ɒfəʳ] A $\overline{s}$ Angebot n; **did you have many ~s of help?** haben Ihnen viele Leute ihre Hilfe angeboten?; **any ~s?** ist jemand interessiert?; **he made me an ~ (of £50)** er machte mir ein Angebot (von £ 50); **on ~** im Angebot B VT ❶ anbieten; Belohnung aussetzen; **to ~ to do sth** anbieten, etw zu tun, sich bereit erklären, etw zu tun; **he ~ed to help** er bot seine Hilfe an; **did he ~ to?** hat er sich angeboten?; **to ~ an opinion** sich (dazu) äußern; **to ~ one's resignation** seinen Rücktritt anbieten ❷ Widerstand bieten C VI **did he ~?** hat er es angeboten? **offering** $\overline{s}$ Gabe f; REL Opfergabe f, Opfer n
offhand [,ɒf'hænd] A ADJ lässig; **to be ~ with sb** jdm gegenüber lässig benehmen B ADV so ohne Weiteres; **I couldn't tell you ~** das könnte ich Ihnen auf Anhieb nicht sagen
office ['ɒfɪs] $\overline{s}$ ❶ Büro n; (≈ von Organisation) Abteilung f, Geschäftsstelle f; **at the ~** im Büro ❷ Amt n; **to take ~** das Amt antreten; **to be in** od **hold ~** im Amt sein **office block** $\overline{s}$ Bürogebäude n **office boy** $\overline{s}$ Bürogehilfe m **office building** $\overline{s}$ Bürogebäude n **office chair** $\overline{s}$ Bürostuhl m **office girl** $\overline{s}$ Bürogehilfin f **office holder** $\overline{s}$ Amtsinhaber(in) m(f) **office hours** PL Dienstzeit f, Geschäftszeiten pl; **to work ~** normale Arbeitszeiten haben **office job** $\overline{s}$ Stelle f im Büro **office manager** $\overline{s}$ Büroleiter(in) m(f) **office party** $\overline{s}$ Büroparty f **officer** ['ɒfɪsəʳ] $\overline{s}$ ❶ MIL, SCHIFF, FLUG Offizier(in) m(f) ❷ Beamte(r) m, Beamtin f ❸ Polizist(in) m(f)
office supplies PL Bürobedarf m **office worker** $\overline{s}$ Büroangestellte(r) m/f(m)
official [ə'fɪʃəl] A ADJ offiziell, formell; **~ language** Amtssprache f; **is that ~?** ist das amtlich?, ist das offiziell? B $\overline{s}$ Beamte(r) m, Beamtin f; (von Verein, Gewerkschaft) Funktionär(in) m(f) **officialdom** [ə'fɪʃəldəm] $\overline{s}$ (pej) Beamtentum n **officialese** [ə,fɪʃə'liːz] $\overline{s}$ Behördensprache f **officially** [ə'fɪʃəlɪ] ADV offiziell **officiate** [ə'fɪʃɪeɪt] VT amtieren (at bei) **officious** [ə'fɪʃəs] ADJ (dienst)beflissen
offing ['ɒfɪŋ] $\overline{s}$ **in the ~** in Sicht
off key ADJ präd MUS falsch **off-licence** $\overline{s}$ (Br) Wein- und Spirituosenhandlung f (⚠ = (US) **liquor store**) **off limits** ADJ präd **this area is ~** das Betreten dieses Gebiets ist verboten; **this room is ~** od **for the kids** die Kinder dürfen diesen Raum nicht betreten; → limit **off line** IT A ADJ präd offline B ADV off line; **to go ~** auf Offlinebetrieb schalten **off-load** VT Waren entladen; Passagiere aussteigen lassen **off-peak** ADJ **~ electricity** Nachtstrom m; **at ~ times, during ~ hours** außerhalb der Stoßzeiten; TEL außerhalb der Spitzenzeiten; **~ service** BAHN Zugverkehr m außerhalb der Hauptverkehrszeit **off-putting** ADJ (bes Br) Verhalten, Anblick abstoßend; Idee wenig ermu-

---

▶ to offer something

To offer something bedeutet „etwas anbieten", und es gibt im Englischen verschiedene Möglichkeiten, dies zu formulieren:

Would you like some tea?	Möchtest du einen Tee?
How about a glass of wine?	Wie wärs mit einem Glas Wein?

SPRACHGEBRAUCH ◀

tigend, entmutigend **off-road** ADJ Autofahrt im Gelände; **~ vehicle** Geländefahrzeug n **off-screen** ADJ, ADV FILM, TV im wirklichen Leben **off season** S Nebensaison f; **in the ~** außerhalb der Saison **off-season** ADJ außerhalb der Saison **offset** ['ɒfsɛt] prät, pperf offset VT ausgleichen **offshoot** ['ɒfʃuːt] S (fig) (von Organisation) Nebenzweig m **offshore** ['ɒfʃɔː'] A ADJ 1 Insel küstennah; Wind ablandig; Ölfeld im Meer 2 FIN im Ausland B [ɒf'ʃɔːʳ] ADV **20 miles ~** 20 Meilen vor der Küste **offside** ['ɒf'saɪd] A ADJ 1 SPORT im Abseits; **to be ~** (Spieler) im Abseits sein 2 AUTO auf der Fahrerseite 3 AUTO Fahrerseite f C ADV SPORT abseits **offspring** ['ɒfsprɪŋ] S pl (form, hum) Nachkommen pl; (von Tieren) Junge pl **offstage** ['ɒf'steɪdʒ] A ADJ hinter den Kulissen; Stimme aus den Kulissen B ADV gehen von der Bühne; stehen hinter den Kulissen **off-street parking** S Stellplatz m, Stellplätze pl **off-the-cuff** ADJ aus dem Stegreif **off-the-peg** ADJ attr, **off the peg** ADJ präd (Br), **off-the-rack** ADJ attr, **off the rack** ADJ präd (US) von der Stange **off-the-record** ADJ attr, **off the record** ADJ präd inoffiziell, vertraulich **off-the-shoulder** ADJ Kleid schulterfrei **off-the-wall** ADJ attr, **off the wall** ADJ präd (umg) irre (umg), verrückt **off-white** A ADJ gebrochen weiß B S gebrochenes Weiß

oft [ɒft] ADV (liter) oft

often ['ɒfən] ADV oft; **more ~ than not** meistens; **every so ~** öfters; **how ~?** wie oft?; **it is not ~ that ...** es kommt selten vor, dass ...

ogle ['əʊgl] VT kein Auge lassen von

ogre ['əʊgəʳ] S (fig) Ungeheuer n

oh [əʊ] INT ach, oh; **oh good!** prima! (umg); **oh well** na ja!; **oh dear!** o je!

OHP abk von **overhead projector**

oil [ɔɪl] A S 1 Öl n (⚠ Als Bezeichnung der Substanz hat oil keinen Plural. **Oils** sagt man zu verschiedenen Sorten.) 2 (Erd)öl n; **to strike ~** auf Öl stoßen 3 KUNST **to paint in ~s** in Öl malen B VT ölen **oilcan** S Ölkanne f **oil company** S Ölkonzern m **oilfield** S Ölfeld n **oil-fired** ADJ mit Öl befeuert; **~ power station** Ölkraftwerk n **oil lamp** S Öllampe f **oil paint** S Ölfarbe f **oil painting** S Ölgemälde n, Ölmalerei f **oil platform** S Bohrinsel f **oil pollution** S Ölpest f, Ölverschmutzung f **oil-producing country** [ˌɔɪlprədjuːsɪŋˈkʌntrɪ] S Ölförderland n **oil refinery** S (Erd)ölraffinerie f **oil rig** S (Öl)bohrinsel f **oil slick** S Ölteppich m **oil spill** S Ölkatastrophe f **oil tanker** S SCHIFF (Öl)tanker m; (≈ Lkw) Tankwagen m **oil well** S Ölquelle f **oily** ['ɔɪlɪ] ADJ (+er) ölig; Haar,

oil — (Pflanzen)öl, z. B. Olivenöl

oil — (Erd)öl

Haut fettig; Finger voller Öl; **~ fish** Fisch m mit hohem Ölgehalt

ointment ['ɔɪntmənt] S Salbe f

OK, okay ['əʊ'keɪ] (umg) A INT okay (umg); **OK, OK!** ist ja gut! (umg); **OK, let's go!** also, gehen wir! B ADJ in Ordnung, okay (umg); **that's OK with od by me** von mir aus; **is it OK (with you) if ...?** macht es (dir) etwas aus, wenn ...?; **how's your mother? — she's OK** wie gehts deiner Mutter? — gut od (schlechter) so einigermaßen (umg); **I feel OK** es geht mir einigermaßen (umg); **to be OK (for time)** (noch) genug (Zeit) haben; **is that OK?** geht das?; **what do you think of him? — he's OK** was halten Sie von ihm? — der ist in Ordnung (umg) C ADV 1 gut, einigermaßen (gut); **to do OK** ganz gut zurechtkommen; **can you manage it OK?** kommst du damit klar? 2 na gut; **OK it's difficult but ...** zugegeben, es ist schwer, aber ... D VT Plan gutheißen; **you have to OK it with the boss** das muss der Chef bewilligen

ol' [əʊl] ADJ (bes US umg) = **old**

old [əʊld] A ADJ (+er) 1 alt; **~ people** od **folk(s)** alte Leute; **~ Mr Smith, ~ man Smith** (bes US) der alte (Herr) Smith; **40 years ~** 40 Jahre alt; **at ten months ~** im Alter von zehn Monaten; **two-year-~** Zweijährige(r) m/f(m); **the ~ (part of) town** die Altstadt; **in the ~ days** früher; **the good ~ days** die gute alte Zeit; **my ~ school** meine alte Schule 2 (umg) **she dresses any ~ how** die ist vielleicht immer angezogen (umg); **any ~ thing** irgendwas; **any ~ bottle** irgendeine Flasche; **good ~ Tim** (umg) der gute alte Tim; **always the same ~ excuse** immer wieder dieselbe Ausrede B S pl **the ~** die Alten

old age S das Alter; **in one's ~** im Alter **old-age pension** S (Alters)rente f **old-age pensioner** S Rentner(in) m(f) **old boy** S (Br SCHULE) Ehemalige(r) m **olden** ['əʊldən]

ADJ (liter) **in ~ times** od **days** in alten Zeiten
old-fashioned ['əʊld'fæʃnd] ADJ altmodisch
old girl S̄ (Br SCHULE) Ehemalige f **Old Glory** S̄ (US) das Sternenbanner **old hand** S̄ alter Hase (at sth in etw +dat) **old lady** S̄ (umg) **my ~** meine Alte (umg) **old maid** S̄ alte Jungfer **old man** S̄ (umg) **my ~** mein Alter (umg) **old people's home** S̄ Altenheim n **old-style** ADJ im alten Stil **Old Testament** S̄ BIBEL Altes Testament **old-timer** S̄ (umg) alter Mann (US), alter Hase (fig) **old wives' tale** S̄ Ammenmärchen n
O level ['əʊlevl] S̄ (Br früher) ≈ mittlere Reife; **to do one's ~s** ≈ die mittlere Reife machen; **to have an ~ in English** ≈ bis zur mittleren Reife Englisch gelernt haben; **3 ~s** ≈ die mittlere Reife in 3 Fächern
olive ['ɒlɪv] A S̄ 1 Olive f; (a. **olive tree**) Olivenbaum m 2 (≈ Farbe) Olive n B ADJ (a. **olive-coloured**) olivgrün **olive oil** S̄ Olivenöl n (⚠ Als Bezeichnung der Substanz hat **olive oil** keinen Plural. **Olive oils** sagt man zu verschiedenen Sorten.)

olive (tree) — Olive(nbaum)

olive — Olive(nfrucht)

Olympic [əʊ'lɪmpɪk] A ADJ olympisch; **~ medallist** (Br) od **medalist** (US) Olympiamedaillengewinner(in) m(f) B S̄ **Olympics** PL **the ~s** die Olympiade **Olympic champion** S̄ Olympiasieger(in) m(f) **Olympic Games** PL **the ~** die Olympischen Spiele
ombudsman ['ɒmbʊdzmən] S̄, pl **-men** [-mən] Ombudsmann m
omelette, (US) **omelet** ['ɒmlɪt] S̄ Omelett(e) n

omen ['əʊmen] S̄ Omen n
ominous ['ɒmɪnəs] ADJ bedrohlich; **that's ~** das lässt nichts Gutes ahnen; **that sounds/looks ~** (fig) das verspricht nichts Gutes **ominously** ADV bedrohlich; etw sagen in einem Unheil verkündenden Ton
omission [əʊ'mɪʃən] S̄ Auslassen n, Auslassung f
omit [əʊ'mɪt] VT 1 auslassen 2 (to do sth etw zu tun) unterlassen, versäumen
omnibus ['ɒmnɪbəs] S̄ (a. **omnibus edition** ≈ Buch) Sammelband m
omnipotence [ɒm'nɪpətəns] S̄ (⚠ kein pl) Omnipotenz f **omnipotent** [ɒm'nɪpətənt] ADJ omnipotent
omnipresent ['ɒmnɪ'prezənt] ADJ allgegenwärtig
omniscient [ɒm'nɪsɪənt] ADJ allwissend
omnivore ['ɒmnɪ,vɔː'] S̄ Allesfresser m **omnivorous** [ɒm'nɪvərəs] ADJ (wörtl) allesfressend; **an ~ reader** ein Vielfraß m, was Bücher angeht

---

on [ɒn]

A Präposition	B Adverb
C Adjektiv	

— A Präposition —

1 auf (+dat); (mit Richtungsangabe) auf (+akk); (befestigt) an (+dat); (mit Richtungsangabe) an (+akk); **the book is on the table** das Buch ist auf dem Tisch; **he put the book on the table** er legte das Buch auf den Tisch; **he hung it on the wall** er hängte es an die Wand; **on the coast** am Meer; **with a smile on her face** mit einem Lächeln auf den Lippen; **a ring on his finger** ein Ring am Finger; **on TV/the radio** im Fernsehen/Radio; **on video** auf Video; **on computer** auf Computer (+dat); **who's on his show?** wer ist in seiner Show?; **I have no money on me** ich habe kein Geld bei mir; **on the train** im Zug; → **onto** 2 (≈ unter Verwendung von) **we went on the train/bus** wir fuhren mit dem Zug/Bus; **on a bicycle** mit dem (Fahr)rad; **to run on oil** mit Öl betrieben werden; **on the violin** auf der Geige; **on drums** am Schlagzeug 3 (≈ betreffend) über (+akk) 4 (zeitlich) an (+dat); **on Sunday** (am) Sonntag; **on Sundays** sonntags; **on December the first** am ersten Dezember; **on or about the twentieth** um den Zwanzigsten herum 5 (≈ während) bei (+dat); **on examination** bei der Untersuchung; **on hearing this he left** als er das hörte, ging er 6 (≈ folgend) auf ... (akk) hin; **on receiving my letter** auf meinen Brief hin 7 (Mitgliedschaft ausdrückend) in (+dat); **he is on the committee**

er sitzt im Ausschuss; **he is on the teaching staff** er gehört zum Lehrpersonal ■ (*bei Gegenüberstellung*) im Vergleich zu; **prices are up on last year('s)** im Vergleich zum letzten Jahr sind die Preise gestiegen; **year on year** jährlich ■ **to be on drugs** Drogen nehmen; **what is he on?** (*umg*) er tickt wohl nicht ganz richtig! (*umg*); **I'm on £28,000 a year** ich bekomme £ 28.000 im Jahr; **he retired on a good pension** er trat mit einer guten Rente in den Ruhestand; **this round is on me** diese Runde geht auf meine Kosten

— B Adverb —

■ **he screwed the lid on** er schraubte den Deckel drauf; **she had nothing on** sie hatte nichts an; **he had his hat on crooked** er hatte den Hut schief auf; **sideways on** längs ■ **from that day on** von diesem Tag an; **she went on and on** sie hörte gar nicht mehr auf; **he's always on at me to get my hair cut** er liegt mir dauernd in den Ohren, dass ich mir die Haare schneiden lassen soll; **she's always on about her experiences in Italy** (*umg*) sie kommt dauernd mit ihren Italienerfahrungen (*umg*); **what's he on about?** wovon redet er nun schon wieder?

— C Adjektiv —

■ *Licht, Fernsehen* an; *Strom* an(gestellt); **to leave the engine on** den Motor laufen lassen; **the "on" switch** der Einschalter ■ *Deckel* drauf ■ (≈ *stattfindend*) **there's a match on at the moment** ein Spiel ist gerade im Gang; **there's a match on tomorrow** morgen findet ein Spiel statt; **I have nothing on tonight** ich habe heute Abend nichts vor; **what's on in London?** was ist los in London?; **the search is on for a new managing director** jetzt wird nach einem neuen Geschäftsführer gesucht; **to be on** (*in Theater, Kino*) gegeben werden; (*im Fernsehen, Radio*) gesendet werden; **what's on tonight?** was steht heute Abend auf dem Programm?; **tell me when Madonna is on** sagen Sie mir, wenn Madonna dran ist ■ **you're on!** abgemacht!; **are you on for dinner?** sehen wir uns zum Abendessen?; **it's just not on** (*Br umg*) das ist einfach nicht drin (*umg*)

once [wʌns] **A** *ADV* ■ einmal; **~ a week** einmal in der Woche; **~ again** *od* **more** noch einmal; **~ again we find that ...** wir stellen erneut fest, dass ...; **~ or twice** (*fig*) nur ein paarmal; **~ and for all** ein für alle Mal; **(every) ~ in a while** ab und zu mal; **(just) this ~** dieses eine Mal; **for ~** ausnahmsweise einmal; **he was ~ famous** er war früher einmal berühmt; **~ upon a time there was ...** es war einmal ... ■ **at ~** sofort; (≈ *gleichzeitig*) auf einmal; **all at ~** auf einmal, ganz plötzlich; **they came all at ~** sie kamen alle zur gleichen Zeit ■ *KONJ* wenn, als; **~ you understand, it's easy** wenn Sie es einmal verstehen, ist es einfach; **~ the sun had set, it turned cold** als die Sonne erst einmal untergegangen war, wurde es kalt

oncoming ['ɒnkʌmɪŋ] *ADJ Auto* entgegenkommend; **the ~ traffic** der Gegenverkehr

one [wʌn] **A** *ADJ* ■ ein/eine/ein, eins; **~ person too many** einer zu viel; **~ girl was pretty, the other was ugly** das eine Mädchen war hübsch, das andere hässlich; **the baby is ~ (year old)** das Kind ist ein Jahr (alt); **it is ~ (o'clock)** es ist ein Uhr; **~ hundred pounds** (ein)hundert Pfund ■ **~ day ...** eines Tages ...; **~ day next week** nächste Woche einmal; **~ day soon** bald einmal ■ **~ Mr Smith** ein gewisser Herr Smith; **my ~ (and only) hope** meine einzige Hoffnung; **the ~ and only Brigitte Bardot** die unvergleichliche Brigitte Bardot; **they all came in the ~ car** sie kamen alle in dem einen Auto; **~ and the same thing** ein und dasselbe ■ *PRON* ■ eine(r, s); **the ~ who ...** der(jenige), der .../die(jenige), die .../das (-jenige), das ...; **he/that was the ~** er/das wars; **the red ~** der/die/das Rote; **he has some very fine ~s** er hat sehr Schöne; **my ~** (*umg*) meiner/meine/mein(e)s; **not (a single) ~ of them** nicht eine(r, s) von ihnen; **any ~** irgendeine(r, s); **every ~** jede(r, s); **this ~** diese(r, s); **that ~** der/die/das, jene(r, s) (*geh*); **which ~?** welche(r, s)?; **I am not much of a ~ for cakes** (*umg*) ich bin kein großer Freund von Kuchen (*umg*); **he's never ~ to say no** er sagt nie Nein; **I, for ~, ...** ich, zum Beispiel, ...; **~ by ~** einzeln; **~ after the other** eine(r, s) nach dem/der anderen; **take ~ or the other** nehmen Sie das eine oder das andere; **he is ~ of us** er ist einer von uns ■ (*unpers*) (*nom*) man; (*akk*) einen; (*dat*) einem; **~ must learn** man muss lernen; **to hurt ~'s foot** sich (*dat*) den Fuß verletzen **C** ⬰ Eins *f*; **in ~s and twos** in kleinen Gruppen; **(all) in ~** in einem; **to be ~ up on sb** (*umg*) jdm eins voraus sein; **Rangers were ~ up** Rangers hatten ein Tor Vorsprung **one-act play** ⬰ Einakter *m* **one another** = each other; → each **one-armed bandit** ⬰ (*umg*) einarmiger Bandit **one-day** *ADJ Lehrgang* eintägig **one-dimensional** *ADJ* eindimensional **one-horse town** ⬰ (*umg*) Kaff *n* (*umg*) **one-man band** ⬰ Einmannkapelle *f*; (*fig umg*) Einmannbetrieb *m* **one-man show** ⬰ Einmannshow *f* **one-night stand** ⬰ (*fig*) One-Night-Stand *m* **one-off** (*Br umg*) **A** *ADJ* einmalig **B** ⬰ a **~** etwas Einmaliges; **that mistake**

etc **was just a ~** dieser Fehler *etc* war eine Ausnahme **one-one, one-on-one** [ADJ, ADV, S] (US) = one-to-one **one-parent family** [S] Einelternteilfamilie *f* **one-party** [ADJ] POL **~ state** Einparteienstaat *m* **one-piece** [A] [ADJ] einteilig [B] (≈ *Kostüm*) Einteiler *m* **one-room** [ATTR], **one-roomed** [ADJ] **~ flat** (*Br*) *od* **apartment** Einzimmerwohnung *f*
onerous ['ɒnərəs] [ADJ] schwer
oneself [wʌn'self] [PRON] [1] sich, sich selbst [2] (*emph*) (sich) selbst; → myself
one-sided [ADJ] einseitig **one-time** [ADJ] ehemalig **one-to-one** [A] [ADJ] *Gespräch* unter vier Augen; **~ tuition** Einzelunterricht *m* [B] [ADV] unter vier Augen [C] [S] **to have a ~ with sb** ein Gespräch *n* unter vier Augen mit jdm führen **one-touch** [ADJ] Berührungs-; **~ dialling** Kurzwahl *f* (⚠ = (US) **speed dial(ing)**) **one-track** [ADJ] **he's got a ~ mind** der hat immer nur das eine im Sinn **one-way** [ADJ] *Verkehr* in einer Richtung; **~ street** Einbahnstraße *f*; **~ system** System *n* von Einbahnstraßen; **~ ticket** (*US* BAHN) einfache Fahrkarte; **~ trip** einfache Fahrt **one-woman** [ADJ] Einfrau-; **~ show** Einfraushow *f*
ongoing ['ɒngəʊɪŋ] [ADJ] laufend; *Entwicklung* andauernd; **~ crisis** Dauerkrise *f*; **this is an ~ situation** diese Situation ist von Dauer
onion ['ʌnjən] [S] Zwiebel *f* **onion soup** [S] Zwiebelsuppe *f*
on line [ɒn'laɪn] IT [ADV, ADJ] präd online; **to go ~** auf Onlinebetrieb schalten **on-line** ['ɒnlaɪn] [ADJ] *attr* IT Online-; **~ banking** Online-Banking *n*
onlooker ['ɒnlʊkə[r]] [S] Zuschauer(in) *m(f)*
only ['əʊnlɪ] [A] [ADJ] *attr* einzige(r, s); **he's an ~ child** er ist ein Einzelkind *n*; **the ~ one** *od* **person** der/die Einzige; **the ~ ones** *od* **people** die Einzigen; **he was the ~ one to leave** er ist als Einziger gegangen; **the ~ thing** das Einzige; **the ~ thing I have against it is that ...** ich habe nur eins dagegen einzuwenden, nämlich, dass ...; **the ~ thing** *od* **problem is ...** nur ...; **my ~ wish** das Einzige, was ich mir wünsche [B] [ADV] nur; **it's ~ five o'clock** es ist erst fünf Uhr; **~ yesterday** erst gestern; **I ~ hope he gets here in time** ich hoffe nur, dass es noch rechtzeitig hier eintrifft; **you ~ have to ask** Sie brauchen nur zu fragen; **"members ~"** „(Zutritt) nur für Mitglieder"; **I'd be ~ too pleased to help** ich würde nur zu gerne helfen; **if ~ that hadn't happened** wenn das nur nicht passiert wäre; **we ~ just caught the train** wir haben den Zug gerade noch gekriegt; **he has ~ just arrived** er ist gerade erst angekommen; **not ~ ... but also ...** nicht nur ..., sondern auch ... [C] [KONJ] bloß, nur; **I would**

> **not only**

Nach **not only** stehen die Satzglieder oft in veränderter Reihenfolge, wie bei einer Frage. Zuerst kommt das Hilfsverb (**do, will, can** usw.), dann das Subjekt (hier I). Man nennt das Inversion. „Not only do I find myself laughing throughout the book I also feel a strong urge to share the unknown facts to my whole family."

GRAMMATIK

do it myself, ~ I haven't time ich würde es selbst machen, ich habe nur keine Zeit
ono *abk* von **or near(est) offer** VB, Verhandlungsbasis
on-off switch ['ɒn'ɒfswɪtʃ] [S] Ein- und Ausschalter *m*
onrush ['ɒnrʌʃ] [S] Ansturm *m*
on-screen [A] ['ɒnskriːn] [ADJ] [1] IT auf dem Bildschirm [2] TV Bildschirm-; FILM Film- [B] [ˌɒn-'skriːn] [ADV] FILM auf der Leinwand; TV, IT auf dem Bildschirm
onset ['ɒnset] [S] Beginn *m*; (*von Krankheit*) Ausbruch *m*
onshore ['ɒnʃɔː[r]] [A] [ADJ] an Land; **~ wind** Seewind *m* [B] [ˌɒn'ʃɔː[r]] [ADV] (*a.* **on shore**) an Land
onside [ɒn'saɪd] [ADV] FUSSB nicht im Abseits
on-site [ɒn'saɪt] [ADJ] vor Ort
onslaught ['ɒnslɔːt] [S] Angriff (*on* auf +*akk*)
on-the-job training ['ɒnðəˌdʒɒb'treɪnɪŋ] [S] Ausbildung *f* am Arbeitsplatz **on-the-spot** [ˌɒnðə'spɒt] [ADJ] *Geldstrafe* an Ort und Stelle verhängt; *Entscheidung* an Ort und Stelle; *Reportage* vom Ort des Geschehens
onto ['ɒntʊ] [PRÄP] [1] auf (+*akk*), an (+*akk*); **to clip sth ~ sth** etw an etw (*akk*) anklemmen; **to get ~ the committee** in den Ausschuss kommen [2] **to come ~ the market** auf den Markt kommen; **to get ~ the next chapter** zum nächsten Kapitel kommen; **to be ~** *od* **on to sb** jdm auf die Schliche gekommen sein (*umg*); (*Polizei*) jdm auf der Spur sein; **I think we're ~ something** ich glaube, hier sind wir auf etwas gestoßen
onus ['əʊnəs] [S] (⚠ kein pl) Pflicht *f*; (≈ *Bürde*) Last *f*; **the ~ is on him** es liegt an ihm
onward ['ɒnwəd] [A] [ADJ] **~ flight** Anschlussflug *m*; **~ journey** Weiterreise *f* [B] [ADV] (*a.* **onwards**) vorwärts; *marschieren* weiter; **from this time ~** von der Zeit an
oomph [ʊmf] [S] (*umg* ≈ *Energie*) Pep *m* (*umg*)
oops [uːps] [INT] ups, oh
ooze [uːz] [A] [S] Schlamm *m* [B] [VI] (*wörtl*) triefen; (*Wunde*) nässen; (*Harz, Leim*) (heraus)quellen [C] [VT] [1] absondern; *Blut* triefen von; **my shoes were oozing water** das Wasser quoll mir aus den

Schuhen [2] *(fig) Charme* triefen von *(pej); Selbstvertrauen* strotzen von ♦**ooze out** [VI] herausquellen; *(Wasser)* heraussickern

op [ɒp] [S] *(umg)* = **operation**

opaque [əʊ'peɪk] [ADJ] opak; *Glas* undurchsichtig; *Strümpfe* blickdicht

open ['əʊpən] [A] [ADJ] [1] offen, geöffnet; *Sicht* frei *(to* für*); Sitzung* öffentlich; **to hold the door ~** die Tür offen halten; **the baker is ~** der Bäcker hat geöffnet; **in the ~ air** im Freien; **~ to traffic** für den Verkehr freigegeben; **"road ~ to traffic"** „Durchfahrt frei"; **to be ~ to sb** *(Wettbewerb, Mitgliedschaft)* jdm offenstehen; *(Örtlichkeit)* für jdn geöffnet sein; *(Park)* jdm zur Verfügung stehen; **~ to the public** der Öffentlichkeit zugänglich; **she gave us an ~ invitation to visit** sie lud uns ein, jederzeit bei ihr vorbeizukommen; **to be ~ to suggestions** Vorschlägen gegenüber offen sein; **I'm ~ to persuasion** ich lasse mich gern überreden; **to keep one's options ~** es offenlassen; **to keep an ~ mind** alles offenlassen; **to be ~ to debate** zur Debatte stehen [2] *(offiziell) Gebäude* eingeweiht; *Straße* (offiziell) freigegeben [3] **to be ~ to criticism** der Kritik ausgesetzt sein; **to lay oneself ~ to criticism/attack** sich der Kritik/Angriffen aussetzen; **to be ~ to abuse** sich leicht missbrauchen lassen [B] [S] **in the ~** im Freien, auf freiem Feld; **to bring sth out into the ~** mit etw nicht länger hinterm Berg halten [C] [VT] [1] öffnen; **~ your books at page 23** schlagt eure Bücher auf Seite 23 auf [2] *(offiziell) Ausstellung* eröffnen; *Gebäude* einweihen [3] *Prozess, Geschäft* eröffnen; *Debatte* beginnen; *Schule* einrichten; **to ~ fire** MIL das Feuer eröffnen *(on* auf *+akk)* [D] [VI] [1] aufgehen; *(Augen, Tür, Blume)* sich öffnen; **I couldn't get the box to ~** ich habe die Schachtel nicht aufbekommen [2] *(Laden, Museum)* öffnen [3] *(≈ anfangen)* beginnen; **the play ~s next week** das Stück wird ab nächster Woche gegeben ♦**open on to** [VI] *+obj (Tür)* gehen auf *(+akk)* ♦**open out** [A] [VI] [1] *(Fluss, Straße)* sich verbreitern *(into* zu*)* [2] *(Landkarte)* sich ausfalten lassen [B] [VT] *trennb Landkarte* auseinanderfalten ♦**open up** [A] [VI] [1] *(fig) (Aussichten)* sich eröffnen [2] gesprächiger werden; **to get sb to ~** jdn zum Reden bringen [3] aufschließen; **~!** aufmachen! [B] [VT] *trennb* [1] *Bergwerk, neue Horizonte* erschließen [2] *Haus* aufschließen [3] *(≈ gründen) Geschäft* eröffnen

open-air [ADJ] im Freien **open-air concert** [S] Freilichtkonzert *n* **open-air swimming pool** [S] Freibad *n* **open-air theatre**, *(US)* **open-air theater** [S] Freilichtbühne *f* **open day** [S] *(Br)* Tag *m* der offenen Tür **open-ended** [ADJ] *(fig) Vertrag* zeitlich nicht begrenzt; *Angebot* unbegrenzt

opener ['əʊpnəʳ] [S] Öffner *m* **open-face sandwich** [S] *(US)* belegtes Brot (❗ = (Br) **open sandwich**) **open-heart surgery** [S] Eingriff *m* am offenen Herzen **open house** [S] **to keep ~** ein offenes Haus führen **opening** ['əʊpnɪŋ] [A] [S] [1] Öffnung *f*, Lücke *f*; *(in Wald)* Lichtung *f* [2] Anfang *m* [3] *(≈ offiziell)* Eröffnung *f*; *(von Autobahn)* Freigabe *f* (für den Verkehr) [4] *(≈ in Firma)* (freie) Stelle [B] [ATTR] erste(r, s); *Bemerkungen* einführend; **~ speech** Eröffnungsrede *f* **opening ceremony** [S] Eröffnungsfeierlichkeiten *pl* **opening hours** [PL] Öffnungszeiten *pl* **opening night** [S] Eröffnungsvorstellung *f* (am Abend) **opening time** [S] Öffnungszeit *f*; **what are the bank's ~s?** wann hat die Bank geöffnet? **openly** ['əʊpənlɪ] [ADV] offen, öffentlich; **he was ~ gay** er machte keinen Hehl aus seiner Homosexualität **open-minded** [ADJ] aufgeschlossen **open-mouthed** [ˌəʊpn'maʊðd] [ADJ] mit offenem Mund **open-necked** [ADJ] *Hemd* mit offenem Kragen **openness** ['əʊpnnɪs] [S] Offenheit *f* **open-plan** [ADJ] **~ office** Großraumbüro *n* **open sandwich** [S] *(Br)* belegtes Brot (❗ = (US) **open-face sandwich**) **Open University** [S] *(Br)* Fernuniversität *f*; **to do an ~ course** ein Fernstudium machen *od* absolvieren

opera ['ɒpərə] [S] Oper *f*; **to go to the ~** in die Oper gehen

operable ['ɒpərəbl] [ADJ] MED operabel

opera house [S] Opernhaus *n* **opera singer** [S] Opernsänger(in) *m(f)*

operate ['ɒpəreɪt] [A] [VI] [1] *(Maschine)* funktionieren, betrieben werden *(by, on* mit*)*, laufen; **to ~ at maximum capacity** Höchstleistung bringen [2] *(Gesetz)* sich auswirken; *(System)* arbeiten [3] *(≈ geschäftlich)* operieren; *(Flughafen etc)* in Betrieb sein; **I don't like the way he ~s** ich mag seine Methoden nicht [4] MED operieren *(on sb/sth* jdn/etw*)*; **to be ~d on** operiert werden [B] [VT] [1] *Maschine* bedienen; *(Hebel etc)* betätigen; *(Strom etc)* betreiben [2] *Unternehmen* führen

operatic [ˌɒpə'rætɪk] [ADJ] Opern-

operating ['ɒpəreɪtɪŋ] [ADJ] *attr* [1] TECH, HANDEL Betriebs-; **~ costs** *od* **expenses** Betriebsausgaben *pl* [2] MED Operations- **operating room** [S] *(US* MED*)* Operationssaal *m* (❗ = (Br) **operating theatre**) **operating system** [S] IT Betriebssystem *n* **operating theatre** [S] *(Br* MED*)* Operationssaal *m* (❗ = (US) **operating room**)

operation [ˌɒpə'reɪʃən] [S] [1] **to be in ~** *(Maschine)* in Betrieb sein; *(Gesetz)* in Kraft sein; **to come into ~** *(Gesetz)* in Kraft treten; *(Plan)* zur Anwendung gelangen [2] MED Operation

O

OPER | 462

f (on an +*dat);* **to have an ~** operiert werden; **to have a heart ~** sich einer Herzoperation unterziehen; **to have an ~ for a hernia** wegen eines Bruchs operiert werden **3** MIL Operation *f* **4** IT Arbeitsgang *m,* Operation *f* **operational** [ˌɒpəˈreɪʃənl] ADJ **1** betriebsbereit; *Armee-Einheit etc* einsatzbereit **2** in Betrieb; *Armee-Einheit etc* im Einsatz **3** TECH, HANDEL Betriebs-; MIL Einsatz-; *Probleme* operativ **operative** [ˈɒpərətɪv] A ADJ *Maßnahme* wirksam; *Gesetze* geltend; *System* operativ B S Maschinenarbeiter(in) *m(f); (von Geheimdienst)* Agent(in) *m(f)* **operator** [ˈɒpəreɪtə] S **1** TEL ≈ Vermittlung *f* **2** (Maschinen)arbeiter(in) *m(f); (von Computer)* Operator(in) *m(f)* **3** (≈ *Firma)* Unternehmen *n;* (≈ *Firmenchef)* Unternehmer(in) *m(f)* **4** *(umg)* **to be a smooth ~** raffiniert vorgehen **operetta** [ˌɒpəˈretə] S Operette *f* **ophthalmic** [ɒfˈθælmɪk] ADJ Augen- **ophthalmologist** [ˌɒfθælˈmɒlədʒɪst] S Ophthalmologe *m,* Ophthalmologin *f* **opinion** [əˈpɪnjən] S Meinung *f (about,* on zu); *(fachmännisch)* Gutachten *n;* **in my ~** meiner Meinung nach; **in the ~ of the experts** nach Ansicht der Experten; **to be of the ~ that ...** der Meinung sein, dass ...; **to ask sb's ~** jdn nach seiner Meinung fragen; **it is a matter of ~** das ist Ansichtssache; **to have a good** *od* **high/low** *od* **poor ~ of sb/sth** eine gute/ schlechte Meinung von jdm/etw haben; **it is the ~ of the court that ...** das Gericht ist zu der Auffassung gekommen, dass ...; **to seek** *od* **get a second ~** *bes* MED ein zweites Gutachten einholen **opinionated** [əˈpɪnjəneɪtɪd] ADJ rechthaberisch **opinion poll** S Meinungsumfrage *f*

▶ **What's your opinion?**

„Wie ist deine Meinung? / Was meinst du?" Hier sind ein paar Möglichkeiten, dies zu erfragen:

Do you like popcorn?	Magst du Popcorn?
What do you think of this group?	Was hältst du von dieser Gruppe?

So äußerst du deine Meinung:

I thought it was great.	Ich fands toll.
In my opinion it was a load of rubbish.	Meiner Meinung nach war es Mist.

SPRACHGEBRAUCH ◀

opium [ˈəʊpɪəm] S Opium *n*
opponent [əˈpəʊnənt] S Gegner(in) *m(f)*
opportune [ˈɒpətjuːn] ADJ *Zeit* günstig; *Ereignis* rechtzeitig; **at an ~ moment** zu einem günstigen Zeitpunkt **opportunism** [ˌɒpəˈtjuːnɪzəm] S Opportunismus *m* **opportunist** [ˌɒpəˈtjuːnɪst] A S Opportunist(in) *m(f)* B ADJ opportunistisch

opportunity [ˌɒpəˈtjuːnɪtɪ] S **1** Gelegenheit *f;* **at the first ~** bei der erstbesten Gelegenheit; **to have the ~ of doing sth** die Gelegenheit haben, etw zu tun; **to take the ~ to do sth** die Gelegenheit nutzen, etw zu tun; **as soon as I get the ~** sobald sich die Gelegenheit ergibt **2** Chance *f;* **opportunities for promotion** Aufstiegschancen *pl;* **equality of ~** Chancengleichheit *f*

oppose [əˈpəʊz] VT **1** ablehnen, sich entgegensetzen (+*dat); Befehl etc* sich widersetzen (+*dat);* **he ~s our coming** er ist absolut dagegen, dass wir kommen **2** *(Bewerber)* kandidieren gegen **opposed** ADJ **1** *präd* dagegen; **to be ~ to sb/sth** gegen jdn/etw sein; **I am ~ to your going away** ich bin dagegen, dass Sie gehen **2** **as ~ to** im Gegensatz zu **opposing** [əˈpəʊzɪŋ] ADJ *Mannschaft* gegnerisch; *Meinung* gegensätzlich; **to be on ~ sides** auf entgegengesetzten Seiten stehen

opposite [ˈɒpəzɪt] A ADJ entgegengesetzt *(to, from* +*dat,* zu); *Wand etc* gegenüberliegend *attr;* **to be ~** gegenüberliegen *etc;* **on the ~ page** auf der gegenüberliegenden Seite; **in the ~ direction** in entgegengesetzter Richtung; **the ~ sex** das andere Geschlecht; **it had the ~ effect** es bewirkte das genaue Gegenteil B S Gegenteil *n;* **quite the ~!** ganz im Gegenteil! C ADV gegenüber; **they sat ~** sie saßen uns *etc* gegenüber D PRÄP gegenüber (+*dat);* **~ one another** sich gegenüber; **they live ~ us** sie wohnen uns gegenüber **opposite number** S Pendant *n* **opposition** [ˌɒpəˈzɪʃən] S **1** Opposition *f;* **the Opposition** *(bes Br* PARL) die Opposition **2** SPORT Gegner *pl*

oppress [əˈpres] VT **1** unterdrücken **2** bedrücken **oppression** [əˈpreʃən] S Unterdrückung *f* **oppressive** [əˈpresɪv] ADJ **1** *Regime* repressiv **2** *(fig)* drückend; *Stimmung* bedrückend

opt [ɒpt] VT **to ~ for sth** sich für etw entscheiden; **to ~ to do sth** sich entscheiden, etw zu tun ♦**opt in** VT beitreten (+*dat)* ♦**opt out** VT sich anders entscheiden; *(Versicherung etc)* kündigen *(of* +*akk); (Br:* Schule, Krankenhaus) aus der Kontrolle der Kommunalverwaltung austreten

optic [ˈɒptɪk], **optical** [ˈɒptɪkəl] ADJ optisch **optical character reader** S IT optischer Klarschriftleser **optical disk** S optische Platte **optical fibre,** (US) **optical fiber** S Glasfaser *f;* (≈ *Leitung)* Glasfaserkabel *n* **optical illusion** S optische Täuschung **optician** [ɒpˈtɪʃən] S Optiker(in) *m(f)* **optic nerve** S Seh-

nerv m **optics** ṣ (❗ mit Verb im Singular) Optik f
optimal [ˈɒptɪml] ADJ optimal
optimism [ˈɒptɪmɪzəm] ṣ Optimismus m **optimist** [ˈɒptɪmɪst] ṣ Optimist(in) m(f) **optimistic** [ˌɒptɪˈmɪstɪk] ADJ optimistisch; **to be ~ about sth** in Bezug auf etw (akk) optimistisch sein; **I'm not very ~ about it** da bin ich nicht sehr optimistisch **optimistically** [ˌɒptɪˈmɪstɪkəlɪ] ADV optimistisch
optimize [ˈɒptɪmaɪz] VT optimieren **optimum** [ˈɒptɪməm] ADJ optimal
option [ˈɒpʃən] ṣ 1 Wahl f kein pl, Möglichkeit f; **you have the ~ of leaving or staying** Sie haben die Wahl, ob Sie gehen oder bleiben wollen; **to give sb the ~ of doing sth** jdm die Wahl lassen, etw zu tun; **I have little/no ~ but to come** ihm blieb nichts anderes übrig, als zu kommen; **to keep one's ~s open** sich (dat) alle Möglichkeiten offenlassen 2 UNIV, SCHULE Wahlfach n **optional** ADJ freiwillig; Zusatzgerät etc auf Wunsch erhältlich; **"evening dress ~"** „Abendkleidung nicht Vorschrift"; **~ extras** Extras pl; **~ subject** SCHULE, UNIV Wahlfach n
optometrist [ɒpˈtɒmətrɪst] ṣ (US) Optiker(in) m(f)
opt-out [ˈɒptaʊt] ADJ attr **~ clause** Rücktrittsklausel f
or [ɔː] KONJ 1 oder; **he could not read or write** er konnte weder lesen noch schreiben; **in a day or two** in ein bis zwei Tagen 2 (oder) auch; **Rhodesia, or rather, Zimbabwe** Rhodesien, beziehungsweise Simbabwe 3 sonst; **you'd better go or (else) you'll be late** gehen Sie jetzt besser, sonst kommen Sie zu spät
oracle [ˈɒrəkl] ṣ Orakel n; (≈ Mensch) Seher(in) m(f)
oral [ˈɔːrəl] A ADJ 1 oral; Impfstoff oral verabreicht 2 mündlich B ṣ Mündliche(s) n **orally** [ˈɔːrəlɪ] ADV 1 oral 2 mündlich **oral sex** ṣ Oralverkehr m
orange [ˈɒrɪndʒ] A ṣ 1 Orange f; (≈ Getränk) Orangensaft m 2 (≈ Farbe) Orange n B ADJ 1 Orangen- 2 (Farbe) orange inv, orange(n)farben **orange juice** ṣ Orangensaft m **Orange Order** ṣ Oranienorden m, protestantische Vereinigung **orange squash** ṣ (Br) Orangenkonzentrat n; (verdünnt) Orangengetränk n
orang-outang, **orang-utan** [ɔːˌræŋuːˈtæŋ, -n] ṣ Orang-Utan m
orator [ˈɒrətəʳ] ṣ Redner(in) m(f) **oratory** [ˈɒrətərɪ] ṣ Redekunst f
orbit [ˈɔːbɪt] A ṣ Umlaufbahn f; (≈ einzeln) Umkreisung f; **to be in ~ ((a)round the earth)** in der (Erd)umlaufbahn sein; **to go into ~ ((a)round the sun)** in die (Sonnen)umlaufbahn eintreten B VT umkreisen **orbital** [ˈɔːbɪtl] ṣ (a. **orbital motorway**) Ringautobahn f
orchard [ˈɔːtʃəd] ṣ Obstgarten m, Obstplantage f; **apple/cherry ~** Obstgarten m mit Apfel-/Kirschbäumen, Apfel-/Kirschplantage f
orchestra [ˈɔːkɪstrə] ṣ Orchester n **orchestral** [ɔːˈkestrəl] ADJ Orchester-; **~ music** Orchestermusik f **orchestra pit** ṣ Orchestergraben m **orchestrated** [ˈɔːkɪstreɪtɪd] ADJ (fig) Kampagne gezielt
orchid [ˈɔːkɪd] ṣ Orchidee f
ordain [ɔːˈdeɪn] VT 1 KIRCHE Priester weihen 2 bestimmen; (Herrscher) verfügen
ordeal [ɔːˈdiːl] ṣ Tortur f, Qual f
order [ˈɔːdəʳ] A ṣ 1 (Reihen)folge f; **are they in ~/in the right ~?** sind sie geordnet/in der richtigen Reihenfolge?; **in ~ of preference/merit** in der bevorzugten/in der ihren Auszeichnungen entsprechenden Reihenfolge; **to put sth in (the right) ~** etw ordnen; **to be in the wrong ~** durcheinander sein 2 Ordnung f; **his passport was in ~** sein Pass war in Ordnung; **to put one's affairs in ~** Ordnung in seine Angelegenheiten bringen; **to keep ~** die Ordnung wahren; **to keep the children in ~** die Kinder unter Kontrolle halten; **to be out of ~** (bei Versammlung) gegen die Verfahrensordnung verstoßen; (fig) aus dem Rahmen fallen; **to call the meeting to ~** die Versammlung zur Ordnung rufen; **congratulations are in ~** Glückwünsche sind angebracht 3 Zustand m; **to be out of ~** nicht funktionieren; **"out of ~"** „außer Betrieb" 4 Befehl m; **I don't take ~s from anyone** ich lasse mir von niemandem befehlen; **to be under ~s to do sth** Instruktionen haben, etw zu tun 5 (in Restaurant etc, HANDEL) Bestellung f; (≈ für Lieferung) Auftrag m; **to place an ~ with sb** eine Bestellung bei jdm aufgeben/jdm einen Auftrag geben; **to be on ~** bestellt sein; **two ~s of French fries** (bes US) zwei Portionen Pommes frites; **made to ~** auf Bestellung (gemacht od hergestellt) 6 **in ~ to do sth** um etw zu tun; **in ~ that** damit 7 (fig ≈ Klasse) Art f; **something in the ~ of ten per cent** in der Größenordnung von zehn Prozent; **something in the ~ of one in ten applicants** etwa einer von zehn Bewerbern 8 (KIRCHE: von Mönchen etc) Orden m 9 **orders** PL (holy) **~s** Weihe f, Priesterweihe f; **to take (holy) ~s** die Weihe empfangen B VT 1 befehlen; **to ~ sb to do sth** jdm befehlen, etw zu tun; **to ~ sb's arrest** jds Verhaftung anordnen; **he ~ed his gun to be brought (to him)** er ließ sich (dat) sein Gewehr bringen 2

seine Angelegenheiten ordnen **3** *Waren, Essen, Taxi* bestellen; *(zur Herstellung)* in Auftrag geben *(from sb bei jdm)* **C** [VI] bestellen ◆**order about** *(Br)* od **around** [VT trennb] herumkommandieren
order confirmation [S] Auftragsbestätigung *f* **order form** [S] Bestellformular *n*
orderly ['ɔːdəlɪ] **A** [ADJ] **1** ordentlich; *Mensch* methodisch; **in an ~ manner** geordnet **2** *Demonstration* friedlich **B** [S] **(medical) ~** Pfleger(in) *m(f)*; MIL Sanitäter(in) *m(f)*
ordinal number [S] MATH Ordinalzahl *f*
ordinarily ['ɔːdnrɪlɪ] [ADV] gewöhnlich
ordinary ['ɔːdnrɪ] **A** [ADJ] gewöhnlich, durchschnittlich; **the ~ Englishman** der normale Engländer **B** [S] **out of the ~** außergewöhnlich; **nothing/something out of the ~** nichts/etwas Außergewöhnliches
ordnance ['ɔːdnəns] MIL [S] (Wehr)material *n*
ore [ɔː] [S] Erz *n*
oregano [ˌɒrɪˈgɑːnəʊ] [S] (⚠ kein pl) Oregano *m*
organ ['ɔːgən] [S] **1** Organ *n*; (≈ *für Meinung etc*) Sprachrohr *n* **2** MUS Orgel *f*; **to play the ~** Orgel spielen (⚠ **mit the**) **organ donor** [S] Organspender(in) *m(f)*

organ — Organ

organ — Orgel

organic [ɔːˈgænɪk] [ADJ] **1** (NAT, MED, *fig*) organisch **2** *Gemüse* biodynamisch; **~ wine** Wein *m* aus biologisch kontrolliertem Anbau; **~ meat** Fleisch *n* aus biologisch kontrollierter Zucht **organically** [ɔːˈgænɪkəlɪ] [ADV] organisch; *anbauen a.* biodynamisch **organic chemistry** [S] organische Chemie **organic farm** [S] Bio-Landwirtschaftsbetrieb *m*

organism ['ɔːgənɪzəm] [S] Organismus *m*
organist ['ɔːgənɪst] [S] Organist(in) *m(f)*
organization [ˌɔːgənaɪˈzeɪʃən] [S] **1** Organisation *f* **2** Ordnung *f* **3** HANDEL Unternehmen *n*
organizational [ADJ] organisatorisch **organize** ['ɔːgənaɪz] [VT] ordnen, organisieren; *Zeit* einteilen; *Lebensmittel* sorgen für; **to get (oneself) ~d** alles vorbereiten, seine Sachen in Ordnung bringen; **to ~ things so that ...** es so einrichten, dass ...; **they ~d (it) for me to go to London** sie haben meine Londonreise arrangiert **organized** ['ɔːgənaɪzd] [ADJ] organisiert; **he isn't very ~** bei ihm geht alles drunter und drüber (*umg*); **you have to be ~** du musst mit System vorgehen **organizer** ['ɔːgənaɪzə] [S] **1** Organisator(in) *m(f)* **2** = **personal organizer**
organ transplant [S] Organtransplantation *f*
orgasm ['ɔːgæzəm] [S] Orgasmus *m*
orgy ['ɔːdʒɪ] [S] Orgie *f*
orient ['ɔːrɪənt] **A** [S] (*a.* **Orient**) Orient *m* **B** [VT] = **orientate oriental** [ˌɔːrɪˈentl] [ADJ] orientalisch; **~ rug** Orientteppich *m*
orientate ['ɔːrɪənteɪt] **A** [VR] sich orientieren (*by* an +*dat, by the map* nach der Karte) **B** [VT] ausrichten (*towards* auf +*akk*); *Denkweise* orientieren (*towards* an +*dat*); **money-~d** materiell ausgerichtet; **family-~d** familienorientiert **orientation** [ˌɔːrɪənˈteɪʃən] [S] (*fig*) Orientierung *f*, Ausrichtung *f* (*towards* auf +*akk*); **sexual ~** sexuelle Orientierung **-oriented** ['ɔːrɪəntɪd] [ADJ] *suf* -orientiert **orienteering** [ˌɔːrɪənˈtɪərɪŋ] [S] Orientierungslauf *m*
orifice ['ɒrɪfɪs] [S] Öffnung *f*
origin ['ɒrɪdʒɪn] [S] Ursprung *m*, Herkunft *f*; **to have its ~ in sth** auf etw (*akk*) zurückgehen; **country of ~** Herkunftsland *n*; **nobody knew the ~ of that story** niemand wusste, wie die Geschichte entstanden war
original [əˈrɪdʒɪnl] **A** [ADJ] **1** ursprünglich; **~ inhabitants** Ureinwohner *pl*; **~ version** (*von Buch*) Urfassung *f*; (*von Film*) Originalversion *f* **2** *Gemälde* original; *Idee, Schriftsteller* originell **B** [S] Original *n* **originality** [əˌrɪdʒɪˈnælɪtɪ] [S] Originalität *f*
originally [əˈrɪdʒənəlɪ] [ADV] ursprünglich
original sin [S] die Erbsünde **originate** [əˈrɪdʒɪneɪt] **A** [VT] hervorbringen **B** [VI] **1** entstehen; **to ~ from a country** aus einem Land stammen **2** (*US: Bus etc*) ausgehen (*in* von)
Orkney Islands ['ɔːknɪˈaɪləndz], **Orkneys** ['ɔːknɪz] [PL] Orkneyinseln *pl*
ornament ['ɔːnəmənt] [S] **1** Verzierung *f*, Ziergegenstand *m* **2** (⚠ kein pl) Ornamente *pl* **ornamental** [ADJ] dekorativ; **to be purely ~** zur Verzierung (da) sein; **~ garden** Ziergarten *m*
ornate [ɔːˈneɪt] [ADJ] kunstvoll; *Stil* reich or-

nately [ɔːˈneɪtlɪ] ADV kunstvoll; *geschrieben* in reicher Sprache
ornithologist [ˌɔːnɪˈθɒlədʒɪst] S Ornithologe m, Ornithologin f **ornithology** [ˌɔːnɪˈθɒlədʒɪ] S Ornithologie f
orphan [ˈɔːfən] A S Waisenkind n; **the accident left him an ~** der Unfall machte ihn zum Waisenkind B VT zur Waise machen; **to be ~ed** zur Waise werden **orphanage** [ˈɔːfənɪdʒ] S Waisenhaus n
orthodontic [ˌɔːθəʊˈdɒntɪk] ADJ kieferorthopädisch
orthodox [ˈɔːθədɒks] ADJ 1 REL orthodox; **the Orthodox (Eastern) Church** die orthodoxe (Ost)kirche 2 (fig) konventionell, orthodox **orthodoxy** [ˈɔːθədɒksɪ] S 1 (fig) Konventionalität f, Orthodoxie f 2 orthodoxe Konvention
orthography [ɔːˈθɒɡrəfɪ] S Orthografie f, Rechtschreibung f
orthopaedic, (US) **orthopedic** [ˌɔːθəʊˈpiːdɪk] ADJ orthopädisch; **~ surgeon** orthopädischer Chirurg, orthopädische Chirurgin
oscillate [ˈɒsɪleɪt] VI PHYS schwingen; (*Nadel, fig*) schwanken
ostentation [ˌɒstenˈteɪʃən] S Pomp m, Großtuerei f **ostentatious** [ˌɒstenˈteɪʃəs] ADJ 1 pompös 2 ostentativ
osteopath [ˈɒstɪəpæθ] S Osteopath(in) m(f)
ostracize [ˈɒstrəsaɪz] VT ächten
ostrich [ˈɒstrɪtʃ] S Strauß m
other [ˈʌðəʳ] A ADJ, PRON andere(r, s); **~ people** andere (Leute); **any ~ questions?** sonst noch Fragen?; **no ~ questions** sonst keine Fragen; **it was none ~ than my father** es war niemand anders als mein Vater; **the ~ day** neulich; **some ~ time** ein andermal; **every ~ ...** jede(r, s) zweite ...; **~ than** außer (+dat); **some time or ~** irgendwann (einmal); **some writer or ~** irgendein Schriftsteller; **he doesn't like hurting ~s** er mag niemanden wehtun; **there are 6 ~s** da sind noch 6 (andere); **there were no ~s there** es waren sonst keine da; **something/someone or ~** irgendetwas/-jemand; **can you tell one from the ~?** kannst du sie auseinanderhalten? B ADV **I've never seen her ~ than with her husband** ich habe sie immer nur mit ihrem Mann gesehen; **somehow or ~** irgendwie; **somewhere or ~** irgendwo
otherwise [ˈʌðəwaɪz] A ADV 1 anders; **I am ~ engaged** (form) ich bin anderweitig beschäftigt; **Richard I, ~ known as the Lionheart** Richard I., auch bekannt als Löwenherz; **you seem to think ~** Sie scheinen anderer Meinung zu sein 2 ansonsten B KONJ sonst **otherworldly** [ˌʌðəˈwɜːldlɪ] ADJ weltfern
OTT (umg) abk von **over the top**

otter [ˈɒtəʳ] S Otter m
ouch [aʊtʃ] INT autsch
ought [ɔːt] V|AUX *nur präs* **I ~ to do it** ich sollte es tun; **he ~ to have come** er hätte kommen sollen; **~ I to go too? — yes, you ~ (to)/no, you ~n't (to)** sollte ich auch (hin)gehen? — ja doch/nein, das sollen Sie nicht; **~n't you to have left by now?** hätten Sie nicht schon gehen müssen?; **you ~ to see that film** den Film sollten Sie sehen; **you ~ to have seen his face** sein Gesicht hätten Sie sehen müssen; **she ~ to have been a teacher** sie hätte Lehrerin werden sollen; **he ~ to win the race** er müsste (eigentlich) das Rennen gewinnen; **he ~ to have left by now** er müsste inzwischen gegangen sein; **... and I ~ to know!** ... und ich muss es doch wissen!
ounce [aʊns] S (❗ = 28,35 g) Unze f; **there's not an ~ of truth in it** daran ist kein Fünkchen Wahrheit
our [ˈaʊəʳ] POSS ADJ unser; **Our Father** Vater unser; → **my**
ours [ˈaʊəz] POSS PR unsere(r, s); → **mine**
ourselves [ˌaʊəˈselvz] PERS PR (akk u. dat obj +präp) uns; (emph) selbst; → **myself**
oust [aʊst] VT herausbekommen, *Politiker* ausbooten (umg); **to ~ sb from office/his position** jdn aus seinem Amt/seiner Stellung entfernen od (durch Intrige) hinausmanövrieren; **to ~ sb from power** jdn von der Macht verdrängen
out [aʊt] A ADV 1 außen, draußen, (mit Richtungsangabe) hinaus, heraus; **to be ~** weg sein, nicht da sein; **they are ~ shopping** sie sind zum Einkaufen (gegangen); **she was ~ all night** sie war die ganze Nacht weg; **~ here/there** hier/dort draußen; **~ you go!** hinaus mit dir! (umg); **at weekends I like to be ~ and about** an den Wochenenden will ich (immer) raus; **we had a day ~ in London** wir haben einen Tag in London verbracht; **the book is ~** (aus *Bücherei*) das Buch ist ausgeliehen; **school is ~** die Schule ist aus; **the tide is ~** es ist Ebbe; **their secret was ~** ihr Geheimnis war herausgekommen; **~ with it!** heraus damit!; **before the day is ~** vor Ende des Tages 2 **when he was ~ in Russia** als er in Russland war; **to go ~ to China** nach China fahren; **the boat was ten miles ~** das Schiff war zehn Meilen weit draußen 3 **to be ~** (*Sonne*) (he)raus sein; (*Sterne, Mond*) am Himmel sein; (*Blumen*) blühen; (*Buch*) herausgekommen sein; **when will it be ~?** (*Buch*) wann kommt es heraus?; **there's a warrant ~ for him** od **for his arrest** es besteht Haftbefehl gegen ihn 4 (*Licht, Feuer,* SPORT) aus; (*Fleck*) (he)raus; **to be ~** bewusstlos sein 5 **his calculations were ~** er hatte sich in seinen Berechnungen geirrt;

465 ‖ OUT

OUTA ‖ 466

you're not far ~ Sie haben es fast (getroffen); **we were £5 ~** wir hatten uns um £ 5 verrechnet **6 to be ~ for sth** auf etw (*akk*) aus sein; **he's ~ to get her** er ist hinter ihr her; **he's just ~ to make money** ihm geht es nur um Geld **B** $\overline{S}$ → **in C PRÄP** aus (+*dat*); **to go ~ the door** zur Tür hinausgehen; → **out of D** $\overline{\text{ADJ}}$ Homosexuelle **outen out-and-out** [ˈaʊtənˈaʊt] $\overline{\text{ADJ}}$ Lüge, Lügner ausgemacht; *Rassist* eingefleischt; *Sieger* überragend **outback** [ˈaʊtbæk] $\overline{S}$ (*in Australien*) **the ~** das Hinterland **outbid** *prät, pperf* outbid $\overline{\text{VT}}$ überbieten **outboard** $\overline{\text{ADJ}}$ **~ motor** Außenbordmotor *m* **outbound** $\overline{\text{ADJ}}$ **~ flight** Hinflug *m* **outbox** [ˈaʊtbɒks] $\overline{S}$ (*E-mail*) Postausgang *m* **outbreak** [ˈaʊtbreɪk] $\overline{S}$ Ausbruch *m* **outbuilding** [ˈaʊtbɪldɪŋ] $\overline{S}$ Nebengebäude *n* **outburst** [ˈaʊtbɜːst] $\overline{S}$ Ausbruch *m*; **~ of anger** Wutanfall *m* **outcast** [ˈaʊtkɑːst] $\overline{S}$ Ausgestoßene(r) *m/f(m)* **outclass** [ˌaʊtˈklɑːs] $\overline{\text{VT}}$ in den Schatten stellen **outcome** [ˈaʊtkʌm] $\overline{S}$ Ergebnis *n* **outcrop** [ˈaʊtkrɒp] $\overline{S}$ GEOL **an ~ (of rock)** eine Felsnase **outcry** [ˈaʊtkraɪ] $\overline{S}$ Aufschrei *m* der Empörung (*against* über +*akk*), Protestwelle *f* (*against* gegen); **to cause an ~ against sb/sth** zu lautstarkem Protest gegen jdn/etw führen **outdated** $\overline{\text{ADJ}}$ Idee überholt; *Ausrüstung, Methode* veraltet; *Praxis* überkommen **outdid** *prät* von outdo **outdistance** $\overline{\text{VT}}$ hinter sich (*dat*) lassen **outdo** [ˌaʊtˈduː] *prät* outdid [ˌaʊtˈdɪd] *pperf* outdone [ˌaʊtˈdʌn] $\overline{\text{VT}}$ übertreffen (*sb in sth* jdn an etw *dat*); **but Jimmy was not to be ~ne** aber Jimmy wollte da nicht zurückstehen **outdoor** [ˈaʊtdɔː] $\overline{\text{ADJ}}$ im Freien; **~ café** Café *n* im Freien, Straßencafé *n*; **~ clothes** Kleidung *f* für draußen; **~ swimming pool** Freibad *n* **outdoors** [ˈaʊtdɔːz] **A** $\overline{\text{ADV}}$ im Freien; **to go ~** nach draußen gehen **B** $\overline{S}$ **the great ~** (*hum*) die freie Natur **outer** [ˈaʊtə] $\overline{\text{ADJ}}$ *attr* äußere(r, s) **Outer London** $\overline{S}$ die Peripherie Londons **outermost** [ˈaʊtəməʊst] $\overline{\text{ADJ}}$ äußerste(r, s) **outer space** $\overline{S}$ der Weltraum **outfit** [ˈaʊtfɪt] $\overline{S}$ **1** Kleidung *f*, Gewand *n* (*österr*); (≈ *Verkleidung*) Kostüm *n* **2** (*umg* ≈ *Organisation*) Verein *m* (*umg*) **outfitter** [ˈaʊtfɪtə] $\overline{S}$ **gentlemen's ~'s** Herrenausstatter *m*; **sports ~'s** Sport-(artikel)geschäft *n* **outflow** $\overline{S}$ (*von Wasser etc*) Ausfluss *m*; (*von Geld*) Abfluss *m*; (*von Flüchtlingen*) Strom *m* **outgoing** [ˌaʊtˈgəʊɪŋ] **A** $\overline{\text{ADJ}}$ **1** *Präsident* scheidend; *Flug* hinausgehend; *Warensendung* abgehend **2** *Persönlichkeit* kontaktfreudig **B** $\overline{\text{PL}}$ **~s** Ausgaben *pl* **outgrow** [ˌaʊtˈgrəʊ] *prät* outgrew [ˌaʊtˈgruː] *pperf* outgrown [ˌaʊtˈgrəʊn] $\overline{\text{VT}}$ **1** Kleider herauswachsen aus **2** Gewohnheit entwachsen (+*dat*) **outhouse**

[ˈaʊthaʊs] $\overline{S}$ Seitengebäude *n* **outing** [ˈaʊtɪŋ] $\overline{S}$ **1** Ausflug *m*; **school/firm's ~** Schul-/Betriebsausflug *m*; **to go on an ~** einen Ausflug machen **2** (*von Homosexuellen*) Outen *n* **outlandish** [ˌaʊtˈlændɪʃ] $\overline{\text{ADJ}}$ absonderlich; *Äußeres* ausgefallen **outlast** [ˌaʊtˈlɑːst] $\overline{\text{VT}}$ länger halten als; (*Idee etc*) überdauern **outlaw** [ˈaʊtlɔː] **A** $\overline{S}$ Geächtete(r) *m/f(m)*; (*in Western etc*) Bandit *m* **B** $\overline{\text{VT}}$ ächten **outlay** [ˈaʊtleɪ] $\overline{S}$ (Kosten)aufwand *m*, Kosten *pl* **outlet** [ˈaʊtlet] $\overline{S}$ **1** (*für Wasser etc*) Abfluss *m*; (*von Fluss*) Ausfluss *m* **2** (≈ *Laden*) Verkaufsstelle *f* **3** (*fig: für Emotionen*) Ventil *n* **outline** [ˈaʊtlaɪn] **A** $\overline{S}$ **1** Umriss *m*, Silhouette *f*; **he drew the ~ of a head** er zeichnete einen Kopf im Umriss **2** (*fig* ≈ *Zusammenfassung*) Abriss *m*; **just give (me) the broad ~s** umreißen Sie es (mir) grob **B** $\overline{\text{VT}}$ **1** **the mountain was ~d against the sky** die Umrisse des Berges zeichneten sich gegen den Himmel ab **2** (≈ *zusammenfassen*) umreißen **outlive** [ˌaʊtˈlɪv] $\overline{\text{VT}}$ jdn überleben; **to have ~d its usefulness** ausgedient haben **outlook** [ˈaʊtlʊk] $\overline{S}$ **1** Aussicht *f* (*over* über +*akk*, on to auf +*akk*) **2** Aussichten *pl* **3** Einstellung *f*; **his ~ (up)on life** seine Lebensauffassung; **narrow ~** beschränkter Horizont **outlying** $\overline{\text{ADJ}}$ entlegen, umliegend; **~ district** Außenbezirk *m* **outmanoeuvre**, (*US*) **outmaneuver** $\overline{\text{VT}}$ (*fig*) ausmanövrieren **outmoded** $\overline{\text{ADJ}}$ altmodisch; *Technik* veraltet **outnumber** [ˌaʊtˈnʌmbə] $\overline{\text{VT}}$ zahlenmäßig überlegen sein (+*dat*); **we were ~ed (by them)** wir waren (ihnen) zahlenmäßig unterlegen

out of $\overline{\text{PRÄP}}$ **1** (*Position*) nicht in (+*dat*); (*Richtung*) aus (+*dat*); (*fig*) außer (+*dat*); **I'll be ~ town** ich werde nicht in der Stadt sein; **~ the country** außer Landes; **he went ~ the door** er ging zur Tür hinaus; **to look ~ the window** aus dem Fenster sehen; **I saw him ~ the window** ich sah ihn durchs Fenster; **to keep ~ the sun** nicht in die Sonne gehen; **~ danger** außer Gefahr; **he's ~ the tournament** er ist aus dem Turnier ausgeschieden; **he feels ~ it** (*umg*) er fühlt sich ausgeschlossen; **10 miles ~ London** 10 Meilen außerhalb Londons **2** (*Grund angebend*) aus (+*dat*); **~ curiosity** aus Neugier; **to drink ~ a glass** aus einem Glas trinken; **made ~ silver** aus Silber (gemacht) **3** (≈ *Auswahl*) von (+*dat*); **in seven cases ~ ten** in sieben von zehn Fällen; **he picked one ~ the pile** er nahm einen aus dem Stapel (heraus) **4** **we are ~ money** wir haben kein Geld mehr

out-of-bounds $\overline{\text{ADJ}}$ **~ area** Sperrgebiet *n* **out-of-court** $\overline{\text{ADJ}}$ außergerichtlich **out-of-date** $\overline{\text{ADJ}}$ *attr*, **out of date** $\overline{\text{ADJ}}$ *präd* **1** *Methoden, Ideen* veraltet **2** *Ticket* abgelaufen; *Lebensmittel* mit abgelaufenem Verfallsdatum **out-**

of-doors ADV = outdoors **out-of-place** ADJ attr, **out of place** ADJ präd Bemerkung unangebracht, deplatziert **out-of-pocket** ADJ attr, **out of pocket** ADJ präd (Br) **to be out of pocket** draufzahlen; **I was £5 out of pocket** ich habe £ 5 aus eigener Tasche bezahlt **out--of-the-way** ADJ attr, **out of the way** ADJ präd (≈ Ort) abgelegen **out-of-town** ADJ Kino etc außerstädtisch **outpatient** S ambulanter Patient, ambulante Patientin; **~s' (department)** Ambulanz f **outperform** VT ausstechen (umg) **outplay** VT SPORT besser spielen als **outpost** S Vorposten m **outpouring** S oft pl Erguss m **output** ['aʊtpʊt] S Produktion f; ELEK Leistung f; IT Output m od n

outrage ['aʊtreɪdʒ] A S 1 Untat f, Gräueltat f 2 Skandal m 3 Entrüstung f (at über +akk) B [aʊt-'reɪdʒ] VT jdn empören **outraged** ['aʊtreɪdʒd] ADJ empört (at, about über +akk) **outrageous** [aʊt'reɪdʒəs] ADJ Bemerkung, Preis, Benehmen unerhört; Lüge, Forderung unverschämt; Kleidung unmöglich (umg); **it's absolutely ~ that ...** es ist einfach unerhört, dass ... **outrageously** [aʊt'reɪdʒəslɪ] ADV teuer unerhört

outran prät von outrun

outrider ['aʊtraɪdəʳ] S Kradbegleiter(in) m(f)

outright ['aʊtraɪt] A ADV 1 ablehnen rundweg; jdm gehören vollständig; **to win ~** einen klaren Sieg davontragen 2 sofort; **he was killed ~** er war sofort tot 3 geradeheraus B ['aʊtraɪt] ADJ total; Lüge glatt (umg); Mehrheit absolut; Sieger klar

outrun prät outran, pperf outrun VT schneller laufen als, davonlaufen (+dat) **outset** S Anfang m; **at the ~** zu Anfang **outshine** prät, pperf outshone VT (fig) in den Schatten stellen

outside ['aʊt'saɪd] A S Außenseite f; **the ~ of the car is green** das Auto ist (von) außen grün; **to open the door from the ~** die Tür von außen öffnen; **to overtake on the ~** (Br) außen überholen B ADJ 1 äußere(r, s); Prüfer extern; **an ~ broadcast from Wimbledon** eine Sendung aus Wimbledon; **~ line** TEL Amtsleitung f 2 **an ~ chance** eine kleine Chance C ADV außen, draußen; **to be ~** draußen sein; **to go ~** nach draußen gehen D PRÄP (a. **outside of**) außerhalb (+gen); **~ California** außerhalb Kaliforniens; **~ London** außerhalb von London; **to go ~ sth** aus etw gehen; **he went ~ the house** er ging nach draußen; **~ the door** vor der Tür; **the car ~ the house** das Auto vorm Haus; **~ office hours** nach Büroschluss **outside lane** S Überholspur f **outside line** S TEL Amtsanschluss m **outsider** [,aʊt'saɪdəʳ] S Außenseiter(in) m(f) **outside toilet** S Außentoilette f **outside wall** S Außenwand f

outsize ADJ übergroß **outskirts** PL Stadtrand

m **outsmart** VT (umg) überlisten **outsource** ['aʊtsɔːs] VT WIRTSCH Arbeit outsourcen, auslagern **outsourcing** ['aʊtsɔːsɪŋ] S WIRTSCH Outsourcing n **outspoken** [,aʊt'spəʊkən] ADJ Mensch, Rede, Buch freimütig; Angriff direkt

outstanding [,aʊt'stændɪŋ] ADJ 1 hervorragend; Talent, Schönheit außerordentlich 2 bemerkenswert 3 Geschäft unerledigt; Betrag, Rechnung ausstehend; **~ debts** Außenstände pl **outstandingly** [,aʊt'stændɪŋlɪ] ADV hervorragend; gut, schön außergewöhnlich

outstay VT **I don't want to ~ my welcome** ich will eure Gastfreundschaft nicht überbeanspruchen **outstretched** ADJ ausgestreckt; Arme a. ausgebreitet **outstrip** VT (fig) übertreffen (in an +dat) **out tray** S Ablage f für Ausgänge **outvote** VT überstimmen

outward ['aʊtwəd] A ADJ 1 Erscheinung äußere(r, s); **he put on an ~ show of confidence** er gab sich den Anstrich von Selbstsicherheit 2 **~ journey** Hinreise f; **~ flight** Hinflug m B ADV nach außen; **~ bound** Schiff auslaufend **outwardly** ['aʊtwədlɪ] ADV nach außen hin **outwards** ['aʊtwədz] ADV nach außen

outweigh VT mehr Gewicht haben als **outwit** VT überlisten

outworker S 1 Außenarbeiter(in) m(f) 2 Heimarbeiter(in) m(f)

oval ['əʊvəl] ADJ oval

ovary ['əʊvərɪ] S ANAT Eierstock m

ovation [əʊ'veɪʃən] S Ovation f; **to give sb an ~** jdm eine Ovation darbringen

oven ['ʌvn] S GASTR (Back)ofen m, Backrohr n (österr); **to cook in a hot/moderate/slow ~** bei starker/mittlerer/schwacher Hitze backen; **it's like an ~ in here** hier ist ja der reinste Backofen **oven glove** (Br), **oven mitt** S Topfhandschuh m **ovenproof** ADJ feuerfest **oven-ready** ADJ bratfertig

O

---

over ['əʊvəʳ]

A Präposition	**B** Adverb

— A Präposition —

1 (Richtung) über (+akk); (Position) über (+dat); **he spilled coffee ~ it** er goss Kaffee darüber; **to hit sb ~ the head** jdm auf den Kopf schlagen; **to look ~ the wall** über die Mauer schauen; **~ the page** auf der nächsten Seite; **he looked ~ my shoulder** er sah mir über die Schulter; **the house ~ the road** das Haus gegenüber; **it's just ~ the road from us** das ist von uns (aus) nur über die Straße; **the bridge ~ the river** die Brücke über den Fluss; **we're ~ the main obstacles now** wir haben jetzt die größten

Hindernisse hinter uns *(dat)* **2 they came from all ~ England** sie kamen aus ganz England; **you've got ink all ~ you** Sie sind ganz voller Tinte **3** (≈ *mehr, länger als*) über (+*akk*), während (+*gen*), in (+*dat*); **~ and above that** darüber hinaus, weiters *(österr)*; **well ~ a year ago** vor gut einem Jahr; **~ Christmas** über Weihnachten; **~ the summer** den Sommer über; **~ the years** im Laufe der Jahre; **the visits were spread ~ several months** die Besuche verteilten sich über mehrere Monate **4 let's discuss that ~ dinner** besprechen wir das beim Essen; **they'll be a long time ~ it** sie werden dazu lange brauchen; **~ the phone** am Telefon; **a voice came ~ the intercom** eine Stimme kam über die Sprechanlage **5** über (+*akk*); **it's not worth arguing ~** es lohnt (sich) nicht, darüber zu streiten

— **B** Adverb —

1 hinüber, herüber; (≈ *auf anderer Seite*) drüben; **come ~ tonight** kommen Sie heute Abend vorbei; **he is ~ here/there** er ist hier/dort drüben; **~ to you!** Sie sind daran; **and now ~ to Paris where …** und nun (schalten wir um) nach Paris, wo …; **to go ~ to America** nach Amerika fahren; **famous the world ~** in der ganzen Welt berühmt; **I've been looking for it all ~** ich habe überall danach gesucht; **I am aching all ~** mir tut alles weh; **he was shaking all ~** er zitterte am ganzen Leib; **I'm wet all ~** ich bin völlig nass; **that's Fred all ~** das ist typisch (für) Fred **2** zu Ende; **the danger was ~** es bestand keine Gefahr mehr; **when this is ~** wenn das vorbei ist; **it's all ~ between us** es ist aus zwischen uns **3 to start (all) ~ again** *(Br)* od ~ *(US)* noch einmal (ganz) von vorn anfangen; **~ and ~ (again)** immer (und immer) wieder; **he did it five times ~** er hat es fünfmal wiederholt **4** übrig; **there was no meat (left) ~** es war kein Fleisch mehr übrig **5 children of 8 and ~** Kinder ab 8; **three hours or ~** drei oder mehr Stunden **6** TEL **come in, please, ~** bitte kommen, over; **~ and out** Ende der Durchsage; FLUG over and out

overact V̅T̅ übertreiben **overactive** ADJ überaktiv **overage** [ˌəʊvərˈeɪdʒ] ADJ zu alt **overall¹** [ˈəʊvərˈɔːl] **A** ADJ **1** gesamt, Gesamt-; **~ majority** absolute Mehrheit; **~ control** vollständige Kontrolle **2** allgemein; **the ~ effect of this was to …** dies hatte das Endergebnis, dass … **B** ADV **1** insgesamt; **he came second ~** SPORT er belegte in der Gesamtwertung den zweiten Platz **2** im Großen und Ganzen **overall²** [ˈəʊvərɔːl] S̅ *(Br)* Kittel *m* **overalls**

[ˈəʊvərɔːlz] P̅L̅ Overall *m*; *(US)* Latzhose *f* **overambitious** ADJ zu ehrgeizig **overanxious** ADJ übertrieben besorgt **overarm** ADJ, ADV SPORT werfen mit gestrecktem (erhobenem) Arm **overate** *prät* von overeat **overawe** V̅T̅ einschüchtern **overbalance** V̅I̅ aus dem Gleichgewicht kommen

overbearing [ˌəʊvəˈbɛərɪŋ] ADJ herrisch **overboard** [ˈəʊvəbɔːd] ADV **1** SCHIFF über Bord; **to fall ~** über Bord gehen *od* fallen; **man ~!** Mann über Bord! **2** *(fig umg)* **there's no need to go ~ (about it)** übertreib es nicht **overbook** V̅I̅ zu viele Buchungen vornehmen **overburden** V̅T̅ *(fig)* überlasten **overcame** *prät* von overcome **overcast** ADJ bedeckt **overcautious** ADJ übervorsichtig **overcharge** [ˌəʊvəˈtʃɑːdʒ] **A** V̅T̅ zu viel berechnen (+*dat*) (for für); **they ~d me by £2** sie haben mir £ 2 zu viel berechnet **B** V̅I̅ zu viel verlangen (for für) **overcoat** [ˈəʊvəkəʊt] S̅ Mantel *m* **overcome** [ˌəʊvəˈkʌm] *prät* overcame [ˌəʊvəˈkeɪm] *pperf* overcome V̅T̅ Feind überwältigen; Angst, Hindernis überwinden; **he was ~ by the fumes** die giftigen Gase machten ihn bewusstlos; **he was ~ by emotion** Rührung übermannte ihn; **he was ~ by remorse** Reue überkam ihn; **~ (with emotion)** ergriffen **overcompensate** V̅I̅ **to ~ for sth** etw überkompensieren **overconfidence** S̅ übertriebene Selbstsicherheit **overconfident** ADJ übertrieben selbstsicher **overcook** V̅T̅ verbraten, verkochen **overcrowded** ADJ überfüllt; (≈ *Stadt*) übervölkert **overcrowding** S̅ Überfüllung *f*; *(von Stadt)* Überbevölkerung *f*

overdo [ˌəʊvəˈduː] *prät* overdid [ˌəʊvəˈdɪd] *pperf* overdone [ˌəʊvəˈdʌn] V̅T̅ **1** übertreiben; **you are ~ing it** Sie gehen zu weit; (≈ *mit Anstrengung*) Sie übernehmen sich; **I'm afraid you've rather overdone it with the garlic** ich fürchte, du hast es mit dem Knoblauch etwas zu gut gemeint **2** *Fleisch* verbraten; *Gemüse* verkochen **overdone** ADJ **1** übertrieben **2** *Fleisch* verbraten; *Gemüse* verkocht

overdose A S̅ *(wörtl)* Überdosis *f* **B** V̅I̅ eine Überdosis nehmen; **to ~ on heroin** eine Überdosis Heroin nehmen

overdraft S̅ Kontoüberziehung *f*; **to have an ~ of £100** sein Konto um £ 100 überzogen haben **overdraft facility** S̅ Überziehungskredit *m* **overdraw** [ˌəʊvəˈdrɔː] *prät* overdrew [ˌəʊvəˈdruː] *pperf* overdrawn [ˌəʊvəˈdrɔːn] V̅T̅ FIN *Konto* überziehen **overdrawn** [ˌəʊvəˈdrɔːn] ADJ FIN *Konto* überzogen; **to be ~ by £100** sein Konto um £ 100 überzogen haben **overdress** [ˌəʊvəˈdres] V̅T̅ **to be ~ed** zu vornehm angezogen sein **overdue** ADJ überfällig; *Summe* fällig; **long ~** schon seit Langem fällig **overeager** ADJ übereifrig **overeat** *prät* **overate**, *pperf* **overeaten** VII sich überessen **overeating** S Überessen n **overemphasis** S Überbetonung f **overemphasize** VIT überbetonen **overenthusiastic** ADJ übertrieben begeistert **overestimate** A [ˌəʊvər'estɪmeɪt] VIT überschätzen B [ˌəʊvar'estɪmɪt] S zu hohe Schätzung **overexcited** ADJ überreizt; *Kind* aufgedreht **overexpose** VIT FOTO überbelichten **overfamiliar** ADJ **to be ~ with sb** etwas zu vertraulich mit jdm sein; **I'm not ~ with their methods** ich bin nicht allzu vertraut mit ihren Methoden **overfeed** *prät*, *pperf* **overfed** VIT überfüttern **overfill** VIT überfüllen

overflow ['əʊvəfləʊ] A S (≈ *Ausfluss*) Überlauf m B [ˌəʊvə'fləʊ] VIT **the river has ~ed its banks** der Fluss ist über die Ufer getreten C [ˌəʊvə'fləʊ] VII 1 (*Wasser*, *Fluss*) überlaufen; (*Zimmer*) überfüllt sein; **full to ~ing** *Tasse*, *Schüssel* zum Überlaufen voll; *Zimmer* überfüllt; **the crowd at the meeting ~ed into the street** die Leute bei der Versammlung standen bis auf die Straße 2 (*fig*) überfließen (*with* von) **overflow pipe** S Überlaufrohr n

overgrown ADJ überwachsen (*with* von) **overhang** [ˌəʊvə'hæŋ] v: *prät*, *pperf* **overhung** A VIT hängen über (+*akk*); (*Felsen*) hinausragen über (+*akk*) B ['əʊvəhæŋ] S Überhang m **overhaul** ['əʊvəhɔːl] A S Überholung f B VIT [ˌəʊvə'hɔːl] *Motor* überholen; *Pläne* überprüfen **overhead**[1] [ˌəʊvə'hed] ADV oben, am Himmel; **a plane flew ~** ein Flugzeug flog über uns *etc* (*akk*) (*hinweg*)

overhead[2] ['əʊvəhed] S (*US*) = **overheads** **overhead cable** S Hochspannungsleitung f **overhead projector** S Overheadprojektor m **overheads** ['əʊvəhedz] PL (*Br*) allgemeine Unkosten *pl* (❗ = (*US*) **overhead**) **overhear** [ˌəʊvə'hɪər] *prät*, *pperf* **overheard** [ˌəʊvə'hɜːd] VIT zufällig mit anhören; **we don't want him to ~** wir wollen nicht, dass er uns zuhören kann; **I ~d them plotting** ich hörte zufällig, wie sie etwas ausheckten **overheat** A VIT *Motor* überhitzen; *Zimmer* überheizen B VII (*Motor*) heiß laufen **overheated** ADJ heiß gelaufen; *Zimmer* überheizt **overhung** *prät*, *pperf* von overhang **overimpressed** ADJ **I'm not ~ with him** er imponiert mir nicht besonders **overjoyed** [ˌəʊvə'dʒɔɪd] ADJ überglücklich (*at*, *by*, *with* über +*akk*)

overkill S **to be ~** des Guten zu viel sein **overladen** ADJ überladen **overlaid** *prät*, *pperf* von overlay **overland** A ADJ auf dem

Landweg B ADV über Land **overlap** ['əʊvəlæp] A S Überschneidung f; (*räumlich*) Überlappung f B [ˌəʊvə'læp] VII 1 (*Kacheln*) überlappen 2 (*Termine*) sich überschneiden; (*Vorstellungen*) sich teilweise decken C [ˌəʊvə'læp] VIT liegen über (+*dat*) **overlay** v: *prät*, *pperf* **overlaid** [ˌəʊvə'leɪ] VIT überziehen **overleaf** ADV umseitig; **the illustration ~** die umseitige Abbildung **overload** VIT überladen; ELEK, MECH überlasten **overlook** [ˌəʊvə'lʊk] VIT 1 überblicken; **a room ~ing the park** ein Zimmer mit Blick auf den Park 2 (≈ *nicht bemerken*) übersehen 3 hinwegsehen über (+*akk*); **I am prepared to ~ it this time** diesmal will ich noch ein Auge zudrücken

overly ['əʊvəli] ADV allzu

overnight ['əʊvə'naɪt] A ADV über Nacht; **we drove ~** wir sind die Nacht durchgefahren; **to stay ~ (with sb)** (bei jdm) übernachten B ADJ 1 Nacht-; **~ accommodation** Übernachtungsmöglichkeit f 2 (*fig*) ganz plötzlich; **an ~ success** ein Blitzerfolg m **overnight bag** S Reisetasche f **overnight stay** S Übernachtung f

overpass S (*US*) Überführung f (❗ = (*Br*) **flyover**) **overpay** *prät*, *pperf* **overpaid** VIT überbezahlen **overpopulated** ADJ überbevölkert **overpopulation** s Überbevölkerung f **overpower** [ˌəʊvə'paʊə'] VIT überwältigen **overpowering** [ˌəʊvə'paʊərɪŋ] ADJ überwältigend; *Geruch* penetrant; *Mensch* aufdringlich; **I felt an ~ desire ...** ich fühlte den unwiderstehlichen Drang, ...

overprice VIT **at £50 it's ~d** £ 50 ist zu viel dafür **overproduction** S Überproduktion f **overprotective** ADJ überängstlich **overran** *prät* von overrun **overrate** VIT **to be ~d** überschätzt werden **overreach** VII sich übernehmen **overreact** VII übertrieben reagieren (*to* auf +*akk*) **overreaction** S Überreaktion f, überzogene Reaktion

override [ˌəʊvə'raɪd] *prät* **overrode** [ˌəʊvə'rəʊd] *pperf* **overridden** [ˌəʊvə'rɪdn] VIT *Entscheidung* aufheben **overriding** [ˌəʊvə'raɪdɪŋ] ADJ vorrangig, vordringlich

overripe ADJ überreif **overrode** *prät* von override **overrule** [ˌəʊvə'ruːl] VIT ablehnen; *Entscheidung* aufheben; **we were ~d** unser Vorschlag/unsere Entscheidung *etc* wurde abgelehnt **overrun** [ˌəʊvə'rʌn] *prät* **overran** [ˌəʊvə'ræn] *pperf* **overrun** A VIT 1 (*Unkraut*) überwuchern; **to be ~ by tourists/mice** von Touristen überlaufen/voller Mäuse sein 2 (*Truppen*) einfallen in (+*dat*) 3 hinauslaufen über (+*akk*) B VII (*zeitlich*) überziehen; **his speech overran by ten minutes** seine Rede dauerte zehn Minu-

OVER

ten zu lang

overseas [ˈəʊvəˈsiːz] **A** ADJ **1** in Übersee *präd*; *Markt* überseeisch **2** ausländisch; **an ~ visitor** ein Besucher *m* aus dem Ausland; **~ trip** Auslandsreise *f* **B** ADV **to be ~** in Übersee/im Ausland sein; **to go ~** nach Übersee/ins Ausland gehen; **from ~** aus Übersee/dem Ausland

oversee *prät* oversaw, *pperf* overseen VT beaufsichtigen **overseer** S Aufseher(in) *m(f)*; (*in Fabrik*) Vorarbeiter(in) *m(f)* **oversensitive** ADJ überempfindlich **overshadow** VT überschatten **overshoot** [ˌəʊvəˈʃuːt] *prät*, *pperf* overshot [ˌəʊvəˈʃɒt] VT *Ziel* hinausschießen über (+*akk*) **oversight** [ˈəʊvəsaɪt] S Versehen *n*; **through an ~** aus Versehen **oversimplification** S (zu) grobe Vereinfachung **oversimplify** VT zu sehr vereinfachen **oversized** [ˈəʊvəsaɪzd] ADJ *Pullover etc* übergroß, in Übergröße **oversleep** *prät*, *pperf* overslept VI verschlafen **overspend** [ˌəʊvəˈspend] *v*: *prät*, *pperf* overspent VI zu viel ausgeben; **we've overspent by £10** wir haben £ 10 zu viel ausgegeben **overstaffed** ADJ überbesetzt **overstate** VT übertreiben **overstatement** S Übertreibung *f* **overstay** VT = outstay **overstep** VT überschreiten; **to ~ the mark** zu weit gehen **overstretch** [ˌəʊvəˈstretʃ] VT (*fig*) *Finanzen* zu sehr belasten; **to ~ oneself** sich übernehmen **oversubscribe** VT FIN überzeichnen; **the zoo outing was ~d** zu viele (Leute) hatten sich für den Ausflug in den Zoo angemeldet

overt [əʊˈvɜːt] ADJ offen; *Feindseligkeit a.* unverhohlen

overtake [ˌəʊvəˈteɪk] *prät* overtook [ˌəʊvəˈtʊk] *pperf* overtaken [ˌəʊvəˈteɪkən] **A** VT **1** Konkurrenten einholen; *Läufer, Auto* überholen **2** (*durch Schicksal*) ereilen (*geh*) **B** VI überholen **overtaking** [ˌəʊvəˈteɪkɪŋ] S Überholen *n* **overtax** VT (*fig*) überlasten **over-the-counter** ADJ *Medikamente* nicht rezeptpflichtig **over-the-top**, **over the top** ADJ (*umg*) übertrieben **overthrow** *v*: *prät* overthrew, *pperf* overthrown **A** [ˈəʊvəˌθrəʊ] *(von Diktator etc)* Sturz *m* **B** [ˌəʊvəˈθrəʊ] VT stürzen **overtime** [ˈəʊvətaɪm] **A** S **1** Überstunden *pl*; **I am doing ~** ich mache Überstunden **2** (*US* SPORT) Verlängerung *f* (❗ = (Br) **extra time**) **B** ADV **to work ~** Überstunden machen **overtime pay** S Überstundenlohn *m* **overtone** [ˈəʊvətəʊn] S (*fig*) Unterton *m* **overtook** *prät* von overtake

overture [ˈəʊvətjʊə] S **1** MUS Ouvertüre *f* **2** *meist pl* **to make ~s to sb** Annäherungsversuche bei jdm machen

overturn [ˌəʊvəˈtɜːn] **A** VT **1** (*wörtl*) umkippen;

Boot zum Kentern bringen **2** (*fig*) *Regime* stürzen; *Verbot, Urteil* aufheben **B** VI (*Stuhl*) umkippen; (*Boot*) kentern **overuse A** [ˌəʊvəˈjuːs] S übermäßiger Gebrauch **B** [ˌəʊvəˈjuːz] VT übermäßig oft gebrauchen **overview** S Überblick *m* (*of* über +*akk*) **overweight** [ˈəʊvəˈweɪt] ADJ übergewichtig; **to be five kilos ~** fünf Kilo Übergewicht haben; **you're ~** Sie haben Übergewicht

overwhelm [ˌəʊvəˈwelm] VT **1** überwältigen; **he was ~ed when they gave him the present** er war zutiefst gerührt, als sie ihm das Geschenk gaben **2** (*fig: mit Lob, Arbeit*) überhäufen **overwhelming** [ˌəʊvəˈwelmɪŋ] ADJ überwältigend; *Verlangen* unwiderstehlich; **they won despite ~ odds** sie gewannen obwohl ihre Chancen sehr schlecht standen **overwhelmingly** [ˌəʊvəˈwelmɪŋlɪ] ADV ablehnen mit überwältigender Mehrheit; *positiv* größtenteils

overwork A S Überarbeitung *f* **B** VT jdn überanstrengen **C** VI sich überarbeiten **overwrite** *prät* overwrote, *pperf* overwritten VT & VI IT überschreiben **overwrought** [ˌəʊvəˈrɔːt] ADJ überreizt **overzealous** [ˌəʊvəˈzeləs] ADJ übereifrig

ovulate [ˈɒvjʊleɪt] VI ovulieren **ovulation** [ˌɒvjʊˈleɪʃən] S Eisprung *m*

owe [əʊ] **A** VT **1** *Geld* schulden (*sb sth, sth to sb* jdm etw); **how much do I ~ you?** was bin ich schuldig? **2** *Treue* schulden (*to sb* jdm) **3** *Leben, Erfolg* verdanken (*sth to sb* jdm etw); **you ~ it to yourself to keep fit** du bist es dir schuldig, fit zu bleiben; **you ~ me an explanation** du bist mir eine Erklärung schuldig **B** VI **to ~ sb for sth** jdm Geld für etw schulden; **I still ~ him for the meal** ich muss ihm das Essen noch bezahlen **owing** [ˈəʊɪŋ] **A** ADJ unbezahlt; **how much is still ~?** wie viel steht noch aus? **B** PRÄP **~ to** infolge (+*gen*); **~ to the circumstances** umständehalber

owl [aʊl] S Eule *f*

own¹ [əʊn] VT **1** besitzen; **who ~s that?** wem gehört das?; **he looks as if he ~s the place** er sieht so aus, als wäre er hier zu Hause **2** zugeben ◆**own up** VI es zugeben; **to ~ to sth** etw zugeben; **he owned up to stealing the money** er gab zu, das Geld gestohlen zu haben

own² [əʊn] **A** ADJ *attr* eigen; **his ~ car** sein eigenes Auto; **one's ~ car** ein eigenes Auto; **he does (all) his ~ cooking** er kocht für sich selbst; **thank you, I'm quite capable of finding my ~ way out** danke, ich finde sehr gut alleine hinaus **B** PRON **1** **to make sth one's ~** sich (*dat*) etw zu eigen machen; **a house of one's ~**

PACK

ein eigenes Haus; **I have money of my ~** ich habe selbst Geld; **it has a beauty all its ~** *od* **of its ~** es hat eine ganz eigene Schönheit **2 to get one's ~ back on sb** (*bes Br*) es jdm heimzahlen; **(all) on one's ~** (ganz) allein; **on its ~** von selbst; **the goalkeeper came into his ~ with a series of brilliant saves** der Torwart zeigte sich von seiner besten Seite, als er eine Reihe von Bällen geradezu fantastisch abwehrte **own brand** S̄ Hausmarke *f*
owner ['əʊnəʳ] S̄ Besitzer(in) *m(f)*, Inhaber(in) *m(f)*; (*von Haustier*) Halter(in) *m(f)* **owner-occupier** S̄ Bewohner(in) *m(f)* im eigenen Haus **ownership** ['əʊnəʃɪp] S̄ Besitz *m*; **under new ~** unter neuer Leitung
own goal S̄ Eigentor *n*; **to score an ~** ein Eigentor schießen
ox [ɒks] S̄, *pl* **-en** Ochse *m*
Oxbridge ['ɒksbrɪdʒ] **A** S̄ Oxford und/oder Cambridge **B** ADJ der Universität (*gen*) Oxford oder Cambridge
oxide ['ɒksaɪd] S̄ CHEM Oxid *n* **oxidize** ['ɒksɪdaɪz] VT & VI oxidieren
oxtail soup [,ɒksteɪl'suːp] S̄ Ochsenschwanzsuppe *f*
oxygen ['ɒksɪdʒən] S̄ Sauerstoff *m* **oxygen mask** S̄ Sauerstoffmaske *f*
oyster ['ɔɪstəʳ] S̄ Auster *f*; **the world's his ~** die Welt steht ihm offen
oz *abk* von **ounce(s)**
ozone ['əʊzəʊn] S̄ Ozon *n* **ozone-friendly** ADJ FCKW-frei **ozone layer** S̄ Ozonschicht *f*; **a hole in the ~** ein Ozonloch *n*

P

P, p [piː] S̄ P *n*, p *n*
p 1 *abk* von **page** S. 2 *abk* von **penny, pence**
PA 1 *abk* von **personal assistant** 2 *abk* von **public address (system)**

pa [pɑː] S̄ (*umg*) Papa *m* (*umg*) (❗ **Pa** wird in der Anrede großgeschrieben.)
p. a. *abk* von **per annum** pro Jahr
pace [peɪs] **A** S̄ 1 Schritt *m*; **to put sb through his ~s** (*fig*) jdn auf Herz und Nieren prüfen 2 Tempo *n*; **at a good ~** recht schnell; **at a slow ~** langsam; **at one's own ~** in seinem eigenen Tempo; **to keep ~ with sth** mit etw mitkommen; **to set the ~** das Tempo angeben; **to quicken one's ~** seinen Schritt beschleunigen; (*bei Arbeit*) sein Tempo beschleunigen; **I'm getting old, I can't stand the ~ any more** (*umg*) ich werde alt, ich kann nicht mehr mithalten **B** VT auf und ab gehen in (+*dat*) **C** VI **to ~ up and down** auf und ab gehen **pacemaker** ['peɪsmeɪkəʳ] S̄ **A** MED Schrittmacher *m* **B** SPORT Tempomacher(in) *m(f)*
Pacific [pə'sɪfɪk] S̄ **the ~ (Ocean)** der Pazifik; **a ~ island** eine Insel im Pazifik; **the ~ Rim** die Pazifikanrainerstaaten *pl* **Pacific Standard Time** S̄ pazifische Zeit
pacifier ['pæsɪfaɪəʳ] S̄ (*US*) Schnuller *m* (❗ = (*Br*) **dummy**) **pacifism** ['pæsɪfɪzəm] S̄ Pazifismus *m* **pacifist** ['pæsɪfɪst] S̄ Pazifist(in) *m(f)*
pacify ['pæsɪfaɪ] VT *Baby* beruhigen; *Kritiker* besänftigen
pack [pæk] **A** S̄ 1 (*auf Tier*) Last *f* 2 Rucksack *m*; MIL Gepäck *n kein pl* 3 Paket *n*; (*bes US*) Packung *f*; **a ~ of six** ein Sechserpack *m* 4 (*von Wölfen*) Rudel *n* 5 (*pej*) Horde *f*; **a ~ of thieves** eine Diebesbande; **it's all a ~ of lies** es ist alles erlogen 6 (*Karten*)spiel *n* **B** VT 1 *Kiste* vollpacken; (*in Dosen*) abpacken 2 *Koffer* packen; *Kleider* einpacken; **the box was ~ed full of explosives** die Kiste war voll mit Sprengstoff; **to be ~ed** gerammelt voll sein (*umg*); **a weekend ~ed with excitement** ein Wochenende voller aufregender Erlebnisse 3 *Erde* festdrücken; **the snow on the path was ~ed hard** der Schnee auf dem Weg war festgetrampelt; **the film ~s a real punch** (*fig*) der Film ist total spannend **C** VI 1 packen 2 **the crowds ~ed into the stadium** die Menge drängte sich in das Stadion; **we all ~ed into one car** wir haben uns alle in ein Auto gezwängt 3 (*umg*) **to send sb ~ing** jdn kurz ab-

pack — Last

pack — Rucksack

pack *bes US* — Packung

PACK ‖ 472

fertigen ♦**pack away** V/T trennb wegpacken;
I've packed all your books away in the attic
ich habe alle deine Bücher auf den Boden ge-
räumt ♦**pack in** Ⓐ V/T trennb **1** *Menschen* hinein-
pferchen in (+akk) **2** (Br umg) *Job* hinschmeißen
(umg); *Aktivität* Schluss machen mit; **pack it
in!** lass es gut sein! Ⓑ V/I (Br umg: Motor) seinen
Geist aufgeben (hum); (Mensch) Feierabend ma-
chen (umg) ♦**pack off** V/T trennb **she packed
them off to bed** sie schickte sie ins Bett
♦**pack out** V/T trennb meist passiv **to be packed
out** überfüllt sein ♦**pack up** Ⓐ V/T trennb zu-
sammenpacken Ⓑ V/I **1** packen; **he just packed
up and left** er packte seine Sachen und ging **2**
(Br umg: Motor) seinen Geist aufgeben (hum);
(Mensch) Feierabend machen (umg)

package ['pækɪdʒ] Ⓢ Paket n; **software ~**
Softwarepaket n Ⓑ V/T Waren verpacken **pack-
age deal** Ⓢ Pauschalangebot n **package
holiday, package tour** Ⓢ Pauschalreise
f **packaging** ['pækɪdʒɪŋ] Ⓢ **1** Verpackung f
2 Präsentation f

packed lunch [pækt'lʌntʃ] Ⓢ (Br) Lunchpaket
n; (für die Schule) Pausenbrot n; (für die Arbeit) be-
legte Brote pl

packet ['pækɪt] Ⓢ (bes Br) **1** Paket n; (Zigaretten;
kleiner) Schachtel f **2** (Br umg) **to make a ~** ein
Schweinegeld verdienen (umg); **that must have
cost a ~** das muss ein Heidengeld gekostet
haben (umg) **packet soup** Ⓢ (bes Br) Tütensup-
pe f

pack ice Ⓢ Packeis n

packing ['pækɪŋ] Ⓢ Packen n; (≈ Material) Verpa-
ckung f; **to do one's ~** packen **packing
case** Ⓢ Kiste f

pact [pækt] Ⓢ Pakt m; **to make a ~ with sb** mit
jdm einen Pakt schließen

pad¹ [pæd] V/I **to ~ around** (Br) umhertapsen
pad² Ⓐ Ⓢ **1** Polster n, Schützer m; (≈ auf Bremsen
etc) Belag m **2** (von Papier) Block m **3** (umg ≈ Zuhau-
se) Bude f (umg) Ⓑ V/T polstern ♦**pad out** V/T
trennb (fig) Aufsatz auffüllen

padded ['pædɪd] ADJ Schultern, BH wattiert; Sitz
gepolstert; **~ envelope** gefütterter (Brief)um-
schlag **padding** ['pædɪŋ] Ⓢ Polsterung f

paddle ['pædl] Ⓐ Ⓢ **1** Paddel n **2** **to have a ~**
durchs Wasser waten Ⓑ V/T Boot paddeln Ⓒ V/I
1 (in Boot) paddeln **2** (in Wasser) waten **paddle
boat** Ⓢ Raddampfer m; (kleiner) Paddelboot n
paddle steamer Ⓢ Raddampfer m **pad-
dling pool** ['pædlɪŋpuːl] Ⓢ (Br) Planschbe-
cken n (❗ = (US) **wading pool**)

paddock ['pædək] Ⓢ Koppel f; (von Rennbahn)
Sattelplatz m

paddy ['pædɪ] Ⓢ (a. **paddy field**) Reisfeld n

padlock ['pædlɒk] Ⓐ Ⓢ Vorhängeschloss n Ⓑ

V/T (mit einem Vorhängeschloss) verschließen

paediatric, (US) **pediatric** [,piːdɪ'ætrɪk] ADJ
Kinder- **paediatrician**, (US) **pediatrician**
[,piːdɪə'trɪʃən] Ⓢ Kinderarzt m/-ärztin f **pae-
diatrics**, (US) **pediatrics** [,piːdɪ'ætrɪks] Ⓢ
(❗ mit Verb im Singular) Kinderheilkunde f

paedophile, (US) **pedophile** ['piːdəfaɪl] Ⓢ
Pädophile(r) m/f(m)

pagan ['peɪgən] Ⓐ ADJ heidnisch Ⓑ Ⓢ Heide m,
Heidin f **paganism** ['peɪgənɪzəm] Ⓢ Heiden-
tum n

page¹ [peɪdʒ] Ⓐ Ⓢ (a. **pageboy**) Page m Ⓑ V/T
to ~ sb jdn ausrufen lassen; **paging Mr Cousin**
Herr Cousin, bitte!

page² Ⓢ Seite f; **on ~ 14** auf Seite 14; **write on
both sides of the ~** beschreiben Sie beide Sei-
ten; **to be on the same ~** (US) auf der gleichen
Wellenlänge liegen

pageant ['pædʒənt] Ⓢ Historienspiel n; (≈ Pro-
zession) Festzug m **pageantry** ['pædʒəntrɪ] Ⓢ
Prunk m

pageboy Ⓢ **1** Page m; (Br) Junge, der bei der
Hochzeitszeremonie assistiert **2** (Frisur) Pagen-
kopf m **page break** Ⓢ IT Seitenwechsel m
page number Ⓢ Seitenzahl f **page pre-
view** Ⓢ IT Seitenvorschau f, Seitenansicht f
page printer Ⓢ IT Seitendrucker m **pager**
['peɪdʒə'] Ⓢ TEL Funkempfänger m **pagina-
tion** [,pædʒɪ'neɪʃən] Ⓢ Paginierung f

pagoda [pə'gəʊdə] Ⓢ Pagode f

paid [peɪd] Ⓐ prät, pperf von pay Ⓑ ADJ **1** Arbeit
bezahlt **2** (bes Br) **to put ~ to sth** etw zunich-
temachen; **that's put ~ to my weekend** damit
ist mein Wochenende geplatzt Ⓒ Ⓢ **the low/
well ~** die Gering-/Gutverdienenden pl
paid-up ['peɪdʌp] ADJ **fully ~ member** Mit-
glied n ohne Beitragsrückstände

pail [peɪl] Ⓢ Eimer m

pain [peɪn] Ⓐ Ⓢ **1** Schmerz m, Qualen pl; **to be
in ~** Schmerzen haben; **he screamed in ~** er
schrie vor Schmerzen; **chest ~s** Brustschmer-
zen pl; **my ankle is causing me a lot of ~** mein
Knöchel tut mir sehr weh; **I felt a ~ in my leg**
ich hatte Schmerzen im Bein **2** (umg: a. **pains**
PL) Mühe
f; **to be at (great) ~s to do sth** sich (dat) (große)
Mühe geben, etw zu tun; **to take ~s to do sth**
sich (dat) Mühe geben, etw zu tun; **she takes
great ~s with her appearance** sie verwendet
sehr viel Sorgfalt auf ihr Äußeres **3** **on** od **un-
der ~ of death** bei Todesstrafe **4** (umg: a. **pain
in the neck** od **arse** Br sl) **to be a (real) ~**
einem auf den Wecker gehen (umg) Ⓑ V/T
schmerzen; **it ~s me to see their ignorance**
ihre Unwissenheit tut schon weh **pained**
[peɪnd] ADJ Miene schmerzerfüllt

painful ['peɪnfʊl] ADJ schmerzhaft, schmerz-

P

lich; **is it ~?** tut es weh? **painfully** ['peɪnfəlɪ] ADV **1** schmerzhaft; *gehen* unter Schmerzen **2** (≈ *sehr*) schrecklich; *dünn* furchtbar; **it was ~ obvious** es war nicht zu übersehen **painkiller** ['peɪnkɪlə'] S̲ schmerzstillendes Mittel **painless** ADJ schmerzlos; **don't worry, it's quite ~** (umg) keine Angst, es tut gar nicht weh **painstaking** ADJ, **painstakingly** ADV ['peɪnz,teɪkɪŋ, -lɪ] sorgfältig

paint [peɪnt] A S̲ **1** Farbe *f*; *(von Auto)* Lack *m* **2** **paints** PL Farben *pl*; **box of ~s** Farbkasten *m* B V̲T̲ **1** *Wand* streichen; *Auto* lackieren; **to ~ one's face** sich anmalen (umg); **to ~ the town red** (umg) die Stadt unsicher machen (umg) **2** *Bild* malen; **he ~ed a very convincing picture of life on the moon** er zeichnete ein sehr überzeugendes Bild vom Leben auf dem Mond C V̲I̲ malen, (an)streichen **paintbox** S̲ Farbkasten *m* **paintbrush** S̲ Pinsel *m*

painter ['peɪntə'] S̲ KUNST Maler(in) *m(f)*; (≈ *Handwerker*) Anstreicher(in) *m(f)*

painting ['peɪntɪŋ] S̲ **1** Gemälde *n* **2** (🛑 kein pl) KUNST Malerei *f* **paint pot** S̲ Farbtopf *m* **paint stripper** S̲ Abbeizmittel *n* **paintwork** S̲ *(von Auto)* Lack *m*; *(von Wand)* Anstrich *m*

pair [peə'] A S̲ Paar *n*; **these socks are a ~** diese beiden Socken gehören zusammen; **a ~ of scissors** eine Schere; **a new ~** (≈ *Hose*) eine neue; (≈ *Schuhe*) ein Paar neue; **I've only got one ~ of hands** ich habe auch nur zwei Hände; **to be** *od* **have a safe ~ of hands** zuverlässig sein; **in ~s** paarweise; *jagen, ausgehen* zu zweit B V̲T̲ I was ~ed with Bob for the next round in der nächsten Runde musste ich mit Bob ein Paar bilden ◆**pair off** A V̲T̲ *trennb* in Zweiergruppen einteilen B V̲I̲ Paare bilden (*with* mit)

▶ **pair**

Bei Dingen, die aus zwei gleichen Teilen bestehen, wie Scheren, Brillen, Zangen, verwendet man im Englischen in Verbindung mit **a** oder einer Zahl **pair of**.

GRAMMATIK ◁

pajamas [pə'dʒɑːməz] PL (US) = **pyjamas**
pak-choi [pæk'tʃɔɪ] S̲ (Br) Pak Choi *m*, chinesischer Blätterkohl
Paki ['pækɪ] *(pej umg)* A S̲ Pakistani *m/f(m)* B ADJ pakistanisch **Pakistan** [,pɑːkɪs'tɑːn] S̲ Pakistan *n* **Pakistani** [,pɑːkɪs'tɑːnɪ] A ADJ pakistanisch B S̲ Pakistani *m/f(m)*
pal [pæl] S̲ (umg) Kumpel *m* (umg), Spezi *m* (österr)
palace ['pælɪs] S̲ Palast *m*; **royal ~** (Königs)schloss *n*
palatable ['pælətəbl] ADJ **1** genießbar **2** *(fig)*

palatal ['pælətl] S̲ LING Gaumenlaut *m* **palate** ['pælɪt] S̲ *(wörtl)* Gaumen *m*
palatial [pə'leɪʃəl] ADJ palastartig
palaver [pə'lɑːvə'] S̲ (umg) Theater *n* (umg)
pale [peɪl] A ADJ (+er) blass, bleich; *Licht, Mond* fahl; **~ green** zartgrün B V̲I̲ erbleichen; **to ~ (into insignificance) alongside sth** neben etw *(dat)* bedeutungslos sein **paleness** ['peɪlnɪs] S̲ Blässe *f*
Palestine ['pælɪstaɪn] S̲ Palästina *n* **Palestinian** [,pælə'stɪnɪən] A ADJ palästinensisch B S̲ Palästinenser(in) *m(f)*
palette ['pælɪt] S̲ Palette *f*
palisade [,pælɪ'seɪd] S̲ Palisade *f*
pallbearer ['pɔːl,beərə'] S̲ Sargträger(in) *m(f)*
pallet ['pælɪt] S̲ Palette *f*
pallid ['pælɪd] ADJ blass, bleich **pallor** ['pælə'] S̲ Blässe *f*
pally ['pælɪ] ADJ (+er) *(Br umg)* **they're very ~** sie sind dicke Freunde (umg); **to be ~ with sb** mit jdm gut Freund sein; **to get ~ with sb** sich mit jdm anfreunden
palm¹ [pɑːm] S̲ BOT Palme *f*
palm² S̲ ANAT Handteller *m*; **he had the audience in the ~ of his hand** er hielt das Publikum ganz in seinem Bann; **to read sb's ~** jdm aus der Hand lesen ◆**palm off** V̲T̲ *trennb* (umg) *Waren* andrehen *(on(to)* sb jdm) (umg); jdn abspeisen (umg); **they palmed him off on me** sie haben ihn mir aufgehalst (umg)
palmcorder ['pɑːmkɔːdə'] S̲ Palmcorder *m*
palmistry ['pɑːmɪstrɪ] S̲ Handlesekunst *f*
palm leaf S̲ Palmwedel *m* **palm oil** S̲ Palmöl *n* **Palm Sunday** S̲ Palmsonntag *m*
palmtop S̲ IT Palmtop *m*
palm tree S̲ Palme *f*
palpable ['pælpəbl] ADJ vollkommen **palpably** ['pælpəblɪ] ADV eindeutig
palpitate ['pælpɪteɪt] V̲I̲ *(Herz)* heftig klopfen **palpitation** [,pælpɪ'teɪʃən] S̲ Herzklopfen *n*; **to have ~s** Herzklopfen haben
palsy ['pɔːlzɪ] S̲ Lähmung *f*
paltry ['pɔːltrɪ] ADJ armselig; **he gave some ~ excuse** er brachte irgendeine armselige Entschuldigung hervor
pamper ['pæmpə'] V̲T̲ verwöhnen
pamphlet ['pæmflɪt] S̲ Broschüre *f*, Flugblatt *n*

pan [pæn] S̲ GASTR Pfanne *f*, Topf *m* ◆**pan out** V̲I̲ (umg) sich entwickeln; **it didn't ~** es hat nicht geklappt (umg)
panache [pə'næʃ] S̲ Schwung *m*
Panama [,pænə'mɑː] S̲ **~ Canal** Panamakanal *m*
Pan-American [,pænə'merɪkən] ADJ panamerikanisch

Pancake Day

Der britische **Pancake Day** ist mit unserem Faschingsdienstag vergleichbar. Er ist auch unter dem Namen **Shrove Tuesday** [ˌʃrəʊvˈtjuːzdeɪ] bekannt. Der Tag heißt **Pancake Day**, weil es früher üblich war, von bestimmten Essenresten, die sich vor der Fastenzeit angesammelt hatten, Pfannkuchen zu backen.

LANDESKUNDE

pancake [ˈpænkeɪk] S Pfannkuchen m; (gefüllt a.) Palatschinke f (österr)
pancreas [ˈpæŋkrɪəs] S Bauchspeicheldrüse f
panda [ˈpændə] S Panda m **panda car** S (Br) (Funk)streifenwagen m
pandemonium [ˌpændɪˈməʊnɪəm] S Chaos n
pander [ˈpændəʳ] VI nachgeben (to +dat); **to ~ to sb's whims** jds Launen (akk) befriedigen wollen
p and p abk von post(age) and packing Porto und Verpackung
pane [peɪn] S Glasscheibe f
panel [ˈpænl] S 1 (Holz) Tafel f; (in Tür) Feld n 2 Schalttafel f; **instrument ~** Armaturenbrett n, Kontrolltafel f 3 Gremium n, Diskussionsrunde f; (bei Quiz) Rateteam n; **a ~ of judges** eine Jury **panel discussion** S Podiumsdiskussion f **panel game** S Ratespiel n **panelled**, (US) **paneled** ADJ paneeliert **panelling**, (US) **paneling** [ˈpænəlɪŋ] S Täfelung f **panellist**, (US) **panelist** S Diskussionsteilnehmer(in) m(f)
pang [pæŋ] S **a ~ of conscience** Gewissensbisse pl; **a ~ of jealousy** ein Eifersuchtsanfall m; **~s of hunger** quälender Hunger
panic [ˈpænɪk] v: prät, pperf panicked A S Panik f; **in a (blind) ~** in (heller) Panik; **to flee in ~** panikartig die Flucht ergreifen; **the country was thrown into a (state of) ~** das Land wurde von Panik erfasst B VI in Panik geraten; **don't ~** nur keine Panik! C VT Panik auslösen unter (+dat) **panic attack** S PSYCH Panikanfall m; **to have a ~** einen Panikanfall bekommen **panicky** [ˈpænɪkɪ] ADJ überängstlich; **to feel ~** panische Angst haben **panicmongering** [ˈpænɪkˌmʌŋgərɪŋ] S Panikmache f (umg) **panic-stricken** [ˈpænɪkˌstrɪkən] ADJ von panischem Schrecken ergriffen; Blick panisch
pannier [ˈpænɪəʳ] S (an Motorrad etc) Satteltasche f
panorama [ˌpænəˈrɑːmə] S Panorama n (of +gen) **panoramic** [ˌpænəˈræmɪk] ADJ Panorama- **panoramic view** S Panoramablick m; **a ~ of the hills** ein Blick m auf das Bergpanorama
pansy [ˈpænzɪ] S 1 BOT Stiefmütterchen n 2 (Br pej ≈ Homosexueller) Schwuchtel f (pej umg)
pant [pænt] VI keuchen; (Hund) hecheln; **to ~ for breath** nach Luft schnappen
panther [ˈpænθəʳ] S Panther m
panties [ˈpæntɪz] PL (bes US) Höschen n; **a pair of ~** ein Höschen n
pantomime [ˈpæntəmaɪm] S 1 (in GB) ≈ Weihnachtsmärchen n 2 Pantomime f
pantry [ˈpæntrɪ] S Speisekammer f
pants [pænts] A PL (bes US) Hose f (❗ = (Br) **trousers**); (Br) Unterhose f (❗ = (US) **panties, (under)shorts**); **a pair of ~** eine Hose/Unterhose; **to charm the ~ off sb** (umg) jdm um den Bart gehen B ADJ (Br umg) **to be ~** beknackt od beschissen sein (umg) **pantsuit** [ˈpæntsuːt] S (US) Hosenanzug m (❗ = (Br) **trouser suit**)
pantyhose [ˈpæntɪ-] S (US) Strumpfhose f (❗ = (Br) **tights**) **panty-liner** S Slipeinlage f
papal [ˈpeɪpəl] ADJ päpstlich
papaya [pəˈpaɪə] S Papayabaum f; (≈ Frucht) Papaya f
paper [ˈpeɪpəʳ] A S 1 Papier n; **to get** od **put sth down on ~** etw schriftlich festhalten 2 Zeitung f; **in the ~s** in der Zeitung 3 **papers** PL Papiere pl 4 (≈ Examen) (UNIV) Klausur f; SCHULE Arbeit f 5 Referat n B VT Zimmer tapezieren **paperback** S Taschenbuch n **paper bag** S Papiertüte f **paperboy** S Zeitungsjunge m **paper chain** S Girlande f **paperclip** S Büroklammer f **paper cup** S Pappbecher m **paper feed** S IT Papiervorschub m **paper girl** S Zeitungsmädchen n **paper knife**, pl paper knives [ˈpeɪpəˌnaɪvz] S Brieföffner m **paper money** S Papiergeld n **paper plate** S Pappteller m **paper round** S (Br) **to do a ~** Zeitungen austragen **paper route** S (US) = paper round **paper shop** S (Br) Zeitungsladen m **paper-thin** ADJ hauchdünn

paper — Papier   paper — Zeitung

paper tissue ⓢ Papiertuch *n* **paper tray**
ⓢ IT Papierschacht *m* **paperweight** ⓢ Brief-
beschwerer *m* **paperwork** ⓢ Schreibarbeit *f*
papier mâché ['pæpɪeɪˈmæʃeɪ] Ⓐ ⓢ Pappma-
schee *n* Ⓑ ADJ aus Pappmaschee
paprika ['pæprɪkə] ⓢ Paprika *m*
par [pɑːʳ] ⓢ ❶ **to be on a ~ with sb/sth** sich mit
jdm/etw messen können ❷ **below ~** (fig) unter
Niveau; **I'm feeling below ~** ich fühle mich
nicht auf der Höhe ❸ GOLF Par *n*; **~ three**
Par 3; **that's ~ for the course for him** (fig
umg) das kann man von ihm erwarten
parable ['pærəbl] ⓢ Parabel *f* (❶ Hier ist die
literarische Parabel gemeint. Die geometri-
sche Parabel heißt **parabola**.)
paracetamol [ˌpærəˈsiːtəmɒl] ⓢ Schmerztab-
lette *f*
parachute ['pærəʃuːt] Ⓐ ⓢ Fallschirm *m* Ⓑ ⓥⒾ
(*a.* **parachute down**) (mit dem Fallschirm)
abspringen **parachute drop** ⓢ (Fallschirm)-
abwurf *m* **parachute jump** ⓢ Absprung *m*
(mit dem Fallschirm) **parachutist** ['pærəʃuː-
tɪst] ⓢ Fallschirmspringer(in) *m(f)*
parade [pəˈreɪd] Ⓐ ⓢ Umzug *m*; (MIL, *von Zirkus*)
Parade *f*; **to be on ~** MIL eine Parade abhalten
Ⓑ ⓥⓉ ❶ *Truppen* aufmarschieren lassen; *Plakate*
vor sich her tragen ❷ zur Schau stellen Ⓒ ⓥⒾ
MIL aufmarschieren; **to ~ through the town**
durch die Stadt ziehen; **to ~ up and down** auf
und ab stolzieren
paradise ['pærədaɪs] ⓢ Paradies *n*; **a shopper's
~** ein Einkaufsparadies *n*; **an architect's ~** ein
Paradies *n* für Architekten
paradox ['pærədɒks] ⓢ Paradox *n* **paradox-
ical** [ˌpærəˈdɒksɪkəl] ADJ paradox **paradoxi-
cally** [ˌpærəˈdɒksɪkəlɪ] ADV paradoxerweise
paraffin ['pærəfɪn] ⓢ Paraffin *n*
paragliding ['pærəglaɪdɪŋ] ⓢ Gleitschirmflie-
gen *n*
paragraph ['pærəgrɑːf] ⓢ Abschnitt *m*
paralegal ['pærəˌliːgəl] (*bes US*) ⓢ Rechtsassis-
tent(in) *m(f)*
parallel ['pærəlel] Ⓐ ADJ parallel; *Entwicklung*
parallel verlaufend; **~ to** *od* **with** parallel zu
od mit; **~ lines** *pl* Parallelen *pl*; **~ interface** IT
Parallelschnittstelle *f*; **the two systems devel-
oped along ~ lines** die Entwicklung der bei-
den Systeme verlief vergleichbar Ⓑ ADV **to run
~ parallel** verlaufen (*to sth* zu etw) Ⓒ ⓢ (*fig*) Pa-
rallele *f*; **without ~** ohne Parallele; **to draw a ~
between X and Y** eine Parallele zwischen X
und Y ziehen Ⓓ ⓥⓉ (*fig*) gleichen (*+dat*); **a case
~led only by ...** ein Fall, zu dem es nur eine
einzige Parallele gibt, nämlich ...
Paralympics [ˌpærəˈlɪmpɪks] ⓟⓛ SPORT Para-
lympics *pl*

paralyse ⓥⓉ (*Br*) → **paralyze** **paralysis**
[pəˈrælɪsɪs] ⓢ, *pl* paralyses [pəˈrælɪsiːz] Läh-
mung *f* **paralytic** [ˌpærəˈlɪtɪk] (*Br umg ≈ betrun-
ken*) voll dicht (*sl*) **paralyze** ['pærəlaɪz] ⓥⓉ ❶
(*wörtl*) lähmen ❷ (*fig*) lahmlegen **paralyzed**
ADJ ❶ (*wörtl*) gelähmt; **he was left ~** er behielt
Lähmungen zurück; **~ from the waist down**
von der Hüfte abwärts gelähmt ❷ (*fig*) **to be
~ with fear** vor Angst (wie) gelähmt sein **par-
alyzing** ['pærəlaɪzɪŋ] ADJ (*fig*) lähmend
paramedic [ˌpærəˈmedɪk] ⓢ Sanitäter(in) *m(f)*
parameters [pəˈræmətəz] ⓟⓛ Rahmen *m*
paramilitary [ˌpærəˈmɪlɪtərɪ] ADJ paramilitä-
risch
paramount ['pærəmaʊnt] ADJ Haupt-; **to be ~**
Priorität haben; **of ~ importance** von höchs-
ter Wichtigkeit
paranoia [ˌpærəˈnɔɪə] ⓢ Paranoia *f*; (*umg*) Ver-
folgungswahn *m* **paranoid** ['pærənɔɪd] ADJ
paranoid; **or am I just being ~?** oder bilde
ich mir das nur ein?; **to be ~ about sth** von
etw Wahnvorstellungen haben
paranormal [ˌpærəˈnɔːməl] Ⓐ ADJ paranor-
mal Ⓑ ⓢ **the ~** das Paranormale
parapet ['pærəpɪt] ⓢ Brüstung *f*
paraphernalia ['pærəfəˈneɪlɪə] ⓟⓛ Drum und
Dran *n*
paraphrase ['pærəfreɪz] ⓥⓉ umschreiben
paraplegic [ˌpærəˈpliːdʒɪk] ⓢ Paraplegiker(in)
m(f) (*fachspr*)
parapsychology [ˌpærəsaɪˈkɒlədʒɪ] ⓢ Para-
psychologie *f*
parasite ['pærəsaɪt] ⓢ (*wörtl*) Parasit *m*; (*fig*)
Schmarotzer(in) *m(f)* **parasitic** [ˌpærəˈsɪtɪk]
ADJ (*wörtl*) parasitär; (*fig*) schmarotzerhaft
parasol ['pærəsɒl] ⓢ Sonnenschirm *m*
paratrooper ['pærətruːpəʳ] ⓢ Fallschirmjä-
ger(in) *m(f)* **paratroops** ['pærətruːps] ⓟⓛ Fall-
schirmjäger *pl*
parboil ['pɑːbɔɪl] ⓥⓉ vorkochen
parcel ['pɑːsl] ⓢ (*bes Br*) Paket *n* ◆**parcel up**
ⓥⓉ *trennb* als Paket verpacken
parcel bomb ⓢ (*Br*) Paketbombe *f*
parched [pɑːtʃt] ADJ ausgetrocknet; **I'm ~** ich
habe furchtbaren Durst
parchment ['pɑːtʃmənt] ⓢ Pergament *n*
pardon ['pɑːdn] Ⓐ ⓢ ❶ JUR Begnadigung *f*; **to
grant sb a ~** jdn begnadigen ❷ **to beg sb's ~**
jdn um Verzeihung bitten; **pardon?** (*Br*), **I beg
your ~?** (*Br*) (wie) bitte?; **I beg your ~** Entschul-
digung; (*überrascht*) erlauben Sie mal! Ⓑ ⓥⓉ ❶
JUR begnadigen ❷ verzeihen; **to ~ sb for
sth** jdm etw verzeihen; **~ me, but could
you ...?** entschuldigen Sie bitte, könnten
Sie ...?; **~ me!** Entschuldigung!; **~ me?** (*US*)
(wie) bitte?

PARE | 476

♦**pare down** _v̄/t̄ trennb_ (fig) Ausgaben einschränken

parent ['pɛərənt] s̄ Elternteil m; **parents** Eltern pl **parentage** ['pɛərəntɪdʒ] s̄ Herkunft f; **children of racially mixed ~** gemischtrassige Kinder pl **parental** [pə'rentl] ̄ADJ̄ elterlich attr; **~ leave** Elternschaftsurlaub m **parental leave** s̄ Elternurlaub m **parent company** s̄ Muttergesellschaft f

parenthesis [pə'renθɪsɪs] s̄, pl **parentheses** [pə'renθɪsiːz] Klammer f; **in ~** in Klammern

parenthood ['pɛərənthʊd] s̄ Elternschaft f **parents-in-law** P̄L̄ Schwiegereltern pl **parent-teacher association** s̄ SCHULE ≈ Elternbeirat m, ≈ Elternvertretung f

Paris ['pærɪs] s̄ Paris n

parish ['pærɪʃ] s̄ Gemeinde f **parish church** s̄ Pfarrkirche f **parish council** s̄ Gemeinderat m **parishioner** [pə'rɪʃənəʳ] s̄ Gemeinde(mit)glied n **parish priest** s̄ Pfarrer m

parity ['pærɪti] s̄ 1 Gleichstellung f 2 FIN, NAT, IT Parität f

park [pɑːk] A s̄ Park m; **national ~** Nationalpark m B v̄/t̄ 1 Auto parken; Fahrrad abstellen; **a ~ed car** ein parkendes Auto 2 (umg) abstellen; **he ~ed himself right in front of the fire** er pflanzte sich direkt vor den Kamin (umg) C v̄/t̄ parken; **there was nowhere to ~** es gab nirgendwo einen Parkplatz; **to find a place to ~** einen Parkplatz finden

parka ['pɑːkə] s̄ Parka m od f

park-and-ride s̄ Park-and-Ride-System n **park bench** s̄ Parkbank f

parking ['pɑːkɪŋ] s̄ Parken n; **there's no ~ on this street** in dieser Straße ist Parken verboten od ist Parkverbot; **"no ~"** „Parken verboten"; **"parking for 50 cars"** „50 (Park)plätze" **parking attendant** s̄ Parkplatzwächter(in) m(f) **parking bay** s̄ Parkbucht f **parking disc** s̄ (Br) Parkscheibe f **parking fee** s̄ Parkgebühr f **parking fine** s̄ Geldbuße f (für Parkvergehen) **parking garage** s̄ (US) Parkhaus n (❶ = (Br) multi-storey car park) **parking lights** P̄L̄ (US) Standlicht n (❶ = (Br) sidelights)

parking lot s̄ (US) Parkplatz m (❶ = (Br) car park) **parking meter** s̄ Parkuhr f **parking offence**, (US) **parking offense** s̄ Parkvergehen n, Falschparken n **parking place** s̄ Parkplatz m **parking space** s̄ Parkplatz m **parking ticket** s̄ Strafzettel m

Parkinson's (disease) ['pɑːkɪnsənz(dɪ'ziːz)] s̄ parkinsonsche Krankheit

park keeper s̄ Parkwächter(in) m(f) **parkland** s̄ Grünland n **park ranger**, **park warden** s̄ Aufseher(in) m(f) in einem Natio-

---

nalpark **parkway** s̄ (US) Allee f

parliament ['pɑːləmənt] s̄ Parlament n; **the German ~** der Bundestag; **the Swiss ~** die Bundesversammlung; **the Austrian ~** der Nationalrat **parliamentary** [,pɑːlə'mentəri] ̄ADJ̄ parlamentarisch; **~ seat** Parlamentssitz m **parliamentary candidate** s̄ Parlamentskandidat(in) m(f) **parliamentary election** s̄ Parlamentswahlen pl

parlour, (US) **parlor** ['pɑːləʳ] s̄ Salon m; **ice-cream ~** Eisdiele f **parlour game**, (US) **parlor game** s̄ Gesellschaftsspiel n

parody ['pærədi] A s̄ 1 Parodie f (of auf +akk) 2 Abklatsch m B v̄/t̄ parodieren

parole [pə'rəʊl] A s̄ JUR Bewährung f; (≈ zeitweise) Strafunterbrechung f; **to let sb out on ~** jdn auf Bewährung entlassen; (zeitweise) jdm Strafunterbrechung gewähren; **to be on ~** unter Bewährung stehen; (zeitweise) auf Kurzurlaub sein B v̄/t̄ auf Bewährung entlassen; (zeitweise) Strafunterbrechung gewähren (+dat)

parquet ['pɑːkeɪ] s̄ Parkett n; **~ floor** Parkett(fuß)boden m

parrot ['pærət] s̄ Papagei m; **he felt as sick as a ~** (Br umg) ihm war kotzübel (umg) **parrot-fashion** ['pærətfæʃən] ̄ADV̄ **to repeat sth ~** etw wie ein Papagei nachplappern; **to learn sth ~** etw auswendig lernen

parry ['pæri] v̄/t̄&v̄/ı̄ (fig) parieren; (Boxen) abwehren

parsley ['pɑːsli] s̄ Petersilie f

parsnip ['pɑːsnɪp] s̄ Pastinake f

parson ['pɑːsn] s̄ Pfarrer m **parsonage** ['pɑːsənɪdʒ] s̄ Pfarrhaus n

part [pɑːt] A s̄ 1 Teil m; **the best ~** das Beste; **in ~** teilweise; **a ~ of the country/city I don't know** eine Gegend, die ich nicht kenne; **for the most ~** zum größten Teil; **in the latter ~ of the year** gegen Ende des Jahres; **it's all ~ of growing up** das gehört alles zum Erwachsenwerden dazu; **it is ~ and parcel of the job** das gehört zur Arbeit dazu; **spare ~** Ersatzteil n 2 GRAM **~ of speech** Wortart f 3 Folge f, Fortsetzung f; **end of ~ one** TV Ende des ersten Teils 4 (An)teil m; THEAT Rolle f; **to play one's ~** (fig) seinen Beitrag leisten; **to take ~ in sth** an etw (dat) teilnehmen; **who is taking ~?** wer macht mit?; **he's taking ~ in the play** er spielt in dem Stück mit; **he looks the ~** (fig) so sieht (d)er auch aus; **to play a ~** eine Rolle spielen; **to play no ~ in sth** nicht an etw (dat) beteiligt sein; **we want no ~ of it** wir wollen damit nichts zu tun haben 5 **parts** P̄L̄ Gegend f; **from all ~s** von überall her; **in** od **around these ~s** in dieser Gegend; **in foreign ~s** in fremden Ländern; **he's not**

477 | **PASS**

from these **~s** er ist nicht aus dieser Gegend 🄵 Seite *f*; **to take sb's ~** für jdn Partei ergreifen; **for my ~** was mich betrifft; **on my ~** meinerseits; **on the ~ of** seitens (+*gen*) 🄷 (*US: von Haar*) Scheitel *m* (❗ = (Br) **parting**) 🄱 ADV teils, teilweise; **~ one and ~ the other** teils, teils; **~ iron and ~ copper** teils aus Eisen und teils aus Kupfer 🄲 V/T 🄻 *Haare* scheiteln 🄻 trennen; **to ~ sb from sb/sth** jdn von jdm/etw trennen; **till death us do ~** bis dass der Tod uns scheidet; **to ~ company with sb/sth** sich von jdm/etw trennen 🄳 V/I 🄻 (*Vorhänge*) sich öffnen; **her lips ~ed in a smile** ihre Lippen öffneten sich zu einem Lächeln 🄻 (*Menschen*) sich trennen; (*Objekte*) sich lösen; **to ~ from sb** sich von jdm trennen; **we ~ed friends** wir gingen als Freunde auseinander; **to ~ with sth** sich von etw trennen; **to ~ with money** Geld ausgeben

parterre ['pɑːtɛəʳ] 🅂 (*US*) Parterre *n* (❗ = (Br) **ground floor**)

part exchange 🅂 **to offer sth in ~** etw in Zahlung geben

partial ['pɑːʃəl] ADJ 🄻 teilweise; **a ~ success** ein Teilerfolg *m*; **to make a ~ recovery** eine teilweise Erholung durchmachen 🄻 **to be ~ to sth** eine Vorliebe für etw haben **partially** ['pɑːʃəli] ADV teilweise; **~ deaf** eingeschränkt hörfähig **partially sighted** ADJ sehbehindert

participant [pɑː'tɪsɪpənt] 🅂 Teilnehmer(in) *m(f)* (*in* an +*dat*) **participate** [pɑː'tɪsɪpeɪt] V/I sich beteiligen (*in* an +*dat*); **to ~ in sport** SCHULE am Schulsport teilnehmen **participation** [pɑːˌtɪsɪ'peɪʃən] 🅂 Beteiligung *f*, Teilnahme *f*

participle ['pɑːtɪsɪpl] 🅂 Partizip *n*

particle ['pɑːtɪkl] 🅂 (*von Sand*) Körnchen *n*; PHYS Teilchen *n*

particular [pə'tɪkjʊləʳ] 🄰 ADJ 🄻 **this ~ house** dies (eine) Haus; **in this ~ instance** in diesem besonderen Fall; **one ~ city** eine bestimmte Stadt 🄻 besondere(r, s); **in ~** insbesondere; **the wine in ~ was excellent** vor allem der Wein war hervorragend; **nothing in ~** nichts Besonderes; **is there anything in ~ you'd like?** haben Sie einen besonderen Wunsch?; **did you want to speak to anyone in ~?** wollten Sie mit jemand(em) Bestimmtem sprechen?; **for no ~ reason** aus keinem besonderen Grund; **at a ~ time** zu einer bestimmten Zeit; **at that ~ time** zu (genau) diesem Zeitpunkt; **to be of ~ concern to sb** jdm ein besonderes Anliegen sein 🄻 eigen, wählerisch; **he is very ~ about cleanliness** er nimmt es mit der Sauberkeit sehr genau; **he's ~ about**

his car er ist sehr eigen mit seinem Auto (*umg*) 🄱 🅂 **particulars** PL Einzelheiten *pl*; (≈ *Name etc*) Personalien *pl*; **for further ~s apply to ...** weitere Auskünfte erteilt ... **particularly** [pə'tɪkjʊləli] ADV besonders; **do you want it ~ for tomorrow?** brauchen Sie es unbedingt morgen?; **not ~** nicht besonders; **it's important, ~ since ...** es ist wichtig, zumal ...

parting ['pɑːtɪŋ] 🄰 🅂 🄻 Abschied *m* 🄻 (*Br: von Haar*) Scheitel *m* (❗ = (US) **part**) 🄱 ADJ abschließend; **his ~ words** seine Abschiedsworte *pl*

partisan [ˌpɑːtɪ'zæn] 🅂 MIL Partisan(in) *m(f)*

partition [pɑː'tɪʃən] 🄰 🅂 🄻 Teilung *f* 🄻 Trennwand *f* 🄱 V/T *Land* teilen; *Zimmer* aufteilen

part load 🅂 HANDEL Teilladung *f*

partly ['pɑːtlɪ] ADV teilweise

partner ['pɑːtnəʳ] 🅂 🄻 Partner(in) *m(f)* 🄻 (*in Beziehung*) Lebensgefährte *m*, Lebensgefährtin *f* **partnership** ['pɑːtnəʃɪp] 🅂 🄻 Partnerschaft *f*; **to do sth in ~ with sb** etw mit jdm gemeinsam machen 🄻 HANDEL Personengesellschaft *f*; **to enter into a ~** in eine Gesellschaft eintreten; **to go into ~ with sb** mit jdm eine Personengesellschaft gründen

part owner 🅂 Mitbesitzer(in) *m(f)* **part payment** 🅂 Teilzahlung *f*

partridge ['pɑːtrɪdʒ] 🅂 Rebhuhn *n*

part-time 🄰 ADJ **~ job** Teilzeitarbeit *f*; **I'm just ~** ich arbeite nur Teilzeit; **on a ~ basis** auf Teilzeitbasis 🄱 ADV **can I do the job ~?** kann ich (auf) Teilzeit arbeiten?; **she only teaches ~** sie unterrichtet nur stundenweise; **she is studying ~** sie ist Teilzeitstudentin

party ['pɑːtɪ] 🄰 🅂 🄻 (POL, JUR, *fig*) Partei *f*; **to be a member of the ~** Parteimitglied sein; **a third ~** ein Dritter *m* 🄻 Gruppe *f*; **a ~ of tourists** eine Reisegesellschaft 🄻 Party *f*; (*offiziell*) Gesellschaft *f*; **to have a ~** eine Party geben; **at the ~** auf der Party; (*offiziell*) bei der Gesellschaft 🄱 V/I (*umg*) feiern **party dress** 🅂 Partykleid *n* **partygoer** 🅂 Partygänger(in) *m(f)* **party political broadcast** 🅂 parteipolitische Sendung **party pooper** 🅂 (*umg*) Partymuffel *m* (*umg*)

---

pass [pɑːs]

A Substantiv	**B** transitives Verb
C intransitives Verb	

— A Substantiv —

🄻 Ausweis *m*; MIL *etc* Passierschein *m* 🄻 GEOG, SPORT Pass *m* 🄻 **things had come to such a ~ that ...** die Lage hatte sich so zugespitzt, dass ... 🄻 **to make a ~ at sb** bei jdm Annäherungsversuche machen

P

PASS | 478

— B transitives Verb —

1 vorbeigehen an (+dat); **he ~ed me without even saying hello** er ging ohne zu grüßen an mir vorbei **2** überholen **3** Grenze etc passieren **4** reichen; **they ~ed the photograph around** sie reichten das Foto herum; **~ (me) the salt, please** reich mir doch bitte das Salz!; **the characteristics which he ~ed to his son** die Eigenschaften, die er an seinen Sohn weitergab **5** Prüfung bestehen; Prüfling bestehen lassen **6** Antrag annehmen; PARL verabschieden **7** SPORT **to ~ the ball to sb** jdm den Ball zuspielen **8** **~ the thread through the hole** führen Sie den Faden durch die Öffnung **9** Zeit verbringen; **he did it to ~ the time** er tat das, um sich (dat) die Zeit zu vertreiben **10** JUR Strafe verhängen; Urteil fällen; **to ~ comment (on sth)** einen Kommentar (zu etw) abgeben **11** Blut ausscheiden; **to ~ water** Wasser lassen

— C intransitives Verb —

1 vorbeigehen/-fahren; **the street was too narrow for the cars to ~** die Straße war so eng, dass die Wagen nicht aneinander vorbeikamen; **we ~ed in the corridor** wir gingen im Korridor aneinander vorbei **2** überholen **3** **what has ~ed between us** was sich zwischen uns zugetragen hat; **if you ~ by the grocer's ...** wenn du beim Kaufmann vorbeikommst ...; **the procession ~ed down the street** die Prozession zog die Straße entlang; **the virus ~es easily from one person to another** der Virus ist leicht von einer Person auf die andere übertragbar; **the land has now ~ed into private hands** das Land ist jetzt in Privatbesitz übergegangen; **to ~ out of sight** außer Sichtweite geraten; **the thread ~es through this hole** der Faden geht durch diese Öffnung **4** (Zeit: a. **pass by**) vergehen; (Termin) verfallen **5** (Wut, Zeitalter) vorübergehen; (Sturm) vorüberziehen; (Regen) vorbeigehen; **to let an opportunity ~** eine Gelegenheit verstreichen lassen **6** (≈ akzeptabel sein) gehen; **to let sth ~** etw durchgehen lassen; **let it ~!** vergiss es! **7** angesehen werden (for od as sth als etw); **this little room has to ~ for an office** dieses kleine Zimmer dient als Büro; **she could ~ for 25** sie könnte für 25 durchgehen **8** (bei Prüfung) bestehen **9** SPORT abspielen; **to ~ to sb** jdm zuspielen **10** KART passen; **(I) ~!** passe!

♦**pass away** VII (euph) entschlafen ♦**pass by** A VII vorbeigehen; (Auto) vorbeifahren; (Zeit) vergehen B VIT trennb übergehen; **life has passed her by** das Leben ist an ihr vorübergegangen

♦**pass down** VIT trennb Traditionen überliefern (to +dat); Eigenschaften weitergeben (to an +akk) ♦**pass off** A VII **1** ablaufen **2** durchgehen (as als) B VIT trennb **to pass sb/sth off as sth** jdn/etw als etw ausgeben ♦**pass on** A VII **1** (euph) entschlafen **2** übergehen (to zu) B VIT trennb Nachricht, Kosten etc weitergeben; Krankheit übertragen; **pass it on!** weitersagen!; **take a leaflet and pass them on** nehmen Sie ein Blatt und geben Sie die anderen weiter ♦**pass out** VII in Ohnmacht fallen ♦**pass over** VIT trennb übergehen ♦**pass round** VIT trennb herumreichen; **to be passed round** herumgereicht werden, die Runde machen (umg) ♦**pass through** VII **I'm only passing through** ich bin nur auf der Durchreise ♦**pass up** VIT trennb Gelegenheit vorübergehen lassen

passable ['pɑːsəbl] ADJ **1** passierbar **2** passabel

passage ['pæsɪdʒ] S **1** Übergang m; **in** od **with the ~ of time** mit der Zeit **2** Durchreisegenehmigung f **3** Gang m; **secret ~** Geheimgang m **4** (in Buch, Musikstück) Passage f; **a ~ from Shakespeare** eine Shakespearestelle **passageway** ['pæsɪdʒweɪ] S Durchgang m

passbook ['pɑːsbʊk] S Sparbuch n

passenger ['pæsɪndʒər] S **1** Fahrgast m, Reisende(r) m/f(m), Passagier(in) m(f) **2** Beifahrer(in) m(f) **passenger aircraft** S Passagierflugzeug n **passenger door** S Beifahrertür f **passenger ferry** S Personenfähre f **passenger seat** S Beifahrersitz m

passer-by ['pɑːsə'baɪ] S, pl passers-by Passant(in) m(f) **passing** ['pɑːsɪŋ] A S **1** Vorübergehen n; **to mention sth in ~** etw beiläufig erwähnen **2** Überholen n **3** (euph ≈ Tod) Heimgang m **4** FUSSB Ballabgabe f B ADJ **1** Auto vorbeifahrend; **with each ~ day** mit jedem Tag, der vergeht **2** Gedanken, Interesse flüchtig; Kommentar beiläufig; **to make (a) ~ reference to sth** auf etw (akk) beiläufig hinweisen; **to bear a ~ resemblance to sb/sth** mit jdm/etw eine flüchtige Ähnlichkeit haben

passion ['pæʃən] S Leidenschaft f, Leidenschaftlichkeit f; **to have a ~ for sth** eine Leidenschaft für etw haben; **his ~ is Mozart** Mozart ist seine Passion **passionate** ['pæʃənɪt] ADJ leidenschaftlich; **to be ~ about sth** für etw eine Leidenschaft haben **passionately** ['pæʃənɪtlɪ] ADV leidenschaftlich; **to be ~ fond of sth** etw unwahrscheinlich gernhaben **passion fruit** S Passionsfrucht f **Passion play** S Passionsspiel n **Passion Week** S Karwoche f

passive ['pæsɪv] A ADJ **1** passiv **2** GRAM Passiv-; **~ form** Passivform f B S GRAM Passiv n; **in**

479 ‖ **PÂTÉ**

the ~ im Passiv **passively** [ˈpæsɪvlɪ] <u>ADV</u> passiv; *akzeptieren* widerspruchslos; *zusehen* tatenlos
passive smoking <u>S</u> Passivrauchen *n*
passkey [ˈpɑːskiː] <u>S</u> Hauptschlüssel *m*
Passover [ˈpɑːsəʊvəʳ] <u>S</u> Passah *n*
passport [ˈpɑːspɔːt] <u>S</u> (Reise)pass *m*; *(fig)* Schlüssel *m (to zu)* **passport control** <u>S</u> Passkontrolle *f* **passport holder** <u>S</u> Passinhaber(in) *m(f)*; **are you a British ~?** haben Sie einen britischen Pass? **passport office** <u>S</u> Passamt *n*
password [ˈpɑːswɜːd] <u>S</u> Kennwort *n*; IT Passwort *n*
past [pɑːst] <u>A</u> <u>ADJ</u> **1** frühe(r, s) *attr*; **for some time ~** seit einiger Zeit; **all that is now ~** das ist jetzt alles vorüber; **in the ~ week** vergangene Woche **2** GRAM **~ tense** Vergangenheit *f* <u>B</u> <u>S</u> Vergangenheit *f*; **in the ~** in der Vergangenheit; **to be a thing of the ~** der Vergangenheit *(dat)* angehören; **that's all in the ~ now** das ist jetzt alles Vergangenheit; **the verb is in the ~** das Verb steht in der Vergangenheit <u>C</u> <u>PRÄP</u> **1** *(Richtung)* an *(+dat)* ... vorbei; *(Position)* hinter *(+dat)* **2** *(zeitlich)* nach *(+dat)*; **ten (minutes) ~ three** zehn (Minuten) nach drei; **half ~ four** halb fünf; **a quarter ~ nine** Viertel nach neun; **it's ~ 12** es ist schon nach 12; **the trains run at a quarter ~ the hour** die Züge gehen jeweils um Viertel nach; **it's (well) ~ your bedtime** du solltest schon längst im Bett liegen **3** *(≈ jenseits)* über *(+akk)*; **~ forty** über vierzig; **the patient is ~ saving** der Patient ist nicht mehr zu retten; **we're ~ caring** es kümmert uns nicht mehr; **to be ~ sth** für etw zu alt sein; **I wouldn't put it ~ him** *(umg)* ich würde es ihm schon zutrauen <u>D</u> <u>ADV</u> vorüber; **to walk ~** vorübergehen; **to run ~** vorbeirennen

▶ **past tense**

Das **past tense** wird bei Ereignissen verwendet, die keinen direkten Bezug mehr zur Gegenwart haben. Sie sind abgehakt und unveränderlich:
Claire went to the library. — Claire ist in die Bibliothek gegangen. (Die Sache ist abgeschlossen, inzwischen ist sie woanders.)
Im Unterschied dazu:
Claire has gone to the library. — Claire ist in die Bibliothek gegangen. (Man vermutet, sie ist immer noch dort.)

GRAMMATIK ◀

pasta [ˈpæstə] <u>S</u> Nudeln *pl*
paste [peɪst] <u>A</u> <u>S</u> **1** Kleister *m* **2** Brotaufstrich *m*; *(≈ aus Tomaten)* Mark *n* <u>B</u> <u>VT</u> Tapete einkleistern; IT einfügen; **to ~ sth to sth** etw an etw *(akk)*

kleben
pastel [ˈpæstl] <u>A</u> <u>S</u> Pastellstift *m*; *(≈ Farbe)* Pastellton *m* <u>B</u> <u>ADJ</u> *attr* **~ colour** *(Br)* od **color** *(US)* Pastellfarbe *f*; **~ drawing** Pastellzeichnung *f*
pasteurize [ˈpæstəraɪz] <u>VT</u> pasteurisieren
pastille [ˈpæstɪl] <u>S</u> Pastille *f*
pastime [ˈpɑːstaɪm] <u>S</u> Zeitvertreib *m*
pastor [ˈpɑːstəʳ] <u>S</u> Pfarrer(in) *m(f)* **pastoral** [ˈpɑːstərəl] <u>ADJ</u> *Gegend* ländlich; KUNST, MUS, KIRCHE pastoral; *Pflichten* seelsorgerisch
past participle <u>S</u> Partizip Perfekt *n* **past perfect** <u>S</u> Plusquamperfekt *n* **past progressive** <u>S</u> Verlaufsform *f* der Vergangenheit
pastry [ˈpeɪstrɪ] <u>S</u> **1** (🔴 kein pl) Teig *m* **2** *(≈ Kuchen etc)* Stückchen *n*; **pastries** *pl* Gebäck *n*
pasture [ˈpɑːstʃəʳ] <u>S</u> **1** Weide *f*; **to move on to ~s new** *(fig)* sich *(dat)* etwas Neues suchen **2** (🔴 kein pl) *(a. pasture land)* Weideland *n*
pasty[1] [ˈpeɪstɪ] <u>ADJ</u> *Farbe* blässlich; *Aussehen* kränklich
pasty[2] [ˈpæstɪ] <u>S</u> *(bes Br)* Pastete *f*
pasty-faced [ˈpeɪstɪˈfeɪst] <u>ADJ</u> bleichgesichtig
pat[1] [pæt] <u>S</u> **1** *(von Butter)* Portion *f* **2** **cow ~** Kuhfladen *m*
pat[2] <u>ADV</u> **to know sth off ~** etw wie aus dem Effeff können *(umg)*; **to learn sth off ~** etw inund auswendig lernen
pat[3] <u>A</u> <u>S</u> Klaps *m*; **he gave his nephew a ~ on the head** er tätschelte seinem Neffen den Kopf; **to give one's horse a ~** sein Pferd tätscheln; **to give sb a ~ on the back** *(fig)* jdm auf die Schulter klopfen; **that's a ~ on the back for you** das ist ein Kompliment für dich <u>B</u> <u>VT</u> tätscheln; **to ~ sb on the head** jdm den Kopf tätscheln; **to ~ sth dry** etw trocken tupfen; **to ~ sb on the back** *(wörtl)* jdm auf den Rücken klopfen; *(fig)* jdm auf die Schulter klopfen ♦**pat down** <u>VT</u> *trennb* festklopfen; *Haar* festdrücken
patch [pætʃ] <u>A</u> <u>S</u> **1** Flicken *m* **2** Augenklappe *f* **3** Fleck *m*; *(von Land)* Stück *n*; *(in Garten)* Beet *n*, Stelle *f*; *(umg: von Polizist)* Revier *n*; **a ~ of blue sky** ein Stückchen *n* blauer Himmel; **he's going through a bad ~** ihm gehts nicht sonderlich gut; **it's/he's not a ~ on ...** *(Br umg)* das/er ist gar nichts gegen ... <u>B</u> <u>VT</u> flicken ♦**patch up** <u>VT</u> *trennb* zusammenflicken; *Streit* beilegen; **I want to patch things up between us** ich möchte unsere Beziehung wieder ins Lot bringen
patchwork [ˈpætʃwɜːk] <u>S</u> Patchwork *n*; **~ quilt** Flickendecke *f* **patchy** [ˈpætʃɪ] <u>ADJ</u> *(+er)* **1** *Wissen* lückenhaft **2** *(wörtl)* *Bart* licht; **~ fog** stellenweise Nebel
pâté [ˈpæteɪ] <u>S</u> Pastete *f*

PATE | 480

patent ['peɪtənt] **A** S̲ Patent n **B** V̲T̲ patentie-
ren lassen **patent leather** S̲ Lackleder n; **~
shoes** Lackschuhe pl **patently** ['peɪtəntlɪ] A̲D̲V̲
offensichtlich; **~ obvious** ganz offensichtlich
paternal [pə'tɜːnl] A̲D̲J̲ väterlich; **my ~ grand-
mother** etc meine Großmutter etc väterlicher-
seits **paternity** [pə'tɜːnɪtɪ] S̲ Vaterschaft f **pa-
ternity leave** S̲ Vaterschaftsurlaub m
path [pɑːθ] S̲ Weg m; (von Flugkörper) Bahn f; IT
Pfad m
pathetic [pə'θetɪk] A̲D̲J̲ **1** mitleiderregend; **a ~
sight** ein Bild des Jammers **2** erbärmlich; **hon-
estly you're ~** ehrlich, dich kann man zu
nichts brauchen **pathetically** [pə'θetɪkəlɪ]
A̲D̲V̲ **1** mitleiderregend; **~ thin** erschreckend
dünn **2** langsam erbärmlich
path name S̲ IT Pfad(name) m
pathological [ˌpæθə'lɒdʒɪkəl] A̲D̲J̲ (wörtl, fig) pa-
thologisch **pathologically** [ˌpæθə-
'lɒdʒɪkəlɪ] A̲D̲V̲ krankhaft **pathologist** [pə-
'θɒlədʒɪst] S̲ Pathologe m, Pathologin f **pa-
thology** [pə'θɒlədʒɪ] S̲ Pathologie f
pathway ['pɑːθweɪ] S̲ Weg m
patience ['peɪʃəns] S̲ **1** Geduld f; **to lose ~
(with sb/sth)** (mit jdm/etw) die Geduld verlie-
ren; **to try** od **test sb's ~** jds Geduld auf die
Probe stellen **2** (Br KART) Patience f; **to play
~** eine Patience legen
patient ['peɪʃənt] A̲ A̲D̲J̲ geduldig; **to be ~ with
sb/sth** mit jdm/etw geduldig sein **B** S̲ Pati-
ent(in) m(f) **patiently** ['peɪʃəntlɪ] A̲D̲V̲ geduldig
patio ['pætɪəʊ] S̲, pl -s Terrasse f; **~ door(s)** Ter-
rassentür f
patriarch ['peɪtrɪɑːk] S̲ Patriarch m **patriar-
chal** [ˌpeɪtrɪ'ɑːkəl] A̲D̲J̲ patriarchalisch **patri-
archy** [ˌpeɪtrɪ'ɑːkɪ] S̲ Patriarchat n

> ### ▶ St Patrick's Day
>
> Der 17. März ist für die Iren Nationalfeiertag. Am
> **St Patrick's Day** trägt man Kleeblätter (**sham-
> rock**) im Knopfloch. Auch außerhalb Irlands sieht
> man Legionen von Iren bzw. Irischstämmigen in
> grünen T-Shirts. Viele Iren werden nach ihrem
> Schutzpatron **Patrick** genannt, der Irland von den
> Schlangen befreit haben soll.
>
> LANDESKUNDE ◄

patriot ['peɪtrɪət] S̲ Patriot(in) m(f) **patriotic**
A̲D̲J̲, **patriotically** A̲D̲V̲ [ˌpætrɪ'ɒtɪk, -əlɪ] patrio-
tisch **patriotism** ['pætrɪətɪzəm] S̲ Patriotis-
mus m
patrol [pə'trəʊl] A̲ S̲ (Polizei) Streife f; MIL Pat-
rouille f; **the navy carry out** od **make weekly
~s of the area** die Marine patrouilliert das Ge-
biet wöchentlich; **on ~** MIL auf Patrouille; (Po-

lizei) auf Streife **B** V̲I̲ MIL patrouillieren; (Polizist,
Wachmann) seine Runden machen in (+dat) **C** V̲I̲
MIL patrouillieren; (Polizist) seine Streife ma-
chen; (Wachmann) seine Runden machen **pa-
trol car** S̲ Streifenwagen m **patrolman**
S̲, pl -men (US) Polizist m **patrol wagon** S̲
(US) Gefangenenwagen m **patrolwoman**
S̲, pl -women (US) Polizistin f
patron ['peɪtrən] S̲ (von Laden) Kunde m, Kundin
f; (von Restaurant, Hotel) Gast m; (von Gesellschaft)
Schirmherr(in) m(f); (von Künstler) Förderer m, För-
derin f; **~ of the arts** Kunstmäzen(in) m(f) **pa-
tronage** ['pætrənɪdʒ] S̲ Schirmherrschaft f;
his lifelong ~ of the arts seine lebenslange
Förderung der Künste **patronize** ['pætrə-
naɪz] V̲T̲ **1** herablassend behandeln **2** fördern
patronizing ['pætrənaɪzɪŋ] A̲D̲J̲ herablassend;
to be ~ toward(s) sb jdn herablassend behan-
deln **patron saint** [ˌpeɪtrən'seɪnt] S̲ Schutz-
patron(in) m(f)
patter ['pætə'] A̲ S̲ **1** Getrippel n; (von Regen)
Platschen n **2** (von Vertreter etc) Sprüche pl (umg)
B V̲I̲ (Füße) trippeln; (Regen: a. **patter down**)
platschen
pattern ['pætən] A̲ S̲ **1** Muster n; (fig) Schema
n; **to make a ~** ein Muster bilden; **there's a
distinct ~/no ~ to these crimes** in diesen Ver-
brechen steckt ein bestimmtes Schema/kein
Schema; **the ~ of events** der Ablauf der Ereig-
nisse; **eating ~s** Essverhalten n; **to follow the
usual/same ~** nach dem üblichen/gleichen
Schema verlaufen **2** (Handarbeiten) Schnittmus-
ter n, Strickanleitung f **3** (fig) Vorbild n **B** V̲T̲ (bes
US) machen (on nach); **to be ~ed on sth** einer
Sache (dat) nachgebildet sein **patterned** A̲D̲J̲
gemustert
paunch [pɔːntʃ] S̲ Bauch m
pauper ['pɔːpə'] S̲ Arme(r) m/f(m)
pause [pɔːz] A̲ S̲ Pause f (❗ Die Pause in der
Schule heißt **break**.); **a pregnant ~** ein vielsa-
gendes Schweigen; **there was a ~ while ...** es
entstand eine Pause, während ... **B** V̲I̲ stehen
bleiben; (Redner) innehalten; **he ~d for breath**
er machte eine Pause, um Luft zu holen; **to ~
for thought** (zum Nachdenken) innehalten; **he
spoke for thirty minutes without once paus-
ing** er sprach eine halbe Stunde ohne eine
einzige Pause; **it made him ~** das machte
ihn nachdenklich
pave [peɪv] V̲T̲ befestigen (in, with mit); Straße
pflastern; **to ~ the way for sb/sth** (fig) jdm/ei-
ner Sache (dat) den Weg ebnen **pavement**
['peɪvmənt] S̲ **1** (Br) Bürgersteig m (❗ = (US)
sidewalk) **2** (US) Fahrbahn f
pavilion [pə'vɪlɪən] S̲ Pavillon m; (Br SPORT)
Klubhaus n

paving stone ['peɪvɪŋstəʊn] s̄ Platte f
paw [pɔː] ◨ s̄ Pfote f; (von Löwe, Bär) Tatze f; (pej umg ≈ Hand) Pfote f (umg) ◪ V/T tätscheln ◨ V/I **to ~ at sb/sth** jdn/etw betätscheln
pawn[1] [pɔːn] s̄ SCHACH Bauer m; (fig) Schachfigur f
pawn[2] V/T verpfänden **pawnbroker** s̄ Pfandleiher(in) m(f) **pawnbroker's (shop)**, **pawnshop** s̄ Pfandhaus n
pay [peɪ] v: prät, pperf **paid** ◨ s̄ Lohn m, Gehalt n; MIL Sold m; **three months' ~** drei Monatslöhne, drei Monatsgehälter; **what's the ~ like?** wie ist die Bezahlung?; **it comes out of my ~** es wird mir vom Lohn/Gehalt abgezogen ◪ V/T ◨ zahlen, bezahlen; **how much is there still to ~?** wie viel steht noch aus?; **to be** od **get paid** seinen Lohn/sein Gehalt bekommen; **to ~ the price for sth** den Preis für etw zahlen ◪ **to ~ (sb/a place) a visit, to ~ a visit to sb/a place** jdn/einen Ort besuchen; **to ~ a visit to the doctor** den Arzt aufsuchen ◪ V/I ◨ zahlen; **they ~ well for this sort of work** diese Arbeit wird gut bezahlt; **to ~ for sth** etw bezahlen; **it's already paid for** es ist schon bezahlt; **to ~ for sb** für jdn zahlen; **I'll ~ for you this time** dieses Mal zahle ich; **they paid for her to go to America** sie zahlten ihr die Reise nach Amerika ◪ sich lohnen; **crime doesn't ~** (sprichw) Verbrechen lohnt sich nicht ◪ (fig) **to ~ for sth** für etw bezahlen; **you'll ~ for that!** dafür wirst du (mir) büßen; **to make sb ~ (for sth)** jdn (für etw) büßen lassen ♦**pay back** V/T trennb ◨ zurückzahlen ◪ **to pay sb back** (für Beleidigung etc) jdm heimzahlen ♦**pay in** V/I, V/T trennb einzahlen; **to pay money into an account** Geld auf ein Konto einzahlen ♦**pay off** ◨ V/T trennb Schulden abbezahlen; Hypothek abtragen ◪ V/I sich auszahlen ♦**pay out** ◨ V/T trennb Geld ausgeben ◪ V/I bezahlen ♦**pay up** V/I zahlen
payable ['peɪəbl] ADJ zahlbar, fällig; **to make a cheque** (Br) od **check** (US) **~ to sb** einen Scheck auf jdn ausstellen **pay-and-display** ADJ (Br) **~ parking space** Parkplatz, auf dem der Parkschein sichtbar im Wagen ausgelegt werden muss **pay-as-you-earn** ATTR **~ tax system** Lohnsteuerabzugsverfahren n **pay--as-you-go (mobile phone)** s̄ Handy n mit Guthabenkarte **payback** s̄ (fig) Rache f; **it's ~ time** die Zeit der Rache ist gekommen **pay cheque**, (US) **paycheck** s̄ Lohn-/Gehaltsscheck m **pay claim** s̄ Lohn-/Gehaltsforderung f **payday** s̄ Zahltag m
PAYE (Br) abk von pay-as-you-earn
payee [peɪˈiː] s̄ Zahlungsempfänger(in) m(f)
payer ['peɪə] s̄ Zahler(in) m(f) **pay freeze** s̄ Lohnstopp m **pay increase** s̄ Lohn-/Gehaltserhöhung f **paying** ['peɪɪŋ] ADJ **~ guest** zahlender Gast **paying-in slip** [ˌpeɪɪŋˈɪnˌslɪp] s̄ (Br) Einzahlungsschein m (❗ = (US) **deposit slip**) **payment** ['peɪmənt] s̄ Bezahlung f; (von Schulden, Hypothek) Rückzahlung f; (von Zinsen ≈ Summe) Zahlung f; **three monthly ~s** drei Monatsraten; **in ~ of a debt** in Begleichung einer Schuld; **on ~ of** bei Begleichung/Bezahlung von; **to make a ~** eine Zahlung leisten; **to stop ~s** die Zahlungen pl einstellen **payoff** s̄ ◨ Abschlusszahlung f ◪ (umg) Bestechungsgeld n **payout** s̄ (Aus)zahlung f **pay packet** s̄ Lohntüte f **pay-per-view** ATTR Pay-per-View- **payphone** s̄ Münzfernsprecher m **pay rise** s̄ Lohn-/Gehaltserhöhung f **payroll** s̄ **they have 500 people on the ~** sie haben 500 Beschäftigte **payslip** s̄ Lohn-/Gehaltsstreifen m **pay talks** PL Lohnverhandlungen pl, Tarifverhandlungen pl **pay television**, **pay TV** s̄ Pay-TV n
PC (Br) ◨ abk von Police Constable ◪ abk von personal computer PC m ◪ abk von politically correct
pcm abk von per calendar month monatl.
PCP s̄ (US) abk von primary care physician
PDA s̄ IT abk von personal digital assistant PDA m
PDF s̄ IT abk von portable document format PDF n
PDQ (umg) abk von pretty damned quick verdammt schnell (umg)
PDSA (Br) abk von People's Dispensary for Sick Animals kostenloses Behandlungszentrum für Haustiere
PE abk von physical education Sport m, Turnen n
pea [piː] s̄ Erbse f
peace [piːs] s̄ ◨ Frieden m; **to be at ~ with sb/sth** mit jdm/etw in Frieden leben; **the two countries are at ~** zwischen den beiden Ländern herrscht Frieden; **to make (one's) ~ (with sb)** sich (mit jdm) versöhnen; **to make ~ between …** Frieden stiften zwischen (+dat) …; **to keep the ~** (JUR: Bürger) die öffentliche Ordnung wahren ◪ Ruhe f; **~ of mind** innere Ruhe; **~ and quiet** Ruhe und Frieden; **to give sb some ~** jdn in Ruhe od Frieden lassen; **to give sb no ~** jdm keine Ruhe lassen; **to get some ~** zur Ruhe kommen **peace campaigner** s̄ Friedenskämpfer(in) m(f) **peace conference** s̄ Friedenskonferenz f **peaceful** ADJ friedlich, friedfertig; Schlaf ruhig **peacefully** ADV friedlich; **to die ~** sanft sterben **peacefulness** s̄ Friedlichkeit f; (von Ort) Ruhe f; **the ~ of the demonstration** der fried-

liche Charakter der Demonstration **peacekeeper** ⓢ Friedenswächter(in) m(f) **peacekeeping** ⒶⓈ Friedenssicherung f ⒷADJ zur Friedenssicherung; ~ **troops** Friedenstruppen pl; **UN troops have a purely ~ role** die UN--Truppen sind eine reine Friedenstruppe; **a ~ operation** Maßnahmen pl zur Sicherung des Friedens **peace-loving** ADJ friedliebend **peacemaker** ⓢ Friedensstifter(in) m(f) **peace process** ⓢ Friedensprozess m **peace talks** PL Friedensverhandlungen pl **peacetime** ⓢ Friedenszeiten pl
peach [piːtʃ] ⒶⓈ Pfirsich m ⒷADJ pfirsichfarben
peacock ⓢ Pfau m **pea-green** ADJ erbsengrün
peak [piːk] ⒶⓈ ⓵ (von Berg) Gipfel m; (≈ Punkt) Spitze f ⓶ (von Kappe) Schirm m ⓷ Höhepunkt m; **when his career was at its ~** als er auf dem Höhepunkt seiner Karriere war ⒷADJ attr höchste(r, s); **in ~ condition** in Höchstform; **at ~ time** TV, RADIO zur Hauptsendezeit ⒸVI den Höchststand erreichen; (Sportler) seine Spitzenform erreichen; **inflation ~ed at 9%** die Inflationsrate erreichte ihren Höchstwert bei 9% **peaked** [piːkt] ADJ **~ hat** Schirmmütze f **peak hours** PL Hauptverkehrszeit f; TEL, ELEK Hauptbelastungszeit f **peak rate** ⓢ TEL Höchsttarif m **peak season** ⓢ Hochsaison f **peak-time** ADJ (Br) zu Spitzenzeiten; **~ traffic** Stoßverkehr m; **~ train services** Zugverbindungen pl während der Hauptbelastungszeit **peak times** PL Hauptbelastungszeit f

peak — Gipfel

peak — Schirm

peal [piːl] ⒶⓈ **~ of bells** Glockenläuten n; **~s of laughter** schallendes Gelächter; **~ of thunder** Donnerrollen n ⒷVI (Glocke) läuten
peanut [ˈpiːnʌt] ⓢ Erdnuss f; **the pay is ~s** die Bezahlung ist lächerlich (umg) **peanut butter** ⓢ Erdnussbutter f
pear [pɛəʳ] ⓢ ⓵ Birne f ⓶ Birnbaum m
pearl [pɜːl] ⒶⓈ Perle f; **~ of wisdom** weiser Spruch ⒷADJ **~ necklace** Perlenkette f
pearly-white [ˈpɜːlɪˈwaɪt] ADJ strahlend weiß; *Zähne a.* perlweiß

▶ **Pearl Harbor**

Den japanischen Luftangriff auf den amerikanischen Militärstützpunkt **Pearl Harbor** auf Hawaii am 7. Dezember 1941 beantworteten die USA mit einer Kriegserklärung und damit dem Eintritt in den 2. Weltkrieg.

LANDESKUNDE ◀

pear-shaped [ˈpɛəʃeɪpt] ADJ birnenförmig; **to go ~** (Br fig, umg) völlig danebengehen (umg)
peasant [ˈpezənt] ⒶⓈ (wörtl) (armer) Bauer, (arme) Bäuerin ⒷADJ attr bäuerlich; **~ boy** Bauernjunge m; **~ farmer** (armer) Bauer **peasantry** [ˈpezəntrɪ] ⓢ Bauernschaft f
peat [piːt] ⓢ Torf m
pebble [ˈpebl] ⓢ Kieselstein m **pebbly** [ˈpeblɪ] ADJ steinig
pecan [pɪˈkæn] ⓢ Pecannuss f
peck [pek] ⒶⓈ (umg) Küsschen n ⒷVT (Vogel) picken ⒸVI picken (at nach) **pecking order** [ˈpekɪŋˌɔːdəʳ] ⓢ Hackordnung f **peckish** [ˈpekɪʃ] ADJ (Br umg) **I'm (feeling) a bit ~** ich könnte was zwischen die Zähne gebrauchen (umg)
pecs [peks] PL (umg) abk von **pectorals** (Brust)muskeln pl
peculiar [pɪˈkjuːlɪəʳ] ADJ ⓵ seltsam ⓶ eigentümlich; **to be ~ to sth** für etw eigentümlich sein; **his own ~ style** der ihm eigene Stil **peculiarity** [pɪˌkjuːlɪˈærɪtɪ] ⓢ ⓵ Seltsamkeit f ⓶ Eigentümlichkeit f **peculiarly** [pɪˈkjuːlɪəlɪ] ADV seltsam
pedagogical [ˌpedəˈɡɒdʒɪkəl] ADJ (form) pädagogisch **pedagogy** [ˈpedəɡɒdʒɪ] ⓢ Pädagogik f
pedal [ˈpedl] ⒶⓈ Pedal n; (an Abfalleimer etc) Trethebel m ⒷVI treten; **he ~led for all he was worth** er trat in die Pedale, er strampelte (umg) so sehr er konnte **pedal bin** ⓢ Tretteimer m **pedal boat** ⓢ Tretboot n **pedal car** ⓢ Tretauto n
pedant [ˈpedənt] ⓢ Pedant(in) m(f) **pedantic** [pɪˈdæntɪk] ADJ pedantisch; **to be ~ about sth**

in Bezug auf etw (akk) pedantisch sein
peddle ['pedl] _VT_ verkaufen; **to ~ drugs** mit Drogen handeln
pedestal ['pedɪstl] _S_ Sockel m; **to put** od **set sb (up) on a ~** (fig) jdn in den Himmel heben
pedestrian [pɪ'destrɪən] **A** _S_ Fußgänger(in) m(f) **B** _ADJ_ attr **~ lights** Fußgängerampel f; **~ precinct** od (US) **zone** Fußgängerzone f **pedestrian crossing** _S_ (Br) Fußgängerüberweg m (❗ = (US) **(pedestrian) crosswalk**) **pedestrianize** [pɪ'destrɪənaɪz] _VT_ in eine Fußgängerzone umwandeln

▶ **pedestrian crossing**

Es gibt verschiedene Fußgängerübergänge, die alle nach Tieren benannt sind:

zebra crossing	Zebrastreifen
pelican crossing	Ampelübergang

eine Abkürzung von **ped**estrian **l**ight **c**ontrolled cross**ing**

puffin crossing

puffin heißt der Papageientaucher; der Name ist eine Abkürzung von **ped**estrian **u**ser-**f**riendly **in**telligent crossing

toucan* crossing

ein Übergang, der von Fußgängern und Radfahrern benutzt werden kann, also „**two can cross**"

* **toucan** heißt auf Deutsch **Tukan** oder **Pfefferfresser**. Er ist ein in Mittel- und Südamerika beheimateter Vogel mit prächtig gefärbtem Schnabel.

WORTSCHATZ ◀

pediatric etc [ˌpiːdɪ'ætrɪk] (US) = **paediatric** etc
pedicure ['pedɪkjʊəʳ] _S_ Pediküre f
pedigree ['pedɪgriː] **A** _S_ Stammbaum m **B** _ATTR_ reinrassig
pedophile etc (US) = **paedophile** etc
pee [piː] (umg) **A** _S_ Urin m, Pipi n (kinderspr); **to need a ~** pinkeln müssen (umg) **B** _VI_ pinkeln (umg)
peek [piːk] **A** _S_ kurzer Blick, verstohlener Blick; **to take** od **have a ~** kurz/verstohlen gucken (at nach); **to get a ~ at sb/sth** jdn/etw kurz zu sehen bekommen **B** _VI_ gucken (at nach)
peel [piːl] **A** _S_ (❗ kein pl) Schale f **B** _VT_ schälen **C** _VI_ (Tapete) sich lösen; (Lack) abblättern; (Haut) sich schälen ♦**peel away** _VI_ sich lösen (from von) ♦**peel off** **A** _VT_ trennb (+obj von) Klebeband, Tapete abziehen; Umschlag, Handschuh abstreifen **B** _VI_ = **peel away**

peeler ['piːləʳ] _S_ (für Kartoffeln etc) Schäler m
peelings ['piːlɪŋz] _PL_ (von Kartoffeln etc) Schalen pl
peep¹ [piːp] **A** _S_ Piep m; (von Hupe, umg: von Mensch) Ton m; **~! ~!** tut! tut! **B** _VI_ (Vogel) piepen; (Hupe) tuten **C** _VT_ **I ~ed my horn at him** ich habe ihn angehupt (umg)
peep² **A** _S_ kurzer Blick, verstohlener Blick; **to get a ~ at sth** etw kurz zu sehen bekommen; **to take a ~ (at sth)** kurz/verstohlen (nach etw) gucken **B** _VI_ gucken (at nach); **to ~ from behind sth** hinter etw (dat) hervorschauen; **no ~ing!, don't ~!** (aber) nicht gucken! ♦**peep out** _VI_ herausgucken; **the sun peeped out from behind the clouds** die Sonne kam hinter den Wolken hervor
peephole _S_ Guckloch n; (in Tür) Spion m **Peeping Tom** ['piːpɪŋ'tɒm] _S_ Spanner m (umg), Voyeur m **peepshow** _S_ Peepshow f
peer¹ [pɪəʳ] _S_ **1** Peer m **2** Gleichrangige(r) m/f(m); **he was well-liked by his ~s** er war bei seinesgleichen beliebt
peer² _VI_ **to ~ at sb/sth** jdn/etw anstarren, jdn/etw anschielen; **to ~ through the fog** angestrengt versuchen, im Nebel etwas zu erkennen
peerage ['pɪərɪdʒ] _S_ **1** Adelsstand m; (in GB) Peers pl **2** Adelswürde f; (in GB) Peerswürde f; **to get a ~** geadelt werden **peer group** _S_ Peergroup f **peer pressure** _S_ Gruppendruck m (vonseiten Gleichaltriger)
peeved [piːvd] _ADJ_ (umg) eingeschnappt **peevish** ['piːvɪʃ] _ADJ_ gereizt
peg [peg] **A** _S_ Pflock m; (≈ für Zelt) Hering m; (Br) (Wäsche)klammer f (❗ = (US) **pin**); **off the ~** von der Stange; **to take** od **bring sb down a ~ or two** (umg) jdm einen Dämpfer geben **B** _VT_ anpflocken, anklammern; Zelt festpflocken
pejorative _ADJ_, **pejoratively** _ADV_ [pɪ'dʒɒrɪtɪv, -lɪ] abwertend
pelican ['pelɪkən] _S_ Pelikan m **pelican crossing** _S_ (Br) Fußgängerüberweg m mit Ampel
pellet ['pelɪt] _S_ Kügelchen n; (≈ Munition) Schrotkugel m
pelt [pelt] **A** _VT_ schleudern (at nach); **to ~ sb/sth (with sth)** jdn/etw (mit etw) bewerfen **B** _VI_ (umg) pesen (umg) **C** _S_ (umg) **at full ~** volle Pulle (umg) ♦**pelt down** _VI_ **it's pelting down** es regnet in Strömen
pelvic ['pelvɪk] _ADJ_ Becken- **pelvis** ['pelvɪs] _S_ Becken n
pen¹ [pen] _S_ Füller m, Kugelschreiber m; **have you got a ~?** hast du was zum Schreiben?; **to put ~ to paper** zur Feder greifen
pen² _S_ (für Vieh) Pferch m; (für Schafe) Hürde f; (für

Schweine) Koben *m*

penal ['pi:nl] [ADJ] ~ **reform** Strafrechtsreform *f*
penal code [S] Strafgesetzbuch *n* **penal
colony** [S] Strafkolonie *f* **penalize** ['pi:nəlaɪz]
[VT] **1** bestrafen **2** (*fig*) benachteiligen **penal
system** [S] Strafrecht *n* **penalty** ['penəltɪ] [S]
1 Strafe *f*; (*für späte Zahlung*) Säumniszuschlag
m; **the ~ (for this) is death** darauf steht die
Todesstrafe; **"penalty £50"** „bei Zuwiderhand-
lung wird eine Geldstrafe von £ 50 erhoben";
to carry the death ~ mit dem Tod bestraft
werden; **to pay the ~** dafür büßen **2** SPORT
Strafstoß *m*; FUSSB Elfmeter *m*, Penalty *m*
(*schweiz*) **penalty area** [S] Strafraum *m* **pen-
alty kick** [S] Strafstoß *m*, Penalty *m* (*schweiz*)
penalty point [S] AUTO, JUR, SPORT Straf-
punkt *m* **penalty shoot-out** [S] FUSSB Elf-
meterschießen *n*, Penaltyschiessen *n* (*schweiz*)
penalty spot [S] FUSSB Elfmeterpunkt *m*, Pe-
naltypunkt *m* (*schweiz*)

penance ['penəns] [S] REL Buße *f*; (*fig*) Strafe *f*;
to do ~ Buße tun; (*fig*) büßen

pence [pens] [S] *pl von* **penny** Pence *pl*

▶ pence

Ein britisches Pfund (£) hat 100 **pence**. Wenn man
von Zahlungseinheiten spricht, verwendet man
häufig Abkürzungen, z. B.:

1p = **one penny**, gesprochen **one p** [piː]
5p = **five pence**, gesprochen **five p** [piː]
20p = **twenty pence**,
gesprochen **twenty p** [piː].

Münzen gibt es als **1p, 2p, 5p, 10p, 20p** und **50p**.
Daneben gibt es noch Münzen im Wert von **£ 1**
und **£ 2**.

Nur wenn von einzelnen Ein-Penny-Münzen die
Rede ist, sagt man im Plural **pennies** und nicht
pence.

LANDESKUNDE ◀

pencil ['pensl] [A] [S] Bleistift *m* [B] [ATTR] Bleistift-
♦**pencil in** [VT] *trennb* vorläufig vormerken;
can I pencil you in for Tuesday? kann ich
Sie erst mal für Dienstag vormerken?
pencil case [S] Federmäppchen *n* **pencil
sharpener** [S] (Bleistift)spitzer *m*
pendant ['pendənt] [S] Anhänger *m*
pending ['pendɪŋ] [A] [ADJ] anstehend; **to be ~**
(*Entscheidung etc*) noch anstehen [B] [PRÄP] ~ **a de-
cision** bis eine Entscheidung getroffen wor-
den ist
pendulum ['pendjʊləm] [S] Pendel *n*
penetrate ['penɪtreɪt] [A] [VT] eindringen in
(+*akk*); *Wand* durchdringen [B] [VI] eindringen,

durchdringen **penetrating** ['penɪtreɪtɪŋ] [ADJ]
Blick durchdringend; *Analyse* treffend **pene-
tration** [ˌpenɪ'treɪʃən] [S] Eindringen *n* (*into* in
+*akk*), Durchdringen *n* (*of* +*gen*); (*beim Sex*) Penet-
ration *f*

pen friend [S] Brieffreund(in) *m(f)*
penguin ['peŋgwɪn] [S] Pinguin *m*
penicillin [ˌpenɪ'sɪlɪn] [S] Penizillin *n*
peninsula [pɪ'nɪnsjʊlə] [S] Halbinsel *f*
penis ['piːnɪs] [S] Penis *m*
penitence ['penɪtəns] [S] Reue *f* **penitent**
[ADJ] reuig **penitentiary** [ˌpenɪ'tenʃərɪ] [S] (*bes
US*) Strafanstalt *f*
penknife ['pennaɪf] [S] Taschenmesser *n* **pen
name** [S] (*von Schriftsteller*) Pseudonym *n*
penniless ['penɪlɪs] [ADJ] mittellos; **to be ~** kein
Geld haben
penny ['penɪ] [S], *pl* **pence** *od* (*Münzen*) **pennies**
Penny *m*; (*US*) Centstück *n*; **to spend a ~** (*Br umg*)
mal eben verschwinden (*umg*); **the ~ dropped**
(*umg*) der Groschen ist gefallen (*umg*) **penny-
-pinching** ['penɪ,pɪntʃɪŋ] (*umg*) [A] [S] Pfennig-
fuchserei *f* (*umg*) [B] [ADJ] knickerig (*umg*)
pen pal [S] Brieffreund(in) *m(f)*
pension ['penʃən] [S] Rente *f*; **company ~** be-
triebliche Altersversorgung; **to get a ~** eine
Rente *etc* beziehen ♦**pension off** [VT] *trennb*
Angestellte pensionieren, in den Ruhestand ver-
setzen **pensioner** ['penʃənəʳ] [S] Rentner(in)
m(f) **pension fund** [S] Rentenfonds *m* **pen-
sion scheme** [S] Rentenversicherung *f*
pensive [ADJ], **pensively** [ADV] ['pensɪv, -lɪ]
nachdenklich
pentagon ['pentəgən] [S] **the Pentagon** das
Pentagon **pentathlon** [pen'tæθlən] [S] Fünf-
kampf *m*
Pentecost ['pentɪkɒst] [S] (*jüdisch*) Erntefest *n*;
(*bes US: christlich*) Pfingsten *n* (❶ = (*Br*) **Whit-
sun, Whit Sunday**); **time before ~** Pfingstzeit
f (❶ = (*Br*) **Whitsuntide**) **Pentecost Mon-
day** [S] (*bes US*) Pfingstmontag *m* (❶ = (*Br*) **Whit
Monday**)
penthouse ['penthaʊs] [S] Penthouse *n*
pent up [ADJ] *präd*, **pent-up** ['pent'ʌp] [ADJ] *attr*
Emotionen aufgestaut
penultimate [pe'nʌltɪmɪt] [ADJ] vorletzte(r, s)
peony ['piːənɪ] [S] Pfingstrose *f*
people ['piːpl] [S] **1** (❶ mit Verb im Plural)
Menschen *pl*, Leute *pl*; **French ~** die Franzosen
pl; **all ~ with red hair** alle Rothaarigen; **some
~ don't like it** manche Leute mögen es nicht;
why me of all ~? warum ausgerechnet ich/
mich?; **of all ~ who do you think I should
meet?** stell dir mal vor, wen ich getroffen ha-
be?; **what do you ~ think?** was haltet ihr denn
davon?; **poor ~** arme Leute *pl*; **disabled ~** Be-

485 ‖ PERH

hinderte *pl*; **middle-aged ~** Menschen *pl* mittleren Alters; **old ~** Senioren *pl*; **city ~** Stadtmenschen *pl*; **country ~** Menschen *pl* vom Land; **some ~!** Leute gibts!; **some ~ have all the luck** manche Leute haben einfach Glück 🛛 (🗲 mit Verb im Plural) Bevölkerung *f*; **Madrid has over 5 million ~** Madrid hat über 5 Millionen Einwohner 🖪 (🗲 mit Verb im Plural) man, die Leute; **~ say that ...** man sagt, dass ...; **what will ~ think!** was sollen die Leute denken! 🛭 *pl* **-s** Volk *n*; **People's Republic** *etc* Volksrepublik *f etc* **people carrier** s̄ AUTO Kleinbus *m*, Van *m*

pep [pep] s̄ (*umg*) Pep *m* (*umg*) ◆**pep up** VT̄ *trennb* (*umg*) Schwung bringen in (+*akk*); *Essen* pikanter machen; *jdn* munter machen

pepper ['pepə'] s̄ Pfeffer *m*; (*grün, rot*) Paprika *m*; **two ~s** zwei Paprikaschoten **peppercorn** s̄ Pfefferkorn *n* **pepper mill** s̄ Pfeffermühle *f* **peppermint** s̄ Pfefferminz *n* **pepperpot** s̄ Pfefferstreuer *m* **peppery** ['pepərɪ] ADJ gepfeffert

pep pill s̄ (*umg*) Aufputschtablette *f* **pep talk** s̄ (*umg*) **to give sb a ~** jdm ein paar aufmunternde Worte sagen

per [pɜː'] PRÄP pro; **£500 ~ annum** £ 500 im Jahr; **60 km ~ hour** 60 km pro Stunde; **£2 ~ dozen** das Dutzend für £ 2 **per capita** [pə'kæpɪtə] ADJ Pro-Kopf-

perceive [pə'siːv] VT̄ wahrnehmen, erkennen; **to ~ oneself as ...** sich als ... empfinden

per cent, (*US*) **percent** [pə'sent] s̄ Prozent *n*; **a ten ~ discount** 10 Prozent Rabatt; **a ten ~ increase** eine zehnprozentige Steigerung; **I'm 99 ~ certain that ...** ich bin (zu) 99 Prozent sicher, dass ... **percentage** [pə'sentɪdʒ] A s̄ Prozentsatz *m*, Teil *m*; **what ~?** wie viel Prozent? B ATTR **on a ~ basis** auf Prozentbasis

perceptible [pə'septəbl] ADJ wahrnehmbar; *Verbesserung* spürbar **perception** [pə'sepʃən] s̄ 🛾 (🗲 kein *pl*) Wahrnehmung *f*; **his powers of ~** sein Wahrnehmungsvermögen *n* 🛾 Auffassung *f* (*of* von) 🖪 (🗲 kein *pl*) Einsicht *f* **perceptive** [pə'septɪv] ADJ scharfsinnig **perceptiveness** s̄ Scharfsinnigkeit *f*

perch [pɜːtʃ] A s̄ (*von Vogel*) Stange *f*; (*in Baum*) Ast *m* B VT̄ hocken, sich niederlassen **perched** [pɜːtʃt] ADJ 🛾 (≈ *gelegen*) **~ on** thronend auf +*dat*; **a village ~ on a hillside** ein Dorf, das auf dem Hang thront 🛾 (≈ *sitzend*) **to be ~ on sth** auf etw (*dat*) hocken 🖪 **with his glasses ~ on the end of his nose** mit der Brille auf der Nasenspitze

percolator ['pɜːkəleɪtə'] s̄ Kaffeemaschine *f* **percussion** [pə'kʌʃən] s̄ MUS Schlagzeug *n* **percussion instrument** s̄ MUS Schlagin-

strument *n* **percussionist** [pə'kʌʃənɪst] s̄ Schlagzeuger(in) *m(f)*

perennial [pə'renɪəl] ADJ *Pflanze* mehrjährig; (≈ *ewig*) immerwährend

perfect ['pɜːfɪkt] A ADJ 🛾 perfekt; **to be ~ for doing sth** bestens geeignet sein, um etw zu tun; **the ~ moment** genau der richtige Augenblick; **in a ~ world** in einer idealen Welt 🛾 völlig; **a ~ stranger** ein wildfremder Mensch 🖪 GRAM **~ tense** Perfekt *n* B s̄ GRAM Perfekt *n*; **in the ~** im Perfekt C [pə'fekt] VT̄ vervollkommnen; *Technik* perfektionieren **perfection** [pə'fekʃən] s̄ 🛾 Perfektion *f* 🛾 Perfektionierung *f* **perfectionism** [pə'fekʃənɪzm] s̄ Perfektionismus *m* **perfectionist** [pə'fekʃənɪst] s̄ Perfektionist(in) *m(f)* **perfectly** ['pɜːfɪktlɪ] ADV 🛾 perfekt; **the climate suited us** ~ das Klima war ideal für uns; **I understand you ~** ich weiß genau, was Sie meinen 🛾 vollkommen; **we're ~ happy about it** wir sind damit völlig zufrieden; **you know ~ well that ...** du weißt ganz genau, dass ...; **to be ~ honest, ...** um ganz ehrlich zu sein, ...; **a Lada is a ~ good car** ein Lada ist durchaus ein gutes Auto

perforate ['pɜːfəreɪt] VT̄ 🛾 durchbohren, durchlöchern 🛾 *Papier, Akten etc* lochen

perform [pə'fɔːm] A VT̄ *Stück* aufführen; *Rolle* spielen; *Wunder* vollbringen; *Aufgabe* erfüllen; *Operation* durchführen B VĪ 🛾 auftreten 🛾 (*Auto, Mannschaft*) leisten; (*Prüfling*) abschneiden; **to ~ well** (*Unternehmen etc*) gute Leistungen erbringen; **the choir ~ed very well** der Chor hat sehr gut gesungen

performance [pə'fɔːməns] s̄ 🛾 (*von Stück*) Aufführung *f*; (*in Kino*) Vorstellung *f*; (*von Schauspieler*) Leistung *f*; (*von Rolle*) Darstellung *f*; **he gave a splendid ~** er hat eine ausgezeichnete Leistung geboten; **we are going to hear a ~ of Beethoven's 5th** wir werden Beethovens 5. Sinfonie hören 🛾 (*von Aufgabe*) Erfüllung *f*; (*von Operation*) Durchführung *f* 🖪 (*von Auto, Sportler*) Leistung *f*; (*von Prüfling*) Abschneiden *n*; **he put up a good ~** er hat sich gut geschlagen (*umg*) 🛮 (*umg* ≈ *Getue*) Umstand *m* **performer** [pə'fɔːmə'] s̄ Künstler(in) *m(f)* **performing** [pə'fɔːmɪŋ] ADJ *Tier* dressiert; **the ~ arts** die darstellenden Künste

perfume ['pɜːfjuːm] s̄ 🛾 Parfüm *n* 🛾 Duft *m* **perfumed** ADJ 🛾 parfümiert 🛾 *Blume, Luft* duftend

perhaps [pə'hæps, præps] ADV vielleicht; **~ the greatest exponent of the art** der möglicherweise bedeutendste Vertreter dieser Kunst; **~ so** das mag sein; **~ not** vielleicht (auch) nicht; **~ I might keep it for a day or two?** könnte ich es vielleicht für ein oder zwei Tage behalten?

P

peril ['perɪl] S̲ Gefahr f; **he is in great ~** er schwebt in großer Gefahr **perilous** ['perɪləs] A̲D̲J̲ gefährlich **perilously** ['perɪləslɪ] A̲D̲V̲ gefährlich; **we came ~ close to bankruptcy** wir waren dem Bankrott gefährlich nahe; **she came ~ close to falling** sie wäre um ein Haar heruntergefallen
perimeter [pə'rɪmɪtəʳ] S̲ M̲A̲T̲H̲ Umfang m
period ['pɪərɪəd] S̲ **1** Zeit f, Zeitalter n; (≈ Menstruation) Periode f; **for a ~ of eight weeks** für einen Zeitraum von acht Wochen; **for a three-month ~** drei Monate lang; **over a ~ of time** eine Zeit lang; **at that ~** zu diesem Zeitpunkt; **a ~ of cold weather** eine Kaltwetterperiode; **she missed a ~** sie bekam ihre Periode nicht; **she is on her ~** sie hat ihre Periode **2** S̲C̲H̲U̲L̲E̲ (Schul)stunde f; **double ~** Doppelstunde f **3** (US ≈ Satzzeichen) Punkt m (❗ = (Br) **full stop**); **I'm not going ~!** (US) ich gehe nicht, und damit basta! (umg) **periodic** [ˌpɪərɪ'ɒdɪk] A̲D̲J̲ periodisch **periodical** [ˌpɪərɪ'ɒdɪkəl] A̲ A̲D̲J̲ = periodic B̲ S̲ Zeitschrift f **periodically** [ˌpɪərɪ'ɒdɪkəlɪ] A̲D̲V̲ periodisch, regelmäßig **period pains** P̲L̲ Menstruationsbeschwerden pl **peripheral** [pə'rɪfərəl] A̲ A̲D̲J̲ Rand-; (fig) peripher; **~ role** Nebenrolle f B̲ S̲ I̲T̲ Peripheriegerät n **periphery** [pə'rɪfərɪ] S̲ Peripherie f
periscope ['perɪskəʊp] S̲ Periskop n
perish ['perɪʃ] V̲I̲ (liter) umkommen **perishable** ['perɪʃəbl] A̲ A̲D̲J̲ Lebensmittel verderblich B̲ P̲L̲ **~s** leicht verderbliche Ware(n) **perished** A̲D̲J̲ (umg) durchgefroren **perishing** ['perɪʃɪŋ] A̲D̲J̲ (Br umg) eisig kalt; **I'm ~** ich geh fast ein vor Kälte (umg)
perjury ['pɜːdʒərɪ] S̲ Meineid m; **to commit ~** einen Meineid leisten
perk [pɜːk] S̲ Vergünstigung f ♦**perk up** A̲ V̲I̲ trennb **to perk sb up** jdn munter machen, jdn aufheitern B̲ V̲I̲ munter werden, aufleben **perky** ['pɜːkɪ] A̲D̲J̲ (+er) munter
perm [pɜːm] abk von **permanent wave** A̲ S̲ Dauerwelle f B̲ V̲T̲ **to ~ sb's hair** jdm eine Dauerwelle machen **permanence** ['pɜːmənəns], **permanency** ['pɜːmənsɪ] S̲ Dauerhaftigkeit f **permanent** ['pɜːmənənt] A̲ A̲D̲J̲ permanent, fest; Beziehung, Wirkung dauerhaft; Schaden bleibend; Mitarbeiter fest angestellt; Stelle unbefristet; **~ employees** Festangestellte pl; **on a ~ basis** dauerhaft; **~ memory** I̲T̲ Festspeicher m; **~ address** fester Wohnsitz B̲ S̲ (US) = **perm** I **permanently** ['pɜːmənəntlɪ] A̲D̲V̲ permanent, fest; beschädigt bleibend; sich ändern, müde sein ständig; geschlossen dauernd; **~ employed** fest angestellt; **are you living ~ in Frankfurt?** ist Frankfurt Ihr fester Wohnsitz? **permanent wave** S̲ → **perm** I

permeate ['pɜːmɪeɪt] A̲ V̲T̲ durchdringen B̲ V̲I̲ dringen (into in +akk, through durch) **permeable** ['pɜːmɪəbl] A̲D̲J̲ durchlässig
permissible [pə'mɪsɪbl] A̲D̲J̲ erlaubt (for sb jdm)
permission [pə'mɪʃən] S̲ Erlaubnis f; **to get ~** eine Erlaubnis erhalten; **to get sb's ~** jds Erlaubnis erhalten; **to give ~** die Erlaubnis erteilen; **to give sb ~ (to do sth)** jdm erlauben(, etw zu tun); **to ask sb's ~** jdn um Erlaubnis bitten **permissive** [pə'mɪsɪv] A̲D̲J̲ nachgiebig; **the ~ society** die permissive Gesellschaft

▶ **to ask permission**

To ask permission bedeutet „um Erlaubnis bitten", und es gibt im Englischen verschiedene Möglichkeiten, dies freundlich zu tun:

Could I have a look at your photo album?	Könnte ich mal einen Blick in dein Fotoalbum werfen?
May I use your phone?	Darf ich mal dein Telefon benutzen?
Are we allowed to go outside?	Dürfen wir nach draußen gehen?

SPRACHGEBRAUCH ◀

permit [pə'mɪt] A̲ V̲T̲ erlauben; **to ~ sb/oneself to do sth** jdm/sich (dat) erlauben, etw zu tun B̲ V̲I̲ **weather ~ting** wenn es das Wetter erlaubt C̲ ['pɜːmɪt] S̲ Genehmigung f; **~ holder** Inhaber(in) m(f) eines Berechtigungsscheins; **"permit holders only"** „Parken nur mit Parkausweis"
pernickety [pə'nɪkɪtɪ] A̲D̲J̲ (umg) pingelig (umg)
perpendicular [ˌpɜːpən'dɪkjʊləʳ] A̲ A̲D̲J̲ senkrecht (to zu) B̲ S̲ Senkrechte f
perpetrate ['pɜːpɪtreɪt] V̲T̲ begehen **perpetrator** ['pɜːpɪtreɪtəʳ] S̲ Täter(in) m(f); **the ~ of this crime** derjenige, der dieses Verbrechen begangen hat
perpetual [pə'petjʊəl] A̲D̲J̲ ständig **perpetuate** [pə'petjʊeɪt] V̲T̲ aufrechterhalten
perplex [pə'pleks] V̲T̲ verblüffen **perplexed** A̲D̲J̲, **perplexedly** [pə'plekst, -sɪdlɪ] verblüfft **perplexing** [pə'pleksɪŋ] A̲D̲J̲ verblüffend **perplexity** [pə'pleksətɪ] S̲ Verwirrung f, Verblüffung f
persecute ['pɜːsɪkjuːt] V̲T̲ verfolgen **persecution** [ˌpɜːsɪ'kjuːʃən] S̲ Verfolgung f (of von) **persecutor** ['pɜːsɪkjuːtəʳ] S̲ Verfolger(in) m(f)
perseverance [ˌpɜːsɪ'vɪərəns] S̲ Ausdauer f (with mit) **persevere** [ˌpɜːsɪ'vɪəʳ] V̲I̲ durchhalten; **to ~ in one's attempts to do sth** unermüdlich weiter versuchen, etw zu tun **persevering** A̲D̲J̲, **perseveringly** A̲D̲V̲ [ˌpɜːsɪ'vɪərɪŋ,

-lɪ] beharrlich

Persia ['pɜːʃə] 5̶ Persien n **Persian** ['pɜːʃən] A̲D̲J̲ persisch; **the ~ Gulf** der Persische Golf

persist [pə'sɪst] V̲I̲ nicht lockerlassen, beharren (*in* auf *+dat*); (≈ *lange dauern*) anhalten; **we shall ~ in** *od* **with our efforts** wir werden in unseren Bemühungen nicht nachlassen **persistence** [pə'sɪstəns], **persistency** [pə-'sɪstənsɪ] 5̶ Beharrlichkeit f, Ausdauer f **persistent** A̲D̲J̲ *Forderungen* beharrlich; *Mensch* hartnäckig; *Versuche* ausdauernd; *Drohungen* ständig; *Schmerz, Lärm* anhaltend; **~ offender** Wiederholungstäter(in) m(f) **persistently** A̲D̲V̲ *fragen, bestreiten* beharrlich; *behaupten* hartnäckig; *kritisieren* ständig

person ['pɜːsn] 5̶ 🔟 *pl* **people** *od* (*form*) **-s** Mensch m, Person f; **I like him as a ~** ich mag ihn als Mensch; **I know no such ~** so jemanden kenne ich nicht; **any ~** jeder; **per ~** pro Person; **I'm more of a cat ~** ich bin mehr ein Katzentyp m 🔢 *pl* **-s** G̲R̲A̲M̲ Person f; **first ~ singular** erste Person Singular 🔢 *pl* **-s** Körper m; **in ~** persönlich **personable** ['pɜːsnəbl] A̲D̲J̲ von angenehmer Erscheinung

personal ['pɜːsənl] A̲D̲J̲ persönlich; **~ hygiene** Körperpflege f; **it's nothing ~ but ...** ich habe nichts gegen Sie *etc* persönlich, aber ...; **~ call** Privatgespräch n; **her ~ life** ihr Privatleben n **personal ad** 5̶ (*umg*) private Kleinanzeige **personal allowance** 5̶ (*für Steuer*) persönlicher Freibetrag **personal assistant** 5̶ persönlicher Assistent, persönliche Assistentin **personal column** 5̶ Familienanzeigen *pl* **personal computer** 5̶ Personal Computer m, PC m **personal digital assistant** 5̶ I̲T̲ PDA m, Organizer m **personal hygiene** 5̶ Körperpflege f **personal identification number** 5̶ Geheimzahl f **personality** [ˌpɜːsə'nælɪtɪ] 5̶ Persönlichkeit f **personal loan** 5̶ Privatdarlehen n **personally** ['pɜːsənəlɪ] A̲D̲V̲ persönlich; **~, I think that ...** ich persönlich bin der Meinung, dass ...; **to hold sb ~ responsible** jdn persönlich verantwortlich machen; **to be ~ involved** persönlich beteiligt sein **personal organizer** 5̶ Terminplaner m; (≈ *Gerät*) elektronisches Notizbuch **personal pronoun** 5̶ Personalpronomen n **personal stereo** 5̶, *pl* **-s** Walkman® m **personal trainer** 5̶ persönlicher Fitnesstrainer, persönliche Fitnesstrainerin

personification [pɜːˌsɒnɪfɪ'keɪʃən] 5̶ Personifizierung f; **he is the ~ of good taste** er ist der personifizierte gute Geschmack **personify** [pɜː'sɒnɪfaɪ] V̲T̲ personifizieren; **evil personified** das personifizierte Böse

personnel [ˌpɜːsə'nel] A̲ 5̶ 🔟 (❗ mit Verb im Singular oder Plural) Personal n; (*von Flugzeug, Schiff*) Besatzung f; M̲I̲L̲ Leute *pl* 🔢 (❗ mit Verb im Singular oder Plural) die Personalabteilung B̲ A̲T̲T̲R̲ Personal- **personnel department** 5̶ Personalabteilung f **personnel manager** 5̶ Personalchef(in) m(f)

perspective [pə'spektɪv] 5̶ Perspektive f; **try to get things in ~** versuchen Sie, das nüchtern und sachlich zu sehen; **to get sth out of ~** (*fig*) etw verzerrt sehen; **to see things from a different ~** die Dinge aus einem anderen Blickwinkel betrachten

Perspex® ['pɜːspeks] 5̶ Acrylglas n

perspiration [ˌpɜːspə'reɪʃən] 5̶ Schwitzen n, Schweiß m **perspire** [pə'spaɪə'] V̲I̲ schwitzen

persuade [pə'sweɪd] V̲T̲ überreden, überzeugen; **to ~ sb to do sth** jdn überreden, etw zu tun; **to ~ sb out of doing sth** jdn dazu überreden, etw nicht zu tun; **to ~ sb that ...** jdn davon überzeugen, dass ...; **she is easily ~d** sie ist leicht zu überreden/überzeugen **persuasion** [pə'sweɪʒən] 5̶ 🔟 Überredung f; **her powers of ~** ihre Überredungskünste 🔢 Überzeugung f **persuasive** [pə'sweɪsɪv] A̲D̲J̲ *Vertreter* beredsam; *Argumente* überzeugend; **he can be very ~** er kann einen gut überreden, er kann einen leicht überzeugen **persuasively** [pə'sweɪsɪvlɪ] A̲D̲V̲ überzeugend **persuasiveness** 5̶ Überredungskunst f; (*von Argument*) Überzeugungskraft f

pert [pɜːt] A̲D̲J̲ (+*er*) keck

perturbed [pə'tɜːbd] A̲D̲J̲ beunruhigt

perverse [pə'vɜːs] A̲D̲J̲ abwegig, pervers **perversely** [pə'vɜːslɪ] A̲D̲V̲ paradoxerweise; *entscheiden* abwegigerweise **perversion** [pə'vɜːʃən] 5̶ 🔟 (*sexuell*, P̲S̲Y̲C̲H̲) Perversion f 🔢 (*von Wahrheit*) Verzerrung f **perversity** [pə'vɜːsɪtɪ] 5̶ Perversität f **pervert** [pə'vɜːt] A̲ V̲T̲ *Wahrheit* verzerren; **to ~ the course of justice** J̲U̲R̲ die Rechtsfindung behindern B̲ ['pɜːvɜːt] 5̶ Perverse(r) m/f(m) **perverted** [pə'vɜːtɪd] A̲D̲J̲ pervertiert

pesky ['peskɪ] A̲D̲J̲ (+*er*) (*bes US umg*) nervtötend (*umg*)

pessary ['pesərɪ] 5̶ Pessar n

pessimism ['pesɪmɪzəm] 5̶ Pessimismus m **pessimist** ['pesɪmɪst] 5̶ Pessimist(in) m(f) **pessimistic** [ˌpesɪ'mɪstɪk] A̲D̲J̲ pessimistisch; **I'm rather ~ about it** da bin ich ziemlich pessimistisch; **I'm ~ about our chances of success** ich bin pessimistisch, was unsere Erfolgschancen angeht **pessimistically** [ˌpesɪ'mɪstɪkəlɪ] A̲D̲V̲ pessimistisch

pest [pest] 5̶ 🔟 Z̲O̲O̲L̲ Schädling m; **~ control** Schädlingsbekämpfung f 🔢 (*fig*) (≈ *Mensch*) Nervensäge f; (≈ *Sache*) Plage f

pester ['pestə^r] _VT_ belästigen; **she ~ed me for the book** sie ließ mir keine Ruhe wegen des Buches; **to ~ sb to do sth** jdn bedrängen, etw zu tun

pesticide ['pestısaıd] _S_ Pestizid _n_

pet [pet] _A_ _ADJ attr_ **1** **her ~ dogs** ihre Hunde **2** Lieblings-; **~ theory** Lieblingstheorie _f_; **a ~ name** ein Kosename _m_ _B_ _S_ **1** Haustier _n_ **2** Liebling _m_; **teacher's ~** Streber(in) _m(f)_ _C_ _VT_ streicheln

petal ['petl] _S_ Blütenblatt _n_

Pete [pi:t] _S_ **for ~'s sake** (umg) um Himmels willen

peter out [,pi:tər'aʊt] _VI_ langsam zu Ende gehen; (Geräusch) verhallen; (Interesse) sich verlieren

petit bourgeois ['petɪ'bʊəʒwa:] _ADJ_ kleinbürgerlich **petite** [pə'ti:t] _ADJ_ zierlich **petite bourgeoisie** [petɪ,bʊəʒwa:'zi:] _S_ Kleinbürgertum _n_

petition [pə'tɪʃən] _A_ _S_ Unterschriftenliste _f_; **to get up a ~** Unterschriften sammeln _B_ _VT_ eine Unterschriftenliste vorlegen (+dat) _C_ _VI_ eine Unterschriftenliste einreichen

pet passport _S_ (Br) Tierpass _m_

petrified ['petrıfaıd] _ADJ_ (fig) **I was ~ (with fear)** ich war starr vor Schrecken; **she is ~ of spiders** sie hat panische Angst vor Spinnen; **to be ~ of doing sth** panische Angst davor haben, etw zu tun **petrify** ['petrıfaı] _VT_ **he really petrifies me** er jagt mir schreckliche Angst ein; **a ~ing experience** ein schreckliches Erlebnis; **to be petrified by sth** sich panisch vor etw fürchten

petrochemical ['petrəʊ'kemıkəl] _S_ petrochemisches Erzeugnis

petrol ['petrəl] _S_ (Br) Benzin _n_ (🔴 = (US) **gas**) **petrol bomb** _S_ (Br) Benzinbombe _f_ (🔴 = (US) **molotov cocktail**) **petrol can** _S_ (Br) Reservekanister _m_ (🔴 = (US) **gas can**) **petrol cap** _S_ (Br) Tankdeckel _m_ (🔴 = (US) **gas cap**) **petroleum** [pı'trəʊliəm] _S_ Erdöl _n_ **petrol gauge** _S_ (Br) Benzinuhr _f_ (🔴 = (US) **gas gauge, fuel gauge**) **petrol pump** _S_ (Br) Zapfsäule _f_ (🔴 = (US) **gas pump**) **petrol station** _S_ (Br) Tankstelle _f_ (🔴 = (US) **gas station, fueling station**) **petrol tank** _S_ (Br) Benzintank _m_ (🔴 = (US) **gas tank**) **petrol tanker** _S_ (Br) (Benzin)tankwagen _m_ (🔴 = (US) **gas tanker, fuel tanker**)

pet shop (bes Br), **pet store** (US) _S_ Zoohandlung _f_

petticoat ['petıkəʊt] _S_ Unterrock _m_

pettiness ['petınıs] _S_ Kleinlichkeit _f_

petting ['petıŋ] _S_ Petting _n_

petty ['petı] _ADJ_ (+er) **1** belanglos **2** kleinlich **petty bourgeois** _ADJ_ = petit bourgeois

petty bourgeoisie _S_ = petite bourgeoisie **petty cash** _S_ Portokasse _f_ **petty crime** _S_ (🔴 kein pl) Kleinkriminalität _f_ **petty theft** _S_ einfacher Diebstahl

petulant ['petjʊlənt] _ADJ_ verdrießlich; Kind bockig (umg)

pew [pju:] _S_ KIRCHE (Kirchen)bank _f_; (hum ≈ Stuhl) Platz _m_

pH [,pi:'eıtʃ] _S_ CHEM pH-Wert _m_

phallic ['fælık] _ADJ_ phallisch; **~ symbol** Phallussymbol _n_ **phallus** ['fæləs] _S_, pl -es od phalli Phallus _m_

phantom ['fæntəm] _A_ _S_ Phantom _n_, Geist _m_ _B_ _ADJ attr_ eingebildet, Phantom-

pharmaceutical [,fɑ:mə'sju:tıkəl] _A_ _ADJ_ pharmazeutisch _B_ _S_ meist pl Arzneimittel _n_; **~(s) company** Pharmaunternehmen _n_

pharmacist ['fɑ:məsıst] _S_ Apotheker(in) _m(f)_ **pharmacology** [,fɑ:mə'kɒlədʒı] _S_ Pharmakologie _f_ **pharmacy** ['fɑ:məsı] _S_ Apotheke _f_

phase [feız] _A_ _S_ Phase _f_; **a passing ~** ein vorübergehender Zustand; **he's just going through a ~** das ist nur so eine Phase bei ihm _B_ _VT_ **a ~d withdrawal** ein schrittweiser Rückzug ♦**phase in** _VT trennb_ allmählich einführen ♦**phase out** _VT trennb_ auslaufen lassen

phat [fæt] _ADJ_ (sl) abgefahren (sl), geil (sl), fett (sl)

pH-balanced [,pi:'eıtʃ,bælənsd] _ADJ_ Seife etc pH-neutral

PhD _S_ Doktor _m_, Dr.; **~ thesis** Doktorarbeit _f_; **to do one's ~** promovieren; **to get one's ~** den Doktor bekommen; **he has a ~ in English** er hat in Anglistik promoviert

pheasant ['feznt] _S_ Fasan _m_

phenix ['fi:nıks] _S_ (US) = phoenix

phenomena [fı'nɒmınə] pl von phenomenon **phenomenal** [fı'nɒmınl] _ADJ_ phänomenal; Mensch fabelhaft; **at a ~ rate** in phänomenalem Tempo **phenomenally** [fı'nɒmınəlı] _ADV_ außerordentlich; schlecht etc unglaublich **phenomenon** [fı'nɒmınən] _S_, pl phenomena Phänomen _n_

phew [fju:] _INT_ puh

phial ['faıəl] _S_ Fläschchen _n_, Ampulle _f_

philanderer [fı'lændərə^r] _S_ Schwerenöter _m_

philanthropist [fı'lænθrəpıst] _S_ Philanthrop(in) _m(f)_ **philanthropy** [fı'lænθrəpı] _S_ Philanthropie _f_

-phile [-faıl] _S_ suf -phile(r) _m/f(m)_, -freund(in) _m(f)_

philharmonic [,fıla:'mɒnık] _A_ _ADJ_ philharmonisch _B_ _S_ **Philharmonic** Philharmonie _f_

Philippines ['fılıpi:nz] _PL_ Philippinen pl

philistine ['fılıstaın] _S_ (fig) Banause _m_, Banausin _f_

philological [,fılə'lɒdʒıkl] _ADJ_ philologisch

489 | PICK

philology [fɪˈlɒlədʒɪ] *5* Philologie *f*
philosopher [fɪˈlɒsəfəʳ] *5* Philosoph(in) *m(f)*
philosophic(al) [ˌfɪləˈsɒfɪk(əl)] ADJ philosophisch; *(fig)* gelassen; **to be philosophical about sth** etw philosophisch betrachten
philosophically [ˌfɪləˈsɒfɪkəlɪ] ADV philosophisch; *(fig)* gelassen **philosophize** [fɪˈlɒsəfaɪz] VI philosophieren *(about, on* über *+akk)* **philosophy** [fɪˈlɒsəfɪ] *5* Philosophie *f*
phlegm [flem] *5* Schleim *m* **phlegmatic** [flegˈmætɪk] ADJ phlegmatisch
-phobe [-fəʊb] *5 suf* -phobe(r) *m/f(m)*, -feind(in) *m(f)* **phobia** [ˈfəʊbɪə] *5* Phobie *f*; **she has a ~ about it** sie hat krankhafte Angst davor
-phobic [-ˈfəʊbɪk] ADJ *suf* -phob, -feindlich
phoenix, *(US)* **phenix** [ˈfiːnɪks] *5* Phönix *m*; **like a ~ from the ashes** wie ein Phönix aus der Asche
phone [fəʊn] A *5* Telefon *n*; **to be on the ~** Telefon haben; *(≈ sprechen)* am Telefon sein; **I'll give you a ~** *(umg)* ich ruf dich an B V/T anrufen C VI telefonieren ◆**phone back** VI/T & VI *trennb* zurückrufen ◆**phone in** A VI anrufen; **to ~ sick** sich telefonisch krankmelden B VI/T *trennb* Bestellung telefonisch aufgeben ◆**phone up** A VI telefonieren B VI/T *trennb* anrufen
phone bill *5* Telefonrechnung *f*
phone booth *5* **1** Fernsprechhaube *f* **2** *(US)* Telefonzelle *f* **phone box** *5* *(Br)* Telefonzelle *f*
phonecard *5* Telefonkarte *f* **phone-in** *5* Phone-in *n*
phonetic ADJ, **phonetically** ADV [fəʊˈnetɪk, -əlɪ] phonetisch **phonetics** [fəʊˈnetɪks] *5* (❶ mit Verb im Singular) Phonetik *f*
phoney [ˈfəʊnɪ] *(umg)* A ADJ **1** unecht; *Name, Akzent* falsch; *Pass* gefälscht; **a ~ company** eine Schwindelfirma; **a ~ war** kein echter Krieg **2** *(≈ unehrlich) Mensch* falsch B *5* Fälschung *f*; *(≈ Mensch)* Schwindler(in) *m(f)*, Angeber(in) *m(f)*
phony ADJ, *5 (US umg)* = phoney
phosphate [ˈfɒsfeɪt] *5* CHEM Phosphat *n*
phosphorescent [ˌfɒsfəˈresnt] ADJ phosphoreszierend **phosphorus** [ˈfɒsfərəs] *5* Phosphor *m*
photo [ˈfəʊtəʊ] *5*, *pl* **-s** Foto *n* **photo booth** *5* Passbildautomat *m* **photocopier** *5* (Foto)kopierer *m* **photocopy** A *5* Fotokopie *f* B VI/T fotokopieren **photo finish** *5* Fotofinish *n* **Photofit®** *5* *(a.* Photofit picture) Phantombild *n* **photogenic** [ˌfəʊtəʊˈdʒenɪk] ADJ fotogen
photograph [ˈfəʊtəgræf] A *5* Fotografie *f*; **to take a ~ (of sb/sth)** (jdn/etw) fotografieren; **~ album** Fotoalbum *n*; **in the ~** auf der Fotografie B VI/T fotografieren

photographer [fəˈtɒgrəfəʳ] *5* Fotograf(in) *m(f)* **photographic** [ˌfəʊtəˈgræfɪk] ADJ fotografisch
photography [fəˈtɒgrəfɪ] *5* Fotografie *f*
photojournalism *5* Fotojournalismus *m*
photojournalist *5* Fotojournalist(in) *m(f)*
photon [ˈfəʊtɒn] *5* Photon *n*
photo opportunity *5* Fototermin *m* **photo session** *5* Fotosession *f* **photosynthesis** *5* Fotosynthese *f*
phrasal verb [ˌfreɪzəlˈvɜːb] *5* Verb *n* mit Präposition **phrase** [freɪz] A *5* **1** GRAM Satzteil *m*; *(gesprochen)* Phrase *f* **2** Ausdruck *m*, Redewendung *f* B VI/T formulieren **phrase book** *5* Sprachführer *m*
pH-value [piːˈeɪtʃvæljuː] *5* pH-Wert *m*
physical [ˈfɪzɪkəl] A ADJ **1** physisch, körperlich; **you don't get enough ~ exercise** Sie bewegen sich nicht genug **2** physikalisch; **it's a ~ impossibility** es ist ein Ding der Unmöglichkeit B *5* ärztliche Untersuchung; MIL Musterung *f* **physical education** *5* Sport *m* **physical education teacher** *5* Sportlehrer(in) *m(f)* **physical fitness** *5* körperliche Fitness *f* **physically** [ˈfɪzɪkəlɪ] ADV physisch, körperlich; **to be ~ sick** sich übergeben; **~ impossible** praktisch unmöglich; **they removed him ~ from the meeting** sie haben ihn mit Gewalt aus der Versammlung entfernt; **as long as is ~ possible** so lange wie nur irgend möglich **physical science** *5* Naturwissenschaft *f* **physician** [fɪˈzɪʃən] *5* Arzt *m*, Ärztin *f*
physicist [ˈfɪzɪsɪst] *5* Physiker(in) *m(f)*
physics [ˈfɪzɪks] *5* (❶ mit Verb im Singular) Physik *f*; **~ is my favourite subject** Physik ist mein Lieblingsfach
physio [ˈfɪzɪəʊ] *5*, *pl* **-s** *(bes Br umg)* Physiotherapeut(in) *m(f)* **physiological** [ˌfɪzɪəˈlɒdʒɪkəl] ADJ physiologisch **physiology** [ˌfɪzɪˈɒlədʒɪ] *5* Physiologie *f* **physiotherapist** [ˌfɪzɪəˈθerəpɪst] *5* Physiotherapeut(in) *m(f)* **physiotherapy** [ˌfɪzɪəˈθerəpɪ] *5* Physiotherapie *f*
physique [fɪˈziːk] *5* Körperbau *m*
pianist [ˈpɪənɪst] *5* Klavierspieler(in) *m(f)*, Pianist(in) *m(f)*
piano [ˈpjænəʊ] *5*, *pl* **-s** Klavier *n m*; **to play the ~** Klavier spielen (❶ mit **the**) **piano player** *5* Klavierspieler(in) *m(f)* **piano teacher** *5* Klavierlehrer(in) *m(f)*
piccolo [ˈpɪkələʊ] *5*, *pl* **-s** Piccoloflöte *f*; **to play the ~** Piccoloflöte spielen (❶ mit **the**)
pick [pɪk] A *5* **1** Spitzhacke *f* **2** *(≈ Auswahl)* **she could have her ~ of any man in the room** sie könnte jeden Mann im Raum haben; **to have first ~** die erste Wahl haben; **take your ~!**

P

such dir etwas/einen *etc* aus! **3** Beste(s) *n* **B** *VT* **1** (aus)wählen; **to ~ a team** eine Mannschaft aufstellen; **to ~ sb to do sth** jdn auswählen, etw zu tun; **to ~ sides** wählen; **to ~ one's way through sth** seinen Weg durch etw finden **2** *Schorf* kratzen an (+*dat*); *Loch* bohren; **to ~ one's nose** sich (+*dat*) in der Nase bohren; **to ~ a lock** ein Schloss knacken; **to ~ sth to pieces** (*fig*) etw verreißen; **to ~ holes in sth** (*fig*) etw bemäkeln; **to ~ a fight (with sb)** (mit jdm) einen Streit vom Zaun brechen; **to ~ sb's pocket** jdn bestehlen; **to ~ sb's brains (about sth)** jdn (nach etw) ausfragen **3** pflücken **C** *VT* wählen; **to ~ and choose** wählerisch sein ◆**pick at** *VT* +*obj* **to ~ one's food** im Essen herumstochern ◆**pick off** *VT* trennb wegzupfen, pflücken ◆**pick on** *VI* +*obj* (*bes Br*) herumhacken auf (+*dat*); **why ~ me?** (*umg*) warum gerade ich?; **~ somebody your own size!** (*umg*) leg dich doch mit einem Gleichstarken an! (*umg*) ◆**pick out** *VT* trennb **1** auswählen **2** heraussuchen **3** (≈ *wahrnehmen*) ausmachen **4** MUS **to ~ a tune** eine Melodie improvisieren ◆**pick over** *od* **through** *VI* +*obj* durchsehen ◆**pick up A** *VT* trennb **1** aufheben, hochheben; **to ~ a child in one's arms** ein Kind auf den Arm nehmen; **to pick oneself up** aufstehen; **to ~ the phone** (den Hörer) abnehmen; **you just have to ~ the phone** du brauchst nur anzurufen; **to ~ the bill** die Rechnung bezahlen; **to ~ a story** mit einer Geschichte fortfahren; **to ~ the pieces** die Scherben aufsammeln **2** holen, bekommen; *Eigentum* sich (*dat*) angewöhnen; *Krankheit* sich (*dat*) holen; (*durch Leistung*) verdienen; **to pick sth up at a sale** etw im Ausverkauf erwischen; **to ~ speed** schneller werden; **he picked up a few extra points** er hat ein paar Extrapunkte gemacht **3** *Fertigkeit* sich (*dat*) aneignen; *Fremdsprache* lernen; *Wort* aufschnappen; *Informationen* herausbekommen; *Idee* aufgreifen; **you'll soon pick it up** du wirst das schnell lernen; **where did you ~ that idea?** wo hast du denn die Idee her? **4** jdn, *Waren* abholen; (*Bus*) *Passagiere* aufnehmen, mitnehmen; (≈ *verhaften*) schnappen (*umg*) **5** (*umg*) Mädchen aufgabeln (*umg*) **6** RADIO *Radiosender* hereinbekommen **7** finden **B** *VI* **1** besser werden; (*Geschäft*) sich erholen **2** **to ~ where one left off** da weitermachen, wo man aufgehört hat

pickaxe, (*US*) **pickax** ['pɪkæks] *S* Spitzhacke *f*
picket ['pɪkɪt] **A** *S* Streikposten *m* **B** *VT Fabrik* Streikposten aufstellen vor (+*dat*)
picket fence *S* Palisadenzaun *m*
picketing *S* Aufstellen *n* von Streikposten
picket line *S* Streikpostenkette *f*; **to cross a ~** eine Streikpostenkette durchbrechen

picking ['pɪkɪŋ] *S* **pickings** *PL* Ausbeute *f*
pickle ['pɪkl] **A** *S* **1** Pickles *pl* **2** (*umg*) **he was in a bit of a ~** er steckte in einer Klemme (*umg*); **to get (oneself) into a ~** in ein Kuddelmuddel geraten (*umg*) **B** *VT* einlegen **pickled** *ADJ* eingelegt
pick-me-up *S* (*umg*) Muntermacher *m* (*umg*), Anregungsmittel *n* **pickpocket** ['pɪk‚pɒkɪt] *S* Taschendieb(in) *m(f)* **pick-up** ['pɪkʌp] *S* **1** (a. **pick-up truck**) Kleintransporter *m* **2** Abholen *n*; **~ point** Treffpunkt *m* **picky** ['pɪkɪ] *ADJ* (+*er*) (*umg*) pingelig (*umg*); *Esser* wählerisch
picnic ['pɪknɪk] *v: prät, pperf* **picnicked A** *S* Picknick *n*; **to have a ~** picknicken; **to go for** *od* **on a ~** ein Picknick machen **B** *VI* picknicken **picnic basket**, **picnic hamper** *S* Picknickkorb *m* **picnic site** *S* Rastplatz *m* **picnic table** *S* Campingtisch *m*
picture ['pɪktʃə'] **A** *S* **1** Bild *n*, Zeichnung *f*; **(as) pretty as a ~** bildschön; **to give you a ~ of what life is like here** damit Sie sich (*dat*) ein Bild vom Leben hier machen können; **to be in the ~** im Bilde sein; **to put sb in the ~** jdn ins Bild setzen; **I get the ~** (*umg*) ich habs kapiert (*umg*); **his face was a ~** sein Gesicht war ein Bild für die Götter (*umg*); **she was the ~ of health** sie sah wie die Gesundheit in Person aus **2** FILM Film *m*; **the ~s** (*Br*) das Kino (❗ = (*US*) **the movies**); **to go to the ~s** (*Br*) ins Kino gehen **B** *VT* sich (*dat*) vorstellen; **to ~ sth to oneself** sich (*dat*) etw vorstellen **picture book** *S* Bilderbuch *n* **picture frame** *S* Bilderrahmen *m* **picture gallery** *S* (❗ Vorsicht, Schreibung) Gemäldegalerie *f*
picture postcard *S* Ansichts(post)karte *f*
picturesque *ADJ*, **picturesquely** *ADV* [‚pɪktʃə'resk, -lɪ] malerisch
piddle ['pɪdl] *VI* (*umg*) pinkeln (*umg*) ◆**piddle about** (*Br*) *od* **around** *VI* (*umg*) herumtrödeln (*umg*)
piddling ['pɪdlɪŋ] *ADJ* (*umg*) lächerlich
pie [paɪ] *S* Pastete *f*; (*süß*) Obstkuchen *m*, Tortelett *n*; **that's all ~ in the sky** (*umg*) das sind nur verrückte Ideen; **as easy as ~** (*umg*) kinderleicht; **she's got a finger in every ~** (*fig umg*)

▶ pie

In Großbritannien und in den USA werden **pies** im Sinne von „Pasteten" meist warm gegessen. Sie bestehen aus einer Füllung aus Fleisch, Gemüse oder Obst über einem Teigboden. Im Unterschied zur britischen Variante haben amerikanische **pies** aber oft keine Teigdecke.

LANDESKUNDE ◀

491 ‖ PIN

sie hat überall ihre Finger drin (umg)
piece [piːs] Ⓢ **1** Stück n, Teil n, Einzelteil n; (≈ Glasstück) Scherbe f; (bei Brettspiel etc) Stein m; SCHACH Figur f; **a 50p ~** ein 50-Pence-Stück; **a ~ of cake** ein Stück n Kuchen; **a ~ of furniture** ein Möbelstück n; **a ~ of news** eine Nachricht; **a ~ of information** eine Information; **a ~ of advice** ein Rat m; **a ~ of luck** ein Glücksfall m; **a ~ of work** eine Arbeit; **~ by ~** Stück für Stück; **to take sth to ~s** etw in seine Einzelteile zerlegen; **to come to ~s** (Möbel etc) sich zerlegen lassen; **to fall to ~s** (Buch etc) auseinanderfallen; **to be in ~s** (in Einzelteile) zerlegt sein; (≈ kaputt) zerbrochen sein; **to smash sth to ~s** etw kaputt schlagen; **he tore the letter (in)to ~s** er riss den Brief in Stücke; **he tore me to ~s during the debate** er zerriss mich förmlich während der Debatte **2** (umg) **to go to ~s** durchdrehen (umg), die Kontrolle verlieren; **all in one ~** heil; **are you still in one ~ after your trip?** hast du deine Reise heil überstanden?; **to give sb a ~ of one's mind** jdm ordentlich die Meinung sagen ♦**piece together** VTT trennb (fig) sich (dat) zusammenreimen; Beweise zusammenfügen

piecemeal ADJ, ADV stückweise **piecework** Ⓢ Akkordarbeit f
pie chart Ⓢ Kreisdiagramm n
pier [pɪəʳ] Ⓢ Pier m od f
pierce [pɪəs] VTT durchstechen; (Messer, Kugel) durchbohren; (fig) durchdringen; **to have one's ears ~d** sich (dat) die Ohren durchstechen lassen; **to have one's navel ~d** sich (dat) den Bauchnabel piercen lassen **pierced** ADJ Objekt durchstochen; Brustwarze, Bauchnabel gepierct **piercing** ['pɪəsɪŋ] Ⓐ ADJ durchdringend; Wind, Blick stechend Ⓑ Ⓢ Piercing n
piety ['paɪətɪ] Ⓢ Pietät f
pig [pɪg] Ⓐ Ⓢ **1** Schwein n; (≈ unersättlicher Mensch) Vielfraß m (umg); **to make a ~ of oneself** sich (dat) den Bauch vollschlagen (umg); **~s might fly** (Br sprichw) wers glaubt, wird selig **2** (sl ≈ Polizist) Bulle m (sl) Ⓑ VⓇ **to ~ oneself** (umg) sich vollstopfen (umg) ♦**pig out** VⓘT (umg) sich vollstopfen (umg)

pigeon ['pɪdʒən] Ⓢ Taube f **pigeonhole** ['pɪdʒənhəʊl] Ⓐ Ⓢ (in Schreibtisch etc) Fach n Ⓑ VⓣT (fig) einordnen
piggy ['pɪgɪ] ADJ (+er) attr **~ eyes** Schweinsaugen pl **piggyback** ['pɪgɪbæk] Ⓢ **to give sb a ~** jdn huckepack nehmen **piggy bank** Ⓢ Sparschwein n **pig-headed** ADJ stur **piglet** ['pɪglɪt] Ⓢ Ferkel n
pigment ['pɪgmənt] Ⓢ Pigment n
Pigmy Ⓢ = Pygmy
pigpen Ⓢ (US) = pigsty **pigsty** Ⓢ Schweinestall

m **pigswill** Ⓢ Schweinefutter n **pigtail** Ⓢ Zopf m
pike [paɪk] Ⓢ, pl - Hecht m
pilates [pɪ'lɑːtɪz] Ⓢ (🔴 mit Verb im Singular) SPORT Pilates n
pilchard ['pɪltʃəd] Ⓢ Sardine f
pile [paɪl] Ⓐ Ⓢ **1** Stapel m; **to put things in a ~** etw (auf)stapeln; **to be in a ~** auf einem Haufen liegen; **at the bottom/top of the ~** (fig) untenan/obenauf **2** (umg) Menge f; **~s of money** jede Menge Geld (umg); **a ~ of things to do** massenhaft zu tun (umg) Ⓑ VTT stapeln; **a table ~d high with books** ein Tisch mit Stapeln von Büchern; **the sideboard was ~d high with presents** auf der Anrichte stapelten sich die Geschenke ♦**pile in** Ⓐ VⓘT (umg) (-to in +akk) hineindrängen; (in Fahrzeug etc) einsteigen Ⓑ VTT trennb einladen (-to in +akk) ♦**pile on** Ⓐ VⓘT (umg) hineindrängen (-to in +akk) Ⓑ VTT trennb (wörtl) aufhäufen (-to auf +akk); **she piled rice on(to) my plate** sie häufte Reis auf meinen Teller; **they are really piling on the pressure** sie setzen uns/euch etc ganz gehörig unter Druck ♦**pile out** VⓘT (umg) hinausdrängen (of aus) ♦**pile up** Ⓐ VⓘT sich anhäufen; (Verkehr) sich stauen; (Beweise) sich verdichten Ⓑ VTT trennb (auf)stapeln

piles [paɪlz] PL Hämorr(ho)iden pl
pile-up ['paɪlʌp] Ⓢ (Massen)karambolage f
pilfer ['pɪlfəʳ] VTT stehlen
pilgrim ['pɪlgrɪm] Ⓢ Pilger(in) m(f); **the Pilgrim Fathers** die Pilgerväter pl **pilgrimage** ['pɪlgrɪmɪdʒ] Ⓢ Pilgerfahrt f; **to go on a ~** eine Pilgerfahrt machen
pill [pɪl] Ⓢ Tablette f; **the ~** die Pille; **to be/go on the ~** die Pille nehmen
pillar ['pɪləʳ] Ⓢ Säule f; **a ~ of society** eine Stütze der Gesellschaft **pillar box** Ⓢ (Br) Briefkasten m (🔴 = US) **mailbox**)
pillion ['pɪljən] ADV **to ride ~** auf dem Soziussitz mitfahren
pillow ['pɪləʊ] Ⓢ (Kopf)kissen n **pillowcase** Ⓢ (Kopf)kissenbezug m **pillow fight** Ⓢ Kissenschlacht f **pillowslip** Ⓢ = pillowcase **pillow talk** Ⓢ Bettgeflüster n
pilot ['paɪlət] Ⓐ Ⓢ **1** FLUG Pilot(in) m(f) **2** TV **~ (episode)** Pilotfilm m Ⓑ VTT Flugzeug fliegen **pilot light** Ⓢ Zündflamme f **pilot scheme** Ⓢ Pilotprojekt n **pilot study** Ⓢ Pilotstudie f
pimp [pɪmp] Ⓢ Zuhälter m
pimple ['pɪmpl] Ⓢ Pickel m, Wimmerl n (österr), Bibeli n (schweiz)
PIN [pɪn] Ⓢ abk von personal identification number PIN f; **~ number** Geheimzahl f
pin [pɪn] Ⓐ Ⓢ **1** (Handarbeiten) Stecknadel f; (für Haar, Krawatte) Nadel f; MECH Bolzen m, Stift

pin — Stecknadel

pin *bes US* — Brosche

m; **a two-~ plug** ein zweipoliger Stecker; **I've got ~s and needles in my foot** mir ist der Fuß eingeschlafen; **you could have heard a ~ drop** man hätte eine Stecknadel fallen hören können ❷ (*bes US*) Brosche f, Abzeichen n ❸ (*US*) *a.* **clothes pin** Klammer f [VT] ❶ **to ~ sth to sth** etw an etw (*akk*) heften; **to ~ one's hair back** sein Haar hinten zusammenstecken ❷ (*fig*) **to ~ sb to the ground** jdn an den Boden pressen; **to ~ sb's arm behind his back** jdm den Arm auf den Rücken drehen; **to ~ one's hopes on sb/sth** seine Hoffnungen auf jdn/ etw setzen; **to ~ the blame (for sth) on sb** (*umg*) jdm die Schuld (an etw (*dat*)) anhängen (*umg*) ♦**pin down** [VT] *trennb* ❶ niederhalten; **to pin sb down** jdn zu Boden drücken ❷ (*fig*) einordnen; **to pin sb down (to sth)** jdn (auf etw *akk*) festnageln ♦**pin up** [VT] *trennb* anheften

pinafore ['pɪnəfɔː'] [S] Schürze f; **~ dress** (*Br*) Trägerkleid n (❗ = (US) **jumper**)

pinball ['pɪnbɔːl] [S] Flipper m; **~ machine** Flipper m

pincers ['pɪnsəz] [PL] ❶ Kneifzange f; **a pair of ~** eine Kneifzange ❷ ZOOL Schere f

pinch [pɪntʃ] [A] [S] ❶ Kneifen n *kein pl*, Zwicken n *kein pl* (*österr*) ❷ GASTR Prise f ❸ **to feel the ~** die schlechte Lage zu spüren bekommen; **at** (*Br*) *od* **in** (*US*) **a ~** zur Not [B] [VT] ❶ kneifen, zwicken (*österr*); **to ~ sb's bottom** jdn in den Hintern kneifen; **to ~ oneself** sich kneifen ❷ (*Br umg*) klauen (*umg*); **don't let anyone ~ my seat** pass auf, dass mir niemand den Platz wegnimmt; **he ~ed Johnny's girlfriend** er hat Johnny (*dat*) die Freundin ausgespannt (*umg*) [C] [VI] (*Schuh*) drücken

pincushion [ˈpɪn,kʊʃən] [S] Nadelkissen n
pine¹ [paɪn] [S] Kiefer f
pine² [VI] ❶ **to ~ for sb/sth** sich nach jdm/etw sehnen ❷ sich vor Kummer verzehren ♦**pine away** [VI] sich (vor Kummer) verzehren
pineapple ['paɪn,æpl] [S] Ananas f
pine cone [S] Kiefernzapfen m **pine forest** [S] Kiefernwald m **pine needle** [S] Kiefernnadel f **pine tree** [S] Kiefer f **pine wood** [S] Kiefernholz n
ping pong ['pɪŋpɒŋ] [S] Pingpong n; **~ ball** Pingpongball m
pink [pɪŋk] [A] [S] Rosa n [B] [ADJ] rosa *inv*; *Backen* rosig; **to go** *od* **turn ~** erröten **pink slip** [S] (*US umg*) Entlassungsschreiben n, blauer Brief (*umg*)
pinnacle ['pɪnəkl] [S] (*fig*) Gipfel m
PIN number [S] Geheimzahl f
pinpoint [A] [S] Punkt m; **a ~ of light** ein Lichtpunkt m [B] [VT] genau aufzeigen, genau feststellen **pinprick** [S] Nadelstich m **pinstripe** [S] **~d suit** Nadelstreifenanzug m
pint [paɪnt] [S] ❶ (*Maß*) Pint n (❗ (Br) = 0,568 l, (US) = 0,4732 l) ❷ (*bes Br*) (*Milch, Bier*) ≈ halber Liter (Milch/Bier); **to have a ~** ein Bier trinken; **to go (out) for a ~** auf ein Bier ausgehen; **he likes a ~** er hebt ganz gern mal einen (*umg*); **she's had a few ~s** (*umg*) sie hat ein paar intus (*umg*)
pin-up [S] (≈ *Bild*) Pin-up-Foto n; (≈ *Frau*) Pin-up--Girl n; (≈ *Mann*) Idol n
pioneer [ˌpaɪəˈnɪəʳ] [A] [S] (*fig*) Pionier(in) m(f) [B] [VT] (*fig*) Pionierarbeit f leisten für; **to ~ the use of sth** etw zum ersten Mal anwenden **pio-**

pincers — Kneifzange

pincers — Schere

pipes — Rohre

pipes — Dudelsack

pipe — Pfeife

neering [ˌpaɪəˈnɪərɪŋ] ADJ attr Forschung wegbereitend; **~ spirit** Pioniergeist m
pious [ˈpaɪəs] ADJ fromm
pip[1] [pɪp] S 1 BOT Kern m 2 RADIO, TEL **the ~s** das Zeitzeichen; (in Telefonleitung) das Tut-Tut-Tut
pip[2] VT (Br umg) **to ~ sb at the post** jdn um Haaresbreite schlagen; (fig) jdm um Haaresbreite zuvorkommen
pipe [paɪp] A S 1 Rohr n; (für Brennstoff etc) Leitung f 2 MUS **~s** Dudelsack m 3 Pfeife f; **to smoke a ~** Pfeife rauchen B VT Wasser etc in Rohren leiten ♦**pipe down** VI (umg) die Luft anhalten (umg) ♦**pipe up** VI (umg) den Mund aufmachen; **suddenly a little voice piped up** plötzlich machte sich ein Stimmchen bemerkbar
pipe dream S Hirngespinst n; **that's just a ~** das ist ja wohl nur ein frommer Wunsch
pipeline S (Rohr)leitung f; **to be in the ~** (fig) in Vorbereitung sein; **the pay rise hasn't come through yet but it's in the ~** die Lohnerhöhung ist noch nicht durch, steht aber kurz bevor **piper** [ˈpaɪpə] S Dudelsackpfeifer(in) m(f) **pipe tobacco** S, pl -s Pfeifentabak m (⚠ Als Bezeichnung der Substanz hat **tobacco** keinen Plural. **Tobaccos** sagt man zu verschiedenen Sorten) **piping** [ˈpaɪpɪŋ] A S Rohrleitungssystem n B ADV **~ hot** kochend heiß
piquant [ˈpiːkənt] ADJ pikant
pique [piːk] S Groll m; **he resigned in a fit of ~** er kündigte, weil er vergrämt war
piracy [ˈpaɪərəsɪ] S Piraterie f; (von CD, DVD) Raubpressung f **pirate** [ˈpaɪərɪt] A S Pirat(in) m(f) B VT Idee stehlen; **a ~d copy of the record** eine Raubpressung; **~d edition** Raubdruck m
pirouette [ˌpɪrʊˈet] S Pirouette f
Pisces [ˈpaɪsiːz] S (⚠ mit Verb im Singular) Fische pl; **I'm (a) ~** ich bin (ein) Fisch
piss [pɪs] (sl) A S Pisse f (vulg); **to have a ~** pissen (vulg); **to take the ~ out of sb/sth** (Br sl) jdn/etw verarschen (umg) B VI pissen (umg); **it's ~ing with rain** (umg) es pisst (sl) C VR sich bepissen (vulg); **we ~ed ourselves (laughing)** wir haben uns bepisst (sl) ♦**piss about** od **around** VI (Br umg) herummachen (umg) ♦**piss down** VI (Br umg) **it's pissing down** es pisst (sl) ♦**piss off** A VI (bes Br sl) sich verpissen (sl); **~!** verpiss dich! (sl) B VT (bes Br umg) ankotzen (sl); **to be pissed off with sb/sth** von jdm/etw die Schnauze vollhaben (umg)
piss artist S (umg) Säufer(in) m(f); (≈ Angeber) Großmaul n (umg); (≈ Versager) Niete f (umg)
pissed [pɪst] ADJ (umg) (Br) stockbesoffen (umg); (US ≈ wütend) stocksauer (umg) **piss-take** S (Br sl) Verarschung f (umg) **piss-up** S (Br sl) Saufgelage n (umg)
pistachio [pɪˈstɑːʃɪəʊ] S, pl -s Pistazie f
piste [piːst] S SKI Piste f
pistol [ˈpɪstl] S Pistole f
piston [ˈpɪstən] S Kolben m
pit[1] [pɪt] A S 1 Grube f; (Br BERGB) Zeche f; **to have a sinking feeling in the ~ of one's stomach** ein ungutes Gefühl in der Magengegend haben; **he works down the ~(s)** er arbeitet unter Tage 2 SPORT **to make a ~ stop** einen Boxenstopp machen 3 THEAT Orchester-

pit — Grube

pit — bes Br Zeche

pit US — Stein

PIT 494

graben *m* 4 **the ~s** (*umg*) das Allerletzte B V̅/̅T̅ 1 **the moon is ~ted with craters** der Mond ist mit Kratern übersät 2 **to ~ one's wits against sb/sth** seinen Verstand an jdm/etw messen; **A is ~ted against B** A und B stehen sich gegenüber

pit² (*US*) A S̅ (*von Obst*) Stein *m* B V̅/̅T̅ entsteinen
pita (bread) ['piːtə] S̅ (*US*) = **pitta (bread)**
pit babe S̅ (*umg*) Boxenluder *n* (*umg*)
pitch A S̅ 1 Wurf *m* 2 (*bes Br* SPORT) Platz *m* 3 (*Br: auf Markt etc*) Stand *m*, Standl *n* (*österr*) 4 (*umg: von Vertreter etc*) Sermon *m* (*umg*) 5 PHON Tonhöhe *f*, Tonlage *f*; (*von Sänger*) Stimmlage *f* 6 (*fig*) Grad *m* B V̅/̅T̅ 1 Ball werfen 2 MUS *Note* treffen; **she ~ed her voice higher** sie sprach mit einer höheren Stimme 3 (*fig*) **the production must be ~ed at the right level for London audiences** das Stück muss auf das Niveau des Londoner Publikums abgestimmt werden 4 *Zelt* aufschlagen C V̅/̅I̅ 1 fallen; **to ~ forward** vornüberfallen 2 SCHIFF stampfen; FLUG absacken 3 (*Baseball*) werfen ♦**pitch in** V̅/̅I̅ (*umg*) einspringen; **so we all pitched in together** also packten wir alle mit an

pitch-black A̅D̅J̅ pechschwarz **pitch-dark** A A̅D̅J̅ pechschwarz B S̅ (tiefe) Finsternis
pitcher¹ ['pitʃəʳ] S̅ (*bes US*) Krug *m*
pitcher² S̅ (*Baseball*) Werfer(in) *m(f)*
pitchfork ['pitʃfɔːk] S̅ Heugabel *f*, Mistgabel *f*
piteous ['pitiəs] A̅D̅J̅ mitleiderregend
pitfall ['pitfɔːl] S̅ (*fig*) Falle *f*
pith [piθ] S̅ BOT Mark *n*; (*von Orange etc*) weiße Haut; (*fig*) Kern *m*
pitiful ['pitifʊl] A̅D̅J̅ 1 mitleiderregend; *Schrei* jämmerlich; **to be in a ~ state** in einem erbärmlichen Zustand sein 2 erbärmlich **pitifully** ['pitifəli] A̅D̅V̅ 1 jämmerlich 2 erbärmlich
pitiless ['pitilis] A̅D̅J̅ mitleidlos
pits [pits] P̅L̅ → **pit¹**
pitta (bread) ['pitə] S̅ ≈ Fladenbrot *n*
pittance ['pitəns] S̅ Hungerlohn *m*
pity ['piti] A S̅ 1 Mitleid *n*; **for ~'s sake!** um Himmels willen!; **to have** *od* **take ~ on sb** mit jdm Mitleid haben; **to move sb to ~** jds Mitleid (*akk*) erregen 2 **(what a) ~!** (wie) schade!; **what a ~ he can't come** (wie) schade, dass er nicht kommen kann; **more's the ~!** leider; **it is a ~ that ...** es ist schade, dass ...; **it would be a ~ if he lost** *od* **were to lose this job** es wäre bedauerlich, wenn er seine Arbeit verlieren sollte B V̅/̅T̅ bedauern
pivot ['pivət] *prät, pperf* pivoted V̅/̅I̅ sich drehen; **to ~ on sth** (*fig*) sich um etw drehen **pivotal** ['pivətl] A̅D̅J̅ (*fig*) zentral
pixel ['piksl] S̅ IT Pixel *n*
pixie, pixy ['piksi] S̅ Kobold *m*

pizza ['piːtsə] S̅ Pizza *f* **pizzeria** [ˌpiːtsə'riːə] S̅ Pizzeria *f*
placard ['plækaːd] S̅ Plakat *n*
placate [plə'keit] V̅/̅T̅ beschwichtigen

place [pleis]

A Substantiv	B transitives Verb

— A Substantiv —

1 Platz *m*, Stelle *f*; **water is coming through in several ~s** an mehreren Stellen kommt Wasser durch; **from ~ to ~** von einem Ort zum anderen; **in another ~** woanders; **we found a good ~ to watch the procession from** wir fanden einen Platz, von dem wir den Umzug gut sehen konnten; **in the right/ wrong ~** an der richtigen/falschen Stelle; **some/any ~** irgendwo; **a poor man with no ~ to go** ein armer Mann, der nicht weiß, wohin; **this is no ~ for you** das ist kein Platz für dich; **it was the last ~ I expected to find him** da hätte ich ihn zuletzt vermutet; **this isn't the ~ to discuss politics** dies ist nicht der Ort, um über Politik zu sprechen; **I can't be in two ~s at once!** ich kann doch nicht an zwei Stellen gleichzeitig sein 2 Gegend *f*, Ort *m*; (*in Straßennamen*) Platz *m*; **in this ~** hier 3 Haus *n*; **come round to my ~** komm doch mal vorbei; **let's go back to my ~** lass uns zu mir gehen; **I've never been to his ~** ich bin noch nie bei ihm gewesen; **at Peter's ~** bei Peter 4 (*an Tisch, in Mannschaft*) Platz *m*; UNIV Studienplatz *m*; (≈ *Job, in Buch etc*) Stelle *f*; SPORT Platzierung *f*; **~s for 500 students** 500 Studienplätze; **to give up one's ~** (*in Warteschlange*) jdm den Vortritt lassen; **to lose one's ~** (*in Warteschlange*) sich wieder hinten anstellen müssen; (*in Buch*) die Zeile verlieren; (*auf Seite*) die Zeile verlieren; **to take the ~ of sb/sth** den Platz von jdm/etw einnehmen; **to win first ~** Erste(r, s) sein 5 Rang *m*; **people in high ~s** Leute in hohen Positionen; **to know one's ~** wissen, was sich (für einen) gehört; **it's not my ~ to comment** es steht mir nicht zu, einen Kommentar abzugeben; **to keep** *od* **put sb in his ~** jdn in seine Schranken weisen 6 MATH Stelle *f*; **to three decimal ~s** auf drei Stellen nach dem Komma 7 **~ of birth** Geburtsort *m*; **~ of residence** Wohnort *m*; **~ of work** Arbeitsstelle *f*; **in ~s** stellenweise; **everything was in ~** alles war an seiner Stelle; **the legislation is already in ~** die gesetzlichen Regelungen gelten schon; **to be out of ~** nicht an der richtigen Stelle sein; **to look out of ~** fehl am Platz wirken; **all over**

495 ‖ PLAS

the ~ überall; **in ~ of** statt (+gen); **to fall into ~** Gestalt annehmen; **in the first ~** erstens; **she shouldn't have been there in the first ~** sie hätte überhaupt nicht dort sein sollen; **to take ~** stattfinden; **to go ~s** herumreisen

— **B** transitives Verb —

1 setzen, stellen, legen; **she slowly ~d one foot in front of the other** sie setzte langsam einen Fuß vor den anderen; **she ~d a finger on her lips** sie legte den Finger auf die Lippen; **to ~ a strain on sth** etw belasten; **to ~ confidence in sb/sth** Vertrauen in jdn/etw setzen; **to be ~d** (Stadt etc) liegen; **how are you ~d for time?** wie sieht es mit deiner Zeit aus?; **we are well ~d for the shops** was Einkaufsmöglichkeiten angeht, wohnen wir günstig; **Liverpool are well ~d in the league** Liverpool liegt gut in der Tabelle **2** (rangmäßig) stellen; **that should be ~d first** das sollte an erster Stelle stehen; **the German runner was ~d third** der deutsche Läufer wurde Dritter **3** Auftrag erteilen (with sb jdm)

placebo [pləˈsiːbəʊ] §, pl -s MED Placebo n

place mat § Set n **placement** § **1** Platzierung f; (von Job) Vermittlung f **2** (Br: von Lehrling) Praktikum n; **I'm here on a six-month ~** ich bin hier für sechs Monate zur Weiterbildung; (abgeordnet) ich bin für sechs Monate hierhin überwiesen worden **place name** § Ortsname m **place setting** § Gedeck n

placid [ˈplæsɪd] ADJ ruhig; Mensch a. gelassen

plagiarism [ˈpleɪdʒərɪzəm] § Plagiat n **plagiarize** [ˈpleɪdʒəraɪz] V̅T̅ plagiieren

plague [pleɪg] A § MED Seuche f; (BIBEL, fig) Plage f; **the ~** die Pest; **to avoid sb/sth like the ~** jdn/etw wie die Pest meiden **B** V̅T̅ plagen; **to be ~d by doubts** von Zweifeln geplagt werden; **to ~ sb with questions** jdn ständig mit Fragen belästigen

plaice [pleɪs] §, pl - Scholle f

plain [pleɪn] A ADJ (+er) **1** klar; Wahrheit schlicht; (≈ klar) offensichtlich; **it is ~ to see that …** es ist offensichtlich, dass …; **to make sth ~ to sb** jdm etw klarmachen; **the reason is ~ to see** der Grund ist leicht einzusehen; **I'd like to make it quite ~ that …** ich möchte gern klarstellen, dass … **2** einfach; Essen (gut)bürgerlich; Papier unliniert; Farbe einheitlich **3** Unsinn etc rein **4** unattraktiv **B** ADV **1** (umg) (ganz) einfach **2** I can't put it ~er than that deutlicher kann ich es nicht sagen **C** § GEOG Ebene f; **the ~s** das Flachland **plain chocolate** § (Zart)bitterschokolade f **plain-clothes** ADJ in Zivil **plain flour** § Mehl n (ohne Backpulver)

plainly [ˈpleɪnlɪ] ADV **1** eindeutig; sichtbar, sich erinnern klar; **~, these new techniques are im**

practical es ist ganz klar, dass diese neuen Verfahren unpraktisch sind **2** gestehen offen **3** (≈ schlicht) einfach **plain-spoken** ADJ offen, direkt; **to be ~** sagen, was man denkt

plaintiff [ˈpleɪntɪf] § Kläger(in) m(f)

plait [plæt] A § (bes Br) Zopf m **B** V̅T̅ flechten

plan [plæn] A § Plan m; **~ of action** Aktionsprogramm n; **the ~ is to meet at six** es ist geplant, sich um sechs zu treffen; **to make ~s (for sth)** Pläne (für etw) machen; **have you any ~s for tonight?** hast du (für) heute Abend (schon) etwas vor?; **according to ~** planmäßig **B** V̅T̅ **1** planen; Häuser etc entwerfen **2** vorhaben; **we weren't ~ning to** wir hatten es nicht vor **C** V̅I̅ planen; **to ~ ahead** vorausplanen ♦**plan on** V̅I̅ +obj **1** to ~ **doing sth** vorhaben, etw zu tun **2** to ~ **sth** mit etw rechnen ♦**plan out** V̅T̅ trennb in Einzelheiten planen

plane § **1** Flugzeug n; **to go by ~** fliegen **2** (fig) Ebene f **planeload** [ˈpleɪnləʊd] § Flugzeugladung f

planet [ˈplænɪt] § Planet m **planetarium** [ˌplænɪˈtɛərɪəm] § Planetarium n

plank [plæŋk] § Brett n; SCHIFF Planke f

plankton [ˈplæŋktən] § Plankton n

planned [plænd] ADJ geplant **planner** [ˈplænə] § Planer(in) m(f) **planning** [ˈplænɪŋ] § Planung f; **~ permission** Baugenehmigung f

plant [plɑːnt] A § **1** BOT Pflanze f; rare/tropical ~s seltene/tropische Gewächse pl **2** (❗ kein pl) Anlagen pl; (≈ Fabrik) Werk n; **~ manager** (US) Werks- od Betriebsleiter(in) m(f) **B** A̅T̅T̅R̅ **~ life** Pflanzenwelt f **C** V̅T̅ **1** GARTEN pflanzen; Feld bepflanzen **2** (in Position) setzen; Bombe legen; Kuss drücken **3** to ~ **sth on sb** (umg) jdm etw unterjubeln (umg) ♦**plant out** V̅T̅ trennb auspflanzen

plantation [plænˈteɪʃən] § Plantage f, Anpflanzung f **planter** [ˈplɑːntə] § **1** Pflanzer(in) m(f) **2** Übertopf m **plant pot** § (bes Br) Blumentopf m

plaque [plæk] § **1** Plakette f, Tafel f **2** (Zahn)belag m

plasma [ˈplæzmə] § Plasma n

plaster [ˈplɑːstə] A § **1** BAU (Ver)putz m **2** (KUNST, MED: a. **plaster of Paris**) Gips m; **to have one's leg in ~** das Bein in Gips haben **3** (Br) Pflaster n (a. = (US) **Band-Aid®**)) **B** V̅T̅ **1** Wand verputzen **2** (umg) **to ~ one's face with make-up** sein Gesicht mit Make-up vollkleistern (umg); **~ed with mud** schlammbedeckt **plaster cast** § MED Gipsverband m **plastered** [ˈplɑːstəd] ADJ präd (umg) voll (umg); **to get ~** sich volllaufen lassen (umg)

P

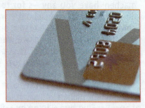

plastic — Plastik

plastic — Kreditkarten

plastic ['plæstɪk] **A** 𝔰 **1** Plastik n; **~s** Kunststoffe pl **2** (umg) Kreditkarten pl **B** ADJ Plastik- **plastic bag** 𝔰 Plastiktüte f **plastic explosive** 𝔰 Plastiksprengstoff m

Plasticine® ['plæstɪsi:n] 𝔰 (Br) Modelliermasse f

plastic surgeon 𝔰 plastischer Chirurg **plastic surgery** 𝔰 plastische Chirurgie; **she decided to have ~ on her nose** sie entschloss sich zu einer Schönheitsoperation an ihrer Nase **plastic wrap** 𝔰 (US) Frischhaltefolie f

plate [pleɪt] 𝔰 **1** Teller m; **to have sth handed to one on a ~** (Br fig umg) etw auf einem Tablett serviert bekommen (umg); **to have a lot on one's ~** (fig umg) viel am Hals haben (umg) **2** TECH, FOTO Platte f; (= für Namen) Schild n

plateau ['plætəʊ] 𝔰, pl **-s** od **-x** GEOG Hochebene f

plateful ['pleɪtfʊl] 𝔰 Teller m

platform ['plætfɔ:m] 𝔰 Plattform f, Bühne f; BAHN Bahnsteig m; IT (System)plattform f **platform shoe** 𝔰 Plateauschuh m

platinum ['plætɪnəm] 𝔰 Platin n

platitude ['plætɪtju:d] 𝔰 Plattitüde f

platonic [plə'tɒnɪk] ADJ platonisch

platoon [plə'tu:n] 𝔰 MIL Zug m

platter ['plætəʳ] 𝔰 Teller m, Platte f; **to have sth handed to one on a (silver) ~** (fig) etw auf einem (silbernen) Tablett serviert bekommen

plausibility [,plɔ:zə'bɪlɪtɪ] 𝔰 Plausibilität f

plausible ['plɔ:zəbl] ADJ plausibel

play [pleɪ] **A** 𝔰 **1** Spiel n; **~ on words** Wortspiel n; **to abandon ~** SPORT das Spiel abbrechen; **to be in ~/out of ~** (Ball) im Spiel/im Aus sein **2** THEAT (Theater)stück n; RADIO Hörspiel n; TV Fernsehspiel n; **the ~s of Shakespeare** Shakespeares Dramen **3** (fig) **to come into ~** ins Spiel kommen; **to bring sth into ~** etw aufbieten **B** VT spielen; **to ~ sb (at a game)** gegen jdn (ein Spiel) spielen; **to ~ a joke on sb** jdm einen Streich spielen; **to ~ a trick on sb** jdn hereinlegen; **to ~ it safe** auf Nummer sicher gehen (umg); **to ~ the fool** den Clown spielen; **to ~ tennis** Tennis spielen; **to ~ the piano** Klavier spielen (❗ bei Instrumenten mit the) **C** VI spielen; THEAT gespielt werden; **to go out to ~** rausgehen und spielen; **to ~ at cowboys and Indians** Cowboy und Indianer spielen; **to ~ at being a fireman** Feuerwehrmann spielen; **to ~ in defence** SPORT in der Abwehr spielen; **to ~ in goal** im Tor stehen; **what are you ~ing at?** (umg) was soll (denn) das? (umg); **to ~ for money** um Geld spielen; **to ~ for time** (fig) Zeit gewinnen wollen; **to ~ into sb's hands** (fig) jdm in die Hände spielen; **to ~ to sb** MUS jdm vorspielen ◆**play about** (Br) od **around** VI spielen; **to play around with sth** mit etw (herum)spielen; **he's been playing around (with another woman)** er hat mit einer anderen Frau herumgemacht (umg) ◆**play along** VI mitspielen; **to ~ with a suggestion** auf einen Vorschlag scheinbar eingehen; **to ~ with sb** jdm zustimmen ◆**play back** VT trennb Tonband abspielen; Anrufbeantworter abhören ◆**play down** VT trennb herunterspielen ◆**play off** VT trennb **to play X off against Y** X gegen Y ausspielen ◆**play on A** VI weiterspielen **B** VI +obj (a. **play upon**) jds Ängste geschickt ausnutzen; **the hours of waiting played on my nerves** das stundenlange Warten zermürbte mich ◆**play through** VI +obj durchspielen ◆**play up A** VI (Br umg) Schwierigkeiten machen **B** VT trennb (umg) **to play sb up** jdm Schwierigkeiten machen ◆**play upon** VI +obj = play on B ◆**play with** VI +obj **we don't have much time to ~** wir haben zeitlich nicht viel Spielraum; **to ~ oneself** an sich (dat) herumfummeln

play-acting 𝔰 (fig) Theater n **playbill** 𝔰 (US) Theaterprogramm n **playboy** 𝔰 Playboy m

player ['pleɪəʳ] 𝔰 Spieler(in) m(f) **playful** ADJ neckisch, verspielt; **the dog is just being ~** der Hund spielt nur **playfulness** 𝔰 Verspieltheit f **playground** 𝔰 Spielplatz m; SCHULE (Schul)hof m **playgroup** 𝔰 Spielgruppe f **playhouse** 𝔰 **1** (US) Spielhaus n (❗ = (Br) **wendy house**) **2** THEAT Schauspielhaus n **playing card** ['pleɪɪŋ] 𝔰 Spielkarte f

497 ‖ PLEN

playing field ⓢ Sportplatz *m* **playlist** ⓢ Titelliste *f* **playmate** ⓢ Spielkamerad(in) *m(f)*
play-off ⓢ Ausscheidungsspiel *n*, Play-off *n*
play park ⓢ Spielpark *m* **playpen** ⓢ Laufstall *m* **playschool** ⓢ (*bes Br*) Kindergarten *m* **plaything** ⓢ Spielzeug *n*; **~s** *pl* Spielsachen *pl*, Spielzeug *n* **playtime** ⓢ SCHULE große Pause **playwright** [ˈpleɪraɪt] ⓢ Dramatiker(in) *m(f)*

plaza [ˈplɑːzə] ⓢ Piazza *f*; (*US*) Einkaufszentrum *n*

plc (*Br*) *abk von* public limited company ≈ AG *f*

plea [pliː] ⓢ ◼ Bitte *f*; **to make a ~ for sth** zu etw aufrufen ◼ JUR Plädoyer *n* **plead** [pliːd] *prät, pperf* pleaded *od* (*schott, US*) pled ◼ VT *Unwissenheit* sich berufen auf (+*akk*) ◼ VI ◼ bitten (*for* um); **to ~ with sb to do sth** jdn bitten, etw zu tun; **to ~ with sb for sth** jdn um etw bitten ◼ JUR das Plädoyer halten; **to ~ guilty/not guilty** sich schuldig/nicht schuldig bekennen **pleading** ADJ, **pleadingly** ADV [ˈpliːdɪŋ, -lɪ] flehend

pleasant [ˈpleznt] ADJ angenehm, erfreulich, gefreut (*schweiz*); *Mensch* nett, fesch (*österr*); *Lächeln* freundlich **pleasantly** [ˈplezntlɪ] ADV angenehm; *lächeln, grüßen* freundlich **pleasantness** ⓢ Freundlichkeit *f* **pleasantry** [ˈplezntrɪ] ⓢ Nettigkeit *f*

please [pliːz] ◼ INT bitte; (**yes,**) **~** (ja,) bitte, oh ja, gerne; **~ pass the salt, pass the salt, ~** würden Sie mir bitte das Salz reichen?; **may I? — ~ do!** darf ich? — bitte sehr! ◼ VI ◼ (**just**) **as you ~** ganz wie du willst; **to do as one ~s** tun, was einem gefällt ◼ gefallen; **eager to ~** darum bemüht, alles richtig zu machen ◼ VT eine Freude machen (+*dat*); **the idea ~d him** die Idee hat ihm gefallen; **just to ~ you** nur dir zuliebe; **it ~s me to see him so happy** es freut mich, dass er so glücklich ist; **you can't ~ everybody** man kann es nicht allen recht machen; **there's no pleasing him** er ist nie zufrieden; **he is easily ~d** er ist leicht zufriedenzustellen ◼ VR **to ~ oneself** tun, was einem gefällt; **~ yourself!** wie Sie wollen!; **you can ~ yourself about where you sit** es ist Ihnen überlassen, wo Sie sitzen **pleased** ADJ freudig, zufrieden; **to be ~ (about sth)** sich (über etw *akk*) freuen; **I'm ~ to hear that ...** es freut mich zu hören, dass ...; **~ to meet you** freut mich; **we are ~ to inform you that ...** wir freuen uns, Ihnen mitteilen zu können, dass ...; **to be ~ with sb/sth** mit jdm/etw zufrieden sein; **I was only too ~ to help** es war mir wirklich eine Freude zu helfen **pleasing** [ˈpliːzɪŋ] ADJ angenehm, erfreulich, gefreut (*schweiz*)

pleasurable [ˈpleʒərəbl] ADJ angenehm; *Erwartung* freudig
pleasure [ˈpleʒəʳ] ⓢ ◼ Freude *f*; **it's a ~, (my) ~** gern (geschehen)!; **with ~** sehr gerne; **it's my very great ~ ...** es ist mir ein großes Vergnügen, ...; **to have the ~ of doing sth** das Vergnügen haben, etw zu tun; **to do sth for ~** etw zum Vergnügen tun; **to get ~ out of doing sth** Spaß daran haben, etw zu tun; **he takes ~ in annoying me** es bereitet ihm Vergnügen, mich zu ärgern ◼ Vergnügen *n*; **business or ~?** geschäftlich oder zum Vergnügen?; **it's a ~ to meet you** es freut mich, Sie kennenzulernen; **he's a ~ to teach** es ist ein Vergnügen, ihn zu unterrichten **pleasure boat** ⓢ Vergnügungsdampfer *m*

pleat [pliːt] ◼ ⓢ Falte *f* ◼ VT fälteln **pleated** [ˈpliːtɪd] ADJ gefältelt; **~ skirt** Faltenrock *m*
pleb [pleb] ⓢ (*umg*) Prolet(in) *m(f)*, Prolo *m* (*umg*)
plebian [pləˈbiːən] ADJ ◼ proletenhaft ◼ HIST plebejisch

plectrum [ˈplektrəm] ⓢ Plektrum *n*
pled [pled] (*US, schott*) *prät, pperf von* plead
pledge [pledʒ] ◼ ⓢ ◼ Pfand *n* ◼ Versprechen *n*; **as a ~ of** als Zeichen (+*gen*); **election ~s** Wahlversprechen *pl* ◼ VT ◼ verpfänden ◼ zusichern; **to ~ support for sb/sth** jdm/einer Sache seine Unterstützung zusichern; **to ~ (one's) allegiance to sb/sth** jdm/einer Sache Treue geloben

plenary [ˈpliːnərɪ] ADJ **~ session** Plenarsitzung *f*, Vollversammlung *f*; **~ powers** unbeschränkte Vollmachten *pl*

plentiful [ˈplentɪful] ADJ reichlich; *Bodenschätze etc* reichlich vorhanden; **to be in ~ supply** reichlich vorhanden sein

plenty [ˈplentɪ] ◼ ⓢ ◼ eine Menge; **in ~** im Überfluss; **three kilos will be ~** drei Kilo sind reichlich; **there's ~ here for six** es gibt mehr als genug für sechs; **that's ~, thanks!** danke, das ist reichlich; **you've had ~** du hast reichlich gehabt; **to see ~ of sb** jdn oft sehen; **there's ~ to do** es gibt viel zu tun; **there's ~ more where that came from** davon gibt es genug; **there are still ~ left** es sind immer noch eine ganze Menge da ◼ **plenty of** viel; **~ of time** viel Zeit; **~ of eggs** viele Eier; **there is no longer ~ of oil** Öl ist nicht mehr im Überfluss vorhanden; **a country with ~ of natural resources** ein Land mit umfangreichen Bodenschätzen; **has everyone got ~ of potatoes?** hat jeder reichlich Kartoffeln?; **there will be ~ to drink** es gibt dort ausreichend zu trinken; **he had been given ~ of warning** er ist genügend oft gewarnt worden; **to arrive in ~ of time** rechtzeitig kommen; **there's ~ of**

time es ist noch viel Zeit; **take ~ of exercise** Sie müssen viel Sport treiben B ADV (bes US umg) **I like it ~** ich mag das sehr

pliable ['plaɪəbl], **pliant** ['plaɪənt] ADJ **1** biegsam; *Leder* geschmeidig **2** fügsam

pliers ['plaɪəz] PL (a. **pair of pliers**) (Kombi)zange f

plight [plaɪt] S Elend n; (von Wirtschaft etc) Verfall m; **the country's economic ~** die wirtschaftliche Misere des Landes

plimsoll ['plɪmsl] S (Br) Turnschuh m *aus Segeltuch* (⚠ = (US) **sneaker**)

plod [plɒd] VI **1** trotten; **to ~ up a hill** einen Hügel hinaufstapfen; **to ~ along** weiterstapfen **2** (fig) **to ~ away at sth** sich mit etw abmühen

plonk¹ [plɒŋk] VT (umg: a. **plonk down**) hinschmeißen (umg); **to ~ oneself (down)** sich hinpflanzen (umg)

plonk² S (Br umg) (billiger) Wein

plonker ['plɒŋkə'] S (Br umg) **1** (≈ Mensch) Niete f **2** (≈ Penis) Pimmel m (umg)

plop [plɒp] A S Plumps m; (in Wasser) Platsch m B VI **1** (in Wasser) platschen **2** (umg) plumpsen (umg)

plot [plɒt] A S **1** AGR Stück n Land, Grundstück n, Parzelle f; **a ~ of land** ein Stück n Land **2** (US: von Gebäude) Grundriss m **3** LIT, THEAT Handlung f; **to lose the ~** (fig umg) den Faden verlieren B VT **1** planen; **they ~ted to kill him** sie planten gemeinsam, ihn zu töten **2** *Position* feststellen; (auf Karte) einzeichnen C VI **to ~ against sb** sich gegen jdn verschwören **plotter** ['plɒtə'] S IT Plotter m

plough, (US) **plow** [plaʊ] A S Pflug m; **the Plough** ASTRON der Wagen B VT & VI AGR pflügen ◆**plough back** VT trennb HANDEL reinvestieren (into in +akk) ◆**plough into** A VI +obj *Auto* hineinrasen in (+akk) B VT trennb *Geld* reinstecken in (+akk) (umg) ◆**plough through** A VI +obj **1 we ploughed through the snow** wir kämpften uns durch den Schnee; **the car ploughed through the fence** der Wagen brach durch den Zaun **2** (umg) **to ~ a novel** *etc* sich durch einen Roman *etc* hindurchquälen B VT trennb **1 we ploughed our way through the long grass** wir bahnten uns unseren Weg durch das hohe Gras **2** (umg) **to plough one's way through a novel** *etc* sich durch einen Roman *etc* durchackern (umg) ◆**plough up** VT trennb umpflügen

ploughing, (US) **plowing** ['plaʊɪŋ] S Pflügen n **ploughman**, (US) **plowman** S, pl -men Pflüger m **ploughman's lunch** S (Br) Käse und Brot als Imbiss **plow** *etc* (US) = **plough** *etc*

ploy [plɔɪ] S Trick m

pls abk von **please** b.

pluck [plʌk] VT **1** pflücken; *Huhn* rupfen; *Gitarre, Augenbrauen* zupfen; **to ~ (at) sb's sleeve** jdn am Ärmel zupfen; **she was ~ed from obscurity to become a film star** sie wurde von einer Unbekannten zum Filmstar gemacht; **he was ~ed to safety** er wurde in Sicherheit gebracht; **to ~ sth out of the air** etw aus der Luft greifen; **to ~ up (one's) courage** all seinen Mut zusammennehmen **2** (a. **pluck out**) *Haare* auszupfen

plucky ['plʌkɪ] ADJ (+er) *Mensch, Lächeln* tapfer; *Tat* mutig

plug [plʌg] A S **1** Stöpsel m, Propfen m; (in Fass) Spund m; **to pull the ~ on sb/sth** (fig umg) jdm/einer Sache den Boden unter den Füßen wegziehen **2** ELEK Stecker m (⚠ in der gesprochenen Sprache auch für „Steckdose"); AUTO (Zünd)kerze f **3** (umg) Schleichwerbung f kein pl; **to give sb/sth a ~** für jdn/etw Werbung machen B VT **1** *Loch, Leck* zustopfen **2** (umg) Schleichwerbung machen für ◆**plug away** VI (umg) ackern (umg); **to ~ at sth** sich mit etw herumschlagen (umg); **keep plugging away** (nur) nicht lockerlassen ◆**plug in** A VT trennb einstöpseln; **to be plugged in** angeschlossen sein B VI sich anschließen lassen ◆**plug up** VT trennb *Loch* zustopfen

plug-and-play ATTR IT Plug-and-Play- **plughole** S (Br) Abfluss m; **to go down the ~** (fig umg) kaputtgehen (umg)

plum [plʌm] A S Pflaume f, Zwetschke f (österr), Zwetsch(g)e f B ADJ attr (umg) *Job* Bomben- (umg)

plug — Stöpsel

plug — Stecker

plug — Zündkerze

499 ‖ PODC

plumage [ˈpluːmɪdʒ] ̲s̲ Gefieder n
plumb [plʌm] **A** ̲A̲D̲V̲ **1** (umg) total (umg) **2** genau **B** ̲V̲T̲ to ~ the depths of despair die tiefste Verzweiflung erleben; to ~ new depths einen neuen Tiefstand erreichen ♦**plumb in** ̲V̲T̲ trennb (Br) anschließen
plumber [ˈplʌmər] ̲s̲ Klempner(in) m(f)
plumbing [ˈplʌmɪŋ] ̲s̲ Leitungen pl
plume [pluːm] ̲s̲ Feder f; (auf Helm) Federbusch m; ~ of smoke Rauchfahne f
plummet [ˈplʌmɪt] ̲V̲I̲ (Flugzeug) hinunterstürzen; (Verkaufszahlen) stark zurückgehen; (Aktien) fallen; the euro has ~ted to £0.60 der Euro ist auf £ 0,60 gefallen
plump [plʌmp] **A** ̲A̲D̲J̲ (+er) mollig; Beine stämmig; Gesicht rundlich; Huhn gut genährt; Frucht prall **B** ̲V̲T̲ to ~ sth down etw hinfallen lassen/hinwerfen; she ~ed herself down in the armchair sie ließ sich in den Sessel fallen ♦**plump for** ̲V̲I̲ +obj sich entscheiden für ♦**plump up** ̲V̲T̲ trennb Kissen aufschütteln
plumpness [ˈplʌmpnɪs] ̲s̲ Molligkeit f; (von Beinen) Stämmigkeit f; (von Gesicht) Pausbäckigkeit f; (von Huhn) Wohlgenährtheit f
plum pudding ̲s̲ Plumpudding m **plum tomato** ̲s̲, pl -es Flaschentomate f
plunder [ˈplʌndər] **A** ̲s̲ Beute f **B** ̲V̲T̲ **1** plündern **2** rauben **C** ̲V̲I̲ plündern
plunge [plʌndʒ] **A** ̲V̲T̲ **1** stecken; (in Flüssigkeit) tauchen; he ~d the knife into his victim's back er jagte seinem Opfer das Messer in den Rücken **2** (fig) to ~ the country into war das Land in einen Krieg stürzen; ~d into darkness in Dunkelheit getaucht **B** ̲V̲I̲ **1** tauchen **2** stürzen; (Umsatz) fallen; to ~ to one's death zu Tode stürzen; he ~d into the crowd er stürzte sich in die Massen **C** ̲V̲I̲R̲ (in Arbeit etc) sich stürzen (into in +akk) **D** ̲s̲ **1** Sturz m; shares took a ~ es kam zu einem Kurssturz **2** (Kopf)sprung m; to take the ~ (fig umg) den Sprung wagen ♦**plunge in A** ̲V̲T̲ trennb Messer hineinjagen; Hand hineinstecken; (in Flüssigkeit) hineintauchen; he was plunged straight in (at the deep end) (fig) er musste gleich richtig ran (umg) **B** ̲V̲I̲ hineinspringen
plunger [ˈplʌndʒər] ̲s̲ Sauger m **plunging** [ˈplʌndʒɪŋ] ̲A̲D̲J̲ **1** Ausschnitt tief **2** Preise stark fallend
pluperfect [ˈpluːˈpɜːfɪkt] **A** ̲s̲ Plusquamperfekt n **B** ̲A̲D̲J̲ ~ tense Plusquamperfekt n
plural [ˈplʊərəl] **A** ̲A̲D̲J̲ GRAM Plural-; ~ ending Pluralendung f **B** ̲s̲ Plural m; in the ~ im Plural
pluralism [ˈplʊərəlɪzm] ̲s̲ Pluralismus m
pluralist [ˈplʊərəlɪst] ̲A̲D̲J̲ pluralistisch
plus [plʌs] **A** ̲P̲R̲Ä̲P̲ plus (+dat), und (außerdem); ~ or minus 10% plus minus 10% **B** ̲A̲D̲J̲ **1** a ~ fig-

ure eine positive Zahl; on the ~ side auf der Habenseite; ~ 10 degrees 10 Grad über null **2** he got B ~ ≈ er hat eine Zwei plus bekommen; 50 pages ~ über 50 Seiten **C** ̲s̲ Pluszeichen n; (≈ Faktor) Pluspunkt m; (≈ Gewinn) Plus n
plush [plʌʃ] ̲A̲D̲J̲ (+er) (umg) feudal (umg); a ~ hotel ein Nobelhotel n (umg)
plus sign ̲s̲ Pluszeichen n
Pluto [ˈpluːtəʊ] ̲s̲ ASTRON Pluto m
plutonium [pluːˈtəʊnɪəm] ̲s̲ Plutonium n
ply [plaɪ] ̲V̲T̲ **1** Gewerbe ausüben **2** to ~ sb with questions jdn mit Fragen überhäufen; to ~ sb with drink(s) jdn immer wieder zum Trinken auffordern
plywood [ˈplaɪwʊd] ̲s̲ Sperrholz n
PM (Br umg) abk von Prime Minister
pm abk von post meridiem; 2 pm 2 Uhr nachmittags; 12 pm 12 Uhr mittags
PMS [piːemˈes] ̲s̲ abk von pre-menstrual syndrome PMS n
PMT [piːemˈtiː] ̲s̲ (Br) abk von pre-menstrual tension PMS n
pneumatic drill [njuːˌmætɪkˈdrɪl] ̲s̲ Pressluftbohrer m
pneumonia [njuːˈməʊnɪə] ̲s̲ Lungenentzündung f
PO abk von post office PA
poach[1] [pəʊtʃ] ̲V̲T̲ Ei pochieren; Fisch dünsten; ~ed egg verlorenes Ei
poach[2] **A** ̲V̲T̲ unerlaubt fangen; (fig) Idee stehlen; Kunden abwerben **B** ̲V̲I̲ (wörtl) wildern (for auf +akk) **poacher** [ˈpəʊtʃər] ̲s̲ Wilderer m, Wilderin f **poaching** [ˈpəʊtʃɪŋ] ̲s̲ Wildern n
PO box ̲s̲ Postfach n
pocket [ˈpɒkɪt] **A** ̲s̲ **1** (an Kleidung) Tasche f; (in Aktenordner) Fach n; (Billard) Loch n; to be in sb's ~ (fig) jdm hörig sein; to live in each other's od one another's ~s (fig) unzertrennlich sein **2** (≈ Finanzen) Geldbeutel m; to be a drain on one's ~ jds Geldbeutel strapazieren (umg); to pay for sth out of one's own ~ etw aus der eigenen Tasche bezahlen **3** Gebiet n; ~ of resistance Widerstandsnest n **B** ̲A̲D̲J̲ Taschen- **C** ̲V̲T̲ einstecken **pocketbook** ̲s̲ **1** Notizbuch n **2** (bes US) Brieftasche f (**❶** = (Br) **wallet**) **pocket calculator** ̲s̲ Taschenrechner m **pocketful** [ˈpɒkɪtfʊl] ̲s̲ a ~ eine Taschevoll **pocketknife** ̲s̲ Taschenmesser n **pocket money** ̲s̲ (bes Br) Taschengeld n (**❶** = (US) **allowance**) **pocket-size(d)** ̲A̲D̲J̲ im Taschenformat; ~ camera/TV Miniaturkamera f/-fernseher m
pockmarked [ˈpɒkmɑːkt] ̲A̲D̲J̲ Gesicht pockennarbig; Oberfläche narbig
pod [pɒd] **A** ̲s̲ BOT Hülse f **B** ̲V̲T̲ Erbsen enthülsen
podcast ̲s̲ IT Podcast m

podgy ['pɒdʒɪ] ADJ (+er) (Br umg) pummelig; *Gesicht* schwammig; ~ **fingers** Wurstfinger pl
podiatrist [pə'diːətrɪst] S (bes US) Fußspezialist(in) m(f)
podium ['pəʊdɪəm] S Podest n
poem ['pəʊɪm] S Gedicht n
poet ['pəʊɪt] S Dichter m **poetic** [pəʊ'etɪk] ADJ poetisch **poetic licence** S dichterische Freiheit **poet laureate** ['pəʊɪt'lɔːrɪɪt] S Hofdichter(in) m(f) **poetry** ['pəʊɪtrɪ] S Dichtung f; **to write ~** Gedichte schreiben
pogrom ['pɒgrəm] S Pogrom n
poignancy ['pɔɪnjənsɪ] S Ergreifende(s) n; (von *Erinnerungen*) Wehmut f **poignant** ['pɔɪnjənt] ADJ ergreifend; *Erinnerungen* wehmütig

point [pɔɪnt]

A Substantiv	B Plural
C transitives Verb	D intransitives Verb

— A Substantiv —

1 Punkt m; **~s for/against** Plus-/Minuspunkte pl; **to win on ~s** nach Punkten gewinnen; **(nought) ~ seven (0.7)** null Komma sieben (0,7); **up to a ~** bis zu einem gewissen Grad **2** (von *Nadel*) Spitze f **3** (zeitlich, örtlich) Stelle f; **at this ~** in diesem Augenblick, jetzt; **from that ~ on** von da an; **at what ~ ...?** an welcher Stelle ...?; **at no ~** nie; **at no ~ in the book** nirgends in dem Buch; **~ of departure** Ausgangspunkt m; **severe to the ~ of cruelty** streng bis an die Grenze der Grausamkeit; **the ~ of no return** (fig) der Punkt, von dem an es kein Zurück gibt; **~ of view** Standpunkt m; **from my ~ of view** von meinem Standpunkt aus; **from the ~ of view of productivity** von der Produktivität her gesehen; **to be on the ~ of doing sth** im Begriff sein, etw zu tun; **he was on the ~ of telling me the story when ...** er wollte mir gerade die Geschichte erzählen, als ... **4** (≈ *Sache*) Punkt m; **a useful ~** ein nützlicher Hinweis; **~ by ~** Punkt für Punkt; **my ~ was ...** was ich sagen wollte, war ...; **you have a ~ there** darin mögen Sie recht haben; **to make a/one's ~** ein/sein Argument n vorbringen; **he made the ~ that ...** er betonte, dass ...; **you've made your ~!** das hast du ja schon gesagt!; **what ~ are you trying to make?** worauf wollen Sie hinaus?; **I take your ~, ~ taken** ich akzeptiere, was Sie sagen; **do you take my ~?** verstehst du mich?; **a ~ of interest** ein interessanter Punkt; **a ~ of law** eine Rechtsfrage **5** Sinn m; **there's no ~ in staying** es hat keinen Sinn zu bleiben; **I don't see the ~ of carrying on** ich

sehe keinen Sinn darin, weiterzumachen; **what's the ~?** was solls?; **the ~ of this is ...** Sinn und Zweck davon ist ...; **what's the ~ of trying?** wozu (es) versuchen?; **the ~ is that ...** die Sache ist die, dass ...; **that's the whole ~** das ist es ja gerade; **that's the whole ~ of doing it this way** gerade darum machen wir das so; **the ~ of the story** die Pointe; **that's not the ~** darum geht es nicht; **to get** od **see the ~** verstehen, worum es geht; **do you see the ~ of what I'm saying?** weißt du, worauf ich hinauswill?; **to miss the ~** nicht verstehen, worum es geht; **he missed the ~ of what I was saying** er hat nicht begriffen, worauf ich hinauswollte; **to come to the ~** zur Sache kommen; **to keep** od **stick to the ~** beim Thema bleiben; **beside the ~** irrelevant; **I'm afraid that's beside the ~** das ist nicht relevant; **a case in ~** ein einschlägiger Fall; **to make a ~ of doing sth** Wert darauf legen, etw zu tun **6** (≈ *Eigenschaft*) **good/bad ~s** gute/ schlechte Seiten pl

— B Plural —

points (Br BAHN) Weichen pl (❗ = (US) **switches**)

— C transitives Verb —

1 *Waffe* richten (at auf +akk) **2** zeigen; **to ~ the way** den Weg weisen **3** *Zehen* strecken

— D intransitives Verb —

1 zeigen (at, to auf +akk); **it's rude to ~ (at strangers)** es ist unhöflich, mit dem Finger (auf Fremde) zu zeigen; **he ~ed toward(s) the house** er zeigte zum Haus **2** hindeuten (to auf +akk); **everything ~s that way** alles weist in diese Richtung; **all the signs ~ to success** alle Zeichen stehen auf Erfolg **3** (*Waffe*) gerichtet sein; (*Haus etc*) liegen

◆**point out** VT trennb zeigen auf (+akk); **to point sth out to sb** jdn auf etw (akk) hinweisen, jdn auf etw (akk) aufmerksam machen; **could you point him out to me?** kannst du mir zeigen, wer er ist?; **may I ~ that ...?** darf ich darauf aufmerksam machen, dass ...?

point-blank ['pɔɪnt'blæŋk] **A** ADJ direkt; *Ablehnung* glatt; **at ~ range** aus kürzester Entfernung **B** ADV *schießen* aus kürzester Entfernung; *fragen* rundheraus; *ablehnen* rundweg
pointed ['pɔɪntɪd] ADJ **1** spitz **2** *Bemerkung, Blick* spitz; *Anspielung* unverblümt; *Frage* gezielt; *Abwesenheit, Geste* ostentativ; **that was rather ~** das war ziemlich deutlich **pointedly** ['pɔɪntɪdlɪ] ADV *reden* spitz; *anspielen* unverblümt; *fernbleiben* ostentativ **pointer** ['pɔɪntə] S **1** Zeiger m, Nadel f **2** Zeigestock m **3** IT Mauszeiger m **4** (fig) Hinweis m **pointless** ADJ sinnlos; **it is ~ her going** od **for her to go** es ist sinnlos,

pointer — Zeiger, Nadel

pointer — Zeigestock

pointer — Mauszeiger

dass sie geht **pointlessly** ADV sinnlos **pointlessness** s̄ Sinnlosigkeit f
poise [pɔɪz] A s̄ 1 (von Kopf, Körper) Haltung f; (≈ Anmut) Grazie f 2 Selbstsicherheit f B VT balancieren; **to hang ~d** (Vogel, Schwert) schweben; **the tiger was ~d ready to spring** der Tiger lauerte sprungbereit; **we sat ~d on the edge of our chairs** wir balancierten auf den Stuhlkanten **poised** ADJ 1 bereit; **to be ~ to do sth** bereit sein, etw zu tun; **to be ~ for sth** für etw bereit sein; **the enemy are ~ to attack** der Feind steht angriffsbereit; **he was ~ to become champion** er war auf dem besten Weg, die Meisterschaft zu gewinnen; **to be ~ on the brink of sth** am Rande von etw stehen 2 selbstsicher
poison ['pɔɪzn] A s̄ Gift n B VT vergiften; Atmosphäre, Flüsse verpesten; **to ~ sb's mind against sb** jdn gegen jdn aufstacheln **poisoned** ADJ vergiftet **poisoning** ['pɔɪznɪŋ] s̄ Vergiftung f
poisonous ['pɔɪznəs] ADJ giftig; **~ snake** Giftschlange f **poison-pen letter** s̄ anonymer Brief
poke [pəʊk] A s̄ Stoß m; **to give sb/sth a ~** jdn/etw stoßen; (mit Finger) jdn/etw stupsen B VT 1 stoßen; (mit Finger) stupsen; **to ~ the fire** das Feuer schüren; **he accidentally ~d me in the eye** er hat mir aus Versehen ins Auge gestoßen 2 **to ~ one's finger into sth** seinen Finger in etw (akk) stecken; **he ~d his head round the door** er streckte seinen Kopf durch die Tür 3 Loch bohren C VI **to ~ at sth** in etw (dat) stochern; **she ~d at her food with a fork** sie stocherte mit einer Gabel in ihrem Essen herum ♦**poke about** (Br) od **around** VI 1 herumstochern 2 (umg: neugierig) schnüffeln (umg) ♦**poke out** A VT vorstehen B VT trennb 1 hinausstrecken 2 **he poked the dirt out with his fingers** er kratzte den Schmutz mit den Fingern heraus; **to poke sb's eye out** jdm ein Auge ausstechen
poker ['pəʊkə'] s̄ KART Poker n **poker-faced** ['pəʊkəˌfeɪst] ADJ mit einem Pokergesicht
poky ['pəʊkɪ] ADJ (+er) (pej) winzig; **it's so ~ in here** es ist so eng hier
Poland ['pəʊlənd] s̄ Polen n
polar ['pəʊlə'] ADJ Polar-, polar **polar bear** s̄ Eisbär m **polar circle** s̄ Polarkreis m **polarize** ['pəʊləraɪz] A VT polarisieren B VI sich polarisieren **polarization** [ˌpəʊləraɪ'zeɪʃn] s̄ Polarisierung f
Polaroid® ['pəʊlərɔɪd] s̄ Polaroidkamera® f; (≈ Foto) Sofortbild n
Pole [pəʊl] s̄ Pole m, Polin f
pole¹ [pəʊl] s̄ Stange f, Stab m
pole² s̄ GEOG, ASTRON, ELEK Pol m; **they are ~s apart** sie (akk) trennen Welten
polemical [pɒ'lemɪkl] ADJ polemisch
pole position s̄ SPORT Poleposition f; **to be** od **start in ~** aus der Poleposition starten **pole star** s̄ Polarstern m **pole vault** s̄ Stabhochsprung m **pole-vaulter** s̄ Stabhochspringer(in) m(f)
police [pə'liːs] A s̄ (❗ mit Verb im Plural) Polizei f; **to join the ~** zur Polizei gehen; **he is in the ~** er ist bei der Polizei; **hundreds of ~** Hunderte von Polizisten B VT kontrollieren
police car s̄ Polizeiwagen m **police constable** s̄ (Br) Polizist(in) m(f) **police department** s̄ (US) Polizei f **police dog** s̄ Polizeihund m **police force** s̄ Polizei f **police headquarters** s̄ (❗ mit Verb im Singular oder Plural) Polizeipräsidium n
policeman s̄, pl -men Polizist m **police officer** s̄ Polizeibeamte(r) m/f(m) **police presence** s̄ Polizeiaufgebot n **police record** s̄ Strafregister n; **to have a ~** vorbestraft sein **police state** s̄ Polizeistaat m
police station s̄ (Polizei)wache f, Wachzimmer n (österr) **policewoman** s̄, pl -women Polizistin f **policing** [pə'liːsɪŋ] s̄ Kontrolle f
policy¹ ['pɒlɪsɪ] s̄ 1 Politik f kein pl; (≈ Prinzip) Grundsatz m; **our ~ on recruitment** unsere Einstellungspolitik; **a ~ of restricting immigration** eine Politik zur Einschränkung der Einwanderung; **a matter of ~** eine Grundsatzfrage; **your ~ should always be to give people a second chance** du solltest es dir zum Grundsatz machen, Menschen eine zweite

POLI ‖ 502

Chance zu geben; **my ~ is to wait and see** meine Devise heißt abwarten **2** Taktik *f*; **it was good/bad ~** das war (taktisch) klug/unklug

policy² 5̲ (*a.* **insurance policy**) (Versicherungs)police *f*; **to take out a ~** eine Versicherung abschließen

polio ['pəʊlɪəʊ] 5̲ (❶ kein pl) Kinderlähmung *f*

Polish ['pəʊlɪʃ] **A** A̲D̲J̲ polnisch **B** 5̲ LING Polnisch *n*

polish ['pɒlɪʃ] **A** 5̲ **1** (≈ *für Schuhe*) Creme *f*; (≈ *für Fußboden*) Bohnerwachs *n*; (≈ *für Möbel*) Politur *f*; (≈ *für Metall*) Poliermittel *n*; (≈ *für Fingernägel*) Lack *m* **2 to give sth a ~** etw polieren; *Fußboden* etw bohnern **3** Glanz *m* **B** V̲T̲ (*wörtl*) polieren; *Fußboden* bohnern ◆**polish off** V̲T̲ trennb (*umg*) Essen verputzen (*umg*) ◆**polish up** V̲T̲ trennb **1** polieren **2** (*fig*) *Stil, Fremdsprache* aufpolieren; *Aufsatz etc* überarbeiten

polished ['pɒlɪʃt] A̲D̲J̲ **1** *Möbel* poliert; *Fußboden* gebohnert **2** *Stil* verfeinert; *Leistung* brillant

polite [pə'laɪt] A̲D̲J̲ (+er) höflich; **to be ~ to sb** höflich zu jdm sein **politeness** [pə'laɪtnɪs] 5̲ Höflichkeit *f*

political [pə'lɪtɪkəl] A̲D̲J̲ politisch **political asylum** 5̲ politisches Asyl; **he was granted ~** ihm wurde politisches Asyl gewährt **political correctness** 5̲ politisch korrekter Sprachgebrauch **politically** [pə'lɪtɪkəlɪ] A̲D̲V̲ politisch **politically correct** A̲D̲J̲ politisch korrekt **politically incorrect** A̲D̲J̲ politisch inkorrekt **political party** 5̲ politische Partei **political prisoner** 5̲ politischer Gefangener, politische Gefangene

politician [ˌpɒlɪ'tɪʃən] 5̲ Politiker(in) *m(f)*

politics ['pɒlɪtɪks] 5̲ **1** (❶ mit Verb im Plural) POL Politik *f*; (≈ *Anschauungen*) politische Ansichten *pl*; **what are his ~?** welche politischen Ansichten hat er? **2** (❶ meist mit Verb im Singular) (*Gebiet, Studienfach*) Politik *f*; **I think ~ is really interesting** ich finde Politik richtig spannend; **to go into ~** in die Politik gehen; **interested in ~** politisch interessiert; **office ~** Bürorangeleien *pl*

polka ['pɒlkə] 5̲ Polka *f* **polka dot** ['pɒlkədɒt] **A** 5̲ Tupfen *m* **B** A̲D̲J̲ getupft

poll [pəʊl] **A** 5̲ **1** POL Abstimmung *f*, Wahl *f*; **a ~ was taken among the villagers** unter den Dorfbewohnern wurde abgestimmt; **they got 34% of the ~** sie bekamen 34% der Stimmen **2** ~s Wahl *f*; **to go to the ~s** zur Wahl gehen; **a crushing defeat at the ~s** eine vernichtende Wahlniederlage **3** Umfrage *f*; **a telephone ~** eine telefonische Abstimmung **B** V̲T̲ **1** *Stimmen* erhalten **2** (*bei Umfrage*) befragen

pollen ['pɒlən] 5̲ Pollen *m* **pollen count** 5̲

Pollenzahl *f*, Pollenflug *m* **pollinate** ['pɒlɪneɪt] V̲T̲ bestäuben **pollination** [ˌpɒlɪ'neɪʃən] 5̲ Bestäubung *f*

polling ['pəʊlɪŋ] 5̲ Wahl *f* **polling booth** 5̲ Wahlkabine *f* **polling card** 5̲ Wahlausweis *m* **polling day** 5̲ (*bes Br*) Wahltag *m* **polling station** 5̲ (*Br*) Wahllokal *n*

pollster ['pəʊlstə'] 5̲ Meinungsforscher(in) *m(f)*

poll tax 5̲ Kopfsteuer *f*

pollutant [pə'luːtənt] 5̲ Schadstoff *m*

pollute [pə'luːt] V̲T̲ verschmutzen, verunreinigen **polluter** [pə'luːtə'] 5̲ Umweltverschmutzer(in) *m(f)*

pollution [pə'luːʃən] 5̲ Umweltverschmutzung *f*; (*von Atmosphäre*) Verunreinigung *f*

polo ['pəʊləʊ] 5̲ (❶ kein pl) Polo *n* **polo neck** (*Br*) **A** 5̲ Rollkragenpullover *m* (❶ = (*bes US*) **turtleneck (pullover)**) **B** A̲D̲J̲ ~ **sweater** Rollkragenpullover *m* **polo shirt** 5̲ Polohemd *n*

poltergeist ['pɒltəgaɪst] 5̲ Poltergeist *m*

polyester [ˌpɒlɪ'estə'] 5̲ Polyester *m*

polygamist [pɒ'lɪgəmɪst] 5̲ Polygamist(in) *m(f)* **polygamous** [pɒ'lɪgəməs] A̲D̲J̲ polygam **polygamy** [pɒ'lɪgəmɪ] 5̲ Polygamie *f*

polystyrene® [ˌpɒlɪ'staɪriːn] **A** 5̲ Polystyrol *n* **B** A̲D̲J̲ Polystyrol-

polysyllabic [ˌpɒlɪsɪ'læbɪk] A̲D̲J̲ mehrsilbig **polytechnic** [ˌpɒlɪ'teknɪk] 5̲ (*Br*) ≈ Polytechnikum *n*, technische Hochschule

polythene ['pɒlɪθiːn] 5̲ (*Br*) Polyäthylen *n*; **~ bag** Plastiktüte *f*

polyunsaturated [ˌpɒlɪʌn'sætʃəreɪtɪd] A̲D̲J̲ mehrfach ungesättigt; **~ fats** mehrfach ungesättigte Fettsäuren *pl*

pomegranate ['pɒmə,grænɪt] 5̲ Granatapfel *m*

Pomerania [ˌpɒmə'reɪnɪə] 5̲ Pommern *n*

pomp [pɒmp] 5̲ Pomp *m*

pompom ['pɒmpɒm] 5̲ Troddel *f*

pomposity [pɒm'pɒsɪtɪ] 5̲ Aufgeblasenheit *f*; (*von Sprache*) Schwülstigkeit *f* **pompous** ['pɒmpəs] A̲D̲J̲ aufgeblasen; *Sprache* schwülstig **pompously** ['pɒmpəslɪ] A̲D̲V̲ *schreiben, sprechen* schwülstig; *sich benehmen* aufgeblasen

poncy ['pɒnsɪ] A̲D̲J̲ (+er) (*Br umg*) *Gang, Schauspieler* tuntig (*umg*)

pond [pɒnd] 5̲ Teich *m*

ponder ['pɒndə'] **A** V̲T̲ nachdenken über (+*akk*) **B** V̲I̲ nachdenken (*on, over* über +*akk*)

ponderous ['pɒndərəs] A̲D̲J̲ schwerfällig

pong [pɒŋ] (*Br umg*) **A** 5̲ Gestank *m*; **there's a bit of a ~ in here** hier stinkts **B** V̲I̲ stinken

pony ['pəʊnɪ] 5̲ Pony *n* **ponytail** 5̲ Pferdeschwanz *m*; **she was wearing her hair in a**

503 ‖ POLI

▶ Political Correctness

Die **Political Correctness (PC)**, politisch korrekter Sprachgebrauch, entstand Anfang der 80er-Jahre vor allem in den USA. Sie ist der Versuch, Begriffe zu vermeiden, die bestimmte Bevölkerungsgruppen beleidigen oder ausgrenzen könnten, oder die als herablassend empfunden werden. Im Sinne der Gleichberechtigung wurden geschlechtsneutrale Alternativen zu Personenbezeichnungen geprägt, die mittlerweile auch weitgehend Eingang in den alltäglichen Sprachgebrauch gefunden haben:

PC	anstelle von	Erklärung
chairperson	chairman / -woman	Vorsitzende(r)
spokesperson	spokesman / -woman	Sprecher(in)
head teacher	headmaster / headmistress	Schulleiter(in)
firefighter	fireman	Feuerwehrmann / -frau
law enforcement officer	policeman / policewoman	Polizist(in)
flight attendant	air hostess / steward(ess)	Flugbegleiter(in)

Bezeichnungen für Bevölkerungsgruppen unterschiedlicher ethnischer Herkunft oder Religion unterliegen einem ständigen Wandel. Begriffe, die in den 1980er-Jahren **politically correct** waren, können inzwischen das Gegenteil sein. Hier ein paar aktuelle Beispiele für **PC**:

PC	anstelle von	Erklärung
Black; African-American	Afro-American	Amerikaner afrikanischer Herkunft
Native American	Indian	Amerikaner indianischer Abstammung
Latino m / Latina f	Hispanic	Person mittel- oder südamerikanischer Abstammung
people of colo(u)r	colo(u)red people; ethnic minorities, minority groups	Personen unterschiedlicher nicht-weißer ethnischer Gruppen
(British) Asian	Oriental; Paki(stani)	Personen asiatischer Herkunft, z. B. aus Indien, Pakistan, Bangladesch
indigenous / aboriginal Australian	Aborigine	Ureinwohner Australiens

Ähnliches gilt auch für Bezeichnungen von Behinderungen.
Bitte merken: **deaf** oder **hard of hearing** wird von tauben Menschen mittlerweile eher verwendet als der frühere **PC**-Begriff **hearing impaired**. **Visually impaired** wird zwar für Blinde benutzt, **blind** ist aber eher üblich.

PC	anstelle von	Erklärung
disability; disabled	handicap; handicapped	Behinderung; behindert
differently abled / disabled person	handicapped person	Behinderte(r)
blind; partially sighted	visually impaired	blind
deaf; hard of hearing	hearing impaired; deaf and dumb	taub
mentally challenged; person with mental disability	mentally handicapped / retarded (person)	geistig behindert; geistig Behinderte(r)
bipolar	manic depressive	Manisch-Depressive(r)

▶▶

PONY | 504

Political Correctness wurde oft übertrieben und hat in den letzten Jahren einen eher schlechten Ruf erlangt. Mit umständlichen Euphemismen kamen oft sehr komplizierte und schwer verständliche Ausdrücke und Texte zustande, die in den 1990er-Jahren von Satirikern aufgegriffen und ins Lächerliche gezogen wurden. Außerdem wird kritisiert, dass man dadurch die Aufmerksamkeit auf die jeweilige Gruppe lenkt und diese eher als „Ausnahme" darstellt anstatt sie zu integrieren. **PC** wird mittlerweile oft als Schimpfwort für extrem linke politische Ansichten oder Gruppeninteressen verwendet.
Die Grundidee der **Political Correctness** hat allerdings in den letzten 20 Jahren viel dazu beigetragen, dass sich sowohl das Sozialbewusstsein als auch der Sprachgebrauch und die Politik mehr in Richtung Gleichberechtigung bewegten.

SPRACHGEBRAUCH

~ sie trug einen Pferdeschwanz **pony trekking** S Ponyreiten n
poo [pu:] S VI, pl -s (kinderspr) = pooh B, C
poodle ['pu:dl] S Pudel m
poof(ter) ['pʊf(tə')] S (obs Br pej umg) Schwule(r) m (umg)
pooh [pu:] A INT puh B S (kinderspr) Aa n (kinderspr); **to do a ~** Aa machen (kinderspr) C VI (kinderspr) Aa machen (kinderspr)
pool¹ [pu:l] S 1 Teich m 2 (nach Regen) Pfütze f 3 Lache f; **a ~ of blood** eine Blutlache 4 Swimmingpool m, Schwimmbad n; **to go to the (swimming) ~** ins Schwimmbad gehen

pool — Pfütze

pool — Swimmingpool

pool² A S 1 (gemeinsame) Kasse 2 Schreibzentrale f 3 Fuhrpark m 4 **pools** PL (Br) die **~s** Toto m od n; **to do the ~s** Toto spielen; **he won £1000 on the ~s** er hat £ 1000 im Toto gewonnen 5 Poolbillard n B VT Mittel zusammenlegen; Anstrengungen vereinen (geh)
pool attendant S Bademeister(in) m(f) **pool hall** S Billardzimmer n **pool table** S Billard-

tisch m
poop [pu:p] VT (umg) schlauchen (umg)
pooper scooper ['pu:pə'sku:pə'] S (umg) Schaufel f für Hundekot
poor [pʊə'] A ADJ (+er) 1 arm; **to get** od **become ~er** verarmen; **he was now one thousand pounds (the) ~er** er war nun um eintausend Pfund ärmer; **~ relation** (fig) Sorgenkind n; **you ~ (old) chap** (umg) du armer Kerl (umg); **~ you!** du Ärmste(r)!; **she's all alone, ~ woman** sie ist ganz allein, die arme Frau; **~ things, they look cold** die Ärmsten, ihnen scheint kalt zu sein 2 schlecht, mangelhaft; Führung schwach; **a ~ substitute** ein armseliger Ersatz; **a ~ chance of success** schlechte Erfolgsaussichten pl; **that's ~ consolation** das ist ein schwacher Trost; **he has a ~ grasp of the subject** er beherrscht das Fach schlecht B PL **the ~** die Armen pl (❗ der Arme = **the poor man**) **poorly** ['pʊəli] A ADV 1 arm; ausgestattet ärmlich; **~ off** schlecht gestellt 2 schlecht; **~-attended** schlecht besucht; **~-educated** ohne (ausreichende) Schulbildung; **~-equipped** schlecht ausgerüstet; **to do ~ (at sth)** (in etw dat) schlecht abschneiden B ADJ präd (Br) krank; **to be** od **feel ~** sich krank fühlen
pop¹ [pɒp] S (bes US umg) Papa m (umg) (❗ **Pop** wird in der Anrede großgeschrieben.)
pop² A S 1 Knall m 2 (≈ Getränk) Limo f (umg) B ADV **to go ~** (Korken) knallen; (Ballon) platzen; **~!** peng! C VT 1 Ballon zum Platzen bringen 2 (umg) stecken; **to ~ a letter into the postbox** (Br) od **mailbox** (US) einen Brief einwerfen; **he ~ped his head round the door** er streckte den Kopf durch die Tür; **to ~ a jacket on** sich (dat) ein Jackett überziehen; **to ~ the question** einen (Heirats)antrag machen D VI (umg) 1 (Korken) knallen; (Ballon) platzen; (Ohren) knacken; **his eyes were ~ping out of his head** ihm fielen fast die Augen aus dem Kopf (umg) 2 **to ~ along/down to the baker's** schnell zum Bäcker laufen; **I'll just ~ upstairs** ich laufe mal eben nach oben; **~ round sometime** komm doch mal auf einen Sprung bei mir vor-

505 | **PORT**

bei (umg) ♦**pop back** (umg) **A** *v/t trennb* (schnell) zurücktun (umg); **pop it back in(to) the box** tu es wieder in die Schachtel **B** *v/i* schnell zurücklaufen ♦**pop in** (umg) **A** *v/t trennb* hineintun; **to pop sth in(to) sth** etw in etw (akk) stecken **B** *v/i* auf einen Sprung vorbeikommen (umg); **to ~ for a short chat** auf einen kleinen Schwatz hereinschauen (umg); **we just popped into the pub** wir gingen kurz in die Kneipe; **just ~ any time** komm doch irgendwann mal vorbei ♦**pop off** *v/i* (Br umg) verschwinden (umg) (to nach) ♦**pop open** *v/i* aufplatzen, aufspringen ♦**pop out** *v/i* (umg) **1** (schnell) rausgehen (umg); **he has just popped out for a beer** er ist schnell auf ein Bierchen gegangen (umg); **he has just popped out to the shops** er ist schnell zum Einkaufen gegangen **2** (Augen) vorquellen ♦**pop up** (umg) **A** *v/t trennb Kopf* hochstrecken **B** *v/i* **1** auftauchen; (Kopf) hochschießen (umg) **2** (mal eben) raufkommen (umg), (mal eben) raufgehen (umg)

pop concert *s* Popkonzert *n* **popcorn** *s* Popcorn *n*

Pope [pəʊp] *s* Papst *m*

pop group *s* Popgruppe *f* **popgun** *s* Spielzeugpistole *f* **pop icon** *s* Popikone *f*, Popidol *n*

poplar ['pɒplə] *s* Pappel *f*

pop music *s* Popmusik *f*

poppy ['pɒpɪ] *s* Mohn *m* **Poppy Day** *s* (Br) ≈ Volkstrauertag *m* **poppy seed** *s* Mohn *m*

Popsicle® ['pɒpsɪkl] *s* (US) Eis *n* am Stiel

pop singer *s* Popsänger(in) *m(f)* **pop song** *s* Popsong *m* **pop star** *s* Popstar *m*

populace ['pɒpjʊlɪs] *s* Bevölkerung *f*, breite Öffentlichkeit

popular ['pɒpjʊlə] *adj* **1** beliebt (with bei); **he was a very ~ choice** seine Wahl fand großen Anklang **2** populär; *Musik* leicht; **~ appeal** Massenappeal *m*; **~ science** Populärwissenschaft *f* **3** *Glaube* weitverbreitet; **contrary to ~ opinion** entgegen der landläufigen Meinung; **fruit teas are becoming increasingly ~** Früchtetees erfreuen sich zunehmender Beliebtheit **4** POL *Unterstützung des Volkes; Abstimmung, Forderung* allgemein; **~ uprising** Volksaufstand *m*; **by ~ request** auf allgemeinen Wunsch **popular culture** *s* Populärkultur *f* **popularity** [ˌpɒpjʊ'lærɪtɪ] *s* Beliebtheit *f*; **he'd do anything to win ~** er würde alles tun, um sich beliebt zu machen; **the sport is growing in ~** dieser Sport wird immer populärer **popularize** ['pɒpjʊləraɪz] *v/t* **1** populär machen **2** *Wissenschaft, Ideen* popularisieren, populärisieren **popularly** ['pɒpjʊləlɪ] *adv* allgemein; **he is ~ believed to be rich** nach allgemeiner Ansicht ist er reich; **to be ~ known as sb/sth** allgemein als jd/etw bekannt sein **populate** ['pɒpjʊleɪt] *v/t* bevölkern, besiedeln; **~d by** bevölkert von; **this area is ~d mainly by immigrants** in diesem Stadtteil leben hauptsächlich Einwanderer; **densely ~d areas** dicht besiedelte Gebiete *pl*; **densely ~d cities** dicht bevölkerte Städte *pl*

population [ˌpɒpjʊ'leɪʃən] *s* Bevölkerung *f*, Bewohner *pl*; (≈ Ziffer) Bevölkerungszahl *f*; **the growing black ~ of London** die wachsende Zahl von Schwarzen in London

populist ['pɒpjʊlɪst] *adj* populistisch

populous ['pɒpjʊləs] *adj Land* dicht besiedelt; *Stadt* einwohnerstark

pop-up ['pɒpʌp] **A** *adj Buch* Hochklapp- (umg); **~ menu/window** IT Pop-up-Menü *n*/Fenster *n* **B** *s* IT Pop-up(-Menü *n*)

porcelain ['pɔːsəlɪn] **A** *s* Porzellan *n* **B** *adj* Porzellan-

porch [pɔːtʃ] *s* Vorbau *m*; (US) Veranda *f*

porcupine ['pɔːkjʊpaɪn] *s* Stachelschwein *n*

pore [pɔː] *s* Pore *f*; **in/from every ~** (fig) aus allen Poren ♦**pore over** *v/i +obj* genau studieren; **to ~ one's books** über seinen Büchern hocken

pork [pɔːk] *s* Schweinefleisch *n* **pork chop** *s* Schweinskotelett *n* **pork pie** *s* Schweinefleischpastete *f* **pork sausage** *s* Schweinswurst *f* **porky** ['pɔːkɪ] (umg) **A** *adj* (+er) fett **B** *s* Schwindelei *f*

porn [pɔːn] (umg) **A** *s* Pornografie *f*; **soft ~** weicher Porno; **hard ~** harter Porno **B** *adj* pornografisch; **~ shop** Pornoladen *m* (umg) **porno** ['pɔːnəʊ] *adj* (umg) Porno- **pornographic** *adj*, **pornographically** *adv* [ˌpɔːnə'græfɪk, -əlɪ] pornografisch **pornography** [pɔː'nɒgrəfɪ] *s* Pornografie *f*

porous ['pɔːrəs] *adj Fels* porös

porridge ['pɒrɪdʒ] *s* (bes Br) Haferbrei *m*

> ► **porridge**

Porridge wird besonders in Schottland gern zum Frühstück gegessen. Es wird mit Wasser oder Milch angemacht, in einem Topf erhitzt und mit Zucker gesüßt. Man kann eine Prise Salz hinzufügen. Auf den fertigen Brei kommt ein Schuss kalte Milch.

LANDESKUNDE ◄

port¹ [pɔːt] *s* Hafen *m*; **~ of call** Halt *m*; **any ~ in a storm** (sprichw) in der Not frisst der Teufel Fliegen (sprichw)

port² *s* IT Port *m*

port³ **A** *s* SCHIFF, FLUG Backbord *m* **B** *adj* auf

PORT | 506

▶ **port**

Ein anderes englisches Wort für „Hafen" ist **harbour** ['hɑːbə], (US) **harbor**. Das kann ein natürlicher Seehafen oder einer für kleine Schiffe sein. Mit **port** hingegen ist eine vom Menschen künstlich geschaffene Hafenanlage an Flüssen oder am Meer mit Docks und Lagerhallen oder eine für militärische Zwecke gemeint.

SPRACHGEBRAUCH ◄

der Backbordseite

port[4] $\overline{S}$ (a. **port wine**) Portwein m

portable ['pɔːtəbl] **A** ADJ **1** tragbar; _Toilette etc_ mobil; **easily ~** leicht zu tragen; **~ radio** Kofferradio n **2** _Software_ übertragbar **B** $\overline{S}$ (≈ _Computer, TV_) Portable n

portal ['pɔːtl] $\overline{S}$ IT Portal n

porter ['pɔːtə'] $\overline{S}$ (_von Bürohaus etc_) Pförtner(in) m(f); (_in Krankenhaus_) Assistent(in) m(f); (_von Hotel_) Portier m, Portiersfrau f; BAHN Gepäckträger(in) m(f)

portfolio [pɔːt'fəʊliəʊ] $\overline{S}$, _pl_ **-s** **1** (Akten)mappe f **2** FIN Portefeuille n, Portfolio n **3** (_von Künstler_) Kollektion f

porthole ['pɔːthəʊl] $\overline{S}$ Bullauge n

portion ['pɔːʃən] $\overline{S}$ **1** Teil m; (_von Ticket_) Abschnitt m; **my ~** mein Anteil m **2** (_beim Essen_) Portion f

portly ['pɔːtlɪ] ADJ (+er) beleibt, korpulent

portrait ['pɔːtrɪt] $\overline{S}$ Porträt n; **to have one's ~ painted** sich malen lassen; **to paint a ~ of sb** jdn porträtieren **portrait painter** $\overline{S}$ Porträtmaler(in) m(f) **portray** [pɔː'treɪ] VT **1** darstellen **2** malen **portrayal** [pɔː'treɪəl] $\overline{S}$ Darstellung f

Portugal ['pɔːtjʊɡəl] $\overline{S}$ Portugal n

Portuguese [ˌpɔːtjʊˈɡiːz] **A** ADJ portugiesisch; **he is ~** er ist Portugiese **B** $\overline{S}$ Portugiese m, Portugiesin f; LING Portugiesisch n

pose [pəʊz] **A** $\overline{S}$ Haltung f **B** VT **1** _Frage_ vortragen **2** _Probleme_ aufwerfen; _Bedrohung_ darstellen **C** VI **1** (_Model_) posieren; **to ~ (in the) nude** für einen Akt posieren **2** **to ~ as** sich ausgeben als **poser** ['pəʊzə'] $\overline{S}$ Angeber(in) m(f)

posh [pɒʃ] (_umg_) ADJ (+er) vornehm

position [pə'zɪʃən] **A** $\overline{S}$ **1** Platz m, Standort m; (_von Stadt, Haus_) Lage f; (_von Flugzeug, Schiff_, SPORT) Position f; MIL Stellung f; **to be in/out of ~** an der richtigen/falschen Stelle sein; **what ~ do you play?** auf welcher Position spielst du?; **he was in fourth ~** er lag auf dem vierten Platz **2** Haltung f; (_beim Sex_) Stellung f; **in a sitting ~** sitzend **3** (≈ _Rang_) Position f; (_beruflich_) Stelle f; **a ~ of trust** eine Vertrauensstellung; **to be**

in a ~ of power eine Machtposition innehaben **4** (_fig_) Lage f; **to be in a ~ to do sth** in der Lage sein, etw zu tun **5** (_fig_) Standpunkt m; **what is the government's ~ on …?** welchen Standpunkt vertritt die Regierung zu …? **B** VT _Mikrofon, Wachen_ aufstellen; _Soldaten_ postieren; IT _Cursor_ positionieren; **he ~ed himself where he could see her** er stellte/setzte sich so, dass er sie sehen konnte

positive ['pɒzɪtɪv] **A** ADJ **1** positiv; _Kritik_ konstruktiv; **~ pole** Pluspol m; **he is a very ~ person** er hat eine sehr positive Einstellung zum Leben; **to take ~ action** positive Schritte unternehmen **2** _Beweis, Antwort_ eindeutig; **to be ~ that …** sicher sein, dass …; **to be ~ about od of sth** sich (_dat_) einer Sache (_gen_) absolut sicher sein; **are you sure? — ~** bist du sicher? — ganz bestimmt; **this is a ~ disgrace** das ist wirklich eine Schande; **a ~ genius** ein wahres Genie **B** ADV **1** MED **to test ~** einen positiven Befund haben **2** **to think ~** positiv denken **positive feedback** $\overline{S}$ **to get ~** (about sb/sth) eine positive Rückmeldung (zu jdm/etw) erhalten **positively** ['pɒzɪtɪvlɪ] ADV **1** positiv **2** definitiv; **to test ~ for drugs** positiv auf Drogen getestet werden **3** wirklich; (_emph_) eindeutig; **Jane doesn't mind being photographed, she ~ loves it** Jane hat nichts dagegen, fotografiert zu werden, im Gegenteil, sie hat es sehr gern

posse ['pɒsɪ] $\overline{S}$ (US) Aufgebot n; (_fig_) Gruppe f

possess [pə'zes] VT besitzen; (_form_) _Informationen_ verfügen über (+_akk_); **to be ~ed by demons** von Dämonen besessen sein; **like a man ~ed** wie ein Besessener; **whatever ~ed you to do that?** was ist bloß in Sie gefahren, so etwas zu tun?

possession [pə'zeʃən] $\overline{S}$ Besitz m; **to have sth in one's ~** etw in seinem Besitz haben; **to have/take ~ of sth** etw in Besitz haben/nehmen; **to get ~ of sth** in den Besitz von etw kommen; **to be in ~ of sth** im Besitz von etw sein; **all his ~s** sein gesamter Besitz **possessive** [pə'zesɪv] **A** ADJ eigen; _Freund(in)_ besitzergreifend; **to be ~ about sth** seine Besitzansprüche auf etw (_akk_) betonen **B** $\overline{S}$ GRAM Possessiv(um) n **possessively** [pə'zesɪvlɪ] ADV eigen; (_in Bezug auf Menschen_) besitzergreifend **possessiveness** [pə'zesɪvnɪs] $\overline{S}$ eigene Art (_about_ mit); (_in Bezug auf Menschen_) besitzergreifende Art (_towards_ gegenüber) **possessive pronoun** $\overline{S}$ GRAM Possessivpronomen n **possessor** [pə'zesə'] $\overline{S}$ Besitzer(in) m(f)

possibility [ˌpɒsə'bɪlɪtɪ] $\overline{S}$ Möglichkeit f; **there's not much ~ of success** die Aussichten auf Erfolg sind nicht sehr groß; **the ~ of doing**

sth die Möglichkeit, etw zu tun; **it's a distinct ~ that ...** es besteht eindeutig die Möglichkeit, dass ...; **there is a ~ that ...** es besteht die Möglichkeit, dass ...

possible ['pɒsəbl] **A** _ADJ_ möglich; **anything is ~** möglich ist alles; **as soon as ~** so bald wie möglich; **the best ~ ...** der/die/das bestmögliche ...; **if (at all)** ⊳ falls (irgend) möglich; **it's just ~ that I'll see you before then** eventuell sehe ich dich vorher noch; **no ~ excuse** absolut keine Entschuldigung; **the only ~ choice, the only choice ~** die einzig mögliche Wahl; **it will be ~ for you to return the same day** Sie haben die Möglichkeit, am selben Tag zurückzukommen; **to make sth ~** etw ermöglichen; **to make it ~ for sb to do sth** es jdm ermöglichen, etw zu tun; **where ~** wo möglich; **wherever ~** wo immer möglich **B** _S_ **he is a ~ for the English team** er kommt für die englische Mannschaft infrage **possibly** ['pɒsəblɪ] _ADV_ **1** **I couldn't ~ do that** das könnte ich unmöglich tun; **nobody could ~ tell the difference** es war unmöglich, einen Unterschied zu erkennen; **very** _od_ **quite ~** durchaus möglich; **how could he ~ have known that?** wie konnte er das nur wissen?; **he did all he ~ could** er tat, was er nur konnte; **I made myself as comfortable as I ~ could** ich habe es mir so bequem wie möglich gemacht; **if I ~ can** wenn ich irgend kann **2** vielleicht; **~ not** vielleicht nicht

post¹ [pəʊst] **A** _S_ Pfosten _m_, Pfahl _m_, Mast _m_; **a wooden ~** ein Holzpfahl _m_; **finishing ~** Zielpfosten _m_ **B** _VT_ (_a._ **post up**) anschlagen

post² **A** _S_ **1** (Br) Stelle _f_; **to take up a ~** eine Stelle antreten; **to hold a ~** eine Stelle innehaben **2** _MIL_ Posten _m_; **a border ~** ein Grenzposten _m_ **B** _VT_ versetzen; _MIL_ abkommandieren

post³ **A** _S_ (Br) Post _f_ (**❗** = (US) **mail**); **by ~** mit der Post; **it's in the ~** es ist in der Post; **to catch the ~** rechtzeitig zur Leerung kommen; **to miss the ~** die Leerung verpassen; **there is no ~ today** heute kommt keine Post, heute ist keine Post (für uns) gekommen; **has the ~ been?** war die Post schon da? **B** _VT_ **1** (Br) aufgeben (**❗** = (US) **to mail**); (_in Briefkasten_) einwerfen; (≈ _senden_) mit der Post schicken; (_IT: per E-Mail_) mailen; (_im Internet_) posten; **I ~ed it to you on Monday** ich habe es am Montag an Sie abgeschickt/gemailt **2** **to keep sb ~ed** jdn auf dem Laufenden halten **♦post off** _VT_ trennb abschicken

post- [pəʊst-] _PRÄF_ nach-, post-

postage ['pəʊstɪdʒ] _S_ Porto _n_; **~ and packing** Porto und Verpackung; **~ paid** Entgelt bezahlt

postage stamp _S_ Briefmarke _f_

postal ['pəʊstl] _ADJ_ Post- **postal address** _S_ (Br) Postanschrift _f_ (**❗** = (US) **mailing address**) **postal code** _S_ (Br) Postleitzahl _f_ (**❗** = (US) **zip code**) **postal order** _S_ (Br) ≈ Postanweisung _f_ (**❗** = (US) **money order**) **postal service** _S_ Postdienst _m_ **postal vote** _S_ (Br) Briefwahl _f_ (**❗** = (US) **absentee ballot**); **to have a ~** per Briefwahl wählen **postal worker** _S_ Postbeamte(r) _m_, Postbeamtin _f_

postbag _S_ (Br) Postsack _m_ (**❗** = (US) **mailbag**) **postbox** _S_ (Br) Briefkasten _m_ (**❗** = (US) **mailbox**)

postcard _S_ Postkarte _f_; (**picture**) **~** Ansichtskarte _f_ **postcode** _S_ (Br) Postleitzahl _f_ (**❗** = (US) **zip code**)

postdate _VT_ vordatieren **postedit** _VT & VI_ IT redaktionell nachbearbeiten

poster ['pəʊstə'] _S_ Plakat _n_

poste restante [ˌpəʊst'restɒnt] _ADV_ (Br) postlagernd (**❗** = (US, Canada) **general delivery**)

posterior [pɒ'stɪərɪə'] _S_ (_hum_) Allerwerteste(r) _m_ (_hum_)

posterity [pɒ'sterɪtɪ] _S_ die Nachwelt

post-free _ADJ, ADV_ portofrei **postgrad** ['pəʊstgræd] (_umg_), **postgraduate** [ˌpəʊst-'grædjʊət] **A** _S_ jd, der seine Studien nach dem ersten akademischen Grad weiterführt, Postgraduierte(r) _m/f(m)_ **B** _ADJ_ weiterführend; **~ course** Anschlusskurs _m_; **~ degree** zweiter akademischer Grad; **~ student** Postgraduierte(r) _m/f(m)_

posthumous _ADJ_, **posthumously** _ADV_ ['pɒstjʊməs, -lɪ] post(h)um

posting ['pəʊstɪŋ] _S_ Versetzung _f_; **he's got a new ~** er ist wieder versetzt worden

Post-it®, **Post-it note** _S_ Post-it® _n_, Haftnotiz _f_

postman _S_, _pl_ **-men** (Br) Briefträger _m_ (**❗** = (US) **mailman**) **postmark** **A** _S_ Poststempel _m_ **B** _VT_ (ab)stempeln; **the letter is ~ed "Birmingham"** der Brief ist in Birmingham abgestempelt

postmodern _ADJ_ postmodern **postmodernism** _S_ Postmodernismus _m_ **postmortem** [ˌpəʊst'mɔːtəm] _S_ (_a._ **postmortem examination**) Obduktion _f_ **postnatal** _ADJ_ nach der Geburt

post office _S_ Postamt _n_; **the Post Office** die Post®; **~ box** Postfach _n_ **post-paid** **A** _ADJ_ portofrei; _Umschlag_ frankiert **B** _ADV_ portofrei **postpone** [pəʊst'pəʊn] _VT_ aufschieben; **it has been ~d till Tuesday** es ist auf Dienstag verschoben worden **postponement** _S_ Verschiebung _f_, Aufschub _m_ **postscript(um)** ['pəʊstskrɪpt(əm)] _S_ (_in Brief_) Postskriptum _n_; (_in Buch_) Nachwort _n_

posture ['pɒstʃəʳ] A S Haltung f; (pej) Pose f B VII sich in Positur od Pose werfen

post-war ADJ Nachkriegs-; **~ era** Nachkriegszeit f

postwoman S, pl **-women** (Br) Briefträgerin f (❗ = (US) **mailwoman**)

pot [pɒt] A S 1 Topf m; (≈ für Tee) Kanne f; **to go to ~** (umg) auf den Hund kommen (umg); (Pläne etc) ins Wasser fallen (umg) 2 (umg) **to have ~s of money** jede Menge Geld haben (umg) 3 (umg ≈ Marihuana) Pot n (sl) B VII 1 Pflanze eintopfen 2 (Billard) Kugel einlochen

potassium [pəˈtæsɪəm] S Kalium n

potato [pəˈteɪtəʊ] S, pl **-es** Kartoffel f, Erdapfel m (österr) **potato chip** S 1 (bes US) = **potato crisp** 2 (Br) Pomme frite m **potato crisp** S (Br) Kartoffelchip m **potato masher** S Kartoffelstampfer m **potato peeler** S Kartoffelschäler m **potato salad** S Kartoffelsalat m

potbellied ['pɒtˌbelɪd] ADJ spitzbäuchig; (durch Hunger) blähbäuchig **potbelly** S Spitzbauch m; (durch Hunger) Blähbauch m

potency ['pəʊtənsɪ] S (von Medikament) Stärke f; (von Argument, Darstellung) Schlagkraft f **potent** ['pəʊtənt] ADJ stark; Argument etc durchschlagend; Appell beeindruckend

potential [pəʊˈtenʃəl] A ADJ potenziell B S Potenzial n; **to have ~ for growth** Wachstumspotenzial n; **to have ~** ausbaufähig sein (umg); **he shows quite a bit of ~** es steckt einiges in ihm; **to achieve** od **fulfil** od **realize one's ~** die Grenze seiner Möglichkeiten verwirklichen; **to have great ~ (as/for)** große Möglichkeiten bergen (als/für); **to have the ~ to do sth** das Potenzial haben, um etw zu tun; **she has management ~** sie hat das Zeug zur Managerin **potentially** [pəʊˈtenʃəlɪ] ADV potenziell; **~, these problems are very serious** diese Probleme könnten sich als gravierend herausstellen

pothole ['pɒthəʊl] S 1 Schlagloch n 2 GEOL Höhle f

potion ['pəʊʃən] S Trank m

pot luck S **to take ~** nehmen, was es gerade gibt; **we took ~ and went to the nearest pub** wir gingen aufs Geratewohl in die nächste Kneipe **pot plant** S Topfpflanze f

potpourri [ˌpəʊˈpʊrɪ] S (wörtl) Duftsträußchen n

pot roast S Schmorbraten m **pot shot** S **to take a ~ at sb/sth** aufs Geratewohl auf jdn/etw schießen

potted ['pɒtɪd] ADJ 1 Fleisch eingemacht; **~ plant** Topfpflanze f 2 gekürzt

potter¹ ['pɒtəʳ] S Töpfer(in) m(f)

potter², (US a.) **putter** ['pʌtəʳ] VII herumwerkeln; (≈ bummeln) herumschlendern; **she ~s away in the kitchen for hours** sie hantiert stundenlang in der Küche herum; **to ~ round the house** im Haus herumwerkeln; **to ~ round the shops** einen Geschäftsbummel machen; **to ~ along the road** (Fahrer, Auto) dahinzuckeln

pottery ['pɒtərɪ] S Töpferei f; (≈ Produkte) Töpferwaren pl, Keramik f

potting compost S Pflanzerde f **potting shed** S Schuppen m

potty¹ ['pɒtɪ] S Töpfchen n, Haferl n (österr); **~-trained** (Br) sauber

potty² ADJ (+er) (Br umg) verrückt; **to drive sb ~** jdn zum Wahnsinn treiben; **he's ~ about her** er ist verrückt nach ihr

pouch [paʊtʃ] S Beutel m

poultice ['pəʊltɪs] S Umschlag m

poultry ['pəʊltrɪ] S Geflügel n **poultry farm** S Geflügelfarm f **poultry farmer** S Geflügelzüchter(in) m(f)

pounce [paʊns] A S Satz m B VII (Katze) einen Satz machen; (fig) zuschlagen; **to ~ on sb/sth** sich auf jdn/etw stürzen

pound¹ [paʊnd] S 1 (≈ Gewicht) ≈ Pfund n (❗ Zeichen **lb**, etwa 453 g); **two ~s of apples** zwei Pfund Äpfel; **by the ~** pfundweise 2 (≈ Währung) Pfund n (❗ Zeichen £); **five ~s** fünf Pfund

pound² A VII 1 hämmern; Tisch hämmern auf (+akk); Tür hämmern gegen; (Wellen) schlagen gegen; (Waffen) ununterbrochen beschießen 2 Getreide etc (zer)stampfen B VII hämmern; (Herz) (wild) pochen; (Wellen) schlagen (on, against gegen); (Trommeln) dröhnen; (≈ beim Gehen) stapfen
♦**pound away** VII hämmern; (Musik, Gewehre)

pound Gewicht — Pfund

pound Währung — Pfund

509 ‖ PRAC

dröhnen; **he was pounding away at the type-writer** er hämmerte auf der Schreibmaschine herum

pound³ §̱ städtischer Hundezwinger; (bes Br) Abstellplatz m (für amtlich abgeschleppte Fahrzeuge)
-pounder [-'paʊndəʳ] §̱ suf -pfünder m; **quarter-pounder** Viertelpfünder m
pounding ['paʊndɪŋ] **A** §̱ Hämmern n; (von Herz) Pochen n; (von Musik) Dröhnen n; (von Wellen) Schlagen n; (von Füßen) Stampfen n; (von Granaten etc) Bombardement n; **the ship took a ~** das Schiff wurde stark mitgenommen **B** A͞DJ Herz klopfend; Füße trommelnd; Trommeln, Wellen donnernd; Kopfschmerzen pochend
pour [pɔːʳ] **A** V̱T Flüssigkeit gießen; Zucker schütten; Drink eingießen; **to ~ sth for sb** jdm etw eingießen; **to ~ money into a project** Geld in ein Projekt pumpen (umg) **B** V̱I **1** strömen; **the sweat ~ed off him** der Schweiß floss in Strömen an ihm herunter; **it's ~ing (with rain)** es gießt (in Strömen), es schüttet (umg) **2** eingießen; **this jug doesn't ~ well** dieser Krug gießt nicht gut ♦**pour away** V̱T trennb weggießen ♦**pour in** V̱I hereinströmen; (Spenden) in Strömen eintreffen ♦**pour out A** V̱I herausströmen (of aus); (Worte) heraussprudeln (of aus) **B** V̱T trennb **1** Flüssigkeit ausgießen; Zucker etc ausschütten; Drink eingießen **2** (fig) Sorgen sich (dat) von der Seele reden; **to ~ one's heart (to sb)** (jdm) sein Herz ausschütten
pouring ['pɔːrɪŋ] A͞DJ **~ rain** strömender Regen, Schnürlregen m (österr)
pout [paʊt] **A** §̱ Schmollmund m **B** V̱I **1** einen Schmollmund machen **2** schmollen
poverty ['pɒvətɪ] §̱ Armut f; **to be below the ~ line** unterhalb der Armutsgrenze leben
poverty-stricken ['pɒvətɪstrɪkən] A͞DJ Not leidend; **to be ~** Armut leiden
POW abk von **prisoner of war**
powder ['paʊdəʳ] **A** §̱ **1** Pulver n; (≈ Kosmetik) Puder m **2** Staub m **B** V̱T Gesicht pudern; **to ~ one's nose** (euph) kurz verschwinden (euph)
powdered ['paʊdəd] A͞DJ **1** Gesicht gepudert **2** löslich; **~ sugar** (US) Puderzucker m, Staubzucker m (österr) (❗ = (Br) **icing sugar**) **powdered milk** §̱ Milchpulver n **powder keg** §̱ Pulverfass n **powder room** §̱ Damentoilette f **powdery** ['paʊdərɪ] A͞DJ **1** pulvrig **2** bröckelig
power ['paʊəʳ] **A** §̱ **1** (❗ kein pl) Kraft f; (von Schlag) Stärke f, Wucht f; (fig: von Argument) Überzeugungskraft f; **the ~ of love** die Macht der Liebe; **purchasing** od **spending ~** Kaufkraft f **2** Vermögen n kein pl; **his ~s of hearing** sein Hörvermögen n; **mental ~s** geistige Kräfte pl **3** (≈ Kapazität, Nation) Macht f; **he did everything in**

his ~ er tat alles, was in seiner Macht stand; **a naval ~** eine Seemacht **4** (kein pl ≈ Autorität) Macht f; (JUR: elterlich) Gewalt f; (meist pl) Befugnis f; **he has the ~ to act** er ist handlungsberechtigt; **the ~ of the police** die Macht der Polizei; **to be in sb's ~** in jds Gewalt (dat) sein; **~ of attorney** (JUR) (Handlungs)vollmacht f; **the party in ~** die Partei, die an der Macht ist; **to fall from ~** abgesetzt werden; **to come into ~** an die Macht kommen; **I have no ~ over her** ich habe keine Gewalt über sie **5** (≈ Mensch, Institution) Autorität f; **to be the ~ behind the throne** die graue Eminenz sein; **the ~s that be** (umg) die da oben (umg); **the ~s of evil** die Mächte des Bösen **6** (Atomkraft etc) Energie f; **they cut off the ~** sie haben den Strom abgestellt **7** (von Maschine) Leistung f; **on full ~** bei voller Leistung **8** MATH Potenz f; **to the ~ (of)** 2 hoch 2 **B** V̱T (mit Motor) antreiben; (mit Brennstoff) betreiben; **~ed by electricity** mit Elektroantrieb ♦**power down** V̱T trennb herunterfahren ♦**power up** V̱I, V̱T trennb starten
power-assisted A͞DJ AUTO, TECH Servo-; **~ steering** Servolenkung f **power base** §̱ Machtbasis f **powerboat** §̱ Rennboot n **power cable** §̱ Stromkabel n **power cut** §̱ Stromsperre f, Stromausfall m **power drill** §̱ Bohrmaschine f **power-driven** A͞DJ mit Motorantrieb **power failure** §̱ Stromausfall m
powerful ['paʊəfʊl] A͞DJ **1** mächtig **2** stark; Körperbau, Tritt kräftig; Schwimmer, Reinigungsmittel kraftvoll; Sturm, Geruch massiv **3** (fig) Redner mitreißend; Film etc ausdrucksvoll; Argument durchschlagend **powerfully** ['paʊəfəlɪ] A̱DV **1** mächtig; **~ built** kräftig gebaut **2** (fig) kraftvoll; **~ written** mitreißend geschrieben **powerhouse** §̱ (fig) treibende Kraft (behind hinter +dat) **powerless** A͞DJ machtlos; **to be ~ to resist** nicht die Kraft haben, zu widerstehen; **the government is ~ to deal with inflation** die Regierung steht der Inflation machtlos gegenüber **power pack** §̱ (von Elektrogerät) Netzteil n **power plant** §̱ = **power station power point** §̱ ELEK Steckdose f **power politics** P̱L Machtpolitik f **power sharing** §̱ POL Machtteilung f
power station §̱ Kraftwerk n **power steering** §̱ AUTO Servolenkung f **power struggle** §̱ Machtkampf m **power supply** §̱ Stromversorgung f **power tool** §̱ Elektrowerkzeug n
PR [piː'ɑːʳ] §̱ abk von **public relations** PR f
practicability [ˌpræktɪkə'bɪlɪtɪ] §̱ Durchführbarkeit f **practicable** ['præktɪkəbl] A͞DJ durchführbar

practical ['præktɪkəl] ADJ praktisch; **for (all) ~ purposes** in der Praxis; **to be of no ~ use** ohne (jeden) praktischen Nutzen sein **practicality** [ˌpræktɪ'kælɪtɪ] S 🚹 (❗ kein pl) (von Plan) Durchführbarkeit f 🔁 praktisches Detail **practical joke** S Streich m **practical joker** S Witzbold m (umg) **practically** ['præktɪkəlɪ] ADV praktisch; **~ speaking** konkret gesagt

practice ['præktɪs] A S 🚹 Gewohnheit f, Brauch m; (≈ schlechte Angewohnheit) Unsitte f; (geschäftlich) Praktik f; **this is normal business ~** das ist im Geschäftsleben so üblich; **that's common ~** das ist allgemein üblich 🔁 (❗ kein pl) Übung f, Probe f; SPORT Training n; **~ makes perfect** (sprichw) Übung macht den Meister (sprichw); **this piece of music needs a lot of ~** für dieses (Musik)stück muss man viel üben; **to do 10 minutes' ~** 10 Minuten (lang) üben; **to be out of ~** aus der Übung sein; **to have a ~ session** üben; THEAT etc Probe haben; SPORT trainieren 🔁 (≈ nicht Theorie, von Arzt etc) Praxis f, Ordination f (österr); **in ~** in der Praxis; **that won't work in ~** das lässt sich praktisch nicht durchführen; **to put sth into ~** etw in die Praxis umsetzen B VT & VI (US) = practise **practice teacher** S (US SCHULE) Referendar(in) m(f)

practise, (US) **practice** ['præktɪs] A VT 🚹 üben; Lied proben; Folter praktizieren; **to ~ the violin** Geige üben; **to ~ doing sth** etw üben; **I'm practising my German on him** ich probiere mein Deutsch an ihm aus 🔁 Beruf, Religion ausüben; **to ~ law** als Anwalt praktizieren B VI 🚹 üben 🔁 (Arzt etc) praktizieren **practised**, (US) **practiced** ['præktɪst] ADJ geübt (at, in in +dat) **practising**, (US) **practicing** ['præktɪsɪŋ] ADJ praktizierend

practitioner [præk'tɪʃənə'] S praktischer Arzt, praktische Ärztin

pragmatic ADJ, **pragmatically** ADV [præg'mætɪk, -əlɪ] pragmatisch **pragmatism** ['prægmətɪzəm] S Pragmatismus m **pragmatist** ['prægmətɪst] S Pragmatiker(in) m(f)

Prague [prɑːg] S Prag n

prairie ['prɛərɪ] S Grassteppe f; (in Nordamerika) Prärie f

praise [preɪz] A VT loben; **to ~ sb for having done sth** jdn dafür loben, etw getan zu haben B S Lob n kein pl; **a hymn of ~** eine Lobeshymne; **he made a speech in ~ of their efforts** er hielt eine Lobrede auf ihre Bemühungen; **to win ~** Lob ernten; **I have nothing but ~ for him** ich kann ihn nur loben; **~ be!** Gott sei Dank! **praiseworthy** ['preɪz,wɜːðɪ] ADJ lobenswert

praline ['prɑːliːn] S Praline f mit Nuss-Kara-mellfüllung

pram [præm] S (Br) Kinderwagen m (❗ = (US) **baby carriage**)

prance [prɑːns] VI tänzeln, herumtanzen

prank [præŋk] S Streich m; **to play a ~ on sb** jdm einen Streich spielen **prankster** ['præŋkstə'] S Schelm(in) m(f)

prat [præt] S (Br umg) Trottel m (umg)

prattle ['prætl] A S Geplapper n B VI plappern

prawn [prɔːn] S Garnele f

pray [preɪ] VI beten; **to ~ for sb/sth** für jdn/um etw beten; **to ~ for sth** (fig) stark auf etw (akk) hoffen

prayer [prɛə'] S Gebet n, Andacht f; **to say one's ~s** beten **prayer book** S Gebetbuch n **prayer meeting** S Gebetsstunde f

preach [priːtʃ] VT predigen; **to ~ a sermon** eine Predigt halten; **to ~ the gospel** das Evangelium verkünden B VI predigen; **to ~ to the converted** (sprichw) offene Türen einrennen **preacher** ['priːtʃə'] S Prediger(in) m(f) **preaching** ['priːtʃɪŋ] S Predigen n

preamble [ˌpriː'æmbl] S 🚹 (von Buch etc) Einleitung f, Vorwort n 🔁 JUR Präambel f

prearrange ['priːə'reɪndʒ] VT im Voraus vereinbaren **prearranged** ['priːə'reɪndʒd], **pre-arranged** ADJ Treffen im Voraus verabredet; Ort im Voraus bestimmt

precarious [prɪ'kɛərɪəs] ADJ unsicher; Situation prekär; **at a ~ angle** in einem gefährlich aussehenden Winkel **precariously** [prɪ'kɛərɪəslɪ] ADV unsicher; **to be ~ balanced** auf der Kippe stehen; **~ perched on the edge of the table** gefährlich nahe am Tischrand

precaution [prɪ'kɔːʃən] S Vorsichtsmaßnahme f; **security ~s** Sicherheitsmaßnahmen pl; **fire ~s** Brandschutzmaßnahmen pl; **to take ~s against sth** Vorsichtsmaßnahmen pl gegen etw treffen; **do you take ~s?** (euph: zur Empfängnisverhütung) nimmst du (irgend)etwas?; **to take the ~ of doing sth** vorsichtshalber etw tun **precautionary** [prɪ'kɔːʃənərɪ] ADJ Vorsichts-; **~ measure** Vorsichtsmaßnahme f

precede [prɪ'siːd] VT vorangehen (+dat) **precedence** ['presɪdəns] S vorrangige Stellung (over gegenüber); (von Problem) Vorrang m (over vor +dat); **to take ~ over sb/sth** vor jdm/etw Vorrang haben; **to give ~ to sb/sth** jdm/einer Sache Vorrang geben **precedent** ['presɪdənt] S Präzedenzfall m; **without ~** noch nie da gewesen; **to establish** od **create** od **set a ~** einen Präzedenzfall schaffen **preceding** [prɪ'siːdɪŋ] ADJ vorhergehend

precinct ['priːsɪŋkt] S 🚹 (Br) Fußgängerzone f, Einkaufsviertel n; (US: von Polizei) Revier n 🔁 **pre-**

cincts PL Umgebung f

precious ['preʃəs] A ADJ kostbar, wertvoll B ADV (umg) ~ **little/few** herzlich wenig/wenige (umg); ~ **little else** herzlich wenig sonst **precious metal** S Edelmetall n **precious stone** S Edelstein m

precipice ['presɪpɪs] S Abgrund m

precipitate [prə'sɪpɪteɪt] VT beschleunigen

precipitation [prɪˌsɪpɪ'teɪʃən] S 1 METEO Niederschlag m 2 Hast f, Eile f

precise [prɪ'saɪs] ADJ genau, präzise; **at that ~ moment** genau in dem Augenblick; **please be more ~** drücken Sie sich bitte etwas genauer aus; **18, to be ~** 18, um genau zu sein; **or, to be more ~,** ... oder, um es genauer zu sagen, ...

precisely [prɪ'saɪslɪ] ADV genau; **at ~ 7 o'clock, at 7 o'clock ~** Punkt 7 Uhr; **that is ~ why I don't want it** genau deshalb will ich es nicht; **or more ~** ... oder genauer ...

precision [prɪ'sɪʒən] S Genauigkeit f

preclude [prɪ'klu:d] VT ausschließen

precocious [prɪ'kəʊʃəs] ADJ frühreif

preconceived [ˌpri:kən'si:vd] ADJ vorgefasst; **to have ~ ideas about sth** eine vorgefasste Meinung zu etw haben **preconception** [ˌpri:kən'sepʃən] S vorgefasste Meinung

precondition [ˌpri:kən'dɪʃən] S (Vor)bedingung f

precook [pri:'kʊk] VT vorkochen

precursor [pri:'kɜ:sə'] S Vorläufer(in) m(f), Vorbote m, Vorbotin f

predate [ˌpri:'deɪt] VT zeitlich vorangehen (+dat); Scheck zurückdatieren

predator ['predətə'] S Raubtier n **predatory** ['predətərɪ] ADJ Verhalten räuberisch

predecessor ['pri:dɪsesə'] S Vorgänger(in) m(f); (≈ Sache) Vorläufer(in) m(f)

predestine [pri:'destɪn] VT prädestinieren; **he was ~d to do sth** es war ihm vorherbestimmt, etw zu tun

predetermined [ˌpri:dɪ'tɜ:mɪnd] ADJ Ergebnis im Voraus festgelegt; Position vorherbestimmt

predicament [prɪ'dɪkəmənt] S Dilemma n

predicate ['predɪkət] S GRAM Prädikat n, Satzaussage f **predicative** [prɪ'dɪkətɪv] ADJ GRAM prädikativ

predict [prɪ'dɪkt] VT vorhersagen **predictability** [prəˌdɪktə'bɪlɪtɪ] S Vorhersagbarkeit f **predictable** [prɪ'dɪktəbl] ADJ vorhersagbar; Mensch durchschaubar; **you're so ~** man weiß doch genau, wie Sie reagieren **predictably** [prɪ'dɪktəblɪ] ADV vorhersagbar; ~ **(enough), he was late** wie vorauszusehen, kam er zu spät **prediction** [prɪ'dɪkʃən] S Prophezeiung f

predispose [ˌpri:dɪ'spəʊz] VT geneigt machen; **to ~ sb toward(s) sb/sth** jdn für jdn/

etw einnehmen **predisposition** [ˌpri:dɪspə-'zɪʃən] S Neigung f (to zu)

predominance [prɪ'dɒmɪnəns] S Überwiegen n; **the ~ of women in the office** die weibliche Überzahl im Büro **predominant** ADJ Idee vorherrschend; Mensch, Tier beherrschend **predominantly** ADV überwiegend **predominate** [prɪ'dɒmɪneɪt] VI vorherrschen, überwiegen

pre-election [ˌpri:ɪ'lekʃən] ADJ vor der Wahl (durchgeführt); ~ **promise** Wahlversprechen n

pre-eminent [pri:'emɪnənt] ADJ überragend

pre-empt [pri:'empt] VT zuvorkommen (+dat)

pre-emptive [pri:'emptɪv] ADJ präventiv, Präventiv-; ~ **attack** Präventivschlag m; ~ **right** (US FIN) Vorkaufsrecht n

preen [pri:n] A VT putzen B VR (Vogel) sich putzen C VR **to ~ oneself** (Vogel) sich putzen

pre-existent [ˌpri:ɪg'zɪstənt] ADJ vorher vorhanden

prefab ['pri:fæb] S (umg) Fertighaus n **prefabricated** [ˌpri:'fæbrɪkeɪtɪd] ADJ vorgefertigt; ~ **building** Fertighaus n

preface ['prefɪs] S Vorwort n

prefect ['pri:fekt] S (Br SCHULE) Aufsichtsschüler(in) m(f)

prefer [prɪ'fɜ:'] VT vorziehen (to dat), lieber haben (to als); **he ~s coffee to tea** er trinkt lieber Kaffee als Tee; **I ~ it that way** es ist mir lieber so; **which (of them) do you ~?** (in Bezug auf Menschen) wen ziehen Sie vor?, wen mögen Sie lieber?; (in Bezug auf Sachen) welche(n, s) finden Sie besser?; **to ~ to do sth** etw lieber tun; **I ~ not to say** ich sage es lieber nicht; **would you ~ me to drive?** soll ich lieber fahren?; **I would ~ you to do it today** od **that you did it today** mir wäre es lieber, wenn Sie es heute täten **preferable** ['prefərəbl] ADJ **X is ~ to Y** X ist Y (dat) vorzuziehen; **anything would be ~ to sharing a flat with Sophie** alles wäre besser, als mit Sophie zusammen wohnen zu müssen; **it would be ~ to do it that way** es wäre besser, es so zu machen; **infinitely ~** hundertmal besser **preferably** ['prefərəblɪ] ADV am liebsten; **tea or coffee? — coffee,** ~ Tee oder Kaffee? — lieber Kaffee; **but ~ not Tuesday** aber, wenn möglich, nicht Dienstag **preference** ['prefərəns] S 1 Vorliebe f; **just state your ~** nennen Sie einfach Ihre Wünsche; **I have no ~** mir ist das eigentlich gleich 2 **to give ~ to sb/sth** jdn/etw bevorzugen (over gegenüber) **preferential** [prefə'renʃəl] ADJ bevorzugt; **to give sb ~ treatment** jdn bevorzugt behandeln; **to get ~ treatment** eine Vorzugsbehandlung bekommen

prefix ['pri:fɪks] S GRAM Präfix n

pregnancy ['pregnənsɪ] [S] Schwangerschaft *f*; (*von Tier*) Trächtigkeit *f* **pregnancy test** [S] Schwangerschaftstest *m* **pregnant** ['pregnənt] [ADJ] [1] schwanger; *Tier* trächtig; **3 months ~** im vierten Monat schwanger; **Gill was ~ by her new boyfriend** Gill war von ihrem neuen Freund schwanger; **to become** *od* **get ~** schwanger werden [2] (*fig*) *Pause* bedeutungsschwer

preheat [pri:'hi:t] [V/T] vorheizen

prehistoric [,pri:hɪ'stɒrɪk] [ADJ] prähistorisch

prehistory [,pri:'hɪstərɪ] [S] Vorgeschichte *f*

prejudge [pri:'dʒʌdʒ] [V/T] im Voraus beurteilen; (*negativ*) im Voraus verurteilen

prejudice ['predʒʊdɪs] [A] [S] Vorurteil *n*; **his ~ against ...** seine Voreingenommenheit gegen ...; **to have a ~ against sb/sth** gegen jdn/etw voreingenommen sein; **racial ~** Rassenvorurteile *pl* [B] [V/T] beeinflussen **prejudiced** ['predʒʊdɪst] [ADJ] voreingenommen (*against* gegen); **to be ~ in favour of sb/sth** für jdn/etw voreingenommen sein; **to be racially ~** Rassenvorurteile haben

preliminary [prɪ'lɪmɪnərɪ] [A] [ADJ] *Maßnahmen* vorbereitend; *Bericht, Test* vorläufig; *Stadium* früh; **~ hearing** (US JUR) gerichtliche Voruntersuchung; **~ round** Vorrunde *f* [B] [S] Vorbereitung *f*; SPORT Vorspiel *n*; **preliminaries** *pl* Präliminarien *pl* (*geh*, JUR); SPORT Vorrunde *f* **preliminary hearing** [S] JUR Voruntersuchung *f*

prelude ['prelju:d] [S] (*fig*) Auftakt *m*

premarital [pri:'mærɪtl] [ADJ] vorehelich

premature ['prematʃʊə'] [ADJ] vorzeitig; *Entscheidung* verfrüht; **the baby was three weeks ~** das Baby wurde drei Wochen zu früh geboren; **~ baby** Frühgeburt *f*; **~ ejaculation** vorzeitiger Samenerguss **prematurely** ['premətʃʊəlɪ] [ADV] vorzeitig; *handeln* voreilig; **he was born ~** er war eine Frühgeburt

premeditated [pri:'medɪteɪtɪd] [ADJ] vorsätzlich

premenstrual syndrome, **premenstrual tension** [S] prämenstruelles Syndrom

premier ['premɪə'] [A] [ADJ] führend [B] [S] Premierminister(in) *m(f)* (! **Premier** wird in Verbindung mit Namen und in der Anrede großgeschrieben.)

première ['premɪɛə'] [A] [S] Premiere *f* [B] [V/T] uraufführen

Premier League, **Premiership** ['premɪəʃɪp] [S] FUSSB Erste Liga

premise ['premɪs] [S] [1] (*bes Logik*) Voraussetzung *f* [2] **premises** [PL] Gelände *n*, Gebäude *n*, Räumlichkeiten *pl*; **business ~s** Geschäftsräume *pl*; **that's not allowed on these ~s** das ist hier nicht erlaubt

premium ['pri:mɪəm] [A] [S] Bonus *m*; (≈ *Aufpreis*) Zuschlag *m*; (≈ *für Versicherung*) Prämie *f* [B] [ADJ] [1] erstklassig; **~ petrol** (*Br*) *od* **gas** (*US*) Superbenzin *n* [2] **~ price** Höchstpreis *m*; **callers are charged a ~ rate of £1.50 a minute** Anrufern wird ein Höchsttarif von £ 1,50 pro Minute berechnet **premium-rate** ['pri:mɪəm,reɪt] [ADJ] TEL zum Höchsttarif

premonition [,pri:mə'nɪʃən] [S] [1] (böse) Vorahnung [2] Vorwarnung *f*

prenatal [pri:'neɪtl] [ADJ] pränatal

prenuptial agreement [pri:,nʌpʃlə'gri:mənt] [S] Ehevertrag *m*

preoccupation [pri:,ɒkjʊ'peɪʃən] [S] **her ~ with making money was such that ...** sie war so sehr mit dem Geldverdienen beschäftigt, dass ...; **that was his main ~** das war sein Hauptanliegen **preoccupied** [ADJ] gedankenverloren; **to be ~ with sth** nur an etw (*akk*) denken; **he has been (looking) rather ~ recently** er sieht in letzter Zeit so aus, als beschäftige ihn etwas **preoccupy** [pri:'ɒkjʊpaɪ] [V/T] (stark) beschäftigen

prep [prep] [S] (*Br umg*) Hausaufgabe *f*, Hausaufgaben *pl*; **to do one's ~** seine Hausaufgaben machen (! Dieser Ausdruck wird hauptsächlich in Privatschulen und nicht in öffentlichen Schulen verwendet.)

prepackaged [pri:'pækɪdʒd], **prepacked** [pri:'pækt] [ADJ] abgepackt

prepaid [pri:'peɪd] [A] *pperf von* prepay [B] [ADJ] vorausbezahlt; *Brief* freigemacht; **~ mobile phone** Handy *n* (*mit im Voraus entrichteter Grundgebühr*)

preparation [,prepə'reɪʃən] [S] Vorbereitung *f*; (*von Mahlzeit*) Zubereitung *f*; **in ~ for sth** als Vorbereitung für etw; **~s for war/a journey** Kriegs-/Reisevorbereitungen *pl*; **to make ~s** Vorbereitungen treffen **preparatory** [prɪ'pærətərɪ] [ADJ] vorbereitend; **~ work** Vorbereitungsarbeit *f* **preparatory school** [S] → prep school

prepare [prɪ'pɛə'] [A] [V/T] vorbereiten (*sb for sth* jdn auf etw *akk*, *sth for sth* etw für etw); *Mahlzeit* zubereiten; *Zimmer* zurechtmachen; **~ yourself for a shock!** mach dich auf einen Schock gefasst! [B] [V/I] **to ~ for sth** sich auf etw (*akk*) vorbereiten; **the country is preparing for war** das Land trifft Kriegsvorbereitungen; **to ~ to do sth** Anstalten machen, etw zu tun **prepared** [prɪ'pɛəd] [ADJ] [1] (*a.* **ready prepared**) vorbereitet (*for* auf *+akk*); **~ meal** Fertiggericht *n*; **~ for war** bereit zum Krieg [2] **to be ~ to do sth** bereit sein, etw zu tun

prepay [pri:'peɪ] *prät, pperf* prepaid [V/T] im Voraus bezahlen

pre-pay ['priːpeɪ] ADJ attr im Voraus zahlbar
preponderance [prɪ'pɒndərəns] S Übergewicht n
preposition [ˌprepə'zɪʃən] S Präposition f
prepossessing [ˌpriːpə'zesɪŋ] ADJ einnehmend
preposterous [prɪ'pɒstərəs] ADJ grotesk
preprinted ['priːˈprɪntɪd] ADJ vorgedruckt
preprogram ['priːˈprəʊgræm] VT vorprogrammieren
prep school S (umg) 1 (in GB) private Vorbereitungsschule auf eine weiterführende Privatschule (Alter 8-13) 2 (in US) private Vorbereitungsschule auf das College
prerecord [ˌpriːrɪ'kɔːd] VT vorher aufzeichnen
prerequisite [ˌpriːˈrekwɪzɪt] S Vorbedingung f
prerogative [prɪ'rɒgətɪv] S Vorrecht n
Presbyterian [ˌprezbɪ'tɪərɪən] A ADJ presbyterianisch B S Presbyterianer(in) m(f)
preschool ['priːˈskuːl] ADJ attr vorschulisch; **of ~ age** im Vorschulalter; **~ education** Vorschulerziehung f
prescribe [prɪ'skraɪb] VT 1 vorschreiben 2 MED verschreiben (sth for sb jdm etw) **prescription** [prɪ'skrɪpʃən] S MED Rezept n; **on ~** auf Rezept **prescription charge** S Rezeptgebühr f **prescription drugs** PL verschreibungspflichtige Medikamente pl
preseason ['priːˈsiːzn] ADJ SPORT vor der Saison
preselect [ˌpriːsɪ'lekt] VT vorher auswählen
presence ['prezns] S 1 Anwesenheit f; **in sb's ~, in the ~ of sb** in jds (dat) Anwesenheit; **to make one's ~ felt** sich bemerkbar machen; **a police ~** Polizeipräsenz f 2 (≈ Haltung) Auftreten n; (a. **stage presence**) Ausstrahlung f
presence of mind S Geistesgegenwart f
present¹ ['preznt] A ADJ 1 anwesend; **to be ~** anwesend sein; **all those ~** alle Anwesenden 2 vorhanden 3 gegenwärtig; Jahr etc laufend; **at the ~ moment** zum gegenwärtigen Zeitpunkt; **the ~ day** heutzutage; **until the ~ day** bis zum heutigen Tag; **in the ~ circumstances** unter den gegenwärtigen Umständen 4 GRAM **in the ~ tense** im Präsens; **~ participle** Partizip n Präsens B S 1 Gegenwart f; **at ~** zurzeit; **up to the ~** bis jetzt; **there's no time like the ~** (sprichw) was du heute kannst besorgen, das verschiebe nicht auf morgen (sprichw); **that will be all for the ~** das ist vorläufig alles 2 GRAM Präsens n; **~ continuous** erweitertes Präsens; **~ perfect** Perfekt n, vollendete Gegenwart; **~ progressive** Verlaufsform f der Gegenwart
present² ['preznt] A S Geschenk n; **I got it as a ~** das habe ich geschenkt bekommen B [prɪ'zent] VT 1 **to ~ sb with sth, to ~ sth to sb** jdm etw übergeben, jdm etw schenken 2 vorlegen 3 Gelegenheit bieten; **his action ~ed us with a problem** seine Tat stellte uns vor ein Problem 4 RADIO, TV präsentieren; THEAT aufführen; Sendung moderieren 5 vorstellen; **to ~ Mr X to Miss Y** Herrn X Fräulein Y (dat) vorstellen; **may I ~ Mr X?** (form) erlauben Sie mir, Herrn X vorzustellen (form) C [prɪ'zent] VR (Gelegenheit etc) sich ergeben; **he was asked to ~ himself for interview** er wurde gebeten, zu einem Vorstellungsgespräch zu erscheinen **presentable** [prɪ'zentəbl] ADJ präsentabel; **to look ~** präsentabel aussehen; **to make oneself ~** sich zurechtmachen **presentation** [ˌprezən'teɪʃən] S 1 Überreichung f; (von Preis) Verleihung f; (≈ Feier) Verleihung(szeremonie) f; **to make the ~** die Preise/Auszeichnungen etc verleihen 2 (von Bericht) Vorlage f; (JUR: von Beweisen) Darlegung f 3 Darbietung f 4 THEAT Inszenierung f; TV, RADIO Produktion f
present-day ['prezntˈdeɪ] ADJ attr heutig; **~ Britain** das heutige Großbritannien
presenter [prɪ'zentə^r] S (bes Br TV, RADIO) Moderator(in) m(f) (⚠ = (bes US) anchorman, anchorwoman)
presently ['prezntlɪ] ADV 1 bald 2 derzeit
preservation [ˌprezə'veɪʃən] S 1 Erhaltung f 2 (von Bauwerk a.) **to be in a good state of ~** gut erhalten sein **preservative** [prɪ'zɜːvətɪv] S Konservierungsmittel n **preserve** [prɪ'zɜːv] A VT 1 erhalten; Würde wahren; Erinnerung aufrechterhalten 2 Bauwerk konservieren; Holz schützen B S 1 **preserves** PL GASTR Eingemachtes n; **peach ~** Pfirsichmarmelade f 2 Ressort n; **this was once the ~ of the wealthy** dies war einst eine Domäne der Reichen **preserved** ADJ 1 Lebensmittel konserviert 2 erhalten; **well-~** gut erhalten
preset [priːˈset] prät, pperf **preset** VT vorher einstellen
preside [prɪ'zaɪd] VI den Vorsitz haben (at bei); **to ~ over an organization** etc eine Organisation etc leiten
presidency ['prezɪdənsɪ] S Präsidentschaft f
president ['prezɪdənt] S Präsident(in) m(f) (⚠ **President** wird in Verbindung mit Namen

 president

In den USA ist der **President** sowohl offizielles Staatsoberhaupt als auch amtierender Regierungsvorsitzender. Er wird für eine 4-jährige Amtszeit gewählt und residiert im **White House**.

LANDESKUNDE

PRES | 514

und in der Anrede großgeschrieben.); (*bes US: von Firma*) Aufsichtsratsvorsitzende(r) *m/f(m)* **presidential** [ˌprezɪˈdenʃəl] ADJ POL des Präsidenten **presidential campaign** S̅ Präsidentschaftskampagne *f* **presidential candidate** S̅ Präsidentschaftskandidat(in) *m(f)* **presidential election** S̅ Präsidentenwahl *f*

press [pres] A S̅ **1** Presse *f*; **to get a bad ~** eine schlechte Presse bekommen **2** TYPO (Drucker)presse; **to go to ~** in Druck gehen **3** Druck *m* B V̅T̅ **1** drücken (*on* +*akk*); *Knopf, Pedale* drücken auf (+*akk*) **2** bügeln, glätten (*schweiz*) **3** drängen; **to ~ sb hard** jdm (hart) zusetzen; **to ~ sb for an answer** auf jds Antwort (*akk*) drängen; **to be ~ed for time** unter Zeitdruck stehen C V̅I̅ **1** drücken **2** drängen (*for* auf +*akk*) **3** sich drängen; **to ~ ahead (with sth)** (*fig*) (mit etw) weitermachen ♦**press on** V̅I̅ weitermachen; (*auf Reisen*) weiterfahren **press agency** S̅ Presseagentur *f* **press baron** S̅ Pressezar *m* **press box** S̅ Pressetribüne *f* **press clipping** S̅ (*bes US*) → **press cutting** **press conference** S̅ Pressekonferenz *f* **press cutting** (*bes Br*), **press clipping** (*bes US*) S̅ Zeitungsausschnitt *m* **press-gang** V̅T̅ (*bes Br umg*) **to ~ sb into (doing) sth** jdn drängen, etw zu tun **pressing** [ˈpresɪŋ] ADJ *Thema* brennend; *Aufgabe* dringend **press office** S̅ Pressestelle *f* **press officer** S̅ Pressesprecher(in) *m(f)* **press photographer** S̅ Pressefotograf(in) *m(f)* **press release** S̅ Pressemitteilung *f* **press stud** S̅ (*Br*) Druckknopf *m* (❗ = (*US*) **snap fastener**) **press-up** S̅ (*Br*) Liegestütz *m* (❗ = (*US*) **push-up**)

pressure [ˈpreʃəʳ] S̅ Druck *m*; **at high/full ~** unter Hochdruck; **parental ~** Druck vonseiten der Eltern; **to be under ~ to do sth** unter Druck (*dat*) stehen, etw zu tun; **to be under ~ from sb** von jdm gedrängt werden; **to put ~ on sb** jdn unter Druck (*dat*) setzen; **the ~s of modern life** die Belastungen *pl* des modernen Lebens **pressure cooker** S̅ Schnellkochtopf *m* **pressure gauge** S̅ Manometer *n* **pressure group** S̅ Pressuregroup *f* **pressurize** [ˈpreʃəraɪz] V̅T̅ **1** *Kabine* auf Normaldruck halten **2** **to ~ sb into doing sth** jdn so unter Druck setzen, dass er schließlich etw tut **pressurized** ADJ **1** *Behälter* mit Druckausgleich **2** *Gas* komprimiert **3** **to feel ~** sich unter Druck (gesetzt) fühlen; **to feel ~ into doing sth** sich dazu gedrängt fühlen, etw zu tun

prestige [preˈstiːʒ] S̅ Prestige *n* **prestigious** [preˈstɪdʒəs] ADJ Prestige-; **to be ~** Prestigewert haben

presumably [prɪˈzjuːməblɪ] ADV vermutlich; **~ he'll come later** er wird voraussichtlich später kommen **presume** [prɪˈzjuːm] A V̅T̅ vermuten; **~d dead** mutmaßlich verstorben; **to be ~d innocent** als unschuldig gelten; **he is ~d to be living in Spain** es wird vermutet, dass er in Spanien lebt B V̅I̅ **1** vermuten **2** **I didn't want to ~** ich wollte nicht aufdringlich sein **presumption** [prɪˈzʌmpʃən] S̅ Vermutung *f* **presumptuous** [prɪˈzʌmptjʊəs] ADJ anmaßend; **it would be ~ of me to ...** es wäre eine Anmaßung von mir, zu ...

presuppose [ˌpriːsəˈpəʊz] V̅T̅ voraussetzen

pre-tax [priːˈtæks] ADJ unversteuert; **~ profit** Gewinn *m* vor Abzug der Steuer

pretence, (*US*) **pretense** [prɪˈtens] S̅ **1** **it's all a ~** das ist alles nur gespielt **2** Heuchelei *f*; **to make a ~ of doing sth** so tun, als ob man etw tut **3** Vorwand *m*; **on** *od* **under the ~ of doing sth** unter dem Vorwand, etw zu tun **pretend** [prɪˈtend] A V̅T̅ so tun, als ob, vorgeben; **to ~ to be interested** so tun, als ob man interessiert wäre; **to ~ to be sick** eine Krankheit vortäuschen; **to ~ to be asleep** sich schlafend stellen B V̅I̅ so tun, als ob, sich verstellen; **he is only ~ing** er tut nur so (als ob); **let's stop ~ing** hören wir auf, uns (*dat*) etwas vorzumachen **pretension** [prɪˈtenʃən] S̅ Anspruch *m* **pretentious** [prɪˈtenʃəs] ADJ anmaßend; *Stil, Buch* hochtrabend **pretentiously** [prɪˈtenʃəslɪ] ADV hochtrabend **pretentiousness** S̅ Anmaßung *f*

preterite [ˈpretərɪt] A ADJ **the ~ tense** das Imperfekt B S̅ Imperfekt *n*

pretext [ˈpriːtekst] S̅ Vorwand *m*; **on** *od* **under the ~ of doing sth** unter dem Vorwand, etw zu tun

prettily [ˈprɪtɪlɪ] ADV nett **prettiness** [ˈprɪtɪnɪs] S̅ hübsches Aussehen; (*von Ort*) Schönheit *f*

pretty [ˈprɪtɪ] A ADJ (+*er*) **1** hübsch, fesch (*österr*) (❗ Bei einem Mann sagt man **handsome**.); *Rede* artig; **to be ~** hübsch sein; **she's not just a ~ face!** (*umg*) sie hat auch Köpfchen!; **it wasn't a ~ sight** das war kein schöner Anblick **2** (*umg*) hübsch; **it'll cost a ~ penny** das wird eine schöne Stange Geld kosten (*umg*) B ADV ziemlich; **~ well finished** so gut wie fertig (*umg*); **how's the patient?** — **~ much the same** was macht der Patient? — immer noch so ziemlich gleich

prevail [prɪˈveɪl] V̅I̅ **1** sich durchsetzen (*over, against* gegenüber) **2** weitverbreitet sein **prevailing** ADJ *Verhältnisse* derzeitig; *Meinung, Wind* vorherrschend **prevalence** [ˈprevələns] S̅

P

PRIM 515

Vorherrschen *n*; *(von Krankheit etc)* Häufigkeit *f*
prevalent ['prevələnt] ADJ vorherrschend; *Meinung, Krankheit* weitverbreitet; *Verhältnisse* herrschend
prevent [prɪ'vent] VT verhindern; *Krankheit* vorbeugen (+*dat*); **to ~ sb (from) doing sth** jdn daran hindern, etw zu tun; **the gate is there to ~ them from falling down the stairs** das Gitter ist dazu da, dass sie nicht die Treppe hinunterfallen; **to ~ sb from coming** jdn am Kommen hindern; **to ~ sth (from) happening** verhindern, dass etw geschieht **preventable** [prɪ'ventəbl] ADJ vermeidbar **prevention** [prɪ'venʃən] S Verhinderung *f*; *(von Krankheit)* Vorbeugung *f* *(of gegen)* **preventive** [prɪ'ventɪv] ADJ präventiv
preview ['priːvjuː] A S 1 *(von Film)* Vorpremiere *f*; *(von Ausstellung)* Vorbesichtigung *f*; **to give sb a ~ of sth** *(fig)* jdm eine Vorschau auf etw *(akk)* geben 2 FILM, TV Vorschau *f (of auf +akk)* B VT vorher ansehen; *Film etc* vorher aufführen
previous ['priːvɪəs] ADJ vorherig; *Seite, Tag* vorhergehend; **the ~ page/year** die Seite/das Jahr davor; **the/a ~ holder of the title** der vorherige/ein früherer Titelträger; **in ~ years** in früheren Jahren; **he's already been the target of two ~ attacks** er war schon das Opfer von zwei früheren Angriffen; **on a ~ occasion** bei einer früheren Gelegenheit; **I have a ~ engagement** ich habe schon einen Termin; **no ~ experience necessary** Vorkenntnisse (sind) nicht erforderlich; **to have a ~ conviction** vorbestraft sein; **~ owner** Vorbesitzer(in) *m(f)* **previously** ['priːvɪəslɪ] ADV vorher
pre-war ['priː'wɔːʳ] ADJ Vorkriegs-
prey [preɪ] A S Beute *f*; **bird of ~** Raubvogel *m*; **to fall ~ to sb/sth** *(fig)* ein Opfer von jdm/etw werden B VI **to ~ (up)on** Beute machen auf (+*akk*); *(Betrüger)* als Opfer aussuchen; *(Zweifel)* nagen an (+*dat*); **it ~ed (up)on his mind** es ließ ihn nicht los
price [praɪs] A S 1 Preis *m*; **the ~ of coffee** die Kaffeepreise *pl*; **to go up** *od* **rise/to go down** *od* **fall in ~** teurer/billiger werden; **they range in ~ from £10 to £30** die Preise dafür bewegen sich zwischen £ 10 und £ 30; **what is the ~ of that?** was kostet das?; **at a ~** zum entsprechenden Preis; **but at what ~!** aber zu welchem Preis!; **not at any ~** um keinen Preis; **to put a ~ on sth** einen Preis für etw nennen 2 *(bei Wetten)* Quote *f* B VT den Preis festsetzen von; *(≈ mit Etikett)* auszeichnen *(at mit)*; **it was ~d at £5** es war mit £ 5 ausgezeichnet, es kostete £ 5; **tickets ~d at £20** Karten zum Preis von £ 20; **reasonably ~d** angemessen im Preis **price bracket** S = price range **price-**

-conscious ADJ preisbewusst **price cut** S Preissenkung *f* **price increase** S Preiserhöhung *f* **priceless** ADJ unschätzbar; *(umg) Witz* köstlich; *Mensch* unbezahlbar **price limit** S Preisgrenze *f* **price list** S Preisliste *f* **price range** S Preisklasse *f* **price rise** S Preiserhöhung *f* **price tag** S Preisschild *n* **price war** S Preiskrieg *m* **pricey** ['praɪsɪ] *(umg)* kostspielig (🛑 gesteigert wird **pricier** und **priciest**) **pricing** ['praɪsɪŋ] S Preisgestaltung *f*
prick [prɪk] A S 1 Stich *m*; **~ of conscience** Gewissensbisse *pl* 2 *(sl ≈ Penis)* Schwanz *m (sl)* 3 *(sl ≈ Mensch)* Arsch *m (vulg)* B VT stechen; **to ~ one's finger** sich *(dat)* in den Finger stechen; **to ~ one's finger (on sth)** sich *(dat)* (an etw *dat*) den Finger stechen ♦**prick up** VT *trennb* **to ~ its/one's ears** die Ohren spitzen
prickle ['prɪkl] A S 1 Stachel *m* 2 Stechen *n*, Prickeln *n* B VI stechen, prickeln **prickly** ['prɪklɪ] ADJ *(+er)* 1 stach(e)lig; *Gefühl* stechend; *(nicht schmerzhaft)* prickelnd 2 *(fig) Mensch* bissig
pricy ['praɪsɪ] ADJ *(+er)* → pricey
pride [praɪd] A S Stolz *m*; *(arrogant)* Hochmut *m*; **to take (a) ~ in sth** auf etw *(akk)* stolz sein; **to take (a) ~ in one's appearance** Wert auf sein Äußeres legen; **her ~ and joy** ihr ganzer Stolz; **to have** *od* **take ~ of place** den Ehrenplatz einnehmen B VR **to ~ oneself on sth** sich einer Sache *(gen)* rühmen
priest [priːst] S Priester(in) *m(f)* **priestess** ['priːstɪs] S Priesterin *f* **priesthood** S 1 Priesteramt *n*, Priesterwürde *f* 2 *(≈ die Priester)* Priesterschaft *f*
prim [prɪm] ADJ *(+er)* **(a. prim and proper)** etepetete *präd (umg)*; *Auftreten* steif
primaeval ADJ = primeval **primal** ['praɪməl] ADJ ursprünglich, Ur-
primarily ['praɪmərɪlɪ] ADV hauptsächlich **primary** ['praɪmərɪ] A ADJ Haupt-; **our ~ concern** unser Hauptanliegen; **of ~ importance** von größter Bedeutung B S 1 *(bes Br)* Grundschule *f* (🛑 = (US) **elementary school, grade school**) 2 *(US)* Vorwahl **primary care physician** S *(US)* Allgemeinarzt *m*, Allgemeinärztin *f* (🛑 = (Br) **GP**) **primary colour**, *(US)* **primary color** S Grundfarbe *f* **primary education** S Grundschul(aus)bildung *f* **primary election** S *(US)* Vorwahl *f* **primary school** S *(bes Br)* Grundschule *f* (🛑 = (US) **elementary school, grade school**) **primary school teacher** S *(bes Br)* Grundschullehrer(in) *m(f)* (🛑 = (US) **elementary school teacher, grade school teacher**)
prime [praɪm] A ADJ 1 Haupt-, wesentlich; *Ziel, Grund* hauptsächlich; *Kandidat* erste(r, s); **~ sus-**

primary school

Der erste Abschnitt der Schulausbildung in Großbritannien ist die **primary education**, die Kinder im Alter von 5 (in Nordirland 4) bis 11 (in Schottland 12) absolvieren. Unterrichtet wird nach dem Klassenlehrerprinzip, dabei schwerpunktmäßig **three Rs (reading, writing, arithmetic)**.

LANDESKUNDE

pect Hauptverdächtige(r) *m/f(m)*; **of ~ importance** von größter Bedeutung; **my ~ concern** mein Hauptanliegen *n* [2] erstklassig [B] [S] **in the ~ of life** in der Blüte seiner Jahre; **he is in his ~** er ist in den besten Jahren **primed** [ADJ] *Mensch* gerüstet **prime minister** [S] Premierminister(in) *m(f)* (❗ **Prime Minister** wird in Verbindung mit Namen und in der Anrede großgeschrieben.) **prime number** [S] MATH Primzahl *f* **prime time** [S] Hauptsendezeit *f*

prime minister

Der Premierminister Großbritanniens, oder auch **Head of Her** oder **His Majesty's Government**, wird vom König bzw. von der Königin ernannt und ist in der Regel der Parteivorsitzende derjenigen Partei, welche die Mehrheit im **House of Commons** stellt. Als mächtigster Politiker im Staat trifft er wichtige personelle und politische Entscheidungen, z. B. die Besetzung der Ministerposten.

LANDESKUNDE

primeval [praɪ'miːvəl] [ADJ] urzeitlich, Ur- **primitive** ['prɪmɪtɪv] [ADJ] primitiv **primrose** ['prɪmrəʊz] [S] BOT Erdschlüsselblume *f* **primula** ['prɪmjʊlə] [S] Primel *f* **prince** [prɪns] [S] Prinz *m*, Fürst *m* **Prince Charming** [S] [1] *(im Märchen)* Königssohn *m*, Prinz *m* [2] *(fig)* Märchenprinz *m* **princely** ['prɪnslɪ] [ADJ] fürstlich **princess** [prɪn'ses] [S] Prinzessin *f*

principal ['prɪnsɪpəl] [A] [ADJ] Haupt-, hauptsächlich; **my ~ concern** mein Hauptanliegen *n* [B] [S] *(US) (von Schule)* Rektor(in) *m(f)* (❗ = (Br) **headmaster, headmistress**) **principality** [ˌprɪnsɪ'pælɪtɪ] [S] Fürstentum *n* **principally** ['prɪnsɪpəlɪ] [ADV] in erster Linie

principle ['prɪnsɪpl] [S] Prinzip *n*; *(kein pl)* Prinzipien *pl*; **in/on ~** im/aus Prinzip; **a man of ~(s)** ein Mensch mit Prinzipien; **it's a matter of ~, it's the ~ of the thing** es geht dabei ums Prinzip **principled** ['prɪnsɪpld] [ADJ] mit Prinzipien

print [prɪnt] [A] [S] [1] Schrift *f*; *(≈ Produkt)* Gedruckte(s) *n*; **out of ~** vergriffen; **to be in ~** erhältlich sein; **in large ~** in Großdruck [2] *(≈ Bild)* Druck *m* [3] FOTO Abzug *m* [4] *(von Fuß)* Abdruck *m*; **a thumb ~** ein Daumenabdruck *m* [B] [VT] [1] *Buch* drucken; IT (aus)drucken [2] in Druckschrift schreiben [C] [VI] [1] drucken [2] in Druckschrift schreiben ♦**print out** [VT] *trennb* IT ausdrucken **printed** ['prɪntɪd] [ADJ] Druck-, gedruckt; *(≈ leserlich)* in Großbuchstaben; **~ matter/papers** Büchersendung *f*

printer ['prɪntəʳ] [S] Drucker *m* **printer driver** [S] IT Druckertreiber *m* **print head** [S] IT Druckkopf *m* **printing** ['prɪntɪŋ] [S] Drucken *n* **printing press** [S] Druckerpresse *f* **printmaking** [S] Grafik *f* **printout** [S] IT Ausdruck *m* **print queue** [S] IT Druckerwarteschlange *f* **printwheel** ['prɪntwheel] [S] IT Typenrad *n*

prior ['praɪəʳ] [ADJ] [1] vorherig, früher; **a ~ engagement** eine vorher getroffene Verabredung; **~ to sth** vor etw *(dat)*; **~ to this/that** zuvor; **~ to going out** bevor ich/er *etc* ausging [2] *Pflicht* vorrangig

prioritize [praɪ'ɒrɪtaɪz] [VT] [1] der Priorität nach ordnen [2] Priorität einräumen *(+dat)* **priority** [praɪ'ɒrɪtɪ] [S] Priorität *f*, vorrangige Angelegenheit; **a top ~** eine Sache von höchster Priorität; **it must be given top ~** das muss vorrangig behandelt werden; **to give ~ to sth** einer Sache *(dat)* Priorität geben; **in order of ~** nach Dringlichkeit; **to get one's priorities right** seine Prioritäten richtig setzen; **high/low on the list of priorities** *od* **the ~ list** oben/unten auf

print — Schrift

print — (Foto)abzug

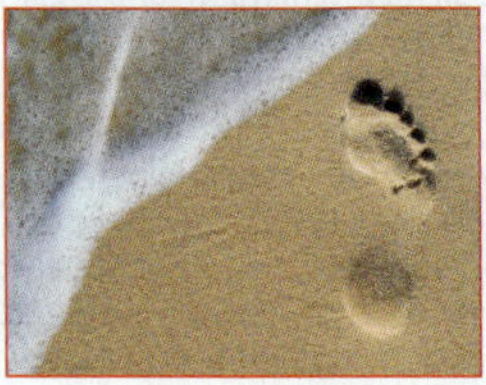
print — Abdruck

der Prioritätenliste
prise, (US) **prize** [praɪz] _vt_ **to ~ sth open** etw aufbrechen; **to ~ the lid off** den Deckel abbekommen
prism ['prɪzm] _s_ Prisma n
prison ['prɪzn] _a_ _s_ Gefängnis n; **to be in ~** im Gefängnis sein; **to go to ~ for 5 years** für 5 Jahre ins Gefängnis gehen; **to send sb to ~** jdn ins Gefängnis schicken _b_ _attr_ Gefängnis-
prisoner ['prɪznə'] _s_ Gefangene(r) m/f(m); **to hold sb ~** jdn gefangen halten; **to take sb ~** jdn gefangen nehmen; **~ of war** Kriegsgefangene(r) m/f(m) **prison officer** _s_ Gefängnisaufseher(in) m(f)
prissy ['prɪsɪ] _adj_ (+er) (umg) (≈ prüde) zimperlich
pristine ['prɪsti:n] _adj_ Zustand makellos
privacy ['prɪvəsɪ, 'praɪvəsɪ] _s_ Privatleben n; **in the ~ of one's own home** im eigenen Heim; **in the strictest ~** unter strengster Geheimhaltung
private ['praɪvɪt] _a_ _adj_ _1_ privat; _Sache_ vertraulich, abgelegen; _Hochzeit_ im engsten Kreis; _Mensch_ reserviert; **~ and confidential** streng vertraulich; **to keep sth ~** etw für sich behalten; **his ~ life** sein Privatleben n _2_ **~ address** Privatanschrift f; **~ education** Ausbildung f in Privatschulen; **~ individual** Einzelne(r) m/f(m); **~ limited company** ≈ Aktiengesellschaft f (die nicht an der Börse notiert ist); **~ tutor** Privatlehrer(in) m(f) _b_ _s_ _mil_ Gefreite(r) m/f(m); **Private X** der Gefreite X _2_ **privates** _pl_ Geschlechtsteile pl _3_ **in ~** privat; **we must talk in ~** wir müssen das unter uns besprechen **private company** _s_ Privatgesellschaft f **private detective** _s_ Privatdetektiv(in) m(f) **private enterprise** _s_ Privatunternehmen n; (≈ System) freies Unternehmertum **private investigator** _s_ Privatdetektiv(in) m(f) **private lessons** _pl_ Einzelunterricht m; **to have ~** Einzelunterricht bekommen **privately** ['praɪvɪtlɪ] _adv_ _1_ privat; _sich operieren lassen_ auf eigene Kosten; **the meeting was held ~** das Treffen wurde in kleinem Kreis abgehalten; **~ owned** in Privatbesitz _2_ persönlich **private parts** _pl_ Geschlechtsteile pl **private patient** _s_ Privatpatient(in) m(f) **private practice** _s_ (Br) Privatpraxis f; **he is in ~** er hat Privatpatienten **private property** _s_ Privateigentum n **private school** _s_ (bes US) Privatschule f **private secretary** _s_ Privatsekretär(in) m(f) **private sector** _s_ privater Sektor **private tuition** _s_ Privatunterricht m
privation [praɪ'veɪʃn] _s_ Entbehrung f
privatization [ˌpraɪvətaɪ'zeɪʃən] _s_ Privatisierung f **privatize** ['praɪvətaɪz] _vt_ privatisieren
privilege ['prɪvɪlɪdʒ] _s_ Privileg n, Ehre f **privileged** ['prɪvɪlɪdʒd] _adj_ privilegiert; **for a ~ few** für wenige Privilegierte; **to be ~ to do sth** das Privileg genießen, etw zu tun; **I was ~ to meet him** ich hatte die Ehre, ihm vorgestellt zu werden
Privy Council [ˌprɪvɪ'kaʊnsəl] _s_ Geheimer Rat
prize[1] [praɪz] _a_ _s_ Preis m (⚠ den man gewinnt; Preis, den man bezahlt = **price**) _b_ _adj_ _1_ preisgekrönt _2_ **~ medal** (Sieger)medaille f _3_ **~ competition** Preisausschreiben n _c_ _vt_ (hoch) schätzen; **to ~ sth highly** etw sehr _od_ hoch schätzen; **~d possession** wertvollster Besitz
prize[2] _vt_ (US) = **prise**

▶ **prize und price**

⚠ Die Substantive **prize** und **price** werden oft verwechselt. Merken Sie sich die Aussprache des s-Lauts:

prize [praɪz] (stimmhaft)	Preis, den man gewinnt
price [praɪs] (stimmlos)	Preis, den man bezahlt
I'd pay any price to get that prize.	Ich würde jeden Preis zahlen, um diese Auszeichnung zu bekommen.

SPRACHGEBRAUCH ◁

prize day _s_ _schule_ (Tag m der) Preisverleihung f **prize draw** _s_ Lotterie f **prize money** _s_ Geldpreis m **prizewinner** _s_ (Preis)gewinner(in) m(f) **prizewinning** _adj_ preisgekrönt; **~ ticket** Gewinnlos n
pro[1] [prəʊ] _s_, pl -s (umg) Profi m
pro[2] _a_ _präp_ für _b_ _s_ **the ~s and cons** das Pro und Kontra
pro- _präf_ pro-, Pro-; **~European** proeuropäisch
proactive [prəʊ'æktɪv] _adj_ proaktiv
probability [ˌprɒbə'bɪlɪtɪ] _s_ Wahrscheinlichkeit f; **in all ~** aller Wahrscheinlichkeit nach; **what's the ~ of that happening?** wie groß ist die Wahrscheinlichkeit, dass das geschieht?
probable ['prɒbəbl] _adj_ wahrscheinlich
probably ['prɒbəblɪ] _adv_ wahrscheinlich; **most ~** höchstwahrscheinlich; **~ not** wahrscheinlich nicht
probation [prə'beɪʃən] _s_ _1_ _jur_ Bewährung f; **to put sb on ~ (for a year)** jdm (ein Jahr) Bewährung geben; **to be on ~** Bewährung haben _2_ (in Firma) Probe f, Probezeit f **probationary** [prə'beɪʃnərɪ] _adj_ Probe-; **~ period** Probezeit f; _jur_ Bewährungsfrist f **probation officer** _s_

Bewährungshelfer(in) *m(f)*
probe [prəʊb] A S Untersuchung *f* (*into +gen*) B VT untersuchen C VI forschen (*for* nach); **to ~ into sb's private life** in jds Privatleben (*dat*) herumschnüffeln **probing** ['prəʊbɪŋ] A S Untersuchung *f*; **all this ~ into people's private affairs** dieses Herumschnüffeln in den privaten Angelegenheiten der Leute B ADJ prüfend
problem ['prɒbləm] S Problem *n*; **what's the ~?** wo fehlt's?; **he's got a drink(ing) ~** er trinkt (zu viel); **I had no ~ in getting the money** ich habe das Geld ohne Schwierigkeiten bekommen; **no ~!** (*umg*) kein Problem! **problematic(al)** [,prɒblə'mætɪk(əl)] ADJ problematisch **problem-solving** S Problemlösung *f*
probs [prɒbz] PL (*Br umg*) **no ~!** null problemo! (*umg*), kein Problem!
procedure [prə'siːdʒəʳ] S Verfahren *n*; **what would be the correct ~ in such a case?** wie geht man in einem solchen Falle vor?
proceed [prə'siːd] A VI 1 (*form*) **please ~ to gate 3** begeben Sie sich zum Ausgang 3 2 (*form*) weitergehen; (*Auto*) weiterfahren 3 fortfahren (*with* mit); **can we now ~ to the next item on the agenda?** können wir jetzt zum nächsten Punkt der Tagesordnung übergehen?; **everything is ~ing smoothly** alles läuft bestens; **negotiations are ~ing well** die Verhandlungen kommen gut voran; **you may ~** (*bei Debatte*) Sie haben das Wort 4 (≈ *verfahren*) vorgehen B VT **to ~ to do sth** (dann) etw tun **proceeding** [prə'siːdɪŋ] S 1 Vorgehen *n* 2 **proceedings** PL Veranstaltung *f* 3 **proceedings** PL *bes* JUR Verfahren *n*; **to take ~s against sb** gegen jdn gerichtlich vorgehen **proceeds** ['prəʊsiːdz] PL Ertrag *m*, Erlös *m*, Einnahmen *pl*
process ['prəʊses] A S Prozess *m*, Verfahren *n*; **in the ~** dabei; **in the ~ of learning** beim Lernen; **to be in the ~ of doing sth** dabei sein, etw zu tun B VT *Daten, Müll* verarbeiten; *Lebensmittel* konservieren; *Antrag* bearbeiten; *Film* entwickeln **processing** ['prəʊsesɪŋ] S (*von Daten, Müll*) Verarbeitung *f*; (*von Lebensmitteln*) Konservierung *f*; (*von Antrag*) Bearbeitung *f*; (*von Film*) Entwicklung *f* **processing language** S IT Prozesssprache *f* **processing plant** S Aufbereitungsanlage *f* **processing speed** S IT Verarbeitungsgeschwindigkeit *f*
procession [prə'seʃən] S Umzug *m*; (≈ *Schlange*) Reihe *f*; **carnival ~** Karnevalszug *m*
processor ['prəʊsesəʳ] S IT Prozessor *m*
proclaim [prə'kleɪm] VT erklären; **the day had been ~ed a holiday** der Tag war zum Feiertag erklärt worden **proclamation** [,prɒklə'meɪʃən] S Proklamation *f*
procrastinate [prəʊ'kræstɪneɪt] VI zaudern; **he always ~s** er schiebt die Dinge immer vor sich (*dat*) her **procrastination** [prəʊ,kræstɪ'neɪʃən] S Zaudern *n*
procreate ['prəʊkrɪeɪt] VI sich fortpflanzen **procreation** [,prəʊkrɪ'eɪʃən] S Fortpflanzung *f*
procure [prə'kjʊəʳ] VT beschaffen; (≈ *veranlassen*) herbeiführen; **to ~ sth for sb/oneself** jdm/sich etw beschaffen
prod [prɒd] A S 1 (*wörtl*) Stoß *m*; **to give sb a ~** jdm einen Stoß versetzen 2 (*fig*) **to give sb a ~** jdn anstoßen B VT 1 (*wörtl*) stoßen; **he ~ded the hay with his stick** er stach mit seinem Stock ins Heu; **..., he said, ~ding the map with his finger** ..., sagte er und stieß mit dem Finger auf die Karte 2 (*fig*) anspornen (*into sth* zu etw) C VI stoßen
prodigal ['prɒdɪgl] ADJ verschwenderisch; **the ~ son** REL *a. fig* der verlorene Sohn
prodigy ['prɒdɪdʒɪ] S Wunder *n*; **child ~** Wunderkind *n*
produce ['prɒdjuːs] A S (❗ kein pl) AGR Erzeugnisse *pl*; **~ of Italy** italienisches Erzeugnis B [prə'djuːs] VT 1 produzieren; *Wärme* erzeugen; *Ernte* abwerfen; *Artikel* schreiben; *Ideen* hervorbringen; **the sort of environment that ~s criminal types** das Milieu, das Kriminelle hervorbringt 2 *Brieftasche* hervorholen (*from, out of* aus), ziehen (*from, out of* aus); *Beweise, Resultate* liefern; *Wirkung* erzielen; *Papiere* vorzeigen 3 *Stück* inszenieren; *Film* produzieren 4 hervorrufen C [prə'djuːs] VI (*Fabrik*) produzieren; (*Baum*) tragen **producer** [prə'djuːsəʳ] S Produzent(in) *m(f)*; THEAT Regisseur(in) *m(f)* **-producing** [-prə'djuːsɪŋ] ADJ *suf* produzierend; **oil-producing country** Öl produzierendes Land; **wine-producing area** Weinregion *f*
product ['prɒdʌkt] S Produkt *n*; **food ~s** Nahrungsmittel *pl*; **~ range** IND Sortiment *n*
production [prə'dʌkʃən] S 1 Produktion *f*; (*von Wärme*) Erzeugung *f*; (*von Getreide*) Anbau *m*; (*von Artikel*) Schreiben *n*; (*von Ideen*) Hervorbringung *f*; **to increase ~** die Produktion erhöhen (❗ im Englischen ohne **the**); **to put sth into ~** die Produktion von etw aufnehmen; **is it still in ~?** wird das noch hergestellt?; **to take sth out of ~** etw aus der Produktion nehmen 2 (*von Ticket, Papieren*) Vorzeigen *n*; (*von Beweisen*) Lieferung *f* 3 (*von Stück*) Inszenierung *f*; (*von Film*) Produktion *f* **production costs** PL Produktionskosten *pl* **production line** S Fertigungsstraße *f* **productive** [prə'dʌktɪv] ADJ produktiv; *Land* fruchtbar; *Unternehmen* rentabel; **to lead a ~ life** ein aktives Leben führen **productively** [prə'dʌktɪvlɪ] ADV produktiv **pro-**

P

ductivity [ˌprɒdʌk'tɪvɪtɪ] [S] Produktivität *f*; (*von Land*) Fruchtbarkeit *f*; (*von Unternehmen*) Rentabilität *f*
Prof *abk* von Professor Prof.
profess [prə'fes] [A] [VT] *Interesse* bekunden; *Zweifel* kundtun; *Unwissen* zugeben; **to ~ to be sth** behaupten, etw zu sein [B] [VR] **to ~ oneself satisfied** seine Zufriedenheit bekunden (*with* über *+akk*)
profession [prə'feʃən] [S] [1] Beruf *m*; **the teaching ~** der Lehrberuf; **by ~** von Beruf [2] **the medical ~** die Ärzteschaft; **the whole ~** der gesamte Berufsstand [3] **~ of faith** Glaubensbekenntnis *n*
professional [prə'feʃənl] [A] [ADJ] [1] beruflich; *Meinung* fachlich; *Fußball* professionell; **~ army** Berufsarmee *m*; **our relationship is purely ~** unsere Beziehung ist rein geschäftlich(er Natur); **he's now doing it on a ~ basis** er macht das jetzt hauptberuflich; **in his ~ capacity as** ... in seiner Eigenschaft als ...; **to be a ~ singer** *etc* von Beruf Sänger *etc* sein; **to seek/take ~ advice** fachmännischen Rat suchen/einholen; **to turn ~** Profi werden [2] *Arbeit* fachgerecht; *Mensch* gewissenhaft; *Vorgehensweise* professionell; *Leistung* kompetent [B] [S] Profi *m* **professionalism** [prə'feʃnəlɪzəm] [S] Professionalismus *m* **professionally** [prə'feʃnəlɪ] [ADV] beruflich; **he plays ~** er ist Berufsspieler; **to know sb ~** jdn beruflich kennen
professor [prə'fesəʳ] [S] Professor(in) *m(f)*; (*US*) Dozent(in) *m(f)*
proficiency [prə'fɪʃənsɪ] [S] **her ~ as a secretary** ihre Tüchtigkeit als Sekretärin; **his ~ in English** seine Englischkenntnisse; **her ~ in translating** ihr Können als Übersetzerin **proficient** [prə'fɪʃənt] [ADJ] tüchtig; **he is just about ~ in German** seine Deutschkenntnisse reichen gerade aus; **to be ~ in Japanese** Japanisch beherrschen
profile ['prəʊfaɪl] [A] [S] Profil *n*, Profilbild *n*; (≈ *Biografie*) Porträt *n*; **in ~** im Profil; **to keep a low ~** sich zurückhalten [B] [VT] porträtieren
profit ['prɒfɪt] [A] [S] [1] HANDEL Gewinn *m*; **~ and loss account** (*Br*) *od* **statement** (*US*) Gewinn-und-Verlust-Rechnung *f*; **to make a ~ (out of** *od* **on sth)** (mit etw) ein Geschäft machen; **to show** *od* **yield a ~** einen Gewinn verzeichnen; **to sell sth at a ~** etw mit Gewinn verkaufen; **the business is now running at a ~** das Geschäft rentiert sich jetzt [2] (*fig*) Nutzen *m*; **you might well learn something to your ~** Sie können etwas lernen, was Ihnen von Nutzen ist [B] [VI] profitieren (*by, from* von), Nutzen ziehen (*by, from* aus) **profitability** [ˌprɒfɪtə'bɪlɪtɪ] [S] Rentabilität *f* **profitable** ['prɒfɪtəbl] [ADJ] HANDEL gewinnbringend; (*fig*) nützlich **profiteering** [ˌprɒfɪ'tɪərɪŋ] [S] Wucher *m* **profit-making** [ADJ] [1] rentabel [2] auf Gewinn gerichtet **profit margin** [S] Gewinnspanne *f* **profit-sharing** [S] Gewinnbeteiligung *f* **profit warning** [S] HANDEL Gewinnwarnung *f*
pro forma (invoice) [ˌprəʊ'fɔːmə(ɪnvɔɪs)] [S] Pro-forma-Rechnung *f*
profound [prə'faʊnd] [ADJ] *Trauer* tief; *Idee* tiefsinnig; *Denker, Wissen, Bedauern* tief (gehend); *Hass, Ignoranz* tief sitzend; *Einfluss, Auswirkungen* weitreichend **profoundly** [prə'faʊndlɪ] [ADV] *verschieden* zutiefst; **~ deaf** vollkommen taub
profusely [prə'fjuːslɪ] [ADV] *bluten* stark; *danken* überschwänglich; **he apologized ~** er bat vielmals um Entschuldigung **profusion** [prə'fjuːʒən] [S] Überfülle *f*
prognosis [prɒg'nəʊsɪs] [S], *pl* **prognoses** [prɒg'nəʊsiːz] Prognose *f*
program ['prəʊgræm] [A] [S] [1] IT Programm *n* [2] (*US*) = **programme** [B] [VT] programmieren **programable** [ADJ] (*US*) → **programmable** **programer** [S] (*US*) → **programmer** **programing** [S] (*US*) → **programmimg** **programmable** (*Br*), **programable** (*US*) ['prəʊgræməbl] [ADJ] programmierbar
programme, (*US*) **program** ['prəʊgræm] [A] [S] Programm *n*; **what's the ~ for tomorrow?** was steht für morgen auf dem Programm? [B] [VT] programmieren **programmer** (*Br*), **programer** (*US*) ['prəʊgræməʳ] [S] Programmierer(in) *m(f)* **programming** (*Br*), **programing** (*US*) ['prəʊgræmɪŋ] [S] Programmieren *n*; **~ language** Programmiersprache *f*
progress ['prəʊgres] [A] [S] [1] (❗ kein pl) Vorwärtskommen *n*; **we made slow ~ through the mud** wir kamen im Schlamm nur langsam vorwärts; **in ~** im Gange; **"silence please, meeting in ~"** „Sitzung! Ruhe bitte"; **the work still in ~** die noch zu erledigende Arbeit [2] (❗ kein pl) Fortschritt *m*; **to make (good/slow) ~** (gute/langsame) Fortschritte machen [B] [prə'gres] [VI] [1] sich vorwärtsbewegen [2] **as the work ~es** mit dem Fortschreiten der Arbeit; **as the game ~ed** im Laufe des Spiels; **while negotiations were actually ~ing** während die Verhandlungen im Gange waren [3] Fortschritte machen; **how far have you ~ed?** wie weit sind Sie gekommen?; **as you ~ through the ranks** bei Ihrem Aufstieg durch die Ränge **progression** [prə'greʃən] [S] Folge *f*, Entwicklung *f*; **his ~ from a junior clerk to managing director** sein Aufstieg vom kleinen Angestellten zum Direktor **progressive** [prə'gresɪv] [ADJ] [1] zunehmend; *Krankheit* fort-

P

schreitend ▢2 GRAM Verlaufs-; **the verb is in the ~ form** das Verb steht in der Verlaufsform
progressively [prəˈɡresɪvlɪ] ADV zunehmend
progress report S̅ Fortschrittsbericht *m*
prohibit [prəˈhɪbɪt] VT untersagen; **to ~ sb from doing sth** jdm untersagen, etw zu tun; **"smoking ~ed"** „Rauchen verboten"
prohibition [ˌprəʊɪˈbɪʃn] S̅ (❗ Vorsicht, Aussprache) Verbot *n* **prohibitive** [prəˈhɪbɪtɪv] ADJ unerschwinglich; **the costs of producing this model have become ~** die Kosten für die Herstellung dieses Modells sind untragbar geworden
project¹ [ˈprɒdʒekt] S̅ Projekt *n*, Vorhaben *n*; SCHULE, UNIV Referat *n*; (*in Grundschule*) Arbeit *f*
project² [prəˈdʒekt] ▢A VT ▢1 *Film, Gefühle* projizieren (*onto* auf +*akk*); **to ~ one's voice** seine Stimme zum Tragen bringen ▢2 *Vorhaben* (voraus)planen; *Kosten* überschlagen ▢3 abschießen ▢B VI hervorragen (*from* aus) **projectile** [prəˈdʒektaɪl] S̅ Geschoss *n* **projection** [prəˈdʒekʃən] S̅ ▢1 (*von Film, Gefühlen*) Projektion *f* ▢2 (*von Vorhaben*) (Voraus)planung *f*; (*von Kosten*) Überschlagung *f* **projectionist** [prəˈdʒekʃnɪst] S̅ Filmvorführer(in) *m(f)* **projector** [prəˈdʒektə] S̅ FILM Projektor *m*
prole [prəʊl] S̅ (*Br umg*) Prolet(in) *m(f)* (*umg*) **proletarian** [ˌprəʊləˈtɛərɪən] ADJ proletarisch
proletariat [ˌprəʊləˈtɛərɪət] S̅ Proletariat *n*
pro-life [ˌprəʊˈlaɪf] ADJ gegen Abtreibung *präd*
proliferate [prəˈlɪfəreɪt] VI (*Anzahl*) sich stark erhöhen **proliferation** [prəˌlɪfəˈreɪʃən] S̅ (*von Anzahl*) starke Erhöhung; (*von Atomwaffen*) Weitergabe *f* **prolific** [prəˈlɪfɪk] ADJ ▢1 fruchtbar; *Schriftsteller* sehr produktiv ▢2 üppig
prologue, (*US*) **prolog** [ˈprəʊlɒɡ] S̅ Prolog *m*; (*in Buch*) Vorwort *n*
prolong [prəˈlɒŋ] VT verlängern, hinauszögern
prom [prɒm] S̅ (*umg*) (*Br*) Konzert *n*; (*US*) Studenten-/Schülerball *m* **promenade** [ˌprɒmɪˈnɑːd] S̅ (*bes Br*) (Strand)promenade *f*; (*US*) Studenten-/Schülerball *m*; **~ concert** (*Br*) Konzert *n*
prominence [ˈprɒmɪnəns] S̅ (*von Ideen*) Beliebtheit *f*; (*von Politiker etc*) Bekanntheit *f*; **to rise to ~** bekannt werden **prominent** [ˈprɒmɪnənt] ADJ ▢1 *Backenknochen, Zähne* vorstehend *attr*; **to be ~** vorstehen/-springen ▢2 *Markierung* auffällig; *Gesichtszüge* hervorstechend; *Position, Verleger* prominent; **put it in a ~ position** stellen Sie es deutlich sichtbar hin ▢3 *Rolle* führend; (≈ *bedeutend*) wichtig **prominently** [ˈprɒmɪnəntlɪ] ADV platzieren deutlich sichtbar; **he figured ~ in the case** er spielte in dem Fall eine bedeutende Rolle

promiscuity [ˌprɒmɪˈskjuːɪtɪ] S̅ Promiskuität *f*
promiscuous [prəˈmɪskjʊəs] ADJ promisk; **to be ~** häufig den Partner wechseln; **~ behaviour** häufiger Partnerwechsel
promise [ˈprɒmɪs] ▢A S̅ ▢1 Versprechen *n*; **their ~ of help** ihr Versprechen zu helfen; **is that a ~?** ganz bestimmt?; **to make sb a ~** jdm ein Versprechen geben; **I'm not making any ~s** versprechen kann ich nichts; **~s, ~s!** Versprechen, nichts als Versprechen! ▢2 Hoffnung *f*; **to show ~** zu den besten Hoffnungen berechtigen ▢B VT versprechen, hindeuten auf (+*akk*); **to ~ (sb) to do sth** (jdm) versprechen, etw zu tun; **to ~ sb sth, to ~ sth to sb** jdm etw versprechen; **to ~ sb the earth** jdm das Blaue vom Himmel herunter versprechen; **~ me one thing** versprich mir eins; **I won't do it again, I ~** ich werde es nie wieder tun, das verspreche ich; **it ~d to be another scorching day** der Tag versprach wieder heiß zu werden ▢C VI versprechen; **(do you) ~?** versprichst du es?; **~!** ehrlich!; **I'll try, but I'm not promising** ich werde es versuchen, aber ich kann nichts versprechen ▢D VR **to ~ oneself sth** sich (*dat*) etw versprechen; **I've ~d myself never to do it again** ich habe mir geschworen, dass ich das nicht noch einmal mache **promising** ADJ, **promisingly** ADV [ˈprɒmɪsɪŋ, -lɪ] vielversprechend

 promise

Promise bedeutet „Versprechen", und es gibt im Englischen verschiedene Möglichkeiten, ein Versprechen zu formulieren, z. B.:

I promise I won't break it.	Ich verspreche, ich werde es nicht kaputt machen.
I swear I won't let you down.	Ich schwöre, ich lasse dich nicht im Stich.

SPRACHGEBRAUCH ◁

promontory [ˈprɒməntrɪ] S̅ Vorgebirge *n*, Kap *n*
promote [prəˈməʊt] VT ▢1 befördern; **our team was ~d** FUSSB unsere Mannschaft ist aufgestiegen; **he has been ~d to headmaster** er wurde zum Direktor befördert (❗ im Englischen ohne **the**) ▢2 fördern ▢3 werben für
promoter [prəˈməʊtə] S̅ Promoter(in) *m(f)*
promotion [prəˈməʊʃən] S̅ ▢1 Beförderung *f*; (*von Mannschaft*) Aufstieg *m*; **to get** *od* **win ~** befördert werden; (*Mannschaft*) aufsteigen ▢2 Förderung *f* ▢3 Werbung *f* (*of* für), Werbekampagne *f*

PROP | 521

prompt [prɒmpt] **A** ADJ (+er) prompt, unverzüglich; (≈ *rechtzeitig*) pünktlich **B** ADV at 6 o'clock ~ pünktlich um 6 Uhr **C** VT **1** to ~ sb to do sth jdn (dazu) veranlassen, etw zu tun **2** *Gefühle* wecken **3** (*bei Rede*) vorsagen (*sb* jdm); THEAT soufflieren (*sb* jdm) **D** S IT Eingabeaufforderung f **prompter** ['prɒmptə'] S Souffleur m, Souffleuse f **promptly** ['prɒmptlı] ADV **1** prompt; **they left ~ at 6** sie gingen Punkt 6 Uhr **2** unverzüglich **promptness** ['prɒmptnəs] S **1** Promptheit f **2** Pünktlichkeit f

prone [prəʊn] ADJ **1** to be *od* lie ~ auf dem Bauch liegen; **in a ~ position** in Bauchlage **2** to be ~ to sth zu etw neigen; **to be ~ to do sth** dazu neigen, etw zu tun **proneness** ['prəʊnnıs] S Neigung f (*to* zu)

prong [prɒŋ] S Zacke f **-pronged** [-prɒŋd] ADJ *suf* -zackig; **a three-pronged attack** ein Angriff mit drei Spitzen

pronoun ['prəʊnaʊn] S Pronomen n

pronounce [prə'naʊns] VT **1** aussprechen; **Russian is hard to ~** die russische Aussprache ist schwierig **2** erklären für; **the doctors ~d him unfit for work** die Ärzte erklärten ihn für arbeitsunfähig; **to ~ oneself in favour of/against sth** sich für/gegen etw aussprechen **pronounced** ADJ ausgesprochen; *Akzent* ausgeprägt; **he has a ~ limp** er hinkt sehr stark **pronouncement** S Erklärung f; **to make a ~** eine Erklärung abgeben

pronto ['prɒntəʊ] ADV (*umg*) fix (*umg*); **I need it doing ~!** das muss sofort gemacht werden

pronunciation [prə,nʌnsı'eıʃən] S Aussprache f

proof [pruːf] S **1** (🚫 kein pl) Beweis m (*of* für); **the police don't have any ~** die Polizei hat keine Beweise; **as ~ of** zum Beweis für; **that is ~ that ...** das ist der Beweis dafür, dass ...; **show me your ~** beweisen Sie (mir) das; **~ of purchase** Kaufbeleg m **2** Alkoholgehalt m; **70% ~** ≈ 40 Vol-% **proofread** VT & VI Korrektur lesen

prop¹ [prɒp] **A** S (*wörtl*) Stütze f; (*fig*) Halt m **B** VT to ~ the door open die Tür offen halten; **to ~ oneself/sth against sth** sich/etw gegen etw lehnen ♦**prop up** VT trennb stützen; *Wand* abstützen; **to prop oneself/sth up against sth** sich/etw gegen etw lehnen; **to prop oneself up on sth** sich auf etw (*akk*) stützen

prop² abk von proprietor Inh.

propaganda [,prɒpə'gændə] S Propaganda f

propagate ['prɒpəgeɪt] VT verbreiten **propagation** [,prɒpə'geıʃən] S Verbreitung f

propane ['prəʊpeın] S Propan n

propel [prə'pel] VT antreiben **propeller** [prə'pelə'] S Propeller m

proper ['prɒpə'] ADJ **1** eigentlich; **a ~ job** ein richtiger Job **2** (*umg*) richtig; **in the ~ way** richtig; **it's only right and ~** es ist nur recht und billig; **to do the ~ thing** das tun, was sich gehört; **the ~ thing to do would be to apologize** es gehört sich eigentlich, dass man sich entschuldigt **3** anständig **4** (*im Benehmen*) korrekt **properly** ['prɒpəlı] ADV **1** richtig **2** anständig **proper name**, **proper noun** S Eigenname m

property ['prɒpətı] S **1** Eigenschaft f; **healing properties** heilende Kräfte **2** Eigentum n; **common ~** (*wörtl*) gemeinsames Eigentum; (*fig*) Gemeingut n **3** Haus n, Gebäude n, Besitztum n; (≈ *Landgut*) Besitz m; (*kein pl* ≈ *Wohnhäuser etc*) Immobilien pl **property developer** S Häusermakler(in) m(f) **property market** S Immobilienmarkt m

prophecy ['prɒfısı] S Prophezeiung f **prophesy** ['prɒfısaı] **A** VT prophezeien **B** VI Prophezeiungen machen **prophet** ['prɒfıt] S Prophet(in) m(f) **prophetic** ADJ, **prophetically** [prə'fetık, -əlı] prophetisch

prophylactic [,prɒfı'læktık] S MED Prophylaktikum n, vorbeugendes Mittel

proponent [prə'pəʊnənt] S Befürworter(in) m(f)

proportion [prə'pɔːʃən] S **1** (*zahlenmäßig*) Verhältnis n (*of x to y* zwischen x und y); (*größenmäßig*) Proportionen pl; **~s** (≈ *Größe*) Ausmaß n; (*von Gebäude*) Proportionen pl; **to be in/out of ~ (to one another)** (*zahlenmäßig*) im richtigen/nicht im richtigen Verhältnis zueinander stehen; (*größenmäßig*, KUNST) in den Proportionen stimmen/nicht stimmen; (*Leistungen etc*) im richtigen/in keinem Verhältnis zueinander stehen; **to be in/out of ~ to sth** im Verhältnis/in keinem Verhältnis zu etw stehen; (*größenmäßig*) in den Proportionen zu etw passen/nicht zu etw passen; **to get sth in ~** KUNST etw proportional richtig darstellen; (*fig*) etw objektiv betrachten; **he has let it all get out of ~** (*fig*) er hat den Blick für die Proportionen verloren; **it's out of all ~!** das geht über jedes Maß hinaus!; **sense of ~** Sinn m für Proportionen **2** Teil m, Anteil m; **a certain ~ of the population** ein bestimmter Teil der Bevölkerung **proportional** [prə'pɔːʃənl] ADJ proportional (*to* zu) **proportional representation** S POL Verhältniswahlrecht n **proportionate** [prə'pɔːʃnıt] ADJ proportional **proportionately** [prə'pɔːʃnıtlı] ADV proportional; *mehr, weniger* entsprechend

proposal [prə'pəʊzl] S Vorschlag m (*on, about* zu); (*an Freund(in)*) (Heirats)antrag m; **to make sb a ~** jdm einen Vorschlag machen **pro-**

P

PROP | 522

pose [prə'pəʊz] **A** _vⁱ_ **1** vorschlagen; **to ~ marriage to sb** jdm einen (Heirats)antrag machen **2** beabsichtigen; **how do you ~ to pay for it?** wie wollen Sie das bezahlen? **B** _vⁱ_ einen (Heirats)antrag machen _(to +dat)_ **proposition** [ˌprɒpə'zɪʃən] **A** _s_ Vorschlag _m_, These _f_ **B** _vⁱ_ he ~ed me er hat mich gefragt, ob ich mit ihm schlafen würde

proprietor [prə'praɪətəʳ] _s_ _(von Gaststätte)_ Inhaber(in) _m(f)_; _(von Haus, Zeitung)_ Besitzer(in) _m(f)_

propriety [prə'praɪətɪ] _s_ Anstand _m_

propulsion [prə'pʌlʃən] _s_ Antrieb _m_

pro rata ['prəʊ'rɑːtə] _ADJ, ADV_ anteil(s)mäßig; **on a ~ basis** auf einer proportionalen Basis

proscribe [prəʊ'skraɪb] _vⁱ_ verbieten

prose [prəʊz] _s_ **1** Prosa _f_ **2** Stil _m_

prosecute ['prɒsɪkjuːt] **A** _vⁱ_ strafrechtlich verfolgen _(for wegen)_; **"trespassers will be ~d"** „widerrechtliches Betreten wird strafrechtlich verfolgt" **B** _vⁱ_ Anzeige erstatten; **Mr Jones, prosecuting, said …** Herr Jones, der Vertreter der Anklage, sagte … **prosecution** [ˌprɒsɪ'kjuːʃən] _s_ JUR strafrechtliche Verfolgung; _(vor Gericht)_ Anklage _f (for wegen)_; **(the) counsel for the ~** die Anklage (vertretung); **witness for the ~** Zeuge _m_/Zeugin _f_ der Anklage **prosecutor** ['prɒsɪkjuːtəʳ] _s_ Ankläger(in) _m(f)_

prospect ['prɒspekt] _s_ Aussicht _f (of auf +akk)_; **a job with no ~s** eine Stelle ohne Zukunft **prospective** [prə'spektɪv] _ADJ attr_ voraussichtlich; _Schwiegersohn_ zukünftig; _Käufer_ interessiert; **~ earnings** voraussichtliche Einkünfte _pl_

prospectus [prə'spektəs] _s_ Prospekt _m_; SCHULE, UNIV Lehrprogramm _n_

prosper ['prɒspəʳ] _vⁱ_ blühen; _(finanziell)_ florieren **prosperity** [prɒs'perɪtɪ] _s_ Wohlstand _m_ **prosperous** ['prɒspərəs] _ADJ_ wohlhabend; _Unternehmen_ florierend; _Wirtschaft_ blühend **prosperously** ['prɒspərəslɪ] _ADV leben_ in Wohlstand

prostate (gland) ['prɒsteɪt(ˌglænd)] _s_ Prostata _f_

prostitute ['prɒstɪtjuːt] **A** _s_ Prostituierte(r) _m/f(m)_ **B** _vⁱ_ sich prostituieren **prostitution** [ˌprɒstɪ'tjuːʃən] _s_ Prostitution _f_

prostrate ['prɒstreɪt] **A** _ADJ_ ausgestreckt **B** [prɒ'streɪt] _vⁱ_ sich niederwerfen _(before vor +dat)_

protagonist [prəʊ'tægənɪst] _s_ _bes_ LIT Protagonist(in) _m(f)_

protect [prə'tekt] **A** _vⁱ_ schützen _(against gegen, from vor +dat)_; _(jdn, Tier)_ beschützen _(against gegen, from vor +dat)_; IT sichern; **don't try to ~ the culprit** versuchen Sie nicht, den Schuldigen zu decken **B** _vⁱ_ schützen _(against vor +dat)_ **protection** [prə'tekʃən] _s_ Schutz _m (against ge-_

gen, _from vor +dat)_; **to be under sb's ~** unter jds Schutz _(dat)_ stehen **protectionism** [prə-'tekʃənɪzəm] _s_ Protektionismus _m_ **protective** [prə'tektɪv] _ADJ_ Schutz-; _Haltung_ beschützend; _Schicht_ schützend; **the mother is very ~ toward(s) her children** die Mutter ist sehr fürsorglich ihren Kindern gegenüber **protective clothing** _s_ Schutzkleidung _f_ **protective custody** _s_ Schutzhaft _f_ **protectively** [prə'tektɪvlɪ] _ADV_ schützend, beschützend **protector** [prə'tektəʳ] _s_ **1** Beschützer(in) _m(f)_ **2** _(≈ Kleidung)_ Schutz _m_ **protectorate** [prə'tektərət] _s_ POL Protektorat _n_

protégé, protégée ['prɒtəʒeɪ] _s_ Schützling _m_

protein ['prəʊtiːn] _s_ Protein _n_

protest ['prəʊtest] **A** _s_ Protest _m_, Protestkundgebung _f_; **in ~** aus Protest; **to make a/one's ~** Protest erheben **B** [prəʊ'test] _vⁱ (against, about gegen)_ protestieren, demonstrieren **C** [prəʊ-'test] _vⁱ_ **1** _Unschuld_ beteuern **2** protestieren gegen

Protestant ['prɒtɪstənt] **A** _ADJ_ protestantisch **B** _s_ Protestant(in) _m(f)_

protestation [ˌprɒte'steɪʃən] _s_ Protest _m_ **protester** [prə'testəʳ] _s_ Protestierende(r) _m/f(m)_, Demonstrant(in) _m(f)_ **protest march** _s_ Protestmarsch _m_

protocol ['prəʊtəkɒl] _s_ Protokoll _n_

proton ['prəʊtɒn] _s_ Proton _n_

prototype ['prəʊtəʊtaɪp] _s_ Prototyp _m_

protracted [prə'træktɪd] _ADJ_ langwierig; _Streit_ längere(r, s)

protrude [prə'truːd] _vⁱ (from aus)_ vorstehen; _(Ohren)_ abstehen **protruding** [prə'truːdɪŋ] _ADJ_ vorstehend; _Ohren_ abstehend; _Kinn_ vorspringend; _Rippen_ hervortretend

proud [praʊd] **A** _ADJ_ stolz _(of auf +akk)_; **it made his parents feel very ~** das erfüllte seine Eltern mit Stolz; **to be ~ that …** stolz (darauf) sein, dass …; **to be ~ to do sth** stolz darauf sein, etw zu tun **B** _ADV_ **to do sb/oneself ~** jdn/sich verwöhnen **proudly** ['praʊdlɪ] _ADV_ stolz **provable** ['pruːvəbl] _ADJ_ beweisbar, nachweisbar

prove [pruːv] _prät_ proved, _pperf_ proved _od_ proven **A** _vⁱ_ beweisen; **he ~d that …** er wies nach, dass …; **to ~ sb innocent** jds Unschuld nachweisen; **he was ~d right** er hat recht behalten; **he did it just to ~ a point** er tat es nur der Sache wegen **B** _vⁱ_ **to ~ (to be) useful** sich als nützlich erweisen; **if it ~s otherwise** wenn sich das Gegenteil herausstellt **C** _vⁱ_ **1** sich bewähren **2** **to ~ oneself to be sth** sich als etw erweisen **proven** ['pruːvən] **A** _pperf von_ prove **B** ['prəʊvən] _ADJ_ bewährt

523 | PSYC

proverb ['prɒvɜ:b] ⓢ Sprichwort n **proverbial** [prə'vɜ:bɪəl] ADJ (wörtl, fig) sprichwörtlich
provide [prə'vaɪd] A VT zur Verfügung stellen; Personal vermitteln; Geld bereitstellen; Nahrung etc sorgen für; Ideen, Strom liefern; Licht spenden; **X ~d the money and Y (~d) the expertise** X stellte das Geld bereit und Y lieferte das Fachwissen; **candidates must ~ their own pens** die Kandidaten müssen ihr Schreibgerät selbst stellen; **to ~ sth for sb** etw für jdn stellen, jdm etw zur Verfügung stellen, jdm etw besorgen; **to ~ sb with sth** jdm mit etw versorgen, jdn mit etw ausstatten B VR **to ~ oneself with sth** sich mit etw ausstatten ♦**provide against** VI +obj vorsorgen für ♦**provide for** VI +obj sorgen für; Notfall vorsorgen für
provided (that) [prə'vaɪdɪd('ðæt)] KONJ vorausgesetzt(, dass)
providence ['prɒvɪdəns] ⓢ die Vorsehung
provider [prə'vaɪdə'] ⓢ **1** (von Familie) Ernährer(in) m(f) **2** IT Provider m **providing (that)** [prə'vaɪdɪŋ('ðæt)] KONJ vorausgesetzt(, dass)
province ['prɒvɪns] ⓢ **1** Provinz f **2** **provinces** PL **the ~s** die Provinz **provincial** [prə'vɪnʃəl] ADJ Provinz-; Akzent ländlich; (pej) provinzlerisch
provision [prə'vɪʒən] ⓢ **1** Bereitstellung f, Beschaffung f; (von Nahrung, Wasser etc) Versorgung f (of mit, to sb jds) **2** Vorrat m (of an +dat) **3** **~s** pl Lebensmittel pl **4** Vorkehrung f, Bestimmung f; **with the ~ that ...** mit dem Vorbehalt, dass ...; **to make ~ for sb** für jdn Vorsorge treffen; **to make ~ for sth** etw vorsehen **provisional** [prə'vɪʒənl] ADJ provisorisch; Angebot vorläufig; **~ driving licence** (Br) vorläufige Fahrerlaubnis für Fahrschüler **provisionally** [prə'vɪʒnəlɪ] ADV vorläufig **proviso** [prə'vaɪzəʊ] ⓢ, pl -s Vorbehalt m; **with the ~ that ...** unter der Bedingung, dass ...
provocation [,prɒvə'keɪʃən] ⓢ Provokation f; **he acted under ~** er wurde dazu provoziert; **he hit me without any ~** er hat mich geschlagen, ohne dass ich ihn dazu provoziert hätte **provocative** [prə'vɒkətɪv] ADJ provozierend; Bemerkung, Verhalten a. herausfordernd **provocatively** [prə'vɒkətɪvlɪ] ADV provozierend; etw sagen, sich verhalten a. herausfordernd; **~ dressed** aufreizend gekleidet **provoke** [prə'vəʊk] VT provozieren; Tier reizen; Reaktion hervorrufen; **to ~ an argument** Streit suchen; **to ~ sb into doing sth** jdn dazu treiben, dass er etw tut **provoking** [prə'vəʊkɪŋ] ADJ provozierend
prow [praʊ] ⓢ Bug m
prowess ['praʊɪs] ⓢ Fähigkeiten pl; **his (sexual) ~** seine Manneskraft

prowl [praʊl] A ⓢ Streifzug m; **to be on the ~** (Katze) auf Streifzug sein; (Chef) herumschleichen B VI (a. **prowl about** od **around**) herumstreichen; **he ~ed round the house** er schlich im Haus **prowl car** ⓢ (US) Streifenwagen m **prowler** ['praʊlə'] ⓢ Herumtreiber(in) m(f)
proximity [prɒk'sɪmɪtɪ] ⓢ Nähe f; **in close ~ to** in unmittelbarer Nähe (+gen)
proxy ['prɒksɪ] ⓢ **by ~** durch einen Stellvertreter
prude [pru:d] ⓢ **to be a ~** prüde sein
prudence ['pru:dəns] ⓢ Umsicht f; (von Maßnahme) Klugheit f **prudent** ADJ umsichtig; Maßnahme klug **prudently** ADV wohlweislich; handeln umsichtig
prudish ['pru:dɪʃ] ADJ prüde
prune¹ [pru:n] ⓢ Backpflaume f
prune² VT (a. **prune down**) beschneiden; (fig) Ausgaben kürzen **pruning** ['pru:nɪŋ] ⓢ Beschneiden n; (fig) (von Ausgaben) Kürzung f
Prussia ['prʌʃə] ⓢ Preußen n **Prussian** ['prʌʃən] A ADJ preußisch B ⓢ Preuße m, Preußin f
pry¹ [praɪ] VI neugierig sein, (herum)schnüffeln (in in +dat); **I don't mean to ~, but ...** es geht mich ja nichts an, aber ...; **to ~ into sb's affairs** seine Nase in jds Angelegenheiten (akk) stecken
pry² VT (US) = **prise**
prying ['praɪɪŋ] ADJ neugierig
PS abk von **postscript** PS
psalm [sɑ:m] ⓢ Psalm m
pseudo ['sju:dəʊ] ADJ pseudo **pseudonym** ['sju:dənɪm] ⓢ Pseudonym n
PST (US) abk von **Pacific Standard Time** pazifische Zeit minus neun Stunden mitteleuropäischer Zeit
psych [saɪk] VT (umg) **to ~ sb (out)** jdn durchschauen ♦**psych out** VT trennb (umg) psychologisch fertigmachen (umg) ♦**psych up** VT trennb (umg) hochputschen (umg); **to psych oneself up** sich hochputschen (umg)
psyche ['saɪkɪ] ⓢ Psyche f
psychedelic [,saɪkɪ'delɪk] ADJ psychedelisch
psychiatric [,saɪkɪ'ætrɪk] ADJ psychiatrisch; Krankheit psychisch; **~ hospital** psychiatrische Klinik; **~ nurse** Psychiatrieschwester f **psychiatrist** [saɪ'kaɪətrɪst] ⓢ Psychiater(in) m(f) **psychiatry** [saɪ'kaɪətrɪ] ⓢ Psychiatrie f
psychic ['saɪkɪk] A ADJ **1** übersinnlich; Kräfte übernatürlich; **you must be ~!** Sie müssen hellsehen können! **2** PSYCH psychisch B ⓢ Mensch m mit übernatürlichen Kräften
psycho ['saɪkəʊ] ⓢ, pl -s (umg) Verrückte(r) m/f(m)

psychoanalyse, (US) **psychoanalyze** [ˌsaɪkəʊˈænəlaɪz] VT psychoanalytisch behandeln **psychoanalysis** [ˌsaɪkəʊəˈnælɪsɪs] S Psychoanalyse f **psychoanalyst** [ˌsaɪkəʊˈænəlɪst] S Psychoanalytiker(in) m(f)
psychobabble S (umg) Psychologenchinesisch n (umg), Psychiaterchinesisch n (umg)
psychological [ˌsaɪkəˈlɒdʒɪkəl] ADJ psychologisch, psychisch; **he's not really ill, it's all** ~ er ist nicht wirklich krank, das ist alles psychisch bedingt **psychologically** [ˌsaɪkəˈlɒdʒɪkəlɪ] ADV psychisch, psychologisch **psychological thriller** S FILM, LIT Psychothriller m **psychologist** [saɪˈkɒlədʒɪst] S Psychologe m, Psychologin f **psychology** [saɪˈkɒlədʒɪ] S Psychologie f
psychopath [ˈsaɪkəʊpæθ] S Psychopath(in) m(f) **psychopathic** [ˌsaɪkəʊˈpæθɪk] ADJ psychopathisch
psychosomatic [ˌsaɪkəʊsəʊˈmætɪk] ADJ psychosomatisch
psychotherapist [ˌsaɪkəʊˈθerəpɪst] S Psychotherapeut(in) m(f) **psychotherapy** [ˌsaɪkəʊˈθerəpɪ] S Psychotherapie f
psychotic [saɪˈkɒtɪk] ADJ psychotisch
pt abk von part, pint, point
PTA abk von parent-teacher association
pto abk von please turn over b.w.
pub [pʌb] S (bes Br) Kneipe f (umg), Gasthaus n (❗ = (bes US) **bar**); **let's go to the** ~ komm, wir gehen in die Kneipe (umg) **pub-crawl** [ˈpʌbkrɔːl] S (bes Br umg) **to go on a** ~ einen Kneipenbummel machen (umg) (❗ = (US) **bar hop**)

pub

Pubs sind oft kleine gemütliche Kneipen, in denen man sein Bier trinkt oder sich unterhalten kann. Man bestellt sein **pint** [paɪnt] (0,57 l Bier) an der Bar und zahlt bei jeder Bestellung sofort. Natürlich gibt es auch andere Getränke, oft auch kleine Mahlzeiten zu vernünftigen Preisen. Wenn der **landlord** (Wirt) **Last orders!** ruft, hat man die letzte Gelegenheit, noch ein Getränk zu bestellen. Beim Ruf **Time!** weiß man, dass man austrinken und die Kneipe verlassen muss.

LANDESKUNDE

puberty [ˈpjuːbətɪ] S die Pubertät; **to reach** ~ in die Pubertät kommen
pubic [ˈpjuːbɪk] ADJ Scham-; ~ **hair** Schamhaar n
public [ˈpʌblɪk] A ADJ öffentlich; **to be** ~ **knowledge** allgemein bekannt sein; **to become** ~ publik werden; **at** ~ **expense** aus öffentlichen Mitteln; ~ **pressure** Druck m der Öffentlichkeit; **a** ~ **figure** eine Persönlichkeit des öffentlichen Lebens; **in the** ~ **eye** im Blickpunkt der Öffentlichkeit; **to make sth** ~ etw publik machen, etw öffentlich bekannt machen; ~ **image** Bild n in der Öffentlichkeit; **in the** ~ **interest** im öffentlichen Interesse B S (❗ mit Verb im Singular oder Plural) Öffentlichkeit f; **in** ~ in der Öffentlichkeit; etw zugeben öffentlich; **the (general)** ~ die (breite) Öffentlichkeit; **the viewing** ~ das Fernsehpublikum **public access channel** S öffentlicher Fernsehkanal **public address system** S Lautsprecheranlage f
publican [ˈpʌblɪkən] S (Br) Gastwirt(in) m(f)
publication [ˌpʌblɪˈkeɪʃən] S Veröffentlichung f
public company S Aktiengesellschaft f
public convenience S (Br) öffentliche Toilette **public defender** S (US) Pflichtverteidiger(in) m(f) **public enemy** S Staatsfeind(in) m(f) **public gallery** S (❗ Vorsicht, Schreibung) Besuchertribüne f **public health** S die öffentliche Gesundheit **public holiday** S gesetzlicher Feiertag **public housing** S (US) Sozialwohnungen pl **public inquiry** S öffentliche Untersuchung
publicist [ˈpʌblɪsɪst] S Publizist(in) m(f) **publicity** [pʌbˈlɪsɪtɪ] S ❶ Publicity f ❷ HANDEL Werbung f **publicity stunt** S Werbegag m **publicity tour** S Werbetour f **publicize** [ˈpʌblɪsaɪz] VT ❶ bekannt machen ❷ Film, Produkt Werbung machen für
public law S öffentliches Recht **public library** S Stadtbibliothek f, Volksbücherei f **public life** S öffentliches Leben **public limited company** S Aktiengesellschaft f **publicly** [ˈpʌblɪklɪ] ADV öffentlich; ~ **funded** durch öffentliche Mittel finanziert **public money** S öffentliche Gelder pl **public opinion** S die öffentliche Meinung **public ownership** S staatlicher Besitz; **under** od **in** ~ in staatlichem Besitz **public property** S öffentliches Eigentum **public prosecutor** S Staatsanwalt m/-anwältin f **public relations** S (❗ mit Verb im Singular oder Plural) Öffentlichkeitsarbeit f; ~ **exercise** PR-Kampagne f **public school** S (Br) Privatschule f; (US) staatliche Schule (❗ = (Br) **state school**) **public sector** S öffentlicher Sektor **public servant** S Arbeitnehmer(in) m(f) im öffentlichen Dienst **public service** S öffentlicher Dienst **public speaking** S Redenhalten n; **I'm no good at** ~ ich kann nicht in der Öffentlichkeit reden **public spending** S Ausgaben pl der öffentlichen Hand **public televi-**

sion $\bar{s}$ (US) öffentliches Fernsehen **public transport,** (US) **public transportation** $\bar{s}$ (❗ kein pl) öffentlicher Nahverkehr; **by ~** mit öffentlichen Verkehrsmitteln **public utility** $\bar{s}$ öffentlicher Versorgungsbetrieb

▶ **public school**

In England, Wales und Nordirland verbindet man mit der Bezeichnung **public school** eine Privatschule, die sehr hohe Studien- und Internatsgebühren verlangt. **Public school** heißen diese Schulen, weil sie früher einmal für alle Schüler zugänglich waren, unabhängig von der finanziellen Situation ihrer Eltern. Staatliche Schulen heißen übrigens **state schools**. Zu den bekanntesten der rund 200 traditionsreichen britischen **public schools** gehören Eton ['iːtən], Harrow ['hærəʊ], Winchester ['wɪntʃəstə] und — für Mädchen — Cheltenham Ladies' College [ˌtʃeltənəm'leɪdɪz,kɒlɪdʒ] und Roedean ['rəʊdiːn]. In den USA und in Schottland ist eine **public school** eine ganz normale vom Staat finanzierte Schule.

LANDESKUNDE ◁

publish ['pʌblɪʃ] $\overline{vt}$ veröffentlichen; **~ed by Langenscheidt** bei Langenscheidt erschienen; **"published monthly"** „erscheint monatlich" **publisher** ['pʌblɪʃə] $\bar{s}$ Verleger(in) m(f); (≈ Firma: a. **publishers**) Verlag m **publishing** ['pʌblɪʃɪŋ] $\bar{s}$ das Verlagswesen; **~ company** Verlagshaus n

puck [pʌk] $\bar{s}$ SPORT Puck m

pucker ['pʌkə] $\boxed{A}$ $\overline{vt}$ (a. **pucker up**) Lippen spitzen $\boxed{B}$ $\overline{vi}$ (a. **pucker up**) (Lippen) sich spitzen

pud [pʊd] $\bar{s}$ (Br umg) = pudding **pudding** ['pʊdɪŋ] $\bar{s}$ (Br) $\boxed{1}$ Nachtisch m, Pudding m; **what's for ~?** was gibt es als Nachtisch? $\boxed{2}$ **black ~** ≈ Blutwurst f

puddle ['pʌdl] $\bar{s}$ Pfütze f

pudgy ['pʌdʒɪ] $\overline{ADJ}$ (+er) = podgy

puff [pʌf] $\boxed{A}$ $\bar{s}$ $\boxed{1}$ Schnaufen n kein pl; (an Zigarette) Zug m (at, of an +dat); **a ~ of wind** ein Windstoß m; **a ~ of smoke** eine Rauchwolke; **our hopes vanished in a ~ of smoke** unsere Hoffnungen lösten sich in nichts auf; **to be out of ~** (Br umg) außer Puste sein (umg) $\boxed{2}$ GASTR **cream ~** Windbeutel m $\boxed{B}$ $\overline{vt}$ Rauch ausstoßen $\boxed{C}$ $\overline{vi}$ schnaufen; **to ~ (away) on a cigar** an einer Zigarre paffen ◆**puff out** $\overline{vt}$ trennb $\boxed{1}$ Brust herausstrecken; Backen aufblasen $\boxed{2}$ ausstoßen ◆**puff up** $\boxed{A}$ $\overline{vt}$ trennb Federn (auf)plustern $\boxed{B}$ $\overline{vi}$ (Gesicht) anschwellen

puffed [pʌft] $\overline{ADJ}$ (umg) außer Puste (umg)
puffin ['pʌfɪn] $\bar{s}$ Papageientaucher m
puffiness ['pʌfɪnɪs] $\bar{s}$ Verschwollenheit f **puff pastry,** (US) **puff paste** $\bar{s}$ Blätterteig m
puffy ['pʌfɪ] $\overline{ADJ}$ (+er) Gesicht geschwollen
puke [pjuːk] (sl) $\boxed{A}$ $\overline{vi}$ kotzen (umg); **he makes me ~** er kotzt mich an (sl) $\boxed{B}$ $\bar{s}$ Kotze f (vulg) ◆**puke up** $\overline{vi}$ (umg) kotzen (umg)
pull [pʊl] $\boxed{A}$ $\bar{s}$ Ziehen n, Ruck m; (von Magnet, Mensch) Anziehungskraft f; **he gave the rope a ~** er zog am Seil; **I felt a ~ at my sleeve** ich spürte, wie jemand am Ärmel zog $\boxed{B}$ $\overline{vt}$ $\boxed{1}$ ziehen; Zahn herausziehen; Bier zapfen; **to ~ a gun on sb** jdn mit der Pistole bedrohen; **to ~ a door shut** eine Tür zuziehen $\boxed{2}$ Griff, Seil ziehen an (+dat); **he ~ed her hair** er zog sie an den Haaren; **to ~ sth to pieces** (fig ≈ kritisieren) etw verreißen; **to ~ sb's leg** (fig umg) jdn auf den Arm nehmen (umg), jdn pflanzen (österr); **~ the other one(, it's got bells on)** (Br umg) das glaubst du ja selber nicht!; **she was the one ~ing the strings** sie war es, die alle Fäden in der Hand hielt $\boxed{3}$ Muskel sich (dat) zerren $\boxed{4}$ Menge anziehen $\boxed{C}$ $\overline{vi}$ $\boxed{1}$ ziehen (on, at an +dat); **to ~ to the left** (Auto) nach links ziehen $\boxed{2}$ (Auto etc) fahren; **he ~ed across to the left-hand lane** er wechselte auf die linke Spur über; **he ~ed into the side of the road** er fuhr an den Straßenrand; **to ~ alongside** seitlich heranfahren; **to ~ off the road** am Straßenrand anhalten $\boxed{3}$ (Br umg: sexuell) jemanden rumkriegen (umg) ◆**pull ahead** $\overline{vi}$ **to ~ of sb/sth** einen Vorsprung vor jdm/etw gewinnen, jdm/einer Sache (dat) davonziehen ◆**pull apart** $\boxed{A}$ $\overline{vt}$ trennb $\boxed{1}$ auseinanderziehen; Gerät etc auseinandernehmen $\boxed{2}$ (fig umg ≈ durchsuchen) auseinandernehmen (umg); (≈ kritisieren) verreißen $\boxed{B}$ $\overline{vi}$ sich auseinandernehmen lassen ◆**pull away** $\boxed{A}$ $\overline{vt}$ trennb wegziehen; **she pulled it away from him** sie zog es von ihm weg, sie zog es ihm aus den Händen $\boxed{B}$ $\overline{vi}$ (Fahrzeug) wegfahren; **the car pulled away from the others** der Wagen setzte sich (von den anderen) ab ◆**pull back** $\overline{vt}$ trennb zurückziehen ◆**pull down** $\boxed{A}$ $\overline{vt}$ trennb $\boxed{1}$ herunterziehen $\boxed{2}$ Haus abreißen $\boxed{B}$ $\overline{vi}$ (Rollo) sich herunterziehen lassen ◆**pull in** $\boxed{A}$ $\overline{vt}$ trennb $\boxed{1}$ Seil, Bauch einziehen; **to pull sb/sth in(to) sth** jdn/etw in etw (akk) ziehen $\boxed{2}$ Menge anziehen $\boxed{B}$ $\overline{vi}$ $\boxed{1}$ (in Bahnhof) einfahren (into in +akk) $\boxed{2}$ anhalten ◆**pull off** $\overline{vt}$ trennb $\boxed{1}$ Verpackung abziehen; Deckel abnehmen; Kleider ausziehen $\boxed{2}$ (umg ≈ Erfolg haben) schaffen (umg); Geschäft zuwege bringen (umg) ◆**pull on** $\overline{vt}$ trennb Mantel sich (dat) überziehen ◆**pull out** $\boxed{A}$ $\overline{vt}$ trennb $\boxed{1}$ (of aus) herausziehen; Zahn ziehen; Seite heraustrennen; **to pull the rug out from**

PULL ‖ 526

under sb (fig) jdm den Boden unter den Füßen wegziehen **2** zurückziehen; *Truppen* abziehen **B** V/I **1** sich herausziehen lassen **2** (*Tisch etc*) sich ausziehen lassen **3** aussteigen (*of* aus) (*umg*); (*Truppen*) abziehen **4** (*Zug*) herausfahren (*of* aus); **the car pulled out from behind the lorry** der Wagen scherte hinter dem Lastwagen aus ◆**pull over** **A** V/I trennb **1** herüberziehen (+*obj* über +*akk*) **2** umreißen **3** **the police pulled him over** die Polizei stoppte ihn am Straßenrand **B** V/I (*Auto, Fahrer*) zur Seite fahren ◆**pull through** **A** V/I trennb (*wörtl*) durchziehen; **to pull sb/sth through sth** (*wörtl*) jdn/etw durch etw ziehen; **to pull sb through a difficult time** jdm helfen, eine schwierige Zeit zu überstehen **B** V/I (fig) durchkommen; **to ~ sth** (fig) etw überstehen ◆**pull together** **A** V/I (fig) am gleichen Strang ziehen **B** VR sich zusammenreißen ◆**pull up** **A** V/I trennb **1** hochziehen **2** herausreißen **3** *Stuhl* heranrücken **B** V/I anhalten

pull-down ['pʊldaʊn] ADJ *Bett* Klapp-; **~ menu** IT Pull-down-Menü n

pulley ['pʊlɪ] S **1** Rolle f **2** Flaschenzug m

pull-out **A** S Abzug m **B** ATTR *Beilage* heraustrennbar **pullover** S Pullover m

pulp [pʌlp] **A** S **1** Brei m; **to beat sb to a ~** (*umg*) jdn zu Brei schlagen (*umg*) **2** Fruchtfleisch n **B** VT *Obst etc* zerdrücken; *Papier* einstampfen

pulpit ['pʊlpɪt] S Kanzel f

pulsate [pʌl'seɪt] VI pulsieren **pulse** [pʌls] **A** S ANAT Puls m; PHYS Impuls m; **to feel sb's ~** jdm den Puls fühlen; **he still has** *od* **keeps his finger on the ~ of economic affairs** er hat in Wirtschaftsfragen immer noch den Finger am Puls der Zeit **B** VI pulsieren

pulverize ['pʌlvəraɪz] VT pulverisieren

pump[1] [pʌmp] **A** S Pumpe f **B** VT pumpen; *Magen* auspumpen; **to ~ water out of sth** Wasser aus etw (heraus)pumpen; **to ~ money into sth** Geld in etw (*akk*) hineinpumpen; **to ~ sb (for information)** jdn aushorchen; **to ~ iron** (*umg*) Gewichte stemmen **C** VI pumpen; (*Wasser, Blut*) herausschießen; **the piston ~ed up and down** der Kolben ging auf und ab ◆**pump in** VT trennb hineinpumpen ◆**pump out** VT trennb herauspumpen ◆**pump up** VT trennb *Reifen* aufpumpen; *Preise* hochtreiben

pump[2] S (*bes Br*) Turnschuh m (❗ = (US) **sneaker**); (*US*) Pumps m (❗ = (Br) **court shoe**)

pumpkin ['pʌmpkɪn] S Kürbis m

pun [pʌn] S Wortspiel n

Punch [pʌntʃ] S (*Br*) **~ and Judy show** Kasper(le)theater n; **to be (as) pleased as ~** (*umg*) sich wie ein Schneekönig freuen (*umg*)

punch[1] [pʌntʃ] **A** S **1** Schlag m **2** (❗ kein pl)

(fig) Schwung m **B** VT boxen; **I wanted to ~ him in the face** ich hätte ihm am liebsten ins Gesicht geschlagen

punch[2] **A** S Locher m **B** VT *Fahrkarte* lochen, zwicken (*österr*); *Löcher* stechen ◆**punch in** VT trennb IT *Daten* eingeben

punch[3] S Bowle f; (*heiß*) Punsch m

punchbag S (*Br*) Sandsack m (❗ = (US) **punching bag**) **punchbowl** S Bowle f **punching bag** ['pʌntʃɪŋˌbæg] S (US) Sandsack m (❗ = (Br) **punchbag**) **punch line** S Pointe f **punch-up** S (*Br umg*) Schlägerei f

punctual ['pʌŋktjʊəl] ADJ pünktlich; **to be ~** pünktlich kommen **punctuality** [ˌpʌŋktjʊ-'ælɪtɪ] S Pünktlichkeit f **punctually** ['pʌŋktjʊəlɪ] ADV pünktlich

punctuate ['pʌŋktjʊeɪt] VT **1** GRAM interpunktieren **2** unterbrechen **punctuation** [ˌpʌŋktjʊ'eɪʃən] S Interpunktion f **punctuation mark** S Satzzeichen n

puncture ['pʌŋktʃə'] **A** S **1** (*in Reifen*) Loch n **2** Reifenpanne f **B** VT stechen in (+*akk*); *Reifen* Löcher/ein Loch machen in (+*akk*)

pundit ['pʌndɪt] S Experte m, Expertin f

pungent ['pʌndʒənt] ADJ scharf; *Geruch* durchdringend

punish ['pʌnɪʃ] VT **1** bestrafen; **he was ~ed by a fine** er wurde mit einer Geldstrafe belegt; **the other team ~ed us for that mistake** die andere Mannschaft ließ uns für diesen Fehler büßen **2** (fig *umg*) strapazieren; *sich selbst* schinden **punishable** ['pʌnɪʃəbl] ADJ strafbar; **to be ~ by 2 years' imprisonment** mit 2 Jahren Gefängnis bestraft werden **punishing** ['pʌnɪʃɪŋ] ADJ *Tempo* strapaziös; *Arbeit* erdrückend

punishment ['pʌnɪʃmənt] S **1** Strafe f, Bestrafung f; **you know the ~ for such offences** Sie wissen, welche Strafe darauf steht **2** (fig *umg*) **to take a lot of ~** (*Auto etc*) stark strapaziert werden

punk [pʌŋk] **A** S **1** (*a.* **punk rocker**) Punker(in) m(f); (*a.* **punk rock**) Punkrock m **2** (US *umg*) Ganove m (*umg*) **B** ADJ Punk-

punter ['pʌntə'] S **1** (*Br umg*) Wetter(in) m(f) **2** (*bes Br umg*) Kunde m, Kundin f

puny ['pjuːnɪ] ADJ (+er) *Mensch* schwächlich; *Bemühung* kläglich

pup [pʌp] S Junge(s) n

pupil[1] ['pjuːpl] S (SCHULE, fig) Schüler(in) m(f)

pupil[2] S ANAT Pupille f

puppet ['pʌpɪt] S Handpuppe f; (≈ *an Fäden, a. fig*) Marionette f **puppeteer** [pʌpɪ'tɪə'] S Puppenspieler(in) m(f) **puppet regime** S Marionettenregime n **puppet show** S Puppenspiel n

puppy ['pʌpɪ] S junger Hund **puppy fat** S (*Br umg*) Babyspeck m (*umg*)

purchase ['pɜːtʃɪs] **A** s̄ Kauf m; **to make a ~** einen Kauf tätigen **B** v̄t̄ kaufen **purchase order** s̄ Auftragsbestätigung f **purchase price** s̄ Kaufpreis m **purchaser** ['pɜːtʃɪsə'] s̄ Käufer(in) m(f) **purchasing** ['pɜːtʃɪsɪŋ] ādj Abteilung Einkaufs-; Preis, Kraft Kauf-

pure [pjʊə'] ādj (+er) rein; **in ~ disbelief** ganz ungläubig; **by ~ chance** rein zufällig; **malice ~ and simple** reine Bosheit **purebred** ['pjʊəbred] ādj reinrassig

purée ['pjʊəreɪ] **A** s̄ Püree n; **tomato ~** Tomatenmark n, Paradeismark n (österr) **B** v̄t̄ pürieren

purely ['pjʊəlɪ] ādv rein; **~ and simply** schlicht und einfach

purgatory ['pɜːɡətərɪ] s̄ REL das Fegefeuer **purge** [pɜːdʒ] v̄t̄ reinigen

purification [ˌpjʊərɪfɪ'keɪʃən] s̄ Reinigung f **purification plant** s̄ Kläranlage f **purify** ['pjʊərɪfaɪ] v̄t̄ reinigen

purist ['pjʊərɪst] s̄ Purist(in) m(f)

puritan ['pjʊərɪtə] **A** ādj puritanisch **B** s̄ Puritaner(in) m(f) **puritanical** [ˌpjʊərɪ'tænɪkəl] ādj puritanisch

purity ['pjʊərɪtɪ] s̄ Reinheit f

purple ['pɜːpl] **A** ādj lila; Gesicht hochrot **B** s̄ Lila n

purpose ['pɜːpəs] s̄ **1** Absicht f, Zweck m; **on ~** absichtlich; **what was your ~ in doing this?** was haben Sie damit beabsichtigt?; **for our ~s** für unsere Zwecke; **for the ~s of this meeting** zum Zweck dieser Konferenz; **for all practical ~s** in der Praxis; **to no ~** ohne Erfolg **2** (⚠ kein pl) Entschlossenheit f; **to have a sense of ~** zielbewusst sein **purpose-built** ādj (bes Br) speziell angefertigt, speziell gebaut **purposeful** ādj, **purposefully** ādv entschlossen **purposely** ['pɜːpəslɪ] ādv absichtlich

purr [pɜː'] **A** v̄ī schnurren; (Motor) surren **B** s̄ Schnurren n kein pl; (von Motor) Surren n kein pl

purse [pɜːs] **A** s̄ **1** (Br) Portemonnaie n (⚠ = (US) **wallet**); **to hold the ~ strings** fig über die Finanzen bestimmen **2** (US) Handtasche f (⚠ = (Br) (**hand**)**bag**) **B** v̄t̄ **to ~ one's lips** einen Schmollmund machen

pursue [pə'sjuː] v̄t̄ verfolgen; Erfolg nachjagen (+dat); Glück streben nach; Studium nachgehen (+dat); Thema weiterführen **pursuer** [pə'sjuːə'] s̄ Verfolger(in) m(f) **pursuit** [pə'sjuːt] s̄ **1** Verfolgung f (of +gen); (nach Wissen, Glück) Streben n (of nach); (nach Vergnügen) Jagd f (of nach); **he set off in ~** er rannte/fuhr hinterher; **to go in ~ of sb/sth** sich auf die Jagd nach jdm/etw machen; **in hot ~ of sb** hart auf jds Fersen (dat); **to set off/be in hot ~ of sb/sth** jdm/einer Sache nachjagen; **in (the) ~ of his goal** in Verfolgung seines Ziels **2** Beschäftigung f, Zeitvertreib m

pus [pʌs] s̄ Eiter m

push [pʊʃ] **A** s̄ **1** Schubs m (umg), Stoß m; **to give sb/sth a ~** jdm/einer Sache einen Stoß versetzen; **to give a car a ~** einen Wagen anschieben; **he needs a little ~ now and then** (fig) den muss man mal ab und zu in die Rippen stoßen (umg); **to get the ~** (Br umg: Angestellter) (raus)fliegen (umg) (from aus); (Freund(in)) den Laufpass kriegen (umg); **to give sb the ~** (Br umg) Angestellten jdn rausschmeißen (umg); Freund(in) jdm den Laufpass geben (umg); **at a ~** (umg) notfalls; **if/when ~ comes to shove** (umg) wenn der schlimmste Fall eintritt **2** Anstrengung f; MIL Offensive f **B** v̄t̄ **1** schieben, stoßen; Knopf drücken; **to ~ a door open/shut** eine Tür auf-/zuschieben; **he ~ed his way through the crowd** er drängte sich durch die Menge; **he ~ed the thought to the back of his mind** er schob den Gedanken beiseite **2** (fig) Produkt massiv Werbung machen für; Drogen schieben; **to ~ home one's advantage** seinen Vorteil ausnützen; **don't ~ your luck** treibs nicht zu weit!; **he's ~ing his luck trying to do that** er legt es wirklich darauf an, wenn er das versucht **3** (fig) drängen; **to ~ sb into doing sth** jdn dazu treiben, etw zu tun; **they ~ed him to the limits** sie trieben ihn bis an seine Grenzen; **that's ~ing it a bit** (umg) das ist ein bisschen übertrieben; **to be ~ed (for time)** (umg) mit der Zeit knapp dran sein; **to ~ oneself hard** sich schinden **C** v̄ī schieben, stoßen, drücken; (in Menschenmenge) drängeln (umg),

pupil — Schüler, Schülerin

pupil — Pupille

PUSH | 528

drängen ◆**push ahead** V̅I̅ sich ranhalten (umg); **to ~ with one's plans** seine Pläne vorantreiben ◆**push around** V̅T̅ trennb **1** (wörtl) herumschieben **2** (fig umg) Kind herumschubsen; Erwachsenen herumkommandieren ◆**push aside** V̅T̅ trennb **1** beiseiteschieben, beiseitestoßen; (fig) einfach abtun ◆**push away** V̅T̅ trennb wegschieben, wegstoßen ◆**push back** V̅T̅ trennb zurückdrängen, zurückstoßen; Vorhang etc zurückschieben ◆**push by** V̅I̅ = push past ◆**push down** A̅ V̅T̅ trennb **1** nach unten drücken **2** umstoßen **B** V̅I̅ hinunterdrücken ◆**push for** V̅I̅ +obj drängen auf (+akk) ◆**push forward** V̅I̅ = push ahead ◆**push in** A̅ V̅T̅ trennb hineinschieben, hineinstoßen; **to push sb/sth in(to) sth** jdn/etw in etw (akk) schieben/stoßen; **to push one's way in** sich hineindrängen **B** V̅I̅ (wörtl: in Warteschlange) sich hineindrängeln (umg) ◆**push off** A̅ V̅T̅ trennb hinunterschieben, hinunterstoßen; **to push sb off sth** jdn von etw schieben/stoßen **B** V̅I̅ (Br umg) abhauen (umg); **~!** zieh ab! (umg) ◆**push on** V̅I̅ weiterfahren/-gehen; (mit Arbeit) weitermachen ◆**push out** V̅T̅ trennb hinausschieben, hinausstoßen; **to push sb/sth out of sth** jdn/ etw aus etw schieben/stoßen; **to push one's way out (of sth)** sich (aus etw) hinausdrängen ◆**push over** V̅T̅ trennb umwerfen ◆**push past** V̅I̅ sich vorbeidrängen (+obj an +dat) ◆**push through** A̅ V̅T̅ trennb **1** durchschieben, durchstoßen; **to push sb/sth through sth** jdn/etw durch etw schieben/stoßen; **she pushed her way through the crowd** sie drängte sich durch die Menge **2** neues Gesetz durchpeitschen (umg), durchstieren (schweiz) **B** V̅I̅ sich durchdrängen ◆**push to** V̅T̅ immer getrennt Tür anlehnen ◆**push up** V̅T̅ trennb **1** (wörtl) hinaufschieben, hinaufstoßen **2** (fig) hochdrücken

push-bike S̲ (Br umg) Fahrrad n, Velo n (schweiz) **push-button** S̲ Druckknopf m; **~ telephone** Tastentelefon n **pushchair** S̲ (Br) (für Kinder) Sportwagen m (❗ = (US) (**baby**) **stroller**) **pusher** ['pʊʃə'] S̲ (umg) Pusher(in) m(f) (umg) **pushover** ['pʊʃəʊvə'] S̲ (umg ≈ Arbeit) Kinderspiel n **push-start** V̅T̅ anschieben **push-up** S̲ (US) Liegestütz m (❗ = (Br) **press-up**) **pushy** ['pʊʃi] A̅D̅J̅ (+er) (umg) penetrant (pej) **pussy** ['pʊsi] S̲ **1** (≈ Katze) Mieze f (umg) **2** (sl ≈ Genitalien) Muschi f (umg) **pussycat** ['pʊsikæt] S̲ (kinderspr) Miezekatze f (kinderspr)

put [pʊt] prät, pperf put [pʊt] V̅T̅ **1** stellen, setzen, legen, stecken; **they ~ a plank across the stream** sie legten ein Brett über den Bach; **to ~ sth in a drawer** etw in eine Schublade legen; **he ~ his hand in his pocket** er steckte

die Hand in die Tasche; **~ the dog in the kitchen** tu den Hund in die Küche; **to ~ sugar in one's coffee** Zucker in den Kaffee tun; **to ~ sb in a good mood** jdn fröhlich stimmen; **to ~ a lot of effort into sth** viel Mühe in etw (akk) stecken; **to ~ money into sth** (sein) Geld in etw (akk) stecken; **~ the lid on the box** tu den Deckel auf die Schachtel; **he ~ his head on my shoulder** er legte seinen Kopf auf meine Schulter; **her aunt ~ her on the train** ihre Tante setzte sie in den Zug; **to ~ money on a horse** auf ein Pferd setzen; **to ~ one's hand over sb's mouth** jdm die Hand vor den Mund halten; **he ~ his head (a)round the door** er steckte den Kopf zur Tür herein; **to ~ a glass to one's lips** ein Glas zum Mund(e) führen; **she ~ the shell to her ear** sie hielt (sich dat) die Muschel ans Ohr; **to ~ sb to bed** jdn ins Bett bringen; **to ~ sb to great expense** jdm große Ausgaben verursachen; **we'll each ~ £5 toward(s) it** jeder von uns gibt £ 5 (zum Betrag) dazu; **they ~ her to work on the new project** ihr wurde das neue Projekt als Arbeitsbereich zugewiesen; **to stay ~** stehen etc bleiben; (Mensch) sich nicht von der Stelle rühren; **just stay ~!** bleib, wo du bist! **2** schreiben; Komma machen; Figur zeichnen; **to ~ a cross/tick against sb's name** jds Namen ankreuzen/abhaken **3** Frage, Vorschlag vorbringen; **I ~ it to you that …** ich behaupte, dass …; **it was ~ to me that …** es wurde mir nahegelegt, dass … **4** ausdrücken; **that's one way of ~ting it** so kann mans auch sagen; **how shall I ~ it?** wie soll ich (es) sagen?; **to ~ it bluntly** um es klipp und klar zu sagen **5** schätzen (at auf +akk); **he ~s money before his family's happiness** er stellt Geld über das Glück seiner Familie ◆**put across** V̅T̅ trennb Ideen verständlich machen (to sb jdm); **to put oneself across** den richtigen Eindruck von sich geben ◆**put aside** V̅T̅ trennb **1** Buch beiseitelegen **2** (für später) zurücklegen **3** (fig ≈ zurücklassen) ablegen; Zorn begraben; Differenzen vergessen ◆**put away** V̅T̅ trennb **1** einräumen; Spielzeug aufräumen, wegräumen; **to put the car away** das Auto wegstellen **2** (≈ sparen) zurücklegen **3** (umg: beim Essen) schaffen (umg) **4** Verbrecher einsperren ◆**put back** V̅T̅ trennb **1** zurückstellen/-legen/-stecken **2** (bes Br) verschieben; Pläne, Produktion zurückwerfen; Uhr zurückstellen ◆**put by** V̅T̅ trennb (Br) zurücklegen ◆**put down** V̅T̅ trennb **1** wegstellen/-setzen/-legen; **put it down on the floor** stellen Sie es auf den Boden; **I couldn't put that book down** ich konnte das Buch nicht aus der Hand legen; **to ~ the phone** (den Hörer) auflegen **2** Schirm zuma-

P

529 ‖ PYJA

chen; *Deckel* zuklappen **3** landen **4** *Aufstand* niederschlagen **5** anzahlen; *Anzahlung* machen **6** (*bes Br*) *Tier* einschläfern **7** niederschreiben; (*auf Formular*) angeben; **to put one's name down for sth** sich (in eine Liste) für etw eintragen; **you can put me down for £10** für mich können Sie £ 10 eintragen; **put it down under sundries** schreiben Sie es unter Verschiedenes auf **8** zurückführen (*to* auf +*akk*) ◆**put forward** $\overline{\text{VT}}$ *trennb* **1** *Vorschlag* vorbringen; *jdn (für Job etc)* vorschlagen; (*als Kandidat*) aufstellen **2** (*bes Br*) *Sitzung* vorverlegen (*to* auf +*akk*); *Uhr* vorstellen ◆**put in A** $\overline{\text{VT}}$ *trennb* **1** hineinstellen/-legen/-stecken **2** (*bei Rede*) einfügen, hinzufügen **3** *Antrag* einreichen **4** *Zentralheizung* einbauen **5** *Zeit* zubringen (*with* mit); **to ~ a few hours' work at the weekend** am Wochenende ein paar Stunden Arbeit einschieben; **to ~ a lot of work on sth** eine Menge Arbeit in etw (*akk*) stecken **B** $\overline{\text{VI}}$ **to ~ for sth** *Job* sich um etw bewerben; *Gehaltserhöhung* etw beantragen ◆**put inside** $\overline{\text{VT}}$ *trennb* (*umg*) einsperren (*umg*) ◆**put off** $\overline{\text{VT}}$ *trennb* **1** verschieben; *Entscheidung* aufschieben; *Unangenehmes* hinauszögern; **to put sth off for 10 days/until January** etw um 10 Tage aufschieben/auf Januar verschieben **2** (≈ *ausweichend*) hinhalten **3** die Lust nehmen (+*dat*); **to put sb off sth** jdm die Lust an etw (*dat*) nehmen; **don't let his rudeness put you off** störe dich nicht an seiner Flegelhaftigkeit; **are you trying to put me off?** versuchst du, mir das zu verleiden? (*umg*); **to put sb off doing sth** jdn davon abbringen, etw zu tun **4** ablenken (+*obj* von); **I'd like to watch you if it won't put you off** ich würde dir gern zusehen, wenn es dich stört **5** ausschalten ◆**put on** $\overline{\text{VT}}$ *trennb* **1** *Mantel* anziehen; *Hut* (sich *dat*) aufsetzen; *Make-up* auflegen; (*fig*) *Fassade* vortäuschen; **to ~ one's make-up** sich schminken **2** **to ~ weight** zunehmen; **to ~ a pound** ein Pfund zunehmen; **ten pence was ~ the price of petrol** (*Br*) *od* **gas** (*US*) der Benzinpreis wurde um zehn Pence erhöht **3** *Stück* aufführen; *Ausstellung etc* veranstalten; *Bus* einsetzen; (*fig*) *Show* abziehen (*umg*) **4** TEL **to put sb on to sb** jdn mit jdm verbinden; **would you put him on?** könnten Sie ihn mir geben? **5** *TV* einschalten; **to put the kettle on** das Wasser aufsetzen **6** **to put sb on to sth** jdm etw vermitteln ◆**put out** $\overline{\text{VT}}$ *trennb* **1** *Müll* hinausbringen; *Katze* vor die Tür setzen; **to put the washing out (to dry)** die Wäsche (zum Trocknen) raushängen; **to put sb out of business** jdn aus dem Markt drängen; **that goal put them out of the competition** mit diesem Tor waren sie aus dem Wettbewerb ausgeschieden; **she could not**

put him out of her mind er ging ihr nicht aus dem Sinn **2** *Hand* ausstrecken; *Zunge* herausstrecken; **to put one's head out of the window** den Kopf zum Fenster hinausstrecken **3** *Besteck* auflegen **4** *Erklärung* abgeben; *Appell* durchgeben; (*im Radio, Fernsehen*) senden **5** *Feuer, Licht* löschen **6** (über etw *akk*) verärgert sein **7** **to put sb out** jdm Umstände machen; **to put oneself out (for sb)** sich (*dat*) (wegen jdm) Umstände machen ◆**put over** $\overline{\text{VT}}$ *trennb* = **put across** ◆**put through** $\overline{\text{VT}}$ *trennb* **1** *Reformen* durchbringen; (+*obj*) bringen durch **2** +*obj* durchmachen lassen; **he has put his family through a lot (of suffering)** seine Familie hat seinetwegen viel durchgemacht **3** TEL jdn verbinden (*to* mit); *Anruf* durchstellen (*to* zu) ◆**put together** $\overline{\text{VT}}$ *trennb* zusammentun, zusammensetzen; *Menü* zusammenstellen; *Sammlung* zusammentragen; **he's better than all the others ~** er ist besser als alle anderen zusammen ◆**put up** $\overline{\text{VT}}$ *trennb* **1** *Hand* hochheben; *Schirm* aufklappen; *Haare* hochstecken **2** *Fahne* hissen; *Bild, Dekorationen* aufhängen; *Plakat* anbringen; *Haus, Zaun* errichten; *Zelt* aufschlagen **3** erhöhen **4** **to put sth up for sale** etw zum Verkauf anbieten; **to put one's child up for adoption** sein Kind zur Adoption freigeben; **to ~ resistance** Widerstand leisten; **to put sb up to sth** jdn zu etw anstiften **5** unterbringen ◆**put up with** $\overline{\text{VI}}$ +*obj* sich abfinden mit; **I won't ~ that** das lasse ich mir nicht gefallen

put-down $\overline{\text{S}}$ Abfuhr *f* **put-on** (*umg*) $\overline{\text{ADJ}}$ vorgetäuscht

putrefy ['pjuːtrɪfaɪ] $\overline{\text{VI}}$ verwesen **putrid** ['pjuːtrɪd] $\overline{\text{ADJ}}$ verfault

putt [pʌt] **A** $\overline{\text{S}}$ Schlag *m* (*mit dem man einlocht*) **B** $\overline{\text{VT \& VI}}$ putten

putter (*US*) $\overline{\text{VI}}$ = **potter**²

putt-putt golf ['pʌtpʌt,gɒlf] $\overline{\text{S}}$ (*US*) Minigolf *n* (🔥 = (*Br*) **crazy golf**)

putty ['pʌtɪ] $\overline{\text{S}}$ Kitt *m*

put-up job $\overline{\text{S}}$ (*umg*) abgekartetes Spiel (*umg*)

puzzle ['pʌzl] **A** $\overline{\text{S}}$ **1** Rätsel *n* **2** Geduldsspiel *n* **B** $\overline{\text{VT}}$ **1** verblüffen; **to be ~d about sth** sich über etw (*akk*) im Unklaren sein **2** **to ~ sth out** etw (her)austüfteln **C** $\overline{\text{VI}}$ **to ~ over sth** sich (*dat*) über etw (*akk*) den Kopf zerbrechen

puzzled ['pʌzld] $\overline{\text{ADJ}}$ *Blick* verdutzt; *Mensch* verwirrt **puzzlement** ['pʌzlmənt] $\overline{\text{S}}$ Verwirrung *f* **puzzling** ['pʌzlɪŋ] $\overline{\text{ADJ}}$ rätselhaft; *Geschichte, Frage* verwirrend

Pygmy, Pigmy ['pɪgmɪ] **A** $\overline{\text{S}}$ Pygmäe *m* **B** $\overline{\text{ADJ}}$ Pygmäen-

pyjamas, (*US*) **pajamas** [pə'dʒɑːməz] $\overline{\text{PL}}$ Schlafanzug *m*, Pyjama *m* (*bes österr, schweiz*)

P

pylon ['paɪlən] _S_ Mast _m_
pyramid ['pɪrəmɪd] _S_ Pyramide _f_
pyre ['paɪə'] _S_ Scheiterhaufen _m_
Pyrenees [pɪrə'niːz] _PL_ Pyrenäen _pl_
Pyrex® ['paɪreks] _S_ feuerfestes Glas
python ['paɪθən] _S_ Python _m_

Q, q [kjuː] _S_ Q _n_, q _n_
qigong [,tʃiː'kʌŋ] _S_ Qigong _n_
Q-tip® ['kjuːtɪp] _S_ (US) (≈ Wattestäbchen) Q-tip® _n_
(❗ = (Br) **cotton bud**)
qtr _abk_ von **quarter**
quack [kwæk] _A_ _S_ Schnattern _n kein pl_ _B_ _VI_ schnattern
quad [kwɒd] _S_ **1** _abk_ von **quadrangle** **2** _abk_ von **quadruplet** **quad bike** ['kwɒd,baɪk] _S_ (Br) Quad _n_ **quadrangle** ['kwɒdræŋgl] _S_ **1** MATH Viereck _n_ **2** ARCH (viereckiger) (Innen)-hof **quadruped** ['kwɒdruped] _S_ ZOOL Vierfüß(l)er _m_ **quadruple** ['kwɒdrʊpl] _A_ _ADJ_ vierfach _B_ _VT_ vervierfachen _C_ _VI_ sich vervierfachen **quadruplet** [kwɒ'druːplɪt] _S_ Vierling _m_
quagmire ['kwægmaɪə'] _S_ Sumpf _m_
quail [kweɪl] _S_ ORN Wachtel _f_
quaint [kweɪnt] _ADJ_ (+er) idyllisch; _Kneipe_ urig; _Idee_ kurios
quake [kweɪk] _VI_ zittern (with vor +dat); (Erde) beben
Quaker ['kweɪkə'] _S_ Quäker(in) _m(f)_
qualification [,kwɒlɪfɪ'keɪʃən] _S_ **1** Qualifikation _f_; (≈ Dokument) Zeugnis _n_; (≈ Fähigkeit) Voraussetzung _f_ **2** (≈ Prüfung) Abschluss _m_; **to leave school without any ~s** von der Schule ohne Abschluss abgehen **3** Einschränkung _f_ **qualified** ['kwɒlɪfaɪd] _ADJ_ **1** ausgebildet; (akademisch) Diplom-; **~ engineer** Diplom-Ingenieur(in) _m(f)_; **highly ~** hoch qualifiziert; **to be ~ to do sth** qualifiziert sein, etw zu tun; **he is/is not ~ to teach** er besitzt die/keine Lehrbefähigung; **he was not ~ for the job** ihm fehlte die Qualifikation für die Stelle; **to be well ~ for sth** für etw hoch qualifiziert sein; **he is fully ~** er ist voll ausgebildet **2** berechtigt **3** nicht uneingeschränkt **qualify** ['kwɒlɪfaɪ] _A_ _VT_ **1** qualifizieren; **to ~ sb to do sth** jdn berechtigen, etw zu tun **2** _Äußerung_ einschränken _B_ _VI_ **1** seine Ausbildung abschließen; **to ~ as a lawyer/doctor** sein juristisches/medizinisches Staats-

examen machen; **to ~ as a teacher** die Lehrbefähigung erhalten **2** SPORT sich qualifizieren (for für); **3** infrage kommen (for für); **does he ~ for admission to the club?** erfüllt er die Bedingungen für die Aufnahme in den Klub? **qualifying** ['kwɒlɪfaɪɪŋ] _ADJ_ SPORT Qualifikations-; **~ match** _od_ **game/group** Qualifikationsspiel _n_/-gruppe _f_
qualitative ['kwɒlɪtətɪv] _ADJ_ qualitativ
quality ['kwɒlɪtɪ] _A_ _S_ **1** Qualität _f_; **of good ~** von guter Qualität; **they vary in ~** sie sind qualitativ verschieden **2** Eigenschaft _f_ **3** (von _Stimme etc_) Klangfarbe _f_ _B_ _ATTR_ **1** Qualitäts-; **~ goods** Qualitätsware _f_ **2** (umg) erstklassig (umg); _Zeitung_ seriös **quality control** _S_ Qualitätskontrolle _f_ **quality time** _S_ intensiv genutzte Zeit
qualm [kwɑːm] _S_ **1** Skrupel _m_; **without a ~** ohne jeden Skrupel **2** **qualms** _PL_ Bedenken _n_; **to have no ~s about doing sth** keine Bedenken haben, etw zu tun
quandary ['kwɒndərɪ] _S_ Verlegenheit _f_; **he was in a ~ about what to do** er wusste nicht, was er tun sollte
quango ['kwæŋgəʊ] _S, pl -s_ (Br) _abk_ von **quasi-autonomous nongovernmental organization** (unabhängige) Nicht-Regierungs-Organisation
quantify ['kwɒntɪfaɪ] _VT_ quantifizieren
quantitative _ADJ_, **quantitatively** _ADV_ ['kwɒntɪtətɪv, -lɪ] quantitativ
quantity ['kwɒntɪtɪ] _S_ **1** Quantität _f_, Menge _f_, Anteil _m_ (of an +dat); **in ~, in large quantities** in großen Mengen; **in equal quantities** zu gleichen Teilen **2** (MATH, fig) Größe _f_
quantum leap ['kwɒntəm] _S_ (fig) Riesenschritt _m_ **quantum mechanics** _S_ (❗ mit Verb im Singular) Quantenmechanik _f_
quarantine ['kwɒrəntiːn] _A_ _S_ Quarantäne _f_; **to put sb in ~** jdn unter Quarantäne stellen _B_ _VT_ unter Quarantäne stellen
quarrel ['kwɒrəl] _A_ _S_ Streit _m_, Auseinandersetzung _f_; **they have had a ~** sie haben sich gestritten; **I have no ~ with him** ich habe nichts gegen ihn _B_ _VI_ **1** sich streiten (with mit, about, over über +akk) **2** etwas auszusetzen haben (with an +dat) **quarrelling**, (US) **quarreling** ['kwɒrəlɪŋ] _S_ Streiterei _f_ **quarrelsome** ['kwɒrəlsəm] _ADJ_ streitsüchtig
quarry¹ ['kwɒrɪ] _A_ _S_ Steinbruch _m_ _B_ _VT_ brechen
quarry² _S_ Beute _f_
quarter ['kwɔːtə'] _A_ _S_ **1** Viertel _n_; **to divide sth into ~s** etw in vier Teile teilen; **a ~/three-~s full** viertel/drei viertel voll; **a mile and a ~** eineinviertel Meilen; **a ~ of a mile**

531 ‖ QUIC

eine viertel Meile; **for a ~ (of) the price** zu einem Viertel des Preises; **a ~ of an hour** eine viertel Stunde; **a ~ to seven, a ~ of seven** (US) (ein) Viertel vor sieben; **a ~ past six, a ~ after six** (US) (ein) Viertel nach sechs; **an hour and a ~** eineinviertel Stunden; **in these ~s** in these Gegend **2** Vierteljahr *n* **3** (US) Vierteldollar *m* **4** Seite *f*, Stelle *f*; **he won't get help from that ~** von dieser Seite wird er keine Hilfe bekommen; **in various ~s** an verschiedenen Stellen; **at close ~s** aus der Nähe **5** **quarters** PL Quartier *n* (*a*. MIL) **6** (≈ *Gnade*) Pardon *m*; **he gave no ~** er kannte kein Pardon **B** ADJ Viertel-; **~ pound** Viertelpfund *n* **C** VT vierteln **quarterback** S (US FUSSB) Quarterback *m* **quarterfinal** S Viertelfinalspiel *n* **quarterfinalist** S Teilnehmer(in) *m(f)* am Viertelfinale **quarterly** ['kwɔːtəlɪ] **A** ADJ, ADV vierteljährlich **B** S Vierteljahresschrift *f* **quarter note** S (US MUS) Viertel(note *f*) *n* (**!** = (Br) **crotchet**) **quarter-note rest** S (US) Viertelpause *f* (**!** = (Br) **crotchet rest**) **quarter-pipe** S SPORT Quarterpipe *f* **quarter-pounder** S GASTR Viertelpfünder *m*

quartet(te) [kwɔːˈtet] S Quartett *n*

quartz ['kwɔːts] S Quarz *m*

quash [kwɒʃ] VT **1** JUR *Urteil* aufheben **2** *Aufstand* unterdrücken

quaver ['kweɪvəʳ] **A** S **1** (*bes Br* MUS) Achtel(note *f*) *n* (**!** = (US) **eighth note**); **~ rest** Achtelpause *f* (**!** = (US) **eighth note rest**) **2** (*von Stimme*) Zittern *n* **B** VI zittern **quavering** ['kweɪvərɪŋ], **quavery** ['kweɪvərɪ] ADJ *Stimme* zitternd; *Ton, Akkord* tremolierend

quay [kiː] S Kai *m*; **alongside the ~** am Kai **quayside** ['kiːsaɪd] S Kai *m*

queasiness ['kwiːzɪnɪs] S Übelkeit *f* **queasy** ['kwiːzɪ] ADJ (+er) gereizt; **I feel ~** mir ist (leicht) übel

queen [kwiːn] **1** Königin *f* (**!** In Verbindung mit Namen wird **Queen** großgeschrieben.) **2** KART, SCHACH Dame *f*; **~ of spades** Pikdame **queen bee** S Bienenkönigin *f* **queenly** ['kwiːnlɪ] ADJ königlich **Queen Mother** S Königinmutter *f* **queen's English** [kwiːnz] S englische Hochsprache **Queen's Speech** S Thronrede *f*

queer [kwɪəʳ] **A** ADJ (+er) **1** eigenartig, komisch; **he's a bit ~ in the head** (*umg*) er ist nicht ganz richtig im Kopf (*umg*) **2** verdächtig; **there's something ~ about it** da ist etwas faul dran (*umg*) **3** (*umg*) **I feel ~** mir ist nicht gut **4** (*pej umg*) schwul (*umg*) **B** S (*pej umg*) Schwule(r) *m/f(m)* (*umg*)

quench [kwentʃ] VT löschen

query ['kwɪərɪ] **A** S Frage *f*; IT Abfrage *f* **B** VT **1** bezweifeln; *Behauptung* infrage stellen; *Rechnung*

reklamieren **2** **to ~ sth with sb** etw mit jdm abklären **3** IT abfragen

quest [kwest] S Suche *f* (*for* nach); (*nach Wissen etc*) Streben *n* (*for* nach)

question ['kwestʃən] **A** S **1** Frage *f* (*to* an +*akk*); **to ask sb a ~** jdm eine Frage stellen; **don't ask so many ~s** frag nicht so viel; **a ~ of time** eine Frage der Zeit; **it's a ~ of whether …** es geht darum, ob … **2** (**!** kein pl) Zweifel *m*; **without ~** ohne (jeden) Zweifel; **your sincerity is not in ~** niemand zweifelt an Ihrer Aufrichtigkeit; **to call sth into ~** etw infrage stellen **3** (**!** kein pl) **there's no ~ of a strike** von einem Streik kann keine Rede sein; **that's out of the ~** das kommt nicht infrage; **the person in ~** die fragliche Person **B** VT **1** fragen (*about* nach); (*Polizei etc*) befragen (*about* zu); **my father started ~ing me about where I'd been** mein Vater fing an, mich auszufragen, wo ich gewesen war; **they were ~ed by the immigration authorities** ihnen wurden von der Einwanderungsbehörde viele Fragen gestellt **2** bezweifeln, infrage stellen **questionable** ['kwestʃənəbl] ADJ fragwürdig; *Ziffern* fraglich **questioner** ['kwestʃənəʳ] S Frager(in) *m(f)* **questioning** ['kwestʃənɪŋ] **A** ADJ *Blick* fragend **B** S Verhör *n*; (*von Kandidat*) Befragung *f*; **after hours of ~ by the immigration authorities** nach stundenlanger Befragung durch die Einwanderungsbehörde; **they brought him in for ~** sie holten ihn, um ihn zu vernehmen **questioningly** ['kwestʃənɪŋlɪ] ADV fragend **question mark** S Fragezeichen *n* **questionnaire** [ˌkwestʃəˈnɛəʳ] S Fragebogen *m* **question tag** S LING Frageanhängsel *n*

queue [kjuː] **A** S (*Br*) Schlange *f* (**!** = (US) **line**); **to form a ~** eine Schlange bilden; **to stand in a ~** Schlange stehen; **to join the ~** sich (hinten) anstellen; **to jump the ~** sich vordrängeln; **a ~ of cars** eine Autoschlange; **a long ~ of people** eine lange Schlange **B** VI (*Br*: *a.* **queue up**) Schlange stehen, eine Schlange bilden, sich anstellen; **they were queuing for the bus** sie standen an der Bushaltestelle Schlange; **to ~ for bread** nach Brot anstehen

quibble ['kwɪbl] VI kleinlich sein (*over, about* wegen), sich herumstreiten (*over, about* wegen); **to ~ over details** auf Einzelheiten herumreiten

quiche [kiːʃ] S Quiche *f*

quick [kwɪk] **A** ADJ (+er) **1** schnell; **be ~!** mach schnell!; **and be ~ about it** aber ein bisschen dalli (*umg*); **you were ~** das war ja schnell; **he's a ~ worker** er arbeitet schnell; **it's ~er by train** mit dem Zug geht es schneller; **what's the ~est way to the station?** wie komme ich am schnellsten zum Bahnhof? **2** *Kuss* flüch-

QUIC | 532

tig; *Rede, Pause* kurz; **let me have a ~ look** lass mich mal schnell sehen; **to have a ~ chat** ein paar Worte wechseln; **could I have a ~ word?** könnte ich Sie mal kurz sprechen?; **I'll just write him a ~ note** ich schreibe ihm mal kurz; **time for a ~ beer** genügend Zeit, um schnell ein Bierchen zu trinken 🔳 *Geist* wach; *Mensch* schnell von Begriff (*umg*); *Temperament* hitzig; *Auge* scharf **🄱** ADV (+er) schnell **quicken** ['kwɪkən] **🄰** V/T (*a.* **quicken up**) beschleunigen **🄱** V/I (*a.* **quicken up**) sich beschleunigen **quick fix** 𝕊 Schnelllösung *f* **quickie** ['kwɪkɪ] 𝕊 (*umg*) 🔳 *etwas Schnelles oder Kurzes, z. B. eine kurze Frage*; **can I ask you a question, please? it's just a ~** kann ich dich was fragen? es geht ganz schnell; **I really need a teabreak; let's pop over to the café for a ~** ich brauche jetzt wirklich eine Teepause; lass uns auf die Schnelle ins Café rübergehen 🔳 (≈ *Sex*) Quickie *m* (*umg*), schnelle Nummer (*umg*) **quickly** ['kwɪklɪ] ADV schnell **quickness** ['kwɪknɪs] 𝕊 Schnelligkeit *f* **quicksand** 𝕊 Treibsand *m* **quick-tempered** ADJ hitzig; **to be ~** leicht aufbrausen **quick-witted** ADJ geistesgegenwärtig

quid [kwɪd] 𝕊, *pl* - (*Br umg*) Pfund *n*; **20 ~** 20 Eier (*sl*)

quiet ['kwaɪət] **🄰** ADJ (+er) 🔳 still; *Mensch, Gegend* ruhig; *Musik, Stimme* leise; **she was as ~ as a mouse** sie war mucksmäuschenstill (*umg*); **(be) ~!** Ruhe!; **to keep ~** still sein, leise sein; **that book should keep him ~** das Buch sollte ihn beschäftigt halten; **to keep ~ about sth** über etw (*akk*) nichts sagen; **to go ~** still werden; (*Musik*) leise werden; **things are very ~ at the moment** im Augenblick ist nicht viel los; **business is ~** das Geschäft ist ruhig; **to have a ~ word with sb** mit jdm ein Wörtchen (im Vertrauen) reden; **he kept the matter ~** er behielt die Sache für sich 🔳 *Charakter* sanft; *Kind* ruhig **🄱** 𝕊 Ruhe *f*; **in the ~ of the night** in der Stille der Nacht; **on the ~** heimlich **🄲** V/T = **quieten**

quieten ['kwaɪətn] V/T (*Br*) jdn zum Schweigen bringen ♦**quieten down** (*Br*) **🄰** V/I leiser werden, sich beruhigen; **~, boys!** ein bisschen ruhiger, Jungens!; **things have quietened down a lot** es ist viel ruhiger geworden **🄱** V/T *trennb* jdn beruhigen; **to quieten things down** die Lage beruhigen

quietly ['kwaɪətlɪ] ADV leise, ruhig; (≈ *insgeheim*) still und heimlich; **to live ~** ruhig leben; **he's very ~ spoken** er spricht sehr leise; **to be ~ confident** insgeheim sehr sicher sein; **I was ~ sipping my wine** ich trank in aller Ruhe mei-

nen Wein; **he refused to go ~** er weigerte sich, unauffällig zu gehen; **he slipped off ~** er machte sich in aller Stille davon (*umg*) **quietness** 𝕊 🔳 Stille *f* 🔳 Ruhe *f*

quill [kwɪl] 𝕊 (*zum Schreiben*) Federkiel *m*

quilt [kwɪlt] 𝕊 (*Br*) Steppdecke *f* (❗) = (US) **comforter**) **quilted** ['kwɪltɪd] ADJ *Kleidung etc* Stepp-

quin [kwɪn], (US) **quint** [kwɪnt] 𝕊 (*umg*) Fünfling *m* **quintet(te)** [kwɪn'tet] 𝕊 MUS Quintett *n* **quintuplet** [kwɪn'tjuːplɪt] 𝕊 Fünfling *m*

quip [kwɪp] **🄰** 𝕊 witzige Bemerkung **🄱** VT & VI witzeln

quirk [kwɜːk] 𝕊 Schrulle *f*; (*von Schicksal*) Laune *f*; **by a strange ~ of fate** durch eine Laune des Schicksals **quirky** ['kwɜːkɪ] ADJ (+er) schrullig

quit [kwɪt] *v: prät, pperf* quitted *od* quit **🄰** VT 🔳 *Stadt, Armee* verlassen; *Stelle* aufgeben; **I've given her notice to ~ the flat** (*form*) ich habe ihr die Wohnung gekündigt 🔳 (*umg*) aufhören mit; **to ~ doing sth** aufhören, etw zu tun **🄱** VI 🔳 kündigen; **notice to ~** Kündigung *f* 🔳 weggehen 🔳 aufgeben

quite [kwaɪt] ADV 🔳 ganz; (*emph*) völlig; **I am ~ happy where I am** ich fühle mich hier ganz wohl; **it's ~ impossible to do that** das ist völlig unmöglich; **you're being ~ impossible** du bist einfach unmöglich; **are you ~ finished?** bist du jetzt fertig?; **I ~ agree with you** ich stimme völlig mit Ihnen überein; **that's ~ another matter** das ist doch etwas ganz anderes; **that's ~ enough for me** das reicht wirklich; **that's ~ enough of that** das reicht jetzt aber; **it was ~ some time ago** es war vor einiger Zeit; **not ~** nicht ganz; **not ~ tall enough** ein bisschen zu klein; **I don't ~ see what he means** ich verstehe nicht ganz, was er meint; **you don't ~ understand** Sie verstehen mich anscheinend nicht richtig; **it was not ~ midnight** es war noch nicht ganz Mitternacht; **sorry! — that's ~ all right** entschuldige! — das macht nichts; **I'm ~ all right, thanks** danke, mir gehts gut; **thank you — that's ~ all right** danke — bitte schön 🔳 ziemlich; **~ likely** sehr wahrscheinlich; **~ a few** ziemlich viele; **I ~ like this painting** dieses Bild gefällt mir ganz gut; **yes, I'd ~ like to go** ja, eigentlich ganz gern 🔳 wirklich; **she's ~ a girl** *etc* sie ist ein tolles Mädchen *etc*; **it's ~ delightful** es ist entzückend; **it was ~ a shock** es war ein ziemlicher Schock; **it was ~ a party** das war vielleicht eine Party! (*umg*); **it was ~ an experience** das war schon ein Erlebnis

quits [kwɪts] ADJ quitt; **to be ~ with sb** mit jdm quitt sein; **shall we call it ~?** lassen wirs (dabei bewenden)?; (*bei Geldangelegenheit*) sind wir quitt?

Q

quitter ['kwɪtəʳ] S (umg) **he's no ~** er gibt nicht so schnell auf
quiver ['kwɪvəʳ] VI zittern (with vor +dat); (Lippen, Augenlider) zucken
quiz [kwɪz] A S 1 Quiz n 2 (US SCHULE umg) Prüfung f B VT 1 ausfragen (about über +akk) 2 (US SCHULE umg) abfragen **quizmaster** S Quizmaster m **quiz show** S Quizsendung f **quizzical** ['kwɪzɪkəl] ADJ Blick fragend **quizzically** ['kwɪzɪkəlɪ] ADV blicken fragend; lächeln zweifelnd
Quorn® [kwɔːn] S Quorn® n, Gemüsesubstanz als Fleischersatz
quota ['kwəʊtə] S 1 (von Arbeit) Pensum n 2 Quantum n; (von Waren) Kontingent n
quotation [kwəʊ'teɪʃən] S 1 Zitat n 2 FIN Notierung f 3 HANDEL Kostenvoranschlag m
quotation marks PL Anführungszeichen pl **quote** [kwəʊt] A VT 1 zitieren; **he was ~d as saying that ...** er soll gesagt haben, dass ... 2 Beispiel anführen 3 HANDEL Preis nennen; Referenzen angeben B VI 1 zitieren; **quote ... unquote** Zitat ... Zitat Ende 2 HANDEL einen Kostenvoranschlag machen C S 1 Zitat n 2 **in ~s** in Anführungszeichen 3 HANDEL Kostenvoranschlag m

R

R, r [ɑːʳ] S R n, r n
R abk von **river**
rabbi ['ræbaɪ] S Rabbiner m; (als Titel) Rabbi m
rabbit ['ræbɪt] A S Kaninchen n B VI (Br umg: a. **rabbit on**) quasseln (umg) **rabbit hole** S Kaninchenbau m
rabble ['ræbl] S lärmende Menge; (pej) Pöbel m **rabble-rouser** ['ræbl,raʊzəʳ] S Aufrührer(in) m(f), Demagoge m, Demagogin f
rabid ['ræbɪd] ADJ 1 Tier tollwütig 2 (fig) Mensch fanatisch **rabies** ['reɪbiːz] S (!) mit Verb im Singular) Tollwut f
RAC abk von **Royal Automobile Club** britischer Automobilklub, ≈ ADAC m
raccoon S = **racoon**
race¹ [reɪs] A S Rennen n; **100 metres ~** 100-Meter-Lauf m; **to run a ~ (against sb)** (mit jdm um die Wette) laufen; **to go to the ~s** zum Pferderennen gehen; **a ~ against time** ein Wettlauf m mit der Zeit B VT um die Wette laufen etc mit; SPORT laufen etc gegen; **I'll ~ you to school** ich mache mit dir ein Wettrennen bis zur Schule C VI 1 laufen etc; **to ~** against sb mit jdm um die Wette laufen etc 2 rasen; **to ~ after sb/sth** hinter jdm/etw herhetzen; **he ~d through his work** er jagte durch sein Arbeitspensum 3 (Maschine) durchdrehen; (Herz) rasen; (Puls, Gedanken) jagen
race² S Rasse f; **of mixed ~** gemischtrassig
racecourse S (Br) Rennbahn f (= (US) racetrack) **racehorse** S Rennpferd n **race relations** PL Beziehungen pl zwischen den Rassen **racetrack** S (US) Rennbahn f (!) = (Br) racecourse)
racial ['reɪʃəl] ADJ rassisch, Rassen-; **~ discrimination** Rassendiskriminierung f; **~ equality** Rassengleichheit f; **~ harassment** rassistisch motivierte Schikanierung; **~ minority** rassische Minderheit **racially** ['reɪʃəlɪ] ADV in Bezug auf die Rasse; beschimpfen etc aufgrund seiner/ihrer Rasse; **a ~ motivated attack** ein ausländerfeindlicher Angriff
racing ['reɪsɪŋ] S Pferderennsport m; AUTO Motorrennen n; **he often goes ~** er geht oft zu Pferderennen/Motorrennen **racing bicycle** S Rennrad n **racing car** S Rennwagen m **racing driver** S Rennfahrer(in) m(f) **racing pigeon** S Brieftaube f
racism ['reɪsɪzəm] S Rassismus n **racist** ['reɪsɪst] A S Rassist(in) m(f) B ADJ rassistisch
rack¹ [ræk] A S 1 Ständer m, Gestell n 2 Gepäcknetz n, Gepäckträger m B VT 1 quälen 2 **to ~ one's brains** sich (dat) den Kopf zerbrechen
rack² S **to go to ~ and ruin** (Land) heruntergekommen
racket¹ ['rækɪt] S SPORT Schläger m

▶ **racket**

Im Englischen gibt es je nach Sportart die verschiedensten Bezeichnungen für „Schläger". Beim Hockey sagt man **stick** [stɪk], beim Golf **club** [klʌb], bei Tischtennis, Kricket und Baseball **bat** [bæt], bei Tennis und Federball **racket** ['rækɪt].

WORTSCHATZ

racket² S 1 Lärm m; **to make a ~** Lärm machen 2 (umg) Schwindelgeschäft n (umg); **the drugs ~** das Drogengeschäft
racketeering [,rækɪ'tɪərɪŋ] S 1 Gaunereien pl (umg) 2 organisiertes Verbrechen
racoon [rə'kuːn] S Waschbär m
racquet ['rækɪt] S (Br SPORT) Schläger m
racy ['reɪsɪ] ADJ (+er) gewagt
radar ['reɪdɑːʳ] S Radar n od m
radiance ['reɪdɪəns] S Strahlen n **radiant** ['reɪdɪənt] ADJ strahlend; **to be ~ with joy** vor Freude strahlen **radiantly** ['reɪdɪəntlɪ]

ADV **1** strahlend **2** (liter) scheinen hell **radiate** ['reɪdɪeɪt] **A** VI Strahlen aussenden; (Wärme, Licht) ausgestrahlt werden **B** VT ausstrahlen **radiation** [ˌreɪdɪ'eɪʃən] s̄ (von Wärme) (Aus)strahlung f; PHYS radioaktive Strahlung; **contaminated by** od **with ~** strahlenverseucht **radiator** [-'reɪdɪeɪtə'] s̄ Heizkörper m; AUTO Kühler m
radical ['rædɪkəl] **A** ADJ radikal; **~ Islamic** radikalislamisch **B** s̄ POL Radikale(r) m/f(m)
radicchio [rə'dɪkɪəʊ] s̄ (⚠ kein pl) Radicchio m
radio ['reɪdɪəʊ] **A** s̄, pl -s **1** Rundfunk m; (a. **radio set**) Radio n; **to listen to the ~** Radio hören; **on the ~** im Radio; **he was on the ~ yesterday** er kam gestern im Radio **2** (in Taxi etc) Funkgerät n; **over the ~** über Funk **B** VT jdn über Funk verständigen; Meldung funken **C** VI **to ~ for help** per Funk einen Hilferuf durchgeben **radioactive** ADJ radioaktiv; **~ waste** Atommüll m, radioaktiver Abfall **radioactivity** s̄ Radioaktivität f **radio alarm (clock)** s̄ Radiowecker m **radio broadcast** s̄ Radiosendung f **radio cassette recorder** s̄ (Br) Radiorekorder m **radio contact** s̄ Funkkontakt m **radio-controlled** ADJ ferngesteuert **radiology** [ˌreɪdɪ'ɒlədʒɪ] s̄ Radiologie f, Röntgenologie f **radio programme** s̄ Radioprogramm n **radio recorder** s̄ Radiorekorder m **radio station** s̄ Rundfunkstation f **radio telephone** s̄ Funktelefon n **radiotherapy** s̄ Röntgentherapie f
radish ['rædɪʃ] s̄ **1** Radieschen n **2** Rettich m (⚠ in GB und USA so gut wie unbekannt)
radius ['reɪdɪəs] s̄, pl radii ['reɪdɪaɪ] MATH Radius m; **within a 6 km ~** in einem Umkreis von 6 km
radler ['rɑːdlə'] s̄ (US) Radlermaß f, Alsterwasser n (⚠ = (Br) **shandy**)
RAF abk von Royal Air Force
raffle ['ræfl] **A** s̄ Verlosung f **B** VT (a. **raffle off**) verlosen **raffle ticket** s̄ Los n
raft [rɑːft] s̄ Floß n
rafter ['rɑːftə'] s̄ (Dach)sparren m

rag [ræg] **A** s̄ **1** Lumpen m, Lappen m; **in ~s** zerlumpt; **to go from ~s to riches** vom armen Schlucker zum reichen Mann/zur reichen Frau werden, vom Tellerwäscher zum Millionär werden **2** (pej umg ≈ Zeitung) Käseblatt n **ragbag** s̄ (fig) Sammelsurium n (umg) **rag doll** s̄ Flickenpuppe f
rage [reɪdʒ] **A** s̄ Wut f; **to be in a ~** wütend sein; **to fly into a ~** einen Wutanfall bekommen; **fit of ~** Wutanfall m; **to send sb into a ~** jdn wütend od rasend machen; **to be all the ~** (umg) der letzte Schrei sein (umg) **B** VI toben
ragged ['rægɪd] ADJ Mensch, Kleider zerlumpt; Bart zottig; Küste zerklüftet; Kante ausgefranst
raging ['reɪdʒɪŋ] ADJ wütend; Durst brennend; Zahnschmerzen rasend; Sturm tobend; **he was ~** er tobte
raid [reɪd] **A** s̄ Überfall m; FLUG Luftangriff m; (durch Polizei) Razzia f **B** VT **1** (wörtl) überfallen; (Polizei) eine Razzia durchführen in (+dat); (Diebe) einbrechen in (+akk) **2** (fig hum) plündern **raider** ['reɪdə'] s̄ Einbrecher(in) m(f), Bankräuber(in) m(f)
rail[1] [reɪl] s̄ **1** (an Treppe etc) Geländer n; SCHIFF Reling f; (≈ für Vorhang) Schiene f; (in Badezimmer) Handtuchhalter m **2** BAHN Schiene f; **to go off the ~s** (Br fig) zu spinnen anfangen (umg) **3** die (Eisen)bahn; **to travel by ~** mit der Bahn fahren
rail[2] VI **to ~ at sb/sth** jdn/etw beschimpfen; **to ~ against sb/sth** über jdn/etw schimpfen
railcard s̄ (Br BAHN) ≈ Bahncard® f **rail company** s̄ Bahngesellschaft f
railing ['reɪlɪŋ] s̄ Geländer n; (a. **railings**) Zaun m
railroad s̄ (US) (Eisen)bahn f (⚠ = (Br) **railway**); **~ car** Waggon m, Eisenbahnwagen m (⚠ = (Br) **railway carriage**) **railroad crossing** s̄ (US) Bahnübergang m (⚠ = (Br) **railway crossing**) **railroad engine** s̄ (US) Lokomotive f (⚠ = (Br) **railway engine**) **railroad line** s̄ (US) (Eisen)bahnlinie f, Gleis n (⚠ = (Br) **railway line**) **railroad network** s̄ (US) Bahnnetz n (⚠ = (Br) **railway network**)

rail — Geländer

rail — Schiene

to travel by rail —
mit der Bahn fahren

railroad station $\overline{s}$ (US) Bahnhof m (**❶** = (Br) **railway station**) **rail strike** $\overline{s}$ Bahnstreik m **railway** ['reɪlweɪ] $\overline{s}$ (Br) **❶** (Eisen)bahn f (**❶** = (US) **railroad**) **❷** Gleis n **railway carriage** $\overline{s}$ (Br) Eisenbahnwagen m (**❶** = (US) **railroad car**) **railway crossing** $\overline{s}$ (Br) Bahnübergang m (**❶** = (US) **railroad crossing**) **railway engine** $\overline{s}$ (Br) Lokomotive f (**❶** = (US) **railroad engine**) **railway line** $\overline{s}$ (Br) (Eisen)bahnlinie f, Gleis n (**❶** = (US) **railroad line**) **railway network** $\overline{s}$ (Br) Bahnnetz n (**❶** = (US) **railroad network**) **railway station** $\overline{s}$ (Br) Bahnhof m (**❶** = (US) **railroad station**)

rain [reɪn] $\boxed{A}$ $\overline{s}$ **❶** Regen m **❷** (fig: von Schlägen etc) Hagel m $\boxed{B}$ $\overline{vɪ}$ unpers regnen; **it is ~ing** es regnet; **it never ~s but it pours** (Br sprichw), **when it ~s, it pours** (US sprichw) ein Unglück kommt selten allein (sprichw) $\boxed{C}$ $\overline{vɪ}$ unpers **it's ~ing cats and dogs** (umg) es gießt wie aus Kübeln ♦**rain down** $\overline{vɪ}$ (Schläge etc) niederprasseln (upon auf +akk) ♦**rain off**, **rain out** (US) $\overline{vɪ}$ trennb **to be rained off** wegen Regen nicht stattfinden

▶ **rain**

Das englische Wetter ist gar nicht so schlecht wie sein Ruf. Man muss aber zugeben: Wenn es so viele unterschiedliche Bezeichnungen für Regen gibt, muss es dafür einen Grund geben.

It's …	es …
spitting	tröpfelt
drizzling	nieselt
raining (heavily)	regnet (stark)
pouring	regnet in Strömen
tipping down	schüttet
raining cats and dogs	gießt in Strömen
pelting down	
bucketing down / coming down in buckets	regnet in Strömen / gießt wie aus Kübeln

WORTSCHATZ ◀

rainbow ['reɪnbəʊ] $\overline{s}$ Regenbogen m **rainbow trout** $\overline{s}$ Regenbogenforelle f **rain check** $\overline{s}$ (bes US) **I'll take a ~ on that** (fig umg) das verschiebe ich auf ein andermal **rain cloud** $\overline{s}$ Regenwolke f **raincoat** $\overline{s}$ Regenmantel m **raindrop** $\overline{s}$ Regentropfen m **rainfall** $\overline{s}$ Niederschlag m **rain forest** $\overline{s}$ Regenwald m **rainstorm** $\overline{s}$ schwere Regenfälle pl **rainswept** ['reɪnswept] $\overline{ADJ}$ attr regengepeitscht **rainwater** $\overline{s}$ Regenwasser n **rainy** ['reɪnɪ] $\overline{ADJ}$ (+er) regnerisch, Regen-; **~ sea-**

son Regenzeit f; **to save sth for a ~ day** (fig) etw für schlechte Zeiten aufheben

raise [reɪz] $\boxed{A}$ $\overline{vɪ}$ **❶** heben, hochziehen; THEAT Vorhang hochziehen; **to ~ one's glass to sb** jdm zutrinken; **to ~ sb from the dead** jdn von den Toten erwecken; **to ~ one's voice** lauter sprechen; **to ~ sb's hopes** jdm Hoffnung machen **❷** (to auf +akk, by um) erhöhen, anheben **❸** Denkmal errichten **❹** Problem aufwerfen; Einwand erheben; Verdacht (er)wecken; **to ~ a cheer** Beifall ernten; **to ~ a smile** ein Lächeln hervorrufen **❺** Kind, Tier aufziehen; Getreide anbauen; **to ~ a family** Kinder großziehen **❻** Armee aufstellen; Steuern erheben; Geldmittel aufbringen $\boxed{B}$ $\overline{s}$ (US) Gehaltserhöhung f, Lohnerhöhung f (**❶** = (Br) **rise**) ♦**raise up** $\overline{vɪ}$ trennb heben; **he raised himself up on his elbow** er stützte sich auf den Ellbogen

▶ **raise und rise**

❶ Die Verben **raise** und **rise** werden oft verwechselt. **raise** hat immer ein Objekt, **rise** nie.

Her song raised everybody's mood.	Ihr Lied hob bei allen die Stimmung.
The sun rises in the east.	Die Sonne geht im Osten auf.

SPRACHGEBRAUCH ◀

raised [reɪzd] $\overline{ADJ}$ Arm angehoben; Stimme erhoben
raisin ['reɪzən] $\overline{s}$ Rosine f
rake [reɪk] $\boxed{A}$ $\overline{s}$ Harke f $\boxed{B}$ $\overline{vɪ}$ harken $\boxed{C}$ $\overline{vɪ}$ **to ~ around** (herum)stöbern ♦**rake in** $\overline{vɪ}$ trennb (umg) Geld kassieren (umg) ♦**rake up** $\overline{vɪ}$ trennb **❶** Laub zusammenharken **❷** (fig) **to ~ the past** in der Vergangenheit wühlen
rally ['rælɪ] $\boxed{A}$ $\overline{s}$ **❶** Versammlung f, Kundgebung f; AUTO Rallye f; **electoral ~** Wahlversammlung f; **peace ~** Friedenskundgebung f **❷** (Tennis etc) Ballwechsel m $\boxed{B}$ $\overline{vɪ}$ versammeln; **to ~ one's strength** all seine Kräfte sammeln; **~ing cry** Slogan m $\boxed{C}$ $\overline{vɪ}$ **❶** (Kranker) Fortschritte machen; BÖRSE sich erholen **❷** (Truppen) sich versammeln ♦**rally (a)round** $\boxed{A}$ $\overline{vɪ}$ +obj Anführer sich scharen um $\boxed{B}$ $\overline{vɪ}$ sich seiner etc annehmen
RAM [ræm] $\overline{s}$ IT abk von random access memory RAM m od n; **128 megabytes of ~** 128 Megabyte RAM
ram [ræm] $\boxed{A}$ $\overline{s}$ Widder m $\boxed{B}$ $\overline{vɪ}$ stoßen, rammen; (in etw) zwängen; **to ~ home a message** eine Botschaft an den Mann bringen; **to ~ sth down sb's throat** (umg) jdm etw eintrichtern (umg); **the car ~med a lamppost** das Auto

prallte gegen einen Laternenpfahl ♦**ram down** $\overline{VT}$ *trennb Erde* feststampfen

ramble ['ræmbl] **A** $\overline{S}$ (*bes Br*) Wanderung *f*; **to go on a ~** eine Wanderung machen **B** $\overline{VI}$ **1** (*bes Br*) wandern **2** (*in Rede*) faseln (*umg*); (*pej*: a. **ramble on**) schwafeln (*umg*) **rambler** ['ræmbləʳ] $\overline{S}$ (*bes Br*) Spaziergänger(in) *m(f)* **rambling** ['ræmblɪŋ] **A** $\overline{ADJ}$ **1** *Rede* weitschweifig; *Greis* faselnd (*umg*); *Gartenanlage* weitläufig **2** **~ club** (*bes Br*) Wanderklub *m* **B** $\overline{S}$ **1** (*bes Br*) Wandern *n*; **to go ~** wandern gehen **2** (*in Rede*: a. **ramblings**) Gefasel *n* (*umg*)

ramification [ˌræmɪfɪ'keɪʃən] $\overline{S}$ (*wörtl*) Verzweigung *f*, Verästelung *f*

ramp [ræmp] $\overline{S}$ Rampe *f*

rampage [ræm'peɪdʒ] **A** $\overline{S}$ **to be/go on the ~** randalieren **B** $\overline{VI}$ (a. **rampage about** *od* **around**) herumwüten

rampant ['ræmpənt] $\overline{ADJ}$ *Wachstum* üppig; *Übel* wild wuchernd *attr*; *Inflation* wuchernd; **to be ~** (wild) wuchern; **to run ~** um sich greifen

rampart ['ræmpɑːt] $\overline{S}$ Wall *m*

ramshackle ['ræmˌʃækl] $\overline{ADJ}$ *Haus* baufällig; *Gruppe* schlecht organisiert

ramsons ['ræmznz] $\overline{S}$ (❗ mit Verb im Singular) BOT Bärlauch *m*

ran [ræn] *prät von* run

ranch [rɑːntʃ] $\overline{S}$ Ranch *f* (❗ große amerikanische Farm mit Viehzucht); **~ hand** Farmhelfer(in) *m(f)*

rancid ['rænsɪd] $\overline{ADJ}$ ranzig

R & D [ɑːrən'diː] $\overline{S}$ *abk von* research and development Forschung und Entwicklung *f*

random ['rændəm] **A** $\overline{S}$ **at ~** aufs Geratewohl; *schießen* ziellos; *sich nehmen* wahllos; **a few examples taken at ~** ein paar willkürlich gewählte Beispiele; **I (just) chose one at ~** ich wählte einfach irgendeine (Beliebige) **B** $\overline{ADJ}$ *Auswahl* willkürlich; *Reihenfolge* zufällig; **~ drug test** Stichprobe *f* auf Drogen **random access** $\overline{S}$ IT wahlfreier Zugriff **random access memory** $\overline{S}$ IT Direktzugriffsspeicher *m* **randomly** ['rændəmlɪ] $\overline{ADV}$ wahllos **random number** $\overline{S}$ Zufallszahl *f* **random sample** $\overline{S}$ Stichprobe *f*

randy ['rændɪ] $\overline{ADJ}$ (+*er*) (*Br*) geil

rang [ræŋ] *prät von* ring²

range [reɪndʒ] **A** $\overline{S}$ **1** (*von Waffe*) Reichweite *f*; **at a ~ of** auf eine Entfernung von; **at close ~** auf kurze Entfernung; **to be out of ~** außer Reichweite sein; (*Waffe*) außer Schussweite sein; **within (firing) ~** in Schussweite; **~ of vision** Gesichtsfeld *n* **2** Reihe *f*; (*von Waren*) Sortiment *n*, Angebot *n* (*of an* +*dat*); (*von Fähigkeiten*) Palette *f*; (*von Bergen*) Kette *f*; **a wide ~** eine große Auswahl; **in this price ~** in dieser Preisklas-

se; **a ~ of prices** unterschiedliche Preise *pl*; **we have the whole ~ of models** wir führen sämtliche Modelle; **we cater for the whole ~ of customers** wir sind auf alle Kundenkreise eingestellt **3** (a. **shooting range**) (MIL) Schießplatz *m*, Schießstand *m* **B** $\overline{VI}$ **1** **to ~ (from ... to)** gehen (von ... bis); (*Temperaturen, Messwerte*) liegen (zwischen ... und); (*Interessen*) reichen (von ... bis) **2** (≈ *bei Wanderung*) streifen **ranger** ['reɪndʒəʳ] $\overline{S}$ **1** Förster(in) **2** (*US*) Ranger *m*

rank¹ [ræŋk] **A** $\overline{S}$ **1** MIL Rang *m*; **officer of high ~** hoher Offizier **2** Stand *m*; **a person of ~** eine hochgestellte Persönlichkeit **3** Reihe *f* **4** (*Br*) Taxistand *m* **5** MIL Glied *n*; **to break ~(s)** aus dem Glied treten; **the ~s** MIL die Mannschaften und die Unteroffiziere; **the ~ and file of the party** die Basis der Partei; **to rise from the ~s** aus dem Mannschaftsstand zum Offizier aufsteigen; (*fig*) sich hocharbeiten **B** $\overline{VT}$ **to ~ sb among the best** jdn zu den Besten zählen; **where would you ~ Napoleon?** wie würden Sie Napoleon einstufen? **C** $\overline{VI}$ **to ~ among** zählen zu; **to ~ above sb** bedeutender als jd sein; **to ~ high among the world's statesmen** einer der großen Staatsmänner sein; **he ~s high among her friends** er hat eine Sonderstellung unter ihren Freunden; **to ~ 6th** den 6. Rang belegen

rank² $\overline{ADJ}$ (+*er*) **1** *Geruch* übel; **to be ~** stinken **2** *attr Ungerechtigkeit* schreiend; *Außenseiter* absolut

rankings ['ræŋkɪŋz] $\overline{PL}$ SPORT **the ~** die Platzierungen *pl*

rankle ['ræŋkl] $\overline{VI}$ **to ~ (with sb)** jdn wurmen

ransack ['rænsæk] $\overline{VT}$ *Schränke* durchwühlen; *Haus* plündern; *Stadt* herfallen über (+*akk*)

ransom ['rænsəm] **A** $\overline{S}$ Lösegeld *n*; **to hold sb to** (*Br*) *od* **for** (*US*) **~** (*wörtl*) jdn als Geisel halten **B** $\overline{VT}$ gegen Lösegeld freilassen

rant [rænt] **A** $\overline{VI}$ eine Schimpfkanonade loslassen (*umg*); (*ohne Sinn*) irres Zeug reden (*umg*); **to ~ (and rave) herumschimpfen; what's he ~ing (on) about?** worüber lässt er sich denn da aus? (*umg*) **B** $\overline{S}$ Schimpfkanonade *f* (*umg*) **ranting** ['ræntɪŋ] $\overline{S}$ Geschimpfe *n*; (*ohne Sinn*) irres Zeug

rap¹ [ræp] **A** $\overline{S}$ Klopfen *n* kein *pl*; **he got a ~ on the knuckles for that** dafür hat er eins auf die Finger bekommen (*umg*) **B** $\overline{VT}$ *Tisch* klopfen auf (+*akk*); *Fenster* klopfen an (+*akk*); **to ~ sb's knuckles** jdm auf die Finger klopfen **C** $\overline{VI}$ klopfen; **to ~ at** *od* **on the door** an die Tür klopfen

rap² MUS **A** $\overline{S}$ Rap *m* **B** $\overline{VI}$ rappen

rape¹ [reɪp] **A** $\overline{S}$ Vergewaltigung *f* **B** $\overline{VT}$ vergewaltigen

rape² $\overline{S}$ BOT Raps *m*

rapid ['ræpɪd] **A** $\overline{ADJ}$ schnell, rapide; *Abstieg* steil

B **S** **rapids** PL GEOG Stromschnellen pl **rapidity** [rə'pɪdɪtɪ] **S** Schnelligkeit f; (von Anstieg, Abstieg) Steilheit f **rapidly** ['ræpɪdlɪ] ADV schnell, rapide

rapist ['reɪpɪst] **S** Vergewaltiger m

rappel [ræ'pel] V/I (US) = **abseil**

rapper ['ræpə'] **S** Rapper(in) m(f)

rapport [ræ'pɔː'] **S** the **~** I have with my father das enge Verhältnis zwischen mir und meinem Vater

rapt [ræpt] ADJ Aufmerksamkeit höchste(r, s); Publikum hingerissen; **~** in thought in Gedanken versunken

rapture ['ræptʃə'] **S** Entzücken n, Verzückung f; **to be in ~s** entzückt sein (over über +akk, about von); **to go into ~s** (about sb/sth) (über jdn/ etw) ins Schwärmen geraten **rapturous** ['ræptʃərəs] ADJ Applaus stürmisch

rare [rɛə'] ADJ (+er) **1** selten; **with very ~ exceptions** mit sehr wenigen Ausnahmen; **it's ~ for her to come** sie kommt nur selten **2** Steak blutig **rarefied** ['rɛərɪfaɪd] ADJ Atmosphäre dünn

▶ **rare**

Ein Steak kann man in englischsprachigen Ländern **rare**, **medium** und **well done** haben. Es gibt auch noch Zwischenformen, wie **medium-rare**, **medium-well** usw. Bei **rare** ist das Steak innen noch roh, im Deutschen sagt man auch „englisch gebraten". **Medium** entspricht „rosa gebraten", und zu **well done** würde man „gut durchgebraten" sagen.

SPRACHGEBRAUCH ◀

rarely ['rɛəlɪ] ADV selten

raring ['rɛərɪŋ] ADJ **to be ~ to go** (umg) in den Startlöchern sein

rarity ['rɛərɪtɪ] **S** Seltenheit f

rascal ['rɑːskəl] **S** Gauner m, Bazi m (österr); (≈ Kind) Schlingel m

rash¹ [ræʃ] **S** MED Ausschlag m; **to come out in a ~** einen Ausschlag bekommen

rash² ADJ (+er) voreilig; Mensch unbesonnen; **don't do anything ~** tu ja nichts Überstürztes

rasher ['ræʃə'] **S** Streifen m; **~ of bacon** Speckstreifen m

rashly ['ræʃlɪ] ADV voreilig **rashness** ['ræʃnɪs] **S** Voreiligkeit f; (von Mensch) Unbesonnenheit f

rasp [rɑːsp] **A** **S** Raspel f; (≈ Geräusch) Kratzen n kein pl **B** V/I kratzen; (Atem) rasseln

raspberry ['rɑːzbərɪ] **A** **S** Himbeere f, Himbeerstrauch m; **to blow a ~** (at sth) (umg) (über etw) verächtlich schnauben **B** ADJ Himbeer-

rasping ['rɑːspɪŋ] **A** ADJ kratzend; Husten keuchend **B** **S** Kratzen n

---

rat [ræt] **S** ZOOL Ratte f; (pej umg ≈ Mensch) elender Verräter (umg)

rate [reɪt] **A** **S** **1** Rate f, Tempo n; (von Arbeitslosigkeit etc) Quote f; **the failure ~ on this course** die Durchfallrate bei diesem Kurs; **the failure ~ for small businesses** die Zahl der Konkurse bei Kleinunternehmen; **at a ~ of 100 litres** (Br) od **liters** (US) **an hour** (in einem Tempo von) 100 Liter pro Stunde; **at a ~ of knots** (umg) in irrsinnigem Tempo (umg); **at the ~ you're going you'll be dead before long** wenn du so weitermachst, bist du bald unter der Erde; **at any ~** auf jeden Fall **2** HANDEL, FIN Satz m; BÖRSE Kurs m; **~ of exchange** Wechselkurs m; **what's the ~ at the moment?** wie steht der Kurs momentan?; **what's the ~ of pay?** wie hoch ist der Satz (für die Bezahlung)?; **~ of interest** Zinssatz m; **~ of taxation** Steuersatz m; **insurance ~s** Versicherungsgebühren pl; **there is a reduced ~ for children** Kinderermäßigung wird gewährt; **to pay sb at the ~ of £10 per hour** jdm einen Stundenlohn von £ 10 bezahlen **B** V/T **1** (ein)schätzen; **to ~ sb/sth among ...** jdn/etw zu ... zählen; **how does he ~ that film?** was hält er von dem Film?; **to ~ sb/sth as sth** jdn/etw für etw halten; **to ~ sb/sth highly** jdn/etw hoch einschätzen **2** verdienen **3** (umg) gut müssen (umg); **I really/don't really ~ him** ich finde ihn wirklich gut/ mag ihn nicht besonders **C** V/I **to ~ as ...** gelten als ...; **to ~ among ...** zählen zu ...

rather ['rɑːðə'] ADV **1** lieber; **I would ~ be happy than rich** ich wäre lieber glücklich als reich; **I'd ~ not** lieber nicht; **I'd ~ not go** ich würde lieber nicht gehen; **it would be better to phone ~ than (to) write** es wäre besser zu telefonieren als zu schreiben **2** vielmehr; **he is, or ~ was, a soldier** er ist, beziehungsweise war, Soldat; **a car, or ~ an old banger** ein Auto, genauer gesagt eine alte Kiste **3** ziemlich, etwas; **it's ~ more difficult than you think** es ist um einiges schwieriger, als du denkst; **I ~ think ...** ich glaube fast, ...

ratification [ˌrætɪfɪ'keɪʃən] **S** Ratifizierung f **ratify** ['rætɪfaɪ] V/T ratifizieren

rating ['reɪtɪŋ] **S** **1** (Ein)schätzung f **2** (≈ Kategorie) Klasse f; **to boost ~s** TV die Werte stark verbessern

ratio ['reɪʃɪəʊ] **S**, pl **-s** Verhältnis n; **the ~ of men to women** das Verhältnis von Männern zu Frauen; **in a ~ of 100 to 1** im Verhältnis 100 zu 1

ration ['ræʃən, (US) 'reɪʃən] **A** **S** Ration f; (fig) Quantum n; **~s** (≈ Essen) Rationen pl **B** VT rationieren; **he ~ed himself to five cigarettes a day** er erlaubte sich (dat) nur fünf Zigaretten pro Tag

rational ['ræʃənl] _ADJ_ rational; _Lösung_ vernünftig **rationale** [ˌræʃə'nɑːl] _S_ Gründe _pl_ **rationalism** ['ræʃnəlɪzm] _S_ Rationalismus _m_ **rationalist** ['ræʃnəlɪst] _ADJ_ rationalistisch **rationality** [ˌræʃə'nælɪtɪ] _S_ Rationalität _f_ **rationalization** [ˌræʃnəlaɪ'zeɪʃn] _S_ Rationalisierung _f_ **rationalize** ['ræʃnəlaɪz] _VT&VI_ rationalisieren **rationally** ['ræʃnəlɪ] _ADV_ rational **rationing** ['ræʃənɪŋ] _S_ Rationierung _f_

rat race _S_ ständiger Konkurrenzkampf

rattle ['rætl] **A** _VI_ klappern; (_Ketten_) rasseln; (_Flaschen_) klirren **B** _VT_ **1** schütteln; _Flaschen_ zusammenschlagen; _Ketten_ rasseln mit; _Fenster_ rütteln an (+_dat_) **2** (_umg_) jdn durcheinanderbringen **C** _S_ **1** Klappern _n kein pl_; (_von Ketten_) Rasseln _n kein pl_; (_von Flaschen_) Klirren _n kein pl_ **2** (≈ _Spielzeug_) Rassel _f_ ♦**rattle off** _VT trennb_ herunterrasseln (_umg_) ♦**rattle on** _VI_ (_umg_) (unentwegt) quasseln (_umg_) (_about_ über +_akk_) ♦**rattle through** _VI_ +_obj_ _Rede_ herunterrasseln; _Arbeit_ rasen durch

rattlesnake ['rætlsneɪk] _S_ Klapperschlange _f_

rattling ['rætlɪŋ] **A** _S_ Klappern _n_; (_von Ketten_) Rasseln _n_; (_von Flaschen_) Klirren _n_ **B** _ADJ_ klappernd; _Ketten_ rasselnd; _Flaschen_ klirrend

ratty ['rætɪ] _ADJ_ (+_er_) (_umg_) **1** (_Br_) gereizt **2** (_US_) verlottert (_umg_)

raucous ['rɔːkəs] _ADJ_ _Stimme, Lachen_ heiser; _Vogelruf_ rau

raunchy ['rɔːntʃɪ] _ADJ_ (+_er_) (_umg_) _Frau_ sexy; _Film, Roman_ erotisch

ravage ['rævɪdʒ] **A** _S_ ~s Verheerung _f_ (_of_ durch), Zerstörung _f_ (_of_ durch) **B** _VT_ verwüsten

rave [reɪv] **A** _VI_ fantasieren; (_vor Wut_) toben; (_umg: begeistert_) schwärmen (_about, over_ von) **B** _S_ **1** (_Br umg_) Rave _m_ (_sl_) **2** (_umg_) **a ~ review** (_umg_) eine glänzende Kritik

raven ['reɪvən] _S_ Rabe _m_

ravenous ['rævənəs] _ADJ_ ausgehungert; _Hunger_ gewaltig; **I'm ~** ich habe einen Bärenhunger (_umg_) **ravenously** ['rævənəslɪ] _ADV_ essen wie ein Wolf; **to be ~ hungry** ausgehungert sein

ravine [rə'viːn] _S_ Schlucht _f_, Tobel _m_ (_österr_)

raving ['reɪvɪŋ] **A** _ADJ_ im Delirium; **a ~ lunatic** (_umg_) ein kompletter Idiot (_umg_) **B** _ADV_ **~ mad** (_umg_) total verrückt (_umg_)

ravishing ['rævɪʃɪŋ] _ADJ_ _Frau, Anblick_ atemberaubend; _Schönheit_ hinreißend **ravishingly** ['rævɪʃɪŋlɪ] _ADV_ schön hinreißend

raw [rɔː] **A** _ADJ_ (+_er_) **1** roh; _Abwasser_ ungeklärt; **to get a ~ deal** schlecht wegkommen (_umg_) **2** _Emotionen, Energie_ nackt; _Talent_ elementar; _Bericht_ ungeschönt; **~ data** IT unaufbereitete Daten _pl_ **3** _Rekrut_ neu **4** _Haut_ wund **5** _Wind_ rau **B** _S_ **in the ~** (_umg_) im Naturzustand **raw material** _S_ Roh-

material _n_

ray [reɪ] _S_ Strahl _m_; **a ~ of hope** ein Hoffnungsschimmer _m_; **a ~ of sunshine** (_fig_) ein kleiner Trost

raze [reɪz] _VT_ **to ~ sth to the ground** etw dem Erdboden gleichmachen

razor ['reɪzə'] _S_ Rasierapparat _m_; **electric ~** Elektrorasierer _m_ **razor blade** _S_ Rasierklinge _f_ **razor-sharp** _ADJ_ scharf (wie ein Rasiermesser); (_fig_) _Verstand_ messerscharf

razzamatazz ['ræzəmə'tæz], **razzmatazz** ['ræzmə'tæz] _S_ (_umg_) Rummel _m_

RC _abk von_ Roman Catholic r.-k.

Rd _abk von_ Road Str.

RE _abk von_ religious education Religion _f_

re [riː] _PRÄP_ ADMIN _etc_ betreffs (+_gen_)

reach [riːtʃ] **A** _S_ Reichweite _f_; (_fig_) Einflussbereich _m_; **within/out of sb's ~** in/außer jds Reichweite (_dat_); **within arm's ~** in greifbarer Nähe; **keep out of ~ of children** von Kindern fernhalten; **within easy ~ of the sea** in unmittelbarer Nähe des Meers; **I keep it within easy ~** ich habe es in greifbarer Nähe **B** _VT_ **1** erreichen, ankommen an (+_dat_); _Stadt, Land_ ankommen in (+_dat_); _Abkommen_ erzielen; _Schluss_ kommen zu; **when we ~ed him he was dead** als wir zu ihm kamen, war er tot; **to ~ the terrace you have to cross the garden** um auf die Terrasse zu kommen, muss man durch den Garten gehen; **this advertisement is geared to ~ a younger audience** diese Werbung soll junge Leute ansprechen; **you can ~ me at my hotel** Sie erreichen mich in meinem Hotel **2** **to be able to ~ sth** an etw (_akk_) (heran)reichen können; **can you ~ it?** kommen Sie dran? **3** reichen bis zu **C** _VI_ **to ~ for sth** nach etw greifen; **can you ~?** kommen Sie dran? ♦**reach across** _VI_ hinübergreifen ♦**reach down** _VI_ (_Vorhang etc_) herunterreichen (_to_ bis); (_Mensch_) hinuntergreifen (_for_ nach) ♦**reach out** _VI_ die Hand/Hände ausstrecken; **to ~ for sth** nach etw greifen ♦**reach over** _VI_ = reach across ♦**reach up** _VI_ **1** (herauf)reichen (_to_ bis) **2** hinaufgreifen (_for_ nach)

reachable ['riːtʃəbl] _ADJ_ erreichbar

react [riː'ækt] _VI_ reagieren (_to_ auf +_akk_); **to ~ against** negativ reagieren auf (+_akk_) **reaction** [rɪ'ækʃən] _S_ Reaktion _f_ (_to_ auf +_akk_, _against_ gegen)

reactionary [riː'ækʃənrɪ] _S_ POL Reaktionär(in) _m(f)_

reactivate [riː'æktɪveɪt] _VT_ reaktivieren

reactor [riː'æktə'] _S_ PHYS Reaktor _m_

read¹ [riːd] _v: prät, pperf_ read [red] **A** _VT_ **1** lesen; (_jdm_) vorlesen (_to_ +_dat_); (≈ _begreifen_) verstehen; **~ my lips!** (_umg_) höre meine Worte!; **to take sth as read** (_fig_) etw als selbstverständlich voraussetzen; **to ~ sb's mind** jds Gedanken lesen; **don't ~ too much into his words** interpretieren Sie nicht zu viel in seine Worte hinein **2** *Messwert* ablesen **3** (an)zeigen **B V/I 1** lesen; *(jdm)* vorlesen *(to +dat);* **to ~ aloud** *od* **out loud** laut lesen **2** **this paragraph ~s well** dieser Abschnitt liest sich gut; **the letter ~s as follows** der Brief lautet folgendermaßen **C S̱ she enjoys a good ~** sie liest gern; **to be a good ~** sich gut lesen ♦**read back** V̱Ṯ *trennb (jdm)* noch einmal vorlesen ♦**read off** V̱Ṯ *trennb* ablesen; *(ohne Pause)* herunterlesen ♦**read on** V̱I̱ weiterlesen ♦**read out** V̱Ṯ *trennb* vorlesen ♦**read over** *od* **through** V̱Ṯ *trennb* durchlesen ♦**read up** V̱I̱ nachlesen *(on* über *+akk)*

read² [red] **A** *prät, pperf* von **read¹** **B** **ADJ** **he is well ~** er ist sehr belesen

readable ['riːdəbl] **ADJ 1** lesbar **2** lesenswert

reader ['riːdə*] S̱ **1** Leser(in) *m(f)* **2** Lesebuch *n* **readership** ['riːdəʃɪp] S̱ Leser *pl*

readily ['redɪlɪ] **ADV** bereitwillig; (≈ *einfach)* leicht; **~ available** leicht erhältlich **readiness** ['redɪnɪs] S̱ Bereitschaft *f*

reading ['riːdɪŋ] S̱ **1** Lesen *n* **2** Lektüre *f* **3** Lesung *f (a.* PARL); **the Senate gave the bill its first ~** der Senat beriet das Gesetz in erster Lesung **4** Interpretation *f* **5** Zählerstand *m* **reading age** S̱ **a ~ of 7** die Lesefähigkeit eines 7-jährigen **reading book** S̱ Lesebuch *n* **reading glasses** PL Lesebrille *f* **reading list** S̱ Leseliste *f* **reading matter** S̱ Lesestoff *m*

readjust [ˌriːə'dʒʌst] **A** V̱Ṯ *Instrument* neu einstellen, nachstellen; *Preise* anpassen **B** V̱I̱ sich neu anpassen *(to* an *+akk)* **readjustment** S̱ *(von Instrument)* Neueinstellung *f,* Nachstellung *f; (von Preisen)* Anpassung *f*

read-only [riːd] **ADJ** *Datei* schreibgeschützt **read-only memory** [riːd] S̱ IT Festwertspeicher *m* **readout** S̱ IT *etc* Anzeige *f* **read-write head** [riːd] S̱ IT Schreib-/Lesekopf *m* **read-write memory** S̱ IT Schreib-/Lesespeicher *m*

ready ['redɪ] **A** **ADJ 1** fertig, bereit; *Ausrede* vorformuliert; *Lächeln* rasch; *Vorräte* griffbereit; **~ to do sth** bereit, etw zu tun; (≈ *übereilig)* schnell dabei, etw zu tun; **he was ~ to cry** er war den Tränen nahe; **~ to leave** abmarschbereit, abfahrtbereit; **~ to use** gebrauchsfertig; **~ to serve** tischfertig; **~ for action** bereit zum Angriff, klar zum Gefecht; **~ for anything** zu allem bereit; **"dinner's ~"** „essen kommen"; **are you ~ to go?** sind Sie so weit?; **are you ~ to order?** möchten Sie jetzt bestellen?; **well, I think we're ~** ich glaube, wir sind so weit; **I'm not quite ~ yet** ich bin noch nicht ganz

fertig; **everything is ~ for his visit** alles ist für seinen Besuch vorbereitet; **~ for boarding** zum Einsteigen bereit; **I'm ~ for him!** er soll nur kommen; **to get (oneself) ~** sich fertig machen; **to get ~ to go out** sich zum Ausgehen fertig machen; **to get ~ for sth** sich auf etw *(akk)* vorbereiten; **to get sth/sb ~ (for sth)** etw/jdn fertig machen (für etw); **~ and waiting** startbereit; **~ when you are** ich bin bereit; **~, steady, go!** *(Br)* **~, set, go!** *(US)* auf die Plätze, fertig, los! **2** *Antwort* prompt, schlagfertig **3** *~ money* jederzeit verfügbares Geld; **~ cash** Bargeld *n;* **to pay in ~ cash** auf die Hand bezahlen **B** S̱ **at the ~** *(fig)* fahrbereit *etc;* **with his pen at the ~** mit gezücktem Federhalter **ready-cooked** **ADJ** vorgekocht **ready- -made** **ADJ 1** *Vorhänge* fertig; *Mahlzeit* vorgekocht **2** *Ersatz* nahtlos; **~ solution** Patentlösung *f* **ready meal** S̱ Fertiggericht *n* **ready-to- -eat** **ADJ** tafelfertig **ready-to-serve** **ADJ** tischfertig **ready-to-wear** **ADJ** *attr,* **ready to wear** **ADJ** *präd* von der Stange *(umg)*

reaffirm [ˌriːə'fɜːm] V̱Ṯ **1** beteuern **2** *Verdacht* bestätigen

real [rɪəl] **A** **ADJ 1** echt, richtig, wirklich; *Idiot, Katastrophe* komplett; **in ~ life** im wirklichen Leben; **the danger was very ~** das war eine ganz reale Gefahr; **it's the ~ thing** *od* **McCoy, this whisky:** dieser Whisky ist der echte; **it's not the ~ thing** das ist nicht das Wahre, das ist nicht echt; **it's a ~ shame** es ist wirklich schade; **he doesn't know what ~ contentment is** er weiß ja nicht, was Zufriedenheit wirklich ist; **that's what I call a ~ car** das nenne ich ein Auto; **in ~ trouble** in großen Schwierigkeiten **2** FIN *Kosten* tatsächlich; **in ~ terms** effektiv **B** **ADV** *(bes US umg)* echt *(umg);* **~ soon** wirklich bald **C** S̱ **for ~** echt *(umg)* **real coffee** S̱ Bohnenkaffee *m* **real estate** S̱ Immobilien *pl* **realism** ['rɪəlɪzəm] S̱ Realismus *m* **realist** ['rɪəlɪst] S̱ Realist(in) *m(f)* **realistic** [rɪə'lɪstɪk] **ADJ** realistisch **realistically** [rɪə'lɪstɪkəlɪ] **ADV** realistischerweise

reality [rɪː'ælɪtɪ] S̱ Realität *f;* **to become ~** sich verwirklichen; **in ~** in Wirklichkeit, eigentlich; **the realities of the situation** der wirkliche Sachverhalt **reality check** S̱ Realitätscheck *m*

realization [ˌrɪəlaɪ'zeɪʃən] S̱ **1** Realisierung *f; (von Potenzial)* Verwirklichung *f* **2** Erkenntnis *f*

realize ['rɪəlaɪz] **A** V̱Ṯ **1** erkennen, sich *(dat)* klar sein über *(+akk); (verstandesmäßig)* begreifen, (be)merken, feststellen; **does he ~ the problems?** sind ihm die Probleme bewusst?; **I've just ~d I won't be here** mir ist es eben klar geworden, dass ich dann nicht hier sein werde; **he didn't**

~ **she was cheating him** er merkte nicht, dass sie ihn betrog; **I ~d I didn't have any money on me** ich stellte fest, dass ich kein Geld dabei hatte; **I made her ~ that I was right** ich machte ihr klar, dass ich recht hatte; **yes, I ~ that** ja, das ist mir klar ② *Hoffnungen* realisieren; *Potenzial* verwirklichen; *Preis* erzielen; *Zinsen* abwerfen; *(Waren)* einbringen B VI **didn't you ~?** war Ihnen das nicht klar?, haben Sie das nicht gemerkt?; **I've just ~d** das ist mir eben klar geworden, das habe ich eben gemerkt; **I should have ~d** das hätte ich wissen müssen

real-life ['riːlˈlaɪf] ADJ *Ereignis* wirklich; *Mensch* real; *Geschichte* wahr

reallocate [rɪˈæləʊkeɪt] VT umverteilen

really ['rɪəlɪ] ADV, INT wirklich; **I ~ don't know** das weiß ich wirklich nicht; **I don't ~ think so** das glaube ich eigentlich nicht; **well yes, I ~ think we should** ich finde eigentlich schon, dass wir das tun sollten; **before he ~ understood** bevor er wirklich verstand; **~ and truly** wirklich; **I ~ must say ...** ich muss schon sagen ...; **~!** *(empört)* also wirklich!; **not ~!** ach wirklich?

▶ **not really**

Not really übersetzt man mit „eigentlich nicht". Man hört im Deutschen auch „nicht wirklich". Das klingt vielleicht cooler, ist aber die wörtliche Übersetzung aus dem Englischen. Schriftlich sollte man es vermeiden.

SPRACHGEBRAUCH

realm [relm] S *(liter)* Königreich n; *(fig)* Reich n; **within the ~s of possibility** im Bereich des Möglichen

real time S IT Echtzeit f

Realtor® ['rɪəltɔːʳ] S *(US)* Immobilienmakler(in) m(f) (❗ = (Br) **estate agent**)

reap [riːp] VT ernten; *Lohn* bekommen

reappear [ˌriːəˈpɪəʳ] VI wieder erscheinen **reappearance** [ˌriːəˈpɪərəns] S Wiedererscheinen n

reappoint [ˌriːəˈpɔɪnt] VT wiedereinstellen (**to** als)

reappraisal [ˌriːəˈpreɪzəl] S Neubeurteilung f
reappraise [ˌriːəˈpreɪz] VT von Neuem beurteilen

rear[1] [rɪəʳ] A S hinterer Teil; *(umg ≈ Po)* Hintern m *(umg)*; **at the ~** hinten *(of* in +dat*)*; **to(wards) the ~ of the plane** am hinteren Ende des Flugzeugs; **at** od **to the ~ of the building** hinter dem Haus; *(innen)* hinten im Haus; **from the ~** von hinten; **to bring up the ~** die Nachhut bilden B ADJ ① Hinter-, hintere(r, s) ② AUTO Heck-; **~ door** hintere Tür; **~ lights** Rücklichter pl; **~ wheel** Hinterrad n

rear[2] A VT ① *(bes Br) Tiere, Familie* großziehen ② **racism ~ed its ugly head** der Rassismus kam zum Vorschein B VI *(Pferd: a.* **rear up***)* sich aufbäumen

rearm [ˌriːˈɑːm] A VT *Land* wiederbewaffnen; *Truppen* neu ausrüsten B VI wiederaufrüsten

rearmament [ˌriːˈɑːməmənt] S *(von Land)* Wiederaufrüstung f

rearmost ['rɪəməʊst] ADJ hinterste(r, s)

rearrange [ˌriːəˈreɪndʒ] VT *Möbel* umstellen; *Pläne, Reihenfolge* ändern; *Termin* neu abmachen

rearrangement S *(von Möbeln)* Umstellung f; *(von Plänen, Reihenfolge)* Änderung f; *(von Termin)* Neuabmachung f

rear-view mirror ['rɪəˌvjuːˈmɪrəʳ] S Rückspiegel m

reason ['riːzn] A S ① Grund m (**for** für); **~ for living** Grund m zum Leben; **my ~ for going** (der Grund,) weshalb ich gehe/gegangen bin; **what's the ~ for this celebration?** aus welchem Anlass wird hier gefeiert?; **I want to know the ~ why** ich möchte wissen, weshalb; **and that's the ~ why ...** und deshalb ...; **I have (good) ~/every ~ to believe that ...** ich habe (guten) Grund/allen Grund anzunehmen, dass ...; **there is ~ to believe that ...** es gibt Gründe zu glauben, dass ...; **for that very ~** eben deswegen; **for no ~ at all** ohne ersichtlichen Grund; **for no particular ~** ohne einen bestimmten Grund; **why did you do that? — no particular ~** warum haben Sie das gemacht? — einfach nur so; **for ~s best known to himself/myself** aus unerfindlichen/bestimmten Gründen; **all the more ~ for doing it** umso mehr Grund, das zu tun; **by ~ of** wegen (+gen) ② (❗ kein pl) Verstand m ③ (❗ kein pl) Vernunft f; **to listen to ~** auf die Stimme der Vernunft hören; **that stands to ~** das ist logisch; **we'll do anything within ~ to ...** wir tun alles, was in unserer Macht steht, um zu ...; **you can have anything within ~** Sie können alles haben, solange es sich in Grenzen hält B VI ① vernünftig denken ② **to ~ (with sb)** vernünftig mit jdm reden C VT *(a.* **reason out***)* schließen

reasonable ['riːznəbl] ADJ ① vernünftig; *Chance* reell; *Anspruch* berechtigt; *Betrag* angemessen; *Entschuldigung, Angebot* akzeptabel; *(≈ billig)* preiswert; **to be ~ about sth** angemessen auf etw *(akk)* reagieren; **beyond (all) ~ doubt** ohne (jeden) Zweifel; **it would be ~ to assume that ...** man könnte durchaus annehmen, dass ... ② ganz gut; **with a ~ amount of luck** mit einigem Glück **reasonably** ['riːznəblɪ] ADV ① ver-

541 ‖ RECI

nünftig; **~ priced** preiswert **2** ziemlich **rea-soned** A͞D͞J͞ *Argument* durchdacht **reasoning** [ˈriːznɪŋ] S͟ **1** logisches Denken **2** Argumentation *f*

reassemble [ˌriːəˈsembl] A V͞T͞ **1** *Gruppe* wieder versammeln **2** *Maschine* wieder zusammenbauen B V͞i͞ *(Truppen)* sich wieder sammeln

reassert [ˌriːəˈsɜːt] V͞T͞ mit Nachdruck behaupten

reassess [ˌriːəˈses] V͞T͞ neu überdenken; *Vorschlag* neu abwägen

reassurance [ˌriːəˈʃʊərəns] S͟ **1** Beruhigung *f* **2** Bestätigung *f* **reassure** [ˌriːəˈʃʊə] V͞T͞ **1** beruhigen, das Gefühl der Sicherheit geben *(+dat)* **2** *(mit Worten)* versichern *(+dat)* **reassuring** A͞D͞J͞, **reassuringly** A͞D͞V͞ [ˌriːəˈʃʊərɪŋ, -li] beruhigend

reawaken [ˌriːəˈweɪkən] A V͞T͞ *jdn* wiedererwecken; *Interesse* neu erwecken B V͞i͞ wieder aufwachen; *(Interesse)* wieder erwachen **reawakening** [ˌriːəˈweɪknɪŋ] S͟ Wiederaufleben *n*

rebate [ˈriːbeɪt] S͟ Rabatt *m*, Rückvergütung *f*

rebel [ˈrebl] A S͟ Rebell(in) *m(f)* B A͞D͞J͞ *attr* rebellisch C [rɪˈbel] V͞i͞ rebellieren **rebellion** [rɪˈbeljən] S͟ Rebellion *f* **rebellious** A͞D͞J͞, **rebelliously** A͞D͞V͞ [rɪˈbeljəs, -li] rebellisch

rebirth [ˌriːˈbɜːθ] S͟ Wiedergeburt *f*

reboot [ˌriːˈbuːt] V͞T͞&͞V͞i͞ IT neu starten

reborn [ˌriːˈbɔːn] A͞D͞J͞ **to feel ~** sich wie neugeboren fühlen

rebound [rɪˈbaʊnd] A V͞i͞ *(Ball)* abprallen *(against, off* von) B [ˈriːbaʊnd] S͟ *(von Ball)* Rückprall *m*; **she married him on the ~** sie heiratete ihn, um sich über einen anderen hinwegzutrösten

rebrand [riːˈbrænd] V͞T͞ *Produkt* ein neues Markenimage geben *(+dat)*

rebuff [rɪˈbʌf] V͞T͞ schroff abweisen

rebuild [ˌriːˈbɪld] V͞T͞ wiederaufbauen; *Beziehung* wiederherstellen **rebuilding** [ˌriːˈbɪldɪŋ] S͟ Wiederaufbau *m*; *(von Beziehung)* Wiederherstellung *f*

rebuke [rɪˈbjuːk] V͞T͞ rügen, tadeln *(for* wegen)

recall [rɪˈkɔːl] A V͞T͞ **1** zurückrufen; **Ferguson was ~ed to the Scotland squad** Ferguson wurde in die schottische Mannschaft zurückberufen **2** sich erinnern an *(+akk)* **3** IT *Datei* wieder aufrufen B S͟ Rückruf *m*

recap [ˈriːkæp] *(umg)* A S͟ kurze Zusammenfassung B V͞T͞&͞V͞i͞ rekapitulieren, kurz zusammenfassen **recapitulate** [ˌriːkəˈpɪtʃʊleɪt] V͞T͞&͞V͞i͞ rekapitulieren, kurz zusammenfassen

recapture [ˌriːˈkæptʃə] A V͞T͞ wieder einfangen; *Häftling* wieder ergreifen; *Gebiet* wiedererobern; *Meisterschaft etc* wiedergewinnen B S͟ Wiedereinfangen *n*; *(von Häftling)* Wiederergreifung *f*; *(von Gebiet)* Wiedereroberung *f*; *(von Meis-*

terschaft etc) Wiedererlangung *f*

recede [rɪˈsiːd] V͞i͞ *(Flut)* zurückgehen; *(Hoffnung)* schwinden; **his hair is receding** er hat eine leichte Stirnglatze **receding** [rɪˈsiːdɪŋ] A͞D͞J͞ *Kinn* fliehend; *Haaransatz* zurückweichend

receipt [rɪˈsiːt] S͟ **1** (❗ kein pl) Empfang *m*; **to pay on ~ (of the goods)** bei Empfang (der Waren) bezahlen **2** *(≈ Beleg)* Quittung *f* **3** HANDEL, FIN **~s** Einnahmen *pl*

receive [rɪˈsiːv] V͞T͞ **1** bekommen; *Rückschlag* erfahren; *Anerkennung* finden **2** *Angebot, Nachricht etc* aufnehmen; **to ~ a warm welcome** herzlich empfangen werden **3** TEL, RADIO, TV empfangen; **are you receiving me?** hören Sie mich? **receiver** [rɪˈsiːvə] S͟ **1** Empfänger(in) *m(f)* **2** FIN, JUR **to call in the ~** Konkurs anmelden **3** TEL Hörer *m* **receivership** S͟ **to go into ~** in Konkurs gehen **receiving end** [rɪˈsiːvɪŋend] S͟ *(umg)* **to be on the ~ (of it)/of sth** derjenige sein, der es/etw abkriegt *(umg)*

recent [ˈriːsənt] A͞D͞J͞ kürzlich; *Ereignis* jüngste(r, s); *Nachrichten* neueste(r, s); *Erfindung, Ergänzung* neu; **the ~ improvement** die vor Kurzem eingetretene Verbesserung; **a ~ decision** eine Entscheidung, die erst vor Kurzem gefallen ist; **a ~ publication** eine Neuveröffentlichung; **his ~ arrival** seine Ankunft vor Kurzem; **her ~ trip** ihre erst kurz zurückliegende Reise; **he is a ~ arrival** er ist erst kurz hier; **in ~ years** in den letzten Jahren; **in ~ times** in letzter Zeit

recently [ˈriːsəntli] A͞D͞V͞ vor Kurzem; **~ he has been doing it differently** seit Kurzem macht er das anders; **as ~ as** erst; **quite ~** erst kürzlich

receptacle [rɪˈseptəkl] S͟ Behälter *m*

reception [rɪˈsepʃən] S͟ (❗ kein pl) *(≈ Willkommen*, RADIO, TV) Empfang *m*; *(von Buch etc)* Aufnahme *f*; **to give sb a warm ~** jdn herzlich empfangen; **at ~** *(in Hotel etc)* am Empfang **reception desk** S͟ Rezeption *f* **receptionist** [rɪˈsepʃənɪst] S͟ *(in Hotel)* Empfangschef *m*, Empfangsdame *f*; *(in Firma)* Herr *m*/Dame *f* am Empfang; *(in Arztpraxis)* Arzthilfe *f*, Ordinationshilfe *f* *(österr)* **receptive** [rɪˈseptɪv] A͞D͞J͞ *Mensch* aufnahmefähig; *Publikum* empfänglich

recess [rɪˈses] S͟ **1** *(von Gericht)* Ferien *pl*; *(US* SCHULE) Pause *f* **2** Nische *f*

recession [rɪˈseʃən] S͟ WIRTSCH Rezession *f*

recharge [ˌriːˈtʃɑːdʒ] A V͞T͞ *Batterie* aufladen; **to ~ one's batteries** *(fig)* auftanken B V͞i͞ sich wieder aufladen **rechargeable** [ˌriːˈtʃɑːdʒəbl] A͞D͞J͞ *Batterie* wiederaufladbar

recipe [ˈresɪpɪ] S͟ Rezept *n*; **that's a ~ for disaster** das führt mit Sicherheit in die Katastrophe

recipient [rɪˈsɪpɪənt] S͟ Empfänger(in) *m(f)*

R

RECI | 542

reciprocal [rɪ'sɪprəkəl] ADJ gegenseitig, als Gegenleistung **reciprocate** [rɪ'sɪprəkeɪt] VI sich revanchieren

recital [rɪ'saɪtl] S Vortrag m; MUS a. Konzert n **recite** [rɪ'saɪt] VT&VI vortragen

reckless ['reklɪs] ADJ leichtsinnig; Fahrer rücksichtslos; Versuch gewagt **recklessly** ['reklɪslɪ] ADV leichtsinnig; fahren rücksichtslos; versuchen gewagt **recklessness** S Leichtsinn m; (von Fahrer) Rücksichtslosigkeit f; (von Versuch) Gewagtheit f

reckon ['rekən] VT ◼ berechnen; **he ~ed the cost to be £40.51** er berechnete die Kosten auf £ 40,51 ◼ zählen (among zu) ◼ glauben, schätzen; **what do you ~?** was meinen Sie?; **I ~ he must be about forty** ich schätze, er müsste so um die vierzig sein ♦**reckon on** VI +obj zählen auf (+akk); **I was reckoning on doing that tomorrow** ich wollte das morgen machen ♦**reckon up** A VT trennb zusammenrechnen ◼ VI abrechnen (with mit) ♦**reckon with** VI +obj rechnen mit

reckoning ['rekənɪŋ] S (Be)rechnung f; **the day of ~** der Tag der Abrechnung

reclaim [rɪ'kleɪm] A VT ◼ Land gewinnen ◼ Steuern zurückverlangen; Fundsache abholen ◼ S **baggage** od **luggage ~** Gepäckausgabe f

recline [rɪ'klaɪn] VI (Mensch) zurücklehnen; (Sitz) sich verstellen lassen; **she was reclining on the sofa** sie ruhte auf dem Sofa

recluse [rɪ'kluːs] S Einsiedler(in) m(f)

recognition [ˌrekəg'nɪʃən] S ◼ Anerkennung f; **in ~ of** in Anerkennung (+gen) ◼ Erkennen n; **it has changed beyond ~** es ist nicht wiederzuerkennen **recognizable** ADJ, **recognizably** ADV ['rekəgnaɪzəbl, -ɪ] erkennbar

recognize ['rekəgnaɪz] VT ◼ wiedererkennen; (≈ identifizieren) erkennen (by an +dat); (≈ zugeben) eingestehen ◼ anerkennen (as, to be als)

recoil [rɪ'kɔɪl] VI (from vor +dat) zurückweichen; (angewidert) zurückschaudern

recollect [ˌrekə'lekt] A VT sich erinnern an (+akk) ◼ VI sich erinnern **recollection** [ˌrekə'lekʃən] S Erinnerung f (of an +akk); **I have no ~ of it** ich kann mich nicht daran erinnern

recommend [ˌrekə'mend] VT ◼ empfehlen (as als); **what do you ~ for a cough?** was empfehlen Sie gegen Husten?; **to ~ sb/sth to sb** jdm jdn/etw empfehlen; **to ~ doing sth/against doing sth** empfehlen/davon abraten, etw zu tun ◼ sprechen für; **this book has little to ~ it** das Buch ist nicht gerade empfehlenswert **recommendation** [ˌrekəmen'deɪʃən] S Empfehlung f; **letter of ~** Empfehlung f **recommended price** [ˌrekə'mendɪd'praɪs] S unverbindlicher Richtpreis

recompense ['rekəmpens] S Entschädigung f; **in ~ for** als Entschädigung für

reconcile ['rekənsaɪl] VT versöhnen; Differenzen beilegen; **they became** od **were ~d** sie versöhnten sich; **to become ~d to sth** sich mit etw abfinden **reconciliation** [ˌrekən,sɪlɪ'eɪʃən] S Versöhnung f

reconnaissance [rɪ'kɒnɪsəns] S FLUG, MIL Aufklärung f; **~ mission** Aufklärungseinsatz m

reconsider [ˌriːkən'sɪdəʳ] A VT Entscheidung noch einmal überdenken; Tatsachen neu erwägen ◼ VI **there's time to ~** es ist nicht zu spät, seine Meinung zu ändern **reconsideration** ['riːkən,sɪdə'reɪʃən] S (von Entscheidung) Überdenken n; (von Tatsachen) erneute Erwägung

reconstruct [ˌriːkən'strʌkt] VT rekonstruieren; Stadt, Haus wiederaufbauen **reconstruction** [ˌriːkən'strʌkʃən] S Rekonstruktion f; (von Stadt, Haus) Wiederaufbau m

record [rɪ'kɔːd] A VT aufzeichnen; (in Tagebuch etc) dokumentieren; (in Liste) eintragen; Gedanken festhalten ◼ VI (Tonband)aufnahmen machen ◼ ['rekɔːd] S ◼ Aufzeichnung f; (von Sitzung) Protokoll n; (offiziell) Akte f, Dokument n; **to keep a ~ of sth** über etw (akk) Buch führen; (offiziell) etw registrieren; **to keep a personal ~ of sth** sich (dat) etw notieren; **it is on ~ that ...** es gibt Belege dafür, dass ..., es ist aktenkundig, dass ...; **he's on ~ as having said ...** es ist belegt, dass er gesagt hat, ...; **to set the ~ straight** für klare Verhältnisse sorgen; **just to set the ~ straight** nur damit Klarheit herrscht; **for the ~** der Ordnung halber; **off the ~** inoffiziell ◼ (≈ polizeilich) Vorstrafen pl; **~s** (≈ Dokumente) Strafregister n; **he's got a ~** er ist vorbestraft ◼ Vorgeschichte f; (≈ Erreichtes) Leistungen pl; **to have an excellent ~** ausgezeichnete Leistungen vorweisen können; **he has a good ~ of service** er ist ein verdienter Mitarbeiter; **to have a good safety ~** in Bezug auf Sicherheit einen guten Ruf haben ◼ MUS (Schall)platte f ◼ (SPORT, fig) Rekord m; **to hold the ~** den Rekord halten; **~ amount** Rekordbetrag m ◼ IT Datensatz m **record-breaking** ['rekɔːd] ADJ (SPORT, fig) rekordbrechend, Rekord- **record company** ['rekɔːd] S Plattenfirma f **recorded** [rɪ'kɔːdɪd] ADJ Musik aufgezeichnet; **~ message** Ansage f **recorded delivery** S (Br) **by ~** per Einschreiben (❗ = (US) **certified mail**) **recorder** [rɪ'kɔːdəʳ] S ◼ **cassette ~** Kassettenrekorder m; **tape ~** Tonbandgerät n ◼ MUS Blockflöte f; **to play the ~** Blockflöte spielen (❗ mit **the**) **record holder** ['rekɔːd-həʊldəʳ] S SPORT Rekordhalter(in) m(f) **recording** [rɪ'kɔːdɪŋ] S Aufnahme f

record player ['rekɔːdpleɪəʳ] S Plattenspieler

recount [rɪˈkaʊnt] *vt* erzählen
re-count [ˌriːˈkaʊnt] **A** *vt* nachzählen **B** [ˈriːˌkaʊnt] *s* Nachzählung *f*
recoup [rɪˈkuːp] *vt Summe* wieder hereinbekommen; *Verlust* wiedergutmachen
recourse [rɪˈkɔːs] *s* Zuflucht *f*
recover [rɪˈkʌvəʳ] **A** *vt* wiederfinden; *Gleichgewicht* wiedergewinnen; *Besitz* zurückgewinnen; *Diebesgut* sicherstellen; *Leiche* bergen; *Verluste* wiedergutmachen; IT *Datei* retten; **to ~ consciousness** wieder zu Bewusstsein kommen; **to ~ oneself** *od* **one's composure** seine Fassung wiedererlangen; **to be quite ~ed** sich ganz erholt haben **B** *vi* sich erholen **recovery** [rɪˈkʌvərɪ] *s* **1** Wiederfinden *n*; (*von Besitz*) Zurückgewinnung *f*; (*von Leiche*) Bergung *f*; (*von Verlusten*) Wiedergutmachung *f* **2** (*von Krankheit*, BÖRSE, FIN) Erholung *f*; **to be on the road to ~** auf dem Weg der Besserung sein; **he is making a good ~** er erholt sich gut **recovery vehicle** *s* Abschleppwagen *m*
recreate [ˌriːkrɪˈeɪt] *vt* wiederschaffen; *Szene* nachstellen
recreation [ˌrekrɪˈeɪʃən] *s* Erholung *f* **recreational** [ˌrekrɪˈeɪʃənəl] *ADJ* Freizeit-; **~ facilities** Freizeiteinrichtungen *pl*; **~ vehicle** Wohnmobil *n* **recreational drug** *s* Freizeit- *od* Partydroge *f* **recreation ground** *s* (Br) Spielplatz *m* **recreation room** *s* **1** Aufenthaltsraum *m* **2** (US) Hobbyraum *m*
recrimination [rɪˌkrɪmɪˈneɪʃən] *s* Gegenbeschuldigung *f*
recruit [rɪˈkruːt] **A** *s* MIL Rekrut(in) *m(f)* (*to* +gen); (*in Verein etc*) neues Mitglied (*to* in +dat); (*in Firma*) Neue(r) *m/f(m)* (*to* in +dat) **B** *vt* Soldat rekrutieren; *Mitglieder* werben; *Mitarbeiter* einstellen **C** *vi* MIL Rekruten anwerben; (*Firma*) neue Leute einstellen **recruitment** *s* (*von Soldaten*) Rekrutierung *f*; (*von Mitgliedern*) (An)werbung *f*; (*von Mitarbeitern*) Einstellung *f* **recruitment agency** *s* Personalagentur *f*
rectangle [ˈrekˌtæŋɡl] *s* Rechteck *n* **rectangular** [rekˈtæŋɡjʊləʳ] *ADJ* rechteckig
rectify [ˈrektɪfaɪ] *vt* korrigieren; *Problem* beheben
rector [ˈrektəʳ] *s* UNIV Rektor(in) *m(f)*
rectum [ˈrektəm] *s*, *pl* -s *od* **recta** Mastdarm *m*
recuperate [rɪˈkuːpəreɪt] **A** *vi* sich erholen **B** *vt Verluste* wettmachen **recuperation** [rɪˌkuːpəˈreɪʃən] *s* Erholung *f*; (*von Verlusten*) Wiedergutmachung *f*
recur [rɪˈkɜːʳ] *vi* wiederkehren; (*Fehler, Ereignis*) sich wiederholen; (*Idee*) wieder auftauchen **recurrence** [rɪˈkʌrəns] *s* Wiederkehr *f*; (*von Fehler, Ereignis*) Wiederholung *f*; (*von Idee*) Wiederauf-

tauchen *n* **recurrent** [rɪˈkʌrənt] *ADJ Idee, Krankheit, Traum* (ständig) wiederkehrend *attr*; *Problem* häufig (vorkommend) **recurring** [rɪˈkɜːrɪŋ] *ADJ attr* = **recurrent**
recyclable [ˌriːˈsaɪkləbl] *ADJ* recycelbar
recycle [ˌriːˈsaɪkl] *vt* wiederverwerten, wiederaufbereiten; **made from ~d paper** aus Altpapier (hergestellt) **recycling** [ˌriːˈsaɪklɪŋ] *s* Recycling *n*; **~ site** Recycling- *od* Wertstoffhof *m* **recycling bin** *s* Recyclingbehälter *m*
red [red] **A** *ADJ* rot; **the lights are ~** AUTO es ist rot; **~ as a beetroot** rot wie eine Tomate; **to go ~ in the face** rot anlaufen; **she turned ~ with embarrassment** sie wurde rot vor Verlegenheit **B** *s* Rot *n*; **to go through the lights on ~** bei Rot über die Ampel fahren; **to be (£100) in the ~** (mit £ 100) in den roten Zahlen sein; **this pushed the company into the ~** das brachte die Firma in die roten Zahlen; **to see ~** (*fig*) rotsehen **red alert** *s* Alarmstufe *f* rot; **to be on ~** in höchster Alarmbereitschaft sein **red cabbage** *s* Rotkohl *m* **red card** *s* FUSSB Rote Karte; **to show sb the ~** (*a. fig*) jdm die Rote Karte zeigen **red carpet** *s* roter Teppich; **to roll out the ~ for sb, to give sb the ~ treatment** (*umg*) den roten Teppich für jdn ausrollen **Red Cross** *s* Rotes Kreuz **redcurrant** *s* Rote Johannisbeere, Rote Ribisel (*österr*) **red deer** *s* Rothirsch *m*; (*pl*) Rotwild *n*
redden [ˈredn] *vi* (*Gesicht*) sich röten; (*Mensch*) rot werden **reddish** [ˈredɪʃ] *ADJ* rötlich
redecorate [ˌriːˈdekəreɪt] *vt & vi* neu tapezieren, neu streichen
redeem [rɪˈdiːm] *vt* **1** *Gutschein* einlösen **2** **~ oneself** sich rehabilitieren **redeemable** [rɪˈdiːməbl] *ADJ Gutschein* einlösbar **Redeemer** [rɪˈdiːməʳ] *s* Erlöser *m*, Heiland *m* **redeeming** [rɪˈdiːmɪŋ] *ADJ Eigenschaft* ausgleichend; **~ feature** aussöhnendes Moment
redefine [ˌriːdɪˈfaɪn] *vt* neu definieren
redemption [rɪˈdempʃən] *s* **beyond** *od* **past ~** (*fig*) nicht mehr zu retten
redeploy [ˌriːdɪˈplɔɪ] *vt Truppen* umverlegen; *Mitarbeiter* umsetzen **redeployment** *s* (*von Truppen*) Umverlegung *f*; (*von Mitarbeitern*) Umsetzung *f*
redesign [ˌriːdɪˈzaɪn] *vt* umgestalten
redevelop [ˌriːdɪˈveləp] *vt Gebiet* sanieren **redevelopment** *s* Sanierung *f*
red-eyed *ADJ* mit geröteten Augen **red-faced** *ADJ* mit rotem Kopf **red-haired** *ADJ* rothaarig **red-handed** *ADV* **to catch sb ~** jdn auf frischer Tat ertappen **redhead** *s* Rothaarige(r) *m/f(m)* **red-headed** *ADJ* rothaarig **red herring** *s* (*fig*) falsche Spur **red-hot** *ADJ* (*wörtl*) rot glühend; **~ favourite** brandheißer

REDI | 544

Favorit

redial [ˌriːˈdaɪəl] TEL **A** *VT&VI* nochmals wählen **B** *S* **automatic ~** automatische Wahlwiederholung

redirect [ˌriːdaɪˈrekt] *VT* *Brief* umadressieren; (≈ *schicken*) nachsenden; *Verkehr* umleiten

rediscover [ˌriːdɪˈskʌvəʳ] *VT* wiederentdecken **rediscovery** [ˌriːdɪˈskʌvəri] *S* Wiederentdeckung *f*

redistribute [ˌriːdɪˈstrɪbjuːt] *VT* neu verteilen; *Arbeit* neu zuteilen **redistribution** [ˌriːdɪstrɪˈbjuːʃən] *S* Neuverteilung *f*; (*von Arbeit*) Neuzuteilung *f*

red-letter day *S* besonderer Tag **red light** *S* (*wörtl*) rotes Licht, Rotlicht *n*; **to go through the ~** VERKEHR bei Rot über die Ampel fahren; **the red-light district** das Rotlichtviertel **red meat** *S* Rind-, Lamm- und Rehfleisch **redness** [ˈrednɪs] *S* Röte *f*

redo [ˌriːˈduː] *VT* noch einmal machen

redouble [ˌriːˈdʌbl] *VT* verdoppeln

red rag *S* **it's like a ~ to a bull** das wirkt wie ein rotes Tuch

redress [rɪˈdres] *VT* *Unzufriedenheit* beseitigen; *Gleichgewicht* wiederherstellen

Red Sea *S* Rotes Meer **red tape** *S* (*fig*) Papierkrieg *m* (*umg*)

reduce [rɪˈdjuːs] *VT* reduzieren; *Steuern, Kosten* senken; (≈ *kleiner machen*) verkürzen; *Warenpreis* heruntersetzen; **to ~ speed** VERKEHR langsamer fahren; **it has been ~d to nothing** es ist zu nichts zusammengeschmolzen; **to ~ sb to tears** jdn zum Weinen bringen **B** *VI* (*bes US* ≈ *bei Diät etc*) abnehmen **reduced** *ADJ* reduziert; *Waren* heruntergesetzt; *Verhältnisse* beschränkt; **at a ~ price** zu einem reduzierten Preis **reduction** [rɪˈdʌkʃən] *S* **1** (❗ kein pl) (*in sth +gen*) Reduzierung *f*; (*von Steuern, Kosten*) Senkung *f*; (*größenmäßig*) Verkleinerung *f*, Verkürzung *f*; (*von Waren*) Herabsetzung *f* **2** (*in sth gen*) (*von Temperatur*) Rückgang *m*; (*von Tempo*) Verlangsamung *f*; (*von Preis*) Ermäßigung *f*

redundancy [rɪˈdʌndənsi] *S* (*Br* IND) Arbeitslosigkeit *f*; **redundancies** Entlassungen *pl* **redundancy payment** *S* (*Br* IND) Abfindung *f* **redundant** [rɪˈdʌndənt] *ADJ* **1** überflüssig **2** (*Br* IND) arbeitslos; **to make sb ~** jdn entlassen; **to be made ~** den Arbeitsplatz verlieren

red wine *S* Rotwein *m*

reed [riːd] *S* **1** BOT Schilf(rohr) *n*

re-educate [ˌriːˈedjʊkeɪt] *VT* umerziehen

reef [riːf] *S* Riff *n*

reek [riːk] **A** *S* Gestank *m* **B** *VI* stinken (*of* nach)

reel [riːl] **A** *S* Spule *f*; FISCH (Angel)rolle *f* **B** *VI* taumeln; **the blow sent him ~ing** er taumelte unter dem Schlag; **the whole country is still**

~ing from the shock das ganze Land ist noch tief erschüttert von diesem Schock ◆**reel off** *VT trennb* Liste herunterrasseln (*umg*)

re-elect [ˌriːɪˈlekt] *VT* wiederwählen **re-election** [ˌriːɪˈlekʃən] *S* Wiederwahl *f*

re-emerge [ˌriːɪˈmɜːdʒ] *VI* wieder auftauchen

re-enact [ˌriːɪˈnækt] *VT* *Szene, Verbrechen* nachstellen **re-enactment** *S* Nachstellen *n*

re-enter [ˌriːˈentəʳ] *VT* **1** *Zimmer* wieder betreten; *Land* wieder einreisen in (+*akk*); *Rennen* sich wieder beteiligen an (+*dat*) **2** *Namen* wieder eintragen **re-entry** [ˌriːˈentri] *S a.* RAUMF Wiedereintritt *m*; (*in Land*) Wiedereinreise *f* (*into* in +*akk*)

re-establish [ˌriːɪˈstæblɪʃ] *VT* *Ordnung* wiederherstellen; *Kontrolle* wiedererlangen; *Dialog* wiederaufnehmen **re-establishment** *S* (*von Ordnung*) Wiederherstellung *f*; (*von Kontrolle*) Wiedererlangen *n*; (*von Dialog*) Wiederaufnahme *f*; (*in Amt*) Wiedereinsetzung *f*

re-examination [ˈriːɪɡˌzæmɪˈneɪʃən] *S* erneute Prüfung, genaue Überprüfung **re-examine** [ˌriːɪɡˈzæmɪn] *VT* erneut prüfen

ref¹ [ref] *S* (SPORT *umg*) *abk* **von** referee Schiri *m* (*umg*)

ref² *abk* **von** reference (number) Nr.

refectory [rɪˈfektəri] *S* UNIV Mensa *f*

refer [rɪˈfɜːʳ] **A** *VT* *Sache* weiterleiten (*to* an +*akk*); **to ~ sb to sb/sth** jdn an jdn/auf etw (*akk*) verweisen; **to ~ sb to a specialist** jdn an einen Spezialisten überweisen **B** *VI* **1** **to ~ to** erwähnen; (*Worte*) sich beziehen auf (+*akk*); **I am not ~ring to you** ich meine nicht Sie; **what can he be ~ring to?** was meint er wohl? **2** **to ~ to** in Notizen nachschauen in (+*dat*) ◆**refer back** **A** *VI* **1** sich beziehen (*to* auf +*akk*) **2** (≈ *nachschauen*) zurückgehen (*to* zu) **B** *VT trennb* *Sache* zurückverweisen; **he referred me back to you** er hat mich an Sie zurückverwiesen

referee [ˌrefəˈriː] **A** *S* **1** Schiedsrichter(in) *m(f)* **2** (*Br*: für *Job*) Referenz *f* (❗ = (US) reference) **B** *VT* Schiedsrichter(in) sein bei **C** *VI* Schiedsrichter(in) sein

reference [ˈrefrəns] *S* **1** Erwähnung *f* (*to* sb/sth jds/einer Sache), Anspielung *f* (*to* auf +*akk*); **to make (a) ~ to sth** etw erwähnen; **in** *od* **with ~ to** was … anbetrifft; HANDEL bezüglich (+*gen*) **2** (*a.* references) Referenz *f* meist pl **3** (*in Buch etc*) Verweis *m* **4** (*bes US*) = referee **2 reference book** *S* Nachschlagewerk *n* **reference library** *S* Präsenzbibliothek *f* **reference number** *S* Nummer *f*

referendum [ˌrefəˈrendəm] *S*, *pl* referenda [ˌrefəˈrendə] Referendum *n*; **to hold a ~** ein Referendum abhalten

refill [ˌriːˈfɪl] **A** *VT* nachfüllen **B** [ˈriːfɪl] *S* (*für Feu-*

erzeug) Nachfüllpatrone *f*; *(für Kugelschreiber)* Ersatzmine *f*; **would you like a ~?** *(umg ≈ Drink)* darf ich nachschenken? **refillable** [ˌriːˈfɪləbl] ADJ nachfüllbar
refine [rɪˈfaɪn] VT ◨ Öl, Zucker raffinieren ◨ Technik verfeinern **refined** ADJ *Geschmack* fein; *Mensch* vornehm **refinement** [rɪˈfaɪnmənt] S ◨ (❗ kein pl) *(von Mensch, Stil)* Vornehmheit *f* ◨ *(von Technik etc)* Verfeinerung *f (in sth +gen)* **refinery** [rɪˈfaɪnərɪ] S Raffinerie *f*
reflect [rɪˈflekt] A VT reflektieren; *(fig)* widerspiegeln; **to be ~ed in sth** sich in etw *(dat)* spiegeln; **I saw myself ~ed in the mirror** ich sah mich im Spiegel; **to ~ the fact that ...** die Tatsache widerspiegeln, dass ... B VI nachdenken *(on, about* über *+akk)* ♦**reflect (up)on** VI+obj etwas aussagen über *(+akk)*
reflection [rɪˈflekʃən] S ◨ Spiegelbild *n*; *(fig)* Widerspiegelung *f*; **to see one's ~ in a mirror** sich im Spiegel sehen ◨ (❗ kein pl) Überlegung *f*, Reflexion *f*; **(up)on ~** wenn ich mir das recht überlege; **on further ~** bei genauerer Überlegung; **this is no ~ on your ability** damit soll gar nichts über Ihr Können gesagt sein **reflective** [rɪˈflektɪv] ADJ *Kleidung* reflektierend
reflex [ˈriːfleks] A ADJ Reflex- B S Reflex *m* **reflexive** [rɪˈfleksɪv] GRAM A ADJ reflexiv B S Reflexiv *n* **reflexology** [ˌriːflekˈsɒlədʒɪ] S MED Reflexologie *f*; *(≈ Technik)* Reflexzonenmassage *f*
reform [rɪˈfɔːm] A S Reform *f* B VT reformieren; jdn bessern C VI *(Mensch)* sich bessern
reformat [riːˈfɔːmæt] VT IT *Diskette* neu formatieren
Reformation [ˌrefəˈmeɪʃən] S **the ~** die Reformation **reformed** [rɪˈfɔːmd] ADJ reformiert; *Kommunist etc* ehemalig; **he's a ~ character** er hat sich gebessert **reformer** [rɪˈfɔːməʳ] S POL Reformer(in) *m(f)*; REL Reformator *m*
refrain [rɪˈfreɪn] VI **he ~ed from comment** er enthielt sich eines Kommentars; **please ~ from smoking** bitte nicht rauchen!
refresh [rɪˈfreʃ] VT ◨ erfrischen; **to ~ oneself** sich erfrischen; **to ~ one's memory** sein Gedächtnis auffrischen; **let me ~ your memory** ich will Ihrem Gedächtnis nachhelfen ◨ IT neu laden **refresher course** [rɪˈfreʃəˌkɔːs] S Auffrischungskurs *m* **refreshing** ADJ, **refreshingly** ADV [rɪˈfreʃɪŋ, -lɪ] erfrischend
refreshment [rɪˈfreʃmənt] S **(light) ~s** (kleine) Erfrischungen *pl*
refrigerate [rɪˈfrɪdʒəreɪt] VT kühlen; "**refrigerate after opening**" „nach dem Öffnen kühl aufbewahren" **refrigeration** [rɪˌfrɪdʒəˈreɪʃən] S Kühlung *f*

refrigerator [rɪˈfrɪdʒəreɪtəʳ] S Kühlschrank *m* (❗ In GB wird meist **fridge** verwendet.)
refuel [ˌriːˈfjuːəl] VT & VI auftanken
refuge [ˈrefjuːdʒ] S Zuflucht *f (from* vor *+dat)*; **a ~ for battered women** ein Frauenhaus *n*; **to seek ~** Zuflucht suchen; **to take ~** sich flüchten *(in* in *+akk)*
refugee [ˌrefjʊˈdʒiː] S Flüchtling *m*
refund [rɪˈfʌnd] A VT *Betrag* zurückerstatten; **to ~ the difference** die Differenz erstatten B [ˈriːfʌnd] S Rückerstattung *f*; **to get a ~ (on sth)** sein Geld (für etw) wiederbekommen; **they wouldn't give me a ~** man wollte mir das Geld nicht zurückgeben; **I'd like a ~ on this blouse, please** ich hätte gern mein Geld für diese Bluse zurück **refundable** [rɪˈfʌndəbl] ADJ zurückzahlbar
refurbish [ˌriːˈfɜːbɪʃ] VT renovieren
refurnish [ˌriːˈfɜːnɪʃ] VT neu möblieren
refusal [rɪˈfjuːzəl] S Ablehnung *f*, Weigerung *f*; **to get a ~** eine Absage erhalten
refuse[1] [rɪˈfjuːz] A VT ablehnen; *Einladung* absagen; *Erlaubnis* verweigern; **to ~ to do sth** sich weigern, etw zu tun; **I ~ to be blackmailed** ich lasse mich nicht erpressen; **they were ~d permission (to leave)** es wurde ihnen nicht gestattet (wegzugehen) B VI ablehnen, sich weigern
refuse[2] [ˈrefjuːs] S Müll *m*, Abfall *m* **refuse collection** S Müllabfuhr *f* **refuse dump** S Müllabladeplatz *m*
refute [rɪˈfjuːt] VT widerlegen
reg. [redʒ] ADJ *abk von* **registered** reg.
regain [rɪˈgeɪn] VT wiedererlangen, wiedergewinnen; **to ~ consciousness** das Bewusstsein wiedererlangen; **to ~ one's strength** wieder zu Kräften kommen; **to ~ one's balance** das Gleichgewicht wiederfinden; **to ~ possession of sth** wieder in den Besitz einer Sache *(gen)* gelangen; **to ~ the lead** SPORT wieder in Führung gehen
regal [ˈriːgəl] ADJ königlich; *(fig)* hoheitsvoll
regale [rɪˈgeɪl] VT ergötzen *(geh)*
regard [rɪˈgɑːd] A VT ◨ betrachten; **to ~ sb/sth as sth** jdn/etw für etw halten; **to be ~ed as ...** als ... angesehen werden; **he is highly ~ed** er ist hoch angesehen ◨ **as ~s that** was das betrifft B S ◨ Rücksicht *f (for* auf *+akk)*; **to have some ~ for sb/sth** auf jdn/etw Rücksicht nehmen; **to show no ~ for sb/sth** keine Rücksichtnahme für jdn/etw zeigen ◨ **in this ~** diesbezüglich; **with** *od* **in ~ to** in Bezug auf *(+akk)* ◨ Achtung *f*; **to hold sb in high ~** jdn sehr schätzen ◨ **regards** PL **to send sb one's ~s** jdn grüßen lassen; **give him my ~s** grüßen Sie ihn von mir;

REGA | 546

(kindest) ~s mit freundlichen Grüßen **regarding** [rɪ'gɑːdɪŋ] PRÄP bezüglich (+gen) **regardless** A ADJ ~ **of** ohne Rücksicht auf (+akk); ~ **of what it costs** egal, was es kostet B ADV trotzdem

regatta [rɪ'gætə] S Regatta f

regd abk von **registered** reg.

regenerate [rɪ'dʒenəreɪt] VT erneuern; **to be ~d** sich erneuern **regeneration** [rɪ,dʒenə'reɪʃən] S Erneuerung f

regent ['riːdʒənt] S Regent(in) m(f)

regime [reɪ'ʒiːm] S POL Regime n

regiment ['redʒɪmənt] S MIL Regiment n

region ['riːdʒən] S Region f; (fig) Bereich m; **in the ~ of 5 kg** um die 5 kg **regional** ['riːdʒənl] ADJ regional

register ['redʒɪstə'] A S Register n; (von Schülern) Namensliste f; (in Hotel) Gästebuch n; (von Verein) Mitgliedsbuch n; **the teacher took the ~** der Lehrer rief die Namen auf; ~ **of births, deaths and marriages** Personenstandsbuch n B VT registrieren; (in Buch) eintragen; Daten erfassen; Geburt, Firma, Fahrzeug anmelden; Student einschreiben; **he is ~ed (as) blind** er hat einen Sehbehindertenausweis C VI sich eintragen; (in Hotel) sich anmelden; (Student) sich einschreiben; **to ~ with the police** sich polizeilich melden; **to ~ for a course** sich für einen Kurs anmelden; UNIV einen Kurs belegen **registered** ADJ 1 Firma, Name eingetragen 2 Post eingeschrieben; **by ~ post** per Einschreiben **registered trademark** S eingetragene Marke **registrar** [,redʒɪ'strɑː'] S (Br ADMIN) Standesbeamte(r) m/-beamtin f **registrar's office** (Br ADMIN) Standesamt n **registration** [,redʒɪ'streɪʃən] S 1 Registrierung f; (von Firma) Eintragung f; (von Daten) Erfassung f 2 HANDEL Anmeldung f; (von Student) Einschreibung f 3 (US AUTO) Fahrzeugbrief m (❗ = (Br) **registration document**) **registration document** S (Br AUTO) Fahrzeugbrief m (❗ = (US) **registration**) **registration number** S (Br AUTO) Kraftfahrzeugkennzeichen n (❗ = (US) **license plate number**) **registry** ['redʒɪstrɪ] S 1 Sekretariat n 2 (Br) Standesamt n **registry office** S (Br) Standesamt n; **to get married in a ~** standesamtlich heiraten

regress [rɪ'gres] VI (form) sich rückwärts bewegen; (fig: Gesellschaft) sich rückläufig entwickeln **regret** [rɪ'gret] A VT bedauern; einer Gelegenheit nachtrauern (+dat); **to ~ the fact that ...** (die Tatsache) bedauern, dass ...; **I ~ to say that ...** ich muss Ihnen leider mitteilen, dass ...; **we ~ any inconvenience caused** für eventuelle Unannehmlichkeiten bitten wir um Verständnis; **you won't ~ it!** Sie werden es nicht bereuen B S Bedauern n kein pl; **I have no ~s** ich bereue nichts; **he sends his ~s** er lässt sich entschuldigen **regretfully** [rɪ'gretfəlɪ] ADV mit Bedauern **regrettable** [rɪ'gretəbl] ADJ bedauerlich **regrettably** [rɪ'gretəblɪ] ADV bedauerlicherweise

> ▶ **regret + Infinitiv oder Gerund**

regret + Infinitiv ist eher förmlich und drückt aus, dass man etwas Negatives mitzuteilen hat:

We regret to inform you that your application has been rejected.	Wir bedauern, Ihnen mitteilen zu müssen, dass Ihr Antrag abgelehnt worden ist.

regret + Gerund bezieht sich dagegen immer auf etwas Bedauerliches, das in der Vergangenheit geschehen ist:

I regret <u>lending</u> him that money. auch: **I regret having lent / that I lent him that money.**	Ich bedaure, ihm das Geld geliehen zu haben / dass ich ihm das Geld geliehen habe.

GRAMMATIK ◁

regular ['regjʊlə'] A ADJ 1 regelmäßig; Rhythmus, Oberfläche gleichmäßig; Anstellung fest; Größe, Zeit normal; **at ~ intervals** in regelmäßigen Abständen; **on a ~ basis** regelmäßig; **to be in ~ contact** regelmäßig Kontakt haben; **to eat ~ meals** regelmäßig essen; **he has a ~ place in the team** er ist ein ordentliches Mannschaftsmitglied; ~ **customer** Stammkunde m/-kundin f; **his ~ pub** (Br) seine Stammkneipe (umg) 2 (bes US) gewöhnlich; **he's just a ~ guy** er ist ein ganz normaler Typ (umg) B S 1 (in Geschäft etc) Stammkunde m/-kundin f; (in Lokal) Stammgast m **regularity** [,regjʊ'lærɪtɪ] S Regelmäßigkeit f **regularly** ['regjʊləlɪ] ADV regelmäßig

regulate ['regjʊleɪt] VT regulieren; Verkehr regeln **regulation** [,regjʊ'leɪʃən] S 1 Regulierung f; (von Verkehr) Regelung f 2 Vorschrift f; ~s (von Verein) Satzung f; **to be contrary to ~s** gegen die Vorschrift(en)/Satzung verstoßen **regulator** ['regjʊleɪtə'] S Regler m **regulatory** [regjʊ'leɪtərɪ] ADJ ~ **authority** Regulierungsbehörde f

regurgitate [rɪ'gɜːdʒɪteɪt] VT wieder hochbringen; (fig) wiederkäuen

rehab ['riːhæb] abk von **rehabilitation** Reha f **rehabilitate** [,riːə'bɪlɪteɪt] VT rehabilitieren; Drogenabhängige therapieren **rehabilitation**

547 ‖ RELA

['riːə,bɪlɪ'teɪʃən] _s̱_ Rehabilitation _f_; (von Drogenabhängigen) Therapie _f_

rehearsal [rɪ'hɜːsəl] _s̱_ THEAT, MUS Probe _f_ **rehearse** [rɪ'hɜːs] _v̱ṯ&v̱i̱_ THEAT, MUS proben; **to ~ what one is going to say** einüben, was man sagen will

reheat [,riː'hiːt] _v̱ṯ_ aufwärmen

rehouse [,riː'haʊz] _v̱ṯ_ unterbringen

reign [reɪn] **A** _s̱_ Herrschaft _f_ **B** _v̱i̱_ herrschen (over über +akk) **reigning** ['reɪnɪŋ] _a̱ḏj̱_ attr regierend; Weltmeister amtierend

reimburse [,riːɪm'bɜːs] _v̱ṯ_ jdn entschädigen; Kosten erstatten **reimbursement** [,riːɪm'bɜːsmənt] _s̱_ Entschädigung _f_; (von Verlust) Ersatz _m_; (von Kosten) (Rück)erstattung _f_

rein [reɪn] _s̱_ Zügel _m_; **to keep a tight ~ on sb/ sth** bei jdm/etw die Zügel kurz halten; **to give sb free ~ to do sth** jdm freie Hand lassen, etw zu tun ◆**rein in** _v̱ṯ_ trennb zügeln; Ausgaben in Schranken halten

reincarnate [,riːɪn'kɑːneɪt] _v̱ṯ_ reinkarnieren; **to be ~d** wiedergeboren werden **reincarnation** [,riːɪnkɑː'neɪʃən] _s̱_ Reinkarnation _f_

reindeer ['reɪndɪə'] _s̱_, pl - Ren(tier) _n_

reinforce [,riːɪn'fɔːs] _v̱ṯ_ verstärken; Überzeugung stärken; **to ~ the message** der Botschaft (dat) mehr Nachdruck verleihen **reinforcement** _s̱_ Verstärkung _f_; (von Überzeugung) Stärkung _f_; **~s** (MIL, fig) Verstärkung _f_

reinsert [,riːɪn'sɜːt] _v̱ṯ_ wieder einfügen; Münze wieder einwerfen; Nadel wieder einstecken

reinstate [,riːɪn'steɪt] _v̱ṯ_ jdn wiedereinstellen (in in +akk); Todesstrafe wiedereinführen **reinstatement** [,riːɪn'steɪtmənt] _s̱_ Wiedereinstellung _f_; (von Todesstrafe) Wiedereinführung _f_

reintegrate [,riː'ɪntɪgreɪt] _v̱ṯ_ wiedereingliedern (into in +akk) **reintegration** ['riː,ɪntɪ'greɪʃən] _s̱_ Wiedereingliederung _f_

reintroduce [,riːɪntrə'djuːs] _v̱ṯ_ Maßnahme wiedereinführen

reinvent [,riːɪn'vent] _v̱ṯ_ **to ~ the wheel** das Rad neu erfinden; **to ~ oneself** sich (dat) ein neues Image geben

reissue [,riː'ɪʃjuː] **A** _v̱ṯ_ Buch neu auflegen; Briefmarke, Musikaufnahme neu herausgeben **B** _s̱_ (von Buch) Neuauflage _f_; (von Briefmarke, Musikaufnahme) Neuausgabe _f_

reiterate [riː'ɪtəreɪt] _v̱ṯ_ wiederholen

reject [rɪ'dʒekt] **A** _v̱ṯ_ Bitte etc ablehnen (a. MED), abweisen; Idee verwerfen **B** [rɪ'dʒekt] _s̱_ HANDEL Ausschuss _m_ kein pl; **~ goods** Ausschussware _f_ **rejection** [rɪ'dʒekʃən] _s̱_ (von Bitte, Angebot) Ablehnung _f_ (a. MED), Abweisung _f_; (von Idee) Verwerfen _n_

rejoice [rɪ'dʒɔɪs] _v̱i̱_ sich freuen **rejoicing** [rɪ'dʒɔɪsɪŋ] _s̱_ Jubel _m_

rejoin [,riː'dʒɔɪn] _v̱ṯ_ sich wieder anschließen (+dat); Verein wieder eintreten in (+akk)

rejuvenate [rɪ'dʒuːvɪneɪt] _v̱ṯ_ verjüngen; (fig) erfrischen

rekindle [,riː'kɪndl] _v̱ṯ_ (fig) Leidenschaft wiederentzünden; Interesse wiedererwecken

relapse [rɪ'læps] **A** _s̱_ MED Rückfall _m_ **B** _v̱i̱_ MED einen Rückfall haben

relate [rɪ'leɪt] **A** _v̱ṯ_ **1** Geschichte erzählen; Einzelheiten aufzählen **2** in Verbindung bringen (to, with mit) **B** _v̱i̱_ **1** zusammenhängen (to mit) **2** eine Beziehung finden (to zu)

related [rɪ'leɪtɪd] _a̱ḏj̱_ **1** verwandt (to mit); **~ by marriage** angeheiratet **2** zusammenhängend; Elemente, Themen verwandt; **to be ~ to sth** mit etw zusammenhängen, mit etw verwandt sein; **the two events are not ~** die beiden Ereignisse haben nichts miteinander zu tun; **two closely ~ questions** zwei eng miteinander verknüpfte Fragen; **health-~ problems** gesundheitliche Probleme pl; **earnings-~ pensions** einkommensabhängige Renten pl **relation** [rɪ'leɪʃən] _s̱_ **1** Verwandte(r) _m/f(m)_; **he's a/no ~ (of mine)** er ist/ist nicht mit mir verwandt **2** Beziehung _f_; **to bear no ~ to** in keinerlei Beziehung stehen zu; **to bear little ~ to** wenig Beziehung haben zu; **in ~ to** in Bezug auf (+akk), im Verhältnis zu **3** **relations** _p̱ḻ_ Beziehungen pl; **to have business ~s with sb** geschäftliche Beziehungen zu jdm haben

relationship [rɪ'leɪʃənʃɪp] _s̱_ **1** Verwandtschaft _f_ (to mit); **what is your ~ (to him)?** wie sind Sie (mit ihm) verwandt? **2** Beziehung _f_, Verhältnis _n_; (geschäftlich) Verbindung _f_; **to have a (sexual) ~ with sb** ein Verhältnis _n_ mit jdm haben; **to have a good ~ with sb** gute Beziehungen zu jdm haben

relative ['relətɪv] **A** _a̱ḏj̱_ **1** relativ; **in ~ terms** relativ gesehen **2** jeweilig **3** **~ to** sich beziehend auf (+akk) **4** GRAM Relativ-; **~ clause** Relativsatz _m_; **~ pronoun** Relativpronomen _n_ **B** _s̱_ = relation 1 **relatively** ['relətɪvlɪ] _a̱ḏv̱_ relativ

relax [rɪ'læks] **A** _v̱ṯ_ lockern; Muskeln, Geist entspannen **B** _v̱i̱_ (sich) entspannen, (sich) ausruhen, sich beruhigen; **~!** immer mit der Ruhe!

relaxation [,riːlæk'seɪʃən] _s̱_ Entspannung _f_; **reading is her form of ~** sie entspannt sich durch Lesen; **~ technique** Entspannungstechnik _f_ **relaxed** [rɪ'lækst] _a̱ḏj̱_ locker, entspannt; Atmosphäre zwanglos; **to feel ~** entspannt sein, sich wohlfühlen; **to feel ~ about sth** etw ganz gelassen sehen **relaxing** [rɪ'læksɪŋ] _a̱ḏj̱_ entspannend

relay ['riːleɪ] **A** _s̱_ (SPORT: a. **relay race**) Staffellauf _m_ **B** _v̱ṯ_ **1** RADIO, TV etc (weiter) übertragen **2** Nachricht ausrichten (to sb jdm)

R

RELE | 548

▶ Religionen / Weltanschauungen und ihre Anhänger

agnosticism [æg'nɒstɪsɪzəm]	Agnostizismus	**agnostic** [æg'nɒstɪk]	Agnostiker(in)
atheism ['eɪθɪɪzəm]	Atheismus	**atheist** ['eɪθɪɪst]	Atheist(in)
Buddhism ['bʊdɪzəm]	Buddhismus	**Buddhist** ['bʊdɪst]	Buddhist(in)
Christianity [krɪstɪ'ænɪtɪ]	Christentum	**Christian** ['krɪstɪən]	Christ(in)
Hinduism ['hɪndu:ɪzəm]	Hinduismus	**Hindu** ['hɪndu:]	Hindu
Islam ['ɪzlɑ:m]	Islam	**Muslim** ['mʊzlɪm, 'mʊslɪm]	Moslem
Judaism ['dʒu:deɪɪzəm]	Judentum	**Jew** [dʒu:]	Jude, Jüdin

WORTSCHATZ ◀

release [rɪ'li:s] **A** *VT* **1** freilassen; (*aus Gefängnis*) entlassen **2** loslassen; *Handbremse* lösen; FOTO *Verschluss* auslösen; **to ~ one's hold (on sth)** (etw) loslassen **3** *Film, CD* herausbringen **4** *Pressemitteilung etc* veröffentlichen **5** *Energie* freisetzen; *Druck* ablassen **B** *S* **1** Freilassung *f*; (*aus Gefängnis*) Entlassung *f* **2** Loslassen *n*; (≈ *Mechanismus*) Auslöser *m* **3** (*von Film, CD*) Herausbringen *n*; (≈ *Produkt*) Film *m*, CD *f*; **on general ~** überall zu sehen **4** (*von Pressemitteilung etc*) Veröffentlichung *f*; (*durch Sprecher*) Verlautbarung *f* **5** (*von Energie*) Freisetzung *f*

relegate ['relɪɡeɪt] *VT* degradieren; SPORT absteigen lassen (*to* in +*akk*); **to be ~d** SPORT absteigen **relegation** [ˌrelɪ'ɡeɪʃən] *S* Degradierung *f*; SPORT Abstieg *m*

relent [rɪ'lent] *VI* nachgeben **relentless** *ADJ* **1** *Haltung* unnachgiebig **2** *Schmerz, Kälte* nicht nachlassend; *Suche* unermüdlich **3** erbarmungslos **relentlessly** *ADV* **1** unnachgiebig **2** unaufhörlich **3** erbarmungslos

relevance ['reləvəns], **relevancy** ['relɪvənsɪ] *S* Relevanz *f*; **to be of particular ~ (to sb)** (für jdn) besonders relevant sein **relevant** ['reləvənt] *ADJ* relevant (*to* für); *Behörde etc* zuständig; *Zeit* betreffend

reliability [rɪˌlaɪə'bɪlɪtɪ] *S* Zuverlässigkeit *f* **reliable** [rɪ'laɪəbl] *ADJ* zuverlässig; *Firma* vertrauenswürdig **reliably** [rɪ'laɪəblɪ] *ADV* zuverlässig; **I am ~ informed that ...** ich weiß aus zuverlässiger Quelle, dass ...

reliance [rɪ'laɪəns] *S* Vertrauen *n* (*on* auf +*akk*) **reliant** [rɪ'laɪənt] *ADJ* angewiesen (*on, upon* auf +*akk*)

relic ['relɪk] *S* Relikt *n*; REL Reliquie *f*

relief [rɪ'li:f] **A** *S* **1** Erleichterung *f*; **that's a ~!** mir fällt ein Stein vom Herzen; **it was a ~ to find it** ich *etc* war erleichtert, als ich *etc* es fand; **it was a ~ to get out of the office** es war eine Wohltat, aus dem Büro wegzukommen **2** Hilfe *f* **3** Ablösung *f* **B** *ATTR* **1** Hilfs-; **the ~ effort** die Hilfsaktion **2** *Fahrer etc* zur Entlastung **relief supplies** *PL* Hilfsgüter *pl* **relief workers**

PL Rettungshelfer *pl*, Katastrophenhelfer *pl* **relieve** [rɪ'li:v] *VT* **1** erleichtern; **to feel ~d** erleichtert sein; **to be ~d at sth** bei etw erleichtert aufatmen; **to ~ sb of sth** *von Amt etc* jdn einer Sache (*gen*) entheben (*geh*) **2** *Schmerz* lindern, stillen; *Druck, Symptome* abschwächen; **to ~ oneself** (*euph*) sich erleichtern **3** ablösen

religion [rɪ'lɪdʒən] *S* Religion *f*; (≈ *Überzeugungen*) Glaube(n) *m*; **the Christian ~** der christliche Glaube

religious [rɪ'lɪdʒəs] *ADJ* **1** religiös; *Orden* geistlich; **~ leader** Religionsführer(in) *m(f)* **2** gläubig **religious education** *S* SCHULE Religion *f*, Religionsunterricht *m* **religiously** [rɪ'lɪdʒəslɪ] *ADV* (*fig*) gewissenhaft

relinquish [rɪ'lɪŋkwɪʃ] *VT* aufgeben; *Titel* ablegen; **to ~ one's hold on sb/sth** jdn/etw loslassen

relish ['relɪʃ] **A** *S* **1** **to do sth with ~** etw mit Genuss tun **2** GASTR **tomato ~** Tomatenrelish *n* **B** *VT* genießen; *Idee, Aufgabe* großen Gefallen finden an (+*dat*); **I don't ~ the thought of getting up at 5 a. m.** der Gedanke, um 5 Uhr aufzustehen, behagt mir gar nicht

relive [ˌri:'lɪv] *VT* noch einmal durchleben

reload [ˌri:'ləʊd] *VT* neu beladen; *Waffe* nachladen

relocate [ˌri:ləʊ'keɪt] **A** *VT* umsiedeln **B** *VI* umziehen, zügeln (*schweiz*); (*Firma*) den Standort wechseln **relocation** [ˌri:ləʊ'keɪʃən] *S* Umzug *m*; (*von Firma*) Standortwechsel *m*

reluctance [rɪ'lʌktəns] *S* Widerwillen *m*; **to do sth with ~** etw widerwillig *od* ungern tun **reluctant** *ADJ* widerwillig; **he is ~ to do it** es widerstrebt ihm, es zu tun; **he seems ~ to admit it** er scheint es nicht zugeben zu wollen **reluctantly** *ADV* widerwillig

rely [rɪ'laɪ] *VI* **to ~ (up)on sb/sth** sich auf jdn/ etw verlassen, auf jdn/etw angewiesen sein; **I ~ on him for my income** ich bin finanziell auf ihn angewiesen

remain [rɪ'meɪn] *VI* bleiben, übrig bleiben; **all that ~s is for me to wish you every success**

549 ‖ REMO

ich möchte Ihnen nur noch viel Erfolg wünschen; **that ~s to be seen** das bleibt abzuwarten; **to ~ silent** weiterhin schweigen **remainder** [rɪˈmeɪndəʳ] 〈S〉 **1** Rest *m* **2** **remainders** 〈PL〉 HANDEL Restbestände *pl* **remaining** [rɪˈmeɪnɪŋ] 〈ADJ〉 restlich; **the ~ four** die vier Übrigen **remains** [rɪˈmeɪnz] 〈PL〉 Reste *pl*; ARCHÄOL Ruinen *pl*; **human ~** menschliche Überreste *pl*

remake [ˌriːˈmeɪk] *prät, pperf* **remade** [ˌriːˈmeɪd] 〈VT〉 neu machen; **to ~ a film** ein Thema neu verfilmen

remand [rɪˈmɑːnd] 〈A〉 〈VT〉 JUR **he was ~ed in custody** er blieb in Untersuchungshaft 〈B〉 〈S〉 **to be on ~** in Untersuchungshaft sein

remark [rɪˈmɑːk] 〈A〉 〈S〉 Bemerkung *f* 〈B〉 〈VI〉 **to ~ (up)on sth** über etw (*akk*) eine Bemerkung machen; **nobody ~ed on it** niemand hat etwas dazu gesagt **remarkable** [rɪˈmɑːkəbl] 〈ADJ〉 bemerkenswert; *Flucht* wundersam **remarkably** [rɪˈmɑːkəblɪ] 〈ADV〉 bemerkenswert; **~ little** erstaunlich wenig

remarry [ˌriːˈmærɪ] 〈VI〉 wieder heiraten

remedial [rɪˈmiːdɪəl] 〈ADJ〉 *attr* Hilfs-; MED Heil-; **~ classes** SCHULE Förderunterricht *m*

remedy [ˈremədɪ] 〈A〉 〈S〉 Mittel *n* (*for* gegen), Heilmittel *n* (*for* gegen) 〈B〉 〈VT〉 (*fig*) *Problem* beheben; *Situation* bessern

remember [rɪˈmembəʳ] 〈A〉 〈VT〉 **1** sich erinnern an (+*akk*), denken an (+*akk*); **we must ~ that he's only a child** wir sollten bedenken, dass er noch ein Kind ist; **to ~ to do sth** daran denken, etw zu tun; **I ~ doing it** ich erinnere mich daran, dass ich es getan habe; **I can't ~ the word** das Wort fällt mir nicht ein; **do you ~ when ...?** weißt du noch, als ...?, weißt du (noch), wann ...?; **I don't ~ a thing about**

▶ remember + Infinitiv oder Gerund

remember + Infinitiv besagt, dass man daran denken / nicht vergessen soll, etwas zu tun; es kann sich auf alle Zeitstufen beziehen:

Did you remember to take your tablets? — Hast du daran gedacht, deine Tabletten zu nehmen?

remember + Gerund bedeutet, dass man sich an ein Ereignis oder ein Erlebnis erinnert, und bezieht sich immer auf etwas Vergangenes:

I remember dancing with you last summer. — Ich erinnere mich daran, wie ich im letzten Sommer mit dir getanzt habe.

GRAMMATIK ◀

---

it ich kann mich überhaupt nicht daran erinnern, ich weiß nichts mehr davon; **I can never ~ phone numbers** ich kann mir Telefonnummern einfach nicht merken **2** (*Br*) **~ me to your mother** grüßen Sie Ihre Mutter von mir 〈B〉 〈VI〉 sich erinnern; **I can't ~** ich weiß das nicht mehr; **not as far as I ~** soweit ich mich erinnere, nicht! **remembrance** [rɪˈmembrəns] 〈S〉 **in ~ of** zur Erinnerung an (+*akk*) **Remembrance Day** 〈S〉 (*Br*) ≈ Volkstrauertag *m*

remind [rɪˈmaɪnd] 〈VT〉 erinnern (*of* an +*akk*); **you are ~ed that ...** wir weisen darauf hin, dass ...; **that ~s me!** da(bei) fällt mir was ein **reminder** [rɪˈmaɪndəʳ] 〈S〉 Gedächtnisstütze *f*; **(letter of) ~** Mahnung *f*; **his presence was a ~ of ...** seine Gegenwart erinnerte mich *etc* an (+*akk*) ...

reminisce [ˌremɪˈnɪs] 〈VI〉 sich in Erinnerungen ergehen (*about* über +*akk*) **reminiscent** [ˌremɪˈnɪsənt] 〈ADJ〉 **to be ~ of sth** an etw (*akk*) erinnern

remission [rɪˈmɪʃən] 〈S〉 (*form*) **1** (*Br* JUR) (Straf)erlass *m* **2** MED Besserung *f*; **to be in ~** (*Patient*) sich auf dem Wege der Besserung befinden; (*Krankheit*) abklingen

remittance [rɪˈmɪtəns] 〈S〉 Überweisung *f* (*to* an +*akk*) **remittance advice** 〈S〉 Überweisungsbescheid *m*

remnant [ˈremnənt] 〈S〉 Rest *m*; (*fig*) Überrest *m*

remodel [ˌriːˈmɒdl] 〈VT〉 umformen; (*fig*) umgestalten

remorse [rɪˈmɔːs] 〈S〉 Reue *f* (*at, over* über +*akk*); **without ~** handeln erbarmungslos **remorseful** 〈ADJ〉 reumütig; **to feel ~** Reue spüren **remorseless** 〈ADJ〉 (*fig*) unbarmherzig **remorselessly** [rɪˈmɔːslɪslɪ] 〈ADV〉 ohne Reue; (*fig*) handeln erbarmungslos

remote [rɪˈməʊt] 〈A〉 〈ADJ〉 (+*er*) **1** entfernt, entlegen; IT rechnerfern; **in a ~ spot** an einer entlegenen Stelle **2** unnahbar **3** *Gerät* zur Fernbedienung 〈B〉 〈S〉 Fernbedienung *f* **remote access** 〈S〉 TEL, IT Fernzugriff *m* **remote control** 〈S〉 Fernsteuerung *f*; RADIO, TV Fernbedienung *f* **remote-controlled** 〈ADJ〉 ferngesteuert **remotely** [rɪˈməʊtlɪ] 〈ADV〉 **1** **it's just ~ possible** es ist gerade eben noch möglich; **he didn't say anything ~ interesting** er sagte nichts, was im Entferntesten interessant war; **I'm not ~ interested in her** ich bin nicht im Geringsten an ihr interessiert **2** *gelegen* entfernt **remoteness** [rɪˈməʊtnɪs] 〈S〉 **1** Abgelegenheit *f* **2** Unnahbarkeit *f*

removable [rɪˈmuːvəbl] 〈ADJ〉 *Verschluss* abnehmbar; (*aus Behälter*) herausnehmbar **removal** [rɪˈmuːvəl] 〈S〉 **1** Entfernung *f*, Beseitigung *f*; (*von Truppen*) Abzug *m*; (*aus Behälter*) Herausnehmen

R

REMO | 550

n; *(von Hindernis)* Ausräumung *f* 🛛 *(Br)* Umzug *m*
removal firm 🖅 *(Br)* Spedition *f* **removal**
van 🖅 *(Br)* Möbelwagen *m*
remove [rɪˈmuːv] *VT* entfernen; *Verband* abneh-
men; *Kleider* ausziehen; *Fleck* beseitigen; *Truppen*
abziehen; *(aus Behälter)* herausnehmen *(from*
aus)*; *Wort* streichen; *Hindernis* aus dem Weg räu-
men; *Zweifel, Angst* zerstreuen; **to ~ sth from sb**
jdm etw wegnehmen; **to ~ one's clothes** die
Kleider ablegen; **to be far ~d from ...** weit
entfernt sein von ...; **a cousin once ~d** ein
Cousin *m* ersten Grades **remover** [rɪˈmuː-
vəʳ] 🖅 *(Mittel)* Entferner *m*; **stain ~** Fleckentfer-
ner *m*
remunerate [rɪˈmjuːnəreɪt] *VT* bezahlen, be-
lohnen **remuneration** [rɪˌmjuːnəˈreɪʃən] 🖅
Bezahlung *f*
Renaissance [rɪˈneɪsɑ̃ːns] 🖅 Renaissance *f*
rename [ˌriːˈneɪm] *VT* umbenennen; **Lenin-**
grad was ~d St Petersburg Leningrad wurde
in St. Petersburg umbenannt
render [ˈrendəʳ] *VT* 🛮 *(form)* Dienst leisten; **to ~**
assistance Hilfe leisten 🛛 *(form)* machen **ren-**
dering [ˈrendərɪŋ] 🖅 Wiedergabe *f*; *(von Musik,*
Gedicht) Vortrag *m*
rendezvous [ˈrɒndɪvuː] 🖅 🛮 *(≈ Ort)* Treffpunkt
m 🛛 Rendezvous *n*
rendition [renˈdɪʃən] 🖅 *(form)* = **rendering**
renegade [ˈrenɪgeɪd] 🅰 🖅 Renegat(in) *m(f)* 🅱
🄰🄳🄹 abtrünnig
renegotiate [ˌriːnɪˈgəʊʃieɪt] *VT* neu aushan-
deln
renew [rɪˈnjuː] *VT* erneuern; *Vertrag, Pass etc* ver-
längern, verlängern lassen; *Angriff, Versuch* wie-
deraufnehmen **renewable** [rɪˈnjuːəbl] 🄰🄳🄹
Vertrag, Energiequelle erneuerbar **renewal** [rɪ-
ˈnjuːəl] 🖅 Erneuerung *f*; *(von Angriff, Versuch)* Wie-
deraufnahme *f* **renewed** 🄰🄳🄹 erneut; **~ ef-**
forts neue Anstrengungen; **~ strength** frische
Kraft
renounce [rɪˈnaʊns] *VT* *Rechte, Gewalt* verzich-
ten auf *(+akk)*; *dem Terrorismus etc* abschwören
(+dat)
renovate [ˈrenəʊveɪt] *VT* renovieren **reno-**
vation [ˌrenəʊˈveɪʃən] 🖅 Renovierung *f*
renown [rɪˈnaʊn] 🖅 guter Ruf; **of great ~** von
hohem Ansehen **renowned** [rɪˈnaʊnd] 🄰🄳🄹
berühmt *(for* für)
rent [rent] 🅰 🖅 Miete *f*, Zins *m* *(österr)*, Pacht *f* 🅱
VT 🛮 mieten; *Bauernhof* pachten; *Auto* leihen; *Vi-*
deo, DVD ausleihen 🛛 *(a.* **rent out**) vermieten,
verpachten, verleihen 🄲 *VI* mieten, pachten
rental [ˈrentl] 🖅 Miete *f*, Zins *m* *(österr)*; **~**
car Mietwagen *m*; **~ library** *(US)* Leihbücherei
f **rent boy** 🖅 *(Br umg)* Strichjunge *m* *(umg)* **rent**
collector 🖅 Mietkassierer(in) *m(f)* **rent-free**

🄰🄳🄹, 🄰🄳🅅 mietfrei
renunciation [rɪ,nʌnsɪˈeɪʃən] 🖅 *(von Rechten, Ge-*
walt) Verzicht *m* *(of* auf *+akk)*; *(von Terrorismus etc)*
Aufgabe *f*
reoffend [ˌriːəˈfend] *VI* erneut straffällig wer-
den
reopen [ˌriːˈəʊpən] 🅰 *VT* wieder öffnen; *Schule,*
Geschäft wiedereröffnen; *Debatte* wiederaufneh-
men; *JUR Fall* wieder aufrollen 🅱 *VI* wieder auf-
gehen; *(Geschäft)* wieder eröffnen **reopening**
[ˌriːˈəʊpnɪŋ] 🖅 *(von Geschäft etc)* Wiedereröffnung
f
reorder [ˌriːˈɔːdəʳ] *VT & VI* nachbestellen
reorganization [riː,ɔːgənaɪˈzeɪʃən] 🖅 Neuor-
ganisation *f*; *(von Büchern)* Umordnung *f*; *(von Ar-*
beit) Neueinteilung *f* **reorganize** [ˌriːˈɔːgə-
naɪz] *VT* neu organisieren; *Bücher* umordnen; *Ar-*
beit neu einteilen; *Unternehmen* umstrukturieren
rep [rep] *HANDEL abk von* **representative** Ver-
treter(in) *m(f)*; **holiday** *od* **travel ~** Reiselei-
ter(in) *m(f)*
repaid [ˌriːˈpeɪd] *prät, pperf von* **repay**
repaint [ˌriːˈpeɪnt] *VT* neu streichen
repair [rɪˈpeəʳ] 🅰 *VT* reparieren; *(fig) Schaden* wie-
dergutmachen 🅱 🖅 🛮 *(wörtl)* Reparatur *f*; **to be**
under ~ *(Maschine)* in Reparatur sein; **beyond ~**
nicht mehr zu reparieren; **closed for ~s** we-
gen Reparaturarbeiten geschlossen 🛛 (❗)
kein pl) **to be in bad ~** in schlechtem Zustand
sein **repairable** [rɪˈpeərəbl] 🄰🄳🄹 reparabel **re-**
pair shop 🖅 Reparaturwerkstatt *f* **repara-**
tion [ˌrepəˈreɪʃən] 🖅 Entschädigung *f*; *(meist*
pl: nach Krieg) Reparationen *pl*
repartee [ˌrepɑːˈtiː] 🖅 Schlagabtausch *m*
repatriation [ˈriː,pætrɪˈeɪʃən] 🖅 Repatriierung
f
repay [ˌriːˈpeɪ] *prät, pperf* **repaid** *VT* zurückzah-
len; *Auslagen* erstatten; *Schulden* abzahlen; *Freund-*
lichkeit vergelten; **I'll ~ you on Saturday** ich
zahle dir das Geld am Samstag zurück; **how**
can I ever ~ you? wie kann ich das jemals
wiedergutmachen? **repayable** [ˌriːˈpeɪəbl]
🄰🄳🄹 rückzahlbar **repayment** [ˌriːˈpeɪmənt] 🖅
Rückzahlung *f* **repayment mortgage** 🖅
Tilgungshypothek *f*
repeal [rɪˈpiːl] 🅰 *VT Gesetz* aufheben 🅱 🖅 Auf-
hebung *f*
repeat [rɪˈpiːt] 🅰 *VT* wiederholen, weitersagen
(to sb jdm); **to ~ oneself** sich wiederholen 🅱 *VI*
wiederholen; **~ after me** sprecht mir nach 🄲
🖅 *RADIO, TV* Wiederholung *f* **repeated** 🄰🄳🄹,
repeatedly *ADV* [rɪˈpiːtɪd, -lɪ] wiederholt **re-**
peat function 🖅 *IT* Wiederholungsfunktion
f **repeat performance** 🖅 **he gave a ~** *(fig)*
er machte es noch einmal **repeat pre-**
scription 🖅 *MED* erneut verschriebenes Re-

551 ‖ REPT

zept

repel [rɪ'pel] **VT 1** Angriff zurückschlagen; *Insekten* abwehren **2** abstoßen **repellent** [rɪ'pelənt] **A** **ADJ** abstoßend **B** **S** Insektenschutzmittel *n*

repent [rɪ'pent] **A** **VI** Reue empfinden (*of* über +*akk*) **B** **VT** bereuen **repentance** [rɪ'pentəns] **S** Reue *f* **repentant** [rɪ'pentənt] **ADJ** reuevoll

repercussion [ˌriːpəˈkʌʃən] **S** Auswirkung *f* (*on* auf +*akk*); **that is bound to have ~s** das wird Kreise ziehen; **to have ~s on sth** sich auf etw (*akk*) auswirken

repertoire ['repətwɑːʳ] **S** THEAT, MUS Repertoire *n* **repertory** ['repətəri] **S 1** (*a.* **repertory theatre**) Repertoire-Theater *n* **2** = repertoire

repetition [ˌrepɪˈtɪʃən] **S** Wiederholung *f* **repetitive** [rɪ'petɪtɪv] **ADJ** sich dauernd wiederholend; *Arbeit* monoton; **to be ~** sich dauernd wiederholen

rephrase [ˌriːˈfreɪz] **VT** neu formulieren, umformulieren

replace [rɪ'pleɪs] **VT 1** zurücksetzen, zurückstellen, zurücklegen; **to ~ the receiver** TEL (den Hörer) auflegen **2** *jdn, Teile* ersetzen; **to ~ sb/sth with sb/sth** jdn/etw durch jdn/etw ersetzen **replaceable** [rɪ'pleɪsəbl] **ADJ** ersetzbar **S** Ersatz *m*, Vertretung *f*; **~ part** Ersatzteil *n*

replay ['riːpleɪ] SPORT **A** **S** Wiederholung *f* **B** [ˌriːˈpleɪ] **VT** wiederholen

replenish [rɪ'plenɪʃ] **VT** wieder auffüllen; *Glas* auffüllen; *Regale* nachfüllen

replica ['replɪkə] **S** (*von Gemälde*) Reproduktion *f*; (*von Schiff, Gebäude*) Nachbildung *f* **replicate** ['replɪkeɪt] **VT** wiederholen

reply [rɪ'plaɪ] **A** **S** Antwort *f*; **in ~** (als Antwort) darauf; **in ~ to your letter** in Beantwortung Ihres Briefes (*form*) **B** **VT** **to ~** (*to sb*) **that ...** (jdm) antworten, dass ... **C** **VI** antworten (*to sth* auf etw +*akk*)

report [rɪ'pɔːt] **A** **S 1** Bericht *m* (*on* über +*akk*); PRESSE, RADIO, TV Reportage *f* (*on* über +*akk*); **to give a ~ on sth** Bericht über etw (*akk*) erstatten; RADIO, TV eine Reportage über etw (*akk*) machen; **an official ~ on the motor industry** ein Gutachten *n* über die Autoindustrie; (**school**) **~** Zeugnis *n* (❗ = (US) **report card**) **2 there are ~s that ...** es wird gesagt, dass ... **B** **VT 1** *Ergebnisse* berichten über (+*akk*); (*offiziell*) melden; **he is ~ed as having said ...** er soll gesagt haben ... **2** (*to sb* jdm) *Unfall, Verbrechen* melden; **to ~ sb for sth** jdn wegen etw melden; **nothing to ~** keine besonderen Vorkommnisse! **C** **VI 1 to ~ for duty** sich zum Dienst melden; **to ~ sick** sich krankmelden

2 berichten (*on* über +*akk*) **♦report back** **VI** Bericht erstatten (*to sb* jdm) **♦report to** **VI** +*obj* (*in Organisation*) unterstellt sein (+*dat*) **report card** **S** (US) Zeugnis *n* (❗ = (Br) (**school**) **report**)

reported [rɪ'pɔːtɪd] **ADJ** gemeldet **reportedly** [rɪ'pɔːtɪdlɪ] **ADV** angeblich **reported speech** **S** GRAM indirekte Rede **reporter** [rɪ'pɔːtəʳ] **S** PRESSE, RADIO, TV Reporter(in) *m(f)*, Korrespondent(in) *m(f)*

reposition [ˌriːpəˈzɪʃən] **VT** anders aufstellen **repository** [rɪ'pɒzɪtərɪ] **S** Lager *n*

repossess [ˌriːpəˈzes] **VT** wieder in Besitz nehmen **repossession** [ˌriːpəˈzeʃən] **S** Wiederinbesitznahme *f*

reprehensible [ˌreprɪˈhensɪbl] **ADJ** verwerflich

represent [ˌreprɪˈzent] **VT 1** darstellen, stehen für **2** PARL, JUR vertreten **representation** [ˌreprɪzenˈteɪʃən] **S** Darstellung *f*; PARL, JUR Vertretung *f* **representative** [ˌreprɪˈzentətɪv] **A** **ADJ** (*of* für) repräsentativ; **a ~ body** eine Vertretung; **~ assembly** Abgeordnetenversammlung *f* **B** **S** HANDEL Vertreter(in) *m(f)*; JUR Bevollmächtigte(r); (US POL) Abgeordnete(r) *m/f(m)*, Mandatar(in) *m(f)* (*österr*)

repress [rɪ'pres] **VT** unterdrücken; PSYCH verdrängen **repressed** [rɪ'prest] **ADJ** unterdrückt; PSYCH verdrängt **repression** [rɪ'preʃən] **S** Unterdrückung *f*; PSYCH Verdrängung *f*

reprieve [rɪ'priːv] **A** **S** JUR Begnadigung *f*; (*fig*) Gnadenfrist *f* **B** **VT** **he was ~d** JUR er wurde begnadigt

reprimand ['reprɪmɑːnd] **A** **S** Tadel *m*; (*offiziell*) Verweis *m* **B** **VT** tadeln

reprint [ˌriːˈprɪnt] **A** **VT** nachdrucken **B** ['riːprɪnt] **S** Nachdruck *m*

reprisal [rɪ'praɪzəl] **S** Vergeltungsmaßnahme *f*

reproach [rɪ'prəʊtʃ] **A** **S** Vorwurf *m*; **a look of ~** ein vorwurfsvoller Blick; **beyond ~** über jeden Vorwurf erhaben **B** **VT** Vorwürfe machen (+*dat*); **to ~ sb for having done sth** jdm Vorwürfe dafür machen, dass er etw getan hat **reproachful** **ADJ**, **reproachfully** **ADV** vorwurfsvoll

reprocess [ˌriːˈprəʊses] **VT** *Abwasser, Atommüll* wiederaufbereiten **reprocessing plant** [ˌriːˈprəʊsesɪŋˈplɑːnt] **S** Wiederaufbereitungsanlage *f*

reproduce [ˌriːprəˈdjuːs] **A** **VT** wiedergeben, reproduzieren **B** **VI** BIOL sich fortpflanzen **reproduction** [ˌriːprəˈdʌkʃən] **S 1** Fortpflanzung *f* **2** Reproduktion *f* **reproductive** [ˌriːprəˈdʌktɪv] **ADJ** Fortpflanzungs-

reptile ['reptaɪl] **S** Reptil *n*

R

republic [rɪˈpʌblɪk] ⓢ Republik f **republican** [rɪˈpʌblɪkən] ⓐ ADJ republikanisch ⓑ ⓢ Republikaner(in) m(f); **Republican** (US POL) Republikaner(in) m(f) Mitglied bzw. Anhänger der republikanischen Partei **republicanism** [rɪˈpʌblɪkənɪzəm] ⓢ Republikanismus m

repugnance [rɪˈpʌgnəns] ⓢ Abneigung f (towards, for gegen) **repugnant** [rɪˈpʌgnənt] ADJ abstoßend

repulse [rɪˈpʌls] VT MIL zurückschlagen; **sb is ~d by sth** (fig) etw stößt jdn ab **repulsion** [rɪˈpʌlʃən] ⓢ Widerwille m (for gegen) **repulsive** [rɪˈpʌlsɪv] ADJ abstoßend; **to be ~ to sb** für jdn abstoßend sein

reputable [ˈrepjʊtəbl] ADJ ehrenhaft; Firma seriös **reputation** [ˌrepjʊˈteɪʃən] ⓢ Ruf m; (negativ) schlechter Ruf; **he has a ~** ... er hat den Ruf, ... zu sein; **to have a ~ for honesty** als ehrlich gelten; **you don't want to get (yourself) a ~, you know** du willst dich doch sicherlich nicht in Verruf bringen **repute** [rɪˈpjuːt] VT **he is ~d to be ...** man sagt, dass er ... ist; **he is ~d to be the best** er gilt als der Beste **reputedly** [rɪˈpjuːtɪdlɪ] ADV wie man annimmt

request [rɪˈkwest] ⓐ ⓢ Bitte f; **at sb's ~** auf jds Bitte; **on ~** auf Wunsch ⓑ VT bitten um; RADIO Lied sich (dat) wünschen; **to ~ sth of** od **from sb** jdn um etw bitten **request stop** ⓢ (Br) Bedarfshaltestelle f

requiem mass [ˌrekwɪəmˈmæs] ⓢ Totenmesse f

require [rɪˈkwaɪəʳ] VT ⓵ benötigen; Maßnahme erfordern; **what qualifications are ~d?** welche Qualifikationen sind erforderlich?; **if ~d** falls notwendig; **as ~d** nach Bedarf ⓶ **to ~ sb to do sth** von jdm verlangen, dass er etw tut **required** ADJ erforderlich; **the ~ amount** die benötigte Menge **requirement** ⓢ ⓵ Bedürfnis n, Wunsch m; **to meet sb's ~s** jds Wünschen (dat) entsprechen ⓶ Erfordernis n, Anforderung f

reran [ˌriːˈræn] prät von rerun

reread [ˌriːˈriːd] prät, pperf **reread** [ˌriːˈred] VT nochmals lesen

reroute [ˌriːˈruːt] VT Bus umleiten

rerun [ˌriːˈrʌn] v: prät **reran**, pperf **rerun** ⓐ VT Tonband wieder abspielen; Rennen, Programm wiederholen ⓑ [ˈriːrʌn] ⓢ (von Rennen, Programm) Wiederholung f

resat [ˌriːˈsæt] prät, pperf von resit

reschedule [ˌriːˈskedʒʊəl, (bes Br) ˌriːˈʃedjuːl] VT Termin verlegen

rescue [ˈreskjuː] ⓐ ⓢ Rettung f; **to come to sb's ~** jdm zu Hilfe kommen; **it was Bob to the ~** Bob war unsere/seine etc Rettung; **~ at-**

tempt Rettungsversuch m ⓑ VT retten **rescuer** [ˈreskjʊəʳ] ⓢ Retter(in) m(f) **rescue services** PL Rettungsdienst m, Rettung f (schweiz)

research [rɪˈsɜːtʃ] ⓐ ⓢ (❶ kein pl) Forschung f (into, on über +akk); **to do ~** forschen; **to carry out ~ into the effects of sth** Forschungen über die Auswirkungen einer Sache (gen) anstellen ⓑ VI forschen; **to ~ into sth** etw erforschen ⓒ VT erforschen **research assistant** ⓢ wissenschaftlicher Assistent, wissenschaftliche Assistentin **researcher** [rɪˈsɜːtʃəʳ] ⓢ Forscher(in) m(f)

resemblance [rɪˈzembləns] ⓢ Ähnlichkeit f; **to bear a strong ~ to sb/sth** starke Ähnlichkeit mit jdm/etw haben **resemble** [rɪˈzembl] VT gleichen (+dat); **they ~ each other** sie gleichen sich (dat)

resent [rɪˈzent] VT Bemerkung übel nehmen; jdn ein Ressentiment haben gegen; **he ~ed her for the rest of his life** er nahm ihr das sein Leben lang übel; **he ~ed the fact that ...** er ärgerte sich darüber, dass ...; **to ~ sb's success** jdm seinen Erfolg missgönnen; **I ~ that** das gefällt mir nicht **resentful** ADJ verärgert; (≈ missgünstig) voller Ressentiments (of gegen); **to be ~ about sth/of sb** über etw/jdn verärgert sein; **to feel ~ toward(s) sb for doing sth** es jdm übel nehmen, dass er/sie etc etw getan hat **resentment** ⓢ Ärger m kein pl (of über +akk)

reservation [ˌrezəˈveɪʃən] ⓢ ⓵ Vorbehalt m; **without ~** vorbehaltlos; **with ~s** unter Vorbehalt(en); **to have ~s about sb/sth** Bedenken in Bezug auf jdn/etw haben ⓶ Reservierung f; **to make a ~** ein Zimmer etc reservieren lassen; **to have a ~ (for a room)** ein Zimmer reserviert haben ⓷ (≈ Land) Reservat n

reserve [rɪˈzɜːv] ⓐ VT ⓵ aufsparen; **to ~ judgement** mit einem Urteil zurückhalten; **to ~ the right to do sth** sich (dat) (das Recht) vorbehalten, etw zu tun ⓶ reservieren lassen ⓑ ⓢ ⓵ (of an +dat) Vorrat m; FIN Reserve f; **to keep sth in ~** etw in Reserve halten; (≈ Land) Reservat n ⓶ Zurückhaltung f ⓷ SPORT Reservespieler(in) m(f) **reserved** ADJ reserviert **reservist** [rɪˈzɜːvɪst] ⓢ MIL Reservist(in) m(f)

reservoir [ˈrezəvwɑːʳ] ⓢ (wörtl) Reservoir n

reset [ˌriːˈset] prät, pperf reset VT ⓵ Uhr neu stellen (to auf +akk); Maschine neu einstellen; IT rücksetzen; **~ switch** od **button** IT Resettaste f ⓶ MED Knochen wieder einrichten

resettle [ˌriːˈsetl] VT Flüchtlinge umsiedeln; Land wieder besiedeln **resettlement** ⓢ (von Flüchtlingen) Umsiedlung f; (von Land) Neubesied(e)lung f

reshape [ˌriːˈʃeɪp] VT Knetmasse etc umformen; Politik umstellen

reshuffle [ˌriːˈʃʌfl] **A** *VT* *Karten* neu mischen; *(fig) Kabinett* umbilden **B** *S (fig)* Umbildung *f*

reside [rɪˈzaɪd] *VI (form)* seinen Wohnsitz haben **residence** [ˈrezɪdəns] *S* **1** Wohnhaus *n; (für Studenten)* Wohnheim *n; (von König etc)* Residenz *f* **2** (❗ kein pl) **country of ~** Aufenthaltsland *n;* **place of ~** Wohnort *m;* **after 5 years' ~ in Britain** nach 5 Jahren Aufenthalt in Großbritannien **residence permit** *S* Aufenthaltsgenehmigung *f* **residency** [ˈrezɪdənsɪ] *S* **1** *(US)* = residence 2 **2** *(Br)* Residenz *f* **resident** [ˈrezɪdənt] **A** *S* Bewohner(in) *m(f)*, Einwohner(in) *m(f); (in Hotel)* Gast *m;* **"residents only"** „Anlieger frei", „Anrainer frei" *(österr)* **B** *ADJ* wohnhaft; *Bevölkerung* ansässig; **the ~ population** die ansässige Bevölkerung **residential** [ˌrezɪˈdenʃəl] *ADJ* **~ property** Wohngebäude *n;* **~ street** Wohnstraße *f* **residential area** *S* Wohngebiet *n* **residential home** *S* Wohnheim *n*

residual [rɪˈzɪdjʊəl] *ADJ* restlich **residue** [ˈrezɪdjuː] *S* Rest *m;* CHEM Rückstand *m*

resign [rɪˈzaɪn] **A** *VT* **1** *Amt* abgeben **2 to ~ oneself to sth** sich mit etw abfinden; **to ~ oneself to doing sth** sich damit abfinden, etw zu tun **B** *VI* zurücktreten, kündigen; **to ~ from office** sein Amt niederlegen; **to ~ from one's job** (seine Stelle) kündigen **resignation** [ˌrezɪgˈneɪʃən] *S* **1** Rücktritt *m*, Kündigung *f*, Amtsniederlegung *f;* **to hand in one's ~** seinen Rücktritt/seine Kündigung einreichen/sein Amt niederlegen **2** Resignation *f (to* gegenüber *+dat)* **resigned** *ADJ* resigniert; **to become ~ to sth** sich mit etw abfinden; **to be ~ to one's fate** sich in sein Schicksal ergeben haben

resilience [rɪˈzɪlɪəns] *S* **1** *(von Material)* Federn *n* **2** *(fig: von Mensch)* Unverwüstlichkeit *f* **resilient** *ADJ* **1** *Material* federnd *attr;* **to be ~** federn **2** *(fig) Mensch* unverwüstlich

resin [ˈrezɪn] *S* Harz *n*

resist [rɪˈzɪst] **A** *VT* **1** sich widersetzen *(+dat); Angriff etc* Widerstand leisten gegen **2** *Versuchung etc* widerstehen *(+dat);* **I couldn't ~ (eating) another piece of cake** ich konnte der Versuchung nicht widerstehen, noch ein Stück Kuchen zu essen **B** *VI* **1** sich widersetzen, Widerstand leisten **2** *(bei Versuchung)* widerstehen

resistance [rɪˈzɪstəns] *S (to* gegen*)* Widerstand *m;* **to meet with ~** auf Widerstand stoßen; **to offer no ~ (to sb/sth)** (jdm/gegen etw) keinen Widerstand leisten, sich (jdm/einer Sache) nicht widersetzen **resistant** *ADJ Material* strapazierfähig; MED immun *(to* gegen*)*

resit [ˌriːˈsɪt] *v: prät, pperf* **resat** *(Br)* **A** *VT* *Prüfung* wiederholen **B** [ˈriːsɪt] *S* Wiederho-

---

resolute [ˈrezəluːt] *ADJ* energisch; *Weigerung* entschieden **resolutely** [ˈrezəl*u*:tlɪ] *ADV* entschieden; **to be ~ opposed to sth** entschieden gegen etw sein **resolution** [ˌrezəˈluːʃən] *S* **1** Beschluss *m; bes* POL Resolution *f; (≈ bei Handlung)* Vorsatz *m* **2** (❗ kein pl) Entschlossenheit *f* **3** (❗ kein pl) *(von Problem)* Lösung *f* **4** IT Auflösung *f* **resolve** [rɪˈzɒlv] **A** *VT* **1** *Problem* lösen; *Streit* beilegen; *Differenzen, Sache* klären **2 to ~ to do sth** beschließen, etw zu tun **B** *S* **1** (❗ kein pl) Entschlossenheit *f* **resolved** [rɪˈzɒlvd] *ADJ (fest)* entschlossen

resonate [ˈrezəneɪt] *VI* widerhallen

resort [rɪˈzɔːt] **A** *S* **1 as a last ~** als Letztes; **you were my last ~** du warst meine letzte Rettung **2** Urlaubsort *m;* **seaside ~** Seebad *n* **B** *VI* **to ~ to sth** zu etw greifen; **to ~ to violence** gewalttätig werden

resound [rɪˈzaʊnd] *VI* (wider)hallen *(with* von*)* **resounding** [rɪˈzaʊndɪŋ] *ADJ Geräusch* widerhallend; *Lachen* schallend; *(fig) Sieg* gewaltig; *Erfolg* durchschlagend; *Niederlage* haushoch; **the response was a ~ "no"** die Antwort war ein überwältigendes „Nein" **resoundingly** [rɪˈzaʊndɪŋlɪ] *ADV* **to be ~ defeated** eine vernichtende Niederlage erleiden

resource [rɪˈsɔːs] **A** *S* **resources** *PL* Mittel *pl*, Ressourcen *pl;* **financial ~s** Geldmittel *pl;* **mineral ~s** Bodenschätze *pl;* **natural ~s** Rohstoffquellen *pl;* **human ~s** Arbeitskräfte *pl* **B** *VT (Br) Projekt* finanzieren **resourceful** *ADJ*, **resourcefully** *ADV* einfallsreich **resourcefulness** *S* Einfallsreichtum *m*

respect [rɪˈspekt] **A** *S* **1** Respekt *m (for* vor *+dat);* **to have ~ for** Respekt haben vor *(+dat);* **I have the highest ~ for his ability** ich halte ihn für außerordentlich fähig; **to hold sb in (great) ~** jdn (sehr) achten **2** Rücksicht *f (for* auf *+akk);* **to treat with ~** jdn rücksichtsvoll behandeln; *Kleidung etc* schonend behandeln; **she has no ~ for other people** sie nimmt keine Rücksicht auf andere; **with (due) ~, I still think that ...** bei allem Respekt, meine ich dennoch, dass ... **3 with ~ to ...** was ... anbetrifft **4** Hinsicht *f;* **in some/many ~s** in gewisser/vieler Hinsicht; **in this ~** in dieser Hinsicht **5 respects** *PL* **to pay one's ~s to sb** jdm seine Aufwartung machen; **to pay one's last ~s to sb** jdm die letzte Ehre erweisen **B** *VT* respektieren; *Fähigkeiten* anerkennen; **a ~ed company** eine angesehene Firma **respectability** [rɪˌspektəˈbɪlɪtɪ] *S* **1** Ehrbarkeit *f*, Anständigkeit *f* **2** Angesehenheit *f*, Seriosität *f* **respectable** [rɪˈspektəbl] *ADJ* **1** ehrbar, anständig **2** angesehen, seriös; *Kleidung, Verhalten* korrekt; **in ~ society** in guter Gesellschaft; **a perfectly ~ way to earn one's living** eine völlig akzeptable Art und Weise, seinen Lebensunterhalt zu verdienen **3** *Größe, Summe* ansehnlich **4** *Ergebnis, Leistung* beachtlich **respectably** [rɪ'spektəblɪ] ADV anständig **respectful** ADJ respektvoll *(towards* gegenüber*);* **to be ~ of sth** etw respektieren **respectfully** ADV respektvoll **respecting** [rɪ'spektɪŋ] PRÄP bezüglich *(+gen)* **respective** [rɪ'spektɪv] ADJ jeweilig; **they each have their ~ merits** jeder von ihnen hat seine eigenen Vorteile **respectively** [rɪ'spektɪvlɪ] ADV **the girls' dresses are green and blue ~** die Mädchen haben grüne beziehungsweise blaue Kleider

respiration [ˌrespɪ'reɪʃən] S Atmung *f* **respiratory** [rɪ'spɪrətərɪ] ADJ Atem-; *Erkrankung* der Atemwege

respite ['respaɪt] S **1** Ruhepause *f (from* von*); (zeitweilig)* Nachlassen *n* **2** Aufschub *m*

resplendent [rɪ'splendənt] ADJ strahlend

respond [rɪ'spɒnd] VI **1** antworten; **to ~ to a question** eine Frage beantworten **2** reagieren *(to* auf *+akk);* **the patient ~ed to treatment** der Patient sprach auf die Behandlung an **response** [rɪ'spɒns] S **1** Antwort *f;* **in ~ (to)** als Antwort *(auf +akk)* **2** Reaktion *f;* **to meet with no ~** keine Resonanz finden

responsibility [rɪˌspɒnsə'bɪlɪtɪ] S **1** (❗ kein pl) Verantwortung *f;* **to take ~ (for sth)** die Verantwortung (für etw) übernehmen; **that's his ~** dafür ist er verantwortlich **2** Verpflichtung *f (to* für*)*

responsible [rɪ'spɒnsəbl] ADJ **1** verantwortlich, schuld *(for* an *+dat);* **what's ~ for the hold-up?** woran liegt die Verzögerung?; **who is ~ for breaking the window?** wer hat das Fenster eingeschlagen?; **to hold sb ~ for sth** jdn für etw verantwortlich machen; **she is ~ for popularizing the sport** *(Aufgabe)* sie ist dafür verantwortlich, die Sportart populärer zu machen; *(Verdienst)* es ist ihr zu verdanken, dass die Sportart populär geworden ist **2** *Haltung* verantwortungsbewusst; *Job* verantwortungsvoll **responsibly** [rɪ'spɒnsəblɪ] ADV verantwortungsbewusst

responsive [rɪ'spɒnsɪv] ADJ *Publikum* interessiert; *Steuerung, Bremsen* leicht reagierend

rest¹ [rest] A S **1** Ruhe *f,* Pause *f; (im Urlaub)* Erholung *f;* **a day of ~** ein Ruhetag *m;* **I need a ~** ich muss mich ausruhen, ich brauche Urlaub; **to have a ~** (sich) ausruhen, (eine) Pause machen; **to have a good night's ~** sich ordentlich ausschlafen; **give it a ~!** *(umg)* hör doch auf!; **to lay to ~** *(euph)* zur letzten Ruhe betten; **to set at ~** *Ängste, Zweifel* beschwichtigen; **to**

put sb's mind at ~ jdn beruhigen; **to come to ~** *(Ball etc)* zum Stillstand kommen; *(Vogel)* sich niederlassen **2** (≈ *Vorrichtung)* Auflage *f* B VI **1** ruhen *(geh),* sich ausruhen; **she never ~s** sie arbeitet ununterbrochen; **to be ~ing** ruhen *(geh);* **let the matter ~!** lass es dabei!; **may he ~ in peace** er ruhe in Frieden **2** *(Entscheidung)* liegen *(with* bei*);* **the matter must not ~ there** man kann die Sache so nicht belassen; **(you may) ~ assured that ...** Sie können versichert sein, dass ... **3** lehnen *(on* an *+dat, against* gegen*); (Dach, Blick)* ruhen *(on* auf *+dat); (Argument)* sich stützen *(on* auf *+akk);* **her elbows were ~ing on the table** ihre Ellbogen waren auf den Tisch gestützt; **her head was ~ing on the table** ihr Kopf lag auf dem Tisch C VT **1** ausruhen; **to feel ~ed** sich ausgeruht fühlen **2** *Leiter* lehnen *(against* an *+akk); Ellbogen* stützen *(on* auf *+akk);* **to ~ one's hand on sb's shoulder** jdm die Hand auf die Schulter legen

rest² S Rest *m;* **the ~ of the boys** die übrigen Jungen; **she's no different from the ~** sie ist wie alle anderen; **all the ~ of the money** der ganze Rest des Geldes; **all the ~ of the books** alle übrigen Bücher

restart [ˌriː'stɑːt] A VT neu starten, neu beginnen; *Motor* wieder anlassen; *Maschine* wieder anschalten B VI *(Maschine)* wieder starten; *(Motor)* wieder anspringen

restate [ˌriː'steɪt] VT **1** *Argument* erneut vortragen; *Fall* erneut darstellen **2** umformulieren; *Fall* neu darstellen

restaurant ['restərɒnt] S Restaurant *n* **restaurant car** S *(Br* BAHN*)* Speisewagen *m* (❗ = (US) diner)

restful ['restfʊl] ADJ *Farbe* ruhig; *Ort* friedlich **rest home** S Pflegeheim *n* **restive** ['restɪv] ADJ rastlos **restless** ['restlɪs] ADJ unruhig, rastlos **restlessness** S Unruhe *f,* Rastlosigkeit *f*

restock [ˌriː'stɒk] VT *Regale* wiederauffüllen **restoration** [ˌrestə'reɪʃən] S *(von Ordnung)* Wiederherstellung *f; (in Amt)* Wiedereinsetzung *f (to* in *+akk); (von Kunstwerk)* Restaurierung *f* **restore** [rɪ'stɔː'] VT **1** zurückgeben, zurückbringen; *Ordnung* wiederherstellen; **~d to health** wiederhergestellt **2** *(in Amt)* wiedereinsetzen *(to* in *+akk);* **to ~ to power** wieder an die Macht bringen **3** *Gemälde etc* restaurieren

restrain [rɪ'streɪn] VT jdn zurückhalten; *Gefangenen* mit Gewalt festhalten; *Tier etc* bändigen; **to ~ sb from doing sth** jdn davon abhalten, etw zu tun; **to ~ oneself** sich beherrschen **restrained** ADJ zurückhaltend; *Verhalten* beherrscht **restraint** S **1** Beschränkung *f;* **without ~** unbeschränkt **2** Beherrschung *f;* **to**

555 ‖ RETR

show a lack of ~ wenig Beherrschung zeigen; **he said with great ~ that ...** er sagte sehr beherrscht, dass ...; **wage ~** Zurückhaltung *f* bei Lohnforderungen

restrict [rɪ'strɪkt] *VT* beschränken (*to* auf +*akk*); *Freiheit* einschränken **restricted** *ADJ* beschränkt, eingeschränkt; *Information* geheim; **within a ~ area** auf begrenztem Gebiet **restricted area** *S* Sperrgebiet *n* **restriction** [rɪ'strɪkʃən] *S* (*on sth* einer Sache *gen*) Beschränkung *f*, Einschränkung *f*; **to place ~s on sth** etw beschränken **restrictive** [rɪ'strɪktɪv] *ADJ* restriktiv

restroom *S* (*US*) Toilette *f* (🔴 = (*Br*) **lavatory**)

restructure [ˌriː'strʌktʃəʳ] HANDEL, IND **A** *VT* umstrukturieren **B** *VI* sich umstrukturieren **restructuring** [ˌriː'strʌktʃərɪŋ] *S* HANDEL, IND Umstrukturierung *f*

rest stop *S* (*US* AUTO) Rastplatz *m*; (≈ *Fahrtunterbrechung*) Rast *f*

result [rɪ'zʌlt] **A** *S* **1** Folge *f*; **as a ~ he failed** folglich fiel er durch; **as a ~ of this** und folglich; **as a ~ of which he ...** was zur Folge hatte, dass er ...; **to be the ~ of** resultieren aus **2** (*von Wahlen etc*) Resultat *n*; **~s** (*von Test*) Werte *pl*; **to get ~s** Resultate erzielen; **as a ~ of my inquiry** auf meine Anfrage (hin); **what was the ~?** SPORT wie ist es ausgegangen? **B** *VI* resultieren (*from* aus) ◆**result in** *VI* +*obj* führen zu; **this resulted in his being late** das führte dazu, dass er zu spät kam

resume [rɪ'zjuːm] **A** *VT* **1** wiederaufnehmen; *Reise* fortsetzen **2** *Kommando* wieder übernehmen **B** *VI* wieder beginnen

résumé ['reɪzjuːmeɪ] *S* **1** Zusammenfassung *f* **2** (*US*) Lebenslauf *m* (🔴 = (*Br*) **curriculum vitae**)

resumption [rɪ'zʌmpʃən] *S* Wiederaufnahme *f*; (*von Reise*) Fortsetzung *f*; (*von Unterricht*) Wiederbeginn *m*

resurface [ˌriː'sɜːfɪs] *VI* (*Taucher*) wieder auftauchen; (*fig*) wieder auftauchen

resurrect [ˌrezə'rekt] *VT* (*fig*) *Brauch, Karriere* wiederbeleben **resurrection** [ˌrezə'rekʃən] *S* **1** **the Resurrection** REL die Auferstehung **2** (*fig: von Brauch*) Wiederbelebung *f*

resuscitate [rɪ'sʌsɪteɪt] *VT* MED wiederbeleben **resuscitation** [rɪˌsʌsɪ'teɪʃən] *S* MED Wiederbelebung *f*

retail ['riːteɪl] **A** *S* Einzelhandel *m* **B** *VI* **to ~ at ...** im Einzelhandel ... kosten **C** *ADV* im Einzelhandel **retailer** ['riːteɪləʳ] *S* Einzelhändler(in) *m(f)* **retailing** ['riːteɪlɪŋ] *S* der Einzelhandel **retail park** *S* (*Br*) Shoppingcenter *n* **retail price** *S* Einzelhandelspreis *m* **retail therapy** *S* (*hum*) Shopping- *od* Einkaufstherapie *f*

(*umg*) **retail trade** *S* Einzelhandel *m*

retain [rɪ'teɪn] *VT* **1** behalten, zurück(be)halten; *Geschmack* beibehalten; *Feuchtigkeit* speichern **2** (*Computer*) *Information* speichern

retake [ˌriː'teɪk] *prät* retook, *pperf* retaken [ˌriː'teɪkən] *VT* **1** MIL zurückerobern **2** *Prüfung* wiederholen (*a.* SPORT)

retaliate [rɪ'tælɪeɪt] *VI* Vergeltung üben; (*für Beleidigung etc*) sich revanchieren (*against sb* an jdm); (SPORT, *bei Streit*) kontern; **he ~d by pointing out that ...** er konterte, indem er darauf hinwies, dass ...; **then she ~d by calling him a pig** sie revanchierte sich damit, dass sie ihn ein Schwein nannte **retaliation** [rɪˌtælɪ'eɪʃən] *S* Vergeltung *f*; (*bei Streit*) Konterschlag *m*; **in ~** zur Vergeltung

retarded [rɪ'tɑːdɪd] *ADJ* **mentally ~** geistig zurückgeblieben

retch [retʃ] *VI* würgen

retd *abk* von retired i. R., a. D.

retell [ˌriː'tel] *prät, pperf* retold *VT* wiederholen; LIT nacherzählen

retention [rɪ'tenʃən] *S* Beibehaltung *f*; (*von Besitztum*) Zurückhaltung *f*; (*von Wasser*) Speicherung *f*

rethink [ˌriː'θɪŋk] *v*: *prät, pperf* rethought [ˌriː-'θɔːt] **A** *VT* überdenken **B** ['riːˌθɪŋk] *S* (*umg*) Überdenken *n*; **we'll have to have a ~** wir müssen das noch einmal überdenken

reticence ['retɪsəns] *S* Zurückhaltung *f* **reticent** ['retɪsənt] *ADJ* zurückhaltend

retina ['retɪnə] *S*, *pl* -e *od* -s ['retɪniː] Netzhaut *f*

retinue ['retɪnjuː] *S* Gefolge *n*

retire [rɪ'taɪəʳ] *VI* **1** aufhören zu arbeiten; (*Beamter*) in den Ruhestand treten; (*Fußballer*) aufhören; **to ~ from business** sich zur Ruhe setzen **2** *a.* SPORT aufgeben; (*Uury*) sich zurückziehen; **to ~ from public life** sich aus dem öffentlichen Leben zurückziehen **retired** *ADJ* Arbeiter aus dem Arbeitsleben ausgeschieden (*form*); *Beamter* pensioniert; **he is ~** er arbeitet nicht mehr; **~ people** Leute, die im Ruhestand sind; **a ~ worker** ein Rentner **retirement** *S* **1** Ausscheiden *n* aus dem Arbeitsleben (*form*); (*von Beamten*) Pensionierung *f*; **~ at 65** Altersgrenze *f* bei 65; **to come out of ~** wieder zurückkommen **2** SPORT Aufgabe *f* **retirement age** *S* Rentenalter *n*; (*von Beamten*) Pensionsalter *n* **retirement home** *S* Seniorenheim *n* **retirement pension** *S* Altersruhegeld *n* (*form*)

retold [ˌriː'təʊld] *prät, pperf* von retell

retook [ˌriː'tʊk] *prät* von retake

retort [rɪ'tɔːt] *VT* (*scharf*) entgegnen

retrace [rɪ'treɪs] *VT* *Vergangenheit* zurückverfolgen; **to ~ one's steps** denselben Weg zurück-

R

RETR | 556

gehen

retract [rɪ'trækt] *VT Angebot* zurückziehen; *Behauptung* zurücknehmen **retraction** [rɪ'trækʃən] *S* **1** (*von Angebot*) Rückzug *m*; (*von Behauptung*) Rücknahme *f* **2** Rückzieher *m*

retrain [ˌriː'treɪn] *A VT* umschulen *B VI* sich umschulen lassen **retraining** [ˌriː'treɪnɪŋ] *S* Umschulung *f*

retreat [rɪ'triːt] *A S* **1** MIL Rückzug *m*; **in ~** auf dem Rückzug; **to beat a (hasty) ~** (*fig*) (schleunigst) das Feld räumen **2** Zufluchtsort *m B VI* MIL den Rückzug antreten

retrial ['riː'traɪəl] *S* JUR Wiederaufnahmeverfahren *n*

retribution [ˌretrɪ'bjuːʃən] *S* Vergeltung *f*

retrievable [rɪ'triːvəbl] *ADJ* IT *Daten* abrufbar; (*nach Absturz*) wiederherstellbar **retrieval** [rɪ'triːvəl] *S* Heraus-/Herunterholen *etc n*; (IT: *von Information*) Abrufen *n*; (*nach Absturz*) Wiederherstellen *n* **retrieve** [rɪ'triːv] *VT* heraus-/herunterholen *etc*; (≈ *nach Unglück*) retten; IT abrufen; (*nach Absturz*) wiederherstellen **retriever** [rɪ'triːvə'] *S* (≈ *Hund*) Retriever *m*

retro- *PRÄF* rück-, Rück- **retroactive** *ADJ*, **retroactively** *ADV* [ˌretrəʊ'æktɪv, -lɪ] rückwirkend **retrograde** ['retrəʊgreɪd] *ADJ* rückläufig; **~ step** Rückschritt *m* **retrospect** ['retrəʊspekt] *S* **in ~** im Nachhinein; **in ~, what would you have done?** was hätten Sie rückblickend gemacht? **retrospective** [ˌretrəʊ'spektɪv] *ADJ* rückblickend; **a ~ look (at)** ein Blick *m* zurück (auf *+akk*) **retrospectively** [ˌretrəʊ'spektɪvlɪ] *ADV* rückblickend

retry [riː'traɪ] *VT* JUR *Fall* neu verhandeln; *jdn* neu verhandeln gegen

return [rɪ'tɜːn] *A VI* zurückkommen, zurückgehen/-fahren; (*Symptome, Ängste*) wiederkommen; **to ~ to London/the group** nach London/zur Gruppe zurückkehren; **to ~ to school** wieder in die Schule gehen; **to ~ to (one's) work** wieder an seine Arbeit gehen; **to ~ to a subject** auf ein Thema zurückkommen; **to ~ home** nach Hause kommen/gehen *B VT* **1** zurückgeben (*to sb* jdm), zurückbringen (*to sb* jdm), zurücksetzen *etc*; *Brief etc* zurückschicken (*to sb +akk*); **to ~ sb's (phone) call** jdn zurückrufen; **to ~ a book to the shelf/box** ein Buch auf das Regal zurückstellen/in die Kiste zurücklegen; **to ~ fire** MIL das Feuer erwidern **2 to ~ a verdict of guilty (on sb)** jdn schuldig sprechen **3** FIN *Gewinn* abwerfen **C** *S* **1** Rückkehr *f*; **on my ~** bei meiner Rückkehr; **~ home** Heimkehr *f*; **by ~ (of post)** (*Br*) **by ~ mail** postwendend; **many happy ~s (of the day)!** herzlichen Glückwunsch zum Geburtstag! **2** Rückgabe *f*, Zurückbringen *n*, Zurücksetzen *etc n* **3**

(*Br: a.* **return ticket**) Rückfahrkarte *f* (🔴 = (US) **round-trip ticket**) **4** (*aus Investition*) Einkommen *n* (*on aus*); (*aus Kapital*) Gewinn *m* (*on aus*) **5** (*fig*) **in ~** dafür; **in ~ for** für **6** *tax ~* Steuererklärung *f* **7** (*Tennis*) Return *m* **returnable** [rɪ'tɜːnəbl] *ADJ* Mehrweg-; **~ bottle** Mehrwegflasche *f*, Pfandflasche *f* **return fare** *S* (*Br*) Preis *m* für eine Rückfahrkarte (🔴 = **round-trip fare**); FLUG Preis *m* für ein Rückflugticket *n* **return flight** *S* (Hin- und) Rückflug *m* **return journey** *S* Rückreise *f* **return key** *S* IT Returntaste *f*

return ticket *S* (*Br*) Rückfahrkarte *f* (🔴 = (US) **round-trip ticket**); FLUG Rückflugticket *n* **return visit** *S* zweiter Besuch; **to make a ~ (to a place)** (an einen Ort) zurückkehren

reunification [riːˌjuːnɪfɪ'keɪʃən] *S* Wiedervereinigung *f* **reunify** [riː'juːnɪfaɪ] *VT* wiedervereinigen

reunion [riː'juːnjən] *S* Zusammenkunft *f* **reunite** [ˌriːjuː'naɪt] *A VT* wiedervereinigen; **they were ~d at last** sie waren endlich wieder vereint *B VI* (*Staaten*) sich wiedervereinigen

reusable [ˌriː'juːzəbl] *ADJ* wiederverwertbar **reuse** [ˌriː'juːz] *VT* wiederverwenden

Rev, Revd *abk von* Reverend

rev [rev] *A VI* den Motor auf Touren bringen *B VT Motor* aufheulen lassen ♦**rev up** *VT & VI* AUTO = rev

revalue [ˌriː'væljuː] *VT* FIN aufwerten

revamp [ˌriː'væmp] *VT* (*umg*) *Buch, Image* aufmotzen (*umg*); *Firma* auf Vordermann bringen (*umg*)

rev counter *S* AUTO Drehzahlmesser *m*

reveal [rɪ'viːl] *VT* **1** zum Vorschein bringen, zeigen **2** *Wahrheit* aufdecken; *Identität* enthüllen; *Namen, Einzelheiten* verraten; **he could never ~ his feelings for her** er konnte seine Gefühle für sie nie zeigen; **what does this ~ about the motives of the hero?** was sagt das über die Motive des Helden aus? **revealing** [rɪ'viːlɪŋ] *ADJ* aufschlussreich; *Rock etc* viel zeigend

revel ['revl] *A VI* **to ~ in sth** etw in vollen Zügen genießen; **to ~ in doing sth** seine wahre Freude daran haben, etw zu tun *B S* **revels** *PL* Feiern *n*

revelation [ˌrevə'leɪʃən] *S* Enthüllung *f*

reveller, (*US*) **reveler** ['revlə'] *S* Feiernde(r) *m/f(m)* **revelry** ['revlrɪ] *S meist pl* Festlichkeit *f*

revenge [rɪ'vendʒ] *S* Rache *f*; SPORT Revanche *f*; **to take ~ on sb (for sth)** sich an jdm (für etw) rächen; **to get one's ~** sich rächen; SPORT sich revanchieren; **in ~ for** als Rache für

revenue ['revənjuː] *S* öffentliche Einnahmen *pl*, Steueraufkommen *n*

reverberate [rɪ'vɜːbəreɪt] *VI* nachhallen

reverence ['revərəns] *S* Ehrfurcht *f*; **to treat**

557 ‖ RHIN

sth with ~ etw ehrfürchtig behandeln
reverend ['revərənd] **A** ADJ **the Reverend Robert Martin** ≈ Pfarrer Robert Martin **B** s̲ (umg) ≈ Pfarrer m
reverent ADJ, **reverently** ADV ['revərənt, -lı] ehrfürchtig
reversal [rı'vɜːsəl] s̲ (von Reihenfolge) Umkehren n; (von Prozess) Umkehrung f; (von Politik) Umkrempeln n; (von Entscheidung) Rückgängigmachen n
reverse [rı'vɜːs] **A** ADJ umgekehrt **B** s̲ **1** Gegenteil n; **quite the ~!** ganz im Gegenteil! **2** Rückseite f **3** AUTO Rückwärtsgang m; **in ~** im Rückwärtsgang; **to put a/the car into ~** den Rückwärtsgang einlegen **C** V̲T̲ **1** Reihenfolge, Prozess umkehren; Politik umkrempeln; Entscheidung rückgängig machen; **to ~ the charges** (Br TEL) ein R-Gespräch führen (🔴 = (US) **to call collect**) **2** **to ~ one's car into a tree** (bes Br) rückwärts gegen einen Baum fahren **D** V̲I̲ (bes Br: mit Auto) zurücksetzen **reverse charge call** s̲ (Br) R-Gespräch n (🔴 = (US) **collect call**) **reverse gear** s̲ AUTO Rückwärtsgang m **reversible** [rı'vɜːsəbl] ADJ Entscheidung rückgängig zu machen präd, rückgängig zu machend attr; Prozess umkehrbar **reversible jacket** s̲ Wendejacke f **reversing light** [rı'vɜːsıŋlaıt] s̲ Rückfahrscheinwerfer m
reversion [rı'vɜːʃən] s̲ Umkehr f (to zu) **revert** [rı'vɜːt] V̲I̲ zurückkehren (to zu)
review [rı'vjuː] **A** s̲ **1** Rückblick m (of auf +akk); (≈ Zusammenfassung) Überblick m (of über +akk) **2** nochmalige Prüfung; **the agreement comes up for ~** od **comes under ~** next year das Abkommen wird nächstes Jahr nochmals geprüft; **his salary is due for ~** in January im Januar wird sein Gehalt neu festgesetzt **3** (von Buch etc) Kritik f **B** V̲T̲ **1** Vergangenheit zurückblicken auf (+akk) **2** Situation, Fall erneut (über-)prüfen **3** Buch etc besprechen **4** (US: für Prüfung) wiederholen (🔴 = (Br) **revise**) **reviewer** [rı'vjuːə'] s̲ Kritiker(in) m(f)
revise [rı'vaız] **A** V̲T̲ **1** revidieren **2** (Br SCHULE etc) wiederholen (🔴 = (US) **review**) **B** V̲I̲ (Br) (den Stoff) wiederholen (🔴 = (US) **review**) **revised** ADJ **1** revidiert; Angebot neu **2** Ausgabe überarbeitet **revision** [rı'vıʒən] s̲ **1** (von Ansicht) Revidieren n **2** (Br SCHULE etc) Wiederholung f (des Stoffs) (🔴 = (US) **reviewing**) **3** (von Buch) überarbeitete Ausgabe
revisit [ˌriː'vızıt] V̲T̲ wieder besuchen
revitalize [ˌriː'vaıtəlaız] V̲T̲ neu beleben
revival [rı'vaıvəl] s̲ **1** (von Stück) Wiederaufnahme f **2** (von Brauch etc) Wiederaufleben n; **an economic ~** ein wirtschaftlicher Wiederaufschwung **revive** [rı'vaıv] **A** V̲T̲ wiederbeleben;

Wirtschaft wieder ankurbeln; Erinnerungen wieder lebendig werden lassen; Brauch wieder aufleben lassen; Karriere wiederaufnehmen; **to ~ interest in sth** neues Interesse an etw (dat) wecken **B** V̲I̲ (Mensch) wieder zu sich kommen, wieder munter werden; (Geschäfte) wieder aufblühen
revoke [rı'vəʊk] V̲T̲ Gesetz aufheben; Entscheidung widerrufen; Lizenz entziehen
revolt [rı'vəʊlt] **A** s̲ Revolte f **B** V̲I̲ revoltieren (against gegen) **C** V̲T̲ abstoßen; **I was ~ed by it** es hat mich abgestoßen (umg) **revolting** [rı-'vəʊltıŋ] ADJ abstoßend; Essen ekelhaft; (umg) Farbe, Kleid scheußlich; Mensch widerlich
revolution [ˌrevə'luːʃən] s̲ **1** Revolution f **2** Umdrehung f **revolutionary** [ˌrevə'luːʃnərı] **A** ADJ revolutionär **B** s̲ Revolutionär(in) m(f) **revolutionize** [ˌrevə'luːʃənaız] V̲T̲ revolutionieren
revolve [rı'vɒlv] **A** V̲T̲ drehen **B** V̲I̲ sich drehen; **he thinks the whole world ~s around him** er glaubt, alles dreht sich nur um ihn **revolver** [rı'vɒlvə'] s̲ Revolver m **revolving door** [rı'vɒlvıŋ] s̲ Drehtür f
revue [rı'vjuː] s̲ THEAT Revue f; (satirisch) Kabarett n
revulsion [rı'vʌlʃən] s̲ Ekel m (at vor +dat)
reward [rı'wɔːd] **A** s̲ Belohnung f; **the ~s of this job** die Vorzüge dieser Arbeit **B** V̲T̲ belohnen **reward card** s̲ HANDEL Paybackkarte f **rewarding** [rı'wɔːdıŋ] ADJ lohnend, dankbar; **bringing up a child is ~** ein Kind großzuziehen ist eine lohnende Aufgabe
rewind [ˌriː'waınd] prät, pperf **rewound** V̲T̲ Band zurückspulen; **~ button** Rückspultaste f
reword [ˌriː'wɜːd] V̲T̲ umformulieren
rewound [ˌriː'waʊnd] prät, pperf von **rewind**
rewritable [ˌriː'raıtəbl] ADJ CD, DVD wieder beschreibbar **rewrite** [ˌriː'raıt] prät **rewrote** [ˌriː-'rəʊt] pperf **rewritten** [ˌriː'rıtn] V̲T̲ neu schreiben, umschreiben; **to ~ the record books** einen neuen Rekord verzeichnen
Rhaeto-Romanic ['riːtəʊrəʊ'mænık] s̲ Rätoromanisch n
rhapsody ['ræpsədı] s̲ MUS Rhapsodie f; (fig) Schwärmerei f
Rhenish ['renıʃ] ADJ rheinisch
rhetoric ['retərık] s̲ Rhetorik f **rhetorical** ADJ, **rhetorically** ADV [rı'tɒrıkəl, -lı] rhetorisch
rheumatic [ruː'mætık] s̲ **rheumatics** sg Rheumatismus m **rheumatism** ['ruːmətızəm] s̲ Rheuma f
Rhine [raın] s̲ Rhein m **Rhineland** ['raınlænd] s̲ Rheinland n
rhino ['raınəʊ] s̲, pl -s (umg), **rhinoceros** [raı-'nɒsərəs] s̲ Nashorn n

R

RHOD ‖ 558

rhododendron [ˌrəʊdə'dendrən] S̅ Rhodo-
dendron *m od n*
rhombus ['rɒmbəs] S̅ Rhombus *m*
rhubarb ['ruːbɑːb] S̅ Rhabarber *m*
rhyme [raɪm] A S̅ 1 Reim *m*; **there's no ~ or
reason to it** das hat weder Sinn noch Verstand
2 Gedicht *n*; **in ~** in Reimen B V̅I̅ sich reimen
rhythm ['rɪðm] S̅ Rhythmus *m* **rhyth-
mic(al)** ['rɪðmɪk(əl)] ADJ, **rhythmically**
['rɪðmɪkəlɪ] ADV rhythmisch
rib [rɪb] A S̅ Rippe *f* B V̅T̅ (umg) necken **ribbed**
[rɪbd] ADJ gerippt
ribbon ['rɪbən] S̅ 1 (*in Haar*) Band *n*; (*für Schreib-
maschine*) Farbband *n*; (*fig*) Streifen *m* 2 **to tear
sth to ~s** etw zerfetzen
rib cage S̅ Brustkorb *m*
rice [raɪs] S̅ Reis *m* **rice pudding** S̅ (*bes Br*)
Milchreis *m*
rich [rɪtʃ] A ADJ (+er) reich; *Stil* prächtig; *Essen*
schwer; *Boden* fruchtbar; *Geruch* stark; **that's
~!** (*iron*) das ist stark (umg); **to be ~ in sth** reich
an etw (*dat*) sein; **~ in protein** eiweißreich; **~ in
minerals** reich an Bodenschätzen; **a ~ diet**
reichhaltige Kost B S̅ 1 **the ~** *pl* die Reichen
pl (❗ *der Reiche* = **the rich man**) 2 **riches** P̅L̅
Reichtümer *pl* **richly** ['rɪtʃlɪ] ADV verzieren, sich
kleiden prächtig; belohnen reichlich; **he ~ de-
serves it** er hat es mehr als verdient **rich-
ness** S̅ Reichtum *m* (*in an +dat*); (*von Stil*) Pracht
f; (*von Essen*) Schwere *f*; (*von Boden*) Fruchtbarkeit
f; **the ~ of his voice** seine volle Stimme
rickety ['rɪkɪtɪ] ADJ *Möbel etc* wack(e)lig
ricochet ['rɪkəʃeɪ] A S̅ Abprall *m* B V̅I̅ abpral-
len (*off von*)
rid [rɪd] *prät, pperf* rid *od* ridded V̅T̅ **to ~ of** be-
freien von; **to ~ oneself of sb/sth** jdn/etw los-
werden; *Ungeziefer a.* sich von etw befreien; **to
get ~ of sb/sth** jdn/etw loswerden; **to be ~ of
sb/sth** jdn/etw los sein; **get ~ of it** sieh zu, dass
du das loswirst; **you are well ~ of him** ein
Glück, dass du den los bist **riddance** ['rɪ-
dəns] S̅ **good ~!** (umg) ein Glück, dass wir
das *etc* los sind
ridden ['rɪdn] A *pperf* von **ride** B ADJ debt-~
hoch verschuldet; **disease-~** von Krankheiten
befallen
riddle¹ ['rɪdl] V̅T̅ ~d **with holes** völlig durch-
löchert; ~d **with woodworm** wurmzerfressen;
~d **with corruption** von der Korruption zer-
fressen; ~d **with mistakes** voller Fehler
riddle² S̅ Rätsel *n*; **to speak in ~s** in Rätseln
sprechen
ride [raɪd] *v*: *prät* rode, *pperf* ridden A S̅ Fahrt *f*;
(*mit Pferd*) Ritt *m*, Ausritt *m*; **to go for a ~** eine
Fahrt machen; (*mit Pferd*) reiten gehen; **cycle ~**
Radfahrt *f*; **to go for a ~ in the car** mit dem

Auto wegfahren; **I just went along for the ~**
(*fig umg*) ich bin nur zum Vergnügen mitgegan-
gen; **to take sb for a ~** (umg) jdn anschmieren
(umg); **he gave me a ~ into town in his car** er
nahm mich im Auto in die Stadt mit; **can I
have a ~ on your bike?** kann ich mal mit dei-
nem Rad fahren? B V̅I̅ 1 SPORT reiten (*on auf*
+*dat*); **to go riding** reiten gehen 2 fahren; **he
was riding on a bicycle** er fuhr mit einem
Fahrrad C V̅T̅ reiten; *Rad* fahren mit; **to ~ a mo-
torbike** Motorrad fahren ◆**ride on** V̅I̅ +*obj* (*Ruf*)
hängen an (+*dat*) ◆**ride up** V̅I̅ (*Rock etc*) hoch-
rutschen
rider ['raɪdə'] S̅ (*auf Pferd*) Reiter(in) *m(f)*; (*auf Rad*)
Fahrer(in) *m(f)*
ridge [rɪdʒ] S̅ (*in Stoff etc*) Rippe *f*; (*von Berg*) Rü-
cken *m*; **a ~ of hills** eine Hügelkette; **a ~ of
mountains** ein Höhenzug *m*; **a ~ of high pres-
sure** METEO ein Hochdruckkeil *m*
ridicule ['rɪdɪkjuːl] A S̅ Spott *m* B V̅T̅ verspot-
ten **ridiculous** [rɪ'dɪkjʊləs] ADJ lächerlich;
don't be ~ red keinen Unsinn; **to make one-
self (look) ~** sich lächerlich machen; **to be
made to look ~** der Lächerlichkeit preisgege-
ben werden; **to go to ~ lengths (to do sth)**
großen Aufwand betreiben(, um etw zu tun)
ridiculously [rɪ'dɪkjʊləslɪ] ADV lächerlich
riding ['raɪdɪŋ] S̅ Reiten *n*; **I enjoy ~** ich reite
gern; **to go ~** reiten gehen **riding school** S̅
Reitschule *f*
rife [raɪf] ADJ weitverbreitet; **to be ~** grassieren;
~ with voll von, voller +*gen*
riffraff ['rɪfræf] P̅L̅ Gesindel *n*, Pack *n*
rifle¹ ['raɪfl] V̅T̅ (*a.* **rifle through**) durchwüh-
len
rifle² S̅ Gewehr *n* **rifle range** S̅ Schießstand
m
rift [rɪft] S̅ Spalt *m*; (*fig*) Riss *m*
rig [rɪg] A S̅ (Öl)förderturm *m*, Ölbohrinsel *f* B
V̅T̅ (*fig*) *Wahlen etc* manipulieren

---

right [raɪt]

A Adjektiv	**B** Adverb
C Substantiv	**D** transitives Verb

— A Adjektiv —

1 richtig; **he thought it ~ to warn me** er hielt
es für richtig, mich zu warnen; **it seemed
only ~ to give him the money** es schien
richtig, ihm das Geld zu geben; **it's only ~
(and proper)** es ist nur recht und billig; **to be
~** recht haben; (*Antwort*) stimmen; **what's the
~ time?** wie viel Uhr ist es genau?; **you're
quite ~** Sie haben ganz recht; **you were ~ to
refuse** Sie hatten recht, als Sie ablehnten; **to**

put ~ *Fehler* korrigieren; *Situation* wieder in Ordnung bringen; **I tried to put things ~ after their quarrel** ich versuchte, nach ihrem Streit wieder einzulenken; **what's the ~ thing to do in this case?** was tut man da am besten?; **to do sth the ~ way** etw richtig machen; **Mr/Miss Right** (umg) der/die Richtige (umg); **we will do what is ~ for the country** wir werden tun, was für das Land gut ist; **the medicine soon put him ~** die Medizin hat ihn schnell wiederhergestellt; **he's not ~ in the head** (umg) bei ihm stimmts nicht im Oberstübchen (umg) **2** ~**!** okay (umg); **that's ~!** das stimmt!; **so they came in the end — is that ~?** und so kamen sie schließlich — wirklich?; ~ **enough!** (das) stimmt! **3** rechte(r, s)

— **B** Adverb —

1 direkt, genau; ~ **in front of you** direkt vor Ihnen; ~ **away** sofort; ~ **now** in diesem Augenblick, sofort; ~ **here** genau hier; ~ **in the middle** genau in der Mitte; ~ **at the beginning** gleich am Anfang; **I'll be ~ with you** ich bin gleich da **2** (≈ völlig) ganz **3** richtig; **nothing goes ~ for them** nichts klappt bei ihnen (umg) **4** rechts; **turn ~** biegen Sie rechts ab

— **C** Substantiv —

1 (**!**) kein pl) Recht n; **to be in the ~** im Recht sein; (**to have**) **a ~ to sth** einen Anspruch auf etw (akk) (haben); **he is within his ~s** das ist sein gutes Recht; **by ~s** rechtmäßig; **in one's own ~** selber **2** **rights** HANDEL Rechte pl **3** **to put od set sth to ~s** etw (wieder) in Ordnung bringen; **to put the world to ~s** die Welt verbessern **4** rechte Seite; **to drive on the ~** rechts fahren; **to keep to the ~** sich rechts halten; **on my ~** rechts (von mir); **on od to the ~ of the church** rechts von der Kirche; **the Right** POL die Rechte

— **D** transitives Verb —

1 aufrichten **2** *Unrecht* wiedergutmachen **right angle** S rechter Winkel; **at ~s (to)** rechtwinklig (zu) **right-angled** ADJ rechtwinklig **right-click** IT **A** VI rechts klicken **B** VT rechts klicken auf (+akk) **righteous** ['raɪtʃəs] ADJ **1** rechtschaffen **2** *Wut* gerecht **rightful** ['raɪtfʊl] ADJ rechtmäßig **rightfully** ['raɪtfəlɪ] ADV rechtmäßig; **they must give us what is ~ ours** sie müssen uns geben, was uns rechtmäßig zusteht **right-hand** ADJ ~ **drive** rechtsgesteuert **right-handed** ADJ, ADV rechtshändig **right-hander** S Rechtshänder(in) m(f) **right-hand man** S, pl -men rechte Hand **rightist** ['raɪtɪst] ADJ POL rechts orientiert **rightly** ['raɪtlɪ] ADV richtig; **they are**

~ **regarded as ...** sie werden zu Recht als ... angesehen; **if I remember ~** wenn ich mich recht erinnere; **and ~ so** und zwar mit Recht **right-minded** ADJ vernünftig **right of way** S Durchgangsrecht n; VERKEHR Vorfahrt f, Vortritt m (schweiz) **right wing** S POL rechter Flügel **right-wing** ADJ POL rechtsgerichtet; ~ **extremist** Rechtsextremist(in) m(f) **right-winger** S SPORT Rechtsaußen m; POL Rechte(r) m/f(m)

rigid ['rɪdʒɪd] ADJ starr; *Disziplin* streng; ~ **with fear** starr vor Angst; **to be bored ~** sich zu Tode langweilen **rigidity** [rɪ'dʒɪdɪtɪ] S Starrheit f; (von Charakter) Striktheit f; (von Disziplin) Strenge f **rigidly** ['rɪdʒɪdlɪ] ADV **1** (wörtl) starr **2** (fig) handeln strikt

rigmarole ['rɪgmərəʊl] S (umg) **1** Gelaber n (umg) **2** (≈ Vorgang) Theater n (umg), Zirkus m (umg)

rigor S (US) = rigour **rigorous** ['rɪgərəs] ADJ strikt; *Maßnahmen* rigoros; *Prüfung* gründlich **rigorously** ['rɪgərəslɪ] ADV anwenden rigoros; prüfen gründlich **rigour**, (US) **rigor** ['rɪgəʳ] S **rigours** PL (des Klimas etc) Unbilden pl

rim [rɪm] S Rand m; (von Brille) Fassung f; (von Rad) Felge f **rimmed** [rɪmd] ADJ mit Rand; **gold-~ spectacles** Brille f mit Goldfassung

rind [raɪnd] S Rinde f; (von Speck) Schwarte f; (von Obst) Schale f

ring[1] [rɪŋ] **A** S Ring m; (in Zirkus) Manege f; **to run ~s round sb** (umg) jdn in die Tasche stecken (umg) **B** VT umringen, einkreisen

ring[2] v: prät rang, pperf rung **A** S **1** Klang m; (von Klingel) Läuten n; (von Wecker, Telefon) Klingeln n; **there was a ~ at the door** es hat geklingelt **2** (bes Br TEL) **to give sb a ~** jdn anrufen **B** VI **1** klingen; (Glocke) läuten; (Wecker, Telefon) klingeln; **the (door)bell rang** es hat geklingelt; **to ~ for sth** nach etw läuten **2** (bes Br TEL) anrufen; **to ~ for the doctor** den Arzt rufen **3** tönen; **to ~ true** wahr klingen **C** VT **1** Glocke läuten; **to ~ the doorbell** (an der Tür) klingeln; **that ~s a bell** (fig umg) das kommt mir bekannt vor **2** (bes Br: a. **ring up**) anrufen ◆**ring back** VI, VT trennb (bes Br) zurückrufen ◆**ring off** VI (bes Br TEL) auflegen ◆**ring out** VI (Glocke) ertönen; (Schuss) knallen ◆**ring round** VI (bes Br) herumtelefonieren ◆**ring up** VT trennb **1** (bes Br TEL) anrufen **2** (Kassiererin) eintippen

ring binder S Ringbuch n **ring finger** S Ringfinger m **ringing** ['rɪŋɪŋ] **A** ADJ Glocke läutend; ~ **tone** (Br TEL) Rufzeichen n **B** S (von Glocke) Läuten n; (von Wecker, Telefon) Klingeln n; (in Ohren) Klingen n **ringleader** S Anführer(in) m(f) **ringmaster** S Zirkusdirektor m **ring road** S (Br) Umgehung(sstraße) f, Umfahrung(sstraße) f (österr) **ring tone**, **ringtone**

RINK | 560

s̄ TEL Klingelton *m*

rink [rɪŋk] s̄ 1 Eisbahn *f* 2 Rollschuhbahn *f*

rinse [rɪns] A s̄ Spülung *f*; (≈ *Farbstoff*) Tönung *f*; **to give sth a ~** *Kleidung, Haare etw* spülen; *Geschirr etw* abspülen; *Tasse, Mund etw* ausspülen B v̄t *Kleidung, Haare* spülen; *Geschirr* abspülen; *Tasse, Mund* ausspülen ♦**rinse out** v̄t *trennb* auswaschen

riot [ˈraɪət] A s̄ POL Aufruhr *m kein pl*, Krawall *m*; (*fig*) Orgie *f*; **to run ~** (*Menge*) randalieren; (*Unkraut*) wuchern B v̄t randalieren **rioter** [ˈraɪətə^r] s̄ Randalierer(in) *m(f)* **rioting** [ˈraɪətɪŋ] s̄ Krawalle *pl* **riotous** [ˈraɪətəs] ADJ *Menge* randalierend; *Verhalten* wild

rip [rɪp] A s̄ Riss *m* B v̄t zerreißen; **to ~ open** aufreißen C v̄i 1 reißen 2 (*umg*) **to let ~** loslegen (*umg*) ♦**rip apart** v̄t *trennb* auseinanderreißen ♦**rip off** v̄t *trennb* 1 (*wörtl*) abreißen (+*obj von*); *Kleider* herunterreißen 2 (*umg*) *jdn* abzocken (*umg*) ♦**rip up** v̄t *trennb* zerreißen

ripe [raɪp] ADJ (+*er*) 1 reif; **to live to a ~ old age** ein hohes Alter erreichen; **to be ~ for the picking** pflückreif sein 2 (*umg*) *Geruch* durchdringend **ripen** [ˈraɪpən] A v̄t reifen lassen B v̄i reifen **ripeness** [ˈraɪpnɪs] s̄ Reife *f*

rip-off [ˈrɪpɒf] s̄ (*umg*) Wucher *m*; (*betrügerisch*) Schwindel *m*; (≈ *Nachahmung*) Abklatsch *m*

ripple [ˈrɪpl] A s̄ 1 kleine Welle 2 **a ~ of laughter** ein kurzes Lachen B v̄i (*Wasser*) sich kräuseln C v̄t *Wasser* kräuseln; *Muskeln* spielen lassen

rise [raɪz] *v: prät* **rose**, *pperf* **risen** A s̄ 1 (*in sth einer Sache gen*) Anstieg *m*, Zunahme *f*; **a (pay) ~** (*Br*) eine Gehaltserhöhung (❗= (*US*) **raise**); **there has been a ~ in the number of participants** die Zahl der Teilnehmer ist gestiegen 2 (*von Sonne*) Aufgehen *n*; (*fig: zu Ruhm etc*) Aufstieg *m* (*to zu*) 3 (≈ *Hügel etc*) Erhebung *f*, Steigung *f* 4 **to give ~ to sth** etw verursachen B v̄i 1 aufstehen; **~ and shine!** (*umg*) raus aus den Federn! (*umg*) 2 steigen; (*Vorhang*) sich heben; (*Sonne, Brot*) aufgehen; (*Stimme*) sich erheben; **to ~ to the surface** an die Oberfläche kommen; **her spirits rose** ihre Stimmung hob sich; **to ~ to a crescendo** zu einem Crescendo anschwellen; **to ~ to fame** Berühmtheit erlangen; **he rose to be President** er stieg zum Präsidenten auf 3 (*Weg*) ansteigen 4 (*a.* **rise up**) (≈ *Aufstand*) sich erheben; **to ~ (up) in protest (at sth)** sich protestierend (gegen etw) erheben ♦**rise above** v̄i +*obj Inflationsrate* ansteigen um mehr als; *Beleidigungen etc* erhaben sein über (+*akk*) ♦**rise up** v̄i aufstehen; (*Berg*) sich erheben

risen [ˈrɪzn] *pperf von* **rise** **riser** [ˈraɪzə^r] s̄ **early ~** Frühaufsteher(in) *m(f)*; **late ~** Langschlä-

fer(in) *m(f)* **rising** [ˈraɪzɪŋ] A s̄ 1 (*von Rebellen*) Aufstand *m* 2 (*von Sonne*) Aufgehen *n*; (*von Preisen*) (An)steigen *n* B ADJ 1 *Sonne* aufgehend; *Flut* steigend 2 steigend; *Kriminalität* zunehmend 3 (*fig*) **a ~ politician** ein kommender Politiker

risk [rɪsk] A s̄ Risiko *n*; **health ~** Gesundheitsgefahr *f*; **to take ~s/a ~** Risiken/ein Risiko eingehen; **to run the ~ of doing sth** das Risiko eingehen, etw zu tun; **"cars parked at owners' ~"** „Parken auf eigene Gefahr"; **to be at ~** gefährdet sein; **to put sb at ~** jdn gefährden; **to put sth at ~** etw riskieren; **fire ~** Feuerrisiko B v̄t riskieren; **you'll ~ losing your job** Sie riskieren dabei, Ihre Stelle zu verlieren **risky** [ˈrɪskɪ] ADJ (+*er*) riskant

risqué [ˈriːskeɪ] ADJ gewagt

rite [raɪt] s̄ Ritus *m*; **burial ~s** Bestattungsriten *pl*

ritual [ˈrɪtjʊəl] A ADJ 1 rituell 2 *Besuch* üblich B s̄ Ritual *n*

rival [ˈraɪvəl] A s̄ Rivale *m*, Rivalin *f* (*for um, to für*); HANDEL Konkurrent(in) *m(f)* B ADJ *Gruppe* rivalisierend; *Pläne* konkurrierend C v̄t HANDEL konkurrieren mit; **his achievements ~ yours** seine Leistungen können sich mit deinen messen **rivalry** [ˈraɪvəlrɪ] s̄ Rivalität *f*; HANDEL Konkurrenzkampf *m*

river [ˈrɪvə^r] s̄ Fluss *m*; **down ~** flussabwärts; **up ~** flussaufwärts; **the ~ Rhine** (*Br*), **the Rhine ~** (*US*) der Rhein **riverbed** s̄ Flussbett *n* **riverside** s̄ Flussufer *n*; **on/by the ~** am Fluss

rivet [ˈrɪvɪt] A s̄ Niete *f* B v̄t (*fig*) *Aufmerksamkeit* fesseln; **his eyes were ~ed to the screen** sein Blick war auf die Leinwand geheftet **riveting** [ˈrɪvɪtɪŋ] ADJ fesselnd

road [rəʊd] s̄ 1 Straße *f*; **by ~** (*schicken*) per Spedition; (*reisen*) mit dem Bus *etc*; **across the ~ (from us)** gegenüber (von uns); **my car is off the ~ just now** ich kann mein Auto momentan nicht benutzen; **this vehicle shouldn't be on the ~** das Fahrzeug ist nicht verkehrstüchtig; **to take to the ~** sich auf den Weg machen; **to be on the ~** unterwegs sein; (*Theaterensemble*) auf Tournee sein; **is this the ~ to London?** geht es hier nach London?; **to have one for the ~** (*umg*) zum Abschluss noch einen trinken 2 (*fig*) Weg *m*; **you're on the right ~** Sie sind auf dem richtigen Weg; **on the ~ to ruin** auf dem Weg ins Verderben **road accident** s̄ Verkehrsunfall *m* **roadblock** s̄ Straßensperre *f* **road hog** s̄ (*umg*) Verkehrsrowdy *m* (*umg*) **roadhouse** s̄ (*US*) Rasthaus *n außerhalb einer Ortschaft an einer Hauptverkehrsstraße* **roadie** [ˈrəʊdɪ] s̄ (*umg*) Roadie *m* (*umg*) **road map** s̄ Straßenkarte *f* **road rage** s̄ Aggressivität *f* im Straßenver-

561 ‖ ROLL

kehr **road safety** S̅ Verkehrssicherheit f
road show S̅ THEAT Tournee f **roadside**
S̅ Straßenrand m; **by the ~** am Straßenrand
roadsign S̅ (Straßen)verkehrszeichen n
road tax S̅ (Br) Kraftfahrzeugsteuer f **road
test** S̅ Probefahrt f **road-test** V̅T̅ eine Probe-
fahrt machen mit, Probe fahren **road toll** S̅
Straßenbenutzungsgebühr f **road trans-
port** S̅ Straßengüterverkehr m **roadway** S̅
Fahrbahn f **roadworks** P̅L̅ Straßenbauarbei-
ten pl (❶ in GB auf Warnschildern) **road-
worthy** A̅D̅J̅ verkehrstüchtig
roam [rəʊm] A̅ V̅T̅ wandern durch; **to ~ the
streets** (in den Straßen) herumstreunen B̅ V̅I̅
(herum)wandern ◆**roam about** (Br) od
around V̅I̅ herumwandern
roar [rɔ:ʳ] A̅ V̅I̅ brüllen (with vor +dat); (Wind, Mo-
tor) heulen; **to ~ at sb** jdn anbrüllen B̅ V̅T̅ (a.
roar out) brüllen; **to ~ one's approval** zu-
stimmend grölen C̅ S̅ (❶ kein pl) Gebrüll n;
(von Wind, Motor) Heulen n; (von Verkehr) Donnern
n; **~s of laughter** brüllendes Gelächter; **the ~s
of the crowd** das Brüllen der Menge **roaring**
A̅ A̅D̅J̅ Löwe etc brüllend; **a ~ success** ein voller
Erfolg; **to do a ~ trade (in sth)** ein Riesenge-
schäft n (mit etw) machen B̅ S̅ = roar C
roast [rəʊst] A̅ S̅ Braten m B̅ A̅D̅J̅ Fleisch gebra-
ten; Kartoffeln in Fett im Backofen gebraten; **~
chicken** Brathähnchen n; **~ beef** Roastbeef n
C̅ V̅T̅ Fleisch braten; Kaffee rösten D̅ V̅I̅ (Fleisch) bra-
ten; (umg: Mensch) irrsinnig schwitzen (umg)
roasting A̅D̅J̅ (umg) knallheiß (umg) **roasting
tin, roasting tray** S̅ Bräter m
rob [rɒb] V̅T̅ jdn bestehlen; Bank ausrauben; **to ~
sb of sth** jdm etw rauben; **I've been ~bed!** ich
bin bestohlen worden!
robber ['rɒbəʳ] S̅ Räuber(in) m(f)
robbery ['rɒbərɪ] S̅ Raub m kein pl, Einbruch m
(of in +akk); **armed ~** bewaffneter Raubüberfall;
bank ~ Bankraub m
robe [rəʊb] S̅ Robe f; (bes US: im Haus) Morgen-
rock m
robin ['rɒbɪn] S̅ Rotkehlchen n
robot ['rəʊbɒt] S̅ Roboter m
robust [rəʊ'bʌst] A̅D̅J̅ robust; Statur kräftig
rock¹ [rɒk] A̅ V̅T̅ ❶ schaukeln, wiegen ❷ Gebäude
erschüttern; (fig umg) **to ~ the boat** (fig) für Un-
ruhe sorgen B̅ V̅I̅ ❶ schaukeln ❷ (Gebäude)
schwanken C̅ S̅ MUS Rock m
rock² S̅ ❶ Stein m; (von Berg) Fels m; GEOL Gestein
n ❷ Fels(en) m, (großer) Stein; **the Rock (of Gi-
braltar)** der Felsen von Gibraltar; **as solid as a
~** massiv wie ein Fels; Unternehmen, Ehe uner-
schütterlich wie ein Fels; **on the ~s** (umg)
mit Eis; (Ehe etc) kaputt (umg)
rock bottom S̅ **to be at ~** auf dem Tiefpunkt

sein; **to hit ~** den Tiefpunkt erreichen **rock-
-bottom** A̅D̅J̅ (umg) **~ prices** Niedrigstpreise pl
rock-climber S̅ (Felsen)kletterer(in) m(f)
rock climbing S̅ Klettern n (im Fels) **rock-
ery** ['rɒkərɪ] S̅ Steingarten m
rocket¹ ['rɒkɪt] A̅ S̅ Rakete f B̅ V̅I̅ (Preise) hoch-
schießen
rocket² S̅ GASTR Rucola m
rocket science S̅ (wörtl) Raketentechnik f; **it's
not ~** (umg) dazu muss man kein Genie sein
rock face S̅ Felswand f **rock fall** S̅ Stein-
schlag m **rock garden** S̅ Steingarten m
Rockies ['rɒkɪz] P̅L̅ **the ~** die Rocky Mountains
pl **rocking chair** ['rɒkɪŋ] S̅ Schaukelstuhl m
rocking horse S̅ Schaukelpferd n **rock
pool** S̅ Wasserlache zwischen Felsen **rock
star** S̅ MUS Rockstar m
rocky¹ ['rɒkɪ] A̅D̅J̅ wackelig
rocky² A̅D̅J̅ (+er) felsig; Weg steinig **Rocky
Mountains** P̅L̅ **the ~** die Rocky Mountains pl
rococo [rə'kəʊkəʊ] S̅ Rokoko n
rod [rɒd] S̅ Stab m, Stange f; (zur Bestrafung, zum
Angeln) Rute f
rode [rəʊd] prät von ride
rodent ['rəʊdənt] S̅ Nagetier n
rodeo ['rəʊdɪəʊ] S̅, pl -s Rodeo n
roe¹ [rəʊ] S̅, pl -(s) (a. **roe deer**) Reh n; **~buck**
Rehbock m; **~ deer** Reh n
roe² S̅, pl - (von Fisch) Rogen m
roger ['rɒdʒəʳ] I̅N̅T̅ verstanden
rogue [rəʊg] A̅ S̅ Gauner(in) m(f), Bazi m (österr),
Schlingel m B̅ A̅D̅J̅ ❶ einzelgängerisch ❷ abnor-
mal
role [rəʊl] S̅ Rolle f **role model** S̅ PSYCH Rol-
lenbild n **role-play** A̅ V̅I̅ ein Rollenspiel
durchführen B̅ V̅T̅ als Rollenspiel durchführen
role-playing S̅ (❶ kein pl) Rollenspiel n
roll [rəʊl] A̅ S̅ ❶ Rolle f; (von Fett) Wulst m ❷
(GASTR: a. **bread roll**) Brötchen n ❸ (von Don-
ner) Rollen n; (≈ Gymnastikübung, FLUG) Rolle f; (auf
Trommel) Wirbel m; **to be on a ~** (umg) eine
Glückssträhne haben ❹ Register n; **~ of hon-
our** (Br) Ehrenliste f B̅ V̅I̅ ❶ rollen; (Schiff) schlin-
gern; **to ~ down the hill** den Berg hinunter-
rollen; **tears were ~ing down her cheeks** Trä-
nen rollten ihr über die Wangen; **to ~ in the
mud** sich im Schlamm wälzen; **he's ~ing in it**
(umg) er schwimmt im Geld (umg) ❷ (Kamera) lau-
fen C̅ V̅T̅ rollen; Zigarette drehen; Teig ausrollen;
to ~ one's eyes die Augen rollen; **he ~ed
himself in a blanket** er wickelte sich in eine
Decke; **kitchen and dining room ~ed into
one** Küche und Esszimmer in einem ◆**roll
about** (Br) od **around** V̅I̅ herumrollen;
(Mensch, Hund) sich herumwälzen; (umg: vor La-
chen) sich kugeln (umg) ◆**roll back** V̅T̅&V̅I̅ trennb

R

zurückrollen ♦**roll down** A VI hinunterrollen B VT trennb Fenster herunterlassen ♦**roll in** VI (Geld) hereinströmen ♦**roll on** VI ~, **Saturday!** (Br) wenn es doch nur schon Samstag wäre! ♦**roll out** VT trennb Teig ausrollen ♦**roll over** A VI herumrollen, (Fahrzeug) umkippen; (Mensch) sich umdrehen B VT trennb umdrehen ♦**roll up** A VI ~! treten Sie näher! B VT trennb zusammenrollen; Ärmel hochkrempeln **roll call** S Namensaufruf m **roller** ['rəʊlə'] S (für Rasen) Walze f; (≈ im Haar) (Locken)wickler m; **to put one's hair in ~s** sich (dat) die Haare aufdrehen **rollerball pen** S Tintenroller m **roller blind** S Springrollo n **roller coaster** S Achterbahn f **roller skate** S Rollschuh m **roller-skate** VI Rollschuh laufen **roller-skating** S Rollschuhlaufen n; **to go ~** Rollschuh laufen **rolling pin** S Nudelholz n **rollneck** S Rollkragen m **rollneck(ed)** ADJ Rollkragen- **roll-on** S (Deo)roller m **rollover** S (Br: im Lotto) ~ **week** Woche mit Lotto-Jackpot, da es in der vorhergehenden Woche keinen Hauptgewinner gab; ~ **jackpot** Jackpot m **roll-up** S (Br umg) Selbstgedrehte f
roly-poly ['rəʊlɪ'pəʊlɪ] ADJ (umg) kugelrund
ROM [rɒm] S IT abk von read only memory ROM m od n
Roman ['rəʊmən] A S 1 Römer(in) m(f) 2 (TYPO: a. **Roman type**) Magerdruck m B ADJ römisch; ~ **times** Römerzeit f **Roman Catholic** A ADJ (römisch-)katholisch; **the ~ Church** die (römisch-)katholische Kirche B S Katholik(in) m(f) **Roman Catholicism** S römisch-katholischer Glaube
romance [rəʊˈmæns] A S 1 Liebesgeschichte f 2 Romanze f 3 (❗ kein pl) Romantik f B ADJ **Romance** Sprache romanisch
Romanesque [ˌrəʊməˈnesk] ADJ romanisch
Romania [rəʊˈmeɪnɪə] S Rumänien n **Romanian** A ADJ rumänisch B S 1 Rumäne m, Rumänin f 2 (≈ Sprache) Rumänisch n
Roman numeral S römische Ziffer
romantic [rəʊˈmæntɪk] ADJ romantisch **romanticism** [rəʊˈmæntɪsɪzəm] S Romantik f **romanticize** [rəʊˈmæntɪsaɪz] VT romantisieren
Romany ['rəʊmənɪ] A S 1 Roma m/f(m) 2 LING Romani n B ADJ Kultur der Roma
Rome [rəʊm] S Rom n; **when in ~ (do as the Romans do)** (sprichw) ≈ andere Länder, andere Sitten (sprichw); ~ **wasn't built in a day** Rom ist auch nicht an einem Tag erbaut worden (sprichw)
romp [rɒmp] A S Tollerei f B VI (Kinder) herumtollen; **to ~ home** spielend gewinnen; **to ~**

through sth mit etw spielend fertig werden
roof [ruːf] S Dach n; (von Tunnel) Gewölbe n; **the ~ of the mouth** der Gaumen; **without a ~ over one's head** ohne Dach über dem Kopf; **to live under the same ~ as sb** mit jdm unter demselben Dach wohnen; **to go through the ~** (umg: vor Wut) an die Decke gehen (umg); (Preise etc) untragbar werden **roof garden** S Dachgarten m **roof rack** S Dach(gepäck)träger m **rooftop** S Dach n; **to shout sth from the ~s** (fig) etw überall herumposaunen (umg)
rook [rʊk] S 1 Saatkrähe f 2 SCHACH Turm m

rook — Saatkrähe

rook Schach — Turm

rookie ['rʊkɪ] S (bes MIL sl) Grünschnabel m (umg)
room [ruːm] S 1 Zimmer n; (groß, öffentlich) Saal m 2 (❗ kein pl) Platz m; (fig) Spielraum m; **there is ~ for two (people)** es ist genügend Platz für zwei (Leute); **to make ~ for sb/sth** für jdn/etw Platz machen; **there is ~ for improvement** es könnte um einiges besser sein; ~ **for manoeuvre** (Br) od **maneuver** (US) Spielraum m **roomer** ['ruːmə'] S (US) Untermieter(in) m(f) (❗ = (Br) **lodger**) **roomful** S **a ~ of people** ein Zimmer voll(er) Leute **roommate** S (Br) Zimmergenosse m, Zimmergenossin f; (US) Mitbewohner(in) m(f) **room service** S Zimmerservice m **room temperature** S Zimmertemperatur f **roomy** ['ruːmɪ] ADJ (+er) geräumig
roost [ruːst] A S Stange f; **to come home to ~** (fig) auf den Urheber zurückfallen B VI auf der Stange schlafen
rooster ['ruːstə'] S (US) Hahn m (❗ = (Br) **cock**)
root [ruːt] A S 1 Wurzel f; **by the ~s** mit der

563 ‖ ROUG

Wurzel; **to take ~** Wurzeln schlagen; **her ~s are in Scotland** sie ist in Schottland verwurzelt; **to put down ~s in a country** in einem Land Fuß fassen; **to get to the ~(s) of the problem** dem Problem auf den Grund gehen **2** LING Stamm *m* **B** v/t Wurzeln schlagen ♦**root about** (*Br*) *od* **around** v/i herumwühlen (*for* nach) ♦**root for** v/i +*obj* **to ~ sb** jdn anfeuern ♦**root out** v/t *trennb* (*fig*) mit der Wurzel ausreißen

root beer s (*US*) *Art* Limonade (❗ Als Getränk hat **root beer** keinen Plural. **Root beers** sagt man zu verschiedenen Sorten oder einzelnen Gläsern.) **rooted** ADJ verwurzelt; **to stand ~ to the spot** wie angewurzelt dastehen **root vegetable** s Wurzelgemüse *n*

rope [rəʊp] s Seil *n*; SCHIFF Tau *n*; **to know the ~s** (*umg*) sich auskennen; **to show sb the ~s** (*umg*) jdn in alles einweihen; **to learn the ~s** (*umg*) sich einarbeiten ♦**rope in** v/t *trennb* (*bes Br fig*) rankriegen (*umg*); **how did you get roped into that?** wie bist du denn da reingeraten? (*umg*) ♦**rope off** v/t *trennb* mit einem Seil abgrenzen

rope ladder s Strickleiter *f*

rosary ['rəʊzərɪ] s REL Rosenkranz *m*

rose[1] [rəʊz] *prät von* **rise**

rose[2] **A** s Rose *f*; **everything's coming up ~s** (*umg*) alles läuft bestens (*umg*); **to come up smelling of ~s** (*umg*) gut dastehen; **that will put the ~s back in your cheeks** davon bekommst du wieder etwas Farbe im Gesicht **B** ADJ rosarot

rosé [rəʊzeɪ] **A** ADJ rosé **B** s Rosé *m* (❗ Als Getränk hat **rosé** keinen Plural. **Rosés** sagt man zu verschiedenen Sorten oder einzelnen Gläsern.)

rosebush s Rosenstrauch *m* **rosehip** s Hagebutte *f*

rosemary ['rəʊzmərɪ] s Rosmarin *m*

rosette [rəʊ'zet] s Rosette *f*

roster ['rɒstəʳ] s Dienstplan *m*

rostrum ['rɒstrəm] s, *pl* **rostra** ['rɒstrə] Rednerpult *n*

rosy ['rəʊzɪ] ADJ (+*er*) rosarot; *Backen* rosig; **to paint a ~ picture of sth** etw in den rosigsten Farben ausmalen

rot [rɒt] **A** s **1** Fäulnis *f kein pl*; **to stop the ~** den Fäulnisprozess aufhalten; **then the ~ set in** (*fig*) dann setzte der Fäulnisprozess ein **2** (*umg*) Quatsch *m* (*umg*) **B** v/i verrotten; (*Zähne, Pflanzen*) verfaulen; **to ~ in jail** im Gefängnis verrotten **C** v/t verfaulen lassen

rota ['rəʊtə] s (*Br*) Dienstplan *m*

rotary ['rəʊtərɪ] **A** ADJ rotierend, Dreh- **B** s (*US*) Kreisverkehr *m*, Kreisel *m* (❗ = (*Br*) round-

about)

rotate [rəʊ'teɪt] **A** v/t rotieren lassen; *Feldfrüchte* im Wechsel anbauen **B** v/i **1** rotieren **2** sich (turnusmäßig) abwechseln **rotating** [rəʊ'teɪtɪŋ] ADJ rotierend **rotation** [rəʊ'teɪʃən] s Rotation *f*, turnusmäßiger Wechsel; **in ~** im Turnus; **crop ~** Fruchtwechsel *m*

rote [rəʊt] s **by ~** *lernen* auswendig

rotten ['rɒtn] ADJ **1** faul; (*fig*) korrupt; **~ to the core** (*fig*) durch und durch verdorben; **~ apple** (*fig*) schwarzes Schaf **2** (*umg*) mies (*umg*), scheußlich (*umg*); (≈ *boshaft*) gemein; **to be ~ at sth** in etw (*dat*) schlecht sein; **what ~ luck!** so ein Pech!; **that was a ~ trick** das war ein übler Trick; **that's a ~ thing to say** es ist gemein, so etwas zu sagen; **to feel ~** sich elend fühlen; **to look ~** schlecht aussehen; **to feel ~ about doing sth** sth kein vorkommen, etw zu tun (*umg*); **to spoil sb ~** jdn nach Strich und Faden verwöhnen (*umg*) **rotting** ['rɒtɪŋ] ADJ verfaulend, faulig

rotund [rəʊ'tʌnd] ADJ *Mensch* rundlich; *Objekt* rund

rouge [ruːʒ] s Rouge *n*

rough [rʌf] **A** ADJ (+*er*) **1** *Boden* uneben; *Oberfläche, Haut, Stoff* rau **2** *Mensch* ungehobelt; *Benehmen, Schätzung* grob; **~ sketch** Faustskizze *f*; **at a ~ guess** grob geschätzt; **to have a ~ idea** eine ungefähre Ahnung haben **3** (≈ *gewalttätig*) grob; *Spiel* wild; *Sport* hart; *Nachbarschaft* rau; *See* stürmisch **4** (*umg*) **he had a ~ time (of it)** es ging ihm ziemlich dreckig (*umg*); **to give sb a ~ time** jdn ganz schön rannehmen (*umg*); **to get a ~ ride** Schwierigkeiten bekommen; **to give sb a ~ ride** jdm die Hölle heißmachen (*umg*); **when the going gets ~ ...** wenn es hart wird, ...; **to feel ~** sich mies fühlen (*umg*) **B** ADV wüst; **to sleep ~** im Freien übernachten **C** s **1** **to take the ~ with the smooth** das Leben nehmen, wie es kommt **2** Rohentwurf *m*; **in ~** im Rohzustand **roughage** ['rʌfɪdʒ] s (❗ kein *pl*) Ballaststoffe *pl* **rough-and-ready** ADJ *Verfahren* provisorisch; *Mensch* rau(beinig) **rough-and-tumble** s Balgerei *f*, Keilerei *f* **rough copy** s Konzept *n* **rough draft** s Rohentwurf *m* **roughen** ['rʌfn] v/t rau machen; *Oberfläche a.* aufrauen **roughly** ['rʌflɪ] ADV **1** grob; *spielen* rau **2** ungefähr; **~ (speaking)** grob gesagt; **~ half** ungefähr die Hälfte; **~ similar** in etwa ähnlich **roughness** s **1** (*von Boden*) Unebenheit *f*; (*von Oberfläche, Haut, Stoff*) Rauheit *f* **2** (*von Mensch*) Ungehobeltheit *f*; (*von Benehmen*) Grobheit *f* **rough paper** s Konzeptpapier *n* **roughshod** ADV **to ride ~ over sb/sth** rücksichtslos über jdn/etw hinweggehen

R

roulette [ruːˈlet] S̲ Roulette n
round [raʊnd] A ADJ (+er) rund; **~ number** runde Zahl B ADV (bes Br) **there was a wall right ~** od **all ~** rundherum war eine Mauer; **you'll have to go ~** Sie müssen außen herum gehen; **the long way ~** der längere Weg; **~ and ~** rundherum; **I asked him ~ for a drink** ich lud ihn auf ein Glas Bier etc bei mir ein; **I'll be ~ at 8 o'clock** ich werde um 8 Uhr da sein; **for the second time ~** zum zweiten Mal; **all year ~** das ganze Jahr über; **all ~** (wörtl) ringsherum; (bes Br fig) für alle C PRÄP 1 (... herum); **all ~ the house** im ganzen Haus; (außen) um das ganze Haus herum; **to look ~ a house** sich (dat) ein Haus ansehen; **to show sb ~ a town** jdm eine Stadt zeigen; **they went ~ the cafés looking for him** sie gingen in alle Cafés, um nach ihm zu suchen 2 ungefähr; **~ (about** (bes Br)) **7 o'clock** ungefähr um 7 Uhr; **~ (about** (bes Br)) **£800** um die £ 800 D S̲ (von Zusteller, Gespräch, SPORT) Runde f; **~(s)** (von Polizist, Arzt) Runde f; **to do the ~s** (Geschichte a.) reihum gehen; **he does a paper ~** (Br) er trägt Zeitungen aus; **a ~ (of drinks)** eine Runde; **~ of ammunition** Ladung f; **a ~ of applause** Applaus m E V/T Ecke gehen/fahren um ♦**round down** V/T trennb Zahl abrunden ♦**round off** V/T trennb Serie vollmachen; Mahlzeit abrunden; Gespräch abschließen ♦**round up** V/T trennb 1 Menschen zusammentrommeln (umg); Vieh zusammentreiben; Verbrecher hochnehmen (umg) 2 Zahl aufrunden
roundabout [ˈraʊndəbaʊt] A ADJ Antwort umständlich; **~ route** Umweg m; **to say sth in a ~ way** etw auf Umwegen sagen B S̲ (Br) Karussell n, Ringelspiel n (österr) (❗ = (US) **carousel**); VERKEHR Kreisverkehr m (❗ = (US) **traffic circle, rotary**) **rounded** ADJ rundlich; Kanten abgerundet **roundly** [ˈraʊndlɪ] ADV verurteilen rundum; besiegen klar **round-table conference** S̲ Konferenz f am runden Tisch **round-the-clock** ADJ (Br) rund um die Uhr nicht attr
round trip S̲ Rundreise f
round-trip ticket S̲ (US) Rückfahrkarte f (❗ = (Br) **return ticket**); FLUG Hin- und Rückflugticket n **roundup** S̲ (von Vieh) Zusammentreiben n; (von Menschen) Zusammentrommeln n (umg); (von Nachrichten) Zusammenfassung f
rouse [raʊz] V/T 1 (aus dem Schlaf) wecken 2 (emotional) jdn bewegen; Bewunderung, Interesse wecken; Hass, Verdacht erregen **rousing** [ˈraʊzɪŋ] ADJ Rede mitreißend; Musik schwungvoll
rout [raʊt] A S̲ Schlappe f B V/T in die Flucht schlagen
route [ruːt, (US) raʊt] A S̲ 1 Strecke f; (von Bus) Linie f; (fig) Weg m 2 (US: von Zusteller) Runde f B V/T Verkehrsverbindung legen; Anruf leiten; **my baggage was ~d through Amsterdam** mein Gepäck wurde über Amsterdam geschickt **router** [ˈruːtəʳ, (US) ˈraʊtəʳ] S̲ IT Router m
routine [ruːˈtiːn] A S̲ 1 Routine f 2 (Tanzen) Figur f B ADJ Routine-, routinemäßig; **~ examination** Routineuntersuchung f; **it was quite ~** es war eine reine Formsache; **reports of bloodshed had become almost ~** Berichte über Blutvergießen waren fast an der Tagesordnung **routinely** [ruːˈtiːnlɪ] ADV verwenden regelmäßig; testen routinemäßig
roving [ˈrəʊvɪŋ] ADJ **he has a ~ eye** er riskiert gern ein Auge
row¹ [rəʊ] S̲ Reihe f; **4 failures in a ~** 4 Misserfolge hintereinander; **arrange them in ~s** stell sie in Reihen auf
row² [rəʊ] V/T & V/I rudern

row — Reihe

to row — rudern

row³ [raʊ] A S̲ (bes Br umg) Lärm m; (≈ Zank) Streit m; **to make a ~** Krach schlagen (umg); **to have a ~ with sb** mit jdm Streit haben; **to get a ~** Krach bekommen (umg) B V/I (sich) streiten
rowan [ˈraʊən] S̲ Vogelbeere f
rowboat [ˈrəʊˌbəʊt] S̲ (US) Ruderboot n (❗ = (Br) **rowing boat**)
rowdy [ˈraʊdɪ] ADJ (+er) laut; Fußballfans randalierend; Verhalten grob
rower [ˈrəʊəʳ] S̲ 1 Ruderer m, Ruderin f 2 Rudergerät n
row house [ˈrəʊˌhaʊs] S̲ (US) Reihenhaus n (❗ = (Br) **terraced house**)
rowing¹ [ˈrəʊɪŋ] S̲ Rudern n
rowing² [ˈraʊɪŋ] S̲ (bes Br) Streiterei f

rowing boat ['rəʊɪŋ-] *s̠* (Br) Ruderboot *n* (❗ = (US) **rowboat**) **rowing machine** ['rəʊɪŋ-] *s̠* Rudergerät *m*

royal ['rɔɪəl] **A** *ADJ* königlich; **the ~ family** die königliche Familie **B** *s̠* (umg) Angehörige(r) *m/f(m)* der königlichen Familie **Royal Air Force** *s̠* (Br) Königliche Luftwaffe **royal--blue** *ADJ* königsblau **Royal Highness** *s̠* **Your ~** Eure Königliche Hoheit **Royal Mail** *s̠* (Br) britischer Postdienst **Royal Marines** *PL* (Br) britische Marineinfanterie **Royal Navy** (Br) *s̠* Königliche Marine **royalty** ['rɔɪəltɪ] *s̠* **1** (kollektiv) das Königshaus; **he's ~** er gehört zur königlichen Familie **2 royalties** *PL* Tantiemen *pl*

RP *abk von* received pronunciation hochsprachliche Aussprache

rpm *abk von* revolutions per minute U/min

RSVP *abk von* répondez s'il vous plaît u. A. w. g.

Rt Hon (Br) *abk von* Right Honourable; **the ~ John Williams MP** der Abgeordnete John Williams

rub [rʌb] **A** *s̠* Reiben *n*; **to give sth a ~** etw reiben **B** *VT* reiben; **to ~ lotion into sth** etw mit einer Lotion einreiben; **to ~ one's hands (together)** sich (dat) die Hände reiben; **to ~ sb's nose in sth** (fig) jdm etw dauernd unter die Nase reiben; **to ~ shoulders** (bes Br) *od* **elbows** (bes US) **with all sorts of people** (fig) mit allen möglichen Leuten in Berührung kommen; **to ~ sb the wrong way** (US) bei jdm anecken **C** *VI* (against an +dat) reiben; (Kragen) scheuern; **the cat ~bed against my legs/ the tree** die Katze strich mir um die Beine/ scheuerte sich am Baum ◆**rub down** *VT trennb* jdn abrubbeln (umg) ◆**rub in** *VT trennb* **1** Creme einreiben (+obj, -to in +akk) **2** (fig) **don't rub it in!** reite nicht so darauf herum! ◆**rub off** *VI* abgehen; **to ~ on sb** (fig) auf jdn abfärben ◆**rub out** *VT trennb* ausradieren ◆**rub up** **A** *VT trennb* **to rub sb up the wrong way** (Br) bei jdm anecken **B** *VI* **the cat rubbed up against my leg** die Katze strich mir um die Beine

rubber ['rʌbəʳ] **A** *s̠* Gummi *m*; (Br) (Radier)gummi *m*; (bes US sl ≈ Kondom) Gummi *m* (umg) **B** *ADJ* Gummi- **rubber band** *s̠* Gummiband *n* **rubber boot** *s̠* (US) Gummistiefel *m* (❗ = (Br) **wellington (boot)**) **rubber dinghy** *s̠* Schlauchboot *n* **rubberneck** *VI* (umg) neugierig gaffen (umg) **rubber plant** *s̠* Gummibaum *m* **rubber stamp** *s̠* Stempel *m* **rubber-stamp** *VT* (fig umg) genehmigen **rubbery** ['rʌbərɪ] *ADJ* gummiartig

rubbish ['rʌbɪʃ] (bes Br) **A** *s̠* **1** Abfall *m* (❗ =

(US) **garbage**); (fig ≈ minderwertige Ware) Mist *m*; **household ~** Hausmüll *m* **2** (umg) Quatsch *m* (umg); **don't talk ~!** red keinen Quatsch! (umg) **B** *ATTR* (umg) **1** = rubbishy **2 I'm ~ at it** ich bin zu blöd dazu (umg) **rubbish bin** *s̠* (Br) Mülleimer *m*, Mistkübel *m* (österr) (❗ = (US) **garbage can**) **rubbish collection** *s̠* (Br) Müllabfuhr *f* (❗ = (US) **garbage collection**) **rubbish dump** *s̠* (Br) Müllabladeplatz *m* (❗ = (US) **garbage dump**) **rubbishy** ['rʌbɪʃɪ] *ADJ* (Br umg) Waren minderwertig; Film mies (umg); Ideen blödsinnig

rubble ['rʌbl] *s̠* Trümmer *pl*; (kleiner) Schutt *m*

ruby ['ruːbɪ] **A** *s̠* Rubin *m* **B** *ADJ* Rubin-

◆**ruck up** *VI* (Hemd) sich hochschieben; (Teppich) Falten schlagen

rucksack ['rʌksæk] *s̠* (bes Br) Rucksack *m*

rudder ['rʌdəʳ] *s̠* Ruder *n*

ruddy ['rʌdɪ] *ADJ* (+er) Teint rot

rude [ruːd] *ADJ* (+er) **1** unhöflich, unverschämt, grob; **to be ~ to sb** unhöflich zu jdm sein; **it's ~ to stare** es gehört sich nicht, Leute anzustarren; **don't be so ~!** so was sagt man/tut man nicht! **2** unanständig; **a ~ gesture** eine anstößige Geste **3** Erinnerung unsanft **rudely** ['ruːdlɪ] *ADV* **1** unhöflich, unverschämt, grob **2** unanständig **3** erinnern unsanft **rudeness** ['ruːdnɪs] *s̠* Unhöflichkeit *f*, Unverschämtheit *f*

rudimentary [ˌruːdɪ'mentərɪ] *ADJ* Ausrüstung primitiv; System rudimentär; **~ knowledge** Grundkenntnisse *pl* **rudiments** ['ruːdɪmənts] *PL* Grundlagen *pl*

rueful ['ruːfʊl] *ADJ* reuevoll

ruffian ['rʌfɪən] *s̠* Rüpel *m*; (gewalttätig) Schläger *m*

ruffle ['rʌfl] *VT* **1** Haare, Federn zerzausen; Wasserfläche kräuseln; **the bird ~d (up) its feathers** der Vogel plusterte sich auf **2** (fig) aus der Ruhe bringen; **to ~ sb's feathers** jdn aufregen **ruffled** *ADJ* **1** aufgebracht **2** Bettzeug zerwühlt; Haare zerzaust **3** Hemd gekräuselt

rug [rʌg] *s̠* **1** (kleiner) Teppich, Brücke *f*; **to pull the ~ from under sb** (fig) jdm den Boden unter den Füßen wegziehen **2** (Woll)decke *f*

rugby ['rʌgbɪ] *s̠* (a. **rugby football**) Rugby *n*

rugged ['rʌgɪd] *ADJ* rau; Berge zerklüftet; Gesichtszüge markig

ruin ['ruːɪn] **A** *s̠* **1** (❗ kein pl) Untergang *m*; (von Ereignis) Ende *n*; (finanziell etc) Ruin *m*; **the palace was going to ~** *od* **falling into ~** der Palast verfiel (zur Ruine); **to be the ~ of sb** jdn ruinieren **2** (≈ Gebäude) Ruine *f*; **ruins** Ruinen *pl*; (von Hoffnungen) Trümmer *pl*; **to be** *od* **lie in ~s** (wörtl) eine Ruine sein; (fig) zerstört sein **B** *VT* zerstören; (finanziell etc) ruinieren; Gesundheit

RUIN | 566

rug — Teppich, Brücke

rug — (Woll)decke

verderben **ruined** ['ruːɪnd] ADJ **1** *Gebäude* in Ruinen präd, zerfallen **2** *Karriere* ruiniert
rule [ruːl] A s **1** Regel f; ADMIN Vorschrift f; **to play by the ~s** die Spielregeln einhalten; **to bend the ~s** es mit den Regeln/Vorschriften nicht so genau nehmen; **to be against the ~s** nicht erlaubt sein; **to do sth by ~** etw vorschriftsmäßig tun; **as a ~ of thumb** als Faustregel **2** Herrschaft f, Regierungszeit f; **the ~ of law** die Rechtsstaatlichkeit B VT **1** regieren; *(fig) Gefühle* beherrschen; **to ~ the roost** *(fig)* Herr im Haus sein *(umg)*; **to be ~d by emotions** sich von Gefühlen beherrschen lassen; **he let his heart ~ his head** er ließ sich von seinem Herzen und nicht von seinem Verstand leiten **2** JUR, ADMIN entscheiden **3** *Linie* ziehen C VI **1** herrschen *(over* über +akk*)* **2** JUR entscheiden *(against* gegen*, in favour of* für*, on* in +dat*)* ◆**rule out** VT trennb *(fig)* ausschließen
ruler ['ruːləʳ] s **1** Lineal n **2** Herrscher(in) m(f)
ruling ['ruːlɪŋ] A ADJ *Elite* herrschend; **the ~ party** die Regierungspartei B s ADMIN, JUR Entscheidung f
rum [rʌm] s Rum m (❗ Als Getränk hat **rum** keinen Plural. **Rums** sagt man zu verschiedenen Sorten oder einzelnen Gläsern.)
Rumania etc [ruːˈmeɪnɪə] = **Romania** etc
rumble ['rʌmbl] A s *(von Donner)* Grollen n kein pl; *(von Magen)* Knurren n kein pl; *(von Zug)* Rumpeln n kein pl B VI *(Donner)* grollen; *(Magen)* knurren; *(Zug)* rumpeln
ruminate ['ruːmɪneɪt] VI *(fig)* grübeln *(over, about, on* über +akk*)*
rummage ['rʌmɪdʒ] A s **to have a good ~ in sth** etw gründlich durchwühlen B VI *(a.* **rummage about**, **rummage around**) herumwühlen *(among, in* in +dat*, for* nach*)* **rummage sale** s *(US)* Flohmarkt m, Wohltätigkeitsbasar m (❗ = (Br) **jumble sale**)
rummy ['rʌmɪ] s *(Kartenspiel)* Rommé n
rumour, *(US)* **rumor** ['ruːməʳ] A s Gerücht n; **~ has it that ...** es geht das Gerücht, dass ...; **there are ~s of war** es gehen Kriegsgerüchte um B VT **it is ~ed that ...** es geht das Gerücht, dass ...; **he is ~ed to be in London** Gerüchten zufolge ist er in London; **he is ~ed to be rich** er soll angeblich reich sein
rump [rʌmp] s Hinterbacken pl; *(umg ≈ Po)* Hinterteil n; **~ steak** Rumpsteak n
rumple ['rʌmpl] VT *(a.* **rumple up**) *Kleidung* zerknittern **rumpled** ADJ *Kleidung* zerknittert; *Haar* zerzaust
rumpus ['rʌmpəs] s *(umg)* Krach m *(umg)*; **to make a ~** einen Heidenlärm machen *(umg)*; *(≈ sich beschweren)* Krach schlagen *(umg)* **rumpus room** s *(US)* Spielzimmer n

---

run [rʌn]

v: prät **ran**, pperf **run**

A Substantiv   **B** intransitives Verb
C transitives Verb

— **A** Substantiv —

1 Lauf m; **to go for a 2-km ~** einen 2-km-Lauf machen; **he set off at a ~** er rannte los; **to break into a ~** zu laufen anfangen; **to make a ~ for it** weglaufen; **on the ~** auf der Flucht; **we've got them on the ~!** wir haben sie in die Flucht geschlagen!; **to give sb a good ~ for his money** *(umg)* jdn auf Trab halten *(umg)* **2** Strecke f; **to go for a ~ in the car** eine Fahrt/einen Ausflug im Auto machen; **in the long ~** auf die Dauer; **in the short ~** fürs Nächste **3 to have the ~ of a place** einen Ort zur freien Verfügung haben **4** Folge f, Serie f; THEAT Spielzeit f; **a ~ of bad luck** eine Pechsträhne **5** **~ on** Ansturm m auf *(+akk)* **6** ski **~** Abfahrt(sstrecke) f *(in Zoo etc)* Gehege n **8** *(US)* Laufmasche f (❗ = (Br) **ladder**) **9** *(umg ≈ Durchfall)* **the ~s** der flotte Otto *(umg)*

— **B** intransitives Verb —

1 laufen, rennen; *(≈ flüchten)* wegrennen; **she came ~ning out** sie kam herausgelaufen; **he's trying to ~ before he can walk** *(fig)* er sollte erst einmal langsam machen; **to ~ for the bus** zum Bus rennen; **she ran to meet him** sie lief ihm entgegen; **she ran to help him** sie kam ihm schnell zu Hilfe; **to ~ for one's life** um sein Leben rennen; **~ for it!**

rennt, was ihr könnt! [2] *(Geschichte, Text)* gehen; **he ran down the list** er ging die Liste durch; **a shiver ran down her spine** ein Schauer lief ihr über den Rücken; **to ~ in the family** in der Familie liegen [3] kandidieren; **to ~ for President** für die Präsidentschaft kandidieren [4] **I'm ~ning late** ich bin spät dran; **all planes are ~ning late** alle Flugzeuge haben Verspätung; **the project is ~ning late/to schedule** das Projekt hat sich verzögert/geht ganz nach Plan voran; **supplies are ~ning low** die Vorräte sind knapp; **his blood ran cold** das Blut fror ihm in den Adern; **to ~ dry** *(Fluss)* austrocknen; **to be ~ning at** betragen; **interest rates are ~ning at record levels/15%** die Zinssätze sind auf Rekordhöhe/stehen auf 15% [5] *(Wasser, Tränen, Nase)* laufen; *(Fluss, Elektrizität)* fließen; *(Augen)* tränen; *(Farbe)* zerfließen; *(Farbstoff)* färben; **where the river ~s into the sea** wo der Fluss ins Meer mündet [6] *(Spiel, Vertrag)* laufen; **the expenditure ~s into thousands of pounds** die Ausgaben gehen in die Tausende (von Pfund) [7] *(Bus etc)* fahren; **the train doesn't ~ on Sundays** der Zug fährt sonntags nicht [8] *(≈ funktionieren)* laufen *(a.* IT*)*; **to ~ on diesel** mit Diesel fahren; **the radio ~s off batteries** das Radio läuft auf Batterie; **things are ~ning smoothly** alles läuft glatt [9] *(Straße)* führen; **to ~ (a)round sth** *(Mauer etc)* sich um etw ziehen; **the railway line ~s for 300 km** die Bahnlinie ist 300 km lang; **to ~ through sth** *(Thema)* sich durch etw ziehen

— C Interjektion —

[1] laufen; **to ~ errands** Botengänge machen; **to ~ its course** seinen Lauf nehmen; **to ~ a temperature** Fieber haben; **to ~ sb off his feet** *(umg)* jdn ständig auf Trab halten *(umg)*; **I'll ~ you a bath** ich lasse dir ein Bad einlaufen [2] *Auto* fahren; *Sonderbusse* einsetzen; **he ran the car into a tree** er fuhr das Auto gegen einen Baum; **this company ~s a bus service** diese Firma unterhält einen Busdienst [3] *Maschine* betreiben; *Rechner* laufen lassen; *Software* benutzen; *Programm* laden; *Test* durchführen; **I can't afford to ~ a car** ich kann es mir nicht leisten, ein Auto zu unterhalten; **this car is cheap to ~** dieses Auto ist billig im Unterhalt [4] leiten; *Geschäft* führen; *Wettbewerb* durchführen; **he ~s a small hotel** er hat ein kleines Hotel; **I want to ~ my own life** ich möchte mein eigenes Leben leben; **she's the one who really ~s everything** sie ist diejenige, die den Laden schmeißt *(umg)* [5] **to ~ one's fingers over sth** die Finger über etw *(akk)* gleiten lassen; **to ~ one's fingers through one's hair** sich *(dat)* mit den Fingern durch die Haare fahren [6] *Seil* führen; *Rohr* (ver)legen [7] PRESSE *Artikel* bringen [8] *Film* zeigen

♦**run about** *(Br) od* **around** [VI] herumlaufen

♦**run across** [A] [VI] *(wörtl)* hinüberlaufen [B] [VI] *+obj jdn* zufällig treffen; *Objekt* stoßen auf *(+akk)*

♦**run after** [VI] *+obj* nachlaufen *(+dat)*

♦**run along** [VI] laufen; **~!** nun geht mal schön!

♦**run around** [VI] = run about

♦**run away** [VI] [1] weglaufen [2] *(Wasser)* auslaufen

♦**run away with** [VI] *+obj Preis* spielend gewinnen; **he lets his enthusiasm ~ him** seine Begeisterung geht leicht mit ihm durch

♦**run back** [A] [VI] *(wörtl)* zurücklaufen [B] [VT] *trennb jdn* zurückfahren

♦**run down** [A] [VI] [1] *(wörtl)* hinunterrennen [2] *(Batterie)* leer werden [B] [VT] *trennb* [1] umfahren, überfahren [2] *Vorräte* abbauen [3] schlechtmachen

♦**run in** [VI] *(wörtl)* hineinlaufen

♦**run into** [VI] *+obj* zufällig treffen; *(≈ kollidieren)* rennen/fahren gegen; **to ~ trouble** Ärger bekommen; **to ~ problems** auf Probleme stoßen

♦**run off** [A] [VI] = run away [1] [B] [VT] *trennb Kopie* abziehen

♦**run on** [VI] [1] *(wörtl)* weiterlaufen [2] *(fig)* **it ran on for four hours** das zog sich über vier Stunden hin [3] *(Zeit)* weitergehen

♦**run out** [VI] [1] hinauslaufen; *(Flüssigkeit)* herauslaufen, auslaufen [2] *(Zeit)* ablaufen; *(Vorräte)* ausgehen

♦**run out of** [VI] *+obj* **he ran out of supplies** ihm gingen die Vorräte aus; **she ran out of time** sie hatte keine Zeit mehr; **we're running out of time** wir haben nicht mehr viel Zeit

♦**run over** [A] [VI] [1] *(zu Nachbarn etc)* kurz hinübergehen [2] überlaufen [B] [VI] *+obj Einzelheiten* durchgehen; *Notizen* durchsehen [C]

run — Lauf

run — Gehege

R

RUNT | 568

$\overline{VT}$ *trennb* überfahren ♦**run through** **A** $\overline{VT}$ (*wörtl*) durchlaufen **B** $\overline{VT}$ +*obj* Aufführung durchspielen; *Liste etc* durchgehen **2** = run over B ♦**run to** $\overline{VT}$ +*obj* **the poem runs to several hundred lines** das Gedicht geht über mehrere Hundert Zeilen ♦**run up** **A** $\overline{VT}$ (*wörtl*) hinauflaufen, hinrennen (*to* zu); **to ~ against difficulties** auf Schwierigkeiten stoßen **B** $\overline{VT}$ *trennb* **1** *Fahne* hochziehen **2 to ~ a bill** eine Rechnung zusammenkommen lassen; **to ~ a debt** Schulden machen

runabout $\overline{S}$ (*umg*) Kleinwagen *m* **runaround** ['rʌnəraʊnd] $\overline{S}$ (*umg*) **to give sb the ~** jdn an der Nase herumführen (*umg*) **runaway** ['rʌnəweɪ] **A** $\overline{S}$ Ausreißer(in) *m(f)* **B** $\overline{ADJ}$ **1** *Mensch, Pferd* ausgerissen; **a ~ train** ein Zug, der sich selbstständig gemacht hat **2** (*fig*) *Sieger* überragend; **a ~ success** ein Riesenerfolg *m* **rundown** ['rʌndaʊn] $\overline{S}$ (*umg*) **to give sb a ~ on sth** jdn über etw (*akk*) informieren **run-down** [,rʌn'daʊn] $\overline{ADJ}$ heruntergekommen; (≈ *müde*) abgespannt

rung[1] [rʌŋ] *pperf* von ring[2]

rung[2] $\overline{S}$ (*von Leiter*) Sprosse *f*

run-in ['rʌnɪn] $\overline{S}$ (*umg*) Streit *m* **runner** ['rʌnə'] $\overline{S}$ **1** Läufer(in) *m(f)* **2** (*an Schlitten*) Kufe *f*; (*von Schublade*) Laufschiene *f* **3 to do a ~** (*Br umg*) die Fliege machen (*sl*) **runner bean** $\overline{S}$ Stangenbohne *f*, Fisole *f* (*österr*) **runner-up** ['rʌnər'ʌp] $\overline{S}$ Zweite(r) *m/f(m)*; **the runners-up** die weiteren Plätze **running** ['rʌnɪŋ] **A** $\overline{S}$ **1** Laufen *n*; **to be in the ~** im Rennen liegen; **out of the ~** aus dem Rennen **2** (≈ *von Unternehmen*) Leitung *f*; (*von Land, Geschäft*) Führung *f*; (*von Lehrgang*) Durchführung *f* **3** (*von Maschine*) Unterhaltung *f* **B** $\overline{ADJ}$ *Wasser* fließend; *Wasserhahn* laufend **C** $\overline{ADV}$ **(for) five days ~** fünf Tage hintereinander; **for the third year ~** im dritten Jahr hintereinander; **sales have fallen for the third year ~** die Verkaufszahlen sind seit drei Jahren rückläufig **running battle** $\overline{S}$ (*fig*) Kleinkrieg *m* **running commentary** $\overline{S}$ RADIO, TV fortlaufender Kommentar **running costs** $\overline{PL}$ Betriebskosten *pl*; (*von Auto*) Unterhaltskosten *pl* **running mate** $\overline{S}$ (*US POL*) Kandidat für die Vizepräsidentschaft **running shoe** $\overline{S}$ Rennschuh *m* **running total** $\overline{S}$ laufende Summe; **to keep a ~ of sth** (*wörtl, fig*) etw fortlaufend festhalten **runny** ['rʌnɪ] $\overline{ADJ}$ (+*er*) *Ei* flüssig; *Nase* laufend; *Augen* tränend; *Soße* dünnflüssig **run-of-the-mill** $\overline{ADJ}$ gewöhnlich **run-through** $\overline{S}$ **let's have a final ~** gehen wir das noch einmal durch **run-up** $\overline{S}$ SPORT Anlauf *m*; (*fig*) Vorbereitungszeit *f*; **in the ~ to the election** in der Zeit vor der Wahl **runway** $\overline{S}$ FLUG Start- und Landebahn *f*

rupture ['rʌptʃə'] **A** $\overline{S}$ Bruch *m* **B** $\overline{VT \& VI}$ brechen; **to ~ oneself** (*umg*) sich (*dat*) einen Bruch heben (*umg*) **ruptured** $\overline{ADJ}$ *Rohr* geplatzt

rural ['rʊərəl] $\overline{ADJ}$ ländlich; *Landschaft* bäuerlich; **~ land** ländlicher Raum **rural life** $\overline{S}$ Landleben *n* **rural population** $\overline{S}$ Landbevölkerung *f*

ruse [ruːz] $\overline{S}$ List *f*

rush [rʌʃ] **A** $\overline{S}$ **1** (🔔 kein *pl*) Andrang *m*; (*von Luft*) Stoß *m*; **they made a ~ for the door** sie drängten zur Tür; **there was a ~ for the seats** alles stürzte sich auf die Sitze; **there's been a ~ on these goods** diese Waren sind rasend weggegangen; **the Christmas ~** der Weihnachtsbetrieb; **a ~ of orders** eine Flut von Aufträgen; **a ~ of blood to the head** Blutandrang *m* im Kopf **2** (🔔 kein *pl*) Eile *f*, Hast *f*; **to be in a ~** in Eile sein; **I did it in a ~** ich habe es sehr hastig gemacht; **is there any ~ for this?** eilt das?; **it all happened in such a ~** das ging alles so plötzlich **B** $\overline{VI}$ eilen, hasten, stürzen; (*Wind*) brausen; (*Wasser*) schießen; **they ~ed to help her** sie eilten ihr zu Hilfe; **I'm ~ing to finish it** ich beeile mich, es fertig zu machen; **don't ~, take your time** überstürzen Sie nichts, lassen Sie sich Zeit; **you shouldn't just go ~ing into things** Sie sollten die Dinge nicht so überstürzen; **to ~ through** *Stadt* hetzen durch; *Arbeit* hastig erledigen; **to ~ past** vorbeistürzen; (*mit Fahrzeug*) vorbeischießen; **to ~ in** *etc* hineinstürzen *etc*; **the ambulance ~ed to the scene** der Krankenwagen raste zur Unfallstelle; **the blood ~ed to his face** das Blut schoss ihm ins Gesicht **C** $\overline{VT}$ **1** schnell machen; (*mit Fehlern*) schludern bei (*pej*); (≈ *zur Eile antreiben*) hetzen; **to be ~ed off one's feet** dauernd auf Trab sein (*umg*); **to ~ sb to hospital** jdn schnellstens ins Krankenhaus bringen **2** stürmen (*Br*) *od* **around** $\overline{VI}$ herumhasten ♦**rush at** $\overline{VI}$ +*obj* (*wörtl*) losstürzen auf (+*akk*) ♦**rush down** $\overline{VI}$ hinuntereilen; (*Wasser etc*) hinunterstürzen ♦**rush out** **A** $\overline{VI}$ hinauseilen; **he rushed out and bought one** er kaufte sofort eines **B** $\overline{VT}$ *trennb Truppen, Vorräte* eilends hintransportieren ♦**rush through** $\overline{VT}$ *trennb* Bestellung durchjagen; *Gesetz* durchpeitschen

rushed [rʌʃt] $\overline{ADJ}$ **1** *Mahlzeit* hastig; *Entscheidung* übereilt **2** gehetzt

rush hour(s) $\overline{S}$(*pl*) Stoßzeit(en) *f(pl)*; **rush-hour traffic** Stoßverkehr *m* **rush job** $\overline{S}$ eiliger Auftrag; (*pej: fehlerhaft*) Schluderarbeit *f* (*umg*)

Russia ['rʌʃə] $\overline{S}$ Russland *n*

Russian ['rʌʃən] **A** $\overline{ADJ}$ russisch **B** $\overline{S}$ **1** Russe *m*, Russin *f* **2** LING Russisch *n*

rust [rʌst] **A** $\overline{S}$ Rost *m* **B** $\overline{VT}$ (*wörtl*) rosten lassen

c _vi_ rosten **rusted** ['rʌstɪd] _ADJ_ (bes US) rostig

rustic ['rʌstɪk] _ADJ_ bäuerlich; _Stil_ rustikal

rustiness ['rʌstɪnɪs] _s_ Rostigkeit _f_; (fig) eingerostete Kenntnisse _pl_ (of in +dat)

rustle ['rʌsl] **A** _s_ Rascheln _n_; (von Laub) Rauschen _n_ **B** _vi_ (Laub, Papier) rascheln; (Bäume, Rock) rauschen **♦rustle up** _vt trennb_ (umg) Essen improvisieren (umg); Geld auftreiben; **can you ~ a cup of coffee?** können Sie eine Tasse Kaffee beschaffen?

rustler ['rʌslə'] _s_ Viehdieb(in) _m(f)_ **rustling** ['rʌslɪŋ] **A** _ADJ_ raschelnd **B** _s_ **1** (von Laub, Papier) Rascheln _n_; (von Stoff) Rauschen _n_ **2** Viehdiebstahl _m_

rustproof ['rʌstpruːf] _ADJ_ rostfrei **rusty** ['rʌstɪ] _ADJ_ (+er) (wörtl) rostig; **I'm a bit ~** ich bin etwas aus der Übung; **to get ~** (wörtl) verrosten; (fig: Mensch) aus der Übung kommen

rut [rʌt] _s_ (in Weg) Spur _f_; (fig) Trott _m_ (umg); **to be in a ~** (fig) im Trott sein (umg); **to get into a ~** (fig) in einen Trott geraten (umg)

rutabaga [ˌruːtə'beɪgə] _s_ (US) Steckrübe _f_ (**❗** = (Br) **swede**)

ruthless ['ruːθlɪs] _ADJ_ rücksichtslos; Behandlung schonungslos **ruthlessly** _ADV_ unterdrücken rücksichtslos; **~ ambitious** skrupellos ehrgeizig **ruthlessness** _s_ Rücksichtslosigkeit _f_, Schonungslosigkeit _f_

RV _abk_ von recreational vehicle Wohnmobil _n_

Rwanda [rʊ'ændə] _s_ Ruanda _n_

rye [raɪ] _s_ Roggen _m_ **rye whisk(e)y** _s_ Ryewhisky _m_

S

S, s [es] _s_ S _n_, s _n_

S _abk_ von south S

's **1** he's = he is/has; what's = what is/has/does? **2** John's book Johns Buch; my brother's car das Auto meines Bruders; at the butcher's beim Fleischer **3** let's = let us

Sabbath ['sæbəθ] _s_ Sabbat _m_

sabbatical [sə'bætɪkl] _s_ UNIV Forschungsjahr _n_

saber ['seɪbə'] _s_ (US) = sabre

sabotage ['sæbətɑːʒ] **A** _s_ Sabotage _f_ **B** _vt_ sabotieren **saboteur** [ˌsæbə'tɜː'] _s_ Saboteur(in) _m(f)_

sabre (Br), **saber** (US) ['seɪbə'] _s_ Säbel _m_

saccharin(e) ['sækərɪn] _s_ Sacharin _n_

sachet ['sæʃeɪ] _s_ Beutel _m_; (mit Shampoo) Briefchen _n_

sack [sæk] **A** _s_ **1** Sack _m_; **2 ~s of coal** 2 Sack Kohlen **2** (umg) **to get the ~** rausfliegen (umg); **to give sb the ~** jdn rausschmeißen (umg) **3** (umg) **to hit the ~** sich in die Falle hauen (sl) **B** _vt_ (umg) Angestellten rausschmeißen (umg)

sackful ['sækfʊl] _s_ Sack _m_; **two ~s of potatoes** zwei Sack Kartoffeln **sacking** ['sækɪŋ] _s_ (umg) Entlassung _f_

sacrament ['sækrəmənt] _s_ Sakrament _n_

sacred ['seɪkrɪd] _ADJ_ heilig; Bau, Ritus sakral

sacrifice ['sækrɪfaɪs] **A** _s_ Opfer _n_; **to make ~s** Opfer bringen **B** _vt_ opfern (sth to sb jdm etw)

sacrificial [ˌsækrɪ'fɪʃəl] _ADJ_ Opfer-

sacrilege ['sækrɪlɪdʒ] _s_ Sakrileg _n_

SAD MED _abk_ von seasonal affective disorder Winterdepression _f_

sad [sæd] _ADJ_ (+er) **1** traurig; Verlust schmerzlich; **to feel ~** traurig sein; **he was ~ to see her go** er war betrübt, dass sie wegging **2** (umg) bedauernswert **sadden** ['sædn] _vt_ betrüben

saddle ['sædl] **A** _s_ Sattel _m_ **B** _vt_ **1** Pferd satteln **2** (umg) **to ~ sb/oneself with sb/sth** jdm/sich jdn/etw aufhalsen (umg); **how did I get ~d with him?** wie kommt es (nur), dass ich ihn am Hals habe? **saddlebag** _s_ Satteltasche _f_

sadism ['seɪdɪzəm] _s_ Sadismus _m_ **sadist** ['seɪdɪst] _s_ Sadist(in) _m(f)_ **sadistic** _ADJ_, **sadistically** _ADV_ [sə'dɪstɪk, -əlɪ] sadistisch

sadly ['sædlɪ] _ADV_ **1** traurig; **she will be ~ missed** sie wird (uns/ihnen) allen sehr fehlen **2** leider **3** bedauerlicherweise; **to be ~ mistaken** sich arg täuschen **sadness** _s_ Traurigkeit _f_; **our ~ at his death** unsere Trauer über seinen Tod

s.a.e. _abk_ von stamped addressed envelope frankierter Rückumschlag

safari [sə'fɑːrɪ] _s_ Safari _f_; **to be/go on ~** auf Safari sein/gehen **safari park** _s_ Safaripark _m_

safe¹ [seɪf] _s_ Safe _m_

safe² _ADJ_ (+er) sicher, in Sicherheit; Operation ungefährlich; Methode zuverlässig; **to keep sth ~** etw sicher aufbewahren; **~ journey!** gute Fahrt/Reise!; **thank God you're ~** Gott sei Dank ist dir nichts passiert; **~ and sound** gesund und wohlbehalten; **the secret is ~ with me** bei mir ist das Geheimnis gut aufgehoben; **not ~** gefährlich; **is it ~ to light a fire?** ist es auch nicht gefährlich, ein Feuer anzumachen?; **it is ~ to eat** das kann man gefahrlos essen; **it is ~ to assume** od **a ~ assumption that ...** man kann mit ziemlicher Sicherheit annehmen, dass ...; **it's ~ to say that ...** man kann ruhig sagen, dass ...; **to be on the ~ side** um ganz sicher zu sein; **better ~ than sorry** Vorsicht ist besser als Nachsicht

SAFE ‖ 570

(sprichw) **safe-conduct** S̲ freies Geleit **safe-deposit box** S̲ Banksafe m od n **safeguard** A S̲ Schutz m B V̲T̲ schützen *(against* vor *+dat); Interessen* wahrnehmen C V̲I̲ **to ~ against sth** sich gegen etw absichern **safe haven** S̲ *(fig)* sicherer Zufluchtsort **safe keeping** S̲ sichere Verwahrung; **to give sb sth for ~** jdm etw zur (sicheren) Aufbewahrung geben **safely** ['seɪflɪ] A̲D̲V̲ wohlbehalten; *(≈ ohne Risiko)* gefahrlos, ungefährlich; **we were all ~ inside** wir waren alle sicher drinnen; **I think I can ~ say ...** ich glaube, ich kann ruhig sagen ...; **the election is now ~ out of the way** die Wahlen haben wir jetzt zum Glück hinter uns; **to put sth away ~** etw an einem sicheren Ort verwahren; **once the children are ~ tucked up in bed** wenn die Kinder erst mal im Bett sind **safe passage** S̲ sicheres Geleit **safe seat** S̲ P̲O̲L̲ ein sicherer Sitz **safe sex** S̲ Safer Sex m

safety ['seɪftɪ] S̲ Sicherheit *f;* **for his (own) ~** zu seiner (eigenen) Sicherheit; **(there's) ~ in numbers** zu mehreren ist man sicherer; **to reach ~** in Sicherheit gelangen; **when we reached the ~ of the opposite bank** als wir sicher das andere Ufer erreicht hatten **safety belt** S̲ Sicherheitsgurt m **safety catch** S̲ *(an Waffe)* Sicherung *f* **safety glass** S̲ Sicherheitsglas n **safety harness** S̲ Sicherheitsgurt m **safety lock** S̲ Sicherheitsschloss n **safety margin** S̲ Sicherheitsmarge *f* **safety measure** S̲ Sicherheitsmaßnahme *f* **safety net** S̲ Sicherheitsnetz n **safety pin** S̲ Sicherheitsnadel *f* **safety precaution** S̲ Sicherheitsvorkehrung *f*

saffron ['sæfrən] S̲ Safran m

sag [sæg] V̲I̲ absacken, durchhängen; *(Schultern)* herabhängen; *(Mut)* sinken

saga ['sɑːɡə] S̲ Saga *f; (fig)* Geschichte *f*

sage [seɪdʒ] S̲ B̲O̲T̲ Salbei m

saggy ['sægɪ] *(+er)* A̲D̲J̲ *Matratze* durchgelegen; *Hintern* schlaff

Sagittarius [,sædʒɪˈtɛərɪəs] S̲ Schütze m; **he's (a) ~** er ist (ein) Schütze

Sahara [səˈhɑːrə] S̲ Sahara *f;* **the ~ Desert** die (Wüste) Sahara

said [sed] A *prät, pperf* von **say** B A̲D̲J̲ *(form)* besagt

sail [seɪl] A S̲ 1 Segel n; *(von Windmühle)* Flügel m; **to set ~ (for ...)** losfahren *(nach ...); (in Jacht)* absegeln *(nach ...)* 2 Fahrt *f;* **to go for a ~** segeln gehen B V̲T̲ *Schiff* segeln mit; **to ~ the Atlantic** den Atlantik durchkreuzen C V̲I̲ 1 S̲C̲H̲I̲F̲F̲ fahren; *(mit Jacht)* segeln; **are you flying? — no, ~ing** fliegen Sie? — nein, ich fahre mit dem Schiff 2 *(for nach)* abfahren; *(in Jacht)*

absegeln 3 *(fig) (Schwan etc)* gleiten; *(Mond)* ziehen; *(Ball)* fliegen; **she ~ed past/out of the room** sie rauschte vorbei/aus dem Zimmer *(umg);* **she ~ed through all her exams** sie schaffte alle Prüfungen spielend (❗ nicht „durchsegeln", sondern genau das Gegenteil) **sailboard** S̲ Windsurfbrett n **sailboarding** S̲ Windsurfen n **sailboat** S̲ *(US)* Segelboot n (❗ = *(Br)* **sailing boat**) **sailing** ['seɪlɪŋ] S̲ Segeln n **sailing boat** S̲ *(Br)* Segelboot n (❗ = *(US)* **sailboat**) **sailing ship** S̲ Segelschiff n

sailor ['seɪləʳ] S̲ Seemann m; M̲I̲L̲ Matrose m, Matrosin *f*

saint [seɪnt] S̲ Heilige(r) m/f(m) (❗ vor Namen großgeschrieben); **St John** Sankt Johannes, St. Johannes; **St Mark's (Church)** die Markuskirche **saintly** ['seɪntlɪ] A̲D̲J̲ *(+er)* heilig; *(fig pej)* frömmlerisch **Saint Valentine's Day** [sənt'væləntaɪnz,deɪ] S̲ Valentinstag m

sake [seɪk] S̲ **for the ~ of ...** um *(+gen)* ... willen; **for my ~** meinetwegen, mir zuliebe; **for your own ~** dir selbst zuliebe; **for the ~ of your career** deiner Karriere zuliebe; **for heaven's ~!** *(umg)* um Gottes willen!; **for heaven's** od **Christ's ~ shut up** *(umg)* nun halt doch endlich die Klappe *(umg);* **for old times' ~** in Erinnerung an alte Zeiten; **for the ~ of those who ...** für diejenigen, die ...; **and all for the ~ of a few pounds** und alles wegen ein paar Pfund

salable A̲D̲J̲ *(US)* = **saleable**

salad ['sæləd] S̲ Salat m (❗ Der Kopfsalat heißt **lettuce**.) **salad bar** S̲ Salatbüffet n **salad bowl** S̲ Salatschüssel *f* **salad cream** S̲ ≈ Mayonnaise *f* **salad dressing** S̲ Salatsoße *f*

salami [səˈlɑːmɪ] S̲ Salami *f*

salaried ['sælərɪd] A̲D̲J̲ **~ post** Angestelltenposten m; **~ employee** Gehaltsempfänger(in) m(f) **salary** ['sælərɪ] S̲ Gehalt n; **what is his ~?** wie hoch ist sein Gehalt? **salary increase** S̲ Gehaltserhöhung *f*

sale [seɪl] S̲ 1 *(allg)* Verkauf m; *(Transaktion)* Geschäft n; *(≈ mit Geboten)* Auktion *f;* **for ~** zu verkaufen; **to put sth up for ~** etw zum Verkauf anbieten; **is it up for ~?** steht es zum Verkauf?; **not for ~** nicht verkäuflich; **to be on ~** verkauft werden; **~s** *pl* der Absatz 2 **sales** (❗ mit Verb im Singular) Verkaufsabteilung *f* 3 *(mit Preisnachlass)* Rabattaktion *f,* Schlussverkauf m; **in the ~, on ~** *(US)* im (Sonder)angebot **saleable**, *(US)* **salable** ['seɪləbl] A̲D̲J̲ absatzfähig, verkäuflich; *Fähigkeit* vermarktbar

sales clerk S̲ *(US)* Verkäufer(in) m(f) (❗ = *(Br)* **(shop) assistant**) **sales conference** S̲ Ver-

571 ‖ SAND

tretertagung *f* **sales department** 5̱ Verkaufsabteilung *f* **sales figures** PL Verkaufsziffern *pl* **salesgirl** 5̱ Verkäuferin *f* **salesman** 5̱, *pl* -men Verkäufer *m*, Vertreter *m* **sales manager** 5̱ Verkaufsleiter(in) *m(f)* **salesperson** 5̱ Verkäufer(in) *m(f)* **sales pitch** 5̱ Verkaufstechnik *f*

sales rep 5̱ (*umg*), **sales representative** 5̱ Vertreter(in) *m(f)* **sales tax** 5̱ (*US*) Verkaufssteuer *f* **saleswoman** 5̱, *pl* -women Verkäuferin *f*, Vertreterin *f*

saliva [sə'laɪvə] 5̱ Speichel *m* **salivate** ['sælɪveɪt] V̄I Speichel produzieren

sallow ['sæləʊ] ADJ bleich, fahl

salmon ['sæmən] 5̱, *pl* - Lachs *m*; (≈ *Farbe*) Lachs (-rosa) *n*

salmonella [ˌsælmə'nelə] 5̱ Salmonellenvergiftung *f*

salon ['sælɒn] 5̱ Salon *m*

saloon [sə'luːn] 5̱ (*Br* AUTO) Limousine *f* (❶ = (US) **sedan**)

saloon bar 5̱ (*Br*) *vornehmerer Teil eines Lokals*

salt [sɔːlt] A 5̱ Salz *n*; (*für vereiste Straßen*) Streusalz *n*; **to take sth with a pinch** (*Br*) *od* **grain** (*US*) **of** ~ (*fig*) etw nicht ganz für bare Münze nehmen; **to rub** ~ **into sb's wounds** (*fig*) Salz in jds Wunde streuen B ADJ ~ **water** Salzwasser *n* ■ V̄I ■ einsalzen, salzen ■ *Straße* mit Salz streuen **saltcellar** ['sɔːltselə'] 5̱ Salzfässchen *n*, Salzstreuer *m* **salted** ADJ gesalzen **salt shaker** 5̱ Salzstreuer *m* **saltwater** ADJ ~ **fish** Meeresfisch *m* **salty** ['sɔːltɪ] ADJ (+er) salzig; ~ **water** Salzwasser *n*

salutation [ˌsælju:'teɪʃn] 5̱ ■ Begrüßung *f*, Gruß *m* ■ (*im Brief*) Anrede *f* **salute** [sə'luːt] A 5̱ Gruß *m*; (*mit Waffen*) Salut *m*; **in** ~ zum Gruß; **a 21-gun** ~ 21 Salutschüsse B V̄I MIL *Fahne* grüßen; *jdn* salutieren vor (+*dat*) C V̄I MIL salutieren

salvage ['sælvɪdʒ] A 5̱ ■ Bergung *f* ■ Bergungsgut *n* B V̄I bergen (*from* aus); (*fig*) retten (*from* von) **salvage operation** 5̱ Bergungsaktion *f*

salvation [sæl'veɪʃən] 5̱ Rettung *f*; *bes* REL Heil *n* **Salvation Army** 5̱ Heilsarmee *f*

salve [sælv] 5̱ Salbe *f*

Samaritan [sə'mærɪtən] 5̱ Samariter(in) *m(f)*; **good** ~ barmherziger Samariter

same [seɪm] A ADJ **the** ~ der/die/das gleiche, der-/die-/dasselbe; **they were both wearing the** ~ **dress** sie hatten beide das gleiche Kleid an; **they both live in the** ~ **house** sie wohnen beide in demselben Haus; **they are all the** ~ sie sind alle gleich; **that's the** ~ **tie as I've got** so eine Krawatte habe ich auch; **she just wasn't the** ~ **person** sie war ein anderer Mensch; **it's the** ~ **thing** das ist das Gleiche;

see you tomorrow, ~ **time** ~ **place** bis morgen, gleicher Ort, gleiche Zeit; **we sat at the** ~ **table as usual** wir saßen an unserem üblichen Tisch; **how are you?** — ~ **as usual** wie gehts? — wie immer; **he is the** ~ **age as his wife** er ist (genau) so alt wie seine Frau; (**on**) **the very** ~ **day** genau am gleichen Tag; **in the** ~ **way** (genau) gleich B PRON ■ **the** ~ der-/die-/dasselbe; **and I would do the** ~ **again** und ich würde es wieder tun; **he left and I did the** ~ er ist gegangen, und ich auch; **another drink?** — **thanks,** (**the**) ~ **again** noch etwas zu trinken? — ja bitte, das Gleiche noch mal; ~ **again,** Joe und noch einen, Joe; **she's much the** ~ sie hat sich kaum geändert; (*gesundheitlich*) es geht ihr kaum besser; **he will never be the** ~ **again** er wird niemals mehr derselbe sein; **frozen chicken is not the** ~ **as fresh** tiefgefrorene Hähnchen sind kein Vergleich zu frischen; **it's always the** ~ es ist immer das Gleiche; **it comes** *od* **amounts to the** ~ das kommt *od* läuft aufs Gleiche hinaus ■ **to pay everybody the** ~ alle gleich bezahlen; **things go on just the** ~ (**as always**) es ändert sich nichts; **it's not the** ~ **as before** es ist nicht wie früher; **I still feel the** ~ **about you** an meinen Gefühlen dir gegenüber hat sich nichts geändert; **if it's all the** ~ **to you** wenn es Ihnen egal ist; **all** *od* **just the** ~ trotzdem; **thanks all the** ~ trotzdem vielen Dank; ~ **here** ich/wir auch; ~ **to you** (danke) gleichfalls **same-day** ['seɪmdeɪ] ADJ *Lieferung* am gleichen Tag **same-sex** ['seɪmseks] ADJ gleichgeschlechtlich

sample ['sɑːmpl] A 5̱ Beispiel *n* (*of* für); (*von Speise*, *fig*) Kostprobe *f*; HANDEL Warenprobe *f*; (*von Stoff*) Muster *n*; (*von Blut*) Probe *f*; **a** ~ **of the population** eine Auswahl aus der Bevölkerung B ADJ *attr* Probe-; **a** ~ **section of the population** eine Auswahl aus der Bevölkerung C V̄I ■ *Essen* probieren; *Atmosphäre* testen; **to** ~ **wines** eine Weinprobe machen ■ MUS sampeln, samplen

sanatorium [ˌsænə'tɔːrɪəm] 5̱, *pl* **sanatoria** [ˌsænə'tɔːrɪə] (*Br*) Sanatorium *n*

sanction ['sæŋkʃən] A 5̱ ■ Zustimmung *f* ■ Sanktion *f* B V̄I sanktionieren

sanctity ['sæŋktɪtɪ] 5̱ Heiligkeit *f*; (*von Rechten*) Unantastbarkeit *f*

sanctuary ['sæŋktjʊərɪ] 5̱ ■ Heiligtum *n* ■ Zuflucht *f* ■ (*für Tiere*) Schutzgebiet *n*

sand [sænd] A 5̱ Sand *m kein pl*; ~**s** (*in Wüste*) Sand *m*; (≈ *am Meer*) Sandstrand *m* B V̄I ■ schmirgeln ■ streuen ◆**sand down** V̄I *trennb* (ab)schmirgeln

sandal ['sændl] 5̱ Sandale *f*

sandalwood ['sændlwʊd] 5̱ Sandelholz *n*

sandbag 5̱ Sandsack *m* **sandbank** 5̱ Sand-

SAND | 572

bank f **sandbox** 5̄ (US) Sandkasten m (❗ = (Br) **sandpit**) **sand castle** 5̄ Sandburg f **sand dune** 5̄ Sanddüne f **sandpaper** A 5̄ Schmirgelpapier n B V/T schmirgeln **sandpit** 5̄ (Br) Sandkasten m (❗ = (US) **sandbox**) **sandstone** A 5̄ Sandstein m B ADJ Sandstein-, aus Sandstein **sandstorm** 5̄ Sandsturm m **sandwich** ['sænwɪdʒ] A 5̄ Sandwich n; **open ~** belegtes Brot B V/T (a. **sandwich in**) hineinzwängen **sandwich bar** 5̄ Snackbar f

> sandwich

Sandwiches können Wurst, Fisch, Geflügel, Gemüse, Käse usw. in allen möglichen Kombinationen als Füllung haben. Zu den beliebten Sandwich-Arten gehört das **club sandwich**, das sich meist aus zwei Lagen Kopfsalat, Speck und Hähnchenbruststreifen zusammensetzt. Ein **BLT** [,biːelˈtiː] ist die Abkürzung für **bacon, lettuce and tomato sandwich**. Es ist also mit Frühstücksspeck, Kopfsalat und Tomaten belegt.

LANDESKUNDE

sandy ['sændɪ] ADJ (+er) 1 sandig; **~ beach** Sandstrand m 2 rötlich; *Haar* rot-blond
sane [seɪn] ADJ (+er) *Mensch* normal; PSYCH geistig gesund
sang [sæŋ] *prät* von **sing**
sanitarium [,sænɪˈtɛərɪəm] 5̄ (US) = **sanatorium**
sanitary [ˈsænɪtərɪ] ADJ hygienisch **sanitary napkin** 5̄ (US) 5̄ Damenbinde f **sanitary towel** 5̄ Damenbinde f **sanitation** [,sænɪˈteɪʃən] 5̄ Hygiene f; (≈ *Toiletten etc*) sanitäre Anlagen pl **sanitation man** 5̄, pl **sanitation men** (US) Stadtreiniger m
sanity [ˈsænɪtɪ] 5̄ geistige Gesundheit, gesunder Verstand
sank [sæŋk] *prät* von **sink**¹
Sanskrit [ˈsænskrɪt] A ADJ sanskritisch B 5̄ Sanskrit n
Santa (Claus) [ˈsæntə(ˈklɔːz)] 5̄ der Weihnachtsmann

> Santa Claus

In Großbritannien und in den USA kommt der Weihnachtsmann in der Nacht vom 24. zum 25. Dezember durch den Schornstein. Die Weihnachtsgaben bekommt man demzufolge erst am Morgen des 1. Weihnachtstages.

LANDESKUNDE

sap¹ [sæp] 5̄ BOT Saft m
sap² V/T (fig) untergraben; **to ~ sb's strength** jdn entkräften
sapling [ˈsæplɪŋ] 5̄ junger Baum
sapphire [ˈsæfaɪəʳ] 5̄ Saphir m
sarcasm [ˈsɑːkæzəm] 5̄ Sarkasmus m **sarcastic** [sɑːˈkæstɪk] ADJ sarkastisch; **to be ~ about sth** über etw (*akk*) sarkastische Bemerkungen machen **sarcastically** [sɑːˈkæstɪkəlɪ] ADV sarkastisch
sardine [sɑːˈdiːn] 5̄ Sardine f; **packed (in) like ~s** wie die Sardinen
Sardinia [sɑːˈdɪnɪə] 5̄ Sardinien n
sardonic ADJ, **sardonically** ADV [sɑːˈdɒnɪk, -əlɪ] süffisant
sarnie [ˈsɑːnɪ] 5̄ (*Br umg*) Sandwich n
SARS [sɑːz] MED *abk* von **severe acute respiratory syndrome** SARS n
SASE 5̄ (US) *abk* von **self-addressed stamped envelope** frankierter Rückumschlag
sash [sæʃ] 5̄ Schärpe f **sash window** 5̄ Schiebefenster n
Sat *abk* von **Saturday** Sa.
sat [sæt] *prät, pperf* von **sit**
SAT [sæt] (US) 5̄ *abk* von **scholastic aptitude test** Abitur f, Matura f (*österr, schweiz*) *Aufnahmeprüfung für das College und die Universität*
Satan [ˈseɪtən] 5̄ Satan m **satanic** [səˈtænɪk] ADJ satanisch
satchel [ˈsætʃəl] 5̄ Schultasche f
satellite [ˈsætəlaɪt] 5̄ Satellit m **satellite dish** 5̄ Satellitenantenne f **satellite navigation system** 5̄ Satellitennavigationssystem n **satellite television** 5̄ Satellitenfernsehen n **satellite town** 5̄ Satellitenstadt f **satellite TV** 5̄ = **satellite television**
satiate [ˈseɪʃɪeɪt] V/T *Appetit* stillen (*geh*); jdn sättigen
satin [ˈsætɪn] A 5̄ Satin m B ADJ Satin-; *Haut* samtig
satire [ˈsætaɪəʳ] 5̄ Satire f (*on* auf +*akk*) **satirical** [səˈtɪrɪkəl] ADJ satirisch, ironisch **satirically** [səˈtɪrɪkəlɪ] ADV satirisch, ironisch **satirist** [ˈsætərɪst] 5̄ Satiriker(in) m(f) **satirize** [ˈsætəraɪz] V/T satirisch darstellen
satisfaction [,sætɪsˈfækʃən] 5̄ 1 Befriedigung f; (von Bedingungen) Erfüllung f 2 Zufriedenheit f (*at* mit); **to feel a sense of ~ at sth** Genugtuung über etw (*akk*) empfinden; **she would not give him the ~ of seeing how annoyed she was** sie wollte ihm nicht die Genugtuung geben, ihren Ärger zu sehen; **we hope the meal was to your complete ~** wir hoffen, Sie waren mit dem Essen zufrieden; **to get ~ out of sth** Befriedigung in etw (*dat*) finden, Freude f an etw (*dat*) haben; **he gets ~ out of his job** seine Arbeit befriedigt ihn; **I get a lot of ~ out of listening to music** Musik gibt mir viel 3 Ge-

573 ‖ SAXO

nugtuung *f* **satisfactorily** [ˌsætɪsˈfæktərɪlɪ] ADV zufriedenstellend; **does that answer your question ~?** ist damit Ihre Frage hinreichend beantwortet?; **was it done ~?** waren Sie damit zufrieden?

satisfactory [ˌsætɪsˈfæktərɪ] ADJ zufriedenstellend, ausreichend; *Erklärung* angemessen; (≈ *Prüfungsnote*) befriedigend; **to be in a ~ condition** MED sich in einem zufriedenstellenden Zustand befinden; **this is just not ~!** das geht so nicht!; (≈ *nicht genug*) das reicht einfach nicht (aus)!

satisfied [ˈsætɪsfaɪd] ADJ zufrieden; (≈ *mit Argumenten*) überzeugt; **to be ~ with sth** mit etw zufrieden sein; **(are you) ~?** (*iron*) (bist du nun) zufrieden?

satisfy [ˈsætɪsfaɪ] A VT **1** befriedigen; *Kunden* zufriedenstellen; *Hunger* stillen; *Bedingungen* erfüllen; *Anforderungen* genügen (+*dat*) **2** überzeugen B VR **to ~ oneself that …** sich davon überzeugen, dass … **satisfying** [ˈsætɪsfaɪɪŋ] ADJ befriedigend; *Mahlzeit* sättigend, währschaft (*schweiz*)

sat-nav [ˈsætnæv] (*umg*) S̲ *abk von* **satellite navigation system** Navi *n* (*umg*)

satsuma [ˌsætˈsuːmə] S̲ Satsuma *f*

saturate [ˈsætʃəreɪt] VT **1** (*mit Flüssigkeit*) (durch)-tränken, durchnässen **2** (*fig*) *Markt* sättigen **saturation point** S̲ (*fig*) **to reach ~** den Sättigungsgrad erreichen

Saturday [ˈsætədɪ] S̲ Samstag *m*; → **Tuesday**

Saturn [ˈsætən] S̲ ASTRON Saturn *m*

sauce [sɔːs] S̲ Soße *f* (❗ Die Bratensoße heißt **gravy**.); **white ~** Mehlsoße *f* **saucepan** [ˈsɔːspən] S̲ Kochtopf *m*

saucer [ˈsɔːsəʳ] S̲ Untertasse *f*

saucy [ˈsɔːsɪ] ADJ (+*er*) frech, anzüglich

Saudi Arabia [ˈsaʊdɪəˈreɪbɪə] S̲ Saudi-Arabien *n*

sauna [ˈsɔːnə] S̲ Sauna *f*

saunter [ˈsɔːntəʳ] VI schlendern; **he ~ed up to me** er schlenderte auf mich zu

sausage [ˈsɒsɪdʒ] S̲ Wurst *f*; **not a ~** (*Br umg*) rein gar nichts (*umg*) **sausagemeat** S̲ Wurstbrät *n* **sausage roll** S̲ ≈ Bratwurst *f* im Schlafrock

sauté [ˈsəʊteɪ] VT *Kartoffeln* rösten; *Fleisch* (*kurz*) anbraten

savage [ˈsævɪdʒ] A ADJ wild; *Kampf, Streit* brutal; *Tier* gefährlich; *Maßnahmen* drastisch; **to make a ~ attack on sb** (*fig*) jdn scharf angreifen B S̲ Wilde(r) *m/f(m)* C VT **1** (*Tier*) anfallen **2** (*fig* ≈ *kritisieren*) verreißen **savagely** [ˈsævɪdʒlɪ] ADV brutal; *kritisieren* schonungslos **savagery** [ˈsævɪdʒərɪ] S̲ Grausamkeit *f*; (*von Angriff*) Brutalität *f*

save [seɪv] A S̲ FUSSB *etc* Ballabwehr *f*; **what a ~!** eine tolle Parade!; **to make a ~** (den Ball)

abwehren B VT **1** retten; **to ~ sb from sth** jdn vor etw (*dat*) retten; **he ~d me from falling** er hat mich davor bewahrt hinzufallen; **to ~ sth from sth** etw aus etw retten; **to ~ the day** die Rettung sein; **God ~ the Queen** Gott schütze die Königin; **to be ~d by the bell** (*umg*) gerade noch einmal davonkommen; **to ~ one's neck** *od* **ass** (*US sl*) *od* **butt** (*US umg*) seinen Kopf retten; **to ~ sb's neck** *od* **ass** (*US sl*) *od* **butt** (*US umg*) jdn rauspauken (*umg*) **2** aufheben; *Zeit, Geld* sparen; *Kräfte* schonen; *Reserven etc* aufsparen; *Briefmarken* sammeln; **~ some of the cake for me** lass mir etwas Kuchen übrig; **~ me a seat** halte mir einen Platz frei; **~ it for later, I'm busy now** (*umg*) spar dirs für später auf, ich habe jetzt zu tun (*umg*); **to ~ the best for last** das Beste bis zum Schluss aufheben; **going by plane will ~ you four hours on the train journey** der Flug spart dir vier Stunden Reisezeit im Vergleich zum Zug; **he's saving himself for the right woman** er spart sich für die Richtige auf **3** **it ~d us having to do it again** das hat es uns (*dat*) erspart, es noch einmal machen zu müssen **4** *Tor* verhindern; *Elfmeter* halten; **well ~d!** gut gehalten! **5** IT (ab)speichern; **to ~ sth to disk** etw auf Diskette abspeichern C VI sparen; **to ~ for sth** für *od* auf etw (*akk*) sparen ◆**save up** A VI sparen (*for* für, auf +*akk*) B VT *trennb* sparen

saver [ˈseɪvəʳ] S̲ Sparer(in) *m(f)*

saving [ˈseɪvɪŋ] S̲ **1** (❗ kein *pl*) a. REL Rettung *f* **2** (❗ kein *pl*) Sparen *n* **3** Einsparung *f*, Ersparnis *f* **4** **savings** PL Ersparnisse *pl*; (*in Konto*) Spareinlagen *pl*; **~s and loan association** genossenschaftliche Bausparkasse **saviour**, (*US*) **savior** [ˈseɪvjəʳ] S̲ Retter(in) *m(f)*

savour, (*US*) **savor** [ˈseɪvəʳ] VT **1** (*form*) kosten (*geh*) **2** (*fig liter*) genießen

savoury, (*US*) **savory** [ˈseɪvərɪ] A ADJ (≈ *nicht süß*) pikant B S̲ (*Br*) Häppchen *n*

saw¹ [sɔː] *prät von* **see¹**

saw² *v*: *prät* **sawed**, *pperf* **sawed** *od* **sawn** A S̲ Säge *f* B VT & VI sägen; **to ~ sth in two** etw entzweisägen ◆**saw off** VT *trennb* absägen

sawdust [ˈsɔːdʌst] S̲ Sägemehl *n* **sawmill** S̲ Sägewerk *n* **sawn** [sɔːn] *pperf von* **saw²** **sawn-off** [ˈsɔːnˈɒf], (*US*) **sawed-off** [ˈsɔːdˈɒf] ADJ **~ shotgun** Gewehr *n* mit abgesägtem Lauf

Saxon [ˈsæksn] A S̲ Sachse *m*, Sächsin *f*; HIST (Angel)sachse *m*/-sächsin *f* B ADJ sächsisch; HIST (angel)sächsisch **Saxony** [ˈsæksənɪ] S̲ Sachsen *n*

saxophone [ˈsæksəfəʊn] S̲ Saxofon *n*; **to play the ~** Saxofon spielen (❗ mit **the**)

S

SAY | 574

say [seɪ]
v: prät, pperf **said**

| **A** transitives und in- | **B** Substantiv |
| transitives Verb | |

— **A** transitives und intransitives Verb —

1 sagen; *Gebet* sprechen; *bestimmten Laut* aussprechen; **~ after me ...** sprechen Sie mir nach ...; **you can ~ what you like (about it/me)** Sie können (darüber/über mich) sagen, was Sie wollen; **I never thought I'd hear him ~ that** ich hätte nie gedacht, dass er das sagen würde; **that's not for him to ~** das kann er nicht entscheiden; **though I ~ it myself** wenn ich das mal selbst sagen darf; **well, all I can ~ is ...** na ja, da kann ich nur sagen ...; **who ~s?** wer sagt das?; **what does it mean? — I wouldn't like to ~** was bedeutet das? — das kann ich auch nicht sagen; **having said that, I must point out ...** ich muss allerdings darauf hinweisen ...; **what have you got to ~ for yourself?** was haben Sie zu Ihrer Verteidigung zu sagen?; **if you don't like it, ~ so** wenn Sie es nicht mögen, dann sagen Sie es doch; **if you ~ so** wenn Sie meinen **2** **it ~s in the papers that ...** in den Zeitungen steht, dass ...; **the rules ~ that ...** in den Regeln heißt es, dass ...; **what does it ~ in the dictionary?** was steht im Wörterbuch?; **what does the weather forecast ~?** wie ist der Wetterbericht?; **that ~s a lot about his state of mind** das lässt tief auf seinen Gemütszustand schließen; **that's not ~ing much** das will nicht viel heißen; **there's no ~ing what might happen** was (dann) passiert, das kann keiner vorhersagen; **there's something/a lot to be said for being based in London** es spricht einiges/viel für ein Zuhause *od* (*Firma*) für einen Sitz in London **3** **if it happens on, ~, Wednesday?** wenn es am, sagen wir mal, Mittwoch passiert? **4** (*bei Vorschlägen*) **what would you ~ to a whisky?** wie wärs mit einem Whisky?; **shall we ~ £50?** sagen wir £ 50?; **what do you ~?** was meinen Sie?; **I wouldn't ~ no to a cup of tea** ich hätte nichts gegen eine Tasse Tee **5** **~, what a great idea!** (*bes US*) Mensch, tolle Idee! (*umg*); **I should ~ so!** das möchte ich doch meinen!; **you don't ~!** was du nicht sagst!; **you said it!** Sie sagen es!; **you can ~ that again!** das kann man wohl sagen!; **~ no more!** ich weiß Bescheid!; **~s you!** (*umg*) das meinst auch nur du! (*umg*); **~s who?** (*umg*) wer sagt das? **6** (*it's*) **easier said than done** das ist leichter gesagt als getan; **no sooner said than done** gesagt, getan; **when all is said and done** letzten Endes; **they ~ ..., it is said ...** es heißt ...; **he is said to be very rich** er soll sehr reich sein; **it goes without ~ing that ...** es versteht sich von selbst, dass ...; **that is to ~** das heißt; **to ~ nothing of the costs** *etc* von den Kosten *etc* mal ganz abgesehen; **enough said!** genug!

— **B** Substantiv —

1 **let him have his ~** lass ihn mal seine Meinung äußern **2** **to have no/a ~ in sth** bei etw kein/ein Mitspracherecht haben; **to have the last** *od* **final ~ (in sth)** (etw) letztlich entscheiden

saying ['seɪɪŋ] s̲ Redensart *f*, Sprichwort *n*; **as the ~ goes** wie man so sagt

scab [skæb] s̲ Schorf *m*

scaffold ['skæfəld] s̲ Gerüst *n*; (*für Hinrichtung*) Schafott *n* **scaffolding** ['skæfəldɪŋ] s̲ Gerüst *n*; **to put up ~** ein Gerüst aufbauen

scalawag ['skæləwæg] s̲ (US) = scallywag

scald [skɔːld] v̲t̲ verbrühen **scalding** ['skɔːl-dɪŋ] a̲d̲v̲ **~ hot** siedend heiß

scale¹ [skeɪl] s̲ (*von Fisch*) Schuppe *f*

scale² s̲ **(pair of) ~s** *pl*, **~** (*form*) Waage *f*

scale³ s̲ **1** Skala *f*, Tabelle *f* **2** Messgerät *n* **3** MUS Tonleiter *f*; **the ~ of G** die G(-Dur)-Tonleiter **4** (*von Landkarte*) Maßstab *m*; **on a ~ of 5 km to the cm** in einem Maßstab von 5 km zu 1 cm; **(drawn/true) to ~** maßstabgerecht **5** (*fig*) Ausmaß *n*; **to entertain on a small ~** Feste im kleineren Rahmen geben; **small in ~** von kleinem Umfang; **it's similar but on a smaller ~** es ist ähnlich, nur kleiner; **on a national ~** auf nationaler Ebene ♦**scale down** v̲t̲ *trennb* (*wörtl*) verkleinern; (*fig*) verringern

scale⁴ v̲t̲ *Mauer* erklettern

scallion ['skælɪən] s̲ (US) = spring onion

scallop ['skɒləp] s̲ ZOOL Kammmuschel *f*

scallywag ['skælɪwæg] s̲ (*Br umg*) Schlingel *m* (*umg*) (🔴 = (US) scalawag)

scalp [skælp] s̲ Kopfhaut *f*

scalpel ['skælpəl] s̲ Skalpell *n*

scaly ['skeɪlɪ] a̲d̲j̲ (+*er*) schuppig

scam [skæm] s̲ (*umg*) Betrug *m*

scamp [skæmp] s̲ (*umg*) Frechdachs *m*

scamper ['skæmpə'] v̲i̲ tollen; (*Maus*) huschen

scan [skæn] **A** v̲t̲ schwenken über (+*akk*), seine Augen wandern lassen über (+*akk*); *Zeitung* überfliegen; *Horizont* absuchen; *Gepäck* durchleuchten **B** s̲ MED Scan *m*; (*bei Schwangerschaft*) Ultraschalluntersuchung *f* ♦**scan in** v̲t̲ *trennb* IT scannen

scandal ['skændl] s̲ **1** Skandal *m* **2** (🔴 kein pl) Skandalgeschichten *pl*; **the latest ~** der neueste Klatsch **scandalize** ['skændəlaɪz] v̲t̲ schockieren **scandalmongering**

575 ‖ SCHE

['skændl,mʌŋgəriŋ] S̅ Klatschsucht f **scandal-
ous** ['skændələs] A̅D̅J̅ skandalös
Scandinavia [ˌskændɪ'neɪvɪə] S̅ Skandinavien
n **Scandinavian** A̅ A̅D̅J̅ skandinavisch B̅ S̅
Skandinavier(in) m(f)
scanner ['skænər] S̅ IT, MED Scanner m
scant [skænt] A̅D̅J̅ (+er) wenig inv; Erfolg gering; **to
pay ~ attention to sth** etw kaum beachten
scantily ['skæntɪlɪ] A̅D̅V̅ spärlich **scanty**
['skæntɪ] A̅D̅J̅ (+er) Informationen spärlich; Kleidung
knapp
scapegoat ['skeɪpgəʊt] S̅ Sündenbock m; **to
use sb/sth as a ~, to make sb/sth one's ~**
jdm/einer Sache die Schuld zuschieben
scar [skɑːr] A̅ S̅ Narbe f; (fig) Wunde f B̅ V̅/̅T̅ he
was ~red for life (wörtl) er behielt bleibende
Narben zurück; (fig) er war fürs Leben gezeich-
net
scarce [skɛəs] A̅D̅J̅ (+er) knapp, selten; **to make
oneself ~** (umg) verschwinden (umg)
scarcely ['skɛəslɪ] A̅D̅V̅ kaum, wohl kaum; **~ an-
ything** fast nichts; **I ~ know what to say** ich
weiß nicht recht, was ich sagen soll **scarce-
ness** ['skɛəsnɪs], **scarcity** ['skɛəsɪtɪ] S̅ Knapp-
heit f, Seltenheit f
scare [skɛər] A̅ S̅ Schreck(en) m; (≈ Panik) Hyste-
rie f (about wegen); **to give sb a ~** jdm einen
Schrecken einjagen; **to cause a ~** eine Panik
auslösen; **a bomb ~** eine Bombendrohung B̅
V̅/̅T̅ einen Schrecken einjagen (+dat), Angst ma-
chen (+dat), erschrecken; **to be easily ~d** sehr
schreckhaft sein, sich (dat) leicht Angst ma-
chen lassen; **to ~ sb to death** (umg) jdn zu Tode
erschrecken (umg) C̅ V̅/̅I̅ I don't ~ easily ich be-
komme nicht so schnell Angst ♦**scare away**
od **off** V̅/̅T̅ trennb verscheuchen, verjagen
scarecrow S̅ Vogelscheuche f **scared**
['skɛəd] A̅D̅J̅ ängstlich; **to be ~ (of sb/sth)**
(vor jdm/etw) Angst haben; **to be ~ to death**
(umg) Todesängste ausstehen; **she was too ~ to
speak** sie konnte vor Angst nicht sprechen;
he's ~ of telling her the truth er getraut sich
nicht, ihr die Wahrheit zu sagen **scaremon-
gering** ['skɛə,mʌŋgəriŋ] S̅ Panikmache(rei) f
(umg) **scare tactics** P̅L̅ Panikmache(rei) f(umg)
scarf [skɑːf] S̅, pl **scarves** od -s Schal m, Halstuch
n, Kopftuch n
scarlet ['skɑːlɪt] A̅D̅J̅ (scharlach)rot; **to go ~** rot
anlaufen (umg) **scarlet fever** S̅ MED Schar-
lach m
scarves [skɑːvz] pl von **scarf**
scary ['skɛərɪ] A̅D̅J̅ (+er) (umg) unheimlich; Film
grus(e)lig (umg); **it was pretty ~** da konnte
man schon Angst kriegen (umg); **that's a ~
thought** das ist ein beängstigender Gedanke
scathing ['skeɪðɪŋ] A̅D̅J̅ bissig; Blick vernichtend;

to be ~ bissige Bemerkungen pl machen (about
über +akk); **to make a ~ attack on sb/sth** jdn/
etw scharf angreifen
scatter ['skætər] A̅ V̅/̅T̅ 1 verstreuen; Samen
streuen (on, onto auf +akk) 2 auseinandertreiben
B̅ V̅/̅I̅ sich zerstreuen (to in +akk) **scatterbrain**
S̅ (umg) Schussel m od f (umg) **scatterbrained**
['skætə,breɪnd] A̅D̅J̅ (umg) schuss(e)lig (umg) **scat-
tered** A̅D̅J̅ Bevölkerung weitverstreut; Objekte ver-
streut; Regenschauer vereinzelt
scavenge ['skævɪndʒ] A̅ V̅/̅T̅ ergattern B̅ V̅/̅I̅
(wörtl) Nahrung suchen; **to ~ for sth** nach
etw suchen **scavenger** ['skævɪndʒər] S̅ Aas-
fresser m; (fig) Aasgeier m
scenario [sɪ'nɑːrɪəʊ] S̅, pl -s Szenario n
scene [siːn] S̅ 1 Schauplatz m; (von Stück) Ort m
der Handlung; **the ~ of the crime** der Tatort;
to set the ~ den Rahmen geben; **a change of
~** ein Tapetenwechsel m; **to appear on the ~**
auf der Bildfläche erscheinen; **the police were
first on the ~** die Polizei war als erste zur Stel-
le 2 a. THEAT Szene f; **behind the ~s** hinter
den Kulissen; **to make a ~** eine Szene machen
3 Anblick m; KUNST Szene f 4 (umg) Szene f; **the
drug ~** die Drogenszene; **that's not my ~** da
steh ich nicht drauf (umg)
scenery ['siːnərɪ] S̅ 1 (❶ kein pl) Landschaft f;
do you like the ~? gefällt Ihnen die Gegend?
2 (❶ kein pl) THEAT Bühnendekoration f **sce-
nic** ['siːnɪk] A̅D̅J̅ landschaftlich; (≈ hübsch) male-
risch; **to take the ~ route** die landschaftlich
schöne Strecke nehmen; (hum) einen kleinen
Umweg machen
scent [sent] S̅ 1 Duft m 2 Parfüm n 3 (von Tier)
Fährte f; **to put** od **throw sb off the ~** jdn von
der Fährte abbringen **scented** ['sentɪd] A̅D̅J̅
Seife parfümiert; Blume duftend; **~ candle** Duft-
kerze f
sceptic, (US) **skeptic** ['skeptɪk] S̅ Skeptiker(in)
m(f) **sceptical**, (US) **skeptical** ['skeptɪkəl]
A̅D̅J̅ skeptisch; **to be ~ about** od **of sth** über
etw (akk) skeptisch sein **scepticism**, (US)
skepticism ['skeptɪsɪzəm] S̅ Skepsis f (about
gegenüber)
sceptre, (US) **scepter** ['septər] S̅ Zepter n
schedule ['skedʒʊəl, (bes Br) 'ʃedjuːl] A̅ S̅ Pro-
gramm n, Zeitplan m; (bes US) Fahr-/Flugplan
m; (bes US SCHULE) Stundenplan m; **according
to ~** planmäßig; **the train is behind ~** der
Zug hat Verspätung; **the bus was on ~** der
Bus war pünktlich; **the building will be
opened on ~** das Gebäude wird wie geplant
eröffnet werden; **the work is ahead of/behind
~** wir etc sind (mit der Arbeit) dem Zeitplan
voraus/im Rückstand; **we are working to a
very tight ~** unsere Termine sind sehr eng

S

(umg) **B** $\overline{\text{VT}}$ planen; **the work is ~d for completion in 3 months** die Arbeit soll (laut Zeitplan) in 3 Monaten fertig(gestellt) sein; **it is ~d to take place tomorrow** es soll morgen stattfinden; **she is ~d to speak tomorrow** ihre Rede ist für morgen geplant; **the plane is ~d to take off at 2 o'clock** planmäßiger Abflug ist 2 Uhr **scheduled** ['ʃedʒʊəld, (bes Br) 'ʃedjuːld] $\overline{\text{ADJ}}$ geplant; Abfahrt planmäßig **scheduled flight** $\overline{\text{S}}$ Linienflug m

schematic $\overline{\text{ADJ}}$, **schematically** $\overline{\text{ADV}}$ [skɪ'mætɪk, -əlɪ] schematisch

scheme [skiːm] **A** $\overline{\text{S}}$ **1** Plan m, Projekt n, Programm n; (≈ Einfall) Idee f **2** (kriminell etc) (raffinierter) Plan **3** (von Zimmer) Einrichtung f **B** $\overline{\text{VI}}$ Pläne schmieden **scheming** ['skiːmɪŋ] **A** $\overline{\text{S}}$ raffiniertes Vorgehen; (von Politiker) Machenschaften pl **B** $\overline{\text{ADJ}}$ Methoden, Geschäftsmann raffiniert; Politiker gewieft (umg)

schizophrenia [,skɪtsəʊ'friːnɪə] $\overline{\text{S}}$ Schizophrenie f **schizophrenic** [,skɪtsəʊ'frenɪk] $\overline{\text{S}}$ Schizophrene(r) m/f(m)

schmaltzy ['ʃmɔːltsɪ] $\overline{\text{ADJ}}$ (+er) (umg) schmalzig (umg)

schnap(p)s [ʃnæps] $\overline{\text{S}}$ Schnaps m (**!** Als Getränk hat **schnapps** keinen Plural. **Schnappses** sagt man zu verschiedenen Sorten oder einzelnen Gläsern.)

scholar ['skɒlə'] $\overline{\text{S}}$ Gelehrte(r) m/f(m) **scholarly** ['skɒləlɪ] $\overline{\text{ADJ}}$ wissenschaftlich, gelehrt **scholarship** $\overline{\text{S}}$ **1** Gelehrsamkeit f **2** Stipendium n; **~ holder** Stipendiat(in) m(f)

school[1] [skuːl] $\overline{\text{S}}$ **1** Schule f; (US) College n, Universität f; **at ~** in der Schule/im College/an der Universität (**!** ohne **the**); **to go to ~** in die Schule/ins College/zur Universität gehen (**!** ohne **the**); **to leave ~** von der Schule abgehen (**!** ohne **the**); **to miss ~** in der Schule fehlen (**!** ohne **the**); **to start ~** in die Schule kommen (**!** ohne **the**); **how do you get to ~?** wie kommst du zur Schule? (**!** ohne **the**); **there's no ~ tomorrow** morgen ist schulfrei; **we've got a day off ~ on Friday** am Freitag haben wir frei **2** UNIV Fachbereich m, Fakultät f

school[2] (von Fischen) Schule f

school age $\overline{\text{S}}$ Schulalter n **school bag** $\overline{\text{S}}$ Schultasche f **schoolbook** $\overline{\text{S}}$ Schulbuch n **schoolboy** $\overline{\text{S}}$ Schüler m **school bus** $\overline{\text{S}}$ Schulbus m **schoolchild** $\overline{\text{S}}$, pl -ren Schulkind n; **~ren** Schüler pl **school days** $\overline{\text{PL}}$ Schulzeit f **school dinner** $\overline{\text{S}}$ Schulessen n **school exchange** $\overline{\text{S}}$ Schüleraustausch m; **to go on the ~ (visit) to Germany** beim Schüleraustausch mit Deutschland mitmachen **school fees** $\overline{\text{PL}}$ Schulgeld n **schoolfriend** $\overline{\text{S}}$ Schul-

freund(in) m(f) **schoolgirl** $\overline{\text{S}}$ Schülerin f **schooling** ['skuːlɪŋ] $\overline{\text{S}}$ Ausbildung f **school-leaver** $\overline{\text{S}}$ (Br) Schulabgänger(in) m(f) (**!** = (US) **graduate**) **school magazine** $\overline{\text{S}}$ Schülerzeitung f **schoolmate** $\overline{\text{S}}$ (Br) Schulkamerad(in) m(f) **school meals** $\overline{\text{PL}}$ Schulessen n **school report** $\overline{\text{S}}$ Schulzeugnis n (**!** = (US) **report card**) **schoolteacher** $\overline{\text{S}}$ Lehrer(in) m(f) **school uniform** $\overline{\text{S}}$ Schuluniform f **schoolwork** $\overline{\text{S}}$ (**!** kein pl) schulische Leistungen pl; (≈Arbeiten) Schulaufgaben pl **schoolyard** $\overline{\text{S}}$ Schulhof m

science ['saɪəns] $\overline{\text{S}}$ Wissenschaft f, Naturwissenschaft f **science fiction** $\overline{\text{S}}$ Science-Fiction f **science park** $\overline{\text{S}}$ Technologiepark m **scientific** [,saɪən'tɪfɪk] $\overline{\text{ADJ}}$ naturwissenschaftlich; Methoden wissenschaftlich **scientifically** [,saɪən'tɪfɪkəlɪ] $\overline{\text{ADV}}$ **~ proven** wissenschaftlich erwiesen **scientist** ['saɪəntɪst] $\overline{\text{S}}$ (Natur)wissenschaftler(in) m(f) **sci-fi** ['saɪfaɪ] $\overline{\text{S}}$ (umg) = science fiction

Scillies ['sɪlɪz], **Scilly Isles** ['sɪlɪ,aɪlz] $\overline{\text{PL}}$ Scillyinseln pl

scintillating ['sɪntɪleɪtɪŋ] $\overline{\text{ADJ}}$ (fig) Geist, Vorführung sprühend attr; Mensch, Rede vor Geist sprühend attr

scissors ['sɪzəz] $\overline{\text{PL}}$ Schere f; **a pair of ~** eine Schere

scoff[1] [skɒf] $\overline{\text{VI}}$ spotten; **to ~ at sb/sth** sich abschätzig über jdn/etw äußern

scoff[2] (Br umg) $\overline{\text{VT}}$ futtern (umg), in sich (akk) hineinstopfen (umg)

scold [skəʊld] **A** $\overline{\text{VT}}$ ausschimpfen (for wegen) **B** $\overline{\text{VI}}$ schimpfen **scolding** ['skəʊldɪŋ] $\overline{\text{S}}$ **1** Schelte f kein pl **2** Schimpferei f

scollop $\overline{\text{S}}$ = scallop

scone [skɒn] $\overline{\text{S}}$ (Br) brötchenartiges Buttergebäck

scoop [skuːp] **A** $\overline{\text{S}}$ **1** Schaufel f; (für Eiscreme) Portionierer m; (≈ Portion Eiscreme) Kugel f **B** $\overline{\text{VT}}$ **1** schaufeln; Flüssigkeit schöpfen **2** Preis gewinnen ◆**scoop out** $\overline{\text{VT trennb}}$ **1** herausschaufeln; Flüssigkeit herausschöpfen **2** Melone aushöhlen ◆**scoop up** $\overline{\text{VT trennb}}$ aufschaufeln; Flüssigkeit aufschöpfen; **she scooped the child up** sie raffte das Kind an sich (akk)

scooter ['skuːtə'] $\overline{\text{S}}$ (Tret)roller m, Trottinett n (schweiz), (Motor)roller m

scope [skəʊp] $\overline{\text{S}}$ **1** (von Wissen, Untersuchung) Umfang m; (von Gremium etc) Kompetenzbereich m; **sth is beyond the ~ of sth** etw geht über etw (akk) hinaus; **this project is more limited in ~** dieses Projekt ist auf einen engeren Rahmen begrenzt **2** Möglichkeit(en) f(pl); **there is ~ for further growth in the tourist industry** die Tourismusindustrie ist noch ausbaufähig; **to give sb ~ to do sth** jdm den nötigen Spielraum geben, etw zu tun

scorch [skɔːtʃ] **A** 🖪 (a. **scorch mark**) Brandfleck m **B** V̄T̄ versengen **scorcher** ['skɔːtʃəʳ] 🖪 (umg) glühend heißer Tag **scorching** ['skɔː-tʃɪŋ] ADJ Sonne glühend heiß; Tag brütend heiß

score [skɔːʳ] **A** 🖪 🖪 (Punkte)zahl m, (Spiel)stand m; (≈ Resultat) Spielergebnis n; **the ~ was Rangers 3, Celtic 0** es stand 3:0 für Rangers (gegen Celtic); (≈ Resultat) Rangers schlug Celtic (mit) 3:0; **to keep ~** (mit)zählen; **what's the ~?** wie steht es?; **to know the ~** (fig) wissen, was gespielt wird (umg) 🖪 (≈ Groll) Rechnung f; **to settle old ~s** alte Schulden begleichen; **to have a ~ to settle with sb** mit jdm eine alte Rechnung zu begleichen haben 🖪 MUS Noten pl; (von Film) Musik f 🖪 Kerbe f 🖪 zwanzig; **~s of … Hunderte von …** 🖪 **on that ~** deshalb **B** V̄T̄ 🖪 erzielen; **I ~d ten points** ich habe zehn Punkte 🖪 Kratzer/einen Kratzer machen in (+akk) **C** V̄ī 🖪 einen Punkt erzielen; FUSSB etc ein Tor schießen; **to ~ well/badly** gut/schlecht abschneiden 🖪 (mit)zählen ♦**score off** V̄T̄ trennb ausstreichen ♦**score out** od **through** V̄T̄ trennb durchstreichen

scoreboard 🖪 Anzeigetafel f; (im Fernsehen) Tabelle f der Spielergebnisse **scoreline** ['skɔː-laɪn] 🖪 SPORT Endstand m **scorer** ['skɔːrəʳ] 🖪 🖪 FUSSB etc Torschütze m/-schützin f 🖪 SPORT Anschreiber(in) m(f)

scorn [skɔːn] **A** 🖪 Verachtung f; **to pour ~ on sb/sth** jdn/etw verächtlich abtun **B** V̄T̄ verachten, verächtlich behandeln **scornful** ADJ verächtlich, spöttisch; **to be ~ of sb/sth** jdn/etw verachten; (mit Worten) jdn/etw verhöhnen **scornfully** ['skɔːnfəlɪ] ADV verächtlich

Scorpio ['skɔːpɪəʊ] 🖪, pl -s Skorpion m; **he's (a) ~** er ist (ein) Skorpion

scorpion ['skɔːpɪən] 🖪 Skorpion m

Scot [skɒt] 🖪 Schotte m, Schottin f **Scotch** [skɒtʃ] **A** ADJ schottisch (❗ nicht in Bezug auf Menschen) **B** 🖪 (≈ Whisky) Scotch m **Scotch tape®** 🖪 (❗ kein pl) (bes US) Klebeband n (❗ = (Br) **Sellotape®**)

scot-free ['skɒt'friː] ADV **to get off ~** ungeschoren davonkommen

Scotland ['skɒtlənd] 🖪 (❗ Vorsicht, Schreibung) Schottland n **Scots** [skɒts] **A** ADJ schottisch **B** 🖪 LING Schottisch n; **the ~** die Schotten pl

Scotsman 🖪, pl -men Schotte m

Scotswoman 🖪, pl -women Schottin f

Scottish ['skɒtɪʃ] ADJ schottisch; **the ~ Parliament** das schottische Parlament

scoundrel ['skaʊndrəl] 🖪 Bengel m, Bazi m (österr)

scour¹ ['skaʊəʳ] V̄T̄ scheuern, fegen (schweiz)

scour² V̄T̄ Gebiet absuchen (for nach); Zeitung durchkämmen (for nach)

scourer ['skaʊərəʳ] 🖪 Topfkratzer m, Scheuerschwamm m

scourge [skɜːdʒ] 🖪 Geißel f

scouring pad ['skaʊərɪŋpæd] 🖪 = scourer

Scouse [skaʊs] **A** ADJ 🖪 Liverpooler **B** 🖪 🖪 Liverpooler(in) m(f) 🖪 Liverpooler Dialekt m

scout [skaʊt] **A** 🖪 🖪 MIL Kundschafter(in) m(f) 🖪 **to have a ~ (a)round for sth** sich nach etw umsehen 🖪 Scout Pfadfinder m; (US) Pfadfinderin f (❗ = (Br) (**Girl**) **Guide**) 🖪 Talentsucher(in) m(f) **B** V̄ī auskundschaften; **to ~ for sth** nach etw Ausschau halten **C** V̄T̄ Gebiet, Land erkunden ♦**scout around** V̄ī sich umsehen (for nach)

scouting ['skaʊtɪŋ] 🖪 Suche f (for nach), Talentsuche f **scoutmaster** ['skaʊtmɑːstəʳ] 🖪 Gruppenführer m

scowl [skaʊl] **A** 🖪 finsterer Blick **B** V̄ī ein finsteres Gesicht machen; **to ~ at sb** jdn böse ansehen

scrabble ['skræbl] V̄ī (a. **scrabble about** (Br) od **around**) (herum)tasten, (herum)wühlen

scraggly ['skræglɪ] ADJ (+er) Bart, Haare zottig; Pflanze kümmerlich

scraggy ['skrægɪ] ADJ (+er) dürr; Fleisch sehnig

scram [skræm] V̄ī (umg) abhauen (umg); **~!** verschwinde!

scramble ['skræmbl] **A** 🖪 🖪 Kletterei f 🖪 Gerangel n **B** V̄T̄ 🖪 (untereinander) mischen 🖪 Eier

▶ **Scotch, Scots oder Scottish?**

Scots bezeichnet in erster Linie die Leute und ihre Sprache:

the Scots language, the Scots people

Scottish bezieht sich hauptsächlich auf Land und Leute sowie deren Traditionen und Produkte:

the Scottish Highlands, the Scottish New Year, Scottish woollens (Wollsachen), **Scottish history**

Scotch wird nur in Zusammenhang mit bestimmten traditionellen Produkten verwendet und gilt ansonsten als altmodisch und sogar beleidigend:

Scotch whisky, Scotch beef, Scotch broth (dicke Suppe aus Hammelfleisch- oder Rinderbrühe, Gemüse und Gerstengraupen), **Scotch egg** (hart gekochtes Ei in paniertem Wurstbrät), **Scotch terrier**.

Von allen drei Adjektiven wird **Scottish** am häufigsten verwendet.

SPRACHGEBRAUCH ◀

verquirlen ᴇ TEL Nachricht verschlüsseln ᴄ ᴠɪɪ klettern; **to ~ out** herausklettern; **he ~d to his feet** er rappelte sich auf (umg); **to ~ up sth** auf etw (akk) hinaufklettern ᴢ **to ~ for sth** sich um etw raufen; um Ball etc um etw kämpfen; um Job, Standort sich um etw drängeln **scrambled egg(s)** [ˌskræmbldˈeg(z)] s̄(pl) Rührei(er) n(pl)
scrap [skræp] ᴀ s̄ ᴀ Stückchen n; (fig) bisschen kein pl; (von Papier, Konversation) Fetzen m; **there isn't a ~ of food** es ist überhaupt nichts zu essen da; **a few ~s of information** ein paar magere Auskünfte; **not a ~ of evidence** nicht der geringste Beweis ᴢ (meist pl) Rest m ᴇ Altmaterial n; (≈ Metall) Schrott m; **to sell sth for ~** etw zum Verschrotten verkaufen ʙ ᴠᴛ Auto verschrotten; Idee fallen lassen **scrapbook** [ˈskræpbʊk] s̄ Sammelalbum n **scrap car** s̄ Schrottauto n
scrape [skreɪp] ᴀ s̄ Schramme f ʙ ᴠᴛ ᴀ Kartoffeln schaben; Teller, Schuhe abkratzen; Topf auskratzen; **to ~ a living** gerade so sein Auskommen haben; **that's really scraping the (bottom of the) barrel** (fig) das ist wirklich das Letzte vom Letzten ᴢ Auto schrammen; Mauer streifen; Arm aufschürfen ᴇ kratzen an (+dat) ᴄ ᴠɪɪ kratzen (against an +dat), streifen (against +akk); **the car just ~d past the gatepost** der Wagen fuhr um Haaresbreite am Torpfosten vorbei ♦**scrape by** ᴠɪɪ (wörtl) sich vorbeizwängen; (fig) sich durchwursteln (umg) (on mit) ♦**scrape off** ᴠᴛ trennb abkratzen (obj von) ♦**scrape out** ᴠᴛ trennb auskratzen ♦**scrape through** ᴀ ᴠɪɪ (in Prüfung) durchrutschen (umg) ʙ ᴠɪɪ +obj Öffnung sich durchzwängen durch; Prüfung durchrutschen durch (umg) ♦**scrape together** ᴠᴛ trennb Geld zusammenkratzen
scraper [ˈskreɪpəʳ] s̄ Spachtel m
scrap heap s̄ Schrotthaufen m; **to be thrown on the ~** (Mensch) zum alten Eisen geworfen werden; **to end up on the ~** (Mensch) beim alten Eisen landen

scrap merchant s̄ Schrotthändler(in) m(f)
scrap metal s̄ Schrott m **scrap paper** s̄ (bes Br) Schmierpapier n (❗ = (US) scratch paper) **scrappy** [ˈskræpɪ] ᴀᴅᴊ (+er) zusammengestückelt; Spiel orientierungslos **scrapyard** [ˈskræpjɑːd] s̄ (bes Br) Schrottplatz m (❗ = (US) **junk yard**)
scratch [skrætʃ] ᴀ s̄ Kratzer m; **to have a ~** sich kratzen; **to start from ~** (ganz) von vorn(e) anfangen; **to learn a language from ~** eine Sprache von Grund auf erlernen; **to be up to ~** (umg) den Anforderungen entsprechen ʙ ᴠᴛ kratzen, zerkratzen; **she ~ed the dog's ear** sie kratzte den Hund am Ohr; **to ~ one's head** sich am Kopf kratzen; **to ~ the surface of sth** (fig) etw oberflächlich berühren ᴄ ᴠɪɪ ᴀ kratzen, sich kratzen ᴢ MUS scratchen ♦**scratch about** (Br) od **around** ᴠɪɪ (fig umg) sich umsehen (for nach)
scratchcard [ˈskrætʃkɑːd] s̄ (Br) Rubbellos n **scratch pad** s̄ ᴀ (US) Notizblock m (❗ = (Br) **jotter**) ᴢ IT (digitaler) Notizblock m **scratch paper** s̄ (US) Schmierpapier n (❗ = (Br) **scrap paper**) **scratchy** [ˈskrætʃɪ] ᴀᴅᴊ (+er) kratzend attr; Pullover kratzig
scrawl [skrɔːl] ᴀ s̄ Krakelei f; (≈ Handschrift) Klaue f (umg) ʙ ᴠᴛ hinkritzeln
scrawny [ˈskrɔːnɪ] ᴀᴅᴊ (+er) dürr
scream [skriːm] ᴀ s̄ ᴀ Schrei m; (von Motor) Heulen n; **to give a ~** einen Schrei ausstoßen ᴢ (fig umg) **to be a ~** zum Schreien sein (umg) ʙ ᴠᴛ schreien; **to ~ sth at sb** jdm etw zuschreien; **to ~ one's head off** (umg) sich (dat) die Lunge aus dem Leib od Hals schreien ᴄ ᴠɪɪ schreien; (Wind, Motor) heulen; **to ~ at sb** jdn anschreien; **to ~ for sth** nach etw schreien; **to ~ in** od **with pain** vor Schmerzen schreien; **to ~ with laughter** vor Lachen kreischen **screaming** [ˈskriːmɪŋ] ᴀ ᴀᴅᴊ schreiend; Reifen kreischend; Wind, Motor heulend ʙ s̄ **to have a ~ match** sich gegenseitig anbrüllen (umg)
screech [skriːtʃ] ᴀ s̄ Kreischen n kein pl ʙ ᴠᴛ schreien; (in hohen Tönen) quietschen ᴄ ᴠɪɪ kreischen; **to ~ with laughter** vor Lachen kreischen; **to ~ with delight** vor Vergnügen quietschen

screen [skriːn] ᴀ s̄ ᴀ (≈ Schutzvorrichtung) Schirm m, Wandschirm m; (fig) Schutz m ᴢ FILM Leinwand f; TV (Bild)schirm m; **stars of the ~** Filmstars pl; **the big ~** die Leinwand; **the small ~** die Mattscheibe ᴇ IT Bildschirm m; **on ~** auf Bildschirm (dat); **to work on ~** am Bildschirm arbeiten ʙ ᴠᴛ ᴀ verdecken, abschirmen; **he ~ed his eyes from the sun** er schützte die Augen vor der Sonne ᴢ TV-Programm senden; Film vorführen ᴇ Bewerber überprüfen; Telefonate überwachen; MED untersuchen ᴄ ᴠɪɪ **to ~ for sth** MED auf etw (akk) untersuchen ♦**screen off** ᴠᴛ trennb abtrennen
screening [ˈskriːnɪŋ] s̄ ᴀ (von Bewerbern) Überprüfung f ᴢ (von Film) Vorführung f; TV Sendung f **screenplay** s̄ Drehbuch n **screen-printing** s̄ Siebdruck m **screensaver** s̄ IT Bildschirmschoner m **screenwriter** s̄ Drehbuchautor(in) m(f)
screw [skruː] ᴀ s̄ MECH Schraube f; **he's got a ~ loose** (umg) bei dem ist eine Schraube locker (umg); **to turn the ~ on sb** (umg) jdm die Daumenschrauben anlegen ʙ ᴠᴛ ᴀ schrauben (to an +akk, onto auf +akk); **she ~ed her handkerchief into a ball** sie knüllte ihr Taschentuch

579 | **SEAB**

zu einem Knäuel zusammen **2** (sl) vögeln (umg);
~ you! (sl) leck mich am Arsch! (vulg), du kannst
mich mal! (umg) **C** v̄ī (sl) vögeln (umg) ♦**screw**
down v̄ī trennb an- od festschrauben ♦**screw**
in A v̄ī trennb (hin)einschrauben (obj, -to in +akk)
B v̄ī (hin)einschraubt werden (obj, -to in +akk)
♦**screw off A** v̄ī trennb abschrauben (obj von)
B v̄ī abgeschraubt werden (obj von) ♦**screw**
on A v̄ī trennb anschrauben; **to screw sth**
on(to) sth etw an etw (akk) schrauben; Deckel
etw auf etw (akk) schrauben **B** v̄ī aufge-
schraubt werden, angeschraubt werden
♦**screw together A** v̄ī trennb zusammen-
schrauben **B** v̄ī zusammengeschraubt werden
♦**screw up A** v̄ī trennb **1** Papier zusammen-
knüllen; Augen zusammenkneifen; Gesicht verzie-
hen; **to ~ one's courage** seinen ganzen Mut
zusammennehmen **2** (umg) vermasseln (umg) **3**
(umg) jdn neurotisch machen; **he's so screwed**
up der hat einen Schaden (umg) **B** v̄ī (umg)
Scheiße bauen (umg) (on sth bei etw)
screwball s̄ (bes US umg) Spinner(in) m(f)
screwdriver ['skruːdraɪvəʳ] s̄ Schraubenzie-
her m **screw top** s̄ Schraubverschluss m
screwy ['skruːɪ] ADJ (+er) (umg) verrückt
scribble ['skrɪbl] **A** s̄ Gekritzel n kein pl **B** v̄ī
hinkritzeln; **to ~ sth on sth** etw auf etw
(akk) kritzeln; **to ~ sth down** etw hinkritzeln
C v̄ī kritzeln
scribe [skraɪb] s̄ Schreiber(in) m(f)
scrimp [skrɪmp] v̄ī sparen, knausern; **to ~ and**
save geizen und sparen
script [skrɪpt] s̄ **1** Schrift f **2** THEAT Text m; (≈
film) Drehbuch n
scripture ['skrɪptʃəʳ] s̄ **Scripture, the Scrip-**
tures die (Heilige) Schrift
scriptwriter ['skrɪptˌraɪtəʳ] s̄ Textautor(in)
m(f); FILM Drehbuchautor(in) m(f)
scroll [skrəʊl] **A** s̄ **1** Schriftrolle f; (dekorativ)
Schnörkel m **2** IT Scrollen n **B** v̄ī IT scrollen
♦**scroll down** v̄ī & v̄ī trennb vorscrollen
♦**scroll up** v̄ī & v̄ī trennb zurückscrollen
scroll bar s̄ IT Bildlaufleiste f
Scrooge [skruːdʒ] s̄ Geizhals m
scrotum ['skrəʊtəm] s̄ Hodensack m
scrounge [skraʊndʒ] (umg) **A** v̄ī & v̄ī schnorren
(umg) (off, from bei) **B** s̄ **to be on the ~** am
Schnorren sein (umg) **scrounger** ['skraʊn-
dʒəʳ] s̄ (umg) Schnorrer(in) m(f) (umg)
scrub¹ [skrʌb] s̄ Gebüsch n
scrub² **A** s̄ Schrubben n kein pl, Fegen n kein pl
(schweiz); **to give sth a ~** etw schrubben **B** v̄ī
schrubben, fegen (schweiz); Gemüse putzen
♦**scrub down** v̄ī trennb abschrubben, abfe-
gen (schweiz)
scrubbing brush ['skrʌbɪŋ,brʌʃ] (Br), **scrub**

brush (US) s̄ Scheuerbürste f **scrubland**
['skrʌblænd] s̄ → scrub¹
scruff¹ [skrʌf] s̄ **by the ~ of the neck** am Ge-
nick
scruff² s̄ (umg) (≈ Frau) Schlampe f (pej umg); (≈
Mann) abgerissener Typ (umg)
scruffily ['skrʌfɪlɪ] ADV (umg) schlampig (umg)
scruffy ['skrʌfɪ] ADJ (+er) (umg) gammelig (umg)
scrum [skrʌm] s̄ (a. Rugby) Gedränge n
scrumptious ['skrʌmpʃəs] ADJ (umg) lecker
scrunch [skrʌntʃ] **A** v̄ī **to ~ sth (up) into a**
ball etw zusammenknüllen **B** v̄ī knirschen
scruple ['skruːpl] s̄ Skrupel m; **~s** (moralische)
Bedenken pl; **to have no ~s about sth** bei ei-
ner Sache keine Skrupel haben **scrupulous**
['skruːpjʊləs] ADJ gewissenhaft; **he is not too ~**
in his business dealings er hat keine allzu
großen Skrupel bei seinen Geschäften; **to be**
~ about sth mit etw sehr gewissenhaft sein
scrupulously ['skruːpjʊləslɪ] ADV gewissen-
haft, sorgfältig; säubern peinlich; fair äußerst
scrutinize ['skruːtɪnaɪz] v̄ī **1** (genau) untersu-
chen, genau prüfen **2** prüfend ansehen **scru-**
tiny ['skruːtɪnɪ] s̄ **1** Untersuchung f,
(Über)prüfung f **2** (≈ mit Augen) prüfender Blick
scuba diving ['skuːbə] s̄ Sporttauchen n
scud [skʌd] v̄ī flitzen; (Wolken) jagen
scuff [skʌf] **A** v̄ī abwetzen **B** v̄ī schlurfen
scuffle ['skʌfl] **A** s̄ Handgemenge n **B** v̄ī sich
raufen
sculpt [skʌlpt] v̄ī = sculpture B
sculptor ['skʌlptəʳ] s̄ Bildhauer(in) m(f)
sculpture ['skʌlptʃəʳ] **A** s̄ Bildhauerkunst f,
Bildhauerei f; (≈ Werk) Skulptur f **B** v̄ī formen;
(in Stein) hauen
scum [skʌm] s̄ **1** (auf Flüssigkeit) Schaum m; (≈
Rückstand) Rand m **2** (pej umg) Abschaum m;
the ~ of the earth der Abschaum der Mensch-
heit **scumbag** ['skʌmbæg] s̄ (umg) Schleim-
scheißer m (umg)
scupper ['skʌpəʳ] v̄ī **1** SCHIFF versenken **2** (Br
umg) zerschlagen
scurry ['skʌrɪ] v̄ī hasten; (Tier) huschen; **they all**
scurried out of the classroom sie hatten es
alle eilig, aus dem Klassenzimmer zu kommen
scuttle¹ ['skʌtl] v̄ī trippeln; (Tier) hoppeln;
(Spinne) krabbeln
scythe [saɪð] s̄ Sense f
SE abk von south-east SO
sea [siː] s̄ Meer n, See f; **by ~** auf dem Seeweg;
by the ~ am Meer; **at ~** auf See; **to be all at ~**
(fig) nicht durchblicken (with bei) (umg); **to go to**
~ zur See gehen; **heavy ~s** schwere See **sea**
anemone s̄ Seeanemone f **seabed** s̄ Mee-
resboden m **sea bird** s̄ Seevogel m **sea-**
board s̄ (US) Küste f **sea breeze** s̄ Seewind

m **sea change** ⟨s⟩ totale Veränderung **sea defences**, (US) **sea defenses** ⟨pl⟩ Hochwasserschutzmaßnahmen *pl* **seafish** ⟨s⟩, *pl* seafish Meeresfisch *m*
seafood ⟨s⟩ (⚠ kein *pl*) Meeresfrüchte *pl*; ~ **restaurant** Fischrestaurant *n* **seafront** ⟨s⟩ Strandpromenade *f* **seagoing** ['siːˌɡəʊɪŋ] ⟨ADJ⟩ *Jacht etc* hochseetüchtig, Hochsee- **seagull** ⟨s⟩ Möwe *f* **sea horse** ⟨s⟩ Seepferdchen *n*
seal[1] [siːl] ⟨s⟩ ZOOL Seehund *m*
seal[2] ⟨A⟩ ⟨s⟩ ⟨1⟩ Siegel *n*; ~ **of approval** offizielle Zustimmung ⟨2⟩ Verschluss *m* ⟨B⟩ ⟨VT⟩ versiegeln; (*mit Wachs*) siegeln; *Bereich* abriegeln, abdichten; (*fig*) besiegeln; ~**ed envelope** verschlossener Briefumschlag; **my lips are** ~**ed** meine Lippen sind versiegelt; **this** ~**ed his fate** dadurch war sein Schicksal besiegelt ♦**seal in** ⟨VT trennb⟩ einschließen ♦**seal off** ⟨VT trennb⟩ abriegeln ♦**seal up** ⟨VT trennb⟩ versiegeln; *Paket* zukleben
sea level ⟨s⟩ Meeresspiegel *m* **sea lion** ⟨s⟩ Seelöwe *m*
seam [siːm] ⟨s⟩ Naht *f*; **to come apart at the** ~**s** aus den Nähten gehen; **to be bursting at the** ~**s** aus allen Nähten platzen (*umg*)
seaman [-mən] ⟨s⟩, *pl* -**men** [-mən] Seemann *m*
seamstress ['semstrɪs] ⟨s⟩ Näherin *f*
seamy ['siːmɪ] ⟨ADJ⟩ (+*er*) *Klub, Mensch* heruntergekommen; *Gegend, Vergangenheit* zwielichtig
séance ['seɪɑːns] ⟨s⟩ Séance *f*
seaplane ⟨s⟩ Wasserflugzeug *n* **seaport** ⟨s⟩ Seehafen *m*, Hafenstadt *f*
search [sɜːtʃ] ⟨A⟩ ⟨s⟩ Suche *f* (*for* nach); (*von Gepäck etc*) Durchsuchung *f* (*of* +*gen*); IT Suchlauf *m*; **to go in** ~ **of sb/sth** auf die Suche nach jdm/etw gehen; **to carry out a** ~ **of a house** eine Haus(durch)suchung machen; **they arranged a** ~ **for the missing child** sie veranlassten eine Suchaktion nach dem vermissten Kind; **to do a** ~ (**and replace**) **for sth** IT etw suchen (und ersetzen) ⟨B⟩ ⟨VT⟩ (*for* nach) durchsuchen; *Akten* suchen in (+*dat*); *Gedächtnis* durchforschen; **to** ~ **a place for sb/sth** einen Ort nach jdm/etw absuchen ⟨C⟩ ⟨VI⟩ suchen (*for* nach) ♦**search around** ⟨VI⟩ herumstöbern (*in* in +*dat*) ♦**search out** ⟨VT trennb⟩ heraussuchen; *jdn* aufspüren ♦**search through** ⟨VI+*obj*⟩ durchsuchen; *Papiere* durchsehen
search engine ⟨s⟩ IT Suchmaschine *f* **searcher** ['sɜːtʃə'] ⟨s⟩ **the** ~**s** die Suchmannschaft *f* **search function** ⟨s⟩ IT Suchfunktion *f* **searching** ⟨ADJ⟩ ['sɜːtʃɪŋ] *Blick* forschend; *Frage* bohrend **searchlight** ⟨s⟩ Suchscheinwerfer *m* **search party** ⟨s⟩ Suchmannschaft *f* **search warrant** ⟨s⟩ Durchsuchungsbefehl *m*
searing ['sɪərɪŋ] ⟨ADJ⟩ *Hitze* glühend
seashell ⟨s⟩ Muschel(schale) *f* **seashore** ⟨s⟩ Strand *m*; **on the** ~ am Strand **seasick** ⟨ADJ⟩ seekrank **seasickness** ⟨s⟩ Seekrankheit *f* **seaside** ⟨A⟩ ⟨s⟩ **at the** ~ am Meer; **to go to the** ~ ans Meer fahren ⟨B⟩ ⟨ATTR⟩ See-; *Stadt* am Meer **seaside resort** ⟨s⟩ Seebad *n*
season ['siːzn] ⟨A⟩ ⟨s⟩ ⟨1⟩ Jahreszeit *f*; **rainy** ~ Regenzeit *f* ⟨2⟩ Saison *f*; **hunting** ~ Jagdzeit *f*; **strawberries are in** ~/**out of** ~ **now** für Erdbeeren ist jetzt die richtige/nicht die richtige Zeit; **their bitch is in** ~ ihre Hündin ist läufig; **to go somewhere out of**/**in** ~ an einen Ort fahren *od* gehen, wenn keine Saison ist/wenn Saison ist; **at the height of the** ~ in der Hochsaison; **the** ~ **of good will** die Zeit der Nächstenliebe; "**Season's greetings**" „fröhliche Weihnachten und ein glückliches neues Jahr" ⟨3⟩ THEAT Spielzeit *f*; **a** ~ **of Dustin Hoffman films** eine Serie von Dustin-Hoffman-Filmen ⟨B⟩ ⟨VT⟩ *Essen* würzen **seasonal** ['siːzənl] ⟨ADJ⟩ jahreszeitlich bedingt; ~ **fruit** Früchte *pl* der Saison; ~ **affective disorder** Winterdepression *f* **seasonally** ['siːzənəlɪ] ⟨ADV⟩ ~ **adjusted** saisonbereinigt **seasoned** ⟨ADJ⟩ ⟨1⟩ *Essen* gewürzt ⟨2⟩ *Holz* abgelagert ⟨3⟩ (*fig*) erfahren **seasoning** ['siːznɪŋ] ⟨s⟩ GASTR Gewürz *n* **season ticket** ⟨s⟩ BAHN Zeitkarte *f*; THEAT Abonnement *n*
seat [siːt] ⟨A⟩ ⟨s⟩ Sitz *m*, (Sitz)platz *m*; (*meist pl*) Sitzgelegenheit *f*; (*von Hose*) Hosenboden *m*; **will you keep my** ~ **for me?** würden Sie mir meinen Platz frei halten? ⟨B⟩ ⟨VT⟩ setzen; **to** ~ **oneself** sich setzen; **to be** ~**ed** sitzen; **please be** ~**ed** bitte, setzen Sie sich; **the table**/**sofa** ~**s 4** am Tisch/auf dem Sofa ist Platz für 4 Personen; **the hall** ~**s 900** die Halle hat 900 Sitzplätze

▶ seat

Is this seat taken? — Ist dieser Platz noch frei? Im Englischen fragt man eher, ob ein Sitzplatz schon besetzt ist (**taken**), im Deutschen, ob er noch frei ist (**free**).
Gelegentlich hört man aber auch: **Is this seat free?** Diese Formulierung ist nicht falsch, sie wird nur nicht so häufig verwendet.

SPRACHGEBRAUCH ◁

seat belt ⟨s⟩ Sicherheitsgurt *m*; **to fasten one's** ~ sich anschnallen **seating** ['siːtɪŋ] ⟨s⟩ Sitzplätze *pl* **seating arrangements** ⟨pl⟩ Sitzordnung *f*
sea urchin ⟨s⟩ Seeigel *m* **sea view** ⟨s⟩ Seeblick *m* **sea water** ⟨s⟩ Meerwasser *n* **seaweed** ⟨s⟩ (See)tang *m* **seaworthy** ⟨ADJ⟩ seetüchtig
sec [sek] *abk* **von second(s)** Sek.; **wait a** ~ (*umg*) Moment mal
secluded [sɪ'kluːdɪd] ⟨ADJ⟩ *Ort* abgelegen **seclu-**

581 ‖ SECR

sion [sɪˈkluːʒən] S̲ Abgeschiedenheit f, Abgelegenheit f

second[1] [ˈsekənd] **A** ADJ zweite(r, s); **the ~ floor** (Br) der zweite Stock; (US) der erste Stock; **to be ~** Zweite(r, s) sein; **in ~ place** SPORT etc an zweiter Stelle; **to be** od **lie in ~ place** auf dem zweiten Platz sein od liegen; **to finish in ~ place** den zweiten Platz belegen; **to be ~ in command** MIL stellvertretender Kommandeur sein; **~ time around** beim zweiten Mal; **you won't get a ~ chance** die Möglichkeit kriegst du so schnell nicht wieder (umg) **B** ADV **1** (+adj) zweit-; (+v) an zweiter Stelle; **the ~ largest house** das zweitgrößte Haus; **to come/lie ~** Zweite(r) werden/sein **2** zweitens **C** V̲T̲ Antrag unterstützen **D** S̲ **1** Sekunde f; (umg) Augenblick m; **just a ~!** (einen) Augenblick!; **it won't take a ~** es dauert nicht lange; **I'll only be a ~** ich komme gleich, ich bin gleich wieder da **2** **the ~** der/die/das Zweite **3** AUTO **~ (gear)** der zweite Gang **4** **seconds** P̲L̲ (umg: beim Essen) Nachschlag m (umg) **5** HANDEL **~s** pl Waren pl zweiter Wahl

second[2] [sɪˈkɒnd] V̲T̲ (Br) abordnen

secondary [ˈsekəndərɪ] ADJ **1** sekundär **2** Bildung höher; **~ school** höhere Schule **second best** **A** S̲ Zweitbeste(r, s); **I won't settle for ~** ich gebe mich nicht mit dem Zweitbesten zufrieden **B** ADV **to come off ~** den Kürzeren ziehen **second-best** ADJ zweitbeste(r, s) **second class** S̲ zweite Klasse **second-class** **A** ADJ Fahrkarte etc zweiter Klasse präd; **~ stamp** Briefmarke für nicht bevorzugt beförderte Briefsendungen **B** ADV reisen zweiter Klasse; **to send sth ~** etw mit nicht bevorzugter Post schicken

▶ **secondary school**

Die an die **primary education** anschließende **secondary education** beginnt in Großbritannien im Alter von 11 Jahren. Ursprünglich wurde zu diesem Zeitpunkt mit der sog. **eleven plus**-Prüfung die weitere Schullaufbahn bestimmt. Bei Bestehen konnten Schüler danach eine **grammar school** besuchen, wo die Ausbildung auf eine universitäre Laufbahn oder andere hoch qualifizierte Berufe ausgerichtet war. Alle anderen Schüler besuchten die **secondary modern school**, in der mehr praktisches Grundlagenwissen vermittelt wurde. Wegen heftiger Kritik, die dieses System als unfair und elitär charakterisierte, dominieren seit den 1970-er Jahren die **comprehensive schools**, die nahezu alle Schüler im Alter von 11 bis 16 Jahren besuchen.

LANDESKUNDE ◀

second cousin S̲ Cousin m/Cousine f zweiten Grades **second-degree** ADJ attr zweiten Grades **second-guess** V̲T̲ **1** **to ~ sb** vorhersagen, was jd machen/sagen wird **2** (US) im Nachhinein kritisieren **second hand** S̲ Sekundenzeiger m **second-hand** **A** ADJ gebraucht; Kleider getragen; (fig) Information aus zweiter Hand; **a ~ car** ein Gebrauchtwagen m, eine Occasion (schweiz); **~ bookshop** Antiquariat n **B** ADV gebraucht **secondly** [ˈsekəndlɪ] ADV zweitens, an zweiter Stelle

second name S̲ Nachname m **second nature** S̲ **to become ~** (to sb) (jdm) in Fleisch und Blut übergehen **second-rate** ADJ (pej) zweitklassig **second sight** S̲ das Zweite Gesicht; **you must have ~** du musst hellsehen können **second thought** S̲ **without a ~** ohne lange darüber nachzudenken; **I didn't give it a ~** ich habe daran überhaupt keinen Gedanken verschwendet; **to have ~s about sth** sich (dat) etw anders überlegen; **on ~s maybe I'll do it myself** vielleicht mache ich es doch besser selbst **Second World War** S̲ **the ~** der Zweite Weltkrieg

secrecy [ˈsiːkrəsɪ] S̲ Geheimnistuerei f; (von Ereignis) Heimlichkeit f; **in ~** im Geheimen

secret [ˈsiːkrɪt] **A** ADJ geheim; Bewunderer heimlich; **to keep sth ~ (from sb)** etw (vor jdm) geheim halten **B** S̲ Geheimnis n; **to keep sb/sth a ~ (from sb)** jdn/etw (vor jdm) geheim halten; **to tell sb a ~** jdm ein Geheimnis anvertrauen; **in ~** im Geheimen; **they met in ~** sie trafen sich heimlich; **to let sb in on** od **into a ~** jdn in ein Geheimnis einweihen; **to keep a ~** ein Geheimnis für sich behalten; **can you keep a ~?** kannst du schweigen?; **to make no ~ of sth** kein Geheimnis od keinen Hehl aus etw machen; **the ~ of success** das Erfolgsgeheimnis **secret agent** S̲ Geheimagent(in) m(f)

secretarial [ˌsekrəˈtɛərɪəl] ADJ Stelle als Sekretärin/Sekretär; **~ work** Sekretariatsarbeit f; **~ staff** Sekretärinnen und Schreibkräfte pl

secretary [ˈsekrətrɪ] S̲ Sekretär(in) m(f); (von Verein) Schriftführer(in) m(f); POL Minister(in) m(f) **secretary-general** S̲, pl secretaries-general, secretary-generals Generalsekretär(in) m(f) **Secretary of State** S̲ (Br) Minister(in) m(f); (US) Außenminister(in) m(f)

secrete [sɪˈkriːt] V̲T̲&V̲I̲ MED absondern **secretion** [sɪˈkriːʃən] S̲ MED Sekret n

secretive [ˈsiːkrətɪv] ADJ Mensch verschlossen, geheimnistuerisch; Organisation verschwiegen; **to be ~ about sth** mit etw geheimnisvoll tun **secretly** [ˈsiːkrətlɪ] ADV im Geheimen, heimlich, im Stillen **secret police** S̲ Ge-

S

SECR | 582

heimpolizei *f* **secret service** s̄ Geheimdienst *m* **secret weapon** s̄ Geheimwaffe *f*
sect [sekt] s̄ Sekte *f* **sectarian** [sek'tɛəriən] ADJ sektiererisch; *Differenzen* konfessionell; **~ violence** Gewalttätigkeiten *pl* mit konfessionellem Hintergrund
section ['sekʃən] s̄ 🔟 Teil *m*, Abschnitt *m*; *(von Dokument)* Absatz *m*; *(von Orange)* Stück *n*; **the string ~** die Streicher *pl* 🔢 *a.* MIL Abteilung *f*; *(von Akademie etc)* Sektion *f* 🔣 *(≈ Zeichnung, Modell)* Schnitt *m* ◆**section off** VT trennb abteilen
sector ['sektə'] s̄ *a.* IT Sektor *m*
secular ['sekjʊlə'] ADJ weltlich, säkular; *Kunst* profan
secure [sɪ'kjʊə'] 🅰 ADJ *(+er)* sicher, geborgen; *Einkommen, Tür* gesichert; *Griff, Knoten* fest; **~ in the knowledge that ...** ruhig in dem Bewusstsein, dass ...; **to make sb feel ~** jdm das Gefühl der Sicherheit geben; **financially ~** finanziell abgesichert 🅱 VT 🔟 festmachen; *Tür* fest zumachen; *(gegen Gefahr etc)* sichern *(from, against* gegen) 🔢 sich *(dat)* sichern; *Stimmen, Auftrag* erhalten; *(mit Geld)* erstehen; **to ~ sth for sb** jdm etw sichern **securely** [sɪ'kjʊəlɪ] ADV fest, sicher
security [sɪ'kjʊərɪtɪ] s̄ 🔟 (❗ kein *pl*) Sicherheit *f*, Geborgenheit *f*; *(≈ Vorkehrungen)* Sicherheitsmaßnahmen *pl*; *(≈ Abteilung)* Sicherheitsdienst *m*; *(≈ Garant)* Bürge *m*, Bürgin *f*; *(≈ Sicherheit f)* 🔢 **securities** PL FIN (Wert)papiere *pl*; **securities market** Wertpapiermarkt *m* **security camera** s̄ Überwachungskamera *f* **security check** s̄ Sicherheitskontrolle *f* **security firm** s̄ Wach- und Sicherheitsdienst *m* **security gap** s̄ Sicherheitslücke *f* **security guard** s̄ Wache *f* **security man** s̄, *pl* security men Wache *f*, Wächter *m*; **one of the security men** einer der Sicherheitsleute **security risk** s̄ Sicherheitsrisiko *n*
sedan [sɪ'dæn] s̄ 🔟 *(a.* **sedan chair)** Sänfte *f* 🔢 *(US* AUTO) Limousine *f* (❗ = *(Br)* **saloon)**
sedate [sɪ'deɪt] 🅰 ADJ *(+er)* gesetzt; *Leben* geruhsam 🅱 VT Beruhigungsmittel geben *(+dat)*; **he was heavily ~d** er stand stark unter dem Einfluss von Beruhigungsmitteln **sedation** [sɪ'deɪʃən] s̄ Beruhigungsmittel *pl*; **to put sb under ~** jdm Beruhigungsmittel geben **sedative** ['sedətɪv] s̄ Beruhigungsmittel *n*
sedentary ['sedntərɪ] ADJ sitzend *attr*; **to lead a ~ life** sehr viel sitzen
sediment ['sedɪmənt] s̄ (Boden)satz *m*; *(in Fluss)* Ablagerung *f*
seduce [sɪ'djuːs] VT verführen **seduction** [sɪ'dʌkʃən] s̄ Verführung *f* **seductive** [sɪ'dʌktɪv] ADJ verführerisch; *Angebot* verlockend

see[1] [siː]
prät saw, *pperf* seen

A transitives Verb   **B** intransitives Verb

— A transitives Verb —
🔟 sehen, nachsehen; *Film* sich *(dat)* ansehen; **to ~ sb do sth** sehen, wie jd etw macht; **I saw it happen** ich habe gesehen, wie es passiert ist; **I wouldn't like to ~ you unhappy** ich möchte doch nicht, dass du unglücklich bist; **~ page 8** siehe Seite 8; **what does she ~ in him?** was findet sie an ihm?; **you must be ~ing things** du siehst wohl Gespenster!; **worth ~ing** sehenswert; **we'll ~ if we can help** mal sehen, ob wir helfen können; **that remains to be ~n** das wird sich zeigen; **let's ~ what happens** wollen wir mal abwarten, was passiert; **I ~ you still haven't done that** wie ich sehe, hast du das immer noch nicht gemacht; **try to ~ it my way** versuchen Sie doch einmal, es aus meiner Sicht zu sehen; **I don't ~ it that way** ich sehe das anders 🔢 besuchen; *(geschäftlich)* aufsuchen; **to call** *od* **go and ~ sb** jdn besuchen (gehen); **to ~ the doctor** zum Arzt gehen 🔣 *(≈ treffen)* sehen, sprechen; *Besucher* empfangen; **the doctor will ~ you now** der Herr Doktor ist jetzt frei; **I'll have to ~ my wife about that** das muss ich mit meiner Frau besprechen; **~ you (soon)!** bis bald!, servus! *(österr)*; **~ you later!** bis später! 🔢 befreundet sein mit; **I'm not ~ing anyone** ich habe keinen Freund/keine Freundin 🔢 **to ~ sb to the door** jdn zur Tür bringen 🔢 sich *(dat)* vorstellen; **I can't ~ that working** ich kann mir kaum vorstellen, dass das klappt 🔢 erleben; **I've never ~n anything like it!** so etwas habe ich ja noch nie gesehen!; **it's ~n a lot of hard wear** das ist schon sehr strapaziert worden 🔢 verstehen, einsehen, erkennen; **I can ~ I'm going to be busy** ich sehe schon, ich werde viel zu tun haben; **I fail to** *od* **don't ~ how anyone could ...** ich begreife einfach nicht, wie jemand nur ... kann; **I ~ from this report that ...** ich ersehe aus diesem Bericht, dass ...; **(do you) ~ what I mean?** verstehst du, was ich meine?, siehst dus jetzt!; **I ~ what you mean** ich verstehe, was du meinst; *(zustimmend)* ja, du hast recht; **to make sb ~ sth** jdm etw klarmachen 🔢 **~ that it is done by tomorrow** sieh zu, dass es bis morgen fertig ist

— B intransitives Verb —
🔟 sehen; **let me ~, let's ~** lassen Sie mich mal sehen; **who was it? — I couldn't/didn't ~**

wer war das? — ich konnte es nicht sehen; **as far as the eye can ~** so weit das Auge reicht; **~ for yourself!** sieh doch selbst!; **will he come? — we'll soon ~** kommt er? — das werden wir bald sehen; **you'll ~!** du wirst es (schon) noch sehen! **2** nachsehen; **is he there? — I'll ~** ist er da? — ich sehe mal nach *od* ich guck mal (*umg*); **~ for yourself!** sieh doch selbst (nach)! **3** verstehen; **as far as I can ~ ...** so wie ich das sehe ...; **he's dead, don't you ~?** er ist tot, begreifst du das denn nicht?; **as I ~ from your report** wie ich aus Ihrem Bericht ersehe; **it's too late, (you) ~** (siehst du,) es ist zu spät!; **(you) ~, it's like this** es ist nämlich so; **I ~!** aha!, ach so! **4 we'll ~** mal sehen; **let me ~, let's ~** lassen Sie mich mal überlegen

see

Verben der Sinneswahrnehmung wie **see** werden mit dem Infinitiv (ohne **to**!) verbunden, wenn der ganze Vorgang beobachtet wird. Bei nur einem Teil des Vorgangs steht das Gerund.

| **She saw the burglars break a window.** | Sie sah, wie die Einbrecher ein Fenster einschlugen. |
| **She saw them carrying boxes out to a van, then called the police.** | Sie sah, wie sie dabei waren, Kisten zu einem Lieferwagen hinauszutragen, dann rief sie die Polizei. |

❗ Gleiches gilt für: **feel, hear, listen to, notice** und **watch**.

GRAMMATIK

♦**see about** v/i +obj sich kümmern um; **he came to ~ the rent** er ist wegen der Miete gekommen ♦**see in A** v/i hineinsehen **B** v/t trennb **to see the New Year in** das neue Jahr begrüßen ♦**see into** v/i +obj hineinsehen in (+akk) ♦**see off** v/t trennb **1** verabschieden; **are you coming to see me off (at the airport etc)?** kommt ihr mit mir (zum Flughafen etc)? **2** (≈ wegjagen) Beine machen (+dat) (umg) ♦**see out A** v/i hinaussehen; **I can't ~ of the window** ich kann nicht zum Fenster hinaussehen **B** v/t trennb Besucher hinausbegleiten (of aus); **I'll see myself out** ich finde (schon) alleine hinaus ♦**see through A** v/i (wörtl) (hin)durchsehen (obj durch); **B** v/t +obj (fig) Täuschung durchschauen **C** v/t immer getrennt **1** beistehen (+dat); **he had £100 to see him through the term** er hatte £100 für das ganze Semester **2** Aufgabe zu Ende bringen ♦**see to** v/i +obj sich kümmern um

♦**see up** v/i +obj hinaufsehen; **I could ~ her skirt** ich konnte ihr unter den Rock sehen

see² s Bistum n

seed [siːd] **A** s **1** BOT Samen m, Korn n; (in Obst) (Samen)kern m; (≈ Getreide) Saatgut n; (fig: von Idee) Keim m (of zu); **to sow the ~s of doubt (in sb's mind)** (bei jdm) Zweifel säen **2** SPORT **the number one** ~ der/die als Nummer eins Gesetzte **B** v/t SPORT **~ed number one** als Nummer eins gesetzt **seedling** ['siːdlɪŋ] s Sämling m

seedy ['siːdɪ] ADJ (+er) zwielichtig

seeing ['siːɪŋ] **A** s Sehen n; **I'd never have thought it possible but ~ is believing** ich hätte es nie für möglich gehalten, aber ich habe es mit eigenen Augen gesehen **B** KONJ **~ (that** od **as)** da **Seeing Eye Dog** s (US) Blindenhund m

seek [siːk] prät, pperf sought v/t suchen; Ruhm streben nach; **to ~ sb's advice** jdn um Rat fragen; **to ~ to do sth** sich bemühen, etw zu tun ♦**seek out** v/t trennb ausfindig machen

seem [siːm] v/i scheinen; **he ~s younger than he is** er wirkt jünger, als er ist; **he doesn't ~ (to be) able to concentrate** er scheint sich nicht konzentrieren zu können; **things aren't what they ~** Vieles ist anders, als es aussieht; **I ~ to have heard that before** das habe ich doch schon mal gehört; **what ~s to be the trouble?** worum geht es denn?; (Arzt) was kann ich für Sie tun?; **it ~s to me that ...** mir scheint, dass ...; **we are not welcome, it ~s** wir sind scheinbar nicht willkommen; **so it ~s** so sieht (ganz) so aus; **how does it ~ to you?** was meinen SIE?; **how did she ~ to you?** wie fandst du sie?; **it ~s a shame to leave now** es ist irgendwie schade, jetzt zu gehen; **it just doesn't ~ right** das ist doch irgendwie nicht richtig; **I can't ~ to do it** ich kann das anscheinend od scheinbar od irgendwie nicht; **it only ~s like it** das kommt einem nur so vor; **I ~ to remember telling him that** es kommt mir so vor, als hätte ich ihm das schon gesagt **seeming** ['siːmɪŋ] ADJ attr scheinbar **seemingly** ['siːmɪŋlɪ] ADV scheinbar, anscheinend

seen [siːn] pperf von see¹

seep [siːp] v/i sickern; **to ~ through sth** durch etw durchsickern

seesaw ['siːsɔː] s Wippe f

seethe [siːð] v/i wimmeln (with von); (vor Wut) kochen (umg)

see-through ['siːθruː] ADJ durchsichtig

segment ['sɛgmənt] s Teil m; (von Orange) Stück n; (von Kreis) Abschnitt m

segregate ['sɛgrɪgeɪt] v/t absondern; Bevölke-

rung nach Rassen *etc* trennen **segregation** [ˌsegrɪˈgeɪʃən] *S* Trennung *f*
seismic [ˈsaɪzmɪk] *ADJ* seismisch; *(fig)* Veränderungen dramatisch; *Kräfte* ungeheuer **seismologist** [ˌsaɪzˈmɒlədʒɪst] *S* Seismologe *m*, Seismologin *f*
seize [siːz] *VT* ergreifen; (≈ *Gelder etc*) beschlagnahmen; *Stadt* einnehmen; *Macht* an sich (*akk*) reißen; *Gelegenheit* ergreifen; **to ~ sb's arm, to ~ sb by the arm** jdn am Arm packen; **to ~ the day** den Tag nutzen; **to ~ control of sth** etw unter Kontrolle bringen ◆**seize on** *od* **upon** *VI +obj* Idee sich stürzen auf (+*akk*)
◆**seize up** *VI* **1** (*Motor*) sich verklemmen **2** (*umg*) **my back seized up** es ist mir in den Rücken gefahren (*umg*)
seizure [ˈsiːʒə^r] *S* **1** Beschlagnahmung *f*; (*von Gebiet*) Einnahme *f* **2** MED Anfall *m*, Schlaganfall *m*
seldom [ˈseldəm] *ADV* selten
select [sɪˈlekt] **A** *VT&VI* (aus)wählen; SPORT auswählen; (*für Spiel*) aufstellen **B** *ADJ* exklusiv, auserwählt; **a ~ few** eine kleine Gruppe Auserwählter **selection** [sɪˈlekʃən] *S* **1** (Aus)wahl *f* **2** Wahl *f*; **to make one's ~** seine Wahl treffen **3** (≈ *Spektrum*) Auswahl *f* (*of* an +*dat*) **selective** [sɪˈlektɪv] *ADJ* wählerisch **selector** [sɪˈlektə^r] *S* SPORT jd, der die Mannschaftsaufstellung vornimmt
self [self] *S, pl* **selves** Ich *n*, Selbst *n kein pl*; **he showed his true ~** er zeigte sein wahres Ich *od* Gesicht; **he's quite his old ~ again, he's back to his usual ~** er ist wieder ganz der Alte (*umg*) **self-absorbed** *ADJ* mit sich selbst beschäftigt **self-addressed** *ADJ* Umschlag adressiert **self-addressed stamped envelope** *S* (*US*) frankierter Rückumschlag **self-adhesive** *ADJ* selbstklebend **self-appointed** *ADJ* selbst ernannt **self-assertive** *ADJ* selbstbewusst **self-assured** *ADJ* selbstsicher **self-awareness** *S* Selbsterkenntnis *f* **self-belief** *S* Glaube *m* an sich (*akk*) selbst **self-catering** **A** *S* Selbstversorgung *f*; **to go ~** Urlaub *m* für Selbstversorger machen **B** *ADJ* für Selbstversorger **self-centred**, (*US*) **self-centered** *ADJ* egozentrisch **self-confessed** *ADJ* erklärt *attr* **self-confidence** *S* Selbstvertrauen *n* **self-confident** *ADJ* selbstsicher **self-conscious** *ADJ* gehemmt; **to be ~ about sth** sich (*dat*) einer Sache (*gen*) sehr bewusst sein **self-consciously** *ADV* verlegen **self-consciousness** *S* Befangenheit *f*, Gehemmtheit *f*; (*von Stil*) Bewusstheit *f* **self-contained** *ADJ* **1** *Mensch* distanziert **2** selbstgenügsam **3** *Wohnung* separat; *Gruppe* geschlossen **self-control** *S* Selbstbe-

herrschung *f* **self-deception** *S* Selbstbetrug *m* **self-defence**, (*US*) **self-defense** *S* Selbstverteidigung *f*; JUR Notwehr *f* **self-delusion** *S* Selbsttäuschung *f* **self-denial** *S* Selbstzucht *f* **self-deprecating** *ADJ Mensch* bescheiden; *Bemerkung* sich selbst herabwürdigend *attr*; **to be ~** sich selbst abwerten **self-destruct A** *VI* sich selbst zerstören **B** *ADJ attr* **~ button** Knopf *m* zur Selbstzerstörung **self-destruction** *S* Selbstzerstörung *f* **self-destructive** *ADJ* selbstzerstörerisch **self-determination** *f* Selbstbestimmung *f* (*a.* POL) **self-discipline** *S* Selbstdisziplin *f* **self-doubt** *S* Zweifel *m* an sich (*dat*) selbst **self-educated** *ADJ* autodidaktisch **self-effacing** *ADJ* zurückhaltend **self-employed** *ADJ* selbstständig; *Journalist* freiberuflich **self-esteem** *S* Selbstachtung *f*; **to have high/low ~** sehr/wenig selbstbewusst sein **self-evident** *ADJ* offensichtlich **self-explanatory** *ADJ* unmittelbar verständlich **self-government** *S* Selbstverwaltung *f* **self-help** *S* Selbsthilfe *f* **self-help group** *S* Selbsthilfegruppe *f* **self-important** *ADJ* aufgeblasen **self-improvement** *S* Weiterbildung *f* **self-indulgence** *S* genießerische Art; (*beim Essen*) Maßlosigkeit *f* **self-indulgent** *ADJ* genießerisch; (*beim Essen*) maßlos **self-inflicted** *ADJ Verletzung* sich (*dat*) selbst zugefügt *attr* **self-interest** *S* eigenes Interesse
selfish [ˈselfɪʃ] *ADJ* egoistisch; **for ~ reasons** aus selbstsüchtigen Gründen **selfishly** [ˈselfɪʃlɪ] *ADV* egoistisch **selfishness** [ˈselfɪʃnɪs] *S* Egoismus *m*
self-justification *S* Rechtfertigung *f* **self-knowledge** *S* Selbsterkenntnis *f*
selfless *ADJ*, **selflessly** *ADV* [ˈselflɪs, -lɪ] selbstlos **selflessness** [ˈselflɪsnɪs] *S* Selbstlosigkeit *f*
self-made *ADJ* **~ man** Selfmademan *m*; **he's a ~ millionaire** er hat es aus eigener Kraft zum Millionär gebracht **self-opinionated** [ˌselfəˈpɪnjəneɪtɪd] *ADJ* rechthaberisch **self-perception** *S* Selbstwahrnehmung *f* **self-pity** *S* Selbstmitleid *n* **self-portrait** *S* Selbstporträt *n* **self-possessed** *ADJ* selbst-

---

 self-conscious

Achten Sie auf den Unterschied:

self-conscious	gehemmt, befangen
self-confident	selbstsicher, selbstbewusst

SPRACHGEBRAUCH

585 ‖ SEND

beherrscht **self-preservation** s̄ Selbsterhaltung f **self-raising**, (US) **self-rising** ADJ Mehl selbsttreibend, *mit bereits beigemischtem Backpulver* **self-reliant** ADJ selbstständig **self-respect** s̄ Selbstachtung f; **have you no ~?** schämen Sie sich gar nicht? **self-respecting** ADJ anständig; **no ~ person would ...** niemand, der etwas auf sich hält, würde ... **self-restraint** s̄ Selbstbeherrschung f **self-righteous** ADJ selbstgerecht **self-rising** ADJ (US) = **self-raising self-sacrifice** s̄ Selbstaufopferung f **self-satisfied** ADJ selbstgefällig

self-service, (bes US) **self-serve** A ADJ Selbstbedienungs- B s̄ Selbstbedienung f **self-sufficiency** s̄ Selbstständigkeit f; (von Land) Autarkie f; (von Gemeinde) Selbstversorgung f **self-sufficient** ADJ selbstständig; Land autark **self-taught** ADJ **he is ~** er hat sich (dat) das selbst beigebracht **self-worth** s̄ Selbstachtung f

sell [sel] prät, pperf **sold** A VT ❶ verkaufen (sb sth, sth to sb jdm etw, etw an jdn); **what are you ~ing it for?** wie viel verlangen Sie dafür?; **to be sold on sb/sth** (umg) von jdm/etw begeistert sein ❷ (≈ Waren) führen, vertreiben ❸ einen guten Absatz verschaffen (+dat); **to ~ oneself** sich verkaufen (to an +akk) ❹ (fig) verraten; **to ~ sb down the river** (umg) jdn ganz schön verschaukeln (umg) B VI verkaufen (to sb an jdn); (Artikel) sich verkaufen (lassen); **what are they ~ing for?** wie viel kosten sie? ♦**sell off** VT trennb verkaufen; (billig) abstoßen ♦**sell out** A VT trennb ausverkaufen; **we're sold out of ice cream** das Eis ist ausverkauft B VI ❶ alles verkaufen; **we sold out in two days** wir waren in zwei Tagen ausverkauft ❷ (umg) **he sold out to the enemy** er hat sich an den Feind verkauft ♦**sell up** (bes Br) VI sein Haus etc verkaufen

sell-by date [ˈselbaɪˌdeɪt] s̄ ≈ Haltbarkeitsdatum n **seller** [ˈselə'] s̄ ❶ Verkäufer(in) m(f) ❷ **this book is a good ~** das Buch verkauft sich gut **selling** [ˈselɪŋ] s̄ Verkauf m **selling point** s̄ Verkaufsanreiz m **selloff** [ˈselɒf] s̄ Verkauf m

Sellotape® [ˈseləˌteɪp] (Br) A s̄ (❗ kein pl) Klebeband n (❗ = (US) **Scotch tape®**) B VT **to sellotape (down)** mit Klebeband festkleben

sellout [ˈselaʊt] s̄ THEAT, SPORT **to be a ~** ausverkauft sein

selves [selvz] pl von self

semantics [sɪˈmæntɪks] s̄ (❗ mit Verb im Singular) Semantik f

semaphore [ˈseməfɔː'] s̄ Signalsprache f

semblance [ˈsembləns] s̄ Anschein m (of von),

Anflug m (of von)

semen [ˈsiːmən] s̄ Sperma n

semester [sɪˈmestə'] s̄ Semester n

semi [ˈsemɪ] s̄ ❶ (Br umg) = **semidetached** ❷ (umg) = **semifinal semi-** PRÄF halb-, Halb- **semibreve** [ˈsemɪbriːv] s̄ (Br) ganze Note (❗ = (US) **whole note**) **semicircle** s̄ Halbkreis m **semicolon** s̄ Semikolon n **semiconscious** ADJ halb bewusstlos **semidetached** (Br) A ADJ **~ house** Doppelhaushälfte f B s̄ Doppelhaushälfte f **semifinal** s̄ Halbfinalspiel n; **~s** Halbfinale n **semifinalist** s̄ Teilnehmer(in) m(f) am Halbfinale

seminar [ˈseminɑː'] s̄ Seminar n

seminary [ˈseminərɪ] s̄ Priesterseminar n

semiprecious ADJ **~ stone** Halbedelstein m **semiquaver** s̄ (Br) Sechzehntel(note f) n (❗ = (US) **sixteenth note**) **semiskilled** ADJ Arbeiter angelernt **semi-skimmed milk** s̄ (Br) Halbfettmilch f **semitrailer** s̄ (US) Sattelschlepper m, Sattelauflieger m (❗ = (Br) **articulated lorry**)

semolina [ˌseməˈliːnə] s̄ Grieß m

sen abk von senior sen.

Sen (US) abk von senator

senate [ˈsenɪt] s̄ Senat m **senator** [ˈsenɪtə'] s̄ Senator(in) m(f) (❗ mit Namen und in der Anrede großgeschrieben.)

send [send] prät, pperf **sent** VT ❶ schicken; Brief, Signal senden; **it ~s the wrong signal** od **message** (fig) das könnte falsch verstanden werden; **to ~ sb for sth** jdn nach etw schicken; **she ~s her love** sie lässt grüßen; **~ him my best wishes** grüßen Sie ihn von mir ❷ Pfeil, Ball schießen; (mit der Hand) schleudern; **the blow sent him sprawling** der Schlag schleuderte ihn zu Boden; **to ~ sth off course** etw vom Kurs abbringen; **this sent him into a fury** das machte ihn wütend; **this sent him (off) into fits of laughter** das ließ ihn in einen Lachkrampf ausbrechen; **to ~ prices soaring** die Preise in die Höhe treiben ♦**send away** A VT trennb wegschicken B VI **to ~ for sth** etw anfordern ♦**send back** VT trennb zurückschicken; Essen zurückgehen lassen ♦**send down** VT trennb ❶ Temperatur, Preise fallen lassen; (allmählich) senken ❷ Angeklagten verurteilen (for zu) ♦**send for** VI +obj ❶ jdn kommen lassen; Arzt rufen; Hilfe herbeirufen; Schüler zu sich bestellen; **I'll ~ you when I want you** ich lasse Sie rufen, wenn ich Sie brauche ❷ Katalog anfordern ♦**send in** VT trennb einsenden; jdn hereinschicken; Truppen einsetzen ♦**send off** A VT trennb ❶ Paket abschicken ❷ Kinder zur Schule wegschicken ❸ SPORT vom Platz stellen (for wegen); **send him off, ref!** Platzverweis! B

SEND | 586

$\overline{VI}$ = **send away** B ◆**send on** $\overline{VT}$ trennb 1 Brief nachschicken 2 Gepäck vorausschicken 3 einsetzen ◆**send out** $\overline{VT}$ trennb 1 (aus Zimmer) hinausschicken (of aus); **she sent me out to buy a paper** sie hat mich losgeschickt, um eine Zeitung zu kaufen 2 Signale aussenden; Licht ausstrahlen 3 Einladungen verschicken ◆**send out for** A $\overline{VI}$ +obj holen lassen B $\overline{VT}$ trennb **to send sb out for sth** jdn nach etw schicken ◆**send up** $\overline{VT}$ trennb (Br umg) verulken (umg)

sender ['sendə'] $\overline{S}$ Absender(in) m(f) **sendoff** $\overline{S}$ Verabschiedung f; **to give sb a good ~** jdn ganz groß verabschieden (umg)

senile ['si:naɪl] $\overline{ADJ}$ senil

senior ['si:nɪə'] A $\overline{ADJ}$ älter; (rangmäßig) übergeordnet; Rang, Beamter höher; Offizier ranghöher; Redakteur leitend; **he is ~ to me** er ist mir übergeordnet; **the ~ management** die Geschäftsleitung; **~ consultant** Chefarzt m/-ärztin f, Primararzt m/-ärztin f (österr); **my ~ officer** mein Vorgesetzter; **J. B. Schwartz, Senior** J. B. Schwartz senior B $\overline{S}$ 1 SCHULE Oberstufenschüler(in) m(f); (US UNIV) Student(in) m(f) im letzten Studienjahr;; **Paul is a ~ this year** dies ist Pauls letztes Schuljahr 2 **he is two years my ~** er ist zwei Jahre älter als ich **senior citizen** $\overline{S}$ älterer (Mit)bürger, ältere (Mit)bürgerin **seniority** [,si:nɪ'ɒrɪtɪ] $\overline{S}$ (höhere) Position; MIL (höherer) Rang; (von Beamten) (höherer) Dienstgrad **senior partner** $\overline{S}$ Seniorpartner(in) m(f) **senior pupils** $\overline{PL}$ (Br) Oberstufenschüler pl **senior school**, (US) **senior high school** $\overline{S}$ Oberstufe f **senior year** $\overline{S}$ (US) oberste Klasse

sensation [sen'seɪʃən] $\overline{S}$ 1 Gefühl n; (von Kälte etc) Empfindung f; **a ~ of falling** das Gefühl zu fallen 2 Sensation f; **to cause a ~** (großes) Aufsehen erregen **sensational** [sen'seɪʃnəl] $\overline{ADJ}$ 1 sensationell; Buch reißerisch aufgemacht 2 (umg) sagenhaft (umg) **sensationalism** [sen-'seɪʃnəlɪzəm] $\overline{S}$ 1 Sensationsgier f 2 Sensationsmache f

sense [sens] A $\overline{S}$ 1 Sinn m; **~ of smell** Geruchssinn m 2 **senses** $\overline{PL}$ Verstand m; **to come to one's ~s** zur Vernunft kommen 3 Gefühl n; **to have a ~ that …** das Gefühl haben, dass …; **~ of duty** Pflichtbewusstsein n; **a false ~ of security** ein falsches Gefühl der Sicherheit 4 **(common) ~** gesunder Menschenverstand; **he had the (good) ~ to …** er war so vernünftig und …; **there is no ~ in doing that** es ist sinnlos, das zu tun; **to talk ~** vernünftig sein; **to make sb see ~** jdn zur Vernunft bringen; **to make ~** (einen) Sinn ergeben, Sinn machen; **it doesn't make ~ doing it that way** es ist doch Unsinn, es so zu machen; **he/his theory**

doesn't make ~ er/seine Theorie ist völlig unverständlich; **it all makes ~ now** jetzt wird einem alles klar; **to make ~ of sth** etw verstehen 5 Sinn m kein pl; **in every ~ of the word** in der vollen Bedeutung des Wortes 6 **in a ~** in gewisser Hinsicht; **in every ~** in jeder Hinsicht; **in what ~?** inwiefern? B $\overline{VT}$ spüren **senseless** $\overline{ADJ}$ 1 bewusstlos 2 unsinnig, sinnlos

sensibility [,sensɪ'bɪlɪtɪ] $\overline{S}$ Empfindsamkeit f; **sensibilities** Zartgefühl n

sensible ['sensəbl] $\overline{ADJ}$ vernünftig **sensibly** ['sensəblɪ] $\overline{ADV}$ vernünftig; **he very ~ ignored the question** er hat die Frage vernünftigerweise ignoriert

sensitive ['sensɪtɪv] $\overline{ADJ}$ sensibel, empfindlich; (≈ verständnisvoll) einfühlsam; Film einfühlend; (fig) Thema heikel; **to be ~ about sth** in Bezug auf etw (akk) empfindlich sein; **she is very ~ to criticism** sie reagiert sehr empfindlich auf Kritik; **he has access to some highly ~ information** er hat Zugang zu streng vertraulichen Informationen **sensitively** ['sensɪtɪvlɪ] $\overline{ADV}$ einfühlsam **sensitivity** [,sensɪ'tɪvɪtɪ] $\overline{S}$ Sensibilität f, Empfindlichkeit f; (≈ Verständnis) Einfühlsamkeit f; (fig: von Thema) heikle Natur

sensor ['sensə'] $\overline{S}$ Sensor m **sensory** ['sensərɪ] $\overline{ADJ}$ sensorisch; **~ organ** Sinnesorgan n

sensual ['sensjʊəl] $\overline{ADJ}$ sinnlich **sensuality** [,sensjʊ'ælɪtɪ] $\overline{S}$ Sinnlichkeit f **sensuous** $\overline{ADJ}$, **sensuously** $\overline{ADV}$ ['sensjʊəs, -lɪ] sinnlich

sent [sent] prät, pperf von **send**

sentence ['sentəns] A $\overline{S}$ 1 GRAM Satz m; **~ structure** Satzbau m 2 JUR Strafe f; **the judge gave him a 6-month ~** der Richter verurteilte ihn zu 6 Monaten Haft B $\overline{VT}$ JUR **to ~ sb to sth** jdn zu etw verurteilen

sentiment ['sentɪmənt] $\overline{S}$ 1 Gefühl n 2 Sentimentalität f 3 Meinung f **sentimental** [,sentɪ'mentl] $\overline{ADJ}$ sentimental; Wert gefühlsmäßig; **for ~ reasons** aus Sentimentalität **sentimentality** [,sentɪmen'tælətɪ] $\overline{S}$ Sentimentalität f

sentry ['sentrɪ] $\overline{S}$ Wache f; **to be on ~ duty** auf Wache sein

Sep abk von **September** Sept.

separable ['sepərəbl] $\overline{ADJ}$ trennbar

separate ['seprət] A $\overline{ADJ}$ 1 gesondert (from von); Bett, Kontoführung getrennt; Eingang separat; **a ~ issue** eine andere Frage; **on two ~ occasions** bei zwei verschiedenen Gelegenheiten; **on a ~ occasion** bei einer anderen Gelegenheit; **they live ~ lives** sie gehen getrennte Wege; **to keep two things ~** zwei Dinge auseinanderhalten 2 einzeln; **everybody has a ~ task** jeder hat seine eigene Aufgabe B $\overline{S}$ **sep-**

arates PL Röcke, Blusen *etc* **C** ['sepəreɪt] VⱵ trennen, aufteilen (*into* in +*akk*); **he is ~d from his wife** er lebt von seiner Frau getrennt **D** ['sepəreɪt] VⱵ sich trennen **separated** ['sepəreɪtɪd] ADJ getrennt; **the couple are ~** das Paar lebt getrennt **separately** ['seprətlɪ] ADV **1** separat; *leben* getrennt **2** einzeln **separation** [,sepə'reɪʃən] S̱ Trennung *f*; **~ of powers** POL Gewaltenteilung *f* **separatist** ['sepərətɪst] **A** ADJ separatistisch **B** S̱ Separatist(in) *m(f)*

Sept *abk* von **September** Sept.

September [sep'tembə'] **A** S̱ September *m*; **the first of ~** der erste September; **on 19th ~** (*geschrieben*), **on the 19th of ~** (*gesprochen*) am 19. September; **~ 3rd, 1990, 3rd ~ 1990** 3. September 1990; **in ~** im September; **at the beginning/end of ~** Anfang/Ende September **B** ADJ *attr* September-

septic ['septɪk] ADJ **to turn ~** eitern

sepulchre, (US) **sepulcher** ['sepəlkə'] S̱ Grabstätte *f*

sequel ['siːkwəl] S̱ Folge *f* (*to* von); (*von Buch, Film*) Fortsetzung *f* (*to* von)

sequence ['siːkwəns] S̱ **1** Folge *f*; **~ of words** Wortfolge *f*; **in ~** der Reihe nach **2** FILM Sequenz *f* **sequencer** ['siːkwənsə'] S̱ IT Ablaufsteuerung *f*

sequin ['siːkwɪn] S̱ Paillette *f*

sequoia [sɪ'kwɔɪə] S̱ Mammutbaum *m*

Serb [sɜːb] S̱ Serbe *m*, Serbin *f* **Serbia** ['sɜːbɪə] S̱ Serbien *n* **Serbian** ['sɜːbɪən] **A** ADJ serbisch **B** S̱ **1** Serbe *m*, Serbin *f* **2** LING Serbisch *n* **Serbo-Croat** ['sɜːbəʊ'krəʊæt] S̱ **1** LING Serbokroatisch *n* **2** **the ~s** *pl* die Serben und Kroaten

serenade [,serə'neɪd] **A** S̱ Serenade *f* **B** VⱵ ein Ständchen bringen (+*dat*)

serene [sə'riːn] ADJ gelassen **serenity** [sɪ'renɪtɪ] S̱ Gelassenheit *f*

sergeant ['saːdʒənt] S̱ **1** MIL Feldwebel(in) *m(f)* **2** Polizeimeister(in) *m(f)* **sergeant major** S̱ Oberfeldwebel(in) *m(f)*

serial ['sɪərɪəl] **A** ADJ Serien-; IT seriell **B** S̱ Fortsetzungsroman *m*; TV Serie *f*; RADIO Sendereihe *f* (in Fortsetzungen); **it was published as a ~** es wurde in Fortsetzungen veröffentlicht **serialize** ['sɪərɪəlaɪz] VⱵ in Fortsetzungen veröffentlichen; RADIO, TV in Fortsetzungen senden; (≈ *editieren*) in Fortsetzungen umarbeiten **serial killer** S̱ Serienmörder(in) *m(f)* **serial number** S̱ (*von Waren*) Fabrikationsnummer *f* **serial port** S̱ IT serielle Schnittstelle

series ['sɪərɪz] S̱, *pl* - Serie *f*; (*von Filmen, Gesprächen*) Reihe *f*; RADIO Sendereihe *f*

serious ['sɪərɪəs] ADJ ernst; *Angebot* seriös; *Bewerber* ernst zu nehmen *attr*; *Unfall, Fehler, Krankheit* schwer; **to be ~ about doing sth** etw im Ernst

tun wollen; **I'm ~ (about it)** das ist mein Ernst; **he is ~ about her** er meint es ernst mit ihr; **you can't be ~!** das kann nicht dein Ernst sein!; **to give ~ thought** *od* **consideration to sth** sich (*dat*) etw ernsthaft *od* ernstlich überlegen; **to earn ~ money** (*umg*) das große Geld verdienen **seriously** ['sɪərɪəslɪ] ADV **1** ernst; *interessiert, bedrohen* ernsthaft; *etw sagen* im Ernst; *verletzt* schwer; *besorgt* ernstlich; **to take sb/ sth ~** jdn/etw ernst nehmen; **to take oneself too ~** sich selbst zu wichtig nehmen; **~?** im Ernst?; **do you mean that ~?** ist das Ihr Ernst?; **there is something ~ wrong with that** irgendetwas ist damit überhaupt nicht in Ordnung **2** (*umg*) ehrlich (*umg*); **~ rich** schwerreich **seriousness** S̱ Ernst *m*; (*von Unfall, Verletzung*) Schwere *f*

sermon ['sɜːmən] S̱ **1** KIRCHE Predigt *f* **2** Moralpredigt *f*, Strafpredigt *f*

serotonin [,serə'təʊnɪn] S̱ MED, BIOL Serotonin *n*

serrated [se'reɪtɪd] ADJ gezackt; **~ knife** Sägemesser *n*

servant ['sɜːvənt] S̱ Diener(in) *m(f)*

serve [sɜːv] **A** VⱵ **1** dienen (+*dat*); (*Werkzeug etc*) nützen (+*dat*); **if my memory ~s me right** wenn ich mich recht erinnere; **to ~ its purpose** seinen Zweck erfüllen; **it ~s a variety of purposes** es hat viele verschiedene Verwendungsmöglichkeiten; **it ~s no useful purpose** es hat keinen praktischen Wert; **it has ~d us well** es hat uns gute Dienste geleistet; **his knowledge of history ~d him well** seine Geschichtskenntnisse kamen ihm sehr zugute; **(it) ~s you right!** (*umg*) das geschieht dir (*ganz*) recht! **2** ableisten; *Amtszeit* durchlaufen; *Lehre* durchmachen; *Strafe* verbüßen **3** *Kunden* bedienen; *Essen* servieren; **are you being ~d?** werden Sie schon bedient?; **dinner is ~d** darf ich zu Tisch bitten?; **"serves three"** „(ergibt) drei Portionen" **4** (*Tennis etc*) aufschlagen **B** VⱵ **1** dienen; **to ~ on a committee** einem Ausschuss angehören; **it ~s to show ...** das zeigt ... **2** (*bei Tisch*) aufgeben; (*Kellner*) servieren (*at table* bei Tisch) **3** (*Tennis etc*) aufschlagen **C** S̱ (*Tennis etc*) Aufschlag *m* **♦serve out** VⱵ trennb *Zeit* ableisten; *Lehre* abschließen; *Amt* ausüben; *Strafe* absitzen **♦serve up** VⱵ trennb *Essen* servieren

server ['sɜːvə'] S̱ **1** (*Tennis*) Aufschläger(in) *m(f)* **2** IT Server *m*

service ['sɜːvɪs] **A** S̱ **1** Dienst *m*; **her ~s to industry/the country** ihre Verdienste in der Industrie/um das Land; **to be of ~** nützlich sein; **to be of ~ to sb** jdm nützen; **to be at sb's ~** jdm zur Verfügung stehen; **can I be of ~ to you?** kann ich Ihnen behilflich sein?; **out of**

service — Gottesdienst

service — Service

service — Aufschlag

~ außer Betrieb **2** MIL Militärdienst m **3** (in Geschäft etc) Bedienung f **4** Bus-/Zug-/Flugverbindung f; **there's no ~ to Oban on Sundays** sonntags besteht kein Zug-/Busverkehr nach Oban **5** KIRCHE Gottesdienst m **6** (von Maschinen) Wartung f; AUTO Inspektion f; **my car is in for a ~** mein Auto wird gewartet/ist zur Inspektion **7** (≈ Geschirr) Service n **8** (Tennis) Aufschlag m **9 services** PL Dienstleistungen pl; (Gas etc) Versorgungsnetz n **B** VT **1** Maschine warten; **to send a car to be ~d** ein Auto warten lassen, ein Auto zur Inspektion geben **2** FIN Schulden bedienen **service charge** 5 Bedienung f **service industry** 5 Dienstleistungsbranche f **serviceman** 5, pl -men Militärangehörige(r) m **service provider** 5 IT Provider m **service sector** 5 Dienstleistungssektor m **service station** 5 Tankstelle f (mit Reparaturwerkstatt); (Br: an Autobahn) Tankstelle und Raststätte f **servicewoman** 5, pl -women Militärangehörige f

serviette [ˌsɜːvɪˈet] 5 (Br) Serviette f

serving [ˈsɜːvɪŋ] **A** ADJ Politiker amtierend **B** 5 (beim Essen) Portion f **serving dish** 5 Servierplatte f **serving spoon** 5 Vorlegelöffel m

sesame seed [ˈsesəmɪ] 5 Sesamkorn n

session [ˈseʃən] 5 Sitzung f; JUR, PARL Sitzungsperiode f; **to be in ~** eine Sitzung abhalten; JUR, POL tagen; **photo ~** Fotosession f

---

set [set]
v: prät, pperf set

| **A** Substantiv | **B** Adjektiv |
| **C** transitives Verb | **D** intransitives Verb |

— A Substantiv —

1 Satz m; (2 Stück) Paar n; (von Besteck etc) Garnitur f; (von Untersetzern etc) Set n; **a ~ of tools** Werkzeug n; **a ~ of teeth** ein Gebiss n **2** (von Menschen) Kreis m **3** (Tennis) Satz m **4** THEAT Bühnenbild n; FILM Szenenaufbau m **5** (≈ TV, Radio etc) Apparat m; **~ of headphones** Kopfhörer m **6** (von Schultern) Haltung f

— B Adjektiv —

1 he is ~ **to become the new champion** ihm werden die besten Chancen auf den Meistertitel eingeräumt; **to be ~ to continue all week** voraussichtlich die ganze Woche über andauern **2** fertig, bereit; **are we all ~?** sind wir alle bereit?; **all ~?** alles klar?; **to be all ~ to do sth** sich darauf eingerichtet haben, etw zu tun, fest entschlossen sein, etw zu tun; **we're all ~ to go** wir sind startklar **3** starr; Ausdruck feststehend; **to be ~ in one's ways** in seinen Gewohnheiten festgefahren sein **4** festgesetzt; Aufgabe bestimmt; **~ book(s)** Pflichtlektüre f; **~ meal** Tagesgericht n **5** entschlossen; **to be dead ~ on doing sth** etw auf Biegen oder Brechen tun wollen; **to be (dead) ~ against sth/doing sth/sb doing sth** (absolut) gegen etw sein/dagegen sein, etw zu tun/dagegen sein, dass jd etw tut

— C transitives Verb —

1 stellen, legen, setzen; **to ~ a value/price on sth** einen Wert/Preis für etw festsetzen; **to ~ sth in motion** etw in Bewegung bringen; **to ~ sth to music** etw vertonen; **to ~ a dog/the police on sb** einen Hund/die Polizei auf jdn ansetzen; **to ~ sth/things right** etw/die Dinge in Ordnung bringen; **to ~ sb right (about sth)** jdn (in Bezug auf etw akk) berichtigen; **to ~ sb straight** jdn berichtigen **2** Regler einstellen (at auf +akk); Uhr stellen (by nach, to auf +akk); Falle, Rekord aufstellen; **to ~ a trap for sb** (fig) jdm eine Falle stellen **3** Ziel festlegen; Aufgabe, Frage stellen (sb jdm); Hausaufgabe aufgeben; Prüfung zusammenstellen; Zeit, Termin festsetzen **4** Edelstein fassen (in in +dat); Tisch decken **5** **a house ~ on a hillside** ein am Berghang gelegenes Haus; **the book is ~ in Rome** das Buch spielt in Rom; **he ~ the book in 19th**

set — (Besteck)garnitur

set — Apparat

century France er wählte das Frankreich des 19. Jahrhunderts als Schauplatz für sein Buch ▣ *Knochen* MED einrichten

— D intransitives Verb —

▣ (*Sonne*) untergehen ▣ (*Zement*) fest werden; (*Knochen*) zusammenwachsen
♦**set about** VI +obj ▣ **to ~ doing sth** sich daranmachen, etw zu tun ▣ herfallen über (+akk)
♦**set apart** VT trennb unterscheiden ♦**set aside** VT trennb *Buch etc* zur Seite legen; *Geld* beiseitelegen; *Zeit* einplanen; *Land* reservieren; *Differenzen* beiseiteschieben ♦**set back** VT trennb ▣ **to be ~ from the road** etwas von der Straße abliegen ▣ verzögern, behindern ▣ (*umg*) kosten ♦**set down** VT trennb *Koffer* absetzen ♦**set in** VI einsetzen; (*Panik*) ausbrechen; (*Nacht*) anbrechen ♦**set off** A VT trennb ▣ *Feuerwerk etc* losgehen lassen ▣ führen zu; **that set us all off laughing** das brachte uns (*akk*) alle zum Lachen ▣ hervorheben B VI aufbrechen; (*mit Auto*) losfahren; **to ~ on a journey** eine Reise antreten; **to ~ for Spain** nach Spanien abfahren; **the police ~ in pursuit** die Polizei nahm die Verfolgung auf ♦**set on** VT trennb +obj Hunde ansetzen auf (+akk) ♦**set out** A VT trennb ausbreiten, aufstellen B VI ▣ = **set off** B ▣ beabsichtigen; (≈ *beginnen*) sich daranmachen ♦**set to** VI +obj **to ~** sich an die Arbeit machen; **to ~ work doing** od **to do sth** beginnen, etw zu tun ♦**set up** A VT **to ~ in business** sein eigenes Geschäft aufmachen B VT trennb ▣ *Denkmal* aufstellen; *Stand* aufbauen; *Treffen* vereinbaren; **to set sth up for sb** etw für jdn vorbereiten ▣ gründen; *Schule, System* einrichten;

to set sb up in business jdm zu einem Geschäft verhelfen; **to be ~ for life** für sein ganzes Leben ausgesorgt haben; **to ~ camp** das Lager aufschlagen; **they've ~ home in Spain** sie haben sich in Spanien niedergelassen ▣ (*umg*) **to set sb up** jdm etwas anhängen; **I've been ~** das will mir einer anhängen (*umg*) od in die Schuhe schieben ♦**set upon** VI +obj überfallen

setback s Rückschlag m
set menu s Menü n (❗ **menu** = Speisekarte)
set piece s SPORT Standardsituation f **set square** s (*Br*) Zeichendreieck n (❗ = (US) **triangle**)
settee ['seti:] s Sofa n
setting ['setɪŋ] s ▣ (*von Sonne*) Untergang m ▣ Umgebung f; (*von Roman etc*) Schauplatz m ▣ (*auf Skala etc*) Einstellung f
settle ['setl] A VT ▣ entscheiden, regeln; *Problem* klären; *Streit* beilegen; **to ~ one's affairs** seine Angelegenheiten in Ordnung bringen; **to ~ a case out of court** einen Fall außergerichtlich klären; **that's ~d then** das ist also klar; **that ~s it** damit wäre der Fall (ja wohl) erledigt ▣ *Rechnung* begleichen; *Konto* ausgleichen ▣ *Nerven* beruhigen ▣ legen, stellen; **to ~ oneself comfortably in an armchair** es sich (*dat*) in einem Sessel bequem machen ▣ *Land* besiedeln B VI ▣ sesshaft werden, sich niederlassen; sich ansiedeln ▣ sich beruhigen ▣ (*Mensch, Vogel*) sich niederlassen; (*Staub*) sich legen ▣ JUR **to ~ (out of court)** sich vergleichen ♦**settle back** VI sich (gemütlich) zurücklehnen ♦**settle down** A VI ▣; → **settle** B1; **it's time he settled down** es ist Zeit, dass er ein geregeltes Leben anfängt; **to marry and ~** heiraten und sesshaft werden; **to ~ at school** sich an einer Schule einleben; **to ~ in a new job** sich in einer neuen Stellung eingewöhnen; **~, children!** ruhig, Kinder!; **to ~ to work** sich an die Arbeit machen; **to ~ to watch TV** es sich (*dat*) vor dem Fernseher gemütlich machen ▣ = **settle** B2 B VT trennb beruhigen ♦**settle for** VI +obj sich zufriedengeben mit ♦**settle in** VI sich einleben, sich eingewöhnen; **how are you settling in?** haben Sie sich schon eingelebt/eingewöhnt? ♦**settle on** od **upon** VI +obj sich entscheiden für ♦**settle up** VI (be)zahlen; **to ~ with sb** mit jdm abrechnen

settled ['setld] ADJ *Wetter* beständig; *Leben* geregelt **settlement** ['setlmənt] s ▣ Erledigung f; (*von Problem*) Klärung f; (*von Streit*) Beilegung f; (≈ *Vertrag*) Übereinkunft f; **an out-of-court ~** JUR ein außergerichtlicher Vergleich; **to reach a ~** sich einigen ▣ (*von Geldbetrag*) Überschreibung *f (on auf +akk)* [3] *(≈ Kolonie etc)* Siedlung *f*; *(≈ Akt)* Besiedlung *f* **settler** ['setlə^r] [S] Siedler(in) *m(f)*

set-top box ['settɒp'bɒks] [S] TV Digitalreceiver *m*, d-box® *f*

setup ['setʌp] [S] [1] *(umg)* Umstände *pl* [2] Organisation *f* [3] IT Setup *n* [4] *(umg)* abgekartete Sache

seven ['sevn] [A] [ADJ] sieben [B] [S] Sieben *f*; → six

sevenfold ['sevnfəʊld] [A] [ADJ] siebenfach [B] [ADV] um das Siebenfache

seventeen ['sevn'ti:n] [A] [ADJ] siebzehn [B] [S] Siebzehn *f*

seventeenth ['sevn'ti:nθ] [A] [ADJ] siebzehnte(r, s) [B] [S] [1] Siebzehntel *n* [2] Siebzehnte(r, s)

seventh ['sevnθ] [A] [ADJ] siebte(r, s) [B] [S] [1] Siebtel *n* [2] Siebte(r, s); → sixth

seventieth ['sevntɪɪθ] [A] [ADJ] siebzigste(r, s) [B] [S] [1] Siebzigstel *n* [2] Siebzigste(r, s)

seventy ['sevntɪ] [A] [ADJ] siebzig [B] [S] Siebzig *f*

sever ['sevə^r] [A] [VT] durchtrennen, abtrennen; *(fig) Beziehungen* lösen, abbrechen [B] [VI] (durch)reißen

several ['sevrəl] [A] [ADJ] einige, mehrere, verschiedene; **I've seen him ~ times already** ich habe ihn schon mehrmals gesehen [B] [PRON] einige; **~ of the houses** einige (der) Häuser; **~ of us** einige von uns

severance pay ['sevərəns,peɪ] [S] Abfindung *f*

severe [sɪ'vɪə^r] [ADJ] *(+er) Schaden, Schlag* schwer; *Schmerz, Sturm* stark; *Strafe, Prüfung* hart; *Wetter* rau; *Winter* streng; *Gesichtsausdruck* ernst **severely** [sɪ'vɪəlɪ] [ADV] *beschädigen, behindert* schwer; *stören, eingrenzen* stark; *bestrafen* hart; *kritisieren* scharf **severity** [sɪ'verɪtɪ] [S] *(von Strafe, Prüfung)* Härte *f*; *(von Verletzung, Schlag, Sturm)* Schwere *f*

sew [səʊ] *prät* sewed, *pperf* sewn [VT & VI] nähen; **to ~ sth on** etw annähen ♦**sew up** [VT] *trennb* [1] *(wörtl)* nähen, zunähen [2] *(fig)* unter Dach und Fach bringen; **we've got the game all sewn up** das Spiel ist gelaufen *(umg)*

sewage ['sju:ɪdʒ] [S] Abwasser *n* **sewage works** [S] (❗ mit Verb im Singular oder Plural) Kläranlage *f*

sewer¹ ['səʊə^r] [S] Näher(in) *m(f)*

sewer² ['sjʊə^r] [S] Abwasserkanal *m* **sewerage** ['sjʊərɪdʒ] [S] Kanalisation *f*

sewing ['səʊɪŋ] [S] Nähen *n*, Näharbeit *f* **sewing machine** [S] Nähmaschine *f* **sewn** [səʊn] *pperf* von sew

sex [seks] [A] [S] [1] BIOL Geschlecht *n* [2] Sexualität *f*; *(≈ Akt)* Sex *m (umg)*, Geschlechtsverkehr *m (form)*; **to have ~** (Geschlechts)verkehr haben [B] [ADJ] *attr* Geschlechts-, Sexual- **sex appeal** [S] Sex-Appeal *m* **sex change** [S] Geschlechtsumwandlung *f* **sex discrimination** [S] Diskriminierung *f* aufgrund des Geschlechts **sex drive** [S] Sexualtrieb *m* **sex education** [S] Sexualerziehung *f* **sexism** ['seksɪzəm] [S] Sexismus *m* **sexist** ['seksɪst] [A] [S] Sexist(in) *m(f)* [B] [ADJ] sexistisch **sex life** [S] Geschlechtsleben *n* **sex maniac** [S] **he is a ~** *(umg)* er ist ganz verrückt nach Sex *(umg)* **sex offender** [S] Sexualtäter(in) *m(f)* **sex shop** [S] Sexshop *m* **sex symbol** [S] Sexsymbol *n*

sextet(te) [seks'tet] [S] Sextett *n*

sextuplet [seks'tju:plɪt] [S] Sechsling *m*

sexual ['seksjʊəl] [ADJ] [1] sexuell [2] PHYSIOL Sexual- **sexual abuse** [S] sexueller Missbrauch **sexual equality** [S] Gleichberechtigung *f* (der Geschlechter) **sexual harassment** [S] sexuelle Belästigung **sexual intercourse** [S] Geschlechtsverkehr *m* **sexuality** [,seksjʊ'ælɪtɪ] [S] Sexualität *f* **sexually** ['seksjʊəlɪ] [ADV] sexuell; **~ transmitted disease** Geschlechtskrankheit *f*; **to be ~ attracted to sb** sich zu jdm sexuell hingezogen fühlen **sexual organ** [S] Geschlechtsorgan *n* **sexual partner** [S] Sexualpartner(in) *m(f)* **sex worker** [S] *(euph)* Prostituierte *f* **sexy** ['seksɪ] [ADJ] *(+er) (umg)* sexy *inv meist präd (umg)*

SF *abk* von science fiction SF

shabbily ['ʃæbɪlɪ] [ADV] *(wörtl, fig)* schäbig **shabbiness** ['ʃæbɪnɪs] [S] Schäbigkeit *f* **shabby** ['ʃæbɪ] [ADJ] *(+er)* schäbig

shack [ʃæk] [S] Schuppen *m*

shackle ['ʃækl] [A] [S] *meist pl* Kette *f* [B] [VT] in Ketten legen

shade [ʃeɪd] [A] [S] [1] Schatten *m* (❗ = schattiger Ort); **30° in the ~** 30 Grad im Schatten; **to provide ~** Schatten spenden [2] (Lampen)schirm *m*; *(bes US)* Jalousie *f*, Springrollo *n* (❗ = (Br) **blind**); **~s** *(umg)* Sonnenbrille *f* [3] (Farb)ton *m*; *(fig ≈ Bedeutungsunterschied)* Nuance *f* [4] *(≈ kleine Menge)* Spur *f*; **it's a ~ too long** es ist etwas *od* eine Spur zu lang [B] [VT] [1] abschirmen; **he ~d his eyes with his hand** er hielt die Hand vor

shade — Schatten

shade — (Lampen)schirm

591 ‖ SHAN

die Augen(, um nicht geblendet zu werden) **2**
to ~ sth in etw ausschraffieren **shading** ['ʃeɪdɪŋ] ⓢ KUNST Schattierung *f*
shadow ['ʃædəʊ] Ⓐ ⓢ **1** Schatten *m* (❗ eines Menschen oder Gegenstands); **in the ~s** im Dunkel; **to be in sb's ~** (*fig*) in jds Schatten (*dat*) stehen; **to be just a ~ of one's former self** nur noch ein Schatten seiner selbst sein **2** Spur *f*; **without a ~ of a doubt** ohne den geringsten Zweifel Ⓑ ATTR (*Br* POL) Schatten- Ⓒ VT beschatten (*umg*) **shadow cabinet** ⓢ (*Br* POL) Schattenkabinett *n* **shadowy** ['ʃædəʊɪ] ADJ schattig; **a ~ figure** (*fig*) eine undurchsichtige Gestalt
shady ['ʃeɪdɪ] ADJ (+er) **1** schattig; *Baum* Schatten spendend **2** (*umg*) zwielichtig
shaft [ʃɑːft] ⓢ **1** Schaft *m*, Stiel *m*; (*von Licht*) Strahl *m*; MECH Welle *f* **2** (*von Aufzug*) Schacht *m*
shag [ʃæg] (*Br sl*) Ⓐ ⓢ Nummer *f* (*umg*); **to have a ~** eine Nummer machen (*umg*) Ⓑ VT & VI bumsen (*umg*)
shaggy ['ʃægɪ] ADJ (+er) zottig, zottelig
shake [ʃeɪk] *v: prät* **shook**, *pperf* **shaken** Ⓐ ⓢ **1** Schütteln *n*; **to give a rug a ~** einen Läufer ausschütteln; **with a ~ of her head** mit einem Kopfschütteln; **to be no great ~s** (*umg*) nicht umwerfend sein (*at* in +*dat*) **2** Milchshake *m* Ⓑ VT schütteln; *Gebäude* erschüttern; **to ~ one's fist at sb** jdm mit der Faust drohen; **to ~ hands** sich (*dat*) die Hand geben; **to ~ hands with sb** jdm die Hand geben/schütteln; **it was a nasty accident, he's still rather badly ~n** es war ein schlimmer Unfall, der Schreck sitzt ihm noch in den Knochen; **she was badly ~n by the news** die Nachricht hatte sie sehr mitgenommen Ⓒ VI wackeln; (*Hand, Stimme*) zittern; (*Erde*) beben; **he was shaking all over** er zitterte am ganzen Körper; **to ~ in one's shoes** (*umg*) das große Zittern kriegen (*umg*); **~ (on it)!** (*umg*) Hand drauf! ♦**shake off** VT trennb *Staub, Verfolger* abschütteln; *Krankheit, Gefühl* loswerden ♦**shake out** VT trennb (*wörtl*) herausschütteln; *Tischdecke* ausschütteln ♦**shake up** VT trennb **1** *Flasche, Flüssigkeit* schütteln **2** erschüttern; **he was badly shaken up by the accident** der Unfall hat ihm einen schweren Schock versetzt; **she's still a bit shaken up** sie ist immer noch ziemlich mitgenommen **3** *Geschäftsführung, Untergebene* auf Zack bringen (*umg*); *System* umkrempeln (*umg*); *Land, Industrie* wachrütteln; **to shake things up** die Dinge in Bewegung bringen
shaken ['ʃeɪkən] *pperf von* shake **shaker** ['ʃeɪkə'] ⓢ **1** (*für Cocktails*) Shaker *m*, Mixbecher *m* **2** (*für Salz, Mehl etc*) Streuer *m* **shake-up** ['ʃeɪkʌp] ⓢ (*umg*) Umbesetzung *f* **shakily**

['ʃeɪkɪlɪ] ADV wackelig; *einschenken* zitterig **shaking** ['ʃeɪkɪŋ] ⓢ Zittern *n* **shaky** ['ʃeɪkɪ] ADJ (+er) *Stuhl* wackelig; *Stimme, Hände* zitt(e)rig; **to get off to a ~ start** (*fig*) einen holprigen Anfang nehmen; **to be on ~ ground** (*fig*) sich auf schwankendem *od* unsicherem Boden bewegen
shall [ʃæl] *prät* **should** VAUX **1** (❗ nur mit **I** und **we**, drückt feste Absicht aus) (*Futur*) **I ~** *od* **I'll go to France this year** ich fahre dieses Jahr nach Frankreich; **no, I ~ not** *od* **I shan't** nein, das tue ich nicht **2** sollen; **what ~ we do?** was sollen wir machen?, was machen wir?; **let's go in, ~ we?** komm, gehen wir hinein!; **I'll buy 3, ~ I?** soll ich 3 kaufen? → should
shallot [ʃə'lɒt] ⓢ Schalotte *f*
shallow ['ʃæləʊ] Ⓐ ADJ flach; *Mensch* seicht; *Erdschicht* dünn Ⓑ ⓢ **shallows** PL Untiefe *f* **shallowness** ['ʃæləʊnɪs] ⓢ Flachheit *f*; (*von Mensch, Roman*) Seichtheit *f*; (*von Erdschicht*) Dünne *f*
sham [ʃæm] Ⓐ ⓢ **1** Heuchelei *f*; **their marriage had become a ~** ihre Ehe war zur Farce geworden **2** Scharlatan *m* Ⓑ ADJ **a ~ marriage** eine Scheinehe Ⓒ VT vortäuschen Ⓓ VI so tun, simulieren
shambles ['ʃæmblz] ⓢ (❗ mit Verb im Singular) heilloses Durcheinander, Tohuwabohu *n*; **the room was a ~** im Zimmer herrschte das reinste Tohuwabohu; **the economy is in a ~** die Wirtschaft befindet sich in einem Chaos; **the game was a ~** das Spiel war das reinste Kuddelmuddel (*umg*)
shame [ʃeɪm] Ⓐ ⓢ **1** (❗ kein *pl*) Scham *f*, Schande *f*; **he hung his head in ~** er senkte beschämt den Kopf; (*fig*) er schämte sich; **to bring ~ upon sb/oneself** jdm/sich Schande machen; **have you no ~?** schämst du dich (gar) nicht?; **to put sb/sth to ~** (*fig*) jdn/etw in den Schatten stellen; **~ on you!** du solltest dich schämen! **2** **it's a ~ you couldn't come** schade, dass du nicht kommen konntest; **what a ~!** (das ist aber) schade! Ⓑ VT Schande machen (+*dat*) **shamefaced** ['ʃeɪm'feɪst] ADJ, **shamefacedly** ['ʃeɪm'feɪsɪdlɪ] ADV betreten **shameful** ['ʃeɪmfʊl] ADJ schändlich **shameless** ['ʃeɪmlɪs] ADJ schamlos
shampoo [ʃæm'puː] Ⓐ ⓢ, *pl* **-s** Shampoo *n* Ⓑ VT *Haare* waschen; *Teppich* reinigen
shamrock ['ʃæmrɒk] ⓢ Klee *m*, Kleeblatt *n* (❗ Wahrzeichen von Irland)
shandy ['ʃændɪ] ⓢ (*Br*) Radlermaß *f*, Alsterwasser *n* (❗ = (*US*) **radler**) (❗ Als Getränk hat **shandy** keinen Plural. **Shandies** sagt man zu einzelnen Gläsern.); **two shandies, please** zwei Radlermaß bitte
shan't [ʃɑːnt] = shall not; **~!** (*umg*) will nicht! (*umg*)

S

SHAN | 592

shantytown [ˈʃæntɪˈtaʊn] ͞s Slum(vor)stadt f
shape [ʃeɪp] **A** ͞s **1** Form f, Gestalt f; **what ~ is it?** welche Form hat es?; **it's rectangular** etc in ~ es ist rechteckig etc; **to take ~** (wörtl) Form bekommen; (fig) Konturen annehmen; **of all ~s and sizes** aller Art; **I don't accept gifts in any ~** or form ich nehme überhaupt keine Geschenke an **2** (fig) **to be in good/bad ~** (Sportler) in Form/nicht in Form sein; (gesundheitlich) in guter/schlechter Verfassung sein; **to be out of ~** nicht in Form sein **B** ͞v͞t (wörtl) Ton formen (into zu); (fig) Ideen prägen; Entwicklung gestalten ♦**shape up** ͞v͞i **to ~ well** sich gut entwickeln
shaped [ʃeɪpt] ͞a͞d͞j geformt; **~ like a ...** in der Form einer/eines ... **-shaped** [-ʃeɪpt] ͞a͞d͞j suf -förmig **shapeless** [ˈʃeɪplɪs] ͞a͞d͞j formlos **shapely** [ˈʃeɪplɪ] ͞a͞d͞j (+er) Figur wohlproportioniert; Beine wohlgeformt
shard [ʃɑːd] ͞s (Ton)scherbe f
share [ʃeəʳ] **A** ͞s **1** Anteil m (in, of an +dat); **I want my fair ~** ich will meinen (An)teil; **he didn't get his fair ~** er ist zu kurz gekommen; **to take one's ~ of the blame** sich mitschuldig erklären; **to do one's ~** das Seine tun **2** FIN (Geschäfts)anteil m, Aktie f **B** ͞v͞t teilen **C** ͞v͞i teilen; **to ~ and ~ alike** (brüderlich) mit (den) anderen teilen; **to ~ in sth** sich an etw (dat) beteiligen; an Erfolg an etw (dat) Anteil nehmen ♦**share out** ͞v͞t trennb verteilen
share capital ͞s Aktienkapital n **shareholder** ͞s Aktionär(in) m(f) **share index** ͞s Aktienindex m **shareware** ͞s IT Shareware f
shark [ʃɑːk] ͞s **1** Hai(fisch) m **2** (umg ≈ Schwindler) Schlitzohr n (umg); **loan ~** Kredithai m (umg)
sharp [ʃɑːp] **A** ͞a͞d͞j (+er) **1** scharf; Nadel, Winkel spitz; (≈ intelligent) schlau; Rückgang steil; Schmerz heftig; Mensch schroff; Temperament hitzig; **be ~ about it!** (umg) (ein bisschen) dalli! (umg) **2** (pej) raffiniert **3** MUS Note zu hoch, (um einen Halbton) erhöht; **F ~** fis n **B** ͞a͞d͞v (+er) **1** MUS zu hoch **2** pünktlich; **at 5 o'clock ~** Punkt 5 Uhr **3** look **~!** dalli! (umg); **to pull up ~** plötzlich anhalten **sharpen** [ˈʃɑːpən] ͞v͞t Messer schleifen; Bleistift spitzen **sharpener** [ˈʃɑːpnəʳ] ͞s **1** Schleifgerät n **2** (Bleistift)spitzer m **sharp-eyed** [ˌʃɑːpˈaɪd] ͞a͞d͞j scharfsichtig **sharpness** ͞s **1** Schärfe f; (von Nadel etc) Spitzheit f; (≈ Intelligenz) Schläue f **2** (von Schmerz) Heftigkeit f **sharp-tongued** ͞a͞d͞j scharfzüngig **sharp-witted** ͞a͞d͞j scharfsinnig
shat [ʃæt] prät, pperf von shit
shatter [ˈʃætəʳ] **A** ͞v͞t **1** (wörtl) zertrümmern; Hoffnungen zunichtemachen; **the blast ~ed all the windows** durch die Explosion zersplitterten alle Fensterscheiben **2** (Br fig umg) **I'm**

~ed! ich bin total kaputt (umg) **B** ͞v͞i zerbrechen; (Windschutzscheibe) (zer)splittern **shattering** [ˈʃætərɪŋ] ͞a͞d͞j **1** Schlag wuchtig; Explosion gewaltig; Niederlage vernichtend **2** (fig umg) erschöpfend **3** (umg) Nachricht erschütternd
shave [ʃeɪv] v: prät shaved, pperf shaved od shaven **A** ͞s Rasur f; **to have a ~** sich rasieren; **that was a close ~** das war knapp **B** ͞v͞t rasieren **C** ͞v͞i sich rasieren; (Apparat) rasieren ♦**shave off** ͞v͞t trennb sich (dat) abrasieren
shaven [ˈʃeɪvn] ͞a͞d͞j Kopf kahl geschoren **shaver** [ˈʃeɪvəʳ] ͞s Rasierapparat m **shaver point**, (US) **shaver outlet** ͞s Steckdose f für Rasierapparate **shaving** [ˈʃeɪvɪŋ] ͞s **1** Rasieren n **2 shavings** ͞p͞l Späne pl
shawl [ʃɔːl] ͞s (Umhänge)tuch n
she [ʃiː] **A** ͞p͞r͞o͞n sie; (bei Schiffen etc) es **B** ͞s Sie f **she-** ͞p͞r͞ä͞f weiblich; **~bear** Bärin f
sheaf [ʃiːf] ͞s, pl sheaves (≈ Getreide) Garbe f; (≈ Papiere) Bündel n
shear [ʃɪəʳ] prät sheared, pperf shorn ͞v͞t Schaf scheren ♦**shear off** ͞v͞i abbrechen
shears [ʃɪəz] ͞p͞l (große) Schere, Heckenschere f
sheath [ʃiːθ] ͞s **1** (für Schwert) Scheide f **2** Kondom m od n **sheathe** [ʃiːð] ͞v͞t Schwert in die Scheide stecken
sheaves [ʃiːvz] pl von sheaf
shed¹ [ʃed] prät, pperf shed ͞v͞t **1** Haare verlieren; **to ~ its skin** sich häuten; **to ~ a few pounds** ein paar Pfund abnehmen **2** Tränen vergießen **3** Licht verbreiten; **to ~ light on sth** (fig) Licht auf etw (akk) werfen
shed² ͞s Schuppen m, Stall m
she'd [ʃiːd] = she would, she had
sheen [ʃiːn] ͞s Glanz m
sheep [ʃiːp] ͞s, pl - Schaf n; **to separate the ~ from the goats** (fig) die Schafe von den Böcken trennen **sheepdog** [ˈʃiːpdɒg] ͞s Hütehund m **sheepish** [ˈʃiːpɪʃ] ͞a͞d͞j verlegen **sheepskin** [ˈʃiːpskɪn] ͞s Schaffell n
sheer [ʃɪəʳ] **A** ͞a͞d͞j (+er) **1** rein; **by ~ chance** rein zufällig; **by ~ hard work** durch nichts als harte Arbeit; **~ hell** die (reinste) Hölle (umg) **2** Klippe steil; **there is a ~ drop of 200 feet** es fällt 200 Fuß steil od senkrecht ab **3** Stoff etc (hauch)dünn **B** ͞a͞d͞v **1** steil **2** senkrecht
sheet [ʃiːt] ͞s **1** (Bett)laken n **2** (≈ Papier) Blatt n; (größer) Bogen m **3** (≈ Metall) Platte f; (≈ Glas) Scheibe f; (aus Eis) Fläche f; **a ~ of ice covered the lake** eine Eisschicht bedeckte den See **sheet ice** ͞s Glatteis n **sheeting** [ˈʃiːtɪŋ] ͞s plastic **~** Plastiküberzug m **sheet metal** ͞s Walzblech n **sheet music** ͞s Notenblätter pl
sheik(h) [ʃeɪk] ͞s Scheich m
shelf [ʃelf] ͞s, pl shelves Bord n, Bücherbord n; (in Laden) Regal n; **shelves** Regal n **shelf life** ͞s

shell — Muschel   shell — Schneckenhaus   shell — Panzer   shell — Rohbau

(wörtl) Lagerfähigkeit f; (fig) Dauer f
shell [ʃel] A S 1 Schale f; (am Strand) Muschel f 2 (Schnecken)haus n; (von Schildkröte) Panzer m; **to come out of one's ~** (fig) aus seinem Schneckenhaus kommen 3 (von Haus) Rohbau m; (von Auto) Karosserie f 4 MIL Granate f; (bes US) Patrone f B VT 1 Erbsen enthülsen; Ei, Nüsse schälen 2 MIL (mit Granaten) beschießen ♦**shell out** (umg) A VT trennb blechen (umg) B VI **to ~ for sth** für etw blechen (umg)
she'll [ʃiːl] = she will, she shall
shellfire S Granatfeuer n **shellfish** S, pl - Schaltier(e pl) n; GASTR Meeresfrüchte pl **shelling** [ˈʃelɪŋ] S Granatfeuer n (of auf +akk) **shell-shocked** ADJ **to be ~** (wörtl) unter einer Kriegsneurose leiden; (fig) verstört sein **shell suit** S modischer leichter Jogginganzug
shelter [ˈʃeltəʳ] A S Schutz m; (≈ Ort) Unterstand m; (im Krieg) Luftschutzkeller m; (≈ an Bushaltestelle) Wartehäuschen n; (≈ Nachtlager) Unterkunft f; **a ~ for homeless people** ein Obdachlosenheim n; **to take ~** sich in Sicherheit bringen; (bei Regen) sich unterstellen; **to run for ~** Zuflucht suchen; **to provide ~ for sb** jdm Schutz bieten, jdn beherbergen B VT schützen (from vor +dat); Verbrecher verstecken C VI **there was nowhere to ~** (bei Regen) man konnte sich nirgends unterstellen **sheltered** [ˈʃeltəd] ADJ Ort geschützt; Leben behütet **sheltered housing** S Wohnungen pl für Senioren/Behinderte
shelve [ʃelv] VT Problem aufschieben; Plan ad acta legen **shelves** [ʃelvz] pl von shelf **shelving** [ˈʃelvɪŋ] S Regale pl, Stellagen pl (österr); (≈ Material) Bretter pl
shepherd [ˈʃepəd] A S Schäfer m B VT führen **shepherd's pie** S Auflauf aus Hackfleisch und Kartoffelbrei
sherbet [ˈʃɜːbət] S 1 (❗ kein pl) Brausepulver n 2 (bes US) Sorbet n od m (❗ = (bes Br) **sorbet**)
sheriff [ˈʃerɪf] S Sheriff m; (schott) Friedensrichter(in) m(f)
sherry [ˈʃerɪ] S Sherry m (❗ Als Getränk hat **sherry** keinen Plural. **Sherries** sagt man zu

verschiedenen Sorten oder einzelnen Gläsern.); **two sherries, please** zwei Sherry bitte
she's [ʃiːz] = she is, she has
Shetland [ˈʃetlənd] S, **Shetland Islands** [ˈʃetləndˈaɪləndz] PL, **Shetlands** [ˈʃetləndz] PL Shetlandinseln pl
shiatsu [ʃiːˈætsuː] S Shiatsu n
shield [ʃiːld] A S MIL, HERALD Schild m; (an Maschine) Schutzschild m; (fig) Schutz m B VT schützen (sb from sth jdn vor etw dat); **she tried to ~ him from the truth** sie versuchte, ihm die Wahrheit zu ersparen
shift [ʃɪft] A S 1 Änderung f; (bei Ortswechsel) Verlegung f; **a ~ in public opinion** ein Meinungsumschwung m in der Bevölkerung 2 AUTO Schaltung f 3 IND Schicht f; **to work (in) ~s** in Schichten arbeiten B VT 1 (von der Stelle) bewegen; Möbel verrücken; Arm wegnehmen; (bei Ortswechsel) verlagern; Schutt wegräumen; **to ~ the blame onto somebody else** die Verantwortung auf jemand anders schieben; **~ the table over to the wall** rück den Tisch an die Wand (rüber)! 2 (US AUTO) **to ~ gears** schalten (❗ = (Br) to change gears) C VI sich bewegen; **~ over!** rück mal rüber!; **he refused to ~** (fig) er war nicht umzustimmen **shift key** S (an Schreibmaschine) Umschalttaste f; IT Shifttaste f **shift lock** S (an Schreibmaschine und Computer) Feststelltaste f **shiftwork** S Schichtarbeit f; **to do ~** Schicht arbeiten **shift worker** S Schichtarbeiter(in) m(f)
shifty [ˈʃɪftɪ] ADJ (+er) zwielichtig
shilling [ˈʃɪlɪŋ] S (Br obs) Shilling m
shimmer [ˈʃɪməʳ] A S Schimmer m B VI schimmern
shin [ʃɪn] A S Schienbein n; (von Fleisch) Hachse f; **to kick sb on the ~** jdn vors Schienbein treten B VI **to ~ up** (geschickt) hinaufklettern
shinbone [ˈʃɪnbəʊn] S Schienbein n
shine [ʃaɪn] v: prät, pperf **shone** A S Glanz m; **she's taken a real ~ to him** (umg) er hat es ihr wirklich angetan B VT 1 prät, pperf meist **shined** blank putzen; Schuhe polieren 2 **to ~ a light on sth** etw beleuchten C VI leuchten;

(*Metall*) glänzen; (*Sonne, Lampe*) scheinen; **to ~ at/in sth** (*fig*) bei/in etw (*dat*) glänzen ♦**shine down** VI herabscheinen (*on* auf *+akk*)
shingle ['ʃɪŋgl] S (❗ kein pl) Kiesel *m*
shingles ['ʃɪŋglz] S (❗ mit Verb im Singular) MED Gürtelrose *f*
shining ['ʃaɪnɪŋ] ADJ leuchtend; *Licht* strahlend; **a ~ light** (*fig*) eine Leuchte; **he's my knight in ~ armour** (*Br*) *od* **armor** (*US*) er ist mein Märchenprinz **shiny** ['ʃaɪnɪ] ADJ (*+er*) glänzend
ship [ʃɪp] A S Schiff *n*; **on board ~** an Bord B VT versenden; *Getreide etc* verfrachten; (*auf Seeweg*) verschiffen ♦**ship out** VT *trennb* versenden; *Getreide etc* verfrachten
shipbuilding S Schiffbau *m* **shipmate** S Schiffskamerad(in) *m(f)* **shipment** S Sendung *f*; (*von Getreide etc*) Transport *m*; (*auf Seeweg*) Verschiffung *f* **shipowner** S Reeder(in) *m(f)* **shipper** ['ʃɪpəʳ] S Spediteur(in) *m(f)* **shipping** ['ʃɪpɪŋ] A S 1 (❗ kein pl) Schifffahrt *f*; (≈ *Transportmittel*) Schiffe *pl* 2 (❗ kein pl) Verschiffung *f*; (*per Bahn etc*) Versand *m* B ADJ *attr* **~ costs** Frachtkosten *pl* **shipping company** S Reederei *f* **shipping lane** S Schifffahrtsstraße *f* **shipping note** S Verladeschein *m* **shipshape** ['ʃɪpʃeɪp] ADJ, ADV tipptopp (*umg*) **shipwreck** A S Schiffbruch *m* B VT **to be ~ed** schiffbrüchig sein **shipyard** S (Schiffs)werft *f*
shirk [ʃɜːk] A VT sich drücken vor (*+dat*) B VI sich drücken
shirt [ʃɜːt] S (Ober)hemd *n*; FUSSB Trikot *n*, Leiberl *n* (*österr*), Leibchen *n* (*österr, schweiz*); (*für Frau*) Hemdbluse *f*; **keep your ~ on** (*Br umg*) reg dich nicht auf! **shirtsleeve** ['ʃɜːtsliːv] S **shirtsleeves** PL Hemdsärmel *pl*; **in his/their ~s** in Hemdsärmeln
shit [ʃɪt] *v: prät, pperf* shat (*sl*) A S 1 Scheiße *f* (*vulg*); **to have a ~** scheißen (*vulg*); **to have the ~s** Dünnschiss haben (*umg*); **to be up ~ creek (without a paddle)** bis zum Hals in der Scheiße stecken (*vulg*); **to be in deep ~** in der Scheiße stecken (*vulg*); **I don't give a ~** das ist mir scheißegal (*umg*); **tough ~!** Scheiße auch! (*umg*) 2 (≈ *Mensch*) Arschloch *n* (*vulg*) B ADJ *attr* beschissen (*umg*) C VI scheißen (*vulg*) D VR **to ~ oneself** sich (*dat*) vor Angst in die Hosen scheißen (*vulg*) E INT Scheiße (*umg*) **shitface** (*sl*), **shithead** (*sl*) S Scheißkerl *m* (*umg*), Scheißtyp *m* (*umg*) **shit-hot** ADJ (*Br sl*) geil (*sl*), krass (*sl*) **shitless** ADJ **to be scared ~** (*sl*) sich (*dat*) vor Angst in die Hosen scheißen (*vulg*) **shitty** ['ʃɪtɪ] ADJ (*+er*) (*umg*) beschissen (*umg*)
shiver ['ʃɪvəʳ] A S Schauer *m*; **a ~ ran down my spine** es lief mir kalt den Rücken hinunter; **his touch sent ~s down her spine** es durchzuckte sie bei seiner Berührung; **it gives me the ~s** (*fig*) ich kriege davon eine Gänsehaut B VI zittern (*with* vor *+dat*)
shoal [ʃəʊl] S (*von Fischen*) Schwarm *m*
shock¹ [ʃɒk] A S 1 (*von Explosion etc*) Wucht *f* 2 ELEK Schlag *m*; MED (Elektro)schock *m* 3 Schock(zustand) *m*; **to suffer from ~** einen Schock (erlitten) haben; **to be in (a state of) ~** unter Schock stehen; **a ~ to one's system** ein Kreislaufschock; **it comes as a ~ to hear that …** mit Bestürzung höre ich/hören wir, dass …; **to give sb a ~** jdn erschrecken; **it gave me a nasty ~** es hat mir einen bösen Schreck(en) eingejagt; **to get the ~ of one's life** den Schock seines Lebens kriegen; **he is in for a ~!** (*umg*) der wird sich wundern (*umg*) B VT erschüttern, schockieren; **to be ~ed by sth** über etw (*akk*) erschüttert *od* bestürzt sein; (*moralisch*) über etw (*akk*) schockiert sein
shock² S (*a.* **shock of hair**) (Haar)schopf *m*
shock absorber ['ʃɒkəb,zɔːbəʳ] S Stoßdämpfer *m* **shocked** [ʃɒkt] ADJ erschüttert, schockiert **shocking** ['ʃɒkɪŋ] ADJ 1 schockierend; **~ pink** knallrosa (*umg*) 2 (*umg*) entsetzlich; **what a ~ thing to say!** wie kann man bloß so etwas Schreckliches sagen! **shock tactics** PL (*fig*) Schocktherapie *f* **shock therapy** S (MED, *fig*) Schocktherapie *f* **shock troops** PL Stoßtruppen *pl* **shock wave** S (*wörtl*) Druckwelle *f*; (*fig*) Schock *m kein pl*
shod [ʃɒd] *prät, pperf* von shoe
shoddy ['ʃɒdɪ] ADJ (*+er*) schäbig; *Arbeit* schludrig; *Waren* minderwertig
shoe [ʃuː] *v: prät, pperf* shod A S 1 Schuh *m*; **I wouldn't like to be in his ~s** ich möchte nicht in seiner Haut stecken; **to put oneself in sb's ~s** sich in jds Lage (*akk*) versetzen; **to step into** *od* **fill sb's ~s** an jds Stelle (*akk*) treten *od* rücken 2 (Huf)eisen *n* B VT *Pferd* beschlagen **shoehorn** S Schuhlöffel *m* **shoelace** S Schnürsenkel *m* **shoemaker** S Schuster(in) *m(f)* **shoe polish** S Schuhcreme *f* **shoe shop** S Schuhgeschäft *n* **shoe size** S Schuhgröße *f*; **what ~ are you?** welche Schuhgröße haben Sie? **shoestring** S 1 (*US*) Schnürsenkel *m* 2 (*fig*) **to be run on a ~** mit ganz wenig Geld finanziert werden **shoestring budget** S Minibudget *n* (*umg*) **shoetree** S (Schuh)spanner *m*
shone [ʃɒn] *prät, pperf* von shine
shoo [ʃuː] VT **to ~ sb away** jdn verscheuchen
shook [ʃʊk] *prät* von shake
shoot [ʃuːt] *v: prät, pperf* shot A S 1 BOT Trieb *m* 2 Fotosession *f* B VT 1 MIL *etc*, SPORT schießen 2 anschießen; (≈ *verletzen*) niederschießen; (≈ *töten*) erschießen; **to ~ sb dead** jdn erschießen;

he shot himself er hat sich erschossen; **he shot himself in the foot** er schoss sich (dat) in den Fuß; (fig umg) er hat ein Eigentor geschossen (umg); **he was shot in the leg** er wurde ins Bein getroffen ◪ **to ~ sb a glance** jdm einen (schnellen) Blick zuwerfen; **to ~ the lights** eine Ampel (bei Rot) überfahren ◪ FOTO Film drehen ◪ (umg) Drogen drücken (sl) **C** VT ◪ schießen; JAGD jagen; **stop or I'll ~!** stehen bleiben oder ich schieße!; **to ~ at sb/sth** auf jdn/etw schießen ◪ (Läufer etc) schießen (umg); **to ~ into the lead** an die Spitze vorpreschen; **he shot down the stairs** er schoss od jagte die Treppe hinunter; **to ~ to fame** auf einen Schlag berühmt werden; **~ing pains** stechende Schmerzen pl ◪ FOTO knipsen (umg); FILM drehen ◆**shoot down** VT trennb abschießen ◆**shoot off** VI davonschießen ◆**shoot out A** VI herausschießen (of aus) **B** VT trennb Hand etc blitzschnell ausstrecken ◆**shoot up A** VI ◪ in die Höhe schnellen; (Kinder) in die Höhe schießen; (Bauten) aus dem Boden schießen ◪ (umg: mit Drogen) sich (dat) einen Schuss setzen (umg) **B** VT trennb (umg) Drogen drücken (sl)
shooting ['ʃuːtɪŋ] S ◪ Schießen n ◪ (≈ Mord) Erschießung f ◪ JAGD Jagd f; **to go ~** auf die Jagd gehen ◪ FILM Drehen n **shooting gallery** S (⚠ Vorsicht, Schreibung) Schießstand m **shooting range** S Schießplatz m **shooting star** S Sternschnuppe f **shoot-out** ['ʃuːtaʊt] S Schießerei f
shop [ʃɒp] **A** S ◪ (bes Br) Geschäft n, Kaufhaus n (⚠ im amerikanischen Englisch eher **store**);

shooting — Schießen

shooting — Drehen

to go to the ~s einkaufen gehen; **to go to the ~s** einkaufen gehen; **to shut up** od **close up ~** zumachen, schließen; **to talk ~** fachsimpeln ◪ (Br) **to do one's weekly ~** seinen wöchentlichen Einkauf erledigen **B** VI einkaufen; **to go ~ping** einkaufen gehen; **to ~ for fish** Fisch kaufen gehen ◆**shop around** VI sich umsehen (for nach)
shop assistant S (⚠ Vorsicht, Schreibung) (bes Br) Verkäufer(in) m(f) (⚠ = (US) **sales clerk**) **shop floor** S **on the ~** unter den Arbeitern **shop front** S (bes Br) Ladenfassade f **shopkeeper** S (bes Br) Ladenbesitzer(in) m(f) (⚠ = (US) **storekeeper**) **shoplifter** S Ladendieb(in) m(f) **shoplifting** S Ladendiebstahl m **shopper** ['ʃɒpə'] S Käufer(in) m(f)
shopping ['ʃɒpɪŋ] S Einkaufen n; (≈ Waren) Einkäufe pl; **to do one's ~** einkaufen gehen **shopping bag** S Einkaufstasche f **shopping basket** S Einkaufskorb m **shopping cart** S (US) = shopping trolley **shopping centre**, (US) **shopping center** S Einkaufszentrum n **shopping channel** S TV Teleshoppingsender m **shopping list** S Einkaufszettel m **shopping mall** S (bes US) Shoppingcenter n **shopping spree** S Einkaufsbummel m **shopping street** S Einkaufsstraße f **shopping trolley** S (Br) Einkaufswagen m (⚠ = (US) **shopping cart**)
shopsoiled ADJ (Br) leicht beschädigt **shop steward** S (gewerkschaftlicher) Vertrauensmann **shop window** S Schaufenster n
shore¹ [ʃɔː] S ◪ Ufer n, Strand m; **a house on the ~s of the lake** ein Haus am Seeufer ◪ **on ~** an Land
shore² VT (a. **shore up**) (ab)stützen; (fig) stützen
shoreline S Uferlinie f
shorn [ʃɔːn] **A** pperf von shear **B** ADJ geschoren
short [ʃɔːt] **A** ADJ (+er) ◪ kurz; Mensch klein; **a ~ time ago** vor Kurzem; **in a ~ while** in Kürze; **time is ~** die Zeit ist knapp; **~ and sweet** kurz und ergreifend; **in ~** kurz gesagt; **she's called Pat for ~** sie wird einfach Pat genannt; **Pat is ~ for Patricia** Pat ist die Kurzform von Patricia ◪ Antwort knapp, barsch; Verhalten schroff; **to have a ~ temper** unbeherrscht sein; **to be ~ with sb** jdn schroff behandeln ◪ zu wenig inv; **to be in ~ supply** knapp sein; **we are (£3) ~** wir haben (£ 3) zu wenig; **we are seven ~** uns (dat) fehlen sieben; **we are not ~ of volunteers** wir haben genug Freiwillige; **to be ~ of time** wenig Zeit haben; **I'm a bit ~ (of cash)** (umg) ich bin etwas knapp bei Kasse (umg); **we are £2,000 ~ of our target** wir liegen £ 2.000 unter un-

SHOR | 596

serem Ziel; **not far** od **much ~ of £100** nicht viel weniger als £ 100 **B** ADV **1 to fall ~** (Schuss) zu kurz sein; (Vorräte etc) nicht ausreichen; **to fall ~ of sth** etw nicht erreichen; **to go ~ (of food** etc) zu wenig (zu essen etc) haben; **we are running ~ (of time)** wir haben nicht mehr viel (Zeit); **water is running ~** Wasser ist knapp **2** plötzlich; **to pull up ~** abrupt anhalten; **to stop ~** (beim Sprechen) plötzlich innehalten; **I'd stop ~ of murder** vor Mord würde ich Halt machen; **to be caught ~** (umg) überrascht werden; (bei Geldmangel etc) zu knapp (dran) sein; (≈ Toilette benötigen) dringend mal müssen (umg) **3 ~ of** außer (+dat); **nothing ~ of a revolution can ...** nur eine Revolution kann ...; **it's little ~ of madness** das grenzt an Wahnsinn; **~ of telling him a lie ...** außer ihn zu belügen ... **C** S̲ (umg ≈ Schnaps) Kurze(r) m (umg); FILM Kurzfilm m **shortage** [ˈʃɔːtɪdʒ] S̲ Knappheit f kein pl (of an +dat), Mangel m kein pl (of an +dat); **a ~ of staff** ein Personalmangel m **shortbread** S̲ Shortbread n, ≈ Butterkeks m **short-change** V̲T̲ **to ~ sb** (wörtl) jdm zu wenig Wechselgeld geben **short circuit** S̲ Kurzschluss m **short-circuit A** V̲T̲ kurzschließen; (fig) umgehen **B** V̲I̲ einen Kurzschluss haben **shortcoming** S̲ (bes pl) Mangel m, Fehler m; (von System) Unzulänglichkeit f **shortcrust** S̲ (a. **shortcrust pastry**) Mürbeteig m **short cut** S̲ Abkürzung f; (fig) Schnellverfahren n **short-cut key** S̲ IT Shortcut m, Tastenkombination f **shorten** [ˈʃɔːtn] V̲T̲ verkürzen; Namen abkürzen; Kleid, Programm kürzen **shortfall** S̲ Defizit n **short-haired** ADJ kurzhaarig **shorthand** S̲ Stenografie f; **to take sth down in ~** etw stenografieren **short-handed** ADJ **to be ~** zu wenig Personal haben **shorthand typist** S̲ Stenotypist(in) m(f) **short haul** S̲ Nahtransport m **short-haul jet** S̲ Kurzstreckenflugzeug n **short list** S̲ (bes Br) **to be on the ~** in der engeren Wahl sein **short-list** V̲T̲ (bes Br) **to ~ sb** jdn in die engere Wahl nehmen **short-lived** ADJ kurzlebig; **to be ~** von kurzer Dauer sein **shortly** [ˈʃɔːtlɪ] ADV bald; vor, nach kurz **shortness** [ˈʃɔːtnɪs] S̲ Kürze f; (von Mensch) Kleinheit f; **~ of breath** Kurzatmigkeit f **short-range** [ˈʃɔːt'reɪndʒ] ADJ mit geringer Reichweite; **~ missile** Kurzstreckenrakete f **shorts** [ʃɔːts] P̲L̲ **1** Shorts pl **2** (bes US) Unterhose f (**!** = (Br) **pants**) **short-sighted** ADJ kurzsichtig **short-sightedness** S̲ (wörtl, fig) Kurzsichtigkeit f **short-sleeved** ADJ kurzärmelig **short-staffed** ADJ **to be ~** zu wenig Personal haben **short story** S̲ Kurzgeschichte f **short-tempered** ADJ unbeherrscht **short**

term S̲ **in the ~** auf kurze Sicht **short-term** ADJ, ADV kurzfristig; **on a ~ basis** kurzfristig **short-term contract** S̲ Kurzzeitvertrag m **short time** S̲ **to be on ~** kurzarbeiten **short-wave** ADJ **a ~ radio** ein Kurzwellenempfänger m

shot¹ [ʃɒt] **A** prät, pperf von **shoot B** S̲ **1** Schuss m; (mit der Hand) Wurf m; (Tennis, Golf) Schlag m; **to take a ~ at goal** aufs Tor schießen; **to fire a ~ at sb/sth** einen Schuss auf jdn/etw abfeuern; **to call the ~s** (fig) das Sagen haben (umg); **like a ~** (umg) weglaufen wie der Blitz (umg); zustimmen sofort **2** (**!** kein pl) (für Flinte) Schrot m **3** Schütze m, Schützin f **4** Versuch m; **to have a ~ (at it)** es (mal) versuchen; **to give sth one's best ~** (umg) sich nach Kräften um etw bemühen **5** Spritze f, Impfung f; (von Alkohol) Schuss m **6** FOTO Aufnahme f; **out of ~** nicht im Bild m SPORT **the ~** Kugelstoßen n; (≈ Gewicht) die Kugel

shot² ADJ **~ to pieces** völlig zerstört

shotgun S̲ Schrotflinte f; **~ wedding** Mussheirat f **shot put** S̲ Kugelstoßen n **shot-putter** S̲ Kugelstoßer(in) m(f)

should [ʃʊd] prät von **shall** V̲AUX̲ **1** (Pflicht) **I ~ do that** ich sollte das tun; **I ~ have done it** ich hätte es tun sollen od müssen; **which is as it ~ be** und so soll(te) es auch sein; **you really ~ see that film** den Film sollten Sie wirklich sehen; **he's coming to apologize — I ~ think so** er will sich entschuldigen — das möchte ich auch meinen od hoffen; **... and I ~ know ...** und ich müsste es ja wissen; **how ~ I know?** woher soll ich das wissen? **2** (Wahrscheinlichkeit) **he ~ be there by now** er müsste eigentlich schon da sein; **this book ~ help you** dieses Buch wird Ihnen bestimmt helfen; **this ~ be good!** (umg) das wird bestimmt gut! **3** (Vermutung etc) **I ~ think there were about 40** ich würde schätzen, dass etwa 40 dort waren; **~ I open the window?** soll ich das Fenster aufmachen?; **I ~ like to know ...** ich möchte gern wissen ...; **I ~ like to apply for the job** ich würde mich gern um die Stelle bewerben **4** (Überraschung) **who ~ I see but Anne!** und wen sehe ich? Anne!; **why ~ he want to do that?** warum will er das wohl machen? **5** (Konjunktiv, Konditional) **I ~ go if ...** ich würde gehen, wenn ...; **if they ~ send for me** falls sie nach mir schicken sollten; **I ~n't (do that) if I were you** ich würde das an Ihrer Stelle nicht tun

shoulder [ˈʃəʊldəʳ] **A** S̲ **1** Schulter f; (von Fleisch) Bug m; **to shrug one's ~s** mit den Schultern zucken; **to cry on sb's ~** sich an jds Brust (dat) ausweinen; **a ~ to cry on** jemand, bei dem man sich ausweinen kann; **~ to ~** Schulter an Schulter **2** (US) Seitenstreifen m (**!** = (Br) **hard shoulder**) **B** V̄T̄ (fig) Verantwortung auf sich (akk) nehmen **shoulder bag** S̄ Umhängetasche f **shoulder blade** S̄ Schulterblatt n **shoulder-length** ADJ schulterlang **shoulder pad** S̄ Schulterpolster n **shoulder strap** S̄ (an Tasche etc) (Schulter)riemen m

shouldn't ['ʃʊdnt] = should not **should've** ['ʃʊdəv] = should have

shout [ʃaʊt] **A** S̄ Ruf m, Schrei m; **~s of laughter** Lachsalven pl; **to give a ~** einen Schrei ausstoßen; **to give sb a ~** jdn rufen; **give me a ~ when you're ready** (umg) sag Bescheid, wenn du fertig bist **B** V̄T̄ schreien, rufen; **to ~ a warning to sb** jdm eine Warnung zurufen **C** V̄Ī rufen, schreien; (von Wut) brüllen; **to ~ for sb/sth** nach jdm/etw rufen; **she ~ed for Jane to come** sie rief, Jane solle kommen; **to ~ at sb** mit jdm schreien, jdn anschreien; **to ~ to sb** jdm zurufen; **to ~ for help** um Hilfe rufen; **it was nothing to ~ about** (umg) es war nicht umwerfend **D** V̄R̄ **to ~ oneself hoarse** sich heiser schreien ♦**shout down** V̄T̄ trennb niederbrüllen ♦**shout out** V̄T̄ trennb ausrufen

shouting ['ʃaʊtɪŋ] S̄ Schreien n, Geschrei n

shove [ʃʌv] **A** S̄ Stoß m; **to give sb a ~** jdn stoßen; **to give sth a ~** etw rücken; Tür gegen etw drücken **B** V̄T̄ **1** schieben, stoßen, drängen **2** (umg) **to ~ sth on(to) sth** etw auf etw (akk) werfen (umg); **to ~ sth in(to) sth** etw in etw (akk) stecken; **he ~d a book into my hand** er drückte mir ein Buch in die Hand **C** V̄Ī drängeln ♦**shove back** V̄T̄ trennb (umg) **1** Stuhl etc zurückschieben **2** zurücktun; (in Tasche) wieder hineinstecken ♦**shove off** (umg = weggehen) abschieben (umg) ♦**shove over** (umg) V̄Ī (a. **shove up**) rutschen

shovel ['ʃʌvl] **A** S̄ Schaufel f **B** V̄T̄ schaufeln

show [ʃəʊ] v: prät showed, pperf shown **A** S̄ **1** **~ of force** Machtdemonstration f; **~ of hands** Handzeichen n; **to put up a good/poor ~** (bes Br umg) eine gute/schwache Leistung zeigen **2** Schau f; (von Hass, Zuneigung) Kundgebung f; **it's just for ~** das ist nur zur Schau da **3** Ausstellung f; **fashion ~** Modenschau f; **to be on ~** zu sehen sein **4** THEAT Aufführung f; TV Show f; RADIO Sendung f; **to go to a ~** (bes Br) ins Theater gehen; **the ~ must go on** es muss trotz allem weitergehen **5** (umg) **he runs the ~** er schmeißt hier den Laden (umg) **B** V̄T̄ **1** zeigen; Film a. vorführen; (in Museum etc) ausstellen; Fahrkarte vorzeigen; Identität etc beweisen; Freundlichkeit erweisen; Respekt bezeigen; **~ me how to do it** zeigen Sie mir, wie man das macht; **it's been ~n on television** das kam im Fernsehen; **to ~ one's face** sich zeigen; **he has nothing to**

~ for all his effort seine ganze Mühe hat nichts gebracht; **I'll ~ him!** (umg) dem werd ichs zeigen! (umg); **that ~ed him!** (umg) dem habe ichs aber gezeigt! (umg); **it all** od **just goes to ~ that ...** das zeigt doch nur, dass ...; **it ~ed signs of having been used** man sah, dass es gebraucht worden war; **to ~ sb in/out** jdn hereinbringen/hinausbegleiten; **to ~ sb to the door** jdn zur Tür bringen; **they were ~n (a)round the factory** ihnen wurde die Fabrik gezeigt **2** (an)zeigen; (Thermometer) stehen auf (+dat); **as ~n in the illustration** wie in der Illustration dargestellt; **the roads are ~n in red** die Straßen sind rot (eingezeichnet) **C** V̄Ī sichtbar sein; (Film) laufen; **the dirt doesn't ~** man sieht den Schmutz nicht; **it just goes to ~!** da sieht mans mal wieder! ♦**show around** V̄T̄ trennb herumführen ♦**show in** V̄T̄ trennb hereinführen ♦**show off** **A** V̄Ī angeben (to, in front of vor +dat) **B** V̄T̄ trennb **1** Wissen, Orden angeben mit; neues Auto vorführen (to sb jdm) **2** Schönheit hervorheben; Figur betonen ♦**show out** V̄T̄ trennb hinausführen ♦**show round** V̄T̄ trennb herumführen ♦**show up** **A** V̄Ī **1** zu erkennen sein; (außergewöhnlich) hervorstechen **2** (umg) auftauchen **B** V̄T̄ trennb **1** (deutlich) erkennen lassen **2** Mängel zum Vorschein bringen **3** blamieren; **he always gets drunk and shows her up** er betrinkt sich immer und bringt sie dadurch in eine peinliche Situation

show biz S̄ (umg) = show business **show business** S̄ Showbusiness n; **to be in ~** im Showgeschäft (tätig) sein **showcase** S̄ Vitrine f; (fig) Schaufenster n **showdown** S̄ (umg) Kraftprobe f

shower ['ʃaʊəʳ] **A** S̄ **1** Schauer m; (von Kugeln) Hagel m **2** Dusche f; **to take** od **have a ~** (sich) duschen **B** V̄T̄ **to ~ sb with sth** mit Lob etc jdn mit etw überschütten **C** V̄Ī duschen **shower cubicle** S̄ Duschkabine f **shower curtain** S̄ Duschvorhang m **shower gel** S̄ Duschgel n **showerhead** S̄ Brausekopf m **showery** ['ʃaʊərɪ] ADJ regnerisch

showing ['ʃəʊɪŋ] S̄ (von Film) Vorstellung f; (von Programm) Ausstrahlung f **showing-off** ['ʃəʊɪŋ'ɒf] S̄ Angeberei f **showjumping** S̄ Springreiten n **showmanship** ['ʃəʊmənʃɪp] S̄ Talent n für effektvolle Darbietung **shown** [ʃəʊn] pperf von show **show-off** S̄ (umg) Angeber(in) m(f) **showpiece** S̄ Schaustück n **showroom** S̄ Ausstellungsraum m **show stopper** S̄ (umg) Publikumshit m (umg); (fig) Clou m des Abends/der Party etc **show trial** S̄ Schauprozess m **showy** ['ʃəʊɪ] ADJ (+er) protzig (umg); Dekor bombastisch

shower — Schauer

shower — Dusche

shrank [ʃræŋk] *prät von* shrink
shrapnel [ˈʃræpnl] *s̄* Schrapnell *n*
shred [ʃred] **A** *s̄* Fetzen *m*; *(fig)* Spur *f*; *(von Wahrheit a.)* Fünkchen *n*; **not a ~ of evidence** keinerlei Beweis; **his reputation was in ~s** sein (guter) Ruf war ruiniert; **to tear sth to ~s** etw in Stücke reißen; *(fig)* etw verreißen **B** *v̄t̄* **1** *Lebensmittel* zerkleinern; *Mohrrüben* raspeln; *Wirsing* hobeln; *Papier* schreddern **2** in kleine Stücke reißen **shredder** [ˈʃredəʳ] *s̄* Schredder *m*; *(für Papierabfälle)* Reißwolf *m*
shrew [ʃruː] *s̄* Spitzmaus *f*; *(fig)* Xanthippe *f*
shrewd [ʃruːd] *adj* *(+er)* clever *(umg)*; *Investition, Argument* klug; *Analyse, Geist* scharf; *Lächeln* verschmitzt **shrewdness** [ˈʃruːdnɪs] *s̄* Cleverness *f (umg)*; *(von Investition, Argument)* Klugheit *f*
shriek [ʃriːk] **A** *s̄* (schriller) Schrei; **~s of laughter** kreischendes Lachen **B** *v̄t̄* kreischen **C** *v̄ī* aufschreien; **to ~ with laughter** vor Lachen quietschen
shrift [ʃrɪft] *s̄* **to give sb/sth short ~** jdn/etw kurz abfertigen
shrill [ʃrɪl] **A** *adj* *(+er)* schrill **B** *v̄ī* schrillen
shrimp [ʃrɪmp] *s̄* Garnele *f*
shrine [ʃraɪn] *s̄* **1** Schrein *m* **2** Grabstätte *f*
shrink [ʃrɪŋk] *v: prät* shrank, *pperf* shrunk **A** *v̄t̄* einlaufen lassen **B** *v̄ī* **1** schrumpfen; *(Kleidung)* einlaufen; *(fig: Beliebtheit)* abnehmen **2** *(fig)* zurückschrecken; **to ~ from doing sth** davor zurückschrecken, etw zu tun; **to ~ away from sb** vor jdm zurückweichen **C** *s̄ (umg)* Seelenklempner(in) *m(f) (umg)* **shrinkage** [ˈʃrɪŋkɪdʒ] *s̄ (von Stoff)* Einlaufen *n*; HANDEL Schwund *m*
shrink-wrap [ˈʃrɪŋkræp] *v̄t̄* einschweißen

shrivel [ˈʃrɪvl] **A** *v̄t̄* *Pflanzen* welk werden lassen; *(durch Hitze)* austrocknen **B** *v̄ī* schrumpfen; *(Pflanzen)* welk werden; *(durch Hitze)* austrocknen; *(Obst, Haut)* runzlig werden ◆**shrivel up** *v̄ī, v̄t̄ trennb* = shrivel
shrivelled, *(US)* **shriveled** [ˈʃrɪvld] *adj* verwelkt; *Körperteil* runz(e)lig; *Obst* verschrumpelt
shroud [ʃraʊd] **A** *s̄* Leichentuch *n* **B** *v̄t̄ (fig)* hüllen; **to be ~ed in mystery** von einem Geheimnis umgeben sein
Shrove Tuesday [ˌʃrəʊvˈtjuːzdɪ] *s̄* Fastnachtsdienstag *m*
shrub [ʃrʌb] *s̄* Busch *m*, Strauch *m* **shrubbery** [ˈʃrʌbərɪ] *s̄* Sträucher *pl*
shrug [ʃrʌg] **A** *s̄* Achselzucken *n kein pl*; **to give a ~** mit den Achseln zucken **B** *v̄t̄* zucken (mit) ◆**shrug off** *v̄t̄ trennb* mit einem Achselzucken abtun
shrunk [ʃrʌŋk] *pperf von* shrink **shrunken** [ˈʃrʌŋkən] *adj* (ein)geschrumpft; *alter Mensch* geschrumpft
shuck [ʃʌk] *v̄t̄ (US)* schälen; *Erbsen* enthülsen
shudder [ˈʃʌdəʳ] **A** *s̄* Schau(d)er *m*; **to give a ~** *(Mensch)* erschaudern *(geh)*; *(Erde)* beben; **she realized with a ~ that ...** schaudernd erkannte sie, dass ... **B** *v̄ī (Mensch)* schau(d)ern; *(Erde)* beben; *(Zug)* geschüttelt werden; **the train ~ed to a halt** der Zug kam rüttelnd zum Stehen; **I ~ to think** mir graut, wenn ich nur daran denke
shuffle [ˈʃʌfl] **A** *s̄* **1** Schlurfen *n kein pl* **2** Umstellung *f* **B** *v̄t̄* **1** **to ~ one's feet** mit den Füßen scharren **2** *Karten* mischen; **he ~d the papers on his desk** er durchwühlte die Papiere auf seinem Schreibtisch **3** *(fig)* Kabinett umbilden **C** *v̄ī* **1** *(≈ beim Gehen)* schlurfen, hatschen *(österr)* **2** KART mischen **shuffling** [ˈʃʌflɪŋ] *adj* schlurfend
shun [ʃʌn] *v̄t̄* meiden; *Öffentlichkeit, Licht* scheuen
shunt [ʃʌnt] *v̄t̄* BAHN rangieren
shut [ʃʌt] *v: prät, pperf* shut **A** *v̄t̄* zumachen, schließen; *Buch* zuklappen; *Büro* schließen; **~ your mouth!** *(umg)* halts Maul! *(umg)*; **to ~ sb/sth in(to) sth** jdn/etw in etw *(dat)* einschließen **B** *v̄ī* schließen; *(Augen)* sich schließen **C** *adj* geschlossen, zu *präd (umg)*; **sorry sir, we're ~** wir haben leider geschlossen; **the door swung ~** die Tür schlug zu ◆**shut away** *v̄t̄ trennb* wegschließen, einschließen *(in in +dat)*; **to shut oneself away** sich zurückziehen ◆**shut down A** *v̄t̄ trennb* Laden, Fabrik schließen **B** *v̄ī* *(Laden, Fabrik)* schließen; *(Motor)* sich ausschalten ◆**shut in** *v̄t̄ trennb* einschließen *(obj, -to in +dat)* ◆**shut off A** *v̄t̄ trennb* **1** Gas *etc* abstellen; *Licht, Motor* ab- *od* ausschalten; **the kettle shuts itself off** der Wasserkessel

599 ‖ SIDE

schaltet von selbst ab **2** (ab)trennen **B** _VrT_ abschalten ♦**shut out** _VrT_ trennb **1** jdn aussperren (of aus); _Licht_ nicht hereinlassen (of in +akk); **she closed the door to ~ the noise** sie schloss die Tür, damit kein Lärm hereinkam **2** (fig) _Erinnerung_ unterdrücken ♦**shut up** **A** _VrT_ trennb **1** _Haus_ verschließen **2** einsperren **3** (umg) zum Schweigen bringen; **that'll soon shut him up** das wird ihm schon den Mund stopfen (umg) **B** _VrI_ (umg) den Mund halten (umg); **~! halt die Klappe!** (umg)

shutdown _S_ (einer Fabrik etc) Schließung f, Stilllegung f

shutter ['ʃʌtə'] _S_ (Fenster)laden m; FOTO Verschluss m **shutter release** _S_ FOTO Auslöser m

shuttle ['ʃʌtl] **A** _S_ **1** (von Webstuhl) Schiffchen n **2** Pendelverkehr m; (≈ Verkehrsmittel) Pendelflugzeug n etc; RAUMF Spaceshuttle m **B** _VrT_ hinund hertransportieren **C** _VrI_ pendeln; (Waren) hin- und hertransportiert werden **shuttle bus** _S_ Shuttlebus m **shuttlecock** _S_ Federball m **shuttle service** _S_ Pendelverkehr m

shy [ʃaɪ] **A** _ADJ_ (+er) schüchtern, gschamig (österr); _Tier_ scheu; **don't be ~** nur keine Hemmungen! (umg); **to be ~ of/with sb** Hemmungen vor/gegenüber jdm haben; **to feel ~** schüchtern sein **B** _VrI_ (Pferd) scheuen (at vor +dat) ♦**shy away** _VrI_ (Pferd) zurückscheuen; (Mensch) zurückweichen; **to ~ from sth** vor etw (dat) zurückschrecken

shyly ['ʃaɪlɪ] _ADV_ schüchtern, gschamig (österr) **shyness** ['ʃaɪnɪs] _S_ Schüchternheit f; (von Tier) Scheu f

Siamese [ˌsaɪə'miːz] _ADJ_ siamesisch **Siamese twins** _PL_ siamesische Zwillinge pl

Siberia [saɪ'bɪərɪə] _S_ Sibirien n

sibling ['sɪblɪŋ] _S_ Geschwister n (form)

Sicily ['sɪsɪlɪ] _S_ Sizilien n

sick [sɪk] **A** _S_ Erbrochene(s) n **B** _ADJ_ (+er) **1** krank; **the ~** die Kranken pl; **to be (off) ~** (wegen Krankheit) fehlen; **to call in ~** sich (telefonisch) krankmelden; **she's off ~ with tonsillitis** sie ist wegen einer Mandelentzündung krankgeschrieben **2** **to be ~** sich übergeben; (Katze, Baby) spucken; **he was ~ all over the carpet** er hat den ganzen Teppich vollgespuckt; **I think I'm going to be ~** ich glaube, ich muss mich übergeben; **I felt ~** mir war übel; **the smell makes me feel ~** bei dem Geruch wird mir übel; **it makes you ~ the way he's always right** (umg) es ist zum Weinen, dass er immer recht hat; **I am worried ~** mir ist vor Sorge ganz schlecht **3** (umg) **to be ~ of sth/sb** etw/jdn satthaben; **to be ~ of doing sth** es satthaben, etw zu tun; **I'm ~ and tired of it**

ich habe davon die Nase (gestrichen) voll (umg) **4** (umg) geschmacklos; _Witz_ makaber; _Mensch_ pervers **sickbag** _S_ Spucktüte f **sickbay** _S_ Krankenrevier n **sickbed** _S_ Krankenlager n

sicken ['sɪkn] **A** _VrT_ anwidern, krank machen (umg) **B** _VrI_ krank werden; **he's definitely ~ing for something** er wird bestimmt krank **sickening** ['sɪknɪŋ] _ADJ_ (wörtl) ekelerregend; (≈ emotional) erschütternd, ekelhaft **sickie** ['sɪkɪ] _S_ (Br umg) **to pull a ~** einen Tag blaumachen (umg)

sickle ['sɪkl] _S_ Sichel f

sick leave _S_ **to be on ~** krankgeschrieben sein; **employees are allowed six weeks' ~ per year** Angestellte dürfen insgesamt sechs Wochen pro Jahr wegen Krankheit fehlen **sickly** ['sɪklɪ] _ADJ_ (+er) _Erscheinung_ kränklich; _Geruch, Farbe, Sentimentalität_ ekelhaft; _Lächeln_ matt **sickness** _S_ MED Krankheit f; **in ~ and in health** in guten und in schlechten Zeiten **sickness benefit** _S_ (Br) Krankengeld n **sick note** _S_ (Br umg) Krankmeldung f **sicko** ['sɪkəʊ] _S_, pl -s (umg) Perversling m (umg) **sick pay** _S_ Gehalts-/Lohnfortzahlung f im Krankheitsfall

side [saɪd] **A** _S_ **1** Seite f; (von Berg) Hang m; (von Unternehmen) Zweig m; **this ~ up!** oben!; **by/at the ~ of sth** seitlich von etw; **the path goes down the ~ of the house** der Weg führt seitlich am Haus entlang; **it's this/the other ~ of London** (außerhalb) es ist auf dieser/auf der anderen Seite Londons; (innerhalb) es ist in diesem Teil/am anderen Ende von London; **the enemy attacked them on** od **from all ~s** der Feind griff sie von allen Seiten an; **he moved over** od **stood to one ~** er trat zur Seite; **he stood to one ~ and did nothing** (wörtl) er stand daneben und tat nichts; (fig) er hielt sich raus; **to put sth on one ~** etw beiseitelegen; (Ladeninhaber) etw zurücklegen; **I'll put that issue on** od **to one ~** ich werde diese Frage vorerst zurückstellen; **on the other ~ of the boundary** jenseits der Grenze; **this ~ of Christmas** vor Weihnachten; **from ~ to ~** hin und her; **by sb's ~** neben jdm; **~ by ~** Seite an Seite; **I'll be by your ~** (fig) ich werde Ihnen zur Seite stehen; **on one's father's ~** väterlicherseits; **your ~ of the story** Ihre Version (der Geschichte); **to look on the bright ~** zuversichtlich sein, die positive Seite betrachten **2** Rand m; **at the ~ of the road** am Straßenrand; **on the far ~ of the wood** am anderen Ende des Waldes **3** **we'll take £50 just to be on the safe ~** wir werden vorsichtshalber £ 50 mitnehmen; **to get on the right ~ of sb** jdn für sich einnehmen; **on the right ~ of the law** auf dem Boden des Gesetzes; **to make a bit (of money) on the ~** (umg) sich (dat) etwas nebenbei verdienen

SIDE ‖ 600

(umg); **(a bit) on the large ~** etwas (zu) groß **4**
SPORT etc Mannschaft f; (fig) Seite f; **with a few
concessions on the government ~** mit eini-
gen Zugeständnissen vonseiten der Regie-
rung; **to change ~s** sich auf die andere Seite
schlagen; SPORT die Seiten wechseln; **to take
~s** parteiisch sein; **to take ~s with sb** für jdn
Partei ergreifen; **to be on sb's ~** auf jds Seite
(dat) stehen **B** ADJ attr Seiten-, Neben-; **~ road**
Seiten-/Nebenstraße f **C** V/I **to ~ with/against
sb** Partei für/gegen jdn ergreifen **sideboard**
ˌ̲ Anrichte f **sideboards** (Br), **sideburns** PL
Koteletten pl, Backenbart m **sidecar** ˌ̲ Beiwa-
gen m; bes SPORT Seitenwagen m **-sided**
[-saɪdɪd] ADJ suf -seitig; **one-sided** einseitig
side dish ˌ̲ Beilage f **side effect** ˌ̲ Neben-
wirkung f **sidekick** ˌ̲ (umg) Handlanger(in)
m(f) (pej) **sidelight** ˌ̲ (Br AUTO) Parklicht n,
Standlicht n (❗ = (US) **parking light) side-
line** **A** ˌ̲ Nebenerwerb m **B** V/I **to be ~d**
aus dem Rennen sein **sidelines** PL Seitenli-
nien pl; **to be on the ~** (fig) unbeteiligter Zu-
schauer sein **sidelong** ADJ **to give sb a ~
glance** jdn kurz aus den Augenwinkeln anbli-
cken **side-on** ADJ **~ collision** Seitenaufprall
m; **~ view** Seitenansicht f **side order** ˌ̲
GASTR Beilage f **side salad** ˌ̲ Salat m (als Bei-
lage) **sideshow** ˌ̲ Nebenvorstellung f **side-
splitting** [ˈsaɪdˌsplɪtɪŋ] ADJ urkomisch, zum
Totlachen **side step** ˌ̲ Schritt m zur Seite;
SPORT Ausfallschritt m **sidestep** **A** VT aus-
weichen (+dat) **B** V/I ausweichen **side street**
ˌ̲ Seitenstraße f **sidetrack** **A** ˌ̲ (bes US) = sid-
ing **B** VT ablenken; **I got ~ed onto something
else** ich wurde durch irgendetwas abgelenkt;
(bei Rede etc) ich wurde irgendwie vom Thema
abgebracht **side view** ˌ̲ Seitenansicht f
sidewalk ˌ̲ (US) Bürgersteig m (❗ = (Br)
pavement) sidewalk café ˌ̲ (US) Straßenca-
fé n **sideward** ADJ = sidewards **I side-
wards** [ˈsaɪdwədz] **A** ADJ Bewegung zur Seite;
Blick von der Seite **B** ADV gehen zur Seite **side-
ways** [ˈsaɪdweɪz] **A** ADJ Bewegung zur Seite; Blick
von der Seite **B** ADV **1** gehen zur Seite; **it goes in
~** es geht seitwärts hinein **2** sitzen seitlich; **~
on** seitlich (to sth zu etw); **3** (in Beruf) to move
~ sich auf gleichem Niveau verändern **sid-
ing** [ˈsaɪdɪŋ] ˌ̲ Rangiergleis n, Abstellgleis n
(❗ = (US) **side track)**
sidle [ˈsaɪdl] V/I **to ~ up to sb** sich an jdn he-
ranschleichen
SIDS ˌ̲ MED abk von sudden infant death syn-
drome plötzlicher Kindstod
siege [siːdʒ] ˌ̲ Belagerung f; (durch Polizei) Um-
stellung f; **to be under ~** belagert werden;
(von Polizei) umstellt sein; **to lay ~ to a town**

eine Stadt belagern
sieve [sɪv] **A** ˌ̲ Sieb n **B** VT = sift **I**
sift [sɪft] **A** VT (wörtl) sieben **B** V/I (fig) sieben; **to ~
through the evidence** das Beweismaterial
durchgehen ♦**sift out** VT trennb Steine, Bewerber
aussieben
sigh [saɪ] **A** ˌ̲ Seufzer m; **a ~ of relief** ein Seuf-
zer m der Erleichterung **B** V/I seufzen; (Wind)
säuseln; **to ~ with relief** erleichtert aufatmen
C VT seufzen
sight [saɪt] **A** ˌ̲ **1** Sehvermögen n; **long/short
~** Weit-/Kurzsichtigkeit f; **to lose/regain one's
~** sein Augenlicht verlieren/wiedergewinnen;
to lose one's ~ sein Augenlicht verlieren **2** it
was my first ~ of Paris das war das Erste, was
ich von Paris gesehen habe; **to hate sb at first
~** jdn vom ersten Augenblick an nicht leiden
können; **to shoot on ~** sofort schießen; **love
at first ~** Liebe auf den ersten Blick; **to know
sb by ~** jdn vom Sehen kennen; **to catch ~ of
sb/sth** jdn/etw entdecken; **to lose ~ of sb/sth**
jdn/etw aus den Augen verlieren **3** Anblick m;
the ~ of blood makes me sick wenn ich Blut
sehe, wird mir übel; **I hate the ~ of him** ich
kann ihn (einfach) nicht ausstehen; **what a
horrible ~!** das sieht ja furchtbar aus!; **it
was a ~ for sore eyes** es war eine wahre Au-
genweide; **you're a ~ for sore eyes** es ist
schön, dich zu sehen; **to be** od **look a ~**
(umg) zum Schreien aussehen (umg), fürchterlich
aussehen **4** Sicht f; **to be in** od **within ~** in
Sicht sein; **to keep out of ~** sich verborgen
halten; **to keep sb/sth out of ~** jdn/etw nicht
sehen lassen; **keep out of my ~!** lass dich bloß
bei mir nicht mehr blicken; **to be out of ~** au-
ßer Sicht sein; **don't let it out of your ~** lass es
nicht aus den Augen; **out of ~, out of mind**
(sprichw) aus den Augen, aus dem Sinn (sprichw)
5 meist pl Sehenswürdigkeit f; **to see the ~s of a
town** eine Stadt besichtigen **6** (von Teleskop etc)
Visiereinrichtung f; (von Waffe) Visier n; **to set
one's ~s too high** (fig) seine Ziele zu hoch ste-
cken; **to lower one's ~s** (fig) seine Ansprüche
herabsetzen od herunterschrauben; **to set
one's ~s on sth** (fig) ein Auge auf etw (akk) wer-
fen **B** VT sichten; Gestalt ausmachen **-sighted**
ADJ suf (MED, fig) -sichtig **sighting** [ˈsaɪtɪŋ] ˌ̲
Sichten n **sightless** ADJ blind **sight-read**
VT & V/I vom Blatt spielen etc
sightseeing **A** ˌ̲ (❗ kein pl) Besichtigungen
pl; **to go ~** auf Besichtigungstour gehen **B** ADJ
~ tour Rundreise f, (Stadt)rundfahrt f **sight-
seer** ˌ̲ Tourist(in) m(f)
sign [saɪn] **A** ˌ̲ **1** Zeichen n **2** a. MED Anzeichen
n (of für, +gen); (≈ Beweis) Zeichen n (of von, +gen); (≈
Nuance) Spur f; **a ~ of the times** ein Zeichen

601 ‖ SIMI

unserer Zeit; **it's a ~ of a true expert** daran erkennt man den wahren Experten; **there is no ~ of their agreeing** nichts deutet darauf hin, dass sie zustimmen werden; **to show ~s of sth** Anzeichen von etw erkennen lassen; **there was no ~ of life in the village** es gab keine Spur od kein Anzeichen von Leben im Dorf; **there was no ~ of him** von ihm war keine Spur zu sehen; **is there any ~ of him yet?** ist er schon zu sehen? **3** Schild n **B** V̅T̅ **1** Brief, Vertrag unterschreiben; Buch signieren; **to ~ the register** sich eintragen; **to ~ one's name** unterschreiben; **he ~s himself J.G. Jones** er unterschreibt mit J. G. Jones **2** Fußballspieler etc unter Vertrag nehmen **C** V̅I̅ unterschreiben; **Fellows has just ~ed for United** Fellows hat gerade bei United unterschrieben ◆**sign away** V̅T̅ trennb verzichten auf (+akk) ◆**sign for** V̅I̅ +obj den Empfang (+gen) bestätigen ◆**sign in** **A** V̅T̅ trennb eintragen **B** V̅I̅ sich eintragen ◆**sign off** V̅I̅ RADIO, TV sich verabschieden; (in Brief) Schluss machen ◆**sign on** **A** V̅T̅ trennb = sign up **B** V̅I̅ **1** = sign up **B** **2** (Br) **to ~** sich arbeitslos melden; **he's still signing on** er ist immer noch arbeitslos ◆**sign out** **A** V̅I̅ sich austragen **B** V̅T̅ trennb austragen ◆**sign up** **A** V̅T̅ trennb verpflichten; Mitarbeiter anstellen **B** V̅I̅ sich verpflichten, unterschreiben; (für Kurs) sich einschreiben

signal ['sɪɡnl] **A** S̅ **1** Zeichen n, Signal n **2** BAHN, TEL Signal n; **the ~ is at red** das Signal steht auf Rot **B** V̅T̅ anzeigen; Ankunft ankündigen; **to ~ sb to do sth** jdm ein Zeichen geben, etw zu tun **C** V̅I̅ ein Zeichen geben; **he signalled** (Br) od **signaled** (US) **to the waiter** er winkte dem Ober **2** (US) blinken (🔴 = (Br) **to indicate**) **signal box** S̅ Stellwerk n **signalman** S̅, pl -men BAHN Stellwerkswärter m

signatory ['sɪɡnətərɪ] S̅ Unterzeichner(in) m(f)

signature ['sɪɡnətʃə'] S̅ Unterschrift f, Visum n (schweiz); (von Künstler) Signatur f **signature tune** S̅ (Br) Erkennungsmelodie f

signet ring ['sɪɡnɪt,rɪŋ] S̅ Siegelring m

significance [sɪɡ'nɪfɪkəns] S̅ Bedeutung f; **what is the ~ of that?** welche Bedeutung hat das?; **of no ~** belanglos **significant** A̅D̅J̅ **1** bedeutend, wichtig **2** bedeutungsvoll; **it is ~ that ...** es ist bezeichnend, dass ... **significantly** A̅D̅V̅ **1** bedeutend; **it is not ~ different** da besteht kein wesentlicher Unterschied **2** bedeutungsvoll **signify** ['sɪɡnɪfaɪ] V̅T̅ **1** bedeuten **2** andeuten

signing ['saɪnɪŋ] S̅ **1** (von Dokument) Unterzeichnen n **2** (von Fußballspieler etc) Untervertragnahme f; (≈ Fußballspieler etc) neu unter Vertrag Genommene(r) m/f(m) **sign language** S̅ Zei-

chensprache f **signpost** S̅ Wegweiser m

Sikh [siːk] S̅ Sikh m/f(m)

silence ['saɪləns] **A** S̅ Stille f, Schweigen n; (über bestimmtes Thema) (Still)schweigen n; **~!** Ruhe!; **in ~** still; **there was ~** alles war still; **there was a short ~** es herrschte für kurze Zeit Stille **B** V̅T̅ zum Schweigen bringen **silencer** ['saɪlənsə'] S̅ **1** (Br) AUTO Auspuff(topf) m; (Teil) Schalldämpfer m (🔴 = (US) **muffler**) **2** (an Waffe) Schalldämpfer m

silent ['saɪlənt] A̅D̅J̅ still, schweigsam; **to fall ~** still werden; **be ~!** sei still!; **~ film** (bes Br) od **movie** (bes US) Stummfilm m; **to be ~** schweigen; **to keep** od **remain ~** sich nicht äußern **silently** ['saɪləntlɪ] A̅D̅V̅ lautlos, schweigend **silent partner** S̅ (US HANDEL) stiller Teilhaber od Gesellschafter (🔴 = (Br) **sleeping partner**)

Silesia [saɪ'liːzɪə] S̅ Schlesien n

silhouette [ˌsɪluː'et] **A** S̅ Silhouette f **B** V̅T̅ **to be ~d against sth** sich (als Silhouette) gegen od von etw abzeichnen

silicon chip [ˌsɪlɪkən'tʃɪp] S̅ Siliziumchip n

silicone ['sɪlɪkəʊn] S̅ Silikon n

silk [sɪlk] **A** S̅ Seide f **B** A̅D̅J̅ Seiden-, seiden **silken** ['sɪlkən] A̅D̅J̅ seidig **silkiness** ['sɪlkɪnɪs] S̅ seidige Weichheit **silky** ['sɪlkɪ] A̅D̅J̅ (+er) seidig; Stimme samtig; **~ smooth** seidenweich

sill [sɪl] S̅ Sims m od n

silliness ['sɪlɪnɪs] S̅ Albernheit f **silly** ['sɪlɪ] A̅D̅J̅ (+er) albern, dumm; **don't be ~** red keinen Unsinn; **it was a ~ thing to say** es war dumm, das zu sagen; **I hope he doesn't do anything ~** ich hoffe, er macht keine Dummheiten; **he was ~ to resign** es war dumm von ihm zurückzutreten; **I feel ~ in this hat** mit diesem Hut komme ich mir albern vor; **to make sb look ~** jdn lächerlich machen

silt [sɪlt] **A** S̅ Schwemmsand m, Schlick m **B** V̅I̅ (a. **silt up**) verschlammen

silver ['sɪlvə'] **A** S̅ Silber n; (≈ Münzen) Silber (-geld) n **B** A̅D̅J̅ Silber-, silbern **silver birch** S̅ Weißbirke f **silver foil** S̅ Alu(minium)folie f **silver jubilee** S̅ 25-jähriges Jubiläum **silver medal** S̅ Silbermedaille f **silver medallist** S̅ Silbermedaillengewinner(in) m(f) **silver paper** S̅ Silberpapier n **silverware** S̅ Silber n, Silberzeug n (umg) **silver wedding** S̅ Silberhochzeit f **silvery** ['sɪlvərɪ] A̅D̅J̅ silbrig

SIM card ['sɪm,kaːd] S̅ TEL abk von Subscriber Identity Module card SIM-Karte f

similar ['sɪmɪlə'] A̅D̅J̅ ähnlich; Größe, Betrag ungefähr gleich; **they are very ~ in character** sie ähneln sich charakterlich sehr; **~ in size** fast gleich groß; **to taste ~ to sth** ähnlich wie etw schmecken **similarity** [ˌsɪmɪ'lærɪtɪ] S̅ Ähn-

S

SIMI | 602

lichkeit f (to mit) **similarly** ['sɪmɪləlɪ] ADV ähnlich, ebenso

simile ['sɪmɪlɪ] S Gleichnis n

simmer ['sɪmə'] A VT auf kleiner Flamme kochen lassen B VI auf kleiner Flamme kochen ◆**simmer down** VI sich beruhigen

simple ['sɪmpl] ADJ (+er) 1 einfach; **the camcorder is ~ to use** der Camcorder ist einfach zu bedienen; **it's as ~ as ABC** es ist kinderleicht; **"chemistry made ~"** „Chemie leicht gemacht"; **in ~ terms** in einfachen Worten; **the ~ fact is ...** es ist einfach so, dass ... 2 einfältig **simple-minded** ['sɪmpl'maɪndɪd] ADJ einfältig **simple past** S Präteritum n **simple present** S einfache Gegenwart, Präsens n **simplicity** [sɪm'plɪsɪtɪ] S Einfachheit f **simplification** [ˌsɪmplɪfɪ'keɪʃən] S Vereinfachung f **simplified** ['sɪmplɪfaɪd] ADJ vereinfacht **simplify** ['sɪmplɪfaɪ] VT vereinfachen **simplistic** [sɪm'plɪstɪk] ADJ simpel **simply** ['sɪmplɪ] ADV einfach, nur, bloß

simulate ['sɪmjʊleɪt] VT vortäuschen; Krankheit etc simulieren **simulation** [ˌsɪmjʊ'leɪʃən] S 1 Vortäuschung f, Imitation f 2 (von Bedingungen etc) Simulation f

simultaneous ADJ, **simultaneously** ADV [ˌsɪməl'teɪnɪəs, -lɪ] gleichzeitig

sin [sɪn] A S Sünde f; **to live in ~** (umg) in wilder Ehe leben B VI sich versündigen (against an +dat)

since [sɪns] A ADV inzwischen, seitdem; **ever ~** seither; **long ~** schon lange; **not long ~** erst vor Kurzem B PRÄP seit; **ever ~ 1900** (schon) seit 1900; **I've been coming here ~ 1992** ich komme schon seit 1992 hierher; **he left in June, ~ when we have not heard from him** er ging im Juni fort und seitdem haben wir nichts mehr von ihm gehört; **how long is it ~ the accident?** wie lange ist der Unfall schon her?; **~ when?** (umg) seit wann denn das? (umg) C KONJ 1 (seitlich) seit(dem); **ever ~ I've known him** seit(dem) ich ihn kenne 2 (begründend) da, weil

sincere [sɪn'sɪə'] ADJ aufrichtig **sincerely** [sɪn'sɪəlɪ] ADV aufrichtig; **yours ~** (Br) mit freundlichen Grüßen **sincerity** [sɪn'serɪtɪ] S Aufrichtigkeit f

sinew ['sɪnju:] S Sehne f

sinful ['sɪnfʊl] ADJ sündig

sing [sɪŋ] prät **sang**, pperf **sung** VT & VI singen; **to ~ sb a song** jdm ein Lied vorsingen; **to ~ the praises of sb/sth** ein Loblied auf jdn/etw singen ◆**sing along** VI mitsingen

Singapore [ˌsɪŋgə'pɔː'] S Singapur n

singe [sɪndʒ] A VT sengen; Augenbrauen absengen B VI sengen

singer ['sɪŋə'] S Sänger(in) m(f) **singer--songwriter** [ˌsɪŋə'sɒŋraɪtə'] S Liedermacher(in) m(f) **singing** ['sɪŋɪŋ] S (❶ kein pl) Singen n, Gesang m

single ['sɪŋgl] A ADJ 1 einzige(r, s); **every ~ day** jeder (einzelne) Tag; **not a ~ thing** überhaupt nichts; **in ~ figures** in einstelligen Zahlen 2 einzeln; (Br) Fahrkarte einfach 3 unverheiratet, ledig; **~ people** Ledige pl, Unverheiratete pl B S (Br) Einzelfahrschein m; (in Hotel) Einzelzimmer n; (≈ CD) Single f; **two ~s to Ayr** (Br) zweimal einfach nach Ayr ◆**single out** VT trennb auswählen; Opfer sich (dat) herausgreifen; (≈ unterscheiden) herausheben (from über +akk)

single bed S Einzelbett n **single combat** S Nahkampf m **single cream** S (Br) Sahne f, Obers m (österr), Nidel m schweiz mit geringem Fettgehalt **single currency** S Einheitswährung f **single European market** S Europäischer Binnenmarkt **single file** S **in ~** im Gänsemarsch **single-handed** A ADJ (ganz) allein präd B ADV (a. **single-handedly**) ohne Hilfe **single market** S Binnenmarkt m **single-minded** ADJ zielstrebig; **to be ~ about doing sth** zielstrebig darin sein, etw zu tun **single-mindedness** S Zielstrebigkeit f **single mother** S alleinerziehende Mutter **single parent** S Alleinerziehende(r) m/f(m) **single-parent** ADJ **a ~ family** eine Einelternfamilie

single room S Einzelzimmer n **singles** ['sɪŋglz] S (❶ mit Verb im Singular oder Plural) SPORT Einzel n **single-sex** ADJ **a ~ school** eine reine Jungen-/Mädchenschule **single--sided** ADJ IT Diskette einseitig **single-storey**, (US) **single-story** ADJ einstöckig **singly** ['sɪŋglɪ] ADV einzeln

singsong ['sɪŋsɒŋ] S **we often have a ~** wir singen oft zusammen

singular ['sɪŋgjʊlə'] A ADJ 1 GRAM im Singular 2 einzigartig B S Singular m; **in the ~** im Singular **singularly** ['sɪŋgjʊləlɪ] ADV außerordentlich

sinister ['sɪnɪstə'] ADJ unheimlich, finster; Entwicklung unheilvoll

sink¹ [sɪŋk] prät **sank**, pperf **sunk** A VT 1 versenken; **to be sunk in thought** in Gedanken versunken sein 2 (fig) Theorie zerstören 3 senken; Loch ausheben; **to ~ money into sth** Geld in etw (akk) stecken 4 Zähne schlagen; **to ~ one's teeth into a juicy steak** in ein saftiges Steak beißen B VI sinken; (Sonne) versinken; (Land) sich senken; Mensch, Objekt untergehen; **to ~ to the bottom** auf den Grund sinken; **he sank up to his knees in the mud** er sank bis zu den Knien im Schlamm ein; **the sun sank beneath the horizon** die Sonne versank am Horizont; **to**

~ **to one's knees** auf die Knie sinken ♦**sink in** *VI* **1** einsinken (*obj, -to in* +*akk*) **2** (*umg*) kapiert werden (*umg*); **it's only just sunk in that it really did happen** ich kapiere/er kapiert *etc* erst jetzt, dass das tatsächlich passiert ist (*umg*)

sink² *s* Ausguss *m*, Schüttstein *m* (*schweiz*)

sinking ['sɪŋkɪŋ] **A** *s* (*von Schiff*) Untergang *m*; (*absichtlich*) Versenkung *f*; (*von Schaft*) Senken *n*; (*von Brunnen*) Bohren *n* **B** *ADJ* **a ~ ship** ein sinkendes Schiff; **~ feeling** flaues Gefühl (im Magen) (*umg*)

sinner ['sɪnə^r] *s* Sünder(in) *m(f)*

sinuous ['sɪnjʊəs] *ADJ* gewunden

sinus ['saɪnəs] *s* ANAT Sinus *m* (*fachspr*); (*in Kopf*) Stirnhöhle *f* **sinusitis** [,saɪnə'saɪtɪs] *s* MED Nebenhöhlenentzündung *f*

sip [sɪp] **A** *s* Schluck *m*, Schlückchen *n* **B** *VT* in kleinen Schlucken trinken; (*vorsichtig*) nippen an (+*dat*) **C** *VI* **to ~ at sth** an etw (*dat*) nippen

siphon ['saɪfən] *s* Heber *m*; (≈ für Sodawasser) Siphon *m* ♦**siphon off** *VT trennb* **1** (*wörtl*) absaugen; *Benzin* abzapfen; (*in Behälter*) (mit einem Heber) umfüllen **2** (*fig*) *Geld* abziehen

sir [sɜː^r] *s* **1** (*als Anrede*) mein Herr (*form*), Herr X (⚠ **Sir** wird in der Anrede großgeschrieben. Im Englischen ohne Namen, im Deutschen mit Namen, wenn man ihn weiß); **no, ~** nein(, Herr X); MIL nein, Herr Leutnant *etc*; **Dear Sir (or Madam)**, ... Sehr geehrte (Damen und) Herren! **2 Sir** Sir *m* **3** (SCHULE *umg* ≈ Lehrer) er (SCHULE *sl*); **please ~!** Herr X!

> **Sir**

Die Anrede **Sir** wird entweder dem Vornamen oder dem Vornamen + Nachnamen vorangestellt. Nie erscheint sie mit dem Nachnamen allein. Also: **Sir Winston** oder **Sir Winston Churchill** (nicht „Sir Churchill"!).

SPRACHGEBRAUCH

sire ['saɪə^r] *VT* zeugen

siren ['saɪərən] *s* Sirene *f*

sirloin ['sɜːlɔɪn] *s* GASTR Lendenfilet *n*

sirup *s* (*US*) = **syrup**

sissy ['sɪsɪ] (*umg*) *s* Waschlappen *m* (*umg*)

sister ['sɪstə^r] *s* **1** Schwester *f* **2** (*Br: in Krankenhaus*) Oberschwester *f*

sister-in-law *s*, *pl* **sisters-in-law** Schwägerin *f* **sisterly** ['sɪstəlɪ] *ADJ* schwesterlich

sit [sɪt] *v: prät, pperf* **sat A** *VI* **1** sitzen (*in/on* in/auf +*dat*), sich setzen (*in/on* in/auf +*akk*); **a place to ~** ein Sitzplatz *m*; **~ by/with me** setz dich zu mir/neben mich; **to ~ for a painter** für einen Maler Modell sitzen; **don't just ~ there, do something!** sitz nicht nur tatenlos da (herum), tu (endlich) was! **2** (*Versammlung*) tagen; **to ~ on a committee** einen Sitz in einem Ausschuss haben **3** (*Objekt*) stehen **B** *VT* **1** (*a.* **sit down**) setzen (*in* in +*akk*, *on* auf +*akk*); *Objekt* stellen; **to ~ a child on one's knee** sich ein Kind auf die Knie setzen **2** (*Br*) *Prüfung* ablegen (*form*) **C** *VR* **to ~ oneself down** sich gemütlich hinsetzen ♦**sit about** (*Br*) *od* **around** *VI* herumsitzen ♦**sit back** *VI* sich zurücklehnen; (*fig*) die Hände in den Schoß legen ♦**sit down** *VI* (*wörtl*) sich (hin)setzen; **to ~ in a chair** sich auf einen Stuhl setzen ♦**sit in** *VI* dabeisitzen (*on sth* bei etw) ♦**sit on** *VI* +*obj* *Ausschuss* sitzen in (+*dat*) ♦**sit out** *VT trennb* **1** *Sitzung* bis zum Ende bleiben bei; *Sturm* auf das Ende (+*gen*) warten **2** *Tanz* auslassen ♦**sit through** *VI* +*obj* durchhalten ♦**sit up A** *VI* **1** aufrecht sitzen, sich aufsetzen **2** gerade sitzen; **~!** setz dich gerade hin!; **to make sb ~ (and take notice)** (*fig umg*) jdn aufhorchen lassen **B** *VT trennb* aufsetzen

sitcom ['sɪtkɒm] *s* (*umg*) Situationskomödie *f*

sit-down ['sɪtdaʊn] **A** *s* (*umg*) Verschnaufpause *f*(*umg*) **B** *ADJ attr* **a ~ meal** eine richtige Mahlzeit

site [saɪt] **A** *s* **1** Stelle *f*, Platz *m* **2** ARCHÄOL Stätte *f* **3** Baustelle *f* **4** Campingplatz *m* **5** IT Site *f* **B** *VT* anlegen; **to be ~d** liegen

sit-in *s* Sit-in *n*, Sitzblockade *f*

sits vac *PL abk* von **situations vacant** Stellenangebote *pl*

sitter ['sɪtə^r] *s* **1** KUNST Modell *n* **2** Babysit-

site — (archäologische) Stätte

site — Baustelle

site — Campingplatz

ter(in) *m(f)* **sitting** ['sɪtɪŋ] **A** ADJ sitzend; **to be in a ~ position** aufsitzen; **to get into a ~ position** sich aufsetzen **B** 𝑆 *(von Ausschuss, Modell)* Sitzung *f*; **they have two ~s for lunch** sie servieren das Mittagessen in zwei Schüben **sitting duck** 𝑆 *(fig)* leichte Beute **sitting room** 𝑆 *(bes Br)* Wohnzimmer *n*
situate ['sɪtjʊeɪt] VT legen **situated** ADJ gelegen; **it is ~ in the High Street** es liegt an der Hauptstraße; **a pleasantly ~ house** ein Haus in angenehmer Lage
situation [ˌsɪtjʊ'eɪʃən] 𝑆 **1** Lage *f*, Situation *f* **2** Stelle *f*; **"situations vacant"** *(Br)* „Stellenangebote"; **"situations wanted"** *(Br)* „Stellengesuche" **situation comedy** 𝑆 Situationskomödie *f*
six [sɪks] **A** ADJ sechs; **she is ~ (years old)** sie ist sechs (Jahre alt); **at (the age of) ~** im Alter von sechs Jahren; **it's ~ (o'clock)** es ist sechs (Uhr); **there are ~ of us** wir sind sechs; **~ and a half** sechseinhalb **B** 𝑆 Sechs *f*; **to divide sth into ~** etw in sechs Teile teilen; **they are sold in ~es** sie werden in Sechserpackungen verkauft; **to knock sb for ~** *(Br umg)* jdn umhauen *(umg)* **sixfold** **A** ADJ sechsfach **B** ADV um das Sechsfache **six hundred** **A** ADJ sechshundert **B** 𝑆 Sechshundert *f* **sixish** ['sɪksɪʃ] ADJ um sechs herum **six million** ADJ, 𝑆 sechs Millionen **six-pack** 𝑆 Sechserpackung *f*
sixteen ['sɪks'tiːn] **A** ADJ sechzehn **B** 𝑆 Sechzehn *f*
sixteenth ['sɪks'tiːnθ] **A** ADJ sechzehnte(r, s); **a ~ part** ein Sechzehntel *n*; **a ~ note** *(US MUS)* = **semiquaver** (**!** = (Br) *semiquaver*) **B** 𝑆 **1** Sechzehntel *n* **2** Sechzehnte(r, s) **3** *(≈ Datum)* **the ~** der Sechzehnte
sixth [sɪksθ] **A** ADJ sechste(r, s); **a ~ part** ein Sechstel *n*; **he was** *od* **came ~** er wurde Sechster; **he was ~ from the left** er war der Sechste von links **B** 𝑆 **1** Sechstel *n* **2** Sechste(r, s); **Charles the Sixth** Karl der Sechste **3** *(≈ Datum)* **the ~** der Sechste; **on the ~** am Sechsten; **the ~ of September, September the ~** der sechste September **C** ADV **he did it ~** er hat es als Sechster gemacht; *(≈ vollbracht)* er hat es als Sechstes gemacht **sixth form** 𝑆 *(Br SCHULE)* Abschlussklasse *f*, ≈ Prima *f* **sixth form college** 𝑆 *(Br SCHULE)* Kollegstufe *f*, Oberstufe *f* (**!** = (US) *junior college*) **sixth grade** 𝑆 *(US SCHULE)* sechstes Schuljahr
six thousand **A** ADJ sechstausend **B** 𝑆 Sechstausend *f*
sixtieth ['sɪkstɪɪθ] **A** ADJ sechzigste(r, s); **a ~ part** ein Sechzigstel *n* **B** 𝑆 **1** Sechzigstel *n* **2** Sechzigste(r, s)
sixty ['sɪkstɪ] **A** ADJ sechzig; **~-one** einundsechzig **B** 𝑆 Sechzig *f*; **the sixties** die Sechzigerjahre; **to be in one's sixties** in den Sechzigern sein; **to be in one's late/early sixties** Ende/Anfang sechzig sein; → **six sixtyish** ['sɪkstɪɪʃ] ADJ um die Sechzig *(umg)*
six-year-old ['sɪksjɪərəʊld] **A** ADJ sechsjährig *attr*, sechs Jahre alt *präd* **B** 𝑆 Sechsjährige(r) *m/f(m)*
size [saɪz] 𝑆 Größe *f*; *(von Problem a.)* Ausmaß *n*; **waist ~** Taillenweite *f*; **dress ~** Kleidergröße *f*; **he's about your ~** er ist ungefähr so groß wie du; **to be the same ~** gleich groß sein; **what ~ do you take?** welche Größe haben Sie?; **I'm a ~ 36** ich habe Größe 36; **what ~ is it?** wie groß ist es?; *(von Kleidung etc)* welche Größe ist es?; **it's two ~s too big** es ist zwei Nummern zu groß; **do you want to try it for ~?** möchten Sie es anprobieren, ob es Ihnen passt? ♦**size up** VT *trennb* abschätzen
sizeable ['saɪzəbl] ADJ ziemlich groß **-size(d)** [-saɪz(d)] ADJ *suf* -groß; **medium-size(d)** mittelgroß
sizzle ['sɪzl] VI brutzeln
skate[1] [skeɪt] 𝑆, *pl* - *(≈ Fisch)* Rochen *m*
skate[2] **A** 𝑆 Schlittschuh *m*, Rollschuh *m*, Inlineskate *m*; **get your ~s on** *(fig umg)* mach/macht mal ein bisschen dalli! *(umg)* **B** VI Schlittschuh laufen, Rollschuh laufen; *(mit Inlineskates)* skaten; **he ~d across the pond** er lief (auf Schlittschuhen) über den Teich ♦**skate (a)round** *od* **over** VI +*obj* links liegen lassen; *Problem* einfach übergehen
skateboard ['skeɪtbɔːd] **A** 𝑆 Skateboard *n* **B** VI skateboarden, skaten **skateboarder** ['skeɪtbɔːdə'] 𝑆 Skateboardfahrer(in) *m(f)* **skateboarding** ['skeɪtbɔːdɪŋ] 𝑆 Skateboardfahren *n*; **to go ~** Skateboard fahren **skateboard park, skate park** 𝑆 Skateboardanlage *f* **skater** ['skeɪtə'] 𝑆 Schlittschuhläufer(in) *m(f)*, Rollschuhläufer(in) *m(f)*; *(mit Inlineskates)* Skater(in) *m(f)* **skating** ['skeɪtɪŋ] 𝑆 Schlittschuhlauf *m*, Rollschuhlauf *m*; *(mit Inlineskates)* Skaten *n*; **to go ~** Schlittschuh laufen gehen, Rollschuh fahren gehen, (inline)skaten **skating rink** 𝑆 Eisbahn *f*, Rollschuhbahn *f*

  sixth form

Sixth form heißt die Abschlussklasse in der Schule, in der sich Schüler im Alter von ca. 16 bis 18 auf ihre **A levels** vorbereiten. Die **sixth form** besteht aus der **lower sixth** (1. Jahr) und der **upper sixth** (2. Jahr) und entspricht in etwa der deutschen Kollegstufe oder Sekundarstufe II.

LANDESKUNDE

605 | SLAC

skeleton ['skelɪtn] **A** S̲ Skelett *n*; **a ~ in one's cupboard** (*Br*) *od* **closet** (*US*) eine Leiche im Keller **B** A̲D̲J̲ *Plan* provisorisch; **~ service** Notdienst *m*

skeptic *etc* (*US*) = **sceptic** *etc*

sketch [sketʃ] **A** S̲ Skizze *f*, Entwurf *m*; THEAT Sketch *m* **B** V̲T̲ skizzieren **C** V̲I̲ Skizzen machen ◆**sketch out** V̲T̲ *trennb* grob skizzieren

sketchbook ['sketʃbʊk] S̲ Skizzenbuch *n* **sketching** ['sketʃɪŋ] S̲ KUNST Skizzenzeichnen *n* **sketch pad** S̲ Skizzenblock *m* **sketchy** ['sketʃi] A̲D̲J̲ (+*er*) *Bericht* flüchtig

skew [skjuː] V̲T̲ krümmen; (*fig*) verzerren

skewer ['skjʊəʳ] **A** S̲ Spieß *m* **B** V̲T̲ aufspießen

ski [skiː] **A** S̲ Ski *m* **B** V̲I̲ Ski laufen; **they ~ed down the slope** sie fuhren (auf ihren Skiern) den Hang hinunter

skid [skɪd] **A** S̲ AUTO *etc* Schleudern *n* **B** V̲I̲ schleudern, ausrutschen **skidmark** ['skɪdmɑːk] S̲ Reifenspur *f*

skier ['skiːəʳ] S̲ Skiläufer(in) *m(f)* **skiing** ['skiːɪŋ] S̲ Skilaufen *n*; **to go ~** Ski laufen gehen **ski-jumping** S̲ Skispringen *n*

skilful, (*US*) **skillful** ['skɪlfʊl] A̲D̲J̲ geschickt **skilfully**, (*US*) **skillfully** ['skɪlfəli] A̲D̲V̲ geschickt, gewandt; *malen etc* kunstvoll

ski lift S̲ Skilift *m*

skill [skɪl] S̲ **1** (❶ *kein pl*) Geschick *n* **2** Fertigkeit *f*, Fähigkeit *f* **skilled** A̲D̲J̲ **1** geschickt (*at* in +*dat*) **2** ausgebildet, fachmännisch **skilled worker** S̲ Facharbeiter(in) *m(f)*

skillet ['skɪlɪt] S̲ (*US*) Bratpfanne *f* (❶ (*Br*) **frying pan**)

skillful *etc* (*US*) = **skilful** *etc*

skim [skɪm] V̲T̲ **1** abschöpfen; *Milch* entrahmen **2** streifen über (+*akk*) **3** *Buch etc* überfliegen ◆**skim through** V̲I̲ +*obj Buch etc* überfliegen

skimmed milk [ˌskɪmd'mɪlk], (*US*) **skim milk** S̲ Magermilch *f*

skimp [skɪmp] V̲I̲ sparen (*on* an +*dat*) **skimpily** ['skɪmpɪli] A̲D̲V̲ *bekleidet* spärlich **skimpy** ['skɪmpi] A̲D̲J̲ (+*er*) dürftig; *Kleidung* knapp

skin [skɪn] **A** S̲ Haut *f*; (≈ *Pelz etc*) Fell *n*; (*von Obst*) Schale *f*; **to be soaked to the ~** bis auf die Haut nass sein; **that's no ~ off my nose** (*bes Br umg*) das juckt mich nicht (*umg*); **to save one's own ~** die eigene Haut retten; **to jump out of one's ~** (*umg*) erschreckt hochfahren; **to get under sb's ~** (*umg*) jdm auf die Nerven gehen (*umg*); (*positiv*) jdm unter die Haut gehen; (*Mensch*) jdn faszinieren; **to have a thick/thin ~** (*fig*) ein dickes Fell (*umg*)/eine dünne Haut haben; **by the ~ of one's teeth** (*umg*) mit Ach und Krach (*umg*) **B** V̲T̲ **1** *Tier* häuten **2** abschürfen **skinflint** S̲ (*umg*) Geizkragen *m* (*umg*) **skin graft** S̲ Hauttransplantation *f* **skinhead** S̲ Skin-

(-*head*) *m* **skinny** ['skɪni] A̲D̲J̲ (+*er*) (*umg*) dünn

skint [skɪnt] A̲D̲J̲ (*Br umg*) **to be ~** pleite sein (*umg*)

skintight ['skɪn'taɪt] A̲D̲J̲ hauteng

skip¹ [skɪp] **A** S̲ Hüpfer *m* **B** V̲I̲ hüpfen, seilspringen **C** V̲T̲ **1** *Schule* schwänzen (*umg*); *Kapitel* überspringen; **my heart ~ped a beat** mein Herzschlag setzte für eine Sekunde aus; **to ~ lunch** das Mittagessen ausfallen lassen **2** (*US*) **to ~ rope** seilspringen **3** (*US umg*) **to ~ town** aus der Stadt verschwinden (*umg*) ◆**skip over** V̲I̲ +*obj* überspringen ◆**skip through** V̲I̲ +*obj Buch* durchblättern

skip² S̲ BAU Container *m* (❶ = (*US*) **Dumpster**®)

ski pass S̲ Skipass *m* **ski pole** S̲ Skistock *m*

skipper ['skɪpəʳ] **A** S̲ Kapitän(in) *m(f)* **B** V̲T̲ anführen

skipping ['skɪpɪŋ] S̲ Seilspringen *n* **skipping rope** S̲ (*Br*) Hüpf- *od* Sprungseil *n* (❶ = (*US*) **jump rope**)

ski resort S̲ Skiort *m*

skirmish ['skɜːmɪʃ] S̲ MIL Gefecht *n*; (*fig*) Zusammenstoß *m*

skirt [skɜːt] **A** S̲ Rock *m*, Kittel *m* (*österr*), Jupe *m* (*schweiz*) **B** V̲T̲ (*a.* **skirt around**) umgehen **skirting (board)** ['skɜːtɪŋ(ˌbɔːd)] S̲ (*Br*) Fußleiste *f* (❶ = (*US*) **baseboard**)

ski run S̲ Skipiste *f* **ski stick** S̲ Skistock *m* **ski tow** S̲ Schlepplift *m*

skitter ['skɪtəʳ] V̲I̲ rutschen

skittish ['skɪtɪʃ] A̲D̲J̲ unruhig

skive [skaɪv] (*Br umg*) V̲I̲ blaumachen (*umg*); SCHULE schwänzen (*umg*) ◆**skive off** V̲I̲ (*Br umg*) sich drücken (*umg*)

skulk [skʌlk] V̲I̲ schleichen, sich herumdrücken

skull [skʌl] S̲ Schädel *m*; **~ and crossbones** Totenkopf *m*

skunk [skʌŋk] S̲ Stinktier *n*

sky [skaɪ] S̲ Himmel *m*; **in the ~** am Himmel **sky-blue** A̲D̲J̲ himmelblau **skydiving** S̲ Fallschirmspringen *n* **sky-high** **A** A̲D̲J̲ *Preise* schwindelnd hoch; *Vertrauen* unermesslich **B** A̲D̲V̲ zum Himmel; **to blow a bridge ~** (*umg*) eine Brücke in die Luft sprengen (*umg*); **to blow a theory ~** (*umg*) eine Theorie zum Einsturz bringen **skylight** S̲ Oberlicht *n*, Dachfenster *n* **skyline** S̲ Horizont *m*; (*von Stadt*) Skyline *f* **sky marshal** S̲ (*bes US* FLUG) Sky-Marshal *m*, *zur Verhinderung von Flugzeugentführungen mitfliegender Sicherheitsbeamter* **skyscraper** S̲ Wolkenkratzer *m*

slab [slæb] S̲ **1** (*aus Holz*) Tafel *f*; (*aus Stein*) Platte *f* **2** dicke Scheibe; (*Kuchen*) großes Stück

slack [slæk] **A** A̲D̲J̲ (+*er*) **1** locker **2** nachlässig **3** HANDEL *Saison* ruhig; **business is ~** das Geschäft geht schlecht **B** S̲ durchhängendes Teil

S

slab — Platte

slab — großes Stück (Kuchen)

(des Seils etc); **to cut sb some ~** (fig umg) mit jdm nachsichtig sein **C** $\overline{VI}$ bummeln

slacken ['slækn] **A** $\overline{VT}$ **1** lockern **2** vermindern **B** $\overline{VI}$ (Tempo) sich verringern; (Entwicklung) sich verlangsamen ♦**slacken off** $\overline{VI}$ nachlassen; (Arbeit) abnehmen

slackness ['slæknɪs] $\overline{s}$ **1** (von Seil etc) Schlaffheit f, Durchhängen n **2** (von Geschäft) Flaute f

slag [slæg] $\overline{s}$ **1** Schlacke f **2** (Br sl ≈ Frau) Schlampe f (pej umg) ♦**slag off** $\overline{VT}$ trennb (Br umg) runtermachen (umg)

slain [sleɪn] pperf von slay

slalom ['sla:ləm] $\overline{s}$ Slalom m

slam [slæm] **A** $\overline{s}$ (von Tür) Zuknallen n kein pl **B** $\overline{VT}$ **1** Tür zuknallen; **to ~ the door in sb's face** jdm die Tür vor der Nase zumachen **2** (umg ≈ werfen) knallen (umg); **to ~ the brakes on** (umg) auf die Bremse latschen (umg) **3** (umg ≈ kritisieren) verreißen; jdn herunterputzen (umg) **C** $\overline{VI}$ zuknallen; **to ~ into sth** in etw (akk) knallen ♦**slam down** $\overline{VT}$ trennb hinknallen (umg); Telefonhörer aufknallen (umg)

slammin ['slæmɪn] $\overline{ADJ}$ (US umg) endgeil (umg), voll krass (umg)

slander ['sla:ndə^r] **A** $\overline{s}$ Verleumdung f **B** $\overline{VT}$ verleumden **slanderous** ['sla:ndrəs] $\overline{ADJ}$ verleumderisch

slang [slæŋ] $\overline{s}$ **1** Slang m **2** Jargon m **B** $\overline{ADJ}$ Slang-

slant [sla:nt] **A** $\overline{s}$ Neigung f; **to put a ~ on sth** etw biegen; **to be on a ~** sich neigen **B** $\overline{VI}$ verschieben **C** $\overline{VI}$ sich neigen **slanting** ['sla:ntɪŋ] $\overline{ADJ}$ schräg

slap [slæp] **A** $\overline{s}$ Schlag m; **a ~ across the face** (wörtl) eine Ohrfeige, eine Watsche (österr); **a ~ in the face** (fig) ein Schlag m ins Gesicht; **to give sb a ~ on the back** jdm (anerkennend) auf den Rücken klopfen; (fig) jdn loben; **to give sb a ~ on the wrist** (fig umg) jdn zurechtweisen, jdm einen Anpfiff geben (umg) **B** $\overline{ADV}$ (umg) direkt **C** $\overline{VT}$ schlagen; **to ~ sb's face** jdm eine runterhauen (umg); **to ~ sb on the back** jdm auf den Rücken klopfen ♦**slap down** $\overline{VT}$ trennb (umg) hinknallen ♦**slap on** $\overline{VT}$ trennb (umg) **1** draufklatschen (umg) **2** (fig) Steuern etc draufhauen (umg)

slap-bang $\overline{ADV}$ (bes Br umg) mit Karacho (umg); **it was ~ in the middle** es war genau in der Mitte; **to run ~ into sb/sth** mit jdm/etw zusammenknallen (umg) **slapdash** $\overline{ADJ}$ schludrig (pej) **slaphead** $\overline{s}$ (Br pej umg) Glatzkopf m (pej) **slapper** ['slæpə^r] $\overline{s}$ (Br umg) Flittchen n (umg) **slapstick** $\overline{s}$ Slapstick m, Klamauk m **slap-up meal** $\overline{s}$ (Br umg) Schlemmermahl n (umg)

slash [slæʃ] **A** $\overline{s}$ **1** Streich m; (≈ Wunde) Schnitt m **2** TYPO Schrägstrich m **B** $\overline{VT}$ **1** zerfetzen; Gesicht, Reifen aufschlitzen **2** (umg) Preis radikal herabsetzen

▶ **slash**

Ein **slash** oder auch **forward slash** ist ein Schrägstrich (/), wie er im Englischen und Deutschen bei Alternativen verwendet wird, wie **and/or** — und/oder, gelegentlich auch bei Bruchzahlen, z. B. 3/4. Den umgekehrten Schrägstrich (\) bezeichnet man im Englischen wie auch im Deutschen als **backslash**. Man kennt ihn von Pfadangaben und Internet-Adressen, z. B. C:\Eigene Dateien\Downloads\Info.htm.

SPRACHGEBRAUCH ◂

slat [slæt] $\overline{s}$ Leiste f

slate [sleɪt] **A** $\overline{s}$ Schiefer m; (auf Dach) Schieferplatte f; **put it on the ~** (Br umg) schreiben Sie es mir an; **to wipe the ~ clean** (fig) reinen Tisch machen **B** $\overline{ADJ}$ Schiefer- **C** $\overline{VT}$ (Br umg ≈ krtitisieren) verreißen; jdn zusammenstauchen (umg) **slating** ['sleɪtɪŋ] $\overline{s}$ (Br umg) Verriss m; **to get a ~** zusammengestaucht werden (umg); (Stück, Vorstellung) verrissen werden

slaughter ['slɔ:tə^r] **A** $\overline{s}$ Schlachten n kein pl, Gemetzel n kein pl **B** $\overline{VT}$ schlachten; Menschen (wörtl) abschlachten; (fig) fertigmachen (umg) **slaughtered** ['slɔ:təd] $\overline{ADJ}$ (Br umg) stockbesoffen (umg) **slaughterhouse** ['slɔ:təhaʊs] $\overline{s}$ Schlachthof m

Slav [slɑ:v] **A** $\overline{ADJ}$ slawisch **B** $\overline{s}$ Slawe m, Slawin f

slave [sleɪv] **A** $\overline{s}$ Sklave m, Sklavin f **B** $\overline{VI}$ sich

abplagen; **to ~ (away) at sth** sich mit etw herumschlagen **slave-driver** s̄ Sklaventreiber(in) m(f) **slave labour**, (US) **slave labor** s̄ ❶ Sklavenarbeit f ❷ Sklaven pl
slaver ['slævəʳ] vi geifern; **to ~ over sb/sth** nach jdm/etw geifern
slavery ['sleɪvərɪ] s̄ Sklaverei f
Slavic ['slɑːvɪk], **Slavonic** [slə'vɒnɪk] A ADJ slawisch B s̄ das Slawische
slay [sleɪ] prät **slew**, pperf **slain** vt erschlagen
slaying ['sleɪɪŋ] s̄ (bes US) Mord m
sleaze [sliːz] s̄ (umg) Verderbtheit f; bes POL Skandalgeschichten pl **sleazy** ['sliːzɪ] ADJ (+er) (umg) schäbig
sledge [sledʒ], (bes US) **sled** [sled] A s̄ Schlitten m, Rodel f (österr) B vi Schlitten fahren, schlitteln (schweiz) **sledge(hammer)** ['sledʒ(-ˌhæməʳ)] s̄ Vorschlaghammer m
sleek [sliːk] ADJ (+er) Pelz geschmeidig; Erscheinung gepflegt
sleep [sliːp] v: prät, pperf **slept** A s̄ Schlaf m; **to go to ~** einschlafen; **to drop off to ~** einschlafen; **to be able to get to ~** einschlafen können; **try and get some ~** versuche, etwas zu schlafen; **to have a ~** (etwas) schlafen; **to have a good night's ~** sich richtig ausschlafen; **to put sb to ~** jdn zum Schlafen bringen; (Droge) jdn einschläfern; **to put to ~** (euph) Tier einschläfern; **that film sent me to ~** bei dem Film hin ich eingeschlafen B vt unterbringen; **the house ~s 10** in dem Haus können 10 Leute übernachten C vi schlafen; **to ~ like a log** wie ein Murmeltier schlafen; **to ~ late** lange schlafen; **to ~ with sb** mit jdm schlafen ♦**sleep around** vi (umg) mit jedem schlafen (umg) ♦**sleep in** vi ausschlafen; (umg: zu lang) verschlafen (❗) nicht „einschlafen") ♦**sleep off** vt trennb (umg) **to sleep it off** seinen Rausch ausschlafen ♦**sleep on** A vi weiterschlafen B vi +obj Problem etc überschlafen ♦**sleep through** vi +obj weiterschlafen bei; **to ~ the alarm (clock)** den Wecker verschlafen
sleeper ['sliːpəʳ] s̄ ❶ Schläfer(in) m(f); **to be a light ~** einen leichten Schlaf haben ❷ (Br BAHN) Schlafwagen(zug) m **sleepily** ['sliːpɪlɪ] ADV verschlafen **sleeping bag** s̄ Schlafsack m **sleeping car** s̄ Schlafwagen m **sleeping partner** s̄ (Br) stiller Teilhaber od Gesellschafter (❗ = (US) **silent partner**) **sleeping pill** s̄ Schlaftablette f **sleeping policeman** s̄ Bodenschwelle f **sleepless** ADJ schlaflos **sleepover** s̄ Übernachtung f (bei Freunden etc) **sleepwalk** vi schlafwandeln; **he was ~ing** er hat od ist geschlafwandelt **sleepy** ['sliːpɪ] ADJ (+er) ❶ schläfrig, verschlafen ❷ Ort verschlafen **sleepyhead** s̄ (umg) Schlafmütze

sleeve — Ärmel

sleeve Br — Hülle von CD

f (umg)
sleet [sliːt] A s̄ Schneeregen m B vi **it was ~ing** es gab Schneeregen
sleeve [sliːv] s̄ ❶ Ärmel m; **to roll up one's ~s** (wörtl) sich (dat) die Ärmel hochkrempeln; **to have sth up one's ~** (fig umg) etw in petto haben ❷ (Br: von CD) Hülle f (❗ = (US) **jacket**)
sleeveless ['sliːvlɪs] ADJ ärmellos
sleigh [sleɪ] s̄ (Pferde)schlitten m
slender ['slendəʳ] ADJ schlank; Führung knapp; Chance gering
slept [slept] prät, pperf von **sleep**
sleuth [sluːθ] s̄ (umg) Spürhund m (umg)
slew prät von **slay**
slice [slaɪs] A s̄ ❶ (wörtl) Scheibe f (fig) Teil m; **a ~ of luck** eine Portion Glück B vt ❶ durchschneiden; Brot (in Scheiben) schneiden ❷ Ball (an)schneiden C vi schneiden; **to ~ through sth** etw durchschneiden ♦**slice off** vt trennb abschneiden
sliced ADJ (in Scheiben) geschnitten; Brot, Wurst (auf)geschnitten **slicer** ['slaɪsəʳ] s̄ (für Käse etc) Hobel m; (≈ Maschine) Brot(schneide)maschine f, ≈ Wurstschneidemaschine f
slick [slɪk] A ADJ (+er) ❶ (oft pej) **clever** (umg); Antwort, Stil glatt ❷ (US) glatt B s̄ (Öl)teppich m ♦**slick back** vt trennb **to slick one's hair back** sich (dat) die Haare anklatschen (umg)
slicker ['slɪkəʳ] s̄ (US) Regenmantel m (❗ = (Br) **mac**)
slide [slaɪd] v: prät, pperf **slid** [slɪd] A s̄ ❶ Rutschbahn f; (auf Spielplatz) Rutsche f ❷ (fig) Abfall m ❸ (bes Br: im Haar) Spange f (❗ = (US) **barrette**) ❹ FOTO Dia n; (an Mikroskop) Objektträger m B vt

SLID | 608

schieben, gleiten lassen **C** _Vi_ **1** rutschen; **to let things ~** (fig) die Dinge schleifen lassen **2** sich schieben lassen **3** **he slid into the room** er kam ins Zimmer geschlichen **slide projector** _S_ Diaprojektor m **slide show** _S_ Diavortrag m **sliding door** _S_ Schiebetür f

slight [slaɪt] **A** _ADJ_ **1** _Mensch_ zierlich **2** (≈ unbedeutend) leicht; _Veränderung_ geringfügig; _Problem_ klein; **the wall's at a ~ angle** die Mauer ist leicht _od_ etwas geneigt; **to have a ~ cold** eine leichte Erkältung haben; **just the ~est bit short** ein ganz kleines bisschen zu kurz; **it doesn't make the ~est bit of difference** es macht nicht den geringsten Unterschied; **I wasn't the ~est bit interested** ich war nicht im Geringsten interessiert; **he is upset by at the ~est thing** er ist wegen jeder kleinsten Kleinigkeit gleich verärgert; **I don't have the ~est idea (of) what he's talking about** ich habe nicht die geringste _od_ leiseste Ahnung, wovon er redet **B** _S_ Affront m (on gegen) **C** _VT_ kränken **slightly** ['slaɪtlɪ] _ADV_ **1** **~ built** zierlich **2** ein klein(es) bisschen; _kennen_ flüchtig; **~ injured** leicht verletzt; **he hesitated ever so ~** er zögerte fast unmerklich

slim [slɪm] **A** _ADJ_ (+er) **1** schlank; _Hüfte_ schmal; _Buch_ dünn **2** _Chancen_ gering; _Mehrheit_ knapp **B** _Vi_ eine Schlankheitskur machen **slim down** **A** _VT_ trennb (fig) _Unternehmen_ verschlanken **B** _Vi_ (Mensch) abnehmen

slime [slaɪm] _S_ Schleim m **sliminess** ['slaɪmɪnɪs] _S_ Schleimigkeit f

slimline ['slɪmlaɪn] _ADJ_ dünn; _Figur_ schlank **slimming** ['slɪmɪŋ] **A** _ADJ_ schlank machend _attr_; **black is ~** schwarz macht schlank **B** _S_ Abnehmen n **slimness** ['slɪmnɪs] _S_ Schlankheit f; (von Hüfte) Schmalheit f; (von Buch) Dünne f

slimy ['slaɪmɪ] _ADJ_ (+er) schleimig

sling [slɪŋ] _v: prät, pperf_ **slung** **A** _S_ **1** Schlinge f; (für Kleinkind) (Baby)trageschlinge f; **to have one's arm in a ~** den Arm in der Schlinge tragen **2** (≈ Waffe) Schleuder f **B** _VT_ schleudern (❗ nicht „schlingen"); **he slung the box onto his back** er warf sich (dat) die Kiste auf den Rücken **♦sling out** _VT_ trennb (umg) rausschmeißen (umg) **slingshot** _S_ (US) Schleuder f (❗ = (Br) catapult)

slink [slɪŋk] _prät, pperf_ **slunk** _Vi_ schleichen; **to ~ off** sich davonschleichen

slip [slɪp] **A** _S_ **1** (≈ Fehler) Patzer m; **to make a (bad) ~** sich (übel) vertun (umg); **a ~ of the tongue** ein Versprecher m **2** **to give sb the ~** (umg) jdm entwischen **3** Unterrock m (❗ nicht „Slip") **4** Zettel m; **~s of paper** Zettel pl **B** _VT_ **1** schieben, gleiten lassen; **she ~ped the dress over her head** sie streifte sich (dat)

das Kleid über den Kopf; **to ~ a disc** MED sich (dat) einen Bandscheibenschaden zuziehen **2** sich losreißen von; **it ~ped my mind** ich habe es vergessen **C** _Vi_ **1** (aus)rutschen; (Füße) (weg)rutschen; _Messer_ abrutschen; **it ~ped out of her hand** es rutschte ihr aus der Hand; **the beads ~ped through my fingers** die Perlen glitten durch meine Finger; **to let sth through one's fingers** sich (dat) etw entgehen lassen; **to let (it) ~ that …** fallen lassen, dass … **2** (≈ sich schnell bewegen) schlüpfen, rutschen **3** (Niveau etc) fallen **♦slip away** _Vi_ sich wegschleichen **♦slip back** _Vi_ **1** unbemerkt zurückgehen **2** schnell zurückgehen **♦slip behind** _Vi_ zurückfallen **♦slip by** _Vi_ sich vorbeischleichen (obj an +dat); (Jahre) nur so dahinschwinden **♦slip down** _Vi_ **1** ausrutschen **2** hinunterlaufen **♦slip in** **A** _Vi_ (sich) hineinschleichen **B** _VT_ trennb **1** **to slip sth into sb's pocket** jdm etw in die Tasche gleiten lassen **2** _Bemerkung_ einfließen lassen **♦slip off** **A** _Vi_ sich wegschleichen **B** _VT_ trennb _Schuhe_ abstreifen **♦slip on** _VT_ trennb schlüpfen in (+akk) **♦slip out** _Vi_ **1** kurz weggehen **2** _Geheimnis etc_ herauskommen **♦slip past** _Vi_ = slip by **♦slip up** _Vi_ (umg) sich vertun (umg) (over, in bei)

slip-ons _PL_ (a. **slip-on shoes**) Slipper pl **slipped disc**, (US) **slipped disk** [ˌslɪpt'dɪsk] _S_ Bandscheibenvorfall m **slipper** ['slɪpə'] _S_ Hausschuh m **slippery** ['slɪpərɪ] _ADJ_ **1** schlüpfrig; _Boden, Schuhe_ glatt; _Fisch_ glitschig; **he's on the ~ slope** (fig) er ist auf der schiefen Bahn **2** (pej umg) _Mensch_ glatt; **a ~ customer** ein aalglatter Kerl (umg) **slippy** ['slɪpɪ] _ADJ_ glatt **slip road** ['slɪprəʊd] _S_ (Br) (Autobahn)auffahrt f, (Autobahn)ausfahrt f **slipshod** ['slɪpʃɒd] _ADJ_ schludrig **slip-up** ['slɪpʌp] _S_ (umg) Schnitzer m **slit** [slɪt] _v: prät, pperf_ **slit** **A** _S_ Schlitz m **B** _VT_ (auf)schlitzen; **to ~ sb's throat** jdm die Kehle aufschlitzen **slither** ['slɪðə'] _Vi_ rutschen; (Schlange) gleiten **sliver** ['slɪvə'] _S_ **1** (Holz etc) Splitter m **2** Scheibchen n **slob** [slɒb] _S_ (umg) Drecksau f (umg) **slobber** ['slɒbə'] _Vi_ sabbeln; (Hund) geifern **slog** [slɒg] (umg) **A** _S_ Schinderei f **B** _Vi_ **to ~ away (at sth)** sich (mit etw) abrackern **slogan** ['sləʊgən] _S_ Slogan m **slop** [slɒp] **A** _Vi_ **to ~ over (into sth)** überschwappen (in etw akk) **B** _VT_ verschütten; (≈ gießen) schütten

slope [sləʊp] **A** _S_ **1** Neigung f, Schräge f **2** (Ab)hang m; **on a ~** am Hang; **halfway up the ~** auf halber Höhe **B** _Vi_ sich neigen;

609 ‖ SMAC

the picture is sloping to the left/right das Bild hängt schief; **his handwriting ~s to the left** seine Handschrift ist nach links geneigt ♦**slope down** VI sich neigen ♦**slope up** VI ansteigen

sloping ['sləʊpɪŋ] ADJ **1** *Straße* ansteigend, abfallend; *Fußboden, Dach* schräg; *Garten* am Hang **2** schief

sloppiness ['slɒpɪnɪs] S (umg) Schlampigkeit f (umg); (von Arbeit etc) Schlud(e)rigkeit f (umg)

sloppy ['slɒpɪ] ADJ (+er) (umg) **1** schlampig (umg); *Arbeit etc* schlud(e)rig (umg) **2** rührselig

slosh [slɒʃ] (umg) A VT klatschen B VI **to ~ (around)** (herum)schwappen; **to ~ through mud/water** durch Matsch/Wasser waten **sloshed** [slɒʃt] ADJ (umg) blau (umg), besoffen (umg); **to get ~** sich besaufen (umg)

slot [slɒt] S Schlitz m, Rille f; IT Steckplatz m; TV (gewohnte) Sendezeit ♦**slot in** A VT trennb hineinstecken; **to slot sth into sth** etw in etw (akk) stecken B VI sich einfügen lassen; **suddenly everything slotted into place** plötzlich passte alles zusammen ♦**slot together** A VI (Einzelteile) sich zusammenfügen lassen B VT trennb zusammenfügen

slot machine S Münzautomat m, Spielautomat m

slouch [slaʊtʃ] A S krumme Haltung B VI herumhängen; (gehend) latschen, hatschen (österr); **he was ~ed over his desk** er hing über seinem Schreibtisch

Slovak ['sləʊvæk] A ADJ slowakisch B S **1** Slowake m, Slowakin f **2** LING Slowakisch n **Slovakia** [sləʊˈvækɪə] S die Slowakei

Slovene ['sləʊviːn] A ADJ slowenisch B S **1** Slowene m, Slowenin f **2** LING Slowenisch n **Slovenia** [sləʊˈviːnɪə] S Slowenien n **Slovenian** [sləʊˈviːnɪən] ADJ, S = Slovene

slovenly ['slʌvnlɪ] ADJ schlud(e)rig (umg)

slow [sləʊ] A ADJ (+er) **1** langsam; (≈ dumm) begriffsstutzig; **it's ~ work** das braucht seine Zeit; **he's a ~ learner** er lernt langsam; **it was ~ going** es ging nur langsam voran; **to get off to a ~ start** schlecht vom Start kommen, nur langsam in Gang kommen; **to be ~ to do sth** sich (dat) mit etw Zeit lassen; **to be ~ in doing sth** sich (dat) Zeit damit lassen, etw zu tun; **he is ~ to make up his mind** er braucht lange, um sich zu entscheiden; **to be (20 minutes) ~** (Uhr) (20 Minuten) nachgehen **2** HANDEL flau; **business is ~** das Geschäft ist flau od geht schlecht B ADV (+er) langsam C VI sich verlangsamen, langsamer fahren/gehen ♦**slow down** od up A VI sich verlangsamen, langsamer fahren/gehen B VT trennb (wörtl) verlangsamen; (fig) verzögern; **you just**

slow me up od **down** du hältst mich nur auf **slowcoach** S (Br umg) Langweiler(in) m(f) (❗ = (US) **slowpoke**) **slowdown** S Verlangsamung f (in, of +gen) **slow lane** S AUTO Kriechspur f **slowly** ['sləʊlɪ] ADV langsam; **~ but surely** langsam aber sicher **slow motion** S **in ~** in Zeitlupe **slow-moving** ADJ sich (nur) langsam bewegend; *Verkehr* kriechend **slowness** ['sləʊnɪs] S Langsamkeit f; **their ~ to act** ihr Zaudern **slowpoke** ['sləʊpəʊk] S (US umg) = **slowcoach**

sludge [slʌdʒ] S Schlamm m; (≈ Ablagerung) schmieriger Satz

slug[1] [slʌg] S Nacktschnecke f

slug[2] S (umg) **a ~ of whisky** ein Schluck m Whisky

sluggish ['slʌgɪʃ] ADJ träge

sluice [sluːs] A S Schleuse f; BERGB (Wasch)rinne f B VT *Erz* waschen; **to ~ sth (down)** etw abspritzen C VI **to ~ out** herausschießen

slum [slʌm] A S (meist pl) Slum m, Elendsquartier n B VT & VI (umg) **a. slum it** primitiv leben

slumber ['slʌmbəʳ] (liter) A S Schlummer m (geh) B VI schlummern (geh)

slump [slʌmp] A S (in sth einer Sache gen) (plötzliche) Abnahme, Rückgang m; (≈ Position) Tiefstand m; FIN Sturz m B VI **1** (a. **slump it**) (Preise) stürzen; (Verkaufszahlen) plötzlich zurückgehen; (fig: Moral) sinken **2** sinken; **he was ~ed over the wheel** er war über dem Steuer zusammengesackt; **he was ~ed on the floor** er lag in sich (dat) zusammengesunken auf dem Fußboden

slung [slʌŋ] prät, pperf von **sling**

slunk [slʌŋk] prät, pperf von **slink**

slur [slɜːʳ] A S Beleidigung f B VT undeutlich artikulieren; *Worte* (halb) verschlucken

slurp [slɜːp] A VT & VI (umg) schlürfen B S Schlürfen n

slurred [slɜːd] ADJ undeutlich

slush [slʌʃ] S (Schnee)matsch m **slushy** ['slʌʃɪ] ADJ (+er) *Schnee* matschig

slut [slʌt] S Schlampe f (pej umg)

sly [slaɪ] A ADJ (+er) **1** gerissen **2** *Blick* verschmitzt B S **on the ~** heimlich, still und leise (hum)

smack [smæk] A S **1** (klatschender) Schlag, Klatschen n; **you'll get a ~** du fängst gleich eine (umg) **2** (umg ≈ Kuss) **to give sb a ~ on the cheek** jdn einen Schmatz auf die Backe geben (umg) B VT knallen (umg); **to ~ a child** einem Kind eine runterhauen (umg); **I'll ~ your bottom** ich versohl dir gleich den Hintern! (umg) C ADV (umg) direkt; **to be ~ in the middle of sth** mittendrin in etw (dat) sein ♦**smack of** VI +obj (fig) riechen nach

S

SMAL | 610

small [smɔːl] **A** ADJ (+er) klein; *Vorrat* gering; *Summe* bescheiden; *Stimme* leise, klein; **a ~ number of people** eine geringe Anzahl von Leuten; **the ~est possible number of books** so wenig Bücher wie möglich; **to feel ~** (fig) sich (ganz) klein (und hässlich) vorkommen **B** S **the ~ of the back** das Kreuz **C** ADV **to chop sth up ~** etw klein hacken **small ad** S (umg) Kleinanzeige f **small arms** PL Handfeuerwaffen pl **small business** S Kleinunternehmen n **small change** S Kleingeld n **small fry** PL (fig) kleine Fische pl (umg) **small hours** PL früher Morgen; **in the (wee) ~** in den frühen Morgenstunden **smallish** ['smɔːlɪʃ] ADJ (eher) kleiner; **he is ~** er ist eher klein **small letter** S Kleinbuchstabe m **small-minded** ADJ engstirnig **smallness** S Kleinheit f; (von Summe) Bescheidenheit f **smallpox** S Pocken pl **small print** S **the ~** das Kleingedruckte **small-scale** ADJ *Modell* in verkleinertem Maßstab; *Projekt* klein angelegt **small screen** S TV **on the ~** auf dem Bildschirm **small-sized** ADJ klein **small talk** S Small Talk m **small-time** ADJ (umg) *Verbrecher* klein **small-town** ADJ Kleinstadt-

smarmy ['smɑːmɪ] ADJ (+er) (Br umg) schmierig
smart [smɑːt] **A** ADJ (+er) **1** chic; *Mensch, Kleidung* flott, fesch (bes österr); *Äußeres* gepflegt; **the ~ set** die Schickeria (umg); **2** clever (umg); (pej) superklug; IT, MIL intelligent; **that wasn't very ~ (of you)** das war nicht besonders intelligent (von dir) **3** (blitz)schnell; *Schritt* rasch **B** V/I brennen; **to ~ from sth** (fig) unter etw (dat) leiden **smart alec(k)** S (umg) Schlauberger(in) m(f) (umg) **smartarse** ['smɑːtɑːs], (US) **smartass** ['smɑːtæs] (sl) S Klugscheißer(in) m(f) (umg) **smart bomb** S intelligente Bombe **smart card** S Chipkarte f **smarten** ['smɑːtn] (a. **smarten up**) **A** VT *Haus* herausputzen; *Äußeres* aufmöbeln (umg); **to ~ oneself up** sich in Schale werfen (umg); (allg) mehr Wert auf sein Äußeres legen; **you'd better ~ up your ideas** (umg) du solltest dich am Riemen reißen (umg) **B** VI sich in Schale werfen (umg), sich herausmachen **smartly** ['smɑːtlɪ] ADV **1** chic **2** clever (umg) **3** (blitz)schnell **smart money** S FIN Investitionsgelder pl; **the ~ is on him winning** Insider setzen darauf, dass er gewinnt **smartness** ['smɑːtnɪs] S **1** Schick m, Gepflegtheit f **2** Cleverness f (umg), Schlauheit f **smartphone** ['smɑːtfəʊn] S TEL Smartphone n
smash [smæʃ] **A** VT **1** zerschlagen; *Fenster* einschlagen; *Rekord* haushoch schlagen **2** schmettern **B** VI **1** zerschlagen; **it ~ed into a thousand pieces** es (zer)sprang in tausend Stücke

2 prallen; **the car ~ed into the wall** das Auto krachte gegen die Mauer **C** S **1** Krachen n **2** Unfall m, Havarie f (österr), Zusammenstoß m **3** Schlag m; (Tennis) Schmetterball m **4** (umg: a. **smash hit**) Riesenhit m **♦smash in** VT trennb einschlagen **♦smash up** VT trennb zertrümmern; *Auto* kaputt fahren
smashed [smæʃt] ADJ präd (umg ≈ betrunken) total zu (umg) **smash hit** S (umg) Superhit m (umg) **smashing** ['smæʃɪŋ] ADJ (bes Br umg) klasse inv (umg)
smattering ['smætərɪŋ] S **a ~ of French** ein paar Brocken Französisch
SME abk von small and medium-sized enterprises kleine und mittlere Unternehmen pl, KMU pl
smear [smɪəʳ] **A** S verschmierter Fleck; (fig) Verleumdung f; MED Abstrich m **B** VT **1** *Fett* schmieren; (≈ Aufstrich) verschmieren; (mit Schmutz) beschmieren; *Gesicht* einschmieren **2** (fig) jdn verunglimpfen **C** VI (Farbe, Tinte) verlaufen **smear campaign** S Verleumdungskampagne f **smear test** S MED Abstrich m
smell [smel] v: prät, pperf **smelt** (bes Br) od **smelled** **A** S Geruch m; **it has a nice ~** es riecht gut; **there's a funny ~ in here** hier riecht es komisch; **to have a ~ at sth** an etw (akk) riechen **B** VT **1** (wörtl) riechen; **can** od **do you ~ burning?** riechst du, dass etwas brennt od (GASTR) anbrennt? **2** (fig) *Gefahr* wittern; **to ~ trouble** Ärger od Stunk (umg) kommen sehen; **to ~ a rat** (umg) den Braten riechen **C** VI riechen; **to ~ awful** furchtbar riechen (❶ im Englischen kein Adverb); **to ~ of sth** nach etw riechen; **his breath ~s** er hat Mundgeruch **smelly** ['smelɪ] ADJ (+er) übel riechend; **it's ~ in here** hier drin stinkt es
smelt[1] [smelt] (bes Br) prät, pperf von smell
smelt[2] VT *Erz* schmelzen; (in Raffinerie) verhütten
smile [smaɪl] **A** S Lächeln n; **she gave a little ~** sie lächelte schwach; **to give sb a ~** jdm zulächeln **B** VI lächeln; **to ~ at sb** jdn anlächeln; **to ~ at sth** über etw (akk) lächeln **smiley** ['smaɪlɪ] **A** ADJ *Gesicht, Mensch* lächelnd **B** S IT Smiley m **smiling** ADJ, **smilingly** ADV ['smaɪlɪŋ, -lɪ] lächelnd
smirk [smɜːk] **A** S Grinsen n **B** VI grinsen
smith [smɪθ] S Schmied(in) m(f)
smithereens [ˌsmɪðə'riːnz] PL **to smash sth to ~** etw in tausend Stücke schlagen
smithy ['smɪðɪ] S Schmiede f
smitten ['smɪtn] ADJ **he's really ~ with her** (umg) er ist wirklich vernarrt in sie
smock [smɒk] S Kittel m; (als Top) Hänger m
smog [smɒg] S Smog m
smoke [sməʊk] **A** S Rauch m; **to go up in ~ in**

Rauch (und Flammen) aufgehen; *(fig)* sich in Wohlgefallen auflösen; **to have a ~** eine rauchen **B** VT **1** rauchen **2** *Fisch etc* räuchern, selchen *(österr)* **C** VI rauchen **smoke alarm** S Rauchmelder *m* **smoked** ADJ *Fisch etc* geräuchert, geselcht *(österr)* **smoke detector** S Rauchmelder *m* **smoke-free** ['sməʊkfriː] ADJ rauchfrei **smokeless** ADJ *Brennstoff* rauchlos

smoker ['sməʊkə^r] S Raucher(in) *m(f)*; **to be a heavy ~** stark rauchen **smoke screen** S *(fig)* Vorwand *m* **smoke signal** S Rauchzeichen *n* **smoking** ['sməʊkɪŋ] S Rauchen *n*; "**no ~**" „Rauchen verboten" **smoking compartment**, *(US)* **smoking car** S Raucherabteil *n* **smoky** ['sməʊkɪ] ADJ (+er) *Feuer* rauchend; *Atmosphäre* verraucht; *Geschmack* rauchig

smolder VI *(US)* = **smoulder**

smooch [smuːtʃ] *(umg)* VI knutschen *(umg)*

smooth [smuːð] **A** ADJ (+er) **1** glatt; *Haar, Whisky* weich; *Oberfläche* eben; *Flug* ruhig; *Brei* sämig; *Geschmack* mild; **as ~ as silk** seidenweich; **worn ~** *Stufe* glatt getreten; *Messer* abgeschliffen; *Reifen* abgefahren **2** *Übergang, Beziehung* reibungslos **3** (≈ *höflich: a. pej*) glatt **B** VT *Oberfläche* glätten; *Kleid* glatt streichen; *(fig) Gefühle* beruhigen

◆**smooth back** VT trennb *Haar* zurückstreichen ◆**smooth down** VT trennb glatt machen, glatt streichen ◆**smooth out** VT trennb glätten; *(fig) Probleme* aus dem Weg räumen ◆**smooth over** VT trennb *(fig) Streit* geradebiegen *(umg)*

smoothie ['smuːðɪ] S Smoothie *m*, Fruchtdrink *m* **smoothly** ['smuːðlɪ] ADV *landen* weich; **to run ~** *(Motor)* ruhig laufen; **to go ~** glatt über die Bühne gehen; **to run ~** *(Veranstaltung)* reibungslos verlaufen **smoothness** S **1** Glätte *f*; *(von Oberfläche)* Ebenheit *f* **2** *(von Flug)* Ruhe *f* **3** *(von Übergang)* Reibungslosigkeit *f*

smother ['smʌðə^r] **A** VT **1** jdn, Feuer ersticken; *(fig) Gähnen* unterdrücken **2** bedecken; **fruit ~ed in cream** Obst, das in Sahne schwimmt **B** VI ersticken

smoulder, *(US)* **smolder** ['sməʊldə^r] VI glimmen **smouldering**, *(US)* **smoldering** ['sməʊldərɪŋ] ADJ **1** *Feuer, Groll* schwelend **2** **a ~ look** ein glühender Blick

SMS TEL *abk von* **Short Message Service** SMS

smudge [smʌdʒ] **A** S Fleck *m*; *(von Tinte)* Klecks *m* **B** VT verwischen **C** VI verschmieren

smug [smʌg] ADJ (+er) selbstgefällig

smuggle ['smʌgl] VT & VI schmuggeln; **to ~ sb/sth in** jdn/etw einschmuggeln; **to ~ sb/sth out** jdn/etw herausschmuggeln **smuggler** ['smʌglə^r] S Schmuggler(in) *m(f)* **smuggling** ['smʌglɪŋ] S Schmuggel *m*

smugly ['smʌglɪ] ADV selbstgefällig **smugness** ['smʌgnɪs] S Selbstgefälligkeit *f*

smut [smʌt] S *(fig)* Dreck *m*, Schmutz *m* **smutty** ['smʌtɪ] ADJ (+er) *(fig)* schmutzig

snack [snæk] S Imbiss *m*, Jause *f (österr)*; **to have a ~** eine Kleinigkeit essen, jausnen *(österr)* **snack bar** S Imbissstube *f*

snag [snæg] **A** S **1** Haken *m*; **there's a ~** die Sache hat einen Haken; **to hit a ~** in Schwierigkeiten *(akk)* kommen **2** (≈ *in Stoff*) gezogener Faden **B** VT sich *(dat)* einen Faden ziehen; **I ~ged my tights** ich habe mir an den Strumpfhosen einen Faden gezogen

snail [sneɪl] S Schnecke *f*; **at a ~'s pace** im Schneckentempo **snail mail** S *(hum)* Schneckenpost *f (umg)*

snake [sneɪk] S Schlange *f* **snakebite** S **1** Schlangenbiss *m* **2** *Getränk aus Cidre und Bier* **snakeskin** ['sneɪkskɪn] ADJ Schlangenleder-, aus Schlangenleder

snap [snæp] **A** S **1** Schnappen *n*, Knacken *n* **2** FOTO Schnappschuss *m* **3** KART ≈ Schnippschnapp *n* **4** **cold ~** Kälteeinbruch *m* **B** ADJ attr plötzlich **C** INT **I bought a green one — ~!** *(Br umg)* ich hab mir einen grünen gekauft — ich auch! **D** VT **1** *Finger* schnipsen mit **2** zerbrechen **3** FOTO knipsen **E** VI **1** (zu)schnappen; (≈ *entzweigehen*) zerbrechen; **to ~ shut** zuschnappen; *(beim Sprechen)* schnappen *(umg)*; **to ~ at sb** jdn anschnauzen *(umg)* **3** *(Hund etc, fig)* schnappen (at nach) **4** *(umg)* **something ~ped (in him)** da hat (bei ihm) etwas ausgehakt *(umg)* ◆**snap off** VT trennb abbrechen ◆**snap out A** VT trennb **to snap sb out of sth** jdn aus etw herausreißen **B** VI **to ~ of sth** sich aus etw herausreißen; **~ of it!** reiß dich zusammen! ◆**snap up** VT trennb wegschnappen

snap fastener S *(US)* Druckknopf *m* = *(Br)* **press-stud**) **snappy** ['snæpɪ] ADJ (+er) **1** *(umg)* **and make it ~!** und zwar ein bisschen dalli! *(umg)* **2** *(umg) Slogan* zündend **snapshot** ['snæpʃɒt] S Schnappschuss *m*

snare [snɛə^r] S Falle *f*

snarl [snɑːl] **A** S Knurren *n* kein pl **B** VI knurren; **to ~ at sb** jdn anknurren ◆**snarl up** VT trennb *(umg) Verkehr* durcheinanderbringen

snatch [snætʃ] **A** S Stück *n*; *(von Gespräch)* Fetzen *m*; *(von Musik)* ein paar Takte **B** VT **1** greifen; **to ~ sth from sb** jdm etw entreißen; **to ~ sth out of sb's hand** jdm etw aus der Hand reißen **2** ergattern; **to ~ a quick meal** schnell etwas essen; **to ~ defeat from the jaws of victory** einen sicheren Sieg in eine Niederlage verwandeln **3** *(umg)* klauen *(umg)*; *Handtasche* aus der Hand reißen; *Kind* entführen **C** VI greifen (at nach) ◆**snatch away** <u>VT</u> trennb wegreißen (sth from sb jdm etw)

sneak [sniːk] **A** <u>S</u> Schleicher(in) m(f) **B** <u>VT</u> **to ~ sth into a room** etw in ein Zimmer schmuggeln; **to ~ a look at sb/sth** auf jdn/etw schielen **C** <u>VI</u> **to ~ away** od **off** sich wegschleichen; **to ~ in** sich einschleichen; **to ~ past sb** (sich) an jdm vorbeischleichen; **to ~ up on sb** sich an jdn heranschleichen **sneakers** [ˈsniːkəz] <u>PL</u> (bes US) Freizeitschuhe pl, Turnschuhe pl (❗ = (Br) **trainers, training shoes**) **sneaking** [ˈsniːkɪŋ] <u>ADJ</u> attr **to have a ~ feeling that ...** ein schleichendes Gefühl haben, dass ...
sneak preview <u>S</u> (von Film) Vorpremiere f, Sneak Preview f **sneaky** [ˈsniːkɪ] <u>ADJ</u> (+er) (pej umg) gewieft (umg)

sneer [snɪər] **A** <u>S</u> höhnisches Lächeln **B** <u>VI</u> spotten; (mit Blicken) höhnisch grinsen; **to ~ at sb** jdn verhöhnen **sneering** <u>ADJ</u>, **sneeringly** <u>ADV</u> [ˈsnɪərɪŋ, -lɪ] höhnisch

sneeze [sniːz] **A** <u>S</u> Nieser m **B** <u>VI</u> niesen; **not to be ~d at** nicht zu verachten

snicker [ˈsnɪkər] <u>VI</u> (US) → snigger

snide [snaɪd] <u>ADJ</u> abfällig

sniff [snɪf] **A** <u>S</u> Schniefen n kein pl (umg); (Hund) Schnüffeln n kein pl; **have a ~ at this** riech mal hieran **B** <u>VT</u> riechen; Luft schnuppern **C** <u>VI</u> schniefen (umg); (Hund) schnüffeln; **to ~ at sth** (wörtl) an etw (dat) schnuppern; **not to be ~ed at** nicht zu verachten ◆**sniff around** (umg) <u>VI</u> herumschnüffeln (umg) ◆**sniff out** <u>VT</u> trennb (wörtl, fig umg) aufspüren

sniffle [ˈsnɪfl] <u>VI</u> = snuffle

snigger [ˈsnɪgər], (US) **snicker** [ˈsnɪkər] **A** <u>S</u> Gekicher n **B** <u>VI</u> kichern (at, about wegen)

snip [snɪp] **A** <u>S</u> **1** Schnitt m **2** (bes Br umg) **at only £2 it's a real ~** für nur £ 2 ist es unheimlich günstig **B** <u>VT</u> **to ~ sth off** etw abschnippeln (umg)

sniper [ˈsnaɪpər] <u>S</u> Heckenschütze m/-schützin f

snippet [ˈsnɪpɪt] <u>S</u> Stückchen n, (Bruch)stück n; **~s of (a) conversation** Gesprächsfetzen pl

snivel [ˈsnɪvl] <u>VI</u> heulen **snivelling**, (US) **sniveling** [ˈsnɪvlɪŋ] <u>ADJ</u> heulend, flennend (umg)

snob [snɒb] <u>S</u> Snob m **snobbery** [ˈsnɒbərɪ] <u>S</u> Snobismus m **snobbish** <u>ADJ</u> [ˈsnɒbɪʃ] snobistisch; **to be ~ about sth** bei etw wählerisch sein

snog [snɒg] (Br umg) **A** <u>S</u> Knutscherei f (umg); **to have a ~ with sb** mit jdm rumknutschen (umg) **B** <u>VI</u> rumknutschen (umg) **C** <u>VT</u> abknutschen (umg)

snooker [ˈsnuːkər] <u>S</u> Snooker n

snoop [snuːp] **A** <u>S</u> **1** Schnüffler(in) m(f) **2** **I'll have a ~ around** ich gucke mich mal (ein bisschen) um **B** <u>VI</u> schnüffeln; **to ~ about** (Br) od **around** herumschnüffeln

snooty [ˈsnuːtɪ] <u>ADJ</u> (+er), **snootily** [ˈsnuːtɪlɪ] <u>ADV</u> (umg) hochnäsig

snooze [snuːz] **A** <u>S</u> Nickerchen n; **to have a ~** ein Schläfchen machen **B** <u>VI</u> ein Nickerchen machen

snore [snɔːr] **A** <u>S</u> Schnarchen n kein pl **B** <u>VI</u> schnarchen **snoring** [ˈsnɔːrɪŋ] <u>S</u> Schnarchen n

snorkel [ˈsnɔːkl] <u>S</u> Schnorchel m **snorkelling**, (US) **snorkeling** [ˈsnɔːkəlɪŋ] <u>S</u> Schnorcheln n

snort [snɔːt] **A** <u>S</u> Schnauben n kein pl, Grunzen n kein pl **B** <u>VI</u> schnauben, grunzen **C** <u>VT</u> schnauben

snot [snɒt] <u>S</u> (umg) Rotz m (umg) **snotty** [ˈsnɒtɪ] <u>ADJ</u> (+er) (umg) rotzig (umg)

snout [snaʊt] <u>S</u> Schnauze f

snow [snəʊ] **A** <u>S</u> Schnee m; **as white as ~** schneeweiß **B** <u>VI</u> schneien ◆**snow in** <u>VT</u> trennb (meist passiv) einschneien od **get snowed in** einschneien ◆**snow under** <u>VT</u> trennb (❗ meist passiv) (umg) **to be snowed under** (mit Arbeit) reichlich eingedeckt sein

snowball **A** <u>S</u> Schneeball m **B** <u>VI</u> eskalieren **snowball fight** <u>S</u> Schneeballschlacht f **snowboard** **A** <u>S</u> Snowboard n **B** <u>VI</u> Snowboard fahren **snowboarder** <u>S</u> Snowboardfahrer(in) m(f) **snowboarding** <u>S</u> Snowboarding n **snowbound** <u>ADJ</u> eingeschneit **snowcapped** <u>ADJ</u> schneebedeckt **snow chain** <u>S</u> AUTO Schneekette f **snow-covered** <u>ADJ</u> verschneit **snowdrift** <u>S</u> Schneewehe f **snowdrop** <u>S</u> Schneeglöckchen n **snowfall** <u>S</u> Schneefall m **snowflake** <u>S</u> Schneeflocke f **snowman** <u>S</u>, pl -men Schneemann m **snowmobile** <u>S</u> Schneemobil n **snow pea** <u>S</u> (US) Zuckererbse f (❗ = (Br) **mangetout**) **snowplough**, (US) **snowplow** <u>S</u> Schneepflug m **snowstorm** <u>S</u> Schneesturm m **snow-white** <u>ADJ</u> schneeweiß **snowy** [ˈsnəʊɪ] <u>ADJ</u> (+er) Wetter schneereich; Berge verschneit

SNP abk von Scottish National Party schottische Partei, die sich für die Unabhängigkeit des Landes einsetzt

snub [snʌb] **A** <u>S</u> Brüskierung f **B** <u>VT</u> **1** jdn brüskieren **2** (≈ nicht beachten) schneiden

snub nose <u>S</u> Stupsnase f

snuff [snʌf] **A** <u>S</u> Schnupftabak m **B** (a. **snuff out**) <u>VT</u> Kerze auslöschen

snuffle [ˈsnʌfl] **A** <u>S</u> Schniefen n kein pl; **to have the ~s** (umg) einen leichten Schnupfen haben **B** <u>VI</u> schnüffeln; (bei Erkältung) schniefen (umg)

613 ▏ SOCC

snug [snʌg] ADJ (+er) gemütlich; *Kleidung* gut sitzend *attr*

snuggle ['snʌgl] VI sich schmiegen; **to ~ up (to sb)** sich (an jdn) anschmiegen; **I like to ~ up with a book** ich mache es mir gern mit einem Buch gemütlich

snugly ['snʌglɪ] ADV 1 gemütlich, behaglich 2 *schließen* fest; *passen* gut

so [səʊ] A ADV 1 so; *erfreut* sehr; *lieben, hassen* so sehr; **so much tea** so viel Tee; **so many flies** so viele Fliegen; **not so ... as** nicht so ... wie; **I am not so stupid as to believe that** *od* **that I believe that** so dumm bin ich nicht, dass ich das glaube(n würde); **would you be so kind as to open the door?** wären Sie bitte so freundlich und würden die Tür öffnen?; **how are things? — not so bad!** wie gehts? — nicht schlecht!; **that's so kind of you** das ist wirklich sehr nett von Ihnen; **so it was that ...** so kam es, dass ...; **and so it was** und so war es auch; **by so doing he has ...** indem er das tat, hat er ...; **and so on** *od* **forth** und so weiter 2 **I hope so** hoffentlich; *(nachdrücklich)* das hoffe ich doch sehr; **I think so** ich glaube schon; **I never said so** das habe ich nie gesagt; **I told you so** ich habe es dir ja gesagt; **why? — because I say so** warum? — weil ich es sage; **I suppose so** (≈ okay) meinetwegen; (≈ meiner Meinung nach) ich glaube schon; **so I believe** ja, ich glaube schon; **so I see** ja, das sehe ich; **so be it** nun gut; **if so** wenn ja; **he said he would finish it this week, and so he did** er hat gesagt, er würde es diese Woche fertig machen und das hat er auch (gemacht); **how so?** wieso das?; **or so they say** oder so heißt es jedenfalls; **it is so!** doch!; **that is so** das stimmt; **is that so?** ja? 3 *(unbestimmte Menge etc)* **how high is it? — oh, about so high** wie hoch ist das? — oh, ungefähr so; **a week or so** ungefähr eine Woche; **50 or so** etwa 50 4 auch; **so am/would I** ich auch 5 **he walked past and didn't so much as look at me** er ging vorbei, ohne mich auch nur anzusehen; **he didn't say so much as thank you** er hat nicht einmal Danke gesagt; **so much for that!** *(umg)* das wärs ja wohl gewesen! *(umg)*; **so much for his promises** und er hat solche Versprechungen gemacht B KONJ 1 damit; **we hurried so as not to be late** wir haben uns beeilt, um nicht zu spät zu kommen 2 also; **so you see ...** wie du siehst ...; **so you're Spanish?** Sie sind also Spanier(in)?; **so there you are!** hier steckst du also!; **so what did you do?** und was haben Sie (da) gemacht?; **so (what)?** *(umg)* (na) und?; **I'm not going, so there!** *(umg)* ich geh nicht, fertig, aus!

soak [səʊk] A VT 1 durchnässen 2 einweichen *(in in +dat)* B VI **leave it to ~** weichen Sie es ein; **rain has ~ed through the ceiling** der Regen ist durch die Decke gesickert C 3 **I had a long ~ in the bath** ich habe lange in der Wanne gelegen ♦**soak up** VT trennb *Flüssigkeit* aufsaugen; *Sonne* genießen; *Atmosphäre* in sich *(akk)* hineinsaugen

soaked [səʊkt] ADJ durchnässt; **his T-shirt was ~ in sweat** sein T-Shirt war schweißgetränkt; **to be ~ to the skin** bis auf die Haut nass sein

soaking ['səʊkɪŋ] A ADJ klitschnass B ADV **~ wet** triefend nass

so-and-so ['səʊənsəʊ] 3, *pl* -'s *(umg)* 1 **~ up at the shop** Herr/Frau Soundso im Laden 2 *(pej)* **you old ~** du bist vielleicht einer/eine

soap [səʊp] A 3 1 Seife *f* (❶ Als Bezeichnung der Substanz hat **soap** keinen Plural. **Soaps** sagt man zu verschiedenen Sorten oder einzelnen Seifenstücken.) 2 *(umg)* → soap opera B VT einseifen **soapbox** 3 **to get up on one's ~** *(fig)* Volksreden *pl* halten **soap opera** 3 *(umg)* Seifenoper *f (umg)* **soap powder** 3 Seifenpulver *n* **soapsuds** PL Seifenschaum *m* **soapy** ['səʊpɪ] ADJ (+er) seifig; **~ water** Seifenwasser *n*

▶ soap opera

Der Name **soap opera** — Seifenoper — rührt daher, dass die so bezeichneten Fernsehserien (**soap operas**) ursprünglich von großen Waschmittelkonzernen gesponsert wurden.

                          LANDESKUNDE ◀

soar [sɔː] A VI 1 *(a.* **soar up**) aufsteigen 2 *(fig: Gebäude)* hochragen; *(Kosten)* hochschnellen; *(Beliebtheit, Hoffnung)* einen Aufschwung nehmen; *(Zuversicht)* einen Aufschwung bekommen **soaring** ['sɔːrɪŋ] ADJ *Vogel* aufsteigend; *Preise* in die Höhe schnellend

sob [sɒb] A 3 Schluchzen *n kein pl*; **..., he said with a ~** ..., sagte er schluchzend B VT & VI schluchzen *(with vor +dat)* ♦**sob out** VT trennb **to sob one's heart out** sich *(dat)* die Seele aus dem Leib weinen

sobbing ['sɒbɪŋ] A 3 Schluchzen *n* B ADJ schluchzend

sober ['səʊbə'] ADJ nüchtern; *Anlass, Miene* ernst; *Farbe etc* dezent ♦**sober up** A VT trennb *(wörtl)* nüchtern machen B VI *(wörtl)* nüchtern werden

sobering ['səʊbərɪŋ] ADJ ernüchternd

sob story 3 *(umg)* rührselige Geschichte

Soc. *abk* von society Ges.

so-called [,səʊ'kɔːld] ADJ sogenannt, angeblich

soccer ['sɒkə'] 3 *(bes US)* Fußball *m* (❶ In GB

SOCI | 614

sagt man sowohl **soccer** als auch **football**.); ~ **player** Fußballer(in) *m(f)*, Fußballspieler(in) *m(f)*

sociable ['səʊʃəbl] ADJ gesellig, freundlich

social ['səʊʃəl] ADJ **1** sozial; *Leben, Ereignis* gesellschaftlich; *Besuch* privat; ~ **reform** Sozialreform *f*; ~ **justice** soziale Gerechtigkeit; **to be a ~ outcast/misfit** ein sozialer Außenseiter/eine soziale Außenseiterin sein; **a room for ~ functions** ein Gesellschaftsraum *m*; **there isn't much ~ life around here** hier in der Gegend wird gesellschaftlich nicht viel geboten; **how's your ~ life these days?** *(umg)* und was treibst du so privat? *(umg)*; **to have an active ~ life** ein ausgefülltes Privatleben haben; **to be a ~ smoker** nur in Gesellschaft rauchen; **a ~ acquaintance** ein Bekannter, eine Bekannte **2** *Abend, Mensch* gesellig **social climber** s̄ Emporkömmling *m (pej)*, sozialer Aufsteiger, soziale Aufsteigerin **social club** s̄ Verein *m* **social democracy** s̄ Sozialdemokratie *f* **social democrat** s̄ Sozialdemokrat(in) *m(f)* **socialism** ['səʊʃəlɪzəm] s̄ Sozialismus *m* **socialist** ['səʊʃəlɪst] A ADJ sozialistisch B s̄ Sozialist(in) *m(f)* **socialite** ['səʊʃəlaɪt] s̄ *(umg)* Angehörige(r) *m/f(m)* der feinen Gesellschaft **socialize** ['səʊʃəlaɪz] VII **to ~ with sb** mit jdm gesellschaftlich verkehren **socially** ['səʊʃəlɪ] ADV gesellschaftlich, sozial; **to know sb ~** jdn privat kennen **social networking site** s̄ IT soziale Networking-Website *f* **social science** s̄ Sozialwissenschaft *f* **social security** s̄ *(Br)* Sozialhilfe *f*; *(US)* Sozialversicherungsleistungen *pl*; *(≈ System)* Sozialversicherung *f*; **to be on ~** *(Br)* Sozialhilfeempfänger(in) sein; *(US)* Sozialversicherungsleistungen erhalten **social services** PL Sozialdienste *pl* **social studies** s̄ (ℹ️ mit Verb im Singular) ≈ Gemeinschaftskunde *f* **social work** s̄ Sozialarbeit *f* **social worker** s̄ Sozialarbeiter(in) *m(f)*

society [sə'saɪətɪ] s̄ **1** die Gesellschaft **2** Verein *m*; UNIV Klub *m*

sociologist [ˌsəʊsɪ'ɒlədʒɪst] s̄ Soziologe *m*, Soziologin *f* **sociology** [ˌsəʊsɪ'ɒlədʒɪ] s̄ Soziologie *f*

sock[1] [sɒk] s̄ Socke *f*; *(länger)* Kniestrumpf *m*; **to pull one's ~s up** *(Br umg)* sich am Riemen reißen *(umg)*; **put a ~ in it!** *(Br umg)* hör auf damit!; **to work one's ~s off** *(umg)* bis zum Umkippen arbeiten *(umg)*

sock[2] VII hauen *(umg)*; **he ~ed her right in the eye** er verpasste ihr eine aufs Auge *(umg)*

socket ['sɒkɪt] s̄ **1** Augenhöhle *f* **2** Gelenkpfanne *f*; **to pull sb's arm out of its ~** jdm den Arm auskugeln **3** ELEK Steckdose *f*; MECH Fassung *f*

sod[1] [sɒd] s̄ Grassode *f*

sod[2] *(Br umg)* A s̄ Sau *f (umg)*; **the poor ~s** die armen Schweine *(umg)* B VII ~ **it!** verdammte Scheiße! *(umg)*; ~ **him** der kann mich mal *(umg)* od mal am Arsch lecken! *(vulg)* ◆**sod off** VII *(Br umg)* ~! zieh Leine, du Arsch! *(vulg)*

soda ['səʊdə] s̄ **1** CHEM Soda *n*, Ätznatron *n* **2** *(≈ Getränk)* Soda(wasser) *n*

sod all s̄ *(Br umg)* rein gar nichts

soda siphon s̄ Siphon *m* **soda water** s̄ Sodawasser *n*

sodden ['sɒdn] ADJ durchnässt

sodding ['sɒdɪŋ] *(Br umg)* A ADJ verflucht *(umg)*, Scheiß- *(umg)* B ADV verdammt *(umg)*, verflucht *(umg)*

sodium ['səʊdɪəm] s̄ Natrium *n* **sodium bicarbonate** s̄ Natron *n* **sodium chloride** s̄ Natriumchlorid *n*, Kochsalz *n*

sodomy ['sɒdəmɪ] s̄ Analverkehr *m*

sofa ['səʊfə] s̄ Sofa *n*; ~ **bed** Sofabett *n*

soft [sɒft] ADJ (+er) **1** weich; *Haut* zart; *Haar* seidig; *Getränk* alkoholfrei; ~ **cheese** Weichkäse *m*; ~ **porn film** weicher Porno **2** sanft; *Licht, Musik* gedämpft **3** schwach; **to be ~ on sb** jdm gegenüber nachgiebig sein **4** *Job, Leben* bequem **5** *(≈ Freundlich)* Lächeln warm; **to have a ~ spot for sb** *(umg)* eine Schwäche für jdn haben **softball** s̄ Softball *m* **soft-boiled** ADJ weich (gekocht) **soft-centred** ADJ mit Cremefüllung

soften ['sɒfn] A VII weich machen; *Wirkung* mildern B VII weich werden; *(Stimme)* sanft werden ◆**soften up** A VII trennb **1** *(wörtl)* weich machen **2** *(fig)* jdn milde stimmen; *(durch Drohungen)* einschüchtern B VII *(Stoff)* weich werden

softener ['sɒfnəʳ] s̄ *(für Wäsche)* Weichspüler *m*

soft focus s̄ FILM, FOTO Weichzeichnung *f* **soft fruit** s̄ *(Br)* Beerenobst *n* **soft furnishings** PL *(Br)* Vorhänge, Teppiche etc **soft-hearted** ADJ weichherzig **softie** ['sɒftɪ] s̄ *(umg: naiv)* gutmütiger Trottel *(umg)*; *(rührselig)* sentimentaler Typ *(umg)*; *(feige)* Weichling *m (umg)* **softly** ['sɒftlɪ] ADV sanft, leise; **to be ~ spoken** eine angenehme Stimme haben **softness** s̄ Weichheit *f*; *(von Haut)* Zartheit *f* **soft skills** PL Soft Skills *pl*, Schlüsselqualifikationen *pl* **soft-spoken** ADJ leise sprechend *attr*; **to be ~** eine angenehme Stimme haben **soft target** s̄ leichte Beute **soft top** s̄ *(bes US* AUTO*)* Kabriolett *n* **soft toy** s̄ Stofftier *n*

software s̄ Software *f* **software company** s̄ Softwarehaus *n* **software package** s̄ Softwarepaket *n* **softy** s̄ *(umg)* = softie

sogginess ['sɒgɪnɪs] s̄ triefende Nässe; *(von Lebensmitteln)* Matschigkeit *f (umg)*; *(von Brot)* Klitschigkeit *f* **soggy** ['sɒgɪ] ADJ (+er) durchnässt;

615 | SOME

Lebensmittel matschig *(umg)*; *Brot* klitschig; **a ~ mess** eine Matsche

soil[1] [sɔɪl] s̅ Erde *f*, Boden *m*; **native/British ~** heimatlicher/britischer Boden, heimatliche/britische Erde

soil[2] V̅T̅ *(wörtl)* schmutzig machen; *(fig)* beschmutzen **soiled** [sɔɪld] A̅D̅J̅ schmutzig, verschmutzt

solar ['səʊlə'] A̅D̅J̅ Sonnen-, Solar-; **~ power** Sonnenkraft *f* **solar eclipse** s̅ Sonnenfinsternis *f* **solar energy** s̅ Sonnenenergie *f* **solarium** [səʊ'lɛərıəm] s̅, *pl* **solaria** [səʊ'lɛərıə] Solarium *n* **solar-powered** A̅D̅J̅ mit Sonnenenergie betrieben **solar power plant** s̅ Solarkraftwerk *n* **solar system** s̅ Sonnensystem *n*

sold [səʊld] *prät, pperf von* **sell**

soldier ['səʊldʒə'] s̅ Soldat(in) *m(f)*

sole[1] [səʊl] s̅ Sohle *f*

sole[2] s̅ Seezunge *f*

sole[3] A̅D̅J̅ *Grund* einzig; *Verantwortung* alleinig; *Gebrauch* ausschließlich; **with the ~ exception of ...** mit alleiniger Ausnahme +*gen* ...; **for the ~ purpose of ...** einzig und allein zu dem Zweck +*gen* ... **solely** ['səʊlı] A̅D̅V̅ nur

solemn ['sɒləm] A̅D̅J̅ feierlich; *Mensch, Warnung* ernst; *Versprechen, Pflicht* heilig **solemnity** [sə'lemnıtı] s̅ Feierlichkeit *f* **solemnly** ['sɒləmlı] A̅D̅V̅ feierlich; *etw sagen* ernsthaft; *schwören* bei allem, was einem heilig ist

soliciting [sə'lısıtıŋ] s̅ Aufforderung *f* zur Unzucht **solicitor** [sə'lısıtə'] s̅ *(Br* J̅U̅R̅) Rechtsanwalt *m*/-anwältin *f*; *(US)* Justizbeamte(r) *m*/-beamtin *f*

solid ['sɒlıd] A̅ A̅D̅J̅ 🔟 fest; *Gold, Fels* massiv; *Verkehr* dicht; *Linie* ununterbrochen; *Mensch* stämmig; *Haus, Beziehung* stabil; *Arbeit, Charakter, Wissen* solide; **to be frozen ~** hart gefroren sein; **the square was packed ~ with cars** die Autos standen dicht an dicht auf dem Platz; **they worked for two ~ days** sie haben zwei Tage ununterbrochen gearbeitet 2️⃣ *Grund* handfest 3️⃣ *Unterstützung* voll B̅ A̅D̅V̅ 🔟 völlig 2️⃣ **for eight hours ~** acht Stunden lang ununterbrochen C̅ s̅ 🔟 fester Stoff 2️⃣ **solids** P̅L̅ feste Nahrung *kein pl*

solidarity [ˌsɒlı'dærıtı] s̅ Solidarität *f*

solidify [sə'lıdıfaı] V̅I̅ fest werden **solidity** [sə'lıdıtı] s̅ 🔟 Festigkeit *f* 2️⃣ *(von Unterstützung)* Geschlossenheit *f* **solidly** ['sɒlıdlı] A̅D̅V̅ 🔟 fest; **~ built** *Haus* solide gebaut, *(schweiz:)* *Mensch* kräftig gebaut 2️⃣ *begründen* stichhaltig 3️⃣ *(≈ ohne Pause)* ununterbrochen 4️⃣ **to be ~ behind sb/sth** geschlossen hinter jdm/etw stehen

soliloquy [sə'lıləkwı] s̅ T̅H̅E̅A̅T̅ Monolog *m*

solitary ['sɒlıtərı] A̅D̅J̅ 🔟 einsam; *Ort* abgelegen; **a few ~ houses** ein paar vereinzelte Häuser; **a ~ person** ein Einzelgänger *m*, eine Einzelgängerin 2️⃣ *Beispiel, Treffer* einzig **solitary confinement** s̅ Einzelhaft *f* **solitude** ['sɒlıtju:d] s̅ Einsamkeit *f*

solo ['səʊləʊ] A̅ s̅, *pl* -s Solo *n*; **piano ~** Klaviersolo *n* B̅ A̅D̅J̅ Solo- C̅ A̅D̅V̅ allein; M̅U̅S̅ solo; **to go ~** eine Solokarriere einschlagen **soloist** ['səʊləʊıst] s̅ Solist(in) *m(f)*

solstice ['sɒlstıs] s̅ Sonnenwende *f*

soluble ['sɒljʊbl] A̅D̅J̅ 🔟 löslich; **~ in water** wasserlöslich 2️⃣ *Problem* lösbar **solution** [sə'lu:ʃən] s̅ Lösung *f* (*to* +*gen*)

solvable ['sɒlvəbl] A̅D̅J̅ *Problem* lösbar **solve** [sɒlv] V̅T̅ *Problem* lösen; *Geheimnis* enträtseln; *Verbrechen* aufklären **solvent** ['sɒlvənt] A̅ A̅D̅J̅ F̅I̅N̅ zahlungsfähig, solvent B̅ s̅ C̅H̅E̅M̅ Lösungsmittel *n*

sombre, *(US)* **somber** ['sɒmbə'] A̅D̅J̅ düster; *Nachricht* traurig; *Musik* trist **sombrely**, *(US)* **somberly** ['sɒmbəlı] A̅D̅V̅ düster; *blicken* finster

some [sʌm] A̅ A̅D̅J̅ 🔟 *(mit pl)* einige, ein paar; **did you bring ~ CDs?** hast du CDs mitgebracht?; **~ records of mine** einige meiner Platten; **would you like ~ more biscuits?** möchten Sie noch (ein paar) Kekse? 2️⃣ *(mit sg)* etwas, ein bisschen; **there's ~ ink on your shirt** Sie haben Tinte auf dem Hemd; **~ more tea?** noch etwas Tee? 3️⃣ manche(r, s); **~ people say ...** manche Leute sagen ...; **~ people just don't care** es gibt Leute, denen ist das einfach egal; **in ~ ways** in gewisser Weise 4️⃣ irgendein; **~ book or other** irgendein Buch; **~ woman, whose name I forget ...** eine Frau, ich habe ihren Namen vergessen, ...; **in ~ way or another** irgendwie; **or ~ such** oder so etwas Ähnliches; **or ~ such name** oder so ein ähnlicher Name; **~ time or other** irgendwann einmal; **~ other time** ein andermal; **~ day** eines Tages; **~ day next week** irgendwann nächste Woche 5️⃣ *(zur Verstärkung)* ziemlich; *(iron)* vielleicht ein *(umg)*; **it took ~ courage** dazu brauchte man schon

▶ **some**

Some steht in nicht verneinten Aussagesätzen:

I bought some flowers.	Ich habe ein paar Blumen gekauft.

Some wird auch bei Fragen verwendet, auf die eine positive Antwort erwartet wird:

Can you give me some tips?	Kannst du mir ein paar Tipps geben?

GRAMMATIK ◀

SOME | 616

ziemlichen Mut; **(that was) ~ party!** das war vielleicht eine Party! *(umg)*; **this might take ~ time** das könnte einige Zeit dauern; **quite ~ time** ziemlich lange; **to speak at ~ length** ziemlich lange sprechen; **~ help you are** du bist mir vielleicht eine Hilfe *(umg)*; **~ people!** Leute gibts! **B** <u>PRON</u> **1** *(auf pl bezogen)* einige, manche; *(in Fragen)* welche; **~ of these books** einige dieser Bücher; **~ of them are here** einige sind hier; **~ ..., others ...** manche ..., andere ...; **they're lovely, try ~** die schmecken gut, probieren Sie mal; **I've still got ~** ich habe noch welche **2** *(auf sg bezogen)* etwas, manches; *(in Fragen)* welche(r, s); **I drank ~ of the milk** ich habe (etwas) von der Milch getrunken; **have ~!** bedienen Sie sich; **it's lovely cake, would you like ~?** das ist ein sehr guter Kuchen, möchten Sie welchen?; **try ~ of this cake** probieren Sie doch mal diesen Kuchen; **would you like ~ money/tea? — no, I've got ~** möchten Sie Geld/Tee? — nein, ich habe Geld/ich habe noch; **have you got money? — no, but he has ~** haben Sie Geld? — nein, aber er hat welches; **~ of it had been eaten** einiges (davon) war gegessen worden; **he only believed ~ of it** er hat es nur teilweise geglaubt; **~ of the finest poetry in the English language** einige der schönsten Gedichte in der englischen Sprache **C** <u>ADV</u> ungefähr

somebody ['sʌmbədɪ] **A** <u>PRON</u> jemand; **~ else** jemand anders; **~ or other** irgendjemand; **~ knocked at the door** es klopfte jemand an die Tür; **we need ~ German** wir brauchen einen Deutschen; **you must have seen ~** Sie müssen doch irgendjemand(en) gesehen haben **B** <u>S</u> **to be (a) ~** wer *(umg)* od jemand sein
someday ['sʌmdeɪ] <u>ADV</u> eines Tages
somehow ['sʌmhaʊ] <u>ADV</u> irgendwie
someone ['sʌmwʌn] <u>PRON</u> = **somebody** I
someplace ['sʌmpleɪs] <u>ADV</u> *(US umg)* irgendwo; *gehen* irgendwohin (**!** = (Br) **somewhere**); **~ else** woanders; *gehen* woandershin
somersault ['sʌməsɔːlt] **A** <u>S</u> Purzelbaum *m*; (SPORT, *fig*) Salto *m*; **to do a ~** einen Purzelbaum schlagen; SPORT einen Salto machen **B** <u>VI</u> einen Purzelbaum schlagen; SPORT einen Salto machen
something ['sʌmθɪŋ] **A** <u>PRON</u> **1** etwas; **~ nice** *etc* etwas Nettes *etc*; **~ or other** irgendetwas; **there's ~ I don't like about him** irgendetwas gefällt mir an ihm nicht; **well, that's ~** (das ist) immerhin etwas; **he's ~ to do with the Foreign Office** er ist irgendwie beim Außenministerium; **she's called Rachel ~** sie heißt Rachel Soundso; **three hundred and ~** dreihundert und ein paar (Zerquetschte *(umg)*); **or ~**

(umg) oder so (was); **are you drunk or ~?** *(umg)* bist du betrunken oder was? *(umg)*; **she's called Maria or ~ like that** sie heißt Maria oder so ähnlich **2** *(umg)* **it was ~ else** *od* **quite ~** das war schon toll *(umg)* **B** <u>S</u> **a little ~** eine Kleinigkeit; **a certain ~** ein gewisses Etwas **C** <u>ADV</u> **~ over 200** etwas über 200; **~ like 200** ungefähr 200; **you look ~ like him** du siehst ihm irgendwie ähnlich; **it's ~ of a problem** das ist schon ein Problem; **~ of a surprise** eine ziemliche Überraschung
-something [-sʌmθɪŋ] *suf* **he's twenty-something** er ist in den Zwanzigern
sometime ['sʌmtaɪm] <u>ADV</u> irgendwann; **~ or other it will have to be done** irgendwann muss es gemacht werden; **write to me ~ soon** schreib mir (doch) bald (ein)mal; **~ before tomorrow** heute noch
sometimes ['sʌmtaɪmz] <u>ADV</u> manchmal
someway <u>ADV</u> *(US)* irgendwie **somewhat** ['sʌmwɒt] <u>ADV</u> ein wenig; **the system is ~ less than perfect** das System funktioniert irgendwie nicht ganz
somewhere ['sʌmwɛəʳ] <u>ADV</u> **1** irgendwo; *gehen* irgendwohin; **~ else** irgendwo anders, irgendwo anders hin; **to take one's business ~ else** seine Geschäfte woanders machen; **from ~** irgendwoher; **I know ~ where ...** ich weiß, wo ...; **I needed ~ to live in London** ich brauchte irgendwo in London eine Unterkunft; **we just wanted ~ to go after school** wir wollten bloß einen Ort, wo wir nach der Schule eingehen können; **~ around here** irgendwo hier in der Nähe; **~ nice** irgendwo, wo es nett ist; **the ideal place to go is ~ like New York** am besten fährt man in eine Stadt wie New York; **don't I know you from ~?** kenne ich Sie nicht von irgendwoher? **2** *(fig)* **~ about 40° C** ungefähr 40° C; **~ about £50** um (die) £ 50 herum; **now we're getting ~** jetzt kommen wir voran
son [sʌn] <u>S</u> Sohn *m*; *(als Anrede)* mein Junge; **Son of God** Gottessohn *m*; **he's his father's ~** er ist ganz der Vater; **~ of a bitch** *(bes US sl)* Scheißkerl *m* *(umg)*
sonar ['səʊnɑːʳ] <u>S</u> Echolot *n*
sonata [sə'nɑːtə] <u>S</u> Sonate *f*
song [sɒŋ] <u>S</u> **1** Lied *n*, Gesang *m*; **to burst into ~** ein Lied anstimmen **2** *(Br fig umg)* **to make a ~ and dance about sth** eine Haupt- und Staatsaktion aus etw machen *(umg)*; **to be on ~** *(Br)* in Hochform sein; **it was going for a ~** das gab es für einen Apfel und ein Ei **songbird** <u>S</u> Singvogel *m* **songbook** <u>S</u> Liederbuch *n* **songwriter** <u>S</u> Texter(in) *m(f)* und Komponist(in) *m(f)*

sonic ['sɒnɪk] ADJ Schall-

son-in-law ['sʌnɪnlɔ:] S, pl **sons-in-law** Schwiegersohn m

sonnet ['sɒnɪt] S Sonett n

soon [su:n] ADV bald, früh, schnell; **it will ~ be Christmas** bald ist Weihnachten; **~ after his death** kurz nach seinem Tode; **how ~ can you be ready?** wann kannst du fertig sein?; **we got there too ~** wir kamen zu früh an; **as ~ as** sobald; **as ~ as possible** so schnell wie möglich; **when can I have it? — as ~ as you like** wann kann ichs kriegen? — wann du willst!; **I would (just) as ~ you didn't tell him** es wäre mir lieber, wenn du es ihm nicht erzählen würdest **sooner** ['su:nə'] ADV ① früher; **no ~ had we arrived than ...** wir waren gerade angekommen, da ...; **no ~ said than done** gesagt, getan ② lieber; **I would ~ not do it** ich würde es lieber nicht tun

soot [sʊt] S Ruß m

soothe [su:ð] VT beruhigen; Schmerz lindern

soothing ['su:ðɪŋ] ADJ beruhigend, schmerzlindernd

sophisticated [sə'fɪstɪkeɪtɪd] ADJ ① kultiviert; Publikum anspruchsvoll; Kleid raffiniert; **she thinks she looks more ~ with a cigarette** sie glaubt, mit einer Zigarette mehr darzustellen ② elegant entwickelt; Verfahren durchdacht; Gerät ausgeklügelt ③ subtil; System komplex **sophistication** [sə,fɪstɪ'keɪʃən] S ① Kultiviertheit f; (von Publikum) hohes Niveau ② hoher Entwicklungsgrad; (von Verfahren) Durchdachtheit f; (von Gerät) Ausgeklügeltheit f ③ Subtilität f; (von System) Komplexheit f

sophomore ['sɒfəmɔ:'] S (US) Student(in) im zweiten Jahr

sopping ['sɒpɪŋ] ADJ (a. **sopping wet**) durchnässt, klitschnass

soppy ['sɒpɪ] ADJ (Br umg) Buch, Lied schmalzig (umg); Mensch sentimental

soprano [sə'prɑ:nəʊ] A S, pl -s Sopran m B ADJ Sopran-

sorbet ['sɔ:beɪ] S (bes Br) Sorbet n od m (⚠ = (US) **sherbet**)

sorcerer ['sɔ:sərə'] S Hexenmeister m **sorceress** ['sɔ:sərəs] S Hexe f **sorcery** ['sɔ:sərɪ] S Hexerei f

sordid ['sɔ:dɪd] ADJ eklig; Bedingungen erbärmlich; Affäre schmutzig; **spare me the ~ details** erspar mir die schmutzigen Einzelheiten

sore [sɔ:'] A ADJ (+er) ① weh; (≈ geschwollen etc) entzündet; **to have a ~ throat** Halsschmerzen haben; **my eyes are ~** mir tun die Augen weh; **my wrist feels ~** mein Handgelenk tut weh; **to have ~ muscles** Muskelkater haben; **a ~ point** (fig) ein wunder Punkt; **to be in ~ need of sth** etw unbedingt od dringend brauchen ② (bes US umg) verärgert (about sth über etw akk, at sb über jdn) ③ S MED wunde Stelle **sorely** ['sɔ:lɪ] ADV versucht sehr; benötigt dringend; vermisst schmerzlich; **he has been ~ tested** od **tried** seine Geduld wurde auf eine sehr harte Probe gestellt; **to be ~ lacking** bedauerlicherweise fehlen **soreness** ['sɔ:nɪs] S Schmerz m

sorority [sə'rɒrɪtɪ] S (US UNIV) Studentinnenvereinigung f

sorrow ['sɒrəʊ] S ① (⚠ kein pl) Traurigkeit f; Trauer f ② (≈ Kummer) Sorge f **sorrowful** ADJ, **sorrowfully** ADV traurig

sorry ['sɒrɪ] ADJ (+er) traurig; Ausrede faul; **I was ~ to hear that** es tat mir leid, das zu hören; **we were ~ to hear about your mother's death** es tat uns leid, dass deine Mutter gestorben ist; **I can't say I'm ~ he lost** es tut mir wirklich nicht leid, dass er verloren hat; **this work is no good, I'm ~ to say** diese Arbeit taugt nichts, das muss ich leider sagen; **to be** od **feel ~ for sb/oneself** jdn/sich selbst bemitleiden; **I feel ~ for the child** das Kind tut mir leid; **you'll be ~ (for this)!** das wird dir noch leidtun!; **~!** Entschuldigung!; **I'm/he's ~** es tut mir/ihm leid; **can you lend me £5? — ~** kannst du mir £ 5 leihen? — bedaure, leider nicht; **~?** wie bitte?; **he's from England, ~ Scotland** er ist aus England, nein, Entschuldigung, aus Schottland; **to say ~ (to sb for sth)** sich (bei jdm für etw) entschuldigen; **I'm ~ about that vase** es tut mir leid um die Vase; **I'm ~ about (what happened on) Thursday** es tut mir leid wegen Donnerstag; **to be in a ~ state** (Mensch) in einer jämmerlichen Verfassung sein; (Sache) in einem jämmerlichen Zustand sein

sort [sɔ:t] A S ① Art f, Sorte f; **a ~ of** eine Art (+nom); **an odd ~ of novel** ein komischer Roman; **what ~ of (a) man is he?** was für ein Mensch ist er?; **he's not the ~ of man to do that** er ist nicht der Mensch, der das täte; **this ~ of thing** so etwas; **all ~s of things** alles Mögliche; **something of the ~** (irgend) so (et)was; **he's some ~ of administrator** er hat irgendwie in der Verwaltung zu tun; **he's got some ~ of job with ...** er hat irgendeinen Job bei ...; **you'll do nothing of the ~!** von wegen!, das wirst du schön bleiben lassen!; **that's the ~ of person I am** ich bin nun mal so!; **I'm not that ~ of girl** ich bin nicht so eine; **he's a good ~** er ist ein prima Kerl; **he's not my ~** er ist nicht mein Typ; **I don't trust his ~** solchen Leuten traue ich nicht; **to be out of ~s** (Br) nicht ganz auf der Höhe od auf dem Damm (umg) sein ② IT Sortiervorgang m B

SORT | 618

ADV **~ of** (umg) irgendwie; **is it tiring?** — **~ of** ist das anstrengend? — irgendwie schon; **it's ~ of finished** es ist eigentlich schon fertig; **aren't you pleased?** — **~ of** freust du dich nicht? — doch, eigentlich schon; **is this how he did it?** — **well, ~ of** hat er das so gemacht? — ja, so ungefähr **C** VT 1 sortieren 2 **to get sth ~ed** etw auf die Reihe bekommen; **everything is ~ed** es ist alles (wieder) in Ordnung **D** VI 1 **to ~ through sth** etw durchsehen 2 IT sortieren ◆**sort out** VT trennb 1 sortieren, aussortieren 2 Problem lösen; Situation klären; **the problem will sort itself out** das Problem wird sich von selbst lösen od erledigen; **to sort oneself out** sich (dat) über sich (akk) selbst klar werden 3 (bes Br umg) **to sort sb out** sich (dat) jdn vorknöpfen

sort code S̲ FIN Bankleitzahl f **sorting office** ['sɔːtɪŋˌɒfɪs] S̲ (Br) Sortierstelle f
SOS S̲ SOS n
so-so ['səʊ'səʊ] ADV, ADJ präd (umg) soso, so la la
soufflé ['suːfleɪ] S̲ Soufflé n
sought [sɔːt] prät, pperf von **seek** **sought-after** ['sɔːtɑːftə‿] ADJ begehrt
soul [səʊl] S̲ 1 Seele f; **All Souls' Day** Allerheiligen n; **God rest his ~!** Gott hab ihn selig!; **poor ~!** (umg) Ärmste(r)!; **he's a good ~** er ist ein guter Mensch; **not a ~** keine Menschenseele 2 Wesen n; **he loved her with all his ~** er liebte sie von ganzem Herzen 3 Herz n, Gefühl n 4 MUS Soul m **soul-destroying** ['səʊldɪˌstrɔɪɪŋ] ADJ geisttötend **soulful** ADJ seelenvoll **soulless** ADJ Mensch seelenlos; Ort gottverlassen **soul mate** S̲ Seelenfreund(in) m(f)
soul-searching S̲ Gewissensprüfung f
sound¹ [saʊnd] **A** ADJ (+er) 1 Verfassung gesund; Zustand einwandfrei; **to be of ~ mind** bes JUR im Vollbesitz seiner geistigen Kräfte sein (JUR) 2 solide, fundiert; Mensch verlässlich; Rat vernünftig 3 gründlich 4 Schlaf tief, fest **B** ADV (+er) **to be ~ asleep** fest schlafen
sound² **A** S̲ Geräusch n; PHYS Schall m; MUS Klang m; FILM etc Ton m; **don't make a ~** still!; **not a ~ was to be heard** man hörte keinen Ton; **I don't like the ~ of it** das klingt gar nicht gut; **from the ~ of it he had a hard time** es hört sich so an od es klingt, als sei es ihm schlecht gegangen **B** VT **~ your horn** hupen!; **to ~ the alarm** Alarm schlagen; **to ~ the retreat** zum Rückzug blasen **C** VI 1 erklingen 2 klingen; **he ~s angry** es hört sich so an, als wäre er wütend; **he ~s French (to me)** er hört sich (für mich) wie ein Franzose an; **he ~s like a nice man** er scheint ein netter Mensch zu sein; **it ~s like a sensible idea** das klingt ganz vernünftig; **how does it ~ to you?** wie findest

du das? ◆**sound off** VI (umg) sich auslassen (about über +akk) ◆**sound out** VT trennb **to sound sb out about sth** bei jdm in Bezug auf etw (akk) vorfühlen

▶ **to sound**

Wie bei anderen Verben der Sinneswahrnehmung auch folgt auf **sound** ein Adjektiv und kein Adverb!

That sounds interesting.	Das klingt interessant.
Diane sounds sad.	Diane hört sich traurig an.

GRAMMATIK ◀

sound barrier S̲ Schallmauer f **sound bite** S̲ Soundclip m **sound card** S̲ IT Soundkarte f
sound effects PL Toneffekte pl **sound engineer** S̲ Toningenieur(in) m(f) **sounding board** ['saʊndɪŋˌbɔːd] S̲ (fig) Resonanzboden m; **he used the committee as a ~ for his ideas** er benutzte den Ausschuss, um die Wirkung seiner Vorschläge zu sondieren **soundlessly** ['saʊndlɪslɪ] ADV geräuschlos
soundly ['saʊndlɪ] ADV gebaut solide, währschaft (schweiz); schlagen vernichtend; verankert fest; **our team was ~ beaten** unsere Mannschaft wurde klar geschlagen; **to sleep ~** (tief und) fest schlafen **soundness** ['saʊndnɪs] S̲ 1 (von Mensch) gesunder Zustand; (von Haus) guter Zustand 2 Solidität f; (von Argument, Analyse) Fundiertheit f; (von Wirtschaft, Währung) Stabilität f; (von Idee, Rat, Politik) Vernünftigkeit f
soundproof ADJ schalldicht **soundtrack** S̲ Filmmusik f

soup [suːp] S̲ Suppe f ◆**soup up** VT (umg) Motor aufmotzen (umg), frisieren (umg) **soup kitchen** S̲ Volksküche f **soup plate** S̲ Suppenteller m **soup spoon** S̲ Suppenlöffel m
sour ['saʊə‿] **A** ADJ (+er) 1 sauer; Wein, Geruch säuerlich; **to go** od **turn ~** (wörtl) sauer werden 2 (fig) Miene griesgrämig; **it's just ~ grapes** die Trauben hängen zu hoch **B** VI (fig: Beziehungen) sich verschlechtern
source [sɔːs] **A** S̲ Quelle f; (von Problem etc) Ursache f; **he is a ~ of embarrassment to us** er bringt uns ständig in Verlegenheit; **I have it from a good ~ that ...** ich habe es aus sicherer Quelle, dass ... **B** VT HANDEL beschaffen
source code S̲ IT Quellcode m **source file** S̲ IT Quelldatei f **source language** S̲ 1 (bei Übersetzungen etc) Ausgangssprache f 2 IT Quellsprache f
sour(ed) cream [ˌsaʊə(d)'kriːm] S̲ saure Sah-

619 ‖ SPAM

ne **sourness** ['saʊənɪs] ⓢ (von Zitrone, Milch) saurer Geschmack; (von Geruch) Säuerlichkeit f; (fig: von Miene) Griesgrämigkeit f

south [saʊθ] Ⓐ ⓢ Süden m; **in the ~ of** im Süden +gen; **to the ~ of** südlich von; **from the ~** aus dem Süden; (Wind) aus Süden; **the wind is in the ~** es ist Südwind; **the South of France** Südfrankreich n; **which way is ~?** in welcher Richtung ist Süden?; **down ~** unten im Süden; reisen runter in den Süden Ⓑ ADJ südlich, Süd-; **South German** süddeutsch Ⓒ ADV im Süden; (≈ reisen) nach Süden; **to be further ~** weiter südlich sein; **~ of** südlich von **South Africa** ⓢ Südafrika n **South African** Ⓐ ADJ südafrikanisch; **he's ~** er ist Südafrikaner Ⓑ ⓢ Südafrikaner(in) m(f) **South America** ⓢ Südamerika n **South American** Ⓐ ADJ südamerikanisch; **he's ~** er ist Südamerikaner Ⓑ ⓢ Südamerikaner(in) m(f) **southbound** ADJ (in) Richtung Süden **southeast** Ⓐ ⓢ Südosten m; **from the ~** aus dem Südosten; (Wind) von Südosten Ⓑ ADJ südöstlich, Südost- Ⓒ ADV nach Südosten; **~ of** südöstlich von **Southeast Asia** ⓢ Südostasien n **southeasterly** ADJ südöstlich **southeastern** ADJ südöstlich; **~ England** Südostengland n **southerly** ['sʌðəlɪ] ADJ südlich; Wind aus Süden

southern ['sʌðən] ADJ südlich, Süd-, südländisch **southerner** ['sʌðənə'] ⓢ Bewohner(in) m(f) des Südens, Südengländer(in) m(f) etc; (US) Südstaatler(in) m(f) **southernmost** ['sʌðənməʊst] ADJ südlichste(r, s) **south-facing** ADJ Fassade nach Süden gerichtet; Garten nach Süden gelegen **South Korea** ⓢ Südkorea n **South Korean** Ⓐ ADJ südkoreanisch Ⓑ ⓢ Südkoreaner(in) m(f) **South Pacific** ⓢ Südpazifik m **South Pole** ⓢ Südpol m **South Seas** PL Südsee f **south-south-east** Ⓐ ADJ südsüdöstlich Ⓑ ADV nach Südsüdost(en) **south-south-west** Ⓐ ADJ südsüdwestlich Ⓑ ADV nach Südsüdwest(en); **~ of** südsüdwestlich von **southward(s)** Ⓐ ADJ südlich Ⓑ ADV nach Süden **southwest** Ⓐ ⓢ Südwesten m; **from the ~** aus dem Südwesten; (Wind) von Südwesten Ⓑ ADJ südwestlich Ⓒ ADV nach Südwest(en); **~ of** südwestlich von **southwesterly** ADJ südwestlich **southwestern** ADJ südwestlich

souvenir [ˌsuːvə'nɪə'] ⓢ Souvenir n (of an +akk) **sovereign** ['sɒvrɪn] Ⓐ ⓢ Herrscher(in) m(f) Ⓑ ADJ höchste(r, s); Staat souverän **sovereignty** ['sɒvrəntɪ] ⓢ 1 Oberhoheit f 2 Souveränität f

soviet ['səʊvɪət] HIST Ⓐ ⓢ Sowjet m Ⓑ ADJ attr sowjetisch, Sowjet- **Soviet Union** ⓢ HIST Sowjetunion f

sow¹ [səʊ] prät sowed, pperf sown od sowed VTI

säen, aussäen; **this field has been ~n with barley** auf diesem Feld ist Gerste gesät; **to ~ (the seeds of) hatred/discord** Hass/Zwietracht säen

sow² [saʊ] ⓢ Sau f

sowing ['səʊɪŋ] ⓢ Aussaat f **sown** [səʊn] pperf von **sow¹**

soya ['sɔɪə], **soy** [sɔɪ] ⓢ Soja f **soya bean** ⓢ Sojabohne f (❗ = (US) **soybean**) **soya milk** ⓢ Sojamilch f **soya sauce** ⓢ Sojasoße f **soybean** ['sɔɪbiːn] ⓢ (US) = soya bean **soy sauce** ⓢ Sojasoße f

spa [spɑː] ⓢ Kurort m

space [speɪs] Ⓐ ⓢ 1 Raum m; RAUMF der Weltraum; **to stare into ~** ins Leere starren 2 (❗ kein pl) Platz m; **to take up a lot of ~** viel Platz wegnehmen; **to clear/leave some ~ for sb/sth** für jdn/etw Platz schaffen/lassen; **parking ~** Platz m zum Parken 3 (≈ Abstand) Platz m ohne art; (zwischen Objekten, Zeilen) Zwischenraum m; (zum Parken) Lücke f; **to leave a ~ for sb/sth** für jdn/etw Platz lassen 4 Zeitraum m; **in a short ~ of time** in kurzer Zeit; **in the ~ of ...** innerhalb ... (gen) 5 (beim Tippen) Leerstelle f Ⓑ VTI (a. **space out**) in Abständen verteilen; **~ them out more, ~ them further out** od **further apart** lassen Sie etwas mehr Zwischenraum od Abstand (dazwischen) **space-bar** ⓢ TYPO Leertaste f

spacecraft ⓢ, pl - Raumfahrzeug n **spaced out** [ˌspeɪst'aʊt] ADJ (umg) geistig weggetreten (umg); (≈ durch Drogen) high (umg)

space flight ⓢ Weltraumflug m **space heater** ⓢ (bes US) Heizgerät n **spaceman** ⓢ, pl -men (Welt)raumfahrer m **space rocket** ⓢ Weltraumrakete f **space-saving** ADJ platzsparend **spaceship** ⓢ Raumschiff n

space shuttle ⓢ Raumfähre f **space sickness** ⓢ Weltraumkrankheit f **space station** ⓢ (Welt)raumstation f **spacesuit** ⓢ Raumanzug m **space travel** ⓢ die Raumfahrt **space walk** ⓢ Weltraumspaziergang m **spacewoman** ⓢ, pl -women (Welt)raumfahrerin f **spacing** ['speɪsɪŋ] ⓢ Abstände pl, Abstand m; (a. **spacing out**) Verteilung f; **single ~** TYPO einzeiliger Abstand **spacious** ['speɪʃəs] ADJ geräumig **spaciousness** ['speɪʃəsnɪs] ⓢ Geräumigkeit f; (von Garten, Park) Weitläufigkeit f

spade [speɪd] ⓢ 1 Spaten m; (≈ Spielzeug) Schaufel f 2 KART Pik n; **the Queen of Spades** die Pikdame

spaghetti [spə'getɪ] ⓢ (❗ mit Verb im Singular) Spaghetti pl

Spain [speɪn] ⓢ Spanien n

spam [spæm] IT Ⓐ ⓢ Spam m Ⓑ VTI mit Werbung bombardieren **spammer** ['spæmə'] ⓢ IT

spade — Spaten

spade — Pik

Spammer(in) *m(f)*, Zumüller(in) *m(f) (umg)* **spamming** ['spæmɪŋ] *s̄* IT Spamming *n*, Bombardierung *f* mit Werbung
span¹ [spæn] **A** *s̄* **1** *(von Hand)* Spanne *f*; *(von Brücke)* Spannweite *f* **2** Zeitspanne *f* **3** Umfang *m* **B** *v̄t* **1** *(Seil)* sich spannen über *(+akk)* **2** umfassen **3** *(zeitlich)* sich erstrecken über *(+akk)*
span² *(obs)* prät von **spin**
Spaniard ['spænjəd] *s̄* Spanier(in) *m(f)*
spaniel ['spænjəl] *s̄* Spaniel *m*
Spanish ['spænɪʃ] **A** *ADJ* spanisch; **he is ~** ist Spanier **B** *s̄* **1** **the ~** die Spanier *pl* **2** LING Spanisch *n*
spank [spæŋk] **A** *s̄* Klaps *m* **B** *v̄t* versohlen; **to ~ sb's bottom** jdm den Hintern versohlen
spanking ['spæŋkɪŋ] *s̄* Tracht *f* Prügel
spanner ['spænə'] *s̄ (Br)* Schraubenschlüssel *m*; **to throw a ~ in the works** *(fig)* jdm einen Knüppel zwischen die Beine werfen
spar [spɑː'] *v̄i (Boxen)* sparren; *(fig)* sich kabbeln *(umg) (about* um*)*
spare [spɛə'] **A** *ADJ* übrig *präd*, überzählig; **~ bed** Gästebett *n*; **have you any ~ string?** kannst du mir (einen) Bindfaden geben?; **I have a ~ one** ich habe noch einen/eine/eins; **take a ~ pen** nehmen Sie noch einen Stift mit; **take some ~ clothes** nehmen Sie Kleider zum Wechseln mit; **when you have a few minutes ~** wenn Sie mal ein paar freie Minuten haben **B** *s̄* Ersatzteil *n*; *(von Auto)* Reserverad *n* **C** *v̄t* **1** *meist neg Ausgaben, Anstrengung* scheuen; **no expense ~d** es wurden keine Kosten gescheut *od* gespart **2** Geld übrig haben; Zimmer frei haben; Zeit (übrig) haben; **to ~ sb sth** jdm etw überlassen *od* geben; Geld jdm etw geben; **can you ~ the time to do it?** haben Sie Zeit, das zu machen?; **there is none to ~** es ist keine(r, s) übrig; **to have a few minutes to ~** ein paar Minuten Zeit haben; **I got to the airport with two minutes to ~** ich war zwei Minuten vor Abflug am Flughafen **3** entbehren; **can you ~ this?** brauchst du das?; **to ~ a thought for sb/sth** an jdn/etw denken **4** verschonen; **to ~ sb's life** jds Leben verschonen **5** **to ~ sb/oneself sth** jdm/sich etw ersparen; **~ me the details** verschone mich mit den Einzelheiten
spare part *s̄* Ersatzteil *n* **spare ribs** *PL* GASTR Spareribs *pl* **spare room** *s̄* Gästezimmer *n* **spare time** *s̄* Freizeit *f* **spare tyre**, *(US)* **spare tire** *s̄* Ersatzreifen *m* **sparing** ['spɛərɪŋ] *ADJ* sparsam **sparingly** ['spɛərɪŋlɪ] *ADV* sparsam; *trinken, essen* in Maßen; **to use sth ~** mit etw sparsam umgehen
spark [spɑːk] **A** *s̄* Funke *m*; **a bright ~** *(iron)* ein Intelligenzbolzen *m (iron)* **B** *v̄t (a.* **spark off***)* entzünden; *Explosion* verursachen; *(fig) Streit* entfachen **sparkle** ['spɑːkl] **A** *s̄* Funkeln *n* **B** *v̄i* funkeln *(with* vor *+dat)* **sparkler** ['spɑːklə'] *s̄* Wunderkerze *f* **sparkling** ['spɑːklɪŋ] *ADJ* funkelnd; *Wein* perlend; **~ (mineral) water** Selterswasser *n*; **~ wine** Sekt *m*, Perlwein *m*; **in ~ form** in glänzender Form **spark plug** *s̄* Zündkerze *f*
sparring partner ['spɑːrɪŋpɑːtnə'] *s̄* Sparringpartner(in) *m(f)*
sparrow ['spærəʊ] *s̄* Sperling *m*, Spatz *m*
sparse [spɑːs] *ADJ* spärlich; *Haar* schütter; *Mobiliar, Ressourcen* dürftig **sparsely** ['spɑːslɪ] *ADV* spärlich; *besiedelt* dünn **sparseness** ['spɑːsnɪs] *s̄* Spärlichkeit *f*; *(von Bevölkerung)* geringe Dichte
Spartan ['spɑːtən] *ADJ (fig: a.* **spartan***)* spartanisch
spasm ['spæzəm] *s̄* MED Krampf *m* **spasmodic** [spæz'mɒdɪk] *ADJ* MED krampfartig; *(fig)* sporadisch
spastic ['spæstɪk] **A** *ADJ* spastisch **B** *s̄* Spastiker(in) *m(f)*
spat [spæt] *prät, pperf* von **spit¹**
spate [speɪt] *s̄ (von Fluss)* Hochwasser *n*; *(fig) (von Aufträgen etc)* Flut *f*; *(von Einbrüchen)* Serie *f*
spatter ['spætə'] **A** *v̄t* bespritzen; **to ~ sb with water** jdn nass spritzen **B** *v̄i* **it ~ed all over the room** es verspritzte im ganzen Zimmer **C** *s̄* **a ~ of rain** ein paar Tropfen Regen
spatula ['spætjʊlə] *s̄* Spachtel *m*; MED Spatel *m*
spawn [spɔːn] **A** *s̄ (von Frosch)* Laich *m* **B** *v̄i* laichen **C** *v̄t (fig)* hervorbringen
speak [spiːk] *prät* spoke, *pperf* spoken **A** *v̄t* **1**

sagen; *Gedanken* äußern; **to ~ one's mind** seine Meinung sagen ◨ *Sprache* sprechen ◪ Ⅶ ◧ sprechen, reden (*about* über +akk, *on* zu), reden, sich unterhalten (*with* mit); (*zu Thema*) sich äußern (*on, to* zu); **to ~ to** od **with sb** mit jdm sprechen; **did you ~?** haben Sie etwas gesagt?; **I'm not ~ing to you** mit dir rede od spreche ich nicht mehr; **I'll ~ to him about it** (*euph* ≈ *ermahnend*) ich werde ein Wörtchen mit ihm reden; **~ing of X** ... da wir gerade von X sprechen ...; **it's nothing to ~ of** es ist nicht weiter erwähnenswert; **to ~ well of sb/sth** jdn/etw loben; **so to ~** sozusagen; **roughly ~ing** grob gesagt; **strictly ~ing** genau genommen; **generally ~ing** im Allgemeinen; **~ing personally** ... wenn Sie mich fragen ...; **~ing as a member** ... als Mitglied ...; **to ~ in public** in der Öffentlichkeit reden ◨ TEL **~ing!** am Apparat!; **Jones ~ing!** (hier) Jones!; **who is ~ing?** wer ist da, bitte? ◧ Ⓢ *suf* **Euro-~** Eurojargon *m* ♦**speak for** Ⅶ +obj **to ~ sb** in jds Namen (*dat*) sprechen; **speaking for myself** ... was mich angeht ...; **~ yourself!** du vielleicht!; **to ~ itself** für sich sprechen ♦**speak out** Ⅶ seine Meinung deutlich vertreten; **to ~ against sth** sich gegen etw aussprechen ♦**speak up** Ⅶ ◧ lauter sprechen ◨ (*fig*) **to ~ for sb/sth** für jdn/etw eintreten; **what's wrong? ~!** was ist los? heraus mit der Sprache!

speaker ['spiːkə'] Ⓢ ◧ (*von Sprache*) Sprecher *m*; **all German ~s** alle, die Deutsch sprechen ◨ Redner(in) *m(f)*; **Speaker** PARL Sprecher(in) *m(f)* ◧ Lautsprecher *m*; (*von Hi-Fi*) Box *f* **speaking** ['spiːkɪŋ] Ⓢ Sprechen *n* **-speaking** ADJ *suf* -sprechend; **English-speaking** englischsprachig **speaking terms** PL **to be on ~ with sb** mit jdm reden

spear [spɪə'] Ⓢ Speer *m* **spearmint** ['spɪəmɪnt] Ⓢ Grüne Minze

spec [spek] Ⓢ (*umg*) **on ~** auf gut Glück

special ['speʃəl] Ⓐ ADJ besondere(r, s), Sonder-; *Freund, Gelegenheit* speziell; **I have no ~ person in mind** ich habe eigentlich an niemanden Bestimmtes gedacht; **nothing ~** nichts Besonderes; **he's very ~ to her** er bedeutet ihr sehr viel; **what's so ~ about her?** was ist denn an ihr so besonders?; **what's so ~ about that?** das ist doch nichts Besonderes!; **to feel ~** sich als etwas ganz Besonderes vorkommen; **~ discount** Sonderrabatt *m* ◪ Ⓢ TV, RADIO Sonderprogramm *n*; GASTR Tagesgericht *n*; **chef's ~** Spezialität *f* des Küchenchefs **special agent** Ⓢ Agent(in) *m(f)* **special delivery** Ⓢ Eilzustellung *f*; **by ~** per Eilboten **specialist** ['speʃəlɪst] Ⓐ Ⓢ Spezialist(in) *m(f)*; MED Facharzt *m*/-ärztin *f* ◪ ADJ *attr* Fach- **spe-**

ciality [ˌspeʃɪ'ælɪtɪ], (US) **specialty** ['speʃəltɪ] Ⓢ Spezialität *f* **specialization** [ˌspeʃəlaɪ-'zeɪʃən] Ⓢ Spezialisierung *f* (*in* auf +akk); (≈ *Fach*) Spezialgebiet *n* **specialize** ['speʃəlaɪz] Ⅶ sich spezialisieren (*in* auf +akk) **specially** ['speʃəlɪ] ADV besonders, extra; **don't go to the post office ~ for me** gehen Sie meinetwegen nicht extra zur Post **special needs** PL (*Br*) **~ children** Kinder *pl* mit Behinderungen **special offer** Ⓢ Sonderangebot *n* **special school** Ⓢ (*Br*) Sonderschule *f* **specialty** ['speʃəltɪ] Ⓢ (*US*) = **speciality**

species ['spiːʃiːz] Ⓢ, *pl* - Art *f*

specific [spə'sɪfɪk] ADJ bestimmt, genau; *Beispiel* ganz bestimmt; **9.3, to be ~** 9,3, um genau zu sein; **can you be a bit more ~?** können Sie sich etwas genauer äußern?; **he was quite ~ on that point** er hat sich zu diesem Punkt recht spezifisch geäußert **specifically** [spə-'sɪfɪkəlɪ] ADV ◧ *erwähnen* ausdrücklich; *konstruiert* speziell ◨ genau, im Besonderen **specification** [ˌspesɪfɪ'keɪʃən] Ⓢ ◧ **~s** *pl* genaue Angaben *pl*; (*von Auto, Maschine*) technische Daten *pl* ◨ Bedingung *f* **specified** ADJ bestimmt **specify** ['spesɪfaɪ] Ⅶ angeben; (≈ *zwingend*) vorschreiben

specimen ['spesɪmɪn] Ⓢ Exemplar *n*, Probe *f*, Muster *n*; **a beautiful** od **fine ~** ein Prachtexemplar *n*

speck [spek] Ⓢ Fleck *m*; (*von Staub*) Körnchen *n* (⚠ nicht „Speck")

speckle ['spekl] Ⓐ Ⓢ Tupfer *m* ◪ Ⅶ sprenkeln **speckled** ['spekld] ADJ gesprenkelt

specs [speks] PL (*umg*) Brille *f*

spectacle ['spektəkl] Ⓢ ◧ Schauspiel *n*; **to make a ~ of oneself** unangenehm auffallen ◨ **spectacles** PL (*a.* **pair of spectacles**) Brille *f* **spectacle case** Ⓢ Brillenetui *n*

spectacular [spek'tækjʊlə'] ADJ sensationell; *Landschaft* atemberaubend **spectacularly** [spek'tækjʊləlɪ] ADV sensationell; *toll* unglaublich

spectate [spek'teɪt] Ⅶ (*umg*) zuschauen (*at* bei)

spectator [spek'teɪtə'] Ⓢ Zuschauer(in) *m(f)*

spectre, (US) **specter** ['spektə'] Ⓢ Gespenst *n*

spectrum ['spektrəm] Ⓢ, *pl* spectra Spektrum *n*

speculate ['spekjʊleɪt] Ⅶ ◧ spekulieren (*about, on* über +akk) ◨ FIN spekulieren (*in* mit, *on* an +dat) **speculation** [ˌspekjʊ'leɪʃən] Ⓢ Spekulation *f* (*on* über +akk) **speculative** ['spekjʊlətɪv] ADJ spekulativ; FIN *a.* Spekulations- **speculator** ['spekjʊleɪtə'] Ⓢ Spekulant(in) *m(f)*

sped [sped] *prät, pperf* von **speed**

speech [spiːtʃ] Ⓢ ◧ (⚠ kein *pl*) (≈ *Sprechvermögen*) Sprache *f*; **freedom of ~** Redefreiheit *f* ◨ Rede *f* (*on, about* über +akk); **to give** od **make a ~** eine

Rede halten [3] (Br GRAM) **direct/indirect** *od* **reported ~** direkte/indirekte Rede **speech bubble** [S] Sprechblase *f* **speech day** [S] (*Br* SCHULE) (Jahres)abschlussfeier *f* **speech defect** [S] Sprachfehler *m* **speechless** [ADJ] sprachlos (*with* vor *+dat*); **his remark left me ~** seine Bemerkung verschlug mir die Sprache **speech recognition** [S] IT Spracherkennung *f*; **~ software** Spracherkennungssoftware *f* **speech therapist** [S] Logopäde *m*, Logopädin *f* **speech therapy** [S] Logopädie *f*

speed [spiːd] *v: prät, pperf* sped *od* speeded [A] [S] [1] Schnelligkeit *f*, Tempo *n*; **at ~** äußerst schnell; **at high/low ~** mit hoher/niedriger Geschwindigkeit; **at full** *od* **top ~** mit Höchstgeschwindigkeit; **at a ~ of ...** mit einer Geschwindigkeit *od* einem Tempo von ...; **to gather ~** schneller werden; (*fig*) sich beschleunigen; **to bring sb up to ~** (*umg*) jdn auf den neuesten Stand bringen; **full ~ ahead!** SCHIFF volle Kraft voraus! [2] AUTO, TECH Gang *m* [B] [VI] [1] *prät, pperf* sped flitzen; **the years sped by** die Jahre vergingen wie im Fluge [2] *prät, pperf* speeded AUTO die Geschwindigkeitsbegrenzung überschreiten ♦**speed off** *prät, pperf* speeded *od* sped off [VI] davonjagen ♦**speed up** *prät, pperf* speeded up [A] [VI] (*Auto*) beschleunigen; (*Mensch*) schneller machen; (*Arbeitstempo*) schneller werden [B] [VT] *trennb* beschleunigen

speedboat [S] Rennboot *n* **speed bump** [S] Bodenschwelle *f* **speed camera** [S] (*an Straße*) Blitzgerät *n* **speed dial(ing)** [S] (*bes US* TEL) Kurzwahl *f* (❗ = (Br) **one-touch dialling**) **speedily** [ˈspiːdɪlɪ] [ADV] schnell; *antworten* prompt **speeding** [ˈspiːdɪŋ] [S] Geschwindigkeitsüberschreitung *f*; **to get a ~ fine** eine Geldstrafe wegen Geschwindigkeitsüberschreitung bekommen

speed limit [S] Geschwindigkeitsbegrenzung *f*; **a 30 mph ~** eine Geschwindigkeitsbegrenzung von 50 km/h **speedometer** [spɪˈdɒmɪtəʳ] [S] Tachometer *m* **speed ramp** [S] VERKEHR Bodenschwelle *f* **speed skating** [S] Eisschnelllauf *m* **speed trap** [S] Radarfalle *f* (*umg*) **speedway** [S] [1] SPORT Speedway-Rennen *n* [2] (*US*) Schnellstraße *f* (❗ = (Br) **expressway**) **speedy** [ˈspiːdɪ] [ADJ] (*+er*) schnell; **we wish Joan a ~ recovery** wir wünschen Joan eine rasche Genesung

spell[1] [spel] [S] Zauber *m*, Zauberspruch *m*; **to be under a ~** (*wörtl*) verhext sein; (*fig*) wie verzaubert sein; **to put a ~ on sb** (*wörtl*) jdn verhexen; (*fig*) jdn in seinen Bann ziehen; **to be under sb's ~** (*fig*) in jds Bann (*dat*) stehen; **to break the ~** den Zauber lösen

spell[2] [S] Weile *f*; **for a ~** eine Weile; **cold ~** Kältewelle *f*; **dizzy ~** Schwächeanfall *m*; **a short ~ of sunny weather** eine kurze Schönwetterperiode; **they're going through a bad ~** sie machen eine schwierige Zeit durch

spell[3] *prät, pperf* spelt (*bes Br*) *od* spelled [A] [VI] (orthografisch) richtig schreiben; **she can't ~** sie kann keine Rechtschreibung [B] [VT] [1] schreiben; (*laut*) buchstabieren; **how do you ~ "onyx"?** wie schreibt man „Onyx"?; **how do you ~ your name?** wie schreibt sich Ihr Name?; **what do these letters ~?** welches Wort ergeben diese Buchstaben? [2] bedeuten ♦**spell out** [VT] *trennb* buchstabieren; (*lesend*) entziffern; (≈ *erklären*) verdeutlichen

spellbinding [ˈspelbaɪndɪŋ] [ADJ] fesselnd **spellbound** [ˈspelbaʊnd] [ADJ, ADV] (*fig*) gebannt

spellchecker [S] IT Rechtschreibprüfung *f* **speller** [ˈspeləʳ] [S] **to be a good ~** in Rechtschreibung gut sein

spelling [ˈspelɪŋ] [S] Rechtschreibung *f*; (*von Wort*) Schreibweise *f* **spelling mistake** [S] (Recht)schreibfehler *m* **spelt** [spelt] (*bes Br*) *prät, pperf* von **spell**[3]

spend [spend] *prät, pperf* spent [VT] [1] *Geld* ausgeben (*on* für); *Energie* verbrauchen; *Zeit* brauchen [2] *Zeit, Abend* verbringen; **to ~ the night** übernachten; **he ~s his time reading** er verbringt seine Zeit mit Lesen **spending** [ˈspendɪŋ] [S] (❗ kein pl) Ausgaben *pl*; **~ cuts** Kürzungen *pl* **spending money** [S] Taschengeld *n* **spending power** [S] Kaufkraft *f* **spending spree** [S] Großeinkauf *m*; **to go on a ~** groß einkaufen gehen **spendthrift** [S] Verschwender(in) *m(f)* **spent** [spent] [A] *prät, pperf* von **spend** [B] [ADJ] *Patrone* verbraucht; *Mensch* erschöpft

sperm [spɜːm] [S] Samenfaden *m*; (≈ *Flüssigkeit*) Sperma *n* **sperm bank** [S] Samenbank *f* **spermicide** [ˈspɜːmɪsaɪd] [S] Spermizid *n*

spew [spjuː] [A] [VI] [1] (*umg*) brechen, spucken [2] (*a.* **spew out**) sich ergießen (*geh*), hervorsprudeln [B] [VT] [1] (*a.* **spew up**) (*umg*) erbrechen [2] (*fig*: *a.* **spew out**) *Lava* auswerfen; *Wasser* ablassen

sphere [sfɪəʳ] [S] [1] Kugel *f* [2] (*fig*) Sphäre *f*, Bereich *m*; (*von Wissen etc*) Gebiet *n*; **his ~ of influence** sein Einflussbereich **spherical** [ˈsferɪkəl] [ADJ] kugelförmig

sphincter [ˈsfɪŋktəʳ] [S] ANAT Schließmuskel *m*

spice [spaɪs] [S] [1] Gewürz *n* [2] (*fig*) Würze *f* ♦**spice up** [VT] (*fig*) würzen

spiced [ADJ] GASTR würzig; **~ wine** Glühwein *m*; **highly ~** pikant (gewürzt)

spick-and-span [ˌspɪkənˈspæn] [ADJ] blitzsauber

S

623 | SPIT

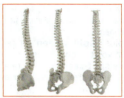
spine — Rückgrat

spine — (Buch)rücken

spine — Stachel

spicy ['spaɪsɪ] ADJ (+er) würzig; (fig) Geschichte pikant

spider ['spaɪdə'] S Spinne f; **~'s web** Spinnwebe f **spider veins** PL MED Besenreiser pl **spiderweb** ['spaɪdəwɛb] S (US) Spinnwebe f **spidery** ['spaɪdərɪ] ADJ Handschrift krakelig

spike [spaɪk] A S Spitze f; (von Pflanze) Stachel m; (an Schuh) Spike m B VT Drink einen Schuss zusetzen (+dat) **spiky** ['spaɪkɪ] ADJ (+er) Blatt spitz; Haare hochstehend

spill [spɪl] v: prät, pperf **spilt** (bes Br) od **spilled** A S Lache f; **oil ~** Ölkatastrophe f B VT verschütten; **to ~ the beans** alles ausplaudern; **to ~ the beans about sth** etw ausplaudern C VI verschüttet werden, sich ergießen ♦**spill out** VI (of aus) (Flüssigkeit) herausschwappen; (Geld) herausfallen; (fig: Menschen) (heraus)strömen ♦**spill over** VI überlaufen

spilt [spɪlt] (bes Br) prät, pperf von **spill**

spin [spɪn] v: prät **spun** od (old) **span**, pperf **spun** A S 1 Drehung f; (von Waschmaschine) Schleudern n kein pl 2 (von Ball) Drall m; **to put ~ on the ball** dem Ball einen Drall geben; (mit Schläger) dem Ball anschneiden 3 (politisch) Image n; **to put a different ~ on sth** etw anders interpretieren 4 FLUG Trudeln n kein pl; **to go into a ~** zu trudeln anfangen B VT 1 spinnen 2 drehen, herumwirbeln; Wäsche schleudern; SPORT Ball einen Drall geben (+dat) C VI 1 spinnen 2 sich drehen, (herum)wirbeln; (Flugzeug) trudeln; (in Waschmaschine) schleudern; **to ~ round and round** sich im Kreis drehen; **the car spun out of control** der Wagen begann, sich unkontrollierbar zu drehen; **to send sb/sth ~ning** jdn/etw umwerfen; **my head is ~ning** mir dreht sich alles ♦**spin (a)round** A VI sich drehen, (herum)wirbeln B VT trennb (schnell) drehen, herumwirbeln ♦**spin out** VT trennb (umg) Geld strecken (umg); Urlaub in die Länge ziehen/ausspinnen

spinach ['spɪnɪtʃ] S Spinat m

spinal column ['spaɪnl] S Wirbelsäule f **spinal cord** S Rückenmark n

spindle ['spɪndl] S Spindel f **spindly** ['spɪndlɪ] ADJ (+er) spindeldürr (umg), zaundürr (österr)

spin doctor S (POL umg) PR-Berater(in) m(f) **spin-drier** S (Wäsche)schleuder f **spin-dry** VT & VI schleudern **spin-dryer** S = spin-drier

spine [spaɪn] S 1 ANAT Rückgrat n 2 (Buch)rücken m 3 Stachel m **spine-chilling** ['spaɪntʃɪlɪŋ] ADJ (umg) schaurig **spineless** ['spaɪnlɪs] ADJ (fig) ohne Rückgrat; Kompromiss feige **spine-tingling** ['spaɪntɪŋglɪŋ] ADJ schaurig, schauererregend

spinning wheel ['spɪnɪŋwiːl] S Spinnrad n **spin-off** ['spɪnɒf] S Nebenprodukt n

spinster ['spɪnstə'] S Unverheiratete f; (pej) alte Jungfer (pej)

spiny ['spaɪnɪ] ADJ (+er) stach(e)lig

spiral ['spaɪərəl] A ADJ spiralförmig B S Spirale f C VI (a. **spiral up**) sich (hoch)winden **spiral staircase** S Wendeltreppe f

spire [spaɪə'] S Turm m

spirit ['spɪrɪt] A S 1 Geist m; (≈ Atmosphäre) Stimmung f; **I'll be with you in ~** im Geiste werde ich bei euch sein; **to enter into the ~ of sth** bei etw mitmachen; **that's the ~!** (umg) so ists recht! (umg); **to take sth in the right/wrong ~** etw richtig/falsch auffassen 2 (❗ kein pl) Mut m; (≈ Enthusiasmus) Elan m, Schwung m 3 **spirits** PL Laune f; (≈ Courage) Mut m; **to be in high ~s** bester Laune sein; **to be in good/low ~s** guter/schlechter Laune sein; **to keep up one's ~s** den Mut nicht verlieren; **my ~s rose** ich bekam (neuen) Mut; **her ~s fell** ihr sank der Mut 4 **spirits** PL (bes Br) Spirituosen pl (❗ = (US) liquor) B VT **to ~ sb/sth away** jdn/etw wegzaubern **spirited** ADJ 1 temperamentvoll 2 mutig **spirit level** S Wasserwaage f **spiritual** ['spɪrɪtjʊəl] ADJ geistig, spirituell; KIRCHE geistlich; **~ life** Seelenleben n **spirituality** [ˌspɪrɪtjʊˈælɪtɪ] S Geistigkeit f

spit[1] [spɪt] v: prät, pperf **spat** A S Spucke f B VT spucken C VI spucken; (Fett) spritzen; **to ~ at sb** jdn anspucken; **it is ~ting (with rain)** (Br) es tröpfelt ♦**spit out** VT trennb ausspucken; Worte ausstoßen; **spit it out!** (fig umg) spucks aus! (umg), heraus mit der Sprache!

spit[2] S 1 GASTR (Brat)spieß m 2 Landzunge f

spite [spaɪt] **A** S̄ **1** Gehässigkeit f **2 in ~ of** trotz (+gen); **it was a success in ~ of him** dennoch war es ein Erfolg; **in ~ of the fact that …** obwohl … **B** V̄T ärgern **spiteful** ['spaɪtfʊl] ADJ boshaft

spitting image [ˌspɪtɪŋ'ɪmɪdʒ] S̄ (umg) **to be the ~ of sb** jdm wie aus dem Gesicht geschnitten sein

spittle ['spɪtl] S̄ Speichel m

splash [splæʃ] **A** S̄ **1** Spritzen n kein pl; (≈ Geräusch) Platschen n kein pl; **to make a ~** (fig) Furore machen; (Nachricht) wie eine Bombe einschlagen **2** Spritzer m; (von Farbe etc) Tupfen m, Fleck m **B** V̄T spritzen, gießen; jdn, etw bespritzen **C** V̄I spritzen; (Regen) klatschen; (beim Spielen) planschen ◆**splash about** (Br) od **around** V̄I herumspritzen; (in Wasser) herumplanschen ◆**splash out** V̄I (Br umg) **to ~ on sth** sich (dat) etw spendieren (umg)

splatter ['splætə^r] **A** S̄ Fleck m; (von Farbe) Klecks m **B** V̄I spritzen **C** V̄T besprizen; (mit Farbe) beklecksen

splay [spleɪ] **A** V̄T Finger spreizen; Füße nach außen stellen **B** V̄I **he was ~ed out on the ground** er lag auf der Erde und hatte alle viere von sich gestreckt

spleen [spliːn] S̄ ANAT Milz f; (fig) Zorn m

splendid ['splendɪd] ADJ hervorragend, glänzend **2** herrlich **splendidly** ['splendɪdlɪ] ADV **1** prächtig **2** hervorragend **splendour**, (US) **splendor** ['splendə^r] S̄ Pracht f kein pl

splint [splɪnt] S̄ Schiene f; **to put a ~ on sth** etw schienen

splinter ['splɪntə^r] S̄ Splitter m **splinter group** S̄ Splittergruppe f

split [splɪt] v: prät, pperf **split A** S̄ **1** Riss m (in in +dat), Spalt m (in in +dat) **2** (fig) Bruch m (in in +dat); POL, KIRCHE Spaltung f (in +gen); **a three-way ~ of the winnings** eine Drittelung des Gewinns **3** pl **to do the ~s** (einen) Spagat machen **B** ADJ gespalten (on, over in +dat) **C** V̄T (zer)teilen; Holz, Atom spalten; Arbeit, Kosten (sich dat) teilen; **to ~ hairs** (umg) Haarspalterei treiben (umg); **to ~ sth open** etw aufbrechen; **to ~ one's head open** sich (dat) den Kopf aufschlagen; **to ~ sth into three parts** etw in drei Teile aufteilen; **to ~ sth three ways** etw in drei Teile teilen; **to ~ the difference** (wörtl: Geld etc) sich (dat) die Differenz teilen **D** V̄I **1** (Holz, Stein) (entzwei)brechen; POL, KIRCHE sich spalten (on, over wegen); (Naht) platzen; (Zellen, Wolken) sich teilen; (Menschen) sich aufteilen; **to ~ open** aufplatzen; **my head is ~ting** (fig) mir platzt der Kopf **2** (umg) abhauen (umg) ◆**split off** V̄I abbrechen; (fig) sich trennen (from von) ◆**split up A** V̄T trennb (auf)teilen; Partei spalten; zwei Menschen trennen; Menge zerstreuen **B** V̄I zerbrechen; (Zellen etc) sich teilen; (Menschenmenge) sich spalten; (Partner) sich voneinander trennen

split ends PL Spliss m **split screen** S̄ IT geteilter Bildschirm **split second** S̄ **in a ~** in Sekundenschnelle **split-second** ADJ **~ timing** Abstimmung f auf die Sekunde **splitting** ['splɪtɪŋ] ADJ Kopfschmerzen rasend

splodge [splɒdʒ], (US) **splotch** [splɒtʃ] S̄ Klecks m; (Sahne etc) Klacks m

splurge (out) on ['splɜːdʒ('aʊt)ɒn] V̄I +obj (umg) sich in Unkosten stürzen mit

splutter ['splʌtə^r] **A** S̄ (von Motor) Stottern n **B** V̄I stottern; (Fett) zischen **C** V̄T (hervor)stoßen

spoil [spɔɪl] v: prät, pperf **spoilt** (Br) od **spoiled A** S̄ meist pl Beute f kein pl **B** V̄T **1** verderben; Stadt, Aussehen verschandeln; Leben ruinieren; **to ~ sb's fun** jdm den Spaß verderben; **it ~ed our evening** das hat uns (dat) den Abend verdorben **2** Kinder verwöhnen; **to be ~ed for choice** die Qual der Wahl haben **C** V̄I **1** (Lebensmittel) verderben **2 to be ~ing for a fight** Streit suchen **spoiler** ['spɔɪlə^r] S̄ **1** AUTO Spoiler m **2** PRESSE Publikation, die zur gleichen Zeit wie ein Konkurrenzprodukt erscheint **spoilsport** ['spɔɪlspɔːt] S̄ (umg) Spielverderber(in) m(f) (umg) **spoilt** [spɔɪlt] (Br) **A** prät, pperf von **spoil B** ADJ Kind verwöhnt

spoke[1] [spəʊk] S̄ Speiche f

spoke[2] prät von **speak spoken** ['spəʊkən] **A** pperf von **speak B** ADJ gesprochen; **his ~ English is better than …** er spricht Englisch besser als … **spokesman** ['spəʊksmən] S̄, pl **-men** [-mən] Sprecher m **spokesperson** ['spəʊkspɜːsən] S̄ Sprecher(in) m(f) **spokeswoman** ['spəʊkswʊmən] S̄, pl **-women** [-wɪmɪn] Sprecherin f

sponge [spʌndʒ] **A** S̄ **1** Schwamm m **2** (GASTR: a. **sponge cake**) Rührkuchen m **B** V̄T schnorren (umg) (from bei) ◆**sponge down** V̄T trennb jdn (schnell) waschen; Wand abwaschen; Pferd abreiben ◆**sponge off** V̄T trennb Fleck etc abwischen ◆**sponge off** od **on** V̄I +obj (umg) **to ~ sb** jdm auf der Tasche liegen (umg)

sponge bag S̄ (Br) Waschbeutel m (= (US) **cosmetic case, washbag**) **sponge cake** S̄ Rührkuchen m **sponge pudding** S̄ Mehlpudding m **sponger** ['spʌndʒə^r] S̄ (umg) Schmarotzer(in) m(f) **spongy** ['spʌndʒɪ] ADJ (+er) weich

sponsor ['spɒnsə^r] **A** S̄ Förderer m, Förderin f; (von Veranstaltung) Schirmherr(in) m(f); TV, SPORT Sponsor(in) m(f); (bei Spendenaktion) Spender(in) m(f) **B** V̄T unterstützen; (finanziell) fördern; TV, SPORT sponsern **sponsored** ADJ (Br) gespon-

625 ‖ SPRE

sert **sponsorship** [ˈspɒnsəʃɪp] s̲ Unterstützung f; TV, SPORT Finanzierung f

spontaneity [ˌspɒntəˈneɪətɪ] s̲ Spontaneität f **spontaneous** [spɒnˈteɪnɪəs] ADJ spontan **spontaneously** [spɒnˈteɪnɪəslɪ] ADV spontan, von sich aus, von selbst

spoof [spuːf] (umg) s̲ Parodie f (of auf +akk)

spook [spuːk] A s̲ Gespenst n B VT (bes US) einen Schrecken einjagen (+dat) **spooky** [ˈspuːkɪ] ADJ (+er) (umg) 1 gespenstisch 2 sonderbar; **it was really ~** das war wirklich ein sonderbares od eigenartiges Gefühl

spool [spuːl] s̲ Spule f

spoon [spuːn] A s̲ Löffel m B VT löffeln ♦**spoon out** VT trennb (löffelweise) ausschöpfen

spoon-feed [ˈspuːnfiːd] prät, pperf spoon-fed [ˈspuːnfed] VT Baby füttern; (fig) füttern (umg) **spoonful** [ˈspuːnfʊl] s̲ Löffel m

sporadic [spəˈrædɪk] ADJ sporadisch **sporadically** [spəˈrædɪkəlɪ] ADV sporadisch, gelegentlich

spore [spɔːʳ] s̲ Spore f

sporran [ˈspɒrən] s̲ über dem Schottenrock getragene Felltasche

sport [spɔːt] A s̲ 1 Sport m kein pl; (≈ Disziplin) Sportart f; **to be good at ~(s)** sportlich sein 2 **sports** PL (a. **sports meeting**) Sportveranstaltung f 3 Spaß m, Hetz f (österr) 4 (umg) **to be a (good) ~** alles mitmachen; **be a ~!** sei kein Spielverderber! B VT Krawatte anhaben; Bart herumlaufen mit (umg) C ADJ attr (US) = sports **sporting** [ˈspɔːtɪŋ] ADJ sportlich; (fig) fair, anständig; **~ events** Wettkämpfe pl **sports** [spɔːts] (US a.) **sport** in Komposita Sport- **sports bra** s̲ Sport-BH m **sports car** s̲ Sportwagen m **sports centre**, (US) **sports center** s̲ Sportzentrum n **sports day** s̲ (Br SCHULE) Schulsportfest n **sports field**, **sports ground** s̲ (Br) Sportplatz m **sports jacket** s̲ Sakko m od n **sportsman** [-mən] s̲, pl -men [-mən] Sportler m **sportsmanlike** ADJ sportlich; (fig) fair **sportsmanship** s̲ Sportlichkeit f **sportsperson** s̲ Sportler(in) m(f) **sportswear** s̲ 1 Sportkleidung f 2 Freizeitkleidung f **sportswoman** s̲, pl -women Sportlerin f **sport-utility vehicle** s̲ (US) Sport-Utility-Fahrzeug n, Geländewagen m **sporty** [ˈspɔːtɪ] ADJ (+er) (umg) sportbegeistert; Auto sportlich

spot [spɒt] A s̲ 1 Punkt m; ZOOL Fleck m; (≈ Ort) Stelle f; **~s of blood** Blutflecken pl; **a pleasant ~** ein schönes Fleckchen (umg); **on the ~** an Ort und Stelle, sofort 2 MED etc Fleck m; (≈ Akne) Pickel m, Wimmerl n (österr), Bibeli n (schweiz); **to break out** od **come out in ~s** Flecken/Pickel

bekommen 3 (Br umg) **a ~ of** ein bisschen; **we had a ~ of rain/a few ~s of rain** wir hatten ein paar Tropfen Regen; **a ~ of bother** etwas Ärger; **we're in a ~ of bother** wir haben Schwierigkeiten 4 **to be in a (tight) ~** in der Klemme sitzen (umg); **to put sb on the ~** jdn in Verlegenheit bringen B VT entdecken; Unterschied, Gelegenheit erkennen; Fehler finden **spot check** s̲ Stichprobe f **spotless** ADJ tadellos sauber **spotlessly** ADV **~ clean** blitzsauber **spotlight spotlighted** s̲ 1 Scheinwerfer m, Strahler m 2 Rampenlicht n; **to be in the ~** (wörtl) im Scheinwerferlicht od Rampenlicht stehen; (fig) im Rampenlicht der Öffentlichkeit stehen **spot-on** ADJ (Br umg) exakt **spotted** ADJ gefleckt, getüpfelt; **~ with blood** blutbespritzt **spotty** [ˈspɒtɪ] ADJ (+er) Haut pick(e)lig

spouse [spaʊs] s̲ (form) Gatte m, Gattin f

spout [spaʊt] A s̲ 1 Ausguss m; (von Wasserhahn) Ausflussrohr n; (von Gießkanne) Rohr n; **up the ~** (Br umg: Pläne etc) im Eimer (umg) 2 (Wasser) Fontäne f B VT 1 (Brunnen) (heraus)spritzen 2 (umg) Unsinn von sich geben C VI (Wasser) spritzen (from aus); **to ~ out (of sth)** (aus etw) hervorspritzen

sprain [spreɪn] A s̲ Verstauchung f B VT verstauchen; **to ~ one's ankle** sich (dat) den Fuß verstauchen

sprang [spræŋ] prät von spring

sprawl [sprɔːl] A s̲ (auf Sofa) Flegeln n kein pl (umg); (von Siedlungen etc) Ausbreitung f; **urban ~** wild wuchernde Ausbreitung des Stadtgebietes B VI der Länge nach hinfallen; (auf Sofa) sich hinflegeln; (Siedlungen) (wild) wuchern; **to send sb ~ing** jdn zu Boden werfen C VT **to be ~ed over sth/on sth** ausgestreckt auf etw (dat) liegen **sprawling** [ˈsprɔːlɪŋ] ADJ Siedlungen wild wuchernd; Haus großflächig; Mensch hingeflegelt

spray¹ [spreɪ] s̲ (≈ Blumen) Strauß m

spray² A s̲ 1 Sprühregen m; (von Meer) Gischt m 2 Sprühdose f 3 (für Haar etc) Spray m od n B VT Pflanzen besprühen; (mit Insektizid) spritzen; Haare sprayen; Parfüm (ver)sprühen C VI sprühen; (Wasser) spritzen **spray can** s̲ Sprühdose f **sprayer** [ˈspreɪəʳ] s̲ = spray² l2

spread [spred] v: prät, pperf spread A s̲ 1 (von Flügeln) Spannweite f; (von Interessen) Spektrum n; **middle-age ~** Altersspeck m (umg) 2 Ausbreitung f, Ausdehnung f 3 (umg) Festessen n 4 (Brot)aufstrich m; **cheese ~** Streichkäse m 5 PRESSE, TYPO Doppelseite f; **a full-page/double-~** ein ganz-/zweiseitiger Bericht, eine ganz-/zweiseitige Anzeige B VT 1 (a. **spread out**) Decke, Arme ausbreiten; Waren auslegen;

spray — Gischt

spray — Sprühdose

Hände, Beine spreizen; **he was lying with his arms and legs ~ out** er lag mit ausgestreckten Armen und Beinen da ❷ Brot, Fläche bestreichen; Butter (ver- od auf)streichen; Tisch decken; **~ the paint evenly** verteilen Sie die Farbe gleichmäßig; **to ~ a cloth over sth** ein Tuch über etw (akk) breiten ❸ (a. **spread out**) verteilen (over über +akk); Sand streuen ❹ Nachricht, Panik, Seuche verbreiten **C** VI sich erstrecken (over, across über +akk); (Flüssigkeit, Lächeln) sich ausbreiten (over, across über +akk); (Städte) sich ausdehnen; (Geruch, Seuche, Feuer) sich verbreiten; **to ~ to sth** etw erreichen ♦**spread about** (Br) od **around** VT trennb Spielzeug verstreuen ♦**spread out A** VT trennb = **spread B 1, 3 B** VI ❶ (Landschaft) sich ausdehnen ❷ (Läufer) sich verteilen

spread-eagle ['spred,i:gl] VT **to lie ~d** alle viere von sich (dat) strecken (umg) **spreadsheet** ['spredʃi:t] S IT Tabellenkalkulation f

spree [spri:] S **spending** od **shopping ~** Großeinkauf m; **drinking ~** Zechtour f (umg); **to go on a ~** (in Kneipen) eine Zechtour machen; (in Warenhaus) groß einkaufen gehen

sprig [sprɪg] S Zweig m

sprightly ['spraɪtlɪ] ADJ (+er) Melodie lebhaft; Greis rüstig

spring [sprɪŋ] v: prät **sprang** od (US) **sprung**, pperf **sprung A** S ❶ Quelle f ❷ Frühling m; **in (the) ~** im Frühling ❸ Sprung m ❹ MECH Feder f ❺ ⚠ kein pl) **with a ~ in one's step** mit federnden Schritten **B** ADJ attr ❶ Frühlings- ❷ **~ mattress** Federkernmatratze f **C** VT **to ~ a leak** (Rohr) (plötzlich) undicht werden; (Schiff) (plötz-

lich) ein Leck bekommen; **to ~ sth on sb** (fig) jdn mit etw konfrontieren **D** VI ❶ springen; **to ~ open** aufspringen; **to ~ to one's feet** aufspringen; **tears sprang to her eyes** ihr schossen die Tränen in die Augen; **to ~ into action** in Aktion treten; **to ~ to mind** einem einfallen; **to ~ to sb's defence** jdm zu Hilfe eilen; **to ~ (in)to life** (plötzlich) lebendig werden ❷ (a. **spring forth**, fig: Idee) entstehen (from aus); (Interesse) herrühren (from von) ♦**spring up** VI (Pflanze) hervorsprießen; (Unkraut, Bauten) aus dem Boden schießen; (Mensch) aufspringen; (fig: Firma) entstehen

spring binder S Klemmhefter m **springboard** S Sprungbrett n **spring break** S (US) Frühjahrsferien pl **spring-clean A** VT gründlich putzen **B** VI Frühjahrsputz machen **spring-cleaning** S Frühjahrsputz m **spring onion** S (Br) Frühlingszwiebel f (⚠ = (US) **scallion, green onion**) **spring roll** S Frühlingsrolle f **springtime** S Frühlingszeit f **spring water** S Quellwasser n **springy** ['sprɪŋɪ] ADJ (+er) federnd; Gummi elastisch

sprinkle ['sprɪŋkl] VT Wasser sprenkeln; Zucker streuen; Kuchen bestreuen **sprinkler** ['sprɪŋklə^r] S Berieselungsapparat m; (bei Brand) Sprinkler m **sprinkling** ['sprɪŋklɪŋ] S (von Regen) ein paar Tropfen; (von Zucker) Prise f; **a ~ of people** ein paar vereinzelte Leute

sprint [sprɪnt] **A** S Lauf m; **a ~ finish** ein Endspurt m **B** VI sprinten, rennen **sprinter** ['sprɪntə^r] S Sprinter(in) m(f)

spritzer ['sprɪtsə^r] S Weinschorle f, Gespritzte(r) m

sprout [spraʊt] **A** S ❶ (von Pflanze) Trieb m, Keim m ❷ (Rosenkohl)röschen n; **~s** pl Rosenkohl m, Kohlsprossen pl (österr) **B** VT Blätter treiben; Hörner etc entwickeln; (umg) Bart sich (dat) wachsen lassen **C** VI ❶ sprießen, keimen; (Kartoffeln) Triebe pl bekommen ❷ (a. **sprout up**, Pflanzen) sprie-

sprout — Trieb

sprouts — Rosenkohl

ßen; (Bauten) aus dem Boden schießen

spruce[1] [spru:s] **S** (a. **spruce fir**) Fichte f

spruce[2] ADJ (+er) gepflegt ♦**spruce up** VT trennb Haus auf Vordermann bringen (umg); **to spruce oneself up** sein Äußeres pflegen

sprung [sprʌŋ] **A** pperf von **spring** **B** ADJ gefedert

spud [spʌd] **S** (umg) Kartoffel f, Erdapfel m (österr)

spun [spʌn] prät, pperf von **spin**

spur [spɜ:ʳ] **A** **S** Sporn m; (fig) Ansporn m (to für); **on the ~ of the moment** ganz spontan; **a ~-of-the-moment decision** ein spontaner Entschluss **B** VT (a. **spur on**, fig) ansporn

spurious ['spjʊəriəs] ADJ Anspruch unberechtigt; Bericht falsch; Interesse nicht echt; Argument fadenscheinig

spurn [spɜ:n] VT verschmähen

spurt [spɜ:t] **A** **S** **1** Strahl m **2** Spurt m; **a final ~** ein Endspurt m; **to put a ~ on** einen Spurt vorlegen; **to work in ~s** (nur) sporadisch arbeiten **B** VI **1** (a. **spurt out**) (heraus)spritzen (from aus) **2** spurten **C** VT **the wound ~ed blood** aus der Wunde spritzte Blut

sputter ['spʌtəʳ] VI zischen; (Fett) spritzen; (Motor) stottern; (in Rede) sich ereifern (about über +akk)

spy [spaɪ] **A** **S** Spion(in) m(f), Spitzel m **B** VT erspähen (geh) **C** VI spionieren; **to ~ on sb** jdn bespitzeln ♦**spy out** VT trennb ausfindig machen; **to ~ the land** (fig) die Lage peilen

spy hole **S** Guckloch n, Spion m **spyware** ['spaɪweəʳ] IT Spyware f Programme, die PCs ausspionieren

sq abk von **square**; **sq m** qm, m²

squabble ['skwɒbl] **A** **S** Zank m **B** VI (sich) zanken (about, over um) **squabbling** ['skwɒblɪŋ] **S** Zankerei f

squad [skwɒd] **S** MIL Korporalschaft f; (≈ Sondereinheit) Kommando n; (von Polizei) Dezernat n; SPORT Mannschaft f

squadron ['skwɒdrən] **S** FLUG Staffel f; SCHIFF Geschwader n

squalid ['skwɒlɪd] ADJ Haus schmutzig und verwahrlost; Bedingungen elend **squalor** ['skwɒləʳ] **S** Schmutz m; **to live in ~** in unbeschreiblichen Zuständen leben

squander ['skwɒndəʳ] VT verschwenden; Gelegenheit vertun

square [skweəʳ] **A** **S** **1** Quadrat n; (auf Spielbrett) Feld n; (auf Papier) Kästchen n; **cut it in ~s** schneiden Sie es quadratisch zu; **to go back to ~ one** (fig), **to start (again) from ~ one** (fig) noch einmal von vorne anfangen; **we're back to ~ one** jetzt sind wir wieder da, wo wir angefangen haben **2** (in Stadt) Platz m **B**

ADJ (+er) **1** quadratisch; Block vierkantig; **to be a ~ peg in a round hole** am falschen Platz sein **2** Kinn kantig **3** MATH Quadrat-; **3 ~ kilometres** 3 Quadratkilometer; **3 metres ~** 3 Meter im Quadrat **4** attr Mahlzeit ordentlich **5** (fig) **we are (all) ~** SPORT wir stehen beide/alle gleich; (fig) jetzt sind wir quitt **C** VT **1** **to ~ a match** in einem Spiel gleichziehen **2** MATH quadrieren; **3 ~d is 9** 3 hoch 2 ist 9 ♦**square up** VI (Boxer etc) in Kampfstellung gehen; **to ~ to sb** sich vor jdm aufpflanzen (umg); (fig) jdm die Stirn bieten

square bracket **S** eckige Klammer **squared** ADJ Papier kariert **squarely** ['skweəlɪ] ADV direkt, genau; (fig) fest; **to hit sb ~ in the stomach** jdn voll in den Magen treffen; **to place the blame for sth ~ on sb** jdm voll und ganz die Schuld an etw (dat) geben **square root** **S** Quadratwurzel f

squash[1] [skwɒʃ] **A** **S** **1** (Br) Fruchtsaftkonzentrat n; (verdünnt) Fruchtnektar m (❶ Als Bezeichnung für die Getränkesorte hat **squash** keinen Plural. **Squashes** bezeichnet verschiedene Fruchtsäfte.) **2** **it's a bit of a ~** es ist ziemlich eng **B** VT **1** zerdrücken **2** quetschen; **to be ~ed up against sb** gegen jdn gequetscht werden **C** VI **could you ~ up?** könnt ihr etwas zusammenrücken?; (an Einzelnen) kannst du dich etwas kleiner machen?

squash[2] **S** SPORT (❶ kein pl) Squash n

squash[3] **S** (US) (Pâtisson)kürbis m

squat [skwɒt] **A** ADJ (+er) gedrungen **B** VI **1** hocken **2** (a. **squat down**) sich (hin)kauern **3** **to ~ (in a house)** ein Haus besetzt haben **C** **S** (umg) Unterschlupf m (für Hausbesetzer) **squatter** ['skwɒtəʳ] **S** Hausbesetzer(in) m(f)

squawk [skwɔ:k] **A** **S** heiserer Schrei; **he let out a ~** er kreischte auf **B** VI schreien

squeak [skwi:k] **A** **S** (von Tür etc) Quietschen n kein pl; (von Mensch) Quiekser m; (von Tier) Quieken n kein pl; (von Maus) Piepsen n kein pl; (fig umg) Pieps m (umg) **B** VI (Tür etc) quietschen; (Mensch) quieksen; (Tier) quieken; (Maus) piepsen ♦**squeak by** od **through** VI (umg) gerade so durchkommen (umg)

squeaky ['skwi:kɪ] ADJ (+er) quietschend; Stimme piepsig **squeaky-clean** [ˌskwi:kɪ'kli:n] ADJ (umg) blitzsauber (umg)

squeal ['skwi:l] **A** **S** Kreischen n kein pl; (von Schwein) Quieken n kein pl; **with a ~ of brakes** mit kreischenden Bremsen; **~s of laughter** schrilles Gelächter **B** VI kreischen; (Schwein) quieksen; **to ~ with delight** vor Wonne quietschen

squeamish ['skwi:mɪʃ] ADJ empfindlich; **I'm not ~** mir wird nicht so schnell schlecht; (≈

hartgesotten) ich bin nicht so empfindlich
squeeze [skwiːz] **A** ⓢ Drücken *n kein pl*; *(zärtlich)* Umarmung *f*; **to give sth a ~** etw drücken; **it was a tight ~** es war fürchterlich eng **B** ⓥⓣ drücken; *Tube* ausdrücken; *Orange* auspressen; **to ~ clothes into a case** Kleider in einen Koffer zwängen; **I'll see if we can ~ you in** vielleicht können wir Sie noch unterbringen; **we ~d another song in** wir schafften noch ein Lied **C** ⓥⓘ **you should be able to ~ through** wenn du dich klein machst, kommst du durch; **to ~ in** sich hineinzwängen; **to ~ past sb** sich an jdm vorbeidrücken; **to ~ onto the bus** sich in den Bus hineinzwängen; **to ~ up a bit** ein bisschen zusammenrücken ♦**squeeze out** ⓥⓣ *trennb* **1** *Schwamm etc* ausdrücken **2** *Saft etc* auspressen *(of* aus)**squeezer** ['skwiːzə'] ⓢ (Zitronen)presse *f*
squelch [skweltʃ] **A** ⓢ quatschendes Geräusch *(umg)* **B** ⓥⓘ *(Schuhe, Schlamm)* quatschen
squid [skwɪd] ⓢ Tintenfisch *m*
squiggle ['skwɪgl] ⓢ Schnörkel *m* **squiggly** ['skwɪglɪ] ⓐⓓⓙ (+*er*) schnörkelig
squint [skwɪnt] **A** ⓢ MED Schielen *n kein pl*; **to have a ~** leicht schielen **B** ⓥⓘ schielen; *(bei hellem Licht)* blinzeln **C** ⓐⓓⓙ schief
squirm [skwɜːm] ⓥⓘ sich winden
squirrel ['skwɪrəl] ⓢ Eichhörnchen *n*
squirt [skwɜːt] **A** ⓢ **1** Spritzer *m* **2** *(pej umg ≈ Kind)* Pimpf *m (umg)* **B** ⓥⓣ spritzen; *jdn* bespritzen **C** ⓥⓘ spritzen
squishy ['skwɪʃɪ] ⓐⓓⓙ (+*er*) *(umg)* matschig *(umg)*
Sri Lanka [ˌsriːˈlæŋkə] ⓢ Sri Lanka *n*
St. **1** *abk von* Street Str. **2** *abk von* Saint hl., St.
stab [stæb] **A** ⓢ **1** Stich *m* (⚠ nicht „Stab"); **~ wound** Stichwunde *f*; **a ~ of pain** ein stechender Schmerz; **she felt a ~ of jealousy** plötzlich durchfuhr sie Eifersucht; **a ~ in the back** *(fig)* ein Dolchstoß *m* **2** *(umg)* **to have a ~ at sth** etw probieren **B** ⓥⓣ einen Stich versetzen (+*dat*); *(mehrfach)* einstechen auf (+*akk*); **to ~ sb (to death)** jdn erstechen; **he was ~bed through the arm/heart** der Stich traf ihn am Arm/ins Herz; **to ~ sb in the back** jdm in den Rücken fallen **stabbing** ['stæbɪŋ] **A** ⓢ Messerstecherei *f* **B** ⓐⓓⓙ *Schmerz* stechend
stability [stəˈbɪlɪtɪ] ⓢ Stabilität *f* **stabilize** ['steɪbəlaɪz] **A** ⓥⓣ stabilisieren **B** ⓥⓘ sich stabilisieren
stable[1] ['steɪbl] ⓐⓓⓙ (+*er*) stabil; *Stelle* dauerhaft; *Charakter* gefestigt
stable[2] ⓢ Stall *m*; **riding ~s** Reitstall *m* **stablelad** ['steɪblæd] *(Br)*, **stableman** ['steɪblmən] ⓢ Stallbursche *m*
stack [stæk] **A** ⓢ **1** Haufen *m*, Stapel *m* **2** *(umg)* **~s** jede Menge *(umg)* **B** ⓥⓣ stapeln; *Regale* einräu-

men; **to ~ up** aufstapeln; **the cards** *od* **odds are ~ed against us** *(fig)* wir haben keine großen Chancen
stadium ['steɪdɪəm] ⓢ, *pl* **-s** *od* **stadia** ['steɪdɪə] Stadion *n*
staff [stɑːf] **A** ⓢ **1** Personal *n*; SCHULE, UNIV Kollegium *n*; *(von Firma etc)* Mitarbeiterstab *m*; **we don't have enough ~ to complete the project** wir haben nicht genügend Mitarbeiter, um das Projekt zu beenden; **a member of ~** ein Mitarbeiter *m*, eine Mitarbeiterin; SCHULE ein Kollege *m*, eine Kollegin; **to be on the ~** zum Personal/Kollegium/Mitarbeiterstab gehören **2** *pl* **-s** *od (old)* **staves** Stab *m* **3** MIL Stab *m* **B** ⓥⓣ mit Personal besetzen; **the kitchens are ~ed by foreigners** das Küchenpersonal besteht aus Ausländern **staffed** ⓐⓓⓙ **to be well ~** ausreichend Personal haben **staffing** ['stɑːfɪŋ] ⓢ Stellenbesetzung *f* **staff meeting** ⓢ Personalversammlung *f* **staff nurse** ⓢ *(Br)* (voll) ausgebildete Krankenschwester **staffroom** ⓢ Lehrerzimmer *n*
stag [stæg] ⓢ ZOOL Hirsch *m*
stage [steɪdʒ] **A** ⓢ **1** (THEAT, *fig*) Bühne *f*; **the ~** *(≈ Berufszweig)* das Theater, die Bühne; **to be on/go on the ~** *(beruflich)* beim Theater sein/ zum Theater gehen; **to go on ~** *(Schauspieler)* die Bühne betreten; **to leave the ~** von der Bühne abtreten; **the ~ was set** *(fig)* alles war vorbereitet; **to set the ~ for sth** *(fig)* den Weg für etw bereiten **2** Podium *n* **3** Stadium *n*, Phase *f*; **at this ~** such a thing is impossible zum gegenwärtigen Zeitpunkt ist das unmöglich; **at this ~ in the negotiations** an diesem Punkt der Verhandlungen; **in the final ~(s)** im Endstadium; **what ~ is your thesis at?** wie weit sind Sie mit Ihrer Dissertation?; **we have reached a ~ where ...** wir sind an einem Punkt angelangt, wo ...; **to be at the experimental ~** im Versuchsstadium sein **4** *(von Rennen)* Etappe *f*; **in (easy) ~s** etappenweise **B** ⓥⓣ *Stück* aufführen; *Veranstaltung* durchführen; *Unfall* inszenieren; *Protestaktion* veranstalten **stagecoach** ⓢ Postkutsche *f* **stage fright** ⓢ Lampenfieber *n* **stage manager** ⓢ Inspizient(in) *m(f)* **stage set** ⓢ Bühnenbild *n*
stagger ['stægə'] **A** ⓥⓘ schwanken, wanken; *(Betrunkener)* torkeln **B** ⓥⓣ **1** *(fig: durch Überraschung etc)* umhauen *(umg)* **2** *Urlaubstage* staffeln; *Sitzplätze* versetzen **staggered** ['stægəd] ⓐⓓⓙ **1** verblüfft **2** *Arbeitsstunden* gestaffelt **staggering** ['stægərɪŋ] ⓐⓓⓙ **1** **to be a ~ blow (to sb/sth)** ein harter *od* schwerer Schlag (für jdn/etw) sein **2** umwerfend
stagnant ['stægnənt] ⓐⓓⓙ (still)stehend *attr*;

Wasser abgestanden; *Luft* verbraucht **stagnate** [stæg'neɪt] VI stagnieren; (*Wasser*) abstehen **stagnation** [stæg'neɪʃən] S Stagnieren n

stag night S Junggesellenabschied m

staid [steɪd] ADJ (+er) seriös, gesetzt; *Farbe* gedeckt

stain [steɪn] A S (wörtl) Fleck m; (fig) Makel m; **a blood ~** ein Blutfleck m B VT beflecken; (*mit Lack etc*) einfärben; *Holz* beizen **stained** ADJ gefärbt; *Kleidung* fleckig; **~ glass** Glasmalerei f; **~-glass window** farbiges Glasfenster; **~ with blood** blutbefleckt **stainless steel** [,steɪnlɪs-'stiːl] S rostfreier (Edel)stahl

stair [steə^r] S 1 Stufe f 2 (!) meist pl Treppe f, Stiege f (*österr*); **at the top of the ~s** oben an der Treppe **staircase** S Treppe f, Stiege f (*österr*) **stairlift** S Treppenlift m, Stiegenlift m (*österr*) **stairway** S Treppe f, Stiege f (*österr*) **stairwell** S Treppenhaus n, Stiegenhaus n (*österr*)

stake [steɪk] A S 1 Pfosten m; (*für Pflanzen*) Stange f 2 Scheiterhaufen m 3 (*bei Wette*) Einsatz m; FIN Anteil m; **to be at ~** auf dem Spiel stehen; **he has a lot at ~** er hat viel zu verlieren; **to have a ~ in sth** einen Anteil an etw (*dat*) haben 4 **stakes** PL Gewinn m; **to raise the ~s** den Einsatz erhöhen B VT 1 (*a.* **stake up**) Pflanze hochbinden; *Zaun* abstützen 2 (≈ *riskieren*) setzen (*on* auf +*akk*); **to ~ one's reputation on sth** sein Wort für etw verpfänden; **to ~ a claim to sth** sich (*dat*) ein Anrecht auf etw (*akk*) sichern **stakeholder** ['steɪkhəʊldə^r] S Teilhaber(in) m(f)

stalactite ['stæləktaɪt] S Stalaktit m

stalagmite ['stæləgmaɪt] S Stalagmit m

stale [steɪl] ADJ (+er) alt; *Kuchen* trocken; *Brot* altbacken; (*übel riechend*) muffig; *Luft* verbraucht; **to go ~** (*Nahrung*) verderben

stalemate ['steɪlmeɪt] S Patt n; **to reach ~** (fig) in eine Sackgasse geraten

stalk[1] [stɔːk] VT *Wild* sich anpirschen an (+*akk*); (*Tier*) sich heranschleichen an (+*akk*)

stalk[2] S (*von Pflanze*) Stiel m; (*von Wirsing*) Strunk m

stalker ['stɔːkə^r] S Stalker(in) m(f)

stall [stɔːl] A S 1 (*in Stall*) Box f (!) nicht „Stall") 2 (*auf Markt*) Stand m, Standl n (*österr*) 3 **stalls** PL (*Br* THEAT, FILM) Parkett n B VT 1 AUTO abwürgen; FLUG überziehen 2 *jdn* hinhalten; *Prozess* hinauszögern C VI 1 (*Motor*) absterben; FLUG überziehen 2 Zeit schinden (*umg*); **to ~ for time** versuchen, Zeit zu schinden (*umg*)

stallion ['stæljən] S Hengst m

stalwart ['stɔːlwət] S (getreuer) Anhänger

stamina ['stæmɪnə] S Durchhaltevermögen n

stammer ['stæmə^r] A S Stottern n; **he has a bad ~** er stottert stark B VT (*a.* **stammer out**) stammeln C VI stottern

stamp [stæmp] A S 1 (Brief)marke f 2 Stempel m B VT 1 **to ~ one's foot** (mit dem Fuß) (auf)stampfen 2 **a ~ed addressed envelope** ein frankierter Rückumschlag 3 stempeln C VI (*beim Gehen*) sta(m)pfen ◆**stamp on** A VT *trennb Muster etc* aufprägen; **to ~e's authority on sth** einer Sache (*dat*) seine Autorität aufzwingen B VI +*obj* treten auf (+*akk*) ◆**stamp out** VT *trennb Feuer* austreten; (fig) *Verbrechen* ausrotten

stamp album S Briefmarkenalbum n **stamp collection** S Briefmarkensammlung f **stamp collector** S Briefmarkensammler(in) m(f) **stamp duty** S (*Br*) Stempelgebühr f (!) = (*US*) **stamp tax**)

stampede [stæm'piːd] A S (*von Vieh*) wilde Flucht; (*von Menschen*) Massenansturm m (*on* auf +*akk*) B VI durchgehen; (*Menge*) losstürmen (*for* auf +*akk*)

stamp tax S (*US*) Stempelgebühr f (!) = (*Br*) **stamp duty**)

stance [stæns] S Haltung f

stand [stænd] *v: prät, pperf* **stood** A S 1 (fig) Standpunkt m (*on* zu); **to take a ~** einen Standpunkt vertreten 2 MIL Widerstand m; **to make a ~** Widerstand leisten 3 (≈ *auf Marktplatz*) Stand m, Standl n (*österr*) 4 (*für Notenheft*) Ständer m 5 SPORT Tribüne f; **to take the ~** JUR in den Zeugenstand treten B VT 1 stellen 2 *Druck etc* standhalten (+*dat*); (*bes Mensch*) gewachsen sein (+*dat*); *Prüfung* bestehen; *Hitze* ertragen 3 (*umg*) aushalten; **I can't ~ being kept waiting** ich

stall — Box

stall — Stand

STAN | 630

kann es nicht leiden, wenn man mich warten lässt **4 to ~ trial** vor Gericht stehen (for wegen) **C** VI **1** stehen, aufstehen; (Angebot) gelten; **don't just ~ there!** stehen Sie nicht nur (dumm) rum, tun Sie was! (umg); **to ~ as a candidate** kandidieren **2** (≈ messen, Baum etc) hoch sein **3** (Rekord) stehen (at auf +dat) **4** (fig) **we ~ to gain a lot** wir können sehr viel gewinnen; **what do we ~ to gain by it?** was springt für uns dabei heraus? (umg); **I'd like to know where I ~ (with him)** ich möchte wissen, woran ich (bei ihm) bin; **where do you ~ on this issue?** welchen Standpunkt vertreten Sie in dieser Frage?; **as things ~** nach Lage der Dinge; **as it ~s** so wie die Sache aussieht; **to ~ accused of sth** einer Sache (gen) angeklagt sein; **to ~ firm** festbleiben; **nothing now ~s between us** es steht nichts mehr zwischen uns ◆**stand about** (Br) od **around** VI herumstehen ◆**stand apart** VI (wörtl) abseitsstehen; (fig) sich fernhalten ◆**stand aside** VI (wörtl) zur Seite treten ◆**stand back** VI zurücktreten ◆**stand by A** VI **1 to ~ and do nothing** tatenlos zusehen **2** sich bereithalten **B** VI +obj **to ~ sb** zu jdm halten ◆**stand down** VI zurücktreten ◆**stand for** VI +obj **1 to ~ election** (in einer Wahl) kandidieren **2** stehen für **3** sich (dat) gefallen lassen ◆**stand in** VI einspringen ◆**stand out** VI hervorstechen; **to ~ against sth** sich gegen etw od von etw abheben ◆**stand over** VI +obj (≈ beaufsichtigen) auf die Finger sehen (+dat) ◆**stand up A** VI **1** aufstehen, stehen; **~ straight!** stell dich gerade hin **2** (Argument) überzeugen; JUR bestehen **3 to ~ for sb/sth** für jdn/etw eintreten; **to ~ to sb** sich jdm gegenüber behaupten **B** VT trennb **1** hinstellen **2** (umg) Freundin versetzen

standard ['stændəd] **A** S **1** Norm f, Maßstab m; (meist pl) (sittliche) Maßstäbe pl; **to be up to ~** den Anforderungen genügen; **he sets himself very high ~s** er stellt hohe Anforderungen an sich (akk) selbst; **by any ~(s)** egal, welche Maßstäbe man anlegt; **by today's ~(s)** aus heutiger Sicht **2** Niveau n; **~ of living** Lebensstandard m **3** Flagge f **B** ADJ **1** üblich, durchschnittlich, Standard-; **to be ~ practice** üblich sein **2** LING (allgemein) gebräuchlich; **~ English** korrektes Englisch; **~ German** Hochdeutsch n **standard class** S BAHN zweite Klasse **standardization** [ˌstændədaɪˈzeɪʃən] S Vereinheitlichung f, Standardisierung f **standardize** ['stændədaɪz] VT vereinheitlichen, standardisieren **standard lamp** S Stehlampe f **standard time** S (US) Winterzeit f (❗ = (Br) **winter time**)

stand-by ['stændbaɪ] **A** S **1** Ersatzperson f; (≈ Objekt) Reserve f; FLUG Stand-by-Ticket n **2 on ~** in Bereitschaft **B** ADJ attr Reserve-, Ersatz-; **~ ticket** Stand-by-Ticket n **stand-in** ['stændɪn] S Ersatz m **standing** ['stændɪŋ] **A** S **1** Rang m, Stellung f, Position f **2** Ruf m **3** Dauer f; **her husband of five years' ~** ihr Mann, mit dem sie seit fünf Jahren verheiratet ist **B** ADJ attr **1** ständig; Heer stehend; **it's a ~ joke** das ist schon zu einem Witz geworden **2** aus dem Stand; **~ room only** nur Stehplätze; **to give sb a ~ ovation** jdm eine stehende Ovation darbringen **standing charge** S Grundgebühr f **standing order** S FIN Dauerauftrag m; **to pay sth by ~** etw per Dauerauftrag bezahlen **standing stone** S Menhir m **standoff** S Patt n **standoffish** ADJ, **standoffishly** ADV [ˌstændˈɒfɪʃ, -lɪ] (umg) distanziert **standpoint** S Standpunkt m; **from the ~ of the teacher** vom Standpunkt des Lehrers (aus) gesehen **standstill** S Stillstand m; **to be at a ~** (Verkehr) stillstehen; (Fabrik) ruhen; **to bring production to a ~** die Produktion lahmlegen od zum Erliegen bringen; **to come to a ~** stehen bleiben; (Fahrzeug) zum Stehen kommen; (Verkehr) zum Stillstand kommen; (Industrie) zum Erliegen kommen **stand-up** ADJ attr **~ comedian** Bühnenkomiker(in) m(f); **~ comedy** Stand-up Comedy f

stank [stæŋk] prät von **stink**

stanza ['stænzə] S Strophe f

staple¹ ['steɪpl] **A** S Klammer f, Heftklammer f **B** VT heften

staple² **A** ADJ Haupt-; **~ diet** Hauptnahrungsmittel n **B** S **1** Hauptartikel m **2** Hauptnahrungsmittel n

stapler ['steɪplə] S Heftgerät n

star [stɑːʳ] **A** S **1** Stern m; **the Stars and Stripes** das Sternenbanner; **you can thank your lucky ~s that …** Sie können von Glück sagen, dass … **2** (Mensch) Star m **B** ADJ attr Haupt-; **~ player** Star m **C** VI FILM etc **to ~ sb** jdn in der Hauptrolle zeigen; **a film ~ring Greta Garbo** ein Film mit Greta Garbo (in der Hauptrolle) **D** VI FILM etc die Hauptrolle spielen

starboard ['stɑːbəd] **A** S Steuerbord n **B** ADJ Steuerbord- **C** ADV (nach) Steuerbord

starch [stɑːtʃ] **A** S Stärke f **B** VT stärken

stardom ['stɑːdəm] S Ruhm m

stare [steəʳ] **A** S (starrer) Blick **B** VT **the answer was staring us in the face** die Antwort lag klar auf der Hand; **to ~ defeat in the face** der Niederlage ins Auge blicken **C** VI (vor sich hin) starren; (überrascht) große Augen machen; **to ~ at sb/sth** jdn/etw anstarren

starfish ['stɑːfɪʃ] S, pl - Seestern m **star fruit** S Sternfrucht f

staring ['stɛərɪŋ] ADJ starrend attr; ~ **eyes** starrer Blick

stark [stɑːk] A ADJ (+er) Unterschied krass; Tatsache nackt; Wahl hart; Landschaft kahl B ADV ~ **raving mad** (umg) total verrückt (umg); ~ **naked** splitter(faser)nackt (umg) **starkers** ['stɑːkəz] ADJ (Br umg) splitter(faser)nackt (umg)

starlight ['stɑːlaɪt] S Sternenlicht n

starling ['stɑːlɪŋ] S Star m

starlit ADJ stern(en)klar **starry** ['stɑːrɪ] ADJ (+er) Nacht stern(en)klar; ~ **sky** Sternenhimmel m; ~**-eyed** (umg) blauäugig **star sign** S Sternzeichen n **star-spangled banner** S **The Star-spangled Banner** das Sternenbanner **star--studded** ['stɑːstʌdɪd] ADJ (fig) ~**cast** Starbesetzung f

start¹ [stɑːt] A **to give a ~** zusammenfahren; **to give sb a ~** jdn erschrecken; **to wake with a ~** aus dem Schlaf hochschrecken B VI zusammenfahren

start² A S 1 Beginn m, Anfang m; (bei Reise) Aufbruch m, Start m; (von Problemen etc) Ausgangspunkt m; **for a ~** fürs Erste, zunächst einmal; **from the ~** von Anfang an; **from ~ to finish** von Anfang bis Ende; **to get off to a good ~** gut vom Start wegkommen; (fig) einen glänzenden Start haben; **to make a ~ (on sth)** (mit etw) anfangen 2 a. SPORT Vorsprung m (over vor +dat) B VT 1 anfangen mit, beginnen; neuen Job, Reise antreten; **to ~ work** anfangen zu arbeiten; **to ~ school** in die Schule kommen (❗ ohne **the**) 2 Rennen, Maschine starten; Gespräch, Streit anfangen; Motor anlassen; Feuer legen; Unternehmen gründen C VI anfangen, beginnen; (Motor) starten; ~**ing from Tuesday** ab Dienstag; **to ~ (off) with** erstens, zunächst; **I'd like soup to ~ (off) with** ich möchte erst mal eine Suppe; **to get ~ed** anfangen; (zu Reise) aufbrechen; **to ~ on a task/journey** sich an eine Aufgabe/auf eine Reise machen; **to ~ talking** od **to talk** zu sprechen beginnen; **he ~ed by saying ...** er sagte zunächst ... ◆**start back** VI sich auf den Rückweg machen ◆**start for** VI +obj sich auf den Weg machen nach ◆**start off** A VI anfangen; (zu Reise) aufbrechen; **to ~ with** = start² C B VT trennb anfangen; **that started the dog off (barking)** da fing der Hund an zu bellen; **to start sb off on sth** jdn auf etw (akk) bringen; **a few stamps to start you off** ein paar Briefmarken für den Anfang ◆**start out** VI anfangen; (≈ zu Reise) aufbrechen (for nach) ◆**start up** A VI anfangen; (Maschine) angehen (umg); (Motor) anspringen B VT trennb 1 Gerät, Motor anmachen (umg) 2 eröffnen; Gespräch anknüpfen

starter ['stɑːtə] S 1 SPORT Starter(in) m(f) 2 (Br umg) Vorspeise f **for ~s** (umg) für den Anfang (umg) **starting gun** S Startpistole f **starting point** S Ausgangspunkt m

startle ['stɑːtl] VT erschrecken **startling** ['stɑːtlɪŋ] ADJ Nachricht überraschend; (negativ) alarmierend; Zufall erstaunlich; Entdeckung sensationell

start-up ['stɑːtʌp] S ~ **costs** Startkosten pl

starvation [stɑːˈveɪʃən] S Hunger m; **to die of ~** verhungern **starve** [stɑːv] A VT 1 hungern lassen; (a. **starve out**) aushungern; (a. **starve to death**) verhungern lassen; **to ~ oneself** hungern 2 (fig) **to ~ sb of sth** jdm etw vorenthalten B VI hungern; (a. **starve to death**) verhungern; **you must be starving!** du musst doch halb verhungert sein! (umg) **starving** ['stɑːvɪŋ] ADJ (wörtl) hungernd attr; (fig) hungrig

stash [stæʃ] VT (umg: a. **stash away**) bunkern (sl); Geld beiseiteschaffen

state [steɪt] A S 1 Zustand m; ~ **of mind** Geisteszustand m; **the present ~ of the economy** die gegenwärtige Wirtschaftslage; **he's in no (fit) ~ to do that** er ist auf gar keinen Fall in der Verfassung, das zu tun; **what a ~ of affairs!** was sind das für Zustände!; **look at the ~ of your hands!** guck dir bloß mal deine Hände an!; **the room was in a terrible ~** im Zimmer herrschte ein fürchterliches Durcheinander; **to get into a ~ (about sth)** (umg) wegen etw durchdrehen (umg); **to be in a terrible ~** (umg) in heller Aufregung od ganz durchgedreht (umg) sein; **to lie in ~** (feierlich) aufgebahrt sein 2 POL Staat m; (≈ von Republik etc)

star — Stern

star — Star

STAT | 632

(Bundes)staat m, (Bundes)land n; **the States** die (Vereinigten) Staaten; **the State of Florida** der Staat Florida **B** V̄T̄ darlegen; _Namen, Absicht_ angeben; **to ~ that ...** erklären, dass ...; **to ~ one's case** seine Sache vortragen; **as ~d in my letter I ...** wie in meinem Brief erwähnt, ... ich ... **state** _in zssgn_ Staats-, staatlich; _(US etc)_ bundesstaatlich **stated** ĀDJ **1** genannt **2** fest (-gesetzt) **State Department** S̄ _(US)_ Außenministerium n **state education** S̄ staatliche Erziehung **state-funded** ĀDJ staatlich finanziert **state funding** S̄ staatliche Finanzierung **statehouse** S̄ _(US)_ Parlamentsgebäude n **stateless** ĀDJ staatenlos **stately** ['steɪtlɪ] ĀDJ (+er) würdevoll; **~ home** herrschaftliches Anwesen

statement ['steɪtmənt] S̄ **1** Darstellung f, Darlegung f **2** Behauptung f; (≈ _offiziell_) Erklärung f; _(polizeilich)_ Aussage f; **to make a ~ to the press** eine Presseerklärung abgeben **3** (FIN: a. **bank statement**) Kontoauszug m

state-of-the-art [ˌsteɪtəvðiː'ɑːt] ĀDJ hochmodern; **~ technology** Spitzentechnologie f **state-owned** ĀDJ staatseigen **state school** S̄ _(Br)_ öffentliche Schule (🔴 = (US) **public school**) **state secret** S̄ Staatsgeheimnis n **stateside** _(US umg)_ Ā ĀDJ in den Staaten _(umg)_ **B** ĀDV nach Hause **statesman** ['steɪtsmən] S̄, _pl_ **-men** [-mən] Staatsmann m **statesmanlike** ĀDJ staatsmännisch **statesmanship** S̄ Staatskunst f **stateswoman** ['steɪtswʊmən] S̄, _pl_ **-women** [-wɪmɪn] Staatsmännin f

static ['stætɪk] Ā ĀDJ statisch, konstant; **~ electricity** statische Aufladung **B** S̄ PHYS Reibungselektrizität f

station ['steɪʃən] S̄ **1** Station f; (≈ _von Polizei_) Wache f, Wachzimmer n _(österr)_ **2** Bahnhof m **3** RADIO, TV Sender m **4** (≈ _Position_) Platz m **5** (≈ _Stellung_) Rang m

stationary ['steɪʃənərɪ] ĀDJ parkend _attr_, haltend _attr_; **to be ~** _(Verkehr)_ stillstehen **stationer** ['steɪʃənə'] S̄ Schreibwarenhändler(in) m(f) **stationery** ['steɪʃənərɪ] S̄ Schreibwaren pl

station house S̄ _(US)_ (Polizei)wache f, Wachzimmer n _(österr)_ **stationmaster** S̄ Bahnhofsvorsteher(in) m(f) **station wagon** S̄ _(US)_ Kombi(wagen) m (🔴 = (Br) **estate car**)

statistic [stə'tɪstɪk] S̄ Statistik f **statistical** ĀDJ, **statistically** ĀDV statistisch **statistics** S̄ **1** (🔴 mit Verb im Singular) Statistik f **2** (🔴 mit Verb im Plural) (≈ _Daten_) Statistiken pl **statue** ['stætjuː] S̄ Statue f; **Statue of Liberty** Freiheitsstatue f **statuesque** [ˌstætjʊ'esk] ĀDJ standbildhaft

stature ['stætʃə'] S̄ **1** Wuchs m, Statur f; **of short ~** von kleinem Wuchs **2** (fig) Format n **status** ['steɪtəs] S̄ Stellung f; **equal ~** Gleichstellung f; **marital ~** Familienstand m **status bar** S̄ IT Statuszeile f **status quo** [ˌsteɪtəs'kwəʊ] S̄ (🔴 kein pl) Status quo m **status symbol** S̄ Statussymbol n

statute ['stætjuːt] S̄ Gesetz n; (von _Organisation_) Satzung f **statute book** S̄ (bes _Br_) Gesetzbuch n **statutory** ['stætjʊtərɪ] ĀDJ gesetzlich; (in _Organisation_) satzungsgemäß; _Rechte_ verbrieft

staunch¹ [stɔːntʃ] ĀDJ (+er) _Verbündeter_ unerschütterlich; _Katholik_ überzeugt; _Unterstützung_ standhaft

staunch² V̄T̄ stauen; _Blutung_ stillen

staunchly ['stɔːntʃlɪ] ĀDV treu; _verteidigen_ standhaft; _katholisch_ streng

stave [steɪv] S̄ **1** Knüppel m **2** MUS Notenlinien pl **♦stave off** V̄T̄ _trennb_ Angriff zurückschlagen; _Bedrohung_ abwehren; _Niederlage_ abwenden

stay [steɪ] Ā S̄ Aufenthalt m **B** V̄T̄ **to ~ the night** übernachten **C** V̄Ī **1** bleiben; **to ~ for** _od_ **to supper** zum Abendessen bleiben **2** wohnen; (in _Herberge etc_) übernachten; **to ~ at a hotel** im Hotel übernachten; **I ~ed in Italy for a few weeks** ich habe mich ein paar Wochen in Italien aufgehalten; **when I was ~ing in Italy** als ich in Italien war; **he is ~ing at Chequers for the weekend** er verbringt das Wochenende in Chequers; **my brother came to ~** mein Bruder ist zu Besuch gekommen **♦stay away** V̄Ī (from von) wegbleiben; (von _jdm_) sich fernhalten **♦stay back** V̄Ī zurückbleiben, Abstand halten **♦stay behind** V̄Ī zurückbleiben; (SCHULE: _zur Strafe_) nachsitzen **♦stay down** V̄Ī unten bleiben; SCHULE wiederholen **♦stay in** V̄Ī zu Hause bleiben; (in _Position_) drinbleiben **♦stay off** V̄Ī +obj **to ~ school** nicht zur Schule gehen **♦stay on** V̄Ī (_Deckel etc_) draufbleiben; _(Licht)_ anbleiben; **to ~ at school** (in der Schule) weitermachen **♦stay out** V̄Ī draußen bleiben, wegbleiben; **to ~ of sth** sich aus etw heraushalten; **he never managed to ~ of trouble** er war dauernd in Schwierigkeiten **♦stay up** V̄Ī **1** aufbleiben **2** (_Zelt_) stehen bleiben; _(Bild)_ hängen bleiben; **his trousers won't ~** seine Hosen rutschen immer **♦stay with** V̄Ī +obj (_vorübergehend_) wohnen bei

staying power ['steɪɪŋˌpaʊə'] S̄ Ausdauer f **St Bernard** [sənt'bɜːnəd] S̄ Bernhardiner m **STD 1** (Br TEL) abk von **subscriber trunk dialling** der Selbstwählferndienst **2** abk von **sexually transmitted disease STD code** [estiː'diːkəʊd] S̄ Vorwahl(nummer) f

stead [sted] S̄ **to stand sb in good ~** jdm zugutekommen **steadfast** ['stedfɑːst] ĀDJ fest

steadily ['stedɪlɪ] ADV **1** ruhig **2** ständig; *Regen* ununterbrochen; **the atmosphere in the country is getting ~ more tense** die Stimmung im Land wird immer gespannter **3** zuverlässig **4** gleichmäßig

steady ['stedɪ] A ADJ (+er) **1** *Hand* ruhig; *Stimme, Job, Freund* fest; **to hold sth ~** etw ruhig halten; *Leiter* etw festhalten **2** *Fortschritt* kontinuierlich; *Regen* ununterbrochen; *Einkommen* geregelt; **at a ~ pace** in gleichmäßigem Tempo **3** zuverlässig B ADV **~!** vorsichtig!; **to go ~ (with sb)** (*umg*) mit jdm (fest) gehen (*umg*) C VIT *Nerven* beruhigen; **to ~ oneself** festen Halt finden

steak [steɪk] S̲ Steak *n*; (≈ *Fisch*) Filet *n*

steal [stiːl] *v*; *prät* **stole**, *pperf* **stolen** A VIT stehlen; **to ~ sth from sb** jdm etw stehlen; **to ~ the show** die Schau stehlen; **to ~ a glance at sb** verstohlen zu jdm hinschauen B VI **1** stehlen **2** **to ~ away** *od* **off** sich weg- *od* davonstehlen; **to ~ up on sb** sich an jdn heranschleichen

stealth [stelθ] S̲ List *f*; **by ~** durch List

stealthily ['stelθɪlɪ] ADV verstohlen

stealthy ['stelθɪ] ADJ (+er) verstohlen

steam [stiːm] A S̲ Dampf *m*; **full ~ ahead** SCHIFF volle Kraft voraus; **to get pick up ~** (*fig*) in Schwung kommen; **to let off ~** Dampf ablassen; **to run out of ~** (*fig*) Schwung verlieren B VIT dämpfen C VI dampfen ◆**steam up** A VIT *trennb Fenster* beschlagen lassen; **to be (all) steamed up** (ganz) beschlagen sein; (*fig umg*) (ganz) aufgeregt sein B VI beschlagen

steamboat S̲ Dampfschiff *n* **steam engine** S̲ Dampflok *f* **steamer** ['stiːmə˞] S̲ **1** Dampfer *m* **2** GASTR Dampf(koch)topf *m* **steam iron** S̲ Dampfbügeleisen *n* **steamroller** S̲ Dampfwalze *f* **steamship** S̲ Dampfschiff *n* **steamy** ['stiːmɪ] ADJ (+er) dampfig; (*fig*) *Affäre* heiß

steel [stiːl] A S̲ Stahl *m* B ADJ *attr* Stahl- C VIT **to ~ oneself** sich wappnen (*for gegen*); **to ~ oneself to do sth** allen Mut zusammennehmen, um etw zu tun **steel band** S̲ Steelband *f* **steely** ['stiːlɪ] ADJ (+er) *Gesichtsausdruck* hart

steep¹ [stiːp] ADJ (+er) **1** steil; **it's a ~ climb** es geht steil hinauf **2** (*fig umg*) *Preis* unverschämt

steep² VIT eintauchen; *Wäsche* einweichen **2** (*fig*) **to be ~ed in sth** von etw durchdrungen sein; **~ed in history** geschichtsträchtig

steepen ['stiːpən] VI (*Abhang*) steiler werden; (*Boden*) ansteigen

steeple ['stiːpl] S̲ Kirchturm *m* **steeplechase** ['stiːpltʃeɪs] S̲ Hindernisrennen *n*, Hindernislauf *m*

steepness ['stiːpnɪs] S̲ Steilheit *f*

steer¹ [stɪə˞] A VIT lenken; *Schiff* steuern B VI lenken; SCHIFF steuern

steer² S̲ junger Ochse

steering ['stɪərɪŋ] S̲ Lenkung *f* **steering wheel** S̲ Steuer(rad) *n*

stellar ['stelə˞] ADJ stellar

stem [stem] A S̲ (*von Pflanze, Glas*) Stiel *m*; (*von Strauch, Wort*) Stamm *m*; (*von Getreide*) Halm *m* B VIT aufhalten C VI **to ~ from sth** von etw herrühren, aus etw (her)stammen **stem cell** S̲ BIOL, MED Stammzelle *f*

stench [stentʃ] S̲ Gestank *m*

stencil ['stensl] S̲ Schablone *f*

step [step] A S̲ **1** Schritt *m*; **to take a ~** einen Schritt machen; **~ by ~** Schritt für Schritt; **to watch one's ~** achtgeben; **to be one ~ ahead of sb** (*fig*) jdm einen Schritt voraus sein; **to be in ~** (*wörtl*) im Gleichschritt sein; (*fig*) im Gleichklang sein; **to be out of ~** (*wörtl*) nicht im Tritt sein; (*fig*) nicht im Gleichklang sein; **the first ~ is to form a committee** als Erstes muss ein Ausschuss gebildet werden; **to take ~s to do sth** Maßnahmen ergreifen, (um) etw zu tun **2** Stufe *f*; (*in Prozess*) Abschnitt *m*; **~s** Treppe *f*, Stiege *f* (*österr*); **mind the ~** Vorsicht Stufe **3** **steps** PL (*Br*) Trittleiter *f* B VI **1** gehen; **to ~ into/out of sth** in etw (*akk*)/aus etw treten; **to ~ on(to) sth** *Zug* in etw (*akk*) steigen; *Plattform* auf etw (*akk*) steigen; **to ~ on sth** auf etw (*akk*) treten; **he ~ped on my foot** er ist mir auf den Fuß getreten; **to ~ inside/outside** hinein-/hinaustreten; **~ on it!** (*in Auto*) gib Gas! ◆**step aside** VI **1** (*wörtl*) zur Seite treten **2** (*fig*) Platz machen ◆**step back** VI (*wörtl*) zurücktreten ◆**step down** VI **1** (*wörtl*) hinabsteigen **2** (*fig*) zurücktreten ◆**step forward** VI vortreten; (*fig*) sich melden ◆**step in** VI **1** (*wörtl*) eintreten (*-to, +obj* in *+akk*) **2** (*fig*) eingreifen ◆**step off** VI *+obj* (*aus Bus*) aussteigen (*+obj* aus); **to ~ the pavement** vom Bürgersteig treten ◆**step up** A VIT *trennb* steigern; *Kampagne, Suche* verstärken; *Tempo* erhöhen B VI **to ~ to sb** auf jdn zugehen/zukommen; **he stepped up onto the stage** er trat auf die Bühne

step- PRÄF Stief-; **stepbrother** Stiefbruder *m*

stepladder ['step,lædə˞] S̲ Trittleiter *f* **step machine** S̲ SPORT Stepper *m* **stepping stone** ['stepɪŋ,stəʊn] S̲ (Tritt)stein *m*; (*fig*) Sprungbrett *n*

stereo ['sterɪəʊ] A S̲, *pl* **-s** Stereo *n*, Stereoanlage *f* B ADJ Stereo-

stereotype ['sterɪəˌtaɪp] A S̲ (*fig*) Klischee(vorstellung *f*) B ATTR stereotyp **stereotyped** ADJ, **stereotypical** [ˌstɪərɪəˈtɪpɪkl] ADJ stereotyp

sterile ['steraɪl] ADJ steril; *Boden* unfruchtbar **sterility** [steˈrɪlɪtɪ] S̲ (*von Tier, Boden*) Unfruchtbarkeit *f*; (*von Mensch a.*) Sterilität *f* **steriliza-**

tion [ˌsterɪlaɪˈzeɪʃən] *s̄* Sterilisation *f* **sterilize** [ˈsterɪlaɪz] *vt̄* sterilisieren
sterling [ˈstɜːlɪŋ] **A** *ADJ* **1** FIN Sterling-; **in pounds ~** in Pfund Sterling **2** (fig) gediegen **B** *s̄ kein art* das Pfund Sterling; **in ~** in Pfund Sterling
stern¹ [stɜːn] *s̄* SCHIFF Heck *n*
stern² *ADJ* (+er) streng; *Test* hart **sternly** [ˈstɜːnlɪ] *ADV* ernsthaft; *blicken* streng
steroid [ˈstɪərɔɪd] *s̄* Steroid *n*
stethoscope [ˈsteθəskəʊp] *s̄* Stethoskop *n*
stew [stjuː] **A** *s̄* **1** Eintopf *m* **2** (umg) **to be in a ~ (over sth)** (über etw (akk) od wegen etw) (ganz) aufgeregt sein **B** *vt̄ Fleisch* schmoren; *Obst* dünsten **C** *vī* **to let sb ~** jdn (im eigenen Saft) schmoren lassen
steward [ˈstjuːəd] *s̄* Steward *m*; (von Landgut) Verwalter(in) *m(f)*; (bei Versammlung) Ordner(in) *m(f)*
stewardess [ˌstjuːəˈdes] *s̄* Stewardess *f*
stick¹ [stɪk] *s̄* **1** Stock *m*, Stecken *m* (bes österr, schweiz); (von Strauch) Zweig *m*; SPORT Schläger *m*; **to give sb/sth some/a lot of ~** (Br umg) jdn/etw heruntermachen (umg) od herunterputzen (umg); **to get the wrong end of the ~** (fig umg) etw falsch verstehen; **in the ~s** in der hintersten Provinz **2** (von Sellerie) Stange *f*

stick — Stock

stick — (Sellerie)stange

▶ stick

Im Englischen gibt es je nach Sportart die verschiedensten Bezeichnungen für „Schläger". Beim Hockey sagt man **stick** [stɪk], beim Golf **club** [klʌb], beim Tischtennis, Kricket und Baseball **bat** [bæt], bei Tennis und Federball **racket** [ˈrækɪt].

SPRACHGEBRAUCH

stick² *prät, pperf* stuck **A** *vt̄* **1** kleben, picken (österr) **2** stecken **3** *Messer* stoßen; **he stuck a knife into her arm** er stieß ihr ein Messer in den Arm **4** (umg) tun (umg); (in etw) stecken (umg); **~ it on the shelf** tus ins Regal; **he stuck his head round the corner** er steckte seinen Kopf um die Ecke **B** *vī* **1** kleben (to an +dat), picken (to an +dat) (österr); **the name seems to have stuck** der Name scheint ihm/ihr geblieben zu sein **2** stecken bleiben; (Schublade) klemmen **3** stecken (in in +dat); **it stuck in my foot** das ist mir im Fuß stecken geblieben **4** **his toes are ~ing through his socks** seine Zehen kommen durch die Socken **5** bleiben; **to ~ in sb's mind** jdm im Gedächtnis bleiben ♦**stick around** *vī* (umg) dableiben; **~!** warts ab! ♦**stick at** *vī +obj* bleiben an (+dat) (umg); **to ~ it** dranbleiben (umg) ♦**stick by** *vī +obj* halten zu; *Regeln* sich halten an ♦**stick down** *vt̄*

trennb **1** ankleben; *Umschlag* zukleben **2** (umg) abstellen ♦**stick in** *vt̄ trennb* hineinstecken; *Messer* hineinstechen; **to stick sth in(to) sth** etw in etw (akk) stecken; *Messer* mit etw in etw (akk) stechen ♦**stick on** *vt̄ trennb* **1** *Etikett* aufkleben (+obj auf +akk) **2** (auf Preis) draufschlagen; (+obj) aufschlagen auf (+akk) ♦**stick out A** *vī* vorstehen (of aus); (Ohren) abstehen; (fig) auffallen **B** *vt̄ trennb* herausstrecken ♦**stick to** *vī +obj* **1** bleiben bei; *Prinzipien etc* treu bleiben (+dat); *Regeln, Diät* sich halten an (+akk) **2** *Aufgabe* bleiben an (+dat) ♦**stick together** *vī* (fig) zusammenhalten ♦**stick up A** *vt̄ trennb* **1** zukleben **2** (umg) **stick 'em up!** Hände hoch!; **three pupils stuck up their hands** drei Schüler meldeten sich **B** *vī* (Nagel etc) vorstehen; (Haare) abstehen; (Kragen) hochstehen ♦**stick up for** *vī +obj* eintreten für; **to ~ oneself** sich behaupten ♦**stick with** *vī +obj* bleiben bei
sticker [ˈstɪkəʳ] *s̄* Aufkleber *m*, Pickerl *n* (österr), Klebeschildchen *n* **sticking plaster** [ˈstɪkɪŋˌplɑːstəʳ] *s̄* (Br) Heftpflaster *n* (❗ = (US) **Band-Aid®**)
stickler [ˈstɪkləʳ] *s̄* **to be a ~ for sth** es mit etw peinlich genau nehmen
stick-on *ADJ* **~ label** Aufklebeetikett *n* **stick-up** *s̄* (umg) Überfall *m* **sticky** [ˈstɪkɪ] *ADJ* (+er) **1** klebrig; *Atmosphäre* schwül; *Hände* verschwitzt; **~ tape** (Br) Klebeband *n* (❗ = (US) **Scotch tape®**) **2** (fig umg) *Lage* heikel; **to go through a ~ patch** eine schwere Zeit durchmachen; **to come to a ~ end** ein böses Ende nehmen
stiff [stɪf] *ADJ* (+er) steif; *Masse* fest; *Opposition, Drink* stark; *Bürste, Wettbewerb* hart; *Prüfung* schwierig;

635 ‖ STOC

Preis hoch; *Tür* klemmend; **to be (as) ~ as a board** *od* **poker** steif wie ein Brett sein **stiffen** ['stɪfn] (*a*. **stiffen up**) **A** *VT* steif machen **B** *VI* steif werden

stifle ['staɪfl] **A** *VT* ersticken; (*fig*) unterdrücken **B** *VI* ersticken **stifling** ['staɪflɪŋ] *ADJ* *Hitze* drückend; **it's ~ in here** es ist ja zum Ersticken hier drin (*umg*) **2** (*fig*) beengend

stigma ['stɪɡmə] *S̱*, *pl* -s Stigma *n* **stigmatize** ['stɪɡmətaɪz] *VT* **to ~ sb as sth** jdn als etw brandmarken

stile [staɪl] *S̱* (Zaun)übertritt *m*

stiletto [stɪˈletəʊ] *S̱*, *pl* -s Schuh *m* mit Pfennigabsatz

still¹ [stɪl] **A** *ADJ, ADV* (+*er*) **1** bewegungslos; *Gewässer* ruhig; **to keep ~** stillhalten; **to hold sth ~** etw ruhig halten; **to lie ~** still *od* reglos daliegen; **time stood ~** die Zeit stand still **2** still; **be ~!** (*US*) sei still! **B** *ADJ* *Getränk* ohne Kohlensäure **C** *S̱* FILM Standfoto *n*

still² **A** *ADV* **1** noch, immer noch; **is he ~ coming?** kommt er noch?; **do you mean you ~ don't believe me?** willst du damit sagen, dass du mir immer noch nicht glaubst?; **it ~ hasn't come** es ist immer noch nicht gekommen; **there are ten weeks ~ to go** es bleiben noch zehn Wochen; **worse ~,** … schlimmer noch, … **2** (*umg*) trotzdem; **~, it was worth it** es hat sich trotzdem gelohnt; **~, he's not a bad person** na ja, er ist eigentlich kein schlechter Mensch **B** *KONJ* (und) dennoch

stillbirth *S̱* Totgeburt *f*, Fehlgeburt *f* **stillborn** *ADJ* tot geboren; **the child was ~** das Kind kam tot zur Welt **still life** *S̱*, *pl* still lifes Stillleben *n* **stillness** ['stɪlnɪs] *S̱* **1** Unbewegtheit *f*, Reglosigkeit *f* **2** Stille *f*

stilt [stɪlt] *S̱* Stelze *f* **stilted** *ADJ* ['stɪltɪd] gestelzt

stimulant ['stɪmjʊlənt] *S̱* Anregungsmittel *n* **stimulate** ['stɪmjʊleɪt] *VT* anregen; (*sexuell*) erregen; (*fig*) jdn animieren; *Wachstum* stimulieren; *Wirtschaft* ankurbeln **stimulating** ['stɪmjʊleɪtɪŋ] *ADJ* anregend; *Musik* belebend; (*geistig*) stimulierend **stimulation** [ˌstɪmjʊˈleɪʃən] *S̱* **1** Anregung *f*, Stimulation *f*; (*sexuell*) Erregung *f* **2** (*von Wirtschaft*) Ankurbelung *f* (*to* +*gen*) **stimulus** ['stɪmjʊləs] *S̱*, *pl* stimuli ['stɪmjʊlaɪ] Anreiz *m*; PHYSIOL Reiz *m*

sting [stɪŋ] *v*: *prät*, *pperf* stung **A** *S̱* **1** Stachel *m*; **to take the ~ out of sth** etw entschärfen; **to have a ~ in its tail** (*Geschichte etc*) ein unerwartet fatales Ende nehmen; (*Bemerkung*) gesalzen sein **2** Stich *m* **3** (≈ *Schmerz*) Stechen *n*, Brennen *n* **B** *VT* stechen (**⚠** nur bei Tieren, die einen Stachel haben, bei Stechmücken etc **to bite**); (*Qualle*) verbrennen; **she was stung by the net-**tles sie hat sich an den Nesseln verbrannt; **to ~ sb into action** jdn aktiv werden lassen **C** *VI* **1** stechen, brennen **2** (*Worte*) schmerzen **stinging** ['stɪŋɪŋ] *ADJ* stechend, brennend; *Regen* peitschend; *Angriff* scharf **stinging nettle** *S̱* Brennnessel *f*

stingy ['stɪndʒɪ] *ADJ* (+*er*) (*umg*) *Mensch* knauserig (*umg*); *Summe* popelig (*umg*)

stink [stɪŋk] *v*: *prät* stank, *pperf* stunk **A** *S̱* **1** Gestank *m* (*of* nach) **2** (*umg*) Stunk *m* (*umg*); **to kick up** *od* **make a ~** Stunk machen (*umg*) **B** *VI* stinken **stinking** ['stɪŋkɪŋ] **A** *ADJ* **1** (*wörtl*) stinkend **2** (*umg*) beschissen (*umg*) **B** *ADV* (*umg*) **~ rich** (*Br*) stinkreich (*umg*) **stinky** ['stɪŋkɪ] *ADJ* (+*er*) (*umg*) stinkend

stint [stɪnt] **A** *S̱* Aufgabe *f*, Anteil *m* (*of* an +*dat*); **a 2-hour ~** eine 2-Stunden Schicht; **he did a five-year ~ on the oil rigs** er hat fünf Jahre auf Ölplattformen gearbeitet; **would you like to do a ~ at the wheel?** wie wärs, wenn du auch mal fahren würdest? **B** *VI* **to ~ on sth** mit etw sparen *od* knausern

stipend ['staɪpend] *S̱* (*bes Br*) Gehalt *n*; (*US* UNIV) Stipendium *n*

stipulate ['stɪpjʊleɪt] *VT* **1** zur Auflage machen **2** *Betrag, Preis* festsetzen; *Menge* vorschreiben

stir [stɜːʳ] **A** *S̱* **1** (*wörtl*) Rühren *n*; **to give sth a ~** etw rühren; *Kaffee* etw umrühren **2** (*fig*) Aufruhr *m*; **to cause a ~** Aufsehen erregen **B** *VT* **1** *Kaffee* umrühren; *Teig* rühren **2** bewegen **3** (*fig*) *Gefühle* aufwühlen; *Fantasie* anregen **C** *VI* sich regen, sich bewegen **♦stir up** *VT* *trennb* **1** umrühren **2** (*fig*) erregen; *Vergangenheit* wachrufen; *Widerstand* entfachen; **to ~ trouble** Unruhe stiften

stir-fry ['stɜːˌfraɪ] **A** *S̱* Stirfrygericht *n* **B** *VT* (unter Rühren) kurz anbraten **stirring** ['stɜːrɪŋ] *ADJ* bewegend, aufwühlend

stirrup ['stɪrəp] *S̱* Steigbügel *m*

stitch [stɪtʃ] **A** *S̱* **1** Stich *m*; (*beim Stricken*) Masche *f*, Muster *n*; **to need ~es** MED genäht werden müssen **2** Seitenstiche *pl*; **to be in ~es** (*umg*) sich schieflachen (*umg*) **B** *VT* *Saum, Wunde* nähen **C** *VI* nähen (*at* an +*dat*) **♦stitch up** *VT* *trennb* **1** *Saum, Wunde* nähen **2** (*Br umg*) **I've been stitched up** man hat mich reingelegt (*umg*)

stitching ['stɪtʃɪŋ] *S̱* **1** Naht *f* **2** Stickerei *f*

stoat [stəʊt] *S̱* Wiesel *n*

stock [stɒk] **A** *S̱* **1** Vorrat *m* (*of* an +*dat*); HANDEL Bestand *m* (*of* an +*dat*) (**⚠** nicht „Stock"); **to have sth in ~** etw vorrätig haben; **to be in ~/out of ~** vorrätig/nicht vorrätig sein; **to keep sth in ~** etw auf Vorrat haben; **to take ~ of sth** Bilanz aus etw ziehen **2** Viehbestand *m* **3** GASTR Brühe *f* **4** FIN **~s and shares** (Aktien und) Wertpapiere *pl* **B** *ADJ* *attr* (HANDEL, *fig*) Standard- **C** *VT* **1** *Waren* führen

STOC | 636

2 *Schrank* füllen; *Laden* ausstatten ♦**stock up** **A** _VI_ sich eindecken (*on* mit); **I must ~ on rice, I've almost run out** mein Reis ist fast alle, ich muss meinen Vorrat auffüllen **B** _VT_ *trennb Laden etc* auffüllen

stockbroker _S_ Börsenmakler(in) *m(f)* **stock company** _S_ FIN Aktiengesellschaft *f* **stock control** _S_ Lager(bestands)kontrolle *f* **stock cube** _S_ Brühwürfel *m* **stock exchange** _S_ Börse *f* **stockholder** _S_ (*US*) Aktionär(in) *m(f)*

stockily ['stɒkɪlɪ] _ADV_ **~ built** stämmig

stocking ['stɒkɪŋ] _S_ Strumpf *m*, Kniestrumpf *m*; **in one's ~(ed) feet** in Strümpfen

stockist ['stɒkɪst] _S_ (*Br*) (Fach)händler(in) *m(f)*; (≈ *Laden*) Fachgeschäft *n* **stock market** _S_ Börse *f* **stockpile** **A** _S_ Vorrat *m* (*of* an +*dat*); (*von Waffen*) Lager *n* **B** _VT_ Vorräte an (+*dat*) ... anlegen **stock room** _S_ Lager *n* **stocktaking** _S_ Inventur *f*

stocky ['stɒkɪ] _ADJ_ (+*er*) stämmig

stockyard ['stɒkjɑːd] _S_ Schlachthof *m*

stodgy ['stɒdʒɪ] _ADJ_ (+*er*) *Essen* schwer

stoical _ADJ_, **stoically** _ADV_ ['stəʊɪkə l, -ɪ] stoisch **stoicism** ['stəʊɪsɪzəm] _S_ (*fig*) stoische Ruhe, Gleichmut *m*

stoke [stəʊk] _VT_ *Feuer* schüren

stole[1] *prät von* **steal** **stolen** ['stəʊlən] **A** *pperf von* steal **B** _ADJ_ gestohlen; **to receive ~ goods** Hehler *m* sein

stomach ['stʌmək] _S_ Magen *m*, Bauch *m*; (*fig*) Lust *f* (*for* auf +*akk*); **to lie on one's ~** auf dem Bauch liegen; **to have a pain in one's ~** Magen-/Bauchschmerzen haben; **on an empty ~** auf leeren Magen **stomach ache** _S_ Magenschmerzen *pl* **stomach upset** _S_ Magenverstimmung *f*

stomp [stɒmp] _VI_ stapfen

stone [stəʊn] **A** _S_ **1** Stein *m*; **a ~'s throw from ...** nur einen Katzensprung von ...; **to leave no ~ unturned** nichts unversucht lassen **2** (*Br*) *britische Gewichtseinheit* = 6,35 kg **B** _ADJ_ Stein-, aus Stein **C** _VT_ **1** steinigen **2** (*umg*) **to be ~d** total zu sein (*umg*) **Stone Age** _S_ Steinzeit *f* **stone-broke** _ADJ_ (*US umg*) völlig abgebrannt (*umg*) (**❗** = (*Br*) **stony-broke**) **stone circle** _S_ (*Br*) Steinkreis *m* **stone-cold** **A** _ADJ_ eiskalt **B** _ADV_ **~ sober** stocknüchtern (*umg*) **stone-dead** _ADJ_ *präd* mausetot (*umg*) **stone-deaf** _ADJ_ stocktaub (*umg*) **stonemason** _S_ Steinmetz *m* **stonewall** _VI_ (*fig*) ausweichen **stonework** _S_ Mauerwerk *n* **stony** ['stəʊnɪ] _ADJ_ (+*er*) steinig; (*fig*) *Schweigen* eisern; *Gesicht* undurchdringlich **stony-broke** _ADJ_ (*Br umg*) völlig abgebrannt (*umg*) (**❗** = (*US*) **stone-broke**) **stony-faced** ['stəʊnɪ'feɪst] _ADJ_ mit steinerner

Miene

stood [stʊd] *prät, pperf von* stand

stool [stuːl] _S_ **1** Hocker *m*, Stockerl *n* (*österr*); **to fall between two ~s** sich zwischen zwei Stühle setzen **2** *bes* MED Stuhl *m*

stoop[1] [stuːp] **A** _S_ Gebeugtheit *f* **B** _VI_ sich beugen (*over* über +*akk*); (*a.* **stoop down**) sich bücken; **to ~ to sth** (*fig*) sich zu etw herablassen

stoop[2] _S_ (*US*) Treppe *f*, Stiege *f* (*österr*)

stop [stɒp] **A** _S_ **1** **to come to a ~** anhalten; (*Verkehr*) stocken; (*fig: Projekt*) eingestellt werden; (*Unterhaltung*) verstummen; **to put a ~ to sth** einer Sache (*dat*) einen Riegel vorschieben **2** Aufenthalt *m*; (≈ *Unterbrechung*) Pause *f*; **we made three ~s** wir haben dreimal haltgemacht **3** (*für Bus etc*) Haltestelle *f* **4** **to pull out all the ~s** (*fig*) alle Register ziehen **B** _VT_ **1** anhalten; *Motor* abstellen; *Angriff, Verkehr* aufhalten; *Lärm* auffangen; **~ thief!** haltet den Dieb! **2** *Aktivitäten* ein Ende machen (+*dat*); *Unsinn, Lärm* unterbinden; *Spiel, Arbeit* beenden; *Produktion* zum Stillstand bringen **3** aufhören mit; **to ~ doing sth** aufhören, etw zu tun; **to ~ smoking** mit dem Rauchen aufhören; **I'm trying to ~ smoking** ich versuche, das Rauchen aufzugeben; **~ it!** lass das!, hör auf! **4** stoppen; *Produktion, Kämpfe* einstellen; *Scheck* sperren; *Ermittlungen* abbrechen **5** verhindern; *jdn* abhalten; **to ~ oneself** sich beherrschen; **there's no ~ping him** (*umg*) er ist nicht zu bremsen (*umg*); **there's nothing ~ping you** *od* **to ~ you** es hindert Sie nichts; **to ~ sb (from) doing sth** jdn davon abhalten *od* daran hindern, etw zu tun; **to ~ oneself from doing sth** sich zurückhalten und etw nicht tun **C** _VI_ **1** (an)halten; (*Fahrer*) haltmachen, stehen bleiben; (*Maschine*) nicht mehr laufen; **~ right**

▶ **stop + Infinitiv oder Gerund**

❗ Achten Sie auf den Bedeutungsunterschied:

to stop to do sth	anhalten / innehalten, um etw (Neues / anderes) zu tun
I stopped at a doorway to light up a cigarette.	Ich hielt an einem Hauseingang an, um mir eine Zigarette anzuzünden.
to stop doing sth	aufhören, etw zu tun; mit etw aufhören
I finally stopped smoking last week.	Letzte Woche habe ich endlich mit dem Rauchen aufgehört.

GRAMMATIK ◀

637 ‖ **STRA**

there! halt!, stopp!; **we ~ped for a drink at the pub** wir machten in der Kneipe Station, um etwas zu trinken; **to ~ at nothing (to do sth)** (fig) vor nichts haltmachen(, um etw zu tun); **to ~ dead** od **in one's tracks** plötzlich stehen bleiben **2** aufhören; (Herz) stehen bleiben; (Produktion, Zahlung) eingestellt werden; **to ~ doing sth** aufhören, etw zu tun; **he ~ped in mid sentence** er brach mitten im Satz ab; **if you had ~ped to think** wenn du nur einen Augenblick nachgedacht hättest; **he never knows when** od **where to ~** er weiß nicht, wann er aufhören muss **3** (Br umg) bleiben (at in +dat, with bei) ♦**stop by** [VII] kurz vorbeischauen ♦**stop off** [VII] (kurz) haltmachen (at sb's place bei jdm) ♦**stop over** [VII] Zwischenstation machen (in in +dat); FLUG zwischenlanden ♦**stop up** [VII] trennb verstopfen

stopcock [S] Absperrhahn m **stopgap** [S] Notlösung f **stoplight** [S] (bes US) rotes Licht **stopover** [S] Zwischenstation f; FLUG Zwischenlandung f **stoppage** ['stɒpɪdʒ] [S] **1** Unterbrechung f **2** Streik m **stopper** ['stɒpə'] [S] Stöpsel m **stop sign** [S] Stoppschild n **stopwatch** [S] Stoppuhr f

storage ['stɔːrɪdʒ] [S] (von Waren) Lagerung f; (von Wasser, Daten) Speicherung f; **to put sth into ~** etw (ein)lagern **storage capacity** [S] IT Speicherkapazität f **storage device** [S] IT Speichereinheit f **storage heater** [S] (Nachtstrom)speicherofen m **storage space** [S] (in Haus) Schränke und Abstellräume pl

store [stɔː'] **A** [S] **1** Vorrat m (of an +dat); (fig) Fülle f (of an +dat); **~s** pl Vorräte pl; **to have** od **keep sth in ~** etw auf Lager od etw vorrätig haben; **to be in ~ for sb** jdm bevorstehen; **what has the future in ~ for us?** was wird uns (dat) die Zukunft bringen? **2** Lager n **3** IT Speicher m **4** (bes US) Geschäft n; Kaufhaus n (🔴 = (Br) **shop**) **B** [VII] lagern; Möbel unterstellen; (auf länger) einlagern; Information, Strom speichern; **to ~ sth away** etw verwahren; **to ~ sth up** einen Vorrat an etw (dat) anlegen; (fig) etw anstauen **store card** [S] Kundenkreditkarte f **store detective** [S] Kaufhausdetektiv(in) m(f) **storehouse** [S] Lager(haus) n **storekeeper** [S] (bes US) Ladenbesitzer(in) m(f) (🔴 = (Br) **shopkeeper**) **storeroom** [S] Lagerraum m

storey, (US) **story** ['stɔːrɪ] [S], pl -s od (US) stories Stock m, Etage f; **a nine-~ building** (Br) ein neunstöckiges Gebäude; (US) ein achtstöckiges Gebäude (🔴 Im amerikanischen Englisch wird das Erdgeschoss als erster Stock gezählt.) **storeyed**, (US) **storied** ['stɔːrɪd] [ADJ] **a six-~ building** (Br) ein sechsstöckiges Gebäude; (US) ein fünfstöckiges Gebäude (🔴 Im

amerikanischen Englisch wird das Erdgeschoss als erster Stock gezählt.)

stork [stɔːk] [S] Storch m

storm [stɔːm] **A** [S] **1** Unwetter n, Gewitter n; (≈ Wind) Sturm m **2** (fig: von Beschimpfungen) Flut f (of von); (von Kritik) Sturm m (of +gen); **to take sth/sb by ~** etw/jdn im Sturm erobern **B** [VII] stürmen **C** [VII] **1** wüten (at gegen) **2** **to ~ out of a room** aus einem Zimmer stürmen **storm cloud** [S] Gewitterwolke f **storm troopers** [PL] (Sonder)einsatzkommando n **stormy** ['stɔːmɪ] [ADJ] (+er) stürmisch

story[1] ['stɔːrɪ] [S] **1** Geschichte f; bes LIT Erzählung f; **the ~ goes that …** man erzählt sich, dass …; **to cut a long ~ short** um es kurz zu machen; **it's the (same) old ~** es ist das alte Lied **2** PRESSE Artikel m **3** (umg) **to tell stories** Märchen erzählen

story[2] [S] (US) = storey

storybook [S] Geschichtenbuch n **story line** [S] Handlung f **storyteller** [S] Geschichtenerzähler(in) m(f)

stout [staʊt] **A** [ADJ] (+er) **1** Mann korpulent; Frau füllig **2** Stock kräftig; Schuhe fest **3** Widerstand hartnäckig **B** [S] (Br) Stout m, dunkles, obergäriges Bier; (süß) Malzbier n

stove [stəʊv] [S] Ofen m; (bes US: (zum Kochen)) Herd m; **gas ~** Gasherd m

stow [stəʊ] [VII] (a. **stow away**) verstauen (in in +dat) ♦**stow away** [VII] als blinder Passagier fahren

stowaway ['stəʊəweɪ] [S] blinder Passagier

straddle ['strædl] [VII] breitbeinig stehen über (+dat); Stuhl rittlings sitzen auf (+dat); (fig) Grenze überspannen

straggle ['strægl] [VII] **1** (Häuser, Bäume) verstreut liegen; (Pflanze) (in die Länge) wuchern **2** **to ~ behind** hinterherzockeln (umg) **straggler** ['stræglə'] [S] Nachzügler(in) m(f) **straggly** ['strægli] [ADJ] (+er) Haar struppig

straight [streɪt] **A** [ADJ] (+er) **1** gerade; Antwort direkt; Haar glatt; Rock gerade geschnitten; Mensch, Handel ehrlich; **to be ~ with sb** offen und ehrlich zu jdm sein; **your tie isn't ~** deine Krawatte sitzt schief; **the picture isn't ~** das Bild hängt schief; **is my hat on ~?** sitzt mein Hut gerade?; **to keep a ~ face** ernst bleiben; **with a ~ face** ohne die Miene zu verziehen **2** klar; **to get things ~ in one's mind** sich (dat) der Dinge klar werden **3** Drink pur; Wahl einfach **4** **for the third ~ day** (US) drei Tage ohne Unterbrechung; **to have ten ~ wins** zehnmal hintereinander gewinnen **5** präd Zimmer ordentlich; **to put things ~** alles klären; **let's get this ~** das wollen wir mal klarstellen; **to put** od **set sb ~ about sth** jdm etw klarmachen; **if I give**

S

you a fiver, then we'll be ~ (umg) wenn ich dir einen Fünfer gebe, sind wir quitt **6** (umg ≈ nicht schwul) hetero (umg) **B** ADV **1** gerade, direkt; **~ through sth** glatt durch etw; **it went ~ up in the air** es flog senkrecht in die Luft; **~ ahead** geradeaus; **to drive ~ on** geradeaus weiterfahren **2** sofort; **~ away** sofort; **to come ~ to the point** sofort od gleich zur Sache kommen **3** klar **4** offen; **~ out** (umg) unverblümt (umg) **5** trinken pur **C** S (von Rennbahn) Gerade f

straightaway [ˌstreɪtə'weɪ] ADV (US) = straight B2

straighten ['streɪtn] **A** VT **1** Beine gerade machen; Bild gerade hinhängen; Krawatte gerade ziehen **2** in Ordnung bringen **B** VI (Straße) gerade werden; (Mensch) sich aufrichten **C** VR to **~ oneself** sich aufrichten ♦**straighten out** **A** VT trennb **1** Beine gerade machen **2** Problem klären; **to straighten oneself out** ins richtige Gleis kommen; **to straighten things out** die Sache in Ordnung bringen **B** VI (Straße) gerade werden; (Haar) glatt werden ♦**straighten up** **A** VI sich aufrichten **B** VT trennb **1** gerade machen **2** aufräumen

straight-faced ['streɪt'feɪst] ADJ **to be ~** keine Miene verziehen **straightforward** ADJ Mensch aufrichtig; Erklärung natürlich; Wahl, Anweisungen einfach; Prozess unkompliziert **straight-laced** ADJ prüde **straight-out** ADV (umg) unverblümt (umg)

strain¹ [streɪn] **A** S **1** (MECH, fig) Belastung f (on für); (≈ Mühe) Anstrengung f; (beruflich etc) Beanspruchung f (of durch); **to take the ~ off sth** etw entlasten; **to be under a lot of ~** großen Belastungen ausgesetzt sein; **I find it a ~** ich finde das anstrengend; **to put a ~ on sb/sth** jdn/etw stark belasten **2** (Muskel)zerrung f; (der Augen etc) Überanstrengung f (on +gen) **B** VT **1** spannen **2** Seil belasten; Nerven, Ressourcen strapazieren; (zu sehr) überlasten; **to ~ one's ears to ...** angestrengt lauschen, um zu ...; **don't ~ yourself!** (iron umg) reiß dir bloß kein Bein aus! (umg) **3** MED Muskel zerren; Rücken, Augen strapazieren **4** (durch)sieben; Gemüse abgießen **C** VI zerren; (fig) sich bemühen

strain² S **1** Hang m, Zug m; (erblich) Veranlagung f **2** (von Tieren) Rasse f; (von Pflanzen) Sorte f; (von Viren etc) Art f

strained ADJ Gesichtsausdruck gekünstelt; Unterhaltung gezwungen; Beziehung angespannt; Atmosphäre gespannt **strainer** ['streɪnə'] S GASTR Sieb n

strait [streɪt] S **1** GEOG Straße f **2** straits PL (fig) **to be in dire ~s** in großen Nöten sein **straitjacket** S Zwangsjacke f **strait-laced** [ˌstreɪt'leɪst] ADJ prüde

strand¹ [strænd] VT **to be ~ed** gestrandet sein; **to be (left) ~ed** (Mensch) festsitzen; **to leave sb ~ed** jdn seinem Schicksal überlassen

strand² S Strang m; (von Haar) Strähne f; (von Garn) Faden m

strange [streɪndʒ] ADJ (+er) **1** seltsam; **to think/ find it ~ that ...** es seltsam finden, dass ... **2** fremd; Betätigung ungewohnt; **don't talk to ~ men** sprich nicht mit fremden Männern; **I felt rather ~ at first** zuerst fühlte ich mich ziemlich fremd; **I feel ~ in a skirt** ich komme mir in einem Rock komisch vor (umg) **strangely** ['streɪndʒlɪ] ADV seltsam, merkwürdig, komisch (umg); **~ enough** seltsamerweise, merkwürdigerweise **strangeness** S **1** Seltsamkeit f **2** Fremdheit f; (von Betätigung) Ungewohntheit f

stranger ['streɪndʒə'] S Fremde(r) m/f(m); **I'm a ~ myself** ich bin selbst fremd hier; **he is no ~ to London** er kennt sich in London aus; **hullo, ~!** (umg) hallo, lange nicht gesehen

strangle ['stræŋgl] VT erwürgen; (fig) ersticken **strangled** ADJ Schrei erstickt **stranglehold** ['stræŋgl,həʊld] S (fig) absolute Machtposition (on gegenüber) **strangulation** [ˌstræŋgjʊ-'leɪʃən] S Erwürgen n

strap [stræp] **A** S Riemen m, Gurt m; (in Bus etc) Schlaufe f; (≈ von Uhr) Band n; (≈ über Schulter) Träger m **B** VT **1** festschnallen (to an +dat); **to ~ sb/ sth down** jdn/etw festschnallen; **to ~ sb/oneself in** jdn/sich anschnallen **2** (MED: a. **strap up**) bandagieren **3** (umg) **to be ~ped (for cash)** pleite od blank sein (umg) **strapless** ADJ trägerlos

strapping ['stræpɪŋ] ADJ (umg) stramm

strata ['strɑːtə] pl von stratum

strategic [strə'tiːdʒɪk] ADJ strategisch **strategically** [strə'tiːdʒɪkəlɪ] ADV strategisch; (fig a.) taktisch; **to be ~ placed** eine strategisch günstige Stellung haben **strategist** ['strætɪdʒɪst] S Stratege m, Strategin f **strategy** ['strætɪdʒɪ] S Strategie f

stratosphere ['strætəʊsfɪə'] S Stratosphäre f **stratum** ['strɑːtəm] S, pl strata Schicht f

straw [strɔː] **A** S **1** Strohhalm m; (allg) Stroh n kein pl; **that's the final ~!** (umg) das ist der Gipfel! (umg); **to clutch at ~s** sich an einen Strohhalm klammern; **to draw the short ~** den Kürzeren ziehen **2** Trinkhalm m **B** ADJ attr Stroh-

strawberry ['strɔː'bərɪ] S Erdbeere f

straw poll, **straw vote** S Probeabstimmung f; (bei Wahl) Wählerbefragung f

stray [streɪ] **A** VI (a. **stray away**) sich verirren; (a. **stray about**) (umher)streunen; (fig: Gedanken) abschweifen; **to ~ (away) from sth** von etw abkommen **B** ADJ Kugel verirrt; Hund streunend attr; Haare vereinzelt **C** S streunendes Tier

streak [striːk] **A** S Streifen m; (fig) Spur f; ~s (in Haar) Strähnchen pl; ~ **of lightning** Blitz(strahl) m; **a winning** ~ eine Glückssträhne; **a mean** ~ ein gemeiner Zug **B** VT streifen; **the sky was ~ed with red** der Himmel hatte rote Streifen; **hair ~ed with grey** Haar mit grauen Strähnchen **C** VI 1 (Blitz) zucken; (umg: Läufer) flitzen (umg) 2 (Nackter) flitzen **streaker** ['striːkəʳ] S Flitzer(in) m(f) **streaky** ['striːkɪ] ADJ (+er) streifig; ~ **bacon** (Br) durchwachsener Speck

stream [striːm] **A** S 1 Bach m, Strömung f 2 (von Flüssigkeit, Menschen) Strom m; (von Worten) Schwall m **B** VI 1 strömen; (Augen) tränen; **the walls were ~ing with water** die Wände trieften vor Nässe; **her eyes were ~ing with tears** Tränen strömten ihr aus den Augen 2 (Fahne, Haare) wehen ♦**stream down** VI in Strömen fließen; (+obj) herunterströmen; **tears streamed down her face** Tränen strömten über ihr Gesicht ♦**stream in** VI hereinströmen ♦**stream out** VI hinausströmen (of aus), herausfließen (of aus)

streamer ['striːməʳ] S Luftschlange f **streaming** ['striːmɪŋ] ADJ Fenster triefend; Augen tränend; **I have a ~ cold** (Br) ich habe einen fürchterlichen Schnupfen **streamline** VT Organisation rationalisieren **streamlined** ['striːmlaɪnd] ADJ stromlinienförmig; (fig) rationalisiert

street [striːt] S Straße f; **in** od **on the** ~ auf der Straße; **to live in** od **on a** ~ in einer Straße wohnen; **it's right up my** ~ (Br fig umg) das ist genau mein Fall (umg); **to be ~s ahead of sb** (fig umg) jdm haushoch überlegen sein (umg); **to take to the ~s** (Demonstranten) auf die Straße gehen **street battle** S Straßenschlacht f **streetcar** S (US) Straßenbahn f, Tram n (schweiz) (⚠ = (Br) tram) **street lamp**, **street light** S Straßenlaterne f **street map** S Stadtplan m **street party** S Straßenfest n **street people** PL Obdachlose pl **street plan** S Stadtplan m **street sweeper** S 1 Straßenkehrer(in) m(f) 2 Kehrmaschine f **street value** S (von Drogen) (Straßen)verkaufswert m **streetwise** ADJ clever (umg) **streetworker** S Streetworker(in) m(f), Straßensozialarbeiter(in) m(f)

strength [strɛŋθ] S 1 Stärke f, Kraft f; (von Beweisen) Überzeugungskraft f; **on the** ~ **of sth** aufgrund einer Sache (gen); **to save one's** ~ mit seinen Kräften haushalten; **to go from** ~ **to** ~ einen Erfolg nach dem anderen haben; **to be at full** ~ vollzählig sein; **to turn out in** ~ zahlreich erscheinen 2 (von Konstitution) Robustheit f; **when she has her** ~ **back** wenn sie wieder bei Kräften ist 3 (CHEM: von Lösung) Konzentration f **strengthen** ['strɛŋθən] **A** VT stärken **B** VI stärker werden

strenuous ['strɛnjʊəs] ADJ 1 anstrengend 2 Versuche unermüdlich; Anstrengungen hartnäckig **strenuously** ['strɛnjʊəslɪ] ADV 1 anstrengend 2 abstreiten entschieden

stress [strɛs] **A** S 1 Stress m; MECH Belastung f; MED Überlastung f; (allg) Druck m, Spannung f; **to be under** ~ großen Belastungen ausgesetzt sein; (beruflich) im Stress sein 2 Betonung f; (fig) (Haupt)gewicht n; **to lay (great)** ~ **on sth** einer Sache (dat) großes Gewicht beimessen, etw (besonders) betonen **B** VT betonen **stress ball** S (Anti)stressball m **stressed** ADJ gestresst **stressed out** ADJ gestresst **stressful** ADJ stressig **stress mark** S LING Betonungszeichen n

stretch [strɛtʃ] **A** S 1 Strecken n; **to have a** ~ sich strecken; **to be at full** ~ (wörtl) bis zum Äußersten gedehnt sein; (fig: Mensch) mit aller Kraft arbeiten; (Fabrik etc) auf Hochtouren arbeiten (umg); **by no** ~ **of the imagination** beim besten Willen nicht; **not by a long** ~ bei Weitem nicht 2 Stück n; (von Straße etc) Strecke f; (von Reise) Abschnitt m 3 Zeitraum m; **for hours at a** ~ stundenlang; **three days at a** ~ drei Tage an einem Stück od ohne Unterbrechung **B** ADJ attr ~ **trousers** Stretchhose f **C** VT 1 strecken; Gummiband, Schuhe dehnen; Flügel ausbreiten; Seil spannen; Sportler fordern; **to** ~ **sth tight** etw straffen; Decke etw stramm ziehen; **to** ~ **one's legs** sich (dat) die Beine vertreten (umg); **to** ~ **sb/sth to the limit(s)** jdn/etw bis zum äußersten belasten; **to be fully ~ed** (bes Br) voll ausgelastet sein 2 Wahrheit, Regeln es nicht so genau nehmen mit; **that's ~ing it too far** das geht zu weit **D** VI (nach Schlaf) sich strecken; (Band) dehnbar sein; (Gebiet, Befugnis) sich erstrecken (to bis, over über +akk); (Vorrat, Geld) reichen (to für); (Kleidung

street sweeper —
Straßenkehrer(in)

street sweeper —
Kehrmaschine

etc) weiter werden; **to ~ to reach sth** sich recken, um etw zu erreichen; **he ~ed across and touched her cheek** er reichte herüber und berührte ihre Wange; **the fields ~ed away into the distance** die Felder dehnten sich bis in die Ferne aus; **our funds won't ~ to that** das lassen unsere Finanzen nicht zu ⧫ **E** VR (*nach Schlaf*) sich strecken ◆**stretch out** A VT trennb *Arme* ausbreiten; *Hand* ausstrecken; *Diskussion* ausdehnen ⧫ **B** VI (*umg*) sich hinlegen; (*Landschaft*) sich ausbreiten

stretcher ['stretʃə'] S MED (Trag)bahre *f*
stretchy ['stretʃɪ] ADJ (+er) elastisch

strew [struː] *prät* strewed, *pperf* strewed *od* strewn [struːn] VT verstreuen; *Blumen, Sand* streuen; *Boden* bestreuen

stricken ['strɪkən] ADJ (*liter*) leidgeprüft; *Schiff* in Not; **to be ~ by drought** von Dürre heimgesucht werden **-stricken** ADJ *suf* (*mit Gefühlen*) -erfüllt; (*durch Unglück*) von … heimgesucht; **grief-stricken** schmerzerfüllt

strict [strɪkt] ADJ (+er) streng; *Katholik* strenggläubig; **in the ~ sense of the word** genau genommen; **in (the) ~est confidence** in strengster Vertraulichkeit; **there is a ~ time limit on that** das ist zeitlich genau begrenzt **strictly** ['strɪktlɪ] ADV streng, genau; **~ forbidden** streng verboten; **~ business** rein geschäftlich; **~ personal** privat; **~ speaking** genau genommen; **not ~ true** nicht ganz richtig; **~ between ourselves** ganz unter uns; **unless ~ necessary** wenn nicht unbedingt erforderlich; **the car park is ~ for the use of residents** der Parkplatz ist ausschließlich für Anwohner vorgesehen **strictness** ['strɪktnɪs] S Strenge *f*

stride [straɪd] *v: prät* strode, *pperf* stridden ['strɪdn] A S Schritt *m*; (*fig*) Fortschritt *m*; **to take sth in one's ~** (*Br*) *od* **in ~** (*US*) mit etw spielend fertig werden; **to put sb off his/her ~** jdn aus dem Konzept bringen ⧫ **B** VI schreiten (*geh*)

strife [straɪf] S Unfriede *m*

strike [straɪk] *v: prät* struck, *pperf* struck A S Streik *m*; **to be on ~** streiken; **to come out on ~, to go on ~** in den Streik treten ⧫ (*von Öl etc*) Fund *m* ⧫ MIL Angriff *m* ⧫ **B** VT schlagen; *Tisch* schlagen auf (+*akk*); (*Schicksalsschlag*) treffen; *Note* anschlagen; **to be struck by lightning** vom Blitz getroffen werden; **to ~ the hour** die volle Stunde schlagen; **to ~ 4** 4 schlagen ⧫ stoßen gegen; (*Auto*) fahren gegen; *Boden* auftreffen auf (+*akk*) ⧫ in den Sinn kommen (+*dat*); **that ~s me as a good idea** das kommt mir sehr vernünftig vor; **it struck me how …** mir ging plötzlich auf, wie …; (≈ *sehen etc*) mir fiel auf, wie … ⧫ beeindrucken; **how does it ~ you?** wie finden Sie das?; **she struck me as being very**

competent sie machte auf mich einen sehr fähigen Eindruck ⧫ (*fig*) *Abkommen* sich einigen auf (+*akk*); *Stellung* einnehmen; **to ~ a match** ein Streichholz anzünden; **to be struck dumb** mit Stummheit geschlagen werden (*geh*) ⧫ *Öl, Weg* finden; **to ~ gold** (*fig*) auf eine Goldgrube stoßen ⧫ **C** VI treffen; (*Blitz*) einschlagen; MIL *etc* angreifen; **to be/come within striking distance of sth** einer Sache (*dat*) nahe sein ⧫ (*Uhr*) schlagen ⧫ (*Arbeiter*) streiken ◆**strike back** VI, VT trennb zurückschlagen ◆**strike off** VT trennb ⧫ *Ast etc* abschlagen ⧫ (*von Liste*) streichen ◆**strike out** A VT schlagen; **to ~ at sb** jdn angreifen; **to ~ on one's own** (*wörtl*) allein losziehen; (*fig*) eigene Wege gehen ⧫ **B** VT trennb (aus)streichen ◆**strike up** VT untrennb ⧫ *Melodie* anstimmen ⧫ *Freundschaft* schließen; *Gespräch* anfangen

strike ballot S Urabstimmung *f* **striker** ['straɪkə'] S ⧫ Streikende(r) ⧫ FUSSB Stürmer(in) *m(f)* **striking** ['straɪkɪŋ] ADJ auffallend; *Mensch* bemerkenswert **strikingly** ['straɪkɪŋlɪ] ADV auffallend; *attraktiv* bemerkenswert **striking distance** S (*von Rakete etc*) Reichweite *f*

Strimmer® ['strɪmə'] S Rasentrimmer *m*

string [strɪŋ] *v: prät, pperf* strung A S ⧫ Schnur *f*; (*von Marionette*) Faden *m*; (*von Fahrzeugen*) Schlange *f*; (*fig*) Reihe *f*; (*von Lügen*) Haufen *m*; **to pull ~s** (*fig*) Beziehungen spielen lassen; **with no ~s attached** ohne Bedingungen ⧫ (*von Instrument, Tennisschläger*) Saite *f*; **to have two ~s** *od* **a second ~** *od* **more than one ~ to one's bow** zwei Eisen im Feuer haben ⧫ **strings** PL **the ~s** die Streichinstrumente *pl*; (≈ *Musiker*) die Streicher *pl* ⧫ **B** VT *Geige* (mit Saiten) bespannen ◆**string along** (*umg*) VT trennb **to string sb along** jdn hinhalten ◆**string together** VT trennb *Sätze* aneinanderreihen ◆**string up** VT trennb aufhängen

string bean S (*bes US*) grüne Bohne, Fisole *f* (*österr*) (⚠ = (*Br*) **French bean**) **stringed** [strɪŋd] ADJ **~ instrument** Saiteninstrument *n* **stringent** ['strɪndʒənt] ADJ *Ansprüche, Gesetze* streng; *Regeln, Test* hart

string instrument S Saiteninstrument *n* **string vest** S Netzhemd *n* **stringy** ['strɪŋɪ] ADJ (+er) *Fleisch* sehnig

strip [strɪp] A S ⧫ Streifen *m*, Band *n* ⧫ (*Br* SPORT) Trikot *n*, Leiberl *n* (*österr*), Leibchen *n* (*österr, schweiz*) ⧫ **B** VT ⧫ jdn ausziehen; *Bett, Tapete* abziehen; *Lack* abbeizen ⧫ (*fig*) berauben (*of* +*gen*) ⧫ **C** VI sich ausziehen; (*bei Arzt*) sich frei machen; (*Tänzerin*) strippen (*umg*) ◆**strip down** A VT trennb *Motor* zerlegen ⧫ **B** VI **to ~ to one's underwear** sich bis auf die Unterwäsche ausziehen ◆**strip off** A VT trennb *Kleider* ausziehen;

Papier abziehen (+obj von) **B** v̄ sich ausziehen; (*bei Arzt*) sich frei machen

strip cartoon s̄ (*Br*) Comic(strip) *m* **strip club** s̄ Stripteaseklub *m*

stripe [straɪp] s̄ Streifen *m* **striped** [straɪpt] ADJ gestreift

strip lighting s̄ (*bes Br*) Neonlicht *n* **stripper** ['strɪpə'] s̄ **1** Stripperin *f*; **male ~** Stripper *m* **2** Farbentferner *m* **strip-search** **A** s̄ Leibesvisitation *f* **B** v̄t einer Leibesvisitation (*dat*) unterziehen **striptease** s̄ Striptease *m od n*; **to do a ~** strippen (*umg*)

stripy ['straɪpɪ] ADJ (+er) (*umg*) gestreift

strive [straɪv] *prät* strove, *pperf* striven ['strɪvn] v̄ **to ~ to do sth** bestrebt *od* bemüht sein, etw zu tun; **to ~ for** nach etw streben

strobe [strəʊb] s̄ stroboskopische Beleuchtung

strode [strəʊd] *prät von* stride

stroke [strəʊk] **A** s̄ Schlag *m* (*a.* MED); (*Schwimmen*) Zug *m*, Stil *m*; (*mit Pinsel*) Strich *m*; **he doesn't do a ~ (of work)** er tut keinen Schlag (*umg*); **a ~ of genius** ein genialer Einfall; **a ~ of luck** ein Glücksfall *m*; **we had a ~ of luck** wir hatten Glück; **at a** *od* **one ~** mit einem Schlag; **on the ~ of twelve** Punkt zwölf (Uhr); **to have a ~** MED einen Schlag(anfall) bekommen **B** v̄t streicheln

stroll [strəʊl] **A** s̄ Spaziergang *m*; **to go for** *od* **take a ~** einen Spaziergang machen **B** v̄ spazieren; **to ~ around the town** durch die Stadt bummeln; **to ~ up to sb** auf jdn zuschlendern **stroller** ['strəʊlə'] s̄ (*US: für Babys*) Sportwagen *m* (🔴 = (*Br*) **pushchair**)

strong [strɒŋ] **A** ADJ (+er) **1** stark, kräftig; *Wand* stabil; *Konstitution* robust; *Zähne, Herz* gut; *Charakter etc* fest; *Kandidat* aussichtsreich; *Argument* überzeugend; *Lösung* konzentriert; **his ~ point** seine Stärke; **there is a ~ possibility that ...** es ist überaus wahrscheinlich, dass ...; **a group 20 ~** eine 20 Mann starke Gruppe; **a ~ drink** ein harter Drink **2** begeistert; *Anhänger* überzeugt **B** ADV (+er) (*umg*) **to be going ~** gut in Schuss sein (*umg*) **strongbox** s̄ (Geld)kassette *f* **stronghold** s̄ (*fig*) Hochburg *f* **strongly** ['strɒŋlɪ] ADV stark, kräftig; *gebaut* stabil; *glauben* fest; *protestieren* energisch; **to feel ~ about sth** in Bezug auf etw (*akk*) stark engagiert sein; **I feel very ~ that ...** ich vertrete entschieden die Meinung, dass ...; **to be ~ in favour of sth** etw stark befürworten; **to be ~ opposed to sth** etw scharf ablehnen **strong-minded** ADV [ˌstrɒŋ'maɪndɪd] willensstark **strong point** s̄ Stärke *f* **strongroom** s̄ Stahlkammer *f* **strong-willed** [ˌstrɒŋ'wɪld] ADJ willensstark; (*pej*) eigensinnig

stroppy ['strɒpɪ] ADJ (+er) (*Br umg*) **1** fuchtig (*umg*); *Antwort, Kind* pampig (*umg*) **2** aggressiv

strove [strəʊv] *prät von* strive

struck [strʌk] **A** *prät, pperf von* strike **B** ADJ *präd* **to be ~ with sb/sth** von jdm/etw angetan sein

structural ['strʌktʃərəl] ADJ Struktur-; *Veränderungen, Schäden* strukturell, baulich **structurally** ['strʌktʃərəlɪ] ADV strukturell; **~ sound** sicher **structure** ['strʌktʃə'] **A** s̄ Struktur *f*; TECH Konstruktion *f* **B** v̄t strukturieren; *Argument* aufbauen **structured** ['strʌktʃəd] ADJ strukturiert; *Vorgehensweise* durchdacht

struggle ['strʌgl] **A** s̄ Kampf *m* (*for* um); (*fig*) Anstrengung *f*; **to put up a ~** sich wehren; **it is a ~** es ist mühsam **B** v̄ **1** kämpfen, sich wehren; (*finanziell*) in Schwierigkeiten sein; (*fig*) sich sehr anstrengen; **to ~ with sth** *mit Problem* sich mit etw herumschlagen; *mit Verletzung, Gefühlen* mit etw zu kämpfen haben; *mit Gepäck, Hausaufgaben* sich mit etw abmühen; **this firm is struggling** diese Firma hat (schwer) zu kämpfen; **are you struggling?** hast du Schwierigkeiten? **2** **to ~ to one's feet** mühsam auf die Beine kommen; **to ~ on** (*wörtl*) sich weiterkämpfen; (*fig*) weiterkämpfen **struggling** ['strʌglɪŋ] ADJ *Künstler etc* am Hungertuch nagend *attr*

strum [strʌm] v̄t *Melodie* klimpern; *Gitarre* klimpern auf (+*dat*)

strung [strʌŋ] *prät, pperf von* string

strut¹ [strʌt] v̄ stolzieren

strut² s̄ Strebe *f*, Pfeiler *m*

stub [stʌb] **A** s̄ (*von Bleistift, Schwanz*) Stummel *m*; (*von Zigarette*) Kippe *f*; (*von Ticket*) Abschnitt *m* **B** v̄t **to ~ one's toe** (**on** *od* **against sth**) sich (*dat*) den Zeh (an etw *dat*) stoßen; **to ~ out a cigarette** eine Zigarette ausdrücken

stubble ['stʌbl] s̄ (🔴 kein pl) Stoppeln *pl*

stubborn ['stʌbən] ADJ **1** stur, störrisch; **to be ~ about sth** stur auf etw (*dat*) beharren **2** *Widerstand, Fleck* hartnäckig **stubbornly** ['stʌbənlɪ] ADV **1** stur, trotzig **2** hartnäckig **stubbornness** ['stʌbənnɪs] s̄ Sturheit *f*, störrische Art

stubby ['stʌbɪ] ADJ (+er) *Schwanz* stummelig

stuck [stʌk] **A** *prät, pperf von* stick² **B** ADJ **1** (*on, over* mit) **to be ~** nicht zurechtkommen; **to get ~** nicht weiterkommen **2** **to be ~** (*Tür etc*) verkeilt sein; **to get ~** stecken bleiben **3** (≈ *in Falle etc*) **to be ~** festsitzen **4** (*umg*) **she is ~ for sth** es fehlt ihr an etw (*dat*); **to be ~ with sb/sth** jdn/etw am Hals haben (*umg*) **5** (*Br umg*) **to get ~ into sth** sich in etw (*akk*) richtig reinknien (*umg*) **stuck-up** [ˌstʌk'ʌp] ADJ (*umg*) hochnäsig

stud¹ [stʌd] **A** s̄ **1** Ziernagel *m*; (*Br: an Stiefel*) Stollen *m* **2** Ohrstecker *m* **B** v̄t (*meist passiv*) übersäen

STUD | 642

stud[2] $\overline{s}$ (≈ *Pferde*) Gestüt *n*; (≈ *einzelnes Tier*) (*Zucht*)hengst *m*; (*umg* ≈ *Mann*) Sexprotz *m* (*umg*)

student ['stjuːdənt] **A** $\overline{s}$ UNIV Student(in) *m(f)*; (*bes US* SCHULE) Schüler(in) *m(f)*; **he is a French ~** UNIV er studiert Französisch **B** ADJ *attr* Studenten-; **~ nurse** Krankenpflegeschüler(in) *m(f)*; **~ teacher** *s* Referendar(in) *m(f)* **student loan** $\overline{s}$ Studentendarlehen *n* **student teacher** $\overline{s}$ Referendar(in) *m(f)*

stud farm $\overline{s}$ Gestüt *n*

studio ['stjuːdɪəʊ] $\overline{s}$, *pl* **-s** Studio *n* **studio apartment**, (*Br*) **studio flat** $\overline{s}$ Studiowohnung *f*

studious ['stjuːdɪəs] ADJ fleißig **studiously** ['stjuːdɪəslɪ] ADV fleißig; *vermeiden* gezielt

study ['stʌdɪ] **A** $\overline{s}$ **1** *bes* UNIV Studium *n*; SCHULE Lernen *n*; (*von Beweismaterial*) Untersuchung *f*; **African studies** UNIV Afrikanistik *f* **2** Studie *f* (*of* über +*akk*) **3** Arbeitszimmer *n* **B** $\overline{VT}$ studieren; SCHULE lernen; *Text* sich befassen mit; (*wissenschaftlich etc*) erforschen, untersuchen **C** $\overline{VI}$ studieren; *bes* SCHULE lernen; **to ~ to be a teacher** ein Lehrerstudium machen; **to ~ for an exam** sich auf eine Prüfung vorbereiten

stuff [stʌf] **A** $\overline{s}$ **1** Zeug *n*, Sachen *pl*; **there is some good ~ in that book** in dem Buch stecken ein paar gute Sachen; **it's good ~** das ist gut; **this book is strong ~** das Buch ist starker Tobak; **he brought me some ~ to read** er hat mir etwas zum Lesen mitgebracht; **books and ~** Bücher und so (*umg*); **and ~ like that** und so was (*umg*); **all that ~ about how he wants to help us** all das Gerede, dass er uns helfen will; **~ and nonsense** Quatsch *m* (*umg*) **2** (*umg*) **that's the ~!** so ists richtig!; **to do one's ~** seine Nummer abziehen (*umg*); **to know one's ~** wissen, wovon man redet **B** $\overline{VT}$ **1** *Behälter* vollstopfen; *Loch* zustopfen; *Bücher etc* (hinein)stopfen (*into* in +*akk*); **to ~ one's face** (*umg*) sich vollstopfen (*umg*); **to be ~ed up** verschnupft sein **2** *Kissen, Pastete* füllen; **a ~ed toy** ein Stofftier *n* **3** (*Br umg*) **get ~ed!** du kannst mich mal! (*umg*); **you can ~ your job** *etc* du kannst deinen blöden Job *etc* behalten (*umg*) **C** $\overline{VR}$ **to ~ oneself** sich vollstopfen (*umg*) **stuffed animal** $\overline{s}$ (*US*) Stofftier *n* **stuffing** ['stʌfɪŋ] $\overline{s}$ (*von Kissen, Pastete*) Füllung *f*; (*in Spielzeug*) Füllmaterial *n* **stuffy** ['stʌfɪ] ADJ (+*er*) **1** *Zimmer* stickig **2** spießig

stumble ['stʌmbl] $\overline{VI}$ stolpern; (*in Rede*) stocken; **to ~ on sth** (*fig*) auf etw (*akk*) stoßen **stumbling block** ['stʌmblɪŋblɒk] $\overline{s}$ (*fig*) **to be a ~ to sth** einer Sache (*dat*) im Weg stehen

stump [stʌmp] **A** $\overline{s}$ (*von Baum, Bein*) Stumpf *m*; (*von Bleistift, Schwanz*) Stummel *m* **B** $\overline{VT}$ (*fig umg*) **you've got me ~ed** da bin ich überfragt

♦**stump up** (*Br umg*) **A** $\overline{VT}$ *untrennb* springen lassen (*umg*) **B** $\overline{VI}$ blechen (*umg*) (*for sth* für etw)

stumpy ['stʌmpɪ] ADJ (+*er*) stämmig, untersetzt; *Beine* kurz

stun [stʌn] $\overline{VT}$ betäuben, benommen machen; (*fig*) fassungslos machen, verblüffen; **he was ~ned by the news** (*negativ*) er war über die Nachricht fassungslos; (*positiv*) die Nachricht hat ihn überwältigt

stung [stʌŋ] *prät, pperf von* sting

stunk [stʌŋk] *pperf von* stink

stunned [stʌnd] ADJ betäubt, benommen; (*fig*) fassungslos, sprachlos; **there was a ~ silence** benommenes Schweigen breitete sich aus

stunning ['stʌnɪŋ] ADJ (*fig*) *Nachricht* toll (*umg*); *Kleid, Aussicht* atemberaubend **stunningly** ['stʌnɪŋlɪ] ADV atemberaubend; *schön* überwältigend

stunt[1] [stʌnt] $\overline{s}$ Kunststück *n*; (*in Werbung etc*) Gag *m*

stunt[2] $\overline{VT}$ *Wachstum* hemmen **stunted** ['stʌntɪd] ADJ *Pflanze* verkümmert; *Kind* unterentwickelt

stuntman ['stʌntmæn] $\overline{s}$, *pl* **-men** [-men] Stuntman *m*, Double *n* **stuntwoman** $\overline{s}$, *pl* **-women** [-wɪmɪn] Stuntwoman *f*, Double *n*

stupendous [stjuː'pendəs] ADJ fantastisch

stupid ['stjuːpɪd] ADJ **1** dumm, blöd(e) (*umg*); **don't be ~** sei nicht so blöd (*umg*); **that was a ~ thing to do** das war dumm; **to make sb look ~** jdn blamieren **2** **to bore sb ~** jdn zu Tode langweilen **stupidity** [stjuː'pɪdɪtɪ] $\overline{s}$ Dummheit *f* **stupidly** ['stjuːpɪdlɪ] ADV dumm, blöd (*umg*); *etw sagen* dummerweise; *grinsen* albern

stupor ['stjuːpəʳ] $\overline{s}$ Benommenheit *f*; **to be in a drunken ~** sinnlos betrunken sein

sturdily ['stɜːdɪlɪ] ADV stabil; **~ built** kräftig *od* stämmig gebaut **sturdy** ['stɜːdɪ] ADJ (+*er*) kräftig, stämmig; *Material* robust; *Bau, Auto* stabil

stutter ['stʌtəʳ] **A** $\overline{s}$ Stottern *n kein pl*; **he has a ~** er stottert **B** $\overline{VT & VI}$ stottern

sty [staɪ] $\overline{s}$ Schweinestall *m*

sty(e) [staɪ] $\overline{s}$ MED Gerstenkorn *n*

style [staɪl] **A** $\overline{s}$ **1** Stil *m*; **~ of management** Führungsstil *m*; **that house is not my ~** so ein Haus ist nicht mein Stil; **the man has ~** der Mann hat Format; **to do things in ~** alles im großen Stil tun; **to celebrate in ~** groß feiern **2** Art *f*; **a new ~ of car** *etc* ein neuer Autotyp *etc* **3** MODE Stil *m kein pl*; (*von Haar*) Schnitt *m*, Frisur *f* **B** $\overline{VT}$ *Haar* stylen **-style** [staɪl] ADJ *suf* nach … Art

styli ['staɪlaɪ] *pl von* stylus

styling ['staɪlɪŋ] $\overline{s}$ **~ mousse** Schaumfestiger *m* **stylish** ['staɪlɪʃ] ADJ **1** elegant; *Film* stilvoll **2** *Kleidung* modisch **stylishly** ['staɪlɪʃlɪ] ADV **1**

elegant; *eingerichtet* stilvoll **2** modisch **stylist** ['staɪlɪst] S̱ Friseur *m*, Friseuse *f* **stylistic** [staɪ-'lɪstɪk] A̱ḎJ̱ stilistisch, Stil- **stylized** ['staɪlaɪzd] A̱ḎJ̱ stilisiert

stylus ['staɪləs] S̱, *pl* **-es** *od* **styli** ['staɪlaɪ] ɪ̱ᴛ̱ (Eingabe)stift *m*

suave A̱ḎJ̱, **suavely** A̱ḎV̱ ['swɑːv, -lɪ] weltmännisch, aalglatt (*pej*)

sub [sʌb] S̱ (*umg*) **1** U-Boot *n* **2** SPORT Auswechselspieler(in) *m(f)* **3** **subs** *pl* (*für Klub*) Beitrag *m*

subcategory S̱ Subkategorie *f* **subcommittee** S̱ Unterausschuss *m* **subconscious** A̱ A̱ḎJ̱ unterbewusst Ḇ S̱ **the ~** das Unterbewusstsein **subconsciously** A̱ḎV̱ im Unterbewusstsein **subcontinent** S̱ Subkontinent *m* **subcontract** V̱Ṯ (vertraglich) weitervergeben (*to an +akk*) **subcontractor** S̱ Subunternehmer(in) *m(f)* **subculture** S̱ Subkultur *f* **subdivide** V̱Ṯ unterteilen **subdivision** S̱ **1** (*Vorgang*) Unterteilung *f* **2** (≈ *Untergruppe*) Unterabteilung *f*

subdue [səb'djuː] V̱Ṯ *Rebellen* unterwerfen; *Randalierer* überwältigen; (*fig*) unterdrücken **subdued** A̱ḎJ̱ *Licht, Stimme* gedämpft; *Mensch* ruhig, still; *Atmosphäre* gedrückt

subheading S̱ Untertitel *m* **subhuman** A̱ḎJ̱ unmenschlich

subject ['sʌbdʒɪkt] A̱ S̱ **1** POL Staatsbürger(in) *m(f)*; (*von Monarch*) Untertan *m*, Untertanin *f* **2** GRAM Subjekt *n* **3** Thema *n*; **to change the ~** das Thema wechseln; **on the ~ of ...** zum Thema (*+gen*) ...; **while we're on the ~** da wir gerade beim Thema sind **4** SCHULE, UNIV Fach *n* Ḇ A̱ḎJ̱ **to be ~ to sth** einer Sache (*dat*) unterworfen sein; *jds Zustimmung* von etw abhängig sein; **all trains are ~ to delay** bei allen Zügen muss mit Verspätung gerechnet werden; **~ to flooding** überschwemmungsgefährdet; **to be ~ to taxation** besteuert werden; **offers are ~ to availability** Angebote nur so weit verfügbar C̱ [səb'dʒekt] V̱Ṯ **to ~ sb to sth** jdn einer Sache (*dat*) unterziehen **subjective** [səb'dʒektɪv] A̱ḎJ̱ **1** subjektiv **2** GRAM **~ case** Nominativ *m* **subjectively** [səb'dʒektɪvlɪ] A̱ḎV̱ subjektiv **subject matter** ['sʌbdʒɪktmætə'] S̱ Stoff *m*, Inhalt *m*

subjugate ['sʌbdʒʊgeɪt] V̱Ṯ unterwerfen

subjunctive [səb'dʒʌŋktɪv] A̱ A̱ḎJ̱ konjunktivisch; **the ~ mood** der Konjunktiv Ḇ S̱ Konjunktiv *m*

sublet [ˌsʌb'let] *prät, pperf* **sublet** V̱Ṯ & V̱I̱ untervermieten (*to an +akk*)

sublime [sə'blaɪm] A̱ḎJ̱ erhaben

submachine gun [ˌsʌbmə'ʃiːngʌn] S̱ Maschinenpistole *f*

submarine ['sʌbməˌriːn] S̱ U-Boot *n*

submenu ['sʌbˌmenjuː] S̱ ɪ̱ᴛ̱ Untermenü *n*

submerge [səb'mɜːdʒ] A̱ V̱Ṯ untertauchen; (≈ *Flut*) überschwemmen; **to ~ sth in water** etw in Wasser (ein)tauchen Ḇ V̱I̱ tauchen **submerged** A̱ḎJ̱ unter Wasser; *Wrack* gesunken; **the house was completely ~** das Haus stand völlig unter Wasser

submission [səb'mɪʃən] S̱ **1** **to force sb into ~** jdn zwingen, sich zu ergeben **2** Eingabe *f* **submissive** [səb'mɪsɪv] A̱ḎJ̱ unterwürfig (*pej*) (*to gegenüber*) **submit** [səb'mɪt] A̱ V̱Ṯ vorlegen (*to +dat*); *Antrag* einreichen (*to bei*) Ḇ V̱I̱ sich beugen, nachgeben; **to ~ to sth** sich einer Sache (*dat*) beugen *od* unterwerfen; *Druck einer Sache* (*dat*) nachgeben; **to ~ to blackmail** sich erpressen lassen C̱ V̱Ṟ **to ~ oneself to sth** sich einer Sache (*dat*) unterziehen

subnormal [ˌsʌb'nɔːməl] A̱ḎJ̱ *Temperatur* unterdurchschnittlich; *Mensch* minderbegabt

subordinate [sə'bɔːdnɪt] A̱ A̱ḎJ̱ *Offizier* rangniedriger; *Rang, Rolle* untergeordnet; **to be ~ to sb/sth** jdm/einer Sache untergeordnet sein Ḇ S̱ Untergebene(r) *m/f(m)* **subordinate clause** S̱ GRAM Nebensatz *m*

subplot ['sʌbˌplɒt] S̱ Nebenhandlung *f*

subpoena [sə'piːnə] JUR A̱ S̱ Vorladung *f* Ḇ V̱Ṯ vorladen

sub-post office S̱ (*Br*) Poststelle *f* **subroutine** S̱ ɪ̱ᴛ̱ Unterprogramm *n*

subscribe [səb'skraɪb] V̱I̱ **1** **to ~ to a magazine** eine Zeitschrift abonnieren **2** **to ~ to sth** *Meinung, Theorie* sich einer Sache (*dat*) anschließen **subscriber** [səb'skraɪbə'] S̱ (*von Zeitung*) Abonnent(in) *m(f)*; TEL Teilnehmer(in) *m(f)*

subscription [səb'skrɪpʃən] S̱ (≈ *Geld*) Beitrag *m*; (*von Zeitung*) Abonnement *n* (*to +gen*); **to take out a ~ to sth** etw abonnieren

subsection ['sʌbˌsekʃən] S̱ Unterabteilung *f*; JUR Paragraf *m*

subsequent ['sʌbsɪkwənt] A̱ḎJ̱ (nach)folgend, anschließend **subsequently** ['sʌbsɪkwəntlɪ] A̱ḎV̱ anschließend, von da an

subservient [səb'sɜːvɪənt] A̱ḎJ̱ (*pej*) unterwürfig (*to gegenüber*)

subside [səb'saɪd] V̱I̱ (*Hochwasser, Fieber*) sinken; (*Land, Haus*) sich senken; (*Sturm*) abflauen; (*Lärm*) nachlassen **subsidence** [səb'saɪdəns] S̱ Senkung *f*

subsidiary [səb'sɪdɪərɪ] A̱ A̱ḎJ̱ untergeordnet; **~ role** Nebenrolle *f*; **~ subject** Nebenfach *n*; **~ company** Tochtergesellschaft *f* Ḇ S̱ Tochtergesellschaft *f*

subsidize ['sʌbsɪdaɪz] V̱Ṯ subventionieren; *Wohnungsbau* finanziell unterstützen **subsidized** ['sʌbsɪdaɪzd] A̱ḎJ̱ subventioniert; *Wohnungsbau* finanziell unterstützt **subsidy** ['sʌb-

SUBS | 644

sidl] 5̲ Subvention f

subsist [səb'sɪst] V̅I̅ (form) sich ernähren (on von)
 subsistence [səb'sɪstəns] 5̲ (Lebens)unterhalt m

subsistence level 5̲ Existenzminimum n

subsoil 5̲ Untergrund m

substance ['sʌbstəns] 5̲ 1 Substanz f 2 (❗ kein pl) Gewicht n; **a man of ~** ein vermögender Mann **substance abuse** 5̲ Drogen- und Alkoholmissbrauch m

substandard [ˌsʌb'stændəd] A̅D̅J̅ minderwertig

substantial [səb'stænʃəl] A̅D̅J̅ 1 Mensch kräftig; Bau solide, währschaft (schweiz); Buch umfangreich; Mahlzeit reichhaltig, währschaft (schweiz) 2 Verlust; Betrag beträchtlich; Teil, Verbesserung wesentlich 3 bedeutend; Beweis überzeugend **substantially** [səb'stænʃəlɪ] A̅D̅V̅ 1 beträchtlich 2 im Wesentlichen

substation ['sʌbˌsteɪʃən] 5̲ ELEK Umspannwerk n

substitute ['sʌbstɪtjuːt] A̅ 5̲ Ersatz m kein pl; SPORT Ersatzspieler(in) m(f); **to find a ~ for sb** für jdn Ersatz finden; **to use sth as a ~** etw als Ersatz benutzen B̅ A̅D̅J̅ attr Ersatz- C̅ V̅T̅ **to ~ A for B** B durch A ersetzen D̅ V̅I̅ **to ~ for sb** jdn vertreten **substitute teacher** 5̲ (US) Aushilfslehrer(in) m(f) (❗ = (Br) **supply teacher**) **substitution** [ˌsʌbstɪ'tjuːʃən] 5̲ Ersetzen n (of X for Y von Y durch X); SPORT Austausch m (of X for Y von Y gegen X)

subtenant 5̲ Untermieter(in) m(f)

subterfuge ['sʌbtəfjuːdʒ] 5̲ List f, Trick m

subterranean [ˌsʌbtə'reɪnɪən] A̅D̅J̅ unterirdisch

subtitle ['sʌbtaɪtl] A̅ 5̲ Untertitel m (a. FILM) B̅ V̅T̅ Film mit Untertiteln versehen

subtle ['sʌtl] A̅D̅J̅ 1 fein; Aroma, Andeutung zart 2 Bemerkung scharfsinnig; Druck sanft **subtlety** ['sʌtltɪ] 5̲ Feinheit f **subtly** ['sʌtlɪ] A̅D̅V̅ fein; sich ändern geringfügig; **~ different** auf subtile Weise unterschiedlich

subtotal ['sʌbtəʊtl] 5̲ Zwischensumme f

subtract [səb'trækt] V̅T̅&̅V̅I̅ subtrahieren (from von) **subtraction** [səb'trækʃən] 5̲ Subtraktion f

subtropical [ˌsʌb'trɒpɪkəl] A̅D̅J̅ subtropisch

suburb ['sʌbɜːb] 5̲ Vorort m; **in the ~s** am Stadtrand **suburban** [sə'bɜːbən] A̅D̅J̅ vorstädtisch; **~ street** Vorortstraße f **suburbia** [sə'bɜːbɪə] 5̲ (meist pej) die Vororte pl; **to live in ~** am Stadtrand wohnen

subversion [səb'vɜːʃən] 5̲ (❗ kein pl) Subversion f **subversive** [səb'vɜːsɪv] A̅D̅J̅ subversiv

subway ['sʌbweɪ] 5̲ Unterführung f; (bes US BAHN) U-Bahn f (❗ = (Br) **underground**)

subzero [ˌsʌb'zɪərəʊ] A̅D̅J̅ unter dem Nullpunkt

succeed [sək'siːd] A̅ V̅I̅ 1 erfolgreich sein; **I ~ed in doing it** es gelang mir, es zu tun 2 **to ~ to the throne** die Thronfolge antreten B̅ V̅T̅ folgen (+dat); **to ~ sb in a post/in office** jds Stelle/Amt (akk) übernehmen **succeeding** [sək'siːdɪŋ] A̅D̅J̅ folgend; **~ generations** spätere od nachfolgende Generationen pl

success [sək'ses] 5̲ Erfolg m; **without ~** erfolglos; **to make a ~ of sth** mit etw Erfolg haben; **to meet with ~** Erfolg haben

successful [sək'sesfʊl] A̅D̅J̅ erfolgreich; **to be ~ at doing sth** etw erfolgreich tun **successfully** [sək'sesfəlɪ] A̅D̅V̅ erfolgreich, mit Erfolg

succession [sək'seʃən] 5̲ 1 Folge f; **in ~** hintereinander; **in quick** od **rapid ~** in rascher Folge 2 Thronfolge f; **her ~ to the throne** ihre Thronbesteigung **successive** [sək'sesɪv] A̅D̅J̅ aufeinanderfolgend attr; **for the third ~ time** zum dritten Mal hintereinander **successor** [sək'sesə'] 5̲ Nachfolger(in) m(f) (to +gen); (von Monarch) Thronfolger(in) m(f)

succinct [sək'sɪŋkt] A̅D̅J̅ knapp **succinctly** [sək'sɪŋktlɪ] A̅D̅V̅ kurz und bündig; schreiben in knappem Stil

succulent ['sʌkjʊlənt] A̅D̅J̅ saftig

succumb [sə'kʌm] V̅I̅ erliegen (to +dat)

such [sʌtʃ] A̅ A̅D̅J̅ solche(r, s); **~ a person** so od solch ein Mensch, ein solcher Mensch; **~ a thing** so etwas; **I said no ~ thing** das habe ich nie gesagt; **you'll do no ~ thing** du wirst dich hüten; **there's no ~ thing** so etwas gibt es nicht; **such as** wie (etwa); **writers ~ as Agatha Christie, ~ writers as Agatha Christie** (solche) Schriftsteller wie Agatha Christie; **I'm not ~ a fool as to believe that** ich bin nicht so dumm, dass ich das glaube; **he did it in ~ a way that ...** er machte es so, dass ...; **~ beauty!** welche Schönheit! B̅ A̅D̅V̅ so, solch (geh); **it's ~ a long time ago** es ist so lange her C̅ P̅R̅O̅N̅ **~ is life!** so ist das Leben!; **as ~** an sich; **~ as?** (wie) zum Beispiel?; **~ as it is** so, wie es nun mal ist **such-and-such** ['sʌtʃən'sʌtʃ] (umg) **a town** die und die Stadt **suchlike** ['sʌtʃˌlaɪk] (umg) A̅ A̅D̅J̅ solche B̅ P̅R̅O̅N̅ dergleichen

suck [sʌk] A̅ V̅T̅ saugen; Bonbon lutschen; Lutscher, Daumen lutschen an (+dat) B̅ V̅I̅ 1 (at an +dat) saugen 2 (US umg) **this city ~s** diese Stadt ist echt Scheiße (umg) **♦suck in** V̅T̅ trennb Luft ansaugen; Bauch einziehen **♦suck up** A̅ V̅T̅ trennb aufsaugen B̅ V̅I̅ (umg) **to ~ to sb** vor jdm kriechen

sucker ['sʌkə'] 5̲ 1 (aus Gummi, ZOOL) Saugnapf m 2 (umg) Trottel m (umg); **to be a ~ for sth** (immer) auf etw (akk) hereinfallen **suckle**

['sʌk] **A** _VT_ Baby stillen; Tierjunges säugen **B** _VI_ saugen **suction** ['sʌkʃən] _S_ Saugwirkung f

sudden ['sʌdn] **A** _ADJ_ plötzlich; Kurve unerwartet; **this is all so ~** das kommt alles so plötzlich **B** _S_ **all of a ~** (ganz) plötzlich **suddenly** ['sʌdnlɪ] _ADV_ plötzlich **suddenness** ['sʌdnnɪs] _S_ Plötzlichkeit f

sudoku [suˈdɒku] _S_ Sudoku n

suds [sʌdz] _PL_ Seifenlauge f

sue [suː] **A** _VT_ JUR verklagen; **to ~ sb for sth** jdn auf etw (akk) verklagen **B** _VI_ JUR klagen; **to ~ for divorce** die Scheidung einreichen

suede [sweɪd] **A** _S_ Wildleder n **B** _ADJ_ Wildleder-

suet ['suɪt] _S_ Nierenfett n

Suez Canal _S_ Suezkanal m

suffer ['sʌfə'] **A** _VT_ erleiden; Kopfschmerzen, Auswirkungen leiden unter od an (+dat) **B** _VI_ leiden (from unter +dat, from illness an +dat); **he was ~ing from shock** er hatte einen Schock (erlitten); **you'll ~ for this!** das wirst du büßen! **sufferer** ['sʌfərə'] _S_ MED Leidende(r) m/f(m) (from an +dat) **suffering** ['sʌfərɪŋ] _S_ Leiden n

suffice [səˈfaɪs] (form) **A** _VI_ genügen, (aus)reichen **B** _VT_ **~ it to say ...** es reicht wohl, wenn ich sage, ... **sufficiency** [səˈfɪʃənsɪ] _S_ Hinlänglichkeit f **sufficient** [səˈfɪʃənt] _ADJ_ ausreichend; Grund hinreichend; **to be ~** ausreichen **sufficiently** [səˈfɪʃəntlɪ] _ADV_ genug; **a ~ large number** eine ausreichend große Anzahl

suffix ['sʌfɪks] _S_ LING Suffix n

suffocate ['sʌfəkeɪt] _VT & VI_ ersticken **suffocating** ['sʌfəkeɪtɪŋ] _ADJ_ (wörtl) erstickend attr; Hitze drückend attr; Zimmer stickig; (fig) Atmosphäre erdrückend attr; **it's ~ in here** es ist stickig hier drinnen **suffocation** [ˌsʌfəˈkeɪʃən] _S_ Ersticken n

suffrage ['sʌfrɪdʒ] _S_ Wahlrecht n

sugar ['ʃʊgə'] _S_ Zucker m (❗ Als Bezeichnung der Substanz hat **sugar** keinen Plural. **Sugars** sagt man zu einzelnen Zuckerstücken oder Löffel Zucker.); **he takes two ~s in his tea** er nimmt zwei Löffel Zucker in seinen Tee **sugar bowl** _S_ Zuckerdose f **sugar candy** _S_ Kandis(zucker) m; (US) Bonbon n od m, Zuckerl n (österr) (❗ = (Br) **sweet**) **sugar cane** _S_ Zuckerrohr n **sugar-coated** _ADJ_ mit Zucker überzogen **sugar cube** _S_ Zuckerwürfel m **sugar-free** _ADJ_ ohne Zucker **sugar pea** _S_ (US) Zuckererbse f (❗ = (Br) **mangetout**) **sugary** ['ʃʊgərɪ] _ADJ_ süß, zuckerig

suggest [səˈdʒest] _VT_ **1** vorschlagen; **are you ~ing I should tell a lie?** soll das heißen, dass ich lügen soll? **2** Erklärung vorbringen **3** andeuten; **what are you trying to ~?** was wollen Sie

damit sagen?

suggestion [səˈdʒestʃən] _S_ **1** Vorschlag m; **Rome was your ~** Rom war deine Idee; **I'm open to ~s** Vorschläge sind od jeder Vorschlag ist willkommen **2** Andeutung f **3** Spur f **suggestive** [səˈdʒestɪv] _ADJ_ Bemerkung anzüglich

suicidal [ˌsuɪˈsaɪdl] _ADJ_ selbstmörderisch; **she was ~** sie war selbstmordgefährdet **suicide** ['suɪsaɪd] _S_ Selbstmord m; **to commit ~** Selbstmord begehen **suicide attack** _S_ Selbstmordanschlag m **suicide attacker** _S_, **suicide bomber** _S_ Selbstmordtäter(in) m(f) **suicide note** _S_ Abschiedsbrief m

suit [suːt] **A** _S_ **1** Anzug m; (von Frau) Kostüm n; **~ of armour** Rüstung f **2** KART Farbe f; **to follow ~** (fig) jds Beispiel (dat) folgen **B** _VT_ **1** passen (+dat); (Klima) bekommen (+dat); (Job etc) gefallen (+dat), zufriedenstellen; **~s me!** (umg) ist mir recht (umg); **that would ~ me nicely** das würde mir gut passen; **when would it ~ you to come?** wann würde es Ihnen passen?; **to be ~ed for/to** geeignet sein für; **he is not ~ed to be a doctor** er eignet sich nicht zum Arzt; **they are well ~ed (to each other)** sie passen gut zusammen; **you can't ~ everybody** man kann es nicht jedem recht machen **2** (Kleidung) (gut) stehen (+dat) **C** _VR_ **he ~s himself** er tut, was er will od was ihm passt; **you can ~ yourself whether you come or not** du kannst kommen oder nicht, ganz wie du willst; **~ yourself!** wie du willst! **suitability** [ˌsuːtəˈbɪlɪtɪ] _S_ Angemessenheit f; (für Job) Eignung f

suitable ['suːtəbl] _ADJ_ geeignet, angemessen; **to be ~ for sb** jdm passen; (Film, Job) für jdn geeignet sein; **to be ~ for sth** sich für etw eignen; **none of the dishes is ~ for freezing** keines der Rezepte eignet sich zum Einfrieren; **the most ~ man for the job** der am besten geeignete Mann für den Posten **suitably** ['suːtəblɪ] _ADV_ angemessen; **~ impressed** gehörig beeindruckt

suitcase ['suːtkeɪs] _S_ Koffer m

suite [swiːt] _S_ (≈ Zimmer, MUS) Suite f; **3-piece ~** dreiteilige Sitzgarnitur

suitor ['suːtə'] _S_ **1** (obs) Freier m (obs) **2** JUR Kläger(in) m(f)

sulk [sʌlk] **A** _VI_ schmollen **B** _S_ **to have a ~** schmollen **sulkily** ['sʌlkɪlɪ] _ADV_ beleidigt **sulky** ['sʌlkɪ] _ADJ_ (+er) eingeschnappt

sullen ['sʌlən] _ADJ_ mürrisch **sullenly** ['sʌlənlɪ] _ADV_ mürrisch **sullenness** ['sʌlənnɪs] _S_ Verdrießlichkeit f

sulphate, (US) **sulfate** ['sʌlfeɪt] _S_ Sulfat n

sulphur, (US) **sulfur** ['sʌlfə'] _S_ Schwefel m **sulphur dioxide**, (US) **sulfur dioxide** [ˌsʌlfədaɪˈɒksaɪd] _S_ Schwefeldioxid n **sulphu-**

ric acid, (US) **sulfuric acid** [sʌl,fjʊərɪk'æsid] [S] Schwefelsäure *f*
sultan ['sʌltən] [S] Sultan *m*
sultana [sʌl'tɑːnə] [S] (Br) Sultanine *f*
sultry ['sʌltrɪ] [ADJ] *Atmosphäre* schwül; *Stimme, Blick* glutvoll
sum [sʌm] [S] [1] Summe *f* [2] (bes Br) Rechenaufgabe *f*; **to do ~s** rechnen; **that was the ~ (total) of his achievements** das war alles, was er geschafft hatte ♦**sum up** [A] [V/T] *trennb* [1] zusammenfassen [2] einschätzen [B] [V/I] zusammenfassen
summarize ['sʌməraɪz] [V/T] zusammenfassen
summary ['sʌmərɪ] [S] Zusammenfassung *f*
summer ['sʌmə^r] [A] [S] Sommer *m*; **in (the) ~** im Sommer [B] [ADJ] *attr* Sommer- **summer camp** [S] Ferienlager *n* **summer holidays** [PL] (bes Br) Sommerferien *pl* (❗ = (US) **summer vacation**) **summer school** [S] Sommerkurs *m* **summertime** [S] Sommer *m* **summer time** [S] (Br) Sommerzeit *f* (❗ = (US) **daylight saving time**) **summer vacation** [S] (US) Sommerferien *pl* (❗ = (Br) **summer holidays**)
summery ['sʌmərɪ] [ADJ] sommerlich
summing-up [,sʌmɪŋ'ʌp] [S] JUR Resümee *n*
summit ['sʌmɪt] [S] Gipfel *m*
summon ['sʌmən] [V/T] [1] (herbei)rufen; *Hilfe* holen; *Versammlung* einberufen [2] JUR vorladen ♦**summon up** [V/T] *trennb Mut* zusammennehmen; *Kraft* aufbieten
summons ['sʌmənz] [S], *pl* -es JUR Vorladung *f*
sumptuous ['sʌmptjʊəs] [ADJ] luxuriös; *Essen* üppig
Sun *abk* von **Sunday** So.
sun [sʌn] [S] Sonne *f*; **you've caught the ~** dich hat die Sonne erwischt; **he's tried everything under the ~** er hat alles Menschenmögliche versucht **sunbathe** [V/I] sonnenbaden **sunbathing** [S] Sonnenbaden *n* **sunbeam** [S] Sonnenstrahl *m* **sun bed** [S] Sonnenbank *f* **sun block** [S] Sonnenschutzcreme *f* **sunburn** [S] Sonnenbrand *m* **sunburned**, **sunburnt** [ADJ] **to get ~** (einen) Sonnenbrand bekommen
sundae ['sʌndeɪ] [S] Eisbecher *m*
Sunday ['sʌndɪ] [A] [S] Sonntag *m*; → Tuesday [B] [ADJ] *attr* Sonntags- **Sunday school** [S] Sonntagsschule *f*
sundial [S] Sonnenuhr *f* **sundown** [S] (US) Sonnenuntergang *m* (❗ = (Br) **sunset**); **at/before ~** bei/vor Sonnenuntergang **sun-drenched** [ADJ] sonnenüberflutet **sun-dried** [ADJ] sonnengetrocknet **sunflower** [S] Sonnenblume *f*
sung [sʌŋ] *pperf* von sing
sunglasses [PL] Sonnenbrille *f* **sunhat** [S] Sonnenhut *m*
sunk [sʌŋk] *pperf* von sink¹ **sunken** ['sʌŋkən] [ADJ] *Schatz* versunken; *Garten* abgesenkt
sun lamp [S] Höhensonne® *f* **sunlight** [S] Sonnenlicht *n*; **in the ~** in der Sonne **sunlit** [ADJ] sonnig **sun lounger** [S] Sonnenliege *f*
sunny ['sʌnɪ] [ADJ] (+er) sonnig; **to look on the ~ side (of things)** die Dinge von der angenehmen Seite nehmen
sunrise [S] (bes Br) Sonnenaufgang *m* (❗ = (US) **sunup**); **at ~** bei Sonnenaufgang **sunroof** [S] Schiebedach *n* **sunscreen** [S] Sonnenschutzmittel *n*
sunset [S] (bes Br) Sonnenuntergang *m* (❗ = (US) **sundown**); **at ~** bei Sonnenuntergang **sunshade** [S] Sonnenschirm *m*
sunshine [S] Sonnenschein *m* **sunstroke** [S] **to get ~** einen Sonnenstich bekommen **suntan** [S] Sonnenbräune *f*; **to get a ~** braun werden; **~ lotion** Sonnenöl *n* **suntanned** [ADJ] braun gebrannt **sunup** [S] (US) Sonnenaufgang *m* (❗ = (Br) **sunrise**); **at ~** bei Sonnenaufgang
super ['suːpə^r] [ADJ] (bes Br umg) klasse *inv* (umg)
superb [ADJ], **superbly** [ADV] [suː'pɜːb, -lɪ] großartig
supercilious [ADJ], **superciliously** [ADV] ['suːpə'sɪlɪəs, -lɪ] hochnäsig
superficial [,suːpə'fɪʃəl] [ADJ] oberflächlich; *Ähnlichkeit* äußerlich **superficially** [,suːpə'fɪʃəlɪ] [ADV] oberflächlich; *ähnlich* äußerlich
superfluous [sʊ'pɜːflʊəs] [ADJ] überflüssig
superglue® [S] Sekundenkleber *m* **superhighway** [S] (US) ≈ Autobahn *f*; **the information ~** die Datenautobahn **superhuman** [ADJ] übermenschlich
superimpose [,suːpərɪm'pəʊz] [V/T] **to ~ sth on sth** etw auf etw (akk) legen; FOTO etw über etw (akk) fotografieren
superintendent [,suːpərɪn'tendənt] [S] (US) Hausmeister(in) *m(f)*, Abwart(in) *m(f)* (schweiz) (❗ = (Br) **caretaker**); (≈ *Polizist*, Br) ≈ Kommissar(in) *m(f)*; (US) ≈ Polizeipräsident(in) *m(f)*
superior [sʊ'pɪərɪə^r] [A] [ADJ] [1] besser (to als); *Können* überlegen (to sb/sth jdm/einer Sache); **he thinks he's so ~** er hält sich für so viel besser [2] großartig [3] (rangmäßig) höher; **~ officer** Vorgesetzte(r) *m/f(m)*; **to be ~ to sb** jdm übergeordnet sein [4] *Kraft* stärker (to als), größer (to als) [5] überheblich [B] [S] (rangmäßig) Vorgesetzte(r) *m/f(m)* **superiority** [sʊ,pɪərɪ'ɒrɪtɪ] [S] [1] Überlegenheit *f* [2] Großartigkeit *f* [3] (rangmäßig) höhere Stellung
superlative [sʊ'pɜːlətɪv] [A] [ADJ] überragend; GRAM superlativisch [B] [S] Superlativ *m*
supermarket ['suːpə,mɑːkɪt] [S] Supermarkt *m*
supernatural [,suːpə'nætʃərəl] [A] [ADJ] übernatürlich [B] [S] **the ~** das Übernatürliche **su-**

S

perpower ['suːpə,pauəʳ] $\overline{S}$ POL Supermacht f
superscript ['suːpə,skrɪpt] ADJ hochgestellt
supersede [,suːpə'siːd] VT ablösen
supersonic [,suːpə'sɒnɪk] ADJ Überschall- **superstar** ['suːpəstaːʳ] $\overline{S}$ (Super)star m
superstition [,suːpə'stɪʃən] $\overline{S}$ Aberglaube m kein pl **superstitious** [,suːpə'stɪʃəs] ADJ abergläubisch; **to be ~ about sth** in Bezug auf etw (akk) abergläubisch sein
superstore ['suːpəstɔːʳ] $\overline{S}$ Verbrauchermarkt m **superstructure** ['suːpə,strʌktʃəʳ] $\overline{S}$ Überbau m **supertanker** ['suːpə,tæŋkəʳ] $\overline{S}$ Supertanker m
supervise ['suːpəvaɪz] A VT beaufsichtigen B VI Aufsicht führen **supervision** [,suːpə'vɪʒən] $\overline{S}$ Aufsicht f, Beaufsichtigung f; (bei Arbeit) Überwachung f **supervisor** ['suːpəvaɪzəʳ] $\overline{S}$ Aufseher(in) m(f); (Br UNIV) ≈ Tutor(in) m(f) **supervisory board** $\overline{S}$ HANDEL, IND Aufsichtsrat m
supper ['sʌpəʳ] $\overline{S}$ Abendessen n, Nachtmahl n (österr), Nachtessen n (schweiz); (am späten Abend) (später) Imbiss m; **to have ~** zu Abend essen **suppertime** ['sʌpətaɪm] $\overline{S}$ Abendessenszeit f; **at ~** zur Abendbrotzeit

▶ supper

Supper kann sowohl die Hauptmahlzeit am Abend bezeichnen als auch einen kleinen Imbiss vor dem Zubettgehen.

LANDESKUNDE ◀

supplant [sə'plaːnt] VT ersetzen
supple ['sʌpl] ADJ (+er) geschmeidig, beweglich
supplement ['sʌplɪmənt] A $\overline{S}$ 1 Ergänzung f (to +gen); (≈ Vitaminpräparat etc) Zusatz m 2 (von Zeitung) Beilage f B VT ergänzen **supplementary** [,sʌplɪ'mentərɪ] ADJ ergänzend
suppleness ['sʌplnɪs] $\overline{S}$ Geschmeidigkeit f, Beweglichkeit f
supplier [sə'plaɪəʳ] $\overline{S}$ HANDEL Lieferant(in) m(f)
supply [sə'plaɪ] A $\overline{S}$ 1 Versorgung f, Lieferung f (to an +akk); WIRTSCH Angebot n; **electricity ~** Stromversorgung f; **~ and demand** Angebot und Nachfrage; **to cut off the ~** das Gas/Wasser abstellen 2 Vorrat m; **supplies** pl Vorräte pl; **to get** od **lay in supplies** od **a ~ of sth** sich (dat) einen Vorrat an etw (dat) anlegen od zulegen; **a month's ~** ein Monatsbedarf m; **to be in short ~** knapp sein; **to be in good ~** reichlich vorhanden sein; **medical supplies** Arzneimittel pl B VT 1 Nahrung etc sorgen für, liefern; (kostenlos) stellen; **pens and paper are supplied by the firm** Schreibmaterial wird von der Firma ge-

stellt 2 (with mit) versorgen; HANDEL beliefern
supply teacher $\overline{S}$ (Br) Aushilfslehrer(in) m(f) (❶ = (US) **substitute teacher**)
support [sə'pɔːt] A $\overline{S}$ Stütze f; (❶ kein pl) fig Unterstützung f; **to give ~ to sb/sth** jdn/etw stützen; **to lean on sb for ~** sich auf jdn stützen; **in ~ of** zur Unterstützung (+gen) B ATTR Hilfs- C VT 1 (wörtl) stützen; (≈ Gewicht) tragen 2 (fig) unterstützen; Plan befürworten; (moralisch) beistehen (+dat); Theorie untermauern; Familie unterhalten; **he ~s Arsenal** er ist Arsenal-Anhänger m; **which team do you ~?** für welche Mannschaft bist du?; **without his family to ~ him** ohne die Unterstützung seiner Familie D VR sich stützen (on auf +akk); (finanziell) seinen Unterhalt (selbst) bestreiten **support band** $\overline{S}$ Vorgruppe f
supporter [sə'pɔːtəʳ] $\overline{S}$ Anhänger(in) m(f)
support group $\overline{S}$ Unterstützungsgruppe f
supporting [sə'pɔːtɪŋ] ADJ 1 **~ role** Nebenrolle f 2 TECH stützend **supporting actor** $\overline{S}$ FILM, THEAT Nebendarsteller m **supporting actress** $\overline{S}$ FILM, THEAT Nebendarstellerin f **supportive** [sə'pɔːtɪv] ADJ (fig) unterstützend attr; **if his parents had been more ~** wenn seine Eltern ihn mehr unterstützt hätten
suppose [sə'pəuz] VT 1 sich (dat) vorstellen, annehmen; **let us ~ we are living in the 8th century** stellen wir uns einmal vor, wir lebten im 8. Jahrhundert; **let us ~ that X equals 3** angenommen, X sei gleich 3; **I don't ~ he'll come** ich glaube kaum, dass er kommt; **I ~ that's the best thing, that's the best thing, I ~** das ist od wäre vermutlich das Beste; **you're coming, I ~?** ich nehme an, du kommst?; **I don't ~ you could lend me a pound?** Sie könnten mir nicht zufällig ein Pfund leihen?; **will he be coming? — I ~ so** kommt er? — ich denke od glaube schon; **you ought to be leaving — I ~ so** du solltest jetzt gehen — stimmt wohl; **don't you agree with me? — I ~ so** bist du da nicht meiner Meinung? — na ja, schon; **I don't ~ so** ich glaube kaum; **so you see, it can't be true — I ~ not** da siehst du selbst, es kann nicht stimmen — du wirst wohl recht haben; **he can't refuse, can he? — I ~ not** er kann nicht ablehnen, oder? — eigentlich nicht; **he's ~d to be coming** er soll (angeblich) kommen; **~ you have a wash?** wie wärs, wenn du dich mal wäschst? 2 **to be ~d to do sth** etw tun sollen; **he's the one who's ~d to do it** er müsste es eigentlich tun; **he isn't ~d to find out** er darf es nicht erfahren **supposed** [sə'pəuzd] ADJ vermutet; Beleidigung angeblich **supposedly** [sə'pəuzɪdlɪ] ADV angeblich **supposing** [sə-

'pəʊzɪŋ] KONJ angenommen; **but ~ ...** aber wenn ...; **~ he can't do it?** und wenn er es nicht schafft?

suppress [sə'pres] VT unterdrücken; *Informationen* zurückhalten **suppression** [sə'preʃən] S Unterdrückung f; *(von Appetit)* Zügelung f; *(von Informationen)* Zurückhalten n

supremacy [sʊ'preməsɪ] S Vormachtstellung f; *(fig)* Supremat n od m **supreme** [sʊ'priːm] ADJ **1** höchste(r, s); *Gericht* oberste(r, s) **2** *Gleichgültigkeit* äußerste(r, s) **supreme commander** S Oberbefehlshaber(in) m(f) **supremely** [sʊ'priːmlɪ] ADV zuversichtlich äußerst; *wichtig* überaus; **she does her job ~ well** sie macht ihre Arbeit außerordentlich gut

▶ Supreme Court

Der **Supreme Court** ist das oberste Organ der Judikative der USA. Seine große politische Bedeutung liegt in seiner Aufgabe festzustellen, ob vom **Congress** ausgearbeitete Gesetze und Handlungen des **President** verfassungsgemäß sind.
Ihm gehören 9 Richter an, die vom Präsidenten ernannt und vom Senat bestätigt werden — ein Akt von höchster politischer Tragweite. Außerdem stellt der **Supreme Court** den **highest court of appeal**, das oberste Berufungsgericht dar, welches historische **landmark decisions** traf, die später Gesetzescharakter bekamen.

LANDESKUNDE ◂

surcharge ['sɜːtʃɑːdʒ] S Zuschlag m

sure [ʃʊə'] ADJ (+er) sicher; *Methode* zuverlässig; **it's ~ to rain** es regnet ganz bestimmt; **be ~ to turn the gas off** vergiss nicht, das Gas abzudrehen; **be ~ to go and see her** du musst sie unbedingt besuchen; **to make ~** nachsehen; **make ~ the window's closed** achten Sie darauf, dass das Fenster zu ist; **make ~ you take your keys** denk daran, deine Schlüssel mitzunehmen; **I've made ~ that there's enough coffee** ich habe dafür gesorgt, dass genug Kaffee da ist; **I'll find out for ~** ich werde das genau herausfinden; **do you know for ~?** wissen Sie das ganz sicher?; **I'm ~ she's right** ich bin sicher, sie hat recht; **do you want to see that film? — I'm not ~** willst du diesen Film sehen? — ich bin mir nicht sicher; **I'm not so ~ about that** da bin ich mir nicht so sicher; **to be ~ of oneself** selbstsicher sein B ADV **1** *(umg)* **will you do it? — ~!** machst du das? — klar! *(umg)* **2 and ~ enough he did come** und er ist tatsächlich gekommen **surely** [ˈʃʊəlɪ] ADV **1** bestimmt, sicher; **~ not!** das kann doch nicht stimmen!; **~ someone must know** irgendjemand muss es doch wissen; **but ~ you can't expect us to believe that** Sie können doch wohl nicht erwarten, dass wir das glauben! **2** zweifellos **3** mit sicherer Hand; **slowly but ~** langsam aber sicher

surf [sɜːf] A S Brandung f B VI surfen C VT **to ~ the Net** *(umg)* im (Inter)net surfen *(umg)*

surface ['sɜːfɪs] A S **1** Oberfläche f; **on the ~** oberflächlich, nach außen hin **2** BERGB **on the ~** über Tage B ADJ *attr* **1** oberflächlich **2** auf dem Land-/Seeweg C VI auftauchen **surface area** S Fläche f **surface mail** S **by ~** auf dem Land-/Seeweg **surface-to-air** ADJ *attr* **~ missile** Boden-Luft-Rakete f

surfboard ['sɜːfbɔːd] S Surfbrett n

surfeit ['sɜːfɪt] S Übermaß n *(of an +dat)*

surfer ['sɜːfə'] S Surfer(in) m(f) **surfing** ['sɜːfɪŋ] S Surfen n

surge [sɜːdʒ] A S *(von Wasser)* Schwall m; ELEK Spannungsstoß m; **he felt a sudden ~ of rage** er fühlte, wie die Wut in ihm aufstieg; **a ~ in demand** ein rascher Nachfrageanstieg B VI *(Fluss)* anschwellen; **they ~d toward(s) him** sie drängten auf ihn zu; **to ~ ahead/forward** vorpreschen

surgeon ['sɜːdʒən] S Chirurg(in) m(f) **surgery** ['sɜːdʒərɪ] S **1** Chirurgie f; **to have ~** operiert werden; **to need (heart) ~** (am Herzen) operiert werden müssen; **to undergo ~** sich einer Operation unterziehen **2** *(Br)* Sprechzimmer n, Ordination f *(österr)*; *(≈ Beratung)* Sprechstunde f (⚠ = *(US)* consultation); **~ hours** Sprechstunden pl, Ordination f *(österr)* **surgical** ['sɜːdʒɪkəl] ADJ operativ; *Technik* chirurgisch **surgically** ['sɜːdʒɪkəlɪ] ADV operativ **surgical mask** S OP-Maske f

surly ['sɜːlɪ] ADJ (+er) verdrießlich

surmise [sɜːˈmaɪz] VT vermuten, mutmaßen

surmount [sɜːˈmaʊnt] VT überwinden

surname ['sɜːneɪm] S Nachname m

surpass [sɜːˈpɑːs] A VT übertreffen B VR sich selbst übertreffen

surplus ['sɜːpləs] S Überschuss m *(of an +dat)* adj überschüssig, überzählig

surprise [sə'praɪz] A S Überraschung f; **in ~** überrascht; **it came as a ~ to us** wir waren überrascht; **to give sb a ~** jdn überraschen; **to take sb by ~** jdn überraschen; **~, ~, it's me!** rate mal, wer hier ist?; **I'm not so ~ about that** da bin ich mir nicht so sicher; **you don't say!** *(iron)* du nicht sagst! B ATTR Überraschungs-, überraschend C VT überraschen; **to be ~d at** *od* **by** überrascht sein über +akk, sich wundern über +akk; **I wouldn't be ~d if ...** es würde mich nicht wundern, wenn ...; **go on, ~ me!** ich lass mich überraschen! **surprising**

[sə'praɪzɪŋ] ADJ überraschend **surprisingly** [sə'praɪzɪŋlɪ] ADV überraschend; **not ~ it didn't work** wie zu erwarten (war), hat es nicht geklappt

surreal [sə'rɪəl] ADJ unwirklich **surrealism** [sə'rɪəlɪzəm] S Surrealismus m **surrealist** [sə'rɪəlɪst] ADJ surrealistisch

surrender [sə'rendə'] A VI sich ergeben (to +dat); (der Polizei) sich stellen (to +dat); **I ~!** ich ergebe mich! B VT MIL übergeben; Titel, Führung abgeben C S MIL Kapitulation f (to vor +dat) 2 Übergabe f (to an +akk); (von Titel, Führung) Abgabe f

surrogate ['sʌrəgɪt] ATTR Ersatz- **surrogate mother** S Leihmutter f

surround [sə'raʊnd] A S (bes Br) **the ~s** die Umgebung B VT umgeben; MIL umzingeln

surrounding [sə'raʊndɪŋ] ADJ umliegend; **in the ~ area** in der Umgebung

surroundings [sə'raʊndɪŋz] PL Umgebung f

surround sound S Surround-Sound(-System n) m **surround-sound** ADJ attr Lautsprecher Surround-Sound-

surveillance [sɜː'veɪləns] S Überwachung f; **to be under ~** überwacht werden; **to keep sb under ~** jdn überwachen od observieren (form)

survey ['sɜːveɪ] A S 1 (von Land) Vermessung f; (von Haus) Begutachtung f; (≈ Schriftstück) Gutachten n 2 Untersuchung f (of, on über +akk); (durch Meinungsforscher etc) Umfrage f (of, on über +akk) B [sɜː'veɪ] VT 1 betrachten 2 untersuchen 3 Land vermessen; Haus inspizieren **surveyor** [sə'veɪə'] S 1 Landvermesser(in) m(f) 2 Bauinspektor(in) m(f)

survival [sə'vaɪvəl] S Überleben n

survive [sə'vaɪv] A VI überleben; (Kunstschätze) erhalten bleiben; (Brauch) weiterleben; **only five copies ~ od have ~d** nur fünf Exemplare sind erhalten B VT überleben; Feuer etc überstehen **surviving** [sə'vaɪvɪŋ] ADJ 1 noch lebend 2 noch existierend **survivor** [sə'vaɪvə'] S Überlebende(r) m/f(m); JUR Hinterbliebene(r) m/f(m); **he's a ~** (fig) er ist ein Überlebenskünstler

susceptible [sə'septəbl] ADJ **~ to sth** für etw empfänglich; für Krankheit für etw anfällig

suspect ['sʌspekt] A ADJ verdächtig B ['sʌspekt] S Verdächtige(r) m/f(m) C [sə'spekt] VT verdächtigen (of sth einer Sache gen); (≈ denken) vermuten; **I ~ her of having stolen it** ich habe sie im Verdacht od ich verdächtige sie, es gestohlen zu haben; **the ~ed bank robber** etc der mutmaßliche Bankräuber etc; **he ~s nothing** er ahnt nichts; **does he ~ anything?** hat er Verdacht geschöpft?; **I ~ed as much** das habe ich mir doch gedacht; **he was taken to hospital with a ~ed heart attack** er wurde mit dem Verdacht auf Herzinfarkt ins Krankenhaus eingeliefert

suspend [sə'spend] VT 1 (auf)hängen (from an +dat) 2 Zahlungen (zeitweilig) einstellen; Gespräche aussetzen; Flüge aufschieben; **he was given a ~ed sentence** seine Strafe wurde zur Bewährung ausgesetzt 3 jdn suspendieren; SPORT sperren **suspender** [sə'spendə'] S meist pl 1 (Br) Strumpfhalter m (⚠ = **garter**); **~ belt** Strumpf(halter)gürtel m 2 (US) **suspenders** PL Hosenträger pl (⚠ = (Br) **braces**) **suspense** [sə'spens] S Spannung f; **the ~ is killing me** ich bin gespannt wie ein Flitzebogen (hum umg); **to keep sb in ~** jdn auf die Folter spannen (umg) **suspension** [sə'spenʃən] S 1 (von Zahlungen) zeitweilige Einstellung; (von Flügen) Aufschub m; (von Gesprächen) Aussetzung f 2 Suspendierung f; SPORT Sperrung f 3 AUTO Federung f **suspension bridge** S Hängebrücke f

suspicion [sə'spɪʃən] S Verdacht m kein pl; **to have one's ~s about sth/sb** seine Zweifel bezüglich einer Sache/Person (gen) haben; **to be under ~** unter Verdacht stehen; **to arrest sb on ~ of murder** jdn wegen Mordverdachts festnehmen **suspicious** [sə'spɪʃəs] ADJ 1 misstrauisch (of gegenüber); **to be ~ about sth** etw mit Misstrauen betrachten 2 verdächtig **suspiciously** [sə'spɪʃəslɪ] ADV 1 argwöhnisch, misstrauisch 2 verdächtig

suss [sʌs] VT (Br umg) **to ~ sb out** jdm auf den Zahn fühlen (umg); **I can't ~ him out** bei ihm blicke ich nicht durch (umg); **I've got him ~ed (out)** ich habe ihn durchschaut; **to ~ sth out** etw herausbekommen

sustain [sə'steɪn] VT 1 Last aushalten; Leben erhalten; Körper bei Kräften halten 2 Bemühungen aufrechterhalten; Wachstum beibehalten; JUR **objection ~ed** Einspruch stattgegeben 3 Verletzung, Schaden erleiden **sustainable** [sə'steɪnəbl] ADJ aufrechtzuerhalten präd, aufrechtzuerhaltend attr; Entwicklung nachhaltig; Energie etc erneuerbar; Niveau haltbar **sustained** [sə'steɪnd] ADJ anhaltend **sustenance** ['sʌstɪnəns] S Nahrung f

SUV (US) S abk von sport-utility vehicle

SW abk 1 von south-west SW 2 von short wave KW

swab [swɒb] S MED Tupfer m

Swabia ['sweɪbɪə] S Schwaben n

swagger ['swægə'] VI 1 stolzieren 2 angeben

swallow¹ ['swɒləʊ] A S Schluck m B VT & VI schlucken ◆**swallow down** VT trennb hinunterschlucken ◆**swallow up** VT trennb (fig) verschlingen

SWAL ‖ 650

swallow² 5̲ Schwalbe f
swam [swæm] *prät* von **swim**
swamp [swɒmp] **A** 5̲ Sumpf m **B** V̲T̲ überschwemmen **swampy** ['swɒmpɪ] A̲D̲J̲ (+er) sumpfig
swan [swɒn] **A** 5̲ Schwan m **B** V̲I̲ (Br umg) **to ~ off** abziehen (umg); **to ~ around (the house)** zu Hause herumschweben (umg)
swanky ['swæŋkɪ] A̲D̲J̲ (+er) (umg) piekfein (umg)
swap [swɒp] **A** 5̲ **to do a ~ (with sb)** (mit jdm) tauschen **B** V̲T̲ tauschen; Geschichten etc austauschen; **to ~ sth for sth** etw für etw eintauschen; **to ~ places with sb** mit jdm tauschen; **to ~ sides** die Seiten wechseln **C** V̲I̲ tauschen
swarm [swɔːm] **A** 5̲ Schwarm m **B** V̲I̲ schwärmen; **to ~ with** wimmeln von
swarthy ['swɔːðɪ] A̲D̲J̲ (+er) dunkel
swastika ['swɒstɪkə] 5̲ Hakenkreuz n
swat [swɒt] **A** V̲T̲ Fliege totschlagen **B** 5̲ Fliegenklatsche f
swathe [sweɪð] V̲T̲ wickeln (in in +akk)
sway [sweɪ] **A** V̲I̲ **1** (mit Hüften) Wackeln n **2** **to hold ~ over sb** jdn beherrschen **B** V̲I̲ (Bäume) sich wiegen; Arme schwingen; (Haus, Mensch) schwanken; **she ~s as she walks** sie wiegt beim Gehen die Hüften **C** V̲T̲ **1** Hüften wiegen **2** beeinflussen
swear [sweə¹] v: prät **swore**, pperf **sworn** **A** V̲T̲ schwören; Eid leisten; **I ~ it!** ich kann das beschwören!; **to ~ sb to secrecy** jdn schwören lassen, dass er nichts verrät **B** V̲I̲ **1** schwören; **to ~ to sth** etw beschwören **2** fluchen (about über +akk); **to ~ at sb/sth** jdn/etw beschimpfen ♦**swear by** V̲I̲ +obj (umg) schwören auf (+akk) ♦**swear in** V̲T̲ trennb Zeugen vereidigen
swearing ['sweərɪŋ] 5̲ Fluchen n **swearword** ['sweəwɜːd] 5̲ Fluch m, Kraftausdruck m
sweat [swet] **A** 5̲ Schweiß m kein pl **B** V̲I̲ schwitzen (with vor +dat); **to ~ like a pig** (umg) wie ein Affe schwitzen (umg) ♦**sweat out** V̲T̲ trennb **to sweat it out** (fig umg) durchhalten; (geduldig) abwarten
sweatband ['swetbænd] 5̲ Schweißband n
sweater ['swetə¹] 5̲ Pullover m **sweat pants** P̲L̲ (bes US) Jogginghose f **sweatshirt** 5̲ Sweatshirt n **sweatshop** 5̲ (pej) Ausbeuterbetrieb m (pej) **sweatsuit** 5̲ (US) Trainingsanzug m (❗ = (Br) **tracksuit**) **sweaty** ['swetɪ] A̲D̲J̲ (+er) schweißig; Körper, Strümpfe verschwitzt
Swede [swiːd] 5̲ Schwede m, Schwedin f
swede [swiːd] 5̲ (bes Br) Steckrübe f (❗ = (US) **rutabega**)
Sweden ['swiːdn] 5̲ Schweden n
Swedish ['swiːdɪʃ] **A** A̲D̲J̲ schwedisch; **he is ~** er ist Schwede **B** 5̲ **1** L̲I̲N̲G̲ Schwedisch n **2** **the ~** die Schweden pl

sweep [swiːp] v: prät, pperf **swept** **A** 5̲ **1** **to give sth a ~** etw kehren od (schweiz) wischen **2** Schornsteinfeger(in) m(f) **3** (mit Arm) Schwung m; **to make a clean ~** (fig) gründlich aufräumen **4** (von Fluss) Bogen m **B** V̲T̲ **1** Boden fegen, wischen (schweiz); Schornstein fegen; Schnee wegfegen; **to ~ sth under the carpet** (fig) etw unter den Teppich kehren **2** absuchen (for nach) **3** (Wind) fegen über (+akk); (Wellen, Gewalt) überrollen; (Seuche) um sich greifen in (+dat) **C** V̲I̲ **1** kehren, wischen (schweiz) **2** (≈ sich bewegen, Mensch) rauschen; (Fahrzeug) schießen; (elegant) gleiten; (Fluss) in weitem Bogen führen; **the disease swept through Europe** die Krankheit breitete sich in Europa aus ♦**sweep along** V̲T̲ trennb mitreißen ♦**sweep aside** V̲T̲ trennb wegfegen ♦**sweep away** V̲T̲ trennb Blätter wegfegen; (Lawine) wegreißen; (Flut) wegschwemmen ♦**sweep off** V̲T̲ trennb **he swept her off her feet** (fig) sie hat sich Hals über Kopf in ihn verliebt (umg) ♦**sweep out** **A** V̲I̲ hinausrauschen **B** V̲T̲ trennb Zimmer ausfegen, wischen (schweiz); Staub hinausfegen ♦**sweep up** **A** V̲I̲ zusammenfegen **B** V̲T̲ trennb zusammenfegen
sweeper ['swiːpə¹] 5̲ Teppichkehrer m
sweeping ['swiːpɪŋ] A̲D̲J̲ **1** Kurve weit ausholend; Treppe geschwungen **2** (fig) Veränderung radikal
sweet [swiːt] **A** A̲D̲J̲ (+er) süß; (≈ nett) lieb; **to have a ~ tooth** gern Süßes essen **B** 5̲ (Br) **1** Bonbon n, Zuckerl n (österr) (❗ = (US) (sugar) **candy**) **2** Nachtisch m **sweet-and-sour** A̲D̲J̲ süßsauer **sweetcorn** 5̲ Mais m **sweeten** ['swiːtn] V̲T̲ süßen; **to ~ the pill** die bittere Pille versüßen **sweetener** ['swiːtnə¹] 5̲ G̲A̲S̲T̲R̲ Süßstoff m **sweetheart** ['swiːthɑːt] 5̲ Schatz m **sweetie** ['swiːtɪ] 5̲ (umg) **1** (Br kinderspr) Bonbon m od n (❗ = (US) **candy**) **2** (Kind) **to be a ~** süß sein **sweetly** ['swiːtlɪ] A̲D̲V̲ süßlich; lächeln süß **sweetness** ['swiːtnɪs] 5̲ Süße f **sweet potato** 5̲, pl -es Süßkartoffel f **sweet shop** 5̲ (Br) Süßwarenladen m (❗ = (US) **candy store**) **sweet-talk** V̲T̲ (umg) **to ~ sb into doing sth** jdn mit süßen Worten dazu bringen, etw zu tun
swell [swel] v: prät **swelled**, pperf **swollen** od **swelled** **A** 5̲ (von Meer) Wogen n kein pl **B** A̲D̲J̲ (bes US obs) klasse (umg) **C** V̲T̲ Segel blähen; Zahlen anwachsen lassen **D** V̲I̲ **1** (Knöchel etc: a. **swell up**) (an)schwellen **2** (Fluss) anschwellen; (Segel: a. **swell out**) sich blähen; (Anzahl) anwachsen
swelling ['swelɪŋ] **A** 5̲ **1** Verdickung f; M̲E̲D̲ Schwellung f **2** (von Bevölkerung) Anwachsen n **B** A̲D̲J̲ attr Zahlen anwachsend
swelter ['sweltə¹] V̲I̲ (vor Hitze) vergehen
sweltering ['sweltərɪŋ] A̲D̲J̲ glühend heiß; Hitze glühend; **it's ~ in here** (umg) hier ver-

651 ‖ SWIT

schmachtet man ja! *(umg)*

swept [swept] *prät, pperf* von sweep

swerve [swɜːv] **A** 5̲ Bogen *m* **B** V̲I̲ einen Bogen machen; *(Auto)* ausschwenken; *(Ball)* im Bogen fliegen; **the road ~s (round) to the right** die Straße schwenkt nach rechts; **the car ~d in and out of the traffic** der Wagen schoss im Slalom durch den Verkehrsstrom **C** V̲T̲ *Auto* herumreißen; *Ball* anschneiden

swift [swɪft] A̲D̲J̲ (+er) schnell **swiftly** ['swɪftlɪ] A̲D̲V̲ schnell; *reagieren* prompt **swiftness** ['swɪftnəs] 5̲ Schnelligkeit *f*

swig [swɪɡ] *(umg)* **A** 5̲ Schluck *m*; **to have** *od* **take a ~ of beer** einen Schluck Bier trinken **B** V̲T̲ *(a.* **swig down)** herunterkippen *(umg)*

swill [swɪl] **A** 5̲ **1̲** (Schweine)futter *n* **2̲ to give sth a ~ (out)** = swill B1 **B** V̲T̲ **1̲** *(bes Br: a.* **swill out)** auswaschen; *Tasse* ausschwenken **2̲** *(umg) Bier etc* kippen *(umg)*

swim [swɪm] *v: prät* swam, *pperf* swum **A** 5̲ that was a nice ~ das (Schwimmen) hat Spaß gemacht!; **to have a ~** schwimmen **B** V̲T̲ schwimmen; *Fluss* durchschwimmen **C** V̲I̲ schwimmen; **my head is ~ming** mir dreht sich alles **swimmer** ['swɪmə'] 5̲ Schwimmer(in) *m(f)* **swimming** ['swɪmɪŋ] 5̲ Schwimmen *n*; **do you like ~?** schwimmen Sie gern?; **to go ~** schwimmen gehen **swimming bath** 5̲ *meist pl (Br)* Schwimmbad *n* **swimming cap** 5̲ *(Br)* Badekappe *f* **swimming costume** 5̲ *(Br)* Badeanzug *m* **swimming instructor** 5̲ Schwimmlehrer(in) *m(f)* **swimming pool** 5̲ Schwimmbad *n* **swimming trunks** P̲L̲ *(Br)* Badehose *f* **swimsuit** ['swɪmsuːt] 5̲ Badeanzug *m*

swindle ['swɪndl] **A** 5̲ Schwindel *m*, Pflanz *m* *(österr)* **B** V̲T̲ betrügen (**❗** nicht „schwindeln"); **to ~ sb out of sth** jdm etw abschwindeln **swindler** ['swɪndlə'] 5̲ Schwindler(in) *m(f)*

swine [swaɪn] 5̲ **1̲** *(pl -* (obs, form) Schwein *n* **2̲** *pl -s* *(pej umg ≈ Mann)* (gemeiner) Hund *(umg)*

swing [swɪŋ] *v: prät, pperf* swung **A** 5̲ **1̲** Schwung *m*; *(hin u. her)* Schwingen *n*; *(fig,* POL) (Meinungs)umschwung *m*; **to go with a ~** *(fig)* ein voller Erfolg sein *(umg)*; **to be in full ~** voll im Gang sein; **to get into the ~ of sth** sich an etw *(akk)* gewöhnen; **to get into the ~ of things** *(umg)* reinkommen *(umg)* **2̲** Schaukel *f* **B** V̲T̲ **1̲** schwingen, hin und her schwingen; *(auf Spielplatz)* schaukeln; *Arme* schwingen (mit); *Beine* baumeln mit; **he swung himself over the wall** er schwang sich über die Mauer **2̲** *Wahlen* beeinflussen; **his speech swung the decision in our favour** seine Rede ließ die Entscheidung zu unseren Gunsten ausfallen **C** V̲I̲ (hin und her) schwingen; *(auf Spielplatz)* schaukeln; *(Beine)* baumeln; **to ~ open**

aufschwingen; **to ~ shut** zuschlagen; **to ~ into action** in Aktion treten **♦swing (a)round** **A** V̲I̲ *(Mensch)* sich umdrehen; *(Auto, Flugzeug)* herumschwenken **B** V̲T̲ *trennb* herumschwenken **♦swing back** V̲I̲ zurückschwingen **♦swing to** V̲I̲ *(Tür)* zuschlagen

swing door 5̲ *(Br)* Pendeltür *f* (**❗** = (US) **swinging door) swinging** ['swɪŋɪŋ] A̲D̲J̲ **~ door** *(US)* Pendeltür *f* (**❗** = (Br) **swing door**)

swipe [swaɪp] **A** 5̲ Schlag *m*; **to take a ~ at sb/ sth** nach jdm/etw schlagen **B** V̲T̲ **1̲** schlagen **2̲** *(umg)* klauen *(umg)* **3̲** *Kundenkarte* durchziehen

swipe card 5̲ Magnetstreifenkarte *f*

swirl [swɜːl] **A** 5̲ Wirbel *m* **B** V̲T̲ & V̲I̲ wirbeln

swish [swɪʃ] **A** 5̲ *(von Stock)* Zischen *n*; *(von Rock, Wasser)* Rauschen *n* **B** V̲T̲ *Stock* zischen lassen; *Schwanz* schlagen mit; *Rock* rauschen mit; *Wasser* schwenken **C** V̲I̲ *(Stock)* zischen; *(Rock, Wasser)* rauschen

Swiss [swɪs] **A** A̲D̲J̲ Schweizer, schweizerisch; **he is ~** er ist Schweizer; **the ~-German part of Switzerland** die deutsch(sprachig)e Schweiz **B** 5̲, *pl -* Schweizer(in) *m(f)*; **the ~** *pl* die Schweizer *pl* **Swiss army knife** 5̲ Schweizermesser *n* **Swiss franc** 5̲ Schweizer Franken *m* **Swiss French** 5̲ **1̲** Welschschweizer(in) *m(f)* **2̲** LING Schweizer Französisch *n* **Swiss German** 5̲ **1̲** Deutschschweizer(in) *m(f)* **2̲** LING Schweizerdeutsch *n*, Schwyzerdütsch *n* **Swiss roll** 5̲ *(Br)* Biskuitrolle *f*

switch [swɪtʃ] **A** 5̲ **1̲** ELEK *etc* Schalter *m* **2̲** Wechsel *m*; *(von Plänen)* Änderung *f* *(in +gen)*; *(gegenseitig)* Tausch *m* **3̲** *(US* BAHN) **~es** Weichen *pl* (**❗** = (Br) **points**) **B** V̲T̲ **1̲** wechseln; *Pläne* ändern; *Loyalität* übertragen *(to auf +akk)*; *Aufmerksamkeit, Gespräch* lenken *(to auf +akk)*; **to ~ sides** die Seiten wechseln; **to ~ channels** auf einen anderen Kanal umschalten **2̲** *Produktion* verlegen; *Objekt* umstellen **3̲** tauschen; *(a.* **switch over, switch round)** vertauschen **4̲** ELEK (um)schalten **C** V̲I̲ *(a.* **switch over)** (über)wechseln *(to zu)*; TV umschalten *(to auf +akk)*; *(a.* **switch round, switch over)** tauschen **♦switch (a)round** **A** V̲T̲ *trennb* vertauschen; *(≈ Möbel etc)* umstellen **B** V̲I̲ = switch C **♦switch back** **A** V̲I̲ TV zurückschalten *(to zu)* **B** V̲T̲ *trennb* **to switch the light back on** das Licht wieder anschalten **♦switch off** **A** V̲T̲ *trennb* ausschalten; *Maschine* abschalten; *Wasser* abstellen **B** V̲I̲ ausschalten; *(Maschine, umg: Mensch)* abschalten **♦switch on** **A** V̲T̲ *trennb* Gas anstellen; *Maschine* anschalten; *TV, Licht* einschalten; *Motor* anlassen **B** V̲I̲ *(Maschine)* anschalten; *(Licht)* einschalten **♦switch over** **A** V̲I̲ = switch C **B** V̲T̲ *trennb* = switch B3

switchblade 5̲ *(US)* Klappmesser *n* (**❗** = (Br)

S

SWIT | 652

flick knife **switchboard** 🔊 TEL Vermittlung f; (in Büro) Zentrale f

Switch card® 🔊 (Br) Switch Card® f, Switch--Karte® f

Switzerland ['swɪtsələnd] 🔊 die Schweiz; **to ~** in die Schweiz

swivel ['swɪvl] **A** attr Dreh- **B** v/t (a. **swivel round**) (herum)drehen **C** v/i (a. **swivel round**) sich drehen; (Mensch) sich herumdrehen **swivel chair** 🔊 Drehstuhl m

swollen ['swəʊlən] **A** pperf von swell **B** ADJ (an)geschwollen; Fluss angestiegen

swoon [swuːn] v/i (fig) beinahe ohnmächtig werden (over sb/sth wegen jdm/einer Sache)

swoop [swuːp] **A** v/i (wörtl: a. **swoop down**, Vogel) herabstoßen (on auf +akk); (fig: Polizei) einen Überraschungsangriff machen (on auf +akk) **B** 🔊 (von Vogel) Sturzflug m; **at** od **in one ~** auf einen Schlag

swop 🔊, v/t & v/i = swap

sword [sɔːd] 🔊 Schwert n **swordfish** 🔊, pl - Schwertfisch m

swore [swɔːʳ] prät von swear **sworn** [swɔːn] **A** pperf von swear **B** ADJ Gegner eingeschworen; **~ statement** JUR Aussage f unter Eid

swot [swɒt] (Br umg) **A** v/i büffeln (umg); **to ~ up (on) one's maths** Mathe pauken (umg) **B** 🔊 (pej) Streber(in) m(f)

swum [swʌm] pperf von swim

swung [swʌŋ] prät, pperf von swing

sycamore ['sɪkəmɔːʳ] 🔊 Bergahorn m; (US) nordamerikanische Platane

syllable ['sɪləbl] 🔊 Silbe f

syllabus ['sɪləbəs] 🔊, pl -es od syllabi ['sɪləbaɪ] (bes Br SCHULE, UNIV) Lehrplan m

symbol ['sɪmbəl] 🔊 Symbol n (of für) **symbolic(al)** [sɪm'bɒlɪk(əl)] ADJ symbolisch (of für); **to be ~ of sth** etw symbolisieren **symbolism** ['sɪmbəlɪzəm] 🔊 Symbolik f **symbolize** ['sɪmbəlaɪz] v/t symbolisieren

symmetrical ADJ, **symmetrically** ADV [sɪ-'metrɪkəl, -lɪ] symmetrisch **symmetry** ['sɪmɪtrɪ] 🔊 Symmetrie f

sympathetic [ˌsɪmpə'θetɪk] ADJ mitfühlend, verständnisvoll, wohlwollend (⚠ nicht „sympathisch"); **to be** od **feel ~ to(wards) sb** mit jdm mitfühlen, jdm Verständnis entgegenbringen, mit jdm sympathisieren; **he was most ~ when I told him all my troubles** er zeigte sehr viel Mitgefühl für all meine Sorgen **sympathetically** [ˌsɪmpə'θetɪkəlɪ] ADV mitfühlend, verständnisvoll, wohlwollend **sympathize** ['sɪmpəθaɪz] v/i Mitleid haben (with mit), Verständnis haben (with für), sympathisieren (with mit) (bes POL); **to ~ with sb over sth** mit jdm in einer Sache mitfühlen können; **I**

really do ~ das tut mir wirklich leid; (einsichtig) ich habe wirklich vollstes Verständnis **sympathizer** ['sɪmpəθaɪzəʳ] 🔊 Sympathisant(in) m(f)

sympathy ['sɪmpəθɪ] 🔊 **1** Mitleid n (for mit); **to feel ~ for sb** Mitleid mit jdm haben; **my/our deepest sympathies** herzliches Beileid **2** Verständnis n, Sympathie f; **to be in ~ with sb/sth** mit jdm/etw einhergehen; **to come out** od **strike in ~** IND in Sympathiestreik treten

symphony ['sɪmfənɪ] 🔊 Sinfonie f **symphony orchestra** 🔊 Sinfonieorchester n

symptom ['sɪmptəm] 🔊 (wörtl, fig) Symptom n **symptomatic** [ˌsɪmptə'mætɪk] ADJ symptomatisch (of für)

synagogue ['sɪnəgɒg] 🔊 Synagoge f

sync [sɪŋk] 🔊 (FILM, TV umg) abk von synchronization; **in ~** synchron; **out of ~** nicht synchron **synchronization** [ˌsɪŋkrənaɪ'zeɪʃən] 🔊 Abstimmung f; FILM Synchronisation f; (von Uhren) Gleichstellung f **synchronize** ['sɪŋkrənaɪz] **A** v/t abstimmen (with auf +akk); Bewegungen aufeinander abstimmen; FILM synchronisieren (with mit); Uhren gleichstellen (with mit) **B** v/i FILM synchron sein (with mit); (Uhren) gleich gehen; (Bewegungen) in Übereinstimmung sein (with mit)

syndicate ['sɪndɪkɪt] 🔊 Interessengemeinschaft f; HANDEL Syndikat n; PRESSE (Presse)zentrale f; (von Verbrechern) Ring m

syndrome ['sɪndrəʊm] 🔊 MED Syndrom n; (fig, SOZIOL) Phänomen n

synod ['sɪnəd] 🔊 Synode f

synonym ['sɪnənɪm] 🔊 Synonym n **synonymous** [sɪ'nɒnɪməs] ADJ synonym

synopsis [sɪ'nɒpsɪs] 🔊, pl synopses [sɪ'nɒpsiːz] Abriss m der Handlung; (von Buch, Artikel) Zusammenfassung f

syntax ['sɪntæks] 🔊 Syntax f

synthesis ['sɪnθəsɪs] 🔊, pl syntheses ['sɪnθəsiːz] Synthese f **synthesize** ['sɪnθəsaɪz] v/t synthetisieren **synthesizer** ['sɪnθəˌsaɪzə] 🔊 MUS Synthesizer m **synthetic** [sɪn'θetɪk] **A** ADJ synthetisch **B** 🔊 Kunststoff m; **~s** Synthetik f

syphon 🔊 = siphon

Syria ['sɪrɪə] 🔊 Syrien n

syringe [sɪ'rɪndʒ] MED 🔊 Spritze f

syrup, (US a.) **sirup** ['sɪrəp] 🔊 Sirup m

system ['sɪstəm] 🔊 System n; **digestive ~** Verdauungsapparat m; **it was a shock to his ~** er hatte schwer damit zu schaffen; **to get sth out of one's ~** (fig umg) sich (dat) etw von der Seele schaffen; **~ disk** Systemdiskette f; **~ software** Systemsoftware f **systematic** [ˌsɪstə'mætɪk] ADJ systematisch **systematize** ['sɪstəmətaɪz] v/t systematisieren **systems administrator** 🔊 IT Systembetreuer(in) m(f) **systems**

analyst s̄ Systemanalytiker(in) m(f) **systems disk** s̄ IT Systemdiskette f **systems engineer** s̄ IT Systemtechniker(in) m(f) **systems software** s̄ Systemsoftware f

tablet — Tablette

tablet — Stück Seife

T, t [tiː] s̄ T n, t n
ta [tɑː] INT (Br umg) danke
tab[1] [tæb] s̄ [1] Aufhänger m [2] Namensschild n, Etikett n; **to keep ~s on sb/sth** (umg) jdn/etw genau im Auge behalten [3] **to pick up the ~** die Rechnung übernehmen
tab[2] IT etc s̄ Tab m; (von Schreibmaschine) Tabulator m
tabby ['tæbɪ] s̄ (a. **tabby cat**) getigerte Katze
tab key s̄ Tabtaste f; (von Schreibmaschine) Tabulatortaste f
table ['teɪbl] A s̄ [1] Tisch m; **at the ~** am Tisch; **to sit at ~** sich zu Tisch setzen; **to sit down at a ~** sich an einen Tisch setzen; **to turn the ~s (on sb)** (gegenüber jdm) den Spieß umdrehen [2] Tischrunde f [3] Tabelle f; (**multiplication**) **~s** Einmaleins n; **~ of contents** Inhaltsverzeichnis n B VT [1] Antrag etc einbringen [2] (US) Gesetzentwurf zurückstellen
tablecloth s̄ Tischdecke f **table lamp** s̄ Tischlampe f **table manners** PL Tischmanieren pl **tablespoon** s̄ Esslöffel m **tablespoonful** s̄ Esslöffel(voll) m
tablet ['tæblɪt] s̄ [1] PHARM Tablette f [2] (von Seife) Stück n
table tennis s̄ Tischtennis n
tabloid ['tæblɔɪd] s̄ (a. **tabloid newspaper**) bebilderte, kleinformatige Zeitung; (pej) Boulevardzeitung f **tabloid press** s̄ Boulevardpresse f
taboo [tə'buː] A s̄, pl -s Tabu n; **to be a ~** tabu sein B ADJ tabu
tab stop s̄ → tab[2]
tabu → taboo
tabular ['tæbjʊlə[r]] ADJ tabellarisch; **in ~ form** tabellarisch
tachometer [tæ'kɒmɪtə[r]] s̄ Drehzahlmesser m
tacit ADJ, **tacitly** ADV ['tæsɪt, -lɪ] stillschweigend
taciturn ['tæsɪtɜːn] ADJ wortkarg
tack [tæk] A s̄ [1] kleiner Nagel; (bes US) Reißzwecke f (⚠ = (Br) **drawing pin**) [2] SCHIFF Schlag m; **to try another ~** (fig) es anders versuchen [3] (für Pferd) Sattel- und Zaumzeug n B VT [1] annageln (**to an** +dat od akk), feststecken (**to an** +dat) [2] (Br Stoff) heften C VI SCHIFF aufkreuzen ◆**tack on** VT trennb (fig) anhängen (**-to** +dat)
tackle ['tækl] A s̄ [1] Ausrüstung f [2] SPORT Angriff m, Tackling n B VT [1] SPORT angreifen; (Rugby) fassen; (mit Worten) zur Rede stellen (**about** wegen) [2] Problem angehen, bewältigen; Feuer bekämpfen
tacky[1] ['tækɪ] ADJ (+er) klebrig
tacky[2] ADJ (+er) (umg) billig; Viertel herunterge-

table — Tisch

table — Tabelle

TACT │ 654

kommen; *Kleidung* geschmacklos

tact [tækt] ⓢ (❗ kein pl) Takt *m* **tactful**
['tæktfʊl] ADJ taktvoll; **to be ~ about sth** etw
mit Feingefühl behandeln **tactfully** ['tækt-
fəlɪ] ADV taktvoll

tactic ['tæktɪk] ⓢ Taktik *f* **tactical** ADJ, **tacti-
cally** ADV ['tæktɪkəl, -ɪ] taktisch **tactician**
[tæk'tɪʃən] ⓢ Taktiker(in) *m(f)* **tactics**
['tæktɪks] PL Taktik *f*

tactless ADJ, **tactlessly** ADV ['tæktlɪs, -lɪ] takt-
los

tadpole ['tædpəʊl] ⓢ Kaulquappe *f*

taffeta ['tæfɪtə] ⓢ Taft *m*

taffy ['tæfɪ] ⓢ (US) → **toffee**

tag [tæg] Ⓐ ⓢ ❶ Schild(chen) *n*, Etikett *n* ❷ Auf-
hänger *m* Ⓑ VT *Waren* auszeichnen ◆**tag
along** VI **why don't you ~?** (*umg*) warum
kommst/gehst du nicht mit? ◆**tag on** VT
trennb anhängen (*to* an +*akk*)

tahini [təˈhiːnɪ] ⓢ (❗ kein pl) Sesampaste *f*

t'ai chi [ˌtaɪˈtʃiː] ⓢ Tai-Chi *n*

tail [teɪl] Ⓐ ⓢ ❶ Schwanz *m*; **to turn ~** die Flucht
ergreifen; **he was right on my ~** er saß mir
direkt im Nacken ❷ **~s** *pl (von Münze)* Rückseite
f ❸ **tails** PL Frack *m* Ⓑ VT jdn beschatten (*umg*);
Auto etc folgen (+*dat*) ◆**tail back** VI (*Br*) sich ge-
staut haben ◆**tail off** VI abnehmen; *(Geräusch)*
schwächer werden; *(Satz)* mittendrin abbre-
chen

tailback ⓢ (*Br*) Rückstau *m* **tail end** ⓢ Ende *n*
tailgate VT AUTO zu dicht auffahren auf +*akk*
tail-light ⓢ AUTO Rücklicht *n*

tailor ['teɪlə'] Ⓐ ⓢ Schneider(in) *m(f)* Ⓑ VT ❶
schneidern ❷ *(fig) Urlaub, Politik* zuschneiden (*to*
auf +*akk*); *Produkte* abstimmen (*to* auf +*akk*) **tai-
lor-made** [ˌteɪləˈmeɪd] ADJ maßgeschneidert

tailpipe ⓢ (US) Auspuffrohr *n* (❗ = (Br) **ex-
haust pipe**) **tailwind** ⓢ Rückenwind *m*

taint [teɪnt] Ⓐ ⓢ *(fig)* Makel *m* Ⓑ VT *(fig)* jds Ruf
beschmutzen **tainted** ['teɪntɪd] ADJ ❶ *(fig)* Ruf
beschmutzt ❷ *Lebensmittel* verdorben; *Luft* ver-
pestet

Taiwan [taɪˈwɑːn] ⓢ Taiwan *n*

take [teɪk]
v: prät **took**, *pperf* **taken**

| A transitives Verb | B Substantiv |

— A transitives Verb —

❶ nehmen, wegnehmen; **to ~ sth from sb**
jdm etw wegnehmen ❷ bringen, mitnehmen;
let me ~ your case komm, ich nehme *od*
trage deinen Koffer; **I'll ~ you to the station**
ich bringe Sie zum Bahnhof; **this bus will ~
you into town** der Bus fährt in die Stadt; **this**

road will ~ you to Paris diese Straße führt
nach Paris ❸ fangen; *Stadt etc* einnehmen; **to ~
sb prisoner** jdn gefangen nehmen ❹ neh-
men; *Job* annehmen; *Kommando* übernehmen;
Anruf entgegennehmen; **~ that!** da!; **~ it from
me!** das können Sie mir glauben; **let's ~ it
from the beginning of Act 2** fangen wir mit
dem Anfang vom zweiten Akt an; **to be ~n ill**
krank werden; **(you can) ~ it or leave it** ja
oder nein(, ganz wie Sie wollen) ❺ sich (*dat*)
nehmen; **~ a seat!** nehmen Sie Platz!; **this
seat is ~n** dieser Platz ist besetzt ❻ *Test, Kurs,
Foto, Spaziergang* machen; *Examen* ablegen; *Reise*
unternehmen; *Gottesdienst* (ab)halten ❼ unter-
richten; *Unterrichtsstunde* geben; **who ~s you for
Latin?** (*Br*), **who are you taking for Latin?** (*US*)
wer unterrichtet *od* gibt bei euch Latein?; **to ~
(the chair at) a meeting** den Vorsitz bei einer
Versammlung führen ❽ *Taxi, Zug* nehmen;
Kurve fahren um; **to ~ the plane** fliegen; **we
took a wrong turning** (*Br*) *od* **turn** (*US*) wir sind
falsch abgebogen ❾ *Drogen* nehmen; **to ~ a
sip** ein Schlückchen trinken; **do you ~ sugar?**
nehmen Sie Zucker? ❿ *Einzelheiten* (sich *dat*)
notieren; **to ~ notes** sich (*dat*) Notizen
machen ⓫ **to ~ the measurements of a
room** ein Zimmer ausmessen; **to ~ sb's
temperature** bei jdm Fieber messen ⓬ *Klima*
vertragen; *Last* aushalten; **I can ~ it** ich werde
damit fertig; **I just can't ~ any more** ich bin
am Ende; **I just can't ~ it any more** das halte
ich nicht mehr aus ⓭ *Nachricht* reagieren auf
(+*akk*); **she never knows how to ~ him** sie
weiß nie, woran sie bei ihm ist; **she took his
death badly** sein Tod hat sie mitgenommen
⓮ **I would ~ that to mean ...** ich würde das
so auffassen *od* verstehen ... ⓯ annehmen;
to ~ sb/sth for *od* **to be ...** jdn/etw für ...
halten ⓰ entnehmen (*from* +*dat*) ⓱ brauchen;
Kleidergröße haben; **the journey ~s 3 hours** die
Fahrt dauert 3 Stunden; **it ~s five hours ...**
man braucht fünf Stunden ...; **it took ten
men to complete it** es wurden zehn Leute
benötigt, um es zu erledigen; **it took a lot of
courage** dazu gehörte viel Mut; **it ~s time** es
braucht (seine) Zeit; **it took a long time** es
hat lange gedauert; **it took me a long time**
ich habe lange gebraucht; **it won't ~ long**
das dauert nicht lange; **she's got what it ~s**
(*umg*) sie ist nicht ohne (*umg*) ⓲ Platz haben
für ⓳ GRAM stehen mit; *(Präposition)* gebraucht
werden mit; **verbs that ~ "haben"** Verben,
die mit „haben" konjugiert werden

— B Substantiv —

FILM Aufnahme *f*

◆**take aback** VT *trennb* überraschen; **I was**

655 ‖ TAKE

completely **taken aback** ich war völlig perplex ◆**take after** V̅I̅ +*obj* nachschlagen (+*dat*); (*äußerlich*) ähnlich sein (+*dat*) ◆**take along** V̅T̅ *trennb* mitnehmen ◆**take apart** V̅T̅ *trennb* (*wörtl, fig umg*) auseinandernehmen ◆**take (a)round** V̅T̅ *trennb* herumführen ◆**take away** V̅T̅ *trennb* **1** abziehen; **6 ~ 2** 6 weniger 2 **2** wegnehmen (*from sb* jdm), wegbringen (*from* von); (*von einem Ort*) abholen; **to take sb/sth away (with one)** jdn/etw mitnehmen **3** *Proviant* mitnehmen; **pizza to ~** Pizza zum Mitnehmen ◆**take back** V̅T̅ *trennb* **1** sich (*dat*) zurückgeben lassen; *Spielzeug etc* wieder wegnehmen; (*fig*) zurücknehmen **2** zurückbringen; **that takes me back** das ruft Erinnerungen wach **3** *Mitarbeiter* wiedereinstellen ◆**take down** V̅T̅ *trennb* **1** herunternehmen; *Vorhänge* abnehmen; **to take one's trousers down** seine Hose herunterlassen **2** *Zelt* abbauen **3** (*schriftlich*) (sich *dat*) notieren ◆**take home** V̅T̅ *trennb Gehalt* netto verdienen *od* bekommen ◆**take in** V̅T̅ *trennb* **1** hereinbringen; **I'll take the car in(to work) on Monday** ich fahre am Montag mit dem Auto (zur Arbeit) **2** *herrenloses Tier* zu sich nehmen; **she takes in lodgers** sie vermietet (*Zimmer*) **3** *Kleid* enger machen **4** *Umgebung* wahrnehmen; *Bedeutung* begreifen; *Sehenswürdigkeiten* aufnehmen; *Situation* erfassen **5** (≈ *täuschen*) hereinlegen; **to be taken in by sb/ sth** auf jdn/etw hereinfallen ◆**take off** A V̅I̅ **1** (*Flugzeug*) starten; (*fig: Projekt*) anlaufen; (*Karriere*) abheben **2** (*umg*) sich davonmachen (*umg*) B V̅T̅ *trennb* **1** *Hut, Deckel* abnehmen (+*obj* von); *Betrag* abziehen (+*obj* von); (*von Preis*) nachlassen; *Mantel etc* (sich *dat*) ausziehen; **to take sth off sb** jdm etw abnehmen; **he took his clothes off** er zog sich aus; **to take sb's mind off sth** jdn von etw ablenken; **to take the weight off one's feet** seine Beine ausruhen; **to take sb/sth off sb's hands** jdm jdn/etw abnehmen **2** *Tag* freinehmen; **to take time off (work)** sich (*dat*) freinehmen **3** (*Br*) nachahmen ◆**take on** V̅T̅ *trennb* **1** *Stelle* annehmen; *Verantwortung* übernehmen; *Mitarbeiter* einstellen; **when he married her he took on more than he bargained for** als er sie heiratete, hat er sich (*dat*) mehr aufgeladen, als er gedacht hatte **2** *Gegner* antreten gegen ◆**take out** V̅T̅ *trennb* **1** (hinaus)bringen (*of* aus) **2** (*ins Theater etc*) ausgehen mit; **to take the dog out (for a walk)** mit dem Hund spazieren gehen; **to take sb out** to *od* **for dinner** jdn zum Essen einladen **3** herausnehmen; *Zahn* ziehen; *Nagel* herausziehen (*of* aus); **to take sth out of sth** etw aus etw (heraus)nehmen; **to take time out from sth** von etw (eine Zeit lang) Urlaub nehmen; **to take**

time out from doing sth etw eine Zeit lang nicht tun; **to take sth out on sb** (*umg*) etw an jdm auslassen (*umg*); **to take it out on sb** sich an jdm abreagieren; **to take it out of sb** jdn ziemlich schlauchen (*umg*) **4** (*von Konto*) abheben **5** *Versicherung* abschließen; *Hypothek* aufnehmen **6** (*US*) = take away 3 ◆**take over** A V̅I̅ (*nach Wahlen etc*) an die Macht kommen; (*in Firma*) die Leitung übernehmen; (*Touristen etc*) sich breitmachen (*umg*); **to ~ (from sb)** jdn ablösen; **he's ill so I have to ~** da er krank ist, muss ich (für ihn) einspringen B V̅T̅ *trennb Kontrolle etc* übernehmen ◆**take round** V̅T̅ *trennb* (*bes Br*) **1** **I'll take it round (to her place)** ich bringe es zu ihr **2** führen (+*obj* durch) ◆**take to** V̅I̅ +*obj* **1** jdn sympathisch finden; **sb takes to a place** ein Ort sagt jdm zu; **I don't know how she'll ~ him** ich weiß nicht, wie sie auf ihn reagieren wird; **to ~ doing sth** anfangen, etw zu tun; **to ~ drink** zu trinken anfangen **2** *Berge etc* sich flüchten in (+*akk*) ◆**take up** V̅T̅ *trennb* **1** aufnehmen; *Teppich* hochnehmen; *Kleid* kürzen; *Gespräch* weiterführen **2** (*in oberes Stockwerk*) *Besucher* (mit) hinaufnehmen; *Objekt* hinauftragen **3** *Zeit* in Anspruch nehmen; *Raum* einnehmen **4** *Golf, Bridge* zu seinem Hobby machen; **to ~ painting** anfangen zu malen **5** *Sache* sich einsetzen für; **to ~ a position** (*wörtl*) eine Stellung einnehmen; **to be taken up with sb/sth** mit jdm/etw sehr beschäftigt sein **6** *Einladung, Herausforderung* annehmen; *neue Stelle* antreten; **he left to ~ a job as a headmaster** er ist gegangen, um eine Stelle als Schulleiter zu übernehmen; **to ~ residence** sich niederlassen (*at, in* in +*dat*); **to take sb up on his/her invitation/offer** von jds Einladung/Angebot Gebrauch machen; **I'll take you up on that** ich werde davon Gebrauch machen ◆**take up-on** V̅T̅ +*obj* **he took it upon himself to answer for me** er meinte, er müsse für mich antworten

takeaway (*bes Br*) A S̅ **1** Essen *n* zum Mitnehmen (❗ = (US) **takeout**); **let's get a ~** wir können uns ja etwas (zu essen) holen *od* mitnehmen **2** Imbissstube *f* B A̅D̅J̅ *attr* Essen zum Mitnehmen **take-home pay** S̅ Nettolohn *m* **taken** ['teɪkən] A *pperf* von take B A̅D̅J̅ **to be ~ with sb/sth** von jdm/etw angetan sein **takeoff** S̅ **1** FLUG Start *m*, Abheben *n*; **ready for ~** startbereit **2** (*Br*) **to do a ~ of sb** jdn nachahmen **takeout** (*US*) A S̅ Essen *n* zum Mitnehmen (❗ = (Br) **takeaway**); **let's get a ~** wir können uns ja etwas (zu essen) holen *od* mitnehmen B A̅D̅J̅ *attr* Essen zum Mitnehmen **takeover** S̅ HANDEL Übernahme *f* **taker** ['teɪkə'] S̅ **any ~s?** (*fig*) wer ist daran interessiert?; **there were no ~s** (fig) niemand war daran interessiert **taking** ['teɪkɪŋ] $\boxed{S}$ **1** **it's yours for the ~** das können Sie (umsonst) haben **2** **takings** $\boxed{PL}$ HANDEL Einnahmen pl

talc [tælk], **talcum** ['tælkəm], **talcum powder** $\boxed{S}$ Talkumpuder m

tale [teɪl] $\boxed{S}$ **1** Geschichte f; LIT Erzählung f; **at least he lived to tell the ~** zumindest hat er die Sache überlebt; **thereby hangs a ~** das ist eine lange Geschichte **2** **to tell ~s** petzen (umg) (to +dat); **to tell ~s about sb** jdn verpetzen (umg) (to bei)

talent ['tælənt] $\boxed{S}$ Talent n; **to have a ~ for languages** sprachbegabt sein **talented** ['tæləntɪd] $\boxed{ADJ}$ talentiert

talisman ['tælɪzmən] $\boxed{S}$, pl -s Talisman m

talk [tɔːk] $\boxed{A}$ $\boxed{S}$ **1** Gespräch n; **to have a ~** sich unterhalten (with sb about sth mit jdm über etw akk); **could I have a ~ with you?** könnte ich Sie mal sprechen?; **to hold** od **have ~s** Gespräche führen **2** (❗ kein pl) Reden n, Gerede n; **he's all ~** der führt bloß große Reden; **there is some ~ of his returning** es heißt, er kommt zurück; **it's the ~ of the town** es ist Stadtgespräch **3** Vortrag m; **to give a ~** einen Vortrag halten (on über +akk) $\boxed{B}$ $\boxed{V/I}$ **1** reden (of von, about über +akk), sprechen (of von, about über +akk), sich unterhalten (of, about über +akk); **to ~ to** od **with sb** mit jdm sprechen od reden (about über +akk); **could I ~ to Mr Smith please?** kann ich bitte Herrn Smith sprechen?; **it's easy** od **all right for you to ~** (umg) du hast gut reden (umg); **don't ~ to me like that!** wie redest du denn mit mir?; **that's no way to ~ to your parents** so redet man doch nicht mit seinen Eltern!; **to get ~ing to sb** mit jdm ins Gespräch kommen; **you can ~!** (umg) du kannst gerade reden!; **to ~ to oneself** Selbstgespräche führen; **now you're ~ing!** das lässt sich schon eher hören!; **he's been ~ing of going abroad** er hat davon gesprochen od geredet, dass er ins Ausland fahren will; **~ing of films ...** da wir gerade von Filmen sprechen ...; **~ about rude!** so was von unverschämt! (umg); **to make sb ~** jdn zum Reden bringen; **we're ~ing about at least £2,000** es geht um mindestens £ 2.000 **2** schwatzen; **stop ~ing!** sei/seid ruhig! **3** klatschen $\boxed{C}$ $\boxed{V/T}$ eine Sprache sprechen; Unsinn reden; Geschäftliches reden über (+akk); **we're ~ing big money** etc **here** (umg) hier gehts um große Geld etc (umg); **to ~ sb/oneself into doing sth** jdn/sich dazu bringen, etw zu tun; **to ~ sb out of sth** jdn von etw abbringen ◆**talk back** $\boxed{V/I}$ frech antworten (to sb jdm) ◆**talk down** $\boxed{V/I}$ **to ~ to sb** mit jdm herablassend reden ◆**talk over** $\boxed{V/T}$ trennb besprechen ◆**talk round**

$\boxed{V/T}$ immer getrennt (Br) umstimmen ◆**talk through** $\boxed{V/T}$ trennb besprechen; **to talk sb through sth** jdm etw erklären

talkative ['tɔːkətɪv] $\boxed{ADJ}$ gesprächig **talker** ['tɔːkə'] $\boxed{S}$ Redner(in) m(f) **talking** ['tɔːkɪŋ] $\boxed{S}$ Sprechen n; **no ~ please!** bitte Ruhe!; **his constant ~** sein dauerndes Gerede **talking point** $\boxed{S}$ Gesprächsthema n **talking-to** $\boxed{S}$ (❗ kein pl) (umg) **to give sb a good ~** jdm eine Standpauke halten (umg) **talk show** $\boxed{S}$ Talkshow f **talk time** $\boxed{S}$ (auf Handy) Gesprächszeit f

tall [tɔːl] $\boxed{ADJ}$ (+er) **1** Mensch groß; **how ~ are you?** wie groß sind Sie?; **6 ft ~** 1,80 m groß **2** Haus, Baum hoch **3** (umg) **that's a ~ order** das ist ganz schön viel verlangt

tally ['tælɪ] $\boxed{A}$ $\boxed{S}$ **to keep a ~ of** Buch führen über (+akk) $\boxed{B}$ $\boxed{V/T}$ (a. **tally up**) zusammenzählen

talon ['tælən] $\boxed{S}$ Kralle f

tambourine [ˌtæmbə'riːn] $\boxed{S}$ Tamburin n; **to play the ~** Tamburin spielen (❗ mit **the**)

tame [teɪm] $\boxed{A}$ $\boxed{ADJ}$ (+er) **1** zahm **2** Witz etc lahm (umg) $\boxed{B}$ $\boxed{V/T}$ Tier zähmen

Tampax® ['tæmpæks] $\boxed{S}$ Tampon m

◆**tamper with** $\boxed{V/I}$ +obj sich (dat) zu schaffen machen an (+dat), herumfuschen an (+dat) (umg)

tampon ['tæmpən] $\boxed{S}$ Tampon m

tan [tæn] $\boxed{A}$ $\boxed{S}$ **1** Bräune f; **to get a ~** braun werden; **she's got a lovely ~** sie ist schön braun **2** (≈ Farbe) Hellbraun n $\boxed{B}$ $\boxed{ADJ}$ hellbraun $\boxed{C}$ $\boxed{V/I}$ braun werden

tandem ['tændəm] $\boxed{S}$ Tandem n; **in ~ (with)** (fig) zusammen (mit)

tang [tæŋ] $\boxed{S}$ **1** scharfer Geruch **2** starker Geschmack

tangent ['tændʒənt] $\boxed{S}$ **to go off at a ~** (fig) (plötzlich) vom Thema abschweifen

tangerine [ˌtændʒə'riːn] $\boxed{S}$ Mandarine f

tangible ['tændʒəbl] $\boxed{ADJ}$ (fig) Resultat greifbar; Beweis handfest

tangle ['tæŋgl] $\boxed{A}$ $\boxed{S}$ (wörtl) Gewirr n; (fig) Wirrwarr m; **to get into a ~** sich verheddern $\boxed{B}$ $\boxed{V/T}$ **to get ~d** sich verheddern ◆**tangle up** $\boxed{V/T}$ trennb **to get tangled up** durcheinandergeraten

tangy ['tæŋɪ] $\boxed{ADJ}$ (+er) scharf

tank [tæŋk] $\boxed{S}$ **1** Tank m; (bes für Wasser) Wasserspeicher m; (≈ für Sauerstoff) Flasche f **2** MIL Panzer m **tankard** ['tæŋkəd] $\boxed{S}$ (Bier)humpen m **tanker** ['tæŋkə'] $\boxed{S}$ **1** SCHIFF Tanker m **2** Tankwagen m **tankful** ['tæŋkfʊl] $\boxed{S}$ Tank(voll) m **tank top** $\boxed{S}$ Pullunder m

tanned [tænd] $\boxed{ADJ}$ braun (gebrannt)

tannin ['tænɪn] $\boxed{S}$ Tannin n

Tannoy® ['tænɔɪ] $\boxed{S}$ Lautsprecheranlage f

tantalizing ['tæntəlaɪzɪŋ] $\boxed{ADJ}$ verführerisch

tanker — Tanker

tanker — Tankwagen

tantrum ['tæntrəm] *S̱* **to have a ~** einen Wutanfall bekommen
Taoiseach ['tiːʃæx] *S̱* (Ir) Premierminister(in) m(f)
tap¹ [tæp] *A S̱* (bes Br) Hahn m (❗ = (US) **faucet**); **on ~** (Bier) vom Fass *B V̱ṯ* (fig) Markt erschließen; **to ~ telephone wires** Telefonleitungen anzapfen ♦**tap into** *V̱ɪ+obj* System anzapfen; Ängste ausnutzen
tap² *A S̱* 1̱ Klopfen n 2̱ (≈ Berührung) Klaps m *B V̱ṯ&V̱ɪ* klopfen; **he ~ped me on the shoulder** er klopfte mir auf die Schulter; **to ~ at the door** sachte an die Tür klopfen **tap-dance** *V̱ɪ* steppen **tap-dancing** *S̱* Stepptanz m, Steppen n
tape [teɪp] *A S̱* 1̱ Band n; (haftend) Klebeband n, Kleb(e)streifen m 2̱ (Ton)band n; **on ~** auf Band *B V̱ṯ* (auf Band) aufnehmen, (auf Video) aufnehmen ♦**tape down** *V̱ṯ trennb* (mit Klebeband etc) festkleben ♦**tape over** *A V̱ɪ +obj* überspielen *B V̱ṯ trennb* **to tape A over B** B mit A überspielen ♦**tape up** *V̱ṯ trennb* Paket mit Klebeband etc verkleben
tape deck *S̱* Tapedeck n **tape measure** *S̱* Maßband n
taper ['teɪpə'] *V̱ɪ* sich zuspitzen ♦**taper off** *V̱ɪ* (fig) langsam aufhören
tape-record *V̱ṯ* auf Band aufnehmen **tape recorder** *S̱* Tonbandgerät n, Kassettenrekorder m **tape recording** *S̱* Bandaufnahme f
tapestry ['tæpɪstrɪ] *S̱* Wandteppich m
tapeworm ['teɪpwɜːm] *S̱* Bandwurm m
tapioca [ˌtæpɪˈəʊkə] *S̱* Tapioka f
tap water *S̱* Leitungswasser n
tar [tɑːʳ] *A S̱* Teer m *B V̱ṯ* teeren
tarantula [təˈræntjʊlə] *S̱* Tarantel f
tardy ['tɑːdɪ] *AḎJ* (+er) (US) **to be ~** zu spät kommen

target ['tɑːgɪt] *A S̱* Ziel n; (SPORT, fig) Zielscheibe f; **to be off/on ~** (Rakete) danebengehen/treffen; (Torschuss) ungenau/sehr genau sein; **production is above/on/below ~** das Produktionssoll ist überschritten/erfüllt/nicht erfüllt; **to be on ~** (Projekt) auf Kurs sein *B V̱ṯ* sich (dat) zum Ziel setzen; Publikum als Zielgruppe haben **target group** *S̱* Zielgruppe f **target language** *S̱* (in Wörterbuch, Übersetzung) Zielsprache f
tariff ['tærɪf] *S̱* 1̱ (bes Br: von Hotel etc) Preisliste f 2̱ (≈ Steuer) Zoll m
tarmac ['tɑːmæk] *A S̱* **Tarmac®** Asphalt m *B V̱ṯ* asphaltieren
tarnish ['tɑːnɪʃ] *A V̱ṯ* 1̱ Metall stumpf werden lassen 2̱ (fig) Ruf beflecken *B V̱ɪ* (Metall) anlaufen
tarot card ['tærəʊkɑːd] *S̱* Tarockkarte f
tarpaulin [tɑːˈpɔːlɪn] *S̱* Plane f; SCHIFF Persenning f
tarragon ['tærəgən] *S̱* Estragon m
tart¹ [tɑːt] *AḎJ* (+er) Geschmack herb, sauer (pej); Obst sauer
tart² *S̱* GASTR Obstkuchen m, Obsttörtchen n
tart³ *S̱* (Br umg) Nutte f (umg) (❗ = (US) **hooker**)
♦**tart up** *V̱ṯ trennb* (bes Br umg) aufmachen (umg); sich aufdonnern (umg)
tartan ['tɑːtən] *A S̱* Schottenkaro n, Schottenstoff m *B AḎJ* im Schottenkaro
tartar(e) sauce [ˌtɑːtəˈsɔːs] *S̱* ≈ Remouladensoße f
taser® ['teɪzəʳ] *S̱* Elektroschockpistole f
task [tɑːsk] *S̱* Aufgabe f; **to set sb a ~** jdm eine Aufgabe stellen; **to take sb to ~** jdn ins Gebet nehmen (for, about wegen) **task bar** *S̱* IT

(measuring) tape — (Maß)band

tape — (Ton)band

TASK | 658

Taskleiste f **task force** Ⓢ Sondereinheit f
taskmaster Ⓢ **he's a hard ~** er ist ein stren-
ger Meister
tassel ['tæsəl] Ⓢ Quaste f
taste [teɪst] Ⓐ Ⓢ Geschmack m, Geschmacks-
sinn m; (≈ geringe Menge) Kostprobe f; **I don't like
the ~** das schmeckt mir nicht; **to have a ~ (of
sth)** (wörtl) (etw) probieren; (fig) eine Kostprobe
(von etw) bekommen; **to acquire a ~ for sth**
Geschmack an etw (dat) finden; **it's an ac-
quired ~** das ist etwas für Kenner; **my ~ in
music** mein musikalischer Geschmack; **to be
to sb's ~** nach jds Geschmack sein; **it is a mat-
ter of ~** das ist Geschmack(s)sache; **for my ~
...** für meinen Geschmack …; **she has very
good ~** sie hat einen sehr guten Geschmack;
a man of ~ ein Mann mit Geschmack; **in good
~** geschmackvoll; **in bad ~** geschmacklos Ⓑ
Ⓥⓣ Ⅰ schmecken Ⅱ probieren, kosten Ⅲ Wein
verkosten Ⅳ (fig) Freiheit erleben Ⓒ Ⓥⓘ schme-
cken; **to ~ good** od **nice** (gut) schmecken
(❶ Englisch kein Adverb); **it ~s all right to
me** ich schmecke nichts; (≈ wohlschmeckend)
ich finde, das schmeckt nicht schlecht; **to ~
of sth** nach etw schmecken **tasteful** ⒶⒹⒿ
tastefully ⒶⒹⓥ geschmackvoll **tasteless**
ⒶⒹⒿ geschmacklos **tasty** ['teɪstɪ] ⒶⒹⒿ (+er)
schmackhaft; **his new girlfriend is very ~**
(umg) seine neue Freundin ist zum Anbeißen
(umg)

▶ **taste + Adjektiv**

Wie bei anderen Verben der Sinneswahrneh-
mung auch folgt auf **taste** in der Bedeutung
„schmecken" ein Adjektiv, das diesen Sinnes-
eindruck beschreibt — kein Adverb!

This tastes excellent / Das schmeckt ausge-
different. zeichnet / anders.

GRAMMATIK ◀

tattered ['tætəd] ⒶⒹⒿ Kleider zerlumpt; Laken zer-
fleddert **tatters** ['tætəz] Ⓟⓛ **to be in ~** (Kleider)
in Fetzen sein; (Selbstvertrauen) (sehr) angeschla-
gen sein
tattoo [tə'tuː] Ⓐ Ⓥⓣ tätowieren Ⓑ Ⓢ, pl -s Täto-
wierung f
tatty ['tætɪ] ⒶⒹⒿ (+er) (bes Br umg) schmuddelig;
Kleider schäbig
taught [tɔːt] prät, pperf von **teach**
taunt [tɔːnt] Ⓐ Ⓢ Spöttelei f Ⓑ Ⓥⓣ verspotten
(about wegen)
Taurus ['tɔːrəs] Ⓢ ASTROL Stier m; **he's (a) ~** er
ist (ein) Stier
taut [tɔːt] ⒶⒹⒿ (+er) straff; Muskeln stramm; **to pull
sth ~** etw stramm ziehen **tauten** ['tɔːtn] Ⓐ

Ⓥⓣ Seil spannen; Muskeln anspannen Ⓑ Ⓥⓘ sich
spannen
tavern ['tævən] Ⓢ (obs) Taverne f
tawdry ['tɔːdrɪ] ⒶⒹⒿ (+er) Ⅰ Kleidung etc billig und
geschmacklos Ⅱ Person aufgedonnert (umg)
tax [tæks] Ⓐ Ⓢ Steuer f; **before ~** brutto; **after
~ netto; to put a ~ on sb/sth** jdn/etw besteu-
ern Ⓑ Ⓥⓣ Ⅰ besteuern Ⅱ (fig) Geduld strapazieren
taxable ['tæksəbl] ⒶⒹⒿ **~ income** zu versteu-
erndes Einkommen **tax allowance** Ⓢ Steu-
ervergünstigung f, Steuerfreibetrag m **taxa-
tion** [tæk'seɪʃən] Ⓢ Besteuerung f **tax bill**
Ⓢ Steuerbescheid m **tax bracket** Ⓢ Steuer-
gruppe f od -klasse f **tax consultant** Ⓢ Steu-
erberater(in) m(f) **tax-deductible** ⒶⒹⒿ
(steuerlich) absetzbar **tax demand** Ⓢ Steu-
erbescheid m **tax disc** Ⓢ (Br) Steuerplakette
f **tax evasion** ⒶⒹⒿ Steuerhinterziehung f
tax-exempt ⒶⒹⒿ (US) Einkommen steuerfrei
tax-free ⒶⒹⒿ, ⒶⒹⓥ steuerfrei **tax haven** Ⓢ
Steuerparadies n
taxi ['tæksɪ] Ⓐ Ⓢ Taxi n; **to go by ~** mit dem
Taxi fahren Ⓑ Ⓥⓘ FLUG rollen **taxicab**
['tæksɪkæb] Ⓢ (bes US) Taxi n
taxidermist ['tæksɪdɜːmɪst] Ⓢ Tierausstop-
fer(in) m(f)
taxi driver Ⓢ Taxifahrer(in) m(f)
taxing ['tæksɪŋ] ⒶⒹⒿ anstrengend
tax inspector Ⓢ (Br) Finanzbeamte(r) m, Fi-
nanzbeamtin f
taxi rank (Br), **taxi stand** (bes US) Ⓢ Taxistand
m
taxman Ⓢ, pl -men **the ~ gets 35%** das Fi-
nanzamt bekommt 35% **tax official** Ⓢ Fi-
nanzbeamte(r) m, Finanzbeamtin f **taxpayer**
Ⓢ Steuerzahler(in) m(f) **tax return** Ⓢ Steuerer-
klärung f
TB abk von **tuberculosis** Tb f, Tbc f
T-bone steak ['tiːbəʊn'steɪk] Ⓢ T-Bone-Steak
n
tea [tiː] Ⓢ Ⅰ Tee m (❶ Als Getränk hat **tea** kei-
nen Plural. **Teas** sagt man zu verschiedenen
Sorten oder einzelnen Tassen.); **a cup of ~** ei-
ne Tasse Tee; **two ~s, please** zwei Tee bitte Ⅱ
(Br) (nachmittags) ≈ Kaffee und Kuchen; (≈ Mahlzeit)
Abendbrot n **tea bag** Ⓢ Teebeutel m **tea
break** Ⓢ (bes Br) Pause f **tea caddy** Ⓢ (bes
Br) Teedose f **teacake** Ⓢ (Br) Rosinenbrötchen
n
teach [tiːtʃ] v: prät, pperf **taught** Ⓐ Ⓥⓣ unterrich-
ten, lehren (geh); **to ~ sb sth** jdm etw beibrin-
gen, jdn in etw (dat) unterrichten; **to ~ sb to do
sth** jdm beibringen, etw zu tun; **the accident
taught me to be careful** durch diesen Unfall
habe ich gelernt, vorsichtiger zu sein; **who
taught you to drive?** bei wem haben Sie Fah-

659 ‖ TECH

ren gelernt?; **that'll ~ her** das wird ihr eine Lehre sein; **that'll ~ you to break the speed limit** das hast du (nun) davon, dass du die Geschwindigkeitsbegrenzung überschritten hast **B** [V̄T̄] unterrichten; **he can't ~** er gibt keinen guten Unterricht

teacher ['tiːtʃə^r] [S̄] Lehrer(in) m(f); **English ~s** Englischlehrer pl **teacher's pet** [ˌtiːtʃəz'pet] [S̄] Lieblingsschüler(in) m(f) **teacher-training** [ˌtiːtʃə'treɪnɪŋ] [S̄] Lehrer(aus)bildung f; **~ college** pädagogische Hochschule, Studienseminar n

tea chest [S̄] (Br) Kiste f

teaching ['tiːtʃɪŋ] [S̄] **1** das Unterrichten, der Lehrberuf; **she enjoys ~** sie unterrichtet gern **2** (a. **teachings**) Lehre f

teaching time [S̄] (Br) Unterrichtszeit f

tea cloth [S̄] (Br) Geschirrtuch n (**!** = (US, schott) **dishtowel**) **tea cosy**, (US) **tea cozy** [S̄] Teewärmer m **teacup** [S̄] Teetasse f

teak [tiːk] [S̄] Teak(holz) n

tea leaf [S̄] Teeblatt n

team [tiːm] [S̄] Team n; SPORT Mannschaft f ◆**team up** [V̄Ī] sich zusammentun (**with** mit)

team effort [S̄] Teamarbeit f **team game** [S̄] Mannschaftsspiel n **team-mate** [S̄] Mannschaftskamerad(in) m(f) **team member** [S̄] Teammitglied n **team player** [S̄] **1** SPORT Mannschaftsspieler(in) m(f) **2** (fig) Teamarbeiter(in) m(f) **team spirit** [S̄] Gemeinschaftsgeist m; SPORT Mannschaftsgeist m **teamwork** ['tiːmwɜːk] [S̄] Teamwork n

tea party [S̄] Teegesellschaft f **teapot** [S̄] Teekanne f

tear¹ [teə^r] v: prät **tore**, pperf **torn** **A** [V̄T̄] zerreißen; Loch reißen; **to ~ sth in two** etw (in zwei Stücke) zerreißen; **to ~ sth to pieces** etw in Stücke reißen; (fig) Film etc etw verreißen; **to ~ sth open** etw aufreißen; **to ~ one's hair (out)** sich (dat) die Haare raufen; **to be torn between two things** (fig) zwischen zwei Dingen hin und her gerissen sein **B** [V̄Ī] **1** (zer)reißen; **~ along the dotted line** an der gestrichelten Linie abtrennen **2** rasen **C** [S̄] Riss m ◆**tear along** [V̄Ī] entlangrasen ◆**tear apart** [V̄T̄] trennb Haus völlig durcheinanderbringen; Land zerreißen; **it tore me apart to leave you** es hat mir schier das Herz zerrissen, dich zu verlassen ◆**tear at** [V̄Ī] +obj zerren an (+dat) ◆**tear away** [V̄T̄] trennb **if you can tear yourself away** wenn du dich losreißen kannst ◆**tear down** [V̄T̄] trennb Plakat herunterreißen; Haus abreißen ◆**tear into** [V̄Ī] +obj (mit Worten) abkanzeln; (Kritiker) keinen guten Faden lassen an (+dat) ◆**tear off** **A** [V̄T̄] **1** wegrasen **2** (Formular) sich abtrennen lassen **B** [V̄T̄] trennb abreißen; Kleider herunterreißen ◆**tear**

out **A** [V̄Ī] hinausrasen, wegrasen **B** [V̄T̄] trennb (her)ausreißen (of aus) ◆**tear up** [V̄T̄] trennb **1** Papier zerreißen **2** Pfosten (her)ausreißen **3** Boden aufwühlen

tear² [tɪə^r] [S̄] Träne f; **in ~s** in Tränen aufgelöst; **there were ~s in her eyes** ihr standen Tränen in den Augen; **the news brought ~s to her eyes** als sie das hörte, stiegen ihr die Tränen in die Augen; **the ~s were running down her cheeks** ihr Gesicht war tränenüberströmt

tearaway ['teərəweɪ] [S̄] (Br umg) Rabauke m (umg)

teardrop [S̄] Träne f **tearful** ['tɪəfʊl] [ĀD̄J̄] Gesicht tränenüberströmt; Abschied tränenreich; **to become ~** zu weinen anfangen **tearfully** ['tɪəfəlɪ] [ĀD̄V̄] mit Tränen in den Augen; etw sagen unter Tränen **tear gas** [S̄] Tränengas n **tearjerker** ['tɪəˌdʒɜːkə^r] [S̄] (≈ sentimentaler Film etc) Schnulze f (umg)

tearoom ['tiːruːm] [S̄] (Br) Teestube f, Café n, Kaffeehaus n (österr)

tear-stained ['tɪəsteɪnd] [ĀD̄J̄] verweint

tease [tiːz] **A** [V̄T̄] jdn necken, hänseln (about wegen) **B** [V̄Ī] Spaß machen **C** [S̄] (umg) Scherzbold m (umg)

tea service, **tea set** [S̄] Teeservice n **tea-shop** [S̄] Teestube f

teasing ['tiːzɪŋ] [ĀD̄J̄] neckend

teaspoon [S̄] **1** Teelöffel m **2** (a. **teaspoonful**) Teelöffel(voll) m **tea strainer** [S̄] Teesieb n

teat [tiːt] [S̄] (von Tier) Zitze f; (bes Br: an Babyflasche) (Gummi)sauger m (**!** = (US) **nipple**)

teatime [S̄] (Br) (nachmittags) Teestunde f; (≈ Mahlzeit) Abendessen n, Nachtmahl n (österr), Nachtessen n (schweiz); **at ~** am späten Nachmittag **tea towel** [S̄] (Br) Geschirrtuch n (**!** = (US, schott) **dishtowel**) **tea trolley**, (US) **tea wagon** [S̄] Teewagen m

technical ['teknɪkəl] [ĀD̄J̄] **1** technisch **2** fachlich, Fach-; Probleme fachspezifisch; **~ dictionary** Fachwörterbuch n; **~ term** Fachausdruck m **technical college** [S̄] (bes Br) technische Fachschule (**!** = (US) **technical school**) **technical drawing** [S̄] technische Zeichnung **technicality** [ˌteknɪ'kælɪtɪ] [S̄] technische Einzelheit; (fig, JUR) Formsache f **technically** ['teknɪkəlɪ] [ĀD̄V̄] **1** technisch **2** **~ speaking** streng genommen **technical school** [S̄] (US) technische Fachschule (**!** = (Br) **technical college**) **technical support** [S̄] IT technische Unterstützung **technician** [tek'nɪʃən] [S̄] Techniker(in) m(f)

technique [tek'niːk] [S̄] Technik f, Methode f

techno ['teknəʊ] [S̄] MUS Techno m od n

technocrat ['teknəkræt] [S̄] Technokrat(in) m(f)

technological [ˌteknə'lɒdʒɪkəl] [ĀD̄J̄] technolo-

TECH ‖ 660

gisch, technisch **technologically** [teknə-ˈlɒdʒɪklɪ] _ADV_ technologisch **technologist** [tekˈnɒlədʒɪst] _S_ Technologe m, Technologin f **technology** [tekˈnɒlədʒɪ] _S_ Technologie f; **communications ~** Kommunikationstechnik f

teddy (bear) [ˈtedɪ(ˌbɛəʳ)] _S_ Teddy(bär) m

tedious [ˈtiːdɪəs] _ADJ_ langweilig, fad (österr) **tedium** [ˈtiːdɪəm] _S_ Lang(e)weile f

tee [tiː] _S_ (Golf) Tee n

teem [tiːm] _VI_ **1** wimmeln (with von) **2** **it's ~ing with rain** es gießt in Strömen (umg) **teeming** [ˈtiːmɪŋ] _ADJ_ Regen strömend

teen [tiːn] _ADJ_ (bes US) Film etc für Teenager; **~ idol** Teenie-Idol n **teenage** [ˈtiːneɪdʒ] _ADJ_ Teenager-; Jugendliche(r) im Teenageralter; **~ boy** Teenager m; **~ girl** Teenagerin f; **~ idol** Teenie-Idol n **teenaged** [ˈtiːneɪdʒd] _ADJ_ im Teenageralter; **~ boy/girl** Teenager m **teenager** [ˈtiːnˌeɪdʒəʳ] _S_ Teenager m **teens** [tiːnz] _PL_ Teenageralter n; **to be in one's ~** im Teenageralter sein

teeny(weeny) [ˈtiːnɪ(ˈwiːnɪ)] _ADJ_ (umg) klitzeklein (umg)

tee shirt _S_ = T-shirt

teeter [ˈtiːtəʳ] _VI_ taumeln; **to ~ on the brink** od **edge of sth** (wörtl) am Rand von etw taumeln; (fig) am Rand von etw sein

teeth [tiːθ] pl von **tooth** **teethe** [tiːð] _VI_ zahnen **teething ring** [ˈtiːðɪŋ] _S_ Beißring m **teething troubles** _PL_ (Br fig) Kinderkrankheiten pl

teetotal [ˌtiːˈtəʊtl] _ADJ_ abstinent **teetotaller**, (US) **teetotaler** [ˌtiːˈtəʊtləʳ] _S_ Abstinenzler(in) m(f)

TEFL abk von Teaching of English as a Foreign Language Unterrichten n von Englisch als Fremdsprache

tel abk von telephone (number) Tel.

telebanking [ˈtelɪˌbæŋkɪŋ] _S_ Telebanking n **telecast** [ˈtelɪkɑːst] _S_ Fernsehsendung f

telecommunications [ˌtelɪkəmjuːnɪ-ˈkeɪʃənz] _S_ **1** (❗ mit Verb im Plural) Fernmeldewesen n **2** (❗ mit Verb im Singular) Fernmeldetechnik f

telecommuter [ˈtelɪkəˌmjuːtəʳ] _S_ Telearbeiter(in) m(f) **telecommuting** [ˈtelɪkəˌmjuːtɪŋ] _S_ Telearbeit f

teleconference [ˈtelɪˌkɒnfrəns] _S_ Telekonferenz f **teleconferencing** [ˈtelɪˌkɒnfrənsɪŋ] _S_ Teleconferencing n, Konferenzschaltung f

telegram [ˈtelɪgræm] _S_ Telegramm n

telegraph [ˈtelɪgrɑːf] _VT_ telegrafisch übermitteln **telegraph pole** _S_ (Br) Telegrafenmast m (❗ = (US) **telephone pole**)

telepathic [ˌtelɪˈpæθɪk] _ADJ_ telepathisch; **you must be ~!** du musst ja ein Hellseher sein!

telepathy [tɪˈlepəθɪ] _S_ Telepathie f

telephone [ˈtelɪfəʊn] _A_ _S_ Telefon n; **there's somebody on the ~ for you** Sie werden am Telefon verlangt; **have you got a ~?** haben Sie Telefon?; **he's on the ~** er telefoniert gerade; **by ~** telefonisch; **I've just been on the ~ to him** ich habe eben mit ihm telefoniert; **I'll get on the ~ to her** ich werde sie anrufen _B_ _VT_ anrufen _C_ _VI_ telefonieren; **to ~ for an ambulance** einen Krankenwagen rufen **telephone banking** _S_ Telefonbanking n **telephone box**, (US) **telephone booth** _S_ Telefonzelle f **telephone call** _S_ Telefongespräch n **telephone directory** _S_ Telefonbuch n **telephone exchange** _S_ (bes Br) Fernsprechamt n **telephone kiosk** _S_ Telefonzelle f **telephone line** _S_ Telefonleitung f **telephone number** _S_ Telefonnummer f **telephone operator** _S_ (bes US) Telefonist(in) m(f) **telephone pole** _S_ (US) Telegrafenmast m (❗ = (Br) **telegraph pole**)

telephoto (lens) [ˈtelɪˌfəʊtəʊ(ˈlenz)] _S_ Teleobjektiv n

telesales [ˈtelɪseɪlz] _S_ (❗ mit Verb im Singular) Verkauf m per Telefon

telescope [ˈtelɪskəʊp] _S_ Teleskop n **telescopic** [ˌtelɪˈskɒpɪk] _ADJ_ Antenne etc ausziehbar **telescopic lens** _S_ Fernrohrlinse f

teleshopping [ˈtelɪˌʃɒpɪŋ] _S_ Teleshopping n **Teletext®** [ˈtelɪtekst] _S_ Videotext m **televise** [ˈtelɪvaɪz] _VT_ (im Fernsehen) übertragen

television [ˈtelɪˌvɪʒən] _S_ Fernsehen n; (≈ Gerät) Fernseher m; **to watch ~** fernsehen; **to be on ~** im Fernsehen kommen; **what's on ~?** was gibt es im Fernsehen? **television camera** _S_ Fernsehkamera f **television licence** _S_ (Br) Bescheinigung über die Entrichtung der Fernsehgebühren **television screen** _S_ Bildschirm m **television set** _S_ Fernseher m **teleworker** [ˈtelɪwɜːkəʳ] _S_ Telearbeiter(in) m(f)

telex [ˈteleks] _A_ _S_ Telex n _B_ _VT_ Nachricht per Telex mitteilen; jdm ein Telex schicken (+dat)

tell [tel] prät, pperf told _A_ _VT_ **1** erzählen (sb sth, sth to sb jdm etw), sagen (sb sth jdm etw); **to ~ lies** lügen; **to ~ tales** petzen (umg); **to ~ sb's fortune** jdm wahrsagen; **to ~ sb a secret** jdm ein Geheimnis anvertrauen; **to ~ sb about sth** jdm von etw erzählen; **I can't ~ you how pleased I am** ich kann Ihnen gar nicht sagen, wie sehr ich mich freue; **could you ~ me the way to the station, please?** könn(t)en Sie mir bitte sagen, wie ich zum Bahnhof komme?; **(I'll) ~ you what, let's go to the cinema** weißt du was, gehen wir doch ins Kino!; **don't ~ me you can't come!** sagen Sie bloß

661 ‖ TEND

nicht, dass Sie nicht kommen können!; **I won't do it, I ~ you!** und ich sage dir, das mache ich nicht!; **I told you so** ich habe es (dir) ja gesagt; **we were told to bring sandwiches with us** es wurde uns gesagt, dass wir belegte Brote mitbringen sollten; **don't you ~ me what to do!** Sie haben mir nicht zu sagen, was ich tun soll!; **do as** *od* **what you are told!** tu, was man dir sagt! ☐ erkennen; **to ~ the time** die Uhr kennen; **to ~ the difference** den Unterschied sehen; **you can ~ that he's clever** man sieht *od* merkt, dass er intelligent ist; **you can't ~ whether it's moving** man kann nicht sagen *od* sehen, ob es sich bewegt; **to ~ sb/sth by sth** jdn/etw an etw *(dat)* erkennen; **I can't ~ butter from margarine** ich kann Butter nicht von Margarine unterscheiden; **to ~ right from wrong** Recht von Unrecht unterscheiden ☐ wissen; **how can I ~ that?** wie soll ich das wissen? ☐ V/I *+dat obj* es sagen *(+dat)*; **I won't ~ you again** ich sage es dir nicht noch einmal; **you're ~ing me!** wem sagen Sie das! ☐ V/I ☐ wissen; **as** *od* **so far as one can ~** soweit man weiß; **who can ~?** wer weiß?; **you never can ~, you can never ~** man kann nie wissen ☐ sprechen; **promise you won't ~** du musst versprechen, dass du nichts sagst ◆**tell off** V/T *trennb* (*umg*) ausschimpfen (*for wegen*); **he told me off for being late** er schimpfte (mich aus), weil ich zu spät kam ◆**tell on** V/I *+obj* (*umg*) verpetzen (*umg*)

teller ['telə'] ⅀ (*in Bank*) Kassierer(in) *m(f)*
telling ['telɪŋ] ☐ ADJ ☐ wirkungsvoll ☐ aufschlussreich ☐ ⅀ ☐ Erzählen *n* ☐ **there is no ~ what he may do** man kann nicht sagen, was er tut **telling-off** [,telɪŋ'ɒf] ⅀ (*Br umg*) **to give sb a good ~** jdm eine (kräftige) Standpauke halten (*umg*) **telltale** ['telteɪl] ⅀ (*Br*) Petze *f*
telly ['telɪ] ⅀ (*Br umg*) Fernseher *m*; **on ~** im Fernsehen; **to watch ~** fernsehen; → television
temerity [tɪ'merɪtɪ] ⅀ Kühnheit *f*, Unerhörtheit *f* (*pej*)
temp [temp] ☐ ⅀ Aushilfskraft *m* ☐ V/I als Aushilfskraft arbeiten
temper ['tempə'] ⅀ Wut *f*; **to be in a ~** wütend sein; **to be in a good/bad ~** guter/schlechter Laune sein; **she's got a quick ~** sie kann sehr jähzornig sein; **she's got a terrible ~** sie kann sehr unangenehm werden; **to lose one's ~** die Beherrschung verlieren (*with sb* bei jdm); **to keep one's ~** sich beherrschen (*with sb* bei jdm); **to fly into a ~** einen Wutanfall bekommen; **he has quite a ~** er kann ziemlich aufbrausen
temperament ['tempərəmənt] ⅀ Veranla-

gung *f*, Temperament *n* **temperamental** [,tempərə'mentl] ADJ ☐ *Mensch* launisch; **~ outburst** Temperamentsausbuch *m* ☐ *Auto* voller Mucken, launisch (*hum*); **to be ~** seine Mucken haben
temperate ['tempərɪt] ADJ *Klima* gemäßigt
temperature ['temprɪtʃə'] ⅀ Temperatur *f*; **to take sb's ~** bei jdm Fieber messen; **he has a ~** er hat Fieber; **he has a ~ of 39° C** er hat 39° Fieber
-tempered [-'tempəd] ADJ *suf* ... gelaunt
tempestuous [,tem'pestjʊəs] ADJ (*fig*) stürmisch
temping agency ['tempɪŋ,eɪdʒənsɪ] ⅀ Zeitarbeitsfirma *f*
template, templet ['templɪt] ⅀ Schablone *f*
temple¹ ['templ] ⅀ REL Tempel *m*
temple² ['templ] ⅀ ANAT Schläfe *f*
tempo ['tempəʊ] ⅀, *pl* -s *od* tempi ['tempi] (MUS, *fig*) Tempo *n*
temporarily ['tempərərɪlɪ] ADV vorübergehend **temporary** ['tempərərɪ] ADJ vorübergehend; *Adresse* vorläufig; **she is a ~ resident here** sie wohnt hier nur vorübergehend
tempt [tempt] V/T in Versuchung führen, verführen; **to ~ sb to do** *od* **into doing sth** jdn dazu verführen, etw zu tun; **I am ~ed to accept** ich bin versucht anzunehmen; **may I ~ you to have a little more wine?** kann ich Sie noch zu etwas Wein überreden?; **to ~ fate** *od* **providence** (*fig*) sein Schicksal herausfordern; (*mit Prophezeiung*) den Teufel an die Wand malen **temptation** [temp'teɪʃən] ⅀ Versuchung *f*; **to yield to** *od* **to give way to ~** der Versuchung erliegen **tempting** ADJ, **temptingly** ADV ['temptɪŋ, -lɪ] verlockend
ten [ten] ☐ NUM zehn ☐ ⅀ Zehn *f*; → six
tenacious [tɪ'neɪʃəs] ADJ hartnäckig **tenacity** [tɪ'næsɪtɪ] ⅀ Hartnäckigkeit *f*
tenancy ['tenənsɪ] ⅀ **conditions of ~** Mietbedingungen *pl*; (*von Bauernhof*) Pachtbedingungen *pl* **tenant** ['tenənt] ⅀ Mieter(in) *m(f)*; (*von Bauernhof*) Pächter(in) *m(f)*
tend¹ [tend] V/T sich kümmern um; *Schafe* hüten; *Maschine* bedienen
tend² [tend] V/I ☐ **to ~ to be/do sth** gewöhnlich etw sein/tun; **the lever ~s to stick** der Hebel bleibt oft hängen; **that would ~ to suggest that ...** das würde gewissermaßen darauf hindeuten, dass ... ☐ **to ~ toward(s)** (*Maßnahmen*) führen zu; (*Ansichten etc*) tendieren zu **tendency** ['tendənsɪ] ⅀ Tendenz *f*; **artistic tendencies** künstlerische Neigungen *pl*; **to have a ~ to be/do sth** gewöhnlich etw sein/tun
tender¹ ['tendə'] ☐ V/T *Geld, Dienstleistung* (an)bieten; *Kündigung* einreichen ☐ ⅀ HANDEL

Angebot *n*

tender[2] ADJ **1** *Stelle* empfindlich; *Pflanze, Fleisch* zart; **at the ~ age of 7** im zarten Alter von 7 Jahren **2** liebevoll; *Kuss* zärtlich; **~ loving care** Liebe und Zuneigung *f* **tender-hearted** [ˌtendəˈhɑːtɪd] ADJ gutherzig **tenderloin** [ˈtendəlɔɪn] S zartes Lendenstück **tenderly** [ˈtendəlɪ] ADV liebevoll **tenderness** [ˈtendənɪs] S **1** Empfindlichkeit *f* **2** Zärtlichkeit *f*

tendon [ˈtendən] S Sehne *f*

tenement [ˈtenɪmənt] S (*a.* **tenement house**) ≈ Mietshaus *n*

Tenerife [ˌtenəˈriːf] S Teneriffa *n*

tenfold [ˈtenfəʊld] A ADJ zehnfach B ADV um das Zehnfache; **to increase ~** sich verzehnfachen

tenner [ˈtenəʳ] S (*Br umg*) Zehner *m* (*umg*)

tennis [ˈtenɪs] S Tennis *n* **tennis ball** S Tennisball *m* **tennis court** S Tennisplatz *m* **tennis elbow** S MED Tennisarm *m* **tennis player** S Tennisspieler(in) *m(f)* **tennis racket, tennis racquet** S Tennisschläger *m* **tennis shoe** S (*US*) Turnschuh *m auch für die Straße*

tenor [ˈtenəʳ] A S Tenor *m* B ADJ MUS Tenor-

tenpin bowling [ˌtenpɪnˈbəʊlɪŋ], (*US*) **tenpins** [ˈtenpɪnz] S (❗ *mit Verb im Singular*) Bowling *n*

tense[1] [tens] S GRAM Zeit *f*; **present ~** Gegenwart *f*; **past ~** Vergangenheit *f*; **future ~** Zukunft *f*; **which ~ is this verb in?** in welcher Zeit steht dieses Verb?

tense[2] A ADJ (+er) *Atmosphäre* gespannt; *Muskeln, Lage* (an)gespannt; *Beziehungen* angespannt; **to grow ~** nervös werden B VIT anspannen C VIT sich (an)spannen ♦**tense up** VIT sich anspannen

tension [ˈtenʃən] S (*wörtl*) Spannung *f*; (*nervlich*) Anspannung *f*

tent [tent] S Zelt *n*

tentacle [ˈtentəkl] S ZOOL Tentakel *m od n* (*fachspr*)

tentative [ˈtentətɪv] ADJ vorläufig; *Angebot* unverbindlich; *Vorschlag* vorsichtig; *Lächeln* zögernd; **we've a ~ arrangement to play tennis tonight** wir haben halb abgemacht, heute Abend Tennis zu spielen **tentatively** [ˈtentətɪvlɪ] ADV *lächeln* zögernd; *vorgehen* vorsichtig; *zustimmen* vorläufig

tenterhooks [ˈtentəhʊks] PL **to be on ~** wie auf glühenden Kohlen sitzen (*umg*); **to keep sb on ~** jdn zappeln lassen

tenth [tenθ] A ADJ zehnte(r, s); **a ~ part** ein Zehntel *n* B S **1** Zehntel *n* **2** Zehnte(r, s); → **sixth**

tent peg S Zeltpflock *m*, Hering *m* **tent pole** S Zeltstange *f*

tenuous [ˈtenjʊəs] ADJ (*fig*) *Verbindung* schwach; *Position* unsicher; **to have a ~ grasp of sth** etw nur ansatzweise verstehen

tenure [ˈtenjʊəʳ] S **1** Anstellung *f*, Amtszeit *f* **2** **during her ~ of the farm** während sie die Farm innehatte

tepee [ˈtiːpiː] S (≈ *Indianerzelt*) Tipi *n*

tepid [ˈtepɪd] ADJ lau(warm)

term [tɜːm] A S **1** Zeitraum *m*; (*begrenzt*) Frist *f*; **~ of office** Amtszeit *f*; **~ of imprisonment** Gefängnisstrafe *f*; **elected for a three-year ~** auf *od* für drei Jahre gewählt; **in the short ~** auf kurze Sicht **2** (SCHULE: 3 *Abschnitte*) Trimester *n*; (2 *Abschnitte*) Halbjahr *n*; UNIV Semester *n* **3** Ausdruck *m*; **in simple ~s** in einfachen Worten **4** **in ~s of production we are doing well** was die Produktion betrifft, stehen wir gut da **5** **terms** PL Bedingungen *pl*; **~s of surrender/payment** Kapitulations-/Zahlungsbedingungen *pl*; **on equal ~s** auf gleicher Basis; **to come to ~s (with sb)** sich (mit jdm) einigen **6** **terms** PL **to be on good/bad ~s with sb** gut/nicht (gut) mit jdm auskommen; **they're not on speaking ~** sie sprechen nicht miteinander B VIT bezeichnen

terminal [ˈtɜːmɪnl] A ADJ End-; MED unheilbar; **to be in ~ decline** sich in unaufhaltsamem Niedergang befinden B S **1** BAHN Endbahnhof *m*; (*von Straßenbahn, Bus*) Endstation *f*; **air** *od* **airport ~** (Flughafen)terminal *m*; **railway** (*Br*) *od* **railroad** (*US*) **~** Zielbahnhof *m* **2** ELEK Pol *m* **3** IT Terminal *n* **terminally** [ˈtɜːmɪnəlɪ] ADV **~ ill** unheilbar krank **terminal station** S BAHN Endbahnhof *m*

terminate [ˈtɜːmɪneɪt] A VIT beenden; *Vertrag etc* lösen; *Schwangerschaft* unterbrechen B VIT enden **termination** [ˌtɜːmɪˈneɪʃən] S Beendigung *f*; (*von Vertrag etc*) Lösung *f*; **~ of pregnancy** Schwangerschaftsabbruch *m*

terminology [ˌtɜːmɪˈnɒlədʒɪ] S Terminologie *f*

terminus [ˈtɜːmɪnəs] S BAHN, BUS Endstation *f*

termite [ˈtɜːmaɪt] S Termite *f*

terrace [ˈterəs] S **1** Terrasse *f* **2** (*Br*) Häuserreihe *f* **terraced** [ˈterəst] ADJ **1** *Hang* terrassenförmig angelegt **2** (*bes Br*) **~ house** Reihenhaus *n* (❗ = (*US*) **rowhouse**)

terrain [teˈreɪn] S Terrain *n*

terrestrial [tɪˈrestrɪəl] ADJ terrestrisch **terrestrial TV** S Antennenfernsehen *n*, terrestrisches Fernsehen

terrible [ˈterəbl] ADJ furchtbar; **I feel ~** mir ist fürchterlich schlecht; (≈ *Schuldgefühl*) es ist mir

663 ‖ THAN

furchtbar peinlich **terribly** ['terəblɪ] ADV schrecklich; *enttäuscht* furchtbar; *singen* fürchterlich; *wichtig* schrecklich (*umg*); **I'm not ~ good with money** ich kann nicht besonders gut mit Geld umgehen

terrier ['terɪə'] s̄ Terrier *m*

terrific [tə'rɪfɪk] ADJ unheimlich (*umg*); *Tempo* unwahrscheinlich (*umg*); **that's ~ news** das sind tolle Nachrichten (*umg*); **~!** prima! (*umg*)

terrified ['terɪfaɪd] ADJ verängstigt; **to be ~ of sth** vor etw schreckliche Angst haben; **he was ~ in case …** er hatte fürchterliche Angst davor, dass … **terrify** ['terɪfaɪ] VT in Angst versetzen **terrifying** ['terɪfaɪɪŋ] ADJ *Film* grauenerregend; *Gedanke, Anblick* entsetzlich; *Tempo* angsterregend

territorial [,terɪ'tɔːrɪəl] ADJ territorial **Territorial Army** s̄ (*Br*) Territorialheer *n* **territory** ['terɪtərɪ] s̄ Territorium *n*; (*von Tieren*) Revier *n*; (*fig*) Gebiet *n*

terror ['terə'] s̄ **1** (❗ kein *pl*) Terror *m*; (≈ *Furcht*) panische Angst (*of* vor *+dat*) **2** (≈ *furchterregendes Ereignis*) Schrecken *m* **terrorism** ['terərɪzəm] s̄ Terrorismus *m*; **an act of ~** ein Terrorakt *m* **terrorist** ['terərɪst] **A** s̄ Terrorist(in) *m(f)* **B** ADJ *attr* terroristisch; **~ attack** Terroranschlag *m* **terrorize** ['terəraɪz] VT terrorisieren

terse [tɜːs] ADJ (*+er*) knapp **tersely** ['tɜːslɪ] ADV knapp, kurz; *Antwort* kurz (angebunden)

TESL *abk von* Teaching of English as a Second Language Unterrichten *n* von Englisch als Zweitsprache

TESOL *abk von* Teaching of English as a Second or Other Language Unterrichten *n* von Englisch als Zweit- oder weitere Sprache

test [test] **A** s̄ Test *m*; SCHULE Klassenarbeit *f*; UNIV Klausur *f*; VERKEHR (Fahr)prüfung *f*; (*zur Kontrolle*) Untersuchung *f*; **he gave them a vocabulary ~** er ließ eine Vokabelarbeit schreiben; (*mündlich*) er hat sie Vokabeln abgefragt; **to put sb/sth to the ~** jdn/etw auf die Probe stellen **B** ADJ *attr* Test- **C** VT **1** testen; SCHULE prüfen; (*mündlich*) abfragen; (*fig*) auf die Probe stellen **2** (*chemisch*) untersuchen; **to ~ sth for sugar** etw auf seinen Zuckergehalt untersuchen **D** VI Tests/einen Test machen ♦**test out** VT *trennb* ausprobieren (*on* bei, an *+dat*)

testament ['testəmənt] s̄ BIBEL **Old/New Testament** Altes/Neues Testament

test ban s̄ Atomteststopp *m* **test case** s̄ Musterfall *m* **test drive** s̄ Probefahrt *f* **test-drive** VT Probe fahren **tester** ['testə'] s̄ **1** (≈ *Person*) Tester(in) *m(f)*, Prüfer(in) *m(f)* **2** (≈ *Gerät*) Testgerät *n*, Prüfgerät *n*

testicle ['testɪkl] s̄ Hoden *m*

testify ['testɪfaɪ] **A** VT **to ~ that …** JUR bezeu-

gen, dass … **B** VI JUR aussagen

testimonial [,testɪ'məʊnɪəl] s̄ **1** (≈ *Empfehlung*) Referenz *f* **2** SPORT Gedenkspiel *n* **testimony** ['testɪmənɪ] s̄ Aussage *f*; **to bear ~ to sth** etw bezeugen

testing ['testɪŋ] ADJ hart

test match s̄ (*Br* SPORT) Testmatch *n*

testosterone [te'stɒstərəʊn] s̄ Testosteron *n*

test results PL Testwerte *pl* **test tube** s̄ Reagenzglas *n* **test-tube baby** s̄ Retortenbaby *n*

testy ['testɪ] ADJ (*+er*) gereizt

tetanus ['tetənəs] s̄ Tetanus *m*

tether ['teðə'] **A** s̄ (*wörtl*) Strick *m*; **he was at the end of his ~** (*Br fig umg*) er war am Ende (*umg*) **B** VT (*a.* **tether up**) anbinden

text [tekst] **A** s̄ **1** Text *m* **2** Textnachricht *f*, SMS *f*; **to send sb a ~** jdm eine Textnachricht *od* eine SMS schicken **B** VT **to ~ sb** jdm eine Textnachricht *od* eine SMS schicken

textbook ['tekstbʊk] **A** s̄ Lehrbuch *n* **B** ADJ **~ case** Paradefall *m*

textile ['tekstaɪl] s̄ Stoff *m*; **~s** Textilien *pl*

texting ['tekstɪŋ] s̄ SMS-Messaging *n*, Simsen *n* **text message** s̄ Textnachricht *f*, SMS *f*; **to send sb a ~** jdm eine Textnachricht *od* eine SMS schicken **text messaging** s̄ TEL SMS-Messaging *n*, Simsen *n* **textual** ['tekstjʊəl] ADJ Text-

texture ['tekstʃə'] s̄ (*stoffliche*) Beschaffenheit; (*von Nahrung*) Substanz *f*; (*von Stoff*) Griff *m* und Struktur

Thai [taɪ] **A** ADJ thailändisch **B** s̄ **1** Thailänder(in) *m(f)* **2** (≈ *Sprache*) Thai *n* **Thailand** ['taɪlænd] s̄ Thailand *n*

Thames [temz] s̄ Themse *f*

than [ðæn] KONJ als; **I'd rather do anything ~ that** das wäre das Letzte, was ich tun wollte; **no sooner had I sat down ~ he began to talk** kaum hatte ich mich hingesetzt, als er auch schon anfing zu reden; **who better to help us ~ he?** wer könnte uns besser helfen als er?

thank [θæŋk] VT danken (*+dat*); **he has his brother/he only has himself to ~ for this** das hat er seinem Bruder zu verdanken/sich selbst zuzuschreiben; **thank you** danke (schön); **~ you very much** vielen Dank; **no ~ you** nein, danke; **yes, ~ you** ja, bitte *od* danke; **~ you for coming — not at all, ~ YOU!** vielen Dank, dass Sie gekommen sind — ICH habe zu danken; **to say ~ you** Danke sagen (*to sb* jdm); **~ goodness** *od* **heavens** *od* **God** (*umg*) Gott sei Dank! (*umg*) **thankful** ADJ dankbar (*to sb* jdm); **to be ~ to sb for sth** jdm für etw dankbar sein **thankfully** ADV **1** dankbar **2** zum Glück **thankless** ADJ undankbar

T

thanks [θæŋks] **A** ᴘʟ Dank m; **to accept sth with ~** etw dankend od mit Dank annehmen; **and that's all the ~ I get** und das ist jetzt der Dank dafür; **to give ~ to God** Gott danksagen; **~ to** wegen (+gen); **it's all ~ to you that we're so late** bloß deinetwegen kommen wir so spät; **it was no ~ to him that ...** ich hatte/wir hatten etc es nicht ihm zu verdanken, dass ... **B** ɪɴᴛ (umg) danke (for für); **many ~** herzlichen Dank (for für); **~ a lot** vielen Dank; **~ for nothing!** (iron) vielen Dank auch! **Thanksgiving (Day)** [ˈθæŋksgɪvɪŋ(deɪ)] s̄ (US) Thanksgiving Day m **thank you** [θæŋk ˈjuː] s̄ Dankeschön n; **thank-you letter** Dankschreiben n

Thanksgiving Day

Thanksgiving, der vierte Donnerstag im November, ist in den USA ein großes Familienfest und geht auf das Erntedankfest von 1621 zurück. Der erste Winter 1620 war für die **Pilgrims** sehr hart. Erst im Folgejahr hatten sie eine gute Ernte, nachdem sie mithilfe der eingeborenen Indianer gelernt hatten, Korn und andere Lebensmittel anzubauen. Beim heutigen **Thanksgiving** isst man gebratenen Truthahn und Kürbispastete. Im benachbarten Kanada wird **Thanksgiving** am zweiten Montag im Oktober gefeiert.

LANDESKUNDE

that¹ [ðæt] **A** ᴅᴇᴍ.ᴘʀ, pl **those** ❶ das; **what is ~?** was ist das?; **~ is Joe (over there)** das (dort) ist Joe; **if she's as stupid as (all) ~** wenn sie so dumm ist; **... and all ~** und so (umg); **like ~** so; **~ is (to say)** das heißt; **oh well, ~'s ~** nun ja, damit ist der Fall erledigt; **you can't go and ~'s ~** du darfst nicht gehen, und damit hat sichs (umg); **well, ~'s ~ then** das wärs dann also; **~'s it!** das ist es!, gut so!; (verzweifelt) jetzt reichts!; **after/before ~** danach/davor; **you can get it in any supermarket and quite cheaply at ~** man kann es in jedem Supermarkt, und zwar ganz billig, bekommen; **what do you mean by ~?** was wollen Sie damit sagen?, was soll (denn) das heißen?; **as for ~** was das betrifft od angeht ❷ (im Gegensatz zu "this", "these") das (da), jenes (obs, geh); **~'s the one I like, not this one** das (dort) mag ich, nicht dies (hier) ❸ (von Relativpron) **this theory is different from ~ which ...** diese Theorie unterscheidet sich von derjenigen, die ...; **~ which we call ...** das, was wir ... nennen **B** ᴅᴇᴍ.ᴀᴅᴊ, pl **those** der/die/das, jene(r, s); **what was ~ noise?** was war das für ein Geräusch?; **~ dog!** dieser Hund!; **~ poor girl!** das arme Mädchen!; **I like ~ one** ich mag das da; **I'd like ~ one, not this one** ich möchte das da, nicht dies hier; **~ dog of yours!** Ihr Hund, dieser Hund von Ihnen (umg) **C** ᴅᴇᴍ.ᴀᴅᴠ (umg) so; **it's not ~ good** etc so gut etc ist es auch wieder nicht

that² [ðæt] ʀᴇʟ.ᴘʀ der/die/das, die; **all ~ ...** alles, was ...; **the best** etc **~ ...** das Beste etc, das od was ...; **the girl ~ I told you about** das Mädchen, von dem ich Ihnen erzählt habe

that³ [ðæt] ᴋᴏɴᴊ dass; **she promised ~ she would come** sie versprach zu kommen (❗ Im Englischen steht vor **that** kein Komma.); **~ things** od **it should come to this!** dass es so weit kommen konnte!

thatched [θætʃt] ᴀᴅᴊ strohgedeckt, reetgedeckt; **~ roof** Stroh-/Reetdach n

thaw [θɔː] **A** ᴠᴛ auftauen (lassen) **B** ᴠɪ auftauen; (Schnee) tauen **C** s̄ Tauwetter n ♦**thaw out** **A** ᴠɪ auftauen **B** ᴠᴛ trennb (wörtl) auftauen (lassen)

the [ðə] (vor Vokal, betont) [ðiː] **A** ʙᴇsᴛ.ᴀʀᴛ der/die/das; **in ~ room** im od in dem Zimmer; **to play ~ piano** Klavier spielen; **all ~ windows** alle od alle Fenster; **have you invited ~ Browns** haben Sie die Browns od die Familie Brown eingeladen?; **Henry ~ Eighth** Heinrich der Achte; **by ~ hour** pro Stunde; **the car does thirty miles to ~ gallon** das Auto verbraucht 11 Liter auf 100 Kilometer **B** ᴀᴅᴠ (mit Komp) **all ~ more** umso mehr; **~ more he has ~ more he wants** je mehr er hat, desto mehr will er; **~ sooner ~ better** je eher, desto besser

the

Vor Wörtern, die in der Aussprache mit einem Konsonanten anfangen, wird der bestimmte Artikel [ðə] ausgesprochen:

the pencil [ðəˈpensl]
the sun [ðəˈsʌn]

Beginnt ein Wort mit einem gesprochenen Vokal, sagt man [ðɪ]:

the island [ðɪˈaɪlənd]
the hour [ðɪˈaʊə]

(**h** ist ein Konsonant, der nicht gesprochen wird.) Will man **the** besonders betonen, sagt man [ðiː].

AUSSPRACHE

theatre, (US) **theater** [ˈθɪətə] s̄ ❶ Theater n; **to go to the ~** ins Theater gehen; **what's on at the ~?** was wird im Theater gegeben? ❷ (Br) Operationssaal m (❗ = (US) **operating room**)
theatre company s̄ Theaterensemble n
theatregoer s̄ Theaterbesucher(in) m(f)

theatrical [θɪˈætrɪkəl] ADJ Theater-
theft [θeft] ṣ Diebstahl *m*
their [ðɛəʳ] POSS ADJ **1** ihr **2** (*umg: sg*) seine(r, s); → **my**
theirs [ðɛəz] POSS PR **1** ihre(r, s) **2** (*umg: sg*) seine(r, s); → **mine**[1]
them [ðem] PERS PR *pl* (*akk obj, mit präp +akk, emph*) sie; (*dat obj, mit präp +dat*) ihnen; **both of ~** beide; **neither of ~** keiner von beiden; **a few of ~** einige von ihnen; **none of ~** keiner (von ihnen); **it's ~** sie sinds
theme [θi:m] ṣ Thema *n* **theme music** ṣ FILM Titelmusik *f*; TV Erkennungsmelodie *f* **theme park** ṣ Themenpark *m* **theme tune** ṣ = **theme music**
themselves [ðəmˈselvz] PERS PR *pl* **1** (*reflexiv*) sich **2** (*emph*) selbst; → **myself**
then [ðen] A ADV **1** dann; (≈ *darüber hinaus*) außerdem; **and ~ what happened?** und was geschah dann?; **I don't want that — ~ what DO you want?** ich will das nicht — was willst du denn?; **but ~ that means that ...** das bedeutet ja aber dann, dass ...; **all right ~** also meinetwegen; **(so) I was right ~** ich hatte also recht; **but ~ ...** aber ... auch; **but ~ again he is my friend** aber andererseits ist er mein Freund; **now ~, what's the matter?** na, was ist denn los?; **come on ~** nun komm doch **2** (≈ *zu dieser Zeit*) da, damals; **there and ~** auf der Stelle; **from ~ on(wards)** von da an; **before ~** vorher; **they had gone by ~** da waren sie schon weg; **we'll be ready by ~** bis dahin sind wir fertig; **since ~** seitdem; **until ~** bis dahin **B** ADV attr damalig
theologian [ˌθɪəˈləʊdʒɪən] ṣ Theologe *m*, Theologin *f* **theological** [ˌθɪəˈlɒdʒɪkəl] ADJ theologisch **theology** [θɪˈɒlədʒɪ] ṣ Theologie *f*
theoretic(al) [θɪəˈretɪk(əl)] ADJ, **theoretically** [θɪəˈretɪkəlɪ] ADV theoretisch **theorize** [ˈθɪəraɪz] V/I theoretisieren **theory** [ˈθɪərɪ] ṣ Theorie *f*; **in ~** theoretisch
therapeutic(al) [ˌθerəˈpjuːtɪk(əl)] ADJ therapeutisch **therapist** [ˈθerəpɪst] ṣ Therapeut(in) *m(f)* **therapy** [ˈθerəpɪ] ṣ Therapie *f*; **to be in ~** sich einer Therapie unterziehen
there [ðɛəʳ] A ADV dort, da; (*mit Bewegung*) dorthin, dahin; **look, ~'s Joe** guck mal, da ist Joe; **it's under ~** es liegt da drunter; **put it in ~** stellen Sie es dort hinein; **~ and back** hin und zurück; **is Gordon ~ please?** ist Gordon da?; **you've got me ~** da bin ich überfragt; **~ is/are** es *od* da ist/sind, es gibt; **~ were three of us** wir waren zu dritt; **~ is a mouse in the room** es ist eine Maus im Zimmer; **is ~ any beer?** ist Bier da?; **afterwards ~ was coffee** anschließend gab es Kaffee; **~ seems to be no-one at home** es scheint keiner zu Hause zu sein; **hi ~!** hallo!, servus! (*österr*), grüezi! (*schweiz*); **so ~!** ätsch!; **~ you are** hier(, bitte)!; (≈ *gefunden*) da sind Sie ja!; **~ you are, you see** na, sehen Sie **B** INT **~!** na, na!; **stop crying now, ~'s a good boy** hör auf zu weinen, na komm; **now ~'s a good boy, don't tease your sister** komm, sei ein braver Junge und ärgere deine Schwester nicht; **hey, you ~!** (*umg*) he, Sie da! **thereabouts** [ˌðɛərəˈbaʊts] ADV **fifteen or ~** so um fünfzehn (herum) **thereafter** [ˌðɛərˈɑːftəʳ] ADV (*form*) danach **thereby** [ˌðɛəˈbaɪ] ADV dadurch
therefore [ˈðɛəfɔːʳ] ADV daher; **so ~ I was wrong** ich hatte also unrecht **there's** [ðɛəz] = **there is**, **there has thereupon** [ˌðɛərəˈpɒn] ADV darauf(hin)
thermal [ˈθɜːməl] A ADJ **1** PHYS Wärme- **2** *Kleidung* Thermo- **B** ṣ **thermals** PL (*umg*) Thermounterwäsche *f* **thermal spring** ṣ Thermalquelle *f*
thermometer [θəˈmɒmɪtəʳ] ṣ Thermometer *n*
Thermos® [ˈθɜːməs] ṣ (*a.* **Thermos flask** *od* US **bottle**) Thermosflasche® *f*
thermostat [ˈθɜːməstæt] ṣ Thermostat *m*
thesaurus [θɪˈsɔːrəs] ṣ Thesaurus *m*
these [ðiːz] ADJ, PRON diese; → **this**
thesis [ˈθiːsɪs] ṣ, *pl* **theses** [ˈθiːsiːz] UNIV **1** Dissertation *f* **2** Diplomarbeit *f*
they [ðeɪ] PERS PR *pl* **1** sie; **~ are very good people** sie sind sehr gute Leute; **~ who** diejenigen, die *od* welche, wer (+*sg v*) **2** **~ say that ...** man sagt, dass ...; **~ are thinking of changing the law** es ist beabsichtigt, das Gesetz zu ändern; **if anyone looks at this closely, ~ will notice ...** (*umg*) wenn sich das jemand näher ansieht, wird er bemerken ... **they'd** [ðeɪd] = **they had**, **they would they'll** [ðeɪl] = **they will**

> **they** bei unbekanntem grammatischem Geschlecht

Wenn nicht bekannt ist, ob sich ein Pronomen auf eine weibliche oder eine männliche Person bezieht, wird statt der stilistisch unschönen Alternativform **he / she** meist die Pluralform **they** gewählt.

When someone visits the club for the first time, ~~he is~~ they are always offered a free drink.	Wer zum ersten Mal in den Club kommt, erhält kostenlos ein Getränk.

GRAMMATIK ◁

THEY | 666

they're [ðɛəʳ] = they are **they've** [ðeɪv] = they have

thick [θɪk] **A** ADJ (+er) **1** dick; *Lippen* voll; *Haar, Nebel, Rauch, Wald* dicht; *Flüssigkeit* dick(flüssig); *Akzent* breit; **a wall three feet ~** eine drei Fuß starke Wand **2** (*Br umg*) dumm, doof (*umg*); **to get sth od through sb's ~ head** etw in jds dicken Schädel bekommen (*umg*) **B** s **in the ~ of it** mittendrin; **through ~ and thin** durch dick und dünn **C** ADV (+er) *geschnitten* dick; **the snow lay ~** es lag eine dichte Schneedecke; **the jokes came ~ and fast** die Witze kamen Schlag auf Schlag **thicken** ['θɪkən] **A** VT *Soße etc* eindicken **B** VI **1** (*Nebel, Menschenmenge, Wald*) dichter werden; (*Rauch*) sich verdichten; (*Soße*) dick werden **2** (*fig: Rätsel*) immer undurchsichtiger werden; **aha, the plot ~s!** aha, jetzt wirds interessant!

thicket ['θɪkɪt] s Dickicht *n*

thickly ['θɪklɪ] ADV *geschnitten* dick; *bevölkert* dicht

thickness ['θɪknɪs] s **1** Dicke *f* **2** Schicht *f*

thicko ['θɪkəʊ] s, *pl* **-s** (*Br umg*) Dummkopf *m*, Blödmann *m* (*umg*) **thickset** ADJ gedrungen

thick-skinned ADJ (*fig*) dickfellig

thief [θiːf] s, *pl* **thieves** [θiːvz] Dieb(in) *m(f)*

thieve [θiːv] VT & VI stehlen

thigh [θaɪ] s (Ober)schenkel *m* **thigh--length** ADJ *Stiefel* übers Knie reichend

thimble ['θɪmbl] s Fingerhut *m*

thin [θɪn] **A** ADJ (+er) **1** dünn, schmal; *Haar* schütter; **he's a bit ~ on top** bei ihm lichtet es sich oben schon ein wenig; **to be ~ on the ground** (*fig*) dünn gesät sein; **to vanish into ~ air** (*fig*) sich in Luft auflösen **2** (*fig*) *Lächeln* schwach **B** ADV (+er) *geschnitten* dünn; *verteilt* spärlich **C** VT *Farbe* verdünnen; *Bäume* lichten; *Blut* dünner werden lassen **D** VI (*Nebel, Menschenmenge*) sich lichten ♦**thin down** VT *Farbe* verdünnen ♦**thin out A** VI (*Menschenmenge*) kleiner werden; (*Bäume*) sich lichten **B** VT trennb ausdünnen; *Wald* lichten

thing [θɪŋ] s **1** Ding *n*; **a ~ of beauty** etwas Schönes; **she likes sweet ~s** sie mag Süßes; **what's that ~?** was ist das?; **I don't have a ~ to wear** ich habe nichts zum Anziehen; **poor little ~** das arme (kleine) Ding!; **you poor ~!** du Arme(r)! **2** **things** PL Sachen *pl*; **have you got your swimming ~s?** hast du dein Badezeug *od* deine Badesachen dabei? **3** Sache *f*; **the odd ~ about it is ...** das Seltsame daran ist, ...; **it's a good ~ I came** nur gut, dass ich gekommen bin; **he's on to** *od* **onto a good ~** (*umg*) er hat da was Gutes aufgetan (*umg*); **what a (silly) ~ to do** wie kann man nur so was (Dummes) tun!; **there is one/one other ~ I want to ask you** eines/und noch etwas

möchte ich Sie fragen; **I must be hearing ~s!** ich glaube, ich höre nicht richtig!; **~s are going from bad to worse** es wird immer schlimmer; **as ~s stand at the moment, as ~s are ...** so wie die Dinge im Moment liegen; **how are ~s (with you)?** wie gehts (bei) Ihnen?; **it's been one ~ after the other** es kam eins zum anderen; **if it's not one ~ it's the other** es ist immer irgendetwas; **(what) with one ~ and another I haven't had time to do it** ich bin einfach nicht dazu gekommen; **it's neither one ~ nor the other** es ist weder das eine noch das andere; **one ~ led to another** eins führte zum anderen; **for one ~ it doesn't make sense** erst einmal ergibt das überhaupt keinen Sinn; **not to understand a ~** (*absolut*) nichts verstehen; **he knows a ~ or two about cars** er kennt sich mit Autos aus; **it's just one of those ~s** so was kommt eben vor (*umg*); **the latest ~ in ties** der letzte Schrei in der Krawattenmode; **the postman comes first ~ in the morning** der Briefträger kommt früh am Morgen; **I'll do that first ~ in the morning** ich werde das gleich morgen früh tun; **last ~ at night** vor dem Schlafengehen; **the ~ is to know when ...** man muss wissen, wann ...; **yes, but the ~ is ...** ja, aber ...; **the ~ is we haven't got enough money** die Sache ist die, wir haben nicht genug Geld; **to do one's own ~** (*umg*) tun, was man will; **she's got this ~ about Sartre** (*umg: negativ*) sie kann Sartre einfach nicht ausstehen; (*positiv*) sie hat einen richtigen Sartrefimmel (*umg*) **thingamajig** ['θɪŋəmɪˌdʒɪɡ] s Dingsbums *n od* (*Mensch*) *m/f*

think [θɪŋk] v: *prät, pperf* **thought A** VI denken; **to ~ to oneself** sich (*dat*) denken; **to act without ~ing** unüberlegt handeln; **it makes you ~** es stimmt einen nachdenklich; **I need time to ~** ich brauche Zeit zum Nachdenken; **it's so noisy you can't hear yourself ~** bei so einem Lärm kann doch kein Mensch denken; **now let me ~** lass (mich) mal überlegen; **it's a good idea, don't you ~?** es ist eine gute Idee, meinst du nicht auch?; **just ~** stellen Sie es (*dat*) bloß mal vor; **listen, I've been ~ing, ...** hör mal, ich habe mir überlegt ...; **sorry, I just wasn't ~ing** Entschuldigung, da habe ich geschlafen (*umg*) **B** VT **1** denken, glauben, meinen; **what do you ~?** was meinen Sie?; **I ~ you'd better go** ich denke, Sie gehen jetzt besser; **I ~ so** ich denke schon; **I ~ so too** das meine ich auch; **I don't ~ so, I shouldn't ~ so** ich glaube nicht; **I should ~ so!** das will ich (aber) auch gemeint haben; **I should ~ not!** das will ich auch nicht hoffen; **what**

THON 667

do you ~ I should do? was soll ich Ihrer Meinung nach tun?; **I ~ I'll go for a walk** ich glaube, ich mache einen Spaziergang; **do you ~ you can manage?** glauben Sie, dass Sie es schaffen?; **I never thought to ask you** ich habe gar nicht daran gedacht, Sie zu fragen; **I thought so** das habe ich mir schon gedacht **2 you must ~ me very rude** Sie müssen mich für sehr unhöflich halten **3** sich (dat) vorstellen; **I don't know what to ~** ich weiß nicht, was ich davon halten soll; **that's what you ~!** denkste! (umg); **that's what he ~s** hat der eine Ahnung! (umg); **who do you ~ you are!** für wen hältst du dich eigentlich?; **anyone would ~ he was dying** man könnte beinahe glauben, er läge im Sterben; **who would have thought it?** wer hätte das gedacht?; **to ~ that she's only ten!** wenn man bedenkt, dass sie erst zehn ist **C** $\overline{5}$ **have a ~ about it** denken Sie mal darüber nach; **to have a good ~** gründlich nachdenken ◆**think about** $\overline{VI}$ +obj **1** nachdenken über (+akk); **I'll ~ it** ich überlege es mir; **what are you thinking about?** woran denken Sie gerade?; **to think twice about sth** sich (dat) etw zweimal überlegen; **that'll give him something to ~** das wird ihm zu denken geben **2** daran denken, vorhaben **3**; → think of **1, 4** ◆**think ahead** $\overline{VI}$ vorausdenken ◆**think back** $\overline{VI}$ sich zurückversetzen (to in +akk) ◆**think of** $\overline{VI}$ +obj **1** denken an (+akk); he thinks of nobody but himself er denkt bloß an sich; **what was I thinking of!** (umg) was habe ich mir da(bei) bloß gedacht?; **come to ~ it** wenn ich es mir recht überlege; **I can't ~ her name** ich komme nicht auf ihren Namen **2** sich (dat) vorstellen **3** Lösung, Idee sich (dat) ausdenken; **who thought of that idea?** wer ist auf diese Idee gekommen? **4** halten von; **to think highly of sb/sth** viel von jdm/etw halten; **to think little od not to think much of sb/sth** wenig od nicht viel von jdm/etw halten; **I told him what I thought of him** ich habe ihm gründlich die od meine Meinung gesagt ◆**think over** $\overline{VT}$ trennb nachdenken über (+akk) ◆**think through** $\overline{VT}$ trennb (gründlich) durchdenken ◆**think up** $\overline{VT}$ trennb sich (dat) ausdenken; **who thought up that idea?** wer ist auf die Idee gekommen?

thinker ['θɪŋkəʳ] $\overline{5}$ Denker(in) m(f) **thinking** ['θɪŋkɪŋ] **A** $\overline{ADJ}$ denkend **B** $\overline{5}$ **to my way of ~** meiner Meinung nach **think-tank** ['θɪŋktæŋk] $\overline{5}$ Expertenkommission f

thinly ['θɪnlɪ] $\overline{ADV}$ **1** dünn **2** (fig) kaschiert dürftig **thinner** ['θɪnəʳ] $\overline{5}$ Verdünnungsmittel n **thinness** ['θɪnnɪs] $\overline{5}$ Dünnheit f; (von Stoff) Leichtheit f; (von Papier) Feinheit f; (von Mensch)

Magerkeit f **thin-skinned** ['θɪnskɪnd] $\overline{ADJ}$ (fig) empfindlich

third [θɜːd] **A** $\overline{ADJ}$ **1** dritte(r, s); **to be ~** Dritte(r, s) sein; **in ~ place** SPORT etc an dritter Stelle; **she came ~ in her class** sie war die Drittbeste in der Klasse; **he came ~ in the race** er belegte den dritten Platz beim Rennen; **~ time lucky** beim dritten Anlauf gelingts! **2 a ~ part** ein Drittel n **B** $\overline{5}$ **1** Dritte(r, s) **2** Drittel n; → sixth **third-class** $\overline{ADV, ADJ}$ dritter Klasse; **~ degree** (Br) UNIV Abschluss m mit „Befriedigend" **third-degree** $\overline{ADJ}$ attr **~ burn** MED Verbrennung f dritten Grades **thirdly** ['θɜːdlɪ] $\overline{ADV}$ drittens **third-party** (Br) $\overline{ADJ}$ attr **~ insurance** Haftpflichtversicherung f **third person** **A** $\overline{ADJ}$ in der dritten Person **B** $\overline{5}$ **the ~ singular** GRAM die dritte Person Singular **third-rate** $\overline{ADJ}$ drittklassig **Third World** **A** $\overline{5}$ Dritte Welt **B** $\overline{ATTR}$ der Dritten Welt

thirst [θɜːst] $\overline{5}$ Durst m; **to die of ~** verdursten **thirsty** ['θɜːstɪ] $\overline{ADJ}$ (+er) durstig; **to be/feel ~** Durst haben

thirteen ['θɜː'tiːn] **A** $\overline{ADJ}$ dreizehn **B** $\overline{5}$ Dreizehn f

thirteenth ['θɜː'tiːnθ] **A** $\overline{ADJ}$ dreizehnte(r, s); **a ~ part** ein Dreizehntel n **B** $\overline{5}$ **1** Dreizehnte(r, s) **2** Dreizehntel n; → sixth

thirtieth ['θɜːtɪɪθ] **A** $\overline{ADJ}$ dreißigste(r, s); **a ~ part** ein Dreißigstel n **B** $\overline{5}$ **1** Dreißigste(r, s) **2** Dreißigstel n; → sixth

thirty ['θɜːtɪ] **A** $\overline{ADJ}$ dreißig; **a ~-second note** (US MUS) ein Zweiunddreißigstel n **B** $\overline{5}$ Dreißig f; **the thirties** die Dreißigerjahre; **one's thirties** die Dreißiger; → sixty

this [ðɪs] **A** $\overline{DEM PR}$, pl these dies, das; **what is ~?** was ist das (hier)?; **~ is John** das ist John; **these are my children** das sind meine Kinder; **~ is where I live** hier wohne ich; **under ~** darunter; **it ought to have been done before ~** es hätte schon vorher getan werden sollen; **what's all ~?** was soll das?; **~ and that** mancherlei; **~, that and the other** alles Mögliche; **it was like ~** es war so; **~ is Mary (speaking)** hier (ist) Mary; **~ is it!** jetzt!; (auf etw zeigend) das da!; (≈ richtig) genau! **B** $\overline{DEM ADJ}$, pl these diese(r, s); **~ month** diesen Monat; **~ evening** heute Abend; **~ time last week** letzte Woche um diese Zeit; **~ time** diesmal; **these days** heutzutage; **to run ~ way and that** hin und her rennen; **I met ~ guy who ...** (umg) ich habe (so) einen getroffen, der ...; **~ friend of hers** dieser Freund von ihr (umg), ihr Freund **C** $\overline{DEM}$ $\overline{ADV}$ so; **it was ~ long** es war so lang

thistle ['θɪsl] $\overline{5}$ Distel f

thong [θɒŋ] $\overline{5}$ **1** Lederriemen m **2** Tangaslip m **3 thongs** $\overline{PL}$ (US, Aus) Gummilatschen pl, Flip-

THOR | 668

Flops® pl (🔴 = (Br) flip-flops)

thorn [θɔːn] 🅂 Dorn m; **to be a ~ in sb's flesh** od **side** (fig) jdm ein Dorn im Auge sein **thorny** ['θɔːnɪ] ADJ (+er) (wörtl) dornig; (fig) haarig

thorough ['θʌrə] ADJ gründlich; **she's a ~ nuisance** sie ist wirklich eine Plage **thoroughbred** 🄰 🅂 reinrassiges Tier, Vollblut(pferd) n 🄱 ADJ reinrassig **thoroughfare** 🅂 Durchgangsstraße f

thoroughly ['θʌrəlɪ] ADV 🔢 gründlich 🔢 durch und durch; *überzeugt* völlig; **we ~ enjoyed our meal** wir haben unser Essen von Herzen genossen; **I ~ enjoyed myself** es hat mir aufrichtig Spaß gemacht; **I ~ agree** ich stimme voll und ganz zu **thoroughness** ['θʌrənɪs] 🅂 Gründlichkeit f

those [ðəʊz] pl von **that** 🄰 DEM PR das (da) sg; **what are ~?** was ist das (denn) da?; **whose are ~?** wem gehören diese da?; **above ~** darüber; **~ who want to go, may** wer möchte, kann gehen; **there are ~ who say ...** einige sagen ... 🄱 DEM ADJ diese od die (da), jene (obs, liter); **it was just one of ~ days** das war wieder so ein Tag; **he is one of ~ people who ...** er ist einer von den denjenigen, die ...

though [ðəʊ] 🄰 KONJ obwohl; **even ~** obwohl; **strange ~ it may seem ...** so seltsam es auch scheinen mag ...; **~ I say it** od **so myself** wenn ich es selbst sage; **as ~** als ob 🄱 ADV 🔢 doch; **he didn't do it ~** er hat es aber (doch) nicht gemacht; **nice day — rather windy ~** schönes Wetter! — aber ziemlich windig! 🔢 **but will he ~?** wirklich?

thought [θɔːt] 🄰 prät, pperf von **think** 🄱 🅂 🔢 (🔴 kein pl) Denken n; **to be lost in ~** ganz in Gedanken sein 🔢 Gedanke m, Einfall m; **that's a ~!** das ist wahr!, das ist ein guter Gedanke; **it's the ~ that counts, not how much you spend** es kommt nur auf die Idee an, nicht auf den Preis 🔢 (🔴 kein pl) Überlegung f; **to give some ~ to sth** sich (dat) Gedanken über etw (akk) machen; **I never gave it a moment's ~** ich habe mir nie darüber Gedanken gemacht **thoughtful** ADJ 🔢 Miene, Mensch nachdenklich; *Geschenk* gut ausgedacht 🔢 rücksichtsvoll, aufmerksam **thoughtfully** ADV 🔢 nachdenklich 🔢 rücksichtsvoll, aufmerksam **thoughtfulness** 🅂 🔢 Nachdenklichkeit f 🔢 Rücksicht(nahme) f, Aufmerksamkeit f **thoughtless** ADJ rücksichtslos **thoughtlessly** ['θɔːtlɪslɪ] ADV rücksichtslos **thoughtlessness** ['θɔːtlɪsnɪs] 🅂 Rücksichtslosigkeit f **thought-provoking** ['θɔːtprəvəʊkɪŋ] ADJ zum Nachdenken anregend

thousand ['θaʊzənd] 🄰 ADJ tausend; **a ~** (ein)tausend; **a ~ times** tausendmal; **a ~**

and one tausend(und)eins; **I have a ~ and one things to do** (umg) ich habe tausend Dinge zu tun 🄱 🅂 Tausend n; **people arrived in their ~s** die Menschen kamen zu Tausenden

thousandth ['θaʊzəntθ] 🄰 ADJ tausendste(r, s); **a** od **one ~ part** ein Tausendstel n 🄱 🅂 🔢 Tausendste(r, s) 🔢 Tausendstel n; → **sixth**

thrash [θræʃ] 🄰 VT 🔢 verprügeln 🔢 (umg) Gegner (vernichtend) schlagen 🔢 Arme fuchteln mit; *Beine* strampeln mit 🄱 VI **to ~ around** um sich schlagen **thrashing** ['θræʃɪŋ] 🅂 Prügel pl; **to give sb a good ~** jdm eine ordentliche Tracht Prügel verpassen

thread [θred] 🄰 🅂 🔢 Faden m; (Handarbeit) Garn n, Zwirn m; **to hang by a ~** (fig) an einem (seidenen od dünnen) Faden hängen 🔢 (fig: von Geschichte) (roter) Faden; **he lost the ~ of what he was saying** er hat den Faden verloren 🔢 INTERNET (Diskussions)thema n 🄱 VT 🔢 Nadel einfädeln; *Perlen* auffädeln (on auf +akk) 🔢 **to ~ one's way through the crowd** etc sich durch die Menge etc hindurchschlängeln **threadbare** ['θredbɛə'] ADJ abgewetzt

threat [θret] 🅂 🔢 Drohung f; **to make a ~** drohen (against sb jdm); **under ~ of sth** unter Androhung von etw 🔢 Gefahr f (to für)

threaten ['θretn] 🄰 VT bedrohen; *Gewalt* androhen; **don't you ~ me!** von Ihnen lasse ich mir nicht drohen!; **to ~ to do sth** (an)drohen, etw zu tun; **to ~ sb with sth** jdm etw androhen; **the rain ~ed to spoil the harvest** der Regen drohte, die Ernte zu zerstören 🄱 VI drohen **threatened** ['θretnd] ADJ 🔢 **he felt ~** er fühlte sich bedroht 🔢 gefährdet **threatening** ['θretnɪŋ] ADJ drohend; **a ~ letter** ein Drohbrief m; **~ behaviour** Drohungen pl

three [θriː] 🄰 ADJ drei 🄱 🅂 Drei f; **~'s a crowd** drei Leute sind schon zu viel; → **six three-D** 🄰 🅂 **to be in ~** dreidimensional sein 🄱 ADJ dreidimensional **three-dimensional** ADJ dreidimensional **threefold** ADJ, ADV dreifach **three-fourths** 🅂 (US) = **three-quarters three-piece suite** 🅂 (bes Br) dreiteilige Sitzgarnitur **three-quarter** ATTR Dreiviertel- **three-quarters** 🄰 🅂 drei Viertel pl (🔴 = (US) **three-fourths**); **~ of an hour** eine Dreiviertelstunde f 🄱 ADV drei viertel **threesome** 🅂 Trio n; **in a ~** zu dritt

threshold ['θreʃhəʊld] 🅂 Schwelle f

threw [θruː] prät von **throw**

thrifty ['θrɪftɪ] ADJ (+er) sparsam

thrill [θrɪl] 🄰 🅂 Erregung f; **it was quite a ~ for me** es war ein richtiges Erlebnis 🄱 VT (Geschichte) fesseln; (Erlebnis) eine Sensation sein für; **I was ~ed to get your letter** ich habe mich riesig über deinen Brief gefreut; **to be**

669 ║ THRU

~ed to bits (umg) sich freuen wie ein Kind; (Kind)
ganz aus dem Häuschen sein vor Freude
thriller ['θrɪləʳ] s̲ Reißer m (umg), Krimi m,
Thriller m **thrilling** ['θrɪlɪŋ] a̲d̲j̲ aufregend;
Buch fesselnd; Erlebnis überwältigend
thrive [θraɪv] v̲i̲ (gut) gedeihen; (Unternehmen)
blühen ♦**thrive on** v̲i̲ +obj **the baby thrives
on milk** mit Milch gedeiht das Baby prächtig;
he thrives on praise Lob bringt ihn erst zur
vollen Entfaltung
thriving ['θraɪvɪŋ] a̲d̲j̲ Pflanze prächtig gedei-
hend; Mensch, Gemeinschaft blühend
thro' [θruː] abk von **through**
throat [θrəʊt] s̲ Kehle f, Rachen m; **to cut sb's
~** jdm die Kehle durchschneiden; **to clear
one's ~** sich räuspern; **to ram** od **force one's
ideas down sb's ~** (umg) jdm seine eigenen
Ideen aufzwingen
throb [θrɒb] v̲i̲ klopfen; (Wunde) pochen, häm-
mern; (fig: mit Leben) pulsieren (with vor +dat, mit);
my head is ~bing ich habe rasende Kopf-
schmerzen **throbbing** a̲ s̲ (von Motor) Klop-
fen n; (von Puls) Pochen n b̲ a̲d̲j̲ Schmerz, Leben pul-
sierend; Kopfschmerz pochend
throes [θrəʊz] p̲l̲ (fig) **we are in the ~ of mov-
ing** wir stecken mitten im Umzug
thrombosis [θrɒm'bəʊsɪs] s̲ Thrombose f
throne [θrəʊn] s̲ Thron m; **to come to the ~**
den Thron besteigen
throng [θrɒŋ] a̲ s̲ Scharen pl b̲ v̲i̲ sich drän-
gen c̲ v̲t̲ belagern; **to be ~ed with** wimmeln
von
throttle ['θrɒtl] a̲ v̲t̲ (wörtl) jdn erwürgen b̲ s̲
(von Motor) Drossel f; a u t o etc Gashebel m; **at
full ~** mit Vollgas
through, (US) **thru** [θruː] a̲ p̲r̲ä̲p̲ ⊡ durch; **to
get ~ a hedge** durch eine Hecke durchkom-
men; **to get ~ a red light** bei Rot durchfahren;
to be halfway ~ a book ein Buch zur Hälfte
durchhaben (umg); **that happens halfway ~
the book** das passiert in der Mitte des Buches;
all ~ his life sein ganzes Leben lang; **he won't
live ~ the night** er wird die Nacht nicht über-
leben; **~ the post** (Br) od **mail** (US) mit der Post,
per Post ⊡ (US) **Monday ~ Friday** von Montag
bis (einschließlich) Freitag b̲ a̲d̲v̲ durch; **~ and
~ durch und durch; to let sb ~** jdn durchlas-
sen; **to be wet ~** bis auf die Haut nass sein; **to
read sth ~** etw durchlesen; **he's ~ in the oth-
er office** er ist (drüben) im anderen Büro c̲ a̲d̲j̲
präd ⊡ **to be ~ with sb/sth** mit jdm/etw fertig
sein (umg); **I'm ~ with him** der ist für mich ge-
storben (umg) ⊡ (Br TEL) **to be ~ (to sb/London)**
mit jdm/London verbunden sein; **to get ~ (to
sb/London)** zu jdm/nach London durchkom-
men **through flight** s̲ Direktflug m

throughout [θruː'aʊt] a̲ p̲r̲ä̲p̲ ⊡ (örtlich) überall
in (+dat); **~ the world** in der ganzen Welt ⊡
(zeitlich) den ganzen/die/das ganze ... über; **~
his life** sein ganzes Leben lang b̲ a̲d̲v̲ ⊡ **to
be carpeted ~** ganz mit Teppichboden ausge-
legt sein ⊡ die ganze Zeit hindurch **through
ticket** s̲ **can I get a ~ to London?** kann ich
bis London durchlösen? **through traffic** s̲
Durchgangsverkehr m **throughway** s̲ (US)
Schnellstraße f (⏻ = (Br) **expressway**)
throw [θrəʊ] v: prät **threw**, pperf **thrown** a̲ s̲ ⊡
Wurf m; **it's your ~** du bist dran; **have another
~** werfen Sie noch einmal ⊡ (für Möbel) Über-
wurf m b̲ v̲t̲ ⊡ werfen; Wasser schütten; **to ~
the dice** würfeln; **to ~ sth to sb** jdm etw zu-
werfen; **to ~ sth at sb** etw nach jdm werfen;
Eier etc jdn mit etw bewerfen; **to ~ a ball 20
metres** einen Ball 20 Meter weit werfen; **to
~ oneself into the job** sich in die Arbeit stür-
zen; **to ~ doubt on sth** etw in Zweifel ziehen
⊡ Schalter betätigen ⊡ (umg) aus dem Konzept
bringen ⊡ Party geben, schmeißen (umg); Anfall
kriegen (umg) c̲ v̲i̲ werfen ♦**throw about** (Br)
od **around** v̲t̲ immer getrennt ⊡ verstreuen; (fig)
Geld um sich werfen mit ⊡ herumwerfen
♦**throw away** v̲t̲ trennb ⊡ wegwerfen ⊡ ver-
schenken; Geld verschwenden (on sth auf od für
etw, sb an jdn) ♦**throw back** v̲t̲ trennb zu-
rückwerfen ♦**throw down** v̲t̲ trennb herun-
terwerfen; **it's throwing it down** (umg) es gießt
(in Strömen) ♦**throw in** v̲t̲ trennb ⊡ (gratis)
dazugeben ⊡ (fig) **to ~ the towel** das Handtuch
werfen (umg) ♦**throw off** v̲t̲ trennb Kleider ab-
werfen; Verfolger abschütteln; Erkältung loswer-
den ♦**throw on** v̲t̲ trennb Kleider sich (dat) über-
werfen ♦**throw open** v̲t̲ trennb Tür aufreißen
♦**throw out** v̲t̲ trennb ⊡ wegwerfen ⊡ Gesetz
ablehnen; Fall verwerfen ⊡ jdn hinauswerfen
(of aus) ⊡ Pläne etc über den Haufen werfen
(umg) ♦**throw together** v̲t̲ trennb ⊡ hinhau-
en ⊡ Menschen zusammenführen ♦**throw up**
a̲ v̲i̲ (umg) sich übergeben; **it makes you want
to ~** da kann einem schlecht werden b̲ v̲t̲
trennb ⊡ Bann, Arme hochwerfen ⊡ erbrechen
⊡ hervorbringen; Fragen aufwerfen
throwaway a̲d̲j̲ attr ⊡ Bemerkung hingeworfen
⊡ Flasche, Packung etc Wegwerf- **throwback** s̲
(fig) Rückkehr f (to zu) **thrower** ['θrəʊəʳ] s̲ Wer-
fer(in) m(f) **thrown** [θrəʊn] pperf von **throw**
thru p̲r̲ä̲p̲, a̲d̲v̲, a̲d̲j̲ (US) = **through**
thrush[1] [θrʌʃ] s̲ o r n Drossel f
thrush[2] s̲ M E D Schwämmchen n, Pilzkrankheit
f
thrust [θrʌst] v: prät, pperf **thrust** a̲ s̲ ⊡ Stoß m;
(mit Messer) Stich m ⊡ T E C H Druckkraft f b̲ v̲t̲ ⊡
stoßen; **to ~ one's hands into one's pockets**

die Hände in die Tasche stecken ▣ (fig) **I had the job ~ upon me** die Arbeit wurde mir aufgedrängt; **to ~ one's way through a crowd** sich durch die Menge schieben ▣ *vi* stoßen (*at* nach); (*mit Messer*) stechen (*at* nach) ◆**thrust aside** *vt trennb* beiseiteschieben

thruway ['θruːweɪ] *s* (US) Schnellstraße *f* (⚠ = (Br) **expressway**)

thud [θʌd] ▣ *s* dumpfes Geräusch; **he fell to the ground with a ~** er fiel mit einem dumpfen Aufschlag zu Boden ▣ *vi* dumpf aufschlagen

thug [θʌg] *s* Schlägertyp *m*

thumb [θʌm] ▣ *s* Daumen *m*; **to be under sb's ~** unter jds Pantoffel (*dat*) stehen; **she has him under her ~** sie hat ihn unter ihrer Fuchtel; **the idea was given the ~s up/down** für den Vorschlag wurde grünes/rotes Licht gegeben ▣ *vt* **to ~ a ride** (*umg*) per Anhalter fahren ◆**thumb through** *vi +obj* Buch durchblättern

thumb index *s* Daumenregister *n* **thumbnail** *s* IT Thumbnail *n*, Miniaturansicht *f* (*einer Grafik oder Datei*) **thumbtack** *s* (US) Reißzwecke *f* (⚠ = (Br) **drawing pin**)

thump [θʌmp] ▣ *s* Schlag *m*; (≈ *Geräusch*) (dumpfes) Krachen ▣ *vt* Tisch schlagen auf (+*akk*); (*bes Br umg*) jdn verhauen (*umg*); **he ~ed his fist on the desk** er donnerte die Faust auf den Tisch; **he ~ed the box down on my desk** er knallte die Schachtel auf meinen Tisch ▣ *vi* (*Herz*) heftig schlagen; **he ~ed on the door** er schlug gegen die Tür

thunder ['θʌndə'] ▣ *s* Donner *m* ▣ *vi* donnern ▣ *vt* brüllen **thunderbolt** *s* (*wörtl*) Blitz *m* **thunderclap** *s* Donnerschlag *m* **thundercloud** *s* Gewitterwolke *f* **thunderous** ['θʌndərəs] *adj* stürmisch

thunderstorm *s* Gewitter *n* **thunderstruck** *adj* (*fig*) wie vom Donner gerührt

Thur, **Thurs** *abk von* Thursday Do.

Thuringia [θjʊəˈrɪndʒɪə] *s* Thüringen *n*

Thursday ['θɜːzdɪ] *s* Donnerstag *m*; → Tuesday

thus [ðʌs] *adv* ▣ so, auf diese Art ▣ folglich ▣ (+*adj*) **~ far** so weit

thwart [θwɔːt] *vt* vereiteln

thyme [taɪm] *s* Thymian *m*

thyroid ['θaɪrɔɪd] *s* (*a.* **thyroid gland**) Schilddrüse *f*

tic [tɪk] *s* MED Tick *m*

tick¹ [tɪk] ▣ *s* ▣ (*von Uhr*) Ticken *n* ▣ (*Br umg*) Augenblick *m*; **I'll be ready in a ~** *od* **two ~s** bin sofort fertig (*umg*) ▣ (*bes Br ≈ Zeichen*) Häkchen *n* ▣ *vi* ▣ (*Uhr*) ticken ▣ (*umg*) **what makes him ~?** was geht in ihm vor? ▣ *vt* (*Br*) abhaken; *Kästchen* ankreuzen ◆**tick off** *vt trennb* (*Br*) ▣ *Namen etc* abhaken ▣ (*umg*) ausschimpfen (*umg*) ◆**tick over** *vi* ▣ (*Motor*) im Leerlauf sein ▣ (*fig*) ganz ordentlich laufen; (*pej*) auf Sparflamme sein (*umg*)

tick² *s* ZOOL Zecke *f*

ticket ['tɪkɪt] *s* ▣ Fahrkarte *f*, Billett *n* (*schweiz*), Ticket *n*; THEAT *etc* (Eintritts)karte *f*, Billett *n* (*schweiz*); (*Etikett*) Abschnitt *m*; (≈ *bei Glücksspiel etc*) Los *n*, Lottoschein *m*; (≈ *an Waren*) Preisschild *n* ▣ JUR Strafzettel *m* **ticket collector** *s* Schaffner(in) *m(f)*, Kondukteur(in) *m(f)* (*schweiz*) **ticket inspector** *s* (Fahrkarten)kontrolleur(in) *m(f)*, Kondukteur(in) *m(f)* (*schweiz*) **ticket machine** *s* ▣ Fahrkartenautomat *m* ▣ Parkscheinautomat *m*

ticket — Fahrkarte

ticket — Strafzettel

ticket office *s* BAHN Fahrkartenschalter *m*; THEAT Kasse *f*, Kassa *f* (*österr*)

ticking ['tɪkɪŋ] *s* (*von Uhr*) Ticken *n*

ticking-off [ˌtɪkɪŋˈɒf] *s* (*Br umg*) Rüffel *m*

tickle ['tɪkl] ▣ *vt* ▣ (*wörtl*) kitzeln ▣ (*fig umg*) amüsieren ▣ *vt* (*Wolle*) kratzen ▣ *s* Kitzeln *n*; **to have a ~ in one's throat** einen Hustenreiz haben **ticklish** ['tɪklɪʃ] *adj* kitz(e)lig; **~ cough** Reizhusten *m*

tidal ['taɪdl] *adj* Gezeiten- **tidal wave** *s* (*wörtl*) Flutwelle *f*

tidbit ['tɪdbɪt] *s* (US) = titbit

tiddlywinks ['tɪdlɪwɪŋks] *s* (⚠ mit Verb im Singular) Floh(hüpf)spiel *n*

tide [taɪd] *s* ▣ (*wörtl*) Gezeiten *pl*; **(at) high ~** (bei) Flut *f*; **(at) low ~** (bei) Ebbe *f*; **the ~ is in/out** es ist Flut/Ebbe; **the ~ comes in very**

671 | **TIME**

fast die Flut kommt sehr schnell **2** *(fig)* **the ~ of public opinion** der Trend der öffentlichen Meinung; **to swim against/with the ~** gegen den/mit dem Strom schwimmen; **the ~ has turned** das Blatt hat sich gewendet ◆**tide over** ⱽᵀ *immer getrennt* **is that enough to tide you over?** reicht Ihnen das vorläufig?

tidiness ['taɪdɪnɪs] S̱ *(von Zimmer)* Aufgeräumtheit *f*; *(auf Schreibtisch)* Ordnung *f*

tidy ['taɪdɪ] Ａ ADJ *(+er)* **1** ordentlich; *Äußeres* gepflegt; *Zimmer* aufgeräumt; **to keep sth ~** etw in Ordnung halten **2** *(umg ≈ beträchtlich)* ordentlich *(umg)* Ｂ ⱽᵀ in Ordnung bringen; *Schublade, Schreibtisch* aufräumen ◆**tidy away** ⱽᵀ *trennb* wegräumen ◆**tidy out** ⱽᵀ *trennb* entrümpeln ◆**tidy up** Ａ ⱽɪ Ordnung machen Ｂ ⱽᵀ *trennb* aufräumen; *Aufsatz* in Ordnung bringen

tie [taɪ] Ａ S̱ **1** *(a.* **neck tie)** Krawatte *f* **2** *(fig)* (Ver)bindung *f*; **family ~s** familiäre Bindungen *pl* **3** Belastung *f (on für)* **4** SPORT *etc* Unentschieden *n*, unentschiedenes Spiel; **the match was a ~** das Spiel ging unentschieden aus; **there was a ~ for second place** es gab zwei zweite Plätze Ｂ ⱽᵀ **1** binden *(to* an *+akk)*, befestigen *(to* an *+dat)*; **to ~ a knot in sth** einen Knoten in etw *(akk)* machen; **my hands are ~d** *(fig)* mir sind die Hände gebunden **2** *(fig)* verbinden **3** **the match was ~d** das Spiel ging unentschieden aus Ｃ ⱽɪ SPORT unentschieden spielen; *(in Wettkampf)* gleichstehen; **they ~d for first place** sie teilten sich den ersten Platz ◆**tie back** ⱽᵀ *trennb* zurückbinden ◆**tie down** ⱽᵀ *trennb* **1** *(wörtl)* festbinden *(to* an *+dat)* **2** *(fig ≈ beschränken)* binden *(to* an *+akk)* ◆**tie in** ⱽɪ **to ~ with sth** zu etw passen ◆**tie on** ⱽᵀ *trennb* **to tie sth on(to) sth** etw an etw *(dat)* anbinden ◆**tie up** ⱽᵀ *trennb* **1** *Paket* verschnüren; *Schnürsenkel* binden **2** *Boot* festmachen; *Tier* festbinden *(to* an *+dat)*; *Gefangenen* fesseln **3** FIN *Kapital* (fest) anlegen **4** **to be tied up with sth** mit etw zusammenhängen **5** beschäftigen

tie-break, **tie-breaker** S̱ Tiebreak *m*

tier [tɪəʳ] S̱ *(von Torte)* Etage *f*; *(von Stadion)* Rang *m*; *(fig)* Stufe *f*

tiff [tɪf] *(umg)* Krach *m (umg)*

tiger ['taɪɡəʳ] S̱ Tiger *m*

tight [taɪt] Ａ ADJ *(+er)* **1** *Kleider, Raum* eng; **~ curls** kleine Locken **2** unbeweglich; *Schraube* fest angezogen; *Deckel, Umarmung* fest; *Bewachung* streng; **to have/keep a ~ hold of sth** *(wörtl)* etw gut festhalten **3** *Seil* straff; *Knoten* fest (angezogen) **4** *Rennen, Geld* knapp; *Zeitplan* knapp bemessen **5** *Situation* schwierig; **in a ~ spot** *(fig)* in der Klemme *(umg)* **6** *Stimme* fest; *Lächeln* verkrampft **7** *(umg)* knick(e)rig *(umg)* Ｂ ADV *(+er)* halten, schließen fest; dehnen straff; **to hold sb/sth ~**

jdn/etw festhalten; **to pull sth ~** etw festziehen; **sleep ~!** schlaf(t) gut!; **hold ~!** festhalten! Ｃ ADJ *suf* -dicht; **watertight** wasserdicht ◆**tighten** ['taɪtn] *(a.* **tighten up)** Ａ ⱽᵀ **1** *Knoten* fester machen; *Schraube* anziehen, nachziehen; *Muskeln* anspannen; *Seil* straffen; **to ~ one's grip on sth** *(wörtl)* etw fester halten; *(fig)* etw besser unter Kontrolle bringen **2** *(fig) Bewachung* verschärfen Ｂ ⱽɪ *(Seil)* sich straffen; *(Knoten)* sich zusammenziehen ◆**tighten up** Ａ ⱽɪ **1** = tighten B **2** **to ~ on security** die Sicherheitsvorkehrungen verschärfen Ｂ ⱽᵀ *trennb* **1** = tighten I1 **2** *Organisation* straffen

tightfisted [,taɪt'fɪstɪd] ADJ knick(e)rig *(umg)*

tight-fitting ADJ eng anliegend **tightknit** ADJ *Gemeinschaft* eng (miteinander) verbunden

tight-lipped ADJ verschwiegen **2** *(≈ zornig)* verbissen; *Lächeln* verkniffen **tightly** ['taɪtlɪ] ADV **1** fest, eng; *dehnen* straff; **~ fitting** eng anliegend **2** **~ packed** dicht gedrängt **3** streng

tightness ['taɪtnɪs] S̱ **1** *(von Kleidung)* enges Anliegen **2** *(von Seil, Haut)* Straffheit *f* **3** *(in Brust)* Beengtheit *f* **tightrope** ['taɪtrəʊp] S̱ Seil *n*; **to walk a ~** *(fig)* einen Balanceakt vollführen **tightrope walker** S̱ Seiltänzer(in) *m(f)*

tights [taɪts] P̱Ḻ *(Br)* Strumpfhose *f* (❶ = (US) **pantyhose**); **a pair of ~** eine Strumpfhose

tile [taɪl] Ａ S̱ **1** *(Dach)ziegel m; (≈ Bodenbelag)* Fliese *f*; *(an Wand)* Kachel *f*, Plättli *n (schweiz)*; *(Linoleum etc)* Platte *f* Ｂ ⱽᵀ *Dach* (mit Ziegeln) decken; *Boden* mit Fliesen/Platten auslegen; *Wand* kacheln, plätteln *(schweiz)* **tiled** [taɪld] ADJ *Fußboden* gefliest, geplättelt *(schweiz)*; *Wand* gekachelt, geplättelt *(schweiz)*; **~ roof** Ziegeldach *n*

till¹ [tɪl] P̱ṞÄ̱P̱,̱ ḴO̱ṈJ̱ = until

till² S̱ **1** *(Br)* Kasse *f*, Kassa *f (österr)*

tilt [tɪlt] Ａ S̱ Neigung *f* Ｂ ⱽᵀ kippen; *Kopf* (seitwärts) neigen Ｃ ⱽɪ sich neigen ◆**tilt back** Ａ ⱽɪ sich nach hinten neigen Ｂ ⱽᵀ *trennb* nach hinten neigen ◆**tilt forward** Ａ ⱽɪ sich nach vorne neigen Ｂ ⱽᵀ *trennb* nach vorne neigen ◆**tilt up** Ａ ⱽɪ nach oben kippen Ｂ ⱽᵀ *trennb Flasche* kippen

timber ['tɪmbəʳ] S̱ **1** Holz *n*, (Bau)holz *n* **2** Balken *m* **timber-framed** ['tɪmbəfreɪmd] ADJ **~ house** Fachwerkhaus *n*

T

---

time [taɪm]

A Substantiv	**B** transitives Verb

— **A** Substantiv —

1 Zeit *f*; **how ~ flies!** wie die Zeit vergeht!; **only ~ will tell whether ...** es muss sich erst herausstellen, ob ...; **it takes ~ to do that** das braucht (seine) Zeit; **to take (one's) ~ (over**

TIME

timber — Holz

timber — Balken

sth) sich (dat) (bei etw) Zeit lassen; **in (the course of) ~** mit der Zeit; **in (next to) no ~** im Nu; **at this moment in ~** zum gegenwärtigen Zeitpunkt; **to have a lot of/no ~ for sb/sth** viel/keine Zeit für jdn/etw haben; (fig) viel/nichts für jdn/etw übrig haben; **to make ~ (for sb/sth)** sich (dat) Zeit (für jdn/etw) nehmen; **in** od **given ~** mit der Zeit; **don't rush, do it in your own ~** nur keine Hast, tun Sie es, wie Sie es können; **for some ~ past** seit einiger Zeit; **I don't know what she's saying half the ~** (umg) meistens verstehe ich gar nicht, was sie sagt; **in two weeks' ~** in zwei Wochen; **for a ~** eine Zeit lang; **not before ~** (Br) das wurde auch (langsam) Zeit; **this is hardly the ~ or the place to ...** dies ist wohl kaum die rechte Zeit oder der rechte Ort, um ...; **this is no ~ to quarrel** jetzt ist nicht die Zeit, sich zu streiten; **there are ~s when ...** es gibt Augenblicke, wo ...; **at the** od **that ~** zu der Zeit; **at the present ~** zurzeit; **sometimes ..., (at) other ~s ...** (manch)mal ..., (manch)mal ...; **this ~ last year** letztes Jahr um diese Zeit; **my ~ is up** meine Zeit ist um; **it happened before my ~** das war vor meiner Zeit; **of all ~** aller Zeiten; **he is ahead of his ~** er ist seiner Zeit (weit) voraus; **in Victorian ~s** im Viktorianischen Zeitalter; **~s are hard** die Zeiten sind hart od schwer; **to be behind the ~s** rückständig sein, nicht auf dem Laufenden sein; **all the ~** immer, die ganze Zeit; **to be in good ~** rechtzeitig dran sein; **all in good ~** alles zu seiner Zeit; **he'll let you know in his own good ~** er wird Ihnen Bescheid sagen, wenn er so weit ist; **(for) a long ~** lange; **I'm going away for a long ~** ich fahre auf längere Zeit weg; **it's a long ~ (since ...)** es ist schon lange her(, seit ...); **(for) a short ~** kurz; **a short ~ ago** vor Kurzem; **for the ~ being** vorläufig, vorübergehend; **when the ~ comes** wenn es so weit ist; **at ~s** manchmal; **at all ~s** jederzeit; **by the ~ it finished** als es zu Ende war; **by the ~ we arrive** bis wir ankommen; **by that ~ we knew** inzwischen wussten wir es; **by that ~ we'll know** bis dahin wissen wir es; **by this ~** inzwischen; **by this ~ tomorrow** morgen um diese Zeit; **from ~ to ~** von Zeit zu Zeit; **this ~ of the year** diese Jahreszeit; **now's the ~ to do it** jetzt ist der richtige Zeitpunkt od die richtige Zeit, es zu tun; ☑ **what ~ is it?, what's the ~?** wie spät ist es?, wie viel Uhr ist es?; **what ~ do you make it?** wie spät haben Sies?; **the ~ is 2.30** es ist 2.30 Uhr; **local ~** Ortszeit f; **it's ~ (for me) to go, it's ~ I was going, it's ~ I went** es wird Zeit, dass ich gehe; **to tell the ~** die Uhr kennen; **to make good ~** gut vorankommen; **it's about ~ he was here** (er ist hier) es wird (aber) auch Zeit, dass er kommt; (er ist noch nicht hier) es wird langsam Zeit, dass er kommt; **(and) about ~ too!** das wird aber auch Zeit!; **ahead of ~** zu früh; **behind ~** zu spät; **at any ~ during the day** zu jeder Tageszeit; **not at this ~ of night!** nicht zu dieser nachtschlafenden Zeit od Stunde!; **at one ~** früher; **at any ~** jederzeit; **at no ~** niemals; **at the same ~** (wörtl) gleichzeitig; **they arrived at the same ~ as us** sie kamen zur gleichen Zeit an wie wir; **but at the same ~, you must admit that ...** aber andererseits müssen Sie zugeben, dass ...; **in/on ~** rechtzeitig; **to be in ~ for sth** rechtzeitig zu etw kommen; **on ~** pünktlich ▪ ☒ Mal n; **this ~** diesmal; **every** od **each ~ ...** jedes Mal, wenn ...; **for the last ~** zum letzten Mal; **and he's not very bright at the best of ~s** und er ist ohnehin od sowieso nicht sehr intelligent; **~ and (~) again, ~ after ~** immer wieder; **I've told you a dozen ~s ...** ich habe dir schon x-mal gesagt ...; **nine ~s out of ten ...** neun von zehn Malen ...; **three ~s a week** dreimal pro Woche; **they came in one/three** etc **at a ~** sie kamen einzeln/immer zu dritt etc herein; **four at a ~** vier auf einmal; **for weeks at a ~** wochenlang; **(the) next ~** nächstes Mal, das nächste Mal; **(the) last ~** letztes Mal, das letzte Mal ▪ ☒ MATH **2 ~s 3 is 6** 2 mal 3 ist 6; **it was ten ~s the size of ...** es war zehnmal so groß wie ... ▪ ☒ **to have the ~ of one's life** sich glänzend amüsieren; **what a ~ we had** od

TIRE 673

that was! das war eine Zeit!; **to have a hard ~** es schwer haben; **to give sb a bad/rough** etc **~ (of it)** jdm das Leben schwer machen; **we had a good ~** es hat uns (dat) gut gefallen; **have a good ~!** viel Spaß! 🖬 MUS Takt m; **to keep ~** den Takt angeben

— **B** transitives Verb —

🖬 **to ~ sth perfectly** genau den richtigen Zeitpunkt für etw wählen 🖬 (mit Stoppuhr) stoppen; Tempo messen; **to ~ sb (over 1000 metres)** jdn (auf 1000 Meter) stoppen; **~ how long it takes you, ~ yourself** sieh auf die Uhr, wie lange du brauchst; (mit Stoppuhr) stopp, wie lange du brauchst

time bomb s̄ Zeitbombe f **time-consuming** ADJ zeitraubend **time difference** s̄ Zeitunterschied m **time frame, timeframe** s̄ Zeitrahmen m **time-honoured,** (US) **time-honored** ADJ althergebracht **time-lag** s̄ Zeitverschiebung f **time-lapse** ADJ **~ photography** Zeitraffertechnik f **timeless** ['taɪmlɪs] ADJ zeitlos, immerwährend **time limit** s̄ zeitliche Begrenzung, Frist f **timely** ['taɪmlɪ] ADJ rechtzeitig **time management** s̄ Zeitmanagement n **time-out** s̄ (US) 🖬 FUSSB Auszeit f 🖬 **to take ~** Pause machen **timer** ['taɪmə'] s̄ Zeitmesser m, Schaltuhr f **time-saving** ADJ zeitsparend **timescale** s̄ zeitlicher Rahmen **timeshare** 🅰 s̄ Wohnung f etc auf Timesharingbasis 🖪 ADJ attr Timesharing- **time sheet** s̄ Stundenzettel m **time signal** s̄ (Br) Zeitzeichen n **time signature** s̄ Taktvorzeichnung f **time span** s̄ Zeitspanne f **time switch** s̄ Schaltuhr f **timetable** s̄ (bes Br) Fahrplan m; SCHULE Stundenplan m; **to have a busy ~** ein volles Programm haben **time zone** s̄ Zeitzone f

timid ['tɪmɪd] ADJ scheu **timidly** ['tɪmɪdlɪ] ADV zaghaft; hereinkommen schüchtern

timing ['taɪmɪŋ] s̄ Timing n; **the ~ of the statement was wrong** die Erklärung kam zum falschen Zeitpunkt

tin [tɪn] s̄ 🖬 Blech n; CHEM Zinn n 🖬 (bes Br) Dose f (⚠ = (US) **can**) **tin can** s̄ (Blech)dose f **tinder** ['tɪndə'] s̄ Zunder m

tinfoil ['tɪnfɔɪl] s̄ Aluminiumfolie f

tinge [tɪndʒ] 🅰 s̄ Spur f; (von Farbe) Hauch m 🖪 v̄t̄ 🖬 (leicht) tönen 🖬 (fig) **~d with ...** mit einer Spur von ...

tingle ['tɪŋgl] 🅰 v̄ī prickeln (with vor +dat) 🖪 s̄ Prickeln n **tingling** ['tɪŋglɪŋ] 🅰 s̄ Prickeln n 🖪 ADJ prickelnd **tingly** ['tɪŋglɪ] ADJ prickelnd; **my arm feels (all) ~** mein Arm kribbelt (umg)

tinker ['tɪŋkə'] v̄ī 🖬 herumbasteln (with, on an +dat) 🖬 herumpfuschen (with an +dat)

tinkle ['tɪŋkl] 🅰 v̄ī 🖬 (Glocken) klingen 🖬 (umg)

pinkeln (umg) 🖪 s̄ Klingen n kein pl; (von Glas) Klirren n kein pl **tinkling** ['tɪŋklɪŋ] 🅰 s̄ (von Glocken) Klingen n; (von Glas) Klirren n 🖪 ADJ Glocken klingend

tinned [tɪnd] ADJ (bes Br) aus der Dose (⚠ = (US) canned); **~ food** Dosennahrung f

tinnitus ['tɪnɪtəs] s̄ MED Tinnitus m, Ohrenpfeifen n

tinny ['tɪnɪ] ADJ (+er) Klang blechern **tin-opener** s̄ (bes Br) Dosenöffner m (⚠ = (US) **can-opener**)

tinsel ['tɪnsəl] s̄ Girlanden pl aus Rauschgold etc

tint [tɪnt] 🅰 s̄ Ton m; (für Haare) Tönung(smittel n) f 🖪 v̄t̄ Haare tönen **tinted** ['tɪntɪd] ADJ getönt

tiny ['taɪnɪ] ADJ (+er) winzig, ganz klein; **~ little** winzig klein

tip¹ [tɪp] 🅰 s̄ Spitze f; **on the ~s of one's toes** auf Zehenspitzen; **it's on the ~ of my tongue** es liegt mir auf der Zunge; **the ~ of the iceberg** (fig) die Spitze des Eisbergs 🖪 v̄t̄ **steel-~ped** mit Stahlspitze

tip² 🅰 s̄ 🖬 Trinkgeld n 🖬 Tipp m 🖪 v̄t̄ 🖬 Kellner Trinkgeld geben (+dat) 🖬 **to be ~ped to win** der Favorit sein ◆**tip off** v̄t̄ trennb einen Tipp geben +dat (about über +akk)

tip³ 🅰 v̄t̄ kippen, schütten, umkippen; **to ~ sth backwards/forwards** etw nach hinten/vorne kippen; **to ~ the balance** (fig) den Ausschlag geben 🖪 v̄ī kippen 🖢 s̄ (Br) Müllkippe f; (für Kohle) Halde f; (umg ≈ unaufgeräumtes Zimmer etc) Saustall m (umg) ◆**tip back** 🅰 v̄ī (Stuhl) nach hinten (weg)kippen 🖪 v̄t̄ trennb nach hinten kippen; Kopf nach hinten neigen ◆**tip out** 🅰 v̄t̄ trennb auskippen; Müll etc abladen 🖪 v̄ī herauskippen; (Flüssigkeit) herauslaufen ◆**tip over** v̄ī, v̄t̄ trennb umkippen ◆**tip up** v̄ī, v̄t̄ trennb kippen, umkippen; (Sitz) hochklappen

tip-off ['tɪpɒf] s̄ (umg) Tipp m

Tipp-Ex® ['tɪpeks] 🅰 s̄ Tipp-Ex® n (⚠ = (US) **White-Out®**) 🖪 v̄t̄ **to ~ (out)** mit Tipp-Ex® löschen

tipsy ['tɪpsɪ] ADJ (+er) beschwipst

tiptoe 🅰 v̄ī auf Zehenspitzen gehen 🖪 s̄ **on ~** auf Zehenspitzen

tip-top ADJ (umg) erstklassig; **to be in ~ condition** tipptopp in Ordnung sein (umg)

tip-up truck s̄ Kipplaster m

tirade [taɪ'reɪd] s̄ Schimpfkanonade f

tire¹ [taɪə'] 🅰 v̄t̄ müde machen 🖪 v̄ī müde werden; **to ~ of sb/sth** jdn/etw satthaben; **she never ~s of talking about her son** sie wird es nie müde, über ihren Sohn zu sprechen ◆**tire out** v̄t̄ trennb (völlig) erschöpfen

tire² s̄ (US) = **tyre**

tired ['taɪəd] ADJ müde; **~ out** völlig erschöpft;

to be ~ of sb/sth jdn/etw satthaben; **to get ~ of sb/sth** jdn/etw sattbekommen **tiredness** s̱ Müdigkeit f **tireless** ADJ unermüdlich **tiresome** ['taɪəsəm] ADJ lästig **tiring** ['taɪərɪŋ] ADJ anstrengend

Tirol [tɪ'rəʊl] s̱ = Tyrol

tissue ['tɪʃuː] s̱ **1** (ANAT, fig) Gewebe n **2** Papier(taschen)tuch n **3** (a. **tissue paper**) Seidenpapier n

tit[1] [tɪt] s̱ Meise f

tit[2] s̱ **~ for tat** wie du mir, so ich dir

tit[3] (sl) Titte f (sl); **he gets on my ~s** er geht mir auf den Sack (sl)

titanic [taɪ'tænɪk] ADJ gigantisch

titbit ['tɪtbɪt], (US) **tidbit** ['tɪdbɪt] s̱ **1** Leckerbissen m **2** (≈ Information) Pikanterie f

title ['taɪtl] s̱ **1** Titel m, Überschrift f; FILM Untertitel m **2** Anrede f **title deed** s̱ Eigentumsurkunde f **titleholder** s̱ SPORT Titelträger(in) m(f) **title page** s̱ TYPO Titelseite f **title role** s̱ Titelrolle f

titter ['tɪtə'] A VT & VI kichern B s̱ Gekicher n

T-junction ['tiː,dʒʌŋkʃən] s̱ (Br) T-Kreuzung f

TM abk von **trademark** Markenzeichen n

to [tuː] A PRÄP **1** zu; **to go to the station/doctor's** zum Bahnhof/Arzt gehen; **to go to the opera** etc in die Oper etc gehen; **to go to France/London** nach Frankreich/London fahren; **to the left/west** nach links/Westen; **I have never been to India** ich war noch nie in Indien **2** bis; **to count (up) to 20** bis 20 zählen; **it's 90 kms to Paris** nach Paris sind es 90 km; **8 years ago to the day** auf den Tag genau vor 8 Jahren **3** **he nailed it to the wall/floor** etc er nagelte es an die Wand/auf den Boden etc; **they tied him to the tree** sie banden ihn am Baum fest **4** (mit dat obj) **to give sth to sb** jdm etw geben; **I said to myself ...** ich habe mir gesagt ...; **to mutter to oneself** vor sich hin murmeln; **he is kind to everyone** er ist zu allen freundlich; **it's a great help to me** das ist eine große Hilfe für mich; **he has been a good friend to us** er war uns (dat) ein guter Freund; **to Lottie** (Trinkspruch) auf Lottie (akk); **to drink to sb** jdm zutrinken **5** (Positionsangabe) **close to sb/sth** nahe bei jdm/etw; **at right angles to the wall** im rechten Winkel zur Wand; **to the west (of)/the left (of)** westlich/links (von) **6** (zeitlich) vor; **20 (minutes) to 2** 20 (Minuten) vor 2 **7** (Relation) zu; **they won by four goals to two** sie haben mit vier zu zwei Toren gewonnen; **3 to the power of 4** 3 hoch 4 **8** pro **9** **what would you say to a beer?** was hältst du von einem Bier?; **there's nothing to it** es ist nichts dabei; **that's all there is to it** das ist alles; **to the best of my knowledge** nach bestem Wissen; **it's not to my taste** das ist nicht nach meinem Geschmack **10** (Infinitiv) **to begin to do sth** anfangen, etw zu tun; **he decided to come** er beschloss zu kommen; **I want to do it** ich will es tun; **I want him to do it** ich will, dass er es tut; **to work to live** arbeiten, um zu leben; **to get to the point, ...** um zur Sache zu kommen, ...; **I arrived to find she had gone** als ich ankam, war sie weg **11** (anstelle von Verb) **I don't want to** ich will nicht; **I'll try to** ich werde es versuchen; **you have to** du musst; **I'd love to** sehr gerne; **buy it, it would be silly not to** kaufe es, es wäre dumm, es nicht zu tun **12** **there's no-one to help us** es ist niemand da, der uns helfen könnte; **he was the first to arrive** er kam als Erster an; **who was the last to see her?** wer hat sie zuletzt gesehen?; **what is there to do here?** was gibt es hier zu tun?; **to be ready to do sth** bereit sein, etw zu tun; **it's hard to understand** es ist schwer zu verstehen B ADJ Tür zu C ADV **to and fro** hin und her; gehen auf und ab

toad [təʊd] s̱ Kröte f **toadstool** ['təʊdstuːl] s̱ (nicht essbarer) Pilz

toast[1] [təʊst] A s̱ Toast m; **a piece of ~** ein Toast m B VT toasten

toast[2] A s̱ Toast m, Trinkspruch m; **to drink a ~ to sb** auf jdn trinken; **to propose a ~** einen Toast ausbringen (to auf +akk); **she was the ~ of the town** sie war der gefeierte Star der Stadt B VT **to ~ sb/sth** auf jds Wohl trinken

toaster ['təʊstə'] s̱ Toaster m **toast rack** s̱ Toastständer m

toast — Toast

toast — Toast, Trinkspruch

tobacco [təˈbækəʊ] ⒮, pl -s Tabak m (❗ Als Bezeichnung der Substanz hat **tobacco** keinen Plural. **Tobaccos** sagt man zu verschiedenen Sorten.) **tobacconist** [təˈbækənɪst] ⒮ Tabak(waren)händler(in) m(f), Trafikant(in) m(f) (österr), Tabak(waren)laden m

to-be [təˈbiː] ᴀᴅᴊ **the bride-~** die zukünftige Braut; **the mother-~** die werdende Mutter

toboggan [təˈbɒɡən] Ⓐ ⒮ Schlitten m, Rodel f (österr) Ⓑ ᴠ/ɪ **to go ~ing** Schlitten fahren, schlitteln (schweiz)

today [təˈdeɪ] ᴀᴅᴠ,⒮ ❶ heute; **a week/fortnight ~** heute in einer Woche/zwei Wochen; **a year ago ~** heute vor einem Jahr; **from ~** ab heute; **later ~** später (am Tag); **~'s paper** die Zeitung von heute; **what's ~'s date?** der Wievielte ist heute?; **here ~ and gone tomorrow** (fig) heute hier und morgen da ❷ heutzutage; **the youth of ~** die Jugend von heute

toddle [ˈtɒdl] ᴠ/ɪ ❶ (Kleinkind) wackelnd laufen ❷ (umg: a. **toddle off**) abzwitschern (umg)

toddler [ˈtɒdləʳ] ⒮ Kleinkind n

to-do [təˈduː] ⒮ (❗ kein pl) (umg) Theater n (umg)

toe [təʊ] Ⓐ ⒮ Zehe f; (von Strumpf) Spitze f; **to tread** od **step on sb's ~s** (wörtl) jdm auf die Zehen treten; (fig) jdm ins Handwerk pfuschen (umg); **to be on one's ~s** (fig) auf Zack sein (umg) Ⓑ ᴠ/ᴛ (fig) **to ~ the line** sich einfügen, spuren (umg)

TOEFL abk von **Test of English as a Foreign Language** TOEFL-Test m, englische Sprachprüfung für ausländische Studenten

toehold ⒮ Halt m für die Fußspitzen; (fig) Einstieg m **toenail** ⒮ Zehennagel m

toff [tɒf] ⒮ (Br umg) feiner Pinkel (umg)

toffee [ˈtɒfi] (Br), **taffy** [ˈtæfi] (US) (Sahne)karamell m, Toffee n (❗ Als Bezeichnung der Substanz hat **toffee** keinen Plural. **Toffees** sagt man zu einzelnen Bonbons.)

tofu [ˈtɒfuː] ⒮ Tofu n

together [təˈɡeðəʳ] Ⓐ ᴀᴅᴠ zusammen; **to do sth ~** etw zusammen tun; diskutieren, spielen a. etw miteinander tun; **to go ~** zusammenpassen; **all ~ now** jetzt alle zusammen Ⓑ ᴀᴅᴊ (umg) cool (umg)

toggle [ˈtɒɡl] Ⓐ ⒮ Knebel m; (an Kleidung) Knebelknopf m Ⓑ ᴠ/ɪ ɪᴛ hin- und herschalten **toggle key** ⒮ ɪᴛ Umschalttaste f **toggle switch** ⒮ Kipp(hebel)schalter m

togs [tɒɡz] ᴘʟ (umg) Sachen pl, Klamotten pl (umg)

toil [tɔɪl] Ⓐ ᴠ/ɪ (liter) sich plagen (at, over mit) Ⓑ ⒮ (liter) Plage f (geh)

toilet [ˈtɔɪlɪt] ⒮ Toilette f (❗ Im amerikanischen Englisch vermeidet man es, **toilet** zu sagen und spricht eher von **restroom** in Restaurants und **bathroom** in Privathäusern.); **to go to the ~** (bes Br) auf die Toilette gehen; **she's in the ~** sie ist auf der Toilette **toilet bag** ⒮ (Br) Kulturbeutel m (❗ = (US) **cosmetic case, washbag**) **toilet brush** ⒮ Klosettbürste f **toilet paper** ⒮ Toilettenpapier n **toiletries** [ˈtɔɪlɪtrɪz] ᴘʟ Toilettenartikel pl **toilet roll** ⒮ Rolle f Toilettenpapier **toilet seat** ⒮ Toilettensitz m **toilet tissue** ⒮ Toilettenpapier n **toilet water** ⒮ Eau de Toilette n

to-ing and fro-ing [ˌtuːɪŋənˈfrəʊɪŋ] ⒮ (bes Br) Hin und Her n

token [ˈtəʊkən] Ⓐ ⒮ ❶ Zeichen n; **by the same ~** ebenso, aber auch ❷ Spielmarke f Ⓑ (Br) Gutschein m Ⓑ ᴀᴛᴛʀ Schein-; **~ gesture** leere Geste

Tokyo [ˈtəʊkɪəʊ] ⒮ Tokio n

told [təʊld] prät, pperf von **tell**

tolerable [ˈtɒlərəbl] ᴀᴅᴊ erträglich **tolerance** [ˈtɒlərəns] ⒮ Toleranz f (of, for, towards gegenüber) **tolerant** [ˈtɒlərənt] ᴀᴅᴊ ❶ (of, towards, with gegenüber) tolerant ❷ ᴛᴇᴄʜ **to be ~ of heat** hitzebeständig sein **tolerate** [ˈtɒləreɪt] ᴠ/ᴛ ❶ Lärm ertragen ❷ jdn, Verhalten tolerieren **toleration** [ˌtɒləˈreɪʃən] ⒮ Tolerierung f

toll¹ [təʊl] Ⓐ ᴠ/ᴛ & ᴠ/ɪ läuten Ⓑ ⒮ Läuten n

toll² Ⓐ ⒮ ❶ (≈ für Brücke etc) Maut f ❷ **the death ~ on the roads** die Zahl der Verkehrstoten **tollbooth** ⒮ Mautstelle f **toll bridge** ⒮ Mautbrücke f **toll-free** (US ᴛᴇʟ) ᴀᴅᴊ, ᴀᴅᴠ gebührenfrei (❗ = (Br) **Freefone®**) **toll road** ⒮ Mautstraße f

tomahawk [ˈtɒməhɔːk] ⒮ Tomahawk m

tomato [təˈmɑːtəʊ, (US) təˈmeɪtəʊ] ⒮, pl -es Tomate f, Paradeiser m (österr) **tomato ketchup** ⒮ (Tomaten)ketchup m od n **tomato puree** ⒮ Tomatenmark n, Paradeismark n (österr)

tomb [tuːm] ⒮ Grab n, Grabmal n

tomboy [ˈtɒmbɔɪ] ⒮ Wildfang m

tombstone [ˈtuːmstəʊn] ⒮ Grabstein m

tomcat [ˈtɒmkæt] ⒮ Kater m

tomfoolery [ˌtɒmˈfuːlərɪ] ⒮ Unsinn m, Blödsinn m (umg)

tomography [təˈmɒɡrəfɪ] ⒮ ᴍᴇᴅ Tomografie f

tomorrow [təˈmɒrəʊ] ᴀᴅᴠ,⒮ morgen; (≈ Zukunft) Morgen n; **a week ~** morgen in einer Woche; **a fortnight ~** morgen in zwei Wochen; **a year ago ~** morgen vor einem Jahr; **the day after ~** übermorgen; **~ morning/evening** morgen früh/Abend; **early ~** morgen früh; **(as) from ~** ab morgen; **see you ~!** bis morgen!; **~'s paper** die Zeitung von morgen

ton [tʌn] ⒮ ❶ (Br) (britische) Tonne (❗ auch **long ton** = 1016,05 kg); (US) (amerikanische) Tonne (❗ auch **short ton** = 907,185 kg); **metric ~** Tonne f (❗ = 1000 kg, auch **tonne** ge-

schrieben); **it weighs a ~** (fig umg) das wiegt ja eine Tonne ▪ **tons** PL (umg) jede Menge (umg)
tone [təʊn] A S Ton m (a. MUS); (US) Note f; (von Musik) Klang m; (farblich) (Farb)ton m; ... **he said in a friendly ~** ... sagte er in freundlichem Ton; **the new people have lowered the ~ of the neighbourhood** die neuen Leute haben dem Ruf des Viertels geschadet B VT Muskeln in Form bringen ◆**tone down** VT trennb abmildern; Forderungen mäßigen ◆**tone up** VT trennb Muskeln kräftigen
tone-deaf [təʊnˈdef] ADJ **he's ~** er hat kein Gehör für Tonhöhen
toner [ˈtəʊnə] S ▪ (für Kopierer) Toner m ▪ (zur Hautpflege) Tönung f **toner cartridge** S Tonerpatrone f
tongs [tɒŋz] PL ▪ Zange f; **a pair of ~** eine Zange ▪ Lockenstab m

tongs — Zange

tongs — Lockenstab

tongue [tʌŋ] S Zunge f; **to put** od **stick one's ~ out at sb** jdm die Zunge herausstrecken; **to hold one's ~** den Mund halten **tongue in cheek** ADJ präd Bemerkung ironisch gemeint **tongue-tied** ADJ **to be ~** keinen Ton herausbringen **tongue twister** S Zungenbrecher m
tonic [ˈtɒnɪk] S ▪ MED Tonikum n (❗ Als Mittel hat **tonic** keinen Plural. **Tonics** sagt man zu verschiedenen Sorten.) ▪ **(water) Tonic** (-water) n (❗ Als Getränk hat **tonic** keinen Plural. **Tonics** sagt man zu einzelnen Gläsern.)
tonight [təˈnaɪt] A ADV heute Abend, heute Nacht; **see you ~!** bis heute Abend! B S der heutige Abend, die heutige Nacht; **~'s party** die Party heute Abend
tonne [tʌn] S Tonne f
tonsil [ˈtɒnsl] S Mandel f **tonsillitis** [ˌtɒnsɪˈlaɪtɪs] S Mandelentzündung f
too [tuː] ADV ▪ (+adj od adv) zu; **~ much** zu viel inv; **~ many** zu viele; **he's had ~ much to drink** er hat zu viel getrunken; **don't worry ~ much** mach dir nicht zu viel Sorgen; **~ right!** (umg) das kannst laut sagen (umg); **all ~** ... allzu ...; **he wasn't ~ interested** er war nicht allzu interessiert; **I'm not ~ sure** ich bin nicht ganz sicher ▪ auch ▪ auch noch
took [tʊk] prät von take
tool [tuːl] S Werkzeug n **toolbar** S IT Symbolleiste f **toolbox** S Werkzeugkasten m **toolkit** S Werkzeug(ausrüstung f) n **tool shed** S Geräteschuppen m
toot [tuːt] A VT **to ~ a horn** hupen B VI hupen
tooth [tuːθ] S, pl teeth Zahn m; **to have a ~ out** sich (dat) einen Zahn ziehen lassen; **to get one's teeth into sth** (fig) sich in etw (dat) festbeißen; **to fight ~ and nail** bis aufs Blut kämpfen; **to lie through** od **in one's teeth** das Blaue vom Himmel herunterlügen; **I'm fed up to the (back) teeth with that** (umg) es hängt mir zum Hals heraus (umg)
toothache S Zahnschmerzen pl
toothbrush S Zahnbürste f **tooth decay** S Karies f **toothless** [ˈtuːθləs] ADJ zahnlos **toothpaste** S Zahnpasta f **toothpick** S Zahnstocher m
top [tɒp] A S ▪ oberer Teil; (von Turm, fig: von Liga etc) Spitze f; (von Berg) Gipfel m, Krone f; (von Straße) oberes Ende; (von Tisch) Kopfende n; **at the ~** oben; **at the ~ of the page** oben auf der Seite; **at the ~ of the league/stairs** oben in der Tabelle/an der Treppe; **at the ~ of the table** am oberen Ende des Tisches; **to be ~ of the class** Klassenbeste(r) sein; **near the ~** (ziemlich) weit oben; **five lines from the ~** in der fünften Zeile von oben; **from ~ to toe** von Kopf bis Fuß; **from ~ to bottom** von oben bis unten; **at the ~ of one's voice** aus vollem Hals; **off the ~ of my head** (fig) grob gesagt; **to go over the ~** zu viel des Guten tun; **that's a bit over the ~** das geht ein bisschen zu weit ▪ Oberfläche f; **to be on ~** oben sein od liegen; (fig) obenauf sein; **it was on ~ of/on the ~ of the cupboard** etc es war auf/oben auf dem Schrank etc; **on ~ of** zusätzlich zu; **things are getting on ~ of me** die Dinge wachsen mir über den Kopf; **and, on ~ of that ...** und außerdem ...; **he felt he was on ~ of the situation** er hatte das Gefühl, die Situation unter Kontrolle zu haben; **to come out on ~** sich durchsetzen ▪ (umg) Oberkörper m;

677 ‖ TOUC

to blow one's ~ an die Decke gehen *(umg)* **4** Arbeitsfläche *f* **5** (≈ *von Bikini*) Oberteil *n*; (≈ *Bluse*) Top *n* **6** *(von Glas)* Deckel *m*; *(von Flasche)* Verschluss *m*; *(von Füller)* Hülle *f*; *(von Auto)* Dach *n* **B** ADJ obere(r, s), oberste(r, s), Spitzen-; *Benotung* beste(r, s); **today's ~ story** die wichtigste Meldung von heute; **on the ~ floor** im obersten Stockwerk; **at ~ speed** mit Höchstgeschwindigkeit; **in ~ form** in Höchstform **C** ADV **1 to come ~** SCHULE Beste(r) werden **2 ~s** *(umg)* höchstens, maximal **D** VT **1** bedecken; **fruit ~ped with cream** Obst mit Sahne darauf **2 to ~ the list** ganz oben auf der Liste stehen **3** *(fig)* übersteigen; **and to ~ it all ...** *(umg)* und um das Maß vollzumachen ... ◆**top off** VT *trennb* **1** abrunden **2** *(US)* = top up ◆**top up** VT *trennb* *(Br)* auffüllen; *Einkommen* ergänzen; **can I top you up?** *(umg)* darf ich dir nachschenken?

top-class ADJ Spitzen-, erstklassig; **a ~ restaurant** ein Restaurant der Spitzenklasse **top gear** 5̲ höchster Gang **top hat** 5̲ Zylinder *m* **top-heavy** ADJ kopflastig

topic ['tɒpɪk] 5̲ Thema *n*; **~ of conversation** Gesprächsthema *n* **topical** ['tɒpɪkəl] ADJ aktuell

topless **A** ADJ oben ohne, Oben-ohne- **B** ADV oben ohne **top-level** ADJ Spitzen-; *Verhandlungen* auf höchster Ebene **top management** 5̲ Spitzenmanagement *n* **topmost** ADJ oberste(r, s) **top-of-the-range** ADJ *attr* Spitzen-, der Spitzenklasse **topping** ['tɒpɪŋ] 5̲ GASTR **with a ~ of cream** *etc* mit Sahne *etc* (oben) darauf **top-quality** ADJ *attr* Spitzen-; **~ product** Spitzenprodukt *n*

topple ['tɒpl] **A** VI **1** wackeln **2** fallen **B** VT *(fig)* *Regierung* stürzen ◆**topple down** VI *+obj* hinunterfallen ◆**topple over** VI schwanken und fallen *(+obj über +akk)*

top-ranking ADJ von hohem Rang; *Sportler* der Spitzenklasse **top-secret** ADJ streng geheim **topsoil** 5̲ AGR Ackerkrume *f* **topspin** 5̲ SPORT Topspin *m*

topsy-turvy [ˌtɒpsɪ'tɜːvɪ] *(umg)* ADJ *(wörtl)* kunterbunt durcheinander *präd*; *(fig)* auf den Kopf gestellt

top-up ['tɒpʌp] *(Br)* **A** 5̲ *(umg)* **would you like a ~?** darf man dir noch nachschenken? **B** ADJ Zusatz- **top-up card** 5̲ *(für Handy)* (wieder aufladbare) Prepaidkarte *f*

torch [tɔːtʃ] 5̲ Fackel *f*; *(Br)* Taschenlampe *f* (🔔 = (US) **flashlight**) **torchlight** 5̲ **by ~** bei Fackelschein; *(Br)* beim Schein einer Taschenlampe

tore [tɔːʳ] *prät* von tear¹

torment ['tɔːment] **A** 5̲ Qual *f*; **to be in ~** Qua-

len leiden **B** [tɔː'ment] VT quälen, plagen

torn [tɔːn] *pperf* von tear¹

tornado [tɔː'neɪdəʊ] 5̲, *pl* -(e)s Tornado *m*

torpedo [tɔː'piːdəʊ] **A** 5̲, *pl* -es Torpedo *m* **B** VT torpedieren

torrent ['tɒrənt] 5̲ reißender Strom; *(fig: von Worten)* Schwall *m*; **a ~ of abuse** ein Schwall *m* von Beschimpfungen **torrential** [tɒ-'renʃəl] ADJ *Regen* sintflutartig

torso ['tɔːsəʊ] 5̲, *pl* -s Körper *m*

tortoise ['tɔːtəs] 5̲ Schildkröte *f* **tortoiseshell** ['tɔːtəʃel] 5̲ Schildpatt *m*

tortuous ['tɔːtjʊəs] ADJ *(wörtl)* Pfad gewunden; *(fig)* verwickelt **torture** ['tɔːtʃəʳ] **A** 5̲ Folter *f*; *(fig)* Qual *f* **B** VT **1** *(wörtl)* foltern **2** *(fig)* quälen **torture chamber** 5̲ Folterkammer *f* **torturer** ['tɔːtʃərəʳ] 5̲ *(wörtl)* Folterknecht *m*

Tory ['tɔːrɪ] *(Br* POL*)* **A** 5̲ Tory *m*, Konservative(r) *m/f(m)* **B** ADJ konservativ, Tory-

toss [tɒs] **A** 5̲ **1** Wurf *m* **2** Münzwurf *m*; **to win the ~** die Seitenwahl gewinnen **B** VT **1** werfen; *Salat* anmachen; *Pfannkuchen* wenden; **to ~ sth to sb** jdm etw zuwerfen; **to ~ a coin** eine Münze (zum Losen) hochwerfen; **to ~ sb for sth** mit jdm (durch Münzenwerfen) um etw knobeln **2** schütteln; **to ~ one's head** den Kopf zurückwerfen **C** VI **1** *(Schiff)* rollen; **to ~ and turn** sich hin und her wälzen **2** *(durch Münzenwerfen)* knobeln; **to ~ for sth** um etw knobeln ◆**toss about** *(Br)* *od* **around** VT *trennb* durchschütteln; *Ball* herumwerfen; *(fig)* *Ideen* zur Debatte stellen ◆**toss away** VT *trennb* wegwerfen ◆**toss out** VT *trennb Abfall* wegwerfen; *jdn* hinauswerfen ◆**toss up** VT *trennb* werfen

toss-up ['tɒsʌp] 5̲ **it was a ~ whether ...** *(umg)* es war völlig offen, ob ...

tot [tɒt] 5̲ **1** Knirps *m* *(umg)* **2** *(bes Br: alkoholisch)* Schlückchen *n* ◆**tot up** VT *trennb (bes Br umg)* zusammenzählen

total ['təʊtl] **A** ADJ völlig; *Betrag* Gesamt-; *Sonnenfinsternis* total; **what is the ~ number of rooms you have?** wie viele Zimmer haben Sie (insgesamt)?; **to be in ~ ignorance (of sth)** (von etw) überhaupt nichts wissen **B** 5̲ Gesamtmenge *f*; (≈ *Zahlen*) Endsumme *f*; **a ~ of 50 people** insgesamt 50 Leute; **this brings the ~ to £100** das bringt die Gesamtsumme auf £ 100; **in ~** insgesamt **C** VT **1** sich belaufen auf *(+akk)* **2** *(a.* **total up***)* zusammenzählen **totalitarian** [ˌtəʊtælɪ'tɛərɪən] ADJ totalitär **totally** ['təʊtəlɪ] ADV total

tote bag ['təʊtbæg] 5̲ *(US)* (Einkaufs)tasche *f*

totem pole ['təʊtəmpəʊl] 5̲ Totempfahl *m*

totter ['tɒtəʳ] VI schwanken

touch [tʌtʃ] **A** 5̲ **1** (Tast)gefühl *n*; **to be cold to the ~** sich kalt anfühlen **2** Berührung *f*; **at the**

TOUC | 678

~ **of a button** auf Knopfdruck **3** (≈ *Geschick*) Hand *f*, Stil *m*; **he's losing his** ~ er wird langsam alt; **a personal** ~ eine persönliche Note **4** (*fig*) Einfall *m*; **a nice** ~ eine hübsche Note; **to put the finishing ~es to sth** letzte Hand an etw (*akk*) legen **5** Spur *f*; **a ~ of flu** eine leichte Grippe **6** **to be in ~ with sb** mit jdm in Verbindung stehen; **to keep in ~ with developments** auf dem Laufenden bleiben; **I'll be in ~!** ich melde mich!; **keep in ~!** lass wieder einmal von dir hören!; **to be out of ~** nicht auf dem Laufenden sein; **you can get in ~ with me at this number** Sie können mich unter dieser Nummer erreichen; **to get in ~ with sb** sich mit jdm in Verbindung setzen; **to lose ~ (with sb)** den Kontakt (zu jdm) verlieren; **to put sb in ~ with sb** jdn mit jdm in Verbindung bringen **7** FUSSB Aus *n*; **in ~** im Aus **B** VT **1** berühren, anfassen; **her feet hardly ~ed the ground** (*fig*) sie schwebte in den Wolken **2** *Alkohol, Problem* anrühren, antasten; **the police can't ~ me** der Polizei kann mir nichts anhaben **3** (*emotional*) rühren, berühren **C** VI sich berühren; **don't ~!** Finger weg! ◆**touch down** VI (*Flugzeug*) aufsetzen ◆**touch up** VT *trennb Anstrich* ausbessern ◆**touch (up)on** VI +*obj Thema* antippen; **he barely touched on the question** er hat die Frage kaum berührt

touch-and-go [ˌtʌtʃənˈgəʊ] ADJ **to be ~** riskant sein; **it's ~ whether ...** es steht auf des Messers Schneide, ob ... **touchdown** [ˈtʌtʃdaʊn] S **1** FLUG, RAUMF Aufsetzen *n* **2** (*US FUSSB*) Versuch *m*, *Niederlegen des Balles im Malfeld des Gegners* **touched** [tʌtʃt] ADJ *präd* gerührt **touching** ADJ, **touchingly** ADV [ˈtʌtʃɪŋ, -lɪ] rührend **touchline** S (*bes Br* SPORT) Seitenlinie *f* **touchpad** S IT Touchpad *n* **touchpaper** S Zündpapier *n* **touch screen** S IT Touchscreen *m*, Berührungsbildschirm *m* **touch-sensitive** ADJ ~ **screen** Touch-Screen *m* **touch-tone** ADJ Tonwahl- **touch-type** VI blindschreiben **touchy** [ˈtʌtʃɪ] ADJ empfindlich (*about* in Bezug auf +*akk*) *Thema* heikel

tough [tʌf] ADJ (+*er*) zäh, widerstandsfähig; *Stoff* strapazierfähig; *Gegner, Problem* hart; *Stadt* rau; *Reise* anstrengend; *Wahl* schwierig; **(as) ~ as old boots** (*Br hum umg*) *od* **shoe leather** (*US hum umg*) zäh wie Leder (*umg*); **he'll get over it, he's ~** er wird schon darüber hinwegkommen, er ist hart im Nehmen (*umg*); **to get ~ (with sb)** (*fig*) hart durchgreifen (gegen jdn); **it was ~ going** es war eine Strapaze; **to have a ~ time of it** nichts zu lachen haben; **I had a ~ time controlling my anger** es fiel mir schwer, meinen Zorn unter Kontrolle zu halten; **she's a ~ customer** sie ist zäh wie Leder (*umg*); **it was ~ on the others** (*umg*) das war hart für die andern; ~ **(luck)!** (*umg*) Pech!

toughen [ˈtʌfn] VT *Glas* härten ◆**toughen up** A VT *trennb* jdn stählen (*geh*); *Richtlinien* verschärfen **B** VI hart werden; **to ~ on sth** härter gegen etw vorgehen **toughness** [ˈtʌfnɪs] S Zähheit *f*, Zähigkeit *f*, Widerstandsfähigkeit *f*; (*von Gegner, Kampf, Verhandlungen*) Härte *f* **toupee** [ˈtuːpeɪ] S Toupet *n* **tour** [tʊə] A S **1** Tour *f*; (*durch Stadt, Ausstellung*) Rundgang *m* (*of* durch); (*a.* **guided tour**) Führung *f* (*of* durch); (*mit Bus*) Rundfahrt *f* (*of* durch); **to go on a ~ of Scotland** auf eine Schottlandreise gehen **2** (*a.* **tour of inspection**) Runde *f* (*of* durch) **3** THEAT Tournee *f* (*of* durch); **to take a play on ~** mit einem Stück auf Gastspielreise *od* Tournee gehen **B** VT **1** *Land* fahren durch, bereisen; **to ~ the world** um die Welt reisen **2** *Stadt, Ausstellung* einen Rundgang machen durch **3** THEAT eine Tournee machen durch **C** VI **1** eine Reise *od* Tour machen; **we're ~ing (around)** wir reisen herum **2** THEAT eine Tournee machen; **to be ~ing** auf Tournee sein **tour de force** [ˌtʊədəˈfɔːs] S Glanzleistung *f* **tour guide** S Reiseleiter(in) *m(f)* **touring** [ˈtʊərɪŋ] S (Herum)reisen *n* **tourism** [ˈtʊərɪzəm] S Tourismus *m*

tourist [ˈtʊərɪst] A S Tourist(in) *m(f)* **B** ATTR Touristen-; ~ **season** Reisesaison *od* -zeit *f* **tourist-class** ADJ der Touristenklasse **tourist guide** S Fremdenführer(in) *m(f)* **tourist information centre** S (*Br*) Touristen-Informationsbüro *n* **tourist office** S Fremdenverkehrsbüro *n*

tournament [ˈtʊənəmənt] S Turnier *n* **tourniquet** [ˈtʊənɪkeɪ] S Aderpresse *f* **tour operator** S Reiseveranstalter *m* **tousled** [ˈtaʊzld] ADJ *Haare* zerzaust **tout** [taʊt] (*umg*) A S (Karten)schwarzhändler(in) *m(f)* **B** VI **to ~ for business** (aufdringlich) Reklame machen; **to ~ for customers** auf Kundenfang sein (*umg*)

tow [təʊ] A S **to give sb a ~** jdn abschleppen; **in ~** (*fig*) im Schlepptau **B** VT schleppen; *Anhänger* ziehen ◆**tow away** VT *trennb Auto* (gebührenpflichtig) abschleppen

toward(s) [təˈwɔːd(z)] PRÄP **1** auf (+*akk*) ... zu; **to sail ~ China** in Richtung China segeln; **it's further north, ~ Dortmund** es liegt weiter im Norden, Richtung Dortmund; ~ **the south** nach Süden; **he turned ~ her** er wandte sich ihr zu; **with his back ~ the wall** mit dem Rücken zur Wand; **they are working ~ a solution**

679 | TRAD

sie arbeiten auf eine Lösung hin; **to get some money ~ sth** etwas Geld als Beitrag zu etw bekommen **2** ... (dat) gegenüber; **what are your feelings ~ him?** was empfinden Sie für ihn? **3** **~ ten o'clock** gegen zehn Uhr; **~ the end of the year** gegen Ende des Jahres

towbar ['təʊbɑː^r] S̲ Anhängerkupplung f

towel ['taʊəl] S̲ Handtuch n ♦**towel down** V̲T̲ trennb (ab)trocknen

towelling ['taʊəlɪŋ] S̲ Frottee(stoff) m

tower ['taʊə^r] A̲ S̲ **1** Turm m **2** (fig) **a ~ of strength** ein starker (Rück)halt **3** IT Tower m B̲ V̲I̲ ragen ♦**tower above** od **over** V̲I̲ +obj **1** (Häuser etc) emporragen über (+akk) **2** (jdn) überragen

tower block S̲ (Br) Hochhaus n (❗ = (US) **high-rise (building)**) **towering** ['taʊərɪŋ] A̲D̲J̲ (fig) Leistung überragend

town [taʊn] S̲ Stadt f; **to go into ~** in die Stadt gehen; **he's out of ~** er ist nicht in der Stadt; **to go to ~ on sth** (fig umg) sich (dat) bei etw einen abbrechen (umg) **town centre,** (US) **town center** S̲ Stadtmitte f, (Stadt)zentrum n **town council** S̲ Stadtrat m **town councillor,** (US) **town councilor** S̲ Stadtrat m, Stadträtin f

town hall S̲ (bes Br) Rathaus n (❗ = (US) **city hall**) **town house** S̲ Stadthaus n; (in Siedlung) Reihenhaus n **town planner** S̲ Stadtplaner(in) m(f) **town planning** S̲ Stadtplanung f **townsfolk** ['taʊnzfəʊk] P̲L̲ Bürger pl **township** ['taʊnʃɪp] S̲ (US) Verwaltungsbezirk m; (in Südafrika) Township f **townspeople** ['taʊnzpiːpl] P̲L̲ Bürger pl **town twinning** [,taʊn'twɪnɪŋ] S̲ (Br) Städtepartnerschaft f

towpath S̲ Treidelpfad m **towrope** S̲ AUTO Abschleppseil n **tow truck** S̲ (US) Abschleppwagen m (❗ = (Br) **breakdown lorry**)

toxic ['tɒksɪk] A̲D̲J̲ giftig, Gift- **toxic waste** S̲ Giftmüll m **toxin** ['tɒksɪn] S̲ Giftstoff m

toy [tɔɪ] A̲ S̲ Spielzeug n B̲ V̲I̲ **to ~ with an idea** etc mit einer Idee etc spielen **toy boy** S̲ (umg) jugendlicher Liebhaber **toyshop** S̲ Spielwarenladen m

trace [treɪs] A̲ S̲ Spur f; **I can't find any ~ of your file** Ihre Akte ist spurlos verschwunden; **to sink without ~** spurlos versinken B̲ V̲T̲ **1** (≈ kopieren) nachziehen, durchpausen **2** Fortschritt verfolgen; Schritten folgen (+dat); **to ~ a phone call** einen Anruf zurückverfolgen; **she was ~d to ...** ihre Spur führte zu ... **3** ausfindig machen; **I can't ~ your file** ich kann Ihre Akte nicht finden ♦**trace back** V̲T̲ trennb zurückverfolgen; Problem zurückführen (to auf +akk)

tracing paper ['treɪsɪŋpeɪpə^r] S̲ Pauspapier n

track [træk] A̲ S̲ **1** Spur f; **to be on sb's ~** jdm

auf der Spur sein; **to keep ~ of sb/sth** jdn/etw im Auge behalten; (≈ informiert) über jdn/etw auf dem Laufenden bleiben; **how do you keep ~ of the time without a watch?** wie können Sie wissen, wie spät es ist, wenn Sie keine Uhr haben?; **I can't keep ~ of your girlfriends** du hast so viele Freundinnen, da komme ich nicht mit (umg); **to lose ~ of sb/sth** jdn/etw aus den Augen verlieren; (≈ nicht informiert) über jdn/etw nicht mehr auf dem Laufenden sein; **to lose ~ of time** die Zeit ganz vergessen; **to lose ~ of what one is saying** den Faden verlieren **2** (fig) **we must be making ~s** (umg) wir müssen uns auf die Socken (umg) od auf den Weg machen; **he stopped dead in his ~s** er blieb abrupt stehen **3** Weg m; **to be on ~** (fig) auf Kurs sein; **to be on the right/wrong ~** (fig) auf der richtigen/falschen Spur sein; **to get sth back on ~** etw wieder auf Kurs bringen **4** BAHN Gleise pl; (US) Bahnsteig m **5** SPORT Rennbahn f; (Leichtathletik) Bahn f **6** MUS Stück n B̲ V̲T̲ Tier verfolgen ♦**track down** V̲T̲ trennb aufspüren (to in +dat), aufstöbern

track and field S̲ (US) Leichtathletik f (❗ = (Br) **athletics**) **track-and-field** A̲D̲J̲ (US) Leichtathletik- (❗ = (Br) **athletics**) **trackball** S̲ IT Trackball m; (von Maus) Rollkugel f **tracker dog** ['trækədɒg] S̲ Spürhund m **track event** S̲ Laufwettbewerb m **trackpad** S̲ IT Touchpad n **track record** S̲ (fig) **to have a good ~** gute Leistungen vorweisen können **tracksuit** S̲ (Br) Trainingsanzug m (❗ = (US) **sweatsuit**)

tract [trækt] S̲ Fläche f, Gebiet n

tractor ['træktə^r] S̲ Traktor m

trade [treɪd] A̲ S̲ **1** Gewerbe n, Handel m; **how's ~?** wie gehen die Geschäfte?; **to do a good ~** gute Geschäfte machen **2** Branche f **3** Handwerk n; **he's a bricklayer by ~** er ist Maurer von Beruf B̲ V̲T̲ tauschen; **to ~ sth for sth else** etw gegen etw anderes (ein)tauschen C̲ V̲I̲ HANDEL Handel treiben; **to ~ in sth** mit etw handeln ♦**trade in** V̲T̲ trennb in Zahlung geben (for für)

trade barrier S̲ Handelsschranke f **trade deficit** S̲ Handelsdefizit n **trade fair** S̲ Handelsmesse f **trademark** S̲ (wörtl) Marke f, Markenzeichen n **trade name** S̲ Markenname m **trade-off** S̲ **there's always a ~** etwas geht immer verloren **trader** ['treɪdə^r] S̲ Händler(in) m(f) **trade route** S̲ Handelsweg m **trade school** S̲ Gewerbeschule f **trade secret** S̲ Betriebsgeheimnis n **tradesman** S̲, pl -men **1** Händler m **2** Handwerker m **tradespeople** P̲L̲ Geschäftsleute pl **trades union** S̲ (Br) = **trade union**

trade union s̄ (Br) Gewerkschaft f (⚠ = (US) **labor union**) **trade unionist** s̄ (Br) Gewerkschaft(l)er(in) m(f) (⚠ = (US) **labor unionist**) **trading** ['treɪdɪŋ] s̄ Handel m (in mit) **trading estate** s̄ Industriegelände n **trading links** PL Handelsverbindungen pl **trading partner** s̄ Handelspartner(in) m(f)

tradition [trə'dɪʃən] s̄ Tradition f **traditional** [trə'dɪʃənl] ADJ traditionell; **it's ~ for us to ...** es ist bei uns Brauch, dass ... **traditionalist** [trə'dɪʃnəlɪst] s̄ Traditionalist(in) m(f) **traditionally** [trə'dɪʃnəli] ADV traditionell, üblicherweise; **turkey is ~ eaten at Christmas** es ist Tradition od ein Brauch, Weihnachten Truthahn zu essen

traffic ['træfɪk] A s̄ 1 Verkehr m 2 (meist pej) Handel m (in mit) B VT (meist pej) handeln (in mit) **traffic calming** s̄ Verkehrsberuhigung f; **~ measures** verkehrsberuhigende Maßnahmen **traffic circle** s̄ (US) Kreisverkehr m, Kreisel m (⚠ = (Br) **roundabout**) **traffic cone** s̄ Pylon m, Leitkegel m **traffic island** s̄ Verkehrsinsel f **traffic jam** s̄ Verkehrsstauung f **trafficker** ['træfɪkəʳ] s̄ (meist pej) Händler(in) m(f) **trafficking** ['træfɪkɪŋ] s̄ Handel m (in mit)

traffic lights PL, (US) **traffic light** s̄ Verkehrsampel f **traffic police** PL Verkehrspolizei f **traffic policeman** s̄ Verkehrspolizist m **traffic signals** PL = **traffic lights traffic warden** s̄ (Br) ≈ Verkehrspolizist(in) m(f) ohne polizeiliche Befugnisse, Politesse f

tragedy ['trædʒɪdi] s̄ Tragödie f; (⚠ kein pl) Tragische(s) n **tragic** ['trædʒɪk] ADJ tragisch **tragically** ['trædʒɪkəli] ADV **her career ended ~ at the age of 19** ihre Karriere endete tragisch, als sie 19 Jahre alt war; **her husband's ~ early death** der tragisch frühe Tod ihres Mannes

trail [treɪl] A s̄ 1 Spur f; **to be on sb's ~** jdm auf der Spur sein 2 Weg m B VT 1 schleppen; (US) ziehen 2 Gegner zurückliegen hinter (+dat) C VI 1 schleifen 2 trotten 3 (in Wettbewerb) weit zurückliegen; **to ~ by 3 points** mit 3 Punkten im Rückstand sein ♦**trail away** od **off** VI (Stimme) sich verlieren (into in +dat) ♦**trail behind** VI hinterhertrotten (+obj hinter +dat); (in Wettbewerb) zurückgefallen sein (+obj hinter +akk)

trailer ['treɪləʳ] s̄ 1 AUTO Anhänger m; (bes US: von Lkw) Sattelauflieger m 2 (US) Wohnwagen m (⚠ = (Br) **caravan**) 3 FILM, TV Trailer m

train¹ [treɪn] s̄ 1 BAHN Zug m; **to go by ~** mit dem Zug fahren; **to take the 11 o'clock ~** den Elfuhrzug nehmen; **to change ~s** umsteigen; **on the ~** im Zug 2 Kolonne f 3 (von Ereignissen) Folge f; **~ of thought** Gedankengang m 4 (von Kleid) Schleppe f

train² A VT 1 jdn ausbilden; Mitarbeiter weiterbilden; Tier abrichten; SPORT trainieren; **this dog has been ~ed to kill** dieser Hund ist aufs Töten abgerichtet 2 Waffe richten (on auf +akk) 3 Pflanze wachsen lassen (over über +akk) B VI 1 bes SPORT trainieren (for für) 2 ausgebildet werden; **he ~ed as a teacher** er hat eine Lehrerausbildung gemacht

train driver s̄ Zugführer(in) m(f)

trained [treɪnd] ADJ gelernt; Krankenschwester ausgebildet; **to be highly ~** hoch qualifiziert sein

trainee [treɪ'ni:] s̄ Auszubildende(r) m/f(m), Praktikant(in) m(f); (für Management) Trainee m **trainee teacher** s̄ ≈ Praktikant(in) m(f); (in höherer Schule) ≈ Referendar(in) m(f) **trainer** ['treɪnəʳ] s̄ 1 SPORT Trainer(in) m(f); (für Tiere) Dresseur(in) m(f) 2 (Br) Turnschuh m (⚠ = (US) **sneaker**)

training ['treɪnɪŋ] s̄ 1 Ausbildung f, Schulung f 2 SPORT Training n; **to be in ~** im Training stehen od sein **training centre** s̄, (US) **training center** s̄ Ausbildungszentrum n **training course** s̄ Ausbildungskurs m **training ground** s̄ Trainingsgelände n **training scheme** s̄ Ausbildungsprogramm n **training shoes** PL (Br) Turnschuhe pl (⚠ = (US) **sneakers**)

trainload s̄ Zugladung f; **~s of holidaymakers** (Br) od **vacationers** (US) ganze Züge voller Urlauber **train service** s̄ Zugverkehr m, (Eisen)bahnverbindung f **train set** s̄ (Spielzeug)eisenbahn f **trainspotting** s̄

trailer — (Auto)anhänger

trailer US — Wohnwagen

Hobby, bei dem Züge begutachtet und deren Nummern notiert werden

traipse [treɪps] (*umg*) $\overline{VI}$ latschen (*umg*), hatschen (*österr*)

trait [treɪt, treɪ] $\overline{S}$ Eigenschaft *f*

traitor ['treɪtə'] $\overline{S}$ Verräter(in) *m(f)*

trajectory [trə'dʒektərɪ] $\overline{S}$ Flugbahn *f*

tram [træm] $\overline{S}$ (*bes Br*) Straßenbahn *f*, Tram *n* (*schweiz*) (❗ = (US) **streetcar, trolley car**); **to go by ~** mit der Straßenbahn fahren

tramp [træmp] $\boxed{A}$ $\overline{VI}$ $\overline{VT}$ Straßen latschen durch (*umg*) $\boxed{C}$ $\overline{S}$ $\boxed{1}$ (*Br*) Landstreicher(in) *m(f)*, Stadtstreicher(in) *m(f)* (❗ = (US) **hobo**) $\boxed{2}$ (≈ *Geräusch*) Stapfen *n* $\boxed{3}$ (*umg*) Flittchen *n* (*pej*)

trample ['træmpl] $\overline{VT}$ niedertrampeln; **to ~ sth underfoot** auf etw (*dat*) herumtrampeln

♦**trample down** $\overline{VT}$ *trennb* niedertreten

♦**trample on** $\overline{VI}$ *+obj* herumtreten auf (*+dat*)

trampoline ['træmpəlin] $\overline{S}$ Trampolin *n*

trance [trɑːns] $\overline{S}$ Trance *f*; **to go into a ~** in Trance verfallen

tranquil ['træŋkwɪl] $\overline{ADJ}$ still; *Leben* friedlich

tranquillity, (US) **tranquility** [træŋ'kwɪlɪtɪ] $\overline{S}$ Stille *f* **tranquillize**, (US) **tranquilize** ['træŋkwɪlaɪz] $\overline{VT}$ beruhigen **tranquillizer**, (US) **tranquilizer** ['træŋkwɪlaɪzə'] $\overline{S}$ Beruhigungsmittel *n*

transact [træn'zækt] $\overline{VT}$ abwickeln; *Geschäft* abschließen **transaction** [træn'zækʃən] $\overline{S}$ Geschäft *n*; FIN, BÖRSE Transaktion *f*

transatlantic [ˌtrænzət'læntɪk] $\overline{ADJ}$ transatlantisch, Transatlantik-

transcontinental [ˌtrænzkɒntɪ'nentl] $\overline{ADJ}$ transkontinental

transcribe [træn'skraɪb] $\overline{VT}$ transkribieren; *Rede* niederschreiben **transcript** ['trænskrɪpt] $\overline{S}$ Protokoll *n*; (≈ *Kopie*) Abschrift *f* **transcription** [træn'skrɪpʃn] $\overline{S}$ $\boxed{1}$ (*Vorgang*) Abschreiben *n*, Niederschreiben *n* $\boxed{2}$ (≈ *Kopie*) Abschrift *f*, Niederschrift *f* $\boxed{3}$ phonetische Umschrift

transfer [træns'fɜː'] $\boxed{A}$ $\overline{VT}$ übertragen (*to* auf *+akk*); *Gefangenen* überführen (*to* in *+akk*); *Konto* verlegen (*to* in *+akk*); *Mitarbeiter* versetzen (*to* in *+akk, to town* nach); *Spieler* transferieren (*to* zu); *Geld* überweisen (*to* auf *+akk*); **he ~red the money from the box to his pocket** er nahm das Geld aus der Schachtel und steckte es in die Tasche $\boxed{B}$ $\overline{VI}$ überwechseln (*to* zu) $\boxed{C}$ ['trænsfɜː'] $\overline{S}$ $\boxed{1}$ Übertragung *f*; (*von Gefangenen*) Überführung *f*; (*von Konto*) Verlegung *f*; (*von Mitarbeiter*) Versetzung *f*; (*von Spieler*) Transfer *m*; (*von Geld*) Überweisung *f*

transferable [træns'fɜːrəbl] $\overline{ADJ}$ übertragbar

transfer fee $\overline{S}$ FUSSB Transfersumme *f*, Ablöse(summe) *f* **transfer list** $\overline{S}$ FUSSB Transferliste *f* **transfer passenger** $\overline{S}$ *bes* FLUG Transitreisende(r) *m/f(m)*

transfix [træns'fɪks] $\overline{VT}$ (*fig*) **he stood as though ~ed** er stand da wie angewurzelt

transform [træns'fɔːm] $\overline{VT}$ umwandeln (*into* zu); *Ideen* (von Grund auf) verändern; *jdn, jds Leben* verwandeln **transformation** [ˌtrænsfə-'meɪʃən] $\overline{S}$ Umwandlung *f*; (*von Mensch*) Verwandlung *f*

transfusion [træns'fjuːʒən] $\overline{S}$ (*a.* **blood transfusion**) (Blut)transfusion *f*; (**blood**) **~ service** Blutspendedienst *m*

transgression [træns'greʃən] $\overline{S}$ $\boxed{1}$ (*gegen Gesetz*) Verstoß *m* $\boxed{2}$ Sünde *f*

transient ['trænzɪənt] $\boxed{A}$ $\overline{ADJ}$ *Leben* kurz; *Freude* vorübergehend $\boxed{B}$ $\overline{S}$ (US) Durchreisende(r) *m/f(m)*

transistor [træn'zɪstə'] $\overline{S}$ ELEK Transistor *m*

transit ['trænzɪt] $\overline{S}$ Durchfahrt *f*; (*von Waren*) Transport *m*; **the books were damaged in ~** die Bücher wurden auf dem Transport beschädigt **transit camp** $\overline{S}$ Durchgangslager *n* **transition** [træn'zɪʃən] $\overline{S}$ Übergang *m* (*from ... to* von ... zu); **period of ~, ~ period** Übergangsperiode *od* -zeit *f* **transitional** [træn'zɪʃənl] $\overline{ADJ}$ Übergangs- **transitive** ['trænzɪtɪv] $\overline{ADJ}$ transitiv **transitory** ['trænzɪtərɪ] $\overline{ADJ}$ *Leben* kurz; *Freude* vorübergehend; **the ~ nature of sth** die Kurzlebigkeit von etw **Transit (van)**® $\overline{S}$ (*Br*) Transporter *m*

translatable [trænz'leɪtəbl] $\overline{ADJ}$ übersetzbar

translate [trænz'leɪt] $\boxed{A}$ $\overline{VT}$ $\boxed{1}$ (*wörtl*) übersetzen; **to ~ sth from German (in)to English** etw aus dem Deutschen ins Englische übersetzen; **it is ~d as ...** es wird mit ... übersetzt $\boxed{2}$ (*fig*) übertragen $\boxed{B}$ $\overline{VI}$ $\boxed{1}$ (*wörtl*) übersetzen $\boxed{2}$ (*fig*) übertragbar sein

translation [trænz'leɪʃən] $\overline{S}$ Übersetzung *f* (*from* aus); (*fig*) Übertragung *f*; **to do a ~ of sth** von etw eine Übersetzung machen *od* anfertigen; **it loses (something)** in ~ es verliert (etwas) bei der Übersetzung **translator** [trænz'leɪtə'] $\overline{S}$ Übersetzer(in) *m(f)*

translucent [trænz'luːsnt] $\overline{ADJ}$ lichtdurchlässig; *Haut* durchsichtig

transmission [trænz'mɪʃən] $\overline{S}$ $\boxed{1}$ Übertragung *f*; (*von Wärme*) Leitung *f*; TV *etc* Sendung *f*; **~ rate** TEL Übertragungsgeschwindigkeit *f* $\boxed{2}$ AUTO Getriebe *n* **transmit** [trænz'mɪt] $\boxed{A}$ $\overline{VT}$ *Nachricht* übermitteln; *Krankheit* übertragen; *Wärme* leiten; *Fernsehprogramm* senden $\boxed{B}$ $\overline{VI}$ senden **transmitter** [trænz'mɪtə'] $\overline{S}$ TECH Sender *m*

transparency [træns'pærənsɪ] $\overline{S}$ $\boxed{1}$ Transparenz *f* $\boxed{2}$ FOTO Dia(positiv) *n* $\boxed{3}$ Overheadfolie *f* **transparent** [træns'pærənt] $\overline{ADJ}$ $\boxed{1}$ transparent $\boxed{2}$ (*fig*) *Lüge* durchschaubar; **you're so ~** du bist so leicht zu durchschauen

transpire [træn'spaɪə'] $\overline{VI}$ $\boxed{1}$ sich herausstellen

TRAN | 682

2 passieren (*umg*)

transplant [træns'plɑːnt] **A** **VT** **1** GARTEN umpflanzen **2** MED transplantieren (*fachspr*) **B** ['trænsplɑːnt] **S** Transplantation *f*

transport ['trænspɔːt] **A** **S** **1** Transport *m*; **have you got your own ~?** bist du motorisiert?; **public ~** öffentliche Verkehrsmittel *pl*; **~ will be provided** für An- und Abfahrt wird gesorgt **2** (*US*) (Schiffs)fracht *f* **B** [træn'spɔːt] **VT** befördern **transportation** [ˌtrænspɔː-'teɪʃən] **S** Transport *m*; (≈*Fahrzeug*) Beförderungsmittel *n*; (*öffentlich*) Verkehrsmittel *n* **transport café** **S** (*Br*) Fernfahrerlokal *n* (**⬤** = (*US*) **truckstop**) **transport plane** **S** Transportflugzeug *n* **transport system** **S** Verkehrswesen *n*

transsexual [trænz'seksjʊəl] **S** Transsexuelle(r) *m/f(m)*

transverse ['trænzvɜːs] **ADJ** Quer-

transvestite [trænz'vestaɪt] **S** Transvestit(in) *m(f)*

trap [træp] **A** **S** **1** Falle *f*; **to set a ~ for sb** (*fig*) jdm eine Falle stellen; **to fall into a ~** in die Falle gehen **2** (*umg*) **shut your ~!** (halt die) Klappe! (*umg*) **B** **VT** **1** *Tier* (mit einer Falle) fangen **2** (*fig*) jdn in die Falle locken **3** **to be ~ped** (*Bergleute*) eingeschlossen sein; **to be ~ped in the snow** im Schnee festsitzen; **my arm was ~ped behind my back** mein Arm war hinter meinem Rücken eingeklemmt; **to ~ one's finger in the door** sich (*dat*) den Finger in der Tür einklemmen **trap door** **S** Falltür *f*; THEAT Versenkung *f*

trapeze [trə'piːz] **S** Trapez *n*

trappings ['træpɪŋz] **PL** (*fig*) äußere Aufmachung; **~ of office** Amtsinsignien *pl*

trash [træʃ] **A** **S** **1** (*US*) Abfall *m* (**⬤** = (*Br*) **rubbish**) **2** Schund *m*; (≈*Film etc*) Mist *m* (*umg*) **3** (*pej umg*) Gesindel *n* **B** **VT** (*umg*) *Zimmer* verwüsten **trash can** **S** (*US*) Abfalleimer *m*, Mistkübel *m* (*österr*) (**⬤** = (*Br*) **rubbish bin**); (*an öffentlichen Plätzen*) Abfallkorb *m*, Abfalltonne *f* (**⬤** = (*Br*) **litter bin**) **trash-can liner** **S** (*US*) Mülltüte *f* (**⬤** = (*Br*) **bin liner**) **trash collector** **S** (*US*) Müllmann *m* (**⬤** = (*Br*) **dustbinman**) **trashy** ['træʃɪ] **ADJ** (*+er*) *Waren* minderwertig; **~ novel** Schundroman *m*

trauma ['trɔːmə] **S** Trauma *n* **traumatic** [trɔː'mætɪk] **ADJ** traumatisch **traumatize** ['trɔːmətaɪz] **VT** traumatisieren

travel ['trævl] **A** **VI** **1** reisen; **he ~s to work by car** er fährt mit dem Auto zur Arbeit; **they have travelled** (*Br*) *od* **traveled** (*US*) **a long way** sie haben eine weite Reise hinter sich (*dat*); **to ~ (a)round the world** eine Reise um die Welt machen; **to ~ around a country**

ein Land bereisen **2** sich bewegen; (*Klang, Licht*) sich fortpflanzen; **to ~ at 80 kph** 80 km/h fahren; **his eye travelled** (*Br*) *od* **traveled** (*US*) **over the scene** seine Augen wanderten über die Szene **B** **VT** *Gebiet* bereisen; *Strecke* zurücklegen **C** **S** **1** (**⬤** kein pl) Reisen *n* **2** **travels** **PL** Reisen *pl*; **he's off on his ~s tomorrow** er verreist morgen

travel agency **S** Reisebüro *n* **travel agent** **S** Reisebürokaufmann *m*/-kauffrau *f*; **~('s)** Reisebüro *n* **travel brochure** **S** Reiseprospekt *m* **travel bureau** **S** Reisebüro *n* **travel card** **S** (*für öffentliche Verkehrsmittel*) Zeitkarte *f*; (*je nach Gültigkeit*) Wochenkarte *f*, Monatskarte *f*, Jahreskarte *f* **travel expenses** **PL** (*bes US*) Reisekosten *pl* **traveling** **S** (*US*) → **travelling** **traveling baby bag** **S** (*US*) Babytragetasche *f* (**⬤** = (*Br*) **carrycot**) **travel insurance** **S** Reiseversicherung *f* **travelled**, (*US*) **traveled** ['trævld] **ADJ** **well-~** *Mensch* weit gereist; *Strecke* viel befahren

traveller, (*US*) **traveler** ['trævlə'] **S** Reisende(r) *m/f(m)* **traveller's cheque**, (*US*) **traveler's check** **S** Reisescheck *m* **travelling**, (*US*) **traveling** ['trævlɪŋ] **S** Reisen *n* **travelling expenses** **PL** Reisekosten *pl*; (*geschäftlich*) Reisespesen *pl* **travelling salesman** **S** Vertreter *m* **travel-sick** **ADJ** reisekrank **travel-sickness** **S** Reisekrankheit *f*

travesty ['trævɪstɪ] **S** LIT Travestie *f*; **a ~ of justice** ein Hohn *m* auf die Gerechtigkeit

trawl [trɔːl] **A** **VI** **to ~ (for fish)** mit dem Schleppnetz fischen; (*US*) mit einer Grundleine fischen **B** **VT** (*bes Br*) *das Internet etc* durchkämmen **trawler** ['trɔːlə'] **S** Trawler *m*

tray [treɪ] **S** Tablett *n*; (*für Papiere*) Ablage *f*

treacherous ['tretʃərəs] **ADJ** **1** verräterisch **2** trügerisch, tückisch; *Ecke* gefährlich; *Reise* gefahrvoll **treachery** ['tretʃərɪ] **S** Verrat *m*

treacle ['triːkl] **S** (*Br*) Sirup *m*

tread [tred] *v: prät* **trod**, *pperf* **trodden** **A** **S** **1** Schritt *m* **2** (*von Reifen*) Profil *n* **B** **VI** **1** gehen **2** treten (*on* auf +*akk*); **to ~ carefully** (*fig*) vorsichtig vorgehen **C** **VT** treten, gehen; **to ~ a fine line between ...** sich vorsichtig zwischen ... bewegen; **it got trodden underfoot** es wurde zertreten; **to ~ water** Wasser treten; (*fig*) auf der Stelle treten **treadle** ['tredl] **S** Pedal *n*, Fußhebel *m* **treadmill** ['tredmɪl] **S** (*fig*) Tretmühle *f*; SPORT Laufband *n*

treason ['triːzn] **S** Verrat *m* (*to* an +*dat*)

treasure ['treʒə'] **A** **S** Schatz *m* **B** **VT** zu schätzen wissen; **I shall ~ this memory** ich werde das in lieber Erinnerung behalten **treasure hunt** **S** Schatzsuche *f* **treasurer** ['treʒərə'] **S** (*von Verein*) Kassenwart(in) *m(f)*; (*in Stadtverwal-*

tung) Stadtkämmerer m/-kämmerin f **treasure trove** s̄ Schatzfund m; (≈ Markt) Fundgrube f **treasury** ['treʒərɪ] s̄ **1** POL **the Treasury** (Br), **the Treasury Department** (US) das Finanzministerium **2** (von Verein) Kasse f

treat [triːt] A̅ v̅t̅ **1** behandeln, umgehen mit; Abwasser klären; **the doctor is ~ing him for nervous exhaustion** er ist wegen Nervenüberlastung in Behandlung **2** betrachten (as als); **to ~ sth seriously** etw ernst nehmen **3** einladen; **to ~ sb to sth** jdm etw spendieren; **to ~ oneself to sth** sich (dat) etw gönnen B̅ s̄ besondere Freude; **I thought I'd give myself a ~** ich dachte, ich gönne mir mal etwas; **I'm taking them to the circus as** od **for a ~** ich mache ihnen eine Freude und lade sie in den Zirkus ein; **it's my ~** das geht auf meine Rechnung

treatise ['triːtɪz] s̄ Abhandlung f (on über +akk)
treatment ['triːtmənt] s̄ Behandlung f; (von Abwasser) Klärung f; **their ~ of foreigners** ihre Art, Ausländer zu behandeln; **to be having ~ for sth** wegen etw in Behandlung sein
treaty ['triːtɪ] s̄ Vertrag m; **the Treaty of Rome** die Römischen Verträge pl
treble[1] ['trebl] A̅ ADJ dreifach B̅ v̅t̅ verdreifachen C̅ v̅i̅ sich verdreifachen
treble[2] s̄ MUS (Knaben)sopran m, Oberstimme f **treble clef** s̄ MUS Violinschlüssel m
tree [triː] s̄ Baum m; **an oak ~** eine Eiche; **money doesn't grow on ~s** das Geld fällt nicht vom Himmel **tree house** s̄ Baumhaus n **tree line** s̄ Baumgrenze f **tree-lined** ADJ baumbestanden **tree structure** s̄ IT Baumstruktur f **treetop** s̄ Baumkrone f **tree trunk** s̄ Baumstamm m
trek [trek] A̅ v̅i̅ trecken; (umg) latschen (umg); **they ~ked across the desert** sie zogen durch die Wüste B̅ s̄ Treck m; (umg) anstrengender Marsch **trekking** ['trekɪŋ] s̄ Trekking n
trellis ['trelɪs] s̄ Gitter n
tremble ['trembl] v̅i̅ zittern (with vor +dat)
trembling ['tremblɪŋ] A̅ ADJ zitternd B̅ s̄ Zittern n
tremendous [trə'mendəs] ADJ **1** gewaltig, riesig; **a ~ success** ein Riesenerfolg m **2** toll (umg); **she has done a ~ job** sie hat fantastische Arbeit geleistet **tremendously** [trə'mendəslɪ] ADV sehr; dankbar, schwierig äußerst; **they enjoyed themselves ~** sie haben sich prächtig od prima amüsiert (umg)
tremor ['tremə] s̄ Zittern n; MED Tremor m; (≈ Erdstoß) Beben n
trench [trentʃ] s̄ Graben m; MIL Schützengraben m **trench warfare** s̄ Stellungskrieg m
trend [trend] s̄ **1** Tendenz f; **upward ~** Auf-

wärtstrend m; **to set a ~** richtungweisend sein **2** (modisch) Trend m; **the latest ~** der letzte Schrei (umg) **trendily** ['trendɪlɪ] ADV modern **trendsetter** ['trendsetə] s̄ Trendsetter(in) m(f) **trendy** ['trendɪ] ADJ (+er) modern, in präd (umg); Image modisch; **to be ~** große Mode sein; **it's no longer ~ to smoke** Rauchen ist nicht mehr in (umg)
trepidation [ˌtrepɪ'deɪʃən] s̄ Ängstlichkeit f
trespass ['trespəs] v̅i̅ unbefugt betreten (on sth etw akk); **"no ~ing"** „Betreten verboten" **trespasser** ['trespəsə] s̄ Unbefugte(r) m/f(m); **"trespassers will be prosecuted"** „widerrechtliches Betreten wird strafrechtlich verfolgt"
trestle table [ˌtresl'teɪbl] s̄ auf Böcken stehender Tisch
trial ['traɪəl] s̄ **1** JUR Prozess m, (Gerichts)verhandlung f; **to be on ~ for theft** des Diebstahls angeklagt sein; **at the ~** bei od während der Verhandlung; **to bring sb to ~** jdn vor Gericht stellen; **~ by jury** Schwurgerichtsverfahren n **2** Versuch m; **~s** (von Maschine) Test(s) m(pl); **to give sth a ~** etw ausprobieren; **on ~** auf Probe; **by ~ and error** durch Ausprobieren **3** Widrigkeit f; (lästig) Plage f (to für); **~s and tribulations** Schwierigkeiten pl **trial offer** s̄ Einführungsangebot n **trial period** s̄ Probezeit f **trial run** s̄ Generalprobe f; (von Maschine) Probelauf m
triangle ['traɪæŋgl] s̄ **1** Dreieck n **2** MUS Triangel m **3** (US) Zeichendreieck n (❗ = (Br) **set square**) **triangular** [traɪ'æŋgjʊlə] ADJ MATH dreieckig
triathlete [traɪ'æθliːt] s̄ SPORT Triathlet(in) m(f) **triathlon** [traɪ'æθlən] s̄ SPORT Triathlon n
tribal ['traɪbəl] ADJ Stammes- **tribe** [traɪb] s̄ Stamm m
tribulation [ˌtrɪbjʊ'leɪʃən] s̄ Kummer m kein pl; **~s** Sorgen pl
tribunal [traɪ'bjuːnl] s̄ Gericht n; (≈ Kommission) Untersuchungsausschuss m
tribune ['trɪbjuːn] s̄ Tribüne f
tributary ['trɪbjʊtərɪ] s̄ Nebenfluss m
tribute ['trɪbjuːt] s̄ Tribut m; **to pay ~ to sb/sth** jdm/einer Sache (den schuldigen) Tribut zollen; **to be a ~ to sb** jdm Ehre machen
trice [traɪs] s̄ (Br) **in a ~** im Nu
triceps ['traɪseps] s̄, pl - Trizeps m
trick [trɪk] A̅ s̄ **1** Trick m, Falle f; **it's a ~ of the light** da täuscht das Licht **2** Streich m; **to play a ~ on sb** jdm einen Streich spielen; **unless my eyes are playing ~s on me** wenn meine Augen mich nicht täuschen; **he's up to his (old) ~s again** jetzt macht er wieder seine (alten)

TRIC | 684

Mätzchen (umg) **3** Kunststück n; **that should do the ~** (umg) das müsste eigentlich hinhauen (umg) **4 to have a ~ of doing sth** die Eigenart haben, etw zu tun **B** ATTR Zigarre etc als Scherzartikel **C** VT hereinlegen (umg); **to ~ sb into doing sth** jdn (mit List) dazu bringen, etw zu tun; **to ~ sb out of sth** jdm etw abtricksen (umg) **trickery** ['trɪkərɪ] S Tricks pl (umg) **trickiness** ['trɪkɪnɪs] S Schwierigkeit f

trickle ['trɪkl] **A** VI **1** tröpfeln; **tears ~d down her cheeks** Tränen kullerten ihr über die Wangen; **the sand ~d through his fingers** der Sand rieselte ihm durch die Finger **2** (fig) **to ~ in** vereinzelt hereinkommen, langsam eintrudeln (umg) **B** S **1** Tröpfeln n, Rinnsal n **2** (fig) **there is a ~ of people** es kommen vereinzelt Leute

trick or treat S Süßes, sonst gibts Saures (**①** Spruch anlässlich Halloween) **trick question** S Fangfrage f **trickster** ['trɪkstə'] S Betrüger(in) m(f), Schwindler(in) m(f) **tricky** ['trɪkɪ] ADJ (+er) **1** schwierig, knifflig **2** Situation, Problem heikel **3 a ~ customer** ein schwieriger Typ

tricycle ['traɪsɪkl] S Dreirad n

tried [traɪd] pperf von try **tried-and-tested** ['traɪdənd'testɪd], **tried and tested** ADJ bewährt

trifle ['traɪfl] **A** S **1** Kleinigkeit f; **a ~ hot** etc ein bisschen heiß etc **2** (Br) GASTR Trifle n **♦trifle with** VI +obj Gefühle spielen mit; **he is not a person to be trifled with** mit ihm ist nicht zu spaßen

trifling ['traɪflɪŋ] ADJ unbedeutend

trigger ['trɪgə'] **A** S (von Waffe) Abzug(shahn) m; **to pull the ~** abdrücken **B** VT (a. **trigger off**) auslösen

trigonometry [,trɪgə'nɒmɪtrɪ] S Trigonometrie f

trill [trɪl] **A** S **1** (von Vogel) Trillern n; (von Stimme) Tremolo n **2** MUS Triller m **3** PHON rollende Aussprache **B** VT trällern **C** VI trillern, trällern

T **trillion** ['trɪljən] S Billion f; (Br obs) Trillion f (**①** kein Plural-s, wenn nach Zahl)

trilogy ['trɪlədʒɪ] S Trilogie f

trim [trɪm] **A** ADJ (+er) **1** Äußeres gepflegt **2** Mensch schlank; **to stay ~** in Form bleiben **B** S **1** (Br) **to get into ~** sich trimmen **2 to give sth a ~** etw schneiden **3** (von Kleidungsstück) Rand m **C** VT **1** Haare nachschneiden; Hecke stutzen **2** (fig) Aufsatz kürzen **3** Weihnachtsbaum schmücken **♦trim back** VT trennb Hecke, Rosen zurückschneiden; Kosten senken; Personal reduzieren **♦trim down** VT trennb Aufsatz kürzen (to auf +akk) **♦trim off** VT trennb abschneiden

trimmings ['trɪmɪŋz] PL Zubehör n; roast beef

with all the ~ Roastbeef mit allen Beilagen

Trinity ['trɪnɪtɪ] S Dreieinigkeit f

trinket ['trɪŋkɪt] S Schmuckstück n

trio ['trɪəʊ] S, pl **-s** Trio n

trip [trɪp] **A** S **1** Reise f, Ausflug m; (kurz) Trip m; **let's go on a ~ to the seaside** machen wir doch einen Ausflug ans Meer!; **he is away on a ~** er ist verreist; **to take a ~ (to)** eine Reise machen (nach) **2** (umg: im Drogenrausch) Trip m (umg) **B** VI **1** stolpern (on, over über +akk); **a phrase which ~s off the tongue** ein Ausdruck, der einem leicht von der Zunge geht **C** VT stolpern lassen, ein Bein stellen (+dat) **♦trip over** VI stolpern (+obj über +akk) **♦trip up** **A** VI **1** (wörtl) stolpern **2** (fig) sich vertun **B** VT trennb **1** stolpern lassen, zu Fall bringen **2** (fig) eine Falle stellen (+dat)

tripartite [,traɪ'pɑːtaɪt] ADJ dreiseitig

tripe [traɪp] S **1** GASTR Kaldaunen pl, Kutteln pl (österr, schweiz) **2** (fig umg) Quatsch m, Stuss m (umg)

triple ['trɪpl] **A** ADJ dreifach **B** ADV dreimal so viel **C** VT verdreifachen **D** VI sich verdreifachen **triple jump** S Dreisprung m

triplet ['trɪplɪt] S Drilling m

triplicate ['trɪplɪkɪt] S **in ~** in dreifacher Ausfertigung

tripod ['traɪpɒd] S FOTO Stativ n

trip switch S ELEK Sicherheitsschalter m

tripwire S Stolperdraht m

triumph ['traɪʌmf] **A** S Triumph m; **in ~** triumphierend **B** VI den Sieg davontragen (over über +akk) **triumphal** [traɪ'ʌmfəl] ADJ Triumph- **triumphant** [traɪ'ʌmfənt] ADJ triumphierend; **to emerge ~** triumphieren **triumphantly** [traɪ'ʌmfəntlɪ] ADV triumphierend

trivia ['trɪvɪə] PL belangloses Zeug **trivial** ['trɪvɪəl] ADJ trivial; Verlust, Fehler belanglos **trivialize** ['trɪvɪəlaɪz] VT trivialisieren

trod [trɒd] prät von tread **trodden** ['trɒdn] pperf von tread

trolley ['trɒlɪ] S **1** (Br: in Supermarkt) Einkaufswagen m (**①** = (US) **caddy**, (**shopping**) **cart**); (in Bahnhof) Kofferkuli m; (in Fabrik etc) Sackkarre f **2** (Br) Teewagen m **trolleybus** S Obus m **trolley car** S (US) Straßenbahn f, Tram n (schweiz) (**①** = (Br) **tram**)

trombone [trɒm'bəʊn] S MUS Posaune f; **to play the ~** Posaune spielen (**①** mit **the**)

troop [truːp] **A** S **1** MIL Trupp m, Schwadron f **2 troops** PL MIL Truppen pl; **200 ~s** 200 Soldaten **3** Schar f **B** VI **to ~ out** hinausströmen; **to ~ past sth** an etw (dat) vorbeiziehen **troop carrier** ['truːp,kærɪə'] S Truppentransporter m **trooper** ['truːpə'] S MIL Kavallerist m; (US) Staatspolizist(in) m(f)

trophy ['trəʊfɪ] S Trophäe f

tropic ['trɒpɪk] s 1 **Tropic of Cancer/Capricorn** Wendekreis m des Krebses/Steinbocks 2 **tropics** PL Tropen pl **tropical** ['trɒpɪkəl] ADJ tropisch, Tropen- **tropical rainforest** s tropischer Regenwald

trot [trɒt] A s 1 Trab m 2 (umg) **for five days on the ~** fünf Tage lang in einer Tour; **he won three games on the ~** er gewann drei Spiele hintereinander B VI traben

trotter ['trɒtə^r] s (von Tier) Fuß m

trouble ['trʌbl] A s 1 (⚠ kein pl) Schwierigkeiten pl, Ärger m; **to be in ~** in Schwierigkeiten sein; **to be in ~ with sb** mit jdm Schwierigkeiten haben; **to get into ~** in Schwierigkeiten geraten, Ärger bekommen (with mit); **to keep** od **stay out of ~** nicht in Schwierigkeiten kommen; **to make ~** Krach schlagen (umg); **that's/you're asking for ~** das kann ja nicht gut gehen; **to look for ~, to go around looking for ~** sich (dat) Ärger einhandeln; **there'll be ~ if he finds out** wenn er das erfährt, gibts Ärger; **what's the ~?** was ist los?; **the ~ is that …** das Problem ist, dass …; **money ~s** Geldsorgen pl; **the child is nothing but ~ to his parents** das Kind macht seinen Eltern nur Sorgen; **he's been no ~ at all** (Kind) er war ganz lieb 2 Mühe f; **it's no ~ (at all)!** das mache ich doch gern; **thank you — (it was) no ~** vielen Dank — (das ist) gern geschehen; **it's not worth the ~** das ist nicht der Mühe wert; **it's more ~ than it's worth** es macht mehr Ärger od Umstände als es wert ist; **to take the ~ (to do sth)** sich (dat) die Mühe machen(, etw zu tun); **to go to a lot of ~ (over** od **with sth)** sich (dat) (mit etw) viel Mühe geben; **to put sb to a lot of ~** jdm viel Mühe machen 3 MED Leiden n; (fig) Schaden m; **heart ~** Herzleiden n; **engine ~** (ein) Motorschaden m 4 Unruhe f; **there's ~ at the factory/in Iran** in der Fabrik/im Iran herrscht Unruhe B VT 1 beunruhigen, bekümmern; **to be ~d by sth** wegen etw besorgt od beunruhigt/bekümmert sein 2 bemühen, belästigen; **I'm sorry to ~ you, but …** entschuldigen Sie die Störung, aber …

troubled ['trʌbld] ADJ unruhig; (≈ sorgenvoll) bekümmert; Beziehung gestört **trouble-free** ADJ Entwicklung problemlos **troublemaker** s Unruhestifter(in) m(f) **troubleshooter** s Störungssucher(in) m(f); POL, IND Vermittler(in) m(f) **troublesome** ADJ lästig; Mensch, Problem schwierig **trouble spot** s Unruheherd m

trough [trɒf] s Trog m

trounce [traʊns] VT SPORT vernichtend schlagen

troupe [truːp] s THEAT Truppe f

trouser leg ['traʊzə^r] s Hosenbein n

trousers ['traʊzɪz] PL (a. **pair of trousers**) (bes Br) Hose f (⚠ = (US) **pants**); **she was wearing ~** sie hatte Hosen od eine Hose an; **to wear the ~** (fig umg) die Hosen anhaben (umg) **trouser suit** s (Br) Hosenanzug m (⚠ = (US) **pantsuit**)

trout [traʊt] s Forelle f

trowel ['traʊəl] s Kelle f

truancy ['truːənsɪ] s (Schule)schwänzen n **truant** ['truːənt] s (Schul)schwänzer(in) m(f); **to play ~ (from sth)** (etw) schwänzen (umg)

truce [truːs] s Waffenstillstand m

truck [trʌk] s 1 (bes Br BAHN) Güterwagen m 2 (bes US) Last(kraft)wagen m (⚠ = (Br) a. **lorry**) **truck driver** s Lastwagenfahrer(in) m(f) **trucker** ['trʌkə^r] s (bes US) Lastwagenfahrer(in) m(f) **truck farm** s Gemüsefarm f **trucking** ['trʌkɪŋ] s (bes US) Transport m **truckload** s Wagenladung f **truckstop** s (US) Fernfahrerlokal n (⚠ = (Br) **transport café**)

truck bes Br — Güterwagen

truck bes US — Last(kraft)wagen

trudge [trʌdʒ] VI **to ~ out** hinaustrotten

true [truː] A ADJ 1 wahr, echt; **to come ~** (Traum) wahr werden; (Prophezeiung) sich verwirklichen; **that's ~** das stimmt; **~!** richtig!; **we mustn't generalize, (it's) ~, but …** wir sollten natürlich nicht verallgemeinern, aber …; **the reverse is ~** ganz im Gegenteil; **the frog is not a ~ reptile** der Frosch ist kein echtes Reptil; **spoken like a ~ football fan** so spricht ein wahrer Fußballfan; **~ love** die wahre Liebe; (≈ Mensch) Schatz m; **to be ~ of sb/sth** auf jdn/etw zutreffen 2 Beschreibung wahrheitsgetreu; Ähnlichkeit (lebens)getreu; **in the ~ sense**

(of the word) im wahren Sinne (des Wortes) **3** treu; **to be ~ to sb** jdm treu sein/bleiben; **to be ~ to one's word** (treu) zu seinem Wort stehen; **~ to life** lebensnah; KUNST lebensecht **4** Wand gerade **5** **~ north** der geografische Norden **6** MUS Note richtig **B** $\bar{s}$ **out of ~** schief **true-life** [ˌtruːˈlaɪf] ADJ attr aus dem Leben gegriffen

truffle [ˈtrʌfl] $\bar{s}$ Trüffel f od m

truly [ˈtruːlɪ] ADV **1** wirklich; **(really and) ~?** wirklich und wahrhaftig?; **I am ~ sorry** es tut mir aufrichtig leid **2** dienen treu

trump [trʌmp] **A** $\bar{s}$ Trumpf m; **to come up ~s** (Br umg) sich als Sieger erweisen **B** VT KART stechen; (fig) übertrumpfen **trump card** $\bar{s}$ Trumpf m; **to play one's ~** (wörtl, fig) seinen Trumpf ausspielen

trumpet [ˈtrʌmpɪt] $\bar{s}$ MUS Trompete f; **to play the ~** Trompete spielen (⚠ mit **the**)

truncate [trʌŋˈkeɪt] VT kürzen

truncheon [ˈtrʌntʃən] $\bar{s}$ (Br) (Gummi)knüppel m, Schlagstock m (⚠ = (US) **nightstick**)

trundle [ˈtrʌndl] **A** VT **1** rollen **2** ziehen **B** VI **to ~ along** entlangzockeln

trunk [trʌŋk] $\bar{s}$ **1** (von Baum) Stamm m; (von Körper) Rumpf m **2** (von Elefant) Rüssel m **3** Schrankkoffer m **4** (US AUTO) Kofferraum m (⚠ = (Br) **boot**) **5 trunks** PL Badehose f; **a pair of ~s** eine Badehose **trunk call** $\bar{s}$ (Br TEL) Ferngespräch n **trunk road** $\bar{s}$ (Br) Fernstraße f

trust [trʌst] **A** $\bar{s}$ **1** Vertrauen n (in zu); **to put one's ~ in sb** Vertrauen in jdn setzen; **position of ~** Vertrauensstellung f **2** JUR, FIN Treuhand(-schaft) f **3** (HANDEL: a. **trust company**) Trust m **B** VT **1** trauen (+dat); jdm (ver)trauen (+dat); **to ~ sb to do sth** jdm zutrauen, dass er etw tut; **to ~ sb with sth** jdm etw anvertrauen; **can he be ~ed not to lose it?** kann man sich darauf verlassen, dass er es nicht verliert? **2** (iron umg) **~ you!** typisch!; **~ him to break it!** er muss es natürlich kaputt machen **3** hoffen **C** VI vertrauen; **to ~ in sb** auf jdn vertrauen; **to ~ to luck** sich auf sein Glück verlassen **trusted** [ˈtrʌstɪd] ADJ Methode bewährt; Freund getreu **trustee** [trʌsˈtiː] $\bar{s}$ **1** Treuhänder(in)

m(f) **2** Verwalter(in) m(f); **~s** Vorstand m **trust fund** $\bar{s}$ Treuhandvermögen n **trusting** [ˈtrʌstɪŋ] ADJ gutgläubig **trustworthy** [ˈtrʌstˌwɜːðɪ] ADJ vertrauenswürdig

truth [truːθ] $\bar{s}$, pl **-s** [truːðz] (⚠ meist kein pl) Wahrheit f; **to tell the ~** … um ehrlich zu sein …; **the ~ of it is that …** die Wahrheit ist, dass …; **there's some ~ in that** da ist etwas Wahres dran (umg); **in ~** in Wahrheit **truthful** ADJ ehrlich **truthfulness** $\bar{s}$ Ehrlichkeit f

try [traɪ] **A** $\bar{s}$ Versuch m; **to have a ~** es versuchen; **let me have a ~** lass mich mal versuchen!; **to have a ~ at doing sth** (sich daran) versuchen, etw zu tun; **it was a good ~** das war schon ganz gut **B** VT **1** versuchen; **to ~ one's best** sein Bestes versuchen; **to ~ one's hand at sth** etw probieren; **I'll ~ anything once** ich probiere alles einmal **2** ausprobieren; Händler es versuchen (bei); **~ sitting on it** setz dich doch mal drauf! **3** (≈ Speise) probieren **4** Geduld auf die Probe stellen **5** JUR vor Gericht stellen; **to be tried for theft** wegen Diebstahls vor Gericht stehen **C** VI versuchen; **~ and arrive on time** versuch mal, pünktlich zu sein; **~ as he might, he didn't succeed** sosehr er es auch versuchte, er schaffte es einfach nicht; **he didn't even ~** er hat sich (dat) überhaupt keine Mühe gegeben, er hat es überhaupt nicht versucht ♦**try for** VI +obj sich bemühen um ♦**try on** VT trennb Kleidung anprobieren ♦**try out** VT trennb ausprobieren (on bei, an +dat)

trying [ˈtraɪɪŋ] ADJ anstrengend

tsar [zɑː] $\bar{s}$ Zar m

T-shirt [ˈtiːʃɜːt] $\bar{s}$ T-Shirt n

tsp(s) abk von **teaspoonful(s), teaspoon(s)** Teel.

tub [tʌb] $\bar{s}$ **1** Kübel m, Tonne f, Bottich m; (für Margarine) Becher m **2** (umg: zum Baden) Wanne f

tuba [ˈtjuːbə] $\bar{s}$ Tuba f; **to play the ~** Tuba spielen (⚠ mit **the**)

tubby [ˈtʌbɪ] ADJ (+er) (umg) dick

tube [tjuːb] $\bar{s}$ **1** Rohr n; (aus Gummi) Schlauch m **2** (mit Zahnpasta) Tube f; (mit Süßigkeiten) Rolle f **3**

trunk — Stamm

trunk — Rüssel

trunk US — Kofferraum

(a pair of) trunks — (eine) Badehose

687 | TUNE

tub — Bottich

tub *umg* — Wanne

(*Br: n London*) U-Bahn *f* ❹ ANAT, TV Röhre *f*
tuber ['tjuːbəʳ] ⓢ BOT Knolle *f*
tuberculosis [tjʊˌbɜːkjʊ'ləʊsɪs] ⓢ Tuberkulose *f*
tube station ⓢ (*Br*) U-Bahnstation *f* **tubing** ['tjuːbɪŋ] ⓢ Schlauch *m*
TUC (*Br*) *abk* von Trades Union Congress ≈ DGB *m*
tuck [tʌk] Ⓐ ⓢ (*Rock*) Saum *m* Ⓑ ⓥⓣ stecken; **to ~ sth under one's arm** sich (*dat*) etw unter den Arm stecken ◆**tuck away** ⓥⓣ *trennb* wegstecken; **he tucked it away in his pocket** er steckte es in die Tasche ◆**tuck in** Ⓐ ⓥⓘ (*Br umg*) zulangen; **~!** langt zu!, haut rein! (*umg*); **to ~to sth** sich (*dat*) etw schmecken lassen Ⓑ ⓥⓣ *trennb* hineinstecken; **to tuck one's shirt in(to) one's trousers, to tuck one's shirt in** das Hemd in die Hose stecken; **to tuck sb in** (*im Bett*) jdn zudecken ◆**tuck up** ⓥⓣ *trennb* (*Br*) **to tuck sb up (in bed)** jdn zudecken
tuck shop ⓢ (*Br*) Bonbonladen *m* (❗ = (US) candy store)

Tue(s) *abk* von Tuesday Di.
Tuesday ['tjuːzdɪ] ⓢ Dienstag *m*; **on ~** (am) Dienstag; **on ~s, on a ~** dienstags; **on ~ morning/evening** (am) Dienstagmorgen/-abend; **on ~ mornings** dienstagmorgens; **last/next/this ~** letzten/nächsten/diesen Dienstag; **a year (ago) last ~** letzten Dienstag vor einem Jahr; **~'s newspaper** die Zeitung vom Dienstag; **~ December 5th** Dienstag, den 5. Dezember
tuft [tʌft] ⓢ Büschel *n*; **a ~ of hair** ein Haarbüschel *n*
tug [tʌg] Ⓐ ⓥⓣ zerren, ziehen; **she ~ged his sleeve** sie zog an seinem Ärmel Ⓑ ⓥⓘ zerren (*at* an +*dat*) Ⓒ ⓢ ❶ **to give sth a ~** an etw (*dat*) ziehen ❷ (*a.* tugboat) Schleppkahn *m*
tug-of-war ⓢ Tauziehen *n*
tuition [tjʊ'ɪʃən] ⓢ Unterricht *m*
tulip ['tjuːlɪp] ⓢ Tulpe *f*
tumble ['tʌmbl] Ⓐ ⓢ Sturz *m* Ⓑ ⓥⓘ straucheln; (*fig: Preise*) fallen; **to ~ over sth** über etw (*akk*) stolpern ◆**tumble down** ⓥⓘ (*Mensch*) hinfallen; (*Objekt*) herunterfallen; **to ~ the stairs** die Treppe hinunterfallen ◆**tumble over** ⓥⓘ umfallen
tumbledown ⓐⓓⱼ baufällig **tumble drier**, **tumble dryer** ⓢ Wäschetrockner *m* **tumbler** ['tʌmbləʳ] ⓢ (Becher)glas *n*
tummy ['tʌmɪ] ⓢ (*umg*) Bauch *m*
tumour, (*US*) **tumor** ['tjuːməʳ] ⓢ Tumor *m*
tumult ['tjuːmʌlt] ⓢ Tumult *m*; **his mind was in a ~** sein Inneres befand sich in Aufruhr **tumultuous** [tjuː'mʌltjʊəs] ⓐⓓⱼ stürmisch
tuna (fish) ['tjuːnə('fɪʃ)] ⓢ, *pl* tuna(s), tuna fish Thunfisch *m*, Thon *m* (*schweiz*)
tundra ['tʌndrə] ⓢ Tundra *f*
tune [tjuːn] Ⓐ ⓢ ❶ Melodie *f*; **to change one's ~** (*fig*) seine Meinung ändern; **to call the ~** (*fig*) den Ton angeben; **to the ~ of £100** in Höhe von £ 100 ❷ **to sing in ~/out of ~** richtig/falsch singen; **the piano is out of ~** das Klavier ist verstimmt; **to be in ~ with sb/sth** (*fig*) mit jdm/etw harmonieren Ⓑ ⓥⓣ ❶ MUS Instrument stimmen ❷ RADIO, TV, AUTO einstellen ◆**tune in** Ⓐ ⓥⓘ RADIO einschalten; **to ~ to Radio Lon-**

tube — Rohr

tube — Tube *Zahnpasta*

tube *Br* — (Londoner) U-Bahn

don Radio London hören B V/T *trennb Radio* einschalten *(to +akk)* ◆**tune up** V/I MUS (sein Instrument) stimmen

tuneful ADJ, **tunefully** ADV ['tjuːnfʊl, -fəlɪ] melodisch

tungsten ['tʌŋstən] S Wolfram *n*

tunic ['tjuːnɪk] S **1** Kasack *m* **2** Uniformrock *m*

Tunisia [tjuːˈnɪzɪə] S Tunesien *n*

tunnel ['tʌnl] A S Tunnel *m*; BERGB Stollen *m*; **at last we can see the light at the end of the ~** *(fig)* endlich sehen wir wieder Licht B V/I einen Tunnel bauen *(into* in *+akk, through* durch)

tunnel vision S MED Gesichtsfeldeinengung *f*; *(fig)* Engstirnigkeit *f*

tuppence ['tʌpəns] S *(Br)* zwei Pence

turban ['tɜːbən] S Turban *m*

turbine ['tɜːbaɪn] S Turbine *f*

turbo-charged ['tɜːbəʊˌtʃɑːdʒd] ADJ mit Turboaufladung

turbot ['tɜːbət] S, *pl* - Steinbutt *m*

turbulence ['tɜːbjʊləns] S Turbulenz *f*; **air ~** Turbulenzen *pl* **turbulent** ['tɜːbjʊlənt] ADJ stürmisch; *Karriere, Zeit* turbulent

turd [tɜːd] S *(sl)* Haufen *m (umg)*

tureen [təˈriːn] S (Suppen)terrine *f*

turf [tɜːf] S, *pl* -s *od* turves **1** (⚠) kein *pl*) Rasen *m* **2** (≈Grasstück) Sode *f*

Turk [tɜːk] S Türke *m*, Türkin *f*

Turkey ['tɜːkɪ] S die Türkei

turkey ['tɜːkɪ] S Truthahn *m*/-henne *f*

Turkish ['tɜːkɪʃ] A ADJ türkisch; **she is ~** sie ist Türkin B S LING Türkisch *n* **Turkish delight** S Lokum *n*

turmeric ['tɜːmərɪk] S Kurkuma *f*, Gelbwurz *f*

turmoil ['tɜːmɔɪl] S Aufruhr *m*, Durcheinander *n*; **her mind was in a ~** sie war völlig verwirrt

---

turn [tɜːn]

A Substantiv   B transitives Verb
C intransitives Verb

— A Substantiv —

1 Drehung *f*; **to give sth a ~** etw drehen **2** *(in Straße)* Kurve *f*; SPORT Wende *f*; **take the left-hand ~** biegen Sie links ab; **"no left ~"** „Linksabbiegen verboten"; **things took a ~ for the worse** die Dinge wendeten sich zum Schlechten; **at the ~ of the century** um die Jahrhundertwende; **~ of phrase** Ausdrucksweise *f*; **he was thwarted at every ~** ihm wurde auf Schritt und Tritt ein Strich durch die Rechnung gemacht **3** **it's your ~** du bist an der Reihe, du bist dran; **it's your ~ to wash the dishes** du bist mit (dem) Abwaschen an der Reihe *od* dran; **it's my ~ next** ich

komme als Nächste(r) an die Reihe *od* dran; **wait your ~** warten Sie, bis Sie an der Reihe sind; **to miss a ~** eine Runde aussetzen; **to take (it in) ~s to do sth** etw abwechselnd tun; **to answer in ~** der Reihe nach antworten, abwechselnd antworten; **out of ~** außer der Reihe **4** **to do sb a good ~** jdm einen guten Dienst erweisen; **one good ~ deserves another** *(sprichw)* eine Hand wäscht die andere *(sprichw)*

— B transitives Verb —

1 drehen; **to ~ the key in the lock** den Schlüssel im Schloss herumdrehen; **he ~ed his head toward(s) me** er wandte mir den Kopf zu; **as soon as his back is ~ed** sobald er den Rücken kehrt; **the sight of all that food quite ~ed my stomach** beim Anblick des vielen Essens drehte sich mir regelrecht der Magen um; **he can ~ his hand to anything** er kann alles **2** wenden; *Seite* umblättern; *Stuhl* umdrehen **3** **to ~ one's attention to sth** seine Aufmerksamkeit einer Sache *(dat)* zuwenden; **to ~ a gun on sb** ein Gewehr auf jdn richten **4** verwandeln *(in(to)* in *+akk)*; **to ~ the lights down low** das Licht herunterdrehen; **to ~ a profit** *(bes US)* einen Gewinn machen; **to ~ sth into a film** etw verfilmen; **to ~ sb loose** jdn loslassen

— C intransitives Verb —

1 sich drehen; **he ~ed to me and smiled** er drehte sich mir zu und lächelte; **to ~ upside down** umkippen **2** (≈ *Richtung wechseln: Mensch, Auto)* abbiegen; (≈ *um 180 Grad)* wenden; *(Mensch)* sich umdrehen; *(Gezeiten)* wechseln; **to ~ (to the) left** links abbiegen **3** **I don't know which way to ~** ich weiß nicht, was ich machen soll; **to ~ to sb** sich an jdn wenden; **our thoughts ~ to those who ...** wir gedenken derer, die ...; **to ~ to sth** sich einer Sache *(dat)* zuwenden; **~ to page 306** blättern Sie weiter bis Seite 306; **the conversation ~ed to the accident** das Gespräch kam auf den Unfall **4** *(Blätter)* sich (ver)färben; *(Wetter)* umschlagen; **to ~ to stone** zu Stein werden; **his admiration ~ed to scorn** seine Bewunderung verwandelte sich in Verachtung; **to ~ into sth** sich in etw *(akk)* verwandeln, sich zu etw entwickeln; **the whole thing ~ed into a nightmare** die ganze Sache wurde zum Albtraum **5** werden; **to ~ violent** gewalttätig werden; **to ~ red** *(Blätter)* sich rot färben; *(Mensch)* rot werden; *(Ampel)* auf Rot umspringen; **he has just ~ed 18** er ist gerade 18 geworden; **it has ~ed 2 o'clock** es ist 2 Uhr vorbei

◆**turn against** A V/I +obj sich wenden gegen

B _vti_ trennb +obj **to turn sb against sb** jdn gegen jdn aufbringen ◆**turn around A** _vti_ trennb wenden; _Argument_ umdrehen; _Firma_ aus der Krise führen **B** _vti_ +obj _Ecke_ biegen um **C** _vti_ sich umdrehen; _(Auto)_ wenden ◆**turn away A** _vti_ sich abwenden **B** _vti_ trennb **1** _Kopf_ abwenden **2** jdn abweisen ◆**turn back A** _vti_ **1** umkehren, sich umdrehen; **there's no turning back now** _(fig)_ jetzt gibt es kein Zurück mehr **2** _(in Buch)_ zurückblättern _(to auf +akk)_ **B** _vti_ trennb **1** _Bettdecke_ zurückschlagen **2** jdn zurückschicken; **they were turned back at the frontier** sie wurden an der Grenze zurückgewiesen **3** _Uhr_ zurückstellen; **to turn the clock back fifty years** _(fig)_ die Uhr um fünfzig Jahre zurückdrehen ◆**turn down A** _vti_ trennb **1** _Bettdecke_ zurückschlagen; _Kragen_ herunterklappen; _Buchseite_ umknicken **2** _Heizung_ kleiner stellen; _Lautstärke_ leiser stellen; _Licht_ herunterdrehen **3** _Angebot_ ablehnen; _Einladung_ ausschlagen **B** _vti_ +obj **he turned down a side street** er bog in eine Seitenstraße ab ◆**turn in A** _vti_ **1 the car turned in at the top of the drive** das Auto bog in die Einfahrt ein **2** _(umg: zum Schlafen)_ sich hinhauen _(umg)_ **B** _vti_ trennb _(umg)_ **to turn sb in** jdn anzeigen _od_ verpfeifen _(umg)_; **to turn oneself in** sich (der Polizei) stellen ◆**turn into** _vti & vti_ +obj = turn B4, C4 ◆**turn off A** _vti_ **1** abbiegen _(for nach, off von)_ **B** _vti_ trennb **1** _Licht, Radio_ ausmachen; _Gas_ abdrehen; _Wasserhahn_ zudrehen; _Fernsehprogramm_ abschalten; _Strom, Maschine_ abstellen **2** _(umg)_ **to turn sb off** jdm die Lust verderben ◆**turn on** _vti_ trennb **1** _Gas, Maschine_ anstellen; _Fernsehen_ einschalten; _Licht_ anmachen; _Wasserhahn_ aufdrehen **2** _(umg)_ **sth turns sb on** jd steht auf etw _(akk)_ _(sl)_; **whatever turns you on** wenn du das gut findest _(umg)_ **3** _(umg: sexuell)_ anmachen _(umg)_; **she really turns me on** auf sie kann ich voll abfahren _(umg)_ _v/i_ +obj sich wenden gegen; _(≈ attackieren)_ angreifen ◆**turn out A** _vti_ **1** erscheinen **2** _(Polizei)_ ausrücken **3 the car turned out of the drive** das Auto bog aus der Einfahrt **4** sich herausstellen; **he turned out to be the murderer** es stellte sich heraus, dass er der Mörder war **5** sich entwickeln; **how did it turn out?** was ist daraus geworden?; _(Kuchen etc)_ wie ist er _etc_ geworden?; **as it turned out** wie sich herausstellte; **everything will turn all right** es wird sich schon alles ergeben; **it turned out nice in the afternoon** _(Br)_ am Nachmittag wurde es noch schön **B** _vti_ trennb **1** _Licht_ ausmachen **2** produzieren **3** vertreiben _(of aus)_; _Mieter_ kündigen _(+dat)_ **4** _Taschen_ (aus)leeren **5** _(meist passiv)_ **well turned-out** gut gekleidet ◆**turn over A** _vti_ **1** sich umdrehen; _(Auto)_ sich überschlagen; **he turned over**

on(to) his stomach er drehte sich auf den Bauch **2 please turn over** _(beim Lesen)_ bitte wenden **3** _(AUTO: Motor)_ laufen **4** _TV, RADIO_ umschalten _(to auf +akk)_ **B** _vti_ trennb **1** umdrehen; _Matratze_ wenden; _Kinderwagen_ umkippen; _Seite_ umblättern **2** übergeben _(to +dat)_ ◆**turn round** _(bes Br)_ **A** _vti_ sich umdrehen, umkehren; **one day she'll just turn and leave you** eines Tages wird sie dich ganz einfach verlassen **B** _vti_ +obj **we turned round the corner** wir bogen um die Ecke **C** _vti_ trennb **1** _Kopf_ drehen; _Kiste_ umdrehen **2** = turn around I ◆**turn up A** _vti_ **1** erscheinen; **I was afraid you wouldn't turn** ich hatte Angst, du würdest nicht kommen **2** sich (an)finden **3** passieren **4 a turned-up nose** eine Stupsnase; **to turn at the ends** sich an den Enden hochbiegen **B** _vti_ trennb **1** _Kragen_ hochklappen; _Saum_ umnähen; **to turn one's nose at sth** _(fig)_ die Nase über etw _(akk)_ rümpfen **2** _Heizung, Lautstärke_ aufdrehen; _Radio_ lauter drehen

turnaround [ˈtɜːnəraʊnd], **turnround** [ˈtɜːnraʊnd] _s_ **1** _(a._ **turnabout**) Kehrtwendung _f_ **2** Umschwung _m_ **turncoat** [ˈtɜːnkəʊt] _s_ Überläufer(in) _m(f)_ **turning** [ˈtɜːnɪŋ] _s (in Straße)_ Abzweigung _f_; **the second turn on the left** die zweite Abfahrt links **turning lane** _s (US)_ Abbiegespur _f_ (❗ = (Br) **filter lane**) **turning point** _s_ Wendepunkt _m_

turnip [ˈtɜːnɪp] _s_ Rübe _f_, Steckrübe _f_

turn-off _s_ **1** Abzweigung _f_; _(auf Autobahn)_ Abfahrt _f_ **2** _(umg)_ **it was a real turn-off** das hat einem die Lust verdorben **turnout** [ˈtɜːnaʊt] _s_ Beteiligung _f_; **there was a good turn** das Spiel _etc_ war gut besucht **turnover** [ˈtɜːnəʊvə] _s_ Umsatz _m_; _(von Kapital)_ Umlauf _m_; _(von Personal)_ Fluktuation _f_ **turnpike** _s (US)_ gebührenpflichtige Autobahn **turnround** _s_ = turnaround **turn signal** _s (US AUTO)_ Fahrtrichtungsanzeiger _m_, Blinker _m_ (❗ = (Br) **indicator**) **turnstile** _s_ Drehkreuz _n_ **turntable** _s (von Plattenspieler)_ Plattenteller _m_ **turn-up** _s (Br)_ **1** _(von Hose)_ Aufschlag _m_ (❗ = (US) **cuff**) **2** _(umg)_ **a turn for the books** eine echte Überraschung

turpentine [ˈtɜːpəntaɪn] _s_ Terpentin(öl) _n_

turquoise [ˈtɜːkwɔɪz] **A** _s_ Türkis _n_ **B** _ADJ_ türkis (-farben)

turret [ˈtʌrɪt] _s_ ARCH Mauerturm _m_; _(von Panzer)_ Turm _m_

turtle [ˈtɜːtl] _s_ (Wasser)schildkröte _f_ **turtleneck (pullover)** _s (bes US)_ Rollkragenpullover _m_ (❗ = (Br) **polo neck**)

turves [tɜːvz] _PL_ von turf

Tuscany [ˈtʌskənɪ] _s_ die Toskana

tusk [tʌsk] _s_ Stoßzahn _m_

tussle [ˈtʌsl] **A** _s_ Gerangel _n_ **B** _vti_ sich rangeln

(with sb for sth mit jdm um etw)

tutor ['tjuːtəʳ] **A** 𝔰 **1** Privatlehrer(in) m(f) **2** (Br UNIV) Tutor(in) m(f) **B** V̅T̅ privat unterrichten

tutorial [tjuːˈtɔːrɪəl] **A** 𝔰 (Br UNIV) Kolloquium n **B** A̅D̅J̅ Tutoren-; **~ group** Seminargruppe f

tutu ['tuːtuː] 𝔰 Tutu n

tux [tʌks] (umg), **tuxedo** [tʌkˈsiːdəʊ] 𝔰 (bes US) Smoking m (❗ = (Br) **dinner jacket**)

TV [tiːˈviː] 𝔰 (umg) abk von television Fernsehen n; (≈ Apparat) Fernseher m (umg); **on TV** im Fernsehen; **TV programme** (Br) od **program** (US) Fernsehsendung f; → television

twang [twæŋ] V̅I̅ (Gitarre) einen scharfen Ton von sich geben; (Gummiband) pitschen (umg)

tweak [twiːk] **A** V̅T̅ kneifen, zwicken (österr) **B** 𝔰 **to give sth a ~** an etw (dat) (herum)zupfen

twee [twiː] A̅D̅J̅ (+er) (Br umg) niedlich

tweed [twiːd] **A** 𝔰 Tweed m **B** A̅D̅J̅ Tweed-

tweet [twiːt] **A** 𝔰 (von Vogel) Piepsen n kein pl **B** V̅I̅ piepsen

tweezers ['twiːzəz] P̅L̅ (a. **pair of tweezers**) Pinzette f

twelfth [twelfθ] **A** A̅D̅J̅ zwölfte(r, s); **a ~ part** ein Zwölftel n **B** 𝔰 **1** Zwölfte(r, s) **2** Zwölftel n; → sixth **Twelfth Night** 𝔰 Dreikönige, Dreikönigsabend m

twelve [twelv] **A** A̅D̅J̅ zwölf; **~ noon** zwölf Uhr (mittags) **B** 𝔰 Zwölf f; → six

twentieth ['twentɪɪθ] **A** A̅D̅J̅ zwanzigste(r, s); **a ~ part** ein Zwanzigstel n **B** 𝔰 **1** Zwanzigste(r, s) **2** Zwanzigstel n; → sixth

twenty ['twenti] **A** A̅D̅J̅ zwanzig **B** 𝔰 Zwanzig f; → sixty **twenty-four seven, 24/7 A** 𝔰 Geschäft, das sieben Tage die Woche und 24 Stunden am Tag geöffnet hat **B** A̅D̅J̅ attr rund um die Uhr; **~ service** Service, der rund um die Uhr zur Verfügung steht

twerp [twɜːp] 𝔰 (umg) Einfaltspinsel m (umg)

twice [twaɪs] A̅D̅V̅ zweimal; **~ as much/many** doppelt so viel/so viele; **~ as long as …** doppelt od zweimal so lange wie …; **~ a week** zweimal wöchentlich; **I'd think ~ before trusting him with it** ihm würde ich das nicht so ohne Weiteres anvertrauen

twiddle ['twɪdl] V̅T̅ herumdrehen an (+dat); **to ~ one's thumbs** Däumchen drehen

twig [twɪg] 𝔰 Zweig m

twilight ['twaɪlaɪt] 𝔰 Dämmerung f; **at ~** in der Dämmerung

twin [twɪn] **A** 𝔰 Zwilling m; **her ~** ihr Zwillingsbruder/ihre Zwillingsschwester **B** A̅D̅J̅ attr Zwillings-; **~ boys/girls** Zwillingsjungen pl/-mädchen pl **2** **~ peaks** Doppelgipfel pl **C** V̅T̅ (Br) Stadt verschwistern; **Oxford was ~ned with Bonn** Oxford und Bonn wurden zu Partnerstädten/waren Partnerstädte **twin beds** P̅L̅

zwei (gleiche) Einzelbetten pl **twin brother** 𝔰 Zwillingsbruder m

twine [twaɪn] **A** 𝔰 Schnur f **B** V̅T̅ winden **C** V̅I̅ (around um) sich winden

twinge [twɪndʒ] 𝔰 Zucken n; **a ~ of pain** ein zuckender Schmerz

twinkle ['twɪŋkl] **A** V̅I̅ funkeln **B** 𝔰 Funkeln n; **with a ~ in his/her eye** augenzwinkernd

twinkling ['twɪŋklɪŋ] 𝔰 **in the ~ of an eye** im Handumdrehen

twin sister 𝔰 Zwillingsschwester f **twin town** 𝔰 (Br) Partnerstadt f

twirl [twɜːl] **A** V̅T̅ (herum)wirbeln **B** V̅I̅ wirbeln **C** 𝔰 Wirbel m; (in Tanz) Drehung f; **give us a ~** dreh dich doch mal

twist [twɪst] **A** 𝔰 **1** **to give sth a ~** etw (herum)drehen **2** Kurve f; (fig: in Geschichte) Wendung f **3** (Br umg) **to drive sb round the ~** jdn wahnsinnig machen **B** V̅T̅ **1** drehen, wickeln (into zu); **to ~ the top off a jar** den Deckel von einem Glas abdrehen; **to ~ sth (a)round sth** etw um etw (akk) wickeln **2** verbiegen; Worte verdrehen; **to ~ sth out of shape** etw verbiegen; **she had to ~ my arm** (fig) sie musste mich sehr überreden; **to ~ one's ankle** sich (dat) den Fuß vertreten; **his face was ~ed with pain** sein Gesicht war verzerrt vor Schmerz **C** V̅I̅ (≈ Wind) sich drehen; (Pflanze) sich ranken; (Straße, Fluss) sich schlängeln ♦**twist around** V̅T̅ trennb = twist round B ♦**twist off A** V̅I̅ **the top twists off** der Deckel lässt sich abschrauben **B** V̅T̅ trennb abdrehen; Deckel abschrauben ♦**twist round** (bes Br) **A** V̅I̅ sich umdrehen; (Straße) eine Biegung machen **B** V̅T̅ trennb herumdrehen

twisted ['twɪstɪd] A̅D̅J̅ Seil (zusammen)gedreht; (≈ verformt) verbogen; (fig, pej) verdreht; Knöchel verrenkt; **bitter and ~** verbittert und verwirrt

twister ['twɪstəʳ] 𝔰 (US umg) Tornado m

twit [twɪt] 𝔰 (bes Br umg) Trottel m (umg)

twitch [twɪtʃ] **A** 𝔰 Zucken n **B** V̅I̅ (Muskeln) zucken **C** V̅T̅ Nase zucken mit

twitter ['twɪtəʳ] **A** V̅I̅ zwitschern **B** 𝔰 Zwitschern n

two [tuː] **A** A̅D̅J̅ zwei; **to cut sth in ~** etw in zwei Teile schneiden; **~ by ~, in ~s** zu zweien; **in ~s and threes** immer zwei oder drei (Leute) auf einmal; **to put ~ and ~ together** (fig) zwei und zwei zusammenzählen; **~'s company, three's a crowd** ein Dritter stört nur; **~ can play at that game** (umg) den Spieß kann man auch umdrehen; → six **B** 𝔰 Zwei f; **just the ~ of us** nur wir beide **two-dimensional** A̅D̅J̅ zweidimensional; fig flach **two-door** A̅D̅J̅ zweitürig **two-edged** A̅D̅J̅ **a ~ sword** (fig) ein zweischneidiges Schwert **two-faced** A̅D̅J̅ (fig) falsch **twofold** ADJ zweifach, doppelt; **a ~ increase** ein Anstieg um das Doppelte; **the advantages are ~** das hat einen doppelten Vorteil **two-handed** ADJ beidhändig **two-legged** ADJ zweibeinig; **a ~ animal** ein Zweibeiner m **two-percent milk** S (US) Halbfettmilch f **two-piece** ADJ zweiteilig **two-pin plug** S Stecker m mit zwei Kontakten **two-seater** ADJ zweisitzig **twosome** S Paar n **two-storey**, (US) **two-story** ADJ zweistöckig **two-time** VT (umg) betrügen **two-way** ADJ Beziehung wechselseitig; **~ traffic** Gegenverkehr m **two-way radio** S, pl -s Funksprechgerät n

tycoon [taɪˈkuːn] S Magnat(in) m(f)

type¹ [taɪp] S 1 Art f; (von Produkt) Sorte f; (≈ Charakter) Typ m; **different ~s of roses** verschiedene Rosensorten pl; **what ~ of car is it?** was für ein Auto(typ) ist das?; **Cheddar-~ cheese** eine Art Cheddar; **they're totally different ~s of person** sie sind vom Typ her völlig verschieden; **that ~ of behaviour** (Br) or **behavior** (US) ein solches Benehmen; **it's not my ~ of film** diese Art Film gefällt mir nicht; **he's not my ~** er ist nicht mein Typ 2 (umg ≈ Mann) Typ m

type² A S TYPO Type f; **large ~** große Schrift B VT tippen C VI tippen (umg) ◆**type in** VT trennb eintippen; bes IT eingeben ◆**type out** VT trennb tippen (umg)

typecast prät, pperf typecast VT THEAT (auf eine bestimmte Rolle) festlegen **typeface** S Schrift f **typescript** S Typoskript n (geh) **typewriter** S Schreibmaschine f **typewritten** ADJ maschinengeschrieben

typhoid [ˈtaɪfɔɪd] S (a. **typhoid fever**) Typhus m

typhoon [taɪˈfuːn] S Taifun m

typhus [ˈtaɪfəs] S Fleckfieber n

typical [ˈtɪpɪkəl] ADJ typisch (of für); **~ male!** typisch Mann!

typing [ˈtaɪpɪŋ] S Tippen n (umg) **typing error** S Tippfehler m

typist [ˈtaɪpɪst] S Schreibkraft f

tyrannic(al) ADJ, **tyrannically** ADV [tɪˈrænɪk(əl), tɪˈrænɪkəlɪ] tyrannisch **tyrannize** [ˈtɪrənaɪz] VT tyrannisieren **tyranny** [ˈtɪrənɪ] S Tyrannei f **tyrant** [ˈtaɪərənt] S Tyrann(in) m(f)

tyre, (US) **tire** [taɪə'] S Reifen m, Pneu m (schweiz)

Tyrol [tɪˈrəʊl] S **the ~** Tirol n **Tyrolean** [ˌtɪrəˈliːən] A ADJ tirol(er)isch B S Tiroler(in) m(f)

tzar S = tsar

U, u [juː] S U n, u n

ubiquitous [juːˈbɪkwɪtəs] ADJ allgegenwärtig

udder [ˈʌdə'] S Euter n

UFO [ˌjuːefˈəʊ, ˈjuːfəʊ] abk von unidentified flying object UFO n

ugh [ʌɡ, ɜː] INT igitt

ugliness [ˈʌɡlɪnɪs] S Hässlichkeit f

ugly [ˈʌɡlɪ] ADJ (+er) hässlich, übel; Lage bedrohlich; **to turn ~** (umg) gemein werden

UHF abk von ultrahigh frequency UHF

UHT abk von ultra heat treated ultrahocherhitzt; **~ milk** H-Milch f

UK abk von United Kingdom UK n

Ukraine [juːˈkreɪn] S **the ~** die Ukraine **Ukrainian** [juːˈkreɪnɪən] A ADJ ukrainisch; **he is ~** er ist Ukrainer B S Ukrainer(in) m(f)

ulcer [ˈʌlsə'] S MED Geschwür n

ulterior [ʌlˈtɪərɪə'] ADJ Absicht etc verborgen; **~ motive** Hintergedanke m

ultimata [ˌʌltɪˈmeɪtə] pl von ultimatum **ultimate** [ˈʌltɪmɪt] A ADJ 1 letzte(r, s); Entscheidung endgültig; Herrschaft oberste(r, s); **~ goal** Endziel n; **what is your ~ ambition in life?** was streben Sie letzten Endes im Leben an? 2 vollendet, perfekt; **the ~ insult** der Gipfel der Beleidigung B S Nonplusultra n; **that is the ~ in comfort** das ist das Höchste an Komfort **ultimately** [ˈʌltɪmɪtlɪ] ADV letzten Endes **ultimatum** [ˌʌltɪˈmeɪtəm] S, pl -s od ultimata Ultimatum n; **to deliver an ~ to sb** jdm ein Ultimatum stellen

ultrahigh frequency [ˌʌltrəhaɪˈfriːkwənsɪ] S Ultrahochfrequenz f **ultrasonic** [ˌʌltrəˈsɒnɪk] ADJ Ultraschall- **ultrasound** [ˈʌltrəsaʊnd] S 1 Ultraschall m 2 Ultraschalluntersuchung f **ultraviolet** [ˌʌltrəˈvaɪəlɪt] ADJ ultraviolett

umbilical cord [ʌmˌbɪlɪkəlˈkɔːd] S Nabelschnur f

umbrella [ʌmˈbrelə] S 1 (Regen)schirm m 2 Sonnenschirm m **umbrella organization** S Dachorganisation f **umbrella stand** S Schirmständer m

umpire [ˈʌmpaɪə'] A S Schiedsrichter(in) m(f) B VT Schiedsrichter(in) sein bei C VI (in bei) Schiedsrichter(in) sein

umpteen [ˈʌmpˈtiːn] ADJ (umg) zig (umg) **umpteenth** [ˈʌmpˈtiːnθ] ADJ (umg) x-te(r, s); **for the ~ time** zum x-ten Mal

UN abk von United Nations UNO f, UN pl

unabated [ˌʌnəˈbeɪtɪd] ADJ unvermindert; **the**

umbrella — (Regen)schirm

umbrella — (Sonnen)schirm

storm continued ~ der Sturm ließ nicht nach
unable [ʌn'eɪbl] ADJ präd **to be ~ to do sth** etw nicht tun können
unabridged [ˌʌnə'brɪdʒd] ADJ ungekürzt
unacceptable [ˌʌnək'septəbl] ADJ unannehmbar; *Entschuldigung, Angebot* nicht akzeptabel; *Bedingungen* untragbar; **it's quite ~ that we should be expected to ...** es kann doch nicht von uns verlangt werden, dass ...; **it's quite ~ for young children to ...** es kann nicht zugelassen werden, dass kleine Kinder ... **unacceptably** [ˌʌnək'septɪblɪ] ADV untragbar, unannehmbar, unzumutbar
unaccompanied [ˌʌnə'kʌmpənɪd] ADJ ohne Begleitung
unaccountable [ˌʌnə'kaʊntəbl] ADJ unerklärlich **unaccountably** [ˌʌnə'kaʊntəblɪ] ADV unerklärlicherweise; *verschwinden* auf unerklärliche Weise **unaccounted for** [ˌʌnə'kaʊntɪd'fɔː] ADJ ungeklärt; **£30 is still ~** es ist noch ungeklärt, wo die £ 30 geblieben sind; **three passengers are still ~** drei Passagiere werden noch vermisst
unaccustomed [ˌʌnə'kʌstəmd] ADJ **to be ~ to sth** etw nicht gewohnt sein; **to be ~ to doing sth** es nicht gewohnt sein, etw zu tun
unacquainted [ˌʌnə'kweɪntɪd] ADJ präd **to be ~ with sth** etw nicht kennen
unadulterated [ˌʌnə'dʌltəreɪtɪd] ADJ 1 unverfälscht 2 *(fig) Unsinn* schier; *Glück* ungetrübt
unadventurous [ˌʌnəd'ventʃərəs] ADJ *Leben* wenig abenteuerlich; *Stil* einfallslos; *Mensch* wenig unternehmungslustig
unaffected [ˌʌnə'fektɪd] ADJ 1 (≈ unbeschadet) nicht angegriffen 2 unbeeinflusst, nicht betroffen; *(gefühlsmäßig)* ungerührt; **he remained quite ~ by all the noise** der Lärm berührte *od* störte ihn überhaupt nicht
unafraid [ˌʌnə'freɪd] ADJ **to be ~ of sb/sth** vor jdm/etw keine Angst haben
unaided [ʌn'eɪdɪd] ADV ohne fremde Hilfe
unalike [ˌʌnə'laɪk] ADJ präd ungleich
unalterable [ʌn'ɒltərəbl] ADJ *Tatsache* unabänderlich; *Gesetze* unveränderlich **unaltered** [ʌn'ɒltəd] ADJ unverändert
unambiguous ADJ, **unambiguously** ADV [ˌʌnæm'bɪɡjʊəs, -lɪ] eindeutig
unambitious [ˌʌnæm'bɪʃəs] ADJ *Mensch, Plan* nicht ehrgeizig (genug); *Inszenierung* anspruchslos
unamused [ˌʌnə'mjuːzd] ADJ **she was ~ (by this)** sie fand es *od* das überhaupt nicht lustig
unanimous [juː'nænɪməs] ADJ einmütig; *Entscheidung* einstimmig; **they were ~ in their condemnation of him** sie haben ihn einmütig verdammt; **by a ~ vote** einstimmig **unanimously** [juː'nænɪməslɪ] ADV einmütig; *wählen* einstimmig
unannounced [ˌʌnə'naʊnst] ADJ, ADV unangemeldet
unanswered [ʌn'ɑːnsəd] ADJ unbeantwortet
unapologetic [ˌʌnəˌpɒlə'dʒetɪk] ADJ unverfroren; **he was so ~ about it** es schien ihm überhaupt nicht leidzutun
unappealing [ˌʌnə'piːlɪŋ] ADJ nicht ansprechend; *Aussicht* nicht verlockend
unappetizing [ʌn'æpɪtaɪzɪŋ] ADJ unappetitlich; *Aussicht* wenig verlockend
unappreciated [ˌʌnə'priːʃɪeɪtɪd] ADJ nicht geschätzt *od* gewürdigt; **she felt she was ~ by him** sie hatte den Eindruck, dass er sie nicht zu schätzen wusste **unappreciative** [ˌʌnə'priːʃɪətɪv] ADJ undankbar; *Publikum* verständnislos
unapproachable [ˌʌnə'prəʊtʃəbl] ADJ unzugänglich
unarmed [ʌn'ɑːmd] ADJ, ADV unbewaffnet
unashamed [ˌʌnə'ʃeɪmd] ADJ schamlos **unashamedly** [ˌʌnə'ʃeɪmɪdlɪ] ADV unverschämt, ohne Scham; *romantisch, parteiisch* unverhohlen
unassuming [ˌʌnə'sjuːmɪŋ] ADJ bescheiden
unattached [ˌʌnə'tætʃt] ADJ 1 unbefestigt 2 *(emotional)* ungebunden
unattainable [ˌʌnə'teɪnəbl] ADJ unerreichbar
unattended [ˌʌnə'tendɪd] ADJ *Kinder* unbeaufsichtigt; *Gepäck* unbewacht; **to leave sth ~** etw unbewacht lassen; *Laden* etw unbeaufsichtigt lassen; **to be** *od* **go ~ to** *(Verletzung)* nicht behandelt werden
unattractive [ˌʌnə'træktɪv] ADJ *Ort* wenig reiz-

693 ‖ UNCO

voll; *Angebot, Frau* unattraktiv

unauthorized [ˌʌnˈɔ:θəraɪzd] ADJ unbefugt

unavailable [ˌʌnəˈveɪləbl] ADJ nicht erhältlich; *Mensch* nicht zu erreichen *präd*; **the minister was ~ for comment** der Minister lehnte eine Stellungnahme ab

unavoidable [ˌʌnəˈvɔɪdəbl] ADJ unvermeidlich **unavoidably** [ˌʌnəˈvɔɪdəblɪ] ADV notgedrungen; **to be ~ detained** verhindert sein

unaware [ˌʌnəˈwɛəʳ] ADJ *präd* **to be ~ of sth** sich (*dat*) einer Sache (*gen*) nicht bewusst sein; **I was ~ of his presence** ich hatte nicht bemerkt, dass er da war; **I was ~ that there was a meeting going on** ich wusste nicht, dass da gerade eine Besprechung stattfand **unawares** [ˌʌnəˈwɛəz] ADV **to catch** *od* **take sb ~** jdn überraschen

unbalanced [ʌnˈbælənst] ADJ **1** unausgewogen; *Bericht* einseitig **2** (*a.* **mentally unbalanced**) nicht ganz normal

unbearable ADJ, **unbearably** ADV [ʌnˈbɛərəbl, -lɪ] unerträglich

unbeatable [ʌnˈbi:təbl] ADJ unschlagbar **unbeaten** [ʌnˈbi:tn] ADJ ungeschlagen; *Rekord* ungebrochen

unbecoming [ˌʌnbɪˈkʌmɪŋ] ADJ *Verhalten, Sprache* unschicklich, unziemlich (*geh*); *Kleidung* unvorteilhaft

unbelievable [ˌʌnbɪˈliːvəbl] ADJ unglaublich **unbelievably** [ˌʌnbɪˈliːvəblɪ] ADV unglaublich; *gut, hübsch a.* sagenhaft (*umg*) **unbeliever** [ˌʌnbɪˈliːvəʳ] S Ungläubige(r) *m/f(m)*

unbias(s)ed [ʌnˈbaɪəst] ADJ unvoreingenommen

unblemished [ʌnˈblemɪʃt] ADJ makellos

unblock [ʌnˈblɒk] VT frei machen; *Rohr* die Verstopfung beseitigen in (+*dat*)

unbolt [ʌnˈbəʊlt] VT aufriegeln; **he left the door ~ed** er verriegelte die Tür nicht

unborn [ʌnˈbɔ:n] ADJ ungeboren

unbowed [ʌnˈbaʊd] ADJ (*fig*) ungebrochen; *Stolz* ungebeugt

unbreakable [ʌnˈbreɪkəbl] ADJ *Glas* unzerbrechlich; *Regel* unumstößlich

unbridgeable [ʌnˈbrɪdʒəbl] ADJ unüberbrückbar

unbridled [ʌnˈbraɪdld] ADJ *Leidenschaft* ungezügelt

unbroken [ʌnˈbrəʊkən] ADJ **1** unbeschädigt **2** ununterbrochen **3** *Rekord* ungebrochen

unbuckle [ʌnˈbʌkl] VT aufschnallen

unburden [ʌnˈbɜ:dn] VT (*fig*) **to ~ oneself to sb** jdm sein Herz ausschütten

unbutton [ʌnˈbʌtn] VT aufknöpfen

uncalled-for [ʌnˈkɔ:ldfɔ:ʳ] ADJ unnötig

uncannily [ʌnˈkænɪlɪ] ADV unheimlich; **to look ~ like sb/sth** jdm/einer Sache auf unheimliche Weise ähnlich sehen **uncanny** [ʌnˈkænɪ] ADJ unheimlich; **to bear an ~ resemblance to sb** jdm auf unheimliche Weise ähnlich sehen

uncared-for [ʌnˈkɛədfɔ:ʳ] ADJ ungepflegt; *Kind* vernachlässigt **uncaring** [ʌnˈkɛərɪŋ] ADJ gleichgültig; *Eltern* lieblos

unceasing ADJ, **unceasingly** ADV [ʌnˈsi:sɪŋ, -lɪ] unaufhörlich

uncensored [ʌnˈsensəd] ADJ unzensiert

unceremoniously [ˌʌnserɪˈməʊnɪəslɪ] ADV ohne Umschweife

uncertain [ʌnˈsɜ:tn] ADJ **1** unsicher; **to be ~ of** *od* **about sth** sich (*dat*) einer Sache (*gen*) nicht sicher sein **2** *Wetter* unbeständig **3** **in no ~ terms** klar und deutlich

uncertainty [ʌnˈsɜ:tntɪ] S Ungewissheit *f*, Unbestimmtheit *f*; (*gedanklich*) Zweifel *m*, Unsicherheit *f*; **there is still some ~ as to whether …** es besteht noch Ungewissheit, ob …

unchallenged [ʌnˈtʃælɪndʒd] ADJ unangefochten

unchanged [ʌnˈtʃeɪndʒd] ADJ unverändert **unchanging** [ʌnˈtʃeɪndʒɪŋ] ADJ unveränderlich

uncharacteristic [ˌʌnkærəktəˈrɪstɪk] ADJ untypisch (*of* für) **uncharacteristically** [ˌʌnkærəktəˈrɪstɪklɪ] ADV auf untypische Weise

uncharitable [ʌnˈtʃærɪtəbl] ADJ *Bemerkung* unfreundlich; *Mensch* herzlos; *Haltung* hartherzig

uncharted [ʌnˈtʃɑ:tɪd] ADJ **to enter ~ territory** (*fig*) sich in unbekanntes Terrain begeben

unchecked [ʌnˈtʃekt] ADJ ungehemmt; **to go ~** (*Vormarsch*) nicht gehindert werden

uncivil [ʌnˈsɪvɪl] ADJ unhöflich **uncivilized** [ʌnˈsɪvɪlaɪzd] ADJ unzivilisiert

unclaimed [ʌnˈkleɪmd] ADJ *Preis* nicht abgeholt

unclassified [ʌnˈklæsɪfaɪd] ADJ **1** nicht klassifiziert **2** nicht geheim

uncle [ˈʌŋkl] S Onkel *m*

unclean [ʌnˈkliːn] ADJ unsauber

unclear [ʌnˈklɪəʳ] ADJ unklar; **to be ~ about sth** sich (*dat*) über etw (*akk*) im Unklaren sein

unclog [ʌnˈklɒg] VT die Verstopfung beseitigen in (+*dat*)

uncoil [ʌnˈkɔɪl] A VT abwickeln B VI & VR (*Schlange*) sich langsam strecken

uncollected [ˌʌnkəˈlektɪd] ADJ nicht abgeholt; *Steuer* nicht eingezogen

uncombed [ʌnˈkəʊmd] ADJ ungekämmt

uncomfortable [ʌnˈkʌmfətəbl] ADJ **1** unbequem **2** *Gefühl* ungut; *Schweigen* peinlich; **to feel ~** sich unbehaglich fühlen; **I felt ~ about it/ about doing it** ich hatte ein ungutes Gefühl dabei; **to put sb in an ~ position** jdn in eine

U

UNCO | 694

heikle Lage bringen **3** *Tatsache, Lage* unerfreulich **uncomfortably** [ʌnˈkʌmfətəblɪ] ADV **1** unbequem **2** unbehaglich **3** unangenehm
uncommon [ʌnˈkɒmən] ADJ **1** ungewöhnlich **2** außergewöhnlich
uncommunicative [ˌʌnkəˈmjuːnɪkətɪv] ADJ verschlossen
uncomplaining [ˌʌnkəmˈpleɪnɪŋ] ADJ duldsam
uncomplicated [ʌnˈkɒmplɪkeɪtɪd] ADJ unkompliziert
uncomplimentary [ˌʌnkɒmplɪˈmentərɪ] ADJ unschmeichelhaft
uncomprehending ADJ, **uncomprehendingly** ADV [ˌʌnkɒmprɪˈhendɪŋ, -lɪ] verständnislos
uncompromising [ʌnˈkɒmprəmaɪzɪŋ] ADJ kompromisslos; *Engagement* hundertprozentig
unconcerned [ˌʌnkənˈsɜːnd] ADJ unbekümmert, gleichgültig; **to be ~ about sth** sich nicht um etw kümmern, von etw unberührt sein
unconditional [ˌʌnkənˈdɪʃənl] ADJ vorbehaltlos; *Kapitulation* bedingungslos; *Unterstützung* uneingeschränkt
unconfirmed [ˌʌnkənˈfɜːmd] ADJ unbestätigt
unconnected [ˌʌnkəˈnektɪd] ADJ **the two events are ~** es besteht keine Beziehung zwischen den beiden Ereignissen
unconscious [ʌnˈkɒnʃəs] **A** ADJ **1** MED bewusstlos; **the blow knocked him ~** durch den Schlag wurde er bewusstlos **2** *präd* **to be ~ of sth** sich (*dat*) einer Sache (*gen*) nicht bewusst sein; **I was ~ of the fact that …** ich war mir *od* es war mir nicht bewusst, dass … **3** PSYCH unbewusst; **at** *od* **on an ~ level** auf der Ebene des Unbewussten **B** s̄ PSYCH **the ~** das Unbewusste **unconsciously** [ʌnˈkɒnʃəslɪ] ADV unbewusst **unconsciousness** [ʌnˈkɒnʃəsnəs] s̄ Bewusstlosigkeit *f*
unconstitutional ADJ, **unconstitutionally** ADV [ˌʌnkɒnstɪˈtjuːʃnəl, -lɪ] verfassungswidrig
uncontaminated [ˌʌnkənˈtæmɪneɪtɪd] ADJ nicht verseucht; (*fig*) unverdorben
uncontested [ˌʌnkənˈtestɪd] ADJ unbestritten; *Wahl* ohne Gegenkandidat
uncontrollable [ˌʌnkənˈtrəʊləbl] ADJ unkontrollierbar; *Wut* unbezähmbar; *Verlangen* unwiderstehlich **uncontrollably** [ˌʌnkənˈtrəʊblɪ] ADV unkontrollierbar; *weinen* hemmungslos; *lachen* unkontrolliert **uncontrolled** [ˌʌnkənˈtrəʊld] ADJ *Gefühlsäußerung* unkontrolliert
unconventional [ˌʌnkənˈvenʃənl] ADJ unkonventionell

unconvinced [ˌʌnkənˈvɪnst] ADJ nicht überzeugt (*of* von); **his arguments leave me ~** seine Argumente überzeugen mich nicht **unconvincing** [ˌʌnkənˈvɪnsɪŋ] ADJ nicht überzeugend; **rather ~** wenig überzeugend **unconvincingly** [ˌʌnkənˈvɪnsɪŋlɪ] ADV wenig überzeugend
uncooked [ʌnˈkʊkt] ADJ ungekocht, roh
uncooperative [ˌʌnkəʊˈɒpərətɪv] ADJ *Haltung* stur; *Zeuge* wenig hilfreich
uncoordinated [ˌʌnkəʊˈɔːdɪneɪtɪd] ADJ unkoordiniert
uncork [ʌnˈkɔːk] V/T entkorken
uncorroborated [ˌʌnkəˈrɒbəreɪtɪd] ADJ unbestätigt; *Beweise* nicht bekräftigt
uncountable [ʌnˈkaʊntəbl] ADJ GRAM unzählbar
uncouple [ʌnˈkʌpl] V/T abkoppeln
uncouth [ʌnˈkuːθ] ADJ *Mensch* ungehobelt; *Verhalten* unflätig
uncover [ʌnˈkʌvəʳ] V/T aufdecken
uncritical ADJ, **uncritically** ADV [ʌnˈkrɪtɪkəl, -lɪ] unkritisch (*of, about* in Bezug auf +*akk*)
uncrowded [ʌnˈkraʊdɪd] ADJ nicht überlaufen
uncrowned [ʌnˈkraʊnd] ADJ (*wörtl, fig*) ungekrönt
uncultivated [ʌnˈkʌltɪveɪtɪd], **uncultured** [ʌnˈkʌltʃəd] ADJ unkultiviert
uncurl [ʌnˈkɜːl] V/I glatt werden; (*Schlange*) sich langsam strecken
uncut [ʌnˈkʌt] ADJ **1** ungeschnitten; **~ diamond** Rohdiamant *m* **2** ungekürzt
undamaged [ʌnˈdæmɪdʒd] ADJ unbeschädigt; (*fig*) makellos
undated [ʌnˈdeɪtɪd] ADJ *Brief* undatiert, ohne Datum
undaunted [ʌnˈdɔːntɪd] ADJ unverzagt
undecided [ˌʌndɪˈsaɪdɪd] ADJ unentschlossen; **he is ~ as to whether he should go or not** er ist (sich) noch unschlüssig, ob er gehen soll oder nicht; **to be ~ about sth** sich (*dat*) über etw (*akk*) im Unklaren sein
undefeated [ˌʌndɪˈfiːtɪd] ADJ *Mannschaft* unbesiegt; *Weltmeister* ungeschlagen
undelete [ˈʌndɪˈliːt] V/T IT **to ~ sth** das Löschen von etw rückgängig machen
undemanding [ˌʌndɪˈmɑːndɪŋ] ADJ anspruchslos; *Aufgabe* wenig fordernd
undemocratic, **undemocratically** ADV [ˌʌndeməˈkrætɪk, -əlɪ] undemokratisch
undemonstrative [ˌʌndɪˈmɒnstrətɪv] ADJ zurückhaltend
undeniable [ˌʌndɪˈnaɪəbl] ADJ unbestreitbar **undeniably** [ˌʌndɪˈnaɪəblɪ] ADV zweifellos, unbestreitbar
under [ˈʌndəʳ] **A** PRÄP **1** unter (+*dat*); (*mit Rich-*

UNDE

tungsangabe) unter (+*akk*); **~ it** darunter; **to come out from ~ the bed** unter dem Bett hervorkommen; **it's ~ there** es ist da drunter (*umg*); **~ an hour** weniger als eine Stunde; **there were ~ 50 of them** es waren weniger als 50; **he died ~ the anaesthetic** (*Br*) *or* **anesthetic** (*US*) er starb in der Narkose; **~ construction** im Bau; **the matter ~ discussion** der Diskussionsgegenstand; **to be ~ the doctor** in (ärztlicher) Behandlung sein; **~ an assumed name** unter falschem Namen **2** gemäß (+*dat*) **B** ADV **1** (*Position*) unten; (*bei Ohnmacht*) bewusstlos; **to go ~** untergehen **2** (≈ *weniger*) darunter **under-** PRÄF Unter-, -; **for the ~twelves** für Kinder unter zwölf **underachieve** V/I hinter den Erwartungen zurückbleiben **underachiever** S **Johnny is an ~** Johnnys Leistungen bleiben hinter den Erwartungen zurück **underage** ADJ *attr* minderjährig **underarm** **A** ADJ **1** Unterarm- **2** *werfen* von unten **B** ADV von unten **underbrush** S (*US*) → **undergrowth** **undercarriage** S (*bes Br* FLUG) Fahrwerk *n* (⚠ = (*US*) **landing gear**) **undercharge** V/T **he ~d me by 50p** er berechnete mir 50 Pence zu wenig **underclass** S Unterklasse *f* **underclothes** PL Unterwäsche *f* **undercoat** S Grundierfarbe *f*, Grundierung *f* **undercook** V/T nicht durchgaren **undercover** **A** ADJ geheim; **~ agent** Geheimagent(in) *m(f)* **B** ADV **to work ~** als verdeckter Ermittler/verdeckte Ermittlerin arbeiten **undercurrent** S Unterströmung *f* **undercut** *prät, pperf* undercut V/T (im Preis) unterbieten **underdeveloped** ADJ unterentwickelt **underdog** S Benachteiligte(r) *m/f(m)* **underdone** ADJ nicht gar; *Steak* nicht durchgebraten **underestimate** [ˌʌndərˈestɪmeɪt] **A** V/T unterschätzen **B** [ˌʌndərˈestɪmɪt] S Unterschätzung *f* **underfloor** ADJ attr Fußbodenheizung *f* **underfoot** ADV am Boden; **it is wet ~** der Boden ist nass; **to trample sb/sth ~** auf jdm/etw herumtrampeln **underfunded** ADJ unterfinanziert **underfunding** S Unterfinanzierung *f* **undergo** *prät* underwent, *pperf* undergone V/T *Entwicklung* durchmachen; *Ausbildung* mitmachen; *Test, Operation* sich unterziehen (+*dat*); **to ~ repairs** in Reparatur sein **undergrad** (*umg*), **undergraduate** **A** S Student(in) *m(f)* **B** ATTR *Kurs* für nicht graduierte Studenten

underground [ˈʌndəɡraʊnd] **A** ADJ **1** *Gang, See* unterirdisch **2** (*fig* ≈ *geheim*) Untergrund- **3** (≈ *alternativ*) Underground- **B** ADV **1** unterirdisch; BERGB unter Tage; **3 m ~** 3 m unter der Erde **2** (*fig*) **to go ~** untertauchen **C** S **1** (*Br* BAHN) U-Bahn *f* (⚠ = (*US*) **subway**) **2** Untergrundbewegung *f*; (≈ *Subkultur*) Underground *m* **underground station** S (*Br* BAHN) U-Bahnhof *m* (⚠ = (*US*) **subway station**)

undergrowth (*Br*), (*US*) **underbrush** S Gestrüpp *n* **underhand** ADJ hinterhältig **underinvestment** S mangelnde *od* unzureichende Investitionen *pl* **underlie** *prät* underlay, *pperf* underlain V/T (*fig*) zugrunde liegen (+*dat*) **underline** V/T unterstreichen **underlying** ADJ **1** *Felsen* tiefer liegend **2** *Grund* eigentlich; *Problem* zugrunde liegend; *Spannungen* unterschwellig **undermine** V/T **1** schwächen **2** (*fig*) unterminieren

underneath [ˌʌndəˈniːθ] **A** PRÄP unter (+*dat*); (*mit Richtungsangabe*) unter (+*akk*); **~ it** darunter; **to come out from ~ sth** unter etw (*dat*) hervorkommen **B** ADV darunter **C** S Unterseite *f* **undernourished** ADJ unterernährt **underpants** PL Unterhose(n) *f(pl)*; **a pair of ~** eine Unterhose (⚠ im britischen Englisch nur Herrenunterhose, im amerikanischen Englisch auch Damenunterhose) **underpass** S Unterführung *f* **underpay** *prät, pperf* underpaid V/T zu wenig zahlen +*dat*, unterbezahlen **underpin** V/T (*fig*) *Argument etc* untermauern; *Wirtschaft* (ab)stützen **underpopulated** ADJ unterbevölkert **underprivileged** ADJ unterprivilegiert **underqualified** ADJ unterqualifiziert **underrated** ADJ unterschätzt **undersea** ADJ Unterwasser- **undersecretary** S POL **1** (*Br*) Staatssekretär(in) *m(f)* **2** (*US*) Unterstaatssekretär(in) *m(f)* **undershirt** S (*US*) Unterhemd *n*, Leiberl *n* (*österr*), Leibchen *n* (*österr, schweiz*) (⚠ = (*Br*) **vest**) **undershorts** PL (*US*) Unterhose(n) *f(pl)* (⚠ = (*Br*) **pants**) **underside** S Unterseite *f* **undersigned** S **we the ~** wir, die Unterzeichneten **undersized** ADJ klein **underskirt** S Unterrock *m* **understaffed** ADJ unterbesetzt; *Krankenhaus* mit zu wenig Personal

understand [ˌʌndəˈstænd] *prät, pperf* understood **A** V/T **1** verstehen; **I don't ~ Russian** ich verstehe kein Russisch; **what do you ~ by "pragmatism"?** was verstehen Sie unter „Pragmatismus"? **2** **I ~ that you are going to Australia** ich höre, Sie gehen nach Australien; **I understood (that) he was abroad** ich dachte, er sei im Ausland; **am I to ~ that …?** soll das etwa heißen, dass …?; **as I ~ it, …** soweit ich weiß, … **B** V/I **1** verstehen; **but you don't ~, I must have the money now** aber verstehen Sie doch, ich brauche das Geld jetzt! **2** **so I ~** es scheint so **understandable** [ˌʌndəˈstændəbl] ADJ verständlich **understandably** [ˌʌndəˈstændəblɪ] ADV verständlicherweise **understanding** [ˌʌndə-

UNDE | 696

'stændɪŋ] **A** ADJ verständnisvoll **B** Ṣ_ **1** Auffassungsgabe f; (≈ Wissen) Kenntnisse pl; (≈ Sinn) Verständnis n; **my ~ of the situation is that ...** ich verstehe die Situation so, dass ...; **it was my ~ that ...** ich nahm an, dass ... **2** Abmachung f; **to come to an ~ with sb** eine Abmachung mit jdm treffen; **Susie and I have an ~** Susie und ich haben unsere Abmachung **3** **on the ~ that ...** unter der Voraussetzung, dass ...
understate [ˌʌndəˈsteɪt] V/T herunterspielen
understated [ˌʌndəˈsteɪtɪd] ADJ Film etc subtil; Farben gedämpft; Darbietung zurückhaltend **understatement** [ˈʌndəˌsteɪtmənt] Ṣ Untertreibung f
understood [ˌʌndəˈstʊd] **A** prät, pperf von understand **B** ADJ **1** klar; **to make oneself ~** sich verständlich machen; **do I make myself ~?** ist das klar?; **I thought that was ~!** ich dachte, das sei klar **2** angenommen; **he is ~ to have left** es heißt, dass er gegangen ist
understudy [ˈʌndəˌstʌdi] Ṣ THEAT zweite Besetzung **undertake** [ˌʌndəˈteɪk] prät **undertook** [ˌʌndəˈtʊk] pperf **undertaken** [ˌʌndəˈteɪkn] V/T **1** Job etc übernehmen **2** sich verpflichten **undertaker** [ˈʌndəˌteɪkə'] Ṣ (Leichen)bestatter(in) m(f); (≈ Firma) Bestattungsinstitut n (❗) nicht „Unternehmer") **undertaking** [ˌʌndəˈteɪkɪŋ] Ṣ **1** Vorhaben n, Projekt n **undertone** Ṣ **1** **in an ~** mit gedämpfter Stimme **2** (fig) **an ~ of racism** ein rassistischer Unterton **undertook** prät von undertake **undervalue** V/T jdn zu wenig schätzen **underwater** **A** ADJ Unterwasser- **B** ADV unter Wasser **underwear** Ṣ Unterwäsche f **underweight** ADJ untergewichtig; **to be ~** Untergewicht haben **underwent** prät von undergo **underworld** Ṣ Unterwelt f **underwrite** prät underwrote, pperf underwritten V/T bürgen für; VERS versichern
undeserved [ˌʌndɪˈzɜːvd] ADJ unverdient **undeservedly** [ˌʌndɪˈzɜːvɪdli] ADV unverdient, unverdientermaßen **undeserving** [ˌʌndɪˈzɜːvɪŋ] ADJ unwürdig
undesirable [ˌʌndɪˈzaɪərəbl] **A** ADJ unerwünscht; Einfluss übel **B** Ṣ unerfreuliches Element
undetected [ˌʌndɪˈtektɪd] ADJ unentdeckt; **to go ~** nicht entdeckt werden
undeterred [ˌʌndɪˈtɜːd] ADJ keineswegs entmutigt; **the teams were ~ by the weather** das Wetter schreckte die Mannschaften nicht ab
undeveloped [ˌʌndɪˈveləpt] ADJ unentwickelt; Land ungenutzt
undid [ʌnˈdɪd] prät von undo
undies [ˈʌndɪz] PL (umg) (Unter)wäsche f

undignified [ʌnˈdɪɡnɪfaɪd] ADJ unelegant
undiluted [ˌʌndaɪˈluːtɪd] ADJ unverdünnt; (fig) Wahrheit unverfälscht
undiminished [ˌʌndɪˈmɪnɪʃt] ADJ unvermindert
undiplomatic ADJ, **undiplomatically** ADV [ˌʌndɪpləˈmætɪk, -əli] undiplomatisch
undisciplined [ʌnˈdɪsɪplɪnd] ADJ undiszipliniert
undisclosed [ˌʌndɪsˈkləʊzd] ADJ geheim gehalten; Grund ungenannt
undiscovered [ˌʌndɪsˈkʌvəd] ADJ unentdeckt
undisputed [ˌʌndɪˈspjuːtɪd] ADJ unbestritten
undisturbed [ˌʌndɪˈstɜːbd] ADJ Dorf, Papiere unberührt; Schlaf ungestört
undivided [ˌʌndɪˈvaɪdɪd] ADJ Aufmerksamkeit ungeteilt; Treue absolut
undo [ʌnˈduː] prät undid, pperf undone V/T **1** aufmachen, öffnen; Knoten lösen **2** Entscheidung rückgängig machen; IT Befehl rückgängig machen **undoing** [ʌnˈduːɪŋ] Ṣ Verderben n **undone** [ʌnˈdʌn] **A** PPERF von undo **B** ADJ **1** offen; **to come ~** aufgehen **2** Aufgabe unerledigt; **to leave sth ~** etw ungetan lassen
undoubted [ʌnˈdaʊtɪd] ADJ unbestritten **undoubtedly** [ʌnˈdaʊtɪdli] ADV zweifellos
undreamt-of [ʌnˈdremtɒv], (US) **undreamed-of** [ʌnˈdriːmdɒv] ADJ ungeahnt
undress [ʌnˈdres] **A** V/T ausziehen; **to get ~ed** sich ausziehen **B** V/I sich ausziehen
undrinkable [ʌnˈdrɪŋkəbl] ADJ ungenießbar
undulating [ˈʌndjʊleɪtɪŋ] ADJ Landschaft hügelig; Weg auf und ab führend
unduly [ʌnˈdjuːli] ADV übermäßig; optimistisch zu; **you're worrying ~** Sie machen sich (dat) unnötige Sorgen
undying [ʌnˈdaɪɪŋ] ADJ Liebe unsterblich
unearth [ʌnˈɜːθ] V/T ausgraben; (fig) Beweise zutage bringen **unearthly** [ʌnˈɜːθli] ADJ Stille unheimlich; (umg) Lärm schauerlich
unease [ʌnˈiːz] Ṣ Unbehagen n **uneasily** [ʌnˈiːzɪli] ADV unbehaglich; schlafen unruhig **uneasiness** [ʌnˈiːzɪnɪs] Ṣ Beklommenheit f, Unruhe f **uneasy** [ʌnˈiːzi] ADJ Stille unbehaglich; Frieden unsicher; Bündnis instabil; Gefühl beklemmend; **to be ~** beklommen sein, beunruhigt sein; **I am** od **feel ~ about it** mir ist nicht wohl dabei; **to make sb ~** jdn beunruhigen; **to grow** od **become ~ about sth** sich über etw (akk) beunruhigen
uneatable [ʌnˈiːtəbl] ADJ ungenießbar
uneconomic(al) [ʌnˌiːkəˈnɒmɪk(əl)] ADJ unwirtschaftlich
uneducated [ʌnˈedjʊkeɪtɪd] ADJ ungebildet
unemotional [ˌʌnɪˈməʊʃənl] ADJ nüchtern
unemployed [ˌʌnɪmˈplɔɪd] **A** ADJ arbeitslos

B PL **the ~** pl die Arbeitslosen pl
unemployment [ˌʌnɪmˈplɔɪmənt] S Arbeitslosigkeit f **unemployment benefit**, (US) **unemployment compensation** S Arbeitslosenunterstützung f
unending [ʌnˈendɪŋ] ADJ ewig, endlos
unenthusiastic [ˌʌnɪnθjuːzɪˈæstɪk] ADJ wenig begeistert **unenthusiastically** [ˌʌnɪnθjuːzɪˈæstɪkəli] ADV ohne Begeisterung
unenviable [ʌnˈenvɪəbl] ADJ wenig beneidenswert
unequal [ʌnˈiːkwəl] ADJ ungleich; **~ in length** unterschiedlich lang; **to be ~ to a task** einer Aufgabe (dat) nicht gewachsen sein **unequalled**, (US) **unequaled** ADJ unübertroffen
unequivocal [ˌʌnɪˈkwɪvəkəl] ADJ **1** unmissverständlich; Beweis unzweifelhaft **2** Unterstützung rückhaltlos **unequivocally** [ˌʌnɪˈkwɪvəkəli] ADV unmissverständlich, eindeutig; unterstützen rückhaltlos
unerring [ʌnˈɜːrɪŋ] ADJ unfehlbar
unethical [ʌnˈeθɪkəl] ADJ unmoralisch
uneven [ʌnˈiːvən] ADJ uneben; Zahl ungerade; Wettkampf ungleich **unevenly** [ʌnˈiːvənli] ADV unregelmäßig; verteilen ungleichmäßig **unevenness** [ʌnˈiːvənnɪs] S Unebenheit f; (von Farbe, Verteilung) Ungleichmäßigkeit f; (von Qualität) Unterschiedlichkeit f; (von Wettkampf) Ungleichheit f
uneventful [ˌʌnɪˈventfʊl] ADJ Tag ereignislos; Leben ruhig
unexceptional [ˌʌnɪkˈsepʃənl] ADJ alltäglich, durchschnittlich
unexciting [ˌʌnɪkˈsaɪtɪŋ] ADJ nicht besonders aufregend, langweilig, fad (österr)
unexpected [ˌʌnɪkˈspektɪd] ADJ unerwartet **unexpectedly** [ˌʌnɪkˈspektɪdli] ADV unerwartet, unvorhergesehen
unexplained [ˌʌnɪkˈspleɪnd] ADJ ungeklärt; Rätsel unaufgeklärt
unexplored [ˌʌnɪkˈsplɔːd] ADJ unerforscht
unfailing [ʌnˈfeɪlɪŋ] ADJ unerschöpflich; Unterstützung, Präzision beständig
unfair [ʌnˈfɛəʳ] ADJ unfair; **to be ~ to sb** jdm gegenüber unfair sein **unfair dismissal** S ungerechtfertigte Entlassung **unfairly** [ʌnˈfɛəli] ADV unfair; anklagen, entlassen zu Unrecht **unfairness** [ʌnˈfɛənɪs] S Ungerechtigkeit f
unfaithful [ʌnˈfeɪθfʊl] ADJ untreu **unfaithfulness** [ʌnˈfeɪθfʊlnɪs] S Untreue f
unfamiliar [ˌʌnfəˈmɪljəʳ] ADJ ungewohnt, fremd; **~ territory** (fig) Neuland n; **to be ~ with sth** mit etw nicht vertraut sein, sich mit etw nicht auskennen **unfamiliarity** [ˌʌnfəmɪlɪˈærɪti] S Ungewohntheit f, Fremdheit f; **be-**

cause of my ~ with ... wegen meiner mangelnden Vertrautheit mit ...
unfashionable [ʌnˈfæʃnəbl] ADJ unmodern; Stadtviertel wenig gefragt; Thema nicht in Mode
unfasten [ʌnˈfɑːsn] **A** VT aufmachen; Etikett, Pferd losbinden **B** VI aufgehen
unfavourable, (US) **unfavorable** [ʌnˈfeɪvərəbl] ADJ ungünstig **unfavourably**, (US) **unfavorably** [ʌnˈfeɪvərəbli] ADV reagieren ablehnend; einschätzen ungünstig; **to compare ~ with sth** im Vergleich mit etw schlecht abschneiden
unfeasible [ʌnˈfiːzəbl] ADJ nicht machbar
unfeeling [ʌnˈfiːlɪŋ] ADJ gefühllos
unfinished [ʌnˈfɪnɪʃt] ADJ unfertig; Kunstwerk unvollendet; **~ business** unerledigte Geschäfte pl
unfit [ʌnˈfɪt] ADJ **1** ungeeignet, unfähig; **to be ~ to do sth** nicht fähig sein, etw zu tun, außerstande sein, etw zu tun; **~ to drive** fahruntüchtig; **he is ~ to be a lawyer** er ist als Jurist untauglich; **to be ~ for (human) consumption** nicht zum Verzehr geeignet sein **2** SPORT nicht fit, schlecht in Form; **~ (for military service)** (dienst)untauglich; **to be ~ for work** arbeitsunfähig sein
unflagging [ʌnˈflægɪŋ] ADJ Begeisterung unerschöpflich; Interesse unverändert stark
unflappable [ʌnˈflæpəbl] ADJ (umg) unerschütterlich; **to be ~** die Ruhe weghaben (umg)
unflattering [ʌnˈflætərɪŋ] ADJ wenig schmeichelhaft
unflinching [ʌnˈflɪntʃɪŋ] ADJ unerschrocken; Unterstützung unbeirrbar
unfocus(s)ed [ʌnˈfəʊkəst] ADJ Augen unkoordiniert; Debatte weitschweifig; Kampagne zu allgemein angelegt
unfold [ʌnˈfəʊld] **A** VT auseinanderfalten; Flügel ausbreiten; Arme lösen **B** VI (Geschichte) sich abwickeln
unforced [ʌnˈfɔːst] ADJ ungezwungen
unforeseeable [ˌʌnfɔːˈsiːəbl] ADJ unvorhersehbar **unforeseen** [ˌʌnfɔːˈsiːn] ADJ unvorhergesehen; **due to ~ circumstances** aufgrund unvorhergesehener Umstände
unforgettable [ˌʌnfəˈgetəbl] ADJ unvergesslich
unforgivable ADJ, **unforgivably** ADV [ˌʌnfəˈgɪvəbl, -ɪ] unverzeihlich **unforgiving** [ˌʌnfəˈgɪvɪŋ] ADJ unversöhnlich
unformatted [ʌnˈfɔːmætɪd] ADJ IT unformatiert
unforthcoming [ˌʌnfɔːθˈkʌmɪŋ] ADJ nicht sehr mitteilsam; **to be ~ about sth** sich nicht zu etw äußern wollen
unfortunate [ʌnˈfɔːtʃnɪt] ADJ unglücklich;

UNFO ‖ 698

Mensch glücklos; *Ereignis, Fehler* unglückselig; **to be ~** Pech haben; **it is ~ that ...** es ist bedauerlich, dass ...

unfortunately [ʌnˈfɔːtʃnɪtlɪ] ADV leider

unfounded [ʌnˈfaʊndɪd] ADJ unbegründet; *Beschuldigung* aus der Luft gegriffen

unfriendliness [ʌnˈfrendlɪnɪs] S Unfreundlichkeit f **unfriendly** [ʌnˈfrendlɪ] ADJ unfreundlich (*to sb* zu jdm)

unfulfilled [ˌʌnfʊlˈfɪld] ADJ unerfüllt; *Mensch, Leben* unausgefüllt

unfurl [ʌnˈfɜːl] A VT *Fahne* aufrollen; *Segel* losmachen B VR sich entfalten

unfurnished [ʌnˈfɜːnɪʃt] ADJ unmöbliert

ungainly [ʌnˈɡeɪnlɪ] ADJ unbeholfen

ungenerous [ʌnˈdʒenərəs] ADJ kleinlich

ungodly [ʌnˈɡɒdlɪ] ADJ (*umg*) *Stunde* unchristlich (*umg*)

ungraceful [ʌnˈɡreɪsfʊl] ADJ nicht anmutig

ungracious [ʌnˈɡreɪʃəs] ADJ unhöflich; *Ablehnung* schroff; *Antwort* rüde **ungraciously** [ʌnˈɡreɪʃəslɪ] ADV *antworten* schroff

ungrammatical ADJ, **ungrammatically** ADV [ˌʌnɡrəˈmætɪkəl, -ɪ] grammatikalisch falsch

ungrateful ADJ, **ungratefully** ADV [ʌnˈɡreɪtfʊl, -fəlɪ] undankbar (*to* gegenüber)

unguarded [ʌnˈɡɑːdɪd] ADJ **1** unbewacht **2** (*fig*) unachtsam; **in an ~ moment he ...** als er einen Augenblick nicht aufpasste, ... er ...

unhampered [ʌnˈhæmpəd] ADJ ungehindert

unhappily [ʌnˈhæpɪlɪ] ADV unglücklich **unhappiness** [ʌnˈhæpɪnɪs] S **1** Traurigkeit f **2** Unzufriedenheit f

unhappy [ʌnˈhæpɪ] ADJ (+er) **1** unglücklich; *Blick* traurig **2** unzufrieden (*about* mit), unwohl; **to be ~ with sb/sth** mit jdm/etw unzufrieden sein; **to be ~ about doing sth** nicht glücklich darüber sein, etw zu tun; **if you feel ~ about it** wenn Ihnen dabei nicht wohl ist

unharmed [ʌnˈhɑːmd] ADJ unverletzt

unhealthy [ʌnˈhelθɪ] ADJ **1** nicht gesund; *Lebensstil, Klima* ungesund **2** *Interesse* krankhaft

unheard [ʌnˈhɜːd] ADJ **to go ~** ungehört bleiben **unheard-of** ADJ gänzlich unbekannt; (≈ *einmalig*) noch nicht da gewesen

unheeded [ʌnˈhiːdɪd] ADJ **to go ~** auf taube Ohren stoßen

unhelpful [ʌnˈhelpfʊl] ADJ nicht hilfreich, wenig hilfreich; **you are being very ~** du bist aber wirklich keine Hilfe **unhelpfully** [ʌnˈhelpfəlɪ] ADV wenig hilfreich

unhesitating [ʌnˈhezɪteɪtɪŋ] ADJ prompt **unhesitatingly** [ʌnˈhezɪteɪtɪŋlɪ] ADV ohne Zögern

unhindered [ʌnˈhɪndəd] ADJ unbehindert, ungehindert

unhitch [ʌnˈhɪtʃ] VT *Pferd* losbinden, ausspannen; *Anhänger* abkoppeln

unholy [ʌnˈhəʊlɪ] ADJ (+er) REL *Bündnis* übel; *Durcheinander* heillos; *Stunde* unchristlich (*umg*)

unhook [ʌnˈhʊk] A VT loshaken; *Kleid* aufhaken B VR sich aufhaken lassen

unhurried [ʌnˈhʌrɪd] ADJ gelassen **unhurriedly** [ʌnˈhʌrɪdlɪ] ADV in aller Ruhe

unhurt [ʌnˈhɜːt] ADJ unverletzt

unhygienic [ˌʌnhaɪˈdʒiːnɪk] ADJ unhygienisch

uni [ˈjuːnɪ] S (*Br umg*) Uni f (*umg*)

unicorn [ˈjuːnɪˌkɔːn] S Einhorn n

unidentifiable [ˈʌnaɪˌdentɪˌfaɪəbl] ADJ unidentifizierbar, nicht identifizierbar **unidentified** [ˌʌnaɪˈdentɪfaɪd] ADJ unbekannt; *Leiche* nicht identifiziert

unification [ˌjuːnɪfɪˈkeɪʃən] S Einigung f

uniform [ˈjuːnɪfɔːm] A ADJ einheitlich; *Temperatur* gleichbleibend B S Uniform f; **in ~** in Uniform; **out of ~** in Zivil **uniformed** [ˈjuːnɪfɔːmd] ADJ in Uniform **uniformity** [ˌjuːnɪˈfɔːmɪtɪ] S Einheitlichkeit f; (*von Temperatur*) Gleichmäßigkeit f **uniformly** [ˈjuːnɪfɔːmlɪ] ADV einheitlich; *erwärmen* gleichmäßig; *behandeln* gleich; (*pej*) einförmig (*pej*)

unify [ˈjuːnɪfaɪ] VT einigen

unilateral [ˌjuːnɪˈlætərəl] ADJ einseitig **unilaterally** [ˌjuːnɪˈlætərəlɪ] ADV einseitig; POL *a.* unilateral

unimaginable [ˌʌnɪˈmædʒɪnəbl] ADJ unvorstellbar **unimaginative** ADJ, **unimaginatively** ADV [ˌʌnɪˈmædʒɪnətɪv, -lɪ] fantasielos

unimpaired [ˌʌnɪmˈpɛəd] ADJ unbeeinträchtigt

unimpeachable [ˌʌnɪmˈpiːtʃəbl] ADJ *Ruf, Charakter* untadelig; *Beweis* unanfechtbar; *Mensch* über jeden Zweifel erhaben

unimpeded [ˌʌnɪmˈpiːdɪd] ADJ ungehindert

unimportant [ˌʌnɪmˈpɔːtənt] ADJ unwichtig

unimposing [ˌʌnɪmˈpəʊzɪŋ] ADJ unscheinbar

unimpressed [ˌʌnɪmˈprest] ADJ unbeeindruckt; **I was ~ by his story** seine Geschichte hat mich überhaupt nicht beeindruckt **unimpressive** [ˌʌnɪmˈpresɪv] ADJ wenig beeindruckend

uninformed [ˌʌnɪnˈfɔːmd] ADJ nicht informiert (*about* über +*akk*), unwissend; *Kritik* blindwütig; *Gerücht* unfundiert; **to be ~ about sth** über etw (*akk*) nicht Bescheid wissen

uninhabitable [ˌʌnɪnˈhæbɪtəbl] ADJ unbewohnbar **uninhabited** [ˌʌnɪnˈhæbɪtɪd] ADJ unbewohnt

uninhibited [ˌʌnɪnˈhɪbɪtɪd] ADJ ohne Hemmungen

uninitiated [ˌʌnɪˈnɪʃɪeɪtɪd] A ADJ nicht eingeweiht B S **the ~** pl Nichteingeweihte pl

uninjured [ʌn'ɪndʒəd] ADJ unverletzt
uninspired [ˌʌnɪn'spaɪəd] ADJ fantasielos **uninspiring** [ˌʌnɪn'spaɪərɪŋ] ADJ trocken; *Idee* nicht gerade aufregend
uninstall [ˌʌnɪn'stɔːl] VT IT deinstallieren
uninsured [ˌʌnɪn'ʃʊəd] ADJ unversichert
unintelligent [ˌʌnɪn'telɪdʒənt] ADJ unintelligent
unintelligible [ˌʌnɪn'telɪdʒɪbl] ADJ nicht zu verstehen, unverständlich
unintended [ˌʌnɪn'tendɪd], **unintentional** [ˌʌnɪn'tenʃənl] ADJ unabsichtlich **unintentionally** [ˌʌnɪn'tenʃnəli] ADV unabsichtlich, unbeabsichtigt; *komisch* unfreiwillig
uninterested [ʌn'ɪntrɪstɪd] ADJ desinteressiert; **to be ~ in sth** an etw (*dat*) nicht interessiert sein **uninteresting** [ʌn'ɪntrɪstɪŋ] ADJ uninteressant
uninterrupted [ˌʌnɪntə'rʌptɪd] ADJ ununterbrochen; *Aussicht* ungestört
uninvited [ˌʌnɪn'vaɪtɪd] ADJ *Gast* ungeladen
uninviting [ˌʌnɪn'vaɪtɪŋ] ADJ *Aussichten* nicht (gerade) verlockend
union ['juːnjən] A S Vereinigung *f*; IND Gewerkschaft *f*; UNIV Studentenklub *m* B ADJ attr IND Gewerkschafts- **unionist** ['juːnjənɪst] A S 1 IND Gewerkschaftler(in) *m(f)* 2 POL Unionist(in) *m(f)* B ADJ POL unionistisch **Union Jack** S Union Jack *m*
unique [juː'niːk] ADJ einzig attr, einzigartig; **such cases are not ~ to Britain** solche Fälle sind nicht nur auf Großbritannien beschränkt **uniquely** [juː'niːkli] ADV einzig und allein, nur, einmalig (*umg*)
unisex ['juːnɪseks] ADJ für Männer und Frauen
unison ['juːnɪzn] S MUS Einklang *m*; **in ~** einstimmig; **to act in ~ with sb** (*fig*) in Übereinstimmung mit jdm handeln
unit ['juːnɪt] S Einheit *f*; (≈ *Geräte*) Anlage *f*; (*von Maschine*) Teil *n*; (*in Lehrbuch*) Lektion *f*; **~ of length** Längeneinheit *f*
unite [juː'naɪt] A VT vereinigen, (ver)einen B VI sich zusammenschließen; **to ~ in doing sth** gemeinsam etw tun; **to ~ in grief/opposition to sth** gemeinsam trauern/gegen etw Opposition machen
united [juː'naɪtɪd] ADJ verbunden; *Front* geschlossen; *Volk, Nation* einig; **a ~ Ireland** ein vereintes Irland; **to be ~ in the** *od* **one's belief that ...** einig sein in seiner Überzeugung, dass ...
United Arab Emirates PL Vereinigte Arabische Emirate *pl*
United Kingdom S Vereinigtes Königreich (*Großbritannien und Nordirland*)
United Nations (Organization) S Vereinte Nationen *pl*
United States (of America) PL (❗ mit Verb im Singular) Vereinigte Staaten *pl* (von Amerika)
unity ['juːnɪti] S Einheit *f*; **national ~** (nationale) Einheit
universal [ˌjuːnɪ'vɜːsəl] ADJ universell; *Zustimmung, Frieden* allgemein **universally** [ˌjuːnɪ'vɜːsəli] ADV allgemein
universe ['juːnɪvɜːs] S Universum *n*
university [ˌjuːnɪ'vɜːsɪti] A S Universität *f*; **which ~ does he go to?** wo studiert er?; **to be at/go to ~** studieren; **to be at/go to London University** in London studieren B ADJ attr Universitäts-; *Ausbildung* akademisch; **~ teacher** Hochschullehrer(in) *m(f)*
unjust [ʌn'dʒʌst] ADJ ungerecht (*to* gegen) **unjustifiable** [ʌn'dʒʌstɪfaɪəbl] ADJ nicht zu rechtfertigend attr, nicht zu rechtfertigen präd **unjustifiably** [ʌn'dʒʌstɪfaɪəbli] ADV ungerechtfertigt; *entlassen* zu Unrecht **unjustified** [ʌn'dʒʌstɪfaɪd] ADJ ungerechtfertigt **unjustly** [ʌn'dʒʌstli] ADV zu Unrecht; *behandeln, beurteilen* ungerecht
unkempt [ʌn'kempt] ADJ ungepflegt; *Haar* ungekämmt
unkind [ʌn'kaɪnd] ADJ (+*er*) unfreundlich, gemein; **don't be (so) ~!** das ist aber gar nicht nett (von dir)! **unkindly** [ʌn'kaɪndli] ADV unfreundlich, gemein **unkindness** S Unfreundlichkeit *f*, Gemeinheit *f*
unknowingly [ʌn'nəʊɪŋli] ADV unwissentlich
unknown [ʌn'nəʊn] A ADJ unbekannt; **~ territory** Neuland *n* B S **the ~** das Unbekannte; **a journey into the ~** eine Fahrt ins Ungewisse C ADV **~ to me** ohne dass ich es wusste
unlawful [ʌn'lɔːfʊl] ADJ gesetzwidrig **unlawfully** [ʌn'lɔːfəli] ADV gesetzwidrig, illegal; *gefangen halten* ungesetzlich
unleaded [ʌn'ledɪd] A ADJ bleifrei B S bleifreies Benzin
unleash [ʌn'liːʃ] VT (*fig*) entfesseln
unleavened [ʌn'levnd] ADJ ungesäuert
unless [ən'les] KONJ es sei denn; (*am Satzanfang*) wenn ... nicht; **don't do it ~ I tell you to** mach das nicht, es sei denn, ich sage es dir; **~ I tell you to, don't do it** wenn ich es dir nicht sage, mach das nicht; **~ I am mistaken ...** wenn *od* falls ich mich nicht irre ...
unlicensed [ʌn'laɪsənst] ADJ *Lokal* ohne (Schank)konzession
unlike [ʌn'laɪk] PRÄP 1 im Gegensatz zu 2 **to be quite ~ sb** jdm (gar) nicht ähnlichsehen 3 **this house is ~ their former one** dieses Haus ist ganz anders als ihr früheres
unlikeable [ʌn'laɪkəbl] ADJ unsympathisch

UNLI ‖ 700

unlikely [ʌnˈlaɪklɪ] ADJ (+er) unwahrscheinlich; **it is (most) ~/not ~ that ...** es ist (höchst) unwahrscheinlich/es kann durchaus sein, dass ...; **she is ~ to come** sie kommt höchstwahrscheinlich nicht; **he's ~ to be chosen** es ist unwahrscheinlich, dass er gewählt wird; **in the ~ event of war** im unwahrscheinlichen Fall eines Krieges

unlimited [ʌnˈlɪmɪtɪd] ADJ unbegrenzt; *Zugang* uneingeschränkt

unlisted [ʌnˈlɪstɪd] ADJ *Firma etc* nicht verzeichnet; **the number is ~** (US TEL) die Nummer steht nicht im Telefonbuch (⚠ = (Br) **ex-directory**)

unlit [ˌʌnˈlɪt] ADJ unbeleuchtet; *Lampe* nicht angezündet; *Zigarette* unangezündet

unload [ʌnˈləʊd] **A** VT entladen; *Auto* ausladen; *Fracht* löschen **B** VI (*Schiff*) löschen; (*Lkw*) abladen

unlock [ʌnˈlɒk] VT aufschließen; **the door is ~ed** die Tür ist nicht abgeschlossen; **to leave a door ~ed** eine Tür nicht abschließen

unloved [ʌnˈlʌvd] ADJ ungeliebt

unluckily [ʌnˈlʌkɪlɪ] ADV zum Pech; **~ for him** zu seinem Pech **unlucky** [ʌnˈlʌkɪ] ADJ (+er) *Handlung* unglückselig; *Verlierer, Zufall* unglücklich; **to be ~** Pech haben; (*Objekt*) Unglück bringen; **it was ~ for her that she was seen** Pech für sie, dass man sie gesehen hat; **~ number** Unglückszahl *f*

unmanageable [ʌnˈmænɪdʒəbl] ADJ *Größe* unhandlich; *Zahl* nicht zu bewältigen; *Mensch, Haare* widerspenstig; *Situation* unkontrollierbar

unmanly [ʌnˈmænlɪ] ADJ unmännlich

unmanned [ʌnˈmænd] ADJ unbemannt

unmarked [ʌnˈmɑːkt] ADJ **1** ohne Flecken, ungezeichnet; *Streifenwagen* nicht gekennzeichnet; *Grab* anonym **2** SPORT *Spieler* ungedeckt **3** SCHULE *Arbeiten* unkorrigiert

unmarried [ʌnˈmærɪd] ADJ unverheiratet; **~ mother** ledige Mutter

unmask [ʌnˈmɑːsk] VT (*wörtl*) demaskieren; (*fig*) entlarven

unmatched [ʌnˈmætʃt] ADJ unübertroffen (*for* in Bezug auf *+akk*); **~ by anyone** von niemandem übertroffen

unmentionable [ʌnˈmenʃnəbl] ADJ tabu *präd*

unmerciful [ʌnˈmɜːsɪfl] ADJ erbarmungslos, unbarmherzig

unmissable [ˈʌnˈmɪsəbl] ADJ (*Br umg*) **to be ~** ein Muss sein

unmistak(e)able [ˌʌnmɪˈsteɪkəbl] ADJ unverkennbar, unverwechselbar **unmistak(e)ably** [ˌʌnmɪˈsteɪkəblɪ] ADV unverkennbar

unmitigated [ʌnˈmɪtɪɡeɪtɪd] ADJ (*umg*) *Katastrophe* vollkommen; *Erfolg* total

unmotivated [ʌnˈməʊtɪveɪtɪd] ADJ unmoti-

viert, grundlos

unmoved [ʌnˈmuːvd] ADJ ungerührt; **they were ~ by his playing** sein Spiel(en) ergriff sie nicht

unnamed [ʌnˈneɪmd] ADJ ungenannt

unnatural [ʌnˈnætʃrəl] ADJ unnatürlich; **to die an ~ death** keines natürlichen Todes sterben **unnaturally** [ʌnˈnætʃrəlɪ] ADV unnatürlich; *laut* ungewöhnlich

unnecessarily [ʌnˈnesɪsərɪlɪ] ADV unnötigerweise; *streng* unnötig **unnecessary** [ʌnˈnesɪsərɪ] ADJ unnötig, nicht nötig

unnerve [ʌnˈnɜːv] VT entnerven, zermürben, entmutigen; **~d by their reaction** durch ihre Reaktion aus der Ruhe gebracht **unnerving** [ʌnˈnɜːvɪŋ] ADJ entnervend

unnoticed [ʌnˈnəʊtɪst] ADJ unbemerkt

unobservant [ˌʌnəbˈzɜːvənt] ADJ unaufmerksam; **to be ~** ein schlechter Beobachter sein

unobserved [ˌʌnəbˈzɜːvd] ADJ unbemerkt

unobstructed [ˌʌnəbˈstrʌktɪd] ADJ *Blick* ungehindert

unobtainable [ˌʌnəbˈteɪnəbl] ADJ nicht erhältlich; *Ziel* unerreichbar

unobtrusive ADJ, **unobtrusively** ADV [ˌʌnəbˈtruːsɪv, -lɪ] unauffällig

unoccupied [ʌnˈɒkjʊpaɪd] ADJ *Mensch* unbeschäftigt; *Haus* leer stehend; *Platz* frei

unofficial [ˌʌnəˈfɪʃəl] ADJ inoffiziell **unofficially** [ˌʌnəˈfɪʃəlɪ] ADV inoffiziell

unopened [ʌnˈəʊpənd] ADJ ungeöffnet

unorganized [ʌnˈɔːɡənaɪzd] ADJ unsystematisch, unmethodisch; *Leben* ungeregelt

unoriginal [ˌʌnəˈrɪdʒɪnəl] ADJ wenig originell

unorthodox [ʌnˈɔːθədɒks] ADJ unkonventionell

unpack [ʌnˈpæk] VT & VI auspacken

unpaid [ʌnˈpeɪd] ADJ unbezahlt

unparalleled [ʌnˈpærəleld] ADJ beispiellos

unpatriotic [ˌʌnpætrɪˈɒtɪk] ADJ unpatriotisch

unpaved [ʌnˈpeɪvd] ADJ nicht gepflastert

unperfumed [ʌnˈpɜːfjuːmd] ADJ nicht parfümiert

unperturbed [ˌʌnpəˈtɜːbd] ADJ nicht beunruhigt (*by* von, durch)

unpick [ʌnˈpɪk] VT auftrennen

unpin [ʌnˈpɪn] VT *Kleid, Haar* die Nadeln entfernen aus

unplanned [ʌnˈplænd] ADJ ungeplant

unplayable [ʌnˈpleɪəbl] ADJ unspielbar; *Fußballplatz* unbespielbar

unpleasant [ʌnˈpleznt] ADJ unangenehm; *Mensch, Bemerkung* unfreundlich; **to be ~ to sb** unfreundlich zu jdm sein **unpleasantly** [ʌnˈplezntlɪ] ADV *antworten* unfreundlich; *warm* unangenehm **unpleasantness** [ʌnˈplezntnɪs]

U

s̅ **1** Unannehmlichkeit f; (von Mensch) Unfreundlichkeit f **2** (≈ Streit) Unstimmigkeit f
unplug [ʌnˈplʌɡ] vt Stecker etc rausziehen **unplugged** [ʌnˈplʌɡd] ADJ **1 the TV is ~** der Fernseher ist nicht eingesteckt **2** MUS (rein) akustisch, unplugged®
unpolluted [ˌʌnpəˈluːtɪd] ADJ unverschmutzt
unpopular [ʌnˈpɒpjʊləʳ] ADJ unbeliebt (**with sb** bei jdm); Beschluss unpopulär **unpopularity** [ʌnˌpɒpjʊˈlærɪti] s̅ Unbeliebtheit f; (von Beschluss) geringe Popularität
unpractical [ʌnˈpræktɪkəl] ADJ unpraktisch
unprecedented [ʌnˈpresɪdəntɪd] ADJ noch nie da gewesen; Profit unerhört
unpredictable [ˌʌnprɪˈdɪktəbl] ADJ **1** Zwischenfall unvorhersehbar **2** Person unberechenbar
unprejudiced [ʌnˈpredʒʊdɪst] ADJ unvoreingenommen
unprepared [ˌʌnprɪˈpeəd] ADJ unvorbereitet; **to be ~ for sth** auf etw (akk) nicht gefasst sein
unprepossessing [ˌʌnpriːpəˈzesɪŋ] ADJ wenig einnehmend
unpretentious [ˌʌnprɪˈtenʃəs] ADJ schlicht
unprincipled [ʌnˈprɪnsɪpld] ADJ skrupellos
unprintable [ʌnˈprɪntəbl] ADJ nicht druckfähig
unproductive [ˌʌnprəˈdʌktɪv] ADJ Gespräch unergiebig; Betrieb unproduktiv
unprofessional [ˌʌnprəˈfeʃənəl] ADJ unprofessionell
unprofitable [ʌnˈprɒfɪtəbl] ADJ Firma unrentabel; (fig) nutzlos; **the company was ~** die Firma machte keinen Profit od warf keinen Profit ab
unpromising [ʌnˈprɒmɪsɪŋ] ADJ nicht sehr vielversprechend; **to look ~** nicht sehr hoffnungsvoll od gut aussehen
unpronounceable [ˌʌnprəˈnaʊnsɪbl] ADJ unaussprechbar; **that word is ~** das Wort ist nicht auszusprechen
unprotected [ˌʌnprəˈtektɪd] ADJ schutzlos; Haut, Sex ungeschützt
unproven [ʌnˈpruːvən], **unproved** [ʌnˈpruːvd] ADJ unbewiesen
unprovoked [ˌʌnprəˈvəʊkt] ADJ grundlos
unpublished [ʌnˈpʌblɪʃt] ADJ unveröffentlicht
unpunctual [ʌnˈpʌŋkʃʊəl] ADJ unpünktlich
unpunctuality [ˌʌnpʌŋkʃʊˈælətɪ] s̅ Unpünktlichkeit f
unpunished [ʌnˈpʌnɪʃt] ADJ **to go ~** ohne Strafe bleiben
unqualified [ʌnˈkwɒlɪfaɪd] ADJ **1** unqualifiziert; **to be ~** nicht qualifiziert sein; **he is ~ to do it** er ist dafür nicht qualifiziert **2** Erfolg voll(ständig)
unquenchable [ʌnˈkwentʃəbl] ADJ Durst, Verlangen unstillbar; Optimismus unerschütterlich

unquestionable [ʌnˈkwestʃənəbl] ADJ unbestritten **unquestionably** [ʌnˈkwestʃənəblɪ] ADV zweifellos **unquestioning** [ʌnˈkwestʃənɪŋ] ADJ bedingungslos **unquestioningly** [ʌnˈkwestʃənɪŋlɪ] ADV bedingungslos; gehorchen blind
unravel [ʌnˈrævəl] **A** vt Gestricktes aufziehen; Durcheinander entwirren; Rätsel lösen **B** vi (Gestricktes) sich aufziehen; (fig) sich entwirren
unreadable [ʌnˈriːdəbl] ADJ unleserlich; Buch schwer lesbar
unreal [ʌnˈrɪəl] ADJ unwirklich; **this is just ~!** (umg) das gibts doch nicht! (umg); **he's ~** er ist unmöglich **unrealistic** [ˌʌnrɪəˈlɪstɪk] ADJ unrealistisch **unrealistically** [ˌʌnrɪəˈlɪstɪkəlɪ] ADV unrealistisch; optimistisch unangemessen
unreasonable [ʌnˈriːznəbl] ADJ unzumutbar; Erwartungen übertrieben; Mensch uneinsichtig; **to be ~ about sth** in Bezug auf etw (akk) zu viel verlangen; **it is ~ to ...** es ist zu viel verlangt, zu ...; **you are being very ~!** das ist wirklich zu viel verlangt!; **an ~ length of time** übermäßig od übertrieben lange **unreasonably** [ʌnˈriːznəblɪ] ADV lang, streng übertrieben; **you must prove that your employer acted ~** Sie müssen nachweisen, dass Ihr Arbeitgeber ungerechtfertigt gehandelt hat; **not ~** nicht ohne Grund
unrecognizable [ʌnˈrekəɡnaɪzəbl] ADJ nicht wiederzuerkennen präd, nicht wiederzuerkennend attr **unrecognized** [ʌnˈrekəɡnaɪzd] ADJ unerkannt; **to go ~** nicht anerkannt werden
unrefined [ˌʌnrɪˈfaɪnd] ADJ Petroleum nicht raffiniert
unregulated [ʌnˈreɡjʊleɪtɪd] ADJ unkontrolliert
unrehearsed [ˌʌnrɪˈhɜːst] ADJ spontan
unrelated [ˌʌnrɪˈleɪtɪd] ADJ **1 the two events are ~** die beiden Ereignisse stehen in keinem Zusammenhang miteinander, ohne Beziehung (to zu) **2** nicht verwandt
unrelenting [ˌʌnrɪˈlentɪŋ] ADJ Druck unablässig; Kampf unerbittlich; Schmerz, Tempo unvermindert; Hitze unbarmherzig
unreliability [ˈʌnrɪˌlaɪəˈbɪlɪtɪ] s̅ Unzuverlässigkeit f **unreliable** [ˌʌnrɪˈlaɪəbl] ADJ unzuverlässig
unremarkable [ˌʌnrɪˈmɑːkəbl] ADJ nicht sehr bemerkenswert
unremitting [ˌʌnrɪˈmɪtɪŋ] ADJ Bemühungen unaufhörlich, unablässig
unrepeatable [ˌʌnrɪˈpiːtəbl] ADJ nicht wiederholbar
unrepentant [ˌʌnrɪˈpentənt] ADJ reu(e)los
unreported [ˌʌnrɪˈpɔːtɪd] ADJ Geschehnis nicht

berichtet; *Verbrechen* nicht angezeigt

unrepresentative [ˌʌnreprɪˈzentətɪv] ADJ ~ **of sth** nicht repräsentativ für etw

unrequited [ˌʌnrɪˈkwaɪtɪd] ADJ *Liebe* unerwidert

unreserved [ˌʌnrɪˈzɜːvd] ADJ *Entschuldigung, Unterstützung* uneingeschränkt

unresolved [ˌʌnrɪˈzɒlvd] ADJ ungelöst

unresponsive [ˌʌnrɪˈspɒnsɪv] ADJ nicht reagierend *attr*; *(emotional)* unempfänglich; **to be ~** nicht reagieren *(to* auf *+akk)*; **an ~ audience** ein Publikum, das nicht mitgeht

unrest [ʌnˈrest] S Unruhen *pl*

unrestrained [ˌʌnrɪˈstreɪnd] ADJ unkontrolliert; *Freude* ungezügelt

unrestricted [ˌʌnrɪˈstrɪktɪd] ADJ **1** uneingeschränkt; *Zugang* ungehindert **2** *Blick* ungehindert

unrewarded [ˌʌnrɪˈwɔːdɪd] ADJ unbelohnt; **to go ~** unbelohnt bleiben **unrewarding** [ˌʌnrɪˈwɔːdɪŋ] ADJ undankbar

unripe [ʌnˈraɪp] ADJ unreif

unrivalled, *(US)* **unrivaled** [ʌnˈraɪvld] ADJ unerreicht, unübertroffen

unroll [ʌnˈrəʊl] A VT aufrollen B VI sich aufrollen

unruffled [ʌnˈrʌfld] ADJ gelassen

unruly [ʌnˈruːlɪ] ADJ *(+er)* wild

unsaddle [ʌnˈsædl] VT *Pferd* absatteln

unsafe [ʌnˈseɪf] ADJ nicht sicher, gefährlich; *Sex* ungeschützt; **this is ~ to eat/drink** das ist nicht genießbar/trinkbar; **it is ~ to walk there at night** es ist gefährlich, dort nachts spazieren zu gehen; **to feel ~** sich nicht sicher fühlen

unsaid [ʌnˈsed] ADJ **to leave sth ~** etw unausgesprochen lassen

unsaleable, *(US)* **unsalable** [ʌnˈseɪləbl] ADJ unverkäuflich; **to be ~** sich nicht verkaufen lassen

unsalted [ʌnˈsɔːltɪd] ADJ ungesalzen

unsanitary [ʌnˈsænɪtrɪ] ADJ unhygienisch

unsatisfactory [ˌʌnsætɪsˈfæktərɪ] ADJ unbefriedigend; *Gewinne* nicht ausreichend; SCHULE mangelhaft; **this is highly ~** das lässt sehr zu wünschen übrig **unsatisfied** [ʌnˈsætɪsfaɪd] ADJ unzufrieden; **the book's ending left us ~** wir fanden den Schluss des Buches unbefriedigend **unsatisfying** [ʌnˈsætɪsfaɪɪŋ] ADJ unbefriedigend; *Mahlzeit* unzureichend

unsaturated [ʌnˈsætʃəreɪtɪd] ADJ CHEM ungesättigt

unsavoury, *(US)* **unsavory** [ʌnˈseɪvərɪ] ADJ *Geruch* widerwärtig; *Äußeres* abstoßend; *Thema* unerfreulich; *Gestalt* zwielichtig

unscathed [ʌnˈskeɪðd] ADJ *(wörtl)* unversehrt; *(fig)* unbeschadet

unscented [ʌnˈsentɪd] ADJ geruchlos

unscheduled [ʌnˈʃedjuːld] ADJ *Flug, Halt* außerfahrplanmäßig; *Treffen* außerplanmäßig

unscientific [ˌʌnsaɪənˈtɪfɪk] ADJ unwissenschaftlich

unscramble [ʌnˈskræmbl] VT entwirren; TEL entschlüsseln

unscrew [ʌnˈskruː] VT losschrauben

unscrupulous [ʌnˈskruːpjʊləs] ADJ skrupellos

unsealed [ʌnˈsiːld] ADJ unverschlossen

unseasonable [ʌnˈsiːznəbl] ADJ nicht der Jahreszeit entsprechend *attr* **unseasonably** [ʌnˈsiːznəblɪ] ADV (für die Jahreszeit) ungewöhnlich *od* außergewöhnlich

unseat [ʌnˈsiːt] VT *Reiter* abwerfen

unseeded [ʌnˈsiːdɪd] ADJ unplatziert

unseeing [ʌnˈsiːɪŋ] ADJ blind; *Blick* leer

unseemly [ʌnˈsiːmlɪ] ADJ ungebührlich

unseen [ʌnˈsiːn] ADJ ungesehen, unbemerkt

unselfconscious ADJ, **unselfconsciously** ADV [ˌʌnselfˈkɒnʃəs, -lɪ] unbefangen

unselfish ADJ, **unselfishly** ADV [ʌnˈselfɪʃ, -lɪ] selbstlos

unsentimental [ˌʌnsentɪˈmentl] ADJ unsentimental

unsettle [ʌnˈsetl] VT aufregen, beunruhigen **unsettled** ADJ **1** *Frage* ungeklärt **2** *Wetter, Markt* unbeständig; **to be ~** durcheinander sein, aus dem Gleis geworfen sein; **to feel ~** sich nicht wohlfühlen **unsettling** [ʌnˈsetlɪŋ] ADJ *Lebensstil* aufreibend; *Gedanke, Nachricht* beunruhigend

unshak(e)able ADJ, **unshak(e)ably** ADV [ʌnˈʃeɪkəbl, -ɪ] unerschütterlich **unshaken** [ʌnˈʃeɪkən] ADJ unerschüttert

unshaven [ʌnˈʃeɪvn] ADJ unrasiert

unsightly [ʌnˈsaɪtlɪ] ADJ unansehnlich

unsigned [ʌnˈsaɪnd] ADJ *Gemälde* unsigniert; *Brief* nicht unterzeichnet

unskilled [ʌnˈskɪld] ADJ *Arbeiter* ungelernt; **~ labour** *(Br) od* **labor** *(US)* Hilfsarbeiter *pl*

unsociable [ʌnˈsəʊʃəbl] ADJ ungesellig

unsocial [ʌnˈsəʊʃəl] ADJ **to work ~ hours** außerhalb der normalen Arbeitszeiten arbeiten

unsold [ʌnˈsəʊld] ADJ unverkauft; **to be left ~** nicht verkauft werden

unsolicited [ˌʌnsəˈlɪsɪtɪd] ADJ unerbeten

unsolved [ʌnˈsɒlvd] ADJ *Problem* ungelöst; *Verbrechen a.* unaufgeklärt

unsophisticated [ˌʌnsəˈfɪstɪkeɪtɪd] ADJ einfach; *Geschmack* schlicht

unsound [ʌnˈsaʊnd] ADJ **1** *Konstruktion* unsolide; **structurally ~** *Gebäude* bautechnische Mängel aufweisend *attr* **2** *Argument* nicht stichhaltig; *Rat* unvernünftig; JUR *Verurteilung* ungesichert; **of ~ mind** JUR unzurechnungsfähig; **environmentally ~** umweltschädlich; **the company**

is ~ die Firma steht auf schwachen Füßen

unsparing [ʌnˈspɛərɪŋ] ADJ **1** großzügig, verschwenderisch; **to be** ~ **in one's efforts** keine Kosten und Mühen scheuen **2** Kritik schonungslos; **the report was** ~ **in its criticism** der Bericht übte schonungslos Kritik

unspeakable ADJ, **unspeakably** ADV [ʌnˈspiːkəbl, -lɪ] unbeschreiblich

unspecified [ʌnˈspesɪfaɪd] ADJ Zeit, Betrag nicht genau angegeben; Ort unbestimmt

unspectacular [ˌʌnspekˈtækjʊləʳ] ADJ wenig eindrucksvoll

unspoiled [ʌnˈspɔɪld], **unspoilt** [ʌnˈspɔɪlt] ADJ unberührt

unspoken [ʌnˈspəʊkən] ADJ unausgesprochen; Vereinbarung stillschweigend

unsporting [ʌnˈspɔːtɪŋ], **unsportsmanlike** [ʌnˈspɔːtsmənlaɪk] ADJ unsportlich

unstable [ʌnˈsteɪbl] ADJ instabil; PSYCH labil

unsteadily [ʌnˈstedɪlɪ] ADV unsicher **unsteady** [ʌnˈstedɪ] ADJ Hand, Treppe unsicher; Leiter wack(e)lig

unstoppable [ʌnˈstɒpəbl] ADJ nicht aufzuhalten

unstressed [ʌnˈstrest] ADJ PHON unbetont

unstructured [ʌnˈstrʌktʃəd] ADJ unstrukturiert

unstuck [ʌnˈstʌk] ADJ **to come** ~ (Briefmarke) sich lösen; (umg: Plan) schiefgehen (umg); **where they came** ~ **was …** sie sind daran gescheitert, dass …

unsubstantiated [ˌʌnsəbˈstænʃɪeɪtɪd] ADJ Gerücht unbegründet; **these reports remain** ~ diese Berichte sind weiterhin unbestätigt

unsubtle [ʌnˈsʌtl] ADJ plump

unsuccessful [ˌʌnsəkˈsesfʊl] ADJ erfolglos; Kandidat abgewiesen; Versuch vergeblich; **to be** ~ **in doing sth** keinen Erfolg damit haben, etw zu tun; **to be** ~ **in one's efforts to do sth** erfolglos in seinem Bemühen sein, etw zu tun **unsuccessfully** [ˌʌnsəkˈsesfəlɪ] ADV erfolglos, vergeblich; sich bewerben ohne Erfolg

unsuitability [ˌʌnsuːtəˈbɪlɪtɪ] S Ungeeignetsein n; **his** ~ **for the job** seine mangelnde Eignung für die Stelle **unsuitable** [ʌnˈsuːtəbl] ADJ unpassend; Kandidat ungeeignet; ~ **for children** für Kinder ungeeignet; **she is** ~ **for him** sie ist nicht die Richtige für ihn **unsuitably** [ʌnˈsuːtəblɪ] ADV gekleidet unzweckmäßig, unpassend **unsuited** [ʌnˈsuːtɪd] ADJ **to be** ~ **for** od **to sth** für etw untauglich sein; **to be** ~ **to sb** nicht zu jdm passen

unsure [ʌnˈʃʊəʳ] ADJ unsicher; **to be** ~ **of oneself** unsicher sein; **to be** ~ **(of sth)** sich (dat) (einer Sache gen) nicht sicher sein; **I'm** ~ **of him** ich bin mir bei ihm nicht sicher

unsurpassed [ˌʌnsəˈpɑːst] ADJ unübertroffen

unsurprising ADJ, **unsurprisingly** ADV [ˌʌnsəˈpraɪzɪŋ, -lɪ] wenig überraschend

unsuspected [ˌʌnsəˈspektɪd] ADJ **1** unvermutet **2** Person unverdächtig **unsuspecting** ADJ, **unsuspectingly** ADV [ˌʌnsəˈspektɪŋ, -lɪ] nichts ahnend **unsweetened** [ˌʌnˈswiːtnd] ADJ ungesüßt

unswerving [ʌnˈswɜːvɪŋ] ADJ Treue unerschütterlich

unsympathetic [ˌʌnsɪmpəˈθetɪk] ADJ **1** gefühllos **2** unsympathisch **unsympathetically** [ˌʌnsɪmpəˈθetɪkəlɪ] ADV ohne Mitgefühl, gefühllos

unsystematic ADJ, **unsystematically** ADV [ˌʌnsɪstɪˈmætɪk, -əlɪ] unsystematisch

untalented [ʌnˈtælɪntɪd] ADJ unbegabt

untamed [ʌnˈteɪmd] ADJ ungezähmt; Dschungel, Schönheit wild

untangle [ʌnˈtæŋgl] VT entwirren

untapped [ʌnˈtæpt] ADJ Quellen ungenutzt; Märkte unerschlossen

untenable [ʌnˈtenəbl] ADJ unhaltbar

untested [ʌnˈtestɪd] ADJ unerprobt

unthinkable [ʌnˈθɪŋkəbl] ADJ undenkbar **unthinking** [ʌnˈθɪŋkɪŋ] ADJ unbedacht, gedankenlos, bedenkenlos, blind **unthinkingly** [ʌnˈθɪŋkɪŋlɪ] ADV unbedacht

untidily [ʌnˈtaɪdɪlɪ] ADV unordentlich **untidiness** [ʌnˈtaɪdɪnɪs] S Unordnung f, Unordentlichkeit f **untidy** [ʌnˈtaɪdɪ] ADJ (+er) unordentlich

untie [ʌnˈtaɪ] VT Knoten lösen; Paket aufknoten; jdn, Schürze losbinden

until [ənˈtɪl] **A** PRÄP bis; **from morning** ~ **night** von morgens bis abends; ~ **now** bis jetzt; ~ **then** bis dahin; **not** ~ nicht vor (+dat), erst; **I didn't leave him** ~ **the following day** ich bin bis zum nächsten Tag bei ihm geblieben **B** KONJ bis; **not** ~ erst wenn, erst als; **he won't come** ~ **you invite him** er kommt erst, wenn Sie ihn einladen; **they did nothing** ~ **we came** bis wir kamen, taten sie nichts

untimely [ʌnˈtaɪmlɪ] ADJ Tod vorzeitig; **to come to** od **meet an** ~ **end** ein vorzeitiges Ende finden

untiring ADJ, **untiringly** ADV [ʌnˈtaɪərɪŋ, -lɪ] unermüdlich

untitled [ʌnˈtaɪtld] ADJ ohne Titel

untold [ʌnˈtəʊld] ADJ Geschichte nicht erzählt; Schaden, Leid unermesslich; **this story is better left** ~ über diese Geschichte schweigt man besser; ~ **thousands** unzählig viele

untouchable [ʌnˈtʌtʃəbl] ADJ unantastbar

untouched [ʌnˈtʌtʃt] ADJ **1** unberührt; Flasche nicht angebrochen **2** unversehrt

UNTR ‖ 704

untrained [ʌnˈtreɪnd] _ADJ_ _Mensch_ unausgebildet; _Stimme_ ungeschult; **to the ~ eye** dem ungeschulten Auge

untranslatable [ˌʌntrænzˈleɪtəbl] _ADJ_ unübersetzbar

untreated [ʌnˈtriːtɪd] _ADJ_ unbehandelt

untried [ʌnˈtraɪd] _ADJ_ _Mensch_ unerprobt; _Methode_ ungetestet

untroubled [ʌnˈtrʌbld] _ADJ_ **to be ~ by the news** eine Nachricht gleichmütig hinnehmen; **he seemed ~ by the heat** die Hitze schien ihm nichts auszumachen

untrue [ʌnˈtruː] _ADJ_ falsch

untrustworthy [ʌnˈtrʌst‚wɜːðɪ] _ADJ_ nicht vertrauenswürdig

untruth [ʌnˈtruːθ] _S_ Unwahrheit f **untruthful** [ʌnˈtruːθfʊl] _ADJ_ _Behauptung_ unwahr; _Mensch_ unaufrichtig **untruthfully** [ʌnˈtruːθfəlɪ] _ADV_ fälschlich

untypical [ʌnˈtɪpɪkl] _ADJ_ untypisch (_of_ für)

unusable [ʌnˈjuːzəbl] _ADJ_ unbrauchbar

unused[1] [ʌnˈjuːzd] _ADJ_ ungebraucht, ungenutzt

unused[2] [ʌnˈjuːst] _ADJ_ **to be ~ to sth** etw (_akk_) nicht gewohnt sein; **to be ~ to doing sth** es nicht gewohnt sein, etw zu tun

unusual [ʌnˈjuːʒʊəl] _ADJ_ ungewöhnlich, außergewöhnlich; **it's ~ for him to be late** er kommt normalerweise nicht zu spät; **that's ~ for him** das ist sonst nicht seine Art; **that's not ~ for him** das wundert mich überhaupt nicht; **how ~!** das kommt selten vor; (_iron_) welch Wunder! **unusually** [ʌnˈjuːʒʊəlɪ] _ADV_ ungewöhnlich; **~ for her, she was late** ganz gegen ihre Gewohnheit kam sie zu spät

unvarying [ʌnˈvɛərɪɪŋ] _ADJ_ gleichbleibend

unveil [ʌnˈveɪl] _VT_ _Statue, Plan_ enthüllen

unverified [ʌnˈverɪfaɪd] _ADJ_ unbewiesen

unvoiced [ʌnˈvɔɪst] _ADJ_ _Laut_ stimmlos

unwaged [ʌnˈweɪdʒd] _ADJ_ ohne Einkommen

unwanted [ʌnˈwɒntɪd] _ADJ_ **1** unerwünscht **2** überflüssig

unwarranted [ʌnˈwɒrəntɪd] _ADJ_ ungerechtfertigt

unwavering [ʌnˈweɪvərɪŋ] _ADJ_ _Glaube_ unerschütterlich; _Kurs_ beharrlich

unwelcome [ʌnˈwelkəm] _ADJ_ _Besucher_ unerwünscht; _Nachricht_ unerfreulich; _Erinnerung_ unwillkommen; **to make sb feel ~** sich jdm gegenüber abweisend verhalten **unwelcoming** [ʌnˈwelkəmɪŋ] _ADJ_ _Verhalten_ abweisend; _Ort_ ungastlich

unwell [ʌnˈwel] _ADJ_ _präd_ unwohl, nicht wohl; **he's rather ~** es geht ihm gar nicht gut

unwholesome [ʌnˈhəʊlsəm] _ADJ_ ungesund; _Lebensmittel_ minderwertig; _Verlangen_ schmutzig

unwieldy [ʌnˈwiːldɪ] _ADJ_ unhandlich, sperrig; _Körper, System_ schwerfällig

unwilling [ʌnˈwɪlɪŋ] _ADJ_ widerwillig; _Komplize_ unfreiwillig; **to be ~ to do sth** nicht bereit sein, etw zu tun; **to be ~ for sb to do sth** nicht wollen, dass jd etw tut **unwillingness** [ʌnˈwɪlɪŋnɪs] _S_ Widerwillen _n_

unwind [ʌnˈwaɪnd] _prät, pperf_ **unwound** **A** _VT_ abwickeln **B** _VI_ (_umg_) abschalten (_umg_)

unwise _ADJ_, **unwisely** _ADV_ [ʌnˈwaɪz, -lɪ] unklug

unwitting [ʌnˈwɪtɪŋ] _ADJ_ _Komplize_ unbewusst; _Opfer_ ahnungslos; _Beteiligung_ unabsichtlich **unwittingly** [ʌnˈwɪtɪŋlɪ] _ADV_ unbewusst

unworkable [ʌnˈwɜːkəbl] _ADJ_ undurchführbar

unworldly [ʌnˈwɜːldlɪ] _ADJ_ _Leben_ weltabgewandt

unworried [ʌnˈwʌrɪd] _ADJ_ unbekümmert

unworthy [ʌnˈwɜːðɪ] _ADJ_ nicht wert (_of_ +_gen_)

unwound [ʌnˈwaʊnd] _prät, pperf_ von **unwind**

unwrap [ʌnˈræp] _VT_ auswickeln

unwritten [ʌnˈrɪtn] _ADJ_ ungeschrieben; _Vereinbarung_ stillschweigend **unwritten law** _S_ (JUR, _fig_) ungeschriebenes Gesetz

unyielding [ʌnˈjiːldɪŋ] _ADJ_ unnachgiebig

unzip [ʌnˈzɪp] _VT_ **1** _Reißverschluss_ aufmachen; _Hose_ den Reißverschluss aufmachen an (+_dat_) **2** IT _Datei_ entzippen

---

up [ʌp]

A Adverb	**B** Präposition
C Substantiv	**D** Adjektiv
E transitives Verb	

— **A** Adverb —

1 oben; (≈ _Richtung_) nach oben; **up there** dort oben; **on your way up** auf dem Weg hinauf; **to climb all the way up** den ganzen Weg hochklettern; **halfway up** auf halber Höhe; **5 floors up** 5 Stockwerke hoch; **I looked up** ich schaute nach oben; **this side up** diese Seite oben!; **a little further up** ein bisschen weiter oben; **to go a little further up** ein bisschen höher hinaufgehen; **from up on the hill** vom Berg oben; **up on top (of the cupboard)** ganz oben (auf dem Schrank); **up in the sky** oben am Himmel; **the temperature was up in the thirties** die Temperatur war über dreißig Grad; **the sun is up** die Sonne ist aufgegangen; **to move up into the lead** nach vorn an die Spitze kommen **2** **to be up** (_Haus_) stehen; (_Bekanntmachung_) angeschlagen sein; (_Vorhang_) hängen; **the new houses went up very quickly** die neuen Häuser sind sehr schnell gebaut _od_ hochgezogen (_umg_) worden;

to be up (and running) (*Computersystem etc*) in Betrieb sein; **to be up and running** laufen; (*Kommission etc*) in Gang sein; **to get sth up and running** etw zum Laufen bringen; *Kommission etc* etw in Gang setzen **3** (≈ *nicht im Bett*) auf; **to be up and about** auf sein **4** (≈ *im Norden*) oben; **up in Inverness** oben in Inverness; **to go up to Aberdeen** nach Aberdeen (hinauf) fahren; **to live up north** im Norden wohnen; **to go up north** in den Norden fahren **5** (*im Preis*) gestiegen (*on* gegenüber) **6 to be 3 goals up** mit 3 Toren führen (*on* gegenüber) **7** (*umg*) **what's up?** was ist los?; **something is up** da stimmt irgendetwas nicht, da ist irgendetwas im Gange **8** (≈ *bewandert*) firm; **to be well up on sth** sich in etw (*dat*) auskennen **9 time's up** die Zeit ist um; **to eat sth up** etw aufessen **10 it was up against the wall** es war an die Wand gelehnt; **to be up against an opponent** einem Gegner gegenüberstehen; **I fully realize what I'm up against** mir ist völlig klar, womit ich es hier zu tun habe; **they were really up against it** sie hatten wirklich schwer zu schaffen; **to walk up and down** auf und ab gehen; **to be up for sale** zu verkaufen sein; **to be up for discussion** zur Diskussion stehen; **to be up for election** zur Wahl aufgestellt sein, zur Wahl stehen; **up to** bis; **up to now/here** bis jetzt/hier; **to count up to 100** bis 100 zählen; **up to £100** bis zu £ 100; **what page are you up to?** bis zu welcher Seite bist du gekommen?; **I don't feel up to it** ich fühle mich dem nicht gewachsen; (*gesundheitlich*) ich fühle mich nicht wohl genug dazu; **it isn't up to much** damit ist nicht viel los (*umg*); **it isn't up to his usual standard** das ist nicht sein sonstiges Niveau; **it's up to us to help him** wir sollten ihm helfen; **if it were up to me** wenn es nach mir ginge; **it's up to you whether you go or not** es bleibt dir überlassen, ob du gehst oder nicht; **it isn't up to me** das hängt nicht von mir ab; **that's up to you** das müssen Sie selbst wissen; **what colour shall I choose?** — **(it's) up to you** welche Farbe soll ich nehmen? — das ist deine Entscheidung; **it's up to the government to do it** es ist Sache der Regierung, das zu tun; **what's he up to?** was macht er da?; (*in der Zukunft*) was hat er vor?; **what have you been up to?** was hast du angestellt?; **he's up to no good** er führt nichts Gutes im Schilde

— **B** Präposition —

oben auf (+*dat*); (*Richtung*) hinauf (+*akk*); **further up the page** weiter oben auf der Seite; **to live up the hill** am Berg wohnen; **to go up the hill** den Berg hinaufgehen; **they live further up the street** sie wohnen weiter die Straße entlang; **he lives up a dark alley** er wohnt am Ende einer dunklen Gasse; **up the road from me** (von mir) die Straße entlang; **he went off up the road** er ging (weg) die Straße hinauf; **the water goes up this pipe** das Wasser geht durch dieses Rohr; **to go up to sb** auf jdn zugehen

— **C** Substantiv —

ups and downs gute und schlechte Zeiten *pl*

— **D** Adjektiv —

Rolltreppe nach oben

— **E** transitives Verb —

(*umg*) Preis hinaufsetzen

up-and-coming ['ʌpən'kʌmɪŋ] ADJ **an ~ star** ein Star, der im Kommen ist

up-and-down ['ʌpən'daʊn] ADJ **1** (*wörtl*) **~ movement** Auf- und Abbewegung *f* **2** (*fig*) Karriere wechselhaft

up arrow S IT Aufwärtspfeil *m*

upbeat ['ʌpbiːt] ADJ (*umg*) fröhlich, optimistisch; **to be ~ about sth** über etw (*akk*) optimistisch gestimmt sein

upbringing ['ʌpbrɪŋɪŋ] S Erziehung *f*; **we had a strict ~** wir hatten (als Kinder) eine strenge Erziehung

upcoming [ʌp'kʌmɪŋ] ADJ kommend

update [ʌp'deɪt] **A** VT aktualisieren; **to ~ sb on sth** jdn über etw (*akk*) auf den neuesten Stand bringen **B** ['ʌpdeɪt] S **1** Aktualisierung *f* **2** Bericht *m*

upend [ʌp'end] VT Kiste hochkant stellen

upfront ['ʌp'frʌnt] **A** ADJ **1** offen; **to be ~ about sth** sich offen über etw (*akk*) äußern **2 an ~ fee** eine Gebühr, die im Voraus zu entrichten ist **B** ADV zahlen im Voraus; **we'd like 20% ~** wir hätten gern 20% (als) Vorschuss

upgrade ['ʌp‚greɪd] **A** S **1** IT Upgrade *n* **2** (*US*) Steigung *f* (❗ = (Br) gradient) **B** [ʌp'greɪd] VT Mitarbeiter befördern; (≈ *Einrichtungen*) verbessern; Rechner nachrüsten **upgrad(e)able** [ʌp'greɪdəbl] ADJ Rechner nachrüstbar (*to* auf +*akk*)

upheaval [ʌp'hiːvəl] S (*fig*) Aufruhr *m*; **social/political ~s** soziale/politische Umwälzungen *pl*

upheld [ʌp'held] *prät, pperf* von **uphold**

uphill ['ʌp'hɪl] **A** ADV bergauf; **to go ~** bergauf gehen; (*Straße*) bergauf führen; (*Auto*) den Berg hinauffahren **B** ADJ bergauf (führend); (*fig*) Kampf mühsam

uphold [ʌp'həʊld] *prät, pperf* **upheld** VT Tradition wahren; Gesetz hüten; Rechte schützen; Entscheidung (unter)stützen; JUR Urteil bestätigen

upholster [ʌp'həʊlstə^r] VT polstern, beziehen; **~ed furniture** Polstermöbel *pl* **upholstery** [ʌp'həʊlstəri] S Polsterung *f*

UPKE | 706

upkeep [ˈʌpkiːp] ⓢ Unterhalt m, Instandhaltung f; (von Garten) Pflege f

upland [ˈʌplənd] Ⓐ ⓢ (meist pl) Hochland n kein pl Ⓑ ADJ Hochland-

uplift [ˈʌplɪft] VT with ~ed arms mit erhobenen Armen; **to feel ~ed** sich erbaut fühlen

uplifting [ʌpˈlɪftɪŋ] ADJ Erlebnis erhebend; Geschichte erbaulich

upload [ˈʌpləʊd] VT IT hochladen

up-market [ˈʌpˈmɑːkɪt] Ⓐ ADJ Mensch vornehm; Image, Hotel exklusiv Ⓑ ADV **his shop has gone ~** in seinem Laden verkauft er jetzt Waren der höheren Preisklasse

upon [əˈpɒn] PRÄP = on

upper [ˈʌpəʳ] Ⓐ ADJ obere(r, s); (ANAT, GEOG) Ober-; **temperatures in the ~ thirties** Temperaturen hoch in den dreißig; **~ body** Oberkörper m Ⓑ ⓢ **uppers** PL (von Schuh) Obermaterial n **upper-case** ADJ groß **upper circle** ⓢ (Br THEAT) zweiter Rang **upper class** ⓢ **the ~es** die Oberschicht **upper-class** ADJ vornehm; Sport, Benehmen der Oberschicht **Upper House** ⓢ PARL Oberhaus n **uppermost** [ˈʌpəˈməʊst] Ⓐ ADJ oberste(r, s); **safety is ~ in my mind** Sicherheit steht für mich an erster Stelle Ⓑ ADV **face ~** mit dem Gesicht nach oben

upper school ⓢ Oberschule f

upright [ˈʌpraɪt] Ⓐ ADJ aufrecht, rechtschaffen; Pfosten senkrecht Ⓑ ADV aufrecht; (vertikal) senkrecht; **to pull sb/oneself ~** jdn/sich aufrichten Ⓒ ⓢ Pfosten m

uprising [ˈʌpraɪzɪŋ] ⓢ Aufstand m

upriver [ˈʌpˈrɪvəʳ] ADV flussaufwärts

uproar [ˈʌprɔːʳ] ⓢ Aufruhr m; **the whole room was in ~** der ganze Saal war in Aufruhr **uproariously** [ʌpˈrɔːrɪəslɪ] ADV lärmend; lachen brüllend

uproot [ʌpˈruːt] VT entwurzeln; **he ~ed his whole family (from their home) and moved to New York** er riss seine Familie aus ihrer gewohnten Umgebung und zog nach New York

upset [ʌpˈset] v: prät, pperf upset Ⓐ VT ① umstoßen ② bestürzen, aus der Fassung bringen; (Erlebnis etc) mitnehmen (umg), wehtun (+dat); (≈ erzürnen) ärgern; **don't ~ yourself** regen Sie sich nicht auf ③ Planung durcheinanderbringen; **the rich food ~ his stomach** das schwere Essen ist ihm nicht bekommen Ⓑ ADJ ① (nach Unfall etc) mitgenommen (umg); (about von); (bei Todesfall, schlechter Nachricht etc) bestürzt (about über +akk), betrübt (about über +akk), aufgeregt (about wegen); (vor Wut) aufgebracht (about über +akk); (≈ verletzt) gekränkt (about über +akk); **she was pretty ~ about it** das ist ihr ziemlich nahegegangen; (≈ besorgt) sie hat sich deswegen ziemlich aufgeregt; (≈ wütend) das hat sie ziemlich geär-

gert; (≈ verletzt) das hat sie ziemlich gekränkt; **she was ~ about something** irgendetwas hatte sie aus der Fassung gebracht; **she was ~ about the news** es hat sie ziemlich mitgenommen, als sie das hörte (umg); **would you be ~ if I decided not to go after all?** wärst du traurig, wenn ich doch nicht ginge?; **to get ~** sich aufregen (about über +akk); **don't get ~ about it, you'll find another** nimm das doch nicht so tragisch, du findest bestimmt einen anderen; **to feel ~** gekränkt sein; **to sound/look ~** verstört klingen/aussehen ② [ˈʌpset] **to have an ~ stomach** sich (dat) den Magen verdorben haben Ⓒ [ˈʌpset] ⓢ Störung f; (emotional) Aufregung f; (umg ≈ Niederlage etc) böse Überraschung; **stomach ~** Magenverstimmung f **upsetting** [ʌpˈsetɪŋ] ADJ traurig; (stärker) bestürzend; Lage schwierig, ärgerlich; **that must have been very ~ for you** das war bestimmt nicht einfach für Sie; **it is ~ (for them) to see such terrible things** es ist schlimm (für sie), so schreckliche Dinge zu sehen; **the divorce was very ~ for the child** das Kind hat unter der Scheidung sehr gelitten

upshot [ˈʌpʃɒt] ⓢ **the ~ of it all was that ...** es lief darauf hinaus, dass ...

upside down [ˈʌpsaɪdˈdaʊn] ADV verkehrt herum; **to turn sth ~** (wörtl) etw umdrehen; (fig) etw auf den Kopf stellen (umg) **upside-down** [ˈʌpsaɪdˈdaʊn] ADJ **to be ~** (Bild) verkehrt herum hängen; (Welt) kopfstehen

upstage [ʌpˈsteɪdʒ] VT **to ~ sb** (fig) jdm die Schau stehlen

upstairs [ʌpˈsteəz] Ⓐ ADV oben; (Richtung) nach oben; **the people ~** die Leute über uns Ⓑ ADJ im oberen Stock(werk) Ⓒ ⓢ oberes Stockwerk

upstanding [ʌpˈstændɪŋ] ADJ rechtschaffen

upstart [ˈʌpstɑːt] ⓢ Emporkömmling m

upstate [ˈʌpsteɪt] (US) Ⓐ ADJ im Norden (des Bundesstaates); **to live in ~ New York** im Norden des Staates New York wohnen Ⓑ ADV im Norden (des Bundesstaates); (Richtung) in den Norden (des Bundesstaates)

upstream [ˈʌpstriːm] ADV flussaufwärts

upsurge [ˈʌpsɜːdʒ] ⓢ Zunahme f; (von Kämpfen) Eskalation f (pej)

upswing [ˈʌpswɪŋ] ⓢ Aufschwung m

uptake [ˈʌpteɪk] ⓢ (umg) **to be quick on the ~** schnell verstehen; **to be slow on the ~** eine lange Leitung haben (umg)

uptight [ˈʌpˈtaɪt] ADJ (umg) nervös, verklemmt (umg); (≈ vor Wut) sauer (umg); **to get ~ (about sth)** sich (wegen etw) aufregen, (auf etw akk) verklemmt reagieren (umg), (wegen etw) sauer werden (umg)

up-to-date [ˌʌptə'deɪt] ADJ attr, **up to date** ADJ präd auf dem neuesten Stand; *Information* aktuell; **to keep ~ with the news** mit den Nachrichten auf dem Laufenden bleiben; **to keep sb up to date** jdn auf dem Laufenden halten; **to bring sb up to date on developments** jdn über den neuesten Stand der Dinge informieren

up-to-the-minute [ˌʌptəðə'mɪnɪt] ADJ allerneuste(r, s)

uptown ['ʌptaʊn] (US) A ADJ im Villenviertel; *Kaufhaus* vornehm B ADV im Villenviertel; (*Richtung*) ins Villenviertel

uptrend ['ʌptrend] S WIRTSCH Aufwärtstrend m

upturn ['ʌptɜːn] S (fig) Aufschwung m **upturned** ADJ *Kiste* umgedreht; *Gesicht* nach oben gewandt; *Kragen* aufgeschlagen; **~ nose** Stupsnase f

upward ['ʌpwəd] A ADJ Aufwärts-, nach oben B ADV (*bes US*) = **upwards upwards** ['ʌpwədz] ADV (*bes Br*) ◨ aufwärts, nach oben; **to look ~** nach oben sehen; **face ~** mit dem Gesicht nach oben ◨ **prices from £4 ~** Preise ab £ 4; **~ of 3000** über 3000

upwind ['ʌpwɪnd] ADJ, ADV im Aufwind; **to be ~ of sb** gegen den Wind zu jdm sein

uranium [jʊə'reɪnɪəm] S Uran n
Uranus [jʊə'reɪnəs] S ASTRON Uranus m
urban ['ɜːbən] ADJ städtisch; **~ decay** Verfall m der Städte **urban development** S Stadtentwicklung f **urbanization** [ˌɜːbənaɪ'zeɪʃən] S Urbanisierung f **urbanize** ['ɜːbənaɪz] VT urbanisieren, verstädtern (*pej*)

urchin ['ɜːtʃɪn] S Gassenkind n

urge [ɜːdʒ] A S Verlangen n, Drang m kein pl; (*sexuell*) Trieb m; **to feel the ~ to do sth** das Bedürfnis verspüren, etw zu tun; **I resisted the ~ (to contradict him)** ich habe mich beherrscht (und ihm nicht widersprochen) B VT ◨ **to ~ sb to do sth** jdn eindringlich bitten, etw zu tun, darauf dringen, dass jd etw tut; **to ~ sb to accept** jdn drängen, anzunehmen; **to ~ sb onward** jdn vorwärtstreiben ◨ *Maßnahme* drängen auf (+akk); **to ~ caution** zur Vorsicht mahnen ♦**urge on** VT trennb antreiben

urgency ['ɜːdʒənsɪ] S Dringlichkeit f; **it's a matter of ~** das ist dringend

urgent ['ɜːdʒənt] ADJ dringend; **is it ~?** ist es dringend?, eilt es?, pressiert es? (*österr*); **the letter was marked "urgent"** der Brief trug einen Dringlichkeitsvermerk **urgently** ['ɜːdʒəntlɪ] ADV dringend; *sprechen* eindringlich; **he is ~ in need of help** er braucht dringend Hilfe

urinal ['jʊərɪnl] S Pissoir n, Urinal n **urinate** ['jʊərɪneɪt] VI urinieren (*geh*) **urine** ['jʊərɪn] S Urin m

URL IT abk von **uniform resource locator** URL-Adresse f

urn [ɜːn] S ◨ Urne f ◨ (a. **tea urn**) Kessel m

urn — Urne

(tea) urn — (Tee)kessel

US abk (❗ mit Verb im Singular) von **United States** USA pl

us [ʌs] PERS PR uns; **give it (to) us** gib es uns; **who, us?** wer, wir?; **younger than us** jünger als wir; **it's us** wir sinds; **us and them** wir und die

USA abk (❗ mit Verb im Singular) von **United States of America** USA pl

▶ **die Regierung der USA**

President	Präsident(in)
Vice-President	Vizepräsident(in)
Secretary of State	Außenminister(in)
Secretary of the Interior	Innenminister(in)
Secretary of Defense	Verteidigungsminister(in)
Secretary of the Treasury	Finanzminister(in)
Congressman	Mitglied des Repräsentantenhauses
Senator	Senator(in)

▶▶

USAB 708

Gremien und Ministerien:

the Cabinet	das Kabinett
the Congress	der Kongress
the Senate	der Senat (= das Oberhaus)
the House of Representatives	das Repräsentantenhaus
Department of State	Außenministerium
Department of the Interior	Innenministerium
Department of Defense	Verteidigungsministerium
Department of the Treasury	Finanzministerium
Department of Health and Human Services	Gesundheitsministerium
Department of Education	Bildungsministerium
Department of Homeland Security	Ministerium für Heimatschutz

WORTSCHATZ ◄

usable ['juːzəbl] A͞DJ verwendbar **usage** ['juːzɪdʒ] S͟ **1** Brauch m; **it's common ~** es ist allgemein üblich **2** LING Gebrauch m kein pl
USB S͟ IT abk von universal serial bus USB m; **~ interface** USB-Schnittstelle f; **~ port** USB-Anschluss m

---

use¹ [juːz]

A transitives Verb   **B** Substantiv

— **A** transitives Verb —

1 benutzen, verwenden; Worte gebrauchen; Methode, Gewalt anwenden; Drogen einnehmen; **I have to ~ the toilet before I go** ich muss noch einmal zur Toilette, bevor ich gehe; **to ~ sth for sth** etw zu etw verwenden; **what did you ~ the money for?** wofür haben Sie das Geld verwendet?; **what sort of fuel do you ~?** welchen Treibstoff verwenden Sie?; **why don't you ~ a hammer?** warum nehmen Sie nicht einen Hammer dazu?; **to ~ sb's name** jds Namen verwenden od benutzen; **~ your imagination!** zeig mal ein bisschen Fantasie!; **I'll have to ~ some of your men** ich brauche ein paar Ihrer Leute; **I could ~ a drink** (umg) ich könnte etwas zu trinken vertragen (umg) **2** Information, Gelegenheit (aus)nutzen; Abfall verwerten; **you can ~ the leftovers to make a soup** Sie können die Reste zu einer Suppe verwerten **3** verbrauchen **4** (pej) ausnutzen; **I feel (I've just been) ~d** ich habe das Gefühl, man hat mich ausgenutzt; (sexuell) ich komme mir missbraucht vor

— **B** Substantiv —

[juːs] **1** Benutzung f, Gebrauch m; (von Methode, Gewalt) Anwendung f; (von Personal) Einsatz m; (von Drogen) Einnahme f; **directions for ~** Gebrauchsanweisung f; **for the ~ of** für; **for external ~** zur äußerlichen Anwendung; **ready for ~** gebrauchsfertig; Maschine einsatzbereit; **to make ~ of sth** von etw Gebrauch machen; **can you make ~ of that?** können Sie das brauchen?; **in ~/out of ~** in od im/außer Gebrauch **2** Nutzung f; (von Abfall) Verwertung f, Verwendung f; **to make ~ of sth** etw nutzen; **to put sth to good ~** etw gut nutzen; **it has many ~s** es ist vielseitig verwendbar; **to find a ~ for sth** für etw Verwendung finden; **to have no ~ for** keine Verwendung haben für **3** Nutzen m; **to be of ~ to sb** für jdn von Nutzen sein; **is this (of) any ~ to you?** können Sie das brauchen?; **he's no ~ as a goalkeeper** er ist als Torhüter nicht zu gebrauchen; **it's no ~ you** od **your protesting** es hat keinen Sinn od es nützt nichts, wenn du protestierst; **what's the ~ of telling him?** was nützt es, wenn man es ihm sagt?; **what's the ~ in trying?** wozu überhaupt versuchen?; **it's no ~** es hat keinen Zweck; **ah, what's the ~!** ach, was solls! **4** Nutznießung f (JUR); **to have the ~ of a car** ein Auto zur Verfügung haben; **to give sb the ~ of sth** jdn etw benutzen lassen, jdm etw zur Verfügung stellen; **to have lost the ~ of one's arm** seinen Arm nicht mehr benutzen können

♦**use up** V͟T trennb verbrauchen; Reste verwerten; **the butter is all used up** die Butter ist alle (umg)
use² [juːs] V͟AUX **I didn't ~ to smoke** ich habe früher nicht geraucht
use-by-date ['juːzbaɪ͵deɪt] S͟ Mindesthaltbarkeitsdatum n
used¹ [juːzd] A͞DJ gebraucht; Handtuch benutzt
used² [juːst] V͟AUX **I ~ to swim every day** ich bin früher täglich geschwommen; **he ~ to be a singer** er war einmal ein Sänger; **there ~ to be a field here** hier war (früher) einmal ein Feld; **things aren't what they ~ to be** es ist alles nicht mehr (so) wie früher; **life is more hectic than it ~ to be** das Leben ist hektischer als früher
used³ [juːst] A͞DJ **to be ~ to sb** an jdn gewöhnt sein; **to be ~ to sth** etw gewohnt sein; **to be ~**

to doing sth es gewohnt sein, etw zu tun; **I'm not ~ to it** ich bin das nicht gewohnt; **to get ~ to sb/sth** sich an jdn/etw gewöhnen; **to get ~ to doing sth** sich daran gewöhnen, etw zu tun

useful ['juːsfʊl] ADJ **1** nützlich; *Werkzeug, Sprache* praktisch; *Mensch, Beitrag* wertvoll; *Diskussion* fruchtbar; **to make oneself ~** sich nützlich machen; **to come in ~** sich als nützlich erweisen; **that's a ~ thing to know** es ist gut das zu wissen **2** (umg) *Spieler* fähig; *Sieg* wertvoll **usefulness** s̄ Nützlichkeit f

useless ['juːslɪs] ADJ **1** nutzlos, unbrauchbar; **to be ~ to sb** für jdn ohne Nutzen sein; **it is ~ (for you) to complain** es hat keinen Sinn, sich zu beschweren; **he's ~ as a goalkeeper** er ist als Torwart nicht zu gebrauchen; **to be ~ at doing sth** unfähig dazu sein, etw zu tun; **I'm ~ at languages** Sprachen kann ich überhaupt nicht; **to feel ~** sich unnütz fühlen **2** sinnlos **uselessness** ['juːslɪsnɪs] s̄ Nutzlosigkeit f, Unbrauchbarkeit f

user ['juːzəʳ] s̄ Benutzer(in) m(f) **user-friendly** ADJ benutzerfreundlich **user group** s̄ Nutzergruppe f; IT Anwendergruppe f **user identification** s̄ IT Benutzercode m **user-interface** s̄ bes IT Benutzerschnittstelle f **user name** s̄ IT Benutzername m

usher ['ʌʃəʳ] A s̄ Platzanweiser(in) m(f) B VT **to ~ sb into a room** jdn in ein Zimmer bringen
♦**usher in** VT trennb hineinführen

usherette [ˌʌʃə'ret] s̄ Platzanweiserin f

USSR HIST abk von **Union of Soviet Socialist Republics** UdSSR f

usual ['juːʒʊəl] A ADJ üblich, normal; **beer is his ~ drink** er trinkt gewöhnlich Bier; **when shall I come? — oh, the ~ time** wann soll ich kommen? — oh, zur üblichen Zeit; **as is ~ with second-hand cars** wie gewöhnlich bei Gebrauchtwagen; **it wasn't ~ for him to arrive early** es war nicht typisch für ihn, zu früh da zu sein; **to do sth in the** od **one's ~ way** od **manner** etw auf die einem übliche Art und Weise tun; **as ~** wie üblich; **business as ~** normaler Betrieb; (in Laden) Verkauf geht weiter; **to carry on as ~** weitermachen wie immer; **later/less than ~** später/weniger als sonst B s̄ (umg) der/die/das Übliche; **what sort of mood was he in? — the ~** wie war er gelaunt? — wie üblich

usually ['juːʒʊəlɪ] ADV gewöhnlich; **is he ~ so rude?** ist er sonst auch so unhöflich?

usurp [juː'zɜːp] VT sich (dat) widerrechtlich aneignen; *Thron* sich bemächtigen (+gen) (geh); jdn verdrängen **usurper** [juː'zɜːpəʳ] s̄ unrechtmäßiger Machthaber, unrechtmäßige Machthaberin; (fig) Eindringling m

usury ['juːʒʊrɪ] s̄ Wucher m

utensil [juː'tensl] s̄ Utensil n

uterus ['juːtərəs] s̄ Gebärmutter f

utility [juː'tɪlɪtɪ] s̄ **1** **public ~** Versorgungsbetrieb m; (= Service) Leistung f der Versorgungsbetriebe **2** IT Hilfsprogramm n **utility company** s̄ Versorgungsbetrieb m **utility program** s̄ IT Hilfsprogramm n **utility room** s̄ Allzweckraum m **utilization** [ˌjuːtɪlaɪ'zeɪʃən] s̄ Verwendung f; (von Rohstoffen etc) Verwertung f **utilize** ['juːtɪlaɪz] VT verwenden; *Altpapier etc* verwerten

utmost ['ʌtməʊst] A ADJ größte(r, s), äußerste(r, s); **with the ~ speed** so schnell wie nur möglich B s̄ **to do one's ~ (to do sth)** sein Möglichstes tun(, um etw zu tun)

utter[1] ['ʌtəʳ] ADJ total; *Elend* grenzenlos

utter[2] VT von sich (dat) geben; *Wort* sagen; *Schrei* ausstoßen

utterance ['ʌtrəns] s̄ Äußerung f

uttermost ['ʌtəməʊst] s̄, ADJ = utmost

U-turn ['juːtɜːn] s̄ Wende f; **to do a ~** (fig) seine Meinung völlig ändern

V

V, v [viː] s̄ V n, v n

V, v abk von **versus**

vacancy ['veɪkənsɪ] s̄ **1** (freies) Zimmer; **have you any vacancies for August?** haben Sie im August noch Zimmer frei?; **"no vacancies"** „belegt"; **"vacancies"** „Zimmer frei" **2** offene Stelle; **we have a ~ in our personnel department** in unserer Personalabteilung ist eine Stelle zu vergeben; **vacancies** pl offene Stellen pl **vacant** ['veɪkənt] ADJ **1** *Stelle* offen; *WC, Platz* frei; *Haus* leer stehend; **~ lot** unbebautes Grundstück **2** *Blick* leer **vacate** [və'keɪt] VT *Platz* frei machen; *Posten* aufgeben; *Wohnung* räumen

vacation [və'keɪʃən] A s̄ **1** UNIV Semesterferien pl **2** (US) Urlaub m (⚠ = (Br) **holiday**); **on ~** im Urlaub; **to take a ~** Urlaub machen; **where are you going for your ~?** wohin fahren Sie in Urlaub?; **to go on ~** auf Urlaub gehen B VI (US) Urlaub machen (⚠ = (Br) **to holiday**) **vacationer** [veɪ'keɪʃənəʳ], **vacationist** [veɪ'keɪʃənɪst] s̄ (US) Urlauber(in) m(f)

vaccinate ['væksɪneɪt] VT impfen **vaccination** [ˌvæksɪ'neɪʃən] s̄ (Schutz)impfung f **vaccine** ['væksiːn] s̄ Impfstoff m

VACI | 710

vacillate ['væsɪleɪt] <u>VI</u> (wörtl, fig) schwanken

vacuum ['vækjʊəm] <u>S</u> <u>A</u> <u>S</u> **1** Vakuum n **2** Staubsauger m <u>B</u> <u>VT</u> (staub)saugen **vacuum bottle** <u>S</u> (US) Thermosflasche® f (❗ = (Br) **vacuum flask**) **vacuum cleaner** <u>S</u> Staubsauger m **vacuum flask** <u>S</u> (Br) Thermosflasche® f (❗ = (US) **vacuum bottle**) **vacuum-packed** <u>ADJ</u> vakuumverpackt

vagabond ['vægəbɒnd] <u>S</u> Vagabund m

vagina [və'dʒaɪnə] <u>S</u> Scheide f, Vagina f

vagrant ['veɪgrənt] <u>S</u> Landstreicher(in) m(f), Stadtstreicher(in) m(f)

vague [veɪg] <u>ADJ</u> (+er) **1** vage; Bericht ungenau; Umriss verschwommen; **I haven't the ~st idea** ich habe nicht die leiseste Ahnung; **there's a ~ resemblance** es besteht eine entfernte Ähnlichkeit **2** geistesabwesend **vaguely** ['veɪglɪ] <u>ADV</u> vage; vestehen in etwa; interessiert flüchtig; überrascht leicht; **to be ~ aware of sth** ein vages Bewusstsein von etw haben; **they're ~ similar** sie haben eine entfernte Ähnlichkeit; **it sounded ~ familiar** es kam einem irgendwie bekannt vor

vain [veɪn] <u>ADJ</u> **1** (+er) eitel, eingebildet **2** vergeblich; **in ~** umsonst, vergeblich **vainly** ['veɪnlɪ] <u>ADV</u> vergeblich

valedictory [ˌvælɪ'dɪktərɪ] <u>A</u> <u>ADJ</u> (form) Abschieds- <u>B</u> <u>S</u> (US SCHULE) Entlassungsrede f

valentine ['væləntaɪn] <u>S</u> **~ (card)** Valentinskarte f; **St Valentine's Day** Valentinstag m

valet ['væleɪ] <u>S</u> Kammerdiener m; **~ service** Reinigungsdienst m

valiant ['væljənt] <u>ADJ</u> **she made a ~ effort to smile** sie versuchte tapfer zu lächeln

valid ['vælɪd] <u>ADJ</u> gültig; Anspruch berechtigt; Argument stichhaltig; Grund etc einleuchtend; **that's a ~ point** das ist ein wertvoller Hinweis **validate** ['vælɪdeɪt] <u>VT</u> **1** Dokument für gültig erklären; Anspruch bestätigen **2** IT validieren **validity** [və'lɪdɪtɪ] <u>S</u> Gültigkeit f; (von Anspruch) Berechtigung f; (von Argument) Stichhaltigkeit f

valley ['vælɪ] <u>S</u> Tal n, Niederung f; **to go up/down the ~** talaufwärts/talabwärts gehen/fließen etc

valour, (US) **valor** ['vælə'] <u>S</u> (liter) Heldenmut m (liter)

valuable ['væljʊəbl] <u>A</u> <u>ADJ</u> wertvoll; Zeit a. kostbar; Hilfe nützlich <u>B</u> <u>S</u> **valuables** <u>PL</u> Wertsachen pl **valuation** [ˌvæljʊ'eɪʃən] <u>S</u> Schätzung f

value ['vælju:] <u>A</u> <u>S</u> **1** Wert m, Nutzen m; **to be of ~** wertvoll/nützlich sein; **of no ~** wert-/nutzlos; **what's the ~ of your house?** wie viel ist Ihr Haus wert?; **it's good ~** es ist preisgünstig; **to get ~ for money** etwas für sein Geld bekommen; **this TV was good ~** dieser Fern-

seher ist sein Geld wert; **to the ~ of £500** im Wert von £ 500 **2** **values** <u>PL</u> (sittliche) Werte pl <u>B</u> <u>VT</u> schätzen; **to be ~d at £100** auf £ 100 geschätzt werden; **I ~ her (highly)** ich weiß sie (sehr) zu schätzen **value-added tax** [ˌvælju:'ædɪdtæks] <u>S</u> (Br) Mehrwertsteuer f **valued** ['vælju:d] <u>ADJ</u> (hoch) geschätzt

valve [vælv] <u>S</u> ANAT Klappe f; TECH Absperrhahn m

vampire ['væmpaɪə'] <u>S</u> Vampir(in) m(f)

van [væn] <u>S</u> **1** (Br AUTO) Transporter m **2** (Br BAHN) Waggon m

vandal ['vændəl] <u>S</u> (fig) Vandale m, Vandalin f; **it was damaged by ~s** es ist mutwillig beschädigt worden **vandalism** ['vændəlɪzəm] <u>S</u> Vandalismus m, mutwillige Beschädigung f **vandalize** ['vændəlaɪz] <u>VT</u> mutwillig beschädigen; Gebäude verwüsten

vanguard ['vængɑ:d] <u>S</u> Vorhut f

vanilla [və'nɪlə] <u>A</u> <u>S</u> Vanille f <u>B</u> <u>ADJ</u> Vanille-

vanish ['vænɪʃ] <u>VI</u> verschwinden; (Hoffnungen) schwinden

vanity ['vænɪtɪ] <u>S</u> Eitelkeit f **vanity case** <u>S</u> Kosmetikkoffer m

vantage point ['vɑ:ntɪdʒpɔɪnt] <u>S</u> MIL (günstiger) Aussichtspunkt

vaporize ['veɪpəraɪz] <u>VT</u> verdampfen, verdunsten **vapour**, (US) **vapor** ['veɪpə'] <u>S</u> Dunst m, Dampf m

variability [ˌvɛərɪə'bɪlɪtɪ] <u>S</u> (von Wetter, Laune) Unbeständigkeit f **variable** ['vɛərɪəbl] <u>A</u> <u>ADJ</u> **1** veränderlich, variabel; Wetter, Laune unbeständig **2** Geschwindigkeit regulierbar <u>B</u> <u>S</u> Variable f **variance** ['vɛərɪəns] <u>S</u> **to be at ~ with sth** nicht mit etw übereinstimmen **variant** ['vɛərɪənt] <u>A</u> <u>S</u> Variante f <u>B</u> <u>ADJ</u> andere(r, s) **variation** [ˌvɛərɪ'eɪʃən] <u>S</u> **1** Veränderung f; (von Temperatur) Schwankung(en) f(pl); (von Preisen) Schwankung f **2** Variante f

varicose veins [ˌværɪkəʊs'veɪnz] <u>PL</u> Krampfadern pl

varied ['vɛərɪd] <u>ADJ</u> unterschiedlich; Leben bewegt; Auswahl reichhaltig; Interessen vielfältig; Ernährung abwechslungsreich; **a ~ group of people** eine gemischte Gruppe **variety** [və'raɪətɪ] <u>S</u> **1** Abwechslung f **2** Vielfalt f; HANDEL Auswahl f (of an +dat); **in a ~ of colours** (Br) od **colors** (US) in den verschiedensten Farben; **for a ~ of reasons** aus verschiedenen Gründen **3** Art f, Sorte f **variety show** <u>S</u> THEAT Varietévorführung f; TV Fernsehshow f **various** ['vɛərɪəs] <u>ADJ</u> **1** verschieden **2** mehrere **variously** ['vɛərɪəslɪ] <u>ADV</u> verschiedentlich

varnish ['vɑ:nɪʃ] <u>A</u> <u>S</u> (wörtl) Lack m; (auf Gemälde) Firnis m <u>B</u> <u>VT</u> lackieren; Gemälde firnissen

vary ['vɛərɪ] <u>A</u> <u>VI</u> **1** sich unterscheiden (from von); **opinions ~ on this point** in diesem

Punkt gehen die Meinungen auseinander [2] unterschiedlich sein; **the price varies from shop to shop** der Preis ist von Geschäft zu Geschäft verschieden; **it varies** es ist unterschiedlich [3] sich (ver)ändern; (*Preise*) schwanken [B] VT abwandeln, abwechslungsreich(er) gestalten **varying** ['vɛərɪɪŋ] ADJ veränderlich, unterschiedlich; **of ~ sizes/abilities** unterschiedlich groß/begabt

vase [vɑːz, (*US*) veɪz] S̄ Vase *f*

vasectomy [væ'sɛktəmɪ] S̄ Sterilisation *f* (*des Mannes*)

vassal ['væsəl] S̄ Vasall *m*

vast [vɑːst] ADJ (*+er*) gewaltig, riesig; *Wissen, Verbesserung* enorm; *Mehrheit* überwältigend; *Reichtum* unermesslich; **a ~ expanse** eine weite Ebene **vastly** ['vɑːstlɪ] ADV erheblich; *erfahren* äußerst; **he is ~ superior to her** er ist ihr haushoch überlegen **vastness** ['vɑːstnɪs] S̄ gewaltiges Ausmaß; (*von Gebiet*) riesige Weite; (*von Wissen*) gewaltiger Umfang

VAT ['viːeɪ'tiː, væt] (*Br*) *abk von* value-added tax MwSt.

vat [væt] S̄ Fass *n*, Bottich *m*

Vatican ['vætɪkən] S̄ Vatikan *m*

vault[1] [vɔːlt] S̄ [1] (Keller)gewölbe *n* [2] Gruft *f* [3] (*in Bank*) Tresor(raum) *m* [4] ARCH Gewölbe *n*

vault[2] [A] S̄ Sprung *m* [B] VI springen [C] VT springen über (*+akk*)

VCR *abk von* video cassette recorder Videorekorder *m*

VD *abk von* venereal disease Geschlechtskrankheit *f*

VDU *abk von* visual display unit

veal [viːl] S̄ Kalbfleisch *n*; **~ cutlet** Kalbsschnitzel *n*

veer [vɪə'] VI (*Wind*) (sich) drehen (*to nach*); (*Schiff*) abdrehen; (*Auto*) ausscheren; (*Straße*) scharf abbiegen; **the car ~ed to the left** das Auto scherte nach links aus; **the car ~ed off the road** das Auto kam von der Straße ab; **to ~ off course** vom Kurs abkommen; **he ~ed away from the subject** er kam (völlig) vom Thema ab

veg [vɛdʒ], - (*bes Br*) S̄, *abk von* vegetable

vegan ['viːgən] [A] S̄ Veganer(in) *m(f)* [B] ADJ vegan; **to be ~** Veganer(in) *m(f)* sein

vegetable ['vɛdʒtəbl] S̄ Gemüse *n* **vegetable marrow** S̄ (*US*) Gartenkürbis *m* (❗ = (Br) marrow) **vegetable oil** S̄ GASTR Pflanzenöl *n* **vegetarian** [,vɛdʒɪ'tɛərɪən] [A] S̄ Vegetarier(in) *m(f)* [B] ADJ vegetarisch; **~ cheese** Käse *m* für Vegetarier **vegetate** ['vɛdʒɪteɪt] VI (*fig*) dahinvegetieren **vegetation** [,vɛdʒɪ'teɪʃən] S̄ Vegetation *f* **veggie** ['vɛdʒɪ] (*umg*) [A] S̄ [1] Vegetarier(in) *m(f)* [2] **veggies** *pl* (*US*) = vegetables [B] ADJ vegetarisch **veggieburger** ['vɛdʒɪ,bɜːgə'] S̄ Gemüseburger *m*

vehemence ['viːɪməns] S̄ Vehemenz *f* (*geh*) **vehement** ['viːɪmənt] ADJ vehement (*geh*); *Gegner* scharf; *Anhänger* leidenschaftlich **vehemently** ['viːɪməntlɪ] ADV vehement (*geh*), heftig; *lieben, hassen* leidenschaftlich; *protestieren* mit aller Schärfe; *angreifen* scharf

vehicle ['viːɪkl] S̄ [1] Fahrzeug *n* [2] (*fig*) Mittel *n*

veil [veɪl] [A] S̄ Schleier *m*; **to draw** *od* **throw a ~ over sth** den Schleier des Vergessens über etw (*akk*) breiten; **under a ~ of secrecy** unter dem Mantel der Verschwiegenheit [B] VT (*fig*) **the town was ~ed by mist** die Stadt lag in Nebel gehüllt **veiled** [veɪld] ADJ *Drohung etc* versteckt

vein [veɪn] S̄ [1] Ader *f*; **~s and arteries** Venen und Arterien *pl*; **the ~ of humour** (*Br*) *od* **humor** (*US*) **which runs through the book** ein humorvoller Zug, der durch das ganze Buch geht [2] (*fig*) Stimmung *f*; **in the same ~** in derselben Art

Velcro® ['vɛlkrəʊ] S̄ Klettband *n*

velocity [və'lɒsɪtɪ] S̄ Geschwindigkeit *f*

velvet ['vɛlvɪt] [A] S̄ Samt *m* [B] ADJ Samt-

vendetta [vɛn'dɛtə] S̄ Fehde *f*; (*von Gangstern*) Vendetta *f*

vending machine ['vɛndɪŋməˈʃiːn] S̄ Automat *m* **vendor** ['vɛndɔː'] S̄ Verkäufer(in) *m(f)*; **street ~** Straßenhändler(in) *m(f)*

veneer [və'nɪə'] S̄ (*wörtl*) Furnier *n*; (*fig*) Politur *f*; **he had a ~ of respectability** nach außen hin machte er einen sehr ehrbaren Eindruck

venerable ['vɛnərəbl] ADJ ehrwürdig **venerate** ['vɛnəreɪt] VT verehren; *jds Erinnerung* ehren

vault — (Keller)gewölbe

vault — Gewölbe

vault — Sprung

VENE ‖ 712

veneration [ˌvenəˈreɪʃn] ̅s̅ Verehrung f; (von Erinnerung) Ehrung f
venereal disease [vɪˈnɪərɪəldɪˌziːz] ̅s̅ Geschlechtskrankheit f
Venetian blind ̅s̅ Jalousie f
vengeance [ˈvendʒəns] ̅s̅ Rache f; **with a ~** (umg) gewaltig (umg) **vengeful** [ˈvendʒfʊl] A̅D̅J̅ rachsüchtig
venison [ˈvenɪsən] ̅s̅ Reh(fleisch) n
venom [ˈvenəm] ̅s̅ (wörtl) Gift n; (fig) Gehässigkeit f **venomous** [ˈvenəməs] A̅D̅J̅ giftig; **~ snake** Giftschlange f
vent [vent] A̅ ̅s̅ Öffnung f; (für Gefühle) Ventil n; **to give ~ to one's feelings** seinen Gefühlen freien Lauf lassen B̅ V̅T̅ Gefühle abreagieren (on an +dat); **to ~ one's spleen** sich (dat) Luft machen **ventilate** [ˈventɪleɪt] V̅T̅ belüften **ventilation** [ˌventɪˈleɪʃən] ̅s̅ Belüftung f **ventilation shaft** ̅s̅ Luftschacht m **ventilator** [ˈventɪleɪtər] ̅s̅ 1 Ventilator m 2 MED Beatmungsgerät n; **to be on a ~** künstlich beatmet werden
ventriloquist [venˈtrɪləkwɪst] ̅s̅ Bauchredner(in) m(f)
venture [ˈventʃər] A̅ ̅s̅ Unternehmung f; **mountain-climbing is his latest ~** seit Neuestem hat er sich aufs Bergsteigen verlegt; **the astronauts on their ~ into the unknown** die Astronauten auf ihrer abenteuerlichen Reise ins Unbekannte B̅ V̅T̅ 1 Leben, Geld riskieren (on bei) 2 Prognose wagen; Meinung zu äußern wagen; **I would ~ to say that ...** ich wage sogar zu behaupten, dass ... C̅ V̅I̅ sich wagen; **to ~ out of doors** sich vor die Tür wagen ◆**venture out** V̅I̅ sich hinauswagen
venture capital ̅s̅ Risikokapital n
venue [ˈvenjuː] ̅s̅ Treffpunkt m; SPORT Austragungsort m
Venus [ˈviːnəs] ̅s̅ ASTRON Venus f
veracity [vəˈræsɪti] ̅s̅ (von Bericht) Richtigkeit f
veranda(h) [vəˈrændə] ̅s̅ Veranda f
verb [vɜːb] ̅s̅ Verb n
verbal [ˈvɜːbəl] A̅D̅J̅ 1 mündlich; **~ abuse** Beschimpfung f; **~ attack** Verbalattacke f 2 Fertigkeiten sprachlich **verbally** [ˈvɜːbəli] A̅D̅V̅ mündlich; bedrohen verbal; **to ~ abuse sb** jdn beschimpfen
verbatim [vɜːˈbeɪtɪm] A̅ A̅D̅J̅ wörtlich B̅ A̅D̅V̅ wortwörtlich
verbose [vɜːˈbəʊs] A̅D̅J̅ wortreich, langatmig
verdict [ˈvɜːdɪkt] ̅s̅ Urteil n; **a ~ of guilty/not guilty** ein Schuldspruch m/Freispruch m; **what's the ~?** wie lautet das Urteil?; **what's your ~ on this wine?** wie beurteilst du diesen Wein?; **to give one's ~ about** od **on sth** sein Urteil über etw (akk) abgeben

verge [vɜːdʒ] ̅s̅ (fig, Br wörtl) Rand m; **to be on the ~ of ruin** am Rande des Ruins stehen; **to be on the ~ of tears** den Tränen nahe sein; **to be on the ~ of doing sth** im Begriff sein, etw zu tun ◆**verge on** V̅I̅ +obj grenzen an (+akk); **she was verging on madness** sie stand am Rande des Wahnsinns
verify [ˈverɪfaɪ] V̅T̅ (über)prüfen; (als wahr) bestätigen
veritable [ˈverɪtəbl] A̅D̅J̅ wahr; **a ~ disaster** die reinste Katastrophe
vermin [ˈvɜːmɪn] ̅s̅ (🛈 kein pl) Schädling m, Ungeziefer n
vermouth [ˈvɜːməθ] ̅s̅ Wermut m (Br) (🛈 Als Getränk hat **vermouth** keinen Plural. **Vermouths** sagt man zu verschiedenen Sorten und einzelnen Gläsern.)
vernacular [vəˈnækjʊlər] ̅s̅ 1 Mundart f 2 Landessprache f
verruca [veˈruːkə] ̅s̅ Warze f
versatile [ˈvɜːsətaɪl] A̅D̅J̅ vielseitig **versatility** [ˌvɜːsəˈtɪlɪti] ̅s̅ Vielseitigkeit f
verse [vɜːs] ̅s̅ 1 Strophe f 2 (🛈 kein pl) Dichtung f; **in ~** in Versform 3 (von Bibel) Vers m
versed [vɜːst] A̅D̅J̅ (a. **well versed**) bewandert (in in +dat); **he's well ~ in the art of judo** er beherrscht die Kunst des Judos
version [ˈvɜːʃən] ̅s̅ Version f, Fassung f
versus [ˈvɜːsəs] P̅R̅Ä̅P̅ gegen (+akk)
vertebra [ˈvɜːtɪbrə] ̅s̅, pl -e [ˈvɜːtɪbriː] Rückenwirbel m **vertebrate** [ˈvɜːtɪbrət] ̅s̅ Wirbeltier n
vertical [ˈvɜːtɪkəl] A̅D̅J̅ senkrecht; **~ cliffs** senkrecht abfallende Klippen; **~ stripes** Längsstreifen pl; **there is a ~ drop from the cliffs into the sea below** die Klippen fallen steil od senkrecht ins Meer ab **vertically** [ˈvɜːtɪkəli] A̅D̅V̅ senkrecht
vertigo [ˈvɜːtɪɡəʊ] ̅s̅ (🛈 kein pl) Schwindel m; Höhenangst f; MED Gleichgewichtsstörung f; **he suffers from ~** ihm wird leicht schwindlig
verve [vɜːv] ̅s̅ Schwung m
very [ˈveri] A̅ A̅D̅V̅ 1 sehr; **I'm ~ sorry** es tut mir sehr leid; **that's not ~ funny** das ist überhaupt nicht lustig; **I'm not ~ good at maths** ich bin in Mathe nicht besonders gut; **~ little** sehr wenig; **~ much** sehr; **thank you ~ much** vielen Dank; **I liked it ~ much** es hat mir sehr gut gefallen; **~ much bigger** sehr viel größer 2 aller-; **~ best quality** allerbeste Qualität; **~ last** allerletzte(r, s); **~ first** allererste(r, s); **at the ~ latest** allerspätestens; **to do one's ~ best** sein Äußerstes tun; **at the ~ most** allerhöchstens; **at the ~ least** allerwenigstens; **to be in the ~ best of health** sich bester Gesundheit erfreuen; **they are the ~ best of friends** sie sind die

dicksten Freunde the ~ same hat genau der gleiche Hut; **we met again the ~ next day** wir trafen uns am nächsten Tag schon wieder; **my ~ own car** mein eigenes Auto; **~ well, if that's what you want** nun gut, wenn du das willst; **I couldn't ~ well say no** ich konnte nichts schlecht Nein sagen ADJ genau; **that ~ day** genau an diesem Tag; **at the ~ heart of the organization** direkt im Zentrum der Organisation; **before my ~ eyes** direkt vor meinen Augen; **the ~ thing I need** genau das, was ich brauche; **the ~ thing!** genau das Richtige! äußerste(r, s); **in the ~ beginning** ganz am Anfang; **at the ~ end** ganz am Ende; **at the ~ back** ganz hinten; **go to the ~ end of the road** gehen Sie die Straße ganz entlang *od* durch **the ~ thought of it** allein schon der Gedanke daran; **the ~ idea!** nein, so etwas!

vessel ['vesl] S SCHIFF Schiff *n* (form) Gefäß *n*

vest[1] [vest] S (Br) Unterhemd *n*, Leiberl *n* (österr), Leibchen *n* (österr, schweiz) | = (US) **undershirt**) (US) Weste *f* (= (Br) **waistcoat**)

vest[2] VT (form) **to have a ~ed interest in sth** ein persönliches Interesse an etw (dat) haben

vestibule ['vestɪbjuːl] S Vorhalle *f*; (von Hotel) Foyer *n*

vestige ['vestɪdʒ] S Spur *f*

vestment ['vestmənt] S Ornat *m*, Robe *f*

vestry ['vestrɪ] S Sakristei *f*

vet [vet] S *abk von* veterinary surgeon, veterinarian VT überprüfen

veteran ['vetərən] S Veteran(in) *m(f)*

veterinarian [,vetərɪ'neərɪən] S (US) Tierarzt *m*/-ärztin *f* **veterinary** ['vetərɪnərɪ] ADJ Veterinär- **veterinary medicine** S Veterinärmedizin *f* **veterinary practice** S Tierarztpraxis *f* **veterinary surgeon** S Tierarzt *m*/-ärztin *f*

veto ['viːtəʊ] S, *pl* -es Veto *n*; **power of ~** Vetorecht *n* VT sein Veto einlegen gegen

vetting ['vetɪŋ] S Überprüfung *f*

vexed [vekst] ADJ Frage schwierig **vexing** ['veksɪŋ] ADJ ärgerlich

VHF RADIO *abk von* very high frequency UKW

via ['vaɪə] PRÄP über (+akk); **they got in ~ the window** sie kamen durchs Fenster herein

viability [,vaɪə'bɪlɪtɪ] S (von Plan, Projekt) Durchführbarkeit *f*, Realisierbarkeit *f*; (von Firma) Rentabilität *f* **viable** ['vaɪəbl] ADJ Firma rentabel; Plan machbar; Alternative gangbar; Möglichkeit realisierbar; **the company is not economically ~** die Firma ist unrentabel; **a ~ form of government** eine funktionsfähige Regierungsform

viaduct ['vaɪədʌkt] S Viadukt *m*

vibes [vaɪbz] PL (umg) **this town is giving me bad ~** diese Stadt macht mich ganz fertig (umg)

vibrant ['vaɪbrənt] ADJ Persönlichkeit dynamisch; Gemeinschaft lebendig; Wirtschaft boomend Farbe leuchtend

vibrate [vaɪ'breɪt] VI beben (with +dat); (Maschine, Faden) vibrieren VT zum Vibrieren bringen; Faden zum Schwingen bringen **vibration** [vaɪ'breɪʃən] S (von Faden) Schwingung *f*; (von Maschine) Vibrieren *n* **vibrator** [vaɪ'breɪtə[r]] S Vibrator *m*

vicar ['vɪkə[r]] S Pfarrer(in) *m(f)* **vicarage** ['vɪkərɪdʒ] S Pfarrhaus *n*

vice[1] [vaɪs] S Laster *n*

vice[2], (US) **vise** S Schraubstock *m*

vice-chairman S stellvertretender Vorsitzender **vice-chairwoman** S stellvertretende Vorsitzende **vice chancellor** S (Br UNIV) ≈ Rektor(in) *m(f)* **vice-president** S Vizepräsident(in) *m(f)*

vice versa ['vaɪs'vɜːsə] ADV umgekehrt

vicinity [vɪ'sɪnɪtɪ] S Umgebung *f*; **in the ~** in der Nähe (of von, +gen)

vicious ['vɪʃəs] ADJ bösartig; Schlag, Angriff brutal; **to have a ~ temper** jähzornig sein gemein **vicious circle** S Teufelskreis *m* **viciously** ['vɪʃəslɪ] ADV bösartig; ermorden auf grauenhafte Art

victim ['vɪktɪm] S Opfer *n*; **to fall ~ to sth** einer Sache (dat) zum Opfer fallen **victimize** ['vɪktɪmaɪz] VT ungerecht behandeln, schikanieren

victor ['vɪktə[r]] S Sieger(in) *m(f)*

Victorian [vɪk'tɔːrɪən] S Viktorianer(in) *m(f)* ADJ viktorianisch

victorious [vɪk'tɔːrɪəs] ADJ Armee siegreich; Kampagne erfolgreich; **to be ~ over sb/sth** jdn/etw besiegen

victory ['vɪktərɪ] S Sieg *m*; **to win a ~ over sb/sth** einen Sieg über jdn/etw erringen

video ['vɪdɪəʊ] S, *pl* -s Video *n* Videorekorder *m* VT (auf Video) aufnehmen **video camera** S Videokamera *f* **video card** S IT Videokarte *f* **video cassette** S Videokassette *f* **video clip** S Videoclip *m* **video conferencing** S Videokonferenzschaltung *f* **video disc** S Bildplatte *f* **video game** S Telespiel *n* **video library** S Videothek *f* **video nasty** S (Br) Horrorvideo *n* **videophone** S Fernsehtelefon *n* **video recorder** S Videorekorder *m* **video-recording** S Videoaufnahme *f* **video rental** S Videoverleih *m*; **~ shop** (bes Br) *od* **store** Videothek *f* **video shop** S Videothek *f* **video tape** S Videoband *n* **video-tape** VT (auf Video) aufzeichnen

vie [vaɪ] VI wetteifern; **to ~ with sb for sth** mit

jdm um etw wetteifern
Vienna [vɪˈenə] A N Wien n B ADJ Wiener
Vietnam [ˌvjetˈnæm] N Vietnam n **Vietnamese** [ˌvjetnəˈmiːz] A ADJ vietnamesisch B N Vietnamese m, Vietnamesin f
view [vjuː] A N 1 Sicht f; **to come into ~** in Sicht kommen; **to keep sth in ~** etw im Auge behalten; **the house is within ~ of the sea** vom Haus aus ist das Meer zu sehen; **hidden from ~** verborgen 2 Aussicht f; **a good ~ of the sea** ein schöner Blick auf das Meer; **a room with a ~** ein Zimmer mit schöner Aussicht; **he stood up to get a better ~** er stand auf, um besser sehen zu können 3 Ansicht f 4 Ansicht f; **in my ~** meiner Meinung nach; **to have ~s on sth** Ansichten über etw (akk) haben; **what are his ~s on this?** was meint er dazu?; **I have no ~s on that** ich habe keine Meinung dazu; **to take the ~ that ...** die Ansicht vertreten, dass ...; **an overall ~ of a problem** ein umfassender Überblick über ein Problem; **in ~ of** angesichts (+gen) 5 Absicht f; **with a ~ to doing sth** mit der Absicht, etw zu tun B VT 1 betrachten 2 Haus besichtigen 3 Problem sehen C VI fernsehen **viewer** [ˈvjuːəʳ] N TV Zuschauer(in) m(f) **viewfinder** [ˈvjuːˌfaɪndəʳ] N Sucher m **viewing** [ˈvjuːɪŋ] N 1 (von Haus etc) Besichtigung f 2 TV Fernsehen n **viewing figures** PL TV Zuschauerzahlen pl **viewpoint** [ˈvjuːpɔɪnt] N 1 Standpunkt m; **from the ~ of economic growth** unter dem Gesichtspunkt des Wirtschaftswachstums; **to see sth from sb's ~** etw aus jds Sicht sehen 2 (für Panoramablick) Aussichtspunkt m
vigil [ˈvɪdʒɪl] N (Nacht)wache f **vigilance** [ˈvɪdʒɪləns] N Wachsamkeit f **vigilant** [ˈvɪdʒɪlənt] ADJ wachsam; **to be ~ about sth** auf etw (akk) achten **vigilante** [ˌvɪdʒɪˈlænti] A N Mitglied einer Selbstschutzorganisation B ADJ attr Selbstschutz-
vigor N (US) = vigour **vigorous** [ˈvɪɡərəs] ADJ energisch; Aktivität dynamisch; Gegner, Befürworter engagiert **vigorously** [ˈvɪɡərəsli] ADV energisch; verteidigen engagiert; ablehnen heftig **vigour**, (US) **vigor** [ˈvɪɡəʳ] N Energie f
Viking [ˈvaɪkɪŋ] A N Wikinger(in) m(f) B ADJ Wikinger-

vile [vaɪl] ADJ abscheulich; Wetter, Essen scheußlich
villa [ˈvɪlə] N Villa f
village [ˈvɪlɪdʒ] N Dorf n **village hall** N Gemeindesaal m **villager** [ˈvɪlɪdʒəʳ] N Dörfler(in) m(f), Dorfbewohner(in) m(f)
villain [ˈvɪlən] N Schurke m, Schurkin f; (umg: kriminell) Ganove m (umg); (in Roman) Bösewicht m
vim [vɪm] N (umg) Schwung m

vinaigrette [ˌvɪnɪˈɡret] N Vinaigrette f (GASTR), Salatsoße f
vindicate [ˈvɪndɪkeɪt] VT 1 Aktion rechtfertigen 2 jdn rehabilitieren **vindication** [ˌvɪndɪˈkeɪʃən] N 1 (von Meinung, Aktion) Rechtfertigung f 2 Rehabilitation f
vindictive [vɪnˈdɪktɪv] ADJ rachsüchtig **vindictiveness** N 1 Rachsucht f 2 Unversöhnlichkeit f
vine [vaɪn] N Rebe f
vinegar [ˈvɪnɪɡəʳ] N Essig m (⚠ Als Bezeichnung der Flüssigkeit hat **vinegar** keinen Plural. **Vinegars** sagt man zu verschiedenen Sorten.)
vine leaf N Rebenblatt n **vineyard** [ˈvɪnjəd] N Weinberg m
vintage [ˈvɪntɪdʒ] A N (von Wein, fig) Jahrgang m B ADJ attr uralt; (≈ hochwertig) glänzend **vintage car** N Vorkriegsmodell n **vintage wine** N edler Wein **vintage year** N **a ~ for wine** ein besonders gutes Weinjahr
vinyl [ˈvaɪnɪl] N Vinyl n
viola [vɪˈəʊlə] N MUS Bratsche f; **to play the ~** Bratsche spielen (⚠ mit **the**)
violate [ˈvaɪəleɪt] VT 1 Vertrag brechen, verletzen; Gesetz verstoßen gegen; Rechte verletzen 2 Heiligtum entweihen **violation** [ˌvaɪəˈleɪʃən] N 1 (von Gesetz) Verstoß m (of gegen); (von Rechten) Verletzung f; **a ~ of a treaty** ein Vertragsbruch m; **traffic ~** Verkehrsvergehen n 2 (von Heiligtum) Entweihung f; (von Privatsphäre) Eingriff m (of in +akk)
violence [ˈvaɪələns] N 1 Heftigkeit f 2 Gewalt f, Gewalttätigkeit f; (von Handlung) Brutalität f; **act of ~** Gewalttat f; **was there any ~?** kam es zu Gewalttätigkeiten?
violent [ˈvaɪələnt] ADJ brutal; Verbrechen Gewalt-; Angriff, Protest heftig; Film gewalttätig; Aufprall gewaltig; Sturm, Hass stark; **to have a ~ temper** jähzornig sein; **to turn ~** gewalttätig werden **violently** [ˈvaɪələntli] ADV schlagen, angreifen brutal; schütteln heftig; ablehnen scharf; **to be ~ against sth** od **opposed to sth** ein scharfer Gegner/eine scharfe Gegnerin einer Sache (gen) sein; **to be ~ ill** od **sick** sich furchtbar übergeben; **to cough ~** gewaltig husten
violet [ˈvaɪəlɪt] A N BOT Veilchen n; (≈ Farbe) Violett n B ADJ violett
violin [ˌvaɪəˈlɪn] N Geige f; **to play the ~** Geige spielen (⚠ mit **the**) **violinist** [ˌvaɪəˈlɪnɪst], **violin player** N Geiger(in) m(f)
VIP N Promi m (hum umg); **he got/we gave him ~ treatment** er wurde/wir haben ihn als Ehrengast behandelt
viral [ˈvaɪərəl] ADJ Virus-; **~ infection** Virusinfektion f

virgin ['vɜːdʒɪn] **A** s̅ Jungfrau f; **the Virgin Mary** die Jungfrau Maria; **he's still a ~** er ist noch unschuldig **B** ADJ (fig) Wald etc unberührt; **~ olive oil** natives Olivenöl **virginity** [vɜːˈdʒɪnɪtɪ] s̅ Unschuld f

Virgo ['vɜːgəʊ] s̅, pl **-s** ASTROL Jungfrau f; **he's (a) ~** er ist (eine) Jungfrau

virile ['vɪraɪl] ADJ (wörtl) männlich **virility** [vɪˈrɪlɪtɪ] s̅ (wörtl) Männlichkeit f, Potenz f

virtual ['vɜːtjʊəl] ADJ attr **1** fast völlig; **she was a ~ prisoner** sie war so gut wie eine Gefangene; **it was a ~ admission of guilt** es war praktisch ein Schuldgeständnis **2** IT virtuell **virtually** ['vɜːtjʊəlɪ] ADV **1** praktisch; **to be ~ certain** sich (dat) so gut wie sicher sein **2** IT virtuell **virtual reality** s̅ virtuelle Realität

virtue ['vɜːtjuː] s̅ **1** Tugend f **2** Keuschheit f **3** Vorteil m; **by ~ of** aufgrund +gen

virtuoso [ˌvɜːtjʊˈəʊzəʊ] **A** s̅, pl **-s** bes MUS Virtuose m, Virtuosin f **B** ADJ virtuos

virtuous ['vɜːtjʊəs] ADJ **1** tugendhaft **2** (pej) selbstgerecht **virtuously** ['vɜːtjʊəslɪ] ADV (pej) selbstgerecht

virulent ['vɪrʊlənt] ADJ **1** MED bösartig **2** (fig) Angriff scharf

virus ['vaɪərəs] s̅ MED, IT Virus n od m; **polio ~** Polioerreger m; **she's got a ~** (umg) sie hat sich (dat) was eingefangen (umg) **virus scanner** s̅ IT Virensuchprogramm n

visa ['viːzə] s̅ Visum n

vis-à-vis ['viːzəviː] PRÄP in Anbetracht (+gen)

viscose ['vɪskəʊs] s̅ Viskose f

viscount ['vaɪkaʊnt] s̅ Viscount m **viscountess** ['vaɪkaʊntɪs] s̅ Viscountess f

vise [vaɪs] s̅ (US) = vice²

visibility [ˌvɪzɪˈbɪlɪtɪ] s̅ **1** Sichtbarkeit f **2** METEO Sichtweite f; **poor ~** schlechte Sicht **visible** ['vɪzəbl] ADJ **1** sichtbar; **~ to the naked eye** mit dem bloßen Auge zu erkennen; **to be ~ from the road** von der Straße aus zu sehen sein; **with a ~ effort** mit sichtlicher Mühe **2** sichtlich; **at management level women are becoming increasingly ~** auf Führungsebene treten Frauen immer deutlicher in Erscheinung **visibly** ['vɪzəblɪ] ADV sichtbar, sichtlich

vision ['vɪʒən] s̅ **1** Sehvermögen n; **within ~** in Sichtweite **2** Weitblick m **3** (in Traum) Vision f **4** Vorstellung f **visionary** ['vɪʒənərɪ] **A** ADJ visionär **B** s̅ Visionär(in) m(f)

visit ['vɪzɪt] **A** s̅ Besuch m; (von Arzt) Hausbesuch m; **to pay sb/sth a ~** jdn/etw besuchen; **to pay a ~** (euph) mal verschwinden (müssen); **to have a ~ from sb** von jdm besucht werden; **to be on a ~ to London** zu einem Besuch in London sein **B** VT **1** besuchen; Arzt aufsuchen **2** inspizieren **C** VI einen Besuch machen; **come and ~ some time** komm mich mal besuchen; **I'm only ~ing** ich bin nur auf Besuch; **to ~ with sb** (US) mit jdm plaudern **visiting** ['vɪzɪtɪŋ] ADJ Redner Gast-; Würdenträger der/die zu Besuch ist **visiting card** s̅ Visitenkarte f **visiting hours** PL Besuchszeiten pl **visiting team** s̅ SPORT **the ~** die Gäste pl, die Gastmannschaft **visiting time** s̅ Besuchszeit f

visitor ['vɪzɪtə'] s̅ Besucher(in) m(f); (in Hotel) Gast m; **to have ~s/a ~** Besuch haben

visor ['vaɪzə'] s̅ (an Helm) Visier n; (an Kappe) Schirm m; AUTO Blende f

vista ['vɪstə] s̅ Aussicht f

visual ['vɪzjʊəl] ADJ Seh-; Bild visuell **visual aids** PL Anschauungsmaterial n **visual arts** PL **the ~** die darstellenden Künste pl **visual display unit** s̅ Sichtgerät n **visualize** ['vɪzjʊəlaɪz] VT sich (dat) vorstellen **visually** ['vɪzjʊəlɪ] ADV visuell; **~ attractive** attraktiv anzusehen **visually handicapped**, **visually impaired** ADJ sehbehindert

vital ['vaɪtl] ADJ **1** vital, lebenswichtig **2** unerlässlich; **of ~ importance** von größter Wichtigkeit; **this is ~** das ist unbedingt notwendig; **how ~ is this?** wie wichtig ist das? **3** entscheidend; Fehler schwerwiegend **vitality** [vaɪˈtælɪtɪ] s̅ Vitalität f **vitally** ['vaɪtəlɪ] ADV wichtig äußerst **vital signs** PL Lebenszeichen pl **vital statistics** PL Bevölkerungsstatistik f; (umg: von Frau) Maße pl

vitamin ['vɪtəmɪn] s̅ Vitamin n

vitro ['viːtrəʊ]; → **in vitro**

viva ['vaɪvə] s̅ (Br) = **viva voce**

vivacious [vɪˈveɪʃəs] ADJ lebhaft **vivaciously** [vɪˈveɪʃəslɪ] ADV lachen munter

viva voce [ˌvaɪvəˈvəʊtʃɪ] s̅ (Br) mündliche Prüfung

vivid ['vɪvɪd] ADJ Licht hell; Farbe kräftig; Fantasie lebhaft; Beschreibung lebendig; Beispiel deutlich; **in ~ detail** in allen plastischen Einzelheiten; **the memory of that day is still quite ~** der Tag ist mir noch in lebhafter Erinnerung; **to be a ~ reminder of sth** lebhaft an etw (akk) erinnern **vividly** ['vɪvɪdlɪ] ADV bunt lebhaft; scheinen leuchtend; porträtieren anschaulich; demonstrieren klar und deutlich; **the red stands out ~ against its background** das Rot hebt sich stark vom Hintergrund ab **vividness** ['vɪvɪdnɪs] s̅ (von Farbe, Fantasie) Lebhaftigkeit f; (von Licht) Helligkeit f; (von Stil) Lebendigkeit f; (von Beschreibung, Bild) Anschaulichkeit f

vivisection [ˌvɪvɪˈsekʃən] s̅ Vivisektion f

viz [vɪz] ADV nämlich

V-neck s̅ V-Ausschnitt m **V-necked** ADJ mit V-Ausschnitt

vocabulary [vəʊˈkæbjʊlərɪ], (umg) **vocab** [ˈvəʊkæb] $\overline{\varsigma}$ **1** (Gesamtheit der Wörter) Wortschatz m **2** (❗ kein pl) (zu lernende Wörter) Vokabeln pl **3** (Liste) Vokabelverzeichnis n

vocal [ˈvəʊkəl] **A** ADJ **1** Stimm- **2** lautstark; **to be/become ~** sich zu Wort melden **B** $\overline{\varsigma}$ **~s: Van Morrison** Gesang: Van Morrison; **featuring Madonna on ~s** mit Madonna als Sängerin; **backing ~s** Hintergrundgesang m; **lead ~s ...** Leadsänger(in) m(f) ... **vocal cords** PL Stimmbänder pl **vocalist** [ˈvəʊkəlɪst] $\overline{\varsigma}$ Sänger(in) m(f)

vocation [vəʊˈkeɪʃən] $\overline{\varsigma}$ REL etc Berufung f **vocational** [vəʊˈkeɪʃənl] ADJ Berufs-, beruflich; **~ training** Berufsausbildung f **vocational school** $\overline{\varsigma}$ (US) ≈ Berufsschule f

vociferous [vəʊˈsɪfərəs] ADJ lautstark

vodka [ˈvɒdkə] $\overline{\varsigma}$ Wodka m (❗ Als Getränk hat **vodka** keinen Plural. **Vodkas** sagt man zu verschiedenen Sorten oder einzelnen Gläsern.); **two ~s, please** zwei Wodka bitte

vogue [vəʊg] $\overline{\varsigma}$ Mode f; **to be in ~** (in) Mode sein

voice [vɔɪs] **A** $\overline{\varsigma}$ **1** Stimme f; **I've lost my ~** ich habe keine Stimme mehr; **in a deep ~** mit tiefer Stimme; **in a low ~** mit leiser Stimme; **to like the sound of one's own ~** sich gern(e) reden hören; **his ~ has broken** er hat den Stimmbruch hinter sich; **to give ~ to sth** einer Sache (dat) Ausdruck verleihen **2** GRAM Genus n; **the passive ~** das Passiv **B** VT zum Ausdruck bringen **voice-activated** ADJ IT sprachgesteuert **voiced** [vɔɪst] ADJ Laut stimmhaft **voiceless** [ˈvɔɪsləs] ADJ Laut stimmlos **voice mail** $\overline{\varsigma}$ Voicemail f **voice-operated** ADJ sprachgesteuert **voice-over** $\overline{\varsigma}$ Filmkommentar m **voice recognition** $\overline{\varsigma}$ Spracherkennung f

void [vɔɪd] **A** $\overline{\varsigma}$ Leere f **B** ADJ **1** leer; **~ of any sense of decency** ohne jegliches Gefühl für Anstand **2** JUR ungültig

vol abk von **volume** Bd.

volatile [ˈvɒlətaɪl] ADJ **1** CHEM flüchtig **2** Mensch impulsiv; Beziehung wechselhaft; Lage brisant

vol-au-vent [ˈvɒləʊvɑː] $\overline{\varsigma}$ (Königin)pastetchen n

volcanic [vɒlˈkænɪk] ADJ (wörtl) Vulkan-, vulkanisch **volcano** [vɒlˈkeɪnəʊ] $\overline{\varsigma}$, pl -es Vulkan m

vole [vəʊl] $\overline{\varsigma}$ **1** Wühlmaus f **2** Feldmaus f

volition [vɒˈlɪʃən] $\overline{\varsigma}$ Wille m; **of one's own ~** aus freiem Willen

volley [ˈvɒlɪ] **A** $\overline{\varsigma}$ **1** Salve f **2** (Tennis) Volley m **B** VT **to ~ a ball** (Tennis) einen Volley spielen **C** VI (Tennis) einen Volley schlagen **volleyball** [ˈvɒlɪbɔːl] $\overline{\varsigma}$ Volleyball m

volt [vəʊlt] $\overline{\varsigma}$ Volt n **voltage** [ˈvəʊltɪdʒ] $\overline{\varsigma}$ Spannung f

volume [ˈvɒljuːm] $\overline{\varsigma}$ **1** Band m; **a six-~ dictionary** ein sechsbändiges Wörterbuch; **that speaks ~s** (fig) das spricht Bände (for für) **2** (von Behälter) Volumen n **3** (≈ Größe) Ausmaß n (of an +dat); **the ~ of traffic** das Verkehrsaufkommen **4** Lautstärke f; **turn the ~ up/down** stell (das Gerät) lauter/leiser **volume control** $\overline{\varsigma}$ RADIO, TV Lautstärkeregler m **voluminous** [vəˈluːmɪnəs] ADJ voluminös (geh)

voluntarily [ˈvɒləntərɪlɪ] ADV freiwillig; (≈ ohne Bezahlung) ehrenamtlich

voluntary [ˈvɒləntərɪ] ADJ **1** freiwillig; **~ worker** freiwilliger Helfer, freiwillige Helferin; (in Übersee) Entwicklungshelfer(in) m(f) **2** Organisation karitativ; **a ~ organization for social work** ein freiwilliger Wohlfahrtsverband **voluntary redundancy** $\overline{\varsigma}$ freiwilliges Ausscheiden; **to take ~** sich abfinden lassen **volunteer** [ˌvɒlənˈtɪəʳ] **A** $\overline{\varsigma}$ Freiwillige(r) m/f(m); **any ~s?** wer meldet sich freiwillig? **B** VT Hilfe anbieten; Informationen geben **C** VI **1** sich freiwillig melden; **to ~ for sth** sich freiwillig für etw zur Verfügung stellen; **to ~ to do sth** sich anbieten, etw zu tun; **who will ~ to clean the windows?** wer meldet sich freiwillig zum Fensterputzen? **2** MIL sich freiwillig melden (for zu)

voluptuous [vəˈlʌptjʊəs] ADJ Frau sinnlich; Körper verlockend

vomit [ˈvɒmɪt] **A** $\overline{\varsigma}$ Erbrochene(s) n **B** VT spucken; Gegessenes erbrechen **C** VI sich übergeben

voracious [vəˈreɪʃəs] ADJ gefräßig; Sammler besessen; **she is a ~ reader** sie verschlingt die Bücher geradezu

vote [vəʊt] **A** $\overline{\varsigma}$ Stimme f; (≈ Abgabe) Abstimmung f; (≈ Resultat) Abstimmungsergebnis n; (als Grundrecht) Wahlrecht n; **to put sth to the ~** über etw (akk) abstimmen lassen; **to take a ~ on sth** über etw (akk) abstimmen; **he won by 22 ~s** er gewann mit einer Mehrheit von 22 Stimmen; **the Labour ~** die Labourstimmen pl **B** VT **1** wählen; **he was ~d chairman** er wurde zum Vorsitzenden gewählt **2** (umg) wählen zu; **I ~ we go back** ich schlage vor, dass wir umkehren **C** VI wählen; **to ~ for/against sth** für/gegen etw stimmen ◆**vote in** VT trennb Gesetz beschließen; jdn wählen ◆**vote on** VI +obj abstimmen über (+akk) ◆**vote out** VT trennb abwählen; Antrag ablehnen

voter [ˈvəʊtəʳ] $\overline{\varsigma}$ Wähler(in) m(f) **voting** [ˈvəʊtɪŋ] $\overline{\varsigma}$ Wahl f; **a system of ~** ein Wahlsystem n; **~ was heavy** die Wahlbeteiligung war hoch **voting booth** $\overline{\varsigma}$ Wahlkabine f **voting pa-**

per ꜱ Stimmzettel m
vouch [vaʊtʃ] ᴠɪ **to ~ for sb/sth** sich für jdn/etw verbürgen, für jdn/etw bürgen **voucher** ['vaʊtʃə'] ꜱ Gutschein m
vow [vaʊ] **A** ꜱ Gelöbnis n; ʀᴇʟ Gelübde n; **to make a ~ to do sth** geloben, etw zu tun; **to take one's ~s** sein Gelübde ablegen **B** ᴠᴛ geloben
vowel ['vaʊəl] ꜱ Vokal m; **~ sound** Vokal(laut) m
voyage ['vɔɪɪdʒ] ꜱ Reise f; (mit Schiff) Seereise f; **to go on a ~** auf eine Reise etc gehen
voyeur [vwɑː'jɜː'] ꜱ Voyeur(in) m(f)
vs abk von versus
V-sign ['viːsaɪn] ꜱ (Br) Victoryzeichen n; (beleidigend) ≈ Stinkefinger m (umg); **he gave me the ~** ≈ er zeigte mir den Stinkefinger (umg)
vulgar ['vʌlgə'] ᴀᴅᴊ (pej) vulgär; Witz ordinär, geschmacklos
vulnerability [ˌvʌlnərə'bɪlɪtɪ] ꜱ Verwundbarkeit f; Verletzlichkeit f; (fig) Verletzbarkeit f; (von Festung) Ungeschütztheit f **vulnerable** ['vʌlnərəbl] ᴀᴅᴊ verwundbar, verletzlich; (fig) verletzbar; Festung ungeschützt; **to be ~ to disease** anfällig für Krankheiten sein; **to be ~ to attack** Angriffen schutzlos ausgesetzt sein
vulture ['vʌltʃə'] ꜱ Geier m

W

W, w ['dʌbljuː] ꜱ W n, w n
W abk von west W
wacky ['wækɪ] ᴀᴅᴊ (+er) (umg) verrückt (umg)
wad [wɒd] ꜱ (von Watte etc) Bausch m; (von Papieren, Geldscheinen) Bündel n **wadding** ['wɒdɪŋ] ꜱ Material n zum Ausstopfen
waddle ['wɒdl] ᴠɪ watscheln
wade [weɪd] ᴠɪ waten ♦**wade in** ᴠɪ **1** (wörtl) hineinwaten **2** (fig umg) sich hineinknien (umg) ♦**wade into** ᴠɪ +obj (fig umg) **to ~ sb** auf jdn losgehen; **to ~ sth** etw in Angriff nehmen ♦**wade through** ᴠɪ +obj (wörtl) waten durch
waders ['weɪdəz] ᴘʟ Watstiefel pl **wading pool** ['weɪdɪŋpuːl] ꜱ (US) Planschbecken n (❗ = (Br) **paddling pool**)
wafer ['weɪfə'] ꜱ **1** Waffel f **2** ᴋɪʀᴄʜᴇ Hostie f **wafer-thin** ['weɪfə'θɪn] ᴀᴅᴊ hauchdünn
waffle¹ ['wɒfl] ꜱ ɢᴀsᴛʀ Waffel f
waffle² (Br umg) **A** ꜱ Geschwafel n (umg) **B** ᴠɪ (a. **waffle on**) schwafeln (umg)
waffle iron ꜱ Waffeleisen n

waft [wɑːft] **A** ꜱ Hauch m **B** ᴠᴛ & ᴠɪ wehen; **a delicious smell ~ed up from the kitchen** ein köstlicher Geruch zog aus der Küche herauf
wag¹ [wæg] **A** ᴠᴛ Schwanz wedeln mit; **to ~ one's finger at sb** jdm mit dem Finger drohen **B** ᴠɪ (Schwanz) wedeln
wag² ꜱ Witzbold m (umg)
wage¹ [weɪdʒ] ꜱ meist pl Lohn m
wage² ᴠᴛ Krieg führen; **to ~ war against sth** (fig) gegen etw einen Feldzug führen
wage claim ꜱ Lohnforderung f **wage earner** ꜱ (bes Br) Lohnempfänger(in) m(f) **wage increase** ꜱ Lohnerhöhung f **wage packet** ꜱ (bes Br) Lohntüte f
wager ['weɪdʒə'] ꜱ Wette f (on auf +akk); **to make a ~** eine Wette abschließen
wage rise ꜱ (bes Br) Lohnerhöhung f **wages** ['weɪdʒɪz] ᴘʟ Lohn m **wage settlement** ꜱ Tarifabschluss m
waggle ['wægl] **A** ᴠᴛ wackeln mit **B** ᴠɪ wackeln
waggon ꜱ ['wægən] (Br) = wagon **wagon** ['wægən] ꜱ **1** Fuhrwerk n, Planwagen m **2** (Br ʙᴀʜɴ) Waggon m (❗ = (US) **freight car**) **wagonload** ['wægənləʊd] ꜱ Wagenladung f

wagon — Planwagen

wagon Br — Waggon

wail [weɪl] **A** ꜱ (von Baby) Geschrei n; (von Trauernden) Klagen n; (von Sirene, Wind) Heulen n **B** ᴠɪ (Baby, Katze) schreien; (Trauernder) klagen; (Sirene, Wind) heulen
waist [weɪst] ꜱ Taille f **waistband** ꜱ Rock-/Hosenbund m **waistcoat** ꜱ (Br) Weste f (❗ = (US) **vest**) **waist-high** ᴀᴅᴊ hüfthoch **waistline** ꜱ Taille f
wait [weɪt] **A** ᴠɪ **1** warten (for auf +akk); **to ~ for sb to do sth** darauf warten, dass jd etw tut; **it was definitely worth ~ing for** es hat sich wirklich gelohnt, darauf zu warten; **well, what are you ~ing for?** worauf wartest du denn

WAIT | 718

(noch)?; **this work is still ~ing to be done** diese Arbeit muss noch erledigt werden; **~ a minute** od **moment** od **second** (einen) Augenblick od Moment (mal); **(just) you ~!** warte nur ab!, warte nur!; **I can't ~** ich kanns kaum erwarten, ich bin gespannt; **I can't ~ to see his face** da bin ich (aber) auf sein Gesicht gespannt; **I can't ~ to try out my new boat** ich kann es kaum noch erwarten, bis ich mein neues Boot ausprobiere; **"repairs while you ~"** „Sofortreparaturen"; **~ and see!** abwarten und Tee trinken! (umg) **B** **to ~ at table** (Br) servieren **B** VT **1** **to ~ one's turn** (ab)warten, bis man an der Reihe ist **2** (US) **to ~ a table** servieren **C** S Wartezeit f; **to have a long ~** lange warten müssen; **to lie in ~ for sb/sth** jdm/einer Sache auflauern ♦**wait about** (Br) od **around** VI warten (for auf +akk) ♦**wait on** VI +obj **1** (a. **wait upon**) bedienen **2** (US) **to ~ table** servieren **3** warten auf (+akk) ♦**wait up** VI aufbleiben (for wegen, für)

waiter ['weɪtə'] S Kellner m, Ober m; **~!** (Herr) Ober! **waiting** ['weɪtɪŋ] S Warten n; **all this ~ (around)** diese ewige Warterei (umg) **waiting list** S Warteliste f

waiting room S Warteraum m; (in Arztpraxis) Wartezimmer n; BAHN Wartesaal m

waitress ['weɪtrɪs] **A** S Kellnerin f, Serviertochter f (schweiz); **~!** Fräulein! **B** VI kellnern **waitressing** ['weɪtrɪsɪŋ] S Kellnern n

waive [weɪv] VT Rechte, Honorar verzichten auf (+akk); Regeln außer Acht lassen **waiver** ['weɪvə'] S JUR Verzicht m (of auf +akk); (≈ Dokument) Verzichterklärung f

wake[1] [weɪk] S SCHIFF Kielwasser n; **in the ~ of** (fig) im Gefolge (+gen)

wake[2] prät **woke**, pperf **woken** od **waked** **A** VT (auf)wecken **B** VI aufwachen; **he woke to find himself in prison** als er aufwachte, fand er sich im Gefängnis wieder ♦**wake up** **A** VI aufwachen; **to ~ to sth** (fig) sich (dat) einer Sache (gen) bewusst werden **B** VT trennb (wörtl) aufwecken

waken ['weɪkən] **A** VT (auf)wecken **B** VI (liter, schott) erwachen (geh) **waking** ['weɪkɪŋ] ADJ **one's ~ hours** von früh bis spät **wake-up call** S Weckruf m; (fig) Alarmzeichen n

Wales [weɪlz] S Wales n; **Prince of ~** Prinz m von Wales

walk [wɔːk] **A** S **1** Spaziergang m, Wanderung f; SPORT Gehen n; **it's 10 minutes' ~** es sind 10 Minuten zu Fuß; **it's a long ~ to the shops** zu den Läden ist es weit zu Fuß; **to go for a ~** einen Spaziergang machen; **to take the dog for a ~** mit dem Hund spazieren gehen **2** Gang m **3** Weg m, Wander-/Spazierweg m;

he knows some good ~s in the Lake District er kennt ein paar gute Wanderungen im Lake District **4** **from all ~s of life** aus allen Schichten und Berufen **B** VT Hund ausführen; Strecke gehen; **to ~ sb home** jdn nach Hause bringen; **to ~ the streets** (Prostituierte) auf den Strich gehen (umg); (ziellos) durch die Straßen streichen **C** VI **1** gehen; **to learn to ~** laufen lernen; **to ~ in one's sleep** schlaf- od nachtwandeln; **to ~ with a stick** am Stock gehen **2** zu Fuß gehen, spazieren gehen, wandern; **you can ~ there in 5 minutes** da ist man in 5 Minuten zu Fuß; **to ~ home** nach Hause laufen (umg) ♦**walk about** (Br) od **around** VI herumlaufen (umg) ♦**walk away** VI weggehen; **to ~ with a prize** etc einen Preis etc kassieren ♦**walk in** VI hineingehen, hereinkommen ♦**walk in on** VI +obj hereinplatzen bei (umg) ♦**walk into** VI +obj Zimmer hereinkommen in (+akk); jdn anrempeln; Wand laufen gegen; **to ~ a trap** in eine Falle gehen; **he just walked into the first job he applied for** er hat gleich die erste Stelle bekommen, um die er sich beworben hat; **to walk right into sth** (wörtl) mit voller Wucht gegen etw rennen ♦**walk off** **A** VT trennb **to ~ one's lunch** etc einen Verdauungsspaziergang machen **B** VI weggehen ♦**walk off with** VI +obj (umg) **1** (≈ mitnehmen) (unabsichtlich) abziehen mit (umg); (absichtlich) abhauen mit (umg) **2** Preis kassieren ♦**walk on** **A** VI +obj betreten **B** VI weitergehen ♦**walk out** VI **1** gehen; **to ~ of a meeting** eine Versammlung verlassen; **to ~ on sb** jdn verlassen; Freundin jdn sitzen lassen (umg) **2** streiken ♦**walk over** VI +obj **to walk all over sb** (umg) jdn unterbuttern (umg), jdn fertigmachen (umg) ♦**walk up** VI **1** hinaufgehen **2** zugehen (to auf +akk); **a man walked up to me/her** ein Mann kam auf mich zu/ging auf sie zu

walkabout S (bes Br: von Herrscher etc) **to go on a ~** ein Bad in der Menge nehmen **walkaway** S (US) = **walkover** **walker** ['wɔːkə'] S **1** Spaziergänger(in) m(f), Wanderer m, Wanderin f; SPORT Geher(in) m(f); **to be a fast ~** schnell gehen **2** (US) Gehhilfe f, Gehwagen m (❗ = (Br) **Zimmer frame®**) **walkie-talkie** ['wɔːkɪ'tɔːkɪ] S Sprechfunkgerät n **walk-in** ['wɔːkɪn] ADJ **a ~ cupboard** ein begehbarer Wandschrank **walking** ['wɔːkɪŋ] **A** S Gehen n, Spazierengehen n, Wandern n; **we did a lot of ~ while we were in Wales** als wir in Wales waren, sind wir viel gewandert **B** ADJ attr Lexikon etc wandelnd; **at (a) ~ pace** im Schritttempo; **the ~ wounded** die Leichtverwundeten pl; **it's within ~ distance** dahin kann man zu Fuß gehen **walking boots** PL Wanderstiefel pl

walking frame [S] Gehwagen *m* **walking shoes** [PL] Wanderschuhe *pl* **walking stick** [S] Spazierstock *m* **Walkman®** ['wɔ:kmən] [S], *pl* -s Walkman® *m* **walk-on** [ADJ] **~ part** THEAT Statistenrolle *f* **walkout** [S] Streik *m*; **to stage a ~** demonstrativ den Saal verlassen **walkover**, *(US)* **walkaway** [S] spielender Sieg **walkway** [S] Fußweg *m*

wall [wɔ:l] [S] Mauer *f*, Wand *f*; **the Great Wall of China** die Chinesische Mauer; **to go up the ~** *(umg)* die Wände hochgehen *(umg)*; **I'm climbing the ~s** *(umg)* ich könnte die Wände hochgehen *(umg)*; **he drives me up the ~** *(umg)* er bringt mich auf die Palme *(umg)*; **this constant noise is driving me up the ~** *(umg)* bei diesem ständigen Lärm könnte ich die Wände hochgehen *(umg)*; **to go to the ~** *(umg)* kaputtgehen *(umg)* ♦**wall off** [VT] *trennb* durch eine Mauer (ab)trennen

wall chart [S] Plantafel *f* **wall clock** [S] Wanduhr *f*

wallet ['wɒlɪt] [S] [1] *(Br)* Brieftasche *f* (❗ = (US) **billfold**) [2] *(US)* Geldbeutel *m* (❗ = (Br) **purse**)

wallop ['wɒləp] [VT] *(bes Br umg)* schlagen

wallow ['wɒləʊ] [VI] [1] *(wörtl: Tier)* sich suhlen [2] *(fig)* **to ~ in self-pity** *etc* im Selbstmitleid *etc* schwelgen

wall painting [S] Wandmalerei *f* **wallpaper** [A] [S] [1] (❗ kein pl) Tapete *f* [2] IT Tapete *f*, Hintergrundbild *n* [B] [VT] tapezieren **wall socket** [S] Steckdose *f* **wall-to-wall** [ADJ] **~ carpeting** Teppichboden *m*

wally ['wɒlɪ] [S] *(Br umg)* Trottel *m* *(umg)*

walnut ['wɔ:lnʌt] [S] [1] Walnuss *f* [2] (Wal)nussbaum *m*

walrus ['wɔ:lrəs] [S] Walross *n*

waltz [wɔ:ls] [A] [S] Walzer *m* [B] [VI] Walzer tanzen ♦**waltz in** [VI] *(umg)* hereintanzen *(umg)*; **to come waltzing in** angetanzt kommen *(umg)* ♦**waltz off** [VI] *(umg)* abtanzen *(umg)* ♦**waltz off with** [VI] *+obj (umg) Preise* abziehen mit

wan [wɒn] [ADJ] bleich; *Licht, Lächeln* matt

wand [wɒnd] [S] Zauberstab *m*

wander ['wɒndəʳ] [A] [S] Spaziergang *m*; **to go for a ~ (a)round the shops** einen Ladenbummel machen [B] [VT] **to ~ the streets** durch die Straßen wandern [C] [VI] [1] herumlaufen, umherwandern *(through, about* in *+dat)*; *(gemächlich)* schlendern; **he ~ed past me in a dream** er ging wie im Traum an mir vorbei; **he ~ed over to me** er kam zu mir herüber; **the children had ~ed out onto the street** die Kinder waren auf die Straße gelaufen [2] *(fig)* schweifen; **to let one's mind ~** seine Gedanken schweifen lassen; **during the lecture his mind ~ed a bit** während der Vorlesung schweiften seine Gedanken ab; **to ~ off the subject** vom Thema abschweifen ♦**wander about** *(Br)* od **around** [VI] umherwandern ♦**wander in** [VI] ankommen *(umg)* ♦**wander off** [VI] weggehen; **he must have wandered off somewhere** er muss (doch) irgendwohin verschwunden sein

wandering ['wɒndərɪŋ] [ADJ] *Flüchtlinge* umherziehend; *Gedanken* (ab)schweifend; *Pfad* gewunden; **to have ~ hands** *(hum)* seine Finger nicht bei sich behalten können

wane [weɪn] [A] [S] **to be on the ~** *(fig)* im Schwinden sein [B] [VI] *(Mond)* abnehmen; *(fig)* schwinden

wangle ['wæŋgl] *(umg)* [VT] organisieren *(umg)*; **to ~ money out of sb** jdm Geld abluchsen *(umg)*

wank [wæŋk] *(Br vulg)* [VI] *(a.* **wank off)** wichsen *(sl)* **wanker** ['wæŋkəʳ] [S] *(Br vulg)* Wichser *m (sl)*; *(≈ Idiot)* Schwachkopf *m (umg)*

wanna ['wɒnə] = **want to**; **I ~ go** ich will gehen **wannabe** ['wɒnə,bi:] *(umg)* [A] [S] Möchtegern *m (umg)* [B] [ADJ] Möchtegern- *(umg)*

want [wɒnt] [A] [S] [1] Mangel *m (of* an *+dat)*; **for ~ of** aus Mangel an *(+dat)*; **though it wasn't for ~ of trying** nicht, dass er sich/ich mich *etc* nicht bemüht hätte [2] Bedürfnis *n*, Wunsch *m*; **to be in ~ of sth** etw benötigen [B] [VT] [1] wollen, mögen; **to ~ to do sth** etw tun wollen; **I ~ you to come here** ich will *od* möchte, dass du herkommst; **I ~ it done now** ich will *od* möchte das sofort erledigt haben; **what does he ~ with me?** was will er von mir?; **I don't ~ strangers coming in** ich wünsche *od* möchte nicht, dass Fremde (hier) hereinkommen [2] brauchen; **you ~ to see a lawyer** Sie sollten zum Rechtsanwalt gehen; **he ~s to be more careful** *(umg)* er sollte etwas vorsichtiger sein; **"wanted"** „gesucht"; **he's a ~ed man** er wird (polizeilich) gesucht; **to feel ~ed** das Gefühl haben, gebraucht zu werden; **you're ~ed on the phone** Sie werden am Telefon verlangt; **all the soup ~s is a little salt** das Einzige, was an der Suppe fehlt, ist etwas Salz [C] [VI] [1] wollen, mögen; **you can go if you ~ (to)** wenn du willst *od* möchtest, kannst du gehen; **I don't ~ to** ich will *od* möchte nicht; **do as you ~** tu, was du willst [2] **they ~ for nothing** es fehlt ihnen an nichts **want ad** [S] Kaufgesuch *n* **wanting** ['wɒntɪŋ] [ADJ] **it's good, but there is something ~** es ist gut, aber irgendetwas fehlt; **his courage was found ~** sein Mut war nicht groß genug

wanton ['wɒntən] [ADJ] *Zerstörung* mutwillig

WAP [wæp] [S] IT *abk* von **Wireless Application Protocol** WAP *n*

war [wɔ:ʳ] [S] Krieg *m*; **this is ~!** *(fig)* das bedeutet

W

WARB

Krieg!; **the ~ against disease** der Kampf gegen die Krankheit; **~ of words** Wortgefecht *n*; **to be at ~** sich im Krieg(szustand) befinden; **to declare ~** den Krieg erklären (*on +dat*); **to go to ~** (einen) Krieg anfangen (*against* mit); **to make ~** Krieg führen (*on, against* gegen); **I hear you've been in the ~s recently** (*umg*) ich höre, dass du zurzeit ganz schön angeschlagen bist (*umg*)

warble ['wɔːbl] **A** *s̄* Trällern *n* **B** *Vİ & VṪ* trällern

war correspondent *s̄* Kriegsberichterstatter(in) *m(f)* **war crime** *s̄* Kriegsverbrechen *n*

war criminal *s̄* Kriegsverbrecher(in) *m(f)*

ward [wɔːd] *s̄* **1** (*in Krankenhaus*) Station *f*; (≈ *Zimmer*) (Kranken)saal *m* **2** JUR Mündel *n*; **~ of court** Mündel *n* unter Amtsvormundschaft **3** ADMIN Stadtbezirk *m*, Wahlbezirk *m* ♦**ward off** *VṪ* *trennb* abwehren

warden ['wɔːdn] *s̄* Herbergsvater *m*, Herbergsmutter *f*; (≈ *von Revier*) Jagdaufseher(in) *m(f)*; UNIV Heimleiter(in) *m(f)*; (*US*) Gefängnisdirektor(in) *m(f)*

warder ['wɔːdə'] *s̄* (*Br*) Wärter(in) *m(f)* (❗ = (US) **guard**)

wardrobe ['wɔːdrəʊb] *s̄* **1** (*bes Br*) (Kleider)schrank *m*, (Kleider)kasten *m* (*österr, schweiz*) (❗ = (US) **closet**) **2** (≈ *Kleidung*) Garderobe *f*

wardrobe *bes Br* — Kleiderschrank

wardrobe — Garderobe

warehouse ['wɛəhaʊs] *s̄* Lager(haus) *n* **wares** [wɛəz] *PL* Waren *pl*

warfare ['wɔːfɛə'] *s̄* Krieg *m*, Kriegskunst *f* **war game** *s̄* Kriegsspiel *n* **warhead** *s̄* Sprengkopf *m* **war hero** *s̄*, *pl* -es Kriegsheld *m* **warhorse** *s̄* (*wörtl, fig*) Schlachtross *n*

warily ['wɛərɪlɪ] *ADV* vorsichtig, misstrauisch; **to tread ~** sich vorsehen **wariness** ['wɛərɪnɪs] *s̄* Vorsicht *f*, Misstrauen *n*

warlike *ADJ* kriegerisch **warlord** *s̄* Kriegsherr *m*

warm [wɔːm] **A** ADJ (+er) **1** warm; (≈ *liebenswürdig*) herzlich; **I am** *od* **feel ~** mir ist warm; **come and get ~** komm und wärm dich **2** (*bei Versteckspiel etc*) **am I ~?** ist es (hier) warm? **B** *s̄* **to get into the ~** ins Warme kommen; **to give sth a ~** etw wärmen **C** *VṪ* wärmen **D** *Vİ* **the milk was ~ing on the stove** die Milch wurde auf dem Herd angewärmt; **I ~ed to him** er wurde mir sympathischer ♦**warm up A** *Vİ* warm werden; (*Spiel*) in Schwung kommen; SPORT sich aufwärmen **B** *VṪ* *trennb Motor* warm laufen lassen; *Essen* aufwärmen

warm-blooded ['wɔːm'blʌdɪd] *ADJ* warmblütig **warm-hearted** ['wɔːm'hɑːtɪd] *ADJ* warmherzig **warmly** ['wɔːmlɪ] *ADV* warm; *begrüßen* herzlich; *empfehlen* wärmstens **warmth** [wɔːmθ] *s̄* Wärme *f* **warm-up** ['wɔːmʌp] *s̄* SPORT Aufwärmen *n*; **the teams had a ~ before the game** die Mannschaften wärmten sich vor dem Spiel auf

warn [wɔːn] *VṪ* warnen (*of, about, against* vor +*dat*); (*polizeilich*) verwarnen; **to ~ sb not to do sth** jdn davor warnen, etw zu tun; **you have been ~ed!** sag nicht, ich hätte dich nicht gewarnt; **to ~ sb that ...** jdn darauf hinweisen, dass ...; **you might have ~ed us that you were coming** du hättest uns ruhig vorher Bescheid sagen können, dass du kommst ♦**warn off** *VṪ* *trennb* warnen; **he warned me off** er hat mich davor gewarnt

warning ['wɔːnɪŋ] **A** *s̄* Warnung *f*; (*polizeilich*) Verwarnung *f*; **without ~** ohne Verwarnung; **they had no ~ of the enemy attack** der Feind griff sie ohne Vorwarnung an; **he had plenty of ~** er wusste früh genug Bescheid; **to give sb a ~** jdn warnen; (*polizeilich*) jdm eine Verwarnung geben; **let this be a ~ to you** lassen

 wardrobe

In amerikanischen Haushalten findet man oft Einbauschränke (**fitted wardrobes** oder **built-in wardrobes**), die dort als **closets** ['klɒzɪts] bezeichnet werden und nicht mit einem im Deutschen ähnlich klingenden Wort zu verwechseln sind. Dessen Entsprechung wäre wiederum **lavatory** ['lævətərɪ], **toilet** oder im umgangssprachlichen britischen Englisch **loo** [luː], im amerikanischen Englisch etwas gehobener und indirekter auch **bathroom**.

Wardrobes und **closets** sind für Kleider gedacht, Geschirr und Lebensmittel gehören in **cupboards** ['kʌbədz].

SPRACHGEBRAUCH

Sie sich (dat) das eine Warnung sein!; **please give me a few days' ~** bitte sagen od geben Sie mir ein paar Tage vorher Bescheid **B** ADJ Warn-, warnend **warning light** s̲ Warnleuchte f

warp [wɔːp] **A** v/t Holz wellen **B** v/i (Holz) sich verziehen

war paint s̲ (von Indianern etc) Kriegsbemalung f

warpath s̲ **on the ~** auf dem Kriegspfad

warped [wɔːpt] ADJ **1** verzogen **2** (fig) Humor abartig; Urteilsvermögen verzerrt

warrant ['wɒrənt] **A** s̲ Durchsuchungsbefehl m; (≈ bei Todesurteil) Hinrichtungsbefehl m; **a ~ of arrest** ein Haftbefehl m **B** v/t **1** rechtfertigen **2** verdienen **warranted** ADJ berechtigt

warranty ['wɒrənti] s̲ HANDEL Garantie f; **it's still under ~** darauf ist noch Garantie

warren ['wɒrən] s̲ Kaninchenbau m; (fig) Labyrinth n

warring ['wɔːrɪŋ] ADJ Parteien gegnerisch; Gruppen sich bekriegend **warrior** ['wɒrɪə'] s̲ Krieger(in) m(f)

Warsaw ['wɔːsɔː] s̲ Warschau n; **~ Pact** Warschauer Pakt m

warship ['wɔːʃɪp] s̲ Kriegsschiff n

wart [wɔːt] s̲ Warze f

wartime **A** s̲ Kriegszeit f; **in ~** in Kriegszeiten **B** ADJ Kriegs-; **in ~ England** in England während des Krieges **war-torn** ADJ vom Krieg erschüttert

wary ['wɛərɪ] ADJ (+er) vorsichtig; **to be ~ of sb/ sth** vor jdm/einer Sache auf der Hut sein; **to be ~ of** od **about doing sth** seine Zweifel haben, ob man etw tun soll; **be ~ of talking to strangers** hüte dich davor, mit Fremden zu sprechen

war zone s̲ Kriegsgebiet n

was [wɒz] prät von be

wash [wɒʃ] **A** ADJ **1 to give sb/sth a ~** jdn/etw waschen; **to have a ~** sich waschen **2** Wäsche f **B** v/t **1** waschen; Geschirr abwaschen; Fußboden aufwaschen; Hände, Füße sich (dat) waschen; **to ~ one's hands of sb/sth** mit jdm/etw nichts mehr zu tun haben wollen **2** spülen; **to be ~ed downstream** flussabwärts getrieben werden; **to ~ ashore** anschwemmen **C** v/i **1** sich waschen **2** waschen; (Br) abwaschen; **a material that ~es well** ein Stoff, der sich gut wäscht **3** (Meer etc) schlagen; **the sea ~ed over the promenade** das Meer überspülte die Strandpromenade ♦**wash away** v/t trennb (wörtl) (hin)wegspülen ♦**wash down** v/t trennb **1** Wände abwaschen **2** Essen runterspülen (umg) ♦**wash off** **A** v/i sich rauswaschen lassen **B** v/t trennb abwaschen; **wash that grease off your hands** wasch dir die Schmiere von den Händen (ab) ♦**wash out** **A** v/i sich (r)auswaschen lassen **B** v/t trennb **1** auswaschen; Mund ausspülen **2** Spiel etc ins Wasser fallen lassen (umg) ♦**wash over** v/i +obj **he lets everything just ~ him** er lässt alles einfach ruhig über sich ergehen ♦**wash up** **A** v/i **1** (Br) abwaschen **2** (US) sich waschen **B** v/t trennb **1** (Br) Geschirr abwaschen **2** (Meer etc) anschwemmen

washable ['wɒʃəbl] ADJ waschbar **washbag** s̲ (US) Kulturbeutel m (❗ = (Br) **sponge bag, toilet bag**) **washbasin**, (US) **washbowl** s̲ Waschbecken n, Lavabo n (schweiz) **washcloth** s̲ (US) Waschlappen m (❗ = (Br) **flannel, face cloth**) **washed out** ADJ präd, **washed--out** ADJ attr [,wɒʃt'aʊt] (umg) erledigt (umg); **to look ~** mitgenommen aussehen **washer** ['wɒʃə'] s̲ **1** TECH Dichtungsring m **2** Waschmaschine f

washing ['wɒʃɪŋ] s̲ Waschen n; (≈ Kleidungsstücke) Wäsche f; **to do the ~** Wäsche waschen **washing line** s̲ Wäscheleine f

washing machine s̲ Waschmaschine f **washing powder** s̲ Waschpulver n **washing-up** s̲ (Br) Abwasch m; **to do the ~** den Abwasch machen **washing-up liquid** s̲ (Br) Spülmittel n **washout** s̲ (umg) Reinfall m (umg) **washroom** s̲ Waschraum m

wasn't ['wɒznt] = was not

wasp [wɒsp] s̲ Wespe f

wastage ['weɪstɪdʒ] s̲ Schwund m, Verschwendung f

waste [weɪst] **A** ADJ überschüssig, ungenutzt; Land brachliegend; **~ material** Abfallstoffe pl **B** s̲ **1** Verschwendung f; **it's a ~ of time** es ist Zeitverschwendung; **it's a ~ of effort** das ist nicht der Mühe (gen) wert; **to go to ~** (Lebensmittel) umkommen; (Geld, Ausbildung) ungenutzt sein/bleiben; (Talent) verkümmern **2** Abfallstoffe pl, Abfall m **3** (≈ Land) Wildnis f kein pl **C** v/t verschwenden (on an +akk, für); Zeit, sein Leben vergeuden; Gelegenheit vertun; **you're wasting your time** das ist reine Zeitverschwendung; **don't ~ my time** stiehl mir nicht meine Zeit; **you didn't ~ much time getting here!** (umg) da bist du ja schon, du hast ja nicht gerade getrödelt! (umg); **all our efforts were ~d** all unsere Bemühungen waren umsonst; **I wouldn't ~ my breath talking to him** ich würde doch nicht für den meiner Spucke vergeuden! (umg); **Beethoven is ~d on him** Beethoven ist an den verschwendet ♦**waste away** v/i dahinschwinden (geh)

wastebasket ['weɪstbɑːskɪt], **wastebin** ['weɪstbɪn] s̲ (bes US) Papierkorb m **wasted** ['weɪstɪd] ADJ **1 I've had a ~ journey** ich bin umsonst hingefahren [2] geschwächt **waste disposal** [S] Abfallentsorgung *f* **waste disposal unit** [S] Müllschlucker *m* **wasteful** ['weɪstfʊl] [ADJ] verschwenderisch; *Verfahren* aufwendig **wastefulness** [S] verschwenderische Art; *(von Verfahren etc)* Aufwendigkeit *f* **wasteland** [S] Ödland *n* **wastepaper** [S] Papierabfall *m*

wastepaper basket [S] Papierkorb *m* **waste pipe** [S] Abflussrohr *n* **waste product** [S] Abfallprodukt *n*

watch¹ [wɒtʃ] [S] (Armband)uhr *f*

watch² [A] [S] Wache *f*; **to be on the ~ for sb/sth** nach jdm/etw Ausschau halten; **to keep ~** Wache halten; **to keep a close ~ on sb/sth** jdn/etw scharf bewachen; **to keep ~ over sb/sth** bei jdm/etw wachen *od* Wache halten [B] [VT] [1] aufpassen auf *(+akk)*; *(Polizei etc)* überwachen [2] beobachten; *Spiel* zuschauen bei; *Film* sich *(dat)* ansehen; **to ~ TV** fernsehen; **to ~ sb doing sth** jdm bei etw zuschauen; **I'll come and ~ you play** ich komme und sehe dir beim Spielen zu; **he just stood there and ~ed her drown** er stand einfach da und sah zu, wie sie ertrank; **I ~ed her coming down the street** ich habe sie beobachtet, wie *od* als sie die Straße entlang kam; **~ the road!** pass auf die Straße auf!; **~ this!** pass auf!; **just ~ me!** guck *od* schau mal, wie ich das mache!; **we are being ~ed** wir werden beobachtet [3] aufpassen auf *(+akk)*; *Zeit* achten auf *(+akk)*; **(you'd better) ~ it!** *(umg)* pass (bloß) auf! *(umg)*; **~ yourself** sieh dich vor!; **~ your language!** drück dich bitte etwas gepflegter aus!; **~ how you go!** machs gut!; *(bei Glatteis etc)* pass beim Laufen/Fahren auf! [C] [VI] zusehen; **to ~ for sb/sth** nach jdm/etw Ausschau halten; **they ~ed for a signal from the soldiers** sie warteten auf ein Signal von den Soldaten; **to ~ for sth to happen** darauf warten, dass etw geschieht ♦**watch out** [VI] [1] Ausschau halten *(for sb/sth* nach jdm/etw) [2] achtgeben *(for* auf *+akk)*; **~!** Achtung! ♦**watch over** [VI] *+obj* wachen über *(+akk)*

watchdog [S] *(wörtl)* Wachhund *m*; *(fig)* Aufpasser *m (umg)* **watchful** ['wɒtʃfʊl] [ADJ] wachsam; **to keep a ~ eye on sb/sth** ein wachsames Auge auf jdn/etw werfen **watchmaker** [S] Uhrmacher(in) *m(f)* **watchman** [S], *pl* -men (*a.* **night watchman**) Nachtwächter(in) *m(f)* **watchstrap** [S] Uhrarmband *n* **watchtower** [S] Wachtturm *m* **watchword** [S] Parole *f*

water ['wɔːtəʳ] [A] [S] [1] Wasser *n*; **to be under ~** unter Wasser stehen; **to take in ~** *(Schiff)* lecken; **to hold ~** wasserdicht sein; **~s** Gewässer *pl*; **to pass ~** Wasser lassen [2] **to keep one's head above ~** sich über Wasser halten; **to pour cold ~ on sb's idea** jds Idee miesmachen *(umg)*; **to get (oneself) into deep ~(s)** ins Schwimmen kommen; **a lot of ~ has flowed under the bridge since then** seitdem ist so viel Wasser den Berg *od* den Bach hinuntergeflossen; **to get into hot ~** *(umg)* in Teufels Küche geraten *(umg)* *(over* wegen) [B] [VT] [1] *Rasen* sprengen; *Pflanze* (be)gießen [2] *Pferde* tränken [C] [VI] *(Mund)* wässern; *(Augen)* tränen; **the smoke made his eyes ~** ihm tränten die Augen vom Rauch; **my mouth ~ed** mir lief das Wasser im Mund zusammen; **to make sb's mouth ~** jdm den Mund wässerig machen ♦**water down** [VT] *trennb* verwässern, (mit Wasser) verdünnen

water bed [S] Wasserbett *n* **water bottle** [S] Wasserflasche *f* **water butt** [S] Regentonne *f* **water cannon** [S] Wasserwerfer *m* **water closet** [S] *(bes Br)* Wasserklosett *n* **watercolour**, *(US)* **watercolor** [A] [S] Aquarellfarbe *f*; *(≈ Bild)* Aquarell *n* [B] [ATTR] Aquarell-; **a ~ painting** ein Aquarell *n* **water cooler** [S] Wasserspender *m* **watercourse** [S] [1] Wasserlauf *m*; *(künstlich)* Kanal *m* [2] Flussbett *n* **watercress** [S] (Brunnen)kresse *f* **watered-down** [ˌwɔːtəd'daʊn] [ADJ] verwässert **waterfall** [S] Wasserfall *m* **waterfowl** [PL] Wassergeflügel *n* **waterfront** [A] [S] Hafenviertel *n*; **we drove down to the ~** wir fuhren hinunter zum Wasser [B] [ATTR] am Wasser **water gun** [S] *(bes US)* = water pistol **water heater** [S] Heißwassergerät *n* **watering can** ['wɔːtərɪŋ] [S] Gießkanne *f* **watering hole** [S] Wasserstelle *f* **water jump** [S] Wassergraben *m* **water level** [S] Wasserstand *m* **water lily** [S] Seerose *f* **water line** [S] Wasserlinie *f* **waterlogged** [ADJ] **the fields are ~** die Felder stehen unter Wasser **water main** [S] Haupt(wasser)leitung *f*, Hauptwasserrohr *n* **watermark** [S] Wasserzeichen *n* **watermelon** [S] Wassermelone *f* **water meter** [S] Wasseruhr *f* **water mill** [S] Wassermühle *f* **water pipe** [S] Wasserrohr *n* **water pistol**, *(US)* **water gun** [S] Wasserpistole *f* **water pollution** [S] Wasserverschmutzung *f* **water polo** [S] ([!] kein pl) Wasserball *m* **water power** [S] Wasserkraft *f* **waterproof** [A] [ADJ] *Uhr* wasserdicht; *Kleidung, Dach* wasserundurchlässig [B] [S] **~s** *(bes Br)* Regenhaut® *f* [C] [VT] wasserundurchlässig machen **water-repellent** [ADJ] Wasser abstoßend **water-resistant** [ADJ] wasserbeständig; *Sonnenschutzmittel* wasserfest **watershed** [S] *(fig)* Wendepunkt *m* **waterside** [A] [S] Ufer *n* [B] [ATTR] am Wasser **water-ski** [A] [S] Wasserski *m* [B] [VI] Wasserski laufen **water-skiing** [S] Wasserskilaufen *n* **water slide** [S] Wasserrutsche *f* **water sof-**

W

tener *S* Wasserenthärter *m* **water-soluble** ADJ wasserlöslich **water sports** PL Wassersport *m* **water supply** *S* Wasserversorgung *f* **water table** *S* Grundwasserspiegel *m* **water tank** *S* Wassertank *m* **watertight** ADJ wasserdicht **water tower** *S* Wasserturm *m* **waterway** *S* Wasserstraße *f* **water wings** PL Schwimmflügel *pl* **waterworks** *S* (⚠ mit Verb im Singular oder Plural) Wasserwerk *n* **watery** ['wɔːtərɪ] ADJ wäss(e)rig; *Auge* tränend; *Sonne* blass

watt [wɒt] *S* Watt *n*

wave [weɪv] A *S* 1 (*a.* PHYS, *fig*) Welle *f*; **a ~ of strikes** eine Streikwelle; **to make ~s** (*fig umg*) Unruhe stiften 2 **to give sb a ~** jdm (zu)winken; **with a ~ of his hand** mit einer Handbewegung B VT winken mit (*at, to sb* jdm); *Objekt* schwenken; **to ~ sb goodbye** jdm zum Abschied winken; **he ~d his hat** er schwenkte seinen Hut; **he ~d me over** er winkte mich zu sich herüber C VI 1 winken; **to ~ at** *od* **to sb** jdm (zu)winken 2 (*Fahne*) wehen; (*Äste*) sich hin und her bewegen ♦**wave aside** VT *trennb* (*fig*) *Vorschlag etc* zurückweisen ♦**wave on** VT *trennb* **the policeman waved us on** der Polizist winkte uns weiter

wavelength ['weɪvleŋθ] *S* Wellenlänge *f*; **we're not on the same ~** (*fig*) wir haben nicht dieselbe Wellenlänge

waver ['weɪvə'] VI 1 (*Flamme*) flackern; (*Stimme*) zittern 2 (*Mut*) wanken; (*Unterstützung*) nachlassen 3 schwanken (*between* zwischen *+dat*) **wavering** ['weɪvərɪŋ] ADJ 1 *Stimme* bebend 2 *Treue* unsicher; *Entschlossenheit* wankend; *Unterstützung* nachlassend

wavy ['weɪvɪ] ADJ (*+er*) wellig; **~ line** Schlangenlinie *f*

wax[1] [wæks] A *S* 1 Wachs *n* 2 Ohrenschmalz *n* B ADJ Wachs-; **~ crayon** Wachsmalstift *m* C VT *Auto* wachsen; *Fußboden* bohnern; *Beine* mit Wachs behandeln

wax[2] VI (*Mond*) zunehmen; **to ~ and wane** (*fig*) kommen und gehen

waxworks *S* (⚠ mit Verb im Singular oder Plural) Wachsfigurenkabinett *n*

---

way [weɪ]

A Substantiv   **B** Adverb

— A Substantiv —

1 Weg *m*; **across** *od* **over the ~** gegenüber; (*mit Richtungsangabe*) rüber; **to ask the ~** nach dem Weg fragen; **along the ~** etw lernen nebenbei; **to go the wrong ~** sich verlaufen, sich verfahren; **to go down the wrong ~** (*Nahrung*) in die falsche Kehle kommen; **there's no ~ out** (*fig*) es gibt keinen Ausweg; **to find a ~ in** hineinfinden; **the ~ up** der Weg nach oben; **the ~ there/back** der Hin-/Rückweg; **prices are on the ~ up/down** die Preise steigen/fallen; **to bar the ~** den Weg versperren; **to be** *od* **stand in sb's ~** jdm im Weg stehen; **to get in the ~** in den Weg kommen; (*fig*) stören; **he lets nothing stand in his ~** er lässt sich durch nichts aufhalten *od* beirren; **get out of the/my ~!** (*geh*) aus dem Weg!; **to get sth out of the ~** etw hinter sich (*akk*) bringen; *Probleme* etw aus dem Weg räumen; **to stay out of sb's/the ~** jdm nicht in den Weg kommen, (jdm) aus dem Weg gehen; **stay out of my ~!** komm mir nicht mehr über den Weg!; **to make ~ for sb/sth** (*wörtl, fig*) für jdn/etw Platz machen; **the ~ to the station** der Weg zum Bahnhof; **can you tell me the ~ to the town hall, please?** können Sie mir bitte sagen, wie ich zum Rathaus komme?; **the shop is on the ~** der Laden liegt auf dem Weg; **to stop on the ~** unterwegs anhalten; **on the ~ (here)** auf dem Weg (hierher); **they're on their ~** sie sind unterwegs; **if it is out of your ~** wenn es ein Umweg für Sie ist; **to go out of one's ~ to do sth** (*fig*) sich besonders anstrengen, um etw zu tun; **please, don't go out of your ~ for us** (*fig*) machen Sie sich (*dat*) bitte unsertwegen keine Umstände; **to get under ~** in Gang kommen; **to be well under ~** in vollem Gang sein; **the ~ in** der Eingang; **on the ~ in** beim Hereingehen; **the ~ out** der Ausgang; **please show me the ~ out** bitte zeigen Sie mir, wie ich hinauskomme; **can you find your own ~ out?** finden Sie selbst hinaus?; **on the ~ out** beim Hinausgehen; **to be on the ~ out** (*fig umg*) am Aussterben sein; **I know my ~ around the town** ich kenne mich in der Stadt aus; **can you find your ~ home?** finden Sie nach Hause?; **to make one's ~ to somewhere** sich an einen Ort begeben; **I made my own ~ there** ich ging allein dorthin; **to make one's ~ home** nach Hause gehen; **to push one's ~ through the crowd** sich einen Weg durch die Menge bahnen; **to go one's own ~** (*fig*) eigene Wege gehen; **they went their separate ~s** ihre Wege trennten sich; **to pay one's ~** für sich selbst bezahlen; (*Unternehmen, Maschine*) sich rentieren 2 Richtung *f*; **which ~ are you going?** in welche Richtung gehen Sie?; **look both ~s** schau nach beiden Seiten; **to look the other ~** (*fig*) wegsehen; **if a good job comes my ~** wenn ein guter Job für mich auftaucht; **to split sth three/ten ~s** etw

dritteln/in zehn Teile teilen; **it's the wrong ~ up** es steht verkehrt herum; **"this ~ up"** „hier oben"; **it's the other ~ (a)round** es ist (genau) umgekehrt; **put it the right ~ up/the other ~ (a)round** stellen Sie es richtig (herum) hin/ andersherum hin; **this ~, please** hier entlang, bitte; **look this ~** schau hierher!; **he went that ~** er ging in diese Richtung; **this ~ and that** hierhin und dorthin; **every which ~** ungeordnet, durcheinander **3** Weg *m*, Strecke *f*; **a little ~ away** *od* **off** nicht weit weg; **all the ~ there** auf der ganzen Strecke; **I'm behind you all the ~** (*fig*) ich stehe voll (und ganz) hinter Ihnen; **that's a long ~ away** bis dahin ist es weit *od* (*zeitlich*) noch lange; **a long ~ out of town** weit von der Stadt weg; **he's come a long ~ since then** (*fig*) er hat sich seitdem sehr gebessert; **he'll go a long ~** (*fig*) er wird es weit bringen; **to have a long ~ to go** weit vom Ziel entfernt sein; **it should go a long ~ toward(s) solving the problem** das sollte *od* müsste bei dem Problem schon ein gutes Stück weiterhelfen; **not by a long ~** bei Weitem nicht **4** Art *f*, Weise *f*; **that's his ~ of saying thank you** das ist seine Art, sich zu bedanken; **the French ~ of doing it** (die Art,) wie man es in Frankreich macht; **to learn the hard ~** aus dem eigenen Schaden lernen; **~ of thinking** Denkweise *f*; **what a ~ to live!** (≈ *negativ*) so möchte ich nicht leben; **to get one's (own) ~** seinen Willen durchsetzen; **have it your own ~!** wie du willst!; **one ~ or another/the other** so oder so; **it does not matter (to me) one ~ or the other** es macht (mir) so oder so nichts aus; **either ~** so oder so; **no ~!** (*umg*) ausgeschlossen!; **there's no ~ I'm going to agree** (*umg*) auf keinen Fall werde ich zustimmen; **that's no ~ to speak to your mother** so spricht man nicht mit seiner Mutter; **you can't have it both ~s** du kannst nicht beides haben; **he wants it both ~s** er will das eine haben und das andere nicht lassen; **this ~** so; **that ~** (≈ *so*) in dieser Hinsicht; **the ~ (that) ...** wie; **the ~ she walks** (so) wie sie geht; **that's not the ~ we do things here** so *od* auf die Art machen wir das hier nicht; **you could tell by the ~ he was dressed** das merkte man schon an seiner Kleidung; **that's the ~ it goes!** so ist das eben; **the ~ things are going** so, wie die Dinge sich entwickeln; **do it the ~ I do** machen Sie es so wie ich; **to show sb the ~ to do sth** jdm zeigen, wie etw gemacht wird; **that's not the right ~ to do it** so geht das nicht **5** (≈ *Methode*) Art *f*; **there are many ~s of solving it** es gibt viele Wege, das zu lösen;

the best ~ is to wash it am besten wäscht man es; **he has a ~ with children** er versteht es, mit Kindern umzugehen; **~ of life** Lebensstil *m*; (*von Volk*) Lebensart *f* **6** Hinsicht *f*; **in a ~** in gewisser Weise; **in no ~** in keiner Weise; **in many/some ~s** in vieler/gewisser Hinsicht; **in more ~s than one** in mehr als nur einer Hinsicht **7** Zustand *m*; **he's in a bad ~** er ist in schlechter Verfassung

— B Adverb —

(*umg*) **~ up** weit oben; **it's ~ too big** das ist viel zu groß; **that was ~ back** das ist schon lange her; **his guess was ~ out** seine Annahme war weit gefehlt

waylay *prät, pperf* **waylaid** $\overline{V/t}$ abfangen **way-out** $\overline{ADJ}$ (*umg*) extrem (*obs sl*) **wayside** $\overline{S}$ Wegrand *m*, Straßenrand *m*; **to fall by the ~** (*fig*) auf der Strecke bleiben **wayward** ['weɪwəd] $\overline{ADJ}$ eigensinnig

WC (*bes Br*) *abk* von **water closet** WC *n*

we [wiː] $\overline{PRON}$ wir

weak [wiːk] $\overline{ADJ}$ (+*er*) schwach; *Charakter* labil; *Tee* dünn; **he was ~ from hunger** ihm war schwach vor Hunger; **to go ~ at the knees** weiche Knie bekommen; **what are his ~ points?** wo liegen seine Schwächen? **weaken** ['wiːkən] $\overline{A}$ $\overline{V/t}$ schwächen; *Mauerwerk* angreifen; *Griff* lockern $\overline{B}$ $\overline{V/i}$ nachlassen; (*Mensch*) schwach werden **weakling** ['wiːklɪŋ] $\overline{S}$ Schwächling *m* **weakly** ['wiːklɪ] $\overline{ADV}$ schwach **weakness** $\overline{S}$ Schwäche *f*, schwacher Punkt; **to have a ~ for sth** für etw eine Schwäche *od* Vorliebe haben **weak-willed** ['wiːk'wɪld] $\overline{ADJ}$ willensschwach

wealth [welθ] $\overline{S}$ **1** Reichtum *m*, Vermögen *n* **2** (*fig*) Fülle *f*

wealthy ['welθɪ] $\overline{A}$ $\overline{ADJ}$ (+*er*) reich $\overline{B}$ $\overline{S}$ **the ~** *pl* die Reichen *pl*

wean [wiːn] $\overline{V/t}$ **to ~ sb off sb/sth** jdn jdm/einer Sache entwöhnen (*geh*)

weapon ['wepən] $\overline{S}$ (*wörtl, fig*) Waffe *f*; **~s** *pl* **of mass destruction** Massenvernichtungswaffen *pl* **weaponry** ['wepənrɪ] $\overline{S}$ Waffen *pl*

wear [weə^r] *v: prät* **wore**, *pperf* **worn** $\overline{A}$ $\overline{S}$ **1 to get a lot of ~ out of a jacket** eine Jacke viel tragen; **there isn't much ~ left in this carpet** dieser Teppich hält nicht mehr lange; **for everyday ~** für jeden Tag **2** Kleidung *f*, Gewand *n* (*österr*) **3** (*a.* **wear and tear**) Verschleiß *m*; **to show signs of ~** (*wörtl*) anfangen, alt auszusehen; **to look the worse for ~** (*wörtl*) (*Vorhang etc*) verschlissen aussehen; (*Kleider*) abgetragen aussehen; (*Möbel*) abgenutzt aussehen; (*fig*) verbraucht aussehen; **I felt a bit the worse for ~** (*umg*) ich fühlte mich etwas angeknackst (*umg*) $\overline{B}$ $\overline{V/t}$ **1** tragen, anhaben; **what shall I**

~? was soll ich anziehen?; **I haven't a thing to ~!** ich habe nichts anzuziehen (❗) „anziehen" nur in Präsens und Futur) **2** abnutzen; *Stufen* austreten; *Reifen* abfahren; **to ~ holes in sth** etw durchwetzen; *Schuhe* etw durchlaufen; **to ~ smooth** abgreifen; (*Schuhe*) austreten; *Kanten* glatt machen **C** V̄ī **1** halten **2** kaputtgehen; (*Stoff*) sich abnutzen; **my patience is ~ing thin** meine Geduld geht langsam zu Ende ♦**wear away** **A** V̄T̄ trennb *Stufen* austreten; *Fels* abtragen; *Inschrift* verwischen **B** V̄ī sich abschleifen; (*Inschrift*) verwittern ♦**wear down A** V̄T̄ trennb **1** (*wörtl*) abnutzen; *Absatz* ablaufen **2** (*fig*) *Opposition* zermürben; jdn fix und fertig machen (*umg*) **B** V̄ī (*Absätze*) sich ablaufen ♦**wear off** V̄ī **1** nachlassen; **don't worry, it'll ~!** keine Sorge, das gibt sich **2** abgehen ♦**wear on** V̄ī sich hinziehen; (*Uhr*) voranschreiten; **as the evening** *etc* **wore on** im Laufe des Abends *etc* ♦**wear out A** V̄T̄ trennb **1** (*wörtl*) kaputt machen; *Teppich* abtreten; *Kleider* kaputt tragen; *Maschinen* abnutzen **2** (*fig*) erschöpfen; (*nervlich*) fertigmachen (*umg*); **to be worn out** erschöpft *od* erledigt sein; (*nervlich*) am Ende sein (*umg*); **to wear oneself out** sich kaputtmachen (*umg*) **B** V̄ī kaputtgehen; (*Kleider, Teppich*) verschleißen ♦**wear through** V̄ī sich durchwetzen; (*Schuhe*) sich durchlaufen

wearable ['wɛərəbl] ADJ tragbar

wearily ['wɪərɪlɪ] ADV *etw sagen* müde; *lächeln* matt **weariness** S̄ Müdigkeit f; (*Erschöpfung*) Lustlosigkeit f

wearing ['wɛərɪŋ] ADJ anstrengend

weary ['wɪərɪ] ADJ (+*er*) müde; (≈ *erschöpft*) lustlos; *Lächeln* matt; **to grow ~ of sth** etw leid werden

weasel ['wiːzl] S̄ Wiesel n

weather ['wɛðə'] **A** S̄ Wetter n; **in cold ~** bei kaltem Wetter; **what's the ~ like?** wie ist das Wetter?; **to be under the ~** (*umg*) angeschlagen sein (*umg*) **B** V̄T̄ **1** (*Stürme etc*) angreifen **2** (*a.* **weather out**) *Krise* überstehen; **to ~ the storm** den Sturm überstehen **C** V̄ī (*Felsen etc*) verwittern **weather-beaten** ADJ *Gesicht* vom Wetter gegerbt; *Stein* verwittert **weather chart** S̄ Wetterkarte f **weathercock** S̄ Wetterhahn m **weather conditions** PL Witterungsverhältnisse pl **weathered** ['wɛðəd] ADJ verwittert **weather forecast** S̄ Wettervorhersage f **weatherman** S̄, pl -men Wettermann m (*umg*) **weatherproof** ADJ wetterfest **weather report** S̄ Wetterbericht m **weather vane** S̄ Wetterfahne f

weave [wiːv] v: *prät* **wove**, *pperf* **woven A** V̄T̄ **1** weben (*into* zu); *Rohr* flechten (*into* zu) **2** (*fig*) *Handlung* erfinden; *Einzelheiten* einflechten (*into* in +*akk*) **3** *prät a.* **weaved to ~ one's way through sth** sich durch etw schlängeln **B** V̄ī **1** (*wörtl*) weben **2** *prät a.* **weaved** sich schlängeln **weaver** ['wiːvə'] S̄ Weber(in) m(f)

web [wɛb] S̄ **1** Netz n **2** IT **the Web** das Internet, das (World Wide) Web; **on the Web** im Internet **webbed** [wɛbd] ADJ **~ feet** Schwimmfüße pl **web browser** S̄ IT Browser m **webcam** S̄ IT Webcam f **webcast** S̄ IT Webcast m **web designer** S̄ IT Webdesigner(in) m(f) **webhead** S̄ (IT *umg*) Computerfreak m (*umg*); (*im engeren Sinne*) Internetfreak m (*umg*) **webmaster** IT S̄ Webmaster(in) m(f) **web page** S̄ IT Webseite f **website** S̄ IT Website f **website address** S̄ IT Website-Adresse f

Wed *abk* von **Wednesday** Mi.

wed [wɛd] (*obs*) *prät, pperf* **wed** *od* **wedded** V̄ī heiraten

we'd [wiːd] = **we would, we had**

wedding ['wɛdɪŋ] S̄ Hochzeit f, Trauung f; **to have a registry office** (Br)/**church ~** sich standesamtlich/kirchlich trauen lassen **wedding anniversary** S̄ Hochzeitstag m **wedding cake** S̄ Hochzeitskuchen m **wedding day** S̄ Hochzeitstag m **wedding dress** S̄ Hochzeitskleid n **wedding reception** S̄ Hochzeitsempfang m **wedding ring** S̄ Trauring m **wedding vows** PL Ehegelübde n

wedge [wɛdʒ] **A** S̄ **1** (*von Holz, fig*) Keil m **2** (*von Kuchen etc*) Stück n; (*von Käse*) Ecke f **B** V̄T̄ **1** verkeilen; **to ~ a door open/shut** eine Tür festklemmen **2** (*fig*) **to ~ oneself/sth** sich/etw zwängen (*in* in +*akk*); **to be ~d between two people** zwischen zwei Personen eingekeilt sein ♦**wedge in** V̄T̄ trennb **to be wedged in**

wedge — Keil

wedge — Ecke *Käse*

eingekeilt sein
Wednesday ['wenzdɪ] $\overline{S}$ Mittwoch m; →Tuesday
Weds abk von Wednesday Mi.
wee[1] [wi:] ADJ (+er) (umg) winzig; (schott) klein
wee[2] (Br umg) A $\overline{S}$ **to have** od **do a ~** Pipi machen (umg) B VI Pipi machen (umg)
weed [wi:d] A $\overline{S}$ [1] Unkraut n kein pl [2] (umg) Schwächling m B VT & VI jäten ♦**weed out** VT trennb (fig) aussondern
weeding ['wi:dɪŋ] $\overline{S}$ **to do some ~** Unkraut jäten **weedkiller** ['wi:dkɪlə[r]] $\overline{S}$ Unkrautvernichter m **weedy** ['wi:dɪ] ADJ (+er) (umg) schmächtig
week [wi:k] $\overline{S}$ Woche f; **it'll be ready in a ~** in einer Woche od in acht Tagen ist es fertig; **my husband works away during the ~** mein Mann arbeitet die Woche über auswärts; **~ in, ~ out** Woche für Woche; **twice a ~** zweimal pro Woche; **a ~ today** heute in einer Woche; **a ~ on Tuesday** Dienstag in acht Tagen; **a ~ (ago) last Monday** letzten Montag vor einer Woche; **for ~s** wochenlang; **a ~'s holiday** (Br) od **vacation** (US) ein einwöchiger Urlaub; **a 40-hour ~** eine Vierzigstundenwoche; **two ~s' holiday** (Br) od **vacation** (US) zwei Wochen Ferien
weekday A $\overline{S}$ Wochentag m B ATTR Morgen eines Werktages
weekend A $\overline{S}$ Wochenende n; **to go/be away for the ~** am Wochenende verreisen/nicht da sein; **at** (Br) od **on** (bes US) **the ~** am Wochenende; **to take a long ~** ein langes Wochenende machen B ATTR Wochenend-; **~ bag** Reisetasche f
weekly ['wi:klɪ] A ADJ Wochen-, wöchentlich; Besuch allwöchentlich B ADV wöchentlich; **twice ~** zweimal die Woche C $\overline{S}$ Wochenzeitschrift f
weep [wi:p] prät, pperf **wept** VT & VI weinen (over über +akk); **to ~ with** od **for joy** vor od aus Freude weinen **weepy** ['wi:pɪ] (umg) ADJ (+er) weinerlich; (umg) Film rührselig
wee-wee ['wi:wi:] $\overline{S, VI}$ (kinderspr) = wee[2]
weigh [weɪ] A VT [1] (wörtl) wiegen; **could you ~ these bananas for me?** könnten Sie mir diese Bananen abwiegen? [2] (fig) Worte abwägen B VI [1] (wörtl) wiegen [2] (fig) lasten (on auf +dat) [3] (fig) gelten; **his age ~ed against him** sein Alter wurde gegen ihn in die Waagschale geworfen ♦**weigh down** VT trennb [1] niederbeugen; **she was weighed down with packages** sie war mit Paketen überladen [2] (fig) niederdrücken ♦**weigh out** VT trennb abwiegen ♦**weigh up** VT trennb abwägen; jdn einschätzen
weighing scales PL Waage f

weight [weɪt] A $\overline{S}$ [1] Gewicht n; SPORT Gewichtsklasse f; **3 kilos in ~** 3 Kilo Gewicht; **the branches broke under the ~ of the snow** die Zweige brachen unter der Schneelast; **to gain** od **put on ~** zunehmen; **to lose ~** abnehmen; **it's worth its ~ in gold** das ist Gold(es) wert; **to lift ~s** Gewichte heben; **she's quite a ~** sie ist ganz schön schwer [2] (fig) Last f; **that's a ~ off my mind** mir fällt ein Stein vom Herzen [3] (fig) Bedeutung f; **to carry ~** Gewicht haben; **to add ~ to sth** einer Sache (dat) zusätzliches Gewicht geben od verleihen; **to pull one's ~** seinen Beitrag leisten; **to throw** od **chuck** (umg) **one's ~ about** (Br) od **around** seinen Einfluss geltend machen B VT [1] beschweren [2] (fig) **to be ~ed in favour** (Br) od **favor** (US) **of sb/sth** so angelegt sein, dass es zugunsten einer Person/Sache ist **weightless** ['weɪtləs] ADJ schwerelos **weightlessness** ['weɪtləsnəs] $\overline{S}$ Schwerelosigkeit f **weightlifter** ['weɪtlɪftə[r]] $\overline{S}$ Gewichtheber(in) m(f) **weightlifting** $\overline{S}$ Gewichtheben n **weight loss** $\overline{S}$ (⚠ kein pl) Gewichtsverlust m **weight training** $\overline{S}$ Krafttraining n **weighty** ['weɪtɪ] ADJ (+er) (fig) Argument gewichtig; Verantwortung schwerwiegend
weir [wɪə[r]] $\overline{S}$ Wehr n
weird [wɪəd] ADJ (+er) unheimlich; (umg) seltsam
weirdo ['wɪədəʊ] $\overline{S}$, pl **-s** (umg) verrückter Typ (umg)
welcome ['welkəm] A $\overline{S}$ Willkommen n; **to give sb a warm ~** jdm einen herzlichen Empfang bereiten B ADJ willkommen; Nachricht angenehm; **the money is very ~** das Geld kommt sehr gelegen; **to make sb ~** jdn sehr freundlich aufnehmen; **you're ~!** nichts zu danken!; **you're ~ to use my room** Sie können gerne mein Zimmer benutzen C VT begrüßen; **they ~d him home with a big party** sie veranstalteten zu seiner Heimkehr ein großes Fest D INT **~ home/to Scotland!** willkommen daheim/in Schottland!; **~ back!** willkommen zurück! **welcoming** ['welkəmɪŋ] ADJ zur Begrüßung; Lächeln, Zimmer einladend
weld [weld] VT TECH schweißen **welder** ['weldə[r]] $\overline{S}$ Schweißer(in) m(f)
welfare ['welfeə[r]] $\overline{S}$ [1] Wohl n [2] Fürsorge f [3] (US) Sozialhilfe f; **to be on ~** Sozialhilfeempfänger(in) m(f) sein **welfare benefits** PL (US) Sozialhilfe f **welfare services** PL soziale Einrichtungen pl **welfare state** $\overline{S}$ Wohlfahrtsstaat m
well[1] [wel] A $\overline{S}$ Brunnen m; (a. **oil well**) Ölquelle f B VI quellen; **tears ~ed in her eyes** Tränen stiegen od schossen ihr in die Augen ♦**well up** VI emporquellen; (fig) aufsteigen; (Lärm) anschwellen; **tears welled up in her**

eyes Tränen schossen ihr in die Augen

well² [wel]
komp **better**, *sup* **best**

A Adverb	B Adjektiv
C Interjektion	D Substantiv

— **A** *Adverb* —

1 gut; **to do ~ at school** gut in der Schule sein; **to do ~ in an exam** in einer Prüfung gut abschneiden; **his business is doing ~** sein Geschäft geht gut; **the patient is doing ~** dem Patienten geht es gut; **if you do ~ you'll be promoted** wenn Sie sich bewähren, werden Sie befördert; **~ done!** gut gemacht!; **~ played!** gut gespielt!; **everything went ~** es ging alles gut; **to speak/think ~ of sb** von jdm positiv sprechen/denken; **to do ~ out of sth** von etw ordentlich profitieren; **you might as ~ go** du könntest eigentlich ebenso gut gehen; **are you coming? — I might as ~** kommst du? — ach, warum nicht; **we were ~ beaten** wir sind gründlich geschlagen worden; **only too ~** nur (all)zu gut; **~ and truly** (ganz) gründlich; **it was ~ worth the trouble** das hat sich sehr gelohnt; **~ out of sight** weit außer Sichtweite; **~ past midnight** lange nach Mitternacht; **it continued ~ into 1996/the night** es zog sich bis weit ins Jahr 1996/in die Nacht hin; **he's ~ over fifty** er ist weit über fünfzig **2** ohne Weiteres; **I may ~ be late** es kann leicht *od* ohne Weiteres sein, dass ich spät komme; **it may ~ be that ...** es ist ohne Weiteres möglich, dass ...; **you may ~ be right** Sie mögen wohl recht haben; **you may ~ ask!** *(iron)* das kann man wohl fragen; **I couldn't very ~ stay** ich konnte schlecht bleiben **3 as ~** auch; **x as ~ as y** x sowohl als auch y

— **B** *Adjektiv* —

1 gesund; **get ~ soon!** gute Besserung; **are you ~?** geht es Ihnen gut?; **I'm very ~** es geht mir sehr gut; **she's not been ~ lately** ihr ging es in letzter Zeit (gesundheitlich) gar nicht gut; **I don't feel at all ~** ich fühle mich gar nicht wohl **2** gut; **that's all very ~, but ...** das ist ja alles schön und gut, aber ...; **it's all very ~ for you to suggest ...** Sie können leicht vorschlagen ...; **it's all very ~ for you** Sie haben gut reden; **it would be as ~ to ask first** es wäre wohl besser, sich erst mal zu erkundigen; **it's just as ~ he came** es ist gut, dass er gekommen ist; **all's ~ that ends ~** Ende gut, alles gut

— **C** *Interjektion* —

also, na, na ja; **~, ~!, ~ I never!** also, so was!; **very ~ then!** also gut!, also bitte (sehr)!

— **D** *Substantiv* —

Gute(s) *n*; **to wish sb ~** jdm alles Gute wünschen

 as well

In der Bedeutung von „ebenfalls, auch" wird **as well** immer nachgestellt:

Could you give me a window seat as well, please?	Könnten Sie mir bitte auch einen Fensterplatz geben?

GRAMMATIK

we'll [wi:l] = we shall, we will
well-adjusted ADJ *attr*, **well adjusted** ADJ *präd* PSYCH gut angepasst **well-advised** ADJ *attr*, **well advised** ADJ *präd* **to be well advised to ...** wohlberaten sein zu ... **well-balanced** ADJ *attr*, **well balanced** ADJ *präd* **1** *Mensch* ausgeglichen **2** *Ernährung* (gut) ausgewogen **well-behaved** ADJ *attr*, **well behaved** ADJ *präd Kind* artig; *Tier* gut erzogen **wellbeing** *s* Wohl *n* **well-bred** ADJ *attr*, **well bred** ADJ *präd Mensch* wohlerzogen **well-built** ADJ *attr*, **well built** ADJ *präd Mensch* kräftig **well-connected** ADJ *attr*, **well connected** ADJ *präd* **to be well connected** Beziehungen in höheren Kreisen haben **well-deserved** ADJ *attr*, **well deserved** ADJ *präd* wohlverdient **well-disposed** ADJ *attr*, **well disposed** ADJ *präd* **to be well disposed toward(s) sb/sth** jdm/einer Sache freundlich gesonnen sein **well-done** ADJ *attr*, **well done** ADJ *präd Steak* durchgebraten **well-dressed** ADJ *attr*, **well dressed** ADJ *präd* gut gekleidet **well-earned** ADJ *attr*, **well earned** ADJ *präd* wohlverdient **well-educated** ADJ *attr*, **well educated** ADJ *präd* gebildet **well-equipped** ADJ *attr*, **well equipped** ADJ *präd Büro etc* gut ausgestattet; *Armee* gut ausgerüstet **well-established** ADJ *attr*, **well established** ADJ *präd Brauch* fest; *Firma* bekannt **well-fed** ADJ *attr*, **well fed** ADJ *präd* wohlgenährt **well-founded** ADJ *attr*, **well founded** ADJ *präd* wohlbegründet **well-informed** ADJ *attr*, **well informed** ADJ *präd* gut informiert

wellington (boot) ['welɪŋtən('bu:t)] *s* (Br) Gummistiefel *m* (❗ = (US) **rubber boot**)
well-kept ADJ *attr*, **well kept** ADJ *präd Garten, Haare* gepflegt; *Geheimnis* streng gehütet **well-known** ADJ *attr*, **well known** ADJ *präd* bekannt; **it's well known that ...** es ist allgemein bekannt, dass ... **well-loved** ADJ *attr*,

well loved ADJ präd viel geliebt **well-mannered** ADJ attr, **well mannered** ADJ präd mit guten Manieren **well-meaning** ADJ attr, **well meaning** ADJ präd wohlmeinend **well-meant** ADJ attr, **well meant** ADJ präd Rat etc gut gemeint, wohlgemeint **well-nigh** ADV ~ **impossible** nahezu unmöglich **well-off** ADJ attr, **well off** ADJ präd reich **well-paid** ADJ attr, **well paid** ADJ präd gut bezahlt **well-read** ADJ attr, **well read** ADJ präd belesen **well-spoken** ADJ attr, **well spoken** ADJ präd **to be well spoken** gutes Deutsch etc sprechen **well-stocked** ADJ attr, **well stocked** ADJ präd gut bestückt **well-timed** ADJ attr, **well timed** ADJ präd zeitlich günstig **well-to-do** ADJ wohlhabend **well-wisher** S **cards from ~s** Karten von Leuten, die ihm/ihr etc alles Gute wünschten **well-worn** ADJ attr, **well worn** ADJ präd Teppich abgelaufen; Pfad ausgetreten

welly ['welɪ] S (Br umg) Gummistiefel m

Welsh [welʃ] A ADJ walisisch B S 1 LING Walisisch n 2 **the Welsh** PL die Waliser pl **Welsh Assembly** S **the ~** die walisische Versammlung das Parlament für Wales **Welshman** S, pl -men Waliser m **Welsh rabbit**, **Welsh rarebit** S überbackene Käseschnitte **Welshwoman** S, pl -women Waliserin f

wend [wend] VT **to ~ one's way home** sich auf den Heimweg begeben

wendy house ['wendɪhaʊs] S (Br) Spielhaus n (⚠ = (US) **playhouse**)

went [went] prät von **go**

wept [wept] prät, pperf von **weep**

were [wɜː] 2. Person sg, 1., 2., 3. Person pl prät von **be**

we're [wɪə] = **we are**

weren't [wɜːnt] = **were not**

werewolf ['wɪəwʊlf] S Werwolf m

west [west] A S **the ~**, **the West** der Westen; **in the ~** im Westen; **to the ~** nach Westen; **to the ~ of** westlich von; **to come from the ~** aus dem Westen kommen; (Wind) von West(en) kommen B ADJ West- C ADV nach Westen, westwärts; **it faces ~** es geht nach Westen; **~ of** westlich von **westbound** ['westbaʊnd] ADJ Verkehr (in) Richtung Westen; **to be ~** nach Westen unterwegs sein **westerly** ['westəlɪ] ADJ westlich; **~ wind** Westwind m; **in a ~ direction** in westlicher Richtung

western ['westən] A ADJ westlich; **Western Europe** Westeuropa n B S Western m **Western Isles** PL **the ~** die Hebriden pl **westernize** ['westənaɪz] VT (pej) verwestlichen **westernmost** ['westənməʊst] ADJ westlichste(r, s) **West Germany** S Westdeutschland n

West Indian A ADJ westindisch B S Westindier(in) m(f) **West Indies** PL Westindische Inseln pl **Westminster** ['west,mɪnstə'] S (a. **City of Westminster**) Westminster n, Londoner Stadtbezirk **Westphalia** [west'feɪlɪə] S Westfalen n **westward** ['westwəd], **westwardly** ['westwədlɪ] A ADJ Richtung westlich B ADV (a. **westwards**) westwärts

wet [wet] A ADJ v: prät, pperf **wet** od **wetted** (+er) 1 nass; Klima feucht; **to be ~** (Farbe) feucht sein; **to be ~ through** völlig durchnässt sein; "**wet paint**" (bes Br) „Vorsicht, frisch gestrichen"; **to be ~ behind the ears** (umg) noch feucht od noch nicht trocken hinter den Ohren sein (umg); **yesterday was ~** gestern war es regnerisch 2 (Br umg) weichlich B S 1 Feuchtigkeit f 2 (≈ Regen) Nässe f C VT nass machen; Lippen befeuchten; **to ~ the bed/oneself** das Bett/sich nass machen; **I nearly ~ myself** (umg) ich habe mir fast in die Hose gemacht (umg) **wet blanket** S (umg) Miesmacher(in) m(f) (umg) **wet dream** S (umg) feuchter Traum **wetness** ['wetnɪs] S Nässe f **wet nurse** S Amme f **wet suit** S Neoprenanzug m, Taucheranzug m

we've [wiːv] = **we have**

whack [wæk] A S (umg) (knallender) Schlag; **to give sth a ~** auf etw (akk) schlagen B VT (umg) hauen (umg) **whacked** [wækt] ADJ (Br umg ≈ erschöpft) kaputt (umg) **whacking** ['wækɪŋ] ADJ (Br umg) Mords- (umg); **~ great** riesengroß

whacky ['wækɪ] ADJ (+er) (umg) = **wacky**

whale [weɪl] S 1 Wal m 2 (umg) **to have a ~ of a time** sich prima amüsieren **whaling** ['weɪlɪŋ] S Walfang m

wharf [wɔːf] S, pl -s od **wharves** [wɔːvz] Kai m

what [wɒt] A PRON 1 was; **~ is this called?** wie heißt das?; **~'s the weather like?** wie ist das Wetter?; **you need (a) ~?** WAS brauchen Sie?; **~ is it now?** was ist denn?; **~'s that to you?** was geht dich das an?; **~ for?** wozu?; **~'s that tool for?** wofür ist das Werkzeug?; **~ did you do that for?** warum hast du denn das gemacht?; **~ about …?** wie wärs mit …?; **you know that restaurant?** — **~ about it?** kennst du das Restaurant? — was ist damit?; **~ of** od **about it?** na und? (umg); **~ if …?** was ist, wenn …?; **so ~?** (umg) ja und? (umg); **~ does it matter?** was macht das schon?; **you ~?** (umg) wie bitte?; **~-d'you-call-him/-it** (umg) wie heißt er/es gleich 2 (relativ) was; **that's exactly ~ I want** genau das möchte ich; **do you know ~ you are looking for?** weißt du, wonach du suchst?; **he didn't know ~ he was objecting to** er wusste nicht, was er ablehnte; **~ I'd like is a cup of tea** was ich jetzt gerne hätte, (das) wäre ein Tee; **~ with one thing and the other** wie das so ist; **and ~'s more** und außerdem; **he knows ~'s ~** (umg) der weiß Bescheid (umg); **(I'll) tell you ~** (umg) weißt du was? B ADJ 1 welche(r, s), was für (ein/eine) (umg); **~ age is he?** wie alt ist er?; **~ good would that be?** (umg) wozu sollte das gut sein?; **~ sort of** was für ein/eine; **~ else** was noch; **~ more could a girl ask for?** was könnte sich ein Mädchen sonst noch wünschen; **~ little I had** das wenige, das ich hatte; **buy ~ food you like** kauf das Essen, das du willst 3 (in Interj) was für (ein/eine); **~ luck!** so ein Glück; **~ a fool I am!** ich Idiot! C INT was; **is he good-looking, or ~?** sieht der aber gut aus! (umg)

whatever [wɒtˈevəʳ] A PRON was (auch) (immer), egal was; **~ you like** was (immer) (du auch) möchtest; **shall we go? — ~ you say** gehen wir? — ganz wie du willst; **~ it's called** egal wie es heißt; **... or ~ they're called** ... oder wie sie sonst heißen; **~ does he want?** was will er wohl?; **~ do you mean?** was meinst du denn bloß? B ADJ 1 egal welche(r, s); **~ book you choose** welches Buch Sie auch wählen; **~ else you do** was immer du auch sonst machst 2 **it's of no use ~** es hat absolut keinen Zweck **what'll** [ˈwɒtl] = what will, what shall **what's** [wɒts] = what is, what has **whatsit** [ˈwɒtsɪt] s (umg) Dingsbums n (umg), Dingsda n (umg) **whatsoever** [ˌwɒtsəʊˈevəʳ] PRON, ADJ = whatever **what've** [ˈwɒtəv] = what have

wheat [wiːt] s Weizen m **wheat germ** s Weizenkeim m

wheedle [ˈwiːdl] vt **to ~ sth out of sb** jdm etw abschmeicheln

wheel [wiːl] A s Rad n; (zur Steuerung) Lenkrad n; **at the ~** am Steuer B vt schieben; Rollstuhl fahren C vi drehen; (Vögel) kreisen ♦**wheel (a)round** vi sich (rasch) umdrehen

wheelbarrow s Schubkarre f **wheelchair** s Rollstuhl m **wheel clamp** s (Br) (Park)kralle f (⚠ = (US) **Denver boot**) **-wheeled** ADJ suf -räd(e)rig **wheelie bin** [ˈwiːlɪˌbɪn] s (Br umg) Mülltonne f auf Rollen **wheeling and dealing** [ˈwiːlɪŋənˈdiːlɪŋ] s Geschäftemacherei f **wheels** PL (umg) fahrbarer Untersatz (umg), Wagen m

wheeze [wiːz] vi pfeifend atmen; (Asthmatiker) keuchen **wheezy** [ˈwiːzɪ] ADJ (+er) alter Mann mit pfeifendem Atem; Husten keuchend

when [wen] A ADV 1 wann 2 (relativ) **on the day ~** an dem Tag, an B KONJ 1 wenn, als; **you can go ~ I have finished** du kannst gehen, sobald od wenn ich fertig bin 2 (+Gerundium) beim; (≈ relativ) wobei 3 wo ... doch

whenever [wenˈevəʳ] ADV 1 jedes Mal wenn 2 wann (auch) immer, sobald; **~ you like!** wann du willst! **when'll** [ˈwenl] = when will, when shall **when's** [wenz] = when has, when is **when've** [ˈwenəv] = when have

where [weəʳ] ADV, KONJ wo; **~ are you going (to)?** wohin gehst du?; **~ are you from?** woher kommen Sie?; **the bag is ~ you left it** die Tasche ist da, wo du sie liegen gelassen hast; **that's ~ I used to live** da habe ich (früher) gewohnt; **this is ~ we got to** bis hierhin sind wir gekommen **whereabouts** [ˌweərəˈbaʊts] A ADV wo B [ˈweərəbaʊts] s (⚠ mit Verb im Singular oder Plural) Verbleib m **whereas** [weərˈæz] KONJ während, wohingegen **whereby** [weəˈbaɪ] ADV wonach, wodurch **where'd** [weəd] = where did, where had, where would **where'll** [weəl] = where will, where shall **where's** [weəz] = where is **where've** [weərəv] = where have

wherever [weərˈevəʳ] A KONJ 1 wo (auch) immer 2 wohin; **~ that is** od **may be** wo auch immer das sein mag 3 überall wo B ADV wo nur; **~ did you get that hat?** wo haben Sie nur diesen Hut her?

whet [wet] vt Appetit anregen

whether [ˈweðəʳ] KONJ ob; (≈ egal) ganz gleich, ob

which [wɪtʃ] A ADJ welche(r, s); **~ one?** welche(r, s)?; **to tell ~ key is ~** die Schlüssel auseinanderhalten; **~ by ~ time I was asleep** ... und zu dieser Zeit schlief ich (bereits) B PRON 1 welche(r, s); **~ of the children** welches Kind; **~ is ~?** wer ist wer?, welche(r, s) ist welche(r, s)? 2 (relativ) (nach s) der/die/das, welche(r, s) (geh); (nach Teilsatz) was; **the bear ~ I saw** der Bär, den ich sah; **it rained, ~ upset their plans** es regnete, was ihre Pläne durcheinanderbrachte; **~ reminds me ...** dabei fällt mir ein, ...; **the shelf on ~ I put it** das Brett, auf das od worauf ich es gelegt habe **whichever** [wɪtʃˈevəʳ] A ADJ welche(r, s) auch immer, ganz egal welche(r, s) B PRON welche(r, s) auch immer; **~ (of you) has the money** wer immer (von euch) das Geld hat

whiff [wɪf] s Hauch m; (angenehm) Duft m; (fig) Spur f

while [waɪl] A s Weile f; **for a ~** eine Zeit lang; **a good** od **long ~** eine ganze Weile; **for quite a ~** recht lange; **a little** od **short ~** ein Weilchen (umg); **it'll be ready in a short ~** es wird bald fertig sein; **a little ~ ago** vor Kurzem; **a long ~ ago** vor einer ganzen Weile; **to be worth (one's) ~ to ...** sich (für jdn) lohnen, zu ... B KONJ während, solange; **she fell asleep ~**

reading sie schlief beim Lesen ein; **he became famous ~ still young** er wurde berühmt, als er noch jung war; **~ one must admit there are difficulties …** man muss zwar zugeben, dass es Schwierigkeiten gibt, trotzdem … ♦**while away** <u>V/T</u> *trennb Zeit* sich (*dat*) vertreiben

▶ **while**

While leitet einen Nebensatz ein, ist also <u>Konjunktion</u>. Für die zeitliche <u>Präposition</u> „während" vor einem Substantiv sagt man im Englischen **during** ['djʊərɪŋ], also „während der Ferien" **during the holidays.**

GRAMMATIK ◀

whilst [waɪlst] <u>KONJ</u> = while B

whim [wɪm] <u>S</u> Laune *f*; **on a ~** aus Jux und Tollerei (*umg*)

whimper ['wɪmpə'] <u>A</u> <u>S</u> (*von Hund*) Winseln *n kein pl*; (*von Mensch*) Wimmern *n kein pl* <u>B</u> <u>V/I</u> (*Hund*) winseln; (*Mensch*) wimmern

whimsical ['wɪmzɪkəl] <u>ADJ</u> wunderlich; *Geschichte* schnurrig

whine [waɪn] <u>A</u> <u>S</u> Heulen *n kein pl*; (*von Hund*) Jaulen *n kein pl* <u>B</u> <u>V/I</u> **1** heulen; (*Hund*) jaulen **2** jammern; (*Kind*) quengeln

whinge [wɪndʒ] (*Br umg*) <u>V/I</u> jammern, raunzen (*österr*)

whining ['waɪnɪŋ] <u>A</u> <u>S</u> (*von Hund*) Gejaule *n*, Gejammer *n* <u>B</u> <u>ADJ</u> **1** *Stimme* weinerlich **2** *Geräusch* wimmernd; *Hund* jaulend

whinny ['wɪnɪ] <u>A</u> <u>S</u> Wiehern *n kein pl* <u>B</u> <u>V/I</u> wiehern

whip [wɪp] <u>A</u> <u>S</u> **1** Peitsche *f* **2** Reitgerte *f* <u>B</u> <u>V/T</u> **1** auspeitschen; *Pferd* peitschen; GASTR schlagen; **to ~ sb/sth into shape** (*fig*) jdn/etw zurechtschleifen **2** (*fig*) **he ~ped his hand out of the way** er zog blitzschnell seine Hand weg <u>C</u> <u>V/I</u> (*Mensch*) schnell (mal) laufen ♦**whip off** <u>V/T</u> *trennb Kleider* herunterreißen; *Tischdecke* wegziehen ♦**whip out** <u>V/T</u> *trennb Kamera* zücken ♦**whip up** <u>V/T</u> *trennb* (*umg*) *Mahlzeit* hinzaubern; (*fig*) *Interesse* entfachen; *Unterstützung* finden

whiplash ['wɪplæʃ] <u>S</u> MED: *a.* **whiplash injury**) Peitschenschlagverletzung *f* **whipped cream** [wɪpt'kriːm] <u>S</u> Schlagsahne *f*, Schlagobers *m* (*österr*), (geschwungener) Nidel (*österr*)

whirl [wɜːl] <u>A</u> <u>S</u> Wirbeln *n kein pl*; **to give sth a ~** (*fig umg*) etw ausprobieren <u>B</u> <u>V/T</u> wirbeln; **to ~ sb/sth round** jdn/etw herumwirbeln <u>C</u> <u>V/I</u> wirbeln; **to ~ (a)round** herumwirbeln; (*Wasser*) strudeln; (*Mensch*) herumfahren; **my head is ~ing** mir schwirrt der Kopf **whirlpool** ['wɜːlpuːl] <u>S</u> Strudel *m*; (*in Schwimmbad*) Whirlpool *m* **whirlwind** ['wɜːlwɪnd] <u>S</u> Wirbelwind *m*; (*fig*)

Trubel *m*; **a ~ romance** eine stürmische Romanze

whirr [wɜːʳ] <u>A</u> <u>S</u> Schwirren *n*; (*von Maschine*) Surren *n*, Brummen *n* <u>B</u> <u>V/I</u> (*Flügel*) schwirren; (*Maschine*) surren, brummen

whisk [wɪsk] <u>A</u> <u>S</u> GASTR Schneebesen *m*; (*elektrisch*) Rührgerät *n* <u>B</u> <u>V/T</u> **1** GASTR schlagen; *Eier* verquirlen **2** **she ~ed it out of my hand** sie riss es mir aus der Hand ♦**whisk away** ♦**off** <u>V/T</u> *trennb* **he whisked her away to the Bahamas** er entführte sie auf die Bahamas

whisker ['wɪskə'] <u>S</u> Schnurrhaar *n*; (*von Mensch*) Barthaar *n*; **~s** Schnurrbart *m*, Schnauz *m* (*schweiz*); (*seitlich*) Backenbart *m*; **by a ~** um Haaresbreite

whisky, (*US, Ir*) **whiskey** ['wɪskɪ] <u>S</u> Whisky *m* (❗ Als Getränk hat **whisky** keinen Plural. **Whiskies** sagt man zu verschiedenen Sorten oder einzelnen Gläsern.); **two whiskies, please** zwei Whisky bitte

whisper ['wɪspə'] <u>A</u> <u>S</u> Geflüster *n kein pl*; **to talk in ~s** im Flüsterton sprechen <u>B</u> <u>V/T</u> flüstern; **to ~ sth to sb** jdm etw zuflüstern <u>C</u> <u>V/I</u> flüstern **whispering** ['wɪspərɪŋ] <u>S</u> Geflüster *n kein pl*

whist [wɪst] <u>S</u> Whist *n*

whistle ['wɪsl] <u>A</u> <u>S</u> **1** Pfiff *m*; (*von Wind*) Pfeifen *n* **2** Pfeife *f*; **to blow a ~** pfeifen <u>B</u> <u>V/T & V/I</u> pfeifen; **to ~ at sb** jdm nachpfeifen **whistle-stop** ['wɪsl,stɒp] <u>ATTR</u> **~ tour** POL Wahlreise *f*; (*fig*) *Reise mit Kurzaufenthalten an allen Orten*

white [waɪt] <u>A</u> <u>ADJ</u> (+*er*) weiß; **as ~ as a sheet** leichenblass <u>B</u> <u>S</u> Weiß *n*; (≈ *Mensch*) Weiße(r) *m/f(m)*; (*von Ei*) Eiweiß *n*; (*von Auge*) Weiße(s) *n* **whiteboard** <u>S</u> Weißwandtafel *f* **white coffee** <u>S</u> (*Br*) Kaffee *m* mit Milch **white-collar** <u>ADJ</u> **~ worker** Schreibtischarbeiter(in) *m(f)*; **~ job** Schreibtisch- od Büroposten *m* **white goods** <u>PL</u> HANDEL Haushaltsgeräte *pl* **white-haired** <u>ADJ</u> weißhaarig **Whitehall** <u>S</u> Whitehall *ohne art* **white-hot** <u>ADJ</u> weiß glühend **White House** <u>S</u> **the ~** das Weiße Haus **white lie** <u>S</u> Notlüge *f* **white meat** <u>S</u> helles Fleisch **whiten** ['waɪtn] <u>A</u> <u>V/T</u> weiß machen <u>B</u> <u>V/I</u> weiß werden **whiteness** ['waɪtnɪs] <u>S</u> Weiße *f*; (*von Haut*) Helligkeit *f* **White-Out®** <u>S</u> (*US*) Korrekturflüssigkeit *f* (❗ = (Br) **Tipp-Ex®**) **whiteout** <u>S</u> starkes Schneegestöber **white paper** <u>S</u> POL Weißbuch *n* (*on* od *zu*) **white sauce** <u>S</u> helle Soße **white spirit** <u>S</u> (*Br*) Terpentinersatz *m* **white stick** <u>S</u> Blindenstock *m* **white tie** <u>S</u> **a ~ occasion** eine Veranstaltung mit Frackzwang **white trash** <u>S</u> (*US pej umg*) weißes Pack (*pej umg*) **whitewash** <u>A</u> <u>S</u> Tünche *f*; (*fig*) Augenwischerei *f* <u>B</u> <u>V/T</u> tünchen; (*fig*) schönfärben **white-water rafting** <u>S</u> Rafting *n* **white wedding** <u>S</u> Hochzeit *f* in

Weiß **white wine** 5 Weißwein m **whitish** ['waɪtɪʃ] ADJ weißlich

Whit Monday [ˌwɪtˈmʌndɪ] 5 (Br) Pfingstmontag m (⚠ = (US) **Pentecost Monday**) **Whitsun** ['wɪtsən] (Br) 5 Pfingsten n (⚠ = (US) **Pentecost**) **Whit Sunday** [ˌwɪtˈsʌndɪ] 5 (Br) Pfingstsonntag m (⚠ = (US) **Pentecost**) **Whitsuntide** ['wɪtsəntaɪd] 5 (Br) Pfingstzeit f (⚠ = (US) **time before Pentecost**)

whittle ['wɪtl] VT schnitzen ◆**whittle away** VT trennb allmählich abbauen; *Rechte* nach und nach beschneiden ◆**whittle down** VT trennb reduzieren (*to* auf +akk)

whiz(z) [wɪz] A 5 (umg) Kanone f (umg); **a computer ~** ein Computergenie n (umg) B VI (*Pfeil*) schwirren ◆**whiz(z) by** od **past** VI vorbeizischen ◆**whiz(z) kid** 5 (umg) Senkrechtstarter(in) m(f)

who [huː] PRON wer; (*akk*) wen; (*dat*) wem; **~ do you think you are?** für wen hältst du dich eigentlich?; **~ did you stay with?** bei wem haben Sie gewohnt? 2 (*relativ*) der/die/das, welche(r, s); **any man ~** ... jeder (Mensch), der ... **who'd** [huːd] = who had, who would

whodun(n)it [huːˈdʌnɪt] 5 (umg) Krimi m (umg)

whoever [huːˈevəʳ] PRON wer (auch immer); (*akk*) wen (auch immer); (*dat*) wem (auch immer); (*~ egal*) ganz gleich wer/wen/wem

whole [həʊl] A ADJ ganz; *Wahrheit* voll; **the ~ lot** das Ganze; (*auf Menschen bezogen*) alle; **a ~ lot better** (umg) ein ganzes Stück besser (umg); **the ~ thing** das Ganze; **the figures don't tell the ~ story** die Zahlen sagen nicht alles B 5 Ganze(s) n; **the ~ of the month** der ganze od gesamte Monat; **the ~ of the time** die ganze Zeit; **the ~ of London** ganz London; **as a ~** als Ganzes; **on the ~** im Großen und Ganzen **wholefood** ADJ attr Vollwert(kost)-; **~ shop** Bioladen m **wholegrain** ADJ (US) Vollkorn- (⚠ = (Br) **wholemeal**) **wholehearted** ADJ uneingeschränkt **wholeheartedly** ADV voll und ganz **wholemeal** (Br) ADJ Vollkorn- (⚠ = (US) **wholegrain**) **whole note** 5 (US) ganze Note (⚠ = (Br) **semibreve**) **wholesale** ['həʊlseɪl] A 5 Großhandel m B ADJ attr 1 HANDEL Großhandels- 2 (fig) umfassend C ADV 1 im Großhandel 2 (fig) massenhaft **wholesaler** ['həʊlseɪləʳ] 5 Großhändler(in) m(f) **wholesale trade** 5 Großhandel m **wholesome** ['həʊlsəm] ADJ 1 gesund 2 *Zeitvertreib* erbaulich **whole-wheat** ['həʊlwiːt] 5 Voll(korn)weizen m

who'll [huːl] = who will, who shall

wholly ['həʊlɪ] ADV völlig

whom [huːm] PRON 1 (*akk*) wen; (*dat*) wem 2 (*relativ*) (*akk*) den/die/das; (*dat*) dem/der/dem; ...,

all of ~ were drunk ..., die alle betrunken waren; **none/all of ~** von denen keine(r, s)/alle

whoop [huːp] VI jauchzen **whooping cough** ['huːpɪŋˌkɒf] 5 Keuchhusten m

whoops [wuːps] INT ups, hoppla

whoosh [wuːʃ] A 5 (*von Wasser*) Rauschen n; (*von Luft*) Zischen n B VI rauschen; (*Luft*) zischen

whopper ['wɒpəʳ] 5 (umg) 1 Mordsding n (umg) 2 faustdicke Lüge (umg) **whopping** ['wɒpɪŋ] ADJ (umg) Riesen-

whore [hɔːʳ] 5 Hure f

whorl [wɜːl] 5 Kringel m; (*von Muschel*) (Spiral)windung f

who's [huːz] = who has, who is

whose [huːz] POSS PR 1 wessen; **~ is this?** wem gehört das?; **~ car did you go in?** bei wem sind Sie gefahren? 2 (*relativ*) dessen, deren

why [waɪ] A ADV warum, weshalb; (*Zweck erfragend*) wozu, wieso; **~ not ask him?** warum fragst du/fragen wir *etc* ihn nicht?; **~ wait?** warum od wozu (noch) warten?; **~ do it this way?** warum denn so?; **that's ~** darum B INT **~, of course, that's right!** ja doch, das stimmt so!; **~, if it isn't Charles!** na so was, das ist doch (der) Charles! **why'd** [waɪd] = why did, why had, why would **why's** [waɪz] = why is, why has **why've** [waɪv] = why have

wick [wɪk] 5 Docht m

wicked ['wɪkɪd] ADJ 1 böse, schlecht; *Satire* boshaft; *Lächeln* frech; **that was a ~ thing to do** das war aber gemein (von dir/ihm *etc*); **it's ~ to tell lies** Lügen ist hässlich 2 (sl *= toll*) geil (sl) **wickedly** ['wɪkɪdlɪ] ADV blicken, grinsen frech **wickedness** ['wɪkɪdnɪs] 5 1 Schlechtigkeit f, Verderbtheit f 2 Boshaftigkeit f

wicker ['wɪkəʳ] ADJ attr Korb- **wicker basket** 5 (Weiden)korb m **wickerwork** A 5 Korbwaren pl B ADJ Korb-

wide [waɪd] A ADJ (+er) 1 breit; *Rock* weit; *Augen, Auswahl* groß; *Erfahrung, Auswahl* reich; **it is three feet ~** es ist drei Fuß breit; **the big ~ world** die (große) weite Welt 2 **it was ~ of the target** es ging daneben B ADV 1 weit; **~ apart** weit auseinander; **open ~!** bitte weit öffnen; **the law is ~ open to abuse** das Gesetz öffnet dem Missbrauch Tür und Tor 2 **to go ~ of sth** an etw (*dat*) vorbeigehen **-wide** [-waɪd] ADJ suf in dem/der gesamten; **Europe-wide** europaweit **wide-angle (lens)** 5 FOTO Weitwinkel(objektiv n) m **wide area network** 5 IT Weitverkehrsnetz n **wide-awake** ADJ attr, **wide awake** ADJ präd hellwach **wide-eyed** ADJ mit großen Augen **widely** ['waɪdlɪ] ADV weit; (*≈ verbreitet*) allgemein; *variieren* stark; *verschieden* völlig; *erhältlich* fast überall; **his remarks were ~ publicized** seine Bemerkungen fanden weite Verbreitung; **a ~ read student** ein sehr belesener Student

widen ['waɪdn] **A** _vt_ _Straße_ verbreitern; _Wissen, Umfang_ erweitern; _Reiz_ erhöhen **B** _vi_ breiter werden; _(Interessen)_ sich ausweiten ♦**widen out** _vi_ sich erweitern _(into_ zu)

wideness ['waɪdnɪs] _s_ Breite f **wide-open** _adj attr_, **wide open** _adj präd_ **1** _Fenster_ weit offen; _Augen_ weit aufgerissen **2** _Wettbewerb_ völlig offen **wide-ranging**, **wide-reaching** _adj_ weitreichend **wide-screen** _adj_ FILM Breitwand-; **~ television set**, **~ TV** Breitbildfernseher m **widespread** _adj_ weitverbreitet _attr_; **to become ~** weite Verbreitung erlangen

widow ['wɪdəʊ] **A** _s_ Witwe f **B** _vt_ zur Witwe/zum Witwer machen; **she was twice ~ed** sie ist zweimal verwitwet **widowed** ['wɪdəʊd] _adj_ verwitwet **widower** ['wɪdəʊə^r] _s_ Witwer m

width [wɪdθ] _s_ Breite f; _(von Rock)_ Weite f; **six feet in ~** sechs Fuß breit; **what is the ~ of the material?** wie breit liegt dieser Stoff? **widthways** ['wɪdθweɪz] _adv_ der Breite nach **wield** [wiːld] _vt_ _Schwert, Feder_ führen; _Axt_ schwingen; _Macht_ ausüben

wife [waɪf] _s_, _pl_ **wives** (Ehe)frau f

wi-fi ['waɪfaɪ] _s abk_ von **wireless fidelity** Wi-Fi n **wi-fi hotspot** _s_ (Wi-Fi-)Hotspot m

wig [wɪg] _s_ Perücke f

wiggle ['wɪgl] **A** _vt_ wackeln mit **B** _vi_ wackeln **wiggly** ['wɪglɪ] _adj_ wackelnd; **~ line** Schlangenlinie f, Wellenlinie f

wigwam ['wɪgwæm] _s_ Wigwam m

wild [waɪld] **A** _adj_ (+er) **1** wild; _Menschen_ unzivilisiert; _Blumen_ wild wachsend; **~ animals** Tiere _pl_ in freier Wildbahn; **a lion is a ~ animal** der Löwe lebt in freier Wildbahn **2** _(= erregt)_ wild _(with_ vor +_dat_); _Verlangen_ stürmisch **3** _(= erregt)_ wild _(with_ vor +_dat_); _Verlangen_ stürmisch; **to be ~ about sb/sth** _(umg)_ auf jdn/etw wild sein _(umg)_ **4** _(umg)_ wütend _(with, at_ mit, auf +_akk_); **it drives me ~** das macht mich ganz wild _od_ rasend **5** _Übertreibung_ maßlos; _Fantasie_ kühn; **never in my ~est dreams** auch in meinen kühnsten Träumen nicht **6** _(= daneben)_ Fehl-; **~ throw** Fehlwurf m; **it was just a ~ guess** es war nur so (wild) drauflosgeraten **B** _adv_ wild; **to let one's imagination run ~** seiner Fantasie _(dat)_ freien Lauf lassen; **he lets his kids run ~** _(pej)_ er lässt seine Kinder auf der Straße aufwachsen **C** _s_ **in the ~** in freier Wildbahn; **the ~s** die Wildnis **wildcat strike** _s_ wilder Streik **wilderness** ['wɪldənɪs] _s_ Wildnis f; _(fig)_ Wüste f **wildfire** _s_ **to spread like ~** sich wie ein Lauffeuer ausbreiten **wildfowl** _s_ (❗ kein _pl_) Wildgeflügel n **wild-goose chase** _s_ fruchtloses Unterfangen

wildlife _s_ die Tierwelt; **~ sanctuary** Wildschutzgebiet n **wildly** ['waɪldlɪ] _adv_ wild; _reden_ aufgeregt; _übertrieben_ maßlos **wildness** ['waɪldnɪs] _s_ Wildheit f

wile [waɪl] _s_ _meist pl_ List f

wilful, _(US)_ **willful** ['wɪlfʊl] _adj_ **1** eigensinnig **2** _Schaden_ mutwillig

will¹ [wɪl] _prät_ **would** **A** _v/aux_ **1** _(zur Bildung des Futurs)_ werden; **I'm sure that he ~ come** ich bin sicher, dass er kommt; **you ~ come to see us, won't you?** Sie kommen uns doch besuchen, ja?; **you won't lose it, ~ you?** du wirst es doch nicht verlieren, oder? **2** _(emph)_ **~ you be quiet!** willst du jetzt wohl ruhig sein!; **he says he ~ go and I say he won't** er sagt, er geht, und ich sage, er geht nicht; **he ~ interrupt all the time** er muss ständig dazwischenreden **3** _(Wunsch ausdrückend)_ wollen; **he won't sign** er unterschreibt nicht; **he wouldn't help me** er wollte mir nicht helfen; **wait a moment, ~ you?** jetzt warte doch mal einen Moment!; **the door won't open** die Tür lässt sich nicht öffnen _od_ geht nicht auf _(umg)_ **4** _(in Fragen)_ **~ you have some more tea?** möchten Sie noch Tee?; **~ you accept these conditions?** akzeptieren Sie diese Bedingungen?; **there isn't any tea, ~ coffee do?** es ist kein Tee da, darf es auch Kaffee sein? **5** _(Tendenz)_ **sometimes he ~ go to the pub** manchmal geht er auch in die Kneipe **B** _v/i_ wollen; **as you ~!** wie du willst!

will² **A** _s_ **1** Wille m; **to have a ~ of one's own** einen eigenen Willen haben; _(hum)_ so seine Mucken haben _(umg)_; **against one's ~** gegen seinen Willen; **at ~** nach Lust und Laune; **of one's own free ~** aus freien Stücken; **with the best ~ in the world** beim _od_ mit (dem) (aller)besten Willen **2** Testament n **B** _vt_ _(durch Willenskraft)_ erzwingen; **to ~ sb to do sth** jdn durch die eigene Willensanstrengung dazu bringen, dass er etw tut **willful** _(US)_ = **wilful**

willie ['wɪlɪ] _s_ _(Br umg)_ Pimmel m _(umg)_

willies ['wɪlɪz] _pl_ _(umg)_ **it/he gives me the ~** da/bei dem wird mir ganz anders _(umg)_

willing ['wɪlɪŋ] _adj_ **1** **to be ~ to do sth** bereit sein, etw zu tun; **he was ~ for me to take it** es war ihm recht, dass ich es nahm **2** _Helfer_ bereitwillig

willingly ['wɪlɪŋlɪ] _adv_ bereitwillig **willingness** ['wɪlɪŋnɪs] _s_ Bereitschaft f

willow ['wɪləʊ] _s_ _(a._ **willow tree**_)_ Weide f **willowy** ['wɪləʊɪ] _adj_ gertenschlank

willpower ['wɪl͵paʊə^r] _s_ Willenskraft f

willy ['wɪlɪ] _s_ _(Br umg)_ = **willie**

willy-nilly ['wɪlɪ'nɪlɪ] _adv_ **1** _wählen_ aufs Geratewohl **2** wohl oder übel

wilt [wɪlt] _vi_ **1** _(Blumen)_ welken **2** _(Mensch)_ matt

werden
wily ['waɪlɪ] ADJ (+er) listig, hinterlistig (pej)
wimp [wɪmp] S (umg) Waschlappen m (umg)
win [wɪn] v: prät, pperf **won** A S 1 Sieg m B VT gewinnen; Vertrag bekommen; Sieg erringen C VI siegen; **OK, you ~, I was wrong** okay, du hast gewonnen, ich habe mich geirrt; **whatever I do, I just can't ~** egal, was ich mache, ich machs immer falsch ♦**win back** VT trennb zurückgewinnen ♦**win over** VT trennb für sich gewinnen ♦**win round** VT trennb (bes Br) = win over ♦**win through** VI sich durchsetzen
wince [wɪns] VI zusammenzucken
winch [wɪntʃ] A S Winde f B VT winschen
wind[1] [wɪnd] A S 1 Wind m; **the ~ is from the east** der Wind kommt aus dem Osten; **to put the ~ up sb** (Br umg) jdn ins Bockshorn jagen; **to get ~ of sth** von etw Wind bekommen; **to throw caution to the ~s** Bedenken in den Wind schlagen 2 Blähung f; **to break ~** einen Wind streichen lassen B VT (Br) **he was ~ed by the ball** der Ball nahm ihm den Atem
wind[2] [waɪnd] prät, pperf **wound** A VT 1 Verband wickeln; Turban etc winden; Band etc spulen 2 kurbeln; Uhr, Spielzeug aufziehen 3 **to ~ one's way** sich schlängeln B VI (Fluss) sich winden ♦**wind around** A VT trennb +obj wickeln um; **wind it twice around the post** wickele es zweimal um den Pfosten; **to wind itself around sth** sich um etw schlingen B VI (Straße) sich winden C VI +obj (Straße) sich schlängeln durch ♦**wind back** VT trennb Band zurückspulen ♦**wind down** A VT trennb 1 Fenster herunterkurbeln 2 Aktionen reduzieren B VI (umg) entspannen ♦**wind forward** od **on** VT trennb Film weiterspulen ♦**wind round** VT & VI trennb (bes Br) = wind around ♦**wind up** A VT trennb 1 Fenster hinaufkurbeln 2 Mechanismus (Br fig umg) jdn aufziehen; **to be wound up about sth** (fig) über etw (akk) erregt sein 3 zu Ende bringen B VI (umg) enden; **to ~ in hospital** im Krankenhaus landen; **to ~ doing sth** am Ende etw tun
windbreak ['wɪnd] S Windschutz m **Windbreaker**® (US), **windcheater** (Br) S Windjacke f **wind-chill factor** S Wind-Kälte-Faktor m **winded** ['wɪndɪd] ADJ atemlos, außer Atem **wind energy** S Windenergie f **windfall** ['wɪndfɔːl] S Fallobst n; (fig) unerwartetes Geschenk **wind farm** ['wɪndfɑːm] S Windfarm f
winding ['waɪndɪŋ] ADJ gewunden **winding staircase** S Wendeltreppe f **winding-up** S (von Projekt) Abschluss m; (von Firma etc) Auflösung f

wind instrument ['wɪnd] S Blasinstrument n **windmill** S Windmühle f
window ['wɪndəʊ] S Fenster n a. IT; (≈ von Laden) (Schau)fenster n **window box** S Blumenkasten m **windowcleaner** S Fensterputzer(in) m(f) **window display** S (Schaufenster)auslage f **window-dressing** S Auslagen- od Schaufensterdekoration f; (fig) Mache f, Schau f (umg); **that's just ~** das ist alles nur Mache **window ledge** S = windowsill **windowpane** S Fensterscheibe f **window seat** S (im Flugzeug etc) Fensterplatz m; (im Haus) Fensterbank f **window-shopping** S **to go ~** einen Schaufensterbummel machen **windowsill** S Fensterbank f
windpipe ['wɪnd] S Luftröhre f **wind power** S Windkraft f **windscreen**, (US) **windshield** S Windschutzscheibe f **windscreen washer**, (US) **windshield washer** S Scheibenwaschanlage f **windscreen wiper**, (US) **windshield wiper** S Scheibenwischer m **windsurf** VI windsurfen **windsurfer** S 1 Windsurfer(in) m(f) 2 Windsurfbrett n **windsurfing** S Windsurfen n **windswept** ADJ Strand über den/die/das der Wind fegt; Mensch (vom Wind) zerzaust **wind tunnel** S Windkanal m **wind turbine** S Windturbine f

windsurfer — (Wind)surfer

windsurfer — (Wind)surfbrett

wind-up ['waɪndʌp] S (Br umg) Witz m
windy ['wɪndɪ] ADJ (+er) windig
wine [waɪn] A S Wein m (⚠ Als Getränk hat **wine** keinen Plural. **Wines** sagt man zu verschiedenen Sorten oder einzelnen Gläsern.); **cheese and ~ party** Party, bei der Wein und

WINE | 734

Käse gereicht wird; **he has excellent ~s in his cellar** er hat ausgezeichnete Weine im Keller **B** ADJ *(Farbe)* burgunderrot **wine bar** S̅ Weinlokal n **wine bottle** S̅ Weinflasche f **wine cellar** S̅ Weinkeller m **wineglass** S̅ Weinglas n **wine growing** ADJ Wein(an)bau-; **~ region** Wein(an)baugebiet n **wine list** S̅ Weinkarte f **winery** ['waɪnərɪ] S̅ Weingut n **wine tasting** S̅ Weinprobe f

wing [wɪŋ] **A** S̅ **1** Flügel m; *(Br* AUTO*)* Kotflügel m (**!** = (US) **fender**); **to take sb under one's ~** *(fig)* jdn unter seine Fittiche nehmen; **to spread one's ~s** *(fig)* flügge werden; **to play on the (left/right) ~** SPORT auf dem (linken/rechten) Flügel spielen **2 wings** PL THEAT Kulisse f; **to wait in the ~s** in den Kulissen warten **B** V̅T **to ~ one's way** fliegen **C** V̅I fliegen **winger** ['wɪŋə^r] S̅ SPORT Flügelspieler(in) m(f) **wing nut** S̅ Flügelmutter f **wingspan** S̅ Flügelspannweite f

wink [wɪŋk] **A** S̅ Zwinkern n; **I didn't sleep a ~** *(umg)* ich habe kein Auge zugetan **B** V̅T zwinkern mit (+dat) **C** V̅I zwinkern; **to ~ at sb** jdm zuzwinkern **winker** S̅ *(Br umg)* Blinker m (**!** = (US) **blinker**)

winkle ['wɪŋkl] S̅ *(Br)* Strandschnecke f

winner ['wɪnə^r] S̅ Sieger(in) m(f), Gewinner(in) m(f); **to be onto a ~** *(umg)* das große Los gezogen haben *(umg)* **winning** ['wɪnɪŋ] **A** ADJ **1** *Teilnehmer etc* der/die gewinnt; *Mannschaft* siegreich; *Tor* Sieges- **2** *Lächeln* gewinnend **B** S̅ **winnings** PL Gewinn m **winning post** S̅ Zielpfosten m

wino ['waɪnəʊ] S̅, pl **-s** Saufbruder m *(umg)*

winter ['wɪntə^r] **A** S̅ Winter m **B** ADJ attr Winter- **Winter Olympics** PL Winterolympiade f **winter sports** PL Wintersport m **wintertime** S̅ Winter m **winter time** S̅ Winterzeit f (**!** = (US) **standard time**) **wintery** ['wɪntərɪ], **wintry** ['wɪntrɪ] ADJ winterlich

wipe [waɪp] **A** S̅ Wischen n; **to give sth a ~** etw abwischen **B** V̅T wischen; *Fußboden* aufwischen; *Hände* abwischen; **to ~ sb/sth dry** jdn/etw abtrocknen; **to ~ sb/sth clean** jdn/etw sauber wischen; **to ~ one's eyes** sich (dat) die Augen wischen; **to ~ one's nose** sich (dat) die Nase putzen; **to ~ one's feet** sich (dat) die Füße abtreten; **to ~ the floor with sb** *(fig umg)* jdn fertigmachen *(umg)* ♦**wipe away** V̅T trennb wegwischen ♦**wipe off** V̅T trennb abwischen; **wipe that smile off your face** *(umg)* hör auf zu grinsen *(umg)*; **to be wiped off the map** od **the face of the earth** von der Landkarte od Erdoberfläche getilgt werden ♦**wipe out** V̅T trennb **1** *Schüssel* auswischen **2** *Geschriebenes* (aus)löschen **3** *Krankheit, Volk* ausrotten; *feindliche Truppen* auf-

reiben ♦**wipe up** **A** V̅T trennb *Flüssigkeit* aufwischen; *Geschirr* abtrocknen **B** V̅I abtrocknen

wiper ['waɪpə^r] S̅ AUTO (Scheiben)wischer m

wire [waɪə^r] **A** S̅ **1** Draht m, Leitung f; (≈ *isoliert*) Schnur f; *(umg)* Sie verwechseln da etwas **2** TEL Telegramm n **3** (≈ *Mikrofon*) Wanze f *(umg)* **B** V̅T **1** *Stecker* anschließen; *Wohnung* die (elektrischen) Leitungen verlegen in (+dat) **2** TEL telegrafieren **3** mit Draht zusammenbinden ♦**wire up** V̅T trennb anschließen

wireless ['waɪəlɪs] **A** S̅ *(bes Br obs)* Radio n **B** ADJ *Programm* Radio-; *Technologie* drahtlos; **~ phone** drahtloses Telefon **Wireless Application Protocol** S̅ IT WAP-Protokoll n **wireless network** S̅ IT drahtloses Netzwerk **wire netting** S̅ Maschendraht m **wiretap** V̅T *Gespräch* abhören; *Gebäude* abhören in (+dat) **wiring** ['waɪərɪŋ] S̅ elektrische Leitungen pl **wiry** ['waɪərɪ] ADJ (+er) drahtig

wisdom ['wɪzdəm] S̅ Weisheit f **wisdom tooth** S̅ Weisheitszahn m

wise [waɪz] ADJ (+er) weise, klug; **the Three Wise Men** die drei Weisen; **I'm none the ~r** *(umg)* ich bin nicht klüger als vorher; **nobody will be any the ~r** *(umg)* niemand wird das spitzkriegen *(umg)*; **you'd be ~ to ...** du tätest gut daran, ...; **to get ~ to sb/sth** *(umg)* jd/etw spitzkriegen *(umg)*; **to be ~ to sb/sth** *(umg)* jdn/etw kennen; **he fooled her twice, then she got ~ to him** zweimal hat er sie hereingelegt, dann ist sie ihm auf die Schliche gekommen **-wise** ADV suf -mäßig, in Bezug auf (+akk) **wisecrack** S̅ Stichelei f; **to make a ~ (about sb/sth)** witzeln (über jdn/etw) **wise guy** S̅ *(umg)* Klugscheißer m *(umg)* **wisely** ['waɪzlɪ] ADV weise, klugerweise

wish [wɪʃ] **A** S̅ Wunsch m (for nach); **I have no great ~ to see him** ich habe keine große Lust, ihn zu sehen; **to make a ~** sich (dat) etwas wün-

---

▶ **to wish mit past tense**

Nach **I wish** in der Bedeutung „ich wünschte" steht die jeweilige Vergangenheitsform, wobei **was** zu **were** wird:

I wish I were younger.	Ich wünschte, ich wäre jünger!
I wish you'd been there.	Ich wünschte, du wärest da gewesen.
I wish she'd just kept her mouth shut.	Ich wünschte, sie hätte einfach ihren Mund gehalten!

GRAMMATIK ◀

WOLF

schen; **with best ~es** alles Gute; **he sends his best ~es** er lässt (vielmals) grüßen B [VT] wünschen; **he ~es to be alone** er möchte allein sein; **how he ~ed that his wife was** od **were there** wie sehr er sich (dat) wünschte, dass seine Frau hier wäre; **~ you were here** ich wünschte, du wärst hier; **to ~ sb good luck** jdm viel Glück wünschen ◆**wish for** [VI] +obj **to ~ sth** sich (dat) etw wünschen ◆**wish on** od **upon** [VT] trennb +obj (umg) **to wish sb/sth on** od **upon sb** jdm jdn/etw aufhängen (umg)
wishful ['wɪʃfʊl] [ADJ] **that's just ~ thinking** das ist reines Wunschdenken
wishy-washy ['wɪʃɪˌwɒʃɪ] [ADJ] Mensch farblos; Farbe verwaschen; Argument schwach (umg)
wisp [wɪsp] [S] (von Stroh etc) kleines Büschel; (von Wolke) Fetzen m; (von Rauch) Wölkchen n **wispy** ['wɪspɪ] [ADJ] (+er) **~ clouds** Wolkenfetzen pl; **~ hair** dünne Haarbüschel
wistful ['wɪstfʊl] [ADJ], **wistfully** ['wɪstfəlɪ] [ADV] wehmütig
wit [wɪt] [S] [1] Verstand m; **to be at one's ~s' end** mit seinem Latein am Ende sein (hum umg); **to be scared out of one's ~s** zu Tode erschreckt sein; **to have one's ~s about one** eine (fünf) Sinne beisammenhaben [2] Geist m, Witz m [3] (≈ Mensch) geistreicher Kopf
witch [wɪtʃ] [S] Hexe f **witchcraft** [S] Hexerei f **witch doctor** [S] Medizinmann m **witch-hunt** ['wɪtʃhʌnt] [S] Hexenjagd f
with [wɪð, wɪθ] [PRÄP] [1] mit; **are you pleased ~ it?** bist du damit zufrieden?; **bring a book ~ you** bring ein Buch mit; **~ no ...** ohne ...; **to walk ~ a stick** am od mit einem Stock gehen; **put it ~ the rest** leg es zu den anderen; **how are things ~ you?** wie gehts?; **it varies ~ the temperature** es verändert sich je nach Temperatur; **is he ~ us or against us?** ist er für oder gegen uns? [2] bei; **I'll be ~ you in a moment** einen Augenblick bitte, ich bin gleich da; **10 years ~ the company** 10 Jahre bei od in der Firma [3] (Grund angebend) vor (+dat); **to shiver ~ cold** vor Kälte zittern [4] (≈ während) wo; **you can't go ~ your mother ill** wo deine Mutter krank ist, kannst du nicht gehen; **~ the window open** bei offenem Fenster [5] (umg) **I'm not ~ you** da komm ich nicht mit (umg); **to be ~ it** bei der Sache sein
withdraw [wɪθ'drɔː] prät withdrew, pperf withdrawn [A] [VT] zurückziehen; Geld abheben; Behauptung widerrufen [B] [VI] sich zurückziehen, zurücktreten **withdrawal** [wɪθ'drɔːəl] [S] Zurückziehen n; (von Geld) Abheben n; (von Behauptung) Zurücknehmen n; (von Truppen) Rückzug m; (von Drogen) Entzug m; **to make a ~ from a bank** von einer Bank Geld abheben **withdrawn**

[wɪθ'drɔːn] [A] pperf von withdraw [B] [ADJ] Mensch verschlossen **withdrew** [wɪθ'druː] prät von withdraw
wither ['wɪðə'] [VI] [1] (wörtl) verdorren; (Körperglied) verkümmern [2] (fig) welken ◆**wither away** [VI] = wither
withered ['wɪðəd] [ADJ] verdorrt **withering** ['wɪðərɪŋ] [ADJ] Hitze ausdörrend; Blick vernichtend
withhold [wɪθ'həʊld] prät, pperf withheld [wɪθ'held] [VT] vorenthalten, verweigern; **to ~ sth from sb** jdm etw vorenthalten/verweigern
within [wɪð'ɪn] [A] [PRÄP] innerhalb (+gen); **to be ~ 100 feet of the finish** auf den letzten 100 Fuß vor dem Ziel sein; **we came ~ 50 feet of the summit** wir kamen bis auf 50 Fuß an den Gipfel heran [B] [ADV] (obs, liter) innen; **from ~** von drinnen
without [wɪð'aʊt] [A] [PRÄP] ohne; **~ speaking** ohne zu sprechen, wortlos; **~ my noticing it** ohne dass ich es bemerkte [B] [ADV] (obs, liter) außen; **from ~** von draußen
withstand [wɪθ'stænd] prät, pperf withstood [wɪθ'stʊd] [VT] standhalten (+dat)
witless ['wɪtlɪs] [ADJ] **to be scared ~** zu Tode erschreckt sein
witness ['wɪtnɪs] [A] [S] [1] Zeuge m, Zeugin f; **~ for the defence** (Br) od **defense** (US) Zeuge m/Zeugin f der Verteidigung [2] Zeugnis n; **to bear ~ to sth** Zeugnis über etw (akk) ablegen [B] [VT] [1] Unfall etc Zeuge/Zeugin sein bei od +gen; Szenen (mit)erleben; Veränderungen erleben [2] Unterschrift bestätigen **witness box**, (US) **witness stand** [S] Zeugenstand m
witty ['wɪtɪ] [ADJ] (+er) witzig, geistreich
wives [waɪvz] pl von **wife**
wizard ['wɪzəd] [S] [1] Zauberer m (⚠ im Märchen) [2] (umg) Genie n [3] IT Assistent m (⚠ in einem Programm etc)
wizened ['wɪznd] [ADJ] verschrumpelt
wk abk von **week** Wo.
WMD abk von **weapons of mass destruction**
wobble ['wɒbl] [A] [S] Wackeln n [B] [VI] wackeln; (Radfahrer) schwanken; (Pudding) schwabbeln [C] [VT] rütteln an (+dat) **wobbly** ['wɒblɪ] [ADJ] (+er) wackelig; Pudding (sch)wabbelig; **to feel ~** wackelig auf den Beinen sein (umg)
woe [wəʊ] [S] [1] (liter, hum) Jammer m; **~ (is me)! weh mir!**; **~ betide him who ...!** wehe dem, der ...! [2] (bes pl) Kummer m **woeful** ['wəʊfʊl] [ADJ] traurig; Mangel bedauerlich
wok [wɒk] [S] GASTR Wok m
woke [wəʊk] prät von **wake woken** ['wəʊkn] pperf von **wake**
wolf [wʊlf] [A] [S], pl **wolves** Wolf m; **to cry ~** blinden Alarm schlagen [B] [VT] (umg: a. **wolf down**)

Essen hinunterschlingen **wolf whistle** (umg) ≤ bewundernder Pfiff **wolves** [wʊlvz] pl von **wolf**
woman ['wʊmən] A ≤, pl **women** ['wɪmɪn] Frau f; **cleaning ~** Putzfrau f B ADJ attr **~ doctor** Ärztin f; **~ driver** Frau f am Steuer **womanhood** ['wʊmənhʊd] ≤ **to reach ~** (zur) Frau werden **womanize** ['wʊmənaɪz] VI hinter den Frauen her sein **womanizer** ['wʊmənaɪzəʳ] ≤ Schürzenjäger m

▶ **woman**

Achten Sie auf die Bildung des Plurals bei Zusammensetzungen mit **woman**:

Singular	Plural
woman driver	wom**e**n driver**s**
woman priest	wom**e**n priest**s**

GRAMMATIK ◁

womb [wu:m] ≤ Gebärmutter f
women ['wɪmɪn] pl von **woman** **women's lib** ['wɪmɪnz] ≤ (umg) Frauen(rechts)bewegung f **women's refuge** ≤ Frauenhaus n **women's room** ≤ (US) Damentoilette f (❗ = (Br) Ladies)
won [wʌn] prät, pperf von **win**
wonder ['wʌndəʳ] A ≤ 1 Staunen n; **in ~** voller Staunen 2 Wunder n; **it is a ~ that ...** es ist ein Wunder, dass ...; **no ~ (he refused)!** kein Wunder(, dass er abgelehnt hat)!; **to do** od **work ~s** Wunder wirken; **~s will never cease!** es geschehen noch Zeichen und Wunder! B VT **I ~ what he'll do now** ich bin gespannt, was er jetzt tun wird (umg); **I ~ why he did it** ich wüsste zu gern, warum er das getan hat; **I was ~ing if you'd like to come too** möchten Sie nicht vielleicht auch kommen? C VI **sich fragen; why do you ask? — oh, I was just ~ing** warum fragst du? — ach, nur so; **to ~ about sth** sich (dat) über etw (akk) Gedanken machen; **I expect that will be the end of the matter — I ~!** ich denke, damit ist die Angelegenheit erledigt — da habe ich meine Zweifel; **to ~ about doing sth** daran denken, etw zu tun; **John, I've been ~ing, is there really any point?** John, ich frage mich, ob es wirklich (einen) Zweck hat 2 sich wundern; **I ~ (that) he ...** es wundert mich, dass er ... **wonderful** ADJ, **wonderfully** ADV ['wʌndəfəl, -lɪ] wunderbar
wonky ['wɒŋkɪ] ADJ (+er) (Br umg) Stuhl, Ehe, Grammatik wackelig; **Maschine** nicht (ganz) in Ordnung; **your collar's all ~** dein Kragen sitzt ganz schief
won't [wəʊnt] = **will not**

woo [wu:] VT jdn umwerben; (fig) Publikum für sich zu gewinnen versuchen
wood [wʊd] A ≤ 1 Holz n; **touch ~!** (bes Br), **knock on ~!** (bes US) dreimal auf Holz geklopft! 2 (a. **woods**) Wald m; **we're not out of the ~s yet** (fig) wir sind noch nicht über den Berg od aus dem Schneider (umg); **he can't see the ~ for the trees** (Br sprichw) er sieht den Wald vor (lauter) Bäumen nicht (sprichw) B ADJ attr Holz- **wood carving** ≤ (Holz)schnitzerei f **woodcutter** ≤ Holzfäller(in) m(f), Holzhacker(in) m(f) **wooded** ['wʊdɪd] ADJ bewaldet

wood — Holz

wood, woods — Wald

wooden ['wʊdn] ADJ 1 Holz- 2 (fig) hölzern **wooden spoon** ≤ (wörtl) Holzlöffel m; (fig) Trostpreis m **woodland** ≤ Waldland n **woodpecker** ≤ Specht m **woodpile** ≤ Holzhaufen m **woodwind** ≤ Holzblasinstrument n; **the ~ section** die Holzbläser pl **woodwork** ≤ 1 Holzarbeit f; (≈ Handwerk) Tischlerei f 2 Holzteile pl; **to come out of the ~** (fig) aus dem Unterholz od der Versenkung hervorkommen **woodworm** ≤ Holzwurm m **woody** ['wʊdɪ] ADJ (+er) holzig
woof [wʊf] A ≤ (≈ Hundelaut) Wuff n B VI **~, ~!** wau, wau!
wool [wʊl] A ≤ Wolle f, Wollstoff m; **to pull the ~ over sb's eyes** (umg) jdm Sand in die Augen streuen (umg) B ADJ Woll-
woollen, (US) **woolen** ['wʊlən] A ADJ Woll- B ≤ **woollens** PL Wollsachen pl, Wollwaren pl **woolly**, (US) **wooly** ['wʊlɪ] ADJ (+er) wollig; **winter woollies** (bes Br) dicke Wollsachen pl (umg); (bes US ≈ Unterwäsche) Wollene pl (umg)

woozy ['wuːzɪ] ADJ (+er) (umg) duselig (umg)
Worcester sauce ['wʊstəˈsɔːs] S Worcestersoße f
word [wɜːd] A S 1 Wort n; **foreign ~s** Fremdwörter pl; **~ for ~** Wort für Wort; **~s cannot describe it** so etwas kann man mit Worten gar nicht beschreiben; **too funny for ~s** unbeschreiblich komisch; **to put sth into ~s** etw in Worte fassen; **in a ~** kurz gesagt; **in other ~s** mit anderen Worten; **in one's own ~s** mit eigenen Worten; **the last ~** (fig) der letzte Schrei (in an +dat); **a ~ of advice** ein Rat(schlag) m; **by ~ of mouth** durch mündliche Überlieferung; **to say a few ~s** ein paar Worte sprechen; **to be lost for ~s** nicht wissen, was man sagen soll; **to take sb at his ~** jdn beim Wort nehmen; **to have a ~ with sb** mit jdm sprechen (about über +akk); (≈ ermahnend) jdn ins Gebet nehmen; **John, could I have a ~?** John, kann ich dich mal sprechen?; **you took the ~s out of my mouth** du hast mir das Wort aus dem Mund genommen; **to put in** od **say a (good) ~ for sb** für jdn ein gutes Wort einlegen; **don't say a ~ about it** sag aber bitte keinen Ton davon; **to have ~s with sb** mit jdm eine Auseinandersetzung haben; **~ of honour** (Br) od **honor** (US) Ehrenwort n; **a man of his ~** ein Mann, der zu seinem Wort steht; **to keep one's ~** sein Wort halten; **take my ~ for it** das kannst du mir glauben; **it's his ~ against mine** Aussage steht gegen Aussage; **just say the ~** sag nur ein Wort 2 **words** PL Text m 3 (❗ kein pl) Nachricht f; **is there any ~ from John yet?** schon von John gehört?; **to send ~** Nachricht geben; **to send ~ to sb** jdn benachrichtigen; **to spread the ~** (umg) es allen sagen (umg) B VT formulieren **word game** S Buchstabenspiel n **wording** ['wɜːdɪŋ] S Formulierung f **word order** S Satzfolge f **word-perfect** ADJ **to be ~** den Text perfekt beherrschen **wordplay** S Wortspiel n
word processing S Textverarbeitung f **word processor** S Text(verarbeitungs)system n **wordy** ['wɜːdɪ] ADJ (+er) wortreich
wore [wɔː] prät von **wear**
work [wɜːk] A S 1 Arbeit f; KUNST, LIT Werk n; **he doesn't like ~** er arbeitet nicht gern; **that's a good piece of ~** das ist gute Arbeit; **is this all your own ~?** haben Sie das alles selbst gemacht?; **when ~ begins on the new bridge** wenn die Arbeiten an der neuen Brücke anfangen; **to be at ~ (on sth)** (an etw dat) arbeiten; **nice ~!** gut gemacht!; **you need to do some more ~ on your accent** Sie müssen noch an Ihrem Akzent arbeiten; **to get to ~ on sth** sich an etw (akk) machen; **to get some** **~ done** arbeiten; **to put a lot of ~ into sth** eine Menge Arbeit in etw (akk) stecken; **to get on with one's ~** sich (wieder) an die Arbeit machen; **to be (out) at ~** arbeiten sein; **to go out to ~** arbeiten gehen; **to be out of ~** arbeitslos sein; **to be in ~** eine Stelle haben; **how long does it take you to get to ~?** wie lange brauchst du, um zu deiner Arbeitsstelle zu kommen?; **at ~** am Arbeitsplatz; **to be off ~** (am Arbeitsplatz) fehlen; **a ~ of art** ein Kunstwerk n; **a fine piece of ~** eine schöne Arbeit 2 **works** (❗ mit Verb im Singular oder Plural) (Br) Betrieb m; **steel ~s** Stahlwerk n 3 (umg) **the works** PL alles Drum und Dran B VI 1 arbeiten (at an +dat) 2 (Medizin, Zauber) wirken; (≈ erfolgreich sein) klappen (umg); **it won't ~** das klappt nicht; **to get sth ~ing** etw in Gang bringen 3 **to ~ loose** sich lockern; **OK, I'm ~ing (a)round to it** okay, das mache ich schon noch C VT 1 **to ~ sb hard** jdn nicht schonen 2 Maschine bedienen 3 **to ~ it** (umg) **so deichseln(, dass …)** (umg) 4 Land bearbeiten; **~ the flour in gradually** mischen Sie das Mehl allmählich unter 5 **to ~ sth loose** etw losbekommen; **to ~ one's way to the top** sich nach oben arbeiten; **to ~ one's way up from nothing** sich von ganz unten hocharbeiten ◆**work in** VT trennb einarbeiten ◆**work off** VT trennb Fett abarbeiten; Energie loswerden ◆**work on** VI +obj 1 arbeiten an (+dat); Fall bearbeiten; **we haven't solved it yet but we're still working on it** wir haben es noch nicht gelöst, aber wir sind dabei 2 Annahme ausgehen von; Prinzip ausgehen von, arbeiten nach ◆**work out** A VI 1 (Rätsel) aufgehen 2 **that works out at £105** das macht £ 105; **it works out more expensive** es kommt teurer 3 funktionieren; **things didn't ~ for him** es ist ihm alles schiefgegangen; **things didn't ~ that way** es kam ganz anders 4 (in Fitnessstudio) trainieren B VT trennb 1 Gleichung etc lösen; Problem fertig werden mit; Summe ausrechnen; **work it out for yourself** das kannst du dir (doch) selbst denken 2 Plan (sich dat) ausdenken 3 schlau werden aus (+dat), herausfinden; **I can't ~ why it went wrong** ich kann nicht verstehen, wieso es nicht geklappt hat ◆**work through** VI +obj sich (durch)arbeiten durch ◆**work up** VT trennb Interesse aufbringen; Appetit sich (dat) holen; Mut sich (dat) machen; **to ~ a sweat** richtig ins Schwitzen kommen; **to get worked up** sich aufregen ◆**work up to** VI +obj Entscheidung etc zusteuern auf (+akk)
workable ['wɜːkəbl] ADJ Plan durchführbar; Lösung machbar **workaholic** [ˌwɜːkəˈhɒlɪk] S (umg) Arbeitstier n **workbench** S Werkbank

WORK ‖ 738

f **workbook** ⬛ Arbeitsheft *n* **workday** ⬛ (*bes US*) Arbeitstag *m*

worker ['wɜːkə'] ⬛ Arbeiter(in) *m(f)* **work ethic** ⬛ Arbeitsmoral *f* **workforce** ⬛ Arbeitskräfte *pl* **workhorse** ⬛ (*wörtl, fig*) Arbeitspferd *n* **working** ['wɜːkɪŋ] 🅰 ADJ ❶ Bevölkerung, Frau berufstätig; ~ **man** Arbeiter *m* ❷ Arbeits-; ~ **hours** Arbeitszeit *f*; **in good** ~ **order** voll funktionsfähig; ~ **knowledge** Grundkenntnisse *pl* ❸ *Bauernhof* in Betrieb 🅱 ⬛ **workings** PL Arbeitsweise *f*; **in order to understand the ~s of this machine** um zu verstehen, wie die Maschine funktioniert **working class** ⬛ (*a.* **working classes**) Arbeiterklasse *f* **working-class** ADJ der Arbeiterklasse; **to be** ~ zur Arbeiterklasse gehören **working environment** ⬛ Arbeitsumfeld *n* **working lunch** ⬛ Arbeitsessen *n* **working party** ⬛ (Arbeits)ausschuss *m* **working relationship** ⬛ **to have a good** ~ **with sb** mit jdm gut zusammenarbeiten **workload** ⬛ Arbeit *f*, Arbeitslast *f* **workman** ⬛, *pl* -men Handwerker *m* **workmanship** ['wɜːkmənʃɪp] ⬛ Arbeit(squalität) *f* **work-out** ⬛ SPORT Training *n* **work permit** ⬛ Arbeitserlaubnis *f* **workplace** ⬛ Arbeitsplatz *m*; **in the** ~ am Arbeitsplatz **workroom** ⬛ Arbeitszimmer *n* **works** [wɜːks] ⬛ = work I 2, 3 **works council** ⬛ (*bes Br*) Betriebsrat *m* **worksheet** ⬛ Arbeitsblatt *n*

workshop ⬛ Werkstatt *f*; **a music** ~ ein Musik-Workshop *m* **work station** ⬛ Arbeitsplatz *m*; IT Arbeitsplatzstation *f* **work surface** ⬛ Arbeitsfläche *f* **worktop** ⬛ (*Br*) Arbeitsfläche *f*

world [wɜːld] ⬛ Welt *f*; **in the** ~ auf der Welt; **all over the** ~ auf der ganzen Welt; **he jets all over the** ~ er jettet in der Weltgeschichte herum; **to go (a)round the** ~ eine Weltreise machen; **to feel** *od* **be on top of the** ~ munter und fidel sein; **it's not the end of the ~!** (*umg*) davon geht die Welt nicht unter! (*umg*); **it's a small** ~ wie klein doch die Welt ist; **to live in a** ~ **of one's own** in seiner eigenen (kleinen) Welt leben; **the Third World** die Dritte Welt; **the business** ~ die Geschäftswelt; **woman of the** ~ Frau *f* von Welt; **to go down in the** ~ herunterkommen; **to go up in the** ~ es (in der Welt) zu etwas bringen; **he had the** ~ **at his feet** die ganze Welt lag ihm zu Füßen; **to lead the** ~ **in sth** in etw (*dat*) in der Welt führend sein; **to come into the** ~ zur Welt kommen; **to have the best of both ~s** das eine tun und das andere nicht lassen; **out of this** ~ (*umg*) fantastisch; **to bring sb into the** ~ jdn zur Welt bringen; **nothing in the** ~ nichts

auf der Welt; **who in the** ~ wer in aller Welt; **to do sb a** ~ **of good** jdm (unwahrscheinlich) guttun; **to mean the** ~ **to sb** jdm alles bedeuten; **to think the** ~ **of sb** große Stücke auf jdn halten **world champion** ⬛ Weltmeister(in) *m(f)* **world championship** ⬛ Weltmeisterschaft *f* **world-class** ADJ Weltklasse-, der Weltklasse **World Cup** ⬛ Fußballweltmeisterschaft *f* **world-famous** ADJ weltberühmt **world leader** ⬛ ❶ POL **the ~s** die führenden Regierungschefs der Welt ❷ HANDEL weltweiter Marktführer **worldly** ['wɜːldlɪ] ADJ (+er) ❶ Erfolg materiell ❷ weltlich; *Mensch* weltlich gesinnt; *Auftreten* weltmännisch **world music** ⬛ Weltmusik *f* **world peace** ⬛ Weltfrieden *m* **world power** ⬛ Weltmacht *f* **world record** ⬛ Weltrekord *m* **world record holder** ⬛ Weltrekordinhaber(in) *m(f)* **world trade** ⬛ Welthandel *m* **world-view** ⬛ Weltbild *n* **World War One, World War I** ⬛ Erster Weltkrieg **World War Two, World War II** ⬛ Zweiter Weltkrieg **world-weary** ADJ lebensmüde **worldwide** ADJ, ADV weltweit **World Wide Web** ⬛ World Wide Web *n*

worm [wɜːm] 🅰 ⬛ ❶ Wurm *m*; **~s** MED Würmer *pl*; **to open a can of ~s** in ein Wespennest stechen ❷ IT Wurm *m* 🅱 VT zwängen; **to** ~ **one's way through sth** sich durch etw (*akk*) durchschlängeln; **to** ~ **one's way into a group** sich in eine Gruppe einschleichen

worn [wɔːn] 🅰 *pperf von* wear 🅱 ADJ *Mantel* abgetragen; *Teppich* abgetreten; *Reifen* abgefahren **worn-out** ['wɔːn.aʊt] ADJ *attr*, **worn out** ADJ *präd Teppich* abgetreten; *Mensch* erschöpft

worried ['wʌrɪd] ADJ besorgt (*about, by* wegen) **worry** ['wʌrɪ] 🅰 ⬛ Sorge *f*; **no worries!** (*umg*) kein Problem! 🅱 VT ❶ Sorgen machen (+*dat*); **to** ~ **oneself sick** *od* **silly** (*about* *od* **over sth**) (*umg*) sich krank machen vor Sorge (um *od* wegen etw) (*umg*) ❷ stören; **to** ~ **sb with sth** jdn mit etw stören 🅲 VI sich (*dat*) Sorgen machen (*about, over* um, wegen); **don't** ~**!**, **not to** ~**!** keine Sorge!; **don't** ~, **I'll do it** lass mal, das mach ich schon; **don't** ~ **about letting me know** es macht nichts, wenn du mich nicht benachrichtigen kannst **worrying** ['wʌrɪŋ] ADJ beunruhigend; **it's very** ~ es macht mir große Sorge

worse [wɜːs] 🅰 ADJ *komp von* bad schlechter, schlimmer; **the patient is getting** ~ der Zustand des Patienten verschlechtert sich; **and to make matters** ~ und zu allem Übel; **it could have been** ~ es hätte schlimmer kommen können; ~ **luck!** (so ein) Pech! 🅱 ADV *komp von* badly schlechter; **to be** ~ **off than ...** schlechter dran sein als ... (*umg*) 🅲 ⬛ Schlech-

W

739 | WREN

tere(s) n, Schlimmere(s) n; **there is ~ to come** es kommt noch schlimmer **worsen** ['wɜːsn] **A** VT verschlechtern **B** VI sich verschlechtern **worship** ['wɜːʃɪp] **A** S **1** Verehrung f; **place of ~** Andachtsstätte f **2** (Br) **Your Worship** (an Richter) Euer Ehren/Gnaden; (an Stadtoberhaupt) (verehrter) Herr Bürgermeister **B** VT anbeten

worst [wɜːst] **A** ADJ sup von bad schlechteste(r, s), schlimmste(r, s); **the ~ possible time** die ungünstigste Zeit **B** ADV sup von badly am schlechtesten **C** S **the ~ is over** das Schlimmste ist vorbei; **at ~** schlimmstenfalls; **if the ~ comes to the ~, if ~ comes to ~** (US) wenn alle Stricke reißen (umg) **worst-case scenario** ['wɜːstkeɪsɪ'nɑːrɪəʊ] S, pl -s Schlimmstfall m

worth [wɜːθ] **A** ADJ wert; **it's ~ £5** es ist £ 5 wert; **it's not ~ £5** es ist keine £ 5 wert; **what's this ~?** was od wie viel ist das wert?; **it's ~ a great deal to me** es bedeutet mir sehr viel; **will you do this for me? — what's it ~ to you?** tust du das für mich? — was ist es dir wert?; **for all one is ~** so sehr man nur kann; **you need to exploit the idea for all it's ~** du musst aus der Idee machen, was du nur kannst; **for what it's ~, I personally don't think ...** wenn mich einer fragt, ich persönlich glaube nicht, dass ...; **to be ~ it** sich lohnen; **it's not ~ the trouble** es ist der Mühe nicht wert; **to be ~ a visit** einen Besuch wert sein; **is there anything ~ seeing?** gibt es etwas Sehenswertes?; **hardly ~ mentioning** kaum der Rede wert **B** S Wert m; **hundreds of pounds' ~ of books** Bücher im Werte von hunderten von Pfund **worthless** ['wɜːθlɪs] ADJ wertlos **worthwhile** ['wɜːθ'waɪl] ADJ lohnend attr; **to be ~** sich lohnen **worthy** ['wɜːðɪ] ADJ (+er) **1** ehrenwert; Gegner würdig; Sache löblich **2** präd **to be ~ of sb/sth** jds/einer Sache würdig sein (geh)

would [wʊd] prät von will¹ V/AUX **1** (konditional) **if you asked him he ~ do it** wenn du ihn fragtest, würde er tun; **if you had asked him he ~ have done it** wenn du ihn gefragt hättest, hätte er es getan; **you ~ think ...** man sollte meinen ... **2** (emph) **I ~n't know** keine Ahnung; **you ~!** das sieht dir ähnlich!; **you ~ say that, ~n't you!** von dir kann man ja nichts anderes erwarten; **it ~ have to rain** es muss auch ausgerechnet regnen!; **he ~n't listen** er wollte partout nicht zuhören **3** (Vermutung) **it ~ seem so** es sieht wohl so aus; **you ~n't have a cigarette, ~ you?** Sie hätten nicht zufällig eine Zigarette? **4** (≈ Wunsch) möchten; **what ~ you have me do?** was soll ich tun?; **5** (in Fragen) **~ he come?** würde er vielleicht kommen?; **~ you mind closing the window?** würden Sie bitte das Fenster schließen?; **~ you care for some tea?** hätten Sie gerne etwas Tee? **6** (Gewohnheit) **he ~ paint it each year** er strich es jedes Jahr **would-be** ['wʊdbiː] ADJ attr **~ poet** Möchtegerndichter(in) m(f) **wouldn't** ['wʊdnt] = would not **would've** ['wʊdəv] = would have

wound¹ [wuːnd] S Wunde f; **to open** od **re--open old ~s** (fig) alte Wunden öffnen **B** VT (wörtl) verwunden; (fig) verletzen **C** S **the ~ed** pl die Verwundeten pl

wound² [waʊnd] prät, pperf von wind²

wove [wəʊv] prät von weave **woven** ['wəʊvən] pperf von weave

wow [waʊ] INT (umg) Mann (umg), Wahnsinn (umg)

WPC (Br) S abk von Woman Police Constable Polizistin f

wrack [ræk] S, VT = rack¹, rack²

wrangle ['ræŋgl] **A** S Gerangel n kein pl **B** VI rangeln (about um)

wrap [ræp] **A** S **1** Umhangtuch n **2** **under ~s** (wörtl) verhüllt; (fig) geheim **B** VT einwickeln; **shall I ~ it for you?** soll ich es Ihnen einwickeln?; **to ~ sth (a)round sth** etw um etw wickeln; **to ~ one's arms (a)round sb** jdn in die Arme schließen ♦**wrap up A** VT trennb **1** einwickeln **2** (umg) Vertrag unter Dach und Fach bringen; **that wraps things up for today** das wärs für heute **B** VI sich warm einpacken (umg)

wrapper ['ræpə'] S Verpackung f; (von Bonbon) Papier(chen) n **wrapping** S Verpackung f (round +gen, von) **wrapping paper** S Packpapier n; (dekorativ) Geschenkpapier n

wrath [rɒθ] S Zorn m

wreak [riːk] VT anrichten

wreath [riːθ] S, pl -s [riːðz] Kranz m

wreathe [riːð] VT (um)winden; (Nebel) umhüllen

wreck [rek] **A** S Wrack n; **car ~** (US) Autounfall m, Havarie f (österr); **I'm a ~, I feel a ~** ich bin ein (völliges) Wrack, ich bin vollkommen fertig od erledigt **B** VT **1** Schiff, Zug einen Totalschaden verursachen an (+dat); Auto zu Schrott fahren (umg); Maschine kaputt machen (umg); Mobiliar zerstören **2** (fig) Pläne, Chancen zunichtemachen; Ehe zerrütten; Karriere, jds Leben ruinieren; Party verderben **wreckage** ['rekɪdʒ] S Trümmer pl **wrecker** ['rekə'] S (US) Abschleppwagen m (❗ = (Br) **breakdown lorry**)

wren [ren] S Zaunkönig m

wrench [rentʃ] **A** S **1** Ruck m; **to be a ~** (fig) wehtun **2** Schraubenschlüssel m **B** VT **1** winden; **to ~ a door open** eine Tür aufzwingen **2** MED **to ~ one's ankle** sich (dat) den Fuß verrenken

wrest [rest] _vt_ **to ~ sth from sb/sth** jdm/einer Sache etw abringen; _Führung, Titel_ jdm etw entreißen

wrestle [ˈresl] **A** _vt_ ringen mit **B** _vi_ **1** (_wörtl_) ringen (_for_ um etw) **2** (_fig_) ringen (_with_ mit) **wrestler** [ˈreslə] _s_ Ringkämpfer _m_, Ringer(in) _m(f)_ **wrestling** [ˈreslɪŋ] _s_ Ringen _n_

wretch [retʃ] _s_ **1** armer Schlucker (_umg_) **2** Blödmann _m_ (_umg_); (≈ _Kind_) Schlingel _m_ **wretched** [ˈretʃɪd] _adj_ **1** elend; _Bedingungen_ erbärmlich **2** (_tod_)unglücklich **3** _Wetter_ miserabel (_umg_)

wriggle [ˈrɪgl] **A** _vt_ _Zehen_ wackeln mit; **to ~ one's way through sth** sich durch etw (hin-)durchwinden **B** _vi_ (_a._ **wriggle about** _od_ **around**) (_Wurm_) sich schlängeln; (_Fisch, Mensch_) zappeln; **to ~ free** sich loswinden ◆**wriggle out** _vi_ sich herauswinden (_of_ aus); **he's wriggled (his way) out of it** er hat sich gedrückt

wring [rɪŋ] _v: prät, pperf_ **wrung** _vt_ **1** (_a._ **wring out**) _Kleider_ auswringen; **to ~ sth out of sb** etw aus jdm herausquetschen **2** _Hände_ ringen; **to ~ sb's neck** jdm den Hals umdrehen **wringing** [ˈrɪŋɪŋ] _adj_ (_a._ **wringing wet**) tropfnass

wrinkle [ˈrɪŋkl] **A** _s_ (_in Kleidung, Papier_) Knitter _m_; (_auf Haut, in Strumpf_) Falte _f_ **B** _vt_ verknittern; **to ~ one's nose** die Nase rümpfen; **to ~ one's brow** die Stirne runzeln **C** _vi_ (_Stoff_) (ver)knittern; (_Haut_) faltig werden **wrinkled** [ˈrɪŋkld] _adj_ _Rock_ zerknittert; _Haut_ faltig; _Augenbraue_ gerunzelt; _Apfel, Greis_ schrumpelig **wrinkly** [ˈrɪŋklɪ] _adj_ (+_er_) schrumpelig

wrist [rɪst] _s_ Handgelenk _n_ **wristband** [ˈrɪst,bænd] _s_ SPORT Schweißband _n_ **wristwatch** _s_ Armbanduhr _f_

writ [rɪt] _s_ JUR Verfügung _f_

write [raɪt] _prät_ **wrote**, _pperf_ **written** **A** _vt_ schreiben; _Scheck_ ausstellen; _Notizen_ sich (_dat_) machen; **he wrote me a letter** er schrieb mir einen Brief; **he wrote himself a note so that he wouldn't forget** er machte sich (_dat_) eine Notiz, um sich zu erinnern; **how is that written?** wie schreibt man das?; **to ~ sth to disk** etw auf Diskette schreiben; **it was written all over his face** es stand ihm im _od_ auf dem Gesicht geschrieben **B** _vi_ schreiben; **to ~ to sb** jdm schreiben; **we ~ to each other** wir schreiben uns; **that's nothing to ~ home about** (_umg_) das ist nichts Weltbewegendes ◆**write back** _vi_ zurückschreiben ◆**write down** _vt_ _trennb_ aufschreiben, niederschreiben ◆**write in** _vi_ schreiben (_to_ an +_akk_) **to ~ for sth** etw anfordern ◆**write off** **A** _vi_ **1** = **write in** **B** _vt_ _trennb_ **1** (FIN, _fig_) abschreiben **2** _Auto etc_ zu Schrott fahren (_umg_) ◆**write out** _vt_ _trennb_ **1** _Notizen_ ausarbeiten; _Namen_ ausschrei-

ben **2** _Scheck_ ausstellen ◆**write up** _vt_ _trennb_ _Notizen_ ausarbeiten; _Bericht_ schreiben **write-off** _s_ (≈ _Auto etc_) Totalschaden _m_; (_umg_ ≈ _Urlaub etc_) Katastrophe _f_ (_umg_) **write-protected** [ˈraɪtprə,tektɪd] _adj_ IT schreibgeschützt **writer** [ˈraɪtə] _s_ Schreiber(in) _m(f)_; (_als Beruf_) Schriftsteller(in) _m(f)_ **write-up** [ˈraɪtʌp] _s_ Pressebericht _m_; (_von Film_) Kritik _f_

writhe [raɪð] _vi_ sich winden (_with, in_ vor +_dat_)

writing [ˈraɪtɪŋ] _s_ Schrift _f_, Schreiben _n_; (≈ _auf Grabstein etc_) Inschrift _f_; **in ~** schriftlich; **his ~s** seine Werke _od_ Schriften; **the ~ is on the wall for them** ihre Stunde hat geschlagen **writing desk** _s_ Schreibtisch _m_ **writing pad** _s_ Notizblock _m_ **written** [ˈrɪtn] **A** _pperf_ **von** _write_ **B** _adj_ _Prüfung, Erklärung_ schriftlich; _Sprache_ Schrift-; _Wort_ geschrieben

wrong [rɒŋ] **A** _adj_ **1** falsch; **to be ~** nicht stimmen; (_Mensch_) unrecht haben; (_Uhr_) falsch gehen; **it's all ~** das ist völlig verkehrt _od_ falsch, das stimmt alles nicht; **I was ~ about him** ich habe mich in ihm getäuscht; **to do the ~ thing** das Falsche tun; **the ~ side of the fabric** die linke Seite des Stoffes; **you've come to the ~ man** _od_ **person/place** da sind Sie an den Falschen/an die Falsche/an die falsche Adresse geraten/an die Falsche/an die falsche Adresse geraten; **to do sth the ~ way** etw verkehrt machen; **something is ~** (irgend)etwas stimmt nicht (_with_ mit); **is anything ~?** ist was? (_umg_); **there's nothing ~** (es ist) alles in Ordnung; **what's ~?** was ist los?; **what's ~ with you?** was fehlt Ihnen?; **I hope there's nothing ~ at home** ich hoffe, dass zu Hause alles in Ordnung ist **2** (_moralisch_) schlecht, unrecht; (≈ _nicht fair_) ungerecht; **it's ~ to steal** es ist unrecht zu stehlen; **that was ~ of you** das war nicht richtig von dir; **it's ~ that he should have to ask** es ist unrecht _od_ falsch, dass er überhaupt fragen muss; **what's ~ with working on Sundays?** was ist denn schon dabei, wenn man sonntags arbeitet?; **I don't see anything ~ in** _od_ **with that** ich finde nichts daran auszusetzen **B** _adv_ falsch; **to get sth ~** sich mit etw vertun; **he got the answer ~** er hat die falsche Antwort gegeben; MATH er hat sich verrechnet; **you've got him (all) ~** Sie haben sich in ihm getäuscht; **to go ~** falsch gehen/fahren; (_in Rechnung_) einen Fehler machen; (_Plan_) schiefgehen; **you can't go ~** du kannst gar nichts verkehrt machen **C** _s_ Unrecht _n_ kein _pl_; **to be in the ~** im Unrecht sein; **he can do no ~** er macht natürlich immer alles richtig **D** _vt_ jdm unrecht tun **wrong-foot** [,rɒŋˈfʊt] _vt_ auf dem falschen Fuß erwischen **wrongful** [ˈrɒŋfʊl] _adj_ ungerechtfertigt **wrongfully** [ˈrɒŋfəlɪ] _adv_ zu Unrecht

wrongly ['rɒŋlɪ] ADV unrecht, falsch; *anklagen* zu Unrecht
wrote [rəʊt] *prät* von write
wrought [rɔːt] VT **the accident ~ havoc with his plans** der Unfall durchkreuzte alle seine Pläne; **the storm ~ great destruction** der Sturm richtete große Verheerungen an
wrought-iron [ˌrɔːtˈaɪən] ADJ schmiedeeisern *attr*, aus Schmiedeeisen; **~ gate** schmiedeeisernes Tor
wrung [rʌŋ] *prät, pperf* von wring
wry [raɪ] ADJ ironisch
wt *abk* von weight Gew.
WTO *abk* von World Trade Organization Welthandelsorganisation *f*
WWW IT *abk* von World Wide Web WWW

X, x [eks] S 1 X *n*, x *n* 2 (MATH, *fig*) x; **Mr X** Herr X; **X marks the spot** die Stelle ist mit einem Kreuzchen gekennzeichnet
xenophobia [ˌzenəˈfəʊbɪə] S Fremdenfeindlichkeit *f* **xenophobic** [ˌzenəˈfəʊbɪk] ADJ fremdenfeindlich
Xerox® ['zɪərɒks] A S Xerokopie *f* B VT xerokopieren
XL *abk* von extra large XL
Xmas ['eksməs, 'krɪsməs] S = Christmas Weihnachten *n*
X-ray ['eksreɪ] A S Röntgenstrahl *m*; (*a.* **X-ray photograph**) Röntgenbild *n*; **to take an ~ of sth** etw röntgen B VT jdn röntgen; *Gepäck* durchleuchten
xylophone ['zaɪləfəʊn] S Xylofon *n*; **to play the ~** Xylofon spielen (❗ mit **the**)

Y, y [waɪ] S Y *n*, y *n*
yacht [jɒt] A S Jacht *f* B VI **to go ~ing** segeln gehen **yachting** ['jɒtɪŋ] S Segeln *n* **yachtsman** ['jɒtsmən] S, *pl* -men [-mən] Segler *m* **yachtswoman** ['jɒtswʊmən] S, *pl* -women [-wɪmɪn] Seglerin *f*
Yale lock® ['jeɪlˌlɒk] S Sicherheitsschloss *n*

Yank [jæŋk] (*umg*) S Ami *m* (*umg*)
yank [jæŋk] A S Ruck *m* B VT **to ~ sth** mit einem Ruck an etw (*dat*) ziehen ♦**yank out** VT *trennb* ausreißen
Yankee ['jæŋkɪ] (*umg*) S Yankee *m* (*umg*)
yap [jæp] A VI 1 (*Hund*) kläffen 2 quatschen (*umg*) B S (*von Hund*) Kläffen *n*
yard¹ [jɑːd] S (*Maß*) Yard *n* (❗ = 0,91 m)
yard² S 1 (*von Haus*) Hof *m*; **in the ~** auf dem Hof 2 **builder's ~** Bauhof *m*; **shipbuilding ~** Werft *f*; **goods ~, freight ~** (US) Güterbahnhof *m* 3 (US) Garten *m*
yardstick ['jɑːdstɪk] S (*fig*) Maßstab *m*
yarn [jɑːn] S 1 TEX Garn *n* 2 Seemannsgarn *n*; **to spin a ~** Seemannsgarn spinnen
yawn [jɔːn] A VT & VI gähnen B S Gähnen *n*
yawning ['jɔːnɪŋ] A ADJ *Abgrund* gähnend B S Gähnen *n*
yd *abk* von yard
yeah [jɛə] ADV (*umg*) ja
year [jɪə'] S 1 Jahr *n*; **last ~** letztes Jahr; **every other ~** jedes zweite Jahr; **three times a ~** dreimal pro *od* im Jahr; **in the ~ 1989** im Jahr(e) 1989; **~ after ~** Jahr für Jahr; **~ by ~, from ~ to ~** von Jahr zu Jahr; **~ in, ~ out** jahrein, jahraus; **all (the) ~ round** das ganze Jahr über; **as (the) ~s go by** mit den Jahren; **~s (and ~s) ago** vor (langen) Jahren; **a ~ last January** (im) Januar vor einem Jahr; **it'll be a ~ in** *od* **next January** es wird nächsten Januar ein Jahr (her) sein; **a ~ from now** nächstes Jahr um diese Zeit; **a hundred-~-old tree** ein hundert Jahre alter Baum; **he is six ~s old** *od* **six ~s of age** er ist sechs Jahre (alt); **he is in his fortieth ~** er ist im vierzigsten Lebensjahr; **I haven't laughed so much in ~s** ich habe schon lange nicht mehr so gelacht; **to get on in ~s** in die Jahre kommen 2 (UNIV, SCHULE, *von Wein*) Jahrgang *m*; **the academic ~** das akademische Jahr; **first-~ student, first ~** Student(in) *m(f)* im ersten Jahr; **she was in my ~ at school** sie war im selben Schuljahrgang wie ich
yearbook S Jahrbuch *n* **yearlong** ['jɪəˈlɒŋ] ADJ einjährig **yearly** ['jɪəlɪ] ADJ, ADV jährlich
yearn [jɜːn] VI sich sehnen (*after, for* nach)
yearning ['jɜːnɪŋ] S Sehnsucht *f*, Verlangen *n* (*for* nach)
yeast [jiːst] S (❗ kein pl) Hefe *f*, Germ *m* (österr)
yell [jel] A S Schrei *m* B VT & VI (*a.* **yell out**) schreien (*with* vor +*dat*); **he ~ed at her** er schrie *od* brüllte sie an; **just ~ if you need help** ruf, wenn du Hilfe brauchst
yellow ['jeləʊ] A ADJ (+*er*) 1 gelb 2 (*umg*) feige B S Gelb *n* C VI gelb werden; (*Seiten*) vergilben
yellow card S FUSSB Gelbe Karte **yellow**

fever ⓈGelbfieber n **yellow line** Ⓢ(Br) Halteverbot n; **double ~** absolutes Halteverbot; **to be parked on a (double) ~** im (absoluten) Halteverbot stehen **Yellow Pages®** Ⓢ mit Verb im Singular) **the ~** die Gelben Seiten pl
yelp [jelp] Ⓐ Ⓢ (von Tier) Jaulen n kein pl; (von Mensch) Aufschrei m; **to give a ~** (Tier) (auf)jaulen; (Mensch) aufschreien Ⓑ VI (Tier) (auf)jaulen; (Mensch) aufschreien
yep [jep] ADV (umg) ja
yes [jes] Ⓐ ADV ja; (≈ Antwort auf Verneinung) doch; **to say ~** Ja sagen; **he said ~ to all my questions** er hat alle meine Fragen bejaht od mit Ja beantwortet; **if they say ~ to an increase** wenn sie eine Lohnerhöhung bewilligen; **to say ~ to 35%** 35% akzeptieren; **she says ~ to everything** sie kann nicht Nein sagen; **~ indeed** allerdings Ⓑ Ⓢ Ja n

▶ **to say yes**

To say yes bedeutet „Ja sagen", und es gibt im Englischen verschiedene Möglichkeiten, einer Sache zuzustimmen:

Yes, I'd love to.	Ja, das würde ich sehr gerne.
Good idea.	Gute Idee!
That sounds great.	Das klingt toll.

SPRACHGEBRAUCH ◀

yesterday ['jestədeɪ] Ⓐ Ⓢ Gestern n Ⓑ ADV gestern; **~ morning** gestern Morgen; **he was at home all (day) ~** er war gestern den ganzen Tag zu Hause; **the day before ~** vorgestern; **a week ago ~** gestern vor einer Woche
yet [jet] Ⓐ ADV ① noch, bis jetzt; **they haven't ~ returned** od **returned ~** sie sind noch nicht zurückgekommen; **not ~** noch nicht; **not just ~** jetzt noch nicht; **we've got ages ~** wir haben noch viel Zeit; **I've ~ to learn how to do it** ich muss erst noch lernen, wie man es macht; **~ again** und noch einmal; **another arrived and ~ another** es kam noch einer und noch einer ② (bei Fragen) schon; **has he arrived ~?** ist er schon angekommen?; **do you have to go just ~?** müssen Sie jetzt schon gehen? Ⓑ KONJ doch, trotzdem
yew [juː] Ⓢ (a. **yew tree**) Eibe f
Y-fronts® ['waɪfrʌnts] PL (bes Br) (Herren)slip m
Yiddish ['jɪdɪʃ] Ⓐ ADJ jiddisch Ⓑ Ⓢ LING Jiddisch n
yield [jiːld] Ⓐ VT ① Ernte hervorbringen, Frucht tragen; Gewinn abwerfen; Ergebnisse (hervor)bringen; Gelegenheit ergeben; **this ~ed a weekly increase of 20%** das brachte eine wöchentliche Steigerung von 20% ② aufgeben; **to ~ sth to sb** etw an jdn abtreten; **to ~ ground to sb** vor jdm zurückstecken Ⓑ VI nachgeben; **he ~ed to her requests** er gab ihren Bitten nach; **to ~ to temptation** der Versuchung erliegen; **to ~ under pressure** (fig) dem Druck weichen; **to ~ to oncoming traffic** VERKEHR den Gegenverkehr vorbeilassen; **"yield"** (US, IR VERKEHR) „Vorfahrt beachten!", „Vortritt beachten!" (schweiz) (❗ = (Br) **"give way"**) Ⓒ Ⓢ (von Land, Geschäft) Ertrag m; (≈ Profit) Gewinne pl
yob [jɒb], **yobbo** ['jɒbəʊ] Ⓢ (Br umg) Rowdy m
yodel ['jəʊdl] VT & VI jodeln
yoga ['jəʊɡə] Ⓢ Yoga m od n
yoghourt, yog(h)urt ['jɒɡət] Ⓢ Joghurt m od n
yoke [jəʊk] Ⓢ Joch n
yokel ['jəʊkəl] Ⓢ (pej) Bauerntölpel m
yolk [jəʊk] Ⓢ Eigelb n
you [juː] PRON ① (sg) (nom) du; (akk) dich; (pl) (nom) ihr; (akk, dat) euch; (Höflichkeitsform, akk) Sie; (dat) Ihnen; **all of ~** ihr alle/Sie alle; **if I were ~** an deiner/Ihrer Stelle; **it's ~** du bist es/ihr seids/Sie sinds; **now there's a woman for ~!** das ist mal eine (tolle) Frau!; **that hat just isn't ~** (umg) der Hut passt einfach nicht zu dir/zu Ihnen ② (unbestimmt) (nom) man; (akk) einen; (dat) einem; **~ never know** man kann nie wissen; **it's not good for ~** es ist nicht gut **you'd** [juːd] = **you would, you had you'd've** ['juːdəv] = **you would have you'll** [juːl] = **you will, you shall**
young [jʌŋ] Ⓐ ADJ (+er) jung; **they have a ~ family** sie haben kleine Kinder; **he is ~ at heart** er ist innerlich jung geblieben; **at a ~ age** in frühen Jahren Ⓑ ADV heiraten jung Ⓒ PL ① **the ~** die jungen Leute ② (≈ Tiere) Junge pl
youngest ['jʌŋɡɪst] Ⓐ ADJ attr sup von **young** jüngste(r, s) Ⓑ Ⓢ **the ~** der/die/das Jüngste; (pl) die Jüngsten pl **youngish** ['jʌŋɪʃ] ADJ ziemlich jung **young offender** Ⓢ jugendlicher Straftäter **youngster** ['jʌŋstə'] Ⓢ Kind n; **he's just a ~** er ist eben noch jung od ein Kind
your [jɔː', jə'] POSS ADJ (sg) dein/deine/dein; (pl) euer/eure/euer; (Höflichkeitsform) Ihr/Ihre/Ihr; **one of ~ friends** einer deiner/Ihrer Freunde; **the climate here is bad for ~ health** das Klima hier ist ungesund **you're** [jʊə', jɔː'] = **you are**
yours [jɔːz] POSS PR (sg) deiner/deine/deins; (pl) eurer/eure/euers; (Höflichkeitsform) Ihrer/Ihre/Ihr(e)s; **this is my book and that is ~** dies ist mein Buch und das (ist) deins/Ihres; **a cousin of ~** eine Cousine von dir; **that is no business of ~** das geht dich/Sie nichts an; **~** (in Brief) Ihr/Ihre; **~ faithfully** (in Brief) mit freundlichen

Grüßen

yourself [jɔː'self, jə'self] PRON, pl **yourselves** [jɔː'selvz, jə'selvz] **1** (sg) (akk) dich; (dat) dir; (pl) euch; (Höflichkeitsform) sich; **have you hurt ~?** hast du dir/haben Sie sich wehgetan?; **you never speak about ~** du redest nie über dich (selbst)/Sie reden nie über sich (selbst) **2** (emph) selbst; **you ~ told me, you told me ~** du hast/ Sie haben mir selbst gesagt; **you are not quite ~ today** du bist heute gar nicht du selbst; **you will see for ~** du wirst/Sie werden selbst sehen; **did you do it by ~?** hast du/haben Sie das allein gemacht?

youth [juːθ] S̱ **1** (🔴 kein pl) Jugend f; **in my ~** in meiner Jugend(zeit) **2** pl **-s** [juːðz] junger Mann, Jugendliche(r) m **3** **youth** P̱Ḻ Jugend f **youth club** S̱ Jugendklub m **youthful** ['juːθfʊl] A̱ḎJ̱ jugendlich **youthfulness** ['juːθfʊlnɪs] S̱ Jugendlichkeit f

youth hostel S̱ Jugendherberge f **youth worker** S̱ Jugendarbeiter(in) m(f)

you've [juːv] = **you have**

yowl [jaʊl] V̱ɪ̱ heulen; (Hund) jaulen; (Katze) kläglich miauen

yuck [jʌk] ɪ̱ṈṮ igitt

Yugoslav ['juːgəʊˈslɑːv] A̱ A̱ḎJ̱ HIST jugoslawisch Ḇ S̱ HIST Jugoslawe m, Jugoslawin f **Yugoslavia** ['juːgəʊˈslɑːvɪə] S̱ HIST Jugoslawien n **Yugoslavian** ['juːgəʊˈslɑːvɪən] A̱ḎJ̱ HIST jugoslawisch

Yuletide S̱ ['juːltaɪd] Weihnachtszeit f

yummy ['jʌmɪ] (umg) A̱ḎJ̱ (+er) Essen lecker

yuppie, **yuppy** ['jʌpɪ] A̱ S̱ Yuppie m Ḇ A̱ḎJ̱ yuppiehaft

Z

Z, z [zed, (US) ziː] S̱ Z n, z n

zap [zæp] (umg) A̱ V̱ɪ̱Ṯ IT löschen Ḇ V̱ɪ̱ (TV umg) umschalten, zappen (umg)

zeal [ziːl] S̱ (🔴 kein pl) Eifer m **zealot** ['zelət] S̱ Fanatiker(in) m(f) **zealous** A̱ḎJ̱, **zealously** A̱ḎV̱ ['zeləs, -lɪ] eifrig

zebra ['zebrə] S̱ Zebra n **zebra crossing** S̱ (Br) Zebrastreifen m (🔴 = (US) **pedestrian crosswalk**)

zenith ['zenɪθ] S̱ (ASTRON, fig) Zenit m

zero ['zɪərəʊ] A̱ S̱, pl **-(e)s** Null f; (auf Skala) Nullpunkt m; **below ~** unter null; **the needle is at**

od **on ~** der Zeiger steht auf null Ḇ A̱ḎJ̱ **~ degrees** null Grad; **~ growth** Nullwachstum n **zero-emission** A̱ḎJ̱ emissionsfrei **zero gravity** S̱ Schwerelosigkeit f **zero hour** S̱ (MIL, fig) die Stunde X **zero tolerance** S̱ Nulltoleranz f

zest [zest] S̱ **1** Begeisterung f; **~ for life** Lebensfreude f **2** (modisch etc) Pfiff m (umg) **3** Zitronen-/Orangenschale f

zigzag ['zɪgzæg] A̱ S̱ Zickzack m od n; **in a ~** im Zickzack Ḇ A̱ḎJ̱ Zickzack- C̱ V̱ɪ̱ im Zickzack laufen/fahren etc

Zimbabwe [zɪmˈbɑːbwɪ] S̱ Simbabwe n

Zimmer® ['zɪmə'] S̱ (Br: a. **Zimmer frame**) Gehwagen m (🔴 = (US) **walker**)

zinc [zɪŋk] S̱ Zink n

Zionism ['zaɪənɪzəm] S̱ Zionismus m

zip [zɪp] A̱ S̱ **1** (Br) Reißverschluss m (🔴 = (US) **zipper**) **2** (umg) Schwung m Ḇ V̱ɪ̱Ṯ IT Datei zippen; **~ped file** gezippte Datei C̱ V̱ɪ̱ (umg) flitzen (umg); **to ~ past** vorbeiflitzen (umg) ◆**zip up** A̱ V̱ɪ̱Ṯ trennb **to ~ a dress** den Reißverschluss eines Kleides zumachen; **will you zip me up please?** kannst du mir bitte den Reißverschluss zumachen? Ḇ V̱ɪ̱ **it zips up at the back** der Reißverschluss ist hinten

zip code S̱ (US) Postleitzahl f (🔴 = (Br) **postcode, postal code**) **zip fastener** S̱ (Br) Reißverschluss m (🔴 = (US) **zipper**) **zip file** S̱ IT Zip-Datei f

zipper ['zɪpə'] S̱ (US) Reißverschluss m (🔴 = (Br) **zip, zip fastener**)

zit [zɪt] S̱ (umg) Pickel m, Wimmerl n (österr), Bibeli n (schweiz)

zodiac ['zəʊdɪæk] S̱ Tierkreis m; **signs of the ~** Tierkreiszeichen pl

zombie ['zɒmbɪ] S̱ (fig) Idiot(in) m(f) (umg), Schwachkopf m (umg); **like ~s/a ~** wie im Tran

zone ['zəʊn] S̱ Zone f; (US) Post(zustell)bezirk m; **no-parking ~** Parkverbot n

zonked [zɒŋkt] A̱ḎJ̱ präd (umg) total geschafft (umg)

zoo [zuː] S̱, pl **-s** Zoo m **zoo keeper** S̱ Tierpfleger(in) m(f) **zoological** [ˌzʊə'lɒdʒɪkəl] A̱ḎJ̱ zoologisch **zoologist** [zʊ'ɒlədʒɪst] S̱ Zoologe m, Zoologin f **zoology** [zʊ'ɒlədʒɪ] S̱ Zoologie f

zoom [zuːm] A̱ S̱ (FOTO: a. **zoom lens**) Zoom (-objektiv) n Ḇ V̱ɪ̱ **1** (umg) sausen (umg); **we were ~ing along at 90** wir sausten mit 90 daher (umg) **2** FLUG steil (auf)steigen ◆**zoom in** V̱ɪ̱ FOTO hinzoomen; **to ~ on sth** etw heranholen

zucchini [zuˈkiːnɪ], **-** S̱ (bes US) Zucchini pl (🔴 = (Br) **courgette**)

Zurich ['zjʊərɪk] S̱ Zürich n

Deutsch — Englisch

A, **a** N̄ A, a; **das A und (das) O** (fig) the be-all and end-all; (eines Wissensgebietes) the basics pl; **von A bis Z** (fig umg) from A to Z; **wer A sagt, muss auch B sagen** (sprichw) in for a penny, in for a pound (bes Br sprichw)

A abk von Austria

à PRÄP bes HANDEL at

@ IT abk von at @

Aal M̄ eel

Aargau M̄ **der ~** Aargau

Aas N̄ (≈ Tierleiche) carrion, rotting carcass

ab A ADV off, away; THEAT exit sg, exeunt pl; **ab Hamburg** after Hamburg; **München ab 12.20 Uhr** BAHN leaving Munich 12.20; **ab wann?** from when?, as of when?; **ab nach Hause** go home; **ab und zu** od (nordd) **an** now and again, now and then B PRÄP +dat (räumlich) from; (zeitlich) from, as of, as from; **Kinder ab 14 Jahren** children from (the age of) 14 up; **ab Werk** HANDEL ex works; **ab sofort** as of now

AB M̄ abk von Anrufbeantworter answering machine

abändern V̄T to alter (in +akk to); Gesetzentwurf to amend (in +akk to); Strafe, Urteil to revise (in +akk to)

Abart F̄ variety (a. BIOL) **abartig** ADJ abnormal, unnatural; (≈ widersinnig) perverse; **das tut ~ weh** that hurts like hell (umg)

Abbau M̄ 1 (≈ Verringerung) reduction (+gen of); **der ~ von Arbeitskräften** reduction of the workforce 2 (≈ Förderung) (über Tage) quarrying; (unter Tage) mining 3 (≈ Demontage) dismantling 4 CHEM decomposition; (im Körper) breakdown **abbaubar** ADJ CHEM degradable; **biologisch ~** biodegradable **abbauen** A V̄T 1 (≈ demontieren) to dismantle; Kulissen, Zelt to take down 2 (≈ verringern) to cut back 3 (≈ fördern) (über Tage) to quarry; (unter Tage) to mine 4 CHEM to break down B V̄I (Patient) to deteriorate

abbeißen V̄T to bite off

abbekommen V̄T (≈ erhalten) to get; **etwas ~** to get some (of it); (≈ beschädigt werden) to get damaged; (≈ verletzt werden) to get hurt; **sein(en) Teil ~** (wörtl, fig) to get one's fair share

abberufen V̄T to recall

abbestellen V̄T to cancel

abbezahlen V̄T to pay off

abbiegen V̄I to turn off (in +akk into); (Straße) to veer **Abbiegespur** F̄ VERKEHR filter (Br) od turning (US) lane

Abbild N̄ (≈ Nachahmung, Kopie) copy; (≈ Spiegelbild) reflection **abbilden** V̄T (wörtl, fig) to depict, to portray **Abbildung** F̄ (≈ das Abbilden) depiction, portrayal; (≈ Illustration) illustration

Abbitte F̄ apology; **(bei jdm wegen etw) ~ tun** od **leisten** to make od offer one's apologies (to sb for sth)

abblasen V̄T (umg ≈ absagen) to call off

abblättern V̄I to flake (off)

abblenden A V̄T AUTO to dip (Br), to dim (bes US) B V̄I AUTO to dip (Br) od dim (bes US) one's headlights **Abblendlicht** N̄ AUTO dipped (Br) od dimmed (bes US) headlights pl; **mit ~ fahren** to drive with dipped (Br) od dimmed (bes US) headlights

abblitzen V̄I (umg) to be sent packing (bei by) (umg); **jdn ~ lassen** to send sb packing (umg)

abblocken A V̄T (SPORT, fig) to block; Gegner to stall B V̄I to stall

abbrechen A V̄T to break off; Zelt to take down; (≈ niederreißen) to demolish; IT Operation to abort; Veranstaltung, Verfahren to stop; Streik, Suche, Mission to call off; Schwangerschaft to terminate; **die Schule ~** to stop going to school; **sich** (dat) **einen ~** (umg) (≈ Umstände machen) to make a fuss about it; (≈ sich sehr anstrengen) to go to a lot of bother B V̄I to break off; IT to abort

abbremsen V̄T Auto to brake, to slow down

abbrennen V̄T&V̄I to burn down; Feuerwerk, Rakete to let off; → **abgebrannt**

abbringen V̄T **jdn davon ~, etw zu tun** to stop sb (from) doing sth; **sich von etw ~ lassen** to be dissuaded from sth

abbröckeln V̄I to crumble away; (fig) to fall off

Abbruch M̄ (≈ das Niederreißen) demolition; (von Schwangerschaft) termination; (von Beziehungen, Reise) breaking off; (von Veranstaltung) stopping

abbuchen V̄T to debit (von to, against) **Abbuchung** F̄ debit; (durch Dauerauftrag) (payment by) standing order **Abbuchungsauftrag** M̄ direct debit

abbürsten V̄T to brush; Staub to brush off (von etw sth)

abbüßen V̄T Strafe to serve

Abc N̄ (wörtl, fig) ABC

abchecken V̄T to check

abdanken V̄I to resign; (König etc) to abdicate

abdecken V̄T to cover; Dach to take off; Haus to take the roof off; Tisch to clear

abdichten V̄T (≈ isolieren) to insulate; Loch, Leck, Rohr to seal (up)

abdrängen V̄T to push away (von from)

abdrehen A V̄T Gas, Wasser, Hahn to turn off B V̄I (≈ Richtung ändern) to change course

abdriften V̄I (a. fig) to drift off

Abdruck¹ M̲ imprint, impression; (≈ *Fingerabdruck, Fußabdruck*) print

Abdruck² M̲ (≈ *Nachdruck*) reprint **abdrucken** V̲T̲ to print

abdrücken A̲ V̲I̲ to pull *od* squeeze the trigger B̲ V̲R̲ to leave an imprint *od* impression

abdunkeln V̲T̲ *Lampe* to dim; *Zimmer, Farbe* to darken

abduschen V̲T̲ to give a shower; **sich ~** to have *od* take a shower

Abend M̲ evening; **am ~** in the evening; (≈ *jeden Abend*) in the evening(s); **heute/gestern/morgen/Mittwoch ~** this/yesterday/tomorrow/Wednesday evening, tonight/last night/tomorrow night/Wednesday night; **guten ~** good evening; **zu ~ essen** to have supper *od* dinner; **es ist noch nicht aller Tage ~** it's early days still *od* yet; **man soll den Tag nicht vor dem ~ loben** (*sprichw*) don't count your chickens before they're hatched (*sprichw*) **Abendbrot** N̲ supper, tea (*schott, nordengl*) **Abenddämmerung** F̲ dusk, twilight **Abendessen** N̲ supper, evening meal **abendfüllend** A̲D̲J̲ *Film, Stück* full-length **Abendgesellschaft** F̲ soirée **Abendkasse** F̲ THEAT box office **Abendkleid** N̲ evening dress *od* gown **abendlich** A̲D̲J̲ evening *attr* **Abendmahl** N̲ KIRCHE Communion (🔴 kein **the**), Lord's Supper; **das (Letzte) ~** the Last Supper **Abendprogramm** N̲ RADIO, TV evening('s) programmes *pl* (*Br*) *od* programs *pl* (*US*) **Abendrot** N̲ sunset **abends** A̲D̲V̲ in the evening; (≈ *jeden Abend*) in the evening(s); **spät ~** late in the evening **Abendstunde** F̲ evening (hour) **Abendvorstellung** F̲ evening performance; (*Film*

▶ **Abendessen**

Die Bezeichnungen für Frühstück, Mittagessen und Abendessen schwanken im Englischen: Das Frühstück wird überall **breakfast** genannt, auch ist man sich darin einig, dass die Hauptmahlzeit des Tages **dinner** genannt wird. Wann diese aber eingenommen wird, ist unterschiedlich. Zum Mittagessen sagen die meisten **lunch**, einige eben auch **dinner**, zum Abendessen die meisten **dinner**, manche auch **tea** oder **supper**. Tea kann aber auch einfach der Nachmittagstee sein. Mit **supper** ist auch oft ein kleiner Imbiss vor dem Zubettgehen gemeint. Ein **TV dinner** ist ein Fertiggericht, das nur aufgewärmt zu werden braucht und das man ganz locker und ungeniert vorm Fernseher zu sich nehmen kann.

SPRACHGEBRAUCH ◁

auch) evening showing **Abendzeitung** F̲ evening paper

Abenteuer N̲ adventure **abenteuerlich** A̲ A̲D̲J̲ adventurous; *Erzählung* fantastic; (*umg*) *Preis* outrageous; *Argument* ludicrous B̲ A̲D̲V̲ *klingen, sich anhören* bizarre; *gekleidet* bizarrely **Abenteuerlust** F̲ thirst for adventure **Abenteuerspielplatz** M̲ adventure playground **Abenteuerurlaub** M̲ adventure holiday (*bes Br*) *od* vacation (*US*) **Abenteurer** M̲ adventurer

aber A̲ K̲O̲N̲J̲ but; **~ dennoch** *od* **trotzdem** but still; **oder ~** or else; **~ ja!** oh, yes!; (≈ *sicher*) but of course; **~ nein!** oh, no!; (≈ *selbstverständlich nicht*) of course not!; **~, ~!** now, now!; **das ist ~ schrecklich!** but that's awful!; **das ist ~ heiß/schön!** that's really hot/nice B̲ A̲D̲V̲ (*liter*) **~ und ~mals** again and again, time and again; → Abertausend **Aber** N̲ but; **die Sache hat ein ~** there's just one problem *od* snag

Aberglaube(n) M̲ superstition; (*fig a.*) myth **abergläubisch** A̲D̲J̲ superstitious

aberkennen V̲T̲ **jdm etw ~** to deprive *od* strip sb of sth

abermals A̲D̲J̲ (*geh*) once again *od* more **Abertausend** N̲U̲M̲ thousands upon thousands of; **Tausend und ~** thousands and *od* upon thousands

Abf. *abk* von Abfahrt departure, dep.

abfahrbereit A̲D̲J̲ ready to leave

abfahren A̲ V̲I̲ **1** (*Bus, Zug, Auto, Reisende*) to leave; (SKI ≈ *zu Tal fahren*) to ski down **2** (*umg*) **auf jdn/etw ~** to be into sb/sth (*umg*) B̲ V̲T̲ **1** *Strecke* (≈ *bereisen*) to cover, to do (*umg*); (≈ *überprüfen*) to go over **2** (≈ *abnutzen*) *Schienen, Reifen* to wear out; (≈ *benutzen*) *Fahrkarte* to use **Abfahrt** F̲ **1** (*von Zug, Bus etc*) departure **2** (SKI ≈ *Talfahrt*) descent; (≈ *Abfahrtsstrecke*) (ski) run **3** (*umg* ≈ *Autobahnabfahrt*) exit **Abfahrtslauf** M̲ SKI downhill **Abfahrtsläufer(in)** M̲(F̲) SKI downhill racer *od* skier **Abfahrtszeit** F̲ departure time

Abfall M̲ **1** (≈ *Müll*) refuse (🔴 kein *pl*); (≈ *Hausabfall*) rubbish (*Br*) (🔴 kein *pl*), garbage (*US*) (🔴 kein *pl*); (≈ *Rückstand*) waste (🔴 kein *pl*) **2** (≈ *Rückgang*) drop (+*gen* in); (≈ *Verschlechterung*) deterioration **Abfallbeseitigung** F̲ waste disposal **Abfalleimer** M̲ rubbish bin (*Br*), garbage can (*US*) **abfallen** V̲I̲ **1** (≈ *herunterfallen*) to fall *od* drop off **2** (*Gelände*) to fall *od* drop away; (*Druck, Temperatur*) to fall, to drop **3** (*fig* ≈ *übrig bleiben*) to be left (over) **4** (≈ *schlechter werden*) to fall *od* drop off **5 wie viel fällt bei dem Geschäft für mich ab?** (*umg*) how much do I get out of the deal?

Abfallentsorgung F̲ waste disposal

749 | **ABGE** **A**

abfällig **A** ADJ *Bemerkung, Kritik* disparaging, derisive; *Urteil* adverse **B** ADV **über jdn ~ reden** *od* **sprechen** to be disparaging of *od* about sb
Abfallprodukt N̄ waste product; *(von Forschung)* by-product, spin-off **Abfallverwertung** F̄ waste utilization
abfälschen V̄T & V̄I SPORT to deflect
abfangen V̄T *Flugzeug, Funkspruch, Brief, Ball* to intercept; *Menschen* to catch *(umg)*; *Schlag* to block
Abfangjäger M̄ MIL interceptor
abfärben V̄I **1** *(Wäsche)* to run **2** *(fig)* **auf jdn ~** to rub off on sb
abfassen V̄T *(≈ verfassen)* to write
abfedern **A** V̄T *Sprung, Stoß* to cushion; *(fig) Krise, Verluste* to cushion the impact of **B** V̄I to absorb the shock
abfertigen V̄T **1** *Pakete, Waren* to prepare for dispatch; *Gepäck* to check (in) **2** *(≈ bedienen) Kunden, Antragsteller, Patienten* to attend to; *(SPORT umg) Gegner* to deal with; **jdn kurz** *od* **schroff ~** *(umg)* to snub sb **3** *(≈ kontrollieren) Waren, Reisende* to clear **Abfertigung** F̄ *(von Paketen, Waren)* getting ready for dispatch; *(von Gepäck)* checking; *(von Kunden)* service; *(von Antragstellern)* dealing with; **die ~ an der Grenze** customs clearance **Abfertigungshalle** F̄ *(im Flughafen)* terminal **Abfertigungsschalter** M̄ dispatch counter; *(im Flughafen)* check-in desk
abfeuern V̄T to fire
abfinden **A** V̄T to pay off; *(≈ entschädigen)* to compensate **B** V̄R **sich mit jdm/etw ~** to come to terms with sb/sth; **er konnte sich nie damit ~, dass …** he could never accept the fact that … **Abfindung** F̄ **1** *(von Gläubigern)* paying off; *(≈ Entschädigung)* compensation **2** *(≈ Summe)* payment; *(≈ Entschädigung)* compensation (🔴 kein pl); *(bei Entlassung)* severance pay
abflauen V̄I *(Wind)* to drop, to die down; *(Empörung, Interesse)* to fade; *(Börsenkurse)* to fall, to drop; *(Geschäfte)* to fall *od* drop off
abfliegen **A** V̄I FLUG to take off *(nach* for) **B** V̄T *Gelände* to fly over
abfließen V̄I *(≈ wegfließen)* to drain *od* run away; *(Verkehr)* to flow away
Abflug M̄ takeoff; *(auf Anzeigetafel)* departures *pl* **abflugbereit** ADJ ready for takeoff **Abflughalle** F̄ departure lounge **Abflugzeit** M̄ departure time
Abfluss M̄ **1** *(≈ Abfließen)* draining away **2** *(≈ Abflussstelle)* drain **3** *(≈ Abflussrohr)* drainpipe
abfordern V̄T **jdm etw ~** to demand sth from sb
Abfrage F̄ IT query **abfragen** V̄T **1** IT *Information* to call up; *Datenbank* to query, to interrogate **2** *bes* SCHULE **jdn** *od* **jdm etw ~** to question sb on sth

abfressen V̄T *Blätter, Gras* to eat
abfrieren **A** V̄I to get frostbitten; **abgefroren sein** *(Körperteil)* to be frostbitten **B** V̄T **sich** *(dat)* **einen ~** *(sl)* to freeze to death *(umg)*
Abfuhr F̄ **1** *(≈ Abtransport)* removal **2** *(umg ≈ Zurückweisung)* snub, rebuff; **jdm eine ~ erteilen** to snub *od* rebuff sb **abführen** **A** V̄T **1** *(≈ wegführen)* to take away **2** *Betrag* to pay *(an +akk* to) **B** V̄I **1** **der Weg führt hier (von der Straße) ab** the path leaves the road here; **das würde vom Thema ~** that would take us off the subject **2** *(≈ den Darm anregen)* to have a laxative effect **Abführmittel** N̄ laxative
abfüllen V̄T *(in Flaschen)* to bottle; *Flasche* to fill
Abgabe F̄ **1** *(≈ Abliefern)* handing *od* giving in; *(von Gepäck)* depositing **2** *(≈ Verkauf)* sale **3** *(von Wärme etc)* giving off, emission **4** *(von Schuss, Salve)* firing **5** *(≈ Steuer)* tax; *(≈ soziale Abgabe)* contribution **6** *(von Erklärung etc)* giving; *(von Stimme)* casting **7** *(SPORT ≈ Abspiel)* pass **Abgabetermin** M̄ closing date
Abgang M̄ **1** *(≈ Absendung)* dispatch **2** *(aus einem Amt, aus Schule)* leaving; **seit seinem ~ von der Schule** since he left school **3** *(THEAT, fig)* exit
abgängig ADJ *(österr ≈ vermisst)* missing *(aus* from)
Abgangszeugnis N̄ (school-)leaving certificate, diploma *(US)*
Abgas N̄ exhaust (🔴 kein pl), exhaust fumes *pl* **abgasfrei** ADJ exhaust-free **Abgas(sonder)untersuchung** F̄ AUTO emissions test
abgeben **A** V̄T **1** *(≈ abliefern)* to hand *od* give in; *(≈ hinterlassen)* to leave; *(≈ übergeben)* to hand over, to deliver; *(≈ weggeben)* to give away; *(≈ verkaufen)* to sell **2** *(≈ abtreten) Posten* to relinquish *(an +akk* to) **3** SPORT *Punkte, Rang* to concede; *(≈ abspielen)* to pass **4** *(≈ ausströmen) Wärme, Sauerstoff* to give off, to emit **5** *(≈ abfeuern) Schuss, Salve* to fire **6** *(≈ äußern) Erklärung* to give; *Stimme* to cast **7** *(≈ verkörpern)* to make; **er würde einen guten Schauspieler ~** he would make a good actor **B** V̄R **sich mit jdm/etw ~** *(≈ sich beschäftigen)* to concern oneself with sb/sth
abgebrannt ADJ *(umg ≈ pleite)* broke *(umg)*; → **abbrennen**
abgebrüht ADJ *(umg)* callous
abgedroschen ADJ *(umg)* hackneyed *(Br)*, well-worn
abgehackt ADJ *Sprechweise* clipped; → **abhacken**
abgehärtet ADJ tough, hardy; *(fig)* hardened; → **abhärten**
abgehen **A** V̄I **1** *(≈ abfahren)* to leave, to depart *(nach* for) **2** *(THEAT ≈ abtreten)* to exit; **von der Schule ~** to leave school (🔴 ohne **the**) **3** *(≈*

sich lösen to come off **4** (≈ abgesondert werden) to pass out; (Fötus) to be aborted **5** (≈ abgesandt werden) to be sent od dispatched **6** (umg ≈ fehlen) **jdm geht Verständnis/Taktgefühl ab** sb lacks understanding/tact **7** (≈ abgezogen werden) (vom Preis) to be taken off; (von Verdienst) to be deducted; **davon gehen 5% ab** 5% is taken off that **8** (≈ abzweigen) to branch off **9** (≈ abweichen) **von einem Plan/einer Forderung ~** to give up od drop a plan/demand **10** (≈ verlaufen) to go; **gut/glatt/friedlich ~** to go well/smoothly/ peacefully; **es ging nicht ohne Streit ab** there was an argument **B** V̲/T̲ (≈ entlanggehen) to go od walk along; MIL to patrol

abgekämpft A̲D̲J̲ exhausted, worn-out

abgekartet A̲D̲J̲ **ein ~es Spiel** a fix (umg)

abgeklärt A̲D̲J̲ Mensch worldly-wise; Urteil well-considered; Sicht detached; → abklären

abgelegen A̲D̲J̲ (≈ entfernt) Dorf, Land remote; (≈ einsam) isolated; → abliegen

abgelten V̲/T̲ Ansprüche to satisfy

abgemacht A̲ I̲N̲T̲ OK, that's settled; (bei Kauf) it's a deal, done **B** A̲D̲J̲ **eine ~e Sache** a fix (umg); → abmachen

abgemagert A̲D̲J̲ (≈ sehr dünn) thin; (≈ ausgemergelt) emaciated; → abmagern

abgeneigt A̲D̲J̲ averse präd (+dat to); **ich wäre gar nicht ~** (umg) actually I wouldn't mind

abgenutzt A̲D̲J̲ Möbel, Teppich worn; Reifen worn-down; → abnutzen

Abgeordnete(r) M̲/F̲(M̲) (elected) representative; (von Nationalversammlung) member of parliament (❗ Vorsicht, mit „i")

Abgesandte(r) M̲/F̲(M̲) envoy

abgeschieden A̲D̲J̲ (geh ≈ einsam) secluded; **~ wohnen** to live in seclusion **Abgeschiedenheit** F̲ seclusion

abgeschlafft A̲D̲J̲ (umg ≈ erschöpft) exhausted; → abschlaffen

abgeschmackt A̲D̲J̲ outrageous; Witz corny

abgesehen A̲ P̲P̲E̲R̲F̲ von absehen; **es auf jdn ~ haben** to have it in for sb (umg); (≈ interessiert sein) to have one's eye on sb **B** A̲D̲V̲ **~ von jdm/ etw** apart from sb/sth

abgespannt A̲D̲J̲ weary, tired

abgestanden A̲D̲J̲ Luft, Wasser stale; Bier, Limonade etc flat; → abstehen

abgestorben A̲D̲J̲ Glieder numb; Pflanze, Ast, Gewebe dead

abgestumpft A̲D̲J̲ Mensch insensitive; Gefühle, Gewissen dulled; → abstumpfen

abgetan A̲D̲J̲ (≈ erledigt) finished od done with; → abtun

abgetragen A̲D̲J̲ worn; **~e Kleider** old clothes; → abtragen

abgewinnen V̲/T̲ **jdm etw ~** (wörtl) to win sth from sb; **einer Sache etwas/nichts ~ können** (fig) to be able to see some/no attraction in sth; **dem Meer Land ~** to reclaim land from the sea

abgewirtschaftet A̲D̲J̲ (pej) rotten; Firma run-down; → abwirtschaften

abgewogen A̲D̲J̲ Urteil, Worte balanced

abgewöhnen V̲/T̲ **jdm etw ~** to cure sb of sth; das Rauchen, Trinken to get sb to give up sth; **jdn** (dat) **etw ~** to give sth up

abgießen V̲/T̲ Flüssigkeit to pour off od away; Kartoffeln, Gemüse to strain

abgleichen V̲/T̲ to coordinate; Dateien, Einträge to compare

abgleiten V̲/I̲ (geh) (≈ abrutschen) to slip; (Gedanken) to wander; (FIN: Kurs) to drop, to fall

abgöttisch A̲D̲J̲ **~e Liebe** blind adoration; **jdn ~ lieben/verehren** to idolize sb

abgrenzen V̲/T̲ Grundstück, Gelände to fence off; (fig) to delimit (gegen, von from) **Abgrenzung** F̲ (von Gelände) fencing off; (fig) delimitation

Abgrund M̲ precipice; (≈ Schlucht, fig) abyss; **sich am Rande eines ~es befinden** (fig) to be on the brink (of disaster) **abgründig** A̲ A̲D̲J̲ Humor, Ironie cryptic **B** A̲D̲V̲ lächeln cryptically **abgrundtief** A̲ A̲D̲J̲ Hass, Verachtung profound **B** A̲D̲V̲ hassen, verachten profoundly

abgucken V̲/T̲&V̲/I̲ to copy; **jdm etw ~** to copy sth from sb

abhaben V̲/T̲ (umg) **1** (≈ abgenommen haben) Brille, Hut to have off **2** (≈ abbekommen) to have

abhacken V̲/T̲ to hack off; → abgehackt

abhaken V̲/T̲ (≈ markieren) to tick (Br) od check (bes US) off; (fig) to cross off

abhalten V̲/T̲ **1** (≈ hindern) to stop, to prevent; (≈ fernhalten) to keep off; **lass dich nicht ~!** don't let me/us etc stop you **2** (≈ veranstalten) to hold

abhandeln V̲/T̲ **1** Thema to treat, to deal with **2** (≈ abkaufen) **jdm etw ~** to do od strike a deal with sb for sth

abhandenkommen V̲/I̲ to get lost; **jdm ist etw abhandengekommen** sb has lost sth **Abhandlung** F̲ treatise, discourse (über +akk (up)on)

Abhang M̲ slope

abhängen A̲ V̲/T̲ **1** Bild to take down; **(gut) abgehangen** Fleisch well-hung **2** (umg ≈ hinter sich lassen) jdn to shake off (umg) **B** V̲/I̲ **von etw ~** to depend (up)on sth; **das hängt ganz davon ab** it all depends

abhängig A̲D̲J̲ **1** (≈ bedingt durch) dependent; **etw von etw ~ machen** to make sth conditional (up)on sth **2** (≈ angewiesen auf) dependent (von on); **~ Beschäftigte(r)** employee **3** GRAM Satz subordinate; Rede indirect **Abhängigkeit** F̲ **1** (≈ Bedingtheit) dependency (❗ kein

751 │ ABLA A

pl) (von on) **2** (euph ≈ Sucht) dependence (von on)

abhärten A V̅T̅ to toughen up **B** V̅R̅ **sich ge-gen etw ~** to toughen oneself against sth; → abgehärtet **Abhärtung** F̅ toughening up; (fig) hardening

abhauen A V̅I̅ (umg) to clear out; **hau ab!** get lost! (umg) **B** V̅T̅ to chop od cut off

abheben A V̅T̅ (≈ anheben) to lift (up), to raise; (≈ abnehmen) to take off; Telefonhörer to pick up; Geld to withdraw **B** V̅I̅ **1** (Flugzeug) to take off; (Rakete) to lift off **2** (≈ ans Telefon gehen) to answer **3** KART to cut **C** V̅R̅ **sich gegen jdn/etw ~** to stand out against sb/sth **Abhebung** F̅ (von Geld) withdrawal

abhelfen V̅I̅ +dat to remedy

abhetzen V̅R̅ to wear od tire oneself out

Abhilfe F̅ remedy, cure; **~ schaffen** to take remedial action

abholen V̅T̅ to collect (bei from); Fundsache to claim (bei from); **etw ~ lassen** to have sth collected

abholzen V̅T̅ Wald to clear; Baumreihe to fell

abhorchen V̅T̅ to sound, to listen to; Brust auch, Patienten to auscultate (form)

abhören V̅T̅ **1** (a. v/i ≈ überwachen) Raum, Gespräch to bug; (≈ mithören) to listen in on; Telefon to tap; **abgehört werden** (umg) to be bugged **2** MED to sound **3** (SCHULE ≈ abfragen) **kannst du mir mal Vokabeln ~?** can you test my vocabulary? **Abhörgerät** N̅ bugging device **abhörsicher** A̅D̅J̅ Raum bug-proof; Telefon tap-proof

Abi N̅ (SCHULE umg) abk von Abitur **Abistreich** M̅ (umg) event organized by pupils on finishing their school-leaving exams or on the last day of lessons which involves playing tricks on the teachers **Abitur** N̅ school-leaving exam and university entrance qualification, ≈ A levels pl (Br), ≈ Highers pl (schott), ≈ high-school diploma (US) **Abiturient(in)** M̅F̅ person who is doing/ has done the Abitur **Abiturklasse** F̅ ≈ sixth form (Br), senior grade (US) **Abiturzeugnis** N̅ certificate for having passed the Abitur, ≈ A level (Br) od Highers (schott) certificate, ≈ high-school diploma (US)

Abk. abk von Abkürzung abbreviation, abbr

abkapseln V̅R̅ (fig) to shut od cut oneself off

abkassieren V̅I̅ (≈ großes Geld machen) to make a killing (umg); **darf ich mal (bei Ihnen) ~?** could I ask you to pay now?

abkaufen V̅T̅ **jdm etw ~** to buy sth from od off (umg) sb; (umg ≈ glauben) to buy sth (umg)

abklappern V̅T̅ (umg) Läden, Gegend, Straße to scour, to comb (nach for)

abklären V̅T̅ Angelegenheit to clear up, to clarify; → abgeklärt

Abklatsch M̅ (fig pej) poor imitation od copy

abklingen V̅I̅ **1** (≈ leiser werden) to die od fade away **2** (≈ nachlassen) to abate

abklopfen V̅T̅ **1** (≈ herunterklopfen) to knock off; Teppich, Polstermöbel to beat **2** (≈ beklopfen) to tap; MED to sound

abknabbern V̅T̅ (umg) to nibble off; Knochen to gnaw at

abknallen V̅T̅ (umg) to shoot down (umg)

abknicken A V̅T̅ (≈ abbrechen) to break od snap off; (≈ einknicken) to break **B** V̅I̅ (≈ abzweigen) to fork od branch off; **~de Vorfahrt** priority for traffic turning left/right

abknöpfen V̅T̅ **1** (≈ abnehmen) to unbutton **2** (umg ≈ ablisten) **jdm etw ~** to get sth off sb

abknutschen V̅T̅ (umg) to canoodle (Br umg) od cuddle with

abkochen V̅T̅ to boil; (≈ keimfrei machen) to sterilize (by boiling)

abkommandieren V̅T̅ (MIL: zu anderer Einheit) to post; (zu bestimmtem Dienst) to detail (zu for)

abkommen V̅I̅ **1 von etw ~** (≈ abweichen) to leave sth; (≈ abirren) to wander off sth; **vom Kurs ~** to deviate from one's course; **(vom Thema) ~** to digress **2** (≈ aufgeben) **von etw ~** to give sth up; **von einer Meinung ~** to revise one's opinion

Abkommen N̅ agreement (a. POL)

abkömmlich A̅D̅J̅ available; **nicht ~ sein** to be unavailable

abkönnen V̅T̅ (umg ≈ mögen) **das kann ich überhaupt nicht ab** I can't stand od abide it; **ich kann ihn einfach nicht ab** I just can't stand od abide him

abkoppeln V̅T̅ BAHN to uncouple; Raumfähre to undock

abkratzen A V̅T̅ Schmutz etc to scratch off; (mit einem Werkzeug) to scrape off **B** V̅I̅ (umg ≈ sterben) to kick the bucket (umg)

abkühlen A V̅I̅ to cool down; (fig) (Freundschaft etc) to cool off **B** V̅R̅ to cool down od off; (Wetter) to become cool(er); (fig) to cool **Abkühlung** F̅ cooling

abkupfern V̅T̅ (umg) to crib (umg)

abkürzen V̅T̅ (≈ verkürzen) to cut short; Verfahren to shorten; (≈ verkürzt schreiben) Namen to abbreviate; **den Weg ~** to take a short cut **Abkürzung** F̅ **1** (Weg) short cut; **wir sind eine ~ gegangen** we took a short cut **2** (von Wort) abbreviation **Abkürzungsverzeichnis** N̅ list of abbreviations

abladen V̅T̅ Last, Wagen to unload; Schutt to dump; (fig umg) Kummer, Ärger to vent (bei jdm on sb)

Ablage F̅ **1** (≈ Gestell) place to put sth; (≈ Ablagekorb) filing tray **2** (≈ Aktenordnung) filing **3**

A ABLA | 752

(schweiz) = Annahmestelle, Zweigstelle

ablagern Ⓐ V̄T̄ **1** (≈ anhäufen) to deposit **2** (≈ deponieren) to leave, to store; **abgelagert** Wein mature; Holz, Tabak seasoned Ⓑ V̄R̄ to be deposited

ablassen V̄T̄ **1** Wasser, Luft to let out; Dampf to let off **2** Teich, Schwimmbecken to drain, to empty **3** (≈ ermäßigen) to knock off (umg)

Ablauf M̄ **1** (≈ Abfluss) drain; **2** (≈ Verlauf) course; (von Empfang, Staatsbesuch) order of events (+gen in) **3** (von Frist etc) expiry **4** (von Zeitraum) passing; **nach ~ von 4 Stunden** after 4 hours (have/had gone by od passed)

ablaufen Ⓐ V̄T̄ **1** (≈ abnützen) Schuhsohlen, Schuhe to wear out; Absätze to wear down **2** (≈ entlanglaufen) Strecke to go od walk over; Stadt, Straßen, Geschäfte to comb, to scour Ⓑ V̄Ī **1** (Flüssigkeit) to drain od run away od off **2** (≈ vonstattengehen) to go off; **wie ist das bei der Prüfung abgelaufen?** how did the exam go (off)? **3** (Pass, Visum, Frist etc) to expire

ablecken V̄T̄ to lick; Blut, Marmelade to lick off

ablegen Ⓐ V̄T̄ **1** (≈ niederlegen) to put down; ZOOL Eier to lay **2** (≈ abheften) to file (away); IT Daten to store **3** (≈ ausziehen) to take off **4** (≈ aufgeben) to lose (🔴 Schreibung mit einem „o"); schlechte Gewohnheit to give up **5** (≈ ableisten, machen) Schwur, Eid to swear; Gelübde, Geständnis to make; Prüfung to take, to sit; (erfolgreich) to pass **6** KART to discard Ⓑ V̄Ī **1** (≈ abfahren: Schiff) to cast off **2** (Garderobe ablegen) to take one's things off

Ableger M̄ (von Pflanze) shoot

ablehnen Ⓐ V̄T̄ to decline, to refuse; Angebot, Bewerber, Stelle to turn down, to reject; PARL Gesetzentwurf to throw out; **jede Form von Gewalt ~** to be against any form of violence Ⓑ V̄Ī to decline, to refuse; **eine ~de Antwort** a negative answer **Ablehnung** F̄ **1** refusal; (von Antrag, Bewerber etc) rejection **2** (≈ Missbilligung) disapproval

ableiten V̄T̄ **1** (≈ herleiten) to derive; (≈ logisch folgern) to deduce (aus from) **2** Bach, Fluss to divert **Ableitung** F̄ **1** (≈ das Herleiten) derivation; (≈ Folgerung) deduction **2** (≈ Wort, MATH) derivative

ablenken Ⓐ V̄T̄ **1** (≈ ab-, wegleiten) to deflect (a. PHYS); Katastrophe to avert **2** (≈ zerstreuen) to distract **3** (≈ abbringen) to divert; Verdacht to avert Ⓑ V̄Ī **1** (≈ ausweichen) **(vom Thema) ~** to change the subject **2** (≈ zerstreuen) to create a distraction Ⓒ V̄R̄ to take one's mind off things **Ablenkung** F̄ (≈ Zerstreuung) diversion; (≈ Störung) distraction **Ablenkungsmanöver** N̄ diversionary tactic

ablesen V̄T̄ **1** (a. v/i) to read; Barometerstand to take **2** (≈ erkennen) to see; **das konnte man**

ihr vom Gesicht ~ it was written all over her face; **jdm jeden Wunsch an** od **von den Augen ~** to anticipate sb's every wish

abliefern V̄T̄ (bei einer Person) to hand over (bei to); (bei einer Dienststelle) to hand in (bei to)

Ablöse F̄ (≈ Ablösesumme) transfer fee **ablösen** Ⓐ V̄T̄ **1** (≈ abmachen) to take off; (≈ tilgen) Schuld, Hypothek to pay off, to redeem **2** (≈ ersetzen) Wache to relieve; Kollegen to take over from Ⓑ V̄R̄ **1** (≈ abgehen) to come off **2** (a. **einander ablösen**) to take turns **Ablösesumme** F̄ SPORT transfer fee **Ablösung** F̄ **1** (von Hypothek, Schuld) paying off, redemption **2** (≈ Wache) relief; (≈ Entlassung) replacement; **er kam als ~** he came as a replacement

ABM abk von Arbeitsbeschaffungsmaßnahme

abmachen V̄T̄ **1** (umg ≈ entfernen) to take off **2** (≈ vereinbaren) to agree (on); **wir haben abgemacht, dass wir uns um drei Uhr treffen** we arranged to meet at three o'clock; → abgemacht **Abmachung** F̄ agreement

abmagern V̄Ī to get thinner, to lose weight (🔴 Schreibung mit einem „o"); → abgemagert

abmahnen V̄T̄ (form) to caution **Abmahnung** F̄ (form) caution

abmalen V̄T̄ (≈ abzeichnen) to paint

Abmarsch M̄ departure **abmarschbereit** ADJ ready to move off **abmarschieren** V̄Ī to move off

abmelden Ⓐ V̄T̄ **1** Zeitungen etc to cancel; Telefon to have disconnected; **sein Auto ~** to take one's car off the road **2** (umg) **abgemeldet sein** SPORT to be outclassed; **er/sie ist bei mir abgemeldet** I don't want anything to do with him/her Ⓑ V̄R̄ **sich bei jdm ~** to tell sb that one is leaving; **sich bei einem Verein ~** to cancel one's membership of a club **Abmeldung** F̄ (von Zeitungen etc) cancellation; (von Telefon) disconnection; (beim Einwohnermeldeamt) cancellation of one's registration

abmessen V̄T̄ to measure **Abmessung** F̄ measurement; (≈ Ausmaß) dimension

abmontieren V̄T̄ Räder, Teile to take off (von etw sth)

abmühen V̄R̄ to struggle (away)

abmurksen V̄T̄ (umg) **jdn ~** to do sb in (umg)

abnabeln Ⓐ V̄T̄ **ein Kind ~** to cut a baby's umbilical cord Ⓑ V̄R̄ to cut oneself loose

abnagen V̄T̄ to gnaw off; Knochen to gnaw

Abnäher M̄ dart

Abnahme F̄ **1** (≈ Wegnahme) removal **2** (≈ Verringerung) decrease (+gen in) **3** (von Neubau, Fahrzeug etc) inspection **4** HANDEL purchase; **gute ~ finden** to sell well **abnehmbar** ADJ remov-

753 ABRU **A**

able, detachable **abnehmen** **A** V̄T̄ **1** (≈ *herunternehmen*) to take off, to remove; *Hörer* to pick up; *Vorhang, Bild, Wäsche* to take down; *Bart* to take *od* shave off; (≈ *amputieren*) to amputate; KART *Karte* to take from the pile **2** (≈ *an sich nehmen*) **jdm etw ~** to take sth from sb; (*fig*) *Arbeit, Sorgen* to relieve sb of sth **3** (≈ *wegnehmen*) to take away (*jdm* from sb); (≈ *rauben, abgewinnen*) to take (*jdm off* sb) **4** (≈ *begutachten*) to inspect; (≈ *abhalten*) *Prüfung* **5** (≈ *abkaufen*) to buy (+*dat* from, off) **6** *Fingerabdrücke* to take **7** (*fig umg* ≈ *glauben*) to buy (*umg*); **dieses Märchen nimmt dir keiner ab!** (*umg*) nobody will buy that tale! (*umg*) **B** V̄Ī **1** (≈ *sich verringern*) to decrease; (*Aufmerksamkeit*) to flag; (*Mond*) to wane; (**an Gewicht**) **~** to lose weight (❶ Schreibung to einem „o") **2** TEL to answer **Abnehmer(in)** M̄F̄Ī HANDEL buyer, customer; **viele/wenige ~ finden** to sell well/badly
Abneigung F̄ dislike (*gegen* of); (≈ *Widerstreben*) aversion (*gegen* to)
abnicken V̄T̄ (*umg*) **etw ~** to nod sth through
abnorm, abnormal **A** ĀD̄J̄ abnormal **B** ĀD̄V̄ abnormally
abnutzen, (*bes südd, österr, schweiz*) **abnützen** V̄T̄ & V̄Ī to wear out; → abgenutzt **Abnutzung** F̄, (*bes südd, österr, schweiz*) **Abnützung** F̄ wear (and tear)
Abo N̄ (*umg*) *abk von* Abonnement **Abonnement** N̄ subscription; THEAT season ticket **Abonnent(in)** M̄F̄Ī THEAT season-ticket holder **abonnieren** V̄T̄ to subscribe to; THEAT to have a season ticket for
abordnen V̄T̄ to delegate **Abordnung** F̄ delegation
abpacken V̄T̄ to pack
abpassen V̄T̄ **1** (≈ *abwarten*) *Gelegenheit, Zeitpunkt* to wait for; (≈ *ergreifen*) to seize **2** (≈ *auf jdn warten*) to catch; (≈ *jdm auflauern*) to waylay
abpfeifen V̄T̄ SPORT **das Spiel ~** to blow the whistle for the end of the game **Abpfiff** M̄ SPORT final whistle
abprallen V̄Ī (*Ball*) to bounce off; (*Kugel*) to ricochet (off); **an jdm ~** (*fig*) to make no impression on sb; (*Beleidigungen*) to bounce off sb
abrackern V̄R̄ (*umg*) to struggle; **sich für jdn ~**

to slave away for sb
abrasieren V̄T̄ to shave off
abraten V̄T̄ & V̄Ī **jdm (von) etw ~** to advise sb against sth
abräumen **A** V̄T̄ *Geschirr, Frühstück* to clear up *od* away; **den Tisch ~** to clear the table **B** V̄Ī **1** (≈ *den Tisch abräumen*) to clear up **2** (*umg* ≈ *sich bereichern, erfolgreich sein*) to clean up
abreagieren **A** V̄T̄ *Spannung, Wut* to work off **B** V̄R̄ to work it off
abrechnen **A** V̄Ī **1** (≈ *Kasse machen*) to cash up **2 mit jdm ~** to settle up with sb; (*fig*) to settle the score with sb **B** V̄T̄ (≈ *abziehen*) to deduct **Abrechnung** F̄ **1** (≈ *Aufstellung*) statement (*über +akk* for); (≈ *Rechnung*) bill, invoice; (*fig* ≈ *Rache*) revenge **2** (≈ *Abzug*) deduction
abregen V̄R̄ (*umg*) **reg dich ab!** cool it! (*umg*), take it easy! (*umg*)
Abreise F̄ departure (*nach* for); **bei der ~** on departure **abreisen** V̄Ī to leave (*nach* for) **Abreisetag** M̄ day of departure
abreißen **A** V̄T̄ to tear *od* rip off; *Plakat* to tear *od* rip down; *Gebäude* to pull down **B** V̄Ī to tear *od* come off; (*fig* ≈ *unterbrochen werden*) to break off
abrichten V̄T̄ (≈ *dressieren*) to train
abriegeln V̄T̄ *Tür* to bolt; *Straße, Gebiet* to seal *od* cordon off
abringen V̄T̄ **jdm etw ~** to wring sth out of sb; **sich** (*dat*) **ein Lächeln ~** to force a smile
Abriss M̄ **1** (≈ *Abbruch*) demolition **2** (≈ *Übersicht*) outline, summary
Abruf M̄ **sich auf ~ bereithalten** to be ready to be called (for); **etw auf ~ bestellen/kaufen** HANDEL to order/buy sth (to be delivered) on call **abrufbar** ĀD̄J̄ **1** IT *Daten* retrievable **2** FIN ready on call **3** (*fig*) accessible **abrufen** V̄T̄ **1** HANDEL to request delivery of **2** *Daten, Informationen* to call up, to retrieve
abrunden V̄T̄ (*wörtl, fig*) to round off; **eine Zahl nach oben/unten ~** to round a number up/down
abrupt **A** ĀD̄J̄ abrupt **B** ĀD̄V̄ abruptly
abrüsten V̄T̄ & V̄Ī MIL, POL to disarm **Abrüstung** F̄ MIL, POL disarmament **Abrüstungsgespräche** P̄L̄ disarmament talks *pl*
abrutschen V̄Ī (≈ *abgleiten*) to slip; (*nach unten*)

▶ Abneigungen	dislikes
Ich mag Montage nicht.	**I** don't like Mondays.
Ich mag es nicht, wenn man mich anstarrt.	**I** don't like being stared at.
Ich mach mir nicht besonders viel aus Würstchen.	**I'm** not very keen on sausages.
Ich kann Leute nicht ertragen, die endlos reden.	**I** can't stand people who never stop talking.

SPRACHGEBRAUCH ◀

A ABS 754

to slip down; (Wagen) to skid; (Leistungen) to go downhill

ABS N̄ AUTO *abk* von **Antiblockiersystem** ABS

Abs. *abk* von **Absatz, Absender**

absacken V̄ī (≈ sinken) to sink; (Flugzeug, Blutdruck) to drop, to fall; (umg ≈ verkommen) to go to pot (umg)

Absage F̄ refusal; **jdm/einer Sache eine ~ erteilen** to reject sb/sth **absagen** A V̄T̄ Veranstaltung, Besuch to cancel B V̄ī to cry off (Br), to cancel; **jdm ~** to tell sb that one can't come

absägen V̄T̄ **1** (≈ abtrennen) to saw off **2** (fig umg) to chuck od sling out (umg)

absahnen (fig umg) A V̄T̄ Geld to rake in B V̄ī (in Bezug auf Geld) to clean up (umg)

Absatz M̄ **1** (≈ Abschnitt) paragraph; JUR section **2** (≈ Schuhabsatz) heel **3** (≈ Verkauf) sales pl **Absatzgebiet** N̄ sales area **Absatzlage** F̄ sales situation **Absatzmarkt** M̄ market **Absatzrückgang** M̄ decline od decrease in sales **Absatzsteigerung** F̄ increase in sales

absaugen V̄T̄ to suck out od off; Teppich, Sofa to hoover® (Br), to vacuum

abschaben V̄T̄ to scrape off

abschaffen V̄T̄ **1** Gesetz, Regelung to abolish **2** (≈ nicht länger halten) to get rid of; Auto etc to give up **Abschaffung** F̄ (von Gesetz, Regelung) abolition

abschalten A V̄T̄ to switch off B V̄ī (fig) to unwind

abschätzen V̄T̄ to assess **abschätzig** A ADJ disparaging B ADV disparagingly; **sich ~ über jdn äußern** to make disparaging remarks about sb

abschauen V̄T̄ (südd, österr, schweiz) to copy; **etw bei** od **von jdm ~** to copy sth from sb

Abschaum M̄ scum

Abscheu M̄ repulsion (vor +dat at); **vor jdm/ etw ~ haben** od **empfinden** to loathe od detest sb/sth **abscheulich** A ADJ atrocious, loathsome; (umg) awful, terrible (umg) B ADV behandeln, zurichten atrociously; **das tut ~ weh** it hurts terribly

abschicken V̄T̄ to send

abschieben V̄T̄ **1** (≈ ausweisen) to deport **2** (fig) Verantwortung, Schuld to push od shift (auf +akk onto) **Abschiebung** F̄ (≈ Ausweisung) deportation

Abschied M̄ farewell, parting; **von jdm/etw ~ nehmen** to say goodbye to sb/sth; **beim ~ meinte er, ...** as he was leaving he said ... **Abschiedsbrief** M̄ farewell letter **Abschiedsgeschenk** N̄ (für Kollegen etc) leaving present; (für Freund) going-away present **Abschiedskuss** M̄ goodbye kiss

abschießen V̄T̄ to fire; Pfeil to shoot (off); Rakete to launch; Flugzeug, Pilot to shoot down

abschlachten V̄T̄ to slaughter

abschlaffen V̄ī (umg) to flag; → **abgeschlafft**

Abschlag M̄ **1** (≈ Preisnachlass) reduction; (≈ Abzug) deduction **2** (≈ Zahlung) part payment (auf +akk of) **3** GOLF tee-off **abschlagen** V̄T̄ **1** (mit Hammer etc) to knock off; (≈ herunterschlagen) to knock down **2** (≈ablehnen) to refuse; **jdm etw ~** to refuse sb sth **3** (a. v/i, GOLF) to tee off **abschlägig** A ADJ negative; **~er Bescheid** rejection; (bei Sozialamt, Kredit etc) refusal B ADV **jdn/etw ~ bescheiden** (form) to turn sb/sth down **Abschlag(s)zahlung** F̄ part payment

abschleifen V̄T̄ to grind down; Holz, Holzboden to sand (down)

Abschleppdienst M̄ breakdown od recovery service **abschleppen** V̄T̄ **1** Fahrzeug, Schiff to tow; (Behörde) to tow away **2** (umg) Menschen to drag along; (≈ aufgaben) to pick up (umg) **Abschleppseil** N̄ towrope **Abschleppwagen** M̄ breakdown truck od lorry (Br), wrecker (truck) US

abschließbar ADJ (≈ verschließbar) lockable **abschließen** A V̄T̄ **1** (≈ zuschließen) to lock **2** (≈ beenden) to bring to a close; Kursus to complete; **sein Studium ~** to graduate **3** (≈ vereinbaren) Geschäft, Vertrag to conclude; Versicherung to take out; Wette to place **4** (HANDEL ≈ abrechnen) Bücher to balance; Konto to settle B V̄ī **1** (≈ zuschließen) to lock up **2** (≈ Schluss machen) to finish, to end; **mit der Vergangenheit ~** to break with the past **abschließend** A ADJ concluding B ADV in conclusion **Abschluss** M̄ **1** (≈ Beendigung) end; UNIV degree; **zum ~ möchte ich ... finally** od to conclude I would like ...; **etw zum ~ bringen** to finish sth **2** (≈ Vereinbarung) conclusion; (von Wette) placing; (von Versicherung) taking out **3** (HANDEL: der Bücher) balancing; (von Konto) settlement **Abschlussball** M̄ (von Tanzkurs) final ball **Abschlussfeier** F̄ (in der Schule) prize od speech day (Br), commencement (US) **Abschlussprüfung** F̄ (SCHULE, UNIV) final exam **Abschlusszeugnis** N̄ SCHULE leaving certificate (Br), diploma (US)

abschmecken V̄T̄ (≈ kosten) to taste; (≈ würzen) to season

abschminken A V̄T̄ **1** Gesicht, Haut to remove the make-up from **2** (umg ≈ aufgeben) **sich** (dat) **etw ~** to get sth out of one's head B V̄R̄ to take off od remove one's make-up

abschnallen V̄ī (sl ≈ nicht mehr folgen können) to give up

abschneiden A V̄T̄ (wörtl, fig) to cut off; **jdm die Rede** od **das Wort ~** to cut sb short B

755 | **ABSO** **A**

$\overline{\text{VI}}$ **bei etw gut/schlecht ~** (umg) to come off well/badly in sth

Abschnitt $\overline{\text{M}}$ section; MATH segment; MIL sector, zone; (≈ Zeitabschnitt) period; (≈ Kontrollabschnitt) counterfoil

abschöpfen $\overline{\text{VT}}$ to skim off; (fig) Kaufkraft to absorb; **den Gewinn ~** to siphon off the profits

abschotten $\overline{\text{VR}}$ **sich gegen etw ~** (fig) to cut oneself off from sth

abschrauben $\overline{\text{VT}}$ to unscrew

abschrecken $\boxed{\text{A}}$ $\overline{\text{VT}}$ $\boxed{1}$ (≈ fernhalten) to deter, to put off; (≈ verjagen) to scare off $\boxed{2}$ GASTR to rinse with cold water $\boxed{\text{B}}$ $\overline{\text{VI}}$ (Strafe) to act as a deterrent **abschreckend** $\overline{\text{ADJ}}$ (≈ warnend) deterrent; **ein ~es Beispiel** a warning **Abschreckung** $\overline{\text{F}}$ MIL deterrence

abschreiben $\boxed{\text{A}}$ $\overline{\text{VT}}$ $\boxed{1}$ (≈ kopieren) to copy out; (≈ plagiieren, SCHULE) to copy (bei, von from) $\boxed{2}$ HANDEL to deduct; (≈ im Wert mindern) to depreciate $\boxed{3}$ (≈ verloren geben) to write off; **er ist bei mir abgeschrieben** I'm through od finished with him $\boxed{\text{B}}$ $\overline{\text{VI}}$ SCHULE to copy **Abschreibung** $\overline{\text{F}}$ HANDEL deduction; (≈ Wertverminderung) depreciation **Abschrift** $\overline{\text{F}}$ copy

abschürfen $\overline{\text{VT}}$ to graze **Abschürfung** $\overline{\text{F}}$ (≈ Wunde) graze

Abschuss $\overline{\text{M}}$ firing; (von Pfeil) shooting; (von Rakete) launch(ing); **jdn zum ~ freigeben** (fig) to throw sb to the wolves **abschüssig** $\overline{\text{ADJ}}$ sloping **Abschussliste** $\overline{\text{F}}$ (umg) **jdn auf die ~ setzen** to put sb on the hit list (umg) **Abschussrampe** $\overline{\text{F}}$ launch(ing) pad

abschütteln $\overline{\text{VT}}$ (wörtl, fig) to shake off

abschwächen $\boxed{\text{A}}$ $\overline{\text{VT}}$ to weaken; Behauptung, Formulierung, Kontrast to tone down; Stoß, Eindruck to soften $\boxed{\text{B}}$ $\overline{\text{VR}}$ to drop od fall off; (METEO: Hoch, Tief) to disperse; (BÖRSE: Kurse) to weaken **Abschwächung** $\overline{\text{F}}$ weakening; (von Behauptung, Formulierung) toning down; (von Eindruck) softening; (METEO: von Hoch, Tief) dispersal

abschweifen $\overline{\text{VI}}$ to stray; **er schweifte vom Thema ab** he wandered off the subject

abschwellen $\overline{\text{VI}}$ to go down; (Lärm) to die away

abschwören $\overline{\text{VI}}$ to renounce (+dat sth); **dem Alkohol ~** (umg) to give up drinking

Abschwung $\overline{\text{M}}$ HANDEL downward trend

absegnen $\overline{\text{VT}}$ (umg) Vorschlag, Plan to give one's blessing to

absehbar $\overline{\text{ADJ}}$ foreseeable; **in ~er/auf ~e Zeit** in/for the foreseeable future **absehen** $\boxed{\text{A}}$ $\overline{\text{VT}}$ (≈ voraussehen) to foresee; **das Ende lässt sich noch nicht ~** the end is not yet in sight $\boxed{\text{B}}$ $\overline{\text{VI}}$ **davon ~, etw zu tun** to refrain from doing sth; → abgesehen

abseilen $\overline{\text{VR}}$ (Bergsteiger) to abseil (down) (Br), to

rappel (US); (fig umg) to skedaddle (umg)

abseits $\boxed{\text{A}}$ $\overline{\text{ADV}}$ to one side; SPORT offside $\boxed{\text{B}}$ $\overline{\text{PRÄP}}$ +gen away from; **~ des Weges** off the beaten track **Abseits** $\overline{\text{N}}$ SPORT offside; **im ~ stehen** to be offside; **ins politische ~ geraten** to end up on the political scrapheap **Abseitsfalle** $\overline{\text{F}}$ offside trap **abseitsstehen** $\overline{\text{VI}}$ (fig) to be on the outside; SPORT to be offside **Abseitstor** $\overline{\text{N}}$ offside goal

absenden $\overline{\text{VT}}$ to send **Absender(in)** $\overline{\text{MF}}$ sender

▶ **Absender**

Auf einem Briefumschlag, einem Paket o. Ä. steht vor der Absenderadresse meist **From: ...**, seltener **Sender:**

SPRACHGEBRAUCH ◀

Absenz $\overline{\text{F}}$ (SCHULE: österr, schweiz) absence

abservieren $\overline{\text{VT}}$ (umg) **jdn ~** to get rid of sb; (SPORT sl ≈ besiegen) to thrash sb (umg)

absetzbar $\overline{\text{ADJ}}$ Ware saleable; **steuerlich ~** tax-deductible **absetzen** $\boxed{\text{A}}$ $\overline{\text{VT}}$ $\boxed{1}$ (≈ abnehmen) to take off, to remove; (≈ hinstellen) to set od put down $\boxed{2}$ (≈ aussteigen lassen) to drop $\boxed{3}$ Theaterstück, Oper to take off; Versammlung, Termin to cancel $\boxed{4}$ (≈ entlassen) to dismiss; König, Kaiser to depose $\boxed{5}$ MED Medikament, Tabletten to come off; Behandlung to discontinue $\boxed{6}$ HANDEL Waren to sell; **sich gut ~ lassen** to sell well $\boxed{7}$ (≈ abziehen) to deduct; **das kann man (von der Steuer) ~** that is tax-deductible $\boxed{\text{B}}$ $\overline{\text{VR}}$ (umg ≈ weggehen) to get od clear out (aus of) (umg); **sich nach Brasilien ~** to clear off to Brazil (umg) **Absetzung** $\overline{\text{F}}$ $\boxed{1}$ (≈ Entlassung) dismissal; (von König) deposition $\boxed{2}$ (von Theaterstück etc) withdrawal; (von Termin etc) cancellation

absichern $\boxed{\text{A}}$ $\overline{\text{VT}}$ to safeguard; Bauplatz to make safe; (≈ schützen) to protect $\boxed{\text{B}}$ $\overline{\text{VR}}$ (≈ sich schützen) to protect oneself; (≈ sich versichern) to cover oneself

Absicht $\overline{\text{F}}$ (≈ Vorsatz) intention; (≈ Zweck) purpose; JUR intent; **die ~ haben, etw zu tun** to intend to do sth; **das war doch keine ~!** (umg) it wasn't deliberate od intentional **absichtlich** $\boxed{\text{A}}$ $\overline{\text{ADJ}}$ deliberate $\boxed{\text{B}}$ $\overline{\text{ADV}}$ deliberately **Absichtserklärung** $\overline{\text{F}}$ declaration of intent

absinken $\overline{\text{VI}}$ to fall; (Boden) to subside

absitzen $\boxed{\text{A}}$ $\overline{\text{VT}}$ (≈ verbringen) Zeit to sit out; (≈ verbüßen) Strafe to serve $\boxed{\text{B}}$ $\overline{\text{VI}}$ (vom Pferd) ~ to dismount (from a horse)

absolut $\boxed{\text{A}}$ $\overline{\text{ADJ}}$ absolute $\boxed{\text{B}}$ $\overline{\text{ADV}}$ absolutely; **ich sehe ~ nicht ein, warum ...** I just don't understand why ...

Absolvent(in) $\overline{\text{MF}}$ UNIV graduate; **die ~en**

eines Lehrgangs the students who have completed a course **absolvieren** _VT_ (≈ _durchlaufen_) _Studium, Probezeit_ to complete; _Schule_ to finish, to graduate from (_US_); _Prüfung_ to pass

absondern **A** _VT_ **1** (≈ _isolieren_) to separate; (≈ _ausscheiden_) to secrete **B** _VR_ (_Mensch_) to cut oneself off

absorbieren _VT_ to absorb

abspalten _VT & VR_ to split off; CHEM to separate (off)

Abspann _M_ TV, FILM final credits _pl_

absparen _VT_ **sich** (_dat_) **etw vom Munde ~** to scrimp and save for sth

abspecken (_umg_) **A** _VT_ to shed **B** _VI_ to lose weight (❶ _Schreibung mit einem „o"_)

abspeichern _VT Daten_ to save, to store (away)

abspeisen _VT_ **jdn mit etw ~** to fob sb off with sth (_bes Br_)

abspenstig _ADJ_ **jdm jdn/etw ~ machen** to lure sb/sth away from sb; **jdm die Freundin ~ machen** to steal sb's girlfriend (_umg_)

absperren _VT_ **1** (≈ _abriegeln_) to block _od_ close off **2** (≈ _abdrehen_) _Wasser, Strom, Gas etc_ to turn _od_ shut off **3** (≈ _verschließen_) to lock **Absperrung** _F_ (≈ _Sperre_) barrier; (≈ _Kordon_) cordon

abspielen **A** _VT_ to play; SPORT _Ball_ to pass **B** _VR_ (≈ _sich ereignen_) to happen; (≈ _stattfinden_) to take place

absplittern _VI_ (_Farbe_) to drip off; (_fig: Gruppe_) to break away

Absprache _F_ arrangement **absprechen** **A** _VT_ **1** **jdm etw ~** _Recht_ to deny _od_ refuse sb sth; _Begabung_ to deny _od_ dispute sb's sth **2** (≈ _verabreden_) _Termin_ to arrange **B** _VR_ **sich mit jdm ~** to make an arrangement with sb; **die beiden hatten sich vorher abgesprochen** they had agreed on what to do/say _etc_ in advance

abspringen _VI_ **1** to jump down (_von_ from); FLUG to jump (_von_ from); (_bei Gefahr_) to bale out **2** (≈ _sich lösen_) to come off **3** (_fig umg_ ≈ _sich zurückziehen_) to get out **Absprung** _M_ jump (_a._ FLUG)

abspülen **A** _VT_ to rinse; _Fett etc_ to rinse off **B** _VI_ to wash the dishes

abstammen _VI_ to be descended (_von_ from); LING to be derived (_von_ from) **Abstammung** _F_ descent; LING origin, derivation **Abstammungslehre** _F_ theory of evolution

Abstand _M_ distance; (≈ _Zeitabstand_) interval; (≈ _Punktabstand_) gap; **mit ~** by far; **~ halten** to keep one's distance; **mit großem ~ führen/gewinnen** to lead/win by a wide margin; **davon ~ nehmen, etw zu tun** to refrain from doing sth

abstatten _VT_ (_form_) **jdm einen Besuch ~** to pay sb a visit

abstauben _VT & VI_ **1** _Möbel etc_ to dust **2** (_umg_) (≈ _wegnehmen_) to pick up

Abstecher _M_ (≈ _Ausflug_) excursion, trip

abstecken _VT_ **1** _Gelände_ to mark out; (_fig_) to work out **2** _Kleid, Naht_ to pin

abstehen _VI_ (≈ _entfernt stehen_) to stand away; **~de Ohren** ears that stick out; → abgestanden

Absteige _F_ (_umg_) cheap hotel **absteigen** _VI_ **1** (≈ _heruntersteigen_) to get off (_von etw_ sth) **2** (≈ _abwärtsgehen_) to make one's way down; (_bes Bergsteiger_) to climb down; **auf dem ~den Ast sein** (_umg_) to be going downhill **3** (_obs_, SPORT: _Mannschaft_) to be relegated **Absteiger** _M_ SPORT relegated team

abstellen _VT_ **1** (≈ _hinstellen_) to put down **2** (≈ _unterbringen_) to put; (AUTO ≈ _parken_) to park **3** (≈ _ausrichten auf_) **etw auf jdn/etw ~** to gear sth to sb/sth **4** (≈ _abdrehen_) to turn off; _Geräte, Licht_ to switch _od_ turn off; _Gas, Strom_ to cut off; _Telefon_ to disconnect **5** (≈ _unterbinden_) _Mangel, Unsitte etc_ to bring to an end **Abstellgleis** _N_ siding; **jdn aufs ~ schieben** (_fig_) to push _od_ cast sb aside **Abstellkammer** _F_ boxroom **Abstellplatz** _M_ (_für Auto_) parking space

abstempeln _VT_ to stamp; _Post_ to postmark

Abstieg _M_ descent; (≈ _Niedergang_) decline; **vom ~ bedroht** SPORT threatened by relegation

abstimmen **A** _VI_ to take a vote; **über etw** (_akk_) **~ lassen** to put sth to the vote **B** _VT_ _Farben, Kleidung_ to match (_auf +akk_ with); _Termine_ to coordinate (_auf +akk_ with); (_aufeinander_) **abgestimmt** _Pläne, Strategien_ mutually agreed **C** _VR_ **sich ~** to come to an agreement **Abstimmung** _F_ **1** (≈ _Stimmabgabe_) vote; **eine ~ durchführen** _od_ **vornehmen** to take a vote **2** (_von Terminen_) coordination

abstinent _ADJ_ teetotal **Abstinenz** _F_ abstinence

Abstoß _M_ FUSSB goal kick **abstoßen** _VT_ **1** (≈ _wegstoßen_) _Boot_ to push off _od_ out; (≈ _abschlagen_) _Ecken_ to knock off **2** (≈ _zurückstoßen_) to repel; HANDEL _Ware, Aktien_ to sell off; MED _Organ_ to reject; (_fig_ ≈ _anwidern_) to repulse, to repel; **dieser Stoff stößt Wasser ab** this material is water-repellent **abstoßend** _ADJ_ repulsive; **~ aussehen/riechen** to look/smell repulsive **Abstoßung** _F_ PHYS repulsion; (MED: _von Organ_) rejection

abstottern _VT_ (_umg_) to pay off

abstrahieren _VT & VI_ to abstract (_aus_ from)

abstrahlen _VT_ to emit

abstrakt _ADJ_ abstract **Abstraktion** _F_ abstraction

abstreifen _VT_ _Schuhe, Füße_ to wipe; _Schmutz_ to wipe off; _Kleidung, Schmuck_ to take off; _Haut_ to

757 ‖ ABWE A

cast, to shed; *(fig) Gewohnheit, Fehler* to get rid of
abstreiten V̄T̄ (≈ *leugnen*) to deny
Abstrich M̄ **1** (≈ *Kürzung*) cutback; **~e machen**
to cut back *(an +dat* on) **2** MED swab; (≈ *Gebärmut-*
terabstrich) smear
abstrus *(geh)* ADJ abstruse
abstufen V̄T̄ *Gelände* to terrace; *Farben* to shade;
Gehälter, Steuern, Preise to grade
abstumpfen A V̄I (*fig: Geschmack etc)* to become
dulled B V̄T̄ *Menschen, Sinne* to deaden; *Gewissen,*
Urteilsvermögen to dull; → abgestumpft
Absturz M̄ crash; (*sozial)* ruin; (*von Politiker etc)*
downfall; IT crash **abstürzen** V̄I **1** (*Flugzeug,*
Computer) to crash; (*Bergsteiger)* to fall **2** (*umg: so-*
zial) to go to ruin **3** (*sl ≈ betrunken werden)* to go on
a bender *(Br umg)*, to go on a binge *(umg)* **4** IT to
crash
abstützen A V̄T̄ to support *(a. fig)* B V̄R̄ to sup-
port oneself
absuchen V̄T̄ to search
absurd ADJ absurd **Absurdität** F̄ absurdity
abtasten V̄T̄ to feel; ELEK to scan
abtauchen V̄I **1** (*U-Boot)* to dive **2** (*umg)* to go
underground
abtauen A V̄T̄ to thaw out; *Kühlschrank* to de-
frost B V̄I to thaw
Abtei F̄ abbey
Abteil N̄ compartment **abteilen** V̄T̄ (≈ *eintei-*
len) to divide up **Abteilung** F̄ department; (*in*
Krankenhaus) section; MIL unit, section **Abtei-**
lungsleiter(in) M̄F̄ head of department
abtippen V̄T̄ to type up
abtragen V̄T̄ **1** *(a. v/i) Geschirr, Speisen* to clear
away **2** *Boden, Gelände* to level **3** *Kleider, Schuhe*
to wear out; → abgetragen **abträglich**
ADJ *Bemerkung, Kritik etc* unfavourable *(Br)*, unfa-
vorable *(US)*; **einer Sache** *(dat)* **~ sein** to be det-
rimental *od* harmful to sth
Abtransport M̄ transportation **abtrans-**
portieren V̄T̄ *Waren* to transport; *Personen* to
take away
abtreiben A V̄T̄ *Kind* to abort B V̄I **1** **(vom**
Kurs) ~ to be carried off course **2** (≈ *Abort vor-*
nehmen lassen) to have an abortion **Abtrei-**
bung F̄ abortion **Abtreibungsbefür-**
worter(in) M̄F̄ pro-abortionist **Abtrei-**
bungsgegner(in) M̄F̄ anti-abortionist,
pro-lifer *(umg)* **Abtreibungsklinik** F̄ abor-
tion clinic
abtrennen V̄T̄ **1** (≈ *lostrennen)* to detach; *Knöpfe,*
Besatz etc to remove; *Bein, Finger etc (durch Unfall)* to
sever **2** (≈ *abteilen)* to separate off
abtreten A V̄T̄ **1** (≈ *überlassen (jdm* to sb)) *Rechte,*
Summe to transfer *(jdm* to sb) **2** *Teppich* to wear;
sich *(dat)* **die Füße** *od* **Schuhe ~** to wipe one's
feet B V̄I THEAT to go off (stage); MIL to dis-

miss; (*umg ≈ zurücktreten)* to resign **Abtretung**
F̄ transfer *(an +akk* to)
abtrocknen V̄T̄ & V̄I to dry
abtrünnig ADJ renegade; (≈ *rebellisch)* rebel
abtun V̄T̄ (*fig ≈ beiseiteschieben)* to dismiss; **etw**
kurz ~ to brush sth aside; → abgetan
abtupfen V̄T̄ *Tränen, Blut* to dab away; *Wunde* to
swab
abwählen V̄T̄ to vote out (of office); SCHULE
Fach to give up
abwälzen V̄T̄ *Schuld, Verantwortung* to shift *(auf*
+akk onto); *Arbeit* to unload *(auf +akk* onto); *Kosten*
to pass on *(auf +akk* to)
abwandeln V̄T̄ to modify
abwandern V̄I to move (away) *(aus* from); (*Ka-*
pital) to be transferred *(aus* out of)
Abwärme F̄ waste heat
Abwart(in) M̄F̄ *(schweiz)* concierge, caretaker
abwarten A V̄T̄ to wait for; **das Gewitter ~** to
wait till the storm is over; **das bleibt abzuwar-**
ten that remains to be seen B V̄I to wait; **eine**
~de Haltung einnehmen to adopt a policy of
wait-and-see
abwärts ADV down; **den Fluss/Berg ~** down
the river/mountain **abwärtsgehen** V̄I UN-
PERS (*fig)* **mit ihm/dem Land geht es abwärts**
he/the country is going downhill **Abwärts-**
trend M̄ downwards trend
Abwasch M̄ **den ~ machen** to wash the
dishes; **… dann kannst du das auch machen,**
das ist (dann) ein ~ *(umg)* … then you could do
that as well and kill two birds with one stone
abwaschbar ADJ *Tapete* washable **abwa-**
schen A V̄T̄ *Gesicht, Geschirr* to wash; *Farbe,*
Schmutz to wash off B V̄I to wash the dishes
Abwasser N̄ sewage (❗ kein pl) **Abwas-**
serkanal M̄ sewer
abwechseln V̄I & V̄R̄ to alternate; **sich mit**
jdm ~ to take turns with sb **abwechselnd**
ADV alternately; **er war ~ fröhlich und traurig**
he alternated between being happy and sad
Abwechslung F̄ change; (≈ *Zerstreuung)* di-
version; **zur ~** for a change **abwechs-**
lungsreich ADJ varied
Abweg M̄ (*fig)* **auf ~e geraten** *od* **kommen** to
go astray **abwegig** ADJ absurd
Abwehr F̄ **1** BIOL, PSYCH, MED, SPORT de-
fence *(Br)*, defense *(US)*; **der ~ von etw dienen**
to give protection against sth **2** (≈ *Spionageab-*
wehr) counterintelligence (service) **abweh-**
ren A V̄T̄ *Gegner* to fend off; *Angriff, Feind* to re-
pulse; *Flugzeug, Rakete* to repel; *Ball* to clear; *Schlag*
to parry; *Gefahr, Krise* to avert B V̄I SPORT to
clear; (*Torwart)* to save **Abwehrkräfte** P̄L̄
PHYSIOL (the body's) defences *pl (Br) od* defens-
es *pl (US)* **Abwehrmechanismus** M̄ PSYCH

A ABWE | 758

defence (Br) od defense (US) mechanism **Abwehrrakete** F̲ anti-aircraft missile **Abwehrspieler(in)** M̲/F̲ defender

abweichen V̲I̲ (≈ sich unterscheiden) to differ; **vom Kurs ~** to deviate od depart from one's course; **vom Thema ~** to digress **abweichend** A̲D̲J̲ differing **Abweichler(in)** M̲/F̲ deviant **Abweichung** F̲ (von Kurs etc) deviation; (≈ Unterschied) difference

abweisen V̲T̲ to turn down; (≈ wegschicken) to turn away; J U R Klage to dismiss

abwenden A̲ V̲T̲ 1̲ (≈ verhindern) to avert 2̲ (≈ zur Seite wenden) to turn away B̲ V̲R̲ to turn away

abwerben V̲T̲ to woo away (+dat from)

abwerfen A̲ V̲T̲ to throw off; Reiter to throw; Bomben, Flugblätter etc to drop; Geweih, Blätter, Nadeln to shed; K A R T to throw away; S P O R T Ball, Speer to throw; H A N D E L Gewinn, Zinsen to yield B̲ V̲I̲ F U S S B to throw

abwerten V̲T̲ to devalue; Ideale, Sprache, Kultur to debase **abwertend** A̲D̲J̲ derogatory, pejorative **Abwertung** F̲ devaluation; (fig) debasement

abwesend A̲D̲J̲ absent; Blick absent-minded; **die Abwesenden** the absentees **Abwesenheit** F̲ absence; **durch ~ glänzen** (iron) to be conspicuous by one's absence **Abwesenheitsnotiz** F̲ (in E-Mail) out-of-office reply

abwickeln V̲T̲ 1̲ (≈ abspulen) to unwind; Verband to take off 2̲ (fig ≈ erledigen) to deal with; Geschäft to conclude; (H A N D E L ≈ liquidieren) to wind up **Abwicklung** F̲ (≈ Erledigung) completion, conclusion; (H A N D E L ≈ Liquidation) winding up

abwiegen V̲T̲ to weigh out

abwimmeln V̲T̲ (umg) jdn to get rid of (umg)

abwinken V̲I̲ (umg) (abwehrend) to wave it/him etc aside; (fig ≈ ablehnen) to say no

abwirtschaften V̲I̲ (umg) to go downhill; → abgewirtschaftet

abwischen V̲T̲ to wipe off od away; Hände, Nase etc to wipe; Augen, Tränen to dry

Abwurf M̲ throwing off; (von Bomben etc) dropping; **ein ~ vom Tor** a goal throw

abwürgen V̲T̲ (umg) to scotch; Motor to stall

abzahlen V̲T̲ to pay off

abzählen V̲T̲ to count

Abzahlung F̲ 1̲ repayment 2̲ (≈ Ratenzahlung) hire purchase (Br), HP (Br), installment plan (US)

abzapfen V̲T̲ to tap, to draw (off)

Abzeichen N̲ badge; M I L insignia pl

abzeichnen A̲ V̲T̲ 1̲ (≈ abmalen) to draw 2̲ (≈ signieren) to initial B̲ V̲R̲ (≈ sichtbar sein) to stand out; (fig) (≈ deutlich werden) to emerge; (≈ drohend bevorstehen) to loom

Abziehbild N̲ transfer

abziehen A̲ V̲T̲ 1̲ Tier to skin; Fell, Haut to re-

move 2̲ Bett to strip; Bettzeug to strip off 3̲ Schlüssel to take out 4̲ (≈ zurückziehen) Truppen, Kapital to withdraw 5̲ (≈ subtrahieren) Zahlen to take away; Steuern to deduct; **2 Euro vom Preis ~** to take 2 euros off the price 6̲ F O T O Bilder to make prints of B̲ V̲I̲ 1̲ (Rauch, Dampf) to escape; (Sturmtief etc) to move away 2̲ (Soldaten) to pull out (aus of); **zieh ab!** (umg) beat it! (umg)

abzielen V̲I̲ **auf etw** (akk) **~** (Mensch) to aim at sth; (in Rede) to get at sth

abzischen V̲I̲ (umg ≈ abhauen) to beat it (umg)

Abzocke F̲ (umg) ~ **sein** to be a rip-off (umg) **abzocken** V̲T̲ (umg) **jdn ~** to rip sb off (umg)

Abzug M̲ 1̲ (von Truppen, Kapital etc) withdrawal 2̲ (meist pl: vom Lohn etc) deduction; (≈ Rabatt) discount; **ohne ~** H A N D E L net terms only 3̲ T Y P O copy; (≈ Korrekturfahne) proof; F O T O print 4̲ (am Gewehr) trigger **abzüglich** P̲R̲Ä̲P̲ +gen H A N D E L minus, less **Abzugshaube** F̲ extractor hood

abzweigen A̲ V̲I̲ to branch off B̲ V̲T̲ (umg) to put on one side **Abzweigung** F̲ turn-off; (≈ Gabelung) fork

ach I̲N̲T̲ oh; **~ nein!** oh no!; (überrascht) no!, really!; **~ nein, ausgerechnet der!** well, well, him of all people!; **~ so!** I see!, aha!; (≈ ja richtig) of course!; **~ was** od **wo!** of course not **Ach** N̲ **mit ~ und Krach** (umg) by the skin of one's teeth (umg)

Achillesferse F̲ Achilles heel **Achillessehne** F̲ Achilles tendon

Achse F̲ axis; T E C H axle; **auf (der) ~ sein** (umg) to be out (and about)

Achsel F̲ shoulder; **die ~n** od **mit den ~n zucken** to shrug (one's shoulders) **Achselhöhle** F̲ armpit **Achselshirt** N̲ (umg) sleeveless t-shirt, tank top (US) **Achselzucken** N̲ shrug **achselzuckend** A̲D̲V̲ **er stand ~ da** he stood there shrugging his shoulders

Achsenkreuz N̲ MATH coordinate system

acht N̲U̲M̲ eight; **in ~ Tagen** in a week('s time); **heute/morgen in ~ Tagen** a week today/tomorrow; **heute vor ~ Tagen war ich ...** a week ago today I was ...; → vier

Acht¹ F̲ eight

Acht² F̲ **sich in ~ nehmen** to be careful, to take care; **etw außer ~ lassen** to leave sth out of consideration; **~ geben;** → achtgeben

achtbar A̲D̲J̲ Gesinnung, Person worthy; Firma reputable; Platzierung respectable

Achteck N̲ octagon **achteckig** A̲D̲J̲ octagonal, eight-sided **Achtel** N̲ eighth; → Viertel¹

Achtelfinale N̲ round before the quarterfinal; **ein Platz im ~** a place in the last sixteen **Achtelnote** F̲ quaver

achten A̲ V̲T̲ to respect; → geachtet B̲ V̲I̲ **auf**

etw (akk) ~ to pay attention to sth; **auf die Kinder** ~ to keep an eye on the children; **darauf** ~, **dass ...** to be careful that ...
ächten V/T HIST to outlaw; (fig) to ostracize
Achter M̲ RUDERN eight **achte(r, s)** ADJ eighth; → vierte(r, s) **Achterbahn** F̲ roller coaster
achtgeben V/I to take care (auf +akk of); (≈ aufmerksam sein) to pay attention (auf +akk to)
achthundert NUM eight hundred **achtjährig** ADJ 1 (acht Jahre alt) eight-year-old attr; **ein ~es Kind** an eight-year-old child, a child of eight 2 (acht Jahre dauernd) eight-year attr; **~es Gymnasium** high-school education at a Gymnasium lasting eight rather than the traditional nine years
achtlos A ADJ careless, thoughtless B ADV durchblättern casually; wegwerfen thoughtlessly; sich verhalten carelessly
achtstufig ADJ **~es Gymnasium** → achtjähriges Gymnasium **Achtstundentag** M̲ eight-hour day **achttägig** ADJ week-long **Achtung** F̲ 1 (≈ Vorsicht) ~! watch od look out!; (MIL: Befehl) attention!; ~, ~! (your) attention please!; „Achtung Stufe!" "mind the step"; ~, **fertig, los!** ready, steady od get set, go! 2 (≈ Wertschätzung) respect (vor +dat for); **sich** (dat) ~ **verschaffen** to make oneself respected; **alle ~!** good for you/him etc!
achtzehn NUM eighteen **achtzig** NUM eighty; **auf ~ sein** (umg) to be livid; → vierzig
ächzen V/I to groan (vor +dat with)
Acker M̲ (≈ Feld) field **Ackerbau** M̲ agriculture, arable farming; ~ **betreiben** to farm the land; ~ **und Viehzucht** farming **Ackerland** N̲ arable land **ackern** V/I (umg) to slog away (umg)
a conto ADV HANDEL on account
Acryl N̲ acrylic **Acrylglas** N̲ acrylic glass
Actionfilm M̲ action film
a. D. abk von außer Dienst ret(d)
ad absurdum ADV ~ **führen** to reduce to absurdity
ADAC abk von Allgemeiner Deutscher Automobil-Club ≈ AA (Br), ≈ AAA (US)
ad acta ADV **etw** ~ **legen** (fig) Frage, Problem to consider sth closed
Adamsapfel M̲ (umg) Adam's apple
Adapter M̲ adapter, adaptor
adäquat A ADJ adequate; Stellung, Verhalten suitable B ADV adequately
addieren V/I to add **Addition** F̲ addition
Adel M̲ nobility **adeln** V/T to ennoble; (≈ den Titel „Sir" verleihen) to knight **Adelstitel** M̲ title
Ader F̲ BOT, GEOL vein; PHYSIOL blood vessel; **eine/keine** ~ **für etw haben** to have feeling/

no feeling for sth **Aderlass** M̲ blood-letting
ad hoc ADV (geh) ad hoc
Adjektiv N̲ adjective **adjektivisch** A ADJ adjectival B ADV adjectivally
Adler M̲ eagle **Adlerauge** N̲ (fig) eagle eye; **~n haben** to have eyes like a hawk **Adlernase** F̲ aquiline nose
adlig ADJ ~ **sein** to be of noble birth **Adlige(r)** M/F(M) nobleman/-woman
Admiral(in) M/F admiral
adoptieren V/T to adopt **Adoption** F̲ adoption **Adoptiveltern** PL adoptive parents pl **Adoptivkind** N̲ adopted child
Adrenalin N̲ adrenalin **Adrenalinstoß** M̲ surge of adrenalin
Adressat(in) M/F addressee **Adressbuch** N̲ directory; (privat) address book **Adresse** F̲ address (❗ Vorsicht, zwei „d"); **da sind Sie bei mir an der falschen** ~ (umg) you've come to the wrong person **Adressenverwaltung** F̲ IT address filing system **Adressenverzeichnis** N̲ IT address list **adressieren** V/T to address (an +akk to) (❗ Vorsicht, zwei „d")
Adria F̲ Adriatic (Sea)
Advent M̲ Advent; **erster/vierter** ~ first/fourth Sunday in Advent; **im** ~ at Advent **Adventskalender** M̲ Advent calendar **Adventskranz** M̲ Advent wreath

▶ **Advent**

Der Advent wird in den englischsprachigen Ländern nicht gefeiert. Aber der Adventskalender (**Advent calendar**) ist ebenso verbreitet wie bei uns.

LANDESKUNDE ◀

Adverb N̲ adverb **adverbial** A ADJ adverbial B ADV adverbially
Advokat(in) M/F (schweiz) lawyer
Aerobic N̲ aerobics sg
aerodynamisch A ADJ aerodynamic B ADV aerodynamically
Affäre F̲ affair; **sich aus der** ~ **ziehen** (umg) to get (oneself) out of it (umg)
Affe M̲ 1 monkey; (≈ Menschenaffe) ape 2 (sl ≈ Kerl) clown (umg); **ein eingebildeter** ~ a conceited ass (umg)
Affekt M̲ emotion; **im** ~ **handeln** to act in the heat of the moment **Affekthandlung** F̲ act committed under the influence of emotion **affektiert** (pej) A ADJ affected B ADV affectedly **Affektiertheit** F̲ affectation
affenartig ADJ **mit** ~**er Geschwindigkeit** (umg) like greased lightning (umg) **Affenhitze**

F (umg) sweltering heat (⚠ kein a) (umg) **Affenliebe F** blind adoration (zu of) **Affentempo N** (umg) breakneck (Br) od neck-breaking (US) speed (umg) **Affentheater N** (umg) carry-on (umg), fuss **Affenzahn M** (umg) → **Affentempo affig** (umg) **ADJ** (≈ eitel) stuck-up (umg), (≈ geziert) affected; (≈ lächerlich) ridiculous **Äffin F** female monkey; (≈ Menschenäffin) female ape

Afghane M, Afghanin F Afghan **afghanisch ADJ** Afghan **Afghanistan N** Afghanistan

Afrika N Africa **Afrikaner(in) M/F** African **afrikanisch ADJ** African

Aftershave N aftershave

AG F abk von Aktiengesellschaft ≈ plc (Br), ≈ corp. (US), ≈ inc. (US)

Ägäis F Aegean (Sea) **ägäisch ADJ** Aegean

Agent(in) M/F agent; (≈ Spion) secret agent **Agentur F** agency

Aggregat N GEOL aggregate; TECH unit, set of machines **Aggregatzustand M** state **Aggression F** aggression (gegen towards) **aggressiv A ADJ** aggressive **B ADV** aggressively **Aggressivität F** aggressivity

agieren VI to act

Agitation F POL agitation **agitatorisch** POL **ADJ** agitational; Rede, Inhalt inflammatory; **sich ~ betätigen** to be an agitator **agitieren VI** to agitate

Agrarpolitik F agricultural policy

Ägypten N Egypt **Ägypter(in) M/F** Egyptian **ägyptisch ADJ** Egyptian

aha INT aha; (verstehend auch) I see **Aha-Effekt M** aha effect **Aha-Erlebnis N** sudden insight

ahnden VT Übertretung, Verstoß to punish

ähneln VI +dat to resemble; **sich** od **einander** (geh) **~** to be alike od similar

ahnen VT to foresee; Gefahr, Tod to have a premonition of; (≈ vermuten) to suspect; (≈ erraten) to guess; **das kann ich doch nicht ~!** I couldn't be expected to know that!; **nichts Böses ~** to be unsuspecting; **(ach), du ahnst es nicht!** (umg) would you believe it! (umg)

Ahnenforschung F genealogy **Ahnengalerie F** ancestral portrait gallery (⚠ Vorsicht, zwei „l")

ähnlich A ADJ similar (+dat to); **~ wie er/sie** like him/her; **~ wie vor 10 Jahren** as 10 years ago; **sie sind sich ~** they are similar od alike; **(etwas) Ähnliches** something similar **B ADV ~ kompliziert/intelligent** just as complicated/intelligent; **ich denke ~** I feel the same way (about it); **jdm ~ sehen** to resemble sb; **C PRÄP** +dat similar to, like **Ähnlichkeit F** similarity (mit to) **ähnlichsehen VI das sieht ihm ähnlich!** (umg) that's just like him!

Ahnung F ① (≈ Vorgefühl) presentiment; (düster) premonition ② (≈ Vorstellung, Wissen) idea; (≈ Vermutung) suspicion, hunch; **eine ~ von etw vermitteln** to give an idea of sth; **keine ~!** (umg) no idea! (umg); **hast du eine ~, wo er sein könnte?** have you any idea where he could be? **ahnungslos A ADJ** (≈ nichts ahnend) unsuspecting; (≈ unwissend) clueless (umg) **B ADV** unsuspectingly

Ahorn M maple

Ähre F (≈ Getreideähre) ear

Aids N Aids **Aidshilfe F** Aids centre (Br), Aids center (US) **aidsinfiziert ADJ** Aids-infected, infected with Aids **aidskrank ADJ** suffering from Aids **Aidskranke(r) M/F(M)** Aids sufferer **Aidstest M** Aids test **Aidstote(r) M/F(M)** person/man/woman who died of Aids; **2000 ~ pro Jahr** 2000 Aids deaths per year

Aikido N aikido

Airbag M AUTO airbag

Akademie F academy; (≈ Fachschule) college, school **Akademiker(in) M/F** (≈ Hochschulabsolvent) (university) graduate; (≈ Universitätslehrkraft) academic **akademisch ADJ** academic; **die ~e Jugend** (the) students pl; **~ gebildet sein** to have (had) a university education

Akazie F acacia

akklimatisieren VR to become acclimatized (in +dat to)

Akkord M ① MUS chord ② (≈ Stücklohn) piece rate; **im ~ arbeiten** to do piecework **Akkordarbeit F** piecework **Akkordarbeiter(in) M/F** pieceworker

Akkordeon N accordion

Akkordlohn M piece wages pl, piece rate

akkreditieren VT Botschafter, Journalisten to accredit (bei to, at)

Akku M (umg) abk von Akkumulator **Akkumulator M** accumulator **akkumulieren VT, VI, VR** to accumulate

akkurat A ADJ precise **B ADV** precisely, exactly

Akkusativ M accusative **Akkusativobjekt N** accusative object

Akne F acne

akribisch (geh) **A ADJ** meticulous, precise **B ADV** meticulously

Akrobat(in) M/F acrobat **akrobatisch ADJ** acrobatic

Akronym N acronym

Akt M ① act; (≈ Zeremonie) ceremony ② (KUNST ≈ Aktbild) nude ③ (≈ Geschlechtsakt) sexual act **Aktbild N** nude (picture od portrait)

Akte F file; **etw zu den ~n legen** to file sth

away; (fig) Fall etc to drop sth **Aktendeckel** M̲
folder **Aktenkoffer** M̲ attaché case **akten-
kundig** A̲D̲J̲ on record; **~ werden** to be put
on record **Aktenmappe** F̲ (≈ Tasche) brief-
case; (≈ Umschlag) folder, file **Aktennotiz** F̲
memo(randum) **Aktenordner** M̲ file **Ak-
tenschrank** M̲ filing cabinet **Aktenta-
sche** F̲ briefcase **Aktenzeichen** N̲ refer-
ence

Aktfoto N̲ nude (photograph)

Aktie F̲ share; **die ~n fallen/steigen** share
prices are falling/rising; **wie stehen die ~n?**
(hum umg) how are things? **Aktienfonds** M̲
equity fund **Aktiengesellschaft** F̲ ≈ public
limited company (Br), ≈ corporation (US), ≈ in-
corporated company (US) **Aktienindex** M̲
F̲I̲N̲ share index **Aktienkapital** N̲ share
capital **Aktienkurs** M̲ share price **Aktien-
markt** M̲ stock market

Aktion F̲ action; (≈ Kampagne) campaign; (≈ Wer-
beaktion) promotion; **in ~ treten** to go into ac-
tion

Aktionär(in) M̲F̲ shareholder, stockholder
(bes US)

Aktionsradius M̲ F̲L̲U̲G̲, S̲C̲H̲I̲F̲F̲ range, radi-
us; (fig ≈ Wirkungsbereich) scope (for action)

aktiv A̲ A̲D̲J̲ active; W̲I̲R̲T̲S̲C̲H̲ Bilanz positive B̲
A̲D̲V̲ actively; **sich ~ an etw** (dat) **beteiligen**
to take an active part in sth **Aktiv** N̲ G̲R̲A̲M̲
active **Aktiva** P̲L̲ assets pl **aktivieren** V̲T̲
N̲A̲T̲ to activate; (fig) Mitarbeiter to get moving
Aktivist(in) M̲F̲ activist **Aktivität** F̲ activity
Aktivkohlefilter M̲ activated carbon filter
Aktivposten M̲ (wörtl, fig) asset **Aktivur-
laub** M̲ activity holiday (bes Br) od vacation (US)
aktualisieren V̲T̲ to make topical; Datei to up-
date **Aktualität** F̲ topicality **aktuell** A̲D̲J̲
Thema topical; Problem, Theorie current; Mode, Stil
latest attr; **von ~er Bedeutung** of relevance
to the present situation; **eine ~e Sendung** a
current affairs programme (Br) od program (US)

▶ **aktuell ≠ actual**

aktuell	=	**topical, current,**
		the latest
actual	=	eigentliche(r, s);
		tatsächliche(r, s)

FALSCHE FREUNDE ◀

Akupressur F̲ acupressure **akupunktie-
ren** V̲T̲ to acupuncture **Akupunktur** F̲ ac-
upuncture

Akustik F̲ (von Gebäude etc) acoustics pl **akus-
tisch** A̲ A̲D̲J̲ acoustic B̲ A̲D̲V̲ acoustically; **ich
habe dich rein ~ nicht verstanden** I simply

didn't catch what you said (properly)

akut A̲ A̲D̲J̲ (M̲E̲D̲, fig) acute B̲ A̲D̲V̲ acutely

AKW N̲ abk von Atomkraftwerk

Akzent M̲ accent; (≈ Betonung, fig) stress; **den ~
auf etw** (akk) **legen** to stress sth **akzentfrei**
A̲D̲J̲, A̲D̲V̲ without any od an accent

akzeptabel A̲D̲J̲ acceptable **Akzeptanz** F̲
acceptance **akzeptieren** V̲T̲ to accept

Alabaster M̲ alabaster

Alarm M̲ alarm; **~ schlagen** to give od raise od
sound the alarm **Alarmanlage** F̲ alarm sys-
tem **Alarmbereitschaft** F̲ alert; **in ~ sein**
od **stehen** to be on the alert **alarmieren** V̲T̲
Polizei etc to alert; (fig ≈ beunruhigen) to alarm; **~d**
(fig) alarming **Alarmstufe** F̲ alert stage
Alarmzustand M̲ alert; **im ~ sein** to be
on the alert

Alaska N̲ Alaska

Albaner(in) M̲F̲ Albanian **Albanien** N̲ Alba-
nia **albanisch** A̲D̲J̲ Albanian

Albatros M̲ albatross (❗ Schreibung!)

albern A̲ A̲D̲J̲ silly, stupid; **~es Zeug** (silly) non-
sense B̲ A̲D̲V̲ klingen silly; **sich ~ benehmen** to
act silly C̲ V̲I̲ to fool around **Albernheit** F̲ 1̲
(≈ albernes Wesen) silliness 2̲ (≈ Tat) silly prank; (≈
Bemerkung) inanity

Albino M̲ albino

Albtraum M̲ nightmare

Album N̲ album

Alge F̲ alga

Algebra F̲ algebra **algebraisch** A̲D̲J̲ alge-
braic(al)

Algenteppich M̲ algae slick

Algerien N̲ Algeria **Algerier(in)** M̲F̲ Algeri-
an **algerisch** A̲D̲J̲ Algerian

alias A̲D̲V̲ alias, also od otherwise known as

Alibi N̲ (J̲U̲R̲, fig) alibi **Alibifrau** F̲ token wom-
an **Alibifunktion** F̲ **~ haben** (fig) to be used
as an alibi

Alimente P̲L̲ maintenance sg

alkalisch A̲D̲J̲ alkaline

Alki M̲ (sl) alkie (umg)

Alkohol M̲ alcohol; **unter ~ stehen** to be un-
der the influence (of alcohol od drink) **alko-
holabhängig** A̲D̲J̲ alcohol-dependent; **~
sein** to be an alcoholic **alkoholarm** A̲D̲J̲
low in alcohol (content) **Alkoholeinfluss**
M̲ influence of alcohol; **unter ~** under the in-
fluence of alcohol **alkoholfrei** A̲D̲J̲ nonalco-
holic **Alkoholgehalt** M̲ alcohol(ic) content
alkoholhaltig A̲D̲J̲ alcoholic **Alkoholi-
ker(in)** M̲F̲ alcoholic **alkoholisch** A̲D̲J̲ alco-
holic **alkoholisiert** A̲D̲J̲ (≈ betrunken) inebriat-
ed **Alkoholismus** M̲ alcoholism **Alkohol-
konsum** M̲ consumption of alcohol **Alko-
holkontrolle** F̲ roadside breath test **alko-**

holkrank ADJ alcoholic; **~ sein** to be an alcoholic **Alkoholmissbrauch** M alcohol abuse **Alkoholproblem** N **er hat ein ~** he's got a drink problem *od* a drinking problem (US) **Alkoholspiegel** M **jds ~** the level of alcohol in sb's blood **alkoholsüchtig** ADJ addicted to alcohol **Alkoholsünder(in)** M(F) (*umg*) drunk(en) driver **Alkoholtest** M breath test **Alkoholverbot** N ban on alcohol **Alkoholvergiftung** F alcohol(ic) poisoning

All N NAT, RAUMF space (❗ ohne Artikel)

allabendlich ADJ (which takes place) every evening; **der ~e Spaziergang** the regular evening walk

alle A PRON → alle(r, s) B ADV (*umg*) all gone; **die Milch ist ~** there's no milk left; **etw/jdn ~ machen** (*umg*) to finish sth/sb off **alledem** PRON **trotz ~** in spite of all that

Allee F avenue

▶ **Allee ≠ alley**

Allee	=	avenue
alley	=	Gasse; Weg

FALSCHE FREUNDE ◀

Allegorie F allegory
allein A ADJ alone; (≈ *einsam*) lonely; **von ~ by** oneself/itself; **auf sich** (*akk*) **~ angewiesen sein** to be left to cope on one's own B ADV (≈ *nur*) alone; **~ schon der Gedanke** the very *od* mere thought ...; → **alleinerziehend, alleinstehend alleinerziehend** ADJ Mutter, Vater single **Alleinerziehende(r)** M/F(M) single parent **Alleingang** M **etw im ~ machen** to do sth on one's own **alleinig** ADJ sole, only **Alleinsein** N being on one's own (❗ kein the), solitude; (≈ *Einsamkeit*) loneliness **alleinstehend** ADJ living alone *od* on one's own **Alleinstehende(r)** M/F(M) single person **Alleinunterhalter(in)** M(F) solo entertainer **Alleinverdiener(in)** M(F) sole (wage) earner

allemal ADV every *od* each time; (≈ *ohne Schwierigkeit*) without any problem; → **Mal²**
allenfalls ADV (≈ *nötigenfalls*) if need be; (≈ *höchstens*) at most; (≈ *bestenfalls*) at best
aller- (*zur Verstärkung*) by far
alle(r, s) A INDEF PR ▮ all; **~ Schüler müssen mindestens neun Jahre in die Schule gehen** all schoolchildren have to go to school for at least nine years; **~ Schüler unserer Schule** all the pupils at our school (❗ Im Englischen sagt man **all**, wenn absolut alle gemeint sind, **all the**, wenn es sich um alle Mitglieder einer

bestimmten Gruppe handelt.); **~ Anwesenden/Beteiligten/Betroffenen** all those present/taking part/affected; **ich habe ~ Schallplatten verschenkt** I've given away all my records; **trotz ~r Mühe** in spite of every effort; **ohne ~n Grund** for no reason at all ▮ **alles** *sg* everything; **das ~s** all that; **~s Schöne** everything beautiful; (**ich wünsche dir**) **~s Gute** (I wish you) all the best; **~s in ~m** all in all; **trotz ~m** in spite of everything; **über ~s** above all else; (≈ *mehr als alles andere*) more than anything else; **vor ~m** above all; **das ist ~s** that's all, that's it (*umg*); **das ist ~s andere als ...** that's anything but ...; **was soll das ~s?** what's all this supposed to mean?; **was er (nicht) ~s weiß/kann!** the things he knows/can do! ▮ **alle** PL all; **die haben mir ~ nicht gefallen** I didn't like any of them; **~ beide** both of them; **sie kamen ~** all of them came; **~ fünf Minuten** every five minutes B ADV → **alle**

allerbeste(r, s) ADJ very best; **der/die/das Allerbeste** the best of all **allerdings** ADV (*einschränkend*) though; **~!** (most) certainly! **allererste(r, s)** ADJ very first

Allergen N MED allergen **Allergie** F MED allergy; (*fig*) aversion (*gegen* to); **eine ~ gegen etw haben** to be allergic to sth (*a. fig hum*) **Allergiepass** M allergy ID **Allergietest** M allergy test **Allergiker(in)** M(F) person suffering from an allergy **allergisch** A ADJ (MED, *fig*) allergic (*gegen* to) B ADV **auf etw** (*akk*) **~ reagieren** to have an allergic reaction to sth

allerhand ADJ all kinds of things; **das ist ~!** (*zustimmend*) that's quite something!; **das ist ja** *od* **doch ~!** (*empört*) that's too much! **Allerheiligen** N All Saints' Day **allerhöchstens** ADV at the very most **allerlei** ADJ all sorts of kinds of **allerletzte(r, s)** ADJ very last; (≈ *allerneueste*) very latest; **der/das ist (ja) das Allerletzte** (*umg*) he's/it's the absolute end! (*umg*) **allerliebste(r, s)** ADJ (≈ *Lieblings-*) most favourite *attr* (*Br*) *od* favorite *attr* (*US*) **allermeiste(r, s)** ADJ most ... of all **allerneueste(r, s)** ADJ very latest **Allerseelen** N All Souls' Day **allerseits** ADV on all sides; **guten Abend ~!** good evening everybody **Allerwelts-** (≈ *Durchschnitts-*) ordinary; (≈ *nichtssagend*) general **allerwenigste(r, s)** ADJ least ... of all; (*pl*) fewest of all, fewest ... of all

alles INDEF PR → **alle(r, s)**
allesamt ADV all (of them/us *etc*), to a man
Alleskleber M all-purpose adhesive *od* glue
Allesschneider M food-slicer
allgemein A ADJ general; Feiertag public; Regelungen, Wahlrecht universal; Wehrpflicht compulso-

763 ║ ALTE **A**

ry; **im Allgemeinen** in general, generally; **im ~en Interesse** in the common interest; **von ~em Interesse** of general interest **B** ADV generally; (≈ *ausnahmslos von allen*) universally; **es ist ~ bekannt** it's common knowledge; **~ verständlich** generally intelligible; **~ verbreitet** widespread; **~ zugänglich** open to all; → allgemeinbildend **Allgemeinbefinden** N̄ general condition **allgemeinbildend** ADJ providing (a) general education **Allgemeinbildung** F̄ general education **Allgemeingut** N̄ (*fig*) common property **Allgemeinheit** F̄ (≈ *Öffentlichkeit*) general public **Allgemeinmedizin** F̄ general medicine **Allgemeinmediziner(in)** M̄/F̄ MED ≈ general practitioner, ≈ GP, ≈ family practitioner (*US*) **allgemeinverständlich** ADJ → allgemein **Allgemeinwissen** N̄ general knowledge **Allgemeinwohl** N̄ public welfare
Allheilmittel N̄ cure-all
Allianz F̄ **1** alliance **2** (≈ *NATO*) Alliance
Alligator M̄ alligator
alliiert ADJ allied; (*im 2. Weltkrieg*) Allied **Alliierte(r)** M̄/F(M̄) ally **alljährlich** **A** ADJ annual, yearly **B** ADV annually, yearly
allmächtig ADJ all-powerful; *Gott auch* almighty
allmählich **A** ADJ gradual **B** ADV gradually; **es wird ~ Zeit** (*umg*) it's about time
allmonatlich ADJ, ADV monthly
Allradantrieb M̄ AUTO four-wheel drive
Allround- all-round (*Br*), all-around (*US*)
allseitig ADJ (≈ *allgemein*) general; (≈ *ausnahmslos*) universal **allseits** ADV (≈ *überall*) everywhere; (≈ *in jeder Beziehung*) in every respect; **~ beliebt/unbeliebt** universally popular/unpopular
Alltag M̄ (*fig*) **im ~** in everyday life **alltäglich** ADJ daily; (≈ *üblich*) ordinary; **es ist ganz ~** it's nothing unusual **Alltags-** everyday
Allüren PL (≈ *geziertes Verhalten*) affectations *pl*; (*eines Stars etc*) airs and graces *pl*
allwissend ADJ omniscient
allwöchentlich **A** ADJ weekly **B** ADV every week
allzu ADV all too; **~ viele Fehler** far too many mistakes; **~ früh** far too early; **~ sehr** too much; *mögen* all too much; *sich ärgern, enttäuscht sein* too; **~ viel** too much; **~ viel ist ungesund** (*sprichw*) you can have too much of a good thing (*sprichw*)
Allzweckreiniger M̄ multipurpose cleaner
Alm F̄ alpine pasture
Almosen N̄ **1** (*geh* ≈ *Spende*) alms *pl* (*obs*) **2** (≈ *geringer Lohn*) pittance
Alp F̄ (≈ *Alm*) alpine pasture
Alpen PL Alps *pl* **Alpenland** N̄ alpine country

Alpenrose F̄ Alpine rose *od* rhododendron **Alpenveilchen** N̄ cyclamen **Alpenvorland** N̄ foothills *pl* of the Alps
Alphabet N̄ alphabet **alphabetisch** **A** ADJ alphabetical **B** ADV alphabetically **alphanumerisch** ADJ alphanumeric
alpin ADJ alpine (*a. SKI*) **Alpinist** M̄, **Alpinistin** F̄ alpinist
Alptraum M̄ → Albtraum
als KONJ **1** (*nach komp*) than; **ich kam später ~ er** I came later than he (did) *od* him **2** (*bei Vergleichen*) **so ... ~ ... als ...** as ... as ...; **so viel/so weit ~ möglich** as much/far as possible; **eher ... od lieber ... ~ ...** rather ... than; **alles andere ~** anything but **3** **~ ob ich das nicht wüsste!** as if I didn't know! **4** **damals, ~** (in the days) when; **gerade, ~** just as **5** **~ Beweis** as proof; **~ Antwort/Warnung** as an answer/a warning; **~ Kind/Mädchen** *etc* as a child/girl *etc*
also **A** KONJ (≈ *folglich*) so, therefore **B** ADV so; **~ doch** so ... after all; **du machst es ~?** so you'll do it then? **C** INT well; **~ doch!** so he/they *etc* did!; **na ~!** there you are!, you see?; **~ gut** *od* **schön** well all right then; **~ so was!** well (I never)!

▶ **also ≠ also**

also (*konj*)	=	**so, therefore**
also (*adv*)	=	auch, außerdem

FALSCHE FREUNDE ◀

Alsterwasser N̄ (*nordd*) shandy (*Br*), radler (*US*), beer and lemonade
alt ADJ **1** old; *Mythos, Griechen* ancient; *Sprachen* classical; **das ~e Rom** ancient Rome; **Alt und Jung** (everybody) old and young; **ein drei Jahre ~es Kind** a three-year-old child; **wie ~ bist du?** how old are you?; **hier werde ich nicht ~** (*umg*) this isn't my scene (*umg*); **in ~er Freundschaft, Dein ...** yours as ever ...; **~ aussehen** (*umg* ≈ *dumm dastehen*) to look stupid **2** (≈ *dieselbe, gewohnt*) same old
Alt¹ M̄ MUS alto
Alt² N̄ (≈ *Bier*) top-fermented German dark beer
Altar M̄ altar
altbacken ADJ **1** stale **2** (*fig*) old-fashioned **Altbau** M̄ old building **Altbauwohnung** F̄ flat (*Br*) *od* apartment in an old building **Altbundeskanzler(in)** M̄/F̄ former German/Austrian Chancellor **Alte** F̄ (≈ *alte Frau*) old woman; (*umg* ≈ *Vorgesetzte*) boss **Alteisen** N̄ scrap metal **Altenheim** N̄ old people's home **Altenhilfe** F̄ old people's welfare **Altenpfleger(in)** M̄/F̄ old people's nurse **Alte(r)** M̄ (≈ *alter Mann*) old man; (*umg* ≈ *Vorgesetzter*)

boss; **die ~n** (≈ *Eltern*) the folk(s) *pl* (*umg*) **Alter** N̄ age; **im ~** in one's old age; **in deinem ~** at your age; **er ist in deinem ~** he's your age; **im ~ von 18 Jahren** at the age of 18 **älter** ADJ older; (≈ *nicht ganz jung*) elderly; **die ~en Herrschaften** the older members of the party **altern** V̄I to age; (*Wein*) to mature; **~d** ageing **alternativ** ADJ alternative **Alternative** F̄ alternative **Alternativmedizin** F̄ alternative medicine

Altersarmut F̄ poverty in old age **altersbedingt** ADJ age-related **Altersbeschwerden** PL complaints *pl* of old age **Alterserscheinung** F̄ sign of old age **Altersgenosse** M̄, **Altersgenossin** F̄ contemporary **Altersgrenze** F̄ age limit; (≈ *Rentenalter*) retirement age **Altersgründe** PL **aus ~n** for reasons of age **Altersgruppe** F̄ age group **Altersheim** N̄ old people's home **Altersklasse** F̄ age group **Altersrente** F̄ old age pension **altersschwach** ADJ *Mensch* old and infirm; *Auto, Möbel etc* decrepit **Altersschwäche** F̄ (*von Mensch*) infirmity **Altersteilzeit** F̄ *semi-retirement* **Altersunterschied** M̄ age difference **Altersversorgung** F̄ provision for (one's) old age; **betriebliche ~** ≈ company pension scheme **Altersvorsorge** F̄ old-age provision

Altertum N̄ antiquity (❗ ohne Artikel) **altertümlich** ADJ (≈ *aus dem Altertum*) ancient; (≈ *veraltet*) antiquated

Ältestenrat M̄ council of elders **älteste(r, s)** ADJ oldest

Altglas N̄ waste glass **Altglascontainer** M̄ bottle bank **althergebracht** ADJ traditional; *Tradition* long-established

Altistin F̄ MUS alto

altjüngferlich ADJ old-maidish, spinsterish **Altkanzler(in)** M̄F̄ former chancellor **Altkleidersammlung** F̄ collection of old clothes; **etw in die ~ geben** to put sth in the old clothes collection **altklug** ADJ precocious **Altlast** F̄ (*Ökologie*) dangerous waste (*accumulated over the years*); (≈ *Fläche*) contaminated area; (*fig*) burden, inherited problem **Altmaterial** N̄ scrap **Altmetall** N̄ scrap metal **altmodisch** ADJ old-fashioned **Altöl** N̄ used oil **Altpapier** N̄ wastepaper **Altsein** N̄ being old (❗ ohne Artikel) **altsprachlich** ADJ classical; **~e Abteilung** classics department **Altstadt** F̄ old town

Altstimme F̄ MUS alto

Alt-Taste F̄ IT Alt key

Altweibersommer M̄ Indian summer

Aludose F̄ aluminium (*Br*) *od* aluminum (*US*) can, tin can **Alufolie** F̄ tin *od* kitchen foil

Aluminium N̄ aluminium (*Br*), aluminum (*US*)

Alzheimerkrankheit F̄ Alzheimer's (disease)

am PRÄP **er war am tapfersten** he was (the) bravest; **am seltsamsten war …** the strangest thing was …; (*als Zeitangabe*) on; **am letzten Sonntag** last Sunday; **am 8. Mai** on 8(th) May, on May 8(th) (❗ gesprochen **on the eighth of May**); **am Morgen/Abend** in the morning/evening

Amaryllis F̄ amaryllis

Amateur(in) M̄F̄ amateur **amateurhaft** ADJ amateurish

Ambiente N̄ (*geh*) ambience

Ambition F̄ ambition; **~en auf etw** (*akk*) **haben** to have ambitions of getting sth

Amboss M̄ anvil

ambulant A ADJ MED outpatient *attr*; **~e Patienten** outpatients B ADV **~ behandelt werden** (*Patient*) to be treated as an outpatient **Ambulanz** F̄ 1 (≈ *Klinikstation*) outpatient department 2 (≈ *Ambulanzwagen*) ambulance

Ameise F̄ ant **Ameisenbär** M̄ anteater; (*größer*) giant anteater **Ameisenhaufen** M̄ anthill

amen INT amen **Amen** N̄ amen; **das ist so sicher wie das ~ in der Kirche** (*sprichw*) you can bet your bottom dollar on that (*umg*)

Amerika N̄ America **Amerikaner(in)** M̄F̄ American **amerikanisch** ADJ American **Amerikanismus** M̄ Americanism

Ami M̄ (*umg*) Yank (*umg*)

Aminosäure F̄ amino acid

Ammann M̄ (*schweiz*) mayor

Ammenmärchen N̄ fairy tale *od* story

Amnestie F̄ amnesty **amnestieren** V̄T to grant an amnesty to

Amöbe F̄ amoeba

Amok M̄ **~ laufen** to run amok (*bes Br*) *od* amuck; **~ fahren** to drive like a madman *od* lunatic **Amokfahrt** F̄ mad *od* crazy ride **Amokschütze** M̄ crazed gunman

amortisieren V̄R to pay for itself

Ampel F̄ (≈ *Verkehrsampel*) (traffic) lights *pl* **Ampelphase** F̄ traffic light sequence

Amphetamin N̄ amphetamine

Amphibie F̄ ZOOL amphibian **Amphibienfahrzeug** N̄ amphibious vehicle

Ampulle F̄ (≈ *Behälter*) ampoule

Amputation F̄ amputation **amputieren** V̄T to amputate **Amputierte(r)** M̄F̄M̄ amputee

Amsel F̄ blackbird

Amt N̄ 1 (≈ *Stelle*) post (*Br*), position; (*öffentlich*) office; **von ~s wegen** (≈ *aufgrund von jds Beruf*)

because of one's job **2** (≈ *Aufgabe*) duty, task **3** (≈ *Behörde*) office; **zum zuständigen ~ gehen** to go to the relevant authority; **von ~s wegen** (≈ *auf behördliche Anordnung hin*) officially **amtieren** V̄Ī to be in office; **~d** incumbent; **der ~de Weltmeister** the reigning world champion; **er amtiert als Bürgermeister** he is acting mayor **amtlich** ADJ official; **~es Kennzeichen** registration (number), license number (*US*) **Amtsantritt** M̄ assumption of office **Amtsblatt** N̄ gazette **Amtsdauer** F̄ term of office **Amtsgeheimnis** N̄ (≈ *geheime Sache*) official secret; (≈ *Schweigepflicht*) official secrecy **Amtsgericht** N̄ ≈ county (*Br*) *od* district (*US*) court **Amtshandlung** F̄ official duty; **seine erste ~ bestand darin, …** the first thing he did in office was … **Amtshilfe** F̄ cooperation between authorities **Amtsmissbrauch** M̄ abuse of one's position **Amtsperiode** F̄ term of office **Amtsrichter(in)** M̄F̄ ≈ county (*Br*) *od* district (*US*) court judge **Amtsvorgänger(in)** M̄F̄ predecessor (in office) **Amtsweg** M̄ official channels *pl*; **den ~ beschreiten** to go through the official channels **Amtszeichen** N̄ TEL dialling tone (*Br*), dial tone (*US*) **Amtszeit** F̄ period of office **Amulett** N̄ amulet, charm **amüsant** **A** ADJ amusing **B** ADV amusingly **amüsieren** **A** V̄T to amuse; **was amüsiert dich denn so?** what do you find so amusing *od* funny? **B** V̄R to enjoy oneself; **sich über etw** (*akk*) **~** to find sth funny; (*unfreundlich*) to make fun of sth; **amüsiert euch gut** have fun **Amüsierviertel** N̄ nightclub district **an** **A** PRÄP +*dat* **1** (*räumlich: wo?*) at; (≈ *an etw dran*) on; **an der Tür/Wand** on the door/wall; **am Himmel** in the sky; **Frankfurt an der Oder** Frankfurt on (the) Oder; **zu nahe an etw stehen** to be too near to sth; **unten am Fluss** down by the river; **Haus an Haus** one house after the other; **an etw vorbeigehen** to go past sth **2** (*zeitlich*) on; **am Abend** in the evening; **an diesem Abend** (on) that evening; **am Tag zuvor** the day before, the previous day; → **am 3** (*fig*) **was haben Sie an Weinen da?** what wines do you have?; **unübertroffen an Qualität** unsurpassed in quality; **es ist an ihm, etwas zu tun** it's up to him to do something **B** PRÄP +*akk* **1** (*räumlich: wohin?*) to; **etw an die Wand/Tafel schreiben** to write sth on the wall/blackboard; **er ging ans Fenster** he went (over) to the window; **bis an mein Lebensende** to the end of my days **2** (*fig*) **ich habe eine Bitte/Frage an Sie** I have a request to make of you/a question to ask you; **an (und für) sich** actually **C** ADV **1** (≈ *ungefähr*) **an (die) hundert**

about a hundred **2** (*Ankunftszeit*) **Frankfurt an: 18.30 Uhr** arriving Frankfurt 18.30 **3 von heute an** from today onwards **4** (*umg* ≈ *angeschaltet, angezogen*) on; **Licht an!** lights on!; **ohne etwas an** with nothing on **Anabolikum** N̄ anabolic steroid **analog** **A** ADJ **1** analogous (+*dat, zu* to) **2** TEL analogue (*Br*), analog (*US*) **3** IT analog **B** ADV TEL, IT in analogue (*Br*) *od* analog format **Analogie** F̄ analogy **Analphabet(in)** M̄F̄ illiterate (person) **Analphabetismus** M̄ illiteracy **Analverkehr** M̄ anal intercourse **Analyse** F̄ analysis (*a.* PSYCH) **analysieren** V̄T to analyze **Analyst(in)** M̄F̄ BÖRSE investment analyst **Analytiker(in)** M̄F̄ analyst; (≈ *analytisch Denkender*) analytical thinker **analytisch** ADJ analytical **Anämie** F̄ anaemia (*Br*), anemia (*US*) **Ananas** F̄ pineapple **Anarchie** F̄ anarchy **Anarchist(in)** M̄F̄ anarchist **anarchistisch** ADJ anarchistic **Anästhesie** F̄ anaesthesia (*Br*), anesthesia (*US*) **Anästhesist(in)** M̄F̄ anaesthetist (*Br*), anesthesiologist (*US*) **Anatomie** F̄ anatomy **anatomisch** ADJ anatomical **anbahnen** **A** V̄T to initiate **B** V̄R (≈ *sich andeuten*) to be in the offing; (*Unangenehmes*) to be looming **Anbau¹** M̄ (≈ *Anpflanzung*) cultivation **Anbau²** M̄ (≈ *Nebengebäude*) extension **anbauen** V̄T **1** to cultivate; (≈ *anpflanzen*) to plant **2** BAU to add, to build on **Anbaufläche** F̄ (area of) cultivable land; (≈ *bebaute Ackerfläche*) area under cultivation **Anbaumöbel** P̄L unit furniture **Anbauschrank** M̄ cupboard unit **anbehalten** V̄T to keep on **anbei** ADV (*form*) enclosed; **~ schicken wir Ihnen …** please find enclosed … **anbeißen** **A** V̄Ī (*Fisch*) to bite; (*fig*) to take the bait **B** V̄T *Apfel etc* to bite into; **ein angebissener Apfel** a half-eaten apple; **sie sieht zum Anbeißen aus** (*umg*) she looks good enough to eat **anbeten** V̄T to worship **Anbetung** F̄ worship **Anbetracht** M̄ **in ~** (+*gen*) in consideration *od* view of **anbiedern** V̄R (*pej*) **sich (bei jdm) ~** to try to get pally (with sb) (*umg*) **anbieten** **A** V̄T to offer **B** V̄R (*Mensch*) to offer one's services; (*Gelegenheit*) to present itself **Anbieter(in)** M̄F̄ supplier **anbinden** V̄T (≈ *festbinden*) to tie (up) (*an* +*dat od akk* to); **jdn ~** (*fig*) to tie sb down; → **angebunden**

Anblick M sight; **beim ersten ~** at first sight (⚠ ohne **the**); **beim ~ des Hundes** when he *etc* saw the dog **anblicken** VT to look at **anblinzeln** VT **1** (≈ *blinzelnd ansehen*) to squint at **2** (≈ *zublinzeln*) to wink at

anbraten VT to brown; *Steak etc* to sear

anbrechen A VT *Packung, Flasche etc* to open; *Vorrat* to broach; *Ersparnisse* to break into; → **angebrochen** B VI (*Epoche etc*) to dawn; (*Nacht*) to fall; (*Jahreszeit*) to begin

anbrennen VI (*Essen*) to get burned; (*Stoff*) to get scorched; **nichts ~ lassen** (*umg*) (≈ *keine Zeit verschwenden*) to be quick; (≈ *sich nichts entgehen lassen*) not to miss out on anything; → **angebrannt**

anbringen VT **1** (≈ *befestigen*) to fix, to fasten (*an +dat* (on)to); (≈ *aufstellen, aufhängen*) to put up **2** (≈ *äußern*) to make (*bei* to); *Kenntnisse, Wissen* to display; *Argument* to use; → **angebracht 3** (≈ *hierherbringen*) to bring (with one)

Anbruch M (*geh* ≈ *Anfang*) beginning; (*von Zeitalter, Epoche*) dawn(ing)

anbrüllen VT (*umg: Mensch*) to shout *od* bellow at

Andacht F (≈ *Gottesdienst*) prayers *pl* **andächtig** A ADJ **1** (*im Gebet*) in prayer **2** (≈ *versunken*) rapt B ADV (≈ *inbrünstig*) raptly

andauern VI to continue; (≈ *anhalten*) to last **andauernd** A ADJ (≈ *ständig*) continuous; (≈ *anhaltend*) continual B ADV constantly

Anden PL Andes *pl*

Andenken N **1** memory; **zum ~ an jdn** in memory of sb **2** (≈ *Reiseandenken*) souvenir (*an +akk* of); (≈ *Erinnerungsstück*) memento (*an +akk* from)

anderenfalls ADV otherwise **andere(r, s)** A UNBEST PRON (*adjektivisch*) **1** different; (≈ *weiterer*) other; **das machen wir ein ~s Mal** we'll do that another time; **er ist ein ~r Mensch geworden** he is a changed *od* different man **2** (≈ *folgend*) next, following B INDEF PR **1** (≈ *Ding*) **ein ~r** a different one; (≈ *noch einer*) another one; **etwas ~s** something else; (*jedes, in Fragen*) anything else; **alle ~n** all the others; **ja, das ist etwas ~s** yes, that's a different matter; **das ist etwas ganz ~s** that's something quite different; **nichts ~s** nothing else; **nichts ~s als ...** nothing but ...; **es blieb mir nichts ~s übrig, als selbst hinzugehen** I had no alternative but to go myself; **alles ~** (≈ *alle anderen Dinge*) everything else; **alles ~ als zufrieden** anything but pleased; **unter ~m** among other things; **von einem Tag zum ~n** overnight; **eines besser als das ~** each one better than the next **2** (≈ *Person*) **ein ~r/eine ~** a different person; (≈ *noch einer*) another person; **es war kein ~r**

als ... it was none other than ...; **niemand ~s** no-one else; **jemand ~s** (*südd*) somebody else; (*in Fragen*) anybody else; **die ~n** the others; **einer nach dem ~n** one after the other **andererseits** ADV on the other hand **andermal** ADV **ein ~** some other time

ändern A VT to change; *Kleidungsstück* to alter; **das ist nicht zu ~** nothing can be done about it; **das ändert nichts an der Tatsache, dass ...** that doesn't alter the fact that ... B VR to change; **wenn sich das nicht ändert ...** if things don't improve ...

anders ADV **1** (≈ *sonst*) else; **jemand ~** somebody else; (*in Fragen*) anybody else; **niemand ~** nobody else **2** (≈ *verschieden*) differently; (≈ *andersartig*) different (*als* to); **~ als jd aussehen** to look different from sb; **~ ausgedrückt** in other words; **sie ist ~ geworden** she has changed; **es geht nicht ~** there's no other way; **ich kann nicht ~** (≈ *kann es nicht lassen*) I can't help it; (≈ *muss leider*) I have no choice; **es sich** (*dat*) **~ überlegen** to change one's mind **andersartig** ADJ different **Andersdenkende(r)** M/F(M) person of a different opinion; (≈ *Dissident*) dissident, dissenter **andersgeartet** ADJ **~ sein als jd** to be different from *od* to sb **andersgläubig** ADJ **~ sein** to have a different faith **andersherum** ADV the other way (a)round **anderslautend** ADJ contrary **anderswo** ADV elsewhere **anderswohin** ADV elsewhere

anderthalb NUM one and a half; **~ Stunden** an hour and a half

Änderung F change; (*an Kleidungsstück, Gebäude*) alteration (*an +dat* to)

anderweitig A ADJ other B ADV (≈ *anders*) otherwise; (≈ *an anderer Stelle*) elsewhere; **~ vergeben/besetzt werden** to be given to/filled by someone else

andeuten A VT (≈ *zu verstehen geben*) to hint, to intimate (*jdm etw* sth to sb); (≈ *kurz erwähnen*) *Problem* to mention briefly B VR to be indicated; (*Gewitter*) to be looming **Andeutung** F (≈ *Anspielung, Anzeichen*) hint; (≈ *flüchtiger Hinweis*) brief mention; **eine ~ machen** to drop a hint **andeutungsweise** ADV by way of a hint; **jdm ~ zu verstehen geben, dass ...** to hint to sb that ...

Andorra N Andorra

Andrang M (≈ *Gedränge*) crowd, crush; (*von Blut*) rush

andrehen VT **1** (≈ *anstellen*) to turn on **2** (*umg*) **jdm etw ~** to palm sth off on sb

androhen VT to threaten (*jdm etw* sb with sth) **Androhung** F threat; **unter ~** JUR under penalty (*von, +gen* of)

767 ∥ ANFÜ A

anecken V̄I̲ (umg) (**bei jdm/allen**) ~ to rub sb/ everyone up the wrong way

aneignen V̄T̲ **sich** (dat) **etw** ~ (≈ etw erwerben) to acquire sth; (≈ etw wegnehmen) to appropriate sth; (≈ sich mit etw vertraut machen) to learn sth

aneinander A̲D̲V̲ ~ **denken** to think of each other; **sich** ~ **gewöhnen** to get used to each other; ~ **vorbeigehen** to go past each other; **die Häuser stehen zu dicht** ~ the houses are built too close together **aneinandergeraten** V̄I̲ to come to blows (mit with); (≈ streiten) to have words (mit with) **aneinandergrenzen** V̄I̲ to border on each other **aneinanderreihen** V̄T̲ to string together

Anekdote F̲ anecdote

anekeln V̄T̲ to disgust; → angeekelt

Anemone F̲ anemone

anerkannt A̲D̲J̲ recognized; Experte acknowledged **anerkennen** V̄T̲ Staat, König, Rekord to recognize; Vaterschaft to acknowledge; Leistung, Bemühung to appreciate; Meinung to respect; (≈ loben) to praise **Anerkennung** F̲ recognition; (von Vaterschaft) acknowledgement; (≈ Würdigung) appreciation; (von Meinung) respect; (≈ Lob) praise

anfahren A̲ V̄I̲ (≈ losfahren) to start (up) B̲ V̄T̲ 1̲ (≈ ansteuern) Ort, Hafen to stop od call at 2̲ Passanten, Baum etc to hit; (fig ≈ ausschelten) to shout at **Anfahrt** F̲ (≈ Weg, Zeit) journey; (≈ Zufahrt) approach; (≈ Einfahrt) drive

Anfall M̲ attack; (≈ Wutanfall, epileptischer Anfall) fit; **einen** ~ **haben/bekommen** to have a fit **anfallen** A̲ V̄T̲ (≈ überfallen) to attack B̲ V̄I̲ (≈ sich ergeben) to arise; (Zinsen) to accrue; (≈ sich anhäufen) to accumulate **anfällig** A̲D̲J̲ delicate; Motor, Maschine temperamental; **für etw** ~ **sein** to be susceptible to sth

Anfang M̲ (≈ Beginn) beginning, start; (≈ Ursprung) beginnings pl, origin; **zu** od **am** ~ to start with; (≈ anfänglich) at first; ~ **fünfzig** in one's early fifties; ~ **Juni/1998** etc at the beginning of June/1998 etc; **von** ~ **an** (right) from the beginning od start; **von** ~ **bis Ende** from start to finish; **den** ~ **machen** to start od begin; (≈ den ersten Schritt tun) to make the first move **anfangen** A̲ V̄T̲ 1̲ (≈ beginnen) to start 2̲ (≈ anstellen, machen) to do; **damit kann ich nichts** ~ (≈ nützt mir nichts) that's no good to me; (≈ verstehe ich nicht) it doesn't mean a thing to me; **mit dir ist heute (aber) gar nichts anzufangen!** you're no fun at all today! B̲ V̄I̲ to begin, to start; **wer fängt an?** who's going to start od begin?; **du hast angefangen!** you started it!; **es fing zu regnen an** it started raining od to rain; **mit etw** ~ to start sth **Anfänger(in)** M̲F̲ beginner; AUTO learner; (umg ≈

Nichtskönner) amateur (pej) **Anfängerkurs** M̲ beginners' course **anfänglich** A̲ A̲D̲J̲ initial B̲ A̲D̲V̲ at first, initially **anfangs** A̲D̲V̲ at first, initially **Anfangs-** initial **Anfangsbuchstabe** M̲ first letter; **kleine/große** ~**n** small/large od capital initials **Anfangsgehalt** N̲ initial od starting salary **Anfangsstadium** N̲ initial stage **Anfangszeit** F̲ starting time

anfassen A̲ V̄T̲ 1̲ (≈ berühren) to touch 2̲ (≈ bei der Hand nehmen) **jdn** ~ to take sb's hand; **angefasst gehen** to walk holding hands 1̲ (fig) (≈ anpacken) Problem to tackle; (≈ behandeln) Menschen to treat B̲ V̄I̲ 1̲ (≈ berühren) to feel; **nicht** ~! don't touch! 2̲ (≈ mithelfen) **mit** ~ to lend a hand 3̲ (fig) **zum Anfassen** accessible

anfauchen V̄T̲ (Katze) to spit at; (fig umg) to snap at

anfechtbar A̲D̲J̲ contestable; (moralisch) questionable (form) **anfechten** V̄T̲ (≈ nicht anerkennen) to contest; Urteil, Entscheidung to appeal against **Anfechtung** F̲ 1̲ (≈ das Nichtanerkennen) contesting; (von Urteil, Entscheidung) appeal (+gen against) 2̲ (≈ Versuchung) temptation

anfeinden V̄T̲ to treat with hostility **Anfeindung** F̲ hostility

anfertigen V̄T̲ to make; Schriftstück to draw up; Hausaufgaben, Protokoll to do **Anfertigung** F̲ making; (von Schriftstück) drawing up; (von Protokoll, Hausaufgaben) doing

anfeuchten V̄T̲ to moisten

anfeuern V̄T̲ (fig ≈ ermutigen) to spur on

anflehen V̄T̲ to implore (um for)

anfliegen A̲ V̄I̲ (a. **angeflogen kommen**) (Flugzeug) to come in to land; (Vogel, Geschoss) to come flying up B̲ V̄T̲ (Flugzeug) to approach; **diese Fluggesellschaft fliegt Bali an** this airline flies to Bali **Anflug** M̲ 1̲ (≈ das Heranfliegen) approach; **wir befinden uns im** ~ **auf Paris** we are now approaching Paris 2̲ (≈ Spur) trace

anfordern V̄T̲ to request, to ask for **Anforderung** F̲ 1̲ (≈ Anspruch) requirement; (≈ Belastung) demand; **hohe/zu hohe** ~**en stellen** to demand a lot/too much (an +akk of) 2̲ (≈ das Anfordern) request (+gen, von for)

Anfrage F̲ auch IT inquiry; PARL question **anfragen** V̄I̲ to ask (bei jdm sb)

anfreunden V̄R̲ to become friends; **sich mit etw** ~ (fig) to get to like sth

anfügen V̄T̲ to add

anfühlen V̄T̲ & V̄R̲ to feel; **es fühlt sich weich an** it feels soft (🛑 nicht „softly")

anführen V̄T̲ 1̲ (≈ vorangehen, befehligen) to lead 2̲ (≈ zitieren) to quote; Einzelheiten, Grund, Beweis to give; Umstand to cite 3̲ **jdn** ~ (umg) to have sb on (umg) **Anführer(in)** M(F) (≈ Führer) leader; (pej ≈ Anstifter) ringleader **Anführungsstrich** M, **Anführungszeichen** N quotation mark, inverted comma

> Anführungszeichen

Die englischen Anführungszeichen stehen "oben — oben" und nicht „unten — oben", wie oft im Deutschen.

SPRACHGEBRAUCH ◂

Angabe F **1** (≈ Aussage) statement; (≈ Zahl, Detail) detail; **~n über etw** (akk) **machen** to give details about sth; **laut ~n** (+gen) according to; **nach Ihren eigenen ~n** by your own account; **nach ~ des Zeugen** according to (the testimony of) the witness **2** (≈ Nennung) giving; **wir bitten um ~ der Einzelheiten/Preise** please give details/prices **3** (umg ≈ Prahlerei) showing off **4** (SPORT ≈ Aufschlag) service, serve
angaffen VT (pej) to gape at
angeben A VT **1** (≈ nennen) to give; (≈ erklären) to explain; (beim Zoll) to declare; (≈ anzeigen) Preis, Temperatur etc to indicate; (≈ aussagen) to state; (≈ behaupten) to maintain **2** (≈ bestimmen) Tempo, Kurs to set B VI (≈ prahlen) to show off **Angeber(in)** M(F) (≈ Prahler) show-off **Angeberei** F (umg) **1** (≈ Prahlerei) showing off (mit about) **2** (≈ Äußerung) boast **angeberisch** ADJ Reden boastful; Aussehen, Benehmen, Tonfall pretentious **angeblich** A ADJ alleged B ADV supposedly, allegedly; **er ist ~ Musiker** he says he's a musician
angeboren ADJ innate; (MED, fig umg) congenital (bei to)
Angebot N offer; HANDEL, FIN supply (an +dat, von of); **im ~** (preisgünstig) on special offer; **~ und Nachfrage** supply and demand
angebracht ADJ appropriate; (≈ sinnvoll) reasonable; → anbringen
angebrannt ADJ burned; → anbrennen
angebrochen ADJ Packung, Flasche open(ed); → anbrechen
angebunden ADJ **kurz ~ sein** (umg) to be abrupt od curt; → anbinden
angeekelt ADV in disgust; → anekeln
angegossen ADV **wie ~ sitzen** od **passen** to fit like a glove
angegriffen ADJ Gesundheit weakened; Mensch, Aussehen frail; (≈ erschöpft) exhausted; → angreifen
angehaucht ADJ **links/rechts ~ sein** to have od show left-wing/right-wing tendencies; → anhauchen
angeheitert ADJ tipsy
angehen A VI **1** (umg ≈ beginnen) to start; (Feuer) to start burning; (Radio, Licht) to come on **2** (≈ entgegentreten) **gegen jdn/etw ~** to fight sb/sth B VT **1** (≈ anpacken) to tackle; Gegner to attack **2** (≈ betreffen) to concern; **was mich angeht** for my part; **was geht das ihn an?** (umg) what's that got to do with him? C VI UNPERS **das geht nicht an** that's not on **angehend** ADJ Musiker etc budding; Lehrer, Vater prospective
angehören VI +dat to belong to **Angehörige(r)** M(F) **1** (≈ Mitglied) member **2** (≈ Familienangehörige) relative; **der nächste ~** the next of kin
Angeklagte(r) M(F) accused, defendant
angeknackst ADJ Wirbel damaged; (umg) Selbstbewusstsein weakened
Angel F **1** (≈ Türangel) hinge; **die Welt aus den ~n heben** (fig) to turn the world upside down **2** (≈ Fischfanggerät) (fishing) rod and line (Br), fishing pole (US)
Angelegenheit F matter; (politisch, persönlich) affair; **sich um seine eigenen ~en kümmern** to mind one's own business; **in einer dienstlichen ~** on official business; **er möchte dich in dieser ~ sprechen** he would like to talk to you about this matter
angelernt ADJ Arbeiter semiskilled; → anlernen
Angelhaken M fish-hook **angeln** A VI to fish B VT Fisch to fish for; (≈ fangen) to catch; **sich** (dat) **einen Mann ~** (umg) to catch (oneself) a man (umg) **Angelrute** F fishing rod
Angelsachse M, **Angelsächsin** F Anglo-Saxon **angelsächsisch** ADJ Anglo-Saxon
Angelschein M fishing permit
angemessen A ADJ appropriate (+dat to, for); (≈ adäquat) adequate (+dat for); Preis reasonable B ADV appropriately
angenehm ADJ pleasant; **~e Reise!** have a pleasant journey; **(sehr) ~!** (form) delighted (to meet you)
angenommen A ADJ assumed; Kind adopted B KONJ assuming; → annehmen
angeregt A ADJ animated B ADV **sie unterhielten sich ~** they had an animated conversation; → anregen
angeschlagen ADJ (umg) shattered (umg); Gesundheit poor (umg); Ruf tarnished; → anschlagen
angeschrieben ADJ (umg) **bei jdm gut/schlecht ~ sein** to be in sb's good/bad books; → anschreiben
angesehen ADJ respected; → ansehen
angesichts PRÄP +gen in the face of; (≈ im Hinblick auf) in view of
angespannt A ADJ Nerven strained; Aufmerksamkeit close; politische Lage tense B ADV zuhören attentively; → anspannen

769 ‖ ANHA **A**

angestellt ADJ ~ **sein** to be an employee (*bei* of); → **anstellen Angestelltenverhältnis** N̲ **im** ~ in non-tenured employment **Angestellte(r)** M/F(M) (salaried) employee
angestrengt A̲ ADJ *Gesicht* strained B̲ ADV *diskutieren, nachdenken* carefully; → **anstrengen**
angetan ADJ **von jdm/etw** ~ **sein** to be taken with sb/sth; **es jdm** ~ **haben** to have made quite an impression on sb; → **antun**
angetrunken ADJ inebriated; → **antrinken**
angewiesen ADJ **auf jdn/etw** ~ **sein** to be dependent on sb/sth; **auf sich selbst** ~ **sein** to have to fend for oneself; → **anweisen**
angewöhnen V̲T̲ **jdm etw** ~ to get sb used to sth; **sich** (*dat*) **etw** ~ to get into the habit of sth **Angewohnheit** F̲ habit
Angina F̲ MED tonsillitis; ~ **Pectoris** angina (pectoris)

▶ **Angina ≠ angina**

| Angina | = | tonsillitis |
| angina | = | Angina Pectoris |

FALSCHE FREUNDE ◀

angleichen A̲ V̲T̲ to bring into line (+*dat, an* +*akk* with) B̲ V̲R̲ to grow closer together
Angler(in) M(F) angler (*bes Br*), fisherman
Anglikaner(in) M(F) Anglican **anglikanisch** ADJ Anglican
Anglist(in) M(F) Anglicist; (≈ *Student*) student of English **Anglistik** F̲ English (language and literature) **Anglizismus** M̲ anglicism
anglotzen V̲T̲ (*umg*) to gawk at (*umg*)
Angola N̲ Angola
angreifbar ADJ open to attack **angreifen** A̲ V̲T̲ **1** to attack **2** (≈ *schwächen*) *Organismus* to weaken; *Gesundheit* to affect; (≈ *ermüden, anstrengen*) to **angegriffen 3** (*österr* ≈ *anfassen*) to touch B̲ V̲I̲ (MIL, SPORT, *fig*) to attack **Angreifer(in)** M(F) attacker (*a.* SPORT, *fig*)
angrenzen V̲I̲ **an etw** (*akk*) ~ to border on sth **angrenzend** ADJ adjacent (*an* +*akk* to)
Angriff M̲ attack (*gegen, auf* +*akk* on); **etw in** ~ **nehmen** to tackle sth **Angriffsfläche** F̲ target; **eine** ~ **bieten** to present a target **Angriffskrieg** M̲ war of aggression **angriffslustig** ADJ aggressive **Angriffswaffe** F̲ offensive weapon
angrinsen V̲T̲ to grin at
angst ADJ **ihr wurde** ~ (**und bange**) she became worried *od* anxious **Angst** F̲ (≈ *innere Unruhe*) anxiety (*um* about); (≈ *Sorge*) worry (*um* about); (≈ *Furcht*) fear (*um* for, *vor* +*dat* of); **die** ~ **vor der Arbeitslosigkeit** the fear of unemployment; (**vor jdm/etw**) ~ **haben** to be afraid

od scared (*of sb/sth*); ~ **um jdn/etw haben** to be worried *od* anxious about sb/sth; ~ **bekommen** *od* **kriegen** to get scared; (≈ *erschrecken*) to take fright; **das machte ihm** ~ that worried him; **aus** ~, **etw zu tun** for fear of doing sth; **keine** ~! don't be afraid; **jdm** ~ **machen** to scare sb; **jdn in** ~ **und Schrecken versetzen** to terrify sb; **in tausend Ängsten schweben** to be terribly worried *od* anxious **Angsthase** M̲ (*umg*) scaredy-cat (*umg*) **ängstigen** A̲ V̲T̲ to frighten B̲ V̲R̲ to be afraid; (≈ *sich sorgen*) to worry **ängstlich** A̲ ADJ (≈ *verängstigt*) anxious; (≈ *schüchtern*) timid B̲ ADV ~ **darauf bedacht sein, etw zu tun** to be at pains to do sth **Ängstlichkeit** F̲ anxiety; (≈ *Schüchternheit*) timidity **Angstschweiß** M̲ **mir brach der** ~ **aus** I broke out in a cold sweat **Angstzustand** M̲ state of panic; **Angstzustände bekommen** to get into a state of panic
angucken V̲T̲ (*umg*) to look at
angurten V̲R̲ to fasten one's seatbelt
anhaben V̲T̲ **1** (≈ *angezogen haben*) to have on, to wear (❶ nie in der **ing-Form**) **2** (≈ *zuleide tun*) **jdm etwas** ~ **wollen** to want to harm sb; **die Kälte kann mir nichts** ~ the cold doesn't bother me
anhalten A̲ V̲I̲ **1** (≈ *stehen bleiben*) to stop **2** (≈ *fortdauern*) to last **3** (≈ *werben*) **um die Hand eines Mädchens** ~ to ask for a girl's hand in marriage B̲ V̲T̲ **1** (≈ *stoppen*) to stop; **den Atem** ~ to hold one's breath **2** (≈ *anleiten*) to urge, to encourage **anhaltend** ADJ continuous **Anhalter(in)** M(F) hitchhiker; **per** ~ **fahren** to hitchhike **Anhaltspunkt** M̲ (≈ *Vermutung*) clue (*für* about); (*für Verdacht*) grounds *pl*
anhand, an Hand PRÄP +*gen* ~ **eines Beispiels** with an example; ~ **dieses Berichts** from this report
Anhang M̲ **1** (≈ *Nachtrag*) appendix **2** (*von E-Mail*) attachment; **im** ~ **finden Sie …** please find attached … **3** (≈ *Gefolgschaft*) following; (≈ *Angehörige*) family **anhängen** A̲ V̲T̲ **1** (≈ *ankuppeln*) to attach (*an* +*akk* to); B A H N to couple on (*an* +*akk* -to); (*fig* ≈ *anfügen*) to add (*an* +*akk*, *an* +*akk* to) **2** (*umg*) **jdm etw** ~ (≈ *nachsagen, anlasten*) to blame sth on sb; *Verdacht, Schuld* to pin sth on sb B̲ V̲R̲ (*fig*) to tag along (+*dat, an* +*akk* with) **Anhänger** M̲ **1** (≈ *Wagen*) trailer **2** (≈ *Schmuckstück*) pendant **3** (≈ *Kofferanhänger etc*) label **Anhänger(in)** M(F) supporter **anhänglich** ADJ **mein Sohn/Hund ist sehr** ~ my son/dog is very attached to me **Anhängsel** N̲ (≈ *Überflüssiges, Mensch*) appendage (*an* +*dat* to)
anhauchen V̲T̲ to breathe on; → **angehaucht**
anhauen V̲T̲ (*umg* ≈ *ansprechen*) to accost (*um* for)

 Anhänger — trailer

 Anhänger — pendant

anhäufen A VT to accumulate; *Vorräte, Geld* to hoard B VR to accumulate
anheben VT (≈ *erhöhen*) to raise
anheizen VT [1] *Ofen* to light [2] (*fig umg*) *Wirtschaft* to stimulate; *Inflation* to fuel
anheuern VT & VI (SCHIFF, *fig*) to sign on *od* up
Anhieb M **auf ~** (*umg*) straight *od* right away; **das kann ich nicht auf ~ sagen** I can't say offhand
anhimmeln VT (*umg*) to worship
Anhöhe F hill
anhören A VT to hear; *Konzert* to listen to; **sich** (*dat*) **etw ~** to listen to sth; **ich kann das nicht mehr mit ~** I can't listen to that any longer; **das hört man ihm aber nicht an!** you can't tell that from hearing him speak B VR (≈ *klingen*) to sound; **das hört sich ja gut an** (*umg*) that sounds good **Anhörung** F hearing
Animateur(in) M(F) entertainments officer
Animation F FILM animation **Animierdame** F nightclub hostess **animieren** VT (≈ *anregen*) to encourage
Anis M (≈ *Gewürz*) aniseed
Ank. *abk von* Ankunft arr.
ankämpfen VI **gegen etw ~** to fight sth; **gegen jdn ~** to fight (against) sb
Ankauf M purchase
Anker M anchor; **vor ~ gehen** to drop anchor; **vor ~ liegen** to lie at anchor **ankern** VI (≈ *Anker werfen*) to anchor; (≈ *vor Anker liegen*) to be anchored
anketten VT to chain up (*an +akk od +dat* to)
Anklage F [1] JUR charge; (≈ *Anklagevertretung*) prosecution; **gegen jdn ~ erheben** to bring *od* prefer charges against sb; **(wegen etw) unter ~ stehen** to have been charged (with sth) [2] (*fig* ≈ *Beschuldigung*) accusation **Anklagebank** F dock; **auf der ~ (sitzen)** (to be) in the dock **anklagen** VT [1] JUR to charge; **jdn wegen etw ~** to charge sb with sth [2] (*fig*) **jdn ~, etw getan zu haben** to accuse sb of having done sth **anklagend** A ADJ *Ton* accusing B ADV reproachfully **Anklagepunkt** M charge **Ankläger(in)** M(F) JUR prosecutor **Anklageschrift** F indictment **Anklagevertreter(in)** M(F) counsel for the prosecution
Anklang M (≈ *Beifall*) approval; **~ (bei jdm) finden** to meet with (sb's) approval; **keinen ~ finden** to be badly received
ankleben VT to stick up (*an +akk od +dat* on)
Ankleidekabine F changing cubicle
anklicken VT IT to click on
anklopfen VI to knock (*an +akk od +dat* at, on); **Anklopfen** TEL call waiting
anknüpfen A VT [1] to tie on (*an +akk od +dat* -to); *Beziehungen* to establish; *Gespräch* to start up B VI **an etw** (*akk*) **~** to take sth up
ankommen A VI [1] (≈ *eintreffen*) to arrive [2] (≈ *Anklang finden*) to go down well; (*Mode*) to catch on; **mit deinem dummen Gerede kommst du bei ihm nicht an!** you won't get anywhere with him with your stupid talk! [3] (≈ *sich durchsetzen*) **gegen etw ~** *gegen Gewohnheit, Sucht etc* to be able to fight sth; **gegen jdn ~** to be able to cope with sb B VI UNPERS [1] **es kommt darauf an, dass wir ...** what matters is that we ...; **auf eine halbe Stunde kommt es jetzt nicht mehr an** it doesn't matter about the odd half--hour; **darauf soll es mir nicht ~** that's not the problem; **es kommt darauf an** it (all) depends; **es käme auf einen Versuch an** we'd have to give it a try [2] (*umg*) **es darauf ~ lassen** to take a chance; **lassen wirs darauf ~** let's chance it
ankoppeln VT to hitch up (*an +akk* to), to couple on (*an +akk* -to); RAUMF to link up (*an +akk* with, to)
ankotzen VT (*sl* ≈ *anwidern*) to make sick (*umg*)
ankreiden VT (*fig*) **jdm etw ~** to hold sth against sb
ankreuzen VT *Stelle, Fehler, Antwort* to put a cross beside
ankündigen VT to announce; (*in Zeitung etc*) to advertise **Ankündigung** F announcement
Ankunft F arrival; (*auf Anzeigetafel*) arrivals *pl* **Ankunftshalle** F arrivals lounge **Ankunftszeit** F time of arrival
ankurbeln VT *Maschine* to wind up; (*fig*) *Konjunktur* to reflate
Anl. *abk von* Anlage encl.
anlächeln VT to smile at
anlachen VT to smile at; **sich** (*dat*) **jdn ~** (*umg*) to pick sb up (*umg*)
Anlage F [1] (≈ *Fabrikanlage*) plant [2] (≈ *Parkanlage*) (public) park [3] (≈ *Einrichtung*) installation(s *pl*); (≈ *sanitäre Anlagen*) sanitary installations *pl* (*form*); (≈

Sportanlage etc) facilities *pl* **4** (*umg* ≈ *Stereoanlage*) (stereo) system *od* equipment; (≈ *EDV-Anlage*) system **5** (≈ *Veranlagung*) talent (*zu* for); (≈ *Neigung*) tendency (*zu* to) **6** (≈ *Kapitalanlage*) investment **7** (≈ *Beilage zu einem Schreiben*) enclosure; **in der ~ erhalten Sie ...** please find enclosed ... **Anlageberater(in)** M̅F̅ investment advisor **Anlagekapital** N̅ investment capital **Anlagevermögen** N̅ fixed assets *pl*

Anlass M̅ **1** (≈ *Veranlassung*) (immediate) cause (*zu* for); **welchen ~ hatte er, das zu tun?** what prompted him to do that?; **es besteht ~ zur Hoffnung** there is reason for hope; **etw zum ~ nehmen, zu ...** to use sth as an opportunity to ...; **beim geringsten ~** for the slightest reason; **bei jedem ~** at every opportunity **2** (≈ *Gelegenheit*) occasion; **aus gegebenem ~** in view of the occasion **anlassen** A̅ V̅T̅ **1** *Motor, Wagen* to start (up) **2** (*umg*) *Schuhe, Mantel* to keep on; *Licht* to leave on **B** V̅R̅ **sich gut/schlecht ~** to get off to a good/bad start **Anlasser** M̅ AUTO starter **anlässlich** P̅R̅Ä̅P̅ +*gen* on the occasion of

anlasten V̅T̅ **jdm etw ~** to blame sb for sth **Anlauf** M̅ **1** SPORT run-up; **mit ~** with a run-up; **ohne ~** from standing; **~ nehmen** to take a run-up **2** (*fig* ≈ *Versuch*) attempt, try **anlaufen** A̅ V̅I̅ **1** (≈ *beginnen*) to begin, to start; (*Film*) to open **2** (*Brille, Spiegel etc*) to mist up; (*Metall*) to tarnish; **rot/blau ~** to turn *od* go red/blue **B** V̅T̅ SCHIFF *Hafen etc* to put into **Anlaufphase** F̅ initial stage **Anlaufstelle** F̅ shelter, refuge **anläuten** V̅T̅&̅V̅I̅ (*dial* ≈ *anrufen*) **jdn** *od* **bei jdm ~** to call *od* phone sb

anlegen A̅ V̅T̅ **1** *Leiter* to put up (*an* +*akk* against); *Lineal* to position; **das Gewehr ~** to raise the gun to one's shoulder **2** *Kartei, Akte* to start; *Vorräte* to lay in; *Garten, Bericht* to lay out; *Liste, Plan* to draw up **3** *Geld, Kapital* to invest **4** **es darauf ~, dass ...** to be determined that ... **B** V̅I̅ SCHIFF to berth, to dock **C** V̅R̅ **sich mit jdm ~** to pick a fight with sb **Anlegeplatz** M̅ berth **Anleger(in)** M̅F̅ FIN investor **Anlegestelle** F̅ mooring

anlehnen A̅ V̅T̅ to lean *od* rest (*an* +*akk* against); **angelehnt sein** (*Tür, Fenster*) to be ajar **B** V̅R̅ (*wörtl*) to lean (*an* +*akk* against); **sich an etw** (*akk*) **~** (*fig*) to follow sth

anleiern V̅T̅ (*umg*) to get going

Anleihe F̅ FIN loan

anleinen V̅T̅ **den Hund ~** to put the dog on the lead (*bes Br*) *od* leash

anleiten V̅T̅ to teach; **jdn zu etw ~** to teach sb sth **Anleitung** F̅ instructions *pl*; **unter der ~ seines Vaters** under his father's guidance

anlernen V̅T̅ to train; → **angelernt**

anlesen V̅T̅ **1** *Buch, Aufsatz* to begin *od* start reading **2** (≈ *aneignen*) **sich** (*dat*) **etw ~** to learn sth by reading

anliefern V̅T̅ to deliver

anliegen V̅I̅ **1** (≈ *anstehen*) to be on **2** (*Kleidung*) to fit tightly (*an etw* (*dat*) sth) **Anliegen** N̅ (≈ *Bitte*) request **Anlieger(in)** M̅F̅ neighbour (*Br*), neighbor (*US*); (≈ *Anwohner*) (local) resident; **~ frei** residents only **Anliegerstaat** M̅ **die ~en des Schwarzen Meers** the countries bordering (on) the Black Sea **Anliegerverkehr** M̅ (local) residents' vehicles *pl*

anlocken V̅T̅ to attract

anlügen V̅T̅ to lie to

anmachen V̅T̅ **1** (*umg* ≈ *befestigen*) to put up (*an* +*akk od* +*dat* on) **2** *Salat* to dress **3** *Radio, Licht etc* to put *od* turn on; *Feuer* to light **4** (*umg*) (≈ *ansprechen*) to chat up (*Br umg*), to put the moves on (*US umg*); (≈ *scharfmachen*) to turn on (*umg*); (*sl* ≈ *belästigen*) to harass; **mach mich nicht an** leave me alone

anmalen A̅ V̅T̅ to paint **B** V̅R̅ (*pej* ≈ *schminken*) to paint one's face

anmaßen V̅T̅ **sich** (*dat*) **etw ~** *Recht* to claim sth (for oneself); *Macht* to assume sth; **sich** (*dat*) **~, etw zu tun** to presume to do sth **anmaßend** A̅D̅J̅ presumptuous **Anmaßung** F̅ **es ist eine ~ zu meinen, ...** it is presumptuous to maintain that ...

Anmeldeformular N̅ application form **Anmeldefrist** F̅ registration period **Anmeldegebühr** F̅ registration fee **anmelden** A̅ V̅T̅ **1** *Besuch* to announce **2** (*bei Schule, Kurs etc*) to enrol (*Br*), to enroll (*US*) (*bei* at, *zu* for) **3** *Patent* to apply for; *Wohnsitz, Auto* to register (*bei* at); *Fernseher* to get a licence (*Br*) *od* license (*US*) for **4** (≈ *vormerken lassen*) to make an appointment for **5** *Ansprüche* to declare; *Zweifel* to register; *Wünsche* to make known **B** V̅R̅ **1** (*Besucher*) to announce one's arrival; **sich bei jdm ~** to tell sb one is coming **2** (*an Schule, zu Kurs etc*) to enrol (*Br*) *od* enroll (*US*) (oneself) (*an* +*dat* at, *zu* for) **3** *beim Einwohnermeldeamt* to register **Anmeldung** F̅ **1** (*von Besuch*) announcement; (*an Schule, zu Kurs etc*) enrolment (*Br*), enrollment (*US*) (*an* +*dat* at, *zu* for); (*bei Einwohnermeldeamt*) registration; **nur nach vorheriger ~** by appointment only **2** (*von Patent*) application (*von*, +*gen* for); (*von Auto*) registration

anmerken V̅T̅ (≈ *sagen*) to say; (≈ *anstreichen*) to mark; (*als Fußnote*) to note; **jdm seine Verlegenheit** *etc* **~** to notice sb's embarrassment *etc*; **sich** (*dat*) **etw ~ lassen** to let sth show; **man merkt ihm nicht an, dass ...** you can't tell that he ... **Anmerkung** F̅ (≈ *Erläuterung*) note; (≈ *Fußnote*) (foot)note

Anmut F̅ grace; (≈ *Schönheit*) beauty **anmuten**

A ANMU — 772

$\overline{\text{VI}}$ **es mutet sonderbar an** it seems curious
anmutig $\overline{\text{ADJ}}$ (geh) graceful; (≈ hübsch) lovely
annähen $\overline{\text{VT}}$ to sew on (an +akk od +dat -to)
annähern $\boxed{\text{A}}$ $\overline{\text{VT}}$ to bring closer (+dat, an +akk to) $\boxed{\text{B}}$ $\overline{\text{VR}}$ (≈ sich angleichen) to come closer (+dat, an +akk to) **annähernd** $\boxed{\text{A}}$ $\overline{\text{ADJ}}$ (≈ ungefähr) approximate, rough $\boxed{\text{B}}$ $\overline{\text{ADV}}$ (≈ etwa) roughly; (≈ fast) almost; **nicht ~ so viel** not nearly od nothing like as much **Annäherung** $\overline{\text{F}}$ (von Standpunkten) convergence (+dat, an +akk with) **Annäherungsversuch** $\overline{\text{M}}$ overtures pl
Annahme $\overline{\text{F}}$ $\boxed{1}$ (≈ Vermutung) assumption; **in der ~, dass ...** on the assumption that ...; **gehe ich recht in der ~, dass ...?** am I right in assuming that ...? $\boxed{2}$ (≈ das Annehmen) acceptance; (von Arbeit) acceptance; (von Angebot) taking up; (≈ Billigung) approval; (von Gesetz) passing; (von Resolution) adoption **Annahmeschluss** $\overline{\text{M}}$ closing date **Annahmestelle** $\overline{\text{F}}$ (für Pakete) counter; (für Wetten, Lotto, Toto etc) place where bets etc are accepted
Annalen $\overline{\text{PL}}$ annals pl; **in die ~ eingehen** (fig) to go down in the annals od in history
annehmbar $\overline{\text{ADJ}}$ acceptable; (≈ nicht schlecht) reasonable **annehmen** $\boxed{\text{A}}$ $\overline{\text{VT}}$ $\boxed{1}$ (≈ entgegennehmen, akzeptieren) to accept; Arbeit to take on $\boxed{2}$ (≈ billigen) to approve; Gesetz to pass; Resolution to adopt $\boxed{3}$ (≈ sich aneignen) to adopt; Gestalt, Namen to take on; **ein angenommener Name** an assumed name $\boxed{4}$ (≈ voraussetzen) to assume; **wir wollen ~, dass ...** let us assume that ...; → angenommen $\boxed{5}$ SPORT to take $\boxed{\text{B}}$ $\overline{\text{VR}}$ **sich jds ~** to look after sb; **sich einer Sache** (gen) **~** to see to a matter **Annehmlichkeit** $\overline{\text{F}}$ (≈ Bequemlichkeit) convenience; **Annehmlichkeiten** $\overline{\text{PL}}$ comforts pl
annektieren $\overline{\text{VT}}$ to annex
anno $\overline{\text{ADV}}$ in (the year); **~ dazumal** in those days
Annonce $\overline{\text{F}}$ advertisement **annoncieren** $\overline{\text{VT \& VI}}$ to advertise
annullieren $\overline{\text{VT}}$ JUR to annul
Anode $\overline{\text{F}}$ anode
anöden $\overline{\text{VT}}$ (umg) to bore stiff (umg)
anonym $\overline{\text{ADJ}}$ anonymous **Anonymität** $\overline{\text{F}}$ anonymity
Anorak $\overline{\text{M}}$ anorak
anordnen $\overline{\text{VT}}$ $\boxed{1}$ (≈ befehlen) to order $\boxed{2}$ (≈ aufstellen) to arrange **Anordnung** $\overline{\text{F}}$ $\boxed{1}$ (≈ Befehl) order; **auf ~ des Arztes** on doctor's orders $\boxed{2}$ (≈ Aufstellung) arrangement
Anorexie $\overline{\text{F}}$ anorexia (nervosa)
anorganisch $\overline{\text{ADJ}}$ CHEM inorganic
anpacken (umg) $\boxed{\text{A}}$ $\overline{\text{VT}}$ $\boxed{1}$ (≈ anfassen) to grab (hold of) $\boxed{2}$ Problem, Thema to tackle $\boxed{\text{B}}$ $\overline{\text{VI}}$ (≈ helfen) to lend a hand

anpassen $\boxed{\text{A}}$ $\overline{\text{VT}}$ (≈ angleichen) **etw einer Sache** (dat) **~** to bring sth into line with sth $\boxed{\text{B}}$ $\overline{\text{VR}}$ to adapt (oneself) (+dat to); (gesellschaftlich) to conform **Anpassung** $\overline{\text{F}}$ adaptation (an +akk to); (an Gesellschaft) conformity (an +akk to) **anpassungsfähig** $\overline{\text{ADJ}}$ adaptable **Anpassungsschwierigkeiten** $\overline{\text{PL}}$ difficulties pl in adapting
anpeilen $\overline{\text{VT}}$ (≈ ansteuern) to steer od head for; (mit Funk etc) to take a bearing on; **etw ~** (fig umg) to set od have one's sights on sth
anpfeifen $\overline{\text{VT}}$ SPORT **das Spiel ~** to start the game (by blowing one's whistle) **Anpfiff** $\overline{\text{M}}$ $\boxed{1}$ SPORT (starting) whistle; (FUSSB ≈ Spielbeginn) kickoff $\boxed{2}$ (umg) bawling out (umg)
anpflanzen $\overline{\text{VT}}$ to plant; (≈ anbauen) to grow
anpöbeln $\overline{\text{VT}}$ (umg) to be rude to
anprangern $\overline{\text{VT}}$ to denounce
anpreisen $\overline{\text{VT}}$ to extol (jdm etw sth to sb)
Anprobe $\overline{\text{F}}$ fitting **anprobieren** $\boxed{\text{A}}$ $\overline{\text{VT}}$ to try on $\boxed{\text{B}}$ $\overline{\text{VI}}$ **kann ich mal ~?** can I try this/it etc on?
anpumpen $\overline{\text{VT}}$ (umg) **jdn um 50 Euro ~** to borrow 50 euros from sb
Anrainer(in) $\overline{\text{M(F)}}$ neighbour (Br), neighbor (US)
anrechnen $\overline{\text{VT}}$ (≈ in Rechnung stellen) to charge for (jdm sb); **jdm etw hoch ~** to think highly of sb for sth; **jdm etw als Fehler ~** (Lehrer) to count sth as a mistake for sb; (fig) to consider sth as a fault on sb's part; **ich rechne es ihr als Verdienst an, dass ...** I think it is greatly to her credit that ...
Anrecht $\overline{\text{N}}$ (≈ Anspruch) right; **ein ~ auf etw** (akk) **haben** od **besitzen** to be entitled to sth
Anrede $\overline{\text{F}}$ form of address **anreden** $\overline{\text{VT}}$ to address
anregen $\overline{\text{VT}}$ $\boxed{1}$ (≈ ermuntern) to prompt (zu to) $\boxed{2}$ (≈ vorschlagen) Verbesserung to propose $\boxed{3}$ (≈ beleben) to stimulate; Appetit to sharpen; → angeregt **anregend** $\overline{\text{ADJ}}$ stimulating; **ein ~es Mittel** a stimulant; **~ wirken** to have a stimulating effect **Anregung** $\overline{\text{F}}$ $\boxed{1}$ (≈ Vorschlag) idea; **auf ~ von** od +gen at od on the suggestion of $\boxed{2}$ (≈ Belebung) stimulation
anreichern $\overline{\text{VT}}$ to enrich; (≈ vergrößern) Sammlung to increase; **hoch angereichertes Uran** high enriched uranium
Anreise $\overline{\text{F}}$ (≈ Anfahrt) journey there/here **anreisen** $\overline{\text{VI}}$ (≈ eintreffen) to come **Anreisetag** $\overline{\text{M}}$ day of arrival
Anreiz $\overline{\text{M}}$ incentive
anrempeln $\overline{\text{VT}}$ (absichtlich) to jostle
anrennen $\overline{\text{VI}}$ **gegen etw ~** gegen Wind etc to run against sth; (fig ≈ bekämpfen) to fight against sth; **angerannt kommen** (umg) to come running

ANSC

▶ Anrede und Titel

Im Englischen hat man den Vorteil, dass man nicht zwischen „Sie" und „du" unterscheiden muss. Es kann jeder mit **you** angeredet werden.
Bei Erwachsenen sollten Sie in Briefen folgende Anrede benutzen:

bei Männern, egal ob verheiratet oder nicht:
Mr Harris [ˌmɪstˈhærɪs]   Herr Harris

bei verheirateten Frauen:
Mrs Williams [ˌmɪsɪzˈwɪliəmz]   Frau Williams

bei unverheirateten Frauen bzw. wenn man nicht weiß, ob sie verheiratet sind, oder die Unterscheidung nicht machen will:

Ms Collins [ˌmɪzˈkɒlɪnz]   Frau Collins

Heutzutage gilt die Anrede **Miss** (= Fräulein), außer in der Schule, als diskriminierend und sollte deshalb nur dann bei unverheirateten (älteren) Frauen benutzt werden, wenn diese es ausdrücklich wünschen. Ansonsten ist die neutrale Bezeichnung **Ms** höflicher.
Bei akademischen Titeln gibt es einen wichtigen Unterschied zum Deutschen: Sie sollten den Titel (**Dr**, **Professor** usw.) nie zusammen mit der Anrede (**Mr**, **Mrs**, **Ms**) benutzen. Es heißt also:

Dr Marsden   Herr (bzw. Frau) Dr. Marsden

Professor Bond   Herr (bzw. Frau) Professor Bond

Für Ärzte gilt dies ebenfalls:
Good morning, Dr Hope!   Guten Morgen, Frau (bzw. Herr) Dr. Hope!
I've been feeling very dizzy lately, Doctor. Mir ist in letzter Zeit immer so schwindlig, Herr (bzw. Frau) Doktor.

SPRACHGEBRAUCH ◁

Anrichte F (≈ Schrank) dresser; (≈ Büfett) sideboard **anrichten** VT 1 Speisen to prepare; Salat to dress 2 (fig) Schaden, Unheil to bring about **anrüchig** ADJ Geschäfte, Lokal disreputable **anrücken** VI (Truppen) to advance; (Polizei etc) to move in **Anruf** M TEL (phone) call **Anrufbeantworter** M answering machine **anrufen** A VT 1 TEL to phone, to call; **ich habe sie von meinem Handy aus angerufen** I called her on my mobile 2 (fig ≈ appellieren an) to appeal to B VI (≈ telefonieren) to phone; **bei jdm ~** to phone sb; **ins Ausland ~** to phone abroad **Anrufer(in)** M(F) caller **anrühren** VT 1 to touch; (fig) Thema to touch upon 2 (≈ mischen) Farben to mix; Sauce to blend **ans** = an das **Ansage** F announcement; KART bid; **eine ~ auf dem Anrufbeantworter** an answerphone message **ansagen** VT 1 (≈ ankündigen) to announce; **jdm den Kampf ~** to declare war on sb 2 KART to bid 3 (umg) **angesagt sein** (≈ erforderlich sein) to be called for; (≈ auf dem Programm stehen) to be the order of the day **Ansager(in)** M(F) RADIO etc announcer **ansammeln** A VT (≈ anhäufen) to accumulate; Reichtümer to amass; Vorräte to build up B VR 1 (≈ sich versammeln) to gather 2 (≈ sich aufhäufen) to accumulate; (Staub) to collect; (fig: Wut) to build up **Ansammlung** F (≈ Auflauf) gathering **ansässig** ADJ (form) resident; **sich in London ~ machen** to settle in London **Ansatz** M 1 (von Hals etc) base 2 (≈ Anzeichen) first sign(s pl); (≈ Versuch) attempt (zu etw at sth); **Ansätze zeigen, etw zu tun** to show signs of doing sth; **die ersten Ansätze** the initial stages; **im ~** basically **Ansatzpunkt** M starting point **ansaugen** VT to suck od draw in **anschaffen** A VT (sich dat) **etw ~** to get oneself sth; (≈ kaufen) to buy sth; **sich** (dat) **Kinder ~** (umg) to have children B VI (sl: durch Prostitution) **~ gehen** to be on the game (umg) **Anschaffung** F acquisition; (gekaufter Gegenstand) purchase, buy **anschalten** VT to switch on

anschauen $\overline{VT}$ = **ansehen anschaulich** $\boxed{A}$ $\overline{ADJ}$ clear; (≈ lebendig) vivid; Beispiel concrete $\boxed{B}$ $\overline{ADV}$ clearly; (≈ lebendig) vividly **Anschauung** $\overline{F}$ (≈ Meinung) opinion **Anschauungsmaterial** $\overline{N}$ illustrative material

Anschein $\overline{M}$ appearance; (≈ Eindruck) impression; **dem ~ nach** apparently; **den ~ erwecken, als …** to give the impression that …; **es hat den ~, als ob …** it appears that … **anscheinend** $\boxed{A}$ $\overline{ADV}$ apparently $\boxed{B}$ $\overline{ADJ}$ apparent

anschieben $\overline{VT}$ Fahrzeug to push

anschießen $\overline{VT}$ (≈ verletzen) to shoot (and wound)

Anschiss $\overline{M}$ (umg) bollocking (Br sl), ass-kicking (US sl)

Anschlag $\overline{M}$ $\boxed{1}$ (≈ Plakat) poster $\boxed{2}$ (≈ Überfall) attack (auf +akk on); (≈ Attentat) attempt on sb's life; **einen ~ auf jdn verüben** to make an attempt on sb's life; **einem ~ zum Opfer fallen** to be assassinated $\boxed{3}$ (≈ Kostenanschlag) estimate; **200 Anschläge in der Minute** ≈ 40 words per minute $\boxed{4}$ (bei Dateneingabe) touch $\boxed{5}$ TECH stop; **etw bis zum ~ drehen** to turn sth as far as it will go **anschlagen** $\boxed{A}$ $\overline{VT}$ $\boxed{1}$ (≈ befestigen) to fix on (an +akk to); Plakat to put up (an +akk on) $\boxed{2}$ Taste to strike; **eine schnellere Gangart ~** (fig) to speed up $\boxed{3}$ (≈ beschädigen) Geschirr to chip; **sich** (dat) **den Kopf** etc **~** to knock one's head etc; → **angeschlagen** $\boxed{B}$ $\overline{VI}$ $\boxed{1}$ (beim Schwimmen) to touch $\boxed{2}$ (Hund) to give a bark $\boxed{3}$ (≈ wirken: Arznei etc) to take effect $\boxed{4}$ (umg ≈ dick machen) **bei jdm ~** to make sb put on weight

anschleppen $\overline{VT}$ (umg) (≈ mitbringen) to bring along

anschließen $\boxed{A}$ $\overline{VT}$ $\boxed{1}$ (≈ verbinden) to connect; (in Steckdose) to plug in $\boxed{2}$ (fig ≈ hinzufügen) to add; **angeschlossen** Organisation etc associated (+dat with) $\boxed{B}$ $\overline{VR}$ **sich jdm** od **an jdn ~** (≈ folgen) to follow sb; (≈ zugesellen) to join sb; (≈ beipflichten) to side with sb; **an den Vortrag schloss sich ein Film an** the lecture was followed by a film $\boxed{C}$ $\overline{VI}$ **an etw** (akk) **~** to follow sth **anschließend** $\boxed{A}$ $\overline{ADV}$ afterwards $\boxed{B}$ $\overline{ADJ}$ following **Anschluss** $\overline{M}$ $\boxed{1}$ (≈ Verbindung) connection; **den ~ verpassen** BAHN etc to miss one's connection; (fig) to miss the boat od bus; **~ bekommen** TEL to get through; **kein ~ unter dieser Nummer** TEL number unobtainable (Br), this number is not in service (US) $\boxed{2}$ **im ~ an** (+akk) (≈ nach) subsequent to, following $\boxed{3}$ (fig) (≈ Kontakt) contact (an +akk with); **~ finden** to make friends (an +akk with); **er sucht ~** he wants to make friends **Anschlussflug** $\overline{M}$ connecting flight **Anschlusszug** $\overline{M}$ BAHN connection

anschnallen $\boxed{A}$ $\overline{VR}$ AUTO, FLUG to fasten one's seat belt; **bitte ~!** fasten your seat belts, please! $\boxed{B}$ $\overline{VT}$ Skier to clip on **Anschnallpflicht** $\overline{F}$ mandatory wearing of seat belts

anschnauzen $\overline{VT}$ (umg) to yell at

anschneiden $\overline{VT}$ $\boxed{1}$ Brot etc to (start to) cut $\boxed{2}$ (fig) Thema to touch on $\boxed{3}$ AUTO Kurve to cut; SPORT Ball to cut

anschrauben $\overline{VT}$ to screw on (an +akk -to)

anschreiben $\boxed{A}$ $\overline{VT}$ $\boxed{1}$ Behörde etc to write to; → **angeschrieben** $\boxed{2}$ (umg ≈ in Rechnung stellen) to chalk up (umg) $\boxed{B}$ $\overline{VI}$ (umg) **sie lässt immer ~** she always buys on tick (Br umg) od on credit

anschreien $\overline{VT}$ to shout od yell at

Anschrift $\overline{F}$ address (❗ Vorsicht, zwei „d")

anschwärzen $\overline{VT}$ (fig umg) **jdn ~** to blacken sb's name (bei with); (≈ denunzieren) to run sb down (bei to)

anschweigen $\overline{VT}$ **sich gegenseitig ~** to say nothing to each other

anschwellen $\overline{VI}$ to swell (up); (Lärm) to rise

anschwemmen $\overline{VT}$ to wash up

anschwindeln $\overline{VT}$ (umg) **jdn ~** to tell sb fibs (umg)

ansehen $\overline{VT}$ $\boxed{1}$ (≈ betrachten) to look at; **sieh mal einer an!** (umg) well, I never! (umg) $\boxed{2}$ (fig) to regard (als, für as); **ich sehe es als meine Pflicht an** I consider it to be my duty; → **angesehen** $\boxed{3}$ (**sich** dat) **etw ~** (≈ besichtigen) to (have a) look at sth; Fernsehsendung to watch sth; Film, Stück, Sportveranstaltung to see sth $\boxed{4}$ **das sieht man ihm an** he looks it; **das sieht man ihm nicht an** he doesn't look it; **man sieht ihm sein Alter nicht an** he doesn't look his age; **jeder konnte ihm sein Glück ~** everyone could see that he was happy $\boxed{5}$ **etw (mit) ~** to watch sth; **ich kann das nicht länger mit ~** I can't stand it any more **Ansehen** $\overline{N}$ (≈ guter Ruf) (good) reputation; **großes ~ genießen** to enjoy a good reputation; **an ~ verlieren** to lose credit od standing **ansehnlich** $\overline{ADJ}$ (≈ beträchtlich) considerable; Leistung impressive

anseilen $\overline{VT}$ **jdn/sich ~** to rope sb/oneself up

ansetzen $\boxed{A}$ $\overline{VT}$ $\boxed{1}$ (≈ anfügen) to attach (an +akk to) $\boxed{2}$ (≈ in Stellung bringen) to place in position; **das Glas ~** to raise the glass to one's lips; **an welcher Stelle muss man den Wagenheber ~?** where should the jack be put? $\boxed{3}$ (≈ festlegen) Kosten, Termin to fix; (≈ veranschlagen) Zeitspanne to estimate $\boxed{4}$ (≈ einsetzen) **jdn auf jdn/etw ~** to put sb on(to) sb/sth; **Hunde (auf jdn/jds Spur) ~** to put dogs on sb/sb's trail $\boxed{5}$ **Fett ~** to put on weight; **Rost ~** to get rusty $\boxed{6}$ (GASTR ≈ vorbereiten) to prepare $\boxed{B}$ $\overline{VI}$ (≈ beginnen) to start, to begin; **zur Landung ~** FLUG to come in to land; **zum Sprung/Start ~** to get ready to jump/start

Ansicht [F] [1] view [2] (≈ *das Prüfen*) inspection; **zur ~** HANDEL for (your/our *etc*) inspection [3] (≈ *Meinung*) opinion, view; **meiner ~ nach** in my opinion *od* view; **ich bin der ~, dass ...** I am of the opinion that ...; **ich bin ganz Ihrer ~** I entirely agree with you **Ansichtskarte** [F] (picture) postcard **Ansichtssache** [F] **das ist ~** that is a matter of opinion

Ansichtskarte

Für „Ansichtskarte" sagt man meistens einfach **postcard**. Nur wenn man besonders betonen will, dass es sich um keine normale Postkarte handelt, sondern um eine Karte mit Motiv, kann man **picture postcard** sagen. „Normale Postkarten" werden übrigens, wie auch bei uns, kaum noch verwendet.

SPRACHGEBRAUCH

ansonsten [ADV] otherwise

anspannen [V/T] [1] (≈ *straffer spannen*) to tighten; *Muskeln* to tense [2] (≈ *anstrengen*) to strain, to tax; → angespannt **Anspannung** [F] (*fig*) strain

Anspiel [N] SPORT start of play **anspielen** [A] [V/T] SPORT to play the ball *etc* to; *Spieler* to pass to [B] [V/I] [1] (≈ *Spiel beginnen*) to start; FUSSB to kick off; KART to lead; SCHACH to open [2] **auf jdn/etw ~** to allude to sb/sth **Anspielung** [F] allusion (*auf +akk* to); (*böse*) insinuation (*auf +akk* regarding)

anspitzen [V/T] *Bleistift etc* to sharpen **Anspitzer** [M] (pencil) sharpener

Ansporn [M] incentive **anspornen** [V/T] to spur (on)

Ansprache [F] address; **eine ~ halten** to give an address **ansprechbar** [ADJ] approachable; (≈ *gut gelaunt*) amenable; *Patient* responsive; **er ist zurzeit nicht ~** no-one can talk to him just now **ansprechen** [A] [V/T] [1] (≈ *anreden*) to speak to; (≈ *mit Titel, Vornamen etc*) to address; **damit sind Sie alle angesprochen** this is directed at all of you [2] (≈ *gefallen*) to appeal to [3] (≈ *erwähnen*) to mention [B] [V/I] [1] (≈ *reagieren*) to respond (*auf +akk* to) [2] (≈ *Anklang finden*) to go down well **ansprechend** [ADJ] (≈ *reizvoll*) attractive; (≈ *angenehm*) pleasant **Ansprechpartner(in)** [M(F)] contact

anspringen [A] [V/T] (≈ *anfallen*) to jump; (*Raubtier*) to pounce (up)on; (*Hund*) to jump up at [B] [V/I] (*Motor*) to start

Anspruch [M] [1] claim; (≈ *Recht*) right (*auf +akk* to); **~ auf etw** (*akk*) **haben** to be entitled to sth; **~ auf Schadenersatz erheben** to make a claim for damages; **hohe Ansprüche stellen** to be very demanding [2] **etw in ~ nehmen** *Recht* to claim sth; *jds Hilfe, Dienste* to enlist sth; *Zeit, Kräfte* to take up sth; **jdn völlig in ~ nehmen** to take up all of sb's time **anspruchslos** [ADJ] undemanding; (*geistig*) lowbrow; **~ leben** to lead a modest life **anspruchsvoll** [ADJ] demanding; (≈ *wählerisch*) discriminating; *Geschmack* highbrow; (≈ *kultiviert*) sophisticated

anspucken [V/T] to spit at *od* on

anstacheln [V/T] to spur (on)

Anstalt [F] [1] institution; (≈ *Institut*) institute; **eine ~ öffentlichen Rechts** a public institution [2] **~en/keine ~en machen, etw zu tun** to make a/no move to do sth

Anstand [M] (≈ *Schicklichkeit*) decency, propriety; (≈ *Manieren*) (good) manners *pl* **anständig** [A] [ADJ] decent; (≈ *ehrbar*) respectable; (*umg* ≈ *beträchtlich*) sizeable; **eine ~e Tracht Prügel** (*umg*) a good hiding [B] [ADV] decently; **sich ~ benehmen** to behave oneself; **jdn ~ bezahlen** (*umg*) to pay sb well; **~ essen/ausschlafen** (*umg*) to have a decent meal/sleep **Anstandsbesuch** [M] formal call; (*aus Pflichtgefühl*) duty visit **anstandshalber** [ADV] out of politeness **anstandslos** [ADV] without difficulty

anstarren [V/T] to stare at

anstatt [A] [PRÄP] *+gen* instead of [B] [KONJ] **~ zu arbeiten** instead of working

anstechen [V/T] *Fass* to tap

anstecken [A] [V/T] [1] (≈ *befestigen*) to pin on; *Ring* to put on [2] (≈ *anzünden*) to light [3] (MED, *fig*) to infect; **ich will dich nicht ~** I don't want to give it to you [B] [V/R] **sich (mit etw) ~** to catch sth (*bei* from) [C] [V/I] (MED, *fig*) to be infectious **ansteckend** [ADJ] (MED, *fig*) infectious **Ansteckung** [F] MED infection **Ansteckungsgefahr** [F] risk of infection

anstehen [V/I] [1] (*in Schlange*) to queue (up) (*Br*), to stand in line (*nach* for) [2] (*Verhandlungspunkt*) to be on the agenda; **~de Probleme** problems facing us/them *etc*

anstelle [PRÄP] *+gen* instead of, in place of

anstellen [A] [V/T] [1] (≈ *anlehnen*) to lean (*an +akk* against) [2] (≈ *beschäftigen*) to employ; → angestellt [3] (≈ *anmachen*) to turn on; (≈ *in Gang setzen*) to start [4] *Vermutung, Vergleich* to make [5] (≈ *machen*) to do [6] (*umg* ≈ *Unfug treiben*) to get up to; **was hast du da wieder angestellt?** what have you been up to now? [B] [V/R] [1] (≈ *Schlange stehen*) to queue (up) (*Br*), to stand in line [2] (*umg*) **sich dumm/ungeschickt ~** to be stupid/clumsy; **stell dich nicht so an!** don't make such a fuss!; (≈ *sich dumm anstellen*) don't act so stupid!

Anstellung [F] employment **Anstellungsverhältnis** [N] **im ~ sein** to be under contract

Anstieg M̲ (≈ *Aufstieg*) ascent; (*von Temperatur, Kosten*) rise (+gen in)

anstiften V̲T̲ (≈ *anzetteln*) to instigate; **jdn zu etw ~** to incite sb to (do) sth **Anstifter(in)** M̲F̲ instigator (+gen, zu of); (≈ *Anführer*) ringleader

anstimmen V̲T̲ **1** (*singen*) to begin singing; (*Kapelle*) to strike up **2** (*fig*) **ein Geschrei/Proteste** *etc* **~** to start crying/protesting *etc*

Anstoß M̲ **1** **den (ersten) ~ zu etw geben** to initiate sth; **jdm den ~ geben, etw zu tun** to induce sb to do sth **2** SPORT kickoff (❗ ohne Artikel) **3** (≈ *Ärgernis*) annoyance (*für* to); **~ erregen** to cause offence (*Br*) *od* offense (*US*) (*bei* to); **ein Stein des ~es** a bone of contention **anstoßen** A̲ V̲I̲ **1** **an etw** (*akk*) **~** to bump into sth **2** (**mit den Gläsern**) **~** to clink glasses; **auf jdn/etw ~** to drink to sb/sth **3** SPORT to kick off **B** V̲T̲ jdn to knock (into); (≈ *in Bewegung setzen*) to give a push; **sich** (*dat*) **den Kopf/Fuß** *etc* **~** to bang one's head/foot *etc* **Anstößer(in)** M̲F̲ (*schweiz* ≈ *Anwohner*) (local) resident **anstößig** A̲ A̲D̲J̲ offensive; *Kleidung* indecent **B** A̲D̲V̲ offensively; *gekleidet* shockingly

anstrahlen V̲T̲ to floodlight; (*im Theater*) to spotlight; (≈ *strahlend ansehen*) to beam at

anstreben V̲T̲ to strive for

anstreichen V̲T̲ **1** (*mit Farbe etc*) to paint **2** (≈ *markieren*) to mark; (**jdm**) **etw als Fehler ~** to mark sth wrong (for sb) **Anstreicher(in)** M̲F̲ (house) painter

anstrengen A̲ V̲T̲ **1** *Augen* to strain; *Muskel, Gehirn* to exert; *jdn* to tire out; → **angestrengt 2** JUR **eine Klage/einen Prozess ~** to institute proceedings **B** V̲R̲ to make an effort; **du könntest dich ruhig etwas mehr ~** you could make a bit more of an effort **anstrengend** A̲D̲J̲ (*körperlich*) strenuous; (*geistig*) demanding; (≈ *erschöpfend*) exhausting **Anstrengung** F̲ effort; (≈ *Strapaze*) strain; **große ~en machen** to make every effort; **mit äußerster/letzter ~** with very great/one last effort

Anstrich M̲ painting; **ein zweiter ~** a second coat of paint

Ansturm M̲ onslaught; (≈ *Andrang*) rush

antanzen V̲I̲ (*fig umg*) to turn up (*umg*)

Antarktis F̲ Antarctic (❗ ohne Artikel) **antarktisch** A̲D̲J̲ antarctic

antasten V̲T̲ **1** *Ehre, Würde* to offend; *Rechte* to infringe **2** (≈ *berühren*) to touch

Anteil M̲ **1** *auch* FIN share **2** (≈ *Beteiligung*) **~ an etw** (*dat*) **haben** (≈ *beitragen*) to make a contribution to sth **3** (≈ *Teilnahme*) sympathy (*an* +*dat* with); **an etw** (*dat*) **~ nehmen** *an Leid etc* to be deeply sympathetic over sth; *an Freude etc* to share in sth **4** (≈ *Interesse*) interest (*an* +*dat* in); **regen ~ an etw** (*dat*) **nehmen** to take a live-

ly interest in sth **anteilig, anteilmäßig** A̲D̲V̲ proportionately **Anteilnahme** F̲ (≈ *Beileid*) sympathy (*an* +*dat* with)

Antenne F̲ RADIO aerial; ZOOL feeler **Antennenkabel** N̲ aerial *od* antenna (*bes US*) cable *od* lead

Anthrax N̲ BIOL anthrax

Anthropologe M̲, **Anthropologin** F̲ anthropologist

Antialkoholiker(in) M̲F̲ teetota(l)ler **antiautoritär** A̲D̲V̲ anti-authoritarian **Antibabypille** F̲ (*umg*) contraceptive pill **Antibiotikum** N̲ antibiotic **Antiblockier(brems)system** N̲ AUTO antilock braking system **Antidepressivum** N̲ antidepressant **Antifaschismus** M̲ antifascism (❗ ohne Artikel) **antifaschistisch** A̲D̲J̲ antifascist **Antihistamin** N̲ antihistamine

antik A̲D̲J̲ **1** HIST ancient **2** (HANDEL *umg*) antique **Antike** F̲ antiquity; **die Kunst der ~** the art of the ancient world

Antikörper M̲ MED antibody

Antillen P̲L̲ **die ~** the Antilles

Antilope F̲ antelope

Antipathie F̲ antipathy (*gegen* to)

Antiquar(in) M̲F̲ antiquarian *od* (*von moderneren Büchern*) second-hand bookseller **Antiquariat** N̲ (≈ *Laden*) antiquarian *od* (*moderneren Bücher*) second-hand bookshop; **modernes ~** remainder bookshop **antiquarisch** A̲D̲J̲ antiquarian; (*von moderneren Büchern*) second-hand **antiquiert** A̲D̲J̲ (*pej*) antiquated **Antiquität** F̲ antique **Antiquitätenhändler(in)** M̲F̲ antique dealer

Antisemit(in) M̲F̲ antisemite **antisemitisch** A̲D̲J̲ anti-Semitic **Antisemitismus** M̲ antisemitism (❗ ohne Artikel) **antiseptisch** A̲D̲J̲ antiseptic **antistatisch** A̲D̲J̲ antistatic **Antiterror-** antiterrorist **Antithese** F̲ antithesis **Antivirenprogramm** N̲ IT anti-virus program, virus checker

antörnen (*sl*) A̲ V̲T̲ to turn on (*umg*) **B** V̲I̲ **das törnt an** it turns you on (*umg*)

Antrag M̲ **1** application; (≈ *Gesuch*) request; **einen ~ auf etw** (*akk*) **stellen** to make an application for sth; **auf ~** +*gen* at the request of **2** JUR petition; (≈ *Forderung bei Gericht*) claim; **einen ~ auf etw** (*akk*) **stellen** to file a petition/claim for sth **3** PARL motion **4** (≈ *Heiratsantrag*) **jdm einen ~ machen** to propose (marriage) to sb **Antragsformular** N̲ application form **Antragsteller(in)** M̲F̲ claimant

antreffen V̲T̲ to find

antreiben V̲T̲ to drive; (*fig*) to urge

antreten A̲ V̲T̲ *Reise, Strafe* to begin; *Stellung* to take up; *Erbe* to come into; **den Beweis ~, dass**

... to prove that ...; **seine Amtszeit ~** to take office **B** V̶I̶ (≈ *sich aufstellen*) to line up **2** (≈ *erscheinen*) to assemble; (*zum Dienst*) to report **3** (*zum Wettkampf*) to compete

Antrieb M̶ **1** impetus (🚫 kein pl); (*innerer*) drive; **aus eigenem ~** on one's own initiative **2** (≈ *Triebkraft*) drive; **Auto mit elektrischem ~** electrically powered car **Antriebsaggregat** N̶TECH drive unit **Antriebsschwäche** F̶ MED lack of drive **Antriebswelle** F̶ drive shaft

antrinken V̶T̶ (*umg*) to start drinking; **sich** (*dat*) **einen ~** to get (oneself) drunk; **sich** (*dat*) **Mut ~** to give oneself Dutch courage; → **angetrunken**

Antritt M̶ (≈ *Beginn*) beginning; **bei ~ der Reise** when beginning one's journey; **nach ~ der Stellung/des Amtes** after taking up the position/assuming office **Antrittsbesuch** M̶ *bes* POL (*formal*) first visit

antun V̶T̶ **jdm etw ~** (≈ *erweisen*) to do sth for sb; (≈ *zufügen*) to do sth to sb; **sich** (*dat*) **etwas ~** (*euph*) to do away with oneself; **tu mir das nicht an!** don't do this to me!; → **angetan**

Antwort F̶ **1** answer; **etw zur ~ bekommen** to receive sth as a response **2** (≈ *Reaktion*) response; **als ~ auf etw** (*akk*) in response to sth **antworten** V̶I̶ **1** to answer, to reply; **auf etw** (*akk*) **~** to answer sth, to reply to sth; **jdm auf eine Frage ~** to reply to *od* answer sb's question; **mit Ja/Nein ~** to answer yes/no **2** (≈ *reagieren*) to respond

anvertrauen A̶ V̶T̶ **jdm etw ~** to entrust sth to sb; (≈ *vertraulich erzählen*) to confide sth to sb **B** V̶R̶ **sich jdm ~** (≈ *sich mitteilen*) to confide in sb; (≈ *sich in jds Schutz begeben*) to entrust oneself to sb

anwachsen V̶I̶ **1** (≈ *festwachsen*) to grow on; (*Pflanze etc*) to take root **2** (≈ *zunehmen*) to increase (*auf +akk* to)

Anwalt M̶, **Anwältin** F̶ **1** → **Rechtsanwalt 2** (*fig ≈ Fürsprecher*) advocate **Anwaltskammer** F̶ *professional association of lawyers, ≈* Law Society (*Br*) **Anwaltskanzlei** F̶ lawyer's office, solicitor's office (*Br*) **Anwaltskosten** P̶L̶ legal expenses *pl* **Anwaltspraxis** F̶ legal practice

Anwandlung F̶ (≈ *Laune*) mood; **aus einer ~ heraus** on (an) impulse; **in einer ~ von Freigebigkeit** *etc* in a fit of generosity *etc*

anwärmen V̶T̶ to warm up

Anwärter(in) M̶F̶ (≈ *Kandidat*) candidate (*auf +akk* for); SPORT contender (*auf +akk* for) **Anwartschaft** F̶ candidature; SPORT contention

anweisen V̶T̶ **1** (≈ *befehlen*) to instruct **2** (≈ *zuweisen*) to allocate; **jdm einen Platz ~** to show

sb to a seat **3** *Geld* to transfer; → **angewiesen Anweisung** F̶ **1** FIN payment; (*auf Konto etc*) transfer **2** (≈ *Anordnung*) instruction; **~ haben, etw zu tun** to have instructions to do sth

anwendbar A̶D̶J̶ *Theorie, Regel* applicable (*auf +akk* to); **das ist in der Praxis nicht ~** that is not practicable **anwenden** V̶T̶ *Methode, Gewalt* to use (*auf +akk* on); *Theorie, Regel* to apply (*auf +akk* to) **Anwender(in)** M̶F̶ IT user **Anwendersoftware** F̶ user software **Anwendung** F̶ **1** (≈ *Gebrauch*) use (*auf +akk* on) **2** (*von Theorie, Regel*) application (*auf +akk* to) **3** IT application **Anwendungsbeispiel** N̶ example

anwerben V̶T̶ to recruit (*für* to)

anwerfen V̶T̶ TECH to start up

Anwesen N̶ (*geh*) estate

anwesend A̶D̶J̶ present **Anwesende(r)** M̶/F̶M̶ **die ~n** those present; **alle ~n** all those present; **~ ausgenommen** present company excepted **Anwesenheit** F̶ presence; **in ~ +gen** *od* **von** in the presence of **Anwesenheitskontrolle** F̶ (≈ *Namensaufruf*) roll call **Anwesenheitsliste** F̶ attendance list

anwidern V̶T̶ **jdn ~** to make sb feel sick

Anwohner(in) M̶F̶ resident

Anzahl F̶ number

anzahlen V̶T̶ **100 Euro ~** to pay 100 euros as a deposit **Anzahlung** F̶ deposit (*für, auf +akk* on); **eine ~ machen** to pay a deposit

anzapfen V̶T̶ *Fass* to broach; *Telefon, elektrische Leitung* to tap

Anzeichen N̶ sign; **alle ~ deuten darauf hin, dass ...** all the signs are that ...

Anzeige F̶ **1** (*bei Behörde*) report (*wegen* of); **gegen jdn ~ erstatten** to report sb to the authorities **2** (*in Zeitung*) notice; (≈ *Relame*) advertisement **anzeigen** V̶T̶ **1** (≈ *angeben*) to show **2** (≈ *bekannt geben*) to announce; *Richtung* to indicate **3** IT to display **4** **jdn ~** (*bei der Polizei*) to report sb (to the police) **Anzeigenblatt** N̶ advertiser, freesheet **Anzeigenteil** M̶ advertisement section **Anzeiger** M̶ TECH indicator **Anzeigetafel** F̶ indicator board; SPORT scoreboard

anzetteln V̶T̶ to instigate

anziehen A̶ V̶T̶ **1** *Kleidung* to put on; **sich** (*dat*) **etw ~** to put sth on; **angezogen** dressed **2** (≈ *straffen*) to pull (tight); *Bremse* to put on; *Schraube* to tighten **3** (*Magnet, fig*) to attract; **sich von etw angezogen fühlen** to feel drawn to sth **B** V̶I̶ (≈ *beschleunigen*) to accelerate; (FIN: *Preise, Aktien*) to rise **C** V̶R̶ **1** (≈ *sich kleiden*) to get dressed **2** (*fig: Gegensätze*) to attract **anziehend** A̶D̶J̶ (≈ *ansprechend*) attractive **Anziehung** F̶ attraction **Anziehungskraft** F̶ PHYS force of attraction; (*fig*) attraction

A ANZU | 778

Anzug M ❶ (≈ *Herrenanzug*) suit ❷ **im ~ sein** to be coming; MIL to be advancing; *(fig) (Gewitter, Gefahr)* to be imminent
anzüglich ADJ suggestive; **~ werden** to start making suggestive remarks
anzünden VT *Feuer* to light; **das Haus** *etc* **~** to set fire to the house *etc* **Anzünder** M lighter
anzweifeln VT to question
Aorta F aorta
apart A ADJ distinctive B ADV (≈ *chic*) stylishly
Apartheid F apartheid
Apartment N flat *(Br)*, apartment **Apartmenthaus** N block of flats *(Br)*, apartment house *(bes US)* **Apartmentwohnung** F flat *(Br)*, apartment
Apathie F apathy; *(von Patienten)* listlessness
apathisch A ADJ apathetic B ADV apathetically
aper ADJ *(schweiz, österr, südd)* snowless
Aperitif M aperitif
Apfel M apple; **in den sauren ~ beißen** *(fig umg)* to bite the bullet **Apfelbaum** M apple tree **Apfelkuchen** M apple cake **Apfelmus** N apple purée *od (als Beilage)* sauce **Apfelsaft** M apple juice **Apfelsine** F orange **Apfelstrudel** M apple strudel **Apfeltasche** F apple turnover **Apfelwein** M cider
Aphorismus M aphorism
Apokalypse F apocalypse
Apostel M apostle **Apostelbrief** M epistle **Apostelgeschichte** F Acts of the Apostles *pl*
Apostroph M apostrophe

Apostroph

Der Apostroph wird in folgenden Fällen verwendet:

1. für weggelassene Buchstaben:
I'm = I am, you're = you are, don't = do not usw.

2. um Besitz anzuzeigen:
Mr Winter's hat — der Hut von Herrn Winter,
my mother's car — das Auto meiner Mutter

3. bei Zeitangaben:
Friday's newspaper — die Freitagszeitung,
today's special offer — das heutige Sonderangebot.

GRAMMATIK ◀

Apotheke F *(dispensing)* chemist's *(Br)*, pharmacy **apothekenpflichtig** ADJ available only at a chemist's shop *(Br) od* pharmacy **Apotheker(in)** M/F pharmacist, *(dispensing)* chemist *(Br)*

Apparat M ❶ apparatus (⚠ *kein pl*), appliance; (≈ *Gerät*) gadget ❷ (≈ *Radio*) radio; (≈ *Fernseher*) set; (≈ *Rasierapparat*) razor; (≈ *Fotoapparat*) camera ❸ (≈ *Telefon*) (tele)phone; (≈ *Anschluss*) extension; **am ~** on the phone; *(als Antwort)* speaking; **bleiben Sie am ~!** hold the line **Apparatur** F apparatus (⚠ *kein Plural*)
Appartement N ❶ (≈ *Wohnung*) flat *(Br)*, apartment ❷ (≈ *Zimmerflucht*) suite
Appell M ❶ (≈ *Aufruf*) appeal *(an +akk* to, *zu* for) ❷ MIL roll call **appellieren** VI to appeal *(an +akk* to)
Appenzell N Appenzell; **~-Ausserrhoden** Appenzell Outer Rhodes; **~-Innerrhoden** Appenzell Inner Rhodes
Appetit M appetite; **~ auf etw** *(akk)* **haben** to feel like sth; **guten ~!** enjoy your meal; **jdm den ~ verderben** to spoil sb's appetite; **mir ist der ~ vergangen** I've lost my appetite **appetitanregend** ADJ *Speise etc* appetizing; **~ wirken** to stimulate the appetite **appetitlich** ADJ (≈ *lecker*) appetizing; *(fig) Mädchen, Anblick* attractive **Appetitlosigkeit** F lack of appetite **Appetitzügler** M appetite suppressant

▶ Guten Appetit

Während es im Deutschen höflich ist, vor dem Essen einen „Guten Appetit!" zu wünschen, ist im Englischen ein solches Startsignal zu Beginn der Mahlzeit nicht so üblich. Man hört aber gelegentlich:

Bon appetit! *(etwas förmlich)*

Enjoy your meal! *(von der Bedienung)*

Enjoy! *(besonders in den USA)*

SPRACHGEBRAUCH ◀

applaudieren VI to applaud **Applaus** M applause
Approbation F *(von Arzt)* certificate *(enabling a doctor to practise)* **approbiert** ADJ *Arzt* registered
Aprikose F apricot
April M April; **~, ~!** April fool!; **jdn in den ~ schicken** to make an April fool of sb; → **März Aprilscherz** M April fool's trick **Aprilwetter** N April weather
apropos ADV by the way; **~ Afrika** talking about Africa
Aquädukt N aqueduct **Aquajogging** N aquajogging **Aquamarin** N aquamarine **Aquaplaning** N AUTO aquaplaning **Aquarell** N watercolour *(Br) od* watercolor *(US)* (painting) **Aquarellfarbe** F watercolour *(Br)*, watercolor *(US)* **Aquarium** N aquarium

779 ‖ ARBE **A**

Äquator M̄ equator
Äquivalent N̄ equivalent
Ära F̄ era
Araber M̄ (≈ *Pferd*) Arab **Araber(in)** M̄F̄ Arab
Arabien N̄ Arabia **arabisch** ĀDJ Arab; *Ziffer, Sprache* Arabic

Arbeit F̄ **1** work; POL, WIRTSCH labour (*Br*), labor (*US*); **Tag der ~** Labo(u)r Day; **bei der ~ mit Kindern** when working with children; **~ sparend** labour-saving (*Br*), labor-saving (*US*); **viel ~ machen** to be a lot of work (*jdm* for sb); **an** *od* **bei der ~ sein** to be working; **sich an die ~ machen** to get down to work; **etw ist in ~** work on sth is in progress **2** (≈ *Mühe*) trouble; **jdm ~ machen** to put sb to trouble **3** (≈ *Berufstätigkeit*) work (❗ ohne a); (≈ *Arbeitsverhältnis*) employment; (≈ *Position*) job; **ohne ~ sein** to be out of work; **zur ~ gehen** (*umg*) to go to work (❗ ohne the) **4** (≈ *Produkt*) work; (*Prüfungsarbeit, wissenschaftlich*) paper; (SCHULE ≈ *Klassenarbeit*) test; **eine ~ schreiben** to sit *od* take a test; **~en korrigieren** to mark (*Br*) *od* grade (*US*) test papers **arbeiten** Ā V̄Ī to work; **er arbeitet für zwei** (*umg*) he does the work of two; **die Anlage arbeitet elektrisch/mit Kohle** the plant runs *od* operates on electricity/coal; **~ gehen** (≈ *zur Arbeit gehen*) to go to work **B** V̄R̄ **sich krank/müde ~** to make oneself ill/tire oneself out with work; **sich zu Tode ~** to work oneself to death; **sich an die Spitze ~** (*fig*) to work one's way (up) to the top **Arbeiter(in)** M̄F̄ worker; (*im Gegensatz zum Angestellten*) blue-collar worker; (*auf Bau, Bauernhof*) labourer (*Br*), laborer (*US*) **Arbeiterbewegung** F̄ labour (*Br*) *od* labor (*US*) movement **Arbeiterklasse** F̄ working class(es *pl*) **Arbeiterschaft** F̄ workforce **Arbeiterviertel** N̄ working-class area **Arbeitgeber(in)** M̄F̄ employer **Arbeitgeberanteil** M̄ employer's contribution **Arbeitgeberverband** M̄ employers' federation **Arbeitnehmer(in)** M̄F̄ employee **Arbeitnehmeranteil** M̄ employee's contribution **Arbeitnehmerschaft** F̄ employees *pl* **Arbeitnehmervertreter(in)** M̄F̄ employees' representative **Arbeitsablauf** M̄ work routine; (*von Fabrik*) production (❗ ohne Artikel) **Arbeitsagentur** F̄ (State) Department of Employment **arbeitsam** ĀDJ industrious **Arbeitsamt** N̄ job centre (*Br*), unemployment office (*US*) **Arbeitsaufwand** M̄ **mit geringem/großem ~** with little/a lot of work **Arbeitsbedingungen** P̄L̄ working conditions *pl* **Arbeitsbeginn** M̄ start of work **Arbeitsbeschaffungsmaßnahme** F̄ ADMIN job creation scheme **Arbeitsbeschaffungsprogramm** N̄ job creation

scheme *od* program (*US*) **Arbeitsbescheinigung** F̄ certificate of employment **Arbeitseifer** M̄ enthusiasm for one's work **Arbeitseinstellung** F̄ (≈ *Arbeitsauffassung*) attitude to work **Arbeitserlaubnis** F̄ (≈ *Bescheinigung*) work permit **Arbeitsessen** N̄ (*mittags*) working lunch; (*abends*) working dinner **arbeitsfähig** ĀDJ *Person* able to work; (≈ *gesund*) fit for work; *Regierung etc* viable **Arbeitsfläche** F̄ work surface **Arbeitsgang** M̄ (≈ *Arbeitsablauf*) work routine; (*von Fabrik*) production (❗ ohne Artikel) **Arbeitsgemeinschaft** F̄ team; SCHULE, UNIV study group; (*in Namen*) association **Arbeitsgericht** N̄ industrial tribunal (*Br*), labor court (*US*) **Arbeitsgruppe** F̄ team **arbeitsintensiv** ĀDJ labour-intensive (*Br*), labor-intensive (*US*) **Arbeitskampf** M̄ industrial action **Arbeitskleidung** F̄ working clothes *pl* **Arbeitsklima** N̄ work(ing) atmosphere **Arbeitskollege** M̄, **Arbeitskollegin** F̄ colleague **Arbeitskraft** F̄ **1** capacity for work **2** (≈ *Arbeiter*) worker **Arbeitskräfte** P̄L̄ workforce **Arbeitskräftemangel** M̄ labor (*US*) *od* labour (*Br*) shortage **Arbeitskreis** M̄ team; SCHULE, UNIV study group **Arbeitslager** N̄ labor (*US*) *od* labour (*Br*) camp **Arbeitsleistung** F̄ (*quantitativ*) output, performance; (*qualitativ*) performance **Arbeitslohn** M̄ wages *pl*, earnings *pl* **arbeitslos** ĀDJ *Mensch* unemployed **Arbeitslosengeld** N̄ earnings-related unemployment benefit **Arbeitslosenhilfe** F̄ unemployment benefit **Arbeitslosenquote** F̄ rate of unemployment **Arbeitslosenunterstützung** F̄ (*obs*) unemployment benefit, dole (money) (*Br umg*) **Arbeitslosenversicherung** F̄ ≈ National Insurance (*Br*), ≈ social insurance (*US*) **Arbeitslosenzahl** F̄ unemployment figures *pl*, number of unemployed **Arbeitslose(r)** M̄F̄M̄ unemployed person/man/woman *etc*; **die ~n** the unemployed **Arbeitslosigkeit** F̄ unemployment **Arbeitsmarkt** M̄ labour (*Br*) *od* labor (*US*) market **Arbeitsmoral** F̄ work ethic **Arbeitsniederlegung** F̄ walkout **arbeitsparend** ĀDJ → Arbeit **Arbeitspensum** N̄ workload **Arbeitsplatz** M̄ **1** (≈ *Arbeitsstätte*) workplace; **am ~** at work **2** (*in Fabrik*) work station; (*in Büro*) workspace **3** (≈ *Stelle*) job; **freie Arbeitsplätze** vacancies **Arbeitsplatzabbau** M̄ job cuts *pl* **Arbeitsplatzsicherung** F̄ safeguarding of jobs **Arbeitsplatzteilung** F̄ job sharing **Arbeitsproduktivität** F̄ labour (*Br*) *od* labor (*US*) efficiency **Arbeitsrecht** N̄ industrial law **arbeitsscheu** ĀDJ workshy **Arbeitsschutzvorschriften** P̄L̄ health and safety

A ARBE | 780

regulations *pl* **Arbeitssitzung** F̲ working session **Arbeitsspeicher** M̲ IT main memory **Arbeitsstelle** F̲ **1** place of work **2** (≈ *Stellung*) job **Arbeitsstunde** F̲ man-hour **Arbeitssuche** F̲ **auf ~ sein** to be looking for work *od* a job **Arbeitstag** M̲ working day **Arbeitsteilung** F̲ division of labour (*Br*) *od* labor (*US*) **Arbeitstempo** N̲ rate of work **Arbeitstier** N̲ (*fig umg*) workaholic (*umg*) **Arbeitsuchende(r)** M/F(M) person/man/woman *etc* looking for work *od* a job **arbeitsunfähig** ADJ unable to work; (≈ *krank*) unfit for work **Arbeitsunfall** M̲ industrial accident **Arbeitsverbot** N̲ prohibition from employment; **er wurde mit ~ belegt** he has been banned from working **Arbeitsverhältnis** N̲ **1** employee-employer relationship; **ein ~ eingehen** to enter employment **2** **Arbeitsverhältnisse** PL working conditions *pl* **Arbeitsvermittlung** F̲ (≈ *Amt*) employment exchange; (*privat*) employment agency **Arbeitsvertrag** M̲ contract of employment **Arbeitsweise** F̲ (≈ *Praxis*) working method; (*von Maschine*) mode of operation **Arbeitszeit** F̲ working hours *pl*; **eine wöchentliche ~ von 35 Stunden** a working week of 35 hours **Arbeitszeitmodell** N̲ working hours model *od* scheme **Arbeitszeitverkürzung** F̲ reduction in working hours (🚫 nicht „of") **Arbeitszeugnis** N̲ reference from one's employer **Arbeitszimmer** N̲ study

Archäologe M̲, **Archäologin** F̲ archaeologist (*Br*), archeologist (*US*) **Archäologie** F̲ archaeology (*Br*), archeology (*US*) **archäologisch** ADJ archaeological (*Br*), archeological (*US*)

Arche F̲ **die ~ Noah** Noah's Ark

Archipel M̲ archipelago

Architekt(in) M/F(M) architect **architektonisch** ADJ architectural **Architektur** F̲ architecture

Archiv N̲ archives *pl* **Archivbild** N̲ photo from the archives **archivieren** V/T to archive

Areal N̲ area

Arena F̲ arena; (≈ *Zirkusarena, Stierkampfarena*) ring

arg A ADJ (≈ *schlimm*) bad; *Verlust* terrible; *Enttäuschung* bitter; **sein ärgster Feind** his worst enemy; **etw liegt im Argen** sth is at sixes and sevens B ADV (≈ *schlimm*) badly; **es zu ~ treiben** to go too far

Argentinien N̲ Argentina **Argentinier(in)** M/F(M) Argentine, Argentinian **argentinisch** ADJ Argentine, Argentinian

Ärger M̲ **1** annoyance; (*stärker*) anger; **zu jds ~** to sb's annoyance **2** (≈ *Unannehmlichkeiten*) trouble; (≈ *Sorgen*) worry; **jdm ~ machen** *od* **bereiten** to cause sb a lot of trouble; **~ bekommen** *od* **kriegen** (*umg*) to get into trouble; **es gibt ~** (*umg*) there'll be trouble **ärgerlich** ADJ **1** (≈ *verärgert*) annoyed; *Tonfall* angry; **über jdn/etw ~ werden** to get annoyed with sb/about sth **2** (≈ *unangenehm*) annoying **ärgern** A V/T (≈ *ärgerlich machen*) to annoy; (*stärker*) to make angry B V/R (≈ *ärgerlich sein/werden*) to be/get annoyed; (*stärker*) to be/get angry (*über jdn/etw* with sb/about sth) **Ärgernis** N̲ (≈ *Anstoß*) offence (*Br*), offense (*US*); **~ erregen** to cause offence (*Br*) *od* offense (*US*); **wegen Erregung öffentlichen ~ses angeklagt werden** to be charged with offending public decency

arglistig A ADJ cunning, crafty; (≈ *böswillig*) malicious; **~e Täuschung** fraud B ADV cunningly, craftily; (≈ *böswillig*) maliciously

Argument N̲ argument **argumentieren** V/I to argue

Argwohn M̲ suspicion **argwöhnisch** A ADJ suspicious B ADV suspiciously

Arie F̲ MUS aria

Arier(in) M/F(M) Aryan

Aristokrat(in) M/F(M) aristocrat **Aristokratie** F̲ aristocracy **aristokratisch** ADJ aristocratic

Arithmetik F̲ arithmetic **arithmetisch** ADJ arithmetic

Arktis F̲ Arctic **arktisch** ADJ arctic

arm ADJ poor; **die Armen** the poor *pl*; **~ an etw** (*dat*) **sein** to be somewhat lacking in sth; **~ an Vitaminen** low in vitamins; **um 10 Euro ärmer sein** to be 10 euros poorer; **~ dran sein** (*umg*) to have a hard time of it

Arm M̲ (ANAT, TECH, *fig*) arm; (*von Fluss, Baum*) branch; (≈ *Ärmel*) sleeve; **jdn in die ~e nehmen** to take sb in one's arms; **sich in den ~en liegen** to lie in each other's arms; **jdn auf den ~ nehmen** (*fig umg*) to pull sb's leg (*umg*); **jdm unter die ~e greifen** (*fig*) to help sb out; **mit offenen ~en** with open arms

Armaturenbrett N̲ instrument panel; AUTO dashboard

Armband N̲ bracelet; (*von Uhr*) (watch)strap **Armbanduhr** F̲ wristwatch **Armbinde** F̲ armband; MED sling **Armbruch** M̲ MED broken *od* fractured arm

Armee F̲ (MIL, *fig*) army; (≈ *Gesamtheit der Streitkräfte*) (armed) forces *pl*

Ärmel M̲ sleeve; **etw aus dem ~ schütteln** to produce sth just like that **Ärmelkanal** M̲ (English) Channel **ärmellos** ADJ sleeveless **Armenien** N̲ Armenia

781 ‖ ASSI **A**

Armenviertel N̄ poor district
Armgelenk N̄ elbow joint **Armlehne** F̄ armrest **Armleuchter** M̄ **1** chandelier **2** (*pej umg*) twerp (*umg*)
ärmlich **A** ADJ poor; *Kleidung* shabby; **aus ~en Verhältnissen** from a poor family **B** ADV poorly; **~ leben** to live in poor conditions
armselig ADJ miserable; (≈ *jämmerlich*) pathetic; **für ~e zwei Euro** for two paltry euros **Armut** F̄ poverty (❶ ohne Artikel) **Armutsgrenze** F̄ poverty line **Armutszeugnis** N̄ (*fig*) **jdm/ sich (selbst) ein ~ ausstellen** to show sb's/ one's (own) shortcomings
Aroma N̄ **1** (≈ *Geruch*) aroma **2** (≈ *Geschmack*) flavour (*Br*), flavor (*US*) **Aromatherapie** F̄ MED aromatherapy **aromatisch** ADJ **1** (≈ *wohlriechend*) aromatic **2** (≈ *wohlschmeckend*) savoury (*Br*), savory (*US*)
Arrangement N̄ arrangement **arrangieren** **A** V̄T̄ & V̄Ī to arrange (*jdm* for sb) **B** V̄R̄ **sich mit jdm ~** to come to an arrangement with sb
Arrest M̄ detention
arrogant **A** ADJ arrogant **B** ADV arrogantly **Arroganz** F̄ arrogance
Arsch M̄ **1** (*vulg*) arse (*Br sl*), ass (*US sl*); **jdm** *od* **jdn in den ~ treten** to give sb a kick up the arse (*Br sl*) *od* ass (*US sl*); **leck mich am ~!** (≈ *lass mich in Ruhe*) fuck off! (*vulg*); (≈ *verdammt noch mal*) bugger! (*Br sl*), fuck it! (*vulg*); (*sl*: *überrascht*) fuck me! (*vulg*); **jdm in den ~ kriechen** (*umg*) to lick sb's arse (*Br sl*) *od* ass (*US sl*); **am ~ der Welt** (*umg*) in the back of beyond; **im** *od* **am ~ sein** (*sl*) to be screwed up (*sl*) **2** (*sl* ≈ *Mensch*) bastard (*sl*) **arschkalt** ADJ (*umg*) bloody (*Br umg*) *od* damn (*umg*) cold **Arschkriecher(in)** M̄/F̄ (*vulg*) ass-kisser (*sl*) **Arschloch** N̄ (*vulg*) **1** (*wörtl*) arsehole (*Br sl*), asshole (*US sl*) **2** = Arsch 2
Arsen N̄ arsenic
Arsenal N̄ (*wörtl*, *fig*) arsenal
Art F̄ **1** kind, sort; **diese ~ Leute/Buch** that kind *od* sort of person/book; **aus der ~ schlagen** not to take after anyone in the family **2** BIOL species **3** (≈ *Methode*) way; **auf diese ~ und Weise** in this way **4** (≈ *Wesen*) nature; **das ist eigentlich nicht seine ~** it's not like him; **nach bayrischer ~** Bavarian style **5** (≈ *Benehmen*) behaviour (*Br*), behavior (*US*); **das ist doch keine ~!** that's no way to behave! **Artenreichtum** M̄ BIOL diversity of species **Artenschutz** M̄ protection of species
Arterie F̄ artery **Arteriosklerose** F̄ arteriosclerosis
Artgenosse M̄, **Artgenossin** F̄ (≈ *Tier/Pflanze*) animal/plant of the same species; (≈ *Mensch*) person of the same type **artgerecht** ADJ appropriate to the species

Arthritis F̄ arthritis **Arthrose** F̄ arthrosis
artig ADJ *Kind, Hund etc* good; **sei schön ~** be good!
Artikel M̄ article
artikulieren **A** V̄T̄ & V̄Ī to articulate **B** V̄R̄ to express oneself
Artillerie F̄ artillery
Artischocke F̄ (globe) artichoke
Artist(in) M̄/F̄ (*circus od* (*im Varieté*) variety) performer **artistisch** ADJ **eine ~e Glanzleistung** (*in Zirkus*) a miraculous feat of circus artistry
Arznei F̄ medicine **Arzneimittel** N̄ drug **Arzneimittelmissbrauch** M̄ drug abuse
Arzt M̄, **Ärztin** F̄ doctor; (≈ *Facharzt*) specialist; **praktischer ~** general practitioner, GP **Ärzteschaft** F̄ medical profession **Arzthelfer(in)** M̄/F̄ (doctor's) receptionist **Ärztin** F̄ → Arzt **Arztkosten** P̄L̄ doctor's *od* medical fees *pl* **ärztlich** **A** ADJ medical **B** ADV **beraten**, **untersuchen** medically; **er ließ sich ~ behandeln** he went to a doctor for treatment **Arztpraxis** F̄ doctor's practice **Arzttermin** M̄ doctor's appointment
As N̄ → Ass
Asbest N̄ asbestos **asbestfrei** ADJ free from *od* of asbestos, asbestos-free **asbesthaltig** ADJ containing asbestos *präd* **Asbestose** F̄ asbestosis
Asche F̄ ashes *pl*; (*von Zigarette, Vulkan*) ash **Aschenbahn** F̄ cinder track **Aschenbecher** M̄ ashtray **Aschenplatz** M̄ FUSSB cinder pitch; TENNIS clay court **Aschenputtel** N̄ Cinderella **Aschermittwoch** M̄ Ash Wednesday
ASCII-Code M̄ ASCII code
aseptisch **A** ADJ aseptic **B** ADV aseptically
Aserbaidschan N̄ Azerbaijan
Asiat(in) M̄/F̄ Asian **asiatisch** ADJ Asian, Asiatic **Asien** N̄ Asia
Asket(in) M̄/F̄ ascetic **asketisch** **A** ADJ ascetic **B** ADV ascetically
Askorbinsäure F̄ ascorbic acid
asozial **A** ADJ asocial **B** ADV asocially **Asoziale(r)** M̄/F̄(M̄) (*pej*) antisocial person/man/woman *etc*
Aspekt M̄ aspect
Asphalt M̄ asphalt **asphaltieren** V̄T̄ to asphalt
Aspik M̄ *od* (*österr*) N̄ aspic
Ass N̄ ace
Assessor(in) M̄/F̄ *graduate civil servant who has completed his/her traineeship*
Assistent M̄ assistant (❶ Schreibung mit **ant**); IT wizard **Assistentin** F̄ assistant (❶ Schreibung mit **ant**) **Assistenzarzt** M̄, **Assistenzärztin** F̄ junior doctor (*Br*), intern

(US) **assistieren** V̄ᵢ to assist (jdm sb)

Assoziation F̄ association **assoziieren** (geh) V̄ₜ to associate **assoziiert** ADJ associated; Mitgliedschaft associate

Ast M̄ branch

Aster F̄ aster

Ästhet(in) M̄F̄ aesthete **ästhetisch** ADJ aesthetic

Asthma N̄ asthma **Asthmaanfall** M̄ asthma attack **Asthmatiker(in)** M̄F̄ asthmatic **asthmatisch** ADJ asthmatic

astrein ADJ ▯ (fig umg ≈ moralisch einwandfrei) above board; (≈ echt) genuine ▯ (obs sl ≈ prima) fantastic (umg)

Astrologe M̄, **Astrologin** F̄ astrologer **Astrologie** F̄ astrology **astrologisch** ADJ astrological **Astronaut(in)** M̄F̄ astronaut **Astronomie** F̄ astronomy **astronomisch** ADJ astronomical

ASU F̄ abk von Abgassonderuntersuchung

Asyl N̄ (≈ politisches Asyl) (political) asylum (❗ ohne Artikel); jdm ~ **gewähren** to grant sb (political) asylum **Asylant(in)** M̄F̄ (oft neg!) asylum seeker **Asylantenwohnheim** N̄ (oft neg!) hostel for asylum seekers **Asylbewerber(in)** M̄F̄ asylum seeker **Asylpolitik** F̄ policy on asylum **Asylrecht** N̄ POL right of (political) asylum

asymmetrisch ADJ asymmetric(al)

Atelier N̄ studio

Atem M̄ (≈ Atemluft) breath; ~ **holen** (wörtl) to take a breath; (fig) to get one's breath back; den ~ **anhalten** to hold one's breath; **außer** ~ **sein** to be out of breath; **wieder zu** ~ **kommen** to get one's breath back; jdn in ~ **halten** to keep sb in suspense; das **verschlug mir den** ~ that took my breath away **atemberaubend** A ADJ breathtaking B ADV breathtakingly **Atembeschwerden** P̄L̄ trouble sg in breathing **Atemgerät** N̄ breathing apparatus; MED respirator **atemlos** ADJ (wörtl, fig) breathless **Atemnot** F̄ difficulty in breathing **Atempause** F̄ (fig) breathing space **Atemschutzmaske** F̄ breathing mask **Atemstillstand** M̄ respiratory standstill, apnoea (Br), apnea (US) **Atemwege** P̄L̄ ANAT respiratory tracts pl **Atemzug** M̄ breath; in **einem/im selben** ~ (fig) in one/the same breath

Atheismus M̄ atheism (❗ ohne Artikel) **Atheist(in)** M̄F̄ atheist **atheistisch** ADJ atheist(ic)

Athen N̄ Athens

Äther M̄ ether; RADIO air **ätherisch** ADJ CHEM essential

Äthiopien N̄ Ethiopia **äthiopisch** ADJ Ethiopian

Athlet(in) M̄F̄ athlete **Athletik** F̄ athletics sg **athletisch** ADJ athletic

Atlantik M̄ Atlantic **atlantisch** ADJ Atlantic; der **Atlantische Ozean** the Atlantic Ocean

Atlas M̄ atlas

atmen V̄ₜ & V̄ᵢ to breathe

Atmosphäre F̄ (PHYS, fig) atmosphere **atmosphärisch** ADJ atmospheric; ~e **Störungen** atmospherics pl

Atmung F̄ breathing; MED respiration **atmungsaktiv** ADJ Material, Stoff breathable **Atmungsorgane** P̄L̄ respiratory organs pl

Ätna M̄ GEOG Mount Etna

Atoll N̄ atoll

Atom N̄ atom **Atomantrieb** M̄ ein U-Boot mit ~ a nuclear-powered submarine **atomar** A ADJ atomic; Drohung nuclear B ADV ~ **angetrieben** nuclear-powered **Atombombe** F̄ atomic od atom (bes Br) bomb **atombombensicher** ADJ nuclear blast-proof **Atombunker** M̄ nuclear blast-proof bunker **Atomenergie** F̄ nuclear energy **Atomforschung** F̄ nuclear research **atomgetrieben** ADJ nuclear-powered **Atomgewicht** N̄ atomic weight **atomisieren** V̄ₜ to atomize **Atomkern** M̄ atomic nucleus **Atomkraft** F̄ nuclear power od energy **Atomkraftgegner(in)** M̄F̄ anti-nuclear (power) protester **Atomkraftwerk** N̄ nuclear power station **Atomkrieg** M̄ nuclear war **Atommacht** F̄ nuclear power **Atommüll** M̄ nuclear waste **Atommülltransport** M̄ transport of nuclear od radioactive waste **Atomphysik** F̄ nuclear physics sg **Atomreaktor** M̄ nuclear reactor **Atomspaltung** F̄ nuclear fission **Atomsperrvertrag** M̄ nuclear weapons nonproliferation treaty **Atomsprengkopf** M̄ nuclear warhead **Atomstrom** M̄ (umg) electricity generated by nuclear power **Atomtest** M̄ nuclear test **Atomteststoppabkommen** N̄ nuclear test ban treaty **Atom-U--Boot** N̄ nuclear submarine **Atomversuch** M̄ nuclear test **Atomwaffe** F̄ nuclear weapon **atomwaffenfrei** ADJ nuclear-free **Atomwaffensperrvertrag** M̄ nuclear weapons nonproliferation treaty

Atrium N̄ ARCH, ANAT atrium

ätsch ĪNT̄ (umg) ha-ha

Attacke F̄ attack **attackieren** V̄ₜ to attack

Attentat N̄ assassination; (≈ Attentatsversuch) assassination attempt; ein ~ **auf jdn verüben** to assassinate sb; (bei gescheitertem Versuch) to make an attempt on sb's life **Attentäter(in)** M̄F̄ assassin

Attest N̄ certificate **attestieren** V̄ₜ (form) to

783 | AUFB **A**

certify

Attraktion F̲ attraction **attraktiv** A̲D̲J̲ attractive **Attraktivität** F̲ attractiveness

Attrappe F̲ dummy

Attribut N̲ attribute **attributiv** A̲D̲J̲ GRAM attributive

atypisch A̲D̲J̲ (geh) atypical

At-Zeichen (@) N̲ at sign (@)

ätzen V̲T̲ &̲ V̲I̲ (Säure) to corrode **ätzend** A̲D̲J̲ **1** (wörtl) Säure corrosive; MED caustic **2** Geruch pungent; Rauch choking; Spott, Kritik caustic **3** (umg ≈ furchtbar) lousy (umg)

au I̲N̲T̲ ow, ouch

AU F̲ abk von **Abgasuntersuchung**

Aubergine F̲ aubergine, eggplant (bes US)

auch A̲D̲V̲ **1** (≈gleichfalls) also, too; **das ist ~ möglich** that's also possible; **ja, das ~** yes, that too; **~ gut** that's OK too; **du ~?** you too?; **~ nicht** not … either; **das ist ~ nicht richtig** that's not right either; **er kommt — ich ~** he's coming — so am I od me too; **er kommt nicht — ich ~ nicht** he's not coming — nor od neither am I; **~ das noch!** that's all I needed!; **du siehst müde aus — das bin ich ~** you look tired — (so) I am **2** (≈ sogar) even; **ohne ~ nur zu fragen** without even asking **3** (emph) **so was Ärgerliches aber ~!** it's really too annoying!; **wozu ~?** whatever for? **4** (≈ auch immer) **wie dem ~ sei** be that as it may; **was er ~ sagen mag** whatever he might say

Audienz F̲ audience

Audio-CD F̲ audio disc od CD **Audioguide** M̲ audio guide **Audiokassette** F̲ audio cassette **audiovisuell** A̲D̲J̲ audiovisual B̲ A̲D̲V̲ audiovisually; gestalten using audiovisual aids

Auditorium N̲ **1** (≈Hörsaal) lecture hall; **~ maximum** UNIV main lecture hall **2** (≈ Zuhörerschaft) audience

Auerhahn M̲ capercaillie

auf A̲ P̲R̲Ä̲P̲ +dat on; **~ einem Stuhl sitzen** to sit on a chair; **~ den Orkneyinseln** in the Orkney Islands; **~ See** at sea; **~ der Bank** at the bank; **mein Geld ist ~ der Bank** my money is in the bank; **~ der Straße** on od in the street; **etw ~ dem Klavier spielen** to play sth on the piano; **~ einem Ohr taub sein** to be deaf in one ear; **was hat es damit ~ sich?** what does it mean? B̲ P̲R̲Ä̲P̲ +akk **1** (Ort) on; **etw ~ etw stellen** to put sth on(to) sth; **er ist ~ die Orkneyinseln gefahren** he has gone to the Orkney Islands; **~ sein Zimmer/die Post gehen** to go to one's room/the post office; **~ eine Party/eine Hochzeit gehen** to go to a party/wedding **2** (Zeit) **~ drei Tage** for three days; **~ morgen/bald!** see you tomorrow/soon! **3** (≈ für) **~ 10 km** for 10 km; **~ eine Tasse Kaffee** for

a cup of coffee **4** (≈ pro) **~ jeden kamen zwei Flaschen Bier** there were two bottles of beer (for) each **5** **~ ein glückliches Gelingen!** here's to a great success!; **~ deine Gesundheit!** (your very) good health!; **~ seinen Vorschlag/seine Bitte (hin)** at his suggestion/request C̲ A̲D̲V̲ **1** (≈ offen) open; → **auf sein; Mund ~!** open your mouth! **2** Helm **~!** helmets on!; **~ nach Chicago!** let's go to Chicago; **~ gehts!** let's go!; **~ und ab** up and down; **sie ist ~ und davon** she has disappeared

Auf N̲ **das ~ und Ab** the up and down; (fig) the ups and downs

aufarbeiten V̲T̲ **1** (≈ erneuern) to do up; Möbel etc to recondition **2** Vergangenheit to reappraise **3** (≈ erledigen) Korrespondenz to catch up with **4** PHYS Brennelemente to reprocess

aufatmen V̲I̲ to breathe a sigh of relief; **ein Aufatmen** a sigh of relief

aufbahren V̲T̲ Sarg to lay on the bier; Leiche to lay out

Aufbau M̲ **1** (≈ das Aufbauen) construction; (von Netzwerk, System) setting up; **der ~ Ost** the rebuilding of East Germany **2** (≈ Aufgebautes) top; (von Auto, Lkw) body **3** (≈ Struktur) structure **aufbauen** A̲ V̲T̲ **1** (≈ errichten) to put up; Verbindung, System to set up **2** (fig ≈ gestalten) Geschäft to build up; Zerstörtes to rebuild; Plan to construct; **sich ~ eine (neue) Existenz ~** to build (up) a new life for oneself **3** (fig) Star, Politiker to promote; Beziehung to build; **jdn/etw zu etw ~** to build sb/sth up into sth **4** (≈ strukturieren) to construct; Aufsatz, Rede, Organisation to structure B̲ V̲R̲ (≈ sich gründen) to be based od founded (auf +dat od +akk on) C̲ V̲R̲ **1** (umg ≈ sich postieren) to take up position; **sich vor jdm drohend ~** to plant oneself in front of sb (umg) **2** (≈ bestehen aus) **sich aus etw ~** to be composed of sth **Aufbauhilfe** F̲ development(al) aid od assistance

aufbäumen V̲R̲ (Tier) to rear; **sich gegen jdn/etw ~** (fig) to rebel od revolt against sb/sth

aufbauschen V̲T̲ &̲ V̲R̲ to blow out; (fig) to blow up

Aufbaustudium N̲ UNIV course of further study

aufbehalten V̲T̲ Hut, Brille etc to keep on

aufbekommen V̲T̲ (umg) **1** (≈ öffnen) to get open **2** Aufgabe to get as homework

aufbereiten V̲T̲ to process; Daten etc to work up **Aufbereitung** F̲ processing; (von Daten) editing; (von Texten) working up

aufbessern V̲T̲ to improve

aufbewahren V̲T̲ to keep **Aufbewahrung** F̲ (≈ das Aufbewahren) keeping; (von Lebensmitteln) storage; **jdm etw zur ~ übergeben** to give sth to sb for safekeeping

aufbieten _VT_ Menschen, Mittel to muster; _Kräfte, Fähigkeiten_ to summon (up); _Militär, Polizei_ to call in **Aufbietung** _F_ **unter** od **bei ~ aller Kräfte ...** summoning (up) all his/her etc strength ...

aufbinden _VT_ **1** (≈ öffnen) _Schuh etc_ to undo **2 lass dir doch so etwas nicht ~** (fig) don't fall for that

aufblasbar _ADJ_ inflatable **aufblasen** _A_ _VT_ _Ballon_ to blow up **B** _VR_ (fig pej) to puff oneself up; → **aufgeblasen**

aufbleiben _VI_ **1** (≈ nicht schlafen gehen) to stay up **2** (≈ geöffnet bleiben) to stay open

aufblenden _A_ _VI_ FOTO to open up the lens; FILM to fade in; AUTO to turn the headlights on full (beam) **B** _VT_ AUTO _Scheinwerfer_ to turn on full (beam)

aufblicken _VI_ to look up; **zu jdm/etw ~** to look up to sb/sth

aufblühen _VI_ **1** (Blume) to bloom **2** (fig) (Mensch) to blossom out; **das ließ die Stadt ~** it allowed the town to flourish

aufbocken _VT_ _Auto_ to jack up

aufbrauchen _VT_ to use up

aufbrausen _VI_ **1** (Brandung etc) to surge; (fig: Beifall, Jubel) to break out **2** (fig: Mensch) to flare up **aufbrausend** _ADJ_ irascible

aufbrechen _A_ _VT_ to break open; _Auto_ to break into; _Asphalt, Oberfläche_ to break up **B** _VI_ **1** (≈ sich öffnen) to break up; (Knospen, Wunde) to open **2** (≈ sich auf den Weg machen) to set off

aufbringen _VT_ **1** (≈ beschaffen) to find **2** (≈ erzürnen) to make angry; **jdn gegen jdn/etw ~** to set sb against sb/sth; → **aufgebracht**

Aufbruch _M_ departure; **das Zeichen zum ~ geben** to give the signal to set off **Aufbruch(s)stimmung** _F_ **hier herrscht schon ~** (bei Party etc) it's (all) breaking up

aufbrühen _VT_ to brew up

aufbürden _VT_ (geh) **jdm etw ~** (wörtl) to load sth onto sb; (fig) to encumber sb with sth

aufdecken _VT_ to uncover; _Spielkarten_ to show; _Verbrechen_ to expose; _Schwäche_ to lay bare

aufdonnern _VR_ (pej umg) to get tarted up (Br pej umg), to deck oneself out (US umg); → **aufgedonnert**

aufdrängen _A_ _VT_ **jdm etw ~** to impose od force sth on sb **B** _VR_ to impose; **dieser Gedanke drängte sich mir auf** I couldn't help thinking that

aufdrehen _A_ _VT_ _Wasser etc_ to turn on; _Ventil_ to open; _Lautstärke_ to turn up **B** _VI_ (umg) (≈ beschleunigen) to put one's foot down hard; (fig ≈ loslegen) to get going; → **aufgedreht**

aufdringlich _ADJ_ _Mensch_ pushy (umg); _Farbe_ loud; _Geruch_ overpowering

Aufdruck _M_ (≈ Aufgedrucktes) imprint **aufdrucken** _VT_ **etw auf etw** (akk) **~** to print sth on sth

aufdrücken _VT_ **1** **etw auf etw** akk **~** to press sth on sth; (≈ aufdrucken) to stamp sth on sth **2** (≈ öffnen) _Tür etc_ to push open

aufeinander _ADV_ on (top of) each other; **~ zufahren** to drive toward(s) each other **Aufeinanderfolge** _F_ sequence; **in schneller ~** in quick succession **aufeinanderfolgen** _VI_ to follow each other; **~d** (zeitlich) successive **aufeinandertreffen** _VI_ (Gruppen etc) to meet; (Meinungen) to clash

Aufenthalt _M_ stay; bes BAHN stop; (bei Anschluss) wait; **der Zug hat 20 Minuten ~** the train stops for 20 minutes; **wie lange haben wir ~?** how long do we stop for? **Aufenthaltserlaubnis** _F_, **Aufenthaltsgenehmigung** _F_ residence permit **Aufenthaltsort** _M_ whereabouts (⚠ mit Verb im Singular oder Plural); JUR abode, residence **Aufenthaltsraum** _M_ day room; (auf Flughafen) lounge

auferstehen _VI_ to rise from the dead; **Christus ist auferstanden** Christ is (a)risen **Auferstehung** _F_ resurrection

aufessen _VT_ to eat up

auffahren _A_ _VI_ **1** (≈ aufprallen) **auf jdn/etw ~** to run into sb/sth **2** (≈ näher heranfahren) to drive up; **zu dicht ~** to drive too close behind (the car in front) **3** (≈ aufschrecken) to start; **aus dem Schlaf ~** to awake with a start **B** _VT_ (umg) Getränke etc to serve up; _Speisen, Argumente_ to dish up (umg) **Auffahrt** _F_ (≈ Zufahrt) approach (road); (bei Haus etc) drive; (≈ Rampe) ramp **Auffahrunfall** _M_ (von zwei Autos) collision; (von mehreren Autos) pile-up

auffallen _VI_ (≈ sich abheben) to stand out; (≈ unangenehm auffallen) to attract attention; **angenehm/unangenehm ~** to make a good/bad impression; **so etwas fällt doch nicht auf** that will never be noticed; **das muss dir doch aufgefallen sein!** surely you must have noticed (it)! **auffallend** _A_ _ADJ_ noticeable; _Ähnlichkeit, Kleider_ striking **B** _ADV_ noticeably; _schön_ strikingly; **stimmt ~!** (hum) too true! **auffällig** _A_ _ADJ_ conspicuous; _Kleidung_ striking **B** _ADV_ conspicuously; **sich ~ verhalten** to get oneself noticed

auffangen _VT_ to catch; _Aufprall etc_ to cushion; _Verluste_ to offset **Auffanglager** _N_ reception camp

auffassen _A_ _VT_ (≈ interpretieren) to interpret; **etw falsch/richtig ~** to take sth the wrong way/in the right way **B** _VI_ to understand **Auffassung** _F_ (≈ Meinung) opinion; (≈ Begriff) conception; **nach meiner ~** in my opinion **Auffassungsgabe** _F_ **er hat eine leichte** od

785 ‖ AUFH A

schnelle ~ he is quick on the uptake
auffindbar <u>ADJ</u> **es ist nicht ~** it can't be found; **es ist schwer ~** it's hard to find **auffinden** <u>VT</u> to find
aufflackern <u>VI</u> to flare up
auffliegen <u>VI</u> **1** (≈ *hochfliegen*) to fly up; (≈ *sich öffnen*) to fly open **2** (*fig umg: Rauschgiftring*) to be busted (*umg*); **eine Konferenz ~ lassen** to break up a meeting
auffordern <u>VT</u> to ask; (≈ *zum Tanz bitten*) to ask to dance **Aufforderung** <u>F</u> request; (*nachdrücklicher*) demand; (≈ *Einladung*) invitation
aufforsten <u>VT</u> *Gebiet* to reafforest; *Wald* to retimber
auffressen <u>VT</u> to eat up; **er wird dich deswegen nicht gleich ~** (*umg*) he's not going to eat you (*umg*)
auffrischen A <u>VT</u> to freshen (up); (*fig*) *Erinnerungen* to refresh; *Kenntnisse* to polish up; *persönliche Beziehungen* to renew **B** <u>VI</u> (*Wind*) to freshen **Auffrischungskurs** <u>M</u> refresher course
aufführen A <u>VT</u> **1** *Drama, Oper* to stage; *Musikwerk* to perform **2** (≈ *auflisten*) to list; **einzeln ~** to itemize **B** <u>VR</u> to behave **Aufführung** <u>F</u> (*von Drama, Oper*) staging; (≈ *Vorstellung*) performance
auffüllen <u>VT</u> **1** (≈ *vollständig füllen*) to fill up; (≈ *nachfüllen*) to top up **2** (≈ *ergänzen*) *Vorräte* to replenish
Aufgabe <u>F</u> **1** (≈ *Arbeit, Pflicht*) job, task; **sich** (*dat*) **etw zur ~ machen** to make sth one's business **2** (≈ *Funktion*) purpose **3** (*bes* SCHULE: *zur Übung*) exercise; (*meist pl* ≈ *Hausaufgabe*) homework (❶ kein pl, ohne a); **hast du deine ~n schon gemacht?** have you done your homework yet? **4** (*von Koffer, Gepäck*) registering; FLUG checking (in); (*von Anzeige*) placing (❶ kein pl) **5** MIL *etc* surrender **6** (*von Geschäft*) giving up
aufgabeln <u>VT</u> (*fig umg*) *jdn* to pick up (*umg*)
Aufgabenbereich <u>M</u> area of responsibility
Aufgang <u>M</u> **1** (*von Sonne, Mond*) rising **2** (≈ *Treppenaufgang*) stairs *pl*
aufgeben A <u>VT</u> **1** *Hausaufgaben* to give; *Problem* to pose (*jdm for sb*) **2** *Koffer, Gepäck* to register; *Fluggepäck* to check in; *Brief, Paket* to post (*Br*), to mail (*bes US*); *Anzeige, Bestellung* to place **3** *Kampf, Hoffnung etc* to give up **B** <u>VI</u> (≈ *sich geschlagen geben*) to give up *od* in; MIL to surrender
aufgeblasen <u>ADJ</u> (*fig*) self-important; → **aufblasen**
Aufgebot <u>N</u> **1** **das ~ bestellen** to give notice of one's intended marriage; KIRCHE to post the banns **2** (≈ *Ansammlung*) (*von Menschen*) contingent; (*von Material etc*) array
aufgebracht <u>ADJ</u> outraged; → **aufbringen**
aufgedonnert <u>ADJ</u> (*pej umg*) tarted-up (*Br pej*

umg), decked-out (*US umg*); → **aufdonnern**
aufgedreht <u>ADJ</u> (*umg*) in high spirits; → **aufdrehen**
aufgedunsen <u>ADJ</u> bloated
aufgehen <u>VI</u> **1** (*Sonne, Mond*) to come up **2** (≈ *sich öffnen*) to open; (*Knopf etc*) to come undone **3** GASTR to rise **4** (≈ *klar werden*) **jdm geht etw auf** sth dawns on sb **5** (MATH: *Rechnung etc*) to work out **6** (≈ *seine Erfüllung finden*) **in etw** (*dat*) **~** to be taken up with sth
aufgehoben <u>ADJ</u> **(bei jdm) gut/schlecht ~ sein** to be/not to be in good hands (with sb); → **aufheben**
aufgeilen <u>VR</u> (*umg*) **sich an etw** (*dat*) **~** to *od* get turned on by sth (*umg*)
aufgeklärt <u>ADJ</u> enlightened; **~ sein** (*sexualkundlich*) to know the facts of life; → **aufklären**
aufgekratzt <u>ADJ</u> (*umg*) in high spirits; → **aufkratzen**
aufgelegt <u>ADJ</u> **gut/schlecht** *etc* **~** in a good/bad *etc* mood; **(dazu) ~ sein, etw zu tun** to feel like doing sth; → **auflegen**
aufgelöst <u>ADJ</u> (≈ *außer sich*) distraught; (≈ *bestürzt*) upset; **in Tränen ~** in tears; → **auflösen**
aufgeregt A <u>ADJ</u> (≈ *erregt*) excited; (≈ *nervös*) nervous **B** <u>ADV</u> excitedly; → **aufregen**
aufgeschlossen <u>ADJ</u> (≈ *nicht engstirnig*) open-minded; (≈ *empfänglich*) open (*für, gegenüber* to); → **aufschließen Aufgeschlossenheit** <u>F</u> open-mindedness; (≈ *Empfänglichkeit*) openness (*für, gegenüber* to)
aufgeschmissen <u>ADJ</u> (*umg*) stuck (*umg*)
aufgeweckt <u>ADJ</u> bright; → **aufwecken**
aufgewühlt <u>ADJ</u> (*geh*) agitated; *Wasser, Meer* turbulent; → **aufwühlen**
aufgliedern A <u>VT</u> to split up **B** <u>VR</u> to break down (*in +akk* into)
aufgreifen <u>VT</u> **1** (≈ *festnehmen*) to pick up **2** *Thema, Gedanken* to take up
aufgrund <u>PRÄP</u> +gen on the basis of; **~ einer Verwechslung** because of a mistake
Aufguss <u>M</u> brew, infusion; (*fig pej*) rehash **Aufgussbeutel** <u>M</u> (≈ *Teebeutel*) tea bag
aufhaben A <u>VT</u> **1** *Hut, Brille* to have on **2** (SCHULE: *als Hausaufgabe*) **etw ~** to have sth (to do) **B** <u>VI</u> (*Laden etc*) to be open
aufhalten A <u>VT</u> **1** to stop; (≈ *verlangsamen*) to hold up; (≈ *stören*) to hold back (*bei* from); **ich will dich nicht länger ~** I don't want to hold you back any longer **2** (*umg* ≈ *offen halten*) to keep open; **die Hand ~** to hold one's hand out **B** <u>VR</u> **1** (≈ *an einem Ort bleiben*) to stay **2** (*bei der Arbeit etc*) to take a long time (*bei* over) **3** (≈ *sich befassen*) **sich bei etw ~** to dwell on sth
aufhängen A <u>VT</u> **1** *Kleidung, Bild* to hang up; AUTO *Rad* to suspend **2** (≈ *töten*) to hang (*an*

+dat from) **B** V̱Ṟ (≈ sich töten) to hang oneself (an +dat from) **Aufhängung** F̱ TECH suspension

aufhäufen V̱Ṯ & V̱Ṟ to accumulate

aufheben A V̱Ṯ **1** (vom Boden) to pick up **2** (≈ nicht wegwerfen) to keep; → **aufgehoben 3** (≈ ungültig machen) to abolish; Vertrag to cancel; Urteil to quash; Verlobung to break off **4** (≈ beenden) Blockade to lift **5** (≈ ausgleichen) to offset **B** V̱Ṟ (≈ sich ausgleichen) to offset each other **Aufheben** Ṉ fuss; **viel ~(s) machen** to make a lot of fuss (von, um about) **Aufhebung** F̱ **1** (≈ Abschaffung) abolition; (von Vertrag) cancellation; (von Urteil) quashing; (von Verlobung) breaking off **2** (≈ Beendigung) (von Blockade etc) lifting

aufheitern A V̱Ṯ jdn to cheer up **B** V̱Ṟ (Himmel) to clear; (Wetter) to clear up

aufhellen A V̱Ṯ to brighten (up); Haare to lighten; (fig ≈ klären) to shed light upon **B** V̱Ṟ to brighten (up)

aufhetzen V̱Ṯ to stir up; **jdn zu etw ~** to incite sb to (do) sth

aufheulen V̱I̱ to howl (vor +dat with); (Sirene) to (start to) wail; (Motor, Menge) to (give a) roar

aufholen A V̱Ṯ to make up; **Versäumtes ~** to make up for lost time **B** V̱I̱ to catch up

aufhorchen V̱I̱ to sit up (and take notice)

aufhören V̱I̱ to stop (❗ mit dem Verb in der **ing**-Form); (bei Arbeitsstelle) to finish; **sie hörte nicht auf zu reden** she wouldn't stop talking; **hör doch endlich auf!** (will you) stop it!; **mit etw ~** to stop sth

aufkaufen V̱Ṯ to buy up

aufklappen V̱Ṯ to open up; Klappe to lift up; Verdeck to fold back

aufklaren V̱I̱ (Wetter) to brighten (up); (Himmel) to clear

aufklären A V̱Ṯ **1** to clear up; Verbrechen, Rätsel to solve **2** jdn to enlighten; **Kinder ~** (sexualkundlich) to tell children the facts of life; **jdn über etw** (akk) **~** to inform sb about sth; → **aufgeklärt B** V̱Ṟ (Irrtum etc) to resolve itself; (Himmel) to clear **Aufklärung** F̱ **1** PHIL **die ~** the Enlightenment **2** (von Missverständnis) clearing up; (von Verbrechen, Rätsel) solution **3** (**sexuelle**) **~** (in Schulen) sex education **4** MIL reconnaissance **Aufklärungsfilm** M̱ sex education film **Aufklärungsflugzeug** Ṉ reconnaissance plane; (klein) scout (plane) **Aufklärungsquote** F̱ (in Kriminalstatistik) percentage of cases solved **Aufklärungssatellit** M̱ spy satellite

aufkleben V̱Ṯ to stick on **Aufkleber** M̱ sticker

aufknöpfen V̱Ṯ (≈ öffnen) to unbutton, to undo; **aufgeknöpft** Hemd unbuttoned

aufkochen A V̱Ṯ to bring to the (Br) od a (US) boil; (≈ erneut kochen lassen) to boil up again **B** V̱I̱ **etw ~ lassen** to bring sth to the (Br) od a (US) boil

aufkommen V̱I̱ **1** (≈ entstehen) to arise; (Wind) to get up; (Mode etc) to appear (on the scene); **etw ~ lassen** (fig) Zweifel, Kritik to give rise to sth **2** **~ für** (≈ Kosten tragen) to bear the costs of; (≈ Haftung tragen) to be liable for; **für den Schaden ~** to pay for the damage **3** (≈ auftreffen) to land (auf +dat on) **Aufkommen** Ṉ **1** (≈ das Auftreten) appearance **2** (von Steuern) revenue (aus, +gen from)

aufkratzen V̱Ṯ to scratch; Wunde to scratch open; → **aufgekratzt**

aufkreuzen V̱I̱ (umg ≈ erscheinen) to show up (umg)

aufkriegen V̱Ṯ (umg) = **aufbekommen**

Aufladegerät Ṉ → **Ladegerät aufladen A** V̱Ṯ **1** **etw (auf etw** akk) **~** to load sth on(to) sth; **jdm/sich etw ~** (fig) to saddle sb/oneself with sth **2** (elektrisch) to charge; (≈ neu aufladen) to recharge; Geldkarte to reload; Karte von Prepaidhandy to top up **B** V̱Ṟ (Batterie etc) to be charged; (neu) to be recharged

Auflage F̱ **1** (≈ Ausgabe) edition; (von Zeitung) circulation **2** (≈ Bedingung) condition; **jdm etw zur ~ machen** to impose sth on sb as a condition **Auflage(n)höhe** F̱ (von Buch) number of copies published; (von Zeitung) circulation

auflassen V̱Ṯ (umg ≈ offen lassen) to leave open; (≈ aufbehalten) Hut to keep on; **das Kind länger ~** to let the child stay up (longer)

auflauern V̱I̱ +dat to lie in wait for

Auflauf M̱ **1** (≈ Menschenauflauf) crowd **2** GASTR (baked) pudding **auflaufen** V̱I̱ **1** (Schiff) to run aground; **jdn ~ lassen** to drop sb in it (umg) **2** (≈ aufprallen) **auf jdn/etw ~** to run into sb/sth **Auflaufform** F̱ GASTR ovenproof dish

aufleben V̱I̱ to revive; (≈ munter werden) to liven up; **Erinnerungen wieder ~ lassen** to revive memories

auflegen A V̱Ṯ **1** Tischdecke, CD to put on; Gedeck to set; Hörer to replace **2** (≈ herausgeben) Buch to bring out **3** FIN Aktien to issue; Fonds to set up **4** → **aufgelegt B** V̱Ṟ (≈ Telefonhörer auflegen) to hang up

auflehnen V̱Ṟ **sich gegen jdn/etw ~** to rebel against sb/sth

auflesen V̱Ṯ to pick up

aufleuchten V̱I̱ to light up

auflisten V̱Ṯ to list

auflockern A V̱Ṯ **1** Boden to loosen (up); **die Muskeln ~** to loosen up (one's muscles) **2** (≈ abwechslungsreicher machen) to make less monotonous **3** (≈ entspannen) Verhältnis, Atmosphäre to ease; **in aufgelockerter Stimmung** in a relaxed mood **B** V̅R̅ **1** SPORT to limber up **2** (Bewölkung) to disperse

auflösen **A** V̅T̅ **1** (in Flüssigkeit) to dissolve; → aufgelöst **2** Widerspruch to clear up; Rätsel to solve **3** Wolken, Versammlung to disperse **4** (≈ aufheben) to dissolve (a. PARL); Einheit, Gruppe to disband; Firma to wind up; Verlobung to break off; Konto to close; Haushalt to break up **B** V̅R̅ **1** (in Flüssigkeit) to dissolve **2** (≈ sich zerstreuen) to disperse **3** (Firma) to cease trading; (≈ sich formell auflösen: bes PARL) to dissolve **4** **sich in etw** (akk) **~** (≈ verwandeln) to turn into sth **Auflösung** F̅ **1** (in Bestandteile) resolution; (von Firma) winding up; (von Parlament) dissolution **2** (≈ Lösung) (von Problem etc) resolution; (von Rätsel) solution (+gen, von to) **3** (FOTO, von Bildschirm) resolution

aufmachen **A** V̅T̅ **1** (≈ öffnen) to open; (≈ lösen) to undo; Haar to loosen **2** (≈ eröffnen, gründen) to open (up) **B** V̅i̅ (≈ Tür öffnen) to open up; **es hat niemand aufgemacht** nobody answered the door **C** V̅R̅ (≈ aufbrechen) to set out **Aufmacher** M̅ PRESSE lead **Aufmachung** F̅ **1** (≈ Kleidung) turnout; **in großer ~** in full dress **2** (≈ Gestaltung) presentation; (von Seite, Zeitschrift) layout

aufmerksam **A** A̅D̅J̅ **1** Zuhörer, Schüler attentive; (≈ scharf beobachtend) observant; **jdn auf etw** (akk) **~ machen** to draw sb's attention to sth; **auf jdn/etw ~ werden** to become aware of sb/sth **2** (≈ zuvorkommend) attentive; **(das ist) sehr ~ von Ihnen** (that's) most kind of you **B** A̅D̅V̅ zusehen carefully; zuhören attentively **Aufmerksamkeit** F̅ **1** attention; **das ist meiner ~ entgangen** that escaped my notice **2** (≈ Zuvorkommenheit) attentiveness **3** (≈ Geschenk) **kleine ~en** little gifts

aufmischen V̅T̅ (umg) (≈ in Unruhe versetzen) to stir up; (≈ verprügeln) to beat up

aufmöbeln V̅T̅ (umg) Gegenstand to do up (umg)

aufmuntern V̅T̅ (≈ aufheitern) to cheer up; (≈ beleben) to liven up; **ein ~des Lächeln** an encouraging smile **Aufmunterung** F̅ cheering up; (≈ Belebung) livening up

aufmüpfig A̅D̅J̅ (umg) rebellious

aufnähen V̅T̅ to sew on (auf +akk -to)

Aufnahme F̅ **1** (≈ Empfang) reception; **die ~ in ein Krankenhaus** admission (in)to hospital **2** (in Verein) admission (in +akk to) **3** (von Kapital) raising **4** (von Protokoll) taking down **5** (von Gespräch etc) start; (von Tätigkeit) taking up; (von Beziehung) establishment **6** (≈ das Filmen) filming, shooting (umg); **Achtung, ~!** action! **7** (≈ Fotografie) photo (-graph); (auf Tonband) recording **Aufnahmebedingungen** P̅L̅ terms pl of admission **aufnahmefähig** A̅D̅J̅ **für etw ~ sein** to be

able to take sth in **Aufnahmegebühr** F̅ enrolment (Br) od enrollment (US) fee; (in Verein) admission fee **Aufnahmeprüfung** F̅ entrance examination **aufnehmen** V̅T̅ **1** (vom Boden) to pick up; (≈ heben) to lift up **2** (≈ empfangen) to receive **3** (≈ unterbringen) to take (in); (≈ fassen) to take **4** (in Verein, Schule etc) to admit (in +akk to) **5** (≈ absorbieren) to absorb; **etw in sich** (dat) **~** to take sth in **6** (≈ beginnen) to begin; Tätigkeit, Studium to take up; Beziehung to establish **7** Kapital to borrow; Kredit to take out **8** Protokoll to take down **9** (≈ fotografieren) to take (a photo (-graph) of); (≈ filmen) to film, to shoot (umg); (auf Tonband) to record **10** **es mit jdm nicht ~ können** to be no match for sb

aufnötigen V̅T̅ **jdm etw ~** to force sth on sb **aufopfern** V̅R̅ to sacrifice oneself **aufopfernd** A̅D̅J̅ Mensch self-sacrificing; Liebe, Arbeit devoted

aufpäppeln V̅T̅ (umg) (mit Nahrung) to feed up

aufpassen V̅i̅ **1** (≈ beaufsichtigen) **auf jdn/etw ~** to keep an eye on sb/sth **2** (≈ achtgeben) to pay attention; **pass auf!** look, watch; (≈ Vorsicht) watch out **Aufpasser(in)** M̅F̅ (pej ≈ Spitzel) spy (pej); (für VIP etc) minder; (≈ Wächter) guard

aufplatzen V̅i̅ to burst open; (Wunde) to open up

aufplustern V̅R̅ (Vogel) to puff itself up; (Mensch) to puff oneself up

aufpolieren V̅T̅ to polish up

aufpoppen V̅i̅ IT Popup-Fenster etc to pop up **Aufprall** M̅ impact **aufprallen** V̅i̅ **auf etw** (akk) **~** to strike sth; (Fahrzeug) to collide with sth **Aufpreis** M̅ extra charge; **gegen ~** for an extra charge

aufpumpen V̅T̅ Reifen, Ballon to inflate; Fahrrad to pump up the tyres (Br) od tires (US) of

aufputschen V̅T̅ **1** (≈ aufwiegeln) to rouse; Gefühle to stir up **2** (durch Reizmittel) to stimulate; **~de Mittel** stimulants **Aufputschmittel** N̅ stimulant

aufraffen V̅R̅ **sich zu etw ~** (umg) to rouse oneself to do sth

aufragen V̅i̅ to rise

aufräumen **A** V̅T̅ to tidy up; **aufgeräumt** Zimmer tidy **B** V̅i̅ **mit etw ~** to do away with sth

aufrechnen V̅T̅ **1** **jdm etw ~** to charge sth to sb od to sb's account **2** **etw gegen etw ~** to offset sth against sth

aufrecht **A** A̅D̅J̅ upright **B** A̅D̅V̅ upright; **~ sitzen** to sit up(right) **aufrechterhalten** V̅T̅ to maintain **Aufrechterhaltung** F̅ maintenance; (von Kontakten) keeping up

aufregen **A** V̅T̅ (≈ ärgerlich machen) to annoy; (≈ nervös machen) to make nervous; (≈ beunruhigen) to agitate; (≈ erregen) to excite **B** V̅R̅ to get worked up (umg) (über +akk about); → aufgeregt **aufre-gend** ADJ exciting **Aufregung** F̲ excitement (❗ kein pl); (≈ Beunruhigung) agitation (❗ kein pl); **nur keine ~!** don't get excited; **jdn in ~ versetzen** to get sb in a state (umg)

aufreiben V̲T̲ **1** (≈ wund reiben) Haut etc to chafe **2** (fig ≈ zermürben) to wear down **aufreibend** ADJ (fig) wearing; (stärker) stressful

aufreißen A̲ V̲T̲ **1** (≈ aufbrechen) to tear open; Straße to tear up **2** Tür, Fenster to fling open; Augen, Mund to open wide **3** (umg) Mädchen to pick up (umg) B̲ V̲I̲ (Naht) to split; (Wunde) to tear open; (Wolkendecke) to break up

aufreizend ADJ provocative

aufrichten A̲ V̲T̲ **1** Gegenstand to set upright; Oberkörper to raise (up) **2** (fig: moralisch) to lift B̲ V̲R̲ (≈ gerade stehen) to stand up (straight); **sich im Bett ~** to sit up in bed **aufrichtig** A̲ ADJ sincere (zu, gegen towards) B̲ ADV sincerely; hassen truly **Aufrichtigkeit** F̲ sincerity (zu, gegen towards)

aufrollen V̲T̲ **1** (≈ zusammenrollen) to roll up; Kabel to wind up **2** (≈ entrollen) to unroll; Fahne to unfurl; Kabel to unwind **3** (fig) **einen Fall/Prozess wieder ~** to reopen a case/trial

aufrücken V̲I̲ to move up; (≈ befördert werden) to be promoted

Aufruf M̲ appeal (an +akk to); **einen ~ an jdn richten** to appeal to sb; **letzter ~ für Flug LH 1615** last call for flight LH 1615 **aufrufen** A̲ V̲T̲ **1** to call **2** (≈ auffordern) **jdn ~, etw zu tun** to appeal to sb to do sth; **Arbeiter zum Streik ~** to call upon workers to strike **3** JUR Zeugen to summon B̲ V̲I̲ **zum Streik ~** to call for a strike

Aufruhr M̲ **1** (≈ Auflehnung) rebellion **2** (≈ Erregung) turmoil; **jdn in ~ versetzen** to throw sb into turmoil **aufrührerisch** ADJ **1** (≈ aufwiegelnd) Rede rabble-rousing **2** (≈ in Aufruhr) rebellious; (≈ meuternd) mutinous

aufrunden V̲T̲ to round up (auf +akk to)

aufrüsten V̲T̲ **1** (a. v/i, MIL) to arm; **ein Land atomar ~** to give a country nuclear arms; **wieder ~** to rearm **2** TECH Gerät, Computer to upgrade **Aufrüstung** F̲ MIL arming

aufrütteln V̲T̲ to rouse (aus from)

aufs = auf das

aufsagen V̲T̲ Gedicht etc to recite

aufsammeln V̲T̲ to pick up

aufsässig ADJ rebellious

Aufsatz M̲ **1** essay **2** (≈ oberer Teil) top part **Aufsatzthema** N̲ essay topic, theme (US)

aufsaugen V̲T̲ Flüssigkeit to soak up; (fig) to absorb; **etw mit dem Staubsauger ~** to vacuum sth up

aufschichten V̲T̲ to stack

aufschieben V̲T̲ Fenster, Tür to slide open; (fig ≈

verschieben) to put off

Aufschlag M̲ **1** (≈ das Aufschlagen) impact; (≈ Geräusch) crash **2** TENNIS etc serve; **wer hat ~?** whose serve is it? **3** (≈ Preisaufschlag) surcharge **4** (≈ Ärmelaufschlag) cuff **aufschlagen** A̲ V̲I̲ **1** (≈ auftreffen) **auf etw** (dat) **~** to hit sth **2** (Preise) to go up (um by) **3** TENNIS etc to serve B̲ V̲T̲ **1** (≈ öffnen) to crack; Eis to crack a hole in; **jdm/sich den Kopf ~** to crack open sb's/one's head **2** (≈ aufklappen) to open; Bett to turn back; Kragen etc to turn up; **schlagt Seite 111 auf** open your books at page 111 **3** (≈ aufbauen) Zelt to pitch, to put up; (Nacht)lager to set up **4** HANDEL **10% auf etw** (akk) **~** to put 10% on sth

aufschließen A̲ V̲T̲ (≈ öffnen) to unlock B̲ V̲I̲ **1** (≈ öffnen) (jdm) **~** to unlock the door (for sb) **2** (≈ heranrücken) to close up; SPORT to catch up (zu with); → aufgeschlossen

aufschlitzen V̲T̲ to rip (open)

Aufschluss M̲ (≈ Aufklärung) information (❗ kein pl); **~ über etw** (akk) **verlangen** to demand an explanation of sth

aufschlüsseln V̲T̲ to break down (nach into); (≈ klassifizieren) to classify (nach according to)

aufschlussreich ADJ informative

aufschnappen V̲T̲ to catch; (umg) Wort etc to pick up

aufschneiden A̲ V̲T̲ **1** to cut open; Braten to carve; MED Geschwür to lance **2** (≈ in Scheiben schneiden) to slice B̲ V̲I̲ (umg ≈ prahlen) to boast **Aufschneider(in)** M̲(F̲) (umg) boaster **Aufschnitt** M̲ (assorted) sliced cold meat

aufschnüren V̲T̲ (≈ lösen) to untie

aufschrauben V̲T̲ to unscrew; Flasche etc to take the top off

aufschrecken A̲ V̲T̲ to startle; **jdn aus dem Schlaf ~** to rouse sb from sleep B̲ V̲I̲ to be startled; **aus dem Schlaf ~** to wake up with a start

Aufschrei M̲ yell; (schriller Aufschrei) scream

aufschreiben V̲T̲ **etw ~** to write sth down; **sich** (dat) **etw ~** to make a note of sth

aufschreien V̲I̲ to yell out; (schrill) to scream out

Aufschrift F̲ (≈ Beschriftung) inscription; (≈ Etikett) label

Aufschub M̲ (≈ Verzögerung) delay; (≈ Vertagung) postponement

aufschürfen V̲T̲ **sich** (dat) **die Haut/das Knie ~** to graze oneself/one's knee

aufschwatzen V̲T̲ (umg) **jdm etw ~** to talk sb into taking sth

Aufschwung M̲ **1** (≈ Antrieb) lift; (der Wirtschaft etc) upturn (+Gen in); **das gab ihr (einen) neuen ~** that gave her a lift **2** TURNEN swing-up

aufsehen V̲I̲ to look up **Aufsehen** N̲ **großes**

~ erregen to cause a sensation; **ohne großes ~** without any fuss **aufsehenerregend** _ADJ_ sensational **Aufseher(in)** _M(F)_ supervisor; _(bei Prüfung)_ invigilator; _(≈ Gefängnisaufseher)_ warder _(Br)_, guard _(US)_

auf sein _Vi_ **1** _(≈ aufgestanden)_ to be up **2** _(≈ geöffnet)_ to be open

aufseiten _PRÄP_ +gen on the part of

aufsetzen A _VT_ **1** _(≈ auf etw setzen)_ to put on; _Fuß_ to put down; _(fig) Lächeln, Miene etc_ to put on **2** _(≈ aufrichten) Kranken etc_ to sit up **3** _(≈ verfassen)_ to draft **B** _VR_ to sit up **C** _Vi_ _(Flugzeug)_ to touch down

Aufsicht _F_ **1** _(≈ Überwachung)_ supervision _(über +akk of)_; _(≈ Obhut)_ charge; **~ über jdn/etw führen** to be in charge of sb/sth; **bei einer Prüfung ~ führen** to invigilate an exam **2** _(≈ Aufseher)_ supervisor

Aufsichtsrat[1] _M_ (supervisory) board; **im ~ einer Firma sitzen** to be on the board of a firm

Aufsichtsrat[2] _M_, **Aufsichtsrätin** _F_ member of the board

aufsitzen _Vi_ **1** _(auf Fahrzeug)_ to get on; **aufs Pferd ~** to mount the horse **2** _(umg ≈ hereinfallen)_ **jdm/einer Sache ~** to be taken in by sb/sth

aufspalten _VT & VR_ to split

aufsparen _VT_ to save (up)

aufsperren _VT_ **1** _(umg ≈ aufreißen) Tür, Schnabel_ to open wide; **die Ohren ~** to prick up one's ears **2** _(südd, österr ≈ aufschließen) Tür etc_ to unlock

aufspielen _VR_ _(umg ≈ sich wichtigtun)_ to give oneself airs; **sich als Boss ~** to play the boss

aufspießen _VT_ _(mit Hörnern)_ to spear; _Fleisch (mit Spieß)_ to skewer; _(mit Gabel)_ to prong

aufsprechen _VT_ (TEL: _auf Anrufbeantworter_) to record

aufspringen _Vi_ **1** to jump up; **auf etw** _(akk)_ **~** to jump onto sth **2** _(≈ sich öffnen: Tür)_ to burst open; _(≈ platzen) (Haut, Lippen etc)_ to crack

aufspüren _VT_ to track down

aufstacheln _VT_ to spur (on)

aufstampfen _Vi_ to stamp; **mit dem Fuß ~ to** stamp one's foot

Aufstand _M_ rebellion **Aufständische(r)** _M(F)M_ rebel

aufstauen A _VT_ _Wasser_ to dam; **etw in sich** _(dat)_ **~** _(fig)_ to bottle sth up inside (oneself) **B** _VR_ to accumulate; _(fig: Ärger)_ to become bottled up

aufstechen _VT_ to puncture; _Geschwür_ to lance

aufstehen _Vi_ **1** _(≈ sich erheben)_ to get up **2** _(umg ≈ offen sein)_ to be open

aufsteigen _Vi_ **1** _(auf Berg, Leiter)_ to climb (up); _(Vogel)_ to soar (up); _(Flugzeug)_ to climb; _(Nebel, Gefühl)_ to rise; **auf ein Fahrrad/Motorrad ~** to

get on(to) a bicycle/motorbike; **auf ein Pferd ~** to mount a horse **2** _(fig: im Rang etc)_ to rise _(zu_ to); SPORT to be promoted _(in +akk_ to) **Aufsteiger(in)** _M(F)_ (SPORT: _in höhere Liga_) promoted team; **(sozialer) ~** social climber

aufstellen A _VT_ **1** _(≈ aufbauen)_ to put up _(auf +dat_ on); _Zelt_ to pitch; _Maschine_ to install _(fig ≈ zusammenstellen) Truppe_ to raise; SPORT _Mannschaft_ to draw up **3** _(≈ benennen) Kandidaten_ to nominate **4** _(≈ erzielen) Rekord_ to set (up) **5** _Forderung_ to put forward; _Liste_ to make **B** _VR_ to stand; _(hintereinander)_ to line up; **sich im Karree/Kreis** _etc_ **~** to form a square/circle _etc_ **Aufstellung** _F_ **1** _(≈ das Aufstellen)_ putting up; _(von Zelt)_ pitching; _(von Maschine)_ installation **2** _(von Truppen)_ raising; _(von Mannschaft)_ drawing up **3** _(von Kandidaten)_ nominating; _(von Rekord)_ setting **4** _(von Forderung)_ putting forward; _(von Liste)_ drawing up **5** _(≈ Liste)_ list; _(≈ Tabelle)_ table; _(≈ Inventar)_ inventory **6** _(≈ Mannschaft)_ line-up _(umg)_, team

Aufstieg _M_ **1** _(auf Berg, von Flugzeug)_ climb **2** _(fig)_ rise; _(beruflich, politisch, sozial)_ advancement; SPORT rise; _(in höhere Liga)_ promotion _(in +akk_ to) **3** _(≈ Weg)_ way up _(auf etw (akk)_ sth) **Aufstiegschance** _F_ prospect of promotion **Aufstiegsrunde** _F_ SPORT qualifying round

aufstocken _VT_ **1** _Haus_ to build another storey _(Br)_ od story _(US)_ onto **2** _Kapital_ to increase _(um_ by)

aufstoßen A _VT_ _(≈ öffnen)_ to push open **B** _Vi_ **1** **auf etw** _(akk)_ **~** to hit (on _od_ against) sth **2** _(≈ rülpsen)_ to burp **3** _Radieschen stoßen mir auf_ radishes repeat on me

aufstrebend _ADJ_ _(fig) Land, Volk_ aspiring; _Volkswirtschaft_ rising

Aufstrich _M_ _(auf Brot)_ spread

aufstützen A _VT_ _Kranken etc_ to prop up **B** _VR_ to support oneself

aufsuchen _VT_ _Bekannten_ to call on; _Arzt, Ort, Toilette_ to go to

auftakeln _VT_ SCHIFF to rig up; **sich ~** _(pej umg)_ to tart oneself up _(Br pej umg)_, to do oneself up _(bes US umg)_

Auftakt _M_ _(≈ Beginn)_ start; **den ~ von** od **zu etw bilden** to mark the beginning of sth

auftanken _VT & VI_ to fill up; FLUG to refuel

auftauchen _Vi_ **1** _(aus dem Wasser)_ to surface **2** _(fig)_ to appear; _(Zweifel, Problem)_ to arise **3** _(sich zeigen)_ to turn up; **sie ist bei meiner Party aufgetaucht** she turned up at my party

auftauen _VT & VI_ to thaw

aufteilen _VT_ **1** _(≈ aufgliedern)_ to divide up _(in +akk_ into) **2** _(≈ verteilen)_ to share out

auftischen _VT_ to serve up; **jdm Lügen** _etc_ **~** _(umg)_ to tell sb a lot of lies _etc_

Auftrag _M_ **1** _(≈ Anweisung)_ orders pl; _(≈ zugeteilte_

Arbeit) job; JUR brief; **jdm den ~ geben, etw zu
tun** to instruct sb to do sth; **in jds ~** *(dat)* *(≈ für
jdn)* on sb's behalf; *(≈ auf jds Anweisung)* on sb's
instructions ☑ HANDEL order *(über +akk* for);
etw in ~ geben to order sth *(bei* from) **auftra-
gen** Ⓐ V̄/T̄ ❶ *(≈ servieren)* to serve ☑ *Farbe, Schminke*
to apply *(auf +akk* to) ❸ **jdm etw ~** to instruct sb
to do sth Ⓑ V̄/ī *(≈ übertreiben)* **dick** *od* **stark ~** *(umg)*
to lay it on thick *(umg)* **Auftraggeber(in)**
M̄/F̄ client; *(von Firma)* customer **Auftragneh-
mer(in)** M̄/F̄ HANDEL firm accepting the or-
der; BAU contractor **Auftragsbestäti-
gung** F̄ confirmation of order **Auftrags-
buch** N̄ order book **Auftragseingang**
M̄ **bei ~** on receipt of order **auftragsge-
mäß** ADJ, ADV as instructed; HANDEL as per or-
der **Auftragslage** F̄ order situation
auftreffen V̄/ī **auf etw** *(dat od akk)* **~** to hit sth
auftreiben V̄/T̄ *(umg)* *(≈ beschaffen)* to get hold
of; *(≈ ausfindig machen)* to find
auftrennen V̄/T̄ to undo
auftreten Ⓐ V̄/ī ❶ *(wörtl)* to tread ☑ *(≈ erscheinen)*
to appear; **als Zeuge/Kläger ~** to appear as a
witness/as plaintiff; **er tritt zum ersten Mal in
Köln auf** he is appearing in Cologne for the
first time; **gegen jdn/etw ~** to stand up
against sb/sth ❸ *(fig ≈ eintreten)* to occur; *(Schwie-
rigkeiten etc)* to arise ❹ *(≈ sich benehmen)* to behave
❺ *(≈ handeln)* to act; **als Vermittler ~** to act as
(an) intermediary Ⓑ V̄/T̄ *Tür etc* to kick open
Auftreten N̄ ❶ *(≈ Erscheinen)* appearance ☑
(≈ Benehmen) manner
Auftrieb M̄ ❶ PHYS buoyancy (force); FLUG lift
☑ *(fig)* *(≈ Aufschwung)* impetus; **das wird ihm ~
geben** that will give him a lift
Auftritt M̄ ❶ *(≈ Erscheinen)* entrance ☑ (THEAT ≈
Szene) scene
auftun Ⓐ V̄/T̄ ❶ *(umg ≈ ausfindig machen)* to find ☑
(≈ öffnen) to open ❸ *(umg ≈ servieren)* **jdm etw ~** to
help sb to sth Ⓑ V̄/R̄ to open up; *(Möglichkeiten,
Probleme)* to arise
auftürmen Ⓐ V̄/T̄ to pile up Ⓑ V̄/R̄ *(Gebirge etc)*
to tower up; *(Schwierigkeiten)* to mount up
aufwachen V̄/ī to wake up
aufwachsen V̄/ī to grow up
Aufwand M̄ ❶ *(von Geld)* expenditure *(an +dat*
of); **ein großer ~ (an Zeit/Energie/Geld)** a
lot of time/energy/money ☑ *(≈ Luxus)* extrava-
gance; **(großen) ~ treiben** to be (very) extrav-
agant **aufwändig** ADJ, ADV = aufwendig
aufwärmen Ⓐ V̄/T̄ to heat up; *(umg ≈ wieder er-
wähnen)* to drag up *(umg)* Ⓑ V̄/R̄ to warm oneself
up; SPORT to warm up
aufwärts ADV up, upward(s) **aufwärtsge-
hen** V̄/ī ❶ *(≈ nach oben gehen)* to go *od* lead up-
wards ☑ **mit seinen Leistungen geht es auf-**

wärts he's doing better; **mit ihm geht es auf-
wärts** things are looking up for him **Auf-
wärtstrend** M̄ upward trend
Aufwasch M̄ *(dial)* = Abwasch
aufwecken V̄/T̄ to wake (up); *(fig)* to rouse; →
aufgeweckt
aufweichen Ⓐ V̄/T̄ to make soft; *Doktrin, Gesetz*
to water down Ⓑ V̄/ī to get soft
aufweisen V̄/T̄ to show; **etw aufzuweisen ha-
ben** to have sth to show for oneself
aufwenden V̄/T̄ to use; *Zeit, Energie* to expend;
Mühe to take; *Geld* to spend
aufwendig Ⓐ ADJ *(≈ teuer)* costly; *(≈ üppig)* lavish
Ⓑ ADV extravagantly **Aufwendung** F̄ *(≈ Aus-
gaben)* **Aufwendungen** P̄L̄ expenditure
aufwerfen V̄/T̄ *Frage, Verdacht* to raise
aufwerten V̄/T̄ ❶ *(a. v/i)* *Währung* to revalue ☑
(fig) to increase the value of **Aufwertung**
F̄ *(von Währung)* revaluation; *(fig)* increase in val-
ue
aufwickeln V̄/T̄ *(≈ aufrollen)* to roll up
auf Wiedersehen ĪNT̄ goodbye
aufwiegeln V̄/T̄ to stir up; **jdn zum Streik ~** to
incite sb to strike
aufwiegen V̄/T̄ *(fig)* to offset
aufwirbeln V̄/T̄ to swirl up; *Staub auch* to raise;
(viel) Staub ~ *(fig)* to cause a (big) stir
aufwischen V̄/T̄ *Wasser etc* to wipe up; *Fußboden*
to wipe
aufwühlen V̄/T̄ *(wörtl)* *Erde, Meer* to churn (up);
Leidenschaften to rouse; → aufgewühlt
aufzählen V̄/T̄ to list **Aufzählung** F̄ list
aufzehren V̄/T̄ to exhaust; *(fig)* to sap
aufzeichnen V̄/T̄ ❶ *(≈ notieren,
RADIO, TV)* to record **Aufzeichnung** F̄ ❶ *(≈
Notiz)* note; *(≈ Niederschrift)* record ☑ *(≈ Filmaufzeich-
nung etc)* recording
aufzeigen V̄/T̄ to show
aufziehen Ⓐ V̄/T̄ ❶ *(≈ hochziehen)* to pull up; *Flag-
ge, Segel* to hoist ☑ *(≈ öffnen)* *Reißverschluss* to undo;
Schublade to (pull) open; *Gardinen* to draw (back)
❸ *(≈ aufspannen)* *Foto etc* to mount; *Saite, Reifen* to fit
❹ *(≈ spannen)* *Uhr etc* to wind up ❺ *Kind* to bring
up; *Tier* to rear ❻ *(≈ verspotten)* **jdn ~** *(umg)* to tease
sb *(mit* about) Ⓑ V̄/ī *(dunkle Wolke)* to come up; *(Ge-
witter)* to gather **Aufzucht** F̄ rearing
Aufzug M̄ ❶ *(≈ Fahrstuhl)* lift *(Br)*, elevator *(US)* ☑
THEAT act ❸ *(pej umg ≈ Kleidung)* get-up *(umg)*
aufzwingen V̄/T̄ **jdm etw ~** to force sth on sb
Augapfel M̄ eyeball; **jdn/etw wie seinen ~
hüten** to cherish sb/sth like life itself
Auge N̄ ❶ eye; **auf einem ~ blind** blind in one
eye; **gute/schlechte ~n haben** to have good/
bad eyesight; **er hatte nur ~n für sie** he only
had eyes for her; **ein ~ auf jdn/etw (gewor-
fen) haben** to have one's eye on sb/sth; **da**

791 | AUSB **A**

blieb kein ~ trocken (hum: vor Lachen) everyone laughed till they cried; **große ~n machen** to be wide-eyed; **jdm schöne** od **verliebte ~n machen** to make eyes at sb; **jdm die ~n öffnen** (fig) to open sb's eyes; **so weit das ~ reicht** as far as the eye can see; **ein ~ riskieren** (hum) to have a peep (umg); **die ~n vor etw** (dat) **verschließen** to close one's eyes to sth; **ein ~** od **beide ~n zudrücken** (umg) to turn a blind eye; **ich habe kein ~ zugetan** I didn't sleep a wink **2** (mit Präposition) **geh mir aus den ~n!** get out of my sight!; **sie ließen ihn nicht aus den ~n** they didn't let him out of their sight; **jdn im ~ behalten** (≈ beobachten) to keep an eye on sb; **dem Tod ins ~ sehen** to look death in the eye; **etw ins ~ fassen** to contemplate sth; **das springt** od **fällt einem gleich ins ~** it strikes one immediately; **das kann leicht ins ~ gehen** (fig umg) it might easily go wrong; **etw mit eigenen ~n gesehen haben** to have seen sth with one's own eyes; **mit bloßem** od **nacktem ~** with the naked eye; **jdm etw vor ~n führen** (fig) to make sb aware of sth; **vor aller ~n** in front of everybody **3** (≈ Knospenansatz) eye **4** (≈ Fettauge) little globule of fat **Augenarzt** M̄, **Augenärztin** F̄ ophthalmologist **Augenblick** M̄ moment; **alle ~e** constantly; **jeden ~** any minute; **einen ~, bitte** one moment please!; **im ~** at the moment; **im selben ~ ...** at that moment ...; **im letzten ~** at the last moment; **im ersten ~** for a moment **augenblicklich** Ā ADJ **1** (≈ sofortig) immediate **2** (≈ gegenwärtig) present **3** (≈ vorübergehend) temporary B̄ ADV **1** (≈ sofort) immediately **2** (≈ zurzeit) at the moment **Augenbraue** F̄ eyebrow **Augenfarbe** F̄ colour (Br) od color (US) of eyes **Augenheilkunde** F̄ ophthalmology **Augenhöhe** F̄ **in ~** at eye level **Augenklappe** F̄ **1** eye patch **2** (für Pferde) blinker, blinder (US) **Augenleiden** N̄ eye complaint **Augenlicht** N̄ (eye)sight **Augenlid** N̄ eyelid **Augenmerk** N̄ (≈ Aufmerksamkeit) attention; **sein ~ auf etw** (akk) **lenken** od **richten** to direct sb's/one's attention to sth **Augenschein** M̄ **jdn/etw in ~ nehmen** to look closely at sb/sth **Augentropfen** P̄L̄ eye drops pl **Augenweide** F̄ feast for the eyes **Augenwischerei** F̄ (fig) eyewash **Augenzeuge** M̄, **Augenzeugin** F̄ eyewitness (bei to) **Augenzwinkern** N̄ winking **augenzwinkernd** ADV with a wink

August M̄ August; → Märze
Auktion F̄ auction **Auktionator(in)** M̄F̄ auctioneer **Auktionshaus** N̄ auction house
Aula F̄ SCHULE, UNIV etc (assembly) hall
Au-pair-Mädchen N̄ au pair (girl); **als ~ ar**-

beiten to work (as an) au pair **Au-pair-Stelle** F̄ au pair job
aus Ā PRÄP +dat **1** (Herkunft) from; **~ guter Familie** from a good family **2** (Ursache) out of; **~ Hass/Gehorsam/Mitleid** out of hatred/obedience/sympathy; **~ Furcht vor/Liebe zu** for fear/love of; **~ Spaß** for a laugh (umg); **~ Versehen** by mistake **3** (zeitlich) from; **~ dem Barock** from the Baroque period **4** (≈ beschaffen aus) (made out) of **5** **einen anständigen Menschen ~ jdm machen** to make sb into a decent person; **was ist ~ ihm/dieser Sache geworden?** what has become of him/this?; **~ der Mode** out of fashion B̄ ADV → **aus sein** **1** SPORT out **2** (umg ≈ zu Ende) over; **~ jetzt!** that's enough! **3** (an Geräten) off; **Licht ~!** lights out! **4** **vom Fenster ~** from the window; **von München ~** from Munich; **von sich ~** of one's own accord; **von ihm ~** as far as he's concerned
Aus N̄ **1** **ins ~ gehen** to go out of play; **ins politische ~ geraten** to end up in the political wilderness **2** (≈ Ende) end
ausarbeiten V̄T̄ to work out; (≈ formulieren) to formulate
ausarten V̄Ī (Party etc) to get out of control; **~ in** (+akk) od **zu** to degenerate into
ausatmen V̄T̄ & V̄Ī to breathe out, to exhale
ausbaden V̄T̄ (fig umg) to take the rap for (umg)
ausbalancieren (wörtl, fig) V̄T̄ to balance (out)
Ausbau M̄ (≈ das Ausbauen) removal; (≈ Erweiterung) extension (zu into); (≈ Umbau) conversion (zu (in)to); (≈ Festigung: von Position) consolidation **ausbauen** V̄T̄ **1** (≈ herausmontieren) to remove (aus from) **2** (≈ erweitern) to extend (zu into); (≈ umbauen) to convert (zu (in)to); (≈ festigen) Position to consolidate **ausbaufähig** ADJ Geschäft, Markt expandable; Beziehungen that can be built up
ausbedingen V̄T̄ **sich** (dat) **etw ~** to make sth a condition; **sich** (dat) **das Recht ~, etw zu tun** to reserve the right to do sth
ausbessern V̄T̄ to repair; Fehler to correct
Ausbeute F̄ (≈ Gewinn) profit; (≈ Ertrag einer Grube etc) yield (an +dat in); (fig) result(s pl); (≈ Einnahmen) proceeds pl **ausbeuten** V̄T̄ to exploit **Ausbeuter(in)** M̄F̄ exploiter **Ausbeutung** F̄ exploitation
ausbezahlen V̄T̄ Geld to pay out; Arbeitnehmer to pay off; (≈ abfinden) Erben etc to buy out
ausbilden Ā V̄T̄ to train; (akademisch) to educate B̄ V̄R̄ **sich in etw** (dat) **~** to train in sth; (≈ studieren) to study sth **Ausbilder(in)** M̄F̄ instructor **Ausbildung** F̄ training (🛇 kein pl); (akademisch) education; **in der ~ sein** to be a trainee; (schulisch) to be in education; **eine ~ als Maler machen** to be training to become a painter **Ausbildungsbeihilfe** F̄ (educa-

A AUSB | 792

tion) grant **Ausbildungsgang** M̲ training **Ausbildungsplatz** M̲ place to train; (≈ *Stelle*) training vacancy **Ausbildungszeit** F̲ period of training

ausblasen V̲T̲ to blow out

ausbleiben V̲I̲ (≈ *fortbleiben*) to stay out; (*Schneefall*) to fail to appear; (*Erwartung*) to fail to materialize; **es konnte nicht ~, dass …** it was inevitable that … **Ausbleiben** N̲ (≈ *Fehlen*) absence; (≈ *das Nichterscheinen*) nonappearance; **bei ~ der Periode** if your period doesn't come

Ausblick M̲ **1** view (*auf +akk* of) **2** (*fig*) prospect, outlook (*+akk* for)

ausborgen V̲T̲ **1 sich** (*dat*) **etw ~** to borrow sth **2 jdm etw ~** to lend sb sth, to lend sth (out) to sb

ausbrechen A̲ V̲I̲ **1** (*Krieg, Feuer*) to break out; (*Gewalt, Unruhen, Jubel*) to erupt; **in Gelächter/Tränen ~** to burst out laughing/into tears; **in Schweiß ~** to break out in a sweat; **aus dem Gefängnis ~** to escape from prison **2** (*Vulkan*) to erupt B̲ V̲T̲ to break off; **sich** (*dat*) **einen Zahn ~** to break a tooth

ausbreiten A̲ V̲T̲ to spread; *Arme* to stretch out; (≈ *ausstellen*) to display B̲ V̲R̲ (≈ *sich verbreiten*) to spread; (≈ *sich erstrecken*) to extend; (*umg* ≈ *sich breitmachen*) to spread oneself out; **sich über etw** (*akk*) **~** (*fig*) to dwell on sth **Ausbreitung** F̲ spreading

ausbrennen V̲I̲ (≈ *zu Ende brennen*) to burn out; **ausgebrannt** *Brennstab* spent; → ausgebrannt **Ausbruch** M̲ **1** escape **2** (≈ *Beginn*) outbreak; (*von Vulkan*) eruption **3** (*fig*) outburst

ausbrüten V̲T̲ to hatch; (*fig umg*) *Plan etc* to cook up (*umg*)

ausbuddeln V̲T̲ (*umg*) to dig up (*a. fig umg*)

ausbügeln V̲T̲ to iron out

ausbürgern V̲T̲ to expatriate **Ausbürgerung** F̲ expatriation

ausbürsten V̲T̲ to brush out (*aus* of); *Anzug* to brush

auschecken V̲I̲ (*Flug, Hotel etc*) to check out (*aus* of)

Ausdauer F̲ stamina; (*im Ertragen*) endurance; (≈ *Beharrlichkeit*) persistence **ausdauernd** A̲D̲J̲ *Mensch* with stamina; (*im Ertragen*) with endurance; (≈ *beharrlich*) tenacious; (≈ *hartnäckig*) persistent

ausdehnen A̲ V̲T̲ (≈ *vergrößern*) to expand; (≈ *dehnen*) to stretch B̲ V̲R̲ **1** (≈ *größer werden*) to expand; (*durch Dehnen*) to stretch; (≈ *sich erstrecken*) to extend (*bis* as far as) **2** (*fig*) to extend (*über +akk* over); → ausgedehnt **Ausdehnung** F̲ **1** (≈ *das Vergrößern*) expansion; (*fig: zeitlich*) extension **2** (≈ *Umfang*) expanse

ausdenken V̲T̲ **sich** (*dat*) **etw ~** (≈ *erfinden*) to

think sth up; *Überraschung* to plan sth; (≈ *sich vorstellen*) to imagine sth; **das ist nicht auszudenken** (≈ *unvorstellbar*) it's inconceivable; (≈ *zu schrecklich etc*) it doesn't bear thinking about

ausdiskutieren V̲T̲ *Thema* to discuss fully

ausdörren V̲T̲ to dry up; *Kehle* to parch

Ausdruck¹ M̲ (≈ *Gesichtsausdruck, Wort*) expression; (≈ *Fachausdruck*, MATH) term; **etw zum ~ bringen** to express sth

Ausdruck² M̲ (*von Computer etc*) printout **ausdrucken** V̲T̲ IT to print out

ausdrücken A̲ V̲T̲ **1** (≈ *zum Ausdruck bringen*) to express (*jdm* to sb); **anders ausgedrückt** in other words; **einfach ausgedrückt** put simply **2** *Frucht, Schwamm* to squeeze out; *Tube, Pickel* to squeeze; *Zigarette* to stub out B̲ V̲R̲ (*Mensch*) to express oneself **ausdrücklich** A̲ A̲D̲J̲ *Wunsch* express B̲ A̲D̲V̲ expressly; (≈ *besonders*) particularly **ausdruckslos** A̲D̲J̲ inexpressive **ausdrucksvoll** A̲D̲J̲ expressive **Ausdrucksweise** F̲ way of expressing oneself

auseinander A̲D̲V̲ apart; **weit ~** far apart; *Augen, Beine etc* wide apart; *Meinungen* very different **auseinanderbrechen** V̲I̲ to break up **auseinanderfalten** V̲T̲ to unfold **auseinandergehen** V̲I̲ **1** to part; (*Menge*) to disperse; (*Versammlung, Ehe etc*) to break up **2** (*fig: Ansichten etc*) to differ **3** (*umg* ≈ *dick werden*) to get fat **auseinanderhalten** V̲T̲ to keep apart; (≈ *unterscheiden*) to tell apart **auseinanderleben** V̲R̲ to drift apart **auseinandernehmen** V̲T̲ to take apart; (*kritisch*) to tear to pieces **auseinanderschreiben** V̲T̲ *Wörter* to write as two words **auseinandersetzen** A̲ V̲T̲ **1 zwei Kinder ~** to separate two children; **sich ~** to sit apart **2** (*fig*) to explain (*jdm* to sb) B̲ V̲R̲ **sich mit etw ~** (≈ *sich befassen*) to have a good look at sth; **sich kritisch mit etw ~** to have a critical look at sth **Auseinandersetzung** F̲ **1** (≈ *Diskussion*) discussion (*über +akk* about, on); (≈ *Streit*) argument **2** (≈ *das Befassen*) examination (*mit* of)

auserwählt A̲D̲J̲ (*geh*) chosen; (≈ *ausgesucht*) select

ausfahrbar A̲D̲J̲ extendable; *Antenne, Fahrgestell, Klinge* retractable **ausfahren** V̲T̲ **1** (*im Kinderwagen, Rollstuhl*) to take for a walk; (*im Auto*) to take for a drive **2** (≈ *ausliefern*) *Waren* to deliver **3** (≈ *abnutzen*) *Weg* to wear out **4 ein Auto etc** (**voll**) **~** to drive a car *etc* at full speed **5** TECH to extend; *Fahrgestell etc* to lower **Ausfahrt** F̲ **1** (≈ *Spazierfahrt*) drive, ride **2** (≈ *Autobahnausfahrt*) exit; **„Ausfahrt frei halten"** "keep clear"

Ausfall M̲ **1** (≈ *Verlust*, MIL) loss; TECH, MED failure; (*von Motor*) breakdown; **bei ~ des Stroms**

... in case of a power failure ... **2** (*von Sitzung etc*) cancellation **ausfallen** V̄Ī **1** (≈ *herausfallen*) to fall out; **mir fallen die Haare aus** my hair is falling out **2** (≈ *nicht stattfinden*) to be cancelled (*Br*) *od* canceled (*US*) **3** (≈ *nicht funktionieren*) to fail; (*Motor*) to break down **4 gut/schlecht** *etc* ~ to turn out well/badly *etc* **5** → ausgefallen **ausfallend** ADJ abusive; ~ **werden** to become abusive

ausfertigen V̄T *Dokument* to draw up; *Rechnung* to make out; *Pass* to issue **Ausfertigung** F̄ (*form*) **1** (*von Dokument*) drawing up; (*von Rechnung*) making out; (*von Pass*) issuing **2** (≈ *Abschrift*) copy; **in doppelter/dreifacher** ~ in duplicate/triplicate

ausfindig ADJ ~ **machen** to find **ausfliegen** A V̄Ī (*aus Gebiet etc*) to fly out (*aus of*); **ausgeflogen sein** (*fig umg*) to be out **B** V̄T FLUG *Verwundete etc* to evacuate (by air) (*aus from*)

ausflippen V̄Ī (*umg*) to freak out (*umg*); → **ausgeflippt**

Ausflucht F̄ excuse

Ausflug M̄ trip, excursion; (≈ *Schulausflug*) outing; **einen** ~ **machen** to go on a trip

Ausfluss M̄ **1** (≈ *das Herausfließen*) outflow **2** (≈ *Ausflussstelle*) outlet **3** MED discharge

ausforschen V̄T (≈ *erforschen*) to investigate **ausfragen** V̄T to question (*nach* about); (*strenger*) to interrogate

ausfransen V̄T & V̄Ī to fray

ausfressen V̄T (*umg* ≈ *anstellen*) **etwas** ~ to do something wrong; **was hat er denn wieder ausgefressen?** what's he (gone and) done now? (*umg*)

Ausfuhr F̄ (≈ *das Ausführen*) export; (≈ *Ausfuhrhandel*) exports *pl* **ausführbar** ADJ *Plan* feasible; **schwer** ~ difficult to carry out **Ausfuhrbestimmungen** PL export regulations *pl* **ausführen** V̄T **1** (*ins Theater etc*) to take out; *Hund* to take for a walk **2** (≈ *durchführen*) to carry out; SPORT *Freistoß etc* to take **3** (≈ *erklären*) to explain **4** HANDEL *Waren* to export **Ausfuhrgenehmigung** F̄ HANDEL export licence (*Br*) *od* license (*US*) **Ausfuhrgüter** PL export goods *pl* **Ausfuhrhandel** M̄ export trade **ausführlich** A ADJ detailed **B** ADV in detail **Ausfuhrsperre** F̄ export ban **Ausführung** F̄ **1** (≈ *Durchführung*) carrying out; (*von Freistoß*) taking **2** (≈ *Erklärung*) explanation **3** (*von Waren*) design; (≈ *Qualität*) quality; (≈ *Modell*) model **ausfüllen** V̄T to fill; *Platz* to take up; *Formular* to fill in (*Br*) *od* out; **jdn (voll** *od* **ganz)** ~ (≈ *befriedigen*) to satisfy sb (completely); **ein ausgefülltes Leben** a full life

Ausgabe F̄ **1** (≈ *Austeilung*) distribution; (*von Do-*

kumenten etc) issuing; (*von Essen*) serving **2** (*von Buch, Zeitung, Sendung*) edition; (*von Aktien*) issue **3** (≈ *Ausführung*) version **4 Ausgaben** PL (≈ *Kosten*) expenses *pl*

Ausgang M̄ **1** (≈ *Weg nach draußen*) exit (+*gen, von from*); FLUG gate **2** ~ **haben** to have the day off **3** (≈ *Ende*) end; (*von Roman, Film*) ending; (≈ *Ergebnis*) outcome; **ein Unfall mit tödlichem** ~ a fatal accident **Ausgangsbasis** F̄ starting point **Ausgangsposition** F̄ initial position **Ausgangspunkt** M̄ starting point **Ausgangssperre** F̄ ban on going out; (*bes bei Belagerungszustand*) curfew

ausgeben V̄T **1** (≈ *austeilen*) to distribute; (≈ *aushändigen*) to issue; *Essen* to serve **2** *Geld* to spend (*für* on); **eine Runde** ~ to stand a round (*umg*); **ich gebe heute Abend einen aus** (*umg*) it's my treat this evening **3 sich als jd/etw** ~ to pass oneself off as sb/sth

ausgebrannt ADJ (*fig*) burned-out (*umg*); → **ausbrennen**

ausgebucht ADJ booked up

ausgedehnt ADJ extensive; (*zeitlich*) lengthy; *Spaziergang* long; → **ausdehnen**

ausgefallen ADJ (≈ *ungewöhnlich*) unusual; (≈ *übertrieben*) extravagant; → **ausfallen**

ausgeflippt ADJ (*umg*) freaky (*umg*); → **ausflippen**

ausgeglichen ADJ balanced; *Spiel, Klima* even; → **ausgleichen Ausgeglichenheit** F̄ balance

ausgehen V̄Ī **1** (≈ *weggehen*) to go out; **er geht selten aus** he doesn't go out much **2** (≈ *herrühren*) to come (*von* from); **gehen wir einmal davon aus, dass ...** let us assume that ... **3** *bes* SPORT to end; (≈ *ausfallen*) to turn out; **gut/schlecht** ~ to turn out well/badly; (*Film etc*) to end happily/unhappily; (*Abend, Spiel*) to end well/badly; **straffrei** ~ to receive no punishment; **leer** ~ (*umg*) to come away empty-handed **4** (≈ *zu Ende sein: Vorräte etc*) to run out; **mir ging die Geduld aus** I lost (my) patience; **mir ging das Geld aus** I ran out of money **ausgehend** ADJ **1 im** ~**en Mittelalter** toward(s) the end of the Middle Ages; **das** ~**e 20. Jahrhundert** the end of the 20th century **2 die** ~**e Post** the outgoing mail

ausgehungert ADJ starved

ausgekocht ADJ (*pej umg*) (≈ *durchtrieben*) cunning; → **auskochen**

ausgelassen A ADJ (≈ *heiter*) lively; *Stimmung* happy; (≈ *wild*) *Kinder* boisterous **B** ADV wildly; → **auslassen**

ausgelastet ADJ *Mensch* fully occupied; *Maschine, Anlage* working to capacity; → **auslasten**

ausgemacht ADJ **1** (≈ *abgemacht*) agreed; **es ist**

eine ~e Sache, dass ... it is agreed that ... **2** (umg ≈ vollkommen) complete; → **ausmachen**

ausgenommen KONJ except; **täglich ~ sonntags** daily except for Sundays; → **ausnehmen**

ausgeprägt ADJ distinctive; Interesse marked

ausgerechnet ADV ~ **du** you of all people; ~ **heute** today of all days; → **ausrechnen**

ausgeschlossen ADJ (≈ unmöglich) impossible; (≈ nicht infrage kommend) out of the question; **es ist nicht ~, dass ...** it's just possible that ...; → **ausschließen**

ausgeschnitten ADJ Bluse, Kleid low-cut; → **ausschneiden**

ausgespielt ADJ ~ **haben** to be finished; → **ausspielen**

ausgesprochen **A** ADJ Schönheit, Qualität, Vorliebe definite; Ähnlichkeit marked; **~es Pech haben** to be really unlucky **B** ADV really; → **aussprechen**

ausgestorben ADJ Tierart extinct; **der Park war wie ~** the park was deserted; → **aussterben**

ausgesucht **A** ADJ (≈ erlesen) select **B** ADV (≈ überaus, sehr) extremely; → **aussuchen**

ausgewachsen ADJ fully grown; Skandal huge

ausgewogen ADJ balanced; Maß equal **Ausgewogenheit** F balance

ausgezeichnet **A** ADJ excellent **B** ADV excellently; **es geht mir ~** I'm feeling marvellous (Br) od marvelous (US); → **auszeichnen**

ausgiebig **A** ADJ Mahlzeit etc substantial; Gebrauch extensive **B** ADV ~ **frühstücken** to have a substantial breakfast; **~ schlafen** to have a (good) long sleep

ausgießen VT (aus einem Behälter) to pour out; Behälter to empty

Ausgleich M (≈ Gleichgewicht) balance; (von Konto) balancing; (von Verlust) compensation; **zum** od **als ~ für etw** in order to compensate for sth; **er treibt zum ~ Sport** he does sport for exercise **ausgleichen** **A** VT Unterschiede to even out; Konto to balance; Verlust, Fehler to make good; Mangel to compensate for; **~de Gerechtigkeit** poetic justice; → **ausgeglichen** **B** VI SPORT to equalize **C** VR to balance out **Ausgleichssport** M keep-fit activity; **als ~ to keep fit Ausgleichstor** N, **Ausgleichstreffer** M equalizer (Br), tying goal (US)

ausgraben VT to dig up; Grube, Loch to dig out; Altertümer to excavate **Ausgrabung** F excavation

ausgrenzen VT to exclude

Ausguss M (≈ Becken) sink; (≈ Abfluss) drain

aushaben VT (umg) Buch, Essen etc to have finished; (≈ ausgezogen haben) to have taken off

aushaken VI (umg) **es hat bei ihm ausgehakt**

something in him snapped (umg)

aushalten VT **1** (≈ ertragen können) to bear; Druck to stand; **hier lässt es sich ~** this is not a bad place; **das ist nicht auszuhalten** it's unbearable; **er hält viel aus** he can take a lot **2** (umg) **sich von jdm ~ lassen** to be kept by sb

aushandeln VT to negotiate

aushändigen VT **jdm etw ~** to hand sth over to sb

Aushang M notice **aushängen** **A** VT **1** (≈ bekannt machen) to put up **2** Tür to unhinge **B** VI **am Schwarzen Brett ~** to be on the notice (Br) od bulletin (US) board **Aushängeschild** N sign; (fig ≈ Reklame) advertisement

aushecken VT (umg) Plan to cook up (umg)

ausheilen VI (Krankheit) to be cured; (Organ, Wunde) to heal

aushelfen VI to help out (jdm sb) **Aushilfe** F **1** help **2** (Mensch) temporary worker; (bes im Büro) temp (umg) **Aushilfsjob** M temporary job; (im Büro) temping job **Aushilfskraft** F temporary worker; (bes im Büro) temp (umg) **aushilfsweise** ADV on a temporary basis

aushöhlen VT to hollow out; Ufer, Steilküste to erode

ausholen VI (zum Schlag) to raise one's hand/ arm etc; (zum Wurf) to reach back; **weit ~** (fig: Redner) to go far afield; **zum Gegenschlag ~** to prepare for a counterattack

aushorchen VT (umg) to sound out

auskennen VR (an einem Ort) to know one's way around; (auf einem Gebiet) to know a lot (auf od in +dat about)

ausklammern VT Problem to leave aside

ausklingen VI (Lied) to finish; (Abend, Feier etc) to end (in +dat with)

ausklopfen VT Teppich to beat; Pfeife to knock out

auskochen VT **1** GASTR Knochen to boil **2** MED Instrumente to sterilize (in boiling water); → **ausgekocht**

auskommen VI **1** (≈ genügend haben) to get by (mit on); **ohne jdn/etw ~** to manage without sb/sth **2** **mit jdm (gut) ~** to get on (well) with sb **Auskommen** N (≈ Einkommen) livelihood; **sein ~ haben/finden** to get by

auskosten VT (≈ genießen) to make the most of; Leben to enjoy to the full

auskratzen VT to scrape out

auskugeln VT **sich** (dat) **den Arm/die Schulter ~** to dislocate one's arm/shoulder

auskühlen VI (Körper, Menschen) to cool down; to chill through

auskundschaften VT Weg, Lage to find out; Versteck to spy out

Auskunft F **1** (≈ Mitteilung) information (!

kein pl); **jdm eine ~ erteilen** to give sb some information 🔢 (≈ *Schalter*) information desk; TEL directory inquiries (❶ ohne Artikel)

auskurieren (*umg*) V̄T̄ to cure

auslachen V̄T̄ *jdn* to laugh at

ausladen V̄T̄ 🔢 *Ware, Ladung* to unload 🔢 (*umg*) **jdn ~** to tell sb not to come **ausladend** ĀDJ *Dach* projecting; *Bewegung* sweeping

Auslage F̄ 🔢 (*von Waren*) display; (≈ *Schaufenster*) (shop) window; (≈ *Schaukasten*) showcase 🔢 expense

Ausland N̄ foreign countries *pl*; **ins/im ~** abroad; **aus dem** *od* **vom ~** from abroad; **Handel mit dem ~** foreign trade **Ausländer(in)** M̄F̄ foreigner; ADMIN, JUR alien **Ausländerbeauftragte(r)** M̄F̄M̄ official with special responsibility for foreigners **Ausländerbehörde** F̄ ≈ immigration authority **ausländerfeindlich** Ā ĀDJ xenophobic; *Anschlag* on foreigners B̄ ĀDV **~ motivierte Straftaten** crimes with a racist motive **Ausländerfeindlichkeit** F̄ xenophobia **ausländerfreundlich** ĀDJ foreigner-friendly; **sie sind sehr ~** they are very friendly to foreigners **Ausländerpolitik** F̄ policy on immigrants **ausländisch** ĀDJ foreign **Auslandsaufenthalt** M̄ stay abroad **Auslandseinsatz** M̄ (*von Soldaten, Journalisten etc*) deployment abroad **Auslandsgespräch** N̄ international call **Auslandskorrespondent(in)** M̄F̄ foreign correspondent **Auslandsreise** F̄ journey *od* trip abroad **Auslandsschutzbrief** M̄ international travel cover

auslassen Ā V̄T̄ 🔢 (≈ *weglassen*) to leave out; (≈ *versäumen*) *Chance* to miss 🔢 (≈ *abreagieren*) to vent (*an* +*dat* on) 🔢 *Butter, Fett* to melt; *Speck* to render (down) 🔢 → **ausgelassen** B̄ V̄R̄ to talk (*über* +*akk* about) **Auslassung** F̄ (≈ *Weglassen*) omission

auslasten V̄T̄ 🔢 *Maschine* to make full use of 🔢 *jdn* to occupy fully; → **ausgelastet**

Auslauf M̄ (≈ *Bewegung*) exercise; (*für Kinder*) room to run about **auslaufen** V̄Ī 🔢 (*Flüssigkeit*) to run out (*aus* of); (≈ *undicht sein*) to leak 🔢 (*Schiff*) to sail 🔢 (*Modell, Serie*) to be discontinued 🔢 (*Farbe, Stoff*) to run **Ausläufer** M̄ 🔢 (METEO: *von Hoch*) ridge; (*von Tief*) trough 🔢 (≈ *Vorberge*) foothill *meist pl* **Auslaufmodell** N̄ discontinued model

ausleben V̄R̄ (*Mensch*) to live it up

auslecken V̄T̄ to lick out

ausleeren V̄T̄ to empty

auslegen V̄T̄ 🔢 (≈ *ausbreiten*) to lay out; *Waren etc* to display; *Kabel, Minen* to lay 🔢 (≈ *bedecken*) to cover; (≈ *auskleiden*) to line; **den Boden (mit Teppichen) ~** to carpet the floor 🔢 (≈ *deuten*) to

interpret 🔢 *Geld* to lend; **sie hat die 5 Euro ausgelegt** she paid the 5 euros **Ausleger** M̄ (*von Kran etc*) jib, boom **Auslegung** F̄ (≈ *Deutung*) interpretation

ausleiern V̄Ī to wear out

ausleihen V̄T̄ 🔢 (≈ *verleihen*) to lend (*jdm, an jdn* sb); (≈ *von jdm leihen*) to borrow; **sich** (*dat*) **etw ~** to borrow sth (*bei, von* from)

auslernen V̄Ī **man lernt nie aus** (*sprichw*) you live and learn (*sprichw*)

Auslese F̄ 🔢 (≈ *Auswahl*) selection 🔢 (≈ *Elite*) **die ~** the élite 🔢 (≈ *Wein*) high-quality wine made from selected grapes **auslesen** Ā V̄T̄ 🔢 (≈ *auswählen*) to select 🔢 *Buch etc* to finish reading B̄ V̄Ī (≈ *zu Ende lesen*) to finish reading

ausliefern V̄T̄ 🔢 *Waren* to deliver 🔢 *jdn* to hand over (*an* +*akk* to); (*an einen Staat*) to extradite (*an* +*akk* to); **jdm ausgeliefert sein** to be at sb's mercy **Auslieferung** F̄ 🔢 (*von Ware*) delivery 🔢 (*von Menschen*) handing over; (*von Gefangenen*) extradition **Auslieferungsantrag** M̄ JUR application for extradition

ausliegen V̄Ī (*Waren*) to be displayed; (*Zeitschriften, Liste etc*) to be available (to the public)

ausloggen V̄R̄ IT to log out

auslöschen V̄T̄ *Feuer, Licht* to extinguish; *Erinnerung* to blot out

auslosen V̄T̄ to draw lots for; *Gewinner* to draw

auslösen V̄T̄ *Alarm, Reaktion* to trigger; *Bombe* to release; (*fig*) *Wirkung* to produce; *Begeisterung* to arouse **Auslöser** M̄ trigger; (*für Bombe*) release button; FOTO shutter release

Auslosung F̄ draw

ausloten V̄T̄ (*fig*) to plumb; **die Sache muss ich doch mal ~** (*umg*) I'll have to try to get to the bottom of the matter

ausmachen V̄T̄ 🔢 *Feuer, Kerze* to put out; *Licht, Radio* to turn off 🔢 (≈ *sichten*) to make out; (≈ *ausfindig machen*) to locate 🔢 (≈ *vereinbaren*) to agree; **einen Termin ~** to agree (on) a time; → **ausgemacht** 🔢 (≈ *betragen*) to come to 🔢 (≈ *bedeuten*) **viel ~** to make a big difference; **das macht nichts aus** that doesn't matter 🔢 (≈ *stören*) to matter (*jdm* to); **macht es Ihnen etwas aus, wenn ...?** would you mind if ...?

ausmalen V̄T̄ **sich** (*dat*) **etw ~** to imagine sth **Ausmaß** N̄ (*von Fläche*) size; (*von Katastrophe, Liebe*) extent; **ein Verlust in diesem ~** a loss on this scale; **erschreckende ~e annehmen** to assume alarming proportions

ausmerzen V̄T̄ to eradicate

ausmessen V̄T̄ to measure (out)

ausmisten V̄T̄ *Stall* to muck out (*Br*), to clear (*US*); (*fig umg*) *Zimmer etc* to clean out

ausmustern V̄T̄ *Fahrzeug etc* to take out of service; (MIL ≈ *entlassen*) to discharge

A AUSN | 796

Ausnahme F̲ exception; **mit ~ von** _od_ +gen with the exception of; **ohne ~** without exception **Ausnahmefall** M̲ exceptional case **Ausnahmezustand** M̲ POL **den ~ verhängen** to declare a state of emergency **ausnahmslos** A̲D̲V̲ without exception **ausnahmsweise** A̲D̲V̲ **darf ich das machen? — ~** may I do that? — just this once **ausnehmen** V̲T̲ **1** Fisch to gut; Geflügel to draw **2** (≈ ausschließen) jdn to make an exception of; (≈ befreien) to exempt; → **ausgenommen 3** (umg: finanziell) jdn to fleece (umg)

ausnüchtern V̲T̲,̲ V̲I̲,̲ V̲R̲ to sober up **Ausnüchterungszelle** F̲ drying-out cell

ausnutzen V̲T̲ to use; (≈ ausbeuten) to exploit; Gelegenheit to make the most of **Ausnutzung** F̲ use; (≈ Ausbeutung) exploitation

auspacken A̲ V̲T̲ & V̲I̲ Koffer to unpack; Geschenk to unwrap **B** V̲I̲ (umg) (≈ alles sagen) to talk (umg)

auspeitschen V̲T̲ to whip

auspfeifen V̲T̲ to boo at

ausplaudern V̲T̲ to let out

ausposaunen V̲T̲ (umg) to broadcast (umg)

auspressen V̲T̲ Zitrone etc to squeeze

ausprobieren V̲T̲ to try out

Auspuff M̲ exhaust **Auspuffgase** P̲L̲ exhaust fumes pl

auspumpen V̲T̲ (≈ leeren) to pump out

Ausputzer(in) M̲(̲F̲)̲ FUSSB sweeper

ausquartieren V̲T̲ to move out

ausquetschen V̲T̲ Saft etc to squeeze out; (umg ≈ ausfragen) to grill (umg)

ausradieren V̲T̲ to rub out; (fig ≈ vernichten) to wipe out

ausrangieren V̲T̲ (umg) Kleider to throw out; Maschine, Auto to scrap

ausrasten V̲I̲ (hum umg ≈ zornig werden) to do one's nut (Br umg)

ausrauben V̲T̲ to rob

ausräuchern V̲T̲ Zimmer to fumigate; Tiere, Bande to smoke out

ausräumen V̲T̲ to clear out; Möbel to move out; (fig) Missverständnisse to clear up

ausrechnen V̲T̲ to work out; **sich** (dat) **große Chancen ~** to reckon that one has a good chance; → **ausgerechnet**

Ausrede F̲ excuse **ausreden** A̲ V̲I̲ to finish speaking **B** V̲T̲ **jdm etw ~** to talk sb out of sth

ausreichen V̲I̲ to be sufficient **ausreichend** A̲ A̲D̲J̲ sufficient; SCHULE satisfactory **B** A̲D̲V̲ sufficiently

Ausreise F̲ **bei der ~** on leaving the country **ausreisen** V̲I̲ to leave (the country); **nach Frankreich ~** to go to France

ausreißen A̲ V̲T̲ Haare, Blatt to tear out; Unkraut, Zahn to pull out **B** V̲I̲ (umg ≈ davonlaufen) to run

away **Ausreißer(in)** M̲(̲F̲)̲ (umg) runaway

ausreiten V̲I̲ to go for a ride

ausrenken V̲T̲ to dislocate; **sich/jdm den Arm ~** to dislocate one's/sb's arm

ausrichten V̲T̲ **1** (≈ aufstellen) to line up **2** (≈ veranstalten) to organize **3** (≈ erreichen) to achieve; **ich konnte bei ihr nichts ~** I couldn't get anywhere with her **4** (≈ übermitteln) to tell; **kann ich etwas ~?** can I give him/her etc a message?

Ausritt M̲ ride (out)

ausrotten V̲T̲ to wipe out; Ideen to stamp out

ausrücken A̲ V̲I̲ **1** MIL to move out; (Polizei, Feuerwehr) to turn out **2** (umg ≈ ausreißen) to make off

Ausruf M̲ cry **ausrufen** V̲T̲ to exclaim; (≈ verkünden) to call out; Streik to call; **jdn zum** od **als König ~** to proclaim sb king; **jdn ~ (lassen)** (über Lautsprecher etc) to put out a call for sb; (im Hotel) to page sb **Ausrufezeichen** N̲ exclamation mark (Br), exclamation point (US)

ausruhen V̲I̲ & V̲R̲ to rest; (Mensch) to have a rest

ausrüsten V̲T̲ to equip; Fahrzeug, Schiff to fit out **Ausrüstung** F̲ equipment; (≈ bes Kleidung) outfit

ausrutschen V̲I̲ to slip **Ausrutscher** M̲ (umg) slip; (≈ schlechte Leistung) slip-up

Aussaat F̲ **1** (≈ das Säen) sowing **2** (≈ Saat) seed **aussäen** V̲T̲ to sow

Aussage F̲ statement; (eines Beschuldigten, Angeklagten) statement, testimony; **hier steht ~ gegen ~** it's one person's word against another's; **nach ~ seines Chefs** according to his boss **aussagen** A̲ V̲T̲ to say (über +akk about); (≈ behaupten) to state **B** V̲I̲ JUR to give evidence; **unter Eid ~** to give evidence under oath

Aussätzige(r) M̲/̲F̲(̲M̲)̲ leper

aussaugen V̲T̲ to suck out

ausschaben V̲T̲ to scrape out; MED to curette

ausschaffen V̲T̲ (schweiz form) to deport

ausschalten V̲T̲ **1** (≈ abstellen) to switch off **2** (fig) to eliminate

Ausschank M̲ (≈ Schankraum) bar, pub (Br); (≈ Schanktisch) bar

Ausschau F̲ **~ halten** to look out **ausschauen** V̲I̲ **1** (geh) to look out (nach for) **2** (dial) = aussehen

ausscheiden A̲ V̲T̲ (≈ aussondern) to take out; PHYSIOL to excrete **B** V̲I̲ (aus einem Amt) to retire (aus from); (aus Klub, Firma) to leave (aus etw sth); SPORT to be eliminated; **das/er scheidet aus** that/he has to be ruled out **Ausscheidung** F̲ **1** PHYSIOL excretion **2** SPORT elimination **Ausscheidungskampf** M̲ SPORT preliminary (round)

797 ‖ AUSS A

ausschenken V̄T̄ & V̄Ī to pour (out); (*am Ausschank*) to serve

ausschildern V̄T̄ to signpost

ausschimpfen V̄T̄ to tell off; **schimpf ihn nicht aus, weil er zu spät kommt** don't tell him off for being late

ausschlachten V̄T̄ 1 *Tier, Beute* to dress 2 (*fig*) *Fahrzeuge, Maschinen etc* to cannibalize 3 (*fig umg ≈ ausnutzen*) to exploit

ausschlafen A V̄T̄ *Rausch etc* to sleep off B V̄Ī & V̄R̄ to have a good sleep

Ausschlag M̄ 1 MED rash; **(einen) ~ bekommen** to come out in *od* get a rash 2 (*von Zeiger etc*) swing; (*von Kompassnadel*) deflection; **den ~ geben** (*fig*) to be the decisive factor **ausschlagen** A V̄T̄ 1 **jdm die Zähne ~** to knock sb's teeth out 2 (*≈ verkleiden*) to line 3 (*≈ ablehnen*) to turn down B V̄Ī 1 (*Baum, Strauch*) to start to bud 2 (*Pferd*) to kick 3 (*Zeiger, Nadel*) to swing; (*Kompassnadel*) to be deflected **ausschlaggebend** A̅D̅J̅ decisive

ausschließen V̄T̄ 1 (*≈ aussperren*) to lock out 2 (*≈ entfernen*) to exclude; (*aus Gemeinschaft*) to expel; SPORT to disqualify; **die Öffentlichkeit ~** JUR to exclude the public; → **ausgeschlossen**

ausschließlich A A̅D̅J̅ exclusive; *Rechte auch* sole B A̅D̅V̅ exclusively **Ausschluss** M̄ (*≈ Entfernung*) exclusion; (*aus Gemeinschaft*) expulsion; SPORT disqualification; **unter ~ der Öffentlichkeit stattfinden** to be closed to the public

ausschmücken V̄T̄ to decorate; (*fig*) *Erzählung* to embellish

ausschneiden V̄T̄ 1 to cut out 2 IT to cut; **~ und einfügen** to cut and paste; → **ausgeschnitten Ausschnitt** M̄ 1 (*≈ Zeitungsausschnitt*) cutting 2 (*≈ Kleidausschnitt*) neck; **ein tiefer ~** a low neckline 3 (*aus einem Bild*) detail; (*aus einem Film*) clip

ausschreiben V̄T̄ 1 to write out; *Rechnung etc* to make out 2 (*≈ bekannt machen*) to announce; *Wahlen* to call; *Stellen* to advertise; *Projekt* to invite tenders for

Ausschreitung F̄ riot, rioting (**!** kein pl)

Ausschuss M̄ 1 HANDEL rejects pl; (*fig umg ≈*) trash 2 (*≈ Komitee*) committee (**!** Vorsicht, Schreibung) **Ausschusssitzung** F̄ committee meeting (**!** Vorsicht, Schreibung) **Ausschussware** F̄ HANDEL rejects pl

ausschütteln V̄T̄ to shake out

ausschütten A V̄T̄ 1 (*≈ auskippen*) to tip out; *Eimer* to empty; **jdm sein Herz ~** (*fig*) to pour out one's heart to sb 2 (*≈ verschütten*) to spill 3 FIN *Dividende etc* to distribute B V̄R̄ **sich (vor Lachen) ~** (*umg*) to split one's sides laughing

ausschweifend A̅D̅J̅ *Leben* dissipated; *Fantasie*

wild **Ausschweifung** F̄ (*≈ Maßlosigkeit*) excess; (*in Lebensweise*) dissipation

ausschweigen V̄R̄ to remain silent

aussehen V̄Ī to look; **gut ~** to look good; (*hübsch*) to be good looking; (*gesund*) to look well; **es sieht nach Regen aus** it looks like rain; **wie siehst du denn (bloß) aus?** just look at you!; **es soll nach etwas ~** it's got to look good; **es sieht so aus, als ob ...** it looks as if ...; **so siehst du (gerade) aus!** (*umg*) that's what you think! **Aussehen** N̄ appearance

aus sein A V̄Ī (*umg*) 1 (*Schule*) to have finished; (*Krieg, Stück*) to have ended; (*Feuer, Ofen*) to be out; (*Radio, Fernseher etc*) to be off 2 **auf etw (*akk*) ~** to be (only) after sth; **auf jdn ~** to be after sb (*umg*) B V̄Ī UNPERS **es ist aus (und vorbei) zwischen uns** it's (all) over between us; **es ist aus mit ihm** he is finished

außen A̅D̅V̅ **von ~ sieht es gut aus** on the outside it looks good; **nach ~ hin** (*fig*) outwardly **Außenantenne** F̄ outdoor aerial (*Br*) *od* antenna (*bes US*) **Außenaufnahme** F̄ outdoor shot **Außenbahn** F̄ outside lane **Außenbezirk** M̄ outlying district **Außenbordmotor** M̄ outboard motor **Außendienst** M̄ **im ~ sein** to work outside the office **Außenhandel** M̄ foreign trade (**!** ohne **the**) **Außenminister(in)** M̄/F̄ foreign secretary (*Br*), secretary of state (*US*) **Außenministerium** N̄ Foreign Office (*Br*), State Department (*US*) **Außenpolitik** F̄ (*Gebiet*) foreign politics sg (**!** ohne **the**); (*bestimmte*) foreign policy **außenpolitisch** A̅D̅J̅ *Debatte* on foreign affairs; **~e Angelegenheiten** foreign affairs **Außenseite** F̄ outside **Außenseiter(in)** M̄/F̄ outsider **Außenspiegel** M̄ AUTO outside mirror **Außenstände** P̄L̄ *bes* HANDEL outstanding debts pl **Außenstelle** F̄ branch **Außenstürmer(in)** M̄/F̄ FUSSB wing **Außentemperatur** F̄ outside temperature **Außenwand** F̄ outer wall **Außenwirtschaft** F̄ foreign trade (**!** ohne **the**)

außer A P̄R̄Ā̄P̄ +*dat od* (*selten*) +*gen* 1 (*räumlich*) out of; **~ sich** (*dat*) **sein** to be beside oneself 2 (*≈ ausgenommen*) except (for); (*≈ abgesehen von*) apart from 3 (*≈ zusätzlich zu*) in addition to B K̄Ō̄N̄J̄ except; **~ wenn ...** except when... **außerdem** A̅D̅V̅ besides; (*≈ dazu*) in addition **äußere(r, s)** A̅D̅J̅ outer; *Schein, Eindruck* outward **Äußere(s)** N̄ exterior **außergerichtlich** A̅D̅J̅, A̅D̅V̅ out of court **außergewöhnlich** A A̅D̅J̅ unusual B A̅D̅V̅ (*≈ sehr*) extremely **außerhalb** A P̄R̄Ā̄P̄ +*gen* outside; **~ der Stadt** outside the town B A̅D̅V̅ (*≈ außen*) outside; (*≈ außerhalb der Stadt*) out of town; **von ~** from outside/out of town

außerirdisch A̅D̅J̅ extraterrestrial **Außer-**

irdische(r) M/F/N extraterrestrial **äußerlich** A ADJ **1** external; *„nur zur ~en Anwendung!"* for external use only **2** *(fig ≈ oberflächlich)* superficial **B** ADV externally; **rein ~ betrachtet** on the face of it **äußern** A VT *(≈ sagen)* to say; *Wunsch etc* to express; *Kritik* to voice; **seine Meinung ~** to give one's opinion **B** VR *(Mensch)* to speak; *(Krankheit)* to show itself; **ich will mich dazu nicht ~** I don't want to say anything about that **außerordentlich** A ADJ extraordinary; *(≈ ungewöhnlich)* remarkable; **Außerordentliches leisten** to achieve some remarkable things **B** ADV *(≈ sehr)* exceptionally **außerparlamentarisch** ADJ extraparliamentary *(⚠ Vorsicht, mit „i")* **außerplanmäßig** ADJ unscheduled; *Defizit* unplanned **außerschulisch** ADJ extracurricular, private **außersinnlich** ADJ **~e Wahrnehmung** extrasensory perception **äußerst** ADV extremely **außerstande** ADV *(≈ unfähig)* incapable; *(≈ nicht in der Lage)* unable **äußerste(r, s)** ADJ *(räumlich)* furthest; *Schicht* outermost; *Norden etc* extreme; *(zeitlich)* latest possible; *(fig)* utmost; **mein ~s Angebot** my final offer; **im ~n Falle** if the worst comes to the worst; **mit ~r Kraft** with all one's strength; **von ~r Dringlichkeit** of (the) utmost urgency **Äußerste(s)** N̄ **bis zum ~n gehen** to go to extremes; **er hat sein ~s gegeben** he gave his all; **ich bin auf das ~ gefasst** I'm prepared for the worst **Äußerung** F̄ *(≈ Bemerkung)* remark **aussetzen** A VT **1** *Kind, Haustier* to abandon; *Pflanzen* to plant out; SCHIFF *Boot* to lower **2** **jdm/einer Sache ausgesetzt sein** *(≈ ausgeliefert)* to be at the mercy of sb/sth **3** *Belohnung* to offer; **auf jds Kopf** *(akk)* **1000 Dollar ~** to put 1,000 dollars on sb's head **4** *(≈ unterbrechen)* to interrupt; *Prozess* to adjourn; *Zahlung* to break off **5** **an jdm/etw etwas auszusetzen haben** to find fault with sb/sth; **daran ist nichts auszusetzen** there is nothing wrong with it **B** VI *(≈ aufhören)* to stop; *(bei Spiel)* to sit out; *(≈ versagen)* to give out; **mit etw ~** to stop sth

Aussetzer M̄ *(umg: geistig)* (mental) blank **Aussicht** F̄ **1** *(≈ Blick)* view *(auf +akk* of); **ein Zimmer mit ~ auf den Park** a room overlooking the park **2** *(fig)* prospect *(auf +akk* of); **etw in ~ haben** to have good prospects of sth; **jdm etw in ~ stellen** to promise sb sth **aussichtslos** ADJ hopeless; *(≈ zwecklos)* pointless; **eine ~e Sache** a lost cause **Aussichtsplattform** F̄ viewing *od* observation platform *od* deck **aussichtsreich** ADJ promising; *Stellung* with good prospects **Aussichtsturm** M̄ observation *od* lookout tower

Aussiedler(in) M/F *(≈ Auswanderer)* emigrant

aussitzen VT *Problem* to sit out **aussöhnen** VR **sich mit jdm/etw ~** to become reconciled with sb/to sth **aussondern** VT *(≈ auslesen)* to select; *Schlechtes* to pick out **aussortieren** VT to sort out **ausspannen** A VT **1** *(≈ ausschirren)* to unharness **2** *(fig umg)* **jdm die Freundin** *etc* **~** to steal sb's girlfriend *etc* **B** VI *(≈ sich erholen)* to have a break **aussperren** VT to lock out **Aussperrung** F̄ IND lockout **ausspielen** A VT **1** *Karte* to play; *(am Spielanfang)* to lead with **2** *(fig)* **jdn gegen jdn ~** to play sb off against sb **B** VI KART to play a card; *(als Erster)* to lead; → ausgespielt **Aussprache** F̄ **1** pronunciation; *(≈ Akzent)* accent **2** *(≈ Meinungsaustausch)* discussion; *(≈ Gespräch)* talk **aussprechen** A VT *Wort, Urteil etc* to pronounce; *Scheidung* to grant **B** VR **sich mit jdm (über etw** *akk***) ~** to have a talk with sb (about sth); **sich gegen etw ~** to declare oneself against sth **C** VI *(≈ zu Ende sprechen)* to finish (speaking); → ausgesprochen **Ausspruch** M̄ remark; *(≈ geflügeltes Wort)* saying **ausspucken** A VT to spit out **B** VI to spit **ausspülen** VT to rinse (out) **ausstaffieren** VT *(umg)* to equip; *jdn* to rig out **Ausstand** M̄ **1** *(≈ Streik)* strike; **im ~ sein** to be on strike; **in den ~ treten** to (go on) strike **2** **seinen ~ geben** to throw a leaving party **ausstatten** VT to equip; *(≈ versorgen)* to provide; *(≈ möblieren)* to furnish **Ausstattung** F̄ equipment; *(von Zimmer etc)* furnishings *pl*; THEAT décor and costumes *pl* **ausstechen** VT **1** *Pflanzen* to dig up; *Plätzchen* to cut out **2** *Augen (bes als Strafe)* to gouge out **3** *(fig ≈ übertreffen)* to outdo **ausstehen** A VT *(≈ ertragen)* to endure; *Angst* to go through; **ich kann ihn nicht ~** I can't bear him **B** VI *(≈ fällig sein)* to be due; *(Antwort)* to be still to come; *(Entscheidung)* to be still to be taken **aussteigen** VI to get out *(aus* of); *(fig: aus Gesellschaft)* to opt out; **an der nächsten Haltestelle ~** to get out at the next stop; **aus einem Projekt ~** to pull out of a project **Aussteiger(in)** M/F *(aus Gesellschaft)* person who opts out; *(aus Terroristenszene, Sekte)* dropout **ausstellen** A VT **1** *(≈ zur Schau stellen)* to display; *(in Museum etc)* to exhibit **2** *(≈ behördlich ausgeben)* to issue; **eine Rechnung über 500 Euro ~** to make out a bill for 500 euros **3** *(≈ ausschalten)* to turn off **B** VI to exhibit **Aussteller(in)** M/F **1** *(auf Messe)* exhibitor **2** *(von Dokument)* issuer **Ausstellung** F̄ **1** *(≈ Messe)* exhibition; *(≈ Blu-*

menausstellung etc) show **2** *(von Rezept, Rechnung)* making out; *(behördlich)* issuing **Ausstellungsdatum** N̄ date of issue **Ausstellungsgelände** N̄ exhibition site **Ausstellungshalle** F̄ exhibition hall **Ausstellungsstück** N̄ exhibit

aussterben V̄Ī to die out; → **ausgestorben** **Aussterben** N̄ extinction; **im ~ begriffen** dying out

Aussteuer F̄ dowry

Ausstieg M̄ **1** *(aus Bus, Zug etc)* getting off; *(fig: aus Gesellschaft)* opting out *(aus of)*; **der ~ aus der Kernenergie** abandoning nuclear energy **2** *(a.* **Ausstiegluke)** escape hatch

ausstopfen V̄Ī to stuff

Ausstoß M̄ *(≈ Produktion)* output **ausstoßen** V̄Ī **1** *(≈ äußern)* to utter; *Schrei* to give; *Seufzer* to heave **2** *(≈ ausschließen)* to expel *(aus from)*; **jdn aus der Gesellschaft ~** to banish sb from society **3** *(≈ herausstoßen)* to eject; *Gas etc* to give off; *(≈ herstellen)* to turn out

ausstrahlen V̄Ī to radiate; RADIO, TV to broadcast **Ausstrahlung** F̄ radiation; *(*RADIO, TV*)* broadcast(ing); *(von Mensch)* charisma

ausstrecken Ā V̄Ī to extend *(nach towards)* B̄ V̄R̄ to stretch (oneself) out

ausstreichen V̄Ī *Geschriebenes* to cross out

ausströmen V̄Ī *(≈ herausfließen)* to stream out *(aus of)*; *(≈ entweichen)* to escape *(aus from)*

aussuchen V̄Ī *(≈ auswählen)* to choose; → **ausgesucht**

Austausch M̄ exchange; *(≈ Ersatz)* replacement; SPORT substitution; **im ~ für** *od* **gegen** in exchange for **austauschbar** ĀDJ exchangeable **austauschen** V̄Ī to exchange *(gegen for)*; *(≈ ersetzen)* to replace *(gegen with)* **Austauschschüler(in)** M̄F̄ exchange pupil *(Br)*, exchange student *(US)* **Austauschstudent(in)** M̄F̄ exchange student

austeilen V̄Ī to distribute *(unter +dat, an +akk* among*)*; *Spielkarten* to deal (out); *Prügel* to administer

Auster F̄ oyster **Austernbank** F̄ oyster bed

austesten V̄Ī to test; IT *Programm etc* to debug

austoben V̄R̄ *(Mensch)* to let off steam; *(≈ sich müde machen)* to tire oneself out

austragen Ā V̄Ī **1** *Wettkampf etc* to hold; **einen Streit mit jdm ~** to have it out with sb **2** *Post etc* to deliver **3** **ein Kind ~** to carry a child (through) to full term B̄ V̄R̄ to sign out **Austragungsort** M̄ SPORT venue

Australien N̄ Australia **Australier(in)** M̄F̄ Australian **australisch** ĀDJ Australian

austreiben V̄Ī *(≈ vertreiben)* to drive out; *Teufel*

etc to exorcise

austreten Ā V̄Ī **1** *(≈ herauskommen)* to come out *(aus of)*; *(Gas etc)* to escape *(aus from, through)* **2** *(≈ ausscheiden)* to leave *(aus etw sth)* **3** *(≈ zur Toilette gehen)* to go to the toilet *(bes Br)* B̄ V̄Ī *Spur, Feuer etc* to tread out; *Schuhe* to wear out of shape

austricksen V̄Ī *(umg)* to trick

austrinken V̄Ī & V̄Ī to finish

Austritt M̄ **1** *(von Flüssigkeit)* outflow; *(≈ das Entweichen)* escape **2** *(≈ das Ausscheiden)* leaving (🛇 ohne Artikel) *(aus etc* sth*)*

austrocknen Ā V̄Ī to dry out; *(Fluss etc)* to dry up B̄ V̄Ī *(≈ trockenlegen)* Sumpf to drain

austüfteln V̄Ī *(umg)* to work out

ausüben V̄Ī **1** *Beruf* to practise *(Br)*, to practice *(US)*; *Funktion* to perform; *Amt* to hold **2** *Druck, Einfluss* to exert *(auf +akk* on*)*; *Macht* to exercise; **einen Reiz auf jdn ~** to have an attraction for sb

ausufern V̄Ī *(fig)* to get out of hand

Ausverkauf M̄ *(clearance)* sale; **etw im ~ kaufen** to buy sth at the sale(s) **ausverkauft** ĀDJ sold out; **vor ~em Haus spielen** to play to a full house

Auswahl F̄ selection *(an +dat* of*)*; *(≈ Wahl)* choice; SPORT representative team; **drei Bewerber stehen zur ~** there are three applicants to choose from; **eine ~ treffen** to make a selection **auswählen** V̄Ī to select *(unter +dat* from among*)*; **sich** *(dat)* **etw ~** to select sth (for oneself)

Auswanderer M̄, **Auswanderin** F̄ emigrant **auswandern** V̄Ī to emigrate *(nach, in +akk* to*)* **Auswanderung** F̄ emigration

auswärtig ĀDJ **1** *(≈ nicht ansässig)* nonlocal **2** POL foreign; **der ~e Dienst** the foreign service; **das Auswärtige Amt** the Foreign Office *(Br)*, the State Department *(US)* **auswärts** ĀDV **1** *(≈ nach außen)* outwards **2** *(≈ außerhalb der Stadt)* out of town; SPORT away; **~ essen** to eat out **Auswärtsniederlage** F̄ SPORT away defeat **Auswärtssieg** M̄ SPORT away win *od* victory **Auswärtsspiel** N̄ SPORT away (game)

auswechseln V̄Ī to change; *(bes gegenseitig)* to exchange; *(≈ ersetzen)* to replace; SPORT to substitute *(gegen for)*; **sie ist wie ausgewechselt** she's a different person **Auswechselspieler(in)** M̄F̄ substitute **Auswechs(e)lung** F̄ exchange; *(≈ Ersatz)* replacement; SPORT substitution

Ausweg M̄ way out; **der letzte ~** a last resort **ausweglos** ĀDJ *(fig)* hopeless

ausweichen V̄Ī to get out of the way *(+dat* of*)*; *(≈ Platz machen)* to make way *(+dat* for*)*; **einer Sa-**

che (dat) **~** (wörtl) to avoid sth; (fig) to evade sth; **eine ~de Antwort** an evasive answer **Ausweichmanöver** N̄ evasive action od manoeuvre (Br) od maneuver (US)

ausweinen Ⓐ V̄R̄ to have a (good) cry; **sich bei jdm ~** to have a cry on sb's shoulder Ⓑ V̄T̄ **sich** (dat) **die Augen ~** to cry one's eyes od heart out (nach over)

Ausweis M̄ card; (≈ Personalausweis) identity card; **~, bitte** your papers please **ausweisen** Ⓐ V̄T̄ (aus dem Lande) to expel Ⓑ V̄R̄ (mit Ausweis) to identify oneself; **können Sie sich ~?** do you have any means of identification? **Ausweiskontrolle** F̄ identity check **Ausweisung** F̄ expulsion

ausweiten Ⓐ V̄T̄ to widen; (fig) to expand (zu into) Ⓑ V̄R̄ to widen; (fig) to expand (zu into); (≈ sich verbreiten) to spread

auswendig A̅D̅V̅ by heart; **etw ~ können/lernen** to know/learn sth (off) by heart

auswerfen V̄T̄ Anker, Netz to cast; Lava, Asche to throw out

auswerten V̄T̄ (≈ bewerten) to evaluate; (≈ analysieren) to analyse **Auswertung** F̄ (≈ Bewertung) evaluation; (≈ Analyse) analysis

auswickeln V̄T̄ to unwrap

auswirken V̄R̄ to have an effect (auf +akk on); **sich günstig/negativ ~** to have a favourable (Br) od favorable (US)/negative effect **Auswirkung** F̄ (≈ Folge) consequence; (≈ Wirkung) effect

auswischen V̄T̄ to wipe out; **jdm eins ~** (umg: aus Rache) to get back at sb

auswringen V̄T̄ to wring out

Auswuchs M̄ (out)growth; (fig) product

auswuchten V̄T̄ Räder to balance

auszahlen Ⓐ V̄T̄ Geld etc to pay out; Gläubiger to pay off; Miterben to buy out Ⓑ V̄R̄ (≈ sich lohnen) to pay (off)

auszählen V̄T̄ Stimmen to count (up); B̄O̅X̅E̅N̅ to count out

Auszahlung F̄ (von Geld) paying out; (von Gläubiger) paying off

Auszählung F̄ (von Stimmen etc) counting (up)

auszeichnen Ⓐ V̄T̄ 🅐 Waren to label 🅑 (≈ ehren) to honour (Br), to honor (US); **jdn mit einem Orden ~** to decorate sb (with a medal) 🅒 (≈ hervorheben) to distinguish Ⓑ V̄R̄ to stand out (durch due to); → ausgezeichnet **Auszeichnung** F̄ 🅐 (von Waren) labelling (Br), labeling (US); (mit Preisschild) pricing 🅑 (≈ Ehrung) honour (Br), honor (US); (≈ Orden) decoration; (≈ Preis) award; **mit ~ bestehen** to pass with distinction

ausziehen Ⓐ V̄T̄ 🅐 Kleider, Schuhe to take off; jdn to undress; **sich** (dat) **etw ~** to take off sth 🅑 (≈ herausziehen) to pull out Ⓑ V̄R̄ to undress Ⓒ

V̄I̅ (aus einer Wohnung) to move (aus out of); **auf Abenteuer ~** to set off in search of adventure **Auszubildende(r)** M̄/F̄(M̄) trainee

Auszug M̄ 🅐 (≈ das Weggehen) departure; (zeremoniell) procession; (aus der Wohnung) move 🅑 (≈ Ausschnitt) excerpt; (aus Buch) extract; (≈ Kontoauszug) statement **auszugsweise** A̅D̅V̅ in extracts

autark A̅D̅J̅ self-sufficient; W̅I̅R̅T̅S̅C̅H̅ autarkic

authentisch A̅D̅J̅ authentic

Autismus M̄ autism **Autist(in)** M̄/F̄ autistic child/person **autistisch** Ⓐ A̅D̅J̅ autistic Ⓑ A̅D̅V̅ autistically

Auto N̄ car; **~ fahren** (selbst) to drive (a car); **mit dem ~ fahren** to go by car **Autoabgase** P̄L̄ V̅E̅R̅K̅E̅H̅R̅ car emissions pl **Autoatlas** M̄ road atlas **Autobahn** F̄ motorway (Br), interstate (highway od freeway) (US); (bes in Deutschland) autobahn **Autobahnauffahrt** F̄ motorway etc access road, freeway on-ramp (US) **Autobahnausfahrt** F̄ motorway etc exit **Autobahndreieck** N̄ motorway etc merging point **Autobahngebühr** F̄ toll **Autobahnkreuz** N̄ motorway etc intersection **Autobahnraststätte** F̄ motorway service area (Br), rest area (US) **Autobiografie** F̄ autobiography **autobiografisch** Ⓐ A̅D̅J̅ autobiographical Ⓑ A̅D̅V̅ autobiographically **Autobombe** F̄ car bomb **Autodidakt(in)** M̄/F̄ self-educated person **autodidaktisch** A̅D̅J̅ self-taught (❗ kein Adverb); **er hat die Kenntnisse ~ erworben** he is self-taught, he taught himself **Autodiebstahl** M̄ car theft **Autofähre** F̄ car ferry **Autofahren** N̄ driving (a car); (als Mitfahrer) driving in a car **Autofahrer(in)** M̄/F̄ (car) driver **autofrei** A̅D̅J̅ car-free **Autofriedhof** M̄ (umg) car dump **autogen** A̅D̅J̅ autogenous; **~es Training** P̅S̅Y̅C̅H̅ autogenic training **Autogramm** N̄ autograph **Autogrammjäger(in)** M̄/F̄ autograph hunter **Autohändler(in)** M̄/F̄ car od automobile (US) dealer **Autokarte** F̄ road

---

▶ **Autobahn**

Die Autobahn heißt in Großbritannien **motorway** und wird mit **M20**, **M10** usw. abgekürzt. Die Höchstgeschwindigkeit auf allen **motorways** beträgt 70 **mph** (**miles per hour**). Das entspricht reichlich 110 km / h. Was bei uns Autobahn heißt, wird in den USA **interstate**, **highway** oder **freeway** genannt. Die Geschwindigkeitsbegrenzung ist je nach Bundesstaat unterschiedlich und liegt zwischen 55 und 75 **mph**. Das entspricht etwa 90 und 120 km / h.

LANDESKUNDE ◀

map **Autokino** N̲ drive-in cinema (Br), drive-in movie theater (US) **Autoknacker(in)** M̲F̲ (umg) car burglar **Autokolonne** F̲ line of cars, convoy **Automat** M̲ machine; (≈ Verkaufsautomat) vending machine; (≈ Roboter) robot; (≈ Spielautomat) slot machine

Automatik¹ M̲ AUTO automatic

Automatik² F̲ **1** automatic mechanism **2** (≈ Gesamtanlage) automatic system; AUTO automatic transmission **Automatikwagen** M̲ automatic **automatisch** A̲ A̲D̲J̲ automatic **B** A̲D̲V̲ automatically

Automechaniker(in) M̲F̲ car mechanic **Automobilausstellung** F̲ motor show **autonom** A̲D̲J̲ autonomous **Autonome(r)** M̲F̲(M̲) POL independent **Autonomie** F̲ autonomy (a. fig) **Autonummer** F̲ (car) number **Autopilot** M̲ FLUG autopilot

Autopsie F̲ MED autopsy

Autor M̲ author

Autoradio N̲ car radio **Autoreifen** M̲ car tyre (Br) od tire (US) **Autorennen** N̲ (motor) race **Autoreparaturwerkstatt** F̲ garage, car repair shop (US) **Autoreverse-Funktion** F̲ auto-reverse (function)

Autorin F̲ author, authoress

autoritär A̲ A̲D̲J̲ authoritarian **B** A̲D̲V̲ in an authoritarian manner **Autorität** F̲ authority

Autoschlange F̲ queue (Br) od line of cars **Autoschlüssel** M̲ car key **Autoskooter** M̲ bumper car **Autostopp** M̲ hitchhiking **Autostrich** M̲ (umg) prostitution to car drivers **Autostunde** F̲ hour's drive **Autounfall** M̲ car accident **Autoverkehr** M̲ road traffic **Autoverleih** M̲, **Autovermietung** F̲ car hire (bes Br) od rental (bes US); (≈ Firma) car hire (bes Br) od rental (bes US) firm **Autoversicherung** F̲ car insurance **Autowerkstatt** F̲ garage, car repair shop (US) **Autowrack** N̲ wrecked car

autsch I̲N̲T̲ ouch

auweia I̲N̲T̲ oh no

Avantgarde F̲ (geh) (KUNST) avant-garde; POL vanguard **avantgardistisch** A̲D̲J̲ avant-garde

Aversion F̲ aversion (gegen to)

Avocado F̲ avocado

Axt F̲ axe (Br), ax (US)

Ayatollah M̲ ayatollah

Azalee F̲ azalea

Azoren P̲L̲ GEOG Azores pl **Azorenhoch** N̲ METEO high over the Azores

Azteke M̲, **Aztekin** F̲ Aztec

Azubi M̲ abk von Auszubildende(r)

B

B, b N̲ B, b

Baby N̲ baby **Babyausstattung** F̲ layette **Babyjahr** N̲ maternity leave (for one year) **Babyklappe** F̲ anonymous drop-off point for unwanted babies

Babynahrung F̲ baby food

Babypause F̲ (der Mutter) maternity leave; (des Vaters) paternity leave; **eine ~ einlegen** to take od go on maternity/paternity leave

babysitten V̲I̲ to babysit

Babysitter(in) M̲F̲ babysitter

Babytragetasche F̲ carrycot (Br), traveling baby bed (US)

Bach M̲ stream; **den ~ heruntergehen** (umg: Firma etc) to go down the tubes (umg)

Bachelor M̲ UNIV bachelor's (degree)

Backblech N̲ baking tray (Br), baking pan (US)

Backbord N̲ SCHIFF port (side) **backbord(s)** A̲D̲V̲ SCHIFF on the port side

Backe F̲ **1** (≈ Wange) cheek **2** (umg ≈ Hinterbacke) buttock

backen A̲ V̲I̲ to bake; **gebackener Fisch** fried fish; (im Ofen) baked fish **B** V̲I̲ to bake **Backenzahn** M̲ molar

Bäcker(in) M̲F̲ baker; **zum ~ gehen** to go to the baker's **Bäckerei** F̲ **1** (≈ Bäckerladen) baker's (shop); (≈ Backstube) bakery **2** (≈ Gewerbe) baking trade **backfertig** A̲D̲J̲ oven-ready **Backform** F̲ baking tin (Br) od pan (US) **Backhähnchen** N̲, **Backhendl** N̲ (südd, österr) roast chicken **Backmischung** F̲ cake mix **Backobst** N̲ dried fruit **Backofen** M̲ oven **Backpflaume** F̲ prune **Backpulver** N̲ baking powder **Backrohr** N̲ (österr ≈ Backofen) oven

Backslash M̲ IT backslash

Backstein M̲ brick **Backwaren** P̲L̲ bread, cakes and pastries pl

Bad N̲ **1** bath; (im Meer etc) swim; **ein ~ nehmen** to have a bath **2** (≈ Badezimmer) bathroom; **Zimmer mit ~** room with (private) bath **3** (≈ Schwimmbad) (swimming) pool **4** (≈ Heilbad) spa **Badeanzug** M̲ swimsuit, bathing suit (bes US) **Badehose** F̲ (swimming od bathing) trunks pl **Badekappe** F̲ swimming cap **Bademantel** M̲ bathrobe, dressing gown (Br) **Bademeister(in)** M̲F̲ (im Schwimmbad) (pool) attendant **Bademütze** F̲ swimming cap **baden** A̲ V̲I̲ (in der Badewanne) to have a bath; (im Meer, Schwimmbad etc) to swim; **warm/kalt ~** to have a hot/cold bath; **~ gehen** to go swim-

ming; (umg) to come a cropper (umg) **B** VT **1** Kind etc to bath (Br), to bathe (US); **in Schweiß gebadet** bathed in sweat **2** Augen, Wunde etc to bathe **Baden-Württemberg** N Baden-Württemberg
Badeort M (≈ Kurort) spa; (≈ Seebad) (seaside) resort **Badesachen** PL swimming gear **Badesalz** N bath salts pl **Badeschaum** M bubble bath **Badetuch** N bath towel **Badewanne** F bath(tub) **Badezeug** N swimming gear **Badezimmer** N bathroom
Badminton N badminton
baff ADJ (umg) ~ **sein** to be flabbergasted
BAföG N abk von Bundesausbildungsförderungsgesetz student financial assistance scheme; **er kriegt** ~ he gets a grant
Bagatelle F trifle **Bagatellsache** F JUR petty case **Bagatellschaden** M minor damage
Bagger M excavator **baggern** **A** VT & VI Graben to excavate **B** VT (sl ≈ anmachen) to pick up (umg) **Baggersee** M artificial lake in quarry etc
Baguette N baguette
Bahamas PL Bahamas pl
Bahn F **1** (≈ Weg) path; (≈ Fahrbahn) carriageway; ~ **frei!** make way!; **die** ~ **ist frei** (fig) the way is clear; **von der rechten** ~ **abkommen** to stray from the straight and narrow; **jdn aus der** ~ **werfen** (fig) to shatter sb **2** (≈ Eisenbahn) railway (Br), railroad (US); (≈ Zug) train; (≈ Straßenbahn) tram (bes Br), streetcar (US); **mit der** od **per** ~ by train od rail/tram (bes Br) od streetcar (US); **Deutsche** ~® German Railways **3** SPORT track; (in Schwimmbecken) pool; (≈ Kegelbahn) (bowling) alley **4** PHYS, ASTRON orbit; (≈ Geschossbahn) trajectory **5** (≈ Stoffbahn, Tapetenbahn) length **Bahnarbeiter(in)** M(F) rail worker, railroader (US) **bahnbrechend** ADJ pioneering **Bahn-Card®** F ≈ railcard **Bahndamm** M railway (Br) od railroad (US) embankment **bahnen** VT Pfad to clear; **jdm einen Weg** ~ to clear a way for sb; (fig) to pave the way for sb **Bahnfahrt** F rail journey **Bahnhof** M (railway (Br) od railroad (US)) station; **auf dem** ~ at the station; **ich verstehe nur** ~ (hum umg) it's as clear as mud

(to me) (Br umg) **Bahnhofshalle** F (station) concourse; **in der** ~ in the station **Bahnhofsmission** F charitable organization for helping needy passengers **Bahnhofsrestaurant** N station restaurant **bahnlagernd** ADJ, ADV HANDEL **etw** ~ **schicken** to send sth to be picked up at the station (bes Br) **Bahnlinie** F (railway (Br) od railroad (US)) line **Bahnpolizei** F railway (Br) od railroad (US) police **Bahnstation** F railway (Br) od railroad (US) station **Bahnsteig** M platform **Bahnübergang** M level (Br) od grade (US) crossing **Bahnverbindung** F train service
Bahrain N Bahrain
Bahre F (≈ Krankenbahre) stretcher; (≈ Totenbahre) bier
Baiser N meringue
Baisse F BÖRSE fall; (plötzliche) slump
Bakterie F germ; ~**n** pl bacteria pl **bakteriologisch** ADJ bacteriological; Krieg biological
Balance F balance **Balanceakt** M balancing act **balancieren** VT & VI to balance
bald ADV **1** soon; ~ **darauf** soon afterwards; **möglichst** ~ as soon as possible; **bis** ~! see you soon **2** (≈ fast) almost
Baldachin M canopy
baldig ADJ quick; Antwort early **baldmöglichst** ADV as soon as possible
Baldrian M valerian
Balearen PL **die** ~ the Balearic Islands pl
balgen VR to scrap (um over) **Balgerei** F scrap
Balkan M **der** ~ the Balkans pl; **auf dem** ~ in the Balkans **Balkanländer** PL Balkan States
Balken M **1** beam; (≈ Querbalken) joist **2** (≈ Strich) bar **3** (an Waage) beam **Balkendiagramm** N bar chart
Balkon M balcony **Balkontür** F balcony door, French windows pl
Ball¹ M ball; **am** ~ **bleiben** (wörtl) to keep (possession of) the ball; (fig) to stay on the ball
Ball² M (≈ Tanzfest) ball
Ballabgabe F pass
Ballade F ballad
Ballast M ballast; (fig) burden **Ballaststoffe**

Ball — ball

Ball — ball

Ball — ball

PL MED roughage *sg*, fibre (Br), fiber (US) **ballaststoffreich** ADJ **~e Nahrung** high-fibre (Br) od high-fiber (US) food od diet

ballen A VT *Faust* to clench; *Lehm etc* to press (into a ball); → **geballt** B VR (*Menschenmenge*) to crowd; (*Wolken*) to gather; (*Verkehr*) to build up

Ballen M 1 bale 2 ANAT ball

ballern VI (*umg*) to shoot; **gegen die Tür ~** to hammer on the door

Ballett N ballet **Balletttänzer(in)** M(F) ballet dancer

Ballistik F ballistics *sg* **ballistisch** ADJ ballistic

Balljunge M TENNIS ball boy **Ballkleid** N ball dress **Ballmädchen** N (*Tennis*) ball girl

Ballon M balloon

Ballspiel N ball game

Ballungsgebiet N, **Ballungsraum** M conurbation

Ballwechsel M SPORT rally

Balsam M balsam; (*fig*) balm

Baltikum N **das ~** the Baltic States *pl* **baltisch** ADJ Baltic *attr*

Balz F courtship display; (≈ *Paarungszeit*) mating season **balzen** VI to perform the courtship display

Bambus M bamboo **Bambusrohr** N bamboo cane **Bambussprossen** PL bamboo shoots *pl*

Bammel M (*umg*) **(einen) ~ vor jdm/etw haben** to be scared of sb/sth

banal ADJ banal **Banalität** F 1 banality 2 (*Äußerung*) platitude

Banane F banana **Bananenrepublik** F (POL *pej*) banana republic **Bananenschale** F banana skin

Banause M, **Banausin** F (*pej*) peasant (*umg*)

Band[1] N 1 (≈ *Seidenband etc*) ribbon; (≈ *Maßband, Zielband*) tape 2 (≈ *Tonband*) tape; **etw auf ~ aufnehmen** to tape sth 3 (≈ *Fließband*) conveyor belt; (≈ *Montageband*) assembly line; **am laufenden ~** (*fig*) nonstop 4 RADIO wavelength 5 ANAT ligament

Band[2] M (≈ *Buchband*) volume; **das spricht Bände** that speaks volumes

Band[3] F MUS band

Bandage F bandage; **mit harten ~n kämpfen** (*fig umg*) to fight with no holds barred **bandagieren** VT to bandage (up)

Bandbreite F 1 RADIO waveband 2 (*fig*) range

Bande[1] F gang; (*umg* ≈ *Gruppe*) bunch (*umg*)

Bande[2] F SPORT barrier; BILLARD cushion

Bänderriss M torn ligament **Bänderzerrung** F pulled ligament

bändigen VT (≈ *zähmen*) to tame; (≈ *niederhalten*)

Band — ribbon   Band — volume

to subdue; (≈ *zügeln*) to control; *Naturgewalten* to harness

Bandit(in) M(F) bandit; **einarmiger ~** one-armed bandit

Bandmaß N tape measure **Bandnudeln** PL ribbon noodles *pl* **Bandscheibe** F ANAT (intervertebral) disc **Bandscheibenschaden** M slipped disc **Bandwurm** M tapeworm

bang(e) ADJ (≈ *ängstlich*) scared; *Augenblicke auch* anxious **Bange** F (*bes nordd*) **jdm ~ machen** to scare sb; **nur keine ~!** (*umg*) don't worry **bangen** VI to worry (*um* about); **um jds Leben ~** to fear for sb's life

Bangladesch N Bangladesh

Banjo N banjo; **~ spielen** to play the banjo (⚠ mit **the**)

Bank[1] F (≈ *Sitzbank*) bench; (≈ *Kirchenbank*) pew; (≈ *Parlamentsbank*) bench; **(alle) durch die ~ (weg)** (*umg*) the whole lot (of them) (*umg*); **etw auf die lange ~ schieben** (*umg*) to put sth off

Bank[2] F FIN bank; **Geld auf der ~ (liegen) haben** to have money in the bank; **die ~ sprengen** to break the bank **Bankangestellte(r)** M/F(M) bank employee **Bankautomat** M cash machine (Br), ATM (US)

▶ **Bank: bank oder bench?**

Bank (= *Geldinstitut*)	bank
(Sitz)bank (= *Sitzgelegenheit*)	bench

She has some money <u>in</u> the bank.
I like sitting <u>on</u> a bench in Hyde Park.

FALSCHE FREUNDE ◀

Bänkelsänger M ballad singer
Banker(in) M(F) banker
Bankett[1] N (≈ *Festessen*) banquet
Bankett[2] N, **Bankette** F (*an Straßen*) verge

BANK | 804

Bank — bench

Bank — bank

(*Br*), shoulder (*US*); (*an Autobahnen*) (hard) shoulder; „**Bankette nicht befahrbar**" "soft verges (*Br*) *od* shoulder (*US*)"
Bankfach N̄ 1 (≈ *Beruf*) banking 2 (≈ *Schließfach*) safety-deposit box **Bankgebühr** F bank charge **Bankgeheimnis** N̄ confidentiality in banking **Bankhalter(in)** M̄F̄ (*bei Glücksspielen*) banker **Bankier** M̄ banker **Bankkauffrau** F̄, **Bankkaufmann** M̄ (qualified) bank clerk **Bankkonto** N̄ bank account **Bankleitzahl** F̄ (bank) sort code (*Br*) **Banknote** F̄ banknote, bill (*US*) **Bankomat** M̄ (*österr*) cash machine (*Br*), ATM (*US*) **Bankraub** M̄ bank robbery **Bankräuber(in)** M̄F̄ bank robber **bankrott** ADJ bankrupt; *Mensch, Politik* discredited **Bankrott** M̄ bankruptcy; (*fig*) breakdown; **~ machen** to go bankrupt **bankrottgehen** VI to go bankrupt
Banküberfall M̄ bank raid **Bankverbindung** F̄ banking arrangements *pl*; **geben Sie bitte Ihre ~ an** please give your account details
Bann M̄ 1 spell; **im ~ eines Menschen stehen** to be under sb's spell 2 (HIST ≈ *Kirchenbann*) excommunication **bannen** VT 1 (*geh* ≈ *bezaubern*) to bewitch; → **gebannt** 2 *böse Geister* to exorcize; *Gefahr* to avert
Banner N̄ banner (*a.* INTERNET)
Bantamgewicht N̄ bantamweight
Baptist(in) M̄F̄ Baptist
bar ADJ 1 cash; **~es Geld** cash; **(in) ~ bezahlen** to pay (in) cash; **etw für ~e Münze nehmen** (*fig*) to take sth at face value 2 (≈ *rein*) *Unsinn auch* utter

Bar F̄ 1 (≈ *Nachtlokal*) nightclub 2 (≈ *Theke*) bar
Bär M̄ bear; **der Große/Kleine ~** ASTRON Ursa Major/Minor, the Big/Little Dipper; **jdm einen ~en aufbinden** (*umg*) to have (*Br*) *od* put (*US*) sb on (*umg*)
Baracke F̄ shack
Barbar(in) M̄F̄ (*pej*) barbarian **barbarisch** A ADJ (*pej*) (≈ *unmenschlich*) barbarous; (≈ *ungebildet*) barbaric B ADV *quälen* brutally
Barbestand M̄ HANDEL cash; (*in Buchführung*) cash in hand
Barbiturat N̄ barbiturate
Bardame F̄ barmaid **Bareinzahlung** F̄ cash deposit
Bärenhunger M̄ (*umg*) **einen ~ haben** to be famished (*umg*) **bärenstark** ADJ 1 strapping 2 (*umg*) terrific
barfuß, barfüßig barefooted
Bargeld N̄ cash **bargeldlos** A ADJ cashless; **~er Zahlungsverkehr** payment by money transfer B ADV without using cash **Barhocker** M̄ (bar) stool
bärig (*österr umg*) A ADJ tremendous B ADV tremendously
Bariton M̄ baritone
Barkeeper M̄ barman, bartender
Bärlauch M̄ BOT, GASTR bear's garlic
barmherzig ADJ merciful; (≈ *mitfühlend*) compassionate **Barmherzigkeit** F̄ mercy, mercifulness; (≈ *Mitgefühl*) compassion
barock ADJ baroque; *Einfälle* bizarre **Barock** N̄ *od* M̄ baroque
Barometer N̄ barometer **Barometerstand** M̄ barometer reading
Baron M̄ baron **Baronin** F̄ baroness
Barren M̄ 1 (≈ *Metallbarren*) bar; (≈ *bes Goldbarren*) ingot 2 SPORT parallel bars *pl*
Barriere F̄ barrier
Barrikade F̄ barricade; **auf die ~n gehen** to go to the barricades

Barren — ingot

Barren — parallel bars

805 ‖ BAUE

B

barsch A ADJ brusque B ADV brusquely
Barsch M bass; (≈ *Flussbarsch*) perch
Barscheck M uncrossed cheque (*Br*), open
check (*US*)
Bart M **1** beard; (*von Katze, Robbe etc*) whiskers *pl*;
sich (*dat*) **einen ~ wachsen** *od* **stehen lassen** to
grow a beard **2** (*fig umg*) **jdm um den ~ gehen**
to butter sb up (*umg*); **der Witz hat einen ~**
that's an old chestnut **3** (≈ *Schlüsselbart*) bit **bär-
tig** ADJ bearded **Bartstoppeln** PL stubble *sg*
Barverkauf M cash sales *pl*; **ein ~ a cash sale**
Barvermögen N liquid assets *pl* **Barzah-
lung** F payment in cash; **(Verkauf) nur gegen**
~ cash (sales) only
Basar M bazaar; **auf dem ~** in the bazaar
Base F CHEM base
Baseballmütze F baseball cap **Baseball-
schläger** M baseball bat
Basel N Basle, Basel; **~-Landschaft** Basel Dis-
trict; **~-Stadt** Basel City
basieren A VI to be based (*auf +dat* on) B VT to
base (*auf +akk* on)
Basilika F basilica
Basilikum N basil
Basis F basis; **auf breiter ~** on a broad basis;
die ~ (*umg*) the grass roots (level) **Basisde-
mokratie** F grass-roots democracy **Basis-
lager** N base camp **Basisstation** F TEL
base station
Baskenland N Basque region **Basken-
mütze** F beret
Basketball M basketball
baskisch ADJ Basque
Bass M bass; **~ spielen** to play the (double)
bass (❗ mit **the**); **in unserem Chor ist er**
der ~ he sings bass in our choir (❗ ohne
the) **Bassgitarre** F bass guitar; **~ spielen**
to play the bass guitar (❗ mit **the**)
Bassin N (≈ *Schwimmbassin*) pool
Bassist M (≈ *Sänger*) bass (singer) **Bassist(in)**
MF (*im Orchester etc*) bass player **Bassschlüs-
sel** M bass clef **Bassstimme** F bass (voice);
(≈ *Partie*) bass (part)
Bast M (*zum Binden, Flechten*) raffia; BOT bast
basta INT **(und damit) ~!** (and) that's that
Bastelei F (*umg*) handicraft **basteln** A VI **1**
(*als Hobby*) to make things with one's hands;
(≈ *Handwerksarbeiten herstellen*) to do handicrafts;
sie kann gut ~ she is good with her hands
2 an etw (*dat*) **~** to make sth; (≈ *herumbasteln*)
to mess around with sth B VT to make **Bas-
teln** N handicrafts *pl*
Bastion F bastion
Bastler(in) MF (*von Möbeln etc*) do-it-yourselfer;
ein guter ~ sein to be good with one's hands
Bataillon N (MIL, *fig*) battalion

Batik F batik
Batist M batiste
Batterie F battery **batteriebetrieben** ADJ
battery-powered **Batterieladegerät** N
battery charger
Bau M **1** (≈ *das Bauen*) building; **sich im ~ befin-
den** to be under construction; **mit dem ~ be-
ginnen** to begin building **2** (≈ *Aufbau*) structure
3 (≈ *Baustelle*) building site; **auf dem ~ arbeiten**
to work on a building site **4** (≈ *Gebäude*) build-
ing; (≈ *Bauwerk*) construction **5** (≈ *Erdhöhle*) bur-
row; (≈ *Fuchsbau*) den; (≈ *Dachsbau*) set(t) **Bauar-
beiten** PL building work *sg*; (≈ *Straßenbau*) road-
works *pl* (*Br*), road construction (*US*) **Bauar-
beiter(in)** MF building worker **Baubran-
che** F building trade
Bauch M **1** (*von Mensch*) stomach; ANAT abdo-
men; (*von Tier*) belly; (≈ *Fettbauch*) paunch; **ihm tat**
der ~ weh he had stomach ache; **sich** (*dat*) **den**
~ vollschlagen (*umg*) to stuff oneself (*umg*); **ein**
voller ~ studiert nicht gern (*sprichw*) you can't
study on a full stomach; **etw aus dem ~ he-
raus entscheiden** to decide sth according to
(a gut) instinct; **mit etw auf den ~ fallen** (*umg*)
to fall flat on one's face with sth (*umg*) **2** (≈ *Wöl-
bung, Hohlraum*) belly
Bauchansatz M beginning(s) of a paunch
Bauchfell N ANAT peritoneum **Bauch-
fellentzündung** F peritonitis **bauchfrei**
ADJ **~es Shirt** *od* **Top** crop(ped) top **bauchig**
ADJ *Gefäß* bulbous **Bauchklatscher** M (*umg*)
belly flop **Bauchlandung** F (*umg*) (FLUG)
belly landing; (*bei Sprung ins Wasser*) belly flop
(*umg*) **Bauchmuskel** M stomach muscle
Bauchmuskulatur F stomach muscles *pl*
Bauchnabel M navel, bellybutton (*umg*)
Bauchpressen PL SPORT crunches *pl*
Bauchredner(in) MF ventriloquist
Bauchschmerzen PL stomach ache; (*fig*) an-
guish; **jdm ~ bereiten** (*fig*) to cause sb major
problems **Bauchspeicheldrüse** F pancre-
as **Bauchtanz** M belly dancing; (*einzelner Tanz*)
belly dance **Bauchtänzerin** F belly dancer
Bauchweh N stomach ache
Baudenkmal N historical monument
Baud-Rate F IT baud rate
bauen A VT **1** to build; **sich** (*dat*) **ein Haus ~**
to build oneself a house; → **gebaut 2** (*umg* ≈
verursachen) *Unfall* to cause B VI **1** to build; **wir**
haben neu gebaut we built a new house; **hier**
wird viel gebaut there is a lot of building go-
ing on around here **2** (≈ *vertrauen*) **auf jdn/etw**
~ to rely on sb/sth
Bauer¹ M **1** (≈ *Landwirt*) farmer; (*pej*) (country)
bumpkin **2** SCHACH pawn; KART jack, knave
Bauer² N *od* M (≈ *Käfig*) (bird)cage

BÄUE | 806

Bäuerin F [1] (≈ Frau des Bauern) farmer's wife [2] (≈ Landwirtin) farmer **bäuerlich** ADJ rural; (≈ ländlich) country attr **Bauernbrot** N coarse rye bread **Bauernfänger(in)** M(F) (umg) con man/woman (umg) **Bauernhaus** N farmhouse **Bauernhof** M farm **Bauernregel** F country saying **Bauersfrau** F farmer's wife

baufällig ADJ dilapidated; Decke unsound **Baufälligkeit** F dilapidation **Baufirma** F building contractor **Baugenehmigung** F planning and building permission **Baugewerbe** N building and construction trade **Bauherr(in)** M(F) client (for whom sth is being built) **Bauholz** N building timber **Bauindustrie** F building and construction industry **Bauingenieur(in)** M(F) civil engineer **Baujahr** N year of construction; (von Auto) year of manufacture; **VW ~ 98** 1998 VW **Baukasten** M building kit **Baukastensystem** N TECH modular construction system **Bauklotz** M (building) brick **Baukosten** PL building costs pl **Bauland** N building land; (für Stadtplanung) development area **Bauleiter(in)** M(F) (building) site manager **baulich** A ADJ structural; **in gutem/schlechtem ~em Zustand** structurally sound/unsound B ADV structurally **Baulücke** F empty site

Baum M tree; **auf dem ~** in the tree **Baumarkt** M property market; (≈ Geschäft für Heimwerker) DIY superstore (!) **DIY** ist eine besonders im britischen Englisch verwendete Abkürzung für do it yourself.) **Baumaterial** N building material **baumeln** VI to dangle (an +dat from) **Baumgrenze** F tree line **Baumkrone** F treetop **baumlos** ADJ treeless **Baumschere** F (tree) pruning shears pl **Baumschule** F tree nursery **Baumstamm** M tree trunk **Baumsterben** N [1] dying (off) of trees [2] (≈ Waldsterben) forest dieback **Baumwolle** F cotton; **ein Hemd aus ~** a cotton shirt **baumwollen** ADJ cotton **Baumwollhemd** N cotton shirt

> **Baumwolle** ≠ cotton wool

Baumwolle	=	cotton
cotton wool	=	Watte

 FALSCHE FREUNDE

Bauplan M building plan; (BIOL: genetischer, biologischer etc) blueprint **Bauplatz** M site (for building) **Bausatz** M kit

Bausch M (≈ Wattebausch) ball; **in ~ und Bogen** lock, stock and barrel **bauschen** A VR [1] (≈ sich aufblähen) to billow (out) [2] (Kleidungsstück) to puff out B VT Segel, Vorhänge to fill, to swell **bauschig** ADJ Rock, Vorhänge full; Watte fluffy **bausparen** VI to save with a building society (Br) od building and loan association (US) **Bausparer(in)** M(F) saver with a building society (Br) od building and loan association (US) **Bausparkasse** F building society (Br), building and loan association (US) **Bausparvertrag** M savings contract with a building society (Br) od building and loan association (US) **Baustein** M stone; (Spielzeug) brick; (≈ elektronischer Baustein) chip; (fig ≈ Bestandteil) building block; TECH module **Baustelle** F building site; (bei Straßenbau) roadworks pl (Br), road construction (US) **Baustil** M architectural style **Baustoff** M building material **Baustopp** M **einen ~ verordnen** to impose a halt on building (projects) **Bausubstanz** F fabric; **die ~ ist gut** the house is structurally sound **Bauteil** N (≈ Bauelement) component **Bauten** PL [1] buildings pl [2] FILM set **Bauunternehmer(in)** M(F) building contractor **Bauweise** F type of construction; (≈ Stil) style **Bauwerk** N construction; (≈ Gebäude auch) edifice **Bauzaun** M hoarding, fence

Bayer(in) M(F) Bavarian **bay(e)risch** ADJ Bavarian **Bayern** N Bavaria

Bazi M (österr umg) rascal

Bazille F (umg ≈ Bazillus); (≈ Krankheitserreger) germ **Bazillenträger(in)** M(F) carrier

beabsichtigen VT to intend; **das hatte ich nicht beabsichtigt** I didn't mean it to happen; **die beabsichtigte Wirkung** the desired effect **beachten** VT [1] (≈ befolgen) to heed; Vorschrift, Verkehrszeichen to comply with; Regel to follow [2] (≈ berücksichtigen) **es ist zu ~, dass …** it should be taken into consideration that … ; **jdn nicht ~** to ignore sb; **von der Öffentlichkeit kaum beachtet** scarcely noticed by the public **beachtenswert** ADJ remarkable **beachtlich** ADJ considerable; Erfolg notable; Talent remarkable; Ereignis significant **Beachtung** F [1] (von Vorschrift, Verkehrszeichen) compliance (+gen with) [2] (≈ Berücksichtigung) consideration [3] **jdm/einer Sache ~ schenken** to pay attention to sb/sth; **jdm keine ~ schenken** to ignore sb **Beamer** M TECH, OPT digital od LCD projector **Beamtenschaft** F civil servants pl **Beamtenverhältnis** N **im ~ stehen** to be a civil servant **Beamte(r)** M, **Beamtin** F official; (≈ Staatsbeamte) civil servant; (≈ Zollbeamte) official; (≈ Polizeibeamte) officer

beängstigen VT (geh) to alarm, to scare **beängstigend** ADJ alarming

beanspruchen VT [1] (≈ fordern) to claim [2] (≈

BEDE

> **Beamte(r), Beamtin**

Beamte sind in Großbritannien und in den USA in erster Linie Verwaltungsbeamte. Lehrer, Angestellte der Post, der Bahn und ähnlicher Bereiche sind keine Beamten.

LANDESKUNDE

erfordern) to take; *Aufmerksamkeit* to demand; (≈ benötigen) to need ③ (≈ ausnützen) to use; *jds Hilfe* to ask for ④ **ihr Beruf beansprucht sie ganz** her job is extremely demanding
beanstanden VT to query; **er hat an allem etwas zu ~** he has complaints about everything **Beanstandung** F complaint (+*gen* about); **zu ~en Anlass geben** (*form*) to give cause for complaint
beantragen VT to apply for (*bei* to); JUR *Strafe* to demand; (≈ *vorschlagen: in Debatte etc*) to move
beantworten VT to answer; **jdm eine Frage ~** to answer sb's question; **beantwortet die Fragen zum Text** answer the questions on the text **Beantwortung** F answer (+*Gen* to); (*von Anfrage, Brief auch*) reply (+*Gen* to)
bearbeiten VT ① (≈ *behandeln*) to work on; *Stein, Holz* to work ② (≈ *sich befassen mit*) to deal with; *Fall* to handle ③ (≈ *redigieren*) to edit; (≈ *neu bearbeiten*) to revise; *Musikstück* to arrange ④ (*umg* ≈ *einreden auf*) jdn to work on **Bearbeitung** F ① (≈ *Behandlung*) working (on); (*von Stein, Holz*) dressing ② (*von Antrag etc*) dealing with; (*von Fall*) handling ③ (≈ *Redigieren*) editing; (≈ *Neubearbeitung*) revising; (*von Musik*) arrangement; (≈ *bearbeitete Ausgabe etc*) edition, revision, arrangement **Bearbeitungsgebühr** F handling charge **Bearbeitungszeit** F process(ing) time; **die ~ beträgt drei Wochen** processing will take three weeks, it takes three weeks to process
beatmen VT **jdn künstlich ~** to keep sb breathing artificially **Beatmung** F artificial respiration
beaufsichtigen VT to supervise; *Kind* to look after
beauftragen VT ① (≈ *heranziehen*) to engage; *Firma* to hire; *Architekten* to commission ② (≈ *anweisen*) **wir sind beauftragt, das zu tun** we have been instructed to do that **Beauftragte(r)** M/F(M) representative
bebauen VT ① *Grundstück* to develop ② AGR to cultivate; *Land* to farm
beben VI to shake **Beben** N (≈ *Zittern*) shaking; (≈ *Erdbeben*) earthquake
bebildern VT to illustrate
Becher M cup; (≈ *bes aus Porzellan, mit Henkel*) mug; (≈ *Joghurtbecher etc*) carton; (≈ *Eisbecher*) tub
Becken N ① basin; (≈ *Abwaschbecken*) sink; (≈ *Schwimmbecken*) pool; (≈ *Fischbecken*) pond ② ANAT pelvis; **ein breites ~** broad hips ③ MUS cymbal
bedacht ADJ ① (≈ *überlegt*) prudent ② **auf etw** (*akk*) **~ sein** to be concerned about sth; → **bedenken Bedacht** M (*geh*) **mit ~** (≈ *vorsichtig*) prudently; (≈ *absichtlich*) deliberately **bedächtig** ADJ deliberate; (≈ *besonnen*) thoughtful
bedanken VR to say thank you; **sich bei jdm (für etw) ~** to thank sb (for sth); **ich bedanke mich herzlich** thank you very much; **dafür** *od* **für dergleichen wird er sich ~** (*iron umg*) he'll just love that (*iron*)
Bedarf M ① (≈ *Bedürfnis*) need (*an +dat* for); **bei ~** as required; **alles für den häuslichen ~** all household requirements; **an etw** (*dat*) **~ haben** to need sth; **danke, kein ~** (*iron umg*) no thank you ② (HANDEL ≈ *Nachfrage*) demand (*an +dat* for); **(je) nach ~** according to demand **Bedarfsgüter** PL consumer goods *pl* **Bedarfshaltestelle** F request (bus) stop
bedauerlich ADJ regrettable **bedauerlicherweise** ADV regrettably **bedauern** VT ① to regret; **wir ~, Ihnen mitteilen zu müssen, ...** we regret to have to inform you ...; **(ich) bedau(e)re!** I am sorry ② (≈ *bemitleiden*) to feel sorry for; **sie ist zu ~** one *od* you should feel sorry for her **Bedauern** N regret; **(sehr) zu meinem ~** (much) to my regret; **mit ~ habe ich ...** it is with regret that I ... **bedauernswert** ADJ *Mensch* pitiful; *Zustand* deplorable
bedecken A VT (≈ *zudecken*) to cover B VR (*Himmel*) to become overcast **bedeckt** ADJ ① (≈ *be-*

Becken — basin

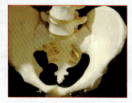

Becken — pelvis

Becken — cymbal

B

wölkt) overcast **2** **sich ~ halten** (fig) to keep a low profile

bedenken ᵥ̄ᵀ **1** (≈ überlegen) to consider; **wenn man es recht bedenkt, ...** if you think about it properly ... **2** (≈ in Betracht ziehen) to take into consideration; **ich gebe zu ~, dass ...** I would ask you to consider that ... **3** (in Testament) to remember; → **bedacht** **Bedenken** N̄ (≈ Zweifel) doubt; **~ haben** to have one's doubts (bei about); **ihm kommen ~** he is having second thoughts **bedenkenlos** **A** ADJ **1** (≈ skrupellos) heedless of others; (≈ unüberlegt) thoughtless **B** ADV (≈ ohne Zögern) unhesitatingly; (≈ skrupellos) unscrupulously; **etw ~ tun** (≈ unüberlegt) to do sth without thinking **bedenkenswert** ADJ worth thinking about **bedenklich** **A** ADJ **1** (≈ zweifelhaft) dubious **2** (≈ besorgniserregend) alarming; Gesundheitszustand serious **3** (≈ besorgt) apprehensive **B** ADV **~ zunehmen** to rise alarmingly; **jdn ~ stimmen** to make sb (feel) apprehensive **Bedenkzeit** F̄ **jdm zwei Tage ~ geben** to give sb two days to think about it

bedeuten ᵥ̄ᵀ to mean; MATH, LING to stand for; **was soll das ~?** what does that mean?; **das hat nichts zu ~** it doesn't mean anything; (≈ macht nichts aus) it doesn't matter; **Geld bedeutet mir nichts** money means nothing to me **bedeutend** **A** ADJ **1** (≈ wichtig) important **2** (≈ groß) Summe, Erfolg considerable **B** ADV (≈ beträchtlich) considerably **bedeutsam** ADJ **1** (≈ wichtig) important; (≈ folgenschwer) significant (für for) **2** (≈ vielsagend) meaningful **Bedeutung** F̄ **1** (≈ Sinn) meaning **2** (≈ Wichtigkeit) importance; (≈ Tragweite) significance; **von ~ sein** to be important; **ohne ~** of no importance; **an ~ gewinnen/verlieren** to gain/lose in importance **bedeutungslos** ADJ **1** (≈ unwichtig) insignificant **2** (≈ nichts besagend) meaningless **bedeutungsvoll** ADJ = bedeutsam

bedienen **A** ᵥ̄ᵀ **1** (Verkäufer) to serve; (Kellner) to wait on; **werden Sie schon bedient?** are you being served?; **damit sind Sie sehr gut bedient** that should serve you very well; **ich bin bedient!** (umg) I've had enough **2** (≈ handhaben) to operate; Telefon to answer **B** ᵥ̄ᵢ (in Geschäft, bei Tisch) to serve **C** ᵥ̄ᵣ (bei Tisch) **bitte ~ Sie sich** please help yourself **Bedienung** F̄ (in Restaurant etc) service; (von Maschinen) operation; **kommt denn hier keine ~?** isn't anyone serving here? **Bedienungsanleitung** F̄ operating instructions pl

bedingen ᵥ̄ᵀ (≈ bewirken) to cause; (≈ notwendig machen) to necessitate; PSYCH, PHYSIOL to condition; **sich gegenseitig ~** to be mutually dependent **bedingt** **A** ADJ **1** (≈ eingeschränkt) limited **2** (≈ an Bedingung geknüpft) Straferlass condi-

tional **B** ADV (≈ eingeschränkt) partly; **~ tauglich** MIL fit for limited duties; **(nur) ~ gelten** to be (only) partly valid **Bedingung** F̄ **1** (≈ Voraussetzung) condition; **unter der ~, dass ...** on condition that ...; **unter keiner ~** under no circumstances; **etw zur ~ machen** to make sth a condition **2** **zu günstigen ~en** HANDEL on favourable (Br) od favorable (US) terms **3** **Bedingungen** PL (≈ Umstände) conditions pl **Bedingungsform** F̄ GRAM conditional **bedingungslos** **A** ADJ Kapitulation unconditional; Gehorsam unquestioning **B** ADV unconditionally **Bedingungssatz** M̄ conditional clause

bedrängen ᵥ̄ᵀ Feind to attack; (≈ belästigen) to plague; Schuldner to press (for payment); Passanten, Mädchen to pester; (≈ bedrücken: Sorgen) to beset; (≈ heimsuchen) to haunt

bedrohen ᵥ̄ᵀ to threaten; (≈ gefährden) to endanger; **vom Aussterben bedroht** in danger of becoming extinct **bedrohlich** **A** ADJ **1** (≈ gefährlich) alarming; (≈ Unheil verkündend) menacing **B** ADV dangerously; **sich ~ verschlechtern** to deteriorate alarmingly **Bedrohung** F̄ threat (+gen to)

bedrücken ᵥ̄ᵀ to depress; **was bedrückt dich?** what is (weighing) on your mind? **bedrückend** ADJ Anblick, Nachrichten depressing; Not pressing **bedrückt** ADJ depressed

bedürfen ᵥ̄ᵢ +gen (geh) to need; **das bedarf keiner weiteren Erklärung** there's no need for any further explanation **Bedürfnis** N̄ need; (≈ Bedarf auch) necessity; (form ≈ Anliegen) wish; **es war ihm ein ~, ...** it was his wish to ... **bedürftig** ADJ needy

Beefsteak N̄ steak

beeiden ᵥ̄ᵀ Aussage to swear to **beeidigen** ᵥ̄ᵀ **1** (≈ beeiden) to swear to **2** (JUR ≈ vereidigen) to swear in; **beeidigte Dolmetscherin** sworn interpreter

beeilen ᵥ̄ᵣ to hurry (up)

beeindrucken ᵥ̄ᵀ to impress; **der Eiffelturm hat mich sehr beeindruckt** I was very impressed with the Eiffel Tower (⚠ Im Englischen wird „beeindrucken" oft mit einer Passivkonstruktion wiedergegeben.) **beeindruckend** ADJ impressive

beeinflussen ᵥ̄ᵀ to influence; **er ist schwer zu ~** he is hard to influence **Beeinflussung** F̄ influencing; (≈ Einfluss) influence (durch of)

beeinträchtigen ᵥ̄ᵀ **1** (≈ stören) Rundfunkempfang to interfere with **2** (≈ schädigen) to damage; Gesundheit to impair; Appetit, Wert to reduce **3** (≈ einschränken) Freiheit to restrict **Beeinträchtigung** F̄ **1** (von Rundfunkempfang) interference (+gen with) **2** (von Appetit) reduction (+gen of,

BEFR 809

in); *(von Gesundheit, Leistung)* impairment
beenden V̲T̲ to end; *Arbeit etc* to finish; IT *Anwendung* to close; *Studium* to complete; **etw vorzeitig ~** to cut sth short **Beendigung** F̲ ending; *(≈ Ende)* end; *(≈ Fertigstellung)* completion; *(≈ Schluss)* conclusion
beengt A̲ ADJ cramped, confined B̲ ADV **~ wohnen** to live in cramped conditions
beerben V̲T̲ **jdn ~** to inherit sb's estate
beerdigen V̲T̲ to bury **Beerdigung** F̲ burial; *(≈ Beerdigungsfeier)* funeral
Beere F̲ berry; *(≈ Weinbeere)* grape
Beet N̲ *(≈ Blumenbeet)* bed; *(≈ Gemüsebeet)* patch
befähigen V̲T̲ to enable; *(Ausbildung)* to qualify **Befähigung** F̲ *(durch Ausbildung)* qualifications *pl*; *(≈ Können, Eignung)* capability
befahrbar ADJ *Weg* passable; *Fluss* navigable; **nicht ~ sein** *(Straße)* to be closed (to traffic)
befahren¹ V̲T̲ *Straße* to use; **diese Straße wird stark/wenig ~** this road is used a lot/isn't used much
befahren² ADJ **eine stark/wenig ~e Straße** *etc* a much/little used road *etc*
befallen V̲T̲ *(≈ infizieren)* to affect; *(Schädlinge)* to infest; *(Angst)* to grip
befangen ADJ 1̲ *Mensch* diffident; *Stille* awkward 2̲ *(bes* JUR *≈ voreingenommen)* prejudiced; **jdn als ~ ablehnen** JUR to object to sb on grounds of suspected bias **Befangenheit** F̲ 1̲ *(≈ Verlegenheit)* diffidence 2̲ *(≈ Voreingenommenheit)* bias, prejudice
befassen V̲R̲ **sich mit jdm/etw ~** to deal with sb/sth
Befehl M̲ 1̲ *(≈ Anordnung)* order *(an +akk* to, *von* from); IT command; **er gab (uns) den ~, ...** he ordered us to ...; **auf seinen ~ (hin)** on his orders; **~ ausgeführt!** mission accomplished; **~ ist ~** orders are orders; **dein Wunsch ist mir ~** *(hum)* your wish is my command 2̲ *(≈ Befehlsgewalt)* command **befehlen** A̲ V̲T̲ to order B̲ V̲I̲ *(≈ Befehle erteilen)* to give orders **befehligen** V̲T̲ MIL to command **Befehlsform** F̲ GRAM imperative **Befehlshaber(in)** M̲F̲ commander **Befehlsverweigerung** F̲ MIL refusal to obey orders
befestigen V̲T̲ 1̲ *(≈ anbringen)* to fasten *(an +dat* to); **etw an der Wand/Tür ~** to attach sth to the wall/door 2̲ *Böschung* to reinforce; *Straße* to make up **Befestigung** F̲ 1̲ fastening 2̲ MIL fortification
befeuchten V̲T̲ to moisten
befinden A̲ V̲R̲ *(≈ sein)* to be; **sich auf Reisen ~** to be away B̲ V̲T̲ *(form ≈ erachten)* to deem *(form)*; **etw für nötig ~** to deem sth (to be) necessary; **jdn für schuldig ~** to find sb guilty C̲ V̲I̲ *(geh ≈ entscheiden)* to decide; **über etw** *(akk)***~** to pass

judgement on sth **Befinden** N̲ (state of) health; *(eines Kranken)* condition **befindlich** ADJ *(form: an einem Ort)* situated; *(in Behälter)* contained; **alle in der Bibliothek ~en Bücher** all the books in the library
beflügeln V̲T̲ *(geh)* to inspire; **der Gedanke an Erfolg beflügelte ihn** the thought of success spurred him on
befolgen V̲T̲ *Befehl etc* to obey; *Regel* to follow; *Ratschlag* to take **Befolgung** F̲ compliance *(+gen* with); *(von Regel)* following; *(von Ratschlag)* taking; **~ der Vorschriften** obeying the rules
befördern V̲T̲ 1̲ *Waren* to transport; *Personen* to carry; *Post* to handle 2̲ *(dienstlich)* to promote; **er wurde zum Major befördert** he was promoted to (the rank of) major **Beförderung** F̲ 1̲ *(≈ Transport)* transportation; *(von Personen)* carriage; *(von Post)* handling 2̲ *(beruflich)* promotion
befragen V̲T̲ 1̲ to question *(über +akk, zu, nach* about); **auf Befragen** when questioned 2̲ *(≈ um Stellungnahme bitten)* to consult *(über +akk, nach* about) **Befragung** F̲ 1̲ *(≈ das Befragen)* questioning 2̲ *(von Fachmann)* consultation *(+gen* with, of) 3̲ *(≈ Umfrage)* survey
befreien A̲ V̲T̲ 1̲ to free; *Volk, Land* to liberate; *Gefangenen, Tier* to set free 2̲ *(von Militärdienst, Steuern)* to exempt 3̲ *(≈ erlösen: von Schmerz etc)* to release 4̲ *(von Ungeziefer etc)* to rid *(von* of) B̲ V̲R̲ to free oneself; *(≈ entkommen)* to escape *(von, aus* from) **Befreier(in)** M̲F̲ liberator **befreit** ADV **~ aufatmen** to breathe a sigh of relief **Befreiung** F̲ 1̲ freeing; *(von Volk, Land)* liberation; *(von Gefangenen, Tieren)* setting free 2̲ *(von Militärdienst, Steuern)* exemption **Befreiungsbewegung** F̲ liberation movement **Befreiungsfront** F̲ liberation front
befremden V̲T̲ to disconcert; **es befremdet mich, dass ...** I'm rather taken aback that ... **Befremden** N̲ disconcertment
befreunden V̲R̲ 1̲ *(≈ sich anfreunden)* to make *od* become friends 2̲ *(fig)* **sich mit etw ~** to get used to sth **befreundet** ADJ **wir/sie sind schon lange (miteinander) ~** we/they have been friends for a long time; **gut** *od* **eng ~ sein** to be good *od* close friends; **ein uns ~er Staat** a friendly nation
befriedigen A̲ V̲T̲ to satisfy; **er ist leicht/ schwer zu ~** he's easily/not easily satisfied B̲ V̲R̲ **sich (selbst) ~** to masturbate **befriedigend** A̲ ADJ satisfactory; *(als Schulnote)* fair B̲ ADV satisfactorily **befriedigt** A̲ ADJ satisfied B̲ ADV with satisfaction **Befriedigung** F̲ satisfaction; **zur ~ deiner Neugier ...** to satisfy your curiosity ...
befristen V̲T̲ to limit *(auf +akk* to); *Projekt* to put a time limit on **befristet** ADJ *Genehmigung* re-

BEFR 810

stricted (*auf +akk* to); *Anstellung* temporary; **auf zwei Jahre ~ sein** (*Visum etc*) to be valid for two years **Befristung** F limitation (*auf +akk* to)

befruchten VT **1** (*wörtl*) *Eizelle* to fertilize; *Blüte* to pollinate; **künstlich ~** to inseminate artificially **2** (*fig* ≈ *geistig anregen*) to stimulate **Befruchtung** F fertilization; (*von Blüte*) pollination; **künstliche ~** artificial insemination

Befugnis F (*form*) authority (⚠ kein pl); (≈ *Erlaubnis*) authorization (⚠ kein pl) **befugt** ADJ (*form*) **~ sein(, etw zu tun)** to have the authority (to do sth)

Befund M results *pl*; **ohne ~** MED (results) negative

befürchten VT to fear; **es ist** *od* **steht zu ~, dass … it** is (to be) feared that … **Befürchtung** F fear *meist pl*

befürworten VT to approve **Befürworter(in)** MF supporter

begabt ADJ talented; **für etw ~ sein** to be talented at sth **Begabtenförderung** F **1** (*finanziell*) educational grant **2** (*Unterricht*) extra *od* specialized tuition for gifted students **Begabung** F (≈ *Anlage*) talent; (*geistig, musisch*) gift; **er hat ~ zum Lehrer** he has a gift for teaching

Begattung F *bes* ZOOL mating, copulation

begeben VR **sich nach Hause ~** to make one's way home; **sich auf eine Reise ~** to undertake a journey; **sich an die Arbeit ~** to commence work; **sich in Gefahr ~** to expose oneself to danger **Begebenheit** F occurrence, event

begegnen VI *+dat* **1** (≈ *treffen*) to meet; **sich** *od* **einander** (*geh*) **~** to meet **2** (≈ *stoßen auf*) **einer Sache** (*dat*) **~** to encounter sth **3** (≈ *widerfahren*) **jdm ist etw begegnet** sth has happened to sb **Begegnung** F **1** (≈ *Treffen*) meeting **2** SPORT encounter, match

begehbar ADJ *Weg* passable; *Schrank, Skulptur* walk-in *attr* **begehen** VT **1** (≈ *verüben*) to commit; *Fehler* to make; **einen Mord an jdm ~** to murder sb; **eine Dummheit ~** to do something stupid **2** (≈ *entlanggehen*) *Weg* to use **3** (*geh* ≈ *feiern*) to celebrate

begehren VT (*geh*) to desire **begehrenswert** ADJ desirable **begehrt** ADJ much sought-after; *Ferienziel* popular

begeistern A VT *jdn* to fill with enthusiasm; (≈ *inspirieren*) to inspire B VR to be enthusiastic (*an +dat, für* about) **begeistert** A ADJ enthusiastic (*von* about) B ADV enthusiastically **Begeisterung** F enthusiasm (*über +akk* about, *für* for); **in ~ geraten** to become enthusiastic **Begierde** F (*geh*) desire (*nach* for); (≈ *Sehnsucht*) longing, yearning **begierig** A ADJ (≈ *voll Verlan-*

gen) greedy; (≈ *gespannt*) eager; **auf etw** (*akk*) **~ sein** to be eager for sth B ADV (≈ *verlangend*) greedily; (≈ *gespannt*) eagerly

begießen VT **1** (*mit Wasser*) to pour water on; *Blumen, Beet* to water **2** (*fig umg*) *Ereignis* to celebrate; **das muss begossen werden!** that calls for a drink!

Beginn M beginning; **zu ~** at the beginning **beginnen** A VI to start; **mit der Arbeit ~** to start work; **es beginnt zu regnen** it's starting to rain B VT to start, to begin

beglaubigen VT *Testament, Unterschrift* to witness; *Zeugnisabschrift* to authenticate; *Echtheit* to attest (to); **etw notariell ~ lassen** to have sth witnessed *etc* by a notary **Beglaubigung** F (*von Testament, Unterschrift*) witnessing; (*von Zeugnisabschrift*) authentication; (*von Echtheit*) attestation

begleichen VT (*wörtl* ≈ *bezahlen*) to settle; (*fig*) *Schuld* to pay (off)

Begleitbrief M covering letter (*Br*), cover letter (*US*) **begleiten** VT to accompany **Begleiter(in)** MF companion; (*zum Schutz*) escort; MUS accompanist **Begleiterscheinung** F concomitant (*form*); MED side effect **Begleitperson** F escort **Begleitschreiben** N covering letter (*Br*), cover letter (*US*) **Begleitung** F **1** company; **in ~ seines Vaters** accompanied by his father; **ich bin in ~ hier** I'm with someone; **ohne ~** unaccompanied **2** MUS accompaniment

beglücken VT *jdn* **~** to make sb happy; **beglückt lächeln** to smile happily **beglückwünschen** VT to congratulate (*zu* on)

begnadigen VT to reprieve; (≈ *Strafe erlassen*) to pardon **Begnadigung** F reprieve; (≈ *Straferlass*) pardon

begnügen VR **sich mit etw ~** to be content with sth

Begonie F begonia

begraben VT **1** to bury **2** *Hoffnung* to abandon; *Streit* to end **Begräbnis** N burial; (≈ *Begräbnisfeier*) funeral

begradigen VT to straighten

begreifen A VT **1** (≈ *verstehen*) to understand; **~, dass …** (≈ *einsehen*) to realize that …; **hast du mich begriffen?** did you understand what I said?; **es ist kaum zu ~** it's almost incomprehensible **2** (≈ *auffassen*) to view, to see B VI to understand; **leicht/schwer ~** to be quick/slow on the uptake **begreiflich** ADJ understandable; **ich habe ihm das ~ gemacht** I've made it clear to him **begreiflicherweise** ADV understandably

begrenzen VT to restrict (*auf +akk* to) **begrenzt** A ADJ (≈ *beschränkt*) restricted; (≈ *geistig* *beschränkt*) limited; **eine genau ~e Aufgabe** a clearly defined task **B** ADV (*zeitlich*) for a limited time **Begrenzung** F **1** (≈ *das Begrenzen*) (*von Gebiet, Straße etc*) demarcation; (*von Geschwindigkeit, Redezeit*) restriction **2** (≈ *Grenze*) boundary

Begriff M **1** (≈ *Bedeutungsgehalt*) concept; (≈ *Terminus*) term; **sein Name ist mir ein/kein ~** his name means something/doesn't mean anything to me **2** (≈ *Vorstellung*) idea; **sich** (*dat*) **einen ~ von etw machen** to imagine sth; **du machst dir keinen ~ (davon)** (*umg*) you've no idea (about it) (*umg*); **für meine ~e** in my opinion **3 im ~ sein, etw zu tun** to be on the point of doing sth **4 schwer/schnell von ~ sein** (*umg*) to be slow/quick on the uptake **begriffsstutzig** ADJ (*umg*) thick (*umg*)

begründen VT (≈ *Gründe anführen für*) to give reasons for; (*rechtfertigend*) to justify; *Verdacht* to substantiate **2** (≈ *gründen*) to establish **begründet** ADJ well-founded; (≈ *berechtigt*) justified; **es besteht ~e Hoffnung, dass ...** there is reason to hope that ... **Begründung** F **1** grounds *pl* (*für, +gen* for); **etwas zur od als ~ sagen** to say something in explanation **2** (≈ *Gründung*) establishment

begrünen VT *Hinterhöfe, Plätze* to green up

begrüßen VT **1** *jdn* to greet; **jdn herzlich ~** to give sb a hearty welcome **2** (≈ *gut finden*) to welcome **begrüßenswert** ADJ welcome; **es wäre ~, wenn ...** it would be desirable if ... **Begrüßung** F greeting; (*der Gäste*) welcoming; (≈ *Zeremonie*) welcome

begünstigen VT to favour (*Br*), to favor (*US*); *Wachstum* to encourage **Begünstigte(r)** M/F(M) beneficiary **Begünstigung** F **1** JUR aiding and abetting **2** (≈ *Bevorzugung*) preferential treatment **3** (≈ *Förderung*) favouring (*Br*), favoring (*US*); (*von Wachstum*) encouragement

begutachten VT to give expert advice about; *Kunstwerk, Stipendiaten* to examine; *Leistung* to judge; **etw ~ lassen** to get expert advice about sth

behaart ADJ hairy **Behaarung** F hairs *pl*

behäbig ADJ *Mensch* portly; (*fig*) *Sprache, Ton* complacent

behagen VI **er behagt ihr nicht** she doesn't like him **Behagen** N contentment; **mit sichtlichem ~** with obvious pleasure **behaglich** **A** ADJ cosy; (≈ *bequem*) comfortable; (≈ *zufrieden*) contented **B** ADV (≈ *gemütlich*) comfortably; (≈ *genussvoll*) contentedly **Behaglichkeit** F cosiness; (≈ *Bequemlichkeit*) comfort; (≈ *Zufriedenheit*) contentment

behalten VT **1** to keep; **jdn bei sich ~** to keep sb with one; **etw für sich ~** to keep sth to oneself **2** (≈ *nicht vergessen*) to remember **Behälter**

M container

behandeln VT to treat; (≈ *verfahren mit*) to handle; *Thema, Problem* to deal with **Behandlung** F treatment; (*von Angelegenheit*) handling; **bei wem sind Sie in ~?** who's treating you?

beharren VI (≈ *hartnäckig sein*) to insist (*auf +dat* on); (≈ *nicht aufgeben*) to persist (*bei* in) **beharrlich** **A** ADJ (≈ *hartnäckig*) insistent; (≈ *ausdauernd*) persistent **B** ADV (≈ *hartnäckig*) insistently; (≈ *ausdauernd*) persistently **Beharrlichkeit** F (≈ *Hartnäckigkeit*) insistence; (≈ *Ausdauer*) persistence

behaupten **A** VT **1** (≈ *sagen*) to claim; **steif und fest ~** to insist; **es wird behauptet, dass ...** it is said that ... **2** *Recht* to maintain; *Meinung* to assert **3** *Tabellenplatz* to maintain; **Schalke konnte seinen Tabellenplatz ~** Schalke were able to maintain their position in the table (⚠ **Bei Vereinen steht im Englischen meist der Plural, deshalb were und their.**) **B** VR to assert oneself; (*bei Diskussion*) to hold one's own; **er kann sich bei seinen Schülern nicht ~** he can't assert his authority over his pupils **Behauptung** F claim; (≈ *bes unerwiesene Behauptung*) assertion

Behausung F dwelling

beheben VT (≈ *beseitigen*) to remove; *Mängel* to rectify; *Schaden* to repair; *Störung* to clear

beheizbar ADJ heatable; *Heckscheibe* heated **beheizen** VT to heat

behelfen VR to manage; **er weiß sich allein nicht zu ~** he can't manage alone **behelfsmäßig** **A** ADJ makeshift **B** ADV temporarily; **etw ~ reparieren** to make makeshift repairs to sth

behelligen VT to bother

beherbergen VT to house; *Gäste* to accommodate

beherrschen **A** VT **1** (≈ *herrschen über*) to rule **2** (*fig*) *Stadtbild, Markt* to dominate **3** (≈ *zügeln*) to control **4** (≈ *gut können*) to master **B** VR to control oneself; **ich kann mich ~!** (*iron umg*) not likely! (*umg*) **Beherrschung** F control; (≈ *Selbstbeherrschung*) self-control; (*des Markts*) domination; **die ~ verlieren** to lose one's temper **beherzigen** VT to heed

behilflich ADJ helpful; **jdm (bei etw) ~ sein** to help sb (with sth)

behindern VT to hinder; *Sicht* to impede; (*bei Sport, im Verkehr*) to obstruct **behindert** ADJ disabled; **geistig/körperlich ~** mentally/physically handicapped **Behindertenausweis** M disabled person card or ID **behindertengerecht** ADJ **etw ~ gestalten** to design sth to fit the needs of the disabled **Behinderte(r)** M/F(M) disabled person; **die ~n** disabled people **Behinderung** F hindrance; (*im Sport,*

BEHÖ | 812

B

Verkehr) obstruction; (_körperlich_) handicap
Behörde F authority _meist pl_; **die ~n** the authorities
behüten VT to look after **behutsam** A ADJ cautious; (≈ _zart_) gentle B ADV carefully; _streicheln_ gently
bei PRÄP +_dat_ 1 (_Nähe_) near; **ich stand/saß ~ ihm** I stood/sat beside him; **ich bleibe ~ den Kindern** I'll stay with the children 2 (_Aufenthalt_) at; **ich war ~ meiner Tante** I was at my aunt's; **er wohnt ~ seinen Eltern** he lives with his parents; **~ Müller** (_auf Briefen_) care of _od_ c/o Müller; **~ uns zu Hause** (_im Haus_) at our house; **~ jdm arbeiten** to work for sb; **er ist** _od_ **arbeitet ~ der Post** he works for the post office; **~m Friseur** at the hairdresser's; **hast du Geld ~ dir?** have you any money with you? 3 (_Teilnahme_) at; **~ einer Hochzeit sein** to be at a wedding 4 (_Zeit_) **~ meiner Ankunft** on my arrival; **~m Erscheinen der Königin** when the queen appeared; **~ Nacht** by night 5 (_Umstand_) **~ Kerzenlicht essen** to eat by candlelight; **~ offenem Fenster schlafen** to sleep with the window open; **~ zehn Grad unter null** when it's ten degrees below zero 6 (_Bedingung_) in case of; **~ Feuer Scheibe einschlagen** in case of fire break glass 7 (_Grund_) with; **~ seinem Talent** with his talent; **~ solcher Hitze** when it's as hot as this 8 (_Einschränkung_) in spite of, despite; **~m besten Willen** with the best will in the world
beibehalten VT to keep; _Richtung_ to keep to; _Gewohnheit_ to keep up
beibringen VT 1 **jdm etw ~** (≈ _mitteilen_) to break sth to sb; (≈ _unterweisen in_) to teach sb sth; (≈_zufügen_) to inflict sth on sb 2 (≈ _herbeischaffen_) to produce; _Beweis, Geld etc_ to supply
Beichte F confession; **zur ~ gehen** to go to confession (🔴 _ohne_ **the**) **beichten** VT & VI to confess (_jdm etw_ sth to sb) **Beichtgeheimnis** N seal of confession _od_ of the confessional **Beichtstuhl** M confessional
beide PRON both; **alle ~n Teller** both plates; **seine ~n Brüder** both his brothers; **ihr ~(n)** the two of you; **wer von uns ~n** which of us (two); **alle ~** both (of them) **beiderlei** ADJ both **beiderseitig** ADJ on both sides; (≈ _gegenseitig_) _Abkommen etc_ bilateral; _Einverständnis etc_ mutual **beiderseits** A ADV on both sides B PRÄP +_gen_ on both sides of **beides** PRON both; **~ ist schön** both are nice; **ich mag ~ nicht** I don't like either of them **beidhändig** ADJ (≈ _gleich geschickt_) ambidextrous; (≈ _mit beiden Händen zugleich_) two-handed
beidrehen VI SCHIFF to heave to
beidseitig ADJ (≈ _auf beiden Seiten_) on both sides;

(≈ _gegenseitig_) mutual
beieinander ADV together **beieinanderbleiben** VI to stay together **beieinander sein** VI (_umg_) (_gesundheitlich_) to be in good shape (_umg_); (_geistig_) to be all there (_umg_)
Beifahrer(in) M(F) AUTO (front-seat) passenger; SPORT co-driver **Beifahrerairbag** M AUTO passenger airbag **Beifahrersitz** M passenger seat
Beifall M (≈ _Zustimmung_) approval; (≈ _das Händeklatschen_) applause; **~ spenden** to applaud **Beifallsruf** M cheer **Beifallssturm** M storm of applause
beifügen VT (≈ _mitschicken_) to enclose (+_dat_ with)
Beigabe F addition; (≈ _Beilage_) side dish; (HANDEL ≈ _Zugabe_) free gift
beige ADJ beige
beigeben A VT to add (+_dat_ to) B VI **klein ~** (_umg_) to give in
Beigeschmack M aftertaste; (_fig: von Worten_) flavour (_Brit_), flavor (_US_)
Beiheft N 1 supplement 2 (_zu einer CD_) (accompanying) booklet
Beihilfe F 1 financial assistance (🔴 _ohne_ **a**); (≈ _Zuschuss_) allowance; (≈ _Studienbeihilfe_) grant; (≈ _Subvention_) subsidy 2 JUR abetment; **wegen ~ zum Mord** because of acting as an accessory to the murder
Beijing N Beijing, Peking
Beil N axe (_Brit_), ax (_US_); (_kleiner_) hatchet
Beilage F 1 (≈ _Gedrucktes_) insert; (≈ _Beiheft_) supplement 2 GASTR side dish; (≈ _Gemüsebeilage_) vegetables _pl_; (≈ _Salatbeilage_) side salad
beiläufig A ADJ casual B ADV _erwähnen_ in passing
beilegen VT 1 (≈ _hinzulegen_) to insert (+_dat_ in); (_einem Brief, Paket_) to enclose (+_dat_ with, in) 2 (≈ _schlichten_) to settle **Beilegung** F settlement
beileibe ADV **~ nicht!** certainly not! **~ kein ...** by no means a ...
Beileid N condolence(s), sympathy; **jdm sein ~ aussprechen** to offer sb one's condolences **Beileidsbekundung** F expression of sympathy
beiliegen VI to be enclosed (+_dat_ with, in); (_einer Zeitschrift etc_) to be inserted (+_dat_ in) **beiliegend** ADJ, ADV enclosed; **~ senden wir Ihnen ...** please find enclosed ...
beim = **bei dem**
beimengen VT to add (+_dat_ to)
beimessen VT **jdm/einer Sache Bedeutung ~** to attach importance to sb/sth
Bein N leg; **sich kaum auf den ~en halten können** to be hardly able to stay on one's feet; **jdm ein ~ stellen** to trip sb up; **auf den ~en**

Bein — leg

Bein — (chair) leg

sein (≈ in Bewegung) to be on one's feet; (≈ unterwegs) to be out and about; **jdm ~e machen** (umg) (≈ antreiben) to make sb get a move on (umg); (≈ wegjagen) to make sb clear off (umg); **mit einem ~ im Gefängnis stehen** to be likely to end up in jail; **auf eigenen ~en stehen** (fig) to be able to stand on one's own two feet; **etw auf die ~e stellen** (fig) to get sth off the ground
beinah(e) ADV almost
Beinbruch M̄ fracture of the leg; **das ist kein ~** (fig umg) it could be worse (umg) **Beinfreiheit** F̄ legroom
beinhalten V̄T̄ to comprise
Beipackzettel M̄ instruction leaflet
beipflichten V̄Ī jdm/einer Sache (in etw (dat)) **~** to agree with sb/sth (on sth)
Beiried N̄ (österr ≈ Rostbraten) ≈ roast
beirren V̄T̄ to disconcert; **sich nicht in etw** (dat) **~ lassen** not to let oneself be swayed in sth; **er lässt sich nicht ~** he won't be put off
beisammen ADV together **beisammenbleiben** V̄Ī to stay od remain together **Beisammensein** N̄ get-together
Beischlaf M̄ JUR sexual intercourse
Beisein N̄ presence; **in jds ~** in sb's presence; **ohne jds ~** without sb being present
beiseite ADV aside; **Spaß ~!** joking aside! **beiseitegehen** V̄Ī to step aside **beiseitelegen** V̄T̄ to put aside; (≈ weglegen) to put away **beiseiteschaffen** V̄T̄ jdn/etw **~** to get rid of sb/hide sth away **beiseiteschieben** V̄T̄ 1 (≈ verdrängen) to suppress 2 (≈ abtun) to push aside; Warnung to dismiss

Beisel N̄ (österr umg) bar
beisetzen V̄T̄ to bury **Beisetzung** F̄ funeral
Beispiel N̄ example; **ein ~ für etw** an example of sth; **zum ~** for example; **jdm ein ~ geben** to set sb an example; **sich** (dat) **ein ~ an jdm nehmen** to take a leaf out of sb's book; **mit gutem ~ vorangehen** to set a good example **beispielhaft** A ADJ exemplary B ADV exemplarily **beispiellos** ADJ unprecedented; (≈ unerhört) outrageous **Beispielsatz** M̄ example (sentence) **beispielsweise** ADV for example
beißen A V̄T̄ & V̄Ī to bite; (≈ brennen) to sting; **er wird dich schon nicht ~** (fig) he won't bite you; **etwas zu ~** (umg ≈ essen) something to eat; **an etw** (dat) **zu ~ haben** (fig) to have sth to chew over on B V̄R̄ (Farben) to clash **beißend** ADJ biting; Bemerkung cutting; Geruch pungent; Ironie bitter **Beißzange** F̄ (pair of) pincers pl; (pej umg) shrew
Beistand M̄ (≈ Hilfe) help; (≈ Unterstützung) support; **jdm ~ leisten** to give sb help, to lend sb one's support **beistehen** V̄Ī jdm **~** to stand by sb
beisteuern V̄T̄ to contribute
Beitrag M̄ contribution; (≈ Versicherungsbeitrag) premium; (≈ Mitgliedsbeitrag) fee (Br), dues pl; **einen ~ zu etw leisten** to make a contribution to sth **beitragen** V̄T̄ & V̄Ī to contribute (zu to) **Beitragserhöhung** F̄ increase in contributions **beitragsfrei** ADJ noncontributory; Person not liable to pay contributions **beitragspflichtig** ADJ **~ sein** (Mensch) to have to pay contributions **Beitragszahler(in)** M̄(F̄) contributor
beitreten V̄Ī +dat to join; einem Vertrag to accede to **Beitritt** M̄ joining (zu etw sth); (zu einem Vertrag) accession (zu to); **seinen ~ erklären** to become a member
Beize F̄ (≈ Beizmittel) corrosive fluid; (≈ Holzbeize) stain; (zum Gerben) lye; GASTR marinade
beizeiten ADV in good time
beizen V̄T̄ Holz to stain; Häute to bate; GASTR to marinate
bejahen V̄T̄ & V̄Ī to answer in the affirmative; (≈ gutheißen) to approve of **bejahend** A ADJ positive B ADV affirmatively
bejubeln V̄T̄ to cheer; Ereignis to rejoice at
bekämpfen V̄T̄ to fight; Ungeziefer to control **Bekämpfung** F̄ fight (von, +gen against); (von Ungeziefer) controlling; **zur ~ der Terroristen** to fight the terrorists
bekannt ADJ well-known (wegen for); **die ~eren Spieler** the better-known players; **er ist ~ dafür, dass er seine Schulden nicht bezahlt** he

is well-known for not paying his debts; **das ist mir ~** I know about that; **sie ist mir ~** I know her; **jdn mit jdm ~ machen** to introduce sb to sb; **jdn mit etw ~ machen** *mit Aufgabe etc* to show sb how to do sth; *mit Gebiet, Fach etc* to introduce sb to sth; **sich mit etw ~ machen** to familiarize oneself with sth; → bekennen **Bekanntenkreis** M circle of acquaintances **Bekannte(r)** M/F(M) friend; (≈ *entfernter Bekannter*) acquaintance **Bekanntgabe** F announcement; (*in Zeitung etc*) publication **bekannt geben** VT to announce; (*in Zeitung etc*) to publish **bekanntlich** ADV **~ gibt es ...** it is known that there are ... **bekannt machen** VT to announce; (≈ *der Allgemeinheit mitteilen*) to publicize; → bekannt **Bekanntmachung** F announcement; (≈ *Veröffentlichung*) publicizing **Bekanntschaft** F acquaintance; **jds ~ machen** to make sb's acquaintance; **mit etw ~ machen** to come into contact with sth; **bei näherer ~** on closer acquaintance; **meine ganze ~** all my acquaintances **bekannt werden** VI to become known; (*Geheimnis*) to leak out
bekehren VT to convert (*zu* to) **Bekehrung** F conversion
bekennen A VT to confess; *Wahrheit* to admit B VR **sich (als** *od* **für) schuldig ~** to admit *od* confess one's guilt; **sich zum Christentum ~** to profess Christianity; **sich zu jdm/etw ~** to declare one's support for sb/sth **Bekennerbrief** M, **Bekennerschreiben** N letter claiming responsibility **Bekenntnis** N 1 (≈ *Geständnis*) confession (*zu* of); **sein ~ zum Sozialismus** his declared belief in socialism 2 (REL ≈ *Konfession*) denomination
beklagen A VT to lament; *Tod, Verlust* to mourn; **Menschenleben sind nicht zu ~** there are no casualties B VR to complain (*über +akk, wegen* about) **beklagenswert** ADJ *Mensch* pitiful; *Zustand* lamentable; *Vorfall* regrettable **Beklagte(r)** M/F(M) JUR defendant
beklauen VT (*umg*) *jdn* to rob
bekleben VT **etw (mit Plakaten etc) ~** to stick posters *etc* on(to) sth
bekleckern (*umg*) A VT to stain B VR **sich (mit Saft** *etc***) ~** to spill juice *etc* all down *od* over oneself; **er hat sich nicht gerade mit Ruhm bekleckert** (*umg*) he didn't exactly cover himself with glory
bekleidet ADJ dressed (*mit* in) **Bekleidung** F (≈ *Kleider*) clothes *pl*; (≈ *Aufmachung*) dress
beklemmen VT (fig) to oppress **beklemmend** ADJ (≈ *beengend*) constricting; (≈ *beängstigend*) oppressive **Beklemmung** F feeling of oppressiveness; (≈ *Gefühl der Angst*) feeling of apprehension **beklommen** ADJ apprehensive; *Schweigen* uneasy
bekloppt ADJ (*umg*) *Mensch* mad (*umg*)
beknackt (*sl*) ADJ *Mensch, Idee* stupid
beknien VT (*umg*) *jdn* to beg
bekommen A VT to get; *ein Kind, Besuch* to have; **ein Jahr Gefängnis ~** to be given one year in prison; **ich bekomme bitte ein Glas Wein** I'll have a glass of wine, please; **was ~ Sie dafür?** how much is that?; **was ~ Sie von mir?** how much do I owe you?; **jdn dazu ~, etw zu tun** to get sb to do sth; **Heimweh ~** to get homesick; **Hunger/Durst ~** to get hungry/thirsty; **Angst ~** to get afraid; **es mit jdm zu tun ~** to get into trouble with sb; **etw geschenkt ~** to be given sth (as a present); **Lust ~, etw zu tun** to feel like doing sth; **es mit der Angst/Wut ~** to become afraid/angry; **Ärger ~** to get into trouble B VT (≈ *zuträglich sein*) **jdm (gut) ~** to do sb good; (*Essen*) to agree with sb; **jdm nicht** *od* **schlecht ~** not to do sb any good; (*Essen*) not to agree with sb; **wohl bekomms!** your health! **bekömmlich** ADJ *Speisen* (easily) digestible; *Luft, Klima* beneficial

 bekommen ≠ to become

| bekommen | = | **to get** |
| to become | = | werden |

FALSCHE FREUNDE

bekräftigen VT to confirm; *Vorschlag* to back up
bekreuzigen VR to cross oneself, to make the sign of the cross
bekriegen VT to wage war on; (*fig*) to fight
bekümmern VT to worry **bekümmert** ADJ worried (*über +akk* about)
belächeln VT to smile at
beladen VT *Schiff, Zug* to load (up); (*fig: mit Sorgen etc*) *jdn* to burden
Belag M coating; (≈ *Schicht*) layer; (*auf Zahn*) film; (*auf Pizza, Brot*) topping; (*auf Tortenboden, zwischen zwei Brotscheiben*) filling; (≈ *Zungenbelag*) fur; (≈ *Fußbodenbelag*) covering; (≈ *Straßenbelag*) surface
belagern VT to besiege **Belagerung** F siege **Belagerungszustand** M state of siege
Belang M importance; **von/ohne ~ (für jdn/etw) sein** to be of importance/of no importance (to sb/for *od* to sth); **~e** interests **belangen** VT JUR to prosecute (*wegen* for); (*wegen Beleidigung*) to sue **belanglos** ADJ inconsequential; **das ist für das Ergebnis ~** that is irrelevant to the result **Belanglosigkeit** F triviality

815 ‖ BELU

B

belassen _VT_ to leave; **wir wollen es dabei ~** let's leave it at that

belastbar _ADJ_ **1** **bis zu 50 Tonnen ~ sein** to have a load-bearing capacity of 50 tons; **weiter waren seine Nerven nicht ~** his nerves could take no more **2** (≈ beanspruchbar, MED) resilient **3** **wie hoch ist mein Konto ~?** what is the limit on my account?; **der Etat ist nicht unbegrenzt ~** the budget is not unlimited **Belastbarkeit** _F_ **1** (von Brücke, Aufzug) load--bearing capacity **2** (von Menschen, Nerven) ability to cope with stress **belasten** _A_ _VT_ **1** (wörtl) (mit Gewicht) to put weight on; (mit Last) to load; **etw mit 50 Tonnen ~** to put a 50 ton load on sth **2** (fig) **jdn mit etw ~** mit Arbeit to load sb with sth; mit Sorgen to burden sb with sth; **jdn ~** (≈ anstrengen) to put a strain on sb; (Schuld etc) to weigh upon sb's mind; **jds Gewissen ~** to weigh upon sb's conscience **3** (≈ beanspruchen) Stromnetz etc to put pressure on; Atmosphäre to pollute; MED to put a strain on; Nerven to strain; Steuerzahler to burden **4** JUR Angeklagten to incriminate; **~des Material** incriminating evidence **5** FIN Konto to charge; (steuerlich) jdn to burden; **das Konto mit einem Betrag ~** to debit a sum from the account; **jdn mit den Kosten ~** to charge the costs to sb **B** _VR_ **1** **sich mit etw ~** mit Arbeit to take sth on; mit Verantwortung to take sth upon oneself; mit Sorgen to burden oneself with sth **2** JUR to incriminate oneself **belastet** _ADJ_ **1** (seelisch, physisch) under strain; **stark ~ mit** under great strain od pressure from **2** Umwelt polluted, contaminated

belästigen _VT_ to bother; (≈ zudringlich werden) to pester; (körperlich) to molest **Belästigung** _F_ annoyance; (≈ Zudringlichkeit) pestering; **etw als eine ~ empfinden** to find sth a nuisance; **sexuelle ~** sexual harassment

Belastung _F_ **1** (≈ Last, Gewicht) weight; (in Fahrzeug, Fahrstuhl etc) load; **maximale ~ des Fahrstuhls** maximum load of the lift **2** (fig) (≈ Anstrengung) strain; (≈ Last, Bürde) burden **3** (≈ Beeinträchtigung) pressure (+gen on); (von Atmosphäre) pollution (+gen of); (von Kreislauf, Magen) strain (+gen on) **4** JUR incrimination **5** (FIN: von Konto) charge (+gen on); (steuerlich) burden (+gen on) **Belastungsmaterial** _N_ JUR incriminating evidence **Belastungszeuge** _M_, **Belastungszeugin** _F_ JUR witness for the prosecution

belaufen _VR_ **sich auf etw** (akk) **~** to come to sth

belauschen _VT_ to eavesdrop on

beleben _VT_ **1** (≈ anregen) to liven up; Absatz, Konjunktur to stimulate **2** (≈ lebendiger gestalten) to

brighten up **belebt** _ADJ_ Straße, Stadt etc busy

Beleg _M_ **1** (≈ Beweis) piece of evidence; (≈ Quellennachweis) reference **2** (≈ Quittung) receipt **belegen** _VT_ **1** (≈ bedecken) to cover; Brote, Tortenboden to fill; **etw mit Fliesen/Teppich ~** to tile/carpet sth **2** (≈ besetzen) Wohnung, Hotelbett to occupy; UNIV Fach to take; Vorlesung to enrol (Br) od enroll (US) for; **den fünften Platz ~** to take fifth place **3** (≈ beweisen) to verify **Belegschaft** _F_ (≈ Beschäftigte) staff (⚠ Verb meist im pl); (bes in Fabriken etc) workforce **belegt** _ADJ_ Zunge furred; Stimme hoarse; Bett, Wohnung occupied; **~e Brote** open (Br) od open-faced (US) sandwiches

belehren _VT_ to teach; (≈ aufklären) to inform (über +akk of); **jdn eines anderen ~** to teach sb otherwise **Belehrung** _F_ explanation, lecture (umg)

beleidigen _VT_ jdn to insult; (Anblick etc) to offend; (JUR: mündlich) to slander; (schriftlich) to libel **beleidigend** _ADJ_ insulting; Anblick etc offending; (JUR: mündlich) slanderous; (schriftlich) libellous (Br), libelous (US) **beleidigt** _A_ _ADJ_ insulted; (≈ gekränkt) offended; Miene hurt; **jetzt ist er ~** now he's in a huff (umg) **B** _ADV_ in a huff (umg), offended **Beleidigung** _F_ insult; (JUR: mündliche) slander; (schriftliche) libel

belesen _ADJ_ well-read

beleuchten _VT_ to light up; Straße, Bühne etc to light; (fig ≈ betrachten) to examine **Beleuchtung** _F_ **1** (≈ das Beleuchten) lighting; (≈ das Bestrahlen) illumination **2** (≈ Licht) light; (≈ Lichter) lights pl

Belgien _N_ Belgium **Belgier(in)** _M(F)_ Belgian **belgisch** _ADJ_ Belgian

Belgrad _N_ Belgrade

belichten _VT_ FOTO to expose **Belichtung** _F_ FOTO exposure **Belichtungsmesser** _M_ light meter

Belieben _N_ **nach ~** any way you etc want (to) **beliebig** _A_ _ADJ_ any; **(irgend)eine/jede ~e Zahl** any number at all od you like; **jeder Beliebige** anyone at all; **in ~er Reihenfolge** in any order whatever **B** _ADV_ as you etc like; **Sie können ~ lange bleiben** you can stay as long as you like **beliebt** _ADJ_ popular (bei with); **sich bei jdm ~ machen** to make oneself popular with sb **Beliebtheit** _F_ popularity

beliefern _VT_ to supply

bellen _VI_ to bark

Belletristik _F_ fiction and poetry

belohnen _VT_ to reward **Belohnung** _F_ reward; **zur** od **als ~ (für)** as a reward (for)

belügen _VT_ to lie to; **sich selbst ~** to deceive oneself

belustigen _VT_ to amuse **belustigt** _A_ _ADJ_ amused **B** _ADV_ in amusement **Belustigung**

BEMA | 816

B

$\overline{F}$ amusement; **zur allgemeinen ~** to everybody's amusement
bemalen $\overline{VT}$ to paint **Bemalung** $\overline{F}$ painting
bemängeln $\overline{VT}$ to find fault with
bemannen $\overline{VT}$ *U-Boot, Raumschiff* to man **Bemannung** $\overline{F}$ manning
bemerkbar $\overline{ADJ}$ noticeable; **sich ~ machen** (≈ *sich zeigen*) to become noticeable; (≈ *auf sich aufmerksam machen*) to draw attention to oneself
bemerken $\overline{VT}$ **1** (≈ *wahrnehmen*) to notice **2** (≈ *äußern*) to remark (*zu* on); **er hatte einiges zu ~** he had quite a few comments to make
bemerkenswert **A** $\overline{ADJ}$ remarkable **B** $\overline{ADV}$ remarkably **bemerkenswerterweise** $\overline{ADV}$ remarkably enough **Bemerkung** $\overline{F}$ remark (*zu* on)
bemessen $\overline{VT}$ (≈ *zuteilen*) to allocate; (≈ *einteilen*) to calculate; **reichlich ~** generous; **meine Zeit ist knapp ~** my time is limited
bemitleiden $\overline{VT}$ to pity; **er ist zu ~** he is to be pitied
bemühen $\overline{VR}$ (≈ *sich Mühe geben*) to try hard; **sich um jdn ~** (*um Kranken etc*) to look after sb; (*um jds Gunst*) to court sb; **bitte ~ Sie sich nicht** please don't trouble yourself; **sich zu jdm ~** to go to sb **bemüht** $\overline{ADJ}$ **~ sein, etw zu tun** to try hard to do sth **Bemühung** $\overline{F}$ effort
bemuttern $\overline{VT}$ to mother
benachbart $\overline{ADJ}$ neighbouring *attr* (*Br*), neighboring *attr* (*US*)
benachrichtigen $\overline{VT}$ to inform (*von* of) **Benachrichtigung** $\overline{F}$ (≈ *Nachricht*) notification; HANDEL advice note
benachteiligen $\overline{VT}$ to put at a disadvantage; (*wegen Rasse, Glauben etc*) to discriminate against; **benachteiligt sein** to be at a disadvantage **Benachteiligung** $\overline{F}$ (*wegen Rasse, Glauben*) discrimination (+*gen* against)
benebeln $\overline{VT}$ (*umg*) **jdn** *od* **jds Sinne ~** to make sb's head swim; **benebelt sein** to be feeling dazed *od* (*von Alkohol*) woozy (*umg*)
Benefizkonzert $\overline{N}$ charity concert *od* performance **Benefizspiel** $\overline{N}$ benefit match **Benefizvorstellung** $\overline{F}$ charity performance
benehmen $\overline{VR}$ to behave; **benimm dich!** behave yourself!; **sich schlecht ~** to misbehave; → **benommen Benehmen** $\overline{N}$ behaviour (*Br*), behavior (*US*); **kein ~ haben** to have no manners
beneiden $\overline{VT}$ to envy; **jdn um etw ~** to envy sb sth; **er ist nicht zu ~** I don't envy him **beneidenswert** $\overline{ADJ}$ enviable
Beneluxländer $\overline{PL}$ Benelux countries *pl*
benennen $\overline{VT}$ to name
Bengel $\overline{M}$ boy; (≈ *frecher Junge*) rascal

Benimm $\overline{M}$ (*umg*) manners *pl*
benommen $\overline{ADJ}$ dazed; → **benehmen Benommenheit** $\overline{F}$ daze
benoten $\overline{VT}$ to mark (*Br*), to grade (*US*)
benötigen $\overline{VT}$ to need
Benotung $\overline{F}$ mark (*Br*), grade (*US*); (≈ *das Benoten*) marking (*Br*), grading (*US*)
benutzbar $\overline{ADJ}$ usable **benutzen** $\overline{VT}$ to use **Benutzer(in)** $\overline{MF}$ user **benutzerfreundlich** **A** $\overline{ADJ}$ user-friendly **B** $\overline{ADV}$ **etw ~ gestalten** to make sth user-friendly **Benutzerfreundlichkeit** $\overline{F}$ user-friendliness **Benutzerhandbuch** $\overline{N}$ user's guide **Benutzeroberfläche** $\overline{F}$ IT user interface **Benutzung** $\overline{F}$ use **Benutzungsgebühr** $\overline{F}$ charge
Benzin $\overline{N}$ (*für Auto*) petrol (*Br*), gas (*US*); (≈ *Reinigungsbenzin*) benzine; (≈ *Feuerzeugbenzin*) lighter fuel **Benzinfeuerzeug** $\overline{N}$ petrol lighter (*Br*), gasoline lighter (*US*) **Benzinkanister** $\overline{M}$ petrol can (*Br*), gasoline can (*US*) **Benzinpreis** $\overline{M}$, **Benzinpreise** $\overline{PL}$ petrol (*Br*) *od* gas (*US*) prices *pl* **Benzinpumpe** $\overline{F}$ AUTO fuel pump; (*an Tankstellen*) petrol pump (*Br*), gasoline pump (*US*) **Benzinuhr** $\overline{F}$ fuel gauge **Benzinverbrauch** $\overline{M}$ fuel consumption
beobachten $\overline{VT}$ to observe; **etw an jdm ~** to notice sth in sb; **jdn ~ lassen** (*Polizei etc*) to put sb under surveillance **Beobachter(in)** $\overline{MF}$ observer **Beobachtung** $\overline{F}$ observation; (*polizeilich*) surveillance **Beobachtungsgabe** $\overline{F}$ talent for observation
bepflanzen $\overline{VT}$ to plant **Bepflanzung** $\overline{F}$ (≈ *das Bepflanzen*) planting; (≈ *Pflanzen*) plants *pl*
bequatschen $\overline{VT}$ (*umg*) **1** *etw* to talk over **2** (≈ *überreden*) *jdn* to persuade
bequem **A** $\overline{ADJ}$ (≈ *angenehm*) comfortable; (≈ *leicht, mühelos*) easy; **es ~ haben** to have an easy time of it; **es sich** (*dat*) **~ machen** to make oneself comfortable **B** $\overline{ADV}$ (≈ *leicht*) easily; (≈ *angenehm*) comfortably **Bequemlichkeit** $\overline{F}$ (≈ *Behaglichkeit*) comfort
beraten **A** $\overline{VT}$ **jdn ~** to advise sb; **jdn gut/ schlecht ~** to give sb good/bad advice **B** $\overline{VR}$ (≈ *sich besprechen*) to discuss; **sich mit jdm ~** to consult (with) sb (*über* +*akk* about) **beratend** $\overline{ADJ}$ advisory; **~es Gespräch** consultation **Berater(in)** $\overline{MF}$ consultant **Beratertätigkeit** $\overline{F}$ consultancy work **Beratervertrag** $\overline{M}$ consultancy contract **Beratung** $\overline{F}$ **1** advice; (*bei Rechtsanwalt etc*) consultation **2** (≈ *Besprechung*) discussion
berauben $\overline{VT}$ to rob; **jdn einer Sache** (*gen*) **~** to rob sb of sth; **seiner Freiheit** to deprive sb of sth
berauschen **A** $\overline{VT}$ to intoxicate **B** $\overline{VR}$ **sich an etw** (*dat*) **~** *an Wein, Drogen* to become intoxi-

817 | BERI

cated with sth; *an Geschwindigkeit* to be exhilarated by sth **berauschend** A̲D̲J̲ intoxicating; **das war nicht sehr ~** (*iron*) that wasn't very enthralling

berechenbar A̲D̲J̲ *Kosten* calculable; *Verhalten etc* predictable **berechnen** V̲T̲ 🔲 (≈ *ausrechnen*) to calculate; (≈ *schätzen*) to estimate 🔲 (≈ *in Rechnung stellen*) to charge; **das ~ wir Ihnen nicht** we will not charge you for it **berechnend** A̲D̲J̲ (*pej*) calculating **Berechnung** F̲ 🔲 (≈ *das Berechnen*) calculation; (≈ *Schätzung*) estimation 🔲 (*pej*) **aus ~ handeln** to act in a calculating manner

berechtigen V̲T̲&̲V̲I̲ to entitle; **(jdn) zu etw ~** to entitle sb to sth; **das berechtigt zu der Annahme, dass ...** this justifies the assumption that ... **berechtigt** A̲D̲J̲ *Frage, Anspruch* legitimate; **~ sein, etw zu tun** to be entitled to do sth **Berechtigung** F̲ (≈ *Befugnis*) entitlement; (≈ *Recht*) right

bereden A̲ V̲T̲ 🔲 (≈ *besprechen*) to discuss 🔲 (≈ *überreden*) **jdn zu etw ~** to talk sb into sth B̲ V̲R̲ **sich mit jdm über etw** (*akk*) **~** to talk sth over with sb

Bereich M̲ 🔲 area 🔲 (≈ *Einflussbereich*) sphere; (≈ *Sektor*) sector; **im ~ des Möglichen liegen** to be within the realms of possibility

bereichern A̲ V̲T̲ to enrich; (≈ *vergrößern*) to enlarge B̲ V̲R̲ to make a lot of money (*an +dat* out of) **Bereicherung** F̲ enrichment; (≈ *Vergrößerung*) enlargement

bereinigen V̲T̲ to clear up **bereinigt** A̲D̲J̲ *Statistik* adjusted

bereisen V̲T̲ *ein Land* to travel around; HANDEL *Gebiet* to travel

bereit A̲D̲J̲ 🔲 (≈ *fertig*) ready 🔲 (≈ *willens*) willing; **zu Verhandlungen ~ sein** to be prepared to negotiate; **~ sein, etw zu tun** to be willing to do sth; **~ erklären, etw zu tun** to agree to do sth **bereiten** V̲T̲ 🔲 (≈ *zubereiten*) to prepare 🔲 (≈ *verursachen*) to cause; *Freude, Kopfschmerzen* to give; **das bereitet mir Schwierigkeiten** it causes me difficulties **bereithaben** V̲T̲ **eine Antwort/Ausrede ~** to have an answer/excuse ready **bereithalten** A̲ V̲T̲ *Fahrkarten etc* to have ready; *Überraschung* to have in store B̲ V̲R̲ **sich ~** to be ready **bereitlegen** V̲T̲ to lay out ready **bereit machen** V̲T̲ to get ready **bereits** A̲D̲V̲ already; **~ damals/damals, als ...** even then/when ... **Bereitschaft** F̲ readiness; **in ~ sein** to be ready; (*Polizei, Soldaten etc*) to be on stand-by; (*Arzt*) to be on call *od* (*im Krankenhaus*) on duty **Bereitschaftsdienst** M̲ emergency service **Bereitschaftspolizei** F̲ riot police **bereitstehen** V̲I̲ to be ready; (*Truppen*) to stand by **bereitstellen**

V̲T̲ to get ready; *Material, Fahrzeug* to supply **Bereitstellung** F̲ preparation; (*von Auto, Material*) supply **bereitwillig** A̲ A̲D̲J̲ willing; (≈ *eifrig*) eager B̲ A̲D̲V̲ willingly

bereuen V̲T̲ to regret; *Schuld, Sünden* to repent of; **das wirst du noch ~!** you will be sorry (for that)!

Berg M̲ hill; (*größer*) mountain; **in die ~e fahren** to go to the mountains; **mit etw hinterm ~ halten** (*fig*) to keep sth to oneself; **über den ~ sein** (*umg*) to be out of the woods; **über alle ~e sein** to be long gone; **da stehen einem ja die Haare zu ~e** it's enough to make your hair stand on end (❗ **hair** im Singular) **bergab** A̲D̲V̲ downhill; **es geht mit ihm ~** (*fig*) he is going downhill **Bergarbeiter(in)** M̲F̲ miner **bergauf(wärts)** A̲D̲V̲ uphill; **es geht wieder ~** (*fig*) things are looking up **Bergbahn** F̲ mountain railway; (≈ *Seilbahn*) funicular *od* cable railway **Bergbau** M̲ mining

bergen V̲T̲ 🔲 (≈ *retten*) *Menschen* to save; *Leichen* to recover; *Ladung, Fahrzeug* to salvage 🔲 (*geh* ≈ *enthalten*) to hold; → geborgen

Bergführer(in) M̲F̲ mountain guide **Berghütte** F̲ mountain hut **bergig** A̲D̲J̲ hilly; (≈ *mit hohen Bergen*) mountainous **Bergkette** F̲ mountain range **Bergmann** M̲ miner **Bergnot** F̲ **in ~ sein/geraten** to be in/get into difficulties while climbing **Bergrücken** M̲ mountain ridge **Bergrutsch** M̲ landslide **bergsteigen** V̲I̲ to go mountaineering; **(das) Bergsteigen** mountaineering **Bergsteiger(in)** M̲F̲ mountaineer **Bergtour** F̲ trip round the mountains **Berg-und-Tal-Bahn** F̲ roller coaster

Bergung F̲ (*von Menschen*) rescue; (*von Leiche*) recovery; (*von Ladung, Fahrzeug*) salvage **Bergungsarbeit** F̲ rescue work **Bergungstrupp** M̲ rescue team

Bergwacht F̲ mountain rescue service **Bergwanderung** F̲ walk in the mountains **Bergwelt** F̲ mountains *pl* **Bergwerk** N̲ mine

Bericht M̲ report (*über +akk* about, on); **der ~ eines Augenzeugen** an eyewitness account; **(über etw** *akk*) **~ erstatten** to report (on sth) **berichten** V̲T̲&̲V̲I̲ to report; **jdm über etw** (*akk*) **~** (≈ *erzählen*) to tell sb about sth; **gibt es Neues zu ~?** has anything new happened?; **sie hat bestimmt viel(es) zu ~** she is sure to have a lot to tell us **Berichterstatter(in)** M̲F̲ reporter; (≈ *Korrespondent*) correspondent **Berichterstattung** F̲ reporting **berichtigen** V̲T̲ to correct **Berichtigung** F̲ correction

beriechen V̲T̲ to sniff at, to smell

BERI | 818

B

Beringstraße F̲ Bering Strait(s pl)
Berlin N̲ Berlin
Berliner[1] A̲D̲J̲ Berlin
Berliner[2] M̲ (a. **Berliner Pfannkuchen**) doughnut (Br), donut (US)
Bermudadreieck N̲ Bermuda triangle **Bermudainseln** P̲L̲ Bermuda sg (❗ ohne **the**)
Bermudashorts P̲L̲ Bermuda shorts pl
Bern N̲ Bern(e)
Bernhardiner M̲ Saint Bernard (dog)
Bernstein N̲ amber
bersten V̲I̲ (geh) to crack; ≈ zerbrechen to break
berüchtigt A̲D̲J̲ notorious
berücksichtigen V̲T̲ to take into account; Antrag, Bewerber to consider **Berücksichtigung** F̲ consideration; **unter ~ der Tatsache, dass …** in view of the fact that …
Beruf M̲ (≈ Tätigkeit) occupation; (akademisch) profession; (handwerklicher) trade; (≈ Stellung) job; **er ist Lehrer von ~** he's a teacher (by profession) (❗ Bei Berufen steht im Englischen meist a.); **was sind Sie von ~?** what do you do for a living?; **von ~s wegen** on account of one's job
berufen[1] A̲ V̲T̲ 1 (≈ ernennen) to appoint 2 (umg) **ich will es nicht ~, aber …** I don't want to tempt fate, but … B̲ V̲R̲ **sich auf jdn/etw ~** to refer to sb/sth
berufen[2] A̲D̲J̲ 1 (≈ befähigt) Kritiker competent; **von ~er Seite** from an authoritative source 2 (≈ ausersehen) **zu etw ~ sein** to have a vocation for sth
beruflich A̲ A̲D̲J̲ professional; **meine ~en Probleme** my problems at work B̲ A̲D̲V̲ professionally; **er ist ~ viel unterwegs** he is away a lot on business; **was machen Sie ~?** what do you do for a living? **Berufsausbildung** F̲ training (❗ kein pl); (für Handwerk) vocational training (❗ kein pl) **Berufsaussichten** P̲L̲ job prospects pl **Berufsberater(in)** M̲F̲ careers adviser **Berufsberatung** F̲ careers guidance **Berufschancen** P̲L̲ job od career prospects pl **Berufserfahrung** F̲ (professional) experience **Berufsfachschule** F̲ training college (attended full-time) **Berufsfeuerwehr** F̲ fire service **Berufsgeheimnis** N̲ professional secret **Berufskolleg** N̲ vocational college offering two-year vocational courses for students on completing their 'mittlere Reife' exam or their tenth school year **Berufskrankheit** F̲ occupational disease **Berufsleben** N̲ working life; **im ~ stehen** to be working **Berufsrisiko** N̲ occupational hazard **Berufsschule** F̲ vocational school, ≈ technical college (Br) **Berufsschüler(in)** M̲F̲ student at a vocational school od technical college (Br) **Berufssoldat(in)** M̲F̲ professional soldier **Be-**

rufsspieler(in) M̲F̲ professional player **berufstätig** A̲D̲J̲ working; **~ sein** to be working, to work **Berufstätige(r)** M̲/F̲(M̲) working person **Berufstätigkeit** F̲ occupation **berufsunfähig** A̲D̲J̲ occupationally disabled **Berufsverbot** N̲ **jdm ~ erteilen** to ban sb from a profession **Berufsverkehr** M̲ commuter traffic
Berufung F̲ 1 J̲U̲R̲ appeal; **~ einlegen** to appeal (bei to) 2 (in ein Amt etc) appointment (auf, an +akk to) 3 (≈ innerer Auftrag) vocation 4 (form) **unter ~ auf etw** (akk) with reference to sth
beruhen V̲I̲ to be based (auf +dat on); **etw auf sich ~ lassen** to let sth rest
beruhigen A̲ V̲T̲ to calm (down); (≈ trösten) to comfort; **~d** (körperlich) soothing; (≈ tröstlich) reassuring; **~d wirken** to have a calming effect B̲ V̲R̲ to calm down; (Verkehr) to subside; (Meer) to become calm; (Sturm) to die down; **beruhige dich doch!** calm down! **Beruhigung** F̲ (≈ das Beruhigen) calming (down); (≈ das Trösten) comforting; **zu Ihrer ~ kann ich sagen …** you'll be reassured to know that … **Beruhigungsmittel** N̲ sedative **Beruhigungsspritze** F̲ sedative (injection) **Beruhigungstablette** F̲ tranquillizer (Br), tranquilizer (US), downer (umg)
berühmt A̲D̲J̲ famous; **für etw ~ sein** to be famous for sth **berühmt-berüchtigt** A̲D̲J̲ notorious **Berühmtheit** F̲ 1 fame; **~ erlangen** to become famous 2 (≈ Mensch) celebrity
berühren A̲ V̲T̲ 1 to touch; Thema, Punkt to touch on; **Berühren verboten** do not touch 2 (≈ seelisch bewegen) to move; (≈ auf jdn wirken) to affect; (≈ betreffen) to concern; **das berührt mich gar nicht!** that's nothing to do with me B̲ V̲R̲ to touch **Berührung** F̲ touch; (≈ menschlicher Kontakt) contact; (≈ Erwähnung) mention; **mit jdm/etw in ~ kommen** to come into contact with sb/sth **Berührungsangst** F̲ reservation (mit about) **Berührungspunkt** M̲ (wörtl, fig) point of contact
besagen V̲T̲ to say; (≈ bedeuten) to mean; **das besagt nichts** that does not mean anything **besagt** A̲D̲J̲ (form) said (form)
besänftigen V̲T̲ to calm down; Erregung to soothe **Besänftigung** F̲ calming (down); (von Erregung) soothing
Besatzer M̲ occupying forces pl **Besatzung** F̲ 1 (≈ Mannschaft) crew 2 (≈ Besatzungsarmee) occupying army **Besatzungsmacht** F̲ occupying power
besaufen V̲R̲ (umg) to get plastered (umg); → besoffen **Besäufnis** N̲ (umg) booze-up (umg)
beschädigen V̲T̲ to damage **Beschädigung** F̲ damage (von to)

beschaffen[1] _VT_ to get (hold of); **jdm etw ~** to get (hold of) sth for sb

beschaffen[2] _ADJ_ (form) **mit jdm/damit ist es gut/schlecht ~** sb/it is in a good/bad way; **so ~ sein wie ...** to be the same as ... **Beschaffenheit** _F_ composition; (körperlich) constitution; (seelisch) nature

Beschaffung _F_ obtaining

beschäftigen _A_ _VR_ **sich mit etw ~** to occupy oneself with sth; (≈ sich befassen) to deal with sth; **sich mit jdm ~** to devote one's attention to sb _B_ _VT_ **1** (≈ innerlich beschäftigen) **jdn ~** to be on sb's mind **2** (≈ anstellen) to employ **3** (≈ eine Tätigkeit geben) to occupy; **jdn mit etw ~** to give sb sth to do **beschäftigt** _ADJ_ **1** busy; **mit seinen Problemen ~ sein** to be preoccupied with one's problems **2** (≈ angestellt) employed (bei by, at) **Beschäftigte(r)** _M/F(M)_ employee **Beschäftigung** _F_ **1** (≈ berufliche Arbeit) work (❶ ohne a), job; (≈ Anstellung) employment; **ohne ~ sein** to be unemployed **2** (≈ Tätigkeit) activity **Beschäftigungstherapie** _F_ occupational therapy

beschämen _VT_ to shame; **es beschämt mich, zu sagen ...** I feel ashamed to have to say ...; **beschämt** ashamed **beschämend** _ADJ_ (≈ schändlich) shameful; (≈ demütigend) humiliating

beschatten _VT_ (≈ überwachen) to tail; **jdn ~ lassen** to have sb tailed **Beschattung** _F_ tailing

beschaulich _ADJ_ Leben, Abend quiet; Charakter pensive

Bescheid _M_ **1** (≈ Auskunft) information; (≈ Nachricht) notification; (≈ Entscheidung) decision; **ich warte noch auf ~** I am still waiting to hear; **jdm ~ sagen** to let sb know; **jdm ordentlich ~ sagen** (umg) to tell sb where to get off (umg) **2** **~ wissen** to know; **ich weiß hier nicht ~** I don't know about things around here; **er weiß gut ~** he is well informed

bescheiden _A_ _ADJ_ modest; **in ~en Verhältnissen leben** to live modestly _B_ _ADV_ leben modestly **Bescheidenheit** _F_ modesty; **falsche ~** false modesty

bescheinigen _VT_ to certify; Empfang to confirm; **können Sie mir ~, dass ...** can you give me written confirmation that ...; **hiermit wird bescheinigt, dass ...** this is to certify that ... **Bescheinigung** _F_ certification; (≈ Schriftstück) certificate

bescheißen _VT & VI_ (umg) to cheat; → beschissen

beschenken _VT_ jdn to give presents/a present to sb; **jdn mit etw ~** to give sb sth (as a present)

bescheren _A_ _VT_ (≈ schenken) **jdm etw ~** to give sb sth; **jdn mit etw ~** to give sb sth; **was hat dir das Christkind beschert?** what did Santa Claus bring you? **2** (fig ≈ zukommen lassen) **jdm etw ~** to bring sb sth; Positives to bless sb with sth; **das hat uns viel Ärger beschert** this caused us a lot of trouble; **was uns wohl die Zukunft ~ wird?** what does the future hold? _B_ _VI_ **wann wird bei euch beschert?** when do you open your (Christmas) presents? **Bescherung** _F_ **1** (≈ Feier) giving out of Christmas presents **2** (iron umg) **das ist ja eine schöne ~!** this is a nice mess; **da haben wir die ~!** what did I tell you!

bescheuert (umg) _ADJ_ stupid

beschichten _VT_ TECH to coat

beschießen _VT_ to shoot at; (mit Geschützen) to bombard

beschildern _VT_ to put a sign od notice on; (mit Schildchen) to label; (mit Verkehrsschildern) to signpost **Beschilderung** _F_ (mit Schildchen) labelling (Br), labeling (US); (mit Verkehrsschildern) signposting; (≈ Schildchen) labels pl; (≈ Verkehrsschilder) signposts pl

beschimpfen _VT_ jdn to swear at, to abuse; **jdn als Nazi ~** to accuse sb of being a Nazi **Beschimpfung** _F_ (≈ Schimpfwort) insult

Beschiss _M_ (umg) rip-off (umg); **das ist ~** it's a swindle **beschissen** (umg) _A_ _ADJ_ lousy (umg), shitty (umg); _B_ _ADV_ **das schmeckt ~** that tastes lousy (umg); **mir gehts ~** I feel shitty (sl); → bescheißen

Beschlag _M_ **1** (an Koffer, Truhe) (ornamental) fitting; (an Tür, Möbelstück) (ornamental) mounting; (von Pferd) shoes pl **2** (auf Metall) tarnish; (auf Glas, Spiegel etc) condensation **3** **jdn/etw mit ~ belegen, jdn/etw in ~ nehmen** to monopolize sb/sth

beschlagen[1] _A_ _VT_ Truhe, Möbel, Tür to put (metal) fittings on; Huftier to shoe _B_ _VI & VR_ (Brille, Glas) to get steamed up; (Silber etc) to tarnish

beschlagen[2] _ADJ_ (≈ erfahren) well-versed; **in etw** (dat) **(gut) ~ sein** to be well-versed in sth

beschlagnahmen _VT_ (≈ konfiszieren) to confiscate; Vermögen, Drogen to seize; Kraftfahrzeug to impound

beschleunigen _VT, VI, VR_ to accelerate **Beschleunigung** _F_ acceleration

beschließen _A_ _VT_ **1** (≈ Entschluss fassen) to decide on; Gesetz to pass; **~, etw zu tun** to decide to do sth **2** (≈ beenden) to end _B_ _VI_ **über etw** (akk) **~** to decide on sth **beschlossen** _ADJ_ decided; **das ist ~e Sache** that's settled **Beschluss** _M_ (≈ Entschluss) decision; **einen ~ fassen** to pass a resolution **beschlussfähig** _ADJ_ **~ sein** to have a quorum **beschlussunfähig** _ADJ_ **~ sein** not to have a quorum

BESC | 820

B

beschmieren A VT 1 **Brot mit Butter ~** to butter bread 2 *Kleidung, Wand* to smear B VR to get (all) dirty

beschmutzen VT to (make *od* get) dirty; (*fig*) *Ruf, Namen* to sully; *Ehre* to stain

beschneiden VT 1 (≈ *stutzen*) to trim; *Bäume* to prune; *Flügel* to clip 2 MED, REL to circumcise 3 (*fig* ≈ *beschränken*) to curtail **Beschneidung** F MED, REL circumcision

beschönigen VT to gloss over

beschränken A VT to limit, to restrict (*auf +akk* to) B VR (≈ *sich einschränken*) to restrict oneself

beschrankt ADJ *Bahnübergang* with gates

beschränkt A ADJ limited B ADV **~ leben** to live on a limited income; **~ wohnen** to live in cramped conditions **Beschränkung** F restriction (*auf +akk* to)

beschreiben VT 1 (≈ *darstellen*) to describe; **nicht zu ~** indescribable 2 (≈ *vollschreiben*) to write on **Beschreibung** F description

beschriften VT to write on; *Grabstein* to inscribe; (*mit Aufschrift*) to label; *Umschlag* to address **Beschriftung** F (≈ *Aufschrift*) writing; (*auf Grabstein*) inscription; (≈ *Etikett*) label

beschuldigen VT to accuse **Beschuldigung** F accusation; *bes* JUR charge

beschummeln VT & VI (*umg*) to cheat

Beschuss M MIL fire; **jdn/etw unter ~ nehmen** MIL to (start to) bombard *od* shell sb/ sth; (*fig*) to attack sb/sth; **unter ~ geraten** (MIL, *fig*) to come under fire

beschützen VT to protect (*vor +dat* from) **Beschützer(in)** M(F) protector

beschwatzen VT (*umg*) 1 (≈ *überreden*) to talk over; **sich zu etw ~ lassen** to get talked into sth 2 (≈ *bereden*) to chat about

Beschwerde F 1 (≈ *Klage*) complaint; JUR appeal 2 **Beschwerden** PL (≈ *Leiden*) trouble; **das macht mir immer noch ~n** it's still giving me trouble **beschweren** A VT (*mit Gewicht*) to weigh(t) down; (*fig* ≈ *belasten*) to weigh on B VR (≈ *sich beklagen*) to complain **beschwerlich** ADJ arduous

beschwichtigen VT to appease

beschwindeln VT (*umg* ≈ *belügen*) **jdn ~** to tell sb a lie *od* a fib (*umg*)

beschwingt ADJ elated; *Musik* vibrant

beschwipst ADJ (*umg*) tipsy

beschwören VT 1 (≈ *beeiden*) to swear to 2 (≈ *anflehen*) to implore, to beseech 3 (≈ *erscheinen lassen*) to conjure up; *Schlangen* to charm

besehen VT (*a.* **sich** *dat* **besehen**) to take a look at

beseitigen VT 1 (≈ *entfernen*) to remove; *Abfall, Schnee* to clear (away); *Atommüll* to dispose of; *Fehler* to eliminate; *Missstände* to do away with 2 (*euph* ≈ *umbringen*) to get rid of **Beseitigung** F (≈ *das Entfernen*) removal; (*von Abfall, Schnee*) clearing (away); (*von Atommüll*) disposal; (*von Fehlern*) elimination; (*von Missständen*) doing away with

Besen M broom; **ich fresse einen ~, wenn das stimmt** (*umg*) if that's right, I'll eat my hat (*umg*); **neue ~ kehren gut** (*sprichw*) a new broom sweeps clean (*sprichw*) **besenrein** ADV **eine Wohnung ~ verlassen** to leave an apartment in a clean and tidy condition (for the next tenant) **Besenstiel** M broomstick

besessen ADJ (*von bösen Geistern*) possessed (*von* by); (*von einer Idee etc*) obsessed (*von* with); **wie ~** like a thing possessed; → **besitzen Besessenheit** F (*von Idee etc*) obsession

besetzen VT 1 (≈ *belegen*) to occupy; (≈ *reservieren*) to reserve; (≈ *füllen*) *Plätze* to fill; **ist dieser Platz besetzt?** is this place taken? 2 THEAT *Rolle* to cast; **eine Stelle** *etc* **neu ~** to find a new person to fill a job 3 *bes* MIL to occupy; (*Hausbesetzer*) to squat in **besetzt** ADJ *Telefon* engaged (*Br*), busy (*bes US*); *WC* occupied, engaged; *Abteil, Tisch* taken; *Gebiet* occupied; (*voll*) *Bus etc* full (up) **Besetztzeichen** N TEL engaged (*Br*) *od* busy (*bes US*) tone **Besetzung** F 1 (≈ *das Besetzen*) (*von Stelle*) filling; (*von Rolle*) casting; (THEAT ≈ *Schauspieler*) cast; (SPORT ≈ *Mannschaft*) team, side; **zweite ~** THEAT understudy 2 (MIL, *durch Hausbesetzer*) occupation

besichtigen VT *Kirche, Stadt* to visit; *Betrieb* to have a look (a)round; (*zur Prüfung*) *Haus* to view **Besichtigung** F (*von Sehenswürdigkeiten*) sightseeing tour; (*von Museum, Kirche, Betrieb*) tour; (*zur Prüfung*) (*von Haus*) viewing

besiedeln VT to settle; (≈ *kolonisieren*) to colonize; **dicht/dünn besiedelt** densely/thinly populated

besiegen VT (≈ *schlagen*) to defeat; (≈ *überwinden*) to overcome

besinnen VR (≈ *überlegen*) to reflect; (≈ *erinnern*) to remember (*auf jdn/etw* sb/sth); **sich anders** *od* **eines anderen ~** to change one's mind; → **besonnen besinnlich** ADJ contemplative; *Texte, Worte* reflective **Besinnlichkeit** F reflection **Besinnung** F 1 (≈ *Bewusstsein*) consciousness; **bei/ohne ~ sein** to be conscious/unconscious; **die ~ verlieren** to lose consciousness; **wieder zur ~ kommen** to regain consciousness; (*fig*) to come to one's senses; **jdn zur ~ bringen** to bring sb to his senses 2 (≈ *das Nachdenken*) reflection

Besitz M 1 (≈ *das Besitzen*) possession; **im ~ von etw sein** to be in possession of sth; **etw in ~ nehmen** to take possession of sth; **von etw ~ ergreifen** to seize possession of sth 2 (≈ *Eigen-*

821 ‖ BEST | **B**

tum) property; (≈ *Landgut*) estate **besitzanzeigend** ADJ GRAM possessive **besitzen** VT to possess; *Wertpapiere, grüne Augen* to have; → besessen **Besitzer(in)** M(F) owner; (*von Führerschein etc*) holder; **den ~ wechseln** to change hands

besoffen ADJ (*umg*) smashed (*umg*); → besaufen **Besoffene(r)** M(F)M (*umg*) drunk

Besoldung F pay

besondere(r, s) ADJ special; (≈ *bestimmt*) particular; (≈ *hervorragend*) exceptional; **ohne ~ Begeisterung** without any particular enthusiasm; **in diesem ~n Fall** in this particular case **Besondere(s)** N **etwas/nichts ~s** something/nothing special; **er möchte etwas ~s sein** he thinks he's something special; **im ~n** (≈ *vor allem*) in particular **Besonderheit** F unusual quality; (≈ *besondere Eigenschaft*) peculiarity **besonders** ADV gut, teuer etc particularly; (≈ *speziell*) anfertigen etc specially; **das Essen/der Film war nicht ~** (*umg*) the food/film was nothing special; **wie gehts dir? — nicht ~** (*umg*) how are you? — not too hot (*umg*)

besonnen A ADJ level-headed B ADV in a careful and thoughtful manner; → besinnen **Besonnenheit** F level-headedness

besorgen VT **1** (≈ *beschaffen*) to get; **jdm/sich etw ~** to get sth for sb/oneself **2** (≈ *erledigen*) to see to **Besorgnis** F anxiety, worry **besorgniserregend** A ADJ alarming B ADV alarmingly **besorgt** A ADJ anxious (*wegen* about); **um jdn/etw ~ sein** to be concerned about sb/sth B ADV anxiously **Besorgung** F **1** (≈ *das Kaufen*) purchase **2** (≈ *Einkauf*) errand; **~en machen** to do some shopping

bespitzeln VT to spy on

besprechen VT (≈ *über etw sprechen*) to discuss; (≈ *rezensieren*) to review; **wie besprochen** as arranged **Besprechung** F **1** (≈ *Unterredung*) discussion; (≈ *Konferenz*) meeting **2** (≈ *Rezension*) review **Besprechungsraum** M meeting room

bespritzen VT to spray; (≈ *beschmutzen*) to splash

besser A ADJ better; **er ist in Englisch ~ als ich** he's better at English than I am; **du willst wohl etwas Besseres sein!** (*umg*) I suppose you think you're better than other people; **~ werden** to improve; **das ist auch ~ so** it's better that way; **das wäre noch ~** (*iron*) no way; **jdn eines Besseren belehren** to teach sb otherwise B ADV **1** better; **~ ist ~** (it is) better to be on the safe side; **umso ~!** (*umg*) so much the better!; **~ (gesagt)** or rather; **es ~ wissen** to know better (⚠ ohne **it**); **sie will immer alles ~ wissen** she always thinks she knows

better; **es ~ haben** to have a better life **2** (≈ *lieber*) **das solltest du ~ nicht tun** you had better not do that; **du tätest ~ daran …** you would do better to … **besser gehen** VI UNPERS **es geht jdm besser** sb is feeling better; **jetzt gehts der Firma wieder besser** the firm is doing better again now **bessern** A VT (≈ *besser machen*) to improve B VR to mend one's ways **Besserung** F improvement; (≈ *Genesung*) recovery; (**ich wünsche dir) gute ~!** I hope you get better soon; **auf dem Wege der ~ sein** to be getting better **Besserverdienende(r)** M(F)M **die ~n** pl those earning more od on higher incomes **Besserwisser(in)** M(F) (*umg*) know-all (*Br umg*), know-it-all (*US umg*) **besserwisserisch** (*umg*) ADJ know(-it)-all attr

Bestand M **1** (≈ *Fortdauer*) continued existence; **von ~ sein**, **~ haben** to be permanent **2** (≈ *vorhandene Menge*) stock (*an +dat* of); **~ aufnehmen** to take stock **beständig** A ADJ **1** constant; *Wetter* settled **2** (≈ *widerstandsfähig*) resistant (*gegen* to); (≈ *dauerhaft*) lasting B ADV **1** (≈ *dauernd*) constantly **2** (≈ *gleichbleibend*) consistently **Beständigkeit** F **1** (≈ *gleichbleibende Qualität*) constant standard; (*von Wetter*) settledness **2** (≈ *Widerstandsfähigkeit*) resistance; (≈ *Dauerhaftigkeit*) durability **Bestandsaufnahme** F stocktaking **Bestandteil** M component; (*fig*) integral part; **etw in seine ~e zerlegen** to take sth to pieces

bestärken VT to confirm; **jdn in seinem Wunsch ~** to make sb's desire stronger

bestätigen A VT to confirm; JUR *Urteil* to uphold; HANDEL *Empfang, Brief* to acknowledge (receipt of); **hiermit wird bestätigt, dass …** this is to certify that … B VR to be confirmed, to be proved true **Bestätigung** F confirmation; (JUR: *von Urteil*) upholding; (≈ *Beurkundung*) certification

bestatten VT to bury **Bestattung** F burial; (≈ *Feuerbestattung*) cremation; (≈ *Feier*) funeral **Bestattungsunternehmen** N undertaker's, mortician's (*US*)

bestäuben VT to dust; BOT to pollinate

bestaunen VT to gaze at in admiration

beste → beste(r, s)

bestechen A VT **1** (*mit Geld etc*) to bribe; **ich lasse mich nicht ~** I'm not open to bribery **2** (≈ *beeindrucken*) to captivate B VI (≈ *Eindruck machen*) to be impressive (*durch* because of) **bestechend** A ADJ *Schönheit, Eindruck* captivating; *Angebot* tempting B ADV (≈ *beeindruckend*) impressively **bestechlich** ADJ bribable, corruptible **Bestechlichkeit** F corruptibility **Bestechung** F bribery **Bestechungsgeld** N bribe **Bestechungsversuch** M attempted bribery

Besteck N **1** (≈ *Essbesteck*) knives and forks *pl*; **ein silbernes ~** a set of silver cutlery (*Br*) *od* flatware (*US*) **2** **chirurgisches ~** (set of) surgical instruments

bestehen A VT **1** *Examen, Probe* to pass; **jdm zur bestandenen Prüfung gratulieren** to congratulate sb on passing his *od* her exam **2** (≈ *durchstehen*) *Schicksalsschläge* to withstand; *Gefahr* to overcome B VI **1** (≈ *existieren*) to exist; **~ bleiben** (*Frage, Hoffnung etc*) to remain; **es besteht die Aussicht, dass ...** there is a prospect that ... **2** (≈ *Bestand haben*) to continue to exist **3** (≈ *sich zusammensetzen*) to consist (*aus* of); **in etw** (*dat*) **~** to consist in sth; (*Aufgabe*) to involve sth **4** **auf etw** (*dat*) **~** to insist on sth; **ich bestehe darauf** I insist **Bestehen** N **1** (≈ *Vorhandensein, Dauer*) existence; **seit ~ der Firma** ever since the firm came into existence **2** (≈ *Beharren*) insistence (*auf* +*dat* on) **3** (*von Prüfung*) passing **bestehen bleiben** VI to last; (*Hoffnung*) to remain **bestehend** ADJ existing; *Preise* current

bestehlen VT to rob; **jdn um etw ~** to rob sb of sth

besteigen VT *Berg, Turm, Leiter* to climb (up); *Fahrrad, Pferd* to get on(to); *Bus, Flugzeug* to get on; *Schiff* to go aboard; *Thron* to ascend

bestellen A VT **1** (≈ *anfordern, in Restaurant*) to order; **sich** (*dat*) **etw ~** to order sth **2** (≈ *reservieren*) to book **3** (≈ *ausrichten*) **bestell ihm (von mir), dass ...** tell him (from me) that ...; **soll ich irgendetwas ~?** can I take a message?; **er hat nichts zu ~** he doesn't have any say here **4** (≈ *kommen lassen*) *jdn* to send for, to summon; **ich bin um** *od* **für 10 Uhr bestellt** I have an appointment for *od* at 10 o'clock **5** (*fig*) **es ist schlecht um ihn bestellt** he is in a bad way; **damit ist es schlecht bestellt** that's rather difficult B VI to order **Besteller(in)** M(F) customer **Bestellkarte** F order form **Bestellnummer** F order number **Bestellschein** M order form **Bestellung** F (≈ *Anforderung*) order **Bestellzettel** M order form

bestenfalls ADV at best **bestens** ADV (≈ *sehr gut*) very well; **sie lässt ~ grüßen** she sends her best regards **beste(r, s)** A ADJ **1** best; **im ~n Fall** at (the) best; **im ~n Alter** in the prime of (one's) life; **mit (den) ~n Wünschen** with best wishes; **in ~n Händen** in the best of hands **2** **der/die/das Beste** the best; **ich will nur dein Bestes** I've your best interests at heart; **sein Bestes tun** to do one's best; **wir wollen das Beste hoffen** let's hope for the best; **das Beste wäre, wir ...** the best thing would be for us to ...; **etw zum Besten geben** (≈ *erzählen*) to tell sth B ADV **am ~n** best; **am ~n**

gehe ich jetzt I'd best be going now

besteuern VT to tax **Besteuerung** F taxation; (≈ *Steuersatz*) tax

Bestform F *bes* SPORT top form

bestialisch A ADJ bestial; (*umg*) awful B ADV (*umg*) terribly; *stinken, zurichten* dreadfully **Bestie** F beast; (*fig*) animal

bestimmen A VT **1** (≈ *festsetzen*) to determine; **sie will immer alles ~** she always wants to decide the way things are to be done **2** (≈ *prägen*) *Landschaft* to characterize; (≈ *beeinflussen*) *Preis, Anzahl* to determine **3** (≈ *vorsehen*) to intend, to mean (*für* for); **wir waren füreinander bestimmt** we were meant for each other B VI **1** (≈ *entscheiden*) to decide (*über* +*akk* on); **du hast hier nicht zu ~** you don't make the decisions here **2** (≈ *verfügen*) **er kann über sein Geld allein ~** it is up to him what he does with his money **bestimmt** A ADJ **1** (≈ *gewiss*) certain; (≈ *speziell*) particular; *Preis, Tag* fixed; GRAM *Artikel* definite; **suchen Sie etwas Bestimmtes?** are you looking for anything in particular? **2** (≈ *entschieden*) firm, decisive B ADV **1** (≈ *sicher*) definitely; **ich weiß ganz ~, dass ...** I know for sure that ...; **er schafft es ~ nicht** he definitely won't manage it **2** (≈ *wahrscheinlich*) no doubt; **das hat er ~ verloren** he's bound to have lost it **Bestimmtheit** F (≈ *Sicherheit*) certainty; **ich kann mit ~ sagen, dass ...** I can say definitely that ... **Bestimmung** F **1** (≈ *Vorschrift*) regulation **2** (≈ *Zweck*) purpose **3** (≈ *Schicksal*) destiny **Bestimmungsland** N (country of) destination

Bestleistung F *bes* SPORT best performance; **seine persönliche ~** his personal best **bestmöglich** ADJ best possible; **wir haben unser Bestmögliches getan** we did our (level (*Br*)) best

bestrafen VT to punish; JUR *jdn* to sentence (*mit* to); SPORT *Spieler, Foul* to penalize **Bestrafung** F punishment; JUR sentencing; SPORT penalization

bestrahlen VT to shine on; MED to give radiotherapy to; *Lebensmittel* to irradiate **Bestrahlung** F MED radiotherapy; (≈ *von Lebensmitteln*) irradiation

Bestreben N endeavour (*Br*), endeavor (*US*) **bestrebt** ADJ **~ sein, etw zu tun** to endeavour (*Br*) *od* endeavor (*US*) to do sth

bestreichen VT (*mit Salbe, Flüssigkeit*) to spread; (*mit Butter*) to butter; (*mit Farbe*) to paint; **etw mit Butter/Salbe ~** to spread butter/ointment on sth

bestreiken VT to boycott; **bestreikt** strikebound

bestreiten VT **1** (≈ *abstreiten*) to dispute; (≈ *leug-*

nen) to deny ☑ (≈ *finanzieren*) to pay for; *Kosten* to carry

bestreuen V̄T̄ to cover (*mit* with); GASTR to sprinkle

Bestseller M̄ bestseller **Bestsellerautor(in)** M̄/F̄ bestselling author **Bestsellerliste** F̄ bestseller list

bestürmen V̄T̄ to storm; (*mit Fragen, Bitten*) to bombard; (*mit Briefen, Anrufen*) to inundate

bestürzen V̄T̄ to shake **bestürzend** Ⓐ ADJ alarming Ⓑ ADV *hoch, niedrig* alarmingly **bestürzt** Ⓐ ADJ filled with consternation Ⓑ ADV in consternation **Bestürzung** F̄ consternation

Bestzeit F̄ *bes* SPORT best time

Besuch M̄ ☐ visit; (*von Schule, Veranstaltung*) attendance (*+gen* at); **bei jdm auf** *od* **zu ~ sein** to be visiting sb; **jdm einen ~ abstatten** to pay sb a visit; **ein ~ im Museum** a visit to the museum ☑ (≈ *Besucher*) visitor, visitors *pl*; **er bekommt viel ~** he has a lot of visitors **besuchen** V̄T̄ *jdn* to visit; *Schule, Gottesdienst* to attend; *Kino, Theater* to go to; **die Schule ~** to go to school (❗ *ohne* **the**) **Besucher(in)** M̄/F̄ visitor; (*von Kino, Theater*) patron (*form*) **Besuchszeit** F̄ visiting time **besucht** ADJ **gut/ schlecht ~ sein** to be well/badly attended

Betablocker M̄ MED beta-blocker

betagt ADJ (*geh*) aged

betanken V̄T̄ *Fahrzeug* to fill up; *Flugzeug* to refuel

betasten V̄T̄ to feel

betätigen Ⓐ V̄T̄ *Muskeln, Gehirn* to activate; *Bremse* to apply; *Hebel* to operate; *Taste* to press; *Schalter* to turn on Ⓑ V̄R̄ to busy oneself; (*körperlich*) to get some exercise; **sich politisch ~** to be active in politics; **sich sportlich ~** to do sport; **sich geistig und körperlich ~** to stay active in body and mind **Betätigung** F̄ ☐ (≈ *Tätigkeit*) activity ☑ (≈ *Aktivierung*) operation; (*von Muskel, Gehirn*) activation; (*von Bremsen*) applying; (*von Knopf*) pressing; (*von Schalter*) turning on

betatschen V̄T̄ (*umg*) to paw (*umg*); (*sexuell*) to grope (*umg*); **hör auf, den Bildschirm zu ~** get your dirty paws *od* mitts off the monitor (*umg*)

betäuben V̄T̄ *Körperteil* to (be)numb; *Nerv* to deaden; *Schmerzen* to kill; (*durch Narkose*) to anaesthetize; **ein ~der Duft** an overpowering smell **Betäubung** F̄ ☐ (≈ *das Betäuben*) (be)numbing; (*von Nerv, Schmerz*) deadening; (*von Schmerzen*) killing; (*durch Narkose*) anaesthetization ☑ (≈ *Narkose*) anaesthetic; **örtliche** *od* **lokale ~** local anaesthetic **Betäubungsmittel** N̄ anaesthetic; (≈ *Droge*) narcotic **Betäubungsmittelgesetz** N̄ *law concerning drug abuse*, narcotics

law (*US*)

Bete F̄ beet; **Rote ~** beetroot

beteiligen Ⓐ V̄R̄ to participate (*an +dat* in) **beteiligt** ADJ **an etw** (*dat*) **~ sein/werden** to be involved in sth; (*finanziell*) to have a share in sth; *am Gewinn* to have a slice of sth **Beteiligte(r)** M̄/F̄(M̄) person involved; (≈ *Teilhaber*) partner; JUR party; **an alle ~n** to all concerned **Beteiligung** F̄ (≈ *Teilnahme*) (*an +dat* in) participation; (*finanziell*) share; (*an Unfall*) involvement

beten V̄Ī̄ to pray

beteuern V̄T̄ to declare; *Unschuld* to protest **Beteuerung** F̄ declaration; (*von Unschuld*) protestation

betiteln V̄T̄ to entitle

Beton M̄ concrete

betonen V̄T̄ ☐ (≈ *hervorheben*) to emphasize; → **betont** ☑ LING to stress

betonieren V̄T̄ (*wörtl*) to concrete **Betonklotz** M̄ (*pej*) concrete block **Betonmischmaschine** F̄ concrete mixer

betont Ⓐ ADJ *Höflichkeit* emphatic; *Kühle, Sachlichkeit* pointed Ⓑ ADV *knapp, kühl* pointedly; **sich ~ einfach kleiden** to dress with marked simplicity; → **betonen** **Betonung** F̄ ☐ emphasis ☑ (≈ *Akzent*) stress

Betracht M̄ **etw außer ~ lassen** to leave sth out of consideration; **in ~ kommen** to be considered; **nicht in ~ kommen** to be out of the question; **etw in ~ ziehen** to take sth into consideration **betrachten** V̄T̄ to look at; **bei näherem Betrachten** on closer examination; **als jdn/etw ~** (≈ *halten für*) to regard as sb/sth **Betrachter(in)** M̄/F̄ observer **beträchtlich** Ⓐ ADJ considerable Ⓑ ADV considerably **Betrachtung** F̄ (≈ *das Betrachten*) contemplation; **bei näherer ~** on closer examination

Betrag M̄ amount **betragen** Ⓐ V̄T̄ to be Ⓑ V̄R̄ to behave **Betragen** N̄ behaviour (*Br*), behavior (*US*)

Betreff M̄ (*form*) **~: Ihr Schreiben vom …** re your letter of … **betreffen** V̄T̄ (≈ *angehen*) to concern; **was mich betrifft …** as far as I'm concerned …; **betrifft** re; → **betroffen** **betreffend** ADJ (≈ *erwähnt*) in question; (≈ *zuständig*) relevant **Betreffende(r)** M̄/F̄(M̄) person concerned; **die ~n** those concerned **Betreffzeile** F̄ (*in E-Mail etc*) subject line

betreiben V̄T̄ *Gewerbe* to carry on; *Geschäft* to conduct; *Sport* to do; *Studium* to pursue; **auf jds Betreiben** (*akk*) **hin** at sb's instigation **Betreiber(in)** M̄/F̄ operating authority

betreten¹ V̄T̄ (≈ *hineingehen in*) to enter; *Rasen, Spielfeld etc* to walk on; „**Betreten verboten!**" "keep off"

betreten² Ⓐ ADJ embarrassed Ⓑ ADV with em-

BETR | 824

barrassment

betreuen V̄T̄ to look after; **betreutes Wohnen** assisted living **Betreuer(in)** M̄F̄ person who is in charge of od looking after sb; (≈ Kinderbetreuer) child minder (Br), babysitter (US); (von alten Leuten, Kranken) nurse **Betreuung** F̄ looking after; (von Patienten etc) care

Betrieb M̄ **1** (≈ Firma) business; (≈ Fabrik) factory, works (❗ mit Verb im Singular oder Plural) **2** (≈ Tätigkeit) work; (von Maschine, Fabrik) operation; **außer ~** out of order; **die Maschinen sind in ~** the machines are running; **eine Maschine in ~ setzen** to start a machine up **3** (≈ Betriebsamkeit) bustle; **in den Geschäften herrscht großer ~** the shops are very busy **betriebsam** ĀD̄J̄ busy, bustling (❗ kein Adverb); **in der Stadt ging es ~ zu** it was busy in the town, the town was busy **Betriebsamkeit** F̄ bustle **Betriebsangehörige(r)** M̄F̄M̄ employee **Betriebsanleitung** F̄, **Betriebsanweisung** F̄ operating instructions pl; (≈ Handbuch) operating od user's manual **Betriebsausflug** M̄ (annual) works (Br) od company (bes US) outing **betriebsbereit** ĀD̄J̄ operational **betriebsblind** ĀD̄J̄ blind to the shortcomings of one's (own) company **Betriebsferien** P̄L̄ (annual) holiday (bes Br), vacation close-down (US) **Betriebsgeheimnis** N̄ trade secret **Betriebsklima** N̄ atmosphere at work **Betriebskosten** P̄L̄ (von Firma etc) overheads pl; (von Maschine) running costs pl **Betriebsleiter(in)** M̄F̄ (works od factory) manager **Betriebsleitung** F̄ management

Betriebsrat¹ M̄ (≈ Gremium) works od factory committee (❗ Vorsicht, Schreibung)

Betriebsrat² M̄, **Betriebsrätin** F̄ works od factory committee member (❗ Vorsicht, Schreibung) **Betriebsstörung** F̄ breakdown **Betriebssystem** N̄ IT operating system **Betriebsunfall** M̄ industrial accident; (hum umg) accident **Betriebsversammlung** F̄ company meeting **Betriebswirt(in)** M̄F̄ management expert **Betriebswirtschaft** F̄ business management

betrinken V̄R̄ to get drunk; → betrunken

betroffen Ā ĀD̄J̄ **1** affected (von by) **2** (≈ bestürzt) sad B̄ ĀD̄V̄ (≈ bestürzt) in consternation; (≈ betrübt) in dismay; → betreffen **Betroffene(r)** M̄F̄M̄ person affected **Betroffenheit** F̄ sadness

betrüben V̄T̄ to sadden, to distress **betrüblich** Ā ĀD̄J̄ sad, distressing; Zustände deplorable B̄ ĀD̄V̄ **die Lage sieht ~ aus** things look bad **betrübt** ĀD̄J̄ saddened

Betrug M̄ deceit, deception; JUR fraud **betrügen** Ā V̄T̄ to deceive; Freund, Ehepartner to be unfaithful to, to cheat on; JUR to defraud; **jdn um etw ~** to cheat sb out of sth; JUR to defraud sb of sth; **sie betrügt mich mit meinem besten Freund** she's cheating on me with my best friend, she is having an affair with my best friend B̄ V̄R̄ to deceive oneself **Betrüger(in)** M̄F̄ (beim Spiel) cheat; (geschäftlich) swindler; JUR defrauder **betrügerisch** ĀD̄J̄ deceitful; JUR fraudulent; **in ~er Absicht** with intent to defraud

betrunken ĀD̄J̄ drunk (❗ kein Adverb), drunken attr; **~ Auto fahren** to drive while over the limit, to drive while under the influence of alcohol; → betrinken **Betrunkene(r)** M̄F̄M̄ drunk **Betrunkenheit** F̄ drunkenness

Bett N̄ bed; **das ~ machen** to make the bed; **im ~** in bed; **ins** od **zu ~ gehen** to go to bed; **jdn ins** od **zu ~ bringen** to put sb to bed **Bettbezug** M̄ duvet cover **Bettcouch** F̄ bed settee (Br), pullout couch (US) **Bettdecke** F̄ blanket; (gesteppt) quilt

Bettelei F̄ begging **betteln** V̄T̄ to beg **Bettflasche** F̄ (österr) hot-water bottle **Bettgestell** N̄ bedstead **bettlägerig** ĀD̄J̄ bed-ridden **Bettlaken** N̄ sheet

Bettler(in) M̄F̄ beggar

Bettnässer(in) M̄F̄ bed-wetter **Bettruhe** F̄ confinement to bed, bed rest; **der Arzt hat ~ verordnet** the doctor ordered him etc to stay in bed **Betttuch** N̄ sheet **Bettvorleger** M̄ bedside rug **Bettwäsche** F̄ bed linen **Bettzeug** N̄ bedding

betucht ĀD̄J̄ (umg) well-to-do

betupfen V̄T̄ to dab; MED to swab

Beuge F̄ bend **beugen** Ā V̄T̄ **1** (≈ krümmen) to bend; **das Recht ~** to pervert the course of justice; → gebeugt **2** GRAM to decline; Verb to conjugate B̄ V̄R̄ to bend; (fig) to submit (+dat to); **sich aus dem Fenster ~** to lean out of the window

Beule F̄ (von Stoß etc) bump; (≈ Delle) dent

beunruhigen Ā V̄T̄ to worry; B̄ V̄R̄ to worry (oneself) (über +akk, um, wegen about) **beunruhigend** ĀD̄J̄ unsettling, worrying, disconcerting; Ereignisse etc disturbing; (stärker) alarming; **es ist ~** it's worrying **Beunruhigung** F̄ concern, disquiet

beurkunden V̄T̄ to certify

beurlauben V̄T̄ to give leave (of absence); **beurlaubt sein** to be on leave; (≈ suspendiert sein) to have been relieved of one's duties **Beurlaubung** F̄ leave (of absence); **seine ~ vom Dienst** (≈ Suspendierung) his being relieved of his duties

beurteilen V̄T̄ to judge (nach by, from); **etw**

825 | **BEWE**

B

falsch ~ to misjudge sth; **du kannst das doch gar nicht ~** you are not in a position to judge **Beurteilung** F (≈ das Beurteilen) judging; (≈ Urteil) assessment

Beute F (≈ Kriegsbeute) spoils pl; (≈ Diebesbeute) haul; (von Raubtieren etc) prey; (≈ Jagdbeute) bag

Beutel M (≈ Behälter) bag; (≈ Tragetasche) carrier bag; ZOOL pouch **Beuteltier** N marsupial

bevölkern VT (≈ bewohnen) to inhabit; (≈ besiedeln) to populate; **schwach/stark bevölkert** sparsely/densely populated **Bevölkerung** F population **Bevölkerungsdichte** F population density **Bevölkerungsrückgang** M decline in population **Bevölkerungsschicht** F social class **Bevölkerungszunahme** F population growth, increase in population

bevollmächtigen VT to authorize (zu etw to do sth) **Bevollmächtigte(r)** M(F)M authorized representative

bevor KONJ before; **~ Sie (nicht) die Rechnung bezahlt haben** until you pay the bill **bevormunden** VT to make sb's decisions (for him/her) **bevorstehen** VI to be imminent; (Winter etc) to approach; **jdm ~** to be in store for sb **bevorstehend** ADJ forthcoming; Gefahr, Krise imminent; Winter approaching **bevorzugen** VT to prefer; (≈ begünstigen) to favour (Br), to favor (US) **bevorzugt** A ADJ preferred; Behandlung preferential; (≈ privilegiert) privileged B ADV **jdn ~ abfertigen/bedienen** etc to give sb preferential treatment **Bevorzugung** F preference (+gen for); (≈ vorrangige Behandlung) preferential treatment (bei in)

bewachen VT to guard **bewacht** ADJ guarded; **~er Parkplatz** supervised car park (Br), guarded parking lot (US) **Bewachung** F guarding; (≈ Wachmannschaft) guard

bewaffnen A VT to arm B VR to arm oneself **bewaffnet** ADJ armed (mit with) **Bewaffnung** F 1 (≈ das Bewaffnen) arming 2 (≈ Waffen) weapons pl

bewahren VT 1 (≈ beschützen) to protect (vor +dat from) 2 **jdn/etw in guter Erinnerung ~** to have happy memories of sb/sth 3 (≈ beibehalten) to keep

bewähren VR (Mensch) to prove oneself; (Gerät etc) to prove its worth; (Methode, Fleiß) to pay off **bewahrheiten** VR to prove (to be) well-founded; (Prophezeiung) to come true **bewährt** ADJ proven; Rezept tried and tested; **seit Langem ~** well-established **Bewährung** F JUR probation; **eine Strafe zur ~ aussetzen** to impose a suspended sentence; **ein Jahr Gefängnis mit ~** a suspended sentence of one year; **er hat noch ~** he is still on pro-

bation **Bewährungsfrist** F JUR probation (-ary) period **Bewährungshelfer(in)** M(F) probation officer **Bewährungsprobe** F test; **etw einer ~** (dat) **unterziehen** to put sth to the test **Bewährungsstrafe** F JUR suspended sentence

bewaldet ADJ wooded, tree-covered

bewältigen VT Problem to cope with; Strecke to manage; Erlebnis etc to get over **Bewältigung** F **die ~ der Probleme** coping with the problems; **die ~ eines Erlebnisses** getting over an experience

bewandert ADJ experienced; **in etw** (dat) **~ sein** to be familiar with od well-versed in sth **Bewandtnis** F reason; **damit hat es** od **das hat eine andere ~** there's another reason for that

bewässern VT to irrigate; (mit Sprühanlage) to water **Bewässerung** F irrigation **Bewässerungssystem** N irrigation system

bewegen¹ A VT 1 to move; **~d** moving 2 (≈ bewirken, ändern) to change B VR 1 to move 2 (≈ Bewegung haben) to get some exercise 3 (fig ≈ variieren, schwanken) to vary (zwischen +dat between) 4 (≈ sich ändern) to change

bewegen² VT **jdn zu etw ~** to persuade sb to do sth **Beweggrund** M motive **beweglich** ADJ movable; (≈ wendig) agile; Fahrzeug manoeuvrable (Br), maneuverable (US) **bewegt** ADJ 1 Wasser, See choppy; Zeiten, Leben eventful 2 Stimme, Worte emotional **Bewegung** F 1 movement; **keine ~!** freeze! (umg); **in ~ sein** (Fahrzeug) to be moving; (Menge) to mill around; **sich in ~ setzen** to start moving; **etw in ~ setzen** od **bringen** to set sth in motion 2 (≈ körperliche Bewegung) exercise 3 (≈ Entwicklung) progress 4 (≈ Ergriffenheit) emotion 5 POL, KUNST etc movement **Bewegungsfreiheit** F freedom of movement; (fig) freedom of action **bewegungslos** A ADJ motionless B ADV without moving; liegen, sitzen, stehen motionless **Bewegungsmelder** M motion sensor

beweinen VT to mourn (for)

Beweis M proof (⚠ kein pl) (für of); (≈ Zeugnis) evidence (⚠ kein pl); **die Polizei hat noch keine ~e** the police still don't have any proof; **ein eindeutiger ~** clear evidence; **etw unter ~ stellen** to prove sth **Beweisaufnahme** F JUR hearing of evidence **beweisbar** ADJ provable **beweisen** VT 1 (≈ nachweisen) to prove 2 (≈ erkennen lassen) to show **Beweisführung** F JUR presentation of one's case; (≈ Argumentation) line of argument **Beweislage** F JUR body of evidence **Beweismaterial** N (body of) evidence **Beweisstück** N exhibit

BEWE | 826

B

▶ **englische Substantive, die immer im Singular stehen**

Einige englische Substantive bilden keinen Plural und werden immer mit einem Verb im Singular verbunden, auch wenn ihre deutsche Entsprechung im Plural stehen kann:

Beweis(e)	**evidence**
Fortschritt(e)	**progress**
Hausaufgabe(n)	**homework**
Information(en)	**information**
Möbel	**furniture**
Nachricht(en)	**news** (trotz **s**!)
Rat(schlag), Ratschläge	**advice**
Wissen, Kenntnis(se)	**knowledge**

GRAMMATIK ◁

bewenden VT UNPERS **es bei** od **mit etw ~ lassen** to be content with sth

bewerben VR to apply (um for); **sich bei einer Firma ~** to apply to a firm (for a job) **Bewerber(in)** MF applicant **Bewerbung** F application **Bewerbungsgespräch** N (job) interview **Bewerbungsschreiben** N (letter of) application **Bewerbungsunterlagen** PL application documents pl

bewerfen VT **jdn/etw mit etw ~** to throw sth at sb/sth

bewerkstelligen VT to manage

bewerten VT **jdn** to judge; Schularbeit to assess; Gegenstand to value; **etw zu hoch/niedrig ~** to overvalue/undervalue sth **Bewertung** F judgement; (von Schularbeit) assessment; (von Gegenstand) valuation

bewilligen VT to allow; Etat etc to approve; Stipendium to award **Bewilligung** F allowing; (von Etat) approval; (von Stipendium) awarding

bewirken VT (≈ verursachen) to cause; **~, dass etw passiert** to cause sth to happen

bewirten VT **jdn ~** to feed sb; (bei offiziellem Besuch etc) to entertain sb

bewirtschaften VT 1 Betrieb etc to manage 2 Land to farm **Bewirtschaftung** F 1 (von Betrieb) management 2 (von Land) farming

Bewirtung F (≈ das Bewirten) hospitality; (im Hotel) (food and) service

bewohnbar ADJ habitable **bewohnen** VT to live in; (Volk) to inhabit **Bewohner(in)** MF (von Land, Gebiet) inhabitant; (von Haus etc) occupier **bewohnt** ADJ inhabited

bewölken VR to cloud over; **bewölkt** cloudy **Bewölkung** F (≈ das Bewölken) clouding over; **wechselnde ~** METEO variable amounts of cloud

Bewunderer M, **Bewunderin** F admirer **bewundern** VT to admire (wegen for); **~d** admiring **bewundernswert** A ADJ admirable B ADV admirably **Bewunderung** F admiration

bewusst A ADJ 1 conscious; **sich** (dat) **einer Sache** (gen) **~ sein/werden** to be/become aware of sth; **es wurde ihm allmählich ~, dass ...** he gradually realized (that) ... 2 (≈ willentlich) deliberate 3 (≈ besagt) in question B ADV consciously; (≈ willentlich) deliberately **bewusstlos** A ADJ unconscious B ADV **jdn ~ schlagen** to beat sb unconscious od senseless **Bewusstlosigkeit** F unconsciousness; **bis zur ~** (umg) ad nauseam **bewusst machen**, **bewusstmachen** VT **jdm etw ~** to make sb aware od conscious of sth, to make sb realize sth **Bewusstsein** N consciousness; **etw kommt jdm zu(m) ~** sb becomes aware of sth; **im ~, dass ...** in the knowledge that ...; **das ~ verlieren/wiedererlangen** to lose/regain consciousness; **bei ~ sein** to be conscious; **zu(m) ~ kommen** to regain consciousness; **bei vollem ~** fully conscious

bezahlen A VT to pay; Leistung, Schaden to pay for; **er hat seinen Fehler mit dem Leben bezahlt** he paid for his mistake with his life B VI to pay **Bezahlfernsehen** N pay TV **bezahlt** ADJ paid; **sich ~ machen** to be worth it **Bezahlung** F payment; (≈ Lohn, Gehalt) pay; **gegen ~** for payment

bezaubern VT (fig) to charm **bezaubernd** ADJ enchanting

bezeichnen VT (≈ kennzeichnen) to mark; (≈ genau beschreiben) to describe; **ich weiß nicht, wie man das bezeichnet** I don't know what that's called **bezeichnend** ADJ (für of) characteristic **Bezeichnung** F 1 (≈ Kennzeichnung) marking; (≈ Beschreibung) description 2 (≈ Ausdruck) expression

bezeugen VT to testify to; **~, dass ...** to testify that ...

beziehen A VT 1 Polster to (re)cover; Kissen to put a cover on; **die Betten frisch ~** to change the beds 2 (≈ einziehen in) Wohnung to move into 3 Posten, Stellung to take up 4 (≈ erhalten) to get 5 (≈ in Beziehung setzen) **etw auf jdn/etw ~** to apply sth to sb/sth B VR 1 (Himmel) to cloud over 2 (≈ sich berufen) **sich auf jdn/etw ~** to refer to sb/sth **Beziehung** F 1 (≈ Verhältnis) relationship (zu with) 2 (≈ Kontakt) relations pl; **diplomatische ~en** diplomatic relations; **menschliche ~en** human relations; **seine ~en spielen lassen** to pull strings; **~en haben** to have connections 3 (≈ Zusammenhang) connection (zu with);

etw zu etw in ~ setzen to relate sth to sth; **in keiner ~ zueinander stehen** to have no connection **4** (≈ *Hinsicht*) **in einer/keiner ~** in one/ no respect; **in jeder ~** in every respect **Beziehungskiste** F̲ (*umg*) relationship **beziehungsweise** K̲O̲N̲J̲ **1** (≈ *oder aber*) or **2** (≈ *im anderen Fall*) and … respectively **3** (≈ *genauer gesagt*) or rather

beziffern A̲ V̲T̲ (≈ *mit Ziffern versehen*) to number; (≈ *angeben*) to estimate (*auf +akk, mit* at) B̲ V̲R̲ **sich ~ auf** (+*akk*) (*Verluste, Gewinn*) to amount to; (*Teilnehmer*) to number

Bezirk M̲ (≈ *Gebiet*) district; (*von Stadt*) ≈ district; (*von Land*) ≈ region

Bezug M̲ **1** (*für Kissen etc*) cover; (*für Kopfkissen*) pillowcase **2** (≈ *Erwerb: von Waren etc*) buying **3** **Bezüge** P̲L̲ (≈ *Einkünfte*) income **4** (≈ *Zusammenhang*) = **Beziehung 3** **5** (*form* ≈ *Berufung*) reference; **~ nehmen auf** (+*akk*) to make reference to; **mit** *od* **unter ~ auf** (+*akk*) with reference to **6** (≈ *Hinsicht*) **in ~ auf** (+*akk*) regarding **bezüglich** P̲R̲Ä̲P̲ +*gen* (*form*) regarding, re (H̲A̲N̲D̲E̲L̲) **Bezugnahme** F̲ (*form*) reference; **unter ~ auf** (+*akk*) with reference to **bezugsfertig** A̲D̲J̲ *Haus etc* ready to move into **Bezugsperson** F̲ **die wichtigste ~ des Kleinkindes** the person to whom the small child relates most closely

bezuschussen V̲T̲ to subsidize

bezwecken V̲T̲ to aim at; **etw mit etw ~** (*Mensch*) to intend sth by sth

bezweifeln V̲T̲ to doubt; **das ist nicht zu ~** that's beyond question

bezwingen V̲T̲ to conquer; S̲P̲O̲R̲T̲ to beat; *Strecke* to do

BfA F̲ *abk von* Bundesagentur für Arbeit

BH M̲ *abk von* Büstenhalter bra

Biathlon N̲ S̲P̲O̲R̲T̲ biathlon

Bibel F̲ (*wörtl*) Bible; (*fig*) bible (❗ Man schreibt **Bible** groß, wenn es sich um die Heilige Schrift handelt. Kleingeschrieben wird **bible**, wenn es sich um ein Buchexemplar oder die übertragene Bedeutung handelt.) **bibelfest** A̲D̲J̲ well versed in the Bible

Bibeli N̲ (*schweiz*) (≈ *Pickel*) spot; (≈ *Mitesser*) blackhead

Biber M̲ beaver **Biberbetttuch** N̲ flannelette sheet (*bes Br*)

Bibliografie F̲ bibliography **Bibliothek** F̲ library **Bibliothekar(in)** M̲F̲ librarian

biblisch A̲D̲J̲ biblical; **ein ~es Alter** a great age

Bidet N̲ bidet

bieder A̲D̲J̲ **1** (≈ *rechtschaffen*) honest **2** (*pej*) conventional

biegen A̲ V̲T̲ to bend; *Glieder* to flex; **auf Biegen und Brechen** (*umg*) by hook or by crook (*umg*);

→ gebogen B̲ V̲I̲ (*Wagen*) to turn C̲ V̲R̲ to bend; **sich vor Lachen ~** (*fig*) to double up with laughter **biegsam** A̲D̲J̲ flexible; *Glieder, Körper* supple; (*fig*) pliable **Biegung** F̲ bend

Biene F̲ bee **Bienenhaus** N̲ apiary **Bienenhonig** M̲ real honey **Bienenkönigin** F̲ queen bee **Bienenschwarm** M̲ swarm (of bees) **Bienenstich** M̲ G̲A̲S̲T̲R̲ *cake coated with sugar and almonds and filled with custard or cream* **Bienenstock** M̲ (bee)hive **Bienenvolk** N̲ bee colony **Bienenwachs** N̲ beeswax

Bier N̲ beer; **zwei ~, bitte!** two beers, please; **dunkles/helles ~** dark/light beer; **~ vom Fass** draught (*Br*) *od* draft (*US*) beer; **das ist mein** *etc* **~** (*fig umg*) that's my *etc* business **Bierbauch** M̲ (*umg*) beer belly (*umg*) **Bierdeckel** M̲ beer mat (*Br*) *od* coaster (*US*) **Bierdose** F̲ beer can **Bierfass** N̲ keg **Bierflasche** F̲ beer bottle **Biergarten** M̲ beer garden **Bierglas** N̲ beer glass **Bierkeller** M̲ (≈ *Lager*) beer cellar; (≈ *Gaststätte auch*) bierkeller **Bierkrug** M̲ tankard (*bes Br*); (*aus Steingut*) (beer) stein **Bierwurst** F̲ ham sausage **Bierzelt** N̲ beer tent

Biest N̲ (*pej umg*) **1** (≈ *Tier*) creature; (≈ *Insekt*) bug **2** (≈ *Mensch*) (little) wretch; (≈ *Frau*) bitch (*sl*)

bieten A̲ V̲T̲ **1** (≈ *anbieten*) to offer (*jdm etw* sb sth, sth to sb); (*bei Auktion*) to bid; **diese Stadt hat nichts zu ~** this town has nothing to offer **2** (≈ *haben*) to have; *Problem* to present **3** (≈ *darbieten*) *Anblick, Bild* to present; *Film* to show **4** (≈ *zumuten*) **sich** (*dat*) **etw ~ lassen** to stand for sth; → **geboten** B̲ V̲I̲ K̲A̲R̲T̲ to bid C̲ V̲R̲ (*Gelegenheit, Anblick etc*) to present itself (*jdm* to sb) **Bieter(in)** M̲F̲ bidder

Bigamie F̲ bigamy

Biker(in) M̲F̲ (*umg*) biker

Bikini M̲ bikini

Bilanz F̲ **1** (H̲A̲N̲D̲E̲L̲ ≈ *Lage*) balance; (≈ *Abrechnung*) balance sheet; **eine ~ aufstellen** to draw up a balance sheet; **~ machen** (*fig umg*) to check one's finances **2** (*fig* ≈ *Ergebnis*) end result; **(die) ~ ziehen** to take stock (*aus of*) **Bilanzgewinn** M̲ H̲A̲N̲D̲E̲L̲, F̲I̲N̲ declared profit **bilanzieren** V̲T̲ & V̲I̲ to balance; (*fig*) to assess **Bilanzverlust** M̲ H̲A̲N̲D̲E̲L̲, F̲I̲N̲ accumulated loss **Bilanzwert** M̲ H̲A̲N̲D̲E̲L̲, F̲I̲N̲ book value

bilateral A̲D̲J̲ bilateral

Bild N̲ **1** picture; (≈ *Fotografie* ≈ *Zeichnung*) drawing; (≈ *Gemälde*) painting; **ein ~ von Picasso** a picture by Picasso; **ein ~ vom Dom** a picture of the cathedral; **ein ~ machen** to take a photo; **ein ~ des Elends** a picture of misery **2** (≈ *Abbild*) image **3** (≈ *Erscheinungsbild*) character; **das äußere ~ der Stadt** the appearance of the town **4** (*fig* ≈ *Vorstellung*) image, picture; **im**

~e sein to be in the picture (*über* +*akk* about); **jdn ins ~ setzen** to put sb in the picture (*über* +*akk* about); **sich** (*dat*) **von jdm/etw ein ~ machen** to get an idea of sb/sth **Bildband** M illustrated book, coffee-table book
bilden A VT 1 to form; *Körper, Figur* to shape; **sich** (*dat*) **ein Urteil ~** to form a judgement 2 (≈ *ausmachen*) *Gefahr etc* to constitute; **die Teile ~ ein Ganzes** the parts make up a whole 3 (≈ *erziehen*) to educate B VR 1 (≈ *entstehen*) to form 2 (≈ *lernen*) to educate oneself; → gebildet C VI to be educational **bildend** ADJ **die ~e Kunst** art; **die ~en Künste** the fine arts

> **bilden ≠ to build**

bilden	=	to form, to shape
to build	=	bauen

FALSCHE FREUNDE

Bilderbuch N picture book **Bilderbuch-** (*fig*) perfect
Bilderrahmen M picture frame
Bilderrätsel N picture puzzle
Bildfläche F (*fig umg*) **auf der ~ erscheinen** to appear on the scene; **von der ~ verschwinden** to disappear (from the scene)
bildhaft A ADJ pictorial; *Beschreibung, Sprache* vivid B ADV vividly
Bildhauer(in) MF sculptor
Bildhauerei F sculpture
bildhübsch ADJ *Mädchen* (as) pretty as a picture; *Kleid, Garten etc* really lovely
bildlich A ADJ pictorial; *Ausdruck etc* metaphorical B ADV pictorially; *verwenden* metaphorically
Bildmaterial N 1 (≈ *Illustrationen*) illustrations *pl* 2 (≈ *Fotos*) photos *pl* **Bildschärfe** F definition, sharpness
Bildschirm M TV, IT screen; (*ganzes Gerät*) monitor **Bildschirmarbeit** F screen work **Bildschirmschoner** M IT screen saver
bildschön ADJ beautiful
Bildstörung F TV interference (on the picture) **Bildtelefon** N videophone
Bildung F 1 (≈ *Erziehung*) education; (≈ *Kultur*) culture; **höhere ~** higher education; **~ haben** to be educated; **zur ~ des Passivs** to form the passive 2 (≈ *Entstehung: von Rost etc*) formation **Bildungschancen** PL educational opportunities *pl* **Bildungsgang** M school (and university) career **Bildungslücke** F gap in one's education **Bildungspolitik** F education policy **Bildungspolitiker(in)** MF *politician with responsibility for education policy* **Bildungsreform** F educational reform **Bildungsurlaub** M educational holiday (*bes Br*) *od* vacation (*US*) **Bildungsweg** M **jds ~** the course of sb's education; **auf dem zweiten ~** through night school **Bildungswesen** N education system
Billard N (≈ *Spiel*) billiards *sg* **Billardkugel** F billiard ball **Billardtisch** M billiard table
Billett N (*schweiz*) (≈ *Fahrschein, Eintrittskarte*) ticket
Billiarde F million billion (*Br*), thousand trillion (*US*)
billig ADJ cheap; *Preis* low; **~ abzugeben** going cheap; **~ davonkommen** (*umg*) to get off lightly **Billiganbieter(in)** MF supplier of cheap goods **Billigangebot** N cut-price offer
billigen VT to approve
Billigflagge F SCHIFF flag of convenience **Billigflieger** M low-cost airline **Billigflug** M cheap flight **Billigjob** M low-paid job **Billiglohnland** N low-wage country
Billigung F approval; **jds ~ finden** to meet with sb's approval
Billion F thousand billion (*Br*), trillion (*US*)
bimmeln VI (*umg*) to ring
Bimsstein M pumice stone
binär ADJ binary **Binärcode** M binary code
Binde F 1 MED bandage; (≈ *Schlinge*) sling 2 (≈ *Armbinde*) armband; (≈ *Augenbinde*) blindfold 3 (≈ *Monatsbinde*) (sanitary) towel *od* (*bes US*) napkin **Bindegewebe** N ANAT connective tissue **Bindeglied** N connecting link **Bindehaut** F ANAT conjunctiva **Bindehautentzündung** F conjunctivitis **binden** A VT 1 (≈ *zusammenbinden*) to tie; (≈ *festbinden*) to bind 2 *Strauß, Kranz* to make up; *Knoten etc* to tie 3 (≈ *zubinden*) *Schal* to tie; *Krawatte* to knot 4 (*fig*) *Menschen* to tie; *Geldmittel* to tie up; (*Versprechen, Vertrag, Eid etc*) to bind; **mir sind die Hände gebunden** (*fig*) my hands are tied; → gebunden 5 *Farbe, Soße* to bind B VI (*Mehl, Zement, Soße etc*) to bind; (*Klebstoff*) to bond; (*fig: Erlebnisse*) to create a bond C VR (≈ *sich verpflichten*) to commit oneself (*an* +*akk* to) **bindend** ADJ binding (*für* on); *Zusage* definite **Bindestrich** M hyphen **Bindewort** N GRAM conjunction **Bindfaden** M string; **ein (Stück) ~** a piece of string; **es regnet Bindfäden** (*umg*) it's sheeting down (*Br umg*), it's coming down in buckets (*US umg*) **Bindung** F 1 (≈ *Beziehung*) relationship (*an* +*akk* with); (≈ *Verbundenheit*) tie, bond (*an* +*akk* with); (≈ *Verpflichtung*) commitment (*an* +*akk* to) 2 (≈ *Skibindung*) binding **Bindungsangst** F fear of commitment (⚠ *kein pl*)
Bingo N bingo
binnen PRÄP +*dat od* (*geh*) +*gen* (*form*) within; **~ Kurzem** shortly **Binnengewässer** N inland water **Binnenhafen** M river port **Binnenhandel** M domestic trade **Binnenmarkt**

M̲ home market; **der europäische ~** the single European market **Binnenschifffahrt** F̲ inland navigation

Binse F̲ rush; **in die ~n gehen** (fig umg ≈ misslingen) to be a washout (umg) **Binsenweisheit** F̲ truism

Bio F̲ (SCHULE umg) biol (umg), bio (bes US umg) **Bioabfall** M̲ biological waste **bioaktiv** ADJ̲ Waschmittel biological **Biobauer** M̲, **Biobäuerin** F̲ organic farmer; **Gemüse vom ~n** organic vegetables pl **Biochemie** F̲ biochemistry **biochemisch** A̲ ADJ̲ biochemical B̲ ADV̲ biochemically **Biodiesel** M̲ biodiesel **biodynamisch** A̲ ADJ̲ biodynamic B̲ ADV̲ biodynamically **Biogas** N̲ methane gas **Biograf(in)** M(F)̲ biographer **Biografie** F̲ biography **biografisch** A̲ ADJ̲ biographical B̲ ADV̲ biographically **Biokost** F̲ organic food **Bioladen** M̲ wholefood shop **Biologe** M̲, **Biologin** F̲ biologist **Biologie** F̲ biology **biologisch** A̲ ADJ̲ biological; Anbau organic B̲ ADV̲ biologically; anbauen organically **Biomasse** F̲ CHEM organic substances pl **Biomüll** M̲ organic waste **Biophysik** F̲ biophysics sg **Bioprodukte** PL̲ organic products pl

Biopsie F̲ MED biopsy

Biorhythmus M̲ biorhythm **Biosphäre** F̲ biosphere **Biosprit** M̲ (umg) biofuel **Biotechnik** F̲ biotechnology **biotechnisch** ADJ̲ biotechnological **Biotonne** F̲ organic waste bin **Biotop** N̲ biotope

BIP abk von **Bruttoinlandsprodukt** GDP, gross domestic product

Birke F̲ birch

Birma N̲ Burma **birmanisch** ADJ̲ Burmese

Birnbaum M̲ (Baum) pear tree; (Holz) pear wood **Birne** F̲ 1̲ pear 2̲ (≈ Glühlampe) (light) bulb

bis A̲ PRÄP̲ +akk 1̲ (zeitlich) until; (≈ bis spätestens) by; **~ zu diesem Zeitpunkt** up to this time; **Montag ~ Freitag** Monday to od through (US) Friday; **~ einschließlich 5. Mai** up to and including 5th May; **~ bald/später/morgen!** see you soon/later/tomorrow!; **~ wann bleibt ihr hier?** how long are you staying here?; **~ wann ist das fertig?** when will that be finished?; **~ wann können Sie das machen?** when can you do it by?; **~ auf Weiteres** until further notice; **~ dahin** od **dann muss die Arbeit fertig sein** the work must be finished by then; **~ dann!** see you then!; **von ... ~ ...** from ... to od through (US) ...; (mit Uhrzeiten) from ... till ... ❗ Mit **until** beschreibt man den Verlauf eines Zeitabschnitts. **By** sagt man, wenn man den Zeitpunkt meint, bis zu dem etwas geschehen muss.) 2̲ (räumlich) to; **~ an unsere Mauer** up to our wall; **~ wo/wohin?** how far?; **~ dort** od **dorthin** od **dahin** (to) there; **~ hierher** this far 3̲ **Kinder ~ sechs Jahre** children up to the age of six 4̲ **es sind alle gekommen, ~ auf Sandra** they all came, except Sandra B̲ KONJ̲ 1̲ to; **zehn ~ zwanzig Stück** ten to twenty; **bewölkt ~ bedeckt** cloudy or overcast 2̲ (zeitlich) until, till; **ich warte noch, ~ es dunkel wird** I'll wait until it gets dark; **~ das einer merkt!** it'll be ages before anyone realizes (umg)

bis

Im Sinne von „spätestens um / am" heißt **bis** nicht **till** oder **until**, sondern **by**:

| Ich habe heute Unterricht bis 17.00 Uhr. | I've got lessons till / until 5 pm today. |
| Anträge sind (spätestens) bis zum 15. Juni zu stellen. | Applications must be submitted by 15 June (at the latest). |

GRAMMATIK

Bischof M̲, **Bischöfin** F̲ bishop (❗ mit Namen großgeschrieben) **bischöflich** ADJ̲ episcopal

Biscuit N̲ schweiz (≈Keks) biscuit (Br), cookie (US)

bisexuell ADJ̲ bisexual

bisher ADV̲ until now; (≈ und immer noch) up to now; **~ nicht** not until now **bisherig** ADJ̲ (≈ vorherig) previous; (≈ momentan) present

Birne — pear

Birne — bulb

BISK | 830

▶ Signalwörter für das present perfect

Bei Sätzen mit folgenden Ausdrücken wird im Englischen das **present perfect** verwendet:

bisher, bis jetzt	up to now / until now / till now
in letzter Zeit	lately, of late
noch (nicht); schon	yet

— Very little has been done about this problem till now.
— I haven't seen her lately.
— She hasn't dared to ask him yet.
— Has she called yet?

GRAMMATIK ◁

Biskaya F̲ die ~ (the) Biscay; **Golf von ~** Bay of Biscay **Biskuit** N̲ od M̲ (Teig) (fatless) sponge **Biskuitgebäck** N̲ sponge cake/cakes **Biskuitteig** M̲ sponge mixture **bislang** ADV = bisher **Biss** M̲ bite; (fig) vigour (Br), vigor (US); **~ haben** (umg) to have punch **bisschen** A̲ ADJ **ein ~ Geld/Liebe** a bit of money/love; **kein ~ ...** not one (little) bit; **das ~ Geld** that little bit of money B̲ ADV **ein ~** a bit, a little; **ein ~ wenig** not very much; **ein ~ viel** a bit much **Bissen** M̲ mouthful; (≈ Imbiss) bite (to eat) **bissfest** ADJ firm; **Nudeln** al dente **bissig** ADJ 1 vi-

▶ kleine Mengen

Im Englischen gibt es verschiedene Möglichkeiten, kleine Mengen zu beschreiben:

Personen, zählbare Gegenstände:

a few	einige, ein paar
few	(nur) wenige

She's got a few books on painting.
Only very few people came to the event.

nicht zählbare Dinge:

a little, (umg) a bit of	ein bisschen, etwas
little	wenig, kaum
a bit	etwas

— Could I have a little mustard with this?
— There's little point in cheating.
— Want some? I've got a bit left.

GRAMMATIK ◁

cious; **„Vorsicht, ~er Hund"** "beware of the dog" 2 (≈ übellaunig) waspish **Bisswunde** F̲ bite **Bistro** N̲ bistro **Bistum** N̲ diocese **Bit** N̲ IT bit **bitte** INT 1 please; **~ nicht!** no, please!, please don't!; **ja ~?** yes?; **aber ~!** please do; **na ~!** there you are! 2 (Dank erwidernd) **~ sehr** od **schön** you're welcome, not at all (Br) 3 (nachfragend) **(wie) ~?** (I beg your) pardon? (a. iron) **Bitte** F̲ request; (inständig) plea; **auf seine ~ hin** at his request; **ich habe eine große ~ an dich** I have a (great) favour (Br) od favor (US) to ask you **bitten** A̲ V/T 1 jdn to ask; (inständig) to beg; **jdn um etw ~** to ask/beg sb for sth; **aber ich bitte dich!** not at all; **wenn ich ~ darf** (form) if you wouldn't mind; **ich muss doch (sehr) ~!** well I must say! 2 (≈ bestellen) **jdn zu sich ~** to ask sb to come and see one B̲ V/I 1 (≈ eine Bitte äußern) to ask; (inständig) to plead, to beg; **um etw ~** to ask (for) od request sth; (inständig) to plead for sth 2 (≈ einladen) **ich lasse ~** he/she can come in now

▶ danke — bitte

Wenn sich im Deutschen jemand für etwas bedankt, sagt der / die andere oft „bitte". Im Englischen gibt es dafür unterschiedliche Entsprechungen, aber niemals **please**.

Bitte, keine Ursache, ist schon gut	not at all
Bitte, gern geschehen	you're welcome (oft Gästen gegenüber)
Bitte, machen Sie sich / mach dir keine Sorgen; schon gut	that's all right / OK

Auf „danke" ist im Englischen nicht unbedingt eine Antwort nötig. Es gilt keineswegs als unhöflich, nichts zu sagen.

SPRACHGEBRAUCH ◁

bitter A̲ ADJ bitter; Schokolade plain; (fig) Wahrheit, Lehre, Verlust painful; Zeit, Schicksal hard; Unrecht grievous; Ernst, Feind deadly; Spott cruel; **bis zum ~en Ende** to the bitter end B̲ ADV (≈ sehr) bereuen bitterly; bezahlen, büßen dearly; **etw ~ nötig haben** to be in dire need of sth **bitterböse** A̲ ADJ furious B̲ ADV furiously **bitterernst** ADJ Situation etc extremely serious **bitterkalt** ADJ bitterly cold
bizarr A̲ ADJ bizarre B̲ ADV bizarrely

Bizeps M biceps
blabla INT (umg) blah blah blah (umg)
Black-out N od M blackout
Blähung F MED wind (❗ kein pl)
blamabel ADJ shameful **Blamage** F disgrace **blamieren** A VT to disgrace B VR to make a fool of oneself; (durch Benehmen) to disgrace oneself
blanchieren VT GASTR to blanch
blank A ADJ 1 shiny 2 (≈ nackt) bare; (umg ≈ ohne Geld) broke 3 (≈ rein) pure; Hohn utter B ADV scheuern, polieren till it shines; **~ poliert** brightly polished
Blankovollmacht F carte blanche
Bläschen N MED small blister **Blase** F 1 (≈ Seifenblase, Luftblase) bubble; (≈ Sprechblase) balloon 2 MED blister 3 ANAT bladder **Blasebalg** M (pair of) bellows **blasen** A VI (Melodie, Posaune etc to play **Blasenentzündung** F cystitis **Blasenleiden** N bladder trouble (❗ ohne Artikel) **Bläser(in)** M(F) MUS wind player; **die ~** the wind (section)
blasiert ADJ (pej geh) blasé **Blasiertheit** F (pej geh) blasé attitude
Blasinstrument N wind instrument **Blaskapelle** F brass band **Blasmusik** F brass band music
blass ADJ 1 Haut, Licht pale; **~ vor Neid werden** to go green with envy 2 (fig) faint; **ich habe keinen ~en Schimmer** (umg) I haven't a clue (umg) **Blässe** F paleness; (von Haut) pallor
Blatt N 1 BOT leaf 2 (Papier etc) sheet; **ein ~ Papier** a sheet of paper 3 (≈ Seite) page; **das steht auf einem anderen ~** (fig) that's another story; **vom ~ singen/spielen** to sight-read 4 (≈ Zeitung) paper 5 (von Messer, Ruder) blade 6 KART hand **blättern** VI **in etw** (dat) **~** to leaf od (schnell) flick through sth **Blätterteig** M puff pastry **Blattgemüse** N greens pl, leaf vegetables pl (form) **Blattgold** N gold leaf **Blattlaus** F greenfly **Blattsalat** M green salad **Blattspinat** M leaf spinach **Blattwerk** N foliage
blau ADJ 1 blue; **Forelle** etc **~** GASTR trout etc

Blatt — leaf
Blatt — sheet

au bleu; **ein ~es Auge** (umg) a black eye; **mit einem ~en Auge davonkommen** (fig) to get off lightly; **ein ~er Brief** SCHULE letter informing parents that their child must repeat a year; (von Hauswirt) notice to quit; **ein ~er Fleck** a bruise 2 (umg ≈ betrunken) drunk **Blau** N blue **blauäugig** ADJ blue-eyed; (fig) naïve **Blaubeere** F bilberry, blueberry (bes US) **blaublütig** ADJ blue-blooded **Blaue(s)** N 1 **das ~ vom Himmel (herunter) lügen** (umg) to tell a pack of lies 2 (ohne Ziel) **ins ~ hinein** (umg) at random; **eine Fahrt ins ~** a mystery tour **Blauhelm(soldat)** M UN soldier, blue helmet **Blaukraut** N (südd, österr) red cabbage **bläulich** ADJ bluish **Blaulicht** N (von Polizei etc) flashing blue light; **mit ~** with its blue light flashing **blaumachen** (umg) A VI to skip work B VT **den Freitag ~** to skip work on Friday **Blaumeise** F bluetit **Blausäure** F prussic acid **Blauwal** M blue whale
Blazer M, **Blazerjacke** F blazer
Blech N 1 (sheet) metal 2 (≈ Blechstück) metal plate 3 (≈ Backblech) baking sheet 4 (umg ≈ Unsinn) rubbish (❗ ohne Artikel) **Blechinstrument** N brass instrument **Blechdose** F tin container; (bes für Konserven) tin (Br), can **blechen** VT & VI (umg) to cough up (umg) **Blechlawine** F (umg) endless stream of traffic **Blechschaden** M damage to the bodywork **Blechtrommel** F tin drum
Blei N 1 lead 2 (≈ Lot) plumb
Bleibe F **eine/keine ~ haben** to have somewhere/nowhere to stay **bleiben** VI 1 to stay; **unbeantwortet ~** to be left unanswered; **ruhig/still ~** to keep calm/quiet; **wach ~** to stay awake; **sitzen ~** to remain seated; **wo bleibt er so lange?** (umg) where has he got to?; **das bleibt unter uns** that's (just) between ourselves 2 (≈ übrig bleiben) to be left; **es blieb keine andere Wahl** there was no other choice; **und wo bleibe ich?** and what about me?; **sieh zu, wo du bleibst!** you're on your own! (umg) **bleibend** ADJ Erinnerung etc lasting; Schaden permanent **bleiben lassen** VT (umg ≈ unterlassen) **etw ~** to give sth a miss (umg); **das wirst du ganz schön ~** you'll do nothing of the sort!
bleich ADJ pale **bleichen** VT to bleach **Bleichgesicht** N paleface **Bleichmittel** N bleach
bleiern ADJ (≈ aus Blei) lead; (fig) leaden **bleifrei** ADJ Benzin etc unleaded **bleihaltig** ADJ containing lead; Benzin etc leaded **Bleikristall** N lead crystal **Bleistift** M pencil **Bleistiftabsatz** M stiletto heel **Bleistiftspitzer** M pencil sharpener **Bleivergiftung** F lead poisoning

Blende F 1 (≈ *Lichtschutz*) shade, screen; AUTO (sun) visor; (*an Fenster*) blind 2 (FOTO ≈ *Öffnung*) aperture **blenden** A VT to dazzle; (≈ *blind machen*) to blind B VI (*Licht*) to be dazzling; **~d weiß** dazzling white **blendend** A ADJ splendid; *Stimmung* sparkling B ADV splendidly; **es geht mir ~** I feel wonderful **blendfrei** ADJ dazzle-free (*bes Br*)
Blick M 1 look; (≈ *flüchtiger Blick*) glance; **auf den ersten ~** at first glance (⚠ ohne **the**); **Liebe auf den ersten ~** love at first sight; **mit einem ~ at a glance; ~e miteinander wechseln** to exchange glances; **einen ~ auf etw** (*akk*) **tun** *od* **werfen** to throw a glance at sth 2 (≈ *Ausblick*) view; **ein Zimmer mit ~ auf den Park** a room overlooking the park 3 (≈ *Verständnis*) **einen (guten) ~ für etw haben** to have an eye *od* a good eye for sth **blicken** VI to look (*auf +akk* at); (*flüchtig*) to glance (*auf +akk* at); **sich ~ lassen** to put in an appearance; **lass dich hier ja nicht mehr ~!** don't show your face here again! **Blickkontakt** M eye contact **Blickpunkt** M **im ~ der Öffentlichkeit stehen** to be in the public eye **Blickwinkel** M angle of vision; (*fig*) viewpoint
blind A ADJ 1 blind (*für* to); *Alarm* false; **~ für etw sein** (*fig*) to be blind to sth; **~ geboren** blind from birth; **ein ~er Passagier** a stowaway 2 (≈ *getrübt*) dull; *Spiegel* clouded B ADV 1 (≈ *wahllos*) at random 2 (≈ *ohne zu überlegen*) blindly 3 (≈ *ohne zu sehen*) **~ landen** FLUG to make a blind landing **Blindbewerbung** F unsolicited *od* speculative application **Blinddarm** M appendix **Blinddarmentzündung** F appendicitis (⚠ ohne **a**) **Blindenhund** M guide dog **Blindenschrift** F braille **Blinde(r)** M/F[M] blind person/man/woman *etc*; **die ~n** the blind; **das sieht doch ein ~r** (*hum umg*) any fool can see that **Blindflug** M blind flight **Blindgänger** M MIL dud (shot) **Blindheit** F blindness; **mit ~ geschlagen sein** (*fig*) to be blind **blindlings** ADV blindly **Blindschleiche** F slowworm
blinken VI (≈ *funkeln*) to gleam; (*Leuchtturm*) to flash; AUTO to indicate **Blinker** M AUTO indicator (*bes Br*), turn signal (*US*) **Blinklicht** N flashing light; (*umg* ≈ *Blinkleuchte*) indicator (*bes Br*), turn signal (*US*) **Blinkzeichen** N signal
blinzeln VI to blink; (≈ *zwinkern*) to wink; (*geblendet*) to squint
Blitz M 1 lightning (⚠ kein pl, ohne **a**); (≈ *Blitzstrahl*) flash of lightning; **vom ~ getroffen werden** to be struck by lightning; **wie vom ~ getroffen** (*fig*) thunderstruck; **wie ein ~ aus heiterem Himmel** (*fig*) like a bolt from the blue;

Blitz — lightning	Blitz — flash

wie der ~ (*umg*) like lightning 2 (FOTO *umg*) flash **Blitzableiter** M lightning conductor **blitzartig** A ADJ lightning *attr* B ADV **reagieren** like lightning; *verschwinden* in a flash **blitzen** A VI UNPERS **es blitzt** there is lightning B VI (≈ *strahlen*) to flash; (*Gold, Zähne*) to sparkle; **vor Sauberkeit ~** to be sparkling clean C VT (*umg: in Radarfalle*) to flash **Blitzer** M (*umg* ≈ *Radarfalle*) speed camera **Blitzkrieg** M blitzkrieg **Blitzlicht** N FOTO flash(light) **blitzsauber** ADJ spick and span **Blitzschlag** M flash of lightning; **vom ~ getroffen** struck by lightning **blitzschnell** A ADJ lightning *attr* B ADV like lightning; *verschwinden* in a flash
Block M 1 block 2 (≈ *Papierblock*) pad; (*von Fahrkarten*) book 3 (POL ≈ *Staatenblock*) bloc **Blockade** F (≈ *Absperrung*) blockade **Blockbuchstabe** M block capital **Blockflöte** F recorder; **~ spielen** to play the recorder (⚠ mit **the**) **blockfrei** ADJ nonaligned **Blockhaus** N log cabin **Blockhütte** F log cabin **blockieren** A VT (≈ *sperren*) to block; *Verkehr* to obstruct; *Rad, Lenkung* to lock B VI to jam; (*Bremsen, Rad etc*) to lock **Blocksatz** M justified setting **Blockschrift** F block capitals *pl* **Blockstunde** F SCHULE double period
blöd (*umg*) A ADJ (≈ *dumm*) stupid; *Wetter* terrible B ADV (≈ *dumm*) stupidly; **~ fragen** to ask stupid questions **Blödelei** F (*umg* ≈ *Albernheit*) messing around (*umg*); (≈ *dumme Streiche*) pranks *pl* **blödeln** VI (*umg*) to mess around (*umg*); (≈ *Witze machen*) to make jokes **Blödheit** F (≈ *Dummheit*) stupidity **Blödmann** M (*umg*) stupid fool (*umg*) **Blödsinn** M (≈ *Unsinn*) nonsense; (≈ *Unfug*) stupid tricks *pl*; **~ machen** to mess around **blödsinnig** ADJ (≈ *dumm*) stupid, idiotic
Blog N *od* M INTERNET blog **bloggen** VI to blog **Blogger(in)** M/F[M] blogger **Blogosphäre** F blogosphere
blöken VI (*Schaf*) to bleat
blond ADJ *Frau* blonde; *Mann* blond, fair(-haired)

Block — block

Block — pad

blondieren _VT_ to bleach **Blondine** _F_ blonde

bloß **A** _ADJ_ **1** (≈ _unbedeckt_) bare; **mit ~en Füßen** barefoot **2** (≈ _alleinig_) mere; _Neid_ sheer; _Gedanke, Anblick_ very **B** _ADV_ only; **wie kann so etwas ~ geschehen?** how on earth can something like that happen?; **geh mir ~ aus dem Weg** just get out of my way **Blöße** _F_ (_geh_) bareness; (≈ _Nacktheit_) nakedness; **sich** (_dat_) **eine ~ geben** (_fig_) to show one's ignorance **bloßstellen** _VT_ _jdn_ to show up; _Betrüger_ to expose

Blouson _M od N_ bomber jacket

Bluejeans _PL_ (pair of) (blue) jeans _pl_

Bluff _M_ bluff **bluffen** _VT & VI_ to bluff

blühen _VI_ (_Blume_) to (be in) bloom; (_Bäume_) to (be in) blossom; (_fig_ ≈ _gedeihen_) to flourish, to thrive; **das kann mir auch noch ~** (_umg_) that may happen to me too **blühend** _ADJ_ blossoming; (_fig_) _Aussehen_ radiant; _Geschäft, Stadt_ flourishing, thriving; _Fantasie_ vivid; _Unsinn_ absolute; **~e Landschaften** green pastures

Blume _F_ **1** flower **2** (_von Wein_) bouquet **Blumenbeet** _N_ flowerbed **Blumenerde** _F_ potting compost **Blumengeschäft** _N_ florist's **Blumenhändler(in)** _M(F)_ florist **Blumenkohl** _M_ cauliflower **Blumenstrauß** _M_ bouquet _od_ bunch of flowers **Blumentopf** _M_ flowerpot **Blumenzwiebel** _F_ bulb **blumig** _ADJ_ flowery

Bluse _F_ blouse

Blut _N_ blood; **er kann kein ~ sehen** he can't stand the sight of blood; **böses ~** bad blood; **blaues ~ haben** (≈ _adelig sein_) to have blue blood; **etw im ~ haben** to have sth in one's blood; (**nur**) **ruhig ~** keep your shirt on (_umg_); **jdn bis aufs ~ reizen** (_umg_) to make sb's blood boil; **frisches ~** (_fig_) new blood; **~ und Wasser schwitzen** (_umg_) to sweat blood; **~ stillend** = **blutstillend Blutalkohol** (**-gehalt**) _M_ blood alcohol level **blutarm** _ADJ_ anaemic (_Br_), anemic (_US_) **Blutarmut** _F_ anaemia (_Br_), anemia (_US_) **Blutbad** _N_ bloodbath **Blutbild** _N_ blood count **Blutdruck** _M_ blood pressure **blutdrucksenkend** _ADJ Mittel_ antihypertensive

Blüte _F_ **1** (_von Blume_) flower, bloom; (_von Baum_) blossom; **in (voller) ~ stehen** to be in (full) bloom; (_Bäume_) to be in (full) blossom; (_Kultur, Geschäft_) to be flourishing **2** (_umg_ ≈ _gefälschte Note_) dud (_umg_)

Blutegel _M_ leech **bluten** _VI_ to bleed (_an +dat, aus_ from); **mir blutet das Herz** my heart bleeds **Blütenblatt** _N_ petal **Blütenstaub** _M_ pollen

Bluter _M_ MED haemophiliac (_Br_), hemophiliac (_US_) **Bluterguss** _M_ haematoma (_Br fachspr_), hematoma (_US fachspr_); (≈ _blauer Fleck_) bruise **Bluterkrankheit** _F_ haemophilia (_Br_), hemophilia (_US_)

Blütezeit _F_ (_fig_) heyday

Blutfleck _M_ bloodstain **Blutgefäß** _N_ blood vessel **Blutgerinnsel** _N_ blood clot **Blutgruppe** _F_ blood group **Bluthochdruck** _M_ high blood pressure **blutig** _ADJ_ **1** bloody **2** (_umg_) _Anfänger_ absolute; _Ernst_ unrelenting **blutjung** _ADJ_ very young **Blutkonserve** _F_ unit of stored blood **Blutkörperchen** _N_ blood corpuscle **Blutorange** _F_ blood orange **Blutplasma** _N_ blood plasma **Blutprobe** _F_ blood test; (≈ _entnommenes Blut_) blood sample **blutrünstig** _ADJ_ bloodthirsty **Blutsauger(in)** _M(F)_ bloodsucker **Blutsbruder** _M_ blood brother **Blutschande** _F_ incest **Blutsenkung** _F_ MED sedimentation of the blood **Blutspende** _F_ blood donation **Blutspender(in)** _M(F)_ blood donor **Blutspur** _F_ trail of blood; **~en** traces of blood **blutstillend** **A** _ADJ_ styptic **B** _ADV_ **~ wirken** to have a styptic effect **blutsverwandt** _ADJ_ related by blood **Blutsverwandte(r)** _M/F(M)_ blood relation **Bluttat** _F_ bloody deed **Bluttransfusion** _F_ blood transfusion **Blutübertragung** _F_ blood transfusion **Blutung** _F_ bleeding (= kein pl, ohne a); (_starke_) haemorrhage (_Br_), hemorrhage (_US_); (_monatliche_) period **blutunterlaufen** _ADJ_ suffused with blood; _Augen_ bloodshot **Blutvergießen** _N_ bloodshed (❗ ohne a) **Blutvergiftung** _F_ blood poisoning (❗ ohne a) **Blutverlust** _M_ loss of blood **Blutwurst** _F_ blood sausage **Blutzucker**

B

M̲ blood sugar **Blutzuckerspiegel** M̲ blood sugar level

BLZ F̲ abk von Bankleitzahl

BMX-Rad N̲ BMX bike

BND M̲ abk von Bundesnachrichtendienst Federal Intelligence Service

Bö F̲ gust (of wind); (stärker, mit Regen) squall

Bob M̲ bob(sleigh) (Br), bobsled

Bock¹ M̲ ❶ buck; (≈ Schafsbock) ram; (≈ Ziegenbock) billy goat; **sturer ~** (umg) stubborn old devil (umg) ❷ (≈ Gestell) stand; (≈ Sägebock) sawhorse ❸ (sl ≈ Lust, Spaß) **null ~!** I don't feel like it; **~ auf etw** (akk) **haben** to fancy sth (bes Br umg); **~ haben, etw zu tun** to fancy doing sth (bes Br umg)

Bock² N̲ od M̲ bock (beer) (type of strong beer)

bocken V̲T̲ ❶ (Pferd) to refuse ❷ (umg ≈ trotzen) to act up (umg) **bockig** A̲D̲J̲ (umg) awkward **Bockmist** M̲ (umg) (≈ dummes Gerede) bullshit (sl); **~ machen** to make a big blunder (umg) **Bockshorn** N̲ **sich von jdm ins ~ jagen lassen** to let sb upset one **Bockspringen** N̲ leapfrog; SPORT vaulting **Bockwurst** F̲ bockwurst (type of sausage)

Boden M̲ ❶ (≈ Erde) ground; (≈ Fußboden) floor; (≈ Grundbesitz) land; **auf spanischem ~** on Spanish soil; **festen ~ unter den Füßen haben** to be on firm ground; **am ~ zerstört sein** (umg) to be devastated; **(an) ~ gewinnen/verlieren** (fig) to gain/lose ground; **etw aus dem ~ stampfen** (fig) to conjure sth up out of nothing; **auf fruchtbaren ~ fallen** (fig) to fall on fertile ground; **auf dem ~ der Tatsachen bleiben** to stick to the facts ❷ (von Behälter) bottom ❸ (≈ Dachboden) loft **Bodenbelag** M̲ floor covering **Bodenfrost** M̲ ground frost **bodengestützt** A̲D̲J̲ Flugkörper ground-launched **Bodenhaftung** F̲ AUTO road holding (❗ ohne a) **Bodenhaltung** F̲ AGR „aus ~" "free-range" **Bodenkontrolle** F̲ RAUMF ground control **bodenlos** A̲D̲J̲ bottomless; (umg ≈ unerhört) incredible **Bodennebel** M̲ ground mist **Bodenpersonal** N̲ FLUG ground personnel pl **Bodenprobe** F̲ soil sample **Bodenschätze** P̲L̲ natural resources pl **Bodensee** M̲ **der ~** Lake Constance (❗ ohne the) **bodenständig** A̲D̲J̲ (≈ lang ansässig) long-established; (fig ≈ unkompliziert) down-to-earth **Bodenstation** F̲ ❶ FLUG ground control ❷ (für Satellit etc) tracking od earth station **Bodenturnen** N̲ floor exercises pl

Body M̲ body **Bodybuilding** N̲ bodybuilding; **~ machen** to do bodybuilding exercises **Bodyguard** M̲ (≈ Leibwächter) bodyguard

Bogen M̲ ❶ (≈ gekrümmte Linie) curve; (≈ Kurve) bend; MATH arc; MUS, SKI turn; **einen ~ machen** (Fluss etc) to curve; **einen großen ~ um jdn/etw machen** (≈ meiden) to keep well clear of sb/sth ❷ ARCH arch ❸ (≈ Waffe, Geigenbogen) bow; **den ~ überspannen** (fig) to go too far ❹ (≈ Papierbogen) sheet (of paper) **Bogengang** M̲ ARCH arcade **Bogenschießen** N̲ archery **Bogenschütze** M̲, **Bogenschützin** F̲ archer

Bohle F̲ (thick) board; BAHN sleeper

Böhmen N̲ Bohemia **böhmisch** A̲D̲J̲ Bohemian; **das sind für mich ~e Dörfer** (umg) that's all Greek to me (umg)

Bohne F̲ bean; **dicke/grüne/weiße ~n** broad/green od French od runner/haricot (Br) od string od navy (US) beans; **nicht die ~** (umg) not one little bit **Bohneneintopf** M̲ bean stew **Bohnenkaffee** M̲ real coffee; **gemahlener ~** ground coffee **Bohnenstange** F̲ bean support; (fig umg) beanpole (umg)

bohren A̲ V̲T̲ to bore; (mit Bohrer) to drill B̲ V̲I̲ to drill (nach for); **in der Nase ~** to pick one's nose ❷ (fig) (≈ drängen) to keep on; (Schmerz, Zweifel etc) to gnaw C̲ V̲R̲ **sich in/durch etw** (akk) **~** to bore its way into/through sth **bohrend** A̲D̲J̲ (fig) Blick piercing; Schmerz, Zweifel gnawing; Frage probing **Bohrer** M̲ drill **Bohrinsel** F̲ drilling rig **Bohrloch** N̲ borehole; (in Holz, Metall etc) drill hole **Bohrmaschine** F̲ drill **Bohrturm** M̲ derrick **Bohrung** F̲ ❶ (≈ das Bohren) boring; (mit Bohrer) drilling ❷ (≈ Loch); (in Holz, Metall etc) drill hole

böig A̲D̲J̲ gusty; (stärker, mit Regen) squally

Boiler M̲ (hot-water) tank

Boje F̲ buoy

Bolivien N̲ Bolivia

Bolzen M̲ TECH pin; (≈ Geschoss) bolt

Bolzplatz M̲ piece of ground where children play football

bombardieren V̲T̲ to bomb; (fig) to bombard **Bombardierung** F̲ bombing; (fig) bombardment

bombastisch A̲ A̲D̲J̲ Sprache bombastic; Aufwand ostentatious B̲ A̲D̲V̲ (≈ schwülstig) bombastically; (≈ pompös) ostentatiously

Bombe F̲ bomb; **wie eine ~ einschlagen** to come as a (real) bombshell **Bombenalarm** M̲ bomb scare **Bombenangriff** M̲ bomb attack **Bombenanschlag** M̲ bomb attack **Bombendrohung** F̲ bomb threat od scare **Bombenerfolg** M̲ (umg) smash hit (umg) **Bombengeschäft** N̲ (umg) **ein ~ machen** to do a roaring trade (umg) (mit in) **Bombenleger(in)** M̲F̲ bomber **bombensicher** A̲D̲J̲ ❶ MIL bombproof ❷ (umg) dead certain (umg) **Bombenstimmung** F̲ (umg) terrific atmosphere **Bombenteppich** M̲ **einen ~ legen**

835 | BOYG

B

to blanket-bomb an/the area **Bombentrichter** M̲ bomb crater **Bomber** M̲ bomber **Bomberjacke** F̲ bomber jacket
bombig A̲D̲J̲ (umg) terrific, great
Bon M̲ voucher, coupon; (≈ Kassenzettel) receipt
Bonbon N̲ od M̲ sweet (Br), candy (US)
Bond M̲ FIN bond; **festverzinsliche ~s** pl fixed-income bonds pl
Bonus M̲ bonus
Bonze M̲ (pej) bigwig (umg)
Boom M̲ boom **boomen** V̲I̲ to boom
Boot N̲ boat; **~ fahren** to go boating; **wir sitzen alle in einem ~** (fig) we're all in the same boat
booten V̲T̲ & V̲I̲ IT to boot (up)
Bootsfahrt F̲ boat trip **Bootsflüchtlinge** P̲L̲ boat people **Bootshaus** N̲ boathouse **Bootsverleih** M̲ boat hire business
Bord¹ M̲ **an ~** on board; **alle Mann an ~!** all aboard!; **an ~ gehen** to go on board; **Mann über ~!** man overboard!; **über ~ werfen** to throw overboard
Bord² N̲ (≈ Wandbrett) shelf
Bordbuch N̲ log(book) **Bordcomputer** M̲ on-board computer
Bordell N̲ brothel
Bordfunker(in) M̲F̲ SCHIFF, FLUG radio operator **Bordkante** F̲ kerb (Br), curb (US) **Bordkarte** F̲ boarding pass **Bordpersonal** N̲ FLUG flight crew; **das ~ wartet auf Anweisungen des Kapitäns** the flight crew are od seltener is waiting for instructions from the captain **Bordstein** M̲ kerb (Br), curb (US)
borgen V̲T̲ & V̲I̲ ◼ (≈ erhalten) to borrow (von from) ◼ (≈ geben) to lend (jdm etw sb sth, sth to sb)
Borke F̲ bark
borniert A̲D̲J̲ bigoted
Börse F̲ (≈ Wertpapierhandel) stock market; (Ort) stock exchange; **an die ~ gehen** to be floated on the stock exchange **Börsenaufsicht** F̲ (Behörde) stock market regulator **Börsengang** M̲ stock market flotation **Börsengeschäft** N̲ (≈ Wertpapierhandel) stockbroking; (≈ Transaktion) stock market transaction **Börsenkrach** M̲ stock market crash **Börsenkurs** M̲ stock market price **Börsenmakler(in)** M̲F̲ stockbroker **Börsenspekulation** F̲ speculation on the stock market **Börsentendenz** F̲ stock market trend **Börsianer(in)** M̲F̲ (umg) (≈ Makler) broker; (≈ Spekulant) speculator
Borste F̲ bristle **borstig** A̲D̲J̲ bristly; (fig) snappish
Borte F̲ braid trimming
bösartig A̲D̲J̲ Mensch, Wesen malicious; Tier vicious; MED Geschwür malignant

Böschung F̲ embankment; (von Fluss) bank
böse A̲ A̲D̲J̲ ◼ bad; (umg ≈ unartig) naughty; Überraschung nasty; **das war keine ~ Absicht** there was no harm intended; **~ Folgen** dire consequences ◼ (≈ verärgert) angry (+dat, auf +akk, mit with) B̲ A̲D̲V̲ nastily; verprügeln badly; **es sieht ~ aus** it looks bad **Böse(r)** M̲F̲M̲ wicked od evil person; FILM, THEAT villain, baddy (umg) **Böse(s)** N̲ evil; (≈ Schaden, Leid) harm; **ich habe mir gar nichts ~s dabei gedacht** I didn't mean any harm **Bösewicht** M̲ (hum) villain
boshaft A̲ A̲D̲J̲ malicious B̲ A̲D̲V̲ grinsen maliciously **Bosheit** F̲ malice; (Bemerkung) malicious remark
Bosnien N̲ Bosnia; **~ und Herzegowina** Bosnia-Herzegovina **Bosnier(in)** M̲F̲ Bosnian **bosnisch** A̲D̲J̲ Bosnian
Bosporus M̲ **der ~** the Bosporus
Boss M̲ (umg) boss (umg)
böswillig A̲ A̲D̲J̲ malicious; **in ~er Absicht** with malicious intent B̲ A̲D̲V̲ maliciously
Botanik F̲ botany **Botaniker(in)** M̲F̲ botanist **botanisch** A̲D̲J̲ botanic
Bote M̲, **Botin** F̲ messenger; (≈ Kurier) courier **Botschaft** F̲ ◼ (≈ Mitteilung) message; (≈ Neuigkeit) (piece of) news ◼ (POL ≈ Vertretung) embassy **Botschafter(in)** M̲F̲ ambassador
Botsuana N̲ Botswana
Bottich M̲ tub
Bougainvillea F̲ BOT bougainvillea
Bouillon F̲ bouillon **Bouillonwürfel** M̲ bouillon cube
Boulevard M̲ boulevard **Boulevardblatt** N̲ (umg) tabloid (a. pej) **Boulevardpresse** F̲ (umg) popular press **Boulevardtheater** N̲ light theatre (Br) od theater (US) **Boulevardzeitung** F̲ popular daily (Br), tabloid (a. pej)
Boutique F̲ boutique
Bowle F̲ (≈ Getränk) punch
Bowling N̲ (tenpin) bowling **Bowlingkugel** F̲ bowl
Box F̲ ◼ (≈ abgeteilter Raum) compartment; (für Pferde) box; (in Großgarage) (partitioned-off) parking place; (für Rennwagen) pit ◼ (≈ Behälter) box ◼ (≈ Lautsprecherbox) speaker (unit)
boxen A̲ V̲I̲ SPORT to box; **gegen jdn ~** to fight sb B̲ V̲T̲ (≈ schlagen) to punch; **sich nach oben ~** (fig umg) to fight one's way up **Boxen** N̲ SPORT boxing
Boxenstopp M̲ pit stop
Boxer M̲ (≈ Hund) boxer **Boxer(in)** M̲F̲ (≈ Sportler) boxer **Boxershorts** P̲L̲ boxer shorts pl **Boxhandschuh** M̲ boxing glove **Boxkampf** M̲ fight, bout **Boxring** M̲ boxing ring
Boygroup F̲ boy band, boy group (bes US)

Box — box

Box — speaker

Boykott M̄ boycott **boykottieren** V̄T̄ to boycott
Brachland N̄ fallow (land) **brachliegen** V̄ī to lie fallow; (fig) to be left unexploited
Brainstorming N̄ brainstorming; (Sitzung) brainstorming session
Branche F̄ (≈ Fach) field; (≈ Gewerbe) trade; (≈ Geschäftszweig) area of business; (≈ Wirtschaftszweig) (branch of) industry **Branchenführer(in)** M̄F̄ market leader **Branchenverzeichnis** N̄ classified directory, Yellow Pages® sg
Brand M̄ ❶ (≈ Feuer) fire; **in ~ geraten** to catch fire; **etw in ~ setzen** od **stecken** to set fire to sth; **einen ~ legen** to set a fire ❷ (fig umg ≈ großer Durst) raging thirst **brandaktuell** ĀD̄J̄ latest; **~e Themen** the latest topics **Brandanschlag** M̄ arson attack **Brandblase** F̄ (burn) blister **Brandbombe** F̄ firebomb, incendiary device
branden V̄ī to surge (a. fig); **an** od **gegen etw** (akk) **~** to break against sth
Brandenburg N̄ Brandenburg
Brandfleck M̄ burn **Brandgefahr** F̄ danger of fire **Brandherd** M̄ source of the fire; (fig) source **brandmarken** V̄T̄ to brand; (fig) to denounce **Brandnarbe** F̄ burn scar, scar from a burn **brandneu** ĀD̄J̄ (umg) brand-new **Brandschutz** M̄ protection against fire **Brandstifter(in)** M̄F̄ fire raiser (bes Br), arsonist (bes US JUR) **Brandstiftung** F̄ arson
Brandung F̄ surf
Brandursache F̄ cause of (the) fire **Brandwunde** F̄ burn; (durch Flüssigkeit) scald **Brandzeichen** N̄ brand

Branntwein M̄ spirits pl **Branntweinbrennerei** F̄ distillery **Branntweinsteuer** F̄ tax on spirits
Brasilianer(in) M̄F̄ Brazilian **brasilianisch** ĀD̄J̄ Brazilian **Brasilien** N̄ Brazil
Bratapfel M̄ baked apple **braten** ❶ V̄T̄ & V̄ī to roast; (im Ofen) to bake; (in der Pfanne) to fry ❷ V̄ī (umg: in der Sonne) to roast (umg) **Braten** M̄ ≈ pot roast meat (❗ kein pl, ohne a); (im Ofen gebraten) joint (Br), roast; **den ~ riechen** (umg) to smell a rat (umg) **Bratensoße** F̄ gravy **Bratfisch** M̄ fried fish **Brathähnchen** N̄, (österr, südd) **Brathendl** N̄ roast chicken **Brathering** M̄ fried herring (sold cold) **Brathuhn** N̄ roast chicken; (≈ Huhn zum Braten) roasting chicken **Bratkartoffeln** P̄L̄ sauté potatoes pl **Bratpfanne** F̄ frying pan **Bratröhre** F̄ oven **Bratrost** M̄ grill
Bratsche F̄ viola; **~ spielen** to play the viola (❗ mit **the**)
Bratspieß M̄ skewer; (≈ Teil des Grills) spit; (≈ Gericht) kebab **Bratwurst** F̄, **Bratwürstchen** N̄ (fried) sausage
Brauch M̄ custom, tradition; **etw ist ~** sth is traditional
brauchbar ĀD̄J̄ (≈ benutzbar) useable; Plan workable; (≈ nützlich) useful **brauchen** ❶ V̄T̄ ❶ (≈ nötig haben) to need (für, zu for); **Zeit ~** to need time; **wie lange braucht man, um …?** how long does it take to …? ❷ (umg ≈ nützlich finden) **das könnte ich ~** I could do with that ❸ (≈ benutzen, umg ≈ verbrauchen) to use; → gebraucht ❷ V̄/ĀŪX̄ to need; **du brauchst das nicht tun** you don't have od need to do that **Brauchtum** N̄ customs pl, traditions pl
Braue F̄ (eye)brow
brauen V̄T̄ Bier to brew **Brauer(in)** M̄F̄ brewer **Brauerei** F̄ brewery
braun ĀD̄J̄ brown; **~ gebrannt** (sun)tanned **Bräune** F̄ (≈ braune Färbung) brown(ness); (von Sonne) (sun)tan **bräunen** ❶ V̄T̄ GASTR to brown; (Sonne etc) to tan ❷ V̄ī **sich in der Sonne ~ lassen** to get a (sun)tan **braungebrannt** ĀD̄J̄ → braun **braunhaarig** ĀD̄J̄ brown-haired; Frau auch brunette **Braunkohle** F̄ brown coal **bräunlich** ĀD̄J̄ brownish
Braunschweig N̄ Brunswick
Brause F̄ ❶ (≈ Dusche) shower ❷ (an Gießkanne) rose ❸ (≈ Getränk) pop; (≈ Limonade) (fizzy) lemonade; (≈ Brausepulver) sherbet **brausen** ❶ V̄ī (≈ tosen) to roar; (Beifall) to thunder ❷ (≈ rasen) to race ❸ (a. v/r ≈ duschen) to (have a) shower **Brausepulver** N̄ sherbet **Brausetablette** F̄ effervescent tablet
Braut F̄ ❶ bride ❷ (sl ≈ Frau) bird (bes Br umg), chick (bes US umg) **Bräutigam** M̄ (bride)groom

Brautjungfer F̲ bridesmaid **Brautkleid** N̲ wedding dress **Brautpaar** N̲ bride and (bride)groom

brav A ADJ 1 (≈ *gehorsam*) good; **sei schön ~!** be a good boy/girl 2 (≈ *bieder*) plain B ADV **~ seine Pflicht tun** to do one's duty without complaining

▶ brav ≠ brave

brav	=	**good**
brave	=	mutig, tapfer

FALSCHE FREUNDE ◂

bravo INT well done; (*für Künstler*) bravo **Bravoruf** M̲ cheer
BRD F̲ *abk von* **Bundesrepublik Deutschland** FRG
Break N̲ *od* M̲ TENNIS break
Brechbohnen PL French beans *pl* **Brecheisen** N̲ crowbar **brechen** A VT̲ 1 to break; *Widerstand* to overcome; *Licht* to refract; **sich/jdm den Arm ~** to break one's/sb's arm 2 (≈ *erbrechen*) to bring up B VI̲ 1 to break; **mir bricht das Herz** it breaks my heart; **~d voll sein** to be full to bursting 2 **mit jdm/etw ~** to break with sb/sth 3 (≈ *sich erbrechen*) to be sick C VR̲ (*Wellen*) to break; (*Lichtstrahl*) to be refracted **Brechmittel** N̲ emetic; **er/das ist das reinste ~ (für mich)** he/it makes me feel sick **Brechreiz** M̲ nausea **Brechstange** F̲ crowbar
Brei M̲ mush, paste; (≈ *Haferbrei*) porridge; (≈ *Grießbrei*) semolina; **jdn zu ~ schlagen** (*umg*) to beat sb to a pulp (*umg*); **um den heißen ~ herumreden** (*umg*) to beat about (*Br*) *od* around the bush (*umg*)
breit A ADJ broad; *Publikum, Angebot* wide; **die ~e Masse** the masses *pl*; **die ~e Öffentlichkeit** the public at large B ADV **~ gebaut** sturdily built; **ein ~ gefächertes Angebot** a wide range **Breitbandkabel** N̲ broadband cable **Breitband(kommunikations)netz** N̲ TEL broadband (communications) network **breitbeinig** ADV with one's legs apart **Breite** F̲ 1 breadth; (*bes bei Maßangaben*) width; (*von Angebot*) breadth; **in die ~ gehen** (*umg* ≈ *dick werden*) to put on weight 2 GEOG latitude; **in südlichere ~n fahren** (*umg*) to travel to more southerly climes; **20° nördlicher ~** 20° north **breiten** VT̲ & VR̲ to spread **Breitengrad** M̲ (degree of) latitude **Breitenkreis** M̲ parallel **Breitensport** M̲ popular sport **breitgefächert** ADJ → breit **breitmachen** VR̲ (*umg*: *Mensch*) to make oneself at home; (*Gefühl etc*) to spread; **mach dich doch nicht so breit!** don't take up so much room **breitschlagen** VT̲ (*umg*) **jdn (zu etw) ~** to talk sb round (*Br*) *od* around (*US*) (to sth); **sich ~ lassen** to let oneself be talked round (*Br*) *od* around (*US*) **breitschult(e)rig** ADJ broad-shouldered **Breitseite** F̲ (SCHIFF, *fig*) broadside **breitspurig** ADJ *Bahn* broad-gauge *attr*; *Straße* wide-laned **breittreten** VT̲ (*umg*) to go on about (*umg*) **Breitwandfilm** M̲ wide-screen film
Bremen N̲ Bremen
Bremsbelag M̲ brake lining
Bremse[1] F̲ (*bei Fahrzeugen*) brake
Bremse[2] F̲ (≈ *Insekt*) horsefly

Bremse — brake

Bremse — horsefly

bremsen A VI̲ 1 to brake 2 (*umg* ≈ *zurückstecken*) **mit etw ~** to cut down (on) sth B VT̲ 1 *Fahrzeug* to brake 2 (*fig*) to restrict; *Entwicklung* to slow down; **er ist nicht zu ~** (*umg*) there's no stopping him **Bremsflüssigkeit** F̲ brake fluid **Bremskraft** F̲ braking power **Bremskraftverstärker** M̲ servo brake **Bremslicht** N̲ brake light **Bremspedal** N̲ brake pedal **Bremsspur** F̲ skid mark *meist pl* **Bremsung** F̲ braking **Bremsweg** M̲ braking distance

brennbar ADJ inflammable **Brennelement** N̲ fuel element **brennen** A VI̲ to burn; (*Glühbirne etc*) to be on; (*Zigarette*) to be alight; (*Stich*) to sting; **in den Augen ~** to sting the eyes; **das Licht ~ lassen** to leave the light on; **es brennt!** fire, fire!; **wo brennts denn?** (*umg*) what's the panic?; **darauf ~, etw zu tun** to be dying to do sth B VT̲ to burn; *Branntwein* to distil (Br), to distill (US); *Kaffee* to roast; *Ton* to fire; **eine CD ~** to burn a CD **brennend A** ADJ burning; *Zigarette* lighted **B** ADV (*umg* ≈ *sehr*) terribly; *interessieren* really **Brenner** M TECH burner; (*für CDs*) CD burner **Brennholz** N firewood **Brennnessel** F stinging nettle **Brennpunkt** M MATH, OPT focus; **im ~ des Interesses stehen** to be the focal point **Brennstab** M fuel rod **Brennstoff** M fuel **Brennstoffzelle** F fuel cell

brenzlig ADJ (*umg*) *Situation* precarious; **die Sache wurde ihm zu ~** things got too hot for him (*umg*)

Bretagne F **die ~** Brittany (⚠ *ohne the*)

Brett N **1** board; (≈ *Regalbrett*) shelf; **Schwarzes ~** notice board (Br), bulletin board (US); **ich habe heute ein ~ vor dem Kopf** (*umg*) I can't think straight today **2** (*fig*) **Bretter** PL (≈ *Bühne*) stage, boards pl; (≈ *Skier*) planks pl (*umg*) **brettern** VI (*umg*) to race (along) **Bretterzaun** M wooden fence **Brettspiel** N board game

Brezel F pretzel

Brief M letter; BIBEL epistle **Briefbogen** M sheet of writing paper **Briefbombe** F letter bomb

briefen VT (≈ *informieren*) to brief

Brieffreund(in) MF pen friend **Briefkasten** M (*am Haus*) letter box (Br), mailbox (US); (*der Post*) postbox (Br), mailbox (US); **elektronischer ~** IT electronic mailbox **Briefkastenfirma** F (*umg*) fictitious company **Briefkopf** M letterhead **brieflich** ADJ, ADV by letter **Briefmarke** F stamp **Briefmarkenalbum** N stamp album **Briefmarkensammler(in)** MF stamp collector **Briefmarkensammlung** F stamp collection **Brieföffner** M letter opener **Briefpapier** N writing paper **Brieftasche** F **1** wallet, billfold (US) **2** (*österr* ≈ *Geldbörse*) purse (Br), wallet (US) **Brieftaube** F carrier pigeon **Briefträger** M postman (Br), mailman (US) **Briefträgerin** F postwoman (Br), mailwoman (US) **Briefumschlag** M envelope **Briefwaage** F letter scales pl **Briefwahl** F postal vote **Briefwechsel** M correspondence

▶ **Brieftasche ≠ briefcase**

Brieftasche	=	**wallet, billfold** (US)
briefcase	=	**Aktentasche**

FALSCHE FREUNDE ◀

Brikett N briquette
brillant **A** ADJ brilliant **B** ADV brilliantly **Brillant** M diamond

Brille — glasses

Brille — (toilet) seat

Brille F **1** OPT glasses pl; (≈ *Schutzbrille*) goggles pl; **eine ~** a pair of glasses; **eine ~ tragen** to wear glasses **2** (≈ *Klosettbrille*) (toilet) seat **Brillenetui** N glasses case **Brillenglas** N lens **bringen** VT **1** (≈ *herbringen*) to bring; **sich** (*dat*) **etw ~ lassen** to have sth brought to one; **etw an sich** (*akk*) **~** to acquire sth **2** (≈ *woanders hinbringen*) to take; **jdn nach Hause ~** to take sb home; **etw hinter sich** (*akk*) **~** to get sth over and done with **3** (≈ *einbringen*) *Gewinn* to bring in, to make; **(jdm) Glück/Unglück ~** to bring (sb)

▶ **bringen: take, bring oder get?**

irgendwohin bringen; vom Standort des Sprechers weg	**to take**
herbringen; zum Standort des Sprechers oder Entgegennehmenden hin	**to bring**
holen, herbringen	**to get, to fetch**
Er wurde ins Krankenhaus gebracht.	**He was taken to** (US **to the**) **hospital.**
Bringen Sie mir bitte noch ein Glas Bier.	**Would you bring me another glass of beer, please?**
Würdest du mir bitte die Brille aus dem Schlafzimmer bringen?	**Would you fetch me my glasses from the bedroom, please?**

SPRACHGEBRAUCH ◀

luck/bad luck; **das bringt nichts** (umg) it's pointless **4 jdn zum Lachen/Weinen ~** to make sb laugh/cry; **jdn dazu ~, etw zu tun** to get sb to do sth **5** (Zeitung) to print; (≈ senden) Bericht etc to broadcast; (≈ aufführen) Stück to do **6** (sl ≈ schaffen, leisten) **das bringt er nicht** he's not up to it; **das Auto bringt 180 km/h** (umg) the car can do 180 km/h; **der Motor bringts nicht mehr** the engine has had it (umg) **7 es zu etwas/nichts ~** to get somewhere/nowhere; **er hat es bis zum Direktor gebracht** he made it to director; **jdn um etw ~** to do sb out of sth **brisant** ADJ explosive **Brisanz** F (fig) explosive nature; **ein Thema von äußerster ~** an extremely explosive subject
Brise F breeze
Brite M, **Britin** F Briton, Brit (umg); **er ist ~** he is British; **die ~n** the British **britisch** ADJ British; **die Britischen Inseln** the British Isles

Brite, Britin

Da man dem **British** nicht ansieht, ob es sich um einen Mann oder eine Frau handelt, kann man das bei Bedarf dadurch klarmachen, dass man z. B. **a British gentleman** (sehr höflich), **a British man, a British boy, a British guy** (umgangssprachlich) verwendet, wenn es sich um eine männliche Person handelt. Dementsprechend würde man bei einer Frau oder einem Mädchen sagen **a British lady** (sehr höflich), **a British woman, a British girl** usw.

SPRACHGEBRAUCH

bröckelig ADJ crumbly **bröckeln** VI (Haus, Fassade) to crumble; (Preise, Kurse) to tumble **Brocken** M lump, chunk; (umg: Person) lump (umg); **ein paar ~ Spanisch** a smattering of Spanish; **ein harter ~** (≈ Person) a tough cookie (umg); (≈ Sache) a tough nut to crack
brodeln VI to bubble; (Dämpfe) to swirl; **es brodelt** (fig) there is seething unrest
Broker(in) M/F BÖRSE (stock)broker
Brokkoli PL broccoli sg
Brom N bromine
Brombeere F blackberry, bramble
Bronchialkatarrh M bronchial catarrh **Bronchie** F bronchial tube **Bronchitis** F bronchitis
Bronze F bronze **Bronzemedaille** F bronze medal **Bronzezeit** F Bronze Age
Brosche F brooch
Broschüre F brochure
Brösel M crumb
Brot N bread (❗ kein pl); (≈ Laib) loaf (of bread); (≈ Scheibe) slice (of bread); (≈ Butterbrot) (slice of) bread and butter (❗ kein pl, ohne Artikel); (≈ Stulle) sandwich; **belegte ~e** open (Br) od open--face (US) sandwiches **Brotbelag** M topping (for bread) **Brötchen** N roll; **(sich** dat**) seine ~ verdienen** (umg) to earn one's living **Brotkorb** M bread basket **Brotmesser** N bread knife **Brotrinde** F crust **Brotschneidemaschine** F bread slicer **Brotzeit** F (südd ≈ Pause) tea break (Br), snack break (US)
browsen VI IT to browse **Browser** M IT browser
Bruch M **1** (≈ Bruchstelle) break; (in Porzellan etc) crack; **zu ~ gehen** to get broken **2** (fig) (von Vertrag, Eid etc) breaking; (mit Vergangenheit, Partei) break; (des Vertrauens) breach; **in die Brüche gehen** (Ehe, Freundschaft) to break up **3** MED fracture; (≈ Eingeweidebruch) hernia **4** MATH fraction **5** (sl ≈ Einbruch) break-in **Bruchbude** F (pej) hovel **brüchig** ADJ Material, Knochen brittle; Mauerwerk crumbling; (fig) Stimme cracked **Bruchlandung** F crash-landing; **eine ~ machen** to crash-land **bruchrechnen** VI to do fractions **Bruchrechnen** N, **Bruchrechnung** F fractions (❗ mit Verb im Singular oder Plural) **Bruchstelle** F break **Bruchstrich** M MATH line (of a fraction) **Bruchstück** N fragment **bruchstückhaft** A ADJ fragmentary B ADV in a fragmentary way **Bruchteil** M fraction; **im ~ einer Sekunde** in a split second **Bruchzahl** F fraction

 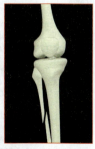

Bruch — crack | Bruch — fracture

Brücke F **1** bridge; **alle ~n hinter sich** (dat) **abbrechen** (fig) to burn one's bridges **2** (≈ Zahnbrücke) bridge **3** (≈ Teppich) rug **Brückenkopf** M bridgehead **Brückenpfeiler** M (bridge) pier **Brückentag** M extra day off (taken between two public holidays or a public holiday and a weekend)
Bruder M **1** brother; **unter Brüdern** (umg) between friends **2** (≈ Mönch) friar, brother **3** (umg ≈ Mann) guy (umg) **brüderlich** A ADJ fraternal B

B

<u>ADV</u> like brothers; **~ teilen** to share and share alike **Brüderschaft** <u>F</u> (≈ *Freundschaft*) close friendship; **mit jdm ~ trinken** to agree over a drink to use the familiar "du"

Brühe <u>F</u> (≈ *Suppe*) (clear) soup; (*als Suppengrundlage*) stock; (*pej* ≈ *schmutzige Flüssigkeit*) sludge; (≈ *Getränk*) muck (*umg*) **brühwarm** <u>ADV</u> (*umg*) **er hat das sofort ~ weitererzählt** he promptly went away and spread it around **Brühwürfel** <u>M</u> stock cube

brüllen <u>A</u> <u>VI</u> to shout, to roar; (*pej* ≈ *laut weinen*) to bawl; **er brüllte vor Schmerzen** he screamed with pain; **vor Lachen ~** to roar with laughter; **das ist zum Brüllen** (*umg*) it's a scream (*umg*) <u>B</u> <u>VT</u> to shout, to roar **Brüller** (*umg*) **ein ~ sein** (*Witz, Film etc*) to be a scream (*umg*) *od* hoot (*umg*); (*Schlager*) to be brilliant *od* wicked (*Br sl*)

brummen <u>A</u> <u>VI</u> <u>1</u> (*Insekt*) to buzz; (*Motor*) to drone; **mir brummt der Kopf** my head is throbbing <u>2</u> (*Wirtschaft, Geschäft*) to boom <u>B</u> <u>VT</u> (≈ *brummeln*) to mumble, to mutter **Brummer** <u>M</u> (≈ *Schmeißfliege*) bluebottle **Brummi** <u>M</u> (*umg* ≈ *Lastwagen*) lorry (*Br*), truck **brummig** <u>ADJ</u> grumpy **Brummschädel** <u>M</u> (*umg*) thick head (*umg*)

Brunch <u>M</u> brunch

brünett <u>ADJ</u> dark(-haired); **sie ist ~** she is (a) brunette

Brunft <u>F</u> JAGD rut **Brunftschrei** <u>M</u> mating call

Brunnen <u>M</u> well; (≈ *Springbrunnen*) fountain; **Wasser am ~ holen** to fetch water from the well **Brunnenkresse** <u>F</u> watercress **Brunnenschacht** <u>M</u> well shaft

brünstig <u>ADJ</u> *männliches Tier* rutting; *weibliches Tier* on (*Br*) *od* in (*bes US*) heat

brüsk <u>A</u> <u>ADJ</u> brusque, abrupt <u>B</u> <u>ADV</u> brusquely, abruptly **brüskieren** <u>VT</u> to snub

Brüssel <u>N</u> Brussels

Brust <u>F</u> <u>1</u> (≈ *Körperteil*) chest; **sich** (*dat*) **jdn zur ~ nehmen** to have a word with sb; **schwach auf der ~ sein** (*umg*) to have a weak chest <u>2</u> (≈ *weibliche Brust*) breast; **einem Kind die ~ geben** to breast-feed a baby <u>3</u> GASTR breast **Brustbein** <u>N</u> ANAT breastbone **Brustbeutel** <u>M</u> money bag (*worn around the neck*) **brüsten** <u>VR</u> to boast (*mit* about) **Brustfell** <u>N</u> ANAT pleura **Brustfellentzündung** <u>F</u> pleurisy **Brustkasten** <u>M</u> (*umg*), **Brustkorb** <u>M</u> ANAT thorax **Brustkrebs** <u>M</u> breast cancer **Brustschwimmen** <u>N</u> breaststroke **Brustton** <u>M</u> **im ~ der Überzeugung** in a tone of utter conviction **Brüstung** <u>F</u> parapet; (≈ *Fensterbrüstung*) breast **Brustwarze** <u>F</u> nipple **Brustweite** <u>F</u> chest measurement; (*von Frau*) bust measure-

ment

Brut <u>F</u> <u>1</u> (≈ *das Brüten*) incubating <u>2</u> (≈ *die Jungen*) brood; (*pej*) mob (*umg*)

brutal <u>A</u> <u>ADJ</u> brutal <u>B</u> <u>ADV</u> *zuschlagen* brutally; *behandeln* cruelly **Brutalität** <u>F</u> brutality; (≈ *Gewalttat*) act of brutality

brüten <u>VI</u> to incubate; (*fig*) to ponder (*über +dat* over); **~de Hitze** stifling heat **Brüter** <u>M</u> TECH breeder (reactor); **Schneller ~** fast-breeder (reactor) **Brutkasten** <u>M</u> MED incubator

brutto <u>ADV</u> gross **Bruttoeinkommen** <u>N</u> gross income **Bruttogehalt** <u>N</u> gross salary **Bruttogewicht** <u>N</u> gross weight **Bruttoinlandsprodukt** <u>N</u> gross domestic product **Bruttolohn** <u>M</u> gross wage(s *pl*) **Bruttoregistertonne** <u>F</u> register ton **Bruttosozialprodukt** <u>N</u> gross national product, GNP **Bruttoverdienst** <u>M</u> gross earnings *pl*

Brutzeit <u>F</u> incubation (period)

brutzeln (*umg*) <u>VI</u> to sizzle (away)

BSE *abk von* Bovine Spongiforme Enzephalopathie BSE **BSE-Krise** <u>F</u> BSE crisis

Bub <u>M</u> (*südd, österr, schweiz*) boy **Bube** <u>M</u> KART jack

Buch <u>N</u> <u>1</u> book; **schlagt eure Bücher auf Seite 35 auf** open your books at page 35; **er redet wie ein ~** (*umg*) he never stops talking; **ein Tor, wie es im ~e steht** a textbook goal <u>2</u> HANDEL books *pl*; **über etw** (*akk*) **~ führen** to keep a record of sth **Buchbesprechung** <u>F</u> book review **Buchdruck** <u>M</u> letterpress (printing) **Buchdruckerei** <u>F</u> (≈ *Betrieb*) printing works (❗ mit Verb im Singular oder Plural); (≈ *Handwerk*) printing

Buche <u>F</u> (≈ *Baum*) beech (tree); (≈ *Holz*) beech (-wood)

buchen <u>VT</u> <u>1</u> HANDEL to enter; **etw als Erfolg ~** to put sth down as a success <u>2</u> (≈ *vorbestellen*) to book

Bücherbrett <u>N</u> bookshelf **Bücherbus** <u>M</u> mobile library (*Br*), bookmobile (*US*) **Bücherei** <u>F</u> (lending) library **Bücherregal** <u>N</u> bookshelf **Bücherschrank** <u>M</u> bookcase **Bücherwurm** <u>M</u> (*a. hum*) bookworm

Buchfink <u>M</u> chaffinch

Buchführung <u>F</u> book-keeping, accounting **Buchhalter(in)** <u>M(F)</u> book-keeper, accountant **Buchhaltung** <u>F</u> <u>1</u> book-keeping, accounting <u>2</u> (*Abteilung einer Firma*) accounts department **Buchhandel** <u>M</u> book trade; **im ~ erhältlich** available in bookshops **Buchhändler(in)** <u>M(F)</u> bookseller **Buchhandlung** <u>F</u> bookshop, bookstore (*US*) **Buchmacher(in)** <u>M(F)</u> bookmaker, bookie (*umg*) **Buchmesse** <u>F</u> book fair **Buchprüfer(in)** <u>M(F)</u> auditor **Buchprüfung** <u>F</u> audit **Buchrücken**

M̄ spine
Buchse F̄ ELEK socket; (TECH: *von Zylinder*) liner; (*von Lager*) bush
Büchse F̄ **1** tin; (≈ *Konservenbüchse*) can, tin (Br); (≈ *Sammelbüchse*) collecting box **2** (≈ *Gewehr*) rifle, (shot)gun **Büchsenfleisch** N̄ canned meat, tinned meat (Br) **Büchsenöffner** M̄ can opener, tin opener (Br)
Buchstabe M̄ letter; **kleiner ~** small letter; **großer ~** capital (letter) **buchstabieren** V̄T̄ to spell **buchstäblich** A ADJ literal B ADV literally **Buchstütze** F̄ book end
Bucht F̄ (*im Meer*) bay; (*kleiner*) cove
Buchtitel M̄ (book) title **Buchumschlag** M̄ dust jacket **Buchung** F̄ HANDEL entry; (≈ *Reservierung*) booking **Buchweizen** M̄ buckwheat **Buchwert** M̄ HANDEL book value
Buckel M̄ **1** hump(back), hunchback; (*umg* ≈ *Rücken*) back; **einen ~ machen** (*Katze*) to arch its back; (*Mensch*) to hunch one's shoulders; **seine 80 Jahre auf dem ~ haben** (*umg*) to be 80 (years old) **2** (*von Skipiste*) mogul **buckelig** ADJ hunchbacked, humpbacked **Buckelpiste** F̄ mogul field
bücken V̄R̄ to bend (down); **sich nach etw ~** to bend down to pick sth up; → gebückt
bucklig ADJ *etc* = **buckelig Bucklige(r)** M̄/F̄(M)
hunchback
Bückling M̄ GASTR smoked herring
buddeln V̄Ī (*umg*) to dig
Buddhismus M̄ Buddhism **Buddhist(in)** M̄(F̄) Buddhist **buddhistisch** ADJ Buddhist(ic)
Bude F̄ **1** (≈ *Bretterbau*) hut; (≈ *Baubude*) (workmen's) hut; (≈ *Verkaufsbude*) stall; (≈ *Zeitungsbude*) kiosk **2** (*umg*) (≈ *Zimmer*) room; (≈ *Wohnung*) pad (*umg*)
Budget N̄ budget
Büfett N̄ **1** (≈ *Geschirrschrank*) sideboard **2 kaltes ~** cold buffet
Büffel M̄ buffalo **büffeln** (*umg*) A V̄Ī to cram (*umg*) B V̄T̄ *Lernstoff* to swot up (Br *umg*), to bone up on (US *umg*)
Bug M̄ (≈ *Schiffsbug*) bow *meist pl*; (≈ *Flugzeugbug*) nose
Bügel M̄ **1** (≈ *Kleiderbügel*) (coat) hanger **2** (≈ *Steigbügel*) stirrup **3** (≈ *Brillenbügel*) side piece **Bügelbrett** N̄ ironing board **Bügeleisen** N̄ iron **Bügelfalte** F̄ crease in one's trousers (*bes Br*) *od* pants (*bes US*) **bügeln** V̄T̄&V̄Ī *Wäsche* to iron; *Hose* to press
Buggy M̄ buggy
bugsieren V̄T̄ (*umg*) *Möbelstück etc* to manoeuvre (Br), to maneuver (US); **jdn aus dem Zimmer ~** to steer sb out of the room
buh INT boo **buhen** V̄Ī (*umg*) to boo
Buhmann M̄ (*umg*) bogeyman (*umg*)

Bühne F̄ **1** stage; **über die ~ gehen** (*fig umg*) to go off; **hinter der ~** behind the scenes **2** (≈ *Theater*) theatre (Br), theater (US) **Bühnenanweisung** F̄ stage direction **Bühnenautor(in)** M̄(F̄) playwright **Bühnenbearbeitung** F̄ stage adaptation **Bühnenbild** N̄ (stage) set **Bühnenbildner(in)** M̄(F̄) set designer
Buhruf M̄ boo
Bulette F̄ (*dial*) meat ball; **ran an die ~n** (*umg*) go right ahead!
Bulgare M̄, **Bulgarin** F̄ Bulgarian **Bulgarien** N̄ Bulgaria **bulgarisch** ADJ Bulgarian
Bulimie F̄ MED bulimia
Bullauge N̄ SCHIFF porthole **Bulldogge** F̄ bulldog **Bulldozer** M̄ bulldozer
Bulle M̄ **1** bull **2** (*pej sl* ≈ *Polizist*) cop (*umg*)
Bulletin N̄ bulletin
Bumerang M̄ (*wörtl, fig*) boomerang
Bummel M̄ stroll; (*durch Lokale*) tour (*durch* of); **einen ~ machen** to go for a stroll **Bummelant(in)** M̄(F̄) (*umg*) **1** (≈ *Trödler*) dawdler **2** (≈ *Faulenzer*) loafer **bummeln** V̄Ī **1** (≈ *spazieren gehen*) to stroll **2** (≈ *trödeln*) to dawdle **3** (≈ *faulenzen*) to fritter one's time away **Bummelstreik** M̄ go-slow **Bummelzug** M̄ (*umg*) slow train
Bums M̄ (*umg* ≈ *Schlag*) bang, thump **bumsen** A V̄Ī UNPERS (*umg* ≈ *dröhnen*) ..., **dass es bumste** ... with a bang; **es hat gebumst** (*von Fahrzeugen*) there's been a crash B V̄Ī **1** (≈ *schlagen*) to thump **2** (≈ *prallen, stoßen*) to bump, to bang **3** (*umg* ≈ *koitieren*) to do it (*umg*)
Bund¹ M̄ **1** (≈ *Vereinigung*) bond; (≈ *Bündnis*) alli-

Bügel — (coat) hanger

Bügel — side piece

BUND | 842

B

ance; **den ~ der Ehe eingehen** to enter (into) the bond of marriage; **den ~ fürs Leben schließen** to take the marriage vows [2] (≈ *Organisation*) association; (≈ *Staatenbund*) league, alliance [3] POL **~ und Länder** the Federal Government and the/its Länder [4] (*umg* ≈ *Bundeswehr*) **der ~** the army [5] (*an Kleidern*) waistband
Bund² N̄ bundle; (*von Radieschen, Spargel etc*) bunch
Bündel N̄ bundle, sheaf; (*von Banknoten*) wad; (*von Briefen*) pile, bundle; (*von Karotten etc*) bunch
bündeln V̄T̄ *Zeitungen etc* to bundle up
Bundesagentur F̄ **~ für Arbeit** (State) Department of Employment **Bundesanstalt** F̄ **~ für Arbeit** Federal Institute of Labour (*Br*) *od* Labor (*US*) **Bundesausbildungsförderungsgesetz** N̄ *law regarding grants for higher education* **Bundesbahn** F̄ Federal Railways *pl*; **Österreichische/Schweizer ~en** Austrian/Swiss Railways **Bundesbank** F̄ (*D*) Federal bank **Bundesbehörde** F̄ Federal authority **Bundesbürger(in)** M̄F̄ (*D*) German, citizen of Germany **bundesdeutsch** ADJ German **Bundesebene** F̄ **auf ~** at a national level **bundeseinheitlich** [A] ADJ Federal, national [B] ADV nationally; **etw ~ regeln** to regulate sth at national level **Bundesgebiet** N̄ (*D*) Federal territory **Bundesgenosse** M̄, **Bundesgenossin** F̄ ally **Bundesgerichtshof** M̄ (*D*) Federal Supreme Court **Bundesgrenzschutz** M̄ (*D*) Federal Border Guard **Bundeshauptstadt** F̄ Federal capital **Bundesheer** N̄ (*österr*) services *pl*, army **Bundeskanzler(in)** M̄F̄ [1] (*D, österr*) Chancellor [2] (*schweiz*) Head of the Federal Chancellery **Bundesland** N̄ state; **die neuen Bundesländer** the former East German states; **die alten Bundesländer** the former West German states **Bundesliga** F̄ (*D* SPORT) national league **Bundesminister(in)** M̄F̄ (*D, österr*) Federal Minister **Bundesministerium** N̄ ministry **Bundesmittel** P̄L̄ Federal funds *pl* **Bundesnachrichtendienst** M̄ (*D*) Federal Intelligence Service **Bundespräsident(in)** M̄F̄ (*D, österr*) (Federal) President; (*schweiz*) President of the Federal Council **Bundesrat¹** M̄ (*D*) Bundesrat, *upper house of the German Parliament*; (*schweiz*) Council of Ministers **Bundesrat²** M̄, **Bundesrätin** F̄ (*schweiz*) Minister of State **Bundesregierung** F̄ (*D, österr*) Federal Government **Bundesrepublik** F̄ Federal Republic; **~ Deutschland** Federal Republic of Germany **Bundesstaat** M̄ federal state **Bundestag** M̄ (*D*) Bundestag, *lower house of the German Parliament* **Bundestagsabgeordnete(r)** M̄F̄(M̄) member of the Bundestag

Bundestagsfraktion F̄ group *od* faction in the Bundestag **Bundestagspräsident(in)** M̄F̄ President of the Bundestag **Bundestrainer(in)** M̄F̄ (*D* SPORT) national coach **Bundesverfassungsgericht** N̄ (*D*) Federal Constitutional Court **Bundeswehr** F̄ (*D*) services *pl*, army **bundesweit** ADJ, ADV nationwide
Bundfaltenhose F̄ pleated trousers *pl* (*bes Br*) *od* pants *pl* (*bes US*)
bündig ADJ [1] (≈ *kurz, bestimmt*) succinct [2] (≈ *in gleicher Ebene*) flush *präd*, level
Bündnis N̄ alliance; (≈ *Nato*) (NATO) Alliance; **~ für Arbeit** *informal alliance between employers and unions to help create jobs*, alliance for jobs **Bündnispartner** M̄ POL ally
Bundweite F̄ waist measurement
Bungalow M̄ bungalow
Bungee-Jumping N̄ bungee jumping
Bunker M̄ MIL, GOLF bunker; (≈ *Luftschutzbunker*) air-raid shelter
Bunsenbrenner M̄ Bunsen burner
bunt [A] ADJ [1] (≈ *farbig*) coloured (*Br*), colored (*US*); (≈ *mehrfarbig*) colo(u)rful; (≈ *vielfarbig*) multicolo(u)red [2] (*fig* ≈ *abwechslungsreich*) varied; **ein ~er Abend** a social; (RADIO, TV) a variety programme (*Br*) *od* program (*US*) [B] ADV [1] (≈ *farbig*) colourfully (*Br*), colorfully (*US*); *bemalt* in bright colo(u)rs; **~ gemischt** *Programm* varied; *Team* diverse [2] (≈ *ungeordnet*) **es geht ~ durcheinander** it's all a complete mess [3] (*umg* ≈ *wild*) **jetzt wird es mir zu ~** I've had enough of this; **es zu ~ treiben** to overstep the mark **Buntpapier** N̄ coloured (*Br*) *od* colored (*US*) paper **Buntstift** M̄ coloured (*Br*) *od* colored (*US*) pencil, crayon **Buntwäsche** F̄ coloureds *pl* (*Br*), coloreds *pl* (*US*)
Burg F̄ castle
Bürge M̄, **Bürgin** F̄ guarantor **bürgen** V̄Ī **für etw ~** to guarantee sth; **für jdn ~** FIN to stand surety for sb; (*fig*) to vouch for sb
Burgenland N̄ Burgenland
Bürger(in) M̄F̄ citizen; **die ~ von Ulm** the townsfolk of Ulm **Bürgerinitiative** F̄ citizens' action group **Bürgerkrieg** M̄ civil war **bürgerkriegsähnlich** ADJ **~e Zustände** civil war conditions **bürgerlich** ADJ [1] *Ehe, Recht etc* civil; *Pflicht* civic; **Bürgerliches Gesetzbuch** Civil Code [2] (≈ *dem Bürgerstand angehörend*) middle-class **Bürgerliche(r)** M̄F̄(M̄) commoner **Bürgermeister(in)** M̄F̄ mayor (❗ Es gibt zwar das englische Wort **mayoress**, das wird aber von manchen als sexistisch betrachtet. Deshalb benutzt man als Berufsbezeichnung auch für Frauen eher **mayor**. Wenn man klarmachen will, dass es sich

um eine Frau handelt, fügt man davor ein **woman** ein oder verwendet anschließend **she**.) **Bürgernähe** F̲ populism **Bürgerpflicht** F̲ civic duty **Bürgerrecht** N̲ civil rights pl; **jdm die ~e aberkennen** to strip sb of his/her civil rights **Bürgerrechtler(in)** M̲F̲ civil rights campaigner **Bürgerrechtsbewegung** F̲ civil rights movement **Bürgerschaft** F̲ citizens pl **Bürgersteig** M̲ pavement (Br), sidewalk (US) **Bürgertum** N̲ HIST bourgeoisie (HIST)

Bürgin F̲ → Bürge **Bürgschaft** F̲ (JUR: gegenüber Gläubigern) surety; (≈ Haftungssumme) penalty; **~ für jdn leisten** to act as guarantor for sb

Burgund N̲ Burgundy **burgunderrot** A̲D̲J̲ burgundy (red)

Burma N̲ Burma **burmesisch** A̲D̲J̲ Burmese

Büro N̲ office **Büroangestellte(r)** M̲F̲(M̲) office worker **Büroarbeit** F̲ office work **Büroartikel** M̲ item of office equipment; (pl) office supplies pl **Bürobedarf** M̲ office supplies pl **Bürogebäude** N̲ office building **Bürokauffrau** F̲, **Bürokaufmann** M̲ office administrator **Büroklammer** F̲ paper clip **Bürokrat(in)** M̲F̲ bureaucrat **Bürokratie** F̲ bureaucracy **bürokratisch** A̲ A̲D̲J̲ bureaucratic B̲ A̲D̲V̲ bureaucratically **Büromaterial** N̲ office supplies pl; (≈ Schreibwaren) stationery (❗ kein pl) **Büromöbel** P̲L̲ office furniture **Büroschluss** M̲ **nach ~** after office hours **Bürostunden** P̲L̲ office hours pl

Bursche M̲ (umg ≈ Kerl) fellow; **ein übler ~** a shady character **Burschenschaft** F̲ student fraternity **burschikos** A̲D̲J̲ 1 (≈ jungenhaft) (tom)boyish 2 (≈ unbekümmert) casual

Bürste F̲ brush **bürsten** V̲T̲ to brush **Bürsten(haar)schnitt** M̲ crew cut

Bus¹ M̲ 1 (≈ Stadtbus) bus; **mit dem ~ fahren** to go by bus 2 (≈ Reisebus) coach (Br), bus (US) (❗ Der Unterschied zwischen Stadtbussen und Überlandbussen wird nur im britischen Englisch gemacht. Im amerikanischen Englisch sagt man immer **bus**.)

Bus² M̲ IT bus

Busbahnhof M̲ bus station

Busch M̲ bush; **etwas ist im ~** (umg) there's something up; **mit etw hinter dem ~ halten** (umg) to keep sth quiet **Büschel** N̲ (von Gras, Haaren) tuft; (von Heu, Stroh) bundle **Buschfeuer** N̲ (wörtl) bush fire; **sich wie ein ~ ausbreiten** to spread like wildfire **buschig** A̲D̲J̲ bushy **Buschmann** M̲ bushman **Buschmesser** N̲ machete

Busen M̲ (von Frau) bust **Busenfreund(in)** M̲F̲ (iron) bosom friend

Busfahrer(in) M̲F̲ 1 (von Stadtbus) bus driver 2 (von Reisebus) coach (Br) od bus (US) driver **Busfahrt** F̲ bus ride **Bushaltestelle** F̲ bus stop **Buslinie** F̲ bus route **Busreise** F̲ coach (Br) od bus (US) trip od tour

Bussard M̲ buzzard

Buße F̲ 1 (REL ≈ Reue) repentance; (≈ Bußauflage) penance; **~ tun** to do penance 2 (JUR ≈ Schadenersatz) damages pl; (≈ Geldstrafe) fine; **jdn zu einer ~ verurteilen** to fine sb

busseln, **bussen** V̲T̲ & V̲I̲ (südd, österr) to kiss

büßen A̲ V̲T̲ to pay for; (≈ Sünden) to atone for; **das wirst du mir ~** I'll make you pay for that B̲ V̲I̲ **für etw ~** to atone for sth; (für Leichtsinn etc) to pay for sth

busserln V̲T̲ & V̲I̲ (österr) to kiss

Bußgeld N̲ fine **Bußgeldbescheid** M̲ notice of payment due (for traffic violation etc) **Bußgeldverfahren** N̲ fining system

Bussi N̲ (südd umg) kiss

Busspur F̲ bus lane

Buß- und Bettag M̲ day of prayer and repentance

Büste F̲ bust; (≈ Schneiderbüste) tailor's dummy **Büstenhalter** M̲ bra

Bustier N̲ (ohne Träger) bustier; (mit Trägern) camisole; (≈ Top) halter-top

Busverbindung F̲ bus connection

Butan(gas) N̲ butane (gas)

Butt M̲ flounder, butt

Bütten(papier) N̲ handmade paper (with deckle edge)

Butter F̲ butter; **alles (ist) in ~** (umg) everything is hunky-dory (umg) **Butterblume** F̲ buttercup **Butterbrot** N̲ (slice of) bread and butter (❗ kein pl, ohne Artikel); (umg ≈ Sandwich) sandwich **Butterbrotpapier** N̲ greaseproof paper **Butterdose** F̲ butter dish

Butterfly(stil) M̲ butterfly (stroke)

Butterkeks M̲ ≈ rich tea biscuit (Br), ≈ butter cookie (US) **Buttermilch** F̲ buttermilk **buttern** V̲T̲ 1 Brot to butter 2 (umg ≈ investieren) to put (in +akk into) **butterweich** A̲ A̲D̲J̲ Frucht, Landung beautifully soft; (SPORT umg) gentle B̲ A̲D̲V̲ landen softly

Button M̲ badge, button (bes US)

Bypass M̲ MED bypass **Bypass-Operation** F̲ bypass operation

Byte N̲ byte

bzgl. abk von bezüglich re

bzw. abk von beziehungsweise

C

C, c N C, c; **das hohe C** top C (❗ ohne **the**)
ca. abk von **circa** approx
Cabrio N (AUTO umg) convertible
Café N café
Cafeteria F cafeteria
Caipirinha M caipirinha
Callboy M male prostitute (❗ nicht „call boy") **Callcenter** N call centre (Br) od center (US) **Callgirl** N call girl
Camcorder M camcorder
Camembert M Camembert
Camion M (schweiz) lorry (Br), truck
campen VI to camp **Camper(in)** M(F) camper
Camping N camping (❗ ohne Artikel) **Campingartikel** PL camping equipment sg **Campingbus** M camper **Campinggas** N camping gas **Campingplatz** M camp site
cancELN VT Flug, Buchung to cancel
Cannabis M cannabis
Cape N cape
Cappuccino M cappuccino
Caravan M caravan (Br), trailer (US)
Cargo M cargo **Cargohose** F cargo(e)s pl; **eine ~** a pair of cargo(e)s
Carport M carport
Cartoon M od N cartoon
Cashewnuss F cashew (nut)
Cäsium N caesium (Br), cesium (US)
Casting N (für Filmrolle etc) casting session
Castor® M spent fuel rod container
catchEN VI to do catch od all-in (bes Br) wrestling **Catcher(in)** M(F) catch(-as-catch-can) wrestler, all-in wrestler (bes Br)
Cayennepfeffer M cayenne (pepper)
CD F abk von **Compact Disc** CD **CD-Brenner** M CD burner **CD-Laufwerk** N CD drive **CD-Player** N CD player **CD-ROM** F CD-ROM **CD-ROM-Laufwerk** N CD-ROM drive **CD-Spieler** M CD player
CDU F abk von **Christlich-Demokratische Union** Christian Democratic Union
C-Dur N MUS C major
Cellist(in) M(F) cellist **Cello** N cello; **~ spielen** to play the cello (❗ mit **the**)
Cellophanpapier N (umg) cellophane® (paper)
Cellulite F, **Cellulitis** F MED cellulite
Celsius Celsius, centigrade
Cembalo N harpsichord; **~ spielen** to play the harpsichord (❗ mit **the**)

Cent M cent
Center N (≈ Einkaufscenter) shopping centre (Br) od center (US)
Chalet N chalet
Chamäleon N (wörtl, fig) chameleon
Champagner M champagne
Champignon M mushroom
Chance F 1 chance; (bei Wetten) odds pl; **keine ~ haben** not to stand a chance; **die ~n stehen nicht schlecht, dass...** there's a good chance that... 2 **Chancen** PL (≈ Aussichten) prospects pl; **im Beruf ~n haben** to have good career prospects; (bei jdm) **~n haben** (umg) to stand a chance (with sb) **Chancengleichheit** F equal opportunities pl **chancenlos** ADJ **die Mannschaft ist ~** the team's got no chance
Chanson N (political/satirical) song **Chansonnier** M singer of political/satirical songs
Chaos N chaos; **ein einziges ~ sein** to be in utter chaos **Chaot(in)** M(F) (POL pej) anarchist (pej); (≈ unordentlicher Mensch) scatterbrain **chaotisch** ADJ chaotic; **es geht ~ zu** there is utter chaos; **es herrschten ~e Zustände** a state of (utter) chaos; **es geht ~ zu** there is utter chaos
Charakter M character; **der vertrauliche ~ dieses Gespräches** the confidential nature of this conversation **Charaktereigenschaft** F character trait **charakterfest** ADJ of strong character **charakterisieren** VT to characterize **Charakteristik** F description; (≈ typische Eigenschaften) characteristics pl **charakteristisch** ADJ characteristic (für of) **charakterlich** A ADJ **~e Stärke** strength of character; **~e Mängel** character defects B ADV in character; **sie hat sich ~ sehr verändert** her character has changed a lot **charakterlos** ADJ 1 (≈ niederträchtig) unprincipled 2 (≈ ohne Prägung) characterless **Charakterschwäche** F weakness of character **Charakterstärke** F strength of character **Charakterzug** M characteristic
Charge F 1 (MIL, fig ≈ Dienstgrad, Person) rank; **die unteren ~n** the lower ranks 2 THEAT minor character part
Charisma N (REL, fig) charisma **charismatisch** ADJ charismatic
charmant A ADJ charming B ADV charmingly
Charme M charm
Charta F charter; **Magna ~** Magna Carta
Charterflug M charter flight **Chartergesellschaft** F charter company **Chartermaschine** F charter plane **chartern** VT to charter
Charts PL (umg) charts pl; **in die ~ kommen** to get into the charts
Chassis N chassis
Chat M (INTERNET umg) chat **Chatforum** N

845 | CHIP

chat(room) forum **Chatroom** M̄ chatroom **chatten** V̄Ī (INTERNET umg) to chat **Chauffeur(in)** M̄F̄ chauffeur **Chauvi** M̄ (umg) male chauvinist pig (pej umg) **Chauvinismus** M̄ chauvinism; (≈ männlicher Chauvinismus) male chauvinism **Chauvinist** M̄ (≈ männlicher Chauvinist) male chauvinist (pig) **chauvinistisch** ĀDJ̄ ❶ POL chauvinist(ic) ❷ (≈ männlich-chauvinistisch) male chauvinist(ic)

checken V̄T̄ ❶ (≈ überprüfen) to check ❷ (umg ≈ verstehen) to get (umg) ❸ (umg ≈ merken) to catch on to (umg) **Check-in** N̄ check-in **Checkliste** F̄ check list **Chef** M̄ boss; (von Bande, Delegation etc) leader; (von Organisation) head; (der Polizei) chief **Chefarzt** M̄, **Chefärztin** F̄ senior consultant **Chefin** F̄ boss; (von Delegation etc) head **Chefkoch** M̄, **Chefköchin** F̄ chef **Chefredakteur(in)** M̄F̄ editor in chief; (einer Zeitung) editor **Chefsache** F̄ **das ist ~** it's a matter for the boss **Chefsekretär(in)** M̄F̄ personal assistant (❗ Schreibung mit ant)

 Chef

Obwohl man besonders in den USA das Wort **chief** (neben dem sehr geläufigen **boss**) salopp für einen Vorgesetzten, Abteilungsleiter bzw. Firmenchef verwendet, sollte man als „Nichtmuttersprachler" den Gebrauch dieses Wortes im Sinne von „Chef" vermeiden, denn **chief** bezeichnet in erster Linie einen „Häuptling" (bei den Indianern usw.). Nur in bestimmten Amtstiteln ist das Wort üblich, z. B. **Chief of Police** (Polizeipräsident), **Chief of Staff** (Generalstabschef). Ansonsten sollte man **boss** verwenden.

SPRACHGEBRAUCH ◁

Chemie F̄ chemistry **Chemiefaser** F̄ synthetic fibre (Br) od fiber (US) **Chemikalie** F̄ chemical **Chemiker(in)** M̄F̄ chemist **chemisch** Ā ĀDJ̄ chemical B̄ ĀDV̄ chemically; **etw ~ reinigen** to dry-clean sth **Chemotherapie** F̄ chemotherapy

chic ĀDJ̄ smart; Kleidung chic; (umg ≈ prima) great **Chic** M̄ style **Chicorée** F̄ chicory **Chiffre** F̄ (in Zeitung) box number **Chiffreanzeige** F̄ advertisement with a box number **chiffrieren** V̄T̄ & V̄Ī to encipher; **chiffriert** coded **Chile** N̄ Chile **Chilene** M̄, **Chilenin** F̄ Chilean **chilenisch** ĀDJ̄ Chilean **Chili** M̄ chil(l)i (pepper) **chillen** V̄Ī (umg) to chill (out) (umg); **nach der Schule erst mal ~** to chill out after school **China** N̄ China **Chinakohl** M̄ Chinese cabbage **Chinarestaurant** N̄ Chinese restaurant **Chinese** M̄, **Chinesin** F̄ Chinese **chinesisch** ĀDJ̄ Chinese; **die Chinesische Mauer** the Great Wall of China

 Chinese, Chinesin

Die Nationalität, der Menschen angehören, wird großgeschrieben. Wird aus dem Kontext schon klar, dass es sich um eine Frau oder einen Mann handelt, genügt es zu sagen **Liao is Chinese** usw. Wird aus dem weiteren Kontext nicht klar, dass es sich um eine Frau handelt, soll dies aber betont werden, sagt man **a Chinese lady, a Chinese woman** oder **a Chinese girl**. Entsprechend könnte man einen Chinesen je nach Anrede als **a Chinese gentleman** (sehr höflich), **a Chinese man, a Chinese boy** oder **a Chinese guy** (umgangssprachlich) bezeichnen.

SPRACHGEBRAUCH ◁

Chinin N̄ quinine **Chip** M̄ ❶ (meist pl ≈ Kartoffelchip) (potato) crisp (Br), (potato) chip (US) ❷ IT chip **Chipkarte** F̄ smart card

 Chips ≠ chips (Br)

Chips	=	crisps (Br), chips (US)
chips (Br)	=	Pommes frites

FALSCHE FREUNDE ◁

Chips — Br (potato) crisps
Chips — US (potato) chips

Chip — chip

Chip — chip

Chirurg(in) MF surgeon **Chirurgie** F surgery; **er liegt in der ~** he's in surgery **chirurgisch** A ADJ surgical; **ein ~er Eingriff** surgery B ADV surgically
Chlor N chlorine **chlorfrei** ADJ chlorine-free
Chloroform N chloroform **Chlorophyll** N chlorophyll
Cholera F cholera
Choleriker(in) MF choleric person; (fig) irascible person **cholerisch** ADJ choleric
Cholesterin N cholesterol **Cholesterinspiegel** M cholesterol level
Chor M 1 (≈ Sängerchor) choir; **im ~** in chorus 2 THEAT chorus 3 (ARCH ≈ Altarraum) chancel
Choreograf(in) MF choreographer **Choreografie** F choreography
Chorknabe M choirboy
Christ(in) MF Christian **Christbaum** M Christmas tree **Christbaumschmuck** M Christmas tree decorations pl **Christdemokrat(in)** MF Christian Democrat **Christentum** N Christianity (!) ohne the) **Christkind** N baby Jesus (!) ohne the); (das Geschenke bringt) ≈ Father Christmas **Christkindl** N (dial) 1 = Christkind 2 (bes österr ≈ Geschenk) Christmas present **christlich** A ADJ Christian; **C~er Verein Junger Männer** Young Men's Christian Association B ADV like od as a Christian; **~ handeln** to act like a Christian **Christus** M Christ; **vor Christi Geburt** before Christ, BC; **nach Christi Geburt** AD, Anno Domini; **Christi Himmelfahrt** the Ascension of Christ; (≈ Himmelfahrtstag) Ascension Day
Chrom N chrome; CHEM chromium
Chromosom N chromosome
Chronik F chronicle **chronisch** A ADJ chronic B ADV chronically **chronologisch** A ADJ chronological B ADV chronologically
Chrysantheme F chrysanthemum
circa ADV about, approximately
City F city centre (Br), downtown area (US)
clean ADJ (umg) clean (umg)
Clematis F BOT clematis
clever A ADJ clever; (≈ raffiniert) sharp; (≈ gerissen) crafty B ADV (≈ raffiniert) sharply; (≈ gerissen) craftily
Cleverness F cleverness; (≈ Raffiniertheit) sharpness; (≈ Gerissenheit) craftiness
Clinch M (BOXEN, fig) clinch; **mit jdm im ~ liegen** (fig) to be at loggerheads with sb
Clique F 1 (≈ Freundeskreis) group, set; **Thomas und seine ~** Thomas and his set 2 (pej) clique
Clou M (von Geschichte) (whole) point; (von Show) highlight; (≈ Witz) real laugh (umg)
Clown M clown; **den ~ spielen** to clown around
Club M → Klub

Cockpit N cockpit
Cocktail M (≈ Getränk, fig) cocktail; (≈ Empfang) reception **Cocktailparty** F cocktail party **Cocktailtomate** F cherry tomato
Code M code **codieren** VT to (en)code **Codierung** F (en)coding
Cognac® M cognac
Coiffeur M, **Coiffeuse** F (schweiz) hairdresser
Cola F od (schweiz) N (umg) **Coke**® (umg) **Coladose** F Coke® can
Collage F collage
Comeback N comeback; **ein ~ erleben** to stage od make a comeback
Comic M comic strip
Compact Disc F, **Compact Disk** F compact disc
Computer M computer; **per ~** by computer **Computerarbeitsplatz** M computer work station **computergesteuert** ADJ controlled by computer **computergestützt** ADJ computer-based; **~es Design** computer-aided design **Computergrafik** F computer graphics pl **computerlesbar** ADJ machine-readable **Computerspiel** N computer game **Computersprache** F computer language **computerunterstützt** ADJ Fertigung, Kontrolle computer-aided **Computervirus** N od M computer virus
Conférencier M compère
Container M container; (≈ Bauschuttcontainer) skip; (≈ Wohncontainer) prefabricated hut **Containerbahnhof** M container depot **Containerhafen** M container port **Containerschiff** N container ship
Contergankind N (umg) thalidomide child
Cookie N IT cookie

▶ **City**

City bedeutet ganz allgemein „Großstadt": **London, Birmingham, Edinburgh, Glasgow, Liverpool, Manchester** usw. sind **cities**. **The City** (mit großem „C") bzw. mit vollem Namen **the City of London** beschreibt das Londoner Finanzviertel, ein Gebiet von ca. 2,5 km, das tagsüber von Hunderttausenden von Pendlern wimmelt und nachts dagegen fast wie eine Geisterstadt wirkt.
Deutsch **City** für „Innenstadt" ist also nicht gleichbedeutend mit englisch **city** oder **City**! Deutsch **City** bedeutet im britischen Englisch **town centre** oder **city centre** bzw. im amerikanischen Englisch **downtown** [,daʊnˈtaʊn].

cool ADJ (umg) cool (umg); **die Party war ~** the party was (real) cool (umg)
Copyright N copyright **Copyshop** M copy shop
Cord M TEX cord, corduroy **Cordhose** F corduroy trousers pl (bes Br) od pants pl (bes US), cords pl (umg)
Corner M (österr, schweiz SPORT) corner
Cornflakes PL cornflakes pl
Cornichon N gherkin
Corps N = Korps
Costa Rica N Costa Rica
Côte d'Ivoire F Côte d'Ivoire
Couch F couch **Couchgarnitur** F three--piece suite **Couchtisch** M coffee table
Countdown M countdown
Coup M coup; **einen ~ landen** to pull off a coup (umg)
Coupon M ◨ (≈ Zettel) coupon ◩ FIN (interest) coupon
Cousin M, **Cousine** F cousin
Couvert N (bes schweiz) envelope
Cover N ◨ (≈ Schallplattenhülle) cover, sleeve (Br) ◩ (≈ Titelseite) cover, front page
Cowboy M cowboy
Crack N (≈ Droge) crack
Cracker M (≈ Keks) cracker
Crash M (umg ≈ Unfall, IT) crash **Crashkurs** M crash course **Crashtest** M AUTO crash test
Creme F cream **Cremetorte** F cream gateau **cremig** A ADJ creamy B ADV like cream; *rühren* until creamy
Creutzfeldt-Jakob-Krankheit F Creutzfeldt-Jakob disease
Crew F crew
Croissant N croissant
Croupier M croupier
C-Schlüssel M alto clef
CSU F abk von **Christlich-Soziale Union** Christian Social Union
Cup M SPORT cup **Cupfinale** N cup final
Curry M od N curry **Currywurst** F curried sausage
Cursor M IT cursor **Cursortaste** F cursor key
Cutter(in) M(F) editor
CVJM M abk von **Christlicher Verein Junger Männer** YMCA
Cybercafé N cybercafé **Cyberspace** M cyberspace

D, d N D, d
da A ADV ◨ (örtlich) (≈ dort) there; (≈ hier) here; **hier und da, da und dort** here and there; **die Frau da** that woman (over) there; **da bin ich** here I am; **da bist du ja!** there you are!; **da kommt er ja** here he comes; **wir sind gleich da** we'll soon be there; **da hast du dein Geld!** (there you are,) there's your money; **da, nimm schon!** here, take it! ◩ (zeitlich ≈ dann, damals) then; **da siehst du, was du angerichtet hast** now see what you've done ◪ (umg ≈ in diesem Fall) there; **da haben wir aber Glück gehabt!** we were lucky there!; **was gibts denn da zu lachen?** what's funny about that?; **da kann man nur lachen** you can't help laughing; **da fragt man sich (doch), ob ...** it makes you wonder if ...; **da fällt mir gerade ein ...** it's just occurred to me ... B KONJ (≈ weil) as, since **dabehalten** VT ◨ *Unterlagen* to hold onto ◩ (im Krankenhaus) **sie behielten ihn gleich da** they kept him in
dabei ADV ◨ (örtlich) with it; **ein Häuschen mit einem Garten ~** a little house with a garden (attached to it); **nahe ~** nearby ◩ (≈ gleichzeitig) at the same time; **er aß weiter und blätterte ~ in dem Buch** he went on eating, leafing through the book at the same time ◪ (≈ außerdem) as well; **sie ist schön und ~ auch noch klug** she's pretty, and clever as well ◫ (während man etw tut) in the process; *ertappen* at it; **die ~ entstehenden Kosten** the expenses arising from this/that ◬ **~ sein, etw zu tun** to be doing sth; **er war ~, sein Zimmer aufzuräumen** he was tidying his room (⚠ Wenn beschrieben wird, womit jemand eben beschäftigt ist, steht im Englischen oft die **ing-Form**.) ◮ (≈ in dieser Angelegenheit) **das Schwierigste ~** the most difficult part of it; **wichtig ~ ist ...** the important thing here od about it is ...; **~ kann man viel Geld verdienen** there's a lot of money in that ◯ (einräumend ≈ doch) (and) yet; **er hat mich geschlagen, ~ hatte ich gar nichts gemacht** he hit me and I hadn't even done anything ◰ **ich bleibe ~** I'm not changing my mind; **lassen wir es ~** let's leave it at that!; **was ist schon ~?** so what? (umg), what of it? (umg); **ich finde gar nichts ~** I don't see any harm in it; **was hast du dir denn ~ gedacht?** what were you thinking of? **dabeibleiben** VI to stay with it; → dabei 7 **dabeihaben** VT

(*umg*) to have with one **dabei sein** VII **1** (≈ *anwesend sein*) to be there (*bei* at); (≈ *mitmachen*) to be involved (*bei* in); **ich bin dabei!** count me in! **2** (≈ *im Begriff sein*) ~, **etw zu tun** to be just doing sth **dabeisitzen** VII **bei einer Besprechung** ~ to sit in on a discussion **dabeistehen** VII **er stand dabei und sagte nichts** he stood there and said nothing

dableiben VII to stay (on)

Dach N̄ roof; **mit jdm unter einem ~ wohnen** to live under the same roof as sb; **unter ~ und Fach sein** (≈ *abgeschlossen*) to be all wrapped up **Dachboden** M̄ attic; (*von Scheune*) loft **Dachdecker(in)** M/F roofer **Dachfenster** N̄ skylight **Dachfirst** M̄ ridge of the roof **Dachgarten** M̄ roof garden **Dachgepäckträger** M̄ AUTO roof rack **Dachgeschoss** N̄, **Dachgeschoß** (*österr*) N̄ attic storey (*Br*) *od* story (*US*); (≈ *oberster Stock*) top floor **Dachgiebel** M̄ gable **Dachluke** F̄ skylight **Dachpappe** F̄ roofing paper **Dachrinne** F̄ gutter

Dachs M̄ ZOOL badger

Dachschaden M̄ (*umg*) **einen (kleinen) ~ haben** to have a slate loose (*umg*) **Dachterrasse** F̄ roof terrace **Dachverband** M̄ umbrella organization **Dachwohnung** F̄ attic apartment **Dachziegel** M̄ roofing tile

Dackel M̄ dachshund

dadurch ADV **1** (*örtlich*) through there **2** (*kausal* ≈ *auf diese Weise*) in this/that way; ~, **dass er das tat, hat er …** (≈ *durch diesen Umstand, diese Tat*) by doing that he …; (≈ *deswegen, weil*) because he did that he …

dafür ADV **1** for that/it; **der Grund ~ ist, dass …** the reason for that is (that) …; ~ **stimmen** to vote for it **2** (*als Ersatz*) instead; (*bei Tausch*) in exchange; (*als Gegenleistung*) in return; … **ich mache dir ~ deine Hausaufgaben …** and I'll do your homework in return; ~, **dass er erst drei Jahre ist, ist er sehr klug** considering that he's only three he's very clever **3** **er interessiert sich nicht ~** he's not interested in that/it; **ein Beispiel ~ wäre …** an example of that would be … **dafürkönnen** VII **er kann nichts dafür, dass es kaputtgegangen ist** it's not his fault that it broke

dag (*österr*) *abk von* Dekagramm

dagegen A ADV **1** against it; ~ **sein** to be against it; **etwas ~ haben** to object; ~ **lässt sich nichts machen** nothing can be done about it **2** (≈ *verglichen damit*) in comparison B KONJ (≈ *im Gegensatz dazu*) on the other hand **dagegenhalten** VII (≈ *vergleichen*) to compare it/them with **dagegensprechen** VII to be against it; **was spricht dagegen?** what is there

against it?

daheim ADV (*bes südd, österr, schweiz*) at home; **bei uns ~** back home (where I/we come from) **Daheim** N̄ (*bes südd, österr, schweiz*) home

daher A ADV **1** (≈ *von dort*) from there; **von ~** from there **2** (≈ *durch diesen Umstand*) that is why; ~ **weiß ich das** that's how *od* why I know that; ~ **kommt es, dass …** that is (the reason) why … B KONJ (≈ *deshalb*) that is why **dahergelaufen** ADJ **jeder ~e Kerl** any Tom, Dick or Harry

dahin A ADV **1** (*räumlich*) there; (≈ *hierhin*) here; **bis ~** as far as there, up to that point; **bis ~ dauert es noch zwei Stunden** it'll take us another two hours to get there **2** (*fig* ≈ *so weit*) ~ **kommen** to come to that; **es ist ~ gekommen, dass …** things have got to the stage where … **3** (≈ *in dem Sinne*) **er äußerte sich ~ gehend, dass …** he said something to the effect that … **4** (*zeitlich*) then B ADJ ~ **sein** to have gone; **das Auto ist ~** (*hum umg*) the car has had it (*umg*) **dahingegen** ADV on the other hand **dahingestellt** ADJ ~ **sein lassen, ob …** to leave it open whether …; **es bleibt** *od* **sei ~, ob …** it is an open question whether …

dahinten ADV over there; (*hinter Sprecher*) back there

dahinter ADV behind (it/that/him *etc*); **was sich wohl ~ verbirgt?** I wonder what's behind that? **dahinterklemmen** VR (*umg*) to get one's finger out (*umg*) **dahinterkommen** VII (*umg*) to find out; (≈ *langsam verstehen*) to get it (*umg*) **dahinterstecken** VII (*umg*) to be behind it/that

dahinvegetieren VII to vegetate

Dahlie F̄ dahlia

Dakapo N̄ MUS encore

dalassen VII to leave (here/there) **daliegen** VII to lie there

dalli ADV (*umg*) ~, ~! on the double! (*umg*)

Dalmatiner M̄ (*Hund*) dalmatian

damalig ADJ at that time **damals** ADV at that time; **seit ~** since then

Dame F̄ **1** lady; **meine ~n und Herren!** ladies and gentlemen!; „**Damen**" (≈ *Toilette*) "Ladies"; **Hundertmeterstaffel der ~n** women's hundred metre (*Br*) *od* meter (*US*) relay **2** (*Spiel*) draughts *sg* (*Br*), checkers *sg* (*US*); (≈ *Doppelstein*) king; SCHACH, KART queen **Damebrett** N̄ draughtboard (*Br*), checkerboard (*US*) **Damenbinde** F̄ sanitary towel (*Br*) *od* napkin (*US*) **Damendoppel** N̄ TENNIS *etc* ladies' doubles *sg* **Dameneinzel** N̄ TENNIS *etc* ladies' singles *sg* **damenhaft** A ADJ ladylike B ADV in a ladylike way **Damenmannschaft** M̄ SPORT women's team **Damen-**

849 ‖ DANK

D

mode F̲ ladies' fashions *pl* **Damenschneider(in)** M̲F̲ dressmaker **Damentoilette** F̲ (≈ *WC*) ladies' toilet *od* restroom (*US*) **Damenwahl** F̲ ladies' choice **Damespiel** N̲ draughts *sg* (*Br*), checkers *sg* (*US*)

damit A̲ A̲D̲V̲ 1 with it/that; **was will er ~?** what does he want with that?; **was soll ich ~?** what am I meant to do with that?; **ist Ihre Frage ~ beantwortet?** does that answer your question?; **weißt du, was er ~ meint?** do you know what he means by that?; **wie wäre es ~?** how about it?; **das/er hat gar nichts ~ zu tun** that/he has nothing to do with it; **was willst du ~ sagen?** what's that supposed to mean?; **weg ~!** away with it; **Schluss ~!** that's enough (of that)! 2 **~ kommen wir zum Ende des Programms** that brings us to the end of our programme (*Br*) *od* programs (*US*) B̲ K̲O̲N̲J̲ so that; **~ er nicht fällt** so that he does not fall

dämlich (*umg*) A̲ A̲D̲J̲ stupid B̲ A̲D̲V̲ stupidly; **~ fragen** to ask dumb questions (*umg*)

Damm M̲ 1 (≈ *Deich*) dyke (*Br*), dike (*bes US*); (≈ *Staudamm*) dam; (≈ *Uferdamm, Bahndamm*) embankment; (*fig*) barrier 2 (*fig umg*) **wieder auf dem ~ sein** to be back to normal; **nicht recht auf dem ~ sein** not to be up to the mark (*umg*)

dämmen V̲T̲ TECH *Wärme* to keep in; *Schall* to absorb

dämmerig A̲D̲J̲ *Licht* dim; *Zimmer* gloomy **Dämmerlicht** N̲ twilight; (≈ *Halbdunkel*) half-light **dämmern** A̲ V̲I̲ (≈ *im Halbschlaf sein*) to doze B̲ V̲I̲ U̲N̲P̲E̲R̲S̲ **es dämmert** (*morgens*) dawn is breaking; (*abends*) dusk is falling; **es dämmerte ihm, dass ...** (*umg*) he began to realize that ... **Dämmerung** F̲ twilight; (≈ *Halbdunkel*) half-light

Dämmung F̲ insulation

Dämon M̲ demon **dämonisch** A̲D̲J̲ demonic **Dampf** M̲ vapour (*Br*), vapor (*US*); (≈ *Wasserdampf*) steam; **~ ablassen** to let off steam; **jdm ~ machen** (*umg*) to make sb get a move on (*umg*) **Dampfbad** N̲ steam bath **Dampfbügeleisen** N̲ steam iron **dampfen** V̲I̲ to steam **dämpfen** V̲T̲ 1 (≈ *abschwächen*) to muffle; *Farbe* to mute; *Licht* to lower; *Stimmung* to dampen; *Aufprall* to deaden; → **gedämpft** 2 GASTR to steam

Dampfer M̲ steamer; **auf dem falschen ~ sein** *od* **sitzen** (*fig umg*) to have got the wrong idea

Dämpfer M̲ **einer Sache** (*dat*) **einen ~ aufsetzen** (*umg*) to put a damper on sth (*umg*)

Dampfkochtopf M̲ pressure cooker **Dampflok** F̲ (*umg*) steam engine **Dampfmaschine** F̲ steam(-driven) engine **Dampfreiniger** M̲ (*für Teppiche etc*) steam

cleaner **Dampfschiff** N̲ steamship **Dampfwalze** F̲ steamroller

danach A̲D̲V̲ 1 (*zeitlich*) after that/it; **zehn Minuten ~** ten minutes later 2 (*örtlich*) behind (that/it/him/them) *etc* 3 (≈ *dementsprechend*) accordingly; (≈ *laut diesem*) according to that; (≈ *im Einklang damit*) in accordance with that/it; **sie sieht nicht ~ aus** she doesn't look (like) it; **~ zu urteilen** judging by that; **mir war nicht ~ (zumute)** I didn't feel like it 4 **sie sehnte sich ~** she longed for that/it; **~ kann man nicht gehen** you can't go by that

Däne M̲ Dane

daneben A̲D̲V̲ 1 (*räumlich*) next to him/her/that/it *etc*; **wir wohnen im Haus ~** we live in the house next door 2 (≈ *verglichen damit*) in comparison 3 (≈ *außerdem*) besides that; (≈ *gleichzeitig*) at the same time **danebenbenehmen** V̲R̲ (*umg*) to make an exhibition of oneself **danebengehen** V̲I̲ 1 (*Schuss etc*) to miss 2 (*umg* ≈ *scheitern*) to go wrong **danebenhalten** V̲T̲ **jdn/etw ~** to compare him/her/it *etc* with sb/sth **danebenliegen** V̲I̲ (*umg* ≈ *sich irren*) to be quite wrong **danebenschießen, danebenschlagen** V̲I̲ to miss **daneben sein** V̲I̲ (*umg* ≈ *sich nicht wohlfühlen*) not to feel up to it (*umg*) **danebentreffen** V̲I̲ to miss

Dänemark N̲ Denmark **Dänin** F̲ Dane **dänisch** A̲D̲J̲ Danish

dank P̲R̲Ä̲P̲ *+gen od +dat* thanks to **Dank** M̲ (*ausgedrückt*) thanks *pl*; (≈ *Gefühl der Dankbarkeit*) gratitude; **vielen ~** thank you very much; **als ~ für seine Dienste** in grateful recognition of his service; **zum ~ (dafür)** as a way of saying thank you **dankbar** A̲D̲J̲ 1 (≈ *dankerfüllt*) grateful; (≈ *erleichtert*) thankful; *Publikum* appreciative; **jdm ~ sein** to be grateful to sb (*für* for); **sich ~ zeigen** to show one's gratitude (*gegenüber* to); **ich wäre dir ~, wenn du ...** I would appreciate it if you ... 2 (≈ *lohnend*) *Aufgabe, Rolle* rewarding **Dankbarkeit** F̲ gratitude **danke** I̲N̲T̲ 1 thank you, thanks (*umg*); (*ablehnend*) no thank you; **nein, ~** no thank you; **~ schön** *od* **sehr** thanks very much (*umg*); **~ vielmals** many thanks; (*iron*) thanks a million (*umg*) 2 (*umg*) **mir gehts ~** I'm OK (*umg*) **danken** A̲ V̲I̲ **jdm ~** to thank sb (*für* for); **nichts zu ~** don't mention it; **na, ich danke** (*iron*) no thank you; **etw ~d annehmen/ablehnen** to accept/decline sth with thanks B̲ V̲T̲ (≈ *dankbar sein für*) **man wird es dir nicht ~** you won't be thanked for it **dankenswert** A̲D̲J̲ *Bemühung* commendable; *Hilfe* kind; (≈ *lohnenswert*) *Aufgabe* rewarding **Dankeschön** N̲ thank you **Dankschreiben** N̲ letter of thanks

DANN | 850

dann ADV ◼ then; **~ und wann** now and then; **gerade ~, wenn ...** just when ... ◻ then; **wenn ..., ~ if ..., (then); erst ~, wenn ...** only when ...; **~ eben nicht** well, in that case (there's no more to be said); **also ~ bis morgen** see you tomorrow then ◼ (≈ *außerdem*) **~ ... noch** on top of that ...

daran ADV ◼ (*räumlich*) on it/that; *lehnen, stellen* against it/that; *legen* next to it/that; *befestigen* to it/that; **nahe** *od* **dicht ~** right up against it; **nahe ~ sein, etw zu tun** to be on the point of doing sth; **~ vorbei** past it ◻ (*zeitlich*) **im Anschluss ~, ~ anschließend** following that/this ◼ **ich zweifle nicht ~** I don't doubt it; **wird sich etwas ~ ändern?** will that change at all?; **~ sieht man, wie ...** there you (can) see how ...; **das Beste** *etc* **~** the best *etc* thing about it; **es ist nichts ~** (≈ *ist nicht fundiert*) there's nothing in it; (≈ *ist nichts Besonderes*) it's nothing special; → dran **darangehen** V/I **~, etw zu tun** to set about doing sth **daranmachen** V/R (*umg*) to get down to it; **sich ~, etw zu tun** to set about doing sth **daransetzen** VT **seine ganzen Kräfte ~, etw zu tun** to spare no effort to do sth

darauf ADV ◼ (*räumlich*) on it/that/them *etc* ◻ (*Reihenfolge*) after that; **~ folgte ...** that was followed by ...; **~ folgend** *Tag etc* following; *Wagen etc* behind *präd*; **am Tag ~** the next day ◼ (≈ *infolgedessen*) because of that; **~ antworten** to answer that; **eine Antwort ~** an answer to that; **~ steht die Todesstrafe** that carries the death penalty; **~ freuen wir uns schon** we're looking forward to it already **darauffolgend** ADJ → darauf 2 **daraufhin** ADV ◼ (≈ *deshalb*) as a result (of that/this); (≈ *danach*) after that ◻ (≈ *im Hinblick darauf*) with regard to that/this

daraus ADV ◼ (*räumlich*) out of that/it/them ◻ **~ kann man Wein herstellen** you can make wine from that; **~ ergibt sich/folgt, dass ...** it follows from that that ...

Darbietung F performance

darin ADV ◼ (*räumlich*) in there ◻ (≈ *in dieser Beziehung*) in that respect; **~ ist er ganz groß** (*umg*) he's very good at that; **der Unterschied liegt ~, dass ...** the difference is that ...

Darlehen N loan **Darlehensgeber(in)** MF lender **Darlehensnehmer(in)** MF borrower

Darm M intestine(s *pl*), bowel(s *pl*); (*für Wurst*) (sausage) skin; (*für Saiten etc*) gut **Darmausgang** M anus **Darmgrippe** F gastric flu **Darmkrebs** M cancer of the intestine **Darmleiden** N intestinal trouble (❗ *ohne Artikel*) **Darmsaite** F gut string **Darm-**

spiegelung F enteroscopy; (*des Dickdarms*) colonoscopy

darstellen VT ◼ (≈ *abbilden*) to show; THEAT to portray; (≈ *beschreiben*) to describe; **die ~den Künste** (≈ *Theater*) the dramatic arts; (≈ *Malerei, Plastik*) the visual arts; **sie stellt nichts dar** (*fig*) she doesn't have much of an air about her ◻ (≈ *bedeuten*) to constitute **Darsteller** M THEAT actor; **der ~ des Hamlet** the actor playing Hamlet **Darstellerin** F THEAT actress **darstellerisch** ADJ dramatic; **eine ~e Höchstleistung** a magnificent piece of acting **Darstellung** F portrayal; (*durch Diagramm etc*) representation; (≈ *Beschreibung*) description; (≈ *Bericht*) account

darüber ADV ◼ (*räumlich*) over that/it/them; **~ hinweg sein** (*fig*) to have got over it; **~ hinaus** apart from this/that ◻ (≈ *deswegen*) about that/it; **wir wollen nicht ~ streiten, ob ...** we don't want to argue about whether ... ◼ (≈ *mehr*) **21 Jahre und ~** 21 years and above; **~ hinaus** over and above that **darüberliegen** VI (*fig*) to be higher **darüberstehen** VI (*fig*) to be above such things

darum ADV ◼ (*räumlich*) (a)round that/it/him/her/them ◻ **es geht ~, dass ...** the thing is that ...; **~ geht es gar nicht** that isn't the point; **~ geht es mir** that's my point; **~ geht es mir nicht** that's not the point for me ◼ (≈ *deshalb*) that's why, because ...; **ach ~!** so that's why!; **warum willst du nicht mitkommen? — ~!** (*umg*) why don't you want to come? — (just) 'cos! (*umg*)

darunter ADV ◼ (*räumlich*) under that/it/them ◻ (≈ *weniger*) under that; **Leute im Alter von 35 Jahren und ~** people aged 35 and under ◼ (≈ *dabei*) among them ◼ **was verstehen Sie ~?** what do you understand by that/it?; → drunter

das → der

da sein VI to be there; **ist Post für mich da?** is there any mail for me?; **war der Briefträger schon da?** has the postman (*Br*) *od* mailman (*US*) been yet?; **voll ~** (*umg*) to be all there (*umg*); **so etwas ist noch nie da gewesen** it's quite unprecedented

Dasein N existence **Daseinsberechtigung** F right to exist

dasitzen VI to sit there; **ohne Hilfe ~** (*umg*) to be left without any help

dasjenige DEM PR → derjenige

dass KONJ that; **er sagt, ~ ihm das gefällt** he says that he likes it (❗ *Vor* that *steht im Englischen kein Komma.*); **das kommt daher, ~ ..., das liegt daran, ~ ...** that's because ...

dasselbe DEM PR → derselbe

DAVO

dastehen VI 1 (≈ da sein) to stand there; **steh nicht so dumm da!** don't just stand there looking stupid 2 (fig) **gut/schlecht ~ to be** in a good/bad position; **allein ~** to be on one's own; **jetzt stehe ich ohne Mittel da** now I'm left without any money
Date N (umg ≈ Verabredung, Person) date; **ein ~ haben** to go out on a date
Datei F IT file **Dateimanager** M file manager **Dateiname** M file name **Dateiverwaltung** F file management
Daten PL IT data sg **Datenaustausch** M data exchange **Datenautobahn** F information highway **Datenbank** F database; (≈ Zentralstelle) data bank **Datenbestand** M database **Dateneingabe** F data input **Datenerfassung** F data capture **Datenkompressionsprogramm** N data compression program **Datenmissbrauch** M misuse of data **Datennetz** N data network **Datensatz** M record **Datenschutz** M data protection **Datenschutzbeauftragte(r)** M/F(M) data protection official **Datenschützer(in)** M(F) data protectionist **Datenträger** M data carrier **Datenübertragung** F data transmission **Datenverarbeitung** F data processing
datieren VT & VI to date (aus from)
Dativ M GRAM dative (case) **Dativobjekt** N GRAM indirect object
dato ADV **bis ~** (HANDEL, umg) to date
Dattel F date
Datum N date; **was für ein ~ haben wir heute?** what is the date today?; **das heutige ~** today's date; **~ des Poststempels** date as postmark; **ein Nachschlagewerk neueren/älteren ~s** a recent/an old reference work **Datumsgrenze** F dateline

 Datum

Im amerikanischen Englisch wird das Datum oft anders dargestellt als im britischen Englisch. Der 11. Oktober 2010 wird z. B. **10/11/2010** oder **2010/10/11** geschrieben. Das kann leicht zu Verwechslungen führen, weil im Gegensatz zum Deutschen zuerst der Monat und dann der Tag genannt wird. Wenn man auf Nummer sicher gehen will, schreibt man am besten aus: **11 October 2010** oder **11 Oct 2010**.

SPRACHGEBRAUCH

Dauer F (≈ das Andauern) duration; (≈ Zeitspanne) period; (≈ Länge: einer Sendung etc) length; **für die ~ eines Monats** for a period of one month; **von ~ sein** to be long-lasting; **keine ~ haben** to be short-lived; **von langer ~ sein** to last a long time; **auf die ~** in the long term; **auf ~** permanently **Dauerarbeitslose(r)** M/F(M) **die ~n** the long-term unemployed **Dauerarbeitslosigkeit** F long-term unemployment **Dauerauftrag** M FIN standing order **Dauerbelastung** F continual pressure (❗ ohne a); (von Maschine) constant load **Dauerbetrieb** M continuous operation **Dauerbrenner** M (umg) (≈ Dauererfolg) long runner; (≈ Dauerthema) long-running issue **Dauerfrost** M freeze-up **dauerhaft** A ADJ Zustand permanent; Bündnis, Frieden lasting attr, long-lasting B ADV (≈ für immer) permanently **Dauerkarte** F season ticket **Dauerlutscher** M lollipop **dauern** VI 1 (≈ andauern) to last 2 (≈ Zeit benötigen) to take a while; **das dauert noch** (umg) it'll be a while yet; **das dauert mir zu lange** it takes too long for me **dauernd** A ADJ Frieden, Regelung lasting; Wohnsitz permanent; (≈ fortwährend) constant B ADV **etw ~ tun** to keep doing sth **Dauerparker(in)** M(F) long-stay (Br) od long-term (US) parker **Dauerregen** M continuous rain **Dauerstress** M **im ~ sein** to be in a state of permanent stress **Dauerthema** N long-running issue **Dauerwelle** F perm **Dauerzustand** M permanent state of affairs
Daumen M thumb; **am ~ lutschen** to suck one's thumb; **jdm die ~ drücken** to keep one's fingers crossed for sb **Daumenlutscher(in)** M(F) thumb-sucker **Daumennagel** M thumbnail **Daumenregister** N thumb index
Daune F down feather; **~n** down sg **Daunendecke** F (down-filled) duvet (Br) od quilt **Daunenjacke** F quilted jacket
davon ADV 1 (räumlich) from there 2 (fig) **es unterscheidet sich ~** it differs from it; **... und ~ kommt das hohe Fieber** ... and that's where the high temperature comes from; **das kommt ~!** that's what you get; **~ stirbst du nicht** it won't kill you; **was habe ICH denn ~?** what do I get out of it? 3 **~ betroffen werden** od **sein** to be affected by that/it/them; **nehmen Sie doch noch etwas ~!** do have some more! 4 (≈ darüber) hören, sprechen about that/it/them; verstehen, halten of that/it/them; **genug ~!** enough of this!; **nichts ~ halten** not to think much of it; **ich halte viel ~** I think it is quite good **davonfahren** VI (Fahrer, Fahrzeug) to drive away; (Zug) to pull away **davonfliegen** VI to fly away **davonkommen** VI (≈ entkommen) to get away; (≈ nicht bestraft werden) to get away with it; **mit dem Schrecken/dem Leben ~** to escape with no more than a shock/

with one's life; **mit einer Geldstrafe ~** to get off with a fine **davonlassen** V̲T̲ **die Hände** od **Finger ~** (umg) to leave it/them well alone **davonlaufen** V̲I̲ (≈ weglaufen) to run away (jdm/vor jdm from sb); (≈ verlassen) to walk out (jdm on sb) **davonmachen** V̲R̲ to make off **davontragen** V̲T̲ Sieg, Ruhm to win; Schaden, Verletzung to suffer

davor A̲D̲V̲ **1** (räumlich) in front (of that/it/them) **2** (zeitlich) before that **3** **ich habe Angst ~, das zu tun** I'm afraid of doing that; **ich warne Sie ~!** I warn you! **davorstehen** V̲I̲ to stand in front of it/them **davorstellen** V̲R̲ to stand in front of it/them

DAX®, **Dax** M̲ abk von **Deutscher Aktienindex** DAX index

dazu A̲D̲V̲ **1** (≈ dabei, damit) with it; **noch ~** as well, too **2** (≈ dahin) to that/it; **er ist auf dem besten Wege ~** he's well on the way to it; **wie konnte es nur ~ kommen?** how could that happen?; **wie komme ich ~?** (empört) why on earth should I?; **... aber ich bin nicht ~ gekommen** ... but I didn't get (a)round to it **3** (≈ dafür, zu diesem Zweck) for that/it; **ich habe ihm ~ geraten** I advised him to (do that); **~ bereit sein, etw zu tun** to be prepared to do sth; **~ gehört viel Geld** that takes a lot of money; **~ ist er da** that's what he's there for **4** (≈ darüber, zum Thema) about that/it; **was sagst du ~?** what do you say to that? **5** **im Gegensatz ~** in contrast to that; **im Vergleich ~** in comparison with that **dazugehören** V̲I̲ to belong (to it/us etc); (≈ eingeschlossen sein) to be included (in it/ them); **das gehört mit dazu** it's all part of it; **es gehört schon einiges dazu** that takes a lot **dazugehörig** A̲D̲J̲ which goes/go with it/them **dazukommen** V̲I̲ **1** (Person) to join them/us; **möchtest du nicht ~?** wouldn't you like to join us? **2** (Sache, Umstand) **dazu kommt noch, dass ...** on top of it ... **dazulernen** V̲T̲ **viel/nichts ~** to learn a lot more/ nothing new; **man kann immer was ~** there's always something to learn **dazusetzen** V̲R̲ to join him/us etc **dazutun** V̲T̲ (umg) to add **Dazutun** N̲ **ohne dein ~** without your doing/saying anything **dazuverdienen** V̲T̲ & V̲I̲ to earn something extra

dazwischen A̲D̲V̲ (räumlich, zeitlich) in between **dazwischenkommen** V̲I̲ (≈ störend erscheinen) to get in the way; **... wenn nichts dazwischenkommt!** ... if all goes well; **mir ist leider etwas dazwischengekommen** something has come up **dazwischenreden** V̲I̲ (≈ unterbrechen) to interrupt (jdm sb)

DB® F̲ abk von **Deutsche Bahn** German Rail-

ways

DDR F̲ HIST abk von **Deutsche Demokratische Republik** GDR

deaktivieren V̲T̲ IT to disable; Kontrollkästchen to uncheck

Deal M̲ (umg) deal **dealen** (umg) A̲ V̲I̲ **mit etw ~** to deal in sth B̲ V̲T̲ to deal in; Drogen to push **Dealer(in)** M̲F̲ (drug) dealer

Debakel N̲ debacle

Debatte F̲ debate; **etw zur ~ stellen** to put sth up for discussion od (PARL) debate; **das steht hier nicht zur ~** that's not the issue

Debet N̲ FIN debits pl **Debetseite** F̲ FIN debit side

debil A̲D̲J̲ MED feeble-minded

Debüt N̲ debut; **sein ~ als etw geben** to make one's debut as sth

dechiffrieren V̲T̲ to decode

Deck N̲ deck; **alle Mann an ~!** all hands on deck!

Deckbett N̲ feather quilt **Deckchen** N̲ mat; (auf Tablett) tray cloth; (≈ Tortendeckchen) doily **Decke** F̲ **1** cloth; (≈ Wolldecke) blanket; (kleiner) rug; (≈ Steppdecke) quilt; (≈ Bettdecke) cover; **mit jdm unter einer ~ stecken** (fig) to be in league with sb **2** (≈ Zimmerdecke) ceiling; **an die ~ gehen** (umg) to hit the roof (umg); **mir fällt die ~ auf den Kopf** (fig umg) I don't like my own company **Deckel** M̲ lid; (von Flasche) top; **jdm eins auf den ~ geben** (umg) (≈ schlagen) to hit sb on the head; (≈ ausschimpfen) to give sb a (good) talking-to (umg)

decken A̲ V̲T̲ **1** (≈ zudecken) to cover; **ein Dach mit Ziegeln ~** to roof a building with tiles; → gedeckt **2** Tisch, Tafel to set **3** (≈ schützen) to cover; FUSSB Spieler to mark; Komplizen to cover up for **4** Kosten, Bedarf to cover, to meet; **mein Bedarf ist gedeckt** (fig umg) I've had enough (to last me some time) **5** (HANDEL, FIN ≈ absichern) Scheck to cover; Defizit to offset B̲ V̲I̲ to cover; (FUSSB ≈ Spieler decken) to mark C̲ V̲R̲ (Interessen, Begriffe) to coincide; (Aussagen) to correspond; (MATH: Figur) to be congruent **Deckenfluter** M̲ torchiere (lamp) **Deckfarbe** F̲ opaque watercolour (Br) od watercolor (US) **Deckmantel** M̲ (fig) mask; **unter dem ~ von ...** under the guise of ... **Deckname** M̲ assumed name; MIL code name **Deckung** F̲ **1** (≈ Schutz) cover; FUSSB, SCHACH defence (Br), defense (US); BOXEN, FECHTEN guard; **in ~ gehen** to take cover; **jdm ~ geben** to cover sb **2** (HANDEL, FIN: von Scheck) cover; (von Darlehen) security; **zur ~ seiner Schulden** to cover his debts; **eine ~ der Nachfrage ist unmöglich** demand cannot possibly be met **3** (≈ Überein-

stimmung) congruence **deckungsgleich** ADJ MATH congruent; **~ sein** (*fig*) to coincide; (*Aussagen*) to agree **Deckweiß** N opaque white **Decoder** M decoder **decodieren** VT to decode
de facto ADV de facto
defekt ADJ *Gerät etc* faulty; *Gen* defective **Defekt** M TECH fault
defensiv A ADJ defensive; *Fahrweise* non-aggressive B ADV defensively **Defensive** F defensive; **in der ~ bleiben** to remain on the defensive
definierbar ADJ definable; **schwer/leicht ~** hard/easy to define **definieren** VT to define **Definition** F definition **definitiv** A ADJ definite B ADV (≈ *bestimmt*) definitely
Defizit N (≈ *Fehlbetrag*) deficit; (≈ *Mangel*) deficiency (*an* +dat of)
Deformation F deformation; (≈ *Missbildung*) deformity
deftig ADJ *Mahlzeit* substantial; *Humor* ribald; *Lüge* huge; *Ohrfeige* cracking (*umg*); *Preis* extortionate
Degen M rapier; SPORT épée
Degeneration F degeneration
degenerieren VI to degenerate (*zu* into) **degeneriert** ADJ degenerate
degradieren VT MIL to demote (*zu* to); (*fig* ≈ *herabwürdigen*) to degrade **Degradierung** F MIL demotion (*zu* to); (*fig*) degradation
dehnbar ADJ elastic; (*fig*) flexible **dehnen** VT & VR to stretch; *Laut* to lengthen **Dehnung** F stretching; (*von Laut*) lengthening
dehydrieren VT CHEM to dehydrate
Deich M dyke (*Br*), dike (*bes US*)
Deichsel F shaft, whiffletree (*US*) **deichseln** VT (*umg*) to wangle (*umg*)
dein POSS PR your; **herzliche Grüße, Deine Elke** with best wishes, yours *od* (*herzlicher*) love Elke **deiner** PERS PR of you; **wir werden ~ gedenken** we will remember you **deine(r, s)** POSS PR (*substantivisch*) yours; **der/die/das Deine** (*geh*) yours; **die Deinen** (*geh*) your family, your people; **das Deine** (*geh* ≈ *Besitz*) what is yours **deinerseits** ADV (≈ *auf deiner Seite*) for your part; (≈ *von deiner Seite*) on your part **deinesgleichen** PRON people like you **deinetwegen** ADV (≈ *wegen dir*) because of you; (≈ *dir zuliebe*) for your sake **deinetwillen** ADV **um ~** for your sake **deinstallieren** VT *Programm* to uninstall
Deka N (*österr*) = *Dekagramm*
dekadent ADJ decadent **Dekadenz** F decadence
Dekagramm N decagram(me)
Deklaration F declaration **deklarieren** VT to declare

Deklination F GRAM declension **deklinierbar** ADJ GRAM declinable **deklinieren** VT GRAM to decline
dekodieren VT to decode
Dekolleté N, **Dekolletee** N low-cut neckline **dekolletiert** ADJ *Kleid* low-cut
dekomprimieren VT IT to decompress
Dekor M *od* N decoration; (≈ *Muster*) pattern **Dekorateur(in)** M(F) (≈ *Schaufensterdekorateur*) window-dresser; (*von Innenräumen*) interior designer **Dekoration** F ❶ (≈ *das Ausschmücken*) decorating ❷ (≈ *Einrichtung*) décor (⚠ **kein pl**); (≈ *Fensterdekoration*) window-dressing; **zur ~ dienen** to be decorative **dekorativ** A ADJ decorative B ADV decoratively **dekorieren** VT to decorate; *Schaufenster* to dress **Dekostoff** M furnishing fabric
Dekret N decree
Delegation F delegation **delegieren** VT to delegate (*an* +akk to) **Delegierte(r)** M/F(M) delegate
Delfin¹ M ZOOL dolphin
Delfin² N (≈ *Delfinschwimmen*) butterfly (stroke)

Delfin — dolphin

Delfin — butterfly

delikat ADJ ❶ (≈ *wohlschmeckend*) exquisite ❷ (≈ *behutsam, heikel*) delicate **Delikatesse** F (≈ *Leckerbissen, fig*) delicacy **Delikatessengeschäft** N delicatessen
Delikt N JUR offence (*Br*), offense (*US*)
Delinquent(in) M(F) (*geh*) offender
Delirium N delirium; **im ~ sein** to be delirious; **~ tremens** the DT's
Delle F (*umg*) dent
Delphin = *Delfin*

DELT | 854

Delta N̄ GEOG delta
dem A BEST ART to the; **wenn ~ so ist** if that is the way it is; **wie ~ auch sei** be that as it may B DEM PR to that C REL PR to whom, that od who(m) … to; (von Sachen) to which, which od that … to
Demagoge M̄, **Demagogin** F̄ demagogue **Demagogie** F̄ demagoguery **demagogisch** ADJ Rede etc demagogic
demaskieren V̄T̄ to unmask, to expose; **jdn als etw ~** to expose sb as sth
Dementi N̄ denial **dementieren** A V̄T̄ to deny B V̄Ī to deny it
dementsprechend A ADV correspondingly; (≈ demnach) accordingly (🛑 stehen beide meist am Satzende) B ADJ appropriate; Gehalt commensurate
Demenz F̄ MED dementia
demnach ADV therefore; (≈ dementsprechend) accordingly **demnächst** ADV soon
Demo F̄ (umg) demo (umg) **Demografie** F̄ demography **demografisch** ADJ demographic **Demokrat(in)** M̄Ē democrat; (US POL) Democrat **Demokratie** F̄ democracy (🛑 ohne Artikel) **demokratisch** A ADJ democratic B ADV democratically
demolieren V̄T̄ to wreck
Demonstrant(in) M̄Ē demonstrator **Demonstration** F̄ demonstration **Demonstrationsverbot** N̄ ban on demonstrations **demonstrativ** A ADJ demonstrative; Beifall acclamatory; Protest pointed B ADV pointedly; **~ Beifall spenden** to make a point of applauding **Demonstrativpronomen** N̄ demonstrative pronoun **demonstrieren** V̄T̄ & V̄Ī to demonstrate
Demontage F̄ dismantling **demontieren** V̄T̄ to dismantle; Räder to take off
demoralisieren V̄T̄ (≈ entmutigen) to demoralize
Demoskopie F̄ (public) opinion research **demoskopisch** ADJ Daten, Erkenntnisse opinion poll attr; **~es Institut** (public) opinion research institute; **eine ~e Untersuchung** a (public) opinion poll
Demoversion F̄ IT demo version
Demut F̄ humility **demütig** A ADJ humble B ADV humbly **demütigen** V̄T̄ to humiliate **Demütigung** F̄ humiliation; **jdm eine ~ zufügen** to humiliate sb
demzufolge ADV therefore
Den Haag N̄ The Hague
Denkanstoß M̄ something to start one thinking; **jdm Denkanstöße geben** to give sb something to think about **denkbar** A ADJ conceivable; **es ist durchaus ~, dass er**

kommt it's very possible that he'll come B ADV extremely; (≈ ziemlich) rather; **den ~ schlechtesten Eindruck machen** to make the worst possible impression **denken** A V̄Ī 🛑 to think; **das gibt einem zu ~** it makes you think; **solange ich ~ kann** (for) as long as I can remember; **wo ~ Sie hin!** what an idea!; **wie ~ Sie darüber?** what do you think about it?; **ich denke genauso** I think the same (way); **ich denke schon** I think so; **ich denke nicht** I don't think so 🛑 **~ an** + (akk) to think of od about; **das Erste, woran ich dachte** the first thing I thought of; **daran ist gar nicht zu ~** that's (quite) out of the question; **ich denke nicht daran!** no way! (umg); **denk daran!** don't forget! B V̄T̄ to think; **sagen was man denkt** to say what one thinks; **was denkst du jetzt?** what are you thinking (about)?; **für jdn/etw gedacht sein** (≈ vorgesehen) to be intended for sb/sth; **wer hätte das (von ihr) gedacht!** who'd have thought it (of her)!; **ich habe mir nichts Böses dabei gedacht** I meant no harm (by it); **das kann ich mir ~** I can imagine; **das habe ich mir gleich gedacht** I thought that from the first; **das habe ich mir gedacht** I thought so; **ich denke mir mein Teil** I have my own thoughts on the matter; **sie denkt sich nichts dabei** she thinks nothing of it; → gedacht **Denken** N̄ (≈ Gedankenwelt) thought; (≈ Denkweise) thinking (🛑 ohne the) **Denker(in)** M̄Ē thinker **Denkfähigkeit** F̄ ability to think **denkfaul** ADJ (mentally) lazy; **sei nicht so ~!** get your brain working! **Denkfehler** M̄ flaw in the/one's reasoning **Denkmal** N̄ (≈ Gedenkstätte) monument (für to); (≈ Standbild) statue **denkmalgeschützt** ADJ Gebäude, Monument listed; Baum etc protected; **das ist ein ~es Haus** this house is a listed building **Denkmal(s)pflege** F̄ preservation of historical monuments **Denkmal(s)schutz** M̄ **unter ~ stehen** to be classified as a historical monument **Denkmodell** N̄ (≈ Entwurf) plan for further discussion **Denkpause** F̄ break, adjournment; **eine ~ einlegen** to have a break to think things over **Denkprozess** M̄ thought-process **Denkvermögen** N̄ capacity for thought **Denkweise** F̄ way of thinking **denkwürdig** ADJ memorable **Denkzettel** M̄ (umg) warning; **jdm einen ~ verpassen** to give sb a warning **denn** A KONJ 🛑 (kausal) because 🛑 (geh: vergleichend) than; **schöner ~ je** more beautiful than ever 🛑 (konzessiv) **es sei ~, (dass)** unless B ADV (verstärkend) **wann/wo ~?** when/where?; **warum ~ nicht?** why not?; **was soll das ~?** what's all this then?

855 | DESS

D

dennoch ADV nevertheless
Denunziant(in) M(F) (pej) informer **denun-
zieren** VT to denounce
Deo N abk von **Deodorant Deodorant** N
deodorant **Deoroller** M roll-on (deodorant)
Deospray N od M deodorant spray
Departement N (bes schweiz) department
deplatziert ADJ out of place
Deponie F dump **deponieren** VT (geh) to
deposit
Deportation F deportation **deportieren**
VT to deport
Depot N 🔢 depot; (≈ Wertpapierdepot) depository;
(≈ Schließfach) safety deposit box 🔢 (schweiz ≈
Pfand) deposit
Depp M (pej) twit (umg)
Depression F depression; **~en haben** to suf-
fer from depression (❗ Vorsicht, Singular)
depressiv ADJ depressive; WIRTSCH de-
pressed
deprimieren VT to depress **deprimie-
rend** ADJ depressing **deprimiert** ADJ de-
pressed
der, die, das 🅰 BEST ART the; **der/die Arme!**
the poor man/woman od girl; **die Engländer**
the English pl; **der Hans** (umg) Hans (❗ ohne
the); **der Rhein** the Rhine; **er nimmt den
Hut ab** he takes his hat off; **der und der Wis-
senschaftler** such and such a scientist 🅱 BEST
ART (Genitiv von die) of the; **der Hund der Nach-
barin** the neighbour's (Br) od neighbor's (US)
dog; **die Eltern der Schüler** the pupils' par-
ents (❗ Wenn der Genitiv Personen und
Tiere betrifft, benutzt man im Englischen me-
ist die Form mit „s". Bei einem besitzanzei-
genden Genitiv steht im Englischen nach
dem Plural-s ein Apostroph.) 🅲 BEST ART (Dativ
von die) to the; **gib der Frau das Buch** give
the book to the woman, give the woman
the book; **sag der Frau, ich komme** tell the
woman I'm coming 🅳 DEM PR (substantivisch)
he/she/it; (pl) those, them (umg); **der/die war
es** it was him/her; **der/die mit der großen Na-
se** the one od him/her (umg) with the big nose;
der und schwimmen? him, swimming?; **hat
dir der Film gefallen? - ja, der war gut** did
you like the film? - yes, it was good; **der/
die da** (von Menschen) he/she, that man/woman
etc; (von Gegenständen) that (one); **die hier/da** pl
these/those; **die so etwas tun, ...** those
who do that sort of thing ... 🅴 REL PR (Mensch)
who, that; (Gegenstand, Tier) which, that
derart ADV (Art und Weise) in such a way; **er hat
sich ~ benommen, dass ...** he behaved so
badly that ...; **ein ~ unzuverlässiger Mensch**
such an unreliable person **derartig** 🅰 ADJ

such; (**etwas**) **Derartiges** something like that
🅱 ADV = derart
derb ADJ 🔢 (≈ kräftig) strong 🔢 (≈ grob) coarse; Spra-
che crude
Derby N horse race for three-year-olds, derby
(US)
deregulieren VT WIRTSCH to deregulate
deren REL PR 🔢 (sg) whose 🔢 (pl) whose, of whom;
(von Sachen) of which **derentwegen** ADV be-
cause of whom; (von Sachen) because of which
dergleichen DEM PR 🔢 (adjektivisch) of that kind;
~ Dinge things of that kind 🔢 (substantivisch)
that sort of thing; **nichts ~** nothing of that
kind
Derivat N derivative
derjenige, diejenige, dasjenige DEM PR
(substantivisch) the one; (pl) those
dermaßen ADV (mit Adj) so; (mit Vb) so much;
ein ~ dummer Kerl such a stupid fellow
Dermatologe M, **Dermatologin** F der-
matologist
derselbe, dieselbe, dasselbe DEM PR the
same; **noch mal dasselbe, bitte!** (umg) same
again, please; **ein und ~ Mensch** one and
the same person
derzeit ADV (≈ jetzt) at present **derzeitig** ADJ (≈
jetzig) present, current
Desaster N disaster
Deserteur(in) M(F) deserter **desertieren**
VI to desert
desgleichen ADV (≈ ebenso) likewise
deshalb ADV, KONJ therefore; (≈ aus diesem Grunde)
because of that; **~ bin ich hergekommen** that
is what I came here for; **~ also!** so that's why!;
~ frage ich ja that's exactly why I'm asking
Design N design **designen** VT to design
Designer(in) M(F) designer **Designerdro-
ge** F designer drug **Designermode** F de-
signer fashion
designiert ADJ der **~e Vorsitzende** the chair-
man elect
Desinfektion F disinfection **Desinfekti-
onsmittel** N disinfectant **desinfizieren**
VT Zimmer, Bett etc to disinfect; Spritze, Gefäß etc
to sterilize
Desinformation F POL disinformation (❗
kein pl)
Desinteresse N lack of interest (an +dat in)
desinteressiert ADJ uninterested; Gesicht
bored
deskriptiv ADJ descriptive
Desktop-Publishing N desktop publishing
desolat ADJ (geh) desolate; Zustand desperate
despotisch ADJ despotic
dessen REL PR whose; (von Sachen) of which,
which ... of

Dessert N dessert
Dessin N TEX pattern
destabilisieren VT to destabilize **Destabilisierung** F destabilization
destillieren VT to distil (Br), to distill (US)
desto KONJ **~ mehr/besser** all the more/better; **~ schneller** all the faster; → je
destruktiv ADJ destructive
deswegen ADV = deshalb
Detail N detail; **ins ~ gehen** to go into detail(s) (⚠ ohne **the**); **im ~** in detail (⚠ ohne **the**); **bis ins kleinste ~** (right) down to the last detail **Detailfrage** F question of detail **detailgenau, detailgetreu** ADJ accurate in every detail **detailliert** A ADJ detailed B ADV in detail; **~er** in greater detail
Detektiv(in) M(F) private investigator **Detektivroman** M detective novel **Detektor** M TECH detector
Detonation F explosion **detonieren** VI to explode
deuten A VT (≈ *auslegen*) to interpret; **etw falsch ~** to misinterpret sth B VI **(mit dem Finger) auf etw** (akk) **~** to point (one's finger) at sth; **alles deutet darauf, dass ...** all the indications are that ... **deutlich** A ADJ clear; **~ werden** to make oneself clear; **das war ~!** (≈ *taktlos*) that was clear enough; **muss ich ~er werden?** have I not made myself clear enough? B ADV clearly; **~ zu sehen/hören** easy to see/hear; **jdm ~ zu verstehen geben, dass ...** to make it clear to sb that ... **Deutlichkeit** F clarity; **etw mit aller ~ sagen** to make sth perfectly clear
deutsch ADJ German; **mit jdm ~ reden** (fig umg: *deutlich*) to speak bluntly with sb; **D~e Mark** HIST German mark **Deutsch** N German; **~ sprechend** German-speaking; **wie sagt man das auf ~?** how do you say that in German?; **sich auf ~ unterhalten** to speak (in) German; **auf gut ~ (gesagt)** (fig umg) in plain English **Deutsche Demokratische Republik** F HIST German Democratic Republic **deutsch-englisch** ADJ POL Anglo-German; LING German-English **Deutsche(r)** M(F/M) **er ist ~r** he is (a) German; **eine ~ wurde verletzt** a German woman was injured; **die ~n** the Germans **deutschfeindlich** ADJ anti-German **deutschfreundlich** ADJ pro-German **Deutschland** N Germany; **warst du schon mal in ~?** have you ever been to Germany? **Deutschlehrer(in)** M(F) German teacher **deutschsprachig** ADJ Bevölkerung, Gebiete German-speaking; Zeitung German language; Literatur German **Deutschstunde** F German lesson **Deutschunterricht** M German lessons pl; (≈ *das Unterrichten*) teaching German (⚠ ohne **the**)
Deutung F interpretation
Devise F 1 (≈ *Wahlspruch*) motto 2 FIN **Devisen** PL foreign exchange **Devisenbestimmungen** PL foreign exchange control regulations pl **Devisengeschäft** N foreign exchange dealing **Devisenhandel** M foreign exchange dealings pl **Devisenhändler(in)** M(F) foreign exchange dealer **Devisenkurs** M exchange rate
Dezember M December; → März
dezent A ADJ discreet; Kleidung subtle; Einrichtung refined B ADV andeuten discreetly
dezentral A ADJ decentralized B ADV verwalten decentrally **Dezentralisierung** F decentralization
Dezernat N ADMIN department
Dezibel N decibel **Dezigramm** N decigram(me) **Deziliter** M od N decilitre (Br), deciliter (US) **dezimal** ADJ decimal **Dezimalbruch** M decimal fraction **Dezimalrechnung** F decimals pl **Dezimalstelle** F decimal place **Dezimalsystem** N decimal system **Dezimalzahl** F decimal number **Dezimeter** M od N decimetre (Br), decimeter (US)
d. h. abk von **das heißt** i. e. (⚠ gesprochen **that is**)

Deutsche, Deutscher

Die Nationalität, der Menschen angehören, wird großgeschrieben. Wird aus dem Kontext schon klar, dass es sich um eine Frau oder einen Mann handelt, genügt es zu sagen **Marco is German**; **Katja is German** usw. Wird aus dem weiteren Kontext nicht klar, dass es sich um eine Frau handelt, soll dies aber betont werden, sagt man **a German lady**, **a German woman** oder **a German girl**. Entsprechend könnte man einen Deutschen je nach Anrede als **a German gentleman** (sehr höflich), **a German man**, **a German boy** oder **a German guy** (umgangssprachlich) bezeichnen.

SPRACHGEBRAUCH

Dezimalzahlen

Dezimalzahlen werden im Englischen anders geschrieben und gesprochen als im Deutschen. 7,2 (= sieben Komma zwei) wird zu **7.2** (= **seven point two**). Folgerichtig heißt das deutsche Komma bei Dezimalzahlen **decimal point** [ˌdesəmlˈpɔɪnt].

SPRACHGEBRAUCH

857 | DIEB

Dia N̄ FOTO slide
Diabetes M̄ diabetes **Diabetiker(in)** M̄/F̄ diabetic **diabetisch** ADJ diabetic
Diagnose F̄ diagnosis; **eine ~ stellen** to make a diagnosis **diagnostisch** ADJ diagnostic **diagnostizieren** V̄T̄ & V̄Ī (MED, fig) to diagnose
diagonal A ADJ diagonal B ADV diagonally **Diagonale** F̄ diagonal
Diagramm N̄ diagram
Dialekt M̄ dialect **Dialektik** F̄ PHIL dialectics (⚠ mit Verb im Singular oder Plural) **dialektisch** ADJ PHIL dialectic(al)
Dialog M̄ dialogue (Br), dialog (US)
Dialyse F̄ MED dialysis **Dialysegerät** N̄ dialysis machine
Diamant M̄ diamond **diamanten** ADJ diamond; **~e Hochzeit** diamond wedding
Diaphragma N̄ TECH, MED diaphragm
Diapositiv N̄ slide **Diaprojektor** M̄ slide projector **Diarahmen** M̄ slide frame
Diät F̄ MED diet; **~ kochen** to cook according to a diet; **~ halten** to keep to a diet; **jdn auf ~ setzen** (umg) to put sb on a diet **Diätassistent(in)** M̄/F̄ dietician
Diäten P̄L̄ PARL parliamentary allowance (⚠ Vorsicht, mit „i")
Diavortrag M̄ slide presentation
dich A PERS PR you B REFL PR yourself; **wie fühlst du ~?** how do you feel?
dicht A ADJ 1 Haar, Hecke thick; Wald, Gewühl dense; Verkehr heavy; Gewebe close; **in ~er Folge** in rapid succession 2 (≈ wasserdicht) watertight; (≈ luftdicht) airtight; **~ machen** to seal; **er ist nicht ganz ~** (umg) he's nuts (umg) B ADV 1 (≈ nahe) closely; **(~ an) ~ stehen** to stand close together 2 (≈ sehr stark) bevölkert densely; **~ behaart** very hairy; **~ bewölkt** heavily overcast; **~ gedrängt** closely packed; Programm packed 3 **~ an/bei** close to; **~ dahinter** right behind; **~ daneben** close beside it; **~ hintereinander** close(ly) behind one another **Dichte** F̄ 1 (von Haar, Hecke) thickness; (von Verkehr) heaviness 2 PHYS density
dichten A V̄T̄ to write B V̄Ī to write poems/a poem **Dichter(in)** M̄/F̄ poet; (≈ Schriftsteller) writer **dichterisch** ADJ poetic; (≈ schriftstellerisch) literary; **~e Freiheit** poetic licence (Br) od license (US)
dichtgedrängt ADJ → dicht **dichthalten** V̄Ī (umg) to keep one's mouth shut (umg) **Dichtkunst** F̄ art of poetry; (≈ Schriftstellerei) creative writing **dichtmachen** V̄T̄ & V̄Ī (umg) Fabrik, Betrieb etc to close down; **(den Laden) ~** to shut up shop (and go home) (umg)
Dichtung[1] F̄ 1 (≈ Dichtkunst) literature; (in Versform) poetry; **~ und Wahrheit** (fig) fact and fiction 2 (≈ Dichtwerk) poem, literary work
Dichtung[2] F̄ TECH seal; (in Wasserhahn etc) washer **Dichtungsring** M̄ seal; (in Wasserhahn) washer
dick A ADJ 1 thick; Mensch, Buch, Brieftasche fat; **3 m ~e Wände** walls 3 metres (Br) od meters (US) thick; **~ machen** (Speisen) to be fattening; **~ werden** (Mensch ≈ zunehmen) to get fat; **durch ~ und dünn** through thick and thin 2 (umg) Fehler big; **das ist ein ein ~es Lob** that's high praise; **das ist ein ~er Hund** (umg ≈ unerhört) that's a bit much (umg) 3 (≈ geschwollen) swollen 4 (umg ≈ herzlich) Freundschaft close B ADV 1 (≈ reichlich) thickly; **etw ~ mit Butter bestreichen** to spread butter thickly on sth; **er hat es ~(e)** (umg ≈ hat es satt) he's had enough of it; (≈ hat viel) he's got enough and to spare 2 (umg ≈ eng) **mit jdm ~ befreundet sein** to be thick with sb
Dickdarm M̄ ANAT colon **Dicke** F̄ 1 (≈ Stärke, Durchmesser) thickness 2 (von Menschen, Körperteilen) fatness **Dicke(r)** M̄/F̄(M) (umg) fatso (umg) **Dickerchen** N̄ (umg) chubby **dickfellig** ADJ (umg) thick-skinned **dickflüssig** ADJ thick, viscous (TECH) **Dickhäuter** M̄ pachyderm; (fig) thick-skinned person **Dickicht** N̄ (≈ Gebüsch) thicket; (fig) jungle **Dickkopf** M̄ 1 (≈ Starrsinn) obstinacy; **einen ~ haben** to be obstinate 2 (≈ Mensch) mule (umg) **dickköpfig** ADJ (fig) stubborn **Dickköpfigkeit** F̄ stubbornness **dicklich** ADJ plump **Dickmilch** F̄ GASTR sour milk **Dickschädel** M̄ (umg) = Dickkopf

 dick

In Bezug auf Menschen wird das deutsche „dick" meist mit **fat** wiedergegeben. Das bezieht sich auch auf Körperteile, also **fat arms, fat legs** usw. Man spricht aber von **thick lips**.
In Bezug auf Gegenstände, Materialien usw. verwendet man grundsätzlich **thick**:

ein dickes Buch	**a thick book**
eine dicke Scheibe Brot	**a thick slice of bread**
Ich könnte eine dickere Decke gebrauchen.	**I could do with a thicker blanket.**

⚠ In Bezug auf Menschen heißt das englische **thick** nicht „dick", sondern „dumm", „blöd".

SPRACHGEBRAUCH

Didaktik F̄ didactics sg (form), teaching methods pl **didaktisch** A ADJ didactic B ADV didactically
die → der
Dieb(in) M̄/F̄ thief; **haltet den ~!** stop thief! **Diebesbande** F̄ gang of thieves **Diebes-**

DIEB | 858

gut N̄ stolen property **diebisch** A͟D͟J̲ **1** thieving *attr* **2** (*umg*) *Freude* mischievous **Diebstahl** M̲ theft; **bewaffneter ~** armed robbery; **geistiger ~** plagiarism **Diebstahlsicherung** F̲ AUTO antitheft device

diejenige D͟E͟M͟ ͟P͟R̲ → **derjenige**

Diele F̲ **1** (≈ *Fußbodenbrett*) floorboard **2** (≈ *Vorraum*) hall

dienen V̄Ī̲ to serve (*jdm/einer Sache* sb/sth); (≈ *Militärdienst leisten*) to do (one's) military service; **als/zu etw ~** to serve as/for sth; **es dient einem guten Zweck** it serves a useful purpose; **damit kann ich leider nicht ~** I'm afraid I can't help you there; **damit ist mir wenig gedient** that's no use to me **Diener** M̲ **1** (≈ *Mensch*) servant **2** (*umg* ≈ *Verbeugung*) bow **Dienerin** F̲ maid **dienlich** A͟D͟J̲ useful; **jdm/einer Sache ~ sein** to be of use *od* help to sb/sth **Dienst** M̲ service; **diplomatischer/öffentlicher ~** diplomatic/civil service; **den ~ quittieren, aus dem ~ (aus)scheiden** to resign one's post; MIL to leave the service; **~ haben** (*Arzt etc*) to be on duty; (*Apotheke*) to be open; **~ habend** = **diensthabend**; **außer ~** (≈ *im Ruhestand*) retired; **außer ~ sein** (≈ *keinen Dienst haben*) to be off duty; **~ nach Vorschrift** work to rule; **sich in den ~ der Sache stellen** to embrace the cause; **jdm einen schlechten ~ erweisen** to do sb a bad turn; **jdm gute ~e leisten** to serve sb well

Dienstag M̲ Tuesday; **am ~** on Tuesday; **hast du ~ Zeit?** have you time on Tuesday?; **jeden ~** every Tuesday; **ab nächsten ~** from next Tuesday; **~ in einer Woche** a week on Tuesday; **~ vor einer Woche** a week (ago) last Tuesday **Dienstagabend** M̲ Tuesday evening **dienstagabends** A͟D͟V̲ on Tuesday evenings **Dienstagmorgen** M̲ Tuesday morning **Dienstagnachmittag** M̲ Tuesday afternoon **dienstags** A͟D͟V̲ on Tuesdays; **~ abends** on Tuesday evenings

Dienstalter N̄ length of service **dienstbeflissen** A͟D͟J̲ zealous **dienstbereit** A͟D͟J̲ *Apotheke* open *präd*; *Arzt* on call *präd* **Dienstbote** M̲, **Dienstbotin** F̲ servant **Dienstgeheimnis** N̄ official secret **Dienstgrad** M̲ (MIL ≈ *Rangstufe*) rank **diensthabend** A͟D͟J̲ *Arzt, Offizier etc* duty *attr*, on duty **Dienstleister** M̲ (≈ *Firma*) service company **Dienstleistung** F̲ service **Dienstleistungsbetrieb** M̲ service company **Dienstleistungsgewerbe** N̄ services trade **dienstlich** A͟ A͟D͟J̲ *Angelegenheiten* business *attr*; *Schreiben* official B͟ A͟D͟V̲ on business **Dienstmädchen** N̄ maid **Dienstplan** M̲ duty roster **Dienstreise** F̲ business trip **Dienstschluss** M̲ end of work; **nach ~**

after work **Dienststelle** F̲ ADMIN department **diensttuend** A͟D͟J̲ *Arzt* duty *attr*, on duty **Dienstweg** M̲ **den ~ einhalten** to go through the proper channels *pl*

dies D͟E͟M͟ ͟P͟R̲ this; (*pl*) these; **~ sind** these are; **~ und das** this and that **diesbezüglich** (*form*) A͟D͟J̲ regarding this **diese** D͟E͟M͟ ͟P͟R̲ → **dieser**

Diesel M̲ (*umg*) diesel

dieselbe D͟E͟M͟ ͟P͟R̲ → **derselbe**

Dieselmotor M̲ diesel engine **Dieselöl** N̄ diesel oil

dieser, diese, dieses D͟E͟M͟ ͟P͟R̲ this; (*pl*) these; **diese(r, s) hier** this (one); **diese(r, s) da** that (one); **dieses und jenes** this and that; **~ und jener** this person and that; **am 5. dieses Monats** on the 5th of this month; **(nur) dieses eine Mal** just this/that once

diesig A͟D͟J̲ *Wetter, Luft* hazy

diesjährig A͟D͟J̲ this year's **diesmal** A͟D͟V̲ this time **diesseits** P͟R͟Ä͟P̲ +*gen* on this side of

Dietrich M̲ skeleton key

diffamieren V̄T̲ to defame **Diffamierung** F̲ (≈ *das Diffamieren*) defamation (of character); (≈ *Bemerkung etc*) defamatory statement

Differential N̄ = **Differenzial**

Differenz F̲ **1** difference **2** (≈ *Meinungsverschiedenheit*) difference (of opinion) **Differenzial** N̄ MATH, AUTO differential **differenzieren** V̄Ī̲ to make distinctions (*bei* in); (≈ *den Unterschied verstehen*) to differentiate (*bei* in) **differenziert** A͟D͟V̲ *gestalten* in a sophisticated manner; **ich sehe das etwas ~er** I think it's a bit more complex than that

differieren V̄Ī̲ to differ, to vary (*um* by)

diffus A͟D͟J̲ *Gedanken* confused; *Rechtslage* unclear

digital A͟ A͟D͟J̲ digital B͟ A͟D͟V̲ digitally **Digitalanzeige** F̲ digital display **Digitalfernsehen** N̄ digital television **digitalisieren** V̄T̲ to digitalize **Digitalisierung** F̲ digitalization **Digitalkamera** F̲ digital camera **Digitalrechner** M̲ IT digital calculator **Digitaltechnik** F̲ IT digital technology **Digitaluhr** F̲ digital clock; (≈ *Armbanduhr*) digital watch

Diktat N̄ dictation; **ein ~ schreiben** SCHULE to do (a) dictation; **etw nach ~ schreiben** to write sth from dictation **Diktator(in)** M͟F͟ dictator **diktatorisch** A͟D͟J̲ dictatorial **Diktatur** F̲ dictatorship **diktieren** V̄T̲ to dictate

Dilemma N̄ dilemma

dilettantisch A͟ A͟D͟J̲ amateurish B͟ A͟D͟V̲ amateurishly

Dill M̲ BOT, GASTR dill

Dimension F̲ dimension

Dimmer M̲ dimmer (switch)

859 ‖ DIST

DIN® F̲ *abk von* Deutsche Industrie-Norm German Industrial Standard; **~ A4** A4

Ding N̲ **1** thing; **guter ~e sein** (*geh*) to be in good spirits; **berufliche ~e** professional matters; **so wie die ~e liegen** as things are; **vor allen ~en** above all (things) **2** (*umg*) **das ist ein ~!** now there's a thing! (*umg*); **ein tolles ~!** great! (*umg*); **das war vielleicht ein ~** (*umg*) that was quite something (*umg*) **Dings** N̲, **Dingsbums** N̲ (*umg*) (≈ *Sache*) whatsit (*umg*)

Dinkel M̲ BOT spelt

Dinosaurier M̲ dinosaur

Diode F̲ diode

Dioxid N̲ dioxide

Dioxin N̲ dioxin **dioxinhaltig** A̲D̲J̲ dioxinated

Diözese F̲ diocese

Diphtherie F̲ diphtheria

Diphthong M̲ diphthong

Diplom N̲ diploma **Diplomarbeit** F̲ dissertation (*submitted for a diploma*)

Diplomat(in) M̲F̲ diplomat **Diplomatie** F̲ diplomacy **diplomatisch** (POL, *fig*) A̲ diplomatic B̲ A̲D̲V̲ diplomatically; **sie hat sich nicht sehr ~ verhalten** she wasn't very diplomatic

diplomiert A̲D̲J̲ qualified **Diplom-Ingenieur(in)** M̲F̲ qualified engineer **Diplom-Kauffrau** F̲, **Diplom-Kaufmann** M̲ business school graduate

DIP-Schalter M̲ IT dip switch

dir P̲E̲R̲S̲ ̲P̲R̲ to you

direkt A̲ A̲D̲J̲ **1** direct; **eine ~e Verbindung** (*mit Zug*) a through train; (*mit Flugzeug*) a direct flight **2** (≈ *genau*) *Antwort, Auskunft* clear B̲ A̲D̲V̲ **1** (≈ *unmittelbar*) directly; **~ von/zu** straight from/to; **~ neben/unter** right next to/under; **~ übertragen** *od* **senden** to transmit live **2** (≈ *unverblümt*) bluntly; **jdm etw ~ ins Gesicht sagen** to tell sb sth (straight) to his face **3** (*umg* ≈ *geradezu*) really; **nicht ~** not exactly **Direktflug** M̲ direct flight

Direktion F̲ (≈ *Leitung*) management

Direktkandidat(in) M̲F̲ POL candidate seeking a direct mandate

Direktmandat N̲ POL direct mandate

Direktor(in) M̲F̲ director; (*von Schule*) headmaster/-mistress (*bes Br*), principal (*bes US*) (❗ mit Namen und in der Anrede großgeschrieben) **Direktorium** N̲ board of directors

Direktübertragung F̲ (RADIO, TV) live transmission **Direktverbindung** F̲ BAHN through train; FLUG direct flight **Direktvertrieb** M̲ direct marketing

Dirigent(in) M̲F̲ MUS conductor **dirigieren**

V̲T̲ **1** (*a. v/i,* MUS) to conduct **2** (≈ *leiten*) *Verkehr etc* to direct

Dirndl N̲ **1** (*a.* **Dirndlkleid**) dirndl **2** (*österr* ≈ *Mädchen*) girl

Dirne F̲ prostitute

Discjockey M̲ disc jockey **Disco** F̲ disco

Discountladen M̲ discount shop

Diskette F̲ disk, diskette, floppy (disk) **Diskettenlaufwerk** N̲ disk drive

Diskjockey M̲ = Discjockey **Disko** F̲ = Disco

Diskont M̲ FIN discount **Diskontsatz** M̲ FIN discount rate (*Br*), bank rate (*US*)

Diskothek F̲ (≈ *Tanzbar*) discotheque

Diskrepanz F̲ discrepancy

diskret A̲ A̲D̲J̲ discreet; (≈ *vertraulich*) confidential B̲ A̲D̲V̲ discreetly **Diskretion** F̲ discretion; (≈ *vertrauliche Behandlung*) confidentiality; **~ üben** to be discreet

diskriminieren V̲T̲ to discriminate against **diskriminierend** A̲D̲J̲ discriminatory **Diskriminierung** F̲ discrimination

Diskurs M̲ (*geh*) discourse

Diskus M̲ discus

Diskussion F̲ discussion (*um* on, about); **zur ~ stehen** to be under discussion **Diskussionsbedarf** M̲ need for discussion **Diskussionsleiter(in)** M̲F̲ moderator **Diskussionsrunde** F̲ round of discussions; (≈ *Personen*) discussion group **Diskussionsteilnehmer(in)** M̲F̲ participant (in a discussion) **Diskussionsthema** N̲ discussion topic

Diskuswerfen N̲ throwing the discus **Diskuswerfer(in)** M̲F̲ discus thrower

diskutabel A̲D̲J̲ worth discussing **diskutieren** V̲T̲ ̲&̲ ̲V̲I̲ to discuss; **über etw** (*akk*) **~** to discuss sth; **darüber lässt sich ~** that's debatable

Display N̲ display

disponieren V̲I̲ (*geh*) **1** (≈ *verfügen*) **über jdn ~** to command sb's services (*form*); **über etw ~ können** (≈ *zur Verfügung haben*) to have sth at one's disposal **2** (≈ *planen*) to make arrangements *od* plans

Disposition F̲ (*geh*) **zur ~ stehen** to be up for consideration

Disput M̲ (*geh*) dispute

Disqualifikation F̲ disqualification **disqualifizieren** V̲T̲ to disqualify

dissen (*sl*) V̲T̲ to slag off (*Br umg*), to diss (*bes US umg*)

Dissertation F̲ dissertation; (≈ *Doktorarbeit*) (doctoral) thesis

Dissident(in) M̲F̲ dissident

Dissonanz F̲ MUS dissonance; (*fig*) (note of) discord

Distanz F̲ distance; (≈ *Zurückhaltung*) reserve; **~**

halten od **wahren** to keep one's distance; **auf ~ gehen** (fig) to distance oneself **distanzieren** VR **sich von jdm/etw ~** to distance oneself from sb/sth **distanziert** A ADJ *Verhalten* distant B ADV **~ wirken** to seem distant
Distel F thistle
Disziplin F discipline; **~ halten** (*Klasse*) to behave in a disciplined manner **disziplinarisch** A ADJ disciplinary B ADV **jdn ~ bestrafen** to take disciplinary action against sb **Disziplinarstrafe** F punishment **Disziplinarverfahren** N disciplinary proceedings *pl* **disziplinieren** VT to discipline **diszipliniert** A ADJ disciplined B ADV in a disciplined manner **disziplinlos** ADJ undisciplined **Disziplinlosigkeit** F lack of discipline (⚠ kein pl)
dito ADV (HANDEL, *hum*) ditto
Diva F star
Divergenz F divergence **divergieren** VI to diverge
divers ADJ various; **„Diverses"** "miscellaneous" **diversifizieren** VT & VI to diversify
Dividende F FIN dividend **dividieren** VT & VI to divide (*durch* by) **Division** F MATH, MIL division
DJ M *abk von* Discjockey DJ
DM *abk von* Deutsche Mark HIST German mark; **50 ~** 50 German marks, 50 Deutschmarks, 50 marks
DNS F *abk von* Desoxyribonukleinsäure DNA
DNS-Code M DNA code
doch A KONJ (≈ *aber*) but; **und ~ hat er es getan** but he still did it B ADV 1 (≈ *trotzdem*) anyway; **du weißt es ja ~ besser** you always know better than I do anyway; **und ~, …** and yet …; **ja ~!** of course!; **nein ~!** of course not!; **also ~!** so it IS/so he DID! *etc* 2 (*als bejahende Antwort*) yes I do/it does *etc*; **hat es dir nicht gefallen? — (~,) ~!** didn't you like it? — (oh) yes I did! 3 **komm ~** do come; **lass ihn ~!** just leave him!; **nicht ~!** don't (do that)!; **du hast ~ nicht etwa …?** you haven't …, have you?; **hier ist es ~ ganz nett** it's actually quite nice here; **Sie wissen ~, wie das so ist** (well,) you know how it is, don't you?; **das müsstest du ~ wissen** you should know that (⚠ Wenn man das „doch" zur Intensivierung einer Aussage gebraucht, wird es im Englischen meist nicht übersetzt.)
Docht M wick
Dock N dock
Dogge F mastiff; **Deutsche ~** Great Dane
Dogma N dogma **dogmatisch** ADJ dogmatic
Doktor(in) M/F doctor (⚠ mit Namen und in der Anrede großgeschrieben); **sie ist ~** she has a doctorate; **seinen ~ machen** to do a doctorate **Doktorand(in)** M/F graduate student studying for a doctorate **Doktorarbeit** F doctoral *od* PhD thesis **Doktorprüfung** F examination for a/one's doctorate **Doktortitel** M doctorate **Doktorvater** M UNIV supervisor

 Doktor

Die Abkürzung für den Doktortitel ist im Deutschen wie im Englischen Dr., im britischen Englisch Dr (ohne Punkt) und im amerikanischen Englisch Dr. und Dr (mit und ohne Punkt). Diese Abkürzung steht vor dem Namen. Oft werden die akademischen Grade im Englischen nach dem Namen angegeben, also z. B. **Edwin Carpenter, PhD** [,piːeɪtʃˈdiː].

SPRACHGEBRAUCH

Doktrin F doctrine
Dokument N document; (*fig* ≈ *Zeugnis*) record **Dokumentarfilm** M documentary (film) **dokumentarisch** A ADJ documentary B ADV **etw ~ festhalten** to document sth **Dokumentation** F documentation **dokumentieren** VT to document **Dokumentvorlage** F IT template
Dolch M dagger **Dolchstoß** (*bes fig*) M stab (*a. fig*)
Dole F (*schweiz* ≈ Gully) drain
Dollar M dollar; **hundert ~** a hundred dollars **Dollarkurs** M dollar rate **Dollarzeichen** N dollar sign

 Dollar

Die umgangssprachliche Bezeichnung für den amerikanischen, den kanadischen und auch den australischen Dollar ist **buck**.

Er schuldet mir 50 Dollar.   He owes me 50 buck<u>s</u>.

To make a fast / quick buck könnte man mit „die schnelle Kohle machen" übersetzen.

SPRACHGEBRAUCH

dolmetschen VT & VI to interpret; **jdm** *od* **für jdn ~** to interpret for sb **Dolmetscher(in)** M/F interpreter
Dolomiten PL GEOG **die ~** the Dolomites *pl*
Dom M cathedral
Domäne F domain
dominant ADJ dominant **dominieren** A VI to be (pre)dominant; (*Mensch*) to dominate B

861 | DORT

> **Dom ≠ dome**

Dom	=	**cathedral**
dome	=	Kuppel

FALSCHE FREUNDE

VT to dominate **dominierend** ADJ dominating
dominikanisch ADJ GEOG **die Dominikanische Republik** the Dominican Republic
Domino N (≈ *Spiel*) dominoes sg **Dominoeffekt** M domino effect **Dominospiel** N dominoes sg **Dominostein** M domino
Dompfaff M ORN bullfinch
Dompteur(in) M(F) trainer; (*von Raubtieren*) tamer
Donau F **die ~** (river) Danube; **an der ~ liegen** to be on the river Danube
Döner M doner kebab
Donner M thunder (⚠ kein pl, ohne a); (≈ *Donnerschlag*) clap of thunder; **wie vom ~ gerührt** (fig umg) thunderstruck **donnern** A VI/UNPERS to thunder; **es donnerte in der Ferne** there was (the sound of) thunder in the distance B VI to thunder; **gegen etw ~** (≈ *prallen*) to crash into sth
Donnerstag M Thursday; → Dienstag **donnerstags** ADV on Thursdays
Donnerwetter N (fig umg ≈ *Schelte*) row; **~!** (umg: *anerkennend*) my word!; **(zum) ~!** (umg: *zornig*) damn (it)! (umg)
doof (umg) ADJ dumb (umg); **~ fragen** to ask a dumb question **Doofmann** M (umg) blockhead (umg)
dopen SPORT A VT to dope B VI & VR to take drugs; → gedopt **Doping** N SPORT drug-taking; (*bei Pferden*) doping **Dopingkontrolle** F SPORT drug(s) test **Dopingtest** M SPORT drug(s) test **Dopingverdacht** M SPORT **bei ihm besteht ~** he is suspected of having taken drugs
Doppel N 1 (≈ *Duplikat*) duplicate (copy) 2 TENNIS etc doubles sg **Doppelbett** N double bed; (≈ *zwei Betten*) twin beds pl **Doppeldecker** M 1 FLUG biplane 2 (a. **Doppeldeckerbus**) double-decker (bus) **doppeldeutig** ADJ ambiguous **Doppeldeutigkeit** F ambiguity **Doppelfehler** M TENNIS double fault **Doppelfenster** N **~ haben** to have double glazing **Doppelfunktion** F dual function **Doppelgänger(in)** M(F) double **Doppelhaus** N semi (Br umg), duplex (house) (US) **Doppelhaushälfte** F semidetached house (Br), duplex (house) (US) **Doppelkinn** N double chin

Doppelklick M IT double click (*auf* +akk on) **doppelklicken** VI IT to double-click (*auf* +akk on) **Doppelleben** N double life **Doppelmoral** F double (moral) standard(s pl) **Doppelmord** M double murder **Doppelname** M (≈ *Nachname*) double-barrelled (Br) od double-barreled (US) name **Doppelpass** M 1 FUSSB one-two 2 (*für doppelte Staatsbürgerschaft*) second passport **Doppelpunkt** M colon **Doppelrolle** F THEAT double role; (fig) dual capacity **doppelseitig** ADJ two-sided; *Lungenentzündung* double; **~e Anzeige** double page spread; **~e Lähmung** diplegia **Doppelspiel** N 1 TENNIS (game of) doubles sg 2 (fig) double game **Doppelstecker** M two-way adaptor **doppelstöckig** ADJ *Haus* two-storey (Br), two-story (US); *Bus* double-decker attr; **ein ~es Bett** bunk beds pl **Doppelstunde** F bes SCHULE double period **doppelt** A ADJ double; *Staatsbürgerschaft* dual; **die ~e Freude** double the pleasure; **~er Boden** (*von Koffer*) false bottom; **~e Moral** double standards pl; **ein ~es Spiel spielen** od **treiben** to play a double game B ADV double; (≈ *zweimal*) twice; **~ so viel/viele** twice as much/many; **~ so schön** twice as nice; **die Karte habe ich ~** I have two of these cards; **~ gemoppelt** (umg) saying the same thing twice over; **~ und dreifach** *sich entschuldigen* profusely; *prüfen* thoroughly; **~ (genäht) hält besser** (sprichw) ≈ better safe than sorry (sprichw) **Doppelte(s)** N double; **um das ~ größer** twice as large; **das ~ bezahlen** to pay twice as much **Doppelverdiener(in)** M(F) person with two incomes; (pl ≈ *Paar*) double-income couple **Doppelzentner** M 100 kilos **Doppelzimmer** N double room
Dorf N village; **auf dem ~(e)** (≈ *auf dem Land*) in the country **Dorfbewohner(in)** M(F) villager **Dörfchen** N small village **dörflich** ADJ village attr; (≈ *ländlich*) rural **Dorfplatz** M village square **Dorftrottel** M (umg) village idiot
Dorn M 1 (BOT, fig) thorn; **das ist mir ein ~ im Auge** (fig) that is a thorn in my side (bes Br) 2 pl (≈ *Sporn*) spike; (von *Schnalle*) tongue **Dornenhecke** F thorn(y) hedge **dornig** ADJ thorny **Dornröschen** N Sleeping Beauty
dörren VT & VI to dry **Dörrfleisch** N dried meat **Dörrobst** N dried fruit
Dorsch M (≈ *Kabeljau*) cod(fish)
dort ADV there; **~ zu Lande** = dortzulande **dortbehalten** VT to keep there **dortbleiben** VI to stay there **dorther** ADV **von ~** from there **dorthin** ADV there **dorthinaus** ADV **frech bis ~** (umg) really cheeky (Br) od fresh (US umg) **dortig** ADJ there (*nachgestellt*) **dortzu-**

DOSE | 862

Dose — can

Dose — socket

lande ADV in that country
Dose F **1** (≈ *Blechdose*) tin; (≈ *Konservendose, Bierdose*) can; (*für Schmuck, aus Holz*) box; **in ~n** (*Konserven*) canned **2** ELEK socket
dösen VI (*umg*) to doze
Dosenbier N canned beer **Dosenmilch** F canned *od* tinned (*Br*) milk, condensed milk **Dosenöffner** M can-opener **Dosenpfand** N deposit on drink cans
dosieren VT *Arznei* to measure into doses; *Menge* to measure out **Dosierung** F (≈ *Dosis*) dose
Dosis F dose; **in kleinen Dosen** in small doses
Dotcom F (HANDEL *sl* ≈ *Internetfirma*) dotcom
dotieren VT *Posten* to remunerate (*mit* with); *Preis* to endow (*mit* with); **eine gut dotierte Stellung** a remunerative position
Dotter M *od* N yolk **dottergelb** ADJ golden yellow
doubeln **A** VT *jdn* to stand in for; *Szene* to shoot with a stand-in **B** VI to stand in; (≈ *als Double arbeiten*) to work as a stand-in **Double** N FILM *etc* stand-in
down ADV (*umg*) **~ sein** to be (feeling) down
downloaden VT & VI IT to download
Downsyndrom N MED Down's syndrome; **ein Kind mit ~** a Down's (syndrome) child
Dozent(in) MF lecturer (*für* in), (assistant) professor (*US*); Schreibung mit **ant**! (*für* of)
Dr. *abk von* **Doktor** Dr (*Br*), Dr. (*US*) im britischen Englisch meist ohne, im amerikanischen Englisch mit Punkt)
Drache M MYTH dragon **Drachen** M **1** (≈ *Papierdrachen*) kite; (SPORT ≈ *Fluggerät*) hang-glider; **einen ~ steigen lassen** to fly a kite **2** (*pej umg*) dragon (*umg*) **Drachenfliegen** N SPORT hang-gliding **Drachenflieger(in)** MF SPORT hang-glider
Dragee N, **Dragée** N dragee; (≈ *Bonbon*) sugar-coated chocolate sweet
Draht M wire; **auf ~ sein** (*umg*) to be on the ball (*umg*) **Drahtbürste** F wire brush **Drahtgitter** N wire netting **Drahthaardackel** M wire-haired dachshund **drahtig** ADJ *Haar, Mensch* wiry **drahtlos** ADJ wireless; *Telefon* cordless **Drahtschere** F wire cutters *pl* **Drahtseil** N wire cable; **Nerven wie ~e** (*umg*) nerves of steel **Drahtseilakt** M balancing act **Drahtseilbahn** F cable railway **Drahtzieher(in)** MF (*fig*) wirepuller (*bes US*)
drakonisch ADJ Draconian
drall ADJ *Mädchen, Arme* strapping; *Busen* ample
Drall M (*von Kugel, Ball*) spin; **einen ~ nach links haben** (*Auto*) to pull to the left
Drama N drama **Dramatik** F drama **Dramatiker(in)** MF dramatist **dramatisch** **A** ADJ dramatic **B** ADV dramatically **dramatisieren** VT to dramatize **Dramaturg(in)** MF literary manager **dramaturgisch** ADJ dramatic
dran ADV (*umg*) **1** (≈ *an der Reihe*) **jetzt bist du ~** it's your turn now; **(wenn er erwischt wird,) dann ist er ~** (if he gets caught) he'll be for it (*umg*) **schlecht ~ sein** to be in a bad way; **gut ~ sein** to be well off; (*gesundheitlich*) to be well; **früh/spät ~ sein** to be early/late; **an den Gerüchten ist nichts ~** there's nothing in those rumours; → **daran dranbleiben** VI (*umg: am Apparat*) to hang on; **an der Arbeit ~** to stick at one's work
Drang M (≈ *Antrieb*) urge, impulse; (≈ *Sehnsucht*) yearning (*nach* for)
Drängelei F (*umg*) pushing; (*im Verkehr*) jostling; (≈ *Bettelei*) pestering **drängeln** (*umg*) **A** VI to push; (*im Verkehr*) to jostle **B** VT & VI (≈ *betteln*) to pester **C** VR **sich nach vorne** *etc* **~** to push one's way to the front *etc* **drängen** **A** VI to press; **darauf ~, eine Antwort zu erhalten, auf Antwort ~** to press for an answer; **darauf ~, dass etw getan wird** to press for sth to be done; **die Zeit drängt** time is pressing; **es drängt nicht** it's not pressing **B** VT **1** to push **2** (≈ *auffordern*) to urge **C** VR (*Menge*) to throng; **sich nach vorn ~** to push one's way to the front; → **gedrängt Drängen** N urging; (≈ *Bitten*) requests *pl* **drängend** ADJ pressing **Drängler(in)** MF AUTO tailgater **drangsalieren** VT (≈ *plagen*) to pester; (≈ *unterdrücken*) to oppress
dranhalten VR (*umg ≈ sich beeilen*) to get a move on (*umg*) **drankommen** VI (*umg ≈ an die Reihe kommen*) to have one's turn **drankriegen** VT (*umg*) **jdn ~** to get sb (*umg*) **drannehmen** VT (*umg*) *Schüler* to ask
drapieren VT to drape
drastisch **A** ADJ (≈ *derb*) drastic; (≈ *deutlich*) graphic **B** ADV (≈ *energisch*) *kürzen* drastically; (≈

863 | DREI

deutlich) explicitly; **~ vorgehen** to take drastic measures; **sich ~ ausdrücken** to use strong language
drauf ADV (*umg*) **~ und dran sein, etw zu tun** to be on the verge of doing sth; → darauf, drauf sein **Draufgänger(in)** MF daredevil; (≈ *Mann: bei Frauen*) predator **draufgängerisch** ADJ daring; (*negativ*) reckless **draufgehen** VI (*umg*) (≈ *sterben*) to bite the dust (*umg*); (*Geld*) to disappear **draufhaben** VT (*umg*) *Sprüche* to come out with; **zeigen, was man draufhat** to show what one is made of; **schwer was ~** (*sl*) to know one's stuff (*umg*) **draufkommen** VI **1** (*umg* ≈ *gelegt werden*) **das kommt da (oben) drauf** that goes up there **2** (*umg* ≈ *sich erinnern*) to remember; (≈ *begreifen*) to catch on; **ich bin einfach nicht draufgekommen** it didn't occur to me; (≈ *konnte mich nicht erinnern*) I just couldn't think of it; **ich komm nicht drauf** I can't think of it **draufkriegen** VT (*umg*) **eins ~** to be told off; (≈ *geschlagen werden*) to be given a smack; (≈ *besiegt werden*) to be given a thrashing (*umg*) **drauflegen** A VT **20 Euro ~** to lay out an extra 20 euros B VI (≈ *mehr bezahlen*) to pay more **drauflos** ADV **(nur) immer feste** *od* **munter ~!** (just) keep at it! **drauflosgehen** VI (*umg*) (*auf ein Ziel*) to make straight for it; (*ohne Ziel*) to set off **drauflosreden** VI (*umg*) to talk away **draufmachen** VT (*umg*) **einen ~** to make a night of it (*umg*) **drauf sein** VI (*umg*) **schlecht/gut ~** to be in a bad/good mood **draufsetzen** VT (*fig umg*) **eins** *od* **einen ~** to go one step further **draufzahlen** VT & VI (*umg*) → drauflegen
draußen ADV outside; **~ auf dem Lande/im Garten** out in the country/in the garden; **nach ~** outside
Drechselbank F wood(turning) lathe **drechseln** VT to turn (*on a wood lathe*) **Drechslerei** F (≈ *Werkstatt*) (wood)turner's workshop
Dreck M dirt; (*bes ekelhaft*) filth; (*fig* ≈ *Schund*) rubbish; **jdn wie den letzten ~ behandeln** (*umg*) to treat sb like dirt; **der letzte ~ sein** (*umg: Mensch*) to be the lowest of the low; **~ am Stecken haben** (*fig*) to have a skeleton in the cupboard; **etw in den ~ ziehen** (*fig*) to drag sth through the mud; **sich einen ~ um jdn/etw kümmern** *od* **scheren** not to give a damn about sb/sth (*umg*) **Deckarbeit** F (*umg*) dirty work **Dreckfinger** PL (*umg*) dirty fingers *pl* **dreckig** A ADJ dirty; (*stärker*) filthy B ADV (*umg*) **es geht mir ~** I'm in a bad way; (*finanziell*) I'm badly off **Dreckloch** N (*pej*) hole (*umg*) **Drecknest** N (*pej umg*) dump (*pej umg*), hole (*pej umg*) **Drecksack** M (*pej umg*) dirty bastard (*sl*) **Drecksau** F (*vulg*) filthy swine (*umg*) **Dreckschwein** N (*umg*) dirty pig (*umg*) **Dreckskerl** M (*umg*) dirty swine (*umg*) **Dreckspatz** M (*umg*) (≈ *Kind*) grubby kid

Dreh M (≈ *List*) dodge; (≈ *Kunstgriff*) trick; **den ~ heraushaben, etw zu tun** to have got the knack of doing sth **Dreharbeiten** PL FILM shooting *sg* (⚠ ohne **the**) **Drehbank** F lathe **Drehbuch** N FILM (film) script **Drehbuchautor(in)** MF scriptwriter **drehen** A VT to turn; *Zigaretten* to roll; *Film* to shoot; (*umg* ≈ *schaffen*) to fix (*umg*); **ein Ding ~** (*sl*) to play a prank; (*Verbrecher*) to pull a job (*umg*); **wie man es auch dreht und wendet** no matter how you look at it B VI to turn; (*Wind*) to change; **an etw** (*dat*) **~** to turn sth C VR **1** to turn (*um* about); (*sehr schnell: Kreisel*) to spin; (*Wind*) to change; **sich um etw ~** to revolve around sth; **mir dreht sich alles im Kopf** my head is spinning; **sich ~ und winden** (*fig*) to twist and turn **2** (≈ *betreffen*) **sich um etw ~** to concern sth; (*um zentrale Frage*) to centre (*Br*) *od* center (*US*) on sth; **es dreht sich darum, dass ...** the point is that ... **Dreherlaubnis** F FILM filming permission **Drehkreuz** N turnstile **Drehmoment** N torque **Drehorgel** F barrel organ **Drehort** M FILM location **Drehschalter** M rotary switch **Drehscheibe** F **1** BAHN turntable **2** (≈ *Töpferscheibe*) potter's wheel **Drehstrom** M three-phase current **Drehstuhl** M swivel chair **Drehtag** M FILM day of shooting **Drehtür** F revolving door **Drehung** F turn; **eine ~ um 180°** a 180° turn **Drehzahl** F number of revolutions; (*pro Minute*) revs *pl* per minute **Drehzahlmesser** M rev counter
drei NUM three; **aller guten Dinge sind ~!** (*sprichw*) all good things come in threes!; (*nach zwei missglückten Versuchen*) third time lucky!; **sie sieht aus, als ob sie nicht bis ~ zählen könnte** (*umg*) she looks pretty empty-headed; → vier **Drei** F three **dreibändig** ADJ three-volume **dreibeinig** ADJ three-legged **Dreibettzimmer** N three-bed room **Drei-D-** 3-D **dreidimensional** ADJ three-dimensional **Dreieck** N triangle **dreieckig** ADJ triangular **Dreiecksverhältnis** N (eternal) triangle **dreieinhalb** NUM three and a half **Dreieinigkeit** F Trinity **Dreierkonferenz** F TEL three-way calling **Dreierpack** N three-pack **dreifach** A ADJ triple; **die ~e Menge** three times the amount B ADV three times; → vierfach **Dreifache(s)** N **das ~** three times as much; **auf das ~ steigen** to treble **dreifarbig** ADJ three-coloured (*Br*), three--colored (*US*) **Dreifuß** M tripod **Dreigang-**

schaltung F three-speed gear **dreihundert** NUM three hundred **Dreikäsehoch** M (umg) tiny tot (umg) **Dreiklang** M MUS triad **Dreikönigsfest** N (feast of) Epiphany **dreimal** ADV three times **Dreimeterbrett** N three-metre (Br) od three-meter (US) board **dreinreden** VI (umg) (≈ dazwischenreden) to interrupt

Dreirad N tricycle **Dreisatz** M MATH rule of three **Dreisprung** M triple jump **dreispurig** ADJ VERKEHR Fahrbahn three-lane attr **dreißig** NUM thirty; → **vierzig dreißigjährig** ADJ (≈ dreißig Jahre alt) thirty years old, thirty--year-old attr

dreist ADJ bold

dreistellig ADJ three-digit attr, with three digits

Dreistigkeit F boldness

dreistufig ADJ Rakete three-stage attr, with three stages **Dreitagebart** M designer stubble **dreitägig** ADJ three-day attr, three--day-long **dreiteilig** ADJ Kostüm etc three-piece attr **drei viertel** ADJ, ADV → viertel; → Viertel¹ **Dreiviertel** N three-quarters **Dreivierteljahr** N nine months pl **Dreiviertelstunde** F three-quarters of an hour (🛇 kein a) **Dreivierteltakt** M three-four time **Dreiweg-** ELEK three-way **dreiwöchig** ADJ three-week **dreizehn** NUM thirteen; **jetzt schlägts aber ~** (umg) that's a bit much; → **vierzehn Dreizimmerwohnung** F three-room flat (Br) od apartment

Dresche F (umg) thrashing **dreschen** VT ① Korn to thresh; (umg) Phrasen to bandy; **Skat ~** (umg) to play skat ② (umg ≈ prügeln) to thrash

Dress M SPORT (sports) kit; (für Fußball auch) strip

dressieren VT to train; **zu etw dressiert sein** to be trained to do sth

Dressing N GASTR dressing

Dressman M male model

Dressur F training; (für Dressurreiten) dressage **dribbeln** VI to dribble

driften VI to drift

Drill M drill **Drillbohrer** M drill **drillen** VT & VI to drill; **auf etw** (akk) **gedrillt sein** (fig umg) to be practised (Br) od practiced (US) at doing sth

Drilling M triplet

drin ADV ① (umg) = **darin** ② (≈ innen drin) in it; **er/es ist da ~** he/it is in there ③ (umg) **bis jetzt ist noch alles ~** everything is still quite open; **das ist doch nicht ~** (≈ geht nicht) that's not on (umg)

dringen VI ① to penetrate; (fig: Nachricht) to get through (an, in +akk to); **an** od **in die Öffentlichkeit ~** to leak out ② **auf etw** (akk) **~** to insist on

sth **dringend** A ADJ (≈ eilig) urgent; (≈ nachdrücklich) strong; Gründe compelling B ADV (≈ unbedingt) urgently; warnen, empfehlen strongly; **~ notwendig** urgently needed; **~ verdächtig** strongly suspected **dringlich** ADJ urgent **Dringlichkeit** F urgency **Dringlichkeitsstufe** F priority; **~ 1** top priority

Drink M drink

drinnen ADV inside; **hier/dort ~** in here/there **drinstecken** VI (umg) to be (contained); **da steckt eine Menge Geld/Arbeit** etc **drin** a lot of money/work etc has gone into it; **er steckt bis über die Ohren drin** he's up to his ears in it

dritt ADV **wir kommen zu ~** three of us are coming together **Drittel** N third; → **Viertel¹ dritteln** VT to divide into three (parts) **drittens** ADV thirdly **Dritte(r)** M/F(M) third person/man/woman etc; (≈ Unbeteiligter) third party **dritte(r, s)** ADJ third; **Menschen ~r Klasse** third--class citizens; → **vierte(r, s) Dritte-Welt-** Third World **drittgrößte(r, s)** ADJ third-biggest **dritthöchste(r, s)** ADJ third-highest **drittklassig** ADJ third-rate (pej), third-class **drittletzte(r, s)** ADJ third from last **Drittmittel** PL FIN external funds pl **drittrangig** ADJ third-rate

Droge F drug **drogenabhängig** ADJ addicted to drugs; **er ist ~** he's a drug addict **Drogenabhängige(r)** M/F(M) drug addict **Drogenabhängigkeit** F drug addiction (🛇 ohne Artikel) **Drogenbekämpfung** F fight against drugs **Drogenberatung** F, **Drogenberatungsstelle** F drugs advice centre (Br) od center (US) **Drogenfahnder(in)** M(F) drugs squad officer (Br), narcotics officer (US) **Drogenhandel** M drug trade **Drogenhändler(in)** M(F) drug trafficker od dealer **Drogenkonsum** M drug consumption **Drogenmissbrauch** M drug abuse (🛇 ohne Artikel) **Drogensucht** F drug addiction **drogensüchtig** ADJ addicted to drugs; **er ist ~** he's a drug addict **Drogensüchtige(r)** M/F(M) drug addict **Drogenszene** F drugs scene **Drogentote(r)** M/F(M) **200 ~ pro Jahr** 200 drug deaths per year **Drogerie** F chemist's (shop) (nondispensing), drugstore (US) (🛇 In Großbritannien und Amerika gibt es den Unterschied zwischen Apotheke und Drogerie nicht. In **chemist's** oder **drugstores** kann man von Schreibwaren über Kosmetika auch all das kaufen, was es in einer Drogerie gibt. An einem gesonderten Schalter bekommt man dort auch Medikamente.)

Drohbrief M threatening letter **drohen** VI to threaten (jdm sb); (Streik, Krieg) to be looming;

(jdm) mit etw ~ to threaten (sb with) sth; **jdm droht etw** sb is being threatened by sth; **es droht Gefahr** there is the threat of danger; **das Schiff drohte zu sinken** the ship was in danger of sinking **drohend** ADJ threatening; *Gefahr, Krieg* imminent

Drohne F **1** drone; *(fig pej a.)* parasite **2** MIL drone

dröhnen VI **1** *(Motor, Straßenlärm)* to roar; *(Donner)* to rumble; *(Lautsprecher, Stimme)* to boom **2** *(Raum etc)* to resound; **mir dröhnt der Kopf** my head is ringing **dröhnend** ADJ *Lärm, Applaus* resounding; *Stimme* booming

Drohung F threat

drollig ADJ **1** funny **2** (≈ *seltsam*) odd

Dromedar N dromedary

Drops M *od* N fruit drop

Drossel F ORN thrush

drosseln VT *Motor* to throttle; *Heizung* to turn down; *Strom* to reduce; *Tempo, Produktion etc* to cut down

drüben ADV over there; (≈ *auf der anderen Seite*) on the other side; **nach ~** over there; **von ~** from over there

Druck[1] M pressure; **unter ~ stehen** to be under pressure; **jdn unter ~ setzen** *(fig)* to put pressure on sb; **~ machen** *(umg)* to put the pressure on *(umg)*; **durch einen ~ auf den Knopf** by pressing the button

Druck[2] M (≈ *das Drucken*) printing; (≈ *Schriftart, Kunstdruck*) print; **das Buch ist im ~** the book is being printed; **etw in ~ geben** to send sth to be printed

Druckabfall M drop in pressure **Druckanstieg** M increase *od* rise in pressure **Druckausgleich** M pressure balance **Druckbuchstabe** M printed character; **in ~n schreiben** to print

Drückeberger(in) M(F) *(pej umg)* shirker; (≈ *Feigling*) coward

drucken VT & VI to print; → **gedruckt**

drücken A VT **1** to press; *Obst* to squeeze; **jdn ~** (≈ *umarmen*) to hug sb **2** *(Schuhe etc)* to pinch; **jdn im Magen ~** *(Essen)* to lie heavily on sb's stomach **3** (≈ *verringern*) to force down; *Leistung, Niveau* to lower; *(umg) Stimmung* to dampen B VI to press; *(Schuhe etc)* to pinch; **„bitte ~"** "push"; **auf die Stimmung ~** to dampen one's mood; → **gedrückt** C VR (≈ *sich quetschen*) to squeeze; *(Schutz suchend)* to huddle; (≈ *kneifen*) to shirk; *(vor Militärdienst)* to dodge; **sich vor etw** (dat) **~** to shirk sth; **sich (um etw) ~** to get out of sth

drückend ADJ *Last, Steuern* heavy; *Probleme* serious; *Hitze, Atmosphäre* oppressive

Drucker M printer

Drücker M (≈ *Knopf*) (push) button; *(von Klingel)* push; **am ~ sein** *od* **sitzen** *(fig umg)* to be in a key position; **auf den letzten ~** *(fig umg)* at the last minute

Druckerei F printing works *pl*; (≈ *Firma*) printer's **Druckerschwärze** F printer's ink **Druckertreiber** M IT printer driver **Druckfehler** M misprint, typographical error **Druckkabine** F pressurized cabin **Druckknopf** M **1** *(an Kleidung)* press stud **2** TECH push button **Druckluft** F compressed air **Druckluftbremse** F air brake **Druckmesser** M pressure gauge **Druckmittel** N *(fig)* means of exerting pressure **druckreif** ADJ ready for printing, passed for press; *(fig)* polished **Drucksache** F POST business letter; (≈ *Werbematerial*) circular; *(als Portoklasse)* printed matter **Druckschrift** F **in ~ schreiben** to print **Drucktaste** F push button **Druckverlust** M TECH loss of pressure **Druckwasserreaktor** M pressurized water reactor **Druckwelle** F shock wave

drum ADV *(umg)* (a)round; **~ (he)rum** all (a)round; **mit allem Drum und Dran** with all the bits and pieces *(umg)*; *Mahlzeit* with all the trimmings *pl*; → **darum**

drunter ADV under(neath); **~ und drüber** upside down; **es ging alles ~ und drüber** everything was upside down; → **darunter**

Drüse F gland **Drüsenfieber** N glandular fever

Dschungel M jungle **Dschungelkrieg** M jungle warfare

Dschunke F SCHIFF junk

DTP N *abk von* Desktop-Publishing DTP

du PERS PR you; **mit jdm auf Du und Du stehen** to be pals with sb; **mit jdm per du sein** to be on familiar terms with sb; **du bist es** it's you; **du Glücklicher!** lucky you; **du Idiot!** you idiot

dual ADJ dual **Dualsystem** N MATH binary system

Dübel M Rawlplug®; (≈ *Holzdübel*) dowel

dubios ADJ *(geh)* dubious

Dublette F duplicate

ducken VR to duck; *(fig pej)* to cringe **Duckmäuser(in)** M(F) *(pej)* moral coward

Dudelsack M bagpipes *pl*; **~ spielen** to play the bagpipes (⚠ *mit* **the**)

Duell N duel *(um over)*; **jdn zum ~ (heraus)fordern** to challenge sb to a duel **duellieren** VR to fight a duel

Duett N (MUS, *fig*) duet; **im ~ singen** to sing a duet

Duft M smell **duften** VI to smell; **nach etw ~** to smell of sth; **das duftet!** it smells good (⚠ *nicht* „well") **duftend** ADJ *Parfüm, Blumen etc* fragrant **duftig** ADJ *Kleid, Stoff* gossamery

DUFT | 866

Duftkerze $\overline{F}$ scented candle **Duftmarke** $\overline{F}$ scent mark **Duftnote** $\overline{F}$ (von Parfüm) scent; (von Mensch) smell **Duftstoff** $\overline{M}$ scent; (für Parfüm etc) fragrance

dulden $\overline{VT}$ to tolerate; **ich dulde das nicht** I won't tolerate that; **etw stillschweigend ~** to connive at sth **duldsam** $\boxed{A}$ $\overline{ADJ}$ tolerant (gegenüber of); (≈ geduldig) forbearing $\boxed{B}$ $\overline{ADV}$ tolerantly; (≈ geduldig) with forbearance **Duldsamkeit** $\overline{F}$ tolerance; (≈ Geduld) forbearance **Duldung** $\overline{F}$ toleration

dumm $\boxed{A}$ $\overline{ADJ}$ $\boxed{1}$ stupid; **~es Zeug (reden)** (to talk) nonsense; **jdn für ~ verkaufen** (umg) to think sb is stupid; **das ist gar nicht (so) ~** that's not a bad idea; **jetzt wirds mir zu ~** I've had enough $\boxed{2}$ (≈ ärgerlich) annoying; **es ist zu ~, dass er nicht kommen kann** it's too bad that he can't come; **so etwas Dummes** what a nuisance $\boxed{B}$ $\overline{ADV}$ **sich ~ anstellen** to behave stupidly; **sich ~ stellen** to act stupid; **~ fragen** to ask a silly question; **jdm ~ kommen** to get funny with sb (umg); **das ist ~ gelaufen** (umg) that hasn't gone to plan; **~ gelaufen!** (umg) that's life! **Dumme(r)** $\overline{M/F(M)}$ (umg) fool; **der/die ~ sein** to be left to carry the can (umg) **dummerweise** $\overline{ADV}$ unfortunately; (≈ aus Dummheit) stupidly **Dummheit** $\overline{F}$ $\boxed{1}$ stupidity $\boxed{2}$ (≈ dumme Handlung) stupid thing; **mach bloß keine ~en!** just don't do anything stupid **Dummkopf** $\overline{M}$ (umg) idiot

dumpf $\overline{ADJ}$ $\boxed{1}$ Ton muffled $\boxed{2}$ Geruch etc musty $\boxed{3}$ Gefühl, Erinnerung vague; Schmerz dull; (≈ bedrückend) gloomy $\boxed{4}$ (≈ stumpfsinnig) dull **Dumpfbacke** $\overline{F}$ (sl) nerd (umg)

Dumpingpreis $\overline{M}$ giveaway price

Düne $\overline{F}$ (sand) dune

Dung $\overline{M}$ dung **Düngemittel** $\overline{N}$ fertilizer **düngen** $\overline{VT}$ to fertilize **Dünger** $\overline{M}$ fertilizer **dunkel** $\boxed{A}$ $\overline{ADJ}$ $\boxed{1}$ dark; **im Dunkeln** in the dark; **im Dunkeln tappen** (fig) to grope (about) in the dark $\boxed{2}$ (≈ tief) Stimme, Ton deep $\boxed{3}$ (pej ≈ zwielichtig) shady (umg) $\boxed{B}$ $\overline{ADV}$ (≈ in dunklen Farben) in dark colours (Br) od colors (US); **~ gefärbt sein** to be a dark colo(u)r; **sich ~ erinnern** to remember vaguely **Dunkel** $\overline{N}$ darkness

Dünkel $\overline{M}$ (pej geh) conceit

dunkelblau $\overline{ADJ}$ dark blue **dunkelblond** $\overline{ADJ}$ light brown **dunkelbraun** $\overline{ADJ}$ dark brown **dunkelgrau** $\overline{ADJ}$ dark grey (Br), dark gray (US) **dunkelgrün** $\overline{ADJ}$ dark green **dunkelhaarig** $\overline{ADJ}$ dark-haired **dunkelhäutig** $\overline{ADJ}$ dark-skinned **Dunkelheit** $\overline{F}$ darkness; **bei Einbruch der ~** at nightfall **Dunkelkammer** $\overline{F}$ FOTO darkroom **dunkelrot** $\overline{ADJ}$ dark red **Dunkelziffer** $\overline{F}$ estimated number of unreported/undetected cases

dünn $\boxed{A}$ $\overline{ADJ}$ thin; Kaffee, Tee weak; Strümpfe fine $\boxed{B}$ $\overline{ADV}$ bevölkert sparsely; **~ gesät** (fig) few and far between **Dünndarm** $\overline{M}$ small intestine **Dünne** $\overline{F}$ thinness **dünnflüssig** $\overline{ADJ}$ thin; Honig runny **dünnhäutig** $\overline{ADJ}$ thin-skinned **dünnmachen** $\overline{VR}$ (umg ≈ weglaufen) to make oneself scarce **Dünnpfiff** $\overline{M}$ (umg) the runs (umg) **Dünnsäure** $\overline{F}$ dilute acid

Dunst $\overline{M}$ (≈ leichter Nebel) haze; (≈ Dampf) steam; **jdm blauen ~ vormachen** (umg) to throw dust in sb's eyes **Dunstabzugshaube** $\overline{F}$ extractor hood (over a cooker) **dünsten** $\overline{VT}$ Obst to stew **Dunstglocke** $\overline{F}$, **Dunstthaube** $\overline{F}$ (≈ Nebel) haze; (≈ Smog) pall of smog **dunstig** $\overline{ADJ}$ hazy **Dunstkreis** $\overline{M}$ atmosphere; (von Mensch) society **Dunstwolke** $\overline{F}$ cloud of smog

Duo $\overline{N}$ duo

Duplikat $\overline{N}$ duplicate (copy)

Dur $\overline{N}$ MUS major; **in G-~** in G major

durch $\boxed{A}$ $\overline{PRÄP}$ +akk $\boxed{1}$ through; **~ den Fluss waten** to wade across the river; **~ die ganze Welt reisen** to travel all over the world $\boxed{2}$ (≈ mittels) by; **Tod ~ Ertrinken** death by drowning; **Tod ~ Herzschlag** etc death from a heart attack etc; **neun (geteilt) ~ drei** nine divided by three; **~ Zufall** by chance $\boxed{3}$ (≈ aufgrund) due to $\boxed{B}$ $\overline{ADV}$ $\boxed{1}$ (≈ hindurch) through; **es ist 4 Uhr ~** it's gone 4 o'clock; **~ und ~** through and through; überzeugt completely; **~ und ~ nass** wet through $\boxed{2}$ (GASTR umg) Steak well-done

durcharbeiten $\boxed{A}$ $\overline{VT}$ Buch, Stoff etc to work through $\boxed{B}$ $\overline{VI}$ to work through $\boxed{C}$ $\overline{VR}$ **sich durch etw ~** to work one's way through sth

durchatmen $\overline{VI}$ to take deep breaths

durchaus $\overline{ADV}$ $\boxed{1}$ (bekräftigend) quite; korrekt, möglich perfectly; passen perfectly well; **ich hätte ~ Zeit** I would have time; **es ist ~ anzunehmen, dass sie kommt** it's highly likely that she'll be coming $\boxed{2}$ **~ nicht** (als Verstärkung) by no means; (als Antwort) not at all; (stärker) absolutely not; **das ist ~ kein Witz** that's no joke at all

durchbeißen $\boxed{A}$ $\overline{VT}$ (in zwei Teile) to bite through $\boxed{B}$ $\overline{VR}$ (umg) to struggle through; (mit Erfolg) to win through

durchbekommen $\overline{VT}$ (umg) to get through

durchblättern $\overline{VT}$ Buch etc to leaf through

Durchblick $\overline{M}$ (≈ Ausblick) view (auf +akk of); (fig umg ≈ Überblick) knowledge; **den ~ haben** (umg) to know what's what (umg) **durchblicken** $\overline{VI}$ $\boxed{1}$ (wörtl) to look through $\boxed{2}$ (fig) **etw ~ lassen** to hint at sth $\boxed{3}$ (fig umg ≈ verstehen) to understand; **blickst du da durch?** do you get it? (umg)

durchbluten $\overline{VT}$ to supply with blood **Durchblutung** $\overline{F}$ circulation (of the blood) (+gen to) **Durchblutungsstörung** $\overline{F}$ circu-

867 | DURC

latory disturbance

durchbohren VT *Wand, Brett* to drill through; (*Kugel*) to go through; **jdn mit Blicken ~** (*fig*) to look piercingly at sb; (*hasserfüllt*) to look daggers at sb **durchbohrend** ADJ piercing

durchboxen VR (*fig umg*) to fight one's way through

durchbrechen¹ A VT (*in zwei Teile*) to break (in two) B VI (*in zwei Teile*) to break (in two)

durchbrechen² VT *Schallmauer* (*fig*) to break; *Mauer etc* to break through

durchbrennen VI (*Sicherung, Glühbirne*) to blow; (*umg ≈ davonlaufen*) to run away

durchbringen A VT **1** (*durch Prüfung*) to get through; (*durch Krankheit*) to pull through; (≈ *für Unterhalt sorgen*) to provide for **2** *Geld* to get through B VR to get by

Durchbruch M **1** (*von Blinddarm etc*) perforation; **zum ~ kommen** (*fig*) (*Gewohnheit etc*) to assert itself; (*Natur*) to reveal itself **2** (*fig*) breakthrough; **jdm zum ~ verhelfen** to help sb on the road to success

durchchecken VT **1** (≈ *überprüfen*) to check through **2** (*medizinisch*) **sich ~ lassen** to have a complete checkup

durchdacht ADJ **gut/schlecht ~** well/badly thought-out **durchdenken** VT to think through

durchdiskutieren VT to talk through

durchdrehen A VT *Fleisch etc* to mince B VI (*umg: nervlich*) to crack up (*umg*); **ganz durchgedreht sein** (*umg*) to be really uptight (*umg*)

durchdringen¹ VI **1** (≈ *hindurchkommen*) to penetrate; (*Sonne*) to come through; **bis zu jdm ~** (*fig*) to get as far as sb **2** (≈ *sich durchsetzen*) to get through; **zu jdm ~** to get through to sb

durchdringen² VT *Materie, Dunkelheit etc* to penetrate; (*Gefühl, Idee*) to pervade

durchdringend ADJ piercing; *Geruch* pungent

durchdrücken VT (*fig*) *Reformen etc* to push through **2** *Knie, Ellbogen etc* to straighten

durchdürfen VI **1** **sie durfte durch** she was allowed through **2** **darf ich mal durch?** excuse me, please

durcheinander A ADV mixed up B ADJ **~ sein** (*umg*) (*Mensch*) to be confused; (≈ *aufgeregt*) to be in a state (*umg*); (*Zimmer, Papier*) to be in a mess **Durcheinander** N (≈ *Unordnung*) mess; (≈ *Wirrwarr*) confusion **durcheinanderbringen** VT to muddle up; (≈ *verwirren*) to confuse **durcheinanderessen** VT **alles ~** to eat indiscriminately **durcheinandergeraten** VI to get mixed up **durcheinanderliegen** VI **in seinem Zimmer lag alles durcheinander** his room was (in) a mess **durcheinanderreden** VI to all speak at once **durcheinan-**

dertrinken VT **alles ~** to drink indiscriminately

durchfahren¹ VI **1** to go through **2** (≈ *nicht anhalten*) to go straight through; **die Nacht ~** to travel through the night

durchfahren² VT to travel through; (*fig: Schreck etc*) to shoot through **Durchfahrt** F **1** (≈ *Durchreise*) way through; **auf der ~ sein** to be passing through **2** (≈ *Passage*) thoroughfare

Durchfall M MED diarrhoea (*Br*) (❗) ohne Artikel), diarrhea (*US*) (❗) ohne Artikel) **durchfallen** VI **1** to fall through **2** (*umg ≈ nicht bestehen*) to fail; **sie ist in der neunten Klasse durchgefallen** she failed the ninth year; **jdn ~ lassen** to fail sb; **beim Publikum ~** to be a flop with the public **Durchfallquote** F SCHULE *etc* failure rate

durchfeiern VI to stay up all night celebrating

durchfliegen¹ VI **1** (*mit Flugzeug*) to fly through; (*ohne Landung*) to fly nonstop **2** (*umg: durch Prüfung*) to fail (*durch etw, in etw dat* (in) sth)

durchfliegen² VT *Luft, Wolken* to fly through; *Strecke* to cover; (≈ *flüchtig lesen*) to skim through

durchfließen VI to flow through

durchforsten VT *Wald* to thin out; (*fig*) *Bücher* to go through

durchfragen VR to ask one's way

Durchfuhr F transit

durchführbar ADJ feasible **Durchführbarkeit** F feasibility

durchführen A VT **1** (≈ *durchleiten*) to lead through; **jdn durch ein Haus ~** to show sb (a)round a house **2** (≈ *verwirklichen*) to carry out; *Gesetz* to implement; *Test, Kurs* to run; *Reise* to undertake; *Wahl, Prüfung* to hold B VI to lead through; **unter etw** (*dat*) **~** to go under sth **Durchführung** F (≈ *das Verwirklichen*) carrying out; (*von Gesetz*) implementation; (*von Reise*) undertaking; (*von Kurs, Test*) running; (*von Wahl, Prüfung*) holding

durchfüttern VT (*umg*) to feed

Durchgabe F announcement; (*telefonisch*) message

Durchgang M **1** (≈ *Weg*) way; (*schmal*) passage (-way); **~ verboten!** no right of way **2** (*bei Arbeit*, PARL) stage **3** (*von Wahl, Sport*) round; (*beim Rennen*) heat **durchgängig** A ADJ universal B ADV generally **Durchgangslager** N transit camp **Durchgangsstraße** F through road **Durchgangsverkehr** M VERKEHR through traffic

durchgeben VT **1** (≈ *durchreichen*) to pass through **2** RADIO, TV *Nachricht* to announce; **jdm etw telefonisch ~** to let sb know sth

DURC | 868

by telephone

durchgebraten ADJ *Fleisch etc* well-done *attr*, well done *präd*

durchgefroren ADJ *Mensch* frozen stiff

durchgehen A V/I **1** to go through; **bitte ~!** *(im Bus)* move right down (the bus) please! **2** (≈ *toleriert werden*) to be tolerated; **jdm etw ~ lassen** to let sb get away with sth **3** *(Pferd etc)* to bolt; *(umg ≈ sich davonmachen)* to run off; **seine Frau ist ihm durchgegangen** his wife has run off and left him **4** **mit jdm ~** *(Temperament, Nerven)* to get the better of sb **B** VT (≈ *durchsprechen etc*) to go through **durchgehend** A ADJ *Straße* straight; *Zug* direct **B** ADV throughout; **~ geöffnet** open 24 hours

durchgeknallt ADJ *(sl)* crazy *(umg)*, whacky *(sl)*

durchgeschwitzt ADJ *Mensch* bathed in sweat; *Kleidung* soaked in sweat

durchgreifen V/I *(fig)* to resort to drastic measures **durchgreifend** ADJ *Maßnahme* drastic; (≈ *weitreichend*) *Änderung* far-reaching

durchhaben VT **hast du das Buch schon durch?** have you finished the book?

durchhalten A VT (≈ *durchstehen*) *Kampf etc* to survive; *Streik* to see through; *Belastung* to (with)-stand; SPORT *Strecke* to stay; *Tempo* to keep up **B** V/I to stick it out *(umg)*; **eisern ~** to hold out grimly **Durchhaltevermögen** N staying power

durchhängen V/I to sag; *(fig umg ≈ deprimiert sein)* to be down (in the mouth) *(umg)* **Durchhänger** M *(umg ≈ schlechte Phase)* bad patch

durchhauen VT (≈ *spalten*) to split

durchkämmen VT (≈ *absuchen*) to comb (through)

durchkämpfen VR to fight one's way through; *(fig)* to struggle through

durchkauen VT *(umg)* **etw ~** to go over sth again and again

durchkommen VI **1** to get through; *(Sonne etc)* to come through; *(Charakterzug)* to show through **2** (≈ *durchfahren*) to come through **3** (≈ *überleben*) to come through; **mit etw ~** *mit Forderungen etc* to succeed with sth; **damit kommt er bei mir nicht durch** he won't get away with that with me

durchkreuzen VT *(fig)* *Pläne etc* to thwart

durchkriechen VI to crawl through

durchkriegen VT *(umg)* **1** **etw (durch etw) ~** to get sth through (sth) **2** *Kranken* **ich hoffe, wir kriegen ihn durch** I hope we can pull him through

Durchlass M (≈ *Durchgang*) passage; *(für Wasser)* duct **durchlassen** VT (≈ *passieren lassen*) to allow through; *Licht, Wasser etc* to let through

durchlässig ADJ *Material* permeable; (≈ *porös*)

porous; *Grenze* open; **eine ~e Stelle** *(fig)* a leak

Durchlauf M **1** (≈ *das Durchlaufen*) flow **2** (TV, IT) run **3** SPORT heat

durchlaufen¹ A VT *Sohlen* to wear through **B** VI *(Flüssigkeit)* to run through

durchlaufen² VT *Gebiet* to run through; *Strecke* to cover; *Lehrzeit, Schule* to pass *od* go through; **es durchlief mich heiß** I felt hot all over

Durchlauferhitzer M continuous-flow water heater

durchleben VT to go through

durchleiten VT to lead through

durchlesen VT to read through

durchleuchten VT *Patienten* to X-ray; *(fig) Angelegenheit etc* to investigate

durchlöchern VT to make holes in; *(fig)* to undermine completely

durchmachen A VT **1** (≈ *erdulden*) to go through; *Krankheit* to have; *Operation, Entwicklung* to undergo; **sie hat viel durchgemacht** she has been through a lot **2** *(umg)* **eine ganze Nacht ~** (≈ *durchfeiern*) to make a night of it *(umg)* **B** VI *(umg ≈ durchfeiern)* to keep going all night

Durchmarsch M march(ing) through **durchmarschieren** VI to march through

Durchmesser M diameter

durchmogeln VR *(umg)* to wangle one's way through *(umg)*

durchmüssen VI *(umg)* to have to go through

durchnässen VT to soak; **völlig durchnässt** soaking wet

durchnehmen VT SCHULE to do *(umg)*

durchnummerieren VT to number consecutively

durchorganisiert ADJ well-organized

durchqueren VT to cross

durchrasseln VI *(umg)* to flunk *(umg)*

durchrechnen VT to calculate

durchregnen VI UNPERS **1** (≈ *durchkommen*) **hier regnet es durch** the rain is coming through here **2** **es hat die Nacht durchgeregnet** it rained all night long

Durchreiche F (serving) hatch, pass--through *(US)*

Durchreise F journey through; **auf der ~ sein** to be passing through **durchreisen** VT to travel through

durchreißen VT & VI to tear in two

durchringen VR **sich zu einem Entschluss ~** to force oneself to make a decision; **sich dazu ~, etw zu tun** to bring oneself to do sth

durchrosten VI to rust through

durchrütteln VT to shake about

Durchsage F message; *(im Radio)* announcement **durchsagen** VT = durchgeben 2

durchsägen VT to saw through

Durchsatz M IND, IT throughput

durchschaubar ADJ (fig) Hintergründe, Plan clear; **eine leicht ~e Lüge** a lie that is easy to see through; **schwer ~er Mensch** inscrutable person **durchschauen** VT jdn, Spiel to see through; Sachlage to see clearly; **du bist durchschaut!** I've/we've seen through you

durchscheinen VI to shine through **durchscheinend** ADJ transparent

durchscheuern VT & VR to wear through

durchschieben VT to push through

durchschimmern VI to shimmer through

durchschlafen VI to sleep through

Durchschlag M **1** (≈ Kopie) carbon (copy) **2** (≈ Küchengerät) sieve **durchschlagen** A VT **etw ~** (≈ entzweischlagen) to chop through sth; GASTR to sieve sth **B** VI **1** (≈ durchkommen) to come through; **bei ihm schlägt der Vater durch** you can see his father in him **2** (≈ Wirkung haben) to catch on; **auf etw** (akk) **~** to make one's/its mark on sth; **auf jdn ~** to rub off on sb **C** VR to fight one's way through **durchschlagend** ADJ Sieg, Erfolg sweeping; Maßnahmen effective; Argument, Beweis conclusive; **eine ~e Wirkung haben** to be totally effective **Durchschlagpapier** N copy paper; (≈ Kohlepapier) carbon paper **Durchschlagskraft** F (von Geschoss) penetration; (fig) (von Argument) decisiveness, conclusiveness

durchschleusen VT (≈ durchschmuggeln) to smuggle through; **ein Schiff ~** to pass a ship through a lock

durchschlüpfen VI to slip through

durchschmuggeln VT to smuggle through

durchschneiden VT to cut through; **etw mitten ~** to cut sth in two

Durchschnitt M average; **im ~** on average (🛑 ohne the); **im ~ 100 km/h fahren** to average 100 kmph; **über/unter dem ~** above/below average **durchschnittlich** A ADJ average **B** ADV on (an) average; **~ begabt/groß** etc of average ability/height etc **Durchschnittsnote** F average mark (Br), average grade (US) **Durchschnittswert** M average value

Durchschrift F (carbon) copy

durchschwimmen VT to swim through; Strecke to swim

durchschwitzen VT **ich habe mein Hemd durchgeschwitzt, mein Hemd ist durchgeschwitzt** my shirt's soaked with sweat

durchsehen A VI (≈ hindurchschauen) to look through **B** VT **1** (≈ überprüfen) **etw ~** to look sth through **2** (durch etw hindurch) to see through

durchsetzen[1] A VT Maßnahmen, Plan to carry

through; Forderung to push through; Ziel to achieve; **etw bei jdm ~** to get sb to agree to sth; **seinen Willen (bei jdm) ~** to get one's (own) way (with sb) **B** VR **1** (Mensch) to assert oneself; (Partei etc) to win through; **sich mit etw ~** to be successful with sth **2** (Neuheit) to be (generally) accepted

durchsetzen[2] VT **etw mit etw ~** to intersperse sth with sth

Durchsetzung F (von Maßnahmen, Plan) carrying through; (von Forderung) pushing through; (von Ziel) achievement **Durchsetzungsvermögen** N ability to assert oneself

Durchseuchung F spread of infection

Durchsicht F examination; **bei ~ der Bücher** on checking the books **durchsichtig** ADJ transparent

durchsickern VI to trickle through; (fig) to leak out; **Informationen ~ lassen** to leak information

durchspielen VT Szene to play through; Rolle to act through; (fig) to go through

durchsprechen VT Problem to talk over

durchstarten A VI (AUTO: beim Anfahren) to rev up **B** VT Motor, Auto to rev (up)

durchstechen VT Ohren to pierce

durchstecken VT to put through

durchstehen VT Zeit, Prüfung to get through; Krankheit to pull through; Qualen to (with)stand; Situation to get through

durchsteigen VI **1** (≈ hindurchsteigen) to climb through (durch etw sth) **2** (umg ≈ verstehen) to get (umg); **da steigt doch kein Mensch durch** you couldn't expect anyone to get that

durchstellen VT to put through

durchstieren VT (schweiz ≈ durchdrücken) to push through

durchstöbern VT to rummage through (nach for)

durchstoßen[1] VT to break through

durchstoßen[2] VT **etw (durch etw) ~** to push sth through (sth)

durchstreichen VT to cross out

durchsuchen VT to search (nach for) **Durchsuchung** F search **Durchsuchungsbefehl** M search warrant

durchtrainieren VT to get fit; **(gut) durchtrainiert** Sportler completely fit

durchtrennen VT Stoff to tear (through); (≈ schneiden) to cut (through); Nerv, Sehne to sever

durchtreten A VT Pedal to step on **B** VI (AUTO ≈ Gas geben) to step on the accelerator; (Radfahrer) to pedal (hard)

durchtrieben ADJ cunning

durchwachsen ADJ **1** Speck streaky; Schinken with fat running through (it) **2** (hum umg ≈ mit-

DURC ‖ 870

telmäßig) so-so (*umg*)

Durchwahl F̲ TEL direct dialling **durchwählen** V̲T̲ to dial direct; **nach London ~** to dial London direct **Durchwahlnummer** F̲ dialling code (*Br*), dial code (*US*); (*in Firma*) extension

durchweg A̲D̲V̲ (≈ *ausnahmslos*) without exception; (≈ *in jeder Hinsicht*) in every respect

durchweichen V̲T̲ *Kleidung, jdn* to soak; *Boden, Karton* to make soggy

durchwühlen V̲T̲ to rummage through

durchzählen A̲ V̲I̲ to count *od* number off B̲ V̲T̲ to count through *od* up

durchziehen[1] A̲ V̲T̲ **1** to pull through **2** (*umg* ≈ *erledigen*) to get through B̲ V̲I̲ (≈ *durchkommen*) to pass through; (*Truppe*) to march through C̲ V̲R̲ to run through (*durch etw* sth)

durchziehen[2] V̲T̲ (≈ *durchwandern*) to pass through; (*fig: Thema*) to run through; (*Geruch*) to fill

durchzucken V̲T̲ (*Blitz*) to flash across; (*fig: Gedanke*) to flash through

Durchzug M̲ (≈ *Luftzug*) draught (*Br*), draft (*US*); **~ machen** (*zur Lüftung*) to get the air moving

durchzwängen V̲R̲ to force one's way through

dürfen V̲I̲ & V̲/A̲U̲X̲ **1 etw tun ~** to be allowed to do sth; **darf ich? — ja, Sie ~** may I? — yes, you may; **darf ich jetzt fernsehen?** can *od* may I watch TV now?; **nein, das darfst du nicht** no you can't *od* may not (❗ May klingt sehr viel förmlicher als **can**.); **hier darf man nicht rauchen** smoking is prohibited here; **die Kinder ~ hier nicht spielen** the children aren't allowed to play here; **das darf doch nicht**

▶ **dürfen**

Bei einer Erlaubnis im Einzelfall wird **can** bzw. das förmlichere **may** verwendet:

| Dürfen wir heute Abend aufbleiben, um den Film zu sehen? | **Can we stay up to watch the film tonight?** |

Bei einer allgemeinen Erlaubnis bzw. einem allgemeinen Verbot benutzt man **to be allowed to:**

| Ich darf keinen Zucker essen. | **I'm not allowed to eat sugar.** |

Man kann aber **can** nur im Präsens und im „simple past" in Form von **could** [kʊd] verwenden. Daher nimmt man in den anderen Zeiten eine Form von **to be allowed to**.

SPRACHGEBRAUCH ◀

---

wahr sein! that can't be true! **2 darf ich Sie bitten, das zu tun?** could I ask you to do that?; **was darf es sein?** can I help you?; (*vom Gastgeber gesagt*) what can I get you?; **ich darf wohl sagen, dass …** I think I can say that …; **man darf doch wohl fragen** one can ask, surely?; **das dürfte Emil sein** that must be Emil; **das dürfte reichen** that should be enough

dürftig A̲ A̲D̲J̲ **1** (≈ *ärmlich*) wretched; *Essen* meagre (*Br*), meager (*US*) **2** (*pej* ≈ *unzureichend*) *Kenntnisse* sketchy; *Ersatz* poor *attr*; *Bekleidung* skimpy B̲ A̲D̲V̲ (≈ *kümmerlich*) *beleuchtet* poorly; *gekleidet* scantily

dürr A̲D̲J̲ **1** (≈ *trocken*) dry; *Boden* arid **2** (*pej* ≈ *mager*) scrawny **3** (*fig* ≈ *knapp*) *Auskunft* meagre (*Br*), meager (*US*) **Dürre** F̲ drought **Dürreperiode** F̲ (period of) drought; (*fig*) barren period

Durst M̲ thirst (*nach* for); **~ haben** to be thirsty; **~ bekommen** to get thirsty; **das macht ~** that makes you thirsty; **ein Glas über den ~ getrunken haben** (*umg*) to have had one too many (*umg*) **durstig** A̲D̲J̲ thirsty **durstlöschend** A̲D̲J̲ thirst-quenching **Durststrecke** F̲ hard times *pl*

Durtonleiter F̲ major scale

Dusche F̲ shower; **unter der ~ sein** *od* **stehen** to be in the shower **duschen** V̲I̲ & V̲R̲ to have a shower; **(sich) kalt ~** to have a cold shower **Duschgel** N̲ shower gel **Duschkabine** F̲ shower (cubicle) **Duschvorhang** M̲ shower curtain

Düse F̲ nozzle

Dusel M̲ (*umg* ≈ *Glück*) luck; **~ haben** to be lucky **düsen** V̲I̲ (*umg*) to dash; (*mit Flugzeug*) to jet **Düsenantrieb** M̲ jet propulsion **Düsenflugzeug** N̲ jet **Düsenjäger** M̲ MIL jet fighter **Düsentriebwerk** N̲ jet power-unit

Dussel M̲ (*umg*) dope (*umg*) **duss(e)lig** (*umg*) A̲D̲J̲ stupid; **sich ~ verdienen** to make a killing (*umg*); **sich ~ arbeiten** to work like a horse

düster A̲D̲J̲ gloomy; *Miene, Stimmung* dark

Dutzend N̲ dozen; **zwei/drei ~** two/three dozen; **~(e) Mal** dozens of times **dutzendfach** A̲D̲V̲ in dozens of ways **Dutzendware** F̲ (*pej*) **~n** (cheap) mass-produced goods **dutzendweise** A̲D̲V̲ by the dozen

duzen V̲T̲ to address with the familiar "du"-form; **wir ~ uns** we use "du" (to each other)

DV *abk von* Datenverarbeitung DP, data processing

DVD F̲ *abk von* Digital Versatile Disc DVD **DVD-Brenner** M̲ DVD recorder *od* writer **DVD-Laufwerk** N̲ DVD drive **DVD-Player** M̲ DVD player **DVD-Rekorder, DVD-Recorder** M̲ DVD recorder **DVD-Spieler** M̲ DVD player

871 ‖ **EFFI**

Dynamik ̄F PHYS dynamics sg; (fig) dynamism **Dynamiker(in)** M(F) go-getter **dynamisch** **A** ADJ dynamic; Renten ≈ index-linked **B** ADV (≈ schwungvoll) dynamically
Dynamit N̄ dynamite
Dynamo M(F) dynamo
Dynastie ̄F dynasty

E

E, e N̄ E, e
Ebbe ̄F low tide; ~ **und Flut** the tides; **es ist ~** it's low tide; **in meinem Geldbeutel ist ~** my finances are at a pretty low ebb at the moment
eben **A** ADJ (≈ glatt) smooth; (≈ gleichmäßig) even; (≈ gleich hoch) level; (≈ flach) flat **B** ADV **1** (≈ soeben) just; **ich gehe ~ zur Bank** I'll just pop to (Br) od by (US) the bank (umg) **2** (na) ~! exactly!; **das ist es ja ~!** that's just it!; **nicht ~ billig/viel** etc not exactly cheap/a lot etc; **das reicht so ~ aus** it's only just enough **3** (≈ nun einmal, einfach) just; **dann bleibst du ~ zu Hause** then you'll just have to stay at home **Ebenbild** N̄ image; **dein ~** the image of you; **das genaue ~ seines Vaters** the spitting image of his father **ebenbürtig** ADJ (≈ gleichwertig) equal; Gegner evenly matched; **jdm an Kraft ~ sein** to be sb's equal in strength; **wir sind einander ~** we are equal(s) **Ebene** ̄F (≈ Tiefebene) plain; (≈ Hochebene) plateau; MATH, PHYS plane; (fig) level; **auf höchster ~** (fig) at the highest level **ebenerdig** ADJ at ground level **ebenfalls** ADV likewise; (bei Verneinungen) either; **danke, ~!** thank you, the same to you! **Ebenholz** N̄ ebony **ebenso** ADV (≈ genauso) just as; (≈ auch, ebenfalls) as well; **ich mag sie ~ gern** I like her just as much; **~ gut** (just) as well; **~ oft** just as often; **~ sehr** just as much
Eber M̄ boar
Eberesche ̄F rowan
ebnen V̄T to level (off); **jdm den Weg ~** (fig) to smooth the way for sb
EC M̄ abk von Eurocityzug eurocity (train)
Echo N̄ echo; **ein lebhaftes ~ finden** (fig) to meet with a lively od positive response (bei from) **Echolot** N̄ SCHIFF echo sounder; FLUG sonic altimeter
Echse ̄F ZOOL lizard
echt **A** ADJ, ADV real; Unterschrift, Geldschein genuine; **das Gemälde war nicht ~** the painting

was a forgery; **ein ~er Bayer** a real Bavarian **B** ADV **1** (≈ typisch) typically **2** (umg ≈ wirklich) really; **der spinnt doch ~** he must be out of his mind **Echtheit** ̄F genuineness **Echtzeit** ̄F IT real time
EC-Karte, ec-Karte ̄F abk = Eurochequekarte Eurocheque card
Eckball M̄ SPORT corner; **einen ~ geben** to give a corner **Eckbank** ̄F corner seat **Eckdaten** P̄L key figures pl **Ecke** ̄F **1** corner; (≈ Kante) edge; **Kantstraße ~ Goethestraße** at the corner of Kantstraße and Goethestraße; **er wohnt gleich um die ~** he lives just (a)round the corner; **an allen ~n und Enden sparen** to pinch and scrape (umg); **~n und Kanten** (fig) rough edges **2** (umg) (≈ Gegend) corner; (von Stadt) area; **eine ganze ~ entfernt** quite a (long) way away **Eckfahne** ̄F SPORT corner flag **eckig** ADJ angular; Tisch, Klammer square; (≈ spitz) sharp **-eckig** ADJ (fünf- und mehreckig) -cornered **Ecklohn** M̄ basic rate of pay **Eckpfeiler** M̄ corner pillar; (fig) cornerstone **Eckpfosten** M̄ corner post **Eckstoß** M̄ SPORT corner **Eckzahn** M̄ canine tooth **Eckzins** M̄ FIN base rate
E-Commerce M̄ e-commerce
Economyklasse ̄F economy class
Ecstasy N̄ (≈ Droge) ecstasy
Ecuador N̄ Ecuador
Edamer (Käse) M̄ Edam (cheese)
edel ADJ noble; (≈ hochwertig) precious; Speisen, Wein fine **Edelgas** N̄ rare gas **Edelkitsch** M̄ (iron) pretentious rubbish **Edelmetall** N̄ precious metal **Edelstahl** M̄ high-grade steel **Edelstein** M̄ precious stone **Edelweiß** N̄ edelweiss
editieren V̄T to edit **Editor** M̄ IT editor
Edutainment N̄ edutainment
EDV ̄F abk von elektronische Datenverarbeitung EDP **EDV-Anlage** ̄F EDP system
EEG N̄ abk von Elektroenzephalogramm EEG
Efeu M̄ ivy
Effeff N̄ (umg) **etw aus dem ~ können** to be able to do sth standing on one's head (umg); **etw aus dem ~ kennen** to know sth inside out
Effekt M̄ effect **Effekten** P̄L FIN stocks and bonds pl **Effektenbörse** ̄F stock exchange **Effektenhandel** M̄ stock dealing **Effektenmakler(in)** M(F) stockbroker **Effektenmarkt** M̄ stock market **Effekthascherei** ̄F (umg) cheap showmanship **effektiv** **A** ADJ effective; (≈ tatsächlich) actual **B** ADV (≈ bestimmt) actually **Effektivität** ̄F effectiveness **Effektivlohn** M̄ actual wage **effektvoll** ADJ effective
effizient **A** ADJ efficient **B** ADV efficiently **Ef-**

EG | 872

fizienz̄ F̲ efficiency

EG F̲ abk von Europäische Gemeinschaft EC

egal ADJ, ADV **das ist ~** that doesn't matter; **das ist mir ganz ~** it's all the same to me; (≈ es kümmert mich nicht) I don't care; **~ ob/wo/wie** no matter whether/where/how; **ihm ist alles ~** he doesn't care about anything

Egel M̲ ZOOL leech

Egge F̲ AGR harrow

Ego N̲ PSYCH ego **Egoismus** M̲ ego(t)ism **Egoist(in)** M̲F̲ ego(t)ist **egoistisch** A̲ ADJ ego(t)istical **B̲** ADV ego(t)istically **Egotrip** M̲ (umg) ego trip (umg) **egozentrisch** ADJ egocentric

eh A̲ INT hey **B̲** KONJ = **ehe** C̲ ADV **1** (≈ früher, damals) **seit eh und je** for ages (umg); **wie eh und je** just as before **2** (≈ sowieso) anyway

ehe KONJ (≈ bevor) before

Ehe F̲ marriage; **er versprach ihr die ~** he promised to marry her; **eine glückliche ~ führen** to have a happy marriage; **sie hat drei Kinder aus erster ~** she has three children from her first marriage **eheähnlich** ADJ (form) **in einer ~en Gemeinschaft leben** to cohabit (form) **Eheberater(in)** M̲F̲ marriage guidance counsellor (Br) od counselor (US) **Eheberatung** F̲ (≈ Stelle) marriage guidance council **Ehebett** N̲ marital bed **Ehebrecher** M̲ adulterer **Ehebrecherin** F̲ adulteress **Ehebruch** M̲ adultery; **~ begehen** to commit adultery **Ehefrau** F̲ wife **Ehekrach** M̲ marital row **Ehekrise** F̲ marital crisis **Eheleute** PL̲ (form) married couple **ehelich** ADJ marital; Kind legitimate

ehemalig ADJ former; **ein ~er Häftling** an ex--convict; **mein Ehemaliger/meine Ehemalige** (hum umg) my ex (umg) **ehemals** ADV (form) formerly

Ehemann M̲ husband **Ehepaar** N̲ (married) couple **Ehepartner(in)** M̲F̲ (≈ Ehemann) husband; (≈ Ehefrau) wife; **beide ~** both partners (in the marriage)

eher ADV **1** (≈ früher) earlier; **je ~, desto lieber** the sooner the better **2** (≈ lieber) rather; (≈ wahrscheinlicher) more likely; (≈ leichter) more easily; **alles ~ als das!** anything but that!; **umso ~, als** (all) the more because **3** (≈ vielmehr) more; **er ist ~ faul als dumm** he's more lazy than stupid

Ehering M̲ wedding ring **Eheschließung** F̲ marriage ceremony **Ehestand** M̲ matrimony

eheste(r, s) ADV **am ~n** (≈ am liebsten) best of all; (≈ am wahrscheinlichsten) most likely; (≈ am leichtesten) the easiest; (≈ zuerst) first

Ehestreit M̲ marital row **Ehevertrag** M̲ prenuptial agreement

ehrbar ADJ (≈ achtenswert) respectable; (≈ ehrenhaft) honourable (Br), honorable (US); Beruf reputable **Ehre** F̲ honour (Br), honor (US); **jdm ~ machen** to do sb credit; **sich** (dat) **etw zur ~ anrechnen** to count sth an hono(u)r; **mit wem habe ich die ~?** (iron, form) with whom do I have the pleasure of speaking? (form); **es ist mir eine besondere ~, …** (form) it is a great hono(u)r for me …; **zu ~n** (+gen) in hono(u)r of **ehren** V̲T̲ to honour (Br), to honor (US); **etw ehrt jdn** sth does sb credit; **Ihr Vertrauen ehrt mich** I am hono(u)red by your trust **Ehrenamt** N̲ honorary office **ehrenamtlich** A̲ ADJ honorary; Helfer, Tätigkeit voluntary **B̲** ADV in an honorary capacity **Ehrenbürger(in)** M̲F̲ honorary citizen; **er wurde zum ~ der Stadt ernannt** he was given the freedom of the city **Ehrendoktor(in)** M̲F̲ honorary doctor **Ehrengast** M̲ guest of honour (Br) od honor (US) **ehrenhaft** ADJ honourable (Br), honorable (US) **Ehrenmann** M̲ man of honour (Br) od honor (US) **Ehrenmitglied** N̲ honorary member **Ehrenplatz** M̲ place of honour (Br) od honor (US) **Ehrenrettung** F̲ retrieval of one's honour (Br) od honor (US) **Ehrenrunde** F̲ SPORT lap of honour (Br) od honor (US) **Ehrensache** F̲ matter of honour (Br) od honor (US) **Ehrentag** M̲ **1** (≈ Geburtstag) birthday **2** (≈ großer Tag) big od great day **ehrenwert** ADJ honourable (Br), honorable (US) **Ehrenwort** N̲ word of honour (Br) od honor (US); **(großes) ~!** (umg) cross my heart (and hope to die)! (umg) **ehrerbietig** ADJ respectful, deferential **Ehrfurcht** F̲ great respect (vor +dat for); (≈ fromme Scheu) reverence (vor +dat for); **vor jdm ~ haben** to respect/revere sb; **~ gebietend** awe-inspiring **ehrfürchtig** ADJ reverent; Distanz respectful **Ehrgefühl** N̲ sense of honour (Br) od honor (US) **Ehrgeiz** M̲ ambition **ehrgeizig** ADJ ambitious

ehrlich A̲ ADJ honest; Absicht sincere; **ein ~er Mensch** an honest person; **~ währt am längsten** (sprichw) honesty is the best policy (sprichw) **B̲** ADV **1** **~ verdientes Geld** hard-earned money; **~ teilen** to share fairly; **~ gesagt …** quite frankly …; **er meint es ~ mit uns** he is being honest with us **2** (≈ wirklich) honestly; **ich bin ~ begeistert** I'm really thrilled; **~!** honestly! **Ehrlichkeit** F̲ honesty; (von Absicht) sincerity **ehrlos** ADJ dishonourable (Br), dishonorable (US) **Ehrung** F̲ honour (Br), honor (US) **ehrwürdig** ADJ venerable

Ei N̲ **1** egg; **jdn wie ein rohes Ei behandeln** (fig) to handle sb with kid gloves; **wie auf Eiern gehen** (umg) to step gingerly; **sie gleichen sich**

wie ein Ei dem anderen they are as alike as two peas (in a pod) **2 Eier** P̲L̲ (sl) (≈ Hoden) balls pl (sl)

Eibe F̲ BOT yew

Eiche F̲ oak

Eichel F̲ **1** BOT acorn **2** ANAT glans **Eichelhäher** M̲ jay

eichen V̲T̲ to calibrate

Eichenholz N̲ oak **Eichenlaub** N̲ oak leaves pl

Eichhörnchen N̲ squirrel

Eichung F̲ calibration

Eid M̲ oath; **einen ~ ablegen** od **schwören** to take od swear an oath; **unter ~** under oath

Eidechse F̲ ZOOL lizard

eidesstattlich A̲ A̲D̲J̲ **eine ~e Erklärung abgeben** to make a declaration in lieu of an oath **B** A̲D̲V̲ **etw ~ erklären** to declare sth in lieu of an oath **Eidgenosse** M̲, **Eidgenossin** F̲ confederate; (≈ Schweizer Eidgenosse) Swiss citizen **Eidgenossenschaft** F̲ confederation; **Schweizerische ~** Swiss Confederation **eidgenössisch** A̲D̲J̲ confederate; (≈ schweizerisch) Swiss **eidlich** A̲ A̲D̲J̲ **~e Erklärung** declaration under oath **B** A̲D̲V̲ under oath

Eidotter M̲ od N̲ egg yolk **Eierbecher** M̲ eggcup **Eierkocher** M̲ egg boiler **Eierkopf** M̲ (hum umg ≈ Intellektueller) egghead (umg), boffin (bes Br umg) **Eierkuchen** M̲ pancake **Eierlaufen** N̲ egg and spoon race **Eierlikör** M̲ advocaat **Eierlöffel** M̲ eggspoon **eiern** V̲I̲ (umg) to wobble **Eierschale** F̲ eggshell **eierschalenfarben** A̲D̲J̲ off-white **Eierschwamm** M̲, **Eierschwammerl** N̲ (österr, schweiz ≈ Pfifferling) chanterelle **Eierstock** M̲ ANAT ovary **Eieruhr** F̲ egg timer

Eifer M̲ (≈ Begeisterung) enthusiasm; (≈ Eifrigkeit) eagerness; **mit ~** enthusiastically; **im ~ des Gefechts** (fig umg) in the heat of the moment **Eifersucht** F̲ jealousy (auf +akk of); **aus/vor ~** out of/for jealousy **eifersüchtig** A̲D̲J̲ jealous (auf +akk of)

eiförmig A̲D̲J̲ egg-shaped

eifrig A̲ A̲D̲J̲ eager; Leser, Sammler keen **B** A̲D̲V̲ üben religiously; an die Arbeit gehen enthusiastically; **~ bemüht sein** to make a sincere effort

Eigelb N̲ egg yolk

eigen A̲D̲J̲ **1** own; (≈ selbstständig) separate; **Zimmer mit ~em Eingang** room with its own entrance; **sich** (dat) **etw zu ~ machen** to adopt sth; (≈ zur Gewohnheit machen) to make a habit of sth **2** (≈ typisch) typical; **das ist ihm ~** that is typical of him **3** (≈ seltsam) strange **4** (≈ übergenau) fussy; **in Gelddingen ist er sehr ~** he is very particular about money matters **Eigenart** F̲ (≈ Besonderheit) peculiarity; (≈ Eigenschaft)

characteristic **eigenartig** A̲ A̲D̲J̲ peculiar **B** A̲D̲V̲ peculiarly; **~ aussehen** to look strange **eigenartigerweise** A̲D̲V̲ strangely od oddly enough **Eigenbedarf** M̲ (von Mensch) personal use; (von Staat) domestic requirements pl **Eigenbeteiligung** F̲ VERS own share, excess (Br) **Eigenbrötler(in)** M̲(F̲) (umg) loner; (≈ komischer Kauz) queer fish (umg) **Eigengewicht** N̲ (von Lkw etc) unladen weight; HANDEL net weight; NAT dead weight **eigenhändig** A̲ A̲D̲J̲ Brief, Unterschrift etc in one's own hand; Übergabe personal **B** A̲D̲V̲ oneself **Eigenheim** N̲ one's own home **Eigenheit** F̲ = Eigenart **Eigeninitiative** F̲ initiative of one's own **Eigeninteresse** N̲ **aus ~** out of self-interest **Eigenkapital** N̲ (von Person) personal capital; (von Firma) company capital **eigenmächtig** A̲ A̲D̲J̲ (≈ selbstherrlich) high-handed; (≈ eigenverantwortlich) taken/done etc on one's own authority; (≈ unbefugt) unauthorized **B** A̲D̲V̲ high-handedly, (entirely) on one's own authority, without any authorization **Eigenname** M̲ proper name **eigennützig** A̲D̲J̲ selfish **eigens** A̲D̲V̲ (e)specially **Eigenschaft** F̲ (≈ Attribut) quality; CHEM, PHYS etc property; (≈ Merkmal) characteristic; (≈ Funktion) capacity **Eigenschaftswort** N̲ adjective **Eigensinn** M̲ stubbornness **eigensinnig** A̲D̲J̲ stubborn **eigenständig** A̲D̲J̲ original; (≈ unabhängig) independent **Eigenständigkeit** F̲ originality; (≈ Unabhängigkeit) independence

eigentlich A̲ A̲D̲J̲ (≈ wirklich, tatsächlich) real; Wert true; **im ~en Sinne des Wortes ...** in the original meaning of the word ... **B** A̲D̲V̲ actually; (≈ tatsächlich, wirklich) really; **was willst du ~ hier?** what do you want here anyway?; **~ müsstest du das wissen** you should really know that

Eigentor N̲ (SPORT, fig) own goal; **ein ~ schießen** to score an own goal **Eigentum** N̲ property **Eigentümer(in)** M̲(F̲) owner **eigentümlich** A̲D̲J̲ (≈ sonderbar, seltsam) strange **Eigentümlichkeit** F̲ **1** (≈ Besonderheit) characteristic **2** (≈ Eigenheit) peculiarity **Eigentumsverhältnisse** P̲L̲ distribution sg of property **Eigentumswohnung** F̲ owner-occupied flat (Br), ≈ condominium (US) **eigenverantwortlich** A̲ A̲D̲J̲ autonomous **B** A̲D̲V̲ on one's own authority **Eigenverantwortung** F̲ autonomy; **in ~** entscheiden etc on one's own responsibility **eigenwillig** A̲D̲J̲ with a mind of one's own; (≈ eigensinnig) self-willed; (≈ unkonventionell) unconventional

eignen V̲R̲ to be suitable (für, zu for, als as); **er würde sich nicht zum Lehrer ~** he wouldn't make a good teacher; → **geeignet Eignung** F̲ suitability; (≈ Befähigung) aptitude **Eig-**

EILB | 874

E

nungstest M̲ aptitude test
Eilbote M̲, **Eilbotin** F̲ messenger; **per** *od* **durch ~n** express **Eilbrief** M̲ express letter
Eile F̲ hurry; **in ~ sein** to be in a hurry; **damit hat es keine ~** it's not urgent; **in der ~** in the hurry; **nur keine ~!** don't rush!
Eileiter M̲ ANAT Fallopian tube
eilen A̲ V̲I̲ **1** to rush, to hurry; **eile mit Weile** (*sprichw*) more haste less speed (*sprichw*) **2** (≈ *dringlich sein*) to be urgent; **eilt!** (*auf Briefen etc*) urgent **B̲** V̲I̲ UNPERS **es eilt** it's urgent **eilig** A̲D̲J̲ **1** (≈ *schnell*) hurried; **es ~ haben** to be in a hurry **2** (≈ *dringend*) urgent **Eilpaket** N̲ express parcel **Eilsendung** F̲ express delivery; **~en** *pl* express mail **Eiltempo** N̲ **etw im ~ machen** to do sth in a real rush
Eimer M̲ bucket; (≈ *Mülleimer*) (rubbish) bin (*Br*), garbage can (*US*); **ein ~ (voll) Wasser** a bucket (-ful) of water; **im ~ sein** (*umg*) to be up the spout (*Br umg*), to be down the drain (*US umg*) **eimerweise** A̲D̲V̲ by the bucket(ful)
ein[1] A̲D̲V̲ (*an Geräten*) **Ein/Aus** on/off; **~ und aus gehen** to come and go
ein[2], **eine, ein** A̲ NUM one; **~ Uhr** one (o'clock); **~ für alle Mal** once and for all; **~ und derselbe** one and the same; **er ist ihr Ein und Alles** he means everything to her; → **eins** **B̲** UNBEST ART a; (*vor Vokalen*) an; → **eine(r, s)**

▶ **ein, eine**

Bei Wörtern, die in der Aussprache mit einem Vokal beginnen, wird der unbestimmte Artikel **a** vor dem Wort zu **an**. Der bestimmte Artikel **the** wird in diesen Fällen [ðɪ] ausgesprochen.

GRAMMATIK ◀

einander PRON one another
einarbeiten A̲ V̲R̲ to get used to the work **B̲** V̲T̲ **1** *jdn* to train **2** (≈ *einfügen*) to incorporate **Einarbeitungszeit** F̲ **1** (*in der Ausbildung*) training period **2** (≈ *Gewöhnungszeit*) settling-in period
einarmig A̲D̲J̲ one-armed
einäschern V̲T̲ *Leichnam* to cremate **Einäscherung** F̲ (*von Leichnam*) cremation
einatmen V̲T̲ & V̲I̲ to breathe in
einäugig A̲D̲J̲ one-eyed
Einbahnstraße F̲ one-way street
einbalsamieren V̲T̲ to embalm
Einband M̲ book cover
einbändig A̲D̲J̲ one-volume *attr*, in one volume
Einbau M̲ (≈ *das Einbauen*) installation **einbauen** V̲T̲ to install; (*umg* ≈ *einfügen*) *Zitat etc* to work

in; **eingebaut** built-in **Einbauküche** F̲ (fully-)fitted kitchen **Einbaumöbel** PL fitted furniture **Einbauschrank** M̲ fitted cupboard
einbegriffen A̲D̲J̲ included
einbehalten V̲T̲ to keep back
einberufen V̲T̲ *Parlament* to summon; *Versammlung* to convene; MIL to call up, to draft (*US*) **Einberufung** F̲ **1** (*einer Versammlung*) convention; (*des Parlaments*) summoning **2** MIL conscription **Einberufungsbescheid** M̲, **Einberufungsbefehl** M̲ MIL call-up *od* draft (*US*) papers *pl*
einbetonieren V̲T̲ to cement in (*in +akk* -to)
einbetten V̲T̲ to embed (*in +akk* in)
Einbettzimmer N̲ single room
einbeziehen V̲T̲ to include (*in +akk* in)
einbiegen V̲I̲ to turn (off) (*in +akk* into); **du musst hier links ~** you have to turn (off to the) left here
einbilden V̲T̲ **1** (≈ *sich vorstellen*) **sich** (*dat*) **etw ~** to imagine sth; **das bildest du dir nur ein** that's just your imagination; **bilde dir (doch) nichts ein!** don't kid yourself!; (*umg*); **was bildest du dir eigentlich ein?** what's got (*Br*) *od* gotten (*US*) into you? **2** (≈ *stolz sein*) **sich** (*dat*) **viel auf etw** (*akk*) **~** to be conceited about sth; **darauf können Sie sich etwas ~!** that's something to be proud of!; **darauf brauchst du dir nichts einzubilden!** that's nothing to be proud of; → **eingebildet Einbildung** F̲ **1** (≈ *Vorstellung*) imagination; (≈ *irrige Vorstellung*) illusion; **das ist alles nur ~** it's all in the mind **2** (≈ *Dünkel*) conceit **Einbildungskraft** F̲ (powers *pl* of) imagination
einbinden V̲T̲ *Buch* to bind; (*fig* ≈ *einbeziehen*) to integrate
einbläuen V̲T̲ (*umg*) **jdm etw ~** (*durch Schläge*) to beat sth into sb; (≈ *einschärfen*) to drum sth into sb
einblenden FILM, TV, RADIO V̲T̲ to insert; (*allmählich*) to fade in
Einblick M̲ (*fig* ≈ *Kenntnis*) insight; **~ in etw** (*akk*) **gewinnen** to gain an insight into sth
einbrechen A̲ V̲T̲ *Tür, Wand etc* to break down **B̲** V̲I̲ **1** (≈ *einstürzen*) to fall in **2** (≈ *Einbruch verüben*) to break in; **bei mir ist eingebrochen worden** I've had a break-in **3** (*Nacht*) to fall; (*Winter*) to set in **Einbrecher(in)** M̲(F̲) burglar
einbringen V̲T̲ **1** PARL *Gesetz* to introduce **2** (≈ *Ertrag bringen*) *Geld, Nutzen* to bring in; *Ruhm* to bring; *Zinsen* to earn; **das bringt nichts ein** (*fig*) it's not worth it **3** (≈ *beteiligen*) **sich in etw** (*akk*) **~** to play a part in sth
einbrocken V̲T̲ **jdm/sich etwas ~** (*umg*) to land sb/oneself in it (*umg*)
Einbruch M̲ **1** (≈ *Einbruchdiebstahl*) burglary (*in*

875 ‖ EINF

+akk in); **der ~ in die Bank** the bank break-in [2] (von Wasser) penetration [3] **~ der Kurse/der Konjunktur** FIN stock exchange/economic crash [4] (der Nacht) fall; (des Winters) onset; **bei ~ der Nacht/Dämmerung** at nightfall/dusk

einbuchten VT (sl) to put away (sl)

einbürgern VT Person to naturalize [B] VR (Brauch, Fremdwort) to become established **Einbürgerung** F (von Menschen) naturalization

Einbuße F loss (an +dat to) **einbüßen** [A] VT to lose (❗ Schreibung mit einem „o"); (durch eigene Schuld) to forfeit [B] VI **an Klarheit** (dat) ~ to lose some of its clarity

einchecken VT & VI to check in (an +dat at)

eincremen VT to put cream on

eindämmen VT Fluss to dam; (fig) (≈ vermindern) to check; (≈ im Zaum halten) to contain

eindecken [A] VR **sich (mit etw) ~** to stock up (with sth) [B] VT (umg ≈ überhäufen) to inundate; **mit Arbeit eingedeckt sein** to be snowed under with work

eindeutig [A] ADJ clear; (≈ nicht zweideutig) unambiguous; Witz explicit [B] ADV (≈ klar) clearly; (≈ unmissverständlich) unambiguously **Eindeutigkeit** F clearness; (≈ Unzweideutigkeit) unambiguity

eindeutschen VT to Germanize

eindimensional ADJ one-dimensional

eindösen VI (umg) to doze off

eindringen VI [1] (≈ einbrechen) **in etw** (akk) **~** to force one's way into sth [2] (≈ hineindringen) **in etw** (akk) **~** to go into sth [3] (≈ bestürmen) **auf jdn ~** to go for sb (mit with); (mit Fragen, Bitten etc) to besiege sb **eindringlich** [A] ADJ (≈ nachdrücklich) insistent; Schilderung vivid [B] ADV warnen urgently **Eindringling** M intruder

Eindruck M impression; **den ~ erwecken, als ob** od **dass ...** to give the impression that ...; **ich habe den ~, dass ...** I have the impression that ...; **großen ~ auf jdn machen** to make a great impression on sb; **er will ~ (bei ihr) machen** he's out to impress (her) **eindrucksvoll** ADJ impressive

eine → ein²; → eine(r, s)

einebnen VT to level

eineiig ADJ Zwillinge identical

eineinhalb NUM one and a half; → anderthalb

Eineltern(teil)familie F single-parent family

einengen VT (wörtl) to constrict; (fig) Begriff, Freiheit to restrict; **jdn in seiner Freiheit ~** to curb sb's freedom

Einer M [1] MATH unit [2] (≈ Ruderboot) single scull

eine(r, s) INDEF PR [1] one; (≈ jemand) somebody; **und das soll ~r glauben!** (umg) and we're/

you're meant to believe that! [2] ~s (a. **eins**) one thing; **~s sag ich dir** I'll tell you one thing

einerlei ADJ (≈ gleichgültig) all the same; **das ist mir ganz ~** it's all the same to me **Einerlei** N monotony

einerseits ADV **~ ... andererseits ...** on the one hand ... on the other hand ...

einfach [A] ADJ simple; Fahrkarte, Fahrt one-way, single (Br); Essen plain; **das ist nicht so ~ zu verstehen** that is not so easy to understand [B] ADV [1] (≈ schlicht) simply [2] (≈ nicht doppelt) once [3] (verstärkend ≈ geradezu) simply [4] (≈ ohne Weiteres) just **Einfachheit** F simplicity; **der ~ halber** for the sake of simplicity

einfädeln [A] VT [1] Nadel, Faden to thread (in +akk through) [2] (umg) Intrige, Plan etc to set up (umg) [B] VR **sich in eine Verkehrskolonne ~** to filter into a stream of traffic

einfahren [A] VI (Zug, Schiff) to come in (in +akk -to) [B] VT [1] Fahrgestell to retract [2] (≈ gewöhnen) to break in; Wagen to run in (Br), to break in (US) [3] Gewinne, Verluste to make **Einfahrt** F [1] (≈ das Einfahren) entry (in +akk to); **Vorsicht bei (der) ~ des Zuges!** stand well back, the train is arriving [2] (≈ Eingang) entrance; (≈ Toreinfahrt) entry; **„Einfahrt frei halten"** "keep clear"

Einfall M [1] (≈ Gedanke) idea [2] MIL invasion (in +akk of) **einfallen** VI [1] (Gedanke) **jdm ~** to occur to sb; **jetzt fällt mir ein, wie/warum ...** I've just thought of how/why ...; **das fällt mir nicht im Traum ein!** I wouldn't dream of it!; **sich** (dat) **etw ~ lassen** to think of sth; **was fällt Ihnen ein!** what are you thinking of! [2] (≈ in Erinnerung kommen) **jdm ~** to come to sb; **es fällt mir jetzt nicht ein** I can't think of it at the moment [3] (≈ einstürzen) to collapse; → **eingefallen** [4] (≈ eindringen) **in ein Land ~** to invade a country [5] (Lichtstrahlen) to fall [6] (≈ mitreden) to join in **einfallslos** ADJ unimaginative **Einfallslosigkeit** F unimaginativeness **einfallsreich** ADJ imaginative **Einfallsreichtum** M imaginativeness **Einfallswinkel** M PHYS angle of incidence

einfältig ADJ (≈ arglos) simple; (≈ dumm) simple (-minded) **Einfaltspinsel** M (umg) simpleton

Einfamilienhaus N single-family house

einfangen VT to catch, to capture

einfarbig ADJ all one colour (Br) od color (US)

einfetten VT to grease; Haut, Gesicht to rub cream into

einfinden VR to come; (≈ eintreffen) to arrive

einfliegen [A] VT [1] Flugzeug to test-fly [2] Proviant, Truppen to fly in (in +akk -to) [B] VI to fly in (in +akk -to)

einfließen VI to flow in; **er ließ nebenbei ~, dass ...** he let it drop that ...

EINF | 876

einflößen _VT_ **jdm etw** ~ _Medizin_ to give sb sth; _Mut etc_ to instil (_Br_) _od_ instill (_US_) sth into sb
Einflugschneise _F_ FLUG approach path
Einfluss _M_ influence; **unter dem** ~ **von jdm/etw** under the influence of sb/sth; ~ **auf jdn ausüben** to exert an influence on sb; **seine Freunde haben einen schlechten** ~ **auf ihn** his friends are a bad influence on him; **darauf habe ich keinen** ~ I can't influence that **Einflussbereich** _M_ sphere of influence **Einflussnahme** _F_ exertion of influence **einflussreich** _ADJ_ influential
einförmig _ADJ_ uniform; (≈ eintönig) monotonous
einfrieren _A_ _VI_ to freeze; (_Wasserleitung_) to freeze up _B_ _VT_ to freeze; POL _Beziehungen_ to suspend
Einfügemodus _M_ IT insert mode **einfügen** _A_ _VT_ to fit (_in +akk_ into); IT to insert (_in +akk_ in) _B_ _VR_ to fit in (_in +akk_ -to); (≈ sich anpassen) to adapt (_in +akk_ to) **Einfügetaste** _F_ IT insert key
einfühlen _VR_ **sich in jdn** ~ to empathize with sb; **sich in etw** (akk) ~ to understand sth **einfühlsam** _A_ _ADJ_ sensitive _B_ _ADV_ sensitively **Einfühlungsvermögen** _N_ capacity for understanding, empathy
Einfuhr _F_ (≈ das Einführen) importing **Einfuhrartikel** _M_ import **Einfuhrbeschränkung** _F_ import restriction **einführen** _VT_ **1** (≈ hineinstecken) to insert (_in +akk_ into) **2** (≈ bekannt machen) to introduce (_in +akk_ into); HANDEL _Firma, Artikel_ to establish; **jdn in sein Amt** ~ to install sb (in office) **3** (als Neuerung) to introduce **4** HANDEL _Waren_ to import **Einfuhrgenehmigung** _F_ import permit **Einfuhrland** _N_ importing country **Einfuhrstopp** _M_ import ban (für on) **Einführung** _F_ introduction (_in +akk_ to) **Einführungskurs** _M_ UNIV _etc_ introductory course **Einführungspreis** _M_ introductory price **Einfuhrverbot** _N_ ban on imports
Eingabe _F_ **1** (form ≈ Gesuch) petition (an +akk to) **2** IT input **Eingabedaten** _PL_ IT input data pl **Eingabefehler** _M_ IT input error **Eingabetaste** _F_ IT enter key
Eingang _M_ **1** entrance (_in +akk_ to); (≈ Zutritt, Aufnahme) entry; **„kein** ~**!"** "no entrance" **2** (HANDEL ≈ Wareneingang) delivery; (≈ Erhalt) receipt; **den** ~ _od_ **die Eingänge bearbeiten** to deal with the incoming mail **eingängig** _ADJ_ _Melodie, Spruch_ catchy **eingangs** _ADV_ at the start **Eingangsdatum** _N_ date of receipt **Eingangshalle** _F_ entrance hall; (von Hotel) foyer, lobby (bes US) **Eingangsstempel** _M_ HANDEL receipt stamp **Eingangstür** _F_ entrance

trance
eingeben _VT_ **1** (≈ verabreichen) to give **2** IT _Text, Befehl_ to enter
eingebildet _ADJ_ **1** (≈ hochmütig) conceited **2** (≈ imaginär) imaginary; → **einbilden**
eingeboren _ADJ_ (≈ einheimisch) native **Eingeborene(r)** _M(F)M_ native
Eingebung _F_ inspiration
eingefallen _ADJ_ _Wangen_ hollow; _Augen_ deep-set; → **einfallen**
eingefleischt _ADJ_ (≈ überzeugt) confirmed; (≈ unverbesserlich) dyed-in-the-wool; ~**er Junggeselle** (hum) confirmed bachelor
eingehen _A_ _VI_ **1** (_Briefe, Waren etc_) to arrive; (_Spenden, Bewerbungen_) to come in; ~**de Post/Waren** incoming mail/goods; **eingegangene Post/Spenden** mail/donations received **2** (≈ sterben: _Tiere, Pflanze_) to die (an +dat of); (umg: _Firma etc_) to fold **3** **auf etw** (akk) ~ **auf Frage, Punkt etc** to go into sth; **auf jdn/etw** ~ (≈ sich widmen) to give (one's) time and attention to sb/sth; **auf einen Vorschlag/Plan** ~ (≈ zustimmen) to agree to a suggestion/plan _B_ _VT_ (≈ abmachen) to enter into; _Risiko_ to take; _Wette_ to make **eingehend** _A_ _ADJ_ (≈ ausführlich) detailed; (≈ gründlich) thorough; _Untersuchungen_ in-depth attr _B_ _ADV_ (≈ ausführlich) in detail; (≈ gründlich) thoroughly
eingeklammert _ADJ_ in brackets, in parentheses (bes US) (❗ beide hinter dem Substantiv); → **einklammern**
eingeklemmt _ADJ_ **1** stuck **2** _Nerv_ trapped; → **einklemmen**
eingelegt _ADJ_ (in Essig) pickled; → **einlegen** **Eingemachte(s)** _N_ (als Marmelade) preserves pl; **ans** ~ **gehen** (fig umg) to dig deep into one's reserves
eingemeinden _VT_ to incorporate (_in +akk, nach_ into)
eingenommen _ADJ_ **für jdn/etw** ~ **sein** to be taken with sb/sth; **gegen jdn/etw** ~ **sein** to be prejudiced against sb/sth; → **einnehmen**
eingerahmt _ADJ_ **1** (wörtl) framed **2** (fig) ~ **von** framed by; → **einrahmen**
eingerückt _ADJ_ _Zeile_ indented; → **einrücken**
eingeschaltet _ADJ_ (switched) on; → **einschalten**
eingeschlossen _ADJ_ **1** (≈ umgeben) _Grundstück, Haus etc_ enclosed **2** (≈ umzingelt) surrounded, encircled **3** **im Preis** ~ included in the price; → **einschließen**
eingeschnappt _ADJ_ (umg) cross; ~ **sein** to be in a huff; → **einschnappen**
eingeschränkt _ADJ_ (≈ eingeengt) restricted; **in** ~**en Verhältnissen leben** to live in straitened circumstances; → **einschränken**
eingeschrieben _ADJ_ _Brief_ registered; → **ein-**

877 ‖ EINK

schreiben

eingesessen ADJ *Familie etc* old-established; → einsitzen

eingespielt ADJ **aufeinander ~ sein** to be used to one another; → einspielen

Eingeständnis N̄ admission, confession **eingestehen** V̄T to admit

eingestellt ADJ **links/rechts ~ sein** to have leanings to the left/right; **ich bin im Moment nicht auf Besuch ~** I'm not prepared for visitors; → einstellen

eingetragen ADJ *Warenzeichen, Verein* registered; → eintragen

Eingeweide N̄ entrails *pl* **Eingeweidebruch** M̄ MED hernia

Eingeweihte(r) M/F(M) insider

eingewöhnen V̄R to settle down (*in +dat* in)

eingießen V̄T (≈ *einschenken*) to pour (out)

eingleisig ◢ ADJ single-track ◣ ADV **er denkt sehr ~** he's completely single-minded

eingliedern ◢ V̄T *Firma, Gebiet* to incorporate (*+dat* into, with); *jdn* to integrate (*in +akk* into) ◣ V̄R to fit in (*in +akk* -to, in) **Eingliederung** F̄ (*von Firma, Gebiet*) incorporation; (*von Behinderten, Straffälligen*) integration

eingraben ◢ V̄T *Pfahl, Pflanze* to dig in (*in +akk* -to) ◣ V̄R to dig oneself in (*a.* MIL)

eingravieren V̄T to engrave (*in +akk* in)

eingreifen V̄I (≈ *einschreiten*, MIL) to intervene; **in jds Rechte** (*akk*) **~** to intrude (up)on sb's rights; **Eingreifen** intervention **Eingreiftruppe** F̄ strike force

eingrenzen V̄T (*wörtl*) to enclose; (*fig*) *Problem* to delimit

Eingriff M̄ ▮ MED operation ▯ (≈ *Übergriff*) intervention

einhaken ◢ V̄T (*wörtl*) to hook (*in +akk* into), fasten ◣ V̄R **sie hakte sich bei ihm ein** she linked arms with him ◤ V̄I **hier möchte ich mal ~** if I could just take up that point

Einhalt M̄ **jdm/einer Sache ~ gebieten** to stop sb/sth **einhalten** V̄T (≈ *beachten*) to keep; *Spielregeln* to follow; *Diät, Vertrag* to keep to; *Verpflichtungen* to carry out **Einhaltung** F̄ (≈ *Beachtung*) keeping (*+gen* of); (*von Spielregeln*) following (*+gen* of); (*von Diät, Vertrag*) keeping (*+gen* to); (*von Verpflichtungen*) carrying out (*+gen* of)

einhandeln V̄T to trade (*gegen, für* for); **sich** (*dat*) **etw ~** (*umg*) to get sth

einhändig ADJ one-handed

einhängen ◢ V̄T *Tür* to hang ◣ V̄R **sich bei jdm ~** to slip one's arm through sb's

einheften V̄T *Akten, Unterlagen* to file

einheimisch ADJ *Mensch, Tier, Pflanze* native; *Industrie* local **Einheimische(r)** M/F(M) local

einheimsen V̄T (*umg*) to collect

Einheit F̄ ▮ (*von Land etc*) unity; **eine geschlossene ~ bilden** to form an integrated whole; **die (deutsche) ~** (German) unity ▯ (MIL, NAT, TEL) unit **einheitlich** ◢ ADJ (≈ *gleich*) the same, uniform; (≈ *in sich geschlossen*) unified ◣ ADV uniformly; **~ gekleidet** dressed alike **Einheitlichkeit** F̄ (*Gleichheit*) uniformity; (≈ *innere Geschlossenheit*) unity **Einheitspreis** M̄ standard price

einheizen V̄I **jdm (tüchtig) ~** (*umg*) (≈ *die Meinung sagen*) to haul sb over the coals; (≈ *zu schaffen machen*) to make things hot for sb

einhellig ◢ ADJ unanimous ◣ ADV unanimously

einher- PRÄF (≈ *entlang*) along; (≈ *hin und her*) up and down **einhergehen** V̄I **mit etw ~** (*fig*) to be accompanied by sth

einholen V̄T ▮ (≈ *einziehen*) *Boot, Netz* to pull in; *Fahne, Segel* to lower ▯ *Erlaubnis* to obtain; **bei jdm Rat ~** to obtain advice from sb ▰ (≈ *erreichen*) *Laufenden* to catch up; *Vorsprung* to make up ▱ (*a. v/i, dial*) = einkaufen

Einhorn N̄ unicorn

einhüllen V̄T to wrap (up); **in Nebel eingehüllt** shrouded in mist

einhundert NUM (*form*) = hundert

einig ADJ ▮ (≈ *geeint*) united ▯ (≈ *einer Meinung*) agreed; **sich** (*dat*) **über etw** (*akk*) **~ werden** to agree on sth **einigen** ◢ V̄T to unite ◣ V̄R to reach (an) agreement (*über +akk* about); **sich auf einen Kompromiss ~** to agree to a compromise

einige(r, s) INDEF PR ▮ (≈ *etwas*) some; (≈ *ziemlich viel*) (quite) some; **nach ~r Zeit** after a while; **das wird ~s kosten** that will cost something; **dazu gehört schon ~r Mut** that takes some courage ▯ *pl* some; (≈ *mehrere*) several; (≈ *ein paar*) a few, some; **~ Mal(e)** a few times; **an ~n Stellen** in some places; **in ~n Tagen** in a few days **einigermaßen** ADV (≈ *ziemlich*) rather; (*vor Adj*) fairly; (≈ *ungefähr*) to some extent; **wie gehts dir?** — **~** how are you? — all right

Einigkeit F̄ (≈ *Eintracht*) unity; (≈ *Übereinstimmung*) agreement; **in diesem Punkt herrschte ~** there was agreement on this point **Einigung** F̄ ▮ POL unification ▯ (≈ *Übereinstimmung*) agreement; (JUR ≈ *Vergleich*) settlement; **über etw** (*akk*) **~ erzielen** to come to an agreement on sth

einjagen V̄T **jdm einen Schrecken ~** to give sb a fright

einjährig ADJ one-year-old; *Pflanze* annual; *Amtszeit, Studium* one-year *attr*

einkalkulieren V̄T to reckon with; *Kosten* to include

Einkauf M̄ ▮ purchase; **Einkäufe machen** to

go shopping; **sie packte ihre Einkäufe aus** she unpacked her shopping **2** (HANDEL ≈ *Abteilung*) buying (department) **einkaufen** A V̄t to buy B V̄i to shop; HANDEL to buy; **~ gehen** to go shopping **Einkäufer(in)** M̄/F̄ HANDEL buyer **Einkaufsabteilung** F̄ purchasing department **Einkaufsbummel** M̄ **einen ~ machen** to go on a shopping spree **Einkaufskorb** M̄ shopping basket **Einkaufsliste** F̄ shopping list **Einkaufspassage** F̄ shopping arcade (*Br*) *od* mall (*US*) **Einkaufstasche** F̄ shopping bag **Einkaufswagen** M̄ shopping trolley (*Br*) *od* cart (*US*) **Einkaufszentrum** N̄ shopping centre (*Br*) *od* mall (*US*) **Einkaufszettel** M̄ shopping list

einkehren V̄i **1** (*in Gasthof*) to stop off (*in +dat* at) **2** (*Ruhe*) to come (*bei* to)

einkeilen V̄t to hem in

einkerben V̄t to notch; (≈ *schnitzen*) to cut **Einkerbung** F̄ notch

einkesseln V̄t to encircle

einklagen V̄t *Schulden* to sue for (the recovery of)

einklammern V̄t to put in brackets; → **eingeklammert**

Einklang M̄ **1** MUS unison **2** (*fig*) harmony; **in ~ bringen** to bring into line; **im ~ mit etw stehen** to be in accord with sth

einkleben V̄t to stick in; **etw in etw** (*akk*) **~** to stick sth into sth

einkleiden V̄t *Soldaten* to fit out (with a uniform); **sich neu ~** to buy oneself a new wardrobe

einklemmen V̄t (≈ *quetschen*) to jam; *Finger etc* to catch; → **eingeklemmt**

einkochen V̄t *Gemüse* to preserve; *Marmelade* to make

Einkommen N̄ income **Einkommensgrenze** F̄ income limit **Einkommensklasse** F̄ income bracket **einkommensschwach** ADJ low-income *attr* **einkommensstark** ADJ high-income *attr* **Einkommen(s)steuer** F̄ income tax **Einkommen(s)steuerbescheid** M̄ income tax assessment **Einkommen(s)steuererklärung** F̄ income tax return

einkreisen V̄t to surround; (*fig*) *Problem* to consider from all sides; POL to isolate

Einkünfte P̄L income *sg*

einladen V̄t **1** *Waren* to load (*in +akk* into) **2** *jdn* to invite; **jdn zu einer Party ~** to invite sb to a party; **jdn ins Kino ~** to ask sb to the cinema; **lass mal, ich lade dich ein** come on, this one's on me **einladend** ADJ inviting; *Speisen* appetizing **Einladung** F̄ invitation

Einlage F̄ **1** (≈ *Zahneinlage*) temporary filling **2**

(≈ *Schuheinlage*) insole; (*zum Stützen*) (arch) support **3** (≈ *Zwischenspiel*) interlude **4** (FIN ≈ *Kapitaleinlage*) investment

einlagern V̄t to store

Einlass M̄ (≈ *Zutritt*) admission; **jdm ~ gewähren** to admit sb; **sich** (*dat*) **~ in etw** (*akk*) **verschaffen** to gain entry to sth **einlassen** A V̄t **1** (≈ *eintreten lassen*) to let in **2** (≈ *einlaufen lassen*) *Wasser* to run (*in +akk* into) B V̄r **sich auf etw** (*akk*) **~** to get involved in sth; **sich auf einen Kompromiss ~** to agree to a compromise; **darauf lasse ich mich nicht ein!** I don't want anything to do with it!; **da habe ich mich aber auf etwas eingelassen!** I've let myself in for something there!; **sich mit jdm ~** (*pej*) to get involved with sb

Einlauf M̄ **1** (SPORT: *am Ziel*) finish **2** MED enema **einlaufen** A V̄i **1** (≈ *hineinlaufen*) to come in (*in +akk* -to); (*durchs Ziel*) to finish **2** (*Wasser*) to run in (*in +akk* -to) **3** (*Stoff*) to shrink B V̄t *Schuhe* to wear in C V̄r SPORT to warm up

einläuten V̄t to ring in; SPORT *Runde* to sound the bell for

einleben V̄r to settle down (*in, an +dat* in)

Einlegearbeit F̄ inlay work (⚠ *kein pl*) **einlegen** V̄t **1** (*in Holz etc*) to inlay **2** (≈ *hineintun*) to insert (*in +akk* in); *Film* to load (*in +akk* into) **3** AUTO *Gang* to engage **4** *Protest* to register; **ein gutes Wort für jdn ~** to put in a good word for sb (*bei* with) **5** GASTR *Heringe, Gurken etc* to pickle; → **eingelegt Einlegesohle** F̄ insole

einleiten V̄t **1** (≈ *in Gang setzen*) to initiate; *Schritte* to introduce; JUR *Verfahren* to institute; MED *Geburt* to induce **2** (≈ *beginnen*) to start **3** *Abwässer etc* to discharge (*in +akk* into) **einleitend** A ADJ introductory B ADV **er sagte ~, dass ...** he said by way of introduction that ... **Einleitung** F̄ **1** (≈ *Vorwort*) introduction **2** (≈ *das Einleiten*) initiation; (*von Schritten*) introduction; (*von Verfahren*) institution; (*von Geburt*) induction **3** (*von Abwässern*) discharge (*in +akk* into)

einlenken V̄i (≈ *nachgeben*) to yield

einlesen A V̄r **sich in ein Gebiet** *etc* **~** to get into a subject *etc* B V̄t *Daten* to read in (*in +akk* -to)

einleuchten V̄i to be clear (*jdm* to sb); **das will mir nicht ~** I just don't understand that **einleuchtend** ADJ reasonable

einliefern V̄t *Waren* to deliver; **jdn ins Krankenhaus ~** to admit sb to hospital **Einlieferung** F̄ (*ins Krankenhaus*) admission (*in +akk* to); (*ins Gefängnis*) committal (*in +akk* to) **Einlieferungsschein** M̄ certificate of posting (*Br*) *od* mailing (*bes US*)

Einliegerwohnung F̄ granny annexe (*Br*) *od*

EINR | 879

flat (Br), in-law apartment (US)

einlochen <u>VT</u> **1** (beim Golf) to putt **2** (umg) jdn ~ to put sb away (umg), to put sb in the slammer (US umg)

einloggen <u>VR</u> IT to log in

einlösen <u>VT</u> Pfand to redeem; Scheck to cash (in); (fig) Versprechen to keep

einmachen <u>VT</u> Obst to preserve **Einmachglas** <u>N</u> bottling jar

einmal <u>ADV</u> **1** (≈ ein einziges Mal) once; (≈ erstens) first of all, for a start; ~ sagt er dies, ~ das sometimes he says one thing, sometimes another; **auf** ~ (≈ plötzlich) suddenly; (≈ zugleich) at once; ~ **und nie wieder** once and never again; **noch** ~ again; **noch** ~ **so groß wie** as big again as; ~ **ist keinmal** (sprichw) once doesn't count **2** (≈ früher) once; (≈ in Zukunft) one day; **waren Sie schon** ~ **in Rom?** have you ever been to Rome?; **es war** ~ ... once upon a time there was ...; **besuchen Sie mich doch** ~! come and visit me some time! **3** **nicht** ~ not even; **auch** ~ also, too; **wieder** ~ again; **die Frauen sind nun** ~ **so** that's the way women are **Einmaleins** <u>N</u> (multiplication) tables pl; (fig) ABC, basics pl; **das kleine/große** ~ (multiplication) tables up to/over ten **Einmalhandtuch** <u>N</u> disposable towel **einmalig** <u>ADJ</u> **1** Gelegenheit unique **2** (≈ nur einmal erforderlich) single; Zahlung one-off attr **3** (umg ≈ hervorragend) fantastic

Einmarsch <u>M</u> (in ein Land) invasion (in +akk of) **einmarschieren** <u>VI</u> to march in (in +akk -to)

Einmeterbrett <u>N</u> one-metre (Br) od one-meter (US) (diving) board

einmischen <u>VR</u> to interfere (in +akk in) **Einmischung** <u>F</u> interference (in +akk in)

einmotorig <u>ADJ</u> Flugzeug single-engine(d)

einmotten <u>VT</u> to mothball

einmünden <u>VI</u> (Fluss) to flow in (in +akk -to); (Straße) to run in (in +akk -to); **in etw** (akk) ~ (fig) to end up in sth

einmütig <u>A</u> <u>ADJ</u> unanimous <u>B</u> <u>ADV</u> unanimously **Einmütigkeit** <u>F</u> unanimity

Einnahme <u>F</u> **1** MIL seizure **2** (≈ Ertrag) receipt; **Einnahmen** <u>PL</u> income sg; (≈ Geschäftseinnahmen) takings pl; (eines Staates) revenue sg; ~**n und Ausgaben** income and expenditure **Einnahmequelle** <u>F</u> source of income; (eines Staates) source of revenue **einnehmen** <u>VT</u> **1** Geld to take; (Freiberufler) to earn; Steuern to collect **2** (MIL ≈ erobern) to take **3** Platz etc to take (up) **4** Mahlzeit, Arznei to take **5** jdn gegen sich ~ to set sb against oneself; → eingenommen

einnicken <u>VI</u> (umg) to doze od nod off

einnisten <u>VR</u> (wörtl) to nest; (fig) to park oneself (bei on)

einölen <u>VT</u> to oil

einordnen <u>A</u> <u>VT</u> **1** Bücher etc to (put in) order; Akten to file **2** (≈ klassifizieren) to classify <u>B</u> <u>VR</u> **1** (in Gemeinschaft etc) to fit in (in +akk -to) **2** AUTO **sich links/rechts** ~ to get into the left/right lane

einpacken <u>A</u> <u>VT</u> **1** (≈ einwickeln) to wrap (up) (in +akk in) **2** (≈ hineintun) to pack (in +akk in) <u>B</u> <u>VI</u> to pack; **dann können wir** ~ (umg) in that case we may as well pack it all in (umg)

einparken <u>VT & VI</u> **(in eine Parklücke)** ~ to get into a parking space

einpassen <u>VT</u> to fit in (in +akk -to)

einpendeln <u>VR</u> (fig) to settle down

einpennen <u>VI</u> (sl) to drop off (umg)

Einpersonenhaushalt <u>M</u> single-person household

einpflanzen <u>VT</u> to plant (in +dat in); MED to implant (jdm in(to) sb)

einphasig <u>ADJ</u> single-phase

einplanen <u>VT</u> to plan (on); Verluste to allow for

einpolig <u>ADJ</u> single-pole

einprägen <u>A</u> <u>VT</u> Inschrift to stamp; **sich** (dat) **etw** ~ to remember sth; (≈ auswendig lernen) to memorize sth <u>B</u> <u>VR</u> **sich jdm** ~ to make an impression on sb **einprägsam** <u>ADJ</u> catchy

einprogrammieren <u>VT</u> Daten to feed in

einprügeln <u>VI</u> (umg) **auf jdn** ~ to lay into sb

einquartieren <u>A</u> <u>VT</u> to quarter <u>B</u> <u>VR</u> to be quartered (bei with); (Gäste) to stop (bei with) (umg)

einquetschen <u>VT</u> = einklemmen

Einrad <u>N</u> unicycle

einrahmen <u>VT</u> to frame; → eingerahmt

einrasten <u>VT & VI</u> to engage

einräumen <u>VT</u> **1** Wäsche, Bücher etc to put away; Wohnung, Zimmer to arrange **2** (≈ zugestehen) to concede; Recht to give

einrechnen <u>VT</u> to include

einreden <u>A</u> <u>VT</u> **jdm etw** ~ to talk sb into believing sth; **er will mir** ~, **dass** ... he wants me to believe that ...; **das redest du dir nur ein!** you're only imagining it <u>B</u> <u>VI</u> **auf jdn** ~ to keep on and on at sb

einreiben <u>VT</u> **er rieb sich** (dat) **das Gesicht mit Creme ein** he rubbed cream into his face

einreichen <u>VT</u> Antrag to submit (bei to); JUR Klage to file

einreihen <u>VR</u> **sich in etw** (akk) ~ to join sth **Einreiher** <u>M</u> (≈ Anzug) single-breasted suit

Einreise <u>F</u> entry (in +akk into, to); **bei der** ~ **in die Schweiz** when entering Switzerland (⚠ ohne the) **Einreisegenehmigung** <u>F</u> entry permit **einreisen** <u>VI</u> to enter the country **Einreiseverbot** <u>N</u> refusal of entry; ~ **haben** to have been refused entry **Einreisevisum** <u>N</u> entry visa

einreißen A *VT* **1** *Papier, Stoff* to tear **2** *Gebäude, Zaun* to tear down B *VI* *(Papier)* to tear; *(fig umg: Unsitte etc)* to catch on *(umg)*

einreiten *VT* *Pferd* to break in

einrenken A *VT* *Gelenk* to put back in place; *(fig umg)* to sort out B *VR* *(fig umg)* to sort itself out

einrichten A *VT* **1** *(≈ möblieren)* to furnish; *(≈ ausstatten)* to fit out **2** *(≈ eröffnen)* to set up; *Konto* to open **3** *(fig ≈ arrangieren)* to arrange; **das lässt sich ~** that can be arranged; **auf Tourismus eingerichtet sein** to be geared to tourism B *VR* **1** *(≈ sich möblieren)* **sich ~** to furnish one's house/one's flat *(Br)* od apartment **2** *(≈ sich einstellen)* **sich auf etw** *(akk)* **~** to prepare oneself for sth **Einrichtung** *F* **1** *(≈ Wohnungseinrichtung)* furnishings *pl*; *(≈ Geschäftseinrichtung etc)* fittings *pl*; *(≈ Laboreinrichtung etc)* equipment (❶ kein *pl*) **2** *(≈ Eröffnung)* setting-up; *(von Konto)* opening **3** *(behördlich)* institution; *(≈ Schwimmbäder, Transportmittel etc)* facility **Einrichtungsgegenstand** *M* item of furniture; *(≈ Geschäftseinrichtung)* fixture

einrollen *VR* to roll up

einrosten *VI* to rust up; *(fig: Glieder)* to stiffen up

einrücken A *VT* *Zeile* to indent; → **eingerückt** B *VI* MIL **1** *(in ein Land)* to move in *(in +akk -to)* **2** *(≈ eingezogen werden)* to report for duty

einrühren *VT* to stir in *(in +akk -to)*

eins *NUM* one; **~ zu** → SPORT one all; **~ mit jdm sein** to be one with sb; *(≈ übereinstimmen)* to be in agreement with sb; **das ist doch alles ~** *(umg)* it's all one; **~ a** *(umg)* A 1 *(umg)*, first-rate *(umg)*; → **ein²**; → **eine(r, s)**; → **vier Eins** *F* one; SCHULE *auch* A; **eine ~ schreiben/bekommen** to get an A od a one

einsam A *ADJ* **1** *(≈ allein)* lonely; *(≈ einzeln)* solitary **2** *(≈ abgelegen) Haus, Insel* secluded **3** *(umg)* **~e Klasse** od **Spitze** absolutely fantastic *(umg)* B *ADV* **1** *(≈ allein)* lonely **2** *(≈ abgelegen)* isolated; **~ liegen** to be secluded **Einsamkeit** *F* **1** *(≈ Verlassenheit)* loneliness; *(≈ das Einzelnsein)* solitariness; **er liebt die ~** he likes solitude

einsammeln *VT* to collect (in)

Einsatz *M* **1** *(≈ Einsatzteil)* inset **2** *(≈ Spieleinsatz)* stake; **den ~ erhöhen** to raise the stakes **3** MUS entry **4** *(≈ Verwendung)* use; *bes* MIL deployment; **im ~** in use; **unter ~ aller Kräfte** by making a supreme effort **5** *(≈ Aktion)* operation; **im ~** in action **6** *(≈ Hingabe)* commitment; **etw unter ~ seines Lebens tun** to risk one's life to do sth **Einsatzbefehl** *M* order to go into action **einsatzbereit** *ADJ* ready for use; MIL ready for action; *Rakete etc* operational **Einsatzkommando** *N* task force **Ein-**

satzleiter(in) *MF* head of operations **Einsatzort** *M* place of action; *(von Diplomat etc)* posting **Einsatzwagen** *M* *(von Polizei)* police car; *(von Feuerwehr)* fire engine

einscannen *VT* to scan in

einschalten A *VT* **1** *Licht, Radio, Gerät* to switch on; *Sender* to tune in to; → **eingeschaltet** **2** *jdn* **~** to call sb in B *VR* to intervene; *(≈ teilnehmen)* to join in **Einschaltquote** *F* (RADIO, TV) viewing figures *pl*

einschärfen *VT* **jdm etw ~** to impress sth (up)on sb

einschätzen *VT* to assess; **falsch ~** to misjudge; **wie ich die Lage einschätze** as I see the situation **Einschätzung** *F* assessment; **nach meiner ~** in my estimation

einschenken *VT* to pour (out)

einschicken *VT* to send in *(an +akk to)*

einschieben *VT* *(≈ einfügen)* to put in; **eine Pause ~** to have a break

einschießen A *VT* **1** *(≈ zertrümmern) Fenster* to shoot in; *(mit Ball etc)* to smash (in) **2** *Fußball* to kick in B *VI* SPORT to score; **er schoss zum 1:0 ein** he scored to make it 1-0 (❶ in GB gesprochen **one nil**, in den USA gesprochen **one to nothing**)

einschiffen *VR* to embark

einschlafen *VI* to fall asleep; *(Bein, Arm)* to go to sleep; *(euph ≈ sterben)* to pass away; *(fig: Gewohnheit)* to peter out; **ich kann nicht ~** I can't get to sleep **einschläfern** *VT* **1** *(≈ zum Schlafen bringen)* to send to sleep **2** *(≈ narkotisieren)* to give a soporific **3** *(≈ töten) Tier* to put down **einschläfernd** *ADJ* soporific; *(≈ langweilig)* monotonous

Einschlag *M* **1** *(von Geschoss)* impact; *(von Blitz)* striking **2** (AUTO: *des Lenkrads*) lock **3** **einen südländischen ~ haben** to have more than a hint of the Mediterranean about it/him *etc* **einschlagen** A *VT* **1** *Nagel* to hammer in; *Pfahl* to drive in **2** *(≈ zertrümmern)* to smash (in); *Tür* to smash down; *Zähne* to knock out; **mit eingeschlagenem Schädel** with one's head bashed in *(umg)* **3** *(≈ einwickeln) Ware* to wrap up **4** AUTO *Räder* to turn **5** *Weg* to take; *Kurs (wörtl)* to follow; *(fig)* to pursue B *VI* **(in etw** *akk*) **~** *(Geschoss, Blitz)* to strike (sth); **auf jdn/etw ~** to hit out at sb/sth; **gut ~** *(umg)* to be a big hit *(umg)* **einschlägig** A *ADJ* appropriate B *ADV* **er ist ~ vorbestraft** JUR he has a previous conviction for a similar offence *(Br)* od offense *(US)*

einschleichen *VR* to creep in *(in +akk -to)*; **sich in jds Vertrauen ~** *(fig)* to worm one's way into sb's confidence

einschleusen *VT* to smuggle in *(in +akk, nach -to)*

881 ‖ EINS

einschließen <u>VT</u> **1** (≈ *wegschließen*) to lock up (*in +akk* in) **2** (≈ *umgeben*) to surround **3** (*fig* ≈ *beinhalten*) to include; → **eingeschlossen einschließlich** **A** <u>PRÄP</u> +*gen* including **B** <u>ADV</u> **vom 1. bis ~ 31. Oktober** from 1st to 31st October inclusive

einschmeicheln <u>VR</u> **sich bei jdm ~** to ingratiate oneself with sb; **~de Stimme** silky voice

einschmieren <u>VT</u> (*mit Fett*) to grease; (*mit Öl*) to oil; (*mit Creme*) to put cream on

einschmuggeln <u>VT</u> to smuggle in (*in +akk* -to)

einschnappen <u>VI</u> **1** (*Schloss, Tür*) to click shut **2** (*umg* ≈ *beleidigt sein*) to go into a huff (*umg*); → **eingeschnappt**

einschneiden <u>VT</u> *Stoff, Papier* to cut **einschneidend** <u>ADJ</u> (*fig*) drastic; *Folgen* far-reaching

einschneien <u>VI</u> **eingeschneit sein** to be snowed up

Einschnitt <u>M</u> cut; MED incision; (≈ *Zäsur*) break; (*im Leben*) decisive point

einschränken **A** <u>VT</u> to reduce; *Recht* to restrict; *Wünsche* to moderate; *Behauptung* to qualify; **~d möchte ich sagen, dass ...** I'd like to qualify that by saying ...; **das Rauchen ~** to cut down on smoking **B** <u>VR</u> (≈ *sparen*) to economize; → **eingeschränkt Einschränkung** <u>F</u> reduction; (*von Recht*) restriction; (*von Behauptung*) qualification; (≈ *Vorbehalt*) reservation

Einschreibebrief <u>M</u> registered letter **einschreiben** <u>VR</u> (*in Verein etc*) to enrol (*Br*), to enroll (*US*); UNIV to register; → **eingeschrieben Einschreiben** <u>N</u> recorded delivery (*Br*) *od* certified (*US*) letter/parcel (*Br*) *od* package; **per ~ schicken** to send recorded delivery (*Br*) *od* certified mail (*US*) **Einschreibung** <u>F</u> enrolment (*Br*), enrollment (*US*); UNIV registration

einschreiten <u>VI</u> to take action (*gegen* against); (≈ *dazwischentreten*) to intervene **Einschreiten** <u>N</u> intervention

Einschub <u>M</u> insertion

einschüchtern <u>VT</u> to intimidate **Einschüchterung** <u>F</u> intimidation

einschulen <u>VT</u> **eingeschult werden** (*Kind*) to start school **Einschulung** <u>F</u> first day at school

Einschuss <u>M</u> (≈ *Einschussstelle*) bullet hole **einschweißen** <u>VT</u> TECH to weld in (*in +akk* -to); *Buch* to shrink-wrap

einschwören <u>VT</u> **jdn auf etw** (*akk*) **~** to swear sb to sth

Einsegnung <u>F</u> **1** (≈ *Konfirmation*) confirmation **2** (≈ *Einweihung*) consecration

einsehbar <u>ADJ</u> (≈ *verständlich*) understandable **einsehen** **A** <u>VT</u> to see; **das sehe ich nicht**

ein I don't see why; **es ist nicht einzusehen, warum ...** it is incomprehensible why ... **B** <u>VI</u> **1 in etw** (*akk*) **~** to see sth **2** (≈ *prüfen*) to look (*in +akk* at) **Einsehen** <u>N</u> **ein ~ haben** to have some understanding (*mit, für* for); (≈ *Vernunft*) to see reason

einseifen <u>VT</u> to soap; (*umg* ≈ *betrügen*) to con (*umg*)

einseitig **A** <u>ADJ</u> **1** on one side; JUR, POL unilateral; **~e Lähmung** paralysis of one side of the body **2** *Zuneigung, Ausbildung* one-sided; *Bericht* biased; *Ernährung* unbalanced **B** <u>ADV</u> **1** (≈ *auf einer Seite*) on one side **2** (≈ *unausgewogen*) **sich ~ ernähren** to have an unbalanced diet; **etw ~ schildern** to portray sth one-sidedly

einsenden <u>VT</u> to send in (*an +akk* to) **Einsender(in)** <u>M(F)</u> sender; (*bei Preisausschreiben*) competitor **Einsendeschluss** <u>M</u> closing date **Einsendung** <u>F</u> (≈ *das Einsenden*) submission

Einser <u>M</u> (*bes südd umg* SCHULE) A (grade), one **einsetzen** **A** <u>VT</u> **1** (≈ *einfügen*) to put in (*in +akk* -to) **2** (≈ *ernennen*) *Ausschuss* to set up; *Erben* to name **3** (≈ *verwenden*) to use; *Truppen, Polizei* to deploy; *Sonderzüge* to put on **4** (*beim Glücksspiel*) to stake **B** <u>VI</u> (≈ *beginnen*) to start; MUS to come in **C** <u>VR</u> **sich (voll) ~** to show (complete) commitment (*in +dat* to); **sich für jdn ~** to fight for sb; **sich für etw ~** to support sth

Einsicht <u>F</u> **1** (*in Akten, Bücher*) **~ in etw** (*akk*) **nehmen** to take a look at sth **2** (≈ *Vernunft*) sense; (≈ *Erkenntnis*) insight; (≈ *Verständnis*) understanding; **zur ~ kommen** to come to one's senses; **jdn zur ~ bringen** to bring sb to his/her senses **einsichtig** <u>ADJ</u> (≈ *vernünftig*) reasonable; (≈ *verständnisvoll*) understanding **Einsichtnahme** <u>F</u> (*form*) inspection

Einsiedler(in) <u>M(F)</u> hermit

einsilbig <u>ADJ</u> **1** monosyllabic **2** (*fig*) *Mensch* uncommunicative

einsinken <u>VI</u> to sink in (*in +akk od +dat* -to); (*Boden etc*) to subside

einsitzen <u>VI</u> (*form*) to serve a prison sentence; → **eingesessen**

einspannen <u>VT</u> **1** (*in Schraubstock*) to clamp in (*in +akk* -to) **2** *Pferde* to harness **3** (*fig* ≈ *arbeiten lassen*) to rope in (*für etw* to do sth)

Einspänner <u>M</u> **1** one-horse carriage **2** (*österr*) black coffee served in a glass with whipped cream **einsparen** <u>VT</u> to save; *Posten* to dispense with **Einsparung** <u>F</u> economy; (≈ *das Einsparen*) saving (*von* of); (*von Posten*) elimination

einspeichern <u>VT</u> IT to store

einspeisen <u>VT</u> to feed in (*in +akk* -to)

einsperren <u>VT</u> to lock in (*in +akk od +dat* -to); (*ins Gefängnis*) to lock up

EINS | 882

einspielen A *VR* MUS, SPORT to warm up; *(Regelung)* to work out; **sich aufeinander ~** to become attuned to one another; → **eingespielt** B *VT* FILM, THEAT to bring in; *Kosten* to recover

Einspielung *F* (≈ *Aufnahme*) recording *(von* by)

Einsprache *F* *(schweiz)* = Einspruch

einsprachig *ADJ* monolingual

einspringen *VI* *(umg* ≈ *aushelfen)* to stand in; *(mit Geld etc)* to help out

einspritzen *VT* AUTO, MED to inject **Einspritzmotor** *M* AUTO fuel injection engine

Einspruch *M* objection *(a.* JUR*);* **~ einlegen** ADMIN to file an objection; **gegen etw ~ erheben** to object to sth; **~ abgelehnt!** JUR objection overruled!

einspurig *ADJ* BAHN single-track; AUTO single-lane

einst *ADV* ◼ *(≈ früher)* once ◻ *(geh ≈ in Zukunft)* one day

einstampfen *VT* *Papier* to pulp

Einstand *M* ◼ **er hat seinen ~ gegeben** he celebrated starting his new job ◻ *(Tennis)* deuce

einstecken *VT* ◼ *(≈ in etw stecken)* to put in *(in +akk* -to); *Gerät* to plug in ◻ *(in die Tasche etc)* **(sich dat) etw ~** to take sth; **ich habe kein Geld eingesteckt** I haven't any money on me ◼ *(umg) Kritik etc* to take; *Beleidigung* to swallow; *Geld, Profit* to pocket *(umg)*

einstehen *VI* **für jdn ~** *(≈ sich verbürgen)* to vouch for sb; **für etw ~** *(≈ Ersatz leisten)* to make good sth

Einsteigekarte *F* FLUG boarding pass **einsteigen** *VI* ◼ *(in ein Fahrzeug etc)* to get in *(in +akk* -to); *(in Bus)* to get on *(in +akk* -to); **~!** BAHN *etc* all aboard! ◻ *(in ein Haus etc)* to climb in *(in +akk* -to) ◼ *(umg)* **in die Politik ~** to go into politics **Einsteiger(in)** *MF* *(umg)* beginner; **ein Modell für PC-~** an entry-level PC

einstellbar *ADJ* adjustable **einstellen** A *VT* ◼ *(≈ hineinstellen)* to put in ◻ *(≈ anstellen) Arbeitskräfte* to take on ◼ *(≈ beenden)* to stop; *Suche* to call off; MIL *Feuer* to cease; JUR *Verfahren* to abandon; **die Arbeit ~** *(Kommission etc)* to stop work; *(≈ in den Ausstand treten)* to withdraw one's labour *(Br) od* labor *(US)* ◼ *(≈ regulieren)* to adjust *(auf +akk* to); *Wecker* to set *(auf +akk* for); *Radio* to tune (in) *(auf +akk* to) ◼ SPORT *Rekord* to equal B *VR* ◼ *(Besucher etc, Folgen)* to appear; *(Fieber, Regen)* to set in ◻ **sich auf jdn/etw ~** *(≈ sich richten nach)* to adapt oneself to sb/sth; *(≈ sich vorbereiten auf)* to prepare oneself for sb/sth; → **eingestellt**

einstellig *ADJ* *Zahl* single-digit

Einstellknopf *M* control (knob) **Einstellplatz** *M* parking space

Einstellung *F* ◼ *(≈ Anstellung)* employment ◻

(≈ Beendigung) stopping; MIL cessation; JUR abandonment ◼ *(≈ Regulierung)* adjustment; *(von Wecker)* setting; *(von Radio)* tuning (in); *(FILM ≈ Szene)* take ◼ *(≈ Gesinnung)* attitude; *(politisch etc)* views *pl;* **das ist doch keine ~!** what kind of attitude is that! **Einstellungsgespräch** *N* interview **Einstellungsstopp** *M* halt in recruitment

Einstieg *M* ◼ *(≈ das Einsteigen)* getting in; *(in Bus)* getting on ◻ *(von Bahn, von Bus)* door **Einstiegsdroge** *F* starter drug

einstig *ADJ* former

einstimmen *VI* *(in ein Lied)* to join in; *(fig ≈ zustimmen)* to agree *(in +akk* to)

einstimmig *ADJ* ◼ *Lied* for one voice ◻ *(≈ einmütig)* unanimous **Einstimmigkeit** *F* unanimity

einstöckig *ADJ* *Haus* one-storey *(Br)*, one-story *(US)*

einstöpseln *VT* ELEK to plug in *(in +akk* -to)

einstreichen *VT* *(umg) Geld, Gewinn* to pocket *(umg)*

einstreuen *VT* to sprinkle in *(in +akk* -to); *(fig) Bemerkung etc* to slip in *(in +akk* -to)

einströmen *VI* to pour in *(in +akk* -to); **~de Kaltluft** a stream of cold air

einstudieren *VT* *Lied, Theaterstück* to rehearse **einstufen** *VT* to classify **einstufig** *ADJ* single-stage **Einstufung** *F* classification

einstündig *ADJ* one-hour

einstürmen *VI* **auf jdn ~** MIL to storm sb; *(fig)* to assail sb; **mit Fragen auf jdn ~** to bombard sb with questions

Einsturz *M* collapse **einstürzen** *VI* to collapse; **auf jdn ~** *(fig)* to overwhelm sb **Einsturzgefahr** *F* danger of collapse

einstweilen *ADV* in the meantime; *(≈ vorläufig)* temporarily **einstweilig** *ADJ* temporary; **~e Verfügung** JUR temporary injunction

eintägig *ADJ* one-day **Eintagsfliege** *F* ZOOL mayfly; *(fig)* nine-day wonder

eintauchen A *VT* to dip *(in +akk* in, into); *(völlig)* to immerse *(in +akk* in) B *VI* *(Schwimmer)* to dive in; *(U-Boot)* to dive

eintauschen *VT* to exchange *(gegen, für* for)

eintausend *NUM* *(form)* = tausend

einteilen *VT* ◼ *(≈ aufteilen)* to divide (up) *(in +akk* into); *Zeit, Arbeit* to plan (out); *Geld* to budget ◻ *(≈ dienstlich verpflichten)* to detail *(zu* for)

einteilig *ADJ* *Badeanzug* one-piece *attr*

Einteilung *F* ◼ *(≈ das Aufteilen)* division; *(von Zeit, Arbeit)* planning; *(von Geld)* budgeting ◻ *(≈ dienstliche Verpflichtung)* assignment

eintönig A *ADJ* monotonous B *ADV* monotonously **Eintönigkeit** *F* monotony

Eintopf *M* stew

883 ‖ EINW

Eintracht F̅ harmony **einträchtig** A̲ A̲D̲J̲
peaceable B̲ A̲D̲V̲ peaceably
Eintrag M̅ (schriftlich) entry (in +akk in) **eintra-
gen** A̲ V̲T̅ to enter; (≈ amtlich registrieren) to re-
gister; **jdm Hass ~** to bring sb hatred; → **ein-
getragen** B̲ V̲R̅ to sign; (≈ sich vormerken lassen) to
put one's name down; **er trug sich ins Gäste-
buch ein** he signed the visitors' book **ein-
träglich** A̲D̲J̲ profitable **Eintragung** F̅ entry
(in +akk in)
eintreffen V̅I̅ 1 (≈ ankommen) to arrive 2 (fig ≈
Wirklichkeit werden) to come true
eintreiben V̲T̅ to collect; Schulden to recover
eintreten A̲ V̅I̅ 1 (ins Zimmer etc) to go/come in
(in +akk -to); (in Verein etc) to join (in etw (akk) sth); **in
eine Firma ~** to join a firm; **in Verhandlungen
~** (form) to enter into negotiations; **bitte treten
Sie ein!** (form) (please) do come in 2 **auf jdn ~**
to kick sb 3 (≈ sich ereignen) (Tod) to occur; (Zeit-
punkt) to come; **es ist eine Besserung einge-
treten** there has been an improvement 4
für jdn/etw ~ to stand up for sb/sth B̲ V̲T̅ (≈
zertrümmern) to kick in
eintrichtern (umg) **jdm etw ~** to drum sth
into sb
Eintritt M̅ 1 (≈ das Eintreten) entry (in +akk (in)to);
(in Verein etc) joining (🚫 kein pl) (in +akk of); **seit
seinem ~ in die Armee** since joining the army
2 (≈ Eintrittsgeld) admission (in +akk to); **~ frei!** ad-
mission free; „**~ verboten**" "no admittance"
3 (von Winter) onset; **der ~ des Todes** the mo-
ment when death occurs **Eintrittsgeld** N̅
entrance money **Eintrittskarte** F̅ ticket
(of admission) **Eintrittspreis** M̅ admission
charge
eintrocknen V̅I̅ to dry up
eintrudeln V̅I̅ (umg) to drift in (umg)
einüben V̲T̅ to practise (Br), to practice (US); Rol-
le etc to rehearse
einverleiben V̲T̅ Gebiet, Land to annex (+dat to)
Einvernahme F̅ (bes österr, schweiz) = Verneh-
mung **einvernehmen** V̲T̅ (bes österr, schweiz
JUR) = vernehmen **Einvernehmen** N̅ (≈ Ein-
tracht) harmony; **in beiderseitigem ~** by mu-
tual agreement **einvernehmlich** (form) A̲
A̲D̲J̲ Regelung, Lösung consensual B̲ A̲D̲V̲ consen-
sually
einverstanden A̲D̲J̲ **~!** agreed!; **~ sein** to
agree; **mit jdm/etw ~ sein** to agree to sb/
sth; (≈ übereinstimmen) to agree with sb/sth **Ein-
verständnis** N̅ agreement; (≈ Zustimmung)
consent; **in gegenseitigem ~** by mutual con-
sent
Einwahl F̅ (TEL: ins Internet) dial-up **einwäh-
len** V̲R̅ TEL to dial in (in +akk -to); **sich in ein
Telefonnetz ~** to dial into a telephone net-

work; **sich ins Internet ~** to log onto the In-
ternet **Einwahlknoten** M̅ TEL, IT point of
presence, POP
Einwand M̅ objection; **einen ~ erheben** (form)
to raise an objection
Einwanderer M̅, **Einwanderin** F̅ immi-
grant **einwandern** V̅I̅ to immigrate **Ein-
wanderung** F̅ immigration (nach, in +akk to)
Einwanderungsland N̅ immigration
country
einwandfrei A̲ A̲D̲J̲ 1 (≈ ohne Fehler) perfect; Be-
nehmen impeccable 2 (≈ unzweifelhaft) indisputa-
ble B̲ A̲D̲V̲ 1 (≈ fehlerlos) perfectly; sich verhalten im-
peccably 2 **etw ~ beweisen** to prove sth be-
yond doubt; **es steht ~ fest, dass …** it is quite
indisputable that …
einwärts A̲D̲V̲ inwards
einwechseln V̲T̅ Geld to change (in +akk, gegen
into)
Einwegflasche F̅ non-returnable bottle
Einwegpfand N̅ deposit on drink cans
and disposable bottles **Einwegspritze** F̅
disposable syringe
einweichen V̲T̅ to soak
einweihen V̲T̅ 1 (≈ eröffnen) to open (officially);
(fig) to christen 2 **jdn in etw** (akk) **~** to initiate
sb into sth; **er ist eingeweiht** he knows all
about it **Einweihung** F̅ (official) opening
Einweihungsfeier F̅ 1 (≈ Eröffnungsfeier)
opening ceremony 2 (für Haus) housewarming
party
einweisen V̲T̅ 1 (in Krankenhaus etc) to admit (in
+akk to) 2 (≈ in Arbeit unterweisen) **jdn ~** to intro-
duce sb to his/her job 3 AUTO to guide in (in
+akk -to) **Einweisung** F̅ 1 (in Krankenhaus etc)
admission (in +akk in) 2 **die ~ der neuen Mit-
arbeiter** introducing new employees to their
jobs
einwenden V̲T̅ **nichts gegen etw einzuwen-
den haben** to have no objection to sth; **dage-
gen lässt sich ~, dass …** one objection to this
is that …
einwerfen V̲T̅ 1 Fensterscheibe etc to break 2
SPORT Ball to throw in 3 Brief to post (Br), to mail
(bes US); Münze to insert 4 (fig) Bemerkung to make;
er warf ein, dass … he made the point that …
einwickeln V̲T̅ 1 (≈ einpacken) to wrap (up) 2
(umg ≈ überlisten) to fool (umg); (durch Schmeicheleien)
to butter up (umg)
einwilligen V̅I̅ to consent (in +akk to) **Einwil-
ligung** F̅ consent (in +akk to)
einwirken V̅I̅ **auf jdn/etw ~** to have an effect
on sb/sth; (≈ beeinflussen) to influence sb/sth; **etw
~ lassen** MED to let sth work in **Einwirkung**
F̅ influence; **unter (der) ~ von Drogen** etc un-
der the influence of drugs etc

E

EINW | 884

einwöchig ADJ one-week attr
Einwohner(in) MF inhabitant **Einwohnermeldeamt** N residents' registration office; **sich beim ~ (an)melden** ≈ to register with the police **Einwohnerschaft** F population **Einwohnerzahl** F population
Einwurf M **1** (von Münze) insertion; (von Brief) posting (Br), mailing (bes US) **2** SPORT throw-in **3** (≈ Schlitz) slot **4** (fig) interjection; (≈ Einwand) objection
Einzahl F singular
einzahlen VT to pay in; **Geld auf ein Konto ~** to pay money into an account **Einzahlung** F payment **Einzahlungsschein** M (schweiz) giro transfer form
einzäunen VT to fence in
einzeichnen VT to draw in; **ist der Ort eingezeichnet?** is the place marked?
Einzel N TENNIS singles sg **Einzelbeispiel** N isolated od one-off example **Einzelbett** N single bed **Einzelfahrschein** M single-trip ticket **Einzelfall** M individual case; (≈ Sonderfall) isolated case **Einzelgänger(in)** MF loner **Einzelhaft** F solitary confinement **Einzelhandel** M retail trade **Einzelhandelsgeschäft** N retail shop **Einzelhandelspreis** M retail price **Einzelhändler(in)** MF retailer, retail trader **Einzelhaus** N detached house (Br), self-contained house (US) **Einzelheit** F detail; **auf ~en eingehen** to go into detail(s); **etw in allen ~en schildern** to describe sth in great detail **Einzelkämpfer(in)** MF **1** MIL, SPORT single od solo combatant **2** (fig) lone wolf, loner **Einzelkind** N only child
Einzeller M BIOL single-cell(ed) od unicellular organism **einzellig** ADJ single-cell(ed) attr
einzeln A ADJ **1** individual; (≈ getrennt) separate **2** (≈ alleinstehend) Haus single; **~ stehend** solitary **3** (≈ einige) some; METEO Schauer scattered **4** (eines Paars) odd; **ein ~er Strumpf** an odd sock B ADV (≈ separat) separately; (≈ nicht zusammen) individually; **wir kamen ~** we came separately **Einzelne(r)** MFN **ein ~** an individual **Einzelne(s) ~s** some; **jedes ~** each one; **etw im ~n besprechen** to discuss sth in detail; **bis ins ~** right down to the last detail **Einzelperson** F single person **Einzelpreis** M price, unit price (HANDEL) **Einzelstück** N **ein schönes ~** a beautiful piece; **~e verkaufen wir nicht** we don't sell them singly **Einzelteil** N individual part; **etw in seine ~e zerlegen** to take sth to pieces **Einzelunterricht** M private lessons pl; **sie bekommt ~** she has private lessons **Einzelzelle** F single cell **Einzelzimmer** N single room

einziehen A VT **1** Gummiband to thread; (Kopiergerät) Papier to take in **2** (≈ zurückziehen) Krallen, Antenne to retract; Bauch to pull in; Periskop to lower; **den Kopf ~** to duck (one's head) **3** MIL Personen to conscript, to draft (US); Fahrzeuge etc to requisition **4** (≈ kassieren) Steuern to collect; (fig) Erkundigungen to make (über +akk about) **5** (≈ aus dem Verkehr ziehen) Banknoten to withdraw (from circulation); Führerschein to take away B VI **1** (in Wohnung, Haus) to move in; **ins Parlament ~** (Abgeordneter) to take one's seat (in parliament) **2** (≈ einkehren) to come (in +dat to); **Ruhe und Ordnung zogen wieder ein** law and order returned
einzig A ADJ **1** only; **ich sehe nur eine ~e Möglichkeit** I can see only one (single) possibility; **kein ~es Mal** not once; **das Einzige** the only thing **2** (≈ einzigartig) unique; **es ist ~ in seiner Art** it is quite unique B ADV (≈ allein) only; **die ~ mögliche Lösung** the only possible solution; **~ und allein** solely; **~ und allein deshalb hat er gewonnen** he owes his victory solely to that **einzigartig** ADJ unique; **die Landschaft war ~ schön** the scenery was astoundingly beautiful **Einzige(r)** MFM der/die ~ the only one; **kein ~r wusste es** not a single person knew
Einzimmerwohnung F one-room flat (Br) od apartment
Einzug M **1** (in Haus etc) move (in +akk into) **2** (≈ Einmarsch) entry (in +akk into) **3** (von Steuern) collection **Einzugsbereich** M catchment area (Br), service area (US) **Einzugsermächtigung** F FIN direct debit instruction **Einzugsverfahren** N FIN direct debit
Eis N **1** ice; **zu ~ gefrieren** to freeze; **das ~ brechen** (fig) to break the ice; **etw auf ~ legen** (fig umg) to put sth on ice **2** (≈ Speiseeis) ice (cream); **~ am Stiel** ice(d) lolly (Br), Popsicle® (US); → eislaufen **Eisbahn** F ice rink **Eisbär** M polar bear **Eisbecher** M sundae **Eisbein** N GASTR knuckle of pork (boiled and served with sauerkraut) **Eisberg** M iceberg **Eisbergsalat** M iceberg lettuce **Eisbeutel** M ice pack **Eisbombe** F bombe glacée **Eiscafé** N ice-cream parlour (Br) od parlor (US)
Eischnee M GASTR beaten white of egg
Eiscreme F ice (cream) **Eisdiele** F ice-cream parlour (Br) od parlor (US)
Eisen N iron; **~ verarbeitend** iron-processing; **zum alten ~ gehören** (fig) to be on the scrap heap **Eisenbahn** F railway (Br), railroad (US); (umg ≈ Zug) train; **mit der ~ fahren** to go by train **Eisenbahner(in)** MF railway employee (Br), railroader (US) **Eisenbahnnetz** N railway (Br) od railroad (US) network **Eisenbahn-**

schiene F̲ railway (Br) od railroad (US) track **Eisenbahnstrecke** F̲ railway line (Br), railroad (US) **Eisenbahnüberführung** F̲ (railway (Br) od railroad (US)) footbridge **Eisenbahnunterführung** F̲ railway (Br) od railroad (US) underpass **Eisenbahnwagen** M̲ railway carriage (Br), railroad car (US) **Eisenerz** N̲ iron ore **eisenhaltig** A̲D̲J̲ **das Wasser ist ~** the water contains iron **Eisenhütte** F̲ ironworks (❗ mit Verb im Plural oder Singular) **Eisenindustrie** F̲ iron industry **Eisenmangel** M̲ iron deficiency **Eisenoxid** N̲ ferric oxide **Eisenspäne** P̲L̲ iron filings pl **Eisenträger** M̲ iron girder **Eisenwaren** P̲L̲ hardware sg **Eisenwarenhandlung** F̲ hardware store **Eisenzeit** F̲ HIST Iron Age **eisern** A̲ A̲D̲J̲ ❶ iron; **~e Gesundheit** iron constitution; **in etw** (dat) **~ sein/bleiben** to be/remain resolute about sth ❷ (≈ unantastbar) Reserve emergency B̲ A̲D̲V̲ resolutely; **er schwieg ~** he remained resolutely silent

Eiseskälte F̲ icy cold **Eisfach** N̲ freezer compartment **eisfrei** A̲D̲J̲ ice-free attr, free of ice präd **eisgekühlt** A̲D̲J̲ chilled **Eisglätte** F̲ black ice **Eishockey** N̲ ice hockey, hockey (US) **eisig** A̲ A̲D̲J̲ Lächeln, Empfang frosty B̲ A̲D̲V̲ (≈ abweisend) icily; **~ lächeln** to give a frosty smile **Eiskaffee** M̲ iced coffee **eiskalt** A̲ A̲D̲J̲ ❶ icy-cold ❷ (fig) icy; (≈ kalt und berechnend) cold-blooded; (≈ dreist) cool B̲ A̲D̲V̲ ❶ = **eisig** ❷ (≈ kalt und berechnend) cold-blooded **Eiskunstlauf** M̲ figure skating **Eiskunstläufer(in)** M̲F̲ figure skater **Eislauf** M̲ ice-skating **eislaufen** V̲I̲ to ice-skate **Eisläufer(in)** M̲F̲ ice-skater **Eismeer** N̲ polar sea; **Nördliches/Südliches ~** Arctic/Antarctic Ocean **Eispickel** M̲ ice axe (Br)

Eisprung M̲ PHYSIOL ovulation (❗ ohne Artikel)

Eisrevue F̲ ice show **Eisriegel** M̲ ice-cream bar **Eissalat** M̲ iceberg lettuce **Eisschießen** N̲ curling **Eisschnelllauf** M̲ speed skating **Eisschnellläufer(in)** M̲F̲ speed skater **Eisscholle** F̲ ice floe **Eisschrank** M̲ refrigerator **Eis(sport)stadion** N̲ ice rink **Eistanz** M̲ ice-dancing **Eistee** M̲ iced tea **Eisverkäufer(in)** M̲F̲ ice-cream seller; (Mann auch) ice-cream man (umg) **Eiswürfel** M̲ ice cube **Eiszapfen** M̲ icicle **Eiszeit** F̲ Ice Age **eitel** A̲D̲J̲ Mensch vain **Eitelkeit** F̲ (von Mensch) vanity

Eiter M̲ pus **Eiterbeule** F̲ boil; (fig) canker **eiterig** A̲D̲J̲ Ausfluss purulent; Wunde festering **eitern** V̲I̲ to fester

Eiweiß N̲ (egg) white; CHEM protein **eiweißarm** A̲D̲J̲ low in protein; **~e Kost** a low-protein diet **Eiweißbedarf** M̲ protein requirement **Eiweißmangel** M̲ protein deficiency **eiweißreich** A̲D̲J̲ rich in protein; **~e Ernährung** high-protein diet

Eizelle F̲ BIOL egg cell

Ejakulation F̲ ejaculation

Ekel[1] M̲ disgust; (≈ Übelkeit) nausea; **diese Heuchelei ist mir ein ~** I find this hypocrisy nauseating

Ekel[2] N̲ (umg) obnoxious person **ekelerregend** A̲D̲J̲ disgusting **ekelhaft**, **ekelig** A̲D̲J̲, A̲D̲V̲ disgusting **ekeln** A̲ V̲T̲ U̲N̲P̲E̲R̲S̲ **es ekelt mich vor diesem Geruch** this smell is disgusting B̲ V̲R̲ to be od feel disgusted; **sich vor etw** (dat) **~** to find sth disgusting

EKG N̲ abk von Elektrokardiogramm ECG

Eklat M̲ (geh) (≈ Aufsehen) sensation, stir; (≈ Zusammenstoß) row; **mit großem ~** causing a great stir od sensation **eklatant** A̲D̲J̲ Fall sensational; Verletzung flagrant

Ekstase F̲ ecstasy; **in ~ geraten** to go into ecstasies

Ekzem N̲ MED eczema

Elan M̲ zest

Elast(h)an F̲ elastane **elastisch** A̲D̲J̲ elastic; Binde elasticated **Elastizität** F̲ elasticity

Elbe F̲ (river) Elbe; **an der ~ liegen** to be on the river Elbe

Elch M̲ elk, moose (bes US) **Elchtest** M̲ (umg) (AUTO) high-speed swerve (to test a car's roadholding); (fig ≈ entscheidender Test) make-or-break test

Eldorado N̲ eldorado

Elefant M̲ elephant; **wie ein ~ im Porzellanladen** (umg) like a bull in a china shop (sprichw) **Elefantenbaby** N̲ (umg) baby elephant (a. fig hum) **Elefantenhochzeit** F̲ (HANDEL umg) mega-merger (umg)

elegant A̲ A̲D̲J̲ elegant B̲ A̲D̲V̲ elegantly **Eleganz** F̲ elegance

elektrifizieren V̲T̲ to electrify **Elektrifizierung** F̲ electrification **Elektrik** F̲ (≈ Anlagen) electrical equipment **Elektriker(in)** M̲F̲ electrician **elektrisch** A̲ A̲D̲J̲ electric; Entladung, Feld electrical; **~e Geräte** electrical appliances; **~er Strom** electric current; **der ~e Stuhl** the electric chair B̲ A̲D̲V̲ electrically; kochen, heizen with electricity **elektrisieren** V̲T̲ to electrify **Elektrizität** F̲ electricity **Elektrizitätswerk** N̲ (electric) power station **Elektroantrieb** M̲ electric drive **Elektroartikel** M̲ electrical appliance **Elektroauto** N̲ electric car **Elektrobohrer** M̲ electric od power drill **Elektrode** F̲ electrode **Elektroenzephalogramm** N̲ MED electroencephalogram, EEG **Elektrogerät** N̲ electrical appliance **Elektrogeschäft** N̲

ELEK 886

electrical shop (Br) od store (US) **Elektroherd**
M̅ electric cooker **Elektroingenieur(in)**
M̅(F) electrical engineer **Elektrokardio-**
gramm N̅ MED electrocardiogram, ECG
Elektrolyse F̅ electrolysis **elektromag-**
netisch A̅D̅J̅ electromagnetic **Elektromo-**
tor M̅ electric motor **Elektron** N̅ electron
Elektronenblitzgerät N̅ FOTO electronic
flash **Elektronenmikroskop** N̅ electron
microscope **Elektronik** F̅ electronics sg; (≈
elektronische Teile) electronics pl **elektro-**
nisch A A̅D̅J̅ electronic; **~er Briefkasten** electronic
mailbox; **~e Datenverarbeitung** electronic
data processing B A̅D̅V̅ **~ gesteuert** electroni-
cally controlled **Elektroofen** M̅ (≈ Heizofen)
electric heater **Elektrorasierer** M̅ electric
shaver **Elektroschock** M̅ MED electric
shock **Elektroschockbehandlung** F̅
electric shock treatment **Elektrosmog** M̅
electronic smog **elektrostatisch** A A̅D̅J̅
electrostatic B A̅D̅V̅ electrostatically **Elektro-**
technik F̅ electrical engineering **Elektro-**
techniker(in) M̅(F) electrician; (≈ Ingenieur)
electrical engineer **Elektrotherapie** F̅
MED electrotherapy
Element N̅ element; ELEK cell, battery; **krimi-**
nelle ~e (pej) criminal elements; **in seinem ~**
sein to be in one's element **elementar** A̅D̅J̅
elementary; (≈ naturhaft) Trieb elemental **Ele-**
mentarteilchen N̅ PHYS elementary parti-
cle
elend A A̅D̅J̅ (≈ jämmerlich, pej ≈ gemein) wretched;
mir ist ganz ~ I feel really awful (umg); **mir wird**
ganz ~, wenn ich daran denke I feel quite ill
when I think about it B A̅D̅V̅ (≈ schlecht) wretch-
edly; **sich ~ fühlen** to feel awful (umg) **Elend**
N̅ (≈ Unglück, Not) misery; (≈ Armut) poverty; **ein**
Bild des ~s a picture of misery; **jdn/sich**
(selbst) ins ~ stürzen to plunge sb/oneself in-
to misery/poverty; **es ist ein ~ mit ihm** (umg) he
makes you want to weep (umg) **elendig(lich)**
A̅D̅V̅(geh) miserably; **~ zugrunde gehen** to come
to a wretched end **Elendsviertel** N̅ slums pl
elf N̅U̅M̅ eleven; → vier
Elf¹ F̅ SPORT team, eleven
Elf² M̅, **Elfe** F̅ elf
Elfenbein N̅ ivory **elfenbeinern** A A̅D̅J̅ ivo-
ry B A̅D̅V̅ ivory-like **elfenbeinfarben** A̅D̅J̅
ivory-coloured (Br), ivory-colored (US) **Elfen-**
beinküste F̅ Ivory Coast **Elfenbeinturm**
M̅ (fig) ivory tower
Elfmeter M̅ FUSSB penalty (kick); **einen ~**
schießen to take a penalty **Elfmeterschie-**
ßen N̅FUSSB penalty shoot-out; **durch ~ ent-**
schieden decided on penalties
elfte(r, s) A̅D̅J̅ eleventh; → vierte(r, s)

eliminieren V̅/̅T̅ to eliminate
Elite F̅ elite **Eliteeinheit** F̅MIL crack troops
pl, crack unit **Elitetruppe** F̅ MIL elite troops
pl
Elixier N̅ tonic
Ellbogen M̅ = Ellenbogen **Elle** F̅ ANAT ulna
(fachspr) **Ellenbogen** M̅ elbow; **die ~ gebrau-**
chen (fig) to use one's elbows **Ellenbogen-**
gesellschaft F̅ dog-eat-dog society **ellen-**
lang A̅D̅J̅ (fig umg) incredibly long (umg)
Ellipse F̅MATH ellipse **elliptisch** A̅D̅J̅ MATH
elliptic(al)
El Salvador N̅ El Salvador
Elsass N̅ **das ~** Alsace (❶ ohne the) **elsäs-**
sisch A̅D̅J̅ Alsatian **Elsass-Lothringen** N̅
Alsace-Lorraine
Elster F̅ magpie; **eine diebische ~ sein** (fig) to
be a thief
elterlich A̅D̅J̅ parental **Eltern** P̅L̅ parents pl;
nicht von schlechten ~ sein (umg) to be quite
something (umg) **Elternabend** M̅ SCHULE
parents' evening **Elternausschuss** M̅ ≈
PTA, parent-teacher association **Elternbei-**
rat M̅ ≈ PTA, parent-teacher association **El-**
terngeld N̅ parental allowance od benefit
Elternhaus N̅ (parental) home; **aus gutem**
~ stammen to come from a good home **el-**
ternlos A A̅D̅J̅ orphaned B A̅D̅V̅ **~ aufwachsen**
to grow up an orphan **Elternpflegschaft**
F̅ ≈ PTA, parent-teacher association **Eltern-**
schaft F̅ parents pl **Elternsprechtag** M̅
open day (for parents) **Elternteil** M̅ parent
Elternvertretung F̅ ≈ PTA, parent-teacher
association **Elternzeit** F̅ (extended) parental
leave
Email N̅ enamel
E-Mail F̅ IT E-mail, e-mail **E-Mail-Adresse**
F̅ IT E-mail od e-mail address
Emanze F̅ (meist pej) women's libber (umg)
Emanzipation F̅ emancipation **emanzi-**
patorisch A̅D̅J̅ emancipatory **emanzipie-**
ren A V̅/̅T̅ to emancipate B V̅/̅R̅ to emancipate
oneself **emanzipiert** A̅D̅J̅ emancipated
Embargo N̅ embargo
Embolie F̅MED embolism
Embryo M̅ österr a. N̅ embryo **embryonal**
A̅D̅J̅ (BIOL, fig) embryonic
Emigrant(in) M̅(F) emigrant **Emigration** F̅
emigration; **in die ~ gehen** to emigrate **emi-**
grieren V̅/̅I̅ to emigrate
Emirat N̅ emirate
Emission F̅ ◼ FIN issue ◼ PHYS emission
Emmentaler M̅ (≈ Käse) Emment(h)aler
Emoticon N̅ IT, E-MAIL emoticon **Emotion**
F̅ emotion **emotional** A A̅D̅J̅ emotional; Aus-
drucksweise emotive B A̅D̅V̅ emotionally **emo-**

887 | ENDH

tionalisieren _vt_ to emotionalize **Emotio-**
nalität _F_ emotionality **emotionell** _ADJ_ =
emotional **emotionsfrei** _ADJ, ADV_ = emoti-
onslos **emotionsgeladen** _ADJ_ emotionally
charged **emotionslos** _A_ _ADJ_ unemotional
_B_ _ADV_ unemotionally
Empfang _M_ reception; _(von Brief, Ware etc)_ re-
ceipt; **einen ~ geben** to give _od_ hold a recep-
tion; **etw in ~ nehmen** to receive sth; HANDEL
to take delivery of sth; **(zahlbar) nach/bei ~**
(payable) on receipt (of) **empfangen** _vt_ to
receive; _(≈ begrüßen)_ to greet; _(herzlich)_ to wel-
come **Empfänger** _M_ RADIO receiver **Emp-**
fänger(in) _M|F_ recipient; _(≈ Adressat)_ addressee
empfänglich _ADJ_ _(≈ aufnahmebereit)_ receptive
(für to); _(≈ anfällig)_ susceptible _(für_ to) **Empfäng-**
nis _F_ conception **empfängnisverhü-**
tend _ADJ_ contraceptive; **~e Mittel** _pl_ contra-
ceptives _pl_ **Empfängnisverhütung** _F_ con-
traception **Empfangsbereich** _M_ (RADIO,
TV) reception area **Empfangsbescheini-**
gung _F_ (acknowledgment of) receipt **Emp-**
fangschef(in) _M|F_ _(von Hotel)_ head porter
Empfangsdame _F_ receptionist **Emp-**
fangshalle _F_ reception hall
empfehlen _A_ _vt_ to recommend; **(jdm) etw/**
jdn ~ to recommend sth/sb (to sb); → emp-
fohlen _B_ _V|R_ **es empfiehlt sich, das zu tun** it is
advisable to do that **empfehlenswert** _ADJ_
to be recommended **Empfehlung** _F_ recom-
mendation; _(≈ Referenz)_ reference; **auf ~ von** on
the recommendation of **Empfehlungs-**
schreiben _N_ letter of recommendation
empfinden _vt_ to feel; **etw als kränkend ~** to
find sth insulting; **viel/nichts für jdn ~** to feel
a lot/nothing for sb **Empfinden** _N_ feeling;
meinem ~ nach to my mind **empfindlich**
_A_ _ADJ_ **1** sensitive; _Gesundheit, Stoff_ delicate; _(≈_
leicht reizbar) touchy _(umg);_ **~e Stelle** sensitive
spot; **gegen etw ~ sein** to be sensitive to sth
2 _(≈ spürbar)_ _Verlust, Strafe, Niederlage_ severe _B_ **1**
adv (≈ sensibel) sensitively; **~ reagieren** to be
sensitive _(auf +akk_ to) **2** _(≈ spürbar)_ severely; **deine**
Kritik hat ihn ~ getroffen your criticism cut
him to the quick _(bes Br) od_ bone _(US);_ **es ist ~**
kalt it is bitterly cold **Empfindlichkeit** _F_
sensitivity; _(von Gesundheit, Stoff)_ delicateness; _(≈_
leichte Reizbarkeit) touchiness _(umg)_ **empfind-**
sam _ADJ_ _Mensch, Seele, Musik_ sensitive; _(≈ gefühlvoll)_
sentimental **Empfindung** _F_ feeling
empfohlen _ADJ_ recommended; → empfeh-
len
emphatisch _(geh)_ _A_ _ADJ_ emphatic _B_ _ADV_ em-
phatically
Empiriker(in) _M|F_ empiricist **empirisch**
ADJ empirical

Empore _F_ ARCH gallery (⚠ Vorsicht, zwei
„l")
empören _A_ _vt_ to fill with indignation; _(stärker)_
to incense; → empört _B_ _V|R_ to be indignant
(über +akk at); _(stärker)_ to be incensed _(über +akk_
at) **empörend** _ADJ_ outrageous
Emporkömmling _M_ _(pej)_ upstart **empor-**
ragen _V|i_ _(geh)_ to tower _(über +akk_ above)
empört _A_ _ADJ_ outraged _(über +akk_ at) _B_ _ADV_ in-
dignantly; → empören **Empörung** _F_ _(≈ Ent-_
rüstung) indignation _(über +akk_ at)
emsig _A_ _ADJ_ busy; _(≈ eifrig)_ eager _B_ _ADV_ busily;
(≈ eifrig) eagerly
Emu _M_ emu
Emulsion _F_ emulsion
E-Musik _F_ serious music
Endabnehmer(in) _M|F_ end buyer **Endab-**
rechnung _F_ final account **Endbenut-**
zer(in) _M|F_ end user **Endbetrag** _M_ final
amount **Ende** _N_ end; _(≈ Ausgang)_ outcome; _(≈_
eines Films etc) ending; **~ Mai/der Woche** at
the end of May/the week; **~ der Zwanziger-**
jahre in the late twenties; **er ist ~ vierzig**
he is in his late forties; **das ~ vom Lied** the
final outcome; **Probleme ohne ~** endless
problems; **letzten ~s** when all is said and
done; _(≈ am Ende)_ in the end; **damit muss es**
jetzt ein ~ haben this must stop now; **das**
nimmt gar kein ~ _(umg)_ there's no end to
it; **ein böses ~ nehmen** to come to a bad
end; **… und kein ~** … without end; **es ist noch**
ein gutes _od_ **ganzes ~** _(umg)_ there's still quite a
way to go (yet); **am ~** at the end; _(≈ schließlich)_ in
the end; _(umg ≈ möglicherweise)_ perhaps; **am ~**
sein _(fig)_ to be at the end of one's tether _(Br)_
_od_ rope _(US);_ **mit etw am ~ sein** to have
reached the end of sth; _(Vorrat)_ to have run
out of sth; **meine Geduld ist am ~** my pa-
tience is at an end; **zu ~** finished; **etw zu ~**
bringen _od_ **führen** to finish (off) sth; **zu ~ ge-**
hen to come to an end; _(Vorräte)_ to run out; **~**
gut, alles gut _(sprichw)_ all's well that ends well
(sprichw) **Endeffekt** _M_ **im ~** _(umg)_ in the end
enden _V|i_ to end; **es endete damit, dass**
… the outcome was that …; **er endete im Ge-**
fängnis he ended up in prison; **wie wird das**
noch mit ihm ~? what will become of him?;
das wird böse ~! no good will come of it!
Endergebnis _N_ final result **Endgerät** _N_
TEL _etc_ terminal **endgültig** _A_ _ADJ_ final; _Ant-_
wort definite _B_ _ADV_ finally; **damit ist die Sache**
~ entschieden that settles the matter once
and for all; **sie haben sich jetzt ~ getrennt**
they've separated for good **Endgültigkeit**
_F_ finality **Endhaltestelle** _F_ terminus, final
stop _(US)_

Endivie F endive
Endlager N (für Atommüll etc) permanent (waste) disposal site **endlagern** VT Atommüll etc to dispose of permanently **Endlagerung** F ~ **von radioaktivem Material** final disposal of nuclear waste **endlich** A ADV finally; **na ~!** at (long) last!; **hör ~ damit auf!** will you stop that!; **~ kam er doch** he eventually came after all B ADJ MATH finite **endlos** A ADJ endless B ADV forever; **ich musste ~ lange warten** I had to wait for ages (umg)
endogen ADJ endogenous
Endoskop N MED endoscope **Endoskopie** F MED endoscopy
Endphase F final stage(s pl) **Endprodukt** N end product **Endrunde** F SPORT finals pl **Endsilbe** F final syllable **Endspiel** N SPORT final; SCHACH end game **Endspurt** M (SPORT, fig) final spurt **Endstadium** N final od (MED) terminal stage **Endstation** F BAHN etc terminus, terminal; (fig) end of the line **Endung** F GRAM ending **Endverbraucher(in)** M(F) end user **Endziel** N final objective, ultimate goal
Energie F energy; **mit aller** od **ganzer ~** with all one's energy **Energiebedarf** M energy requirement **energiebewusst** ADJ energy--conscious **Energieeinsparung** F energy saving **energiegeladen** ADJ full of energy **Energiekrise** F energy crisis **energielos** ADJ lacking in energy **Energielosigkeit** F lack of energy **Energiepolitik** F energy policy **Energiequelle** F energy source **energiesparend** ADJ energy-saving **Energieverbrauch** M energy consumption **Energieverschwendung** F waste of energy **Energieversorgung** F supply of energy **Energiewirtschaft** F (≈ Wirtschaftszweig) energy industry
energisch A ADJ (≈ voller Energie) energetic; Maßnahmen firm; Worte strong; **~ werden** to assert oneself B ADV dementieren strongly; verteidigen vigorously; **~ durchgreifen** to take firm action
eng A ADJ [1] narrow; Kleidung tight; **im ~eren Sinne** in the narrow sense (≈ nah, dicht) close; **eine Feier im ~sten Kreise** a small party for close friends B ADV **~ anliegend** tight(-fitting); **~ zusammengedrängt sein** to be crowded together; **~ beschrieben** closely written; **~ nebeneinander** close together; **~ befreundet sein** to be close friends; **das darfst du nicht so ~ sehen** (fig umg) don't take it so seriously
Engagement N [1] THEAT engagement [2] (≈ politisches Engagement) commitment (für to) **engagieren** A VT to engage B VR to be/become committed (für to) **engagiert** ADJ com-

 engagiert ≠ engaged

| engagiert | = | **committed** |
| engaged | = | Person: verlobt, Telefon: besetzt |

FALSCHE FREUNDE

mitted
enganliegend ADJ → eng
Enge F [1] (von Straße etc) narrowness; (von Kleid etc) tightness [2] (≈ Engpass) pass; **jdn in die ~ treiben** (fig) to drive sb into a corner
Engel M angel **Engelsgeduld** F **sie hat eine ~** she has the patience of a saint
England N England **Engländer** M [1] Englishman, English boy; **die ~** pl the English, the Brits (umg); **er ist ~** he's English [2] TECH monkey wrench **Engländerin** F Englishwoman, English girl **englisch** ADJ English; Steak rare; → deutsch **Englisch(e)** N English; **wie sagt man das auf ~?** how do you say that in English?; → Deutsch **Englischlehrer(in)** M(F) English teacher **englischsprachig** ADJ Gebiet English-speaking; Zeitung English-language attr **Englischunterricht** M [1] English lessons pl [2] (das Unterrichten) teaching of English; (Privatunterricht) English language tuition

> **Engländer, Engländerin**

Im Deutschen wird der Begriff Engländer oft in Bezug auf die Briten allgemein benutzt. Auf Englisch sollte man jedoch **the English** nur sagen, wenn man nicht auch die Schotten, Iren und Waliser meint. Ansonsten heißt es korrekt **the British**.
Die Nationalität, der Menschen angehören, wird großgeschrieben. Wird aus dem Kontext schon klar, dass es sich um eine Frau oder einen Mann handelt, genügt es zu sagen **Steven is English**; **Mary is English** usw. Wird aus dem Kontext nicht klar, dass es sich um eine Frau handelt, soll dies aber betont werden, sagt man **an English lady**, **an Englishwoman** oder **an English girl**. Entsprechend könnte man einen Engländer je nach Anrede als **an English gentleman** (sehr höflich), **an Englishman**, **an English boy** oder **an English guy** (umgangssprachlich) bezeichnen.

SPRACHGEBRAUCH

engmaschig ADJ close-meshed; (fig) close **Engpass** M (narrow) pass; (fig) bottleneck
en gros ADV wholesale; (fig) en masse

engstirnig ADJ narrow-minded **Engstirnigkeit** F narrow-mindedness
Enkel M grandson **Enkelin** F granddaughter
en masse ADV en masse
enorm A ADJ (≈ riesig) enormous; (umg ≈ herrlich, kolossal, umg) tremendous B ADV (≈ riesig) enormously; (umg ≈ herrlich, kolossal) tremendously
en passant ADV en passant
Ensemble N ensemble; (≈ Besetzung) cast
entarten VI to degenerate (zu into) **entartet** ADJ degenerate
entbehren VT (≈ vermissen) to miss; (≈ zur Verfügung stellen) to spare; (≈ verzichten) to do without; **wir können ihn heute nicht ~** we cannot spare him/it today **entbehrlich** ADJ dispensable **Entbehrung** F privation
entbinden A VT 1 Frau to deliver; **sie ist von einem Sohn entbunden worden** she has given birth to a son 2 (≈ befreien) to release (von from) B VI (Frau) to give birth **Entbindung** F delivery; (von Amt etc) release **Entbindungsklinik** F maternity clinic **Entbindungsstation** F maternity ward
entblöden VR (geh) **sich nicht ~, etw zu tun** to have the effrontery to do sth
entblößen VT (form) Körperteil to bare; (fig) sein Innenleben to lay bare
entdecken VT (≈ finden) to discover; (in der Ferne, einer Menge) to spot **Entdecker(in)** M(F) discoverer **Entdeckung** F discovery
Ente F duck; (PRESSE umg) canard, hoax
entehren VT to dishonour (Br), to dishonor (US); (≈ entwürdigen) to degrade; **~d** degrading
enteignen VT to expropriate; Besitzer to dispossess **Enteignung** F expropriation; (von Besitzer) dispossession
enteisen VT to de-ice; Kühlschrank to defrost
Entenbraten M roast duck **Entenei** N duck's egg
Entente F POL entente
enterben VT to disinherit
Enterich M drake
entern VT (≈ stürmen) Schiff, Haus to storm
Entertainer(in) M(F) entertainer
Enter-Taste F IT enter key
entfallen VI 1 (fig: aus dem Gedächtnis) **jdm ~** to slip sb's mind 2 (≈ wegfallen) to be dropped 3 **auf jdn/etw ~** (Geld, Kosten) to be allotted to sb/sth
entfalten A VT to unfold; (fig) Kräfte, Begabung to develop; Plan to set out B VR (Blüte) to open; (fig) to develop; **hier kann ich mich nicht ~** I can't make full use of my abilities here **Entfaltung** F unfolding; (≈ Entwicklung) development; (eines Planes) setting out; **zur ~ kommen**

to develop **Entfaltungsmöglichkeiten** PL opportunities pl for development
entfernen A VT to remove (von, aus from); IT to delete; **jdn aus der Schule ~** to expel sb from school B VR 1 **sich (von od aus etw) ~** to go away (from sth); **sich von seinem Posten ~** to leave one's post 2 (fig: von jdm) to become estranged; (von Thema) to digress **entfernt** A ADJ Ort, Verwandter distant; (≈ abgelegen) remote; (≈ gering) Ähnlichkeit vague; **10 km ~ von** 10 km (away) from; **das Haus liegt 2 km ~** the house is 2 km away B ADV remotely; **~ verwandt** distantly related; **nicht im Entferntesten!** not in the slightest! **Entfernung** F 1 distance; **aus kurzer ~ (schießen)** (to fire) at od from close range; **in acht Kilometer(n) ~** eight kilometres (Br) od kilometers (US) away; **in einer ~ von zehn Kilometer** at a distance of ten kilometres (Br) od kilometers (US) 2 (≈ das Entfernen) removal **Entfernungsmesser** M MIL, FOTO rangefinder

entfesseln VT (fig) to unleash **entfesselt** ADJ unleashed; Leidenschaft unbridled; Naturgewalten raging
entfetten VT to remove the grease from
entflechten VT Konzern, Kartell etc to break up
entfliehen VI to escape (+dat od aus from)
entfremden A VT to alienate B VR to become alienated (+dat from) **Entfremdung** F estrangement; SOZIOL alienation
entfrosten VT to defrost **Entfroster** M defroster
entführen VT jdn to kidnap; Flugzeug to hijack **Entführer(in)** M(F) kidnapper; (von Flugzeug) hijacker **Entführung** F kidnapping; (von Flugzeug) hijacking
entgegen A PRÄP +dat contrary to; **~ allen Erwartungen** contrary to all expectation(s) B ADV (geh) **neuen Abenteuern ~!** on to new adventures! **entgegenbringen** VT **jdm etw ~** (fig) Freundschaft etc to show sth for sb **entgegengehen** VI +dat to go toward(s); **dem Ende ~** (Leben, Krieg) to draw to a close; **seinem Untergang ~** to be heading for disaster **entgegengesetzt** ADJ opposite; **einander ~e Interessen/Meinungen** etc opposing interests/views etc; → **entgegensetzen entgegenhalten** VT +dat **jdm etw ~** (wörtl) to hold sth out toward(s) sb; **einer Sache ~, dass ...** (fig) to object to sth that ... **entgegenkommen** VI +dat to come toward(s); (fig) to accommodate; **jdm auf halbem Wege ~** to meet sb halfway; **das kommt unseren Plänen sehr entgegen** that fits in very well with our plans **Entgegenkommen** N (≈ Gefälligkeit) kindness; (≈ Zugeständnis) concession **entgegen-**

ENTG | 890

E

kommend ADJ **1** *Fahrzeug* oncoming **2** *(fig)* obliging **entgegenlaufen** VI +dat to run toward(s) **entgegennehmen** VT *(≈ empfangen)* to receive; *(≈ annehmen)* to accept **entgegensehen** VI *(fig)* **einer Sache** *(dat)* **~** to await sth; *(freudig)* to look forward to sth; **einer Sache ~ müssen** to have to face sth **entgegensetzen** VT +dat **etw einer Sache ~** to set sth against sth; **dem habe ich entgegenzusetzen, dass ...** against that I'd like to say that ...; → entgegengesetzt **entgegenstellen** **A** VT +dat = entgegensetzen **B** VR +dat **sich jdm/einer Sache ~** to oppose sb/sth **entgegentreten** VI +dat to step up to; *einer Politik* to oppose; *Behauptungen* to counter; *einer Gefahr* to take steps against **entgegenwirken** VI +dat to counteract

entgegnen VT & VI to reply; *(kurz, barsch)* to retort *(auf +akk* to) **Entgegnung** F reply

entgehen VI +dat **1** *(≈ entkommen) Verfolgern* to elude; *dem Schicksal, der Gefahr, Strafe* to escape **2** *(fig ≈ nicht bemerkt werden)* **dieser Fehler ist mir entgangen** I failed to notice this mistake; **ihr entgeht nichts** she doesn't miss a thing; **sich** *(dat)* **etw ~ lassen** to miss sth

entgeistert ADJ thunderstruck

Entgelt N *(form)* **1** *(≈ Bezahlung)* remuneration *(form)*; *(≈ Anerkennung)* reward **2** *(≈ Gebühr)* fee

entgiften VT to decontaminate; MED to detoxicate

entgleisen VI **1** BAHN to be derailed **2** *(fig: Mensch)* to misbehave **Entgleisung** F derailment; *(fig)* faux pas

entgleiten VI +dat to slip; **jdm ~** to slip from sb's grasp; *(fig)* to slip away from sb

entgräten VT *Fisch* to fillet

enthaaren VT to remove unwanted hair from **Enthaarungsmittel** N depilatory

enthalten **A** VT to contain; **(mit) ~ sein in** *(+dat)* to be included in **B** VR **sich einer Sache** *(gen)* **~ (geh)** to abstain from sth; **sich (der Stimme) ~** to abstain

enthaltsam **A** ADJ abstemious; *(sexuell)* chaste **B** ADV **~ leben** to be abstinent; *(≈ sexuell)* to be celibate **Enthaltsamkeit** F abstinence; *(sexuell)* chastity **Enthaltung** F abstinence; *(≈ Stimmenthaltung)* abstention

enthärten VT *Wasser* to soften

enthaupten VT to decapitate **Enthauptung** F decapitation

entheben VT **jdn einer Sache** *(gen)* **~** to relieve sb of sth

enthemmen VT & VI **jdn ~** to make sb lose his inhibitions

enthüllen VT to uncover; *Denkmal* to unveil; *Geheimnis* to reveal **Enthüllung** F uncover-

ing; *(von Denkmal)* unveiling **Enthüllungsjournalismus** M investigative journalism **Enthusiasmus** M enthusiasm **enthusiastisch** **A** ADJ enthusiastic **B** ADV enthusiastically

entjungfern VT to deflower

entkalken VT to decalcify **Entkalker** M descaler

entkernen VT *Kernobst* to core; *Steinobst* to stone

entkoffeiniert ADJ decaffeinated

entkommen VI to escape *(+dat, aus* from) **Entkommen** N escape

entkorken VT *Flasche* to uncork

entkräften VT to weaken; *(≈ erschöpfen)* to exhaust; *(fig ≈ widerlegen)* to refute **Entkräftung** F weakening; *(≈ Erschöpfung)* exhaustion; *(fig ≈ Widerlegung)* refutation

entkrampfen VT *(fig)* to relax; *Lage* to ease

entladen **A** VT to unload; *Batterie etc* to discharge **B** VR *(Gewitter)* to break; *(Schusswaffe)* to go off; *(Batterie etc)* to discharge; *(fig: Emotion)* to vent itself

entlang **A** PRÄP +akk od +dat od *(selten)* +gen along; **den Fluss ~** along the river **B** ADV along; **hier ~** this way **entlanggehen** VT & VI to walk along

entlarven VT *(fig) Spion* to unmask; *Betrug etc* to uncover

entlassen VT *(≈ kündigen)* to dismiss; *(aus dem Krankenhaus)* to discharge; *(aus dem Gefängnis)* to release **Entlassung** F dismissal; *(aus dem Krankenhaus)* discharge; *(aus dem Gefängnis)* release

entlasten VT to relieve; *Verkehr* to ease; JUR *Angeklagten* to exonerate; HANDEL *Vorstand* to approve the activities of **Entlastung** F relief; JUR exoneration; *(HANDEL: von Vorstand)* approval; **zu seiner ~ führte der Angeklagte an, dass ...** in his defence *(Br)* od defense *(US)* the defendant stated that ... **Entlastungsmaterial** N JUR evidence for the defence *(Br)* od defense *(US)* **Entlastungszeuge** M, **Entlastungszeugin** F JUR witness for the defence *(Br)* od defense *(US)* **Entlastungszug** M relief train

Entlaubung F defoliation **Entlaubungsmittel** N defoliant

entlaufen VI to run away *(+dat, von* from); **ein ~es Kind** a runaway child; **ein ~er Sträfling** an escaped convict; **„Hund ~"** "dog missing"

entledigen VR *(form)* **sich jds/einer Sache ~** to rid oneself of sb/sth; **sich seiner Kleidung ~** to remove one's clothes

entleeren VT to empty **Entleerung** F emptying

entlegen ADJ out-of-the-way

entlehnen _VT_ (fig) to borrow (+dat, von from)
Entlein _N_ duckling
entlocken _VT_ **jdm/einer Sache etw ~** to elicit sth from sb/sth
entlohnen _VT_ to pay; (fig) to reward **Entlohnung** _F_ pay(ment); (fig) reward
entlüften _VT_ to ventilate; Bremsen, Heizung to bleed **Entlüftung** _F_ ventilation; (von Bremsen, Heizung) bleeding
entmachten _VT_ to deprive of power **Entmachtung** _F_ deprivation of power
entmilitarisieren _VT_ to demilitarize **Entmilitarisierung** _F_ demilitarization
entmündigen _VT_ JUR (legally) incapacitate **Entmündigung** _F_ (legal) incapacitation
entmutigen _VT_ to discourage; **sich nicht ~ lassen** not to be discouraged **Entmutigung** _F_ discouragement
Entnahme _F_ (form) removal; (von Blut) extraction; (von Geld) withdrawal
Entnazifizierung _F_ denazification
entnehmen _VT_ to take (from); (fig ≈ erkennen) to gather (from)
entnerven _VT_ to unnerve; **~d** unnerving; (≈ nervtötend) nerve-racking; **entnervt** enervated
entpacken _VT_ IT to unzip
entpolitisieren _VT_ to depoliticize
entpuppen _VR_ **sich als Betrüger** etc **~** to turn out to be a cheat etc
entrahmen _VT_ Milch to skim
entrechten _VT_ **jdn ~** to deprive sb of his rights
entreißen _VT_ **jdm etw ~** to snatch sth (away) from sb
entrichten _VT_ (form) to pay
entriegeln _VT_ to unbolt; IT etc Tastatur to unlock
entrinnen _VI_ +dat (geh) to escape from; **es gibt kein Entrinnen** there is no escape
entrosten _VT_ to derust **Entroster** _M_ deruster
entrümpeln _VT_ to clear out
entrüsten _A_ _VT_ to outrage _B_ _VR_ **sich ~ über** (+akk) to be outraged at **entrüstet** _A_ _ADJ_ outraged _B_ _ADV_ indignantly, outraged **Entrüstung** _F_ indignation
entsaften _VT_ to extract the juice from **Entsafter** _M_ juice extractor
entsalzen _VT_ to desalinate
entschädigen _VT_ (für for) to compensate; (für Dienste etc) to reward; (bes mit Geld) to remunerate; (≈ Kosten erstatten) to reimburse **Entschädigung** _F_ compensation; (für Dienste) reward; (mit Geld) remuneration; (≈ Kostenerstattung) reimbursement

entschärfen _VT_ Bombe, Krise to defuse; Argument to neutralize
Entscheid _M_ (schweiz form) = Entscheidung
entscheiden _A_ _VT_ to decide; **das Spiel ist entschieden** the game has been decided; **den Kampf für sich ~** to secure victory in the struggle; **es ist noch nichts entschieden** nothing has been decided (as) yet; → entschieden _B_ _VT_ (über +akk) to decide (on); **darüber habe ich nicht zu ~** that is not for me to decide _C_ _VR_ (Mensch) to decide; (Angelegenheit) to be decided; **sich für jdn/etw ~** to decide in favour (Br) od favor (US) of sb/sth; **sich gegen jdn/etw ~** to decide against sb/sth **entscheidend** _A_ _ADJ_ decisive; **die ~e Stimme** (bei Wahlen etc) the deciding vote; **das Entscheidende** the decisive factor _B_ _ADV_ schlagen, schwächen decisively **Entscheidung** _F_ decision **Entscheidungsfreiheit** _F_ freedom to decide **Entscheidungskampf** _M_ decisive encounter; SPORT deciding round/game etc **Entscheidungsprozess** _M_ decision-making process **Entscheidungsspiel** _N_ SPORT deciding match, decider; (bei gleichem Rang) play-off **Entscheidungsträger(in)** _MF_ decision-maker **entschieden** _A_ _ADJ_ **1** (≈ entschlossen) determined; Befürworter staunch; Ablehnung firm **2** (≈ eindeutig) decided; → entscheiden _B_ _ADV_ **1** (≈ strikt) ablehnen firmly; bekämpfen resolutely; zurückweisen staunchly **2** (≈ eindeutig) definitely; **das geht ~ zu weit** that's definitely going too far **Entschiedenheit** _F_ (≈ Entschlossenheit) determination; **etw mit aller ~ dementieren** to deny sth categorically
entschlacken _VT_ METALL to remove the slag from; MED Körper to purify
entschließen _VR_ to decide (für, zu on); **sich anders ~** to change one's mind; **zu allem entschlossen sein** to be ready for anything; → entschlossen **Entschließung** _F_ resolution **entschlossen** _A_ _ADJ_ determined; **ich bin fest ~** I am absolutely determined; → entschließen _B_ _ADV_ resolutely; **kurz ~** without further ado **Entschlossenheit** _F_ determination **Entschluss** _M_ (≈ Entscheidung) decision; **seinen ~ ändern** to change one's mind
entschlüsseln _VT_ to decipher
Entschlusskraft _F_ decisiveness
entschuldbar _ADJ_ excusable
entschulden _VT_ to free of debt
entschuldigen _A_ _VT_ to excuse; **das lässt sich nicht ~!** that is inexcusable!; **einen Schüler ~ lassen** od **~** to ask for a pupil to be excused; **ich bitte mich zu ~** I ask to be excused _B_ _VI_ **~ Sie (bitte)!** (do od please) excuse me!, sorry!; (bei Bitte, Frage etc) excuse me (please),

ENTS | 892

E

pardon me (US) **c** VR **sich (bei jdm) ~** (≈ um Verzeihung bitten) to apologize (to sb); (≈ sich abmelden) to excuse oneself **Entschuldigung** F (≈ Grund) excuse; (≈ Bitte um Entschuldigung) apology; (SCHULE ≈ Brief) note; **~!** sorry; **~, wie komme ich zum Flughafen?** excuse me, how do I get to the airport?; **~, könnten Sie das noch einmal sagen?** pardon, could you say that again? (❗ Wenn einem etwas leidtut, sagt man **sorry**, wenn man jemanden anspricht, sagt man **excuse me**. Wenn man etwas nicht verstanden hat, sagt man **pardon, sorry, pardon me** oder etwas förmlicher **I beg your pardon**.); **zu seiner ~ sagte er ...** he said in his defence (Br) od defense (US) that ...; **(jdn) um ~ bitten** to apologize (to sb)

▶ **Entschuldigung**

Im englischsprachigen Raum entschuldigt man sich relativ häufig. Wenn man z. B. mit jemandem im Geschäft, auf der Straße usw. aus Versehen in Berührung kommt, passiert es gar nicht so selten, dass sich beide betroffene Personen gleichzeitig entschuldigen, egal wer an der „leichten Karambolage" schuld war.

So entschuldigt man sich im Allgemeinen auf Englisch:
Sorry.
I'm sorry
Excuse me (US).
etwas formeller:
I'm so sorry.
I (do) beg your pardon.
I do apologize.

bei Schluckauf, Magenknurren usw.:
Excuse me.

Als Auftakt zu einer Frage:
Excuse me, where's the nearest ...?

Pardon?, Pardon me?, förmlicher **I beg your pardon?** mit fragender Stimme heißt „Wie bitte?", wenn man etwas nicht verstanden hat.

SPRACHGEBRAUCH ◀

Entschwefelungsanlage F desulphurization plant
entsetzen A VT to horrify **B** VR **sich über jdn/etw ~** to be horrified at od by sb/sth; → entsetzt **Entsetzen** N horror; (≈ Erschrecken) terror; **mit ~ sehen, dass ...** to be horrified/terrified to see that ... **Entsetzensschrei** M cry of horror **entsetzlich A** ADJ

dreadful **B** ADV **1** (≈ schrecklich) dreadfully **2** (umg ≈ sehr) awfully **entsetzt A** ADJ horrified (über +akk at, by) **B** ADV in horror; **jdn ~ anstarren** to give sb a horrified look; → entsetzen
entseuchen VT to decontaminate **Entseuchung** F decontamination
entsichern VT **eine Pistole ~** to release the safety catch of a pistol
entsinnen VR to remember (einer Sache (gen), an etw (akk)) sth); **wenn ich mich recht entsinne** if my memory serves me correctly
entsorgen VT Abfälle etc to dispose of **Entsorgung** F waste disposal
entspannen A VT to relax; (fig) Lage to ease (up) **B** VR to relax; (≈ ausruhen) to rest; (Lage etc) to ease **entspannt** ADJ relaxed **Entspannung** F relaxation; (von Lage, FIN: an der Börse) easing(-up); POL easing of tension (+gen in), détente **Entspannungspolitik** F policy of détente **Entspannungsübungen** PL MED etc relaxation exercises pl
entsperren VT to unlock
entsprechen VT +dat to correspond to; der Wahrheit to be in accordance with; Anforderungen to fulfil (Br), to fulfill (US); Erwartungen to live up to; einer Bitte etc to meet **entsprechend A** ADJ corresponding; (≈ zuständig) relevant; (≈ angemessen) appropriate **B** ADV accordingly; (≈ ähnlich, gleich) correspondingly; **er wurde ~ bestraft** he was suitably punished **c** PRÄP +dat in accordance with; **er wird seiner Leistung ~ bezahlt** he is paid according to output **Entsprechung** F (≈ Äquivalent) equivalent; (≈ Gegenstück) counterpart
entspringen VI (Fluss) to rise; (≈ sich herleiten von, +dat) to arise from
entstehen VI to come into being; (≈ seinen Ursprung haben) to originate; (≈ sich entwickeln) to arise (aus, durch from); **hier entsteht eine neue Schule** a new school is being built here; **im Entstehen begriffen sein** to be emerging **Entstehen** N, **Entstehung** F (≈ das Werden) genesis; (≈ das Hervorkommen) emergence; (≈ Ursprung) origin
entsteinen VT to stone
entstellen VT (≈ verunstalten) Gesicht to disfigure; (≈ verzerren) to distort **entstellt** ADJ **1** Gesicht etc disfigured **2** Tatsachen, Wahrheit distorted
entstören VT Radio, Telefon to free from interference
enttarnen VT Spion to blow the cover of (umg); (fig ≈ entlarven) to expose **Enttarnung** F exposure
enttäuschen A VT to disappoint; **enttäuscht sein über** (+akk)**/von** to be disappointed at/by od in **B** VI **unsere Mannschaft hat sehr ent-**

täuscht our team were very disappointing **Enttäuschung** _F_ disappointment

entthronen _VT_ to dethrone

entvölkern _VT_ to depopulate

entwaffnen _VT_ to disarm **entwaffnend** _ADJ_ (_fig_) disarming

entwarnen _VI_ to sound the all-clear **Entwarnung** _F_ sounding of the all-clear; (≈ _Signal_) all-clear

entwässern _VT_ _Keller_ to drain; _Gewebe, Körper_ to dehydrate **Entwässerung** _F_ drainage; CHEM dehydration **Entwässerungsanlage** _F_ drainage system

entweder _KONJ_ ~ ... **oder** ... either ... or ...; ~ **oder!** yes or no

entwenden _VT_ (_form_) **jdm etw/etw aus etw** ~ to steal sth from sb/sth

entwerfen _VT_ **1** (≈ _gestalten_) to sketch; _Modell etc_ to design **2** (≈ _ausarbeiten_) _Gesetz_ to draft; _Plan_ to devise **3** (_fig_) (≈ _darstellen_) _Bild_ to depict

entwerten _VT_ **1** (≈ _im Wert mindern_) to devalue **2** _Briefmarke, Fahrschein_ to cancel **Entwerter** _M_ (ticket-)cancelling (_Br_) _od_ (ticket-)canceling (_US_) machine **Entwertung** _F_ (_des Geldes_) devaluation

entwickeln _A_ _VT_ to develop; _Mut, Energie_ to show **B** _VR_ to develop (_zu_ into); **sie hat sich ganz schön entwickelt** (_umg_) she's turned out really nicely **Entwickler** _M_ FOTO developer **Entwicklung** _F_ development; FOTO developing; **das Flugzeug ist noch in der** ~ the plane is still in the development stage **Entwicklungsdienst** _M_ voluntary service overseas (_Br_), VSO (_Br_), Peace Corps (_US_) **entwicklungsfähig** _ADJ_ capable of development **Entwicklungshelfer(in)** _MF_ VSO worker (_Br_), Peace Corps worker (_US_) **Entwicklungshilfe** _F_ foreign aid **Entwicklungskosten** _PL_ development costs _pl_ **Entwicklungsland** _N_ developing country **Entwicklungsprozess** _M_ development process **Entwicklungsstadium** _N_, **Entwicklungsstufe** _F_ stage of development; (_der Menschheit etc_) evolutionary stage **Entwicklungszeit** _F_ period of development; BIOL, PSYCH developmental period; FOTO developing time

entwirren _VT_ to untangle

entwischen _VI_ (_umg_) to get away (+_dat, aus_ from)

entwöhnen _VT_ to wean (+_dat, von_ from)

entwürdigen _VT_ to degrade **entwürdigend** _ADJ_ degrading **Entwürdigung** _F_ degradation

Entwurf _M_ **1** (≈ _Skizze, Abriss_) outline; (≈ _Design_) design; (ARCH, _fig_) blueprint **2** (_von Plan, Gesetz_

etc) draft (version); (PARL ≈ _Gesetzentwurf_) bill

entwurzeln _VT_ to uproot

entziehen _A_ _VT_ to withdraw (+_dat_ from); CHEM to extract; **jdm die Rente** _etc_ ~ to stop sb's pension _etc_; **dem Redner das Wort** ~ to ask the speaker to stop **B** _VR_ **sich jdm/einer Sache** ~ to evade sb/sth; **sich seiner Verantwortung** ~ to shirk one's responsibilities; **sich den** _od_ **jds Blicken** ~ to be hidden from sight **Entziehung** _F_ withdrawal **Entziehungskur** _F_ (_für Drogenabhängige_) cure for drug addiction; (_für Alkoholiker_) cure for alcoholism

entziffern _VT_ to decipher; _Geheimschrift, DNS-Struktur_ to decode

entzippen _VT_ IT to unzip

entzücken _VT_ to delight **Entzücken** _N_ delight; **in** ~ **geraten** to go into raptures **entzückend** _ADJ_ delightful

Entzug _M_ withdrawal; **er ist auf** ~ (MED _umg, Drogenabhängiger_) he is being treated for drug addiction; (_Alkoholiker_) he is being dried out (_umg_) **Entzugserscheinung** _F_ withdrawal symptom

entzünden _VR_ **1** (≈ _zu brennen anfangen_) to catch fire, to ignite (_bes_ NAT, TECH); (_fig_) (_Streit_) to be sparked off; (_Hass_) to be inflamed **2** MED to become inflamed; **entzündet** inflamed **entzündlich** _ADJ_ _Gase_ inflammable **Entzündung** _F_ MED inflammation **entzündungshemmend** _ADJ_ anti-inflammatory **Entzündungsherd** _M_ focus of inflammation

entzwei _ADJ_ in two (pieces); (≈ _kaputt_) broken **entzweibrechen** _VT & VI_ to break in two **entzweien** _A_ _VT_ to turn against each other **B** _VR_ **sich (mit jdm)** ~ to fall out (with sb)

Enzephalogramm _N_ MED encephalogram

Enzian _M_ gentian

Enzyklopädie _F_ encyclop(a)edia **enzyklopädisch** _ADJ_ encyclop(a)edic

Enzym _N_ enzyme

Epidemie _F_ epidemic **Epidemiologe** _M_, **Epidemiologin** _F_ epidemiologist **epidemisch** _ADJ_ epidemic

Epik _F_ epic poetry **Epiker(in)** _MF_ epic poet

Epilation _F_ hair removal, epilation

Epilepsie _F_ epilepsy **Epileptiker(in)** _MF_ epileptic **epileptisch** _ADJ_ epileptic

epilieren _VT_ to epilate **Epiliergerät** _N_ epilator

Epilog _M_ epilogue

episch _ADJ_ (_wörtl, fig_) epic

Episode _F_ episode

Epizentrum _N_ epicentre (_Br_), epicenter (_US_)

Epoche _F_ epoch **epochemachend** _ADJ_ epoch-making

Epos _N_ epic (poem)

er PERS PR he; *(von Dingen)* it; **wenn ich er wäre** if I were him; **er ist es** it's him

erachten VT *(geh)* **jdn/etw für** *od* **als etw ~** to consider sb/sth (to be) sth **Erachten** N **meines ~s** in my opinion

erarbeiten VT *Vermögen etc* to work for; *Wissen etc* to acquire

Erbanlage F hereditary factor(s *pl*)

erbarmen A VT **jdn ~** to arouse sb's pity; **das ist zum Erbarmen** it's pitiful B VR +*gen* to have pity (on) **Erbarmen** N (≈ *Mitleid*) pity (*mit* on); (≈ *Gnade*) mercy (*mit* on); **kein ~ kennen** to show no mercy **erbärmlich** A ADJ wretched B ADV *sich verhalten* abominably; *(umg* ≈ *furchtbar) frieren, wehtun* terribly **erbarmungslos** A ADJ pitiless B ADV pitilessly

erbauen VT 1 (≈ *errichten*) to build 2 *(fig* ≈ *seelisch bereichern)* to uplift; **wir waren von der Nachricht nicht gerade erbaut** *(umg)* we weren't exactly delighted by the news **Erbauer(in)** M(F) builder

Erbe[1] M heir; **jdn zum ~n einsetzen** to appoint sb as one's heir

Erbe[2] N inheritance; *(fig)* heritage **erben** VT to inherit *(von* from) **Erbengemeinschaft** F community of heirs

erbeuten VT *(Tier)* to carry off; *(Dieb)* to get away with; *(im Krieg)* to capture

Erbfaktor M BIOL (hereditary) factor **Erbfolge** F (line of) succession **Erbgut** N BIOL genetic make-up **Erbin** F heiress; → **Erbe**[1]

erbitten VT to ask for

erbittert A ADJ *Widerstand, Gegner* bitter B ADV bitterly

Erbkrankheit F hereditary disease

erblassen VI to (turn) pale

Erblasser(in) M(F) person who leaves an inheritance **Erblast** F negative inheritance *od* heritage; (≈ *Probleme*) inherited problems *pl* **erblich** ADJ hereditary; **etw ist ~ bedingt** sth is an inherited condition

erblicken VT *(geh)* to see; (≈ *erspähen*) to spot

erblinden VI to go blind **Erblindung** F loss of sight

erblühen VI *(geh)* to bloom

Erbmasse F estate; BIOL genetic make-up **Erbonkel** M *(umg)* rich uncle

erbosen *(geh)* A VT **erbost sein über** (+*akk*) to be infuriated at B VR **sich ~ über** (+*akk*) to become furious *od* infuriated about

erbrechen VT, VI, VR **(sich) ~** MED to vomit; **etw bis zum Erbrechen tun** *(fig)* to do sth ad nauseam

erbringen VT to produce

Erbrochene(s) N vomit

Erbschaft F inheritance; **eine ~ machen** *od* **antreten** to come into an inheritance **Erbschaftssteuer** F death duties *pl*, inheritance tax *(Br)*

Erbse F pea **Erbsensuppe** F pea soup

Erbstück N heirloom **Erbtante** F *(umg)* rich aunt **Erbteil** N *od* M JUR (portion of an/the) inheritance

Erdachse F earth's axis

> **(Erd)achse ≠ axle**

(Erd)achse	=	**earth's axis**
axle	=	Radachse

FALSCHE FREUNDE

erdacht ADJ *Geschichte* made-up

Erdanziehung F gravitational pull of the earth **Erdanziehungskraft** F (earth's) gravity **Erdapfel** M *(bes österr)* potato **Erdatmosphäre** F earth's atmosphere **Erdbahn** F earth's orbit **Erdball** M globe **Erdbeben** N earthquake **Erdbebengebiet** N earthquake area **erdbebensicher** ADJ *Gebäude etc* earthquake-proof **Erdbeere** F strawberry **Erdbeertorte** F strawberry cake *od* gateau **Erdbestattung** F burial **Erdboden** M ground; **etw dem ~ gleichmachen** to raze sth to the ground; **vom ~ verschwinden** to disappear off the face of the earth **Erde** F 1 (≈ *Welt*) earth, world; **auf der ganzen ~** all over the world; **es gibt viel Armut auf der ~** there's a lot of poverty in the world; **die ~** (≈ *Planet*) the earth, (the) Earth 2 (≈ *Boden*) ground; **unter der ~** underground; **über der ~** above ground (⚠ ohne the) 3 (≈ *Erdreich*) soil, earth *(a.* CHEM) 4 (ELEK ≈ *Erdung*) earth, ground *(US)* **erden** VT ELEK to earth, to ground *(US)*

erdenklich ADJ conceivable; **alles Erdenkliche tun** to do everything conceivable

Erderwärmung F global warming (⚠ ohne the) **Erdgas** N natural gas **Erdgeschichte** F geological history **Erdgeschoss** N, **Erdgeschoß** *(österr)* N ground floor *(Br)*, first floor *(US)*; **im ~ wohnen** to live on the ground *(Br) od* first *(US)* floor

erdichten VT to invent

erdig ADJ earthy **Erdinnere(s)** N bowels *pl* of the earth **Erdkreis** M globe **Erdkugel** F globe **Erdkunde** F geography **Erdleitung** F ELEK earth *od* ground *(US)* (connection); (≈ *Kabel*) underground wire **Erdmittelpunkt** M centre *(Br) od* center *(US)* of the earth **Erdnuss** F peanut **Erdnussbutter** F peanut butter **Erdoberfläche** F surface of the earth **Erdöl** N (mineral) oil; **~ exportierend**

oil-exporting

erdolchen _VT_ to stab (to death)

Erdölleitung _F_ oil pipeline **Erdreich** _N_ soil

erdreisten _VR_ **sich ~, etw zu tun** to have the audacity to do sth

erdrosseln _VT_ to strangle

erdrücken _VT_ to crush (to death); (fig ≈ überwältigen) to overwhelm

Erdrutsch _M_ landslide **Erdrutschsieg** _M_ landslide (victory) **Erdschicht** _F_ layer (of the earth) **Erdstoß** _M_ (seismic) shock **Erdteil** _M_ continent

erdulden _VT_ to suffer

Erdumdrehung _F_ rotation of the earth **Erdumkreisung** _F_ (durch Satelliten) orbit(ing) of the earth **Erdumlaufbahn** _F_ earth orbit **Erdumrundung** _F_ (durch Satelliten) orbit(ing) of the earth **Erdung** _F_ ELEK earth(ing), ground(ing) (US) **Erdwärme** _F_ geothermal energy

ereifern _VR_ to get excited (über +akk about)

ereignen _VR_ to occur **Ereignis** _N_ event, occurrence; (≈ Vorfall) incident; (besonderes) occasion **ereignislos** _ADJ_ uneventful **ereignisreich** _ADJ_ eventful

Erektion _F_ PHYSIOL erection

Eremit _M_ hermit

erfahren[1] _A_ _VT_ **1** Nachricht etc to find out; (≈ hören) to hear (von about, of) **2** (≈ erleben) to experience **B** _VI_ to hear (von about, of)

erfahren[2] _ADJ_ experienced **Erfahrung** _F_ experience (⚠ meist Singular); **aus ~** from experience; **nach meiner ~** in my experience; **~en sammeln** to gain experience; **etw in ~ bringen** to learn sth; **ich habe die ~ gemacht, dass ...** I have found that ...; **mit dieser neuen Maschine haben wir nur gute ~en gemacht** we have found this new machine (to be) completely satisfactory; **durch ~ wird man klug** (sprichw) one learns by experience **Erfahrungsaustausch** _M_ POL exchange of experiences **erfahrungsgemäß** _ADV_ **~ ist es ...** experience shows ...

erfassen _VT_ **1** (≈ mitreißen: Auto, Strömung) to catch; **Angst erfasste sie** she was seized by fear **2** (≈ begreifen) to grasp **3** (≈ registrieren) to record, to register; Daten to capture **Erfassung** _F_ registration, recording; (von Daten) capture

erfinden _VT_ to invent; **das hat sie glatt erfunden** she made it all up; → **erfunden Erfinder(in)** _M(F)_ inventor **erfinderisch** _ADJ_ inventive **Erfindung** _F_ invention **Erfindungsreichtum** _M_ ingenuity

Erfolg _M_ success; (≈ Ergebnis, Folge) result; **mit ~** successfully; **ohne ~** unsuccessfully; **viel ~!**

good luck!; **~ haben** to be successful; **keinen ~ haben** to be unsuccessful; **~ versprechend** promising; **ein voller ~** a great success

erfolgen _VI_ (form ≈ sich ergeben) to result; (≈ stattfinden) to take place; **nach erfolgter Zahlung** after payment has been made

erfolglos _A_ _ADJ_ unsuccessful _B_ _ADV_ unsuccessfully **Erfolglosigkeit** _F_ lack of success **erfolgreich** _A_ _ADJ_ successful _B_ _ADV_ successfully **Erfolgsaussicht** _F_ prospect of success **Erfolgserlebnis** _N_ feeling of success **Erfolgsgeheimnis** _N_ **ihr ~ ist ...** the secret behind her success is ... **Erfolgskurs** _M_ **auf ~ liegen** to be on course for success **Erfolgsquote** _F_ success rate **Erfolgsrezept** _N_ recipe for success **Erfolgsstory** _F_ success story, tale of success **erfolgversprechend** → Erfolg

erforderlich _ADJ_ necessary; **unbedingt ~** (absolutely) essential **erfordern** _VT_ to require **Erfordernis** _N_ requirement

erforschen _VT_ to explore; Thema etc to research **Erforschung** _F_ (von Thema) researching

erfragen _VT_ Weg to ask; Einzelheiten etc to obtain

erfreuen _A_ _VT_ to please; **über jdn/etw erfreut sein** to be pleased about sb/sth _B_ _VR_ **sich an etw** (dat) **~** to enjoy sth **erfreulich** _ADJ_ pleasant; Besserung etc welcome; (≈ befriedigend) gratifying **erfreulicherweise** _ADV_ happily **erfreut** _ADJ_ pleased (über +akk at, about), delighted (über +akk with, at, about); **sehr ~!** pleased to meet you, how do you do?

erfrieren _A_ _VI_ to freeze to death; (Pflanzen) to be killed by frost; **erfrorene Glieder** frostbitten limbs _B_ _VT_ **sich** (dat) **die Füße ~** to suffer frostbite in one's feet **Erfrierung** _F_ frostbite (⚠ kein pl)

erfrischen _A_ _VT_ to refresh _B_ _VI_ to be refreshing _C_ _VR_ to refresh oneself; (≈ sich waschen) to freshen up **erfrischend** _A_ _ADJ_ refreshing _B_ _ADV_ refreshingly **Erfrischung** _F_ refreshment **Erfrischungsgetränk** _N_ refreshment **Erfrischungsraum** _M_ cafeteria **Erfrischungstuch** _N_ refreshing towel

erfüllen _A_ _VT_ **1** Raum etc to fill; **Hass erfüllte ihn** he was filled with hate; **ein erfülltes Leben** a full life **2** (≈ einhalten) to fulfil (Br), to fulfill (US); Soll to achieve; Zweck to serve _B_ _VR_ (Wunsch) to be fulfilled **Erfüllung** _F_ fulfilment (Br), fulfillment (US); **in ~ gehen** to be fulfilled

erfunden _ADJ_ fictitious; **das ist alles ~!** he's etc made it all up; → erfinden

ergänzen _VT_ to supplement; (≈ vervollständigen) to complete; **seine Sammlung ~** to add to one's collection; **einander** od **sich ~** to com-

ERGÄ | 896

plement one another **Ergänzung** $\overline{F}$ **1** (≈ *das Ergänzen*) supplementing; (≈ *Vervollständigung*) completion **2** (≈ *Zusatz: zu Buch etc*) supplement **Ergänzungsspieler(in)** $\overline{MF}$ FUSSB squad player

ergattern $\overline{VT}$ (*umg*) to get hold of

ergeben¹ $\overline{A}$ $\overline{VT}$ to yield; (≈ *zum Ergebnis haben*) to result in; *Betrag, Summe* to amount to $\overline{B}$ $\overline{VR}$ **1** (≈ *kapitulieren*) to surrender (+*dat* to) **2** (≈ *sich hingeben*) **sich einer Sache** (*dat*) ~ to give oneself up to sth **3** (≈ *folgen*) to result (*aus* from) **4** (≈ *sich herausstellen*) to come to light

ergeben² $\overline{ADJ}$ (≈ *treu*) devoted; (≈ *demütig*) humble

Ergebnis $\overline{N}$ result; **zu einem ~ kommen** to come to a conclusion **ergebnislos** $\overline{A}$ $\overline{ADJ}$ unsuccessful $\overline{B}$ $\overline{ADV}$ ~ **bleiben** to come to nothing

ergehen $\overline{A}$ $\overline{VI}$ (≈ *erdulden*) **etw über sich** (*akk*) ~ **lassen** to let sth wash over one (*Br*), to let sth roll off one's back (*US*) $\overline{B}$ $\overline{VI UNPERS}$ **es ist ihm schlecht/gut ergangen** he fared badly/well

ergiebig $\overline{ADJ}$ productive; *Geschäft* lucrative; (≈ *sparsam im Verbrauch*) economical

ergo $\overline{KONJ}$ therefore

ergonomisch $\overline{A}$ $\overline{ADJ}$ ergonomic $\overline{B}$ $\overline{ADV}$ ergonomically

Ergotherapeut(in) $\overline{MF}$ ergotherapist

ergötzen $\overline{VR}$ **sich an etw** (*dat*) ~ to take delight in sth

ergreifen $\overline{VT}$ **1** (≈ *packen*) to seize **2** (*fig*) *Gelegenheit, Macht* to seize; *Beruf* to take up; *Maßnahmen* to take; **von Furcht ergriffen werden** to be seized with fear **ergreifend** $\overline{ADJ}$ (*fig*) touching (*a. iron*) **ergriffen** $\overline{ADJ}$ (*fig*) moved **Ergriffenheit** $\overline{F}$ emotion

ergründen $\overline{VT}$ *Sinn etc* to fathom; *Ursache* to discover

Erguss $\overline{M}$ effusion; (≈ *Samenerguss*) ejaculation; (*fig*) outpouring

erhaben $\overline{A}$ $\overline{ADJ}$ **1** *Druck* embossed **2** (*fig*) *Stil* lofty; *Anblick* sublime **3** (≈ *überlegen*) superior; **über etw** (*akk*) ~ **(sein)** (to be) above sth $\overline{B}$ $\overline{ADV}$ ~ **lächeln** to smile in a superior way

Erhalt $\overline{M}$ receipt **erhalten** $\overline{A}$ $\overline{VT}$ **1** (≈ *bekommen*) to get **2** (≈ *bewahren*) *Gebäude, Natur* to preserve; **jdn am Leben** ~ to keep sb alive; **er hat sich** (*dat*) **seinen Optimismus** ~ he kept up his optimism; **gut** ~ well preserved (*a. hum umg*) $\overline{B}$ $\overline{VR}$ (*Brauch etc*) to be preserved, to remain **erhältlich** $\overline{ADJ}$ available; **schwer** ~ hard to come by **Erhaltung** $\overline{F}$ (≈ *Bewahrung*) preservation

erhängen $\overline{VT}$ to hang (❗ Die Vergangenheit lautet **hanged**.)

erhärten $\overline{A}$ $\overline{VT}$ to harden $\overline{B}$ $\overline{VR}$ (*fig: Verdacht*) to harden

erhaschen $\overline{VT}$ to catch

erheben $\overline{A}$ $\overline{VT}$ **1** (≈ *hochheben*) to raise; **den Blick** ~ to look up **2** *Gebühren* to charge $\overline{B}$ $\overline{VR}$ to rise; (*Wind etc*) to arise; (≈ *sich auflehnen*) to rise (up) (in revolt); **sich über andere** ~ to place oneself above others **erhebend** $\overline{ADJ}$ elevating; (≈ *erbaulich*) edifying **erheblich** $\overline{A}$ $\overline{ADJ}$ considerable; (≈ *relevant*) relevant $\overline{B}$ $\overline{ADV}$ considerably; *verletzen* severely **Erhebung** $\overline{F}$ **1** (≈ *Bodenerhebung*) elevation **2** (≈ *Aufstand*) uprising **3** (*von Gebühren*) levying **4** (≈ *Umfrage*) survey; **~en machen über** (+*akk*) to make inquiries about *od* into

erheitern $\overline{VT}$ to cheer (up) **Erheiterung** $\overline{F}$ amusement; **zur allgemeinen** ~ to the general amusement

erhellen $\overline{A}$ $\overline{VT}$ to light up; *Geheimnis* to shed light on $\overline{B}$ $\overline{VR}$ to brighten

erhitzen $\overline{A}$ $\overline{VT}$ to heat (up) (*auf* +*akk* to); **die Gemüter** ~ to inflame passions $\overline{B}$ $\overline{VR}$ to get hot; (*fig* ≈ *sich erregen*) to become heated (*an* +*dat* over); **die Gemüter erhitzten sich** feelings were running high

erhoffen $\overline{VT}$ to hope for; **sich** (*dat*) **etw** ~ to hope for sth (*von* from)

erhöhen $\overline{A}$ $\overline{VT}$ to raise; *Produktion* to increase; *Wirkung* to heighten; *Spannung* to increase; **erhöhte Temperatur haben** to have a temperature $\overline{B}$ $\overline{VR}$ to rise, to increase **Erhöhung** $\overline{F}$ **1** (≈ *das Erhöhen*) raising; (*von Preis, Produktion*) increase; (*von Wirkung*) heightening; (*von Spannung*) intensification **2** (≈ *Lohnerhöhung*) rise (*Br*), raise (*US*)

erholen $\overline{VR}$ to recover (*von* from); **du siehst sehr erholt aus** you look very rested **erholsam** $\overline{ADJ}$ restful **Erholung** $\overline{F}$ recovery; (≈ *Entspannung*) relaxation; **sie braucht dringend** ~ she badly needs a break **erholungsbedürftig** $\overline{ADJ}$ in need of a rest **Erholungsgebiet** $\overline{N}$ recreation area **Erholungsort** $\overline{M}$ health resort **Erholungspause** $\overline{F}$ break **Erholungsurlaub** $\overline{M}$ holiday (*Br*), vacation (*US*)

erhören $\overline{VT}$ to hear

erigiert $\overline{ADJ}$ erect

Erika $\overline{F}$ BOT heather

erinnern $\overline{A}$ $\overline{VT}$ **jdn an etw** (*akk*) ~ to remind sb of sth $\overline{B}$ $\overline{VR}$ **sich an jdn/etw** ~ to remember sb/sth; **soviel ich mich** ~ **kann** as far as I remember $\overline{C}$ $\overline{VI}$ ~ **an** (+*akk*) to be reminiscent of **Erinnerung** $\overline{F}$ memory; (≈ *Andenken*) memento; **zur** ~ **an** (+*akk*) in memory of; (*an Ereignis*) in commemoration of; **jdn in guter** ~ **behalten** to have pleasant memories of sb; **Erinnerungen** $\overline{PL}$ LIT memoirs *pl*; **~en austauschen**

897 | ERLE

> **erinnern: remind oder remember?**

Bei **remind** sind mindestens zwei Personen beteiligt: A erinnert B an etwas.
Remember ist ein Vorgang, den eine Person oder eine Personengruppe nur selbst tun kann: sich erinnern bzw. an etwas denken.

Bitte erinnere mich an Toms Geburtstag.	**Please remind me of Tom's birthday.**
Tom erinnert mich an meinen Vater.	**Tom reminds me of my father.**
Erinnerst du dich an unsere letzten gemeinsamen Ferien?	**Do you remember our last holiday together?**

SPRACHGEBRAUCH ◄

to reminisce **Erinnerungsstück** N̄ keepsake (*an +akk* from)
erkalten V̄ī to cool (down *od* off), to go cold **erkälten** V̄R̄ to catch a cold **erkältet** ADJ (**stark**) **~ sein** to have a (bad) cold **Erkältung** F̄ cold
erkämpfen V̄T̄ to win; **sich** (*dat*) **etw ~** to win sth; **hart erkämpft** hard-won
erkennbar ADJ recognizable; (≈ *sichtbar*) visible **erkennen** Ā V̄T̄ to recognize (*an +dat* by); (≈ *wahrnehmen*) to see; **jdn für schuldig ~** JUR to find sb guilty; **jdm zu ~ geben, dass ...** to give sb to understand that ...; **sich zu ~ geben** to reveal oneself (*als* to be); **~ lassen** to show Ḇ V̄ī **~ auf** (+*akk*) JUR *auf Freispruch* to grant; *auf Strafe* to impose; SPORT *auf Freistoß etc* to award **erkenntlich** ADJ **sich (für etw) ~ zeigen** to show one's gratitude (for sth) **Erkenntnis** F̄ (≈ *Wissen*) knowledge (❶ kein pl); (≈ *das Erkennen*) recognition; (≈ *Einsicht*) insight; **zu der ~ gelangen, dass ...** to come to the realization that ... **Erkennung** F̄ recognition **Erkennungsdienst** M̄ police records department **erkennungsdienstlich** ADV **jdn ~ behandeln** to fingerprint and photograph sb **Erkennungszeichen** N̄ identification; (MIL ≈ *Abzeichen*) badge
Erker M̄ bay **Erkerfenster** N̄ bay window
erklärbar ADJ explicable, explainable; **schwer ~** hard to explain; **nicht ~** inexplicable **erklären** Ā V̄T̄ Ḵ (≈ *erläutern*) to explain (*jdm etw* sth to sb); **ich kann mir nicht ~, warum ...** I can't understand why ... Ḇ (≈ *äußern*) to declare (*als* to be); *Rücktritt* to announce; **einem Staat den Krieg ~** to declare war on a country; **jdn für schuldig ~** to pronounce sb guilty Ḇ V̄R̄ (*Sache*) to be explained; **sich für/gegen jdn ~** → to declare oneself for/against sb; → erklärt **erklärend** ADJ explanatory **erklärlich** ADJ Ḵ = erklärbar Ḇ (≈ *verständlich*) understandable **erklärt** ADJ professed; → erklären **erklärtermaßen**, **erklärterweise** ADV avowedly **Erklärung** F̄ Ḵ explanation Ḇ (≈

Mitteilung) declaration; **eine ~ abgeben** to make a statement **erklärungsbedürftig** ADJ in need of (an) explanation **Erklärungsversuch** M̄ attempted explanation
erklingen V̄ī (*geh*) to ring out
erkranken V̄ī (≈ *krank werden*) to be taken ill (*Br*), to get sick (*bes US*) (*an +dat* with); (*Organ, Pflanze, Tier*) to become diseased (*an +dat* with); **erkrankt sein** (≈ *krank sein*) to be ill/diseased **Erkrankung** F̄; (*von Organ, Pflanze, Tier*) disease
erkunden V̄T̄ *bes* MIL to reconnoitre (*Br*), to reconnoiter (*US*); (≈ *feststellen*) to find out
erkundigen V̄R̄ **sich ~** to inquire; **sich nach jdm ~** to ask after (*Br*) *od* about sb; **sich bei jdm (nach etw) ~** to ask sb (about sth); **ich werde mich ~** I'll find out **Erkundigung** F̄ inquiry **Erkundung** F̄ MIL reconnaissance
Erlagschein M̄ (*österr*) giro transfer form
erlahmen V̄ī to tire; (*fig: Eifer*) to flag
erlangen V̄T̄ to achieve
Erlass M̄ Ḵ (≈ *Verfügung*) decree; (*der Regierung*) enactment Ḇ (≈ *das Erlassen*) remission **erlassen** V̄T̄ Ḵ *Verfügung* to pass; *Gesetz* to enact Ḇ *Strafe, Schulden etc* to remit; *Gebühren* to waive; **jdm etw ~** *Schulden etc* to release sb from sth
erlauben V̄T̄ Ḵ (≈ *gestatten*) to allow; **jdm etw ~** to allow sb (to do) sth; **es ist mir nicht erlaubt** I am not allowed; **~ Sie?** (*form*) may I?; **~ Sie mal!** do you mind!; **soweit es meine Zeit erlaubt** (*form*) time permitting Ḇ **sich** (*dat*) **etw ~** (≈ *sich gönnen*) to allow oneself sth; (≈ *sich leisten*) to afford sth; **sich** (*dat*) **Frechheiten ~** to take liberties; **was ~ Sie sich (eigentlich)!** how dare you! **Erlaubnis** F̄ permission; (≈ *Schriftstück*) permit
erläutern V̄T̄ to explain; **etw anhand von Beispielen ~** to illustrate sth with examples **Erläuterung** F̄ explanation
Erle F̄ alder
erleben V̄T̄ to experience; *schwere Zeiten, Sturm* to go through; *Niederlage* to suffer; **im Ausland habe ich viel erlebt** I had an eventful time abroad; **etwas Angenehmes** *etc* **~** to have a

pleasant *etc* experience; **das werde ich nicht mehr ~** I won't live to see that; **sie möchte mal etwas ~** she wants to have a good time; **na, der kann was ~!** (*umg*) he's going to be (in) for it! (*umg*) **Erlebnis** N̄ experience; (≈ *Abenteuer*) adventure **erlebnisreich** ADJ eventful

erledigen A V̄T̄ 1 *Angelegenheit* to deal with; *Auftrag* to carry out; (≈ *beenden*) *Arbeit* to finish off; *Sache* to settle; **ich habe noch einiges zu ~** I've still got a few things to do; **er ist für mich erledigt** I'm finished with him; **das ist (damit) erledigt** that's settled; **schon erledigt!** I've already done it 2 (*umg*) (≈ *ermüden*) to wear out; (≈ *k.o. schlagen*) to knock out B V̄R̄ **das hat sich erledigt** that's all settled; **sich von selbst ~** to take care of itself **erledigt** ADJ (*umg*) (≈ *erschöpft*) shattered (*Br umg*), all in (*umg*); (≈ *ruiniert*) finished **Erledigung** F̄ (*einer Sache*) settlement; **einige ~en in der Stadt** a few things to do in town; **die ~ meiner Korrespondenz** dealing with my correspondence

erlegen V̄T̄ *Wild* to shoot

erleichtern V̄T̄ to make easier; (*fig* ≈ *beruhigen, lindern*) to relieve; *Gewissen* to unburden; **jdm etw ~** to make sth easier for sb; **jdn um etw ~** (*hum*) to relieve sb of sth; **erleichtert sein** to be relieved; **erleichtert aufatmen** to breathe a sigh of relief **Erleichterung** F̄ (≈ *Beruhigung*) relief

erlernen V̄T̄ to learn

erlesen ADJ exquisite; **ein ~er Kreis** a select circle

erleuchten V̄T̄ to light (up), to illuminate; (*fig*) to enlighten; **hell erleuchtet** brightly lit **Erleuchtung** F̄ (≈ *Eingebung*) inspiration

erliegen V̄Ī +dat (*wörtl, fig*) to succumb to; *einem Irrtum* to be the victim of; **zum Erliegen kommen** to come to a standstill

erlogen ADJ not true *präd*; (≈ *erfunden*) made-up *attr*, made up *präd*; **das ist erstunken und ~** (*umg*) that's a rotten lie (*umg*)

Erlös M̄ proceeds *pl*

erloschen ADJ *Vulkan* extinct

erlöschen V̄Ī (*Feuer*) to go out; (*Gefühle*) to die; (*Vulkan*) to become extinct; (*Garantie*) to expire

erlösen V̄T̄ (≈ *retten*) to save (*aus, von* from); REL to redeem **Erlöser(in)** M(F) 1 (≈ *Retter*) rescuer 2 (≈ *Befreier*) liberator 3 REL **der Erlöser** the Redeemer **Erlösung** F̄ release; (≈ *Erleichterung*) relief; REL redemption

ermächtigen V̄T̄ to authorize **ermächtigt** ADJ authorized **Ermächtigung** F̄ authorization

ermahnen V̄T̄ to admonish; (*warnend*) to warn; JUR to caution **Ermahnung** F̄ admonition; (*warnend*) warning; JUR caution

Ermangelung F̄ (*geh*) **in ~** +*gen* because of the lack of

ermäßigen V̄T̄ to reduce **ermäßigt** ADJ reduced; **zu ~en Preisen** at reduced prices **Ermäßigung** F̄ reduction

ermessen V̄T̄ (≈ *einschätzen*) to gauge; (≈ *begreifen können*) to appreciate **Ermessen** N̄ (≈ *Urteil*) judgement; (≈ *Gutdünken*) discretion; **nach meinem ~** in my estimation; **nach menschlichem ~** as far as anyone can judge **Ermessensfrage** F̄ matter of discretion

ermitteln A V̄T̄ to determine, to ascertain; *Person* to trace; *Tatsache* to establish B V̄Ī to investigate; **gegen jdn ~** to investigate sb **Ermittler(in)** M(F) investigator **Ermittlung** F̄ *bes* JUR investigation; **~en anstellen** to make inquiries (*über* +*akk* about) **Ermittlungsverfahren** N̄ JUR preliminary proceedings *pl*

ermöglichen V̄T̄ to facilitate; **jdm etw ~** to make sth possible for sb

ermorden V̄T̄ to murder; (*bes aus politischen Gründen*) to assassinate **Ermordete(r)** M/F(M) (murder) victim **Ermordung** F̄ murder; (*bes politisch*) assassination

ermüden V̄T̄&V̄Ī to tire **ermüdend** ADJ tiring **Ermüdung** F̄ fatigue

ermuntern V̄T̄ 1 (≈ *ermutigen*) to encourage (*jdn zu etw* sb to do sth) 2 (≈ *aufmuntern*) to cheer up **Ermunterung** F̄ 1 (≈ *Ermutigung*) encouragement 2 (≈ *Aufmunterung*) cheering up

ermutigen V̄T̄ (≈ *ermuntern*) to encourage **ermutigend** ADJ encouraging **Ermutigung** F̄ encouragement

ernähren A V̄T̄ to feed; (≈ *unterhalten*) to support; **gut ernährt** well-nourished B V̄R̄ to eat; **sich gesund ~** to have a healthy diet; **sich von etw ~** to live on sth **Ernährer(in)** M(F) breadwinner **Ernährung** F̄ (≈ *das Ernähren*) feeding; (≈ *Nahrung*) food; **falsche ~** the wrong diet **ernährungsbewusst** ADJ nutrition-conscious **Ernährungsweise** F̄ eating habits *pl*

ernennen V̄T̄ to appoint; **jdn zum Vorsitzenden ~** to appoint sb chairman (❗ ohne **to** und **the**) **Ernennung** F̄ appointment (*zu* as)

erneuerbar ADJ renewable **erneuern** V̄T̄ to renew; (≈ *auswechseln*) *Öl* to change; *Maschinenteile* to replace **Erneuerung** F̄ renewal; (≈ *Auswechslung*) (*von Öl*) changing; (*von Maschinenteil*) replacement **erneuerungsbedürftig** ADJ in need of renewal; *Maschinenteil* in need of replacement **erneut** A ADJ renewed B ADV (once) again

erniedrigen V̄T̄ (≈ *demütigen*) to humiliate; (≈ *herabsetzen*) to degrade **Erniedrigung** F̄ humiliation; (≈ *Herabsetzung*) degradation; MUS flattening

ernst A ADJ serious; (≈ ernsthaft) Mensch earnest; (≈ feierlich) solemn; **~e Absichten haben** (umg) to have honourable (Br) od honorable (US) intentions; **es ist nichts Ernstes** it's nothing serious B ADV **es (mit etw) ~ meinen** to be serious (about sth); **~ gemeint** serious; **~ nehmen** to take sb/sth seriously **Ernst** M seriousness; (≈ Ernsthaftigkeit) earnestness; **im ~** seriously; **allen ~es** quite seriously; **das kann doch nicht dein ~ sein!** you can't be serious!; **mit etw ~ machen** to put sth into action; **damit wird es jetzt ~** now it's serious **Ernstfall** M **im ~** in case of emergency (⚠ ohne **the**) **ernstgemeint** ADJ → ernst **ernsthaft** A ADJ serious B ADV seriously **Ernsthaftigkeit** F seriousness **ernstlich** A ADJ serious B ADV **~ besorgt um** seriously concerned about

Ernte F 1 (≈ das Ernten) harvest(ing) 2 (≈ Ertrag) harvest (an +dat of); (von Äpfeln, fig) crop **Erntedankfest** N harvest festival **ernten** VT Getreide to harvest; Äpfel to pick; (fig) to reap; Undank, Spott to get **Erntezeit** F harvest (time) **ernüchtern** VT (fig) to bring down to earth; **~d** sobering **Ernüchterung** F (fig) disillusionment

Eroberer M, **Eroberin** F conqueror **erobern** VT to conquer; (fig) Sympathie etc to win **Eroberung** F conquest; **eine ~ machen** (fig umg) to make a conquest **Eroberungskrieg** M war of conquest

eröffnen VT 1 (≈ beginnen) to open 2 (hum) **jdm etw ~** to disclose sth to sb **Eröffnung** F 1 (≈ Beginn) opening; (von Konkursverfahren) institution 2 (hum) disclosure; **jdm eine ~ machen** to disclose sth to sb **Eröffnungsfeier** F opening ceremony

erogen ADJ erogenous

erörtern VT to discuss (in detail)

Erosion F erosion

Erotik F eroticism **erotisch** ADJ erotic

erpicht ADJ **auf etw** (akk) **~ sein** to be keen (Br) od bent (US) on sth

erpressbar ADJ **~ sein** to be susceptible to blackmail **erpressen** VT Geld etc to extort (von from); jdn to blackmail **Erpresser(in)** MF blackmailer **Erpressung** F (von Geld) extortion; (eines Menschen) blackmail

erproben VT to test **erprobt** ADJ tried and tested; (≈ erfahren) experienced **Erprobung** F testing **Erprobungsstufe** F SCHULE first two years in a Gymnasium during which pupils are assessed in order to establish whether they are suited to this type of school

erraten VT to guess

errechnen VT to work out, to calculate

erregbar ADJ excitable **erregen** A VT 1 to excite; (≈ erzürnen) to infuriate 2 (≈ hervorrufen) to arouse; Aufsehen, Heiterkeit to cause; Aufmerksamkeit to attract; → erregt B VR to get excited (über +akk about); (≈ sich ärgern) to get annoyed (über +akk at) **Erreger** M MED cause; (≈ Bazillus etc) pathogene (fachspr) **erregt** ADJ 1 excited 2 (sexuell) aroused 3 (≈ verärgert) annoyed; → erregen **Erregung** F 1 (≈ Erzeugung) arousing; (von Aufsehen, Heiterkeit) causing 2 (≈ Zustand) excitement; (≈ Wut) rage; **in ~ geraten** to get excited/into a rage

erreichbar ADJ reachable; (≈ nicht weit) within reach; Ziel attainable; **zu Fuß ~** within walking distance; **sind Sie zu Hause ~?** can I get in touch with you at home? **erreichen** VT to reach; Zug to catch; Absicht to achieve; (≈ einholen) to catch up with; **wann kann ich Sie morgen ~?** when can I get in touch with you tomorrow?; **wir haben nichts erreicht** we achieved nothing

errichten VT to put up; (fig ≈ gründen) to establish

erringen VT to gain; **ein hart errungener Sieg** a hard-won victory

erröten VI to flush; (bes aus Verlegenheit) to blush

Errungenschaft F achievement

Ersatz M substitute; (für Altes) replacement; **als ~ für jdn einspringen** to stand in for sb **Ersatzbank** F SPORT substitutes' bench **Ersatzdienst** M MIL alternative service **Ersatzdroge** F substitute drug **ersatzlos** A ADJ **~e Streichung** (von Stelle) abolition B ADV **etw ~ streichen** Stelle to abolish sth **Ersatzmann** M replacement; SPORT substitute **Ersatzmine** F (für Kugelschreiber) refill **Ersatzreifen** M AUTO spare tyre (Br) od tire (US) **Ersatzspieler(in)** MF SPORT substitute **Ersatzteil** N spare (part)

ersaufen VI (umg) (≈ ertrinken) to drown **ersäufen** VT to drown

erschaffen VT to create **Erschaffung** F creation

erscheinen VI to appear; (Buch) to come out; **es erscheint (mir) wünschenswert** it seems desirable (to me) **Erscheinen** N appearance; (von Buch) publication **Erscheinung** F 1 (≈ das Erscheinen) appearance; **in ~ treten** (Merkmale) to appear; (Gefühle) to show themselves 2 (≈ Alterserscheinung) symptom 3 (≈ Gestalt) figure; **seiner äußeren ~ nach** judging by his appearance 4 (≈ Geistererscheinung) apparition **Erscheinungsform** F manifestation

erschießen A VT to shoot (dead) B VR to shoot oneself **Erschießung** F shooting; (UUR: als Todesstrafe) execution; **Tod durch ~**

E

JUR death by firing squad **Erschießungs-kommando** N̄ firing squad

erschlaffen V̄/ī (≈ *ermüden*) to tire; (≈ *schlaff werden*) to go limp; (*Interesse, Eifer*) to wane

erschlagen[1] V̄/t̄ to kill; **vom Blitz ~ werden** to be struck (dead) by lightning

erschlagen[2] ADJ **~ sein** (*umg*) (≈ *todmüde*) to be worn out

erschließen V̄/t̄ *Gebiet, Absatzmarkt* to develop

erschöpfen V̄/t̄ to exhaust; **erschöpft** exhausted; **meine Geduld ist (endgültig) erschöpft** I've (finally) run out of patience **erschöpfend** A ADJ 1 (≈ *ermüdend*) exhausting 2 (≈ *ausführlich*) exhaustive B ADV exhaustively **Erschöpfung** F̄ exhaustion; **bis zur ~ arbeiten** to work to the point of exhaustion **Erschöpfungszustand** M̄ state of exhaustion (⚠ *kein pl*)

erschrecken A V̄/t̄ to frighten; (≈ *bestürzen*) to startle B V̄/ī & V̄/r̄ to be frightened (*vor +dat* by); (≈ *bestürzt sein*) to be startled **erschreckend** ADJ alarming; **~ aussehen** to look dreadful **erschrocken** ADJ frightened; (≈ *bestürzt*) startled

erschüttern V̄/t̄ *Gebäude, Vertrauen etc* to shake; **jdn in seinem Glauben ~** to shake sb's faith; **über etw** (*akk*) **erschüttert sein** to be shattered by sth (*umg*); **ihn kann nichts ~** he always keeps his cool (*umg*) **erschütternd** ADJ shattering (*umg*) **Erschütterung** F̄ (*des Bodens etc*) tremor; (≈ *seelische Ergriffenheit*) emotion

erschweren V̄/t̄ to make more difficult; **es kommt noch ~d hinzu, dass …** to compound matters, …

erschwinglich ADJ **das Haus ist für uns nicht ~** the house is not within our means

ersehen V̄/t̄ (*form*) **etw aus etw ~** to see sth from sth

ersehnt ADJ longed-for

ersetzbar ADJ replaceable **ersetzen** V̄/t̄ to replace; **ersetzt das Substantiv durch ein Pronomen** replace the noun with a pronoun

ersichtlich ADJ obvious; **ohne ~en Grund** for no apparent reason

ersinnen V̄/t̄ to devise; (≈ *erfinden*) to invent

ersparen V̄/t̄ *Kosten, Zeit* to save; **jdm/sich etw ~** to spare sb/oneself sth; **ihr blieb auch nichts erspart** she was spared nothing; **das Ersparte** the savings *pl* **Ersparnis** F̄ 1 (*an Zeit etc*) saving (*an +dat* of) 2 **~se** savings *pl*

erst ADV 1 first; (≈ *anfänglich*) at first; **mach ~ (ein)mal die Arbeit fertig** finish your work first 2 (≈ *bloß*) only; (≈ *nicht früher als*) not until; **eben** *od* **gerade ~** just; **~ gestern** only yesterday; **~ jetzt** only just; **~ morgen** not until *od* before tomorrow; **~ später** not until later; **~ wenn** only if *od* when, not until 3 **da fange ich**

~ gar nicht an I simply won't (bother to) begin; **das macht es ~ recht schlimm** that makes it even worse

erstarren V̄/ī (*Finger*) to grow stiff; (*Flüssigkeit*) to solidify; (*Zement etc*) to set; (*Blut, Fett etc*) to congeal; (*fig*) (*Blut*) to run cold; (*Lächeln*) to freeze; (*vor Schrecken etc*) to be paralyzed (*vor +dat* with)

erstatten V̄/t̄ 1 *Unkosten* to refund 2 (*form*) **(Straf)anzeige gegen jdn ~** to report sb; **Bericht ~** to (give a) report (*über +akk* on) **Erstattung** F̄ (*von Unkosten*) refund

Erstaufführung F̄ THEAT first performance, premiere

erstaunen V̄/t̄ & V̄/ī to astonish **Erstaunen** N̄ astonishment **erstaunlich** A ADJ astonishing B ADV astonishingly **erstaunlicherweise** ADV astonishingly, much to my/his *etc* surprise **erstaunt** A ADJ astonished (*über +akk* about) B ADV in astonishment

Erstausgabe F̄ first edition **erstbeste(r, s)** ADJ **er hat das ~ Auto gekauft** he bought the first car he saw

erstechen V̄/t̄ to stab to death

erstehen V̄/t̄ (*umg* ≈ *kaufen*) to buy

Erste-Hilfe-Kurs M̄ first-aid course **Erste-Hilfe-Leistung** F̄ administering of first aid; **in ~ ausgebildet sein** to be trained in first aid; **jede ~ muss schriftlich festgehalten werden** a written report must be made every time first aid is administered

ersteigen V̄/t̄ to climb

ersteigern V̄/t̄ to buy at an auction

erstellen V̄/t̄ 1 (≈ *bauen*) to construct 2 *Liste etc* to draw up

erstens ADV first(ly) **Erste(r)** M̄/F(M) first; **die drei ~n** the first three; **der ~ des Monats** the first (day) of the month; **vom nächsten ~n an** as of the first of next month; **er kam als ~r** he was the first to come **erste(r, s)** ADJ first; **~r Stock, ~ Etage** first floor, second floor (*US*); **zum ~n Mal** for the first time; **~ Qualität** top quality; **Erste Hilfe** first aid; **an ~r Stelle** in the first place; **in ~r Linie** first and foremost; **→ vierte(r, s) Erste(s)** M̄/F(M) **das ~** the first thing; **als ~s** first of all

ersticken A V̄/t̄ *jdn* to suffocate; *Feuer* to smother; *Geräusche* to stifle; *Aufruhr etc* to suppress B V̄/ī to suffocate; (*Feuer*) to die; **an einer Gräte ~** to choke (to death) on a fish bone; **in der Arbeit ~** (*umg*) to be up to one's neck in work (*umg*) **Erstickung** F̄ suffocation

erstklassig A ADJ first-class B ADV **spielen** excellently; **~ schmecken** to taste excellent **Erstkläss(l)er(in)** M̄/F̄ first-year pupil (*Br*), first-grader (*US*) **erstmalig** A ADJ first B ADV for the first time **erstmals** ADV for the first time

erstrangig ADJ first-rate; *Problem* top-priority
erstreben VT to strive for **erstrebenswert** ADJ desirable
erstrecken VR to extend (*auf, über* +akk over)
Erstschlag M (*mit Atomwaffen*) first strike **Erstsemester** N first-year student **Erststimme** F first vote
ersuchen VT (*form*) to request (*jdn um etw* sth of sb)
ertappen VT to catch; **ich habe ihn dabei ertappt** I caught him at it
erteilen VT to give; *Lizenz* to issue; **Unterricht ~** to teach
ertönen VI (*geh*) to sound
Ertrag M (*von Acker*) yield; (*≈ Einnahmen*) proceeds pl; **~ abwerfen** to bring in a return **ertragen** VT to bear; **das ist nicht mehr zu ~** it's unbearable **erträglich** ADJ bearable
ertränken VT to drown
erträumen VT to dream of; **sich** (*dat*) **etw ~** to dream of sth
ertrinken VI to drown **Ertrinken** N drowning
erübrigen A VT *Zeit, Geld* to spare B VR to be superfluous
erwachen VI to awake; (*aus Ohnmacht etc*) to come to (*aus* from); (*fig: Gefühle*) to be aroused; **ein böses Erwachen** (*fig*) a rude awakening
erwachsen ADJ grown-up, adult **Erwachsenenbildung** F adult education **Erwachsene(r)** M(F)M adult
erwägen VT to consider **Erwägung** F consideration; **etw in ~ ziehen** to consider sth
erwähnen VT to mention **erwähnenswert** ADJ worth mentioning **Erwähnung** F mention (+gen of)
erwärmen A VT to warm B VR to warm up; **sich für jdn/etw ~** (*fig*) to take to sb/sth **Erwärmung** F warming; **globale ~** global warming (❗ ohne the)
erwarten VT *Gäste, Ereignis* to expect; **etw von jdm/etw ~** to expect sth from *od* of sb/sth; **~, dass jd etw tut** to expect sb to do sth; **ein Kind ~** to be expecting a child; **das war zu ~** that was to be expected; **sie kann den Sommer kaum noch ~** she can hardly wait for the summer; **es steht zu ~, dass ...** (*form*) it is to be expected that ... **Erwartung** F expectation; (*≈ Ungeduld*) anticipation; **den ~en gerecht werden** to come up to expectations; (*≈ Voraussetzung erfüllen*) to meet the requirements; **hinter den ~en zurückbleiben** not to come up to expectations **erwartungsgemäß** ADV as expected **Erwartungshaltung** F expectations pl **erwartungsvoll** ADJ expectant
erwecken VT (*fig*) *Hoffnungen, Zweifel* to raise; *Er-*

innerungen to bring back
erweichen VT to soften; **jds Herz ~** to touch sb's heart; **sich nicht ~ lassen** to be unmoved
erweisen A VT **1** (*≈ nachweisen*) to prove; **eine erwiesene Tatsache** a proven fact **2** **jdm einen Dienst ~** to do sb a service B VR **sich als etw ~** to prove to be sth; **es hat sich erwiesen, dass ...** it turned out that ...
erweitern VT & VR to widen; *Geschäft* to expand; MED to dilate; (*fig*) *Kenntnisse etc* to broaden **Erweiterung** F widening; (*von Geschäft*) expansion; MED dilation; (*fig*) (*von Kenntnissen etc*) broadening
Erwerb M acquisition; (*≈ Kauf*) purchase **erwerben** VT to acquire; *Vertrauen* to earn; *Titel, Pokal* to win; (*käuflich*) to purchase; **er hat sich** (*dat*) **große Verdienste um die Firma erworben** he has done great service for the firm **erwerbsfähig** ADJ (*form*) capable of gainful employment **Erwerbsleben** N working life **erwerbslos** ADJ = arbeitslos **erwerbstätig** ADJ (gainfully) employed **Erwerbstätige(r)** M(F)M person in gainful employment **Erwerbstätigkeit** F gainful employment **erwerbsunfähig** ADJ (*form*) incapable of gainful employment **Erwerbung** F acquisition
erwidern VT **1** (*≈ antworten*) to reply (*auf* +akk to); **auf meine Frage erwiderte sie, dass ...** in reply to my question, she said that ... **2** *Feuer, Besuch* to return **Erwiderung** F (*≈ Antwort*) reply
erwirtschaften VT **Gewinne ~** to make profits
erwischen VT (*umg*) (*≈ erreichen, ertappen*) to catch; **jdn beim Stehlen ~** to catch sb stealing; **du darfst dich nicht ~ lassen** you mustn't get caught; **ihn hats erwischt!** (*verliebt*) he's got it bad (*umg*); (*krank*) he's got it; (*gestorben*) he's had it (*umg*)
erwünscht ADJ *Wirkung etc* desired; *Eigenschaft* desirable; **du bist hier nicht ~!** you're not welcome here!
erwürgen VT to strangle
Erz N ore
erzählen A VT **1** to tell; **jdm etw ~** to tell sth to sb; **erzähl mal, was/wie ...** tell me/us what/how ...; **das kannst du einem anderen ~** (*umg*) tell that to the marines (*umg*) **2** LIT to narrate; **~de Dichtung** narrative fiction B VI **1** to tell (*von* about); **er kann gut ~** he's a good storyteller **2** LIT to narrate **Erzähler(in)** M(F) narrator; (*≈ Geschichtenerzähler*) storyteller; (*≈ Schriftsteller*) narrative writer **Erzählung** F LIT story; (*≈ Schilderung*) account
Erzbergwerk N ore mine **Erzbischof** M archbishop (❗ mit Namen großgeschrieben)

Erzengel M archangel
erzeugen VT CHEM, ELEK, PHYS to generate; HANDEL *Produkt* to manufacture; *Wein etc* to produce; (*fig* ≈ *bewirken*) to cause **Erzeuger(in)** M(F) HANDEL manufacturer; (*von Naturprodukten*) producer **Erzeugerland** N country of origin **Erzeugerpreis** M manufacturer's price **Erzeugnis** N product; AGR produce (⚠ kein pl, ohne a) **Erzeugung** F CHEM, ELEK, PHYS generation
Erzherzog M archduke
erziehbar ADJ *Kind* educable; *Tier* trainable; **schwer ~** *Kind* difficult; *Hund* difficult to train **erziehen** VT *Kind* to bring up; *Tier* to train; (≈ *ausbilden*) to educate; **ein gut/schlecht erzogenes Kind** a well-brought-up/badly-brought-up child **Erzieher(in)** M(F) educator; (*in Kindergarten*) nursery school teacher **erzieherisch** ADJ educational **Erziehung** F upbringing; (≈ *Ausbildung*) education; (≈ *das Erziehen*) bringing up; (*von Tieren*) training; (≈ *Manieren*) (good) breeding **Erziehungsberatung** F educational guidance **erziehungsberechtigt** ADJ having parental authority **Erziehungsberechtigte(r)** M/F(M) parent or (legal) guardian **Erziehungsgeld** N ≈ child benefit **Erziehungsurlaub** M parental leave **Erziehungswissenschaft** F education
erzielen VT *Erfolg, Ergebnis* to achieve; *Einigung* to reach; *Gewinn* to make; *Preis* to fetch; SPORT *Tor, Punkte* to score; *Rekord* to set
erzkonservativ ADJ ultraconservative
erzürnen VT (geh) to anger
erzwingen VT to force; (*gerichtlich*) to enforce
es PERS PR it; (*auf männliches Wesen bezogen*) (*nom*) he; (*akk*) him; (*auf weibliches Wesen bezogen*) (*nom*) she; (*akk*) her; **es ist kalt/8 Uhr/Sonntag** it's cold/8 o'clock/Sunday; **ich hoffe es** I hope so; **es gefällt mir** I like it; **es klopft** there's a knock (at the door); **es regnet** it's raining; **es geschah ein Unglück** there was an accident; **es gibt viel Arbeit** there's a lot of work; **es kamen viele Leute** a lot of people came
Escape-Taste F IT escape key
Esche F ash-tree; (≈ *Holz*) ash
Esel M donkey; (*umg* ≈ *Dummkopf*) (silly) ass; **ich ~!** silly (old) me!; **störrisch wie ein ~** as stubborn as a mule **Eselsbrücke** F (≈ *Gedächtnishilfe*) mnemonic **Eselsohr** N (fig) dog-ear
Eskalation F escalation **eskalieren** VT & VI to escalate
Eskapade F (fig) escapade
Eskimo M Eskimo
Eskorte F MIL escort **eskortieren** VT to escort
Esoterik F esotericism **Esoteriker(in)** M(F) esoteric **esoterisch** ADJ esoteric
Espe F aspen **Espenlaub** N **zittern wie ~** to shake like a leaf
Esperanto N Esperanto
Espresso M espresso
Essay M *od* N LIT essay
essbar ADJ edible; **nicht ~** inedible **Essbesteck** N cutlery (set) (*Br*), flatware (*US*), knife, fork and spoon **Essecke** F eating area **essen** VT & VI to eat; **da isst es sich gut** the food is good there; **warm/kalt ~** to have a hot/cold meal; **sich satt ~** to eat one's fill; **~ Sie gern Äpfel?** do you like apples?; **beim Essen sein** to be in the middle of eating; **~ gehen** (*auswärts*) to eat out; **das Thema ist schon lange gegessen** (fig umg) the subject is dead and buried **Essen** N (≈ *Mahlzeit*) meal; (≈ *Nahrung*) food; (≈ *Küche*) cooking; (≈ *Mittagessen*) lunch; (≈ *Abendessen*) dinner; **das ~ kochen** (umg) to cook the meal; **jdn zum ~ einladen** to invite sb for a meal **Essen(s)marke** F meal voucher (*Br*) *od* ticket (*US*) **Essen(s)zeit** F mealtime

Essen und Trinken

Oft wird im Englischen das Verb **to have** verwendet, wenn man im Deutschen „essen" oder „trinken" sagt, und das, was man isst oder trinkt, wird angeschlossen:

| ein gekochtes Ei zum Frühstück essen | **to have a boiled egg for breakfast** |
| eine Tasse Tee trinken | **to have a cup of tea.** |

SPRACHGEBRAUCH

essentiell ADJ = essenziell
Essenz F essence **essenziell** ADJ essential
Essig M vinegar **Essiggurke** F (pickled) gherkin **Essigsäure** F acetic acid
Esskastanie F sweet chestnut **Esslöffel** M (*für Suppe*) soup spoon; (*in Rezept*) tablespoon **Essstäbchen** PL chopsticks *pl* **Essstörung** F eating disorder **Esstisch** M dining table **Esszimmer** N dining room
Establishment N SOZIOL, PRESSE establishment
Este M, **Estin** F Estonian **Estland** N Estonia
estnisch ADJ Estonian
Estragon M tarragon
Estrich M ① stone floor ② (*schweiz* ≈ *Dachboden*) attic
etablieren VR to establish oneself **etabliert** ADJ established
Etage F floor; **in** *od* **auf der 2. ~** on the 2nd *od* 3rd (*US*) floor **Etagenbett** N bunk bed **Etagenheizung** F *heating system which covers*

one floor of a building

Etappe F̲ stage **Etappensieg** M̲ SPORT stage win **etappenweise** A̲D̲V̲ stage by stage

Etat M̲ budget **Etatjahr** N̲ financial year **etatmäßig** A̲D̲J̲ ADMIN budgetary **Etatposten** M̲ item in the budget

etepetete A̲D̲J̲ (umg) fussy

Ethik F̲ ethics pl; (≈ Fach) ethics sg **Ethikkommission** F̲ ethics committee (❶ Vorsicht, Schreibung) **Ethikunterricht** M̲ SCHULE (teaching of) ethics **ethisch** A̲D̲J̲ ethical

ethnisch A̲D̲J̲ ethnic; **~e Säuberung** ethnic cleansing **Ethnologe** M̲, **Ethnologin** F̲ ethnologist **Ethnologie** F̲ ethnology

Ethos N̲ ethos; (≈ Berufsethos) professional ethics pl

E-Ticket N̲ e-ticket**Etikett** N̲ label **Etikette** F̲ etiquette **etikettieren** V̲T̲ to label

etliche(r, s) I̲N̲D̲E̲F̲ P̲R̲ ◱ quite a lot of; **~ Mal** quite a few times ◲ **etliche** P̲L̲ quite a few ◳ **etliches** sg (substantivisch) quite a lot

Etüde F̲ MUS étude

Etui N̲ case

etwa A̲D̲V̲ ◱ (≈ ungefähr) about; **~ so** more or less like this ◲ (≈ zum Beispiel) for instance; **wie ~** such as ◳ (in Fragen) by any chance; **hast du das ~ vergessen?** you haven't forgotten that by any chance, have you?; **du bist doch nicht ~ krank?** surely you're not ill, are you?; (❶ Hier werden im Englischen typischerweise Bestätigungsfragen, die sogenannten „tag questions" verwendet.) ◴ (empört, vorwurfsvoll) **soll das ~ heißen, dass …?** is that supposed to mean …?; **willst du ~ schon gehen?** (surely) you don't want to go already!; **sind Sie ~ nicht einverstanden?** do you mean to say that you don't agree?; **ist das ~ wahr?** (surely) it's not true!; **war sie ~ da?** don't tell me she was there **etwaig** A̲D̲J̲ possible; **bei ~en Beschwerden** in the event of (any) complaints **etwas** I̲N̲D̲E̲F̲ P̲R̲ ◱ (substantivisch) something; (fragend, verneinend) anything; (Teil einer Menge) some, any; **kannst du mir ~ (davon) leihen?** can you lend me some (of it)?; **~ anderes** something else; **aus ihm wird nie ~** (umg) he'll never become anything; **da ist ~ Wahres dran** there is some truth in that ◲ (adjektivisch) some; **~ Salz?** some salt?; **~ Nettes** something nice **Etwas** N̲ something; **das gewisse ~** that certain something

Etymologie F̲ etymology **etymologisch** A̲D̲J̲ etymological

Et-Zeichen N̲ ampersand

EU F̲ abk von Europäische Union EU **EU-Beitritt** M̲ accession to the EU, entry into the EU

EU-Beitrittsland N̲ EU accession country

euch P̲E̲R̲S̲ P̲R̲ you; (reflexiv) yourselves; **ein Freund von ~** a friend of yours; **setzt ~!** sit (yourselves (umg)) down!

euer P̲O̲S̲S̲ P̲R̲ your; **viele Grüße, Euer Hans** best wishes, yours, Hans; **das sind eure Bücher** those are your books **euere(r, s)** P̲O̲S̲S̲ P̲R̲ = **euere(r, s)**

Eukalyptus M̲ (≈ Baum) eucalyptus (tree); (≈ Öl) eucalyptus oil

EU-Land N̲ EU country od member state

Eule F̲ owl

Eunuch M̲ eunuch

euphemistisch ◭ A̲D̲J̲ euphemistic ◮ A̲D̲V̲ euphemistically

Euphorie F̲ euphoria **euphorisch** A̲D̲J̲ euphoric

EUR abk von Euro EUR, euro

eure(r, s) P̲O̲S̲S̲ P̲R̲ ◱ (substantivisch) yours; **der/die/das ~** od **Eure** (geh) yours; **tut ihr das ~** od **Eure** (geh) you do your bit (Br) od part (US) ◲ (adjektivisch) → **euer eurerseits** A̲D̲V̲ for your part **euresgleichen** P̲R̲O̲N̲ people like you **euretwegen** A̲D̲V̲ (≈ wegen euch) because of you **euretwillen** A̲D̲V̲ **um ~** for your sake

Euro M̲ (≈ Währung) euro; **das kostet zehn ~** that's ten euros; **mit jedem ~ rechnen müssen** to have to count every penny **Eurocent** M̲ euro cent **Eurocityzug** M̲ European Inter-City train **Eurokrat(in)** M̲/F̲ Eurocrat **Euroland** N̲ ◱ (umg ≈ Eurozone) Euroland (umg) ◲ (≈ EWU-Mitgliedsstaat) euro country **Euronorm** F̲ European standard

Europa N̲ Europe **Europacup** M̲ European cup **Europäer(in)** M̲/F̲ European **europäisch** A̲D̲J̲ European; **Europäische Gemeinschaft** HIST European Community; **Europäischer Gerichtshof** European Court of Justice; **~e Schule** European school; **Europäische Union** European Union; **Europäische Zentralbank** European Central Bank **Europameister(in)** M̲/F̲ SPORT European champion; (≈ Team, Land) European champions pl **Europameisterschaft** F̲ European championship **Europaparlament** N̲ European Parliament **Europapokal** M̲ SPORT European cup **Europapolitik** F̲ policy toward(s) Europe **Europarat** M̲ Council of Europe **Europaschule** F̲ type of school in Germany in which emphasis is placed on the learning of foreign languages and the understanding of foreign cultures **Europawahlen** P̲L̲ European elections pl **europaweit** ◭ A̲D̲J̲ Europe-wide ◮ A̲D̲V̲ throughout Europe

Eurovision F̲ Eurovision **Eurowährung** F̲ eurocurrency **Eurozeichen** N̲ euro symbol

EURO | 904

Eurozone F euro zone
Euter N udder
Euthanasie F euthanasia
evakuieren VT to evacuate **Evakuierung** F evacuation
evangelisch ADJ Protestant **Evangelist(in)** M/F evangelist **Evangelium** N Gospel; (fig) gospel
Eventualität F eventuality **eventuell** A ADJ possible B ADV possibly; ~ **rufe ich Sie später an** I may possibly call you later

eventuell ≠ eventually

eventuell	=	possibly
eventually	=	schließlich

FALSCHE FREUNDE

Evolution F evolution
ewig A ADJ eternal; *Eis, Schnee* perpetual; (umg) *Nörgelei etc* never-ending B ADV for ever; **auf ~** for ever; **das dauert ja ~, bis ...** it'll take ages until ... (umg) **Ewigkeit** F eternity (! ohne **the**); (umg) ages; **bis in alle ~** for ever; **es dauert eine ~, bis ...** (umg) it'll take absolutely ages until ... (umg)
ex ADV **er trank ~** he emptied his glass in one go; **ex! bottoms up!**
Ex M od F (umg) ex (umg)
exakt A ADJ exact B ADV exactly; **~ arbeiten** to work accurately **Exaktheit** F exactness
Examen N exam; UNIV final examinations *pl*; **~ machen** to do one's exams *od* finals
exekutieren VT to execute **Exekution** F execution **Exekutive** F, **Exekutivgewalt** F executive
Exempel N (geh) **die Probe aufs ~ machen** to put it to the test
Exemplar N specimen; (≈ *Buchexemplar, Zeitschriftenexemplar*) copy **exemplarisch** ADJ exemplary; **jdn ~ bestrafen** to punish sb as an example (to others)
exerzieren VT & VI to drill
Exfrau F ex-wife **Exfreund(in)** M/F ex-boyfriend/girlfriend
Exhibitionist(in) M/F exhibitionist
Exil N exile; **im ~ leben** to live in exile (! beide ohne **the**)
Existenz F existence; (≈ *Auskommen*) livelihood; **eine gescheiterte ~** (umg) a failure; **sich** (dat) **eine (neue) ~ aufbauen** to make a (new) life for oneself **Existenzangst** F PHIL angst; (*wirtschaftlich*) fear for one's livelihood **Existenzberechtigung** F right to exist **Existenzgründer(in)** M/F founder of a (new) business **Existenzgrundlage** F basis of one's livelihood **Existenzgründung** F ❶ establishing one's livelihood; WIRTSCH founding of a new business ❷ (WIRTSCH ≈ *neu gegründete Firma*) start-up (business) **Existenzialismus** M existentialism **Existenzialist(in)** M/F existentialist **existenziell** ADJ (geh) existential; **von ~er Bedeutung** of vital significance **Existenzkampf** M struggle for survival **Existenzminimum** N subsistence level; (≈ *Lohn*) minimal living wage **existieren** VI to exist
exklusiv ADJ exclusive **exklusive** PRÄP +gen excluding **Exklusivität** F exclusiveness
Exkrement N (geh) excrement (! kein pl)
Exkursion F (study) trip
Exmann M ex-husband
Exmatrikulation F UNIV being taken off the university register **exmatrikulieren** VT UNIV to take off the university register
Exodus M (BIBEL, fig) exodus
Exorzist(in) M/F exorcist
Exot(in) M/F exotic animal/plant *etc*; (*Mensch*) exotic foreigner **exotisch** ADJ exotic
Expander M SPORT chest expander **expandieren** VI to expand **Expansion** F PHYS, POL expansion
Expedition F expedition
Experiment N experiment; **~e machen** to carry out experiments **Experimentalfilm** M experimental film **experimentell** ADJ experimental **experimentieren** VI to experiment (*mit* with)
Experte M, **Expertin** F expert (*für* in) **Expertenkommission** F think tank **Expertenmeinung** F expert opinion
explizit (geh) A ADJ explicit B ADV explicitly
explodieren VI to explode **Explosion** F explosion; **etw zur ~ bringen** to detonate sth **explosionsartig** A ADJ explosive; *Wachstum* phenomenal B ADV **das Gerücht verbreitete sich ~** the rumour (*Br*) *od* rumor (*US*) spread like wildfire **Explosionsgefahr** F danger of explosion **explosiv** ADJ explosive
Exponent M MATH exponent
exponieren VT to expose
Export M export (*an* +dat of); (≈ *Exportwaren*) exports *pl* **Exportabteilung** F export department **Exportartikel** M export **Exporteur(in)** M/F exporter **Exportgeschäft** N export business **Exporthandel** M export business **exportieren** VT & VI to export **Exportkauffrau** F, **Exportkaufmann** M exporter **Exportland** N exporting country **Exportware** F export
Expressgut N express goods *pl*
Expressionismus M expressionism **Ex-

pressionist(in) MF expressionist **expressionistisch** ADJ expressionist (⚠ kein Adverb), expressionistic **expressiv** ADJ expressive

extern ADJ external

extra A ADJ (umg) extra B ADV (e)specially; (≈ gesondert) separately; (≈ zusätzlich) extra; (umg ≈ absichtlich) on purpose **Extra** N extra

extrahieren VT to extract **Extrakt** M extract

Extratour F (fig umg) special favour (Br) od favor (US) **extravagant** A ADJ extravagant B ADV extravagantly **Extravaganz** F extravagance **extravertiert** ADJ PSYCH extrovert **Extrawurst** F (umg) **jdm eine ~ braten** to make an exception for sb

extrem A ADJ extreme B ADV extremely; sich verbessern, sich verschlechtern radically **Extrem** N extreme **Extremfall** M extreme (case) **Extremismus** M extremism **Extremist(in)** MF extremist **extremistisch** ADJ extremist **Extremität** F extremity **Extremsituation** F extreme situation **Extremsport** M extreme sport

extrovertiert ADJ PSYCH extrovert

Exzellenz F Excellency

exzentrisch ADJ eccentric

Exzess M excess; **bis zum ~** excessively **exzessiv** ADJ excessive

Eyeliner M eyeliner

EZB F abk von Europäische Zentralbank ECB

F, f N F, f

Fabel F fable **fabelhaft** A ADJ splendid B ADV splendidly **Fabeltier** N mythical creature **Fabelwesen** N mythical creature

Fabrik F factory **Fabrikanlage** F factory premises pl **Fabrikant(in)** MF (≈ Fabrikbesitzer) industrialist; (≈ Hersteller) manufacturer **Fabrikarbeiter(in)** MF factory worker **Fabrikat** N (≈ Marke) make; (≈ Produkt) product; (≈ Ausführung) model **Fabrikation** F manufacture

▶ Fabrik ≠ fabric

Fabrik	=	**factory**
fabric	=	Stoff, Gewebe

 FALSCHE FREUNDE ◀

Fabrikationsfehler M manufacturing fault **Fabrikbesitzer(in)** MF factory owner **Fabrikgelände** N factory site **Fabrikverkauf** M (≈ Center) factory outlet **fabrizieren** VT (umg) to make; Alibi, Lügen to concoct

Facette F facet **facettenartig** ADJ facet(t)ed **Facettenauge** N compound eye

Fach N ◼ compartment; (in Regal etc) shelf; (für Briefe etc) pigeonhole ◼ (≈ Sachgebiet) subject; (≈ Gebiet) field; (≈ Handwerk) trade; **ein Mann vom ~** an expert **Fachabitur** N examination entitling the successful candidate to study at a Fachhochschule or certain subjects at a university **Facharbeiter(in)** MF skilled worker **Facharzt** M, **Fachärztin** F specialist (für in) **fachärztlich** ADJ specialist attr; Behandlung by a specialist **Fachausdruck** M technical term **Fachbereich** M (≈ Fachgebiet) (special) field; UNIV faculty **Fachbuch** N reference book **Fachbuchhandlung** F specialist bookshop

Fächer M fan; (fig) range **fächerförmig** A ADJ fan-shaped B ADV like a fan **fächern** A VT to fan (out); (fig) to diversify; **gefächert** diverse B VR to fan out

Fachfrau F expert **Fachgebiet** N (special) field **fachgerecht** A ADJ expert; Ausbildung specialist attr B ADV expertly **Fachgeschäft** N specialist shop, specialty store (US) **Fachhandel** M specialist shops pl, specialty stores pl (US) **Fachhochschule** F higher education institution **Fachidiot(in)** MF (umg) person who can think of nothing but his/her subject **Fachjargon** M technical jargon **Fachkenntnisse** PL specialized knowledge **Fachkonferenz** F SCHULE conference held twice a year in a school involving all the teachers of a particular subject along with parent and pupil representatives

Fachkraft F qualified employee **Fachkräftemangel** M lack of qualified personnel **Fachkreise** PL **in ~n** among experts **fachkundig** A ADJ informed; (≈ fachmännisch) proficient B ADV **jdn ~ beraten** to give sb informed advice

Fachlehrer(in) MF specialist subject teacher **fachlich** ADJ technical; Ausbildung specialist attr; (≈ beruflich) professional

Fachliteratur F specialist literature

Fachmann M expert

fachmännisch A ADJ expert B ADV expertly; **~ ausgeführt** expertly done

Fachoberschule F College of Further Education

Fachrichtung F subject area

Fachschule F technical college

FACH | 906

Fachsimpelei F̲ (umg) shop talk **fachsim-peln** V̲I̲ (umg) to talk shop
Fachsprache F̲ technical terminology
Fachwelt F̲ experts pl
Fachwerkhaus N̲ half-timbered house
Fachwissen N̲ (specialized) knowledge of the/one's subject
Fachwort N̲ specialist term
Fachwörterbuch N̲ specialist dictionary
Fachzeitschrift F̲ specialist journal; (für Berufe) trade journal
Fackel F̲ torch **fackeln** V̲I̲ (umg) **nicht lange gefackelt!** no shillyshallying! (bes Br umg) **Fackelzug** M̲ **einen ~ veranstalten** to hold a torchlight procession
fad A̲D̲J̲ (bes österr, schweiz) = fade
fade A̲ A̲D̲J̲ 1 Geschmack insipid; Essen tasteless 2 (fig ≈ langweilig) dull B̲ A̲D̲V̲ **~ schmecken** to have not much of a taste
Faden M̲ thread; (an Marionetten) string; M̲E̲D̲ stitch; **den ~ verlieren** (fig) to lose the thread; **keinen guten ~ an jdm/etw lassen** (umg) to tear sb/sth to shreds (umg) **Fadenkreuz** N̲ crosshair **Fadennudeln** P̲L̲ vermicelli pl **fadenscheinig** A̲D̲J̲ (wörtl) threadbare; (fig) Argument flimsy; Ausrede transparent
fadisieren V̲R̲ (österr) = langweilen
Fagott N̲ bassoon; **~ spielen** to play the bassoon (⚠ mit the)
fähig A̲D̲J̲ 1 (≈ tüchtig) capable 2 (dazu) **~ sein, etw zu tun** to be capable of doing sth; **zu allem ~ sein** to be capable of anything **Fähigkeit** F̲ (≈ Begabung) ability; (≈ praktisches Können) skill; **die ~ haben, etw zu tun** to be capable of doing sth
fahl A̲D̲J̲ pale **Fahlheit** F̲ paleness
fahnden V̲I̲ to search (nach for) **Fahnder(in)** M̲F̲ investigator **Fahndung** F̲ search **Fahndungsliste** F̲ **er steht auf der ~** he's wanted by the police
Fahne F̲ 1 flag; **etw auf seine ~ schreiben** (fig) to take up the cause of sth; **mit fliegenden ~n untergehen** to go down with all flags flying 2 (umg) **eine ~ haben** to reek of alcohol 3 T̲Y̲P̲O̲ galley (proof) **Fahnenflucht** F̲ desertion **Fahnenmast** M̲, **Fahnenstange** F̲ flagpole
Fahrausweis M̲ ticket **Fahrbahn** F̲ roadway; (≈ Fahrspur) lane **fahrbar** A̲D̲J̲ mobile; **~er Untersatz** (hum) wheels pl (hum)
Fähre F̲ ferry; **mit der ~ fahren** to go by ferry
fahren A̲ V̲I̲ 1 (≈ sich fortbewegen) to go; (Autofahrer) to drive; (Zweiradfahrer) to ride; (Schiff) to sail; **mit dem Auto/Zug ~** to go by car/train (⚠ bei Verkehrsmitteln mit by); **mit dem Rad ~** to cycle; **mit dem Aufzug ~** to take the lift

(Br), to ride the elevator (US); **links/rechts ~** to drive on the left/right; **zweiter Klasse ~** to travel second class; **gegen einen Baum ~** to drive into a tree; **der Wagen fährt sehr ruhig** the car is very quiet 2 (≈ verkehren) **~ da keine Züge?** don't any trains go there?; **der Bus fährt alle fünf Minuten** there's a bus every five minutes 3 **was ist (denn) in dich gefahren?** what's got into you?; **(mit jdm) gut ~** to get on well (with sb); **(bei etw) gut/schlecht ~** to do well/badly (with sth) 4 (≈ streichen) **jdm/sich durchs Haar ~** to run one's fingers through sb's/one's hair B̲ V̲I̲ 1 Auto, Bus, Zug etc to drive; Fahrrad, Motorrad to ride; **Ski ~** to ski; **Snowboard ~** to go snowboarding; **Rollschuh ~** to rollerskate 2 (≈ benutzen: Straße, Strecke etc) to take; **ich fahre lieber Autobahn** I prefer (driving on) motorways (Br) od freeways (US) 3 (≈ befördern) to take; (≈ hierherfahren) to bring; Personen to drive; **ich fahre dich nach Hause** I'll take you home 4 Geschwindigkeit to do; **in der Stadt darf man nur Tempo 50 ~** in town the speed limit is 50 km/h C̲ V̲R̲ **mit diesem Wagen fährt es sich gut** it's good driving this car; **der neue Wagen fährt sich gut** the new car is nice to drive **fahrend** A̲D̲J̲ itinerant; Zug, Auto in motion
Fahrenheit F̲ Fahrenheit
Fahrer(in) M̲F̲ driver **Fahrerei** F̲ driving **Fahrerflucht** F̲ hit-and-run driving; **~ begehen** to fail to stop after causing an accident **fahrerflüchtig** A̲D̲J̲ (form) hit-and-run attr **Fahrerhaus** N̲ (driver's) cab **Fahrerlaubnis** F̲ (form) driving licence (Br), driver's license (US) **Fahrersitz** M̲ driver's seat **Fahrgast** M̲ passenger **Fahrgeld** N̲ fare **Fahrgemeinschaft** F̲ carpool **Fahrgestell** N̲ A̲U̲T̲O̲ chassis; F̲L̲U̲G̲ undercarriage (bes Br)
fahrig A̲D̲J̲ nervous; (≈ unkonzentriert) distracted
Fahrkarte F̲ ticket **Fahrkartenautomat** M̲ ticket machine **Fahrkartenkontrolle** F̲ ticket inspection **Fahrkartenschalter** M̲ ticket office **fahrlässig** A̲ A̲D̲J̲ negligent (a. JUR) B̲ A̲D̲V̲ negligently; **~ handeln** to be guilty of negligence **Fahrlässigkeit** F̲ negligence (a. JUR) **Fahrlehrer(in)** M̲F̲ driving instructor **Fahrplan** M̲ timetable (bes Br), schedule (US); (fig) schedule **Fahrplanänderung** F̲ change in (the) timetable (bes Br) od schedule (US) **fahrplanmäßig** A̲ A̲D̲J̲ scheduled attr, präd B̲ A̲D̲V̲ verkehren on schedule; **es verlief alles ~** everything went according to schedule **Fahrpraxis** F̲ driving experience **Fahrpreis** M̲ fare **Fahrpreiserhöhung** F̲ fare increase, increase in fares **Fahrpreisermäßigung** F̲ fare reduction **Fahr-**

907 | FALS

prüfung F driving test **Fahrrad** N bike (umg) **Fahrradfahrer(in)** M/F cyclist **Fahrradweg** M cycle path **Fahrrinne** F SCHIFF shipping channel **Fahrschein** M ticket **Fahrscheinautomat** M ticket machine **Fahrscheinentwerter** M automatic ticket stamping machine **Fahrscheinheft** N book of tickets **Fahrschule** F driving school **Fahrschüler(in)** M/F (bei Fahrschule) learner (driver) (Br), student (driver) (US) **Fahrschullehrer(in)** M/F driving instructor **Fahrspur** F, **Fahrstreifen** M lane **Fahrstuhl** M lift (Br), elevator (US) **Fahrstunde** F driving lesson **Fahrt** F **1** journey; **nach zwei Stunden ~** after travelling (Br) od traveling (US) for two hours; **gute ~!** safe journey! **2** jdn in **~ bringen** to get sb going; **in ~ kommen** to get going **3** (≈ Ausflug) trip; **eine ~ machen** to go on a trip **4** SCHIFF voyage; (≈ Überfahrt) crossing **Fahrtdauer** F time for the journey

Fährte F tracks pl; (≈ Witterung) scent; (≈ Spuren) trail; **auf der richtigen/falschen ~ sein** (fig) to be on the right/wrong track

Fahrtenbuch N (≈ Kontrollbuch) driver's log **Fahrtenschreiber** M tachograph (Br), trip recorder **Fahrtkosten** PL travelling (Br) od traveling (US) expenses pl **Fahrtrichtung** F direction of travel; **entgegen der ~** facing backwards; **in ~** facing the front **Fahrtrichtungsanzeiger** M AUTO indicator (Br), turn signal (US) **fahrtüchtig** ADJ fit to drive; Wagen etc roadworthy **Fahrtüchtigkeit** F fitness to drive; (von Wagen etc) roadworthiness **Fahrtunterbrechung** F break in the journey **Fahrtwind** M airstream **Fahrverbot** N driving ban; **jdn mit ~ belegen** to ban sb from driving **Fahrwasser** N **1** SCHIFF shipping channel **2** (fig) **in ein gefährliches ~ geraten** to get into dangerous ground **Fahrweise** F seine **~** his driving **Fahrwerk** N FLUG undercarriage (bes Br); AUTO chassis **Fahrzeit** F = Fahrtdauer **Fahrzeug** N vehicle; (≈ Luftfahrzeug) aircraft; (≈ Wasserfahrzeug) vessel **Fahrzeugbrief** M registration document **Fahrzeughalter(in)** M/F keeper of the vehicle **Fahrzeugpapiere** PL vehicle documents pl **Fahrzeugpark** M (form) fleet

Faible N (geh) liking

fair A ADJ fair (gegen to); B ADV fairly **Fairness** F fairness

Fäkalien PL faeces pl (Br), feces pl (US)

Fakir M fakir

Fakt N od M fact **faktisch** A ADJ actual B ADV in actual fact **Faktor** M factor

Fakultät F UNIV faculty **fakultativ** ADJ op-

tional

Falke M falcon; (fig) hawk

Fall¹ M (≈ das Fallen) fall; (fig) (von Regierung) downfall; **zu ~ kommen** (wörtl geh) to fall; **über die Affäre ist er zu ~ gekommen** (fig) the affair was his downfall; **zu ~ bringen** (wörtl geh) to trip up; (fig) Menschen to cause the downfall of; Regierung to bring down

Fall² M **1** (≈ Umstand) gesetzt den **~** assuming (that); **für den ~, dass ich …** in case I …; **für alle Fälle** just in case; **auf jeden ~** at any rate; **auf keinen ~** on no account; **auf alle Fälle** in any case; **für solche Fälle** for such occasions; **im günstigsten/schlimmsten ~(e)** at best/worst **2** (≈ Sachverhalt, JUR, MED, GRAM) case; **klarer ~!** (umg) you bet! (umg); **ein hoffnungsloser ~** a hopeless case; **der erste/zweite/dritte/vierte ~** the nominative/genitive/dative/accusative case; **welcher ~ steht nach „mit"?** which case does "mit" take?

Falle F **1** trap; **~n legen** od **stellen** to set traps; **jdm in die ~ gehen** to walk od fall into sb's trap; **in der ~ sitzen** to be trapped **2** (umg ≈ Bett) bed

fallen V/I **1** (≈ hinabfallen, umfallen) to fall; (Gegenstand) to drop; **etw ~ lassen** to drop sth; **über etw** (akk) **~** to trip over sth; **durch eine Prüfung** etc **~** to fail an exam etc; → fallen lassen **2** (≈ sinken) to drop; **im Kurs ~** to go down **3** to fall; **gefallen** killed in action **4** (Weihnachten, Datum etc) to fall (auf +akk on) **5** (Entscheidung) to be made; (Urteil) to be passed; (Schuss) to be fired; (SPORT: Tor) to be scored **6** (≈ sein) **das fällt ihm leicht/schwer** he finds that easy/difficult

fällen VT **1** (≈ umschlagen) to fell **2** (fig) Entscheidung to make; Urteil to pass

fallen lassen VT **1** (≈ aufgeben) Plan to drop **2** (≈ äußern) Bemerkung to let drop; → fallen

fällig ADJ due präd; **längst ~** long overdue; **~ werden** to become due

Fallobst N windfalls pl **Fallrückzieher** M FUSSB overhead kick

falls KONJ (≈ wenn) if; (≈ für den Fall, dass) in case; **~ möglich** if possible

Fallschirm M parachute **Fallschirmjäger(in)** M/F MIL paratrooper **Fallschirmspringen** N parachuting **Fallschirmspringer(in)** M/F parachutist **Fallstrick** M (fig) trap **Fallstudie** F case study **Falltür** F trapdoor

falsch A ADJ **1** wrong; **wahr oder ~** true or false; **~er Alarm** false alarm; **Sie sind hier ~** you're in the wrong place **2** (≈ unecht) Zähne etc false; Pass etc forged; Geld counterfeit **3** **eine ~e Schlange** (umg) a snake-in-the-grass; **ein ~es Spiel (mit jdm) treiben** to play (sb) false

FALS | 908

B ADV (≈ *nicht richtig*) wrongly; **alles ~ machen** to do everything wrong; **jdn ~ verstehen** to misunderstand sb; **jdn ~ informieren** to misinform sb; **die Uhr geht ~** the clock is wrong; **~ spielen** MUS to play off key; **~ verbunden sein** to have the wrong number; → **falschliegen Falschaussage** F̲ JUR **(uneidliche) ~** false statement **fälschen** V̲T̲ to forge; HANDEL *Bücher* to falsify; **gefälscht** forged **Fälscher(in)** M̲F̲ forger **Falschfahrer(in)** M̲F̲ ghost-driver (*bes US umg*), *person driving the wrong way on the motorway* **Falschgeld** N̲ counterfeit money **fälschlich** **A** ADJ false **B** ADV wrongly, falsely **fälschlicherweise** ADV wrongly, falsely **falschliegen** V̲I̲ (*umg*) to be wrong (*bei, in +dat* about, *mit* in) **Falschmeldung** F̲ PRESSE false report **Falschparker(in)** M̲F̲ parking offender **Fälschung** F̲ forgery **fälschungssicher** ADJ forgery-proof; *Fahrtenschreiber* tamper-proof **Faltblatt** N̲ leaflet **Faltboot** N̲ collapsible boat **Falte** F̲ **1** (*in Stoff, Papier*) fold; (≈ *Bügelfalte*) crease **2** (*in Haut*) wrinkle **falten** V̲T̲&V̲R̲ to fold **Faltenrock** M̲ pleated skirt **Falter** M̲ (≈ *Tagfalter*) butterfly; (≈ *Nachtfalter*) moth **faltig** ADJ (≈ *zerknittert*) creased; *Gesicht, Stirn, Haut* wrinkled **Faltkarte** F̲ folding map

Falz M̲ (≈ *Kniff, Faltlinie*) fold

familiär ADJ **1** family *attr* **2** (≈ *zwanglos*) informal; (≈ *freundschaftlich*) close **Familie** F̲ family; **~ Müller** the Müller family; **eine ~ gründen** to start a family; **~ haben** (*umg*) to have a family; **das liegt in der ~** it runs in the family; **zur ~ gehören** to be one of the family **Familienangehörige(r)** M̲/F̲(M̲) family member **Familienangelegenheit** F̲ family matter; **dringende ~en** urgent family business (❗ *kein pl*) **Familienbetrieb** M̲ family business **Familienfest** N̲ family party **Familienkreis** M̲ family circle **Familienleben** N̲ family life **Familienmitglied** N̲ member of the family **Familienname** M̲ surname, family name (*US*) **Familienpackung** F̲ family(-size) pack **Familienplanung** F̲ family planning **Familienstand** M̲ marital status **Familienunternehmen** N̲ family business **Familienvater** M̲ father (of a family) **Familienverhältnisse** P̲L̲ family background *sg*

Fan M̲ fan; FUSSB *auch* supporter **Fanatiker(in)** M̲F̲ fanatic **fanatisch** **A** ADJ fanatical **B** ADV fanatically **Fanatismus** M̲ fanaticism

Fanclub M̲ fan club

Fanfare F̲ MUS fanfare

Fang M̲ **1** (≈ *das Fangen*) hunting; (≈ *Fischen*) fishing **2** (≈ *Beute*) catch; **einen guten ~ machen** to make a good catch **3** (JAGD) (≈ *Kralle*) talon; (≈ *Reißzahn*) fang **Fangarm** M̲ ZOOL tentacle **Fangemeinde** F̲ fan club *od* community **fangen** **A** V̲T̲ to catch **B** V̲I̲ to catch **C** V̲R̲ **1** (*in einer Falle*) to get caught **2** (≈ *das Gleichgewicht wiederfinden*) to steady oneself; (*seelisch*) to get on an even keel again **Fänger(in)** M̲F̲ SPORT catcher **Fangfrage** F̲ trick question **Fangquote** F̲ (*fishing*) quota **Fangschaltung** F̲ TEL interception circuit

Fanklub M̲ fan club **Fanmeile** F̲ supporter area

Fantasie F̲ (≈ *Einbildung*) imagination; **seiner ~ freien Lauf lassen** to give free rein to one's imagination **fantasielos** ADJ lacking in imagination **fantasiereich** ADJ, ADV = fantasievoll **fantasieren** **A** V̲I̲ to fantasize (*von* about); MED to be delirious **B** V̲T̲ *Geschichte* to dream up **fantasievoll** **A** ADJ highly imaginative **B** ADV *reden, antworten* imaginatively **Fantast(in)** M̲F̲ dreamer, visionary **fantastisch** **A** ADJ fantastic **B** ADV fantastically; **~ klingen** to sound fantastic **Fantasyfilm** M̲ fantasy film

Farbaufnahme F̲ colo(u)r photo(graph) **Farbbild** N̲ FOTO colo(u)r photo(graph) **Farbdisplay** N̲ IT colo(u)r display **Farbdruck** M̲ colo(u)r print **Farbdrucker** M̲ colo(u)r printer **Farbe** F̲ **1** colour (*Br*), color (*US*); **welche ~ hat euer Auto?** which colo(u)r is your car?; **in ~** in colo(u)r **2** (≈ *Malerfarbe*) paint; (≈ *Druckfarbe*) ink **3** KART suit; **~ bekennen** (*fig*) to nail one's colo(u)rs to the mast **farbecht** ADJ colourfast (*Br*), colorfast (*US*) **färben** **A** V̲T̲ to colour (*Br*), to color (*US*); *Stoff, Haar* to dye; → **gefärbt** **B** V̲R̲ to change colo(u)r; **sich grün/blau** *etc* **~** to turn green/blue *etc* **farbenblind** ADJ colo(u)r-blind **Farbenblindheit** F̲ colo(u)r-blindness **farbenfreudig, farbenfroh** ADJ colo(u)rful **farbenprächtig** ADJ gloriously colo(u)rful **Farbfernsehen** N̲ colo(u)r television **Farbfernseher** M̲ (*umg*), **Farbfernsehgerät** N̲ colo(u)r tele *od* television (set) **Farbfilm** M̲ colo(u)r film **Farbfoto** N̲ colo(u)r photo(graph) **farbig** **A** ADJ coloured (*Br*), colored (*US*); (*fig*) *Schilderung* vivid **B** ADV (≈ *in Farbe*) in a colo(u)r **Farbige(r)** M̲/F̲(M̲) coloured (*Br*) *od* colored (*US*) man/woman/person *etc*; **die ~n** colo(u)red people *pl* **Farbkasten** M̲ paintbox **Farbkombination** F̲ colo(u)r combination; (≈ *Farbzusammenstellung*) colo(u)r scheme **Farbkopie** F̲ colo(u)r copy **Farbkopierer** M̲ colo(u)r copier **farblich** ADJ colo(u)r *attr* **farblos** ADJ colo(u)rless **Farbmonitor** M̲ colo(u)r monitor *od* screen **Farbstift** M̲ colo(u)red pen; (≈ *Buntstift*) cray-

on, colo(u)red pencil **Farbstoff** M̲ (≈ *Lebensmittelfarbstoff*) (artificial) colo(u)ring; (≈ *Hautfarbstoff*) pigment; (für *Textilien etc*) dye **Farbton** M̲ shade, hue; (≈ *Tönung*) tint **Färbung** F̲ colouring (*Br*), coloring (*US*); (≈ *Tönung*) tinge; (*fig*) slant
Farce F̲ (THEAT, *fig*) farce
Farm F̲ farm **Farmer(in)** M̲(F̲) farmer
Farn M̲, **Farnkraut** N̲ fern
Fasan M̲ pheasant
faschieren V̲T̲ (*österr* GASTR) to mince; **Faschiertes** mince
Fasching M̲ carnival **Faschingszeit** F̲ carnival period
Faschismus M̲ fascism **Faschist(in)** M̲(F̲) fascist **faschistisch** A̲D̲J̲ fascist
faseln V̲I̲ (*pej*) to drivel (*umg*)
Faser F̲ fibre (*Br*), fiber (*US*) **faserig** A̲D̲J̲ fibrous; *Fleisch, Spargel* stringy (*pej*) **fasern** V̲I̲ to fray **Faserschreiber** M̲ (≈ *Stift*) felt-tip pen
Fass N̲ barrel; (≈ *kleines Bierfass*) keg; (zum *Gären, Einlegen*) vat; (für *Öl, Benzin, Chemikalien*) drum; **vom ~** *Bier* on draught (*Br*) od draft (*US*); **ein ~ ohne Boden** (*fig*) a bottomless pit; **das schlägt dem ~ den Boden aus** (*umg*) that beats everything!
Fassade F̲ façade
fassbar A̲D̲J̲ comprehensible; **das ist doch nicht ~!** that's incomprehensible!
Fassbier N̲ draught (*Br*) od draft (*US*) beer **Fässchen** N̲ cask
fassen A̲ V̲T̲ 1 (≈ *ergreifen*) to take hold of; (*kräftig*) to grab; (≈ *festnehmen*) *Einbrecher etc* to apprehend (*form*); **jdn beim** od **am Arm ~** to take/grab sb by the arm; **fass!** seize! 2 (*fig*) *Entschluss* to make; *Mut* to take; **den Vorsatz ~, etw zu tun** to make a resolution to do sth 3 (≈ *begreifen*) to grasp; **es ist nicht zu ~** it's unbelievable 4 (≈ *enthalten*) to hold 5 (≈ *einfassen*) *Edelsteine* to set; *Bild* to frame; **in Worte ~** to put into words B̲ V̲I̲ 1 (≈ *nicht abrutschen*) to grip; (*Zahnrad*) to bite 2 (≈ *greifen*) **an/in etw** (*akk*) **~** to feel sth; (≈ *berühren*) to touch sth C̲ V̲R̲ (≈ *sich beherrschen*) to compose oneself; → **gefasst**
Fassette *etc* F̲ = **Facette** *etc*
Fasson F̲ (von *Kleidung*) style; (von *Frisur*) shape; **aus der ~ geraten** (*wörtl*) to go out of shape
Fassung F̲ 1 (von *Juwelen*) setting; (von *Bild*) frame; ELEK holder 2 (≈ *Bearbeitung, Wortlaut*) version 3 (≈ *Besonnenheit*) composure; **die ~ bewahren** to maintain one's composure; **die ~ verlieren** to lose one's composure; **jdn aus der ~ bringen** to throw sb (*umg*) **fassungslos** A̲ A̲D̲J̲ stunned B̲ A̲D̲V̲ in bewilderment **Fassungsvermögen** N̲ capacity
fast A̲D̲V̲ almost; **~ nie** hardly ever; **~ nichts** hardly anything
fasten V̲I̲ to fast **Fastenzeit** F̲ period of fasting; KIRCHE Lent (⚠ ohne **the**)
Fast Food N̲ fast food
Fastnacht F̲ (≈ *Fasching*) Shrovetide carnival
Fasttag M̲ day of fasting

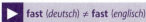

> **fast** (*deutsch*) ≠ **fast** (*englisch*)

| fast (*deutsch*) | = | **almost** |
| fast (*englisch*) | = | **schnell** |

FALSCHE FREUNDE

> **Fastnacht**

Fastnacht oder Fasching wie in Deutschland wird in Großbritannien nicht gefeiert. Dafür gibt es im August in London den großen, farbenprächtigen **Notting Hill Carnival** zu karibischen Klängen.

LANDESKUNDE

Faszination F̲ fascination **faszinieren** V̲T̲ & V̲I̲ to fascinate (an +*dat* about); **~d** fascinating
fatal A̲D̲J̲ (*geh*) (≈ *peinlich*) embarrassing; (≈ *verhängnisvoll*) fatal
Fata Morgana F̲ mirage
fauchen V̲T̲ & V̲I̲ to hiss
faul A̲D̲J̲ 1 (≈ *verfault*) bad; *Lebensmittel* off präd (*Br*), bad präd; *Eier, Obst, Holz* rotten; *Geschmack, Geruch, Wasser* foul 2 (≈ *verdächtig*) fishy (*umg*), suspicious; *Ausrede* flimsy; *Kompromiss* uneasy; **hier ist etwas ~** (*umg*) there's something fishy here (*umg*) 3 (≈ *träge*) lazy **faulen** V̲I̲ to rot; (*Zahn*) to decay; (*Lebensmittel*) to go bad **faulenzen** V̲I̲ to laze around **Faulenzer(in)** M̲(F̲) layabout **Faulheit** F̲ laziness **faulig** A̲D̲J̲ going bad; *Wasser* stale; *Geruch, Geschmack* foul **Fäulnis** F̲ rot; (von *Zahn*) decay **Faulpelz** M̲ (*umg*) lazybones *sg* (*umg*) **Faultier** N̲ sloth; (*umg* ≈ *Mensch*) lazybones *sg* (*umg*)
Fauna F̲ fauna
Faust F̲ fist; **die (Hand zur) ~ ballen** to clench one's fist; **das passt wie die ~ aufs Auge** (≈ *passt nicht*) it's all wrong; (≈ *passt gut*) it's just the thing (*umg*); **auf eigene ~** (*fig*) on one's own initiative; *reisen* under one's own steam **Fäustchen** N̲ **sich** (*dat*) **ins ~ lachen** to laugh up (*Br*) od in (*US*) one's sleeve **faustdick** (*umg*) A̲ A̲D̲J̲ **eine ~e Lüge** a whopping (great) lie (*umg*) B̲ A̲D̲V̲ **er hat es ~ hinter den Ohren** he's a sly one (*umg*) **faustgroß** A̲D̲J̲ the size of a fist **Fausthandschuh** M̲ mitt(en) **Faustregel** F̲ rule of thumb **Faustschlag** M̲ punch
Fauteuil N̲ (*österr* ≈ *Sessel*) armchair

Favorit(in) MF favourite (Br), favorite (US)
Fax N fax; **etw per ~ bestellen** to order sth by fax **Faxabruf** M fax polling **faxen** VT to fax
Faxen PL (umg ≈ Alberei) fooling around; **~ machen** to fool around
Faxgerät N fax machine **Faxnummer** F fax number
Fazit N **das ~ war ...** on balance the result was ...; **das ~ ziehen** to take stock
FCKW M abk von **Fluorchlorkohlenwasserstoff** CFC **FCKW-frei** ADJ CFC-free
Feber M (österr) February; → **März Februar** M February; → **März**
fechten VI SPORT SPORT to fence **Fechten** N fencing **Fechter(in)** MF fencer **Fechtsport** M fencing
Feder F **1** feather; (≈ lange Hutfeder) plume; **~n lassen müssen** (umg) not to escape unscathed; **raus aus den ~n!** (umg) rise and shine! (umg) **2** TECH spring **Federball** M (≈ Ball) shuttlecock; (≈ Spiel) badminton **Federbett** N continental quilt **federführend** ADJ Behörde etc in overall charge (für of) **Federgewicht** N SPORT featherweight (class) **Federhalter** M (dip) pen; (≈ Füllfederhalter) (fountain) pen **federleicht** ADJ light as a feather **Federlesen** N **nicht viel ~s mit jdm/etw machen** to make short work of sb/sth **Federmäppchen** N pencil case **federn** A VI **1** (Eigenschaft) to be springy **2** (≈ zurückfedern) to spring back; (Springer, Turner) to bounce B VT to spring; Auto to fit with suspension **Federung** F springs pl; AUTO auch suspension **Federvieh** N poultry

Feder — feather   Feder — spring

Fee F fairy
Feedback N, **Feed-back** N feedback
Fegefeuer N **das ~** purgatory
fegen A VT to sweep; (≈ auffegen) to sweep up B VI **1** (≈ ausfegen) to sweep (up) **2** (umg ≈ jagen) to sweep
fehl ADJ **~ am Platz(e)** out of place **Fehlanzeige** F (umg) dead loss (umg); **~! wrong! fehlbar** ADJ fallible; (schweiz) guilty **Fehlbesetzung** F miscasting **Fehlbestand** M deficiency **Fehlbetrag** M (form) deficit **Fehldiagnose** F wrong diagnosis **Fehleinschätzung** F misjudgement **fehlen** A VI **1** (≈ mangeln) to be lacking; (≈ nicht vorhanden sein) to be missing; (in der Schule etc) to be absent (in +dat from); **etwas fehlt** there's something missing; **jdm fehlt etw** sb lacks sth; (≈ wird schmerzlich vermisst) sb misses sth; **mir ~ 20 Cent am Fahrgeld** I'm 20 cents short for my fare; **mir ~ die Worte** words fail me; **der/das hat mir gerade noch gefehlt!** (umg) he/that was all I needed (iron) **2** (≈ los sein) **fehlt dir (et)was?** is something the matter (with you)? B VI UNPERS **es fehlt an etw** od **an etw** (dat) there is a lack of sth; (völlig) there is no sth; **es fehlt jdm an etw** (dat) sb lacks sth; **wo fehlt es?** what's the trouble?; **es fehlte nicht viel und ich hätte ihn verprügelt** I almost hit him C VT **weit gefehlt!** (fig) you're way out! (umg); (ganz im Gegenteil) far from it! **Fehlen** N absence (bei, in +dat from) **Fehlentscheidung** F wrong decision **Fehlentwicklung** F mistake; **~en vermeiden** to stop things taking a wrong turn **Fehler** M **1** mistake; SPORT fault; **einen ~ machen** to make a mistake **2** TYPO, IT error **3** (≈ Mangel, Defekt) fault; **das ist nicht mein ~** that's not my fault **fehlerfrei** ADJ perfect; Rechnung correct **fehlerhaft** ADJ MECH, TECH faulty; Ware substandard; Messung, Rechnung incorrect **fehlerlos** ADJ = **fehlerfrei Fehlermeldung** F IT error message **Fehlerquelle** F cause of the fault; (in Statistik) source of error **Fehlerquote** F error rate **Fehlersuche** F troubleshooting **Fehlgeburt** F miscarriage **Fehlgriff** M mistake; **einen ~ tun** to make a mistake **Fehlinvestition** F bad investment **Fehlkonstruktion** F bad design; **der Stuhl ist eine ~** this chair is badly designed **Fehlleistung** F slip, mistake; **freudsche ~** Freudian slip **Fehlschlag** M (fig) failure **fehlschlagen** VI to go wrong **Fehlschluss** M false conclusion **Fehlstart** M false start **Fehltritt** M (fig ≈ Vergehen) slip; (≈ Affäre) indiscretion **Fehlurteil** N miscarriage of justice **Fehlverhalten** N inappropriate behaviour (Br) od behavior (US) **Fehlzeiten** PL working hours pl lost **Fehlzündung** F misfiring (❗) kein pl); **eine ~** a backfire
Feier F celebration; (≈ Party) party; (≈ Zeremonie) ceremony; **zur ~ des Tages** in honour (Br) od honor (US) of the occasion **Feierabend** M (≈ Arbeitsschluss) finishing time; **~ machen** to finish work; **nach ~** after work; **schönen ~!** have

911 ‖ FELG

▶ Fehler

Bei der Übersetzung des deutschen Worts „Fehler" gibt es eine ganze Reihe möglicher Entsprechungen:
mistake, error, fault und andere mehr. Wann nimmt man was?

Fehler, Irrtum	mistake

Dies ist die häufigste Entsprechung für das deutsche Wort „Fehler". Es gibt verschiedene Arten von
mistakes:

Rechtschreibfehler	spelling mistake
Du hast einen Rechenfehler gemacht.	You've made a mistake in your calculations.
Deine Englischübersetzung ist voller Fehler.	Your English translation is full of mistakes.

Fehler, Irrtum	error ['erə]

Error klingt ein bisschen gehobener als **mistake; error** wird auch in feststehenden Ausdrücken wie
typing error (Tippfehler) und **printing error** (Druckfehler) verwendet.

Fehler, Defekt	fault [fɔːlt]
In der Software ist ein Fehler.	There's a fault in the software.
Es ist nicht mein Fehler (= ich bin nicht schuld).	It's not my fault.

Fault bezeichnet bei einer Sache oft den qualitativen Fehler im Sinne von Defekt — oder Schuld, wenn
sich das Wort auf eine Person bezieht.

SPRACHGEBRAUCH ◀

a nice evening! **feierlich** ADJ (≈ ernsthaft) solemn; (≈ festlich) festive; (≈ förmlich) ceremonial **Feierlichkeit** F̱ (≈ Veranstaltungen) celebrations pl **feiern** A VT 1 Ereignis to celebrate; Party to hold; **das muss gefeiert werden!** that calls for a celebration 2 (≈ umjubeln) to fête; → gefeiert B VI (≈ eine Feier abhalten) to celebrate **Feiertag** M̱ holiday **feiertags** ADV **sonntags und ~** on Sundays and public holidays **feige** ADJ cowardly **Feige** F̱ fig **Feigenbaum** M̱ fig tree **Feigenblatt** Ṉ fig leaf **Feigheit** F̱ cowardice **Feigling** M̱ coward **Feile** F̱ file **feilen** VT & VI to file **feilschen** VI (pej) to haggle (um over) **fein** A ADJ 1 (≈ nicht grob) fine; Humor delicate; Unterschied subtle 2 (≈ erlesen) excellent; Geschmack delicate; (≈ prima) great (umg); (iron) fine; **vom Feinsten sein** to be first-rate 3 (≈ scharf) Gehör, Gefühl acute 4 (≈ vornehm) refined; **dazu ist sie sich** (dat) **zu ~** that's beneath her B ADV 1 (≈ nicht grob) finely 2 (≈ gut) **~ säuberlich** (nice and) neat 3 (≈ elegant) **sie hat sich ~ gemacht** she's all dolled up (umg) **Feind(in)** M̱F̱ enemy; **sich** (dat) **~e schaffen** to make enemies **Feindbild** Ṉ concept of an/ the enemy **feindlich** A ADJ 1 MIL enemy 2 (≈ feindselig) hostile B ADV **jdm ~ gegenüberstehen** to be hostile to sb **Feindschaft** F̱ hostility **feindselig** ADJ hostile **Feindselig-**

keit F̱ hostility **feinfühlig** ADJ sensitive; (≈ taktvoll) tactful **Feingefühl** Ṉ sensitivity; (≈ Takt) tact(fulness) **Feinheit** F̱ 1 (≈ Zartheit) fineness 2 (≈ Erlesenheit) excellence 3 (≈ Schärfe) keenness 4 (≈ Vornehmheit) refinement 5 **Feinheiten** P̱Ḻ niceties pl; (≈ Nuancen) subtleties pl **Feinkostgeschäft** Ṉ delicatessen **Feinmechanik** F̱ precision engineering **Feinschmecker(in)** M̱F̱ gourmet; (fig) connoisseur **Feinstaub** M̱ fine dust, fine particulates pl (fachspr) **Feinwäsche** F̱ delicates pl **Feinwaschmittel** Ṉ mild(-action) detergent **feist** ADJ fat **feixen** VI (umg) to smirk **Feld** Ṉ field; (auf Spielbrett) square; (an Zielscheibe) ring; **gegen jdn/etw zu ~e ziehen** (fig) to crusade against sb/sth; **das ~ räumen** (fig) to bow out **Feldarbeit** F̱ AGR work in the fields; NAT, SOZIOL fieldwork **Feldflasche** F̱ canteen (MIL), water bottle **Feldforschung** F̱ field work od research **Feldhase** M̱ European hare **Feldherr(in)** M̱F̱ commander **Feldmaus** F̱ field mouse **Feldsalat** M̱ lamb's lettuce **Feldstecher** M̱ (pair of) binoculars **Feldversuch** M̱ field test **Feld-Wald--und-Wiesen-** (umg) run-of-the-mill **Feldwebel(in)** M̱F̱ sergeant **Feldweg** M̱ track across the fields **Feldzug** M̱ campaign **Felge** F̱ 1 TECH (wheel) rim 2 SPORT circle

FELG | 912

Felgenbremse F̲ calliper brake
Fell N̲ **1** fur; *(von Schaf)* fleece; *(von toten Tieren)* skin **2** *(fig umg ≈ Menschenhaut)* skin; **ein dickes ~ haben** to be thick-skinned
Fels M̲ rock; *(≈ Klippe)* cliff **Felsblock** M̲ boulder **Felsen** M̲ rock; *(≈ Klippe)* cliff **felsenfest** A̲ ADJ firm B̲ ADV **~ überzeugt sein** to be absolutely convinced **felsig** ADJ rocky **Felsspalte** F̲ crevice **Felswand** F̲ rock face
feminin ADJ feminine **Feminismus** M̲ feminism **Feminist(in)** M̲F̲ feminist **feministisch** ADJ feminist; **~ orientiert sein** to have feminist tendencies
Fenchel M̲ fennel
Fenster N̲ window *(a. COMPUT)*; **weg vom ~** *(umg)* out of the game *(umg)*, finished **Fensterbank** F̲, **Fensterbrett** N̲ windowsill, window ledge **Fensterglas** N̲ window glass **Fensterladen** M̲ shutter **Fensterleder** N̲ chamois *od* shammy (leather) **fensterln** V̲I̲ *(südd, österr)* to climb through one's sweetheart's bedroom window **Fensterplatz** M̲ window seat **Fensterputzer(in)** M̲F̲ window cleaner **Fensterrahmen** M̲ window frame **Fensterscheibe** F̲ window pane **Fensterumschlag** M̲ window envelope
Ferien P̲L̲ holidays *pl (Br)*, vacation *sg (US, UNIV)*; *(≈ Parlamentsferien, JUR)* recess *sg*; **die großen ~** the summer holidays *(bes Br)*, the long vacation *(US, UNIV)*; **~ machen** to have *od* take a holiday *(bes Br) od* vacation *(US)*; **in die ~ fahren** to go on holiday *(bes Br) od* vacation *(US)* **Feriendorf** N̲ holiday village **Ferienhaus** N̲ holiday home **Ferienkurs** M̲ holiday *(bes Br) od* vacation *(US)* course; *(im Sommer)* summer course **Ferienlager** N̲ holiday *(bes Br) od* vacation *(US)* camp **Ferienort** M̲ holiday *(bes Br) od* vacation *(US)* resort **Ferienwohnung** F̲ holiday flat *(Br)*, vacation apartment *(US)* **Ferienzeit** F̲ holiday period
Ferkel N̲ piglet; *(fig) (unsauber)* pig, mucky pup *(Br umg)*; *(unanständig)* dirty pig *(umg)*
Fermentation F̲ fermentation **fermentieren** V̲T̲ to ferment
fern A̲ ADJ **1** *(räumlich)* distant, faraway; **~ von hier** far away from here; **der Ferne Osten** the Far East **2** *(zeitlich entfernt)* far-off; **in nicht (all)zu ~er Zeit** in the not-too-distant future B̲ PRÄP +*gen* far (away) from **fernab** ADV far away **Fernabfrage** F̲ TEL remote control facility **Fernbedienung** F̲ remote control **fernbleiben** V̲I̲ to stay away (+*dat, von* from) **Fernbleiben** N̲ absence *(von* from); *(≈ Nichtteilnahme)* non-attendance **Fernblick** M̲ good view **Ferne** F̲ **1** *(räumlich)* distance; **in der ~** in the distance; **aus der ~** from a distance **2**

(≈ Zukunft) future; **in weiter ~ liegen** to be a long time off **ferner** A̲ ADJ further B̲ ADV further; **unter ~ liefen rangieren** *(umg)* to be among the also-rans **Fernfahrer(in)** M̲F̲ long-distance lorry *(Br) od* truck driver, trucker *(US)* **Fernflug** M̲ long-distance *od* long-haul flight **Ferngespräch** N̲ trunk *(Br) od* long-distance call **ferngesteuert** ADJ remote-controlled **Fernglas** N̲ (pair of) binoculars *pl* **fernhalten** V̲T̲ & V̲R̲ to keep away **Fernheizung** F̲ municipal heating system **Fernkurs** M̲ correspondence course **Fernlaster** M̲ long-distance lorry *(Br) od* truck **Fernlastverkehr** M̲ long-distance goods traffic **Fernlicht** N̲ AUTO full *od* high *(bes US)* beam **fernliegen** V̲I̲ *(fig)* **(jdm) ~** to be far from sb's mind; **es liegt mir fern, das zu tun** far be it from me to do that **Fernmeldesatellit** M̲ communications satellite **Fernmeldetechnik** F̲ telecommunications engineering; *(≈ Telefontechnik)* telephone engineering **fernmündlich** *(form)* A̲ ADJ telephone *attr* B̲ ADV by telephone **Fernost** **aus/in/nach ~** from/in/to the Far East **Fernreise** F̲ long-haul journey **Fernrohr** N̲ telescope **Fernschreiben** N̲ telex
Fernsehansager(in) M̲F̲ television announcer **Fernsehansprache** F̲ television speech **Fernsehantenne** F̲ television *od* TV aerial *od* antenna **Fernsehapparat** M̲ television *od* TV set **fernsehen** V̲I̲ to watch television *od* TV **Fernsehen** N̲ television, TV, telly *(Br umg)*; **vom ~ übertragen werden** to be televised; **im ~** on television *etc* **Fernseher** M̲ *(umg: Gerät)* television, TV, telly *(Br umg)* **Fernseher(in)** M̲F̲ *(umg ≈ Zuschauer)* (television) viewer **Fernsehgebühr** F̲ television *od* TV licence fee *(Br)* **Fernsehgerät** N̲ television *od* TV set **Fernsehkamera** F̲ television *od* TV camera **Fernsehprogramm** N̲ **1** *(≈ Sendung)* programme *(Br)*, program *(US)* **2** *(≈ Fernsehzeitschrift)* (television) program(me) guide, TV guide **Fernsehpublikum** N̲ viewers *pl*, viewing public **Fernsehsatellit** M̲ TV satellite **Fernsehsender** M̲ television transmitter **Fernsehsendung** F̲ television programme *(Br) od* program *(US)* **Fernsehspiel** N̲ television play **Fernsehteilnehmer(in)** M̲F̲ *(form)* television viewer **Fernsehübertragung** F̲ television broadcast **Fernsehwerbung** F̲ television advertising **Fernsehzeitschrift** F̲ TV guide **Fernsehzuschauer(in)** M̲F̲ (television) viewer
Fernsicht F̲ clear view **Fernsprechamt** N̲ telephone exchange **Fernsprechnetz** N̲ telephone system **Fernsprechverkehr** M̲

913 ‖ FEST

telephone traffic **fernstehen** V̄I̅ **jdm/einer Sache ~** to have no connection with sb/sth **Fernsteuerung** F̅ remote control **Fernstraße** F̅ trunk od major road, highway (US) **Fernstudium** N̅ correspondence degree course (with radio, TV etc), ≈ Open University course (Br) **Ferntourismus** M̅ long-haul tourism **Fernüberwachung** F̅ remote monitoring **Fernverkehr** M̅ long-distance traffic **Fernwärme** F̅ district heating (fachspr) **Fernweh** N̅ wanderlust **Fernziel** N̅ long-term goal

Ferse F̅ heel; **jdm (dicht) auf den ~n sein** to be hard od close on sb's heels

fertig A ADJ **1** (≈ vollendet) finished; (≈ ausgebildet) qualified; (≈ reif) Mensch, Charakter mature; **mit der Ausbildung** **2** (≈ zu Ende) finished; **mit etw ~ sein** to have finished sth, to be finished with sth; **mit jdm ~ sein** (fig) to be finished with sb; **mit jdm/etw ~ werden** to cope with sb/sth **3** (≈ bereit) ready **4** (umg) (≈ erschöpft) shattered (Br umg), all in (umg); (≈ ruiniert) finished; (≈ erstaunt) knocked for six (Br umg) od for a loop (US umg); **mit den Nerven ~ sein** to be at the end of one's tether (Br) od rope (US) B ADV **etw ~ kaufen** to buy sth ready-made; Essen to buy sth ready-prepared; **~ ausgebildet** fully qualified **Fertigbau** M̅ BAU prefabricated building, prefab **fertig bringen, fertigbringen** V̄T̅ (≈ vollenden) to get done **fertigbringen** V̄T̅ (≈ imstande sein) to manage; (iron) to be capable of **fertigen** V̄T̅ (form) to manufacture **Fertiggericht** N̅ ready-to-serve meal **Fertighaus** N̅ prefabricated house **Fertigkeit** F̅ skill **fertig kriegen, fertigkriegen** V̄T̅ (≈ beenden) to finish off **fertigkriegen** V̄T̅ **sie kriegt es fertig, ihn rauszuschmeißen** she's capable of throwing him out **fertig machen, fertigmachen** V̄T̅ **1** (≈ vollenden) to finish **2** (≈ bereit machen) to get ready; **sich ~** to get ready **fertigmachen** V̄T̅ (umg) **jdn ~** (≈ erledigen) to do for sb; (≈ ermüden) to take it out of sb; (≈ deprimieren) to get sb down; (≈ abkanzeln) to lay into sb (umg) **fertigstellen, fertig stellen** V̄T̅ to complete **Fertigstellung** F̅ completion **Fertigung** F̅ production **Fertigungskosten** PL̅ production costs pl

fesch ADJ **1** (bes österr umg ≈ modisch) smart; (≈ hübsch) attractive **2** (österr ≈ nett) nice; **sei ~!** (≈ sei brav) be good

Fessel F̅ fetter, shackle; (≈ Kette) chain **fesseln** V̄T̅ **1** to tie (up), to bind; (mit Handschellen) to handcuff; (mit Ketten) to chain (up); **jdn ans Bett ~** (fig) to confine sb to (his/her) bed **2** (≈ faszi-

nieren) to grip **fesselnd** ADJ gripping

fest A ADJ **1** (≈ hart) solid **2** (≈ stabil) solid; Schuhe tough, sturdy; HANDEL, FIN stable **3** (≈ entschlossen) firm; Plan firm, definite; **eine ~e Meinung von etw haben** to have definite views on sth **4** (≈ nicht locker) tight; Griff firm; (fig) Schlaf sound **5** (≈ ständig) regular; (≈ stabil) steady; Stellung, Mitarbeiter permanent B ADV **1** (≈ kräftig) anpacken firmly; drücken tightly **2** (≈ nicht locker) anziehen, schließen tight; **die Handbremse ~ anziehen** to put the handbrake on firmly; **er hat schon ~ geschlafen** he was sound asleep **3** versprechen faithfully; zusagen definitely; **~ entschlossen sein** to be absolutely determined **4** (≈ dauerhaft) permanently; **~ befreundet sein** to be good friends; **~ angestellt** employed on a regular basis; **Geld ~ anlegen** to tie up money

Fest N̅ **1** (≈ Feier) celebration; (≈ Party) party **2** (kirchlich) feast, festival; (≈ Weihnachtsfest) Christmas; **frohes ~!** Merry od Happy (bes Br) Christmas! **Festakt** M̅ ceremony **festangestellt** ADJ → fest **Festbeleuchtung** F̅ festive lighting od lights pl; (umg: im Haus) blazing lights pl **festbinden** V̄T̅ to tie up; **jdn/etw an etw** (dat) **~** to tie sb/sth to sth **festbleiben** V̄I̅ to remain firm **festdrehen** V̄T̅ to tighten **Festessen** N̅ banquet **festfahren** V̄R̅ (fig) to get bogged down **festfressen** V̄R̅ to seize up **Festgeld** N̅ FIN time deposit **Festhalle** F̅ festival hall **festhalten** A V̄T̅ **1** (mit den Händen) to hold on to **2** (≈ inhaftieren) to hold, to detain **3** **etw schriftlich ~** to record sth B V̄I̅ **an etw** (dat) **~** to hold od stick (umg) to sth C V̄R̅ to hold on (an +dat to); **halt dich fest!** (wörtl) hold tight! **festigen** A V̄T̅ to strengthen B V̄R̅ to become stronger **Festiger** M̅ setting lotion **Festigkeit** F̅ (von Material) strength; (fig) steadfastness **Festigung** F̅ strengthening **Festival** N̅ festival **festklammern** A V̄T̅ to clip on (an +dat to) B V̄R̅ to cling (an +dat to) **festkleben** V̄T̅ & V̄I̅ to stick (an +dat to) **festklemmen** V̄T̅ to wedge fast; (mit Klammer) to clip **Festkörper** M̅ PHYS solid **Festland** N̅ (nicht Insel) mainland; (nicht Meer) dry land **festlegen** A V̄T̅ **1** (≈ festsetzen) to fix (auf +akk, bei for); Regelung, Arbeitszeiten to lay down **2** **jdn auf etw** (akk) **~** to tie sb (down) to sth B V̄R̅ **1** (≈ sich verpflichten) to commit oneself (auf +akk to) **2** (≈ sich entschließen) to decide (auf +akk on) **festlich** A ADJ festive; (≈ feierlich) solemn B ADV

FEST | 914

geschmückt festively; **etw ~ begehen** to celebrate sth **Festlichkeiten** pl festivities pl
festmachen vt 1 (≈ *befestigen*) to fix on (*an* +*dat* -*to*); (≈ *festbinden*) to fasten (*an* +*dat* (on)*to*); SCHIFF to moor 2 (≈ *vereinbaren*) to arrange **festnageln** vt *Gegenstand* to nail (down/up/on) 2 (*fig umg*) *jdn* to tie down (*auf* +*akk* to) **Festnahme** f arrest **festnehmen** vt to arrest; **vorläufig ~** to take into custody; **Sie sind festgenommen** you are under arrest **Festnetz** n TEL fixed-line network; (*a.* **Festnetzanschluss**) landline **Festplatte** f IT hard disk **Festplattenlaufwerk** n hard disk drive **Festpreis** m HANDEL fixed price **Festrede** f speech **Festredner(in)** m(f) (main) speaker **Festsaal** m hall; (≈ *Speisesaal*) banqueting hall; (≈ *Tanzsaal*) ballroom **festschrauben** vt to screw (in/on/down/up) tight
festsetzen A vt 1 (≈ *bestimmen*) to fix (*bei*, *auf* +*akk* at) 2 (≈ *inhaftieren*) to detain B vr (*Staub*, *Schmutz*) to collect; (*Rost*) to get a foothold **Festspeicher** m IT read-only memory, ROM **Festspiele** pl festival sg **feststecken** A vi to be stuck B vt **etw an etw** (*dat*) ~ to pin sth on(to) sth **feststehen** vi (≈ *sicher sein*) to be certain; (≈ *unveränderlich sein*) to be definite; **so viel steht fest** this *od* so much is certain **feststehend** adj (≈ *bestimmt*) definite; *Redewendung* set; *Brauch* (well-)established **feststellen** vt 1 MECH to lock (fast) 2 (≈ *ermitteln*) to ascertain, to find out; *Personalien*, *Sachverhalt* to establish; *Schaden* to assess 3 (≈ *erkennen*) to tell (*an* +*dat* from); *Fehler*, *Unterschied* to find, to detect 4 (≈ *bemerken*) to discover 5 (≈ *aussprechen*) to stress, to emphasize **Feststelltaste** f (*von Tastatur*) caps lock **Feststellung** f 1 (≈ *Ermittlung*) ascertainment; (*von Personalien*, *Sachverhalt*) establishment; (*von Schaden*) assessment 2 (≈ *Erkenntnis*) conclusion 3 (≈ *Wahrnehmung*) observation; **die ~ machen, dass ...** to realize that ... 4 (≈ *Bemerkung*) remark, comment **Feststoffrakete** f solid fuel rocket **Festtag** m 1 (≈ *Ehrentag*) special *od* red-letter day 2 (≈ *Feiertag*) holiday, feast (day) (KIRCHE) **festtreten** vt to tread down; **das tritt sich fest** (*hum*) it's good for the carpet **Festung** f fortress **Festungsanlagen** pl fortifications pl
festverzinslich adj fixed-interest attr **festwachsen** vi **an etw** (*dat*) ~ to grow onto sth **Festwertspeicher** m IT read-only memory
Festwoche f festival week **Festzelt** n carnival marquee
festziehen vt to pull tight; *Schraube* to tighten

(up) **Festzins** m fixed interest
Festzug m carnival procession
Fete f party
Fetisch m fetish **Fetischismus** m fetishism
Fetischist(in) m(f) fetishist
fett A adj 1 *Speisen* fatty 2 (≈ *dick*) fat; TYPO bold; **er ist ~ geworden** he's grown fat 3 (≈ *üppig*) *Beute*, *Gewinn* fat B adv 1 ~ **essen** to eat fatty food 2 ~ **gedruckt** TYPO in bold(face) **Fett** n fat; (*zum Schmieren*) grease; **tierische/pflanzliche ~e** animal/vegetable fats; ~ **ansetzen** to get fat; **sein ~ bekommen** (*umg*) to get what is coming to one (*umg*) **Fettabsaugung** f MED liposuction **fettarm** A adj *Speisen* low-fat B adv ~ **essen** to eat foods which are low in fat **Fettauge** n globule of fat **Fettbauch** m paunch **Fettcreme** f skin cream with oil **Fettdruck** m TYPO bold type **fetten** vt to grease **Fettfilm** m greasy film **Fettfleck** m grease spot, greasy mark **fettfrei** adj fat-free; *Milch* non-fat; *Kost* non-fatty **fettgedruckt** adj → **fett Fettgehalt** m fat content **fetthaltig** adj fatty **fettig** adj greasy **fettleibig** adj (*geh*) obese, corpulent **Fettleibigkeit** f (*geh*) obesity, corpulence **fettlos** adj fat-free **Fettnäpfchen** n (*umg*) **ins ~ treten** to put one's foot in it (*bei jdm* with sb) **Fettpolster** n (*hum umg*) padding (① **kein pl**) **Fettsack** m (*umg*) fatso (*umg*) **Fettschicht** f layer of fat **Fettstift** m (*für die Lippen*) chapstick **Fettsucht** f MED obesity **fettsüchtig** adj MED obese **Fettwanst** m (*pej*) potbelly; (≈ *Mensch*) fatso (*umg*) **Fettzelle** f PHYSIOL fat cell, adipose cell (*fachspr*)
Fetzen m (*abgerissen*) shred; (≈ *Stofffetzen*, *Papierfetzen*) scrap; (≈ *Kleidung*) rag; **..., dass die ~ fliegen** (*umg*) ... like crazy (*umg*)
feucht adj damp; (≈ *schlüpfrig*) moist; (≈ *feuchtheiß*) *Klima* humid; *Hände* sweaty; *Tinte*, *Farbe* wet **feuchtfröhlich** adj (*hum*) merry, convivial **feuchtheiß** adj hot and damp, muggy **Feuchtigkeit** f 1 dampness; (*von Klima*) humidity 2 (≈ *Flüssigkeit*) moisture; (≈ *Luftfeuchtigkeit*) humidity **Feuchtigkeitscreme** f moisturizer, moisturizing cream
feudal adj 1 POL, HIST feudal 2 (*umg* ≈ *prächtig*) plush (*umg*); *Mahlzeit* lavish **Feudalherrschaft** f feudalism **Feudalismus** m feudalism **feudalistisch** adj feudalistic
Feuer n 1 fire; ~**!** fire!; ~ **legen** to start a fire; ~ **fangen** to catch fire; ~ **machen** to light a fire; ~ **frei!** open fire!; **das ~ einstellen** to cease firing; **mit dem ~ spielen** (*fig*) to play with fire (① ohne **the**) 2 (≈ *Funkfeuer*) beacon; (*von Leuchtturm*) light 3 (*für Zigarette etc*) light; **ha-**

915 ‖ FILT

ben Sie ~? do you have a light? **4** (≈ *Schwung*) passion; **~ und Flamme sein** (*umg*) to be very enthusiastic (*für* about) **Feueralarm** M fire alarm **feuerbeständig** ADJ fire-resistant **Feuerbestattung** F cremation **Feuereifer** M zeal; **mit ~ diskutieren** to discuss with zest **feuerfest** ADJ fireproof; *Geschirr* heat-resistant **Feuergefahr** F fire hazard *od* risk **feuergefährlich** ADJ (highly) (in)flammable *od* combustible **Feuergefecht** N gun fight, shoot-out (*umg*) **Feuerleiter** F (*am Haus*) fire escape **Feuerlöscher** M fire extinguisher **Feuermelder** M fire alarm **feuern** VT **1** *Ofen* to light **2** (*umg*) (≈ *werfen*) to fling (*umg*); FUSSB *Ball* to slam (*umg*) **3** (*umg* ≈ *entlassen*) to fire (*umg*), to sack (*umg*) **Feuerpause** F break in the firing; (*vereinbart*) ceasefire **Feuerprobe** F (*fig*) **die ~ bestehen** to pass the (acid) test; **das war seine ~** that was the acid test for him **feuerrot** ADJ fiery red **Feuerschutz** M **1** (≈ *Vorbeugung*) fire prevention **2** (MIL ≈ *Deckung*) covering fire **Feuerstein** M flint **Feuerstelle** F campfire site; (≈ *Herd*) fireplace **Feuertaufe** F baptism of fire **Feuertreppe** F fire escape **Feuertür** F fire door **Feuerwache** F fire station **Feuerwaffe** F firearm **Feuerwechsel** M exchange of fire **Feuerwehr** F fire brigade (*Brit*), fire department (*US*); **bei der ~ sein** to be in the fire brigade (*Brit*) *od* department (*US*); **~ spielen** (*fig* ≈ *Schlimmes verhindern*) to act as a troubleshooter **Feuerwehrauto** N fire engine **Feuerwehrleute** PL firemen *pl*, firefighters *pl* **Feuerwehrmann** M fireman **Feuerwerk** N fireworks *pl*; (*fig*) cavalcade **Feuerwerkskörper** M firework **Feuerzange** F fire tongs *pl* **Feuerzangenbowle** F red wine punch **Feuerzeug** N (cigarette) lighter **Feuilleton** N PRESSE feature section **feurig** ADJ fiery **Fiaker** M (*österr*) **1** (≈ *Kutsche*) (hackney) cab **2** (≈ *Kutscher*) cab driver, cabby (*umg*) **Fiasko** N (*umg*) fiasco **Fibel** F SCHULE primer **Fiber** F fibre (*Brit*), fiber (*US*) **Fichte** F BOT spruce **Fichtenzapfen** M spruce cone **ficken** VT & VI (*vulg*) to fuck (*vulg*); **mit jdm ~** to fuck sb (*vulg*) **fidel** ADJ jolly, merry **Fieber** N temperature; (*sehr hoch*) fever; **~ haben** to have a temperature, to be feverish; **(jdm) das ~ messen** to take sb's temperature **Fieberanfall** M bout of fever **fieberfrei** ADJ free of fever **fieberhaft** A ADJ feverish **B** ADV feverishly **Fieberkurve** F tempera-

ture curve **Fiebermittel** N anti-fever drug **fiebern** VI **1** (*Kranker*) to have a temperature; (*schwer*) to be feverish **2** (*fig*) **nach etw ~** to long feverishly for sth; **vor Erregung** (*dat*) **~** to be in a fever of excitement **fiebersenkend** ADJ fever-reducing **Fieberthermometer** N (clinical) thermometer

Fiedel F fiddle

fies (*umg*) **A** ADJ nasty, horrible **B** ADV (≈ *gemein*) in a nasty way; **~ aussehen** to look horrible **Fiesling** M (*umg*) bastard (*sl*)

fifty-fifty ADV **~ machen** to go fifty-fifty; **es steht ~** it's fifty-fifty

Figur F **1** figure; (*umg* ≈ *Mensch*) character; **auf seine ~ achten** to watch one's figure **2** (≈ *Romanfigur etc*) character; **die ~en des Stücks** the characters in the play **figurativ** A ADJ figurative **B** ADV figuratively **figürlich** ADJ figurative

Fiktion F fiction **fiktiv** ADJ fictitious

Filet N GASTR fillet; (≈ *Rinderfilet*) fillet steak; (*zum Braten*) piece of sirloin *od* tenderloin (*US*) **filetieren** VT to fillet **Filetstück** N GASTR piece of sirloin *od* tenderloin (*US*)

Filiale F branch **Filialleiter(in)** M(F) branch manager/manageress

Film M film; (≈ *Spielfilm auch*) movie (*bes US*); **in einen ~ gehen** to go and see a film; **zum ~ gehen** to go into films *od* movies (*bes US*) **Filmaufnahme** F (*Einzelszene*) shot, take; **~n** *pl* shooting **Filmbericht** M film report **Filmemacher(in)** M(F) film-maker, movie-maker (*bes US*) **filmen** VT & VI to film **Filmfestival** N, **Filmfestspiele** PL film festival **Filmgeschäft** N film industry, movie industry (*bes US*) **Filmindustrie** F film *od* movie (*bes US*) industry **filmisch** A ADJ cinematic **B** ADV cinematically **Filmkamera** F film *od* movie (*bes US*) camera **Filmkritik** F (≈ *Artikel*) film *od* movie (*bes US*) review **Filmkunst** F cinematic art **Filmmusik** F film music, movie soundtrack (*bes US*) **Filmpreis** M film *od* movie (*bes US*) award **Filmproduzent(in)** M(F) film *od* movie (*bes US*) producer **Filmregisseur(in)** M(F) film *od* movie (*bes US*) director **Filmriss** M (*fig umg*) mental blackout (*umg*) **Filmschauspieler** M film *od* movie (*bes US*) actor **Filmschauspielerin** F film *od* movie (*bes US*) actress **Filmstar** M filmstar, movie star (*bes US*) **Filmstudio** N film *od* movie (*bes US*) studio **Filmverleih** M film *od* movie (*bes US*) distributors *pl*

Filter N *od* M filter; **eine Zigarette mit ~** a (filter-)tipped cigarette **Filterkaffee** M filter *od* drip (*US*) coffee **filtern** VT & VI to filter **Filterpapier** N filter paper **Filtertüte** F filter

FILT | 916

bag
Filterung F̲ filtering
Filterzigarette F̲ tipped od filter(-tipped) cigarette
Filtrat N̲ filtrate
Filz M̲ ◱TEX felt; **grüner ~** green baize ◲ (umg) (≈ Korruption) corruption; (POL pej) sleaze (umg) **filzen** A̲ V̲T̲ TEX to felt, to go felty B̲ V̲T̲ (umg) (≈ durchsuchen) to search; (≈ berauben) to do over (umg) **Filzhut** M̲ felt hat **Filzokratie** F̲ (POL pej) web of patronage and nepotism, spoils system (US) **Filzpantoffel** M̲ (carpet) slipper **Filzschreiber, Filzstift** M̲ felt(-tip) pen, felt-tip
Fimmel M̲ (umg) ◱ (≈ Tick) mania ◲ (≈ Spleen) obsession (mit about)
Finale N̲ MUS finale; SPORT final, finals pl **Finalgegner** M̲ SPORT opponent in the final
Finanzamt N̲ tax office **Finanzbeamte(r)** M̲, **Finanzbeamtin** F̲ tax official **Finanzbehörde** F̲ tax authority **Finanzbuchhalter(in)** M̲F̲ financial accountant **Finanzen** P̲L̲ finances pl **finanziell** A̲ A̲D̲J̲ financial B̲ A̲D̲V̲ financially **finanzierbar** A̲D̲J̲ **es ist nicht ~** it cannot be funded **finanzieren** V̲T̲ to finance, to fund **Finanzierung** F̲ financing **Finanzierungsgesellschaft** F̲ finance company **Finanzjahr** N̲ financial year **finanzkräftig** A̲D̲J̲ financially strong **Finanzkrise** F̲ financial crisis **Finanzlage** F̲ financial situation **Finanzmärkte** P̲L̲ financial od finance markets pl **Finanzminister(in)** M̲F̲ ≈ Chancellor of the Exchequer (Br), ≈ Treasury Secretary (US), finance minister **Finanzministerium** N̲ Ministry of Finance, Treasury (Br), Treasury Department (US) **Finanzpolitik** F̲ financial policy; (≈ Wissenschaft, Disziplin) politics of finance **finanzschwach** A̲D̲J̲ financially weak **Finanzwelt** F̲ financial world **Finanzwesen** N̲ financial system
finden A̲ V̲T̲ ◱ to find; **es ließ sich niemand ~** there was nobody to be found; **etwas an jdm ~** to see something in sb; **nichts dabei ~** to think nothing of it; → **gefunden** ◲ (≈ betrachten) to think; **es kalt ~** to find it cold; **etw gut ~** to find (that) sth is good; **das finde ich gut** I like that; **jdn nett ~** to think (that) sb is nice; **wie findest du das?** what do you think? B̲ V̲T̲ **er findet nicht nach Hause** he can't find his od the way home; **zu sich selbst ~** to sort oneself out C̲ V̲T̲&V̲R̲ (≈ meinen) to think; **~ Sie (das)?** do you think so?; **ich finde (das) nicht** I don't think so; **ich finde, das ist Unsinn** I think od believe that's rubbish D̲ V̲R̲ ◱ (≈ zum Vorschein kommen) to be found; **das wird sich (alles) ~** it will (all) turn up; (≈ sich herausstellen) it'll all come

out (umg) ◲ (Mensch ≈ zu sich finden) to sort oneself out ◳ (≈ sich treffen) (wörtl) to find each other; (fig) to meet **Finder(in)** M̲F̲ finder **Finderlohn** M̲ reward for the finder **findig** A̲D̲J̲ resourceful
Finesse F̲ (≈ Feinheit) refinement; (≈ Kunstfertigkeit) finesse; **mit allen ~n** with every refinement
Finger M̲ finger; **mit ~n auf jdn zeigen** (fig) to look askance at sb; **jdm eins auf die ~ geben** to give sb a rap across the knuckles; **(nimm/lass die) ~ weg!** (get/keep your) hands off!; **er hat überall seine ~ drin** (umg) he has a finger in every pie (umg); **die ~ von jdm/etw lassen** (umg) to keep away from sb/sth; **sich** (dat) **an etw** (dat) **die ~ verbrennen** to get one's fingers burned in sth; **jdm (scharf) auf die ~ sehen** to keep an eye od a close eye on sb; **sich** (dat) **etw aus den ~n saugen** to dream sth up; **keinen ~ krumm machen** (umg) not to lift a finger (umg); **jdn um den kleinen ~ wickeln** to twist sb (a)round one's little finger **Fingerabdruck** M̲ fingerprint; **genetischer ~** genetic fingerprint **Fingerfertigkeit** F̲ dexterity **Fingerfood** N̲, **Finger-Food** N̲ finger food **Fingergelenk** N̲ finger joint **Fingerhakeln** N̲ finger-wrestling **Fingerhandschuh** M̲ glove **Fingerhut** M̲ ◱ (zum Nähen) thimble ◲ BOT foxglove **Fingerkuppe** F̲ fingertip **Fingernagel** M̲ fingernail **Fingerspitze** F̲ fingertip, tip of one's finger **Fingerspitzengefühl** N̲ (≈ Einfühlungsgabe) instinctive feel; (im Umgang mit Menschen) tact and sensitivity
fingieren V̲T̲ (≈ vortäuschen) to fake; (≈ erdichten) to fabricate **fingiert** A̲D̲J̲ (≈ vorgetäuscht) bogus; (≈ erfunden) fictitious
Finish N̲ ◱ (≈ Endverarbeitung) finish ◲ (SPORT ≈ Endspurt) final spurt
finit A̲D̲J̲ GRAM finite
Fink M̲ finch
Finne[1] F̲ (≈ Rückenflosse) fin
Finne[2] M̲ Finn, Finnish man/boy **Finnin** F̲ Finn, Finnish woman/girl **finnisch** A̲D̲J̲ Finnish **Finnland** N̲ Finland
Finnwal M̲ finback
finster A̲ A̲D̲J̲ ◱ dark; **im Finstern** in the dark ◲ (≈ dubios) shady ◳ (≈ mürrisch, düster) grim ◴ (≈ unheimlich) sinister B̲ A̲D̲V̲ (≈ mürrisch) grimly; **es sieht ~ aus** (fig) things look bleak **Finsternis** F̲ ◱ darkness ◲ ASTRON eclipse
Firewall F̲ IT firewall
Firlefanz M̲ (umg) ◱ (≈ Kram) frippery ◲ (≈ Albernheit) clowning od fooling around
firm A̲D̲J̲ **in einem Fachgebiet ~ sein** to have a sound knowledge of an area
Firma F̲ company, firm; (≈ Kleinbetrieb) business

917 | **FLAC**

F

Firmament N̄ *(liter)* heavens *pl (liter)*
Firmenchef(in) M/F head of the company, (company) president *(bes US)* **Firmeninhaber(in)** M/F owner of the company **Firmenleitung** F̄ (company) management **Firmenname** M̄ company name **Firmenregister** N̄ register of companies **Firmensitz** M̄ company headquarters *sg od pl* **Firmenstempel** M̄ company stamp **Firmenwagen** M̄ company car **Firmenzeichen** N̄ trademark **firmieren** V̄ī **als** *od* **mit ... ~** (HANDEL, *fig*) to trade under the name of ...
Firmung F̄ REL confirmation
Firn M̄ névé, firn
Firnis M̄ (≈ *Ölfirnis*) oil; (≈ *Lackfirnis*) varnish
First M̄ (≈ *Dachfirst*) (roof) ridge
Fis N̄, **fis** N̄ MUS F sharp
Fisch M̄ 1 fish; **~e/drei ~e fangen** to catch fish/three fish(es); **ein großer** *od* **dicker ~** (*fig umg*) a big fish; **ein kleiner ~** one of the small fry; **weder ~ noch Fleisch** neither fish nor fowl 2 ASTROL **~e** *pl* Pisces *pl*; **(ein) ~ sein** to be (a) Pisces; **im Zeichen der ~e** under the sign of Pisces **fischarm** ADJ *Gewässer* low in fish **Fischbestand** M̄ fish population **fischen** V̄ī&V̄ī to fish; **(auf) Heringe ~** to fish for herring **Fischen** N̄ fishing **Fischer(in)** M/F fisherman/-woman **Fischerboot** N̄ fishing boat **Fischerdorf** N̄ fishing village **Fischerei** F̄ 1 (≈ *das Fangen*) fishing 2 (≈ *Fischereigewerbe*) fishing industry **Fischereigrenze** F̄ fishing limit **Fischereihafen** M̄ fishing port **Fischernetz** N̄ fishing net **Fischfang** M̄ **vom ~ leben** to live by fishing **Fischfarm** F̄ fish farm **Fischfilet** N̄ fish fillet **Fischfrikadelle** F̄ fishcake **Fischfutter** N̄ fish food **Fischgeruch** M̄ fishy smell, smell of fish **Fischgeschäft** N̄ fishmonger's (shop) *(Br)*, fish shop *(Br)* od dealer *(US)* **Fischgräte** F̄ fish bone **Fischgrätenmuster** N̄ herringbone (pattern) **Fischhändler(in)** M/F fishmonger *(Br)*, fish dealer *(US)* **Fischkutter** M̄ fishing cutter **Fischmarkt** M̄ fish market **Fischmehl** N̄ fish meal **Fischotter** M̄ otter **fischreich** ADJ *Gewässer* rich in fish **Fischstäbchen** N̄ fish finger *(Br)*, fish stick *(US)* **Fischsterben** N̄ death of fish **Fischsuppe** F̄ GASTR fish soup **Fischwirtschaft** F̄

▶ **Fisch**

Die übliche Pluralform von **fish** lautet **fish**. Die Form **fishes** wird dann gebraucht, wenn verschiedene Fischarten gemeint sind.

GRAMMATIK ◀

fishing industry **Fischzucht** F̄ fish-farming
Fiskus M̄ *(fig ≈ Staat)* Treasury
Fisolen PL *(österr)* green beans *pl*
Fistelstimme F̄ falsetto (voice)
fit ADJ fit; **sich ~ halten/machen** to keep/get fit; **in Englisch ist sie ~** she's good at English
Fitness F̄ physical fitness **Fitnesscenter** N̄ fitness centre *(Br)* od center *(US)* **Fitnesslehrer(in)** M/F, **Fitnesstrainer(in)** M/F fitness instructor **Fitnesstraining** N̄ **~ machen** to work out in the gym
Fittich M̄ **jdn unter seine ~e nehmen** *(hum)* to take sb under one's wing *(fig)*
fix A ADJ 1 *(umg)* (≈ *flink*) quick; (≈ *intelligent*) bright, smart 2 *(umg)* **~ und fertig sein** (≈ *nervös*) to be at the end of one's tether *(Br)* od rope *(US)*; (≈ *erschöpft*) to be done in *(umg)*, to be all in *(umg)*; *(emotional)* to be shattered 3 (≈ *feststehend*) fixed; **~e Idee** obsession, idée fixe B ADV *(umg ≈ schnell)* quickly; **das geht ganz ~** that won't take long at all
fixen V̄ī *(umg ≈ Drogen spritzen)* to fix *(umg)*, to shoot (up) *(umg)* **Fixer(in)** M/F *(umg)* junkie *(umg)* **Fixerstube** F̄ *(umg)* junkies' centre *(Br)* od center *(US, umg)*
fixieren V̄ī 1 (≈ *anstarren*) **jdn/etw (mit seinen Augen) ~** to fix one's eyes on sb/sth 2 (≈ *festlegen*) to specify, to define; *Gehälter etc* to set *(auf +akk* for); (≈ *schriftlich niederlegen*) to record; **er ist zu stark auf seine Mutter fixiert** PSYCH he has a mother fixation **Fixierung** F̄ PSYCH fixation
Fixing N̄ FIN fixing **Fixkosten** PL fixed costs *pl*
Fixpunkt M̄ fixed point
Fixstern M̄ fixed star
Fjord M̄ fiord
FKK *abk* **von Freikörperkultur; ~-Anhänger(in) sein** to be a nudist *od* naturist **FKK-Strand** M̄ nudist beach
flach A ADJ 1 flat; *Abhang* gentle; **auf dem ~en Land** in the middle of the country 2 (≈ *untief, oberflächlich*) shallow B ADV **~ atmen** to take shallow breaths; **sich ~ hinlegen** to lie down **Flachbau** M̄ low building **Flachbildschirm** M̄ TV flat screen **flachbrüstig** ADJ flat-chested **Flachdach** N̄ flat roof **Fläche** F̄ area; (≈ *Oberfläche*) surface **Flächenbrand** M̄ extensive fire **flächendeckend** ADJ extensive **Flächeninhalt** M̄ area **Flächenmaß** N̄ unit of square measure **flachfallen** V̄ī *(umg)* not to come off; *(Regelung)* to end **Flachheit** F̄ flatness; (≈ *Oberflächlichkeit*) shallowness **Flachland** N̄ lowland; (≈ *Tiefland*) plains *pl* **flachliegen** V̄ī *(umg)* **er liegt seit einer Woche flach** he's been laid up (in bed) for

a week **Flachmann** M (umg) hip flask
Flachs M **1** BOT, TEX flax **2** (umg ≈ Witzelei) kidding (umg); (≈ Bemerkung) joke **flachsen** VꞮ (umg) to kid around (umg)
flackern VꞮ to flicker **Flackern** N flickering
Fladen M **1** GASTR round flat dough-cake **2** (umg ≈ Kuhfladen) cowpat (Br), cow dung **Fladenbrot** N unleavened bread
Flädlisuppe F (schweiz) pancake soup
Flagge F flag **flaggen** VꞮ to fly flags/a flag
Flaggschiff N flagship
Flair N od (selten) M (geh) aura; (bes schweiz ≈ Gespür) flair
Flak F **1** anti-aircraft gun **2** (≈ Einheit) anti-aircraft unit
Flakon N od M bottle, flacon
flambieren VꞮ GASTR to flambé; **flambierte Bananen** bananas flambés, flambéed bananas
Flamingo M flamingo
flämisch ADJ Flemish
Flamme F flame; **in ~n aufgehen** to go up in flames; **in (hellen) ~n stehen** to be ablaze; **etw auf kleiner ~ kochen** to cook sth on a low flame **Flammenmeer** N sea of flames
Flammenwerfer M flame-thrower
Flanell M flannel
Flanke F **1** flank; (von Bus etc) side **2** (SPORT, TURNEN) flank-vault; FUSSB cross **flanken** VꞮ FUSSB to centre (Br), to center (US) **flankieren** VꞮ to flank; **~de Maßnahmen** supporting measures
Flansch M flange
flapsig ADJ (umg) Benehmen cheeky (Br), fresh (US); Bemerkung offhand
Fläschchen N bottle **Flasche** F **1** bottle; **mit der ~ aufziehen** to bottle-feed; **eine ~ Wein/Bier** etc a bottle of wine/beer etc; **aus der ~ trinken** to drink (straight) out of od from the bottle **2** (umg ≈ Versager) complete loser (❗ Schreibung mit einem „o") (umg) **Flaschenbier** N bottled beer **flaschengrün** ADJ bottle-green **Flaschenhals** M neck of a bottle; (fig) bottleneck **Flaschenkind** N bottle-fed baby **Flaschenöffner** M bottle opener **Flaschenpfand** N deposit on bottles **Flaschenpost** F message in a/the bottle **Flaschenwein** M bottled wine **Flaschenzug** M block and tackle
Flatrate F TEL flat rate; INTERNET flat-rate internet access **Flatrateparty** F all you can drink party **Flatratesaufen**, **Flatratetrinken** N (umg) *paying nominal charge which covers unlimited alcohol consumption*
flatterhaft ADJ fickle **flattern** VꞮ to flutter; (Fahne, Segel) to flap; (Haar) to stream **Flattersatz** M ragged right

flau ADJ **1** Wind slack **2** Geschmack insipid; Stimmung flat **3** (≈ übel) queasy; (vor Hunger) faint; **mir ist ~ (im Magen)** I feel queasy **4** HANDEL Markt slack
Flaum M (≈ Flaumfedern, auf Obst) down
flauschig ADJ fleecy; (≈ weich) soft
Flausen PL (umg) (≈ Unsinn) nonsense; (≈ Illusionen) fancy ideas pl (umg)
Flaute F **1** METEO calm **2** (fig) (HANDEL) lull, slack period
Flechte F BOT, MED lichen
flechten VꞮ Haar to plait (Br), to braid (bes US); Kranz, Korb to weave; Seil to make
Fleck M **1** (≈ Schmutzfleck) stain **2** (≈ Farbfleck) splotch; (auf Obst) blemish **3** (≈ Stelle) spot, place; **sich nicht vom ~ rühren** not to move od budge (umg); **nicht vom ~ kommen** not to get any further; **vom ~ weg** right away **Fleckchen** N **ein schönes ~ (Erde)** a lovely little spot **fleckenlos** ADJ spotless **Fleckentferner** M stain-remover **fleckig** ADJ marked; Obst blemished
Fledermaus F bat
Flegel M **1** (≈ Lümmel) lout, yob (Br umg); (≈ Kind) brat (umg) **2** (≈ Dreschflegel) flail **Flegelalter** N awkward adolescent phase **flegelhaft** ADJ uncouth **Flegeljahre** PL **er ist in den ~n** he's at an awkward age **flegeln** VꞭ to loll, to sprawl
flehen VꞮ (geh) to plead (um for, zu with) **flehentlich** A ADJ imploring, pleading B ADV imploringly, pleadingly; **jdn ~ bitten** to plead with sb
Fleisch N **1** (≈ Gewebe) flesh; **sich** (dat od akk) **ins eigene ~ schneiden** to cut off one's nose to spite one's face; **jdm in ~ und Blut übergehen** to become second nature to sb **2** (≈ Nahrungsmittel) meat; (≈ Fruchtfleisch) flesh; **~ fressend =** fleischfressend; **~ verarbeitend** meat-processing **Fleischbrühe** F (≈ Gericht) bouillon; (≈ Fond) meat stock **Fleischer(in)** MꜰꞮ butcher **Fleischerei** F butcher's (shop) (Br), butcher (shop) (US) **fleischfarben** flesh-coloured (Br), flesh-colored (US) **fleischfressend** ADJ carnivorous; **~e Tiere** carnivores, carnivorous animals **Fleischgericht** N meat dish **Fleischhauer(in)** MꜰꞮ (österr) butcher **Fleischhauerei** F (österr) = Fleischerei **fleischig** ADJ fleshy **Fleischkäse** M meat loaf **Fleischkloß** M meatball **Fleischkonserven** PL canned meat, tinned meat (Br) **Fleischküchle** N (südd), **Fleischlaiberl** N (österr) (≈ Frikadelle) meatball **fleischlich** ADJ Speisen, Kost meat **fleischlos** A ADJ (≈ ohne Fleisch) meatless; Kost, Ernährung vegetarian B ADV **~ essen** to eat no meat **Fleischpflan-**

zerl ℕ (südd ≈ *Frikadelle*) meatball **Fleischsalat** M̲ diced meat salad with mayonnaise **Fleischtomate** F̲ beef tomato **Fleischvergiftung** F̲ food poisoning (from meat) **Fleischwaren** P̲L̲ meat products *pl* **Fleischwolf** M̲ mincer (Br), meat grinder (bes US); **jdn durch den ~ drehen** (umg) to put sb through the mill **Fleischwunde** F̲ flesh wound **Fleischwurst** F̲ pork sausage

Fleisch: meat oder flesh?

das zum Verzehr bestimmte Fleisch	meat
(menschliches) Fleisch	flesh
Ich esse kein Fleisch. Ich bin Vegetarier.	I don't eat meat. I'm a vegetarian.
Fleischwunde	flesh wound
Der Geist ist willig, aber das Fleisch ist schwach.	The spirit is willing but the flesh is weak.

SPRACHGEBRAUCH ◀

Fleiß M̲ diligence; (≈ *Beharrlichkeit*) application; (als *Charaktereigenschaft*) industriousness; **mit ~ kann es jeder zu etwas bringen** anybody can succeed if they work hard; **mit ~ bei der Sache sein** to work hard; **ohne ~ kein Preis** (sprichw) no pain, no gain **Fleißarbeit** F̲ hard work **fleißig** A̲ A̲D̲J̲ **1** (≈ *arbeitsam*) hard-working (⚠ kein Adverb), industrious **2** (≈ *Fleiß zeigend*) diligent, painstaking B̲ A̲D̲V̲ **~ studieren/arbeiten** to study/work hard
flektieren V̲T̲ to inflect (form); *Substantiv, Adjektiv* to decline; *Verb* to conjugate
flennen V̲I̲ (pej umg) to blub(ber) (umg)
fletschen V̲T̲ **die Zähne ~** to bare one's teeth
flexibel A̲ A̲D̲J̲ flexible B̲ A̲D̲V̲ flexibly **Flexibilität** F̲ flexibility
Flexion F̲ GRAM inflection
flicken V̲T̲ to mend; (*mit Flicken*) to patch **Flicken** M̲ patch **Flickenteppich** M̲ rag rug
Flickflack M̲ SPORT backflip
Flickwerk N̲ **die Reform war reinstes ~** the reform had been carried out piecemeal
Flickzeug N̲ (*zum Nähen*) sewing kit; (*für Reifen*) (puncture) repair kit
Flieder M̲ lilac
Fliege F̲ **1** fly; **wie die ~n** like flies; **er tut keiner ~ etwas zuleide** (fig) he wouldn't hurt a fly; **zwei ~n mit einer Klappe schlagen** (sprichw) to kill two birds with one stone (sprichw); **die ~ machen** (sl) to beat it (umg) **2** (≈ *Schlips*) bow tie **fliegen** A̲ V̲I̲ **1** to fly; **die Zeit fliegt** time flies; **auf jdn/etw ~** (umg) to be crazy about sb/sth

(umg) **2** (umg) **von der Leiter ~** to fall off the ladder; **durchs Examen ~** to fail *od* flunk (umg) one's exam; **aus der Firma ~** to get the sack (umg); **von der Schule ~** to be chucked out of school (umg) **3** **geflogen kommen** to come flying; **in den Papierkorb ~** to go into the wastepaper basket B̲ V̲T̲ to fly **fliegend** A̲D̲J̲ flying; **~er Händler** travelling (Br) *od* traveling (US) hawker; **~er Teppich** flying carpet
Fliegen N̲ flying **Fliegenfänger** M̲ (≈ *Klebestreifen*) flypaper **Fliegengewicht** N̲ flyweight **Fliegengitter** N̲ fly screen **Fliegenklatsche** F̲ fly swat **Fliegenpilz** M̲ fly agaric **Flieger** M̲ **1** (≈ *Pilot*) airman; (MIL: *Rang*) aircraftman (Br), airman basic (US) **2** (umg ≈ *Flugzeug*) plane **Fliegeralarm** M̲ MIL air-raid warning **Fliegerangriff** M̲ MIL air raid **Fliegerin** F̲ (≈ *Pilotin*) airwoman **Fliegerjacke** F̲ bomber jacket
fliehen V̲I̲ to flee (*vor* +dat from); (≈ *entkommen*) to escape (*aus* from); **vor jdm ~** to flee from sb; **aus dem Lande ~** to flee the country
Fliese F̲ tile; **~n legen** to lay tiles **Fliesenleger(in)** M̲/F̲ tiler
Fließband N̲ conveyor belt; (*als Einrichtung*) assembly *od* production line; **am ~ arbeiten** to work on the assembly *od* production line **Fließbandfertigung** F̲ assembly-line production **fließen** V̲I̲ to flow; (*Tränen*) to run; **es ist genug Blut geflossen** enough blood has been shed **fließend** A̲ A̲D̲J̲ flowing; *Leitungswasser* running; *Verkehr* moving; *Rede, Sprache* fluent; *Grenze, Übergang* fluid B̲ A̲D̲V̲ **sprechen** fluently **Fließheck** N̲ fastback **Fließtext** M̲ IT con-

Fliege — fly

Fliege — bow tie

FLIM | 920

tinuous text
flimmerfrei ADJ OPT, FOTO flicker-free **flimmern** V/I to shimmer; FILM, TV to flicker
flink A ADJ (≈ geschickt) nimble; (≈ schnell) quick B ADV arbeiten quickly; springen nimbly; **ein bisschen ~!** (umg) get a move on! (umg)
Flinte F (≈ Schrotflinte) shotgun; **die ~ ins Korn werfen** (fig) to throw in the towel
Flipchart, Flip Chart F flip chart
Flipper M pinball machine **flippern** V/I to play pinball
Flirt M (≈ Flirten) flirtation **flirten** V/I to flirt

▶ **Flirt ≠ flirt**

Flirt	=	flirtation
flirt	=	Mensch, der gerne flirtet

FALSCHE FREUNDE ◀

Flittchen N (pej umg) slut
Flitterwochen PL honeymoon sg; **in die ~ fahren/in den ~ sein** to go/be on one's honeymoon
flitzen V/I (umg) **1** (≈ sich schnell bewegen) to dash **2** (≈ nackt rennen) to streak; **(das) Flitzen** streaking
floaten VT & VI FIN to float; **~ (lassen)** to float
Flocke F flake; (≈ Schaumflocke) blob (of foam); (≈ Staubflocke) ball (of fluff) **flockig** ADJ (wörtl) fluffy; (fig) lively
Floh M ZOOL flea; **jdm einen ~ ins Ohr setzen** (umg) to put an idea into sb's head; **die Flöhe husten hören** (umg) to imagine things **Flohmarkt** M flea market **Flohzirkus** M flea circus
Flop M flop (umg)
Floppy F IT floppy (disk)
Flora F flora
Florett N (≈ Waffe) foil
florieren VI to flourish; **ein ~des Geschäft** a flourishing business **Florist(in)** M(F) florist
Floskel F set phrase **floskelhaft** ADJ Stil, Rede cliché-ridden; Ausdrucksweise stereotyped
Floß N raft
Flosse F **1** (≈ Fischflosse) fin; (≈ Walflosse, Robbenflosse, Taucherflosse) flipper **2** (FLUG, SCHIFF ≈ Leitwerk) fin
Floßfahrt F raft trip
Flöte F **1** pipe; (≈ Querflöte, Orgelflöte) flute; (≈ Blockflöte) recorder; **~ spielen** to play the flute/recorder (❗ mit the) **2** (≈ Kelchglas) flute glass **flöten** A VI MUS to play the flute; (≈ Blockflöte spielen) to play the recorder B VT & VI (Vogel, fig umg) to warble **flöten gehen** VI (umg) to go to the dogs (umg) **Flötenkessel** M whistling kettle **Flötist(in)** M(F) piper; (von

Querflöte) flautist
flott A ADJ **1** (≈ zügig) Fahrt quick; Tempo brisk; Bedienung speedy (umg); (≈ schwungvoll) Musik lively **2** (≈ chic) smart **3** **wieder ~ sein** (Schiff) to be afloat again; (Mensch: finanziell) to be in funds again; (Unternehmen) to be back on its feet B ADV **1** (≈ zügig) quickly, speedily; **ich komme ~ voran** I'm making speedy progress **2** (≈ chic) stylishly
Flotte F SCHIFF, FLUG fleet **Flottenstützpunkt** M naval base
Flöz N BERGB seam
Fluch M curse **fluchen** VI to curse (and swear); **auf** od **über jdn/etw ~** to curse sb/sth
Flucht F **1** flight (vor +dat from); **die ~ ergreifen** to take flight; **auf der ~ sein** to be fleeing; (Gesetzesbrecher) to be on the run; **jdm zur ~ verhelfen** to help sb to escape **2** (≈ Häuserflucht) row; (≈ Fluchtlinie) alignment **fluchtartig** A ADJ hasty, hurried B ADV hastily, hurriedly **Fluchtauto** N escape car; (von Gesetzesbrecher) getaway car **flüchten** VI (≈ davonlaufen) to flee (vor +dat from); **vor der Wirklichkeit ~** to escape reality; **sich in (den) Alkohol ~** to take refuge in alcohol; **sich in Ausreden ~** to resort to excuses **Fluchtfahrzeug** N escape vehicle; (von Gesetzesbrecher) getaway vehicle **Fluchtgefahr** F risk of escape, risk of an escape attempt **Fluchthelfer(in)** M(F) escape helper **flüchtig** A ADJ **1** (≈ geflüchtet) fugitive; **~ sein** to be still at large **2** (≈ kurz) fleeting, brief; Gruß brief **3** (≈ oberflächlich) cursory, sketchy B ADV **1** (≈ kurz) fleetingly, briefly; **~ erwähnen** to mention in passing **2** (≈ oberflächlich) cursorily, superficially; **etw ~ lesen** to skim through sth; **jdn ~ kennen** to have met sb briefly **Flüchtigkeitsfehler** M careless mistake **Flüchtling** M refugee **Flüchtlingslager** N refugee camp **Fluchtversuch** M escape attempt od bid **Fluchtwagen** M getaway car **Fluchtweg** M escape route
Flug M flight; **im ~(e)** in the air; **wie im ~(e)** (fig) in a flash **Flugabwehr** F air defence (Br) od defense (US) **Flugabwehrrakete** F anti--aircraft missile **Flugangst** F fear of flying **Flugbahn** F flight path; (≈ Kreisbahn) orbit **Flugbegleiter(in)** M(F) flight attendant **flugbereit** ADJ ready for takeoff **Flugblatt** N leaflet **Flugdatenschreiber** M flight recorder **Flugdauer** F flying time
Flügel M **1** wing; (von Hubschrauber, Ventilator) blade; (≈ Fensterflügel) casement (form), side; (≈ Lungenflügel) lung; (≈ Nasenflügel) nostril; **einem Vogel/jdm die ~ stutzen** to clip a bird's/sb's wings **2** (≈ Konzertflügel) grand piano, grand

FLUS

Flügel — wing

Flügel — wing

Flügel — grand piano

(umg) **Flügelhorn** N̄ MUS flugelhorn **Flügelkampf** M̄ POL factional dispute **Flügelspanne** F̄ wing span **Flügelstürmer** M̄ SPORT wing forward **Flügeltür** F̄ leaved door (form); (mit zwei Flügeln) double door **Flugente** F̄ GASTR muscovy duck **Fluggast** M̄ (airline) passenger
flügge ADJ fully-fledged; ~ **werden** (wörtl) to be able to fly; (fig) to leave the nest
Fluggepäck N̄ baggage **Fluggesellschaft** F̄ airline (company) **Flughafen** M̄ airport; **auf dem ~** at the airport **Flughafenbus** M̄ airport bus **Flughafengebäude** N̄ (air) terminal **Flughafensteuer** F̄ airport tax **Flughöhe** F̄ FLUG altitude **Flugkapitän(in)** M̄F̄ captain (of an/the aircraft) **Flugkörper** M̄ flying object **Fluglärm** M̄ aircraft noise **Fluglehrer(in)** M̄F̄ flying instructor **Fluglinie** F̄ (≈ Fluggesellschaft) airline (company) **Fluglotse** M̄, **Fluglotsin** F̄ air-traffic od flight controller **Flugmeile** F̄ air mile **Flugnummer** F̄ flight number **Flugobjekt** N̄ **ein unbekanntes ~** an unidentified flying object **Flugpersonal** N̄ flight personnel pl **Flugplan** M̄ flight schedule **Flugplatz** M̄ airfield; (größer) airport **Flugpreis** M̄ air fare **Flugreise** F̄ flight **Flugrettungsdienst** M̄ air rescue service **Flugroute** F̄ air route **Flugschau** F̄ air show **Flugschein** M̄ ▮ pilot's licence (Br) od license (US) ▮ (≈ Flugticket) plane od air ticket **Flugschreiber** M̄ flight recorder **Flugschrift** F̄ pamphlet **Flugschüler(in)** M̄F̄ trainee pilot **Flugsicherheit** F̄ air safety **Flugsicherung** F̄ air traffic control **Flugsimulator** M̄ flight simulator **Flugsteig** M̄ gate **Flugstrecke** F̄ ▮ (≈ Route) (air) route ▮ (zurückgelegte) distance flown **Flugstunde** F̄ ▮ flying hour; **zehn ~n entfernt** ten hours away by air ▮ (≈ Unterricht) flying lesson **flugtauglich** ADJ Pilot fit to fly; Flugzeug airworthy **Flugticket** N̄ plane ticket **flugtüchtig** ADJ airworthy **Flugüberwachung** F̄ air traffic control **fluguntauglich** ADJ Pilot unfit to fly; Flugzeug not airworthy **Flugunterbrechung** F̄ od **fluguntüchtig** ADJ not airworthy **Flugverbindung** F̄ air connection **Flugverbot** N̄ flying ban **Flugverkehr** M̄ air traffic **Flugzeit** F̄ flying time **Flugzeug** N̄ aircraft, (aero)plane (Br), (air)plane (US); **mit dem ~** by air od plane **Flugzeugabsturz** M̄ plane crash **Flugzeugbau** M̄ aircraft construction **Flugzeugbesatzung** F̄ air crew, plane crew **Flugzeugentführer(in)** M̄F̄ (aircraft) hijacker, skyjacker **Flugzeugentführung** F̄ (aircraft) hijacking, skyjacking **Flugzeughalle** F̄ (aircraft) hangar **Flugzeugindustrie** F̄ aircraft industry **Flugzeugkatastophe** F̄ air(line) disaster **Flugzeugträger** M̄ aircraft carrier **Flugzeugunglück** N̄ plane crash **Flugziel** N̄ destination

Fluktuation F̄ fluctuation (+gen in) **fluktuieren** V̄I to fluctuate
Flunder F̄ flounder
flunkern (umg) A V̄I to tell stories B V̄T to make up
Fluor N̄ fluorine; (≈ Fluorverbindung) fluoride **Fluorchlorkohlenwasserstoff** M̄ chlorofluorocarbon **fluoreszieren** V̄I to be luminous
Flur M̄ corridor; (≈ Hausflur) hall **Flurschaden** M̄ damage to an agricultural area; (fig) damage
Fluse F̄ bit of fluff; (≈ Wollfluse) bobble

> **am Flughafen**

Am Flughafen hört man oft Folgendes:

Letzter Aufruf für Flug ...	Last call for flight ...
Die Passagiere des Fluges 645 nach London werden gebeten, sich zum Flugsteig sechs zu begeben.	Passengers for flight number 645 to London, please proceed to gate six.
Bitte halten Sie ihre Bordkarten bereit!	Please have your boarding cards ready.

SPRACHGEBRAUCH

Fluss M **1** (≈ Gewässer) river; **am ~** by the river **2** (≈ Verlauf) flow; **etw kommt in ~** sth gets underway; **im ~ sein** (≈ sich verändern) to be in a state of flux **flussab(wärts)** ADV downstream, downriver **Flussarm** M arm of a/the river **flussaufwärts** ADV upstream, upriver **Flussbett** N riverbed **Flüsschen** N little river **Flussdiagramm** N flow chart od diagram **flüssig** A ADJ **1** (≈ nicht fest) liquid; Honig, Lack runny; (≈ geschmolzen) Metall molten **2** (≈ fließend) Stil, Spiel fluid **3** (≈ verfügbar) Geld available; **ich bin im Moment nicht ~** (umg) I'm out of funds at the moment B ADV **1** **~ ernährt werden** to be fed on liquids **2** (≈ fließend) fluently; **~ lesen/schreiben** to read/write fluently **Flüssiggas** N liquid gas **Flüssigkeit** F **1** (≈ flüssiger Stoff) liquid **2** (von Metall etc) liquidity; (von Geldern) availability; (von Stil) fluidity **Flüssigkristall** M liquid crystal **Flüssigkristallanzeige** F liquid-crystal display **Flüssigseife** F liquid soap **Flusskrebs** M crayfish (Br), crawfish (US) **Flusslauf** M course of a/the river **Flussmündung** F river mouth; (von Gezeitenfluss) estuary **Flusspferd** N hippopotamus **Flussufer** N riverbank; **am ~** on the riverbank

▶ **Flüsse**

Manche Flussnamen lauten ganz anders als im Deutschen. Andere haben eine etwas andere Schreibweise bzw. Aussprache. Hier einige Beispiele:

Amazonas	**Amazon** ['æmǝzn]
Donau	**Danube** ['dænjuːb]
Etsch	**Adige** ['ɑːdɪdʒeɪ]
Euphrat	**Euphrates** [juːˈfreɪtiːz]
Ganges	**Ganges** ['gændʒiːz]
Mosel	**Moselle** [mǝʊˈzel]
Nil	**Nile** [naɪl]
Rhein	**Rhine** [raɪn]
Themse	**Thames** [temz]
Weichsel	**Vistula** ['vɪstjʊlǝ]
Wolga	**Volga** ['vɒlgǝ]

WORTSCHATZ ◀

flüstern VT & VI to whisper **Flüsterpropaganda** F underground rumours (Br) od rumors (US) pl

Flut F **1** (≈ ansteigender Wasserstand) incoming od flood tide; (≈ angestiegener Wasserstand) high tide; **die ~ geht zurück** the tide has turned od started to go out **2** (≈ Wassermasse) waters pl

3 (fig ≈ Menge) flood **fluten** VT Schleuse, Tank to flood **Flutkatastrophe** F flood disaster **Flutlicht** N floodlight **Flutwelle** F tidal wave

Föderalismus M federalism **föderalistisch** ADJ federalist **Föderation** F federation **föderativ** ADJ federal

Fohlen N foal

Föhn M **1** (≈ Wind) foehn, föhn **2** (≈ Haartrockner) hairdryer **föhnen** VT to dry

Föhre F Scots pine (tree)

Folge F **1** (≈ Reihenfolge) order; (≈ Aufeinanderfolge) succession; MATH sequence; (≈ Fortsetzung) instalment (Br), installment (US); TV, RADIO episode; (≈ Serie) series **2** (≈ Ergebnis) consequence; (≈ unmittelbare Folge) result; (≈ Auswirkung) effect; **als ~ davon** as a result (of that); **dies hatte zur ~, dass ...** the consequence od result of this was that ...; **an den ~n eines Unfalls sterben** to die as a result of an accident **3** (form) **einem Befehl ~ leisten** to comply with an order **Folgeerscheinung** F result, consequence **Folgekosten** PL subsequent costs pl **folgen** VI to follow; **auf etw** (akk) **~** to follow sth, to come after sth; **~ Sie mir (bitte)!** come with me please; **wie folgt** as follows; **können Sie mir ~?** (≈ verstehen) do you follow (me)?; **was folgt daraus für die Zukunft?** what are the consequences of this for the future? **folgend** ADJ following; **Folgendes** the following; **im Folgenden** in the following; **es handelt sich um Folgendes** it's like this; (schriftlich) it concerns the following **folgendermaßen** ADV like this **folgenlos** ADJ without consequences; (≈ wirkungslos) ineffective **folgenreich** ADJ (≈ bedeutsam) momentous; (≈ folgenschwer) serious **folgenschwer** ADJ serious **folgerichtig** ADJ (logically) consistent **folgern** VT to conclude **Folgerung** F conclusion **Folgeschaden** M consequential damages **Folgezeit** F following period, period following **folglich** ADV, KONJ consequently, therefore **folgsam** ADJ obedient

Folie F (≈ Plastikfolie) film; (für Projektor) transparency; (≈ Metallfolie, GASTR) foil **Folienkartoffel** F GASTR jacket (Br) od baked potato (baked in foil) **Folienschreiber** M marker pen (for overhead projector transparencies)

Folklore F folklore; (≈ Volksmusik) folk music **folkloristisch** ADJ folkloric; **~e Musik** folk music

Folter F torture; **jdn auf die ~ spannen** (fig) to keep sb on tenterhooks **Folterbank** F rack **Folterer** M, **Folterin** F torturer **Folterinstrument** N instrument of torture **Folterkammer** F torture chamber **foltern** A VT

923 ‖ FORS

to torture **B** ▢ to use torture **Folterung** ▢
torture **Folterwerkzeug** ▢ instrument of
torture
Fon ▢ phon
Fön® ▢ hairdryer
Fond ▢ **1** (geh ≈ Wagenfond) back, rear **2** (GASTR
≈ Fleischsaft) meat juices pl
Fonds ▢ **1** (≈ Geldreserve) fund **2** (FIN ≈ Schuldver-
schreibung) government bond
Fondue ▢ fondue
fönen ▢ → föhnen
Fono- = Phono-
Fontäne ▢ jet; (geh ≈ Springbrunnen) fountain
foppen ▢ (umg) **jdn ~** to pull sb's leg (umg)
forcieren ▢ to push; Tempo to force; Produktion
to push od force up **forciert** ▢ forced
Förderband ▢ conveyor belt **Förderer** ▢,
Förderin ▢ sponsor; (≈ Gönner) patron **För-**
derkorb ▢ mine cage **Förderkurs** ▢
SCHULE special classes pl **förderlich** ▢ ben-
eficial (+dat to) **Fördermittel** ▢ aid sg
fordern ▢ **1** (≈ verlangen) to demand **2** (fig ≈ kos-
ten) Opfer to claim **3** (≈ herausfordern) to challenge
fördern ▢ **1** (≈ unterstützen) to support; (≈ pro-
pagieren) to promote; (finanziell) Projekt to sponsor;
jds Talent to encourage, to foster; Verdauung to
aid; Appetit to stimulate **2** (≈ steigern) Wachstum
to promote; Umsatz to boost, to increase **3** Bo-
denschätze to extract; Kohle, Erz to mine **Förder-**
schule ▢ special school **Förderturm** ▢
BERGB winding tower; (auf Bohrstelle) derrick
Forderung ▢ **1** (≈ Verlangen) demand (nach for);
~en an jdn stellen to make demands on sb **2**
(HANDEL ≈ Anspruch) claim (an +akk, gegen on,
against) **3** (≈ Herausforderung) challenge
Förderung ▢ **1** (≈ Unterstützung) support; (finan-
ziell) sponsorship; (von Talent) encouragement,
fostering; (von Verdauung) aid (+gen to) **2** (umg ≈
Förderungsbetrag) grant **3** (≈ Gewinnung) extraction
Förderunterricht ▢ special instruction, re-
medial classes pl, tutoring (bes US)
Forelle ▢ trout
forensisch ▢ forensic
Form ▢ **1** form; (≈ Gestalt, Umriss) shape; **in ~ ei-**
nes Dreiecks in the shape of a triangle; **ihre**
der ~ geraten to lose its shape; **feste ~ an-**
nehmen (fig) to take shape **2 Formen** ▢ (≈
Umgangsformen) manners pl; **die ~ wahren** to
observe the proprieties; **in aller ~** formally
3 (≈ Kondition) form; **in ~ bleiben** to keep (one-
self) fit od in condition; (Sportler) to keep in form;
er war nicht in ~ he wasn't on form **4** (≈ Gieß-
form) mould (Br), mold (US); (≈ Kuchenform, Back-
form) baking tin (Br) od pan (US) **formal** ▢
▢ formal **B** ▢ formally
Formaldehyd ▢ formaldehyde

Formalie ▢ formality **formalistisch** ▢
formalistic **Formalität** ▢ formality
Format ▢ **1** size; (von Zeitung, Buch) format; **im**
~ DIN A4 in A4 (format) **2** (≈ Rang) stature **3** (fig
≈ Niveau) class (umg), quality **formatieren** ▢
▢ IT to format **Formatierung** ▢ IT format-
ting **Formation** ▢ formation; (≈ Gruppe) group
Formatvorlage ▢ IT style (sheet)
Formblatt ▢ form
Formel ▢ formula; (von Eid etc) wording; (≈ Flos-
kel) set phrase **Formel-1-Rennen** ▢ Formu-
la-1 race
formell ▢ ▢ formal **B** ▢ (≈ offiziell) formally,
officially
formen ▢ to form, to shape; Eisen to mould
(Br), to mold (US) **Formfehler** ▢ irregularity
formieren ▢ to form up **förmlich** ▢ ▢
1 (≈ formell) formal **2** (≈ regelrecht) positive **B** ▢
1 (≈ formell) formally **2** (≈ regelrecht) positively
Förmlichkeit ▢ **1** (von Benehmen) formality
2 (≈ Äußerlichkeit) social convention **formlos**
▢ **1** (≈ ohne Form) shapeless **2** (≈ zwanglos) infor-
mal, casual **3** ADMIN Antrag unaccompanied
by a form/any forms **Formsache** ▢ matter
of form **formschön** ▢ elegant, elegantly
proportioned **Formschwäche** ▢ poor form;
~n zeigen to be on poor form **Formtief** ▢
loss of form; **sich in einem ~ befinden** to be
badly off form
Formular ▢ form **formulieren** ▢ to
phrase, to formulate **Formulierung** ▢
wording, formulation
Formung ▢ (≈ Formen) forming, shaping; (von
Eisen) moulding (Br), molding (US) **formvoll-**
endet ▢ perfect; Gedicht perfectly structured
forsch ▢ ▢ brash **B** ▢ brashly
forschen ▢ **1** (≈ suchen) to search (nach for) **2** (≈
Forschung betreiben) to research; **über etw** (akk) **~**
to research into sth **forschend** ▢ ▢ Blick
searching **B** ▢ searchingly; **jdn ~ ansehen**
to give sb a searching look **Forscher(in)** ▢
1 researcher; (in Naturwissenschaften) research
scientist **2** (≈ Forschungsreisender) explorer
Forschheit ▢ brashness
Forschung ▢ research (⚠ kein pl); **~ und**
Lehre research and teaching; **~ und Entwick-**
lung research and development, R&D **For-**
schungsauftrag ▢ research assignment
Forschungsgebiet ▢ field of research
Forschungsprojekt ▢ research project
Forschungsreise ▢ expedition **For-**
schungsreisende(r) ▢ explorer **For-**
schungssatellit ▢ research satellite **For-**
schungszentrum ▢ research centre (Br) od
center (US)
Forst ▢ forest **Forstamt** ▢ forestry office

FÖRS ‖ 924

Förster(in) M/F forest warden **Forsthaus** N forester's lodge **Forstrevier** N forestry district **Forstschaden** M forest damage (❗ kein pl) **Forstwirtschaft** F forestry **Forsythie** F forsythia

fort ADV **1** (≈ weg) away; (≈ verschwunden) gone; **es war plötzlich ~** it suddenly disappeared; **er ist ~** he has left od gone; **von zu Hause ~** away from home **2** (≈ weiter) on; **und so ~** and so on, and so forth; **das ging immer so weiter und so ~ und so ~** (umg) that went on and on and on; **in einem ~** incessantly

Fort N fort

Fortbestand M continuance; (von Institution) continued existence; (von Gattung etc) survival **fortbestehen** V/I to continue; (Institution) to continue in existence **fortbewegen** A VT to move away **B** VR to move **Fortbewegung** F locomotion **Fortbewegungsmittel** N means sg of locomotion **fortbilden** VT **jdn/sich ~** to continue sb's/one's education **Fortbildung** F further education; **berufliche ~** further vocational training **Fortbildungskurs** M in-service training course **fortbleiben** VI to stay away **Fortbleiben** N absence **Fortdauer** F continuation **fortdauern** VI to continue **fortdauernd** A ADJ continuing **B** ADV constantly, continuously **fortfahren** VI **1** (≈ abfahren) to leave, to go **2** (≈ weitermachen) to continue; **~, etw zu tun** to continue doing sth od to do sth **fortführen** VT (≈ fortsetzen) to continue, to carry on **Fortführung** F continuation **Fortgang** M (≈ Verlauf) progress; **seinen ~ nehmen** to progress **fortgehen** VI (≈ weggehen) to leave **fortgeschritten** ADJ advanced **Fortgeschrittene(r)** M/F(M) advanced student **Fortgeschrittenenkurs** M advanced course **fortgesetzt** ADJ continual, constant; Betrug repeated; → fortsetzen **fortjagen** VT Menschen to throw out (aus, von of); Tier, Kinder to chase out (aus, von of) **fortkommen** VI to get away; **mach, dass du fortkommst** get out of here **fortlaufen** VI to run away **fortlaufend** A ADJ Handlung ongoing; Zahlungen regular; (≈ andauernd) continual **B** ADV (≈ andauernd) continually; **~ nummeriert** Geldscheine serially numbered; Seiten consecutively numbered **fortmüssen** VI **ich muss fort** I've got to go, I must be off; **das muss fort** it's got to go **fortpflanzen** VR to reproduce; (Schall, Wellen) to travel; (Gerücht) to spread **Fortpflanzung** F reproduction; (von Pflanzen) propagation **Fortpflanzungsorgan** N reproductive organ **Fortpflanzungstrieb** M reproductive instinct **fortrennen** VI to

race off od away **Fortsatz** M ANAT process **fortschaffen** VT to remove **fortschreiten** VI to progress; (≈ weitergehen) to continue **fortschreitend** ADJ progressive; Alter advancing **Fortschritt** M advance; bes POL progress (❗ kein pl); **gute ~e machen** to make good progress; **~e in der Medizin** advances in medicine; **dem ~ dienen** to further progress **fortschrittlich** A ADJ progressive **B** ADV progressively **fortschrittsfeindlich** ADJ anti-progressive **fortsetzen** A VT to continue; → fortgesetzt **B** VR (zeitlich) to continue; (räumlich) to extend

Fortsetzung F **1** (≈ das Fortsetzen) continuation **2** RADIO, TV episode; (eines Romans) instalment (Br), installment (US); **„Fortsetzung folgt"** "to be continued"

Fortsetzungsroman M serialized novel **fortwährend** A ADJ constant, continual **B** ADV constantly, continually **fortziehen** VI to move away

Forum N forum

fossil ADJ fossilized; Brennstoff fossil attr **Fossil** N fossil

Foto N photo(graph); **ein ~ machen** to take a photo(graph) **Fotoalbum** N photograph album **Fotoapparat** M camera **Fotoausrüstung** F photographic equipment **Fotoautomat** M (für Passfotos) photo booth **Fotofinish** N SPORT photo finish **fotogen** ADJ photogenic **Fotograf(in)** M/F(M) photographer **Fotografie** F photography (❗ ohne **the**); (≈ Bild) photo(graph) **fotografieren** A VT to photograph **B** VI to take photos od photographs **fotografisch** A ADJ photographic **B** ADV photographically **Fotohandy** N cameraphone **Fotokopie** F photocopy **fotokopieren** VT to photocopy **Fotokopierer** M photocopier **Fotolabor** N photo lab **Fotomodell** N photographic model **Fotomontage** F photomontage **Fotoreportage** F photo reportage **Fotosynthese** F photosynthesis **Fototermin** M photo call **Fötus** M foetus (Br), fetus (US) **fotzen** VT (österr ≈ ohrfeigen) **jdn ~** to give sb a smack on the ear

Foul N SPORT foul **Foulelfmeter** M FUSSB penalty (kick) **foulen** VT & VI SPORT to foul **Foulspiel** N SPORT foul play **Foyer** N foyer

FPÖ F abk von Freiheitliche Partei Österreichs

Fracht F freight (❗ kein pl) **Frachtbrief** M consignment note, waybill **Frachter** M freighter **Frachtflugzeug** N cargo od freight plane **frachtfrei** ADJ, ADV carriage paid

925 | FRAU

od free **Frachtgut** N̄ (ordinary) freight (❗ kein pl) **Frachtkosten** P̄L̄ freight charges pl **Frachtraum** M̄ hold; (≈ *Ladefähigkeit*) cargo space **Frachtschiff** N̄ cargo ship, freighter **Frachtverkehr** M̄ goods traffic

Frack M̄ tails pl, tail coat

Frage F̄ question; **drei ~n zum Text** three questions on the text; **jdm eine ~ stellen** to ask sb a question; **sind noch ~n?** are there any further questions?; **das steht außer ~** there's no question *od* doubt about it; **ohne ~** without question *od* doubt; **eine ~ des Geldes** a question *od* matter of money; **in ~ kommen/stellen** → **infrage** **Fragebogen** M̄ questionnaire; (≈ *Formular*) form **Fragefürwort** N̄ GRAM interrogative (pronoun) **fragen** Ā V̄T̄ & V̄Ī̄ to ask; **nach jdm ~** to ask after sb; (*in Hotel etc*) to ask for sb; **nach dem Weg ~** to ask the way; **er fragte nicht danach, ob …** he didn't bother *od* care whether …; **wegen etw ~** to ask about sth; **frag nicht so dumm!** don't ask silly questions; **du fragst zu viel** you ask too many questions; **da fragst du mich zu viel** (*umg*) I really couldn't say; **man wird ja wohl noch ~ dürfen** (*umg*) I was only asking (*umg*); **wenn ich (mal) ~ darf** if I may *od* might ask; **ohne lange zu ~** without asking a lot of questions; → **gefragt** B̄ V̄R̄ to wonder; **das frage ich mich** I wonder; **es fragt sich, ob …** it's debatable *od* questionable whether *od* if …; **ich frage mich, wie/wo …** I'd like to know how/where … **fragend** Ā ĀD̄J̄ *Blick* questioning B̄ ĀD̄V̄ **jdn ~ ansehen** to give sb a questioning look **Fragerei** F̄ questions pl **Fragesatz** M̄ GRAM interrogative sentence; (≈ *Nebensatz*) interrogative clause **Fragestellung** F̄ **das ist eine falsche ~** the question is wrongly formulated **Fragestunde** F̄ PARL question time (❗ ohne Artikel) (*Br*) **Fragewort** N̄ interrogative (particle) **Fragezeichen** N̄ question mark **fraglich** ĀD̄J̄ ◨ (≈ *zweifelhaft*) uncertain; (≈ *fragwürdig*) doubtful, questionable ◩ (≈ *betreffend*) in question; *Angelegenheit* under discussion **fraglos** ĀD̄V̄ undoubtedly, unquestionably **Fragment** N̄ fragment **fragmentarisch** ĀD̄J̄ fragmentary

fragwürdig ĀD̄J̄ dubious **Fragwürdigkeit** F̄ dubious nature

Fraktion F̄ ◨ POL ≈ parliamentary *od* congressional (*US*) party (❗ Vorsicht, **parliamentary mit „i"**); (≈ *Sondergruppe*) group, faction ◩ CHEM fraction **Fraktionsführer(in)** M̄/F̄ party whip, floor leader (*US*) **fraktionslos** ĀD̄J̄ *Abgeordneter* independent **Fraktionssitzung** F̄ party meeting **Fraktionsvorsitzende(r)** M̄/F̄M̄ party whip, floor leader (*US*)

Fraktionszwang M̄ requirement to vote in accordance with party policy

Fraktur F̄ ◨ TYPO Gothic print; (**mit jdm**) **~ reden** (*umg*) to be blunt (with sb) ◩ MED fracture

Franken[1] N̄ Franconia

Franken[2] M̄ (**Schweizer**) **~** (Swiss) franc

frankieren V̄T̄ to stamp; (*mit Maschine*) to frank

franko ĀD̄V̄ HANDEL carriage paid

Frankreich N̄ France

Franse F̄ (*lose*) (loose) thread **fransen** V̄Ī̄ to fray (out)

Franzose M̄ Frenchman/French boy; **die ~n** the French **Französin** F̄ Frenchwoman/French girl **französisch** ĀD̄J̄ French; **die ~e Schweiz** French-speaking Switzerland; → **deutsch**

Fräse F̄ (≈ *Werkzeug*) milling cutter; (*für Holz*) moulding (*Br*) *od* molding (*US*) cutter **fräsen** V̄T̄ to mill; *Holz* to mould (*Br*), to mold (*US*)

Fraß M̄ food; (*pej umg*) muck (*umg*) (❗ ohne a); **jdn den Kritikern zum ~ vorwerfen** to throw sb to the critics

Fratze F̄ ◨ grotesque face ◩ (≈ *Grimasse*) grimace; (*umg* ≈ *Gesicht*) face

Frau F̄ ◨ woman ◩ (≈ *Ehefrau*) wife ◪ (≈ *Anrede*) madam; (*mit Namen*) Mrs (*Br*), Mrs. (*US*) (❗ im britischen Englisch ohne, im amerikanischen Englisch mit Punkt); (*für eine junge, unverheiratete Frau*) Miss; (*im Geschäftsleben*) Ms (❗ Wenn man nicht weiß, ob eine Frau verheiratet ist oder nicht, wird vor allem im Geschäftsleben **Ms** verwendet.) **Frauchen** N̄ (*umg: von Hund*) mistress **Frauenarzt** M̄, **Frauenärztin** F̄ gynaecologist (*Br*), gynecologist (*US*) **Frauenbeauftrage(r)** M̄/F̄M̄ women's representative **Frauenberuf** M̄ career for women **Frauenbewegung** F̄ women's (*a.* HIST) *od* feminist movement **frauenfeindlich** ĀD̄J̄ anti-women *präd* **Frauenhaus** N̄ women's refuge **Frauenheilkunde** F̄ gynaecology (*Br*), gynecology (*US*) **Frauenheld** M̄ lady-killer

▶ **Frau**

Wenn es um die Anrede einer Deutschen, Österreicherin oder Schweizerin geht, findet man statt **Mrs Küster**, **Mrs Schulze** usw. in englischen Texten auch die Anrede „Frau Küster", „Frau Schulze". Mündlich ist es im Englischen üblicher nur den Vornamen oder den Vor- *und* Nachnamen zu verwenden — ohne dass das etwas förmliche **Mrs** oder „Frau", also etwa „Anni Küster" oder nur „Anni".

SPRACHGEBRAUCH ◁

FRAU ‖ 926

Frauenkrankheit F̲, **Frauenleiden** N̲ gynaecological (*Br*) *od* gynecological (*US*) disorder **Frauenquote** F̲ quota for women **Frauenrechtler(in)** M̲F̲ feminist **Frauenzeitschrift** F̲ women's magazine **Fräulein** N̲ (*obs*) **1** young lady **2** (≈ *Anrede*) Miss (**❶** Diese Anrede ist durchaus noch geläufig, wenn man weiß, dass die Angesprochene nicht verheiratet ist.) **3** (≈ *Verkäuferin*) assistant (**❶** Schreibung mit **ant**); (≈ *Kellnerin*) waitress; ~! Miss! **fraulich** A̲D̲J̲ feminine; (≈ *reif*) womanly (**❶** kein Adverb); **sie wirkt schon sehr~** she already comes across like a grown woman

Freak M̲ (*umg*) freak (*umg*) **freakig** A̲D̲J̲ (*umg*) freaky (*umg*)

frech A̲ A̲D̲J̲ **1** (≈ *unverschämt*) cheeky (*bes Br*), fresh präd (*bes US*); **Lüge** bare-faced (**❶** kein Adverb) **2** (≈ *herausfordernd*) Kleidung, Texte *etc* saucy (*umg*) **B** A̲D̲V̲ lachen impudently; anlügen brazenly **Frechdachs** M̲ (*umg*) cheeky monkey (*Br*), smart aleck **Frechheit** F̲ impudence; **die ~ haben** *od* **besitzen, ... zu ...** to have the cheek (*bes Br*) *od* impudence to ...

Fregatte F̲ frigate

frei A̲ A̲D̲J̲ **1** free; ~ **von etw** free of sth; **die Straße ~ machen** to clear the road; **ich bin so ~** (*form*) may I?; **jdm ~e Hand lassen** to give sb free rein; **aus ~en Stücken** of one's own free will; **~er Zutritt** unrestricted access **2** ~**er Mitarbeiter** freelancer; **die ~e Wirtschaft** private enterprise; **Mittwoch ist ~** Wednesday is a holiday; **Eintritt ~** admission free **3** (≈ *unbesetzt*) Zimmer, Toilette vacant; **ist dieser Platz noch ~?** is anyone sitting here?, is this seat taken?; „**frei**" (*an Taxi*) "for hire"; (*an Toilettentür*) "vacant"; „**Zimmer ~**" "vacancies"; **haben Sie noch etwas ~?** (*in Hotel*) do you have any vacancies?; **einen Platz für jdn ~ lassen** to keep a seat for sb **B** A̲D̲V̲ **1** (≈ *ungehindert*) freely; sprechen openly; ~ **beweglich** free-moving; ~ **erfunden** purely fictional; **der Verbrecher läuft immer noch ~ herum** the criminal is still at large; **Eier von ~ laufenden Hühnern** free-range eggs; ~ **stehen** (Haus) to stand by itself; (≈ *leer stehen*) to stand empty; **ein ~ stehendes Gebäude** a free-standing building; ~ **nach** based on **2** (≈ *ohne Hilfsmittel*) unaided, without help; ~ **sprechen** to speak without notes **Freibad** N̲ open-air (swimming) pool **freibekommen** V̲T̲ **1** (≈ *befreien*) **jdn** ~ to get sb freed *od* released **2** **einen Tag** ~ to get a day off **Freiberufler(in)** M̲F̲ freelancer **freiberuflich** A̲ A̲D̲J̲ freelance **B** A̲D̲V̲ ~ **arbeiten** to work freelance **Freibetrag** M̲ tax allowance **Freibier** N̲ free beer **Freiburg** N̲ (*in der Schweiz: Kanton, Stadt*) Fribourg

Freier M̲ (*umg: von Dirne*) (prostitute's) client, john (*US umg*)

Freie(s) N̲ **im ~n** in the open (air); **im ~n übernachten** to sleep out in the open **Freiexemplar** N̲ free copy **Freigabe** F̲ release; (von Wechselkursen) lifting of control (+gen on); (von Straße, Strecke) opening **Freigang** M̲ (von Strafgefangenen) day release **freigeben** A̲ V̲T̲ to release (an +akk to); Wechselkurse to decontrol; Straße, Strecke, Flugbahn to open; Film to pass; **jdm den Weg** ~ to let sb past *od* by **B** V̲I̲ **jdm** ~ to give sb a holiday (*Br*), to give sb vacation (*US*); **jdm zwei Tage** ~ to give sb two days off **freigebig** A̲D̲J̲ generous **Freigebigkeit** F̲ generosity **Freigepäck** N̲ baggage allowance **Freigrenze** F̲ (*bei Steuer*) tax exemption limit **freihaben** V̲I̲ to have a holiday (*Br*), to have a vacation (*US*); **ich habe heute frei** I have today off **Freihafen** M̲ free port **frei halten** V̲T̲ **1** (≈ *nicht besetzen*) to keep free **2** (≈ *reservieren*) to keep **Freihandelszone** F̲ free trade area **freihändig** A̲D̲J̲, A̲D̲V̲ Zeichnung freehand; Radfahren (with) no hands **Freiheit** F̲ freedom (**❶** kein pl) (≈ *persönliche Freiheit als politisches Ideal*) liberty; **in** ~ (dat) **sein** to be free; **in** ~ **leben** (Tier) to live in the wild; **sich** (dat) **zu viele ~en erlauben** to take too many liberties **freiheitlich** A̲D̲J̲ liberal; Demokratie free; **die ~-demokratische Grundordnung** the free democratic constitutional structure; **F~e Partei Österreichs** Austrian Freedom Party **Freiheitsberaubung** F̲ J̲U̲R̲ wrongful deprivation of personal liberty **Freiheitsbewegung** F̲ liberation movement **Freiheitsentzug** M̲ imprisonment **Freiheitskampf** M̲ fight for freedom **Freiheitskämpfer(in)** M̲F̲ freedom fighter **Freiheitsstatue** F̲ Statue of Liberty **Freiheitsstrafe** F̲ prison sentence **freiheraus** A̲D̲V̲ candidly, frankly **Freikarte** F̲ free *od* complimentary ticket **freikaufen** V̲T̲ **jdn/sich** ~ to buy sb's/one's freedom **Freiklettern** N̲ free climbing **freikommen** V̲I̲ (≈ *entkommen*) to get out (aus of) **Freikörperkultur** F̲ nudism, naturism **Freilandhaltung** F̲ Eier/Hühner aus ~ free-range eggs/chickens **freilassen** V̲T̲ to set free, to free **Freilassung** F̲ release **freilich** A̲D̲V̲ **1** (≈ *allerdings*) admittedly **2** (≈ *selbstverständlich*) of course **Freilichtbühne** F̲ open-air theatre (*Br*) *od* theater (*US*) **Freilos** N̲ **1** S̲P̲O̲R̲T̲ bye; **in der ersten Pokalrunde haben 10 Vereine ein ~** 10 teams have a bye in the first round of the cup **2** (*in der Lotterie*) free (lottery) ticket **frei machen** V̲R̲ **1** (≈ *freie Zeit einplanen*) to arrange to be free **2** (≈ *sich entkleiden*) to take one's clothes off **freimachen** V̲T̲

927 ‖ FRES

Brief to stamp **Freimaurer** M̲ Mason, Freemason **Freimaurerloge** F̲ Masonic Lodge **Freimut** M̲ frankness **freimütig** A̲ A̲D̲J̲ frank B̲ A̲D̲V̲ frankly **freinehmen** V̲T̲ **einen Tag ~** to take a day off **Freiraum** M̲ *(fig)* freedom (❗ kein pl, ohne Artikel) *(zu* for) **freischaffend** A̲D̲J̲ freelance **Freischaffende(r)** M̲F̲(M̲) freelancer **freischalten** V̲T̲ TEL *Leitung* to clear; *Handy* to connect, to enable **Freischärler(in)** M̲(F̲) guerrilla **freischwimmen** V̲R̲ SPORT *to pass a test by swimming for 15 minutes* **freisetzen** V̲T̲ to release; *(euph) Arbeitskräfte* to make redundant; *(vorübergehend)* to lay off **freispielen** SPORT A̲ V̲R̲ to get into space B̲ V̲T̲ **jdn ~** to play sb clear, to create space for sb **Freisprechanlage** F̲ hands-free (headset); *(im Auto)* hands-free (car kit) **freisprechen** V̲T̲ *Angeklagten* to acquit; **jdn von einer Schuld ~** JUR to find sb not guilty; **jdn von einem Verdacht ~** to clear sb of suspicion **Freispruch** M̲ acquittal **Freistaat** M̲ free state **freistehen** V̲I̲ *(≈ überlassen sein)* **es steht jdm frei, etw zu tun** sb is free *od* at liberty to do sth; **das steht Ihnen völlig frei** that is completely up to you; → *frei* **freistellen** V̲T̲ *(≈ anheimstellen)* **jdm etw ~** to leave sth (up) to sb **Freistellung** F̲ exemption **Freistil** M̲ freestyle **Freistoß** M̲ FUSSB free kick *(für* to, for) **Freistunde** F̲ free hour; SCHULE free period

Freitag M̲ Friday; → *Dienstag* **freitags** A̲D̲V̲ on Fridays, on a Friday

Freitod M̲ suicide; **den ~ wählen** to decide to put an end to one's life **Freitreppe** F̲ (flight of) steps *(+gen* leading up to) **Freiumschlag** M̲ stamped addressed envelope, s.a.e. **Freiwild** N̲ *(fig)* fair game **freiwillig** A̲ A̲D̲J̲ voluntary; *(≈ freigestellt) Unterricht* optional B̲ A̲D̲V̲ voluntarily; **sich ~ melden** to volunteer *(zu, für* for) **Freiwillige(r)** M̲F̲(M̲) volunteer **Freiwilligkeit** F̲ voluntary nature, voluntariness **Freizeichen** N̲ TEL ringing tone **Freizeit** F̲ spare *od* leisure time **Freizeitangebot** N̲ leisure activity **Freizeitausgleich** M̲ time off in lieu *(Br)*, time off instead of pay *(US)* **Freizeitbeschäftigung** F̲ leisure pursuit *od* activity **Freizeitgestaltung** F̲ organization of one's leisure time **Freizeitpark** M̲ amusement park **Freizeitverhalten** N̲ recreational behaviour *(Br) od* behavior *(US)*, recreational patterns *pl* **freizügig** A̲ A̲D̲J̲ **1** *(≈ reichlich)* liberal **2** *(in moralischer Hinsicht)* permissive B̲ A̲D̲V̲ **1** *(≈ reichlich)* freely, liberally **2** *(≈ moralisch locker)* **~ gekleidet** provocatively dressed **Freizügigkeit** F̲ **1** *(≈ Großzügigkeit)* liberality **2** *(in moralischer Hinsicht)* permissiveness **3** *(~ De-*

weglichkeit) freedom of movement

fremd A̲D̲J̲ **1** *(≈ andern gehörig)* someone else's; *Bank, Firma* different; **ohne ~e Hilfe** without help from anyone else/outside; **~es Eigentum** someone else's property **2** *(≈ fremdländisch)* foreign **3** *(≈ andersartig, unvertraut)* strange; **jdm ~ sein** *(≈ unbekannt)* to be unknown to sb; *(≈ unverständlich)* to be alien to sb; **ich bin hier ~** I'm a stranger here; **sich** *od* **einander** *(dat)* **~ werden** to grow apart; **sich ~ fühlen** to feel like a stranger; **~ tun** to be reserved **Fremdarbeiter(in)** M̲(F̲) *(neg!)* foreign worker **fremdartig** A̲D̲J̲ strange; *(≈ exotisch)* exotic **fremdenfeindlich** A̲D̲J̲ hostile to strangers; *(≈ ausländerfeindlich)* hostile to foreigners, xenophobic **Fremdenfeindlichkeit** F̲ xenophobia **Fremdenführer(in)** M̲(F̲) (tourist) guide **Fremdenhass** M̲ xenophobia **Fremdenlegion** F̲ Foreign Legion **Fremdenverkehr** M̲ tourism (❗ ohne *the*) **Fremdenverkehrsamt** N̲ tourist office **Fremde(r)** M̲F̲(M̲) *(≈ Unbekannter)* stranger; *(≈ Ausländer)* foreigner; *(≈ Tourist)* visitor **fremdgehen** V̲I̲ *(umg)* to be unfaithful **Fremdkörper** M̲ foreign body; *(fig)* alien element **Fremdsprache** F̲ foreign language **Fremdsprachenkenntnisse** P̲L̲ a knowledge of foreign languages **Fremdsprachenkorrespondent(in)** M̲(F̲), **Fremdsprachensekretär(in)** M̲(F̲) bilingual secretary **Fremdsprachenunterricht** M̲ language teaching **fremdsprachig** A̲D̲J̲ in a foreign language **fremdsprachlich** A̲D̲J̲ foreign; **~er Unterricht** language teaching **Fremdwort** N̲ borrowed *od* foreign word

frequentieren V̲T̲ *(geh)* to frequent **Frequenz** F̲ **1** *(≈ Häufigkeit)* frequency; MED *(pulse)* rate **2** *(≈ Stärke)* numbers *pl*; *(≈ Verkehrsdichte)* volume of traffic **Frequenzbereich** M̲ RADIO frequency range

Freske F̲, **Fresko** N̲ fresco

Fressalien P̲L̲ *(umg)* grub *sg (sl)* **Fresse** F̲ *(vulg)* *(≈ Mund)* trap *(umg)*, gob *(umg)*; *(≈ Gesicht)* mug *(umg)*; **die ~ halten** to shut one's trap *(umg)* **fressen** A̲ V̲I̲ to feed, to eat; *(sl: Menschen)* to eat; *(gierig)* to guzzle *(umg)* B̲ V̲T̲ **1** to eat; *(≈ sich ernähren von)* to feed *od* live on; *(sl ≈ gierig essen)* to guzzle *(umg)* **2** **Kilometer ~** to burn up the kilometres *(Br) od* kilometers *(US)*; **ich habe dich zum Fressen gern** *(umg)* you're good enough to eat *(umg)*; **jdn/etw gefressen haben** *(umg)* to have had one's fill of sb/sth **3** *(≈ verbrauchen)* to eat *od* gobble up; *Zeit* to take up **C̲** V̲R̲ *(≈ sich bohren)* to eat one's way *(in +akk* into, *durch* through) **Fressen** N̲ food; *(sl)* grub *(sl)*; *(sl ≈ Schmaus)* blow-out *(umg)* **Fresssucht** F̲ *(umg)*

gluttony; (*krankhaft*) craving for food
Frettchen N̄ ferret
Freude F̄ pleasure; (*innig*) joy (*über +akk* at); **~ an etw** (*dat*) **haben** to get *od* derive pleasure from sth; **~ am Leben haben** to enjoy life; **vor ~** with joy; **es ist mir eine ~, zu ...** it's a real pleasure for me to ...; **jdm ~ machen** to give sb pleasure; **jdm eine ~ machen** to make sb happy; **zu meiner großen ~** to my great delight; **aus ~ an der Sache** for the love of it **Freudenfest** N̄ celebration **Freudensprung** M̄ **einen ~ machen** to jump for joy **Freudentränen** PL tears *pl* of joy **freudestrahlend** ADJ, ADV beaming with delight **freudig** A ADJ 1 (≈ *froh gestimmt*) joyful; (≈ *begeistert*) enthusiastic 2 (≈ *beglückend*) happy; **eine ~e Nachricht** some good news; **ein ~es Ereignis** (*euph*) a happy event (*euph*) B ADV happily, joyfully; **~ überrascht sein** to be pleasantly surprised **freuen** A VR 1 (≈ *froh sein*) to be glad *od* pleased (*über +akk* about); **er hat sich über die Ergebnisse gefreut** he was pleased about the results; **sie hat sich über das Geschenk/den Sieg gefreut** she was pleased with the present/the victory (⚠ Man sagt **about** bei einem Ereignis und **with** bei einem Geschenk oder einem Erfolg.); **sich riesig ~** (*umg*) to be delighted (*über +akk* about); **sich für jdn ~** to be glad *od* pleased for sb 2 **sich auf jdn/etw ~** to look forward to seeing sb/to sth B VT UNPERS to please; **es freut mich, dass ...** I'm pleased *od* glad that ...; **das freut mich** I'm really pleased
Freund M̄ 1 friend; (≈ *Liebhaber*) boyfriend 2 (*fig*) (≈ *Anhänger*) lover; **ein ~ der Kunst** an art-lover; **ich bin kein ~ von so etwas** I'm not one for that sort of thing **Freundeskreis** M̄ circle of friends; **etw im engsten ~ feiern** to celebrate sth with one's closest friends **Freundin** F̄ 1 friend; (≈ *Liebhaberin*) girlfriend 2 (*fig* ≈ *Anhängerin*) → **Freund** 2 **freundlich** A ADJ 1 (≈ *wohlgesinnt*) friendly (⚠ kein Adverb); **bitte recht ~!** say cheese! (*umg*), smile please!; **mit ~en Grüßen** (with) best wishes 2 (≈ *liebenswürdig*) kind (*zu* to); **würden Sie bitte so ~ sein und das tun?** would you be so kind *od* good as to do that? 3 (≈ *ansprechend*) Aussehen, Wetter *etc* pleasant; Farben cheerful B ADV bitten, fragen nicely; **jdn ~ behandeln** to be friendly toward(s) sb **freundlicherweise** ADV kindly **Freundlichkeit** F̄ 1 (≈ *Wohlgesonnenheit*) friendliness; (≈ *Liebenswürdigkeit*) kindness 2 (≈ *Gefälligkeit*) kindness, favour (*Br*), favor (*US*); (≈ *freundliche Bemerkung*) kind remark **Freundschaft** F̄ friendship; **mit jdm ~ schließen** to make *od* become friends with

Freund(in)

Freund(in), gute(r) Bekannter	friend
Freund, Partner, mit dem man eine Liebesbeziehung hat	boyfriend
Freundin, Partnerin, mit der man eine Liebesbeziehung hat	girlfriend

Beim Vorstellen eines Freundes / einer Freundin:

Das ist mein Freund Peter. (*Geliebter*)
This is Peter, my boyfriend.

Das ist meine Freundin Lisa. (*Geliebte*)
This is Lisa, my girlfriend.

Aber:

Das ist mein Freund Hans. (*ein Bekannter*)
This is Hans, a friend of mine.

Das ist meine Freundin Gabi. (*eine Bekannte*)
This is Gabi, a friend of mine.

SPRACHGEBRAUCH

sb; **da hört die ~ auf** (*umg*) friendship doesn't go that far **freundschaftlich** A ADJ friendly (⚠ kein Adverb) B ADV **jdm ~ verbunden sein** to be friends with sb **Freundschaftsbesuch** M̄ POL goodwill visit **Freundschaftspreis** M̄ (special) price for a friend **Freundschaftsspiel** N̄ SPORT friendly game *od* match, friendly (*umg*)
Frieden M̄ peace; **im ~** in peacetime; **~ schließen** to make one's peace; POL to conclude (*form*) *od* make peace; **sozialer ~** social harmony; **jdn in ~ lassen** to leave sb in peace; **um des lieben ~s willen** (*umg*) for the sake of peace and quiet **Friedensappell** M̄ call for peace **Friedensbewegung** F̄ peace movement **Friedensinitiative** F̄ peace initiative **Friedenskonferenz** F̄ peace conference **Friedensnobelpreis** M̄ Nobel peace prize (⚠ Wortstellung) **Friedenspfeife** F̄ peace pipe; **die ~ rauchen** to smoke the pipe of peace **Friedenstaube** F̄ dove of peace (⚠ Eine normale Taube wird auf Englisch **pigeon** genannt.) **Friedenstruppen** PL peacekeeping forces *pl* **Friedensverhandlungen** PL peace negotiations *pl* **Friedensvertrag** M̄ peace treaty **friedfertig** ADJ Mensch peaceable **Friedhof** M̄ (≈ *Kirchhof*) graveyard; (≈ *Stadtfriedhof etc*) cemetery **friedlich** A ADJ peaceful; (≈ *friedfertig*) Mensch peaceable B ADV (≈ *in Frieden*) peacefully; **~ sterben** to die peacefully **friedliebend** ADJ peace-loving
frieren A VI 1 (*auch vt unpers* ≈ *sich kalt fühlen*) to

929 | FRUC

be cold; **ich friere, mich friert** I'm cold ② (≈ *gefrieren*) to freeze ⑧ VII UNPERS **heute Nacht hat es gefroren** it was below freezing last night

Fries M ARCH, TEX frieze

friesisch ADJ Fri(e)sian; → deutsch

frigid, frigide ADJ frigid **Frigidität** F frigidity

Frikadelle F GASTR rissole

Frikassee N GASTR fricassee

Frisbee® N Frisbee®; **~ spielen** to play Frisbee® **Frisbeescheibe** F Frisbee®

frisch A ADJ ① (≈ *neu*) fresh; *Kleidung* clean; (≈ *feucht*) *Farbe* wet; **~es Obst** fresh fruit; **~e Eier** new-laid (*Br*) *od* freshly-laid eggs; **sich ~ machen** to freshen up; **mit ~en Kräften** with renewed vigour (*Br*) *od* vigor (*US*); **~e Luft schöpfen** to get some fresh air ② (≈ *munter*) *Wesen, Art* bright, cheery; *Farbe* cheerful; *Gesichtsfarbe* fresh; **~ und munter sein** (*umg*) to be bright and lively ③ (≈ *kühl*) cool, chilly; **es weht ein ~er Wind** (*wörtl*) there's a fresh wind ⑧ ADV (≈ *neu*) freshly; **Bier ~ vom Fass** beer (straight) from the tap; **~ gestrichen** newly *od* freshly painted; (*auf Schild*) wet paint; **das Bett ~ beziehen** to change the bed **Frische** F (*von Wesen*) brightness, cheeriness; (*von Farbe*) cheerfulness; (≈ *gesundes Aussehen*) freshness; **in alter ~** (*umg*) as always **Frischfleisch** N fresh meat **frischgebacken** ADJ *Ehepaar* newly-wed; *Diplomingenieur etc* newly-qualified **Frischhaltefolie** F clingfilm **Frischkäse** M cream cheese **Frischluft** F fresh air **Frischmilch** F fresh milk **Frischzelle** F MED live cell **Frischzellentherapie** F MED cellular *od* live-cell therapy **Friseur(in)** M(F) hairdresser; (≈ *Geschäft*) hairdresser's **Friseursalon** M hairdressing salon **Friseuse** F (*female*) hairdresser **frisieren** A VIT ① (≈ *kämmen*) **jdn ~** to do sb's hair ② (*umg* ≈ *abändern*) *Abrechnung* to fiddle; *Bericht* to doctor (*umg*); **die Bilanzen ~** to cook the books (*umg*) ③ (*umg*) *Auto, Motor* to soup up (*umg*) ⑧ VIR to do one's hair

Frist F ① (≈ *Zeitraum*) period; **innerhalb kürzester ~** without delay ② (≈ *Zeitpunkt*) deadline (*zu* for); (*bei Rechnung*) last date for payment ③ (≈ *Aufschub*) extension, period of grace **fristen** VIT **sein Leben** *od* **Dasein ~** to eke out an existence **fristgemäß, fristgerecht** ADJ, ADV within the period stipulated; **fristgerecht kündigen** to give proper notice **fristlos** ADJ, ADV without notice

Frisur F hairstyle

Frittatensuppe F (*österr*) pancake soup

Fritten PL (*umg*) chips *pl* (*Br*), fries *pl* (*bes US umg*)

Frittenbude F (*umg*) chip shop (*Br*), ≈ hotdog

stand **Fritteuse** F chip pan (*Br*), deep-fat fryer **frittieren** VIT to (deep-)fry

frivol ADJ (≈ *leichtfertig*) frivolous; (≈ *anzüglich*) *Witz, Bemerkung* suggestive

froh ADJ happy; (≈ *dankbar, erfreut*) glad, pleased; **(darüber) ~ sein, dass ...** to be glad *od* pleased that ... **fröhlich** A ADJ happy, cheerful ⑧ ADV (≈ *unbekümmert*) merrily **Fröhlichkeit** F happiness; (≈ *gesellige Stimmung*) merriment

fromm ADJ (≈ *gläubig*) religious; (≈ *scheinheilig*) pious, sanctimonious; **das ist ja wohl nur ein ~er Wunsch** that's just a pipe dream

frönen VII +*dat* (*geh*) to indulge in

Fronleichnam (the Feast of) Corpus Christi

Front F front; **~ gegen jdn/etw machen** to make a stand against sb/sth **frontal** A ADJ *Angriff* frontal; *Zusammenstoß* head-on ⑧ ADV *angreifen* MIL from the front; (*fig*) head-on; *zusammenstoßen* head-on **Frontalzusammenstoß** M head-on collision **Frontantrieb** M AUTO front-wheel drive **Frontlader** M (≈ *Waschmaschine*) front loader

Frosch M frog; (≈ *Feuerwerkskörper*) (fire)cracker; **einen ~ in der Kehle haben** (*umg*) to have a frog in one's throat **Froschlaich** M frogspawn **Froschmann** M frogman **Froschperspektive** F **etw aus der ~ sehen** to have a worm's eye view of sth **Froschschenkel** M frog's leg

Frost M frost **frostbeständig** ADJ frost-resistant **Frostbeule** F chilblain **frösteln** A VII to shiver ⑧ VIT UNPERS **es fröstelte mich** I shivered **frostig** A ADJ frosty ⑧ ADV **jdn ~ empfangen** to give sb a frosty reception **Frostschaden** M frost damage **Frostschutzmittel** N AUTO antifreeze

Frottee N *od* M terry towelling (*Br*), terry-cloth toweling (*US*) **Frotteehandtuch** N (terry) towel (*Br*), terry-cloth towel (*US*) **frottieren** VIT *Haut* to rub; *jdn, sich* to rub down

Frotzelei F teasing; **hör auf mit der ~** stop teasing **frotzeln** VIT to tease, to make fun of

Frucht F fruit; (≈ *Getreide*) crops *pl*; **Früchte** (≈ *Obst*) fruit *sg*; **Früchte tragen** to bear fruit **fruchtbar** ADJ fertile ② (*fig* ≈ *viel schaffend*) prolific ③ (*fig* ≈ *nutzbringend*) fruitful **Fruchtbarkeit** F ① fertility ② (*fig* ≈ *Nutzen*) fruitfulness **Fruchtbecher** M fruit sundae; BOT cupule (*fachspr*), cup **Fruchtblase** F (*von Embryo*) amniotic sac **fruchten** VII to bear fruit; **nichts ~** to be fruitless **Früchtetee** M fruit tea **Fruchtfleisch** N flesh, pulp **fruchtig** ADJ fruity **Fruchtkapsel** F BOT capsule **fruchtlos** ADJ (*fig*) fruitless **Fruchtsaft** M fruit juice **Fruchtsalat** M fruit salad **Fruchtwasser** N PHYSIOL amniotic fluid

Fruchtzucker M̲ fructose

früh A̲ A̲D̲J̲ early; **am ~en Morgen** early in the morning, in the early morning; **der ~e Goethe** the young Goethe B̲ A̲D̲V̲ 1 early; (≈ *in jungen Jahren*) young; (*in Entwicklung*) early on; **von ~ auf** from an early age; **von ~ bis spät** from morning till night; **zu ~ starten** to start too soon 2 **morgen ~** tomorrow morning; **heute ~** this morning **Frühaufsteher(in)** M̲F̲ early riser, early bird (*umg*) **Frühe** F̲ (early) morning; **in aller ~** early in the morning, first thing in the morning **früher** A̲ A̲D̲J̲ 1 earlier 2 (≈ *ehemalig*) former; (≈ *vorherig*) *Besitzer* previous B̲ A̲D̲V̲ earlier; **~ oder später** sooner or later; **ich habe ihn ~ mal gekannt** I used to know him; **~ war alles besser** things were better in the old days; **genau wie ~** just as it/he *etc* used to be; **Erinnerungen an ~** memories of times gone by; **ich kenne ihn von ~** I've known him some time; **meine Freunde von ~** my old friends **Früherkennung** F̲ MED early diagnosis **frühestens** A̲D̲V̲ at the earliest **früheste(r, s)** A̲D̲J̲ earliest **Frühgeburt** F̲ premature birth; (≈ *Kind*) premature baby **Frühjahr** N̲ spring; **im ~** in spring **Frühjahrsmüdigkeit** F̲ springtime lethargy **Frühjahrsputz** M̲ spring-cleaning **Frühling** M̲ spring; **im ~** in spring **Frühlingsanfang** M̲ first day of spring **frühlingshaft** A̲D̲J̲ springlike **Frühlingsrolle** F̲ GASTR spring roll **Frühlingstag** M̲ spring day **Frühlingswetter** N̲ spring weather **Frühlingszwiebel** F̲ spring onion (*Br*), green onion (*US*) **frühmorgens** A̲D̲V̲ early in the morning **Frühnebel** M̲ early morning mist **frühreif** A̲D̲J̲ precocious **Frührentner(in)** M̲F̲ person who has retired early **Frühschicht** F̲ early shift **Frühschoppen** M̲ morning *od* (*mittags*) lunchtime drinking **Frühsport** M̲ early morning exercise **Frühstück** N̲ breakfast; **was isst du zum ~?** what do you have for breakfast? **frühstücken** A̲ V̲I̲ to have breakfast, to breakfast B̲ V̲T̲ to breakfast on **Frühstücksbüfett** N̲ breakfast buffet **Frühstücksfernsehen** N̲ breakfast television **Frühstückspause** F̲ morning *od* coffee break **Frühstücksraum** M̲ breakfast room **Frühwarnsystem** N̲ early warning system **frühzeitig** A̲D̲J̲, A̲D̲V̲ early

Frust M̲ (*umg*) frustration (❗ ohne Artikel) **Frustessen** N̲ (*umg*) comfort eating **Frustkauf** M̲ (*umg*) retail therapy (❗ kein pl) (*umg*) **Frustration** F̲ frustration **frustrieren** V̲T̲ to frustrate

Fuchs M̲ 1 (≈ *Tier*) fox; **er ist ein schlauer ~** (*umg*) he's a cunning old devil (*umg*) *od* fox (*umg*) 2 (≈ *Pferd*) chestnut **Fuchsbau** M̲ fox's den

fuchsen V̲T̲ (*umg*) to annoy
Fuchsie F̲ BOT fuchsia
fuchsig A̲D̲J̲ (*umg* ≈ *wütend*) mad (*umg*) **Füchsin** F̲ (≈ *sich unterordnen*) vixen **Fuchsjagd** F̲ fox-hunting; (≈ *einzelne Jagd*) fox hunt **fuchsrot** A̲D̲J̲ *Fell* red; *Pferd* chestnut; *Haar* ginger **Fuchsschwanz** M̲ 1 fox's tail 2 (TECH ≈ *Säge*) handsaw **fuchsteufelswild** A̲D̲J̲ (*umg*) hopping mad (*umg*)

Fuchtel F̲ (*fig umg*) **unter jds** (*dat*) **~** under sb's thumb **fuchteln** V̲I̲ (*umg*) (**mit den Händen**) **~** to wave one's hands about (*umg*)

Fug M̲ (*geh*) **mit ~ und Recht** with complete justification

Fuge F̲ 1 joint; (≈ *Ritze*) gap, crack 2 MUS fugue **fugen** V̲T̲ to joint

fügen A̲ V̲T̲ (≈ *einfügen*) to put, to place; **der Zufall fügte es, dass …** fate decreed that … B̲ V̲R̲ (≈ *sich unterordnen*) to be obedient, to obey; **sich dem Schicksal ~** to accept one's fate **fügsam** A̲D̲J̲ obedient **Fügung** F̲ (≈ *Bestimmung*) chance, stroke of fate; **eine glückliche ~** a stroke of good fortune

fühlbar A̲D̲J̲ (≈ *spürbar*) perceptible; (≈ *beträchtlich*) marked **fühlen** A̲ V̲T̲ & V̲I̲ to feel; *Puls* to take B̲ V̲R̲ to feel; **sich verantwortlich ~** to feel responsible; **wie ~ Sie sich?** how are you feeling?, how do you feel? **Fühler** M̲ ZOOL feeler, antenna; **seine ~ ausstrecken** (*fig umg*) to put out feelers (*nach* towards) **Fühlung** F̲ contact; **mit jdm in ~ bleiben** to remain *od* stay in contact *od* touch with sb

▶ **fühlen**

Nach den Verben **feel**, **look**, **smell**, **sound** und **taste** steht ein Adjektiv und kein Adverb, wenn ein Zustand beschrieben wird. In den folgenden Beispielen verwendet man also **good** und nicht **well**.

Ich fühle mich gut.	**I feel good.**
Deine Website sieht gut aus.	**Your web site looks good.**
Das klingt / riecht / schmeckt gut.	**That sounds / smells / tastes good.**

GRAMMATIK ◁

Fuhre F̲ (≈ *Ladung*) load
führen A̲ V̲T̲ 1 (≈ *geleiten*) to take; (≈ *vorangehen, -fahren*) to lead; **er führte uns durch das Schloss** he showed us (a)round the castle 2 (≈ *leiten*) *Betrieb etc* to run; *Gruppe etc* to lead, to head 3 **was führt Sie zu mir?** (*form*) what brings you to me?; **ein Land ins Chaos ~** to reduce a country to chaos 4 *Kraftfahrzeug* to drive; *Flugzeug* to fly; *Kran* to operate 5 (≈ *trans-*

931 | FUNK

portieren) to carry; (≈ *haben*) *Namen, Titel* to have **6** (≈ *im Angebot haben*) to stock **B** **VII** **1** (≈ *in Führung liegen*) to lead; **die Mannschaft führt mit 10 Punkten Vorsprung** the team has a lead of *od* is leading by 10 points **2** (≈ *verlaufen*) (*Straße*) to go; (*Kabel etc*) to run; (*Spur*) to lead **3** (≈ *als Ergebnis haben*) **zu etw ~** to lead to sth, to result in sth; **das führt zu nichts** that will come to nothing **führend** ADJ leading *attr* **Führer** M̅ (≈ *Buch*) guide **Führer(in)** M̅F̅ **1** (≈ *Leiter*) leader; (≈ *Oberhaupt*) head **2** (≈ *Fremdenführer*) guide **3** (*form* ≈ *Lenker*) driver; (*von Flugzeug*) pilot; (*von Kran*) operator **Führerausweis** M̅ (*schweiz*) = Führerschein **Führerhaus** N̅ cab **Führerschein** M̅ (*für Auto*) driving licence (*Br*), driver's license (*US*); **den ~ machen** AUTO to learn to drive; (≈ *die Prüfung ablegen*) to take one's (driving) test; **jdm den ~ entziehen** to disqualify sb from driving

Fuhrpark M̅ fleet (of vehicles)

Führung F̅ **1** guidance, direction; (*von Partei, Expedition etc*) leadership; MIL command; (*eines Unternehmens etc*) management **2** (≈ *die Führer*) leaders *pl*, leadership *sg*; MIL commanders *pl*; (*eines Unternehmens etc*) directors *pl* **3** (≈ *Besichtigung*) guided tour (*durch* of) **4** (≈ *Vorsprung*) lead; **in ~ gehen/liegen** to go into/be in the lead **5** (≈ *Betragen*) conduct **6** MECH guide, guideway **Führungsaufgabe** F̅ executive duty **Führungskraft** F̅ executive **Führungsriege** F̅ leadership; (*von Firma*) management team **Führungsschwäche** F̅ weak leadership **Führungsspitze** F̅ (*eines Unternehmens etc*) top management **Führungsstärke** F̅ strong leadership **Führungsstil** M̅ style of leadership; HANDEL *auch* management style **Führungswechsel** M̅ change in leadership **Führungszeugnis** N̅ → polizeilich

Fuhrunternehmen N̅ haulage business **Fuhrunternehmer(in)** M̅F̅ haulier (*Br*), haulage contractor **Fuhrwerk** N̅ wagon; (≈ *Pferdefuhrwerk*) horse and cart

Fülle F̅ **1** (≈ *Körpermasse*) portliness **2** (≈ *Stärke*) fullness; **eine ~ von Fragen** a whole host of questions; **in ~** in abundance **füllen** **A** V̅T̅ to fill; GASTR to stuff; **etw in Flaschen ~** to bottle sth; **etw in Säcke ~** to put sth into sacks; → gefüllt **B** V̅R̅ to fill up **Füller** M̅, **Füllfederhalter** M̅ fountain pen **füllig** ADJ *Mensch* portly; *Figur* generous **Füllung** F̅ filling; (≈ *Fleischfüllung etc*) stuffing; (*von Pralinen*) centre (*Br*), center (*US*) **Füllwort** N̅ filler (word)

fummeln V̅I̅ (*umg*) to fiddle; (≈ *hantieren*) to fumble; (*erotisch*) to pet, to grope (*umg*)

Fund M̅ find; (≈ *das Entdecken*) discovery; **einen ~** **machen** to make a find

Fundament N̅ foundation (*meist pl*) **fundamental** **A** ADJ fundamental **B** ADV fundamentally **Fundamentalismus** M̅ fundamentalism **Fundamentalist(in)** M̅F̅ fundamentalist **fundamentalistisch** ADJ fundamentalist

Fundbüro N̅ lost property office (*Br*), lost and found (*US*) **Fundgrube** F̅ (*fig*) treasure trove **fundieren** V̅T̅ (*fig*) to back up **fundiert** ADJ sound; **schlecht ~** unsound

fündig ADJ **~ werden** (*fig*) to strike it lucky **Fundort** M̅ **der ~ von etw** (the place) where sth was found **Fundstelle** F̅ = Fundort

fünf NUM five; **seine ~ Sinne beieinanderhaben** to have all one's wits about one; → vier **Fünf** F̅ five **Fünfeck** N̅ pentagon **fünfeckig** ADJ pentagonal, five-cornered **fünffach** ADJ fivefold; → vierfach **Fünfgangschaltung** F̅ five-speed gears *pl* **fünfhundert** NUM five hundred **Fünfjahresplan** M̅ five-year plan **fünfjährig** ADJ *Amtszeit etc* five-year; *Kind* five-year-old; → vierjährig **Fünfkampf** M̅ SPORT pentathlon **Fünfkämpfer(in)** M̅F̅ pentathlete **Fünfling** M̅ quintuplet **fünfmal** ADV five times **Fünfprozentklausel** F̅ five-percent rule **fünfstellig** ADJ five-digit **Fünftagewoche** F̅ five-day (working) week **fünftägig** ADJ five-day *attr* **fünftausend** NUM five thousand **Fünftel** N̅ fifth; → Viertel[1] **fünftens** ADV fifth(ly) **fünfte(r, s)** ADJ fifth; → vierte(r, s) **fünfzehn** NUM fifteen **fünfzig** NUM fifty; → vierzig **Fünfziger** M̅ (*umg*) (≈ *Fünfzigeuroschein*) fifty-euro note (*Br*) *od* bill (*US*); (≈ *Fünfzigcentstück*) fifty-cent piece **fünfzigjährig** ADJ *Person* fifty-year-old *attr*

fungieren V̅I̅ to function (*als* as a)

Funk M̅ radio; **per ~** by radio **Fünkchen** N̅ **ein ~ Wahrheit** a grain of truth **Funke** M̅ **1** spark; **~n sprühen** to spark, to emit sparks **2** (*von Hoffnung*) gleam, glimmer **funkeln** V̅I̅ to sparkle; (*Augen*) (*vor Freude*) to twinkle; (*vor Zorn*) to glitter **funkelnagelneu** ADJ brand-new

funken **A** V̅T̅ *Signal* to radio; **SOS ~** to send out an SOS **B** V̅I̅ UNPERS **endlich hat es bei ihm gefunkt** (*umg*) it finally clicked (with him) (*umg*)

Funken M̅ = Funke

Funker(in) M̅F̅ radio *od* wireless operator **Funkgerät** N̅ (≈ *Sprechfunkgerät*) radio set, walkie-talkie **Funkhaus** N̅ broadcasting centre (*Br*) *od* center (*US*) **Funkkontakt** M̅ radio contact **Funkloch** N̅ TEL dead spot **Funkruf** M̅ TEL (radio) paging **Funksprechgerät** N̅ radio telephone; (*tragbar*) walkie-talkie

FUNK ‖ 932

Funksprechverkehr M̅ radiotelephony
Funkspruch M̅ (≈ *Mitteilung*) radio message
Funkstation F̅ radio station **Funkstille**
F̅ radio silence; (*fig*) silence **Funkstreife** F̅
police radio patrol **Funktelefon** N̅ radio
telephone
Funktion F̅ function; (≈ *Tätigkeit*) functioning;
(≈ *Amt*) office; (≈ *Stellung*) position; **in ~ sein**
to be in operation **Funktionär(in)** M̅F̅ func-
tionary **funktionell** A̅D̅J̅ functional **funk-
tionieren** V̅I̅ to work **funktionsfähig**
A̅D̅J̅ able to work; *Maschine* in working order
Funktionsleiste F̅ IT toolbar **Funktions-
störung** F̅ MED malfunction **Funktions-
taste** F̅ IT function key
Funkturm M̅ radio tower **Funkuhr** F̅ radio-
-controlled clock **Funkverbindung** F̅ radio
contact **Funkverkehr** M̅ radio communica-
tion *od* traffic
für P̅R̅Ä̅P̅ +*akk* for; **~ mich** for me; (≈ *meiner Ansicht
nach*) in my opinion *od* view; **~ zwei arbeiten**
(*fig*) to do the work of two people; **~ einen
Deutschen ...** for a German ...; **sich ~ etw
entscheiden** to decide in favo(u)r of sth;
das hat was ~ sich it's not a bad thing; **~
jdn einspringen** to stand in for sb; **Tag ~
Tag** day after day; **Schritt ~ Schritt** step by
step; **etw ~ sich behalten** to keep sth to one-
self **Für** N̅ **das ~ und Wider** the pros and cons
pl
Furche F̅ furrow; (≈ *Wagenspur*) rut
Furcht F̅ fear; **aus ~ vor jdm/etw** for fear of
sb/sth; **~ vor jdm/etw haben** to fear sb/sth;
jdm ~ einflößen to frighten *od* scare sb
furchtbar A̅ A̅D̅J̅ terrible, awful; **ich habe ei-
nen ~en Hunger** I'm terribly hungry (*umg*) B̅
A̅D̅V̅ terribly (*umg*), awfully (*umg*) **fürchten** A̅
V̅I̅ **jdn/etw ~** to be afraid of sb/sth, to fear
sb/sth; **das Schlimmste ~** to fear the worst;
→ **gefürchtet** B̅ V̅R̅ to be afraid (*vor* +*dat of*)
C̅ V̅I̅ **um jds Leben ~** to fear for sb's life;
zum Fürchten aussehen to look frightening
od terrifying; **jdn das Fürchten lehren** to
put the fear of God into sb **fürchterlich**
A̅D̅J̅,̅A̅D̅V̅ = **furchtbar furchterregend** A̅D̅J̅ ter-
rifying **furchtlos** A̅D̅J̅ fearless **Furchtlo-
sigkeit** F̅ fearlessness **furchtsam** A̅D̅J̅ tim-
orous
füreinander A̅D̅V̅ for each other, for one an-
other
Furie F̅ MYTH fury; (*fig*) hellcat (*bes Br*), terma-
gant **furios** A̅D̅J̅ high-energy, dynamic
Furnier N̅ veneer
Furore F̅ sensation; **~ machen** (*umg*) to cause
a sensation
Fürsorge F̅ ⬛1 (≈ *Betreuung*) care; (≈ *Sozialfürsorge*)

welfare ⬛2 (*umg* ≈ *Sozialamt*) welfare services *pl* ⬛3
(*umg* ≈ *Sozialunterstützung*) social security (*Br*), wel-
fare (*US*); **von der ~ leben** to live on social se-
curity (*Br*) *od* welfare (*US*) (❗ beide ohne **the**)
fürsorglich A̅D̅J̅ caring **Fürsprache** F̅ rec-
ommendation; **auf ~ von jdm** on sb's recom-
mendation **Fürsprecher(in)** M̅F̅ advocate
Fürst M̅ prince; (≈ *Herrscher*) ruler **Fürsten-
tum** N̅ principality **fürstlich** A̅ A̅D̅J̅ princely
(❗ kein Adverb) B̅ A̅D̅V̅ **jdn ~ bewirten** to en-
tertain sb right royally; **jdn ~ belohnen** to re-
ward sb handsomely
Furunkel N̅ *od* M̅ boil
Fürwort N̅ GRAM pronoun
Furz M̅ (*umg*) fart (*umg*) **furzen** V̅I̅ (*umg*) to fart
(*umg*)
Fusel M̅ (*pej*) rotgut (*umg*), hooch (*bes US umg*)
Fusion F̅ amalgamation; (*von Unternehmen*)
merger; (*von Atomkernen, Zellen*) fusion **fusio-
nieren** V̅I̅T̅ &̅ V̅I̅ to amalgamate; (*Unternehmen*)
to merge
Fuß M̅ ⬛1 foot; **zu ~** on *od* by foot; **er ist gut/
schlecht zu ~** he is steady/not so steady on his
feet; **das Publikum lag ihr zu Füßen** she had
the audience at her feet; **kalte Füße bekom-
men** to get cold feet; **bei ~!** heel!; **etw mit
Füßen treten** (*fig*) to treat sth with contempt;
(festen) ~ fassen to gain a foothold; (≈ *sich nie-
derlassen*) to settle down; **auf eigenen Füßen
stehen** (*fig*) to stand on one's own two feet
⬛2 (*von Gegenstand*) base; (≈ *Tisch-, Stuhlbein*) leg;
auf schwachen Füßen stehen to be built
on sand ⬛3 (*Längenmaß*) foot; **12 ~ lang** 12 foot
od feet long **Fußabdruck** M̅ footprint **Fuß-
angel** F̅ (*wörtl*) mantrap; (*fig*) catch, trap **Fuß-
bad** N̅ foot bath **Fußball** M̅ ⬛1 (≈ *Fußballspiel*)
football (*bes Br*), soccer ⬛2 (≈ *Ball*) football (*bes Br*),
soccer ball **Fußballer(in)** M̅F̅ (*umg*) football-
er (*bes Br*), soccer player **Fußball-Länder-
spiel** N̅ international football (*bes Br*) *od* soccer
match **Fußballmannschaft** F̅ football (*bes
Br*) *od* soccer team **Fußballplatz** M̅ football
pitch (*bes Br*), soccer field (*US*) **Fußballspie-
ler(in)** M̅F̅ football (*bes Br*) *od* soccer player
Fußballstadion N̅ football (*bes Br*) *od* soccer
(*US*) stadium **Fußballstar** N̅ football (*bes Br*)
od soccer star **Fußballverein** M̅ football
(*bes Br*) *od* soccer club **Fußballweltmeister**
M̅ World Cup holders *pl* **Fußballweltmeis-
terschaft** F̅ World Cup **Fußboden** M̅ floor
Fußbodenbelag M̅ floor covering **Fuß-
bodenheizung** F̅ (under)floor heating
Fußbremse F̅ foot brake
Fussel F̅ fluff (❗ kein *pl*); **ein(e) ~** a bit of fluff
fusselig A̅D̅J̅ covered in fluff, linty (*US*); **sich**
(*dat*) **den Mund ~ reden** to talk till one is blue

933 | GAME

in the face **fusseln** _VI_ to give off fluff
fußen _VI_ to rest _(auf +dat_ on)
Fußende _N_ _(von Bett)_ foot **Fußfessel** _F_ **~n** _pl_
shackles _pl;_ **elektronische ~** electronic tag
Fußgänger(in) _MF_ pedestrian **Fußgän-
gerbrücke** _F_ footbridge **Fußgänger-
überweg** _M_ pedestrian crossing _(Br),_ cross-
walk _(US)_ **Fußgängerunterführung** _F_ un-
derpass, pedestrian subway _(Br)_ **Fußgän-
gerzone** _F_ pedestrian precinct _od_ zone **Fuß-
geher(in)** _MF_ _(österr)_ pedestrian **Fußge-
lenk** _N_ ankle **Fußmarsch** _M_ walk; MIL
march **Fußmatte** _F_ doormat **Fußnagel**
_M_ toenail **Fußnote** _F_ footnote **Fußpflege**
_F_ chiropody **Fußpfleger(in)** _MF_ chiropodist
Fußpilz _M_ MED athlete's foot **Fußsohle** _F_
sole of the foot **Fußspur** _F_ footprint **Fuß-
stapfe** _F,_ **Fußstapfen** _M_ footprint; **in jds**
(akk) **~n treten** _(fig)_ to follow in sb's footsteps
Fußstütze _F_ footrest **Fußtritt** _M_ footstep;
(≈ Stoß) kick; **einen ~ bekommen** _(fig)_ to be
kicked out _(umg)_ **Fußvolk** _N_ _(fig)_ rank and file
Fußweg _M_ ◨ _(≈ Pfad)_ footpath ◪ _(≈ Entfernung)_
es sind nur 15 Minuten ~ it's only 15 minutes'
walk

futsch _ADJ_ _(umg)_ ◨ _(≈ kaputt)_ broken ◪ _(≈ zerschla-
gen)_ smashed ◨ _(≈ weg, verloren)_ gone
Futter _N_ ◨ _(animal)_ food _od_ feed; _(bes für Kühe,
Pferde etc)_ fodder ◪ _(≈ Kleiderfutter)_ lining **Futte-
ral** _N_ case **futtern** _(hum umg)_ A _VI_ to stuff one-
self _(umg)_ B _VT_ to scoff _(Br umg),_ to scarf _od_ chow
(US umg) **füttern** _VT_ ◨ to feed; „**Füttern ver-
boten**" "do not feed the animals" ◪ _Kleidungs-
stück_ to line **Futternapf** _M_ bowl **Futter-
neid** _M_ _(fig)_ green-eyed monster _(hum),_ jealousy
Fütterung _F_ feeding
Futur _N_ GRAM future (tense) **futuristisch**
ADJ _(≈ zukunftsweisend)_ futuristic **Futurologie**
_F_ futurology

G

G, g _N_ G, g; **G 8** _(≈ Wirtschaftsgipfel)_ G 8; SCHULE
_high-school education at a Gymnasium lasting
eight rather than the traditional nine years_
Gabe _F_ _(≈ Begabung)_ gift
Gabel _F_ fork; _(≈ Heugabel, Mistgabel)_ pitchfork; TEL
rest, cradle **gabeln** _VR_ to fork **Gabelstap-
ler** _M_ fork-lift truck **Gabelung** _F_ fork
Gabentisch _M_ table for Christmas or birthday
presents
Gabun _N_ Gabon
gackern _VI_ to cackle
gaffen _VI_ to gape _(nach_ at) **Gaffer(in)** _MF_
gaper
Gag _M_ _(≈ Filmgag)_ gag; _(≈ Werbegag)_ gimmick; _(≈
Witz)_ joke; _(umg ≈ Spaß)_ laugh
Gage _F_ _bes_ THEAT fee; _(≈ regelmäßige Gage)_ salary
gähnen _VI_ to yawn; **~de Leere** total empti-
ness
Gala _F_ formal _od_ evening _od_ gala dress; MIL full
_od_ ceremonial _od_ gala dress **Galaabend** _M_
gala evening **Galaempfang** _M_ formal re-
ception
galaktisch _ADJ_ galactic
Galauniform _F_ MIL full dress uniform **Gala-
vorstellung** _F_ THEAT gala performance
Galaxis _F_ ASTRON galaxy; _(≈ Milchstraße)_ Galaxy,
Milky Way
Galeere _F_ galley
Galerie _F_ gallery (🛑 Vorsicht, zwei „l"); **auf
der ~** in the gallery
Galgen _M_ gallows _pl,_ gibbet; FILM boom **Gal-
genfrist** _F_ _(umg)_ reprieve **Galgenhumor**
_M_ gallows humour _(Br)_ _od_ humor _(US)_ **Galgen-
männchen** _N_ _(Spiel)_ hangman
Galionsfigur _F_ figurehead
gälisch _ADJ_ Gaelic
Galle _F_ _(ANAT ≈ Organ)_ gall bladder; _(≈ Flüssigkeit)_
bile; BOT, VET gall; _(fig ≈ Bosheit)_ virulence; **jdm
kommt die ~ hoch** sb's blood begins to boil
Gallenblase _F_ gall bladder **Gallenkolik**
_F_ gallstone colic **Gallenstein** _M_ gallstone
Gallier(in) _MF_ Gaul **gallisch** _ADJ_ Gallic
Gallone _F_ gallon
Galopp _M_ gallop; **im ~** _(wörtl)_ at a gallop; _(fig)_ at
top speed; **langsamer ~** canter **galoppie-
ren** _VI_ to gallop; **~de Inflation** galloping in-
flation
Gamasche _F_ gaiter; _(≈ Wickelgamasche)_ puttee
Gambe _F_ viola da gamba
Gameboy® _M_ Gameboy® **Gameshow** _F_

GAMM | 934

game show

Gammastrahlen PL gamma rays pl

gammelig ADJ (umg) Lebensmittel old; Kleidung tatty (umg) **gammeln** VI (umg) to loaf around (umg) **Gammler(in)** MF long-haired layabout (Br) od bum (umg)

Gamsbart M tuft of hair from a chamois worn as a hat decoration, shaving brush (hum umg) **Gamsbock** M chamois buck **Gämse** F chamois

gang ADJ ~ und gäbe sein to be quite usual **Gang** M **1** (≈ Gangart) walk, gait **2** (≈ Besorgung) errand; (≈ Spaziergang) walk **3** (≈ Ablauf) course; der ~ der Ereignisse/der Dinge the course of events/things; seinen (gewohnten) ~ gehen (fig) to run its usual course; etw in ~ bringen od setzen to get od set sth going; etw in ~ halten to keep sth going; in ~ kommen to get going; in ~ sein to be going; (fig) to be under way; in vollem ~ in full swing; es ist etwas im ~(e) (umg) something's up (umg) **4** (≈ Arbeitsgang) operation; (eines Essens) course; ein Essen mit vier Gängen a four-course meal **5** (≈ Verbindungsgang) passage(way); (in Gebäuden) corridor; (≈ Hausflur) hallway; (zwischen Sitzreihen) aisle **6** MECH gear; den ersten ~ einlegen to engage first (gear); in die Gänge kommen (fig) to get started od going **Gangart** F walk; (von Pferd) gait, pace; eine harte ~ (fig) a tough stance od line **gangbar** ADJ (wörtl) Weg, Brücke etc passable; (fig) Lösung, Weg practicable

gängeln VT (fig) jdn ~ to treat sb like a child; (Mutter) to keep sb tied to one's apron strings **gängig** ADJ (≈ üblich) common; (≈ aktuell) current **Gangschaltung** F gears pl

Gangster M gangster **Gangsterbande** F gang of criminals **Gangstermethoden** PL strong-arm tactics pl

Gangway F SCHIFF gangway; FLUG steps pl **Ganove** M (umg) crook; (hum ≈ listiger Kerl) sly old fox

Gans F goose; wie die Gänse schnattern to cackle away **Gänseblümchen** N daisy **Gänsebraten** M roast goose **Gänsefüßchen** PL (umg) inverted commas pl (Br), quotation marks pl **Gänsehaut** F (fig) goose pimples pl od flesh (Br), goose bumps pl; eine ~ bekommen od kriegen (umg) to get goose pimples etc **Gänseleberpastete** F pâté de foie gras, goose-liver pâté **Gänsemarsch** M im ~ in single od Indian file **Gänserich** M gander **Gänseschmalz** N goose fat

ganz **A** ADJ **1** whole, entire; (≈ vollständig) complete; ~ England/London the whole of England/London (Br), all (of) England/London; die ~e Zeit all the time, the whole time; sein ~es

Geld all his money; seine ~e Kraft all his strength; ein ~er Mann a real man; im (Großen und) Ganzen on the whole **2** (umg ≈ unbeschädigt) intact; etw wieder ~ machen to mend sth **B** ADV (≈ völlig) quite; (≈ vollständig) completely; (≈ ziemlich) quite; (≈ sehr) really; (≈ genau) exactly, just; ~ hinten/vorn right at the back/front; nicht ~ not quite; ~ gewiss! most certainly, absolutely; ein ~ billiger Trick a really cheap trick; ~ allein all alone; ~ wie Sie meinen just as you think (best); ~ und gar completely, utterly; ~ und gar nicht not at all; ein ~ klein wenig just a little od tiny bit; das mag ich ~ besonders gerne I'm particularly od especially fond of that **Ganze(s)** N whole; etw als ~s sehen to see sth as a whole; das ~ kostet ... altogether it costs ...; aufs ~ gehen (umg) to go all out; es geht ums ~ everything's at stake **Ganzheit** F (≈ Einheit) unity; (≈ Vollständigkeit) entirety; in seiner ~ in its entirety **ganzheitlich** ADJ (≈ umfassend einheitlich) integral; Lernen integrated; Medizin holistic **ganzjährig** ADJ, ADV all (the) year round **gänzlich** ADJ completely, totally **ganzseitig** ADJ Anzeige etc full-page **ganztägig** ADJ all-day; Arbeit, Stelle full-time; ~ geöffnet open all day **ganztags** ADV arbeiten full-time **Ganztagsbetreuung** F all-day care **Ganztagsschule** F all-day school

gar **A** ADV ~ keines none at all od whatsoever; ~ nichts nothing at all od whatsoever; ~ nicht schlecht not bad at all **B** ADJ Speise done präd, cooked

Garage F garage

Garant(in) MF guarantor **Garantie** F guarantee; (auf Auto) warranty; die Uhr hat ein Jahr ~ the watch is guaranteed for a year; unter ~ under guarantee **garantieren** **A** VT to guarantee (jdm etw sb sth) **B** VI to give a guarantee; für etw ~ to guarantee sth **garantiert** ADV guaranteed; (umg) I bet (umg); er kommt ~ nicht I bet he won't come (umg) **Garantieschein** M guarantee, certificate of guarantee (form); (für Auto) warranty

Garbe F (≈ Korngarbe) sheaf

Garde F guard; die alte/junge ~ (fig) the old/ young guard

Garderobe F **1** (≈ Kleiderbestand) wardrobe (Br) **2** (≈ Kleiderablage) hall stand; (im Theater, Kino etc) cloakroom (Br), checkroom (US) **3** (THEAT ≈ Umkleideraum) dressing room **Garderobenfrau** F cloakroom (Br) od checkroom (US) attendant **Garderobenmarke** F cloakroom (Br) od checkroom (US) ticket **Garderobenständer** M hat stand (Br), hat tree (US)

Gardine F curtain (Br), drape (US); (≈ Scheibengar-

935 | GAUL

dine) net (*Br*) *od* café (*US*) curtain **Gardinen-predigt** F̲ (*umg*) talking-to; **jdm eine ~ halten** to give sb a talking-to **Gardinenstange** F̲ curtain rail; (*zum Ziehen*) curtain rod

garen GASTR V̲T̲&̲V̲I̲ to cook; (*auf kleiner Flamme*) to simmer

gären V̲I̲ to ferment

Garn N̲ thread; **ein ~ spinnen** (*fig*) to spin a yarn

Garnele F̲ ZOOL prawn; (≈ *Granat*) shrimp

garnieren V̲T̲ to decorate; *Gericht Reden etc* to garnish

Garnison F̲ MIL garrison

Garnitur F̲ **1** (≈ *Satz*) set; **die erste ~** (*fig*) the pick of the bunch; **erste/zweite ~ sein** to be first-rate *od* first-class/second-rate **2** (≈ *Besatz*) trimming

garstig A̲D̲J̲ nasty

Garten M̲ garden; (≈ *Obstgarten*) orchard; **botanischer ~** botanic(al) gardens *pl* **Gartenarbeit** F̲ gardening (❗ kein *pl*) **Gartenbau** M̲ horticulture **Gartengerät** N̲ gardening tool *od* implement **Gartenhaus** N̲ summer house **Gartenlokal** N̲ beer garden; (≈ *Restaurant*) garden café **Gartenmöbel** P̲L̲ garden furniture **Gartenschere** F̲ secateurs *pl* (*Br*), pruning shears *pl*; (≈ *Heckenschere*) shears *pl* **Gartenzaun** M̲ garden fence **Gartenzwerg** M̲ garden gnome **Gärtner(in)** M̲F̲ gardener **Gärtnerei** F̲ **1** (≈ *Gartenarbeit*) gardening **gärtnern** V̲I̲ to garden

Gärung F̲ fermentation

Garzeit F̲ cooking time

Gas N̲ gas; (AUTO ≈ *Gaspedal*) accelerator, gas pedal (*bes US*); **~ geben** AUTO to accelerate; (*auf höhere Touren bringen*) to rev up **Gasbehälter** M̲ gas holder, gasometer **Gasexplosion** F̲ gas explosion **Gasfeuerzeug** N̲ gas lighter **Gasflasche** F̲ bottle of gas, gas canister **gasförmig** A̲D̲J̲ gaseous, gasiform **Gashahn** M̲ gas tap **Gasheizung** F̲ gas (central) heating **Gasherd** M̲ gas cooker **Gaskammer** F̲ gas chamber **Gaskocher** M̲ camping stove **Gasleitung** F̲ (≈ *Rohr*) gas pipe; (≈ *Hauptrohr*) gas main **Gasmaske** F̲ gas mask **Gasometer** M̲ gasometer **Gaspedal** N̲ AUTO accelerator (pedal), gas pedal (*bes US*) **Gasrohr** N̲ gas pipe; (≈ *Hauptrohr*) gas main

Gasse F̲ lane; (≈ *Durchgang*) alley(way) **Gassenjunge** M̲ (*pej*) street urchin **Gassi** A̲D̲V̲ (*umg*) **~ gehen** to go walkies (*Br umg*), to go for a walk **Gast** M̲ guest; (≈ *Tourist*) visitor; (*in einer Gaststätte*) customer; **wir haben heute Abend Gäste** we're having company this evening; **bei**

jdm zu ~ sein to be sb's guest(s) **Gastarbeiter(in)** M̲F̲ (*neg!*) immigrant *od* foreign worker **Gastdozent(in)** M̲F̲ visiting *od* guest lecturer **Gästebett** N̲ spare *od* guest bed **Gästebuch** N̲ visitors' book **Gästehandtuch** N̲ guest towel **Gästehaus** N̲ guest house **Gästeliste** F̲ guest list **Gäste-WC** N̲ guest toilet **Gästezimmer** N̲ guest *od* spare room **Gastfamilie** F̲ host family **gastfreundlich** A̲D̲J̲ hospitable **Gastfreundlichkeit** F̲, **Gastfreundschaft** F̲ hospitality **gastgebend** A̲D̲J̲ *Land, Theater* host *attr*; *Mannschaft* home *attr* **Gastgeber** M̲ host **Gastgeberin** F̲ hostess **Gasthaus** N̲, **Gasthof** M̲ inn **Gasthörer(in)** M̲F̲ UNIV observer, auditor (*US*) **gastieren** V̲I̲ to guest **Gastland** N̲ host country **gastlich** A̲D̲J̲ hospitable **Gastlichkeit** F̲ hospitality **Gastmannschaft** F̲ visiting team **Gastrecht** N̲ right to hospitality **Gastritis** F̲ gastritis **Gastronom(in)** M̲F̲ (≈ *Gastwirt*) restaurateur; (≈ *Koch*) cuisinier, cordon bleu cook (*bes Br*) **Gastronomie** F̲ (*form* ≈ *Gaststättengewerbe*) catering trade; (*geh* ≈ *Kochkunst*) gastronomy **gastronomisch** A̲D̲J̲ gastronomic

Gastspiel N̲ THEAT guest performance; SPORT away match **Gaststätte** F̲ (≈ *Restaurant*) restaurant; (≈ *Trinklokal*) pub (*Br*), bar **Gaststättengewerbe** N̲ catering trade **Gaststube** F̲ lounge

Gasturbine F̲ gas turbine

Gastwirt M̲ (*Besitzer*) restaurant owner *od* proprietor; (*Pächter*) restaurant manager; (*von Kneipe*) landlord **Gastwirtin** F̲ (*Besitzerin*) restaurant owner *od* proprietress; (*Pächterin*) restaurant manageress; (*von Kneipe*) landlady **Gastwirtschaft** F̲ = **Gaststätte**

Gasuhr F̲ gas meter **Gasvergiftung** F̲ gas poisoning **Gasversorgung** F̲ (≈ *System*) gas supply (*+gen* to) **Gaswerk** N̲ gasworks (❗ mit Verb im Singular oder Plural) **Gaszähler** M̲ gas meter

Gatte M̲ (*form*) husband, spouse (*form*)

Gatter N̲ (≈ *Tür*) gate; (≈ *Zaun*) fence; (≈ *Rost*) grating, grid

Gattin F̲ (*form*) wife, spouse (*form*)

Gattung F̲ BIOL genus; LIT, MUS, KUNST genre; (*fig* ≈ *Sorte*) type, kind **Gattungsbegriff** M̲ generic concept

GAU M̲ *abk von* **größter anzunehmender Unfall** MCA, maximum credible accident; (*fig umg*) worst-case scenario

Gaudi N̲ (*umg*) fun

Gaukler(in) M̲F̲ (*liter*) travelling (*Br*) *od* traveling (*US*) entertainer; (*fig*) storyteller

Gaul M̲ (*pej*) nag, hack

Gaumen M̅ palate

Gauner M̅ rogue, scoundrel; (≈ *Betrüger*) crook; (*umg* ≈ *gerissener Kerl*) cunning devil (*umg*) **Gaunerin** F̅ rascal; (≈ *Betrügerin*) crook **Gaunersprache** F̅ underworld jargon

Gazastreifen M̅ Gaza Strip

Gaze F̅ gauze

Gazelle F̅ gazelle

GB *abk* **1** von *Großbritannien* GB **2** von *Gigabyte* GB

geachtet A̅D̅J̅ respected; → achten

geartet A̅D̅J̅ **gutmütig ~ sein** to be good-natured; **freundlich ~ sein** to have a friendly nature

Geäst N̅ branches *pl*

Gebäck N̅ (≈ *Kekse*) biscuits *pl* (*Br*), cookies *pl* (*US*); (≈ *süße Teilchen*) pastries *pl*

Gebälk N̅ timbers *pl*

geballt A̅D̅J̅ (≈ *konzentriert*) concentrated; **die Probleme treten jetzt ~ auf** the problems are piling up now; → ballen

gebannt A̅D̅J̅ **(wie) ~** fascinated; → bannen

Gebärde F̅ gesture **gebärden** V̅R̅ to behave **Gebärdensprache** F̅ gestures *pl*; (≈ *Zeichensprache*) sign language

Gebaren N̅ behaviour (*Br*), behavior (*US*); (HANDEL ≈ *Geschäftsgebaren*) conduct

gebären A̅ V̅T̅ to give birth to; **geboren werden** to be born; **wo sind Sie geboren?** where were you born?; → geboren B̅ V̅I̅ to give birth **Gebärmutter** F̅ ANAT womb, uterus **Gebärmutterhals** M̅ cervix **Gebärmutterkrebs** M̅ cervical cancer

Gebarung F̅ (*österr* HANDEL ≈ *Geschäftsgebaren*) conduct

Gebäude N̅ building; (*fig* ≈ *Gefüge*) structure **Gebäudekomplex** M̅ building complex

gebaut A̅D̅J̅ built; **gut ~ sein** to be well-built; → bauen

Gebeine P̅L̅ bones *pl*, (mortal) remains *pl*

Gebell N̅ barking

geben A̅ V̅T̅ **1** to give; **was darf ich Ihnen ~?** what can I get you?; **~ Sie mir bitte zwei Flaschen Bier** I'd like two bottles of beer, please; **~ Sie mir bitte Herrn Lang** TEL can I speak to Mr Lang please?; **ich gäbe viel darum, zu ...** I'd give a lot to ...; **gibs ihm (tüchtig)!** (*umg*) let him have it! (*umg*); **das Buch hat mir viel gegeben** I got a lot out of the book; → gegeben **2** (≈ *übergeben*) **ein Auto in Reparatur ~** to have a car repaired; **ein Kind in Pflege ~** to put a child in care **3** (≈ *veranstalten*) *Konzert, Fest* to give; **was wird heute im Theater gegeben?** what's on at the theatre (*Br*) *od* theater (*US*) today? **4** (≈ *unterrichten*) to teach; **er gibt Nachhilfeunterricht** he does tutoring **5** **viel/nicht viel auf**

etw (*akk*) **~** to set great/little store by sth; **ich gebe nicht viel auf seinen Rat** I don't think much of his advice; **etw von sich ~** *Laut, Worte, Flüche* to utter; *Meinung* to express B̅ V̅I̅ **1** KART to deal; **wer gibt?** whose turn is it to deal? **2** (SPORT ≈ *Aufschlag haben*) to serve C̅ V̅I̅ UNPERS **es gibt** there is; (+*pl*) there are; **gibt es einen Gott?** is there a God?; **es wird noch Ärger ~** there'll be trouble (yet); **was gibts zum Mittagessen?** what's for lunch?; **es gibt gleich Mittagessen!** it's nearly time for lunch!; **was gibts?** what's the matter?, what is it?; **das gibts doch nicht!** I don't believe it!; **das hat es ja noch nie gegeben!** it's unbelievable!; **so was gibts bei uns nicht!** (*umg*) that's just not on! (*umg*); **gleich gibts was!** (*umg*) there's going to be trouble! D̅ V̅R̅ **sich ~** (*Schmerzen, Regen*) to ease off; (*Begeisterung*) to cool; (*freches Benehmen*) to lessen; (≈ *sich erledigen*) to sort itself out; (≈ *aufhören*) to stop; **das wird sich schon ~** it'll all work out; **nach außen gab er sich heiter** outwardly he seemed quite cheerful **Geber(in)** M̅F̅ giver; KART dealer

Gebet N̅ prayer **Gebetbuch** N̅ prayer book

Gebettel N̅ (constant) begging

gebeugt A̅D̅J̅ *Haltung* stooped; *Kopf* bowed; → beugen

Gebiet N̅ **1** area, region; (≈ *Staatsgebiet*) territory **2** (*fig* ≈ *Fach*) field; (≈ *Teilgebiet*) branch; **auf diesem ~** in this field **Gebietsanspruch** M̅ territorial claim **gebietsweise** A̅D̅V̅ in some areas

Gebilde N̅ (≈ *Ding*) thing; (≈ *Gegenstand*) object; (≈ *Bauwerk*) construction

gebildet A̅D̅J̅ educated; (≈ *gelehrt*) learned; (≈ *kultiviert*) cultured; → bilden

Gebinde N̅ (≈ *Blumengebinde*) arrangement; (≈ *Blumenkranz*) wreath

Gebirge N̅ mountains *pl*, mountain range **gebirgig** A̅D̅J̅ mountainous **Gebirgsbewohner(in)** M̅F̅ mountain dweller **Gebirgskette** F̅ mountain range **Gebirgszug** M̅ mountain range

Gebiss N̅ (≈ *die Zähne*) (set of) teeth *pl*; (≈ *künstliches Gebiss*) dentures *pl*

Gebläse N̅ blower

geblümt A̅D̅J̅ flowered

Geblüt N̅ (*geh*) (≈ *Abstammung*) descent; (*fig* ≈ *Blut*) blood; **von edlem ~** of noble blood

gebogen A̅D̅J̅ bent; (≈ *geschwungen, rund*) curved; → biegen

gebongt A̅D̅J̅ (*umg*) **das ist ~** okey-doke (*umg*)

geboren A̅D̅J̅ born; **er ist blind ~** he was born blind; **~er Engländer sein** to be English by birth; **er ist der ~e Erfinder** he's a born inventor; **Hanna Schmidt ~e Müller** Hanna

Schmidt, née Müller

geborgen ADJ **sich ~ fühlen** to feel secure **Geborgenheit** F̄ security

Gebot N̄ **1** (≈ Gesetz) law; (≈ Vorschrift) rule; BIBEL commandment **2** (geh ≈ Erfordernis) requirement; **das ~ der Stunde** the needs of the moment **3** (HANDEL: bei Auktionen) bid **geboten** ADJ (geh) (≈ ratsam) advisable; (≈ notwendig) necessary; (≈ dringend geboten) imperative; → **bieten Gebotsschild** N̄ sign giving orders

gebrannt ADJ **~e Mandeln** pl burnt (Br) od baked (US) almonds pl; **~er Ton** fired clay; **~es Kind scheut das Feuer** (sprichw) once bitten, twice shy (sprichw)

Gebrauch M̄ (≈ Benutzung) use; (eines Wortes) usage; (≈ Anwendung) application; (≈ Brauch) custom; **von etw ~ machen** to make use of sth; **in ~ sein** to be in use **gebrauchen** V̄T̄ (≈ benutzen) to use; (≈ anwenden) to apply; **sich zu etw ~ lassen** to be useful for sth; (≈ missbrauchen) to be used as sth; **nicht mehr zu ~ sein** to be useless; **er/das ist zu nichts zu ~** he's/that's absolutely useless; **das kann ich gut ~** I can really use that; **ich könnte ein neues Kleid ~** I could use a new dress **gebräuchlich** ADJ (≈ verbreitet) common; (≈ gewöhnlich) usual, customary **Gebrauchsanweisung** F̄ (für Arznei) directions pl; (für Geräte etc) instructions pl (for use) **Gebrauchsartikel** M̄ article for everyday use; (pl: bes HANDEL) basic consumer goods pl **gebrauchsfertig** ADJ ready for use **Gebrauchsgegenstand** M̄ commodity; (≈ Werkzeug, Küchengerät) utensil **Gebrauchsmuster** N̄ utility model **gebraucht** A ADJ second-hand; Verpackung used B ADV **etw ~ kaufen** to buy sth second-hand; → **brauchen Gebrauchtwagen** M̄ used od second-hand car **Gebrauchtwagenhändler(in)** M̄(F̄) used od second-hand car dealer

gebräunt ADJ (≈ braun gebrannt) (sun-)tanned; → **bräunen**

Gebrechen N̄ (geh) affliction **gebrechlich** ADJ frail; (≈ altersschwach) infirm **gebrochen** A ADJ broken; **~e Zahl** MATH fraction; **mit ~em Herzen** broken-hearted B ADV **~ Deutsch sprechen** to speak broken German

Gebrüder P̄L̄ HANDEL Brothers pl; **~ Müller** Müller Brothers

Gebrüll N̄ (von Löwe) roar; (von Mensch) yelling **gebückt** A ADJ **eine ~e Haltung** a stoop B ADV **~ gehen** to stoop; → **bücken**

Gebühr F̄ **1** charge; (≈ Postgebühr) postage (❗ kein pl); (≈ Studiengebühr) fees pl; (≈ Vermittlungsgebühr) commission; (≈ Straßenbenutzungsgebühr) toll; **~en erheben** to make a charge; **~ (be)zahlt Empfänger** postage to be paid by addressee

2 (≈ Angemessenheit) **nach ~** suitably, properly; **über ~** excessively **gebühren** (geh) A V̄Ī **das gebührt ihm** (≈ steht ihm zu) it is his (just) due; (≈ gehört sich für ihn) it befits him B V̄R̄ to be proper; **wie es sich gebührt** as is proper **gebührend** A ADJ (≈ verdient) due; (≈ angemessen) suitable; (≈ geziemend) proper B ADV duly, suitably; **etw ~ feiern** to celebrate sth in a fitting manner **Gebühreneinheit** F̄ TEL (tariff) unit **Gebührenerhöhung** F̄ increase in charges **gebührenfrei** A ADJ free of charge; Telefonnummer Freefone® (Br), toll-free (US) B ADV free of charge **Gebührenordnung** F̄ scale of charges **gebührenpflichtig** A ADJ subject to a charge; Autobahnbenutzung subject to a toll; **~e Verwarnung** JUR fine; **~e Autobahn** toll road (Br), turnpike (US) B ADV **jdn ~ verwarnen** to fine sb

gebunden ADJ tied (an +akk to); (durch Verpflichtungen etc) tied down; Kapital tied up; LING, PHYS, CHEM bound; Buch cased, hardback; Wärme latent; MUS legato; **vertraglich ~ sein** to be bound by contract; → **binden**

Geburt F̄ birth; **von ~ by** birth; **von ~ an** from birth; **bei der ~ sterben** (Mutter) to die in childbirth; (Kind) to die at birth; **das war eine schwere ~!** (fig umg) that took some doing (umg) **Geburtendefizit** N̄ birth deficit **Geburtenkontrolle** F̄, **Geburtenregelung** F̄ birth control **Geburtenrate** F̄ birthrate **Geburtenrückgang** M̄ drop in the birthrate **geburtenschwach** ADJ Jahrgang with a low birthrate **geburtenstark** ADJ Jahrgang with a high birthrate **Geburtenüberschuss** M̄ excess of births over deaths **Geburtenziffer** F̄ birthrate **gebürtig** ADJ **~er Londoner sein** to have been born in London **Geburtsanzeige** F̄ birth announcement **Geburtsdatum** N̄ date of birth **Geburtshaus** N̄ **das ~ Kleists** the house where Kleist was born **Geburtshelfer(in)** M̄(F̄) (MED ≈ Arzt) obstetrician; (≈ Hebamme) midwife **Geburtsjahr** N̄ year of birth **Geburtsland** N̄ native country **Geburtsname** M̄ birth name; (von Frau auch) maiden name **Geburtsort** M̄ birthplace **Geburtstag** M̄ birthday; (auf Formularen) date of birth; **jdm zum ~ gratulieren** to wish sb (a) happy birthday; **heute habe ich ~** it's my birthday today **Geburtstagsfeier** F̄ birthday party **Geburtstagsgeschenk** N̄ birthday present **Geburtstagskind** N̄ birthday boy/girl **Geburtsurkunde** F̄ birth certificate

Gebüsch N̄ bushes pl; (≈ Unterholz) undergrowth, brush

gedacht ADJ Linie, Fall imaginary; → **denken**

Gedächtnis N̄ memory; **etw aus dem ~ hersagen** to recite sth from memory; **jdm im ~ bleiben** to stick in sb's mind; **etw im ~ behalten** to remember sth **Gedächtnislücke** F̄ gap in one's memory **Gedächtnisschwund** M̄ amnesia **Gedächtnistraining** N̄ memory training

gedämpft ADJ **1** (≈ vermindert) Geräusch muffled; Farben, Stimmung muted; Optimismus cautious; Licht, Freude subdued **2** GASTR steamed; → dämpfen

Gedanke M̄ thought (über +akk on, about); (≈ Idee, Plan) idea; (≈ Konzept) concept; **der bloße ~ an …** the mere thought of …; **in ~n vertieft sein** to be deep in thought; **jdn auf andere ~n bringen** to take sb's mind off things; **sich** (dat) **über etw** (akk) **~n machen** to think about sth; (≈ sich sorgen) to worry about sth; **etw ganz in ~n** (dat) **tun** to do sth (quite) without thinking; **jds ~n lesen** to read sb's mind od thoughts; **auf dumme ~n kommen** (umg) to get up to mischief; **mit dem ~n spielen, etw zu tun** to toy with the idea of doing sth **Gedankenaustausch** M̄ POL exchange of ideas **gedankenlos** ADJ (≈ unüberlegt) unthinking; (≈ zerstreut) absent-minded; (≈ rücksichtslos) thoughtless **Gedankenlosigkeit** F̄ (≈ Unüberlegtheit) lack of thought; (≈ Zerstreutheit) absent-mindedness; (≈ Rücksichtslosigkeit) thoughtlessness **Gedankenspiel** N̄ intellectual game; (als psychologische Taktik) mind game **Gedankenstrich** M̄ dash **Gedankenübertragung** F̄ telepathy **gedanklich** ADJ intellectual; (≈ vorgestellt) imaginary

Gedärme PL bowels pl, intestines pl

Gedeck N̄ **1** (≈ Tischgedeck) cover; **ein ~ auflegen** to lay (Br) od set a place **2** (≈ Menü) set meal, table d'hôte **3** (im Nachtklub) cover charge **gedeckt** ADJ Farben muted; Tisch set od laid (Br) for a meal; → decken

Gedeih M̄ **auf ~ und Verderb** for better or (for) worse **gedeihen** VI̅ to thrive; (geh ≈ sich entwickeln) to develop; (fig ≈ vorankommen) to make progress

gedenken VI̅ +gen **1** (geh) (≈ denken an) to remember **2** (≈ feiern) to commemorate **Gedenken** N̄ memory (an +akk of); **zum** od **im ~ an jdn** in memory of sb **Gedenkfeier** F̄ commemoration **Gedenkgottesdienst** M̄ memorial service **Gedenkminute** F̄ minute's silence **Gedenkstätte** F̄ memorial **Gedenkstunde** F̄ hour of commemoration **Gedenktafel** F̄ plaque **Gedenktag** M̄ commemoration day

Gedicht N̄ poem; **der Nachtisch ist ein ~** (umg) the dessert is sheer poetry **Gedicht-**

band M̄ book of poems od poetry **Gedichtinterpretation** F̄ (eines Gedichtes) interpretation of a poem; (von Dichtung) interpretation of poetry

gediegen ADJ **1** Metall pure **2** (von guter Qualität) high-quality; (≈ geschmackvoll) tasteful; (≈ rechtschaffen) upright; Kenntnisse sound

gedopt ADJ **er war ~** he had taken drugs; → dopen

Gedränge N̄ (≈ Menschenmenge) crowd, crush; (≈ Drängeln) jostling; RUGBY scrum(mage); **ins ~ kommen** (fig) to get into a fix (umg) **Gedrängel** N̄ (umg) (≈ Drängeln) shoving (umg) **gedrängt** A ADJ packed; (fig) Stil terse B ADV **~ voll** packed full; **~ stehen** to be crowded together; → drängen

gedruckt ADJ printed; **lügen wie ~** (umg) to lie right, left and centre (Br umg) od center (US umg); → drucken

gedrückt ADJ Stimmung depressed; **~er Stimmung sein** to feel depressed; → drücken

gedrungen ADJ Gestalt stocky

Geduld F̄ patience; **mit jdm/etw ~ haben** to be patient with sb/sth; **ich verliere die ~** my patience is wearing thin **gedulden** VR̅ to be patient **geduldig** A ADJ patient B ADV patiently **Geduldspiel** N̄ (fig) test of patience **Geduldsprobe** F̄ **das war eine harte ~** it was enough to try anyone's patience

geehrt ADJ honoured (Br), honored (US); **sehr ~e Damen und Herren** Ladies and Gentlemen; (in Briefen) Dear Sir or Madam (❗ Im Gegensatz zum Deutschen fängt der Brieftext nach dieser Anrede im Englischen mit einem Großbuchstaben an.); → ehren

geeignet ADJ (≈ passend) suitable; (≈ richtig) right, **er ist zu dieser Arbeit nicht ~** he's not suited to this work; **er wäre zum Lehrer gut ~** he would make a good teacher; → eignen

Gefahr F̄ **1** danger (für to, for); (≈ Bedrohung) threat (für to, for); **in ~ sein** to be in danger; (≈ bedroht) to be threatened; **außer ~** out of danger; **sich einer ~ aussetzen** to put oneself in danger **2** (≈ Risiko) risk (für to, for); **auf eigene ~** at one's own risk od (stärker) peril; **auf die ~ hin, etw zu tun** at the risk of doing sth; **~ laufen, etw zu tun** to run the risk of doing sth **gefährden** VT̅ to endanger; (≈ bedrohen) to threaten; (≈ aufs Spiel setzen) to put at risk **gefährdet** ADJ Tierart endangered; Ehe, Bevölkerungsgruppe, Gebiet at risk präd **Gefährdung** F̄ **1** (≈ das Gefährden) endangering; (≈ das Riskieren) risking **2** (≈ Gefahr) danger (+gen to) **Gefahrenherd** M̄ danger area **Gefahrenquelle** F̄ safety hazard **Gefahrenstelle** F̄ danger spot **Gefahrenzone** F̄ danger zone **Ge-**

fahrenzulage F danger money **gefährlich** A ADJ dangerous B ADV dangerously **Gefährlichkeit** F dangerousness **gefahrlos** A ADJ safe; (≈ harmlos) harmless B ADV safely; (≈ harmlos) harmlessly

Gefährte M, **Gefährtin** F (geh) companion

Gefälle N 1 (von Fluss) drop, fall; (von Land, Straße) slope; (≈ Neigungsgrad) gradient; **ein ~ von 10%** a gradient of 10% 2 (fig ≈ Unterschied) difference; **das Nord-Süd-~** the North-South divide

gefallen VI to please (jdm sb); **es gefällt mir (gut)** I like it (very much od a lot); **das gefällt mir gar nicht** I don't like it at all; **das gefällt mir schon besser** (umg) that's more like it (umg); **er gefällt mir gar nicht** (umg: gesundheitlich) I don't like the look of him (umg); **sich** (dat) **etw ~ lassen** (≈ dulden) to put up with sth

Gefallen¹ N (geh) pleasure; **an etw** (dat) **~ finden** to get pleasure from sth

Gefallen² M favour (Br), favor (US); **jdn um einen ~ bitten** to ask sb a favo(u)r; **jdm einen ~ tun** to do sb a favo(u)r

Gefallene(r) M(F)M soldier killed in action

gefällig ADJ 1 (≈ hilfsbereit) obliging; **jdm ~ sein** to oblige sb 2 (≈ ansprechend) pleasing; (≈ freundlich) pleasant 3 **Zigarette ~?** (form) would you care for a cigarette? **Gefälligkeit** F 1 (≈ Gefallen) favour (Br), favor (US); **jdm eine ~ erweisen** to do sb a favo(u)r 2 **etw aus ~ tun** to do sth out of the kindness of one's heart **gefälligst** ADV (umg) kindly; **sei ~ still!** kindly keep your mouth shut! (umg)

Gefangenenlager N prison camp **Gefangene(r)** M(F)M captive; (≈ Sträfling, fig) prisoner **gefangen halten** VT to hold prisoner; (Geiseln) to hold; (Tiere) to keep in captivity; (fig) to captivate **Gefangennahme** F capture; (≈ Verhaftung) arrest **gefangen nehmen** VT to take captive; (≈ verhaften) to arrest; MIL to take prisoner; (fig) to captivate **Gefangenschaft** F captivity; **in ~ geraten** to be taken prisoner **Gefängnis** N prison, jail; (≈ Gefängnisstrafe) imprisonment; **im ~** in prison; **zwei Jahre ~ bekommen** to get two years in prison **Gefängnisstrafe** F prison sentence; **eine ~ von zehn Jahren** ten years' imprisonment **Gefängniswärter(in)** M(F) warder (Br), prison officer od guard **Gefängniszelle** F prison cell

gefärbt ADJ dyed; Lebensmittel artificially coloured (Br) od colored (US); **konservativ ~ sein** to have a conservative bias; → **färben**

Gefasel N (pej) drivel (umg)

Gefäß N vessel (a. ANAT, BOT); (≈ Behälter) receptacle

gefasst A ADJ (≈ ruhig) composed, calm, Stimme

calm; **sich auf etw** (akk) **~ machen** to prepare oneself for sth; **er kann sich auf etwas ~ machen** (umg) I'll give him something to think about (umg) B ADV (≈ beherrscht) calmly; → **fassen**

Gefecht N battle; **jdn außer ~ setzen** to put sb out of action; **im Eifer des ~s** (fig) in the heat of the moment **gefechtsbereit** ADJ ready for battle; (≈ einsatzfähig) (fully) operational **Gefechtskopf** M warhead

gefeiert ADJ celebrated; → **feiern**

gefeit ADJ **gegen etw ~ sein** to be immune to sth

Gefieder N plumage **gefiedert** ADJ feathered; Blatt pinnate

Geflecht N network; (≈ Gewebe) weave; (≈ Rohrgeflecht) wickerwork

gefleckt ADJ spotted; Vogel speckled; Haut blotchy

Geflügel N poultry (❗ kein pl) **Geflügelfleisch** N poultry **Geflügelsalat** M chicken salad **Geflügelschere** F poultry shears pl **geflügelt** ADJ winged; **~e Worte** standard quotations **Geflügelzucht** F poultry farming

Geflüster N whispering

Gefolge N retinue, entourage; (≈ Trauergefolge) cortege; (fig) wake; **im ~** in the wake (+gen of) **Gefolgschaft** F 1 (≈ die Anhänger) following 2 (≈ Treue) allegiance **Gefolgsmann** M follower

gefragt ADJ Waren, Sänger etc in demand präd; → **fragen**

gefräßig ADJ gluttonous; (fig geh) voracious **Gefräßigkeit** F gluttony; (fig geh) voracity **Gefreite(r)** M(F)M MIL private; FLUG aircraftman first class (Br), airman first class (US)

Gefrierbeutel M freezer bag **gefrieren** VI to freeze **Gefrierfach** N freezer compartment, icebox (bes US) **gefriergetrocknet** ADJ freeze-dried **Gefrierkost** F frozen food **Gefrierpunkt** M freezing point; (von Thermometer) zero; **auf dem ~ stehen** to be at freezing point/zero **Gefrierschrank** M (upright) freezer **Gefriertruhe** F freezer

Gefüge N structure

gefügig ADJ (≈ willfährig) submissive; (≈ gehorsam) obedient; **jdn ~ machen** to make sb bend to one's will

Gefühl N feeling; (≈ Emotionalität) sentiment; **etw im ~ haben** to have a feel for sth; **ich habe das ~, dass ...** I have the feeling that ...; **jds ~e verletzen** to hurt sb's feelings; **ein ~ für Gerechtigkeit** a sense of justice **gefühllos** ADJ insensitive; (≈ mitleidlos) callous; Glieder numb **Gefühllosigkeit** F insensitivity; (≈ Mitleidlosigkeit) callousness; (von Gliedern) numbness **gefühlsarm** ADJ unemotional **Gefühlsausbruch** M emotional outburst **gefühlsbedingt** ADJ emotional **gefühlsbetont** ADJ emotional **Gefühlsduselei** F (pej) mawkishness **Gefühlslage** F emotional state **Gefühlsleben** N emotional life **gefühlsmäßig** A ADJ instinctive B ADV instinctively **Gefühlsmensch** M emotional person **Gefühlssache** F matter of feeling **gefühlvoll** A ADJ 1 (≈ empfindsam) sensitive; (≈ ausdrucksvoll) expressive 2 (≈ liebevoll) loving B ADV with feeling; (≈ ausdrucksvoll) expressively

gefüllt ADJ Paprikaschoten etc stuffed; Brieftasche full; ~e Pralinen chocolates with soft centres (Br), candies with soft centers (US); → **füllen**

gefunden ADJ das war ein ~es Fressen für **ihn** that was handing it to him on a plate; → **finden**

gefürchtet ADJ dreaded meist attr; → **fürchten**

gegeben ADJ given; **bei der ~en Situation** given this situation; **etw als ~ voraussetzen** to assume sth; **zu ~er Zeit** in due course; → **geben gegebenenfalls** ADV should the situation arise; (≈ wenn nötig) if need be; (≈ eventuell) possibly; ADMIN if applicable **Gegebenheit** F (actual) fact; (≈ Realität) actuality; (≈ Zustand) condition; **sich mit den ~en abfinden** to come to terms with the facts as they are

gegen PRÄP +akk 1 (≈ wider) against; **X ~ Y** SPORT, JUR X versus Y; **haben Sie ein Mittel ~ Schnupfen?** do you have anything for colds?; **etwas/nichts ~ jdn/etw haben** to have something/nothing against sb/sth 2 (≈ in Richtung auf) towards, toward (US); (≈ nach) to; **~ einen Baum rennen** to run into a tree 3 (≈ ungefähr) round about, around; **~ 5 Uhr** around 5 o'clock 4 (≈ gegenüber) towards, to; **sie ist immer fair ~ mich gewesen** she's always been fair to me 5 (≈ im Austausch für) for; **~ bar** for cash; **~ Quittung** against a receipt 6 (≈ verglichen mit) compared with **Gegenangebot** N counteroffer **Gegenangriff** M counterattack **Gegenanzeige** F MED contraindication **Gegenargument** N counterargument **Gegenbeispiel** N counterexample **Gegenbewegung** F countermovement **Gegenbeweis** M counterevidence (🔴 kein pl, ohne a) **Gegend** F area; (≈ geografisches Gebiet) region; **hier in der ~** (a)round here **Gegendarstellung** F reply **Gegendemonstration** F counterdemonstration **gegeneinander** ADV against each other od one another **gegeneinanderprallen** VI to collide **gegeneinanderstellen** VT (fig)

to compare

Gegenfahrbahn F oncoming lane **Gegenfrage** F counterquestion **Gegengewicht** N counterbalance **Gegengift** N antidote (gegen to) **Gegenkandidat(in)** M(F) rival candidate **Gegenleistung** F service in return; **als ~ für etw** in return for sth **Gegenlicht** N **bei ~ Auto fahren** to drive with the light in one's eyes; **etw bei** od **im ~ aufnehmen** FOTO to take a backlit photo(graph) of sth **Gegenliebe** F (fig ≈ Zustimmung) approval **Gegenmaßnahme** F countermeasure **Gegenmittel** N MED antidote (gegen to) **Gegenoffensive** F counteroffensive **Gegenpol** M counterpole; (fig) antithesis (zu of, to) **Gegenprobe** F crosscheck **Gegenrichtung** F opposite direction

Gegensatz M contrast; (≈ Gegenteil) opposite; (≈ Unvereinbarkeit) conflict; **Gegensätze** (≈ Meinungsverschiedenheiten) differences pl; **im ~ zu** unlike, in contrast to; **einen krassen ~ zu etw bilden** to contrast sharply with sth; **im ~ zu etw stehen** to conflict with sth **gegensätzlich** A ADJ (≈ konträr) contrasting; (≈ widersprüchlich) opposing; (≈ unterschiedlich) different; (≈ unvereinbar) conflicting B ADV **sie verhalten sich völlig ~** they behave in totally different ways

Gegenschlag M MIL reprisal; (fig) retaliation (🔴 kein pl); **zum ~ ausholen** to prepare to retaliate **Gegenseite** F other side **gegenseitig** A ADJ mutual B ADV each other, one another; **sich ~ ausschließen** to be mutually exclusive **Gegenseitigkeit** F mutuality; **ein Vertrag auf ~** a reciprocal treaty; **das beruht auf ~** the feeling is mutual **Gegenspieler(in)** M(F) opponent; LIT antagonist **Gegensprechanlage** F (two-way) intercom

Gegenstand M (≈ Ding) object, thing; (WIRTSCH ≈ Artikel) article; (≈ Thema) subject; **~ unseres Gesprächs war ...** the subject of our conversation was ...; **~ des Gespötts** object of ridicule **gegenständlich** ADJ concrete; KUNST representational; (≈ anschaulich) graphic(al) **gegenstandslos** ADJ (≈ überflüssig) redundant, unnecessary; (≈ grundlos) unfounded; (≈ hinfällig) irrelevant; KUNST abstract **gegensteuern** VI AUTO to steer in the opposite direction; (fig) to take countermeasures **Gegenstimme** F PARL vote against; **der Antrag wurde ohne ~n angenommen** the motion was carried unanimously **Gegenstück** N opposite; (≈ passendes Gegenstück) counterpart

Gegenteil N opposite (von of); **im ~!** on the contrary!; **ganz im ~** quite the reverse; **ins**

~ umschlagen to swing to the other extreme **gegenteilig** **A** ADJ *Ansicht, Wirkung* opposite, contrary; **eine ~e Meinung** a contrary opinion **B** ADV **sich ~ entscheiden** to come to a different decision

Gegentor N (*bes* FUSSB, SPORT) **ein ~ hinnehmen müssen** to concede a goal; **ein ~ erzielen** to score

gegenüber **A** PRÄP +dat **1** (*örtlich*) opposite; **er saß mir genau ~** he sat directly opposite me **2** (*≈ zu*) to; (*≈ in Bezug auf*) with regard to, as regards; (*≈ angesichts, vor*) in the face of; (*≈ im Vergleich zu*) compared with; **mir ~ hat er das nicht geäußert** he didn't say that to me **B** ADV opposite; **der Park ~** the park opposite **Gegenüber** N (*bei Kampf*) opponent; (*bei Diskussion*) opposite number; **mein ~ am Tisch** the person (sitting) opposite me at (the) table **gegenüberliegen** VI +dat to be opposite, to face; **sich** (*dat*) **~** to face each other **gegenüberliegend** ADJ opposite **gegenübersehen** VR +dat **sich einer Aufgabe ~** to be faced with a task **gegenüberstehen** VI +dat to be opposite, to face; **jdm** to stand opposite; **jdm feindlich ~** to have a hostile attitude toward(s) sb **gegenüberstellen** VT (*≈ konfrontieren mit*) to confront (+dat with); (*fig ≈ vergleichen*) to compare (+dat with) **Gegenüberstellung** F confrontation; (*fig ≈ Vergleich*) comparison **gegenübertreten** VI **jdm ~** to face sb

Gegenverkehr M oncoming traffic **Gegenvorschlag** M counterproposal

Gegenwart F **1** present; **das Verb steht in der ~** the verb is in the present; **die Literatur der ~** contemporary literature **2** (*≈ Anwesenheit*) presence; **in ~** +gen in the presence of **gegenwärtig** **A** ADJ **1** (*≈ jetzig*) present; **der ~e Preis** the current price **2** (*geh ≈ anwesend*) present **präd** **B** ADV (*≈ augenblicklich*) at present **Gegenwartsliteratur** F contemporary literature **gegenwartsnah** ADJ relevant (to the present)

Gegenwehr F resistance **Gegenwert** M equivalent **Gegenwind** M headwind **gegenzeichnen** VT to countersign **Gegenzug** M countermove; **im ~ zu etw** as a countermove to sth

gegliedert ADJ jointed; (*fig*) structured; (*≈ organisiert*) organized; → gliedern

Gegner(in) MF(F) opponent; (*≈ Rivale*) rival; (*≈ Feind*) enemy; **ein ~ der Todesstrafe sein** to be against capital punishment **gegnerisch** ADJ opposing; (MIL *≈ feindlich*) enemy attr

Gehabe N (*umg*) affected behaviour (*Br*) *od* behavior (*US*)

Gehackte(s) N mince (*Br*), ground meat (*US*)

Gehalt[1] M F **1** (*≈ Anteil*) content **2** (*fig*) (*≈ Inhalt*) content; (*≈ Substanz*) substance

Gehalt[2] N *od* (*österr*) M salary

Gehaltsabrechnung F salary statement **Gehaltsempfänger(in)** MF(F) salary-earner; **~ sein** to receive a salary **Gehaltserhöhung** F salary increase; (*regelmäßig*) increment **Gehaltsforderung** F salary claim **Gehaltsfortzahlung** F continued payment of salary **Gehaltskürzung** F salary cut **Gehaltsliste** F payroll **Gehaltszulage** F (*≈ Gehaltserhöhung*) salary increase; (*≈ Extrazulage*) salary bonus

gehaltvoll ADJ *Speise* nourishing; (*fig*) rich in content

gehandicapt ADJ handicapped (*durch* by)

geharnischt ADJ *Brief, Abfuhr etc* strong; *Antwort* sharp, sharply-worded

gehässig **A** ADJ spiteful **B** ADV spitefully **Gehässigkeit** F spite(fulness); **jdm ~en sagen** to be spiteful to sb

gehäuft **A** ADJ *Löffel* heaped **B** ADV in large numbers; → häufen

Gehäuse N **1** (*von Gerät*) case; (*≈ Lautsprechergehäuse*) box; (*≈ Radiogehäuse*) cabinet **2** (*≈ Schneckengehäuse*) shell **3** (*≈ Obstgehäuse*) core

gehbehindert ADJ unable to walk properly **Gehbehinderte(r)** M/F(M) person who has difficulty walking

Gehege N reserve; (*im Zoo*) enclosure; (*≈ Wildgehege*) preserve; **jdm ins ~ kommen** (*fig umg*) to get under sb's feet (*umg*)

geheim **A** ADJ secret; **seine ~sten Gedanken** his innermost thoughts; **streng ~** top secret; **im Geheimen** in secret, secretly **B** ADV secretly; **~ abstimmen** to vote by secret ballot **Geheimagent(in)** MF(F) secret agent **Geheimdienst** M secret service **Geheimfach** N secret compartment; (*≈ Schublade*) secret drawer **geheim halten** VT **etw (vor jdm) ~** to keep sth a secret (from sb) **Geheimhaltung** F secrecy **Geheimnis** N secret; (*rätselhaft*) mystery; **ein offenes ~** an open secret **Geheimniskrämerei** F (*umg*) secretiveness **Geheimnisträger(in)** MF(F) bearer of secrets **geheimnisvoll** ADJ mysterious; **~ tun** to be mysterious **Geheimnummer** F secret number (*a.* TEL); (*≈ PIN*) PIN (number) **Geheimpolizei** F secret police **Geheimratsecken** PL receding hairline; **er hat ~** his hair is receding at the temples **Geheimtipp** M (*personal*) tip **Geheimtür** F secret door **Geheimzahl** F PIN (number)

gehemmt ADJ *Mensch* inhibited; *Benehmen* self--conscious; → hemmen

GEHE | 942

gehen

A intransitives Verb **B** transitives Verb
C intransitives unper-
  sönliches Verb

— A intransitives Verb —

1 to go; **~ wir!** let's go!; **schwimmen/tanzen ~** to go swimming/dancing; **schlafen ~** to go to bed **2** (≈ *zu Fuß gehen*) to walk; **das Kind lernt ~** the baby is learning to walk; **am Stock ~** to walk with a stick; **er ging im Zimmer auf und ab** he walked up and down the room **3** (*mit Präposition*) **er ging an den Tisch** he went to the table; **sie gingen auf den Berg** they went up the mountain; **sie ging auf die Straße** she went out into the street; **das Fenster geht auf den Hof** the window overlooks the yard; **diese Tür geht auf den Balkon** this door leads onto the balcony; **das Bier geht auf mich** (*umg*) the beer's on me; **sie ging aus dem Zimmer** she went out of the room; **er ging bis zur Straße** he went as far as the street; **das geht gegen meine Überzeugung** it's against my principles; **geh mal in die Küche** go into the kitchen; **in die Industrie/Politik ~** to go into industry/ politics; **in diesen Saal ~ 300 Leute** this hall holds 300 people; **in die Tausende ~** to run into (the) thousands; **in sich** (*akk*) **~** to stop and think; **mit jdm ~** to go with sb; (≈ *befreundet sein*) to go out with sb; **er ging nach München** he went to Munich; **über die Straße ~** to cross the road; **nichts geht über** (+*akk*) **...** there's nothing to beat ...; **unter Menschen ~** to mix with people; **zur Post ~** to go to the post office; **zur Schule ~** to go to school (❗ ohne **the**); **zum Militär ~** to join the army; **zum Theater ~** to go on the stage **4** (≈ *funktionieren*) to work; (*Auto, Uhr*) to go; **die Uhr geht falsch/richtig** the clock is wrong/ right; **so geht das** this is the way to do it **5** (≈ *florieren, Geschäft*) to do well; (≈ *verkauft werden*) to sell; **wie ~ die Geschäfte?** how's business? **6** (≈ *dauern*) to go on; **wie lange geht das denn noch?** how much longer is it going to go on? **7** (≈ *aufgehen, Hefeteig*) to rise **8** (≈ *betreffen*) **das Buch ging um ...** the book was about ...; **die Wette geht um 100 Euro** the bet is for 100 euros **9** (≈ *möglich, gut sein*) to be all right, to be OK (*umg*); **Montag geht** Monday's all right; **das geht doch nicht** that's not on (*Br*) *od* not OK (*umg*)

— B transitives Verb —

er ging eine Meile he walked a mile; **ich gehe immer diesen Weg** I always go this way

— C intransitives unpersönliches Verb —

1 (≈ *ergehen*) **wie geht es Ihnen?** how are you?; (*zu Patient*) how are you feeling?; **wie gehts?** how are things?; (*bei Arbeit etc*) how's it going?; **danke, es geht** (*umg*) all right *od* not too bad (*umg*), thanks; **es geht ihm gut/schlecht** he's fine/not well; **sonst gehts dir gut?** (*iron*) are you sure you're feeling all right? (*iron*); **mir ist es genauso gegangen** it was just the same for me; **lass es dir gut ~** take care of yourself **2** (≈ *möglich sein*) **es geht** it is possible; (≈ *funktioniert*) it works; **geht es?** (*ohne Hilfe*) can you manage?; **es geht nicht** (≈ *ist nicht möglich*) it's impossible; (≈ *kommt nicht infrage*) it's not on; **so geht es nicht** that's not the way to do it; (*entrüstet*) it just won't do; **morgen geht es nicht** tomorrow's no good **3** **es geht das Gerücht** the rumour (*Br*) *od* rumor (*US*) is going (a)round; **es geht auf 9 Uhr** it is approaching 9 o'clock; **worum gehts denn?** what's it about?; **es geht um Leben und Tod** it's a matter of life and death; **es geht um meinen Ruf** my reputation is at stake; **darum geht es mir nicht** (≈ *habe ich nicht gemeint*) that's not my point; (≈ *spielt keine Rolle für mich*) that doesn't matter to me; **wenn es nach mir ginge ...** if it were *od* was up to me ...

Gehen N̅ walking **gehen lassen** V̅R̅ (≈ *sich nicht beherrschen*) to lose control of oneself (❗ Schreibung mit einem „o")

geheuer A̅D̅J̅ **nicht ~** (≈ *beängstigend*) scary (*umg*); (≈ *spukhaft*) eerie, creepy (*umg*); (≈ *verdächtig*) dubious; (≈ *unwohl*) uneasy; **mir ist es hier nicht ~** this place gives me the creeps (*umg*)

Geheul N̅ howling

Gehhilfe M̅ (*Gestell etc*) walking aid

Gehilfe M̅, **Gehilfin** F̅ **1** (≈ *kaufmännischer Gehilfe*) trainee **2** J̅U̅R̅ accomplice

Gehirn N̅ brain; (≈ *Geist*) mind **Gehirnblutung** F̅ brain haemorrhage (*Br*) *od* hemorrhage (*US*) **Gehirnerschütterung** F̅ concussion **Gehirnhautentzündung** F̅ M̅E̅D̅ meningitis **Gehirnschlag** M̅ stroke **Gehirnschwund** M̅ atrophy of the brain **Gehirntod** M̅ M̅E̅D̅ brain death **Gehirntumor** M̅ M̅E̅D̅ brain tumour (*Br*) *od* tumor (*US*) **Gehirnwäsche** F̅ brainwashing (❗ kein pl); **jdn einer ~ unterziehen** to brainwash sb

gehoben A̅D̅J̅ *Sprache* elevated; (≈ *anspruchsvoll*) sophisticated; *Stellung* senior; *Stimmung* elated; **~er Dienst** professional and executive levels of the civil service

Gehöft N̅ farm(stead)

Gehör N̅ **1** (≈ *Hörvermögen*) hearing; M̅U̅S̅ ear; **nach dem ~ singen/spielen** to sing/play by ear (❗ ohne **the**); **absolutes ~** perfect pitch

2 **jdm kein ~ schenken** not to listen to sb; **sich** (dat) **~ verschaffen** to obtain a hearing; (≈ Aufmerksamkeit) to gain attention

gehorchen V/I to obey (jdm sb)

gehören A V/I **1** **jdm ~** (≈ jds Eigentum sein) to belong to sb, to be sb's; **das Haus gehört ihm** he owns the house; **das gehört nicht hierher** (Gegenstand) it doesn't go here; (Vorschlag) it is irrelevant here; **das gehört nicht zum Thema** that is off the point; **er gehört ins Bett** he should be in bed **2** **~ zu** (≈ zählen zu) to be amongst, to be one of; (≈ Bestandteil sein von) to be part of; (≈ Mitglied sein von) to belong to; **zur Familie ~** to be one of the family; **dazu gehört Mut** that takes courage; **dazu gehört nicht viel** it doesn't take much **B** V/R to be (right and) proper; **das gehört sich einfach nicht** that's just not done

gehörig A ADJ (≈ gebührend) proper; (umg ≈ beträchtlich) good attr; **eine ~e Tracht Prügel** a good thrashing **B** ADV (umg ≈ ordentlich) ausschimpfen severely; **jdn ~ verprügeln** to give sb a good beating; **da hast du dich ~ getäuscht!** you're badly mistaken

gehörlos ADJ (form) deaf **Gehörlose(r)** M/F(M) (form) deaf person

gehorsam A ADJ obedient **B** ADV obediently **Gehorsam** M obedience; **jdm den ~ verweigern** to refuse to obey sb

Gehörsinn M sense of hearing **Gehörsturz** M (temporary) loss of hearing

Gehsteig M pavement (Br), sidewalk (US) **Gehtnichtmehr** N **bis zum ~** (umg) ad nauseam; erklären till you're blue in the face (umg); anhören till you can't stand it any more; tanzen, trinken till you drop; **an jdm bis zum ~ festhalten** to cling on to sb till the bitter end; **banal bis zum ~** incredibly banal **Gehwagen** M walking frame **Gehweg** M footpath

Geier M vulture; **weiß der ~!** (umg) God knows!

geifern V/I **gegen jdn/etw ~** to revile sb/sth

Geige F violin, fiddle (umg); **~ spielen** to play the violin (❗ mit **the**); **die erste/zweite ~ spielen** (wörtl) to play first/second violin; (fig) to call the tune/play second fiddle **geigen** A V/I to play the violin, to (play the) fiddle (umg) **B** V/T Lied to play on a/the violin od fiddle (umg)

Geigenbauer(in) M/F violin-maker **Geigenbogen** M violin bow **Geigenkasten** M violin case **Geiger(in)** M/F violinist, fiddler (umg)

Geigerzähler M Geiger counter

geil A ADJ **1** horny; (pej ≈ lüstern) lecherous; **auf jdn ~ sein** to be lusting after sb **2** (sl ≈ prima) brilliant (umg), wicked (sl), awesome (umg) **B** ADV (sl ≈ prima) spielen, tanzen brilliantly; **~ aussehen** to

look cool (umg)

Geisel F hostage; **jdn als ~ nehmen** to take sb hostage; **~n stellen** to produce hostages **Geiselbefreiung** F freeing of (the) hostages **Geiseldrama** N hostage crisis **Geiselhaft** F captivity (as a hostage) **Geiselnahme** F hostage-taking **Geiselnehmer(in)** M/F(M) hostage-taker

Geiß F (südd, österr, schweiz ≈ Ziege) (nanny-)goat **Geißbock** M (südd, österr, schweiz ≈ Ziegenbock) billy goat

Geißel F scourge; (≈ Peitsche) whip

Geist M **1** (REL ≈ Seele) spirit; (≈ Gespenst) ghost; **~ und Körper** mind and body; **seinen ~ aufgeben** to give up the ghost; **der Heilige ~** the Holy Ghost od Spirit; **gute/böse ~er** good/evil spirits; **von allen guten ~ern verlassen sein** (umg) to have taken leave of one's senses (umg); **jdm auf den ~ gehen** (umg) to get on sb's nerves **2** (≈ Intellekt) intellect, mind; (fig ≈ Denker, Genie) mind; **das geht über meinen ~** (umg) that's beyond me (umg); **hier scheiden sich die ~er** this is the parting of the ways **3** (≈ Wesen, Sinn, Gesinnung) spirit; **in jds** (dat) **~ handeln** to act in the spirit of sb **4** (≈ Vorstellung) mind; **etw im ~(e) vor sich** (dat) **sehen** to see sth in one's mind's eye; **im ~e bin ich bei euch** I am with you in spirit **Geisterbahn** F ghost train **Geisterfahrer(in)** M/F (umg) ghost-driver (US umg), person driving the wrong way on the motorway **geisterhaft** ADJ ghostly (❗ kein Adverb); (≈ übernatürlich) supernatural; **es war ~ still** it was eerily quiet **Geisterhand** F **wie von ~** as if by magic **Geisterhaus** N (≈ Spukhaus) haunted house **Geisterstadt** F ghost town **Geisterstunde** F witching hour **geistesabwesend** A ADJ absent-minded **B** ADV absent-mindedly; **jdn ~ ansehen** to give sb an absent-minded look **Geistesabwesenheit** F absent-mindedness **Geistesblitz** M brainwave (Br), brainstorm (US) **Geistesgegenwart** F presence of mind **geistesgegenwärtig** A ADJ quick-witted **B** ADV quick-wittedly **geistesgestört** ADJ mentally disturbed od (stärker) deranged **Geistesgestörte(r)** M/F(M) mentally disturbed od deranged person **geisteskrank** ADJ mentally ill **Geisteskranke(r)** M/F(M) mentally ill person **Geisteskrankheit** F mental illness; (≈ Wahnsinn) insanity **Geisteswissenschaft** F arts subject; **die ~en** the arts; (als Studium) the humanities **Geisteswissenschaftler(in)** M/F arts scholar; (≈ Student) arts student **geisteswissenschaftlich** ADJ Fach, Fakultät arts attr **Geisteszustand** M mental condition; **jdn auf seinen ~ untersuchen** to give

sb a psychiatric examination **geistig** A ADJ **1**
(≈ unkörperlich) spiritual **2** (≈ intellektuell) intellec-
tual; PSYCH mental; **~er Diebstahl** plagiarism
(🛇 kein pl); **~es Eigentum** intellectual prop-
erty **3** (≈ imaginär) **etw vor seinem ~en Auge
sehen** to see sth in one's mind's eye B ADV (≈
intellektuell) intellectually; MED mentally; **~ be-
hindert/zurückgeblieben** mentally handi-
capped/retarded **geistlich** ADJ spiritual; (≈ re-
ligiös) religious; (≈ kirchlich) ecclesiastical **Geist-
liche** F woman priest; (von Freikirchen) woman
minister **Geistliche(r)** M clergyman; (≈ Pries-
ter) priest; (≈ Pastor, von Freikirchen) minister
geistlos ADJ (≈ dumm) stupid; (≈ einfallslos) unim-
aginative; (≈ trivial) inane **Geistlosigkeit** F **1**
(≈ Dummheit) stupidity; (≈ Einfallslosigkeit) unimag-
inativeness; (≈ Trivialität) inanity **2** (≈ geistlose Äu-
ßerung) inane remark **geistreich** ADJ (≈ witzig)
witty; (≈ klug) intelligent; (≈ einfallsreich) ingenious;
(≈ schlagfertig) quick-witted **geisttötend** ADJ
soul-destroying

Geiz M meanness (bes Br), stinginess (umg) **gei-
zen** VI to be mean (bes Br) or stingy (umg); (mit
Worten, Zeit) to be sparing; **mit etw ~** to be
mean etc with sth **Geizhals** M miser **geizig**
ADJ mean (bes Br), stingy (umg) **Geizkragen** M
(umg) skinflint

Gejammer N moaning (and groaning)
Gejohle N (umg) hooting, howling
Gekicher N giggling; (spöttisch) sniggering,
snickering
Gekläff N yapping (a. fig pej)
Geklapper N clatter(ing)
Geklimper N (auf dem Klavier) tinkling
Geklirr N clinking; (von Fensterscheiben) rattling
geknickt ADJ (umg) dejected; → knicken
gekonnt A ADJ masterly B ADV in a masterly
fashion; → können
gekränkt ADJ hurt, offended; **sie war sehr ~**
she was very hurt; → kränken
Gekritzel N scribbling, scrawling
gekühlt A ADJ Getränke chilled B ADV **etw ~ ser-
vieren** to serve sth chilled; → kühlen
gekünstelt A ADJ artificial B ADV affectedly;
er spricht sehr ~ his speech is very affected
Gel N gel
Gelaber N (umg) jabbering (umg), prattling (umg)
Gelächter N laughter; **in ~ ausbrechen** to
burst into laughter
geladen ADJ loaded; (PHYS, fig) Atmosphäre
charged; (umg ≈ wütend) (hopping (umg)) mad;
mit Spannung ~ charged with tension; → la-
den
Gelage N feast, banquet; (≈ Zechgelage) carouse
gelagert ADJ **ähnlich ~** similar; **in anders ~en
Fällen** in different cases; **anders ~ sein** to be

different; → lagern
gelähmt ADJ paralysed; **er ist an beiden Bei-
nen ~** he is paralysed in both legs; **vor Angst
wie ~ sein** to be petrified; → lähmen
Gelände N **1** (≈ Land) open country; (MIL ≈ Ter-
rain) ground; **offenes ~** open country; **schwie-
riges ~** difficult terrain **2** (≈ Gebiet) area **3** (≈
Schulgelände etc) grounds pl; (≈ Baugelände) site **Ge-
ländefahrzeug** N cross-country vehicle
geländegängig ADJ Fahrzeug suitable for
cross-country driving
Geländer N railing(s pl); (≈ Treppengeländer) ban-
ister(s pl)
Geländewagen M cross-country vehicle
gelangen VI **an/auf etw** (akk)/**zu etw ~** to
reach sth; (≈ erwerben) to acquire sth; **zum Ziel
~** to reach one's goal; **in die falschen Hände
~** to fall into the wrong hands; **zu Ruhm ~** to
acquire fame; **an die Macht ~** to come to
power
gelangweilt A ADJ bored B ADV **die Zuschau-
er saßen ~ da** the audience sat there looking
bored; → langweilen
gelassen A ADJ calm B ADV calmly **Gelas-
senheit** F calmness
Gelatine F gelatine
geläufig ADJ (≈ üblich) common; (≈ vertraut) famil-
iar; **das ist mir nicht ~** I'm not familiar with
that
gelaunt ADJ **gut/schlecht ~** in a good/bad
mood; **wie ist er ~?** what sort of mood is
he in?

gelb ADJ yellow; (bei Verkehrsampel) amber; **Gelbe
Karte** FUSSB yellow card; **die Gelben Seiten**
the Yellow Pages® **Gelb** N yellow; (von Ver-
kehrsampel) amber; **die Ampel stand auf ~**
the lights were (at) amber **Gelbe(s)** N (vom
Ei) yolk; **das ist nicht gerade das ~ vom Ei**
(umg) it's not exactly brilliant **gelblich** ADJ yel-
lowish; Gesichtsfarbe sallow **Gelbsucht** F jaun-
dice **gelbsüchtig** ADJ jaundiced

Geld N **1** money; **bares ~** cash; **zu ~ machen**
to sell off; Aktien to cash in; **(mit etw) ~ ma-
chen** (umg) to make money (from sth); **um ~
spielen** to play for money; **im ~ schwimmen**
(umg) to be rolling in it (umg); **er hat ~ wie Heu**
(umg) he's got stacks of money (umg); **mit ~ um
sich werfen** (umg) to chuck one's money
around (umg); **sie/das ist nicht mit ~ zu bezah-
len** (umg) she/that is priceless **2 Gelder** PL (≈
Geldsummen) money; **öffentliche ~er** public
funds pl **Geldangelegenheit** F financial
matter **Geldanlage** F (financial) investment
Geldautomat M cash machine, ATM
Geldbetrag M amount or sum (of money)
Geldbeutel M purse (Br), wallet (US) **Geld-**

börse F wallet, billfold (US); (für Münzen) purse (Br), wallet (US) (❗ Im amerikanischen Englisch bedeutet **purse** die Handtasche.) **Geldbuße** F JUR fine; **eine hohe ~** a heavy fine **Geldeinwurf** M (≈ Schlitz) slot **Geldentwertung** F (≈ Inflation) currency depreciation; (≈ Abwertung) currency devaluation **Geldgeber(in)** M(F) financial backer; (bes RADIO, TV) sponsor **Geldgeschäft** N financial transaction **Geldgeschenk** N gift of money **Geldgier** F avarice **geldgierig** ADJ avaricious **Geldhahn** M **jdm den ~ zudrehen** to cut off sb's money supply **Geldinstitut** N financial institution **Geldmangel** M lack of money **Geldmarkt** M money market **Geldmenge** F money supply **Geldmittel** PL funds pl **Geldnot** F (≈ Geldmangel) lack of money; (≈ Geldschwierigkeiten) financial difficulties pl **Geldpolitik** F financial policy **Geldprämie** F **1** bonus **2** (≈ Belohnung) reward **Geldquelle** F source of income **Geldschein** M banknote (bes Br), bill (US) **Geldschrank** M safe **Geldschwierigkeiten** PL financial difficulties pl; **er hat ~** he's in financial difficulty od difficulties **Geldsorgen** PL financial od money worries pl **Geldspende** F donation **Geldspielautomat** M slot machine **Geldstrafe** F fine; **jdn zu einer ~ verurteilen** to fine sb **Geldstück** N coin **Geldumtausch** M currency exchange **Geldverlegenheit** F financial embarrassment (❗ kein pl); **in ~ sein** to be short of money **Geldverschwendung** F waste of money **Geldwaschanlage** F money-laundering outfit **Geldwäsche** F money laundering **Geldwechsel** M exchange of money; „**Geldwechsel**" "bureau de change" (Br), "exchange counter" (US)

Gelee M od N jelly
gelegen **A** ADJ **1** (≈ befindlich) Haus, Ort situated; → liegen **2** (≈ passend) opportune; **zu ~er Zeit** at a convenient time **3** (≈ wichtig) **mir ist viel daran ~** it matters a great deal to me **B** ADV **es kommt mir sehr ~** it comes just at the right time **Gelegenheit** F **1** opportunity; **bei passender ~** when the opportunity arises; **bei der ersten (besten) ~** at the first opportunity **2** (≈ Anlass) occasion; **bei dieser ~** on this occasion **Gelegenheitsarbeit** F casual work (❗ kein pl) **Gelegenheitsarbeiter(in)** M(F) casual labourer (Br) od laborer (US) **Gelegenheitsjob** M casual job **Gelegenheitskauf** M bargain **gelegentlich** **A** ADJ occasional **B** ADV (≈ manchmal) occasionally; (≈ bei Gelegenheit) some time (or other)
gelehrig ADJ quick and eager to learn **ge-**

lehrt ADJ Mensch learned, erudite; → lehren **Gelehrte(r)** M(F(M)) scholar
Geleise N (geh, österr) = Gleis
Geleit N MIL, SCHIFF escort; **freies** od **sicheres ~** safe-conduct; **jdm das ~ geben** to escort sb **Geleitschutz** M escort
Gelenk N joint; (≈ Kettengelenk) link **Gelenkbus** M articulated bus **Gelenkentzündung** F arthritis **gelenkig** ADJ agile; (≈ geschmeidig) supple **Gelenkigkeit** F agility; (≈ Geschmeidigkeit) suppleness
gelernt ADJ trained; Arbeiter skilled; → lernen
geliebt ADJ dear; → lieben **Geliebte** F sweetheart; (≈ Mätresse) mistress **Geliebte(r)** M sweetheart; (≈ Liebhaber) lover
geliefert ADJ **~ sein** (umg) to have had it (umg); **jetzt sind wir ~** that's the end (umg); → liefern
gelieren V/I to gel **Geliermittel** N gelling agent **Gelierzucker** M preserving sugar
gelinde ADV **~ gesagt** to put it mildly
gelingen V/I (≈ glücken) to succeed; (≈ erfolgreich sein) to be successful; **es gelang ihm, das zu tun** he succeeded in doing it; **es gelang ihm nicht, das zu tun** he failed to do it; **das Bild ist ihr gut gelungen** her picture turned out well; → gelungen **Gelingen** N (≈ Glück) success
gellend ADJ piercing
geloben V/T (geh) to vow; **das Gelobte Land** BIBEL the Promised Land **Gelöbnis** N (geh) vow; **ein ~ ablegen** to take a vow
gelt INT (südd, österr) right
gelten **A** V/I **1** (≈ gültig sein) to be valid; (Gesetz) to be in force; **die Wette gilt!** the bet's on!; **was ich sage, gilt!** what I say goes!; **das gilt nicht!** that doesn't count!; (≈ ist nicht erlaubt) that's not allowed! **2** (+dat ≈ bestimmt sein für) to be meant for **3** (≈ zutreffen) **das Gleiche gilt auch für ihn** the same goes for him too **4** **~ als** (selten) to be regarded as; **es gilt als sicher, dass ...** it seems certain that ...; **~ lassen** to accept; **das lasse ich ~!** I accept that! **B** V/T UNPERS & V/I UNPERS (geh) **es gilt, ... zu ...** it is necessary to ... **C** V/T (≈ wert sein) to be worth **geltend** ADJ Preise, Tarife current; Gesetz in force; Meinung etc prevailing; **~ machen** (form) to assert; **~es Recht sein** to be the law of the land **Geltung** F (≈ Gültigkeit) validity; (≈ Wert) value, worth; (≈ Einfluss) influence; (≈ Ansehen) prestige; **an ~ verlieren** to lose prestige; **einer Sache** (dat) **~ verschaffen** to enforce sth; **zur ~ kommen** to show to advantage; (durch Kontrast) to be set off **Geltungsdauer** F (einer Fahrkarte etc) period of validity
Gelübde N vow
gelungen ADJ **1** (≈ geglückt) successful **2** (umg ≈**

GELÜ 946

drollig) priceless *(umg)*; → gelingen
Gelüst N̄ desire; *(≈ Sucht)* craving *(auf +akk, nach* for)
gemächlich A ADJ leisurely; *Mensch* unhurried B ADV leisurely
gemacht ADJ made; **für etw ~ sein** to be made for sth; **ein ~er Mann sein** to be made; → machen
gemahlen ADJ *Kaffee* ground; → mahlen
Gemälde N̄ painting **Gemäldegalerie** F̄ picture gallery (❗ Vorsicht, zwei „l")
gemäß A PRÄP *+dat* in accordance with; **~ § 209** under § 209 B ADJ appropriate *(+dat* to)
gemäßigt ADJ moderate; *Klima* temperate; → mäßigen
Gemäuer N̄ *(geh)* walls *pl*; *(≈ Ruine)* ruins *pl*
Gemecker N̄, **Gemeckere** N̄ 1 *(von Ziegen)* bleating 2 *(≈ Lachen)* cackling 3 *(umg ≈ Nörgelei)* moaning, whinge *(Br umg)*
gemein A ADJ 1 *(≈ gemeinsam)* **etw ~ mit jdm/ etw haben** to have sth in common with sb/sth; **nichts mit jdm ~ haben wollen** to want nothing to do with sb; **das ist beiden ~** it is common to both of them 2 *(≈ üblich)* common; **das ~e Volk** the common people 3 *(≈ niederträchtig)* mean; *Lüge* contemptible; **das war ~ von dir!** that was mean of you B ADV *behandeln* meanly; *betrügen* despicably
Gemeinde F̄ 1 *(≈ Kommune)* municipality; *(≈ Gemeindebewohner)* community 2 *(≈ Pfarrgemeinde)* parish; *(beim Gottesdienst)* congregation
Gemeinderat¹ M̄ local council
Gemeinderat² M̄, **Gemeinderätin** F̄ local councillor *(Br)*, councilman/woman *(US)* **Gemeindewahl** F̄ local election
gemeingefährlich ADJ dangerous to the public; **ein ~er Verbrecher** a dangerous criminal **Gemeingut** N̄ common property
Gemeinheit F̄ 1 *(≈ Niedertracht)* nastiness 2 *(≈ Tat)* dirty trick; **das war eine ~** *(≈ Bemerkung)* that was a mean thing to say
gemeinhin ADV generally **Gemeinkosten** PL overheads *pl* **gemeinnützig** ADJ of benefit to the public *präd*; *(≈ wohltätig)* charitable **Gemeinplatz** M̄ commonplace **gemeinsam** A ADJ common; *Konto, Nutzung* joint; *Freund* mutual; **sie haben vieles ~** they have a great deal in common; **der Gemeinsame Markt** the Common Market; **mit jdm ~e Sache machen** to make common cause with sb **B** ADV together; **etw ~ haben** to have sth in common **Gemeinsamkeit** F̄ *(≈ gemeinsame Interessen etc)* common ground (❗ kein *pl*) **Gemeinschaft** F̄ community; *(≈ Gruppe)* group; **in ~ mit** jointly *od* together with; **~ Unabhängiger Staaten** Commonwealth of Independent

States **gemeinschaftlich** ADJ = gemeinsam **Gemeinschaftsantenne** F̄ block *od* party aerial *(Br) od* antenna *(bes US)* **Gemeinschaftsarbeit** F̄ teamwork **Gemeinschaftskunde** F̄ social studies *pl* **Gemeinschaftspraxis** F̄ joint practice **Gemeinschaftsproduktion** F̄ RADIO, TV, FILM co-production **Gemeinschaftswährung** F̄ common *od* single currency; *(in EU)* single European currency **Gemeinsinn** M̄ public spirit **Gemeinwesen** N̄ community; *(≈ Staat)* polity **Gemeinwohl** N̄ public welfare; **das dient dem ~** it is in the public interest
Gemenge N̄ *(≈ Gewühl)* bustle
Gemetzel N̄ bloodbath
Gemisch N̄ mixture *(aus* of) **gemischt** ADJ mixed; **mit ~en Gefühlen** with mixed feelings; **~es Doppel** SPORT mixed doubles *pl*; → mischen
Gemse F̄ → Gämse
Gemurmel N̄ murmuring
Gemüse N̄ vegetables *pl*; **ein ~** a vegetable **Gemüse(an)bau** M̄ vegetable-growing **Gemüsebanane** F̄ plantain **Gemüsebeilage** F̄ vegetables *pl* **Gemüsebrühe** F̄ vegetable broth; *(≈ Brühwürfel)* vegetable stock **Gemüseeintopf** M̄ vegetable stew **Gemüsegarten** M̄ vegetable *od* kitchen garden **Gemüsehändler(in)** M̄F̄ greengrocer *(bes Br)*, vegetable seller *(US)* **Gemüseladen** M̄ greengrocer's *(bes Br)*, vegetable store *(US)*; **im ~** at the greengrocer's *(bes Br) od* vegetable store *(US)* **Gemüsesuppe** F̄ vegetable soup **Gemüsezwiebel** F̄ Spanish onion
gemustert ADJ patterned; → mustern
Gemüt N̄ *(≈ Geist)* mind; *(≈ Charakter)* nature, disposition; *(≈ Seele)* soul; *(≈ Gefühl)* feeling; **sich** *(dat)* **etw zu ~e führen** *(hum umg) Glas Wein, Speise, Buch etc* to indulge in sth **gemütlich** A ADJ 1 *(≈ behaglich)* comfortable; *(≈ freundlich)* friendly (❗ kein Adverb); *(≈ zwanglos)* informal; *Beisammensein etc* cosy *(Br)*, cozy *(US)*; **wir verbrachten einen ~en Abend** we spent a very pleasant evening 2 *Mensch* pleasant; *(≈ gelassen)* easy-going (❗ kein Adverb) 3 *(≈ gemächlich)* leisurely B ADV 1 *(≈ behaglich)* leisurely; *einrichten* comfortably; **es sich ~ machen** to make oneself comfortable 2 *(≈ gemächlich)* leisurely **Gemütlichkeit** F̄ 1 *(≈ Behaglichkeit)* comfort; *(≈ Freundlichkeit)* friendliness; *(≈ Zwanglosigkeit)* informality; *(≈ Intimität)* cosiness *(Br)*, coziness *(US)* 2 *(von Mensch)* pleasantness; *(≈ Gelassenheit)* easy-going nature 3 *(≈ Gemächlichkeit)* leisureliness; **in aller ~** at one's leisure **Gemütsart** F̄ disposition, nature **Gemütsbewegung** F̄ emotion **gemütskrank** ADJ emotionally disturbed **Ge-**

G

mütskrankheit F emotional disorder **Gemütslage** F mood; **je nach ~** as the mood takes me/him *etc* **Gemütsmensch** M good-natured, phlegmatic person **Gemütsruhe** F calmness; **in aller ~** (*umg*) (as) cool as a cucumber (*umg*); (≈ *gemächlich*) at a leisurely pace; (≈ *aufreizend langsam*) as if there were all the time in the world **Gemütszustand** M frame *od* state of mind

Gen N gene **Gen-** genetic; (≈ *genmanipuliert*) genetically modified *od* engineered

genau A ADJ exact; **Genaueres** further details *pl*; **man weiß nichts Genaues über ihn** no-one knows anything definite about him B ADV **~!** (*umg*) exactly!, precisely!; **~ dasselbe** just *od* exactly the same; **~ in der Mitte** right in the middle; **etw ~ wissen** to know sth for certain; **etw ~ nehmen** to take sth seriously; **~ genommen** strictly speaking; **er nimmt es sehr ~** he's very particular (*mit etw* about sth); **~estens, aufs Genaueste** (right) down to the last (little) detail; **~ entgegengesetzt** diametrically opposed **Genauigkeit** F (≈ *Exaktheit*) exactness; (≈ *Richtigkeit*) accuracy; (≈ *Präzision*) precision; (≈ *Sorgfalt*) meticulousness **genauso** ADV (*vor Adjektiv*) just as; (*alleinstehend*) just *od* exactly the same

Genbank F gene bank
Gendatei F DNA profile
genehm ADJ (*geh*) acceptable **genehmigen** VT to approve; (≈ *erlauben*) to sanction; *Aufenthalt* to authorize; (≈ *zugestehen*) to grant; **sich** (*dat*) **etw ~** to indulge in sth **Genehmigung** F (≈ *Erlaubnis*) approval; (≈ *Lizenz*) licence (*Brit*), license (*US*); (≈ *Berechtigungsschein*) permit; **mit freundlicher ~ von** by kind permission of
geneigt ADJ (*geh*) *Publikum* willing; **~ sein, etw zu tun** to be inclined to do sth; → neigen
General(in) MF general **Generalamnestie** F general amnesty **Generaldirektor(in)** MF chairman/-woman, president (*US*), CEO **Generalkonsulat** N consulate general **Generalprobe** F (THEAT, *fig*) dress rehearsal; MUS final rehearsal **Generalsekretär(in)** MF secretary-general **Generalstab** M general staff **generalstabsmäßig** ADV *planen* with military precision **Generalstreik** M general strike **generalüberholen** VT **etw ~** to give sth a general overhaul **Generalvertretung** F sole agency **Generation** F generation **Generationenvertrag** M WIRTSCH *system whereby old people receive a pension from contributions being made by current working population* **Generationskonflikt** M generation gap **Generationsproblem** N generation gap

Generator M generator
generell A ADJ general B ADV in general; (≈ *normalerweise*) normally
generieren VT to generate
Genesung F convalescence
Genetik F genetics *sg* **Genetiker(in)** MF geneticist **genetisch** A ADJ genetic; *Vater* biological B ADV genetically
Genf N Geneva **Genfer** ADJ Genevan; **der ~ See** Lake Geneva (❗ ohne **the**); **~ Konvention** Geneva Convention
Genfood N GM foods *pl* **Genforscher(in)** MF genetic researcher **Genforschung** F genetic research (❗ ohne **the**)
genial ADJ brilliant; (≈ *erfinderisch*) ingenious; **ein ~es Werk** a work of genius; **das war eine ~e Idee** that idea was a stroke of genius **Genialität** F genius; (*von Idee, Lösung etc*) brilliance; (≈ *Erfindungsreichtum*) ingenuity
Genick N neck; **sich** (*dat*) **das ~ brechen** to break one's neck; (*fig*) to kill oneself **Genickschuss** M shot in the neck
Genie N genius
genieren A VR to be embarrassed; **~ Sie sich nicht!** don't be shy!; **ich geniere mich, das zu sagen** I don't like to say it B VT *jdn* **~** (≈ *peinlich berühren*) to embarrass sb; **das geniert mich wenig!** that doesn't bother me
genießbar ADJ (≈ *essbar*) edible; (≈ *trinkbar*) drinkable **genießen** VT 1 (≈ *sich erfreuen an*) to enjoy; **er ist heute nicht zu ~** (*umg*) he is unbearable today 2 (≈ *essen*) to eat; (≈ *trinken*) to drink; **kaum zu ~** scarcely edible **Genießer(in)** MF connoisseur; (≈ *Feinschmecker*) gourmet
Genitalbereich M genital area **Genitalien** PL genitals *pl*, genitalia *pl* (*form*)
Genitiv M genitive; **im ~** in the genitive

> ▶ **der Genitiv**

Bei Menschen und Tieren steht meist der **s**-Genitiv, bei Dingen meist der **of**-Genitiv:

Norahs 18. Geburtstag war der schönste Tag ihres Lebens.	Norah's 18th birthday was the best day of her life.

Aber z. B. auch:

die Zeitung von heute	today's newspaper

GRAMMATIK ◀

Genmais M GM maize **Genmanipulation** F genetic manipulation **genmanipuliert** ADJ genetically engineered *od* modified
Genom N genome
Genosse M, **Genossin** F comrade; (*pej* ≈ *Kumpan*) pal (*umg*) **Genossenschaft** F coopera-

G

tive genossenschaftlich ADJ cooperative
genötigt ADJ **sich ~ sehen, etw zu tun** to feel
(oneself) obliged to do sth
Genozid M̅ *od* N̅ (geh) genocide
Genre N̅ genre
Gentechnik F̅ genetic engineering (❗ ohne
the) **gentechnikfrei** ADJ *Lebensmittel etc* GM-
-free **gentechnisch** A ADJ *Fortschritte etc* in ge-
netic engineering B ADV *manipulieren* genetical-
ly; *produzieren* by means of genetic engineering;
~ veränderte Organismen genetically ma-
nipulated organisms **Gentechnologie** F̅
genetic engineering (❗ ohne the) **Gentest**
M̅ DNA test (❗ Die deutsche **DNS** heißt auf
Englisch **DNA.**) **Gentherapie** F̅ gene ther-
apy
genug ADV enough; **~ davon** enough of that;
(von etw) ~ haben to have enough (of sth); (≈
einer Sache überdrüssig sein) to have had enough
(of sth) **Genüge** F̅ **zur ~** enough **genügen**
V/I 1 (≈ *ausreichen*) to be enough *od* sufficient (+dat
for); **das genügt (mir)** that's enough *od* suffi-
cient (for me) 2 (+dat) den Anforderungen to sat-
isfy; *jds Wünschen* to fulfil (Br), to fulfill (US) **ge-
nügend** A ADJ 1 (≈ *ausreichend*) enough, suffi-
cient 2 (≈ *befriedigend*) satisfactory B ADV (≈ *reich-
lich*) enough **genügsam** A ADJ undemanding
B ADV modestly **Genugtuung** F̅ satis-
faction (über +akk at); **ich hörte mit ~, dass
...** it gave me great satisfaction to hear that ...
Genus N̅ BIOL genus; GRAM gender
Genuss M̅ 1 (≈ *das Zusichnehmen*) consumption;
(*von Drogen*) use; (*von Tabak*) smoking; **nach dem
~ der Pilze** after eating the mushrooms 2 (≈
Vergnügen) pleasure; **etw mit ~ essen** to eat sth
with relish 3 (≈ *Nutznießung*) **in den ~ von etw
kommen** to enjoy sth; *von Rente etc* to be in re-
ceipt of sth **genüsslich** ADV with pleasure
Genussmittel N̅ *semi-luxury foods and to-
bacco*
Geodreieck® N̅ set square (Br), triangle (US)
geöffnet ADJ open; **wie lange haben Sie ~?**
what time do you close?; → **öffnen**
Geografie, Geographie F̅ geography
geografisch, geographisch ADJ geo-
graphic(al)
Geologe M̅, **Geologin** F̅ geologist **Geolo-
gie** F̅ geology **geologisch** ADJ geological
Geometrie F̅ geometry **geometrisch** ADJ
geometric
Geophysik F̅ geophysics sg
geopolitisch ADJ geopolitical
geordnet ADJ *Zustände* well-ordered; **in ~en
Verhältnissen leben** to live a well-ordered
life; → **ordnen**
Gepäck N̅ luggage (❗ kein pl) (Br), baggage

(❗ kein pl) **Gepäckabfertigung** F̅ (≈ *Vor-
gang*) (*am Bahnhof*) luggage *etc* processing; (*am
Flughafen*) checking-in of luggage *etc*; (≈ *Stelle*)
(*am Bahnhof*) luggage *etc* office; (*am Flughafen*) lug-
gage *etc* check-in **Gepäckannahme** F̅ (≈
Vorgang) checking-in of luggage (Br) *etc*; (a. **Ge-
päckannahmestelle**) (*am Bahnhof, zur Beför-
derung*) luggage (Br) *od* baggage office; (*zur Auf-
bewahrung*) left-luggage office (Br), baggage
checkroom (US); (*am Flughafen*) luggage *etc*
check-in **Gepäckaufbewahrung** F̅ (a.
Gepäckaufbewahrungsstelle) left-
-luggage office (Br), baggage checkroom (US)
Gepäckausgabe F̅ (a. **Gepäckausga-
bestelle**) (*am Bahnhof*) luggage *etc* office;
(*am Flughafen*) luggage *etc* reclaim **Gepäck-
kontrolle** F̅ luggage *etc* control *od* check
Gepäcknetz N̅ luggage *etc* rack **Gepäck-
schein** M̅ luggage *etc* ticket **Gepäckstück**
N̅ piece *od* item of luggage *etc* **Gepäckträ-
ger** M̅ (*am Fahrrad*) carrier **Gepäckträ-
ger(in)** M(F) porter (Br), baggage handler (Br)
od carrier **Gepäckwagen** M̅ luggage van
(Br), baggage car (US)
Gepard M̅ cheetah
gepfeffert ADJ (umg) (≈ *hoch*) *Preise* steep; (≈
schwierig) *Fragen* tough; (≈ *hart*) *Kritik* biting; →
pfeffern
gepflegt A ADJ 1 (≈ *nicht vernachlässigt*) well-
-looked-after *attr*, well looked after *präd*; *Äußeres*
well-groomed; → **pflegen** 2 (≈ *kultiviert*) civi-
lized; *Atmosphäre* sophisticated; *Sprache, Stil* cul-
tured; *Umgangsformen* refined; (≈ *angenehm*) *Abend*
pleasant 3 (≈ *erstklassig*) *Speisen, Weine* excellent B
ADV (≈ *kultiviert*) **sich ~ unterhalten** to have a
civilized conversation; **sehr ~ wohnen** to live in
style
Gepflogenheit F̅ (geh) (≈ *Gewohnheit*) habit; (≈
Verfahrensweise) practice; (≈ *Brauch*) custom, tradi-
tion
gepierced ADJ pierced; → **piercen**
Geplänkel N̅ skirmish; (fig) squabble
Geplapper N̅ babbling
Gepolter N̅ (≈ *Krach*) din; (*an Tür etc*) banging
gepunktet ADJ *Linie* dotted; *Stoff, Kleid* spotted;
→ **punkten**
gequält ADJ *Lächeln* forced; *Miene* pained; *Stimme*
strained; → **quälen**
Gequassel N̅ (pej umg) chattering
gerade A ADJ *Zahl* even; (≈ *aufrecht*) *Hal-
tung* upright B ADV 1 just; **wo Sie ~ da sind** just
while you're here; **er wollte ~ aufstehen** he
was just about to get up; **~ erst** only just; **~
noch** only just; **~ noch zur rechten Zeit** just
in time; **~ deshalb** that's just why; **das ist es ja
~!** that's just it! 2 (≈ *speziell*) especially; **~, weil**

... just because ...; **sie ist nicht ~ eine Schönheit** she's not exactly a beauty; **warum ~ das?** why that of all things?; **warum ~ heute?** why today of all days?; **warum ~ ich?** why me of all people? **Gerade** F 🔢 MATH straight line 🔢 (SPORT: *von Rennbahn*) straight; BOXEN straight left/right **geradeaus** ADV straight ahead **geradeheraus** ADV (*umg*) frankly; **~ gesagt** quite frankly **geradewegs** ADV **er ging ~ auf sie zu** he went straight up to her

gerädert ADJ (*umg*) **sich wie ~ fühlen** to be *od* feel (absolutely) whacked (*umg*)

geradestehen V/I **für jdn/etw ~** (*fig*) to be answerable for sb/sth **geradezu** ADV (≈ *beinahe*) virtually; (≈ *wirklich*) really; **das ist ja ~ lächerlich!** that is absolutely ridiculous! **geradlinig** ADJ straight; *Entwicklung etc* linear

gerammelt ADV **~ voll** (*umg*) chock-a-block (*umg*)

Gerangel N (≈ *Balgerei*) scrapping; (*fig* ≈ *zäher Kampf*) wrangling

Geranie F geranium

Gerät N piece of equipment; (≈ *Vorrichtung*) device; (≈ *Apparat*) gadget; (≈ *elektrisches Gerät*) appliance; (≈ *Radiogerät, Fernsehgerät, Telefon*) set; (≈ *Messgerät*) instrument; (≈ *Werkzeug*) tool; (≈ *Turngerät*) piece of apparatus

geraten V/I 🔢 **an jdn ~** to come across sb; **an etw** (*akk*) **~** to come by sth; **an den Richtigen/Falschen ~** to come to the right/wrong person; **in Bewegung ~** to begin to move; **ins Stocken ~** to come to a halt; **in Brand ~** to catch fire; **in Angst/Schwierigkeiten ~** to get scared/into difficulties; **aus der Form ~** to lose one's shape 🔢 (≈ *sich entwickeln*) to turn out; **ihm gerät einfach alles** everything he does turns out well; **nach jdm ~** to take after sb

Geräteschuppen M tool shed **Geräteturnen** N apparatus gymnastics (🚫 *kein pl*) **Geratewohl** N **aufs ~** on the off-chance; (*auswählen etc*) at random

geraum ADJ **vor ~er Zeit** some time ago; **seit ~er Zeit** for some time **geräumig** ADJ spacious, roomy

Geräusch N sound; (*bes unangenehm*) noise **geräuscharm** ADJ quiet **geräuschlos** A ADJ silent B ADV silently, without a sound **Geräuschpegel** M sound level **geräuschvoll** A ADJ (≈ *laut*) loud; (≈ *lärmend*) noisy B ADV (≈ *laut*) loudly; (≈ *lärmend*) noisily

gerben V/T to tan

Gerbera F BOT gerbera

gerecht A ADJ just; **~ gegen jdn sein** to be fair *od* just to sb; **jdm/einer Sache ~ werden** to do justice to sb/sth B ADV fairly; (≈ *rechtgemäß*) justly **gerechterweise** ADV to be fair **ge-**

rechtfertigt ADJ justified **Gerechtigkeit** F justice; (≈ *Unparteilichkeit*) fairness

Gerede N talk; (≈ *Klatsch*) gossip(ing); **ins ~ kommen** to get oneself talked about

geregelt ADJ regular; *Leben* well-ordered; → **regeln**

gereizt ADJ (≈ *verärgert*) irritated; (≈ *reizbar*) irritable, touchy; (≈ *nervös*) edgy; → **reizen Gereiztheit** F (≈ *Verärgertheit*) irritation; (≈ *Reizbarkeit*) irritability, touchiness; (≈ *Nervosität*) edginess

Geriatrie F geriatrics *sg*

Gericht[1] N (≈ *Speise*) dish

Gericht[2] N 🔢 (≈ *Behörde*) court (of justice); (≈ *Gebäude*) court(house), law courts *pl*; (≈ *die Richter*) court, bench; **vor ~ aussagen** to testify in court; **vor ~ stehen** to stand trial; **mit etw vor ~ gehen** to take legal action about sth 🔢 **das Jüngste ~** the Last Judgement; **mit jdm (scharf) ins ~ gehen** (*fig*) to judge sb harshly **gerichtlich** A ADJ judicial; **~e Schritte gegen jdn einleiten** to initiate legal proceedings against sb B ADV **~ gegen jdn vorgehen** to take legal action against sb; **~ angeordnet** ordered by the courts **Gerichtsbarkeit** F jurisdiction **Gerichtsbeschluss** M court decision **Gerichtshof** M court (of justice), law court; **Oberster ~** Supreme Court (of Justice) **Gerichtskosten** PL court costs *pl* **Gerichtsmedizin** F forensic medicine **Gerichtsmediziner(in)** M/F forensic doctor **Gerichtssaal** M courtroom **Gerichtsschreiber(in)** M/F clerk of the court (*Br*), registrar (*US*) **Gerichtsstand** M (*form*) court of jurisdiction **Gerichtsurteil** N verdict **Gerichtsverfahren** N court *od* legal proceedings *pl* **Gerichtsverhandlung** F trial; (*zivil*) hearing **Gerichtsvollzieher(in)** M/F bailiff **Gerichtsweg** M **auf dem ~** through the courts

gering A ADJ 🔢 (≈ *niedrig*) low; *Menge, Vorrat, Betrag, Entfernung* small; *Wert* little *attr*; (≈ *kurz*) *Zeit, Entfernung* short 🔢 (≈ *unerheblich*) slight; *Chance* slim; *Rolle* minor; **nicht das Geringste** nothing at all; **nicht im Geringsten** not in the least *od* slightest 🔢 (≈ *unzulänglich*) *Kenntnisse* poor B ADV (≈ *abschätzig*) **~ von jdm sprechen** to speak badly of sb **geringfügig** A ADJ (≈ *unwichtig*) insignificant; *Unterschied* slight; *Verletzung* minor; *Betrag* small; **~e Beschäftigung** part-time employment B ADV slightly **gering schätzen** V/T (≈ *verachten*) to think little of; *Erfolg, menschliches Leben* to place little value on; (≈ *missachten*) *Gefahr* to disregard **geringschätzig** A ADJ contemptuous B ADV contemptuously **Geringschätzung** F (≈ *Ablehnung*) disdain; (≈ *schlechte*

GERI | 950

Meinung) low opinion (für, +gen of)
gerinnen V̄Ī to coagulate; (Blut) to clot; (Milch) to curdle **Gerinnsel** N̄ (≈ Blutgerinnsel) clot **Gerinnung** F̄ coagulation
Gerippe N̄ skeleton
gerissen ADJ cunning; → reißen **Gerissenheit** F̄ cunning
Germ M̄ od F̄ (österr) baker's yeast
Germane M̄, **Germanin** F̄ Teuton **germanisch** ADJ Germanic **Germanist(in)** M̄/F̄ Germanist **Germanistik** F̄ German (studies pl)
Germknödel M̄ (südd, österr) jam-filled dumpling
gern, **gerne** ADV with pleasure; **(aber) ~!** of course!; **ja, ~!** (yes) please; **kommst du mit? — ja, ~** are you coming too? — oh yes, I'd like to; **~ geschehen!** you're welcome! (bes US), not at all!; **etw ~ tun** to like doing sth od to do sth (bes US); **etw ~ sehen** to like sth; **das wird nicht ~ gesehen** that's frowned (up)on; **ein ~ gesehener Gast** a welcome visitor; **das glaube ich ~** I can well believe it; **ich hätte** od **möchte ~ ...** I would like ...; **wie hätten Sies (denn) ~?** how would you like it?; → gernhaben **gernhaben** V̄Ī to like; **er kann mich mal ~!** (umg) he can go to hell! (umg)
Geröll N̄ detritus (🔴 kein pl); (im Gebirge) scree (🔴 kein pl); (größeres) boulders pl
Gerste F̄ barley **Gerstenkorn** N̄ ▯1 barleycorn ▯2 MED stye
Gerte F̄ switch **gertenschlank** ADJ slim and willowy
Geruch M̄ smell, odour (Br), odor (US) (nach of);

▶ **Gerüche**

neutral:	**smell**
angenehm:	**scent** [sent] (= Duft)
	fragrance ['freɪɡrəns] (= Duft)
	aroma (= Aroma, bes von Essen)
unangenehm:	**smell** (= schlechter Geruch)
	odour ['əʊdə] (= Geruch, Gestank)
	stink (= Gestank)
	stench [stenʃ] (= penetranter Gestank)
	umg **pong** (= Mief)

Mit **smell** verbindet man — wenn es nicht näher bezeichnet wird — einen neutralen oder auch unangenehmen Geruch. Er kann aber auch näher bestimmt werden:
pleasant / nice / lovely smell oder auch **horrible / nasty / bad smell**

WORTSCHATZ ◀

(unangenehm) stench (nach of); (≈ Duft) fragrance, perfume (nach of) **geruchlos** ADJ odourless (Br), odorless (US) **geruchsempfindlich** ADJ sensitive to smell **Geruchsnerv** M̄ olfactory nerve **Geruchssinn** M̄ sense of smell
Gerücht N̄ rumour (Br), rumor (US); **es geht das ~, dass ...** there's a rumo(u)r (going (a)round) that ...
gerührt ADJ touched, moved; **zu Tränen ~** moved to tears; → rühren
geruhsam A̱ ADJ peaceful; Spaziergang etc leisurely Ḇ ADV leisurely
Gerümpel N̄ junk
Gerundium N̄ gerund
Gerüst N̄ scaffolding (🔴 kein pl); (≈ Gestell) trestle; (fig ≈ Gerippe) framework (zu of)
gesalzen ADJ (fig umg) Preis steep
gesammelt ADJ Kraft collective; Werke collected; → sammeln
gesamt ADJ whole, entire; **die ~en Kosten** the total costs **Gesamtausgabe** F̄ complete edition **Gesamtbetrag** M̄ total (amount) **Gesamteindruck** M̄ general impression **Gesamtergebnis** N̄ overall result **Gesamtgewicht** N̄ total weight **Gesamtheit** F̄ totality; **die ~ der ...** all the ...; (≈ die Summe) the totality of ...; **die ~ (der Bevölkerung)** the population (as a whole) **Gesamthochschule** F̄ ≈ polytechnic (Br), ≈ college **Gesamtkosten** P̱Ḻ total costs pl **Gesamtnote** F̄ SCHULE overall mark (Br) od grade (US) **Gesamtschule** F̄ comprehensive school **Gesamtwerk** N̄ complete works pl **Gesamtwert** M̄ total value **Gesamtwertung** F̄ SPORT overall placings pl **Gesamtzahl** F̄ total number
Gesandte(r) M̄, **Gesandtin** F̄ envoy, legate **Gesandtschaft** F̄ legation
Gesang M̄ ▯1 (≈ Lied) song ▯2 (≈ das Singen) singing **Gesangbuch** N̄ KIRCHE hymnbook **Gesangsunterricht** M̄ singing lessons pl, singing classes pl
Gesäß N̄ seat, bottom **Gesäßbacke** F̄ buttock, cheek **Gesäßtasche** F̄ back pocket
Geschäft N̄ ▯1 (≈ Gewerbe, Handel) business (🔴 kein pl); (≈ Geschäftsabschluss) (business) deal od transaction; **~ ist ~** business is business; **wie geht das ~?** how's business?; **mit jdm ~e machen** to do business with sb; **ein gutes/schlechtes ~ machen** to make a good/ bad deal; **dabei hat er ein ~ gemacht** he made a profit by it ▯2 (≈ Firma) business; (≈ Laden) shop (Br), store (bes US) (🔴 Im amerikanischen Englisch wird mit **shop** ein kleines Geschäft, eine Abteilung im Kaufhaus oder ein Handwerksbetrieb bezeichnet.); (umg ≈ Büro) office;

951 ‖ GESC

im ~ at work, in the office; (≈ *im Laden*) in the shop **Geschäftemacher(in)** M̲F̲ (*pej*) profiteer **geschäftig** A̲D̲J̲ (≈ *betriebsam*) busy; **~es Treiben** hustle and bustle **Geschäftigkeit** F̲ busyness; (≈ *geschäftiges Treiben*) (hustle and) bustle **geschäftlich** A̲ A̲D̲J̲ business *attr* B̲ A̲D̲V̲ (≈ *in Geschäften*) on business; (≈ *wegen Geschäften*) because of business; **sie hat morgen ~ in Berlin zu tun** she has to be in Berlin on business tomorrow; **~ verreist** away on business **Geschäftsabschluss** M̲ business deal **Geschäftsaufgabe** F̲ **Räumungsverkauf wegen ~** closing-down sale **Geschäftsbedingungen** P̲L̲ terms *pl* of business **Geschäftsbereich** M̲ P A R L responsibilities *pl*; **Minister ohne ~** minister without portfolio **Geschäftsbericht** M̲ report; (*einer Gesellschaft*) company report **Geschäftsbeziehungen** P̲L̲ business connections *pl* (*zu* with) **Geschäftsbrief** M̲ business letter **Geschäftsessen** N̲ business lunch/dinner **Geschäftsfrau** F̲ businesswoman **Geschäftsfreund(in)** M̲F̲ business associate **geschäftsführend** A̲D̲J̲ executive; (≈ *stellvertretend*) acting **Geschäftsführer(in)** M̲F̲ (*von Laden*) manager/manageress; (*von Unternehmen*) managing director, CEO; (*von Verein*) secretary **Geschäftsführung** F̲ management **Geschäftsinhaber(in)** M̲F̲ owner (of a business); (*von Laden, Restaurant*) proprietor/proprietress **Geschäftsjahr** N̲ financial year **Geschäftskosten** P̲L̲ business expenses *pl*; **das geht alles auf ~** it's all on expenses **Geschäftslage** F̲ (≈ *Wirtschaftslage*) business situation **Geschäftsleitung** F̲ management **Geschäftsmann** M̲ businessman **geschäftsmäßig** A̲D̲J̲, A̲D̲V̲ businesslike **Geschäftsordnung** F̲ standing orders *pl*; **eine Frage zur ~** a question on a point of order **Geschäftspartner(in)** M̲F̲ business partner; (≈ *Geschäftsfreund*) business associate **Geschäftsräume** P̲L̲ business premises *pl* **Geschäftsreise** F̲ business trip; **auf ~ sein** to be on a business trip **geschäftsschädigend** A̲D̲J̲ bad for business **Geschäftsschädigung** F̲ conduct injurious to the interests of the company (❶ **conduct** ohne Artikel) (*form*) **Geschäftsschluss** M̲ close of business; (*von Läden*) closing time; **nach ~** out of office *od* working hours/after closing time **Geschäftssitz** M̲ place of business **Geschäftsstelle** F̲ offices *pl* **Geschäftsstraße** F̲ shopping street **Geschäftsstunden** P̲L̲ office *od* working hours *pl*; (*von Läden*) opening hours *pl* **geschäftstüchtig** A̲D̲J̲ business--minded **Geschäftsverbindung** F̲ business connection **Geschäftszeiten** P̲L̲ business hours *pl*; (*von Büros*) office hours *pl*

geschätzt A̲D̲J̲ **1** (*in etwa berechnet*) estimated **2** *Mensch* respected **3** *Freund* valued; → **schätzen**

geschehen V̲I̲ to happen (*jdm* to sb); **es wird ihm nichts ~** nothing will happen to him; **das geschieht ihm (ganz) recht** it serves him right; **er wusste nicht, wie ihm geschah** he didn't know what was going on; **was soll mit ihm/damit ~?** what is to be done with him/it?; **es muss etwas ~** something must be done **Geschehen** N̲ (*selten*) events *pl* **Geschehnis** N̲ (*geh*) event

gescheit A̲D̲J̲ clever; *Mensch, Idee* bright; (≈ *vernünftig*) sensible

Geschenk N̲ present, gift; **jdm ein ~ machen** to give sb a present; **jdm etw zum ~ machen** to give sb sth (as a present); **ein ~ seiner Mutter** a present from his mother **Geschenkartikel** M̲ gift **Geschenkgutschein** M̲ gift voucher **Geschenkpackung** F̲ gift pack *od* box **Geschenkpapier** N̲ wrapping paper; **etw in ~ einwickeln** to giftwrap sth

Geschichte F̲ **1** (≈ *Historie*) history (❶ ohne **the**); **~ machen** to make history **2** (≈ *Erzählung*) story; **~n erzählen** to tell stories **3** (*umg* ≈ *Sache*) affair, business (❶ kein *pl*); **die ganze ~** the whole business; **eine schöne ~!** (*iron*) a fine how-do-you-do! (*umg*) **geschichtlich** A̲ A̲D̲J̲ (≈ *historisch*) historical; (≈ *bedeutungsvoll*) historic **B** A̲D̲V̲ historically **Geschichtsbuch** N̲ history book **Geschichtskenntnis** F̲ knowledge of history (❶ kein *pl*) **Geschichtslehrer(in)** M̲F̲ history teacher **Geschichtsschreibung** F̲ historiography **geschichtsträchtig** A̲D̲J̲ *Ort, Stadt* steeped in history; *Ereignis* historic **Geschichtsunterricht** F̲ history lessons *pl*

Geschick¹ N̲ (*geh*) (≈ *Schicksal*) fate

Geschick² N̲ (≈ *Geschicklichkeit*) skill **Geschicklichkeit** F̲ skill, skilfulness (*Br*), skillfulness (*US*); (≈ *Beweglichkeit*) agility **geschickt** A̲ A̲D̲J̲ skilful (*Br*), skillful (*US*); (≈ *beweglich*) agile **B** A̲D̲V̲ (≈ *clever*) cleverly; **~ agieren** to be clever **Geschicktheit** F̲ = **Geschicklichkeit**

geschieden A̲D̲J̲ divorced; → **scheiden Geschiedene(r)** M̲/F̲(M̲) divorced man; (*Frau*) divorced woman

Geschirr N̲ **1** crockery (*Br*), tableware; (≈ *Küchengeschirr*) pots and pans *pl*, kitchenware; (≈ *Teller etc*) china; (*zu einer Mahlzeit benutzt*) dishes *pl*; **(das) ~ (ab)spülen** to wash up **2** (*von Zugtieren*) harness **Geschirrschrank** M̲ china cupboard (*Br*) *od* cabinet (*US*) **Geschirrspülen** N̲ washing-up **Geschirrspüler** M̲, **Geschirrspülmaschine** F̲ dishwasher **Ge-**

schirrspülmittel N washing-up liquid (Br), dishwashing liquid (US) **Geschirrtuch** N tea towel (Br), dishtowel (US)

Geschlecht N sex; GRAM gender; **das andere ~** the opposite sex **geschlechtlich** ADJ sexual **Geschlechtsakt** M sex(ual) act **Geschlechtsgenosse** M, **Geschlechtsgenossin** F person of the same sex; **jds ~n** those od people of the same sex as sb **Geschlechtshormon** N sex hormone **geschlechtskrank** ADJ suffering from a sexually transmitted disease **Geschlechtskrankheit** F sexually transmitted disease **geschlechtslos** ADJ asexual (a. BIOL), sexless **Geschlechtsmerkmal** N sex(ual) characteristic **Geschlechtsorgan** N sex(ual) organ **geschlechtsreif** ADJ sexually mature **Geschlechtsteil** N genitals pl **Geschlechtstrieb** M sex(ual) drive **Geschlechtsumwandlung** F sex change **Geschlechtsverkehr** M sexual intercourse **Geschlechtswort** N GRAM article **geschlossen** A ADJ closed; (≈ vereint) united, unified; **in sich** (dat) **~** self-contained; Systeme closed; **ein ~es Ganzes** a unified whole; **~e Gesellschaft** closed society; (≈ Fest) private party; → **schließen** B ADV **~ für etw sein/stimmen** to be/vote unanimously in favour (Br) od favor (US) of sth; **~ hinter jdm stehen** to stand solidly behind sb **Geschlossenheit** F unity

Geschmack M taste; (≈ Geschmackssinn) sense of taste; **je nach ~** to one's own taste; **an etw** (dat) **~ finden** to acquire a taste for sth; **auf den ~ kommen** to acquire a taste for it; **sie hat einen guten ~** (fig) she has good taste (🛑 ohne a); **für meinen ~** for my taste; **das ist nicht nach meinem ~** that's not to my taste; **über ~ lässt sich (nicht) streiten** (sprichw) there's no accounting for taste(s) (sprichw) **geschmacklich** ADJ as regards taste **geschmacklos** ADJ tasteless **Geschmacklosigkeit** F 1 tastelessness, lack of taste 2 (≈ Bemerkung) remark in bad taste; **das ist eine ~!** that is the most appalling bad taste! **Geschmacksfrage** F question of (good) taste **Geschmacksrichtung** F taste **Geschmackssache** F matter of taste; **das ist ~** it's (all) a matter of taste **Geschmackssinn** M sense of taste **Geschmacksverirrung** F **unter ~ leiden** (iron) to have no taste **Geschmacksverstärker** M CHEM, GASTR flavour (Br) od flavor (US) enhancer **geschmackvoll** A ADJ tasteful B ADV tastefully

geschmeidig ADJ Leder, Haut, Bewegung supple; Fell sleek; Handtuch, Haar soft

Geschnatter N (wörtl) cackle, cackling; (fig) jabber, jabbering

Geschöpf N (≈ Lebewesen) creature

Geschoss N, **Geschoß** (österr) N 1 (≈ Stockwerk) floor, storey (Br), story (US) 2 projectile (form); (≈ Rakete etc auch) missile

Geschrei N shouts pl, shouting; (von Babys, Popfans) screams pl, screaming; **viel ~ um etw machen** to make a big fuss about sth

Geschütz N gun; **schweres ~** heavy artillery **geschützt** ADJ Winkel, Ecke sheltered; Pflanze, Tier protected; → **schützen**

Geschwader N squadron

Geschwafel N (umg) waffle (Br umg), blather (umg)

Geschwätz N (pej) prattle; (≈ Klatsch) gossip **geschwätzig** ADJ garrulous; (≈ klatschsüchtig) gossipy **Geschwätzigkeit** F garrulousness; (≈ Klatschsucht) constant gossiping

geschweige KONJ **~ (denn)** let alone, never mind

Geschwindigkeit F speed; **mit einer ~ von ...** at a speed of ...; **mit höchster ~** at top speed **Geschwindigkeitsbegrenzung** F, **Geschwindigkeitsbeschränkung** F speed limit **Geschwindigkeitsrekord** M speed record **Geschwindigkeitsüberschreitung** F speeding

Geschwister PL brothers and sisters pl, siblings pl; **haben Sie noch ~?** do you have any brothers or sisters? **geschwisterlich** A ADJ brotherly/sisterly B ADV in a brotherly/sisterly way **Geschwisterpaar** N brother and sister pl

geschwollen (pej) A ADJ pompous B ADV pompously; → **schwellen**

Geschworenenbank F jury box; (≈ die Geschworenen) jury **Geschworenengericht** N = Schwurgericht **Geschworene(r)** M/F(M) juror; **die ~n** the jury (🛑 mit Verb im Singular oder Plural)

Geschwulst F growth

geschwungen ADJ curved; **~e Klammer** TYPO curly bracket; → **schwingen**

Geschwür N ulcer; (≈ Furunkel) boil

Geselchte(s) N (südd, österr) salted and smoked meat

Geselle M (≈ Handwerksgeselle) journeyman **gesellen** VR **sich zu jdm ~** to join sb **gesellig** ADJ sociable; Tier gregarious; **~es Beisammensein** social gathering **Geselligkeit** F sociability, conviviality; (von Tieren) gregariousness; **die ~ lieben** to be sociable **Gesellin** F (≈ Handwerksgesellin) journeyman

Gesellschaft F 1 SOZIOL society; **die ~ ver-**

ändern to change society **2** (≈ *Vereinigung*) society; HANDEL company; **~ mit beschränkter Haftung** limited liability company **3** (≈ *Abendgesellschaft*) party; **eine erlesene ~** a select group of people **4** (≈ *Begleitung*) company; **da befindest du dich in guter ~** then you're in good company; **jdm ~ leisten** to keep sb company **Gesellschafter(in)** M̲F̲ (HANDEL ≈ *Teilhaber*) shareholder; (≈ *Partner*) partner **gesellschaftlich** A̲D̲J̲ social **Gesellschaftsanzug** M̲ formal dress **gesellschaftsfähig** A̲D̲J̲ socially acceptable **Gesellschaftsform** F̲ social system **Gesellschaftsordnung** F̲ social system **gesellschaftspolitisch** A̲D̲J̲ sociopolitical **Gesellschaftsschicht** F̲ social stratum **Gesellschaftsspiel** N̲ party game **Gesellschaftssystem** N̲ social system

Gesetz N̲ law; (≈ *Gesetzbuch*) statute book; (PARL ≈ *Vorlage*) bill; (*nach Verabschiedung*) act; **nach dem ~** under the law (*über +akk* on); **vor dem ~** in (the eyes of the) law; **ein ungeschriebenes ~** an unwritten rule **Gesetzblatt** N̲ law gazette **Gesetzbuch** N̲ statute book **Gesetzentwurf** M̲ (draft) bill **Gesetzesänderung** F̲ change in the law **Gesetzesbrecher(in)** M̲F̲ law-breaker **Gesetzeskraft** F̲ force of law; **~ erlangen** to become law; **~ haben** to be law **Gesetzeslage** F̲ legal position **gesetzestreu** A̲D̲J̲ *Person* law-abiding **gesetzgebend** A̲D̲J̲ legislative; **die ~e Gewalt** the legislature **Gesetzgeber** M̲ legislative body **Gesetzgebung** F̲ legislation (🔴 kein pl) **gesetzlich** A̲ A̲D̲J̲ *Verpflichtung* legal; *Feiertag* statutory B̲ A̲D̲V̲ legally **gesetzlos** A̲D̲J̲ lawless **gesetzmäßig** A̲D̲J̲ (≈ *gesetzlich*) legal; (≈ *rechtmäßig*) lawful

gesetzt A̲ A̲D̲J̲ (≈ *reif*) sedate, sober; **ein Herr im ~en Alter** a man of mature years; → setzen B̲ K̲O̲N̲J̲ **~ den Fall, ...** assuming (that) ... **gesetzwidrig** A̲ A̲D̲J̲ illegal; (*unrechtmäßig*) unlawful B̲ A̲D̲V̲ illegally; (≈ *unrechtmäßig*) unlawfully

gesichert A̲D̲J̲ *Existenz* secure; *Fakten* definite; → sichern

Gesicht N̲ face; **ein trauriges/wütendes ~ machen** to look sad/angry; **ein langes ~ machen** to make a long face; **jdm ins ~ sehen** to look sb in the face; **den Tatsachen ins ~ sehen** to face facts; **jdm etw ins ~ sagen** to tell sb sth to his face; **sein wahres ~ zeigen** to show (oneself in) one's true colours (*Br*) *od* colors (*US*); **jdm wie aus dem ~ geschnitten sein** to be the spitting image of sb; **das ~ verlieren** to lose face; **das ~ wahren** to save face; **jdn/etw zu ~ bekommen** to set eyes on sb/sth

Gesichtsausdruck M̲ (facial) expression **Gesichtscreme** F̲ face cream **Gesichtsfarbe** F̲ complexion **Gesichtskontrolle** F̲ (*umg*) face check **Gesichtskreis** M̲ **1** (*obs*) (≈ *Umkreis*) field of vision; **jdn aus dem ~ verlieren** to lose sight of sb **2** (*fig*) horizons pl, outlook **Gesichtsmaske** F̲ face mask **Gesichtsmuskel** M̲ facial muscle **Gesichtspackung** F̲ face pack **Gesichtspunkt** M̲ (≈ *Betrachtungsweise*) point of view, standpoint; (≈ *Einzelheit*) point **Gesichtsverlust** M̲ loss of face **Gesichtszüge** P̲L̲ features pl

Gesindel N̲ (*pej*) riffraff pl

gesinnt A̲D̲J̲ **jdm freundlich/feindlich ~ sein** to be friendly/hostile to(wards) sb; **sozial ~ sein** to be socially minded **Gesinnung** F̲ (≈ *Charakter*) cast of mind; (≈ *Ansichten*) views pl, way of thinking; **eine liberale ~** liberal-mindedness; **seiner ~ treu bleiben** to remain loyal to one's basic convictions **Gesinnungsgenosse** M̲, **Gesinnungsgenossin** F̲ like-minded person **gesinnungslos** A̲D̲J̲ (*pej*) unprincipled **Gesinnungswandel** M̲, **Gesinnungswechsel** M̲ conversion

gesittet A̲D̲J̲ **1** (≈ *wohlerzogen*) well-mannered **2** (≈ *kultiviert*) civilized

Gesöff N̲ (*umg*) muck (*umg*)

gesondert A̲ A̲D̲J̲ separate B̲ A̲D̲V̲ separately

gesonnen A̲D̲J̲ **~ sein, etw zu tun** to be of a mind to do sth; → sinnen

gespalten A̲D̲J̲ *Bewusstsein* split; *Zunge* forked; *Gesellschaft* divided; **die Meinungen sind ~** opinions are divided; → spalten

Gespann N̲ **1** (≈ *Zugtiere*) team **2** (≈ *Pferdegespann*) horse and cart; **ein gutes ~ abgeben** to make a good team **gespannt** A̲ A̲D̲J̲ **1** *Seil* taut **2** (*fig*) tense; (≈ *neugierig*) curious; **ich bin ~, wie er darauf reagiert** I wonder how he'll react to that; **da bin ich aber ~!** I'm looking forward to that; (*iron*) (oh really?) that I'd like to see! B̲ A̲D̲V̲ intently; **~ zuhören/zusehen** to be engrossed with what's going on; → spannen **Gespanntheit** F̲ tension; (≈ *Neugierde*) eager anticipation

Gespenst N̲ ghost; (*fig* ≈ *Gefahr*) spectre (*Br*), specter (*US*) **Gespenstergeschichte** F̲ ghost story **gespensterhaft** A̲D̲J̲ ghostly (🔴 kein Adverb); (*fig*) eerie, eery; **es war ~ still** it was eerily quiet **gespenstisch** A̲D̲J̲, A̲D̲V̲ **1** = gespensterhaft **2** (*fig* ≈ *bizarr, unheimlich*) eerie, eery

gesperrt A̲D̲J̲ **1** closed; **für den Verkehr ~** closed to traffic (🔴 ohne the) **2** **einige Wörter sind ~ gedruckt** some of the words are spaced (out); → sperren

gespielt A̲D̲J̲ feigned; → spielen

Gespött N̄ mockery; (≈ *Gegenstand des Spotts*) laughing stock; **zum ~ werden** to become a laughing stock

Gespräch N̄ **1** (≈ *Unterhaltung*) conversation; (≈ *Diskussion*) discussion; (≈ *Dialog*) dialogue (*Br*), dialog (*US*); **~e** POL talks; **das ~ auf etw** (*akk*) **bringen** to steer the conversation *etc* (a)round to sth; **im ~ sein** to be being talked about; **mit jdm ins ~ kommen** to get into conversation with sb; (*fig*) to establish a dialogue (*Br*) *od* dialog (*US*) with sb **2** (TEL ≈ *Anruf*) (telephone) call; **ein ~ für dich** a call for you **gesprächig** ADJ talkative; (≈ *mitteilsam*) communicative **gesprächsbereit** ADJ *bes* POL ready to talk **Gesprächsbereitschaft** F̄ *bes* POL readiness to talk **Gesprächsgegenstand** M̄ topic **Gesprächsguthaben** N̄ (TEL: *von Prepaidhandy*) credit minutes *pl* **Gesprächspartner(in)** M̄F̄ interlocutor (*form*); **mein ~ bei den Verhandlungen** my opposite number at the talks; **wer war dein ~?** who did you talk with? **Gesprächsrunde** F̄ discussion(s *pl*); POL round of talks **Gesprächsstoff** M̄ topics *pl* **gespreizt** ADJ (*fig*) affected; → spreizen **gesprenkelt** ADJ speckled

Gespür N̄ feel(ing)

Gestalt F̄ **1** form; **in ~ von** (*fig*) in the form of; **(feste) ~ annehmen** to take shape **2** (≈ *Wuchs*) build **3** (≈ *Person*) figure; (*pej* ≈ *Mensch*) character **gestalten** A V̄T̄ *Text, Wohnung* to lay out; *Programm, Abend* to arrange; *Freizeit* to organize; *Zukunft, Gesellschaft, Politik* to shape **B** V̄R̄ (≈ *werden*) to become; (≈ *sich entwickeln*) to turn (*zu* into); **sich schwierig ~** (*Verhandlungen etc*) to run into difficulties **gestalterisch** ADJ creative **Gestaltung** F̄ (≈ *das Gestalten*) shaping, forming (*zu* into); (*von Wohnung*) layout; (*von Abend, Programm*) arrangement; (*von Freizeit*) structuring

gestanden ADJ *Fachmann etc* experienced; **ein ~er Mann** a mature and experienced man; → stehen, gestehen **geständig** ADJ **~ sein** to have confessed **Geständnis** N̄ confession; **ein ~ ablegen** to make a confession; **jdm ein ~ machen** to make a confession to sb

Gestank M̄ stink

gestatten A V̄T̄ to allow; **jdm etw ~** to allow sb sth **B** V̄Ī **~ Sie, dass ich ...?** may I ...?, would you mind if I ...?; **wenn Sie ~ ...** with your permission ...

Geste F̄ gesture; **sich mit ~n verständigen** to communicate by gestures

Gesteck N̄ flower arrangement

gestehen V̄T̄&V̄Ī to confess (*jdm etw* sth to sb); **offen gestanden ...** to be frank ...

Gestein N̄ rock(s *pl*); (≈ *Schicht*) rock stratum **Gestell** N̄ stand; (≈ *Regal*) shelf; (≈ *Ablage*) rack; (≈ *Rahmen, Brillengestell*) frame; (*auf Böcken*) trestle

gestelzt ADJ stilted

gestern ADV yesterday; **ich habe ihn ~ getroffen** I met him yesterday (❗ Bei **yesterday** steht das „simple past".); **~ Abend** yesterday evening; (*spät*) last night; **die Zeitung von ~** yesterday's paper; **er ist nicht von ~** (*umg*) he wasn't born yesterday

Gestik F̄ gestures *pl* **gestikulieren** V̄Ī to gesticulate

gestimmt ADJ **froh ~** in a cheerful mood; → stimmen

Gestirn N̄ heavenly body

Gestöber N̄ (*leicht*) snow flurry; (*stark*) snowstorm

gestochen A ADJ *Handschrift* clear, neat **B** ADV **~ scharfe Fotos** needle-sharp photographs; → stechen

gestohlen ADJ **der/das kann mir ~ bleiben** (*umg*) he/it can go hang (*umg*); → stehlen

gestört ADJ disturbed; **geistig ~ sein** to be (mentally) disturbed; → stören

Gestotter N̄ stuttering, stammering

gestreift ADJ striped; → streifen

gestrichen A ADJ **ein ~er Teelöffel voll** a level teaspoon(ful) **B** ADV **~ voll** level; (≈ *sehr voll*) full to the brim; → streichen

gestrig ADJ yesterday's; **unser ~es Gespräch** our conversation (of) yesterday

Gestrüpp N̄ undergrowth; (*fig*) jungle

gestuft ADJ (≈ *in Stufen*) terraced; *Haarschnitt* layered; (*zeitlich*) staggered; → stufen

Gestüt N̄ stud

Gesuch N̄ petition (*auf +akk, um* for); (≈ *Antrag*) application (*auf +akk, um* for)

gesund A ADJ healthy; **wieder ~ werden** to get better; **Äpfel sind ~** apples are good for you; **bleib ~!** look after yourself **B** ADV **~ leben** to have a healthy lifestyle; **sich ~ ernähren** to have a healthy diet; **~ essen** to eat healthily; **jdn ~ pflegen** to nurse sb back to health **Gesundheit** F̄ health; (≈ *Zuträglichkeit*) healthiness; **bei guter ~** in good health; **~!** bless you; **auf Ihre ~!** your (very good) health **gesundheitlich** A ADJ **~e Schäden** damage to one's health; **sein ~er Zustand** (the state of) his health; **aus ~en Gründen** for health reasons **B** ADV **wie geht es Ihnen ~?** how is your health? **Gesundheitsamt** N̄ public health department **Gesundheitsapostel** M̄ (*iron*) health freak (*umg*) **gesundheitsbewusst** ADJ health-conscious **Gesundheitsfarm** F̄ health farm **gesundheitshalber** ADV for health reasons **Gesundheitsminister(in)** M̄F̄ health minister, Health Secretary (*Br*), Secretary of Health

(US) **Gesundheitspolitik** F̲ health policy **Gesundheitsreform** F̲ reform of the health-care system **gesundheitsschädlich** A̲D̲J̲ unhealthy **Gesundheitswesen** N̲ health service **Gesundheitszeugnis** N̲ certificate of health **Gesundheitszustand** M̲ state of health **gesundschreiben** V̲T̲ jdn ~ to certify sb (as) fit **gesundschrumpfen** A V̲T̲ (fig) to streamline B V̲R̲ to be streamlined **gesundstoßen** V̲R̲ (sl) to line one's pockets (umg) **Gesundung** F̲ recovery; (≈ Genesung) convalescence, recuperation

> ### Gesundheit!
>
> **Bless you!** steht für **God bless you!** und bedeutet wörtlich „Gott segne dich/Sie!". Es entspricht dem deutschen „Gesundheit!". Man antwortet mit **thank you** oder bedankt sich mit einem Lächeln.
>
> SPRACHGEBRAUCH

getan A̲D̲J̲ nach ~er **Arbeit** when the day's work is done; → tun
getigert A̲D̲J̲ (mit Streifen) striped; ~e **Katze** tabby (cat)
getönt A̲D̲J̲ Glas, Brille tinted; → tönen²
Getöse N̲ din; (von Auto, Beifall etc) roar
Getränk N̲ drink **Getränkeautomat** M̲ drinks (Br) od beverage (US) machine **Getränkekarte** F̲ (in Café) list of beverages; (in Restaurant) wine list **Getränkemarkt** M̲ drinks cash-and-carry (Br), beverage store (US)
getrauen V̲R̲ to dare; **getraust du dich das?** (umg) do you dare do that?
Getreide N̲ grain **Getreide(an)bau** M̲ cultivation of grain od cereals **Getreideflocke** F̲ cereal **Getreidesilo** N̲ od M̲, **Getreidespeicher** M̲ silo
getrennt A A̲D̲J̲ separate B A̲D̲V̲ ~ **wohnen** not to live together; ~ **leben** to live apart; → trennen
getreu A A̲D̲J̲ (≈ entsprechend) faithful, true B P̲R̲Ä̲P̲ +dat true to
Getriebe N̲ ❶ TECH gears pl; (≈ Getriebekasten) gearbox ❷ (≈ lebhaftes Treiben) bustle **Getriebeschaden** M̲ gearbox trouble (⚠ ohne a)
getrost A̲D̲V̲ confidently; **du kannst dich ~ auf ihn verlassen** you need have no fears about relying on him
getrübt A̲D̲J̲ **ein ~es Verhältnis zu jdm haben** to have an unhappy relationship with sb; → trüben
Getto N̲ ghetto **Gettoblaster** M̲ (umg) ghetto blaster (umg), boom box (bes US umg)

Getue N̲ (pej) to-do (umg)
Getümmel N̲ tumult; **sich ins ~ stürzen** to enter the fray
geübt A̲D̲J̲ Auge, Ohr practised (Br), practiced (US); Fahrer etc proficient; ~ **sein** to be experienced; → üben
Gewächs N̲ ❶ (≈ Pflanze) plant ❷ MED growth
gewachsen A̲D̲J̲ ❶ (≈ von allein entstanden) evolved ❷ **jdm ~ sein** to be a match for sb; **einer Sache** (dat) ~ **sein** to be up to sth; → wachsen **Gewächshaus** N̲ greenhouse; (≈ Treibhaus) hothouse
gewagt A̲D̲J̲ ❶ (≈ kühn) daring; (≈ gefährlich) risky ❷ (≈ anzüglich) risqué; → wagen
gewählt A A̲D̲J̲ Sprache elegant B A̲D̲V̲ **sich ~ ausdrücken** to express oneself elegantly; → wählen
Gewähr F̲ guarantee; **keine ~ für etw bieten** to offer no guarantee for sth; **die Angabe erfolgt ohne ~** this information is supplied without liability; **für etw ~ leisten** to guarantee sth **gewähren** V̲T̲ to grant; Rabatt, Schutz to give; **jdn ~ lassen** (geh) not to stop sb **gewährleisten** V̲T̲ (≈ sicherstellen) to ensure (jdm etw sb sth); (≈ garantieren) to guarantee (jdm etw sb sth)
Gewahrsam M̲ ❶ (≈ Verwahrung) safekeeping; **etw in ~ nehmen** to take sth into safekeeping ❷ (≈ Haft) custody
Gewährung F̲ granting; (von Rabatt) giving; (von Schutz) affording
Gewalt F̲ ❶ (≈ Macht) power; **die gesetzgebende/richterliche ~** the legislature/judiciary; **elterliche ~** parental authority; **jdn/etw in seine ~ bringen** to bring sb/sth under one's control; **jdn in seiner ~ haben** to have sb in one's power; **in jds ~** (dat) **sein** od **stehen** to be in sb's power; **die ~ über etw** (akk) **verlieren** to lose control of sth ❷ (≈ Zwang, Heftigkeit) force; (≈ Gewalttätigkeit) violence; **die ~ an Schulen nimmt zu** violence in schools is on the increase (⚠ Wenn man von Gewalt im Allgemeinen spricht, steht im Englischen kein Artikel.); ~ **anwenden** to use force; **höhere ~** acts/an act of God; **mit ~** by force; **mit aller ~** (umg) for all one is worth **Gewaltakt** M̲ act of violence **Gewaltanwendung** F̲ use of force **gewaltbereit** A̲D̲J̲ ready to use violence **Gewaltbereitschaft** F̲ propensity for violence **Gewaltenteilung** F̲ separation of powers **gewaltfrei** A̲D̲J̲,A̲D̲V̲ = gewaltlos **Gewaltherrschaft** F̲ tyranny **gewaltig** A A̲D̲J̲ ❶ (≈ heftig) Sturm etc violent ❷ (≈ riesig) colossal; Anblick tremendous; Stimme powerful; Summe huge B A̲D̲V̲ (umg ≈ sehr) enormously; **sich ~ irren** to be very much mistaken **gewaltlos** A A̲D̲J̲

955 | GEWA

G

non-violent B ADV (≈ *ohne Gewaltanwendung*) without violence **Gewaltlosigkeit** F non-violence **gewaltsam** A ADJ forcible; *Tod* violent B ADV forcibly, by force **Gewalttat** F act of violence **Gewalttäter(in)** M/F(M) violent criminal **gewalttätig** ADJ violent **Gewalttätigkeit** F (≈ *Brutalität*) violence; (≈ *Handlung*) act of violence **Gewaltverbrechen** N crime of violence

Gewand N **1** (*geh* ≈ *Kleidungsstück*) garment; (*weites, langes*) robe, gown **2** (*österr* ≈ *Kleidung*) clothes *pl*

gewandt A ADJ skilful (*Br*), skillful (*US*); (*körperlich*) nimble; (≈ *geschickt*) deft; *Auftreten, Stil* elegant B ADV elegantly

Gewäsch N (*umg*) twaddle (*umg*)

Gewässer N stretch of water

Gewebe N (≈ *Stoff*) fabric, material; (≈ *Gewebeart*) weave; BIOL tissue; (*fig*) web **Gewebeprobe** F MED tissue sample

Gewehr N (≈ *Flinte*) rifle; (≈ *Schrotbüchse*) shotgun **Gewehrlauf** M (*von Flinte*) rifle barrel; (*von Schrotbüchse*) barrel of a shotgun

Geweih N antlers *pl*; **das ~** the antlers

Gewerbe N trade; **ein ~ ausüben** to practise (*Br*) *od* practice (*US*) a trade **Gewerbeaufsicht** F ≈ health and safety control **Gewerbebetrieb** M commercial enterprise **Gewerbegebiet** N industrial area; (*eigens angelegt*) trading estate (*bes Br*) **Gewerbeschein** M trading licence (*Br*) *od* license (*US*) **Gewerbesteuer** F trade tax **Gewerbetreibende(r)** M/F(M) trader **gewerblich** A ADJ commercial; *Genossenschaft* trade *attr*; (≈ *industriell*) industrial B ADV **~ genutzt** used for commercial purposes **gewerbsmäßig** A ADJ professional B ADV professionally, for gain

Gewerkschaft F (trade *od* trades *od* labor (*US*)) union **Gewerkschafter(in)** M/F(M) trade *od* labor (*US*) unionist **gewerkschaftlich** A ADJ (trade *od* labor (*US*)) union *attr* B ADV **~ organisierter Arbeiter** union member; **~ tätig sein** to be active in the union **Gewerkschaftsbund** M federation of trade *od* labor (*US*) unions, ≈ Trades Union Congress (*Br*), ≈ Federation of Labor (*US*) **Gewerkschaftsführer(in)** M/F(M) (trade *od* labor (*US*)) union leader

Gewicht N weight; **dieser Stein hat ein ~ von 100 kg** this rock weighs 100 kg; **spezifisches ~** specific gravity; **~ haben** (*wörtl*) to be heavy; (*fig*) to carry weight; **ins ~ fallen** to be crucial; **nicht ins ~ fallen** to be of no consequence; **auf etw** (*akk*) **~ legen** to set (great) store by sth **gewichten** V/T STATISTIK to weight; (*fig*) to evaluate **Gewichtheben** N SPORT weightlifting **Ge-**

wichtheber(in) M/F(M) weightlifter **gewichtig** ADJ (*fig*) weighty **Gewichtsklasse** F SPORT weight (category) **Gewichtsverlust** M weight loss **Gewichtszunahme** F increase in weight

gewieft ADJ (*umg*) crafty (*in +dat* at)

gewillt ADJ **~ sein, etw zu tun** to be willing to do sth

Gewimmel N swarm; (≈ *Menge*) crush

Gewinde N TECH thread

Gewinn M **1** (≈ *Ertrag*) profit; **~ abwerfen** *od* **bringen** to make a profit; **~ bringend =** gewinnbringend; **etw mit ~ verkaufen** to sell sth at a profit **2** (≈ *Preis*) prize; (*bei Wetten*) winnings *pl* **3** (*fig* ≈ *Vorteil*) gain **Gewinnanteil** M HANDEL dividend **Gewinnausschüttung** F prize draw **Gewinnbeteiligung** F **1** IND profit-sharing **2** (≈ *Dividende*) dividend **gewinnbringend** A ADJ (*wörtl, fig*) profitable B ADV profitably; **~ wirtschaften** to make a profit **Gewinnchance** F chance of winning; **~n** (*beim Wetten*) odds **gewinnen** A V/T **1** to win; **jdn** (*für etw*) **~** to win sb over (to sth); **Zeit ~** to gain time; **was ist damit gewonnen?** what good is that? **2** (≈ *erzeugen*) to produce, to obtain; *Erze etc* to mine, to extract; (*aus Altmaterial*) to reclaim B V/I **1** (≈ *Sieger sein*) to win (*bei, in* +*dat* at) **2** (≈ *profitieren*) to gain; **an Bedeutung ~** to gain (in) importance; **an Geschwindigkeit ~** to pick up *od* gain speed **Gewinner(in)** M/F(M) winner **Gewinnmaximierung** F maximization of profit(s) **Gewinnschwelle** F WIRTSCH breakeven point **Gewinnspanne** F profit margin **Gewinnspiel** N competition; TV game show **Gewinnung** F (*von Kohle, Öl*) extraction; (*von Energie, Plutonium*) production **Gewinnwarnung** F HANDEL profit warning **Gewinnzahl** F winning number **Gewinnzone** F **in der ~ sein** to be in profit; **in die ~ kommen** to move into profit

Gewirr N tangle; (*fig* ≈ *Durcheinander*) jumble; (*von Straßen*) maze

gewiss A ADJ certain (+*gen* of); **ich bin dessen ~** (*geh*) I'm certain of it; **nichts Gewisses** nothing certain; **in ~em Maße** to some *od* a certain extent B ADV (*geh*) certainly; **eins ist (ganz) ~** one thing is certain; **(ja) ~!** certainly, sure (*bes US*); **(aber) ~ (doch)!** (but) of course

Gewissen N conscience; **ein schlechtes ~** a guilty conscience; **jdn/etw auf dem ~ haben** to have sb/sth on one's conscience; **jdm ins ~ reden** to have a serious talk with sb **gewissenhaft** A ADJ conscientious B ADV conscientiously **Gewissenhaftigkeit** F conscientiousness **gewissenlos** ADJ unscrupulous; (≈ *verantwortungslos*) irresponsible **Gewissen-**

losigkeit F̲ unscrupulousness; (≈ *Verantwortungslosigkeit*) irresponsibility **Gewissensbisse** P̲L̲ pangs *pl* of conscience; **~ bekommen** to get a guilty conscience **Gewissensentscheidung** F̲ question of conscience **Gewissensfrage** F̲ matter of conscience **Gewissensgründe** P̲L̲ **aus ~n** for reasons of conscience **Gewissenskonflikt** M̲ moral conflict

gewissermaßen A̲D̲V̲ (≈ *sozusagen*) so to speak **Gewissheit** F̲ certainty; **mit ~** with certainty

Gewitter N̲ thunderstorm; (*fig*) storm **Gewitterfront** F̲ METEO storm front **gewittern** V̲/I̲ U̲N̲P̲E̲R̲S̲ **es gewittert** it's thundering **Gewitterwolke** F̲ thundercloud; (*fig umg*) storm cloud **gewittrig** A̲D̲J̲ thundery

gewitzt A̲D̲J̲ crafty, cunning

gewogen A̲D̲J̲ (*geh*) well-disposed (+*dat* towards) **gewöhnen** A̲ V̲T̲ **jdn an etw** (*akk*) **~** to accustom sb to sth; **an jdn/etw gewöhnt sein** to be used to sb/sth; **daran gewöhnt sein, etw zu tun** to be used to doing sth; **das bin ich gewöhnt** I'm used to it B̲ V̲R̲ **sich an jdn/etw ~** to get used to sb/sth **Gewohnheit** F̲ habit; **aus (lauter) ~** from (sheer) force of habit; **die ~ haben, etw zu tun** to have a habit of doing sth; **sich** (*dat*) **etw zur ~ machen** to make a habit of sth **gewohnheitsmäßig** A̲D̲J̲ habitual **Gewohnheitsmensch** M̲ creature of habit **Gewohnheitssache** F̲ question of habit **Gewohnheitstäter(in)** M̲/F̲ habitual *od* persistent offender **Gewohnheitstier** N̲ **der Mensch ist ein ~** (*umg*) man is a creature of habit **gewöhnlich** A̲ A̲D̲J̲ **1** (≈ *üblich*) usual; (≈ *normal*) normal; (≈ *durchschnittlich*) ordinary; (≈ *alltäglich*) everyday **2** (*pej* ≈ *ordinär*) common B̲ A̲D̲V̲ normally; **wie ~** as usual **gewohnt** A̲D̲J̲ usual; **etw ~ sein** to be used to sth **Gewöhnung** F̲ (≈ *das Sichgewöhnen*) habituation (*an* +*akk* to); (≈ *das Angewöhnen*) training (*an* +*akk* in); (≈ *Sucht*) habit, addiction **gewöhnungsbedürftig** A̲D̲J̲ **die neue Software ist ~** the new software takes some time to get used to

Gewölbe N̲ vault **gewölbt** A̲D̲J̲ *Stirn* domed; *Decke* vaulted; → **wölben**

gewollt A̲D̲J̲ **1** (≈ *gekünstelt*) forced **2** (≈ *erwünscht*) desired; → **wollen**²

Gewühl N̲ (≈ *Gedränge*) crowd, throng; (≈ *Verkehrsgewühl*) chaos, snarl-up (*Br umg*)

gewunden A̲D̲J̲ *Weg, Fluss etc* winding; *Erklärung* tortuous; → **winden**

Gewürz N̲ spice; (≈ *Pfeffer, Salz*) condiment **Gewürzbord** N̲ spice rack **Gewürzgurke** F̲ pickled gherkin **Gewürzmischung** F̲

▶ Gewürze

Basilikum	**basil** ['bæzl]
Chili	**chil(l)i**
Dill	**dill**
Estragon	**tarragon** ['tærəgən]
Ingwer	**ginger**
Knoblauch	**garlic**
Koriander	**coriander** [ˌkɒrɪ'ændə]
Lorbeer(blätter)	**bay (leaves)**
Majoran	**marjoram** ['mɑːdʒərəm]
Minze	**mint**
Muskat	**nutmeg**
Nelke	**clove** [kləʊv]
Oregano	**oregano** [ˌɒrɪ'gɑːnəʊ]
Paprika	**paprika** ['pæprɪkə]
Petersilie	**parsley** ['pɑːslɪ]
Pfeffer	**pepper**
Piment	**allspice, pimento** [pɪ'mentəʊ]
Rosmarin	**rosemary** ['rəʊzmərɪ]
Safran	**saffron** ['sæfrən]
Salbei	**sage**
Schnittlauch	**chives** [tʃaɪvz], (*US*) **chive**
Thymian	**thyme** [taɪm]
Zimt	**cinnamon** ['sɪnəmən]

WORTSCHATZ ◄

mixed herbs *pl*; (≈ *Gewürzsalz*) herbal salt **Gewürznelke** F̲ clove

Geysir M̲ geyser

gezahnt, gezähnt A̲D̲J̲ *auch* BOT serrated; TECH cogged; *Briefmarke* perforated

gezeichnet A̲D̲J̲ marked; **vom Tode ~ sein** to have the mark of death on one; → **zeichnen**

Gezeiten P̲L̲ tides *pl* **Gezeitenkraftwerk** N̲ tidal power plant **Gezeitenwechsel** M̲ turn of the tide

gezielt A̲ A̲D̲J̲ purposeful; *Schuss* well-aimed; *Frage, Maßnahme etc* specific; *Indiskretion* deliberate B̲ A̲D̲V̲ *vorgehen* directly; *planen* specifically; **~ schießen** to shoot to kill; **er hat sehr ~ gefragt** he asked very specific questions; → **zielen**

geziert A̲ A̲D̲J̲ affected B̲ A̲D̲V̲ affectedly; → **zieren**

Gezwitscher N̲ chirping, twittering

gezwungen A̲ A̲D̲J̲ (≈ *nicht entspannt*) forced; *Atmosphäre* strained; *Stil, Benehmen* stiff B̲ A̲D̲V̲ stiffly;

~ lachen to give a forced *od* strained laugh; → **zwingen gezwungenermaßen** ADV of necessity; **etw ~ tun** to be forced to do sth
Ghana N̄ Ghana
Ghetto N̄ ghetto
Gicht F̄ MED, BOT gout
Giebel M̄ gable **Giebeldach** N̄ gabled roof
Gier F̄ greed (*nach* for) **gierig** A ADJ greedy; (*nach Geld*) avaricious; **~ nach etw sein** to be greedy for sth B ADV greedily
gießen A V/T 1 *Flüssigkeit* to pour; *Pflanzen* to water; **die Blumen ~** (≈ *Topfpflanzen*) to water the plants (❗) nicht „the flowers") 2 *Glas* to found (*zu* (in)to); *Metall* to cast (*zu* into) B V/I UNPERS to pour; **es gießt in Strömen** it's pouring down **Gießkanne** F̄ watering can
Gift N̄ poison; (≈ *Bakteriengift*) toxin; (*fig* ≈ *Bosheit*) venom; **darauf kannst du ~ nehmen** (*umg*) you can bet your life on that (*umg*) **Giftfass** N̄ toxic waste drum **giftfrei** ADJ non-toxic **Giftgas** N̄ poison gas **Giftgaswolke** F̄ cloud of poison gas **giftgrün** ADJ bilious green **giftig** ADJ 1 (≈ *Gift enthaltend*) poisonous; *Chemikalien* toxic 2 (*fig*) (≈ *boshaft, hasserfüllt*) venomous **Giftmischer(in)** M̄F̄ (*fig*) troublemaker, stirrer (*umg*); (*hum* ≈ *Apotheker*) chemist **Giftmord** M̄ poisoning **Giftmüll** M̄ toxic waste **Giftpilz** M̄ poisonous toadstool **Giftschlange** F̄ poisonous snake **Giftstoff** M̄ poisonous substance **Giftzahn** M̄ fang

▶ **Gift ≠ gift**

Gift	=	**poison**
gift	=	Geschenk

FALSCHE FREUNDE ◀

Gigabyte N̄ IT gigabyte
Gigant(in) M̄F̄ giant **gigantisch** ADJ gigantic
Gilde F̄ guild
Gin M̄ gin; **~ Tonic** gin and tonic
Ginseng M̄ BOT ginseng **Ginsengwurzel** F̄ BOT ginseng root
Ginster M̄ BOT broom; (≈ *Stechginster*) gorse
Gipfel M̄ 1 (≈ *Bergspitze*) peak 2 (*fig* ≈ *Höhepunkt*) height; **das ist der ~!** (*umg*) that's the limit 3 (≈ *Gipfelkonferenz*) summit **Gipfelkonferenz** F̄ POL summit conference **gipfeln** V/I to culminate (*in* +*dat* in) **Gipfeltreffen** N̄ POL summit (meeting)
Gips M̄ plaster **Gipsabdruck** M̄ plaster cast **Gipsbein** N̄ (*umg*) leg in a cast **gipsen** V/T to plaster; *Arm, Bein* to put in plaster **Gipsverband** M̄ MED plaster cast
Giraffe F̄ giraffe

Girlande F̄ garland (*aus* of)
Girokonto N̄ current account **Giroverkehr** M̄ giro system; (≈ *Girogeschäft*) giro transfer (business)
Gischt M̄ spray
Gitarre F̄ guitar; **~ spielen** to play the guitar (❗ mit **the**) **Gitarrist(in)** M̄F̄ guitarist
Gitter N̄ bars *pl*; (*vor Türen, Schaufenstern*) grille; (*für Gewächse etc*) lattice, trellis; (≈ *feines Drahtgitter*) (wire-)mesh; ELEK, GEOG grid; **hinter ~n** (*fig umg*) behind bars **Gitterfenster** N̄ barred window **Gitternetz** N̄ GEOG grid **Gitterrost** M̄ grid, grating **Gitterstab** M̄ bar
Glace F̄ (*schweiz*) ice (cream)
Glacéhandschuh M̄ kid glove; **jdn mit ~en anfassen** (*fig*) to handle sb with kid gloves
Gladiator M̄ gladiator
Gladiole F̄ BOT gladiolus
glamourös ADJ glamorous
Glanz M̄ gleam; (≈ *Funkeln*) sparkle, glitter; (*von Haaren, Seide*) sheen; (*von Farbe*) gloss; (*fig: von Ruhm, Erfolg*) glory; (≈ *Pracht*) splendour (*Br*), splendor (*US*) **Glanzabzug** M̄ FOTO glossy print **glänzen** V/I to shine; (≈ *glitzern*) to glisten; (≈ *funkeln*) to sparkle **glänzend** A ADJ shining; (≈ *strahlend*) radiant; (≈ *blendend*) dazzling; (≈ *glitzernd*) glistening; (≈ *funkelnd*) sparkling, glittering; *Papier* glossy, shiny; (*fig*) brilliant; (≈ *erstklassig*) marvellous (*Br*), marvelous (*US*) B ADV (≈ *sehr gut*) brilliantly; **wir haben uns ~ amüsiert** we had a great time (*umg*); **mir geht es ~** I'm just fine **Glanzlack** M̄ gloss (paint) **Glanzleistung** F̄ brilliant achievement **Glanzlicht** N̄ (KUNST, *fig*) highlight **glanzlos** ADJ dull; *Lack, Oberfläche* matt **Glanznummer** F̄ big number, pièce de résistance **Glanzpapier** N̄ glossy paper **Glanzstück** N̄ pièce de résistance **glanzvoll** ADJ (*fig*) brilliant; (≈ *prachtvoll*) glittering **Glanzzeit** F̄ heyday
Glarus N̄ Glarus
Glas N̄ 1 glass (❗ Vorsicht, zwei „s".); (≈ *Konservenglas*) jar 2 (≈ *Brillenglas*) lens *sg* **Glasbläser(in)** M̄F̄ glass-blower **Glascontainer** M̄ bottle bank **Glaser(in)** M̄F̄ glazier **Glaserei** F̄ (≈ *Werkstatt*) glazier's workshop **gläsern** ADJ glass; (*fig* ≈ *durchschaubar*) transparent **Glasfaser** F̄ fibreglass (*Br*), fiberglass (*US*) **Glasfaserkabel** N̄ optical fibre (*Br*) *od* fiber (*US*) cable **Glasfiber** F̄ glass fibre (*Br*) *od* fiber (*US*) **Glasfiberstab** M̄ SPORT glass fibre (*Br*) *od* fiber (*US*) pole **Glashaus** N̄ **wer (selbst) im ~ sitzt, soll nicht mit Steinen werfen** (*sprichw*) people who live in glass houses shouldn't throw stones (*sprichw*) **glasieren** V/T to glaze; *Kuchen* to ice (*Br*), to frost (*bes US*) **glasig** ADJ *Blick* glassy; GASTR *Kartoffeln* waxy; *Speck, Zwiebeln* transparent

 Glas — glass
 Glas — jar
 Glas — lens

Glaskeramikkochfeld N̄ glass hob **glasklar** ADJ (wörtl) clear as glass; (fig) crystal-clear **Glasmalerei** F̄ glass painting **Glasnudel** F̄ fine Chinese noodle **Glasperle** F̄ glass bead **Glasscheibe** F̄ sheet of glass; (von Fenster) pane of glass **Glasscherbe** F̄ fragment of glass; ~n broken glass **Glassplitter** M̄ splinter of glass **Glasur** F̄ glaze; METALL enamel; (≈ Zuckerguss) icing (Br), frosting (bes US) **glatt** A ADJ 1 (≈ eben) smooth; Haar straight; MED Bruch clean; Stoff (≈ faltenlos) uncreased 2 (≈ schlüpfrig) slippery 3 (fig) Landung, Ablauf smooth B ADV 1 (≈ eben) bügeln, hobeln (till) smooth; polieren highly; ~ **rasiert** Mann, Kinn clean-shaven 2 (≈ problemlos) smoothly 3 (umg ≈ einfach) completely; leugnen, ablehnen flatly; vergessen clean; **das ist doch ~ gelogen** that's a downright lie **Glätte** F̄ 1 (≈ Ebenheit) smoothness 2 (≈ Schlüpfrigkeit) slipperiness **Glatteis** N̄ ice; „Vorsicht ~!" "danger, black ice"; **jdn aufs ~ führen** (fig) to take sb for a ride **Glatteisgefahr** F̄ danger of black ice **glätten** A V̄T (≈ glatt machen) to smooth out; (bes schweiz ≈ bügeln) to iron; (fig ≈ stilistisch glätten) to polish up B V̄R to smooth out; (Meer, fig) to subside **glattgehen** V̄I to go smoothly **glattweg** ADV (umg) simply, just like that (umg)
Glatze F̄ bald head; **eine ~ bekommen/haben** to go/be bald **Glatzkopf** M̄ bald head; (umg ≈ Mann mit Glatze) baldie (umg) **glatzköpfig** ADJ bald(-headed)
Glaube M̄ faith (an +akk in); (≈ Überzeugung) belief (an +akk in); **in gutem ~n** in good faith; **den ~n an jdn/etw verlieren** to lose faith in sb/sth; **jdm ~n schenken** to believe sb **glauben** V̄T & V̄I to believe (an +akk in); (≈ meinen, vermuten) to think; **jdm ~** to believe sb; **das glaube ich dir gerne/nicht** I quite/don't believe you; **d(a)ran ~ müssen** (umg ≈ sterben) to cop it (Br umg), to bite the dust (US umg); **das glaubst du doch selbst nicht!** you can't be serious; **wers glaubt, wird selig** (iron) a likely story (iron); **es ist nicht** od **kaum zu ~** it's unbelievable; **ich glaube, ja** I think so; **ich glaube, nein** I don't think so **Glaubensbekenntnis** N̄ creed **Glaubensfreiheit** F̄ freedom of worship, religious freedom **Glaubensgemeinschaft** F̄ religious sect; (christliche auch) denomination **Glaubensrichtung** F̄ (religious) persuasion, religious orientation **glaubhaft** A ADJ credible; (≈ einleuchtend) plausible; **(jdm) etw ~ machen** to substantiate sth (to sb) B ADV credibly **gläubig** ADJ Katholik etc devout **Gläubige(r)** M/F(M) believer; **die ~n** the faithful **Gläubiger(in)** M(F) HANDEL creditor **glaubwürdig** ADJ credible **Glaubwürdigkeit** F̄ credibility
gleich A ADJ 1 (≈ identisch) same; **der/die/das ~e … wie** the same … as; **es ist genau das Gleiche** it's exactly the same; **es ist mir (alles** od **ganz) ~** it's all the same to me; **Gleiches mit Gleichem vergelten** to pay sb back in kind; **ganz ~ wer/was** etc no matter who/what etc 2 (≈ gleichwertig) equal; **zu ~en Teilen** in equal parts; **zwei mal zwei (ist) ~ vier** two twos are four; **jdm (an etw** dat**) ~ sein** to be sb's equal (in sth) B ADV 1 (≈ ohne Unterschied) equally; (≈ auf gleiche Weise) alike, the same; **~ gekleidet** dressed alike; **sie sind ~ groß/alt** they are the same size/age; **sie ist ~ gut wie ich** she is just as good as me 2 (≈ räumlich) right, just; **~ hinter dem Haus** just behind the house 3 (zeitlich ≈ sofort) immediately; (≈ bald) in a minute; **ich komme ~** I'm just coming; **ich komme ~ wieder** I'll be right back; **es muss nicht ~ sein** there's no hurry; **es ist ~ drei Uhr** it's almost three o'clock; **~ danach** straight afterwards; **das habe ich mir ~ gedacht** I thought that straight away; **warum nicht ~ so?** why didn't you say/do that in the first place?; **wann machst du das? — ~!** when are you going to do it? — right away; **bis**

GLEI | 960

G

~! see you later! **gleichaltrig** ADJ (of) the same age **gleichartig** A ADJ of the same kind (+dat as); (≈ ähnlich) similar (+dat to) B ADV in the same way, similarly **gleichauf** ADV bes SPORT equal **gleichbedeutend** ADJ synonymous (mit with); (≈ so gut wie) tantamount (mit to) **Gleichbehandlung** F equal treatment **gleichberechtigt** ADJ ~ **sein** to have equal rights **Gleichberechtigung** F equal rights (⚠ mit Verb im Singular oder Plural), equality (+gen for) **gleich bleiben** VI to stay the same; **das bleibt sich gleich** it doesn't matter **gleichbleibend** ADJ Kurs constant; Temperatur steady; ~ **gute Qualität** consistent(ly) good quality **gleichen** VI jdm/einer Sache ~ to be like sb/sth; **sich** ~ to be alike; **jdm an Schönheit** ~ to equal sb in beauty **gleichermaßen** ADV equally **gleichfalls** ADV (≈ ebenfalls) likewise; (≈ auch) also; **danke ~!** thank you, (and) the same to you;; **viel Spaß! — danke ~!** enjoy yourself! — thanks, you too! **gleichfarbig** ADJ (of) the same colour (Br) od colour (US) **gleichförmig** ADJ uniform **Gleichförmigkeit** F uniformity **gleichgeschlechtlich** ADJ 1 (≈ homosexuell) homosexual 2 BIOL, ZOOL of the same sex, same-sex attr; BOT homogamous **Gleichgewicht** N (wörtl) balance; (≈ seelisches Gleichgewicht) equilibrium; **das** ~ **verlieren, aus dem** ~ **kommen** to lose one's balance od equilibrium (a. fig); **jdn aus dem** ~ **bringen** to throw sb off balance; **das** ~ **der Kräfte** the balance of power **Gleichgewichtsstörung** F impaired balance **gleichgültig** ADJ indifferent (gegen to, towards); (≈ uninteressiert) apathetic (gegenüber, gegen towards); (≈ unwesentlich) unimportant; ~, **was er tut** no matter what he does; **es ist mir** ~, **was er tut** I don't care what he does **Gleichgültigkeit** F indifference (gegen to, towards) **Gleichheit** F (≈ gleiche Stellung) equality; (≈ Übereinstimmung) correspondence **Gleichheitszeichen** N MATH equals sign **gleichkommen** VI +dat 1 (≈ die gleiche Leistung etc erreichen) to equal (an +dat for), to match (an +dat for, in) 2 (≈ gleichbedeutend sein mit) to amount to **gleichlautend** ADJ identical **Gleichmacherei** F (pej) egalitarianism **gleichmäßig** A ADJ regular; Proportionen symmetrical B ADV 1 (≈ regelmäßig) regularly 2 (≈ in gleicher Stärke) evenly **Gleichmäßigkeit** F regularity; (von Proportionen) symmetry **gleichnamig** ADJ of the same name **Gleichnis** N LIT simile; (≈ Allegorie) allegory; BIBEL parable **gleichrangig** ADJ Beamte etc equal in rank (mit to); Probleme etc equally important **Gleichrichter** M ELEK rectifier **Gleichschritt** M MIL marching in

step; **im** ~, **marsch!** forward march! **gleichsehen** VI das sieht ihr gleich that's just like her **gleichseitig** ADJ Dreieck equilateral **gleichsetzen** VT (≈ als dasselbe ansehen) to equate (mit with); (≈ als gleichwertig ansehen) to treat as equivalent (mit to) **Gleichsetzung** F die ~ der Arbeiter mit den Angestellten treating workers as equivalent to office employees **Gleichstand** M SPORT den ~ erzielen to draw level **gleichstellen** VT 1 (rechtlich etc) to treat as equal 2 = gleichsetzen **Gleichstellung** F (rechtlich etc) equality (+gen of, for), equal status (+gen of, for) **Gleichstrom** M ELEK direct current, DC **gleichtun** VT UNPERS es jdm ~ to equal sb **Gleichung** F equation **gleichwertig** ADJ of the same value; Leistung, Qualität equal (+dat to); Gegner evenly matched **gleichzeitig** A ADJ simultaneous B ADV at the same time **gleichziehen** VI (umg) to catch up (mit with)

Gleis N BAHN line, track, rails pl; (≈ einzelne Schiene) rail; (≈ Bahnsteig) platform; (fig) rut; ~ **6** platform od track (US) 6

gleiten VI to glide; (Hand) to slide; **ein Lächeln glitt über ihr Gesicht** a smile flickered across her face; **sein Auge über etw** (akk) ~ **lassen** to cast an eye over sth **gleitend** ADJ ~e **Löhne** od **Lohnskala** sliding wage scale; ~e **Arbeitszeit** flex(i)time; ~er **Übergang** gradual transition **Gleitflug** M glide **Gleitflugzeug** N glider **Gleitklausel** F HANDEL escalator clause **Gleitkomma** N floating point **Gleitmittel** N MED lubricant **Gleitschirm** M paraglider **Gleitschirmfliegen** N paragliding **Gleitschirmflieger(in)** MF paraglider **Gleitsegeln** N hang-gliding **Gleitsegler** M (Fluggerät) hang-glider **Gleitsegler(in)** MF hang-glider **Gleitsichtbrille** F varifocals pl **Gleitsichtgläser** PL varifocals pl, multifocals pl **Gleittag** M flexiday **Gleitzeit** F flex(i)time

Gletscher M glacier **Gletscherspalte** F crevasse

Glied N 1 (≈ Körperteil) limb; (≈ Fingerglied, Zehenglied) joint; **an allen ~ern zittern** to be shaking all over 2 (≈ Penis) penis, organ 3 (≈ Kettenglied, fig) link **gliedern** A VT 1 (≈ ordnen) to structure 2 (≈ unterteilen) to (sub)divide (in +akk into); → **gegliedert** B VR (≈ zerfallen in) **sich** ~ **in** (+akk) to (sub)divide into; (≈ bestehen aus) to consist of **Gliederreißen** N rheumatic pains pl **Gliederung** F (≈ Aufbau) structure; (≈ Unterteilung, von Organisation) subdivision **Gliedmaßen** PL limbs pl **Gliedsatz** M (österr) subordinate clause **Gliedstaat** M member od constituent state

glimmen _VI_ to glow

Glimmer _M_ BERGB mica

Glimmstängel _M_ (obs umg) fag (Br umg), cigarette, butt (US umg)

glimpflich _A_ _ADJ_ (≈ mild) mild, light; Folgen negligible _B_ _ADV_ bestrafen mildly; **~ davonkommen** to get off lightly; **~ ablaufen** to pass (off) without serious consequences

glitschig _ADJ_ (umg) slippy (umg)

glitzern _VI_ to glitter; (Stern auch) to twinkle

global _A_ _ADJ_ **1** (≈ weltweit) global; **~e Erwärmung** global warming **2** (≈ pauschal) general _B_ _ADV_ (≈ weltweit) world-wide **globalisieren** _VT_ to globalize **Globalisierung** _F_ globalization **Globalisierungsgegner(in)** _MF_ anti-globalization protester, antiglobalist **Globetrotter(in)** _MF_ globetrotter **Globus** _M_ globe

Glöckchen _N_ (little) bell **Glocke** _F_ bell; **etw an die große ~ hängen** (umg) to shout sth from the rooftops **Glockenblume** _F_ bellflower, campanula **glockenförmig** _ADJ_ bell-shaped **Glockengeläut** _N_ (peal of) bells pl **Glockenschlag** _M_ stroke (of a/the bell); **es ist mit dem ~ 6 Uhr** on the stroke it will be 6 o'clock; **auf den ~** on the stroke of eight/nine etc; (≈ genau pünktlich) on the dot **Glockenspiel** _N_ chimes pl; (≈ Instrument) glockenspiel **Glockenturm** _M_ bell tower **Glöckner(in)** _MF_ bell-ringer

glorifizieren _VT_ to glorify **glorios** _ADJ_ glorious **glorreich** _A_ _ADJ_ glorious _B_ _ADV_ **~ siegen** to have a glorious victory

Glossar _N_ glossary

Glosse _F_ PRESSE etc commentary; **Glossen** _PL_ (umg) snide od sneering comments

Glotzauge _N_ (meist pl: umg) goggle eye (umg); **~n machen** to gawp **Glotze** _F_ (umg ≈ Fernseher) gogglebox (Br umg), boob tube (US umg) **glotzen** _VI_ (pej umg) to gawp (auf +akk at)

Glück _N_ **1** luck; **~/kein ~ haben** to be lucky/unlucky; **auf gut ~** (≈ aufs Geratewohl) on the off chance; (≈ unvorbereitet) trusting to luck; (≈ wahllos) at random; **ein ~, dass ...** it is/was lucky that ...; **du hast ~ im Unglück gehabt** it could have been a great deal worse (for you); **viel ~ (bei ...)!** good luck (with ...)!; **~ bei Frauen haben** to be successful with women; **jdm zum Geburtstag ~ wünschen** to wish sb (a) happy birthday; **zum ~** luckily; **mehr ~ als Verstand haben** to have more luck than brains; **sein ~ machen** to make one's fortune; **sein ~ versuchen** to try one's luck; **er kann von ~ sagen, dass ...** he can count himself lucky that ... **2** (≈ Freude) happiness

Glucke _F_ (≈ Bruthenne) broody hen; (mit Jungen)

mother hen

glücken _VI_ to be a success; **ihm glückt alles/nichts** everything/nothing he does is a success; **geglückt** successful; Überraschung real; **es wollte nicht ~** it wouldn't come right

gluckern _VI_ to glug

glücklich _A_ _ADJ_ **1** (≈ erfolgreich) lucky; **er kann sich ~ schätzen(, dass ...)** he can count himself lucky (that ...) **2** (≈ froh) happy; **~ machen** to bring happiness; **jdn ~ machen** to make sb happy _B_ _ADV_ **1** (≈ mit Glück) by od through luck **2** (≈ froh) happily **glücklicherweise** _ADV_ luckily **glücklos** _ADJ_ hapless **Glücksbringer** _M_ lucky charm **Glücksfall** _M_ stroke of luck **Glücksfee** _F_ (fig hum) good fairy, fairy godmother **Glücksgefühl** _N_ feeling of happiness **Glücksgöttin** _F_ goddess of luck **Glückspilz** _M_ lucky devil (umg) **Glückssache** _F_ **das ist ~** it's a matter of luck **Glücksspiel** _N_ game of chance **Glücksspieler(in)** _MF_ gambler **Glückssträhne** _F_ lucky streak; **eine ~ haben** to be on a lucky streak **glückstrahlend** _ADJ_ beaming with happiness **Glückstreffer** _M_ stroke of luck; (beim Schießen, FUSSB) fluke (umg) **Glückszahl** _F_ lucky number **Glückwunsch** _M_ congratulations pl (zu on); **herzlichen ~** congratulations; **herzlichen ~ zum Geburtstag!** happy birthday **Glückwunschkarte** _F_ greetings card

Glühbirne _F_ (electric) light bulb **glühen** _VI_ to glow **glühend** _A_ _ADJ_ glowing; (≈ heiß glühend) Metall red-hot; Hitze blazing; (fig ≈ leidenschaftlich) ardent; Hass burning _B_ _ADV_ **~ heiß** scorching; **jdn ~ verehren** to worship sb **Glühlampe** _F_ (form) electric light bulb **Glühwein** _M_ mulled wine, glogg (US) **Glühwürmchen** _N_ glow-worm; (fliegend) firefly

Glukose _F_ glucose

Glut _F_ (≈ glühende Masse, Kohle) embers pl; (≈ Tabaksglut) burning ash; (≈ Hitze) heat

glutenfrei _ADJ_ Lebensmittel gluten-free **glutenhaltig** _ADJ_ Lebensmittel gluten-containing, containing gluten präd

Gluthitze _F_ sweltering heat

Glyzerin _N_ CHEM glycerin(e)

GmbH _F_ abk von Gesellschaft mit beschränkter Haftung limited liability company

Gnade _F_ mercy; (≈ Gunst) favour (Br), favor (US); (≈ Verzeihung) pardon; **um ~ bitten** to ask for mercy; **~ vor Recht ergehen lassen** to temper justice with mercy **Gnadenbrot** _N_ **jdm das ~ geben** to keep sb in his/her old age **Gnadenfrist** _F_ (temporary) reprieve; **eine ~ von 24 Stunden** a 24 hour(s') reprieve, 24 hours' grace **Gnadengesuch** _N_ plea for clemency **gnadenlos** _A_ _ADJ_ merciless _B_ _ADV_ merciless-

GNAD | 962

G

ly **Gnadenstoß** M̲ coup de grâce **gnädig** A̲ A̲D̲J̲ (≈ barmherzig) merciful; (≈ gunstvoll, herablassend) gracious; Strafe lenient; **~e Frau** (form) madam, ma'am B̲ A̲D̲V̲ (≈ milde) urteilen leniently; (≈ herablassend) lächeln graciously; **es ~ machen** to be lenient

Gnom M̲ gnome

Gnu N̲ ZOOL gnu

Gobelin M̲ tapestry, Gobelin

Gokart M̲ go-cart

Gold N̲ gold; **nicht mit ~ zu bezahlen sein** to be worth one's weight in gold; **es ist nicht alles ~, was glänzt** (sprichw) all that glitters is not gold (sprichw) **Goldader** F̲ vein of gold **Goldbarren** M̲ gold ingot **Goldbarsch** M̲ (≈ Rotbarsch) redfish **goldbraun** A̲D̲J̲ golden-brown **golden** A̲ A̲D̲J̲ golden; (≈ aus Gold) gold; **die ~e Mitte wählen** to strike a happy medium; **~e Hochzeit** golden wedding (anniversary) B̲ A̲D̲V̲ like gold **Goldfisch** M̲ goldfish **goldgelb** A̲D̲J̲ golden brown **Goldgräber(in)** M̲F̲ gold-digger **Goldgrube** F̲ gold mine **Goldhamster** M̲ (golden) hamster **goldig** A̲D̲J̲ (fig umg) sweet **Goldklumpen** M̲ gold nugget **Goldmedaille** F̲ gold medal **Goldmedaillengewinner(in)** M̲F̲ gold medalist (Br) od medalist (US) **Goldmine** F̲ gold mine **Goldmünze** F̲ gold coin **Goldpreis** M̲ gold price **Goldrand** M̲ gold edge **Goldrausch** M̲ gold fever **Goldregen** M̲ BOT laburnum **Goldreserve** F̲ FIN gold reserves pl **goldrichtig** (umg) A̲ A̲D̲J̲ absolutely right B̲ A̲D̲V̲ exactly right; sich verhalten perfectly **Goldschmied(in)** M̲F̲ goldsmith **Goldschnitt** M̲ gilt edging **Goldstück** N̲ piece of gold; (≈ Münze) gold coin; (fig umg) treasure **Goldsucher(in)** M̲F̲ gold-hunter **Goldwaage** F̲ **jedes Wort auf die ~ legen** to weigh one's words **Goldwährung** F̲ gold standard **Goldzahn** M̲ gold tooth

Golf[1] M̲ (≈ Meerbusen) gulf; **der (Persische) ~** the (Persian) Gulf

Golf[2] N̲ SPORT golf **Golfer(in)** M̲F̲ (umg) golfer **Golfklub** M̲ golf club **Golfkrieg** M̲ Gulf War **Golfplatz** M̲ golf course **Golfschläger** M̲ golf club **Golfspiel** N̲ das ~ golf **Golfspieler(in)** M̲F̲ golfer **Golfstaaten** P̲L̲ **die ~** the Gulf States pl **Golfstrom** M̲ GEOG Gulf Stream

Gondel F̲ gondola

Gong M̲ gong; (bei Boxkampf etc) bell **gongen** A̲ V̲I̲ UNPERS **es hat gegongt** the gong has gone od sounded B̲ V̲I̲ to ring od sound the gong **Gongschlag** M̲ stroke of the gong

gönnen V̲T̲ jdm etw ~ not to (be)grudge sb sth; **jdm etw nicht ~** to (be)grudge sb sth; **sich** (dat) **etw ~** to allow oneself sth; **das sei ihm gegönnt** I don't (be)grudge him that **Gönner(in)** M̲F̲ patron **gönnerhaft** (pej) A̲ A̲D̲J̲ patronizing B̲ A̲D̲V̲ patronizingly **Gönnermiene** F̲ (pej) patronizing air

Gonorrhö(e) F̲ MED gonorrhoea (Br), gonorrhea (US)

googeln V̲I̲ to google

Göre F̲ (≈ kleines Mädchen) little miss

Gorgonzola M̲ gorgonzola (cheese)

Gorilla M̲ gorilla

Gosse F̲ gutter; **in der ~ landen** to end up in the gutter

Gotik F̲ KUNST Gothic (style); (≈ Epoche) Gothic period **gotisch** A̲D̲J̲ Gothic

Gott M̲ 🅝 god; (als Name) God (🛇 ohne the); **der liebe ~** the good Lord; **er ist ihr ~** she worships him like a god; **ein Anblick** od **Bild für die Götter** (hum umg) a sight for sore eyes; **das wissen die Götter** (umg) God (only) knows; **er hat ~ weiß was erzählt** (umg) he said God knows what (umg); **ich bin weiß ~ nicht prüde, aber …** God knows I'm no prude but …; **dann mach es eben in ~es Namen** just do it then; **leider ~es** unfortunately 🅟 (in Ausrufen) **grüß ~!** (bes südd, österr) hello, good morning/afternoon/evening; **ach (du lieber) ~!** (umg) oh Lord! (umg); **mein ~!** (my) God!; **großer ~!** good Lord!; **um ~es willen!** for God's sake!; **~ sei Dank!** thank God! **Götterspeise** F̲ GASTR jelly (Br), Jell-O® (US) **Gottesdienst** M̲ KIRCHE service **Gotteshaus** N̲ place of worship **Gotteskrieger(in)** M̲F̲ religious terrorist **Gotteslästerer** M̲, **Gotteslästerin** F̲ blasphemer **gotteslästerlich** A̲ A̲D̲J̲ blasphemous B̲ A̲D̲V̲ blasphemously **Gotteslästerung** F̲ blasphemy **Gottesmutter** F̲ REL Mother of God **Gottheit** F̲ 🅝 (≈ Göttlichkeit) divinity 🅟 (bes heidnisch) deity **Göttin** F̲ goddess **göttlich** A̲D̲J̲ divine **gottlob** I̲N̲T̲ thank God **gottlos** A̲D̲J̲ godless; (≈ verwerflich) ungodly **Gottvater** M̲ God the Father **gottverdammt** A̲D̲J̲ (umg) goddamn(ed) (umg) **gottverlassen** A̲D̲J̲ godforsaken **Gottvertrauen** N̲ faith in God

Götze M̲ idol **Götzenbild** N̲ idol, graven image (BIBEL)

Gourmet M̲ gourmet

Gouverneur(in) M̲F̲ governor

Grab N̲ grave; (≈ Gruft) tomb; **er würde sich im ~e umdrehen, wenn …** he would turn in his grave if …; **du bringst mich noch ins ~!** you'll be the death of me yet (umg); **mit einem Bein im ~e stehen** (fig) to have one foot in the grave; **sich** (dat) **selbst sein eigenes ~ graben**

(fig) to dig one's own grave **graben A** VT to dig **B** VI to dig; **nach Gold/Erz ~** to dig for gold/ore **C** VR **sich in etw** *(akk)* **~** *(≈ Zähne, Krallen)* to sink into sth; **sich durch etw ~** to dig one's way through sth **Graben** M ditch; MIL trench; *(≈ Burggraben)* moat **Grabenkrieg** M MIL trench warfare (⚠ kein pl, ohne **a**) **Gräberfeld** N cemetery **Grabgewölbe** N vault; *(von Kirche, Dom)* crypt **Grabinschrift** F epitaph **Grabkammer** F burial chamber **Grabmal** N monument; *(≈ Grabstein)* gravestone **Grabrede** F funeral oration **Grabschändung** F defilement of graves **grabschen** VI = **grapschen** **Grabstätte** F grave; *(≈ Gruft)* tomb **Grabstein** M gravestone **Grabung** F ARCHÄOL excavation **Gracht** F canal **Grad** M (NAT, UNIV, *fig*) degree; MIL rank; **4 ~ Kälte** 4 degrees below freezing; **20 ~ Celsius** 20 (degrees) centigrade; **heute waren es 30 ~** it was 30 degrees today; **ein Verwandter zweiten/dritten ~es** a relative once/twice removed; **Verbrennungen ersten/zweiten ~es** MED first-/second-degree burns; **bis zu einem gewissen ~** up to a certain point; **in hohem ~** to a great extent; **im höchsten ~** extremely **Gradeinteilung** F calibration **Gradmesser** M *(fig)* gauge *(+gen, für of)* **graduell A** ADJ *(≈ allmählich)* gradual; *(≈ gering)* slight **B** ADV *(≈ geringfügig)* slightly; *(≈ allmählich)* gradually **graduieren A** VT/I **1** *(≈ in Grade einteilen)* to calibrate **2** UNIV **graduierter Ingenieur** engineering graduate **B** VI UNIV to graduate **Graduierte(r)** M/F(M) graduate

> Grad ≠ grade

Grad	=	*akademischer*: **degree**, *militärischer*: **rank**
grade	=	Qualitätsstufe, Schulnote *(US)*

FALSCHE FREUNDE ◀

Graf M count; *(britischer Graf)* earl **Graffiti** N graffiti **Grafik** F **1** KUNST graphic arts *pl*; *(≈ Technik)* graphics *sg* **2** (KUNST ≈ *Darstellung*) graphic; *(≈ Druck)* print; *(≈ Schaubild)* illustration; *(≈ technisches Schaubild)* diagram **Grafiker(in)** M(F) graphic artist; *(≈ Illustrator)* illustrator; *(≈ Gestalter)* (graphic) designer **grafikfähig** ADJ IT **~ sein** to be able to do graphics **Grafikkarte** F IT graphics card **Grafikmodus** M IT graphics mode **Gräfin** F countess **Grafit** M graphite **Grafschaft** F earldom; ADMIN county **Gram** M *(geh)* grief, sorrow **grämen** VR **sich über jdn/etw ~** to grieve over sb/sth **Gramm** N gram(me); **100 ~ Mehl** 100 gram(me)s of flour **Grammatik** F grammar; **die englische ~** English grammar (⚠ ohne **the**) **grammatikalisch**, **grammatisch A** ADJ grammatical **B** ADV grammatically **Grammel** F *(südd, österr)* = **Griebe** **Grammofon** N gramophone **Granatapfel** M pomegranate **Granate** F (MIL ≈ *Geschoss*) shell; *(≈ Handgranate)* grenade **Granatsplitter** M shell/grenade splinter **Granatwerfer** M mortar **grandios** ADJ magnificent; *(hum)* fantastic *(umg)* **Granit** M granite **granteln** VI *(südd, österr umg)* **1** *(≈ schlechte Laune haben)* to be grumpy **2** *(≈ meckern)* to grumble **grantig** ADJ *(umg)* grumpy **Granulat** N granules *pl* **Grapefruit** F grapefruit **Grapefruitsaft** M grapefruit juice **Graphik** *etc* = **Grafik** **grapschen** VI **1** *(≈ zugreifen)* to grab *(nach* at*)* **2** *(≈ fummeln)* to grope **Gras** N grass (⚠ Vorsicht, zwei "s".); **ins ~ beißen** *(umg)* to bite the dust *(umg)*; **das ~ wachsen hören** to be highly perceptive; *(≈ zu viel hineindeuten)* to read too much into things; **über etw** *(akk)* **~ wachsen lassen** *(fig)* to let the dust settle on sth **grasbedeckt** ADJ grassy **Grasbüschel** N tuft of grass **grasen** VI to graze **Grasfläche** F grassland; *(≈ Rasen)* patch of grass **grasgrün** ADJ grass-green **Grashalm** M blade of grass **Grashüpfer** M *(umg)* grasshopper **grasig** ADJ grassy **Grasnarbe** F turf **Grassamen** M grass seed **grassieren** VI to be rife **grässlich A** ADJ **1** hideous **2** *(≈ unangenehm)* dreadful; *Mensch* horrible **B** ADV **1** *(≈ schrecklich)* horribly **2** *(umg ≈ äußerst)* dreadfully **Grat** M *(≈ Berggrat)* ridge; TECH burr; ARCH hip *(of roof)* **Gräte** F (fish) bone **Gratifikation** F bonus **gratinieren** VT GASTR to brown (the top of) **gratis** ADV free; HANDEL free (of charge) **Gratisprobe** F free sample **Grätsche** F SPORT straddle **grätschen A** VI to do a straddle (vault) **B** VT *Beine* to straddle **Gratulant(in)** M(F) well-wisher **Gratulation** F congratulations *pl* **gratulieren** VI **jdm (zu einer Sache) ~** to congratulate sb (on sth); **jdm zum Geburtstag ~** to wish sb many happy returns (of the day); **(ich) gratuliere!** con-

GRAT | 964

gratulations!
Gratwanderung F (wörtl) ridge walk; (fig) tightrope walk
grau A ADJ grey (Br), gray (US); (≈ trostlos) gloomy; ~ **werden** (umg) to go grey (Br) od gray (US); **er malte die Lage ~ in –** (fig) he painted a gloomy picture of the situation; **der ~e Alltag** the daily grind B ADV anstreichen grey (Br), gray (US); sich kleiden in grey (Br) od gray (US); ~ **meliert** Haar greying (Br), graying (US) **Graubrot** N bread made from more than one kind of flour
Graubünden N GEOG the Grisons
Gräuel M (≈ Abscheu) horror; (≈ Gräueltat) atrocity; **es ist mir ein ~** I loathe it; **es ist mir ein ~, das zu tun** I loathe doing that **Gräuelmärchen** N horror story **Gräueltat** F atrocity
grauen VI UNPERS **es graut mir vor etw** (dat) I dread sth; **mir graut vor ihm** I'm terrified of him **Grauen** N horror (vor +dat of) **grauenhaft**, **grauenvoll** ADJ atrocious; Schmerz terrible
grauhaarig ADJ grey-haired (Br), gray-haired (US)
gräulich[1] ADJ = grässlich
gräulich[2] ADJ (≈ Farbe) greyish (Br), grayish (US)
Graupel F (small) hailstone **graupelig** ADJ Schauer of soft hail
Graupen PL pearl barley sg
Graus M horror **grausam** A ADJ 1 (≈ gefühllos) cruel (gegen, zu to) 2 (umg) terrible B ADV 1 (≈ auf schreckliche Weise) cruelly; **sich ~ für etw rächen** to take (a) cruel revenge for sth 2 (umg ≈ furchtbar) terribly **Grausamkeit** F 1 cruelty 2 (≈ grausame Tat) (act of) cruelty; (stärker) atrocity
Grauschleier M (von Wäsche) grey(ness) (Br), gray(ness) (US) (fig) veil
grausen VI UNPERS **mir graust vor der Prüfung** I am dreading the exam **grausig** ADJ, ADV = grauenhaft
Grauton M grey colour (Br), gray color (US)
Grauwal M grey (Br) od gray (US) whale **Grauzone** F (fig) grey (Br) od gray (US) area
gravieren VT to engrave **gravierend** ADJ serious **Gravierung** F engraving **Gravitation** F gravitational pull **Gravur** F engraving
graziös A ADJ graceful; (≈ lieblich) charming B ADV gracefully
Greencard F, **Green Card** F green card

graziös	=	**graceful, charming**
gracious	=	freundlich, gnädig

FALSCHE FREUNDE

greifbar ADJ (≈ konkret) tangible; (≈ erhältlich) available; ~ **nahe** within reach **greifen** A VT (≈ packen) to take hold of; (≈ grapschen) to seize, to grab; **diese Zahl ist zu hoch/zu niedrig gegriffen** (fig) this figure is too high/low; **zum Greifen nahe sein** (Sieg) to be within reach; **aus dem Leben gegriffen** taken from life B VI 1 (≈ fassen) **hinter sich** (akk) ~ to reach behind one; **um sich ~** (fig) to spread; **in etw** (akk) ~ to put one's hand into sth; **zu etw ~** zu Pistole to reach for sth; zu Methoden to turn to sth 2 (≈ einrasten) to grip; (fig) (≈ wirksam werden) to take effect; (≈ zum Ziel/Erfolg führen) to achieve its ends; (≈ zutreffen) (Gesetz) to apply **Greifer** M TECH grab **Greifvogel** M bird of prey **Greifzange** F (pair of) tongs pl
Greis M old man **Greisenalter** N extreme old age **greisenhaft** ADJ aged attr **Greisin** F old lady
grell A ADJ Schrei, Ton shrill; Licht, Sonne dazzling; Farbe garish B ADV (≈ sehr hell) scheinen brightly; (≈ schrill) shrilly; ~ **erleuchtet** dazzlingly bright
Gremium N body; (≈ Ausschuss) committee (⚠ Vorsicht, Schreibung)
Grenzbereich M border zone; (fig) limits pl; **im ~ liegen** (fig) to lie at the limits **Grenzbewohner(in)** M(F) inhabitant of the/a border zone **Grenze** F border; (zwischen Grundstücken) boundary; (fig: zwischen Begriffen) dividing line; (fig ≈ Schranke) limits pl; **die ~ zu Österreich** the Austrian border; **über die ~ gehen** to cross the border; **(bis) zur äußersten ~ gehen** (fig) to go as far as one can; **einer Sache** (dat) ~**n setzen** to set a limit od limits to sth; **seine ~n kennen** to know one's limitations; **sich in ~n halten** (fig) to be limited; **die oberste/unterste ~** (fig) the upper/lower limit **grenzen** VI **an etw** (akk) ~ to border on sth **grenzenlos** ADJ boundless **Grenzfall** M borderline case **Grenzfluss** M river forming a/the border od frontier **Grenzgänger(in)** M(F) (≈ Arbeiter) international commuter (across a local border); (≈ heimlicher Grenzgänger) illegal border crosser **Grenzgebiet** N border zone; (fig) border(ing) area **Grenzkonflikt** M border dispute **Grenzkontrolle** F border control **Grenzlinie** F border; SPORT line **Grenzposten** M border guard **Grenzschutz** M 1 protection of the border(s) 2 (≈ Truppen) border guard(s) **Grenzstadt** F border town **Grenzstein** M boundary stone **Grenzübergang** M (≈ Stelle) border crossing(-point) **grenzüberschreitend** ADJ HANDEL, JUR cross-border **Grenzübertritt** M crossing of the border **Grenzverkehr** M border traffic (⚠ ohne the) **Grenzverlauf** M boundary line (between

965 ‖ GROS

countries) **Grenzwert** M̲ limit **Grenzzwischenfall** M̲ border incident
Greuel M̲ → **Gräuel greulich** A̲D̲J̲,̲ ̲A̲D̲V̲ → **gräulich**[1]
Griebe F̲ ≈ crackling (🔔 kein pl, ohne a) (*Br*), ≈ cracklings *pl* (*US*)
Grieche M̲, **Griechin** F̲ Greek; **zum ~n gehen** to go to a/the Greek restaurant **Griechenland** N̲ Greece **griechisch** A̲D̲J̲ Greek; **~-römisch** Graeco-Roman, Greco-Roman (*bes US*); → **deutsch**
Griesgram M̲ grouch (*umg*) **griesgrämig** A̲D̲J̲ grumpy
Grieß M̲ semolina **Grießbrei** M̲ semolina **Grießklößchen** N̲ semolina dumpling **Grießnockerl** N̲ (*südd, österr* G̲A̲S̲T̲R̲) semolina dumpling
Griff M̲ **1** der ~ **nach etw** reaching for sth; **der ~ nach der Macht** the bid for power **2** (≈ *Handgriff*) grip, grasp; (*beim Ringen*) hold; (*beim Turnen*) grip; **mit festem ~** firmly; **jdn/etw im ~ haben** (*fig*) to have sb/sth under control; **jdn/etw in den ~ bekommen** (*fig*) to gain control of sb/sth; (*geistig*) to get a grasp of sth; **einen guten ~ tun** to make a wise choice **3** (≈ *Stiel, Knauf*) handle; (≈ *Pistolengriff*) butt **griffbereit** A̲D̲J̲ handy; **etw ~ halten** to keep sth handy
Griffel M̲ slate pencil; B̲O̲T̲ style
griffig A̲D̲J̲ *Boden, Fahrbahn etc* that has a good grip; *Rad, Sohle, Profil* that grips well; (*fig*) *Slogan* pithy
Grill M̲ grill **Grillabend** M̲ barbecue *od* BBQ night
Grille F̲ Z̲O̲O̲L̲ cricket
grillen V̲T̲ to grill **Grillfest** N̲ barbecue party **Grillkohle** F̲ charcoal **Grillparty** F̲ barbecue **Grillstube** F̲ grillroom
Grimasse F̲ grimace; **~n schneiden** to grimace
grimmig A̲ A̲D̲J̲ **1** (≈ *zornig*) furious; *Gegner* fierce; *Miene, Humor* grim **2** (≈ *heftig*) *Kälte, Spott etc* severe **B** A̲D̲V̲ furiously, grimly; **~ lächeln** to smile grimly
grinsen V̲I̲ to grin **Grinsen** N̲ grin
grippal A̲D̲J̲ M̲E̲D̲ **~er Infekt** influenza infection **Grippe** F̲ flu **grippekrank** A̲D̲J̲ down with *od* having the flu **Grippekranke(r)** M̲/̲F̲(̲M̲)̲ flu sufferer **Grippe(schutz)-impfung** F̲ influenza vaccination **Grippevirus** N̲ *od* M̲ flu virus **Grippewelle** F̲ wave of flu
Grips M̲ (*umg*) brains *pl* (*umg*)
grob A̲ A̲D̲J̲ **1** (≈ *nicht fein*) coarse; *Arbeit* dirty *attr* **2** (≈ *ungefähr*) rough; **in ~en Umrissen** roughly **3** (≈ *schlimm, groß*) gross (*a.* J̲U̲R̲); **ein ~er Fehler** a bad mistake; **wir sind aus dem Gröbsten he-**

raus we're out of the woods (now); **~e Fahrlässigkeit** gross negligence **4** (≈ *brutal, derb*) rough; (*fig* ≈ *derb*) coarse; *Antwort* rude; (≈ *unhöflich*) ill-mannered; **~ gegen jdn werden** to become offensive (towards sb) **B** A̲D̲V̲ **1** (≈ *nicht fein*) coarsely **2** (≈ *ungefähr*) **~ geschätzt** approximately, roughly; **etw ~ umreißen** to give a rough idea of sth **3** (≈ *schlimm*) **~ fahrlässig handeln** to commit an act of gross negligence **4** (≈ *brutal*) roughly; (≈ *unhöflich*) rudely **Grobheit** F̲ **1** (≈ *Beschimpfung*) foul language (🔔 kein pl) **2** (*von Material*) coarseness **Grobian** M̲ brute **grobkörnig** A̲D̲J̲ coarse-grained **grobmaschig** A̲D̲J̲ large-meshed; (≈ *grob gestrickt*) loose-knit *attr*
Grog M̲ grog
groggy A̲D̲J̲ (*umg* ≈ *erschöpft*) all-in (*umg*)
grölen V̲T̲ ̲&̲ ̲V̲I̲ (*pej*) to bawl; **~de Menge** raucous crowd
Groll M̲ (≈ *Zorn*) anger; (≈ *Erbitterung*) resentment **grollen** V̲I̲ (*geh*) **1** (≈ *dröhnen*) to rumble **2** (≈ *böse sein*) (jdm) **~** to be annoyed (with sb)
Grönland N̲ Greenland
grooven V̲I̲ (M̲U̲S̲ *sl*) **das groovt** it's grooving
Gros N̲ (≈ *Mehrzahl*) major part
Groschen M̲ **1** (*österr* H̲I̲S̲T̲) groschen **2** (*fig*) penny, cent (*US*); **der ~ ist gefallen** (*hum umg*) the penny has dropped (*umg*) **Groschenroman** M̲ (*pej*) cheap *od* dime-store (*US*) novel
groß A̲ A̲D̲J̲ **1** *big*; *Fläche, Raum auch Packung etc* large; T̲Y̲P̲O̲ *Buchstabe* capital; **die Wiese ist 10 Hektar ~** the field measures 10 hectares; **~es Geld** notes *pl* (*Br*), bills *pl* (*US*); **im Großen und Ganzen** by and large **2** (≈ *hochgewachsen*) tall; **wie ~ bist du?** how tall are you?; **du bist ~ geworden** you've grown **3** (≈ *älter*) *Bruder, Schwester* big; **mit etw ~ geworden sein** to have grown up with sth **4** (≈ *wichtig, bedeutend*) great; *Katastrophe* terrible; *Summe* large; *Geschwindigkeit* high; **er hat Großes geleistet** he has achieved great things; **~en Durst haben** to be very thirsty; **ich bin kein ~er Redner** (*umg*) I'm no great speaker; **jds ~e Stunde** sb's big moment; **eine größere Summe** a biggish sum; **~e Worte** big words **5** (*in Eigennamen*) Great; **Friedrich der Große** Frederick the Great **B** A̲D̲V̲ **~ gewachsen** tall; **~ gemustert** with a large print; **~ daherreden** (*umg*) to talk big (*umg*); **~ einkaufen gehen** to go on a spending spree; **~ feiern** to have a big celebration; **~ aufgemacht** elaborately dressed; **~ angelegt** large-scale; **~ und breit** (*fig umg*) at great length; **jdn ~ anblicken** to give sb a hard stare; **~ in Mode sein** to be all the rage (*umg*); **ganz ~ rauskommen** (*umg*) to make the big time (*umg*) **Großabnehmer(in)** M̲/̲F̲

HANDEL bulk purchaser **Großaktionär(in)** M̲F̲ major shareholder **großartig** A̲ A̲D̲J̲ wonderful; *Erfolg* tremendous B̲ A̲D̲V̲ wonderfully **Großaufnahme** F̲ FOTO, FILM close-up **Großbaustelle** F̲ construction site **Großbetrieb** M̲ large concern **Großbildleinwand** F̲ big screen **Großbildschirm** M̲ large screen **Großbrand** M̲ major *od* big fire **Großbritannien** N̲ (Great) Britain **Großbuchstabe** M̲ capital (letter), upper case letter (TYPO) **Größe** F̲ 1̲ **er hat ~ 48** he takes *od* is size 48 2̲ (≈ *Körpergröße*) height 3̲ MATH, PHYS quantity; **eine unbekannte ~** an unknown quantity 4̲ (≈ *Ausmaß*) extent; (≈ *Bedeutsamkeit*) significance 5̲ (≈ *bedeutender Mensch*) important figure **Großeinkauf** M̲ bulk purchase **Großeinsatz** M̲ **~ der Feuerwehr/Polizei** *etc* large-scale operation by the fire brigade/police *etc* **Großeltern** P̲L̲ grandparents *pl* **Großenkel** M̲ great-grandchild; (≈ *Junge*) great-grandson **Großenkelin** F̲ great-granddaughter **Größenordnung** F̲ scale; (≈ *Größe*) magnitude; MATH order (of magnitude) **großenteils** A̲D̲V̲ mostly **Größenunterschied** M̲ difference in size; (*im Wuchs*) difference in height **Größenverhältnis** N̲ proportions *pl* (+*gen* between); (≈ *Maßstab*) scale; **im ~ 1:100** on the scale 1:100 (🔴 *gesprochen* **one to a hundred**) **Größenwahn(sinn)** M̲ megalomania **größenwahnsinnig** A̲D̲J̲ megalomaniac(al) **Großfahndung** F̲ large-scale manhunt **Großfamilie** F̲ extended family **großflächig** A̲D̲J̲ extensive; *Gemälde, Muster etc* covering a large area **Großformat** N̲ large size **großformatig** A̲D̲J̲ large-size **großgewachsen** A̲D̲J̲ tall **Großgrundbesitzer(in)** M̲F̲ big landowner **Großhandel** M̲ wholesale trade; **etw im ~ kaufen** to buy sth wholesale **Großhandelskaufmann** M̲ wholesaler **Großhandelspreis** M̲ wholesale price **Großhändler(in)** M̲F̲ wholesaler **Großhandlung** F̲ wholesale business **großherzig** A̲D̲J̲ generous, magnanimous **Großhirn** N̲ cerebrum **Grossist(in)** M̲F̲ wholesaler **Großkapitalist(in)** M̲F̲ big capitalist **Großkaufmann** M̲ wholesale merchant **großkotzig** (*pej umg*) A̲D̲J̲ swanky (*umg*) **Großküche** F̲ canteen kitchen **Großkunde** M̲, **Großkundin** F̲ HANDEL major client **Großkundgebung** F̲ mass rally **Großmacht** F̲POL great power **Großmarkt** M̲ hypermarket (*Br*), large supermarket **Großmaul** N̲ (*pej umg*) bigmouth (*umg*) **Großmut** F̲ magnanimity **großmütig** A̲ A̲D̲J̲ magnanimous B̲ A̲D̲V̲ magnanimously **Großmutter** F̲ grandmother (🔴 *als Anrede*

großgeschrieben) **Großonkel** M̲ great-uncle **Großraum** M̲ (*einer Stadt*) **der ~ München** the Munich area **Großraumbüro** N̲ open-plan office **Großraumflugzeug** N̲ large-capacity aircraft **großräumig** A̲ A̲D̲J̲ 1̲ (≈ *mit großen Räumen*) with large rooms; **~ sein** to have large rooms 2̲ (≈ *mit viel Platz, geräumig*) roomy 3̲ (≈ *über große Flächen*) extensive B̲ A̲D̲V̲ **Ortskundige sollten den Bereich ~ umfahren** local drivers should find an alternative route well away from the area **Großrechner** M̲ mainframe (computer) **Großreinemachen** N̲ ≈ spring-cleaning **groß schreiben** V̲T̲ **groß geschrieben werden** (*fig umg*) to be stressed **großschreiben** V̲T̲ **ein Wort ~** to write a word with a capital/in capitals **Großschreibung** F̲ capitalization **großsprecherisch** A̲D̲J̲ boastful **großspurig** (*pej*) A̲ A̲D̲J̲ flashy (*umg*) B̲ A̲D̲V̲ **~ reden** to speak flamboyantly; **sich ~ benehmen** to be flashy **Großstadt** F̲ city **Großstädter(in)** M̲F̲ city dweller **großstädtisch** A̲D̲J̲ big-city *attr* **Großstadtmensch** M̲ city dweller **Großtante** F̲ great-aunt **Großtat** F̲ great feat; **eine medizinische ~** a great medical feat **Großteil** M̲ large part; **zum ~** in the main **größtenteils** A̲D̲V̲ in the main **größte(r, s)** → **groß** **größtmöglich** A̲D̲J̲ greatest possible (🔴 nur mit **the** gebräuchlich) **großtun** (*pej*) A̲ V̲I̲ to show off B̲ V̲R̲ **sich mit etw ~** to boast about sth **Großvater** M̲ grandfather (🔴 *als Anrede* großgeschrieben) **Großveranstaltung** F̲ big event; (≈ *Großkundgebung*) mass rally **Großverdiener(in)** M̲F̲ big earner **Großwetterlage** F̲ general weather situation; **die politische ~** the general political climate **Großwild** N̲ big game **großziehen** V̲T̲ to raise; *Tier* to rear **großzügig** A̲ A̲D̲J̲ generous; (≈ *weiträumig*) spacious B̲ A̲D̲V̲ generously; (≈ *spendabel*) magnanimously; **~ gerechnet** at a generous estimate **Großzügigkeit** F̲ generosity; (≈ *Weiträumigkeit*) spaciousness

grotesk A̲D̲J̲ grotesque **Grotte** F̲ (≈ *Höhle*) grotto **Grübchen** N̲ dimple **Grube** F̲ pit; (*klein*) hole; BERGB mine **Grübelei** F̲ brooding (🔴 *kein pl*) **grübeln** V̲I̲ to brood (*über* +*akk* about, over) **Grubenunglück** N̲ mining accident *od* disaster **Grübler(in)** M̲F̲ brooder **grüblerisch** A̲D̲J̲ pensive **grüezi** I̲N̲T̲ (*schweiz*) hello, hi (*umg*) **Gruft** F̲ tomb, vault; (*in Kirchen*) crypt **Grufti** M̲ 1̲ (*umg* ≈ *älterer Mensch*) old fogey (*umg*) 2̲ (*sl* ≈ *Grufti-kultist*) ≈ goth

grün **A** ADJ green; **~er Salat** lettuce; **ein ~er Junge** (umg) a greenhorn (umg); **~es Licht (für etw) geben/haben** (fig) to give/have got the green light (for sth); **im ~en Bereich** (fig) all clear; **~e Minna** (umg) Black Maria (Br umg), paddy wagon (US umg); **Grüner Punkt** symbol for recyclable packaging; **die ~e Tonne** container for recyclable waste; **~e Welle** phased traffic lights; **auf keinen ~en Zweig kommen** (fig umg) to get nowhere; **die beiden sind sich gar nicht ~** (umg) there's no love lost between them **B** ADV gekleidet (in) green; streichen green; **sich ~ und gelb ärgern** (umg) to be furious; **jdn ~ und blau schlagen** (umg) to beat sb black and blue **Grün** N̄ green; (≈ Grünflächen) green spaces pl; **die Ampel steht auf ~** the light is (at (Br)) green; **das ist dasselbe in ~** (umg) it's (one and) the same (thing) **Grünanlage** F̄ green space

Grund M̄ **1** (≈ Erdboden) ground; **~ und Boden** land; **in ~ und Boden** (fig) sich blamieren, schämen utterly; verdammen outright **2** (von Gefäßen) bottom; (≈ Meeresgrund) (sea)bed **3** (≈ Fundament) foundation(s pl); **von ~ auf** completely; ändern fundamentally; neu gebaut from scratch; **den ~ zu etw legen** to lay the foundations of od for sth; **einer Sache** (dat) **auf den ~ gehen** (fig) to get to the bottom of sth; **im ~e seines Herzens** in one's heart of hearts; **im ~e (genommen)** basically **4** (≈ Ursache) reason; **aus gesundheitlichen** etc **Gründen** for health etc reasons; **einen ~ zum Feiern haben** to have good cause for (a) celebration; **jdm ~ (zu etw) geben** to give sb good reason (for sth); **aus diesem ~** for this reason; **mit gutem ~** with good reason; **aus Gründen** +gen for reasons of; **auf ~ = aufgrund; zu ~e = zugrunde Grundanstrich** M̄ first coat **Grundausbildung** F̄ MIL basic training **Grundausstattung** F̄ basic equipment **Grundbedeutung** F̄ LING primary od basic meaning **Grundbegriff** M̄ basic concept **Grundbesitz** M̄ land **Grundbesitzer(in)** M̄F̄ landowner **Grundbuch** N̄ land register **gründen** **A** V̄T̄ to found; Argument etc to base (auf +akk on); Geschäft to set up; **gegründet 1857** founded in 1857; **eine Familie ~** to get married (and have a family) **B** V̄R̄ **sich auf etw** (akk) **~** to be based on sth **Gründer(in)** M̄F̄ founder **Grundfarbe** F̄ primary colour (Br) od color (US) **Grundfläche** F̄ **1** (eines Zimmers) (floor) area **2** MATH base **Grundform** F̄ basic form **Grundgebühr** F̄ basic charge **Grundgedanke** M̄ basic idea **Grundgesetz** N̄ **das ~** the (German) Constitution **grundieren** V̄T̄ to undercoat **Grundierfarbe** F̄ under-

coat **Grundierung** F̄ (≈ Farbe) undercoat **Grundkenntnisse** PL basic knowledge (in +dat of), basics pl **Grundkurs** M̄ SCHULE, UNIV basic course **Grundlage** F̄ basis; **auf der ~ von** od +gen on the basis of; **jeder ~ entbehren** to be completely unfounded **grundlegend** **A** ADJ fundamental (für to); Textbuch standard **B** ADV fundamentally

gründlich **A** ADJ thorough; Arbeit painstaking **B** ADV thoroughly; **jdm ~ die Meinung sagen** to give sb a real piece of one's mind; **da haben Sie sich ~ getäuscht** you're completely mistaken there

Gründlichkeit F̄ thoroughness **Grundlinie** F̄ MATH, SPORT baseline **Grundlohn** M̄ basic pay **grundlos** **A** ADJ (fig ≈ unbegründet) unfounded **B** ADV (fig) without reason **Grundmauer** F̄ foundation wall **Grundnahrungsmittel** N̄ basic food(stuff) **Gründonnerstag** M̄ Maundy Thursday **Grundprinzip** N̄ basic principle **Grundrechenart** F̄ basic arithmetical operation **Grundrecht** N̄ basic od fundamental right **Grundregel** F̄ basic rule; (fürs Leben etc) maxim **Grundriss** M̄ (von Gebäude) ground od floor plan; (≈ Abriss) outline, sketch **Grundsatz** M̄ principle **Grundsatzentscheidung** F̄ decision of general principle **grundsätzlich** **A** ADJ fundamental; Verbot absolute; Frage of principle **B** ADV (≈ im Prinzip) in principle; (≈ aus Prinzip) on principle; **das ist ~ verboten** it is absolutely forbidden **Grundschule** F̄ primary (Br) od elementary school **Grundschüler(in)** M̄F̄ primary (Br) od elementary(-school) pupil **Grundschullehrer(in)** M̄F̄ primary school teacher (Br), elementary school teacher (US) **Grundstein** M̄ foundation stone; **den ~ zu etw legen** (fig) to lay the foundations of od for sth **Grundsteuer** F̄ (local) property tax **Grundstock** M̄ basis, foundation **Grundstoff** M̄ basic material; (≈ Rohstoff) raw material; CHEM element **Grundstück** N̄ plot (of land); (bebaut) property; (≈ Anwesen) estate **Grundstücksmakler(in)** M̄F̄ estate agent (Br), real estate agent (US) **Grundstückspreis** M̄ land price **Grundstudium** N̄ UNIV basic course **Grundstufe** F̄ first stage; SCHULE ≈ junior (Br) od grade (US) school **Grundton** M̄ (MUS: eines Akkords) root; (einer Tonleiter) tonic keynote **Grundübel** N̄ basic od fundamental evil; (≈ Nachteil) basic problem **Gründung** F̄ founding; (von Geschäft) setting up; **die ~ einer Familie** getting married (and having a family) **grundverkehrt** ADJ completely wrong **grundverschieden** ADJ totally different

Grundwasser N ground water **Grundwasserspiegel** M water table **Grundwehrdienst** M national (Br) od selective (US) service **Grundwissen** N basic knowledge (in +dat of) **Grundwortschatz** M basic vocabulary **Grundzug** M essential feature **Grüne(r)** M/F(M) POL Green; **die ~n** the Greens **Grüne(s)** N (≈ Farbe) green; (≈ Gemüse) greens pl; **ins ~ fahren** to go to the country **Grünfläche** F green space **Grünfutter** N green fodder **Grüngürtel** M green belt **Grünkohl** M (curly) kale **grünlich** ADJ greenish **Grünschnabel** M (umg) (little) whippersnapper (umg); (≈ Neuling) greenhorn (umg) **Grünspan** M verdigris **Grünspecht** M green woodpecker **Grünstreifen** M central reservation (Br), median (strip) (US, Aus); (am Straßenrand) grass verge
grunzen VT & VI to grunt
Grünzeug N greens pl
Gruppe F group **Gruppenarbeit** F [1] teamwork [2] SCHULE group work, work in groups **Gruppenbild** N group portrait **Gruppenführer(in)** M(F) group leader; MIL squad leader **Gruppenreise** F group travel (⚠ kein pl) **Gruppensex** M group sex **Gruppentherapie** F group therapy **Gruppenunterricht** M group learning **gruppenweise** ADV in groups **Gruppenzwang** M peer pressure **gruppieren** A VT to group B VR to form a group/groups **Gruppierung** F grouping; (≈ Gruppe) group; POL faction
Gruselfilm M horror film **gruselig** ADJ horrifying; Geschichte, Film spine-chilling **gruseln** A VT UNPERS & VI UNPERS **mich** od **mir gruselt auf Friedhöfen** cemeteries give me the creeps B VR **sie gruselt sich vor Schlangen** snakes give her the creeps
Gruß M [1] greeting; (≈ Grußgeste, MIL) salute; vie-

> **Grüße ausrichten**

Und noch ein paar Beispiele für Grüße, die man bestellt oder empfängt:

Grüßen Sie Sandra (von mir).	Give my regards to Sandra.
Von Oma soll ich dir ganz liebe Grüße ausrichten.	Grandma sends her love.
Grüß sie alle von mir!	Say hi to everyone from me.
Schöne Grüße von Tom.	Tom says hello.

SPRACHGEBRAUCH ◁

le **Grüße** best wishes (an +akk to); **sag ihm einen schönen ~** say hello to him (from me) [2] (als Brieffloskel) **mit besten Grüßen** yours; **mit freundlichen Grüßen** (bei Anrede Mr/Mrs/Miss X) Yours sincerely, Yours truly (bes US); (bei Anrede Sir(s)/Madam) Yours faithfully, Yours truly (bes US) **grüßen** A VT to greet; MIL to salute; **grüß dich!** (umg) hi! (umg); **Otto lässt dich (schön) ~** Otto sends his regards; **ich soll Sie von ihm ~** he sends his regards etc; **grüß deine Mutter von mir!** give my regards to your mother; **grüß Thomas von mir** say hello to Thomas from me B VI to say hello; MIL to salute; **Otto lässt ~** Otto sends his regards; → **Gott Grußformel** F form of greeting; (am Briefanfang) salutation; (am Briefende) complimentary close **Grußwort** N greeting
Grütze F (≈ Brei) gruel; **rote ~** type of red fruit jelly

gschamig ADJ (österr umg) bashful
gucken A VI (≈ sehen) to look (zu at); (≈ hervorschauen) to peep (aus out of); **lass mal ~!** let's have a look B VT (umg) **Fernsehen ~** to watch television **Guckloch** N peephole
Guerilla M (≈ Guerillakämpfer) guerilla **Guerillakämpfer(in)** M(F) guerilla **Guerillakrieg** M guerilla war
Gugelhupf M (südd, österr), **Gugelhopf** M (schweiz) (GASTR) gugelhupf
Guillotine F guillotine
Guinea N GEOG Guinea
Gulasch N od M goulash **Gulaschsuppe** F goulash soup
Gülle F (südd, schweiz) liquid manure
Gully M od N drain
gültig ADJ valid; **~ werden** to become valid; (Gesetz, Vertrag) to come into force **Gültigkeit** F validity; (von Gesetz) legal force
Gummi N od M (≈ Material) rubber; (≈ Gummiarabikum) gum; (≈ Radiergummi) rubber (Br), eraser; (≈ Gummiband) rubber band; (in Kleidung etc) elastic; (umg ≈ Kondom) rubber (bes US umg), Durex® **gummiartig** A ADJ rubbery B ADV like rubber **Gummiband** N rubber band; (in Kleidung) elastic **Gummibärchen** N ≈ jelly baby (Br), gummi bear **Gummibaum** M rubber plant **Gummiboot** N rubber dinghy **Gummierung** F (≈ gummierte Fläche) gum **Gummihandschuh** M rubber glove **Gummiknüppel** M rubber truncheon **Gummiparagraf**, **Gummiparagraph** M (umg) ambiguous clause **Gummireifen** M rubber tyre (Br) od tire (US) **Gummisohle** F rubber sole **Gummistiefel** M rubber boot, wellington (boot) (Br) **Gummistrumpf** M elastic stocking **Gummizelle** F padded cell **Gum-**

969 ‖ GUTS

mizug M̲ (piece of) elastic

Gunst F̲ favour (Br), favor (US); **zu meinen/deinen ~en** in my/your favo(u)r; **zu ~en** = zugunsten **günstig** A̲ A̲D̲J̲ favourable (Br), favorable (US); (zeitlich) convenient; **bei ~er Witterung** weather permitting; **im ~sten Fall(e)** with luck B̲ A̲D̲V̲ kaufen, verkaufen for a good price; **die Stadt liegt ~ (für)** the town is well situated (for) **günstigenfalls** A̲D̲V̲ at best **günstigstenfalls** A̲D̲V̲ at the very best **Günstling** M̲ (pej) favourite (Br), favorite (US)

Gurgel F̲ throat; (≈ Schlund) gullet; **jdm die ~ zuschnüren** to strangle sb **gurgeln** V̲I̲ (≈ den Rachen spülen) to gargle

Gurke F̲ cucumber; (≈ Essiggurke) gherkin; **saure ~n** pickled gherkins **Gurkensalat** M̲ cucumber salad

gurren V̲I̲ to coo

Gurt M̲ belt; (≈ Riemen) strap

Gürtel M̲ belt; (≈ Absperrkette) cordon; **den ~ enger schnallen** to tighten one's belt **Gürtellinie** F̲ waist; **ein Schlag unter die ~** (wörtl) a blow below the belt **Gürtelreifen** M̲ radial (tyre (Br) od tire (US)) **Gürtelrose** F̲ MED shingles (❗ mit Verb im Singular oder Plural) **Gürteltasche** F̲ belt bag **Gürteltier** N̲ armadillo

Gurtpflicht F̲, **Gurtzwang** M̲ **es besteht ~** the wearing of seat belts is compulsory

Guru M̲ guru

GUS F̲ abk von Gemeinschaft Unabhängiger Staaten CIS, Commonwealth of Independent States

Guss M̲ 1̲ (METALL ≈ das Gießen) casting; (≈ Gussstück) cast; (wie) aus einem ~ (fig) a unified whole 2̲ (≈ Strahl) stream; (umg ≈ Regenguss) downpour **Gusseisen** N̲ cast iron **gusseisern** A̲D̲J̲ cast-iron **Gussform** F̲ mould (Br), mold (US)

gut A̲ A̲D̲J̲ good; **sie ist ~ in Physik** she's good at physics; **das ist ~ gegen Husten** it's good for coughs; **wozu ist das ~?** (umg) what's that for?; **würden Sie so ~ sein und …** would you be good enough to …; **dafür ist er sich zu ~** he wouldn't stoop to that sort of thing; **sind die Bilder ~ geworden?** did the pictures turn out all right?; **es wird alles wieder ~!** everything will be all right; **wie ~, dass …** it's good that …; **lass mal ~ sein!** (≈ ist genug) that's enough; (≈ ist erledigt) just leave it; **jetzt ist aber ~!** (umg) that's enough; **~e Besserung!** get well soon; **schon ~!** (it's) all right; **du bist ~!** (umg) you're a fine one! B̲ A̲D̲V̲ well; **~ schmecken/riechen** to taste/smell good; **du hast es ~!** you've got it made; **das kann ~ sein** that may well be; **so ~ wie nichts** next to nothing;

es dauert ~(e) drei Stunden it lasts a good three hours; **~ aussehend** good-looking; **~ bezahlt** Person, Job highly-paid; **~ gehend** flourishing; **~ gelaunt** cheerful; **~ gemeint** well--meaning, well-meant; **~ verdienend** with a good salary; **~ und gern** easily; **machs ~!** (umg) cheers! (Br); (stärker) take care

Gut N̲ 1̲ (≈ Eigentum) property; (≈ Besitztum) possession 2̲ (≈ Ware) item; **Güter** goods 3̲ (≈ Landgut) estate

Gutachten N̲ report **Gutachter(in)** M̲F̲ expert; (JUR: in Prozess) expert witness **gutartig** A̲D̲J̲ Kind, Hund etc good-natured; Geschwulst benign **gutaussehend** A̲D̲J̲ → gut **gutbürgerlich** A̲D̲J̲ solid middle-class; Küche good plain **Gutdünken** N̲ discretion; **nach (eigenem) ~** as one sees fit

Güte F̲ 1̲ goodness; **ein Vorschlag zur ~** a suggestion; **ach du liebe ~!** (umg) oh my goodness! 2̲ (einer Ware) quality **Güteklasse** F̲ HANDEL grade

Gutenachtkuss M̲ goodnight kiss **Güterbahnhof** M̲ freight depot **Gütergemeinschaft** F̲ JUR community of property **Gütertrennung** F̲ JUR separation of property **Güterverkehr** M̲ freight traffic **Güterwagen** M̲ BAHN freight car **Güterzug** M̲ freight train

Gute(s) N̲ **~s tun** to do good; **alles ~!** all the best!; **des ~n zu viel tun** to overdo things; **das ~ daran** the good thing about it; **das ~ im Menschen** the good in man; **im ~n sich trennen** amicably

Gütesiegel N̲ HANDEL stamp of quality **Gütezeichen** N̲ mark of quality

gut gehen A̲ V̲I̲ U̲N̲P̲E̲R̲S̲ **es geht ihm gut** he is doing well; (≈ er ist gesund) he is well B̲ V̲I̲ to go (off) well; **das ist noch einmal gut gegangen** it turned out all right; **das konnte ja nicht ~** it was bound to go wrong **gutgehend** A̲D̲J̲ → gut **gutgläubig** A̲D̲J̲ trusting **Gutgläubigkeit** F̲ trusting nature **guthaben** V̲T̲ **du hast noch 10 Euro gut** I still owe you 10 euros; **du hast bei mir noch ein Essen gut** I still owe you a meal **Guthaben** N̲ (FIN ≈ Bankguthaben) credit **gutheißen** V̲T̲ to approve of; (≈ genehmigen) to approve **gutherzig** A̲D̲J̲ kind-hearted **gütig** A̲D̲J̲ kind; (≈ edelmütig) generous **gütlich** A̲ A̲D̲J̲ amicable B̲ A̲D̲V̲ amicably; **sich ~ einigen** to come to an amicable agreement **gutmachen** V̲T̲ Fehler to put right; Schaden to make good **gutmütig** A̲D̲J̲ good-natured **Gutmütigkeit** F̲ good nature **Gutsbesitzer(in)** M̲F̲ lord/lady of the manor; (als Klasse) landowner

Gutschein M̲ voucher **gutschreiben** V̲T̲

GUTS | 970

to credit (+*dat* to) **Gutschrift** F̲ (≈ *Bescheinigung*) credit note; (≈ *Betrag*) credit (item)
Gutshaus N̲ manor house **Gutsherr** M̲ squire **Gutsherrin** F̲ lady of the manor **Gutshof** M̲ estate **Gutsverwalter(in)** M̲F̲ steward
guttun V̲I̲ jdm ~ to do sb good; **das tut gut** that's good **gutunterrichtet** A̲D̲J̲ → unterrichtet **gutwillig** A̲D̲J̲ willing; (≈ *entgegenkommend*) obliging; (≈ *wohlwollend*) well-meaning **Gutwilligkeit** F̲ willingness; (≈ *Entgegenkommen*) obliging ways *pl*; (≈ *Wohlwollen*) well-meaningness
GVO *abk* von genetisch veränderte Organismen GMO
Gy 8 N̲ SCHULE → achtjähriges Gymnasium **gymnasial** A̲D̲J̲ **die ~e Oberstufe** ≈ the sixth form (*Br*), ≈ the twelfth grade (*US*) **Gymnasiast(in)** M̲F̲ ≈ grammar school pupil (*Br*), ≈ high school student (*US*) **Gymnasium** N̲ SCHULE ≈ grammar school (*Br*), ≈ high school (*US*)

▶ **Gymnasium** ≠ **gymnasium**

| Gymnasium | = | grammar school (*Br*), high school (*US*) |
| gymnasium | = | Turnhalle |

FALSCHE FREUNDE ◀

Gymnastik F̲ keep-fit exercises *pl*; (≈ *Turnen*) gymnastics *sg* **Gymnastikanzug** M̲ leotard **Gymnastikball** M̲ exercise ball **Gymnastiklehrer(in)** M̲F̲ gymnastics teacher **gymnastisch** A̲D̲J̲ gymnastic
Gynäkologe M̲, **Gynäkologin** F̲ gynaecologist (*Br*), gynecologist (*US*) **Gynäkologie** F̲ gynaecology (*Br*), gynecology (*US*) **gynäkologisch** A̲D̲J̲ gynaecological (*Br*), gynecological (*US*)
Gyros N̲ ≈ doner kebab

H

H, h N̲ H, h
Haar N̲ hair; **sich** (*dat*) **die ~e schneiden lassen** to get one's hair cut (❶ **Hair** bezeichnet „das Haar" und „die Haare", der Plural wird im Englischen nur für einzelne Haare benutzt.); **jdm kein ~ krümmen** not to harm a hair on sb's head; **darüber lass dir keine grauen ~e wachsen** don't worry your head

about it; **sie gleichen sich** (*dat*) **aufs ~** they are the spitting image of each other; **das ist an den ~en herbeigezogen** that's rather far-fetched; **an jdm/etw kein gutes ~ lassen** to pull sb/sth to pieces; **sich** (*dat*) **in die ~e geraten** to quarrel; **um kein ~ besser** not a bit better; **um ein ~** very nearly **Haarausfall** M̲ hair loss **Haarbürste** F̲ hairbrush **haaren** V̲I̲ (*Tier*) to moult (*Br*), to molt (*US*); (*Pelz etc*) to shed (hair) **Haaresbreite** F̲ (**nur**) **um ~** very nearly; *verfehlen* by a hair's breadth **Haareschneiden** N̲ haircut **Haarewaschen** N̲ shampoo, wash **Haarfarbe** F̲ hair colour (*Br*) *od* color (*US*) **Haarfestiger** M̲ (hair) setting lotion **Haargel** N̲ hair gel **haargenau** A̲ A̲D̲J̲ exact; *Übereinstimmung* total B̲ A̲D̲V̲ exactly **Haargummi** N̲ hair band; (*aus Stoff*) scrunchie **haarig** A̲D̲J̲ hairy **Haarklammer** F̲ (≈ *Klemme*) hairgrip (*Br*), bobby pin (*US*); (≈ *Spange*) hair slide (*Br*), barrette (*US*) **haarklein** (*umg*) A̲ A̲D̲J̲ *Beschreibung* detailed B̲ A̲D̲V̲ in great detail **Haarnadelkurve** F̲ hairpin bend **Haarpflege** F̲ hair care **Haarriss** M̲ hairline crack **haarscharf** A̲ A̲D̲J̲ *Beschreibung* exact; *Beobachtung* very close B̲ A̲D̲V̲ *treffen* exactly; *folgern* precisely **Haarschleife** F̲ hair ribbon **Haarschnitt** M̲ haircut **Haarspalterei** F̲ splitting hairs (❶ kein *pl*, ohne a) **Haarspange** F̲ hair slide (*Br*), barrette (*US*) **Haarspliss** M̲ split ends *pl* **Haarspray** N̲ *od* M̲ hairspray **Haarspülung** F̲ (hair) conditioner **haarsträubend** A̲D̲J̲ hair-raising; (≈ *empörend*) shocking; *Frechheit* incredible **Haarteil** N̲ hairpiece **Haartönung** F̲ tinting **Haartrockner** M̲ hairdryer **Haarwäsche** F̲ washing one's hair (❶ ohne Artikel) **Haarwaschmittel** N̲ shampoo **Haarwasser** N̲ hair lotion **Haarwuchs** M̲ growth of hair
Hab N̲ ~ **und Gut** possessions, worldly goods *alle pl* **Habe** F̲ (*geh*) belongings *pl*

haben

| A Hilfsverb | B transitives Verb |
| C unpersönliches Verb | D reflexives Verb |

— **A** Hilfsverb —
ich habe/hatte gerufen I have/had called; **du hättest den Brief früher schreiben können** you could have written the letter earlier
— **B** transitives Verb —
◼ to have; **wir ~ ein Haus/Auto** we've got a house/car; **sie hatte blaue Augen** she had blue eyes; **er hat eine große Nase** he's got a big nose; **was möchten Sie ~?** what would you like?; **da hast du 10 Euro** there's 10 euros;

wie hätten Sie es gern? how would you like it?; **Schule/Unterricht ~** to have school/lessons; **heute ~ wir 10°** it's 10° today; **wie viel Uhr ~ wir?** what's the time?; **was für ein Datum ~ wir heute?** what's today's date?; **Zeit ~, etw zu tun** to have the time to do sth; **was hat er denn?** what's the matter with him?; **hast du was?** is something the matter?; **ich habe nichts** I'm all right; **ein Meter hat 100 cm** there are 100 cm in a metre (Br) od meter (US) **2** (mit Präposition) **das hat er/sie/es so an sich** (dat) that's just the way he/she/it is; **es am Herzen ~** (umg) to have heart trouble; **das hat etwas für sich** there's something to be said for that; **etwas gegen jdn/etw ~** to have something against sb/sth; **es in den Beinen ~** (umg ≈ leiden) to have trouble with one's legs; **das hat es in sich** (umg ≈ schwierig) that's a tough one; **etwas mit jdm ~** (euph) to have a thing with sb (umg); **etwas von etw ~** (umg) to get something out of sth; **das hast du jetzt davon!** now see what's happened!; **das hat er von seinem Leichtsinn** that's what comes of his foolishness; **nichts von etw ~** to get nothing out of sth; **sie hat viel von ihrem Vater** she's very like her father **3** **es gut/bequem ~** to have it good/easy; **es schlecht ~** to have a bad time; **er hat es nicht leicht mit ihr** he has a hard time with her; **nichts mehr zu essen ~** to have nothing left to eat; **du hast zu gehorchen** you have to obey; **etw ist zu ~** (≈ erhältlich) sth is to be had; **jd ist zu ~** (≈ nicht verheiratet) sb is single; (sexuell) sb is available; **für etw zu ~ sein** to be ready for sth; **ich habs!** (umg) I've got it!; **wie gehabt** as before

— **C** unpersönliches Verb —

damit hat es noch Zeit it can wait; **und damit hat es sich** (umg) and that's that

— **D** reflexives Verb —

sich ~ (umg ≈ sich anstellen) to make a fuss
Haben N̄ credit **Habenichts** M̄ have-not

haben

„Haben" wird oft mit **to have** übersetzt. Da **to have** ein ganz normales Verb ist, werden Frage und Verneinung wie bei anderen Verben mit **to do** gebildet. Während man im amerikanischen Englisch meist **to have** sagt, verwendet man im britischen Englisch im „simple present" für „haben" im Sinne von „besitzen" oft **to have got**. Bei **to have got** findet keine Umschreibung mit **to do** statt.

GRAMMATIK

Habenseite F̄ credit side **Habgier** F̄ greed **habgierig** ADJ greedy
Habicht M̄ hawk
Habilitation F̄ postdoctoral lecturing qualification **habilitieren** V̄R to qualify as a professor
Habitat N̄ ZOOL habitat
Habseligkeiten PL belongings pl
Habsucht F̄ greed, acquisitiveness **habsüchtig** ADJ greedy, acquisitive
Hachse F̄ GASTR leg (joint); (südd umg ≈ Fuß) foot; (≈ Bein) leg
Hackbraten M̄ meat loaf
Hacke[1] F̄ (dial, MIL ≈ Absatz) heel; **die ~n zusammenschlagen** MIL to click one's heels
Hacke[2] F̄ (≈ Pickel) pickaxe (Br), pickax (US); (≈ Gartenhacke) hoe **hacken** A V̄T 1 (≈ zerkleinern) to chop 2 Erdreich to hoe 3 (mit spitzem Gegenstand) Loch to hack; (Vogel) to peck B V̄I 1 (mit dem Schnabel) to peck; (mit spitzem Gegenstand) to hack; **nach jdm/etw ~** to peck at sth/sb 2 IT to hack (in +akk into)
Hacken M̄ (≈ Ferse) heel
Hacker(in) M(F) IT hacker
Hackfleisch N̄ mince (Br), ground meat (US); **aus jdm ~ machen** (umg) to make mincemeat of sb (umg); (≈ verprügeln) to beat sb up **Hackordnung** F̄ pecking order **Hacksteak** N̄ beefburger, hamburger
Hafen M̄ harbour (Br), harbor (US); (≈ Handelshafen) port; (≈ Jachthafen) marina; (≈ Hafenanlagen) docks pl **Hafenanlagen** PL docks pl **Hafenarbeiter(in)** M(F) dockworker **Hafenrundfahrt** F̄ (boat-)trip round the harbo(u)r **Hafenstadt** F̄ port **Hafenviertel** N̄ docklands pl (Br), waterfront (US)

Hafen

Außer **harbour** (Br) bzw. **harbor** (US) kann ein Hafen auch mit **port** bezeichnet werden. Die beiden englischen Ausdrücke sind aber nicht beliebig austauschbar. Während **harbour/harbor** ein natürlicher Seehafen oder ein Hafen für kleine Schiffe ist, wird mit **port** eine vom Menschen geschaffene Hafenanlage an Flüssen oder am Meer mit Docks oder Lagerhallen oder auch ein Hafen für militärische Zwecke bezeichnet.

SPRACHGEBRAUCH

Hafer M̄ oats pl **Haferbrei** M̄ porridge **Haferflocken** PL rolled oats pl
Haferl N̄, **Häferl** N̄ (österr ≈ große Tasse) mug
Haferschleim M̄ gruel
Haft F̄ (vor dem Prozess) custody; (≈ Haftstrafe) imprisonment; (politisch) detention; **sich in ~ be-**

finden to be in custody/prison/detention; **in ~ nehmen** to take into custody **haftbar** ADJ (*für jdn*) legally responsible; (*für etw*) (legally) liable; **jdn für etw ~ machen** to make sb liable for sth **Haftbefehl** M warrant; **einen ~ gegen jdn ausstellen** to issue a warrant for sb's arrest

haften¹ VI JUR **für jdn ~** to be (legally) responsible for sb; **für etw ~** to be (legally) liable for sth

haften² VI **1** (≈ *kleben*) to stick (*an +dat* to); **an jdm ~** (fig: *Makel etc*) to stick to sb **2** (*Erinnerung*) to stick (in one's mind); (*Blick*) to become fixed **haften bleiben** VI to stick (*an, auf +dat* to)
Häftling M prisoner
Haftnotiz F Post-it® **Haftpflicht** F (legal) liability **haftpflichtig** ADJ liable **haftpflichtversichert** ADJ **~ sein** to have personal *od* public (*US*) liability insurance; (*Autofahrer*) ≈ to have third-party insurance **Haftpflichtversicherung** F personal *od* public (*US*) liability insurance (⚠ ohne *a*); (*von Autofahrer*) ≈ third-party insurance **Haftstrafe** F prison sentence **Haftung** F **1** JUR (legal) liability; (*für Personen*) (legal) responsibility **2** (TECH, PHYS: *von Reifen*) adhesion **Hafturlaub** M parole

Hagebutte F rose hip **Hagebuttentee** M rose hip tea
Hagel M hail; (*von Vorwürfen*) stream **Hagelkorn** N hailstone **hageln** VI UNPERS **es hagelt** it's hailing **Hagelschauer** M hailstorm
hager ADJ gaunt
Häher M jay
Hahn M **1** (≈ *Vogel*) cock; **~ im Korb sein** (≈ *Mann unter Frauen*) to be cock of the walk; **danach kräht kein ~ mehr** (*umg*) no one cares two hoots about that any more (*umg*) **2** TECH tap, faucet (*US*) **3** (≈ *Abzug*) trigger **Hähnchen** N chicken **Hahnenfuß** M BOT buttercup
Hai M, **Haifisch** M shark
Häkchen N (≈ *Zeichen*) tick (*Br*), check (*US*); (*auf Buchstaben*) accent
Häkelarbeit F crochet (work) (⚠ ohne *a*); (≈ *Gegenstand*) piece of crochet (work) **häkeln** VI & VT to crochet **Häkelnadel** F crochet hook
haken **A** VI **es hakt** (*fig*) there are sticking points **B** VT (≈ *befestigen*) to hook (*an +akk* to) **Haken** M **1** hook; **~ und Öse** hook and eye **2** (*umg* ≈ *Schwierigkeit*) snag; **die Sache hat einen ~** there's a snag **Hakenkreuz** N swastika
Hakennase F hooked nose
halb **A** ADJ **1** half; **ein ~er Meter** half a metre (*Br*) *od* meter (*US*) (⚠ Wortstellung); **eine ~e Stunde** half an hour; **auf ~em Wege, auf ~er Strecke** (*wörtl*) halfway; (*fig*) halfway through; **zum ~en Preis** (at) half price (⚠ ohne *the*) **2** MUS **eine ~e Note** a minim (*Br*), a half-note (*US*); **ein ~er Ton** a semitone **3** **~ zehn** half past nine; **um fünf Minuten nach ~** at twenty-five to; **~ Deutschland/London** half of Germany/London **4** (≈ *stückhaft*) **~e Arbeit leisten** to do a bad job; **die ~e Wahrheit** part of the truth; **mit ~em Ohr** with half an ear; **keine ~en Sachen machen** not to do things by halves **5** (*umg* ≈ *großer Teil*) **die ~e Stadt/Welt** half the town/world; **~ Deutschland** half of Germany (⚠ mit *of*) **B** ADV **~ half**; **~ links** SPORT (at) inside left; **~ rechts** SPORT (at) inside right; **~ voll** half-full; **~ verdaut** half-digested; **~ so gut** half as good; **das ist ~ so schlimm** it's not as bad as all that; (*Zukünftiges*) that won't be too bad; **~ fertig** half-finished; IND semi-finished; **~ nackt** half-naked; **~ lachend, ~ weinend** half laughing, half crying; **mit jdm ~e-~e machen** (*umg*) to go 50/50 with sb **halbautomatisch** ADJ semi-automatic **halbbitter** ADJ *Schokolade* semi-sweet **Halbblut** N (≈ *Mensch*) half-caste; (≈ *Tier*) crossbreed **Halbblüter** M crossbreed **Halbbruder** M half-brother **Halbe** F (*bes südd*) = **Halbe(r)** **Halbe(r)** M half a litre (*Br*) *od* liter (*US*) (of beer) **halbfertig** ADJ → **halb** **halbfest** ADJ *Zustand, Materie* semi-solid **halbfett** ADJ **1** TYPO secondary bold **2** *Lebensmittel* medium-fat **Halbfinale** N semi-final **Halbgott** M demigod **halbherzig** **A** ADJ half-hearted **B** ADV half-heartedly **halbieren** VT to halve; (≈ *in zwei schneiden*) to cut in half; **eine Zahl ~** to divide a number by two **Halbinsel**

Hahn — cock

Hahn — tap, *US* faucet

F peninsula **Halbjahr** **N** half-year, six months; **im ersten/zweiten ~** in the first/last six months of the year **Halbjahresbilanz** **F** half-yearly figures *pl* **Halbjahreszeugnis** **N** SCHULE half-yearly report **halbjährig** **ADJ** *Kind* six-month-old; *Lehrgang etc* six-month **halbjährlich** **ADJ** half-yearly, six-monthly **Halbkreis** **M** semicircle **Halbkugel** **F** hemisphere **halblang** **ADJ** *Kleid, Rock* mid-calf length; **nun mach mal ~!** (*umg*) now wait a minute! **Halbleiter** **M** PHYS semiconductor **halbmast** **ADV** at half-mast; **~ flaggen** to fly flags/a flag at half-mast **Halbmesser** **M** radius **Halbmond** **M** half-moon; (≈ *Symbol*) crescent; **bei ~** when there is a half-moon **halbnackt** **ADJ** → **halb** **Halbpension** **F** half-board **Halbschatten** **M** half shadow **Halbschlaf** **M** light sleep; **im ~ sein** to be half asleep **Halbschuh** **M** shoe **Halbschwester** **F** half-sister **halbseiden** **ADJ** (*wörtl*) fifty per cent (*Br*) *od* percent (*US*) silk; (*fig*) *Dame* fast; (≈ *zweifelhaft*) dubious; **~es Milieu, ~e Kreise** demimonde **halbseitig** **A** **ADJ** *Anzeige etc* half-page; **~e Lähmung** one-sided paralysis **B** **ADV** **~ gelähmt** paralyzed on one side **Halbstarke(r)** **M** young hooligan **halbstündig** **ADJ** half-hour *attr*, lasting half an hour **halbstündlich** **A** **ADJ** half-hourly **B** **ADV** every half an hour, half-hourly

halbtags **ADV** (≈ *morgens*) in the mornings; (≈ *nachmittags*) in the afternoons; (*in Bezug auf Angestellte*) part-time **Halbtagsbeschäftigung** **F** half-day job **Halbtagskraft** **F** worker employed for half-days only

Halbton **M** MUS semitone **halbvoll** **ADJ** → **halb** **halbwegs** **ADV** partly; *gut* reasonably; *annehmbar* halfway **Halbwelt** **F** demimonde **Halbwert(s)zeit** **F** PHYS half-life **Halbwissen** **N** (*pej*) superficial knowledge **Halbzeit** **F** (SPORT) (≈ *Hälfte*) half; (≈ *Pause*) half-time **Halbzeitstand** **M** half-time score **Halde** **F** (BERGB ≈ *Abbauhalde*) slag heap; (*fig*) mountain; **etw auf ~ legen** *Ware, Vorräte* to stockpile sth; *Pläne etc* to shelve sth **Halfpipe** **F** SPORT half-pipe **Hälfte** **F** **1** half; **die ~ der Kinder** half the children; *Rentner zahlen die* **~** pensioners pay half price; **um die ~ mehr** half as much again; **um die ~ steigen** to increase by half; **um die ~ größer** half as big again; **es ist zur ~ fertig** it is half finished; **meine bessere ~** (*hum umg*) my better half (*hum umg*) **2** (≈ *Mitte: einer Fläche*) mid-

dle; **auf der ~ des Weges** halfway **Halfter**[1] **M** *od* **N** (*für Tiere*) halter **Halfter**[2] **F** (≈ *Pistolenhalfter*) holster **Hall** **M** echo **Halle** **F** hall; (≈ *Hotelhalle*) lobby; (≈ *Sporthalle*) (sports) hall, gym(nasium); (≈ *Schwimmhalle*) indoor swimming pool **halleluja** **INT** halleluja(h) **hallen** **VI** to echo **Hallenbad** **N** indoor swimming pool **Hallenfußball** **M** five-a-side football (*Br*) *od* soccer (*US*) **Hallenturnier** **N** SPORT indoor tournament **hallo** **INT** hello **Halluzination** **F** hallucination **halluzinieren** **VI** to hallucinate **Halm** **M** stalk; (≈ *Grashalm*) blade of grass; (≈ *Strohhalm*) straw **Halogen** **N** halogen **Halogen(glüh)lampe** **F** halogen lamp **Halogenlicht** **N** halogen light **Halogenscheinwerfer** **M** halogen headlamp

Hals **M** **1** neck; **jdm um den ~ fallen** to fling one's arms (a)round sb's neck; **sich jdm an den ~ werfen** (*fig umg*) to throw oneself at sb; **sich** (*dat*) **den ~ brechen** (*umg*) to break one's neck; **~ über Kopf** in a rush **2** (≈ *Kehle*) throat; **sie hat es am** *od* **im ~** (*umg*) she has a sore throat; **es hängt mir zum ~ heraus** (*umg*) I'm sick and tired of it; **sie hat es in den falschen ~ bekommen** (*umg* ≈ *falsch verstehen*) she took it wrongly; **er kann den ~ nicht voll (genug) kriegen** (*fig umg*) he is never satisfied **Halsabschneider(in)** **M(F)** (*pej umg*) shark (*umg*) **Halsband** **N** (≈ *Hundehalsband*) collar; (≈ *Schmuck*) necklace **halsbrecherisch** **ADJ** dangerous; *Tempo* breakneck **Halsentzündung** **F** sore throat **Halskette** **F** necklace **Hals-Nasen-Ohren-Arzt** **M**, **Hals-Nasen-Ohren-Ärztin** **F** ear, nose and throat specialist **Halsschlagader** **F** carotid (artery) **Halsschmerzen** **PL** sore throat *sg* **halsstarrig** **ADJ** obstinate **Halstuch** **N** scarf **Hals- und Beinbruch** **INT** good luck **Halsweh** **N** sore throat

halt[1] **INT** stop **halt**[2] **ADV** (*dial*) → **eben** B3 **Halt** **M** **1** (*für Festigkeit*) hold; (≈ *Stütze*) support; **jdm/einer Sache ~ geben** to support sb/sth; **keinen ~ haben** to have no hold/support; **ohne inneren ~** insecure **2** (*geh ≈ Anhalten*) stop; **~ machen** = **haltmachen** **haltbar** **ADJ** **1** **~ sein** (*Lebensmittel*) to keep (well); **etw ~ machen** to preserve sth; **~ bis 6.11.** use by 6 Nov **2** (≈ *widerstandsfähig*) durable; *Stoff* hard-wearing; *Beziehung* long-lasting **3** *Behauptung*

H

HALT | 974

tenable; *Zustand, Lage* tolerable; **diese Position ist nicht mehr ~** this position can't be maintained any longer **4** SPORT stoppable **Haltbarkeit** F̄ **1** (*von Lebensmitteln*) **eine längere ~ haben** to keep longer **2** (≈ *Widerstandsfähigkeit*) durability **3** (*von Behauptung*) tenability **Haltbarkeitsdatum** N̄ best-before date, use-by date **Haltbarkeitsdauer** F̄ length of time for which food may be kept; **eine kurze/lange ~ haben** to be/not to be perishable **Haltebucht** F̄ VERKEHR lay-by, rest stop (US) **Haltegriff** M̄ **1** handle; (*in Bus*) strap; (*an Badewanne*) handrail **2** SPORT hold

halten

A transitives Verb   **B** intransitives Verb
C reflexives Verb

— **A** transitives Verb —

1 (≈ *festhalten*) to hold; **etw gegen das Licht ~** to hold sth up to the light **2** (≈ *aufhalten*) to hold; SPORT to save; **die Wärme/Feuchtigkeit ~** to retain heat/moisture; **ich konnte es gerade noch ~** I just managed to grab hold of it; **haltet den Dieb!** stop thief!; **sie ist nicht zu ~** (*fig*) there's no holding her back; **es hält mich hier nichts mehr** there's nothing to keep me here any more **3** (≈ *behalten*) *Rekord* to hold; *Position* to hold (on to) **4** (≈ *besitzen*) *Haustier* to keep; *Auto* to run; **sich** (*dat*) **eine Geliebte ~** to keep a mistress **5** (≈ *erfüllen*) to keep; **ein Versprechen ~** to keep a promise **6** (≈ *aufrechterhalten*) *Niveau* to keep up; *Tempo, Temperatur* to maintain; *Kurs* to keep to; **das Gleichgewicht ~** to keep one's balance; **Abstand ~!** keep your distance!; **etw sauber ~** to keep sth clean; **viel Sport hält schlank** doing a lot of sport keeps you slim **7** (≈ *handhaben*) **das kannst du (so) ~, wie du willst** that's entirely up to you; **wir ~ es mit den Abrechnungen anders** we deal with invoices in a different way **8** (≈ *veranstalten*) *Fest* to give; *Rede* to make; **Selbstgespräche ~** to talk to oneself; **Unterricht ~** to teach; **Mittagsschlaf ~** to have an afternoon nap **9** (≈ *einschätzen*) **jdn/etw für etw ~** to think sb/sth sth; **etw für angebracht ~** to think sth appropriate; **wofür ~ Sie mich?** what do you take me for?; **das halte ich nicht für möglich** I don't think that is possible; **etw von jdm/etw ~** to think sth of sb/sth; **nicht viel von jdm/etw ~** not to think much of sb/sth; **ich halte nichts davon, das zu tun** I'm not in favour (Br) *od* favor (US) of (doing) that; **viel auf etw** (*akk*) **~** to consider sth very important

— **B** intransitives Verb —

1 (≈ *festhalten*) to hold; (≈ *haften bleiben*) to stick; SPORT to make a save **2** (≈ *haltbar sein*) to last; (*Konserven*) to keep; (*Frisur*) to hold; (*Stoff*) to be hard-wearing; **Rosen ~ länger, wenn ...** roses last longer if ... **3** (≈ *anhalten*) to stop; **zum Halten bringen** to bring to a standstill; **auf sich** (*akk*) **~** (≈ *auf sein Äußeres achten*) to take a pride in oneself; (≈ *selbstbewusst sein*) to be self-confident; **an sich** (*akk*) **~** (≈ *sich beherrschen*) to control oneself; **zu jdm ~** (≈ *beistehen*) to stand by sb

— **C** reflexives Verb —

1 (≈ *sich festhalten*) to hold on (*an +dat* to) **2** **sich (nach) links ~** to keep (to the) left; **sich nach Westen ~** to keep going westwards; **ich halte mich an die alte Methode** I'll stick to the old method; **sich an ein Versprechen ~** to keep a promise; **sich an die Tatsachen ~** to keep to the facts **3** (≈ *sich nicht verändern, Lebensmittel, Blumen*) to keep; (*Wetter*) to last; (*Geruch, Rauch*) to linger; (*Preise*) to hold **4** (≈ *seine Position behaupten*) to hold on; (*in Kampf*) to hold out; **sich gut ~** (*in Prüfung, Spiel etc*) to do well **5** **sich an jdn ~** (≈ *sich richten nach*) to follow sb; **ich halte mich lieber an den Wein** I'd rather stick to wine; **er hält sich für besonders klug** he thinks he's very clever

Halter M̄ **1** (≈ *Halterung*) holder **2** (≈ *Sockenhalter*) garter; (≈ *Strumpfhalter, Hüfthalter*) suspender (Br) *od* garter (US) belt **Halter(in)** M̄/F̄ JUR owner **Halterung** F̄ mounting; (*für Regal etc*) support **Halteschild** N̄ stop sign **Haltestelle** F̄ stop **Halteverbot** N̄ (≈ *Stelle*) no-stopping zone; **hier ist ~** there's no stopping here **Halteverbot(s)schild** N̄ no-stopping sign **haltlos** ADJ (≈ *schwach*) insecure; (≈ *hemmungslos*) unrestrained; (≈ *unbegründet*) groundless **haltmachen** VI to stop; **vor nichts ~** (*fig*) to stop at nothing; **vor niemandem ~** (*fig*) to spare no-one **Haltung** F̄ **1** (≈ *Körperhaltung*) posture; (≈ *Stellung*) position; **~ annehmen** *bes* MIL to stand to attention **2** (*fig* ≈ *Einstellung*) attitude **3** (≈ *Beherrschtheit*) composure; **~ bewahren** to keep one's composure **4** (*von Tieren, Fahrzeugen*) keeping

Halunke M̄ scoundrel; (*hum*) rascal
Hamburg N̄ Hamburg
Hamburger M̄ GASTR hamburger
hamburgisch ADJ Hamburg *attr*
hämisch **A** ADJ malicious **B** ADV maliciously
Hammel M̄ **1** ZOOL wether **2** GASTR mutton
Hammelfleisch N̄ mutton **Hammelkeule** F̄ GASTR leg of mutton
Hammer M̄ hammer **hämmern** **A** VI to hammer; (*mit den Fäusten etc*) to pound **B** VT

to hammer; *Blech etc* to beat **Hammerwerfen** N̄ SPORT hammer(-throwing) **Hammerwerfer(in)** M̄F̄ SPORT hammer-thrower
Hammondorgel F̄ electric organ
Hämoglobin N̄ haemoglobin (*Br*), hemoglobin (*US*) **Hämophilie** F̄ haemophilia (*Br*), hemophilia (*US*) **Hämorrhoiden** P̄L̄, **Hämorriden** P̄L̄ piles *pl*, haemorrhoids *pl* (*Br*), hemorrhoids *pl* (*US*)
Hampelmann M̄ jumping jack
Hamster M̄ hamster **Hamsterkauf** M̄ panic buying (🔴 kein pl); **Hamsterkäufe machen** to buy in order to hoard; (*bei Knappheit*) to panic-buy **hamstern** V̄T̄ & V̄Ī (≈ *ansammeln*) to hoard
Hand F̄ 🔢 hand; **jdm die ~ geben** to give sb one's hand; **Hände hoch!** (put your) hands up!; **~ aufs Herz** hand on heart 🔢 (SPORT *umg* ≈ *Handspiel*) handball 🔢 (*mit Adjektiv*) **ein Auto aus erster ~** a car which has had one previous owner; **etw aus erster ~ wissen** to have first-hand knowledge of sth; **in festen Händen sein** (*fig*) to be spoken for; **bei etw eine glückliche ~ haben** to be lucky with sth; **in guten Händen sein** to be in good hands; **mit leeren Händen** empty-handed; **letzte ~ an etw** (*akk*) **legen** to put the finishing touches to sth; **linker ~, zur linken ~** on the left-hand side; **das Geld mit vollen Händen ausgeben** to spend money hand over fist (*umg*); **aus zweiter ~** second hand 🔢 (*mit Präposition*) **jdn an die** *od* **bei der ~ nehmen** to take sb by the hand; **an ~ von** *od* +*gen* = **anhand**; **das liegt auf der ~** (*umg*) that's obvious; **jdm etw aus der ~ nehmen** to take sth from sb; **etw aus der ~ geben** to let sth out of one's hands; **mit etw schnell bei der ~ sein** (*umg*) to be ready with sth; **~ in ~** hand in hand; **etw in der ~ haben** to have sth; **etw gegen jdn in der ~ haben** to have sth on sb; **etw in die ~ nehmen** to pick sth up; (*fig*) to take sth in hand; (**bei etw**) **mit ~ anlegen** to lend a hand (with sth); **sich mit Händen und Füßen gegen etw wehren** to fight sth tooth and nail; **um jds ~ bitten** *od* **anhalten** to ask for sb's hand (in marriage); **unter der ~** (*fig*) on the quiet; **von ~ geschrieben** handwritten; **die Arbeit ging ihr leicht von der ~** she found the work easy; **etw lässt sich nicht von der ~ weisen** sth is undeniable; **von der ~ in den Mund leben** to live from hand to mouth; **etw zur ~ haben** to have sth to hand; **zu Händen von jdm** for the attention of sb 🔢 (*mit Verb*) **darauf gaben sie sich die ~** they shook hands on it; **eine ~ wäscht die andere** you scratch my back, I'll scratch yours; **die Hände überm Kopf zusammenschlagen** to throw up one's hands in horror; **alle Hände**

voll zu tun haben to have one's hands full; **~ und Fuß haben** to make sense; **die ~ für jdn ins Feuer legen** to vouch for sb **Handarbeit** F̄ 🔢 work done by hand; (*Gegenstand*) handmade article; **etw in ~ herstellen** to produce sth by hand 🔢 (≈ *Nähen, Sticken etc*) needlework (🔴 kein pl); **diese Tischdecke ist ~** this tablecloth is handmade 🔢 (*kunsthandwerklich*) handicraft (🔴 kein pl); **eine ~** a piece of handicraft work **Handball** M̄ (≈ *Spiel*) handball **Handballer(in)** M̄F̄ handball player **Handbetrieb** M̄ hand operation; **mit ~** hand-operated **Handbewegung** F̄ sweep of the hand; (≈ *Geste, Zeichen*) gesture **Handbohrer** M̄ gimlet **Handbremse** F̄ handbrake (*Br*), parking brake (*US*) **Handbuch** N̄ handbook; (*technisch*) manual **Händchen** N̄ **~ halten** (*umg*) to hold hands; **für etw ein ~ haben** (*umg*) to be good at sth **Händedruck** M̄ handshake
Handel M̄ 🔢 (≈ *das Handeln*) trade; (*bes mit illegaler Ware*) traffic; **~ mit etw** trade in sth 🔢 (≈ *Warenmarkt*) market; **im ~ sein** to be on the market; **etw aus dem ~ ziehen** to take sth off the market; (**mit jdm**) **~ (be)treiben** to trade (with sb); **~ treibend** trading 🔢 (≈ *Abmachung*) deal
Handelfmeter M̄ penalty for a handball
handeln Ā V̄Ī 🔢 (≈ *Handel treiben*) to trade; **er handelt mit Gemüse** he's in the vegetable trade; **er handelt mit Drogen** he traffics in drugs 🔢 (≈ *feilschen*) to haggle (*um* over); **ich lasse schon mit mir ~** I'm open to persuasion; (*in Bezug auf Preis*) I'm open to offers 🔢 (≈ *tätig werden*) to act 🔢 (≈ *zum Thema haben*) **von etw ~, über etw** (*akk*) **~** to deal with sth B̄ V̄R̄ UNPERS 🔢 **es handelt sich hier um ein Verbrechen** it's a crime we are dealing with here; **bei dem Festgenommenen handelt es sich um X** the person arrested is X 🔢 (≈ *betreffen*) **sich um etw ~** to be about sth C̄ V̄T̄ (≈ *verkaufen*) to sell (*für* at, for); (*an der Börse*) to quote (*mit* at) **Handeln** N̄ 🔢 (≈ *Feilschen*) bargaining, haggling 🔢 (≈ *das Handeltreiben*) trading 🔢 (≈ *Verhalten*) behaviour (*Br*), behavior (*US*) 🔢 (≈ *das Tätigwerden*) action **Handelsabkommen** N̄ trade agreement **Handelsbank** F̄ merchant bank **Handelsbeziehungen** P̄L̄ trade relations *pl* **Handelsbilanz** F̄ balance of trade; **aktive/passive ~** balance of trade surplus/deficit **Handelsdefizit** N̄ trade deficit **handelseinig** ĀD̄J̄ **~ werden/sein** to agree terms **Handelsembargo** N̄ trade embargo **Handelsgesellschaft** F̄ commercial company **Handelsgut** N̄ commodity **Handelshafen** M̄ trading port **Handelskammer** F̄ chamber of commerce **Handels-**

HAND | 976

klasse F grade; **Heringe der ~ 1** grade 1 herring **Handelsmarine** F merchant navy **Handelsmarke** F trade name **Handelsniederlassung** F branch (of a trading organization) **Handelspartner(in)** MF trading partner **Handelspolitik** F trade policy **Handelsrecht** N commercial law (❗ kein pl, ohne **the**) **Handelsregister** N register of companies **Handelsreisende(r)** M/F(M) commercial traveller (Br) od traveler (US) **Handelsschiff** N trading ship **Handelsschifffahrt** F merchant shipping (❗ ohne **the**) **Handelsschranke** F trade barrier **Handelsschule** F commercial school od college **Handelsschüler(in)** MF student at a commercial school od college **Handelsspanne** F profit margin **handelsüblich** ADJ usual (in the trade od in commerce); Ware standard **Handelsverkehr** M trade **Handelsvertreter(in)** MF commercial traveller (Br) od traveler (US) **Handelsvertretung** F trade mission **Handelsware** F commodity **Handelszentrum** N trading centre (Br) od center (US) **Handelszweig** M branch **handeltreibend** ADJ trading
händeringend ADV wringing one's hands; (fig) um etw bitten imploringly **Händetrockner** M hand drier **Handfeger** M hand brush **handfest** ADJ **1** Essen substantial **2** (fig) Schlägerei violent; Skandal huge; Argument well-founded; Beweis solid; Lüge flagrant, blatant **Handfeuerwaffe** F handgun **Handfläche** F palm (of the/one's hand) **Handfunkgerät** N walkie-talkie **handgearbeitet** ADJ handmade **Handgelenk** N wrist; **aus dem ~** (fig umg ≈ ohne Mühe) effortlessly; (≈ improvisiert) off the cuff **handgemacht** ADJ handmade **Handgemenge** N scuffle **Handgepäck** N hand luggage od baggage (❗ beide kein pl) **handgeschrieben** ADJ handwritten **handgestrickt** ADJ hand-knitted; (fig) homespun **Handgranate** F hand grenade **handgreiflich** ADJ Streit violent; **~ werden** to become violent **Handgreiflichkeit** F violence (❗ kein pl) **Handgriff** M **1** (≈ Bewegung) movement; **keinen ~ tun** not to lift a finger; **mit einem ~ öffnen** with one flick of the wrist; **mit ein paar ~en** in next to no time **2** (≈ Gegenstand) handle **Handhabe** F (fig) **ich habe gegen ihn keine ~** I have no hold on him **handhaben** VT to handle; Gesetz to implement **Handhabung** F handling; (von Gesetz) implementation
Handheld N **1** IT handheld (computer) **2** FOTO handheld camera **Handheld-PC** M handheld PC

Handicap, Handikap N handicap **Handkarren** M handcart **Handkuss** M kiss on the hand; **mit ~** (fig umg) with pleasure **Handlanger(in)** MF (fig) dogsbody (Br umg), drudge (US); (pej ≈ Gehilfe) henchman **Händler(in)** MF trader; (≈ Autohändler) dealer; (≈ Ladenbesitzer) shopkeeper (Br), store owner (US) **Händlerrabatt** M trade discount **handlich** ADJ Gerät, Format handy; Gepäckstück manageable; Auto manoeuvrable (Br), maneuverable (US) **Handlung** F action; (≈ Tat, Akt) act; (≈ Handlungsablauf) plot; **der Ort der ~** the scene of the action **Handlungsbedarf** M need for action **Handlungsbevollmächtigte(r)** M/F(M) authorized agent **handlungsfähig** ADJ Regierung capable of acting; JUR authorized to act; **eine ~e Mehrheit** a working majority **Handlungsfähigkeit** F (von Regierung) ability to act; JUR power to act **Handlungsspielraum** M scope (of action) **handlungsunfähig** ADJ Regierung incapable of acting; JUR without power to act **Handlungsvollmacht** F proxy **Handlungsweise** F conduct (❗ kein pl)
Handout, Hand-out N handout **Handpflege** F care of one's hands **Handpuppe** F glove (Br) od hand (US) puppet **Handrücken** M back of the/one's hand **Handschelle** F handcuff; **jdm ~n anlegen** to handcuff sb **Handschlag** M **1** (≈ Händedruck) handshake; **per ~** with a handshake **2** **keinen ~ tun** not to do a stroke (of work) **Handschrift** F **1** handwriting; **etw trägt jds ~** (fig) sth bears sb's (trade)mark **2** (≈ Text) manuscript **handschriftlich** **A** ADJ handwritten **B** ADV korrigieren by hand **Handschuh** M glove; (≈ Fausthandschuh) mitten, mitt (umg) **Handschuhfach** N AUTO glove compartment **Handspiel** N SPORT handball **Handstand** M SPORT handstand **Handstreich** M **in** od **durch einen ~** in a surprise coup **Handtasche** F handbag (Br), purse (US) **Handtuch** N towel; **das ~ werfen** to throw in the towel **Handtuchautomat** M towel dispenser **Handtuchhalter** M towel rail (Br) od rack (US) **Handumdrehen** N (fig) **im ~** in the twinkling of an eye **handverlesen** ADJ Obst etc hand-graded; (fig) hand-picked **Handwagen** M handcart **Handwaschbecken** N wash-hand basin **Handwäsche** F washing by hand; (≈ Wäschestücke) hand wash
Handwerk N trade; (≈ Kunsthandwerk) craft; **sein ~ verstehen** (fig) to know one's job; **jdm ins ~ pfuschen** (fig) to tread on sb's toes; **jdm das ~ legen** (fig) to put a stop to sb's game (umg) od to

HARK

▶ Handtasche

Taschen und Beutel haben im britischen und amerikanischen Englisch oft unterschiedliche Entsprechungen.

Handtasche	**handbag** (Br), **handbag** (US), **purse**
Geldbeutel, Portemonnaie	**purse** (Br), **wallet** (US)
Brieftasche	**wallet** (Br), **wallet** (US), **pocketbook**, **billfold**

SPRACHGEBRAUCH ◁

sb **Handwerker(in)** M/F tradesman/-woman, (skilled) manual worker; (≈ Kunsthandwerker) craftsman/-woman **handwerklich** ADJ Ausbildung as a manual worker/craftsman/craftswoman; **~er Beruf** skilled trade; **~es Können** craftsmanship; **~e Fähigkeiten** manual skills **Handwerksberuf** M skilled trade **Handwerksbetrieb** M workshop **Handwerkskammer** F trade corporation **Handwerksmeister(in)** M/F master craftsman/-woman **Handwerkszeug** N tools pl; (fig) tools pl of the trade, equipment **Handwurzel** F ANAT carpus **Handzettel** M handout, leaflet **Handy** N TEL mobile (phone), cell (phone) (US) **Handynummer** F TEL mobile (phone) number, cell phone number (US)

▶ Handy ≠ handy

Handy	=	**mobile (phone), cell(ular) phone** (US), **cell** (umg)
handy	=	handlich, praktisch

FALSCHE FREUNDE ◁

Handzeichen N signal; (bei Abstimmung) show of hands **hanebüchen** ADJ (geh) outrageous **Hanf** M hemp **Hang** M ① (≈ Abhang) slope ② (≈ Neigung) tendency; **sie hat einen ~ zum Übertreiben** she has a tendency to exaggerate **Hängebrücke** F suspension bridge **Hängebrust** F, **Hängebusen** M (pej) sagging breasts pl **Hängematte** F hammock **hängen** A VI ① to hang; **die Vorhänge ~ schief** the curtains don't hang straight; **ihre Haare ~ bis auf die Schultern** her hair comes down to her shoulders; **das Bild hängt an der Wand** the picture is hanging on the wall; **mit ~den Schultern** with drooping shoulders; **den Kopf ~ lassen** (fig) to be downcast ② (≈ festhängen) to be caught (an +dat on); (≈ kleben) to be stuck (an +dat to); **ihre Blicke hingen an dem Sänger** her eyes were fixed on the singer ③ (umg ≈ sich aufhalten) to hang around (umg); **sie hängt ständig in Discos** she hangs around discos ④ (gefühlsmäßig) **an jdm/etw ~** (≈ lieben) to love sb/sth; **ich hänge am Leben** I love life; **es hängt an ihm, ob …** it depends on him whether … B VT (≈ aufhängen, henken) to hang; **das Bild an die Wand ~** to hang the picture on the wall C VR **sich an etw** (akk) **~** (≈ sich festhalten) to hang on to sth; (≈ sich festsetzen) to stick to sth; (gefühlsmäßig) to be fixated on sth; **sich an jdn ~** (≈ anschließen) to tag on to sb (umg); (gefühlsmäßig) to become attached to sb; (≈ verfolgen) to go after sb **Hängen und Würgen** by the skin of one's teeth **hängen bleiben** VI (≈ sich verfangen) to get caught (an +dat on); (≈ nicht durch-, weiterkommen) not to get through; (≈ sich aufhalten) to stay on; (≈ haften bleiben) to get stuck (in, an +dat on); **der Verdacht ist an ihm hängen geblieben** suspicion rested on him **hängen lassen** A VT ① (≈ vergessen) to leave behind ② (umg ≈ im Stich lassen) to let down B VR to let oneself go; **lass dich nicht so hängen!** don't let yourself go like this! **Hängeschrank** M wall cupboard

Hannover N Hanover
Hansaplast® N (sticking) plaster
Hanse F HIST Hanseatic League **hanseatisch** ADJ Hanseatic
hänseln VT to tease
Hansestadt F Hansa od Hanseatic town
Hanswurst M clown
Hantel F SPORT dumbbell
hantieren VI ① (≈ arbeiten) to be busy ② (≈ umgehen mit) **mit etw ~** to handle sth ③ (≈ herumhantieren) to tinker about (an +dat with, on)
hapern VI UNPERS (umg) **es hapert an etw** (dat) (≈ fehlt) there is a shortage of sth; **es hapert bei jdm mit etw** (≈ fehlt) sb is short of sth
Häppchen N morsel; (≈ Appetithappen) titbit (Br), tidbit (US) **häppchenweise** ADV (umg) bit by bit **Happen** M (umg) mouthful; (≈ kleine Mahlzeit) bite **happig** ADJ (umg) steep (umg)
Happy End N, **Happyend** N happy ending
Harass M (schweiz ≈ Kasten, Kiste) crate
Härchen N little hair
Hardcover N, **Hard Cover** N hardcover
Hardliner(in) M/F POL hardliner **Hardware** F IT hardware
Harem M harem
Harfe F harp; **~ spielen** to play the harp (mit the) **Harfenist(in)** M/F harpist
Harke F rake; **jdm zeigen, was eine ~ ist** (fig

umg) to show sb what's what (*umg*) **harken** VT & VI to rake
harmlos ADJ harmless; *Kurve* easy **Harmlosigkeit** F harmlessness
Harmonie F harmony **harmonieren** VI to harmonize **Harmonika** F harmonica; (≈ *Ziehharmonika*) accordion **harmonisch** ADJ MUS harmonic; (≈ *wohlklingend*) harmonious; **~ verlaufen** to be harmonious; **sie leben ~ zusammen** they live together in harmony **harmonisieren** VT to harmonize **Harmonisierung** F harmonization
Harn M urine; **~ lassen** to urinate **Harnblase** F bladder **Harnleiter** M ureter **Harnröhre** F urethra
Harpune F harpoon
harsch ADJ (≈ *barsch*) harsh
hart A ADJ 1 hard; *Ei* hard-boiled 2 (≈ *scharf*) *Konturen, Formen* sharp; *Klang, Ton* harsh 3 (≈ *rau*) *Spiel* rough; (*fig*) *Getränke* strong; *Droge* hard; *Porno* hard-core 4 (≈ *streng, robust*) tough; *Strafe, Kritik* severe; **~ bleiben** to stand firm; **es geht ~ auf ~** it's a tough fight B ADV hard (⚠ Vorsicht, nicht **hardly**, denn das heißt „kaum".); **~ gefroren** frozen solid *präd*; **~ gekocht** *Ei* hard-boiled; **~ klingen** (*Sprache*) to sound hard; (*Bemerkung*) to sound harsh; **etw trifft jdn ~** sth hits sb hard; **~ durchgreifen** to take tough action; **jdn ~ anfassen** to be hard on sb; **das ist ~ an der Grenze der Legalität** that's on the very limits of legality; **~ am Wind (segeln)** SCHIFF (to sail) close to the wind **Härte** F hardness; (*von Aufprall*) violence; (≈ *Härtegrad*) degree (of hardness); (*von Konturen, Formen*) sharpness; (*von Klang, Akzent*) harshness; (*von Spiel*) roughness (⚠ kein pl); (*von Währung*) stability; (*von Strafe, Kritik*) severity; **soziale ~n** social hardships; **das ist die ~** (*sl* ≈ *Zumutung*) that's a bit much (*umg*) **Härtefall** M case of hardship; (*umg* ≈ *Mensch*) hardship case **härten** VT to harden; *Stahl* to temper **Härtetest** M endurance test; (*fig*) acid test **Hartfaserplatte** F hardboard, fiberboard (*US*) **Hartgummi** M od N hard rubber **hartherzig** ADJ hard-hearted **Hartherzigkeit** F hard-heartedness **Hartholz** N hardwood **Hartkäse** M hard cheese **hartnäckig** A ADJ stubborn; *Lügner, Husten* persistent B ADV (≈ *beharrlich*) persistently; (≈ *stur*) stubbornly **Hartnäckigkeit** F (≈ *Beharrlichkeit*) doggedness **Hartweizengrieß** M semolina **Hartwurst** F dry sausage
Harz¹ N resin
Harz² M GEOG Harz Mountains *pl*
harzig ADJ *Holz, Geschmack* resinous
Hasch N (*umg*) hash (*umg*)
Haschee N GASTR hash
haschen VI (*umg* ≈ *Haschisch rauchen*) to smoke pot (*umg*)
Häschen N 1 young hare 2 (*umg* ≈ *Kaninchen*) bunny (*umg*) 3 (≈ *Kosename*) sweetheart
Hascherl N (*österr umg*) poor soul
Haschisch N od M hashish
Hase M hare; **falscher ~** GASTR meat loaf; **sehen, wie der ~ läuft** (*fig umg*) to see which way the wind blows; **alter ~** (*fig umg*) old hand; **da liegt der ~ im Pfeffer** (*umg*) that's the crux of the matter

 Hase

Der Unterschied zwischen **hare** und **rabbit** ist manchmal verwirrend. Was im Deutschen in Käfigen gehalten und als „Stallhase" bezeichnet wird, heißt auf Englisch **rabbit**. Auch der deutsche Osterhase ist auf Englisch ein **rabbit** und wird mit dem Kosenamen für „Kaninchen" als **Easter bunny** bezeichnet.

SPRACHGEBRAUCH

Haselnuss F hazelnut
hasenrein ADJ **jd/etw ist nicht (ganz) ~** (*umg*) sb/sth is not (quite) above board **Hasenscharte** F MED harelip **Häsin** F female hare
Hass M hatred (*auf +akk, gegen* of); **Liebe und ~** love and hate; **einen ~ (auf jdn) haben** (*umg*) to be really sore (with sb) (*umg*) **hassen** VT & VI to hate **hassenswert** ADJ hateful **hässlich** A ADJ 1 (≈ *scheußlich*) ugly 2 (≈ *gemein, unerfreulich*) nasty B ADV 1 (≈ *gemein*) **sich ~ benehmen** to be nasty 2 (≈ *nicht schön*) hideously **Hässlichkeit** F 1 (≈ *Scheußlichkeit*) ugliness 2 (≈ *Gemeinheit*) nastiness **Hassliebe** F love-hate relationship (*für* with)
Hast F haste **hasten** VI (*geh*) to hasten (*form*) **hastig** A ADJ hasty B ADV hastily; **nicht so ~!** not so fast!
hätscheln VT (≈ *zu weich behandeln*) to pamper
hatschen VI (*österr umg* ≈ *mühsam gehen*) to trudge along; (≈ *hinken*) to hobble
hatschi INT atishoo (*Br*), achoo
Hattrick M SPORT hat-trick; (*fig*) masterstroke
Haube F 1 (≈ *Kopfbedeckung*) bonnet; (*von Krankenschwester etc*) cap; **unter die ~ kommen** (*hum*) to get married 2 (*allgemein* ≈ *Bedeckung*) cover; (≈ *Trockenhaube*) (hair) dryer, drying hood (*US*); (≈ *Motorhaube*) bonnet (*Br*), hood (*US*)
Hauch M 1 (*geh* ≈ *Atem*) breath; (≈ *Luftzug*) breeze 2 (≈ *Andeutung*) hint **hauchdünn** ADJ extremely thin; *Scheiben* wafer-thin; (*fig*) *Mehrheit* extremely narrow; *Sieg* extremely close **hauchen** VT &

HAUP

Haube — bonnet

Haube — *Br* bonnet, *US* hood

VI to breathe
Haue F 1 (*südd, österr*) (≈ *Pickel*) pickaxe (*Br*), pickax (*US*); (≈ *Gartenhacke*) hoe 2 (*umg* ≈ *Prügel*) **~ kriegen** to get a good hiding (*umg*) **hauen** A VT 1 (*umg* ≈ *schlagen*) to hit 2 (≈ *meißeln*) Statue to carve 3 (*dial* ≈ *zerhacken*) Holz to chop (up) B VI (*umg* ≈ *schlagen*) to hit; **jdm auf die Schulter ~** to slap sb on the shoulder C VR (*umg* ≈ *sich prügeln*) to scrap **Hauer** M ZOOL tusk **Häufchen** N small heap; **ein ~ Unglück** a picture of misery **Haufen** M 1 heap; **jdn/ein Tier über den ~ fahren** *etc* (*umg*) to knock sb/an animal down; **jdn über den ~ schießen** (*umg*) to shoot sb down; **etw** (*akk*) **über den ~ werfen** (*umg*) (≈ *verwerfen*) to throw *od* chuck (*umg*) sth out; (≈ *durchkreuzen*) to mess sth up (*umg*); **der Hund hat da einen ~ gemacht** the dog has made a mess there (*umg*) 2 (*umg* ≈ *große Menge*) load (*umg*); **ein ~ Unsinn** a load of (old) rubbish (*umg*); **ein ~ Zeit** loads of time (*umg*); **ich hab noch einen ~ zu tun** I still have loads to do (*umg*) 3 (≈ *Schar*) crowd **häufen** A VT to pile up; (≈ *sammeln*) to accumulate; → **gehäuft** B VR (≈ *sich ansammeln*) to mount up; (≈ *zahlreicher werden*) to occur increasingly often **haufenweise** ADV (≈ *in Haufen*) in heaps; **etw ~ haben** to have heaps of sth (*umg*) **Haufenwolke** F cumulus (cloud) **häufig** A ADJ frequent; **ein ~er Fehler** a common mistake B ADV often **Häufigkeit** F frequency **Häufung** F 1 (*fig* ≈ *das Anhäufen*) accumulation 2 (≈ *das Sichhäufen*) increasing number
Haupt N head; **eine Reform an ~ und Gliedern** a total reform **Hauptaktionär(in)** M(F) main shareholder **Hauptakzent** M 1 LING primary accent *od* stress 2 (*fig*) main emphasis **hauptamtlich** A ADJ full-time; **~e Tätigkeit** full-time office B ADV (on a) full-time (basis); **~ tätig sein** to work full-time **Hauptanschluss** M TEL main extension **Hauptarbeit** F main (part of the) work **Haupttattraktion** F main attraction **Hauptaufgabe** F main *od* chief task **Hauptaugenmerk** F **sein ~ auf etw** (*akk*) **richten** to focus one's attention on sth **Hauptausgang** M main exit **Hauptbahnhof** M main station **hauptberuflich** A ADJ full-time; **~e Tätigkeit** main occupation B ADV full-time; **~ tätig sein** to be employed full-time **Hauptbeschäftigung** F main occupation **Hauptbetrieb** M 1 (≈ *Zentralbetrieb*) headquarters (⚠ mit Verb im Singular oder Plural) 2 (≈ *geschäftigste Zeit*) peak period; (≈ *Hauptverkehrszeit*) rush hour **Hauptbuch** N HANDEL ledger **Hauptdarsteller** M leading man **Hauptdarstellerin** F leading lady **Haupteingang** M main entrance **Häuptelsalat** M (*österr*) lettuce **Hauptfach** N SCHULE, UNIV main subject, major (*US*); **etw im ~ studieren** to study sth as one's main subject, to major in sth (*US*) **Hauptfeld** N (*bei Rennen*) (main) pack **Hauptfigur** F central figure **Hauptgericht** N main course **Hauptgeschäftsstelle** F head office, headquarters (⚠ mit Verb im Singular oder Plural) **Hauptgeschäftszeit** F peak (shopping) period **Hauptgewicht** N (*fig*) main emphasis **Hauptgewinn** M first prize **Hauptgrund** M main *od* principal reason **Haupthahn** M mains cock, mains tap (*Br*) **Hauptlast** F main load, major part of the load; (*fig*) main burden **Hauptleitung** F mains *pl* **Häuptling** M chief(tain); (*fig umg* ≈ *Boss*) chief (*umg*) **Hauptmahlzeit** F main meal **Hauptmann** M MIL captain; FLUG flight lieutenant (*Br*), captain (*US*) **Hauptmenü** N IT main menu **Hauptmieter(in)** M(F) main tenant **Hauptnahrungsmittel** N staple food **Hauptperson** F central figure **Hauptpostamt** N main post office **Hauptquartier** N headquarters (⚠ mit Verb im Singular oder Plural) **Hauptreisezeit** F peak travelling (*Br*) *od* traveling (*US*) time(s *pl*) **Hauptrolle** F FILM, THEAT leading role, lead; **die ~ spielen** (*fig*) to be all-important; (≈ *wichtigste Person sein*) to play the main role **Hauptsache** F main thing; **in der ~** in the main; **~, du bist glücklich** the main thing is that you're happy **hauptsächlich** A ADV mainly B ADJ main **Hauptsaison** F peak season; **~ haben** to

HAUP | 980

have its/their peak season **Hauptsatz** M̄ (GRAM: *übergeordnet*) main clause **Hauptschlagader** F̄ aorta **Hauptschulabschluss** M̄ **den ~ haben** ≈ to have completed secondary school *od* junior high (school) (*US*) **Hauptschuldige(r)** M/F(M) person mainly to blame *od* at fault, main offender (*bes* JUR) **Hauptschule** F̄ ≈ secondary school, ≈ junior high (school) (*US*) (❗ Diesen Schultyp gibt es in GB nicht, alle Schüler gehen auf eine weiterführende Schule, die **secondary school**.) **Hauptschüler(in)** M/F ≈ secondary school *od* junior high (school) (*US*) pupil **Hauptspeicher** M̄ IT main memory **Hauptstadt** F̄ capital (city) **hauptstädtisch** ADJ metropolitan **Hauptstraße** F̄ main road; (*im Stadtzentrum etc*) main street **Hauptstudium** N̄ UNIV main course (of studies) **Hauptteil** M̄ main part **Haupttreffer** M̄ top prize, jackpot (*umg*) **Haupttribüne** F̄ main stand **Hauptverkehrsstraße** F̄ (*in Stadt*) main street; (≈ *Durchgangsstraße*) main thoroughfare **Hauptverkehrszeit** F̄ peak traffic times *pl*; (*in Stadt*) rush hour **Hauptversammlung** F̄ general meeting **Hauptwäsche** F̄, **Hauptwaschgang** M̄ main wash **Hauptwohnsitz** M̄ main place of residence **Hauptwort** N̄ GRAM noun **Hauptzeuge** M̄, **Hauptzeugin** F̄ principal witness

hau ruck INT heave-ho **Hauruckverfahren** N̄ **etw im ~ tun** to do sth in a great hurry **Haus** N̄ house; **mit jdm ~ an ~ wohnen** to live next door to sb; **aus dem ~ sein** to be away from home; **außer ~ essen** to eat out; **im ~e meiner Schwester** at my sister's (house); **ins ~ stehen** (*fig*) to be on the way; **jdn nach ~e bringen** to take sb home; **bei jdm zu ~e** in sb's house; **bei uns zu ~e** at home; **sich wie zu ~e fühlen** to feel at home; **fühl dich wie zu ~e!** make yourself at home!; **er ist nicht im ~e** (≈ *in der Firma*) he's not in; **ein Freund des ~es** a friend of the family; **aus gutem/ bürgerlichem ~(e)** from a good/middle-class family; **von ~e aus** (≈ *ursprünglich*) originally; (≈ *von Natur aus*) naturally; **das ~ Windsor** the House of Windsor; **vor vollem ~ spielen** THEAT to play to a full house; **Hohes ~!** PARL ≈ honourable (*Br*) *od* honorable (*US*) members (of the House!) **Hausapotheke** F̄ medicine cupboard **Hausarbeit** F̄ ◫ housework (❗ kein pl, ohne a) ◩ SCHULE homework (❗ kein pl, ohne a), piece of homework, assignment (*bes US*) **Hausarrest** M̄ (*im Internat*) detention; JUR house arrest; **~ haben** to be in detention/under house arrest **Hausarzt** M̄,

Hausärztin F̄ GP; (*von Anstalt*) resident doctor **Hausaufgabe** F̄ SCHULE homework (❗ kein pl, ohne a); **seine ~n machen** to do one's homework **hausbacken** ADJ (*fig*) homespun, homely (*US*) **Hausbau** M̄ (≈ *das Bauen*) building of a/the house **Hausbesetzer(in)** M/F squatter **Hausbesetzung** F̄ squatting **Hausbesitzer(in)** M/F house-owner; (≈ *Hauswirt*) landlord/landlady **Hausbesuch** M̄ home visit **Hausbewohner(in)** M/F (house) occupant **Hausboot** N̄ houseboat **Häuschen** N̄ (*fig umg*) **ganz aus dem ~ sein vor ...** to be out of one's mind with ... (*umg*); **ganz aus dem ~ geraten** to go berserk (*umg*) **Hausdetektiv(in)** M/F house detective; (*von Kaufhaus*) store detective **Hauseigentümer(in)** M/F homeowner **Hauseingang** M̄ (house) entrance **Häusel** N̄ (*österr umg* ≈ *Toilette*) smallest room (*Br hum umg*), bathroom (*US*) **hausen** VI ◫ (≈ *wohnen*) to live ◩ (≈ *wüten*) (**übel** *od* **schlimm**) **~** to wreak havoc **Häuserblock** M̄ block (of houses) **Häuserflucht** F̄ row of houses **Häuserreihe** F̄ row of houses; (*aneinandergebaut*) terrace **Hausflur** M̄ (entrance) hall, hallway **Hausfrau** F̄ housewife **Hausfriedensbruch** M̄ JUR trespass (*in sb's house*) **hausgemacht** ADJ home-made; (*fig*) Problem *etc* of one's own making **Hausgemeinschaft** F̄ household (community) **Haushalt** M̄ ◫ household; (≈ *Haushaltsführung*) housekeeping; **den ~ führen** to run the household; **jdm den ~ führen** to keep house for sb ◩ (≈ *Etat*) budget **haushalten** VI **mit etw ~** *mit Geld, Zeit* to be economical with sth **Haushälter(in)** M/F housekeeper **Haushaltsartikel** M̄ household item **Haushaltsdebatte** F̄ PARL budget debate **Haushaltsdefizit** N̄ POL budget deficit **Haushaltsentwurf** M̄ POL draft budget, budget proposals *pl* **Haushaltsführung** F̄ housekeeping **Haushaltsgeld** N̄ housekeeping money **Haushaltshilfe** F̄ domestic *od* home help **Haushaltsjahr** N̄ POL, WIRTSCH financial year **Haushaltsloch** N̄ budget deficit **Haushaltswaren** *pl* household goods *pl* **Haushaltungsvorstand** M̄ (*form*) head of the household **Hausherr** M̄ head of the household; (≈ *Gastgeber*, SPORT) host **Hausherrin** F̄ lady of the house; (≈ *Gastgeberin*) hostess **haushoch** A ADJ (as) high as a house/houses; (*fig*) Sieg crushing; **der haushohe Favorit** the hot favourite (*Br umg*) *od* favorite (*US umg*) B ADV **~ gewinnen** to win hands down; **jdm ~ überlegen sein** to be head and shoulders above sb **hausieren** VI to hawk (*mit etw* sth); **mit etw ~ gehen** (*fig*) *mit Plänen etc* to hawk sth about

Hausierer(in) MF hawker, peddler **Hauskatze** F domestic cat **Hauskauf** M house-buying (❗ ohne Artikel), house purchase **Häusl** N = **Häusel häuslich** A ADJ domestic; *Pflege* home *attr*; (≈ *das Zuhause liebend*) home-loving B ADV **sich ~ niederlassen** to make oneself at home; **sich ~ einrichten** to settle in **Häuslichkeit** F domesticity **Hausmacherart** F **Wurst** *etc* **nach ~** home-made-style sausage *etc* **Hausmann** M househusband **Hausmannskost** F plain cooking *od* fare; (*fig*) plain fare **Hausmeister** M caretaker **Hausmittel** N household remedy **Hausmusik** F music at home, family music **Hausmüll** M domestic refuse **Hausnummer** F house number **Hausordnung** F house rules *pl od* regulations *pl* **Hausputz** M house cleaning **Hausrat** M household equipment **Hausratversicherung** F (household) contents insurance **Hausschlüssel** M front-door key **Hausschuh** M slipper

Hausse F WIRTSCH boom (*an +dat* in)

Haussegen M **bei ihnen hängt der ~ schief** (*hum*) they're a bit short on domestic bliss (*umg*) **Hausstand** M household; **einen ~ gründen** to set up house **Haussuchung** F house search **Haussuchungsbefehl** M search warrant **Haustier** N pet **Haustür** F front door **Hausverbot** N **jdm ~ erteilen** to ban sb from the house **Hausverwalter(in)** MF (house) supervisor **Hausverwaltung** F property management **Hauswart(in)** MF caretaker, janitor **Hauswirt** M landlord **Hauswirtin** F landlady **Hauswirtschaft** F ① (≈ *Haushaltsführung*) housekeeping ② SCHULE home economics *sg* **Hauswurfsendung** F (house-to-house) circular

Haut F skin; (≈ *Schale von Obst etc*) peel; **nass bis auf die ~** soaked to the skin; **nur ~ und Knochen sein** to be nothing but skin and bone(s); **mit ~ und Haar(en)** (*umg*) completely; **in seiner ~ möchte ich nicht stecken** I wouldn't like to be in his shoes; **ihm ist nicht wohl in seiner ~** (*umg*) he feels uneasy; **sich auf die faule ~ legen** (*umg*) to sit back and do nothing **Hautarzt** M, **Hautärztin** F dermatologist **Hautausschlag** M (skin) rash **Häutchen** N (*auf Flüssigkeit*) skin; ANAT, BOT membrane; (*an Fingernägeln*) cuticle **Hautcreme** F skin cream **häuten** A VT *Tiere* to skin B VR (*Tier*) to shed its skin **hauteng** ADJ skintight

Hautfarbe F skin colour (*Br*) *od* color (*US*) **hautfarben** ADJ flesh-coloured (*Br*), flesh-colored (*US*) **Hautkrankheit** F skin disease **Hautkrebs** M MED skin cancer **hautnah** A ADJ ① (≈ *sehr eng*, SPORT) (very) close ② (*fig umg*) *Problem* that affects us/him *etc* directly; *Darstellung* deeply affecting B ADV **~ in Kontakt mit jdm/etw kommen** to come into (very) close contact with sb/sth; **etw ~ erleben** to experience sth at close quarters **Hautpflege** F skin care **hautschonend** ADJ kind to the skin **Hauttransplantation** F skin graft

Havarie F (≈ *Unfall*) accident; (≈ *Schaden*) damage (❗ kein *pl*, ohne *a*)

Hawaii N Hawaii

Haxe F → **Hachse**

H-Bombe F H-bomb

he INT hey; (*fragend*) eh

Hebamme F midwife

Hebebühne F hydraulic ramp

Hebel M (≈ *Griff*) lever; (*fig*) leverage; **alle ~ in Bewegung setzen** (*umg*) to move heaven and earth; **am längeren ~ sitzen** (*umg*) to have the whip hand

heben A VT ① to lift; **er hebt gern einen** (*umg*) he likes a drink; → **gehoben** ② (≈ *verbessern*) to heighten; *Ertrag* to increase; *Stimmung* to improve; **jds Stimmung ~** to cheer sb up B VR to rise; (*Nebel, Deckel*) to lift C VI SPORT to do weightlifting **Heber** M TECH (hydraulic) jack

hebräisch ADJ Hebrew

Hebriden PL **die ~** the Hebrides *pl*

Hebung F ① (*von Schatz, Wrack etc*) recovery, raising ② (*fig* ≈ *Verbesserung*) improvement

hecheln VI (≈ *keuchen*) to pant

Hecht M ZOOL pike **hechten** VI (*umg*) to dive; (*beim Turnen*) to do a forward dive

Heck N SCHIFF stern; FLUG tail; AUTO rear **Heckantrieb** M rear-wheel drive

Hecke F hedge **Heckenrose** F dog rose **Heckenschere** F hedge clippers *pl* **Heckenschütze** M, **Heckenschützin** F sniper

Heckklappe F AUTO tailgate **hecklastig** ADJ tail-heavy **Heckscheibe** F AUTO rear windscreen (*Br*) *od* windshield (*US*) **Heckscheibenheizung** F rear windscreen (*Br*) *od* windshield (*US*) heater **Heckscheibenwischer** M rear windscreen (*Br*) *od* windshield (*US*) wiper **Hecktür** F AUTO tailgate

Heer N army

Hefe F yeast **Hefegebäck** N yeast-risen pastry **Hefeteig** M yeast dough

Heft¹ N ① (≈ *Schreibheft*) exercise book ② (≈ *Zeitschrift*) magazine; (≈ *Comicheft*) comic; (≈ *Nummer*) issue

Heft² N (*von Messer*) handle; (*von Schwert*) hilt

Heftchen N ① (*pej* ≈ *Comicheftchen*) rag (*pej umg*) ②

HEFT | 982

(≈ *Briefmarkenheftchen*) **book of stamps heften**
A V̅T̅ **1** (≈ *nähen*) *Saum, Naht* **to tack (up);** *Buch*
to sew; (≈ *klammern*) **to clip** (*an* +*akk* to); (*mit Heft-maschine*) **to staple** (*an* +*akk* to) **2** (≈ *befestigen*) **to
pin, to fix B** V̅R̅ **1** (*Blick, Augen*) **sich auf jdn/etw**
~ to fix onto sb/sth **2 sich an jdn ~ to** latch on
to sb; **sich an jds Fersen ~** (*fig*) (≈ *jdn verfolgen*) **to**
dog sb's heels **Hefter** M̅ **1** (loose-leaf) file **2**
(≈ *Heftapparat*) **stapler**

heftig A A̅D̅J̅ (≈ *stark*) **violent;** *Fieber, Frost, Erkältung*
severe; *Schmerz, Abneigung Sehnsucht* **intense;** *Wi-derstand* **vehement;** *Regen* **heavy;** *Wind, Ton* **fierce;**
Worte **violent; ~ werden to** fly into a passion **B**
A̅D̅V̅ *regnen, zuschlagen* **hard;** *kritisieren* **severely;**
schütteln **vigorously;** *schimpfen* **vehemently;** *ver-liebt* **passionately; sich ~ streiten to** have a vi-
olent argument **Heftigkeit** F̅ (≈ *Stärke*) **vio-**
lence; (*von Frost*) **severity;** (*von Schmerz, Abneigung*)
intensity; (*von Widerstand*) **vehemence;** (*von Wind*)
ferocity; (*von Regen*) **heaviness**

Heftklammer F̅ **staple Heftmaschine** F̅
stapler Heftpflaster N̅ (sticking) **plaster**
Heftzwecke F̅ **drawing pin** (*Br*), **thumb tack**
(*US*)

hegen V̅T̅ **1** (≈ *pflegen*) **to care for; jdn ~ und**
pflegen to lavish care and attention on sb
2 *Hass, Verdacht* **to harbour** (*Br*), **to harbor** (*US*);
Misstrauen **to feel;** *Zweifel* **to entertain;** *Wunsch*
to cherish; ich hege den starken Verdacht,
dass … I have a strong suspicion that …

Hehl N̅ *od* M̅ **kein** *od* **keinen ~ aus etw machen**
to make no secret of sth

Hehler(in) M̅/F̅ **receiver** (of stolen goods)
Hehlerei F̅ **receiving** (stolen goods)

Heide¹ F̅ **moor;** (≈ *Heideland*) **moorland**

Heide² M̅, **Heidin** F̅ **heathen**

Heidekraut N̅ **heather Heideland** N̅
moorland

Heidelbeere F̅ **bilberry, blueberry** (*bes US*)

Heidenangst F̅ **eine ~ vor etw** (*dat*) **haben**
(*umg*) **to** be scared stiff of sth (*umg*) **Heiden-**
lärm M̅ (*umg*) **unholy din** (*umg*) **Heidenspaß**
M̅ (*umg*) **terrific fun**

heidnisch A̅D̅J̅ **heathen**

heikel A̅D̅J̅ **1** (≈ *schwierig*) **tricky 2** (*dial: in Bezug aufs*
Essen) **fussy**

heil A A̅D̅J̅ **1** (≈ *unverletzt*) *Mensch* **unhurt;** *Glieder*
unbroken; *Haut* **undamaged; wieder ~ werden**
(≈ *wieder gesund*) **to** get better again; (*Wunde*) **to**
heal up; (*Knochen*) **to mend; mit ~er Haut da-**
vonkommen to escape unscathed **2** (*umg* ≈
ganz) **intact; die ~e Welt** an ideal world **B**
A̅D̅V̅ (≈ *unverletzt*) **all in one piece Heil A** N̅ **1**
(≈ *Wohlergehen*) **wellbeing 2** (KIRCHE, *fig*) **salva-**
tion; **sein ~ in etw** (*dat*) **suchen to** seek one's
salvation in sth **B** I̅N̅T̅ **Ski ~!** good skiing!

Heiland M̅ **Saviour** (*Br*), **Savior** (*US*)

Heilanstalt F̅ **nursing home;** (*für Sucht- oder*
Geisteskranke) **home heilbar** A̅D̅J̅ **curable**

Heilbutt M̅ **halibut**

heilen A V̅I̅ (*Wunde, Bruch*) **to heal (up);** (*Entzün-dung*) **to clear up B** V̅T̅ *Kranke* **to cure;** *Wunde* **to**
heal; **jdn von etw ~ to** cure sb of sth

heilfroh A̅D̅J̅ (*umg*) **really glad**

heilig A̅D̅J̅ **1** **holy; jdm ~ sein to** be sacred to
sb; **der ~e Augustinus Saint Augustine; Hei-**
liger Abend Christmas Eve; der Heilige Geist
the Holy Spirit; das Heilige Land the Holy
Land; **die Heilige Schrift the Holy Scriptures** *pl*
2 (*fig* ≈ *ernst*) *Eid, Pflicht* **sacred; ~e Kuh sacred**
cow **Heiligabend** M̅ **Christmas Eve Heili-**
genschein M̅ **halo Heilige(r)** M̅/F̅(M̅) **saint**
Heiligkeit F̅ **holiness heiligsprechen**
V̅T̅ **to canonize Heiligtum** N̅ (≈ *Stätte*) **shrine;**
(≈ *Gegenstand*) **(holy) relic; jds ~ sein** (*umg*) **to be**
sacrosanct to sb

Heilkraft F̅ **healing power heilkräftig** A̅D̅J̅
Pflanze, Tee **medicinal Heilkraut** N̅ **medicinal**
herb **heillos** A̅D̅J̅ **unholy** (*umg*); *Schreck* **terrible,**
frightful; **die Partei war ~ zerstritten** the par-
ty was hopelessly divided **Heilmethode** F̅
cure Heilmittel N̅ **remedy;** (≈ *Medikament*)
medicine Heilpflanze F̅ **medicinal plant**
Heilpraktiker(in) M̅/F̅ **non-medical practi-**
tioner **heilsam** A̅D̅J̅ (*fig* ≈ *förderlich*) **salutary**
Heilsarmee F̅ **Salvation Army Heilung**
F̅ **healing;** (*von Kranken*) **curing;** (≈ *das Gesundwer-*
den) **cure**

heim A̅D̅V̅ **home Heim** N̅ **home;** (≈ *Obdachlosen-*
heim) **hostel;** (≈ *Studentenwohnheim*) **hall of resi-**
dence, **dormitory** (*US*) **Heimarbeit** F̅ IND
homework (❗ **kein pl, ohne a**), **outwork** (❗
kein pl, ohne a) **Heimarbeiter(in)** M̅/F̅
IND **homeworker**

Heimat F̅ **home Heimatanschrift** F̅ **home**
address **Heimatfilm** M̅ *sentimental film in*
idealized regional setting **Heimatkunde** F̅
SCHULE **local history Heimatland** N̅ **native**
country **heimatlich** A̅D̅J̅ **native;** *Bräuche* **local;**
Gefühle **nostalgic;** *Klänge* **of home heimatlos**
A̅D̅J̅ **homeless Heimatlose(r)** M̅/F̅(M̅) **homeless**
person; **die ~n the homeless Heimatmu-**
seum N̅ **museum of local history Heimat-**
ort M̅ (*Stadt*) **home town;** (*Dorf*) **home village**
Heimatstadt F̅ **home town Heimatver-**
triebene(r) M̅/F̅(M̅) **displaced person, expellee**
Heimbewohner(in) M̅/F̅ **resident (of a/the**
home) **heimbringen** V̅T̅ (≈ *nach Hause bringen*)
to bring home; (≈ *heimbegleiten*) **to take home**
Heimchen N̅ ZOOL **house cricket heime-**
lig A̅D̅J̅ **cosy** (*Br*), **cozy** (*US*) **heimfahren** V̅T̅ &
V̅I̅ **to drive home Heimfahrt** F̅ **journey**

home; SCHIFF voyage home **heimfinden** V/I to find one's way home **heimgehen** V/I ❶ (≈ nach Hause gehen) to go home; **jetzt gehts heim** it's time to go home ❷ (euph ≈ sterben) to pass away **heimisch** ADJ ❶ (≈ einheimisch) indigenous (in +akk to); (≈ national) domestic; (≈ regional) regional ❷ (≈ vertraut) familiar; **sich ~ fühlen** to feel at home; **~ werden** to settle in (an, in +dat to) **Heimkehr** F homecoming **heimkehren** V/I to return home (aus from) **heimkommen** V/I to come home **Heimleiter(in)** M/F head of a/the home/hostel

heimlich A ADJ secret; Bewegungen furtive B ADV secretly; lachen inwardly; **sich ~ entfernen** to steal away; **~, still und leise** (umg) quietly, on the quiet **Heimlichkeit** F secrecy; (≈ Geheimnis) secret **Heimlichtuer(in)** M/F secretive person **Heimlichtuerei** F secretiveness

Heimniederlage F SPORT home defeat **Heimreise** F journey home; SCHIFF voyage home **heimreisen** V/I to travel home **Heimservice** M home delivery service **Heimsieg** M SPORT home win od victory **Heimspiel** N SPORT home match od game **heimsuchen** VT to strike; (für längere Zeit) to plague; (Krankheit) to afflict; (Schicksal) to overtake; (umg ≈ besuchen) to descend on (umg); **von Krieg heimgesucht** war-torn **Heimtrainer** M exercise machine; (≈ Fahrrad) exercise bike **Heimtücke** F insidiousness; (≈ Boshaftigkeit) maliciousness **heimtückisch** A ADJ insidious; (≈ boshaft) malicious B ADV überfallen, verraten treacherously

Heimvorteil M (SPORT, fig) home advantage **heimwärts** ADV (≈ nach Hause zu) home; **~ ziehen** to go homewards **Heimweg** M way home; **sich auf den ~ machen** to set out for home **Heimweh** N homesickness (❗ ohne Artikel); **~ haben** to be homesick (nach for) **Heimwerker(in)** M/F do-it-yourself od DIY enthusiast (❗ **DIY** ist eine besonders im britischen Englisch verwendete Abkürzung für **do it yourself**.) **Heimwerkermarkt** M DIY store (❗ **DIY** ist eine besonders im britischen Englisch verwendete Abkürzung für **do it yourself.**), home improvement center (US) **heimzahlen** VT **jdm etw ~** to pay sb back for sth

Heini M (umg) guy (umg); (≈ Dummkopf) fool **Heirat** F marriage **heiraten** A VT to marry B VI to get married **Heiratsantrag** M proposal (of marriage); **jdm einen ~ machen** to propose to sb **Heiratsschwindler(in)** M/F person who makes a marriage proposal under false pretences **Heiratsurkunde** F marriage

certificate

heiser A ADJ hoarse B ADV **sich ~ schreien/reden** to shout/talk oneself hoarse **Heiserkeit** F hoarseness

heiß A ADJ ❶ hot; **jdm ist/wird ~** sb is/is getting hot; **etw ~ machen** to heat sth up ❷ (≈ heftig) heated; Wunsch burning ❸ (≈ aufreizend, gefährlich) **jdn ~ machen** (umg) to turn sb on (umg); **ein ~es Eisen** a hot potato ❹ (umg) **~er Draht** hotline; **~e Spur** firm lead; **~ sein** (≈ brünstig) to be on heat B ADV ❶ **etw ~ trinken** to drink sth hot; **~ baden** to have a hot bath; **~ duschen** to take a hot shower; **~ laufen** (Motor) to overheat; (Telefonleitungen) to buzz ❷ (≈ heftig) **~ ersehnt** much longed for; **~ geliebt** dearly beloved; **es ging ~ her** things got heated; **~ umkämpft** fiercely fought over; Markt fiercely contested; **~ umstritten** Frage hotly debated; Künstler etc highly controversial

heißen A VT (≈ nennen) to call; **jdn willkommen ~** to bid sb welcome B VI ❶ to be called (Br) od named; **wie ~ Sie?** what are you called?, what's your name?; **ich heiße Müller** I'm called od my name is Müller; **er heißt Max** his name is Max, he's (called) Max; **wie heißt das?** what is that called? ❷ (≈ bestimmte Bedeutung haben) to mean; **was heißt „gut" auf Englisch?** what is the English (word) for "gut"?; **ich weiß, was es heißt, allein zu sein** I know what it means to be alone ❸ **das heißt** that is; (≈ in anderen Worten) that is to say C VI UNPERS ❶ **es heißt, dass ...** (≈ es geht die Rede) they say that ... ❷ (≈ zu lesen sein) **in der Bibel heißt es, dass ...** the Bible says that ...; **nun heißt es handeln** now it's time to act

heißgeliebt ADJ → heiß **Heißhunger** M ravenous appetite; **etw mit ~ essen** to eat sth ravenously **heißlaufen** VI → heiß **Heißluft** F hot air **Heißluftballon** M hot-air balloon **Heißluftherd** M fan-assisted oven **heißumkämpft** ADJ → heiß

heiter ADJ (≈ fröhlich) cheerful; (≈ amüsant) amusing; (≈ hell, klar) bright; Wetter fine; METEO fair; **das kann ja ~ werden!** (iron) that sounds great (iron); **aus ~em Himmel** (fig) out of the blue **Heiterkeit** F (≈ Fröhlichkeit) cheerfulness; (≈ heitere Stimmung) merriment; **allgemeine ~ hervorrufen** to cause general amusement

heizen A VI (≈ die Heizung anhaben) to have the/one's heating on; **mit Strom** etc **~** to use electricity etc for heating B VT (≈ warm machen) to heat; (≈ verbrennen) to burn **Heizkessel** M boiler **Heizkissen** N electric heat pad **Heizkörper** M (≈ Gerät) heater; (von Zentralheizung) radiator; (≈ Element) heating element **Heizkosten** PL heating costs pl **Heizkraft** F heating

HEIZ ‖ 984

power **Heizlüfter** M̄ fan heater **Heizöl** N̄
fuel oil **Heizung** F̄ heating
Hektar N̄ od M̄ hectare
Hektik F̄ (≈ Hast) hectic rush; (von Großstadt etc)
hustle and bustle; (von Leben etc) hectic pace;
nur keine ~ take it easy **hektisch** Ⓐ ADJ hec-
tic; Arbeiten frantic Ⓑ ADV hectically; **es geht ~
zu** things are hectic; **nur mal nicht so ~** take it
easy
Hektoliter M̄ od N̄ hectolitre (Br), hectoliter
(US)
Held M̄ hero **heldenhaft** Ⓐ ADJ heroic Ⓑ
ADV heroically **Heldenmut** M̄ heroic courage
Heldentat F̄ heroic deed **Heldentum** N̄
heroism **Heldin** F̄ heroine
helfen V̄T̄ to help (jdm sb); **jdm bei etw ~** to
help sb with sth; **ihm ist nicht zu ~** he is be-
yond help; **ich kann mir nicht ~, ich muss es
tun** I can't help doing it; **er weiß sich** (dat) **zu ~**
he is very resourceful; **man muss sich** (dat) **nur
zu ~ wissen** (sprichw) you just have to use your
head; **er weiß sich** (dat) **nicht mehr zu ~** he is
at his wits' end; **es hilft nichts** it's no use; **das
hilft mir wenig** that's not much help to me;
was hilfts? what's the use?; **diese Arznei hilft
gegen Kopfweh** this medicine helps to relieve
headaches **Helfer(in)** M̄F̄ helper; (≈ Mitarbeiter)
assistant (❗ Schreibung mit ant); (von Verbre-
cher) accomplice; **ein ~ in der Not** a friend
in need **Helfershelfer(in)** M̄F̄ accomplice
Helgoland N̄ Heligoland
Helikopter M̄ helicopter
Helium N̄ helium
hell Ⓐ ADJ 1 (optisch) light; Licht bright; Kleidungs-
stück light-coloured (Br), light-colored (US); Haar,
Teint fair; **es wird ~** it's getting light; **~es Bier** ≈
lager (bes Br) 2 (akustisch) Ton high(-pitched) 3
(umg ≈ klug) Junge bright 4 (≈ stark, groß) great; Ver-
zweiflung, Unsinn sheer, utter; Neid pure; **seine ~e
Freude an etw** (dat) **haben** to find great joy in
sth Ⓑ ADV 1 (≈ licht) brightly 2 **von etw ~ be-
geistert sein** to be very enthusiastic about sth
hellauf ADV completely; **~ begeistert sein** to
be wildly enthusiastic **hellblau** ADJ light blue
hellblond ADJ very fair, blonde **helle** ADJ
(umg) bright
Helle(s) N̄ (≈ Bier) ≈ lager (bes Br) **hellgrün** ADJ
light green **hellhörig** ADJ ARCH poorly
soundproofed; **~ sein** (fig: Mensch) to have sharp
ears **Helligkeit** F̄ lightness; (von Licht) bright-
ness; (von Haar, Teint) fairness **Helligkeits-
regler** M̄ brightness control **helllicht** ADJ
am ~en Tage in broad daylight **hellrot** ADJ
bright red **hellsehen** V̄T̄ **~ können** to be
clairvoyant **Hellseher(in)** M̄F̄ clairvoyant
hellwach ADJ (wörtl) wide-awake; (fig) alert

Helm M̄ helmet
Hemd N̄ (≈ Oberhemd) shirt; (≈ Unterhemd) vest (Br),
undershirt (US); **jdn bis aufs ~ ausziehen** (fig
umg) to fleece sb (umg) **Hemdsärmel** M̄ shirt-
sleeve; **in ~n** in one's shirtsleeves **hemdsär-
melig** ADJ shirt-sleeved; (fig umg) casual
Hemisphäre F̄ hemisphere
hemmen V̄T̄ Entwicklung to hinder; (≈ verlangsa-
men) to slow down; Wasserlauf to stem; PSYCH
to inhibit; → **gehemmt Hemmnis** N̄ hin-
drance, impediment (für to) **Hemmschuh**
M̄ brake shoe; (fig) hindrance (für to) **Hemm-
schwelle** F̄ inhibition level; **eine ~ überwin-
den** to overcome one's inhibitions **Hem-
mung** F̄ 1 PSYCH inhibition; (≈ Bedenken) scru-
ple; **keine ~en kennen** to have no inhibitions;
nur keine ~en don't feel inhibited 2 (von Ent-
wicklung) hindering **hemmungslos** Ⓐ ADJ (≈
rückhaltlos) unrestrained; (≈ skrupellos) unscrupu-
lous Ⓑ ADV jubeln, weinen without restraint; sich
hingeben wantonly **Hemmungslosigkeit**
F̄ (≈ Rückhaltlosigkeit) lack of restraint (❗ kein
pl); (≈ Skrupellosigkeit) unscrupulousness (❗ kein
pl)
Hengst M̄ stallion
Henkel M̄ handle
Henker M̄ hangman; (≈ Scharfrichter) execution-
er
Henna F̄ henna
Henne F̄ hen
Hepatitis F̄ hepatitis
her ADV **von der Kirche ~** from the church; **~
zu mir!** come here (to me); **von weit ~** from a
long way off od away; **~ mit dem Geld!** hand
over your money!; **~ damit!** give me that; **von
der Idee ~** as for the idea; **vom finanziellen
Standpunkt ~** from the financial point of
view; **ich kenne ihn von früher ~** I know
him from before
herab ADV down; **die Treppe ~** down the stairs
herablassen Ⓐ V̄T̄ to let down Ⓑ V̄R̄ to lower
oneself; **sich zu etw ~** to deign to do sth **he-
rablassend** Ⓐ ADJ condescending Ⓑ ADV con-
descendingly **herabmindern** V̄T̄ (≈ schlecht-
machen) to belittle **herabsehen** V̄T̄ to look
down (auf +akk on) **herabsetzen** V̄T̄ to re-
duce; Niveau to lower; Fähigkeiten, jdn to belittle;
zu stark herabgesetzten Preisen at greatly
reduced prices **herabsteigen** V̄T̄ to de-
scend
Heraldik F̄ heraldry
heran ADV **bis an etw** (akk) **~** close to sth, right
by sth; (mit Bewegungsverb) right up to sth **her-
anbilden** V̄T̄ to train (up) **heranführen**
V̄T̄ jdn to lead up; **jdn an etw** (akk) **~** to lead
sb up to sth **herankommen** V̄T̄ 1 (räumlich,

985 ‖ HERA

zeitlich) **to approach** (*an etw* (*akk*) sth) **2** (≈ *erreichen*) **an den Chef kommt man nicht heran** you can't get hold of the boss **3** (≈ *grenzen an*) **an etw** (*akk*) **~ to verge on sth heranmachen** V̅R̅ (*umg*) **sich an etw** (*akk*) **~ to get down to sth; sich an jdn ~ to approach sb;** *an Mädchen* **to chat sb up** (*bes Br umg*)**, to flirt with sb heran-nahen** V̅i̅ (*geh*) **to approach heranpir-schen** V̅R̅ **sich an jdn/etw ~ to stalk up on sb/sth heranreichen** V̅i̅ **an jdn/etw ~** (*wörtl*) (*Mensch*) **to reach sb/sth;** (*Weg, Gelände etc*) **to reach** (up to) **sth;** (*fig ≈ sich messen können mit*) **to come near sb/sth heranreifen** V̅i̅ (*geh*) (*Obst*) **to ripen;** (*fig*) (*Jugendliche*) **to mature;** (*Plan, Entschluss, Idee*) **to mature, to ripen heranrü-cken** V̅i̅ (≈ *sich nähern*) **to approach** (*an etw* (*akk*) sth); (≈ *dicht aufrücken*) **to move nearer** (*an +akk* to) **heranschleichen** V̅i̅ & V̅R̅ **to creep up** (*an etw* (*akk*) to sth, *an jdn* on sb) **herantragen** V̅T̅ **etw an jdn ~** (*fig*) **to take sth to sb, to go to sb with sth herantreten** V̅i̅ (*wörtl*) **to move up** (*an +akk* to); **näher ~ to move nearer; an jdn ~** (*fig*) **to confront sb; mit etw an jdn ~** (≈ *sich wenden an*) **to approach sb with sth Heran-wachsende(r)** M̅/F̅(M̅) JUR **adolescent her-anwagen** V̅R̅ **sich an etw** (*akk*) **~** (*wörtl*) **to venture near sth, to dare to go near sth;** (*fig*) **to venture to tackle sth heranziehen** V̅T̅ **1** (≈ *zu Hilfe holen*) **to call in;** *Literatur* **to consult 2** (≈ *einsetzen*) *Arbeitskräfte* **to bring in**

herauf A̅ A̅D̅V̅ **up; von unten ~ up from below** B̅ PRÄP *+akk* **up; den Berg/die Treppe ~ up the mountain/stairs heraufbeschwören** V̅T̅ **1** (≈ *wachrufen*) **to evoke 2** (≈ *herbeiführen*) **to cause heraufbringen** V̅T̅ **to bring up herauf-kommen** V̅i̅ **to come up heraufsetzen** V̅T̅ *Preise etc* **to increase heraufziehen** A̅ V̅T̅ **to pull up** B̅ V̅i̅ (*Gewitter, Unheil etc*) **to approach**

heraus A̅D̅V̅ **out; ~ da!** (*umg*) **get out of there!; ~ mit ihm** (*umg*) **get him out!; ~ damit!** (*umg*) (≈ *gib her*) **hand it over!;** (≈ *heraus mit der Sprache!*) **out with it!** (*umg*)**; zum Fenster ~ out of the window herausarbeiten** V̅T̅ (*aus Stein, Holz*) **to carve** (*aus* out of); (*fig*) **to bring out herausbe-kommen** V̅T̅ **1** *Fleck, Nagel etc* **to get out** (*aus* of) **2** *Ursache, Geheimnis* **to find out** (*aus jdm* from sb) **3** *Wechselgeld* **to get back herausbringen** V̅T̅ **1** ≈ **herausbekommen 2** (*auf den Markt bringen*) **to bring out; jdn/etw ganz groß ~ to launch sb/sth in a big way 3** (≈ *hervorbringen*) *Worte* **to utter herausfahren** A̅ V̅i̅ (*aus* of) **to come out;** (*Zug*) **to pull out** B̅ V̅T̅ SPORT **eine gute Zeit ~ to make good time herausfallen** V̅i̅ **to fall out** (*aus* of); (*fig: aus Liste etc*) **to drop out** (*aus* of) **herausfinden** A̅ V̅T̅ **to find out** B̅

V̅i̅ & V̅R̅ **to find one's way out** (*aus* of) **Heraus-forderer** M̅**, Herausforderin** F̅ **chal-lenger herausfordern** A̅ V̅T̅ **to challenge** (*zu* to); (≈ *provozieren*) **to provoke** (*zu etw* to do sth); *Kritik, Protest* **to invite;** *Gefahr* **to court; das Schicksal ~ to tempt fate** B̅ V̅i̅ **zu etw ~** (≈ *pro-vozieren*) **to invite sth herausfordernd** A̅ A̅D̅J̅ **provocative;** *Haltung, Blick* **challenging** B̅ A̅D̅V̅ (≈ *aggressiv*) **provocatively;** (≈ *lockend*) **inviting-ly Herausforderung** F̅ **challenge;** (≈ *Provo-kation*) **provocation Herausgabe** F̅ **1** (≈ *Rück-gabe*) **return 2** (*von Buch etc*) **publication her-ausgeben** A̅ V̅T̅ **1** (≈ *zurückgeben*) **to return, to hand back 2** (≈ *veröffentlichen, erlassen*) **to issue;** *Buch, Zeitung* **to publish;** (≈ *bearbeiten*) **to edit 3** (≈ *Wechselgeld geben*) *Betrag* **to give in** *od* **as change** B̅ V̅i̅ (≈ *Wechselgeld geben*) **to give change** (*auf +akk* for); **können Sie (mir) ~? can you give me change? Herausgeber(in)** M̅(F̅) (≈ *Verleger*) **publisher;** (≈ *Redakteur*) **editor herausgehen** V̅i̅ (*aus* of) **to go out;** (*Fleck*) **to come out; aus sich ~** (*fig*) **to come out of one's shell** (*fig*) **heraus-haben** V̅T̅ (*umg* ≈ *begriffen haben*) **to have got** (*umg*); (≈ *gelöst haben*) **to have solved heraus-halten** A̅ V̅T̅ (≈ *nicht verwickeln*) **to keep out** (*aus* of) B̅ V̅R̅ **to keep out of it; sich aus etw ~ to keep out of sth herausholen** V̅T̅ **1** (*wörtl*) **to get out** (*aus* of) **2** *Vorteil* **to gain;** *Vor-sprung, Sieg* **to achieve;** *Gewinn* **to make;** *Herstel-lungskosten* **to recoup; alles aus sich ~ to get the best from oneself heraushören** V̅T̅ **to hear;** (≈ *fühlen*) **to sense** (*aus* in) **herauskom-men** V̅i̅ **1** **to come out** (*aus* of); **er kam aus dem Staunen nicht heraus he couldn't get over his astonishment; er kam aus dem La-chen nicht heraus he couldn't stop laughing 2** (*aus bestimmter Lage*) **to get out** (*aus* of); **aus sei-nen Schwierigkeiten ~ to get over one's dif-ficulties 3** (≈ *auf den Markt kommen*) **to come out;** (*Gesetz*) **to come into force; ganz groß ~** (*umg*) **to make a big splash** (*umg*) **4** (≈ *Resultat haben*) **bei etw ~ to come out of sth; und was soll dabei ~? and what is that supposed to achieve?; es kommt auf dasselbe heraus it comes (down) to the same thing herauskriegen** V̅T̅ (*umg*) = **herausbekommen herauslassen** V̅T̅ **to let out** (*aus* of) **herauslesen** V̅T̅ (≈ *erkennen*) **to gather** (*aus* from) **herauslocken** V̅T̅ (*aus* of) **to entice out; jdn aus etw ~ to get sth out of sb; jdn aus seiner Reserve ~ to draw sb out of his shell herausnehmbar** A̅D̅J̅ **re-movable herausnehmen** V̅T̅ **1** (≈ *entfernen*) **to take out** (*aus* of); **sich** (*dat*) **die Mandeln ~ lassen to have one's tonsils out 2** (*umg* ≈ *sich erlauben*) **es sich** (*dat*) **~, etw zu tun to have the nerve to do sth** (*umg*)**; sich** (*dat*) **Freiheiten**

HERA | 986

H

~ to take liberties **herausragen** _VI_ = **hervorragen herausreden** _VR_ to talk one's way out of it (umg) **herausreißen** _VT_ **1** (wörtl) (aus of) to tear out; **jdn aus etw** ~ aus Umgebung to tear sb away from sth; aus Schlaf to startle sb out of sth **2** (umg: aus Schwierigkeiten) **jdn** ~ to get sb out of it (umg) **herausrücken** _A_ _VT_ (umg ≈ hergeben) Geld to cough up (umg); Beute, Gegenstand to hand over **B** _VI_ (umg) **1** (≈ hergeben) **mit etw** ~ mit Geld to cough sth up (umg); mit Beute to hand sth over **2** (≈ aussprechen) **mit etw** ~ to come out with sth; **mit der Sprache** ~ to come out with it **herausrutschen** _VI_ to slip out (aus of); **das ist mir nur so herausgerutscht** it just slipped out somehow **herausschlagen** _VT_ **1** (wörtl) to knock out (aus of) **2** (umg ≈ erreichen) Geld to make; Gewinn, Vorteil to get; Zeit to gain **herausschneiden** _VT_ to cut out (aus of)

heraus sein _VI_ (umg) to be out; (≈ bekannt sein) to be known; **aus dem Schlimmsten** ~ to have got past the worst (part); (bei Krise, Krankheit) to be over the worst

herausspringen _VI_ (aus of) **1** (wörtl) to jump out **2** (≈ sich lösen) to come out **3** (umg) **dabei springt nichts heraus** there's nothing to be got out of it

herausstellen _A_ _VT_ **1** (wörtl) to put outside **2** (fig ≈ hervorheben) to emphasize; jdn to give prominence to **B** _VR_ (Wahrheit) to come to light; **sich als falsch** ~ to prove (to be) wrong; **es stellte sich heraus, dass …** it emerged that …

herausstrecken _VT_ Zunge, Kopf to stick out **heraussuchen** _VT_ to pick out **herauswachsen** _VI_ to grow out (aus of) **herauswagen** _VR_ to dare to come out (aus of)

herauswirtschaften _VT_ to make (aus out of)

herausziehen _VT_ to pull out (aus of)

herb _ADJ_ **1** Geruch Geschmack sharp; Wein dry **2** Enttäuschung etc bitter; Wahrheit cruel **3** (≈ streng) Züge, Gesicht severe, harsh; Art, Charakter dour **4** Worte, Kritik harsh

Herbarium _N_ herbarium, herbary

herbei _ADV_ (geh) here **herbeieilen** _VI_ (geh) to hurry od rush over **herbeiführen** _VT_ (≈ bewirken) to bring about; (≈ verursachen) to cause **herbeischaffen** _VT_ to bring; Geld to get; Beweise to produce **herbeisehnen** _VT_ to long for **herbeiströmen** _VI_ (geh) to come in (their) crowds **herbeiwünschen** _VT_ (**sich** dat) **etw** ~ to long for sth

herbekommen _VT_ (umg) to get **herbemühen** (geh) _A_ _VT_ **jdn** ~ to trouble sb to come here **B** _VR_ to take the trouble to come here **Herberge** _F_ **1** (≈ Unterkunft) lodging (⚠ ohne

a) **2** (≈ Jugendherberge) (youth) hostel **Herbergsmutter** _F_, **Herbergsvater** _M_ (youth hostel) warden

herbestellen _VT_ to ask to come

Herbheit _F_ **1** (von Geruch, Geschmack) sharpness; (von Wein) dryness **2** (von Enttäuschung) bitterness **3** (≈ Strenge) (von Gesicht, Zügen) severity, harshness; (von Art, Charakter) dourness **4** (von Worten, Kritik) harshness

Herbizid _N_ herbicide

herbringen _VT_ to bring (here); → **hergebracht**

Herbst _M_ autumn, fall (US); **im** ~ in autumn, in the fall (US) **Herbstanfang** _M_ beginning of autumn od fall (US) **Herbstferien** _PL_ autumn holiday(s pl) (bes Br) od vacation (US) **herbstlich** _A_ _ADJ_ autumn attr; (≈ wie im Herbst) autumnal; **das Wetter wird schon** ~ autumn od fall (US) is in the air **B** _ADV_ ~ **kühles Wetter** cool autumn od fall (US) weather **Herbstzeitlose** _F_ meadow saffron

Herd _M_ **1** (≈ Küchenherd) cooker, stove **2** MED focus; (GEOL: von Erdbeben) epicentre (Br), epicenter (US)

Herde _F_ (wörtl) herd; (von Schafen, fig geh ≈ Gemeinde) flock **Herdentier** _N_ gregarious animal **Herdentrieb** _M_ herd instinct

Herdplatte _F_ (von Elektroherd) hotplate

herein _ADV_ in; **herein!** come in!; **hier** ~! in here!; **von (dr)außen** ~ from outside **hereinbekommen** _VT_ (umg) Waren to get in; Radiosender to get; Unkosten etc to recover **hereinbitten** _VT_ to ask (to come) in **hereinbrechen** _VI_ (Wasser, Flut) to gush in; **über jdn/ etw** ~ to descend upon sb/sth **hereinbringen** _VT_ **1** to bring in **2** (umg ≈ wettmachen) to make good **hereinfallen** _VI_ (umg) to fall for it (umg); (≈ betrogen werden) to be had (umg); **auf jdn/etw** ~ to be taken in by sb/sth **hereinführen** _VT_ to show in **hereinholen** _VT_ to bring in (in +akk -to) **hereinkommen** _VI_ to come in (in +akk -to) **hereinlassen** _VT_ to let in (in +akk -to) **hereinlegen** _VT_ (umg) **jdn** ~ (≈ betrügen) to take sb for a ride (umg); (≈ anführen) to take sb in **hereinplatzen** _VI_ (umg) to burst in (in +akk to) **hereinregnen** _VI UNPERS_ **es regnet herein** the rain is coming in **hereinschneien** _VI_ (umg) to drop in (umg) **hereinströmen** _VI_ to pour in (in +akk -to)

herfahren _A_ _VI_ to come od get here; **hinter jdm** ~ to drive od (mit Rad) ride (along) behind sb **B** _VT_ to drive here **Herfahrt** _F_ journey here; **auf der** ~ on the way here **herfallen** _VI_ **über jdn** ~ to attack sb; (≈ kritisieren) to pull sb to pieces; **über etw** (akk) ~ über Essbares etc to

pounce upon sth **herfinden** <u>VT</u> to find one's way here **herführen** <u>VT</u> **was führt Sie her?** what brings you here? **Hergang** <u>M</u> course; **der ~ des Unfalls** the way the accident happened **hergeben** **A** <u>VT</u> (≈ *weggeben*) to give away; (≈ *aushändigen*) to hand over; (≈ *zurückgeben*) to give back; **wenig ~** (*umg*) not to be much use; **seinen Namen für etw ~** to lend one's name to sth **B** <u>VR</u> **sich zu** *od* **für etw ~** to be (a) party to sth **hergebracht** <u>ADJ</u> (≈ *traditionell*) traditional; → *herbringen* **hergehen** **A** <u>VI</u> **neben jdm ~** to walk (along) beside sb **B** <u>VI UNPERS</u> (*umg*) (≈ *zugehen*) **es ging heiß her** things got heated (*umg*); **hier geht es hoch her** there's plenty going on here **hergehören** <u>VI</u> to belong here **herhaben** <u>VT</u> (*umg*) **wo hat er das her?** where did he get that from? **herhalten** <u>VI</u> to suffer (for it); **für etw ~** to pay for sth; **als Entschuldigung für etw ~** to be used as an excuse for sth **herholen** <u>VT</u> (*umg*) to fetch; **weit hergeholt sein** (*fig*) to be far-fetched **herhören** <u>VI</u> (*umg*) to listen; **alle mal ~!** everybody listen to me!
Hering <u>M</u> **1** herring **2** (≈ *Zeltpflock*) (tent) peg **herkommen** <u>VI</u> to come here; (≈ *sich nähern*) to come; (≈ *herstammen*) to come from; **komm her!** come here!; **von jdm/etw ~** (≈ *stammen*) to come from sb/sth **herkömmlich** <u>ADJ</u> conventional **Herkunft** <u>F</u> origin; (*soziale*) background; **er ist britischer ~** (*gen*) he is of British descent **Herkunftsland** <u>N</u> HANDEL country of origin **herlaufen** <u>VI</u> to come running; **hinter jdm ~** to run after sb **herleiten** <u>VT</u> (≈ *folgern*) to derive (*aus* from) **hermachen** **A** <u>VR</u> **sich über etw** (*akk*) **~** über Arbeit, Essen to get stuck into sth (*umg*); über Eigentum to pounce (up)on sth; **sich über jdn ~** to lay into sb (*umg*) **B** <u>VT</u> **viel ~** to look impressive
hermetisch **A** <u>ADJ</u> hermetic **B** <u>ADV</u> **~ abgeriegelt** completely sealed off
hernehmen <u>VT</u> (≈ *beschaffen*) to get; **wo soll ich das ~?** where am I supposed to get that from?
Heroin <u>N</u> heroin **heroinabhängig**, **heroinsüchtig** <u>ADJ</u> addicted to heroin **Heroinabhängige(r)**, **Heroinsüchtige(r)** <u>M/F(M)</u> heroin addict
heroisch (*geh*) **A** <u>ADJ</u> heroic **B** <u>ADV</u> heroically
Herpes <u>M</u> MED herpes
Herr <u>M</u> **1** (≈ *Gebieter*) lord, master; (≈ *Herrscher*) ruler (*über* +*akk* of); **sein eigener ~ sein** to be one's own master; **~ der Lage sein** to be master of the situation **2** (≈ *Gott*) Lord **3** (≈ *Mann*) gentleman; **4x100-m-Staffel der ~en** men's 4 x 100m relay; **„Herren"** (≈ *Toilette*) "gents" **4** (*vor Eigennamen*) Mr (*Br*), Mr. (*US*) (**!**) im britischen Englisch ohne, im amerikanischen Englisch mit Punkt); **(mein) ~!** sir!; **~ Professor Schmidt** Professor Schmidt (**!** bei Anrede mit Titel ohne Mr); **~ Doktor** doctor; **~ Präsident** Mr President; **sehr geehrter ~ Bell** (*in Brief*) Dear Mr Bell; **sehr geehrte ~en** (*in Brief*) Dear Sirs (*Br*), to whom it may concern (*US*) **Herrchen** <u>N</u> (*umg: von Hund*) master

▶ Herr

Statt Mr Kumpf, Mr Schulze usw. findet man in englischen Texten auch die Anrede „Herr Kumpf", „Herr Schulze", wenn es um Deutschsprachige geht. Mündlich ist es üblicher nur den Vornamen oder den Vor- und Nachnamen zu verwenden — ohne das etwas förmliche Mr oder „Herr", also etwa „Thorsten Kumpf" oder nur „Thorsten".

SPRACHGEBRAUCH ◁

Herreise <u>F</u> journey here **Herrenausstatter(in)** <u>M/F</u> gents' outfitter **Herrenbekleidung** <u>F</u> menswear **Herrendoppel** <u>N</u> TENNIS *etc* men's doubles *sg* **Herreneinzel** <u>N</u> TENNIS *etc* men's singles *sg* **Herrenfahrrad** <u>N</u> man's bicycle *od* bike (*umg*) **Herrenfriseur(in)** <u>M/F</u> men's hairdresser, barber **herrenlos** <u>ADJ</u> abandoned; *Hund etc* stray **Herrenmode** <u>F</u> men's fashion **Herrenschneider(in)** <u>M/F</u> gentlemen's tailor **Herrentoilette** <u>F</u> men's toilet *od* restroom (*US*), gents *sg*
Herrgott <u>M</u> **der ~** God, the Lord (God); **~ noch mal!** (*umg*) damn it all! (*umg*) **Herrgottsfrühe** <u>F</u> **in aller ~** (*umg*) at the crack of dawn
herrichten <u>VT</u> **1** (≈ *vorbereiten*) to get ready (+*dat*, *für* for); *Tisch* to set **2** (≈ *ausbessern*) to do up (*umg*)
herrisch <u>ADJ</u> imperious
herrlich **A** <u>ADJ</u> marvellous (*Br*), marvelous (*US*); *Kleid* gorgeous, lovely; **das ist ja ~** (*iron*) that's great **B** <u>ADV</u> **wir haben uns ~ amüsiert** we had a marvel(l)ous time; **~ schmecken** to taste absolutely delicious **Herrlichkeit** <u>F</u> (≈ *Pracht*) magnificence
Herrschaft <u>F</u> **1** (≈ *Macht*) power; (≈ *Staatsgewalt*) rule; **unter der ~** under the rule (+*gen*, *von* of) **2** (≈ *Kontrolle*) control (**!** ohne the) **3** **die ~en** (≈ *Damen und Herren*) the ladies and gentlemen; **(meine) ~en!** ladies and gentlemen! **herrschaftlich** <u>ADJ</u> (≈ *vornehm*) grand **herrschen** **A** <u>VI</u> **1** (≈ *Macht haben*) to rule; (*König*) to reign; (*fig*) (*Mensch*) to dominate **2** (≈ *vorherrschen*) to prevail; (*Betriebsamkeit*) to be prevalent; (*Nebel, Kälte*) to be predominant; (*Krankheit, Not*) to be rampant;

HERR | 988

(Meinung) to predominate; **überall herrschte Freude** there was joy everywhere; **hier herrscht Ordnung** things are orderly (a)round here **B** VII UNPERS **es herrschte Schweigen** silence reigned; **es herrscht Ungewissheit darüber, ob ...** there is uncertainty about whether ... **herrschend** ADJ *Partei, Klasse* ruling; *König* reigning; *Bedingungen* prevailing; *Mode* current **Herrscher(in)** M(F) ruler **Herrschsucht** F domineeringness **herrschsüchtig** ADJ domineering

herrühren VII **von etw ~** to be due to sth **hersagen** VT to recite **hersehen** VII (≈ *hierhersehen*) to look here; **hinter jdm ~** to follow sb with one's eyes **her sein** VII **1** (*zeitlich*) **das ist schon 5 Jahre her** that was 5 years ago **2 hinter jdm/etw ~**

herstellen VT **1** (≈ *erzeugen*) to produce; (*bes industriell*) to manufacture; **in Deutschland hergestellt** made in Germany **2** (≈ *zustande bringen*) to establish; TEL *Verbindung* to make **Hersteller(in)** M(F) (≈ *Produzent*) manufacturer **Herstellung** F **1** (≈ *Erzeugung*) production; (*bes industriell*) manufacture **2** (≈ *das Zustandebringen*) establishment **Herstellungskosten** PL manufacturing costs *pl*

Hertz N PHYS, RADIO hertz

herüber ADV over here; (*über Fluss, Grenze etc*) across; **da ~** over/across there **herüberbringen** VT to bring over/across (*über etw (akk) sth*) **herüberkommen** VII to come over/across (*über etw (akk) sth*); (*umg: zu Nachbarn*) to pop round (*Br umg*), to call round **herübersehen** VII to look over (*über etw (akk) sth*); **zu jdm ~** to look over/across to sb

herum ADV **1 um ... ~** (a)round; **links/rechts ~** (a)round to the left/right; **oben/unten ~ fahren** to take the top/lower road **2** (≈ *ungefähr*) **um ... ~** (*Mengenangabe*) about, around; (*Zeitangabe*) (at) about *od* around; → **herum sein herumalbern** VII (*umg*) to fool around **herumärgern** VR (*umg*) **sich mit jdm/etw ~** to keep struggling with sb/sth **herumbekommen** VT (*umg*) *jdn* to talk round (*bes Br*) *od* around (*bes US*) **herumbringen** VT (*umg*) *Zeit* to get through **herumdrehen** **A** VT *Schlüssel* to turn; (≈ *wenden*) to turn (over) **B** VR to turn (a)round; (*im Liegen*) to turn over **herumerzählen** VT **etw ~** to spread sth around; **er erzählte überall herum, dass ...** he went around telling everyone that ...; **erzähl das nicht herum** don't spread it around, don't tell anyone **herumfahren** VII **1** (≈ *umherfahren*) to go *od* (*mit Auto*) drive (a)round; **in der Stadt ~** to go/drive (a)round the town **2** (≈ *um etw herumfahren*) to go *od* (*mit Auto*) drive (a)round **her-**

umführen **A** VT to lead (a)round (*um etw sth*); (*bei Besichtigung*) to show (a)round; **jdn in einer Stadt ~** to show sb (a)round a town **B** VII **um etw ~** to go (a)round sth **herumgehen** VII (*umg*) **1** (≈ *um etw herumgehen*) to walk (a)round (*um etw sth*) **2** (≈ *ziellos umhergehen*) to wander (a)round (*in etw (dat) sth*); **es ging ihm im Kopf herum** it went round and round in his head **3** (≈ *herumgereicht werden*) to be passed (a)round; (≈ *weitererzählt werden*) to go (a)round (*in etw (dat) sth*); **etw ~ lassen** to circulate sth **4** (*zeitlich* ≈ *vorbeigehen*) to pass **herumhängen** VII (*umg*) **1** (≈ *sich lümmeln*) to loll around **2** (≈ *ständig zu finden sein*) to hang out (*umg*) **herumkommandieren** (*umg*) VT to order about **herumkommen** VII (*umg*) **1** (*um eine Ecke etc*) to come (a)round (*um etw sth*) **2** (≈ *herumkönnen*) to get (a)round (*um etw sth*) **3** (≈ *vermeiden können*) **um etw ~** to get out of sth; **wir kommen um die Tatsache nicht herum, dass ...** we cannot get away from the fact that ... **4** (≈ *reisen*) to get (a)round (*in etw (dat) sth*) **herumkriegen** VT (*umg*) = **herumbekommen herumlaufen** VII (*umg*) to run (a)round (*um etw sth*); **so kannst du doch nicht ~** (*fig umg*) you can't go (a)round (looking) like that **herumliegen** VII (*umg*) to lie (a)round (*um etw sth*) **herumlungern** VII (*umg*) to hang (a)round **herumreden** VII (*umg*) to talk away; **um etw ~** (*ausweichend*) to talk around sth **herumreichen** VT (≈ *herumgeben*) to pass (a)round **herumreiten** VII (*fig umg*) **auf etw ~** (*dat*) to keep on about sth **herumschlagen** VR (*umg*) **sich mit jdm ~** (*wörtl*) to fight with sb; (*fig*) to fight a running battle with sb; **sich mit etw ~** (*fig*) to keep struggling with sth **herumschreien** VII (*umg*) to shout out loud **herum sein** VII (*umg*) (≈ *vorüber sein*) to be past **herumsitzen** VII (*untätig*) to sit around; (≈ *untätig*) to sit around doing nothing **herumsprechen** VR to get (a)round **herumstehen** VII **1** (*Sachen*) to be lying around **2** (*Menschen*) to stand (a)round (*um jdn/etw sb/sth*) **herumstöbern** VII (*umg* ≈ *suchen*) to rummage around **herumstreiten** VR to squabble **herumtreiben** VR (*umg*) to hang (a)round (*in +dat in*) (*umg*) **Herumtreiber(in)** M(F) (*pej*) tramp; (≈ *Streuner*) vagabond **herumzeigen** VT to show (a)round **herumziehen** VII (≈ *von Ort zu Ort ziehen*) to move around

herunter ADV down; **~!** get down!; **da/hier ~** down there/here; **vom Berg ~** down the mountain; **bis ins Tal ~** down into the valley **herunterbekommen** VT = **herunterkriegen herunterdrücken** VT *Hebel, Pedal* to press down **herunterfahren** **A** VII to go

989 **HERZ**

down **B** _VT_ to bring down; IT to shut down **herunterfallen** _VI_ to fall down; **von etw ~** to fall off sth **heruntergehen** _VI_ to go down; **von etw ~** (umg) to get off sth; **auf etw** (akk) **~** (Preise) to go down to sth; (Geschwindigkeit) to slow down to sth; **mit den Preisen ~** to lower one's prices **heruntergekommen** _ADJ_ Haus dilapidated; Stadt run-down; Mensch down-at-heel **herunterhandeln** _VT_ (umg) Preis to beat down; **jdn (auf etw** akk) **~** to knock sb down (to sth) **herunterhauen** _VT_ (umg) **jdm eine ~** to slap sb on the side of the head **herunterklappen** _VT_ to turn down; Sitz to fold down **herunterkommen** _VI_ **1** to come down; (umg ≈ herunterkönnen) to get down **2** (fig umg ≈ verfallen) (Stadt, Firma) to go downhill; (Wirtschaft) to go down; (gesundheitlich) to become run-down **3** (fig umg ≈ wegkommen) **vom Alkohol ~** to kick the habit (umg) **herunterkriegen** _VT_ (umg) to get down; (≈ abmachen können) to get off **herunterladen** _VT_ IT to download (auf +akk onto) **herunterleiern** _VT_ (umg) to reel off **heruntermachen** _VT_ (umg) **1** (≈ schlechtmachen) to run down **2** (≈ zurechtweisen) to tell off **herunterputzen** _VT_ (umg) **jdn ~** to give sb an earful (umg) **herunterreichen** **A** _VT_ to pass down **B** _VI_ to reach down **heruntersehen** _VI_ to look down; **auf jdn ~** (fig) to look down on sb **herunter sein** _VI_ (umg) to be down; **mit den Nerven ~** (umg) to be at the end of one's tether (Br) od rope (US) **herunterspielen** _VT_ (umg ≈ verharmlosen) to play down **herunterwirtschaften** _VT_ (umg) to bring to the brink of ruin **herunterziehen** _VT_ (≈ nach unter ziehen) to pull down **hervor** _ADV_ **aus etw ~** out of sth; **hinter dem Tisch ~** out from behind the table **hervorbringen** _VT_ (≈ entstehen lassen) to produce; Worte to utter **hervorgehen** _VI_ **1** (≈ sich ergeben) to follow; **daraus geht hervor, dass ...** from this it follows that ... **2** **als Sieger ~** to emerge victorious; **aus etw ~** to come out of sth **hervorheben** _VT_ to emphasize **hervorholen** _VT_ to bring out **hervorragen** _VI_ **1** (Felsen, Stein etc) to jut out **2** (fig ≈ sich auszeichnen) to stand out **hervorragend** **A** _ADJ_ (fig ≈ ausgezeichnet) excellent **B** _ADV_ very well; **etw ~ beschreiben** to give an excellent description of sth; **~ schmecken** to taste exquisite **hervorrufen** _VT_ (≈ bewirken) to cause; Bewunderung to arouse; Eindruck to create **hervorstechen** _VI_ to stand out **hervortreten** _VI_ **1** (≈ heraustreten) to step out, to emerge; (Backenknochen) to protrude; (Adern) to bulge **2** (≈ sichtbar werden) to stand out; (fig) to become evident **hervortun** _VR_ to distinguish oneself; (umg ≈ sich wichtigtun) to

show off (mit etw sth)

herwagen _VR_ to dare to come **Herweg** _M_ way here; **auf dem ~** on the way here **Herz** _N_ heart; (≈ Spielkartenfarbe) hearts pl (❗ Eine einzelne Karte heißt **heart**. Zum Herzkönig sagt man **the king of hearts**.); **sein ~ schlug höher** his heart leapt; **im ~en der Stadt** in the heart of the city; **im Grund meines ~ens** in my heart of hearts; **ein ~ und eine Seele sein** to be the best of friends; **mit ganzem ~en** wholeheartedly; **jdm von ganzem ~en danken** to thank sb with all one's heart; **ein gutes ~ haben** (fig) to have a good heart; **schweren ~ens** with a heavy heart; **es liegt mir am ~en** I am very concerned about it; **dieser Hund ist mir ans ~ gewachsen** I have become attached to this dog; **etw auf dem ~en haben** to have sth on one's mind; **jdn auf ~ und Nieren prüfen** to examine sb very thoroughly; **er hat sie in sein ~ geschlossen** he has grown fond of her; **ohne ~** heartless; **es wurde ihr leichter ums ~** she felt relieved; **von ~en** with all one's heart; **etw von ~en gern tun** to love doing sth; **jdn von ~en gernhaben** to love sb dearly; **sich** (dat) **etw vom ~en reden** to get sth off one's chest; **sich** (dat) **etw zu ~en nehmen** to take sth to heart; **alles, was das ~ begehrt** everything one's heart desires; **jds ~ brechen** to break sb's heart; **hast du denn (gar) kein ~?** how can you be so heartless? **Herzanfall** _M_ heart attack **Herzass** _N_ ace of hearts **Herzbeschwerden** _PL_ heart trouble sg **Herzchirurg(in)** _M(F)_ heart surgeon **herzeigen** _VT_ to show; **zeig (mal) her!** let's see

Herzensbrecher(in) _M(F)_ (fig umg) heartbreaker **herzensgut** _ADJ_ good-hearted **Herzenslust** _F_ **nach ~** to one's heart's content **Herzenswunsch** _M_ dearest wish **herzerfrischend** _ADJ_ refreshing **herzergreifend** _ADJ_ heart-rending **herzerweichend** _ADJ_ heart-rending **Herzfehler** _M_ heart defect **Herzflattern** _N_ palpitations pl (of the heart) **Herzflimmern** _N_ heart flutter **herzförmig** _ADJ_ heart-shaped **Herzgegend** _F_ cardiac region **herzhaft** _ADJ_ **1** (≈ kräftig) hearty; Geschmack strong **2** (≈ nahrhaft) Essen substantial

herziehen **A** _VT_ **jdn/etw hinter sich** (dat) **~** to pull sb/sth (along) behind one **B** _VI_ **1** **vor jdm ~** to march along in front of sb **2** **über jdn/etw ~** (umg) to knock sb/sth (umg) **herzig** _ADJ_ sweet **Herzinfarkt** _M_ heart attack **Herzkammer** _F_ ventricle **Herzklappe** _F_ cardiac valve **Herzklappenfehler** _M_

HERZ | 990

H

valvular heart defect **Herzklopfen** N̅ **ich hatte/bekam ~** my heart was/started pounding; **mit ~** with a pounding heart **herzkrank** A̅D̅J̅ **~ sein/werden** to have/get a heart condition **Herzkranzgefäß** N̅ coronary (blood) vessel **herzlich** A̅ A̅D̅J̅ *Empfang etc* warm; *Bitte* sincere; **mit ~en Grüßen** kind regards; **~en Dank!** many thanks; **~es Beileid!** you have my sincere sympathy B̅ A̅D̅V̅ (≈ *freundlich*) warmly; *sich bedanken* sincerely; **jdm ~ gratulieren** to congratulate and wish sb all the best; **~ schlecht** pretty awful; **~ wenig** precious little; **~ gern!** with the greatest of pleasure! **Herzlichkeit** F̅ (*von Empfang*) warmth **herzlos** A̅D̅J̅ heartless **Herzlosigkeit** F̅ heartlessness (❗ kein pl) **Herz-Lungen-Maschine** F̅ heart-lung machine **Herzmassage** F̅ heart massage **Herzmittel** N̅ cardiac drug

Herzog M̅ duke **Herzogin** F̅ duchess **Herzogtum** N̅ duchy

Herzoperation F̅ heart operation **Herzrhythmus** M̅ heart rhythm **Herzrhythmusstörung** F̅ palpitations *pl* **Herzschlag** M̅ ❶ (*einzelner*) heartbeat ❷ (≈ *Herzstillstand*) heart failure (❗ kein pl, ohne a) **Herzschrittmacher** M̅ pacemaker **Herzschwäche** F̅ a weak heart **Herzstillstand** M̅ cardiac arrest **Herztransplantation** F̅ heart transplant **Herzversagen** N̅ heart failure **herzzerreißend** A̅ A̅D̅J̅ heartbreaking B̅ A̅D̅V̅ **~ weinen** to weep distressingly

Hesse M̅, **Hessin** F̅ Hessian **Hessen** N̅ Hesse **hessisch** A̅D̅J̅ Hessian

Hete F̅ (*sl* ≈ *Heterosexuelle(r)*) hetero (*umg*); **er ist eine ~** he's straight (*umg*)

hetero A̅D̅J̅ (*umg*) hetero (*umg*), straight (*umg*) **heterogen** A̅D̅J̅ (*geh*) heterogeneous **Heterosexualität** F̅ heterosexuality **heterosexuell** A̅D̅J̅ heterosexual **Heterosexuelle(r)** M̅/F̅(M̅) heterosexual

Hetz F̅ (*österr umg*) laugh (*umg*); **aus** *od* **zur ~** for a laugh

Hetze F̅ ❶ (≈ *Hast*) (mad) rush ❷ (*pej* ≈ *Aufreizung*) rabble-rousing propaganda **hetzen** A̅ V̅T̅ ❶ (≈ *jagen*) to hound; **die Hunde auf jdn/etw ~** to set the dogs on(to) sb/sth ❷ (*umg* ≈ *antreiben*) to rush B̅ V̅I̅ ❶ (≈ *sich beeilen*) to rush; **hetz nicht so** don't be in such a rush ❷ (*pej* ≈ *Hass schüren*) to agitate; **gegen jdn/etw ~** to stir up hatred against sb/sth **Hetzjagd** F̅ (*wörtl, fig*) hounding (*auf +akk* of) **Hetzkampagne** F̅ malicious campaign

Heu N̅ hay

Heuchelei F̅ hypocrisy **heucheln** A̅ V̅I̅ to be a hypocrite B̅ V̅T̅ *Mitleid etc* to feign **Heuchler(in)** M̅(F̅) hypocrite **heuchlerisch** A̅D̅J̅ hypocritical

heuer A̅D̅V̅ (*südd, österr, schweiz*) this year

Heuer F̅ S̅C̅H̅I̅F̅F̅ pay **heuern** V̅T̅ to hire

heulen V̅I̅ ❶ (*umg* ≈ *weinen*) to bawl (*umg*), to wail; (*vor Schmerz*) to scream; (*vor Wut*) to howl; **es ist einfach zum Heulen** it's enough to make you weep ❷ (*Motor*) to roar; (*Tiere*) to howl; (*Sirene*) to wail **Heulsuse** F̅ crybaby (*umg*)

heurig A̅D̅J̅ (*südd, österr*) this year's (❗ nur vor dem Substantiv) **Heurige(r)** M̅ (*bes österr*) new wine

Heuschnupfen M̅ hay fever **Heuschrecke** F̅ grasshopper; (*in heißen Ländern*) locust

heute A̅D̅V̅ today; **~ Morgen** this morning; **~ Abend** this evening, tonight; **bis ~** (≈ *bisher*) to this day; **~ in einer Woche** a week today, today week; **~ vor acht Tagen** a week ago today; **die Zeitung von ~** today's paper; **von ~ auf morgen** overnight; **die Frau von ~** today's women; **die Jugend von ~** the young people of today **heutig** A̅D̅J̅ today's; (≈ *gegenwärtig*) contemporary; **am ~en Abend** this evening; **unser ~es Schreiben** H̅A̅N̅D̅E̅L̅ our letter of today('s date); **bis zum ~en Tage** to date, to this day **heutzutage** A̅D̅V̅ nowadays

Hexe F̅ witch; (*umg* ≈ *altes Weib*) old hag **hexen** V̅I̅ to practise (*Br*) *od* practice (*US*) witchcraft; **ich kann doch nicht ~** (*umg*) I can't work miracles **Hexenjagd** F̅ witch-hunt **Hexenkessel** M̅ (*fig*) pandemonium (❗ ohne Artikel) **Hexenmeister** M̅ sorcerer **Hexenprozess** M̅ witch trial **Hexenschuss** M̅ M̅E̅D̅ lumbago **Hexenverfolgung** F̅ witch-hunt

Hibiskus M̅ hibiscus

Hickhack M̅ *od* N̅ squabbling (❗ kein pl)

Hieb M̅ ❶ blow; **auf einen ~** (*umg*) in one go ❷ **Hiebe** P̅L̅ (*obs* ≈ *Prügel*) hiding ❸ (*fig*) dig, cutting remark **hiebfest** A̅D̅J̅ **hieb- und stichfest** (*fig*) watertight

hier A̅D̅V̅ (*räumlich*) here; **das Haus ~** this house; **dieser ~** this one (here); **~ entlang** along here; **~ oben/unten** up/down here; **~ spricht Dr. Müller** T̅E̅L̅ this is Dr Müller (speaking); **von ~ aus** from here; **~ und da** (*zeitlich*) (every) now and then; **das steht mir bis ~** (*umg*) I've had it up to here (with it) (*umg*)

Hierarchie F̅ hierarchy **hierarchisch** A̅ A̅D̅J̅ hierarchic(al) B̅ A̅D̅V̅ hierarchically

hierauf A̅D̅V̅ on this; (≈ *daraufhin*) hereupon **hieraus** A̅D̅V̅ out of this, from here; **~ folgt, dass ...** from this it follows that ... **hierbehalten** V̅T̅ **jdn/etw ~** to keep sb/sth here **hierbei** A̅D̅V̅ ❶ (*wörtl* ≈ *währenddessen*) doing this ❷ (*fig*) (≈ *bei dieser Gelegenheit*) on this occasion; (≈ *in diesem Zusammenhang*) in this connection **hierbleiben** V̅I̅ to stay here **hierdurch** A̅D̅V̅ ❶

(wörtl) through here ▣ (fig) through this **hierfür** ADV for this **hierher** ADV here; **(komm) ~!** come here; **bis ~** (örtlich) up to here; (zeitlich) up to now **hierherbringen** VT to bring (over) here **hierher gehören** VI to belong here; (fig ≈ relevant sein) to be relevant **hierhin** ADV here **hierin** ADV in this **hierlassen** VT to leave here **hiermit** ADV with this; **~ erkläre ich ...** (form) I hereby declare ... (form); **~ wird bescheinigt, dass ...** this is to certify that ... **Hieroglyphe** F hieroglyphic **Hiersein** N **während meines ~s** during my stay **hierüber** ADV ▣ (wörtl) over this od here ▣ (fig) about this; **~ ärgere ich mich** this makes me angry **hierunter** ADV ▣ (wörtl) under this od here ▣ (fig) by this od that; **~ fallen auch die Sonntage** this includes Sundays **hiervon** ADV (wörtl) from this; **~ habe ich nichts gewusst** I knew nothing about this; **~ abgesehen** apart from this **hierzu** ADV ▣ (≈ dafür) for this ▣ (≈ außerdem) in addition to this; (≈ zu diesem Punkt) about this **hierzulande** ADV in these parts **hiesig** ADJ local; **meine ~en Verwandten** my relatives here **Hiesige(r)** M/F(M) **ein ~r** one of the locals
hieven VT to heave
Hi-Fi-Anlage F hi-fi system
high ADJ (umg) high (umg) **Highlife** N, **High Life** high life; **~ machen** (umg) to live it up (umg) **Highlight** N highlight **highlighten** VT IT Textpassagen etc to highlight **High Society** F high society **Hightech** N high tech **Hightechindustrie** F high-tech industry
Hilfe F help; (finanzielle) aid, assistance; (für Notleidende) relief; **um ~ rufen** to call for help; **jdm zu ~ kommen** to come to sb's aid; **jdm ~ leisten** to help sb; **~ suchend** Mensch seeking help; Blick imploring; **ohne ~** (≈ selbstständig) unaided; **etw zu ~ nehmen** to use sth; **mit ~ = mithilfe Hilfefunktion** F IT help function **Hilfeleistung** F assistance **Hilferuf** M call for help **Hilfestellung** F support **Hilfetaste** F IT help key **hilflos** A ADJ helpless B ADV helplessly **Hilflosigkeit** F helplessness **hilfreich** ADJ helpful, useful **Hilfsaktion** F relief action **Hilfsarbeiter(in)** M(F) labourer (Br), laborer (US); (in Fabrik) unskilled worker **hilfsbedürftig** ADJ in need of help; (≈ Not leidend) needy, in need präd **hilfsbereit** ADJ helpful, ready to help präd **Hilfsbereitschaft** F helpfulness, readiness to help **Hilfsdienst** M emergency service; (bei Katastrophenfall) (emergency) relief service **Hilfsfonds** M relief fund **Hilfskraft** F assistant (⚠ Schreibung mit ant); (≈ Aushilfe) temporary worker; **wissenschaftliche ~** research assistant **Hilfsmittel** N aid **Hilfsorganisation** F relief organization **Hilfsprogramm** N ▣ (zur Hungerhilfe etc) relief programme (Br) od program (US) ▣ IT utility program **Hilfssheriff** M deputy sheriff **Hilfsverb** N auxiliary od helping (US) verb **Hilfswerk** N relief organization
Himalaja M **der ~** the Himalayas pl
Himbeere F raspberry **Himbeergeist** M (white) raspberry brandy **Himbeersaft** M raspberry juice
Himmel M ▣ sky; **am ~** in the sky ▣ (REL ≈ Himmelreich) heaven; **im ~** in heaven (⚠ ohne the); **in den ~ kommen** to go to heaven (⚠ ohne the); **der ~ auf Erden** heaven on earth (⚠ ohne the); **(das) weiß der ~!** (umg) God (only) knows; **das schreit zum ~** it's a scandal; **es stinkt zum ~** (umg) it stinks to high heaven (umg); **(ach) du lieber ~!** (umg) good Heavens!; **um(s) ~s willen** (umg) for Heaven's sake (umg) **Himmelbett** N four-poster (bed) **himmelblau** ADJ sky-blue **Himmelfahrt** F ▣ REL **Christi ~** the Ascension of Christ; **Mariä ~** the Assumption of the Virgin Mary ▣ (ohne Artikel ≈ Feiertag) Ascension Day **Himmelfahrtskommando** N (MIL umg) suicide squad od (Unternehmung) mission **Himmelreich** N REL Kingdom of Heaven **himmelschreiend** ADJ Unrecht scandalous; Verhältnisse appalling **Himmelskörper** M heavenly body **Himmelsrichtung** F direction; **die vier ~en** the four points of the compass **himmelweit** (fig umg) A ADJ **ein ~er Unterschied** a world of difference B ADV **~ voneinander entfernt** (fig) poles apart **himmlisch** A ADJ heavenly B ADV schmecken heavenly; bequem wonderfully; **~ schön** just heavenly

▶ Himmel

Himmel (mit Sonne, Mond und Sternen) — **sky**
Es sind schwarze Wolken am Himmel. — **There are some black clouds in the sky.**

Himmel (= Paradies) — **heaven**
Ich war so glücklich, ich fühlte mich wie im Himmel. — **I was so happy I thought I was in heaven.**

SPRACHGEBRAUCH ◀

hin ADV ▣ (räumlich) **bis zum Haus ~** up to the house; **geh doch ~ zu ihr!** go to her; **nach außen ~** (fig) outwardly; **bis zu diesem Punkt ~** up to this point ▣ **~ und her** to and fro; (≈ hin und zurück) there and back; **etw ~ und her überlegen** to weigh sth up; **nach langem**

Hin und Her eventually; **~ und zurück** there and back; **einmal London ~ und zurück** a return *od* round trip ticket (*bes US*) to London; **~ und wieder** (every) now and then **3** (*zeitlich*) **noch weit ~** a long way off; **über die Jahre ~** over the years **4** (*fig*) **auf meine Bitte ~** at my request; **auf meinen Anruf ~** on account of my phone call; **auf seinen Rat ~** on his advice; **etw auf etw** (*akk*) **~ prüfen** to check sth for sth; → **hin sein**

hinab ADV, PRÄF = hinunter

hinarbeiten VI **auf etw** (*akk*) **~ auf ein Ziel** to work toward(s) sth

hinauf ADV up; **den Berg ~** up the mountain **hinaufarbeiten** VR to work one's way up **hinaufblicken** VI to look up **hinaufbringen** VT to take up **hinaufgehen** VI to go up **hinaufkommen** VI **1** (≈ *nach oben gehen, fahren*) to come up; (*die Treppe hoch*) to come upstairs **2** (*können*) **ich komme nicht hinauf** I can't get up there **hinaufsteigen** VI to climb up

hinaus ADV **1** (*räumlich*) out; **~ (mit dir)!** (get) out!; **aus dem** *od* **zum Fenster ~** out of the window **2** (*zeitlich*) **auf Jahre ~** for years to come **3** (*fig*) **über** (+*akk*) **~** over and above; **darüber ~** over and above this; → **hinaus sein** **hinausbegleiten** VT to see out (*aus of*) **hinausekeln** VT (*umg*) **jdn ~** to drive sb away **hinausfliegen** VI (*aus of*) **1** (≈ *fortfliegen*) to fly out **2** (*umg* ≈ *hinausgeworfen werden*) to get kicked out (*umg*) **hinausgehen** VI **1** (≈ *nach draußen gehen*) to go out(side) **2** **auf etw** (*akk*) **~** (*Tür, Zimmer*) to open onto sth **3** (*fig* ≈ *überschreiten*) **über etw** (*akk*) **~** to go beyond sth; **über seine Befugnisse ~** to overstep one's authority **hinauslaufen** VI (*aus of*) **1** (*wörtl*) to run out **2** (*fig*) **auf etw** (*akk*) **~** to amount to sth; **es läuft auf dasselbe hinaus** it comes to the same thing **hinauslehnen** VR to lean out (*aus of*); **sich zum Fenster ~** to lean out of the window **hinausschieben** VT (≈ *aufschieben*) to put off, to postpone **hinausschmeißen** VT (*umg*) to kick out (*umg*) (*aus of*) **hinaus sein** VI (*fig*) **über etw** (*akk*) **~** to be past sth **hinausstürmen** VI to storm out (*aus of*) **hinausstürzen** (*aus of*) v/i (≈ *hinauseilen*) to rush out **hinauswachsen** VI **über etw** (*akk*) **~** (*fig*) to outgrow sth; **er wuchs über sich selbst hinaus** he surpassed himself **hinauswagen** VR to venture out (*aus of*) **hinauswerfen** VT (*umg*) (≈ *entfernen*) to chuck out (*umg*) (*aus of*); **das ist hinausgeworfenes Geld** it's money down the drain **hinauswollen** VI to want to go *od* get out (*aus of*); **worauf willst du hinaus?** (*fig*) what are you getting at?; **hoch ~** to

aim high **hinauszögern** A VT to delay B VR to be delayed

hinbekommen VT (*umg*) = hinkriegen **hinbiegen** VT (*fig umg* ≈ *in Ordnung bringen*) to arrange; (≈ *deichseln*) to wangle (*umg*); **das werden wir schon ~** we'll sort it out somehow **Hinblick** M **im ~ auf** (+*akk*) (≈ *angesichts*) in view of; (≈ *mit Bezug auf*) with regard to **hinbringen** VT **1** *jdn, etw* to take there (❗ nicht „to bring") = hinkriegen **hindenken** VI **wo denkst du hin?** whatever are you thinking of!

hinderlich ADJ **~ sein** to be in the way; **einer Sache** (*dat*) **~ sein** to be a hindrance to sth **hindern** A VT **1** *Fortschritte* to impede; *jdn* to hinder (*bei in*) **2** (≈ *abhalten von*) to prevent (*an* +*dat* from), to stop; **ich konnte ihn nicht daran ~, das zu tun** I couldn't prevent him from doing it B VI (≈ *stören*) to be a hindrance (*bei* to) **Hindernis** N **1** obstacle; (≈ *Behinderung*) hindrance; **eine Reise mit ~sen** a journey full of hitches **2** (SPORT ≈ *Hürde*) hurdle **Hindernislauf** M SPORT, **Hindernisrennen** N steeplechase **Hinderungsgrund** M obstacle

hindeuten VI to point (*auf* +*akk, zu* at) **Hindu** M Hindu **Hinduismus** M Hinduism **hinduistisch** ADJ Hindu

hindurch ADV through; **dort ~** through there; **mitten ~** straight through; **das ganze Jahr ~** throughout the year; **den ganzen Tag ~** all day (long)

hinein ADV in; **da ~** in there; **in etw** (*akk*) **~** into sth; **bis tief in die Nacht ~** far into the night **hineinbekommen** VT (*umg*) to get in (*in* +*akk* -to) **hineindenken** VR **sich in jdn ~** to put oneself in sb's position **hineingehen** VI (≈ *hineinpassen*) to go in (*in* +*akk* -to); **in den Bus gehen 50 Leute hinein** the bus holds 50 people **hineingeraten** VI **in etw** (*akk*) **~** to get into sth **hineingucken** VI (*umg*) to look in (*in* +*akk* -to) **hineinklettern** VI to climb in (*in* +*akk* -to) **hineinknien** VR (*fig umg*) **sich in etw** (*akk*) **~** to get into sth (*umg*) **hineinkriegen** VT (*umg*) to get in (*in* +*akk* -to) **hineinpassen** VI **in etw** (*akk*) **~** to fit into sth; (*fig*) to fit in with sth **hineinplatzen** VI (*fig umg*) to burst in (*in* +*akk* -to) **hineinreden** VI (*wörtl* ≈ *unterbrechen*) to interrupt (*jdm* sb); **jdm in seine Angelegenheiten ~** to meddle in sb's affairs **hineinstecken** VT to put in (*in* +*akk* -to); **Geld/Arbeit** *etc* **in etw** (*akk*) **~** to put money/some work *etc* into sth **hineinsteigern** VR to get worked up; **sich in seine Wut ~** to work oneself up into a rage **hineinströmen** VI to flood in (*in* +*akk* -to) **hineinstürzen** A VI to plunge in (*in* +*akk* -to); (≈ *hineineilen*) to rush in (*in* +*akk* -to);

993 ‖ HINT

B _VR_ **sich in die Arbeit ~** to throw oneself into one's work **hineinversetzen** _VR_ **sich in jdn** od **in jds Lage ~** to put oneself in sb's position **hineinziehen** _VT_ to pull in (in +akk -to); **jdn in einen Streit ~** to drag sb into a quarrel **hinfahren** **A** _Vi_ to go there **B** _VT_ to drive there **Hinfahrt** _F_ journey there; BAHN outward journey **hinfallen** _Vi_ to fall (down) **hinfällig** _ADJ_ **1** Mensch frail **2** (fig ≈ ungültig) invalid **hinfinden** _Vi_ (umg) to find one's way there **hinfliegen** _Vi_ to fly there **Hinflug** _M_ outward flight **hinführen** _Vi_ to lead there; **wo soll das ~?** (fig) where is this leading to? **Hingabe** _F_ (fig) (≈ Begeisterung) dedication; (≈ Selbstlosigkeit) devotion; **mit ~ singen** to sing with abandon **hingeben** **A** _VT_ to give up; Leben to sacrifice **B** _VR_ **sich einer Sache** (dat) **~ der Arbeit** to devote oneself to sth; dem Laster, der Verzweiflung to abandon oneself to sth; **sich einer Illusion ~** to labour (Br) od labor (US) under an illusion **hingebungsvoll** **A** _ADJ_ (≈ selbstlos) devoted; (≈ begeistert) abandoned **B** _ADV_ (≈ selbstlos) devotedly; (≈ begeistert) with abandon; lauschen raptly

hingehen _Vi_ **1** (≈ dorthin gehen) to go (there); **wo gehst du hin?** where are you going?; **wo geht es hier hin?** where does this go? **2** (Zeit) to pass **3** (fig ≈ tragbar sein) **das geht gerade noch hin** that will just about do **hingehören** _Vi_ to belong; **wo gehört das hin?** where does this belong? **hingerissen** **A** _ADJ_ enraptured; **hin- und hergerissen sein** to be torn (zwischen +dat between) **B** _ADV_ with rapt attention; → hinreißen **Hingucker** _M_ (umg) (≈ Mensch) looker (umg); (≈ Sache) eye-catcher (umg) **hinhalten** _VT_ **1** (≈ entgegenstrecken) to hold out (jdm to sb) **2** (fig) jdn to put off **Hinhaltetaktik** _F_ delaying tactics pl **hinhauen** (umg) **A** _VT_ **1** (≈ nachlässig machen) to knock off (umg) **2** (≈ hinwerfen) to slam down **B** _Vi_ **1** (≈ zuschlagen) to hit hard **2** (≈ gut gehen) **es hat hingehauen** I/we etc just managed it; **das wird schon ~** it will be OK (umg) **3** (≈ klappen) to work **C** _VR_ (umg ≈ sich schlafen legen) to crash out (umg) **hinhören** _Vi_ to listen

hinken _Vi_ **1** to limp **2** (fig) (Beispiel) to be inappropriate; (Vergleich) to be misleading **hinknien** _Vi & VR_ to kneel (down) **hinkommen** _Vi_ **1** (≈ an einen Ort hinkommen) (**da**) **~** to get there; **wie komme ich zu dir hin?** how do I get to your place? **2** (≈ an bestimmten Platz gehören) to go; **wo kämen wir denn hin, wenn …** (umg) where would we be if … **3** (umg ≈ auskommen) to manage; **wir kommen (damit)** hin we will manage **4** (umg ≈ stimmen) to be right **hinkrlegen** _VT_ (umg ≈ fertigbringen) to manage;

das hast du gut hingekriegt you've made a nice job of it **hinlangen** _Vi_ (umg ≈ zupacken) to grab him/her/it etc; (≈ zuschlagen) to take a (good) swipe (umg); (≈ sich bedienen) to help oneself to a lot **hinlänglich** **A** _ADJ_ (≈ ausreichend) adequate **B** _ADV_ (≈ ausreichend) adequately; (≈ zu Genüge) sufficiently **hinlegen** **A** _VT_ **1** (≈ hintun) to put down; Zettel to leave (jdm for sb); (umg ≈ bezahlen müssen) to fork out (umg) **2** (umg ≈ glänzend darbieten) to perform **B** _VR_ to lie down **hinnehmen** _VT_ (≈ ertragen) to take; Beleidigung to swallow; **etw als selbstverständlich ~** to take sth for granted **hinreichend** **A** _ADJ_ (≈ ausreichend) adequate; (≈ genug) sufficient; (≈ reichlich) ample; **keine ~en Beweise** insufficient evidence **B** _ADV_ informieren adequately **Hinreise** _F_ outward journey **hinreißen** _VT_ (fig) **1** (≈ begeistern) to thrill; → hingerissen **2** (≈ überwältigen) **jdn zu etw ~** to force sb into sth; **sich ~ lassen** to let oneself be carried away **hinreißend** _ADJ_ fantastic; Anblick enchanting; Schönheit captivating **hinrichten** _VT_ to execute **Hinrichtung** _F_ execution **hinschauen** _Vi_ (dial) = hinsehen **hinschmeißen** _VT_ (umg) (≈ hinwerfen) to fling down (umg); (fig ≈ aufgeben) Arbeit etc to chuck in (umg) **hinschreiben** _VT_ to write; (≈ flüchtig niederschreiben) to scribble down (umg) **hinsehen** _Vi_ to look; **bei genauerem Hinsehen** on looking more carefully **hin sein** _Vi_ (umg) **1** (≈ kaputt sein) to have had it **2** (≈ erschöpft sein) to be exhausted **3** (≈ verloren sein) to be lost **4** (≈ begeistert sein) (**von etw**) **hin (und weg) sein** to be mad about sth **hinsetzen** **A** _VT_ to put od set down; Kind to sit down **B** _VR_ (wörtl) to sit down

Hinsicht _F_ **in dieser ~** in this respect; **in gewisser ~** in some respects; **in finanzieller ~** financially **hinsichtlich** _PRÄP_ +gen (≈ bezüglich) with regard to; (≈ in Anbetracht) in view of **Hinspiel** _N_ SPORT first leg **hinstellen** **A** _VT_ **1** (≈ niederstellen) to put down; (an bestimmte Stelle) to put **2** (≈ auslegen) **jdn/etw als jdn/etw ~** (≈ bezeichnen) to make sb/sth out to be sb/sth **B** _VR_ to stand; (Fahrer) to park; **sich vor jdn** od **jdm ~** to stand in front of sb

hintanstellen _VT_ (≈ zurückstellen) to put last; (≈ vernachlässigen) to neglect

hinten _ADV_ **1** behind; **von ~** from the back; **~ im Buch** at the back of the book; **~ im Auto** in the back of the car; **sich ~ anstellen** to join the end of the queue (Br) od line (US); **von ~ anfangen** to begin from the end; **~ im Auto/Bus** in the back of the car/bus; **ein Blick nach ~** a look behind; **nach ~** to the back; fallen, ziehen backwards; **das Auto da ~** the car back there **2** (fig) **~ und vorn** betrügen left, right and centre (Br) od center (US); **das stimmt ~ und vorn nicht** that is absolutely untrue; **das reicht ~ und vorn nicht** that's nowhere near enough **hintenherum** ADV (≈ von der hinteren Seite) from the back; (≈ auf Umwegen) in a roundabout way; (≈ illegal) under the counter

hinter PRÄP +dat od +akk **1** (räumlich) behind; **~ jdm/etw her** behind sb/sth; **~ etw** (akk) **kommen** (fig ≈ herausfinden) to get to the bottom of sth; **sich ~ jdn stellen** (wörtl) to stand behind sb; (fig) to support sb **2** (+dat ≈ nach) after; **vier Kilometer ~ der Grenze** four kilometres (Br) od kilometers (US) beyond the border **3** **etw ~ sich** (dat) **haben** (≈ überstanden haben) to have got sth over (and done) with; Krankheit, Zeit to have been through sth; **sie hat viel ~ sich** she has been through a lot; **das Schlimmste haben wir ~ uns** we are over the worst; **etw ~ sich** (akk) **bringen** to get sth over (and done) with **Hinterachse** F rear axle **Hinterausgang** M back exit **Hinterbänkler(in)** M(F) (POL pej) backbencher **Hinterbein** N hind leg; **sich auf die ~e stellen** od **setzen** (fig umg ≈ sich anstrengen) to pull one's socks up (umg) **Hinterbliebene(r)** M(F)M surviving dependent; **die ~n** the bereaved family **hintereinander** ADV (räumlich) one behind the other; (≈ in Reihenfolge) one after the other; **~ hereinkommen** to come in one by one; **zwei Tage ~** two days running; **dreimal ~** three times in a row **Hintereingang** M rear entrance **hintere(r, s)** ADJ back; (von Gebäude auch) rear; **die Hinteren** those at the back; **am ~n Ende** at the far end **hinterfragen** VT to question **Hintergedanke** M ulterior motive **hintergehen** VT to deceive **Hintergrund** M background; **im ~** in the background; **im ~ bleiben/stehen** to stay/be in the background; **in den ~ treten** (fig) to be pushed into the background **hintergründig** ADJ cryptic **Hintergrundinformation** F background information (❗ kein pl) (über +akk about, on) **Hintergrundprogramm** N IT background program **Hinterhalt** M ambush; **jdn aus dem ~ überfallen** to ambush sb; **im ~ lauern** od **liegen** to lie in wait od (bes MIL) ambush **hinterhältig** **A** ADJ devious **B** ADV in an underhand way, deviously **hinterher** ADV (räumlich) behind; (zeitlich) afterwards **hinterherfahren** VI to drive behind (jdm sb) **hinterherlaufen** VI to run behind (jdm sb); **jdm ~** (fig umg) to run after sb **hinterher sein** VI (umg) (wörtl ≈ verfolgen) to be after (jdm sb); **~, dass ...** to see to it that ... **Hinterhof** M back yard **Hinterkopf** M back of one's head; **etw im ~ haben** (umg) to have sth

in the back of one's mind **Hinterland** N hinterland **hinterlassen** VT to leave **Hinterlassenschaft** F estate; (fig) legacy **hinterlegen** VT **1** (≈ verwahren lassen) to deposit **2** (≈ als Pfand hinterlegen) to leave **Hinterlist** F **1** (≈ Tücke) craftiness **2** (≈ Trick, List) ruse **hinterlistig** **A** ADJ (≈ tückisch) crafty; (≈ betrügerisch) deceitful **B** ADV (≈ tückisch) cunningly; (≈ betrügerisch) deceitfully **Hintermann** M person behind; (≈ Auto) car behind; **die Hintermänner des Skandals** the men behind the scandal **Hintern** M (umg) backside (umg); **sich auf den ~ setzen** (≈ eifrig arbeiten) to buckle down to work; **jdm in den ~ kriechen** to suck up to sb **Hinterrad** N rear wheel **Hinterradantrieb** M rear wheel drive **hinterrücks** ADV from behind; (fig ≈ heimtückisch) behind sb's back **Hinterseite** F back **hinterste(r, s)** ADJ very back; (≈ entlegenste) remotest; **die Hintersten** those at the very back; **das ~ Ende** the very end od (von Saal) back **Hinterteil** N (umg) backside (umg) **Hintertreffen** N **im ~ sein** to be at a disadvantage; **ins ~ geraten** to fall behind **hintertreiben** VT (fig) to foil; Gesetz to block **Hintertür** F back door; (fig umg ≈ Ausweg) loophole; **durch die ~** (fig) through the back door **hinterziehen** VT Steuern to evade **Hinterziehung** F (von Steuern) evasion **Hinterzimmer** N back room

hintreten VI **vor jdn ~** to go up to sb **hintun** VT (umg) to put; **ich weiß nicht, wo ich ihn ~ soll** (fig) I can't (quite) place him

hinüber ADV over; (über Grenze, Fluss auch) across; **quer ~** right across; → **hinüber sein hinüberführen** VI (≈ verlaufen: Straße, Brücke) to go across (über etw (akk) sth) **hinübergehen** VI to go across; (zu jdm) to go over (über etw (akk) sth) **hinüberretten** VT to bring to safety; (fig) Tradition to keep alive **hinüber sein** VI (umg ≈ verdorben sein) to be off; (≈ kaputt, tot sein) to have had it (umg); (≈ ruiniert sein) to be done for (umg) **hinüberwechseln** VI to change over (zu, in +akk to)

hin- und hergehen VI to walk up and down od to and fro; (aufgeregt) to pace up and down; (Sache) to go back and forth; **im Zimmer ~** to walk/pace up and down the room **Hin- und Rückfahrt** F return journey **Hin- und Rückflug** M return flight **Hin- und Rückweg** M round trip

hinunter ADV down; **ins Tal ~** down into the valley **hinunterfließen** VI to flow down **hinuntergehen** VI to go down **hinunterschlucken** VT to swallow (down) **hinunterstürzen** **A** VI **1** (≈ hinunterfallen) to tumble down **2** (≈ eilig hinunterlaufen) to rush down **B**

995 ‖ HOCH

$\overline{\text{VT}}$ **jdn** to throw down $\boxed{\text{C}}$ $\overline{\text{VR}}$ to throw oneself down **hinunterwerfen** $\overline{\text{VT}}$ to throw down
hinweg $\overline{\text{ADV}}$ **1** **über jdn/etw** ~ over sb od sb's head/sth **2** (zeitlich) **über eine Zeit** ~ over a period of time
Hinweg $\overline{\text{M}}$ way there; **auf dem** ~ on the way there
hinweggehen $\overline{\text{VI}}$ **über etw** (akk) ~ to pass over sth **hinwegkommen** $\overline{\text{VI}}$ (fig) **über etw** (akk) ~ (≈ verwinden) to get over sth **hinwegsehen** $\overline{\text{VI}}$ **über jdn/etw** ~ (wörtl) to see over sb od sb's head/sth; (fig) (≈ ignorieren) to ignore sb/sth; (≈ unbeachtet lassen) to overlook sb/sth **hinwegsetzen** $\overline{\text{VR}}$ (fig) **sich über etw** (akk) ~ (≈ nicht beachten) to disregard sth; (≈ überwinden) to overcome sth **hinwegtäuschen** $\overline{\text{VT}}$ **jdn über etw** (akk) ~ to mislead sb about sth; **darüber ~, dass …** to hide the fact that …
Hinweis $\overline{\text{M}}$ **1** (≈ Rat) piece of advice; (≈ Bemerkung) comment; (amtlich) notice; **~e für den Benutzer** notes for the user **2** (≈ Anhaltspunkt) indication; (bes von Polizei) clue **hinweisen** $\overline{\text{VT}}$ **jdn auf etw** (akk) ~ to point sth out to sb $\boxed{\text{B}}$ $\overline{\text{VI}}$ **auf jdn/etw** ~ to point to sb/sth; (≈ verweisen) to refer to sb/sth; **darauf ~, dass …** to point out that … **Hinweisschild** $\overline{\text{N}}$ sign
hinwerfen $\overline{\text{VT}}$ **1** to throw down; (≈ fallen lassen) to drop; **jdm etw** ~ to throw sth to sb **2** (umg ≈ aufgeben) Arbeit to give up **hinwollen** $\overline{\text{VI}}$ (umg) to want to go **hinziehen** $\boxed{\text{A}}$ $\overline{\text{VT}}$ **1** (≈ zu sich ziehen) to draw (zu towards) **2** (fig ≈ in die Länge ziehen) to draw out $\boxed{\text{B}}$ $\overline{\text{VI}}$ to move (über +akk across, zu towards) $\boxed{\text{C}}$ $\overline{\text{VR}}$ **1** (≈ lange dauern) to drag on; (≈ sich verzögern) to be delayed **2** (≈ sich erstrecken) to stretch **hinzielen** $\overline{\text{VI}}$ **auf etw** (akk) ~ to aim at sth; (Pläne etc) to be aimed at sth
hinzu $\overline{\text{ADV}}$ ~ **kommt noch, dass ich …** moreover I … **hinzufügen** $\overline{\text{VT}}$ to add (+dat to); (≈ beilegen) to enclose **hinzukommen** $\overline{\text{VI}}$ **zu etw** ~ to be added to sth; **es kommt noch hinzu, dass …** there is also the fact that … **hinzutun** $\overline{\text{VT}}$ (umg) to add **hinzuzählen** $\overline{\text{VT}}$ to add **hinzuziehen** $\overline{\text{VT}}$ to consult **Hiobsbotschaft** $\overline{\text{F}}$ bad tidings pl
hip $\overline{\text{ADJ}}$ (sl) hip (sl)
Hippie $\overline{\text{M}}$ hippie
Hipsters $\overline{\text{PL}}$ (≈ Hüfthose) hipsters pl (Br), hiphuggers pl (US)
Hirn $\overline{\text{N}}$ **1** ANAT brain **2** (umg) (≈ Kopf) head; (≈ Verstand) brains pl, mind; **sich** (dat) **das** ~ **zermartern** to rack one's brain(s) **3** GASTR brains pl **Hirngespinst** $\overline{\text{N}}$ fantasy **Hirnhaut** $\overline{\text{F}}$ ANAT meninges pl **Hirnhautentzündung** $\overline{\text{F}}$ MED meningitis **hirnlos** $\overline{\text{ADJ}}$ brainless **hirnrissig** $\overline{\text{ADJ}}$ hare-brained **Hirntod** $\overline{\text{M}}$ MED brain death **hirntot** $\overline{\text{ADJ}}$ braindead **Hirntu-**

mor $\overline{\text{M}}$ brain tumour (Br) od tumor (US) **hirnverbrannt** $\overline{\text{ADJ}}$ hare-brained
Hirsch $\overline{\text{M}}$ (≈ Rothirsch) red deer; (männlich) stag; GASTR venison **Hirschkuh** $\overline{\text{F}}$ hind **Hirschleder** $\overline{\text{N}}$ buckskin
Hirse $\overline{\text{F}}$ millet
Hirt $\overline{\text{M}}$ herdsman; (≈ Schafhirt) shepherd **Hirtin** $\overline{\text{F}}$ herdswoman; (≈ Schafhirtin) shepherdess
hissen $\overline{\text{VT}}$ to hoist
Histamin $\overline{\text{N}}$ histamine
Historiker(in) $\overline{\text{MF}}$ historian **historisch** $\boxed{\text{A}}$ $\overline{\text{ADJ}}$ historical; Gestalt, Ereignis historic $\boxed{\text{B}}$ $\overline{\text{ADV}}$ historically; **das ist ~ belegt** there is historical evidence for this
Hit $\overline{\text{M}}$ (MUS, IT, fig umg) hit **Hitliste** $\overline{\text{F}}$ charts pl **Hitparade** $\overline{\text{F}}$ hit parade; **in der** ~ MUS in the charts
Hitze $\overline{\text{F}}$ **1** heat **2** (fig) passion; **in der** ~ **des Gefecht(e)s** (fig) in the heat of the moment **hitzebeständig** $\overline{\text{ADJ}}$ heat-resistant **hitzeempfindlich** $\overline{\text{ADJ}}$ sensitive to heat **Hitzefrei** $\overline{\text{N}}$ ~ **haben** to have time off from school on account of excessively hot weather **Hitzeperiode** $\overline{\text{F}}$ hot spell **Hitze(schutz)schild** $\overline{\text{M}}$ heat shield **Hitzewelle** $\overline{\text{F}}$ heat wave **hitzig** $\overline{\text{ADJ}}$ (≈ aufbrausend) Mensch hot-headed; (≈ leidenschaftlich) passionate; ~ **werden** (Debatte) to grow heated **Hitzschlag** $\overline{\text{M}}$ MED heatstroke (**!** ohne a)
HIV-infiziert $\overline{\text{ADJ}}$ HIV-infected attr, infected with HIV präd **HIV-negativ** $\overline{\text{ADJ}}$ HIV-negative **HIV-positiv** $\overline{\text{ADJ}}$ HIV-positive **HIV-Test** $\overline{\text{M}}$ HIV test **HIV-Virus** $\overline{\text{N}}$ HIV-virus
H-Milch $\overline{\text{F}}$ long-life milk
HNO-Arzt $\overline{\text{M}}$, **HNO-Ärztin** $\overline{\text{F}}$ ENT specialist
Hobby $\overline{\text{N}}$ hobby **Hobbyfotograf(in)** $\overline{\text{MF}}$ amateur photographer **Hobbyraum** $\overline{\text{M}}$ workroom
Hobel $\overline{\text{M}}$ TECH plane **Hobelbank** $\overline{\text{F}}$ carpenter's od joiner's bench **hobeln** $\overline{\text{VT&VI}}$ TECH to plane; **wo gehobelt wird, da fallen Späne** (sprichw) you can't make an omelette without breaking eggs (sprichw) **Hobelspan** $\overline{\text{M}}$ shaving
hoch $\boxed{\text{A}}$ $\overline{\text{ADJ}}$ high; Baum, Mast tall; Summe large; Strafe heavy; Schaden extensive; **hohe Verluste** heavy losses; **in hohem Maße verdächtig** highly suspicious; **in hohem Maße gefährdet**

▶ **hoch**

Wenn etwas hoch über dem Erdboden ist, verwendet man **high**, für einen schmalen, hohen Gegenstand verwendet man **tall**.

SPRACHGEBRAUCH ◁

HOCH | 996

in grave danger; **mit hoher Wahrscheinlichkeit** in all probability; **das hohe C** MUS top C; **das ist mir zu ~** (*fig umg*) that's (well) above (*bes Br*) *od* over my head; **ein hohes Tier** (*fig umg*) a big fish (*umg*) **B** ADV **1** (≈ *räumlich*) high; **~ oben** high up; **zwei Treppen ~ wohnen** to live two floors up; **der Schnee lag 60 cm ~** the snow was 60 cm deep; **er sah zu uns ~** (*umg*) he looked up to us; MATH **7 ~ 3** 7 to the power of 3 **2** (≈ *sehr*) angesehen, entwickelt highly; zufrieden, erfreut very **3 ~ begabt** = hochbegabt; **~ empfindlich** = hochempfindlich; **~ qualifiziert** highly qualified; **das rechne ich ihm ~ an** (I think) that is very much to his credit; **~ gewinnen** to win handsomely; **~ hinauswollen** to be ambitious; **wenn es ~ kommt** (*umg*) at (the) most; **~ schätzen** (≈ *verehren*) to respect highly; **~ verlieren** to lose heavily; **die Polizei rückte an, 50 Mann ~** (*umg*) the police arrived, 50 strong; **~ und heilig versprechen** to promise faithfully **Hoch** N̄ **1** (≈ *Ruf*) **ein (dreifaches) ~ für** *od* **auf jdn ausbringen** to give three cheers for sb **2** (METEO, *fig*) high **Hochachtung** F̄ deep respect; **bei aller ~ vor jdm/etw** with (the greatest) respect for sb/sth **hochachtungsvoll** ADV (*Briefschluss*) (*bei Anrede mit Sir/Madam*) yours faithfully (*Br*), sincerely yours (*US*); (*bei Anrede mit Namen*) yours sincerely (*Br*), sincerely yours (*US*) **Hochadel** M̄ high nobility **hochaktuell** ADJ highly topical **Hochaltar** M̄ high altar **hocharbeiten** VR to work one's way up **hochauflösend** ADJ IT, TV high-resolution **Hochbau** M̄ structural engineering **hochbegabt** ADJ highly gifted *od* talented **Hochbegabte(r)** M/F(M) gifted person *od* child **hochbetagt** ADJ aged *attr*, advanced in years **Hochbetrieb** M̄ (*in Geschäft etc*) peak period; (≈ *Hochsaison*) high season **hochbringen** VT (*umg*) **1** (≈ *nach oben bringen*) to bring *od* take up **2** (*umg* ≈ *hochheben können*) to (manage to) get up **Hochburg** F̄ (*fig*) stronghold **hochdeutsch** ADJ standard *od* High German **Hochdeutsch(e)** N̄ standard *od* High German **Hochdruck** M̄ METEO high pressure; MED high blood pressure; **mit ~ arbeiten** to work at full stretch **Hochdruckgebiet** N̄ METEO high-pressure area **Hochebene** F̄ plateau **hochempfindlich** ADJ TECH highly sensitive; *Film* fast; *Stoff* very delicate **hochfahren** **A** VI **1** (≈ *nach oben fahren*) to go up; (*in Auto*) to drive *od* go up **2** (*erschreckt*) to start (up) **B** VT to take up; TECH to start up; *Computer* to boot up; (*fig*) *Produktion* to increase **hochfahrend** ADJ (≈ *überheblich*) arrogant **Hochfinanz** F̄ high finance **hochfliegen** VI to fly up; (≈ *in die Luft geschleudert werden*) to be

thrown up **hochfliegend** ADJ *Pläne* ambitious **Hochform** F̄ top form **Hochformat** N̄ vertical format **Hochfrequenz** F̄ ELEK high frequency **Hochgebirge** N̄ high mountains *pl* **hochgehen** VI **1** (≈ *hinaufgehen*) to go up **2** (*umg* ≈ *explodieren*) to blow up; (*Bombe*) to go off; **etw ~ lassen** to blow sth up **3** (*umg* ≈ *wütend werden*) to go through the roof **4** (*umg* ≈ *gefasst werden*) to get nabbed (*umg*); **jdn ~ lassen** to bust sb (*umg*) **Hochgenuss** M̄ special treat; (≈ *großes Vergnügen*) great pleasure **Hochgeschwindigkeitszug** M̄ high-speed train **hochgesteckt** ADJ (*fig*) *Ziele* ambitious **hochgestellt** ADJ *Ziffer* superscript, superior **hochgestochen** ADJ (*pej umg*) highbrow; *Stil* pompous; (≈ *eingebildet*) stuck-up (*umg*) **hochgewachsen** ADJ tall **hochgezüchtet** ADJ (*meist pej*) *Motor* souped-up (*umg*); *Tiere, Pflanzen* overbred **Hochglanz** M̄ high polish *od* shine; FOTO gloss **Hochglanzpapier** N̄ high gloss paper **hochgradig** **A** ADJ extreme; (*umg*) *Unsinn etc* absolute, utter **B** ADV extremely **hochhackig** ADJ high-heeled **hochhalten** VT **1** (≈ *in die Höhe halten*) to hold up **2** (≈ *in Ehren halten*) to uphold **Hochhaus** N̄ high-rise building **hochheben** VT *Hand, Arm* to lift, to raise; *Kind, Last* to lift up **hochinteressant** ADJ very *od* most interesting **hochkant** ADV **1** (*wörtl*) on end; **~ stellen** to put on end **2** (*fig umg*: *a*. **hochkantig**) **~ hinausfliegen** to be chucked out (*umg*) **hochkarätig** ADJ **1** *Gold* high-carat **2** (*fig*) top-class **hochklappen** VT *Tisch, Stuhl* to fold up; *Sitz* to tip up; *Deckel* to lift (up) **hochkommen** VI to come up; (≈ *aufstehen können*) to (manage to) get up; (*umg*: *beruflich*) to come up in the world **Hochkonjunktur** F̄ boom **hochkonzentriert** ADJ *Säure* highly concentrated **hochkrempeln** VT to roll up **hochkriegen** VT (*umg*) = hochbekommen **hochladen** VT IT to upload **Hochland** N̄ highland **hochleben** VI **jdn ~ lassen** to give three cheers for sb; **er lebe hoch!** three cheers (for him)! **Hochleistung** F̄ first-class performance **Hochleistungssport** M̄ top-class sport **Hochleistungssportler(in)** M/F top athlete **hochmodern** ADJ very modern **Hochmoor** N̄ moor **Hochmut** M̄ arrogance **hochmütig** ADJ arrogant **hochnäsig** (*umg*) ADJ snooty (*umg*) **hochnehmen** VT **1** (≈ *heben*) to lift; *Kind, Hund* to pick *od* lift up **2** (*umg* ≈ *necken*) **jdn ~** to pull sb's leg **3** (*umg* ≈ *verhaften*) to pick up (*umg*) **Hochofen** M̄ blast furnace **hochprozentig** ADJ *alkoholische Getränke* high-proof **hochqualifiziert** ADJ → hoch **hochrechnen** **A** VT to project **B** VI to make a projection **Hochrechnung** F̲ projection **Hochruf** M̲ cheer **Hochsaison** F̲ high season **hochschlagen** V̲T̲ *Kragen* to turn up **hochschnellen** V̲I̲ to leap up **Hochschulabschluss** M̲ degree **Hochschulabsolvent(in)** M̲F̲ graduate **Hochschul(aus)bildung** F̲ university education **Hochschule** F̲ college; (≈ *Universität*) university; **Technische ~** technical college **Hochschüler(in)** M̲F̲ student **Hochschullehrer(in)** M̲F̲ college/university teacher, lecturer (Br) **Hochschulreife** F̲ university entrance qualification **hochschwanger** A̲D̲J̲ well advanced in pregnancy **Hochsee** F̲ high sea **Hochseefischerei** F̲ deep-sea fishing **Hochseejacht** F̲ ocean yacht **Hochseeschifffahrt** F̲ deep-sea shipping **hochsehen** V̲I̲ to look up **hochsensibel** A̲D̲J̲ highly sensitive **Hochsicherheitstrakt** M̲ high-security wing **Hochsitz** M̲ JAGD (raised) hide **Hochsommer** M̲ midsummer (⚠ ohne Artikel) **hochsommerlich** A̲D̲J̲ very summery **Hochspannung** F̲ (ELEK, *fig*) high tension; „**Vorsicht ~**" "danger - high voltage" **Hochspannungsleitung** F̲ high-tension line **Hochspannungsmast** M̲ pylon **hochspielen** V̲T̲ (*fig*) to play up **Hochsprache** F̲ standard language **hochspringen** V̲I̲ to jump up **Hochspringer(in)** M̲F̲ high jumper **Hochsprung** M̲ (≈ *Disziplin*) high jump

 Hochschule ≠ high school

Hochschule	=	**college, university**
high school	=	Gymnasium
		FALSCHE FREUNDE ◂

höchst A̲D̲V̲ (≈ *überaus*) extremely, most **Höchstalter** N̲ maximum age **Hochstapelei** F̲ JUR fraud **Hochstapler(in)** M̲F̲ confidence trickster **Höchstbetrag** M̲ maximum amount **höchstenfalls** A̲D̲V̲ at (the) most **höchstens** A̲D̲V̲ not more than; (≈ *bestenfalls*) at the most, at best **höchste(r, s)** A A̲D̲J̲ highest; *Baum, Mast* tallest; *Summe* largest; *Strafe* heaviest; *Not, Gefahr, Wichtigkeit* utmost, greatest; **im ~n Grade/Maße** extremely; **im ~n Fall(e)** at the most; **~ Zeit** *od* **Eisenbahn** (umg) high time; **aufs Höchste erfreut** *etc* highly *od* greatly *od* tremendously (umg) pleased *etc*; **die ~ Instanz** the supreme court of appeal B A̲D̲V̲ **am ~n highest**; *verehren* most (of all); *begabt* most; *besteuert* (the) most heavily **Höchstfall** M̲ **im ~** (≈ *nicht mehr als*) not more than; (≈ *bestenfalls*) at the most, at best **Höchstform** F̲ SPORT top form **Höchstgebot** N̲ highest bid **Höchstgeschwindigkeit** F̲ top *od* maximum speed; **zulässige ~** speed limit **Höchstgrenze** F̲ upper limit **Höchstleistung** F̲ best performance; (bei Produktion) maximum output **Höchstmaß** N̲ maximum amount (an +dat of) **höchstpersönlich** A̲D̲V̲ personally **Höchstpreis** M̲ top *od* maximum price **Höchststand** M̲ highest level **Höchststrafe** F̲ maximum penalty **Hochstuhl** M̲ highchair **höchstwahrscheinlich** A̲D̲V̲ most probably *od* likely **Höchstwert** M̲ maximum value **höchstzulässig** A̲D̲J̲ maximum (permissible)

Hochtemperaturreaktor M̲ high temperature reactor **Hochtour** F̲ **auf ~en arbeiten** (Maschinen) to run at full speed; (Fabrik etc) to work at full steam; **etw auf ~en bringen** *Motor* to rev sth up to full speed; *Produktion, Kampagne* to get sth into full swing **hochtourig** A A̲D̲J̲ *Motor* high-revving B A̲D̲V̲ **~ fahren** to drive at high revs **hochtrabend** (pej) A̲D̲J̲ pompous **hochtreiben** V̲T̲ 1 (≈ *hinauftreiben*) to drive up 2 (fig) *Preise, Kosten* to force up **Hoch- und Tiefbau** M̲ structural and civil engineering **Hochverrat** M̲ high treason **Hochwasser** N̲ 1 (≈ *von Flut*) high tide 2 (≈ *in Flüssen, Seen*) high water; (≈ *Überschwemmung*) flood; **~ haben** (Fluss) to be in flood **hochwerfen** V̲T̲ to throw up **hochwertig** A̲D̲J̲ high-quality; *Nahrungsmittel* highly nutritious **Hochwild** N̲ big game **Hochzahl** F̲ exponent **Hochzeit** F̲ wedding; **etw zur ~ geschenkt bekommen** to get sth as a wedding present; **silberne ~** silver wedding (anniversary) **Hochzeitsfeier** F̲, **Hochzeitsfest** N̲ wedding celebration; (≈ *Empfang*) reception **Hochzeitskleid** N̲ wedding dress **Hochzeitsnacht** F̲ wedding night **Hochzeitsreise** F̲ honeymoon **Hochzeitstag** M̲ wedding day; (≈ *Jahrestag*) wedding anniversary **hochziehen** A V̲T̲ 1 *Gegenstand* to pull up 2 (umg ≈ *bauen*) to throw up (umg) B V̲R̲ to pull oneself up

Hocke F̲ squatting position; (≈ *Übung*) squat; **in die ~ gehen** to squat (down) **hocken** V̲I̲ to squat, to crouch; (umg ≈ *sitzen*) to sit **Hocker** M̲ (≈ *Stuhl*) stool; **jdn vom ~ hauen** (fig umg) to bowl sb over (umg)

Höcker M̲ hump; (auf Schnabel) knob

Hockey N̲ hockey (Br), field hockey (US) **Hockeyschläger** M̲ (field (US)) hockey stick **Hockeyspieler(in)** M̲F̲ (field (US)) hockey player

Hoden M̲ testicle **Hodensack** M̲ scrotum

HOF | 998

Hof — courtyard

Hof — farm

Hof M **1** (≈ *Platz*) yard; (≈ *Innenhof*) courtyard; (≈ *Schulhof*) playground **2** (≈ *Bauernhof*) farm **3** (≈ *Fürstenhof*) court; **~ halten** to hold court **4** (*um Sonne, Mond*) halo

hoffen A Vi to hope; **auf jdn ~** to set one's hopes on sb; **auf etw** (*akk*) **~** to hope for sth; **ich will nicht ~, dass er das macht** I hope he doesn't do that B VT to hope for; **~ wir das Beste!** let's hope for the best!; **ich hoffe es** I hope so; **das will ich (doch wohl) ~** I should hope so **hoffentlich** ADV hopefully; **hoffentlich!** I hope so; **~ nicht** I/we hope not **Hoffnung** F hope (⚠ *ohne Artikel*); **sich** (*dat*) **~en machen** to have hopes; **sich** (*dat*) **keine ~en machen** not to hold out any hopes; **mach dir keine ~(en)!** I wouldn't even think about it; **jdm ~en machen** to raise sb's hopes; **jdm auf etw** (*akk*) **~en machen** to lead sb to expect sth; **die ~ aufgeben** to abandon hope **hoffnungslos** A ADJ hopeless B ADV hopelessly **Hoffnungslosigkeit** F hopelessness; (≈ *Verzweiflung*) despair **Hoffnungsschimmer** M glimmer of hope **Hoffnungsträger(in)** M(F) person on whom hopes are pinned **hoffnungsvoll** A ADJ hopeful; (≈ *vielversprechend*) promising B ADV full of hope

höflich A ADJ polite; (≈ *zuvorkommend*) courteous B ADV politely **Höflichkeit** F **1** politeness; (≈ *Zuvorkommenheit*) courteousness **2** (≈ *höfliche Bemerkung*) compliment **Höflichkeitsbesuch** M courtesy visit

hohe ADJ → *hoch*

Höhe F **1** height; **an ~ gewinnen** FLUG to gain height, to climb; **in einer ~ von** at a height of; **in die ~ gehen** (*fig*: *Preise etc*) to go up **2** (≈ *Anhöhe*) hill; (≈ *Gipfel*) top, summit; **sich nicht auf der ~ fühlen** (*gesundheitlich*) to feel below par; (*leistungsfähig*) not to be up to scratch; **das ist doch die ~!** (*fig umg*) that's the limit! **3** (≈ *Ausmaß, Größe*) level; (*von Summe, Gewinn, Verlust*) size, amount; (*von Schaden*) extent; **ein Betrag in ~ von** an amount of; **bis zu einer ~ von** up to a maximum of **4** (MUS: *von Stimme*) pitch; RADIO treble (⚠ *kein pl*)

Hoheit F **1** (≈ *Staatshoheit*) sovereignty (**über** +*akk* over) **2** (*als Anrede*) Highness **hoheitlich** ADJ sovereign **Hoheitsgebiet** N sovereign territory **Hoheitsgewässer** PL territorial waters *pl*

Höhenangst F fear of heights **Höhenflug** M high-altitude flight; **geistiger ~** intellectual flight (of fancy) **Höhenkrankheit** F MED altitude sickness **Höhenlage** F altitude **Höhenmesser** M FLUG altimeter **Höhenregler** M treble control **Höhensonne®** F (≈ *Lampe*) sunray lamp **Höhenunterschied** M difference in altitude **Höhepunkt** M highest point; (*von Tag, Leben*) high spot; (*von Veranstaltung*) highlight; (*von Karriere etc*) height, peak; (*eines Stücks* ≈ *Orgasmus*) climax; **den ~ erreichen** to reach a *od* its/one's climax; (*Krankheit*) to reach *od* come to a crisis **höher** A ADJ higher; **~e Schule** secondary school, high school (*bes US*); **~e Gewalt** an act of God; **in ~em Maße** to a greater extent B ADV higher; **ihre Herzen schlugen ~** their hearts beat faster

hohe(r, s) ADJ → *hoch*

höhergestellt ADJ higher, more senior **höherschrauben** VT (*fig*) to increase; *Preise* to force *od* push up **höherstufen** VT *Person* to upgrade

hohl ADJ hollow; **in der ~en Hand** in the hollow of one's hand **Höhle** F cave; (*fig* ≈ *schlechte Wohnung*) hovel **Höhlenbewohner(in)** M(F) cave dweller, troglodyte **Höhlenforscher(in)** M(F) cave explorer **Höhlenforschung** F speleology **Höhlenmensch** M caveman **Hohlheit** F hollowness **Hohlkörper** M hollow body **Hohlkreuz** N MED hollow back **Hohlmaß** N measure of capacity **Hohlraum** M hollow space; BAU cavity

Hohn M scorn, derision; **nur ~ und Spott ernten** to get nothing but scorn and derision; **das ist der reine *od* reinste ~** it's an utter mockery **höhnen** VI to jeer, to sneer (**über** +*akk* at) **Hohngelächter** N scornful *od* derisive laughter **höhnisch** A ADJ scornful, sneering B ADV scornfully; **~ grinsen** to sneer

Hokuspokus M (≈ *Zauberformel*) hey presto; (*fig* ≈ *Täuschung*) hocus-pocus (*umg*)

Holdinggesellschaft F HANDEL holding company

holen VT **1** (≈ *holen gehen*) to fetch, to get; **jdn ~ lassen** to send for sb **2** (≈ *abholen*) to fetch, to pick up **3** (≈ *kaufen*) to get, to pick up (*umg*) **4** (≈ *sich zuziehen*) *Krankheit* to catch, to get; **sonst**

wirst du dir etwas ~ or you'll catch something; **sich** *(dat)* **eine Erkältung ~** to catch a cold **5** **sich** *(dat)* **etw ~** to get (oneself) sth; **bei ihm ist nichts zu ~** *(umg)* you *etc* won't get anything out of him

Holland N̄ Holland, the Netherlands *pl* **Holländer** M̄ Dutchman; **die ~** the Dutch (people) **Holländerin** F̄ Dutchwoman, Dutch girl **holländisch** ADJ Dutch

Hölle F̄ hell (❶ ohne **the**); **in der ~** in hell; **die ~ auf Erden** hell on earth; **zur ~ mit...** to hell with ... *(umg)*; **in die ~ kommen** to go to hell; **ich werde ihm die ~ heiß machen** *(umg)* I'll give him hell *(umg)*; **er machte ihr das Leben zur ~** he made her life (a) hell *(umg)*; **das war die ~** it was hell; **dort ist die ~ los** all hell has broken loose **Höllenangst** F̄ *(umg)* terrible fear; **eine ~ haben** to be scared stiff *(umg)* **Holler** M̄ *(österr ≈ Holunderbeeren)* elderberries *pl* **höllisch** A ADJ **1** *(≈ die Hölle betreffend)* infernal, of hell **2** *(umg ≈ außerordentlich)* dreadful, hellish *(umg)*; **eine ~e Angst haben** to be scared stiff *(umg)* B ADV *(umg)* like hell *(umg)*, hellishly *(umg)*

Holm M̄ *(von Barren)* bar

Holocaust M̄ holocaust

Holografie F̄ holography **Hologramm** N̄ hologram

holperig ADJ **1** *Weg* bumpy **2** *Rede* stumbling

holpern V̄Ī to bump, to jolt

Holunder M̄ elder; *(≈ Früchte)* elderberries *pl* **Holunderbeere** F̄ elderberry

Holz N̄ wood; *(bes zum Bauen)* timber, lumber *(bes US)*; **aus ~** made of wood, wooden; **~ fällen** to fell trees; **~ verarbeitend** wood-processing; **aus hartem** *od* **härterem ~ geschnitzt sein** *(fig)* to be made of stern *od* sterner stuff; **aus demselben ~ geschnitzt sein** *(fig)* to be cast in the same mould *(Br)* *od* mold *(US)* **Holzbearbeitung** F̄ woodworking; *(im Sägewerk)* timber processing **Holzbein** N̄ wooden leg **Holzbläser(in)** M̄F̄ woodwind player **Holzboden** M̄ *(≈ Fußboden)* wooden floor **hölzern** A ADJ wooden B ADV *(fig)* woodenly, stiffly **Holzfäller(in)** M̄F̄ woodcutter, lumberjack *(bes US)* **Holzfaserplatte** F̄ (wood) fibreboard *(Br)* *od* fiberboard *(US)* **holzfrei** ADJ *Papier* wood-free **Holzhacker(in)** M̄F̄ *(bes österr)* woodcutter, lumberjack *(bes US)* **Holzhammer** M̄ mallet; **jdm etw mit dem ~ beibringen** to hammer sth into sb *(umg)* **Holzhaus** N̄ wooden *od* timber house **holzig** ADJ woody **Holzklotz** M̄ block of wood, log **Holzkohle** F̄ charcoal **Holzkopf** M̄ *(fig umg)* blockhead *(umg)* **Holzscheit** N̄ piece of (fire)wood **Holzschnitt** M̄ wood engraving **Holzschnitzer(in)** M̄F̄ wood carver **Holzschuh** M̄ wooden shoe,

clog **Holzschutzmittel** N̄ wood preservative **Holzstapel** M̄ pile of wood **Holzstich** M̄ wood engraving **Holzstoß** M̄ pile of wood **Holztäfelung** F̄ wood(en) panelling *(Br)* *od* paneling *(US)* **Holzweg** M̄ **auf dem ~ sein** *(fig umg)* to be on the wrong track *(umg)* **Holzwolle** F̄ wood-wool **Holzwurm** M̄ woodworm

Homebanking N̄ home banking **Homepage** F̄ *(IT: im Internet)* home page **Homeshopping** N̄ home shopping **Hometrainer** M̄ = **Heimtrainer**

homogen ADJ homogeneous **homogenisieren** V̄T̄ to homogenize

Homöopath(in) M̄F̄ homoeopath **Homöopathie** F̄ homoeopathy **homöopathisch** ADJ homoeopathic

Homosexualität F̄ homosexuality **homosexuell** ADJ homosexual **Homosexuelle(r)** M̄F̄M̄ homosexual

Honduras N̄ Honduras

Hongkong N̄ Hong Kong

Honig M̄ honey **Honigbiene** F̄ honeybee **Honigkuchen** M̄ honey cake **Honiglecken** N̄ *(fig)* **das ist kein ~** it's no picnic **Honigmelone** F̄ honeydew melon **honigsüß** ADJ as sweet as honey; *(fig)* *Worte, Ton* honeyed; *Lächeln* sickly sweet

Honorar N̄ fee; *(≈ Autorenhonorar)* royalties *pl* **Honoratioren** P̄L̄ dignitaries *pl* **honorieren** V̄T̄ **1** *(≈ bezahlen)* to pay; FIN *Wechsel, Scheck* to honour *(Br)*, to honor *(US)*, to meet **2** *(≈ belohnen)* *Bemühungen* to reward

Hooligan N̄ hooligan

Hopfen M̄ BOT hop; *(beim Brauen)* hops *pl*; **bei** *od* **an ihm ist ~ und Malz verloren** *(umg)* he's a hopeless case

hoppeln V̄Ī *(Hase)* to lollop **hoppla** ĪNT̄ whoops, oops **hops** ADJ *(umg)* **~ sein** *(≈ verloren)* to be lost; *(Geld)* to be down the drain *(umg)* **hopsen** V̄Ī *(umg)* *(≈ hüpfen)* to hop; *(≈ springen)* to jump **hopsgehen** V̄Ī *(umg ≈ verloren gehen)* to get lost; *(umg ≈ sterben)* to croak *(umg)* **hopsnehmen** V̄T̄ **jdn ~** *(umg ≈ verhaften)* to nab sb *(umg)*

hörbar ADJ audible **hörbehindert** ADJ partially deaf, with impaired hearing **Hörbuch** N̄ talking book

horchen V̄Ī to listen *(+dat, auf +akk* to); *(heimlich)* to eavesdrop **Horcher(in)** M̄F̄ eavesdropper

Horde F̄ horde

hören V̄T̄&V̄Ī **1** to hear; **ich höre dich nicht** I can't hear you; **schwer ~** to be hard of hearing; **du hörst wohl schwer!** *(umg)* you must be deaf!; **hört, hört!** *(Zustimmung)* hear! hear!; **das lässt sich ~** *(fig)* that doesn't sound bad; **na ~**

Sie mal! wait a minute!; **von etw/jdm ~ to hear** of sth/from sb; **Sie werden noch von mir ~** (umg: Drohung) you'll be hearing from me; **nie gehört!** (umg) never heard of him/it etc; **nichts von sich ~ lassen** not to get in touch; **von sich von mir ~** I'll be in touch 2 (≈ sich nach etw richten) to listen, to pay attention; (≈ gehorchen) to obey, to listen; (≈ zuhören) to listen; **hör mal** listen; **auf jdn/etw ~** to listen to od heed sb/sth **Hörensagen** N **vom ~** from od by hearsay **Hörer** M TEL receiver **Hörer(in)** M(F) RADIO listener; UNIV student (attending lectures) **Hörerschaft** F RADIO listeners pl, audience; UNIV number of students (attending a lecture) **Hörfehler** M MED hearing defect; **das war ein ~** I/he etc misheard it **Hörgerät** N, **Hörhilfe** F hearing aid **hörgeschädigt** ADJ partially deaf, with impaired hearing **hörig** ADJ dependent (+dat on); **jdm (sexuell) ~ sein** to be (sexually) dependent on sb **Hörigkeit** F dependence; (sexuell) sexual dependence

Horizont M horizon; **am ~** on the horizon; **das geht über meinen ~** (fig) that is beyond me **horizontal** A ADJ horizontal B ADV horizontally **Horizontale** F MATH horizontal (line)

Hormon N hormone **hormonal** A ADJ hormone attr, hormonal B ADV behandeln with hormones; gesteuert by hormones; **~ bedingt sein** to be caused by hormones **Hormonbehandlung** F hormone treatment

Hörmuschel F TEL earpiece

Horn N 1 horn 2 MUS horn; MIL bugle; **~ spielen** to play the horn/bugle (⚠ **mit** the); **ins gleiche ~ blasen** to chime in **Hornbrille** F horn-rimmed glasses pl **Hörnchen** N 1 (≈ Gebäck) croissant 2 ZOOL squirrel

Hörnerv M auditory nerve

Hornhaut F callus; (des Auges) cornea

Hornisse F hornet

Hornist(in) M(F) horn player; MIL bugler

Horoskop N horoscope

horrend ADJ horrendous

Hörrohr N 1 ear trumpet 2 MED stethoscope

Horror M horror (vor +dat of) **Horrorfilm** M horror film **Horrorszenario** N horror scenario **Horrortrip** M (umg) horror trip (umg)

Hörsaal M UNIV lecture theatre (Br) od theater (US) **Hörspiel** N RADIO radio play

Horst M (≈ Nest) nest; (≈ Adlerhorst) eyrie

Hörsturz M hearing loss

Hort M 1 (geh ≈ Zufluchtsstätte) refuge, shelter; **ein ~ der Freiheit** a stronghold of liberty 2 (≈ Kinderhort) ≈ after-school club (Br), ≈ after-school daycare (US) **horten** VT to hoard; Rohstoffe etc to stockpile

Hortensie F hydrangea

Hörweite F hearing range; **in/außer ~** within/out of hearing od earshot

Höschen N (≈ Unterhose) (pair of) panties pl **Hose** F trousers pl (bes Br), pants pl (bes US); **eine ~ a pair of trousers** etc; **die ~n anhaben** (fig umg) to wear the trousers (Br) od pants (umg); **sich** (dat) **in die ~n machen** (wörtl) to dirty oneself; (fig umg) to shit oneself (sl); **in die ~ gehen** (umg) to be a complete flop (umg); **tote ~** (umg) nothing doing (umg) **Hosenanzug** M trouser suit (Br), pantsuit (US) **Hosenbein** N trouser (bes Br) od pant (bes US) leg **Hosenboden** M seat (of trousers (bes Br) od pants (bes US)); **sich auf den ~ setzen** (umg) (≈ arbeiten) to get stuck in (umg) **Hosenbund** M waistband **Hosenschlitz** M flies pl, fly **Hosentasche** F trouser pocket (Br), pant(s) od trousers pocket (US) **Hosenträger** PL (pair of) braces pl (Br) od suspenders pl (US)

Hospiz N hospice

Host M IT host

Hostess F hostess

Hostie F KIRCHE host, consecrated wafer

Hotdog N od M, **Hot Dog** N od M GASTR hot dog

Hotel N hotel **Hotelboy** M bellboy (US), bellhop (US) **Hotelfach** N hotel management **Hotelfachschule** F college of hotel management **Hotelführer** M hotel guide **Hotelportier** M hotel porter **Hotelzimmer** N hotel room

Hotkey M IT hot key **Hotline** F helpline

Hub M TECH 1 (≈ Kolbenhub) (piston) stroke 2 (≈

Horn — horn

Horn — horn

Horn — horn

1001 ‖ HUND

Leistung) lifting _od_ hoisting capacity
Hubbel M̲ (_umg_) bump
hüben A̲D̲V̲ ~ **und drüben** on both sides
Hubraum M̲ AUTO cubic capacity
hübsch A̲ A̲D̲J̲ pretty; _Geschenk_ lovely, delightful; (_umg_ ≈ _nett_) lovely, nice; **ein ~es Sümmchen** (_umg_) a tidy sum B̲ A̲D̲V̲ (≈ _nett_) einrichten, sich kleiden nicely; ~ **aussehen** to look pretty B̲ (_umg_) ~ **artig** nice and good; **das wirst du ~ bleiben lassen!** don't you dare
Hubschrauber M̲ helicopter **Hubschrauberlandeplatz** M̲ heliport
Hucke F̲ (_umg_) **jdm die ~ vollhauen** to give sb a good thrashing (_umg_); **jdm die ~ volllügen** to tell sb a pack of lies **huckepack** A̲D̲V̲ piggy-back **Huckepackverkehr** M̲ BAHN piggy-back transport (_US_), motorail service
hudeln V̲ı̲ (_bes südd, österr umg_) to work sloppily
Huf M̲ hoof **Hufeisen** N̲ horseshoe **hufeisenförmig** A̲D̲J̲ horseshoe-shaped **Hüferl** N̲ (_österr_ GASTR: _von Rind_) haunch **Huflattich** M̲ BOT coltsfoot **Hufschmied(in)** M̲F̲ blacksmith
Hüftbein N̲ hipbone **Hüfte** F̲ hip; (_von Tieren_) haunch **Hüftgelenk** N̲ hip joint **Hüfthalter** M̲ girdle **Hüfthose** F̲ hip huggers _pl_ (_US_), hipsters _pl_ (_Br_)
Huftier N̲ hoofed animal
Hüftknochen M̲ hipbone **Hüftleiden** N̲ hip trouble
Hügel M̲ hill; (≈ _Erdhaufen_) mound **hügelig** A̲D̲J̲ hilly
Huhn N̲ ı̲ chicken; **da lachen ja die Hühner** (_umg_) what a joke B̲ (_fig umg_) **ein verrücktes ~ a** strange _od_ odd character **Hühnchen** N̲ (young) chicken, pullet; (≈ _Brathühnchen_) (roast) chicken; **mit jdm ein ~ zu rupfen haben** (_umg_) to have a bone to pick with sb (_umg_) **Hühnerauge** N̲ MED corn **Hühnerbrühe** F̲ chicken stock; (≈ _Suppe_) chicken broth **Hühnerei** N̲ hen's egg **Hühnerfarm** F̲ chicken farm **Hühnerfrikassee** N̲ chicken fricassee **Hühnerfutter** N̲ chicken feed **Hühnerhof** M̲ chicken run **Hühnerklein** N̲ GASTR chicken trimmings _pl_ **Hühnerleiter** F̲ chicken ladder **Hühnerstall** M̲ henhouse, chicken coop **Hühnerzucht** F̲ chicken breeding _od_ farming
hui I̲N̲T̲ whoosh
Hülle F̲ ı̲ cover; (_für Ausweiskarten etc_) holder, case; **die sterbliche ~** the mortal remains _pl_ B̲ **in ~ und Fülle** in abundance; **Whisky/Frauen** _etc_ **in ~ und Fülle** whisky/women _etc_ galore
hüllen V̲T̲ (_geh_) to wrap; **in Dunkel gehüllt** shrouded in darkness; **sich in Schweigen ~** to remain silent

Hülse F̲ ı̲ (≈ _Schale_) hull, husk; (≈ _Schote_) pod B̲ (≈ _Etui, Kapsel_) case; (_von Geschoss_) case **Hülsenfrucht** F̲ pulse
human A̲ A̲D̲J̲ humane B̲ A̲D̲V̲ humanely **Humanismus** M̲ humanism **Humanist(in)** M̲F̲ humanist; (≈ _Altsprachler_) classicist **humanistisch** A̲D̲J̲ humanist(ic); (≈ _altsprachlich_) classical; **~e Bildung** classical education **humanitär** A̲D̲V̲ humanitarian **Humanität** F̲ humaneness, humanity **Humankapital** N̲ WIRTSCH human resources _pl_, human capital **Humanmedizin** F̲ (human) medicine
Humbug M̲ (_umg_) humbug (_umg_)
Hummel F̲ bumblebee
Hummer M̲ lobster
Humor M̲ humour (_Br_), humor (_US_); **er hat keinen (Sinn für) ~** he has no sense of humo(u)r; **sie nahm die Bemerkung mit ~ auf** she took the remark in good humo(u)r **Humorist(in)** M̲F̲ humorist; (≈ _Komiker_) comedian **humoristisch** A̲D̲J̲ humorous **humorlos** A̲D̲J̲ humourless (_Br_), humorless (_US_) **Humorlosigkeit** F̲ humourlessness (_Br_), humorlessness (_US_) **humorvoll** A̲ A̲D̲J̲ humorous, amusing B̲ A̲D̲V̲ humorously, amusingly
humpeln V̲ı̲ to hobble
Humpen M̲ tankard, mug; (_aus Ton_) stein
Humus M̲ humus **Humusboden** M̲, **Humuserde** F̲ humus soil
Hund M̲ dog; (_bes Jagdhund_) hound; **junger ~** puppy, pup; **wie ~ und Katze leben** to live like cat and dog; **er ist bekannt wie ein bunter ~** (_umg_) everybody knows him; **da liegt der ~ begraben** (_umg_) (so) that's what is/was behind it all; (_Haken, Problem etc_) that's the problem; **er ist ein armer ~** he's a poor soul; **vor die ~e gehen** (_umg_) to go to the dogs (_umg_); (≈ _sterben_) to die; **du gemeiner ~** (_umg_) you rotten bastard (_sl_); **du gerissener ~** (_umg_) you crafty devil (_umg_); **kein ~** (_umg_) not a (damn (_umg_)) soul; **schlafende ~e soll man nicht wecken** (_sprichw_) let sleeping dogs lie (_sprichw_) **hundeelend** A̲D̲J̲ (_umg_) **mir ist ~** I feel lousy (_umg_) **Hundeführer(in)** M̲F̲ dog handler **Hundefutter** N̲ dog food **Hundehalsband** N̲ dog collar **Hundehalter(in)** M̲F̲ (_form_) dog owner **Hundehütte** F̲ (dog) kennel **hundekalt** A̲D̲J̲ (_umg_) freezing cold **Hundekuchen** M̲ dog biscuit **Hundeleine** F̲ dog lead (_Br_) _od_ leash **Hundemarke** F̲ dog licence (_Br_) _od_ license (_US_) disc, dog tag (_US_) **hundemüde** A̲D̲J̲, A̲D̲V̲ (_umg_) dog-tired **Hunderasse** F̲ breed (of dog)
hundert N̲U̲M̲ a _od_ one hundred **Hundert** N̲ hundred; **~e von Menschen** hundreds of people; **zu ~en** by the hundred **Hunderter** M̲ ı̲

H

HUND | 1002

(*von Zahl*) (the) hundred ▢ (≈ *Geldschein*) hundred(-euro/-pound/-dollar *etc*) note (*Br*) *od* bill (*US*)) **hundertfach** Ⓐ ADJ hundredfold Ⓑ ADV a hundred times **Hundertjahrfeier** F centenary (*Br*), centennial (*US*) **hundertjährig** ADJ (one-)hundred-year-old **hundertmal** ADV a hundred times **Hundertmeterlauf** M SPORT **der/ein ~** the/a 100 metres (*Br*) *od* meters (*US*) sg **hundertpro** ADV (*umg*) definitely; **bist du dir sicher?** — **~** are you sure? — I'm positive **hundertprozentig** Ⓐ ADJ (a *od* one) hundred per cent (*Br*) *od* percent (*US*); *Alkohol* pure Ⓑ ADV one hundred per cent *od* percent (*US*); **Sie haben ~ recht** you're absolutely right; **das weiß ich ~** that's a fact **hundertstel** ADJ hundredth; **eine ~ Sekunde** a hundredth of a second **Hundertstel** N hundredth **Hundertstelsekunde** F hundredth of a second **hundertste(r, s)** ADJ hundredth **hunderttausend** NUM a *od* one hundred thousand

Hundesalon M dog parlour (*Br*) *od* parlor (*US*) **Hundeschlitten** M dog sled(ge) *od* sleigh **Hundeschnauze** F nose, snout **Hundestaffel** F dog branch **Hundesteuer** F dog licence (*Br*) *od* license (*US*) fee **Hündin** F bitch **hündisch** ADJ (*fig*) sycophantic **hundsgemein** (*umg*) Ⓐ ADJ shabby; (≈ *schwierig*) fiendishly difficult Ⓑ ADV **es tut ~ weh** it hurts like hell (*umg*)

Hüne M giant

Hunger M hunger (*nach* for); (≈ *Hungersnot*) famine; (*nach Sonne etc*) yearning; **~ bekommen/haben** to get/be hungry; **~ auf etw** (*akk*) **haben** to feel like (eating) sth; **ich sterbe vor ~** (*umg*) I'm starving (*umg*) **Hungerkur** F starvation diet **Hungerlohn** M starvation wages *pl*; (*fig a.*) pittance **hungern** Ⓐ VI (≈ *Hunger leiden*) to go hungry (*I* nicht „to be"), to starve ▢ (≈ *fasten*) to go without food Ⓑ VR **sich zu Tode ~** to starve oneself to death **hungernd** ADJ hungry, starving **Hungersnot** F famine **Hungerstreik** M hunger strike **Hungertod** M death from starvation; **den ~ sterben** to die of hunger *od* starvation **Hungertuch** N **am ~ nagen** (*fig*) to be starving **hungrig** ADJ hungry (*nach* for); **~ nach etw** *od* **auf etw** (*akk*) **sein** to feel like (eating) sth

Hupe F horn **hupen** VI to sound *od* hoot the horn

Hüpfburg F bouncy castle® **hüpfen** VI to hop; (*Ball*) to bounce

Hupton M sound of a horn **Hupzeichen** N AUTO hoot

Hürde F hurdle; **eine ~ nehmen** to clear a hurdle **Hürdenlauf** M (≈ *Sportart*) hurdling; (≈ *Wettkampf*) hurdles (⚠ mit Verb im Plural oder Singular) **Hürdenläufer(in)** M/F hurdler

Hure F whore **Hurenbock** M (*vulg*) whoremonger **Hurensohn** M (*vulg*) bastard (*sl*), son of a bitch (*sl*)

hurra INT hurray, hurrah **Hurraruf** M cheer

Hurrikan M hurricane

husch INT ▢ (*aufscheuchend*) shoo ▢ (≈ *schnell*) quick; **er macht seine Arbeit immer ~ ~** (*umg*) he always whizzes through his work (*umg*) **huschen** VI to dart; (*Lächeln*) to flit; (*Licht*) to flash

hüsteln VI to cough slightly **husten** Ⓐ VI to cough Ⓑ VT to cough; *Blut* to cough (up); **denen werde ich was ~** (*umg*) I'll tell them where they can get off (*umg*) **Husten** M cough; **~ haben** to have a cough **Hustenanfall** M coughing fit **Hustenbonbon** M *od* N cough sweet (*Br*) *od* drop **Hustenmittel** N cough medicine **Hustenreiz** M tickle in one's throat **Hustensaft** M cough syrup *od* mixture **hustenstillend** ADJ cough-relieving **Hustentropfen** PL cough drops *pl*

Hut¹ M hat; (*von Pilz*) cap; **den ~ aufsetzen/abnehmen** to put on/take off one's hat; **~ ab!** I take my hat off to him/you *etc*; **das kannst du dir an den ~ stecken!** (*umg*) you can keep it (*umg*); **unter einen ~ bringen** to reconcile; *Termine* to fit in; **das ist doch ein alter ~!** (*umg*) that's old hat! (*umg*) (⚠ ohne **an**); **eins auf den ~ kriegen** (*umg*) to get an earful (*umg*); **damit habe ich nichts am ~** (*umg*) I don't want to have anything to do with that

Hut² F **auf der ~ sein** to be on one's guard (*vor* +*dat* against) **hüten** Ⓐ VT to look after, to mind; **das Bett ~** to stay in bed Ⓑ VR to (be on one's) guard (*vor* +*dat* against); **ich werde mich ~!** not likely!; **ich werde mich ~, ihm das zu erzählen** there's no chance of me telling him that **Hüter(in)** M/F guardian, custodian; (≈ *Viehhüter*) herdsman; **die ~ der Ordnung** (*hum*) the custodians of the law

Hutgeschäft N hat shop, hatter's (shop); (*für Damen auch*) milliner's (shop) **Hutmacher(in)** M/F hat maker **Hutschachtel** F hatbox

Hütte F ▢ hut; (*hum* ≈ *Haus*) humble abode; (≈ *Holzhütte, Blockhütte*) cabin ▢ (TECH ≈ *Hüttenwerk*) iron and steel works (⚠ mit Verb im Plural oder Singular) **Hüttenindustrie** F iron and steel industry **Hüttenkäse** M cottage cheese **Hüttenschuhe** PL slipper socks *pl*

hutzelig ADJ *Mensch* wizened **Hutzelmännchen** N gnome

Hyäne F hyena; (*fig*) wildcat

Hyazinthe F̲ hyacinth

hybrid A̲D̲J̲ BIOL, LING hybrid **Hybride** F̲ BIOL hybrid **Hybridfahrzeug** N̲ hybrid vehicle

Hydrant M̲ hydrant **Hydrat** N̲ hydrate **Hydraulik** F̲ hydraulics sg; (≈ Antrieb) hydraulics pl **hydraulisch** A̲ A̲D̲J̲ hydraulic B̲ A̲D̲V̲ hydraulically **Hydrokultur** F̲ BOT hydroponics sg **Hydrolyse** F̲ CHEM hydrolysis **Hydrotherapie** F̲ MED hydrotherapy

Hygiene F̲ hygiene **hygienisch** A̲ A̲D̲J̲ hygienic B̲ A̲D̲V̲ hygienically

Hymne F̲ hymn; (≈ Nationalhymne) (national) anthem

Hype M̲ (≈ Werbung, Täuschung) hype (❶ kein pl)

hyperaktiv A̲D̲J̲ hyperactive **Hyperbel** F̲ MATH hyperbola; RHET hyperbole **Hyperlink** M̲ od N̲ IT hyperlink **hypermodern** A̲D̲J̲ (umg) ultramodern **Hypertext** M̲ IT hypertext

Hypnose F̲ hypnosis; **unter ~ stehen** to be under hypnosis **hypnotisch** A̲D̲J̲ hypnotic **Hypnotiseur(in)** M̲F̲ hypnotist **hypnotisieren** V̲T̲ to hypnotize

Hypochonder M̲ hypochondriac

Hypotenuse F̲ MATH hypotenuse

Hypothek F̲ mortgage; **eine ~ aufnehmen** to raise a mortgage; **etw mit einer ~ belasten** to mortgage sth **Hypothekenbank** F̲ bank specializing in mortgages **Hypothekenbrief** M̲ mortgage deed od certificate **hypothekenfrei** A̲D̲J̲ unmortgaged **Hypothekenschuld** F̲ mortgage debt **Hypothekenschuldner(in)** M̲F̲ mortgagor, mortgager **Hypothekenzinsen** P̲L̲ mortgage interest **Hypothese** F̲ hypothesis **hypothetisch** A̲ A̲D̲J̲ hypothetical B̲ A̲D̲V̲ hypothetically

Hysterie F̲ hysteria **hysterisch** A̲D̲J̲ hysterical; **einen ~en Anfall bekommen** (fig) to go into od have hysterics

---

I, i N̲ I, i

i I̲N̲T̲ (umg) ugh (umg)

iberisch A̲D̲J̲ Iberian

IC® M̲ abk von Intercityzug intercity train

ICE® M̲ abk von Intercityexpresszug intercity express (train)

ich P̲E̲R̲S̲P̲R̲ I; **immer ~!** (it's) always me!; **~ Idiot!** what an idiot I am!; **wer hat den Schlüssel? — ~ nicht!** who's got the key? — not me!; **~ selbst** I myself; **wer hat gerufen? — ~!** who called? — (it was) me, I did!; **~ bins!** it's me! **Ich** N̲ self; PSYCH ego; **mein anderes** od **zweites ~** (≈ selbst) my other self; (≈ andere Person) my alter ego **Icherzähler(in)** M̲F̲ first person narrator **Ichform** F̲ first person

Icon N̲ IT icon

ideal A̲D̲J̲ ideal **Ideal** N̲ ideal **idealerweise** A̲D̲V̲ ideally **Idealfall** M̲ ideal case; **im ~** ideally **idealisieren** V̲T̲ to idealize **Idealismus** M̲ idealism **Idealist(in)** M̲F̲ idealist **idealistisch** A̲D̲J̲ idealistic **Idealvorstellung** F̲ ideal

Idee F̲ ❶ idea; **wie kommst du denn auf DIE ~?** whatever gave you that idea?; **ich kam auf die ~, sie zu fragen** I hit on the idea of asking her ❷ (≈ ein wenig) shade, trifle; **eine ~ Salz** a hint of salt **ideell** A̲D̲J̲ Wert, Ziele non-material; Unterstützung spiritual **ideenlos** A̲D̲J̲ lacking in ideas, unimaginative **ideenreich** A̲D̲J̲ (≈ einfallsreich) full of ideas; (≈ fantasiereich) imaginative, full of imagination

Identifikation F̲ identification **Identifikationsnummer** F̲ **persönliche ~** personal identification number **identifizieren** A̲ V̲T̲ to identify B̲ V̲R̲ **sich ~ mit** to identify (oneself) with **Identifizierung** F̲ identification **identisch** A̲D̲J̲ identical (mit with) **Identität** F̲ identity **Identitätskrise** F̲ identity crisis **Ideologe** M̲, **Ideologin** F̲ ideologist **Ideologie** F̲ ideology **ideologisch** A̲ A̲D̲J̲ ideological B̲ A̲D̲V̲ ideologically

Idiom N̲ idiom **idiomatisch** A̲ A̲D̲J̲ idiomatic B̲ A̲D̲V̲ idiomatically

Idiot(in) M̲F̲ idiot **Idiotenhügel** M̲ (hum umg) nursery od beginners' slope **idiotensicher** (umg) A̲ A̲D̲J̲ foolproof (❶ kein Adverb) B̲ A̲D̲V̲ **~ gestaltet sein** to be designed to be foolproof **Idiotie** F̲ idiocy; (umg) lunacy **idiotisch** A̲D̲J̲ idiotic

Idol N̲ idol

IDYL | 1004

Idyll N̄ idyll; (≈ *Gegend*) idyllic place *od* spot
Idylle F̄ idyll **idyllisch** A ADJ idyllic B ADV idyllically

Igel M̄ ZOOL hedgehog

igitt(igitt) INT (*umg*) ugh! (*umg*)

Iglu M̄ *od* N̄ igloo

Ignoranz F̄ ignorance **ignorieren** V̄T̄ to ignore

ihm PERS PR (*bei Personen*) to him; (*bei Tieren und Dingen*) to it; (*nach Präpositionen*) him/it; **ich gab es ~** I gave it (to) him; **ich gab ~ den Brief** I gave him the letter, I gave the letter to him; **ein Freund von ~** a friend of his, one of his friends

ihn PERS PR him; (*bei Tieren und Dingen*) it

ihnen PERS PR to them; (*nach Präpositionen*) them; → **ihm**

Ihnen PERS PR to you; (*nach Präpositionen*) you; → **ihm**

ihr A PERS PR ■ you ■ (*bei Personen*) to her; (*bei Tieren und Dingen*) to it; (*nach Präpositionen*) her/it; → **ihm** B POSS PR ■ (*einer Person*) her; (*eines Tiers, Dinges*) its ■ (*von mehreren*) their

Ihr POSS PR your; **~ Franz Müller** (*Briefschluss*) yours, Franz Müller

ihrerseits ADV (*bei einer Person*) for her part; (*bei mehreren*) for their part **Ihrerseits** ADV for your part **ihresgleichen** PRON (*von einer Person*) people like her; (*von mehreren*) people like them **Ihresgleichen** PRON people like you **ihretwegen, ihretwillen** ADV (*sg*) because of her; (*pl*) because of them **Ihretwegen, Ihretwillen** ADV because of you

Ikone F̄ (*a. fig*) icon

illegal A ADJ illegal B ADV illegally; **sich ~ betätigen** to engage in illegal activities **Illegalität** F̄ illegality **illegitim** ADJ illegitimate

Illusion F̄ illusion; **sich** (*dat*) **~en machen** to delude oneself; **darüber macht er sich keine ~en** he doesn't have any illusions about it **illusorisch** ADJ illusory

Illustration F̄ illustration; **zur ~ von etw** as an illustration of sth **illustrativ** A ADJ (≈ *anschaulich*) illustrative B ADV (≈ *anschaulich*) vividly **illustrieren** V̄T̄ to illustrate (*jdm etw* sth for sb) **Illustrierte** F̄ magazine

Iltis M̄ polecat

im PRÄP in the; **im Bett** in bed (❶ ohne the); **im letzten/nächsten Jahr** last/next year; **etw im Liegen tun** to do sth lying down

Image N̄ image **Imagekampagne** F̄ image-building campaign **Imagepflege** F̄ image building

imaginär ADJ imaginary

Imbiss M̄ snack **Imbissstube** F̄ café; (*in Kaufhaus etc*) cafeteria

Imitation F̄ imitation **imitieren** V̄T̄ to imitate

Imker(in) M̄F̄ beekeeper **Imkerei** F̄ beekeeping

Immatrikulation F̄ matriculation (*form*) **immatrikulieren** A V̄T̄ to register (*at university*) (*an +dat* at) B V̄R̄ to matriculate (*form*)

immens A ADJ immense, huge B ADV immensely

immer ADV ■ always; **schon ~** always; **für ~** for ever, for always; **~ diese Probleme!** all these problems!; **~, wenn ...** whenever ..., every time that ...; **~ geradeaus gehen** to keep going straight on; **~ (schön) mit der Ruhe** (*umg*) take it easy; **noch ~** still; **~ noch nicht** still not (yet); **~ wieder** again and again; **etw ~ wieder tun** to keep on doing sth; **wie ~** as usual ■ (+*komp*) **~ besser** better and better; **~ häufiger** more and more often; **~ mehr** more and more ■ **wer (auch) ~** whoever; **wie (auch) ~** however; **wann (auch) ~** whenever; **wo (auch) ~** wherever; **was (auch) ~** whatever **immergrün** ADJ evergreen **immerhin** ADV all the same, anyhow, at any rate; (≈ *wenigstens*) at least; (≈ *schließlich*) after all

Immigrant(in) M̄F̄ immigrant **Immigration** F̄ immigration **immigrieren** V̄Ī to immigrate

Immissionsschutz M̄ air pollution control

Immobilie F̄ ■ **eine ~** a property ■ **Immobilien** PL real estate *sg*; (*in Zeitungsannoncen*) property *sg* **Immobilienmakler(in)** M̄F̄ (real) estate agent (*Br*), Realtor® (*US*) **Immobilienmarkt** M̄ property market

immun ADJ immune (*gegen* to) **immunisieren** V̄T̄ (*form*) to immunize (*gegen* against) **Immunität** F̄ immunity **Immunologe** M̄, **Immunologin** F̄ immunologist **Immunschwäche** F̄ immunodeficiency **Immunschwächekrankheit** F̄ immune deficiency disease *od* syndrome **Immunsystem** N̄ immune system **Immuntherapie** F̄ MED immunotherapy

Imperativ M̄ imperative

Imperfekt N̄ GRAM imperfect (tense)

Imperialismus M̄ imperialism (❶ ohne the) **imperialistisch** ADJ imperialistic **Imperium** N̄ (≈ *Gebiet*) empire

impfen V̄T̄ to vaccinate **Impfpass** M̄ vaccination card **Impfschein** M̄ certificate of vaccination **Impfschutz** M̄ protection given by vaccination **Impfstoff** M̄ vaccine, serum **Impfung** F̄ vaccination

Implantat N̄ implant **Implantation** F̄ MED implantation **implantieren** V̄T̄ to implant

Implikation F̄ implication **implizieren** V̄T̄

to imply implizit ADV (geh) by implication
implodieren VI to implode **Implosion** F implosion
imponieren VI to impress (jdm sb) **imponierend** ADJ impressive **Imponiergehabe** N (fig pej) exhibitionism
Import M import **Importbeschränkung** F import quota **Importeur(in)** M/F importer **importieren** VT to import **Importland** N importing country **Importlizenz** F import licence (Br) od license (US) **Importzoll** M import duty od tariff
imposant ADJ imposing; Leistung impressive
impotent ADJ impotent **Impotenz** F impotence
imprägnieren VT to impregnate; (≈ wasserdicht machen) to (water)proof
Impression F impression (über +akk of) **Impressionismus** M impressionism **Impressionist(in)** M/F impressionist **impressionistisch** ADJ impressionistic **Impressum** N imprint
Improvisation F improvisation **improvisieren** VT & VI to improvise
Impuls M impulse; **etw aus einem ~ heraus tun** to do sth on impulse **impulsiv** A ADJ impulsive B ADV impulsively
imstande ADJ **~ sein, etw zu tun** (≈ fähig) to be capable of doing sth
in A PRÄP 1 (räumlich) (wo? +dat) in; (wohin? +akk) in, into; **in der Schweiz** in Switzerland (⚠ ohne **the**); **in die Schweiz** to Switzerland; **in die Schule/Kirche gehen** to go to school/church (⚠ ohne **the**); **er ist in der Schule/Kirche** he's at od in school/church; **er ging ins Konzert** he went to the concert 2 (zeitlich: wann? +dat) in; **in diesem Jahr** (laufendes Jahr) this year; **heute in zwei Wochen** two weeks today 3 **das ist in Englisch** it's in English; **ins Englische übersetzen** to translate into English; **sie hat es in sich** (dat) (umg) she's quite a girl; → **im** B ADJ (umg) **in sein** to be in (umg)
inaktiv ADJ inactive; Mitglied non-active
inakzeptabel ADJ unacceptable
Inanspruchnahme F (form) 1 (≈ Beanspruchung) demands pl, claims pl (+gen on) 2 (von Einrichtungen etc) utilization
Inbegriff M perfect example, embodiment; **sie war der ~ der Schönheit** she was beauty personified **inbegriffen** ADJ included; **die Mehrwertsteuer ist im Preis ~** the price is inclusive of VAT
Inbetriebnahme F commissioning; (von Gebäude, U-Bahn etc) inauguration
Inbrunst F fervour (Br), fervor (US) **inbrünstig** A ADJ fervent, ardent B ADV fervently, ar-

dently
Inbusschlüssel® M TECH Allen key®
indem KONJ 1 (≈ während) while 2 (≈ dadurch, dass) **~ man etw macht** by doing sth
Inder(in) M/F Indian; **zum ~ gehen** to go to a/the Indian restaurant
indessen ADV 1 (zeitlich) meanwhile, (in the) meantime 2 (adversativ) however
Index M index **indexieren** VT & VI to index
Indianer(in) M/F American Indian, Native American; (in Western) (Red) Indian **indianisch** ADJ American Indian, Native American; (in Western) (Red) Indian
Indien N India
Indikation F MED indication **Indikativ** M GRAM indicative **Indikator** M indicator
indirekt A ADJ indirect; **~e Rede** indirect od reported speech (⚠ ohne **the**) B ADV indirectly
indisch ADJ Indian; **der Indische Ozean** the Indian Ocean
indiskret ADJ indiscreet **Indiskretion** F indiscretion
indiskutabel ADJ out of the question
Individualismus M individualism **Individualist(in)** M/F individualist **Individualität** F individuality **Individualverkehr** M VERKEHR private transport **individuell** A ADJ individual B ADV individually; **etw ~ gestalten** to give sth a personal note; **es ist ~ verschieden** it differs from person to person **Individuum** N individual
Indiz N 1 JUR clue; (als Beweismittel) piece of circumstantial evidence 2 (≈ Anzeichen) sign (für of) (⚠ kein pl) **indizieren** VT MED to indicate; IT to index
Indochina N Indochina **Indonesien** N Indonesia **Indonesier(in)** M/F Indonesian **indonesisch** ADJ Indonesian
industrialisieren VT to industrialize **Industrialisierung** F industrialization **Industrie** F industry; **in der ~ arbeiten** to work in industry **Industrieabfälle** PL industrial waste **Industrieanlage** F industrial plant od works pl **Industriegebiet** N industrial area; (≈ Gewerbegebiet) industrial estate **Industriegelände** N industrial site **Industriegewerkschaft** F industrial union **Industriekauffrau** F, **Industriekaufmann** M industrial clerk **Industrieland** N industrialized country **industriell** A ADJ industrial B ADV industrially **Industrielle(r)** M/F(M) industrialist **Industriemüll** M industrial waste **Industriestaat** M industrial nation **Industriestadt** F industrial town **Industrie-**

INDU | 1006

und Handelskammer F chamber of commerce Industriezweig M̅ branch of industry

ineffektiv A̅D̅J̅ ineffective, ineffectual

ineinander A̅D̅V̅ sein, liegen etc in(side) one another od each other; ~ übergehen to merge (into one another od each other); sich ~ verlieben to fall in love (with each other) ineinanderfließen V̅I̅ to merge ineinandergreifen V̅I̅ (wörtl) to interlock; (fig: Ereignisse etc) to overlap ineinanderschieben V̅T̅ & V̅R̅ to telescope

infam A̅D̅J̅ infamous

Infanterie F̅ infantry

infantil A̅D̅J̅ infantile

Infarkt M̅ MED infarct (fachspr); (≈ Herzinfarkt) coronary (thrombosis)

Infektion F̅ infection Infektionsgefahr F̅ danger of infection Infektionsherd M̅ focus of infection Infektionskrankheit F̅ infectious disease Infektionsrisiko N̅ risk of infection infektiös A̅D̅J̅ infectious

Inferno N̅ inferno

Infinitiv M̅ infinitive

infizieren A V̅T̅ to infect B V̅R̅ to get infected (bei by)

in flagranti A̅D̅V̅ in the act

Inflation F̅ inflation inflationär A̅D̅J̅ inflationary; (fig) over-extensive Inflationsrate F̅ rate of inflation

inflexibel A̅D̅J̅ inflexible

Info F̅ (umg ≈ Information) info (umg)

infolge P̅R̅Ä̅P̅ +gen as a result of infolgedessen A̅D̅V̅ consequently, as a result

Infomaterial N̅ (umg) info (umg) Informant(in) M̅F̅ (≈ Denunziant) informer Informatik F̅ informatics sg, computer science; (≈ Schulfach) computer studies pl Informatiker(in) M̅F̅ computer od information scientist

Information F̅ 1 information (❗ kein pl Informationen wird ebenfalls mit information wiedergegeben.) (über +akk about, on); eine ~ (a piece of) information; ~en weitergeben to pass on information; zu Ihrer ~ for your information 2 (≈ Stelle) information desk Informationsaustausch M̅ exchange of information Informationsgesellschaft F̅ information society Informationsmaterial N̅ information Informationsstand M̅ 1 information stand 2 (≈ Wissensstand) level of information Informationstechnik F̅, Informationstechnologie F̅ information technology Informationszentrum N̅ information centre (Br) od center (US) informativ A̅D̅J̅ informative

informell A A̅D̅J̅ informal B A̅D̅V̅ informally

informieren A V̅T̅ to inform (über +akk, von about, of); da bist du falsch informiert you've been misinformed B V̅R̅ to find out, to inform oneself (über +akk about) Infostand M̅ (umg) information stand Infotainment N̅ infotainment Infotelefon N̅ information line

infrage, in Frage A̅D̅V̅ ~ kommen to be possible; ~ kommend possible; Bewerber worth considering; das kommt (überhaupt) nicht ~! that's (quite) out of the question!; etw ~ stellen to question sth, to call sth into question

infrarot A̅D̅J̅ infrared Infraschall M̅ infrasonic waves pl Infrastruktur F̅ infrastructure

Infusion F̅ infusion

Ingenieur(in) M̅F̅ engineer

Ingwer M̅ ginger

Inhaber(in) M̅F̅ owner; (von Konto, Rekord) holder; (von Scheck, Pass) bearer

inhaftieren V̅T̅ to take into custody Inhaftierung F̅ (≈ das Inhaftieren) arrest; (≈ Haft) imprisonment

inhalieren V̅T̅ & V̅I̅ (MED, umg) to inhale

Inhalt M̅ 1 contents pl 2 (MATH ≈ Flächeninhalt) area; (≈ Rauminhalt) volume inhaltlich A̅D̅J̅, A̅D̅V̅ as regards content Inhaltsangabe F̅ summary inhaltslos A̅D̅J̅ empty; Buch, Vortrag lacking in content Inhaltsverzeichnis N̅ list od table of contents

inhuman A̅D̅J̅ inhuman; (≈ unbarmherzig) inhumane

Initiale F̅ (geh) initial

initiativ A̅D̅J̅ ~ werden to take the initiative Initiative F̅ initiative; aus eigener ~ on one's own initiative; die ~ ergreifen to take the initiative; auf jds ~ (akk) hin on sb's initiative

Injektion F̅ injection Injektionsspritze F̅ hypodermic (syringe) injizieren V̅T̅ (form) to inject (jdm etw sb with sth)

Inkasso N̅ FIN collection

inklusive P̅R̅Ä̅P̅ +gen inclusive of

inkognito A̅D̅V̅ incognito

inkompatibel A̅D̅J̅ incompatible

inkompetent A̅D̅J̅ incompetent Inkompetenz F̅ incompetence

inkonsequent A̅D̅J̅ inconsistent

inkontinent A̅D̅J̅ MED incontinent Inkontinenz F̅ MED incontinence

inkorrekt A A̅D̅J̅ incorrect B A̅D̅V̅ incorrectly; gekleidet inappropriately

Inkubationszeit F̅ incubation period

Inland N̅ 1 (als Staatsgebiet) home; im In- und Ausland at home and abroad 2 (≈ Inneres eines Landes) inland; im ~ inland inländisch A̅D̅J̅

domestic; GEOG inland **Inlandsflug** M̄ domestic od internal flight **Inlandsmarkt** M̄ home od domestic market **Inlandsporto** N̄ inland postage
Inliner P̄L̄ = Inlineskates **inlinern** V̄Ī to in-line-skate **Inlineskater(in)** M̄(F̄) in-line skater **Inlineskates** P̄L̄ in-line skates od
inmitten P̄R̄ĀP̄ +gen in the middle od midst of
innehaben V̄T̄ (form) to hold **innehalten** V̄Ī to pause
innen ĀD̄V̄ inside; **nach ~** inwards; **von ~** from (the) inside **Innenarchitekt(in)** M̄(F̄) interior designer **Innenarchitektur** F̄ interior design **Innenaufnahme** F̄ indoor photo (-graph); FILM indoor shot od take **Innenausstattung** F̄ interior décor (❗ kein pl) **Innenbahn** F̄ SPORT inside lane **Innendienst** M̄ office duty; **im ~ sein** to work in the office **Inneneinrichtung** F̄ (interior) furnishings pl **Innenfläche** F̄ (≈ innere Fläche) inside; (der Hand) palm **Innenhof** M̄ inner courtyard **Innenleben** N̄ (umg: seelisch) inner life **Innenminister(in)** M̄(F̄) minister of the interior; (in GB) Home Secretary; (in den USA) Secretary of the Interior **Innenministerium** N̄ ministry of the interior; (in GB) Home Office; (in den USA) Department of the Interior **Innenpolitik** F̄ domestic policy; (≈ innere Angelegenheiten) home od domestic affairs pl (❗ ohne **the**) **innenpolitisch** ĀD̄J̄ domestic, internal; Sprecher on domestic policy **Innenraum** M̄ ◻1 **Innenräume** inner rooms pl ◻2 room inside; (von Wagen) interior **Innenseite** F̄ inside **Innenspiegel** M̄ AUTO interior mirror **Innenstadt** F̄ town centre (Br) od center (US); (einer Großstadt) city centre (Br) od center (US) **Innentasche** F̄ inside pocket **Innentemperatur** F̄ inside temperature; (in einem Gebäude) indoor temperature
innerbetrieblich ĀD̄J̄ in-house **Innereien** P̄L̄ innards pl **innere(r, s)** ĀD̄J̄ inner; (≈ im Körper befindlich, inländisch) internal; **die ~n Angelegenheiten eines Landes** the home od domestic affairs of a country; **vor meinem ~n Auge** in my mind's eye **Innere(s)** N̄ inside; (von Kirche, Wagen) interior; (≈ Mitte) middle, centre (Br), center (US); **ins ~ des Landes** into the heart of the country **innerhalb** Ā P̄R̄ĀP̄ +gen ◻1 (örtlich) inside, within ◻2 (zeitlich) within B̄ ĀD̄V̄ inside; (eines Landes) inland **innerlich** Ā ĀD̄J̄ ◻1 (≈ körperlich) internal ◻2 (≈ geistig, seelisch) inward, inner (❗ kein Adverb) B̄ ĀD̄V̄ ◻1 (≈ im Körper) internally ◻2 (≈ gemütsmäßig) inwardly, inside; **~ lachen** to laugh inwardly od to oneself **innerparteilich** ĀD̄J̄ within the party **innerstaatlich** ĀD̄J̄ domestic, internal; **innerste(r, s)** ĀD̄J̄ in-nermost, inmost **Innerste(s)** N̄ (wörtl) innermost part, heart; (fig) heart; **bis ins ~ getroffen** deeply hurt
innert P̄R̄ĀP̄ +gen od +dat (schweiz) within, inside (of)
innewohnen V̄Ī +dat to be inherent in
innig Ā ĀD̄J̄ Grüße, Beileid heartfelt; Freundschaft intimate; **mein ~ster Wunsch** my dearest wish B̄ ĀD̄V̄ deeply, profoundly; **jdn ~ lieben** to love sb dearly
Innovation F̄ innovation **innovativ** Ā ĀD̄J̄ innovative B̄ ĀD̄V̄ innovatively
Innung F̄ (trade) guild
inoffiziell Ā ĀD̄J̄ unofficial B̄ ĀD̄V̄ unofficially
inopportun ĀD̄J̄ inopportune
in petto → petto
in puncto → puncto
Input M̄ od N̄ input
Inquisition F̄ Inquisition
Insasse M̄, **Insassin** F̄ (von Fahrzeug) passenger; (von Anstalt) inmate
insbesondere ĀD̄V̄ particularly, in particular
Inschrift F̄ inscription
Insekt N̄ insect **Insektenbekämpfungsmittel** N̄ insecticide **Insektenschutzmittel** N̄ insect repellent **Insektenspray** N̄ insect spray **Insektenstich** M̄ insect bite; (von Bienen, Wespen) (insect) sting **Insektizid** N̄ (form) insecticide
Insel F̄ island; **die Britischen ~n** the British Isles **Inselbewohner(in)** M̄(F̄) islander **Inselgruppe** F̄ group of islands **Inselstaat** M̄ island state **Inselvolk** N̄ island nation od race od people **Inselwelt** F̄ island world
Inserat N̄ advertisement **Inserent(in)** M̄(F̄) advertiser **inserieren** V̄T̄ & V̄Ī to advertise
insgeheim ĀD̄V̄ secretly
insgesamt ĀD̄V̄ altogether; (≈ im Großen und Ganzen) all in all; **ein Verdienst von ~ 2.000 Euro** earnings totalling (Br) od totaling (US) 2,000 euros
Insider(in) M̄(F̄) insider **Insiderwissen** N̄ inside knowledge
insofern ĀD̄V̄ in this respect; **~ als** in so far as
insolvent ĀD̄J̄ HANDEL insolvent **Insolvenz** F̄ HANDEL insolvency
insoweit ĀD̄V̄, K̄Ō̄N̄J̄ = insofern
in spe ĀD̄J̄ (umg) to be
Inspekteur(in) M̄(F̄) MIL Chief of Staff **Inspektion** F̄ inspection; AUTO service **Inspektor(in)** M̄(F̄) inspector
Inspiration F̄ inspiration **inspirieren** V̄T̄ to inspire; **sich von etw ~ lassen** to get one's inspiration from sth
inspizieren V̄T̄ to inspect
instabil ĀD̄J̄ unstable **Instabilität** F̄ instabil-

INST | 1008

ity
Installateur(in) M/F plumber; (≈ *Elektroinstallateur*) electrician; (≈ *Gasinstallateur*) gas fitter **Installation** F installation **installieren** A VT to install B VR to install oneself
instand ADJ **etw ~ halten** to maintain sth; **etw ~ setzen** to get sth into working order **Instandhaltung** F maintenance **Instandsetzung** F (*von Gerät*) overhaul; (*von Gebäude*) restoration; (≈ *Reparatur*) repair
Instanz F 1 (≈ *Behörde*) authority 2 JUR court; **Verhandlung in erster/letzter ~** first/final court case; **er ging durch alle ~en** he went through all the courts
Instinkt M instinct; **aus ~** instinctively **instinktiv** A ADJ instinctive B ADV instinctively **instinktlos** ADJ *Bemerkung* insensitive
Institut N institute **Institution** F institution **institutionell** ADJ institutional
instruieren VT to instruct; (*über Plan etc*) to brief **Instruktion** F instruction
Instrument N instrument **instrumental** ADJ MUS instrumental **Instrumentarium** N (*wörtl*) equipment, instruments *pl*; MUS instruments *pl*; (*fig*) apparatus **Instrumentenbrett** N instrument panel **Instrumententafel** F control panel
Insuffizienz F insufficiency
Insulaner(in) M/F (*meist hum*) islander
Insulin N insulin
inszenieren VT 1 THEAT to direct; (RADIO, TV) to produce 2 (*fig*) to stage-manage; **einen Streit ~** to start an argument **Inszenierung** F production
intakt ADJ intact
integral ADJ integral **Integral** N integral **Integralrechnung** F integral calculus
Integration F integration **integrieren** VT to integrate; **integrierte Gesamtschule** ≈ comprehensive (school) (*Br*), ≈ high school (*US*)
Intellekt M intellect **intellektuell** ADJ intellectual **Intellektuelle(r)** M/F(M) intellectual
intelligent A ADJ intelligent B ADV cleverly, ingeniously; *sich verhalten* intelligently **Intelligenz** F intelligence; (≈ *Personengruppe*) intelligentsia *pl*; **künstliche ~** artificial intelligence **Intelligenzquotient** M intelligence quotient, IQ **Intelligenztest** M intelligence test
Intendant(in) M/F director; THEAT theatre (*Br*) *od* theater (*US*) manager
Intensität F intensity **intensiv** A ADJ intensive; *Beziehungen* deep, very close; *Farbe, Geruch, Geschmack, Blick* intense B ADV **jdn ~ beobachten** to watch sb intently; **sich ~ bemühen** to try hard; **~ nach etw schmecken** to taste strongly

of sth **intensivieren** VT to intensify **Intensivierung** F intensification **Intensivkurs** M intensive course **Intensivstation** F intensive care unit
interaktiv A ADJ interactive B ADV interactively; **~ gestaltet** designed for interactive use
Intercity(zug) M intercity (train) **Intercityexpresszug** M intercity express (train)
interdisziplinär ADJ interdisciplinary
interessant A ADJ interesting; **zu diesem Preis ist das nicht ~ für uns** HANDEL we are not interested at that price B ADV **~ klingen** to sound interesting; **~ erzählen** to tell interesting stories **interessanterweise** ADV interestingly enough **Interesse** N interest; **~ an jdm/etw haben** to be interested in sb/sth; **kein ~ daran haben, etw zu tun** not to be interested in doing sth; **welche ~n hast du?** what are your interests?; **im ~** +*gen* in the interests of; **es liegt in Ihrem eigenen ~** it's in your own interest(s); **die ~n eines Staates wahrnehmen** to look after the interests of a state **interessehalber** ADV out of interest **interesselos** ADJ indifferent **Interessengebiet** N field of interest **Interessengemeinschaft** F group of people sharing interests; WIRTSCH syndicate **Interessenkonflikt** M conflict of interests **Interessent(in)** M/F interested person *od* party (*form*); (≈ *Bewerber*) applicant **Interessenvertretung** F representation of interests; (≈ *Personen*) group representing one's interests **interessieren** A VT to interest (*für, an* +*dat* in); **das interessiert mich (gar) nicht!** I'm not (the least *od* slightest bit) interested B VR to be interested (*für* in) **interessiert** A ADJ interested (*an* +*dat* in); **vielseitig ~ sein** to have a wide range of interests; **politisch ~** interested in politics B ADV with interest; **sich an etw** (*dat*) **~ zeigen** to show an interest in sth
Interface N IT interface
Interjektion F interjection **interkontinental** ADJ intercontinental **Interkontinentalrakete** F intercontinental missile **interkulturell** ADJ intercultural **Intermezzo** N MUS intermezzo; (*fig*) interlude
intern A ADJ internal B ADV internally
Internat N boarding school
international A ADJ international B ADV internationally **Internationale** F Internationale **internationalisieren** VT to internationalize
Internatsschüler(in) M/F boarder
Internet N IT Internet; **im ~ surfen** to surf the Internet (⚠ ohne **in** oder **on**) **Internetadresse** F Internet address **Internetan-**

schluss M Internet connection **Internetauktion** F online auction **Internetcafé** N Internet café **Internetfirma** F dot-com (company) **Internethandel** M Internet trading, e-commerce **Internetnutzer(in)** MF Internet user **Internetprovider** M Internet provider **Internetseite** F web page **Internetzugang** M, **Internetzugriff** M Internet access
internieren VT to intern **Internierung** F internment **Internierungslager** N internment camp
Internist(in) MF internist
Interpol F Interpol
Interpret(in) MF interpreter (of music, art etc); **Lieder verschiedener ~en** songs by various singers **Interpretation** F interpretation **interpretieren** VT to interpret
Interpunktion F punctuation
Interrogativpronomen N interrogative pronoun
Intervall N interval (a. MUS) **Intervallschaltung** F interval switch
intervenieren VI to intervene **Intervention** F intervention
Interview N interview **interviewen** VT to interview (jdn zu etw sb about sth) **Interviewer(in)** MF interviewer
intim ADJ intimate; **ein ~er Kenner von etw sein** to have an intimate knowledge of sth **Intimbereich** M 1 ANAT genital area 2 (fig) = Intimsphäre **Intimität** F intimacy; **~en austauschen** to kiss and pet **Intimpartner(in)** MF (form) sexual partner **Intimsphäre** F private life; **jds ~ verletzen** to invade sb's privacy **Intimverkehr** M intimacy; **~ mit jdm haben** to be intimate with sb
intolerant ADJ intolerant **Intoleranz** F intolerance
Intranet N IT Intranet
intransitiv ADJ intransitive
intravenös ADJ intravenous
Intrigant(in) MF schemer **Intrige** F scheme **intrigieren** VI to intrigue, to scheme
introvertiert ADJ introverted
Intuition F intuition **intuitiv** A ADJ intuitive B ADV intuitively
intus ADJ (umg) **etw ~ haben** (≈ wissen) to get od have got (Br) sth into one's head (umg); Essen, Alkohol to have sth down (umg) od inside one (umg)
Invalide M, **Invalidin** F disabled person, invalid **Invalidität** F disability
Invasion F invasion
Inventar N 1 (≈ Verzeichnis) inventory; HANDEL assets and liabilities pl; **das ~ aufnehmen** to do the inventory 2 (≈ Einrichtung) fittings pl

(Br), equipment; (≈ Maschinen) equipment (❗ kein pl), plant (❗ kein pl); **er gehört schon zum ~** (fig) he's part of the furniture
Inventur F stocktaking; **~ machen** to stocktake
investieren VT & VI to invest **Investition** F investment **Investitionsgut** N item of capital expenditure; **Investitionsgüter** capital goods pl **Investment** N investment **Investmentbank** F investment bank **Investmentfonds** M investment fund **Investmentgesellschaft** F investment trust **Investor(in)** MF investor
In-vitro-Fertilisation F in vitro fertilization
involvieren VT to involve
inwendig ADV (umg) **jdn/etw in- und auswendig kennen** to know sb/sth inside out
inwiefern, inwieweit ADV (im Satz) to what extent; (alleinstehend) in what way
Inzest M incest (❗ kein pl) **inzestuös** ADJ incestuous
Inzucht F inbreeding
inzwischen ADV (in the) meantime, meanwhile; **er hat sich ~ verändert** he's changed since (then)
Ion N ion
i-Punkt M dot on the i
IQ M abk von Intelligenzquotient IQ
Irak M **(der) ~** Iraq **Iraker(in)** MF Iraqi **irakisch** ADJ Iraqi
Iran M **(der) ~** Iran **Iraner(in)** MF Iranian **iranisch** ADJ Iranian
irdisch ADJ earthly
Ire M Irishman, Irish boy; **die ~n** the Irish
irgend A ADV at all; **wenn ~ möglich** if it's at all possible B **~ so ein Tier** some animal **irgendein** INDEF PR some; (fragend, verneinend) any; **ich will nicht ~ Buch** I don't want just any (old (umg)) book; **haben Sie noch ~en Wunsch?** is there anything else you would like? **irgendeine(r, s)** INDEF PR (nominal) (bei Personen) somebody, someone; (bei Dingen) something; (fragend, verneinend) anybody, anything **irgendetwas** INDEF PR something; (fragend, verneinend) anything **irgendjemand** INDEF PR somebody; (fragend, verneinend) anybody; **ich bin nicht ~** I'm not just anybody **irgendwann** ADV some time **irgendwas** INDEF PR (umg) → irgendetwas **irgendwelche(r, s)** INDEF PR some; (fragend, verneinend) any **irgendwer** INDEF PR (umg) → irgendjemand **irgendwie** ADV somehow (or other); **ist es ~ möglich?** is it at all possible?; **kannst du dir das ~ vorstellen?** can you possibly imagine it? **irgendwo** ADV somewhere (or other), some-

IRGE | 1010

place (*bes US umg*); (*fragend, verneinend*) anywhere, any place (*bes US umg*); **irgendwoher** A̲D̲V̲ from somewhere (or other), from someplace (*bes US umg*); (*fragend, verneinend*) from anywhere *od* any place (*bes US umg*); **irgendwohin** A̲D̲V̲ somewhere (or other), someplace (*bes US umg*); (*fragend, verneinend*) anywhere, any place (*bes US umg*)
Irin F̲ Irishwoman, Irish girl; **sie ist ~** she is Irish
Iris F̲ iris
irisch A̲D̲J̲ Irish **Irland** N̲ Ireland; (≈ *Republik Irland*) Eire
Ironie F̲ irony **ironisch** A̲ A̲D̲J̲ ironic, ironical B̲ A̲D̲V̲ ironically
irrational A̲ A̲D̲J̲ irrational B̲ A̲D̲V̲ irrationally **Irrationalität** F̲ irrationality
irre A̲ A̲D̲J̲ 1̲ (≈ *geistesgestört*) mad; **~s Zeug reden** (fig) to say crazy things 2̲ (≈ *verwirrt*) confused 3̲ (*obs umg*) Party, Hut wild (*umg*) B̲ A̲D̲V̲ (*obs umg* ≈ *sehr*) incredibly (*umg*); **~ gut** brilliant (*umg*) **Irre** F̲ **jdn in die ~ führen** to lead sb astray
irreal A̲D̲J̲ unreal
irreführen V̲T̲ to mislead; **sich ~ lassen** to be misled **irreführend** A̲D̲J̲ misleading
irrelevant A̲D̲J̲ irrelevant (*für* for, to)
irremachen V̲T̲ to confuse, to muddle **irren** A̲ V̲I̲ 1̲ (≈ *sich täuschen*) to be mistaken *od* wrong; **Irren ist menschlich** (*sprichw*) to err is human (*sprichw*) 2̲ (≈ *umherschweifen*) to wander B̲ V̲R̲ to be mistaken *od* wrong; **sich in jdm ~** to be mistaken *od* wrong about sb; **wenn ich mich nicht irre ...** if I'm not mistaken ... **Irrenhaus** N̲ **hier geht es zu wie im ~** it's like a madhouse here
irreparabel A̲D̲J̲ irreparable
Irre(r) M̲/F̲(M̲) lunatic
Irrfahrt F̲ wandering **Irrgarten** M̲ maze, labyrinth **Irrglaube(n)** M̲ heresy; (≈ *irrige Ansicht*) mistaken belief **irrig** A̲D̲J̲ incorrect **irrigerweise** A̲D̲V̲ wrongly
Irritation F̲ irritation **irritieren** V̲T̲ (≈ *verwirren*) to confuse; (≈ *ärgern*) to irritate
Irrsinn M̲ madness **irrsinnig** A̲ A̲D̲J̲ crazy, insane; (*umg* ≈ *stark*) terrific; **wie ein Irrsinniger** like a madman B̲ A̲D̲V̲ like crazy (*umg*); **~ viel** a hell of a lot (*umg*) **Irrtum** M̲ mistake; **ein ~ von ihm** a mistake on his part; **im ~ sein** to be wrong; **~ vorbehalten!** HANDEL errors excepted **irrtümlich** A̲ A̲D̲J̲ erroneous B̲ A̲D̲V̲ erroneously; (≈ *aus Versehen*) by mistake **irrtümlicherweise** A̲D̲V̲ erroneously; (≈ *aus Versehen*) by mistake **Irrweg** M̲ (fig) **auf dem ~ sein** to be on the wrong track; **auf ~e geraten** to go astray
Ischias M̲ *od* N̲ sciatica **Ischiasnerv** M̲ sciatic nerve

ISDN-Anlage F̲ TEL ISDN connection **ISDN-Anschluss** M̲ ISDN connection *od* access **ISDN-Netz** N̲ TEL ISDN network
Islam M̲ Islam (🛑 ohne **the**) **islamisch** A̲D̲J̲ Islamic **Islamisierung** F̲ Islamization **Islamist(in)** M̲(F̲) Islamist **islamistisch** A̲D̲J̲ Islamist, Islamic fundamentalist
Island N̲ Iceland **Isländer(in)** M̲(F̲) Icelander **isländisch** A̲D̲J̲ Icelandic
Isolation F̲ 1̲ isolation 2̲ ELEK *etc* insulation **Isolationshaft** F̲ solitary confinement **Isolierband** N̲ insulating tape, friction tape (*US*) **isolieren** A̲ V̲T̲ 1̲ to isolate; **völlig isoliert leben** to live in complete isolation 2̲ *elektrische Leitungen, Fenster* to insulate B̲ V̲R̲ to isolate oneself **Isolierkanne** F̲ Thermos® flask, vacuum flask **Isolierstation** F̲ isolation ward **Isoliertheit** F̲ isolatedness **Isolierung** F̲ = Isolation
Isomatte F̲ foam mattress
Isotop N̲ isotope
Israel N̲ Israel **Israeli** M̲/F̲(M̲) Israeli **israelisch** A̲D̲J̲ Israeli
Istbestand M̲ (≈ *Geld*) cash in hand; (≈ *Waren*) actual stock **Istzustand** M̲ actual state *od* status
Italien N̲ Italy **Italiener(in)** M̲(F̲) Italian; **zum ~ gehen** to go to an/the Italian restaurant **italienisch** A̲D̲J̲ Italian
i-Tüpfelchen N̲ dot (on the/an i); **bis aufs ~** (fig) (right) down to the last (little) detail

J

J, j N̲ J, j
ja A̲D̲V̲ yes; (*bei Trauung*) I do; **ich glaube ja** (yes,) I think so; **wenn ja** if so; **ich habe gekündigt — ja?** I've quit — really?; **ja, bitte?** yes?; **aber ja!** but of course; **ach ja!** oh yes; **sei ja vorsichtig!** be careful; **vergessen Sie es JA nicht!** don't forget, whatever you do!; **sie ist ja erst fünf** (after all) she's only five; **das ist ja richtig, aber ...** that's (certainly) right, but ...; **da kommt er ja** there he is; **das ist es ja** that's just it; **das sag ich ja!** that's just what I say; **Sie wissen ja, dass ...** as you know ...; **das ist ja fürchterlich** that's (just) terrible; **du rufst mich doch an, ja?** you'll give me a call, won't you? **Ja** N̲ yes; **mit Ja antworten/stimmen** to answer/vote yes
Jacht F̲ yacht

JAUC 1011

Jacke F̲ jacket, coat (bes US); (≈ Wolljacke) cardigan; **das ist ~ wie Hose** (umg) it's six of one and half a dozen of the other (umg)

Jacketkrone F̲ jacket crown

Jackett N̲ jacket, coat (bes US)

Jackpot M̲ (im Lotto etc) rollover jackpot

Jade M̲ od F̲ jade

Jagd F̲ hunt; (≈ das Jagen) hunting; (fig) chase (nach after); **auf die ~ (nach etw) gehen** to go hunting (for sth); **die ~ nach Geld** the pursuit of money **Jagdbomber** M̲ fighter bomber **Jagdflugzeug** N̲ fighter plane od aircraft **Jagdgebiet** N̲ hunting ground **Jagdgewehr** N̲ hunting rifle **Jagdhund** M̲ hunting dog **Jagdhütte** F̲ hunting lodge **Jagdrevier** N̲ shoot **Jagdschein** M̲ hunting licence (Br) od license (US) **Jagdverbot** N̲ ban on hunting **Jagdwild** N̲ game **Jagdzeit** F̲ hunting od shooting season **jagen** A̲ V̲T̲ **1** to hunt **2** (≈ hetzen) to chase; **jdn in die Flucht ~** to put sb to flight; **jdn aus dem Haus ~** to drive sb out of the house; **mit diesem Essen kannst du mich ~** (umg) I wouldn't eat this if you paid me B̲ V̲I̲ **1** to hunt **2** (≈ rasen) to race; **nach etw ~** to chase after sth **Jäger** M̲ **1** hunter, huntsman **2** (≈ Jagdflugzeug) fighter (plane) **Jägerei** F̲ hunting **Jägerin** F̲ huntress, huntswoman **Jägerschnitzel** N̲ veal or pork cutlet with mushrooms and peppers

Jaguar M̲ jaguar

jäh A̲ A̲D̲J̲ **1** (≈ plötzlich) sudden **2** (≈ steil) sheer B̲ A̲D̲V̲ **1** (≈ plötzlich) suddenly; enden abruptly **2** (≈ steil) steeply

Jahr N̲ year; **ein halbes ~** six months (❗ mit Verb im Singular oder Plural); **ein drei viertel ~** nine months (❗ mit Verb im Singular oder Plural); **im ~(e) 1066** in (the year) 1066; **die sechziger ~e** the sixties (❗ mit Verb im Singular oder Plural); **alle ~e** every year; **alle ~e wieder** year after year; **pro ~** a year; **noch nach ~en** years later; **mit den ~en** over the years; **er ist zehn ~e (alt)** he is ten years old; **Personen über 18 ~e** people over (the age of) 18; **in die ~e kommen** (umg) to be getting on (in years); **in den besten ~en sein** to be in the prime of one's life; **mit den ~en** as one gets older **jahraus** A̲D̲V̲ ~, **jahrein** year in, year out **Jahrbuch** N̲ yearbook; (≈ Kalender) almanac **jahrelang** A̲ A̲D̲J̲ years of B̲ A̲D̲V̲ for years **jähren** V̲R̲ **heute jährt sich der Tag, an dem ...** it's a year ago today that ... **Jahresabschluss** M̲ H̲A̲N̲D̲E̲L̲ annual accounts pl **Jahresanfang** M̲, **Jahresbeginn** M̲ beginning of the year **Jahresbeitrag** M̲ annual subscription **Jahresbericht** M̲ annual report **Jahresdurchschnitt** M̲ annual od yearly average **Jahreseinkommen** N̲ annual income **Jahresende** N̲ end of the year **Jahreshauptversammlung** F̲ H̲A̲N̲D̲E̲L̲ annual general meeting, AGM **Jahresring** M̲ (eines Baumes) annual ring **Jahresrückblick** M̲ review of the year's events **Jahrestag** M̲ anniversary **Jahreswechsel** M̲ new year **Jahreszahl** F̲ date, year **Jahreszeit** F̲ season **Jahrgang** M̲ **1** year; **er ist ~ 1980** he was born in 1980; **er ist mein ~** we were born in the same year **2** (von Wein) vintage **Jahrgangselternbeirat** M̲ S̲C̲H̲U̲L̲E̲ council which represents parents of pupils in a particular year at a school **Jahrhundert** N̲ century **jahrhundertealt** A̲D̲J̲ centuries-old **jahrhundertelang** A̲ A̲D̲J̲ centuries of B̲ A̲D̲V̲ for centuries **Jahrhundertwende** F̲ turn of the century **jährlich** A̲ A̲D̲J̲ annual, yearly B̲ A̲D̲V̲ every year; H̲A̲N̲D̲E̲L̲ per annum; **zweimal ~** twice a year **Jahrmarkt** M̲ (fun-)fair **Jahrtausend** N̲ millennium **Jahrtausendwende** F̲ millennium **Jahrzehnt** N̲ decade **jahrzehntelang** A̲ A̲D̲J̲ decades of; **eine ~e Entwicklung** a development lasting decades B̲ A̲D̲V̲ for decades

Jähzorn M̲ violent temper **jähzornig** A̲D̲J̲ irascible; (≈ erregt) furious

Jakobsmuschel F̲ scallop

Jalousie F̲ venetian blind

Jalta N̲ Yalta

Jamaika N̲ Jamaica

Jammer M̲ (≈ Elend) misery; **es wäre ein ~, wenn ...** (umg) it would be a crying shame if ... (umg) **Jammerlappen** M̲ (sl) wet (umg) **jämmerlich** A̲ A̲D̲J̲ pitiful; (umg) Entschuldigung etc pathetic (umg); Feigling terrible B̲ A̲D̲V̲ sterben etc pitifully; versagen miserably **jammern** V̲I̲ to wail (über +akk over) **jammerschade** A̲D̲J̲ **es ist ~** (umg) it's a terrible pity

Janker M̲ (bes österr) Tyrolean jacket; (≈ Strickjacke) cardigan

Jänner M̲ (österr, schweiz) January

Januar M̲ January; → März

Japan N̲ Japan **Japaner(in)** M̲|F̲ Japanese (man/woman) **japanisch** A̲D̲J̲ Japanese

japsen V̲I̲ (umg) to pant

Jargon M̲ jargon

Jasager M̲ yes man **Jasagerin** F̲ yes woman

Jasmin M̲ jasmine

Jastimme F̲ vote in favour (Br) od favor (US) (of)

jäten V̲T̲ & V̲I̲ to weed

Jauche F̲ liquid manure **Jauchegrube** F̲ cesspool; A̲G̲R̲ liquid manure pit

JAUC ‖ 1012

jauchzen Ⅵ (geh) to rejoice (liter)
jaulen Ⅵ to howl; (wörtl) to yowl
Jause F (österr) break (for a snack); (≈ Proviant) snack
jausnen Ⅵ (österr) to stop for a snack; (auf Arbeit) to have a tea (Br) od coffee (bes US) break
Java N Java **javanisch** ADJ Javanese
jawohl ADV yes; MIL yes, sir; SCHIFF aye, aye, sir
Jawort N jdm das ~ geben to say yes to sb; (bei Trauung) to say "I do"
Jazz M jazz **Jazzband** F jazz band **Jazzkeller** M jazz club **Jazzsänger(in)** MF jazz singer
je A ADV ⓵ (≈ jemals) ever ⓶ (≈ jeweils) every, each; für je drei Stück zahlst du einen Euro you pay one euro for (every) three; **ich gebe euch je zwei Äpfel** I'll give you two apples each B KONJ ⓵ **je eher, desto besser** the sooner the better; **je länger, je lieber** the longer the better ⓶ **je nach** according to, depending on; **je nachdem** it all depends
Jeans PL jeans pl **Jeansanzug** M denim suit **Jeanshose** F = Jeans **Jeansjacke** F denim jacket **Jeansstoff** M denim
jedenfalls ADV in any case; (≈ zumindest) at least
jede(r, s) INDEF PR ⓵ (adjektivisch) (≈ einzeln) each; (bes von zweien) either; (≈ jeder von allen) every; (≈ jeder beliebige) any; **~s Mal** every time ⓶ (substantivisch) (≈ einzeln) each (one); (≈ jeder von allen) everyone; (≈ jeder Beliebige) anyone; **~r von uns** each (one)/every one/any one of us; **~r Zweite** every other od second one; **~r für sich** everyone for himself; **das kann ~r** anyone can do that; **das kann nicht ~r** not everyone can do that **jedermann** INDEF PR everyone, everybody; (≈ jeder Beliebige auch) anyone, anybody; **das ist nicht ~s Sache** it's not everyone's cup of tea (umg) **jederzeit** ADV at any time
jedoch KONJ, ADV however
jegliche(r, s) INDEF PR (adjektivisch) any; (substantivisch) each (one)
jeher ADV von od seit ~ always
jein ADV (hum) yes and no
jemals ADV ever
jemand INDEF PR somebody; (bei Fragen, Negation) anybody; **~ Neues** somebody new; **~ anders** somebody else
Jemen M der ~ Yemen
jene(r, s) DEM PR (geh) ⓵ (adjektivisch) that; (pl) those; **in ~r Zeit** at that time, in those times ⓶ (substantivisch) that one; (pl) those (ones)
jenseits A PRÄP +gen on the other side of; **2 km ~ der Grenze** 2 kms beyond the border B ADV **~ von** on the other side of **Jenseits** N hereafter, next world

Jesuit M Jesuit
Jesus M Jesus; **~ Christus** Jesus Christ
Jet M (umg) jet **Jetlag** M jetlag
Jeton M chip
Jetset M (umg) jet set **jetten** Ⅵ (umg) to jet (umg)
jetzig ADJ present attr, current; **in der ~en Zeit** in present times **jetzt** ADV now; **bis ~** so far; **gleich** right now; **~ noch?** (what) now?; **~ oder nie!** (it's) now or never!
jeweilig ADJ respective; (≈ vorherrschend) prevailing; **die ~e Regierung** the government of the day **jeweils** ADV at a time, at any one time; (≈ jedes Mal) each time; **~ am Monatsletzten** on the last day of each month
jiddisch ADJ Yiddish
Job M (umg) job **jobben** Ⅵ (umg) to work **Jobsharing** N job sharing **Jobsuche** F job hunting; **auf ~ sein** to be looking for a job
Joch N yoke **Jochbein** N cheekbone
Jockey M jockey
Jod N iodine
jodeln VT & Ⅵ to yodel
jodiert ADJ **~es Speisesalz** iodized table salt **Jodsalz** N iodized salt
Joga M od N yoga
joggen Ⅵ to jog **Jogger(in)** MF jogger **Jogging** N jogging **Jogginganzug** M jogging suit **Jogginghose** F jogging pants pl, joggers pl, sweatpants pl (US)
Jog(h)urt M od N yog(h)urt **Jog(h)urtbereiter** M yog(h)urt maker
Johannisbeere F **Rote ~** redcurrant; **Schwarze ~** blackcurrant **Johanniskraut** N St. John's wort
johlen Ⅵ to howl
Joint M (umg) joint (umg)
Joint Venture N HANDEL joint venture
Jo-Jo N yo-yo **Jo-Jo-Effekt** M yo-yo effect
Joker M KART joker; (fig) trump card
Jongleur(in) MF juggler **jonglieren** Ⅵ (wörtl, fig) to juggle
Jordanien N Jordan **Jordanier(in)** MF Jordanian (man/woman) **jordanisch** ADJ Jordanian
Joule N joule
Journal N HANDEL daybook **Journalismus** M journalism **Journalist(in)** MF journalist **journalistisch** A ADJ journalistic B ADV **~ arbeiten** to work as a journalist; **etw ~ aufbereiten** to edit sth for journalistic purposes
jovial A ADJ jovial B ADV jovially
Joystick M IT joystick
Jubel M jubilation; (≈ Jubelrufe) cheering; **~, Trubel, Heiterkeit** laughter and merriment **jubeln** Ⅵ to cheer **Jubilar(in)** MF person cel-

ebrating an anniversary **Jubiläum** N jubilee; (≈ *Jahrestag*) anniversary **Jubiläumsfeier** F jubilee/anniversary celebrations *pl*
jucken A VT & VI to itch; **es juckt mich am Rücken** my back itches; **es juckt mich, das zu tun** (*umg*) I'm itching to do it (*umg*); **das juckt mich doch nicht** (*umg*) I don't care B VR (≈ *kratzen*) to scratch **Juckreiz** M itching
Jude M Jew; **er ist ~** he is Jewish, he is a Jew (⚠ wirkt heute oft beleidigend); **die ~n** the Jewish people; (*historisch, politisch*) the Jews (⚠ kann beleidigend wirken) **judenfeindlich** ADJ anti-Semitic **Judentum** N 1 (≈ *Judaismus*) Judaism 2 (≈ *Gesamtheit der Juden*) Jews *pl* **Judenverfolgung** F persecution of (the) Jews **Jüdin** F Jew, Jewish woman **jüdisch** ADJ Jewish

▶ **Jude, Jüdin**

Bei Religionszugehörigkeiten benutzt man immer den unbestimmten Artikel und einen Großbuchstaben.

Sie ist Jüdin.	She's a Jew.
Sie ist Katholikin.	She's a Catholic.
Sie ist Protestantin.	She's a Protestant.
Sie ist Muslimin.	She's a Muslim.
Sie ist Buddhistin.	She's a Buddhist.

GRAMMATIK ◀

Judo N judo
Jugend F youth; **von ~ an** *od* **auf** from one's youth; **die ~ von heute** young people *od* the youth of today **Jugendalter** N adolescence **Jugendamt** N youth welfare department **Jugendarbeit** F (≈ *Jugendfürsorge*) youth work **Jugendarbeitslosigkeit** F youth unemployment **Jugendarrest** M JUR detention **Jugendbande** F gang of youths **Jugendbuch** N book for young people **jugendfrei** ADJ suitable for young people; *Film* U (-certificate) (*Br*), G (*US*) **Jugendfreund(in)** MF friend of one's youth **jugendgefährdend** ADJ liable to corrupt the young **Jugendgericht** N juvenile court **Jugendgruppe** F youth group **Jugendherberge** F youth hostel **Jugendherbergsausweis** M youth hostelling card (*Br*), youth hostel ID (*US*) **Jugendhilfe** F ADMIN help for young people **Jugendjahre** PL days *pl* of one's youth **Jugendklub** M youth club **Jugendkriminalität** F juvenile delinquency **jugendlich** A ADJ (≈ *jung*) young; (≈ *jung wirkend*) youthful; **ein ~er Täter** a young offender; **~er**

 JUNG

Leichtsinn youthful frivolity B ADV youthfully; **sich ~ geben** to appear youthful **Jugendliche(r)** M/F(M) adolescent; (*männlich auch*) youth **Jugendlichkeit** F youthfulness **Jugendliebe** F 1 young love 2 (≈ *Geliebter*) love of one's youth **Jugendmannschaft** F youth team **Jugendmeisterschaft** F junior *od* youth championships *pl* **Jugendpflege** F youth welfare **Jugendrecht** N law relating to young persons **Jugendrichter(in)** MF JUR magistrate (*in a juvenile court*) **Jugendschutz** M protection of children and young people **Jugendstil** M KUNST Art Nouveau **Jugendstrafe** F detention in a young offenders' (⚠ ohne Artikel) (*Br*) *od* juvenile correction (*US*) institution **Jugendsünde** F youthful misdeed **Jugendtraum** M youthful dream **Jugendzeit** F youth, younger days *pl* **Jugendzentrum** N youth centre (*Br*) *od* center (*US*)
Jugoslawien N HIST Yugoslavia **jugoslawisch** ADJ HIST Yugoslav(ian)
juhu INT (*Jubel*) yippee, hooray; (*Zuruf*) yoo-hoo
Juli M July; → *März*
Jumbo(jet) M jumbo (jet)
jung ADJ young; **Jung und Alt** (both) young and old; **von ~ auf** from one's youth; **~ aussehen** to look young; **~ sterben** to die young **Junge** M boy; **Junge, Junge!** (*umg*) boy oh boy (*umg*); **alter ~** (*umg*) my old pal (*umg*) **jungenhaft** ADJ boyish **Jungenschule** F boys' school **Jungenstreich** M boyish prank **Junge(r)** M/F(M) (*umg*) **die ~n** the young ones **jünger** ADJ 1 younger; **Holbein der Jüngere** Holbein the Younger 2 *Geschichte etc* recent; **sie sieht ~ aus, als sie ist** she looks younger than she is, she doesn't look her age
Jünger M (BIBEL, *fig*) disciple **Jüngerin** F (*fig*) disciple
Junge(s) N ZOOL young one; (*von Hund*) pup(py); (*von Katze*) kitten; (*von Wolf, Löwe, Bär*) cub; (*von Vogel*) young bird; **die ~n** the young

▶ **Tiere und ihre Jungen**

Ente — Entenküken	duck — duckling
Huhn — Küken	chicken — chick
Hund — Welpe	dog — pup(py)
Katze — Kätzchen	cat — kitten
Kuh — Kalb	cow — calf [kɑːf]
Pferd — Fohlen	horse — foal
Schaf — Lamm	sheep — lamb [læm]
Schwan — junger Schwan	swan — cygnet ['sɪgnɪt]

▶▶

JUNG | 1014

Schwein — Ferkel	**pig — piglet**
Ziege — Kitz	**goat — kid**

Bei den anderen Tieren kann man beim Jungen meistens **baby** voransetzen, z. B. **baby camel** ['kæml], **baby frog** etc.

WORTSCHATZ ◀

Jungfer F̲ eine alte ~ an old maid **Jungfernfahrt** F̲ maiden voyage **Jungfernflug** M̲ maiden flight **Jungfernhäutchen** N̲ ANAT hymen **Jungfrau** F̲ virgin; ASTROL Virgo; **ich bin (eine) ~** I am a virgin; ASTROL I am (a) Virgo **jungfräulich** ADJ virgin **Jungfräulichkeit** F̲ virginity **Junggeselle** M̲ bachelor **Junggesellenbude** F̲ (umg) bachelor pad (umg) **Junggesellendasein** N̲ bachelor's life **Junggesellenzeit** F̲ bachelor days pl **Junggesellin** F̲ single woman **Junglehrer(in)** M̲F̲ student teacher **Jüngling** M̲ (liter, hum) youth **jüngste(r, s)** ADJ **1** youngest **2** Werk, Ereignis latest, (most) recent; Zeit, Vergangenheit recent; **in der ~n Zeit** recently; **das Jüngste Gericht** the Last Judgement; **der Jüngste Tag** Doomsday, the Day of Judgement; **sie ist auch nicht mehr die Jüngste** she's no (spring) chicken (umg) **Jungunternehmer(in)** M̲F̲ young entrepreneur, young businessman/-woman **Jungverheiratete(r)** M̲F̲(M̲) newly-wed **Jungwähler(in)** M̲F̲ young voter

Juni M̲ June; → **März**

junior ADJ **Franz Schulz ~** Franz Schulz, Junior **Junior** M̲ **1** junior **2** (a. **Juniorchef**) son of the boss **Juniorchef** M̲ boss's son, son of the boss **Juniorin** F̲ SPORT junior **Juniorpass** M̲ BAHN ≈ young person's railcard (Br), ≈ youth railroad pass (US)

Junkfood N̲ (umg) junk food **Junkie** M̲ (umg) junkie (umg) **Junkmail** F̲ junk mail

Junta F̲ POL junta

Jupe M̲ (schweiz) skirt

Jupiter M̲ ASTRON Jupiter (❗ ohne **the**)

Jura¹ UNIV law

Jura² M̲ (Kanton) **der Kanton ~** the canton of Jura

jurassisch ADJ GEOL Jurassic

Jurist(in) M̲F̲ jurist; (≈ Student) law student **Juristendeutsch** N̲ legalese (pej), legal jargon **juristisch** A ADJ legal; **die ~e Fakultät** the Faculty of Law B ADV legally; **etw ~ betrachten** to consider the legal aspects of sth **Jury** F̲ jury (❗ mit Verb im Singular oder Plural)

Jus N̲ (bes österr, schweiz) = **Jura**

justieren V̲T̲ to adjust; TYPO, IT to justify **Justierung** F̲ adjustment; TYPO, IT justification

Justiz F̲ (als Prinzip) justice; (als Institution) judiciary; (≈ die Gerichte) courts pl **Justizbeamte(r)** M̲, **Justizbeamtin** F̲ judicial officer **Justizbehörde** F̲ legal authority **Justizgebäude** N̲ law courts pl **Justizirrtum** M̲ miscarriage of justice, judicial error (bes US) **Justizminister(in)** M̲F̲ minister of justice, justice minister **Justizministerium** N̲ ministry of justice, ≈ Department of Justice (US)

Jute F̲ jute

Juwel M̲ od N̲ jewel; **~en** (≈ Schmuck) jewellery (Br), jewelry (US) **Juwelier(in)** M̲F̲ jeweller **Juweliergeschäft** N̲ jeweller's (Br) od jeweler's (US) (shop)

Jux M̲ (umg) **etw aus ~ tun** to do sth as a joke; **sich** (dat) **einen ~ aus etw machen** to make a joke (out) of sth **juxen** V̲I̲ (umg) to joke

K

K, k N̲ K, k

Kabarett N̲ cabaret; (≈ Darbietung) cabaret (show); **ein politisches ~** a satirical political revue **Kabarettist(in)** M̲F̲ cabaret artist

kabbeln V̲I̲ & V̲R̲ (umg) to bicker

Kabel N̲ ELEK wire; (≈ Telefonkabel) cord; (≈ Stromleitung) cable **Kabelanschluss** M̲ TV cable connection **Kabelfernsehen** N̲ cable television

Kabeljau M̲ cod

Kabelkanal M̲ TV cable channel

Kabine F̲ (≈ Umkleidekabine, Duschkabine) cubicle; SCHIFF, FLUG cabin

Kabinett N̲ POL cabinet **Kabinettsbeschluss** M̲ cabinet decision **Kabinettsumbildung** F̲ cabinet reshuffle

Kabis M̲ (schweiz) = **Kohl**

Kabrio(lett) N̲ AUTO convertible

Kachel F̲ (glazed) tile **kacheln** V̲T̲ to tile **Kachelofen** M̲ tiled stove

Kacke F̲ (vulg) crap (sl), shit (sl); **so 'ne ~** shit (sl) **kacken** V̲I̲ (vulg) to crap (sl)

Kadaver M̲ carcass

Kader M̲ MIL, POL cadre; SPORT squad

Kadmium N̲ cadmium

Käfer M̲ beetle

Kaff N̲ (umg) dump (umg)

Kaffee M̲ coffee; **zwei ~, bitte!** two coffees, please!; **~ kochen** to make coffee; **das ist kalter ~** (umg) that's old hat (umg); **~ und Kuchen**

coffee and cakes, ≈ afternoon tea (Br) **Kaffee-automat** M̲ coffee machine od dispenser **Kaffeebohne** F̲ coffee bean **Kaffeehaus** N̲ café **Kaffeekanne** F̲ coffeepot **Kaffeeklatsch** M̲ (umg) coffee klatsch (US), ≈ coffee morning (Br) **Kaffeelöffel** M̲ coffee spoon **Kaffeemaschine** F̲ coffee machine **Kaffeemühle** F̲ coffee grinder **Kaffeepause** F̲ coffee break **Kaffeesahne** F̲ (coffee) cream **Kaffeesatz** M̲ coffee grounds pl **Kaffeeservice** N̲ coffee set **Kaffeetasse** F̲ coffee cup

Käfig M̲ cage

kahl ADJ bald; (≈ kahl geschoren) shaved; Wand, Raum, Baum bare; Landschaft barren; **eine ~e Stelle** a bald patch; **~ werden** (Mensch) to go bald; (Baum) to lose its leaves **Kahlheit** F̲ baldness; (von Wand, Raum, Baum) bareness; (von Landschaft) barrenness **Kahlkopf** M̲ bald head; (≈ Mensch) bald person; **ein ~ sein** to be bald **kahlköpfig** ADJ baldheaded **Kahlschlag** M̲ ◨ deforestation ◨ (umg ≈ Abriss) demolition

Kahn M̲ ◨ (small) boat; (≈ Stechkahn) punt; **~ fahren** to go boating/punting ◨ (≈ Lastschiff) barge **Kahnfahrt** F̲ row; (in Stechkahn) punt

Kai M̲ quay **Kaimauer** F̲ quay wall

Kaiser M̲ emperor (❗ mit Namen großgeschrieben); **der deutsche ~** the Kaiser **Kaiserin** F̲ empress (❗ mit Namen großgeschrieben) **Kaiserkrone** F̲ imperial crown **kaiserlich** ADJ imperial **Kaiserreich** N̲ empire **Kaiserschmarren** M̲, **Kaiserschmarrn** M̲ (südd, österr) sugared, cut-up pancake with raisins **Kaiserschnitt** M̲ Caesarean (section)

Kajak M̲ od N̲ kayak **Kajakfahren** N̲ kayaking

Kajalstift M̲ kohl eye pencil

Kajüte F̲ cabin

Kakadu M̲ cockatoo

Kakao M̲ cocoa; **jdn durch den ~ ziehen** (umg) (≈ veralbern) to make fun of sb **Kakaobohne** F̲ cocoa bean **Kakaopulver** N̲ cocoa powder

Kakerlak M̲, **Kakerlake** F̲ cockroach

kaki ADJ khaki

Kaktee F̲, **Kaktus** M̲ cactus

Kalauer M̲ corny joke; (≈ Wortspiel) corny pun **Kalb** N̲ calf **kalben** V̲T̲ to calve **Kalbfleisch** N̲ veal **Kalbsbraten** M̲ roast veal **Kalbsfell** N̲ (≈ Fell) calfskin **Kalbshaxe** F̲ GASTR knuckle of veal **Kalbsleder** N̲ calfskin **Kalbsschnitzel** N̲ veal cutlet

Kaleidoskop N̲ kaleidoscope

Kalender M̲ calendar; (≈ Terminkalender) diary **Kalenderjahr** N̲ calendar year

Kali N̲ potash

Kaliber N̲ calibre (Br), caliber (US)

Kalifornien N̲ California

Kalium N̲ potassium

Kalk M̲ lime; (zum Tünchen) whitewash; ANAT calcium; **gebrannter ~** quicklime **Kalkboden** M̲ chalky soil **kalken** V̲T̲ (≈ tünchen) to whitewash **kalkhaltig** ADJ Boden chalky; Wasser hard **Kalkmangel** M̲ MED calcium deficiency **Kalkstein** M̲ limestone

Kalkulation F̲ calculation **kalkulierbar** ADJ calculable **kalkulieren** V̲T̲ to calculate

Kalorie F̲ calorie **kalorienarm** A ADJ low-calorie B ADV **sich ~ ernähren** to have a low-calorie diet; **~ essen** to eat low-calorie food **kalorienreich** ADJ high-calorie; **sich ~ ernähren** to have a high-calorie diet

kalt A ADJ cold; **mir ist/wird ~** I am/I'm getting cold; **~es Grausen überkam mich** my blood ran cold; **der Kalte Krieg** the Cold War B ADV **~ duschen** to take a cold shower; **etw ~ stellen** to put sth to chill; **~ gepresst** Öl cold-pressed; **da kann ich nur ~ lächeln** (umg) that makes me laugh; **jdn ~ erwischen** to shock sb **kaltbleiben** V̲I̲ (fig) to remain unmoved **Kaltblüter** M̲ ZOOL cold-blooded animal **kaltblütig** A ADJ (fig) cold-blooded; (≈ gelassen) cool B ADV cold-bloodedly **Kaltblütigkeit** F̲ (fig) cold-bloodedness; (≈ Gelassenheit) cool(ness) **Kälte** F̲ ◨ (von Wetter etc) cold; (≈ Kälteperiode) cold spell; **fünf Grad ~** five degrees below freezing ◨ (fig) coldness, coolness **kältebeständig** ADJ cold-resistant **Kälteeinbruch** M̲ (sudden) cold spell; (für kurze Zeit) cold snap **kälteempfindlich** ADJ sensitive to cold **Kälteperiode** F̲ cold spell **Kältetechnik** F̲ refrigeration technology **Kältetod** M̲ **den ~ sterben** to freeze to death **kälteunempfindlich** ADJ insensitive to cold **Kältewelle** F̲ cold spell **Kaltfront** F̲ METEO cold front **kaltgepresst** ADJ → kalt **kaltherzig** ADJ cold-hearted **Kaltherzigkeit** F̲ cold-heartedness **kaltlassen** V̲T̲ (fig) **jdn ~** to leave sb cold **Kaltluft** F̲ METEO cold air **kaltmachen** V̲T̲ (sl) to do in (umg) **Kaltmiete** F̲ rent exclusive of heating **kaltschnäuzig** (umg) A ADJ (≈ gefühllos) callous; (≈ unverschämt) insolent B ADV (≈ gefühllos) callously; (≈ unverschämt) insolently **Kaltstart** M̲ AUTO, IT cold start

Kalzium N̲ calcium

Kambodscha N̲ Cambodia **Kambodschaner(in)** M̲F̲ Cambodian (man/woman) **kambodschanisch** ADJ Cambodian

Kamel N̲ camel; **ich ~!** (umg) silly me!

Kamera F camera
Kamerad(in) M(F) MIL etc comrade; (≈ *Gefährte*) companion **Kameradschaft** F camaraderie **kameradschaftlich** ADJ comradely
Kamerafrau F camerawoman **Kameraführung** F camera work **Kameramann** M cameraman
Kamerun N the Cameroons pl
Kamikaze M kamikaze **Kamikazeflieger(in)** M(F) kamikaze pilot
Kamille F camomile **Kamillentee** M camomile tea
Kamin M od (dial) N 1 (≈ *Schornstein*) chimney; (≈ *Abzugsschacht*) flue 2 (≈ *Feuerstelle*) fireplace; **wir saßen am ~** we sat by od in front of the fire **Kaminsims** M od N mantelpiece
Kamm M 1 comb; **alle/alles über einen ~ scheren** (fig) to lump everyone/everything together 2 (≈ *Gebirgskamm*) crest **kämmen** A VT to comb B VR to comb one's hair
Kammer F 1 PARL chamber; (≈ *Ärztekammer etc*) professional association 2 (≈ *Zimmer*) (small) room **Kammerjäger(in)** M(F) (≈ *Schädlingsbekämpfer*) pest controller (Br), exterminator (US) **Kammermusik** F chamber music **Kammerorchester** N chamber orchestra
Kammgarn N worsted **Kammmuschel** F scallop
Kampagne F campaign
Kampf M fight (um for); (MIL ≈ *Gefecht*) battle; (≈ *Boxkampf*) fight; **jdm/einer Sache den ~ ansagen** (fig) to declare war on sb/sth; **die Kämpfe einstellen** to stop fighting; **der ~ ums Dasein** the struggle for existence; **der ~ um die Macht** the battle for power; **ein ~ auf Leben und Tod** a fight to the death **Kampfabstimmung** F vote **Kampfansage** F declaration of war **Kampfanzug** M MIL etc battle dress (⚠ ohne Artikel), battle uniform **Kampfausbildung** F MIL combat training **kampfbereit** ADJ ready for battle **kämpfen** A VI to fight (um, für for); **gegen etw ~** to fight (against) sth; **mit dem Tode ~** to fight for one's life; **mit den Tränen ~** to fight back one's tears; **ich hatte mit schweren Problemen zu ~** I had difficult problems to contend with; **ich habe lange mit mir ~ müssen, ehe ...** I had a long battle with myself before ... B VT (meist fig) *Kampf* to fight
Kampfer M camphor
Kämpfer(in) M(F) fighter **kämpferisch** A ADJ aggressive B ADV aggressively; **sich ~ einsetzen** to fight hard **Kampfflugzeug** N fighter (plane) **Kampfgeist** M fighting spirit **Kampfhandlung** F clash meist pl **Kampfhubschrauber** M helicopter gunship **Kampfhund** M fighting dog **kampflos** A ADJ peaceful; *Sieg* uncontested B ADV peacefully, without a fight; **sich ~ ergeben** to surrender without a fight **kampflustig** ADJ belligerent **Kampfrichter(in)** M(F) SPORT referee **Kampfsport** M martial art **kampfunfähig** ADJ MIL unfit for action; *Boxer* unfit to fight (⚠ beide nicht vor dem Substantiv); **einen Panzer ~ machen** to put a tank out of action
kampieren VI to camp (out)
Kanada N Canada **Kanadier** M SPORT Canadian canoe **Kanadier(in)** M(F) Canadian **kanadisch** ADJ Canadian
Kanal M 1 (≈ *Schifffahrtsweg*) canal; (≈ *Wasserlauf*) channel; (für Abwässer) sewer 2 RADIO, TV channel **Kanaldeckel** M drain cover **Kanalinseln** PL **die ~** (im Ärmelkanal) the Channel Islands pl **Kanalisation** F 1 (für Abwässer) sewerage system 2 (von Flusslauf) canalization **kanalisieren** VT *Fluss* to canalize; (fig) *Energie* to channel; *Gebiet* to install sewers in **Kanaltunnel** M Channel Tunnel
Kanarienvogel M canary **Kanarische Inseln** PL Canary Islands pl
Kandidat(in) M(F) candidate **Kandidatur** F candidacy **kandidieren** VI POL to stand, to run (für for); **für das Amt des Präsidenten ~** to run for president
kandiert ADJ *Frucht* candied **Kandis(-zucker)** M rock candy
Känguru N kangaroo
Kaninchen N rabbit **Kaninchenstall** M rabbit hutch
Kanister M can; (≈ *Blechkanister*) jerry can
Kännchen N (für Milch) jug; (für Kaffee) pot; **ein ~ Kaffee** a pot of coffee **Kanne** F can; (≈ *Teekanne, Kaffeekanne*) pot; (≈ *Gießkanne*) watering can; (≈ *Milchkanne*) churn
Kannibale M, **Kannibalin** F cannibal **Kannibalismus** M cannibalism
Kanon M canon
Kanone F 1 gun; HIST cannon; (sl ≈ *Pistole*) shooter (umg) 2 (fig umg ≈ *Könner*) ace (umg) 3 (umg) **das ist unter aller ~** that defies description
Kantate F MUS cantata
Kante F edge; (≈ *Rand*) border; **Geld auf die hohe ~ legen** (umg) to put money away **kantig** ADJ *Holz* edged; *Gesicht* angular
Kantine F canteen **Kantinenessen** N canteen food
Kanton M canton **kantonal** ADJ cantonal
Kanu N canoe
Kanüle F MED cannula
Kanute M, **Kanutin** F canoeist

Kanzel F 1 pulpit 2 FLUG cockpit
Kanzlei F (≈ Dienststelle) office; (≈ Büro eines Rechtsanwalts, Notars etc) chambers pl
Kanzler(in) M(F) 1 (≈ Regierungschef) chancellor (⚠ mit Namen und in der Anrede großgeschrieben) 2 UNIV vice chancellor
Kanzleramt N (≈ Gebäude) chancellory; (≈ Posten) chancellorship **Kanzlerkandidat(in)** M(F) candidate for the position of chancellor
Kap N cape; ~ **der Guten Hoffnung** Cape of Good Hope; ~ **Hoorn** Cape Horn
Kapazität F capacity; (fig ≈ Experte) expert
Kapelle F 1 (≈ kleine Kirche etc) chapel 2 MUS orchestra

Kapelle — chapel

Kapelle — orchestra

Kaper F BOT, GASTR caper
kapern VT SCHIFF Schiff to seize; (≈ mit Beschlag belegen) to collar (umg)
kapieren (umg) A VT to get (umg) B VI to get it (umg); **kapiert?** got it? (umg)
Kapital N 1 FIN capital (⚠ kein pl); (≈ angelegtes Kapital) capital investments pl 2 (fig) asset; **aus etw ~ schlagen** to capitalize on sth **Kapitalanlage** F capital investment **Kapitalertrag(s)steuer** F capital gains tax **Kapitalflucht** F flight of capital **kapitalisieren** VT to capitalize **Kapitalismus** M capitalism **Kapitalist(in)** M(F) capitalist **kapitalistisch** ADJ capitalist **kapitalkräftig** ADJ financially strong **Kapitalmarkt** M capital market **Kapitalverbrechen** N serious crime; (mit Todesstrafe) capital crime
Kapitän(in) M(F) captain **Kapitänleutnant** M lieutenant commander
Kapitel N chapter; **das ist ein anderes ~** that's another story
Kapitell N capital
Kapitulation F capitulation (vor +dat to, in the face of) **kapitulieren** VI (≈ sich ergeben) to surrender; (fig ≈ aufgeben) to give up (vor +dat in the face of)

Kaplan M (in Pfarrei) curate
Kappe F cap; **das geht auf meine ~** (umg) (≈ ich bezahle) that's on me; (≈ ich übernehme die Verantwortung) that's my responsibility
kappen VT SCHIFF Leine to cut; (fig umg) Finanzmittel to cut (back)
Käppi N cap
Kapriole F capriole; (fig) caper
Kapsel F (≈ Etui) container; BOT, PHARM, RAUMF etc capsule
kaputt ADJ (umg) broken; (≈ erschöpft) Mensch shattered (Br umg); Ehe broken; Gesundheit ruined; Nerven shattered; Firma bust präd (umg); **mein ~es Bein** my bad leg; (gebrochen) my broken leg; **ein ~er Typ** a wreck (umg) **kaputt fahren** VT (umg) (≈ überfahren) to run over; Auto to run into the ground; (durch Unfall) to smash (up) **kaputtgehen** VI (umg) to break; (Ehe) to break up (an +dat because of); (Gesundheit, Nerven) to be ruined; (Firma) to go bust (umg); (Kleidung) to come to pieces **kaputtkriegen** VT (umg) **das Auto ist nicht kaputtzukriegen** this car just goes on for ever **kaputtlachen** VR (umg) to die laughing (umg) **kaputt machen** A VT to ruin; Zerbrechliches to break, to smash; (≈ erschöpfen) jdn to wear out B VR **sich ~** (fig) to wear oneself out
Kapuze F hood; (≈ Mönchskapuze) cowl **Kapuzenjacke** F hooded jacket **Kapuzenmantel** M hooded coat **Kapuzenpulli** F hooded jumper od sweater
Karabiner M 1 (≈ Gewehr) carbine 2 (a. **Karabinerhaken**) karabiner
Karacho N **mit ~** (umg) at full tilt
Karaffe F carafe; (mit Stöpsel) decanter
Karambolage F AUTO collision; BILLARD cannon
Karamell M caramel (⚠ kein pl) **Karamelle** F caramel (toffee)
Karaoke N karaoke
Karat N carat
Karate N karate
Karawane F caravan
Kardamom N cardamom
Kardanwelle F prop(eller) shaft
Kardinal M KIRCHE cardinal (⚠ mit Namen großgeschrieben) **Kardinalfehler** M cardinal error **Kardinalzahl** F cardinal (number)
Kardiologe M, **Kardiologin** F cardiologist **kardiologisch** ADJ cardiological
Karenztag M unpaid day of sick leave **Karenzzeit** F waiting period
Karfiol M (österr) cauliflower
Karfreitag M Good Friday
karg A ADJ 1 (≈ spärlich) meagre (Br), meager (US); Boden barren 2 (≈ geizig) mean, sparing B

KARG

ADV (≈ knapp) **~ ausfallen/bemessen sein** to be meagre (Br) od meager (US); **etw ~ bemessen** to be stingy with sth (umg) **Kargheit** F meagreness (Br), meagerness (US); (von Boden) barrenness **kärglich** ADJ meagre (Br), meager (US), sparse; Mahl frugal
Kargo M cargo
Karibik F **die ~** the Caribbean **karibisch** ADJ Caribbean; **die Karibischen Inseln** the Caribbean Islands
kariert ADJ Stoff, Muster checked, checkered (bes US); Papier squared
Karies F caries
Karikatur F caricature **Karikaturist(in)** M(F) cartoonist **karikieren** VT to caricature
karitativ A ADJ charitable B ADV **~ tätig sein** to do charitable work
Karma N karma
Karneval M carnival **Karnevalszug** M carnival procession
Kärnten N Carinthia
Karo N 1 (≈ Quadrat) square; (Muster) check 2 KART; (≈ Farbe) diamonds pl (⚠ Eine einzelne Karte heißt **diamond**. Zum Karokönig sagt man **the king of diamonds**.) **Karoass** N ace of diamonds **Karomuster** N checked od checkered (bes US) pattern
Karosse F (fig ≈ großes Auto) limousine
Karosserie F bodywork
Karotte F carrot (⚠ Schreibung)
Karpfen M carp
Karre F 1 = **Karren** 2 (umg ≈ klappriges Auto) (old) crate (umg)
Karree N 1 (≈ Viereck) rectangle; (≈ Quadrat) square 2 (≈ Häuserblock) block; **einmal ums ~ gehen** to walk round the block
karren VT to cart **Karren** M (≈ Wagen) cart; (bes für Baustelle) (wheel)barrow; **ein ~ voll Obst** a cartload of fruit
Karriere F (≈ Laufbahn) career; **~ machen** to make a career for oneself **Karrierefrau** F career woman **Karriereleiter** F career ladder; **die ~ erklimmen** to rise up the ladder **Karrieremacher(in)** M(F) careerist
Karte F card; (≈ Fahrkarte, Eintrittskarte) ticket; (≈ Landkarte) map; (≈ Speisekarte) menu; (≈ Weinkarte) wine list; (≈ Spielkarte) (playing) card; **alles auf eine ~ setzen** (fig) to put all one's eggs in one basket (sprichw); **gute ~n haben** to have a good hand; (fig) to be in a strong position
Kartei F card index **Karteikarte** F index card **Karteikasten** M file-card box
Kartell N 1 HANDEL cartel 2 (≈ Interessenvereinigung) alliance; (pej) cartel **Kartellamt** N ≈ Monopolies and Mergers Commission (Br), anti-trust commission (bes US)
Kartenhaus N house of cards **Karteninhaber(in)** M(F) cardholder **Kartenspiel** N 1 (≈ das Spielen) card-playing; (≈ ein Spiel) card game 2 (≈ Karten) pack (of cards) **Kartenständer** M map stand **Kartentelefon** N cardphone **Kartenverkauf** M sale of tickets; (≈ Stelle) box office **Kartenvorverkauf** M advance sale of tickets; (≈ Stelle) advance booking office
Kartoffel F potato; **jdn fallen lassen wie eine heiße ~** (umg) to drop sb like a hot potato **Kartoffelbrei** M mashed potatoes pl **Kar-**

Karo — check

Karo — diamonds

Karte — ticket

Karte — card

Karte — map

Karte — menu

toffelchips PL potato crisps pl (Br), potato chips pl (US) **Kartoffelgratin** N GASTR gratiné(e) potatoes pl **Kartoffelkäfer** M Colorado beetle **Kartoffelkloß** N, **Kartoffelknödel** M (bes südd, österr GASTR) potato dumpling **Kartoffelpuffer** M fried grated potato cakes **Kartoffelpüree** N mashed potatoes pl **Kartoffelsalat** M potato salad **Kartoffelschalen** PL (abgeschält) potato peel sg; GASTR potato skins pl **Kartoffelschäler** M potato peeler **Kartoffelstock** M (schweiz GASTR) mashed potatoes pl
Kartografie F cartography
Karton M **1** (≈ Pappe) cardboard (❗ kein pl); **ein ~** a piece of cardboard **2** (≈ Schachtel) cardboard box **kartonieren** VT Bücher to bind in board; **kartoniert** paperback

Karton — cardboard

▶ **Karton ≠ carton**

Karton	=	(cardboard) box
carton (of milk; of cigarettes)	=	Milchtüte; Stange Zigaretten

FALSCHE FREUNDE

Karton — cardboard box

Karussell N merry-go-round, carousel; **~ fahren** to have a ride on the merry-go-round etc
Karwoche F KIRCHE Holy Week (❗ ohne the)
karzinogen MED ADJ carcinogenic **Karzinom** N MED carcinoma, malignant growth
Kasachstan N Kazakhstan
kaschieren VT (fig ≈ überdecken) to conceal
Kaschmir M TEX cashmere
Käse M **1** cheese **2** (umg ≈ Unsinn) twaddle (umg) **Käseauflauf** M GASTR cheese soufflé **Käseblatt** N (umg) local rag (umg) **Käsebrot** N bread and cheese **Käsebrötchen** N cheese roll **Käsegebäck** N cheese savouries pl (Br) od savories pl (US) **Käseglocke** F cheese cover; (fig) dome **Käsekuchen** M cheesecake
Kaserne F barracks sg od pl
Käsestange F cheese straw (Br), cheese stick (US) **käseweiß** ADJ (umg) white (as a ghost) **käsig** ADJ (fig umg) Haut pasty; (vor Schreck) pale
Kasino N **1** (≈ Spielbank) casino **2** (≈ Offizierskasino) (officers') mess
Kaskoversicherung F (AUTO ≈ Teilkaskoversicherung) third party, fire and theft insurance; (≈ Vollkaskoversicherung) fully comprehensive insurance
Kasper M **1** (im Puppenspiel) Punch (bes Br) **2** (umg) clown (umg) **Kasperletheater** N Punch and Judy (show) (bes Br), puppet show
Kaspisches Meer N Caspian Sea

Kassa F (österr) = Kasse
Kasse F **1** (≈ Zahlstelle) cash desk (Br) od point, cash register (US); THEAT etc box office; (in Bank) bank counter; (in Supermarkt) checkout; **an der ~** (in Geschäft) at the desk (bes Br), at the (checkout) counter (bes US) **2** (≈ Geldkasten) cash box; (in Läden) cash register; (bei Spielen) kitty; (in einer Spielbank) bank **3** (≈ Bargeld) cash; **gegen ~** for cash; **bei ~ sein** (umg) to be in the money (umg); **knapp bei ~ sein** (umg) to be short of cash; **jdn zur ~ bitten** to ask sb to pay up **4** = **Krankenkasse**
Kasseler N lightly smoked pork loin
Kassenarzt M, **Kassenärztin** F ≈ National Health general practitioner (Br) **Kassenbeleg** M sales receipt od check (US) **Kassenbestand** M cash balance, cash in hand **Kassenbon** M sales slip **Kassenbrille** F (pej umg) NHS specs pl (Br umg), standard-issue glasses pl **Kassenpatient(in)** M(F) ≈ National Health patient (Br) **Kassenprüfung** F audit **Kassenschlager** M (umg) (THEAT etc) box-office hit; (Ware) big seller **Kassensturz** M **~ machen** to check one's finances; HANDEL to cash up (Br), to count up the earnings (US) **Kassenwart(in)** M(F) treasurer **Kassenzettel** M sales slip
Kasserolle F saucepan; (mit Henkeln) casserole
Kassette F **1** (≈ Kästchen) case **2** (für Bücher) slipcase; (≈ Tonbandkassette) cassette **Kassettendeck** N cassette deck **Kassettenrekorder** M cassette recorder
kassieren A VT **1** Gelder etc to collect (up); (umg) Abfindung, Finderlohn to pick up (umg) **2**

(umg ≈ wegnehmen) to take away **3** (umg ≈ verhaften) to nab (umg) **B** VT **bei jdm ~** to collect money from sb; **darf ich ~, bitte?** would you like to pay now? **Kassierer(in)** MF cashier; (≈ Bankkassierer) clerk
Kastagnette F castanet
Kastanie F chestnut **Kastanienbaum** M chestnut tree **kastanienbraun** ADJ maroon; Pferd, Haar chestnut
Kästchen N **1** (≈ kleiner Kasten) small box; (für Schmuck) casket **2** (auf kariertem Papier) square
Kaste F caste
Kasten M **1** box; (≈ Kiste) crate; (≈ Truhe) chest; (österr ≈ Schrank) cupboard; (≈ Briefkasten) postbox (Br), letter box (Br), mailbox (US) **2** (umg) (≈ alter Wagen) crate (umg); (≈ Fernsehapparat etc) box (umg) **3** (umg) **sie hat viel auf dem ~** she's brainy (umg)
Kastration F castration **kastrieren** VT (wörtl, fig) to castrate
Kasus M GRAM case
Kat M AUTO abk von Katalysator cat
Katalog M catalogue (Br), catalog (US)
Katalysator M catalyst; AUTO catalytic converter **Katalysatorauto** N car fitted with a catalytic converter
Katamaran M catamaran
Katapult N od M catapult **katapultieren** VT to catapult
Katarrh M, **Katarr** M catarrh
katastrophal A ADJ disastrous B ADV disastrously; **sich ~ auswirken** to have catastrophic effects **Katastrophe** F disaster **Katastrophenabwehr** F disaster prevention **Katastrophenalarm** M emergency alert **Katastrophengebiet** N disaster area **Katastrophenschutz** M disaster control; (im Voraus) disaster prevention
Katechismus M catechism
Kategorie F category **kategorisch** A ADJ categorical B ADV categorically; **ich weigerte mich ~** I refused outright **kategorisieren** VT to categorize
Kater M **1** tom(cat) **2** (nach Alkoholgenuss) hangover **Katerstimmung** F depression
Kathedrale F cathedral
Katheter M MED catheter
Kathode F PHYS cathode
Katholik(in) MF (Roman) Catholic **katholisch** ADJ (Roman) Catholic **Katholizismus** M (Roman) Catholicism

▶ **Katholik, Katholikin**

Bei Religionszugehörigkeiten benutzt man immer den unbestimmten Artikel und einen Großbuchstaben.

Sie ist Katholikin.	She's a Catholic.
Sie ist Protestantin.	She's a Protestant.
Sie ist Muslimin.	She's a Muslim.
Sie ist Buddhistin.	She's a Buddhist.

GRAMMATIK ◀

katzbuckeln VI (pej umg) to grovel **Kätzchen** N **1** kitten **2** BOT catkin **Katze** F cat; **meine Arbeit war für die Katz** (fig) my work was a waste of time; **Katz und Maus mit jdm spielen** to play cat and mouse with sb; **wie die ~ um den heißen Brei herumschleichen** to beat about the bush; **die ~ im Sack kaufen** to buy a pig in a poke (sprichw) **Katzenjammer** M (umg) **1** (≈ Kater) hangover **2** (≈ jämmerliche Stimmung) depression, the blues pl (umg) **Katzenklo** N (umg) cat litter tray (Br) od box (US) **Katzensprung** M (umg) stone's throw **Katzenstreu** F cat litter **Katzentür** F cat flap **Katz-und-Maus-Spiel** N cat-and-mouse game
Kauderwelsch N (pej) (≈ Fachsprache) jargon; (unverständlich) gibberish
kauen A VT to chew; Nägel to bite B VI to chew; **an etw** (dat) **~** to chew (on) sth; **an den Nägeln ~** to bite one's nails
kauern VI to crouch, to squat
Kauf M (≈ das Kaufen) buying (⚠ kein pl); (≈ das Gekaufte) buy; **das war ein günstiger ~** that was a good buy; **etw zum ~ anbieten** to offer sth for sale; **etw in ~ nehmen** (fig) to accept sth

Kästchen — small box

Kästchen — square

KEHR

Kegel — pin

Kegel — cone

Kegel — cone

Kaufangebot N̄ WIRTSCH bid **kaufen** A VT̄ 1 (*a.* **sich** (*dat*) **kaufen**) to buy; **dafür kann ich mir nichts ~** (*iron*) what use is that to me! **sich** (*dat*) **jdn ~** (*umg*) to give sb a piece of one's mind (*umg*); (*tätlich*) to fix sb (*umg*) B VT̄ to buy; (≈ *Einkäufe machen*) to shop **Käufer(in)** M(F) buyer; (≈ *Kunde*) customer **Kauffrau** F̄ businesswoman **Kaufhaus** N̄ department store **Kaufkraft** F̄ (*von Geld*) purchasing power; (*vom Käufer*) spending power **kaufkräftig** ADJ **~e Kunden** customers with money to spend **käuflich** A ADJ 1 (≈ *zu kaufen*) for sale (!) immer nach dem Substantiv oder prädikativ; **Freundschaft ist nicht ~** friendship cannot be bought 2 (*fig* ≈ *bestechlich*) venal; **ich bin nicht ~** you cannot buy me! B ADV **etw ~ erwerben** (*form*) to purchase sth **Kaufmann** M̄ 1 (≈ *Geschäftsmann*; (≈ *Händler*) trader 2 (≈ *Einzelhandelskaufmann*) small shopkeeper, grocer; **zum ~ gehen** to go to the grocer's **kaufmännisch** A ADJ commercial; **~er Angestellter** office worker B ADV **sie ist ~ tätig** she is a businesswoman **Kaufpreis** M̄ purchase price **Kaufvertrag** M̄ bill of sale **Kaufzwang** M̄ obligation to buy; **ohne ~** without obligation
Kaugummi M̄ *od* N̄ chewing gum (!) kein pl); **zwei ~s** two pieces of chewing gum
Kaukasus M̄ **der ~** (the) Caucasus
Kaulquappe F̄ tadpole
kaum A ADV 1 (≈ *noch nicht einmal*) hardly, scarcely; **~ jemand** hardly anyone; **es ist ~ zu glauben, wie ...** it's hardly believable *od* to be believed how ...; **wohl ~, ich glaube ~** I hardly think so 2 (≈ *selten*) rarely B KONJ hardly, scarcely; **~ dass wir das Meer erreicht hatten ...** no sooner had we reached the sea than ...
kausal ADJ causal **Kausalsatz** M̄ causal clause **Kausalzusammenhang** M̄ causal connection
Kaution F̄ 1 JUR bail; **~ stellen** to stand bail; **gegen ~** on bail 2 HANDEL security 3 (*für Miete*) deposit; **zwei Monatsmieten ~** two months' deposit
Kautschuk M̄ (India) rubber

Kauz M̄ 1 screech owl 2 (≈ *Sonderling*) **ein komischer ~** an odd bird **kauzig** ADJ odd
Kavalier M̄ (≈ *galanter Mann*) gentleman **Kavaliersdelikt** N̄ trivial offence (*Br*) *od* offense (*US*)
Kavallerie F̄ MIL cavalry
Kaviar M̄ caviar
KB *abk von* **Kilobyte** KB
Kebab M̄ kebab
keck ADJ (≈ *frech*) cheeky (*Br*), fresh (*US*) **Keckheit** F̄ (≈ *Frechheit*) cheekiness (*Br*), impudence
Kefir M̄ kefir, *milk product similar to yoghurt*
Kegel M̄ 1 (≈ *Spielfigur*) skittle; (*bei Bowling*) pin 2 (*Geometrie*) cone **Kegelbahn** F̄ skittle alley; (*automatisch*) bowling alley **kegelförmig** A ADJ conical B ADV conically **Kegelklub** M̄ skittles club; (*für Bowling*) bowling club **Kegelkugel** F̄ bowling ball **kegeln** VĪ to play skittles; (*bei Bowling*) to bowl **Kegeln** N̄ skittles, ninepins (!) beide mit Verb im Singular); (*Bowling*) bowling
Kehle F̄ (≈ *Gurgel*) throat; **aus voller ~** at the top of one's voice **Kehlkopf** M̄ larynx **Kehlkopfentzündung** F̄ laryngitis **Kehlkopfkrebs** M̄ cancer of the throat **Kehllaut** M̄ guttural (sound)
Kehrbesen M̄ broom **Kehrblech** N̄ (*südd*) shovel
Kehre F̄ 1 (sharp) bend 2 (≈ *Turnübung*) rear vault
kehren¹ A VT̄ 1 (≈ *drehen*) to turn; **in sich** (*akk*) **gekehrt** (≈ *versunken*) pensive; (≈ *verschlossen*) introspective 2 (≈ *kümmern*) to bother; **was kehrt mich das?** what do I care about that? B VR̄ 1 (≈ *sich drehen*) to turn 2 (≈ *sich kümmern*) **er kehrt sich nicht daran, was die Leute sagen** he doesn't care what people say C VT̄ to turn (round); (*Wind*) to turn
kehren² VT̄ & VĪ (*bes südd* ≈ *fegen*) to sweep **Kehricht** M̄ *od* N̄ (*südd, schweiz* ≈ *Müll*) rubbish (*Br*), trash (*US*) **Kehrmaschine** F̄ 1 (*für Straße*) road sweeper 2 (*für Teppich*) carpet sweeper
Kehrreim M̄ chorus
Kehrschaufel F̄ shovel
Kehrseite F̄ (*von Münze*) reverse; (*fig* ≈ *Nachteil*)

drawback; (fig ≈ Schattenseite) other side; **die ~ der Medaille** the other side of the coin **kehrtmachen** VI to turn round; (≈ zurückgehen) to turn back; MIL to about-turn **Kehrtwende** F, **Kehrtwendung** F about-turn
keifen VI to bicker
Keil M wedge
Keile PL (umg) thrashing; **~ bekommen** to get od to be given a thrashing
Keiler M wild boar
Keilerei F (umg) punch-up (umg)
keilförmig A ADJ wedge-shaped B ADV **sich ~ zuspitzen** to form a wedge **Keilriemen** M drive belt; AUTO fan belt
Keim M 1 (≈ kleiner Trieb) shoot 2 (≈ Embryo, fig) embryo, germ; (≈ Krankheitskeim) germ; **etw im ~ ersticken** to nip sth in the bud 3 (fig) seed meist pl **keimen** VI 1 (Saat) to germinate; (Pflanzen) to put out shoots 2 (Verdacht) to be aroused **keimfrei** ADJ germ-free, free of germs präd; MED sterile; **~ machen** to sterilize **Keimling** M 1 (≈ Embryo) embryo 2 (≈ Keimpflanze) shoot **keimtötend** ADJ germicidal; **~es Mittel** germicide **Keimzelle** F germ cell; (fig) nucleus
kein, keine, kein INDEF PR 1 no; **ich sehe da ~en Unterschied** I don't see any difference; **sie hatte ~e Chance** she didn't have a any chance; **~e schlechte Idee** not a bad idea; **~ bisschen** not a bit; **~ einziges Mal** not a single time; **in ~ster Weise** not in the least 2 (≈ nicht einmal) less than; **~e Stunde/drei Monate** less than an hour/three months; **~e 5 Euro** under 5 euros **keine(r, s)** INDEF PR (≈ niemand) nobody, no-one; (von Gegenstand) none; **es war ~r da** there was nobody there; (Gegenstand) there wasn't one there; **ich habe ~s** I haven't got one; **~r von uns** none of us; **~s der (beiden) Kinder** neither of the children **keiner-**

kein: no statt not any

Für das deutsche **kein** wird im Englischen anstelle von **not ... any** auch **no** verwendet. Am Satzanfang muss **no ...** stehen:

| Wir haben keinen Grund zur Beschwerde. | We don't have any complaints. / We have no complaints. |
| Kein Schüler wusste die Antwort. | No pupil knew the answer. |

⚠ Beachten Sie die Zusammensetzungen **nobody** (not ... anybody), **nothing** (not ... anything) usw.

GRAMMATIK

lei ADJ no ... what(so)ever od at all; **dafür gibt es ~ Beweise** there is no proof of it what(so)ever **keinesfalls** ADV under no circumstances; **das bedeutet jedoch ~, dass ...** however, in no way does this mean that ... **keineswegs** ADV not at all; (als Antwort) not in the least **keinmal** ADV never once, not once
Keks M biscuit (Br), cookie (US); **jdm auf den ~ gehen** (umg) to get on sb's nerves
Kelch M 1 (≈ Trinkglas) goblet; KIRCHE chalice 2 BOT calyx **Kelchglas** N goblet
Kelle F 1 (≈ Suppenkelle etc) ladle 2 (≈ Maurerkelle) trowel 3 (≈ Signalstab) signalling (Br) od signaling (US) disc
Keller M cellar; (≈ Geschoss) basement **Kellerassel** F woodlouse **Kellerei** F (≈ Weinkellerei) wine producer's; (≈ Lagerraum) cellar(s pl) **Kellergeschoss** N, **Kellergeschoß** (österr) N basement **Kellerlokal** N cellar bar **Kellermeister(in)** M(F) vintner; (in Kloster) cellarer **Kellerwohnung** F basement flat (Br) od apartment
Kellner M waiter **Kellnerin** F waitress **kellnern** VI (umg) to work as a waiter/waitress, to wait on tables (US)

Kellnerin

Will man eine Kellnerin oder einen Kellner herbeirufen, so zieht man in Großbritannien üblicherweise die Aufmerksamkeit durch Augenkontakt und Handzeichen auf sich. Wenn sie oder er in der Nähe ist und einen nicht sieht, kann man auch „Excuse me" sagen. Die Anrede „waiter" oder „waitress" gilt inzwischen als veraltet.

SPRACHGEBRAUCH

Kelte M, **Keltin** F Celt
Kelter F winepress; (≈ Obstkelter) press **keltern** VT Trauben, Wein to press
keltisch ADJ Celtic
Kenia N Kenya
kennen VT to know; **er kennt keine Müdigkeit** he never gets tired; **so was ~ wir hier nicht!** we don't have that sort of thing here; **~ Sie sich schon?** do you know each other (already)?; **das ~ wir (schon)** (iron) we know all about that; **kennst du mich noch?** do you remember me?; **wie ich ihn kenne ...** if I know him (at all) ...; **da kennt er gar nichts** (umg) (≈ hat keine Hemmungen) he has no scruples whatsoever; (≈ ihm ist alles egal) he doesn't give a damn (umg) **kennenlernen** VT, **kennen lernen** VT to get to know; (≈ zum ersten Mal treffen) to meet; **als ich ihn kennenlernte** when I

KERN

▶ kennenlernen

Wenn man jemanden neu kennenlernt, sagt man **to meet**:

Where did you meet?
Wo habt ihr euch kennengelernt?

Lernt man jemanden über einen längeren Zeitraum hin besser kennen, sagt man **to get to know**:

I got to know him while I was working in London.
Ich lernte ihn (näher) kennen, als ich in London arbeitete.

SPRACHGEBRAUCH

first met him; **sich ~** to get to know each other, to meet each other; **ich freue mich, Sie kennenzulernen** (form) (I am) pleased to meet you; **der soll mich noch ~** (umg) he'll have me to reckon with (umg) **Kenner(in)** MF 1 (≈ Sachverständiger) expert (von, +gen on, in), authority (von, +gen on) 2 (≈ Weinkenner etc) connoisseur **Kennerblick** M expert's eye **kennerhaft** ADJ like a connoisseur; **mit ~em Blick** with the eye of an expert **Kennermiene** F **mit ~ betrachtete er ...** he looked at ... like a connoisseur **kenntlich** ADJ (≈ zu erkennen) recognizable (an +dat by); (≈ deutlich) clear; **etw ~ machen** to identify sth (clearly) **Kenntnis** F 1 (≈ Wissen) knowledge (⚠ kein pl); **über ~se von etw verfügen** to know about sth 2 (form) **etw zur ~ nehmen** to note sth; **jdn von etw in ~ setzen** to inform sb about sth; **das entzieht sich meiner ~** I have no knowledge of it **Kenntnisnahme** F (form) **zur ~ an ...** for the attention of ... **Kennwort** N (≈ Chiffre) codename; (≈ Losungswort) password, codeword **Kennzeichen** N 1 AUTO number plate (Br), license plate (US); FLUG markings pl; **amtliches ~** registration number (Br), license number (US) 2 (≈ Markierung) mark; **unveränderliche ~** distinguishing marks 3 (≈ Eigenart) (typical) characteristic (für, +gen of); (für Qualität) hallmark; (≈ Erkennungszeichen) mark, sign **kennzeichnen** VT 1 (≈ markieren) to mark; (durch Etikett) to label 2 (≈ charakterisieren) to characterize **Kennziffer** F (code) number; HANDEL reference number; (bei Zeitungsinserat) box number
kentern VI (Schiff) to capsize
Keramik F 1 KUNST ceramics pl; (als Gebrauchsgegenstände) pottery 2 (≈ Kunstgegenstand) ceramic; (≈ Gebrauchsgegenstand) piece of pottery **keramisch** ADJ ceramic
Kerbe F notch; (kleiner) nick

Kerbel M chervil
Kerbholz N (fig umg) **etwas auf dem ~ haben** to have done something wrong
Kerker M 1 HIST dungeon (bes HIST), prison; (≈ Strafe) imprisonment 2 (österr) = Zuchthaus
Kerl M (umg) guy (umg); (pej) character; **du gemeiner ~!** you mean thing (umg); **ein ganzer ~** a real man
Kern M (von Obst) pip; (von Traube a., von Birne) seed; (von Steinobst) stone; (≈ Nusskern) kernel; PHYS, BIOL nucleus; (fig) (von Problem, Sache) heart; (von Gruppe) core; **in ihr steckt ein guter ~** there's some good in her somewhere; **der harte ~** (fig) the hard core **Kernarbeitszeit** F core time **Kernbrennstab** M nuclear fuel rod **Kernbrennstoff** M nuclear fuel **Kernenergie** F nuclear energy **Kernexplosion** F nuclear explosion **Kernfach** N SCHULE core subject **Kernfamilie** F SOZIOL nuclear family **Kernforscher(in)** MF nuclear scientist **Kernforschung** F nuclear research **Kernfrage** F central issue **Kernfusion** F nuclear fusion **Kerngehäuse** N core **Kerngeschäft** N WIRTSCH core (business) activity **kerngesund** ADJ completely fit; (fig) Firma, Land very healthy **kernig** ADJ (fig) Ausspruch pithy; (≈ urwüchsig) earthy; (≈ kraftvoll) robust **Kernkompetenzfach** N core subject **Kernkraft** F nuclear power (ohne the) **Kernkraftgegner(in)** MF opponent of nuclear power **Kernkraftwerk** N nuclear power station **kernlos** ADJ seedless **Kernobst** N pomes pl (fachspr) **Kernphysik** F nuclear physics sg **Kernphysiker(in)** MF nuclear physicist **Kernpunkt** M central point **Kernreaktor** M nuclear reactor **Kernschmelze** F meltdown **Kernseife** F washing soap **Kernspaltung** F nuclear fission **Kernspintomograf** M MRI scanner **Kernspintomografie** F magnetic resonance imaging **Kernstück** N (fig) centrepiece

▶ Kerne und Steine im Obst

Apfelkern	apple pip
Orangen- / Zitronen- / Grapefruitkern	orange / lemon / grapefruit pip
Traubenkern	grape seed / pip
Birnenkern	pear seed
Pfirsich- / Aprikosen- / Pflaumen- / Kirschkern	peach / apricot / plum / cherry stone
Nusskern	kernel

WORTSCHATZ

KERN | 1024

Kerze — candle

Kerze — shoulder-stand

(Br), centerpiece (US); (von Theorie etc) crucial part **Kernwaffe** F nuclear weapon **kernwaffenfrei** ADJ nuclear-free **Kernwaffenversuch** M nuclear (weapons) test **Kernzeit** F core time
Kerosin N kerosene
Kerze F 1 candle 2 AUTO plug 3 TURNEN shoulder-stand **kerzengerade** ADJ perfectly straight **Kerzenhalter** M candlestick **Kerzenleuchter** M candlestick **Kerzenlicht** N candlelight **Kerzenständer** M candlestick; (für mehrere Kerzen) candelabra
Kescher M fishing net; (≈ Hamen) landing net
kess ADJ (≈ flott) saucy; (≈ vorwitzig) cheeky (Br), fresh (US); (≈ frech) impudent
Kessel M 1 (≈ Teekessel) kettle; (≈ Kochkessel) pot; (für offenes Feuer) cauldron; (≈ Dampfkessel) boiler 2 MIL encircled area **Kesselpauke** F kettle drum **Kesselstein** M scale
Ketchup M od N, **Ketschup** M od N ketchup
Kette F chain; (fig) line; (von Unfällen etc) string; **eine ~ von Ereignissen** a chain of events **ketten** VT to chain (an +akk to); **sich an jdn/etw ~** (fig) to tie oneself to sb/sth **Kettenbrief** M chain letter **Kettenfahrzeug** N tracked vehicle **Kettenglied** N (chain-)link **Kettenraucher(in)** M/F chain-smoker **Kettenreaktion** F chain reaction
Ketzer(in) M/F (KIRCHE, fig) heretic **Ketzerei** F heresy **ketzerisch** ADJ heretical
keuchen VI (≈ schwer atmen) to pant; (Asthmatiker etc) to wheeze **Keuchhusten** M whooping cough
Keule F club; SPORT (Indian) club; GASTR leg
keusch ADJ chaste **Keuschheit** F chastity **Keuschheitsgürtel** M chastity belt
Keyboard N MUS keyboard **Keyboardspieler(in)** M/F MUS keyboards player
Kfz N (form) abk von Kraftfahrzeug motor vehicle **Kfz-Kennzeichen** N (vehicle) registration **Kfz-Steuer** F motor vehicle tax, road tax (Br) **Kfz-Versicherung** F car insurance **Kfz-Werkstatt** F garage, car repair shop (US)
khaki ADJ khaki
Kibbuz M kibbutz
Kiberer M (österr umg ≈ Polizist) copper (umg)
Kichererbse F chickpea **kichern** VI to giggle
Kick M (fig umg ≈ Nervenkitzel) kick (umg) **Kickboard®** N micro-scooter **Kickboxen** N kick boxing **kicken** (FUSSB umg) A VT to kick B VI to play football (Br) od soccer **Kicker(in)** M/F (FUSSB umg) player
Kid N (umg ≈ Jugendlicher) kid (umg)
kidnappen VT to kidnap **Kidnapper(in)** M/F kidnapper
Kiefer[1] F pine (tree); (≈ Holz) pine(wood)
Kiefer[2] M jaw; (≈ Kieferknochen) jawbone **Kieferbruch** M broken od fractured jaw **Kieferchirurg(in)** M/F oral surgeon **Kieferhöhle** F ANAT maxillary sinus
Kiefernzapfen M pine cone
Kieferorthopäde M, **Kieferorthopädin** F orthodontist
Kieker M **jdn auf dem ~ haben** (umg) to have it in for sb (umg)
Kiel M (≈ Schiffskiel) keel **Kielwasser** N wake
Kieme F gill
Kies M gravel
Kiesel M pebble **Kieselerde** F silica **Kieselsäure** F CHEM silicic acid; (≈ Siliziumdioxyd) silica **Kieselstein** M pebble **Kieselstrand** M pebble beach
Kiesgrube F gravel pit
Kiez M (dial) 1 (≈ Stadtgegend) district 2 (umg ≈ Bordellgegend) red-light district
kiffen VI (umg) to smoke pot (umg) **Kiffer(in)** M/F (umg) pot-smoker (umg)
killen (sl) A VT to bump off (umg) B VI to kill **Killer(in)** M/F (umg) killer; (gedungener) hit man/woman **Killerspiel** N (umg) killer game
Kilo N kilo **Kilobyte** N kilobyte **Kilogramm** N kilogram(me) **Kilohertz** N kilohertz **Kilojoule** N kilojoule **Kilokalorie** F kilocalorie **Kilometer** M kilometre (Br), kilometer (US) **Kilometerbegrenzung** F (bei Mietwagen) mileage limit **Kilometergeld** N mileage (allowance) **kilometerlang** A ADJ miles long B ADV for miles (and miles) **Kilometerpauschale** F mileage allowance (against tax) **Kilometerstand** M mileage **Kilometerzähler** M mileage indicator **Kilowatt** N kilowatt **Kilowattstunde** F kilowatt hour
Kimme F (von Gewehr) back sight

Kiefer — pine

Kiefer — jaw

Kimono M̅ kimono
Kind N̅ child, kid (umg); (≈ Kleinkind) baby; **ein ~ erwarten** to be expecting a baby; **ein ~ bekommen** to have a baby; **von ~ an hat er …** since he was a child he has …; **sich freuen wie ein ~** to be as pleased as Punch; **das weiß doch jedes ~!** any five-year-old would tell you that!; **mit ~ und Kegel** (hum umg) with the whole family; **das ~ mit dem Bade ausschütten** (sprichw) to throw out the baby with the bathwater (sprichw) **Kinderarbeit** F̅ child labour (Br) od labor (US) **Kinderarmut** F̅ child poverty **Kinderarzt** M̅, **Kinderärztin** F̅ paediatrician (Br), pediatrician (US) **Kinderbeihilfe** F̅ (österr) benefit paid for having children **Kinderbekleidung** F̅ children's wear **Kinderbetreuung** F̅ childcare **Kinderbett** N̅ cot **Kinderbuch** N̅ children's book **Kinderdorf** N̅ children's village **Kinderei** F̅ childishness (❗ kein pl) **Kinderermäßigung** F̅ reduction for children **Kindererziehung** F̅ bringing up of children; (durch Schule) education of children **Kinderfahrkarte** F̅ child's ticket **Kinderfahrrad** N̅ child's bicycle **kinderfeindlich** ADJ anti-child; **eine ~e Gesellschaft** a society hostile to children **Kinderfernsehen** N̅ children's television **Kinderfest** N̅ children's party **Kinderfreibetrag** M̅ child allowance **kinderfreundlich** ADJ Mensch fond of children; Gesellschaft child-orientated **Kindergarten** M̅ ≈ nursery school, ≈ kindergarten **Kindergärtner(in)** M̅F̅ ≈ nursery-school teacher **Kindergeld** N̅ child benefit **Kinderheilkunde** F̅ paediatrics sg (Br), pediatrics sg (US) **Kinderheim** N̅ children's home **Kinderhort** M̅ day-nursery (Br), daycare centre (Br) od center (US) **Kinderkleidung** F̅ children's clothes pl **Kinderkram** M̅ (umg) kids' stuff (umg) **Kinderkrankheit** F̅ childhood illness; (fig) teething troubles pl **Kinderkrippe** F̅ = Kinderhort **Kinderlähmung** F̅ polio **kinderleicht** A ADJ dead easy (umg) B ADV easily **kinderlieb** ADJ fond of children **Kinderlied** N̅ nursery rhyme **kinderlos** ADJ childless **Kindermädchen** F̅ nanny **Kindermord** M̅ child murder; JUR infanticide **Kinderpfleger(in)** M̅F̅ paediatric (Br) od pediatric (US) nurse **Kinderpornografie** F̅ child pornography **Kinderprostitution** F̅ child prostitution **kinderreich** ADJ with many children; Familie large **Kinderreim** M̅ nursery rhyme **Kinderschar** F̅ swarm of children **Kinderschuh** M̅ child's shoe; **etw steckt noch in den ~en** (fig) sth is still in its infancy **Kinderschutz** M̅ protection of children **Kinderschutzbund** M̅ child protection agency, ≈ NSPCC (Br) **kindersicher** A ADJ childproof B ADV aufbewahren out of reach of children **Kindersicherung** F̅ AUTO child lock **Kindersitz** M̅ child's seat; (im Auto) child seat **Kinderspiel** N̅ children's game; (fig) child's play (❗ ohne Artikel) **Kinderspielplatz** M̅ children's playground **Kinderspielzeug** N̅ (children's) toys pl **Kindersterblichkeit** F̅ infant mortality **Kinderstube** F̅ (fig) upbringing **Kindertagesstätte** F̅ day nursery (Br), daycare centre (Br) od center (US) **Kinderteller** M̅ (in Restaurant) children's portion **Kindervers** M̅ nursery rhyme **Kinderwagen** M̅ pram (Br), baby carriage (US); (≈ Sportwagen) pushchair (Br), (baby-)stroller (bes US) **Kinderzimmer** N̅ child's/children's room **Kindesalter** N̅ childhood **Kindesbeine** PL **von ~n an** from childhood **Kindesmissbrauch** M̅, **Kindesmisshandlung** F̅ child abuse **kindgemäß** A ADJ suitable for children/a child B ADV appropriately for children/a child **kindgerecht** ADJ suitable for children/a child **Kindheit** F̅ childhood; (≈ früheste Kindheit) infancy **Kindheitstraum** M̅ childhood dream **kindisch** (pej) A ADJ childish B ADV childishly; **sich ~ über etw freuen** (akk) to be as pleased as Punch about sth **kindlich** A ADJ childlike B ADV like a child **Kindskopf** M̅ (umg) big kid (umg) **Kindstod** M̅ **plötzlicher ~** cot death (Br), crib death (US)
Kinetik F̅ kinetics sg **kinetisch** ADJ kinetic
Kinkerlitzchen PL (umg) knick-knacks pl (umg)

Kinn N̲ chin **Kinnhaken** M̲ hook to the chin
Kinnlade F̲ jaw(-bone)
Kino N̲ cinema; **ins ~ gehen** to go to the cinema **Kinobesucher(in)** M̲F̲ cinemagoer (*Br*), moviegoer (*US*) **Kinocenter** N̲ cinema complex **Kinogänger(in)** M̲F̲ cinemagoer (*Br*), moviegoer (*US*) **Kinohit** M̲ blockbuster
Kiosk M̲ kiosk
Kipferl N̲ (*südd, österr*) croissant
Kippe F̲ 1̲ SPORT spring 2̲ **auf der ~ stehen** (*Gegenstand*) to be balanced precariously; **es steht auf der ~, ob ...** (*fig*) it's touch and go whether ... 3̲ (*umg*) (≈ *Zigarettenstummel*) cigarette stub; (≈ *Zigarette*) fag (*Br umg*), butt (*US umg*) **kippen** A̲ V̲T̲ 1̲ *Behälter* to tilt; (*fig* ≈ *umstoßen*) *Urteil* to overturn; *Regierung* to topple 2̲ (≈ *schütten*) to tip B̲ V̲I̲ to tip over; (*Fahrzeug*) to overturn **Kippfenster** N̲ tilt window **Kippschalter** M̲ toggle switch
Kirche F̲ church; **zur ~ gehen** to go to church (❗ ohne **the**) **Kirchenbank** F̲ (church) pew **Kirchenchor** M̲ church choir **Kirchendiener(in)** M̲F̲ sexton **Kirchenglocke** F̲ church bell **Kirchenlied** N̲ hymn **Kirchenmaus** F̲ **arm wie eine ~** poor as a church mouse **Kirchensteuer** F̲ church tax **Kirchentag** M̲ Church congress **Kirchgänger(in)** M̲F̲ churchgoer **Kirchhof** M̲ churchyard; (≈ *Friedhof*) graveyard **kirchlich** A̲D̲J̲ church *attr*; *Zustimmung* by the church; *Gebot* ecclesiastical; **sich ~ trauen lassen** to get married in church **Kirchturm** M̲ church steeple **Kirchturmspitze** F̲ church spire **Kirchweih** F̲ fair
Kirgisien N̲ Kirghizia
Kirmes F̲ (*dial*) fair
Kirschbaum M̲ cherry tree; (≈ *Holz*) cherry (wood) **Kirsche** F̲ cherry; **mit ihm ist nicht gut ~ essen** (*fig*) it's best not to tangle with him **Kirschkern** M̲ cherry stone **Kirschkuchen** M̲ cherry cake **Kirschlikör** M̲ cherry brandy **kirschrot** A̲D̲J̲ cherry(-red) **Kirschtomate** F̲ cherry tomato **Kirschtorte** F̲ cherry gateau (*Br*) *od* cake (*US*); **Schwarzwälder ~** Black Forest gateau (*Br*) *od* cake (*US*) **Kirschwasser** N̲ kirsch
Kirtag M̲ (*österr*) fair
Kissen N̲ cushion; (≈ *Kopfkissen*) pillow **Kissenbezug** M̲ cushion cover; (*von Kopfkissen*) pillow case **Kissenschlacht** F̲ pillow fight
Kiste F̲ 1̲ box; (*für Wein etc*) case; (≈ *Lattenkiste*) crate; (≈ *Truhe*) chest 2̲ (*umg*) (≈ *Auto*) crate (*umg*); (≈ *Fernsehen*) box (*umg*)
Kita F̲ → **Kindertagesstätte**
Kitsch M̲ kitsch **kitschig** A̲D̲J̲ kitschy
Kitt M̲ (≈ *Fensterkitt*) putty; (*für Porzellan etc*) cement

Kittchen N̲ (*umg*) clink (*umg*)
Kittel M̲ 1̲ (≈ *Arbeitskittel*) overall; (*von Arzt etc*) (white) coat 2̲ (*österr* ≈ *Damenrock*) skirt
kitten V̲T̲ to cement; *Fenster* to putty; (*fig*) to patch up
Kitz N̲ (≈ *Rehkitz*) fawn; (≈ *Ziegenkitz*) kid
Kitzel M̲ tickle; (*fig*) thrill **kitzelig** A̲D̲J̲ ticklish **kitzeln** V̲T̲&V̲I̲ to tickle **Kitzler** M̲ ANAT clitoris
Kiwi¹ F̲ (≈ *Frucht*) kiwi
Kiwi² M̲ ORN kiwi
Klacks M̲ (*umg*) 1̲ (*von Kartoffelbrei, Sahne etc*) dollop (*umg*) 2̲ (*fig*) **das ist ein ~** (≈ *einfach*) that's a piece of cake (*umg*); **500 Euro sind für ihn ein ~** 500 euros is peanuts to him (*umg*)
klaffen V̲I̲ to gape; **zwischen uns beiden klafft ein Abgrund** (*fig*) we are poles apart
kläffen V̲I̲ to yap
Klage F̲ 1̲ (≈ *Beschwerde*) complaint; **über jdn/ etw ~ führen** to lodge a complaint about sb/sth; **~n (über jdn/etw) vorbringen** to make complaints (about sb/sth) 2̲ (≈ *Äußerung von Trauer*) lament(ation) (*um, über +akk* for) 3̲ JUR action; (≈ *Klageschrift*) charge; **eine ~ gegen jdn erheben** to institute proceedings against sb; **eine ~ auf etw** (*akk*) an action for sth **Klagelaut** M̲ plaintive cry **Klagelied** N̲ lament **Klagemauer** F̲ **die ~** the Wailing Wall **klagen** A̲ V̲I̲ 1̲ (≈ *jammern*) to moan 2̲ (≈ *trauern*) to lament (*um jdn/etw* sb/sth), to wail 3̲ (≈ *sich beklagen*) to complain; **über etw** (*akk*) **~** to complain about sth; **ich kann nicht ~** (*umg*) mustn't grumble (*umg*) 4̲ JUR to sue (*auf +akk* for) B̲ V̲T̲ **jdm sein Leid ~** to pour out one's sorrow to sb **Kläger(in)** M̲F̲ JUR plaintiff **Klageschrift** F̲ JUR charge; (*bei Scheidung*) petition **kläglich** A̲ A̲D̲J̲ pitiful; *Niederlage* pathetic; *Rest* miserable B̲ A̲D̲V̲ scheitern miserably; betteln pitifully; **~ versagen** to fail miserably **klaglos** A̲D̲V̲ **etw ~ hinnehmen** to accept sth without complaint
Klamauk M̲ (*umg*) (≈ *Alberei*) horseplay; **~ machen** (≈ *albern*) to fool about
klamm A̲D̲J̲ 1̲ (≈ *steif vor Kälte*) numb 2̲ (≈ *feucht*) damp
Klammer F̲ 1̲ (≈ *Wäscheklammer*) peg, clothes pin (*US*); (≈ *Hosenklammer*) clip; (≈ *Büroklammer*) paperclip; (≈ *Heftklammer*) staple 2̲ (≈ *Zahnklammer*) brace 3̲ (*in Text*) bracket; **~ auf/zu** open/close brackets; **in ~n** in brackets; **runde/eckige/ spitze ~n** round/square/pointed brackets; **geschweifte ~n** braces **Klammeraffe** M̲ (TYPO *umg*) at sign, "@" **klammern** V̲R̲ **sich an jdn/etw ~** to cling to sb/sth
klammheimlich (*umg*) A̲ A̲D̲J̲ clandestine B̲ A̲D̲V̲ on the quiet
Klamotte F̲ 1̲ **Klamotten** P̲L̲ (*umg*) (≈ *Kleider*)

gear sg (umg) **2** (pej ≈ Theaterstück, Film) rubbishy old play/film etc
Klang M sound; (≈ Tonqualität) tone; **Klänge** pl (≈ Musik) sounds **Klangfarbe** F tone colour (Br) od color (US) **klanglos** ADJ toneless **klangtreu** ADJ Wiedergabe faithful; Ton true **Klangtreue** F fidelity **klangvoll** ADJ Stimme sonorous; Melodie tuneful; (fig) Name fine-sounding
Klappbett N folding bed **Klappe** F **1** flap; (an Lastwagen) tailgate; (seitlich) side-gate; (≈ Klappdeckel) (hinged) lid; FILM clapperboard **2** (≈ Hosenklappe, an Tasche) flap; (≈ Augenklappe) patch **3** (≈ Fliegenklappe) (fly) swat **4** (≈ Herzklappe) valve **5** (umg ≈ Mund) trap (umg); **die ~ halten** to shut one's trap (umg); **eine große ~ haben** to have a big mouth (umg) **klappen** A V̲T̲ etw nach oben/unten ~ to fold sth up/down; Kragen to turn sth up/down; etw nach vorn/hinten ~ Sitz to tip sth forward/back B V̲I̲ (fig umg ≈ gelingen) to work; (≈ gut gehen) to work (out); **wenn das mal klappt** if that works out; **hat es mit dem Job geklappt?** did you get the job OK? (umg); **mit dem Flug hat alles geklappt** the flight went all right **Klappentext** M TYPO blurb
Klapper F rattle **klappern** V̲I̲ to clatter; (Fenster) to rattle; **er klapperte vor Angst mit den Zähnen** his teeth were chattering with fear **Klapperschlange** F ZOOL rattlesnake; (fig) rattletrap
Klappfahrrad N folding bicycle **Klapphandy** N clamshell phone, flip phone (bes US) **Klappmesser** N flick knife (Br), switchblade (US) **Klapprad** N folding bicycle od bike

Klammer — peg

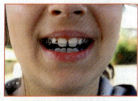
Klammer — brace

klapprig ADJ rickety; (fig umg) Mensch shaky
Klappsitz M folding seat **Klappstuhl** M folding chair **Klapptisch** M folding table
Klaps M (≈ Schlag) smack **Klapsmühle** F (pej umg) nut house (umg)
klar A ADJ clear; (≈ fertig) ready; **~ zum Einsatz** MIL ready for action; **ein ~er Fall von ...** (umg) a clear case of ...; **das ist doch ~!** (umg) of course; **alles ~?** everything all right od OK? (umg); **jetzt ist od wird mir alles ~!** now I understand; **bei ~em Verstand sein** to be in full possession of one's faculties; **sich** (dat) **über etw** (akk) **im Klaren sein** to be aware of sth; **sich** (dat) **darüber im Klaren sein, dass ...** to realize that ... B ADV clearly; **~ denkend** clear-thinking; **na ~!** (umg) of course!; **jdm etw ~ und deutlich sagen** to tell sb sth straight (umg) **Kläranlage** F sewage plant; (von Fabrik) purification plant **klären** A V̲T̲ to clear; Wasser to purify; Abwasser to treat; Sachlage to clarify; Frage to settle B V̲I̲ SPORT to clear (the ball) C V̲R̲ (Wasser) to clear; (Wetter) to clear up; (Sachlage) to become clear; (Frage) to be settled **Klare(r)** M (umg) schnapps **klargehen** V̲I̲ (umg) to be OK (umg) **Klärgrube** F cesspit **Klarheit** F clarity; **sich** (dat) **~ über etw** (akk) **verschaffen** to get clear about sth; **über Sachlage** to clarify sth
Klarinette F clarinet; **~ spielen** to play the clarinet (🚫 mit the) **Klarinettist(in)** M(F) clarinettist
klarkommen V̲I̲ (umg) to manage; **mit jdm/etw ~** to be able to cope with sb/sth **klarmachen** V̲T̲ to make clear; Schiff to get ready; Flugzeug to clear; **jdm etw ~** to make sth clear to sb **Klärschlamm** M sludge **Klarsichtfolie** F clear film **Klarsichtpackung** F see-through pack **klarstellen** V̲T̲ (≈ klären) to clear up; (≈ klarmachen) to make clear **Klarstellung** F clarification **Klartext** M **im ~** (fig umg) in plain English; **mit jdm ~ reden** (fig umg) to give sb a piece of one's mind **Klärung** F purification; (fig) clarification **klar werden** V̲I̲ **jdm wird etw klar** sth becomes clear to sb; **sich** (dat) **(über etw** akk**) ~** to get (sth) clear in one's mind **Klärwerk** N sewage treatment works pl
klasse (umg) A ADJ great (umg) B ADV brilliantly
Klasse F class; (≈ Spielklasse) league; (≈ Güteklasse) grade; **ein Fahrschein zweiter ~** a second--class ticket; **das ist große ~!** (umg) that's great! (umg) **Klassenarbeit** F (written) class test **Klassenbeste(r)** M/F(M) best pupil (in the class) **Klassenbuch** N (class-)register **Klassenelternbeirat** M council representing the

parents of pupils in a particular class at school **Klassenfahrt** F SCHULE class trip **Klassengemeinschaft** F class; (≈ *Klassengeist*) class spirit **Klassenkamerad(in)** M(F) classmate **Klassenkampf** M class struggle **Klassenkonferenz** F SCHULE meeting attended by members of school staff and pupil representatives from a particular class held to discuss matters of discipline etc **Klassenlehrer(in)** M(F) class teacher **Klassenpflegschaft** F council made up of representatives of the parents of pupils in a particular class, pupil representatives and the class teacher **Klassensprecher(in)** M(F) SCHULE class representative, ≈ form captain (*Br*) **Klassentreffen** N SCHULE class reunion **Klassenunterschied** M class difference **Klassenzimmer** N classroom **klassifizieren** VT to classify **Klassifizierung** F classification

Klassik F classical period; (*umg* ≈ *klassische Musik/Literatur*) classical music/literature **Klassiker(in)** M(F) classic; **ein ~ des Jazz** a jazz classic **klassisch** ADJ 1 (≈ *die Klassik betreffend*) classical 2 (≈ *typisch, vorbildlich*) classic B ADV classically **Klassizismus** M classicism **klassizistisch** ADJ classical

Klasslehrer(in) M(F) (*südd, österr*) = Klassenlehrer(in)

Klatsch M 1 (*Geräusch*) splash 2 (*pej umg* ≈ *Tratsch*) gossip **Klatschbase** F (*pej umg*) gossip **klatschen** A VI 1 (≈ *Geräusch machen*) to clap; **in die Hände ~** to clap one's hands 2 (≈ *aufschlagen*) to go smack; (*Flüssigkeiten*) to splash 3 (*pej umg* ≈ *tratschen*) to gossip B VT 1 (≈ *schlagen*) to clap; **jdm Beifall ~** to applaud sb 2 (≈ *knallen*) to smack; (≈ *werfen*) to throw **Klatschmohn** M (corn) poppy **klatschnass** ADJ (*umg*) sopping wet (*umg*) **Klatschspalte** F (PRESSE *umg*) gossip column

Klaue F claw; (≈ *Hand*) talons *pl* (*pej umg*); (≈ *Schrift*) scrawl (*pej*); **in den ~n der Verbrecher** *etc* in the clutches of the criminals *etc* **klauen** (*umg*) A VT to pinch (*umg*) (jdm etw sth from sb) B VI to steal

Klausel F clause; (≈ *Vorbehalt*) proviso

Klaustrophobie F PSYCH claustrophobia

Klausur F (UNIV: *a.* **Klausurarbeit**) exam

Klaviatur F keyboard

Klavier N piano; **~ spielen** to play the piano (❗ **mit the**) **Klavierbegleitung** F piano accompaniment **Klavierkonzert** N (≈ *Musik*) piano concerto; (≈ *Vorstellung*) piano recital **Klavierlehrer(in)** M(F) piano teacher **Klavierspieler(in)** M(F) pianist **Klavierstimmer(in)** M(F) piano tuner **Klavierstunde** F piano lesson **Klavierunterricht** M piano

lessons *pl*

Klebeband N adhesive tape **Klebefolie** F adhesive film; (*für Lebensmittel*) clingfilm **kleben** A VI (≈ *festkleben*) to stick; **an etw** (*dat*) **~** (*wörtl*) to stick to sth B VT to stick; **jdm eine ~** (*umg*) to belt sb (one) (*umg*) **Kleber** M (*umg* ≈ *Klebstoff*) glue **Klebestift** M glue stick **klebrig** ADJ sticky; (≈ *klebfähig*) adhesive **Klebstoff** M adhesive **Klebstreifen** M adhesive tape

kleckern A VT to spill B VI (≈ *Kleckse machen*) to make a mess; (≈ *tropfen*) to spill; **nicht ~, sondern klotzen** (*umg*) to do things in a big way (*umg*) **kleckerweise** ADV in dribs and drabs **Klecks** M (≈ *Tintenklecks*) (ink)blot; (≈ *Farbklecks*) blob; (≈ *Fleck*) stain **klecksen** VI to make blots/a blot

Klee M clover **Kleeblatt** N cloverleaf; **vierblättriges ~** four-leaf clover

Kleid N 1 (≈ *Damenkleid*) dress 2 **Kleider** PL (≈ *Kleidung*) clothes *pl*, clothing *sg* (*bes* HANDEL) **kleiden** VR to dress; **gut gekleidet sein** to be well dressed **Kleiderbügel** M coat hanger **Kleiderbürste** F clothes brush **Kleiderhaken** M coat hook **Kleiderschrank** M wardrobe **Kleidung** F clothes *pl*, clothing (*bes* HANDEL) **Kleidungsstück** N garment

Kleie F bran

klein A ADJ small; *Finger* little; **die Kleinen Antillen** *etc* the lesser Antilles *etc*; **haben Sie es nicht ~er?** do you not have anything smaller?; **ein ~ bisschen** *od* **wenig** a little (bit); **ein ~es Bier** a small beer, ≈ half a pint (*Br*); **~es Geld** small change; **mein ~er Bruder** my little brother; **als ich (noch) ~ war** when I was little; **ganz ~ werden** (*umg*) to look humiliated *od* deflated; **im Kleinen** in miniature; **bis ins Kleinste** right down to the smallest detail; **von ~ an** *od* **auf** (≈ *von Kindheit an*) from his childhood; **der ~e Mann** the man in the street; **ein ~er Ganove** a petty crook; **sein Vater war (ein) ~er Beamter** his father was a minor civil servant B ADV small; **~ gedruckt** in small print; **~ gemustert** small-patterned; **~ kariert** *Stoff* finely checked; **~ anfangen** to start off in a small way; **~ beigeben** (*umg*) to give in **Kleinaktionär(in)** M(F) small shareholder **Kleinanzeige** F classified advertisement **Kleinarbeit** F detailed work; **in mühseliger ~** with painstaking attention to detail **Kleinasien** N Asia Minor **Kleinauto** N small car **Kleinbildkamera** F 35mm camera **Kleinbuchstabe** M small letter **Kleinbürger(in)** M(F) petty bourgeois **kleinbürgerlich** ADJ lower middle-class **Kleinbus** M minibus **Kleine(r)** M(F)M little one *od* child; (≈ *Junge*) little boy; (≈ *Mädchen*) little girl; (≈ *Säugling*) baby; **unser ~r**

(≈ *Jüngster*) our youngest (child); **die Katze mit ihren ~n** the cat with its kittens *od* babies (*umg*) **Kleinfamilie** F SOZIOL nuclear family **Kleingedruckte(s)** N small print **Kleingeld** N (small) change; **das nötige ~ haben** (*fig*) to have the necessary wherewithal (*umg*) **Kleinhirn** N ANAT cerebellum **Kleinholz** N firewood; **~ aus jdm machen** (*umg*) to make mincemeat out of sb (*umg*) **Kleinigkeit** F little *od* small thing; (≈ *Bagatelle*) trifle; (≈ *Einzelheit*) minor detail; **eine ~ essen** to have a bite to eat; **jdm eine ~ schenken** to give sb a little something; **wegen jeder ~** for the slightest reason **kleinkariert** ADJ (*fig*) small-time (*umg*); **~ denken** to think small **Kleinkind** N small child, toddler (*umg*) **Kleinkram** M (*umg*) odds and ends *pl*; (≈ *Trivialitäten*) trivialities *pl* **kleinkriegen** VT (≈ *gefügig machen*) to bring into line (*umg*); (*körperlich*) to tire out; **er ist einfach nicht kleinzukriegen** he just won't be beaten; **unser altes Auto ist einfach nicht kleinzukriegen** our old car just goes on for ever **Kleinkunst** F cabaret **Kleinkunstbühne** F cabaret **kleinlaut** A ADJ subdued, meek B ADV *fragen* meekly; **~ um Verzeihung bitten** to apologize rather sheepishly **kleinlich** ADJ petty; (≈ *knauserig*) mean (*bes Br*), stingy (*umg*); (≈ *engstirnig*) narrow-minded **klein machen** VT (≈ *zerkleinern*) **kleinmachen** A VT (*umg*) *Geld* (≈ *wechseln*) to change B VR (≈ *sich ducken*) to make oneself small **klein schneiden** VT to cut up small **kleinschreiben** VT **ein Wort ~** to write a word without a capital **Kleinstaat** M small state **Kleinstadt** F small town **kleinstädtisch** ADJ provincial (*pej*) **kleinstmöglich** ADJ smallest possible

---

▶ **klein**

Small ist auf die Größe einer Person oder eines Gegenstandes bezogen und sachlich-neutral:

| Dieses Haus ist zu klein für uns. | This house is too small for us. |

Little bezieht sich entweder auf das Alter eines Lebewesens (jung) oder bringt etwas Emotionales zum Ausdruck (niedlich). Oft erscheint es dann gemeinsam mit einem anderen Adjektiv, das **little** noch näher beschreibt:

| Was für ein süßer kleiner Junge! | What a sweet little boy! |
| Was für ein nettes kleines Café! | What a lovely little café! |

SPRACHGEBRAUCH ◁

Kleintier N small animal **Kleintierpraxis** F small animal (veterinary) practice **Kleinvieh** N **~ macht auch Mist** (*sprichw*) every little helps **Kleinwagen** M small car **kleinwüchsig** ADJ small
Kleister M (≈ *Klebstoff*) paste **kleistern** VT (≈ *kleben*) to paste
Klementine F clementine
Klemmbrett N clipboard **Klemme** F 1 (≈ *Haarklemme, für Papiere etc*) clip; ELEK crocodile clip 2 (*fig umg*) **in der ~ sitzen** *od* **sein** to be in a jam (*umg*); **jdm aus der ~ helfen** to help sb out of a jam (*umg*) **klemmen** A VT *Draht etc* to clamp; **sich** (*dat*) **den Finger in etw** (*dat*) **~** to catch one's finger in sth; **sich** (*dat*) **etw unter den Arm ~** to stick sth under one's arm B VR to catch oneself (*in +dat* in); **sich hinter etw** (*akk*) **~** (*umg*) to get stuck into sth (*umg*) C VI (*Tür, Schloss etc*) to stick **Klemmlampe** F clamp-on lamp
Klempner(in) M(F) plumber **Klempnerei** F (≈ *Werkstatt*) plumber's workshop
Kleptomane M, **Kleptomanin** F kleptomaniac
Klerus M clergy
Klette F BOT burdock; (≈ *Blütenkopf*) bur(r); **sich wie eine ~ an jdn hängen** to cling to sb like a limpet
Kletterer M, **Kletterin** F climber **Klettergerüst** N climbing frame **klettern** VI to climb; (*mühsam*) to clamber; **auf einen Baum ~** to climb a tree **Kletterpflanze** F climbing plant **Kletterrose** F climbing rose **Kletterstange** F climbing pole **Kletterwand** F climbing wall
Klettverschluss M Velcro® fastener
Klick M IT click **klicken** VI to click (*auf +akk* on)
Klient(in) M(F) client **Klientel** F clients *pl*
Kliff N cliff
Klima N climate **Klimaanlage** F air conditioning (system); **mit ~** air-conditioned **Klimaforscher(in)** M(F) climatologist **Klimagipfel** M (*umg*) climate conference *od* summit **Klimakatastrophe** F climatic disaster **Klimakiller** M contributor to climate change **Klimaschutz** M climate protection **Klimaschutzabkommen** N agreement on climate change **klimatisch** ADJ climatic; **~ bedingt sein** (*Wachstum*) to be dependent on the climate; (*Krankheit*) to be caused by climatic conditions **klimatisieren** VT to air-condition **Klimawandel** M, **Klimawechsel** M (*wörtl, fig*) climate change, change in the climate **Klimazone** F climatic zone
Klimbim M (*umg*) odds and ends *pl*; (≈ *Umstände*)

KLIM ‖ 1030

fuss (and bother)

Klimmzug M̲ SPORT pull-up

klimpern V̲I̲ to tinkle; (≈ *stümperhaft klimpern*) to plonk away (*umg*)

Klinge F̲ blade

Klingel F̲ bell **Klingelbeutel** M̲ collection bag **Klingelknopf** M̲ bell button *od* push **klingeln** V̲I̲ to ring; **es hat geklingelt** (*Telefon*) the phone just rang; (*an Tür*) somebody just rang the doorbell **Klingelton** M̲ TEL ring tone, ringtone

klingen V̲I̲ to sound; (*Glocke*) to ring; (*Glas*) to clink; **nach etw ~** to sound like sth

Klinik F̲ clinic **Klinikum** N̲ UNIV medical centre (*Br*) *od* center (*US*) **klinisch** A̲D̲J̲ clinical; **~ tot** clinically dead

Klinke F̲ (≈ *Türklinke*) (door) handle

Klinker M̲ (≈ *Ziegelstein*) clinker brick

klipp A̲D̲V̲ **~ und klar** clearly, plainly; (≈ *offen*) frankly

Klippe F̲ (≈ *Felsklippe*) cliff; (*im Meer*) rock; (*fig*) hurdle **Klippenküste** F̲ rocky coast **klippenreich** A̲D̲J̲ rocky

klirren V̲I̲ to clink; (*Fensterscheiben*) to rattle; (*Waffen*) to clash; (*Ketten*) to jangle; **~de Kälte** crisp cold

Klischee N̲ (*fig*) cliché **klischeehaft** A̲ A̲D̲J̲ (*fig*) stereotyped B̲ A̲D̲V̲ stereotypically **Klischeevorstellung** F̲ cliché, stereotype

Klitoris F̲ clitoris

klitschnass A̲D̲J̲ (*umg*) drenched

klitzeklein A̲D̲J̲ (*umg*) tiny

Klo N̲ (*umg*) loo (*Br umg*), john (*US umg*)

Kloake F̲ sewer; (*fig*) cesspool

klobig A̲D̲J̲ hefty (*umg*), bulky; *Schuhe* clumpy; *Benehmen* boorish

Klobrille F̲ (*umg*) toilet *od* loo (*Br umg*) seat **Klobürste** F̲ (*umg*) toilet brush

Klon M̲ clone **klonen** V̲T̲ & V̲I̲ to clone

klönen V̲I̲ (*umg*) to (have a) chat

Klopapier N̲ (*umg*) toilet *od* loo (*Br umg*) paper

klopfen A̲ V̲T̲ to knock; *Fleisch, Teppich* to beat B̲ V̲I̲ to knock; (*Herz*) to beat; (*vor Aufregung*) to pound; (*Puls*) to throb; **es hat geklopft** there's someone knocking at the door **Klopfer** M̲ (≈ *Türklopfer*) (door) knocker; (≈ *Fleischklopfer*) (meat) mallet; (≈ *Teppichklopfer*) carpet beater

Klöppel M̲ (≈ *Glockenklöppel*) clapper; (≈ *Spitzenklöppel*) bobbin **klöppeln** V̲I̲ to make (pillow) lace

Klops M̲ GASTR meatball

Kloschüssel F̲ (*umg*) loo (*Br umg*) *od* toilet bowl, lavatory pan (*Br*) **Klosett** N̲ toilet **Klosettbrille** F̲ toilet seat **Klosettpapier** N̲ toilet paper

Kloß M̲ dumpling; (≈ *Fleischkloß*) meatball; (≈ *Bu-*

lette) rissole; **einen ~ im Hals haben** (*fig*) to have a lump in one's throat

Kloster N̲ (≈ *Mönchskloster*) monastery; (≈ *Nonnenkloster*) convent

Klotz M̲ (≈ *Holzklotz*) block (of wood); (*pej* ≈ *Betonklotz*) concrete block; **jdm ein ~ am Bein sein** to be a hindrance to sb **Klötzchen** N̲ (building) block **klotzen** V̲I̲ (*sl*) (≈ *hart arbeiten*) to slog (away) (*umg*) **klotzig** (*umg*) A̲ A̲D̲J̲ huge B̲ A̲D̲V̲ (≈ *klobig*) massively; **~ wirken** to seem bulky

Klub M̲ club **Klubhaus** N̲ clubhouse **Klubjacke** F̲ blazer **Kluburlaub** M̲ club holiday

Kluft F̲ **1** (≈ *Erdspalte*) cleft; (≈ *Abgrund*) chasm **2** (*fig*) gulf, gap **3** (*umg* ≈ *Kleidung*) gear (*umg*)

klug A̲D̲J̲ clever; (≈ *vernünftig*) *Rat* wise, sound; *Überlegung* prudent; **ein ~er Kopf** a capable person; **ich werde daraus nicht ~** I cannot make head or tail (*Br*) *od* heads or tails (*US*) of it; **aus ihm werde ich nicht ~** I can't make him out; **der Klügere gibt nach** (*sprichw*) discretion is the better part of valour (*Br*) *od* valor (*US*, *sprichw*) **klugerweise** A̲D̲V̲ (very) wisely **Klugheit** F̲ cleverness; (≈ *Vernünftigkeit: von Rat*) wisdom, soundness **Klugscheißer(in)** M̲(F̲) (*umg*) smart aleck (*umg*), smart-ass (*bes US sl*)

klumpen V̲I̲ (*Sauce*) to go lumpy **Klumpen** M̲ lump; (≈ *Blutklumpen*) clot; **~ bilden** (*Mehl etc*) to go lumpy; (*Blut*) to clot **Klumpfuß** M̲ club foot **klumpig** A̲D̲J̲ lumpy

Klüngel M̲ (*umg* ≈ *Clique*) clique **Klüngelwirtschaft** F̲ (*umg*) nepotism (❗ *kein pl*)

km/h, km/st *abk* von **Kilometer je Stunde** kilometres (*Br*) *od* kilometers (*US*) per hour, km/h

knabbern V̲T̲ & V̲I̲ to nibble

Knabe M̲ (*liter*) boy, lad (*bes Br umg*) **Knabenchor** M̲ boys' choir

Knackarsch M̲ (*sl*) pert bum (*umg*), bubble butt (*US sl*) **Knäckebrot** N̲ crispbread **knacken** A̲ V̲T̲ **1** *Nüsse* to crack **2** (*umg*) *Auto* to break into; *Geldschrank Rätsel, Code* to crack; *Tabu* to break B̲ V̲I̲ **1** (≈ *brechen*) to crack, to snap; (*Holz* ≈ *knistern*) to crackle; **an etw** (*dat*) **zu ~ haben** (*umg*) to have sth to think about **2** (*umg* ≈ *schlafen*) to sleep **Knacker** M̲ **1** = Knackwurst **2** (*pej umg*) **alter ~** old fog(e)y (*umg*) **Knacki** M̲ (*umg* ≈ *Knastbruder*) jailbird (*umg*) **knackig** A̲D̲J̲ crisp; *Salat, Gemüse* crunchy; (*umg*) *Mädchen* tasty (*umg*); *Figur* sexy **Knackpunkt** M̲ (*umg*) crunch (*umg*) **Knacks** M̲ **1** crack **2** (*umg*) **der Fernseher hat einen ~** there is something wrong with the television; **er hat einen ~ weg** he's a bit screwy (*umg*) **Knackwurst** F̲ *type of frankfurter*

Knall M̲ bang; (*mit Peitsche*) crack; (*bei Tür*) slam; **~ auf Fall** (*umg*) all of a sudden; **einen ~ haben** (*umg*) to be crazy (*umg*) **Knallbonbon** N̲

eine Nuss knacken —
to crack a nut

ein Auto knacken —
to break into a car

(Christmas) cracker **knallbunt** ADJ (umg) brightly coloured (Br) od colored (US) **knallen** A VI 1 (≈ krachen) to bang; (≈ explodieren) to explode; (Schuss) to ring out; (Peitsche) to crack; (Tür etc) to slam; **die Korken ~ lassen** (fig) to pop a cork 2 (umg: Sonne) to beat down B VT to bang; Tür to slam; Peitsche to crack; **jdm eine ~** (umg) to belt sb (one) (umg) **knalleng** ADJ (umg) skintight **Knaller** M (umg) 1 (≈ Knallkörper) banger (Br), firecracker (bes US) 2 (fig ≈ Sensation) sensation **Knallerbse** F toy torpedo **knallgelb** ADJ bright yellow **knallhart** (umg) A ADJ Film brutal; Job, Wettbewerb really tough; Schlag really hard B ADV brutally **knallig** (umg) A ADJ Farben loud B ADV **~ gelb** gaudy yellow; **~ bunt** gaudy **Knallkopf** M (umg) fathead (umg) **Knallkörper** M firecracker **knallrot** ADJ (umg) bright red **knallvoll** ADJ (umg) 1 (≈ total überfüllt) jam-packed (umg) 2 (≈ völlig betrunken) completely plastered (umg), paralytic (Br umg)

knapp A ADJ 1 Vorräte, Geld scarce; Gehalt low 2 Mehrheit, Sieg narrow; Kleidungsstück etc (≈ eng) tight; Bikini scanty 3 (≈ nicht ganz) almost; **ein ~es Pfund Mehl** just under a pound of flour; **seit einem ~en Jahr** for almost a year 4 (≈ kurz und präzis) Stil, Worte concise 5 (≈ gerade so eben) just; **mit ~er Not** only just B ADV **mein Geld/meine Zeit ist ~ bemessen** I am short of money/time; **wir haben ~ verloren/gewonnen** we only just lost/won; **aber nicht zu ~** (umg) and how!; **~ zwei Wochen** not quite two weeks **Knappheit** F shortage

knapsen VI (umg) to scrimp (mit, an +dat on); **an etw** (dat) **zu ~ haben** to have a rough time getting over sth

Knarre F (sl ≈ Gewehr) shooter (umg) **knarren** VI to creak

Knast M (umg) clink (umg), can (US sl)

knatschig ADJ (umg) (≈ verärgert) miffed (umg); (≈ schlecht gelaunt) grumpy (umg)

knattern VI (Motorrad) to roar; (Maschinengewehr) to rattle

Knäuel M od N ball; (wirres) tangle; (von Menschen) group

Knauf M (≈ Türknauf) knob; (von Schwert etc) pommel

Knauser(in) M(F) (umg) scrooge (umg) **Knauserei** F (umg) meanness (bes Br) **knauserig** ADJ (umg) mean (bes Br) **knausern** VI (umg) to be mean (bes Br) (mit with)

knautschen VT & VI (umg) to crumple (up) **Knautschzone** F AUTO crumple zone

Knebel M gag **knebeln** VT jdn, Presse to gag **Knebelvertrag** M oppressive contract

Knecht M servant; (beim Bauern) farm worker **Knechtschaft** F slavery

kneifen A VT to pinch; **jdn in den Arm ~** to pinch sb's arm B VI 1 (≈ zwicken) to pinch 2 (umg) (≈ ausweichen) to back out (vor +dat of) **Kneifzange** F pliers pl; (kleine) pincers pl; **eine ~** (a pair of) pliers/pincers

Kneipe F (umg ≈ Lokal) pub (Br), bar **Kneipenbummel** M pub crawl (Br), bar hop (US)

Knete F (obs sl ≈ Geld) dough (umg) **kneten** VT Teig to knead; Ton to work; (≈ formen) to form **Knetgummi** M od N Plasticine® **Knetmasse** F modelling (Br) od modeling (US) clay

Knick M 1 (≈ Falte) crease; (≈ Biegung) (sharp) bend; **einen ~ machen** to bend sharply 2 (fig: in Karriere etc) downturn **knicken** A VI to snap B VT to snap; Papier to fold; „**nicht ~!**" "do not bend od fold"; → geknickt

knickerig ADJ (umg) stingy (umg)

Knicks M 1 bob; (tiefer) curts(e)y; **einen ~ machen** to curts(e)y (vor +dat to)

Knie N 1 knee; **auf ~n** on one's knees; **jdn auf ~n bitten** to go down on bended knees to sb (and beg); **in die ~ gehen** to kneel; (fig) to be brought to one's knees; **jdn in die ~ zwingen** to bring sb to his/her knees; **jdn übers ~ legen** (umg) to put sb across one's knee; **etw übers ~ brechen** (fig) to rush (at) sth 2 (≈ Flussknie) sharp bend; TECH elbow **Kniebeuge** F SPORT knee bend **kniefrei** ADJ Rock above the knee **Kniegelenk** N knee joint **Kniekehle** F back of the knee **knielang** ADJ knee-length **knien** A VI to kneel; **im Knien** on one's knees, kneeling B VR to kneel (down); **sich in die Arbeit ~**

KNIE | 1032

(fig) to get down to one's work **Kniescheibe** F̲ kneecap **Knieschoner** M̲, **Knieschützer** M̲ kneeguard **Kniestrumpf** M̲ knee sock

Kniff M̲ *(umg)* trick

knifflig ADJ *(umg ≈ niedlich)* tricky

knipsen A̲ V̲T̲ ◼ *Fahrschein* to punch ◼ *(FOTO umg)* to snap B̲ V̲I̲ *(FOTO umg)* to take pictures

Knirps M̲ *(≈ Junge)* whippersnapper; *(pej)* squirt

knirschen V̲I̲ to crunch; *(Getriebe)* to grind; **mit den Zähnen ~** to grind one's teeth

knistern V̲I̲ *(Feuer)* to crackle; *(Papier, Seide)* to rustle

Knitterfalte F̲ crease, wrinkle *(bes US)* **knitterfrei** ADJ *Stoff, Kleid* non-crease **knittern** V̲T̲ & V̲I̲ to crease

Knobelbecher M̲ dice cup **knobeln** V̲I̲ *(≈ würfeln)* to play dice

Knoblauch M̲ garlic **Knoblauchbrot** N̲ garlic bread **Knoblauchbutter** F̲ garlic butter **Knoblauchpresse** F̲ garlic press **Knoblauchzehe** F̲ clove of garlic

Knöchel M̲ *(≈ Fußknöchel)* ankle; *(≈ Fingerknöchel)* knuckle

Knochen M̲ bone; **er ist bis auf die ~ abgemagert** he is just (a bag of) skin and bones; **der Schreck fuhr ihr in die ~** she was paralyzed with shock; **nass bis auf die ~** *(umg)* soaked to the skin **Knochenarbeit** F̲ hard graft *(umg)* **Knochenbau** M̲ bone structure **Knochenbruch** M̲ fracture **Knochengerüst** N̲ skeleton **knochenhart** *(umg)* ADJ rock-hard; *(fig)* Job, Kerl really tough **Knochenmark** N̲ bone marrow **Knochenmehl** N̲ bone meal **knochentrocken** *(umg)* ADJ bone-dry *(umg)*; *(fig)* Humor etc very dry **knöchern** ADJ bone attr, of bone **knochig** ADJ bony

Knödel M̲ dumpling

Knöllchen N̲ *(umg ≈ Strafzettel)* (parking) ticket

Knolle F̲ BOT nodule, tubercule; *(von Kartoffel)* tuber **Knollen** M̲ *(≈ Klumpen)* lump

Knopf M̲ button; *(an Tür)* knob **Knopfdruck** M̲ **auf ~** at the touch of a button; *(fig)* at the flick of a switch **Knopfloch** N̲ buttonhole **Knopfzelle** F̲ round cell battery

Knorpel M̲ ANAT, ZOOL cartilage; GASTR gristle **knorpelig** ADJ ANAT cartilaginous; *Fleisch* gristly

knorrig ADJ *Baum* gnarled; *Holz* knotty

Knospe F̲ bud; **~n treiben** to bud

knoten V̲T̲ *Seil etc* to (tie into a) knot **Knoten** M̲ ◼ knot; *(MED ≈ Geschwulst)* lump; PHYS, BOT node; *(fig ≈ Verwicklung)* plot ◼ SCHIFF knot ◼ *(≈ Haarknoten)* bun ◼ = **Knotenpunkt Knoten-**

punkt M̲ *(VERKEHR, BAHN)* junction; *(fig)* centre *(Br)*, center *(US)*

Knöterich M̲ knotgrass

Know-how N̲ know-how

Knubbel M̲ *(umg)* lump

knuddelig ADJ *(umg ≈ niedlich)* cuddly **knuddeln** V̲T̲ *(dial)* to kiss and cuddle

knüllen V̲T̲ to crumple **Knüller** M̲ *(umg)* sensation; PRESSE scoop

knüpfen A̲ V̲T̲ *Knoten* to tie; *Band* to knot, to tie (up); *Teppich* to knot; *Netz* to mesh; *Freundschaft* to form; **etw an etw** *(akk)* *(wörtl)* to tie sth to sth; *(fig)* Bedingungen to attach sth to sth; *Hoffnungen* to pin sth on sth; **Kontakte ~ (zu** *od* **mit)** to establish contact (with) B̲ V̲R̲ **sich an etw** *(akk)* **~** to be linked to sth

Knüppel M̲ ◼ *(≈ Stock)* stick; *(≈ Waffe)* cudgel, club; *(≈ Polizeiknüppel)* truncheon; **jdm (einen) ~ zwischen die Beine werfen** *(fig)* to put a spoke in sb's wheel *(Br)* ◼ FLUG joystick; AUTO gear stick *(Br)*, gearshift *(US)* **knüppeln** A̲ V̲I̲ to use one's truncheon B̲ V̲T̲ to club

knurren V̲I̲ *(Hund etc)* to growl; *(wütend)* to snarl; *(Magen)* to rumble; *(fig ≈ sich beklagen)* to groan *(über +akk about)* **knurrig** ADJ grumpy

knuspern V̲T̲ & V̲I̲ to crunch; **etwas zum Knuspern** something to nibble **knusprig** ADJ crisp; **~ braun** *Hähnchen* crispy brown

knutschen *(umg)* A̲ V̲T̲ to smooch with *(umg)* B̲ V̲I̲ & V̲R̲ to smooch *(umg)* **Knutschfleck** M̲ *(umg)* lovebite *(umg)*

k. o. ADJ SPORT knocked out; *(fig umg)* whacked *(umg)*; **jdn ~ schlagen** to knock sb out **K. o.** M̲ knockout, K.O.; **Sieg durch ~** victory by a knockout

Koala(bär) M̲ koala (bear)

koalieren V̲I̲ *bes* POL to form a coalition *(mit with)* **Koalition** F̲ *bes* POL coalition **Koalitionsgespräch** N̲ coalition talks *pl* **Koalitionspartner(in)** M̲(F̲) coalition partner

Kobalt N̲ cobalt **kobaltblau** ADJ cobalt blue

Kobold M̲ goblin

Kobra F̲ cobra

Koch M̲, **Köchin** F̲ cook; *(von Restaurant etc)* chef; **viele Köche verderben den Brei** *(sprichw)* too many cooks spoil the broth *(sprichw)* **Kochanleitung** F̲ cooking instructions *pl* **Kochbeutel** M̲ **Reis im ~** boil-in-the-bag rice **Kochbuch** N̲ cookery book **kochecht** ADJ TEX *Farbe* fast at 100°; *Wäsche etc* suitable for boiling **köcheln** V̲I̲ to simmer **kochen** A̲ V̲I̲ ◼ *(Flüssigkeit)* to boil ❗ nicht „to cook"); **etw zum Kochen bringen** to bring sth to the boil; **er kochte vor Wut** *(umg)* he was boiling with rage ◼ *(≈ Speisen zubereiten)* to cook; *(≈ als*

1033 ‖ KOHL

das Wasser kocht —
the water is boiling

etwas kochen —
to cook something

▶ **kochen: cook, make oder boil?**

| kochen oder zubereiten von Speisen allgemein | **to cook** |

to cook a meal; to love / hate cooking

| eine bestimmte Mahlzeit / ein bestimmtes Gericht kochen oder zubereiten | **to make** |

to make breakfast / lunch / dinner / Irish stew

| Flüssigkeiten zum Kochen bringen oder etwas in Flüssigkeit kochen | **to boil** |

the water / soup is boiling

to boil a piece of meat / eggs / potatoes

⚠ The kettle is boiling bedeutet, dass das (Tee)wasser kocht, nicht der Kessel!

SPRACHGEBRAUCH

Koch fungieren) to do the cooking; **er kocht gut** he's a good cook B V̄T̄ 1 *Flüssigkeit, Wäsche* to boil; **etw auf kleiner Flamme ~** to simmer sth over a low heat 2 (≈ *zubereiten*) *Essen* to cook; *Kaffee, Tee* to make **kochend** ADJ boiling; **~ heiß sein** to be boiling hot; (*Suppe etc*) to be piping hot **Kocher** M̄ (≈ *Herd*) cooker; (≈ *Campingkocher*) (Primus®) stove
Köcher M̄ (*für Pfeile*) quiver
Kochfeld N̄ ceramic hob **Kochgelegenheit** F̄ cooking facilities *pl* **Kochherd** M̄ cooker **Köchin** F̄ → Koch **Kochkunst** F̄ culinary art **Kochlöffel** M̄ cooking spoon **Kochnische** F̄ kitchenette **Kochplatte** F̄ (≈ *Herdplatte*) hotplate **Kochrezept** N̄ recipe **Kochsalz** N̄ CHEM sodium chloride; GASTR cooking salt **Kochtopf** M̄ (cooking) pot; (*mit Stiel*) saucepan **Kochwäsche** F̄ washing that can be boiled
Kode M̄ code
Köder M̄ bait **ködern** V̄T̄ (*wörtl*) to lure; (*fig*) to tempt; **jdn für etw ~** to rope sb into sth (*umg*); **sich von jdm/etw nicht ~ lassen** not to be tempted by sb/sth
Kodex M̄ codex; (*fig*) (moral) code
kodieren *etc* = codieren *etc*
Koeffizient M̄ coefficient
Koexistenz F̄ coexistence
Koffein N̄ caffeine **koffeinfrei** ADJ decaffeinated, **koffeinhaltig** ADJ caffeinated, containing caffeine
Koffer M̄ (suit)case; (≈ *Schrankkoffer*) trunk; **die ~**

packen to pack one's bags **Kofferanhänger** M̄ luggage label **Kofferkuli** M̄ (luggage) trolley (*Br*), cart (*US*) **Kofferradio** N̄ portable radio **Kofferraum** M̄ AUTO boot (*Br*), trunk (*US*); (≈ *Volumen*) luggage space
Kognak M̄ brandy
Kohl M̄ 1 cabbage 2 (*umg* ≈ *Unsinn*) nonsense
Kohldampf M̄ (*umg*) **~ haben** to be starving
Kohle F̄ 1 coal; **(wie) auf (heißen) ~n sitzen** to be like a cat on a hot tin roof 2 (≈ *Verkohltes, Holzkohle*) charcoal 3 TECH carbon 4 (*umg* ≈ *Geld*) dough (*umg*) **Kohlefilter** M̄ charcoal filter **Kohlehydrat** N̄ carbohydrate **Kohlekraftwerk** N̄ coal-fired power station **Kohlenbergwerk** N̄ coal mine **Kohlendioxid** N̄ carbon dioxide **Kohlenherd** M̄ range **Kohlenmonoxid** N̄ carbon monoxide **Kohlenpott** M̄ (*umg* ≈ *Ruhrgebiet*) Ruhr (basin *od* valley) **Kohlenrevier** N̄ coal-mining area **Kohlensäure** F̄ 1 CHEM carbonic acid 2 (*in Getränken*) fizz (*umg*) **kohlensäurehaltig** ADJ *Getränke* carbonated **Kohlenstoff** M̄ carbon **Kohlenwasserstoff** M̄ hydrocarbon **Kohlepapier** N̄ carbon paper **Kohlestift** M̄ KUNST piece of charcoal **Kohlezeichnung** F̄ charcoal drawing
Kohlkopf M̄ cabbage **Kohlmeise** F̄ great tit **kohlrabenschwarz** ADJ *Haar* jet black; *Nacht* pitch-black **Kohlrabi** M̄ kohlrabi **Kohlroulade** F̄ GASTR stuffed cabbage leaves *pl* **Kohlrübe** F̄ BOT swede (*Br*), rutabaga (*US*) **Kohlsprosse** F̄ (*österr*) (Brussels) sprout **Kohlweißling** M̄ cabbage white (butterfly)

Koitus M coitus
Koje F *bes* SCHIFF bunk, berth
Kojote M coyote
Kokain N cocaine **kokainsüchtig** ADJ addicted to cocaine
kokett ADJ coquettish **Koketterie** F coquetry **kokettieren** VI to flirt
Kokon M ZOOL cocoon
Kokosfett N coconut oil **Kokosflocken** PL desiccated coconut **Kokosmilch** F coconut milk **Kokosnuss** F coconut **Kokospalme** F coconut palm *od* tree **Kokosraspeln** PL desiccated coconut
Koks[1] M coke
Koks[2] M *od* N (*umg* ≈ Kokain) coke (*umg*)
Kolben M [1] (≈ Gewehrkolben) butt; (TECH ≈ Pumpenkolben) piston; (CHEM ≈ Destillierkolben) retort [2] (≈ Maiskolben) cob **Kolbenfresser** M (*umg*) piston seizure **Kolbenhub** M AUTO piston stroke
Kolibakterien PL E.coli *pl*
Kolibri M humming bird
Kolik F colic
kollabieren VI to collapse
Kollaborateur(in) M(F) POL collaborator
Kollaboration F collaboration **kollaborieren** VI to collaborate
Kollaps M collapse; **einen ~ erleiden** to collapse
Kollateralschaden M collateral damage (❗ kein pl)
Kolleg N [1] (UNIV ≈ Vorlesung) lecture [2] SCHULE college
Kollege M, **Kollegin** F colleague (❗ Schreibung) **kollegial** A ADJ **das war nicht sehr ~ von ihm** that wasn't what you would expect from a colleague B ADV loyally; **sich ~ verhalten** to be a good colleague
Kollegium N (≈ Lehrerkollegium *etc*) staff; (≈ Ausschuss) working party
Kollegmappe F document case **Kollegstufe** F sixth form college (*Br*), junior college (*US*)
Kollekte F KIRCHE collection **Kollektion** F collection; (*a.* MODE ≈ Sortiment) range **kollektiv** A ADJ collective B ADV collectively **Kollektiv** N collective **Kollektivschuld** F collective guilt **Kollektor** M ELEK collector; (≈ Sonnenkollektor) solar collector
kollidieren VI (*geh*: Fahrzeuge) to collide
Kollier N necklet
Kollision F (*geh*) (≈ Zusammenstoß) collision; (≈ Streit) conflict, clash **Kollisionskurs** M SCHIFF, FLUG collision course; **auf ~ gehen** (*fig*) to be heading for trouble
Kollokation F LING collocation
Kolloquium N colloquium
Köln N Cologne **Kölner** ADJ Cologne; **der ~ Dom** Cologne Cathedral **kölnisch** ADJ Cologne *attr* **Kölnischwasser** N eau de Cologne
Kolonialherrschaft F colonial rule **Kolonialismus** M colonialism **Kolonialmacht** F colonial power **Kolonialzeit** F colonial times *pl* **Kolonie** F colony; (≈ Ferienkolonie) camp **Kolonisation** F (*von Land*) colonization **kolonisieren** VT *Land* to colonize
Kolonne F column; *bes* MIL convoy; (≈ Arbeitskolonne) gang; **~ fahren** to drive in (a) convoy
Koloratur F coloratura
kolorieren VT to colour (*Br*), to color (*US*) **Kolorit** N KUNST colouring (*Br*), coloring (*US*); MUS (*tone*) colour (*Br*) *od* color (*US*); (LIT, *fig*) atmosphere
Koloss M colossus **kolossal** A ADJ colossal; *Glück* tremendous; *Dummheit* crass B ADV (*umg*) tremendously, enormously **Kolosseum** N **das ~** the Colosseum
kölsch ADJ = kölnisch **Kölsch** N [1] (≈ Bier) ≈ (strong) lager [2] (≈ Dialekt) **er spricht ~** he speaks (the) Cologne dialect
kolumbianisch ADJ Colombian **Kolumbien** N Colombia
Kolumne F TYPO, PRESSE column
Koma N MED coma; **im ~ liegen** to be in a coma **Komasaufen** N (*umg*) extreme binge drinking
Kombi M AUTO estate (car) (*Br*), station wagon (*bes US*) **Kombination** F [1] combination; (SPORT ≈ Zusammenspiel) concerted move, (piece

Kolben — piston

Kolben — retort

Kolben — cob

of) teamwork; **nordische ~** SKI Nordic combination 2 (≈ *Schlussfolgerung*) deduction 3 (≈ *Kleidung*) suit, ensemble **Kombinationsgabe** F̲ powers pl of deduction **kombinieren** A̲ V̲T̲ to combine B̲ V̲I̲ (≈ *folgern*) to deduce; **ich kombiniere: …** I conclude: … **Kombiwagen** M̲ estate (car) (*Br*), station wagon (*bes US*) **Kombizange** F̲ combination pliers pl **Kombüse** F̲ SCHIFF galley

Komet M̲ comet **kometenhaft** A̲D̲J̲ (fig) *Karriere* meteoric; *Aufschwung* rapid

Komfort M̲ (*von Hotel etc*) luxury; (*von Möbel etc*) comfort; (*von Wohnung*) amenities pl, mod cons pl (*Br umg*) **ein Auto mit allem ~** a luxury car **komfortabel** A̲ A̲D̲J̲ (≈ *mit Komfort ausgestattet*) luxurious, luxury attr; *Wohnung* well-appointed; (≈ *bequem*) *Sessel, Bett* comfortable; (≈ *praktisch*) *Bedienung* convenient B̲ A̲D̲V̲ (≈ *bequem*) comfortably; (≈ *mit viel Komfort*) luxuriously

Komik F̲ (≈ *das Komische*) comic; (≈ *komische Wirkung*) comic effect **Komiker(in)** M̲/F̲ comedian; (fig a.) joker (*umg*); **Sie ~** you must be joking **komisch** A̲ A̲D̲J̲ funny; THEAT *Rolle, Oper* comic; **das Komische daran** the funny thing about it; **mir ist/wird so ~** (*umg*) I feel funny; **er war so ~ zu mir** he acted so strangely towards (*Br*) od toward (*US*) me B̲ A̲D̲V̲ strangely; *riechen, schmecken, sich fühlen* strange; **jdm ~ vorkommen** to seem strange to sb **komischerweise** A̲D̲V̲ funnily enough

Komitee N̲ committee (❗ *Vorsicht, Schreibung*)

Komma N̲ comma; MATH decimal point; **fünf ~ drei** five point three (❗ *geschrieben 5.3*) **Kommafehler** M̲ punctuation mistake

▶ **Komma**

Das Dezimalkomma heißt im Englischen **point**. Deutsch 3,4 würde also im Englischen mit **3.4** (gesprochen **three point four**) wiedergegeben werden. 0,3 wäre **0.3** (**nought** [nɔːt] **point three**, im amerikanischen Englisch **0** [əʊ] **point three**). **Nought** wird mündlich oft weggelassen. Es wird also einfach **point three** gesagt.

SPRACHGEBRAUCH ◀

Kommandant(in) M̲/F̲ MIL commanding officer; SCHIFF captain **Kommandeur(in)** M̲/F̲ commander **kommandieren** A̲ V̲T̲ 1 (≈ *befehligen*) to command 2 (≈ *befehlen*) **jdn an einen Ort ~** to order sb to a place; **sich von jdm ~ lassen** to let oneself be ordered about by sb B̲ V̲I̲ 1 (≈ *Befehlsgewalt haben*) to be in command; **~der General** commanding general 2 (≈ *Befehle geben*) to command; **er kommandiert gern** he likes ordering people about

Kommanditgesellschaft F̲ HANDEL ≈ limited partnership

Kommando N̲ command; **der Hund gehorcht auf ~** the dog obeys on command; **das ~ führen** to be in od have command (*über* +akk of) **Kommandobrücke** F̲ SCHIFF bridge **Kommandokapsel** F̲ RAUMF command module **Kommandoraum** M̲ control room

kommen A̲ V̲I̲ 1 to come; **ich komme (schon)** I'm (just) coming; **er wird gleich ~** he'll be here right away; **wann soll der Zug ~?** when's the train due?; **da kann ja jeder ~ und sagen …** anybody could come along and say …; **das Baby kam zu früh** the baby arrived early; **nach Hause ~** (≈ *ankommen*) to get home; (≈ *zurückkehren*) to come home; **von der Arbeit ~** to get home from work; **ins Gefängnis ~** to go to prison; **in die Schule ~** to start school 2 (≈ *hingehören*) to go; **das Buch kommt ins oberste Fach** the book goes on the top shelf; **das kommt unter "Sonstiges"** that comes under "miscellaneous"; **das Lied kommt als Nächstes** that song is next; **ich komme zuerst an die Reihe** I'm first; **jetzt muss bald die Grenze ~** we should soon be at the border; **das Schlimmste kommt noch** the worst is yet to come 3 (≈ *gelangen*) to get; (*mit Hand etc*) to reach; **durch den Zoll ~** to get through customs; **in das Alter ~, wo …** to reach the age when … 4 TV, RADIO, THEAT *etc* to be on; **was kommt im Fernsehen?** what's on TV? 5 (≈ *geschehen, sich zutragen*) to happen; **egal, was kommt** whatever happens; **komme, was da wolle** come what may; **das musste ja so ~** it had to happen; **das kommt davon, dass …** that's because …; **das kommt davon!** see what happens? 6 (≈ *geraten*) **in Bewegung ~** to start moving; **zum Stillstand ~** to come to a halt od standstill 7 (*umg* ≈ *einen Orgasmus haben*) to come (*sl*) 8 (*mit Dativ*) **ihm kamen Zweifel** he started to have doubts; **jdm ~ die Tränen** tears come to sb's eyes; **mir kommt eine Idee** I've just had a thought; **du kommst mir gerade recht** (iron) you're just what I need; **das kommt mir gerade recht** that's just fine; **jdm frech ~** to be cheeky (*Br*) od fresh (*US*) to sb 9 (*mit Verb*) **da kommt ein Vogel geflogen** there's a bird; **jdn besuchen ~** to come and see sb; **jdn ~ sehen** to see sb coming; **ich habe es ja ~ sehen** I saw it coming; **jdn ~ lassen** to send for sb; **etw ~ lassen** *Taxi* to order sth 10 (*mit Präposition*) **auf etw** (*akk*) **~** (≈ *sich erinnern*) to think of sth; **auf eine Idee ~** to get an idea; **wie kommst du darauf?** what makes you

KOMM | 1036

think that?; **darauf bin ich nicht gekommen** I didn't think of that; **auf ihn lasse ich nichts ~** (*umg*) I won't hear a word against him; **hinter etw** (*akk*) **~** (≈ *herausfinden*) to find sth out, to find out sth; **damit kann ich ihm nicht ~** (*mit Entschuldigung*) I can't give him that; (*mit Bitte*) I can't ask him that; **um etw ~** (≈ *verlieren*) to lose sth; *um Essen, Schlaf* to go without sth; **zu etw ~** (≈ *Zeit finden für*) to get round to sth; (≈ *erhalten*) to come by sth; (≈ *erben*) to come into sth; **zu einem Entschluss ~** to come to a conclusion; **zu nichts ~** (*zeitlich*) not to get (a)round to anything; (≈ *erreichen*) to achieve nothing; **zu sich ~** (≈ *Bewusstsein wiedererlangen*) to come round; (≈ *aufwachen*) to come to one's senses **B** *VI UNPERS* **so weit kommt es (noch)** that'll be the day (*umg*); **ich wusste, dass es so ~ würde** I knew that would happen; **wie kommt es, dass du ...?** how come you ...? (*umg*); **es kam zum Streit** there was a quarrel; **und so kam es, dass ...** and that is how it came about that ... **Kommen** N̄ coming; **etw ist im ~** sth is on the way in; **jd ist im ~** sb is on his/her way up **kommend** ADJ coming; *Ereignisse* future; (*am*) **~en Montag** next Monday; **in den ~en Jahren** in the years to come **Kommentar** M̄ comment; PRESSE commentary; **kein ~!** no comment **kommentarlos** ADV without comment **Kommentator(in)** M̄F̄ commentator **kommentieren** V̄T̄ PRESSE *etc* to comment on

Kommerz M̄ (*pej*) commercialism; **nur auf ~ aus sein** to have purely commercial interests, to be out for profit **Kommerzialisierung** F̄ commercialization **kommerziell** **A** ADJ commercial **B** ADV commercially

Kommilitone M̄, **Kommilitonin** F̄ fellow student

Kommissar(in) M̄F̄ ADMIN commissioner; (≈ *Polizeikommissar*) inspector **kommissarisch** **A** ADJ temporary **B** ADV temporarily

Kommission F̄ **1** (≈ *Ausschuss*) committee (❗ Vorsicht, Schreibung); (*zur Untersuchung*) commission **2** HANDEL commission; **etw in ~ nehmen** to take sth on commission

Kommode F̄ chest of drawers

kommunal ADJ local; (≈ *städtisch*) municipal **Kommunalabgaben** P̄L̄ local rates and taxes *pl* **Kommunalpolitik** F̄ local government politics (❗ mit Verb im Singular oder Plural) **Kommunalpolitiker(in)** M̄F̄ local politician **Kommunalwahlen** P̄L̄ local (government) elections *pl* **Kommune** F̄ local authority district

Kommunikation F̄ communication **Kom-**

munikationsmittel N̄ means *sg* of communication **Kommunikationsschwierigkeiten** P̄L̄ communication difficulties *pl* **Kommunikationssystem** N̄ communications system **Kommunikationswissenschaften** P̄L̄ communication studies *pl* **kommunikativ** ADJ communicative

Kommunion F̄ KIRCHE (Holy) Communion

Kommuniqué N̄ communiqué

Kommunismus M̄ communism (❗ ohne the) **Kommunist(in)** M̄F̄ Communist **kommunistisch** ADJ communist

kommunizieren V̄Ī to communicate

Komödiant(in) M̄F̄ **1** (*obs*) actor/actress **2** (*fig*) play-actor **Komödie** F̄ comedy; **~ spielen** (*fig*) to put on an act

Kompagnon M̄ HANDEL partner, associate; (*iron*) pal (*umg*)

kompakt ADJ compact **Kompaktkamera** F̄ compact camera

Kompanie F̄ MIL company

Komparativ M̄ GRAM comparative

Komparse M̄, **Komparsin** F̄ FILM extra; THEAT supernumerary

Kompass M̄ compass **Kompassnadel** F̄ compass needle

kompatibel ADJ compatible **Kompatibilität** F̄ compatibility

Kompensation F̄ compensation **kompensieren** V̄T̄ to compensate for

kompetent **A** ADJ competent **B** ADV competently **Kompetenz** F̄ (area of) competence; **da hat er ganz eindeutig seine ~en überschritten** he has quite clearly exceeded his authority here **Kompetenzbereich** M̄ area of competence **Kompetenzstreitigkeiten** P̄L̄ dispute over respective areas of responsibility

Komplementärfarbe F̄ complementary colour (*Br*) *od* color (*US*)

komplett **A** ADJ complete **B** ADV completely **komplettieren** V̄T̄ (*geh*) to complete

komplex ADJ complex **Komplex** M̄ (≈ *Gebäudekomplex*, PSYCH) complex; (≈ *Themenkomplex*) issues; **er hat ~e wegen seiner Figur** he has a complex about his figure **Komplexität** F̄ complexity

Komplikation F̄ complication

Kompliment N̄ compliment; **jdm ~e machen** to compliment sb (*wegen* on)

Komplize M̄, **Komplizin** F̄ accomplice

komplizieren V̄T̄ to complicate **kompliziert** ADJ complicated; MED *Bruch* compound **Kompliziertheit** F̄ complexity

Komplott N̄ plot, conspiracy

Komponente F̄ component

komponieren VT&VI to compose **Komponist(in)** M(F) composer **Komposition** F composition
Kompost M compost **kompostieren** VT to compost
Kompott N stewed fruit, compote
Kompresse F compress **Kompression** F TECH compression **Kompressionsprogramm** N IT compression program **Kompressor** M compressor **komprimieren** VT to compress; (fig) to condense
Kompromiss M compromise; **einen ~ schließen** to (make a) compromise **kompromissbereit** ADJ willing to compromise **Kompromissbereitschaft** F willingness to compromise **kompromissfähig** ADJ able to compromise **kompromisslos** ADJ uncompromising **Kompromissvorschlag** M compromise proposal **kompromittieren** A VT to compromise B VR to compromise oneself
Kondensat N condensate; (fig) distillation, condensation **Kondensation** F condensation **Kondensator** M AUTO, CHEM condenser; ELEK auch capacitor **kondensieren** VT& VI to condense **Kondensmilch** F evaporated milk **Kondensstreifen** M FLUG vapour (Br) od vapor (US) trail **Kondenswasser** N condensation

> Kondensmilch ≠ condensed milk

| Kondensmilch | = | **evaporated milk** |
| **condensed milk** | = | gezuckerte Dosenmilch |

FALSCHE FREUNDE

Kondition F condition; (≈ Durchhaltevermögen) stamina; **er hat überhaupt keine ~** he is completely unfit; (fig) he has absolutely no stamina **Konditionalsatz** M conditional clause **konditionieren** VT to condition **Konditionsschwäche** F lack of fitness (⚠ kein pl) **konditionsstark** ADJ very fit **Konditionstraining** N fitness training
Konditor(in) M(F) pastry cook (Br), confectioner (US) **Konditorei** F cake shop (Br), confectioner's shop (US); (mit Café) café
Kondolenzbuch N book of condolence **Kondolenzschreiben** N (≈ Kondolenzbrief) letter of condolence **kondolieren** VI **(jdm) ~** to offer one's condolences (to sb)
Kondom M od N condom
Kondukteur M (schweiz) conductor
Kondukteurin F (schweiz) conductress
Konfekt N confectionery
Konfektion F (≈ Bekleidung) ready-to-wear clothes pl od clothing (Br) **Konfektionsgröße** F (clothing) size
Konferenz F conference; (≈ Besprechung) meeting **Konferenzdolmetscher(in)** M(F) conference interpreter **Konferenzraum** M conference room **Konferenzschaltung** F (RADIO, TV) (television/radio) linkup **Konferenzteilnehmer(in)** M(F) person attending a conference/meeting
Konfession F (religious) denomination **konfessionell** ADJ denominational **konfessionslos** ADJ nondenominational **Konfessionsschule** F denominational school
Konfetti N confetti
Konfiguration F configuration **konfigurieren** VT to configure
Konfirmand(in) M(F) KIRCHE confirmand **Konfirmation** F KIRCHE confirmation **konfirmieren** VT KIRCHE to confirm
Konfiserie F (schweiz ≈ Konfekt) confectionery
konfiszieren VT to confiscate
Konfitüre F jam
Konflikt M conflict; **mit etw in ~ geraten** to come into conflict with sth **konfliktgeladen** ADJ conflict-ridden; Situation explosive **konfliktscheu** ADJ **~ sein** to be afraid of conflict **Konfliktstoff** M cause for conflict
konform A ADJ Ansichten etc concurring B ADV **mit jdm/etw ~ gehen** to agree with sb/sth (in +dat about) **Konformismus** M conformism **Konformist(in)** M(F) (pej) conformist **konformistisch** ADJ conformist, conforming
Konfrontation F confrontation **Konfrontationskurs** M **auf ~ gehen** to be heading for a confrontation **konfrontieren** VT to confront (mit with)
konfus ADJ confused **Konfusion** F confusion
Konglomerat N (≈ Ansammlung) conglomeration
Kongo M Congo **kongolesisch** ADJ Congolese
Kongress M 1 POL congress; (fachlich) convention 2 (in USA) Congress **Kongresshalle** F congress od conference hall **Kongressteilnehmer(in)** M(F) person attending a congress od conference **Kongresszentrum** N congress od conference centre (Br) od center (US)
kongruent ADJ MATH congruent; (geh) Ansichten concurring **Kongruenz** F MATH congruence; (geh: von Ansichten) concurrence
König M king (⚠ mit Namen großgeschrieben) **Königin** F auch ZOOL queen (⚠ mit Namen großgeschrieben) **Königinmutter** F queen mother **Königinpastete** F vol-au-vent **königlich** A ADJ roy-

al; *Gehalt* princely; **Seine Königliche Hoheit** His Royal Highness ▣ ADV ▮ (*umg*) **sich ~ amüsieren** to have the time of one's life (*umg*) ▯ (≈ *fürstlich*) *bewirten* like royalty; *belohnen* richly **Königreich** N kingdom **Königshaus** N royal dynasty **Königtum** N ▮ kingship ▯ (≈ *Reich*) kingdom
Konjugation F conjugation **konjugieren** VT to conjugate
Konjunktion F conjunction
Konjunktiv M GRAM subjunctive **Konjunktivsatz** M GRAM subjunctive clause
Konjunktur F economic situation, economy; (≈ *Hochkonjunktur*) boom **Konjunkturabschwächung** F, **Konjunkturabschwung** M economic downturn **Konjunkturaufschwung** M economic upturn **konjunkturbedingt** ADJ influenced by *od* due to economic factors **Konjunkturbelebung** F business revival; (≈ *aktives Beleben der Konjunktur*) stimulation of the economy **konjunkturell** ▣ ADJ economic ▣ ADV economically; **~ bedingt** caused by economic factors **Konjunkturflaute** F economic slowdown **Konjunkturpolitik** F economic (stabilization) policy **Konjunkturrückgang** M slowdown in the economy **Konjunkturschwäche** F weakness in the economy
konkav ADJ concave
konkret ADJ concrete; **ich kann dir nichts Konkretes sagen** I can't tell you anything concrete; **drück dich etwas ~er aus** would you put that in rather more concrete terms **konkretisieren** VT to put in concrete form *od* terms
Konkurrent(in) M/F rival; HANDEL *auch* competitor **Konkurrenz** F (≈ *Wettbewerb*) competition; (≈ *Konkurrenzbetrieb*) competitors *pl*; (≈ *Gesamtheit der Konkurrenten*) competition; **jdm ~ machen** to compete with sb; **zur ~ (über)gehen** to go over to the competition **konkurrenzfähig** ADJ competitive **Konkurrenzkampf** M competition **konkurrenzlos** ADJ without competition
konkurrieren VI to compete
Konkurs M bankruptcy; **in ~ gehen** to go bankrupt; **~ machen** (*umg*) to go bust (*umg*) **Konkursmasse** F bankrupt's estate **Konkursverfahren** N bankruptcy proceedings *pl* **Konkursverwalter(in)** M/F receiver; (*von Gläubigern bevollmächtigt*) trustee
können VT/VI, V/AUX ▮ (≈ *vermögen*) to be able to (❗ **To be able to** wird im Futur, im „present perfect" sowie im „past perfect" als Ersatz für eine fehlende Form von **can** verwendet.); **ich kann das machen** I can do it, I am able to do it; **ich kann das nicht machen** I cannot *od* can't do it, I am not able to do it; **morgen kann ich nicht** I can't (manage) tomorrow; **das hättest du gleich sagen ~** you could have said that straight away; **ich kann nicht mehr** I can't go on; (*ertragen*) I can't take any more; (*essen*) I can't manage any more; **so schnell er konnte** as fast as he could *od* was able to ▯ (≈ *beherrschen*) *Sprache* to (be able to) speak; *Schach* to be able to play; *lesen, schwimmen etc* to be able to, to know how to; **was du alles kannst!** the things you can do!; **er kann gut Englisch** he speaks English well; **er kann nicht schwimmen** he can't swim; → gekonnt ▰ (≈ *dürfen*) to be allowed to (❗ **To be allowed to** wird im Futur, im „past tense", im „present perfect" sowie im „past perfect" als Ersatz für eine fehlende Form von **may** verwendet.); **kann ich jetzt gehen?** can I go now?; **könnte ich …?** could I …?; **er kann mich (mal)** (*umg*) he can go to hell (*umg*) ▱ **Sie könnten recht haben** you could *od* might *od* may be right; **er kann jeden Augenblick kommen** he could *od* might *od* may come any minute; **das kann nicht sein** that can't be true; **es kann sein, dass er dabei war** he could *od* might *od* may have been there; **kann sein** maybe, could be; **ich kann nichts dafür** it's not my fault **Können** N ability, skill **Könner(in)** M/F expert
Konsekutivsatz M consecutive clause
Konsens M agreement
konsequent ▣ ADJ consistent ▣ ADV *befolgen* strictly; *ablehnen* emphatically; *eintreten für* rigorously; *argumentieren* consistently; **~ handeln** to be consistent; **wir werden ~ durchgreifen** we will take rigorous action **konsequenterweise** ADV to be consistent **Konsequenz** F consequence; **die ~en tragen** to take the consequences; **(aus etw) die ~en ziehen** to come to the obvious conclusion

 konsequent ≠ consequent

| konsequent | = | **consistent** |
| consequent | = | daraus / darauf folgend |

FALSCHE FREUNDE

konservativ ▣ ADJ conservative; (*Br* POL) Conservative, Tory ▣ ADV conservatively **Konservative(r)** M/F(M) conservative; (*Br* POL) Conservative, Tory
Konservatorium N conservatory
Konserve F preserved food; (*in Dosen*) tinned (*Br*) *od* canned food; (≈ *Konservendose*) tin (*Br*), can;

(MED ≈ *Blutkonserve etc*) stored blood *etc*, blood bottle; (≈ *Tonkonserve*) recorded music **Konservenbüchse** F̲, **Konservendose** F̲ tin (*Br*); can **konservieren** V̲T̲ to preserve **Konservierung** F̲ preservation **Konservierungsmittel** N̲ preservative

Konsistenz F̲ consistency; (*von Gewebe*) texture **konsolidieren** V̲T̲&V̲R̲ to consolidate **Konsolidierung** F̲ consolidation

Konsonant M̲ consonant

Konsortium N̲ HANDEL consortium

Konspiration F̲ conspiracy, plot **konspirativ** A̲D̲J̲ conspiratorial; **~e Wohnung** safe house

konstant A̲ A̲D̲J̲ constant B̲ A̲D̲V̲ *gut, hoch* consistently **Konstante** F̲ constant

Konstellation F̲ constellation

konstituieren V̲T̲ to constitute, to set up; **~de Versammlung** constituent assembly **Konstitution** F̲ constitution

konstruieren V̲T̲ to construct; **ein konstruierter Fall** a hypothetical case **Konstrukteur(in)** M̲F̲ designer **Konstruktion** F̲ construction **Konstruktionsbüro** N̲ drawing office **Konstruktionsfehler** M̲ (*im Entwurf*) design fault; (*im Aufbau*) structural defect **konstruktiv** A̲ A̲D̲J̲ constructive B̲ A̲D̲V̲ constructively

Konsul(in) M̲F̲ consul **Konsulat** N̲ consulate

Konsultation F̲ (*form*) consultation **konsultieren** V̲T̲ (*form*) to consult

Konsum M̲ (≈ *Verbrauch*) consumption **Konsumartikel** M̲ consumer item **Konsument(in)** M̲F̲ consumer **Konsumgesellschaft** F̲ consumer society **Konsumgut** N̲ consumer item; **Konsumgüter** *pl* consumer goods *pl* **konsumieren** V̲T̲ to consume **Konsumverzicht** M̲ non-consumption

Kontakt M̲ contact; **mit jdm/etw in ~ kommen** to come into contact with sb/sth; **mit jdm ~ aufnehmen** to get in contact *od* touch with sb; **ich habe keinen ~ mehr zu ihr** I'm not in contact with her any more **Kontaktadresse** F̲ er hinterließ eine ~ he left behind an address where he could be contacted **Kontaktanzeige** F̲ personal ad **kontaktarm** A̲D̲J̲ **er ist ~** he lacks contact with other people **Kontaktarmut** F̲ lack of human contact **Kontaktfrau** F̲ (≈ *Agentin*) **kontaktfreudig** A̲D̲J̲ sociable, outgoing **Kontaktlinse** F̲ contact lens **Kontaktmangel** M̲ lack of contact **Kontaktmann** M̲ (≈ *Agent*) contact **Kontaktperson** F̲ contact **kontaktscheu** A̲D̲J̲ shy

Kontamination F̲ contamination **konta-**

minieren V̲T̲ to contaminate

Konter M̲ (*Boxen*) counter(punch); (*Ballspiele*) counterattack, break **Konterangriff** M̲ counterattack

konterkarieren V̲T̲ to counteract; *Aussage* to contradict **kontern** V̲T̲&V̲I̲ to counter **Konterrevolution** F̲ counter-revolution

Kontext M̲ context

Kontinent M̲ continent **kontinental** A̲D̲J̲ continental **Kontinentaleuropa** N̲ the Continent

Kontingent N̲ contingent; HANDEL quota, share

kontinuierlich A̲ A̲D̲J̲ continuous B̲ A̲D̲V̲ continuously **Kontinuität** F̲ continuity

Konto N̲ account; **auf meinem ~** in my account; **das geht auf mein ~** (*umg*) (≈ *ich bin schuldig*) I am to blame for this **Kontoauszug** M̲ (bank) statement **Kontobewegung** F̲ transaction **kontoführend** A̲D̲J̲ *Bank* where an account is held **Kontoführungsgebühr** F̲ bank charge **Kontoinhaber(in)** M̲F̲ account holder **Kontonummer** F̲ account number **Kontostand** M̲ balance

kontra P̲R̲Ä̲P̲ *+akk* against; JUR versus **Kontra** N̲ KART double; **jdm ~ geben** (*fig*) to contradict sb **Kontrabass** M̲ double bass; **~ spielen** to play the double bass (🛑 mit **the**) **Kontrahent(in)** M̲F̲ (≈ *Gegner*) adversary **Kontraindikation** F̲ MED contraindication

Kontraktion F̲ MED contraction

kontraproduktiv A̲D̲J̲ counterproductive **Kontrapunkt** M̲ MUS counterpoint

Kontrast M̲ contrast **kontrastarm** A̲D̲J̲ **~ sein** to be lacking in contrast **Kontrastbrei** M̲ MED barium meal **kontrastieren** V̲I̲ to contrast **Kontrastmittel** N̲ MED contrast medium **Kontrastprogramm** N̲ alternative programme (*Br*) *od* program (*US*) **kontrastreich** A̲D̲J̲ **~ sein** to be full of contrast

Kontrollabschnitt M̲ HANDEL counterfoil, stub **Kontrolle** F̲ 1 control; **über etw die ~ verlieren** to lose control of sth (🛑 ohne **the**); **jdn unter ~ haben** to have sb under control; **der Brand geriet außer ~** the fire got out of control 2 (≈ *Nachprüfung*) check (*+gen* on); (≈ *Aufsicht*) supervision; **jdn/etw einer ~ unterziehen** to check sb/sth; **~n durchführen** to carry out checks 3 (≈ *Stelle*) checkpoint **Kontrolleur(in)** M̲F̲ inspector **Kontrollgang** M̲ (inspection) round **kontrollierbar** A̲D̲J̲ controllable **kontrollieren** V̲T̲ 1 to control 2 (≈ *nachprüfen*) to check; (≈ *Aufsicht haben über*) to supervise; **jdn/etw nach etw ~** to check sb/sth for sth; **Gemüse aus kontrolliert biologischem Anbau** organically grown vegetables

Kontrolllampe F̲ pilot lamp; (AUTO: *für Öl-stand*) warning light **Kontrollpunkt** M̲ checkpoint **Kontrollturm** M̲ control tower **Kontrollzentrum** N̲ control centre (*Br*) *od* center (*US*)

kontrovers A̲ ADJ controversial B̲ ADV **(etw) ~ diskutieren** to have a controversial discussion (about sth) **Kontroverse** F̲ controversy **Kontur** F̲ outline, contour; **~en annehmen** to take shape

Konvention F̲ convention **Konventionalstrafe** F̲ penalty (for breach of contract) **konventionell** A̲ ADJ conventional B̲ ADV conventionally

Konvergenz F̲ convergence

Konversation F̲ conversation **Konversationslexikon** N̲ encyclopaedia (*Br*), encyclopedia (*US*)

Konversion F̲ conversion **konvertieren** V̲T̲ to convert (*in +akk* to)

konvex A̲ ADJ convex B̲ ADV convexly

Konvoi M̲ convoy

Konzentrat N̲ concentrate **Konzentration** F̲ concentration (*auf +akk* on) **Konzentrationsfähigkeit** F̲ powers *pl* of concentration **Konzentrationslager** N̲ concentration camp **Konzentrationsschwäche** F̲ weak *od* poor concentration **konzentrieren** V̲T̲ & V̲R̲ to concentrate (*auf +akk* on) **konzentriert** A̲ ADJ concentrated B̲ ADV *arbeiten* intently; *nachdenken* intensely **konzentrisch** A̲ ADJ concentric B̲ ADV concentrically

Konzept N̲ (≈ *Rohentwurf*) draft; (≈ *Plan, Programm* ≈ *Plan*) plan; (≈ *Vorstellung*) concept; **jdn aus dem ~ bringen** to put sb off (*bes Br*); (*umg: aus dem Gleichgewicht*) to upset sb; **aus dem ~ geraten** to lose one's thread **Konzeption** F̲ ▮ MED conception ▮ (*geh*) (≈ *Gedankengang*) idea **Konzeptpapier** N̲ rough paper

Konzern M̲ combine

Konzert N̲ concert **Konzerthalle** F̲ concert hall **konzertiert** ADJ **~e Aktion** FIN, POL concerted action **Konzertsaal** M̲ concert hall, auditorium

Konzession F̲ ▮ (≈ *Gewerbeerlaubnis*) concession, licence (*Br*), license (*US*) ▮ (≈ *Zugeständnis*) concession (*an +akk* to) **Konzessivsatz** M̲ GRAM concessive clause

Konzil N̲ council

konziliant A̲ ADJ (≈ *versöhnlich*) conciliatory; (≈ *entgegenkommend*) generous B̲ ADV **sich ~ geben** to be conciliatory

konzipieren V̲T̲ to conceive

Kooperation F̲ cooperation **Kooperationspartner(in)** M̲F̲ cooperative partner, joint venture partner **kooperativ** A̲ ADJ cooperative B̲ ADV cooperatively **Kooperative** F̲ WIRTSCH cooperative **kooperieren** V̲I̲ to cooperate

Koordinate F̲ MATH coordinate **Koordinatenkreuz** N̲, **Koordinatensystem** N̲ coordinate system **Koordination** F̲ coordination **Koordinator(in)** M̲F̲ coordinator **koordinieren** V̲T̲ to coordinate **Koordinierung** F̲ coordination

Kopf M̲ ▮ head; (≈ *Sinn*) head, mind; (≈ *Denker*) thinker; (≈ *leitende Persönlichkeit*) leader; (≈ *Bandenführer*) brains *sg*; **~ oder Zahl?** heads or tails?; **~ hoch!** chin up!; **von ~ bis Fuß** from head to foot; **ein kluger ~** an intelligent person; **die besten Köpfe** the best brains; **seinen eigenen ~ haben** (*umg*) to have a mind of one's own ▮ (*mit Präposition*) **~ an ~** SPORT neck and neck; **jdm Beleidigungen an den ~ werfen** (*umg*) to hurl insults at sb; **sich** (*dat*) **an den ~ fassen** (*verständnislos*) to be left speechless; **auf dem ~ stehen** to stand on one's head; **sie ist nicht auf den ~ gefallen** she's no fool; **etw auf den ~ stellen** to turn sth upside down; **jdm etw auf den ~ zusagen** to tell sb sth to his/her face; **der Gedanke will mir nicht aus dem ~** I can't get the thought out of my head; **sich** (*dat*) **etw aus dem ~ schlagen** to put sth out of one's mind; **sich** (*dat*) **etw durch den ~ gehen lassen** to think about sth; **nichts als Fußball im ~ haben** to think of nothing but football; **andere Dinge im ~ haben** to have other things on one's mind; **er ist nicht ganz richtig im ~** (*umg*) he is not quite right in the head (*umg*); **das hältst du ja im ~ nicht aus!** (*umg*) it's absolutely incredible! (*umg*); **es will mir nicht in den ~** I can't figure it out; **sie hat es sich** (*dat*) **in den ~ gesetzt, das zu tun** she's dead set on doing it; **mit dem ~ durch die Wand wollen** (*umg*) to be hell-bent on getting one's own way(, regardless); **es muss ja nicht immer alles nach deinem ~ gehen** you can't have things your own way all the time; **5 Euro pro ~** 5 euros each; **das Einkommen pro ~** the per capita income; **jdm über den ~ wachsen** (*wörtl*) to outgrow sb; (*fig*) (*Sorgen etc*) to be more than sb can cope with; **(jdm) zu ~(e) steigen** to go to sb's head ▮ (*mit Verb*) **einen kühlen ~ behalten** to keep a cool head; **seinen ~ durchsetzen** to get one's own way; **den ~ hängen lassen** (*fig*) to be despondent; **den ~ für jdn/etw hinhalten** (*umg*) to take the rap for sb/sth (*umg*); **für etw ~ und Kragen riskieren** to risk one's neck for sth; **ich weiß schon gar nicht mehr, wo mir der ~ steht** I don't know if I'm coming or going; **jdm den ~ verdrehen**

1041 ‖ KORN

to turn sb's head; **den ~ nicht verlieren** not to lose one's head; **sich** (dat) **über etw** (akk) **den ~ zerbrechen** to rack one's brains over sth **Kopf-an-Kopf-Rennen** N neck-and-neck race **Kopfbahnhof** M terminal (station) **Kopfball** M FUSSB header **Kopfballtor** N FUSSB headed goal **Kopfbedeckung** F headgear **Köpfchen** N **~ haben** to be brainy (umg) **köpfen** VT **1** jdn to behead; (hum) Flasche Wein to crack (open); **ein Ei ~** to cut the top off an egg **2** FUSSB to head **Kopfende** N head **Kopfgeld** N bounty (on sb's head) **Kopfgeldjäger** M bounty hunter **kopfgesteuert** ADJ Person, Handeln etc rational **Kopfhaut** F scalp **Kopfhörer** M headphone **Kopfjäger(in)** M(F) head-hunter **Kopfkissen** N pillow **Kopfkissenbezug** M pillow case od slip **kopflastig** ADJ top-heavy **Kopflaus** F head louse **Köpfler** M (österr ≈ Kopfsprung, Kopfball) header **kopflos** A ADJ (fig) in a panic; (wörtl) headless B ADV **~ handeln/reagieren** to lose one's head **Kopfnote** F SCHULE marks or grades which take into account a pupil's behaviour and participation in class **Kopfprämie** F reward **Kopfrechnen** N mental arithmetic **Kopfsalat** M lettuce **Kopfschmerzen** PL headache; **~ haben** to have a headache; **sich** (dat) **wegen etw ~ machen** (fig) to worry about sth **Kopfschmerztablette** F headache tablet **Kopfschuss** M shot in the head **Kopfschütteln** N **mit einem ~** with a shake of one's head **kopfschüttelnd** ADJ, ADV shaking one's head **Kopfschutz** M (= Kopfschützer) headguard **Kopfsprung** M dive; **einen ~ machen** to dive (headfirst) **Kopfstand** M headstand; **einen ~ machen** to stand on one's head **Kopfsteinpflaster** N cobblestones pl **Kopfstütze** F headrest; AUTO head restraint **Kopftuch** N (head)scarf **kopfüber** ADV headfirst **Kopfverletzung** F head injury **Kopfweh** N headache; **~ haben** to have a headache **Kopfwunde** F head wound **Kopfzerbrechen** N **jdm ~ machen** to be a headache for sb (umg)

Kopie F copy; (≈ Ablichtung) photocopy; FOTO print; (fig) carbon copy **kopieren** VT to copy; (≈ nachahmen) to imitate; (≈ ablichten) to photocopy **Kopierer** M copier **Kopiergerät** N photocopier

Kopilot(in) M(F) copilot

Koppel F **1** (≈ Weide) paddock **2** (≈ Pferdekoppel) string

koppeln VT (≈ verbinden) to couple (etw an etw akk sth to sth); Raumschiffe to link up; Ziele to combine **Kopp(e)lung** F (≈ Verbindung) coupling; (von Raumschiffen) linkup

Koproduktion F coproduction **Koproduzent(in)** M(F) coproducer

Koralle F coral **Korallenriff** N coral reef **korallenrot** ADJ coral(-red)

Koran M Koran **Koranschule** F Koranic school

Korb M **1** basket **2** (≈ Korbgeflecht) wicker **3** (umg) **einen ~ bekommen** to be turned down; **jdm einen ~ geben** to turn sb down **Korbball** M basketball **Korbblütler** M BOT composite (flower) **Körbchen** N **1** (von Hund) basket **2** (von Büstenhalter) cup **Korbflasche** F demijohn **Korbmacher(in)** M(F) basket maker **Korbsessel** M wicker(work) od basket(work) chair

Kord etc M = Cord etc

Kordel F cord

Kordhose F corduroy trousers pl (bes Br) od pants pl (bes US), cords pl (umg) **Kordjacke** F cord(uroy) jacket

Korea N Korea **Koreaner(in)** M(F) Korean **koreanisch** ADJ Korean

Korfu N Corfu

Koriander M coriander

Korinthe F currant

Kork M BOT cork **Korkeiche** F cork oak od tree **Korken** M cork; (aus Plastik) stopper **Korkenzieher** M corkscrew

Kormoran M cormorant

Korn[1] N (≈ Samenkorn) seed, grain; (≈ Pfefferkorn) corn; (≈ Salzkorn, Sandkorn, TECH) grain; (≈ Hagelkorn) stone **2** (≈ Getreide) grain, corn (Br)

Korn[2] M (≈ Kornbranntwein) corn schnapps

Korn[3] N (am Gewehr) front sight, bead; **jdn aufs**

Korn — seed, grain

Korn — grain, Br corn

~ nehmen (fig) to start keeping tabs on sb **Kornblume** F cornflower **Körnchen** N small grain, granule; **ein ~ Wahrheit** a grain of truth **Körnerfresser(in)** M/F (umg) health food freak (umg) **Körnerfutter** N grain od corn (Br) (for animal feeding) **Kornfeld** N cornfield (Br), grain field **körnig** ADJ granular, grainy **Kornkammer** F granary

Körper M body; (in der Geometrie) solid; **~ und Geist** mind and body; **am ganzen ~ zittern** to tremble all over **Körperbau** M physique, build **körperbehindert** ADJ physically handicapped **Körperbehinderte(r)** M/F(M) physically handicapped person **Körperbehinderung** F (physical) disability od handicap **Körpergeruch** M body odour (Br) od odor (US), BO (umg) **Körpergewicht** N weight **Körpergröße** F height **Körperhaltung** F posture, bearing **Körperkontakt** M physical od bodily contact **körperlich** A ADJ physical; (≈ stofflich) material; **~e Arbeit** manual work B ADV physically **Körperpflege** F personal hygiene **Körperschaft** F corporation, (corporate) body; **gesetzgebende ~** legislative body **Körperschaft(s)-steuer** F corporation tax **Körpersprache** F body language **Körperteil** M part of the body **Körpertemperatur** F body temperature **Körperverletzung** F JUR physical injury

Korporal(in) M/F corporal **Korps** N MIL corps

korpulent ADJ corpulent

Korpus N LING corpus

korrekt A ADJ correct; **politisch ~** politically correct B ADV correctly; gekleidet appropriately; darstellen accurately **Korrektheit** F correctness; **politische ~** political correctness **Korrektor(in)** M/F TYPO proofreader **Korrektur** F correction; TYPO proofreading; **~ lesen** to proofread (bei etw sth) **Korrekturfahne** F galley (proof) **Korrekturflüssigkeit** F correction fluid, White-Out® (US) **Korrekturzeichen** N proofreader's mark **Korrespondent(in)** M/F correspondent **Korrespondenz** F correspondence **korrespondieren** VI to correspond **Korridor** M corridor; (≈ Flur) hall **korrigieren** VT to correct; Meinung to change **korrodieren** VT & VI to corrode **Korrosion** F corrosion **korrosionsbeständig** ADJ corrosion-resistant **Korrosionsschutz** M corrosion prevention

korrumpieren VT to corrupt **korrupt** ADJ corrupt **Korruptheit** F corruptness **Korruption** F corruption

Korse M, **Korsin** F Corsican

Korsett N corset

Korsika N Corsica **korsisch** ADJ Corsican

Korso M (≈ Umzug) parade, procession

Kortison N MED cortisone

Koryphäe F genius; (auf einem Gebiet) eminent authority

koscher ADJ kosher

Kosename M pet name **Kosewort** N term of endearment

K.-o.-Sieg M knockout victory

Kosinus M MATH cosine

Kosmetik F beauty culture; (≈ Kosmetika, fig) cosmetics pl **Kosmetiker(in)** M/F beautician, cosmetician **Kosmetikkoffer** M vanity case **Kosmetiksalon** beauty parlour (Br) od parlor (US) **Kosmetiktuch** N paper tissue **kosmetisch** A ADJ cosmetic B ADV behandeln cosmetically

kosmisch ADJ cosmic **Kosmonaut(in)** M/F cosmonaut **kosmopolitisch** ADJ cosmopolitan **Kosmos** M cosmos

Kosovare M Kosovar **Kosovarin** F Kosovar (woman/girl) **Kosovo** M GEOG (der) ~ Kosovo

Kost F **1** (≈ Nahrung) fare; **vegetarisch ~** vegetarian diet **2** ~ **und Logis** board and lodging **kostbar** ADJ (≈ wertvoll) valuable, precious; (≈ luxuriös) luxurious, sumptuous **Kostbarkeit** F (≈ Gegenstand) precious object; (≈ Leckerbissen) delicacy

kosten¹ VT **1** to cost; **was kostet das?** how much od what does it cost?; **koste es, was es wolle** whatever the cost; **jdn sein Leben/den Sieg ~** to cost sb his life/the victory **2** (≈ in Anspruch nehmen) Zeit, Geduld etc to take

kosten² VT & VI (≈ probieren) to taste; **von etw ~** to taste od try sth

Kosten PL cost(s); (≈ Unkosten) expenses pl; **die ~ tragen** to bear the cost(s pl); **auf ~ von** od +Gen (fig) at the expense of; **auf seine ~ kommen** to cover one's expenses; (fig) to get one's money's worth **kostenbewusst** ADJ cost-conscious **Kostendämpfung** F curbing cost expansion **kostendeckend** A ADJ **~e Preise** prices that cover one's costs B ADV cost-effectively; **~ arbeiten** to cover one's costs **Kostendeckung** F cost-effectiveness **kostengünstig** A ADJ economical B ADV produzieren economically **kostenintensiv** ADJ WIRTSCH cost-intensive **kostenlos** ADJ, ADV free (of charge) **Kosten-Nutzen-Analyse** F cost-benefit analysis **kostenpflichtig** ADJ liable to pay costs; **eine Klage ~ abweisen** to dismiss a case with costs **Kostenrechnung** F calculation of costs **Kostensen-**

kung F̲ reduction in costs **kostensparend** ADJ cost-saving **Kostensteigerung** F̲ increase in costs **Kostenstelle** F̲ cost centre (Br) od center (US) **Kostenvoranschlag** M̲ (costs) estimate
köstlich A ADJ **1** Wein, Speise exquisite **2** (≈ amüsant) priceless B ADV **1** (≈ gut) schmecken delicious **2 sich ~ amüsieren** to have a great time **Köstlichkeit** F̲ (≈ köstliche Sache) treat; **eine kulinarische ~** a culinary delicacy **Kostprobe** F̲ (von Wein, Käse etc) taste; (fig) sample **kostspielig** ADJ costly
Kostüm N̲ **1** THEAT costume **2** (≈ Maskenkostüm) fancy dress (⚠ ohne a) **3** (≈ Damenkostüm) suit **Kostümball** M̲ fancy-dress ball **Kostümbildner(in)** M̲/F̲ costume designer **kostümieren** V/R to dress up **Kostümprobe** F̲ THEAT dress rehearsal

Kostüm — fancy dress

Kostüm — suit

Kot M̲ (form) excrement
Kotelett N̲ chop
Kotelette F̲ sideburn
Köter M̲ (pej) damn dog (umg)
Kotflügel M̲ AUTO wing, fender (US)
kotzen V/I (sl) to throw up (umg), to puke (sl); **das ist zum Kotzen** it makes you sick **kotzübel** ADJ (umg) **mir ist ~** I feel like throwing up (umg)
Krabbe F̲ crab; (umg ≈ Garnele) shrimp; (größer) prawn
krabbeln V/I to crawl
Krabbencocktail M̲ prawn cocktail
Krach M̲ **1** (≈ Lärm) noise, din; **~ machen** to make a noise od din **2** (umg ≈ Streit) row (umg) (um about); **mit jdm ~ haben** to have a row with sb (umg); **~ schlagen** to make a fuss **krachen** A V/I **1** to crash; (Holz) to creak; (Schuss) to ring out; **gleich krachts** (umg) there's going to be trouble; **es hat gekracht** (umg: Zusammenstoß) there's been a crash **2** (umg) (≈ brechen) to break; (Eis) to crack B V/R (umg) to have a row (umg) **Kra-** **cher** M̲ banger (Br), firecracker (US) **Kracherl** N̲ (österr ≈ Limonade, Sprudel) (fizzy) pop **Krachmacher(in)** M̲/F̲ (umg wörtl) noisy person; (fig) troublemaker
krächzen V/I to croak
Kräcker M̲ (≈ Keks) cracker
kraft PRÄP +gen (form) **~ meines Amtes** by virtue of my office
Kraft F̲ **1** (körperlich, sittlich) strength (⚠ kein pl); (geistig) powers pl; (von Stimme) power; (≈ Energie) energy, energies pl; **mit letzter ~** with one's last ounce of strength; **das geht über meine Kräfte** it's too much for me; **ich bin am Ende meiner ~** I can't take any more; **mit aller ~** with all one's might; **aus eigener ~** by oneself; **nach (besten) Kräften** to the best of one's ability; **wieder zu Kräften kommen** to regain one's strength; **die treibende ~** (fig) the driving force; **volle ~ voraus!** SCHIFF full speed ahead **2** (JUR ≈ Geltung) force; **in ~ sein/treten** to be in/come into force; **außer ~ sein** to be no longer in force **3** (≈ Arbeitskraft) employee, worker; (≈ Haushaltskraft) domestic help **Kraftakt** M̲ strongman act; (fig) show of strength **Kraftanstrengung** F̲ exertion **Kraftaufwand** M̲ effort **Kraftausdruck** M̲ swearword **Kraftbrühe** F̲ beef tea **Kräfteverhältnis** N̲ POL balance of power; (von Mannschaften etc) relative strength **Kraftfahrer(in)** M̲/F̲ (form) driver **Kraftfahrzeug** N̲ (form) motor vehicle **Kraftfahrzeugbrief** M̲ (vehicle) registration document **Kraftfahrzeugkennzeichen** N̲ (vehicle) registration **Kraftfahrzeugmechaniker(in)** M̲/F̲ motor mechanic **Kraftfahrzeugschein** M̲ (vehicle) registration document **Kraftfahrzeugsteuer** F̲ motor vehicle tax, road tax (Br) **Kraftfahrzeugversicherung** F̲ car insurance **Kraftfeld** N̲ PHYS force field **kräftig** A ADJ strong; Pflanze healthy; Schlag hard; Händedruck firm; Essen nourishing; **eine ~e Tracht Prügel** a good beating B ADV gebaut strongly, powerfully; zuschlagen, drücken hard; lachen heartily; fluchen violently; **etw ~ schütteln** to give sth a good shake; **jdn ~ verprügeln** to give sb a thorough beating; **die Preise sind ~ gestiegen** prices have really gone up **kräftigen** V/T to strengthen **kraftlos** ADJ (≈ schwach) weak; (≈ machtlos) powerless **Kraftlosigkeit** F̲ weakness **Kraftprobe** F̲ test of strength **Kraftprotz** M̲ (umg) muscle man (umg) **Kraftstoff** M̲ fuel **Kraftstoffverbrauch** M̲ fuel consumption **kraftstrotzend** ADJ vigorous **Krafttraining** N̲ power training **kraftvoll** A ADJ Stimme powerful B ADV powerfully **Kraftwagen** M̲ motor

vehicle **Kraftwerk** $\underline{\text{N}}$ power station
Kragen $\underline{\text{M}}$ collar; **jdn beim ~ packen** to grab sb by the collar; (fig umg) to collar sb; **mir platzte der ~** (umg) I blew my top (umg); **jetzt gehts ihm an den ~** (umg) he's (in) for it now (umg) **Kragenweite** $\underline{\text{F}}$ (wörtl) collar size; **das ist nicht meine ~** (fig umg) that's not my cup of tea (umg)
Krähe $\underline{\text{F}}$ crow **krähen** $\underline{\text{VI}}$ to crow
Krake $\underline{\text{M}}$ octopus; MYTH Kraken
krakeelen $\underline{\text{VI}}$ (umg) to make a racket (umg)
Krakel $\underline{\text{M}}$ (umg) scrawl, scribble **Krakelei** $\underline{\text{F}}$ (umg) scrawl, scribble **krak(e)lig** $\underline{\text{ADJ}}$ scrawly **krakeln** $\underline{\text{VT & VI}}$ to scrawl, to scribble
Kralle $\underline{\text{F}}$ claw; (≈ *Parkkralle*) wheel clamp (Br), Denver boot (US) **krallen** $\underline{\text{VR}}$ **sich an jdn/ etw ~** to cling to sb/sth
Kram $\underline{\text{M}}$ (umg) (≈ *Gerümpel*) junk; (≈ *Zeug*) stuff (umg); (≈ *Angelegenheit*) business; **das passt mir nicht in den ~** it's a confounded nuisance **kramen** $\boxed{\text{A}}$ $\underline{\text{VI}}$ (≈ *wühlen*) to rummage about (in +dat in, nach for) $\boxed{\text{B}}$ $\underline{\text{VT}}$ **etw aus etw ~** to fish sth out of sth **Kramladen** $\underline{\text{M}}$ (pej umg) junk shop
Krampf $\underline{\text{M}}$ $\boxed{1}$ (≈ *Zustand*) cramp; (≈ *Zuckung*) spasm; (wiederholt) convulsion(s pl); (≈ *Anfall*, *Lachkrampf*) fit $\boxed{2}$ (umg) (≈ *Getue*) palaver (umg); (≈ *Unsinn*) nonsense **Krampfader** $\underline{\text{F}}$ varicose vein **krampfartig** $\boxed{\text{A}}$ $\underline{\text{ADJ}}$ convulsive $\boxed{\text{B}}$ $\underline{\text{ADV}}$ convulsively **krampfhaft** $\boxed{\text{A}}$ $\underline{\text{ADJ}}$ Zuckung convulsive; (umg ≈ *verzweifelt*) desperate; Lachen forced (⚠ kein Adverb) $\boxed{\text{B}}$ $\underline{\text{ADV}}$ **sich ~ bemühen** to try desperately hard; **sich ~ an etw** (dat) **festhalten** to cling desperately to sth **krampflösend** $\underline{\text{ADJ}}$ antispasmodic (fachspr)
Krampus $\underline{\text{M}}$ (österr) *companion of St Nicholas*
Kran $\underline{\text{M}}$ $\boxed{1}$ crane $\boxed{2}$ (dial ≈ *Hahn*) tap (bes Br), faucet (US) **Kranführer(in)** $\underline{\text{M(F)}}$ crane driver od operator
Kranich $\underline{\text{M}}$ ORN crane
krank $\underline{\text{ADJ}}$ (≈ *nicht gesund*) ill meist präd, sick (a. fig) (⚠ Ill wird im amerikanischen Englisch selten gebraucht.); (≈ *leidend*) invalid; Organ diseased; Zahn, Bein bad; **~ werden** to fall ill od sick; **schwer ~** seriously ill; **du machst mich ~!** (umg) you get on my nerves! (umg) **Kranke(r)** $\underline{\text{M/F(M)}}$ sick person; **die ~n** the sick **kränkeln** $\underline{\text{VI}}$ to be ailing **kranken** $\underline{\text{VI}}$ to suffer (an +dat from) **kränken** $\underline{\text{VT}}$ **jdn ~** to hurt sb('s feelings); → gekränkt **Krankenbesuch** $\underline{\text{M}}$ visit (to a sick person); (von Arzt) (sick) call **Krankenbett** $\underline{\text{N}}$ sickbed **Krankengeld** $\underline{\text{N}}$ sickness benefit; (von Firma) sick pay **Krankengymnast(in)** $\underline{\text{M(F)}}$ physiotherapist **Krankengymnastik** $\underline{\text{F}}$ physiotherapy **Krankenhaus** $\underline{\text{N}}$ hospital; **im ~ sein** to be in hos-

Sarah krault ihre Katze — Sarah is stroking her cat

kraulen — to do the crawl

pital (⚠ ohne the) **Krankenhausaufenthalt** $\underline{\text{M}}$ stay in hospital **krankenhausreif** $\underline{\text{ADJ}}$ **jdn ~ schlagen** to beat the hell out of sb (umg) **Krankenkasse** $\underline{\text{F}}$, **Krankenkassa** (österr) $\underline{\text{F}}$ medical insurance company **Krankenpflege** $\underline{\text{F}}$ nursing **Krankenpfleger** $\underline{\text{M}}$ orderly; (mit Schwesternausbildung) male nurse **Krankenschein** $\underline{\text{M}}$ medical insurance record card **Krankenschwester** $\underline{\text{F}}$ nurse **Krankenversicherung** $\underline{\text{F}}$ medical insurance **Krankenwagen** $\underline{\text{M}}$ ambulance **krankfeiern** $\underline{\text{VI}}$ (umg) to take a sickie (umg) **krankhaft** $\underline{\text{ADJ}}$ $\boxed{1}$ diseased; Aussehen sickly $\boxed{2}$ (seelisch) pathological **Krankheit** $\underline{\text{F}}$ illness; (ansteckend, von Pflanzen) disease; **wegen ~** due to illness; **nach langer ~** after a long illness; **während/seit meiner ~** during/since my illness **Krankheitsbild** $\underline{\text{N}}$ symptoms pl **Krankheitserreger** $\underline{\text{M}}$ pathogen **kranklachen** $\underline{\text{VR}}$ (umg) to kill oneself (laughing) (umg) **kränklich** $\underline{\text{ADJ}}$ sickly **krankmelden** $\underline{\text{VR}}$ (telefonisch) to phone in sick; bes MIL to report sick **Krankmeldung** $\underline{\text{F}}$ notification of illness **krankschreiben** $\underline{\text{VT}}$ **jdn ~** to sign sb off sick; bes MIL to put sb on the sick list **Kränkung** $\underline{\text{F}}$ insult
Kranz $\underline{\text{M}}$ $\boxed{1}$ wreath $\boxed{2}$ (≈ *kreisförmig Angeordnetes*) ring, circle **Kränzchen** $\underline{\text{N}}$ (fig ≈ *Kaffeekränzchen*) coffee circle
Krapfen $\underline{\text{M}}$ (dial GASTR) ≈ doughnut (Br), ≈ donut (US)
krass $\boxed{\text{A}}$ $\underline{\text{ADJ}}$ $\boxed{1}$ (≈ *auffallend*) glaring; Unterschied Fall extreme; Ungerechtigkeit, Lüge blatant; Außenseiter

rank [2] (sl ≈ toll) wicked (sl) **B** ADV sich ausdrücken crudely; schildern garishly; kontrastieren sharply; **~ gesagt** to put it bluntly
Krater M crater **Kraterlandschaft** F crater(ed) landscape
Kratzbürste F wire brush; (umg) prickly character **kratzbürstig** ADJ (umg) prickly **Krätze** F MED scabies **kratzen A** VT [1] to scratch; (≈ abkratzen) to scrape (von off) [2] (umg ≈ stören) to bother; **das kratzt mich nicht** (umg) I couldn't care less (about that) **B** VI to scratch; **es kratzt (mir) im Hals** my throat feels rough **C** VR to scratch oneself **Kratzer** M (≈ Schramme) scratch **kratzfest** ADJ non-scratch attr, scratchproof **kratzig** ADJ (umg) scratchy (umg) **Kratzwunde** F scratch
Kraul N (Schwimmen) crawl
kraulen[1] SPORT **A** VI to do the crawl **B** VT **er hat** od **ist 100 m gekrault** he did a 100m crawl
kraulen[2] VT to fondle, to stroke
kraus ADJ crinkly; Haar frizzy; Stirn wrinkled; (fig ≈ verworren) muddled, confused **Krause** F [1] (≈ Halskrause) ruff; (an Ärmeln etc) ruffle, frill [2] (umg ≈ Frisur) frizzy hair **kräuseln A** VT Haar to make frizzy; (beim Nähen) to gather; TEX to crimp; Stirn to knit; Nase to screw up; Wasseroberfläche to ruffle **B** VR (Haare) to go frizzy; (Stirn, Nase) to wrinkle up **Krauskopf** M (≈ Mensch) curly-head **krausziehen** VT **die Stirn ~** to knit one's brow; (missbilligend) to frown
Kraut N [1] herb; **wie ~ und Rüben durcheinanderliegen** (umg) to lie (around) all over the place (umg) [2] (≈ Sauerkraut) sauerkraut; (südd, österr ≈ (Weiß)kohl) cabbage **Kräuterbutter** F herb butter **Kräuteressig** M aromatic vinegar **Kräuterkäse** M herb cheese **Kräuterlikör** M herbal liqueur **Kräutertee** M herb(al) tea **Krautkopf** M (südd, österr) cabbage **Krautsalat** M ≈ coleslaw **Krautwickel** M (südd, österr GASTR) stuffed cabbage leaves pl
Krawall M (≈ Aufruhr) riot; (umg) (≈ Lärm) racket (umg); **~ machen** (umg) to make a racket (umg); (a. **Krawall schlagen** ≈ sich beschweren) to kick up a fuss **Krawallbruder** M (umg) hooligan; (≈ Krakeeler) rowdy (umg)
Krawatte F tie, necktie (bes US)
kraxeln VI (bes südd, österr) to clamber (up)
Kreatin N MED creatine

▶ **Krawatte ≠ cravat**

| Krawatte | = | **tie, necktie** |
| cravat | = | Halstuch |

FALSCHE FREUNDE ◀

Kreation F MODE etc creation **kreativ A** ADJ creative **B** ADV creatively; **~ begabt** creative **Kreativität** F creativity
Krebs M [1] (≈ Taschenkrebs) crab; (≈ Flusskrebs) crayfish, crawfish (US); **rot wie ein ~** red as a lobster [2] ASTROL Cancer; **(ein) ~ sein** to be (a) Cancer [3] MED cancer; **~ erregend** od **auslösend** carcinogenic **krebsen** VI (umg ≈ sich abmühen) to struggle **krebserregend** ADJ carcinogenic **krebsfördernd** ADJ cancer-inducing; **~ wirken** to increase the risk of (getting) cancer **Krebsforschung** F cancer research **Krebsgeschwür** N MED cancerous ulcer; (fig) cancer **Krebsklinik** F cancer clinic **krebskrank** ADJ suffering from cancer; **~ sein** to have cancer **Krebskranke(r)** M/F(M) cancer victim; (≈ Patient) cancer patient **krebsrot** ADJ red as a lobster **Krebstiere** PL crustaceans pl, crustacea pl **Krebsvorsorgeuntersuchung** F cancer checkup
Kredit M credit (!) kein pl); **auf ~** on credit **Kreditanstalt** F credit institution **Kreditaufnahme** F borrowing **kreditfähig** ADJ creditworthy **Kreditgeber(in)** M(F) creditor **Kreditgeschäft** N credit transaction **Kredithai** M (umg) loan shark (umg) **kreditieren** VT **jdm einen Betrag ~** to credit sb with an amount **Kreditinstitut** N bank **Kreditkarte** F credit card; **mit ~ zahlen** to pay by credit card **Kreditkartennummer** F credit card number **Kreditlimit** N credit limit **Kreditnehmer(in)** M(F) borrower **Kreditpolitik** F lending policy **Kreditrahmen** M credit range **Kreditwirtschaft** F

Krebs — crab

Krebs — Cancer

banking industry **kreditwürdig** ADJ creditworthy **Kreditwürdigkeit** F creditworthiness

Kreide F chalk; **bei jdm in der ~ stehen** to be in debt to sb **kreidebleich** ADJ (as) white as a sheet **Kreidefelsen** M chalk cliff **kreideweiß** ADJ = kreidebleich **Kreidezeichnung** F chalk drawing

kreieren VT to create

Kreis M **1** circle; **sich im ~ bewegen** (fig) to go (a)round in circles; **der ~ schließt sich** (fig) we've etc come full circle; **weite ~e der Bevölkerung** wide sections of the population; **im ~e seiner Familie** with his family; **eine Feier im kleinen ~e** a celebration for a few close friends and relatives; **das kommt in den besten ~en vor** that happens even in the best of circles **2** (≈ Stadtkreis, Landkreis) district **Kreisbahn** F ASTRON, RAUMF orbit

kreischen VI to screech

Kreisdiagramm N pie chart **Kreisel** M (≈ Spielzeug) (spinning) top; (umg: im Verkehr) roundabout (Br), traffic circle (US), rotary (US) **kreisen** VI to circle (um (a)round, über +dat over); (Satellit, Planet) to orbit (um etw sth); (fig: Gedanken) to revolve (um around); **die Arme ~ lassen** to swing one's arms around (in a circle) **kreisförmig** A ADJ circular B ADV **sich ~ bewegen** to move in a circle; **~ angelegt** arranged in a circle **Kreislauf** M circulation; (der Natur) cycle **Kreislaufkollaps** M circulatory collapse **Kreislaufstörungen** PL circulatory trouble sg **Kreissäge** F circular saw

Kreisel — (spinning) top

Kreisel — Br roundabout, US traffic circle

Kreißsaal M delivery room
Kreisstadt F district town, ≈ county town (Br) **Kreisumfang** M circumference (of a/the circle) **Kreisverkehr** M roundabout (Br), traffic circle (US), rotary (US) **Kreiswehrersatzamt** N district recruiting office
Krematorium N crematorium
Kreml M **der ~** the Kremlin (⚠ auch übertragen für die Regierung Russlands)
Krempe F (≈ Hutkrempe) brim
Krempel M (umg) (≈ Sachen) stuff (umg); (≈ wertloses Zeug) junk
Kren M (österr) horseradish
krepieren VI **1** (≈ platzen) to explode **2** (umg ≈ sterben) to croak (it) (umg)
Krepp M crepe **Krepppapier** N crepe paper **Kreppsohle** F crepe sole
Kresse F cress
Kreta N Crete **kretisch** ADJ Cretan
kreuz ADV **~ und quer** all over; **~ und quer durch die Gegend** all over the place **Kreuz** N **1** cross; (als Anhänger etc) crucifix; **es ist ein ~ mit ihm/damit** he's/it's an awful problem **2** ANAT small of the back; **ich habe Schmerzen im ~** I've got (a) backache **3** MUS sharp **4** (≈ Autobahnkreuz) intersection **5** (KART ≈ Farbe) clubs pl (⚠ Eine einzelne Karte heißt **club**. Zum Kreuzkönig sagt man **the king of clubs**.) **Kreuzband** N ANAT cruciate ligament **Kreuzbein** N ANAT sacrum; (von Tieren) rump-bone **kreuzen** A VT to cross B VR to cross; (Interessen) to clash; **die Briefe haben sich gekreuzt** the letters crossed in the post (Br) od mail **Kreuzer** M SCHIFF cruiser **Kreuzfahrt** F SCHIFF cruise; **eine ~ machen** to go on a cruise **Kreuzfeuer** N crossfire; **ins ~ (der Kritik) geraten** (fig) to come under fire (from all sides) **Kreuzgang** M cloister **kreuzigen** VT to crucify **Kreuzigung** F crucifixion **Kreuzkümmel** M cumin **Kreuzotter** F ZOOL adder, viper **Kreuzschlitzschraubenzieher** M Phillips® screwdriver **Kreuzschlüssel** M wheel brace **Kreuzung** F **1** (≈ Straßenkreuzung) crossroads sg **2** (≈ das Kreuzen) crossing **3** (≈ Rasse) hybrid; (≈ Tiere) cross, crossbreed **Kreuzverhör** N cross-examination; **jdn ins ~ nehmen** to cross-examine sb **Kreuzweg** M crossroads sg **kreuzweise** ADV crosswise; **du kannst mich ~!** (umg) (you can) get stuffed! (Br umg), you can kiss my ass! (US sl) **Kreuzworträtsel** N crossword puzzle **Kreuzzug** M crusade
Krevette F shrimp
kribbelig ADJ (umg) edgy (umg) **kribbeln** A VT (≈ kitzeln) to tickle; (≈ jucken) to make itch B VI (≈ jucken) to itch; (≈ prickeln) to tingle; **es krib-**

 Kreuz — cross
 Kreuz — crucifix
 Kreuz — clubs

belt mir in den Fingern, etw zu tun (umg) I'm itching to do sth
Kricket N̄ cricket **Kricketspieler(in)** M̄/F̄ cricketer
kriechen V̄Ī to creep, to crawl; (fig: Zeit) to creep by; (fig ≈ unterwürfig sein) to grovel (vor +dat before), to crawl (vor +dat to); **auf allen vieren ~** to crawl on all fours **Kriecher(in)** M̄/F̄ (umg) groveller (Br), groveler (US), crawler (Br umg) **kriecherisch** (umg) ADJ grovelling (Br), groveling (US) **Kriechspur** F̄ crawler lane **Kriechtier** N̄ ZOOL reptile
Krieg M̄ war; **einer Partei** etc **den ~ erklären** (fig) to declare war on a party etc; **~ führen (mit** od **gegen)** to wage war (on); **~ führend** warring; **sich im ~ befinden (mit)** to be at war (with)
kriegen V̄T̄ (umg) to get; Zug auch to catch; **sie kriegt ein Kind** she's going to have a baby; **dann kriege ich zu viel** then it gets too much for me
Krieger(in) M̄/F̄ warrior **Kriegerdenkmal** N̄ war memorial **kriegerisch** ADJ warlike (❗ kein Adverb); Haltung belligerent; **~e Auseinandersetzung** military conflict; **sie haben sich jahrelang ~ bekämpft** they've been fighting each other for years **kriegführend** ADJ warring **Kriegführung** F̄ warfare (❗ ohne Artikel) **Kriegsausbruch** M̄ outbreak of war **kriegsbedingt** ADJ caused by (the) war **Kriegsbeginn** M̄ start of the war **Kriegsbeil** N̄ tomahawk; **das ~ begraben** (fig) to bury the hatchet **Kriegsbemalung** F̄ war paint **Kriegsberichterstatter(in)** M̄/F̄ war correspondent **Kriegsbeschädigte(r)** M̄/F̄(M̄) war-disabled person **Kriegsdienst** M̄ military service **Kriegsdienstverweigerer** M̄, **Kriegsdienstverweigerin** F̄ conscientious objector **Kriegsende** N̄ end of the war **Kriegserklärung** F̄ declaration of war **Kriegsfall** M̄ (eventuality of a) war;

dann träte der ~ ein then war would break out **Kriegsfilm** M̄ war film **Kriegsfreiwillige(r)** M̄/F̄(M̄) (wartime) volunteer **Kriegsfuß** M̄ (umg) **mit jdm auf ~ stehen** to be at odds with sb **Kriegsgebiet** N̄ war zone **Kriegsgefahr** F̄ danger of war **Kriegsgefangene(r)** M̄/F̄(M̄) prisoner of war, P.O.W. **Kriegsgefangenschaft** F̄ captivity; **in ~ sein** to be a prisoner of war **Kriegsgegner(in)** M̄/F̄ opponent of a/the war; (≈ Pazifist) pacifist **Kriegsgericht** N̄ (wartime) court martial; **jdn vor ein ~ stellen** to court-martial sb **Kriegsherr(in)** M̄/F̄ warlord **Kriegskamerad(in)** M̄/F̄ fellow soldier **Kriegsopfer** N̄ war victim **Kriegsrecht** N̄ conventions of war pl; MIL martial law **Kriegsschauplatz** M̄ theatre (Br) od theater (US) of war **Kriegsschiff** N̄ warship **Kriegsspiel** N̄ war game **Kriegsspielzeug** N̄ war toy **Kriegstreiber(in)** M̄/F̄ (pej) warmonger **Kriegsverbrechen** N̄ war crime **Kriegsverbrecher(in)** M̄/F̄ war criminal **Kriegsversehrte(r)** M̄/F̄(M̄) war-disabled person **Kriegszeit** F̄ wartime; **in ~en** in times of war **Kriegszustand** M̄ state of war; **im ~** at war
Krim F̄ **die ~** the Crimea
Krimi M̄ (umg) (crime) thriller; (rätselhaft) whodunnit (umg) **Kriminalbeamte(r)** M̄, **Kriminalbeamtin** F̄ detective **Kriminalfilm** M̄ crime film, crime movie (bes US); (rätselhaft) murder mystery **kriminalisieren** V̄T̄ to criminalize **Kriminalist(in)** M̄/F̄ criminologist **Kriminalistik** F̄ criminology **kriminalistisch** ADJ criminological **Kriminalität** F̄ crime; (≈ Ziffer) crime rate **Kriminalkommissar(in)** M̄/F̄ detective superintendent **Kriminalpolizei** F̄ criminal investigation department **Kriminalpolizist(in)** M̄/F̄ detective **Kriminalroman** M̄ (crime) thriller **kriminell** ADJ criminal; **~ werden** to become a criminal; **~e Energie** criminal resolve

Kriminelle(r) M/F(M) criminal
Krimskrams M (umg) odds and ends pl
Kringel M (der Schrift) squiggle **kringelig** ADJ crinkly
Kripo F (umg) **die ~** the cops pl (umg)
Krippe F [1] (≈ Futterkrippe) (hay)rack [2] (≈ Weihnachtskrippe) crib; BIBEL crib, manger [3] (≈ Kinderhort) crèche (Br), daycare centre (Br) od center (US) **Krippenspiel** N nativity play **Krippentod** M cot death (Br), crib death (US)

Krippe — (hay)rack

Krippe — crib

Krise F crisis; **er hatte eine schwere ~** he was going through a difficult crisis; **die ~ kriegen** (umg) to go crazy (umg) **kriseln** V/I UNPERS (umg) **es kriselt** trouble is brewing **krisenanfällig** ADJ crisis-prone **krisenfest** ADJ stable **Krisengebiet** N crisis area **Krisenherd** M flash point, trouble spot **Krisenmanagement** N crisis management **Krisenplan** M contingency plan **Krisenregion** F trouble spot **krisensicher** ADJ stable **Krisensitzung** F emergency session
Kristall¹ M crystal
Kristall² N (≈ Kristallglas) crystal (glass); (≈ Kristallwaren) crystalware **Kristallglas** N crystal glass **kristallisieren** VT & V/R to crystallize **kristallklar** ADJ crystal-clear **Kristallleuchter** M crystal chandelier
Kriterium N criterion
Kritik F [1] criticism (an +dat of); **an jdm/etw ~ üben** to criticize sb/sth; **unter aller ~ sein** (umg) to be beneath contempt [2] (≈ Rezension) review **Kritiker(in)** M(F) critic **kritikfähig** ADJ able to criticize **kritiklos** ADJ uncritical; **etw**

~ hinnehmen to accept sth without criticism **Kritikpunkt** M point of criticism **kritisch** A ADJ critical B ADV **sich äußern** critically; **die Lage ~ beurteilen** to make a critical appraisal of the situation; **jdm ~ gegenüberstehen** to be critical of sb **kritisieren** VT & V/I to criticize **kritteln** V/I to find fault (an +dat, über +akk with)

 Kritik ≠ critic

| Kritik | = | **criticism** |
| critic | = | Kritiker(in) |

Nur als Sammelbegriff für die Kritiker im Allgemeinen übersetzt man **die Kritik** mit **the critics** (pl).

FALSCHE FREUNDE

Kritzelei F scribble **kritzeln** VT & V/I to scribble, to scrawl
Kroate M, **Kroatin** F Croat, Croatian **Kroatien** N Croatia **kroatisch** ADJ Croat, Croatian
Krokant M GASTR cracknel
Krokette F GASTR croquette
Krokodil N crocodile **Krokodilleder** N crocodile skin **Krokodilstränen** PL crocodile tears pl
Krokus M crocus
Krone F [1] crown; **die ~ der Schöpfung** the pride of creation; **das setzt doch allem die ~ auf** (umg) that beats everything; **einen in der ~ haben** (umg) to be tipsy [2] (≈ Währungseinheit) crown; (in Dänemark, Norwegen) krone; (in Schweden, Island) krona **krönen** VT to crown; **jdn zum König ~** to crown sb king; **von Erfolg gekrönt sein** to be crowned with success **Kronerbe** M heir to the crown **Kronerbin** F heiress to the crown **Kronjuwelen** PL crown jewels pl **Kronkolonie** F crown colony **Kronkorken** M crown cap **Kronleuchter** M chandelier **Kronprinz** M crown prince; (in Großbritannien auch) Prince of Wales **Kronprinzessin** F crown princess **Krönung** F coronation; (fig: von Veranstaltung) high point **Kronzeuge** M, **Kronzeugin** F JUR **als ~ auftreten** to turn King's/Queen's evidence (Br) od State's evidence (US); (≈ Hauptzeuge sein) to appear as principal witness
Kropf M [1] (von Vogel) crop [2] MED goitre (Br), goiter (US)
kross (nordd) A ADJ crisp B ADV backen, braten until crisp
Kröte F ZOOL toad
Krücke F crutch; **an ~n** (dat) **gehen** to walk on crutches

Krug M̄ (≈ *Milchkrug etc*) jug; (≈ *Bierkrug*) (beer) mug
Krümel M̄ (≈ *Brotkrümel etc*) crumb **krümelig** ADJ crumbly **krümeln** VT & VI to crumble
krumm A ADJ 1 crooked; *Beine* bandy; *Rücken* hunched; **etw ~ biegen** to bend sth 2 (*umg* ≈ *unehrlich*) **ein ~es Ding drehen** (*sl*) to do something crooked; **etw auf die ~e Tour versuchen** to try to wangle sth (*umg*) B ADV ~ **stehen/sitzen** to slouch; ~ **gehen** to walk with a stoop; ~ **gewachsen** crooked; **keinen Finger ~ machen** (*umg*) not to lift a finger **krümmen** A VT to bend; **gekrümmte Oberfläche** curved surface B VR to bend; (*Fluss*) to wind; (*Straße*) to curve; **sich vor Schmerzen** (*dat*) ~ to double up with pain **krummlachen** VR (*umg*) to double up with laughter **krummnehmen** VT (*umg*) **(jdm) etw ~** to take offence (*Br*) or offense (*US*) at sth **Krümmung** F̄ (*von Weg, Fluss*) turn; MATH, MED curvature; OPT curvature
Krüppel M̄ cripple; **jdn zum ~ machen** to cripple sb
Kruste F̄ crust; (*von Schweinebraten*) crackling; (*von Braten*) crisped outside **Krustentier** N̄ crustacean
Kruzifix N̄ crucifix
kryptisch ADJ *Bemerkung* cryptic **Kryptogramm** N̄ cryptogram
Kuba N̄ Cuba **Kubaner(in)** M/F Cuban **kubanisch** ADJ Cuban
Kübel M̄ bucket; (*für Pflanzen*) tub; **es regnet wie aus ~n** it's bucketing down (*Br*), it's coming down in buckets (*US*) **Kübelpflanze** F̄ container plant
Kubik N̄ (AUTO *umg* ≈ *Hubraum*) cc **Kubikmeter** M̄ or N̄ cubic metre (*Br*) or meter (*US*) **Kubikwurzel** F̄ cube root **Kubikzahl** F̄ cube number **Kubikzentimeter** M̄ or N̄ cubic centimetre (*Br*) or centimeter (*US*) **kubisch** ADJ cubic(al) **Kubismus** M̄ KUNST cubism
Küche F̄ 1 kitchen; (*klein*) kitchenette 2 (≈ *Kochkunst*) **die chinesische ~** Chinese cooking (❗ ohne **the**) 3 (≈ *Speisen*) dishes *pl*, food; **warme/kalte ~** hot/cold food
Kuchen M̄ cake; (*mit Obst gedeckt*) (fruit) flan
Küchenchef(in) M/F chef
Kuchenform F̄ cake tin (*Br*) or pan (*US*) **Kuchengabel** F̄ pastry fork
Küchengerät N̄ kitchen utensil; (*elektrisch*) kitchen appliance **Küchenherd** M̄ cooker (*Br*), range (*US*) **Küchenhilfe** F̄ kitchen help **Küchenmaschine** F̄ food processor **Küchenmesser** N̄ kitchen knife **Küchenpersonal** N̄ kitchen staff **Küchenschabe** F̄ ZOOL cockroach **Küchenschrank** M̄ (kitchen) cupboard

Kuchenteig M̄ cake mixture; (≈ *Hefeteig*) dough **Kuchenteller** M̄ cake plate
Küchentisch M̄ kitchen table **Küchentuch** N̄ kitchen towel
Kuckuck M̄ 1 cuckoo 2 (*umg* ≈ *Siegel des Gerichtsvollziehers*) bailiff's seal (for distraint of goods) 3 (*umg*) **zum ~ (noch mal)!** hell's bells! (*umg*); **(das) weiß der ~** heaven (only) knows (*umg*)
Kuckucksuhr F̄ cuckoo clock
Kuddelmuddel M̄ or N̄ (*umg*) muddle
Kufe F̄ (*von Schlitten etc*) runner; (*von Flugzeug*) skid
Küfer(in) M/F (*südd, schweiz* ≈ *Böttcher*) cooper
Kugel F̄ ball; (*geometrische Figur*) sphere; (≈ *Erdkugel*) globe; (≈ *Kegelkugel*) bowl; (≈ *Gewehrkugel*) bullet; (*für Luftgewehr*) pellet; (≈ *Kanonenkugel*) (cannon)ball; (SPORT ≈ *Stoßkugel*) shot; **eine ruhige ~ schieben** (*umg*) to have a cushy number (*umg*) **Kugelblitz** M̄ METEO ball lightning **kugelförmig** ADJ spherical **Kugelhagel** M̄ hail of bullets **Kugelkopf** M̄ golf ball **Kugellager** N̄ ball bearing **kugeln** A VI (≈ *rollen, fallen*) to roll B VR to roll (around); **sich (vor Lachen) ~** (*umg*) to double up (laughing) **kugelrund** ADJ as round as a ball **Kugelschreiber** M̄ ballpoint (pen), Biro® (*Br*); **mit ~ schreiben** to write in ballpoint pen **kugelsicher** ADJ bullet-proof **Kugelstoßen** N̄ shot-putting **Kugelstoßer(in)** M/F shot-putter
Kuh F̄ cow; **heilige ~** sacred cow **Kuhdorf** N̄ (*pej umg*) one-horse town (*umg*) **Kuhfladen** M̄ cowpat **Kuhglocke** F̄ cowbell **Kuhhandel** M̄ (*pej umg*) horse-trading (❗ kein *pl*) (*umg*) **Kuhhaut** F̄ cowhide; **das geht auf keine ~** (*umg*) that is absolutely staggering
kühl A ADJ cool; **mir wird etwas ~** I'm getting rather chilly; **einen ~en Kopf bewahren** to keep a cool head B ADV **etw ~ lagern** to store sth in a cool place; „**kühl servieren**" "serve chilled" **Kühlaggregat** N̄ refrigeration unit **Kühlanlage** F̄ refrigeration plant **Kühlbecken** N̄ (*für Brennelemente*) cooling pond **Kühlbox** F̄ cooler
Kuhle F̄ (*nordd*) hollow; (≈ *Grube*) pit
Kühle F̄ coolness **kühlen** A VT to cool; (*auf Eis*) to chill; → **gekühlt** B VI to be cooling **Kühler** M̄ TECH cooler; AUTO radiator; (*umg* ≈ *Kühlerhaube*) bonnet (*Br*), hood (*US*) **Kühlerfigur** F̄ AUTO radiator mascot (*Br*), hood ornament (*US*) **Kühlerhaube** F̄ AUTO bonnet (*Br*), hood (*US*) **Kühlfach** N̄ freezer compartment (*Br*), deep freeze **Kühlmittel** N̄ TECH coolant **Kühlraum** M̄ cold storage room **Kühlschrank** M̄ fridge (*Br*), refrigerator **Kühltasche** F̄ cold bag **Kühltruhe** F̄ (chest) freez-

er **Kühlturm** M̲ TECH cooling tower **Küh-lung** F̲ cooling; **zur ~ des Motors** to cool the engine **Kühlwasser** N̲ coolant; AUTO radiator water

Kuhmilch F̲ cow's milk **Kuhmist** M̲ cow dung

kühn A̲ ADJ bold B̲ ADV boldly **Kühnheit** F̲ boldness

Kuhstall M̲ cowshed

k. u. k. (österr HIST) abk **von kaiserlich und königlich** imperial and royal

Küken N̲ (≈ Huhn) chick; (umg ≈ jüngste Person) baby

Kukuruz M̲ (österr) maize, corn

kulant A̲ ADJ accommodating; Bedingungen fair B̲ ADV accommodatingly **Kulanz** F̲ **aus ~** as a courtesy

Kuli M̲ 1 (≈ Lastträger) coolie 2 (umg ≈ Kugelschreiber) ballpoint (pen), Biro® (Br); **mit ~ schreiben** to write in Biro

kulinarisch ADJ culinary

K   **Kulisse** F̲ scenery (❗ kein pl); (an den Seiten) wing; (≈ Hintergrund) backdrop; **hinter den ~n** (fig) behind the scenes

kullern V̲T̲&̲V̲I̲ (umg) to roll

Kult M̲ cult; (≈ Verehrung) worship; **einen ~ mit jdm/etw treiben** to make a cult out of sb/sth **Kultfigur** F̲ cult figure **Kultfilm** M̲ cult film **kultig** ADJ (sl) cult attr, culty (sl) **kultivieren** V̲T̲ to cultivate **kultiviert** A̲ ADJ cultivated, refined B̲ ADV speisen, sich einrichten stylishly; sich ausdrücken in a refined manner **Kultstätte** F̲ place of worship **Kultur** F̲ 1 culture; **er hat keine ~** he is uncultured 2 (≈ Lebensform) civilization; **die abendländische ~** western civilization (❗ ohne **the**) **Kulturangebot** N̲ programme (Br) od program (US) of cultural events; **Münchens vielfältiges ~** Munich's rich and varied cultural life **Kulturbanause** M̲, **Kulturbanausin** F̲ (umg) philistine **Kulturbetrieb** M̲ (umg) culture industry **Kulturbeutel** M̲ sponge od toilet bag (Br), washbag **kulturell** A̲ ADJ cultural B̲ ADV culturally **Kulturerbe** N̲ cultural heritage **Kulturgeschichte** F̲ history of civilization **kulturgeschichtlich** ADJ historico-cultural **Kulturhauptstadt** F̲ cultural capital **Kulturhoheit** F̲ independence in matters of education and culture **Kulturkreis** M̲ culture group od area **Kulturkritik** F̲ critique of (our) culture **kulturlos** ADJ lacking culture **Kulturpflanze** F̲ cultivated plant **Kulturpolitik** F̲ cultural and educational policy **kulturpolitisch** ADJ politico-cultural **Kulturprogramm** N̲ cultural programme (Br) od program (US) **Kulturrevolution** F̲ cultur-

al revolution **Kulturschock** M̲ culture shock **Kulturstätte** F̲ place of cultural interest **Kulturvolk** N̲ civilized people sg **Kulturzentrum** N̲ 1 (≈ Stadt) cultural centre (Br) od center (US) 2 (≈ Anlage) arts centre (Br) od center (US) **Kultusminister(in)** M̲(F̲) minister of education and the arts **Kultusministerium** N̲ ministry of education and the arts

Kümmel M̲ 1 (≈ Gewürz) caraway (seed) 2 (umg ≈ Schnaps) kümmel

Kummer M̲ (≈ Betrübtheit) sorrow; (≈ Ärger) problems pl; **jdm ~ machen** to cause sb worry; **wir sind (an) ~ gewöhnt** (umg) it happens all the time **kümmerlich** A̲ ADJ 1 (≈ armselig) miserable; Lohn, Mahlzeit paltry 2 (≈ schwächlich) puny; Vegetation stunted B̲ ADV sich entwickeln poorly; **sich ~ ernähren** to live on a meagre (Br) od meager (US) diet

kümmern A̲ V̲T̲ to concern; **was kümmert mich das?** what's that to me? B̲ V̲R̲ **sich um jdn/etw ~** to look after sb/sth; **sich darum ~, dass ...** to see to it that ...; **er kümmert sich darum, was die Leute denken** he doesn't care (about) what people think

Kumpan(in) M̲(F̲) (obs umg) pal (umg) **Kumpel** M̲ 1 (BERGB ≈ Bergmann) miner 2 (umg ≈ Kamerad) pal (umg) **kumpelhaft** ADJ (umg) pally (umg)

kündbar ADJ Vertrag terminable; Anleihe redeemable; **Beamte sind nicht ohne Weiteres ~** civil servants cannot be dismissed just like that

Kunde M̲, **Kundin** F̲ customer **Kundenberatung** F̲ customer advisory service **Kundendienst** M̲ customer service; (≈ Abteilung) service department **Kundenfang** M̲ (pej) **auf ~ sein** to be touting for customers **Kundenkarte** F̲ (von Firma, Organisation) charge card; (von Kaufhaus etc) (department (US)) store card; (von Bank) bank card **Kundenkreis** M̲ customers pl, clientele **kundenorientiert** ADJ customer-oriented **Kundenservice** M̲ customer service

Kundgebung F̲ POL rally

kundig ADJ (geh) knowledgeable; (≈ sachkundig) expert

kündigen A̲ V̲T̲ Abonnement, Mitgliedschaft to cancel; **jdm die Wohnung ~** to give sb notice to quit his/her flat (Br) od to vacate his/her apartment (US); **die Stellung ~** to hand in one's notice; **jdm die Stellung ~** to give sb his/her notice; **jdm die Freundschaft ~** to break off a friendship with sb B̲ V̲I̲ (Arbeitnehmer) to hand in one's notice; (Mieter) to give in one's notice; **jdm ~** (Arbeitgeber) to give sb his/her notice; (Vermieter) to give sb notice to quit (Br) od to vacate his apartment (US) **Kündigung** F̲ (≈

Mitteilung) (von Vermieter) notice to quit *(Br)* od to vacate one's apartment *(US)*; *(von Mieter, Stellung)* notice; *(von Vertrag)* termination; *(von Mitgliedschaft, Abonnement)* (letter of) cancellation; **ich drohte (dem Chef) mit der ~** I threatened to hand in my notice (to my boss); **Vertrag mit vierteljährlicher ~** contract with three months' notice on either side **Kündigungsfrist** F̲ period of notice **Kündigungsgrund** M̲ grounds *pl* for giving notice **Kündigungsschreiben** N̲ written notice; *(von Arbeitgeber)* letter of dismissal **Kündigungsschutz** M̲ protection against wrongful dismissal

Kundin F̲ → Kunde **Kundschaft** F̲ customers *pl*

kundschaften V̲I̲ MIL to reconnoitre *(Br)*, to reconnoiter *(US)* **Kundschafter(in)** M̲(F̲) spy; MIL scout **kundtun** V̲T̲ *(geh)* to make known **künftig** A̲ A̲D̲J̲ future; **meine ~e Frau** my wife-to-be B̲ A̲D̲V̲ in future

Kungelei F̲ *(umg)* scheming

Kunst F̲ 1 art; **die schönen Künste** fine art *sg*, the fine arts 2 (≈ *Fertigkeit*) art, skill; **die ~ besteht darin, …** the art is in …; **ärztliche ~** medical skill; **das ist keine ~!** it's a piece of cake *(umg)* 3 *(umg)* **das ist eine brotlose ~** there's no money in that; **was macht die ~?** how are things? **Kunstakademie** F̲ art college **Kunstausstellung** F̲ art exhibition **Kunstbanause** M̲, **Kunstbanausin** F̲ *(pej)* philistine **Kunstdruck** M̲ art print **Kunstdünger** M̲ chemical fertilizer **Kunstfaser** F̲ synthetic fibre *(Br)* od fiber *(US)* **Kunstfehler** M̲ professional error; *(weniger ernst)* slip **kunstfertig** *(geh)* A̲ A̲D̲J̲ skilful *(Br)*, skillful *(US)* B̲ A̲D̲V̲ skilfully *(Br)*, skillfully *(US)* **Kunstflug** M̲ aerobatics *sg*, stunt flying **Kunstfreund(in)** M̲(F̲) art lover **Kunstgalerie** F̲ art gallery (⚠ *Vorsicht, zwei „l"*) **Kunstgegenstand** M̲ objet d'art; *(Gemälde)* work of art **kunstgemäß, kunstgerecht** A̲ A̲D̲J̲ (≈ *fachmännisch*) proficient B̲ A̲D̲V̲ proficiently **Kunstgeschichte** F̲ history of art **Kunstgewerbe** N̲ arts and crafts *pl* **kunstgewerblich** A̲D̲J̲ **~e Gegenstände** craft objects **Kunstgriff** M̲ trick **Kunsthandel** M̲ art trade **Kunsthändler(in)** M̲(F̲) art dealer **Kunsthandwerk** N̲ craft industry **Kunstherz** N̲ artificial heart **Kunsthistoriker(in)** M̲(F̲) art historian **Kunsthochschule** F̲ art college **Kunstleder** N̲ imitation leather **Künstler(in)** M̲(F̲) 1 artist; (≈ *Unterhaltungskünstler*) artiste; **bildender ~** visual artist 2 (≈ *Könner*) genius *(in +dat* at) **künstlerisch** A̲ A̲D̲J̲ artistic B̲ A̲D̲V̲ artistically **Künstlername** M̲ pseudonym **Künstlerpech** N̲ *(umg)* hard luck **künstlich** A̲ A̲D̲J̲ artificial; *Zähne, Fingernägel* false; *Faserstoffe* synthetic; **~e Intelligenz** artificial intelligence B̲ A̲D̲V̲ 1 artificially 2 **jdn ~ ernähren** MED to feed sb artificially **Kunstliebhaber(in)** M̲(F̲) art lover **Kunstmaler(in)** M̲(F̲) artist, painter **Kunstpause** F̲ *(als Spannungsmoment)* dramatic pause, pause for effect; *(iron: beim Stocken)* awkward pause **Kunstrasen** M̲ artificial turf **Kunstraub** M̲ art theft **Kunstsammlung** F̲ art collection **Kunstschätze** P̲L̲ art treasures *pl* **Kunstseide** F̲ artificial silk **Kunstspringen** N̲ diving (⚠ *ohne* the) **Kunststoff** M̲ man-made material **Kunststoffflasche** F̲ plastic bottle **Kunststück** N̲ trick; **das ist kein ~** *(fig)* there's nothing to it; (≈ *keine große Leistung*) that's nothing to write home about **Kunstturnen** N̲ gymnastics *sg* **kunstvoll** A̲ A̲D̲J̲ artistic; (≈ *kompliziert*) elaborate B̲ A̲D̲V̲ elaborately **Kunstwerk** N̲ work of art

kunterbunt A̲D̲J̲ *Sammlung etc* motley *attr*; *Programm* varied; *Leben* chequered *(Br)*, checkered *(US)*; **~ durcheinander** all jumbled up

Kupfer N̲ copper **Kupferdraht** M̲ copper wire **Kupfergeld** N̲ coppers *pl* **kupferrot** A̲D̲J̲ copper-red **Kupferstich** M̲ copperplate (engraving)

Kupon M̲ = Coupon

Kuppe F̲ (≈ *Bergkuppe*) (rounded) hilltop; (≈ *Fingerkuppe*) tip

Kuppel F̲ dome

Kuppelei F̲ JUR procuring **kuppeln** A̲ V̲T̲ = koppeln B̲ V̲I̲ 1 AUTO to operate the clutch 2

Kuppe — (rounded) hilltop

Kuppe — tip

(*umg* ≈ *Paare zusammenführen*) to match-make **Kuppler(in)** MF matchmaker (*+gen* for); JUR procurer/procuress **Kupplung** F **1** TECH coupling; AUTO *etc* clutch **2** (≈ *das Koppeln*) coupling **Kupplungspedal** N clutch pedal

Kur F (*in Badeort*) (health) cure; (≈ *Haarkur etc*) treatment (⚠ kein pl); (≈ *Schlankheitskur*) diet; **in ~ fahren** to go to a spa; **eine ~ machen** to take a cure; (≈ *Schlankheitskur*) to diet

Kür F SPORT free section

Kuraufenthalt M stay at a spa **Kurbad** N spa

Kurbel F crank; (*an Rollläden etc*) winder **Kurbelwelle** F crankshaft

Kürbis M pumpkin

Kurde M, **Kurdin** F Kurd **kurdisch** ADJ Kurdish **Kurdistan** N Kurdistan

Kurfürst M Elector, electoral prince

Kurgast M (*Patient*) patient at a spa; (*Tourist*) visitor to a spa

Kurie F KIRCHE Curia

Kurier(in) MF courier; HIST messenger **Kurierdienst** M courier service

kurieren VT to cure (*von* of)

kurios ADJ (≈ *merkwürdig*) strange, curious **Kuriosität** F **1** (*Gegenstand*) curio(sity) **2** (≈ *Eigenart*) peculiarity

Kurort M spa **Kurpark** M spa gardens *pl* **Kurpfuscher(in)** MF (*pej umg*) quack (doctor) **Kurs** M **1** course; (POL ≈ *Richtung*) line; **~ nehmen auf** (*+akk*) to set course for; **den ~ ändern** to change (one's) course **2** (FIN ≈ *Wechselkurs*) exchange rate; (≈ *Aktienkurs*) price; **zum ~ von** at the rate of; **hoch im ~ stehen** (*Aktien*) to be high; (*fig*) to be popular (*bei* with) **3** (≈ *Lehrgang*) course (*in +dat*, *für* in) **Kursänderung** F change of course **Kursanstieg** M BÖRSE rise in (market) prices **Kursbuch** N BAHN (railway) timetable

Kürschner(in) MF furrier

Kurseinbruch M FIN sudden fall in prices **Kurseinbuße** F decrease in value **Kursentwicklung** F FIN price trend **Kurserholung** F FIN rally in prices **Kursgewinn** M profit (on the stock exchange market) **kursieren** VI to circulate **Kursindex** M BÖRSE stock exchange index

kursiv A ADJ italic B ADV in italics

Kurskorrektur F course correction **Kursleiter(in)** MF (*bes Br*) course tutor **Kursnotierung** F quotation **Kursrückgang** M fall in prices **Kursschwankung** F fluctuation in exchange rates; BÖRSE fluctuation in market rates **Kursteilnehmer(in)** MF (course) participant **Kursverlust** M FIN loss (on the stock exchange) **Kurswagen** M BAHN through coach **Kurswechsel** M change of direction

Kurtaxe F visitors' tax (at spa)

Kurve F curve; (≈ *Straßenkurve*) bend; (*an Kreuzung*) corner; **die Straße macht eine ~** the road bends; **die ~ kratzen** (*umg* ≈ *schnell weggehen*) to make tracks (*umg*) **kurven** VI to circle; **durch Italien ~** (*umg*) to drive around Italy **kurvenreich** ADJ *Strecke* winding; „**kurvenreiche Strecke**" "(series of) bends"

kurz A ADJ short; *Blick, Folge* quick; **etw kürzer machen** to make sth shorter; **ich will es ~ machen** I'll make it brief; **den Kürzeren ziehen** (*fig umg*) to come off worst B ADV **1** **zu ~ kommen** to come off badly; **~ entschlossen** without a moment's hesitation; **~ gesagt** in a nutshell; **sich ~ fassen** to be brief; **~ gefasst** concise; **~ und bündig** concisely, tersely (*pej*); **~ und gut** in a word; **~ und schmerzlos** (*umg*) short and sweet; **etw ~ und klein hauen** to smash sth to pieces **2** (≈ *für eine kurze Zeit*) briefly; **ich bleibe nur ~** I'll only stay for a short while; **ich muss mal ~ weg** I'll have to go for a moment; **~ bevor/nachdem** shortly before/after; **über ~ oder lang** sooner or later; **(bis) vor Kurzem** (until) recently **Kurzarbeit** F short time **kurzarbeiten** VI to be on short time **Kurzarbeiter(in)** MF short-time worker **kurzärmelig** ADJ short-sleeved **kurzatmig** ADJ MED short of breath **Kurzbericht** M brief report; (≈ *Zusammenfassung*) summary **Kurzbesuch** M brief *od* flying visit **Kürze** F shortness; (*fig*) (≈ *Bündigkeit*) brevity, conciseness; **in ~** (≈ *bald*) shortly; **in aller ~** very briefly; **in der ~ liegt die Würze** (*sprichw*) brevity is the soul of wit **Kürzel** N (≈ *stenografisches Zeichen*) shorthand symbol; (≈ *Abkürzung*) abbreviation **kürzen** VT to shorten; *Gehalt, Ausgaben* to cut (back) **Kurze(r)** M (*umg*) **1** (≈ *Schnaps*) short **2** (≈ *Kurzschluss*) short (circuit) **kurzerhand** ADV without further ado; *entlassen* on the spot; **etw ~ ablehnen** to reject sth out of hand **kurzfassen** VR to be brief **Kurzfassung** F abridged version **Kurzfilm** M short (film) **kurzfristig** A ADJ short-term (⚠ nur vor dem Substantiv); *Wettervorhersage* short-range (⚠ nur vor dem Substantiv) B ADV (≈ *auf kurze Sicht*) for the short term; (≈ *für kurze Zeit*) for a short time; **~ seine Pläne ändern** to change one's plans at short notice **Kurzgeschichte** F short story **Kurzhaardackel** M short--haired dachshund **kurzhaarig** ADJ short--haired **kurzhalten** VT **jdn ~** to keep sb short **Kurzhantel** F dumbbell **Kurzinformation** F information summary (⚠ kein pl); (≈ *Blatt*) information sheet **kurzlebig** ADJ short-lived

kürzlich **A** ADV recently; **erst ~** only od just recently **B** ADJ recent **Kurzmeldung** F newsflash **Kurznachricht** F **1** (≈ *Information*) **Kurznachrichten** pl the news headlines pl **2** (≈ *SMS*) text message **Kurzparker** M „nur für ~" "short-stay (*Br*) od short-term parking only" **Kurzparkzone** F short-stay (*Br*) od short-term parking zone **kurzschließen** **A** VT to short-circuit **B** VR (≈ *in Verbindung treten*) to get in contact (*mit* with) **Kurzschluss** M **1** ELEK short circuit **2** (*fig: a.* **Kurzschlusshandlung**) rash action **Kurzschlussreaktion** F knee-jerk reaction **kurzsichtig** **A** ADJ short-sighted **B** ADV short-sightedly **Kurzsichtigkeit** F short-sightedness **Kurzstrecke** F short distance; (*in Laufwettbewerb*) sprint distance **Kurzstreckenflugzeug** N short-haul aircraft **Kurzstreckenrakete** F short-range missile **Kurztrip** M (*umg*) short holiday **kurzum** ADV in short **Kürzung** F shortening; (*von Gehältern etc*) cut (+*gen* in) **Kurzurlaub** M short holiday (*bes Br*) od vacation (*US*); MIL short leave **Kurzwahl** F TEL one-touch dialling (*Br*) od dialing (*US*), speed dial **Kurzwahlspeicher** M TEL speed-dial number memory **Kurzwaren** PL haberdashery (*Br*), notions pl (*US*) **kurzweilig** ADJ entertaining **Kurzwelle** F RADIO short wave **Kurzzeitgedächtnis** N short-term memory **kurzzeitig** **A** ADJ (≈ *für kurze Zeit*) short, brief **B** ADV for a short time, briefly **Kurzzeitspeicher** M short-term memory

kuschelig (*umg*) ADJ cosy (*Br*), cozy (*US*) **kuscheln** **A** VI to cuddle (*mit* with) **B** VR **sich an jdn ~** to snuggle up to sb; **sich in etw** (*akk*) **~** to snuggle up in sth **Kuschelrock** M (MUS *umg*) soft rock **Kuschelsex** M loving sex **Kuscheltier** N cuddly toy **kuschen** VI (*Hund etc*) to get down; (*fig*) to knuckle under

Kusine F cousin

Kuss M kiss **küssen** **A** VT/I & VI to kiss **B** VR to kiss (each other) **Kusshand** F **jdm eine ~ zuwerfen** to blow sb a kiss

Küste F coast; (≈ *Ufer*) shore **Küstengebiet** N coastal area **Küstengewässer** PL coastal waters pl **Küstenschifffahrt** F coastal shipping **Küstenwache** F, **Küstenwacht** F coastguard

Küster(in) M(F) sacristan

Kutsche F coach; (*umg* ≈ *Auto*) jalopy (*umg*) **Kutscher(in)** M(F) driver **kutschieren** **A** VI to drive **B** VT to drive; **jdn im Auto durch die Gegend ~** to drive sb around

Kutte F habit

Kuttel F (*südd, österr, schweiz*) entrails pl

Kutter M SCHIFF cutter

Kuvert N (≈ *Briefkuvert*) envelope

Kuwait N Kuwait **kuwaitisch** ADJ Kuwaiti

Kybernetik F cybernetics sg **kybernetisch** ADJ cybernetic

kyrillisch ADJ Cyrillic

KZ N abk von Konzentrationslager concentration camp **KZ-Häftling** M concentration camp prisoner

L

L, l N L, l

Label N label

labern (*umg*) **A** VI to prattle (on od away) (*umg*) **B** VT to talk

labil ADJ unstable; *Gesundheit* delicate; *Kreislauf* poor **Labilität** F instability

Labor N laboratory **Laborant(in)** M(F) lab(oratory) technician

Labrador M ZOOL labrador

Labyrinth N labyrinth

Lachanfall M laughing fit

Lache¹ F (≈ *Pfütze*) puddle

Lache² F (*umg*) laugh **lächeln** VI to smile; **freundlich ~** to give a friendly smile **Lächeln** N smile **lachen** **A** VI to laugh (*über* +*akk* at); **jdn zum Lachen bringen** to make sb laugh; **zum Lachen sein** (≈ *lustig*) to be hilarious; (≈ *lächerlich*) to be laughable; **mir ist nicht zum Lachen (zumute)** I'm in no laughing mood; **dass ich nicht lache!** (*umg*) don't make me laugh! **du hast gut ~!** it's all right for you to laugh! (*umg*); **wer zuletzt lacht, lacht am besten** (*sprichw*) he who laughs last, laughs longest (*sprichw*) **B** VT **da gibt es gar nichts zu ~** that's nothing to laugh about; **was gibt es denn da zu ~?** what's so funny about that?; **er hat bei seiner Frau nichts zu ~** (*umg*) he has a hard time of it with his wife; **das wäre doch gelacht** it would be ridiculous **Lachen** N laughter; (≈ *Art des Lachens*) laugh **Lacher** M **1 die ~ auf seiner Seite haben** to have the last laugh **2** (*umg* ≈ *Lache*) laugh **Lacherfolg** M **ein ~ sein** to make everybody laugh **lächerlich** ADJ **1** ridiculous; (≈ *komisch*) comical; **jdn/etw ~ machen** to make sb/sth look silly; **jdn/sich ~ machen** to make a fool of sb/oneself; **etw ins Lächerliche ziehen** to make fun of sth **2** (≈ *geringfügig*) *Anlass* trivial; *Preis* ridiculously low **Lächerlichkeit** F **1** absurdity **2**

LACH 1054

(≈ *Geringfügigkeit*) triviality **Lachgas** N̄ laughing gas **lachhaft** ADJ ridiculous **Lachkrampf** M̄ **einen ~ bekommen** to go (off) into fits of laughter

Lachs M̄ salmon **lachsfarben** ADJ salmon pink **Lachsforelle** F̄ salmon *od* sea trout **Lachsschinken** M̄ smoked, rolled fillet of ham

Lack M̄ varnish; (≈ *Autolack*) paint; (*für Lackarbeiten*) lacquer **Lackarbeit** F̄ lacquerwork **Lackfarbe** F̄ gloss paint **lackieren** V̄T̄ & V̄Ī *Holz* to varnish; *Fingernägel auch* to paint; *Auto* to spray **Lackierer(in)** M̄/F̄ varnisher; (*von Autos*) sprayer **Lackiererei** F̄ (≈ *Autolackiererei*) paint shop **Lackierung** F̄ (*von Auto*) paintwork; (≈ *Holzlackierung*) varnish; (*für Lackarbeiten*) lacquer **Lackleder** N̄ patent leather

Lackmuspapier N̄ litmus paper

ladbar ADJ IT loadable **Ladefläche** F̄ load area **Ladegerät** N̄ battery charger

laden[1] A V̄T̄ to load; (≈ *wieder aufladen*) *Batterie, Akku* to recharge; PHYS to charge; **der Lkw hat zu viel geladen** the lorry is overloaded; **Verantwortung auf sich** (*akk*) **~ laden** to saddle oneself with responsibility; → **geladen** B V̄Ī 1 to load (up) 2 PHYS to charge

laden[2] V̄T̄ 1 (*liter ≈ einladen*) to invite; **nur für geladene Gäste** by invitation only 2 (*form: vor Gericht*) to summon

Laden[1] M̄ (≈ *Geschäft*) shop (*bes Br*), store (*US*); **der ~ läuft** (*umg*) business is good; **den ~ schmeißen** (*umg*) to run the show

Laden[2] M̄ (≈ *Fensterladen*) shutter

Ladendieb(in) M̄/F̄ shoplifter **Ladendiebstahl** M̄ shoplifting **Ladenhüter** M̄ non-seller **Ladenkette** F̄ chain of shops (*bes Br*) *od* stores **Ladenpreis** M̄ shop (*bes Br*) *od* store (*US*) price **Ladenschluss** M̄ **um acht Uhr ist ~ the shops** (*bes Br*) *od* stores (*US*) shut at eight o'clock **Ladenschlusszeit** F̄ (shop (*bes Br*) *od* store (*US*)) closing time **Ladentisch** M̄ shop counter; **über den/unter dem ~** over/under the counter

Ladeplatz M̄ loading bay **Laderampe** F̄ loading ramp **Laderaum** M̄ load room; FLUG, SCHIFF hold

lädieren V̄T̄ to damage; *Körperteil* to injure; **sein lädiertes Image** his tarnished image

Ladung F̄ 1 load; (*von Sprengstoff*) charge; **eine geballte ~ von Schimpfwörtern** a whole torrent of abuse 2 (≈ *Vorladung*) summons *sg*

Lage F̄ 1 (≈ *geografische Lage*) situation; **in günstiger ~** well-situated; **eine gute/ruhige ~ haben** to be in a good/quiet location 2 (≈ *Art des Liegens*) position 3 (≈ *Situation*) situation; **in der ~ sein, etw zu tun** (*befähigt sein*) to be able to do sth; **dazu bin ich nicht in der ~** I'm not in a

Laden — shop

Laden — shutter

position to do that; **nach ~ der Dinge** as things stand 4 (≈ *Schicht*) layer 5 (≈ *Runde*) round **Lagebericht** M̄ report; MIL situation report **Lagenschwimmen** N̄ SPORT individual medley **Lagenstaffel** F̄ SPORT medley relay; (≈ *Mannschaft*) medley relay team **Lageplan** M̄ ground plan

Lager N̄ 1 (≈ *Unterkunft*) camp; **sein ~ aufschlagen** to set up camp 2 (*fig*) (≈ *Partei*) camp; **ins andere ~ überwechseln** to change camps 3 (≈ *Vorratsraum*) store(room); (*von Laden*) stockroom; (≈ *Lagerhalle*) warehouse; **am ~ sein** to be in stock; **etw auf ~ haben** to have sth in stock; (*fig*) *Witz etc* to have sth on tap (*umg*) 4 TECH bearing **Lagerfeuer** N̄ campfire **Lagergebühr** F̄, **Lagergeld** N̄ storage charge **Lagerhalle** F̄ warehouse **Lagerhaus** N̄ warehouse **Lagerleben** N̄ camp life **Lagerleiter(in)** M̄/F̄ camp commander; (*in Ferienlager etc*) camp leader **lagern** A V̄T̄ 1 (≈ *aufbewahren*) to store; **kühl ~!** keep in a cool place 2 (≈ *hinlegen*) *jdn* to lay down; *Bein etc* to rest; **das Bein hoch ~** to put one's leg up; → **gelagert** B V̄Ī 1 (*Waren etc*) to be stored 2 (*Truppen etc*) to camp, to be encamped **Lagerraum** M̄ storeroom; (*in Geschäft*) stockroom **Lagerstätte** F̄ GEOL deposit **Lagerung** F̄ storage

Lagune F̄ lagoon

lahm ADJ 1 (≈ *gelähmt*) lame; **er ist auf dem linken Bein ~** he is lame in his left leg 2 (*umg* ≈ *langweilig*) dreary; *Ausrede* lame; *Geschäftsgang* slow **Lahmarsch** M̄ (*umg*) slowcoach (*Br umg*), slowpoke (*US umg*) **lahmarschig** ADJ (*umg*) bloody

LAND

Lager — camp

Lager — storeroom, warehouse

(Br umg) od damn (umg) slow **lahmen** VI to be lame (auf +dat in) **lähmen** VT to paralyze; Verhandlungen, Verkehr to hold up; → **gelähmt lahmlegen** VT Verkehr to bring to a standstill; Stromversorgung to paralyze **Lähmung** F (wörtl) paralysis; (fig) immobilization
Laib M (bes südd) loaf
Laibchen N, **Laiberl** N (österr) (≈ Teiggebäck) round loaf; (≈ Fleischspeise) ≈ (ham)burger
Laich M spawn **laichen** VI to spawn
Laie M layman **Laiendarsteller(in)** M(F) amateur actor/actress **laienhaft** A ADJ Arbeit amateurish B ADV spielen amateurishly
Lakai M lackey
Lake F brine
Laken N sheet
lakonisch A ADJ laconic B ADV laconically
Lakritz M (dial), **Lakritze** F liquorice (Br), licorice
lallen VT & VI to babble
Lama[1] N ZOOL llama
Lama[2] M REL lama
Lamelle F 1 BIOL lamella 2 (von Jalousien) slat
lamentieren VI to moan, to complain
Lametta N lametta
Laminat N laminate
Lamm N lamb **Lammbraten** M roast lamb **Lammfell** N lambskin **Lammfleisch** N lamb **lammfromm** ADJ Miene innocent
Lampe F light; (≈ Stehlampe, Tischlampe) lamp; (≈ Glühlampe) bulb **Lampenfieber** N stage fright **Lampenschirm** M lampshade **Lampion** M Chinese lantern
lancieren VT Produkt to launch; Nachricht to put out
Land N 1 (≈ Gelände, Festland) land; (≈ Landschaft) country, landscape; **an ~ gehen** to go ashore; **etw an ~ ziehen** to pull sth ashore; **einen Auftrag an ~ ziehen** (umg) to land an order; **~ in Sicht!** land ahoy!; **bei uns zu ~e** in our country 2 (≈ ländliches Gebiet) country; **auf dem ~(e)** in the country 3 (≈ Staat) country; (≈ Bundesland) (in BRD) Land, state; (in Österreich) province **Landammann** M (schweiz) highest official in a Swiss canton **Landarbeiter(in)** M(F) agricultural worker **Landarzt** M, **Landärztin** F country doctor **Landbesitz** M landholding **Landbesitzer(in)** M(F) landowner **Landbevölkerung** F rural population
Landeanflug M approach **Landebahn** F runway **Landebrücke** F jetty **Landeerlaubnis** F permission to land **Landefähre** F RAUMF landing module **landen** A VI to land; (umg) (≈ enden) to land up; **weich ~** to make a soft landing B VT to land
Landenge F isthmus
Landepiste F landing strip **Landeplatz** M (für Flugzeuge) landing strip; (für Schiffe) landing place
Ländereien PL estates pl **Länderkampf** M SPORT international contest; (≈ Länderspiel) international (match) **Länderspiel** N international (match) **Landesebene** F **auf ~** at state level **Landesgrenze** F (von Staat) national boundary; (von Bundesland) state od (österr) provincial boundary **Landeshauptfrau** F, **Landeshauptmann** M (österr) head of the government of a province **Landesinnere(s)** N interior **Landeskunde** F knowledge of the/a country **Landesregierung** F government of a Land; (österr) provincial government **Landessprache** F national language **Landesteil** M region **landesüblich** ADJ customary **Landesverrat** M treason **Landesverteidigung** F national defence (Br) od defense (US) **Landeswährung** F national od local currency **Landeszentralbank** F State Central Bank
Landeverbot N **~ erhalten** to be refused permission to land
Landflucht F migration from the land **Landfriedensbruch** M JUR breach of the peace **Landgang** M shore leave **Landgericht** N district court **landgestützt** ADJ Raketen land-based **Landgut** N estate **Landhaus** N country house **Landkarte** F map **Landklima** N continental climate **Landkreis** M administrative district **landläufig** A ADJ popular; **entgegen der ~en Meinung** contrary to popular opinion B ADV commonly

LAND | 1056

Landleben N̄ country life **ländlich** ADJ rural; *Tanz* country attr, folk attr **Landluft** F̄ country air **Landmine** F̄ land mine **Landplage** F̄ plague; *(fig umg)* pest

Landrat[1] M̄ *(schweiz) cantonal parliament* **Landrat**[2] M̄, **Landrätin** F̄ (D) *head of the administration of a Landkreis*

Landratte F̄ *(hum)* landlubber **Landregen** M̄ steady rain **Landschaft** F̄ scenery (❗ kein pl); *(≈ ländliche Gegend)* countryside (❗ kein pl); *(Gemälde, fig)* landscape; **die politische ~** the political scene **landschaftlich** ADJ *Schönheiten etc* scenic; *Besonderheiten* regional **Landschaftsbild** N̄ view; *(Gemälde)* landscape (painting); *(Fotografie)* landscape (photograph) **Landschaftsgärtner(in)** M̄F̄ landscape gardener **Landschaftsschutz** M̄ protection of the countryside **Landschaftsschutzgebiet** N̄ nature reserve **Landsitz** M̄ country seat **Landsmann** M̄, **Landsmännin** F̄ compatriot **Landstraße** F̄ country road **Landstreicher(in)** M̄F̄ *(pej)* tramp **Landstreitkräfte** PL land forces *pl* **Landtag** M̄ Landtag *(state parliament)* **Landtagswahlen** PL German regional elections *pl* **Landung** F̄ landing **Landungsbrücke** F̄ jetty **Landungssteg** M̄ landing stage **Landurlaub** M̄ shore leave **Landvermessung** F̄ land surveying **Landweg** M̄ **auf dem ~** by land **Landwirt(in)** M̄F̄ farmer **Landwirtschaft** F̄ agriculture (❗ ohne **the**); *(Betrieb)* farm; **~ betreiben** to farm **landwirtschaftlich** ADJ agricultural **Landzunge** F̄ spit (of land), promontory

lang A ADJ ◻ long; **vor ~er Zeit** a long time ago ◻ *(umg ≈ groß) Mensch* tall B ADV **der ~ erwartete Regen** the long-awaited rain; **~ gehegt** *Wunsch* long-cherished; **zwei Stunden ~** for two hours; **mein ganzes Leben ~** all my life **langärmelig** ADJ long-sleeved **langatmig** A ADJ long-winded B ADV in a long-winded way **lange** ADV ◻ *(zeitlich)* a long time; **wie ~ bist du schon hier?** how long have you been here (for)?; **es ist noch gar nicht ~ her, dass ...** it's not long since we ...; **je länger, je lieber** the more the better; *(zeitlich)* the longer the better ◻ *(umg ≈ längst)* **noch ~ nicht** not by any means **Länge** F̄ ◻ length; *(umg: von Mensch)* height; **eine ~ von 10 Metern haben** to be 10 metres *(Br) od* meters *(US)* long; **der ~ nach hinfallen** to fall flat; **etw in die ~ ziehen** to drag sth out *(umg)*; **sich in die ~ ziehen** to go on and on; **(jdm) um ~n voraus sein** *(fig)* to be streets ahead (of sb) ◻ GEOG longitude ◻ *(in Buch)* long-drawn-out passage; *(in Film)* long-drawn-out scene **langen** *(dial umg)* A V̄Ī ◻ *(≈ sich erstre-*

cken, greifen) to reach *(nach* for, *in +akk* in, into) ◻ *(≈ fassen)* to touch *(an etw (akk)* sth) ◻ *(≈ ausreichen)* to be enough; **mir langt es** I've had enough; **das Geld langt nicht** there isn't enough money B V̄T̄ *(≈ reichen)* **jdm etw ~** to give sb sth; **jdm eine ~** to give sb a clip on the ear *(umg)* **Längengrad** M̄ *(a.* **Längenkreis)** degree of longitude **Längenmaß** N̄ measure of length **längerfristig** A ADJ longer-term (❗ nur vor dem Substantiv) B ADV in the longer term

Langeweile F̄ boredom; **~ haben** to be bored

langfristig A ADJ long-term (❗ nur vor dem Substantiv) B ADV in the long term **langgehen** A V̄Ī ◻ *(Weg etc)* **wo gehts hier lang?** where does this *(road etc)* go? ◻ **sie weiß, wo es langgeht** she knows what's what B V̄T̄ to go along **langhaarig** ADJ long-haired **Langhantel** F̄ barbell **langjährig** ADJ *Freundschaft, Gewohnheit* long-standing; *Erfahrung* many years of; *Mitarbeiter* of many years' standing **Langlauf** M̄ SKI cross-country (skiing) **Langläufer(in)** M̄F̄ SKI cross-country skier **langlebig** ADJ long-lasting; *Gerücht* persistent; *Mensch, Tier* long-lived **länglich** ADJ long **Langmut** F̄ forbearance **langmütig** ADJ forbearing **längs** A ADV lengthways; **~ gestreift** *Stoff* with lengthways stripes B PRÄP *+gen* along; **~ des Flusses** along the river **Längsachse** F̄ longitudinal axis **langsam** A ADJ slow B ADV slowly; **~, aber sicher** slowly but surely; **es wird ~ Zeit, dass ...** it's high time that ...; **ich muss jetzt ~ gehen** I must be getting on my way; **~ reicht es mir** I've just about had enough **Langsamkeit** F̄ slowness

Langschläfer(in) M̄F̄ late-riser **längsgestreift** ADJ → **längs** **Langspielplatte** F̄ long-playing record **längst** ADV *(≈ schon lange)* for a long time; *(≈ vor langer Zeit)* a long time ago; **als wir ankamen, war der Zug ~ weg** when we arrived the train had long since gone **längstens** ADV ◻ *(≈ höchstens)* at the most ◻ *(≈ spätestens)* at the latest **längste(r, s)** → **lang** **Langstreckenflugzeug** N̄ long-range aircraft **Langstreckenlauf** M̄ *(Disziplin)* long-distance running; *(Wettkampf)* long-distance race **Langstreckenrakete** F̄ long-range missile

Languste F̄ crayfish, crawfish *(US)* **langweilen** A V̄T̄ to bore B V̄R̄ to be bored; **sich zu Tode ~** to be bored to death; → **gelangweilt** **Langweiler(in)** M̄F̄ bore; *(≈ langsamer Mensch)* slowcoach *(Br umg)*, slowpoke *(US*

L

umg) **langweilig** ADJ boring

Langwelle F long wave **langwierig** A ADJ long B ADV over a long period **Langzeitarbeitslose(r)** M/F(M) **die ~n** the long-term unemployed **Langzeitarbeitslosigkeit** F long-term unemployment **Langzeitgedächtnis** N long-term memory

Lanolin N lanolin

Lanze F (≈ *Waffe*) lance

La Ola F, **La-Ola-Welle** F SPORT Mexican wave

Laos N Laos **laotisch** ADJ Laotian

lapidar A ADJ succinct B ADV succinctly

Lappalie F trifle

Lappe M, **Lappin** F Lapp, Lapplander

Lappen M (≈ *Stück Stoff*) cloth; (≈ *Waschlappen*) face cloth (*Br*), washcloth (*US*); **jdm durch die ~ gehen** (*umg*) to slip through sb's fingers

läppern VR UNPERS (*umg*) **es läppert sich** it (all) mounts up

läppisch ADJ silly

Lappland N Lapland

Lapsus M mistake; (*gesellschaftlich*) faux pas

Laptop M IT laptop

Lärche F larch

Lärm M noise; (≈ *Aufsehen*) fuss; **~ schlagen** (*fig*) to kick up a fuss; **viel ~ um jdn/etw machen** to make a big fuss about sb/sth **Lärmbekämpfung** F noise abatement **Lärmbelästigung** F noise pollution **lärmen** VI to make a noise; **~d** noisy **Lärmschutz** M noise prevention **Lärmschutzwall** M, **Lärmschutzwand** F sound barrier

Larve F (≈ *Tierlarve*) larva

Lasagne F lasagne *sg*

lasch (*umg*) A ADJ *Gesetz, Kontrolle, Eltern* lax; *Vorgehen* feeble B ADV (≈ *nicht streng*) in a lax way; *vorgehen* feebly

Lasche F (≈ *Schlaufe*) loop; (≈ *Schuhlasche*) tongue; TECH splicing plate

Laser M laser **Laserchirurgie** F laser surgery **Laserdrucker** M TYPO laser (printer) **Laserpistole** F laser gun; (*bei Geschwindigkeitskontrollen*) radar gun **Laserstrahl** M laser beam **Lasertechnik** F laser technology **Laserwaffe** F laser weapon

lasieren VT *Bild, Holz* to varnish; *Glas* to glaze

lassen

A Hilfsverb	B transitives Verb
C intransitives Verb	

— A Hilfsverb —

1 (≈ *veranlassen*) **etw tun ~** to have sth done; **jdm mitteilen ~, dass ...** to let sb know that

...; **er lässt Ihnen mitteilen, dass ...** he wants you to know that ...; **jdn rufen** *od* **kommen ~** to send for sb **2** (≈ *zulassen*) to let (❗ Zustand ändert sich); to leave (❗ Zustand bleibt unverändert); **jdn gehen ~** to let sb go; **warum hast du das Licht brennen ~?** why did you leave the light on?; **jdn warten ~** to keep sb waiting **3** (≈ *erlauben*) to let; **jdn etw sehen ~** to let sb see sth; **ich lasse mich nicht zwingen** I won't be coerced; **lass mich machen!** let me do it!; **lass das sein!** don't (do it)!; (≈ *hör auf*) stop it!; **das Fenster lässt sich leicht öffnen** the window opens easily; **das Wort lässt sich nicht übersetzen** the word can't be translated; **das lässt sich machen** that can be done **4** (*im Imperativ*) **lass uns gehen!** let's go!; **lass es dir gut gehen!** take care of yourself!; **lass ihn nur kommen!** just let him come!

— B transitives Verb —

1 (≈ *unterlassen*) to stop; (≈ *momentan aufhören*) to leave; **lass das!** don't do it!; (≈ *hör auf*) stop that!; **~ wir das!** let's leave it!; (≈ *reden wir nicht mehr darüber*) enough of that; **er kann das Trinken nicht ~** he can't stop drinking; **ich kanns nicht ~** I can't help it **2** (≈ *belassen*) to leave; **lass deinen Hund zu Hause** leave your dog at home; **jdn allein ~** to leave sb alone; **lass mich (los)!** let me go!; **lass mich (in Ruhe)!** leave me alone!; **das muss man ihr ~** (≈ *zugestehen*) you've got to give her that; **etw ~, wie es ist** to leave sth (just) as it is **3** (≈ *hinauslassen, gehen lassen*) to let; **lass den Hund (hinaus) in den Garten** let the dog out into the garden **4** (≈ *zulassen*) to let; (*im Passiv oder unpersönlichen Konstruktionen*) to be allowed to; **lass mich fahren** let me drive; **man ließ uns den Patienten nicht sehen** we weren't allowed to see the patient **5** (≈ *veranlassen*) to make; to have; **er lässt uns hart arbeiten** he

▶ **lassen**

Als Groborientierung bei der Unterscheidung von **let** und **leave** als Entsprechung von „lassen" kann man sich merken:

Man nimmt **let**, wenn sich ein Zustand ändert:

Lass den Hund raus! **Let the dog out!**

Man nimmt **leave**, wenn ein Zustand unverändert bleibt:

Lass bitte deinen Hund zu Hause! **Leave your dog at home, please.**

SPRACHGEBRAUCH ◀

LÄSS | 1058

makes us work hard; **ich werde es sie machen ~** I'll have her do it; **ich habe mir die Haare schneiden ~** I had my hair cut; **ich lasse das Auto waschen** I'll get the car washed

— **C** intransitives Verb —

von jdm/etw ~ (≈ *ablassen*) to give sb/sth up; **lass mal, ich mach das schon** leave it, I'll do it

lässig **A** ADJ (≈ *ungezwungen*) casual; (≈ *nachlässig*) careless; (*umg* ≈ *gekonnt*) cool (*umg*) **B** ADV (≈ *ungezwungen*) casually; (*umg* ≈ *leicht*) easily

Lasso M *od* N lasso

Last F **1** (≈ *Gewicht*) weight **2** (*fig* ≈ *Bürde*) burden; **jdm zur ~ fallen/werden** to be/become a burden on sb; **jdm etw zur ~ legen** to accuse sb of sth; **das geht zu ~en der Sicherheit im Lande** that is detrimental to national security **3** **Lasten** PL (≈ *Kosten*) costs; (*des Steuerzahlers*) charges **lasten** V/I to weigh heavily (*auf +dat* on); **auf ihm lastet die ganze Verantwortung** all the responsibility rests on him **Lastenaufzug** M hoist

Laster[1] M (*umg* ≈ *Lastwagen*) truck

Laster[2] N (≈ *Untugend*) vice **lasterhaft** ADJ depraved **lästerlich** ADJ malicious; (≈ *gotteslästerlich*) blasphemous **lästern** V/I to bitch (*umg*); **über jdn/etw ~** to bitch about sb/sth (*umg*)

lästig ADJ tiresome; *Husten etc* troublesome; **jdm ~ sein** to bother sb; **etw als ~ empfinden** to think sth is annoying

Lastkahn M barge **Lastkraftwagen** M (*form*) heavy goods vehicle

Last-Minute-Angebot M last-minute offer

Last-Minute-Flug M last-minute flight, late-availability flight

Lastschiff N freighter **Lastschrift** F debit; (*Eintrag*) debit entry **Lastschriftverfahren** N direct debit **Lastwagen** M truck **Lastwagenfahrer(in)** M(F) truck driver **Lastzug** M truck-trailer (*US*), juggernaut (*Br umg*)

Lasur F (*auf Holz*) varnish; (*auf Glas*) glaze

Latein N Latin; **mit seinem ~ am Ende sein** to be stumped (*umg*) **Lateinamerika** N Latin America **Lateinamerikaner(in)** M(F) Latin American **lateinamerikanisch** ADJ Latin-American **lateinisch** ADJ Latin

latent ADJ latent

Laterne F lantern; (≈ *Straßenlaterne*) streetlight **Laternenpfahl** M lamppost

Latino M Latin American, Latino (*bes US*) **Latinum** N **kleines/großes ~** basic/advanced Latin exam

latschen V/I (*umg*) to wander **Latschen** M (*umg*) (≈ *Hausschuh*) slipper; (*pej* ≈ *Schuh*) worn-out shoe

Latte F **1** (≈ *schmales Brett*) slat **2** SPORT bar; FUSSB (*cross*)bar **3** (*umg* ≈ *Liste*) **eine (ganze) ~ von Vorstrafen** a whole string of previous convictions **Lattenrost** M duckboards *pl*; (*in Bett*) slatted frame **Lattenschuss** M FUSSB shot against the bar **Lattenzaun** M wooden fence

Latz M (≈ *Lätzchen*) bib; (≈ *Hosenlatz*) (front) flap **Lätzchen** N bib **Latzhose** F (pair of) dungarees *pl* (*Br*) *od* overalls *pl* (*US*)

lau **A** ADJ **1** (≈ *mild*) *Wind* mild **2** (≈ *lauwarm*) tepid; (*fig*) lukewarm **B** ADV (≈ *mild*) *wehen* gently

Laub N leaves *pl* **Laubbaum** M deciduous tree

Laube F **1** (≈ *Gartenhäuschen*) summerhouse **2** (≈ *Gang*) arbour (*Br*), arbor (*US*), pergola

Laubfrosch M (European) tree frog **Laubsäge** F fret saw **Laubwald** M deciduous wood *od* (*größer*) forest

Lauch M (*bes südd* ≈ *Porree*) leek **Lauchzwiebeln** PL spring onions *pl* (*Br*), scallions *pl* (*US*)

Laudatio F eulogy

Lauer F **auf der ~ sein** *od* **liegen** to lie in wait **lauern** V/I to lurk, to lie in wait (*auf +akk* for)

Lauf M **1** (≈ *schneller Schritt*) run; SPORT race **2** (≈ *Verlauf*) course; **im ~e der Zeit** in the course of time; **seiner Fantasie freien ~ lassen** to give free rein to one's imagination; **den Dingen ihren ~ lassen** to let things take their course **3** (≈ *Gang, Arbeit*) running, operation **4** (≈ *Flusslauf*) course **5** (≈ *Gewehrlauf*) barrel **Laufbahn** F career **Laufband** N (*in Flughafen etc*) travelator (*Br*), moving sidewalk (*US*); (≈ *Sportgerät*) treadmill

laufen **A** V/I **1** (≈ *rennen*) to run; (*umg* ≈ *gehen*) to go; (≈ *zu Fuß gehen*) to walk; **das Laufen lernen** to learn to walk **2** (≈ *fließen*) to run **3** (*Wasserhahn*) to leak; (*Wunde*) to weep **4** (≈ *in Betrieb sein*) to run; (*Uhr*) to go; (≈ *funktionieren*) to work; **ein Programm ~ lassen** IT to run a program **5** (≈ *gezeigt werden, Film, Stück*) to be on; **etw läuft gut/ schlecht** sth is going well/badly; **die Sache ist gelaufen** (*umg*) it's in the bag (*umg*) **B** V/T **1** SPORT *Rekordzeit* to run; *Rekord* to set **2** (≈ *zu Fuß gehen*) to walk; (*schnell*) to run **C** V/R **sich warm ~** to warm up; **sich müde ~** to tire oneself out **laufend** **A** ADJ **1** (≈ *ständig*) regular; (≈ *regelmäßig*) *Monat, Jahr, Ausgaben* current; **~e Nummer** serial number; (*von Konto*) number; **jdn auf dem Laufenden halten** to keep sb up-to-date *od* informed; **mit etw auf dem Laufenden sein** to be up-to-date on sth **2** *Motor* running; **vor ~er Kamera** on camera **B** ADV continually **laufen lassen** V/T (*umg*) **jdn ~** to let sb go **Läufer** M **1** SCHACH bishop **2** (*Teppich*) rug **Läufer(in)** M(F) SPORT runner

1059 | **LEBE**

Läufer — runner

Läufer — bishop

Lauferei F̄ (umg) running about (⚠ kein pl) **Lauffeuer** N̄ **sich wie ein ~ verbreiten** to spread like wildfire **läufig** ADJ in heat **Laufkundschaft** F̄ occasional customers pl **Laufmasche** F̄ ladder (Br), run **Laufpass** M̄ **jdm den ~ geben** (umg) to give sb his marching orders (umg) **Laufschritt** M̄ trot; **im ~** MIL at the double **Laufschuh** M̄ (umg) walking shoe **Laufstall** M̄ playpen; (für Tiere) pen **Laufsteg** M̄ catwalk **Laufwerk** N̄ IT drive **Laufzeit** F̄ **1** (von Vertrag) period **2** (von Maschine ≈ Betriebszeit) running time **Lauge** F̄ CHEM lye; (≈ Seifenlauge) soapy water **Laugenbrezel** F̄ salt pretzel
Lauheit F̄ (von Wind, Abend) mildness
Laune F̄ **1** (≈ Stimmung) mood; **(je) nach (Lust und) ~** as the mood takes one; **gute/schlechte ~ haben** to be in a good/bad mood **2** (≈ Grille, Einfall) whim; **etw aus einer ~ heraus tun** to do sth on a whim **launenhaft, launisch** ADJ moody; (≈ unberechenbar) capricious; Wetter changeable
Laus F̄ louse; **ihm ist (wohl) eine ~ über die Leber gelaufen** (umg) something's eating at him (umg)
Lausbub M̄ (bes südd) young od little rascal **Lauschangriff** M̄ bugging operation (gegen on) **lauschen** VI **1** (geh) to listen (+dat, auf +akk to) **2** (≈ heimlich zuhören) to eavesdrop **lausen** VT to delouse **lausig** (umg) A ADJ lousy (umg); Kälte freezing B ADV awfully
laut¹ A ADJ loud; (≈ lärmend) noisy; **er wird immer gleich ~** he always gets obstreperous B ADV loudly; **~ auflachen** to laugh out loud; **~ nachdenken** to think aloud; **das kannst du aber ~ sagen** (fig umg) you can say that again
laut² PRÄP +gen od +dat (geh) according to
Laut M̄ sound **lauten** VI to be; (Rede) to go; (Schriftstück) to read; **auf den Namen ... ~** (Pass) to be in the name of ...
läuten VT & VI to ring; (Wecker) to go (off); **es hat geläutet** the bell rang; **er hat davon (etwas) ~ hören** (umg) he has heard something about it
lauter¹ ADJ inv (≈ nur) nothing but; **~ Unsinn** pure nonsense; **vor ~ Rauch kann man nichts sehen** you can't see anything for all the smoke
lauter² ADJ (geh ≈ aufrichtig) honourable (Br), honorable (US); **~er Wettbewerb** fair competition
lauthals ADV at the top of one's voice **lautlos** A ADJ silent B ADV silently **Lautmalerei** F̄ onomatopoeia **lautmalerisch** ADJ onomatopoeic **Lautschrift** F̄ phonetics pl **Lautsprecher** M̄ (loud)speaker **Lautsprecheranlage** F̄ **öffentliche ~** PA system **lautstark** A ADJ loud; Protest vociferous B ADV loudly; protestieren auch vociferously **Lautstärke** F̄ **1** loudness **2** RADIO, TV etc volume **Lautstärkeregler** M̄ RADIO, TV volume control
lauwarm ADJ slightly warm; Flüssigkeit lukewarm; (fig) lukewarm
Lava F̄ lava
Lavabo N̄ (schweiz) washbasin
Lavendel M̄ lavender
Lawine F̄ avalanche **Lawinengefahr** F̄ danger of avalanches **lawinensicher** ADV gebaut to withstand avalanches **Lawinenwarnung** F̄ avalanche warning
lax A ADJ lax B ADV laxly **Laxheit** F̄ laxity
Layout N̄, **Lay-out** N̄ layout **Layouter(in)** M(F) designer
Lazarett N̄ MIL (≈ Krankenhaus) hospital
LCD-Anzeige F̄ LCD display
Leadsänger(in) M(F) lead singer
leasen VT HANDEL to lease **Leasing** N̄ HANDEL leasing
leben A VI to live; (≈ am Leben sein) to be alive; **er lebt noch** he is still alive; **er lebt nicht mehr** he is no longer alive; **von etw ~** to live on sth; **genug zu ~ haben** to have enough to live on; **~ und ~ lassen** to live and let live; **allein ~** to live alone B VT to live **Leben** N̄ life; **das ~ life** (⚠ ohne the); **am ~ bleiben** to stay alive; **solange ich am ~ bin** as long as I live; **jdm das ~ retten** to save sb's life; **es geht um ~ und Tod** it's a matter of life and death; **mit dem ~ davonkommen** to escape with one's life; **etw ins ~ rufen** to bring sth into being; **ums ~ kommen** to die; **sich** (dat) **das ~ nehmen** to take one's (own) life; **etw für**

sein ~ gern tun to love doing sth; **ein ~ lang** one's whole life (long); **nie im ~!** never!; **das ~ geht weiter** life goes on; **~ in etw** (akk) **bringen** (umg) to liven sth up **lebend** ADJ live attr, alive präd; Sprache living **Lebendgewicht** N̄ live weight **lebendig** A ADJ **1** (≈ nicht tot) live attr, alive präd; Wesen living; **bei ~em Leibe** alive **2** (fig ≈ lebhaft) (❗ kein Adverb); Darstellung vivid **B** ADV (≈ lebend) alive; (fig ≈ lebhaft) vividly **Lebendigkeit** F̄ liveliness **Lebensabend** M̄ old age **Lebensabschnitt** M̄ phase in od of one's life **Lebensalter** N̄ age **Lebensarbeitszeit** F̄ working life **Lebensart** F̄ **1** (≈ Lebensweise) way of life **2** (≈ Manieren) manners pl; (≈ Stil) style **Lebensauffassung** F̄ attitude to life **Lebensaufgabe** F̄ life's work **Lebensbedingungen** PL living conditions pl **lebensbedrohend, lebensbedrohlich** ADJ life-threatening **Lebensberechtigung** F̄ right to exist **Lebensbereich** M̄ area of life **Lebensdauer** F̄ life(span); (von Maschine) life **Lebensende** N̄ end (of sb's/ one's life); **bis an ihr ~** till the day she died **Lebenserfahrung** F̄ experience of life **lebenserhaltend** ADJ life-preserving; Geräte life-support attr **Lebenserinnerungen** PL memoirs pl **Lebenserwartung** F̄ life expectancy **lebensfähig** ADJ viable **Lebensfähigkeit** F̄ viability **Lebensfreude** F̄ joie de vivre **lebensfroh** ADJ merry **Lebensführung** F̄ lifestyle **Lebensgefahr** F̄ (mortal) danger; „**Lebensgefahr!**" "danger!"; **er schwebt in ~** his life is in danger; (Patient) he is in a critical condition; **außer ~ sein** to be out of danger **lebensgefährlich** A ADJ highly dangerous; Krankheit, Verletzung critical **B** ADV verletzt critically **Lebensgefährte** M̄, **Lebensgefährtin** F̄ partner **Lebensgefühl** N̄ awareness of life, feeling of being alive; **ein ganz neues ~ haben** to feel (like) a different person **Lebensgemeinschaft** F̄ long-term relationship; **eingetragene ~** registered partnership **Lebensgeschichte** F̄ life story, life history **lebensgroß** ADJ, ADV life-size **Lebensgröße** F̄ life-size; **etw in ~ malen** to paint sth life-size **Lebenshaltung** F̄ **1** (≈ Unterhaltskosten) cost of living **2** (≈ Lebensführung) lifestyle **Lebenshaltungsindex** M̄ cost-of-living index **Lebenshaltungskosten** PL cost of living sg **Lebensjahr** N̄ year of (one's) life; **nach Vollendung des 18. ~es** on attaining the age of 18 **Lebenskraft** F̄ vitality **Lebenslage** F̄ situation **lebenslang** ADJ Freundschaft lifelong; Haft life attr, for life **lebenslänglich** A ADJ Rente, Strafe for life; **sie hat ~ bekommen** (umg) she

got life (umg) **B** ADV for life **Lebenslauf** M̄ life; (bei Bewerbungen) curriculum vitae (Br), résumé (US) **Lebenslust** F̄ zest for life **lebenslustig** ADJ in love with life **Lebensmittel** PL food sg **Lebensmittelchemie** F̄ food chemistry **Lebensmittelgeschäft** N̄ grocer's (shop) **Lebensmittelvergiftung** F̄ food poisoning **lebensmüde** ADJ weary of life präd; **ich bin doch nicht ~!** (umg ≈ verrückt) I'm not completely mad! (umg) **lebensnotwendig** ADJ essential **Lebenspartner(in)** M(F) long-term partner **Lebenspartnerschaft** F̄ long-term relationship; **eingetragene ~** registered od civil (Br) partnership **Lebensqualität** F̄ quality of life **Lebensraum** M̄ **1** (von Tieren, Pflanzen) habitat **2** (als Platzproblem) living space **Lebensretter(in)** M(F) rescuer **Lebensstandard** M̄ standard of living **Lebensstil** M̄ lifestyle **lebenstüchtig** ADJ **er ist nicht sehr ~** he just can't cope with life **Lebensumstände** PL circumstances pl **lebensunfähig** ADJ Lebewesen, System nonviable **Lebensunterhalt** M̄ **seinen ~ verdienen** to earn one's living; **für jds ~ sorgen** to support sb **lebensverlängernd** ADJ Maßnahme life-prolonging **Lebensversicherung** F̄ life insurance; **eine ~ abschließen** to take out life insurance (❗ ohne a) **Lebenswandel** M̄ way of life **Lebensweise** F̄ way of life **Lebenswerk** N̄ life's work **lebenswert** ADJ worth living **lebenswichtig** ADJ essential; Organ vital **Lebenswille** M̄ will to live **Lebenszeichen** N̄ sign of life **Lebenszeit** F̄ life(time); **auf ~** for life

Leber F̄ liver; **frei** od **frisch von der ~ weg reden** (umg) to speak out **Leberfleck** M̄ mole **Leberkäse** M̄ ≈ meat loaf **Leberknödel** M̄ liver dumpling **Leberkrebs** M̄ cancer of the liver **Leberpastete** F̄ liver pâté **Lebertran** M̄ cod-liver oil **Leberwurst** F̄ liver sausage

Lebewesen N̄ living thing **Lebewohl** N̄ (liter) farewell (liter); **jdm ~ sagen** to bid sb farewell **lebhaft** A ADJ lively (❗ kein Adverb); Gespräch animated; HANDEL Geschäfte, Nachfrage brisk; Erinnerung vivid; Farbe bright **B** ADV reagieren strongly; **~ diskutieren** to have a lively discussion; **ich kann mir ~ vorstellen, dass …** I can (very) well imagine that … **Lebhaftigkeit** F̄ liveliness; (von Erinnerung) vividness; (von Farbe) brightness

Lebkuchen M̄ gingerbread

leblos ADJ lifeless; **~er Gegenstand** inanimate object **Lebzeiten** PL **zu jds ~** in sb's lifetime; (≈ Zeit) in sb's day

1061 ‖ LEHR

lechzen _Vi_ to pant; **nach etw ~** to thirst for sth

leck _ADJ_ leaky; **~ sein** to leak **Leck** _N_ leak

lecken¹ _Vi_ (≈ _undicht sein_) to leak

lecken² _VT & Vi_ to lick; **an jdm/etw ~** to lick sb/sth

lecker _A_ _ADJ_ _Speisen_ delicious _B_ _ADV_ _zubereitet_ deliciously; **~ schmecken** to taste delicious **Leckerbissen** _M_ (_Speise_) delicacy, titbit (_Br_), tidbit (_US_) **Leckerei** _F_ _1_ (≈ _Leckerbissen_) delicacy, titbit (_Br_), tidbit (_US_) _2_ (≈ _Süßigkeit_) dainty

Leder _N_ leather; **zäh wie ~** as tough as old boots (_Br umg_), as tough as shoe leather (_US_) **Ledergarnitur** _F_ leather-upholstered suite **Lederhose** _F_ leather trousers _pl_ (_bes Br_) _od_ pants _pl_ (_bes US_); (_kurz_) lederhosen _pl_ **Lederjacke** _F_ leather jacket **Ledermantel** _M_ leather coat **ledern** _ADJ_ _1_ leather _2_ (≈ _zäh_) leathery **Lederwaren** _PL_ leather goods _pl_

ledig _ADJ_ (≈ _unverheiratet_) single **Ledige(r)** _M/F(M)_ single person

lediglich _ADV_ merely

leer _A_ _ADJ_ empty; _Blick_ blank; **mit ~en Händen** (_fig_) empty-handed _B_ _ADV_ **etw ~ machen** to empty sth; **(wie) ~ gefegt** _Straßen_ deserted; **etw ~ trinken** to empty sth; **~ stehen** to stand empty; **~ stehend** _see_ **Leere** _F_ emptiness **leeren** _VT & V/R_ to empty **Leergewicht** _N_ unladen weight; (_von Behälter_) empty weight **Leergut** _N_ empties _pl_ **Leerlauf** _M_ AUTO neutral; (_von Fahrrad_) freewheel; **im ~ fahren** to coast **leerlaufen** _Vi_ _1_ (_Fass etc_) to run dry _2_ (_Motor_) to idle; (_Maschine_) to run idle **Leerstelle** _F_ (_beim Tippen_) space, blank **Leertaste** _F_ space-bar **Leerung** _F_ emptying; **nächste ~ 18 Uhr** (_an Briefkasten_) next collection (_Br_) _od_ pick-up (_US_) 6 p.m. **Leerzeichen** _N_ IT blank _od_ space (character) **Leerzeile** _F_ TYPO blank line; **zwei ~n lassen** to leave two lines free _od_ blank, to leave two empty lines

legal _A_ _ADJ_ legal _B_ _ADV_ legally **legalisieren** _VT_ to legalize **Legalisierung** _F_ legalization **Legalität** _F_ legality; **(etwas) außerhalb der ~** (_euph_) (slightly) outside the law

Legasthenie _F_ dyslexia **Legastheniker(in)** _M(F)_ dyslexic

Legebatterie _F_ hen battery **Legehenne** _F_ laying hen **legen** _A_ _VT_ _1_ (≈ _lagern_) to lay down; (_mit adv_) to lay _2_ (≈ _verlegen_) to lay; _Bomben_ to plant; **Feuer ~** to start a fire _B_ _VT & Vi_ (_Huhn_) to lay _C_ _V/R_ _1_ (≈ _hinlegen_) to lie down (_auf +akk_ on); **sich in die Sonne ~** to lie in the sun; **sich auf die Seite ~** to lie on one's side _2_ (≈ _abnehmen_) (_Lärm_) to die down; (_Rauch, Nebel_) to clear; (_Zorn, Nervosität_) to wear off

legendär _ADJ_ legendary **Legende** _F_ legend

leger _A_ _ADJ_ _Kleidung, Ausdruck Typ_ casual; _Atmosphäre_ relaxed _B_ _ADV_ casually; _sich ausdrücken_ informally

Leggin(g)s _PL_ leggings _pl_

legieren _VT_ _Metall_ to alloy **Legierung** _F_ alloy; (_Verfahren_) alloying

Legion _F_ legion **Legionär** _M_ legionary, legionnaire

Legislative _F_ legislature **Legislaturperiode** _F_ parliamentary term (_Br_) (❗) Vorsicht, mit „i"), legislative period (_US_)

legitim _ADJ_ legitimate **Legitimation** _F_ identification; (≈ _Berechtigung_) authorization **legitimieren** _A_ _VT_ to legitimize; (≈ _berechtigen_) to entitle; (≈ _Erlaubnis geben_) to authorize _B_ _V/R_ (≈ _sich ausweisen_) to identify oneself **Legitimierung** _F_ legitimization; (≈ _Berechtigung_) justification **Legitimität** _F_ legitimacy

Leguan _M_ iguana

Lehm _M_ loam; (≈ _Ton_) clay **Lehmboden** _M_ clay soil **lehmig** _ADJ_ loamy; (≈ _tonartig_) claylike

Lehne _F_ (≈ _Armlehne_) arm(rest); (≈ _Rückenlehne_) back (rest) **lehnen** _A_ _VT & V/R_ to lean (_an +akk_ against) _B_ _Vi_ to be leaning (_an +dat_ against) **Lehnstuhl** _M_ easy chair **Lehnwort** _N_ LING loan word

L

▶ **Lehnwörter**

So wie sich die deutsche Sprache gerne englischer Lehnwörter bedient, so trifft man auch — jedoch in weitaus geringerem Ausmaß — deutsche Wörter in der englischen Sprache an. Sie werden meist etwas anders ausgesprochen. Hier einige Beispiele:

angst	[æŋst, ɑːŋst]
rucksack	[ˈrʌksæk]
wanderlust	[ˈwɒndəlʌst]
muesli	[ˈmjuːzlɪ]
kindergarten	[ˈkɪndə‚gɑːtn]
gemütlich	[gəˈmjuːtlɪk]
schadenfreude	[ˈʃɑːdn‚frɔɪdə]
realpolitik	[reɪˈɑːlpɒlɪ‚tiːk]
zeitgeist	[ˈzaɪtgaɪst, ˈtsaɪtgaɪst]

WORTSCHATZ ◀

Lehramt _N_ **das ~** the teaching profession; (≈ _Lehrerposten_) teaching post (_bes Br_) _od_ position **Lehrauftrag** _M_ UNIV **einen ~ für etw haben** to give lectures on sth **Lehrbeauftragte(r)** _M/F(M)_ UNIV **~ für etw sein** to give lectures on sth **Lehrbuch** _N_ textbook **Lehre** _F_ _1_ (≈ _das Lehren_) teaching _2_ (_von Christus etc_)

LEHR | 1062

teachings *pl*; (≈ *Lehrmeinung*) doctrine **3** (≈ *negative Erfahrung*) lesson; (*einer Fabel*) moral; **lass dir das eine ~ sein** let that be a lesson to you! **4** (≈ *Berufslehre*) apprenticeship; (*in nicht handwerklichem Beruf*) training; **eine ~ machen** to train; (*in Handwerk*) to do an apprenticeship **lehren** $\overline{V/T \& V/I}$ to teach; → gelehrt **Lehrer(in)** $\overline{M/F}$ teacher; (≈ *Fahrlehrer etc*) instructor/instructress **Lehrerausbildung** $\overline{F}$ teacher training **Lehrerkollegium** $\overline{N}$ (teaching) staff **Lehrerkonferenz** $\overline{F}$ staff (*Br*) *od* faculty (*US*) meeting **Lehrerrat** $\overline{M}$ committee made up of three to five teachers which advises and liaises with the head teacher **Lehrerzimmer** $\overline{N}$ staff (*bes Br*) *od* teachers' room **Lehrfach** $\overline{N}$ subject **Lehrgang** $\overline{M}$ course (*für in*) **Lehrgeld** $\overline{N}$ ~ **für etw zahlen müssen** (*fig*) to pay dearly for sth **Lehrjahr** $\overline{N}$ year as an apprentice **Lehrkörper** $\overline{M}$ (*form*) teaching staff **Lehrkraft** $\overline{F}$ (*form*) teacher **Lehrling** $\overline{M}$ apprentice; (*in nicht handwerklichem Beruf*) trainee **Lehrmeister(in)** $\overline{M/F}$ master **Lehrmethode** $\overline{F}$ teaching method **Lehrmittel** $\overline{N}$ teaching aid **Lehrplan** $\overline{M}$ (teaching) curriculum; (*für ein Schuljahr*) syllabus **lehrreich** $\overline{ADJ}$ (≈ *informativ*) instructive; *Erfahrung* educational **Lehrsatz** $\overline{M}$ MATH, PHIL theorem; KIRCHE dogma **Lehrstelle** $\overline{F}$ position as an apprentice/a trainee **Lehrstoff** $\overline{M}$ subject; (*eines Jahres*) syllabus **Lehrstuhl** $\overline{M}$ UNIV chair (*für of*) **Lehrtochter** $\overline{F}$ (*schweiz*) apprentice **Lehrveranstaltung** $\overline{F}$ (UNIV ≈ *Vorlesung*) lecture; (≈ *Seminar*) seminar **Lehrzeit** $\overline{F}$ apprenticeship

Leib $\overline{M}$ (≈ *Körper*) body; **mit ~ und Seele** heart and soul; *wünschen* with all one's heart (❗ **heart and soul** ohne **with**); **mit ~ und Seele dabei sein** to put one's heart and soul into it; **etw am eigenen ~(e) erfahren** to experience sth for oneself; **am ganzen ~(e) zittern** to be shaking all over **Leibchen** $\overline{N}$ (*österr, schweiz*), **Leiberl** $\overline{N}$ (*österr*) (≈ *Unterhemd*) vest (*Br*), undershirt (*US*); (≈ *T-Shirt*) T-shirt; (≈ *Trikot*) shirt, jersey **Leibeskraft** $\overline{F}$ **aus Leibeskräften schreien** *etc* to shout *etc* with all one's might (and main) **Leibesübung** $\overline{F}$ **~en** (*Schulfach*) physical education (❗ kein pl) **Leibgericht** $\overline{N}$ favourite (*Br*) *od* favorite (*US*) meal **leibhaftig** $\overline{A}$ $\overline{ADJ}$ personified; **die ~e Güte** *etc* goodness *etc* personified **B** $\overline{ADV}$ in person **leiblich** $\overline{ADJ}$ **1** (≈ *körperlich*) physical, bodily; **für das ~e Wohl sorgen** to take care of our/their *etc* bodily needs **2** *Mutter, Vater* natural; *Kind* by birth; *Bruder, Schwester* full **Leibwache** $\overline{F}$ bodyguard **Leibwächter(in)** $\overline{M/F}$ bodyguard

Leiche $\overline{F}$ corpse; **er geht über ~n** (*umg*) he'd stop at nothing; **nur über meine ~!** (*umg*) over

my dead body! **Leichenbestatter(in)** $\overline{M/F}$ undertaker, mortician (*US*) **leichenblass** $\overline{ADJ}$ deathly pale **Leichenhalle** $\overline{F}$, **Leichenhaus** $\overline{N}$ mortuary **Leichenschau** $\overline{F}$ postmortem (examination) **Leichenschauhaus** $\overline{N}$ morgue **Leichenstarre** $\overline{F}$ rigor mortis (❗ ohne Artikel) **Leichenwagen** $\overline{M}$ hearse **Leichnam** $\overline{M}$ (*form*) body

leicht $\overline{A}$ $\overline{ADJ}$ (≈ *nicht schwer*) light; *Koffer* lightweight; (≈ *geringfügig*) slight; JUR *Vergehen etc* petty; (≈ *einfach*) easy; **mit dem werden wir (ein) ~es Spiel haben** he'll be no problem **B** $\overline{ADV}$ **1** (≈ *einfach*) easily; **es sich** (*dat*) **(bei etw) ~ machen** not to make much of an effort (with sth); **man hats nicht ~** (*umg*) it's a hard life; **~ zu beantworten** easy to answer; **das ist ~er gesagt als getan** that's easier said than done; **du hast ~ reden** it's all very well for you; → leicht machen *etc* **2** (≈ *schnell*) easily; **er wird ~ böse** *etc* he is quick to get angry *etc*; **~ zerbrechlich** very fragile; **~ verderblich** highly perishable; **das ist ~ möglich** that's quite possible; **~ entzündlich** *Brennstoff etc* highly (in)flammable; **das passiert mir so ~ nicht wieder** I won't let that happen again in a hurry (*umg*) **3** (≈ *schwach*) *regnen* not hard; **~ bekleidet sein** to be scantily clad; **~ gekleidet sein** to be (dressed) in light clothes; **~ gewürzt/gesalzen** lightly seasoned/salted **Leichtathlet(in)** $\overline{M/F}$ (track and field) athlete **Leichtathletik** $\overline{F}$ (track and field) athletics *sg* **leichtfallen** $\overline{V/I}$ to be easy (*jdm* for sb) **leichtfertig** $\overline{A}$ $\overline{ADJ}$ thoughtless **B** $\overline{ADV}$ thoughtlessly; **~ handeln** to act without thinking **Leichtfertigkeit** $\overline{F}$ thoughtlessness **Leichtgewicht** $\overline{N}$ lightweight **leichtgläubig** $\overline{ADJ}$ credulous; (≈ *leicht zu täuschen*) gullible **Leichtgläubigkeit** $\overline{F}$ credulity; (≈ *Arglosigkeit*) gullibility **leichthin** $\overline{ADV}$ lightly **Leichtigkeit** $\overline{F}$ **1** (≈ *Mühelosigkeit*) ease; **mit ~** with no trouble (at all) **2** (≈ *Unbekümmertheit*) light-heartedness **leichtlebig** $\overline{ADJ}$ happy-go-lucky **leicht machen** $\overline{V/T}$, **leichtmachen** $\overline{V/T}$ (*jdm*) **etw ~** to make sth easy (for sb); **sich** (*dat*) **etw ~** to make things easy for oneself with sth; (≈ *nicht gewissenhaft sein*) to take it easy with sth **Leichtmetall** $\overline{N}$ light metal **leichtnehmen** $\overline{V/T}$ **etw ~** (≈ *nicht ernsthaft behandeln*) to take sth lightly; (≈ *sich keine Sorgen machen*) not to worry about sth **Leichtsinn** $\overline{M}$ (≈ *unvorsichtige Haltung*) foolishness; (≈ *Sorglosigkeit*) thoughtlessness; **sträflicher ~** criminal negligence **leichtsinnig** $\overline{A}$ $\overline{ADJ}$ foolish; (≈ *unüberlegt*) thoughtless **B** $\overline{ADV}$ *handeln* thoughtlessly **Leichtverletzte(r)** $\overline{M/F(M)}$ **die ~n** the slightly injured **Leichtwasserreaktor** $\overline{M}$ light water reactor

leid ADJ (≈ überdrüssig) **jdn/etw ~ sein** to be tired of sb/sth **Leid** N 1 (≈ Kummer) sorrow, grief (⚠ **ohne a**); (≈ Schaden) harm; **viel ~ erfahren** to suffer a great deal; **jdm sein ~ klagen** to tell sb one's troubles; **zu ~e =** zuleide 2 (schweiz ≈ Begräbnis) funeral 3 (schweiz ≈ Trauerkleidung) mourning **leiden** A VT 1 (≈ ertragen müssen) to suffer 2 **jdn/etw ~ können** to like sb/sth B VI to suffer (an +dat, unter +dat from) **Leiden** N 1 suffering 2 (≈ Krankheit) illness **leidend** ADJ (≈ kränklich) ailing; (umg) Miene long-suffering **Leidenschaft** F passion; **ich koche mit großer ~** cooking is a great passion of mine **leidenschaftlich** A ADJ passionate B ADV passionately; **etw ~ gern tun** to be mad about doing sth (umg) **leidenschaftslos** A ADJ dispassionate B ADV dispassionately **Leidensgefährte** M, **Leidensgefährtin** F fellow-sufferer **Leidensweg** M life of suffering; **seinen ~ gehen** to bear one's cross **leider** ADV unfortunately **leidgeprüft** ADJ sorely afflicted **leidig** ADJ tiresome **leidlich** A ADJ reasonable B ADV reasonably; **wie gehts? — danke, ~!** how are you? — not too bad, thanks **Leidtragende(r)** M/F(M) 1 (≈ Hinterbliebener) **die ~n** the bereaved 2 (≈ Benachteiligter) **der/die ~** the one to suffer **leidtun** VI **etw tut jdm leid** sb is sorry about sth; **tut mir leid!** (I'm) sorry!; **es tut uns leid, Ihnen mitteilen zu müssen** ... we regret to have to inform you ...; **er/sie tut mir leid** I'm sorry for him/her, I pity him/her; **das wird dir noch ~** you'll be sorry **Leierkasten** M barrel organ **Leierkastenfrau** F, **Leierkastenmann** M organ-grinder **Leiharbeit** F subcontracted work **Leiharbeiter(in)** M(F) subcontracted worker **Leihbibliothek** F, **Leihbücherei** F lending library **leihen** VT to lend; (≈ entleihen) to borrow; (≈ mieten) to hire **Leihgabe** F loan **Leihgebühr** F hire od rental charge; (für Buch) lending charge **Leihhaus** N pawnshop **Leihmutter** F surrogate mother **Leihwagen** M hire(d) car (Br), rental (car) (US) **leihweise** ADV on loan **Leim** M glue; **jdm auf den ~ gehen** od **kriechen** (umg) to be taken in by sb; **aus dem ~ gehen** (umg) (Sache) to fall apart **leimen** VT (≈ kleben) to glue (together); **jdn ~** (umg) to take sb for a ride (umg); **der Geleimte** the mug (umg) **Lein** M flax **Leine** F cord; (≈ Schnur) string; (≈ Angelleine, Wäscheleine) line; (≈ Hundeleine) leash **leinen** ADJ linen; (grob) canvas; Bucheinband cloth **Leinen** N linen; (grob) canvas; (als Bucheinband) cloth

Leinsamen M linseed **Leinwand** F canvas; (für Dias) screen **leise** A ADJ 1 quiet; Stimme soft; ... **sagte er mit ~r Stimme** ... he said in a low voice 2 (≈ gering) slight; Schlaf, Regen, Wind light; **nicht die ~ste Ahnung haben** not to have the slightest idea B ADV (≈ nicht laut) quietly; **das Radio (etwas) ~r stellen** to turn the radio down (slightly); **sprich doch ~r!** keep your voice down a bit **Leiste** F (≈ Holzleiste etc) strip (of wood etc); (≈ Zierleiste) trim; (≈ Umrandung) border **leisten** VT 1 (≈ erreichen) to achieve; Arbeit to do; (Maschine) to manage; (≈ ableisten) Wehrdienst etc to complete; **etwas ~** (Mensch) (≈ arbeiten) to do something; (≈ vollbringen) to achieve something; (Maschine) to be quite good; (Auto, Motor etc) to be quite powerful; **gute Arbeit ~** to do a good job; **jdm Hilfe ~** to give sb some help; **jdm gute Dienste ~** (Gegenstand) to serve sb well; (Mensch) to be useful to sb 2 (≈ sich erlauben) **sich** (dat) **etw ~** to allow oneself sth; (≈ sich gönnen) to treat oneself to sth; **sich** (dat) **etw ~ können** (finanziell) to be able to afford sth; **er hat sich tolle Sachen geleistet** he got up to the craziest things **Leistenbruch** M MED hernia **Leistengegend** F groin **Leistung** F 1 (≈ Geleistetes) performance; (großartige, gute) achievement; (≈ Ergebnis) result(s); (≈ geleistete Arbeit) work (⚠ kein pl); **eine große ~ vollbringen** to achieve a great success; **das ist keine besondere ~** that's nothing special; **seine schulischen ~en haben nachgelassen** his school work has deteriorated; **schwache ~!** that's not very good 2 (≈ Leistungsfähigkeit) capacity; (von Motor) power 3 (≈ Zahlung) payment

▶ **leihen**

Wann man **to lend** und wann man **to borrow** verwenden, kann man sich auch so ganz gut merken:

jemandem etwas leihen	to lend someone something

Dieser „Jemand" kann man auch selbst sein:

Kannst du mir etwas Geld leihen?	Can you lend me some money?

sich etwas leihen	to borrow something

Im amerikanischen Englisch hört man oft **loan** statt **lend**:

Can you loan me some money?

SPRACHGEBRAUCH ◀

LEIS | 1064

4 (≈ *Dienstleistung*) service **Leistungsdruck** M̄ pressure (to do well) **Leistungsfach** N̄ special *od* main subject, advanced level subject **leistungsfähig** ADJ (≈ *konkurrenzfähig*) competitive; (≈ *produktiv*) efficient; *Motor* powerful; *Maschine* productive; FIN solvent **Leistungsfähigkeit** F̄ (≈ *Konkurrenzfähigkeit*) competitiveness; (≈ *Produktivität*) efficiency; (*von Motor*) power(fulness); (*von Maschine*) capacity; FIN ability to pay, solvency; **das übersteigt meine ~** that's beyond my capabilities **leistungsgerecht** ADJ *Bezahlung* preformance-related **Leistungsgesellschaft** F̄ meritocracy, achievement-orientated society (*pej*) **Leistungsgrenze** F̄ upper limit **Leistungskontrolle** F̄ SCHULE, UNIV assessment; (*in der Fabrik*) productivity check **Leistungskurs** M̄ *advanced course in specialist subjects* **leistungsorientiert** ADJ *Gesellschaft* competitive; *Lohn* performance-related **Leistungsprämie** F̄ productivity bonus **Leistungsprinzip** N̄ achievement principle **leistungsschwach** ADJ (≈ *nicht konkurrenzfähig*) uncompetitive; (≈ *nicht produktiv*) inefficient, unproductive; *Motor* low-powered; *Maschine* low-performance **Leistungssport** M̄ competitive sport **leistungsstark** ADJ (≈ *konkurrenzfähig*) highly competitive; (≈ *produktiv*) highly efficient *od* productive; *Motor* very powerful; *Maschine* highly productive **Leistungssteigerung** F̄ increase in performance **Leistungstest** M̄ SCHULE achievement test; TECH performance test **Leistungsträger(in)** M̄/F̄ **1** SPORT key player **2** (*von Sozialleistungen etc*) service provider **Leistungsvermögen** N̄ capabilities *pl* **Leistungszuschlag** M̄ productivity bonus **Leitartikel** M̄ leader (*Br*), editorial **Leitartikler(in)** M̄/F̄ leader writer (*Br*), editorial writer **Leitbild** N̄ model **leiten** V/T **1** to lead; (*Leser, Schüler etc*) to guide; *Verkehr* to route; *Gas, Wasser* to conduct; (≈ *umleiten*) to divert **2** (≈ *verantwortlich sein für*) to be in charge of; *Partei, Diskussion* to lead; (*als Vorsitzender*) to chair; *Theater, Orchester* to run **3** PHYS *Wärme, Licht* to conduct **leitend** ADJ leading; *Idee* central; *Position* managerial; PHYS conductive; **~e(r) Angestellte(r)** executive

Leiter F̄ ladder; (≈ *Stehleiter*) steps *pl* **Leiter(in)** M̄/F̄ leader; (*von Hotel, Geschäft*) manager/manageress; (≈ *Abteilungsleiter, in Firma*) head; (*von Schule*) head (*bes Br*), principal (*bes US*); (*von Orchester, Chor etc*) director **Leiterplatte** F̄ IT circuit board **Leiterwagen** M̄ handcart **Leitfaden** M̄ (*Fachbuch*) introduction; (≈ *Gebrauchsanleitung*) manual **leitfähig** ADJ PHYS conductive **Leitfigur** F̄ (≈ *Vorbild*) (role) model

Leitgedanke M̄ central idea **Leitidee** F̄ central idea **Leitmotiv** N̄ (LIT, *fig*) leitmotif **Leitplanke** F̄ crash barrier **Leitsatz** M̄ basic principle **Leitspruch** M̄ motto **Leitstelle** F̄ headquarters *pl*; (≈ *Funkleitstelle*) control centre (*Br*) *od* center (*US*) **Leitung** F̄ **1** (*von Menschen, Organisationen*) running; (*von Partei, Regierung*) leadership; (*von Betrieb*) management; (*von Schule*) headship (*bes Br*), principalship (*bes US*); **unter der ~ von jdm** MUS conducted by sb **2** (≈ *die Leitenden*) leaders *pl*; (*eines Betriebes etc*) management (**⚠** mit Verb im Singular oder Plural) **3** (*für Gas, Wasser bis zum Haus*) main; (*im Haus*) pipe; (≈ *Draht*) wire; (*dicker*) cable; (TEL ≈ *Verbindung*) line; **eine lange ~ haben** (*hum umg*) to be slow on the uptake **Leitungsmast** M̄ ELEK (electricity) pylon **Leitungswasser** N̄ tap water **Leitwährung** F̄ reserve currency **Leitwerk** N̄ FLUG tail unit **Leitzins** M̄ base rate **Lektion** F̄ lesson; **jdm eine ~ erteilen** (*fig*) to teach sb a lesson **Lektor(in)** M̄/F̄ UNIV foreign language assistant (**⚠** Schreibung mit **ant**); (≈ *Verlagslektor*) editor **Lektüre** F̄ (≈ *das Lesen*) reading; (≈ *Lesestoff*) reading matter **Lemming** M̄ lemming

Lende F̄ ANAT, GASTR loin **Lendengegend** F̄ lumbar region **Lendenschurz** M̄ loincloth **Lendenstück** N̄ piece of loin **Lendenwirbel** M̄ lumbar vertebra

lenkbar ADJ TECH steerable; *Rakete* guided **lenken** A V/T **1** (≈ *leiten*) to direct; *Sprache, Presse etc* to influence **2** (≈ *steuern*) *Auto etc* to steer **3** (*fig*) *pylon Gedanken, Blick* to direct (*auf +akk* to); *jds Aufmerksamkeit, Blicke* to draw (*auf +akk* to); *Gespräch* to steer **B** V/I (≈ *steuern*) to steer **Lenker** M̄ (≈ *Fahrradlenker etc*) handlebars *pl* **Lenkrad** N̄ (steering) wheel **Lenksäule** F̄ steering column **Lenkstange** F̄ (*von Fahrrad etc*) handlebars *pl* **Lenkung** F̄ TECH steering

Leopard M̄ leopard

Lepra F̄ leprosy

Lerche F̄ lark

lernbar ADJ learnable **lernbehindert** ADJ with learning difficulties **Lernbehinderte(r)** M̄/F̄(M̄) child/person *etc* with learning difficulties **Lerneffekt** M̄ pedagogical benefit **lernen** A V/T to learn; **lesen/schwimmen** *etc* **~** to learn to read/swim *etc*; **jdn lieben/schätzen ~** to come to love/appreciate sb; **das will gelernt sein** it's a question of practice; → **gelernt B** V/I to learn; (≈ *arbeiten*) to study; **von ihm kannst du noch (was) ~!** he could teach you a thing or two **Lernende(r)** M̄/F̄(M̄), **Lerner(in)** M̄/F̄ learner **Lernerfolg** M̄ learning success **lernfähig** ADJ capable of learning **Lernmittel** PL schoolbooks and equipment *pl* **Lernprogramm** N̄ (IT: *für Software*) tutorial program; (*didaktisches Programm*) learning program **Lernprozess** M̄ learning process **lernwillig** ADJ willing to learn **Lernziel** N̄ learning goal

Lesart F̄ version **lesbar** A ADJ (≈ *leserlich*) legible; IT readable B ADV (≈ *leserlich*) legibly

Lesbe F̄ (*umg*) lesbian **Lesbierin** F̄ lesbian **lesbisch** ADJ lesbian

Lese F̄ (≈ *Ernte*) harvest

Lesebrille F̄ reading glasses *pl* **Lesebuch** N̄ reader **Lesekopf** M̄ IT read head **Leselampe** F̄ reading lamp

lesen[1] V̄T̄ & V̄Ī **1** to read; **die Schrift ist kaum zu ~** the writing is scarcely legible; **etw in jds Augen** (*dat*) **~** to see sth in sb's eyes **2** UNIV to lecture

lesen[2] V̄T̄ *Trauben, Beeren* to pick; *Ähren* to glean; *Erbsen etc* to sort

lesenswert ADJ worth reading **Leser(in)** M̄F̄ reader **Leseratte** F̄ (*umg*) bookworm **Leserbrief** M̄ (reader's) letter; „**Leserbriefe**" "letters to the editor" **leserlich** A ADJ legible B ADV legibly **Leserschaft** F̄ readership **Lesesaal** M̄ reading room **Lesespeicher** M̄ IT read-only memory, ROM **Lesezeichen** N̄ bookmark(er) **Lesung** F̄ reading

Lethargie F̄ lethargy

Lette M̄, **Lettin** F̄ Lett, Latvian **lettisch** ADJ Lettish, Latvian **Lettland** N̄ Latvia

Letzt F̄ **zu guter ~** in the end **letztendlich** ADV at (long) last; (≈ *letzten Endes*) at the end of the day **letztens** ADV recently; **erst ~** just *od* only recently **Letzte(r)** M̄F̄M̄ der ~ **des Monats** the last (day) of the month; **~(r) werden** to be last; **als ~(r) (an)kommen** to be the last to arrive; **er wäre der ~, dem ich ...** he would be the last person I'd ... **letzte(r, s)** ADJ **1** last; **auf dem ~n Platz liegen** to be (lying) last; **mein ~s Geld** the last of my money; **das ~ Mal** (the) last time; **zum ~n Mal** (for) the last time; **in ~r Zeit** recently **2** (≈ *neueste*) *Mode etc* latest **3** (≈ *schlechtester*) **das ist der ~ Schund** *od* **Dreck** that's absolute trash; **jdn wie den ~n Dreck behandeln** to treat sb like dirt **Letzte(s)** N̄ last thing; **sein ~s (her)geben** to give one's all; **das ist ja das ~!** (*umg*) that really is the limit; **bis aufs ~** completely, totally; **bis ins ~** (right) down to the last detail **letztgenannt** ADJ last-named **letztlich** ADV in the end; **das ist ~ egal** it comes down to the same thing in the end **letztmals** ADV for the last time

Leuchtanzeige F̄ illuminated display **Leuchtdiode** F̄ light-emitting diode **Leuchte** F̄ light; (*umg: Mensch*) genius **leuchten** V̄Ī (*Licht*) to shine; (*Feuer, Zifferblatt*) to glow; (≈

aufleuchten) to flash; **mit einer Lampe in/auf etw** (*akk*) **~** to shine a lamp into/onto sth **leuchtend** A ADJ shining; *Farbe* bright; **etw in den ~sten Farben schildern** to paint sth in glowing colours (*Br*) *od* colors (*US*); **ein ~es Vorbild** a shining example B ADV *rot, gelb* bright **Leuchter** M̄ (≈ *Kerzenleuchter*) candlestick; (≈ *Kronleuchter*) chandelier **Leuchtfarbe** F̄ fluorescent colour (*Br*) *od* color (*US*); (≈ *Anstrichfarbe*) fluorescent paint **Leuchtfeuer** N̄ navigational light **Leuchtpistole** F̄ flare pistol **Leuchtrakete** F̄ signal rocket **Leuchtreklame** F̄ neon sign **Leuchtstift** M̄ highlighter **Leuchtturm** M̄ lighthouse

leugnen A V̄T̄ to deny; **~, etw getan zu haben** to deny having done sth; **es ist nicht zu ~, dass ...** it cannot be denied that ... B V̄Ī to deny everything

Leukämie F̄ leukaemia (*Br*), leukemia (*US*)

Leumund M̄ reputation, name **Leumundszeugnis** N̄ character reference

Leute P̄L̄ people *pl*; **alle ~** everybody; **vor allen ~n** in front of everybody; **was sollen denn die ~ davon denken?** what will people think? (❗ ohne **the**); **etw unter die ~ bringen** (*umg*) *Gerücht* to spread sth around; *Geld* to spend sth; **dafür brauchen wir mehr ~** we need more people for that

Leutnant M̄ second lieutenant; (*bei der Luftwaffe*) pilot officer (*Br*), second lieutenant (*US*); **~ zur See** acting sublieutenant (*Br*), ensign (*US*)

Leviten P̄L̄ **jdm die ~ lesen** (*umg*) to haul sb over the coals

lexikalisch ADJ lexical **Lexikograf(in)** M̄F̄ lexicographer **Lexikon** N̄ encyclopedia; (≈ *Wörterbuch*) dictionary, lexicon

Libanese M̄, **Libanesin** F̄ Lebanese **libanesisch** ADJ Lebanese **Libanon** M̄ **der ~** (the) Lebanon

Libelle F̄ ZOOL dragonfly

liberal ADJ liberal **Liberale(r)** M̄F̄M̄ POL Liberal **liberalisieren** V̄T̄ to liberalize **Liberalisierung** F̄ liberalization

Liberia N̄ GEOG Liberia

Libero M̄ FUSSB sweeper

Libido F̄ PSYCH libido

Libretto N̄ libretto

Libyen N̄ Libya **Libyer(in)** M̄F̄ Libyan **libysch** ADJ Libyan

licht ADJ **1** (≈ *hell*) light **2** *Wald, Haar* sparse **Licht** N̄ light; **~ machen** (≈ *anschalten*) to switch *od* put on a light; **etw gegen das ~ halten** to hold sth up to the light; **bei ~e besehen** (*fig*) in the cold light of day; **das ~ der Welt erblicken** (*geh*) to (first) see the light of day; **ans ~ kommen** to come to light; **jdn hinters ~ führen** to pull the wool over sb's eyes; **ein schiefes/schlechtes ~ auf jdn/etw werfen** to show sb/sth in the wrong/a bad light **Lichtbild** N (≈ *Dia*) slide; (*form* ≈ *Foto*) photograph **Lichtbildervortrag** M illustrated lecture **Lichtblick** M (*fig*) ray of hope **lichtdurchlässig** ADJ pervious to light; *Stoff* that lets the light through **lichtecht** ADJ non-fade **lichtempfindlich** ADJ sensitive to light; *Film* fast **Lichtempfindlichkeit** F sensitivity to light; FOTO film speed

lichten¹ A VT *Wald* to thin (out) B VR to thin (out); (*Nebel, Wolken*) to lift; (*Bestände*) to go down **lichten²** VT *Anker* to weigh

Lichterkette F (*an Weihnachtsbaum*) fairy lights *pl* **lichterloh** ADV **~ brennen** (*wörtl*) to be ablaze **Lichtgeschwindigkeit** F the speed of light **Lichthupe** F AUTO flash (of the headlights) **Lichtjahr** N light year **Lichtmangel** M lack of light **Lichtmaschine** F (*für Gleichstrom*) dynamo; (*für Drehstrom*) alternator **Lichtquelle** F source of light **Lichtschalter** M light switch **Lichtschein** M gleam of light **lichtscheu** ADJ averse to light; (*fig*) *Gesindel* shady **Lichtschranke** F photoelectric barrier **Lichtschutzfaktor** M protection factor **Lichtstrahl** M ray of light; (*fig*) ray of sunshine **lichtundurchlässig** ADJ opaque **Lichtung** F clearing **Lichtverhältnisse** PL lighting conditions *pl*

Lid N eyelid **Lidschatten** M eye shadow **Lidstrich** M eyeliner

lieb A ADJ **1** (≈ *liebenswürdig, hilfsbereit*) kind; (≈ *nett, reizend*) nice; (≈ *niedlich*) sweet; (≈ *artig*) *Kind* good; **~e Grüße an deine Eltern** give my best wishes to your parents; **würdest du (bitte) so ~ sein und das Fenster aufmachen?** would you do me a favour (*Br*) *od* favor (*US*) and open the window? **2** (≈ *angenehm*) **es wäre mir ~, wenn ...** I'd like it if ...; **es wäre ihm ~er** he would prefer it; → **lieber**; → **liebste(r, s)** **3** (≈ *geliebt, in Briefanrede*) dear; **der ~e Gott** the Good Lord; **~er Gott** (*Anrede*) dear God *od* Lord; **(mein) Liebes** (my) love; **er ist mir ~ und teuer** he's very dear to me; **~ geworden** well-loved; **den ~en langen Tag** (*umg*) the whole livelong day; **das ~e Geld!** the money, the money!; **(ach) du ~er Himmel!** (*umg*) good heavens *od* Lord! **4** **~ste(r, s)** favourite (*Br*), favorite (*US*); **sie ist mir die Liebste von allen** she is my favo(u)rite **B** ADV **1** (≈ *liebenswürdig*) danken, grüßen sweetly, nicely; **jdm ~ schreiben** to write a sweet letter to sb; **sich ~ um jdn kümmern** to be very kind to sb **2** (≈ *artig*) nicely **liebäugeln** VI **mit etw ~** to have one's eye on sth **Liebe** F **1** love (*zu*

jdm, für jdn for *od* of sb, *zu etw* of sth); **aus ~ zu** for the love of (❗ mit **the**); **etw mit viel ~ tun** to do sth with loving care; **bei aller ~** with the best will in the world; **~ macht blind** (*sprichw*) love is blind (*sprichw*) **2** (≈ *Sex*) sex **3** (≈ *Geliebte(r)*) love, darling **Liebelei** F (*umg*) flirtation, affair **lieben** A VT to love; (*als Liebesakt*) to make love (*jdn* to sb); **etw nicht ~** not to like sth; **sich ~** to love one another *od* each other; (*euph*) to make love; → **geliebt** B VI to love **Liebende(r)** M/F(M) lover **liebenswert** ADJ lovable **liebenswürdig** ADJ kind; (≈ *liebenswert*) charming **Liebenswürdigkeit** F (≈ *Höflichkeit*) politeness; (≈ *Freundlichkeit*) kindness **lieber** ADV (≈ *vorzugsweise*) rather, sooner; **das tue ich ~** I would *od* I'd rather do that; **ich trinke ~ Wein als Bier** I prefer wine to beer; **bleibe ~ im Bett** you had *od* you'd better stay in bed; **sollen wir gehen? — ~ nicht!** should we go? — better not **Liebe(r)** M/F(M) dear; **meine ~n** my dears **Liebesabenteuer** N amorous adventure **Liebesbeziehung** F (sexual) relationship **Liebesbrief** M love letter **Liebeserklärung** F declaration of love **Liebesgeschichte** F LIT love story **Liebesheirat** F love match **Liebeskummer** M lovesickness; **~ haben** to be lovesick **Liebesleben** N love life **Liebeslied** N love song **Liebespaar** N lovers *pl* **Liebesroman** M romantic novel **Liebesszene** F love scene **liebevoll** A ADJ loving; *Umarmung* affectionate B ADV lovingly; *umarmen* affectionately **lieb gewinnen** VT to grow fond of **liebgeworden** ADJ → **lieb lieb haben, liebhaben** VT to love; (*weniger stark*) to be (very) fond of **Liebhaber(in)** M(F) **1** lover **2** (≈ *Interessent*) enthusiast; (≈ *Sammler*) collector; **ein ~ von etw** a lover of sth; **das ist ein Wein für ~** that is a wine for connoisseurs **Liebhaberei** F (*fig* ≈ *Hobby*) hobby **liebkosen** VT (*liter*) to caress, to fondle **Liebkosung** F (*liter*) caress **lieblich** ADJ lovely, delightful; *Wein* sweet **Liebling** M darling; (≈ *bevorzugter Mensch*) favourite (*Br*), favorite (*US*) **Lieblings-** favourite (*Br*), favorite (*US*) **Lieblingsschüler(in)** M(F) teacher's pet **lieblos** ADJ *Eltern* unloving; *Behandlung* unkind; *Benehmen* inconsiderate **Liebschaft** F affair **Liebste(r)** M/F(M) sweetheart **liebste(r, s)** ADV **am ~n** best; **am ~n hätte ich ...** what I'd like most would be (to have) ...; **am ~n gehe ich ins Kino** best of all I like going to the cinema; **das würde ich am ~n tun** that's what I'd like to do best

Liechtenstein N Liechtenstein

Lied N song; **es ist immer das alte ~** (*umg*) it's always the same old story (*umg*); **davon kann ich ein ~ singen** I could tell you a thing or

two about that (umg) **Liederbuch** N songbook
liederlich A ADJ (≈ schlampig) slovenly attr, präd; (≈ unmoralisch) dissolute B ADV (≈ schlampig) sloppily
Liedermacher(in) M/F singer-songwriter
Lieferant(in) M/F supplier; (≈ Auslieferer) deliveryman/-woman **lieferbar** ADJ (≈ vorrätig) available; **die Ware ist sofort ~** the article can be supplied/delivered at once **Lieferfirma** F supplier; (≈ Zusteller) delivery firm **Lieferfrist** F delivery period **liefern** A VT 1 Waren to supply; (≈ zustellen) to deliver (an +akk to) 2 Beweise, Informationen to provide; Ergebnis to produce; **jdm einen Vorwand ~** to give sb an excuse; → geliefert B VI to supply; (≈ zustellen) to deliver **Lieferschein** M delivery note **Liefertermin** M delivery date **Lieferung** F (≈ Versand) delivery; (≈ Versorgung) supply; **bei ~ zu bezahlen** payable on delivery **Liefervertrag** M contract of sale **Lieferwagen** M delivery van od truck (US); (offen) pick-up **Lieferzeit** F delivery period, lead time (HANDEL)
Liege F couch; (≈ Campingliege) camp bed (Br), cot (US); (für Garten) lounger, lounge chair (US) **liegen** VI 1 to lie; **im Bett/Krankenhaus ~** to be in bed/hospital; **die Stadt lag in dichtem Nebel** thick fog hung over the town; **der Schnee bleibt nicht ~** the snow isn't lying (bes Br) od sticking (US); **etw ~ lassen** to leave sth (there) 2 (≈ sich befinden) to be; **die Preise ~ zwischen 60 und 80 Euro** the prices are between 60 and 80 euros; **so, wie die Dinge jetzt ~** as things stand at the moment; **damit liegst du (gold)richtig** (umg) you're (dead (umg)) right there; **nach Süden ~** to face south; **in Führung ~** to be in the lead; **die Verantwortung/Schuld dafür liegt bei ihm** the responsibility/blame for that lies with him; **das liegt ganz bei dir** that is completely up to you 3 (≈ passen) **das liegt mir nicht** it doesn't suit me; (Beruf) it doesn't appeal to me 4 **es liegt mir viel daran** (≈ ist mir wichtig) that matters a lot to me; **es liegt mir wenig/nichts daran** that doesn't matter much/at all to me; **es liegt mir viel an ihm** he is very important to me; **woran liegt es?** why is that?; **das liegt daran, dass ...** that is because...; → gelegen **liegen bleiben** VI 1 (≈ nicht aufstehen) to remain lying (down); **(im Bett) ~** to stay in bed 2 (≈ vergessen werden) to get left behind 3 (≈ nicht ausgeführt werden) not to get done 4 (Schnee) to lie (bes Br), to stick (US) **liegen lassen** VT (≈ nicht erledigen) to leave; (≈ vergessen) to leave (behind) **Liegerad** N recumbent (bicycle) **Liegesitz** M reclining seat; (auf Boot) couchette **Liegestuhl** M (mit Holzgestell) deck chair; (mit Metallgestell) lounger (Br), lounge chair (US) **Liegestütz** M SPORT press-up (Br), push-up (US) **Liegewagen** M BAHN couchette coach (Br) od car (bes US)
Lift M (≈ Personenlift) lift (Br), elevator (bes US); (≈ Güterlift) lift (Br), hoist **Liftboy** M liftboy (Br), elevator boy (US) **liften** VT to lift; **sich** (dat) **das Gesicht ~ lassen** to have a face-lift
Liga F league
light ADJ light; **Limo ~** diet lemonade, low-calorie lemonade
Likör M liqueur

Likör ≠ liquor

| Likör | = | liqueur |
| liquor | = | Spirituose(n) |

FALSCHE FREUNDE

lila ADJ purple
Lilie F lily
Liliputaner(in) M/F midget
Limette F sweet lime
limitieren VT to limit
Limo F (umg) fizzy drink (Br), soda (US)
Limonade F lemonade
Limone F lime
Limousine F saloon (Br), sedan (US)
Linde F (≈ Baum) linden od lime (tree); (≈ Holz) limewood **Lindenblütentee** M lime blossom tea
lindern VT to ease **Linderung** F easing
lindgrün ADJ lime green
Lineal N ruler
linear ADJ linear
Linguist(in) M/F linguist **Linguistik** F linguistics sg **linguistisch** ADJ linguistic
Linie F 1 line; **sich in einer ~ aufstellen** to line up; **auf der ganzen ~** (fig) all along the line; **auf die (schlanke) ~ achten** to watch one's figure 2 (≈ Verkehrsverbindung) route; **fahren Sie mit der ~ 2** take the (number) 2 **Linienblatt** N ruled (bes Br) od lined sheet (placed under writing paper) **Linienbus** M public service bus **Liniendienst** M regular service;

lila

„Lila" ist ein mit Weiß oder hellem Grau aufgehelltes Violett. Je nach Wahrnehmung dieses Farbtons wird es mit **lilac** ['laɪlək] oder **mauve** [mɔːv], [məʊv] übersetzt. **Mauve** ist der etwas dunklere Farbton, **lilac** der hellere.

SPRACHGEBRAUCH

Linse — lentil

Linse — lens

Linse — lens

FLUG scheduled service **Linienflug** M̄ scheduled flight **Linienmaschine** F̄ **mit einer ~** on a scheduled flight **Linienrichter(in)** M/F linesman/-woman; TENNIS line judge **linientreu** ADJ **~ sein** to follow od toe the party line **linieren, liniieren** VT to rule (bes Br) od draw lines on; **lini(i)ert** lined **link** (umg) ADJ Typ underhanded, double-crossing; Masche, Tour dirty; **ein ganz ~er Hund** (pej) a nasty piece of work (pej umg)
Link M̄ INTERNET link
Linke F̄ 1 (Hand) left hand; (Seite) left(-hand) side; BOXEN left; **zur ~n (des Königs) saß …** to the left (of the king) sat … 2 POL **die ~** the Left
linken VT (umg ≈ hereinlegen) to con (umg)
Linke(r) M/F/M POL left-winger **linke(r, s)** ADJ left; Rand, Spur etc left(-hand); POL left-wing; **die ~ Seite** the left(-hand) side; (von Stoff) the wrong side; **zwei ~ Hände haben** (umg) to have two left hands (umg)
linkisch A ADJ clumsy B ADV clumsily
links A ADV 1 on the left; abbiegen (to the) left; **nach ~** (to the) left; **von ~** from the left; **~ von etw** (to the od on the) left of sth; **~ von jdm** to od on sb's left; **weiter ~** further to the left; **jdn ~ liegen lassen** (fig umg) to ignore sb; **mit ~** (umg) just like that 2 (≈ verkehrt) tragen wrong side out; **~ stricken** to purl B PRÄP +gen on od to the left of **Linksabbieger** M̄ motorist/car etc turning left **Linksaußen** M̄ FUSSB outside left **linksbündig** A ADJ TYPO ranged left B ADV flush left **Linksextremist(in)** M/F left-wing extremist **Linkshänder(in)** M/F left-hander, left-handed person; **~ sein** to be left-handed **linkshändig** ADJ, ADV left--handed **Linkskurve** F̄ left-hand bend **linksradikal** ADJ POL radically left-wing **linksrheinisch** ADJ, ADV to od on the left of the Rhine **Linksverkehr** M̄ driving on the left (⚠ ohne a); **in Großbritannien ist ~** they drive on the left in Britain
Linoleum N̄ linoleum, lino **Linolschnitt** M̄ KUNST linocut
Linse F̄ 1 BOT, GASTR lentil 2 OPT lens
Lippe F̄ lip **Lippenbekenntnis** N̄ lip service **Lippenstift** M̄ lipstick
Liquidation F̄ 1 liquidation 2 (≈ Rechnung) account **liquide** ADJ WIRTSCH Geld, Mittel liquid; Firma solvent **liquidieren** VT 1 Geschäft to put into liquidation; Betrag to charge 2 Firma to liquidate; jdn to eliminate
lispeln VT & VI to lisp; (≈ flüstern) to whisper
Lissabon N̄ Lisbon
List F̄ (≈ Täuschung) cunning; (≈ trickreicher Plan) ruse
Liste F̄ list; (≈ Wählerliste) register **Listenpreis** M̄ list price
listig A ADJ cunning B ADV cunningly
Litauen N̄ Lithuania **Litauer(in)** M/F Lithuanian **litauisch** ADJ Lithuanian
Liter M̄ od N̄ litre (Br), liter (US)
literarisch ADJ literary; **~ interessiert** interested in literature **Literatur** F̄ literature; **die moderne ~** modern literature (⚠ ohne the) **Literaturangabe** F̄ bibliographical reference; **~n** (≈ Bibliografie) bibliography **Literaturgeschichte** F̄ history of literature **Literaturkritiker(in)** M/F literary critic **Literaturverzeichnis** N̄ bibliography **Literaturwissenschaft** F̄ literary studies pl **Literaturwissenschaftler(in)** M/F literature specialist
Literflasche F̄ litre (Br) od liter (US) bottle **literweise** ADV (wörtl) by the litre (Br) od liter (US)
Litfaßsäule F̄ advertisement pillar
Lithografie F̄ 1 (Verfahren) lithography 2 (Druck) lithograph
Litschi F̄ lychee, litchi
Liturgie F̄ liturgy
Litze F̄ braid; ELEK flex
live ADV, ADJ präd (RADIO, TV) live **Livemitt-**

1069 ‖ LOHN

schnitt M̲ live recording **Livemusik** F̲ live music **Livesendung** F̲ live broadcast **Live-übertragung** F̲ live transmission

Lizenz F̲ licence (Br), license (US); **etw in ~ herstellen** to manufacture sth under licence (Br) od license (US) **Lizenzausgabe** F̲ licensed edition **Lizenzgeber(in)** M̲F̲ licenser; (Behörde) licensing authority **Lizenzgebühr** F̲ licence (Br) od license (US) fee; (im Verlagswesen) royalty **Lizenzinhaber(in)** M̲F̲ licensee **Lizenznehmer(in)** M̲F̲ licensee

Lkw M̲, **LKW** M̲ = **Lastkraftwagen** **Lkw-Fahrer(in)** M̲F̲ lorry (Br) od truck (US) driver **Lkw-Maut** F̲ lorry (Br) od truck (US) toll

Lob N̲ praise (❗ ohne a); **(viel) ~ für etw bekommen** to be (highly) praised for sth

Lobby F̲ lobby **Lobbyist(in)** M̲F̲ lobbyist

loben V̲T̲ to praise; **jdn/etw ~d erwähnen** to commend sb/sth; **das lob'ich mir** that's what I like (to see/hear etc) **lobenswert** A̲D̲J̲ laudable **löblich** A̲D̲J̲ commendable **Loblied** N̲ song of praise; **ein ~ auf jdn/etw anstimmen** od **singen** (fig) to sing sb's praises/the praises of sth **Lobrede** F̲ eulogy; **eine ~ auf jdn halten** (wörtl) to make a speech in sb's honour (Br) od honor (US); (fig) to eulogize sb

Loch N̲ hole; (in Reifen) puncture; (fig umg ≈ elende Wohnung) dump (umg); (≈ Gefängnis) clink (umg); **jdm ein ~** od **Löcher in den Bauch fragen** (umg) to pester sb to death (with all one's questions) (umg); **ein großes ~ in jds (Geld)beutel** (akk) **reißen** (umg) to make a big hole in sb's pocket **lochen** V̲T̲ to punch holes/a hole in; (≈ perforieren) to perforate; Fahrkarte to punch **Locher** M̲ (≈ Gerät) punch **löcherig** A̲D̲J̲ full of holes **löchern** V̲T̲ (umg) to pester (to death) with questions (umg) **Lochung** F̲ punching; (≈ Perforation) perforation

Locke F̲ (Haar) curl; **~n haben** to have curly hair

locken¹ V̲T̲&V̲R̲ Haar to curl; **gelockt** Haar curly; Mensch curly-haired

locken² V̲T̲ **1** Tier to lure **2** jdn to tempt; **das Angebot lockt mich sehr** I'm very tempted by the offer **lockend** A̲D̲J̲ tempting

Lockenkopf M̲ curly hairstyle; (Mensch) curly-head **Lockenstab** M̲ (electric) curling tongs pl (Br), (electric) curling iron (US) **Lockenwickler** M̲ (hair) curler

locker A̲ A̲D̲J̲ loose; Kuchen light; (≈ nicht gespannt) slack; Haltung relaxed; (umg ≈ unkompliziert) laid-back (umg); **eine ~e Hand haben** (fig ≈ schnell zuschlagen) to be quick to hit out B̲ A̲D̲V̲ (≈ nicht stramm) loosely; **bei ihm sitzt das Messer ~** he'd pull a knife at the slightest excuse; **etw ~ sehen** to be relaxed about sth; **das ma-**

che ich ganz ~ (umg) I can do it just like that (umg) **lockerlassen** V̲I̲ (umg) **nicht ~** not to let up **lockermachen** V̲T̲ (umg) Geld to shell out (umg) **lockern** A̲ V̲T̲ **1** (≈ locker machen) to loosen; Boden to break up; Griff to relax; Seil to slacken **2** (≈ entspannen) Muskeln to loosen up; (fig) Vorschriften, Atmosphäre to relax B̲ V̲R̲ to work itself loose; (Verkrampfung) to ease off; (Atmosphäre) to become more relaxed **Lockerung** F̲ **1** loosening; (von Griff) relaxation, loosening; (von Seil) slackening **2** (von Muskeln) loosening up; (von Atmosphäre) relaxation **Lockerungsübung** F̲ loosening-up exercise

lockig A̲D̲J̲ Haar curly

Lockmittel N̲ lure **Lockruf** M̲ call **Lockung** F̲ lure; (≈ Versuchung) temptation **Lockvogel** M̲ decoy (bird); (fig) decoy **Lockvogelangebot** N̲ inducement

Lodenmantel M̲ loden (coat)

lodern V̲I̲ to blaze

Löffel M̲ spoon; (als Maßangabe) spoonful; **den ~ abgeben** (umg) to kick the bucket (umg); **ein paar hinter die ~ kriegen** (umg) to get a clip (a)round the ear **Löffelbagger** M̲ excavator **Löffelbiskuit** M̲ od N̲ sponge finger, ladyfinger (US) **löffeln** V̲T̲ to spoon **löffelweise** A̲D̲V̲ by the spoonful

Logarithmentafel F̲ log table **Logarithmus** M̲ logarithm, log

Logbuch N̲ log(book)

Loge F̲ **1** T̲H̲E̲A̲T̲ box **2** (≈ Freimaurerloge) lodge

Logik F̲ logic (❗ ohne **the**) **logisch** A̲ A̲D̲J̲ logical; **gehst du auch hin?** — **~** are you going too? — of course B̲ A̲D̲V̲ logically; **~ denken** to think logically **logischerweise** A̲D̲V̲ logically **Logistik** F̲ logistics sg **logistisch** A̲D̲J̲ logistic

Logo N̲ (≈ Firmenlogo) logo

Logopäde M̲, **Logopädin** F̲ speech therapist **Logopädie** F̲ speech therapy

Lohn M̲ **1** wage(s pl), pay (❗ kein pl, ohne a); **2% mehr ~ verlangen** to demand a 2% pay rise (Br) od pay raise (US) **2** (fig) (≈ Belohnung) reward; (≈ Strafe) **als od zum ~ für** ... as a reward/punishment for ... **Lohnabhängige(r)** M̲F̲M̲ wage earner **Lohnabschluss** M̲ wage od pay agreement **Lohnarbeit** F̲ labour (Br), labor (US) **Lohnausgleich** M̲ **bei vollem ~** with full pay **Lohnbuchhalter(in)** M̲F̲ wages clerk (Br), pay clerk **Lohnbuchhaltung** F̲ wages accounting; (≈ Büro) wages office (Br), pay(roll) office **Lohnbüro** N̲ wages office (Br), pay(roll) office **Lohnempfänger(in)** M̲F̲ wage earner **lohnen** A̲ V̲I̲&V̲R̲ to be worth it od worthwhile; **es lohnt (sich), etw zu tun** it is worth

L

LÖHN ‖ 1070

(-while) doing sth; **die Mühe lohnt sich** it is worth the effort; **das lohnt sich nicht für mich** it's not worth my while **B** V̲T̲ **1** (≈ es wert sein) to be worth **2** (≈ danken) **jdm etw ~** to reward sb for sth

löhnen V̲T̲ & V̲I̲ (umg) to shell out (umg)

lohnend A̲D̲J̲ rewarding; (≈ nutzbringend) worthwhile; (≈ einträglich) profitable **lohnenswert** A̲D̲J̲ worthwhile **Lohnerhöhung** F̲ (wage od pay) rise (Br), (wage od pay) raise (US) **Lohnforderung** F̲ wage demand od claim **Lohnfortzahlung** F̲ continued payment of wages **Lohngruppe** F̲ wage group **Lohnkosten** P̲L̲ wage costs pl (Br), labor costs pl (US) **Lohnkürzung** F̲ wage od pay cut **Lohnliste** F̲ payroll **Lohnnebenkosten** P̲L̲ additional wage costs pl (Br) od labor costs pl (US) **Lohnpolitik** F̲ pay policy **Lohnrunde** F̲ pay round **Lohnsteuer** F̲ income tax (paid on earned income) **Lohnsteuerjahresausgleich** M̲ annual adjustment of income tax **Lohnsteuerkarte** F̲ (income) tax card **Lohntüte** F̲ pay packet **Lohnverzicht** M̲ **~ üben** to take a cut in wages od pay

Loipe F̲ cross-country ski run

Lok F̲ engine

lokal A̲D̲J̲ (≈ örtlich) local **Lokal** N̲ (≈ Gaststätte) pub (bes Br), bar; (≈ Restaurant) restaurant **Lokalfernsehen** N̲ local television **lokalisieren** V̲T̲ **1** (≈ Ort feststellen) to locate **2** MED to localize **Lokalkolorit** N̲ local colour (Br) od color (US) **Lokalmatador(in)** M̲F̲ local hero/heroine **Lokalnachrichten** P̲L̲ local news sg **Lokalpatriotismus** M̲ local patriotism **Lokalsender** M̲ local radio/TV station **Lokalteil** M̲ local section **Lokaltermin** M̲ JUR visit to the scene of the crime **Lokalverbot** N̲ **~ haben** to be barred from a pub (bes Br) od bar **Lokalzeitung** F̲ local (news)paper

Lokführer(in) M̲F̲ engine driver **Lokomotive** F̲ locomotive, (railway) engine **Lokomotivführer(in)** M̲F̲ engine driver

Lolli M̲ (umg) lollipop, lolly (bes Br)

Lombard M̲ od N̲ FIN loan on security **Lombardsatz** M̲ rate for loans on security

London N̲ London **Londoner** A̲D̲J̲ London

Lorbeer M̲ **1** (wörtl: Gewächs) laurel; (als Gewürz) bay leaf **2** (fig) **sich auf seinen ~en ausruhen** (umg) to rest on one's laurels **Lorbeerblatt** N̲ bay leaf **Lorbeerkranz** M̲ laurel wreath

Lore F̲ BAHN truck; (≈ Kipplore) tipper

los **A** A̲D̲J̲ **1** (≈ nicht befestigt) loose **2** (≈ frei) **jdn/etw ~ sein** (umg) to be rid of sb/sth; **ich bin mein ganzes Geld ~** (umg) I'm cleaned out (umg) **3** (umg) **es ist nichts ~** there's

nothing going on; **mit jdm ist nichts (mehr) ~** (umg) sb isn't up to much (any more); **was ist denn hier/da ~?** what's going on here/there (then)?; **was ist ~?** what's up?; **wo ist denn hier was ~?** where's the action here? (umg) **B** A̲D̲V̲ **1** (Aufforderung) ~! come on!; **nichts wie ~!** let's get going **2** (≈ weg) **wir wollen früh ~** we want to leave early

Los N̲ **1** (für Entscheidung) lot; (in der Lotterie, auf Jahrmarkt etc) ticket; **das große ~ gewinnen** od **ziehen** (wörtl, fig) to hit the jackpot; **etw durch das ~ entscheiden** to decide sth by drawing lots **2** (≈ Schicksal) lot

lösbar A̲D̲J̲ soluble

losbinden V̲T̲ to untie (von from) **losbrechen** **A** V̲T̲ to break off **B** V̲I̲ (Gelächter etc) to break out; (Sturm, Gewitter) to break

Löschblatt N̲ sheet of blotting paper **löschen** **A** V̲T̲ **1** Feuer, Kerze to put out; Licht to turn out od off; Durst to quench; Tonband etc to erase; IT Speicher to clear; Festplatte to wipe; Daten, Information to delete **2** SCHIFF Ladung to unload **B** V̲I̲ (Feuerwehr etc) to put out a/the fire **Löschfahrzeug** N̲ fire engine **Löschmannschaft** F̲ team of firefighters **Löschpapier** N̲ (piece of) blotting paper **Löschtaste** F̲ IT delete key **Löschung** F̲ **1** (IT: von Daten) deletion **2** (SCHIFF: von Ladung) unloading

lose A̲D̲J̲ loose (❗ Schreibung mit zwei „o"); Seil slack; **etw ~ verkaufen** to sell sth loose

Lösegeld N̲ ransom (money)

loseisen (umg) **A** V̲T̲ to get od prise away (bei from) **B** V̲R̲ to get away (bei from); (von Verpflichtung etc) to get out (von of)

losen V̲I̲ to draw lots (um for)

lösen **A** V̲T̲ **1** (≈ abtrennen) to remove (von from); Knoten, Fesseln to undo; Handbremse to let off; Husten, Krampf to ease; Muskeln to loosen up; (≈ lockern) to loosen **2** (≈ klären) Aufgabe, Problem to solve; Konflikt to resolve **3** (≈ annullieren) Vertrag to cancel; Verlobung to break off; Ehe to dissolve **4** (≈ kaufen) Karte to buy **B** V̲R̲ **1** (≈ sich losmachen) to detach oneself (von from); (≈ sich ablösen) to come off (von etw sth); (Knoten) to come undone; (Schuss) to go off; (Husten, Krampf, Spannung) to ease; (Atmosphäre) to relax; (Muskeln) to loosen up; (≈ sich lockern) to (be)come loose; **sich von jdm ~** to break away from sb (a. SPORT) **2** (≈ sich aufklären) to be solved **3** (≈ zergehen) to dissolve

Losentscheid M̲ drawing (of) lots; **durch ~** by drawing lots

losfahren V̲I̲ (≈ abfahren) to set off; (Auto) to drive off **losgehen** V̲I̲ **1** (≈ weggehen) to set off; (Schuss, Bombe etc) to go off; **(mit dem Mes-**

1071 ‖ LUFT

ser) **auf jdn ~** to go for sb (with a knife) **2** (umg ≈ anfangen) to start; **gleich gehts los** it's just about to start; **jetzt gehts los!** here we go!; (Vorstellung) it's starting!; (Rennen) they're off! **loshaben** V̄T (umg) **etwas/nichts ~** to be pretty clever (umg)/pretty stupid (umg) **loskaufen** V̄T to buy out; Entführten to ransom **loskommen** V̄I to get away (von from); (≈ sich befreien) to free oneself; **von einer Sucht ~** to get free of an addiction **loslassen** V̄T to let go of; **der Gedanke lässt mich nicht mehr los** I can't get the thought out of my mind; **die Hunde auf jdn ~** to put od set the dogs on(to) sb **loslegen** V̄I (umg) to get going

löslich ADJ soluble; **~er Kaffee** instant coffee **loslösen A** V̄T to remove (von from); (≈ lockern) to loosen **B** V̄R to detach oneself (von from); **sich von jdm ~** to break away from sb **losmachen** V̄T (≈ befreien) to free; (≈ losbinden) to untie

Losnummer F̄ ticket number

losreißen V̄R **sich (von etw) ~** (Hund etc) to break loose (from sth); (fig) to tear oneself away (from sth) **lossagen** V̄R **sich von etw ~** to renounce sth; **sich von jdm ~** to dissociate oneself from od break with sb **losschießen** V̄I (≈ zu schießen anfangen) to open fire; **schieß los!** (fig umg) fire away! (umg) **losschrauben** V̄T to unscrew

Losung F̄ **1** (≈ Devise) motto **2** (≈ Kennwort) password

Lösung F̄ solution; (eines Konfliktes) resolving; (einer Verlobung) breaking off; (einer Verbindung) severance; (einer Ehe) dissolving **Lösungsmittel** N̄ solvent **Lösungswort** N̄ answer

loswerden V̄T to get rid of; Geld (beim Spiel etc) to lose (⚠ Schreibung mit einem „o"); (≈ ausgeben) to spend **losziehen** V̄I **1** (≈ aufbrechen) to set out od off (in +akk, nach for) **2** **gegen jdn/etw ~** (umg) to lay into sb/sth (umg)

Lot N̄ (≈ Senkblei) plumb line; SCHIFF sounding line; MATH perpendicular; **die Sache ist wieder im ~** things have been straightened out **löten** V̄T & V̄I to solder

Lothringen N̄ Lorraine **lothringisch** ADJ of Lorraine, Lorrainese

Lotion F̄ lotion

Lötkolben M̄ soldering iron **Lötlampe** F̄ blowlamp **Lötmetall** N̄ solder

lotrecht ADJ perpendicular

Lotse M̄, **Lotsin** F̄ SCHIFF pilot; (≈ Fluglotse) air-traffic od flight controller; (fig) guide **lotsen** V̄T to guide; **jdn irgendwohin ~** (umg) to drag sb somewhere (umg)

Lotterie F̄ lottery; (≈ Tombola) raffle **Lotterie-gewinn** M̄ lottery/raffle prize od (Geld) win-

nings pl **Lotterielos** N̄ lottery/raffle ticket **Lotto** N̄ lottery, ≈ National Lottery (Br); **(im) ~ spielen** to do (Br) od play the lottery **Lottogewinn** M̄ lottery win; (Geld) lottery winnings pl **Lottoschein** M̄ lottery coupon **Lottozahlen** P̄L winning lottery numbers pl

Löwe M̄ **1** ZOOL lion **2** ASTROL Leo; **(ein) ~ sein** to be (a) Leo **Löwenanteil** M̄ (umg) lion's share **Löwenmähne** F̄ (fig) flowing mane **Löwenmaul** N̄, **Löwenmäulchen** N̄ snapdragon, antirrhinum **Löwenzahn** M̄ dandelion **Löwin** F̄ lioness

loyal A ADJ loyal **B** ADV loyally; **sich jdm gegenüber ~ verhalten** to be loyal to(wards) sb **Loyalität** F̄ loyalty (jdm gegenüber to sb)

Luchs M̄ lynx; **Augen wie ein ~ haben** (umg) to have eyes like a hawk

Lücke F̄ gap; (auf Formularen etc) space; **~n (im Wissen) haben** to have gaps in one's knowledge **Lückenbüßer(in)** M̄(F̄) (umg) stopgap **lückenhaft A** ADJ full of gaps präd; Versorgung deficient **B** ADV sich erinnern vaguely; informieren sketchily **lückenlos A** ADJ complete; Überwachung thorough; Kenntnisse perfect **B** ADV completely **Lückentest** M̄, **Lückentext** M̄ SCHULE completion test (Br), fill-in-the-gaps test

Luder N̄ (umg) minx; **armes/dummes ~** poor/stupid creature

Luft F̄ **1** air (⚠ kein pl); **dicke ~** (umg) a bad atmosphere; **an** od **in die/der (frischen) ~** in the fresh air; **(frische) ~ schnappen** (umg) to get some fresh air; **die ~ ist rein** (umg) the coast is clear; **aus der ~** from the air; **jdn an die (frische) ~ setzen** (umg) to show sb the door; **etw in die ~ jagen** (umg) to blow sth up; **er geht gleich in die ~** (fig) he's about to blow his top; **es liegt etwas in der ~** there's something in the air; **die Behauptung ist aus der ~ gegriffen** this statement is (a) pure invention; **jdn wie ~ behandeln** to treat sb as though he/she just didn't exist; **er ist ~ für mich** I'm not speaking to him **2** (≈ Atem) breath; **nach ~ schnappen** to gasp for breath; **die ~ anhalten** (wörtl) to hold one's breath; **nun halt mal die ~ an!** (umg) (≈ rede nicht) hold your tongue!; (≈ übertreibe nicht) come on! (umg); **keine ~ mehr kriegen** not to be able to breathe; **tief ~ holen** to take a deep breath; **mir blieb vor Schreck/Schmerz die ~ weg** I was breathless with shock/pain; **seinem Herzen ~ machen** (fig) to get everything off one's chest; **seinem Zorn ~ machen** to give vent to one's anger **3** (fig ≈ Spielraum, Platz) space, room **Luftabwehr** F̄ MIL anti-aircraft defence (Br) od defense (US) **Luftabwehrrakete** F̄ anti-aircraft missile

LUFT | 1072

Luftangriff M̲ air raid (*auf +akk* on) **Luftauf-nahme** F̲ aerial photo(graph) **Luftballon** M̲ balloon **Luftbild** N̲ aerial picture **Luftblase** F̲ air bubble **Luftbrücke** F̲ airlift **Lüftchen** N̲ breeze **luftdicht** A̲ ADJ airtight (🛑 kein Adverb) B̲ ADV **die Ware ist ~ verpackt** the article is in airtight packaging **Luftdruck** M̲ air pressure **lüften** A̲ V/T **1** to air; (*systematisch*) to ventilate **2** (≈ *hochheben*) to raise; **das Geheimnis war gelüftet** the secret was out B̲ V/I (≈ *Luft hereinlassen*) to let some air in **Luftfahrt** F̲ aeronautics *sg*; (*mit Flugzeugen*) aviation (🛑 ohne Artikel) **Luftfahrtgesellschaft** F̲ airline (company) **Luftfeuchtigkeit** F̲ (atmospheric) humidity **Luftfilter** N̲ *od* M̲ air filter **Luftflotte** F̲ air fleet **Luftfracht** F̲ air freight **Luftfrachtbrief** M̲ air consignment note (Br) **luftgekühlt** ADJ air-cooled **luftgestützt** ADJ *Flugkörper* air-launched **luftgetrocknet** ADJ air-dried **Luftgewehr** N̲ air rifle, air gun **Lufthoheit** F̲ air sovereignty **luftig** ADJ *Zimmer* airy; *Kleidung* light **Luftkampf** M̲ air battle **Luftkissenboot** N̲, **Luftkissenfahrzeug** N̲ hovercraft **Luftkrieg** M̲ aerial warfare **Luftkühlung** F̲ air-cooling **Luftkurort** M̲ (climatic) health resort **Luftlandetruppe** F̲ airborne troops *pl* **luftleer** ADJ (**völlig**) **~ sein** to be a vacuum; **~er Raum** vacuum **Luftlinie** F̲ **200 km** *etc* **~** 200 km *etc* as the crow flies **Luftloch** N̲ air hole; FLUG air pocket **Luftmatratze** F̲ air bed (Br), Lilo® (Br), air mattress (*bes US*) **Luftpirat(in)** M(F) (aircraft) hijacker, skyjacker (*bes US*) **Luftpolster** N̲ air cushion **Luftpost** F̲ airmail; **mit ~** by airmail **Luftpumpe** F̲ pneumatic pump; (*für Fahrrad*) (bicycle) pump **Luftraum** M̲ airspace **Luftrettungsdienst** M̲ air rescue service **Luftröhre** F̲ ANAT windpipe, trachea **Luftschacht** M̲ ventilation shaft **Luftschiff** N̲ airship **Luftschlacht** F̲ air battle **Luftschlange** F̲ (paper) streamer **Luftschloss** N̲ (*fig*) castle in the air **Luftschutzbunker** M̲, **Luftschutzkeller** M̲ air-raid shelter **Luftspiegelung** F̲ mirage **Luftsprung** M̲ **vor Freude einen ~ machen** to jump for joy **Luftstreitkräfte** PL air force *sg* **Luftstrom** M̲ stream of air **Luftstützpunkt** M̲ air base **Lüftung** F̲ airing; (*systematisch*) ventilation **Lüftungsschacht** M̲ ventilation shaft **Luftveränderung** F̲ change of air **Luftverkehr** M̲ air traffic **Luftverschmutzung** F̲ air pollution (🛑 ohne **the**) **Luftwaffe** F̲ MIL air force; **die (deutsche) ~** the Luftwaffe **Luftwaffenstützpunkt** M̲ air-force base **Luftweg** M̲ (≈ *Flug-*

weg) air route; (≈ *Atemweg*) respiratory tract; **etw auf dem ~ befördern** to transport sth by air **Luftzug** M̲ (mild) breeze; (*in Gebäude*) draught (Br), draft (US)

Lüge F̲ lie, falsehood; **das ist alles ~** that's all lies; **jdn/etw ~n strafen** to give the lie to sb/sth **lügen** A̲ V/I to lie; **wie gedruckt ~** (*umg*) to lie like mad (*umg*) B̲ V/T **das ist gelogen!** that's a lie! **Lügendetektor** M̲ lie detector **Lügengeschichte** F̲ pack of lies **Lügenmärchen** N̲ tall story **Lügner(in)** M(F) liar **lügnerisch** ADJ *Mensch, Worte* untruthful

Luke F̲ hatch; (≈ *Dachluke*) skylight

lukrativ ADJ lucrative

Lümmel M̲ (*pej*) oaf; **du ~,** du you rogue you **lümmelhaft** (*pej*) ADJ ill-mannered **lümmeln** V/R (*umg*) to sprawl; (≈ *sich hinlümmeln*) to flop down

Lump M̲ (*pej*) rogue **lumpen** V/T (*umg*) **sich nicht ~ lassen** to splash out (*umg*) **Lumpen** M̲ rag **Lumpenpack** N̲ (*pej umg*) riffraff *pl* (*pej*) **Lumpensammler** M̲ (≈ *Lumpenhändler*) rag-and-bone man **lumpig** ADJ **1** *Kleidung* ragged, tattered **2** *Gesinnung, Tat* shabby **3** (*umg* ≈ *geringfügig*) measly (*umg*)

Lunchpaket N̲ lunchbox, packed lunch

Lunge F̲ lungs *pl*; (≈ *Lungenflügel*) lung; **sich** (*dat*) **die ~ aus dem Hals schreien** (*umg*) to yell till one is blue in the face (*umg*) **Lungenbraten** M̲ (*österr*) loin roast (Br), porterhouse (steak) **Lungenentzündung** F̲ pneumonia (🛑 ohne a) **Lungenflügel** M̲ lung **lungenkrank** ADJ **~ sein** to have a lung disease **Lungenkrebs** M̲ lung cancer **Lungenzug** M̲ deep drag (*umg*)

Lunte F̲ **~ riechen** (≈ *Verdacht schöpfen*) to smell a rat (*umg*)

Lupe F̲ magnifying glass **lupenrein** ADJ flawless; *Englisch* perfect; **das Geschäft war nicht ganz ~** the deal wouldn't stand close scrutiny *od* wasn't quite all above board

Lupine F̲ lupin

Lurch M̲ amphibian

Lust F̲ **1** (≈ *Freude*) pleasure, joy; **da kann einem die (ganze)** *od* **alle ~ vergehen, da vergeht einem die ganze ~** it puts you off; **jdm die ~ an etw** (*dat*) **nehmen** to take all the fun out of sth for sb **2** (≈ *Neigung*) inclination; **zu etw ~ haben** to feel like sth; **ich habe ~,**

▶ **Lust ≠ lust**

Lust	=	pleasure, joy, desire
lust	=	Wollust

FALSCHE FREUNDE ◀

das zu tun I'd like to do that; (≈ *bin dazu aufgelegt*) I feel like doing that; **ich habe jetzt keine ~** I'm not in the mood just now; **hast du ~?** how about it?; **auf etw** (*akk*) **~ haben** to feel like sth [3] (≈ *sinnliche Begierde*) desire **lustbetont** [ADJ] pleasure-orientated; *Beziehung, Mensch* sensual **Lüsterklemme** [F] ELEK connector **Lustgewinn** [M] pleasure **lustig** [ADJ] (≈ *munter*) merry; (≈ *humorvoll*) funny, amusing; **das kann ja ~ werden!** (*iron*) that's going to be fun (*iron*); **sich über jdn/etw ~ machen** to make fun of sb/sth **Lustigkeit** [F] (≈ *Munterkeit*) merriness (*obs*); (*von Mensch*) joviality; (*von Geschichte*) funniness **Lüstling** [M] lecher **lustlos** [A] [ADJ] unenthusiastic; FIN *Börse* slack [B] [ADV] unenthusiastically **Lustmörder(in)** [M(F)] sex killer **Lustobjekt** [N] sex object **Lustprinzip** [N] PSYCH pleasure principle **Lustspiel** [N] comedy **lustvoll** [A] [ADJ] full of relish [B] [ADV] with relish **lutschen** [V/T & V/I] to suck (*an etw* (*dat*) sth) **Lutscher** [M] lollipop **Luxemburg** [N] Luxembourg **Luxemburger(in)** [M(F)] Luxembourger; **er ist Luxemburger** he's from Luxembourg; **sie ist Luxemburgerin** she's from Luxembourg **luxemburgisch** [ADJ] Luxembourgian, from Luxembourg **luxuriös** [A] [ADJ] luxurious; **ein ~es Leben** a life of luxury [B] [ADV] luxuriously **Luxus** [M] luxury; (*pej* ≈ *Überfluss*) extravagance; **den ~ lieben** to love luxury **Luxusartikel** [M] luxury article; (*pl*) luxury goods *pl* **Luxusausführung** [F] de luxe model **Luxusdampfer** [M] luxury cruise ship **Luxushotel** [N] luxury hotel **Luxusklasse** [F] **der ~** de luxe *attr*, luxury *attr* **Luzern** [N] Lucerne **Lychee** [F] lychee, litchi **Lymphdrüse** [F] lymph(atic) gland **Lymphe** [F] lymph **Lymphknoten** [M] lymph node **lynchen** [V/T] (*wörtl*) to lynch; (*fig*) to kill **Lynchjustiz** [F] lynch law **Lynchmord** [M] lynching **Lyrik** [F] lyric poetry *od* verse **Lyriker(in)** [M(F)] lyric poet **lyrisch** [A] [ADJ] lyrical; *Dichtung* lyric [B] [ADV] lyrically

M

M, m [N] M, m **M.A.** UNIV *abk* von Magister Artium MA, M.A. (*US*)

Machart [F] make; (≈ *Stil*) style **machbar** [ADJ] feasible **Machbarkeitsstudie** [F] feasibility study **Mache** [F] (*umg*) [1] (≈ *Vortäuschung*) sham [2] **etw in der ~ haben** (*umg*) to be working on sth; **in der ~ sein** (*umg*) to be in the making

machen

A transitives Verb B intransitives Verb
C reflexives Verb

— A transitives Verb —

[1] (≈ *tun*) to do (❗ **To do** wird im Sinne von „tun, erledigen" gebraucht.); **ich mache das schon** (≈ *bringe das in Ordnung*) I'll see to that; (≈ *erledige das*) I'll do that; **er macht, was er will** he does what he likes; **das lässt sich ~** that can be done; **(da ist) nichts zu ~** (≈ *geht nicht*) (there's) nothing to be done; (≈ *kommt nicht infrage*) nothing doing; **das lässt er nicht mit sich ~** he won't stand for that; **was machst du da?** what are you doing (there)?; **was macht die Arbeit?** how's the work going?; **was macht dein Bruder (beruflich)?** what does your brother do (for a living)?; **was macht dein Bruder?** (≈ *wie geht es ihm?*) how's your brother doing?; **machs gut!** all the best!; → gemacht [2] (≈ *anfertigen*) to make (❗ **To make** wird im Sinne von „herstellen" gebraucht.); **aus Holz gemacht** made of wood; **sich/jdm etw ~ lassen** to have sth made for oneself/sb [3] (≈ *verursachen*) *Schwierigkeiten* to make (*jdm* for sb); *Mühe, Schmerzen* to cause (*jdm* for sb); **jdm Angst ~** to make sb afraid; **jdm Hoffnung ~** to give sb hope; **mach, dass er gesund wird!** make him better!; **etw leer ~** to empty sth; **etw kürzer ~** to shorten sth; **jdn alt/jung ~** (≈ *aussehen lassen*) to make sb look old/young; **er macht es sich** (*dat*) **nicht leicht** he doesn't make it easy for himself [4] (*umg* ≈ *ergeben*) to make; *Summe, Preis* to be; **drei und fünf macht acht** three and five makes eight; **was macht das (alles zusammen)?** how much is that altogether? [5] (≈ *ordnen, säubern*) to do; **die Küche muss mal wieder gemacht werden** (≈ *gereinigt, gestrichen*) the kitchen needs doing again; **das Bett ~** to

MACH | 1074

make the bed **6** **etwas aus sich ~** to make something of oneself; **jdn/etw zu etw ~** (≈ *verwandeln in*) to turn sb/sth into sth; **jdn zum Wortführer ~** to make sb spokesman; **macht nichts!** it doesn't matter!; **der Regen macht mir nichts** I don't mind the rain; **die Kälte macht dem Motor nichts** the cold doesn't hurt the engine; **sich** (*dat*) **viel aus jdm/etw ~** to like sb/sth; **sich** (*dat*) **wenig aus jdm/etw ~** not to be very keen on (*bes Br*) *od* thrilled with (*bes US*) sb/sth; **mach dir nichts draus!** don't let it bother you!

— **B** *intransitives Verb* —

1 **lass ihn nur ~** (≈ *hindre ihn nicht*) just let him do it; (≈ *verlass dich auf ihn*) just leave it to him; **lass mich mal ~** let me do it; (≈ *ich bringe das in Ordnung*) let me see to that; **das Kleid macht schlank** that dress makes you look slim **2** (*umg* ≈ *sich beeilen*) to get a move on (*umg*); **ich mach ja schon!** I'm being as quick as I can!; **mach, dass du hier verschwindest!** (you just) get out of here! **3** (*umg*) **jetzt macht sie auf große Dame** she's playing the grand lady now; **sie macht auf gebildet** she's doing her cultured bit (*umg*); **er macht in Politik** he's in politics

— **C** *reflexives Verb* —

1 (≈ *sich entwickeln*) to come on **2** **sich an etw** (*akk*) **~** to get down to sth; **sich zum Fürsprecher ~** to make oneself spokesman; **sich bei jdm beliebt ~** (*umg*) to make oneself popular with sb

Machenschaften ⓅⓁ wheelings and dealings *pl*, machinations *pl* **Macher(in)** ⓂⒻ (*umg*) man/woman of action

Machete Ⓕ machete

Macho Ⓜ macho (*umg*)

Macht Ⓕ power; **die ~ der Gewohnheit** the force of habit; **alles, was in unserer ~ steht** everything (with)in our power; **mit aller ~** with all one's might; **die ~ ergreifen/erringen** to seize/gain power (❗ *ohne* **the**); **an die ~ kommen** to come to power (❗ *ohne* **the**); **an der ~ sein/bleiben** to be/remain in power (❗ *ohne* **the**) **Machtapparat** Ⓜ POL machinery of power **Machtbereich** Ⓜ sphere of control **machtbesessen** ⒶⒹⒿ power-crazed **Machtergreifung** Ⓕ seizure of power **Machterhalt** Ⓜ retention of power **Machthaber(in)** ⓂⒻ (*pej*) ruler; (*pej*) dictator **mächtig** Ⓐ ⒶⒹⒿ (≈ *einflussreich*) powerful; (≈ *sehr groß*) mighty; (*umg* ≈ *enorm*) Hunger, Durst terrific (*umg*); **~e Angst haben** (*umg*) to be scared stiff (*umg*) Ⓑ ⒶⒹⓋ (*umg* ≈ *sehr*) terrifically (*umg*); *sich beeilen* like mad (*umg*); **sich ~ anstrengen** to make a terrific effort (*umg*); **darüber hat sie sich ~ ge-**

ärgert she got really angry about it **Machtkampf** Ⓜ power struggle **machtlos** ⒶⒹⒿ powerless; (≈ *hilflos*) helpless **Machtlosigkeit** Ⓕ powerlessness; (≈ *Hilflosigkeit*) helplessness **Machtmissbrauch** Ⓜ abuse of power **Machtpolitik** Ⓕ power politics *pl* **Machtprobe** Ⓕ trial of strength **Machtübernahme** Ⓕ takeover (*durch* by) **Machtverhältnisse** ⓅⓁ balance *sg* of power **Machtverlust** Ⓜ loss of power **machtvoll** Ⓐ ⒶⒹⒿ powerful Ⓑ ⒶⒹⓋ powerfully; *eingreifen* decisively **Machtwechsel** Ⓜ changeover of power **Machtwort** Ⓝ **ein ~ sprechen** to exercise one's authority

Machwerk Ⓝ (*pej*) sorry effort; **das ist ein ~ des Teufels** that is the work of the devil

Macke Ⓕ (*umg*) **1** (≈ *Tick, Knall*) quirk; **eine ~ haben** (*umg*) to be cracked (*umg*) **2** (≈ *Fehler, Schadstelle*) fault

Macker Ⓜ (*umg*) **1** (≈ *Freund, Typ*) guy (*umg*), bloke (*Br umg*) **2** **er spielt den großen ~** he's acting the tough guy

Mädchen Ⓝ girl; **ein ~ für alles** (*umg*) a dogsbody (*Br umg*), a gofer **mädchenhaft** Ⓐ ⒶⒹⒿ girlish Ⓑ ⒶⒹⓋ *aussehen* like a (young) girl **Mädchenname** Ⓜ **1** (*Vorname*) girl's name **2** (*von verheirateter Frau*) maiden name

Made Ⓕ maggot; **wie die ~ im Speck leben** (*umg*) to live in clover

Mädel Ⓝ (*dial*) lass (*dial*), girl

madig ⒶⒹⒿ maggoty

madigmachen ⓋⓉ (*umg*) **jdm etw madig machen** to put sb off sth

Madl Ⓝ (*österr*) lass (*dial*), girl; → Mädchen

Madonna Ⓕ Madonna

Mafia Ⓕ Mafia **Mafioso** Ⓜ mafioso

Magazin Ⓝ **1** (≈ *Lager*) storeroom; (≈ *Bibliotheksmagazin*) stockroom **2** (*am Gewehr*) magazine **3** (≈ *Zeitschrift*) magazine

Magd Ⓕ (*obs*) (≈ *Dienstmagd*) maid; (≈ *Landarbeiterin*) farm girl

Magen Ⓜ stomach; **auf nüchternen ~** on an empty stomach; **etw liegt jdm (schwer) im ~** (*umg*) sth lies heavily on sb's stomach; (*fig*) sth preys on sb's mind; **sich** (*dat*) **den ~ verderben** to get an upset stomach **Magenbeschwerden** ⓅⓁ stomach *od* tummy (*umg*) trouble *sg* **Magenbitter** Ⓜ bitters *pl* **Magen-Darm-Katarrh** Ⓜ gastroenteritis **Magengegend** Ⓕ stomach region **Magenschwür** Ⓝ stomach ulcer **Magengrube** Ⓕ pit of the stomach **Magenkrampf** Ⓜ stomach cramp **Magenkrebs** Ⓜ cancer of the stomach **Magenleiden** Ⓝ stomach disorder **Magenschleimhaut** Ⓕ stomach lining **Magenschleimhautentzündung**

MALE 1075

F̲ gastritis **Magenschmerzen** P̲L̲ stomach-ache *sg* **Magensonde** F̲ stomach probe **Magenverstimmung** F̲ upset stomach, stomach upset

mager A̲ A̲D̲J̲ **1** (≈ *fettarm*) *Fleisch* lean; *Kost* low-fat **2** (≈ *dünn*) thin, skinny (*umg*); (≈ *abgemagert*) emaciated; TYPO *Druck* roman **3** (≈ *dürftig*) mea-gre (*Br*), meager (*US*); *Ergebnis* poor B̲ A̲D̲V̲ (≈ *fett-arm*) **~ essen** to be on a low-fat diet; **~ kochen** to cook low-fat meals **Magermilch** F̲ skimmed milk **Magerquark** M̲ low-fat cot-tage cheese (*US*) *od* curd cheese **Mager-sucht** F̲ MED anorexia **magersüchtig** A̲D̲J̲ MED anorexic

Magie F̲ magic **Magier(in)** M̲F̲ magician **magisch** A̲D̲J̲ magic(al); **von jdm/etw ~ an-gezogen werden** to be attracted to sb/sth as if by magic

Magister M̲ **~ (Artium)** UNIV M.A., Master of Arts

Magistrat M̲ municipal authorities *pl*

Magnesium N̲ magnesium

Magnet M̲ magnet **Magnetbahn** F̲ mag-netic railway **Magnetband** N̲ magnetic tape **magnetisch** A̲D̲J̲ magnetic; **von etw ~ angezogen werden** (*fig*) to be drawn to sth like a magnet **Magnetismus** M̲ magnet-ism **Magnetkarte** F̲ magnetic card **Ma-gnetstreifen** M̲ magnetic strip

Magnolie F̲ magnolia

Mahagoni N̲ mahogany

Mähdrescher M̲ combine (harvester) **mä-hen** V̲T̲ *Gras* to cut; *Getreide* to reap; *Rasen* to mow

Mahl N̲ (*liter*) meal, repast (*form*); (≈ *Gastmahl*) ban-quet

mahlen V̲T̲&̲V̲I̲ to grind; → **gemahlen**

Mahlzeit F̲ meal; **(prost) ~!** (*iron umg*) that's just great (*umg*)

Mahnbescheid M̲, **Mahnbrief** M̲ remind-er

Mähne F̲ mane

mahnen A̲ V̲T̲ **1** (≈ *erinnern*) to remind (*wegen, an* +*akk* of); (*warnend*) to admonish (*wegen, an* +*akk* on account of) **2** (≈ *auffordern*) **jdn zur Eile/Geduld ~** to urge sb to hurry/be patient B̲ V̲I̲ **1** (*wegen Schulden etc*) to send a reminder **2** **zur Eile/Ge-duld ~** to urge haste/patience **Mahnmal** N̲ memorial **Mahnschreiben** N̲ reminder **Mahnung** F̲ **1** (≈ *Ermahnung*) exhortation; (*war-nend*) admonition **2** (≈ *warnende Erinnerung* ≈ *Mahn-brief*) reminder **Mahnverfahren** N̲ collec-tion proceedings *pl*

Mai M̲ May; **der Erste ~** May Day (❗ ohne the); → **März Maibaum** M̲ maypole **Mai-feiertag** M̲ (*form*) May Day (❗ ohne Artikel)

Maiglöckchen N̲ lily of the valley **Maikä-fer** M̲ cockchafer

Mail F̲ IT e-mail; **eine ~ an jdn schicken** to e-mail sb **Mailbox** F̲ IT mailbox **mailen** V̲T̲&̲ V̲I̲ IT to e-mail **Mailing** N̲ mailing

Mais M̲ maize, (Indian) corn (*bes US*) **Maisflo-cken** P̲L̲ cornflakes *pl* **Maiskolben** M̲ corn cob; (*Gericht*) corn on the cob **Maismehl** N̲ maize *od* corn (*bes US*) meal

Maisonette(-Wohnung) F̲ maisonette, duplex (apartment) (*bes US*)

Majestät F̲ (*Titel*) Majesty; **Seine/Ihre ~** His/Her Majesty **majestätisch** A̲ A̲D̲J̲ majestic B̲ A̲D̲V̲ majestically

Majo F̲ (*umg* ≈ *Mayonnaise*) mayo (*umg*) **Majonä-se** F̲ mayonnaise

Major(in) M̲F̲ MIL major

Majoran M̲ marjoram

makaber A̲D̲J̲ macabre; *Witz, Geschichte* sick **Makel** M̲ **1** (≈ *Schandfleck*) stigma **2** (≈ *Fehler*) blemish; (*von Charakter, bei Waren*) flaw **makel-los** A̲ A̲D̲J̲ *Reinheit* spotless; *Charakter* unimpeach-able; *Figur* perfect; *Kleidung, Haare* immaculate; *Alibi* watertight; *Englisch, Deutsch* flawless B̲ A̲D̲V̲ *rein* spotlessly; **~ gekleidet sein** to be impec-cably dressed; **~ weiß** spotless white **mä-keln** V̲I̲ (*umg*) (≈ *nörgeln*) to carp (*an* +*dat* at)

Make-up N̲ make-up

Makkaroni P̲L̲ macaroni *sg*

Makler(in) M̲F̲ broker; (≈ *Grundstücksmakler*) es-tate agent (*Br*), real-estate agent (*US*) **Makler-gebühr** F̲ brokerage

Makrele F̲ mackerel

Makro N̲ IT macro **makrobiotisch** A̲D̲J̲ mac-robiotic **Makrokosmos** M̲ macrocosm

mal[1] A̲D̲V̲ MATH times; **zwei ~ zwei** MATH two times two

mal[2] A̲D̲V̲ (*umg*) = **einmal**

Mal[1] N̲ **1** (≈ *Fleck*) mark **2** SPORT base; (≈ *Malfeld*) touch

Mal[2] N̲ time; **nur das eine ~** just (the) once; **das eine oder andere ~** now and then *od* again; **kein einziges ~** not once; **ein für alle ~(e)** once and for all; **das vorige ~** the time before; **beim ersten ~(e)** the first time; **zum ersten/letzten** *etc* **~** for the first/last *etc* time; **zu wiederholten ~en** time and again; **von ~ zu ~** each *od* every time; **für dieses ~** for now; **mit einem ~(e)** all at once

Malaria F̲ malaria

Malaysia N̲ Malaysia **malaysisch** A̲D̲J̲ Ma-laysian

Malediven P̲L̲ Maldives *pl*, Maldive Islands *pl*

malen V̲T̲&̲V̲I̲ to paint; (≈ *zeichnen*) to draw; **etw rosig/schwarz** *etc* **~** (*fig*) to paint a rosy/black *etc* picture of sth **Maler(in)** M̲F̲ painter; (≈ *Kunst-*

M

maler auch) artist **Malerei** F 1 (≈ *Malkunst*) art 2 (≈ *Bild*) painting **Malerfarbe** F paint **malerisch** ADJ 1 *Talent* as a painter 2 (≈ *pittoresk*) picturesque

Malkasten M paintbox

Mallorca N Majorca, Mallorca

malnehmen VT & VI to multiply (*mit* by)

Maloche F (*umg*) hard work **malochen** VI (*umg*) to work hard

Malstift M crayon

Malta N Malta

malträtieren VT to ill-treat, to maltreat

Malve F BOT mallow; (≈ *Stockrose*) hollyhock

Malz N malt **Malzbier** N malt beer, ≈ stout (*Br*) **Malzbonbon** N *od* M malt lozenge **Malzkaffee** M *coffee substitute made from barley malt*

Mama F (*umg*) mummy (*Br*), mommy (*US*) (❗ als Anrede großgeschrieben)

Mammografie F mammography

Mammut N mammoth **Mammutbaum** M sequoia, giant redwood **Mammutprogramm** N huge programme (*Br*) *od* program (*US*); (*lange dauernd*) marathon programme (*Br*) *od* program (*US*) **Mammutprozess** M marathon trial

mampfen VT & VI (*umg*) to munch

man INDEF PR 1 you, one; (≈ *ich*) one; (≈ *wir*) we; ~ **kann nie wissen** you *od* one can never tell; **das tut** ~ **nicht** that's not done 2 (≈ *jemand*) somebody, someone; ~ **hat mir erklärt, dass ...** it was explained to me that ... 3 (≈ *die Leute*) they *pl*, people *pl*; **früher glaubte** ~, **dass ...** people used to believe that ...

Management N management **managen** VT (*umg*) to manage **Manager(in)** M/F manager **Managertyp** M management *od* executive type

manch INDEF PR 1 many a; ~ **eine(r)** many a person 2 (*adjektivisch*) ~**e(r, s)** quite a few +*pl*, many a +*sg*; (*pl* ≈ *einige*) some +*pl*; ~**er, der ...** many a person who ... 3 (*substantivisch*) ~**e(r)** a good many people *pl*; (*pl* ≈ *einige*) some (people); ~**er lernts nie** some people never learn; **in** ~**em hat er recht** he's right about a lot of/some things **mancherlei** ADJ (*adjektivisch*) various, a number of; (*substantivisch*) various things *pl*, a number of things **manchmal** ADV sometimes

Mandant(in) M/F JUR client

Mandarine F mandarin (orange), tangerine

Mandat N mandate; (*von Anwalt*) brief; (PARL ≈ *Abgeordnetensitz*) seat; **sein** ~ **niederlegen** PARL to resign one's seat **Mandatar(in)** M/F (*österr*) member of parliament (❗ Vorsicht, mit „i", representative

Mandel F 1 almond 2 ANAT tonsil **Mandelbaum** M almond tree **Mandelentzündung** F tonsillitis (❗ ohne a)

Mandoline F mandolin

Manege F ring, arena

Mangan N manganese

Mangel[1] F mangle; (≈ *Heißmangel*) rotary iron; **durch die** ~ **drehen** (*fig umg*) to put through it (*umg*); **jdn in die** ~ **nehmen** (*fig umg*) to give sb a going-over (*umg*)

Mangel[2] M 1 (≈ *Fehler*) fault; (≈ *Unzulänglichkeit*) shortcoming; (≈ *Charaktermangel*) flaw 2 (≈ *das Fehlen*) lack (*an* +*dat* of); (≈ *Knappheit*) shortage (*an* +*dat* of); MED deficiency (*an* +*dat* of); **wegen** ~**s an Beweisen** for lack of evidence; ~ **an etw** (*dat*) **haben** to lack sth **Mangelerscheinung** F MED deficiency symptom **mangelhaft** A ADJ (≈ *schlecht*) poor; *Informationen, Interesse* insufficient; (≈ *fehlerhaft*) *Sprachkenntnisse, Ware* faulty; (*Schulnote*) poor B ADV poorly; **er spricht nur** ~ **Englisch** he doesn't speak English very well

mangeln[1] VT *Wäsche* to (put through the) mangle; (≈ *heiß mangeln*) to iron

mangeln[2] A VI UNPERS **es mangelt an etw** (*dat*) there is a lack of sth; **es mangelt jdm an etw** (*dat*) sb lacks sth; ~**des Selbstvertrauen** *etc* a lack of self-confidence *etc* B VI **etw mangelt jdm/einer Sache** sb/sth lacks sth **mangels** PRÄP +*gen* (*form*) for lack of **Mangelware** F scarce commodity; ~ **sein** (*fig*) to be a rare thing; (*Ärzte, gute Lehrer etc*) not to grow on trees

Mango F mango

Manie F mania

Manier F 1 (≈ *Art und Weise*) manner; (*eines Künstlers etc*) style 2 **Manieren** PL (≈ *Umgangsformen*) manners; **was sind das für** ~**en?** (*umg*) that's no way to behave **manierlich** ADJ 1 *Kind* well-mannered; *Benehmen* good 2 (*umg* ≈ *einigermaßen gut*) reasonable

Manifest N manifesto

Maniküre F (≈ *Handpflege*) manicure **maniküren** VT to manicure

Manipulation F manipulation **manipulieren** VT to manipulate

manisch ADJ manic; ~-**depressiv** manic-depressive

Manko N 1 (HANDEL ≈ *Fehlbetrag*) deficit 2 (*fig* ≈ *Nachteil*) shortcoming

Mann M 1 man; **etw an den** ~ **bringen** (*umg*) to get rid of sth; **seinen** ~ **stehen** to hold one's own; **pro** ~ per head; **ein Gespräch von** ~ **zu** ~ a man-to-man talk 2 (≈ *Ehemann*) husband; ~ **und Frau werden** to become man and wife 3 (*umg: als Interjektion*) (my) God (*umg*); **mach schnell,** ~! hurry up, man!; ~, **oh** ~! oh

boy! (umg) **Männchen** N little man; (≈ Zwerg) man(n)ikin; **~ malen** ≈ to doodle BIOL male; (≈ Vogelmännchen) male, cock **~ machen** (Hund) to (sit up and) beg **Manndeckung** F SPORT man-to-man marking, one-on-one defense (US)
Mannequin N (fashion) model
Männerberuf M male profession **Männerchor** M male-voice choir **Männerfang** M **auf ~ ausgehen** to go looking for a man **Männerfreundschaft** F friendship between men **Männersache** F (Angelegenheit) man's business; (Arbeit) job for a man; **Fußball war früher ~** football used to be a male preserve **Mannesalter** N manhood (⚠ ohne Artikel); **im besten ~ sein** to be in one's prime
mannigfach ADJ manifold **mannigfaltig** ADJ diverse
männlich ADJ male; Wort, Auftreten masculine **Männlichkeit** F (fig) manliness; (von Auftreten) masculinity **Mannloch** N TECH manhole **Mannschaft** F team; SCHIFF, FLUG crew **Mannschaftsaufstellung** F lineup **Mannschaftsgeist** M team spirit **Mannschaftskapitän** M SPORT (team) captain, skipper (umg) **Mannschaftsraum** M SPORT team quarters pl; SCHIFF crew's quarters pl **Mannschaftsspiel** N team game **mannshoch** ADJ as high as a man; **der Schnee liegt ~** the snow is six feet deep **mannstoll** ADJ man-mad (bes Br umg) **Mannweib** N (pej) mannish woman
Manometer N TECH pressure gauge; **~!** (umg) wow! (umg)
Manöver N manoeuvre (Br), maneuver (US) **Manöverkritik** F (fig) postmortem **manövrieren** VIT & VI to manoeuvre (Br), to maneuver (US) **manövrierfähig** ADJ manoeuvrable (Br), maneuverable (US); (fig) flexible **manövrierunfähig** ADJ disabled
Mansarde F garret; (Boden) attic **Mansardenfenster** N dormer window **Mansardenwohnung** F attic flat (Br), attic apartment (bes US)
Manschette F (≈ Ärmelaufschlag) cuff **~n haben** (umg) to be scared stupid (umg) **Manschettenknopf** M cufflink
Mantel M coat; (≈ Umhang) cloak **Manteltarifvertrag** M IND general agreement on conditions of employment
Mantra N mantra
manuell ADJ manual ADV manually **Manuskript** N manuscript; RADIO, FILM, TV script
Mäppchen N pencil case
Mappe F (≈ Aktenmappe) file; (≈ Aktentasche) brief-

Mappe	=	(Aktenmappe) **file**
		(Aktentasche) **briefcase**
		(Schultasche) **schoolbag**
		(Federmappe) **pencil case**
map	=	Landkarte

FALSCHE FREUNDE

case; (≈ Schulmappe) (school)bag; (≈ Federmappe) pencil case
Maracuja F passion fruit
Marathonlauf M marathon **Marathonläufer(in)** M/F marathon runner
Märchen N fairy tale; (umg) tall story **Märchenbuch** N book of fairy tales **Märchenerzähler(in)** M/F teller of fairy tales; (fig) storyteller **märchenhaft** ADJ fairy-tale attr, fabulous; (fig) fabulous ADV reich fabulously; singen beautifully; **~ schön** incredibly beautiful **Märchenprinz** M Prince Charming (⚠ ohne Artikel) **Märchenprinzessin** F fairy-tale princess
Marder M marten
Margarine F margarine
Marge F HANDEL margin
Mariä Himmelfahrt F Assumption **Marienkäfer** M ladybird (Br), ladybug (US)
Marihuana N marijuana
Marille F (österr) apricot
Marinade F GASTR marinade
Marine F navy **marineblau** ADJ navy-blue **Marineoffizier** M naval officer

| Marine | = | **navy** |
| marine | = | Marineinfanterist(in) |

FALSCHE FREUNDE

marinieren VT Fisch, Fleisch to marinate
Marionette F marionette; (fig) puppet **Marionettenregierung** F puppet government **Marionettenspieler(in)** M/F puppeteer **Marionettentheater** N puppet theatre (Br) od theater (US)
maritim ADJ maritime
Mark[1] N (≈ Knochenmark) marrow; (≈ Fruchtfleisch) purée; **bis ins ~** (fig) to the core; **es geht mir durch ~ und Bein** (umg) it goes right through me
Mark[2] F HIST mark; **Deutsche ~** Deutschmark
markant ADJ (≈ ausgeprägt) clear-cut; Schriftzüge clearly defined; Persönlichkeit striking
Marke F (bei Genussmitteln) brand; (bei Industrie-

MARK | 1078

güter) make 2 (≈ Briefmarke) stamp; (≈ Essenmarke) voucher; (≈ Rabattmarke) (trading) stamp; (≈ Lebensmittelmarke) coupon 3 (≈ Markenzeichen) trademark; **eingetragene ~** registered trademark 4 (≈ Rekordmarke) record; (≈ Wasserstandsmarke) watermark; (≈ Stand, Niveau) level **Markenartikel** M proprietary article **Markenbutter** F nonblended butter, best quality butter **Markenname** M brand od proprietary name **Markenpiraterie** F brand name piracy **Markenschutz** M protection of trademarks **Markenware** F proprietary goods pl **Marker** M (≈ Markierstift) marker pen **Marketing** N marketing **markieren** VT to mark; (umg ≈ vortäuschen) to play; **den starken Mann ~** to play the strong man **Markierstift** M marker pen **Markierung** F marking; (≈ Zeichen) mark **markig** ADJ Spruch, Worte pithy **Markise** F awning **Markklößchen** N GASTR bone marrow dumpling **Markknochen** M GASTR marrowbone **Markt** M 1 market; (≈ Jahrmarkt) fair; (≈ Warenverkehr) trade; **auf dem** od **am ~** on the market; **auf den ~ kommen** to come on the market 2 (≈ Marktplatz) marketplace **Marktanalyse** F market analysis **Marktanteil** M market share **marktbeherrschend** ADJ **~ sein** to control od dominate the market **Marktbude** F market stall **Marktchance** F sales opportunity **Marktforscher(in)** MF market researcher **Marktforschung** F market research **Marktfrau** F (woman) stallholder **Marktführer(in)** MF market leader **marktgerecht** ADJ in line with od geared to market requirements **Markthalle** F covered market **Marktlage** F state of the market **Marktlücke** F gap in the market; **in eine ~ stoßen** to fill a gap in the market **Marktnische** F market niche; **eine ~ besetzen** to fill a gap in the market **Marktplatz** M market square **Marktstudie** F market survey **Markttag** M market day **marktüblich** ADJ Preis current; **zu ~en Konditionen** at usual market terms **Marktwert** M market value **Marktwirtschaft** F market economy **Marmelade** F jam (Br), jelly (US) **Marmor** M marble **marmorieren** VT to marble **Marmorkuchen** M marble cake **marmorn** ADJ marble **Marokkaner(in)** MF Moroccan **marokkanisch** ADJ Moroccan **Marokko** N Morocco **Marone**[1] F, **Maroni** F (sweet od Spanish) chestnut
Marone[2] F (≈ Pilz) chestnut boletus

Marotte F quirk
Mars M ASTRON Mars (⚠ ohne **the**)
marsch INT 1 MIL march 2 **~ ins Bett!** (umg) off to bed with you at the double! (umg) **Marsch** M march; (≈ Wanderung) hike; **einen ~ machen** to go on a march/hike; **jdm den ~ blasen** (umg) to give sb a rocket **Marschbefehl** M MIL marching orders pl **marschbereit** ADJ ready to move **Marschflugkörper** M cruise missile **Marschgepäck** N pack **marschieren** VI to march; (fig) to march off **Marschkolonne** F column **Marschmusik** F military marches pl **Marschrichtung** F, **Marschroute** F (wörtl) route of march; (fig) line of approach
Marsmensch M Martian
martern (liter) VT to torture, to torment **Marterpfahl** M stake
Martinshorn N siren
Märtyrer(in) MF martyr
Marxismus M Marxism **Marxist(in)** MF Marxist **marxistisch** ADJ Marxist
März M March; **im ~** in March (⚠ ohne **the**); **im Monat ~** in the month of March; **am zweiten ~** on the second of March; **heute ist der zweite ~** today is March the second od March second (US); (geschrieben) today is 2nd March od March 2nd; **Berlin, den 4. ~ 2006** (in Brief) Berlin, March 4th, 2006, Berlin, 4th March 2006; **am Mittwoch, dem** od **den 4. ~** on Wednesday the 4th of March; **im Laufe des ~** during March; **Anfang/Ende ~** at the beginning/end of March
Marzipan N marzipan
Masche F 1 (≈ Strickmasche) stitch; **die ~n eines Netzes** the mesh sg of a net; **durch die ~n des Gesetzes schlüpfen** to slip through a loophole in the law 2 (umg) (≈ Trick) trick; (≈ Eigenart) fad; **die ~ raushaben** to know how to do it; **das ist seine neueste ~** that's his latest (fad od craze) **Maschendraht** M wire netting
Maschine F machine; (≈ Motor) engine; (≈ Flugzeug) plane; (≈ Schreibmaschine) typewriter; (umg ≈ Motorrad) bike; **etw in der ~ waschen** to machine-wash sth; **etw auf** od **mit der ~ schrei-**

 Marmelade

Neben ihrer Schreibweise unterscheidet sich **marmalade** von der deutschen „Marmelade" auch darin, dass sie aus Zitrusfrüchten — sehr oft aus Orangen, aber auch Zitronen, Limonen, Pampelmusen o. Ä. — gemacht wird.

LANDESKUNDE

1079 ‖ MASS

ben to type sth; **~ schreiben** to type **ma-schinell** Ⓐ ADJ *Herstellung* mechanical, machine *attr; Anlage, Übersetzung* machine *attr* Ⓑ ADV mechanically **Maschinenbau** M̄ mechanical engineering **Maschinen-bauer(in)** M̄F̄, **Maschinenbauinge-nieur(in)** mechanical engineer **Maschi-nenfabrik** F̄ engineering works (❗ mit Verb im Singular oder Plural) **maschinen-geschrieben** ADJ typewritten **Maschi-nengewehr** N̄ machine gun **maschinen-lesbar** ADJ machine-readable **Maschinen-öl** N̄ lubricating oil **Maschinenpark** M̄ plant **Maschinenpistole** F̄ submachine gun **Maschinenraum** M̄ plant room; SCHIFF engine room **Maschinenschaden** M̄ mechanical fault; FLUG *etc* engine fault **Ma-schinenschlosser(in)** M̄F̄ machine fitter **Maser** F̄ vein **maserig** ADJ grained **Masern** P̄L̄ measles *sg;* **die ~ haben** to have (the) measles

Maserung F̄ grain

Maske F̄ 1 mask; **die ~ fallen lassen** *(fig)* to throw off one's mask 2 (THEAT ≈ *Aufmachung)* make-up **Maskenball** M̄ masked ball **Mas-kenbildner(in)** M̄F̄ make-up artist **Maske-rade** F̄ costume **maskieren** Ⓐ V̄/R̄ 1 (≈ *verkleiden)* to dress up 2 (≈ *verbergen)* to disguise Ⓑ V̄/R̄ to dress up; (≈ *sich unkenntlich machen)* to disguise oneself **maskiert** ADJ masked **Maskierung** F̄ (≈ *Verkleidung)* fancy-dress costume; *(von Spion etc)* disguise

Maskottchen N̄ (lucky) mascot

maskulin ADJ masculine **Maskulinum** N̄ masculine noun

Masochismus M̄ masochism **Maso-chist(in)** M̄F̄ masochist **masochistisch** ADJ masochistic

Maß[1] F̄ 1 (≈ *Maßeinheit)* measure *(für of);* (≈ *Zoll-stock)* rule; (≈ *Bandmaß)* tape measure; **~e und Gewichte** weights and measures; **das ~ aller Dinge** *(fig)* the measure of all things; **mit zwei-erlei ~ messen** *(fig)* to operate a double stand-ard; **das ~ ist voll** *(fig)* enough's enough; **in rei-chem ~**(e) abundantly 2 (≈ *Abmessung)* meas-urement; **sich** *(dat)* **etw nach ~ anfertigen las-sen** to have sth made to measure; **bei jdm ~ nehmen** to take sb's measurements; **Hemden nach ~** shirts made to measure, custom-made shirts 3 (≈ *Ausmaß)* extent; **ein gewisses ~ an von …** a certain degree of …; **in hohem ~**(e) to a high degree; **in vollem ~e** fully; **in höchstem ~e** extremely 4 (≈ *Mäßigung)* mod-eration; **~ halten** = **maßhalten; in** *od* **mit ~en** in moderation; **ohne ~ und Ziel** immoderately **Maß**[2] F̄ *(südd, österr)* litre *(Br) od* liter *(US)* (tankard)

of beer

Massage F̄ massage **Massageöl** N̄ massage oil **Massagesalon** M̄ *(euph)* massage parlour *(Br) od* parlor *(US)*

Massaker N̄ massacre **massakrieren** V̄/T̄ *(obs umg)* to massacre

Maßangabe F̄ measurement **Maßanzug** M̄ made-to-measure *od* custom-made suit **Maßarbeit** F̄(*umg)* **das war ~** that was a neat bit of work **Maßband** N̄ tape measure

Masse F̄ 1 (≈ *Stoff)* mass; GASTR mixture 2 (≈ *große Menge)* heaps *pl (umg); (von Besuchern etc)* host; **die (breite) ~ der Bevölkerung** the bulk of the population; **eine ganze ~** *(umg)* a lot 3 (≈ *Men-schenmenge)* crowd

Maßeinheit F̄ unit of measurement

Massenandrang M̄ crush **Massenar-beitslosigkeit** F̄ mass unemployment **Massenartikel** M̄ mass-produced article **Massendemonstration** F̄ mass demon-stration **Massenentlassung** F̄ mass re-dundancy **Massenfabrikation** F̄, **Mas-senfertigung** F̄ mass production **Mas-senflucht** F̄ mass exodus **Massengrab** N̄ mass grave **massenhaft** ADV on a huge scale; *kommen, austreten* in droves **Massenka-rambolage** F̄ pile-up *(umg)* **Massenme-dien** P̄L̄ mass media (❗ mit Verb im Singular oder Plural) **Massenmord** M̄ mass murder **Massenmörder(in)** M̄F̄ mass murderer **Massenproduktion** F̄ mass production **Massentierhaltung** F̄ factory farming **Massenvernichtungswaffe** F̄ weapon of mass destruction **Massenware** F̄ mass--produced article **massenweise** ADV = mas-senhaft

Masseur M̄ masseur **Masseurin** F̄ mas-seuse **Masseuse** F̄ masseuse

Maßgabe F̄ *(form)* stipulation; **mit der ~, dass …** with the proviso that …, on (the) condition that …; **nach ~** *(+gen)* according to **maßge-bend** ADJ *Einfluss* decisive; *Meinung* definitive; *Fachmann* authoritative; (≈ *zuständig)* competent **maßgeblich** Ⓐ ADJ *Einfluss* decisive; *Person* leading; **~en Anteil an etw** *(dat)* **haben** to make a major contribution to sth Ⓑ ADV deci-sively; **~ an etw** *(dat)* **beteiligt sein** to play a substantial role in sth **maßgeschneidert** ADJ *Anzug* made-to-measure, custom-made; *(fig) Lösung, Produkte* tailor-made **Maßhalte-appell** M̄ appeal for moderation **maßhalten** V̄ī to be moderate

massieren[1] V̄/T̄ *Körper, Haut* to massage; **jdn ~** to give sb a massage

massieren[2] V̄/T̄ *Truppen* to mass

massig Ⓐ ADJ massive, huge Ⓑ ADV *(umg)* **~ Ar-**

M

beit/Geld etc masses of work/money etc (umg) **mäßig** **A** ADJ (≈ bescheiden) moderate; Schulnote etc mediocre **B** ADV (≈ nicht viel) moderately; **~ essen** to eat with moderation **mäßigen** **A** VT Anforderungen to moderate; Zorn to curb; → **gemäßigt** **B** VR to restrain oneself; **sich im Ton ~** to moderate one's tone **Mäßigung** F restraint

massiv **A** ADJ **1** (≈ stabil) solid **2** (≈ heftig) Beleidigung gross; Drohung, Kritik serious; Anschuldigung severe; Protest strong **B** ADV gebaut massively; protestieren strongly; verstärken greatly; behindern severely; **sich ~ verschlechtern** to deteriorate sharply **Massiv** N GEOL massif

Maßkrug M litre (Br) od liter (US) beer mug; (≈ Steinkrug) stein **maßlos** **A** ADJ extreme; (im Essen etc) immoderate **B** ADV (≈ äußerst) extremely; übertreiben grossly; **er raucht/trinkt ~** he smokes/drinks to excess **Maßlosigkeit** F extremeness; (im Essen etc) lack of moderation **Maßnahme** F measure; **~n gegen jdn/ etw treffen** od **ergreifen** to take measures against sb/sth **maßregeln** VT (≈ zurechtweisen) to reprimand, to rebuke; (≈ bestrafen) to discipline **Maßregelung** F (≈ Rüge) reprimand, rebuke; (von Beamten) disciplinary action **Maßschneider(in)** M|F bespoke od custom (US) tailor **Maßstab** M **1** (≈ Kartenmaßstab, Ausmaß) scale; **im ~ 1:1000** on a scale of 1:1000 (⚠ gesprochen **one to a thousand**); **Klimaverschiebungen im großen ~** large-scale climate changes **2** (fig ≈ Kriterium) standard; **für jdn als ~ dienen** to serve as a model for sb **maßstab(s)gerecht** ADJ, ADV (true) to scale **maßvoll** **A** ADJ moderate **B** ADV moderately

Mast[1] M mast; (≈ Stange) pole; ELEK pylon **Mast**[2] F (≈ das Mästen) fattening; (≈ Futter) feed **mästen** **A** VT to fatten **B** VR (umg) to stuff (umg) oneself

Masturbation F masturbation **masturbieren** VT & VI to masturbate

Match N od (schweiz) M match **Matchball** M TENNIS match point

Material N material; (≈ Baumaterial, Gerät) materials pl **Materialfehler** M material defect **Materialismus** M materialism **Materialist(in)** M|F materialist **materialistisch** ADJ materialistic **Materialkosten** PL cost of materials sg **Materie** F matter (⚠ ohne Artikel); (≈ Stoff, Thema) subject matter (⚠ ohne a) **materiell** **A** ADJ material; (≈ gewinnsüchtig) materialistic **B** ADV (≈ finanziell) financially; **~ eingestellt sein** (pej) to be materialistic

Mathe F (SCHULE umg) maths sg (Br umg), math (US umg) **Mathematik** F mathematics sg (⚠ ohne Artikel) **Mathematiker(in)** M|F math-

ematician **mathematisch** ADJ mathematical

Matjeshering M matjes herring (⚠ **herring** mit zwei „r")

Matratze F mattress

Matriarchat N matriarchy

Matrose M, **Matrosin** F sailor; (als Rang) ordinary seaman **Matrosenanzug** M sailor suit

Matsch M (umg) mush; (≈ Schlamm) mud; (≈ Schneematsch) slush **matschig** ADJ (umg) Obst mushy; Weg muddy; Schnee slushy

matt **A** ADJ **1** (≈ schwach) Kranker weak; Glieder weary **2** (≈ glanzlos) Metall, Farbe dull; Foto mat(t); (≈ trübe) Licht dim; Glühbirne pearl **3** SCHACH (check)mate; **jdn ~ setzen** to checkmate sb **B** ADV **1** (≈ schwach) weakly **2** ~ **glänzend** dull **Matt** N SCHACH (check)mate

Matte[1] F mat; **auf der ~ stehen** (umg ≈ bereit sein) to be there and ready for action

Matte[2] F (schweiz) alpine meadow

Mattheit F (≈ Schwäche) weakness; (von Gliedern) weariness **Mattlack** M dull od mat(t) lacquer **Mattscheibe** F **1** (umg ≈ Fernseher) telly (Br umg), tube (US umg) **2** (umg) **eine ~ haben/kriegen** (≈ nicht klar denken können) to have/get a mental block

Matura F (österr, schweiz) → Abitur **Maturand(in)** M|F (schweiz) → Abiturient(in)

maturieren VI (österr ≈ Abitur machen) to take one's school-leaving exam (Br), to graduate (from high school) (US)

Mätzchen N (umg) antic; **~ machen** to fool around (umg)

Mauer F wall **mauern** **A** VI **1** (≈ Maurerarbeit machen) to build, to lay bricks **2** KART to hold back; (fig) to stonewall **B** VT to build **Mauerwerk** N (≈ Steinmauer) stonework; (≈ Ziegelmauer) brickwork

Maul N mouth; (umg: von Menschen) gob (Br umg), trap (bes US sl); **den Leuten aufs ~ schauen** (umg) to listen to what people really say; **halts ~!** (vulg) shut your face (sl) **maulen** VI (umg) to moan **Maulesel** M mule **maulfaul** ADJ (umg) uncommunicative **Maulheld(in)** M|F (pej) show-off **Maulkorb** M muzzle; **jdm einen ~ umhängen** to muzzle sb **Maultier** N mule **Maul- und Klauenseuche** F VET foot-and-mouth disease (Br), hoof-and-mouth disease (US) **Maulwurf** M mole **Maulwurfshaufen** M molehill

Maurer(in) M|F bricklayer

Maus F mouse (a. COMPUT) (⚠ Der Plural lautet **mice**, aber als Plural für die Computermaus wird auch **mouses** verwendet.); **eine graue ~** (fig umg) a mouse (umg)

Maus — mouse

Maus — mouse

Mauschelei F (*umg ≈ Korruption*) swindle **mauscheln** VT & VI (*≈ manipulieren*) to fiddle (*umg*) **mäuschenstill** ADJ dead quiet **Mausefalle** F mousetrap **Mauseloch** N mousehole **mausen** VI to catch mice
Mauser F ORN moult, molt (*US*); **in der ~ sein** to be moulting (*Br*) *od* molting (*US*) **mausern** VR ORN to moult (*Br*), to molt (*US*)
mausetot ADJ (*umg*) stone-dead **Mausklick** M IT mouse click; **per ~** by clicking the mouse **Mauspad** N IT mouse mat *od* pad **Maustaste** F IT mouse button **Mauszeiger** M mouse pointer
Maut F toll **Mautschranke** F toll barrier (*Br*), turnpike (*US*) **Mautstelle** F toll gate **Mautstraße** F toll road, turnpike (*US*)
maximal A ADJ maximum B ADV (*≈ höchstens*) at most **Maxime** F LIT, PHIL maxim **maximieren** VT to maximize **Maximum** N maximum (*an +dat* of)
Mayonnaise F mayonnaise
Mazedonien N Macedonia
Mäzen(in) M(F) patron
MB *abk von* Megabyte MB
Mechanik F PHYS mechanics *sg* **Mechaniker(in)** M(F) mechanic **mechanisch** A ADJ mechanical B ADV mechanically **Mechanis-**

mechanisch ≠ mechanic

mechanisch	=	**mechanical**
mechanic	=	Mechaniker(in)

FALSCHE FREUNDE

mus M mechanism
Meckerei F (*umg*) grumbling **Meckerer** M, **Meckerin** F (*umg*) grumbler **meckern** VI (*Ziege*) to bleat; (*umg: Mensch*) to moan; **über jdn/etw** (*akk*) **~** (*umg*) to moan about sb/sth
Mecklenburg-Vorpommern N Mecklenburg-West Pomerania
Medaille F medal **Medaillengewinner(in)** M(F) medallist
Medaillon N 1 (*≈ Bildchen*) medallion; (*≈ Schmuckkapsel*) locket 2 GASTR médaillon
Mediathek F multimedia centre (*Br*) *od* center (*US*) **Medien** PL media (❗ mit Verb im Singular oder Plural) **Medienberater(in)** M(F) press adviser **Mediengesellschaft** F media society **Medienlandschaft** F media landscape **Medienpolitik** F (*mass*) media policy **medienwirksam** A ADJ **eine ~e Kampagne** a campaign geared toward(s) the media B ADV **etw ~ präsentieren** to gear sth toward(s) the media
Medikament N medicine (*gegen* for) **medikamentenabhängig** ADJ **~ sein** to be addicted to medical drugs **Medikamentenmissbrauch** M drug abuse
Mediothek F multimedia centre (*Br*) *od* center (*US*)
Meditation F meditation **meditieren** VI to meditate
Medium N medium
Medizin F medicine (❗ *meist ohne* a) **Medizinball** M SPORT medicine ball **Mediziner(in)** M(F) doctor; UNIV medic (*umg*) **medizinisch** A ADJ 1 (*≈ ärztlich*) medical; **~e Fakultät** faculty of medicine; **~-technische Assistentin**, **~-technischer Assistent** medical technician 2 *Kräuter, Bäder* medicinal; *Shampoo* medicated B ADV medically; **jdn ~ behandeln** to treat sb (medically) **Medizinmann** M medicine man
Meer N sea; (*≈ Weltmeer*) ocean; **am ~(e)** by the sea; **ans ~ fahren** to go to the sea(side) **Meerbusen** M gulf, bay **Meerenge** F straits *pl*, strait
Meeresboden M seabed **Meeresfisch** M saltwater fish **Meeresfrüchte** PL seafood *sg* **Meeresgrund** M seabed, bottom of the sea **Meereshöhe** F sea level; **10 Meter über ~** 10 metres (*Br*) *od* meters (*US*) above sea level **Meeresklima** N maritime climate **Meereskunde** F oceanography **Meeresspiegel** M sea level; **über/unter dem ~** above/below sea level (❗ *ohne* the) **Meeresufer** N coast
Meerjungfrau F mermaid
Meerrettich M horseradish

Meersalz N̄ sea salt
Meerschweinchen N̄ guinea pig
Meerwasser N̄ sea water
Meeting N̄ meeting
Megabit N̄ megabit **Megabyte** N̄ megabyte **Megafon** N̄ megaphone **Megahertz** N̄ megahertz **Megahit** M̄ huge od smash (umg) hit, megahit **Megaphon** N̄ = Megafon **Megatonne** F̄ megaton **Megawatt** N̄ megawatt
Mehl N̄ flour; (gröber) meal; (≈ Pulver) powder **mehlig** ADJ Äpfel, Kartoffeln mealy **Mehlschwitze** F̄ GASTR roux **Mehlspeise** F̄ **1** (≈ Gericht) flummery **2** (österr) (≈ Nachspeise) dessert; (≈ Kuchen) pastry **Mehltau** M̄ BOT mildew
mehr A INDEF PR inv more B ADV **1** more; immer ~ more and more; ~ oder weniger more or less **2** ich habe kein Geld ~ I haven't od I don't have any more money; du bist doch kein Kind ~! you're no longer a child!; es besteht keine Hoffnung ~ there's no hope left; kein Wort ~! not another word!; es war niemand ~ da there was no-one left; nicht ~ not any longer, no longer; nicht ~ lange not much longer; nichts ~ nothing more; nie ~ never again **Mehrarbeit** F̄ extra work **Mehraufwand** M̄ additional expenditure **Mehrausgabe** F̄ additional expense(s pl) **mehrbändig** ADJ in several volumes **Mehrbedarf** M̄ greater need (an +dat of, for); HANDEL increased demand (an +dat for) **Mehrbelastung** F̄ excess load; (fig) additional burden **Mehrbereichsöl** N̄ AUTO multigrade oil **Mehrbettzimmer** N̄ room with multiple beds **mehrdeutig** A ADJ ambiguous B ADV ambiguously **Mehrdeutigkeit** F̄ ambiguity **Mehreinnahme** F̄ additional revenue **mehrere** INDEF PR several **mehrfach** A ADJ multiple; (≈ wiederholt) repeated; ein ~er Millionär a multimillionaire B ADV (≈ öfter) many times; (≈ wiederholt) repeatedly **Mehrfache(s)** N̄ das ~ od ein ~s des Kostenvoranschlags several times the estimated cost **Mehrfachsteckdose** F̄ ELEK multiple socket **Mehrfachstecker** M̄ ELEK multiple adaptor **Mehrfahrtenkarte** F̄ multi-journey ticket **Mehrfamilienhaus** N̄ house for several families **mehrfarbig** ADJ multicoloured (Br), multicolored (US) **Mehrheit** F̄ majority; die absolute ~ an absolute majority; die ~ haben/gewinnen to have/win od gain a majority; mit zwei Stimmen ~ with a majority of two (votes) **mehrheitlich** ADV wir sind ~ der Ansicht, dass ... the majority of us think(s) that ... **Mehrheitsbeschluss** M̄ majority decision **mehrheitsfähig** ADJ capable of

Mehrheit

So ähnlich wie bei „Mehrheit" ist es bei einer Reihe anderer Substantive. Sie können ein Verb im Singular oder Plural haben, je nachdem ob man die Gruppe als geschlossene Einheit sieht oder an die einzelnen Mitglieder denkt. Dazu zählen:

army — Armee
audience — Zuschauer
class — Klasse
company — Firma
crew — Besatzung
family — Familie
government — Regierung
group — Gruppe
public — Öffentlichkeit
team — Team

GRAMMATIK

winning a majority **Mehrheitswahlrecht** N̄ first-past-the-post system **mehrjährig** ADJ of several years **Mehrkosten** PL additional costs pl **mehrmalig** ADJ repeated **mehrmals** ADV several times **Mehrparteiensystem** N̄ multiparty system **Mehrplatzrechner** M̄ IT multi-user system **mehrsilbig** ADJ polysyllabic **mehrsprachig** ADJ Person, Wörterbuch multilingual; ~ aufwachsen to grow up multilingual **mehrstellig** ADJ Zahl, Betrag multidigit **mehrstimmig** ADJ MUS for several voices; ~ singen to sing in harmony **mehrstöckig** ADJ multistorey (Br), multistory (US) **mehrstufig** ADJ multistage **mehrstündig** ADJ Verhandlungen lasting several hours **mehrtägig** ADJ Konferenz lasting several days; nach ~er Abwesenheit after several days' absence **Mehrverbrauch** M̄ additional consumption **Mehrwegflasche** F̄ returnable bottle **Mehrwegverpackung** F̄ reusable packaging **Mehrwert** M̄ WIRTSCH added value **Mehrwertsteuer** F̄ value added tax **mehrwöchig** ADJ lasting several weeks; Abwesenheit of several weeks **Mehrzahl** F̄ **1** GRAM plural **2** (≈ Mehrheit) majority **Mehrzweckhalle** F̄ multipurpose room
meiden VT to avoid
Meile F̄ mile **Meilenstein** M̄ milestone **meilenweit** ADV for miles; ~ entfernt miles away
Meiler M̄ (≈ Kohlenmeiler) charcoal kiln; (≈ Atommeiler) (atomic) pile
mein POSS PR my
Meineid M̄ perjury (⚠ ohne a); einen ~ leis-

ten to perjure oneself

meinen A VII (≈ *denken*) to think; **wie Sie ~!** as you wish; **wenn du meinst!** if you like B VT 1 (≈ *der Ansicht sein*) to think; **was ~ Sie dazu?** what do you think od say?; **~ Sie das im Ernst?** are you serious about that?; **das will ich ~!** I quite agree! 2 (≈ *beabsichtigen*) to mean; (*umg* ≈ *sagen*) to say; **wie ~ Sie das?** what do you mean?; (*drohend*) (just) what do you mean by that?; **so war es nicht gemeint** it wasn't meant like that; **sie meint es gut** she means well

meine(r, s) POSS PR (*substantivisch*) mine; **das Meine** (*geh*) mine; (≈ *Besitz*) what is mine; **die Meinen** (*geh* ≈ *Familie*) my people, my family **meinerseits** ADV as far as I'm concerned; **ganz ~!** the pleasure's (all) mine **meinesgleichen** PRON (≈ *meiner Art*) people like me od myself; (≈ *gleichrangig*) my own kind **meinetwegen** ADV 1 (≈ *wegen mir*) because of me; (≈ *mir zuliebe*) for my sake 2 (≈ *von mir aus*) as far as I'm concerned; **~!** if you like **meinetwillen** ADV **um ~** (≈ *mir zuliebe*) for my sake; (≈ *wegen mir*) on my account

meins POSS PR mine

Meinung F opinion; **nach meiner ~, meiner ~ nach** in my opinion; **ich bin der ~, dass ...** I'm of the opinion that ...; **eine hohe ~ von jdm/etw haben** to think highly of sb/sth; **einer ~ sein** to share the same opinion; **ganz meine ~!** I completely agree!; **jdm die ~ sagen** (*umg*) to give sb a piece of one's mind (*umg*) **Meinungsaustausch** M exchange of views (**über** +*akk* on, about) **Meinungsbildung** F formation of opinion **Meinungsforscher(in)** M(F) (opinion) pollster **Meinungsforschung** F (public) opinion polling **Meinungsfreiheit** F freedom of speech **Meinungsumfrage** F (public) opinion poll **Meinungsverschiedenheit** F difference of opinion

▶ Meinung ≠ meaning

Meinung	=	opinion
meaning	=	Bedeutung

◀ FALSCHE FREUNDE

Meise F tit
Meißel M chisel **meißeln** VT & VI to chisel
meist ADV = meistens **meistbietend** ADJ highest bidding; **~ versteigern** to sell to the highest bidder **meisten am ~** ADV the most; **am ~ bekannt** best known **meistens** ADV usually

Meister M (≈ *Handwerksmeister*) master (craftsman); (*in Fabrik*) foreman; SPORT champion; (*Mannschaft*) champions *pl*; **seinen ~ machen** to take one's master craftsman's diploma

meiste(r, s) INDEF PR 1 (*adjektivisch*) most (⚠ **meist ohne the**); **die ~n Leute** most people 2 (*substantivisch*) **die ~n** most people; **die ~n wissen das** most people know that; **die ~n hier haben einen Computer** most of the people here have a computer (⚠ **Most people** steht bei einer allgemeinen Aussage, während **most of the people** bei einer bestimmten Gruppe von Menschen gesagt wird.); **die ~n (von ihnen)** most (of them); **das ~** most of it; **am ~n habe ich mich über die CD gefreut** I was most pleased about the CD

Meisterbrief M master craftsman's diploma **meisterhaft** A ADJ masterly B ADV brilliantly **Meisterin** F (≈ *Handwerksmeisterin*) master craftswoman; (*in Fabrik*) forewoman; SPORT champion **Meisterleistung** F masterly performance; (*iron*) brilliant achievement **meistern** VT to master; **Schwierigkeiten** to overcome **Meisterprüfung** F examination for master craftsman's diploma **Meisterschaft** F 1 SPORT championship; (*Veranstaltung*) championships *pl* 2 (≈ *Können*) mastery **Meisterstück** N (*von Handwerker*) *work done to qualify as master craftsman*; (*fig*) masterpiece; (≈ *geniale Tat*) master stroke **Meisterwerk** N masterpiece

Meistgebot N highest bid **meistgefragt** ADJ most in demand **meistgekauft** ADJ best-selling

Mekka N Mecca
Melancholie F melancholy **melancholisch** ADJ melancholy
Melange F (*österr* ≈ *Milchkaffee*) coffee with milk
Melanom N MED melanoma
Melanzani F (*österr*) aubergine
Melasse F molasses
Meldeamt N registration office **Meldebehörde** F registration authorities *pl* **Meldefrist** F registration period **melden** A VT 1 (≈ *anzeigen, berichten*) **eine Geburt (der Behörde** *dat*) **~** to notify the authorities of a birth; **wie soeben gemeldet wird** (RADIO, TV) according to reports just coming in; **etw bei der Polizei ~** to report sth to the police; **(bei jdm) nichts zu ~ haben** (*umg*) to have no say 2 (≈ *ankündigen*) to announce; **wen darf ich ~?** who(m) shall I say (is here)? B VR 1 (≈ *antreten*) to report (**zu** for); **sich zum Dienst ~** to report for work; **sich zu** od **für etw ~** *bes* MIL to volunteer for sth; (*für Arbeitsplatz*) to apply for sth; **sich auf eine Anzeige ~** to answer an advertisement 2 (*durch Handaufheben*) to put one's hand up 3 (*bes* TEL ≈ *antworten*) to answer; **es meldet sich niemand** there's no answer 4 (≈ *von sich hören lassen*) to get

in touch (bei with); **melde dich wieder** keep in touch **Meldepflicht** F **1** (beim Ordnungsamt) compulsory registration (when moving house); **polizeiliche ~** obligation to register with the police **2** **~ des Arztes** the doctor's obligation to notify the authorities (of people with certain contagious diseases) **meldepflichtig** ADJ Krankheit notifiable **Meldung** F **1** (≈ Mitteilung) announcement **2** PRESSE, RADIO, TV report (über +akk on, about); **~en vom Sport** sports news sg; **eine ~ im Radio** an announcement on the radio **3** (dienstlich, bei Polizei) report; **(eine) ~ machen** to make a report
meliert ADJ Haar greying (Br), graying (US)
melken VT **1** Kuh, Ziege etc to milk **2** (fig umg) to fleece (umg)
Melodie F melody **melodiös** (geh) ADJ melodious **melodisch** ADJ melodic
melodramatisch ADJ melodramatic (a. fig)
Melone F **1** melon **2** (Hut) bowler (Br), derby (US)
Membran(e) F **1** ANAT membrane **2** PHYS, TECH diaphragm
Memme F (umg) sissy (umg)
Memo N memo **Memoiren** PL memoirs pl
Menge F **1** (≈ Quantum) quantity **2** (umg) **eine ~** a lot, lots (umg); **eine ~ Zeit/Häuser** a lot of time/houses; **jede ~** loads pl (umg); **eine ganze ~** quite a lot **3** (≈ Menschenmenge) crowd; (pej ≈ Pöbel) mob **4** MATH set
mengen A VT (geh) to mix (unter +akk with) B V/R to mingle (unter +akk with)
Mengenangabe F quantity **Mengenlehre** F MATH set theory **Mengenrabatt** M bulk discount
Menorca N Minorca
Mensa F UNIV canteen, refectory (Br)
Mensch M **1** (≈ Person) person, man/woman; **es war kein ~ da** there was nobody there; **als ~** as a person; **das konnte kein ~ ahnen!** no-one (on earth) could have foreseen that! **2** (als Gattung) **der ~** man; **die ~en** man sg, human beings pl; **~ bleiben** (umg) to stay human; **ich bin auch nur ein ~!** I'm only human **3** (≈ die Menschheit) **die ~en** mankind, man; **alle ~en** everyone **4** (umg: als Interjektion) hey; **~, da habe ich mich aber getäuscht** boy, was I wrong! (umg) **Menschenaffe** M ape **Menschenauflauf** M crowd (of people) **menschenfeindlich** ADJ Mensch misanthropic; Landschaft etc inhospitable; Politik, Gesellschaft inhumane **Menschenfresser(in)** M(F) (umg) (≈ Kannibale) cannibal; (≈ Raubtier) man-eater **menschenfreundlich** ADJ Mensch philanthropic, benevolent; Gegend hospitable; Politik, Gesellschaft humane **Menschenführung** F leadership **Menschenhand** F human hand; **von ~ geschaffen** fashioned by the hand of man **Menschenhandel** M slave trade; JUR trafficking (in human beings) **Menschenjagd** F **eine ~** a manhunt **Menschenkenner(in)** M(F) judge of character **Menschenkenntnis** F knowledge of human nature **Menschenkette** F human chain **Menschenleben** N human life; **Verluste an ~** loss of human life **menschenleer** ADJ deserted **Menschenmenge** F crowd (of people) **menschenmöglich** ADJ humanly possible; **das Menschenmögliche tun** to do all that is humanly possible **Menschenrechte** PL human rights **Menschenrechtsverletzung** F human rights violation, violation of human rights **Menschenseele** F human soul; **keine ~** (fig) not a (living) soul **Menschenskind** INT heavens above **menschenunwürdig** A ADJ beneath human dignity; Behausung unfit for human habitation B ADV behandeln inhumanely; hausen, unterbringen under inhuman conditions **menschenverachtend** ADJ inhuman **Menschenverstand** M **gesunder ~** common sense **Menschenwürde** F human dignity (⚠ ohne Artikel) **menschenwürdig** A ADJ Behandlung humane; Lebensbedingungen fit for human beings; Unterkunft fit for human habitation B ADV behandeln humanely; wohnen in decent conditions **Menschheit** F **die ~** mankind, humanity **menschlich** A ADJ **1** human **2** (≈ human) Behandlung etc humane B ADV **1** (≈ human) humanely **2** (umg ≈ zivilisiert) decently **Menschlichkeit** F humanity (⚠ ohne Artikel); **aus reiner ~** on purely humanitarian grounds; **Verbrechen gegen die ~** crimes against humanity
Menstruation F menstruation **menstruieren** VI to menstruate
Mentalität F mentality
Menthol N menthol
Mentor(in) M(F) **1** (obs) mentor **2** SCHULE ≈ tutor
Menü N **1** (≈ Tagesmenü) set meal, table d'hôte (form) **2** IT menu **Menübefehl** M IT menu command **menügesteuert** ADJ menu-driven **Menüleiste** F menu bar **Menüzeile** F menu line

---

 Menü (= *Speisenfolge*) ≠ **menu**

Menü	=	**set meal**
menu	=	Speisekarte; IT Menü

FALSCHE FREUNDE

Meridian M̱ ASTRON, GEOG meridian
merkbar A̱ A̱DJ̱ (≈ wahrnehmbar) noticeable Ḇ
A̱DV̱ noticeably **Merkblatt** Ṉ leaflet **merken** V̱Ṯ 1̱ (≈ wahrnehmen) to notice; (≈ spüren) to feel; (≈ erkennen) to realize; **davon habe ich nichts gemerkt** I didn't notice anything; **du merkst auch alles!** (iron) nothing escapes you, does it? 2̱ (≈ im Gedächtnis behalten) to remember; **sich** (dat) **jdn/etw ~** to remember sb/sth; **das werde ich mir ~!** I won't forget that; **merk dir das!** mark my words! **merklich** A̱ A̱DJ̱ noticeable Ḇ A̱DV̱ noticeably **Merkmal** Ṉ characteristic
Merkur M̱ ASTRON Mercury (❗ ohne **the**)
merkwürdig A̱ A̱DJ̱ strange Ḇ A̱DV̱ strangely; **~ riechen** to have a strange smell **merkwürdigerweise** A̱DV̱ strangely enough **Merkwürdigkeit** F̱ 1̱ (≈ Seltsamkeit) strangeness 2̱ (≈ Eigentümlichkeit) peculiarity **Merkzettel** M̱ (reminder) note
messbar A̱ A̱DJ̱ measurable Ḇ A̱DV̱ measurably **Messbecher** M̱ GASTR measuring jug **Messdaten** P̱Ḻ readings pl
Messe[1] F̱ KIRCHE, MUS mass; **zur ~ gehen** to go to mass (❗ ohne **the**)
Messe[2] F̱ (trade) fair
Messe[3] F̱ SCHIFF, MIL mess
Messegelände Ṉ exhibition centre (Br) od center (US) **Messehalle** F̱ fair pavilion
messen A̱ V̱Ṯ to measure; **jds Blutdruck ~** to take sb's blood pressure; **er misst 1,90 m** he is 1.90 m tall; **seine Kräfte mit jdm ~** to match one's strength against sb's Ḇ V̱I̱ to measure C̱ V̱Ṟ **sich mit jdm ~** (geh: im Wettkampf) to compete with sb; **sich mit jdm/etw nicht ~ können** to be no match for sb/sth
Messer Ṉ knife; **unters ~ kommen** (MED umg) to go under the knife; **jdm das ~ an die Kehle setzen** to hold a knife to sb's throat; **damit würden wir ihn ans ~ liefern** (fig) that would be putting his head on the block; **auf des ~s Schneide stehen** (fig) to be on a razor's edge **messerscharf** A̱DJ̱ razor-sharp; Folgerung clear-cut **Messerstecherei** F̱ stabbing, knife fight **Messerstich** M̱ (Wunde) stab wound
Messfühler M̱ probe; METEO gauge **Messgerät** Ṉ (für Öl, Druck etc) measuring instrument
Messias M̱ Messiah
Messing Ṉ brass **Messingschild** Ṉ brass plate
Messinstrument Ṉ gauge **Messlatte** F̱ measuring stick; (fig ≈ Maßstab) threshold **Messstab** M̱ (AUTO ≈ Ölmessstab etc) dipstick **Messtechnik** F̱ measurement technology **Mess-**

tischblatt Ṉ ordnance survey map **Messung** F̱ 1̱ (≈ das Messen) measuring 2̱ (≈ Messergebnis) measurement **Messwert** M̱ measurement
Metall Ṉ metal; **~ verarbeitend** metal-processing attr, metal-working attr **Metallarbeiter(in)** M̱F̱ metalworker **metallen** A̱ A̱DJ̱ metal; (geh) Klang, Stimme metallic Ḇ A̱DV̱ glänzen metallically; **~ klingen** to sound tinny **metallhaltig** A̱DJ̱ metalliferous **metallic** A̱DJ̱ metallic **Metallindustrie** F̱ metal industry **Metallurgie** F̱ metallurgy **metallverarbeitend** F̱ → Metall **Metallverarbeitung** F̱ metal processing
Metamorphose F̱ metamorphosis
Metapher F̱ metaphor
Metastase F̱ metastasis
Meteor M̱ od Ṉ meteor **Meteorit** M̱ meteorite **Meteorologe** M̱, **Meteorologin** F̱ meteorologist; (im Wetterdienst) weather forecaster **Meteorologie** F̱ meteorology **meteorologisch** A̱DJ̱ meteorological
Meter M̱ od Ṉ metre (Br), meter (US) **meterhoch** A̱DJ̱ metres (Br) od meters (US) high **meterlang** A̱DJ̱ metres (Br) od meters (US) long **Metermaß** Ṉ (≈ Bandmaß) tape measure **Meterware** F̱ TEX piece goods **meterweise** A̱DV̱ by the metre (Br) od meter (US)
Methadon Ṉ methadone
Methangas Ṉ methane
Methode F̱ 1̱ method 2̱ **Methoden** P̱Ḻ (≈ Sitten) behaviour (Br), behavior (US) **methodisch** A̱ A̱DJ̱ methodical Ḇ A̱DV̱ methodically **Methodist(in)** M̱F̱ Methodist **Methylalkohol** M̱ methyl alcohol
Metier Ṉ job, profession; **sich auf sein ~ verstehen** to be good at one's job
Metrik F̱ DICHTUNG, MUS metrics sg **metrisch** A̱DJ̱ metric
Metronom Ṉ MUS metronome
Metropole F̱ (≈ Zentrum) centre (Br), center (US)
Mettwurst F̱ (smoked) pork/beef sausage
Metzelei F̱ butchery **metzeln** V̱Ṯ to slaughter **Metzger(in)** M̱F̱ butcher **Metzgerei** F̱ butcher's (shop)
Meute F̱ pack (of hounds); (fig pej) mob **Meuterei** F̱ mutiny **meutern** V̱I̱ to mutiny
Mexikaner(in) M̱F̱ Mexican **mexikanisch** A̱DJ̱ Mexican **Mexiko** Ṉ Mexico
miau I̱NṮ miaow (Br), meow (US), **miauen** V̱I̱ to meow
mich A̱ PERS PR me Ḇ REFL PR myself
mick(e)rig A̱DJ̱ (umg) pathetic
Miederhöschen Ṉ panty girdle **Miederwaren** P̱Ḻ corsetry sg
Mief M̱ (umg) fug; (muffig) stale air; (≈ Gestank)

MIEN | 1086

stink

Miene F̲ expression; **eine finstere ~ machen** to look grim

mies (umg) **A** A̲D̲J̲ rotten (umg); Qualität poor **B** A̲D̲V̲ badly **Miesepeter** M̲ (umg) grouch (umg) **miesmachen** V̲T̲ (umg) to run down **Miesmacher(in)** M̲F̲ (umg) killjoy

Miesmuschel F̲ mussel

Mietauto N̲ hire(d) car **Miete** F̲ (für Wohnung) rent; (für Gegenstände) rental; **zur ~ wohnen** to live in rented accommodation **mieten** V̲T̲ to rent; Boot, Auto to rent, to hire (bes Br) **Mieter(in)** M̲F̲ tenant; (≈ Untermieter) lodger **Mieterhöhung** F̲ rent increase **Mieterschaft** F̲ tenants pl **Mieterschutz** M̲ rent control **mietfrei** A̲D̲J̲, A̲D̲V̲ rent-free **Mietpreis** M̲ rent; (für Sachen) rental (fee od rate (US)) **Mietrückstände** P̲L̲ rent arrears pl **Mietshaus** N̲ block of (rented) flats (Br), apartment house (US) **Mietverhältnis** N̲ tenancy **Mietvertrag** M̲ lease; (von Auto) rental agreement **Mietwagen** M̲ hire(d) car (Br), rental (car) (US) **Mietwohnung** F̲ rented flat (Br) od apartment

Mieze F̲ (umg ≈ Katze) pussy(-cat) (umg)

Migräne F̲ migraine

M **Migrant(in)** M̲F̲ migrant **Migration** F̲ migration

Mikrobe F̲ microbe

Mikrochip M̲ microchip **Mikroelektronik** F̲ microelectronics sg **Mikrofaser** F̲ microfibre (Br), microfiber (US) **Mikrofon** N̲ microphone **Mikrokosmos** M̲ microcosm **Mikroorganismus** M̲ microorganism **Mikrophon** N̲ = Mikrofon **Mikroprozessor** M̲ microprocessor **Mikroskop** N̲ microscope **mikroskopisch** **A** A̲D̲J̲ microscopic **B** A̲D̲V̲ **etw ~ untersuchen** to examine sth under the microscope; **~ klein** (fig) microscopically small **Mikrowelle** F̲ microwave **Mikrowellenherd** M̲ microwave (oven)

Milbe F̲ mite

Milch F̲ milk **Milchdrüse** F̲ mammary gland **Milchflasche** F̲ milk bottle **Milchgeschäft** N̲ dairy **Milchglas** N̲ frosted glass **milchig** A̲D̲J̲ milky; **~ trüb** opaque **Milchkaffee** M̲ milky coffee **Milchkanne** F̲ milk can; (größer) (milk) churn **Milchkuh** F̲ milk cow **Milchladen** M̲ dairy **Milchmädchenrechnung** F̲ (umg) naïve fallacy **Milchmixgetränk** N̲ milk shake **Milchprodukt** N̲ milk product **Milchpulver** N̲ powdered milk **Milchreis** M̲ round-grain rice; (als Gericht) rice pudding **Milchstraße** F̲ Milky Way **Milchtüte** F̲ milk carton **Milchzahn** M̲ milk tooth

mild, **milde** **A** A̲D̲J̲ Wetter, Käse, Zigarette mild; (≈ nachsichtig) lenient **B** A̲D̲V̲ mildly; (≈ nachsichtig) leniently; **~e gesagt** to put it mildly; **~ schmecken** to taste mild **Milde** F̲ mildness; (≈ Nachsichtigkeit) leniency; **~ walten lassen** to be lenient **mildern** **A** V̲T̲ (geh) Schmerz to soothe; Kälte to alleviate; Angst to calm; Strafe, Urteil to mitigate; Konflikt, Problem to reduce; Ausdrucksweise to moderate; **~de Umstände** J̲U̲R̲ mitigating circumstances **B** V̲R̲ (Wetter) to become milder; (Schmerz) to ease **Milderung** F̲ (von Schmerz) easing, soothing; (von Ausdruck, Strafe) moderation

Milieu N̲ (≈ Umwelt) environment; (≈ Lokalkolorit) atmosphere **milieugeschädigt**, **milieugestört** A̲D̲J̲ maladjusted (due to adverse social factors)

militant A̲D̲J̲ militant

Militär N̲ military pl; **beim ~ sein** (umg) to be in the forces; **zum ~ gehen** to join the army **Militärarzt** M̲, **Militärärztin** F̲ army doctor; (≈ Offizier) medical officer **Militärdienst** M̲ military service; (seinen) **~ ableisten** to do national service **Militärdiktatur** F̲ military dictatorship **Militärgericht** N̲ military court **militärisch** A̲D̲J̲ military **Militarismus** M̲ militarism **militaristisch** A̲D̲J̲ militaristic **Military** F̲ SPORT three-day event **Militärzeit** F̲ army days pl **Miliz** F̲ militia

Milliardär(in) M̲F̲ billionaire **Milliarde** F̲ billion; **fünf ~n** five billion (❗ Früher hieß die Milliarde im britischen Englisch **thousand million**. Heutzutage wird auch im britischen Englisch die früher eher amerikanische Bezeichnung **billion** verwendet, die allerdings nicht der deutschen „Billion" entspricht. Diese heißt nämlich im Englischen **trillion**.)

Millibar N̲ millibar **Milligramm** N̲ milligram(me) **Milliliter** M̲ millilitre (Br), milliliter (US) **Millimeter** M̲ od N̲ millimetre (Br), millimeter (US) **Millimeterpapier** N̲ graph paper

Million F̲ million; **zwei ~en Einwohner** two million inhabitants; **~en Mal** a million times **Millionär** M̲ millionaire **Millionärin** F̲ millionairess **millionenfach** A̲D̲J̲ millionfold **Millionengeschäft** N̲ multi-million-pound/dollar etc industry **Millionenhöhe** F̲ **ein Schaden in ~** damage amounting to millions of euros etc (❗ ohne a) **Millionenstadt** F̲ town with over a million inhabitants **Millionstel** N̲ millionth part

Milz F̲ spleen **Milzbrand** M̲ MED, VET anthrax

mimen V̲T̲ **er mimt den Kranken** (umg) he's

pretending to be sick
Mimose F mimosa; **empfindlich wie eine ~ sein** to be oversensitive **mimosenhaft** ADJ (fig) oversensitive
Minarett N minaret
minder ADV less; **mehr oder ~** more or less **minderbegabt** ADJ less gifted **Mindereinnahmen** PL decrease sg in receipts **mindere(r, s)** ADJ lesser; Güte, Qualität inferior **Minderheit** F minority **Minderheitsregierung** F minority government **minderjährig** ADJ who is (still) a minor **Minderjährige(r)** M/F(M) minor **Minderjährigkeit** F minority **mindern** A VT Ansehen to diminish; Rechte to erode; Vergnügen to lessen; Risiko, Chancen to reduce B VR (Ansehen, Wert) to diminish; (Vergnügen) to lessen **Minderung** F (≈ Herabsetzung) diminishing (❗ ohne a); (von Wert) reduction (+gen in); (von Vergnügen) lessening **minderwertig** ADJ inferior **Minderwertigkeit** F inferiority **Minderwertigkeitskomplex** M inferiority complex **Minderzahl** F minority; **in der ~ sein** to be in the minority
Mindestalter N minimum age **mindestens** ADV at least **mindeste(r, s)** ADJ least, slightest; **nicht die ~ Angst** not the slightest trace of fear; **das Mindeste** the (very) least; **nicht im Mindesten** not in the least **Mindestgebot** N (bei Auktionen) reserve price **Mindestlohn** M minimum wage **Mindestmaß** N minimum
Mine F ❶ BERGB, MIL mine ❷ (≈ Bleistiftmine) lead; (≈ Kugelschreibermine) refill **Minenfeld** N minefield **Minensuchboot** N minesweeper
Mineral N ❶ mineral ❷ (österr, schweiz) mineral water **Mineralbad** N mineral bath; (≈ Ort) spa; (≈ Schwimmbad) swimming pool fed from a mineral spring **Mineralöl** N (mineral) oil **Mineralquelle** F mineral spring **Mineralwasser** N mineral water
Mini M (umg ≈ Minirock) mini **Miniatur** F miniature **Minibar** F (im Hotel etc) minibar **Minibus** M minibus **Minidisc, Minidisk** F (≈ Tonträger) Minidisc®; IT minidisk **Minigolf** N crazy golf (Br), putt-putt golf (US) **Minijob** M minijob **minimal** A ADJ minimal; Gewinn, Chance very small; Gehalt very low; **mit ~er Anstrengung** with a minimum of effort B ADV (≈ wenigstens) at least **minimieren** VT to minimize **Minimum** N minimum (an +dat of) **Minirock** M miniskirt
Minister(in) M/F(M) POL minister (Br) (für of), secretary (für for) (❗ mit Namen und in der Anrede großgeschrieben) **Ministerium** N ministry (Br), department **Ministerkonferenz** F conference of ministers **Ministerpräsident(in)** M/F(M) prime minister (❗ mit Namen und in der Anrede großgeschrieben); (eines Bundeslandes) leader of a Federal German state **Ministerrat** M council of ministers
Ministrant(in) M/F(M) KIRCHE server
Minnesang M minnesong **Minnesänger** M minnesinger
minus A PRÄP +gen minus B ADV minus; **~ 10 Grad** minus 10 degrees; **~ machen** (umg) to make a loss **Minus** N (≈ Fehlbetrag) deficit; (auf Konto) overdraft; (fig ≈ Nachteil) bad point **Minuspol** M negative pole **Minuspunkt** M minus point; **ein ~ für jdn sein** to count against sb **Minustemperatur** F temperature below freezing **Minuszeichen** N minus sign
Minute F minute; **auf die ~ (genau)** (right) on the dot; **in letzter ~** at the last minute **minutenlang** A ADJ several minutes of B ADV for several minutes **Minutenzeiger** M minute hand
minutiös, minuziös (geh) A ADJ meticulous; Fragen detailed B ADV meticulously; erklären in great detail
Minze F BOT mint
mir PERS PR to me; (nach Präpositionen) me; **ein Freund von ~** a friend of mine; **von ~ aus!** (umg) I don't mind; **du bist ~ vielleicht einer!** (umg) you're a right one, you are! (umg)
Mirabelle F mirabelle
Mischbatterie F mixer tap **Mischehe** F mixed marriage **mischen** A VT to mix; Karten to shuffle; → **gemischt** B VR (≈ sich vermengen) to mix; **sich unter jdn/etw ~** to mix with sb/sth; **sich in etw** (akk) **~** to meddle in sth C VI KART to shuffle **Mischgemüse** N mixed vegetables pl **Mischling** M (Mensch) mixed race person ❷ ZOOL half-breed **Mischmasch** M (umg) mishmash (aus of) **Mischmaschine** F cement-mixer **Mischpult** N (RADIO, TV) mixing desk; (von Band) sound mixer **Mischung** F ❶ (≈ das Mischen) mixing ❷ (≈ Gemischtes) mixture; (von Tee etc) blend; **eine ~ aus Soul und Pop** a mixtureof soul and pop **Mischungsverhältnis** N ratio (of a mixture) **Mischwald** M mixed (deciduous and coniferous) woodland
miserabel (umg) A ADJ lousy (umg); Gesundheit miserable; Gefühl ghastly; Benehmen dreadful; Qualität poor B ADV dreadfully; **~ schmecken** to taste lousy (umg) **Misere** F (von Wirtschaft etc) plight
missachten VT ❶ (≈ ignorieren) Warnung to ignore; Gesetz to flout ❷ (≈ gering schätzen) jdn to de-

MISS | 1088

spise **Missachtung** F **1** (≈ Ignorieren) disregard (+gen for); (von Gesetz) flouting (+gen of) **2** (≈ Geringschätzung) disrespect (+gen for) **Missbildung** F deformity **missbilligen** VT to disapprove of **missbilligend** A ADJ disapproving B ADV disapprovingly **Missbilligung** F disapproval **Missbrauch** M abuse (🔴 ohne **the**); (von Notbremse, Kreditkarte) improper use **missbrauchen** VT Vertrauen to abuse; (geh ≈ vergewaltigen) to assault; jdn für od zu etw ~ to use sb for sth **missbräuchlich** A ADJ incorrect B ADV incorrectly **missdeuten** VT to misinterpret

missen VT (geh) to do without; Erfahrung to miss **Misserfolg** M failure **Missernte** F crop failure **missfallen** VI +dat to displease; es missfällt mir, wie er ... I dislike the way he ... **Missfallen** N displeasure (über +akk at) **Missfallensäußerung** F expression of disapproval **Missfallenskundgebung** F demonstration of disapproval **missgebildet** ADJ deformed **Missgeburt** F deformed person/animal; (fig umg) failure **Missgeschick** N mishap; (≈ Unglück) misfortune **missglücken** VI to fail; das ist ihr missglückt she failed; der Kuchen ist (mir) missglückt the cake didn't turn out **missgönnen** VT jdm etw ~ to (be)grudge sb sth **Missgunst** F enviousness (gegenüber of) **missgünstig** A ADJ envious (auf +akk of) B ADV enviously **misshandeln** VT to ill-treat **Misshandlung** F ill-treatment

Mission F mission; (≈ Gruppe) delegation **Missionar(in)** M(F) missionary **missionarisch** ADJ missionary

Missklang M discord **Misskredit** M discredit (🔴 ohne Artikel); jdn/etw in ~ bringen to discredit sb/sth **misslich** ADJ (geh) Lage awkward **missliebig** ADJ unpopular **misslingen** VI UNTRENNB = missglücken **missmutig** A ADJ sullen, morose; (≈ unzufrieden) discontented; Äußerung disgruntled B ADV sullenly, morosely; (≈ unzufrieden) discontentedly; sagen disgruntledly

missraten¹ VI to go wrong; (Kind) to become wayward; der Kuchen ist (mir) ~ the cake didn't turn out

missraten² ADJ Kind wayward **Missstand** M disgrace (🔴 kein pl), deplorable state of affairs (🔴 kein pl); (≈ Ungerechtigkeit) abuse **Missstimmung** F **1** (≈ Uneinigkeit) discord (🔴 ohne Artikel) **2** (≈ Missmut) ill feeling (🔴 ohne an) **misstrauen** VI +dat to mistrust **Misstrauen** N mistrust, distrust (gegenüber of); einer Sache ~ entgegenbringen to mistrust sth **Misstrauensantrag** M PARL motion of no confidence **Misstrauensvotum** N PARL

vote of no confidence **misstrauisch** A ADJ mistrustful; (≈ argwöhnisch) suspicious B ADV sceptically (Br), skeptically (US) **Missverhältnis** N discrepancy **missverständlich** A ADJ unclear; ~e Ausdrücke expressions which could be misunderstood B ADV unclearly; ich habe mich ~ ausgedrückt I didn't express myself clearly **Missverständnis** N misunderstanding **missverstehen** VT to misunderstand; Sie dürfen mich nicht ~ please do not misunderstand me **Misswahl** F beauty contest **Misswirtschaft** F maladministration

Mist M (≈ Kuhmist etc) dung; (≈ Dünger) manure; (umg) (≈ Unsinn) rubbish (bes Br); ~! blast! (umg); da hat er ~ gebaut he really messed that up (umg); mach keinen ~! don't be a fool!

Mistel F mistletoe (🔴 kein pl) **Mistelzweig** M (sprig of) mistletoe

Mistgabel F pitchfork (used for shifting manure) **Misthaufen** M manure heap **Mistkäfer** M dung beetle **Mistkerl** M (umg) dirty od rotten pig (umg) **Mistkübel** M (österr) rubbish bin (Br), garbage can (US) **Miststück** N (umg), **Mistvieh** N (umg) (≈ Mann) bastard (sl); (≈ Frau) bitch (sl) **Mistwetter** N (umg) lousy weather

mit A PRÄP +dat with; ~ der Bahn/dem Bus by train/bus; ~ Bleistift schreiben to write in pencil; ~ dem nächsten Bus kommen to come on the next bus; ~ achtzehn Jahren at (the age of) eighteen; ~ 1 Sekunde Vorsprung gewinnen to win by 1 second; ~ 80 km/h at 80 km/h; ~ 4:2 gewinnen to win 4-2 (in GB gesprochen four two, in den USA gesprochen four to two); du ~ deinen dummen Ideen (umg) you and your stupid ideas B ADV er war ~ dabei he went od came too; er ist ~ der Beste der Gruppe he is one of the best in the group; etw ~ in Betracht ziehen to consider sth as well

Mitarbeit F **1** cooperation; ~ bei od an etw (dat) work on sth; unter ~ von in collaboration with **2** (≈ Beteiligung) participation (bei, an +dat in); mündliche ~ SCHULE participation (in, an +dat in) **mitarbeiten** VI to cooperate (bei on); (bei Projekt etc) to collaborate; an od bei etw ~ to work on sth **Mitarbeiter(in)** M(F) (≈ Betriebsangehöriger) employee; (≈ Kollege) colleague; (an Projekt etc) collaborator; freier ~ freelance **Mitarbeiterstab** M staff

mitbekommen VT (umg) (≈ verstehen) to get (umg); (≈ bemerken) to realize; hast du das noch nicht ~? (≈ erfahren) you mean you didn't know that?

mitbenutzen VT to share (the use of) **Mitbesitzer(in)** M(F) co-owner

mitbestimmen _VTI_ to have a say (_bei_ in) **Mit-
bestimmung** _F_ co-determination, participation (_bei_ in); **~ am Arbeitsplatz** worker participation

Mitbewerber(in) _M(F)_ (fellow) competitor; (_für Stelle_) (fellow) applicant

Mitbewohner(in) _M(F)_ (fellow) occupant

mitbringen _VT_ **1** _Geschenk etc_ to bring; _Freund, Begleiter_ to bring along; **jdm etw ~** to bring sth for sb; **jdm etw von** _od_ **aus der Stadt ~** to bring sb sth back from town; **was sollen wir der Gastgeberin ~?** what should we take our hostess?; **etw in die Ehe ~** to have sth when one gets married **2** (_fig_) _Befähigung etc_ to have **Mitbringsel** _N_ (_Geschenk_) small present; (_Andenken_) souvenir

Mitbürger(in) _M(F)_ fellow citizen

mitdürfen _VI_ **wir durften nicht mit** we weren't allowed to go along

miteinander _ADV_ with each other; (_≈ gemeinsam_) together; **alle ~!** all together **Miteinander** _N_ cooperation

miterleben _VT_ to experience; (_im Fernsehen_) to watch

Mitesser _M_ blackhead

mitfahren _VI_ to go (with sb); **sie fährt mit** she is going too; (**mit jdm**) **~** to go with sb; **kann ich (mit Ihnen) ~?** can you give me a lift _od_ a ride? (_bes US_) **Mitfahrer(in)** _M(F)_ fellow passenger **Mitfahrgelegenheit** _F_ lift

mitfühlen _VI_ **mit jdm ~** to feel for sb **mitfühlend** **A** _ADJ_ sympathetic **B** _ADV_ sympathetically

mitgeben _VT_ **jdm etw ~** to give sb sth to take with them

Mitgefühl _N_ sympathy

mitgehen _VI_ **1** (_≈ mit anderen gehen_) to go too; **mit jdm ~** to go with sb; **gehen Sie mit?** are you going (too)? **2** (_fig: Publikum etc_) to respond (favourably (_Br_) _od_ favorably (_US_)) (_mit_ to) **3** (_umg_) **etw ~ lassen** to steal sth

mitgenommen _ADJ_ (_umg_) worn out, exhausted; **~ aussehen** to look the worse for wear (_umg_); → **mitnehmen**

Mitgift _F_ dowry **Mitgiftjäger** _M_ (_umg_) dowry-hunter (_Br_), fortune-hunter

Mitglied _N_ member (_+gen, bei, in +dat_ of) **Mitgliederversammlung** _F_ general meeting **Mitgliedsausweis** _M_ membership card **Mitgliedsbeitrag** _M_ membership fee, membership dues _pl_ **Mitgliedschaft** _F_ membership **Mitgliedsstaat** _M_ member state

mithaben _VT_ **ich habe den Ausweis nicht mit** I haven't got my ID (card) with me

mithalten _VI_ (_≈ bei Tempo etc_) (_mit_ with) to keep

up; (_bei Versteigerung_) to stay in the bidding

mithelfen _VI_ to help **mithilfe, mit Hilfe** _PRÄP +gen_ with the help (_+gen_ of) **Mithilfe** _F_ assistance, aid

mithören _VT_ to listen to (too); _Gespräch_ to overhear; (_heimlich_) to listen in on; **ich habe alles mitgehört** I heard everything

Mitinhaber(in) _M(F)_ joint owner

mitkommen _VI_ **1** to come along (_mit_ with); **kommst du auch mit?** are you coming too?; **ich kann nicht ~** I can't come **2** (_umg_) (_≈ mithalten_) to keep up; (_≈ verstehen_) to follow; **da komme ich nicht mit** that's beyond me

mitkriegen _VT_ (_umg_) = **mitbekommen**

Mitläufer(in) _M(F)_ (_POL pej_) fellow traveller (_Br_) _od_ traveler (_US_)

Mitlaut _M_ consonant

Mitleid _N_ pity (_mit_ for); (_≈ Mitgefühl_) sympathy (_mit_ with, for) **Mitleidenschaft** _F_ **jdn/etw in ~ ziehen** to affect sb/sth (detrimentally)

mitleiderregend _ADJ_ pitiful **mitleidig** _ADJ_ pitying; (_≈ mitfühlend_) sympathetic

mitlesen _VT_ **ich spiele euch den Text vor, und ihr lest mit** I'll play the text to you, and you can read along with it

mitmachen _VT & VI_ **1** (_≈ teilnehmen_) _Spiel_ to join in; _Reise_ to go on; _Kurs_ to do; _Mode_ to follow; _Wettbewerb_ to take part in; (**bei**) **etw ~** to join in sth; **er macht alles mit** he always joins in (all the fun); **da mache ich nicht mit** (_≈ ohne mich_) count me out!; **das mache ich nicht mehr mit** (_umg_) I've had quite enough (of that) **2** (_≈ erleben_) to live through; (_≈ erleiden_) to go through; **sie hat viel mitgemacht** she has been through a lot in her time

Mitmensch _M_ fellow man _od_ creature

mitmischen _VI_ (_umg_) (_≈ sich beteiligen_) to be involved (_in +dat, bei_ in)

mitnehmen _VT_ **1** to take (with one); (_≈ ausleihen_) to borrow; (_≈ kaufen_) to take; **jdn (im Auto) ~** to give sb a lift _od_ ride (_bes US_) **2** (_≈ erschöpfen_) _jdn_ to exhaust; → **mitgenommen** **3** (_umg_) _Sehenswürdigkeit_ to take in

mitreden **A** _VI_ (_≈ mitbestimmen_) to have a say (_bei_ in); **da kann er nicht ~** he wouldn't know anything about that **B** _VT_ **Sie haben hier nichts mitzureden** this is none of your concern

Mitreisende(r) _M(FM)_ fellow passenger

mitreißen _VT_ (_Fluss, Lawine_) to sweep away; (_Fahrzeug_) to carry along; **sich ~ lassen** (_fig_) to allow oneself to be carried away **mitreißend** _ADJ_ _Rhythmus, Enthusiasmus_ infectious; _Reden, Musik_ rousing; _Film, Fußballspiel_ thrilling

mitsamt _PRÄP +dat_ together with

mitschicken _VT_ (_in Brief etc_) to enclose

mitschneiden VT to record **Mitschnitt** M recording
mitschreiben VI to take notes
Mitschuld F **ihn trifft eine ~** a share of the blame falls on him; (an Verbrechen) he is implicated (an +dat in) **mitschuldig** ADJ (an Verbrechen) implicated (an +dat in); (an Unfall) partly responsible (an +dat for) **Mitschuldige(r)** M/F(M) accomplice; (≈ Helfershelfer) accessory
Mitschüler(in) M(F) school-friend; (in derselben Klasse) classmate
mitsingen A VT to join in (singing) B VI to join in the singing
mitspielen VI 1 (≈ auch spielen) to play too; (in Mannschaft etc) to play (bei in); **in einem Film ~** to be in a film 2 (fig umg ≈ mitmachen) to play along (umg); (≈ sich beteiligen) to be involved in; **wenn das Wetter mitspielt** if the weather's OK (umg) 3 (≈ Schaden zufügen) **er hat ihr übel** od **hart mitgespielt** he has treated her badly **Mitspieler(in)** M(F) SPORT player; THEAT member of the cast
Mitsprache F a say **Mitspracherecht** N **jdm ein ~ einräumen** to allow od grant sb a say (bei in)
Mittag M 1 midday; **gestern/heute ~** at midday yesterday/today; **zu ~ essen** to have lunch od dinner 2 (umg: Pause) lunch hour, lunch-break; **~ machen** to take one's lunch hour od lunch-break **Mittagessen** N lunch **mittags** ADV at lunchtime; **(um) 12 Uhr ~** at 12 noon, at 12 o'clock midday **Mittagspause** F lunch hour **Mittagsruhe** F period of quiet (after lunch) **Mittagsschlaf** M afternoon nap **Mittagszeit** F lunchtime; **in der ~** at lunchtime
Mittäter(in) M(F) accomplice **Mittäterschaft** F complicity
Mitte F 1 middle; (von Kreis, Stadt) centre (Br), center (US); **~ August** in the middle of August; **er ist ~ vierzig** he's in his mid-forties 2 POL centre (Br), center (US); **rechts/links von der ~** right/left of centre (Br) od center (US) 3 (von Gruppe) **einer aus unserer ~** one of us; **in unserer ~** in our midst
mitteilen VT **jdm etw ~** to tell sb sth; (≈ bekannt geben) to announce sth to sb **mitteilsam** ADJ communicative **Mitteilung** F (≈ Bekanntgabe) announcement; (≈ Benachrichtigung) notification; (an Mitarbeiter etc) memo
Mittel N 1 (≈ Durchschnitt) average 2 (≈ Mittel zum Zweck, Transportmittel etc) means sg; (≈ Methode) way; **~ und Wege finden** to find ways and means; **~ zum Zweck** a means to an end; **ihm ist jedes ~ recht** he will do anything (to achieve his ends); **etw mit allen ~n verhindern** to do one's utmost to prevent sth 3 pl (≈ Geldmittel) resources pl; **öffentliche ~** public funds pl 4 (≈ Medizin) medicine (gegen for); (≈ Putzmittel) cleaning agent; **welches ~ nimmst du?** what do you use?; **das beste ~ gegen etw** the best cure for sth **Mittelalter** N Middle Ages pl **mittelalterlich** ADJ medieval **Mittelamerika** N Central America (and the Caribbean) **mittelamerikanisch** ADJ Central American **mittelbar** A ADJ indirect B ADV indirectly **Mittelding** N (≈ Mischung) cross (zwischen +dat, between) **Mitteleuropa** N Central Europe **Mitteleuropäer(in)** M(F) Central European **mitteleuropäisch** ADJ Central European; **~e Zeit** Central European Time **Mittelfeld** N SPORT midfield **Mittelfeldspieler(in)** M(F) midfielder **Mittelfinger** M middle finger **mittelfristig** A ADJ Finanzplanung, Kredite medium-term B ADV in the medium term **Mittelgebirge** N low mountain range **Mittelgewicht** N middleweight **mittelgroß** ADJ medium-sized **Mittelklasse** F 1 HANDEL middle of the market; **ein Wagen der ~** a mid-range car 2 SOZIOL middle classes pl **Mittelklassewagen** M mid-range car **Mittellinie** F centre (Br) od center (US) line **mittellos** ADJ without means; (≈ arm) impoverished **Mittelmaß** N mediocrity (❗ ohne Artikel); **~ sein** to be average **mittelmäßig** A ADJ mediocre B ADV begabt, gebildet moderately; ausgestattet modestly **Mittelmäßigkeit** F mediocrity **Mittelmeer** N Mediterranean (Sea) **Mittelmeerraum** M Mediterranean (region), Med (umg) **Mittelohrentzündung** F inflammation of the middle ear **Mittelpunkt** M centre (Br), center (US); (fig: visuell) focal point; **er muss immer im ~ stehen** he always has to be the centre (Br) od center (US) of attention **mittels** PRÄP +gen od +dat (geh) by means of **Mittelschicht** F SOZIOL middle class **Mittelschule** F (schweiz ≈ Fachoberschule) ≈ College of Further Education **Mittelsmann** M intermediary **Mittelstand** M middle classes pl **mittelständisch** ADJ middle-class; Betrieb medium-sized **Mittelstreckenrakete** F intermediate-range od medium-range missile **Mittelstreifen** M central reservation (Br), median (strip) (US) **Mittelstufe** F SCHULE middle school (Br), junior high (US) **Mittelstürmer(in)** M(F) SPORT centre-forward (Br), center-forward (US) **Mittelweg** M middle course; **der goldene ~** the happy medium **Mittelwelle** F RADIO medium wave(band) **Mittelwert** M mean (value) **Mittelwort** N participle **mitten** ADV **~ an etw** (dat)**/in etw** (dat) (right) in the

1091 ‖ MODE

middle of sth; **~ am Tag** in the middle of the day; **~ in der Nacht** in the middle of the night; **~ in der Stadt** in the middle of the town; **~ durch etw** (right) through the middle of sth; **~ in der Luft** in mid-air; **~ im Leben** in the middle of life; **~ unter uns** (right) in our midst **mittendrin** ADV (right) in the middle of it **mittendurch** ADV (right) through the middle **Mitternacht** F̅ midnight (❗ ohne Artikel) **mitternächtlich** ADJ̅ midnight **mittlere(r, s)** ADJ̅ **1** middle; **der Mittlere Osten** the Middle East **2** (≈ den Mittelwert bildend) medium; (≈ durchschnittlich) average; MATH mean; (≈ von mittlerer Größe) Betrieb medium-sized; **~n Alters** middle-aged; **~ Reife** SCHULE first public examination in secondary school, ≈ GCSEs pl (Br) **mittlerweile** ADV̅ in the meantime **Mittsommer** M̅ midsummer **Mittsommernacht** F̅ Midsummer's Night **Mittwoch** M̅ Wednesday; → Dienstag **mittwochs** ADV̅ on Wednesdays; → dienstags

mitunter ADV̅ from time to time **mitverantwortlich** ADJ̅ jointly responsible präd **Mitverantwortung** F̅ share of the responsibility **mitverdienen** VI̅ to (go out to) work as well **mitwirken** VI̅ to play a part (an +dat, bei in); (≈ beteiligt sein) to be involved (an +dat, bei in); (Schauspieler, Diskussionsteilnehmer) to take part (an +dat, bei in); (in Film) to appear (an +dat in) **Mitwirkende(r)** M̅/F̅(M̅) participant (an +dat, bei in); (≈ Mitspieler) performer (an +dat, bei in); (≈ Schauspieler) actor (an +dat, bei in); **die ~n** THEAT the cast pl **Mitwirkung** F̅ (≈ Beteiligung) involvement (an +dat, bei in); (an Buch, Film) collaboration (an +dat, bei on); (an Projekt) participation (an +dat, bei in); (von Schauspieler) appearance (an +dat, bei in); **unter ~ von** with the assistance of **Mitwisser(in)** M̅/F̅ JUR accessory (+gen to); **~ sein** to know about it **mitzählen** VT̅ & VI̅ to count; Betrag to count in **Mix** M̅ mixture **Mixbecher** M̅ (cocktail) shaker **mixen** VT̅ to mix **Mixer** M̅ (≈ Küchenmixer) blender; (≈ Rührmaschine) mixer **Mixer(in)** M̅/F̅ **1** (≈ Barmixer) cocktail waiter/waitress **2** FILM, RADIO, TV mixer **Mixtur** F̅ mixture **MMS** M̅ abk von Multimedia Messaging Service MMS, picture messaging **MMS-Handy** N̅ TEL MMS-enabled mobile od cell phone (US) **Mob** M̅ (pej) mob **mobben** VT̅ to bully (at work) **Mobbing** N̅ workplace bullying (❗ Das Wort „mobbing" wird in der englischen Alltagssprache nicht verwendet.) **Möbel** N̅ (≈ Möbelstück) piece of furniture; **~ pl** furniture sg **Möbelgeschäft** N̅ furniture

store od shop (bes Br) **Möbelpacker(in)** M̅/F̅ furniture packer **Möbelschreiner(in)** M̅/F̅ cabinet-maker **Möbelspedition** F̅ removal firm (Br), moving company (US) **Möbelstück** N̅ piece of furniture **Möbelwagen** M̅ removal van (Br), moving van (US) **mobil** ADJ̅ **1** mobile; (≈ mitnehmbar) portable; **~ machen** MIL to mobilize **2** (umg ≈ munter) lively **Mobilfunk** M̅ cellular radio **Mobilfunknetz** N̅ cellular network **Mobiliar** N̅ furnishings pl **mobilisieren** VT̅ to mobilize; HANDEL Kapital to make liquid **Mobilität** F̅ mobility **Mobilmachung** F̅ MIL mobilization **Mobiltelefon** N̅ mobile phone **möblieren** VT̅ to furnish; **neu ~** to refurnish; **möbliert wohnen** to live in furnished accommodation **Möchtegern-** (iron) would-be **modal** ADJ̅ GRAM modal **Modalität** F̅ (von Vertrag etc) arrangement; (von Verfahren) procedure **Modalverb** N̅ modal verb **Mode** F̅ fashion; **~ sein** to be fashionable; **in ~/aus der ~ kommen** to come into/go out of fashion **modebewusst** ADJ̅ fashion-conscious **Modedesigner(in)** M̅/F̅ fashion designer **Modekrankheit** F̅ fashionable complaint **Model** N̅ MODE model **Modell** N̅ model; **zu etw ~ stehen** to be the model for sth; **jdm ~ stehen/sitzen** to sit for sb **Modelleisenbahn** F̅ model railway (bes Br) od railroad (US); (als Spielzeug) train set **Modellflugzeug** N̅ model aeroplane (Br) od airplane (US) **modellieren** VT̅ & VI̅ to model **modeln** VI̅ MODE to model **Modem** N̅ modem **Modenschau** F̅ fashion show **moderat** A ADJ̅ moderate, reasonable B ADV̅ moderately **Moderation** F̅ (RADIO, TV) presentation **Moderator(in)** M̅/F̅ presenter **moderieren** VT̅ & VI̅ (RADIO, TV) to present **moderig** ADJ̅ Geruch musty **modern¹** VI̅ to rot **modern²** A ADJ̅ modern (❗ kein Adverb); (≈ modisch) fashionable; **~ werden** to come into fashion B ADV̅ sich kleiden fashionably; denken open-mindedly; **~ wohnen** to live in modern housing **modernisieren** VT̅ to modernize **Modernisierung** F̅ modernization **Modesalon** M̅ fashion house **Modeschmuck** M̅ costume jewellery (Br) od jewelry (US) **Modeschöpfer(in)** M̅/F̅ fashion designer **Modewort** N̅ in-word, buzz word **Modezeichner(in)** M̅/F̅ fashion illustrator **Modezeitschrift** F̅ fashion magazine

M

MODI | 1092

Modifikation F modification **modifizieren** VT to modify
modisch A ADJ stylish B ADV fashionably, stylishly
Modul N IT module **modular** A ADJ modular B ADV of modules **Modulation** F modulation
Modus M 1 way 2 GRAM mood 3 IT mode
Mofa N small moped
mogeln VI to cheat; **beim Kartenspielen ~** to cheat at card games **Mogelpackung** F misleading packaging; (fig) sham
mögen A VT to like; **sie mag das (gern)** she (really) likes that; **ich mag Fußball lieber als Tennis** I prefer football to tennis; **was möchten Sie, bitte?** what would you like?; (Verkäufer) what can I do for you? B VI (≈ etw tun mögen) to like to; **ich mag nicht mehr** I've had enough; (≈ bin am Ende) I can't take any more; **ich möchte lieber in die Stadt** I would prefer to go into town C V/AUX 1 (Wunsch) to like to +inf; **möchten Sie etwas essen?** would you like something to eat?; **wir möchten (gern) etwas trinken** we would like something to drink; **ich möchte dazu nichts sagen** I don't want to say anything about that 2 (einschränkend) **man möchte meinen, dass ...** you would think that ...; **ich möchte fast sagen ...** I would almost say ... 3 (geh: Einräumung) **es mag wohl sein, dass er recht hat, aber ...** he may well be right, but ...; **mag kommen was da will** come what may 4 (Vermutung) **sie mag/mochte etwa zwanzig sein** she must be/have been about twenty
Mogler(in) M/F cheat
möglich ADJ 1 possible; **alles Mögliche** everything you can think of; **er tat sein Möglichstes** he did his utmost; **so bald wie ~** as soon as possible; **das ist doch nicht ~!** that's impossible 2 (attr ≈ eventuell) Kunden potential, possible **möglicherweise** ADV possibly **Möglichkeit** F 1 possibility; **es besteht die ~, dass ...** there is a possibility that ...; **ist denn das die ~?** (umg) it's impossible! 2 (≈ Aussicht) chance; (≈ Gelegenheit) opportunity; **das Land der unbegrenzten ~en** the land of unlimited opportunity 3 (≈ Alternative) option; **unsere einzige ~ war wegzulaufen** our only option was to run **möglichst** ADV **~ genau/schnell/oft** as accurately/quickly/often as possible
mohammedanisch ADJ (obs, neg!) Mohammedan (obs)
Mohn M poppy; (≈ Mohnsamen) poppy seed
Mohnblume F poppy
Möhre F, **Mohrrübe** F carrot
mokieren VR to sneer (über +akk at)

Mokka M mocha
Molch M salamander; (≈ Wassermolch) newt
Molekül N molecule **molekular** ADJ molecular
Molke F (dial) whey **Molkerei** F dairy **Molkereibutter** F blended butter **Molkereiprodukt** N dairy product
Moll N MUS minor (key); **a-~** A minor (⚠ A etc wird hier großgeschrieben.)
mollig (umg) ADJ 1 cosy (Br), cozy (US); (≈ warm, behaglich) snug 2 (≈ rundlich) plump
Molltonleiter F minor scale
Molotowcocktail M Molotov cocktail
Moment[1] M moment; **jeden ~** any time od minute; **einen ~, bitte** one moment please; **~ mal!** just a minute!; **im ~** at the moment
Moment[2] N 1 (≈ Bestandteil) element 2 (≈ Umstand) fact; (≈ Faktor) factor 3 PHYS momentum
momentan A ADJ 1 (≈ vorübergehend) momentary 2 (≈ augenblicklich) present attr B ADV 1 (≈ vorübergehend) for a moment 2 (≈ augenblicklich) at the moment
Monarch(in) M/F monarch **Monarchie** F monarchy
Monat M month; **der ~ Mai** the month of May; **sie ist im sechsten ~ (schwanger)** she's five months pregnant; **was verdient er im ~?** how much does he earn a month?; **am 12. dieses ~s** on the 12th (of this month); **auf ~e hinaus** months ahead **monatelang** A ADJ Verhandlungen, Kämpfe which go on for months; **nach ~em Warten** after waiting for months; **mit ~er Verspätung** months late B ADV for months **monatlich** A ADJ monthly B ADV every month **Monatsanfang** M beginning of the month **Monatsblutung** F menstrual od monthly period **Monatsende** N end of the month **Monatsgehalt** N monthly salary; **ein ~** one month's salary **Monatskarte** F monthly season ticket
Mönch M monk

Mohn — poppy | Mohn — poppy seed

Mond M̄ moon; **auf dem ~ leben** (umg) to be behind the times

mondän ADJ chic

Mondaufgang M̄ moonrise **Mondfinsternis** F̄ eclipse of the moon, lunar eclipse **mondhell** ADJ moonlit **Mondlandefähre** F̄ RAUMF lunar module **Mondlandschaft** F̄ lunar landscape **Mondlandung** F̄ moon landing **Mondlicht** N̄ moonlight **Mondschein** M̄ moonlight **Mondsichel** F̄ crescent moon **Mondsonde** F̄ RAUMF lunar probe **Mondumlaufbahn** F̄ RAUMF lunar orbit **Monduntergang** F̄ moonset

monetär ADJ monetary **Monetarismus** M̄ WIRTSCH monetarism

Mongole M̄, **Mongolin** F̄ Mongolian **Mongolei** F̄ **die ~** Mongolia; **die Innere/Äußere ~** Inner/Outer Mongolia **mongolisch** ADJ Mongolian **Mongolismus** M̄ (neg!) mongolism **mongoloid** ADJ (neg!) Mongol; MED mongoloid

monieren V̄T to complain about

Monitor M̄ monitor

monochrom ADJ monochrome **monogam** A ADJ monogamous B ADV leben monogamously **Monogamie** F̄ monogamy **Monografie** F̄ monograph **Monogramm** N̄ monogram **Monolog** M̄ monologue; (≈ Selbstgespräch) soliloquy **Monopol** N̄ monopoly (auf +akk, für on) **monopolisieren** V̄T (wörtl, fig) to monopolize **Monopolstellung** F̄ monopoly **monoton** A ADJ monotonous B ADV monotonously **Monotonie** F̄ monotony

Monster, **Monstrum** N̄ (≈ Ungeheuer) monster; (umg ≈ schweres Möbel) hulking great piece of furniture (umg)

Monsun M̄ monsoon **Monsunzeit** F̄ monsoon season

Montag M̄ Monday; → **Dienstag**

Montage F̄ ▸ (TECH ≈ Aufstellung) installation; (von Gerüst) erection; (≈ Zusammenbau) assembly; **auf ~** (dat) **sein** to be away on a job ▹ KUNST montage; FILM editing **Montageband** N̄ assembly line **Montagehalle** F̄ assembly shop

montags ADV on Mondays; → **dienstags**

Monteur(in) M̄F̄ TECH fitter **montieren** V̄T TECH to install; (≈ zusammenbauen) to assemble; (≈ befestigen) Bauteil to fit (auf +akk, an +akk to); Dachantenne to put up

Monument N̄ monument **monumental** ADJ monumental

Moor N̄ bog; (≈ Hochmoor) moor **Moorbad** N̄ mud bath **Moorboden** M̄ marshy soil **Moorhuhn** N̄ grouse **moorig** ADJ boggy

Moos N̄ moss

Moped N̄ moped

Mopp M̄ mop

Mops M̄ ▸ (Hund) pug (dog) ▹ **Möpse** PL̄ (sl ≈ Busen) tits pl (sl)

Moral F̄ ▸ (≈ Sittlichkeit) morals pl; **die ~ sinkt** moral standards are declining; **eine doppelte ~ predigen** double standards pl; **~ predigen** to moralize (jdm to sb) ▹ (≈ Lehre) moral; **und die ~ von der Geschicht':** ... and the moral of this story is ... ▸ (≈ Ethik) ethics pl ▹ (≈ Disziplin) morale **moralisch** A ADJ moral B ADV morally **Moralist(in)** M̄F̄ moralist **Moralpredigt** F̄ sermon; **jdm eine ~ halten** to give sb a sermon

Moräne F̄ GEOL moraine

Moratorium N̄ moratorium

Morchel F̄ BOT morel

Mord M̄ murder, homicide (US) (an +dat of); (an Politiker etc) assassination (an +dat of) **Mordanschlag** M̄ assassination attempt (auf +akk on); **einen ~ auf jdn verüben** to try to assassinate sb; (erfolgreich) to assassinate sb **Morddrohung** F̄ murder od death threat **morden** V̄T & V̄I (liter) to murder, to kill **Mörder(in)** M̄F̄ murderer (a. JUR), killer; (≈ Attentäter) assassin **mörderisch** A ADJ (wörtl) Anschlag murderous; (fig) (≈ schrecklich) dreadful; Konkurrenzkampf cutthroat B ADV (umg) (≈ entsetzlich) dreadfully; stinken like hell (umg); wehtun like crazy (umg) **Mordfall** M̄ murder od homicide (US) (case) **Mordinstrument** N̄ murder weapon **Mordkommission** F̄ murder squad, homicide squad (US) **Mordsgeld** N̄ (umg) fantastic amount of money **Mordshunger** M̄ (umg) **ich habe einen ~** I could eat a horse (umg) **Mordskerl** M̄ (umg) hell of a guy (umg) **mordsmäßig** (umg) ADJ incredible; **ich habe einen ~en Hunger** I could eat a horse (umg) **Mordswut** F̄ (umg) **eine ~ im Bauch haben** to be in a hell of a temper (umg) **Mordverdacht** M̄ suspicion of murder; **unter ~** (dat) **stehen** to be suspected of murder **Mordversuch** M̄ attempted murder (❗ ohne an) **Mordwaffe** F̄ murder weapon

morgen ADV tomorrow; **~ früh/Abend** tomorrow morning/evening, a week (from) tomorrow; **~ um diese** od **dieselbe Zeit** this time tomorrow; **bis ~!** see you tomorrow

Morgen¹ M̄ morning; **am ~** in the morning; **gestern ~** yesterday morning; **heute ~** this morning; **guten ~!** good morning

Morgen² M̄ (Land) ≈ acre

Morgendämmerung F̄ dawn, daybreak **morgendlich** A ADJ morning attr; **die ~e Stille** the quiet of the early morning B ADV **es war ~ kühl** it was cool as it often is in the morning **Morgenessen** N̄ (schweiz ≈ Früh-

stück) breakfast **Morgengrauen** N dawn **Morgenmantel** M dressing gown **Morgenmuffel** M *(umg)* **ich bin ein ~** I'm not a morning person **Morgenrock** M dressing gown **Morgenrot** N sunrise; *(fig)* dawn(ing) **morgens** ADV in the morning; **(um) drei Uhr ~** at three o'clock in the morning; **von ~ bis abends** from morning to night **Morgenstunde** F morning hour; **bis in die frühen ~n** into the early hours **morgig** ADJ tomorrow's; **der ~e Tag** tomorrow
Mormone M, **Mormonin** F Mormon
Morphium N morphine
morsch ADJ rotten; *Knochen* brittle
Morsealphabet N Morse (code); **im ~** in Morse (code) **morsen** VT & VI to morse
Mörser M mortar *(a. MIL)*
Morsezeichen N Morse signal
Mörtel M *(zum Mauern)* mortar; *(≈ Putz)* stucco
Mosaik N *(wörtl, fig)* mosaic
Moschee F mosque
Moschus M musk
Mosel F GEOG Moselle
mosern VI *(umg)* to gripe *(umg)*
Moskau N Moscow
Moskito M mosquito **Moskitonetz** N mosquito net
Moslem(in) M(F) Moslem **moslemisch** ADJ Moslem
Most M *(unfermented)* fruit juice; *(für Wein)* must
Motel N motel
Motiv N [1] motive; **aus welchem ~ heraus?** for what motive? [2] KUNST, LIT subject; *(≈ Leitmotiv, MUS)* motif **Motivation** F motivation **motivieren** VT [1] *Mitarbeiter* to motivate; **politisch motiviert** politically motivated [2] *(≈ begründen)* **etw (jdm gegenüber) ~** to give (sb) reasons for sth
Motor M motor; *(von Fahrzeug)* engine **Motorboot** N motorboat **Motorenöl** N engine oil **Motorhaube** F bonnet *(Br)*, hood *(US)* **motorisieren** VT to motorize **Motoröl** N engine oil **Motorrad** N motorbike **Motorradfahrer(in)** M(F) motorcyclist **Motorroller** M (motor) scooter **Motorsäge** F power saw **Motorschaden** M engine trouble (❗ kein pl) **Motorsport** M motor sport
Motte F moth **Mottenkugel** F mothball
Motto N *(≈ Wahlspruch)* motto
motzen VI *(umg)* to beef *(umg)*
Mountainbike N mountain bike
Möwe F seagull
MP3 N IT MP3 **MP3-Player** M MP3 player
Mücke F *(≈ Insekt)* mosquito, midge *(Br)*; **aus einer ~ einen Elefanten machen** *(umg)* to make a mountain out of a molehill
Mucken PL *(umg)* moods *pl*; **(seine) ~ haben** to be moody; *(Sache)* to be temperamental
Mückenstich M mosquito bite, midge bite *(Br)*
Mucks M *(umg)* sound; **keinen ~ sagen** not to make a sound; **ohne einen ~** *(≈ widerspruchslos)* without a murmur **mucksmäuschenstill** ADJ, ADV *(umg)* (as) quiet as a mouse
müde A ADJ tired; **~ machen** to be tiring; **einer Sache** *(gen)* **~ sein** to be tired of sth B ADV [1] *(≈ erschöpft)* **sich ~ reden** to tire oneself out talking [2] *(≈ gelangweilt)* **~ lächeln** to give a weary smile **Müdigkeit** F *(≈ Schlafbedürfnis)* tiredness; *(≈ Schläfrigkeit)* sleepiness; **nur keine ~ vorschützen!** *(umg)* don't (you) tell me you're tired
Muffe F TECH sleeve
Muffel M *(umg ≈ Mensch)* grouch *(umg)*, griper *(umg)* **muffelig** *(umg)* ADJ grumpy **Muffensausen** N *(umg)* **~ kriegen/haben** to get/be scared stiff *(umg)* **muffig** ADJ [1] *Geruch, Zimmer* musty [2] *(umg) Gesicht* grumpy
Mühe F trouble; **nur mit ~** only just; **mit Müh und Not** *(umg)* with great difficulty; **mit jdm/etw seine ~ haben** to have a great deal of trouble with sb/sth; **er hat sich** *(dat)* **große ~ gegeben** he has taken a lot of trouble; **gib dir keine ~!** *(≈ hör auf)* don't bother; **sich** *(dat)* **die ~ machen, etw zu tun** to take the trouble to do sth; **wenn es Ihnen keine ~ macht** if it isn't too much trouble **mühelos** A ADJ effortless B ADV effortlessly
Mühle F [1] mill [2] *(≈ Mühlespiel)* nine men's morris *(bes Br)* **Mühlrad** N millwheel **Mühlstein** M millstone

Mühle — mill

Mühle — *Br* nine men's morris

mühsam A ADJ arduous B ADV with difficulty; **~ verdientes Geld** hard-earned money **mühselig** ADJ arduous
Mulch M AGR mulch

1095 ‖ MÜRB

Mulde F (≈ *Geländesenkung*) hollow
Mull M (≈ *Gewebe*) muslin; MED gauze
Müll M rubbish, garbage (*bes US*); (≈ *Industriemüll*)
waste **Müllabfuhr** F refuse *od* garbage (*US*)
collection **Müllabladeplatz** M dump
Müllbeutel M bin liner (*Br*), garbage bag (*US*)
Mullbinde F gauze bandage
Müllcontainer M rubbish skip, dumpster®
(*US*) **Mülldeponie** F waste disposal site
(*form*), sanitary (land)fill (*US form*) **Mülleimer**
M rubbish bin (*Br*), garbage can (*US*) **Müllentsorgung** F waste disposal
Müller M miller
Müllkippe F rubbish *od* garbage (*US*) dump
Müllmann M (*umg*) dustman (*Br*), garbage
man (*US*) **Müllschlucker** M refuse chute
Mülltonne F dustbin (*Br*), trash can (*US*)
Mülltrennung F waste separation **Mülltüte** F bin liner (*Br*), trash-can liner (*US*) **Müllverbrennungsanlage** F incinerating
plant **Müllverwertung** F refuse utilization
Müllwagen M dust-cart (*Br*), garbage truck
(*US*)
mulmig ADJ (*umg* ≈ *bedenklich*) uncomfortable;
mir war ~ zumute (*wörtl*) I felt queasy; (*fig*) I
had butterflies (in my tummy) (*umg*)
Multi M (*umg*) multinational (organization)
multikulturell ADJ multicultural **multilateral** A ADJ multilateral B ADV multilaterally
Multimedia PL multimedia *pl* **multimediafähig** ADJ PC capable of multimedia **multimedial** ADJ multimedia *attr* **Multimillionär(in)** M(F) multimillionaire **multinational** ADJ multinational **multipel** ADJ multiple;
multiple Sklerose multiple sclerosis **Multiplex-Kino** N multiplex (cinema) **Multiplikation** F multiplication
Multiplikator¹ M MATH multiplier
Multiplikator²(in) M(F) (*fig*) disseminator
multiplizieren VT to multiply (*mit* by) **Multivitaminsaft** M multivitamin juice
Mumie F mummy **mumifizieren** VT to
mummify
Mumm M (*umg*) ❶ (≈ *Kraft*) strength ❷ (≈ *Mut*) guts
pl (*umg*)
Mumps M *od* (*umg*) F (the) mumps *sg*
München N Munich
Mund M mouth; **den ~ aufmachen** to open
one's mouth; (*fig* ≈ *seine Meinung sagen*) to speak
up; **jdm den ~ verbieten** to order sb to be
quiet; **halt den ~!** shut up! (*umg*); **in aller
~e sein** to be on everyone's lips; **Sie nehmen
mir das Wort aus dem ~(e)** you've taken the
(very) words out of my mouth; **sie ist nicht auf
den ~ gefallen** (*umg*) she's never at a loss for
words; **den ~ (zu) voll nehmen** (*umg*) to talk

(too) big (*umg*) **Mundart** F dialect **mundartlich** ADJ dialect(al) **Munddusche** F dental water jet, waterpick (*bes US*)
Mündel N ward **mündelsicher** BÖRSE A
ADJ ≈ gilt-edged (❗ *kein Adverb*) B ADV anlegen
in secure gilt-edged investments
münden VI (*Fluss*) to flow (*in +akk* into); (*Straße,
Gang*) to lead (*in +akk, auf +akk* into)
mundfaul ADJ (*umg*) too lazy to say much
Mundgeruch M bad breath **Mundharmonika** F mouth organ; **~ spielen** to play
the mouth organ (❗ *mit the*)
mündig ADJ of age; (*fig*) mature; **~ werden** to
come of age
mündlich A ADJ verbal; *Prüfung, Leistung* oral;
~e Verhandlung JUR hearing B ADV testen
orally; *besprechen* personally; **alles Weitere ~!**
I'll tell you the rest when I see you **Mundpflege** F oral hygiene (❗ *ohne Artikel*)
Mundpropaganda F verbal propaganda
Mundschutz M mask (over one's mouth)
Mundstück N (*von Pfeife, Blasinstrument*)
mouthpiece; (*von Zigarette*) tip **mundtot** ADJ
(*umg*) **jdn ~ machen** to silence sb
Mündung F (*von Fluss, Rohr*) mouth; (≈ *Trichtermündung*) estuary; (≈ *Gewehrmündung*) muzzle
Mundwasser N mouthwash **Mundwerk**
N (*umg*) **ein böses ~ haben** to have a vicious
tongue (in one's head); **ein loses ~ haben**
to have a big mouth (*umg*); **ein großes ~ haben**
to talk big (*umg*) **Mundwinkel** M corner of
one's mouth **Mund-zu-Mund-Beatmung** F mouth-to-mouth resuscitation
Munition F ammunition
munkeln VT & VI **es wird gemunkelt, dass ...**
it's rumoured (*Br*) *od* rumored (*US*) that ...
Münster N minster, cathedral
munter A ADJ ❶ (≈ *lebhaft*) lively (❗ *kein Adverb*); *Farben* bright; (≈ *fröhlich*) cheerful; **~ werden** (≈ *wach*) awake B ADV ❷ (≈ *unbekümmert*) blithely; **~ drauflosreden** to prattle
away merrily **Munterkeit** F (≈ *Lebhaftigkeit*)
liveliness; (≈ *Fröhlichkeit*) cheerfulness **Muntermacher** M (MED *umg*) pick-me-up (*umg*)
Münzanstalt F mint **Münzautomat** M
slot machine **Münze** F ❶ (≈ *Geldstück*) coin ❷
(≈ *Münzanstalt*) mint **münzen** VT to mint; **das
war auf ihn gemünzt** (*fig*) that was aimed at
him **Münzfernsprecher** M (*form*) pay
phone **Münzsammlung** F coin collection
Münzspielautomat M slot machine
Münztankstelle F coin-operated petrol
(*Br*) *od* gas (*US*) station **Münztelefon** N pay
phone **Münzwechsler** M change machine
mürbe ADJ crumbly; (≈ *zerbröckelnd*) crumbling;
Holz rotten; **jdn ~ machen** to wear sb down

MÜRB | 1096

Mürbeteig M̲ short(-crust) pastry
Murks M̲ (umg) ~ **machen** to bungle things (umg); **das ist ~!** that's a botch-up (umg)
Murmel F̲ marble **murmeln** V̲T̲ &̲ V̲I̲ to murmur; (undeutlich) to mumble **Murmeltier** N̲ marmot
murren V̲I̲ to grumble (über +akk about) **mürrisch** A̲D̲J̲ (≈ abweisend) sullen; (≈ schlecht gelaunt) grumpy
Mus N̲ od M̲ mush; (≈ Apfelmus) puree
Muschel F̲ 1 mussel (a. GASTR); (Schale) shell 2 (TEL ≈ Sprechmuschel) mouthpiece; (≈ Hörmuschel) ear piece
Muscleshirt N̲ muscle shirt
Museum N̲ museum
Musical N̲ musical
Musik F̲ music; **die ~ lieben** to love music **musikalisch** A̲ A̲D̲J̲ musical B̲ A̲D̲V̲ begabt musically **Musikant(in)** M̲F̲ musician **Musikautomat** M̲ (≈ Musikbox) jukebox **Musikbegleitung** F̲ musical accompaniment **Musikbox** F̲ jukebox **Musiker(in)** M̲F̲ musician **Musikhochschule** F̲ college of music **Musikinstrument** N̲ musical instrument **Musikkapelle** F̲ band **Musikkassette** F̲ music cassette **Musikliebhaber(in)** M̲F̲ music-lover **Musikrichtung** F̲ kind of music, musical genre **Musiksaal** M̲ music room **Musikschule** F̲ music school **Musiksendung** F̲ music programme (Br) od program (US) **Musikstück** N̲ piece of music **Musikstunde** F̲ music lesson **Musikunterricht** M̲ music lessons pl; SCHULE music

---

▶ **Musikbox ≠ music box**

Musikbox	=	**jukebox**
music box, **musical box**	=	Spieldose

FALSCHE FREUNDE ◀

---

musisch A̲ A̲D̲J̲ Fächer (fine) arts attr; Begabung for the arts; Veranlagung artistic B̲ A̲D̲V̲ ~ **begabt/interessiert** gifted/interested in the (fine) arts; ~ **veranlagt** artistically inclined
musizieren V̲I̲ to play a musical instrument
Muskat M̲ nutmeg **Muskatnuss** F̲ nutmeg
Muskel M̲ muscle; **seine ~n spielen lassen** to flex one's muscles **Muskelfaser** F̲ muscle fibre (Br) od fiber (US) **Muskelkater** M̲ aching muscles pl; ~ **haben** to be stiff **Muskelkraft** F̲ physical strength **Muskelkrampf** M̲ muscle cramp (❗ ohne a) **Muskelprotz** M̲ (umg) muscleman **Muskelriss** M̲ torn muscle **Muskelschwund** M̲ muscular atrophy **Muskelzerrung** F̲ pulled muscle **Musku-**

latur F̲ muscular system **muskulös** A̲D̲J̲ muscular; ~ **gebaut sein** to have a muscular build
Müsli N̲ muesli
Muslim M̲ Moslem **Muslime** F̲ Moslem **muslimisch** A̲D̲J̲ Muslim
Muss N̲ **es ist ein/kein ~** it's/it's not a must
Muße F̲ leisure
müssen A̲ V̲AUX̲ 1 (Zwang) to have to (❗ **To have to** wird im Futur und im „past tense" als Ersatz für die fehlenden Formen von **must** verwendet.); (Notwendigkeit) to need to; **muss er?** does he have to?; **ich muss jetzt gehen** I must be going now; **ich muss meine Hausaufgaben machen** I must do my homework; **du musst nicht auf mich warten** you don't have to wait for me (❗ you **mustn't** heißt „du darfst nicht".); **muss das (denn) sein?** is that (really) necessary?; **das musste (ja so) kommen** that had to happen 2 (≈ sollen) **das müsstest du eigentlich wissen** you ought to know that, you should know that 3 (Vermutung) **es muss geregnet haben** it must have rained; **er müsste schon da sein** he should be there by now; **so muss es gewesen sein** that's how it must have been 4 (Wunsch) **(viel) Geld müsste man haben!** if only I were rich! B̲ V̲I̲ (umg ≈ austreten müssen) **ich muss mal** I need to go to the loo (Br umg) od bathroom (bes US)
Mußestunde F̲ hour of leisure **müßig** A̲D̲J̲ (≈ untätig) idle; Leben of leisure; (≈ unnütz) futile
Muster N̲ 1 (≈ Vorlage) pattern; (für Brief, Bewerbung etc) specimen 2 (≈ Probestück) sample; ~ **ohne Wert** sample of no commercial value 3 (fig ≈ Vorbild) model (an +dat of) **Musterbeispiel** N̲ classic example **Musterexemplar** N̲ fine specimen **mustergültig** A̲D̲J̲ exemplary; **sich ~ benehmen** to be a model of good behaviour (Br) od behavior (US) **musterhaft** A̲ A̲D̲J̲ exemplary B̲ A̲D̲V̲ exemplarily **mustern** V̲T̲ 1 (≈ betrachten) to scrutinize; **jdn von oben bis unten ~** to look sb up and down 2 (MIL: für Wehrdienst) **jdn ~** to give sb his/her medical 3 TEX → gemustert **Musterpackung** F̲ sample pack **Musterprozess** M̲ test case **Musterschüler(in)** M̲F̲ model pupil; (fig) star pupil **Musterung** F̲ 1 (≈ Muster) pattern 2 (MIL: von Rekruten) medical examination for military service
Mut M̲ courage (zu for); (≈ Zuversicht) heart; ~ **fassen** to pluck up courage; **nur ~!** cheer up!; **den ~ verlieren** to lose heart od courage (❗ ohne **the**); **wieder ~ bekommen** to take heart; **jdm ~ machen** to encourage sb; **mit dem ~ der Verzweiflung** with the courage born of desperation; **zu ~e** = zumute

Mutation F mutation **mutieren** VI to mutate

mutig A ADJ courageous B ADV courageously **mutlos** ADJ (≈ niedergeschlagen) discouraged (⚠ kein Adverb), disheartened (⚠ kein Adverb); (≈ bedrückt) despondent, dejected; **er ging ~ nach Hause** he went home feeling disheartened **Mutlosigkeit** F (≈ Niedergeschlagenheit) discouragement; (≈ Bedrücktheit) despondency, dejection

mutmaßen VT & VI to conjecture **mutmaßlich** ADJ Vater presumed; Täter, Terrorist suspected **Mutmaßung** F conjecture

Mutprobe F test of courage

Mutter[1] F mother (⚠ als Anrede großgeschrieben); **meine ~** my mum (Br), my mom (US); **sie ist ~ von drei Kindern** she's a mother of three

Mutter[2] F TECH nut

Muttergesellschaft F HANDEL parent company **Muttergottes** F Mother of God; (Abbild) Madonna **Mutterinstinkt** M maternal instinct **Mutterkuchen** M ANAT placenta **Mutterland** N mother country **mütterlich** A ADJ maternal; **die ~en Pflichten** one's duties as a mother B ADV like a mother; **jdn ~ umsorgen** to mother sb **mütterlicherseits** ADV on his/her etc mother's side; **sein Großvater ~** his maternal grandfather **Mutterliebe** F motherly love **Muttermal** N birthmark **Muttermilch** F mother's milk **Muttermund** M ANAT cervix **Mutterschaft** F motherhood; (nach Entbindung) maternity **Mutterschaftsgeld** N maternity pay (bes Br) **Mutterschaftsurlaub** M maternity leave **Mutterschiff** N RAUMF mother ship **Mutterschutz** M legal protection of expectant and nursing mothers **mutterseelenallein** ADJ, ADV all alone **Muttersöhnchen** N (pej) mummy's boy (Br), mommy's boy (US) **Muttersprache** F native language, mother tongue **Muttersprachler(in)** M(F) native speaker **Muttertag** M Mother's Day **Mutti** F (umg) mummy (Br umg), mommy (US umg) (⚠ als Anrede großgeschrieben)

mutwillig A ADJ (≈ böswillig) malicious B ADV zerstören etc wilfully

Mütze F cap; (≈ Pudelmütze) hat

Myrrhe F, **Myrre** F myrrh

mysteriös A ADJ mysterious B ADV mysteriously **Mystik** F mysticism (⚠ ohne Artikel) **mystisch** ADJ mystic(al); (fig ≈ geheimnisvoll) mysterious

mythisch ADJ mythical **Mythologie** F mythology **mythologisch** ADJ mythologic(al) **Mythos** M myth

N, n N N, n; **n-te** nth

na INT (umg) **na, kommst du mit?** well, are you coming?; **na du?** hey, you!; **na ja** well; **na gut** all right; **na also!, na eben!** (well,) there you are (then)!; **na, endlich!** about time!; **na (na)!** now, now!; **na warte!** just you wait!; **na so was!** well, I never!; **na und?** so what?

Nabe F hub

Nabel M ANAT navel; **der ~ der Welt** (fig) the hub of the universe **nabelfrei** A ADJ ~es T-Shirt crop top B ADV ~ gehen to wear a crop top **Nabelschnur** F ANAT umbilical cord

nach A PRÄP +dat [1] (örtlich) to; **ich nahm den Zug ~ Mailand** (≈ bis) I took the train to Milan; (≈ in Richtung) I took the Milan train; **er ist schon ~ London abgefahren** he has already left for London; **~ Osten** eastward(s); **~ links/rechts** (to the) left/right; **~ hinten/vorn** to the back/front [2] (zeitlich, Reihenfolge) after; **fünf (Minuten) ~ drei** five (minutes) past od after (US) three; **~ zehn Minuten war sie wieder da** she was back ten minutes later; **die dritte Straße ~ dem Rathaus** the third road after the town hall; **(bitte) ~ Ihnen!** after you! [3] (≈ laut, entsprechend) according to; (≈ im Einklang mit) in accordance with; **~ Artikel 142c** under article 142c; **etw ~ dem Gewicht kaufen** to buy sth by weight; **die Uhr ~ dem Radio stellen** to put a clock right by the radio; **ihrer Sprache ~ (zu urteilen)** judging by her language; **~ allem, was ich gehört habe** from what I've heard B ADV (zeitlich) **~ und ~** little by little; **~ wie vor** still

nachäffen VT jdn ~ to ape sb

nachahmen VT to imitate; (≈ kopieren) to copy **Nachahmung** F imitation; (≈ Kopie) copy

Nachbar(in) M(F) neighbour (Br), neighbor (US) **Nachbarhaus** N house next door **Nachbarland** N neighbouring (Br) od neighboring (US) country **nachbarlich** ADJ (≈ freundlich) neighbourly (Br) (⚠ kein Adverb), neighborly (US) (⚠ kein Adverb); (≈ benachbart) neighbo(u)ring; **sie kommen ~ gut miteinander aus** they get on well as neighbo(u)rs **Nachbarschaft** F (≈ Gegend) neighbourhood (Br), neighborhood (US); (≈ Nachbarn) neighbo(u)rs pl; (≈ Nähe) vicinity

nachbauen VT Gebäude, Gerät to copy

Nachbeben N aftershock

nachbehandeln VT MED jdn ~ to give sb follow-up treatment **Nachbehandlung** F

MED follow-up treatment (**!** ohne a)

nachbessern **A** _VT_ _Lackierung_ to retouch; _Gesetz_ to amend; _Angebot_ to improve **B** _VI_ to make improvements **Nachbesserung** _F_ (_von Gesetz_) amendment; **~en vornehmen** to make improvements

nachbestellen _VT_ to order some more; HANDEL to reorder **Nachbestellung** _F_ repeat order (+_gen_ for)

nachbeten _VT_ (_umg_) to repeat parrot-fashion

nachbezahlen _VT_ to pay; (_später_) to pay later; _Steuern_ **~** to pay back-tax

Nachbildung _F_ copy; (_exakt_) reproduction

nachdatieren _VT_ to postdate

nachdem _KONJ_ **1** (_zeitlich_) after **2** (_südd ≈ da, weil_) since

nachdenken _VI_ to think (_über +akk_ about); **denk mal scharf nach!** think carefully! **Nachdenken** _N_ thought; **nach langem ~** after (giving the matter) considerable thought **nachdenklich** _ADJ_ _Mensch, Miene_ thoughtful; _Worte_ thought-provoking; **jdn ~ stimmen** _od_ **machen** to set sb thinking

Nachdruck _M_ **1** (≈ _Betonung_) stress; **einer Sache** (_dat_) **~ verleihen** to lend weight to sth; **mit ~** vigorously; **etw mit ~ sagen** to say sth emphatically **2** (≈ _das Nachgedruckte_) reprint **nachdrucken** _VT_ to reprint **nachdrücklich** **A** _ADJ_ emphatic **B** _ADV_ firmly; **jdn ~ warnen** to give sb a firm warning

nacheifern _VI_ **jdm/einer Sache ~** to emulate sb/sth

nacheinander _ADV_ one after another; **zweimal ~** twice in a row; **kurz ~** shortly after each other

nachempfinden _VT_ _Stimmung_ to feel; (≈ _nachvollziehen_) to understand; **das kann ich ihr ~** I can understand how she feels

nacherzählen _VT_ to retell **Nacherzählung** _F_ retelling; SCHULE (story) reproduction

Nachfahr(in) _M(F)_ (_liter_) descendant

nachfahren _VI_ **jdm ~** to follow sb

nachfeiern _VT & VI_ (≈ _später feiern_) to celebrate later

Nachfolge _F_ succession; **jds ~ antreten** to succeed sb **nachfolgen** _VI_ **jdm ~** to follow sb; **jdm im Amt ~** to succeed sb in office **nachfolgend** _ADJ_ following **Nachfolgeorganisation** _F_ successor organization **Nachfolger(in)** _M(F)_ (_im Amt etc_) successor

nachforschen _VI_ to try to find out; (_polizeilich etc_) to carry out an investigation (+_dat_ into) **Nachforschung** _F_ enquiry; (_polizeilich etc_) investigation; **~en anstellen** to make inquiries

Nachfrage _F_ **1** HANDEL demand (_nach, in +dat_ for); **danach besteht keine ~** there is no demand for it **2** (≈ _Erkundigung_) inquiry; **danke der ~** (_umg_) nice of you to ask **nachfragen** _VI_ to ask, to inquire

nachfühlen _VT_ = **nachempfinden**

nachfüllen _VT_ _leeres Glas etc_ to refill; _halb leeres Glas_ to top up (_Br_) _od_ off (_US_) **Nachfüllpack** _M_ refill

nachgeben _VI_ **1** (_Boden_) to give way (+_dat_ to); (≈ _federn_) to give; (_fig_) (_Mensch_) to give in (+_dat_ to) **2** (HANDEL: _Preise, Kurse_) to drop

Nachgebühr _F_ excess (postage)

nachgehen _VI_ **1** (+_dat_ ≈ _hintergehen_) to follow; _jdm_ to go after **2** (_Uhr_) to be slow **3** (+_dat_ ≈ _ausüben_) _Beruf_ to practise (_Br_), to practice (_US_); _Studium, Interesse etc_ to pursue; _Geschäften_ to go about; **seiner Arbeit ~** to do one's job **4** (+_dat_ ≈ _erforschen_) to investigate

nachgemacht _ADJ_ _Gold, Leder etc_ imitation; _Geld_ counterfeit; → **nachmachen**

Nachgeschmack _M_ aftertaste

nachgiebig _ADJ_ _Material_ pliable; _Boden, Mensch, Haltung_ soft; (≈ _entgegenkommend_) accommodating **Nachgiebigkeit** _F_ (_von Material_) pliability; (_von Boden, Mensch, Haltung_) softness; (≈ _Entgegenkommen_) compliance

nachgießen _VT & VI_ to top up; **darf ich ~?** may I top up _od_ fill up (_US_) your glass?, may I top _od_ fill (_US_) you up?

nachhaken _VI_ (_umg_) to dig deeper

nachhaltig **A** _ADJ_ lasting; _Wachstum_ sustained; **~e Nutzung** (_von Energie, Rohstoffen etc_) sustainable use **B** _ADV_ **1** (≈ _mit langer Wirkung_) with lasting effect; **etw ~ beeinflussen** to have a profound effect on sth **2** (≈ _ökologisch bewusst_) with a view to sustainability **Nachhaltigkeit** _F_ sustainability

nachhause _ADV_ home **Nachhauseweg** _M_ way home

nachhelfen _VI_ to help; **jdm ~** to help sb; **sie hat ihrer Schönheit etwas nachgeholfen** she has given nature a helping hand; **jds Gedächtnis** (_dat_) **~** to jog sb's memory

nachher _ADV_ (≈ _danach_) afterwards; (≈ _später_) later; **bis ~** see you later!

Nachhilfe _F_ SCHULE private coaching _od_ tuition _od_ tutoring (_US_) **Nachhilfelehrer(in)** _M(F)_ private tutor **Nachhilfestunde** _F_ private lesson **Nachhilfeunterricht** _M_ private tuition _od_ tutoring (_US_)

Nachhinein _ADV_ **im ~** afterwards; (_rückblickend_) in retrospect

Nachholbedarf _M_ **einen ~ an etw** (_dat_) **haben** to have a lot to catch up on in the way of sth **nachholen** _VT_ **1** (≈ _aufholen_) _Versäumtes_ to make up; **den Schulabschluss ~** to sit one's school exams as an adult **2** **jdn ~** (≈ _nachkom-_

1099 ‖ NACH

men lassen) to get sb to join one

nachkaufen V͟T͟ to buy later; **kann man diese Knöpfe auch ~?** is it possible to buy replacements for these buttons?

nachklingen V͟I͟ (*Ton, Echo*) to go on sounding; (*Worte, Erinnerung*) to linger

Nachkomme M͟ descendant **nachkommen** V͟I͟ **1** (≈ *später kommen*) to come (on) later; **jdm ~** to follow sb; **wir kommen gleich nach** we'll follow in just a couple of minutes **2** (≈ *Schritt halten*) to keep up **3** (+*dat* ≈ *erfüllen*) *seiner Pflicht* to carry out; *einer Anordnung, einem Wunsch* to comply with

Nachkriegsdeutschland N͟ post-war Germany

nachladen V͟T͟&͟V͟I͟ to reload

Nachlass M͟ **1** (≈ *Preisnachlass*) discount (*auf* +*akk* on) **2** (≈ *Erbschaft*) estate **nachlassen** A͟ V͟T͟ *Preis, Summe* to reduce; **10% vom Preis ~** to give a 10% discount **B** V͟I͟ to decrease; (*Regen, Hitze*) to ease off; (*Leistung, Geschäfte*) to drop off; (*Preise*) to fall; **nicht ~!** keep it up!; **er hat in letzter Zeit sehr nachgelassen** he hasn't been nearly as good recently; **sobald die Kälte nachlässt** as soon as it gets a bit warmer **nachlässig** A͟ A͟D͟J͟ careless; (≈ *unachtsam*) thoughtless **B** A͟D͟V͟ carelessly; (≈ *unachtsam*) thoughtlessly **Nachlässigkeit** F͟ carelessness; (≈ *Unachtsamkeit*) thoughtlessness

nachlaufen V͟I͟ +*dat* **jdm/einer Sache ~** to run after sb/sth

nachlesen V͟T͟ (*in einem Buch*) to read; (≈ *nachschlagen*) to look up; (≈ *nachprüfen*) to check up; **man kann das in der Bibel ~** it says so in the Bible

nachliefern V͟T͟ (≈ *später liefern*) to deliver at a later date; (*fig*) *Begründung etc* to give later; **könnten Sie noch 25 Stück ~?** could you deliver another 25?

nachlösen A͟ V͟I͟ to pay on the train; (*zur Weiterfahrt*) to pay the extra **B** V͟T͟ *Fahrkarte* to buy on the train

nachmachen V͟T͟ **1** (≈ *nachahmen*) to copy; (≈ *nachäffen*) to mimic; **sie macht mir alles nach** she copies everything I do; **das soll erst mal einer ~!** I'd like to see anyone else do that! **2** (≈ *fälschen*) to forge; (≈ *imitieren*) to copy; → **nachgemacht**

nachmessen A͟ V͟T͟ to measure again; (≈ *prüfen*) to check **B** V͟I͟ to check

Nachmieter(in) M͟F͟ next tenant; **wir müssen einen ~ finden** we have to find someone to take over the apartment *etc*

Nachmittag M͟ afternoon; **am ~** in the afternoon; **gestern/heute ~** yesterday/this afternoon **nachmittags** A͟D͟V͟ in the afternoon;

dienstags ~ every Tuesday afternoon **Nachmittagsvorstellung** F͟ (*im Kino etc*) matinée (performance)

Nachnahme F͟ cash *od* collect (*US*) on delivery, COD; **etw per ~ schicken** to send sth COD

Nachname M͟ surname; **wie heißt du mit ~n?** what is your surname?

Nachporto N͟ excess (postage)

nachprüfbar A͟D͟J͟ verifiable **nachprüfen** A͟ V͟T͟ *Tatsachen* to verify **B** V͟I͟ to check **Nachprüfung** F͟ **1** (*von Tatsachen*) check (+*gen* on) **2** (≈ *nochmalige Prüfung*) re-examination; (*Termin*) re-sit

nachrechnen V͟T͟&͟V͟I͟ to check

Nachrede F͟ **üble ~** J͟U͟R͟ defamation of character

nachreichen V͟T͟ to hand in later

nachreisen V͟I͟ **jdm ~** to follow sb

Nachricht F͟ (≈ *Mitteilung*) message; (≈ *Meldung*) (piece of) news *sg*; **die ~en** the news *sg*; **das sind aber schlechte ~en** that's bad news; **ich habe eine gute ~ für dich** I've got (some) good news for you (❗) ohne a); **~ erhalten, dass …** to receive (the) news that …; **wir geben Ihnen ~** we'll let you know **Nachrichtenagentur** F͟ news agency **Nachrichtendienst** M͟ **1** R͟A͟D͟I͟O͟, T͟V͟ news service **2** P͟O͟L͟, M͟I͟L͟ intelligence (service) **Nachrichtenmagazin** N͟ news magazine **Nachrichtensatellit** M͟ communications satellite **Nachrichtensender** M͟ news station; T͟V͟ *auch* news channel **Nachrichtensperre** F͟ news blackout **Nachrichtensprecher(in)** M͟F͟ newsreader **Nachrichtentechnik** F͟ telecommunications *sg*

nachrücken V͟I͟ to move up; (*auf Posten*) to succeed (*auf* +*akk* to); M͟I͟L͟ to advance **Nachrücker(in)** M͟F͟ successor

Nachruf M͟ obituary **nachrufen** V͟T͟&͟V͟I͟ +*dat* to shout after

nachrüsten A͟ V͟I͟ M͟I͟L͟ to deploy new arms; (≈ *modernisieren*) to modernize **B** V͟T͟ *Kraftwerk etc* to modernize **Nachrüstung** F͟ **1** M͟I͟L͟ deployment of new arms **2** T͟E͟C͟H͟ modernization

nachsagen V͟T͟ **1** (≈ *wiederholen*) to repeat; **jdm alles ~** to repeat everything sb says **2** (≈ *behaupten*) **jdm etw ~** to attribute sth to sb; **man kann ihr nichts ~** you can't say anything against her; **ihm wird nachgesagt, dass …** it's said that he …

Nachsaison F͟ off season

Nachsatz M͟ (≈ *Nachschrift*) postscript; (≈ *Nachtrag*) afterthought

nachschauen V͟T͟&͟V͟I͟ (*bes dial*) = **nachsehen**

nachschenken V͟T͟&͟V͟I͟ **jdm etw ~** to top sb up (*Brit*) *od* off (*US*) with sth

NACH 1100

nachschicken _VT_ to forward
Nachschlag _M_ (umg) second helping **nachschlagen** _A VT_ Zitat, Wort to look up _B VI_ (in Lexikon) to look **Nachschlagewerk** _N_ reference book
Nachschlüssel _M_ duplicate key; (≈ Dietrich) skeleton key
nachschreiben _VT_ **eine Arbeit (später) ~** to do od sit a test later
Nachschub _M_ MIL supplies pl (an +dat of); (Material) reinforcements pl
Nachschuss _M_ (im Fußball) follow-up shot
nachsehen _A VI_ **1 jdm ~** to follow sb with one's eyes; (≈ hinterherschauen) to gaze after sb/sth **2** (≈ gucken) to look and see; (≈ nachschlagen) to (have a) look _B VT_ **1** to (have a) look at; (≈ prüfen) to check; (≈ nachschlagen) to look up **2** (≈ verzeihen) **jdm etw ~** to forgive sb (for) sth **Nachsehen** _N_ **das ~ haben** to be left standing; (≈ nichts bekommen) to be left empty-handed
nachsenden _VT_ to forward
Nachsicht _F_ (≈ Milde) leniency; (≈ Geduld) forbearance; **~ üben** to be lenient; **mit jdm keine ~ haben** to make no allowances for sb **nachsichtig, nachsichtsvoll** _A ADJ_ (≈ milde) lenient; (≈ geduldig) forbearing (gegen, mit with) _B ADV_ leniently; **jdn ~ behandeln** to be lenient with sb
Nachsilbe _F_ suffix
nachsitzen _VI_ SCHULE **~ (müssen)** to be kept in; **jdn ~ lassen** to keep sb in
Nachsommer _M_ Indian summer
Nachsorge _F_ MED aftercare
Nachspann _M_ credits pl
Nachspeise _F_ dessert; **als ~** for dessert
Nachspiel _N_ THEAT epilogue (Br), epilog (US); (fig) sequel; **das wird noch ein (unangenehmes) ~ haben** that will have (unpleasant) consequences; **ein gerichtliches ~ haben** to have legal repercussions **nachspielen** _A VT_ to play _B VI_ SPORT to play stoppage time (Br) od overtime (US); (wegen Verletzungen) to play injury time (Br) od injury overtime (US); **der Schiedsrichter ließ ~** the referee allowed stoppage time/injury time (Br), the referee allowed (injury) overtime (US) **Nachspielzeit** _F_ SPORT stoppage time; (wegen Verletzungen) injury time
nachspionieren _VI_ (umg) **jdm ~** to spy on sb
nachsprechen _VT_ to repeat; **jdm etw ~** to repeat sth after sb
nächstbeste(r, s) _ADJ_ **der ~ Zug/Job** the first train/job that comes along
nachstehen _VI_ **keinem ~** to be second to none (in +dat in); **jdm in nichts ~** to be sb's equal in every way **nachstehend** _A ADJ_ fol-

lowing; **im Nachstehenden** below, in the following _B ADV_ (≈ weiter unten) below
nachstellen _A VT_ **1** (TECH ≈ neu einstellen) to adjust **2 eine Szene ~** to recreate a scene _B VI_ **jdm ~** to follow sb; (≈ aufdringlich umwerben) to pester sb
Nächstenliebe _F_ brotherly love; (≈ Barmherzigkeit) compassion **nächstens** _ADV_ (≈ das nächste Mal) (the) next time; (≈ bald einmal) some time soon **Nächste(r)** _M/F/M_ **1** next one; **der ~, bitte** next please **2** (fig ≈ Mitmensch) neighbour (Br), neighbor (US); **jeder ist sich selbst der ~** (sprichw) charity begins at home (sprichw) **nächste(r, s)** _ADJ_ **1** (≈ nächstgelegen) nearest; **in ~r Nähe** in the immediate vicinity; **aus ~r Nähe** from close by; sehen, betrachten at close quarters; schießen at close range **2** (zeitlich) next; **~s Mal** next time; **am ~n Morgen/Tag(e)** (the) next morning/day; **bei ~r Gelegenheit** at the earliest opportunity; **in den ~n Jahren** in the next few years; **in ~r Zeit** some time soon **3** Angehörige closest; **die ~n Verwandten** the immediate family; **der ~ Angehörige** the next of kin **Nächste(s)** _N_ **das ~** the next thing; (≈ das Erste) the first thing; **als ~s** next/first **nächstgelegen** _ADJ_ nearest **nächstliegend** _ADJ_ (wörtl) nearest; (fig) most obvious; **das Nächstliegende** the most obvious thing (to do)
Nacht _F_ night; **heute ~** tonight; (≈ letzte Nacht) last night; **in der ~** at night; **in der ~ zum Dienstag** during Monday night; **über ~** overnight; **die ~ zum Tage machen** to stay up all night (working etc); **eines ~s** one night; **letzte ~** last night; **die ganze ~ (lang)** all night long; **gute ~!** good night!; **bei ~ und Nebel** (umg) at dead of night **Nachtarbeit** _F_ night-work **nachtblind** _ADJ_ nightblind **Nachtcreme** _F_ night cream **Nachtdienst** _M_ (von Person) night duty; (von Apotheke) all-night service
Nachteil _M_ disadvantage; **im ~ sein** to be at a disadvantage (jdm gegenüber with sb); **er hat sich zu seinem ~ verändert** he has changed for the worse; **zu jds ~** to sb's disadvantage **nachteilig** _A ADJ_ (≈ ungünstig) disadvantageous; (≈ schädlich) detrimental _B ADV_ behandeln unfavourably (Br), unfavorably (US); **sich ~ auf etw (akk) auswirken** to have a detrimental effect on sth
nächtelang _ADV_ for nights (on end) **Nachtessen** _N_ (südd, schweiz) supper **Nachteule** _F_ (fig umg) night owl **Nachtfalter** _M_ moth **Nachtflug** _M_ night flight **Nachtfrost** _M_ night frost **Nachthemd** _N_ (für Damen) nightdress; (für Herren) nightshirt
Nachtigall _F_ nightingale
Nachtisch _M_ dessert

1101 ‖ NADE

▶ **Nachtisch**

Die Verwendung von **dessert** [dɪˈzɜːt], **pudding** [ˈpʊdɪŋ] und **sweet** als Entsprechung für „Nachtisch" ist je nach Region unterschiedlich. Man versteht diese Bezeichnungen überall. Komisch klingt es für deutsche Ohren, wenn auf die Frage **What's for pudding?** z. B. geantwortet wird **ice cream** oder **profiteroles with chocolate sauce** [prəˈfɪtərəʊlz] (kleine Windbeutel mit Schokoladensoße). Aber das ist ganz normal.

SPRACHGEBRAUCH ◀

Nachtklub M̲ night club **Nachtleben** N̲ night life **nächtlich** ADJ̲ (≈ jede Nacht) nightly; **zu ~er Stunde** at a late hour **Nachtlokal** N̲ night club **Nachtmensch** M̲ night person **Nachtportier** M̲ night porter **Nachtquartier** N̲ **ein ~** a place to sleep **Nachtrag** M̲ postscript; (zu einem Buch) supplement **nachtragen** V̲T̲ **1** **jdm etw ~** (fig) to hold sth against sb **2** (≈ hinzufügen) to add **nachtragend** ADJ̲ unforgiving; **er war nicht ~** he didn't bear a grudge **nachträglich** A̲ ADJ̲ (≈ zusätzlich) additional; (≈ später) later; (≈ verspätet) belated B̲ ADV̲ (≈ zusätzlich) additionally; (≈ später) later; (≈ verspätet) belatedly **nachtrauern** V̲I̲ +dat to mourn **Nachtruhe** F̲ night's rest **nachts** ADV̲ at night; **dienstags ~** (on) Tuesday nights **Nachtschicht** F̲ night shift **nachtschlafend** ADJ̲ **bei** od **zu ~er Zeit** in the middle of the night **Nachtschwärmer(in)** M̲F̲ (hum) night owl **Nachtschwester** F̲ night nurse **Nachtspeicherofen** M̲ storage heater **nachtsüber** ADV̲ by night **Nachttisch** M̲ bedside table **Nachttischlampe** F̲ bedside lamp **Nachttopf** M̲ chamber pot **Nacht-und-Nebel-Aktion** F̲ cloak-and-dagger operation **Nachtvogel** M̲ nocturnal bird **Nachtwache** F̲ night watch; (im Krankenhaus) night duty **Nachtwächter(in)** M̲F̲ (in Betrieben etc) night watchman **Nachtzeit** F̲ night-time **Nachtzug** M̲ night train **Nachuntersuchung** F̲ follow-up check **nachvollziehen** V̲T̲ to understand **nachwachsen** V̲I̲ to grow again; **die neue Generation, die jetzt nachwächst** the young generation who are now taking their place in society (❗ mit Verb im Plural) **nachwachsend** ADJ̲ **1** Rohstoffe renewable **2** Generation up-and-coming, younger **Nachwahl** F̲ POL̲ ≈ by-election **Nachwehen** P̲L̲ after-pains pl; (fig) painful aftermath sg

Nachweis M̲ (≈ Beweis) proof (+gen, für, über +akk of); (≈ Zeugnis) certificate; **als** od **zum ~** as proof; **den ~ für etw erbringen** to furnish proof of sth **nachweisbar** ADJ̲ (≈ beweisbar) provable; Fehler demonstrable; TECH, CHEM detectable **nachweisen** V̲T̲ (≈ beweisen) to prove; TECH, MED to detect; **die Polizei konnte ihm nichts ~** the police could not prove anything against him **nachweislich** A̲ ADJ̲ provable; Fehler demonstrable B̲ ADV̲ falsch demonstrably; **er war ~ in London** it can be proved (Br) od proven that he was in London **Nachwelt** F̲ **die ~** posterity **nachwirken** V̲I̲ to continue to have an effect **Nachwirkung** F̲ aftereffect; (fig) consequence **Nachwort** N̲ epilogue (Br), epilog (US) **Nachwuchs** M̲ **1** (fig ≈ junge Kräfte) young people pl; **es mangelt an ~** there's a lack of young blood; **der wissenschaftliche ~** the new generation of academics **2** (hum ≈ Nachkommen) offspring pl **Nachwuchstalent** N̲ promising young talent **nachzahlen** V̲T̲&V̲I̲ to pay extra; (≈ später zahlen) to pay later **nachzählen** V̲T̲&V̲I̲ to check **Nachzahlung** F̲ additional payment **nachzeichnen** V̲T̲ Linie, Umriss to go over **nachziehen** A̲ V̲T̲ **1** Linie, Umriss to go over; Lippen to paint in; Augenbrauen to pencil in **2** Schraube to tighten (up) B̲ V̲I̲ **1** (+dat ≈ folgen) to follow **2** (umg ≈ gleichtun) to follow suit **Nachzügler(in)** M̲F̲ latecomer, late arrival (a. fig) **Nackedei** M̲ (umg) nudie (umg) **Nacken** M̲ (nape of the) neck; **jdn im ~ haben** (umg) to have sb after one; **jdm im ~ sitzen** (umg) to breathe down sb's neck **Nackenrolle** F̲ bolster **nackt** A̲ ADJ̲ naked, nude (bes KUNST); Haut, Wand Tatsachen, Zahlen bare B̲ ADV̲ baden, schlafen in the nude **Nacktbaden** N̲ nude bathing, skinny dipping (umg) **Nacktbadestrand** M̲ nudist beach **Nacktheit** F̲ nakedness; (≈ Kahlheit) bareness **Nacktkultur** F̲ nudism **Nacktschnecke** F̲ slug **Nadel** F̲ needle; (von Plattenspieler) stylus; (≈ Stecknadel, Haarnadel) pin; **nach einer ~ im Heuhaufen suchen** (fig) to look for a needle in a haystack **Nadelbaum** M̲ conifer **Nadeldrucker** M̲ dot-matrix printer **nadeln** V̲I̲ (Baum) to shed (its needles) **Nadelöhr** N̲ eye of a needle; (fig) narrow passage **Nadelstich** M̲ prick **Nadelstreifen** P̲L̲ pinstripes pl **Nadelstreifenanzug** M̲ pinstripe(d) suit **Nadelwald** M̲ coniferous forest

NAGE | 1102

Nagel — nail

Nagel — nail

Nagel M nail; **sich** (dat) **etw unter den ~ reißen** (umg) to swipe sth (umg); **etw an den ~ hängen** (fig) to chuck sth in (umg); **den ~ auf den Kopf treffen** (fig) to hit the nail on the head; **Nägel mit Köpfen machen** (umg) to do the job properly **Nagelbürste** F nailbrush **Nagelfeile** F nailfile **Nagelhaut** F cuticle **Nagellack** M nail varnish (❶ kein pl) **Nagellackentferner** M nail varnish remover **nageln** VT to nail (an +akk, auf +akk (on)to) **nagelneu** ADJ (umg) brand new **Nagelprobe** F (fig) acid test **Nagelschere** F (pair of) nail scissors pl

nagen A VI to gnaw (an +dat at); (≈ knabbern) to nibble (an +dat at) B VT to gnaw **nagend** ADJ Hunger gnawing; Zweifel nagging **Nager** M, **Nagetier** N rodent

nah ADJ, ADV = nahe **Nahaufnahme** F FOTO close-up **nahe** A ADJ 1 near präd, close präd, nearby; **in ~r Zukunft** in the near future; **der Nahe Osten** the Middle East; **von Nahem** at close quarters 2 (≈ eng) Freund, Beziehung etc close; **~ Verwandte** close relatives B ADV 1 near, close; **~ an** near to; **~ beieinander** close together; **~ vor** right in front of; **von nah und fern** from near and far; **jdm zu ~ treten** (fig) to offend sb 2 (≈ eng) closely; **~ verwandt** closely-related C PRÄP +dat near (to), close to; **dem Wahnsinn ~ sein** to be on the verge of madness **Nähe** F 1 (örtlich) nearness, closeness; (≈ Umgebung) vicinity, neighbourhood (Br), neighborhood (US); **in der ~** nearby; **in unmittelbarer ~** (+gen) right next to; **in der ~ des Parks** near the park; **aus der ~** from close to 2 (zeit-

lich, emotional etc) closeness **nahebringen** VT +dat (fig) **jdm etw ~** to bring sth home to sb **nahegehen** VI +dat (fig) to upset **nahekommen** VI +dat (fig) **jdm/einer Sache ~** (≈ fast gleichen) to come close to sb/sth; **sich ~** to become close **nahelegen** VT (fig) **jdm etw ~** to suggest sth to sb; **jdm ~, etw zu tun** to advise sb to do sth **naheliegen** VI (fig) to suggest itself; **der Verdacht liegt nahe, dass …** it seems reasonable to suspect that … **naheliegend** ADJ Gedanke, Lösung which suggests itself; Vermutung natural

▶ **Nähe**

Steht „in der Nähe" als Ortsbestimmung allein, wird mit **nearby** übersetzt:

Er wohnt in der Nähe. **He lives nearby.**

Schließt sich noch etwas an: „in der Nähe vom / von"; „in der Nähe der / des / dem", wird mit **near** übersetzt und das Objekt einfach angeschlossen:

Er wohnt in der Nähe **He lives near the park.** des Parks.

SPRACHGEBRAUCH ◀

nähen A VT to sew; Kleid to make; Wunde to stitch (up) B VI to sew **näher** A ADJ 1 closer; **jdm/einer Sache ~** closer to sb/sth; **die ~e Umgebung** the immediate vicinity 2 (≈ genauer) Einzelheiten further attr B ADV 1 closer; **bitte treten Sie ~!** just step up! 2 (≈ genauer) more closely; besprechen in more detail; **jdn/etw ~ kennenlernen** to get to know sb/sth better; **ich kenne ihn nicht ~** I don't know him well **Nähere(s)** N details pl; **~s erfahren Sie von …** further details from … **Naherholungsgebiet** N recreational area (close to a town) **näherkommen** VI (fig) **jdm ~** to get closer to sb **nähern** VR **sich ~ (jdm/einer Sache)** ~ to approach (sb/sth) **nahestehen** VI +dat (fig) to be close to; POL to sympathize with; **sich ~** to be close **nahezu** ADV nearly **Nähgarn** N (sewing) thread **Nahkampf** M MIL close combat **Nähkästchen** N sewing box; **aus dem ~ plaudern** (umg) to give away private details **Nähmaschine** F sewing machine **Nähnadel** F needle **Nahost** M **in/aus ~** in/from the Middle East **nahöstlich** ADJ Middle East(ern) **Nährboden** M (wörtl) fertile soil; (fig) breeding-ground **nähren** (geh) A VT to feed; (fig ≈ haben) Hoffnungen, Zweifel to nurture; **er sieht gut genährt aus** he looks well-fed B VR to feed oneself; (Tiere) to feed **nahrhaft** ADJ Kost nourishing **Nährstoff** M̲ nutrient **Nahrung** F̲ food; **geistige ~** intellectual stimulation; **einer Sache** (dat) **(neue) ~ geben** to help to nourish sth **Nahrungsaufnahme** F̲ eating, ingestion (of food) (form); **die ~ verweigern** to refuse food od sustenance **Nahrungskette** F̲ BIOL food chain **Nahrungsmittel** N̲ food(stuff) **Nahrungsquelle** F̲ source of food **Nährwert** M̲ nutritional value

Nähseide F̲ silk thread

Naht F̲ seam; MED stitches pl; **aus allen Nähten platzen** to be bursting at the seams **nahtlos** ADJ (wörtl) seamless; (fig) Übergang smooth

Nahverkehr M̲ local traffic; **der öffentliche ~** local public transport **Nahverkehrsmittel** N̲ means pl of local transport **Nahverkehrszug** M̲ local train

Nähzeug N̲ sewing kit

naiv A̲ ADJ naive B̲ ADV naively **Naivität** F̲ naivety

Name M̲ name; **dem ~n nach** by name; **auf jds ~n** (akk) in sb's name; **er nannte seinen ~n** he gave his name; **einen ~n haben** (fig) to have a name; **sich** (dat) **(mit etw) einen ~n machen** to make a name for oneself (with sth); **die Sache beim ~n nennen** (fig) to call a spade a spade; **im ~n** (+gen) on behalf of; **im ~n des Volkes** in the name of the people **namens** ADV (≈ mit Namen) by the name of, called **Namensschild** N̲ nameplate **Namensschwester** F̲ namesake **Namenstag** M̲ Saint's day **Namensvetter** M̲ namesake **namentlich** A̲ ADJ by name; **~e Abstimmung** roll call vote B̲ ADV 1̲ (≈ insbesondere) (e)specially 2̲ (≈ mit Namen) by name **namhaft** ADJ 1̲ (≈ bekannt) famous 2̲ (≈ beträchtlich) considerable

Namibia N̲ Namibia **Namibier(in)** M̲(F̲) Namibian **namibisch** ADJ Namibian

nämlich ADV (≈ und zwar) namely; (geschrieben) viz; (≈ genauer gesagt) to be exact

Nanotechnologie F̲ nanotechnology

nanu INT well I never; **~, wer ist das denn?** hello (hello), who's this?

Napf M̲ bowl

Nappa(leder) N̲ nappa leather

Narbe F̲ scar **narbig** ADJ scarred

Narkose F̲ anaesthesia (Br), anesthesia (US); **unter ~** under an(a)esthetic **Narkosearzt** M̲, **Narkoseärztin** F̲ anaesthetist (Br), anesthesiologist (US) **narkotisch** ADJ narcotic **narkotisieren** V̲T̲ to drug

Narr M̲, **Närrin** F̲ fool; (≈ Teilnehmer am Karneval) carnival reveller (Br) od reveler (US); **jdn zum ~en halten** to make a fool of sb **Narrenfreiheit** F̲ **hier hat er ~** here he can do just as he pleases **narrensicher** ADJ, ADV foolproof **Narrheit** F̲ 1̲ folly 2̲ (≈ dumme Tat) stupid thing to do **närrisch** ADJ foolish; (≈ verrückt) mad; **die ~en Tage** Fasching and the period leading up to it; **ganz ~ auf jdn/etw sein** (umg) to be crazy about sb/sth (umg)

Narzisse F̲ narcissus **Narzissmus** M̲ narcissism **narzisstisch** ADJ narcissistic

nasal ADJ nasal **Nasallaut** M̲ nasal (sound)

naschen A̲ V̲I̲ to eat sweet things; **an etw** (dat) **~** to pinch (Br) od snitch (bes US) a bit of sth (umg) B̲ V̲T̲ to nibble; **hast du was zum Naschen?** have you got something for my sweet tooth? **naschhaft** ADJ fond of sweet things **Naschkatze** F̲ (umg) guzzler (umg)

Nase F̲ nose; (dat) **die ~ putzen** (≈ sich schnäuzen) to blow one's nose; **(immer) der ~ nachgehen** (umg) to follow one's nose; **eine gute ~ für etw haben** (umg) to have a good nose for sth; **jdm etw unter die ~ reiben** (umg) to rub sb's nose in sth (umg); **die ~ rümpfen** to turn up one's nose (über +akk at); **jdm auf der ~ herumtanzen** (umg) to act up with sb (umg); **ich sah es ihm an der ~ an** (umg) I could see it written all over his face (umg); **der Zug fuhr ihm vor der ~ weg** (umg) he missed the train by seconds; **die ~ vollhaben** (umg) to be fed up (umg); **jdn an der ~ herumführen** to give sb the runaround (umg); (als Scherz) to pull sb's leg; **jdm etw auf die ~ binden** (umg) to tell sb all about sth **näseln** V̲I̲ to speak through one's nose **näselnd** ADJ Stimme, Ton nasal **Nasenbluten** N̲ **~ haben** to have a nosebleed **Nasenflügel** M̲ side of the nose **Nasenhöhle** F̲ nasal cavity **Nasenloch** N̲ nostril **Nasenring** M̲ nose ring **Nasenschleimhaut** F̲ mucous membrane (of the nose) **Nasenspitze** F̲ tip of the/sb's nose **Nasenspray** M̲ od N̲ nasal spray **Nasentropfen** P̲L̲ nose drops pl **naseweis** ADJ cheeky (Br), fresh (US); (≈ vorlaut) forward; (≈ neugierig) nosy (umg)

Nashorn N̲ rhinoceros

nass ADJ wet; **etw ~ machen** to wet sth; **durch und durch ~** wet through **Nässe** F̲ wetness; **bei ~** in wet weather; **„vor ~ schützen"** "keep dry" **nässen** V̲I̲ (Wunde) to weep **nasskalt** ADJ cold and damp **Nassrasur** F̲ **eine ~** a wet shave **Nasszelle** F̲ wet cell **Nastuch** N̲ (bes schweiz) handkerchief **Natel®** N̲ (schweiz) mobile (phone) **Nation** F̲ nation **national** ADJ national **Nationalelf** F̲ national (football) team **Nationalfeiertag** M̲ national holiday **National-**

NATI 1104

flagge F national flag **Nationalgericht** N national dish **Nationalheld** M national hero **Nationalheldin** F national heroine **Nationalhymne** F national anthem **Nationalismus** M nationalism **Nationalist(in)** MF nationalist **nationalistisch** ADJ nationalist, nationalistic (meist pej) **Nationalität** F nationality **Nationalitätskennzeichen** N nationality sticker od (aus Metall) plate **Nationalmannschaft** F national team **Nationalpark** M national park **Nationalrat¹** M (Gremium) (schweiz) National Council; (österr) National Assembly **Nationalrat²** M, **Nationalrätin** F (schweiz)

member of the National Council, ≈ MP; (österr) deputy of the National Assembly, ≈ MP **Nationalsozialismus** M National Socialism (❶ ohne Artikel) **Nationalsozialist(in)** MF National Socialist **nationalsozialistisch** ADJ National Socialist **Nationalspieler(in)** MF international (footballer etc) **NATO** F, **Nato** F **die ~** NATO (❶ ohne **the**) **Natrium** N sodium **Natron** N bicarbonate of soda **Natter** F adder; (fig) snake **Natur** F nature; **in der freien ~** in the open countryside; **die ~ lieben** to love nature (❶ ohne **the**); **ich bin von ~ (aus) schüchtern** I

▶ **Nationalitäten**

Englische Nationalitätenbezeichnungen, die mit dem unbestimmten Artikel **a, an** verwendet werden, beziehen sich in der Regel ausschließlich auf männliche Personen. Ist nichts Näheres über die Person bekannt, nimmt man in einem Satz wie dem folgenden an, dass ein Mann gemeint ist:

An American asked me the way to the station.	Ein Amerikaner fragte mich nach dem Weg zum Bahnhof.

Wenn betont werden soll, dass es sich um eine Frau handelt, hätte es im Englischen geheißen:

An American woman asked me the way to the station.	Eine Amerikanerin fragte mich nach dem Weg zum Bahnhof.

Wird durch das Personalpronomen **he** bzw. **she** klar, dass es sich um einen Mann bzw. eine Frau handelt, genügt die Bezeichnung **American, German**, usw. Sie können dann sagen:

She's an American (a German).	Sie ist Amerikanerin (Deutsche). oder
She's American (German).	Sie ist Amerikanerin (Deutsche).

Wenn Sie selbst englisch schreiben oder sprechen, sollten Sie an diese Möglichkeit denken. Wollen Sie betonen, dass es sich z. B. um eine Amerikane<u>rin</u> und nicht um einen Amerikane<u>r</u> handelt, dann können Sie das im Englischen durch die Bezeichnungen **woman** oder **lady** bzw. **girl** ausdrücken. „Eine Amerikanerin" ist also im Englischen **an American woman** oder **an American lady** bzw. — wenn sie jünger ist — **an American girl**, „eine Polin" **a Polish woman, a Polish lady, a Polish girl**, „eine Griechin" **a Greek woman, a Greek lady, a Greek girl** usw.

Verschiedene Nationalitätenbezeichnungen gelten im Englischen als unschön, wenn sie nur mit dem unbestimmten Artikel **a, an** verwendet werden. Das gilt insbesondere für solche Wörter, die auf **-ese** enden. So würde man heute statt **a Japanese** oder **a Chinese** oder **a Dane** eher **a Japanese man** bzw. **woman, a Chinese man** bzw. **woman, a Danish man** bzw. **woman** sagen. Andererseits sagt man auch heute im modernen Englisch **the Chinese** für „die Chinesen", **the Japanese** für „die Japaner" usw. Insgesamt geht die Tendenz in Richtung *Adjektiv + Personenbezeichnung*. Für die Person kann z. B. *neutral* **woman** — **man, girl** — **boy**, *gehoben* **lady** — **gentleman** oder *umgangssprachlich* **guy, bloke** usw. stehen.

an Italian lady	statt	**an Italian**
a Spanish guy	statt	**a Spaniard**
a Greek bloke	statt	**a Greek**

Sollten Sie einmal nicht wissen, wie das von einem Ländernamen abgeleitete Adjektiv auf Englisch heißt, können Sie immer auch sagen **he's from China** (**Portugal, Hong Kong** usw.).

SPRACHGEBRAUCH ◀

1105 ‖ NEBE

am shy by nature; **sein Haar ist von ~ aus blond** his hair is naturally blond; **nach der ~ zeichnen/malen** to draw/paint from nature; **die menschliche ~** human nature; **es liegt in der ~ der Sache** it is in the nature of things; **das geht gegen meine ~** it goes against the grain **Naturalien** PL natural produce; **in ~ bezahlen** to pay in kind **naturalisieren** VT JUR to naturalize **Naturalismus** M naturalism **naturalistisch** ADJ naturalistic **naturbelassen** ADJ *Lebensmittel, Material* natural **Naturell** N temperament **Naturereignis** N (impressive) natural phenomenon **Naturfaser** F natural fibre (Br) od fiber (US) **Naturforscher(in)** MF natural scientist **Naturfreund(in)** MF nature-lover **naturgegeben** ADJ natural **naturgemäß** ADV naturally **Naturgesetz** N law of nature **naturgetreu** ADJ *Darstellung* lifelike; (≈ *in Lebensgröße*) life-size; **etw ~ wiedergeben** to reproduce sth true to life **Naturgewalt** F element **Naturheilkunde** F nature healing **Naturheilverfahren** N natural cure **Naturkatastrophe** F natural disaster **Naturkostladen** M health-food shop **Naturlandschaft** F natural landscape **Naturlehrpfad** M nature trail **natürlich** A ADJ natural; **eines ~en Todes sterben** to die of natural causes B ADV naturally; **~!** naturally!, of course! **Natürlichkeit** F naturalness **Naturpark** M ≈ national park **Naturprodukt** N natural product; **~e** pl natural produce sg **naturrein** ADJ natural **Naturschutz** M conservation (🛈 ohne **the**); **unter (strengem) ~ stehen** (*Pflanze, Tier*) to be a protected species **Naturschützer(in)** MF conservationist **Naturschutzgebiet** N conservation area **Naturtalent** N **sie ist ein ~** she is a natural **naturtrüb** ADJ *Saft* (naturally) cloudy **naturverbunden** ADJ nature-loving **Naturvolk** N primitive people **Naturwissenschaft** F natural sciences pl; (*Zweig*) natural science (🛈 ohne **the**) **Naturwissenschaftler(in)** MF (natural) scientist **naturwissenschaftlich** A ADJ scientific B ADV scientifically **Naturzustand** M natural state
nautisch ADJ navigational
Navelorange F navel orange
Navi N (umg) sat-nav
Navigation F navigation **Navigationsgerät** N, **Navigationssystem** N navigation system **Navigator(in)** MF FLUG navigator **navigieren** VT & VI to navigate
Nazi M Nazi **Naziregime** N Nazi regime
Nazismus M (pej ≈ *Nationalsozialismus*) Nazism **nazistisch** (pej) ADJ Nazi **Naziverbrechen**

N Nazi crime
n. Chr. abk von **nach Christus** AD
Neandertaler M Neanderthal man
Nebel M mist; (*dichter*) fog; (*fig*) mist, haze **Nebelbank** F fog bank **nebelhaft** ADJ (*fig*) vague **Nebelhorn** N SCHIFF foghorn **nebelig** ADJ misty; (*bei dichterem Nebel*) foggy **Nebelleuchte** F AUTO rear fog light **Nebelscheinwerfer** M AUTO fog lamp **Nebelschlussleuchte** F AUTO rear fog light
neben PRÄP 1 (*örtlich*) beside, next to; **er ging ~ ihr** he walked beside her 2 (≈ *außer*) apart from, aside from (*bes US*); **~ anderen Dingen** along with od amongst other things 3 (≈ *verglichen mit*) compared with **nebenan** ADV next door **Nebenanschluss** M TEL extension **Nebenausgabe** F incidental expense; **~n** incidentals pl **Nebenausgang** M side exit **nebenbei** ADV 1 (≈ *außerdem*) in addition 2 (≈ *beiläufig*) incidentally; **~ bemerkt** by the way **Nebenbemerkung** F aside **Nebenberuf** M second job, sideline **nebenberuflich** A ADJ extra B ADV as a second job **Nebenbeschäftigung** F (≈ *Zweitberuf*) second job, sideline **Nebenbuhler(in)** MF rival **Nebendarsteller(in)** MF supporting actor/actress **Nebeneffekt** M side effect **nebeneinander** ADV 1 (*räumlich*) side by side 2 (*zeitlich*) simultaneously **nebeneinandersitzen** VI to sit side by side **nebeneinanderstellen** VT to place od put side by side; (*fig* ≈ *vergleichen*) to compare **Nebeneingang** M side entrance **Nebeneinkünfte** PL, **Nebeneinnahmen** PL additional income **Nebenerscheinung** F (*von Medikament*) side effect; (*von Tourismus etc*) knock-on effect **Nebenfach** N SCHULE, UNIV subsidiary (subject), minor (US) **Nebenfigur** F minor character **Nebenfluss** M tributary **Nebengebäude** N (≈ *Zusatzgebäude*) annex, outbuilding; (≈ *Nachbargebäude*) neighbouring (Br) od neighboring (US) building **Nebengeräusch** N RADIO, TEL interference **Nebenhaus** N house next door **nebenher** ADV 1 (≈ *zusätzlich*) in addition 2 (≈ *gleichzeitig*) at the same time **Nebenjob** M (umg) second job, sideline **Nebenkosten** PL additional costs pl **Nebenprodukt** N by-product **Nebenraum** M (*benachbart*) adjoining room **Nebenrolle** F supporting role; (*fig*) minor role **Nebensache** F minor matter; **das ist (für mich) ~** that's not the point (as far as I'm concerned) **nebensächlich** ADJ minor, trivial **Nebensaison** F low season **Nebensatz** M GRAM subordinate clause **Nebenstelle** F TEL extension; HANDEL branch **Nebenstraße** F (*in der Stadt*) side

NEBE 1106

street; (≈ *Landstraße*) minor road **Nebentisch** M̲ next table; **am ~** at the next table **Nebenverdienst** M̲ secondary income **Nebenwirkung** F̲ side effect **Nebenzimmer** N̲ next room

neblig A̲D̲J̲ = nebelig

nebulös A̲D̲J̲ vague

Necessaire N̲ (≈ *Kulturbeutel*) toilet bag (*Br*), washbag (*US*); (*zur Nagelpflege*) manicure case

necken V̲T̲ to tease **neckisch** A̲D̲J̲ (≈ *scherzhaft*) teasing; *Einfall* amusing; *Spielchen* mischievous

nee A̲D̲V̲ (*umg*) no, nope (*umg*)

Neffe M̲ nephew

Negation F̲ negation **negativ** A̲ A̲D̲J̲ negative B̲ A̲D̲V̲ (≈ *ablehnend*) *antworten* negatively; **ich beurteile seine Arbeit sehr ~** I have a very negative view of his work; **die Untersuchung verlief ~** the examination proved negative; **sich ~ auf etw** (*akk*) **auswirken** to be detrimental to sth **Negativ** N̲ F̲O̲T̲O̲ negative **Negativbeispiel** N̲ negative example **Negativliste** F̲ ◨ black list ◩ P̲H̲A̲R̲M̲ drug exclusion list

Neger M̲ (*neg!*) Negro (*pej*) **Negerin** F̲ (*neg!*) Negro woman (*pej*) **Negerkuss** M̲ chocolate marshmallow with biscuit base

Negligé N̲, **Negligee** N̲ negligee

nehmen V̲T̲ & V̲I̲ to take; *Schmerz* to take away; (≈ *versperren*) *Blick, Sicht* to block; (≈ *berechnen*) to charge; (≈ *auswählen*) *Essen* to have; **etw aus etw ~** to take sth out of sth; **etw an sich** (*akk*) **~** (≈ *aufbewahren*) to take care *od* charge of sth; (≈ *sich aneignen*) to take sth (for oneself); **jdm etw ~** to take sth (away) from sb; **er ließ es sich** (*dat*) **nicht ~, mich persönlich hinauszubegleiten** he insisted on showing me out himself; **diesen Erfolg lasse ich mir nicht ~** I won't be robbed of this success; **sie ~ sich** (*dat*) **nichts** (*umg*) one's as good as the other; **Sie sich doch bitte!** please help yourself; **man nehme ...** G̲A̲S̲T̲R̲ take ...; **sich** (*dat*) **einen Anwalt ~** to get a lawyer; **wie viel ~ Sie dafür?** how much will you take for it?; **jdn zu sich ~** to take sb in; **jdn ~, wie er ist** to take sb as he is; **etw auf sich** (*akk*) **~** to take sth upon oneself; **etw zu sich ~** to take sth; **wie mans nimmt** (*umg*) depending on your point of view

Neid M̲ envy (*auf +akk* of); **aus ~** out of envy; **nur kein ~!** don't be envious!; **grün (und gelb) vor ~** (*umg*) green with envy; **das muss ihm der ~ lassen** (*umg*) you have to say that much for him; **vor ~ platzen** (*umg*) to die of envy

neiden V̲T̲ **jdm etw ~** to envy sb (for) sth **neiderfüllt** A̲D̲J̲ *Blick* filled with envy **Neidhammel** M̲ (*umg*) envious person **neidisch** A̲ A̲D̲J̲ jealous, envious; **auf jdn/etw ~ sein** to

be jealous of sb/sth B̲ A̲D̲V̲ enviously **neidlos** A̲ A̲D̲J̲ ungrudging, without envy B̲ A̲D̲V̲ graciously

Neige F̲ (*geh* ≈ *Ende*) **zur ~ gehen** to draw to an end **neigen** A̲ V̲T̲ (≈ *beugen*) *Kopf, Körper* to bend; (*zum Gruß*) to bow; (≈ *kippen*) *Glas* to tip B̲ V̲R̲ (*Ebene*) to slope; (*Gebäude etc*) to lean; (*Schiff*) to list C̲ V̲I̲ **zu etw ~** to tend toward(s) sth; (≈ *für etw anfällig sein*) to be susceptible to sth; **zu der Ansicht ~, dass ...** to tend toward(s) the view that ...; → geneigt **Neigetechnik** F̲ B̲A̲H̲N̲ tilting technology **Neigung** F̲ ◨ (≈ *Gefälle*) incline; (≈ *Schräglage*) tilt; (*von Schiff*) list ◩ (≈ *Tendenz*, M̲E̲D̲ ≈ *Anfälligkeit*) proneness, tendency; (≈ *Veranlagung*) leaning *meist pl*; (≈ *Hang, Lust*) inclination ◰ (≈ *Zuneigung*) affection **Neigungsfach** N̲ S̲C̲H̲U̲L̲E̲ option(al course) (*Br*), elective (*US*)

nein A̲D̲V̲ no; **da sage ich nicht Nein** I wouldn't say no to that; **~, so was!** well I never! **Nein** N̲ no; **bei seinem ~ bleiben** to stick to one's refusal **Neinstimme** F̲ no, nay (*US*)

▶ **nein**

Manchmal ist es ganz angebracht, wenn man in Englisch nicht einfach **No** sagt, sondern etwas ergänzt. Es klingt höflicher.

Kennst du Heike? — Nein.
Do you know Heike? — No, I don't.

Ist Peter besser in Mathe als Thomas? — Nein, glaube ich nicht.
Is Peter better at maths than Thomas? — No, I don't think so.

Kennst du dich mit MMS aus? — Leider nicht.
Do you know anything about photo messaging? — I'm afraid not.

Manchmal genügt auch, ähnlich wie im Deutschen, **no, thanks**:

Noch ein Stück Kuchen? — Nein, danke.
Another piece of cake? — No, thanks.

SPRACHGEBRAUCH ◁

Nektar M̲ nectar **Nektarine** F̲ nectarine **Nelke** F̲ ◨ pink; (*gefüllt*) carnation ◩ (*Gewürz*) clove

nennen A̲ V̲T̲ ◨ (≈ *bezeichnen*) to call; **jdn nach jdm ~** to name sb after (*Br*) *od* for (*US*) sb; **das nennst du schön?** you call that beautiful? ◩ (≈ *angeben*) to name; *Beispiel, Grund* to give; (≈ *erwähnen*) to mention B̲ V̲R̲ to call oneself; **und so was nennt sich Liebe** (*umg*) and they call that love **nennenswert** A̲D̲J̲ considerable, not inconsiderable; **nicht ~** not worth mentioning **Nenner** M̲ M̲A̲T̲H̲ denominator; **kleinster ge-**

meinsamer ~ lowest common denominator; **etw auf einen (gemeinsamen) ~ bringen** to reduce sth to a common denominator **Nennung** F̲ (≈ *das Nennen*) naming **Nennwert** M̲ FIN nominal value; **zum** ~ at par; **über/unter dem** ~ above/below par
Neofaschismus M̲ neo-fascism
Neon N̲ neon
Neonazi M̲ neo-Nazi
Neonlicht N̲ neon light **Neonröhre** F̲ neon tube
Neopren® N̲ neoprene® **Neoprenanzug** M̲ wet suit
Nepal N̲ Nepal
Nepp M̲ (*umg*) daylight robbery (*umg*); **das ist der reinste** ~ it's a complete rip-off (*umg*) **neppen** V̲T̲ (*umg*) to rip off (*umg*) **Nepplokal** N̲ (*umg*) clip joint (*umg*)
Neptun M̲ ASTRON Neptune (❗ ohne *the*)
Nerv M̲ nerve; **(leicht) die ~en verlieren** to lose one's nerve easily; **er hat trotz allem die ~en behalten** in spite of everything he kept his cool (*umg*); **der hat (vielleicht) ~en!** (*umg*) he's got a nerve! (*umg*); **er hat ~en wie Drahtseile** he has nerves of steel; **es geht** *od* **fällt mir auf die ~en** (*umg*) it gets on my nerves; **das kostet ~en** it's a strain on the nerves **nerven** (*umg*) A̲ V̲T̲ **jdn (mit etw)** ~ to get on sb's nerves (with sth); **genervt sein** (= *nervös sein*) to be worked up; (= *gereizt sein*) to be irritated B̲ V̲I̲ **das nervt** it gets on your nerves; **du nervst!** (*umg*) you're bugging me! (*umg*) **Nervenarzt** M̲, **Nervenärztin** F̲ neurologist **nervenaufreibend** A̲D̲J̲ nerve-racking

Nelke — carnation

Nelke — clove

Nervenbelastung F̲ strain on the nerves **Nervenbündel** N̲ (*fig umg*) bag of nerves (*umg*) **Nervengas** N̲ MIL nerve gas **Nervengift** N̲ neurotoxin **Nervenheilanstalt** F̲ psychiatric hospital **Nervenheilkunde** F̲ neurology **Nervenkitzel** M̲ (*fig*) thrill **Nervenklinik** F̲ psychiatric clinic **nervenkrank** A̲D̲J̲ (*geistig*) mentally ill; (*körperlich*) suffering from a nervous disease **Nervenkrankheit** F̲ (*geistig*) mental illness; (*körperlich*) nervous disease **Nervenkrieg** M̲ (*fig*) war of nerves **Nervenprobe** F̲ trial **Nervensache** F̲ (*umg*) question of nerves **Nervensäge** F̲ (*umg*) pain (in the neck) (*umg*) **nervenstark** A̲D̲J̲ *Mensch* with strong nerves; **er ist** ~ he has strong nerves **Nervenstärke** F̲ strong nerves *pl* **Nervensystem** N̲ nervous system **Nervenzentrum** N̲ (*a. fig*) nerve centre (*Br*) *od* center (*US*) **Nervenzusammenbruch** M̲ nervous breakdown **nervig** A̲D̲J̲ (*umg* ≈ *irritierend*) irritating **nervlich** A̲D̲J̲ *Belastung* nervous; ~ **bedingt** nervous **nervös** A̲D̲J̲ nervous; **jdn** ~ **machen** to make sb nervous; (= *ärgern*) to get on sb's nerves **Nervosität** F̲ nervousness **nervtötend** (*umg*) A̲D̲J̲ nerve-racking; *Arbeit* soul-destroying
Nerz M̲ mink **Nerzmantel** M̲ mink coat
Nessel F̲ BOT nettle; **sich in die ~n setzen** (*umg*) to put oneself in a spot (*umg*)
Nessessär N̲ → Necessaire
Nest N̲ ① nest; **da hat er sich ins gemachte ~ gesetzt** (*umg*) he's got it made (*umg*) ② (*fig umg* ≈ *Bett*) bed ③ (*pej umg: Ort*) (*schäbig*) dump (*umg*); (*klein*) little place **Nestbeschmutzer(in)** M̲F̲ (*pej*) denigrator of one's family/country **Nesthäkchen** N̲ baby of the family **Nestwärme** F̲ (*fig*) happy home life
Netiquette F̲ INTERNET netiquette
nett A̲ A̲D̲J̲ nice; **sei so ~ und räum auf!** would you mind clearing up?; ~, **dass Sie gekommen sind!** nice of you to come B̲ A̲D̲V̲ nicely, nice; **wir haben uns ~ unterhalten** we had a nice chat; ~ **aussehen** to be nice-looking **netterweise** A̲D̲V̲ kindly **Nettigkeit** F̲ ① (≈ *nette Art*) kindness ② **Nettigkeiten** P̲L̲ (≈ *nette Worte*) kind words, nice things
netto A̲D̲V̲ HANDEL net **Nettoeinkommen** N̲ net income **Nettogehalt** N̲ net salary **Nettogewicht** N̲ net weight **Nettolohn** M̲ take-home pay **Nettopreis** M̲ net price **Nettoverdienst** M̲ net income *sg*
Netz N̲ ① net; (≈ *Spinnennetz*) web; (≈ *Gepäcknetz*) (luggage) rack; **ins ~ gehen** FUSSB to go into the (back of the) net ② (≈ *System*) network; (≈ *Stromnetz*) mains (❗ *mit Verb im Singular oder Plural*); (≈ *Überlandnetz*) (national) grid; IT net-

NETZ | 1108

work; **das soziale ~** the social security net; **ans ~ gehen** (*Kraftwerk*) to be connected to the grid ▣ (≈ *Internet*) **das ~** the Net **Netzanschluss** M̅ ELEK mains connection **Netzball** M̅ TENNIS *etc* net ball **Netzbetreiber** M̅ TEL network operator **Netzhaut** F̅ retina **Netzhautentzündung** F̅ retinitis **Netzhemd** N̅ string vest (*Br*), mesh undershirt (*US*) **Netzkarte** F̅ (*für Verkehrsmittel*) runaround ticket (*Br*), (unlimited) pass (*US*) **Netzroller** F̅ TENNIS, VOLLEYBALL *etc* net cord **Netzspannung** F̅ mains voltage **Netzstecker** M̅ mains plug **Netzstrümpfe** P̅L̅ fishnet stockings *pl* **Netzteil** N̅ mains adaptor **Netzwerk** N̅ network **Netzwerkkarte** F̅ IT network card **Netzzugang** M̅ IT, TEL network access

neu ◮ ADJ new; (≈ *frisch gewaschen*) clean; **die ~(e)ste Mode** the latest fashion; **die ~esten Nachrichten** the latest news; **die ~eren Sprachen** modern languages (🕛 ohne **the**) **ein ganz ~er Wagen** a brand-new car; **das ist mir ~!** that's new(s) to me; **seit Neu(e)stem** recently; **aufs Neue** (*geh*) afresh, anew; **der/die Neue** the newcomer; **weißt du schon das Neu(e)ste?** have you heard the latest (news)?; **was gibts Neues?** (*umg*) what's new?; **von Neuem** (≈ *von vorn*) afresh; (≈ *wieder*) again ◯ ADV **~ anfangen** to start all over (again); **sich/jdn ~ einkleiden** to buy oneself/sb a new set of clothes; **~ geschaffen** newly created; **Mitarbeiter ~ einstellen** to hire new employees; **~ bearbeiten** to revise; **ein Zimmer ~ einrichten** to refurnish a room; **~ ordnen** to reorganize; **die Rollen ~ besetzen** to recast the roles; **~ gewählt** newly elected; **~ eröffnet** newly-opened **Neuanfang** M̅ new beginning **Neuankömmling** M̅ newcomer **neuartig** ADJ new; **ein ~es Wörterbuch** a new type of dictionary **Neuauflage** F̅ reprint; (*mit Verbesserungen*) new edition **Neubau** M̅ new house/building **Neubaugebiet** N̅ development area **Neubausiedlung** F̅ new housing estate **Neubauwohnung** F̅ newly-built apartment **Neubearbeitung** F̅ revised edition; (≈ *das Neubearbeiten*) revision **Neubeginn** M̅ new beginning(s *pl*) **Neuenburg** N̅ Neuchâtel **Neuentdeckung** F̅ rediscovery **Neuentwicklung** F̅ new development **neuerdings** ADV recently **Neuerscheinung** F̅ (*Buch*) new *od* recent publication; (*CD*) new release **Neuerung** F̅ innovation; (≈ *Reform*) reform **neuestens** ADV lately **Neufundland** N̅ Newfoundland **neugeboren** ADJ newborn; **sich wie ~ fühlen** to feel (like) a new man/woman **Neugeborene(s)** N̅ newborn

child **neugeschaffen** ADJ → neu **Neugier(de)** F̅ curiosity (*auf +akk* about) **neugierig** ADJ curious (*auf +akk* about); (*pej*) nosy (*umg*); (≈ *gespannt*) curious to know; *Blick* inquisitive; **jdn ~ machen** to excite *od* arouse sb's curiosity; **ich bin ~, ob** I wonder if **Neugierige** P̅L̅ inquisitive people *pl*; (≈ *Gaffer bei Unfall*) rubberneckers *pl*

neugriechisch ADJ Modern Greek **Neuguinea** N̅ New Guinea **Neuheit** F̅ ▣ (≈ *das Neusein*) novelty ▣ (≈ *neue Sache*) innovation, new thing/idea **Neuigkeit** F̅ ▣ (piece of) news; **gibt es irgendwelche ~en?** is there any news? (🕛 mit Verb im Singular); **ich habe eine ~ für dich** I have some news for you (🕛 mit **some**) ▣ (≈ *das Neusein*) novelty

Neujahr N̅ New Year **Neujahrstag** M̅ New Year's Day **Neuland** N̅ (*fig*) new ground; **~ betreten** to break new ground **neulich** ADV the other day; **~ abends** the other evening **Neuling** M̅ newcomer **neumodisch** (*pej*) ADJ new-fangled (*pej*); **sich ~ ausdrücken** to use new-fangled words **Neumond** M̅ new moon

neun NUM nine; **alle ~(e)!** (*beim Kegeln*) strike!; → vier **Neun** F̅ nine **neunhundert** NUM nine hundred **neunmal** ADV nine times **Neuntel** N̅ ninth; → Viertel¹ **neuntens** ADV ninth(ly), in the ninth place **neunte(r, s)** ADJ ninth; → vierte(r, s) **neunzehn** NUM nineteen **neunzehnte(r, s)** ADJ nineteenth; → vierte(r, s) **neunzig** NUM ninety; → vierzig **Neuordnung** F̅ reorganization; (≈ *Reform*) reform **Neuphilologie** F̅ modern languages (🕛 mit Verb im Singular oder Plural)

Neuralgie F̅ neuralgia **neuralgisch** ADJ neuralgic; **ein ~er Punkt** a trouble area **Neuregelung** F̅ revision **neureich** ADJ nouveau riche **Neureiche(r)** M̅/F̅/M̅ nouveau riche

Neurochirurgie F̅ neurosurgery **Neurodermitis** F̅ neurodermatitis **Neurologe** M̅, **Neurologin** F̅ neurologist **Neurologie** F̅ neurology **neurologisch** ADJ neurological **Neurose** F̅ neurosis **Neurotiker(in)** M̅/F̅ neurotic **neurotisch** ADJ neurotic

Neuschnee M̅ fresh snow **Neuseeland** N̅ New Zealand **Neuseeländer(in)** M̅/F̅ New Zealander **neuseeländisch** ADJ New Zealand **neusprachlich** ADJ modern language *attr*; **~es Gymnasium** ≈ grammar school (*Br*), ≈ high school (*bes US, schott, stressing modern languages*) **Neustart** M̅ IT restart, reboot **neutral** ADJ neutral **neutralisieren** V̅T̅ to

1109 ‖ NIED

neutralize **Neutralität** F̲ neutrality
Neutron N̲ neutron **Neutronenbombe**
F̲ neutron bomb
Neutrum N̲ (GRAM, *fig*) neuter
Neuverfilmung F̲ remake **neuvermählt**
ADJ newly married **Neuwagen** M̲ new car
Neuwahl F̲ POL new election; **es gab vorge-**
zogene ~en the elections were brought for-
ward **Neuwert** M̲ value when new **neu-**
wertig ADJ as new **Neuzeit** F̲ modern
era, modern times *pl* **neuzeitlich** ADJ mod-
ern
nicht ADV not; **~ leitend** non-conducting; **~**
rostend rustproof; *Stahl* stainless; **~ amtlich**
unofficial; **~ öffentlich** not open to the public,
private; **er raucht ~** (*augenblicklich*) he isn't
smoking; (*gewöhnlich*) he doesn't smoke; **~ (ein)-**
mal not even; **~ berühren!** do not touch; **~**
rauchen! no smoking; **~!** don't!, no!; **~ doch!**
stop it!, don't!; **bitte ~!** please don't; **er**
kommt, ~ (wahr)? he's coming, isn't he *od*
is he not? (*bes Br*); **er kommt ~, ~ wahr?** he
isn't coming, is he?; **was ich ~ alles durchma-**
chen muss! the things I have to go through!
nichtamtlich ADJ → nicht **Nichtan-**
griffspakt M̲ non-aggression pact **Nicht-**
beachtung F̲ non-observance
Nichte F̲ niece
Nichteinhaltung F̲ non-compliance (*+gen*
with) **Nichteinmischung** F̲ POL non-inter-
vention **Nichtgefallen** N̲ **bei ~ (zurück)** if
not satisfied (return) **nichtig** ADJ **1** (JUR ≈ *un-*
gültig) invalid; **etw für ~ erklären** to declare sth
invalid **2** (≈ *unbedeutend*) trifling; *Versuch* vain; *Dro-*
hung empty **Nichtigkeit** F̲ (JUR ≈ *Ungültigkeit*)
invalidity **Nichtmitglied** N̲ non-member
nichtöffentlich ADJ → nicht **Nichtrau-**
cher(in) M(F) non-smoker; **ich bin ~** I don't
smoke **Nichtraucherabteil** N̲ non-smok-
ing compartment, non-smoker **Nichtrau-**
chergesetz N̲ law banning smoking
Nichtraucherzone F̲ no-smoking area
nichts INDEF PR nothing; **ich weiß ~** I know
nothing, I don't know anything; **~ als** nothing
but; **~ anderes als** not … anything but *od* ex-
cept; **~ ahnend** unsuspecting; **~ sagend**
meaningless; **~ zu danken!** don't mention
it; **das ist ~ für mich** that's not my thing
(*umg*); **~ zu machen** nothing doing (*umg*); **ich**
weiß ~ Genaues I don't know any details;
er ist zu ~ zu gebrauchen he's useless
Nichts N̲ PHIL nothingness; (≈ *Leere*) empti-
ness; (≈ *Kleinigkeit*) trifle; **vor dem ~ stehen** to
be left with nothing **nichtsahnend** ADJ
→ nichts **Nichtschwimmer(in)** M(F) non-
-swimmer **Nichtschwimmerbecken** N̲

pool for non-swimmers **nichtsdestotrotz**
ADV nonetheless **nichtsdestoweniger** ADV
nevertheless **Nichtsesshafte(r)** M(F) (*form*)
person of no fixed abode (*form*) **Nichtskön-**
ner(in) M(F) washout (*umg*) **Nichtsnutz** M̲
good-for-nothing **nichtsnutzig** ADJ useless;
(≈ *unartig*) good-for-nothing **nichtssagend**
ADJ meaningless **nichtstaatlich** ADJ non-
-governmental **Nichtstuer(in)** M(F) idler,
loafer **Nichtstun** N̲ idleness; (≈ *Muße*) leisure
Nichtverbreitung F̲ (*von Kernwaffen etc*)
non-proliferation **Nichtvorhandensein**
N̲ absence **Nichtwissen** N̲ ignorance (*um*
about) **Nichtzutreffende(s)** N̲ **~s (bitte)**
streichen! (please) delete as applicable
Nickel N̲ nickel **Nickelbrille** F̲ metal-
-rimmed glasses *pl*
nicken V̲I̲ to nod; **mit dem Kopf ~** to nod
one's head **Nickerchen** N̲ (*umg*) snooze (*umg*)
Nidel M̲ *od* F̲ (*schweiz* ≈ *Sahne*) cream
Nidwalden N̲ Nidwalden
nie ADV never; **~ und nimmer** never ever; **~**
wieder never again
nieder **A** ADJ **1** *Instinkt, Motiv* low, base; *Arbeit*
menial; *Kulturstufe* primitive **2** (≈ *weniger bedeu-*
tend) lower; *Geburt, Herkunft* lowly **B** ADV down;
auf und ~ up and down; **~ mit dem Kaiser!**
down with the Kaiser! **niederbrennen** V̲T̲&̲
V̲I̲ to burn down **niederbrüllen** V̲T̲ *Redner* to
shout down **niederdeutsch** ADJ **1** GEOG
North German **2** LING Low German **Nieder-**
gang M̲ (*fig* ≈ *Verfall*) decline, fall **niederge-**
hen V̲I̲ to descend; (*Bomben, Regen*) to fall; (*Ge-*
witter) to break **niedergeschlagen** ADJ de-
jected; → niederschlagen **niederknien** V̲I̲
to kneel down **Niederlage** F̲ defeat **Nie-**
derlande P̲L̲ **die ~** the Netherlands (⚠ mit
Verb im Singular oder Plural) **Niederländer**
der M̲ Dutchman; **die ~** the Dutch **Nieder-**
länderin F̲ Dutchwoman **niederlän-**
disch ADJ Dutch, Netherlands **niederlas-**
sen V̲R̲ **1** (≈ *sich setzen*) to sit down; (≈ *sich nieder-*
legen) to lie down; (*Vögel*) to land **2** (≈ *Wohnsitz*
nehmen) to settle (down); **sich als Arzt/Rechts-**
anwalt ~ to set up (a practice) as a doctor/law-
yer **Niederlassung** F̲ **1** (≈ *das Niederlassen*) set-
tling, settlement; (*eines Arztes etc*) establishment
2 (≈ *Siedlung*) settlement **3** HANDEL registered
office; (≈ *Zweigstelle*) branch **niederlegen** **A**
V̲T̲ **1** (≈ *hinlegen*) to lay *od* put down; *Blumen* to
lay; *Waffen* to lay down **2** (≈ *aufgeben*) *Amt* to re-
sign (from); **die Arbeit ~** (≈ *streiken*) to down
tools **3** (≈ *schriftlich festlegen*) to write down **B**
V̲R̲ to lie down **Niederlegung** F̲ **1** (*von Waf-*
fen) laying down **2** (*von Amt*) resignation (from)
niedermachen V̲T̲ **1** (≈ *töten*) to massacre **2**

N

(fig ≈ heftig kritisieren) to run down **niedermetzeln** [VT] to slaughter **Niederösterreich** [N] Lower Austria **niederreißen** [VT] to pull down; *(fig)* Schranken to tear down **Niederrhein** [M] Lower Rhine **niederrheinisch** [ADJ] lower Rhine **Niedersachsen** [N] Lower Saxony **niedersächsisch** [ADJ] of Lower Saxony **niederschießen** [VT] jdn ~ to shoot sb down **Niederschlag** [M] METEO precipitation *(form)*; CHEM precipitate; *(≈ Bodensatz)* sediment, dregs pl; **radioaktiver ~** (radioactive) fallout; **für morgen sind heftige Niederschläge gemeldet** tomorrow there will be heavy rain/hail/snow **niederschlagen** [A] [VT] jdn to knock down; Aufstand to suppress; Augen, Blick to lower; → **niedergeschlagen** [B] [VR] *(Flüssigkeit)* to condense; CHEM to precipitate; **sich in etw** *(dat)* ~ *(Erfahrungen etc)* to find expression in sth **niederschlagsreich** [ADJ] Wetter very rainy/snowy **niederschmettern** [VT] to smash down; *(fig)* to shatter **niederschmetternd** [ADJ] shattering **niederschreiben** [VT] to write down **Niederschrift** [F] notes pl; *(≈ Protokoll)* minutes pl; JUR record **Niederspannung** [F] ELEK low voltage **niederstechen** [VT] to stab **Niedertracht** [F] despicableness; *(als Rache)* malice; *(≈ niederträchtige Tat)* despicable act **niederträchtig** [ADJ] despicable; *(≈ rachsüchtig)* malicious **Niederträchtigkeit** [F] = Niedertracht **niederwerfen** [A] [VT] to throw down; Aufstand to suppress [B] [VR] to throw oneself down

niedlich [ADJ] cute

niedrig [A] [ADJ] low; Herkunft, Geburt low(ly) [B] [ADV] low; **etw ~er berechnen** to charge less for sth; **etw ~ einstufen** to give sth a low classification; **jdn ~ einschätzen** to have a low opinion of sb **Niedrigenergiehaus** [N] low-energy house **Niedriglohn** [M] low wages pl **Niedriglohnland** [N] low-wage country **Niedrigwasser** [N] SCHIFF low tide

niemals [ADV] never

niemand [INDEF PR] nobody; **~ anders kam** nobody else came; **herein kam ~ anders als der Kanzler selbst** in came none other than the Chancellor himself; **er hat es ~(em) gesagt** he hasn't told anyone, he has told no-one **Niemand** [M] **er ist ein ~** he's a nobody **Niemandsland** [N] no-man's-land (❗ ohne **the**)

Niere [F] kidney; **künstliche ~** kidney machine; **es geht mir an die ~n** *(umg)* it gets me down *(umg)* **Nierenbecken** [N] pelvis of the kidney **Nierenentzündung** [F] nephritis *(fachspr)* **nierenförmig** [ADJ] kidney-shaped **nierenkrank** [ADJ] **sie ist ~** she's got kidney trouble, she's got kidney disease **Nierenkrankheit**

[F], **Nierenleiden** [N] kidney disease **Nierenschale** [F] kidney dish **Nierenschützer** [M] kidney belt **Nierenstein** [M] kidney stone **Nierentransplantation** [F] kidney transplant

nieseln [VI UNPERS] to drizzle **Nieselregen** [M] drizzle

niesen [VI] to sneeze **Niespulver** [N] sneezing powder

Niet [M], **Niete**[1] [F] rivet; *(auf Kleidung)* stud **Niete**[2] [F] *(≈ Los)* blank; *(umg ≈ Mensch)* dead loss *(umg)*

nieten [VT] to rivet **Nietenhose** [F] (pair of) studded jeans pl **niet- und nagelfest** [ADJ] *(umg)* nailed od screwed down

nigelnagelneu [ADJ] *(umg)* brand spanking new *(umg)*

Nigeria [N] Nigeria **nigerianisch** [ADJ] Nigerian

Nihilismus [M] nihilism **Nihilist(in)** [M(F)] nihilist **nihilistisch** [ADJ] nihilistic

Nikolaus [M] St Nicholas; *(≈ Nikolaustag)* St Nicholas' Day

Nikotin [N] nicotine **nikotinarm** [ADJ] low-nicotine **nikotinfrei** [ADJ] nicotine-free **Nikotinpflaster** [N] nicotine patch

Nil [M] Nile **Nilpferd** [N] hippopotamus

Nimmersatt [M] glutton; **ein ~ sein** to be insatiable **Nimmerwiedersehen** [N] *(umg)* **auf ~!** I never want to see you again; **auf ~ verschwinden** to disappear never to be seen again

Nippel [M] ❶ TECH nipple ❷ *(umg ≈ Brustwarze)* nipple

nippen [VT & VI] **am** od **vom Wein ~** to sip (at) the wine

Nippes [PL] ornaments pl, knick-knacks pl

nirgends, nirgendwo [ADV] nowhere, not ... anywhere **nirgendwohin** [ADV] nowhere, not ... anywhere

Nische [F] niche; *(≈ Kochnische etc)* recess

nisten [VI] to nest **Nistkasten** [M] nest(ing) box **Nistplatz** [M] nesting place

Nitrat [N] nitrate **Nitroglyzerin** [N] nitroglycerine

Niveau [N] level; **diese Schule hat ein hohes ~** this school has high standards; **unter ~** below par; **unter meinem ~** beneath me; **~/kein ~ haben** to be of a high/low standard; *(Mensch)* to be cultured/not at all cultured **niveaulos** [ADJ] Film etc mediocre; Unterhaltung mindless

Nixe [F] water nymph

nobel [A] [ADJ] *(≈ edelmütig)* noble; *(umg ≈ großzügig)* lavish; *(≈ elegant)* posh *(umg)* [B] [ADV] *(≈ edelmütig)* nobly; *(≈ großzügig)* generously; **~ wohnen** to live in posh surroundings **Nobelherberge** [F]

NOT | 1111

(umg) posh hotel *(umg)*

Nobelpreis M̅ Nobel prize **Nobelpreisträger(in)** M̅F̅ Nobel prizewinner

Nobelviertel N̅ *(umg, meist iron)* posh *od* upmarket *(US)* area

noch A̅ A̅D̅V̅ **1** still; **~ nicht** not yet; **immer ~, ~ immer** still; **~ nie** never; **ich möchte gerne ~ bleiben** I'd like to stay on longer; **das kann ~ passieren** that might still happen; **er wird ~ kommen** he'll come (yet); **ich habe ihn ~ vor zwei Tagen gesehen** I saw him only two days ago; **er ist ~ am selben Tag gestorben** he died the very same day; **ich tue das ~ heute** *od* **heute ~** I'll do it today; **gerade ~** (only) just **2** (≈ *außerdem, zusätzlich*) **wer war ~ da?** who else was there?; **(gibt es) ~ etwas?** (is there) anything else?; **~ etwas Fleisch** some more meat; **~ ein Bier** another beer; **~ einmal** *od* **mal** (once) again, once more **3** *(bei Vergleichen)* even, still; **das ist ~ viel wichtiger als …** that is far more important still than …; **und wenn du auch ~ so bittest …** however much you ask … B̅ K̅O̅N̅J̅ *(weder … noch …)* nor **nochmalig** A̅D̅J̅ renewed **nochmals** A̅D̅V̅ again

Nockenwelle F̅ camshaft

Nockerl N̅ *(österr* G̅A̅S̅T̅R̅*)* dumpling; **Salzburger ~n** type of sweet whipped pudding eaten hot

Nomade M̅, **Nomadin** F̅ nomad **Nomadenvolk** N̅ nomadic tribe *od* people **nomadisch** A̅D̅J̅ nomadic

Nomen N̅ G̅R̅A̅M̅ noun

Nominallohn M̅ nominal wages *pl*

Nominativ M̅ nominative **nominell** A̅D̅J̅, A̅D̅V̅ in name only **nominieren** V̅T̅ to nominate **Nominierung** F̅ nomination

No-Name-Produkt N̅ W̅I̅R̅T̅S̅C̅H̅ own-label *od* house-brand *(US)* product

Nonne F̅ nun **Nonnenkloster** N̅ convent

Nonsens M̅ nonsense

nonstop A̅D̅V̅ non-stop **Nonstopflug, Nonstop-Flug** M̅ non-stop flight

Noppe F̅ (≈ *Gumminoppe*) nipple, knob

Nordafrika N̅ North Africa **Nordamerika** N̅ North America **Nordatlantik** M̅ North Atlantic **Nordatlantikpakt** M̅ North Atlantic Treaty **norddeutsch** A̅D̅J̅ North German **Norddeutschland** N̅ North(ern) Germany **Norden** M̅ north; *(von Land)* North; **aus dem ~** from the north; **im ~ des Landes** in the north of the country **Nordeuropa** N̅ Northern Europe **Nordic Walking** N̅ Nordic Walking **nordirisch** A̅D̅J̅ Northern Irish **Nordirland** N̅ Northern Ireland **nordisch** A̅D̅J̅ *Wälder* northern; *Völker, Sprache* Nordic; S̅K̅I̅ nordic; **~e Kombination** S̅K̅I̅ nordic combined **Nordkap** N̅ North Cape **Nordkorea** N̅ North Ko-

rea **nördlich** A̅ A̅D̅J̅ northern; *Wind, Richtung* northerly *adv* (to the) north; **~ von Köln (gelegen)** north of Cologne B̅ P̅R̅Ä̅P̅ *+gen* (to the) north of **Nordlicht** N̅ northern lights *pl*, aurora borealis; *(fig hum* ≈ *Mensch)* Northerner **Nordosten** M̅ north-east; *(von Land)* North East **nordöstlich** A̅ A̅D̅J̅ *Gegend* northeastern; *Wind* northeast(erly) B̅ A̅D̅V̅ (to the) north-east **Nord-Ostsee-Kanal** M̅ Kiel Canal **Nordpol** M̅ North Pole **Nordrhein-Westfalen** N̅ North Rhine-Westphalia **Nordsee** F̅ North Sea **Nordstaaten** P̅L̅ *(der USA)* Northern States *pl* **Nord-Süd-Gefälle** N̅ north-south divide **Nordwand** F̅ *(von Berg)* north face **nordwärts** A̅D̅V̅ north(wards) **Nordwesten** M̅ north-west; *(von Land)* North West **nordwestlich** A̅ A̅D̅J̅ *Gegend* north-western; *Wind* north-west(erly) B̅ A̅D̅V̅ (to the) north-west **Nordwind** M̅ north wind

Nörgelei F̅ moaning; (≈ *Krittelei*) nit-picking *(umg)* **nörgeln** V̅I̅ to moan; (≈ *kritteln*) to niggle *(an +dat, über +akk* about) **Nörgler(in)** M̅F̅ grumbler, moaner; (≈ *Krittler*) niggler, nit-picker *(umg)*

Norm F̅ norm; **die ~ sein** to be (considered) normal **normal** A̅ A̅D̅J̅ normal; *Format, Maß* standard; **bist du noch ~?** *(umg)* have you gone mad? B̅ A̅D̅V̅ normally; **er ist ~ groß** his height is normal; **benimm dich ganz ~** act naturally **Normalbenzin** N̅ regular (petrol *(Br)* *od* gas *(US)*) **Normalbürger(in)** M̅F̅ average citizen **normalerweise** A̅D̅V̅ normally **Normalfall** M̅ **im ~** normally, usually **Normalgewicht** N̅ normal weight; *(genormt)* standard weight **normalisieren** A̅ V̅T̅ to normalize B̅ V̅R̅ to get back to normal **Normalisierung** F̅ normalization **Normalität** F̅ normality **Normalverbraucher(in)** M̅F̅ average consumer; **Otto ~** *(umg)* the man in the street **Normalzustand** M̅ normal state **normen** V̅T̅ to standardize

Norwegen N̅ Norway **Norweger(in)** M̅F̅ Norwegian **norwegisch** A̅D̅J̅ Norwegian

Nostalgie F̅ nostalgia **nostalgisch** A̅D̅J̅ nostalgic

Not F̅ **1** (≈ *Elend*) need(iness), poverty; **aus ~** out of poverty; **~ leiden** to suffer deprivation; **~ leidend** *Bevölkerung, Land* impoverished; *Wirtschaft* ailing **2** (≈ *Bedrängnis*) distress (❗ *kein pl*), affliction; (≈ *Problem*) problem; **in seiner ~** in his hour of need; **in ~ sein** to be in distress; **wenn ~ am Mann ist** in an emergency **3** (≈ *Sorge, Mühe*) difficulty; **er hat seine liebe ~ mit ihr** he really has problems with her **4** (≈ *Notwendigkeit*) necessity; **ohne ~** without good cause; **zur ~** if necessary; (≈ *gerade noch*) just

about
Notar(in) M(F) notary public **Notariat** N notary's office **notariell** JUR A ADJ notarial B ADV ~ **beglaubigt** legally certified
Notarzt M, **Notärztin** F emergency doctor **Notarztwagen** M emergency doctor's car **Notaufnahme** F casualty (unit) (Br), emergency room (US) **Notausgang** M emergency exit **Notbehelf** M stopgap (measure) **Notbremse** F emergency brake; **die ~ ziehen** (wörtl) to pull the emergency brake; (fig) to put the brakes on **Notbremsung** F emergency stop **Notdienst** M **~ haben** (Apotheke) to be open 24 hours; (Arzt etc) to be on call **notdürftig** A ADJ (≈ behelfsmäßig) makeshift (!) kein Adverb); Kleidung scanty B ADV **bekleidet** scantily; reparieren in a makeshift way; versorgen poorly
Note F 1 MUS, POL note 2 SCHULE mark (Br), grade (US); SPORT mark 3 (≈ Banknote) (bank)note, bill (US) 4 (≈ Eigenart) note; (in Bezug auf Atmosphäre) tone, character; (in Bezug auf Einrichtung, Kleidung) touch

▶ **Noten**

Im Gegensatz zum deutschen Schulnotensystem wird im englischsprachigen Raum nicht mit Nummern, sondern mit Buchstaben benotet, wobei sich die Notensysteme nicht direkt entsprechen:

A etwa 1
B etwa 2
C etwa 3
D etwa 4
E etwa 5
F etwa 6

Ähnlich wie im Deutschen werden die Noten mit + und - näher bestimmt, z. B. B+ oder A-.

WORTSCHATZ

Notebook M od N notebook (computer) **Notenbank** F issuing bank **Notenblatt** N sheet of music **Notendurchschnitt** M SCHULE average mark od grade (bes US) **Notenständer** M music stand
Notepad N IT notepad
Notfall M emergency; **im ~** in an emergency; (≈ notfalls) if necessary; **bei einem ~** in case of emergency **notfalls** ADV if necessary **notgedrungen** ADV of necessity; **ich muss mich ~ dazu bereit erklären** I'm forced to agree **Notgroschen** M nest egg
notieren A VT & VI 1 (≈ Notizen machen) to note down; **ich notiere (mir) den Namen** I'll make

Note — note

Note — mark

a note of the name 2 (BÖRSE ≈ festlegen) to quote (mit at) B VII (BÖRSE ≈ wert sein) to be quoted (auf +akk at) **Notierung** F BÖRSE quotation
nötig A ADJ necessary; **wenn ~** if necessary; **etw ~ haben** to need sth; **er hat das natürlich nicht ~** (iron) but, of course, he's different; **das habe ich nicht ~!** I don't need that; **das Nötigste** the (bare) necessities B ADV (≈ dringend) **etwas ~ brauchen** to need something urgently **nötigen** VT (≈ zwingen) to force, to compel; JUR to coerce; (≈ auffordern) to urge; **sich ~ lassen** to need prompting **Nötigung** F (≈ Zwang) compulsion; JUR coercion; **sexuelle ~** sexual assault
Notiz F 1 (≈ Vermerk) note; (≈ Zeitungsnotiz) item; **sich** (dat) **~en machen** to make od take notes 2 **~ nehmen von** to take notice of; **keine ~ nehmen von** to ignore **Notizblock** M notepad **Notizbuch** N notebook
Notlage F crisis; (≈ Elend) plight **notlanden** VI to make an emergency landing **Notlandung** F emergency landing **notleidend** ADJ → Not **Notlösung** F compromise solution; (provisorisch) temporary solution **Notlüge** F white lie **Notoperation** F emergency operation
notorisch ADJ 1 (≈ gewohnheitsmäßig) habitual 2 (≈ allbekannt) notorious
Notruf M (TEL: Nummer) emergency number **Notrufnummer** F emergency number **Notrufsäule** F emergency telephone **Notrutsche** F FLUG escape chute **notschlachten** VT to put down **Notsitz** M

Notrufnummer

Die Notrufnummer in Großbritannien lässt sich leicht merken: **999** (**nine, nine, nine**). Wählt man sie, wird man nach der gewünschten Notdienststelle gefragt: **police** (Polizei), **ambulance** (Krankenwagen/Notarzt) oder **fire brigade** (Feuerwehr).

Die entsprechende einheitliche Notrufnummer in den USA ist **911** (**nine, one, one**).

LANDESKUNDE

foldaway *od* tip-up seat **Notstand** M crisis; POL state of emergency; JUR emergency; **den ~ ausrufen** to declare a state of emergency **Notstandsgebiet** N (*wirtschaftlich*) deprived area; (*bei Katastrophen*) disaster area **Notstandsgesetze** PL POL emergency laws pl **Notstromaggregat** N emergency power generator **Notunterkunft** F emergency accommodation (❗ ohne **an**) **Notwehr** F self-defence (Br), self-defense (US); **in** *od* **aus ~** in self-defence (Br) *od* self-defense (US) **notwendig** ADJ necessary; **ich habe alles Notwendige erledigt** I've done everything (that's) necessary **notwendigerweise** ADV of necessity, necessarily **Notwendigkeit** F necessity
Nougat M *od* N nougat
Novelle F ❶ novella ❷ POL amendment
November M November; → März
Novize M/F, **Novizin** F novice
Novum N novelty
NRW *abk* N Nordrhein-Westfalen
NS-Verbrechen N Nazi crime
Nu M **im Nu** in no time
Nuance F (≈ *kleiner Unterschied*) nuance; (≈ *Kleinigkeit*) shade; **um eine ~ zu laut** a shade too loud
Nubuk N, **Nubukleder** N nubuk
nüchtern A ADJ ❶ (*ohne Essen*) **mit ~em/auf ~en Magen** with/on an empty stomach ❷ (≈ *nicht betrunken*) sober; **wieder ~ werden** to sober up ❸ (≈ *sachlich, vernünftig*) down-to-earth (❗ kein Adverb), rational; Tatsachen bare, plain B ADV (≈ *sachlich*) unemotionally
nuckeln VI to suck (*an* +dat at); **er nuckelt immer am Daumen** he's always sucking his thumb
Nudel F ❶ (*als Beilage*) pasta (❗ kein pl); (*als Suppeneinlage*) noodle ❷ (*umg* ≈ *dicker Mensch*) dumpling (*umg*); (*komisch*) character **Nudelsalat** M pasta salad **Nudelsuppe** F noodle soup
Nudist(in) M/F nudist
Nugat M *od* N nougat
nuklear ADJ nuclear

null NUM zero; (*umg* ≈ *kein*) zero (*umg*); TEL O (Br), zero; SPORT nil, zero (US); TENNIS love; **~ Komma eins** (nought) point one; **es steht ~ zu ~** there's no score; **das Spiel wurde ~ zu ~ beendet** the game was a goalless (Br) *od* no-score draw; **eins zu ~** one-nil; **~ und nichtig** JUR null and void; **Temperaturen unter ~** sub-zero temperatures; **in ~ Komma nichts** (*umg*) in less than no time **Null** F ❶ (*Zahl*) nought, naught (US), zero ❷ (*umg* ≈ *Mensch*) dead loss (*umg*) **nullachtfünfzehn** ADJ (*umg*) run-of-the-mill (*umg*) **Nullchecker(in)** M/F (*sl*) dumbo (*umg*), dumbass (*US sl*) **Nulldiät** F starvation diet **Nullnummer** F (*von Zeitung etc*) pilot **Nullpunkt** M zero; **auf den ~ sinken, den ~ erreichen** to hit rock-bottom **Nullrunde** F **in diesem Jahr gab es eine ~ für Beamte** there has been no pay increase this year for civil servants **Nullsummenspiel** N zero-sum game **Nulltarif** M (*für Verkehrsmittel*) free travel; (≈ *freier Eintritt*) free admission; **zum ~** (*hum*) free of charge **Nullwachstum** N POL zero growth

null

„Null" hat im Englischen verschiedene Entsprechungen. Beim Rechnen sagt man **nought** [nɔːt], im amerikanischen Englisch **zero** ['zɪərəʊ]. Beim Sport verwendet man **nil**, im amerikanischen Englisch bleibt es bei **zero**. Nur im Tennis sind sich alle einig. Da heißt es immer **love**. Bei Telefonnummern sagt der Brite / die Britin **0** [əʊ], der Amerikaner / die Amerikanerin bleibt dem **zero** treu. **Zero** wird von Briten und Amerikanern gleichermaßen verstanden und ist der kleinste gemeinsame Nenner in puncto „null".

SPRACHGEBRAUCH

numerisch ADJ numeric(al) **Nummer** F number; (≈ *Größe*) size; (*umg* ≈ *Mensch*) character; (*umg* ≈ *Koitus*) screw (*sl*); **er hat** *od* **schiebt eine ruhige ~** (*umg*) he's onto a cushy number (*umg*); **auf ~ sicher gehen** (*umg*) to play (it) safe; **dieses Geschäft ist eine ~ zu groß für ihn** this business is out of his league **nummerieren** VT to number **Nummerierung** F numbering **Nummernblock** M (*auf Tastatur*) numeric keypad **Nummerngirl** N ring card girl **Nummernkonto** N FIN numbered account **Nummernschild** N AUTO number plate (Br), license plate (US) **Nummernspeicher** M TEL memory
nun ADV ❶ (≈ *jetzt*) now; **was ~?** what now?; **er will ~ mal nicht** he simply doesn't want to; **das ist ~ (ein)mal so** that's just the way things

are; **~ ja** well yes; **~ gut** (well) all right; **~ erst recht!** just for that (I'll do it)! ▪ (Aufforderung) come on ▪ (bei Fragen) well; **~?** well?
nur ADV only; **alle, ~ ich nicht** everyone except me; **nicht ~ ..., sondern auch** not only ... but also; **alles, ~ das nicht!** anything but that!; **ich hab das ~ so gesagt** I was just talking; **was hat er ~?** what on earth is the matter with him? (umg); **wenn er ~ (erst) käme** if only he would come; **geh ~!** just go; **~ zu!** go on; **Sie brauchen es ~ zu sagen** just say (the word)
Nürnberg N Nuremberg
nuscheln VT & VI (umg) to mutter
Nuss F ▪ nut; **eine harte ~ zu knacken haben** (fig) to have a tough nut to crack ▪ (umg ≈ Mensch) **eine doofe ~** a stupid clown (umg) **Nussbaum** M (Baum) walnut tree; (Holz) walnut **Nussknacker** M nutcracker **Nussschale** F nutshell; (fig ≈ Boot) cockleshell
Nüster F nostril
Nut F, **Nute** F groove
Nutte F (umg) tart (umg)
nutzbar ADJ us(e)able; Boden productive; Bodenschätze exploitable; **~ machen** to make us(e)able; Sonnenenergie to harness; Bodenschätze to exploit **nütze** ADJ **zu etw ~ sein** to be useful for sth; **zu nichts ~ sein** to be no use for anything **nutzen** A VI to be of use, to be useful (jdm zu etw to sb for sth); **es nutzt nichts** it's no use; **da nutzt alles nichts** there's nothing to be done; **das nutzt (mir/dir) nichts** that won't help (me/you) B VT to make use of, to use; Gelegenheit to take advantage of; Bodenschätze, Energien to use **Nutzen** M ▪ use; (≈ Nützlichkeit) usefulness; **jdm von ~ sein** to be useful to sb ▪ (≈ Vorteil) advantage, benefit; (≈ Gewinn) profit; **aus etw ~ ziehen** to reap the benefits of sth **nützen** VT & VI = nutzen **Nutzer(in)** M(F) user **Nutzfahrzeug** N farm/military etc vehicle; HANDEL commercial vehicle **Nutzfläche** F us(e)able floor space; **(landwirtschaftliche) ~** AGR (agriculturally) productive land **Nutzholz** N (utilizable) timber **Nutzlast** F payload **nützlich** ADJ useful; **sich ~ machen** to make oneself useful **Nützlichkeit** F usefulness **nutzlos** ADJ ▪ useless; (≈ vergeblich) futile attr, in vain präd ▪ (≈ unnötig) needless **Nutzlosigkeit** F uselessness; (≈ Vergeblichkeit) futility **Nutznießer(in)** M(F) beneficiary; JUR usufructuary **Nutzung** F use; (≈ das Ausnutzen) exploitation
Nylon® N nylon
Nymphe F MYTH nymph; (fig) sylph **Nymphomanin** F nymphomaniac

O, o N O, o
o INT oh
Oase F oasis; (fig) haven
ob KONJ ▪ (indirekte Frage) if, whether (❗ Vor **if** und **whether** steht im Englischen kein Komma.); **ich habe ihn gefragt, ~ er mitkommen will** I asked him if he wanted to come (❗ Wenn im Hauptsatz das „simple past" steht, wird es auch im Nebensatz verwendet.); **ich frage mich, ~ ich das tun soll** I wonder whether I should do it; **ob reich, ob arm** whether rich or poor; **ob er (wohl) morgen kommt?** I wonder if he'll come tomorrow? ▪ **und ob** (umg) you bet (umg); **als ob** as if; **(so) tun als ob** (umg) to pretend
Obacht F **~ geben auf** (+akk) (≈ aufmerken) to pay attention to; (≈ bewachen) to keep an eye on
ÖBB abk von Österreichische Bundesbahnen Austrian Railways
Obdach N (geh) shelter **obdachlos** ADJ homeless; **~ werden** to be made homeless **Obdachlosenasyl** N hostel for the homeless **Obdachlose(r)** M/F(M) homeless person; **die ~n** the homeless **Obdachlosigkeit** F homelessness
Obduktion F postmortem (examination) **obduzieren** VT to carry out a postmortem on
O-Beine PL (umg) bow legs pl **o-beinig** ADJ bow-legged
Obelisk M obelisk
oben ADV ▪ (≈ am oberen Ende) at the top; (im Hause) upstairs; (≈ in der Höhe) up; **rechts ~ (in der Ecke)** in the top right-hand corner; **~ ohne gehen** (umg) to be topless; **ganz ~** right at the top; **hier/dort ~** up here/there; **hoch ~** high (up) above; **~ auf dem Berg** on top of the mountain; **~ am Himmel** up in the sky; **~ im Norden** up (in the) north; **nach ~** up, upwards; (im Hause) upstairs; **der Weg nach ~** (fig) the road to the top; **von ~ bis unten** from top to bottom; (von Mensch) from top to toe; **jdn von ~ bis unten mustern** to look sb up and down; **jdn von ~ herab behandeln** to be condescending to sb; **weiter ~** further up; **der Befehl kommt von ~** it's orders from above ▪ (≈ vorher) above; **siehe ~** see above; **~ erwähnt** attr above-mentioned **Oben-ohne-**topless
Ober M (≈ Kellner) waiter; **Herr ~!** waiter!

1115 | OFEN

Oberarm M̲ upper arm **Oberarzt** M̲, **Oberärztin** F̲ senior physician; (≈ *Vertreter des Chefarztes*) assistant medical director (❗ Schreibung mit **ant**) **Oberaufsicht** F̲ supervision; **die ~ führen** to be in *od* have overall control (*über* +*akk* of) **Oberbefehl** M̲ MIL supreme command **Oberbegriff** M̲ generic term **Oberbürgermeister** M̲ Lord Mayor **Oberbürgermeisterin** F̲ mayoress **Oberdeck** N̲ upper deck **obere(r, s)** ADJ upper; → **oberste(r, s)** **Oberfläche** F̲ surface; TECH, MATH surface area; **an der ~ schwimmen** to float **oberflächlich** A ADJ superficial; **~e Verletzung** surface wound; **bei ~er Betrachtung** at a quick glance; **nach ~er Schätzung** at a rough estimate B ADV superficially; **etw (nur) ~ kennen** to have (only) a superficial knowledge of sth **Obergeschoss** N̲, **Obergeschoß** (österr) N̲ upper floor; (*bei zwei Stockwerken*) top floor **Obergrenze** F̲ upper limit **oberhalb** A PRÄP +*gen* above B ADV above; **weiter ~** further up **Oberhand** F̲ (*fig*) upper hand; **die ~ über jdn/etw gewinnen** to gain the upper hand over sb/sth, to get the better of sb/sth **Oberhaupt** N̲ (≈ *Repräsentant*) head; (≈ *Anführer*) leader **Oberhaus** N̲ POL upper house; (*in GB*) House of Lords **Oberhemd** N̲ shirt **Oberin** F̲ 1 (*im Krankenhaus*) matron 2 KIRCHE Mother Superior **oberirdisch** ADJ, ADV above ground **Oberkiefer** M̲ upper jaw **Oberkommando** N̲ (≈ *Oberbefehl*) Supreme Command **Oberkörper** M̲ upper part of the body; **den ~ frei machen** to strip to the waist **Oberlauf** M̲ upper reaches *pl* **Oberleder** N̲ (leather) uppers *pl* **Oberleitung** F̲ 1 (≈ *Führung*) direction 2 ELEK overhead cable **Oberlippe** F̲ upper lip **Oberösterreich** N̲ Upper Austria **oberrheinisch** ADJ upper Rhine **Obers** N̲ (österr) cream **Oberschenkel** M̲ thigh **Oberschenkelhalsbruch** M̲ femoral neck fracture **Oberschicht** F̲ top layer; SOZIOL upper strata (of society) *pl* **Oberschwester** F̲ senior nursing officer **Oberseite** F̲ top (side) **Oberst** M̲ 1 (*Heer*) colonel 2 (*Luftwaffe*) group captain (*Br*), colonel (*US*) **Oberstaatsanwalt** M̲, **Oberstaatsanwältin** F̲ public prosecutor, procurator fiscal (*schott*), district attorney (*US*) **oberste(r, s)** ADJ 1 *Stockwerk, Schicht* uppermost, very top 2 *Gebot, Prinzip* supreme; *Dienstgrad* highest, most senior; **Oberster Gerichtshof** supreme court **Oberstufe** F̲ upper school; **gymnasiale ~** upper school of a Gymnasium comprising the 11th to 13th school years;

reformierte ~ final two years at a Gymnasium during which pupils have a more flexible choice of subjects and styles of course **Oberteil** N̲ *od* M̲ upper part, top **Oberweite** F̲ bust measurement

obgleich KONJ although
Obhut F̲ (*geh*) (≈ *Aufsicht*) care; (≈ *Verwahrung*) keeping; **jdn in ~ nehmen** to take care of sb; **unter jds ~** (*dat*) **sein** to be in sb's care
obige(r, s) ADJ above
Objekt N̲ object; (*HANDEL* ≈ *Grundstück etc*) property; FOTO subject **objektiv** A ADJ objective B ADV objectively **Objektiv** N̲ (object) lens **Objektivität** F̲ objectivity **Objektschutz** M̲ protection of property **Objektträger** M̲ slide
Oblate F̲ wafer; KIRCHE host
Obligation F̲ *auch* FIN obligation **obligatorisch** ADJ obligatory; *Fächer* compulsory
Oboe F̲ oboe; **~ spielen** to play the oboe (❗ mit **the**) **Oboist(in)** M̲F̲ oboist
Obrigkeit F̲ authority; **die ~** the authorities *pl*
Observatorium N̲ observatory **observieren** V̲T̲ (*form*) to observe
obskur ADJ obscure; (≈ *verdächtig*) suspect
Obst N̲ fruit **Obstbau** M̲ fruit-growing **Obstbaum** M̲ fruit tree **Obstgarten** M̲ orchard **Obstkuchen** M̲ fruit flan; (*gedeckt*) fruit tart **Obstler** M̲ (*dial*) fruit schnapps **Obstruktion** F̲ obstruction
Obstsaft M̲ fruit juice **Obstsalat** M̲ fruit salad **Obsttorte** F̲ fruit flan; (*gedeckt*) fruit tart **Obstwasser** N̲ fruit schnapps
obszön ADJ obscene **Obszönität** F̲ obscenity
Obwalden N̲ Obwalden
obwohl KONJ although
Occasion F̲ (*schweiz*) (≈ *Gelegenheitskauf*) (second-hand) bargain; (≈ *Gebrauchtwagen*) second-hand car
Ochs M̲, **Ochse** M̲ 1 ox 2 (*umg* ≈ *Dummkopf*) dope (*umg*) **Ochsenschwanzsuppe** F̲ oxtail soup
Ocker M̲ *od* N̲ ochre (*Br*), ocher (*US*)
Ode F̲ ode
öde ADJ 1 (≈ *verlassen*) deserted; (≈ *unbewohnt*) desolate; (≈ *unbebaut*) waste 2 (*fig* ≈ *fade*) dull; *Dasein* dreary; (*umg* ≈ *langweilig*) grim (*umg*)
Ödem N̲ oedema, edema
oder KONJ or; **~ so** (*am Satzende*) or something; **so wars doch, ~ (etwa) nicht?** that was what happened, wasn't it?; **lassen wir es so, ~?** let's leave it at that, OK?
Ödipuskomplex M̲ Oedipus complex
Ofen M̲ 1 (≈ *Heizofen*) heater; (≈ *Kohleofen*) stove;

OFEN | 1116

jetzt ist der ~ aus (umg) that's it (umg) [2] (≈ Herd, Backofen) oven [3] TECH furnace; (≈ Brennofen) kiln **Ofenkartoffel** F̅ baked potato **Ofenrohr** N̅ stovepipe

offen A ADJ [1] open; *Flamme, Licht* naked; *Haare* loose; *Rechnung* outstanding; **~ haben** (*Geschäft*) to be open; **~er Wein** wine by the carafe/glass; **auf ~er Strecke** (*Straße*) on the open road; **Tag der ~en Tür** open day; **ein ~es Wort mit jdm reden** to have a frank talk with sb [2] (≈ *frei*) *Stelle* vacant; **~e Stellen** vacancies B ADV openly; (≈ *freimütig*) candidly; (≈ *deutlich*) clearly; **~ gestanden** *od* **gesagt** quite honestly; **seine Meinung ~ sagen** to speak one's mind; **die Haare ~ tragen** to wear one's hair loose *od* down **offenbar** A ADJ obvious; **~ werden** to become obvious B ADV (≈ *vermutlich*) apparently; **da haben Sie sich ~ geirrt** you seem to have made a mistake **offenbaren** A VT to reveal B VR (≈ *erweisen*) to show *od* reveal itself/oneself **Offenbarung** F̅ revelation **Offenbarungseid** M̅ JUR oath of disclosure; **den ~ leisten** (*wörtl*) to swear an oath of disclosure; (*fig*) to admit defeat **offen bleiben, offenbleiben** (*fig*) VI **alle offengebliebenen Probleme** all remaining problems **offen halten, offenhalten** (*fig*) VT to keep open **Offenheit** F̅ (*gegenüber* about) openness, candour (*Br*), candor (*US*); **in aller** *od* **schöner ~** quite openly **offenkundig** A ADJ obvious; *Beweise* clear B ADV blatantly **offen lassen, offenlassen** VT to leave open **offenlegen** VT (*fig*) to disclose **offensichtlich** A ADJ obvious B ADV obviously

offensiv A ADJ offensive B ADV offensively **Offensive** F̅ offensive; **in die ~ gehen** to take the offensive

offen stehen VI (*Tür, Fenster*) to be open **offenstehen** VI (HANDEL: *Rechnung*) to be outstanding [2] **jdm ~** (*fig* ≈ *zugänglich sein*) to be open to sb; **es steht ihr offen, sich uns anzuschließen** she's free to join us

öffentlich A ADJ public; **die ~e Meinung/Moral** public opinion/morality; **die ~e Ordnung** law and order; **~es Recht** JUR public law; **~e Schule** state school, public school (*US*); **der ~e Dienst** the civil service B ADV publicly; **sich ~ äußern** to voice one's opinion in public; **etw ~ bekannt machen** to make sth public **Öffentlichkeit** F̅ (≈ *Allgemeinheit*) (general) public; **die ~ erfährt vieles nicht** the public don't *od* doesn't find out about a lot of things; **in** *od* **vor aller ~** in public; **unter Ausschluss der ~** in secret *od* private; JUR in camera; **im Licht der ~ stehen** to be in the public eye **Öffentlichkeitsarbeit** F̅

öffentliche Schule ≠ public school (*Br*)

öffentliche Schule	=	**state school**
public school (*Br*)	=	Privatschule
public school (*US*)	=	staatliche Schule

FALSCHE FREUNDE

public relations work **öffentlich-rechtlich** ADJ (under) public law; **~er Rundfunk** ≈ public-service broadcasting

Offerte F̅ HANDEL offer

offiziell A ADJ official B ADV officially

Offizier(in) M̅F̅ officer

offline ADV IT off line **Offlinebetrieb** M̅ IT off-line mode

öffnen A VT&VI to open; → **geöffnet** B VR to open; (≈ *weiter werden*) to open out; **sich jdm ~** to confide in sb **Öffner** M̅ opener **Öffnung** F̅ opening **Öffnungszeiten** PL hours *pl* of business

Offsetdruck M̅ offset (printing)

oft ADV often; (≈ *in kurzen Abständen*) frequently; **des Öfteren** quite often **öfter(s)** ADV (every) once in a while; (≈ *wiederholt*) from time to time

oh INT oh

Ohm N̅ ohm

ohne A PRÄP +*akk* without; **~ mich!** count me out!; **er ist nicht ~** (*umg*) he's not bad (*umg*); **~ Mehrwertsteuer** excluding VAT; **ich hätte das ~ Weiteres getan** I'd have done it without a second thought; **er hat den Brief ~ Weiteres unterschrieben** he signed the letter just like that; **das lässt sich ~ Weiteres arrangieren** that can easily be arranged B KONJ **~ zu zögern** without hesitating **ohnegleichen** ADJ unparalleled; **seine Frechheit ist ~** I've never known anybody have such a nerve **ohnehin** ADV anyway; **es ist ~ schon spät** it's late enough as it is

Ohnmacht F̅ [1] MED faint; **in ~ fallen** to faint [2] (≈ *Machtlosigkeit*) powerlessness **ohnmächtig** A ADJ [1] (≈ *bewusstlos*) unconscious; **~ werden** to faint [2] (≈ *machtlos*) powerless; **~e Wut** impotent rage B ADV (≈ *hilflos*) helplessly; **~ zusehen** to look on helplessly

Ohr N̅ ear; **gute ~en haben** to have good hearing; **auf taube/offene ~en stoßen** to fall on deaf/sympathetic ears; **ein offenes ~ für jdn haben** to be ready to listen to sb; **mir klingen die ~en** my ears are burning; **jdm die ~en volljammern** (*umg*) to keep (going) on at sb; **ganz ~ sein** (*hum*) to be all ears; **sich aufs ~ legen** *od* **hauen** (*umg*) to turn in (*umg*); **jdm die ~en lang ziehen** (*umg*) to tweak sb's ear(s); **ein**

paar hinter die ~en kriegen (umg) to get a smack on the ear; **schreib es dir hinter die ~en** (umg) has that sunk in? (umg); **jdm (mit etw) in den ~en liegen** to badger sb (about sth); **jdn übers ~ hauen** to take sb for a ride (umg); **bis über beide ~en verliebt sein** to be head over heels in love; **viel um die ~en haben** (umg) to have a lot on (one's plate) (umg); **es ist mir zu ~en gekommen** it has come to my ears (form)
Öhr N eye
Ohrenarzt M, **Ohrenärztin** F ear specialist **ohrenbetäubend** ADJ (fig) deafening **Ohrensausen** N MED buzzing in one's ears **Ohrenschmalz** N earwax **Ohrenschmerzen** PL earache **Ohrenschützer** PL earmuffs pl **Ohrenzeuge** M, **Ohrenzeugin** F earwitness **Ohrfeige** F slap (on od round (Br) the face); (als Strafe) smack on the ear; **eine ~ bekommen** to get a slap round (Br) od in (US) the face **ohrfeigen** VT **jdn ~** to slap od hit sb; (als Strafe) to give sb a smack on the ear **Ohrhörer** M earphone **Ohrläppchen** N (ear)lobe **Ohrmuschel** F (outer) ear **Ohrring** M earring **Ohrstecker** M stud earring **Ohrstöpsel** M earplug **Ohrwurm** M ZOOL earwig; **der Schlager ist ein richtiger ~** (umg) that's a really catchy record (umg)
oje INT oh dear
Ökobauer M, **Ökobäuerin** F (umg) ecologically-minded farmer **Ökoladen** M wholefood shop **Ökologe** M, **Ökologin** F ecologist **Ökologie** F ecology **ökologisch** A ADJ ecological, environmental B ADV ecologically; *anbauen* organically **Ökonom(in)** MF economist **Ökonomie** F 1 economy 2 (≈ Wirtschaftswissenschaft) economics sg **ökonomisch** A ADJ 1 economic 2 (≈ sparsam) economic(al) B ADV economically; **~ wirtschaften** to be economical **Ökopapier** N recycled paper **Ökosiegel** N eco-label **Ökosphäre** F ecosphere **Ökosteuer** F ecotax, green tax (umg) **Ökosystem** N ecosystem **Ökotourismus** M ecotourism
Oktaeder N octahedron
Oktanzahl F octane number
Oktave F octave
Oktober M October; → **März Oktoberfest** N Munich beer festival
ökumenisch ADJ ecumenical
Öl N oil; **in Öl malen** to paint in oils **Ölbild** N oil painting
Oldie M (umg(≈ Schlager)) (golden) oldie (umg)
Oldtimer M (≈ Auto) vintage car, vor 1905 veteran car (Br)

Oldtimer	=	veteran car
old-timer	=	alter Hase (Br); alter Mann (US)

FALSCHE FREUNDE

Oleander M oleander
Ölembargo N oil embargo **ölen** VT to oil; **wie geölt** (umg) like clockwork (umg) **Ölexport** M oil exports pl **Ölfarbe** F oil-based paint; KUNST oil (paint od colour (Br) od color (US)) **Ölfeld** N oil field **Ölfilm** M film of oil **Ölförderland** N oil-producing country **Ölförderung** F oil production **Ölgemälde** N oil painting **Ölheizung** F oil-fired central heating **ölig** ADJ oily
oliv ADJ olive(-green) **Olive** F olive **Olivenbaum** M olive tree **Olivenhain** M olive grove **Olivenöl** N olive oil **olivgrün** ADJ olive-green
Ölkanne F, **Ölkännchen** N oil can **Ölkrise** F oil crisis **Öllieferant(in)** MF oil producer **Ölmessstab** M AUTO dipstick **Ölmühle** F oil mill **Ölofen** M oil heater **Ölpest** F oil spill **Ölplattform** F oil rig **Ölpreis** M oil price **Ölquelle** F oil well **Ölsardine** F sardine **Ölschicht** F layer of oil **Ölstand** M oil level **Ölstandsanzeiger** M oil pressure gauge **Öltanker** M oil tanker **Ölteppich** M oil slick **Ölverbrauch** M oil consumption **Ölvorkommen** N oil deposit **Ölwanne** F AUTO sump (Br), oil pan (US) **Ölwechsel** M oil change
Olymp M (Berg) Mount Olympus **Olympiade** F (≈ Olympische Spiele) Olympic Games pl **Olympiamannschaft** F Olympic team **Olympiasieger(in)** MF Olympic champion **Olympiastadion** N Olympic stadium **Olympiateilnehmer(in)** MF participant in the Olympic Games **olympisch** ADJ 1 (≈ den Olymp betreffend) Olympian (a. fig) 2 (≈ die Olympiade betreffend) Olympic; **die Olympischen Spiele** the Olympic Games
Ölzeug N oilskins pl
Oma F (umg) granny (umg) (⚠ als Anrede großgeschrieben)
Ombudsfrau F ombudswoman **Ombudsmann** M ombudsman
Omelett N omelette
Omen N omen
Omnibus M 1 bus 2 (≈ Reisebus) coach (Br) (⚠ Der Unterschied zwischen Stadtbussen und Überlandbussen wird nur im britischen Englisch gemacht. Im amerikanischen Englisch

ONAN ‖ 1118

sagt man immer **bus**.)

onanieren _V/I_ to masturbate

Onkel _M_ uncle

Onkologe _M_, **Onkologin** _F_ oncologist **Onkologie** _F_ MED oncology

online _ADJ_ IT on line **Online-Anbieter** _M_ on-line (service) provider **Onlinebanking** _N_ on-line _od_ Internet banking **Onlinebetrieb** _M_ on-line mode **Onlinedatenbank** _F_ on-line database **Onlinedienst** _M_, **Onlineservice** _M_ on-line service **Onlineshop** _F_ on-line store

Opa _M_ (_umg_) grandpa (_umg_) (⚠ als Anrede großgeschrieben); (_fig_) old grandpa (_umg_)

Opal _M_ opal

Open Air _N_, **Open-Air-Festival** _N_ open--air festival **Open-Air-Konzert** _N_ open-air concert

Oper _F_ opera

Operation _F_ operation **Operationssaal** _M_ operating theatre (_Br_) _od_ room (_US_) **Operationsschwester** _F_ theatre sister (_Br_), operating room nurse (_US_) **operativ** _A_ _ADJ_ MED operative, surgical; MIL, WIRTSCH strategic, operational _B_ _ADV_ MED surgically **Operator(in)** _M/F_ (computer) operator

Operette _F_ operetta

operieren _A_ _V/T_ to operate on; **jdn am Magen ~** to operate on sb's stomach; **sie muss operiert werden** she needs to have an operation _B_ _V/I_ to operate; **sich ~ lassen** to have an operation

Opernball _M_ opera ball **Opernführer** _M_ (≈ _Buch_) opera guide **Opernglas** _N_ opera glasses _pl_ **Opernhaus** _N_ opera house **Opernsänger(in)** _M/F_ opera singer

Opfer _N_ ◨ (≈ _Opfergabe_) sacrifice; **ein ~ bringen** to make a sacrifice ◩ (≈ _Geschädigte_) victim; **jdm/einer Sache zum ~ fallen** to be (the) victim of sb/sth; **das Erdbeben forderte viele ~** the earthquake claimed many victims **opferbereit** _ADJ_ ready _od_ willing to make sacrifices **Opfergabe** _F_ offering **opfern** _A_ _V/T_ ◨ (≈ _als Opfer darbringen_) to sacrifice ◩ (_fig_ ≈ _aufgeben_) to give up _B_ _V/I_ to make a sacrifice _C_ _V/R_ **sich** _od_ **sein Leben für jdn/etw ~** to sacrifice oneself _od_ one's life for sb/sth **Opferstock** _M_ offertory box **Opferung** _F_ (≈ _das Opfern_) sacrifice

Opium _N_ opium **Opiumhöhle** _F_ opium den

Opponent(in) _M/F_ opponent **opponieren** _V/I_ to oppose (_gegen jdn/etw_ sb/sth)

opportun _ADJ_ (_geh_) opportune **Opportunismus** _M_ opportunism **Opportunist(in)** _M/F_ opportunist **opportunistisch** _ADJ_ oppor-

tunistic, opportunist

Opposition _F_ opposition; **in die ~ gehen** POL to go into opposition **Oppositionsführer(in)** _M/F_ POL opposition leader **Oppositionspartei** _F_ POL opposition, opposition party

Optik _F_ ◨ PHYS optics ◩ (≈ _Linsensystem_) lens system ◪ (≈ _Sehweise_) point of view; **das ist eine Frage der ~** (_fig_) it depends on your point of view **Optiker(in)** _M/F_ optician

optimal _A_ _ADJ_ optimal, optimum _attr_ _B_ _ADV_ perfectly; **etw ~ nutzen** to put sth to the best possible use; **etw ~ lösen** to solve sth in the best possible way **optimieren** _V/T_ to optimize **Optimismus** _M_ optimism **Optimist(in)** _M/F_ optimist **optimistisch** _A_ _ADJ_ optimistic; **da bin ich ~** I'm optimistic about it _B_ _ADV_ optimistically; **etw ~ sehen** to be optimistic about sth **Optimum** _N_ optimum

Option _F_ option **Optionshandel** _M_ options trading

optisch _A_ _ADJ_ visual; **~e Täuschung** optical illusion _B_ _ADV_ (≈ _vom Eindruck her_) optically, visually

Opus _N_ work; MUS opus; (≈ _Gesamtwerk_) (complete) works _pl_

Orakel _N_ oracle **orakeln** _V/I_ (_über die Zukunft_) to prophesy

oral _A_ _ADJ_ oral _B_ _ADV_ orally **Oralsex** _M_ oral sex

orange _ADJ_ orange **Orange** _F_ (_Frucht_) orange **Orangeade** _F_ orangeade (_bes Br_), orange juice **Orangeat** _N_ candied (orange) peel **Orangenhaut** _F_ MED orange-peel skin **Orangensaft** _M_ orange juice

Orang-Utan _M_ orang-utan

Orchester _N_ orchestra **Orchestergraben** _M_ orchestra pit

Orchidee _F_ orchid

Orden _M_ ◨ (_Gemeinschaft_) (holy) order ◩ (≈ _Ehrenzeichen_) decoration; MIL medal; **einen ~ bekommen** to be decorated **Ordensbruder** _M_ KIRCHE monk **Ordensschwester** _F_ (≈ _Nonne_) nun; (≈ _Krankenschwester_) (nursing) sister

ordentlich _A_ _ADJ_ ◨ Mensch, Zimmer tidy ◩ (≈ _ordnungsgemäß_) **~es Gericht** court of law; **~es Mitglied** full member ◪ (≈ _anständig_) respectable; **etwas O~es lernen** to learn a proper trade ◫ (_umg_ ≈ _tüchtig_) **ein ~es Frühstück** a proper breakfast; **eine ~e Tracht Prügel** a proper hiding (_umg_) ◬ (≈ _annehmbar_) Preis, Leistung reasonable _B_ _ADV_ ◨ (≈ _geordnet_) neatly ◩ (≈ _ordnungsgemäß_) regeln correctly; (≈ _anständig_) sich benehmen appropriately; aufhängen properly ◪ (_umg_ ≈ _tüchtig_) **~ essen** to eat (really) well; **jdn ~ verprügeln** to give sb a real beating; **es**

hat ~ geregnet it really rained; **~ Geld verdienen** to make a pile of money (*umg*)

Order ⅎ order **ordern** V̅T̅ HANDEL to order

Ordinalzahl ⅎ ordinal number

ordinär A̅D̅J̅ **1** (≈ *gemein*) vulgar **2** (≈ *alltäglich*) ordinary

Ordinariat N̅ UNIV chair **Ordinarius** M̅ UNIV professor (*für of*) **Ordination** ⅎ **1** KIRCHE ordination **2** (*österr*) (≈ *Arztpraxis*) (doctor's) practice; (≈ *Sprechstunde*) consultation (hour), surgery (*Br*)

ordnen V̅T̅ *Gedanken, Material* to organize; *Sammlung* to sort out; *Finanzen, Privatleben* to put in order; (≈ *sortieren*) to order; **etw alphabetisch ~** to put sth into alphabetical order; **ordnet die Wörter nach Sachgruppen** arrange the words according to subject; → **geordnet Ordner** M̅ (≈ *Aktenordner*) folder (*a. IT*) **Ordner(in)** M̅F̅ steward **Ordnung** ⅎ order; **~ halten** to keep things tidy; **~ machen** to tidy up; **für ~ sorgen** to put things in order; **etw in ~ halten** to keep sth in order; **etw in ~ bringen** (≈ *reparieren*) to fix sth; (≈ *herrichten*) to put sth in order; (≈ *bereinigen*) to clear sth up; **(das ist) in ~!** (*umg*) (that's) OK (*umg*) !; **geht in ~** (*umg*) sure (*umg*); **der ist in ~** (*umg*) he's OK (*umg*); **da ist etwas nicht in ~** there's something wrong there; **~ muss sein!** we must have order!; **ich frage nur der ~ halber** I'm only asking as a matter of form; **das war ein Skandal erster ~** (*umg*) that was a scandal of first order **Ordnungsamt** N̅ ≈ town clerk's office **ordnungsgemäß** A̅ A̅D̅J̅ according to the regulations, proper B̅ A̅D̅V̅ correctly **ordnungshalber** A̅D̅V̅ as a matter of form **Ordnungshüter(in)** M̅F̅ (*hum*) custodian of the law (*hum*) **ordnungsliebend** A̅D̅J̅ tidy, tidy-minded **Ordnungsstrafe** ⅎ fine; **jdn mit einer ~ belegen** to fine sb **ordnungswidrig** A̅ A̅D̅J̅ irregular; *Parken* illegal B̅ A̅D̅V̅ *parken* illegally **Ordnungswidrigkeit** ⅎ infringement **Ordnungszahl** ⅎ MATH ordinal number

Oregano M̅ BOT oregano

Organ N̅ **1** organ; (*umg* ≈ *Stimme*) voice **2** **die ausführenden ~e** the executors **Organbank** ⅎ MED organ bank **Organentnahme** ⅎ MED organ removal **Organhandel** M̅ trade in transplant organs

Organisation ⅎ organization **Organisationstalent** N̅ talent for organization; **er hat ein ~** he has a talent for organization **Organisator(in)** M̅F̅ organizer **organisatorisch** A̅D̅J̅ organizational

organisch A̅ A̅D̅J̅ organic; *Leiden* physical B̅ A̅D̅V̅ MED organically, physically

organisieren A̅ V̅T̅&̅V̅I̅ to organize; **etw neu**

~ to reorganize sth B̅ V̅R̅ to organize

Organismus M̅ organism

Organist(in) M̅F̅ MUS organist

Organizer M̅ IT organizer

Organspende ⅎ organ donation **Organspender(in)** M̅F̅ donor (*of an organ*) **Organspenderausweis** M̅ donor card **Organverpflanzung** ⅎ transplant(ation) (*of organs*)

Orgasmus M̅ orgasm

Orgel ⅎ MUS organ; **~ spielen** to play the organ (**❗** **mit the**) **Orgelkonzert** N̅ organ recital; (≈ *Werk*) organ concerto **Orgelmusik** ⅎ organ music

Orgie ⅎ orgy

Orient M̅ **1** (*liter* = *der Osten*) Orient **2** (≈ *arabische Welt*) ≈ Middle East; **der Vordere ~** the Near East **orientalisch** A̅D̅J̅ Middle Eastern

orientieren A̅ V̅T̅ **1** (≈ *unterrichten*) **jdn ~** to put sb in the picture (*über +akk about*) **2** (≈ *ausrichten*) to orientate (*nach, auf +akk to, towards*); **links orientiert sein** to tend to the left B̅ V̅R̅ **1** (≈ *sich unterrichten*) to inform oneself (*über +akk about, on*) **2** (≈ *sich zurechtfinden*) to orientate oneself (*an +dat, nach by*) **3** (≈ *sich ausrichten*) to be orientated (*nach, an +dat towards*); **sich nach Norden ~** to bear north **Orientierung** ⅎ **1** (≈ *Unterrichtung*) information; **zu Ihrer ~** for your information **2** (≈ *das Zurechtfinden, Ausrichtung*) orientation; **die ~ verlieren** to lose one's bearings **orientierungslos** A̅D̅J̅ disoriented (**❗** kein Adverb); **~ herumirren** to wander around in a disoriented state **Orientierungssinn** M̅ sense of direction **Orientierungsstufe** ⅎ SCHULE *mixed ability class(es) intended to foster the particular talents of each pupil*

Orientteppich M̅ Oriental carpet

Origano M̅ BOT oregano

original A̅D̅J̅ original **Original** N̅ **1** original **2** (*Mensch*) character **Originalfassung** ⅎ original (version); **in der englischen ~** in the original English **Originalität** ⅎ **1** (≈ *Echtheit*) authenticity **2** (≈ *Urtümlichkeit*) originality **Originalton** M̅ (*im*) **~ Merkel** (*fig*) in Merkel's own words **Originalverpackung** ⅎ original packaging

originell A̅D̅J̅ *Idee* original; (≈ *geistreich*) witty

Orkan M̅ **1** hurricane **2** (*fig*) storm **orkanartig** A̅D̅J̅ *Wind* gale-force **Orkanstärke** ⅎ hurricane force **Orkantief** N̅ hurricane-force depression *od* cyclone *od* low

Ornament N̅ decoration, ornament **ornamental** A̅D̅J̅ ornamental

Ornithologe M̅, **Ornithologin** ⅎ ornithologist

Ort¹ M̅ **1** (≈ *Stelle*) place; **~ der Handlung** THEAT

ORT | 1120

scene of the action; **an ~ und Stelle** on the spot [2] (≈ *Ortschaft*) place; (≈ *Dorf*) village; (≈ *Stadt*) town; **er ist im ganzen ~ bekannt** the whole village/town *etc* knows him; **das beste Hotel am ~** the best hotel in town

Ort[2] M̲ BERGB coal face; **vor ~** at the (coal) face; (*fig*) on the spot

Örtchen N̲ (≈ *kleiner Ort*) small place; **das (stille) ~** (*umg*) the smallest room (*umg*) **orten** V̲T̲ to locate

orthodox A ADJ orthodox B ADV (≈ *starr*) denken conventionally

Orthografie F̲ orthography **orthografisch** A ADJ orthographic(al) B ADV orthographically; **er schreibt nicht immer ~ richtig** his spelling is not always correct

Orthopäde M̲, **Orthopädin** F̲ orthopaedic (*Br*) *od* orthopedic (*US*) specialist **Orthopädie** F̲ [1] (≈ *Wissenschaft*) orthopaedics *pl* (*Br*), orthopedics *pl* (*US*) [2] (*umg* ≈ *Abteilung*) orthopaedic (*Br*) *od* orthopedic (*US*) department **orthopädisch** ADJ orthopaedic (*Br*), orthopedic (*US*)

örtlich A ADJ local B ADV locally; **das ist ~ verschieden** it varies from place to place; **jdn ~ betäuben** to give sb a local anaesthetic (*Br*) *od* anesthetic (*US*) **Örtlichkeit** F̲ locality; **sich mit den ~en vertraut machen** to get to know the place **Ortsausgang** M̲ way out of the village/town **Ortschaft** F̲ village; (*größer*) town; **geschlossene ~** built-up area **Ortseingang** M̲ way into the village/town **ortsfremd** ADJ non-local; **ich bin hier ~** I'm a stranger here **ortsgebunden** ADJ local; (≈ *stationär*) stationary; *Person* tied to the locality **Ortsgespräch** N̲ TEL local call **ortskundig** ADJ **nehmen Sie sich einen ~en Führer** get a guide who knows his way around **Ortsname** M̲ place name **Ortsnetz** N̲ TEL local (telephone) exchange area **Ortsnetzkennzahl** F̲ TEL dialling code (*Br*), area code (*US*) **Ortsschild** N̲ place name sign **ortsüblich** ADJ local; **~e Mieten** standard local rents; **das ist hier ~** it is usual here **Ortsverkehr** M̲ local traffic **Ortszeit** F̲ local time **Ortung** F̲ locating

O-Saft M̲ (*umg*) orange juice, O-J (*US umg*)
Öse F̲ loop; (*an Kleidung*) eye
Osmose F̲ osmosis
Ossi M̲ (*umg*) East German
Ost- East **Ostalgie** F̲ (*umg*) *nostalgia for the former GDR* **ostdeutsch** ADJ East German **Ostdeutsche(r)** M̲F̲/M̲ East German **Ostdeutschland** N̲ GEOG East(ern) Germany **Osten** M̲ east; (*von Land*) East; **der Ferne ~** the Far East; **der Nahe** *od* **Mittlere ~** the Middle East; **aus dem ~** from the east; **im ~ des**

Landes in the east of the country
Osteoporose F̲ MED osteoporosis
Osterei N̲ Easter egg **Osterferien** PL Easter holidays *pl* **Osterfest** N̲ Easter **Osterglocke** F̲ daffodil **Osterhase** M̲ Easter bunny **österlich** ADJ Easter **Ostermontag** M̲ Easter Monday **Ostern** N̲ Easter; **frohe ~!** Happy Easter!; **zu ~** at Easter
Österreich N̲ Austria **Österreicher(in)** M̲/F̲ Austrian **österreichisch** ADJ Austrian; **~er Schilling** HIST Austrian schilling; **Ö~e Volkspartei** Austrian People's Party
Ostersonntag M̲ Easter Sunday
Osterweiterung F̲ (*von NATO, EU*) eastward expansion
Osterwoche F̲ Easter week
Osteuropa N̲ East(ern) Europe **Osteuropäer(in)** M̲/F̲ East(ern) European **osteuropäisch** ADJ East(ern) European **östlich** A ADJ *Richtung, Winde* easterly; *Gebiete* eastern B ADV **~ von Hamburg** (to the) east of Hamburg C PRÄP +*gen* (to the) east of **Ostpreußen** N̲ East Prussia
Östrogen N̲ oestrogen (*Br*), estrogen (*US*)
Ostsee F̲ **die ~** the Baltic (Sea) **ostwärts** ADV eastwards **Ostwind** M̲ east wind
Oszillograf M̲ oscillograph
Otter[1] M̲ otter
Otter[2] F̲ viper
outen (*umg*) A V̲T̲ (*als Homosexuellen*) to out (*umg*); (*als Trinker, Spitzel etc*) to expose B V̲R̲ (*als Homosexueller*) to come out (*umg*)
outsourcen V̲T̲ & V̲I̲ to outsource **Outsourcing** N̲ outsourcing
Ouvertüre F̲ overture
oval ADJ oval
Ovation F̲ ovation (*für jdn/etw* for sb/sth); **stehende ~en** standing ovations
Overall M̲ [1] (*Kleidungsstück*) jumpsuit [2] (≈ *Arbeitsanzug*) overalls *pl* (*Br*), overall (*US*)
Overheadfolie F̲ transparency **Overheadprojektor** M̲ overhead projector
ÖVP F̲ *abk* von Österreichische Volkspartei
Ovulation F̲ ovulation
Oxid N̲, **Oxyd** N̲ oxide **Oxidation** F̲, **Oxydation** F̲ oxidation **oxidieren**, **oxydieren** V̲T̲ & V̲I̲ to oxidize
Ozean M̲ ocean **Ozeandampfer** M̲ ocean liner **ozeanisch** ADJ *Klima* oceanic **Ozeanografie** F̲ oceanography
Ozelot M̲ ocelot
Ozon N̲ *od* (*umg*) M̲ ozone **Ozonalarm** M̲ ozone warning **Ozonbelastung** F̲ ozone level; **eine hohe ~** high ozone levels *pl* **Ozongehalt** M̲ ozone content **ozonhaltig** ADJ ozonic **Ozonhülle** F̲ ozone layer **Ozon-**

konzentration F ozone concentration **Ozonloch** N hole in the ozone layer **Ozonschicht** F ozone layer **Ozonschild** M ozone shield **Ozonwert** M ozone level

P, p N P, p
paar ADJ **ein ~** a few; (≈ *zwei oder drei auch*) a couple of; **ein ~ Mal(e)** a few times, a couple of times **Paar** N pair; (≈ *Mann und Frau auch*) couple; **ein ~ Schuhe** a pair of shoes **paaren** VR (*Tiere*) to mate; (*fig*) to be combined **Paarhufer** M ZOOL cloven-hoofed animal **Paarlauf** M pairs pl **Paarung** F (≈ *Kopulation*) mating **paarweise** ADV in pairs

▶ **Paar**

couple: zwei Menschen, die eine Liebesbeziehung haben

Sue und Tom sind ein schönes Paar. | Sue and Tom are a nice couple.

pair: zwei Dinge, die zusammen eine Einheit bilden; etwas Zweiteiliges

ein Paar Socken | a pair of socks

SPRACHGEBRAUCH ◀

Pacht F lease; (*Entgelt*) rent **pachten** VT to lease; **du hast das Sofa doch nicht für dich gepachtet** (*umg*) don't hog the sofa (*umg*) **Pächter(in)** M/F tenant, leaseholder **Pachtvertrag** M lease
Pack¹ M (*von Zeitungen, Büchern*) stack; (*zusammengeschnürt*) bundle
Pack² N (*pej*) rabble pl (*pej*)
Päckchen N package; POST (small) parcel; (≈ *Packung*) packet, pack; **ein ~ Zigaretten** a packet *od* pack (*bes US*) of cigarettes **Packeis** N pack ice **packen** A VT 1 *Koffer* to pack; *Paket* to make up 2 (≈ *fassen*) to grab (hold of); (*Gefühle*) to grip; **von der Leidenschaft gepackt** in the grip of passion 3 (*umg* ≈ *schaffen*) to manage; **du packst das schon** you'll manage it OK B VI 1 (≈ *den Koffer packen*) to pack 2 (*fig* ≈ *mitreißen*) to thrill **Packen** M heap, stack; (*zusammengeschnürt*) bundle **packend** A ADJ (≈ *mitreißend*) gripping, riveting B ADV **der Roman ist ~ erzählt** the novel is *od* makes exciting reading **Packerl** N (*österr* ≈ *Schachtel, Paket*) packet; (*für flüssige Lebensmittel*) carton **Packesel** M packmule; (*fig*) packhorse **Packpapier** N brown paper **Packung** F 1 (≈ *Schachtel*) packet; (*von Pralinen*) box; **eine ~ Zigaretten** a packet *od* pack (*bes US*) of cigarettes 2 MED compress; (*Kosmetik*) face pack **Packungsbeilage** F package insert; (*bei Medikamenten*) patient information leaflet
Pädagoge M, **Pädagogin** F educationalist **Pädagogik** F educational theory **pädagogisch** A ADJ educational; **~e Hochschule** college of education; **seine ~en Fähigkeiten** his teaching ability B ADV educationally; **~ falsch** wrong from an educational point of view
Paddel N paddle **Paddelboot** N canoe **paddeln** VI to paddle; (*als Sport*) to canoe
Pädiatrie F paediatrics sg (*Br*), pediatrics sg (*US*) **Pädophile(r)** M/F(M) paedophile (*Br*), pedophile (*US*)
paffen (*umg*) A VI/VT 1 (≈ *heftig rauchen*) to puff away 2 (≈ *nicht inhalieren*) to puff B VT to puff (away) at
Page M (≈ *Hotelpage*) bellboy, bellhop (*US*) **Pagenkopf** M page-boy (hairstyle *od* haircut)
Pager M (*für Nachrichten*) pager
Paket N (≈ *Bündel*) pile; (*zusammengeschnürt*) bundle; (≈ *Packung*) packet; POST parcel; (*fig: von Angeboten*) package **Paketannahme** F parcels office; (≈ *Schalter*) parcels counter **Paketbombe** F parcel bomb **Paketkarte** F dispatch form **Paketpost** F parcel post **Paketschalter** M parcels counter **Paketschnur** F parcel string, twine
Pakistan N Pakistan **Pakistaner(in)** M/F, **Pakistani** M Pakistani **pakistanisch** ADJ Pakistani
Pakt M pact
Palast M palace
Palästina N Palestine **Palästinenser(in)** M/F Palestinian **palästinensisch** ADJ Palestinian
Palatschinke F (*österr*) stuffed pancake
Palaver N palaver (*umg*) **palavern** VI (*umg*) to palaver (*umg*)
Palette F 1 MAL palette; (*fig*) range 2 (≈ *Stapelplatte*) pallet
paletti ADV (*umg*) OK (*umg*)
Palisade F palisade
Palme F palm; **jdn auf die ~ bringen** (*umg*) to make sb see red (*umg*)
Palmsonntag M Palm Sunday
Palmtop M palmtop
Pampe F paste; (*pej*) mush (*umg*)
Pampelmuse F grapefruit
Pampers® PL (disposable) nappies pl (*Br*) *od* diapers pl (*US*)
Pamphlet N lampoon

pampig (umg) ADJ 1 (≈ breiig) gooey (umg); Kartoffeln soggy 2 (≈ frech) stroppy (Br umg), bad-tempered; **jdm ~ kommen** to be stroppy (Br umg) od bad-tempered with sb
Panama N Panama **Panamakanal** M Panama Canal
Panda M, **Pandabär** M panda
Panflöte F panpipes pl, Pan's pipes pl
panieren VT to bread **Paniermehl** N breadcrumbs pl
Panik F panic; **(eine) ~ brach aus** panic broke out od spread; **in ~ geraten** to panic; **jdn in ~ versetzen** to throw sb into a state of panic; **nur keine ~!** don't panic! **Panikkauf** M HANDEL panic buying **Panikmache** F (umg) panicmongering (Br), inciting panic **Panikstimmung** F state of panic **panisch** A ADJ panic-stricken; **~e Angst** terror; **sie hat ~e Angst vor Schlangen** she's terrified of snakes B ADV in panic, frantically; **~ reagieren** to panic
Panne F 1 (≈ technische Störung) hitch (umg), breakdown; (≈ Reifenpanne) puncture, flat (tyre (Br) od tire (US)); **mein Auto hatte eine ~** my car broke down 2 (fig umg) slip (bei etw with sth); **mit jdm/etw eine ~ erleben** to have (a bit of) trouble with sb/sth; **uns ist eine ~ passiert** we've slipped up **Pannendienst** M, **Pannenhilfe** F breakdown service
Panorama N panorama
panschen VT to adulterate; (≈ verdünnen) to water down
Panther M, **Panter** M panther
Pantoffel M slipper; **unterm ~ stehen** (umg) to be henpecked (umg)
Pantomime¹ F mime
Pantomime² M, **Pantomimin** F mime
pantomimisch ADJ, ADV in mime
pantschen VT & VI = panschen
Panzer M 1 MIL tank 2 (HIST ≈ Rüstung) armour (Br) (⚠ ohne a), armor (US) (⚠ ohne a), suit of armo(u)r 3 (von Schildkröte, Insekt) shell 4 (fig) shield **Panzerabwehr** F anti-tank defence (Br) od defense (US); (≈ Truppe) anti-tank unit **Panzerfaust** F bazooka **Panzerglas** N bulletproof glass **panzern** VT to armour-plate (Br), to armor-plate (US); **gepanzerte Fahrzeuge** armoured (Br) od armored (US) vehicles **Panzerschrank** M safe
Papa M (umg) daddy (umg) (⚠ als Anrede großgeschrieben)
Papagei M parrot **Papageientaucher** M puffin
Papamobil N (umg) Popemobile (umg)
Paparazzo M (umg) paparazzo
Papaya F papaya

Papier N 1 paper; **ein Blatt ~** a sheet of paper 2 **Papiere** PL (identity) papers pl; (≈ Urkunden) documents pl; **er hatte keine ~e bei sich** he had no means of identification on him; **seine ~e bekommen** (≈ entlassen werden) to get one's cards 3 (FIN ≈ Wertpapier) security **Papiereinzug** M paper feed **Papierfabrik** F paper mill **Papiergeld** N paper money **Papierkorb** M (waste)paper basket **Papierkram** M (umg) (annoying) paperwork **Papierkrieg** M (umg) **einen ~ (mit jdm) führen** to go through a lot of red tape (with sb) **Papiertaschentuch** N paper hankie, tissue **Papiertiger** M (fig) paper tiger **Papiertonne** F paper recycling bin **Papiertüte** F paper bag **Papiervorschub** M paper feed **Papierwaren** PL stationery (⚠ kein pl) **Papierwarengeschäft** N stationer's (shop) **Papierzufuhr** F (von Drucker) paper tray
Pappbecher M paper cup **Pappdeckel** M (thin) cardboard **Pappe** F (≈ Pappdeckel) cardboard; **dieser linke Haken war nicht von ~** (umg) that was a mean left hook
Pappel F poplar
päppeln VT (umg) to nourish
pappig ADJ (umg) sticky; Brot doughy **Pappnase** F false nose **Pappkarton** M (≈ Schachtel) cardboard box **Pappmaschee** N, **Pappmaché** N papier-mâché **Pappschachtel** F cardboard box **Pappteller** M paper plate
Paprika M (≈ Gewürz) paprika; (≈ Paprikaschote) pepper (Br), bell pepper (US) **Paprikaschote** F pepper; **gefüllte ~n** stuffed peppers
Papst M pope; **~ Benedikt** Pope Benedict

Paprika — (US bell) pepper

Paprika — paprika

(⚠ mit Namen großgeschrieben) **päpstlich** ADJ papal
Papua M Papuan **Papua-Neuguinea** N Papua New Guinea
Parabel F ◨ LIT parable ◩ MATH parabola
Parabolantenne F satellite dish **Parabolspiegel** M parabolic reflector
Parade F parade **Paradebeispiel** N prime example
Paradeiser M (österr) tomato
Paradies N paradise; **das ~ auf Erden** heaven on earth **paradiesisch** ADJ (fig) heavenly
paradox ADJ paradoxical **Paradox** N paradox **paradoxerweise** ADV paradoxically
Paraffin N (≈ Paraffinöl) (liquid) paraffin
Paragraf M JUR section; (≈ Abschnitt) paragraph
parallel ADJ parallel; **~ schalten** ELEK to connect in parallel **Parallele** F (wörtl) parallel (line); (fig) parallel; **eine ~ zu etw ziehen** (wörtl) to draw a line parallel to sth; (fig) to draw a parallel to sth **Parallelklasse** F parallel class **Parallelogramm** N parallelogram
Paralympics PL Paralympics pl **Paralytiker(in)** M(F) MED paralytic **paralytisch** ADJ paralytic
Parameter M parameter
paramilitärisch ADJ paramilitary
paranoid ADJ paranoid
Paranuss F BOT Brazil nut
paraphieren VT POL to initial
Parapsychologie F parapsychology
Parasit M (BIOL, fig) parasite **parasitär, parasitisch** ADJ parasitic(al)
parat ADJ Antwort, Beispiel etc ready; Werkzeug etc handy; **halte dich ~** be ready; **er hatte immer eine Ausrede ~** he always had an excuse ready
Pärchen N (courting) couple **pärchenweise** ADV in pairs
Parcours M REITEN showjumping course; (Sportart) showjumping; (≈ Rennstrecke) course
pardon INT sorry **Pardon** M od N ◨ pardon ◩ (umg) **kein ~ kennen** to be ruthless
Parfüm N perfume **parfümieren** VT to perfume
parieren A VT (FECHTEN, fig) to parry B VI to obey; **aufs Wort ~** to jump to it
Pariser M ◨ Parisian ◩ (umg ≈ Kondom) French letter (umg) **Pariserin** F Parisienne
Parität F parity **paritätisch** A ADJ equal; **~e Mitbestimmung** equal representation B ADV equally
Park M park
Parka M parka
Parkanlage F park **Parkausweis** M parking permit **Parkbank** F park bench **Parkbucht** F parking bay **Parkdeck** N parking level **parken** VT & VI to park; **ein ~des Auto** a parked car; **„Parken verboten!"** "No Parking"
Parkett N ◨ (≈ Fußboden) parquet (flooring); **auf dem internationalen ~** in international circles ◩ (≈ Tanzfläche) (dance) floor; **eine tolle Nummer aufs ~ legen** (umg) to put on a great show ◪ THEAT stalls pl, parquet (US) **Parkett(fuß)boden** M parquet floor
Parkgebühr F parking fee **Parkhaus** N multi-storey (Br) od multi-story (US) car park **parkieren** VT & VI (schweiz) = parken
parkinsonsche Krankheit F Parkinson's disease
Parkkralle F wheel clamp (Br), Denver boot (US) **Parklicht** N parking light **Parklücke** F parking space **Parkplatz** M car park, parking lot (bes US); (für Einzelwagen) (parking) space (Br) od spot (US) **Parkscheibe** F parking disc **Parkschein** M car-parking ticket **Parkscheinautomat** M VERKEHR ticket machine (for parking) **Parksünder(in)** M(F) parking offender (Br), illegal parker **Parkuhr** F parking meter **Parkverbot** N parking ban; **im ~ stehen** to be parked illegally **Parkwächter(in)** M(F) (auf Parkplatz) car-park attendant; (von Anlagen) park keeper
Parlament N parliament (⚠ Vorsicht, Schreibung mit „i".) **Parlamentarier(in)** M(F) parliamentarian (⚠ Vorsicht, Schreibung mit „i".) **parlamentarisch** ADJ parliamentary (⚠ Vorsicht, Schreibung mit „i".); **~ vertreten sein** to be represented in parliament **Parlamentsausschuss** M parliamentary committee (⚠ Vorsicht, Schreibung) **Parlamentsbeschluss** M vote of parliament **Parlamentsferien** PL recess **Parlamentsmitglied** N member of parliament **Parlamentswahl** F parliamentary election(s pl)
Parmaschinken M Parma ham
Parmesan(käse) M Parmesan (cheese)
Parodie F parody (auf +akk on, zu of) **parodieren** VT ~ to parody
Parodontose F periodontitis (fachspr)
Parole F ◨ MIL password ◩ (fig ≈ Wahlspruch) motto; POL slogan
Paroli N **jdm ~ bieten** (geh) to defy sb
Parsing N IT parsing
Partei F ◨ POL, JUR party ◩ (fig) **für jdn ~ ergreifen** to take sb's side; **gegen jdn ~ ergreifen** to take sides against sb ◪ (im Mietshaus) tenant **Parteibasis** F (party) rank and file, grassroots (members) pl **Parteibuch** N party membership book **Parteichef(in)** M(F) party

leader **Parteiführer(in)** M(F) party leader **Parteiführung** F leadership of a party; (*Vorstand*) party leaders pl **Parteigenosse** M, **Parteigenossin** F party member **parteiisch** A ADJ biased (Br), biassed B ADV ~ **urteilen** to be biased (in one's judgement) **Parteilichkeit** F partiality **Parteilinie** F party line **parteilos** ADJ *Abgeordneter* independent **Parteilose(r)** M(F)M independent **Parteimitglied** N party member **Parteinahme** F partisanship **parteipolitisch** ADJ party political **Parteiprogramm** N (party) manifesto, (party) program (US) **Parteitag** M party conference *od* convention (*bes US*) **Parteivorsitzende(r)** M(F)M party leader **Parteivorstand** M party executive

parterre ADV on the ground (*bes Br*) *od* first (US) floor **Parterre** N (*von Gebäude*) ground floor (*bes Br*), first floor (US)

Partie F 1 (≈ *Teil*, THEAT, MUS) part 2 SPORT game; **eine ~ Schach spielen** to play a game of chess; **eine gute/schlechte ~ liefern** to give a good/bad performance 3 HANDEL lot 4 (*umg*) **eine gute ~ (für jdn) sein** to be a good catch (for sb) (*umg*); **eine gute ~ machen** to marry (into) money 5 **mit von der ~ sein** to be in on it; **da bin ich mit von der ~** count me in

partiell ADJ partial
Partikel F GRAM, PHYS particle
Partisan(in) M(F) partisan
Partitur F MUS score
Partizip N GRAM participle; **~ Präsens** present participle; **~ Perfekt** past participle
Partner(in) M(F) partner **Partnerlook** M matching clothes pl **Partnerschaft** F partnership **partnerschaftlich** A ADJ **~es Verhältnis** (relationship based on) partnership; **~e Zusammenarbeit** working together as partners B ADV **~ zusammenarbeiten** to work in partnership **Partnerstadt** F twin town (*Br*), sister city (US) **Partnersuche** F finding the right partner; **auf ~ sein** to be looking for a partner **Partnervermittlung** F dating agency

Party F party; **auf einer ~** at a party; **auf eine ~ gehen** to go to a party; **eine ~ machen** to have a party **Partyraum** M party room **Partyservice** M party catering service
Parzelle F plot
Pascha M pasha
Pass M 1 passport 2 (*im Gebirge etc*) pass 3 SPORT pass

passabel A ADJ passable B ADV reasonably well; *schmecken* passable; **mir gehts ganz ~** I'm all right

Passage F passage; (≈ *Ladenstraße*) arcade
Passagier(in) M(F) passenger **Passagierdampfer** M passenger steamer **Passagierflugzeug** N passenger aircraft, airliner **Passagierliste** F passenger list
Passamt N passport office
Passant(in) M(F) passer-by
Passat(wind) M trade wind
Passbild N passport photo(graph) **Passbildautomat** M photo booth
passé, passee ADJ passé; **die Sache ist längst ~** that's all in the past
passen¹ VI 1 to fit 2 (≈ *harmonieren*) **zu etw ~** to go with sth; (*im Ton*) to match sth; **zu jdm ~** (*Mensch*) to suit sb; **das Rot passt da nicht** the red is all wrong there; **ins Bild ~** to fit the picture 3 (≈ *genehm sein*) to suit; **er passt mir (einfach) nicht** I (just) don't like him; **Sonntag passt uns nicht/gut** Sunday is no good for us/suits us fine; **das passt mir gar nicht** (≈ *gefällt mir nicht*) I don't like that at all; **das könnte dir so ~!** (*umg*) you'd like that, wouldn't you?
passen² VI (KART, *fig*) to pass; **(ich) passe!** (I) pass!
passend ADJ 1 (*in Größe, Form*) **gut/schlecht ~** well-/ill-fitting 2 (*in Farbe, Stil*) matching 3 (≈ *genehm*) *Zeit, Termin* convenient 4 (≈ *angemessen*) *Benehmen, Kleidung* suitable, appropriate; *Wort* right, proper; **bei jeder ~en und unpassenden Gelegenheit** at every opportunity, whether appropriate or not 5 *Geld* exact; **haben Sie es ~?** have you got the right money?
Passepartout M *od* N passe-partout

Pass — pass

Pass — passport

1125 | **PAUS**

Passform F̲ fit
Passfoto N̲ passport photo(graph)
passierbar A̲D̲J̲ *Brücke* passable; *Fluss* negotiable **passieren** A̲ V̲I̲ ▮ (≈ *sich ereignen*) to happen (*mit* to); **was ist denn passiert?** what's the matter?; **es wird dir schon nichts ~** nothing is going to happen to you; **es ist ein Unfall passiert** there has been an accident; **so was ist mir noch nie passiert!** that's never happened to me before!; (*empört*) I've never known anything like it! ▮ (≈ *durchgehen*) to pass; (*Gesetz*) to be passed B̲ V̲/T̲ ▮ (≈ *vorbeigehen an*) to pass; **die Grenze ~** to cross (over) ▮ G̲A̲S̲T̲R̲ to strain **Passierschein** M̲ pass
Passion F̲ passion; (*religiös*) Passion **passioniert** A̲D̲J̲ enthusiastic **Passionsfrucht** F̲ passion fruit **Passionsspiel** N̲ Passion play
passiv A̲D̲J̲ passive; **~es Mitglied** non-active member; **~es Rauchen** passive smoking **Passiv** N̲ G̲R̲A̲M̲ passive (voice) **Passiva** P̲L̲, **Passiven** P̲L̲ H̲A̲N̲D̲E̲L̲ liabilities *pl* **Passivität** F̲ passivity **Passivposten** M̲ H̲A̲N̲D̲E̲L̲ debit entry **Passivrauchen** N̲ passive smoking
Passkontrolle F̲ passport control; **~!** (your) passports please! **Passstraße** F̲ (mountain) pass
Passus M̲ passage
Passwort N̲ I̲T̲ password **Passwortschutz** M̲ password protection
Paste F̲ paste
Pastell N̲ pastel **Pastellfarbe** F̲ pastel (crayon); (*Farbton*) pastel (shade) **Pastellstift** M̲ pastel (crayon) **Pastellton** M̲ pastel shade
Pastetchen N̲ vol-au-vent **Pastete** F̲ ▮ (≈ *Schüsselpastete*) pie ▮ (≈ *Leberpastete etc*) pâté
pasteurisieren V̲/T̲ to pasteurize
Pastille F̲ pastille
Pastor(in) M̲(F̲) → Pfarrer
Pate M̲ (≈ *Taufzeuge*) godfather; (≈ *Mafiaboss*) godfather **Patenkind** N̲ godchild **Patenonkel** M̲ godfather **Patenschaft** F̲ godparenthood **Patensohn** M̲ godson **Patenstadt** F̲ twin(ned) town (*Br*), sister city (*US*)
patent A̲D̲J̲ ingenious; **ein ~er Kerl** a great guy/girl (*umg*)
Patent N̲ patent (*für etw* for sth, *auf etw +akk* on sth); **etw zum ~ anmelden** to apply for a patent on *od* for sth **Patentamt** N̲ Patent Office
Patentante F̲ godmother
patentieren V̲/T̲ to patent; **sich** (*dat*) **etw ~ lassen** to have sth patented **Patentlösung** F̲ (*fig*) easy answer
Patentochter F̲ goddaughter
Patentrezept N̲ (*fig*) = Patentlösung **Patentschutz** M̲ protection by (letters) patent
Pater M̲ K̲I̲R̲C̲H̲E̲ Father

pathetisch A̲ A̲D̲J̲ emotional B̲ A̲D̲V̲ dramatically
Pathologe M̲, **Pathologin** F̲ pathologist **Pathologie** F̲ pathology **pathologisch** (M̲E̲D̲, *fig*) A̲D̲J̲ pathological **Pathos** N̲ emotiveness; **mit viel ~ in der Stimme** in a voice charged with emotion
Patience F̲ patience (🚫 kein pl)
Patient(in) M̲(F̲) patient
Patin F̲ godmother
Patina F̲ patina
Patriarch M̲ patriarch **patriarchalisch** A̲D̲J̲ patriarchal **Patriarchat** N̲ patriarchy
Patriot(in) M̲(F̲) patriot **patriotisch** A̲ A̲D̲J̲ patriotic B̲ A̲D̲V̲ *reden, denken* patriotically **Patriotismus** M̲ patriotism
Patrone F̲ (M̲I̲L̲, *von Füller, von Drucker*) cartridge **Patronenhülse** F̲ cartridge case
Patrouille F̲ patrol; **(auf) ~ gehen** to patrol **patrouillieren** V̲I̲ to patrol
Patsche F̲ (*umg*) **in der ~ sitzen** *od* **stecken** to be in a jam (*umg*); **jdm aus der ~ helfen** to get sb out of a jam (*umg*) **patschen** V̲I̲ (*mit Flüssigkeit*) to splash **patschnass** A̲D̲J̲ (*umg*) soaking wet
Patt N̲ stalemate
patzen V̲I̲ (*umg*) to slip up **Patzer** M̲ (*umg* ≈ *Fehler*) slip **patzig** A̲D̲J̲ (*umg*) snotty (*umg*)
Pauke F̲ M̲U̲S̲ kettledrum; **mit ~n und Trompeten durchfallen** (*umg*) to fail miserably **pauken** A̲ V̲I̲ (*umg* ≈ *lernen*) to swot (*Br umg*), to cram (*umg*) B̲ V̲/T̲ to study up on **Paukenschlag** M̲ drum beat **Pauker(in)** M̲(F̲) ▮ (*umg* ≈ *Paukenspieler*) timpanist ▮ (S̲C̲H̲U̲L̲E̲ *umg* ≈ *Lehrer*) teacher **Paukerei** F̲ (S̲C̲H̲U̲L̲E̲ *umg*) swotting (*Br umg*), cramming (*umg*) **Paukist(in)** M̲(F̲) timpanist
pausbäckig A̲D̲J̲ chubby-cheeked
pauschal A̲ A̲D̲J̲ ▮ (≈ *einheitlich*) flat-rate *nur attr* ▮ (*fig*) *Urteil* sweeping B̲ A̲D̲V̲ ▮ (≈ *nicht spezifiziert*) at a flat rate; **die Gebühren werden ~ bezahlt** the charges are paid in a lump sum ▮ (≈ *nicht differenziert*) *abwerten* categorically **Pauschalbetrag** M̲ (≈ *Preis*) lump sum; (≈ *Preis*) inclusive price **Pauschale** F̲ (≈ *Einheitspreis*) flat rate; (≈ *vorläufig geschätzter Betrag*) estimated amount **Pauschalgebühr** F̲ (≈ *Einheitsgebühr*) flat rate (charge) **Pauschalreise** F̲ package holiday (*bes Br*) *od* tour **Pauschalsumme** F̲ lump sum **Pauschaltarif** M̲ flat rate **Pauschalurlaub** M̲ package holiday **Pauschalurteil** N̲ sweeping statement **Pauschbetrag** M̲ flat rate
Pause F̲ (≈ *Unterbrechung*) break; (≈ *Rast*) rest; (≈ *das Innehalten*) pause; T̲H̲E̲A̲T̲ interval; S̲C̲H̲U̲L̲E̲ break (*Br*), recess (*US*); S̲P̲O̲R̲T̲ half-time; **in der ~**

PAUS | 1126

SCHULE during break (Br) od recess (US); SPORT at half-time (!) beide ohne the; (eine) ~ **machen** (≈ sich entspannen) to have a break; (≈ rasten) to rest; (≈ innehalten) to pause; **ohne ~ arbeiten** to work nonstop; **die große ~** SCHULE (the) break (Br), recess (US); (in Grundschule) playtime **Pausenbrot** N something to eat at break **Pausenfüller** M stopgap **pausenlos** A ADJ nonstop B ADV continuously; **er arbeitet ~** he works nonstop **pausieren** VI to (take a) break
Pavian M baboon
Pavillon M pavilion
Pay-TV N pay TV
Pazifik M Pacific **pazifisch** ADJ Pacific; **der Pazifische Ozean** the Pacific (Ocean) **Pazifismus** M pacifism **Pazifist(in)** M(F) pacifist **pazifistisch** ADJ pacifist
PC M PC **PC-Arbeitsplatz** M computer workplace **PC-Benutzer(in)** M(F) PC user
Pech N 1 (Stoff) pitch; **die beiden halten zusammen wie ~ und Schwefel** (umg) the two are as thick as thieves (Br) od are inseparable 2 (umg ≈ Missgeschick) bad luck; **bei etw ~ haben** to be unlucky in od with sth; **~ gehabt!** tough! (umg); **sie ist vom ~ verfolgt** bad luck follows her around **pech(raben)schwarz** ADJ (umg) pitch-black; Haar jet-black **Pechsträhne** F (umg) run of bad luck **Pechvogel** M (umg) unlucky person
Pedal N pedal
Pedant(in) M(F) pedant **Pedanterie** F pedantry **pedantisch** A ADJ pedantic B ADV pedantically
Peddigrohr N cane
Pediküre F 1 (≈ Fußpflege) pedicure 2 (≈ Fußpflegerin) chiropodist
Peeling N (≈ Hautpflege) exfoliation, peeling; (≈ Mittel: für Gesicht) facial scrub; (für Körper) body scrub
Peepshow F peep show
Pegel M (in Flüssen, Meer) water depth gauge **Pegelstand** M water level
peilen VT Wassertiefe to sound; U-Boot, Sender to get a fix on; (≈ entdecken) to detect; **die Lage ~** (umg) to see how the land lies; **über den Daumen gepeilt** (umg) at a rough estimate
peinigen VT to torture; (fig) to torment **peinlich** A ADJ 1 (≈ unangenehm) (painfully) embarrassing; Überraschung nasty; **es war ihm ~(, dass …)** he was embarrassed (because …); **es ist mir sehr ~, aber ich muss es Ihnen einmal sagen** I don't know how to put it, but you really ought to know; **das ist mir ja so ~** I feel awful about it 2 (≈ gewissenhaft) meticulous; Sparsamkeit careful B ADV 1 (≈ unangenehm) **~ berührt**

sein (hum) to be profoundly shocked (iron); **~ wirken** to be embarrassing 2 (≈ gründlich) painstakingly; sauber meticulously; **der Koffer wurde ~ genau untersucht** the case was gone through very thoroughly **Peinlichkeit** F (≈ Unangenehmheit) awkwardness
Peitsche F whip **peitschen** VT & VI to whip; (fig) to lash
Pekinese M pekinese
Pelikan M pelican
Pelle F (umg) skin; (abgeschält) peel; **er geht mir nicht von der ~** (umg) he won't stop pestering me **pellen** (umg) A VT Kartoffeln, Wurst to skin, to peel; Ei to take the shell off B VR (Körperhaut) to peel **Pellkartoffeln** PL potatoes pl boiled in their jackets
Pelz M fur **pelzig** ADJ furry **Pelzmantel** M fur coat **Pelzmütze** F fur cap, fur hat **Pelztierzucht** F fur farming **Pelzwaren** PL furs pl
Pendant N counterpart
Pendel N pendulum **pendeln** VI 1 (≈ schwingen) to swing (to and fro) 2 (Zug, Fähre etc) to shuttle; (Mensch) to commute **Pendeltür** F swing door **Pendelverkehr** M shuttle service; (≈ Berufsverkehr) commuter traffic **Pendler(in)** M(F) commuter
penetrant ADJ 1 Gestank penetrating, overpowering; **das schmeckt ~ nach Knoblauch** you can't taste anything for garlic 2 (fig ≈ aufdringlich) insistent; **ein ~er Kerl** a nuisance **Penetration** F penetration **penetrieren** VT to penetrate
penibel ADJ (≈ gründlich, genau) precise
Penis M penis
Penizillin N penicillin
Pennbruder M (umg) tramp **Penne** F (SCHULE umg) school **pennen** VI (umg ≈ schlafen) to sleep **Penner(in)** M(F) (umg) 1 tramp, bum (umg) 2 (≈ Blödmann) plonker (umg)
Pension F 1 (≈ Fremdenheim) guesthouse 2 (≈ Verpflegung) board; **halbe/volle ~** half/full board 3 (≈ Ruhegehalt) pension 4 (≈ Ruhestand) retirement; **in ~ gehen** to retire; **in ~ sein** to be retired **Pensionär(in)** M(F) (Pension beziehend) pensioner; (im Ruhestand befindlich) retired person **pensionieren** VT to pension off; **sich ~ lassen** to retire; **pensioniert** in retirement, re-

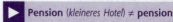

Pension (kleineres Hotel) ≠ pension

Pension (kleineres Hotel)	=	guesthouse
pension	=	Rente

FALSCHE FREUNDE

tired **Pensionierung** Ḟ pensioning-off; (≈ *Ruhestand*) retirement **Pensionsalter** N̄ retirement age **Pensionsanspruch** M̄ right to a pension **pensionsberechtigt** ADJ entitled to a pension **Pensionsgast** M̄ paying guest

Pensum N̄ workload; **tägliches ~** daily quota
Pentium® M̄ IT Pentium® PC
Peperoni P̄L chillies *pl* (*Br*), chilies *pl*
peppig (*umg*) ADJ *Musik, Show* lively
per PRÄP (≈ *mittels, durch*) by; **mit jdm ~ du sein** (*umg*) to be on first-name terms with sb
Perestroika Ḟ POL perestroika
perfekt A ADJ **1** (≈ *vollkommen*) perfect **2** (≈ *abgemacht*) settled; **etw ~ machen** to settle sth; **der Vertrag ist ~** the contract is all settled B ADV (≈ *sehr gut*) perfectly; **~ Englisch sprechen** to speak perfect English **Perfekt** N̄ perfect (tense) **Perfektion** Ḟ perfection; **etw (bis) zur ~ entwickeln** *Ausreden etc* to get sth down to a fine art **perfektionieren** V̄T to perfect **Perfektionist(in)** M̄F̄ perfectionist
perforieren V̄T to perforate
Pergament N̄ **1** parchment **2** (*a.* **Pergamentpapier**) greaseproof paper
Pergola Ḟ arbour (*Br*), arbor (*US*)
Periode Ḟ period; ELEK cycle; **0,33 ~** 0.33 recurring **periodisch** A ADJ periodic(al); (≈ *regelmäßig*) regular B ADV periodically
Peripherie Ḟ periphery; (*von Stadt*) outskirts *pl* **Peripheriegerät** N̄ peripheral
Periskop N̄ periscope
Perle Ḟ pearl; (≈ *Glasperle, Wasserperle, Schweißperle*) bead **perlen** V̄I (≈ *sprudeln*) to bubble; (*Champagner*) to fizz; (≈ *fallen, rollen*) to trickle; **der Schweiß perlte ihm von der Stirn** beads of sweat were running down his forehead **Perlenkette** Ḟ string of pearls **Perlentaucher(in)** M̄F̄ pearl diver **Perlhuhn** N̄ guinea fowl **Perlmutt** N̄, **Perlmutter** Ḟ mother-of-pearl **Perlwein** M̄ sparkling wine
permanent A ADJ permanent B ADV constantly
perplex ADJ dumbfounded
Perron M̄ (*schweiz* BAHN) platform
Perser M̄ (*umg*) (≈ *Teppich*) Persian carpet; (≈ *Brücke*) Persian rug **Perser(in)** M̄F̄ Persian **Persianer** M̄ Persian lamb
Persilschein M̄ (*hum umg*) clean bill of health (*umg*); **jdm einen ~ ausstellen** (*hum umg*) to absolve sb of all responsibility
persisch ADJ Persian; **Persischer Golf** Persian Gulf
Perso M̄ (*umg* ≈ *Personalausweis*) ID card
Person Ḟ person; LIT, THEAT character; **~en** *pl*; **pro ~** per person; **ich für meine ~**

... I for my part ...; **jdn zur ~ vernehmen** JUR to question sb concerning his identity; **Angaben zur ~ machen** to give one's personal details; **sie ist die Geduld in ~** she's patience personified; **das Verb steht in der ersten ~ Plural** the verb is in the first person plural **Personal** N̄ personnel **Personalabbau** M̄ staff cuts *pl* **Personalabteilung** Ḟ personnel (department) **Personalausweis** M̄ identity card **Personalbestand** M̄ number of staff **Personalchef(in)** M̄F̄ personnel manager **Personal Computer** M̄ personal computer **Personalien** P̄L particulars *pl*, personal data *pl* **Personalkosten** P̄L personnel costs *pl* **Personalleiter(in)** M̄F̄ personnel manager **Personalplanung** Ḟ staff planning **Personalpronomen** N̄ personal pronoun **personell** A ADJ staff *attr*, personnel *attr; Konsequenzen* for staff B ADV **die Abteilung wird ~ aufgestockt** more staff will be taken on in the department **Personenaufzug** M̄ (passenger) lift (*Br*), elevator (*US*) **Personenbeschreibung** Ḟ (personal) description **personenbezogen** ADJ *Daten* personal **Personengesellschaft** Ḟ partnership **Personenkreis** M̄ group of people **Personenkult** M̄ personality cult **Personenschaden** M̄ injury to persons; **es gab keine Personenschäden** no-one was injured **Personenschutz** M̄ personal security **Personenverkehr** M̄ passenger services *pl* **Personenwaage** Ḟ scales *pl* **Personenwagen** M̄ AUTO car, automobile (*US*) **Personenzug** M̄ (*Gegensatz: Schnellzug*) slow train; (*Gegensatz: Güterzug*) passenger train **personifizieren** V̄T to personify **Personifizierung** Ḟ personification **persönlich** A ADJ personal; *Atmosphäre* friendly; **~es Fürwort** personal pronoun B ADV personally; (*auf Briefen*) private (and confidential); **etw ~ nehmen** to take sth personally **Persönlichkeit** Ḟ personality; **~en des öffentlichen Lebens** public figures
Perspektive Ḟ KUNST, OPT perspective; (≈ *Blickpunkt*) angle; (≈ *Gesichtspunkt*) point of view; (*fig* ≈ *Zukunftsausblick*) prospects *pl*; **das eröffnet ganz neue ~n für uns** that opens up new horizons for us **perspektivisch** ADJ perspective *attr*; **die Zeichnung ist nicht ~** the drawing is not in perspective **perspektivlos** ADJ without prospects
Peru N̄ Peru **Peruaner(in)** M̄F̄ Peruvian **peruanisch** ADJ Peruvian
Perücke Ḟ wig
pervers ADJ perverted **Perversion** Ḟ perversion **Perversität** Ḟ perversion **pervertie-**

ren V/T to pervert
Pessar N pessary; (zur Empfängnisverhütung) diaphragm
Pessimismus M pessimism **Pessimist(in)** M(F) pessimist **pessimistisch** ADJ pessimistic; **da bin ich ~** I'm pessimistic about it
Pest F plague; **jdn/etw wie die ~ hassen** (umg) to loathe (and detest) sb/sth; **wie die ~ stinken** (umg) to stink to high heaven (umg)

| Pest | = | plague |
| pest | = | Schädling (Tier), Nervensäge (Mensch) |

FALSCHE FREUNDE

Pestizid N pesticide
Petersilie F parsley
Petition F petition
Petrochemie F petrochemistry **petrochemisch** ADJ petrochemical **Petrodollar** M petrodollar **Petroleum** N paraffin (oil) (Br), kerosene (bes US) **Petroleumlampe** F paraffin (Br) od kerosene (bes US) lamp

| Petroleum | = | **paraffin (oil)**, (bes US) **kerosene** |
| petroleum | = | Erdöl |

FALSCHE FREUNDE

Petting N petting
petto ADV **etw in ~ haben** (umg) to have sth up one's sleeve (umg)
petzen (umg) A V/T **der petzt alles** he always tells B V/I to tell (tales) (bei to) **Petzer(in)** M(F) (SCHULE umg) snitch (umg)
Pfad M path auch IT **Pfadfinder** M (Boy) Scout; **bei den ~n sein** to be in the Boy Scouts **Pfadfinderin** F Girl Guide (Br), Girl Scout (US)
Pfahl M post; (≈ Brückenpfahl) pile; (≈ Marterpfahl) stake **Pfahlbau** M (Bauweise) building on stilts
Pfalz F 1 (≈ Rheinpfalz) Rhineland od Lower Palatinate 2 (≈ Oberpfalz) Upper Palatinate **pfälzisch** ADJ Palatine
Pfand N security; (beim Pfänderspiel) forfeit; (≈ Verpackungspfand) deposit; **auf dem Glas ist ~** there's a deposit on the glass **pfändbar** ADJ JUR distrainable (form) **Pfandbrief** M (von Bank, Regierung) bond **pfänden** V/T JUR to impound; Konto, Gehalt to seize; **jdn ~** to impound some of sb's possessions **Pfänderspiel** N (game of) forfeits **Pfandflasche** F returnable bottle **Pfandleihe** F (≈ Pfandhaus) pawnshop **Pfandleiher(in)** M(F) pawnbroker **Pfandschein** M pawn ticket **Pfändung** F seizure
Pfanne F GASTR pan; (≈ Bratpfanne) frying pan (Br), skillet (US); ANAT socket; **jdn in die ~ hauen** (umg) to do the dirty on sb (umg); (≈ vernichtend schlagen) to wipe the floor with sb (umg) **Pfannengericht** N GASTR fry-up **Pfannkuchen** M (≈ Eierpfannkuchen) pancake; (≈ Berliner) (jam) doughnut (Br) od donut (US)
Pfarrei F (≈ Gemeinde) parish **Pfarrer(in)** M(F) parish priest; (von Freikirchen) minister **Pfarrgemeinde** F parish **Pfarrhaus** N 1 (katholisch) presbytery 2 (bes evangelisch) rectory, vicarage 3 (in Schottland) manse 4 (andere Kirchen in USA) parsonage **Pfarrkirche** F parish church
Pfau M peacock
Pfeffer M pepper **Pfefferkorn** N peppercorn **Pfefferkuchen** M gingerbread **Pfefferminz** N, **Pfefferminzbonbon** N od M peppermint **Pfefferminze** F peppermint **Pfefferminztee** M (pepper)mint tea **Pfeffermühle** F pepper mill **pfeffern** V/T 1 GASTR to season with pepper; (fig) to pepper; → **gepfeffert** 2 (umg) **jdm eine ~** to clout sb one (Br umg) **Pfefferstreuer** M pepper pot
Pfeife F 1 whistle; (≈ Orgelpfeife) pipe; **nach jds ~ tanzen** to dance to sb's tune 2 (zum Rauchen) pipe 3 (umg ≈ Versager) wash-out (umg) **pfeifen** A V/I to whistle; **ich pfeife auf seine Meinung** (umg) I couldn't care less about what he thinks B V/T to whistle; MUS to pipe; (SPORT umg) Spiel to ref (umg); Abseits, Foul to give **Pfeifenraucher(in)** M(F) pipe smoker **Pfeifer(in)** M(F) piper **Pfeifkessel** M whistling kettle **Pfeifkonzert** N barrage od hail of catcalls od whistles
Pfeil M arrow; (≈ Wurfpfeil) dart; **~ und Bogen** bow and arrow (!) Wortstellung)
Pfeiler M pillar; (von Hängebrücke) pylon; (≈ Stützpfeiler) buttress
pfeilförmig ADJ V-shaped **pfeilgerade** ADJ as straight as a die; **eine ~ Linie** a dead straight line **Pfeilspitze** F arrowhead **Pfeiltaste** F IT arrow key
Pfennig M HIST pfennig, *one hundredth of a mark*; **es ist keinen ~ wert** (fig) it's not worth a thing od a red cent (US); **mit dem** od **jedem ~ rechnen müssen** (fig) to have to watch every penny **Pfennigabsatz** M stiletto heel **Pfennigfuchser(in)** M(F) (umg) miser (umg)
Pferch M fold **pferchen** V/T to cram
Pferd N horse; SCHACH knight; **zu ~(e)** on horseback; **aufs falsche ~ setzen** to back the wrong horse; **keine zehn ~e brächten mich dahin** (umg) wild horses couldn't drag

Pferd — horse

Pferd — horse

me there; **mit ihm kann man ~e stehlen** (umg) he's a great sport (umg); **er ist unser bestes ~ im Stall** he's our best man **Pferdefliege** F̲ horsefly **Pferdefuhrwerk** N̲ horse and cart **Pferdegebiss** N̲ horsey teeth **Pferdekoppel** F̲ paddock **Pferderennbahn** F̲ race course **Pferderennen** N̲ (Sportart) (horse) racing; (einzelnes Rennen) (horse) race **Pferdeschwanz** M̲ horse's tail; (Frisur) ponytail **Pferdesport** M̲ equestrian sport **Pferdestall** M̲ stable **Pferdestärke** F̲ horse power (❗ kein pl), hp abk **Pferdezucht** F̲ horse breeding; (≈ Gestüt) stud farm

Pfiff M̲ ◾ whistle ◾ (≈ Reiz) style; **der Soße fehlt noch der letzte ~** the sauce still needs that extra something; **eine Inneneinrichtung mit ~** a stylish interior

Pfifferling M̲ chanterelle; **keinen ~ wert** (umg) not worth a thing

pfiffig A̲ A̲D̲J̲ smart B̲ A̲D̲V̲ cleverly

Pfingsten N̲ Whitsun (Br), Pentecost (US) **Pfingstferien** P̲L̲ Whit(sun) holiday od holidays pl (Br), Pentecost holiday od holidays pl (US) **Pfingstmontag** M̲ Whit Monday (Br), Pentecost Monday (US) **Pfingstrose** F̲ peony **Pfingstsonntag** M̲ Whit Sunday (Br), Pentecost (US) **Pfingstwoche** F̲ Whit week (Br), the week of the Pentecost holiday (US)

Pfirsich M̲ peach **Pfirsichblüte** F̲ peach blossom

Pflanz M̲ (österr umg ≈ Betrug) con (umg) **Pflanze** F̲ (≈ Gewächs) plant; **~n fressend** herbivorous **pflanzen** V̲T̲ ◾ to plant ◾ (österr umg ≈ auf den Arm nehmen) **jdn ~** to take the mickey out of sb (umg) **Pflanzenfaser** F̲ plant fibre (Br) od fiber (US) **Pflanzenfett** N̲ vegetable fat **pflanzenfressend** A̲D̲J̲ herbivorous **Pflanzenfresser** M̲ herbivore **Pflanzenkunde** F̲, **Pflanzenlehre** F̲ botany **Pflanzenmargarine** F̲ vegetable margarine **Pflanzenöl** N̲ vegetable oil **Pflanzenschutzmittel** N̲ pesticide **pflanzlich** A̲ A̲D̲J̲ Fette, Nahrung vegetable attr; Organismen plant attr B̲ A̲D̲V̲ **sich rein ~ ernähren** to eat no animal products; (Tier) to be a herbivore **Pflanzung** F̲ (≈ Plantage) plantation

Pflaster N̲ ◾ (≈ Heftpflaster) (sticking) plaster (Br), adhesive tape (US) ◾ (≈ Straßenpflaster) (road) surface; **ein gefährliches ~** (umg) a dangerous place **pflastern** V̲T̲ Straße, Hof to surface; (mit Steinplatten) to pave; **eine Straße neu ~** to resurface a road **Pflasterstein** M̲ paving stone

Pflaume F̲ ◾ plum; **getrocknete ~** prune ◾ (umg ≈ Mensch) dope (umg) **Pflaumenbaum** M̲ plum tree **Pflaumenkuchen** M̲ plum tart **Pflaumenmus** N̲ plum jam

Pflege F̲ care; (von Beziehungen) cultivation; (von Maschinen, Gebäuden) maintenance; **jdn/etw in ~ nehmen** to look after sb/sth; **jdn/etw in ~ geben** to have sb/sth looked after; **ein Kind in ~ nehmen** to foster a child; **ein Kind in ~ geben** to have a child fostered; **der Garten braucht viel ~** the garden needs a lot of care and attention **pflegebedürftig** A̲D̲J̲ in need of care (and attention) (❗ immer hinter dem Substantiv) **Pflegeberuf** M̲ caring profes-

Pflaster — Br (sticking) plaster, US adhesive tape

Pflaster — road surface

sion **Pflegedienst** M home nursing service **Pflegeeltern** PL foster parents pl **Pflegefall** M **sie ist ein ~** she needs constant care **Pflegegeld** N (für Pflegekinder) boarding-out allowance; (für Kranke) attendance allowance **Pflegeheim** N nursing home **Pflegekind** N foster child **Pflegekosten** PL nursing fees pl **Pflegekostenversicherung** F private nursing insurance **pflegeleicht** ADJ easy-care attr; **er ist ~** he's easy to get along with **Pflegemutter** F foster mother **pflegen** A VT to look after; Beziehungen to cultivate; Maschinen, Gebäude to maintain; → **gepflegt** B VI (= gewöhnlich tun) to be in the habit (zu of); **sie pflegte zu sagen** she used to say; **wie man zu sagen pflegt** as they say C VR (= sein Äußeres pflegen) to care about one's appearance **Pfleger** M (im Krankenhaus) orderly; (voll qualifiziert) (male) nurse **Pflegerin** F nurse **Pflegesohn** M foster son **Pflegestation** F nursing ward **Pflegetochter** F foster daughter **Pflegevater** M foster father **Pflegeversicherung** F nursing care insurance **pfleglich** A ADJ careful B ADV behandeln carefully, with care

Pflicht F 1 (= Verpflichtung) duty (zu to); **Rechte und ~en** rights and responsibilities; **jdn in die ~ nehmen** to remind sb of his duty; **ich habe es mir zur ~ gemacht** I've taken it upon myself; **das ist ~** you have to do that, it's compulsory 2 SPORT compulsory section **pflichtbewusst** ADJ conscientious **Pflichtbewusstsein** N sense of duty **Pflichtfach** N compulsory subject **Pflichtgefühl** N sense of duty **pflichtgemäß** A ADJ dutiful B ADV dutifully **Pflichtübung** F compulsory exercise **pflichtversichert** ADJ compulsorily insured **Pflichtversicherte(r)** M/F(M) compulsorily insured person **Pflichtversicherung** F compulsory insurance

Pflock M peg; (für Tiere) stake
pflücken VT to pick **Pflücker(in)** M/F(M) picker
Pflug M plough (Br), plow (US) **pflügen** VT & VI to plough (Br), to plow (US)
Pforte F (= Tor) gate **Pförtner(in)** M/F(M) porter; (von Fabrik) gateman/woman; (von Behörde) doorman/woman
Pfosten M post; (≈ Fensterpfosten) (window) jamb; (≈ Türpfosten) doorpost; FUSSB (goal)post
Pfote F paw; **sich** (dat) **die ~n verbrennen** (umg) to burn one's fingers
Pfropf M (≈ Stöpsel) stopper; (≈ Kork) cork; (von Fass) bung; (MED ≈ Blutpfropf) (blood) clot; (verstopfend) blockage **pfropfen** VT 1 Flasche to bung, to stop up 2 (umg ≈ hineinzwängen) to cram; **gepfropft voll** jam-packed (umg) **Pfropfen** M = Pfropf
pfui INT (Ekel) ugh; (zu Hunden) oy; (Buhruf) boo; **~ Teufel** (umg) ugh
Pfund N 1 (≈ Gewicht) pound; **drei ~ Äpfel** three pounds of apples; **ein halbes ~** half a pound (⚠ Wortstellung) 2 (≈ Währungseinheit) pound; **in ~** in pounds **Pfundskerl** M (umg) great guy (umg) **pfundweise** ADV by the pound

> **Pfund**

Das Pfundzeichen £ erscheint im Englischen immer vor dem Betrag, der sich ohne größeren Zwischenraum anschließt:
£ 10, £ 130, £ 300 usw.

SPRACHGEBRAUCH

Pfusch M 1 (umg) = **Pfuscherei** 2 (österr ≈ Schwarzarbeit) moonlighting (umg) **pfuschen** VI 1 (≈ schlecht arbeiten) to bungle; (≈ einen Fehler machen) to slip up 2 SCHULE to cheat 3 (österr ≈ schwarzarbeiten) to moonlight (umg) **Pfuscher(in)** M/F(M) (umg) bungler **Pfuscherei** F (≈ das Pfuschen) bungling (⚠ kein pl); (≈ gepfuschte Arbeit) botch-up (umg)
Pfütze F puddle
Phallus M phallus **Phallussymbol** N phallic symbol
Phänomen N phenomenon **phänomenal** A ADJ phenomenal B ADV phenomenally (well)
Phantasie F = **Fantasie phantastisch** ADJ, ADV = fantastisch
Phantom N (≈ Trugbild) phantom **Phantombild** N Identikit® (picture), Photofit® (picture)
Pharao M Pharaoh
Pharmaindustrie F pharmaceuticals industry **Pharmakologe** M, **Pharmakologin** F pharmacologist **Pharmakologie** F pharmacology **pharmakologisch** ADJ pharmacological **Pharmaunternehmen** N pharmaceuticals company **Pharmazeut(in)** M/F(M) pharmacist, druggist (US) **pharmazeutisch** ADJ pharmaceutical **Pharmazie** F pharmacy, pharmaceutics sg
Phase F phase
Philatelie F philately **Philatelist(in)** M/F(M) philatelist
Philharmonie F (≈ Orchester) philharmonic (orchestra); (≈ Konzertsaal) philharmonic hall **Philharmoniker(in)** M/F(M) (≈ Musiker) member of a philharmonic orchestra
Philippinen PL Philippines pl **philippinisch** ADJ Filipino
Philologe M, **Philologin** F philologist

Philologie F̲ philology **philologisch** A̲D̲J̲ philological

Philosoph(in) M̲F̲ philosopher **Philosophie** F̲ philosophy **philosophieren** V̲I̲ to philosophize (über +akk about) **philosophisch** A̲ A̲D̲J̲ philosophical B̲ A̲D̲V̲ philosophically

Phlegma N̲ apathy **Phlegmatiker(in)** M̲F̲ apathetic person **phlegmatisch** A̲ A̲D̲J̲ apathetic B̲ A̲D̲V̲ apathetically

Phobie F̲ phobia (vor +dat about)

Phon N̲ phon **Phonetik** F̲ phonetics sg **phonetisch** A̲D̲J̲ phonetic; **~e Schrift** phonetic transcription

pH-neutral A̲D̲J̲ pH-balanced

Phonotypist(in) M̲F̲ audiotypist **Phonstärke** F̲ decibel

Phosphat N̲ phosphate **phosphatfrei** A̲D̲J̲ phosphate-free **phosphathaltig** A̲D̲J̲ containing phosphates **Phosphor** M̲ phosphorus **phosphoreszieren** V̲I̲ to phosphoresce

Photo N̲ = Foto

Phrase F̲ phrase; (pej) empty phrase; **abgedroschene ~** cliché, hackneyed phrase (Br); **~n dreschen** (umg) to churn out one cliché after another **Phrasendrescher(in)** M̲F̲ (pej) windbag (umg)

pH-Wert M̲ pH value

Physik F̲ physics sg **physikalisch** A̲ A̲D̲J̲ physical B̲ A̲D̲V̲ physically **Physiker(in)** M̲F̲ physicist **Physiksaal** M̲ physics lab **Physikum** N̲ UNIV preliminary examination in medicine **physiologisch** A̲ A̲D̲J̲ physiological B̲ A̲D̲V̲ physiologically **Physiotherapeut(in)** M̲F̲ physiotherapist **Physiotherapie** F̲ physiotherapy **physisch** A̲ A̲D̲J̲ physical B̲ A̲D̲V̲ physically

Pi N̲ MATH pi; **die Zahl ~** the number represented by pi

Pianist(in) M̲F̲ pianist

Piccolo M̲ ■ (a. **Piccoloflasche**) quarter bottle of champagne ■ (MUS: a. **Piccoloflöte**) piccolo; **~ spielen** to play the piccolo (❗ mit **the**)

picheln V̲I̲ (umg) to booze (umg)

Pichelsteiner M̲, **Pichelsteiner Topf** M̲ GASTR meat and vegetable stew

Pick M̲ (österr ≈ Klebstoff) glue

Pickel M̲ ■ spot ■ (≈ Spitzhacke) pick(axe) (Br), pick(ax) (US); (≈ Eispickel) ice axe (Br), ice ax (US) **pick(e)lig** A̲D̲J̲ spotty

picken V̲I̲&̲V̲I̲ ■ to peck (nach at) ■ (österr ≈ kleben) to stick

Pickerl N̲ (österr) ■ (≈ Aufkleber) sticker ■ (≈ Autobahnvignette) motorway (Br) od tollway (US) permit

(in the form of a windscreen sticker)

Picknick N̲ picnic; **~ machen** to have a picnic **picknicken** V̲I̲ to (have a) picnic **Picknickkorb** M̲ picnic basket; (größer) picnic hamper

picobello A̲D̲V̲ (umg) **~ gekleidet** immaculately dressed; **~ sauber** absolutely spotless

Piefke M̲ (österr pej ≈ Deutscher) Kraut (pej)

pieken V̲I̲ &̲ V̲I̲ (umg) to prick **piekfein** (umg) A̲D̲J̲ posh (umg); **~ eingerichtet sein** to have classy furnishings

piepen V̲I̲ (Vogel) to cheep; (Maus) to squeak; (Funkgerät etc) to bleep; **bei dir piepts wohl!** (umg) are you off your rocker? (umg); **es war zum Piepen!** (umg) it was a scream! (umg)

Piepser M̲ (TEL umg) bleeper **Piepton** M̲ bleep

Pier M̲ jetty

piercen V̲I̲ to pierce; **sich** (dat) **die Zunge ~ lassen** to get one's tongue pierced **Piercing** N̲ ■ body piercing ■ (Körperschmuck) piece of body jewellery (Br) od jewelry (US)

piesacken V̲I̲ (umg ≈ quälen) to torment

Pietät F̲ (≈ Ehrfurcht) reverence (❗ kein pl); (≈ Achtung) respect **pietätlos** A̲D̲J̲ irreverent; (≈ ohne Achtung) lacking in respect

Pigment N̲ pigment

Pik N̲ (KART) (≈ Farbe) spades pl (❗ Eine einzelne Karte heißt **spade**. Zum Pikkönig sagt man **the king of spades**.)

pikant A̲D̲J̲ piquant; **~ gewürzt** well-seasoned

Pike F̲ pike; **etw von der ~ auf lernen** (fig) to learn sth starting from the bottom

pikiert (umg) A̲D̲J̲ put out; **sie machte ein ~es Gesicht** she looked put out

Pikkolo M̲ = Piccolo

Piktogramm N̲ pictogram

Pilates N̲ SPORT pilates

Pilger(in) M̲F̲ pilgrim **Pilgerfahrt** F̲ pilgrimage **pilgern** V̲I̲ to make a pilgrimage; (umg ≈ gehen) to make one's way

Pille F̲ pill; **sie nimmt die ~** she's on the pill; **die ~ danach** the morning-after pill

Pilot(in) M̲F̲ pilot **Pilotfilm** M̲ pilot film **Pilotprojekt** N̲ pilot scheme

Pils N̲, **Pilsner** N̲ Pils

Pilz M̲ ■ fungus; (giftig) toadstool; (essbar) mushroom; **~e sammeln** to go mushroom-picking ■ (≈ Hautpilz) fungal skin infection **Pilzkrankheit** F̲ fungal disease **Pilzvergiftung** F̲ fungus poisoning

Pimmel M̲ (umg) willy (Br umg), weenie (US umg)

Pin M̲ (von Stecker) pin

PIN F̲ abk von persönliche Identifikationsnummer PIN

pingelig A̲D̲J̲ (umg) finicky (umg)

Pinguin M̲ penguin

Pinie F pine
pink ADJ shocking pink
Pinkel M (umg) **ein feiner ~** a swell, His Highness (umg) **pinkeln** VI (umg) to pee (umg)
Pinnwand F (notice) board
Pinscher M pinscher
Pinsel M brush **pinseln** VT & VI (umg ≈ streichen) to paint (a. MED); (pej ≈ malen) to daub
Pinzette F (pair of) tweezers pl
Pionier(in) M(F) 1 MIL sapper 2 (fig) pioneer **Pionierarbeit** F pioneering work **Pioniergeist** M pioneering spirit
Pipeline F pipeline
Pipette F pipette
Pipi N od M (kinderspr) wee(-wee) (kinderspr); **~ machen** to do a wee(-wee)
Pirat(in) M(F) pirate **Piratenschiff** N pirate ship **Piratensender** M pirate radio station **Piraterie** F (wörtl, fig) piracy
Pirsch F stalk; **auf (die) ~ gehen** to go stalking
PISA-Studie F SCHULE PISA study
pissen VI (vulg) to (take a) piss (sl); (sl ≈ regnen) to pour down (umg)
Pistazie F pistachio
Piste F SKI piste; (≈ Rennbahn) track; FLUG runway
Pistole F pistol; **jdm die ~ auf die Brust setzen** (fig) to hold a pistol to sb's head; **wie aus der ~ geschossen** (fig) like a shot (umg)
Pit-Bull-Terrier M pit bull terrier
pittoresk ADJ picturesque
Pixel N IT pixel
Pizza F pizza **Pizzabäcker(in)** M(F) pizza chef **Pizzagewürz** N pizza spice **Pizzeria** F pizzeria
Pkw M car
Placebo N placebo
Plackerei F (umg) grind (umg)
plädieren VI to plead (für, auf +akk for) **Plädoyer** N JUR summation (US), summing up; (fig) plea
Plafond M (bes südd, schweiz, a. fig) ceiling
Plage F 1 plague 2 (fig ≈ Mühe) nuisance **plagen** A VT to plague; **ein geplagter Mann** a harassed man B VR 1 (≈ leiden) to be troubled (mit by) 2 (≈ sich abrackern) to slave away (umg)
Plagiat N 1 (≈ geistiger Diebstahl) plagiarism 2 (Buch, Film etc) book/film etc resulting from plagiarism; **dieses Buch ist ein ~** this book is plagiarism **plagiieren** VT & VI to plagiarize
Plakat N (an Litfaßsäulen etc) poster; (aus Pappe) placard **plakatieren** VT to placard; (fig) to broadcast **Plakatwerbung** F poster advertising
Plakette F (≈ Abzeichen) badge
Plan[1] M 1 plan; **wir haben den ~, ...** we're

> **Planeten**

Die Planeten unseres Sonnensystems. Die Reihenfolge entspricht der Entfernung zur Sonne, vom kleinsten zum größten Abstand:

Merkur	**Mercury** ['mɜːkjʊrɪ]
Venus	**Venus** ['viːnəs]
Erde	<u>the</u> **earth** [ðɪ'ɜːθ]
Mars	**Mars** [mɑːz]
Jupiter	**Jupiter** ['dʒuːpɪtə]
Saturn	**Saturn** ['sætən]
Uranus	**Uranus** ['jʊərənəs]
Neptun	**Neptune** ['nɛptjuːn]

WORTSCHATZ

planning to ...; **es verlief alles nach ~** everything went according to plan 2 (≈ Stadtplan) (street) map; (≈ Bauplan) plan; (≈ Zeittafel) schedule **Plan**[2] M **auf den ~ treten** (fig) to arrive od come on the scene; **jdn auf den ~ rufen** (fig) to bring sb into the arena
Plane F tarpaulin; (≈ Schutzdach) canopy
planen VT & VI to plan **Planer(in)** M(F) planner
Planet M planet **planetarisch** ADJ planetary
Planetarium N planetarium
Planfeststellungsverfahren N BAU planning permission hearings pl
planieren VT Boden to level (off); Werkstück to planish **Planierraupe** F bulldozer

Platte — hotplate

Platte — (serving) plate

Platte — record

Planke F plank; (≈ *Leitplanke*) crash barrier **Plänkelei** F (fig) squabble **plänkeln** VI (fig) to squabble **Plankton** N plankton **planlos** A ADJ unmethodical; (≈ *ziellos*) random B ADV umherirren aimlessly; *vorgehen* without any clear direction **Planlosigkeit** F lack of planning **planmäßig** A ADJ (≈ *wie geplant*) as planned; (≈ *pünktlich*) on schedule; **~e Ankunft/Abfahrt** scheduled time of arrival/departure B ADV 1 (≈ *systematisch*) systematically 2 (≈ *fahrplanmäßig*) on schedule **Planschbecken** N paddling pool (Br), wading pool (US) **planschen** VI to splash around **Planspiel** N experimental game; MIL map exercise **Planstelle** F post **Plantage** F plantation **Planung** F planning; **diese Straße ist noch in ~** this road is still being planned **Planwirtschaft** F planned economy **Plappermaul** N (umg) (≈ *Mund*) big mouth (umg); (≈ *Schwätzer*) windbag (umg) **plappern** VI to chatter; (≈ *Geheimnis verraten*) to blab (umg) **plärren** VT & VI (umg ≈ *weinen*) to howl; (*Radio*) to blare (out); (≈ *schreien*) to yell **Plasma** N plasma **Plastik**[1] N (≈ *Kunststoff*) plastic **Plastik**[2] F (≈ *Skulptur*) sculpture **Plastikbeutel** M plastic bag **Plastikflasche** F plastic bottle **Plastikfolie** F plastic film **Plastikgeld** N (umg) plastic money **Plastiksack** M (large) plastic bag **Plastiksprengstoff** M plastic explosive **Plastiktüte** F plastic bag **plastisch** A ADJ 1 (≈ *dreidimensional*) three-dimensional, 3-D; (fig ≈ *anschaulich*) vivid 2 KUNST plastic 3 MED *Chirurgie* plastic B ADV 1 (*räumlich*) three-dimensionally 2 (fig ≈ *anschaulich*) **etw ~ schildern** to give a graphic description of sth; **das kann ich mir ~ vorstellen** I can just imagine it **Platane** F plane tree **Plateau** N 1 plateau 2 (*von Schuh*) platform **Plateausohle** F platform sole **Platin** N platinum

Platine F IT circuit board **platonisch** ADJ Platonic; (≈ *nicht sexuell*) platonic **plätschern** VI (*Bach*) to babble; (*Brunnen*) to splash; (*Regen*) to patter **platt** A ADJ 1 (≈ *flach*) flat; **einen Platten haben** (umg) to have a flat tyre (Br) od tire (US) 2 (umg ≈ *verblüfft*) **~ sein** to be flabbergasted (umg) B ADV *walzen* flat; **etw ~ drücken** to press sth flat **Platt** N (umg) Low German, Plattdeutsch **plattdeutsch** ADJ Low German **Platte** F 1 (≈ *Holzplatte*) piece of wood, board; (*zur Wandverkleidung*) panel; (≈ *Glasplatte/Metallplatte/Plastikplatte*) piece of glass/metal/plastic; (≈ *Steinplatte*) slab; (≈ *Kachel, Fliese*) tile; (≈ *Grabplatte*) gravestone; (≈ *Herdplatte*) hotplate; (≈ *Tischplatte*) (table) top; (≈ *Servierplatte*) (serving) plate; IT disk; FOTO plate; IT disk 2 (≈ *Schallplatte*) record 3 (umg) (≈ *Glatze*) bald head **plätten** VT (*dial*) to iron **Plattenlaufwerk** N IT disk drive **Plattensammlung** F record collection **Plattenspieler** M record player **Plattenteller** M turntable **Plattfisch** M flatfish **Plattform** F platform; (fig ≈ *Grundlage*) basis **Plattfuß** M flat foot **Plattheit** F 1 (≈ *Flachheit*) flatness 2 (≈ *Redensart etc*) platitude, cliché **Plättli** N (*schweiz* ≈ *Fliese, Kachel*) tile **plattmachen** VT (umg) to level; (≈ *töten*) to do in (umg) **Platz** M 1 (≈ *freier Raum*) room; **~ für jdn/etw schaffen** to make room for sb/sth; **~ sparend** = **platzsparend**; **jdm den (ganzen) ~ wegnehmen** to take up all the room; **jdm ~ machen** to make room for sb; (≈ *vorbeigehen lassen*) to make way for sb (*a. fig*); **~ machen** to get out of the way (umg); **mach mal ein bisschen ~** make a bit of room 2 (≈ *Sitzplatz*) seat; **~ nehmen** to take a seat; **ist hier noch ein ~ frei?** is it okay to sit here?; **dieser ~ ist belegt** od **besetzt** this seat's taken; **~!** (*zum Hund*) (lie) down! 3 (≈ *Stelle, Standort*) place; **das Buch steht nicht an seinem ~** the book isn't in (its) place; **etw (wieder) an seinen ~ stellen** to put sth (back) in (its) place; **fehl** od **nicht am ~(e) sein** to be out of place; **auf die Plätze, fertig, los!** (*beim Sport*) on your marks, get set, go!; **auf ~ zwei** in

Platz — seat

Platz — square

Platz — playing field

second place [4] (≈ umbaute Fläche) square [5] (≈ Sportplatz) playing field; FUSSB pitch; (≈ Tennisplatz) court; (≈ Golfplatz) (golf) course; **einen Spieler vom ~ verweisen** to send a player off (Br), to eject a player (US); **auf gegnerischem ~** away; **auf eigenem ~** at home [6] (≈ Ort) town, place; **das erste Hotel am ~(e)** the best hotel in town **Platzangst** F (umg ≈ Beklemmung) claustrophobia **Platzanweiser** M usher **Platzanweiserin** F usherette

▶ **Platz (Sitzplatz)**

Unterschiedliche Sichtweisen und Formulierungskonventionen in verwandten Sprachen: Im Englischen fragt man eher, ob ein Sitzplatz schon besetzt ist (**taken**), statt ob er noch frei ist (**free**).

SPRACHGEBRAUCH ◀

▶ **Platz nehmen ≠ to take place**

| Platz nehmen | = **to take a seat** |
| to take place | = stattfinden |

FALSCHE FREUNDE ◀

Plätzchen N (Gebäck) biscuit (Br), cookie (US) **platzen** VI [1] (≈ aufreißen) to burst; (Naht, Haut) to split; (≈ explodieren) to explode; (≈ einen Riss bekommen) to crack; **mir ist unterwegs ein Reifen geplatzt** I had a blowout on the way (umg); **ins Zimmer ~** (umg) to burst into the room; **jdm ins Haus ~** (umg) to descend on sb; **(vor Wut/Ungeduld) ~** (umg) to be bursting (with rage/impatience) [2] (umg ≈ scheitern, Plan, Vertrag) to fall through; (Freundschaft, Koalition) to break up; (Wechsel) to bounce (umg); **die Verlobung ist geplatzt** the engagement is (all) off; **etw ~ lassen** Plan, Vertrag to make sth fall through; Verlobung to break sth off; Koalition to break sth up

Platzhalter M place marker **Platzhirsch** M dominant male **platzieren** A VT [1] (≈ setzen) to put, to place; TENNIS to seed [2] (≈ zielen) Ball to place; Schlag to land B VR [1] (umg ≈ sich setzen etc) to plant oneself (umg) [2] SPORT to be placed; **der Läufer konnte sich gut ~** the runner was well-placed **Platzierung** F (bei Rennen) order; TENNIS seeding; (≈ Platz) place **Platzkarte** F BAHN seat reservation (ticket) **Platzmangel** M shortage of space **Platzpatrone** F blank (cartridge) **Platzregen** M cloudburst **platzsparend** ADJ space-saving attr; bauen, unterbringen (in order) to save space **Platzverweis** M sending-off (Br), ejection (US) **Platzwart(in)** M(F) SPORT groundsman **Platz-**
wunde F cut

Plauderei F chat **Plauderer** M, **Plauderin** F conversationalist **plaudern** VI to chat (über +akk, von about); (≈ verraten) to talk

plausibel A ADJ Erklärung plausible B ADV plausibly; **jdm etw ~ machen** to explain sth to sb

Play-back N, **Playback** N (≈ Band) (bei Musikaufnahme) backing track; **~ singen** to mime

Playboy M playboy **Playgirl** N playgirl

Plazenta F placenta

plazieren VT → platzieren

Plebiszit N plebiscite

pleite ADJ, ADV (umg) Mensch broke (umg) **Pleite** F (umg) bankruptcy; (fig) flop (umg); **~ machen** to go bankrupt **pleitegehen** VI (umg) to go bust

Plenarsaal M chamber **Plenarsitzung** F plenary session **Plenum** N plenum

Pleuelstange F connecting rod

Plissee N pleats pl **Plisseerock** M pleated skirt **plissieren** VT to pleat

Plombe F [1] (≈ Siegel) lead seal [2] (≈ Zahnplombe) filling **plombieren** VT [1] (≈ versiegeln) to seal [2] Zahn to fill

Plotter M IT plotter

plötzlich A ADJ sudden B ADV suddenly; **aber ein bisschen ~!** (umg) (and) make it snappy! (umg)

plump A ADJ Figur ungainly (⚠ kein Adverb); Ausdruck clumsy; Benehmen crass; Lüge, Trick obvious B ADV sich bewegen awkwardly; sich ausdrücken clumsily; **in der Kleidung sieht sie ~ aus** she looks ungainly dressed like that **Plumpheit** F (von Figur) ungainliness; (von Ausdruck) clumsiness; (von Benehmen) crassness; (von Lüge, Trick) obviousness

plumps INT bang; (lauter) crash **Plumps** M (umg) (≈ Fall) fall; (Geräusch) bump **plumpsen** VI (≈ fallen) to tumble

plumpvertraulich ADJ overly chummy (umg)

Plunder M junk

Plünderer M, **Plünderin** F looter, plunderer **plündern** VT & VI to loot; (≈ ausrauben) to raid **Plünderung** F looting

Plural M plural; **im ~ stehen** to be (in) the plural **Pluralismus** M pluralism **pluralistisch** ADJ pluralistic (form)

plus A PRÄP +gen plus B ADV plus; **bei ~ 5 Grad** at 5 degrees (above freezing); **~ minus 10** plus or minus 10 **Plus** N [1] (≈ Pluszeichen) plus (sign) [2] (bes HANDEL ≈ Zuwachs) increase; (≈ Gewinn) profit; (≈ Überschuss) surplus [3] (fig ≈ Vorteil) advantage; **das ist ein ~ für dich** that's a point in your favour (Br) od favor (US)

Plüsch M plush **Plüschtier** N ≈ soft toy

Pluspol M ELEK positive pole **Pluspunkt** M

POLS 1135

SPORT point; (fig) advantage **Plusquamperfekt** N̄ pluperfect **Pluszeichen** N̄ plus sign
Pluto M̄ ASTRON Pluto (⚠ ohne *the*)
Plutonium N̄ plutonium
Pneu M̄ (*bes schweiz*) tyre (*Br*), tire (*US*) **pneumatisch** A ADJ pneumatic B ADV pneumatically
Po M̄ (*umg*) bottom
Pöbel M̄ rabble **pöbelhaft** ADJ uncouth, vulgar **pöbeln** V̄I to swear
pochen V̄I to knock; (*Herz*) to pound; **auf etw** (*akk*) **~** (*fig*) to insist on sth
Pocke F̄ ▪ pock ▫ **Pocken** PL smallpox **Pockennarbe** F̄ pockmark **Pocken(schutz)impfung** F̄ smallpox vaccination
Podest N̄ *od* M̄ pedestal; (≈ *Podium*) platform
Podium N̄ platform; (*des Dirigenten*) podium **Podiumsdiskussion** F̄ panel discussion
Poesie F̄ poetry **Poesiealbum** N̄ autograph book **Poetik** F̄ poetics *sg* **poetisch** A ADJ poetic B ADV poetically
Pogrom N̄ *od* M̄ pogrom
Pointe F̄ (*eines Witzes*) punch line; (*einer Geschichte*) point **pointiert** A ADJ pithy B ADV pithily
Pokal M̄ (*zum Trinken*) goblet; SPORT cup **Pokalfinale** N̄ cup final **Pokalrunde** F̄ round (of the cup) **Pokalsieger(in)** M̄/F̄ cup winners *pl* **Pokalspiel** N̄ cup tie
Pökelfleisch N̄ salt meat **pökeln** V̄T *Fleisch* to salt
Poker N̄ poker **pokern** V̄I to play poker; (*fig*) to gamble; **hoch ~** (*fig*) to take a big risk
Pol M̄ pole; **der ruhende ~** (*fig*) the calming influence **polar** ADJ polar **Polareis** N̄ polar ice **polarisieren** V̄T & V̄R to polarize **Polarisierung** F̄ polarization **Polarkreis** M̄ **nördlicher/südlicher ~** Arctic/Antarctic circle **Polarmeer** N̄ **Nördliches/Südliches ~** Arctic/Antarctic Ocean
Polaroidkamera® F̄ Polaroid® camera
Polarstern M̄ Pole Star
Pole M̄ Pole
Polemik F̄ polemics *sg* (*gegen* against) **Polemiker(in)** M̄/F̄ controversialist, polemicist **polemisch** ADJ polemic(al) **polemisieren** V̄I to polemicize; **~ gegen** to inveigh against
Polen N̄ Poland
Polenta F̄ GASTR polenta
Police F̄ (insurance) policy
polieren V̄T to polish
Poliklinik F̄ clinic (*for outpatients only*)
Polin F̄ Pole
Polio F̄ polio
Politbüro N̄ Politburo
Politesse F̄ (woman) traffic warden
Politik F̄ ▪ politics *sg*; (≈ *politischer Standpunkt*) politics *pl*; **in die ~ gehen** to go into politics ▫ (≈ *bestimmte Politik*) policy; **eine ~ verfolgen** to pursue a policy **Politiker(in)** M̄/F̄ politician **politisch** A ADJ political B ADV politically; **sich ~ betätigen** to be involved in politics; **~ interessiert sein** to be interested in politics **politisieren** A V̄I to politicize B V̄T to politicize; *jdn* to make politically aware **Politologe** M̄, **Politologin** F̄ political scientist **Politologie** F̄ political science

▶ **Politik: politics oder policy?**

Politics ist der abstrakte Begriff, **a policy** die konkrete Politik, z. B. Außen- oder Sozialpolitik.

Sie hat sich schon immer für Politik interessiert.	She has always been interested in politics.
Parteipolitik	party politics
die Außenpolitik der Bundesregierung	the Federal Government's foreign policy

SPRACHGEBRAUCH ◁

Politur F̄ polish
Polizei F̄ police *pl*; **die ~ war sofort da** the police were there immediately; **zur ~ gehen** to go to the police; **er ist bei der ~** he's in the police (force) **Polizeiaufgebot** N̄ police presence **Polizeiauto** N̄ police car **Polizeibeamte(r)** M̄, **Polizeibeamtin** F̄ police official; (≈ *Polizist*) police officer **Polizeieinsatz** M̄ police action *od* intervention **Polizeifunk** M̄ police radio **Polizeikette** F̄ police cordon **Polizeiknüppel** M̄ truncheon **Polizeikontrolle** F̄ police check; (≈ *Kontrollpunkt*) police checkpoint **polizeilich** A ADJ police *attr*; **~es Führungszeugnis** *certificate issued by the police, stating that the holder has no criminal record* B ADV *ermittelt werden* by the police; **~ überwacht werden** to be under police surveillance; **sie wird ~ gesucht** the police are looking for her **Polizeirevier** N̄ ▪ (≈ *Polizeiwache*) police station ▫ (*Bezirk*) (police) district, precinct (*US*) **Polizeischutz** M̄ police protection **Polizeistaat** M̄ police state **Polizeistreife** F̄ police patrol **Polizeistunde** F̄ closing time **Polizeiwache** F̄ police station **Polizist** M̄ policeman **Polizistin** F̄ policewoman
Pollen M̄ pollen **Pollenflug** M̄ pollen count **Pollenwarnung** F̄ pollen warning
polnisch ADJ Polish
Polo N̄ polo **Polohemd** N̄ sports shirt
Polster N̄ *od* (*österr*) M̄ ▪ cushion; (≈ *Polsterung*) upholstery (⚠ *kein pl*) ▫ (*fig*) (≈ *Fettpolster*) flab (⚠ *kein pl*) (*umg*); (≈ *Reserve*) reserve **Polster-**

POLS | 1136

garnitur F three-piece suite **Polstermö-bel** PL upholstered furniture *sg* **polstern** V/T to upholster; *Kleidung* to pad; **sie ist gut ge-polstert** she's well-padded **Polstersessel** M armchair, easy chair **Polsterung** F (≈ *Polster*) upholstery
Polterabend M *party on the eve of a wedding, at which old crockery is smashed to bring good luck* **Poltergeist** M poltergeist **poltern** V/I **1** (≈ *Krach machen*) to crash about; **es fiel ~d zu Boden** it crashed to the floor **2** (*umg* ≈ *schimpfen*) to rant (and rave) **3** (*umg* ≈ *Polterabend feiern*) *to celebrate on the eve of a wedding*
Polyacryl N **1** CHEM polyacrylics *sg* **2** TEX acrylics *sg* **Polyamid®** N polyamide **Polyester** M polyester **polygam** ADJ polygamous **Polygamie** F polygamy
Polynesien N Polynesia **polynesisch** ADJ Polynesian
Polyp M **1** ZOOL polyp **2** MED **~en** adenoids
Polytechnikum N polytechnic
Pomade F hair cream
Pommern N Pomerania
Pommes PL (*umg*) chips *pl* (*Br*), (French) fries *pl*
Pommesbude F (*umg*) fast food stand
Pommes frites PL chips *pl* (*Br*), French fries *pl*
Pomp M pomp **pompös** A ADJ grandiose B ADV grandiosely
Pontius M **von ~ zu Pilatus** from one place to another
Pony[1] N pony
Pony[2] M (*Frisur*) fringe (*Br*), bangs *pl* (*US*)
Pool(billard) N pool
Pop M MUS pop; KUNST pop art
Popcorn N popcorn
Popel M (*umg*) (≈ *Nasenpopel*) bogey (*Br umg*), boog-er (*US umg*) **popelig** (*umg*) ADJ **1** (≈ *knauserig*) stingy (*umg*); **~e zwei Euro** a lousy two euros (*umg*) **2** (≈ *dürftig*) crummy (*umg*)
Popeline F poplin
popeln V/I (*umg*) **(in der Nase) ~** to pick one's nose
Popgruppe F pop group **Popkonzert** N pop concert **Popmusik** F pop music
Popo M (*umg*) bottom
poppig (*umg*) ADJ *Kleidung* loud and trendy; *Farben* bright and cheerful **Popsänger(in)** M(F) pop singer **Popstar** M pop star **Popszene** F pop scene
populär ADJ popular (*bei* with) **Popularität** F popularity **populistisch** A ADJ populist B ADV in a populist way
Pop-up-Fenster N pop-up window **Pop-up-Menü** N pop-up menu
Pore F pore

Porno M (*umg*) porn (*umg*) **Pornofilm** M porn movie **Pornografie** F pornography **pornografisch** ADJ pornographic **Pornoheft** N porn magazine
porös ADJ (≈ *durchlässig*) porous; (≈ *brüchig*) *Leder* perished
Porree M leek
Port M IT port
Portal N portal
Portemonnaie N purse
Portier M = **Pförtner**
Portion F (*beim Essen*) portion, helping; **eine halbe ~** (*fig umg*) a half pint (*umg*); **er besitzt eine gehörige ~ Mut** he's got a fair amount of courage
Portmonee N purse
Porto N postage (⚠ kein *pl*) (*für on, for*) **portofrei** ADJ, ADV postage paid **Portokasse** F ≈ petty cash (*for postal expenses*)
Porträt N portrait **porträtieren** V/T (*fig*) to portray; **jdn ~** to paint sb's portrait
Portugal N Portugal **Portugiese** M, **Portugiesin** F Portuguese **portugiesisch** ADJ Portuguese
Portwein M port
Porzellan N china
Posaune F trombone; (*fig*) trumpet; **~ spielen** to play the trombone (⚠ mit **the**) **Posaunist(in)** M(F) trombonist
Pose F pose **posieren** V/I to pose **Position** F position; (HANDEL ≈ *Posten einer Liste*) item **positionieren** V/T to position **Positionierung** F positioning
positiv A ADJ positive; **eine ~e Antwort** an affirmative (answer) B ADV positively; **~ denken** to think positively; **~ zu etw stehen** to be in favour (*Br*) *od* favor (*US*) of sth
Positur F posture; **sich in ~ setzen/stellen** to take up a posture
Posse F farce
possessiv ADJ possessive **Possessivpronomen** N possessive pronoun
possierlich ADJ comical
Post F post (*Br*), mail; **elektronische ~** electronic mail; **die ~®** the Post Office; **etw mit der ~ schicken** to send sth by mail; **mit gleicher ~** by the same post (*Br*), in the same mail (*US*); **mit getrennter ~** under separate cover **postalisch** A ADJ postal B ADV by mail (*Br*) **Postamt** N post office **Postanschrift** F postal address **Postanweisung** F ≈ money order (*Br*) **Postausgang** M outgoing mail; INTERNET out mail **Postbank** F Post Office Savings Bank **Postbeamte(r)** M, **Postbeamtin** F post office official **Postbote** M postman, mailman (*US*) **Postbotin** F post-

woman, mailwoman (US) **Postdienst** M postal service, the mail (US) **Posteingang** M incoming mail

Posten M **1** (≈ Anstellung) position **2** (MIL ≈ Wachmann) guard; (≈ Stelle) post; **~ stehen** to stand guard **3** (fig) **auf dem ~ sein** (≈ aufpassen) to be awake; (≈ gesund sein) to be fit; **nicht ganz auf dem ~ sein** to be (a bit) under the weather **4** (≈ Streikposten) picket **5** (HANDEL ≈ Warenmenge) quantity **6** (HANDEL: im Etat) item

Poster N poster

Postfach N PO box **Postfachnummer** F (PO od post office) box number **postfrisch** ADJ Briefmarke mint **Postgeheimnis** N secrecy of the post (Br) od mail **Postgirokonto** N Post Office Giro account (Br), state-owned bank account (US) **Posthorn** N post horn

posthum ADJ, ADV = postum

postieren A VT to post, to station B VR to position oneself

Postkarte F postcard **postlagernd** ADJ, ADV poste restante (Br), general delivery (US) **Postleitzahl** F post(al) code, Zip code (US) **Postler(in)** M(F), **Pöstler(in)** M(F) (schweiz umg) post office worker

postmodern ADJ postmodern **Postomat** M (schweiz) cash machine, ATM **Postskript** N postscript, PS

Postsparbuch N Post Office savings book **Poststempel** M postmark; **Datum des ~s** date as postmark

Postulat N (≈ Annahme) postulate **postulieren** VT to postulate

postum A ADJ posthumous B ADV posthumously

postwendend ADV by return mail; (fig) straight away **Postwertzeichen** N (form) postage stamp (form) **Postwurfsendung** F direct-mail advertising

potent ADJ **1** (sexuell) potent **2** (≈ stark) Gegner, Waffe powerful **3** (≈ zahlungskräftig) financially powerful **Potential** N = Potenzial **potentiell** ADJ, ADV = potenziell **Potenz** F **1** MED potency; (fig) ability **2** MATH power; **zweite ~** square; **dritte ~** cube **Potenzial** N potential **potenziell** A ADJ potential B ADV potentially

Potpourri N potpourri (aus of)

Pott M (umg) pot; (≈ Schiff) ship **potthässlich** (umg) ADJ ugly as sin **Pottwal** M sperm whale

Poulet N (schweiz) chicken

Power F (umg) power; **ihm fehlt die richtige ~** he's got no oomph (umg) **Powerfrau** F (umg) high-powered career woman

Powidl M (österr ≈ Pflaumenmus) plum jam

Pracht F splendour (Br), splendor (US); **es ist**

eine wahre **~** it's (really) fantastic **Prachtbau** M magnificent building **Prachtexemplar** N prime specimen; (fig ≈ Mensch) fine specimen **prächtig** A ADJ (≈ prunkvoll) splendid; (≈ großartig) marvellous (bes Br), marvelous (US) B ADV **1** (≈ prunkvoll) magnificently **2** (≈ großartig) marvellously (bes Br), marvelously (US) **Prachtkerl** M (umg) great guy (umg) **Prachtstraße** F boulevard **Prachtstück** N = Prachtexemplar **prachtvoll** ADJ, ADV = prächtig

prädestinieren VT to predestine (für for)

Prädikat N GRAM predicate **Prädikatswein** M top quality wine

Präfix N prefix

Prag N Prague

prägen VT **1** Münzen to mint; Leder, Papier, Metall to emboss; (≈ erfinden) Wörter to coin **2** (fig ≈ formen) Charakter to shape; (Erfahrungen) jdn to leave its/their mark on **3** (≈ kennzeichnen) to characterize

PR-Agentur F PR agency

Pragmatiker(in) M(F) pragmatist **pragmatisch** A ADJ pragmatic B ADV pragmatically

prägnant A ADJ Worte succinct; Beispiel striking B ADV succinctly **Prägnanz** F succinctness **Prägung** F **1** (auf Münzen) strike; (auf Leder, Metall, Papier) embossing **2** (≈ Eigenart) character; **Kommunismus sowjetischer ~** soviet-style communism

prähistorisch ADJ prehistoric

prahlen VI to boast (mit about) **Prahlerei** F (≈ Großsprecherei) boasting (🚫 kein pl); (≈ das Zurschaustellen) showing-off; **~en** boasts **prahlerisch** A ADJ (≈ großsprecherisch) boastful, bragging attr; (≈ großtuerisch) flashy (umg) B ADV boastfully; **~ reden** to brag

Praktik F (≈ Methode) procedure; (meist pl ≈ Kniff) practice **praktikabel** ADJ practicable **Praktikant(in)** M(F) student doing a period of practical training **Praktikum** N (period of) practical training, work experience, internship (US) **Praktikumsplatz** M, **Praktikumsstelle** F placement (Br), internship (US) **praktisch** A ADJ practical; **~er Arzt** general practitioner; **~es Beispiel** concrete example B ADV (≈ in der Praxis) in practice; (≈ so gut wie) practically **praktizieren** VI to practise (Br), to practice (US); **sie praktiziert als Ärztin** she is a practising (Br) od practicing (US) doctor

Praline F chocolate, chocolate candy (US)

prall A ADJ Sack, Brieftasche bulging; Segel full; Tomaten firm; Euter swollen; Brüste, Hintern well-rounded; Arme, Schenkel big strong attr; Sonne blazing B ADV **~ gefüllt** Tasche, Kasse etc full to bursting **prallen** VI **gegen etw ~** to collide with sth; (Ball) to bounce against sth; **die Sonne**

prallte auf die Fenster the sun beat down on the windows **prallvoll** ADJ full to bursting; *Brieftasche* bulging
Prämie F premium; (≈ *Belohnung*) bonus; (≈ *Preis*) prize **prämienbegünstigt** ADJ carrying a premium **prämieren** VT (≈ *auszeichnen*) to give an award; (≈ *belohnen*) to give a bonus; **der prämierte Film** the award-winning film
Prämisse F premise
pränatal ADJ *Diagnostik* prenatal; *Untersuchung* antenatal, prenatal (*bes US*)
Pranger M stocks *pl*; **jdn/etw an den ~ stellen** (*fig*) to pillory sb/sth
Pranke F paw
Präparat N preparation; (*für Mikroskop*) slide preparation **präparieren** VT 1 (≈ *konservieren*) to preserve; *Tier* to prepare 2 (MED ≈ *zerlegen*) to dissect 3 (*geh* ≈ *vorbereiten*) to prepare
Präposition F preposition
Prärie F prairie
Präsens N present (tense) **präsent** ADJ (≈ *anwesend*) present; (≈ *geistig rege*) alert; **etw ~ haben** to have sth at hand **präsentabel** ADJ presentable **Präsentation** F presentation **präsentieren** VT to present; **jdm etw ~** to present sb with sth **Präsentkorb** M gift basket; (*mit Lebensmitteln*) (food) hamper **Präsenz** F (*geh*) presence **Präsenzdiener(in)** MF (*österr*) conscript (*Br*), draftee (*US*) **Präsenzdienst** M (*österr*) military service
Präservativ N condom

 Präservativ ≠ preservative

| Präservativ | = | **condom** |
| preservative | = | Konservierungsmittel |

FALSCHE FREUNDE

Präsident(in) MF president (⚠ *mit Namen und in der Anrede großgeschrieben*) **Präsidentschaft** F presidency **Präsidentschaftskandidat(in)** MF presidential candidate
Präsidium N (≈ *Vorsitz*) presidency; (≈ *Führungsgruppe*) committee (⚠ *Vorsicht, Schreibung*); (≈ *Polizeipräsidium*) (police) headquarters *pl*
prasseln VI 1 to clatter; (*Regen*) to drum; (*fig: Vorwürfe*) to rain down 2 (*Feuer*) to crackle
prassen VI (≈ *schlemmen*) to feast; (≈ *in Luxus leben*) to live the high life
Präteritum N preterite
Prävention F prevention (*gegen* of) **präventiv** A ADJ prevent(at)ive B ADV prevent(at)ively; **etw ~ bekämpfen** to use prevent(at)ive measures against sth **Präventivkrieg** M prevent(at)ive war **Präventivmedizin** F prevent(at)ive medicine **Präventivschlag** M MIL pre-emptive strike
Praxis F 1 practice; (≈ *Erfahrung*) experience; **in der ~** in practice (⚠ *ohne the*); **etw in die ~ umsetzen** to put sth into practice; **ein Beispiel aus der ~** an example from real life 2 (*eines Arztes, Rechtsanwalts*) practice; (≈ *Behandlungsräume*) surgery (*Br*), doctor's office (*US*); (≈ *Anwaltsbüro*) office 3 (≈ *Sprechstunde*) consultation (hour), surgery (*Br*) **Praxisgebühr** F MED practice (*Br*) *od* office (*US*) fee **praxisorientiert** ADJ *Ausbildung* practically orientated
Präzedenzfall M precedent
präzis(e) A ADJ precise B ADV precisely; **sie arbeitet sehr ~** her work is very precise **Präzision** F precision
predigen A VT REL to preach B VI to give a sermon **Prediger(in)** MF preacher **Predigt** F sermon
Preis M 1 price (*für* of); **etw unter ~ verkaufen** to sell sth off cheap; **zum halben ~** half-price; **um jeden ~** (*fig*) at all costs; **ich gehe um keinen ~ hier weg** (*fig*) I'm not leaving here at any price 2 (*bei Wettbewerben*) prize; (≈ *Auszeichnung*) award 3 (≈ *Belohnung*) reward; **einen ~ auf jds Kopf aussetzen** to put a price on sb's head **Preisabsprache** F price-fixing (⚠ *kein pl*) **Preisänderung** F price change **Preisanstieg** M rise in prices **Preisausschreiben** N competition **preisbewusst** ADJ price-conscious; **~ einkaufen** to shop around **Preisbindung** F price fixing
Preiselbeere F cranberry
Preisentwicklung F price trend **Preiserhöhung** F price increase **Preisfrage** F 1 question of price 2 (*beim Preisausschreiben*) prize question; (*umg* ≈ *schwierige Frage*) big question
preisgeben VT (*geh*) 1 (≈ *ausliefern*) to expose 2 (≈ *aufgeben*) to abandon 3 (≈ *verraten*) to betray **Preisgefälle** N price gap **Preisgefüge** N price structure **preisgekrönt** ADJ award-winning *attr* **Preisgericht** N jury **preisgünstig** ADJ inexpensive; **etw ~ bekommen** to get sth at a low price **Preisklasse** F price range **Preiskrieg** M price war **Preislage** F price range; **in der mittleren ~** in the medium-priced range **Preis-Leistungs-Verhältnis** N cost-effectiveness **preislich** ADJ price *attr*, in price; **~ vergleichbar** similarly priced **Preisliste** F price list **Preisnachlass** M price reduction **Preisrichter(in)** MF judge (*in a competition*) **Preisschild** N price tag **Preissenkung** F price cut **Preissturz** M sudden drop in prices **Preisträger(in)** MF prizewinner **Preistreiberei** F forcing up of prices; (≈ *Wucher*) profiteering **Preisver-**

gleich M price comparison; **einen ~ machen** to shop around **Preisverleihung** F presentation (of prizes) **preiswert** A ADJ good value *präd*; **ein (sehr) ~es Angebot** a (real) bargain; **ein ~es Kleid** a dress which is good value (for money) B ADV inexpensively

prekär ADJ (≈ *peinlich*) awkward; (≈ *schwierig*) precarious

prellen A VT 1 *Körperteil* to bruise; (≈ *anschlagen*) to hit 2 (*fig umg* ≈ *betrügen*) to swindle B VR to bruise oneself **Prellung** F bruise

Premier M premier **Premiere** F premiere **Premierminister(in)** M(F) prime minister (⚠ mit Namen und in der Anrede großgeschrieben)

Prepaidhandy N prepaid mobile (phone) (*Br*) *od* cell phone (*US*) **Prepaidkarte** F (*im Handy*) prepaid card

preschen VI (*umg*) to tear

Presse F 1 (≈ *Druckmaschine*) press 2 (≈ *Zeitungen*) press; **eine gute/schlechte ~ haben** to get a good/bad press; **von der ~ sein** to be (a member of the) press **Presseagentur** F press agency **Presseausweis** M press card **Pressebericht** M press report **Presseerklärung** F statement to the press; (*schriftlich*) press release **Pressefotograf(in)** M(F) press photographer **Pressefreiheit** F freedom of the press **Pressekonferenz** F press conference **Pressemeldung** F press report **Pressemitteilung** F press release **pressen** VT to press; *Obst, Saft* to squeeze; (*fig* ≈ *zwingen*) to force (*in +akk, zu* into); **frisch gepresster Orangensaft** freshly squeezed orange juice **Pressesprecher(in)** M(F) press officer

pressieren (*südd, österr, schweiz*) A VI to be in a hurry B VI UNPERS **es pressiert** it's urgent

Pressluft F compressed air **Pressluftbohrer** M pneumatic drill **Presslufthammer** M pneumatic hammer

Prestige N prestige

Preuße M, **Preußin** F Prussian **Preußen** N Prussia **preußisch** ADJ Prussian

prickeln VI (≈ *kribbeln*) to tingle; (≈ *kitzeln*) to tickle **prickelnd** ADJ (≈ *kribbelnd*) tingling; (≈ *kitzelnd*) tickling; (*fig* ≈ *erregend*) *Gefühl* tingling

Priester M priest **Priesterin** F (woman) priest; HIST priestess **Priesterschaft** F priesthood **Priesterweihe** F ordination (to the priesthood)

prima A ADJ 1 (*umg*) fantastic (*umg*), great (⚠ kein Adverb) (*umg*) 2 HANDEL first-class B ADV (*umg* ≈ *sehr gut*) fantastically **Primadonna** F prima donna **Primar** M, **Primarius** M, **Primaria** F (*österr* = *Chefarzt*) senior consultant **primar** A ADJ primary B ADV primarily **Primararzt** M, **Primarärztin** F (*österr*) = Primar **Primärenergie** F primary energy **Primarschule** F (*schweiz*) primary *od* junior school **Primat** M ZOOL primate

Primel F (≈ *Waldprimel*) (wild) primrose; (≈ *farbige Gartenprimel*) primula

primitiv A ADJ primitive B ADV primitively **Primitivität** F primitiveness

Primzahl F prime (number)

Printmedium N printed medium

Prinz M prince (⚠ mit Namen großgeschrieben) **Prinzessin** F princess (⚠ mit Namen großgeschrieben) **Prinzgemahl** M prince consort

Prinzip N principle; **aus ~** on principle; **im ~** in principle **prinzipiell** A ADJ (≈ *im Prinzip*) in principle; (≈ *aus Prinzip*) on principle B ADV möglich theoretically; *dafür/dagegen sein* basically; **~ bin ich einverstanden** I agree in principle; **das tue ich ~ nicht** I won't do that on principle **Prinzipienfrage** F matter of principle **Prinzipienreiter(in)** M(F) (*pej*) stickler for one's principles

Priorität F priority; **~en setzen** to establish one's priorities

Prise F 1 (≈ *kleine Menge*) pinch; **eine ~ Salz** a pinch of salt; **eine ~ Humor** a touch of humour (*Br*) *od* humor (*US*) 2 SCHIFF prize

Prisma N prism

privat A ADJ private; **aus ~er Hand** from private individuals B ADV privately; **~ ist der Chef sehr freundlich** the boss is very friendly out(-side) of work; **~ ist er ganz anders** he's quite different socially; **ich sagte es ihm ganz ~** I told him in private; **~ versichert sein** to be privately insured; **~ behandelt werden** to have private treatment **Privatadresse** F private *od* home address **Privatangelegenheit** F private matter **Privatbesitz** M private property; **viele Gemälde sind in ~** many paintings are privately owned **Privatdetektiv(in)** M(F) private investigator **Privateigentum** N private property **Privatfernsehen** N commercial television **Privatgespräch** N private conversation *od* talk; (*am Telefon*) private call **privatisieren** VT to privatize **Privatisierung** F privatization **Privatleben** N private life **Privatpatient(in)** M(F) private patient **Privatsache** F private matter; **das ist meine ~** that's my own business **Privatschule** F private school **Privatunterricht** M private tuition **Privatversicherung** F private insurance **Privatwirtschaft** F private industry

Privileg N privilege **privilegieren** VT to favour (*Br*), to favor (*US*); **steuerlich privilegiert**

sein to enjoy tax privileges
pro PRÄP per; **~ Tag/Stunde** a od per day/hour; **~ Jahr** a od per year; **~ Person** per person; **~ Stück** each **Pro** N̄ **(das) ~ und (das) Kontra** the pros and cons pl
Probe F̄ ▮ (≈ Prüfung) test; **er ist auf ~ angestellt** he's employed for a probationary period; **ein Auto ~ fahren** to test-drive a car; **jdn/etw auf die ~ stellen** to put sb/sth to the test; **zur ~** to try out ▮ THEAT, MUS rehearsal ▮ (≈ Teststück, Beispiel) sample **Probebohrung** F̄ test drill, probe **Probeexemplar** N̄ specimen (copy) **Probefahrt** F̄ test drive **probehalber** ADV for a test **Probejahr** N̄ probationary year **proben** V̄T̄&V̄Ī to rehearse **Probenummer** F̄ trial copy **Probestück** N̄ sample, specimen **probeweise** ADV on a trial basis **Probezeit** F̄ probationary od trial period **probieren** ▯ V̄T̄ to try; **lass (es) mich mal ~!** let me have a try! (Br) ▯ V̄Ī ▮ (≈ versuchen) to try; **Probieren geht über Studieren** (sprichw) the proof of the pudding is in the eating (sprichw) ▮ (≈ kosten) to have a taste; **probier mal** try some
Problem N̄ problem **Problematik** F̄ ▮ (≈ Schwierigkeit) problem (+gen with) ▮ (≈ Fragwürdigkeit) problematic nature **problematisch** ADJ problematic; (≈ fragwürdig) questionable **Problembewusstsein** N̄ appreciation of the difficulties **Problemkind** N̄ problem child **problemlos** ▯ ADJ trouble-free, problem-free ▯ ADV without any problems; **~ ablaufen** to go smoothly
Produkt N̄ product; **landwirtschaftliche ~e** agricultural produce (🛑 kein pl); **ein ~ seiner Fantasie** a figment of his imagination **Produktion** F̄ production **Produktionsanlagen** P̄Ḻ production plant **Produktionskosten** P̄Ḻ production costs pl **Produktionsmittel** P̄Ḻ means of production pl **Produktionsrückgang** M̄ drop in production **Produktionsstätte** F̄ production centre (Br) od center (US) **Produktionssteigerung** F̄ increase in production **produktiv** ADJ productive **Produktivität** F̄ productivity **Produktpalette** F̄ product spectrum **Produzent(in)** M̄Ḟ producer **produzieren** ▯ V̄T̄ ▮ (a. v/i) to produce ▮ (umg ≈ hervorbringen) Lärm to make; Entschuldigung to come up with (umg) ▯ V̄R̄ (pej) to show off
profan ADJ (≈ weltlich) secular; (≈ gewöhnlich) mundane
Professionalität F̄ professionalism **professionell** ▯ ADJ professional ▯ ADV professionally **Professor(in)** M̄Ḟ ▮ (≈ Hochschulprofessor) professor (🛑 mit Namen und in der An-

rede großgeschrieben) ▮ (österr, südd ≈ Gymnasiallehrer) teacher **Professur** F̄ chair (für in, of) **Profi** M̄ (umg) pro (umg)
Profil N̄ ▮ profile; (fig ≈ Ansehen) image; **im ~** in profile; **~ haben** (fig) to have a (distinctive) image ▮ (von Reifen) tread **Profilfach** N̄ SCHULE special od main subject, advanced level subject **profilieren** V̄R̄ (≈ sich ein Image geben) to create a distinctive image for oneself; (≈ Besonderes leisten) to distinguish oneself **profiliert** ADJ (fig ≈ scharf umrissen) clear-cut; (fig ≈ hervorstechend) distinctive; **ein ~er Politiker** a politician who has made his mark **Profilneurose** F̄ (hum) image neurosis **Profilsohle** F̄ treaded sole
Profisport M̄ professional sport (Br) od sports pl (US)
Profit M̄ profit; **~ aus etw schlagen** (wörtl) to make a profit from sth; (fig) to profit from sth; **~ machen** to make a profit; **ohne/mit ~ arbeiten** to work unprofitably/profitably **profitabel** ADJ profitable **profitieren** V̄T̄ &V̄Ī to profit (von from, by); **dabei kann ich nur ~** I only stand to gain from it **Profitmaximierung** F̄ maximization of profit(s)
pro forma ADV as a matter of form **Pro-forma-Rechnung** F̄ pro forma invoice
Prognose F̄ prognosis; (≈ Wetterprognose) forecast **prognostizieren** V̄T̄ to predict, to prognosticate (form)
Programm N̄ ▮ programme (Br), program (US); (≈ Tagesordnung) agenda; (TV ≈ Sender) channel; (≈ Sendefolge) program(me)s pl; (≈ gedrucktes TV-Programm) TV guide; (≈ Sortiment) range; **auf dem ~ stehen** to be on the program(me)/agenda; **ein volles ~ haben** to have a full schedule ▮ IT program **programmatisch** ADJ programmatic **programmgemäß** ADJ, ADV according to plan od programme (Br) od program (US) **Programmhinweis** M̄ (RADIO, TV) programme (Br) od program (US) announcement **programmierbar** ADJ programmable **programmieren** V̄T̄ (a. v/i) to programme (Br), to program (US); IT to program; (fig) **auf etw** (akk) **programmiert sein** (fig) to be conditioned to sth **Programmierer(in)** M̄Ḟ programmer (Br), programer (US) **Programmierfehler** M̄ bug **Programmiersprache** F̄ programming (Br) od programing (US) language **Programmierung** F̄ programming (Br), programing (US) **Programmkino** N̄ arts od repertory (US) cinema **Programmpunkt** M̄ item on the agenda **Programmzeitschrift** F̄ TV guide
Progression F̄ progression **progressiv** ▯ ADJ progressive ▯ ADV (≈ fortschrittlich) progres-

sively
Progymnasium N (schweiz) secondary school (for pupils up to 16)
Projekt N project **Projektion** F projection
Projektleiter(in) M(F) project manager
Projektor M projector **Projektwoche** F (in der Schule) week of project work **projizieren** VT to project
Proklamation F proclamation **proklamieren** VT to proclaim
Pro-Kopf-Einkommen N per capita income **Pro-Kopf-Verbrauch** M per capita consumption
Prokura F (form) procuration (form) **Prokurist(in)** M(F) holder of a general power of attorney
Prolet(in) M(F) (pej) prole (bes Br pej umg) **Proletariat** N proletariat **Proletarier(in)** M(F) proletarian **proletarisch** ADJ proletarian **proletenhaft** (pej) ADJ plebeian (pej)
Prolog M prologue (Br), prolog (US)
Promenade F (≈ Spazierweg) promenade **Promenadenmischung** F mongrel
Promi M (umg) VIP
Promille N (umg ≈ Alkoholspiegel) alcohol level; **er hat zu viel ~ (im Blut)** he has too much alcohol in his blood **Promillegrenze** F legal (alcohol) limit
prominent ADJ prominent **Prominente(r)** M(F/M) prominent figure, VIP **Prominenz** F VIPs pl, prominent figures pl
promisk ADJ promiscuous **Promiskuität** F promiscuity
Promotion F UNIV doctorate **promovieren** VI to do a doctorate (über +akk in)
prompt A ADJ prompt B ADV promptly
Pronomen N pronoun
Propaganda F propaganda **Propagandafeldzug** M propaganda campaign; (≈ Werbefeldzug) publicity campaign **propagandistisch** ADJ propagandist(ic); **etw ~ ausnutzen** to use sth as propaganda **propagieren** VT to propagate
Propangas N propane gas
Propeller M propeller **Propellermaschine** F propeller-driven plane
Prophet M prophet **Prophetin** F prophetess **prophetisch** ADJ prophetic **prophezeien** VT to prophesy **Prophezeiung** F prophecy
prophylaktisch A ADJ preventative B ADV as a preventative measure **Prophylaxe** F prophylaxis
Proportion F proportion **proportional** A ADJ proportional; **umgekehrt ~** MATH in inverse proportion B ADV proportionally **Proportionalschrift** F proportionally spaced font **proportioniert** ADJ proportioned
Proporz M proportional representation (ohne Artikel)
Prorektor(in) M(F) UNIV deputy vice chancellor
Prosa F prose **prosaisch** A ADJ prosaic B ADV (≈ nüchtern) prosaically
prosit INT your health; **~ Neujahr!** Happy New Year! **Prosit** N toast; **auf jdn ein ~ ausbringen** to toast sb
Prospekt M (≈ Reklameschrift) brochure (+gen about); (≈ Werbezettel) leaflet; (≈ Verzeichnis) catalogue (Br), catalog (US)

▶ **Prospekt ≠ prospect**

Prospekt	=	**brochure**
prospect	=	Zukunft; Aussicht

FALSCHE FREUNDE

prost INT cheers; **na denn ~!** (iron umg) that's just great (umg); **~ Neujahr!** (umg) Happy New Year!
Prostata F prostate gland
prostituieren VR to prostitute oneself **Prostituierte(r)** M(F/M) prostitute **Prostitution** F prostitution
Protagonist(in) M(F) protagonist
Protein N protein
Protektion F (≈ Schutz) protection; (≈ Begünstigung) patronage **Protektionismus** M WIRTSCH protectionism **protektionistisch** ADJ protectionist **Protektorat** N (≈ Schirmherrschaft) patronage; (≈ Schutzgebiet) protectorate
Protest M protest; **unter ~** protesting; (gezwungen) under protest **Protestant(in)** M(F) Protestant **protestantisch** ADJ Protestant **protestieren** VI to protest **Protestkundgebung** F (protest) rally **Protestmarsch** M protest march **Protestwähler(in)** M(F) protest voter

▶ **Protestant, Protestantin**

Bei Religionszugehörigkeiten benutzt man immer den unbestimmten Artikel und einen Großbuchstaben.

Sie ist Katholikin.	**She's a Catholic.**
Sie ist Protestantin.	**She's a Protestant.**
Sie ist Muslimin.	**She's a Muslim.**
Sie ist Buddhistin.	**She's a Buddhist.**

GRAMMATIK

Prothese F artificial limb od (Gelenk) joint; (≈ Gebiss) set of dentures
Protokoll N **1** (≈ Niederschrift) record; (≈ Bericht) report; (von Sitzung) minutes pl; (bei Polizei) statement; (bei Gericht) transcript; **(das) ~ führen** (bei Sitzung) to take the minutes; **etw zu ~ geben** to have sth put on record; (bei Polizei) to say sth in one's statement; **etw zu ~ nehmen** to take sth down **2** (diplomatisch) protocol **protokollarisch** ADJ **1** (≈ protokolliert) on record; (in Sitzung) minuted **2** (≈ zeremoniell) **~e Vorschriften** rules of protocol **protokollieren** A VI (bei Sitzung) to take the minutes (down); (bei Polizei) to take a/the statement (down) B VT to take down; Sitzung to minute; Unfall, Verbrechen to take (down) statements about; Vorgang to keep a record of
Proton N proton
Prototyp M prototype
protzen VI (umg) to show off; **mit etw ~** to show sth off **protzig** (umg) ADJ showy (umg)
Proviant M provisions pl; (≈ Reiseproviant) food for the journey
Provider M IT provider
Provinz F province; (im Gegensatz zur Stadt) provinces pl (a. pej) **provinziell** ADJ provincial **Provinzler(in)** M(F) (pej) provincial **Provinznest** N (pej umg) provincial backwater, hick town (US umg)
Provision F commission; **auf ~** on commission **Provisionsbasis** F commission basis

Provision ≠ provision

Provision	=	commission
provision	=	Bereitstellung, Vorrat, Vorkehrung
provisions	=	Lebensmittel

FALSCHE FREUNDE

provisorisch A ADJ provisional; **~e Regierung** caretaker government; **Straßen mit ~em Belag** roads with a temporary surface B ADV temporarily; **ich habe den Stuhl ~ repariert** I've fixed the chair up for the time being **Provisorium** N stopgap
provokant ADJ provocative **Provokateur(in)** M(F) troublemaker; POL agent provocateur **Provokation** F provocation **provozieren** VT & VI to provoke
Prozedur F **1** (≈ Vorgang) procedure **2** (pej) carry-on (umg); **die ~ beim Zahnarzt** the ordeal at the dentist's
Prozent N (nach Zahlenangaben) per cent (Br) (⚠ kein pl), percent (US) (⚠ kein pl); **wie viel ~?** what percentage?; **zu zehn ~** at ten per cent (Br) od percent (US); **zu hohen ~en** at a high percentage; **~e bekommen** (≈ Rabatt) to get a discount **Prozentpunkt** M point **Prozentrechnung** F percentage calculation **Prozentsatz** M percentage **prozentual** A ADJ percentage attr; **~er Anteil** percentage (share) B ADV **sich an einem Geschäft ~ beteiligen** to have a percentage (share) in a business; **~ gut abschneiden** to get a good percentage **Prozentzeichen** N percent sign
Prozess M **1** (≈ Strafprozess) trial (wegen for; um in the matter of); **einen ~ gewinnen/verlieren** to win/lose a case; **gegen jdn einen ~ anstrengen** to institute legal proceedings against sb; **jdm den ~ machen** (umg) to take sb to court; **mit jdm/etw kurzen ~ machen** (fig umg) to make short work of sb/sth (umg) **2** (≈ Vorgang) process **prozessieren** VI to go to court; **gegen jdn ~** to bring an action against sb **Prozession** F procession **Prozesskosten** PL legal costs pl
Prozessor M IT processor
prüde ADJ prudish **Prüderie** F prudishness
prüfen VT **1** (a. v/i, SCHULE, UNIV) to examine, to test; **jdn in etw** (dat) **~** to examine sb in sth; **schriftlich geprüft werden** to have a written examination; **ein staatlich geprüfter Dolmetscher** a state-certified interpreter **2** (≈ überprüfen) to check (auf +akk for); Lebensmittel to inspect; **wir werden die Beschwerde ~** we'll look into the complaint **3** (≈ erwägen) to consider; **etw nochmals ~** to reconsider sth **4** (≈ mustern) to scrutinize; **ein ~der Blick** a searching look **Prüfer(in)** M(F) examiner; (≈ Wirtschaftsprüfer) inspector **Prüfling** M examinee **Prüfstand** M test bed; **auf dem ~ stehen** to be being tested **Prüfstein** M (fig) touchstone (für of, for) **Prüfung** F **1** SCHULE, UNIV exam; **eine ~ machen** to take od do an exam **2** (≈ Überprüfung) checking (⚠ ohne a); (≈ Untersuchung) examination; (von Geschäftsbüchern) audit; (von Lebensmitteln, Wein) testing (⚠ ohne a); **jdn/etw einer ~ unterziehen** to subject sb/sth to an examination; **nach ~ Ihrer Beschwerde** after looking into your complaint **3** (≈ Erwägung) consideration **Prüfungsangst** F exam nerves pl **Prüfungsaufgabe** F exam(ination) question **Prüfungsausschuss** M board of examiners **Prüfungskommission** F board of

prüfen ≠ to prove

prüfen	=	**to check** etc. (s. Eintrag)
to prove	=	beweisen

FALSCHE FREUNDE

examiners **Prüfverfahren** N test procedure
Prügel M 1 (≈ Stock) club 2 pl (umg ≈ Schläge) beating; **~ bekommen** to get a beating **Prügelei** F (umg) fight **Prügelknabe** M (fig) whipping boy **prügeln** A VT & VI to beat B VR to fight; **sich mit jdm ~** to fight sb; **sich um etw** (akk) **~** to fight over sth **Prügelstrafe** F corporal punishment
Prunk M (≈ Pracht) splendour (Br), splendor (US) **Prunkbau** M magnificent building **Prunksaal** M sumptuous room **Prunkstück** N showpiece **prunkvoll** ADJ splendid
prusten VI (umg) to snort; **vor Lachen ~** to snort with laughter
PS N hp
Psalm M psalm
pseudo- pseudo **Pseudonym** N pseudonym
pst INT psst; (≈ Ruhe!) sh
Psyche F psyche **Psychiater(in)** M(F) psychiatrist **Psychiatrie** F psychiatry **psychiatrisch** ADJ psychiatric; **~ behandelt werden** to be under psychiatric treatment **psychisch** A ADJ Belastung emotional; Phänomen, Erscheinung psychic; Vorgänge psychological; **~e Erkrankung** mental illness B ADV abnorm psychologically; gestört mentally; **~ belastet sein** to be under psychological pressure **Psychoanalyse** F psychoanalysis **Psychoanalytiker(in)** M(F) psychoanalyst **Psychodrama** N psychodrama **Psychogramm** N profile (a. fig) **Psychologe** M, **Psychologin** F psychologist **Psychologie** F psychology **psychologisch** A ADJ psychological B ADV psychologically **Psychopath(in)** M(F) psychopath **Psychopharmakon** N psychiatric drug **Psychose** F psychosis **psychosomatisch** A ADJ psychosomatic B ADV psychosomatically **Psychoterror** M psychological terror **Psychotherapeut(in)** M(F) psychotherapist **Psychotherapie** F psychotherapy **Psychothriller** M psychological thriller **psychotisch** ADJ psychotic
pubertär ADJ adolescent **Pubertät** F puberty **pubertieren** VI to reach puberty
Publicity F publicity (⚠ ohne **the**) **Public Viewing** N big-screen broadcast **publik** ADJ **~ werden** to become public knowledge; **etw ~ machen** to make sth public **Publikation** F publication **Publikum** N public; (≈ Zuschauer, Zuhörer) audience; (≈ Leser) readers pl; SPORT crowd **Publikumserfolg** M success with the public **Publikumsliebling** M darling of the public **Publikumsmagnet** M crowd puller **publikumswirksam** A ADJ **~ sein** to have public appeal B ADV **ein Stück ~ inszenieren** to produce a play with a view to public appeal **publizieren** VT & VI 1 (≈ veröffentlichen) to publish 2 (≈ publik machen) to publicize **Publizist(in)** M(F) publicist; (≈ Journalist) journalist **Publizistik** F journalism
Pudding M thick custard-based dessert often tasting of vanilla, chocolate etc **Puddingpulver** N custard powder

▶ Pudding ≠ pudding

| Pudding | = | thick custard-based dessert often tasting of vanilla, chocolate etc. |
| pudding | = | Nachtisch |

FALSCHE FREUNDE

Pudel M poodle **Pudelmütze** F bobble cap **pudelwohl** ADJ (umg) **sich ~ fühlen** to feel completely contented
Puder M od N powder **Puderdose** F (für Gesichtspuder) (powder) compact **pudern** A VT to powder B VR (≈ Puder auftragen) to powder oneself **Puderzucker** M icing sugar
Puff¹ M 1 (≈ Stoß) thump; (in die Seite) prod 2 (Geräusch) phut (umg)
Puff² M od N (umg) brothel
Puffärmel M puff(ed) sleeve
puffen VT to hit; (in die Seite) to prod **Puffer** M 1 BAHN, IT buffer 2 (GASTR ≈ Kartoffelpuffer) potato fritter **Pufferstaat** M buffer state **Pufferzone** F buffer zone
Puffreis M puffed rice
Pull-down-Menü N pull-down menu
Pulle F (umg) bottle; **volle ~ fahren/arbeiten** (umg) to drive/work flat out (bes Br)
Pulli M (umg), **Pullover** M jumper (Br), sweater **Pullunder** M tank top
Puls M pulse; **jdm den ~ fühlen** (wörtl) to feel sb's pulse; (fig) to take sb's pulse **Pulsader** F artery; **sich** (dat) **die ~(n) aufschneiden** to slash one's wrists **pulsieren** VI to pulsate **Pulsschlag** M pulse beat; (fig) pulse; (≈ das Pulsieren) throbbing, pulsation
Pult N desk
Pulver N powder; **sein ~ verschossen haben** (fig) to have shot one's bolt **Pulverfass** N powder keg; **(wie) auf einem ~ sitzen** (fig) to be sitting on (top of) a volcano **pulverig** ADJ powdery (⚠ kein Adverb); **der Schnee war ~ leicht** the snow was powdery **pulverisieren** VT to pulverize **Pulverkaffee** M instant coffee **Pulverschnee** M powder snow
Puma M puma
pummelig ADJ (umg) chubby

Pump M (umg) credit; **etw auf ~ kaufen** to buy sth on credit

Pumpe F [1] pump [2] (umg ≈ Herz) ticker (umg) **pumpen** VT [1] (mit Pumpe) to pump [2] (umg ≈ entleihen) to borrow; (≈ verleihen) to lend

Pumpernickel M pumpernickel

Pumps M court shoe (Br), pump (US)

puncto PRÄP +gen **in ~** with regard to

Punk M punk **Punker(in)** M(F) punk (❗ Englisch ohne **er**)

Punkt M [1] point; **~ 12 Uhr** at 12 o'clock on the dot; **bis zu einem gewissen ~** up to a certain point; **nach ~en siegen/führen** to win/lead on points; **in diesem ~** on this point; **etw auf den ~ bringen** to get to the heart of sth [2] (≈ Satzzeichen) full stop (Br), period (bes US); (auf dem i, von Punktlinie, IT) dot; **nun mach aber mal einen ~!** (umg) come off it! (umg) **Pünktchen** N little dot **punkten** VI SPORT to score (points); (fig ≈ Erfolg haben) to score a hit; → **gepunktet punktgleich** A ADJ SPORT level (mit with) B ADV **die beiden Mannschaften liegen ~** the two teams are even; **der Boxkampf ging ~ aus** the fight ended in a draw od was a draw **punktieren** VT [1] MED to aspirate [2] (≈ mit Punkten versehen) to dot; **punktierte Linie** dotted line **pünktlich** A ADJ punctual B ADV on time **Pünktlichkeit** F punctuality **Punktniederlage** F defeat on points **Punktrichter(in)** M(F) judge **Punktsieg** M win on points **Punktspiel** N league game, game decided on points **punktuell** A ADJ Streik selective; Zusammenarbeit on certain points; **~e Verkehrskontrollen** spot checks on traffic B ADV kritisieren in a few points **Punktzahl** F number of points; (im Sport, Wettbewerb) score

Punsch M (hot) punch

Pupille F pupil

Puppe F [1] doll; (≈ Marionette) puppet; (≈ Schaufensterpuppe) dummy; (umg ≈ Mädchen) doll (umg); **bis in die ~n schlafen** (umg) to sleep to all hours [2] ZOOL pupa **Puppenhaus** N doll's house (Br), dollhouse (US) **Puppenspiel** N puppet show **Puppenspieler(in)** M(F) puppeteer **Puppenstube** F doll's house (Br), dollhouse (US) **Puppentheater** N puppet theatre (Br) od theater (US) **Puppenwagen** M doll's pram (Br), toy baby carriage (US)

pur A ADJ (≈ rein) pure; (≈ unverdünnt) neat; (≈ bloß, völlig) sheer; **~er Unsinn** absolute nonsense; **~er Zufall** sheer coincidence; **Whisky ~** straight whisky B ADV anwenden pure; trinken straight

Püree N puree **pürieren** VT to puree **Pürierstab** M masher

Puritaner(in) M(F) Puritan **puritanisch** ADJ HIST Puritan; (pej) puritanical

Purpur M crimson

purpurrot ADJ crimson (red)

Purzelbaum M somersault **purzeln** VI to tumble

puschen, pushen VT (umg) to push **Push-up-BH** M push-up bra

Pusselarbeit F (umg) fiddly od finicky work **pusseln** VI (umg ≈ herumbasteln) to fiddle around (an etw (dat) with sth)

Puste F (umg) puff (umg); **außer ~ geraten** to get out of breath; **außer ~ sein** to be out of puff (umg) **Pusteblume** F (umg) dandelion clock **Pustekuchen** INT (umg) fiddlesticks (obs umg); **(ja) ~!** (umg) no chance! (umg)

Pustel F (≈ Pickel) spot; MED pustule

pusten (umg) VI to puff

Pute F turkey (hen); **dumme ~** (umg) silly goose (umg) **Putenschnitzel** N GASTR turkey breast in breadcrumbs **Puter** M turkey (cock) **puterrot** ADJ scarlet, bright red; **~ werden** to go bright red

Putsch M putsch **putschen** VI to rebel **Putschist(in)** M(F) rebel **Putschversuch** M attempted coup (d'état)

Putte F KUNST cherub

Puppe — doll

Puppe — puppet

Puppe — pupa

Putz M ▪1 BAU plaster; (≈ Rauputz) roughcast ▪2 **auf den ~ hauen** (umg) (≈ angeben) to show off; (≈ ausgelassen feiern) to have a rave-up (umg) **Putzdienst** M cleaning duty; (≈ Dienstleistung) cleaning service; **~ haben** to be on cleaning duty **putzen** A VT (≈ säubern) to clean; (≈ polieren) to polish; (≈ wischen) to wipe; **Fenster ~** to clean the windows; **sich** (dat) **die Nase ~** to blow one's nose; **die Zähne ~** to brush one's teeth; **~ gehen** to work as a cleaner B VR (≈ sich säubern) to wash oneself **Putzfimmel** M (umg) **einen ~ haben** to be a cleaning maniac **Putzfrau** F cleaner **putzig** (umg) ADJ (≈ komisch) funny; (≈ niedlich) cute **Putzkolonne** F team of cleaners **Putzlappen** M cloth **Putzmittel** N (zum Scheuern) cleanser; (zum Polieren) polish **putzmunter** ADJ (umg) full of beans (Br umg), lively **Putztuch** N (≈ Staubtuch) duster; (≈ Wischlappen) cloth **Putzzeug** N cleaning things pl
Puzzle N jigsaw (puzzle)
Pygmäe M, **Pygmäin** F Pygmy
Pyjama M pair of pyjamas (Br) od pajamas (US) sg
Pyramide F pyramid **pyramidenförmig** ADJ pyramid-shaped (⚠ kein Adverb); **etw ~ anordnen** to arrange sth in a pyramid
Pyrenäen PL **die ~** the Pyrenees pl **Pyrenäenhalbinsel** F Iberian Peninsula
Pyromane M, **Pyromanin** F pyromaniac
Pyrotechnik F pyrotechnics sg **pyrotechnisch** ADJ pyrotechnic
Python M python

Q, q N Q, q
Qigong N MED, SPORT qigong
Quacksalber(in) M(F) (pej) quack (doctor) **Quacksalberei** F quackery
Quadrat N ▪1 (Fläche) square; **drei Meter im ~** three metres (Br) od meters (US) square ▪2 (Potenz) square; **vier zum ~** four squared **quadratisch** ADJ Form square; MATH Gleichung quadratic **Quadratkilometer** M square kilometre (Br) od kilometer (US) **Quadratmeter** M od N square metre (Br) od meter (US) **Quadratur** F quadrature; **die ~ des Kreises** the squaring of the circle **Quadratwurzel** F square root **Quadratzahl** F square number **quadrieren** VT Zahl to square
Quai M od N ▪1 quay ▪2 (schweiz) (an Fluss) riverside road; (an See) lakeside road
quaken VI (Frosch) to croak; (Ente) to quack
quäken VT & VI (umg) to screech
Quäker(in) M(F) Quaker
Qual F agony; **unter großen ~en sterben** to die in agony; **die letzten Monate waren für mich eine (einzige) ~** the last few months have been sheer agony for me; **er machte ihr das Leben zur ~** he made her life a misery **quälen** A VT to torment; (mit Bitten etc) to pester; **jdn zu Tode ~** to torture sb to death; → **gequält** B VR ▪1 (seelisch) to torture oneself; (≈ leiden) to suffer ▪2 (≈ sich abmühen) to struggle **quälend** ADJ agonizing **Quälerei** F (≈ Grausamkeit) torture (⚠ kein pl); (≈ seelische Belastung) agony; **das ist doch eine ~ für das Tier** that is cruel to the animal **Quälgeist** M (umg) pest (umg)
Quali F abk von Qualifikation (SPORT umg) qualification; (≈ Runde) qualifying round **Qualifikation** F qualification; (≈ Ausscheidungswettkampf) qualifying round **qualifizieren** VR to qualify **qualifiziert** ADJ ▪1 Arbeiter qualified; Arbeit expert ▪2 POL Mehrheit requisite **Qualifizierung** F ▪1 qualification ▪2 (≈ Einordnung) classification
Qualität F quality **qualitativ** A ADJ qualitative B ADV qualitatively; **~ hochwertige Produkte** high-quality products **Qualitätsarbeit** F quality work **Qualitätskontrolle** F quality check **Qualitätsware** F quality goods pl **Qualitätswein** M wine of certified origin and quality
Qualle F jellyfish
Qualm M (thick od dense) smoke **qualmen** VI ▪1 (Feuer) to give off smoke; **es qualmt aus dem Schornstein** clouds of smoke are coming from the chimney ▪2 (umg: Mensch) to smoke **qualmig** ADJ smoky

qualvoll A ADJ painful; Gedanke agonizing; Anblick harrowing B ADV **~ sterben** to die an agonizing death
Quantenphysik F quantum physics sg **Quantensprung** M quantum leap **Quantentheorie** F quantum theory **quantifizieren** VT to quantify **Quantität** F quantity **quantitativ** A ADJ quantitative B ADV quantitatively **Quantum** N (≈ Menge) quantum; (≈ Anteil) quota (an +dat of)
Quarantäne F quarantine; **unter ~ stellen** to put in quarantine; **unter ~ stehen** to be in quarantine
Quark M ▪1 (≈ Käse) quark ▪2 (umg) (≈ Unsinn) rubbish (Br), nonsense
Quartal N quarter **Quartal(s)säufer(in)** M(F) (umg) periodic heavy drinker **quartal(s)-**

QUAR | 1146

weise A ADJ quarterly **B** ADV quarterly **Quartett** N **1** MUS quartet **2** (KART) (≈ Spiel) ≈ happy families sg; (≈ Karten) set of four cards
Quartier N **1** (≈ Unterkunft) accommodation (Br) (⚠ kein pl), accommodations pl (US) **2** MIL quarters pl
Quarz M quartz **Quarzuhr** F quartz clock; (≈ Armbanduhr) quartz watch
quasi A ADV virtually **B** PRÄF quasi
Quasselei F (umg) gabbing (umg) **quasseln** VT & VI to blather (umg)
Quaste F (≈ Troddel) tassel; (von Pinsel) bristles pl
Quatsch M (umg) nonsense; **ohne ~!** (≈ ehrlich) no kidding! (umg); **so ein ~!** what (a load of) nonsense (Br); **lass den ~** cut it out! (umg); **~ machen** to mess about (umg); **mach damit keinen ~** don't do anything stupid with it **quatschen** (umg) **A** VT & VI (≈ dummes Zeug reden) to gab (away) (umg), to blather (umg) **B** VI **1** (≈ plaudern) to blather (umg) **2** (≈ etw ausplaudern) to squeal (umg) **Quatschkopf** M (pej umg) (≈ Schwätzer) windbag (umg); (≈ Dummkopf) fool
Quecksilber N mercury
Quelldatei F IT source file
Quelle F **1** spring; (≈ Erdölquelle) well **2** (fig) (≈ Ursprung, Informant) source; (für Waren) supplier; **aus zuverlässiger ~** from a reliable source; **an der ~ sitzen** (fig) to be well-placed **quellen** VI **1** (≈ herausfließen) to pour (aus out of) **2** (Erbsen) to swell; **lassen Sie die Bohnen über Nacht ~** leave the beans to soak overnight **Quellenangabe** F reference **Quellensteuer** F WIRTSCH tax at source **Quellwasser** N spring water
Quengelei F (umg) whining **quengelig** ADJ whining **quengeln** VI (umg) to whine
quer ADV (≈ schräg) crossways, diagonally; (≈ rechtwinklig) at right angles; **~ gestreift** horizontally striped; **er legte sich ~ aufs Bett** he lay down across the bed; **~ über etw** (akk) **gehen** to cross sth **Querdenker(in)** M/F(M) open--minded thinker **Quere** F **jdm in die ~ kommen** (≈ begegnen) to cross sb's path; (a. fig ≈ in den Weg geraten) to get in sb's way
querfeldein ADV across country **Querfeldeinrennen** N cross-country; (Motorradrennen) motocross **Querflöte** F (transverse) flute; **~ spielen** to play the flute (⚠ mit **the**) **Querformat** N landscape format **quergestreift** ADJ → **quer Querlatte** F crossbar **querlegen** VR (fig umg) to be awkward **Querpass** M cross **Querschläger** M ricochet (shot) **Querschnitt** M cross section **querschnitt(s)gelähmt** ADJ paraplegic **Querschnitt(s)gelähmte(r)** M/F(M) paraplegic **Querschnitt(s)lähmung** F paraplegia **querstellen** VR (fig umg) to be awkward **Querstraße** F (≈ Nebenstraße) side street; (≈ Abzweigung) turning **Querstreifen** M horizontal stripe **Quersumme** F MATH sum of digits (of a number) **Quertreiber(in)** M/F(M) (umg) troublemaker **Querulant(in)** M/F(M) grumbler
quetschen A VT (≈ drücken) to squash; (aus einer Tube) to squeeze; **etw in etw** (akk) **~** to squeeze sth into sth **B** VR (≈ sich zwängen) to squeeze (oneself) **Quetschung** F, **Quetschwunde** F MED bruise
Quiche F GASTR quiche
quicklebendig ADJ (umg) lively
quieken VI to squeal **quietschen** VI to squeak; (Reifen, Mensch) to squeal; Bremsen to screech **quietschvergnügt** ADJ (umg) happy as a sandboy
Quintett N quintet
Quirl M GASTR whisk, beater **quirlig** ADJ Mensch, Stadt lively, exuberant
quitt ADJ **~ sein (mit jdm)** to be quits (with sb)
Quitte F quince
quittieren A VT **1** (≈ bestätigen) to give a receipt for; **lassen Sie sich** (dat) **die Rechnung ~** get a receipt for the bill **2** (≈ beantworten) to counter (mit with) **3** (≈ verlassen) Dienst to quit **B** VI (≈ bestätigen) to sign **Quittung** F **1** receipt; **gegen ~** on production of a receipt; **jdm eine ~ für etw ausstellen** to give sb a receipt for sth **2** (fig) **die ~ für etw bekommen** od **erhalten** to pay the penalty for sth **Quittungsblock** M receipt book
Quiz N quiz **Quizfrage** F quiz question **Quizmaster(in)** M/F(M) quizmaster **Quizsendung** F quiz show; (mit Spielen) gameshow
Quote F (≈ Anteilsziffer) proportion; (≈ Kontingent) quota; (≈ Rate) rate; TV etc ratings pl **Quotenregelung** F quota system **Quotient** M quotient

R

R, r N R, r
Rabatt M discount (auf +akk on) **Rabattaktion** N sale
Rabauke M (umg) hooligan
Rabbi M rabbi **Rabbiner(in)** M(F) rabbi
Rabe M raven **Rabeneltern** PL (umg) bad parents pl **Rabenmutter** F (umg) bad mother **rabenschwarz** ADJ Nacht pitch-black; Haare jet-black; (fig) Humor black **Rabenvater** M (umg) bad father
rabiat A ADJ Kerl violent; Umgangston aggressive; Methoden, Konkurrenz ruthless B ADV (≈ rücksichtslos) roughly; vorgehen ruthlessly; (≈ aggressiv) violently
Rache F revenge; ~ **schwören** to swear vengeance; (an jdm) ~ **nehmen** od **üben** to take revenge (on od upon sb); **etw aus ~ tun** to do sth in revenge; ~ **ist süß** (sprichw) revenge is sweet (sprichw) **Racheakt** M act of revenge od vengeance
Rachen M throat; (von großen Tieren) jaws pl; (fig) jaws pl, abyss; **jdm etw in den ~ werfen** (umg) to shut sb's throat (umg)
rächen A V/T jdn, Untat to avenge (etw an jdm sth on sb) B V/R (Mensch) to get one's revenge (an jdm für etw on sb for sth); **deine Faulheit wird sich ~** you'll pay for being so lazy
Rachitis F rickets **rachitisch** ADJ Kind with rickets
Rachsucht F vindictiveness **rachsüchtig** ADJ vindictive
Racker M (umg ≈ Kind) rascal (umg) **rackern** V/I & V/R (umg) to slave (away) (umg)
Rad N 1 wheel; **ein ~ schlagen** SPORT to do a cartwheel; **unter die Räder kommen** (umg) to get into bad ways; **das fünfte ~ am Wagen sein** (umg) to be in the way 2 (≈ Fahrrad) bicycle, bike (umg); ~ **fahren** to cycle; (pej umg ≈ kriechen) to suck up (umg)
Radar M od N radar **Radarfalle** F speed trap **Radarkontrolle** F radar speed check **Radarschirm** M radar screen, radarscope **Radarstation** F radar station **Radarüberwachung** F radar monitoring
Radau M (umg) racket (umg); ~ **machen** to kick up a row; (≈ Unruhe stiften) to cause trouble; (≈ Lärm machen) to make a racket
Raddampfer M paddle steamer
radebrechen V/T **Englisch/Deutsch ~** to speak broken English/German
radeln V/I (umg) to cycle
Rädelsführer(in) M(F) ringleader
radfahren V/I → **Rad Radfahrer(in)** M(F) 1 cyclist 2 (pej umg) crawler (Br umg), brown-noser (bes US sl) **Radfahrweg** M cycleway; (in der Stadt) cycle lane **Radgabel** F fork **Radhelm** M cycle helmet
Radi M (südd, österr) white radish
radieren V/T & V/I 1 (mit Radiergummi) to erase 2 KUNST to etch **Radiergummi** M rubber (Br), eraser (bes US, form) (⚠ Vorsicht, im amerikanischen Englisch bedeutet **rubber** ein Kondom.) **Radierung** F KUNST etching
Radieschen N radish
radikal A ADJ radical B ADV radically; verneinen categorically; **etw ~ ablehnen** to refuse sth flatly; ~ **gegen etw vorgehen** to take radical steps against sth **Radikale(r)** M(F)M radical **radikalisieren** V/T to radicalize **Radikalisierung** F radicalization **Radikalismus** M POL radicalism **Radikalkur** F (umg) drastic remedy
Radio N od (schweiz, südd a.) M radio; ~ **hören** to listen to the radio; **im ~** on the radio **radioaktiv** ADJ radioactive; ~**er Niederschlag** (radioactive) fallout; ~ **verseucht** contaminated with radioactivity **Radioaktivität** F radioactivity **Radioapparat** M radio (set) **Radiografie** F radiography **Radiologe** M, **Radiologin** F MED radiologist **Radiologie** F MED radiology **radiologisch** ADJ radiological **Radiorekorder** M radio recorder **Radiosender** M (≈ Rundfunkanstalt) radio station **Radiowecker** M radio alarm (clock)
Radium N radium
Radius M radius
Radkappe F hubcap **Radlager** N wheel bearing **Radler(in)** M(F) (umg) cyclist **Radrennbahn** F cycle (racing) track **Radrennen** N cycle race **Radrennsport** M cycle racing **Radsport** M cycling **Radsport-**

Rad — wheel

Rad — bicycle, umg bike

RADT ‖ 1148

ler(in) M/F cyclist **Radtour** F bike ride; (länger) cycling tour; **eine ~ machen** to go on a cycling tour **Radwandern** N cycling tours pl **Radwechsel** M wheel change **Radweg** M cycleway

raffen VT **1** **er will immer nur (Geld) ~** he's always after money; **etw an sich** (akk) **~** to grab sth **2** Stoff to gather **3** (zeitlich) to shorten **4** (sl ≈ verstehen) to get (umg) **Raffgier** F greed, avarice

Raffinade F (Zucker) refined sugar **Raffinerie** F refinery **Raffinesse** F **1** (≈ Feinheit) refinement **2** (≈ Schlauheit) cunning (⚠ kein pl) **raffinieren** VT to refine **raffiniert** ADJ **1** Zucker, Öl refined **2** Methoden sophisticated; (umg) Kleidung stylish **3** (≈ schlau) clever; (≈ durchtrieben) crafty

Rafting N SPORT (white-water) rafting

Rage F (≈ Wut) rage; **jdn in ~ bringen** to infuriate sb

ragen VI to rise, to loom

Ragout N ragout

Rahm M (südd, österr) cream

rahmen VT to frame; Dias to mount **Rahmen** M **1** frame **2** (fig) framework; (≈ Atmosphäre) setting; (≈ Größe) scale; **den ~ für etw bilden** to provide a backdrop for sth; **im ~** within the framework (+gen of); **im ~ des Möglichen** within the bounds of possibility; **sich im ~ halten** to keep within the limits; **aus dem ~ fallen** to be strikingly different; **musst du denn immer aus dem ~ fallen!** do you always have to show yourself up?; **den ~ von etw sprengen** to go beyond the scope of sth; **in größerem/kleinerem ~** on a large/small scale **Rahmenbedingung** F basic condition **Rahmenvertrag** M IND general agreement

rahmig ADJ (dial) creamy **Rahmspinat** M creamed spinach (with sour cream)

räkeln VR = rekeln

Rakete F rocket; MIL auch missile **Raketenabschussbasis** F MIL missile base; RAUMF launch site (Br) **Raketenabwehr** F antimissile defence (Br) od defense (US) **Raketenstützpunkt** M missile base **Raketenwerfer** M rocket launcher

Rallye F rally **Rallyefahrer(in)** M/F rally driver

RAM N IT RAM

Ramadan M Ramadan

rammen VT to ram

Rampe F **1** ramp **2** THEAT forestage **Rampenlicht** N THEAT footlights pl; (fig) limelight

ramponieren VT (umg) to ruin; Möbel to bash about (umg)

Ramsch M (umg) junk

ran INT (umg) come on (umg); **~ an die Arbeit!** down to work; → heran

Rand M **1** edge; (von Gefäß, Tasse) top, rim; (von Abgrund) brink; **voll bis zum ~** full to the brim; **am ~e** erwähnen in passing; interessieren marginally; miterleben from the sidelines; **am ~e des Wahnsinns** on the verge of madness; **am ~e eines Krieges** on the brink of war; **am ~e der Gesellschaft** on the fringes of society **2** (≈ Umrandung) border; (≈ Brillenrand) rim; (von Hut) brim; (≈ Buchrand) margin; **etw an den ~ schreiben** to write sth in the margin **3** (≈ Schmutzrand) ring; (um Augen) circle **4** (fig) **sie waren außer ~ und Band** they were going wild; **zu ~e** = zurande

Randale F rioting; **~ machen** to riot **randalieren** VI to rampage (about); **~de Studenten** rioting students **Randalierer(in)** M/F hooligan

Randbemerkung F (schriftlich: auf Seite) note in the margin; (mündlich, fig) (passing) comment **Randerscheinung** F marginal matter **Randfigur** F minor figure **Randgruppe** F fringe group **randlos** **A** ADJ Brille rimless **B** ADV IT drucken without margins **Randstein** M curb (US), kerb (Br) **randvoll** ADJ Glas full to the brim; Behälter full to the top; (fig) Programm packed

Rang M **1** MIL rank; (in Firma, gesellschaftlich, in Wettbewerb) place; **alles, was ~ und Namen hat** everybody who is anybody; **jdm den ~ streitig machen** (fig) to challenge sb's position; **jdm den ~ ablaufen** (fig) to outstrip sb; **ein Künstler/Wissenschaftler von ~** an artist/scientist of standing **2** THEAT circle; **erster/zweiter ~** dress/upper circle, first/second circle (US) **3** **Ränge** PL (SPORT ≈ Tribünenränge) stands pl

rangehen VI (umg) to get stuck in (umg); **geh ran!** go on!

Rangelei F (umg) = Gerangel **rangeln** (umg) VI to scrap; (um Posten) to wrangle (um for)

Rangfolge F order of rank (bes MIL) od standing; (in Sport, Wettbewerb) order of placing; (von Prioritäten etc) order of importance **ranghoch** ADJ senior; MIL high-ranking **Rangierbahnhof** M marshalling (Br) od marshaling (US) yard **rangieren** **A** VT BAHN to shunt (Br), to switch (US) **B** VI (umg ≈ Rang einnehmen) to rank; **an erster/letzter Stelle ~** to come first/last **Rangliste** F (SPORT, fig) (results) table **rangmäßig** **A** ADJ according to rank **B** ADV höher in rank **Rangordnung** F hierarchy; MIL (order of) ranks

ranhalten VR (umg) **1** (≈ sich beeilen) to get a move on (umg) **2** (≈ schnell zugreifen) to get stuck in (umg)

R

1149 ‖ RATE

Ranke F̲ tendril; (von Erdbeeren) stalk **ranken** V̲R̲ **sich um etw ~** to entwine itself around sth
ranklotzen V̲I̲ (umg) (beim Arbeiten) to work like mad (umg)
rankommen V̲I̲ (umg) **an etw** (akk) **~** to get at sth; → **herankommen ranlassen** V̲T̲ (umg) **jdn ~** (an Aufgabe etc) to let sb have a try **rannehmen** V̲T̲ (umg) **1** (≈ fordern) **jdn ~** to put sb through his/her paces **2** (≈ aufrufen) Schüler to pick on
Ranzen M̲ (≈ Schulranzen) satchel
ranzig A̲D̲J̲ rancid
Rap M̲ MUS rap
rapid(e) A̲ A̲D̲J̲ rapid B̲ A̲D̲V̲ rapidly
Rappe M̲ black horse
Rappel M̲ (umg ≈ Fimmel) craze; **einen ~ kriegen** to go completely crazy; (≈ Wutanfall) to throw a fit **rappelvoll** A̲D̲J̲ (umg) jam-packed (umg)
rappen V̲I̲ MUS to rap
Rappen M̲ (schweiz) centime
Rapper(in) M̲F̲ MUS rapper
Rapport M̲ report; **sich zum ~ melden** to report
Raps M̲ BOT rape **Rapsöl** N̲ rape(seed) oil
rar A̲D̲J̲ rare **Rarität** F̲ rarity **rarmachen** V̲R̲ (umg) to make oneself scarce
rasant A̲ A̲D̲J̲ Tempo terrific, lightning attr (umg); Auto fast; Karriere meteoric; Wachstum rapid B̲ A̲D̲V̲ **1** (≈ sehr schnell) fast **2** (≈ stürmisch) dramatically
rasch A̲ A̲D̲J̲ **1** (≈ schnell) quick; Tempo great **2** (≈ übereilt) rash B̲ A̲D̲V̲ (≈ schnell) quickly; **~ machen** to hurry (up)
rascheln V̲I̲ to rustle
rasen V̲I̲ **1** (≈ wüten) to rave; (Sturm) to rage **2** (≈ sich schnell bewegen) to race; **ras doch nicht so!** (umg) don't go so fast!
Rasen M̲ lawn, grass (❗ kein pl, ohne a); (von Sportplatz) turf
rasend A̲ A̲D̲J̲ **1** (≈ enorm) terrific; Beifall rapturous; Eifersucht burning; **~e Kopfschmerzen** a splitting headache **2** (≈ wütend) furious; **er macht mich noch ~** he'll drive me crazy (umg) B̲ A̲D̲V̲ (umg) terrifically; schnell incredibly; wehtun like mad (umg); verliebt sein madly (umg)
Rasenmäher M̲ lawn mower **Rasenplatz** M̲ FUSSB etc field; TENNIS grass court **Rasensprenger** M̲ (lawn) sprinkler
Raser(in) M̲F̲ (umg) speed maniac (bes Br umg), speed demon (US umg) **Raserei** F̲ **1** (≈ Wut) fury **2** (umg ≈ schnelles Fahren, Gehen) mad rush
Rasierapparat M̲ razor; (elektrisch auch) shaver
Rasiercreme F̲ shaving cream **rasieren** A̲ V̲T̲ Haare to shave; **sich ~ lassen** to get a shave; **sie rasiert sich** (dat) **die Beine** she shaves her legs B̲ V̲R̲ to (have a) shave **Rasierer** M̲ (umg) (electric) razor od shaver **Rasier-**

klinge F̲ razor blade **Rasiermesser** N̲ (open) razor **Rasierpinsel** M̲ shaving brush **Rasierschaum** M̲ shaving foam **Rasierseife** F̲ shaving soap **Rasierwasser** N̲ aftershave (lotion) **Rasierzeug** N̲ shaving things pl
Räson F̲ **jdn zur ~ bringen** to make sb listen to reason; **zur ~ kommen** to see reason
Raspel F̲ GASTR grater **raspeln** V̲T̲ to grate; Holz to rasp
Rasse F̲ (≈ Menschenrasse) race; (≈ Tierrasse) breed **Rassehund** M̲ pedigree dog
Rassel F̲ rattle **rasseln** V̲I̲ **1** (≈ Geräusch erzeugen) to rattle **2** (umg) **durch eine Prüfung ~** to flunk an exam (umg)
Rassendiskriminierung F̲ racial discrimination **Rassenhass** M̲ race hatred **Rassenkonflikt** M̲ racial conflict **Rassenkrawall** M̲ race riot **Rassenpolitik** F̲ racial policy **Rassenschranke** F̲ racial barrier; (Farbige betreffend) colour (Br) od color (US) bar **Rassentrennung** F̲ racial segregation **Rassenunruhen** P̲L̲ racial disturbances pl
rassig A̲D̲J̲ Pferd, Auto sleek; Gesichtszüge striking; Südländer fiery **rassisch** A̲D̲J̲ racial **Rassismus** M̲ racism **Rassist(in)** M̲F̲ racist **rassistisch** A̲D̲J̲ racist
Rast F̲ rest; **~ machen** to stop (for a rest)
Rastalocken P̲L̲ dreadlocks pl
Raste F̲ notch
rasten V̲I̲ to rest
Raster N̲ (FOTO ≈ Gitter) screen; TV raster; (fig) framework **Rasterfahndung** F̲ computer search
Rasthaus N̲ (travellers' (Br) od travelers' (US)) inn; (an Autobahn: a. **Rasthof**) service area (including motel) **rastlos** A̲ A̲D̲J̲ (≈ unruhig) restless; (≈ unermüdlich) tireless B̲ A̲D̲V̲ tirelessly **Rastplatz** M̲ resting place; (an Autostraßen) picnic area **Raststätte** F̲ VERKEHR service area
Rasur F̲ shave; (≈ das Rasieren) shaving
Rat¹ M̲ **1** (≈ Empfehlung) advice (❗ kein pl, nie mit **an**); **jdm einen ~ geben** to give sb a piece of advice; **jdm den ~ geben, etw zu tun** to advise sb to do sth; **jdn um ~ fragen** to ask sb's advice; **auf jds ~** (akk) **(hin)** on od following sb's advice **2** (≈ Abhilfe) **~ (für etw) wissen** to know what to do (about sth); **sie wusste sich** (dat) **keinen ~ mehr** she was at her wits' end **3** (≈ Körperschaft) council
Rat² M̲, **Rätin** F̲ (≈ Titel) Councillor (Br), Councilor (US)
Rate F̲ **1** (≈ Geldbetrag) instalment (Br), installment (US); **auf ~n kaufen** to buy on hire purchase (Br) od on the installment plan (US); **in ~n zahlen** to pay in instal(l)ments **2** (≈ Verhältnis)

RATE 1150

rate

raten V̄T̄&V̄Ī̄ **1** (≈ *Ratschläge geben*) to advise; **jdm ~** to advise sb; **(jdm) zu etw ~** to recommend sth (to sb); **das würde ich dir nicht ~** I wouldn't advise it; **was** *od* **wozu ~ Sie mir?** what do you advise? **2** (≈ *erraten*) to guess; *Kreuzworträtsel etc* to solve; **rate mal!** (have a) guess; **dreimal darfst du ~** I'll give you three guesses (*a. iron*)

Ratenkauf M̄ (≈ *Kaufart*) HP (*Br umg*), the installment plan (*US*) **ratenweise** ADV in instalments (*Br*) *od* installments (*US*) **Ratenzahlung** F̄ payment by instalments (*Br*) *od* installments (*US*)

Ratespiel N̄ guessing game; TV quiz **Ratgeber** M̄ (*Buch etc*) guide **Rathaus** N̄ town hall; (*einer Großstadt*) city hall

ratifizieren V̄T̄ to ratify **Ratifizierung** F̄ ratification

Ration F̄ ration **rational** A ADJ rational B ADV rationally **rationalisieren** V̄T̄&V̄Ī̄ to rationalize **Rationalisierung** F̄ rationalization **Rationalisierungsmaßnahme** F̄ rationalization measure **rationell** A ADJ *Methode etc* efficient B ADV efficiently **rationieren** V̄T̄ to ration

ratlos A ADJ helpless; **ich bin völlig ~(, was ich tun soll)** I just don't know what to do B ADV helplessly; **einer Sache** (*dat*) **~ gegenüberstehen** to be at a loss when faced with sth **Ratlosigkeit** F̄ helplessness

rätoromanisch ADJ Rhaetian; *Sprache* Rhaeto-Romanic

ratsam ADJ advisable **Ratschlag** M̄ piece of advice; **Ratschläge** advice; **drei Ratschläge** three pieces of advice

Rätsel N̄ riddle; (≈ *Kreuzworträtsel*) crossword (puzzle); (≈ *Silbenrätsel, Bilderrätsel etc*) puzzle; **vor einem ~ stehen** to be baffled; **es ist mir ein ~, wie …** it's a mystery to me how … **rätselhaft** ADV mysterious; **auf ~e Weise** mysteriously **Rätselheft** N̄ puzzle book **rätseln** V̄Ī̄ to puzzle (over sth) **Rätselraten** N̄ guessing game; (≈ *Rätseln*) guessing

Ratte F̄ rat **Rattenfänger(in)** M̄F̄ rat-catcher; **der ~ von Hameln** the Pied Piper of Hameln **Rattengift** N̄ rat poison

rattern V̄Ī̄ to rattle; (*Maschinengewehr*) to chatter **ratzfatz** ADV (*umg* ≈ *sehr schnell*) in no time, in a flash

rau ADJ **1** rough; *Ton, Behandlung* harsh; **er ist ~, aber herzlich** he's a rough diamond **2** *Hals, Kehle* sore; *Stimme* husky; (≈ *heiser*) hoarse **3** (≈ *streng*) *Wetter* inclement; *Wind, Luft* raw; *See* rough; *Klima, Winter* harsh **4** (*umg*) **in ~en Mengen** galore (*umg*)

Raub M̄ **1** (≈ *das Rauben*) robbery; (≈ *Diebstahl*) theft **2** (≈ *Entführung*) abduction **3** (≈ *Beute*) booty, spoils *pl* **Raubbau** M̄ overexploitation (of natural resources); **~ an etw** (*dat*) **treiben** to overexploit sth; **mit seiner Gesundheit ~ treiben** to ruin one's health **Raubdruck** M̄ pirate(d) copy **rauben** V̄T̄ (≈ *wegnehmen*) to steal; (≈ *entführen*) to abduct; **jdm etw ~** to rob sb of sth; **jdm den Schlaf ~** to rob sb of his/her sleep **Räuber(in)** M̄F̄ robber; (≈ *Wegelagerer*) highwayman **räuberisch** ADJ rapacious; **~e Erpressung** JUR armed robbery; **in ~er Absicht** with intent to rob **Raubfisch** M̄ predatory fish **Raubkatze** F̄ (predatory) big cat **Raubkopie** F̄ pirate(d) copy **Raubmord** M̄ robbery with murder **Raubmörder(in)** M̄F̄ robber and murderer **Raubtier** N̄ predator, beast of prey **Raubüberfall** M̄ robbery **Raubvogel** M̄ bird of prey

Rauch M̄ smoke; **sich in ~ auflösen** (*fig*) to go up in smoke **Rauchbombe** F̄ smoke bomb **rauchen** V̄T̄&V̄Ī̄ to smoke; **„Rauchen verboten"** "no smoking"; **sich** (*dat*) **das Rauchen abgewöhnen** to give up smoking; **viel** *od* **stark ~** to be a heavy smoker **Raucher(in)** M̄F̄ smoker **Raucherabteil** N̄ smoking compartment **Raucherecke** F̄ smokers' corner **Raucherhusten** M̄ smoker's cough **Raucherkerze** F̄ incense cone **Raucherkneipe** F̄ smoking pub **Räucherlachs** M̄ smoked salmon **Räuchermännchen** N̄ *wooden figure containing an incense cone* **räuchern** V̄T̄ to smoke **Räucherschinken** M̄ smoked ham **Räucherstäbchen** N̄ joss stick **Raucherzone** F̄ smoking area **Rauchfahne** F̄ trail of smoke **Rauchfleisch** N̄ smoked meat **rauchfrei** ADJ *Zone* smokeless **rauchig** ADJ smoky **rauchlos** ADJ smokeless **Rauchmelder** M̄ smoke alarm **Rauchschwaden** P̄L̄ drifts *pl* of smoke **Rauchsignal** N̄ smoke signal **Rauchverbot** N̄ smoking ban; **hier herrscht ~** smoking is not allowed here **Rauchvergiftung** F̄ fume poisoning **Rauchwaren**[1] P̄L̄ tobacco (products *pl*) **Rauchwaren**[2] P̄L̄ (≈ *Pelze*) furs *pl* **Rauchwolke** F̄ cloud of smoke **Rauchzeichen** N̄ smoke signal

Räude F̄ VET mange **räudig** ADJ mangy

rauf ADV (*umg*) → **herauf**; → **hinauf**

Raufasertapete F̄ woodchip paper

Raufbold M̄ (*obs*) ruffian, roughneck **raufen** A V̄T̄ **sich** (*dat*) **die Haare ~** to tear (at) one's hair B V̄Ī̄&V̄R̄ to scrap; **sich um etw ~** to fight over sth **Rauferei** F̄ scrap

rauh ADJ → **rau**

Rauhaardackel M̄ wire-haired dachshund

1151 ║ REBS

rauhaarig ADJ coarse-haired **Rauheit** F roughness; (von Hals, Kehle) soreness; (von Stimme) huskiness; (≈ Heiserkeit) hoarseness; (von Wind, Luft) rawness; (von Klima, Winter) harshness
Raum M **1** (≈ Platz) room, space; **auf engstem ~ leben** to live in a very confined space **2** (≈ Spielraum) scope **3** (≈ Zimmer) room **4** (≈ Gebiet, Bereich) area; (größer) region; (fig) sphere **5** PHYS, RAUMF space (🔴 ohne Artikel) **Raumanzug** M spacesuit
räumen VT **1** (≈ verlassen) Gebäude, Posten to vacate; (MIL: Truppen) to withdraw from **2** (≈ leeren) Gebäude, Straße to clear (von of) **3** (≈ woanders hinbringen) to shift; (≈ entfernen) Schnee, Schutt to clear (away); Minen to clear
Raumfähre F space shuttle **Raumfahrt** F space travel od flight (🔴 ohne Artikel) **Raumfahrttechnik** F space technology **Räumfahrzeug** N bulldozer; (für Schnee) snow-clearer
Raumflug M space flight **Raumforschung** F space research **Raumgestaltung** F interior design **Rauminhalt** M volume **Raumkapsel** F space capsule **Raumklima** N indoor climate, room temperature and air quality **räumlich** A ADJ **1** (≈ den Raum betreffend) spatial; **~e Verhältnisse** physical conditions; **~e Entfernung** physical distance **2** (≈ dreidimensional) three-dimensional **B** ADV **1** (≈ platzmäßig) **~ beschränkt sein** to have very little room **2** (≈ dreidimensional) **~ sehen** to see in three dimensions **Räumlichkeit** F (≈ Zimmer) room; **~en** pl premises pl **Raummaß** N unit of volume **Raumpfleger(in)** MFIF cleaner **Raumschiff** N spaceship **Raumsonde** F space probe **Raumstation** F space station
Räumung F clearing; (von Gebäude, Posten) vacation; (von Lager) clearance **Räumungsklage** F action for eviction **Räumungsverkauf** M clearance sale
raunen VT & VI (liter) to whisper
raunzen VI (österr ≈ nörgeln) to moan
Raupe F caterpillar **Raupenfahrzeug** N caterpillar® (vehicle) **Raupenkette** F caterpillar® track
Rauputz M roughcast **Raureif** M hoarfrost
raus ADV (umg) **~!** (get) out!; → **heraus**; → **hinaus**
Rausch M (≈ Trunkenheit) intoxication; (≈ Drogenrausch) high (umg); **sich** (dat) **einen ~ antrinken** to get drunk; **seinen ~ ausschlafen** to sleep it off **rauschen** VI (Wasser) to roar; (sanft) to murmur; (Baum, Wald) to rustle; (Wind) to murmur; (Lautsprecher etc) to hiss **rauschend** ADJ Fest grand; Beifall, Erfolg resounding **Rauschgift** N drug, narcotic; (≈ Drogen) drugs pl; **~ nehmen**

to take drugs **Rauschgiftdezernat** N narcotics od drug squad **Rauschgifthandel** M drug trafficking **Rauschgifthändler(in)** MFIF drug trafficker **rauschgiftsüchtig** ADJ drug-addicted; **er ist ~** he's addicted to drugs **Rauschgiftsüchtige(r)** MFIFM drug addict
rausfliegen VI (umg) to be chucked out (umg)
räuspern VR to clear one's throat
rausreißen VT (umg) **jdn ~** to save sb **rausschmeißen** VT (umg) to chuck out (umg); Geld to chuck away (umg) **Rausschmeißer(in)** MFIF (umg) bouncer **Rausschmiss** M (umg) booting out (umg)
Raute F MATH rhombus **rautenförmig** ADJ rhomboid
Ravioli PL ravioli sg
Razzia F raid (gegen on)
Re N KART redouble
Reagenzglas N CHEM test tube
reagieren VI to react (auf +akk to, mit with) **Reaktion** F reaction (auf +akk to) **reaktionär** (POL pej) ADJ reactionary **Reaktionsfähigkeit** F ability to react; CHEM, PHYSIOL reactivity **reaktionsschnell** ADJ with fast reactions; **~ sein** to have fast reactions **Reaktionszeit** F reaction time
reaktivieren VT NAT to reactivate; (fig) to revive
Reaktor M reactor **Reaktorblock** M reactor block **Reaktorkern** M reactor core **Reaktorsicherheit** F reactor safety **Reaktorunglück** N nuclear disaster
real A ADJ real; (≈ wirklichkeitsbezogen) realistic **B** ADV sinken, steigen actually **Realeinkommen** N real income **realisierbar** ADJ Idee, Projekt feasible **realisieren** VT **1** Pläne, Ideen to carry out **2** (≈ erkennen) to realize **Realismus** M realism **Realist(in)** MFIF realist **realistisch** A ADJ realistic **B** ADV realistically **Realität** F reality **Realitätssinn** M sense of realism **Reality-TV** N reality TV **Reallohn** M real wages pl **Realpolitik** F political realism, Realpolitik **realpolitisch** ADJ pragmatic **Realsatire** F real-life satire **Realschulabschluss** M leaving certificate from a Realschule **Realschule** F ≈ secondary school, ≈ secondary modern school (Br) (🔴 Diesen Schultyp gibt es in Großbritannien nicht, es gibt nur einen Typ weiterführender Schulen, nämlich die **secondary school**.)
Rebe F (≈ Ranke) shoot; (≈ Weinstock) vine
Rebell(in) MFIF rebel **rebellieren** VI to rebel **Rebellion** F rebellion **rebellisch** ADJ rebellious
Rebhuhn N (common) partridge **Rebstock** M vine

R

RECH ‖ 1152

Rechaud M̲ od N̲ hotplate; (für Fondue) spirit burner (Br), ethanol burner (US)

Rechen M̲ (≈ Harke) rake

Rechenart F̲ **die vier ~en** the four arithmetical operations **Rechenaufgabe** F̲ sum (bes Br), (arithmetical) problem **Rechenfehler** M̲ miscalculation **Rechenmaschine** F̲ adding machine

Rechenschaft F̲ account; **jdm über etw** (akk) **~ ablegen** to account to sb for sth; **jdm ~ schuldig sein** to have to account to sb; **jdn (für etw) zur ~ ziehen** to call sb to account (for od over sth) **Rechenschaftsbericht** M̲ report

Rechenschieber M̲ slide rule **Rechenzentrum** N̲ computer centre (Br) od center (US)

Recherche F̲ investigation **recherchieren** V̲T̲&̲V̲I̲ to investigate

rechnen A̲ V̲T̲ **1** (≈ addieren etc) to work out; **rund gerechnet** in round figures **2** (≈ einstufen) to count; **jdn zu etw ~** to count sb among sth **3** (≈ veranschlagen) to estimate; **wir hatten nur drei Tage gerechnet** we were only reckoning on three days; **das ist zu hoch/niedrig gerechnet** that's too high/low (an estimate) **B** V̲I̲ **1** (≈ addieren etc) to do a calculation/calculations; bes SCHULE to do sums (bes Br) od adding; **falsch ~** to make a mistake (in one's calculations); **gut/schlecht ~ können** to be good/bad at arithmetic; bes SCHULE to be good/bad at sums (bes Br) od adding; **mit Variablen/Zahlen ~** to do (the) calculations using variables/numbers **2** (≈ sich verlassen) **auf jdn/etw ~** to count on sb/sth **3** **mit jdm/etw ~** to reckon with sb/sth; **es wird damit gerechnet, dass …** it is reckoned that …; **damit hatte ich nicht gerechnet** I wasn't expecting that; **mit dem Schlimmsten ~** to be prepared for the worst **C** V̲R̲ **etw rechnet sich nicht** sth is not economical **Rechnen** N̲ arithmetic **Rechner** M̲ (≈ Elektronenrechner) computer; (≈ Taschenrechner) calculator **rechnergesteuert** A̲D̲J̲ computer-controlled **rechnergestützt** A̲D̲J̲ computer-aided **rechnerisch** A̲D̲J̲ arithmetical; POL Mehrheit numerical **Rechnung** F̲ **1** (≈ Berechnung) calculation; (als Aufgabe) sum; **die ~ geht nicht auf** (wörtl) the sum doesn't work out; (fig) it won't work (out) **2** (≈ schriftliche Kostenforderung) bill (Br), check (US); (bes von Firma) invoice; **das geht auf meine ~** this one's on me; **auf ~ kaufen** to buy on account; **auf eigene ~** on one's own account; **(jdm) etw in ~ stellen** to charge (sb) for sth **Rechnungsbetrag** M̲ (total) amount of a bill (Br) od check (US)/an invoice/account **Rechnungsjahr** N̲ financial od fis-

cal year **Rechnungspreis** M̲ invoice price **Rechnungsprüfung** F̲ audit

recht A̲ A̲D̲J̲ **1** (≈ richtig) right; **es soll mir ~ sein, mir solls ~ sein** (umg) it's OK (umg) by me; **ganz ~!** quite right; **alles, was ~ ist** (empört) there is a limit; **hier geht es nicht mit ~en Dingen zu** there's something not right here; **nach dem Rechten sehen** to see that everything's OK (umg) **2** **~ haben** to be right; **er hat ~ bekommen** he was right; **~ behalten** to be right; **jdm ~ geben** to agree with sb, to admit that sb is right **B** A̲D̲V̲ **1** (≈ richtig) properly; (≈ wirklich) really; **verstehen Sie mich ~** don't get me wrong (umg); **wenn ich Sie ~ verstehe** if I understand you rightly; **das geschieht ihm ~** it serves him right; **jetzt mache ich es erst ~** now I'm definitely going to do it; **gehe ich ~ in der Annahme, dass …?** am I right in assuming that …?; **man kann ihm nichts ~ machen** you can't do anything right for him **2** (≈ ziemlich, ganz) quite; **~ viel** quite a lot **Recht** N̲ **1** (≈ Rechtsordnung) law; (≈ Gerechtigkeit) justice; **~ sprechen** to administer justice; **nach geltendem ~** in law; **nach englischem ~** under od according to English law; **von ~s wegen** legally; (umg ≈ eigentlich) by rights (umg) **2** (≈ Anspruch) right (auf +akk to, zu to); **zu seinem ~ kommen** (wörtl) to gain one's rights; (fig) to come into one's own; **gleiches ~ für alle!** equal rights for all!; **mit od zu ~** rightly; **im ~ sein** to be in the right; **das ist mein gutes ~** it's my right; **mit welchem ~?** by what right? **3** **~ haben** etc; → **recht**

Rechte F̲ **1** (Hand) right hand; (Seite) right (-hand) side; BOXEN right **2** POL **die ~** the Right **Rechteck** N̲ rectangle **rechteckig** A̲D̲J̲ rectangular **rechte(r, s)** A̲D̲J̲ **1** right; **auf der ~n Seite** on the right-hand side **2** **ein ~r Winkel** a right angle **3** (≈ konservativ) right-wing, rightist

rechtfertigen A̲ V̲T̲ to justify **B** V̲R̲ to justify oneself; → **gerechtfertigt Rechtfertigung** F̲ justification; **etw zur ~ vorbringen** to say sth to justify oneself **rechthaberisch** A̲D̲J̲ know-all attr (Br umg), know-it-all attr (US umg) **rechtlich** A̲ A̲D̲J̲ (≈ gesetzlich) legal **B** A̲D̲V̲ (≈ gesetzlich) legally; **~ zulässig** permissible in law; **jdn ~ belangen** to take legal action against sb **rechtlos** A̲D̲J̲ **1** without rights (❶ nur hinter dem Substantiv oder Verb) **2** Zustand lawless **rechtmäßig** A̲ A̲D̲J̲ (≈ legitim) legitimate; (≈ dem Gesetz entsprechend) legal **B** A̲D̲V̲ legally; **jdm ~ zustehen** to belong to sb legally **Rechtmäßigkeit** F̲ (≈ Legitimität) legitimacy; (≈ Legalität) legality

rechts A̲ A̲D̲V̲ on the right; **nach ~** (to the)

right; **von ~** from the right; **~ von etw** (on *od* to the) right of sth; **~ von jdm** to sb's right; **~ stricken** to knit (plain) **B** PRÄP +gen on the right of **Rechtsabbieger** M̲, **Rechtsabbiegerin** F̲ motorist/car *etc* turning right

Rechtsanspruch M̲ legal right **Rechtsanwalt** M̲, **Rechtsanwältin** F̲ lawyer, attorney (*US*)

Rechtsaußen M̲ FUSSB outside-right; (POL *umg*) extreme right-winger

Rechtsbehelf M̲ legal remedy **Rechtsbeistand** M̲ legal advice; (*Mensch*) legal adviser **Rechtsberater(in)** M̲/F̲ legal adviser **Rechtsberatung** F̲ **1** legal advice **2** (*a.* **Rechtsberatungsstelle**) ≈ citizens' advice bureau (*Br*), ≈ ACLU (*US*) **Rechtsbeugung** F̲ perversion of the course of justice **Rechtsbrecher(in)** M̲/F̲ lawbreaker **Rechtsbruch** M̲ breach *od* infringement of the law

rechtsbündig TYPO **A** ADJ right-aligned **B** ADV aligned right

rechtschaffen ADJ (≈ *ehrlich*) honest **Rechtschaffenheit** F̲ honesty, uprightness **rechtschreiben** V̲I̲ to spell **Rechtschreibfehler** M̲ spelling mistake **Rechtschreibkontrolle** F̲, **Rechtschreibprüfung** F̲ IT spell check; (≈ *Programm*) spellchecker **Rechtschreibprogramm** N̲ IT spellchecker **Rechtschreibreform** F̲ spelling reform **Rechtschreibung** F̲ spelling; **die deutsche ~** German spelling (❗ ohne **the**)

Rechtsextremismus M̲ right-wing extremism **Rechtsextremist(in)** M̲/F̲ right-wing extremist **rechtsextremistisch** ADJ right--wing extremist *attr*

Rechtsfrage F̲ legal question *od* issue **rechtsgültig** ADJ legally valid, legal **Rechtshänder(in)** M̲/F̲ right-handed person, right-hander; **~ sein** to be right-handed **rechtshändig** ADJ, ADV right-handed **Rechtskraft** F̲ (*von Gesetz, Urteil*) legal force, force of law; (*von Vertrag etc*) legal validity **rechtskräftig** **A** ADJ having the force of law; *Urteil* final; *Vertrag* legally valid **B** ADV **~ verurteilt sein** to be issued with a final sentence **Rechtskurve** F̲ right-hand bend **Rechtslage** F̲ legal position **Rechtsmittel** N̲ means *sg* of legal redress; **~ einlegen** to lodge an appeal **Rechtsordnung** F̲ **die ~** the law **Rechtspflege** F̲ administration of justice **Rechtsprechung** F̲ (≈ *Rechtspflege*) administration of justice; (≈ *Gerichtsbarkeit*) jurisdiction

rechtsradikal ADJ radical right-wing

rechtsrheinisch ADJ on the right of the Rhine

Rechtssache F̲ legal matter; (≈ *Fall*) case **Rechtsschutz** M̲ legal protection **Rechtsschutzversicherung** F̲ legal costs insurance **Rechtssicherheit** F̲ legal certainty; **~ schaffen** to create legal certainty **Rechtsspruch** M̲ verdict **Rechtsstaat** M̲ state under the rule of law **rechtsstaatlich** ADJ of a state under the rule of law **Rechtsstreit** M̲ lawsuit **Rechtssystem** N̲ judicial system **Rechtsunsicherheit** F̲ legal uncertainty **rechtsverbindlich** ADJ legally binding **Rechtsverkehr** M̲ driving on the right (❗ ohne **the**); **in Deutschland ist ~** in Germany they drive on the right

Rechtsweg M̲ legal action; **den ~ beschreiten** to take legal action; **der ~ ist ausgeschlossen** ≈ the judges' decision is final **rechtswidrig** **A** ADJ illegal **B** ADV illegally **Rechtswidrigkeit** F̲ **1** illegality **2** (*Handlung*) illegal act

rechtwinklig ADJ right-angled

rechtzeitig **A** ADJ (≈ *früh genug*) timely; (≈ *pünktlich*) punctual **B** ADV (≈ *früh genug*) in (good) time; (≈ *pünktlich*) on time

Reck N̲ SPORT horizontal bar **recken** **A** V̲I̲ **den Kopf** *od* **Hals ~** to crane one's neck; **die Arme in die Höhe ~** to raise one's arms in the air **B** V̲R̲ to stretch (oneself)

Recorder M̲ → **Rekorder**

recycelbar, recyclebar ADJ recyclable **recyceln** V̲I̲ to recycle **Recycling** N̲ recycling **Recyclinghof** M̲ transfer facility for recyclable waste **Recyclingpapier** N̲ recycled paper

Redakteur(in) M̲/F̲ editor **Redaktion** F̲ **1** (≈ *das Redigieren*) editing **2** (≈ *Personal*) editorial staff **3** (≈ *Büro*) editorial office(s) **redaktionell** **A** ADJ editorial **B** ADV *überarbeiten* editorially; **etw ~ bearbeiten** to edit sth

Rede F̲ **1** speech; (≈ *Ansprache*) address; **eine ~ halten** to make a speech; **die direkte/indirekte ~** direct/indirect speech *od* discourse (*US*) (❗ ohne **the**) **2** (≈ *Äußerungen, Worte*) words *pl*, language (❗ kein *pl*); **das ist nicht der ~ wert** it's not worth mentioning **3** (≈ *Gespräch*) conversation; **aber davon war doch nie die ~** but no-one was ever talking about that; **davon kann keine ~ sein** it's out of the question **4** (≈ *Rechenschaft*) **(jdm) ~ (und Antwort) stehen** to justify oneself (to sb); **jdn zur ~ stellen** to take sb to task **Redefreiheit** F̲ freedom of speech **redegewandt** ADJ eloquent **Redegewandtheit** F̲ eloquence **reden** **A** V̲I̲ (≈ *sprechen*) to talk, to speak; **wir haben gerade**

über dich geredet we were just talking about you; **ich werde mit deinen Eltern ~** I'm going to speak to your parents (⚠ **To talk** wird im Sinne von „sich unterhalten" gesagt, **to speak,** wenn nur einer redet.); **so lasse ich nicht mit mir ~!** I won't be spoken to like that!; **mit jdm über jdn/etw ~** to talk to sb about sb/sth; **(viel) von sich ~ machen** to become (very much) a talking point; **du hast gut ~!** it's all very well for you (to talk); **ich habe mit Ihnen zu ~!** I would like a word with you; **darüber lässt sich ~** that's a possibility, **lässt mit sich ~** (≈ *gesprächsbereit*) he's open to discussion; **schlecht von jdm ~** to speak ill of sb **B** V̄T̄ (≈ *sagen*) to talk; *Worte* to say; **sich** (*dat*) **etw vom Herzen ~** to get sth off one's chest **C** V̄R̄ **sich heiser ~** to talk oneself hoarse; **sich in Wut ~** to talk oneself into a fury **Redensart** F̄ (≈ *Phrase*) cliché; (≈ *Redewendung*) expression; (≈ *Sprichwort*) saying **Redeverbot** N̄ ban on speaking; **jdm ~ erteilen** to ban sb from speaking **Redewendung** F̄ idiom

redigieren V̄T̄ to edit
redlich A ADJ honest **B** ADV (≈ *ehrlich*) honestly; **~ (mit jdm) teilen** to share (things) equally (with sb) **Redlichkeit** F̄ honesty
Redner(in) M̄F̄ speaker; (≈ *Rhetoriker*) orator **Rednerpult** N̄ lectern **redselig** ADJ talkative
reduzieren A V̄T̄ to reduce (*auf +akk* to) **B** V̄R̄ to decrease **Reduzierung** F̄ reduction
Reede F̄ SCHIFF roads *pl* **Reeder(in)** M̄F̄ shipowner **Reederei** F̄ shipping company
reell ADJ **1** (≈ *ehrlich*) honest, on the level (*umg*); HANDEL *Geschäft, Firma* sound; *Preis* fair **2** (≈ *echt*) *Chance* real
Reetdach N̄ thatched roof
Referat N̄ **1** UNIV seminar paper; SCHULE project; (*schriftlich*) assignment; (≈ *Vortrag*) paper **2** (ADMIN ≈ *Ressort*) department **Referendar(in)** M̄F̄ trainee (in civil service); (≈ *Studienreferendar*) student teacher; (≈ *Gerichtsreferendar*) articled clerk (*Br*), legal intern (*US*) **Referendariat** N̄ probationary training period **Referendum** N̄ referendum **Referent(in)** M̄F̄ (≈ *Sachbearbeiter*) expert; (≈ *Redner*) speaker **Referenz** F̄ reference; **jdn als ~ angeben** to give sb as a referee **referieren** V̄T̄ to (give a) report (*über +akk* on)
reflektieren A V̄T̄ (*widerspiegeln*) to reflect **B** V̄T̄ **1** PHYS to reflect **2** (≈ *nachdenken*) to reflect (*über +akk* (up)on) **Reflektor** M̄ reflector **Reflex** M̄ **1** PHYS reflection **2** PHYSIOL reflex **Reflexbewegung** F̄ reflex action **reflexiv** ADJ GRAM reflexive **Reflexivprono-**

men N̄ reflexive pronoun **Reflexzonenmassage** F̄ reflexology
Reform F̄ reform **reformbedürftig** ADJ in need of reform **Reformhaus** N̄ health-food shop **reformieren** V̄T̄ to reform **reformiert** ADJ KIRCHE Reformed; (*schweiz*) Protestant **Reformkurs** M̄ policy of reform **Reformstau** M̄ POL reform bottleneck
Refrain M̄ MUS chorus
Regal N̄ (≈ *Bord*) shelves *pl* **Regalwand** F̄ wall unit; (≈ *Regale*) wall-to-wall shelving
Regatta F̄ regatta
rege ADJ **1** (≈ *betriebsam*) busy; *Handel* flourishing; **ein ~s Treiben** a hustle and bustle **2** (≈ *lebhaft*) lively; *Fantasie* vivid
Regel F̄ **1** (≈ *Norm*) rule; (≈ *Verordnung*) regulation; **nach allen ~n der Kunst** (*fig*) thoroughly **2** (≈ *Gewohnheit*) habit; **sich** (*dat*) **etw zur ~ machen** to make a habit of sth; **zur ~ werden** to become a habit **3** (≈ *Monatsblutung*) period **Regelarbeitszeit** F̄ core working hours *pl* **regelbar** ADJ (≈ *steuerbar*) adjustable **Regelblutung** F̄ (monthly) period **Regelfall** M̄ rule; **im ~** as a rule **regelmäßig** A ADJ regular **B** ADV regularly; **das Herz schlägt ~** the heartbeat is normal; **~ spazieren gehen** to take regular walks; **er kommt ~ zu spät** he's always late **Regelmäßigkeit** F̄ regularity **regeln** A V̄T̄ **1** (≈ *regulieren*) *Prozess, Temperatur* to regulate; *Verkehr* to control; → **geregelt** **2** (≈ *erledigen*) to see to; *Problem etc* to sort out; *Nachlass* to settle; *Finanzen* to put in order; **das werde ich schon ~** I'll see to it; **gesetzlich geregelt sein** to be laid down by law **B** V̄R̄ to sort itself out **regelrecht** A ADJ real; *Betrug etc* downright **B** ADV really; *unverschämt* downright; (≈ *buchstäblich*) literally **Regelung** F̄ **1** (≈ *Regulierung*) regulation **2** (≈ *Erledigung*) settling **3** (≈ *Abmachung*) arrangement; (≈ *Bestimmung*) ruling; **gesetzliche ~en** legal *od* statutory regulations **Regelwerk** N̄ rules (and regulations) *pl*, set of rules **regelwidrig** ADJ against the rules; **~es Verhalten im Verkehr** breaking the traffic regulations **Regelwidrigkeit** F̄ irregularity
regen A V̄T̄ (≈ *bewegen*) to move **B** V̄R̄ to stir; **er kann sich kaum ~** he is hardly able to move
Regen M̄ rain; (*fig: von Schimpfwörtern etc*) shower; **ein warmer ~** (*fig*) a windfall; **jdn im ~ stehen lassen** (*fig*) to leave sb out in the cold; **vom ~ in die Traufe kommen** (*sprichw*) to jump out of the frying pan into the fire (*sprichw*) **regenarm** ADJ *Jahreszeit, Gegend* dry **Regenbogen** M̄ rainbow **Regenbogenfarben** PL colours *pl* (*Br*) *od* colors *pl* (*US*) of the rainbow **Regenbogenforelle** F̄ rainbow trout **Regenbogenpresse** F̄ trashy (*umg*) magazines *pl*

Regeneration F regeneration **regenerie-ren** V/R BIOL to regenerate; (fig) to revitalize oneself/itself

Regenfall M (fall of) rain; **heftige Regenfälle** heavy rain **Regenguss** M downpour **Regenmantel** M raincoat, mac (Br umg) **regenreich** ADJ Jahreszeit, Region rainy, wet **Regenrinne** F gutter **Regenschauer** M shower (of rain) **Regenschirm** M umbrella **Regent(in)** MF sovereign; (≈ Stellvertreter) regent

Regentag M rainy day **Regentonne** F rain barrel **Regentropfen** M raindrop **Regenwald** M GEOG rainforest **Regenwasser** N rainwater **Regenwetter** N rainy weather **Regenwolke** F rain cloud **Regenwurm** M earthworm **Regenzeit** F rainy season

Reggae M reggae

Regie F **1** (≈ künstlerische Leitung) direction; THEAT, RADIO, TV production; **die ~ bei etw führen** to direct/produce sth; (fig) to be in charge of sth; **unter der ~ von** directed/produced by **2** (≈ Verwaltung) management; **unter jds ~** (dat) under sb's control **Regieanweisung** F (stage) direction **Regieassistent(in)** MF assistant director (❗ Schreibung mit **ant**); THEAT, RADIO, TV auch assistant producer

regieren A VI (≈ herrschen) to rule; (fig) to reign B VT Staat to rule (over); GRAM to govern; **SPD-regierte Länder** states governed by the SPD **Regierung** F government; (von Monarch) reign; **an die ~ kommen** to come to power **Regierungsbezirk** M ≈ region (Br), ≈ county (US) **Regierungschef(in)** MF head of a/the government **Regierungserklärung** F inaugural speech; (in GB) King's/Queen's Speech **regierungsfeindlich** ADJ anti-government (❗ kein Adverb); **~ eingestellt sein** to be anti-government **Regierungsform** F form of government **Regierungskrise** F government(al) crisis **Regierungssitz** M seat of government **Regierungssprecher(in)** MF government spokesperson **Regierungsumbildung** F cabinet reshuffle **Regierungswechsel** M change of government

Regime N (pej) regime **Regimegegner(in)** MF opponent of the regime **Regimekritiker(in)** MF critic of the regime

Regiment N MIL regiment

Region F region **regional** A ADJ regional B ADV regionally; **~ verschieden sein** to vary from one region to another **Regionalbahn** F BAHN local railway (Br) od railroad (US) **Regionalverkehr** M regional transport od transportation (bes US) **Regionalzug** M local train

Regisseur(in) MF THEAT, TV producer

Register N **1** (≈ amtliche Liste) register **2** (≈ Stichwortverzeichnis) index **3** MUS register; (von Orgel) stop; **alle ~ ziehen** (fig) to pull out all the stops **Registertonne** F SCHIFF register ton **registrieren** VT **1** (≈ erfassen) to register **2** (≈ feststellen) to note **Registrierkasse** F cash register **Registrierung** F registration

reglementieren VT to regulate; **staatlich reglementiert** state-regulated

Regler M regulator; (an Fernseher etc) control; (von Fernsteuerung) control(ler)

reglos ADJ, ADV motionless

regnen VT UNPERS & VI UNPERS to rain; **es regnete Vorwürfe** reproaches hailed down **regnerisch** ADJ rainy; **bei ~em Wetter** in rainy weather

Regress M JUR recourse; **~ anmelden** to seek recourse **regresspflichtig** ADJ liable for compensation

regsam ADJ active; **geistig ~** mentally active **regulär** ADJ (≈ üblich) normal; (≈ vorschriftsmäßig) proper; Arbeitszeit normal; **die ~e Spielzeit** SPORT normal time **regulierbar** ADJ regul(at)able, adjustable **regulieren** VT (≈ einstellen) to regulate; (≈ nachstellen) to adjust **Regulierung** F regulation; (≈ Nachstellung) adjustment **Regulierungsbehörde** F regulatory body

Regung F (≈ Bewegung) movement; (des Gewissens etc) stirring; **ohne jede ~** without a flicker (of emotion) **regungslos** ADJ, ADV motionless

Reh N deer; (im Gegensatz zu Hirsch etc) roe deer **Rehabilitation** F rehabilitation; (von Ruf, Ehre) vindication **Rehabilitationsklinik** F rehabilitation clinic **rehabilitieren** A VT to rehabilitate B VR to rehabilitate oneself **Rehbock** M roebuck **Rehbraten** M roast venison **Rehkeule** F GASTR haunch of venison **Rehrücken** M GASTR saddle of venison

Reibach M (umg) **einen ~ machen** (umg) to make a killing (umg)

Reibe F GASTR grater **Reibekuchen** M (GASTR dial) ≈ potato fritter **reiben** A VT **1** (≈ frottieren) to rub; **sich** (dat) **die Augen ~** to rub one's eyes **2** (≈ zerkleinern) to grate B VI **an etw** (dat) **~** to rub sth C VR to rub oneself (an +dat on, against); (≈ sich verletzen) to scrape oneself (an +dat on) **Reiberei** F (umg) friction (❗ kein pl); **(kleinere) ~en** (short) periods of friction **Reibung** F **1** (≈ das Reiben) rubbing; PHYS friction **2** (fig) friction (❗ kein pl) **reibungslos** A ADJ frictionless; (fig umg) trouble-free B ADV (≈ problemlos) smoothly; **~ verlau-**

fen to go off smoothly

reich A ADJ rich; (≈ *vielfältig*) copious; *Auswahl* wide; **in ~em Maße vorhanden sein** to abound B ADV **~ heiraten** (*umg*) to marry (into) money; **jdn ~ belohnen** to reward sb well; **~ illustriert** richly illustrated **Reich** N 1 (≈ *Imperium*) empire; (≈ *Königreich*) realm; **das Dritte ~** the Third Reich 2 (≈ *Gebiet*) realm; **das ~ der Tiere** the animal kingdom; **das ist mein ~** (*fig*) that is my domain **reichen** A VI 1 (≈ *sich erstrecken*) to reach (*bis zu etw* sth); **der Garten reicht bis ans Ufer** the garden stretches right down to the riverbank; **so weit ~ meine Fähigkeiten nicht** my skills are not that wide-ranging 2 (≈ *langen*) to be enough; **der Zucker reicht nicht** there won't be enough sugar; **reicht das Licht zum Lesen?** is there enough light to read by?; **mir reichts** (*umg*) (≈ *habe die Nase voll*) I've had enough (*umg*); **jetzt reichts (mir aber)!** that's the last straw! B VT (≈ *entgegenhalten*) to hand; (≈ *anbieten*) to serve; **jdm die Hand ~** to hold out one's hand to sb **reichhaltig** ADJ extensive; *Auswahl* wide, large; *Essen* rich; *Programm* varied **reichlich** A ADJ ample, large; *Vorrat* plentiful; *Portion* generous; *Zeit, Geld, Platz* plenty of; *Belohnung* ample B ADV 1 *belohnen* amply; *verdienen* richly; **jdn ~ beschenken** to give sb lots of presents; **~ Trinkgeld geben** to tip generously; **~ Zeit/Geld haben** to have plenty od ample time/money; **~ vorhanden sein** to abound 2 (*umg* ≈ *ziemlich*) pretty **Reichstag** M Parliament **Reichtum** M 1 wealth (🛑 *kein pl*); (≈ *Besitz*) riches *pl*; **zu ~ kommen** to become rich 2 (*fig* ≈ *Fülle*) wealth (*an +dat* of); **der ~ an Fischen** the abundance of fish **Reichweite** F range; (≈ *greifbare Nähe*) reach; (*fig* ≈ *Einflussbereich*) scope; **außer ~** out of range; (*fig*) out of reach

reif ADJ *Früchte* ripe; *Mensch* mature; **in ~(er)em Alter** in one's mature(r) years; **die Zeit ist ~** the time is ripe; **eine ~e Leistung** (*umg*) a brilliant achievement; **für etw ~ sein** (*umg*) to be ready for sth

Reif¹ M (≈ *Raureif*) hoarfrost

Reif² M (≈ *Stirnreif*) circlet; (≈ *Armreif*) bangle **Reife** F (≈ *das Reifen*) ripening; (≈ *das Reifsein*) ripeness; (*fig*) maturity **reifen** VI (*Obst*) to ripen; (*Mensch*) to mature

Reifen M tyre (*Br*), tire (*US*); (*von Fass*) hoop **Reifendruck** M tyre (*Br*) od tire (*US*) pressure **Reifenpanne** F puncture (*Br*), flat (*umg*); (*geplatzt auch*) blowout (*umg*) **Reifenwechsel** M tyre (*Br*) od tire (*US*) change

Reifeprüfung F SCHULE → Abitur **Reifezeugnis** N SCHULE *Abitur certificate*, ≈ A Level certificate (*Br*), ≈ high school diploma (*US*)

Reifglätte F VERKEHR slippery frost

reiflich A ADJ thorough; **nach ~er Überlegung** after careful consideration B ADV **sich** (*dat*) **etw ~ überlegen** to consider sth carefully

Reigen M round dance; (*fig geh*) round; **den ~ eröffnen** (*fig geh*) to lead off; **ein bunter ~ von Melodien** a varied selection of melodies

Reihe F 1 row; **sich in einer ~ aufstellen** to line up; **aus der ~ tanzen** (*fig umg*) to be different; (≈ *gegen Konventionen verstoßen*) to step out of line; **in den eigenen ~n** within our/their *etc* own ranks; **er ist an der ~** it's his turn; **der ~ nach** in order, in turn; **außer der ~** out of order; (≈ *zusätzlich*) out of the usual way of things 2 (≈ *Serie*) series *sg* 3 (≈ *unbestimmte Anzahl*) number; **eine ganze ~ (von)** a whole lot (of) 4 **in die ~ bringen** to put in order; **etw auf die ~ kriegen** (*umg*) to manage to do sth **reihen** A VT **Perlen auf eine Schnur ~** to string beads (on a thread) B VR **etw reiht sich an etw** (*akk*) sth follows (after) sth **Reihenfolge** F order; (≈ *notwendige Aufeinanderfolge*) sequence; **alphabetische ~** alphabetical order **Reihenhaus** N terraced house (*Br*), town house (*bes US*) **Reihenuntersuchung** F mass screening **reihenweise** ADV 1 (≈ *in Reihen*) in rows 2 (*fig* ≈ *in großer Anzahl*) by the dozen

Reiher M heron

reihum ADV round; **etw ~ gehen lassen** to pass sth round

Reim M rhyme; **sich** (*dat*) **einen ~ auf etw** (*akk*) **machen** (*umg*) to make sense of sth **reimen** A VT to rhyme (*auf +akk, mit* with) B VI to make up rhymes C VR to rhyme (*auf +akk, mit* with)

rein¹ ADV (*umg*) = herein, hinein

rein² A ADJ 1 pure; (≈ *völlig*) sheer; *Wahrheit* plain; *Gewissen* clear; **das ist die ~ste Freude/der ~ste Hohn** *etc* it's sheer joy/mockery *etc*; **er ist der ~ste Künstler** he's a real artist 2 (≈ *sauber*) clean; *Haut* clear; **etw ~ machen** to clean sth; **etw ins Reine schreiben** to write out a fair copy of sth; **etw ins Reine bringen** to clear sth up; **mit etw im Reinen sein** to have got sth straightened out B ADV 1 (≈ *ausschließlich*) purely 2 (*umg* ≈ *völlig*) absolutely; **~ gar nichts** absolutely nothing

reinbeißen VT (*umg*) to bite into (*in +akk*); **zum Reinbeißen aussehen** to look scrumptious

Reineclaude F greengage

Reinemachefrau F cleaner

Reinerlös M net profit(*s pl*)

Reinfall M (*umg*) disaster (*umg*)

Reingewicht N net(t) weight **Reingewinn** M net(t) profit **Reinhaltung** F keeping clean **Reinheit** F purity; (≈ *Sauberkeit*) cleanness; (*von Haut*) clearness **reinigen** VT

to clean; **etw chemisch ~** to dry-clean sth **Reiniger** M cleaner **Reinigung** F **1** cleaning **2** (≈ chemische Reinigung) (Anstalt) (dry) cleaner's **Reinigungsmilch** F cleansing milk **Reinigungsmittel** N cleansing agent
Reinkarnation F reincarnation
Reinkultur F BIOL pure culture; **Kitsch in ~** (umg) pure unadulterated kitsch
reinlegen VT (umg) = hereinlegen, hineinlegen
reinlich ADJ **1** cleanly **2** (≈ ordentlich) tidy **Reinlichkeit** F cleanliness; (≈ Ordentlichkeit) tidiness **reinrassig** ADJ pure-blooded; Tier thoroughbred **Reinschrift** F (Geschriebenes) fair copy; **etw in ~ schreiben** to write out a fair copy of sth **reinseiden** ADJ pure silk
Reis M rice
Reise F journey, trip; (≈ Schiffsreise, RAUMF) voyage; (≈ Geschäftsreise) trip; **eine ~ machen** to go on a journey; **auf ~n sein** to be away (travelling (Br) od traveling (US)); **er ist viel auf ~n** he does a lot of travelling (Br) od traveling (US); **wohin geht die ~?** where are you off to?; **gute ~!** have a good journey! **Reiseandenken** N souvenir **Reiseapotheke** F first-aid kit **Reisebegleiter(in)** M(F) travelling (Br) od traveling (US) companion; (≈ Reiseleiter) courier **Reisebekanntschaft** F acquaintance made while travelling (Br) od traveling (US) **Reisebericht** M report od account of one's journey; (Buch) travel story; (Film) travelogue (Br), travelog (US) **Reisebeschreibung** F description of one's travels; FILM travelogue (Br), travelog (US) **Reisebüro** N travel agency **Reisebus** M coach (Br), bus (US) **reisefertig** ADJ ready (to go od leave) **Reisefieber** N (fig) travel nerves pl **Reiseführer** M (Buch) guidebook **Reiseführer(in)** M(F) tour guide **Reisegeschwindigkeit** F cruising speed **Reisegesellschaft** F (tourist) party; (umg ≈ Veranstalter) tour operator **Reisegruppe** F tourist group od party **Reisekosten** PL travelling (Br) od traveling (US) expenses pl **Reisekrankheit** F travel sickness **Reiseleiter(in)** M(F) tour guide **Reiselust** F wanderlust **reiselustig** ADJ fond of travel od travelling (Br) od traveling (US) **reisen** VI to travel; **in den Urlaub ~** to go away on holiday (bes Br) od vacation (US) **Reisende(r)** M(F)(M) traveller (Br), traveler (US); (≈ Fahrgast) passenger **Reisepass** M passport **Reiseproviant** M food for the journey **Reiseroute** F route, itinerary **Reiseruf** M personal message **Reisescheck** M traveller's cheque (Br), traveler's check (US) **Reisetasche** F holdall **Reiseunterlagen** PL travel documents pl **Reiseveran-**

stalter(in) M(F) tour operator **Reiseverkehr** M holiday (bes Br) od vacation (US) traffic **Reiseversicherung** F travel insurance **Reisewecker** M travelling (Br) od traveling (US) alarm clock **Reisewetterbericht** M holiday (Br) od travel weather forecast **Reisezeit** F (≈ Saison) holiday (bes Br) od vacation (US) season; (≈ Fahrzeit) travel time **Reiseziel** N destination
Reisfeld N paddy field
Reisig N brushwood
Reiskocher M rice cooker **Reiskorn** N grain of rice **Reispapier** N KUNST, GASTR rice paper
Reißaus M **~ nehmen** (umg) to clear off od out (umg) **Reißbrett** N drawing board **reißen** **A** VT **1** to tear, to rip; (≈ mitreißen, zerren) to pull, to drag; **jdn zu Boden ~** to pull od drag sb to the ground; **jdm etw aus der Hand ~** to snatch sth out of sb's hand; **jdn aus dem Schlaf/seinen Träumen ~** to wake sb from his sleep/dreams; **hin und her gerissen werden/sein** (fig) to be torn; **etw an sich** (akk) **~** to seize sth **2** (SPORT: Gewichtheben) to snatch; (Hochsprung) to knock down **3** (≈ töten) to kill **4** → gerissen **B** VI **1** to tear; (≈ Risse bekommen) to crack; **mir ist die Kette gerissen** my chain has broken; **da riss mir die Geduld** then my patience gave out; **wenn alle Stricke ~** (fig umg) if all else fails **2** (≈ zerren) to pull, to tug (an +dat at) **3** (Hochsprung) to knock the bar off **C** VR (umg) **sich um jdn/etw ~** to scramble to get sb/sth **reißend** ADJ Fluss raging; Schmerzen searing; Verkauf, Absatz massive **Reißer** M (umg) (THEAT, Film, Buch) thriller; (Ware) big seller **reißerisch** ADJ Bericht, Titel sensational **reißfest** ADJ tear-proof **Reißleine** F ripcord **Reißnagel** M drawing pin (Br), thumbtack (US) **Reißverschluss** M zip (fastener) (Br), zipper (US); **den ~ an etw** (dat) **zumachen** to zip up; **den ~ an etw** (dat) **aufmachen** to unzip sth **Reißwolf** M shredder **Reißzahn** M fang **Reißzwecke** F drawing pin (Br), thumbtack (US)
reiten **A** VI to ride; **auf etw** (dat) **~** to ride (on) sth **B** VT to ride; **Schritt/Trab/Galopp ~** to ride at a walk/trot/gallop **Reiten** N riding (⚠ ohne the) **Reiter(in)** M(F) rider **Reithose** F riding breeches pl; JAGD, SPORT jodhpurs pl **Reitkunst** F horsemanship **Reitpeitsche** F riding whip **Reitpferd** N mount **Reitsattel** M (riding) saddle **Reitschule** F riding school **Reitsport** M (horse-)riding **Reitstall** M riding stable **Reitstiefel** M riding boot **Reitturnier** N horse show; (Geländereiten) point-to-point **Reitunterricht** M rid-

REIT ‖ 1158

ing lessons *pl* **Reitweg** M̄ bridle path
Reiz M̄ **1** PHYSIOL stimulus; **ein ~ auf der Haut** irritation of the skin **2** (≈ *Verlockung*) attraction, appeal; (≈ *Zauber*) charm; **(auf jdn) einen ~ ausüben** to have great attraction (for sb); **diese Idee hat auch ihren ~** this idea also has its attractions; **den ~ verlieren** to lose all one's/its charm; **weibliche ~e** feminine charms **reizbar** ADJ (≈ *empfindlich*) touchy (*umg*); (≈ *erregbar*) irritable **Reizbarkeit** F̄ (≈ *Empfindlichkeit*) touchiness (*umg*); (≈ *Erregbarkeit*) irritability **reizen** A V̄T̄ **1** PHYSIOL to irritate; (≈ *stimulieren*) to stimulate **2** (≈ *verlocken*) to appeal to; **es würde mich ja sehr ~, …** I'd love to …; **Ihr Angebot reizt mich sehr** I find your offer very tempting; **was reizt Sie daran?** what do you like about it? **3** (≈ *ärgern*) to annoy; *Tier* to tease; (≈ *herausfordern*) to provoke; **jdn bis aufs Blut ~** to push sb to breaking point; → gereizt B V̄Ī **1** MED to irritate; (≈ *stimulieren*) to stimulate **2** KART to bid; **hoch ~** to make a high bid **reizend** A ADJ charming; **das ist ja ~** (*iron*) (that's) charming B ADV **einrichten** attractively; **~ aussehen** to look charming **Reizhusten** M̄ chesty (*Br*) *od* deep (*US*) cough; (*nervös*) nervous cough **Reizklima** N̄ bracing climate; (*fig*) charged atmosphere **reizlos** ADJ dull, uninspiring **Reizschwelle** F̄ PHYSIOL stimulus *od* absolute threshold **Reizthema** N̄ controversial issue **Reizung** F̄ MED stimulation; (*krankhaft*) irritation **reizvoll** ADJ delightful; *Aufgabe* attractive **Reizwäsche** F̄ (*umg*) sexy underwear **Reizwort** N̄ emotive word
rekapitulieren V̄T̄ to recapitulate
rekeln V̄R̄ (*umg*) (≈ *sich herumlümmeln*) to loll around; (≈ *sich strecken*) to stretch
Reklamation F̄ query; (≈ *Beschwerde*) complaint **Reklame** F̄ **1** advertising; **~ für jdn/etw machen** to advertise sb/sth **2** (≈ *Einzelwerbung*) advertisement; *bes* TV, RADIO commercial **Reklameschild** N̄ advertising sign **reklamieren** A V̄Ī (≈ *Einspruch erheben*) to complain; **bei jdm wegen etw ~** to complain to sb about sth B V̄T̄ **1** (≈ *bemängeln*) to complain about (*etw bei jdm* sth to sb) **2** (≈ *in Anspruch nehmen*) to claim; **jdn/etw für sich ~** to lay claim to sb/sth
rekonstruieren V̄T̄ to reconstruct **Rekonstruktion** F̄ reconstruction
Rekord M̄ record; **einen ~ aufstellen** to set a record
Rekorder M̄ (cassette) recorder
Rekordgewinn M̄ HANDEL record profit **Rekordinhaber(in)** M̄F̄ record holder **Rekordverlust** M̄ HANDEL record losses *pl* **Rekordzeit** F̄ record time

Rekrut(in) M̄F̄ MIL recruit **rekrutieren** A V̄T̄ to recruit B V̄R̄ (*fig*) **sich ~ aus** to be recruited from
Rektor(in) M̄F̄ SCHULE head teacher, principal (*bes US*); UNIV vice chancellor (*Br*), rector (*US*); (*von Fachhochschule*) principal **Rektorat** N̄ (SCHULE ≈ *Amt, Amtszeit*) headship, principalship (*bes US*); (≈ *Zimmer*) head teacher's study, principal's room (*bes US*); UNIV vice chancellorship (*Br*), rectorship (*US*), vice chancellor's (*Br*) *od* rector's (*US*) office
Relais N̄ ELEK relay
Relation F̄ relation; **in einer/keiner ~ zu etw stehen** to bear some/no relation to sth **relational** ADJ IT relational **relativ** A ADJ relative B ADV relatively **relativieren** (*geh*) V̄T̄ *Behauptung etc* to qualify **Relativität** F̄ relativity **Relativitätstheorie** F̄ theory of relativity **Relativpronomen** N̄ relative pronoun **Relativsatz** M̄ relative clause
relaxen V̄Ī (*umg*) to take it easy (*umg*) **relaxt** ADJ (*umg*) laid-back (*umg*)
relevant ADJ relevant **Relevanz** F̄ relevance
Relief N̄ relief
Religion F̄ religion; (*Schulfach*) religious instruction *od* education **Religionsfreiheit** F̄ freedom of worship **Religionsunterricht** M̄ religious education *od* instruction; SCHULE RE *od* RI lesson **Religionszugehörigkeit** F̄ religious affiliation, religion **religiös** ADJ religious
Relikt N̄ relic
Reling F̄ SCHIFF (deck) rail
Reliquie F̄ relic
remis ADJ drawn; **~ spielen** to draw **Remis** N̄ SCHACH, SPORT draw
Remittende F̄ HANDEL return
Remmidemmi N̄ (*umg*) (≈ *Krach*) rumpus (*umg*); (≈ *Trubel*) to-do (*umg*)
Remoulade F̄, **Remouladensoße** F̄ GASTR remoulade
rempeln V̄T̄ (*umg*) to barge (*jdn into sb*) (*umg*); (≈ *foulen*) to push
Ren N̄ reindeer
Renaissance F̄ **1** HIST renaissance **2** (*fig a.*) revival
Rendezvous N̄ rendezvous, date (*umg*); RAUMF rendezvous
Rendite F̄ FIN yield, return on capital
Reneklode F̄ greengage
renitent ADJ defiant **Renitenz** F̄ defiance
Rennbahn F̄ (race)track **Rennboot** N̄ powerboat **rennen** A V̄Ī to run; **um die Wette ~** to have a race; **er rannte mit dem Kopf gegen …** he bumped his head against … B V̄T̄

SPORT to run; **jdn zu Boden ~** to knock sb over **Rennen** N race; **totes ~** dead heat; **gut im ~ liegen** to be well-placed; **das ~ machen** to win (the race) **Renner** M (umg ≈ Verkaufsschlager) winner **Rennerei** F (umg) running around; (≈ Hetze) mad chase (umg) **Rennfahrer(in)** M(F) (≈ Radrennfahrer) racing cyclist; (≈ Motorradrennfahrer) racing motorcyclist; (≈ Autorennfahrer) racing driver **Rennpferd** N racehorse **Rennrad** N racing bicycle **Rennsport** M racing **Rennstall** M (Tiere, Zucht) stable **Rennstrecke** F (≈ Rennbahn) (race)track; (≈ zu laufende Strecke) course, distance **Rennwagen** M racing car

Renommee N reputation, name **renommiert** ADJ famous (wegen for)

renovieren VT to renovate; (≈ tapezieren etc) to redecorate **Renovierung** F renovation

rentabel A ADJ profitable B ADV profitably; **~ wirtschaften** to show a profit **Rentabilität** F profitability

Rente F pension; (aus Versicherung) annuity; (aus Vermögen) income; **in ~ gehen** to start drawing one's pension; **in ~ sein** to be on a pension **Rentenalter** N retirement age **Rentenanspruch** M pension entitlement **Rentenbeitrag** M pension contribution **Rentenempfänger(in)** M(F) pensioner **Rentenfonds** M fixed-income fund **Rentenmarkt** M market in fixed-interest securities **Rentenreform** F reform of pensions **Rentenversicherung** F pension scheme (Br), retirement plan (US)

rente	=	pension
rent	=	Miete

FALSCHE FREUNDE

Rentier N ZOOL reindeer
rentieren VR to be worthwhile; **das rentiert sich nicht** it's not worth it
Rentner(in) M(F) pensioner
Reorganisation F reorganization **reorganisieren** VT to reorganize
reparabel ADJ repairable **Reparatur** F repair; **~en am Auto** car repairs; **in ~** being repaired; **etw in ~ geben** to have sth repaired **reparaturanfällig** ADJ prone to break down **Reparaturarbeiten** PL repairs pl, repair work (⚠ kein pl) **reparaturbedürftig** ADJ in need of repair **Reparaturkosten** PL repair costs pl **Reparaturwerkstatt** F workshop; (≈ Autowerkstatt) garage, auto repair shop (US) **reparieren** VT to repair

repatriieren VT to repatriate
Repertoire N repertoire
Report M report **Reportage** F report **Reporter(in)** M(F) reporter
Repräsentant(in) M(F) representative **Repräsentantenhaus** N (US POL) House of Representatives **Repräsentation** F (≈ Vertretung) representation **repräsentativ** A ADJ (≈ typisch) representative (für of) B Haus, Auto prestigious; Erscheinung presentable B ADV bauen prestigiously **repräsentieren** VT to represent

Repressalie F reprisal **Repression** F repression

Reproduktion F reproduction **reproduzieren** VT to reproduce

Reptil N reptile

Republik F republic; **die ~ Österreich** the Republic of Austria **Republikaner(in)** M(F) republican; POL Republican **republikanisch** ADJ republican

Requiem N requiem

Requisit N equipment (⚠ kein pl); **~en** THEAT props

resch ADJ (österr) (≈ knusprig) Brötchen etc crispy; (fig ≈ lebhaft) Frau dynamic

Reservat N 1 (≈ Naturschutzgebiet) reserve 2 (für Indianer, Ureinwohner etc) reservation **Reserve** F 1 (≈ Vorrat) reserve(s pl) (an +dat of); (≈ angespartes Geld) savings pl; MIL, SPORT reserves pl; **(noch) etw/jdn in ~ haben** to have sth/sb (still) in reserve 2 (≈ Zurückhaltung) reserve; (≈ Bedenken) reservation; **jdn aus der ~ locken** to bring sb out of his/her shell **Reservebank** F SPORT substitutes od reserves bench **Reservekanister** M spare can **Reserverad** N spare (wheel) **Reservespieler(in)** M(F) SPORT reserve **reservieren** A VT to reserve B VI to make a reservation **reserviert** ADJ Platz, Mensch reserved **Reservierung** F reservation **Reservist(in)** M(F) reservist **Reservoir** N reservoir

Reset-Taste F IT reset key

Residenz F (≈ Wohnung) residence **residieren** VI to reside

Resignation F (geh) resignation **resignieren** VI to give up; **resigniert** resigned

resistent ADJ resistant (gegen to) **Resistenz** F resistance (gegen to)

resolut A ADJ resolute B ADV resolutely **Resolution** F (POL ≈ Beschluss) resolution

Resonanz F 1 resonance 2 (fig) response (auf +akk to); **große ~ finden** to get a good response

resozialisieren VT to rehabilitate

Respekt M (≈ Achtung) respect; **jdm ~ einflö-**

RESP | 1160

ßen to command respect from sb; **bei allem ~** with all due respect; **vor jdm/etw ~ haben** (Achtung) to have respect for sb/sth; (Angst) to be afraid of sb/sth; **sich** (dat) **~ verschaffen** to make oneself respected **respektabel** ADJ respectable **respektieren** VT to respect **respektlos** ADJ disrespectful **Respektsperson** F̲ figure of authority **respektvoll** A ADJ respectful B ADV respectfully

Ressentiment N̲ resentment (⚠ kein pl) (gegen towards)

Ressort N̲ department

Ressource F̲ resource

Rest M̲ 🔳 rest; **die ~e einer Kirche** the remains of a church; **der letzte ~** the last bit; **der ~ ist für Sie** (beim Bezahlen) keep the change; **jdm/einer Sache den ~ geben** (umg) to finish sb/sth off 🔳 **Reste** PL (≈ Essensreste) leftovers pl 🔳 (≈ Stoffrest) remnant **Restalkohol** M̲ residual alcohol

Restaurant N̲ restaurant

restaurieren VT to restore **Restaurierung** F̲ restoration

Restbestand M̲ remaining stock; (fig) remnant **Restbetrag** M̲ balance **restlich** ADJ remaining, rest of the ...; **die ~e Welt** the rest of the world **restlos** A ADJ complete B ADV completely; **ich war ~ begeistert** I was completely bowled over (umg) **Restmüll** M̲ residual waste **Restposten** M̲ HANDEL remaining stock

restriktiv (geh) A ADJ restrictive B ADV restrictively

Restrisiko N̲ residual risk

Resultat N̲ result **resultieren** VI (geh) to result (in +dat in); **aus etw ~** to result from sth

Resümee N̲ (geh) résumé **resümieren** VT & VI (geh) to summarize

Retorte F̲ CHEM retort; **aus der ~** (fig umg) synthetic **Retortenbaby** N̲ test-tube baby

Retourkutsche F̲ (umg) (Worte) retort; (Handlung) retribution

Retrospektive F̲ retrospective **Retrovirus** N̲ od M̲ retrovirus

retten A VT to save; (≈ befreien) to rescue; **jdn vor** (dat)**etw ~** to save sb from sth; **jdm das Leben ~** to save sb's life; **ein ~der Gedanke** a bright idea that saved the situation; **bist du noch zu ~?** (umg) are you out of your mind? (umg) B VR **sich vor jdm/etw ~** to escape (from) sb/sth; **sich vor etw nicht mehr ~ können** (fig) to be swamped with sth; **rette sich, wer kann!** (it's) every man for himself! **Retter(in)** M̲F̲ (aus Notlage) rescuer; **der ~ des Unternehmens** the saviour (Br) od savior (US) of the business

Rettich M̲ radish

Rettung F̲ 🔳 (aus Notlage) rescue; (≈ Erhaltung) saving; **das war meine ~** that saved me; **das war meine letzte ~** that was my last hope; (≈ hat mich gerettet) that was my salvation 🔳 (österr ≈ Rettungsdienst) rescue service; (≈ Krankenwagen) ambulance **Rettungsaktion** F̲ rescue operation **Rettungsanker** M̲ sheet anchor; (fig) anchor **Rettungsboot** N̲ lifeboat **Rettungsdienst** M̲ rescue service **Rettungshubschrauber** M̲ rescue helicopter **rettungslos** A ADJ beyond saving; Lage irretrievable; Verlust irrecoverable B ADV verloren irretrievably **Rettungsmannschaft** F̲ rescue party **Rettungsring** M̲ life belt; (hum ≈ Bauch) spare tyre (Br hum), spare tire (US hum) **Rettungssanitäter(in)** M̲F̲ paramedic **Rettungsschwimmer(in)** M̲F̲ lifesaver; (an Strand, Pool) lifeguard **Rettungswagen** M̲ ambulance

Return-Taste F̲ IT return key

retuschieren VT FOTO to retouch

Reue F̲ remorse (über +akk at, about), repentance (a. REL) (über +akk of) **reuevoll**, **reumütig** A ADJ (≈ voller Reue) remorseful, repentant; Sünder contrite, penitent B ADV gestehen, bekennen full of remorse

Reuse F̲ fish trap

Revanche F̲ revenge (für for); (≈ Revanchepartie) return match (Br), rematch (US) **revanchieren** VR 🔳 (≈ sich rächen) to get one's revenge (bei jdm für etw on sb for sth) 🔳 (≈ sich erkenntlich zeigen) to reciprocate; **sich bei jdm für eine Einladung ~** to return sb's invitation **Revanchismus** M̲ revanchism **revanchistisch** ADJ revanchist

Revers N̲ od (österr) M̲ (an Kleidung) lapel

revidieren VT to revise

Revier N̲ 🔳 (≈ Polizeidienststelle) (police) station; (≈ Dienstbereich) beat, district; (von Prostituierter) patch (umg) 🔳 (ZOOL ≈ Gebiet) territory 🔳 (JAGD ≈ Jagdrevier) hunting ground 🔳 (BERGB ≈ Kohlenrevier) coalfields pl

Revision F̲ 🔳 (von Meinung etc) revision 🔳 (HANDEL ≈ Prüfung) audit 🔳 (JUR ≈ Urteilsanfechtung) appeal (an +akk to); **~ einlegen** to lodge an appeal **revisionistisch** ADJ POL revisionist **Revisor(in)** M̲F̲ HANDEL auditor

Revolte F̲ revolt **revoltieren** VI to revolt, to rebel (gegen against); (fig: Magen) to rebel **Revolution** F̲ revolution **revolutionär** ADJ revolutionary **Revolutionär(in)** M̲F̲ revolutionary **revolutionieren** VT to revolutionize **Revoluzzer(in)** M̲F̲ (pej) would-be revolutionary

Revolver M̲ revolver **Revolverheld(in)** M̲F̲ (pej) gunslinger

Revue F̄ THEAT revue; **etw ~ passieren lassen** (fig) to let sth parade before one
Rezensent(in) M(F) reviewer **rezensieren** VT to review **Rezension** F̄ review
Rezept N̄ **1** MED prescription; **auf ~** on prescription **2** (GASTR, fig ≈ Anleitung) recipe (zu for)
rezeptfrei B ADJ available without prescription **Rezeptgebühr** F̄ prescription charge

> **Rezept ≠ receipt**

Rezept	=	1. *vom Arzt*: prescription
		2. (*Kochrezept*) recipe
receipt	=	Quittung

FALSCHE FREUNDE

Rezeption F̄ (von Hotel ≈ Empfang) reception
Rezeptpflicht F̄ **der ~ unterliegen** to be available only on prescription **rezeptpflichtig** ADJ available only on prescription
Rezession F̄ WIRTSCH recession (⚠ ohne a)
reziprok ADJ reciprocal
rezitieren VT & VI to recite
R-Gespräch N̄ reverse charge call (Br), collect call (US)
Rhabarber M̄ rhubarb
Rhein M̄ Rhine; **am ~ liegen** to be on the river Rhine **rheinab(wärts)** ADV down the Rhine **rheinauf(wärts)** ADV up the Rhine **rheinisch** ADJ Rhenish **Rheinländer(in)** M(F) Rhinelander **rheinländisch** ADJ Rhineland **Rheinland-Pfalz** N̄ Rhineland-Palatinate **Rheinwein** M̄ Rhine wine; (weißer auch) hock
Rhesusaffe M̄ rhesus monkey **Rhesusfaktor** M̄ MED rhesus od Rh factor
Rhetorik F̄ rhetoric **rhetorisch** ADJ rhetorical
Rheuma N̄ rheumatism **rheumatisch** ADJ rheumatic; **~ bedingte Schmerzen** rheumatic pains **Rheumatismus** M̄ rheumatism
Rhinozeros N̄ rhinoceros, rhino (umg)
Rhododendron M̄ od N̄ rhododendron
Rhombus M̄ rhombus
rhythmisch ADJ rhythmic(al) **Rhythmus** M̄ rhythm
Ribisel F̄ (österr ≈ Johannisbeere, rot) redcurrant; (schwarz) blackcurrant
richten A VT **1** (≈ lenken) to direct (auf +akk towards) **2** (≈ ausrichten) **etw nach jdm/etw ~** to suit od fit sth to sb/sth; *Verhalten* to orientate sth to sb/sth **3** (≈ adressieren) to address (an +akk to); *Kritik, Vorwurf* to direct (gegen at, against) **4** (≈ reparieren) to fix; (≈ einstellen) to set **B** VR **1** (≈ sich hinwenden) to be directed (auf +akk towards, gegen at) **2** (≈ sich wenden) to consult (an jdn sb); (Vorwurf

etc) to be directed (gegen at) **3** (≈ sich anpassen) to follow (nach jdm/etw sb/sth); **sich nach den Vorschriften ~** to go by the rules; **sich nach jds Wünschen ~** to comply with sb's wishes; **ich richte mich nach dir** I'll fit in with you **4** (≈ abhängen von) to depend (nach on) **5** (bes südd ≈ sich zurechtmachen) to get ready **Richter(in)** M(F) judge **richterlich** ADJ judicial
Richterskala F̄ GEOL Richter scale
Richterspruch M̄ **1** JUR ≈ judgement **2** SPORT judges' decision
Richtfest N̄ topping-out ceremony **Richtfunk** M̄ directional radio **Richtgeschwindigkeit** F̄ recommended speed
richtig A ADJ **1** right *kein komp*; (≈ zutreffend) correct, right; **nicht ganz ~ (im Kopf) sein** (umg) to be not quite right (in the head) (umg); **bin ich hier ~ bei Müller?** (umg) is this right for the Müllers? **2** (≈ wirklich, echt) real; **der ~e Vater** the real father **B** ADV (≈ korrekt) right; *passen, funktionieren* properly, correctly; **~ gehend** *Uhr, Waage* accurate; **die Uhr geht ~** the clock is right od correct; **das ist doch Paul! — ach ja, ~** that's Paul — oh yes, so it is **Richtige(r)** M(F/M) right person, right man/woman *etc*; **du bist mir der ~!** (iron) you're a fine one (umg); **sechs ~ im Lotto** six right in the lottery **Richtige(s)** N̄ right thing; **das ist das ~** that's right; **ich habe nichts ~s gegessen** I haven't had a proper meal; **ich habe noch nicht das ~ gefunden** I haven't found anything suitable **Richtigkeit** F̄ correctness **richtigstellen** VT to correct **Richtigstellung** F̄ correction
Richtlinie F̄ guideline **Richtpreis** M̄ (unverbindlicher) ~ recommended price
Richtung F̄ **1** direction; **in ~ Hamburg** towards (Br) od toward (US) Hamburg; **in ~ Süden** in a southerly direction; **der Zug ~ Hamburg** the Hamburg train; **ein Schritt in die richtige ~** a step in the right direction; **irgendetwas in dieser ~** something along those lines **2** (≈ Tendenz) trend; (≈ die Vertreter einer Richtung) movement; (≈ Denkrichtung) school of thought **Richtungskampf** M̄ POL factional dispute **richtungslos** ADJ lacking a sense of direction **Richtungsstreit** M̄ POL factional dispute **Richtungswechsel** M̄ change of direction **richtung(s)weisend** ADJ **~ sein** to point the way (ahead)
riechen A VT to smell; **ich kann das nicht ~** (umg) I can't stand the smell of it; (fig ≈ nicht leiden) I can't stand it; **jdn nicht ~ können** (umg) not to be able to stand sb; **das konnte ich doch nicht ~!** (umg) how was I (supposed) to know? **B** VI **1** (≈ Geruchssinn haben) **Hunde können gut ~** dogs have a good sense of smell **2** (≈ be-

RIEC | 1162

stimmten Geruch haben) to smell; **gut/schlecht ~** to smell good/bad (❗ nicht „well" oder „badly"); **nach etw ~** to smell of sth; **aus dem Mund ~** to have bad breath; **das riecht nach Betrug/Verrat** *(fig umg)* that smacks of deceit/ treachery **3** *(≈ schnüffeln)* to sniff; **an jdm/etw ~** to sniff (at) sb/sth **C** VI UNPERS **es riecht nach Gas** there's a smell of gas **Riecher** M *(umg)* **einen ~ (für etw) haben** to have a nose (for sth)

Ried N *(≈ Schilf)* reeds *pl*

Riege F team

Riegel M **1** *(≈ Verschluss)* bolt; **einer Sache** *(dat)* **einen ~ vorschieben** *(fig)* to put a stop to sth **2** *(≈ Schokoladenriegel, Seifenstück)* bar

Riemen¹ M *(≈ Treibriemen, Gürtel)* belt; *(an Gepäck)* strap; **sich am ~ reißen** *(fig umg)* to get a grip on oneself

Riemen² M SPORT oar; **sich in die ~ legen** to put one's back into it

Riese M giant; *(sl ≈ Geldschein)* big one *(umg)*

rieseln VI *(Wasser, Sand)* to trickle; *(Regen)* to drizzle; *(Schnee)* to flutter down; *(Staub)* to fall down; **der Kalk rieselt von der Wand** lime is crumbling off the wall

Riesenerfolg M gigantic success; THEAT, FILM smash hit **Riesengebirge** N GEOG Sudeten Mountains *pl* **riesengroß, riesenhaft** ADJ = riesig **Riesenhunger** M *(umg)* enormous appetite **Riesenrad** N big wheel, Ferris wheel **Riesenschlange** F boa **Riesenschritt** M giant step **Riesenslalom** M giant slalom **riesig** **A** ADJ **1** enormous, huge; *(Spaß* tremendous **2** *(umg ≈ toll)* fantastic *(umg)* **B** ADV *(umg ≈ sehr, überaus)* incredibly

Riff¹ N *(≈ Felsklippe)* reef

Riff² M MUS riff

R **rigoros** **A** ADJ rigorous **B** ADV *ablehnen* rigorously; *kürzen* drastically

Rigorosum N UNIV (doctoral *od* PhD) viva *(Br)* *od* oral

Rikscha F rickshaw

Rille F groove; *(in Säule)* flute

Rind N **1** *(≈ Tier)* cow; *(≈ Bulle)* bull; **~er** cattle *pl* **2** *(umg ≈ Rindfleisch)* beef

Rinde F *(≈ Baumrinde)* bark; *(≈ Brotrinde)* crust; *(≈ Käserinde)* rind

Rinderbraten M *(roh)* joint of beef; *(gebraten)* roast beef (❗ ohne a) **Rinderfilet** N fillet of beef **Rinderherde** F herd of cattle **Rinderseuche** F epidemic cattle disease; *(≈ BSE)* mad cow disease **Rinderwahn(sinn)** M mad cow disease **Rinderzucht** F cattle farming **Rindfleisch** N beef **Rindsleder** N cowhide **Rindsuppe** F *(österr)* consommé **Rindvieh** N *(umg ≈ Idiot)* ass *(umg)*

Ring M ring; *(von Menschen)* circle; *(≈ Ringstraße)* ring road; **~e** *(Turnen)* rings **Ringbuch** N ring binder **Ringbucheinlage** F loose-leaf pad **Ringelblume** F marigold **ringeln** VR to curl **Ringelnatter** F grass snake **Ringelschwanz** M *(umg)* curly tail **Ringelspiel** N *(österr)* merry-go-round

ringen **A** VT **die Hände ~** to wring one's hands **B** VI **1** *(≈ kämpfen)* to wrestle *(mit with)*; **mit den Tränen ~** to struggle to keep back one's tears **2** *(≈ streben)* **nach** *od* **um etw ~** to struggle for sth **Ringen** N SPORT wrestling **Ringer(in)** MF wrestler

Ringfahndung F dragnet **Ringfinger** M ring finger **ringförmig** **A** ADJ ring-like **B** ADV in a ring *od* circle **Ringhefter** M ring binder **Ringkampf** M fight; SPORT wrestling match **Ringkämpfer(in)** MF wrestler **Ringordner** M ring binder **Ringrichter(in)** MF SPORT referee **rings** ADV (all) around **ringsherum** ADV all (the way) around **Ringstraße** F ring road **ringsum** ADV (all) around **ringsumher** ADV around

Rinne F *(≈ Rille)* groove; *(≈ Furche, Abflussrinne)* channel; *(≈ Dachrinne ≈ Rinnstein)* gutter **rinnen** VI *(≈ fließen)* to run **Rinnsal** N rivulet **Rinnstein** M *(≈ Gosse)* gutter

Rippchen N GASTR *slightly cured pork rib* **Rippe** F **1** rib **2** *(von Heizkörper etc)* fin **Rippenbruch** M broken *od* fractured rib **Rippenfell** N pleura **Rippenfellentzündung** F pleurisy **Rippenshirt** N ribbed shirt **Rippenstück** N GASTR *joint of meat including ribs*

Risiko N risk; **auf eigenes ~** at one's own risk; **wir sollten kein ~ eingehen** we shouldn't take any risks **Risikobereitschaft** F readiness to take risks **Risikofaktor** M risk factor **risikofreudig** ADJ prepared to take risks (❗ hinter dem Substantiv oder Verb) **Risikogeburt** F MED high-risk birth **Risikogruppe** F (high-)risk group **Risikokapital** N FIN risk *od* venture capital **risikoreich** ADJ risky, high-risk *attr* **Risikostaat** M state of concern **riskant** ADJ risky **riskieren** VT to risk; **etwas/ nichts ~** to take risks/no risks; **sein Geld ~** to put one's money at risk

Risotto M *od* N risotto

Rispe F BOT panicle

Riss M *(in Stoff, Papier etc)* tear, rip; *(in Erde)* fissure; *(≈ Sprung: in Wand, Behälter etc)* crack; *(≈ Hautriss)* chap; *(fig ≈ Kluft)* rift, split **rissig** ADJ *Boden, Leder* cracked; *Haut, Hände, Lippen* chapped **Risswunde** F laceration

Ritt M ride

Ritter M *(im Mittelalter)* knight; *(fig hum ≈ Kämpfer)*

champion; **jdn zum ~ schlagen** to knight sb **ritterlich** ADJ (wörtl) knightly; (fig) chivalrous **Ritterorden** M order of knights **Ritterrüstung** F knight's armour (Br) od armor (US) **Rittersporn** M BOT larkspur, delphinium **Ritterstand** M knighthood
rittlings ADV astride (auf etw (dat) sth)
Ritual N ritual **rituell** ADJ ritual **Ritus** M rite; (fig) ritual
Ritze F crack; (≈ Fuge) gap
Ritzel N TECH pinion
ritzen VT to scratch
Rivale M, **Rivalin** F rival **rivalisieren** VI **mit jdm (um etw) ~** to compete with sb (for sth) **Rivalität** F rivalry
Riviera F Riviera
Rizinus M (a. **Rizinusöl**) castor oil
Robbe F seal **robben** VI MIL to crawl **Robbenjagd** F sealing, seal hunting
Robe F 1 (≈ Abendkleid) evening gown 2 (≈ Amtstracht) robes pl
Roboter M robot **Robotertechnik** F robotics (⚠ mit Verb im Singular oder Plural)
robust ADJ robust; Material tough **Robustheit** F robustness; (von Material) toughness
röcheln VI to groan; (Sterbender) to give the death rattle
Rochen M ray
Rock¹ M (≈ Damenrock) skirt; (schweiz ≈ Kleid) dress
Rock² M MUS rock **Rockband** F rock band **rocken** VI MUS to rock **rockig** ADJ Musik which sounds like (hard) rock **Rockkonzert** N rock concert **Rockmusik** F rock music

Rock — skirt

Rock — rock

Rocksaum M hem of a/the skirt
Rockstar M rock star
Rodel M (südd, österr) F toboggan **Rodelbahn** F toboggan run **rodeln** VI to toboggan **Rodelschlitten** M toboggan
roden VT Wald, Land to clear
Rodler(in) M(F) tobogganer; bes SPORT tobog-

ganist
Rodung F clearing
Rogen M roe
Roggen M rye **Roggenbrot** N rye bread
roh A ADJ 1 (≈ ungekocht) raw 2 (≈ unbearbeitet) Bretter, Stein etc rough; Diamant uncut; Metall crude 3 (≈ brutal) rough; **~e Gewalt** brute force B ADV 1 (≈ ungekocht) raw 2 (≈ grob) roughly 3 (≈ brutal) brutally **Rohbau** M shell (of a/the building) **Rohdiamant** M rough od uncut diamond **Roheisen** N pig iron **Rohentwurf** M rough draft **Rohgewinn** M gross profit **Rohheit** F 1 (Eigenschaft) roughness; (≈ Brutalität) brutality 2 (Tat) brutality **Rohkost** F raw fruit and vegetables pl **Rohleder** N untanned leather, rawhide (US) **Rohling** M 1 (≈ Grobian) brute 2 TECH blank; **CD-~** blank CD **Rohmaterial** N raw material **Rohöl** N crude oil
Rohr N 1 (≈ Schilfrohr) reed; (für Stühle etc) cane, wicker (⚠ kein pl) 2 TECH pipe; (≈ Geschützrohr) (gun) barrel; **aus allen ~en feuern** (wörtl) to fire with all its guns; (fig) to use all one's fire power; **volles ~** (umg) flat out (Br), at full speed 3 (südd, österr ≈ Backröhre) oven **Rohrbruch** M burst pipe **Röhrchen** N tube; (umg: zur Alkoholkontrolle) Breathalyzer®; **ins ~ blasen** (umg) to be breathalyzed **Röhre** F 1 (≈ Backröhre) oven; **in die ~ gucken** (umg) to be left out 2 (≈ Neonröhre) (neon) tube; (≈ Elektronenröhre) valve (Br), tube (US); (≈ Fernsehröhre) tube 3 (≈ Hohlkörper) tube **röhren** VI JAGD to bell; (Motorrad) to roar **röhrenförmig** ADJ tubular **Rohrgeflecht** N wickerwork, basketwork **Rohrleitung** F conduit **Rohrmöbel** PL cane (bes Br) od wicker furniture sg **Rohrpost** F pneumatic dispatch system **Rohrstock** M cane **Rohrzange** F pipe wrench **Rohrzucker** M cane sugar
Rohseide F wild silk **Rohstoff** M raw material **rohstoffarm** ADJ Land lacking in raw materials **rohstoffreich** ADJ Land rich in raw materials **Rohzustand** M natural state od condition
Rollbahn F FLUG taxiway; (≈ Start-, Landebahn) runway **Rolle** F 1 (≈ Zusammengerolltes) roll; (≈ Garnrolle) reel; **eine ~ Toilettenpapier** a toilet roll 2 (≈ Walze) roller; (an Möbeln) caster, castor; **von der ~ sein** (fig umg) to have lost it (umg) 3 SPORT roll 4 (THEAT, FILM, fig) role, part; SOZIOL role; **bei od in etw** (dat) **eine ~ spielen** to play a part in sth; **es spielt keine ~, (ob)** ... it doesn't matter (whether) ...; **bei ihm spielt Geld keine ~** with him money is no object; **aus der ~ fallen** (fig) to do/say the wrong thing **rollen** A VI to roll; (Flugzeug) to taxi; **etw ins Rollen bringen** (fig) to set od start sth rolling B

ROLL | 1164

VT to roll; *Teig* to roll out **Rollenbesetzung** F THEAT, FILM casting **Rollenlager** N roller bearings *pl* **Rollenspiel** N role play **Rollentausch** M exchange of roles **Roller** M (≈ *Motorroller, für Kinder*) scooter **Rollfeld** N runway **rollig** ADJ (*umg*) *Katze* on (*Br*) *od* in heat **Rollkragen** M polo neck **Rollkragenpullover** M polo-neck jumper (*Br*), polo neck (*Br*), turtleneck (sweater) (*US*) **Rollladen** M (*an Fenster, Tür etc*) (roller) shutters *pl* **Rollmops** M rollmops **Rollo** N (roller) blind **Rollschuh** M roller skate; ~ **laufen** to roller-skate **Rollschuhlaufen** N roller-skating **Rollschuhläufer(in)** M(F) roller skater **Rollsplitt** M loose chippings *pl* **Rollstuhl** M wheelchair **Rollstuhlfahrer(in)** M(F) wheelchair user **Rolltreppe** F escalator
Rom N Rome
ROM N IT ROM
Roma PL Romanies *pl*
Roman M novel **Romanheld** M hero of a/the novel **Romanheldin** F heroine of a/the novel
Romanik F ARCH, KUNST Romanesque period **romanisch** ADJ *Volk, Sprache* Romance; KUNST, ARCH Romanesque **Romanist(in)** M(F) UNIV student of *od* (*Wissenschaftler*) expert on Romance languages and literature **Romanistik** F UNIV Romance languages and literature
Romantik F 1 LIT, KUNST, MUS Romanticism; (*Epoche*) Romantic period 2 (*fig*) romance **Romantiker(in)** M(F) LIT, KUNST, MUS Romantic; (*fig*) romantic **romantisch** A ADJ romantic; LIT *etc* Romantic B ADV romantically **Romanze** F romance
Römer(in) M(F) Roman **Römertopf®** M GASTR earthenware casserole **römisch** ADJ Roman **römisch-katholisch** ADJ Roman Catholic
Rommé N, **Rommee** N rummy
röntgen VT to X-ray **Röntgenaufnahme** F X-ray (plate) **Röntgenbild** N X-ray **Röntgenologe** M, **Röntgenologin** F radiologist **Röntgenologie** F radiology **Röntgenstrahlen** PL X-rays *pl* **Röntgenuntersuchung** F X-ray examination
rosa ADJ pink (❗) Das deutsche „pink" heißt auf Englisch **shocking pink**.); **in ~(rotem) Licht** in a rosy light
Röschen N (little) rose; (*von Brokkoli, Blumenkohl*) floret; (*von Rosenkohl*) sprout **Rose** F (*Blume*) rose **rosé** ADJ pink **Rosé** M rosé (wine)
Rosengarten M rose garden **Rosenkohl** M Brussel(s) sprouts *pl* **Rosenkranz** M KIRCHE rosary **Rosenmontag** M Monday preceding Ash Wednesday **Rosenstrauch** M rosebush
Rosette F rosette
Roséwein M rosé wine
rosig ADJ rosy
Rosine F raisin; **sich** (*dat*) **die ~n (aus dem Kuchen) herauspicken** (*umg*) to take the pick of the bunch
Rosmarin M rosemary
Ross N (*südd, österr, schweiz*) horse; **~ und Reiter nennen** (*fig geh*) to name names; **auf dem hohen ~ sitzen** (*fig*) to be on one's high horse **Rosshaar** N horsehair **Rosskastanie** F horse chestnut **Rosskur** F (*hum*) kill-or-cure remedy
Rost¹ M rust; **~ ansetzen** to start to rust
Rost² M (≈ *Ofenrost*) grill; (≈ *Gitterrost*) grating, grille **Rostbraten** M GASTR ≈ roast **Rostbratwurst** F barbecue sausage **rostbraun** ADJ russet; *Haar* auburn

Rost — rust

Rost — grill

rosten VI to rust
rösten VT to roast; *Brot* to toast
Rostfleck M patch of rust **rostfrei** ADJ *Stahl* stainless
röstfrisch ADJ *Kaffee* freshly roasted **Rösti** PL fried grated potatoes
rostig ADJ rusty
Röstkartoffeln PL sauté potatoes *pl*
Rostschutz M antirust protection **Rostschutzfarbe** F antirust paint **Rostschutzmittel** N rustproofer
rot A ADJ red; **Rote Karte** FUSSB red card; **das Rote Kreuz** the Red Cross; **der Rote Halb-**

mond the Red Crescent; **das Rote Meer** the Red Sea; **~e Zahlen schreiben** to be in the red; **~ werden** to blush, to go red **B** ADV **1** anmalen red; anstreichen in red; **sich** (dat) **etw ~ (im Kalender) anstreichen** (umg) to make sth a red-letter day **2** glühen, leuchten a bright red **Rot** N̄ red; **bei ~** at red; **die Ampel stand auf ~** the lights were (at) red

Rotation F̄ rotation

Rotbarsch M̄ rosefish **rotblond** ADJ Haar sandy; Mann sandy-haired; Frau strawberry blonde **rotbraun** ADJ reddish brown; Haare auburn **Röte** F̄ redness, red **Röteln** PL German measles sg **röten** **A** V̄T̄ to make red; **gerötete Augen** red eyes **B** V̄R̄ to turn od become red **rotgrün** ADJ red-green; **die ~e Koalition** the Red-Green coalition **rothaarig** ADJ red-haired **Rothaarige(r)** M/F(M) redhead

rotieren V̄Ī to rotate; **am Rotieren sein** (umg) to be in a flap (umg)

Rotkäppchen N̄ LIT Little Red Riding Hood **Rotkehlchen** N̄ robin **Rotkohl** M̄, **Rotkraut** N̄ (südd, österr) red cabbage **rötlich** ADJ reddish; Haare ginger **Rotlicht** N̄ red light **Rotlichtviertel** N̄ red-light district **rotsehen** V̄Ī (umg) to see red (umg) **Rotstift** M̄ red pencil; **den ~ ansetzen** (fig) to cut back drastically **Rottanne** F̄ Norway spruce

Rottweiler M̄ Rottweiler

Rötung F̄ reddening **Rotwein** M̄ red wine **Rotwild** N̄ red deer

Rotz M̄ (umg) snot (umg) **rotzfrech** (umg) ADJ cocky (umg) **Rotznase** F̄ **1** (umg) snotty nose (umg) **2** (umg ≈ Kind) snotty-nosed brat (umg)

Rouge N̄ blusher

Roulade F̄ GASTR ≈ beef olive

Rouleau N̄ (roller) blind

Roulette N̄, **Roulett** N̄ roulette

Route F̄ route

Routine F̄ (≈ Erfahrung) experience; (≈ Gewohnheit) routine **Routineangelegenheit** F̄ routine matter **routinemäßig** ADJ routine; **das wird ~ überprüft** it's checked as a matter of routine **Routinesache** F̄ routine matter **routiniert** **A** ADJ experienced **B** ADV expertly

Rowdy M̄ hooligan; (zerstörerisch) vandal; (lärmend) rowdy (type)

Rubbelkarte F̄, **Rubbellos** N̄ scratch card **rubbeln** V̄T̄ & V̄Ī to rub; Los to scratch

Rübe F̄ **1** turnip; **Gelbe ~** carrot; **Rote ~** beetroot (Br), beet (US) **2** (umg ≈ Kopf) nut (umg) **Rübensaft** M̄, **Rübenkraut** N̄ sugar beet syrup **Rübenzucker** M̄ beet sugar

rüber- (umg) → herüber-, hinüber-

Rubin M̄ ruby

Rubrik F̄ **1** (≈ Kategorie) category **2** (≈ Zeitungsrubrik) section

Ruck M̄ jerk; POL swing; **sich** (dat) **einen ~ geben** (umg) to make an effort

Rückantwort F̄ reply, answer

ruckartig **A** ADJ jerky **B** ADV jerkily; **er stand ~ auf** he shot to his feet

rückbestätigen V̄T̄ to reconfirm **Rückblende** F̄ flashback **Rückblick** M̄ look back (auf +akk at); **im ~ auf etw** (akk) looking back on sth **rückblickend** ADV in retrospect **rückdatieren** V̄T̄ to backdate

rücken **A** V̄Ī to move; (≈ Platz machen) to move up od (zur Seite auch) over; **näher ~** to move closer; **an jds Stelle** (akk) **~** to take sb's place; **in weite Ferne ~** to recede into the distance **B** V̄T̄ to move

Rücken M̄ back; (≈ Nasenrücken) ridge; (≈ Bergrücken) crest; (≈ Buchrücken) spine; **mit dem ~ zur Wand stehen** (fig) to have one's back to the wall; **hinter jds ~** (dat) (fig) behind sb's back; **jdm in den ~ fallen** (fig) to stab sb in the back; **jdm den ~ decken** (fig umg) to back sb up (umg); **jdm den ~ stärken** (fig umg) to give sb encouragement **Rückendeckung** F̄ (fig) backing **Rückenflosse** F̄ dorsal fin **rückenfrei** ADJ Kleid backless, low-backed **Rückenlage** F̄ supine position; **er schläft in ~** he sleeps on his back **Rückenlehne** F̄ back (rest) **Rückenmark** N̄ spinal cord **Rückenschmerzen** PL backache, back pain **rü-**

▶ **Körperteile und wem sie gehören**

Im Gegensatz zum Deutschen steht im Englischen bei Körperteilen meistens das Possessivpronomen, das anzeigt, zu wem der Körperteil gehört.

Mir tut der Rücken weh.	<u>My</u> back hurts.
Sie hat sich den Knöchel verstaucht.	She's sprained <u>her</u> ankle.
Ihr fiel ein Holzbrett auf den Kopf.	A plank fell on <u>her</u> head.

Nach Präpositionen folgt allerdings der Artikel, wenn die betroffene Person schon erwähnt worden ist:

Ich bin am Bein getroffen worden!	I've been hit in <u>the</u> leg!
Er schlug mir mit der Faust auf die Nase.	He punched me on <u>the</u> nose.

GRAMMATIK ◀

RÜCK | 1166

ckenschwimmen VI to swim on one's back **Rückenschwimmen** N backstroke **Rückenwind** M tailwind **Rückenwirbel** M dorsal vertebra

rückerstatten VT to refund; *Ausgaben* to reimburse **Rückerstattung** F refund; *(von Ausgaben)* reimbursement **Rückfahrkarte** F return ticket *(Br)*, round-trip ticket *(US)* **Rückfahrt** F return journey; **auf der ~** on the way back **Rückfall** M relapse; JUR repetition of an/the offence *(Br)* od offense *(US)* **rückfällig** ADJ **~ werden** MED to have a relapse; *(fig)* to relapse; JUR to lapse back into crime **Rückflug** M return flight **Rückfrage** F question; **auf ~ wurde uns erklärt ...** when we queried this, we were told ... **rückfragen** VI to check **Rückführung** F *(von Menschen)* repatriation, return **Rückgabe** F return **Rückgang** M fall, drop (+gen in) **rückgängig** ADJ **~ machen** (≈ widerrufen) to undo; *Bestellung, Termin* to cancel; *Entscheidung* to go back on; *Verlobung* to call off **Rückgewinnung** F recovery; *(von Land, Gebiet)* reclamation **Rückgrat** N spine, backbone **Rückhalt** M 1 (≈ Unterstützung) support 2 (≈ Einschränkung) **ohne ~** without reservation **rückhaltlos** A ADJ complete B ADV completely; **sich ~ zu etw bekennen** to proclaim one's total allegiance to sth **Rückhand** F SPORT backhand **Rückkauf** M repurchase **Rückkaufsrecht** N right of repurchase **Rückkehr** F return; **bei seiner ~** on his return **Rücklage** F (FIN ≈ Reserve) reserve, reserves pl **rückläufig** ADJ declining; *Tendenz* downward **Rücklicht** N tail-light, rear light **Rückmeldung** F UNIV re-registration **Rücknahme** F taking back **Rückporto** N return postage **Rückreise** F return journey **Rückreiseverkehr** M homebound traffic **Rückruf** M 1 (am Telefon) **Herr X hat angerufen und bittet um ~** Mr X called and asked you to call (him) back 2 *(von Botschafter, Waren)* recall

Rucksack M rucksack **Rucksacktourist(in)** M(F) backpacker

Rückschau F **~ halten** to reminisce, to reflect **Rückschein** M ≈ recorded delivery slip **Rückschlag** M *(fig)* setback; *(bei Patient)* relapse **Rückschluss** M conclusion; **Rückschlüsse ziehen** to draw one's own conclusions *(aus* from) **Rückschritt** M *(fig)* step backwards **rückschrittlich** ADJ reactionary; *Entwicklung* retrograde **Rückseite** F back; *(von Buchseite, Münze)* reverse; *(von Zeitung)* back page; **siehe ~** see over(leaf) **Rücksendung** F return

Rücksicht F (≈ Nachsicht) consideration; **aus** od

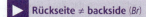

Rückseite	≠	backside (Br)
Rückseite	=	back, reverse
backside (Br)	=	Hintern

FALSCHE FREUNDE

mit ~ auf jdn/etw out of consideration for sb/sth; **ohne ~ auf jdn/etw** with no consideration for sb/sth; **ohne ~ auf Verluste** *(umg)* regardless; **auf jdn/etw ~ nehmen** to show consideration for sb/sth **Rücksichtnahme** F consideration **rücksichtslos** A ADJ 1 inconsiderate; *(im Verkehr)* reckless 2 (≈ unbarmherzig) ruthless B ADV 1 (≈ ohne Nachsicht) inconsiderately 2 (≈ schonungslos) ruthlessly **Rücksichtslosigkeit** F lack of consideration; (≈ Unbarmherzigkeit) ruthlessness **rücksichtsvoll** A ADJ considerate, thoughtful *(gegenüber, gegen* towards) B ADV considerately, thoughtfully

Rücksitz M *(von Fahrrad, Motorrad)* pillion; *(von Auto)* back seat **Rückspiegel** M AUTO rear (-view) mirror; *(außen)* outside mirror **Rückspiel** N SPORT return match *(Br)*, rematch *(US)* **Rücksprache** F consultation; **nach ~ mit Herrn Müller ...** after consulting Mr Müller ... **Rückstand** M 1 (≈ Überrest) remains pl; (≈ Bodensatz) residue 2 (≈ Verzug) delay; *(bei Aufträgen)* backlog; **im ~ sein** to be behind; **mit 0:2 (Toren) im ~ sein** to be 2-0 down (⚠ in GB gesprochen **nil two**, in den USA gesprochen **nothing to two**); **seinen ~ aufholen** to catch up **rückständig** ADJ (≈ zurückgeblieben) backward **Rückständigkeit** F backwardness **Rückstau** M *(von Wasser)* backwater; *(von Autos)* tailback **Rückstrahler** M reflector **Rücktaste** F *(an Tastatur)* backspace key **Rücktritt** M 1 (≈ Amtsniederlegung) resignation; *(von König)* abdication 2 (JUR: *von Vertrag)* withdrawal *(von* from) **Rücktrittbremse** F backpedal brake **Rücktrittsangebot** N offer of resignation **Rücktrittsdrohung** F threat to resign; *(von König)* threat to abdicate **Rücktrittsrecht** N right of withdrawal **rückübersetzen** VT to translate back into the original language **Rückumschlag** M reply-paid od business reply *(US)* envelope; **adressierter und frankierter ~** stamped addressed envelope **Rückvergütung** F refund **rückversichern** VR to check (up and back) **Rückversicherung** F reinsurance **Rückwand** F back wall; *(von Möbelstück etc)* back **rückwärtig** ADJ back **rückwärts** ADV backwards; **Rolle ~** backward roll; **Salto ~** back somersault; **~ einparken** to reverse into a parking space **Rückwärtsgang** M AUTO reverse gear; **den ~**

1167 ‖ RÜHM

einlegen to change (Br) od shift (US) into reverse (⚠ ohne **the**) **Rückweg** M̲ way back; **den ~ antreten** to set off back
ruckweise A̲D̲V̲ jerkily
rückwirkend A̲D̲J̲ JUR retrospective; Lohnerhöhung backdated **Rückwirkung** F̲ repercussion **rückzahlbar** A̲D̲J̲ repayable **Rückzahlung** F̲ repayment **Rückzieher** M̲ (umg) **einen ~ machen** to back down
ruck, zuck A̲D̲V̲ in a flash; **das geht ~** it won't take a second
Rückzug M̲ MIL retreat; (fig) withdrawal
rüde A̲ A̲D̲J̲ impolite; Antwort curt; Methoden crude B̲ A̲D̲V̲ rudely
Rüde M̲ (≈ Männchen) male
Rudel N̲ (von Hunden, Wölfen) pack; (von Hirschen) herd
Ruder N̲ (von Ruderboot) oar; (SCHIFF, FLUG ≈ Steuerruder) rudder; (fig ≈ Führung) helm; **das ~ fest in der Hand haben** (fig) to be in control of the situation; **am ~ sein** to be at the helm; **ans ~ kommen** to take over (at) the helm **Ruderboot** N̲ rowing boat (Br), rowboat (US) **Ruderer** M̲ oarsman **Ruderin** F̲ oarswoman **rudern** V̲T̲ & V̲I̲ to row **Rudern** N̲ rowing (⚠ ohne **the**) **Ruderregatta** F̲ rowing regatta **Rudersport** M̲ rowing (⚠ ohne **the**)
rudimentär A̲D̲J̲ rudimentary
Ruf M̲ ❶ call (nach for); (lauter) shout; (≈ Schrei) cry ❷ (≈ Ansehen) reputation; **einen guten ~ haben** (geh) to enjoy a good reputation; **jdn/etw in schlechten ~ bringen** to give sb/sth a bad name ❸ (UNIV ≈ Berufung) offer of a chair ❹ (≈ Fernruf) telephone number; „**Ruf: 2785**" "Tel 2785" **rufen** A̲ V̲I̲ to call; (≈ laut rufen) to shout; **um Hilfe ~** to call for help; **die Arbeit ruft** my/your etc work is waiting; **nach jdm/etw ~** to call for sb/sth B̲ V̲T̲ (≈ laut sagen) ❶ to call; (≈ ausrufen) to cry; (≈ laut rufen) to shout; **sich** (dat) **etw in Erinnerung ~** to recall sth ❷ (≈ kommen lassen) to send for; Arzt, Polizei, Taxi to call; **jdn zu sich ~** to send for sb; **jdn zu Hilfe ~** to call on sb to help; **du kommst wie gerufen** you're just the man/woman I wanted
Rüffel M̲ (umg) telling-off (umg)
Rufmord M̲ character assassination **Rufmordkampagne** F̲ smear campaign **Rufname** M̲ forename (by which one is generally known) **Rufnummer** F̲ telephone number **Rufnummernanzeige** F̲ TEL caller ID display **Rufnummernspeicher** M̲ (von Telefon) memory **Rufumleitung** F̲ TEL call diversion **Rufweite** F̲ **in ~** within earshot; **außer ~** out of earshot **Rufzeichen** N̲ TEL call sign; (von Telefon) ringing tone
Rugby N̲ rugby

Rüge F̲ (≈ Verweis) reprimand; **jdm eine ~ erteilen** to reprimand sb (für, wegen for) **rügen** V̲T̲ (form) jdn to reprimand (wegen, für for); etw to reprehend
Ruhe F̲ ❶ (≈ Stille) quiet; **~!** quiet!, silence!; **~ halten** to keep quiet; **~ und Frieden** peace and quiet; **die ~ vor dem Sturm** (fig) the calm before the storm ❷ (≈ Frieden) peace; **in ~ und Frieden leben** to live a quiet life; **~ und Ordnung** law and order; **lass mich in ~!** leave me in peace; **jdm keine ~ lassen** od **gönnen** (Mensch) not to give sb any peace; **keine ~ geben** to keep on and on; **das lässt ihm keine ~** he can't stop thinking about it; **zur ~ kommen** to get some peace; (≈ solide werden) to settle down ❸ (≈ Erholung) rest; **sich zur ~ setzen** to retire ❹ (≈ Gelassenheit) calm(ness); **die ~ weghaben** (umg) to be unflappable (umg); **~ bewahren** to keep calm; **jdn aus der ~ bringen** to throw sb (umg); **sich nicht aus der ~ bringen lassen** not to (let oneself) get worked up; **in aller ~** calmly; **immer mit der ~** (umg) don't panic **ruhelos** A̲D̲J̲ restless **ruhen** V̲I̲ ❶ (≈ ausruhen) to rest; **nicht (eher) ~, bis ...** (fig) not to rest until … ❷ (≈ stillstehen) to stop; (Maschinen) to stand idle; (Verkehr) to be at a standstill; (≈ unterbrochen sein: Verfahren, Verhandlung) to be suspended ❸ (≈ tot und begraben sein) to be buried; „**hier ruht …**" "here lies …"; „**ruhe in Frieden!**" "Rest in Peace" **ruhend** A̲D̲J̲ resting; Kapital dormant; Verkehr stationary **ruhen lassen** V̲T̲ Vergangenheit, Angelegenheit to let rest **Ruhepause** F̲ break; **eine ~ einlegen** to take a break **Ruhestand** M̲ retirement; **im ~ sein** od **leben** to be retired; **in den ~ treten** to retire; **jdn in den ~ versetzen** to retire sb **Ruhestätte** F̲ resting place **Ruhestörer(in)** M̲F̲ disturber of the peace **Ruhestörung** F̲ JUR disturbance of the peace **Ruhetag** M̲ day off; (von Geschäft etc) closing day; „**Mittwoch ~**" "closed (on) Wednesdays" **ruhig** A̲ A̲D̲J̲ (≈ still) quiet; Wetter, Meer calm; (≈ leise, geruhsam) quiet; (≈ ohne Störung) Verlauf smooth; (≈ gelassen) calm; (≈ sicher) Hand steady; **seid ~!** be quiet!; **nur ~ (Blut)!** keep calm B̲ A̲D̲V̲ ❶ (≈ still) sitzen, dastehen still ❷ (umg) **du kannst ~ hier bleiben** feel free to stay here; **ihr könnt ~ gehen, ich passe schon auf** you just go and I'll look after things; **wir können ~ darüber sprechen** we can talk about it if you want ❸ (≈ beruhigt) schlafen peacefully; **du kannst ~ ins Kino gehen** go ahead, go to the cinema
Ruhm M̲ glory; (≈ Berühmtheit) fame; (≈ Lob) praise **rühmen** A̲ V̲T̲ (≈ preisen) to praise B̲ V̲R̲ **sich einer Sache** (gen) **~** (≈ prahlen) to boast about sth; (≈ stolz sein) to pride oneself on sth **rühm-**

R

RUHR | 1168

lich ADJ praiseworthy; *Ausnahme* notable
Ruhr F (*Krankheit*) dysentery
Rührei N scrambled egg **rühren** A VT **1** (≈ *umrühren*) to stir; **in der Suppe ~** to stir the soup **2 von etw ~** to stem from sth; **das rührt daher, dass ...** that is because ... **B** VT **1** (≈ *umrühren*) to stir **2** (≈ *bewegen*) to move; **er rührte keinen Finger, um mir zu helfen** (*umg*) he didn't lift a finger to help me (*umg*); → **gerührt C** VR (≈ *sich bewegen*) to stir; (*Körperteil*) to move; **kein Lüftchen rührte sich** the air was still **rührend** A ADJ touching **B** ADV **sie kümmert sich ~ um das Kind** it's touching how she looks after the child
Ruhrgebiet N Ruhr (area)
rührig ADJ active
Rührkuchen M stirred cake
Ruhrpott M (*umg*) Ruhr (Basin *od* Valley)
rührselig ADJ tear-jerking (*pej umg*); *Person* weepy; *Stimmung* sentimental **Rührseligkeit** F sentimentality **Rührteig** M sponge mixture
Rührung F emotion
Ruin M ruin; **jdn in den ~ treiben** to ruin sb
Ruine F ruin **ruinieren** VT to ruin
rülpsen VI to belch; **das Rülpsen** belching
Rülpser M (*umg*) belch
Rum M rum
Rumäne M, **Rumänin** F Romanian **Rumänien** N Romania **rumänisch** ADJ Romanian
rumhängen VI (*umg*) to hang around (*in +dat* in) **rumkriegen** VT (*umg*) **jdn ~** to talk sb round; (*sexuell*) to get sb into bed; **die Zeit ~** to manage to pass the time
Rummel M **1** (*umg*) (≈ *Betrieb*) (hustle and) bustle; (≈ *Getöse*) racket (*umg*); (≈ *Aufheben*) fuss (*umg*) **2** (≈ *Rummelplatz*) fair **Rummelplatz** M (*umg*) fairground
rumoren A VI to make a noise; (*Magen*) to rumble **B** VI UNPERS **es rumort in meinem Magen** *od* **Bauch** my stomach's rumbling
Rumpelkammer F (*umg*) junk room (*umg*)
rumpeln VI (≈ *Geräusch machen*) to rumble
Rumpf M trunk; (*von Statue*) torso; (*von Schiff*) hull; (*von Flugzeug*) fuselage
rümpfen VT **die Nase ~** to turn up one's nose (*über +akk* at)
Rumpsteak N rump steak
Rumtopf M rumpot (*soft fruit in rum*)
rund A ADJ round; **~e 50 Jahre/500 Euro** a good 50 years/500 euros; **~er Tisch** round table **B** ADV **1** (≈ *herum*) (a)round; **~ um** right (a)round; **~ um die Uhr** right (a)round the clock **2** (≈ *ungefähr*) (round) about; **~ gerechnet 200** call it 200 **Rundblick** M panorama **Rundbrief** M circular **Runde** F **1** (≈ *Gesellschaft*) company; (*von Teilnehmern*) circle **2** (≈ *Rundgang*) walk; (*von Briefträger etc*) round; **die/seine ~ machen** to do the/one's rounds; **das Gerücht machte die ~** the rumour (*Br*) *od* rumor (*US*) went around; **eine ~ machen** to go for a walk **3** SPORT round; (*bei Rennen*) lap; **über die ~n kommen** to pull through **4** (*von Getränken*) round; **eine ~ spendieren** *od* **schmeißen** (*umg*) to buy a round (*Br*) **runden** VT *Lippen* to round; **nach oben/unten ~** MATH to round up/down **runderneuern** VT to remould (*Br*), to remold (*US*); **runderneuerte Reifen** remo(u)lds **Rundfahrt** F tour; **eine ~ machen** to go on a tour **Rundfrage** F survey (*an +akk*, *unter +dat* of) **Rundfunk** M broadcasting; (≈ *Hörfunk*) radio; **im ~** on the radio **Rundfunkanstalt** F (*form*) broadcasting corporation **Rundfunkgebühr** F radio licence (*Br*) *od* license (*US*) fee **Rundfunkgerät** N radio **Rundfunksender** M **1** (≈ *Sendeanlage*) radio transmitter **2** (≈ *Sendeanstalt*) radio station **Rundfunksendung** F radio programme (*Br*) *od* program (*US*) **Rundfunksprecher(in)** M(F) radio announcer **Rundgang** M (≈ *Spaziergang*) walk; (*zur Besichtigung*) tour (*durch* of) **rundgehen** VI (*umg*) **jetzt gehts rund** this is where the fun starts (*umg*); **es geht rund im Büro** there's a lot (going) on at the office **rundheraus** ADV straight out; **~ gesagt** frankly **rundherum** ADV all around; (*fig umg* ≈ *völlig*) totally **rundlich** ADJ *Mensch* plump; *Form* roundish **Rundreise** F tour (*durch* of) **Rundschreiben** N circular **rundum** ADV all around; (*fig*) completely **Rundung** F curve **rundweg** ADV = rundheraus
Rune F rune
runter ADV (*umg*) = herunter, hinunter **runterhauen** VT (*umg*) **jdm eine ~** to give sb a clip round (*Br*) *od* on (*US*) the ear (*umg*)
Runzel F wrinkle; (*auf Stirn auch*) line **runzelig** ADJ wrinkled **runzeln** VT *Stirn* to wrinkle; *Brauen* to knit
Rüpel M lout **rüpelhaft** ADJ loutish
rupfen VT *Geflügel* to pluck; *Unkraut* to pull up
ruppig A ADJ (≈ *grob*) rough; *Antwort* gruff **B** ADV *behandeln* gruffly; **~ antworten** to give a gruff answer
Rüsche F ruche
Ruß M soot; (*von Kerze*) smoke
Russe M, **Russin** F Russian
Rüssel M snout; (*von Elefant*) trunk
rußen VI (*Öllampe, Kerze*) to smoke; (*Ofen*) to produce soot **Rußflocke** F soot particle **rußig** ADJ sooty
Russin F Russian **russisch** ADJ Russian; **~es Roulette** Russian roulette; **~e Eier** GASTR egg(s) mayonnaise **Russland** N Russia

rüsten A V/I MIL to arm; **zum Krieg/Kampf ~** to arm for war/battle; **gut/schlecht gerüstet sein** to be well/badly armed; (*fig*) to be well/badly prepared B VR to prepare (*zu* for)

rüstig ADJ sprightly

rustikal ADJ *Möbel* rustic; *Speisen* country-style

Rüstung F 1 (≈ *das Rüsten*) armament; (≈ *Waffen*) arms *pl*, weapons *pl* 2 (≈ *Ritterrüstung*) armour (*Br*), armor (*US*) **Rüstungsausgaben** PL defence (*Br*) *od* defense (*US*) spending *sg* **Rüstungsbegrenzung** F arms limitation **Rüstungsindustrie** F armaments industry **Rüstungskontrolle** F arms control

Rüstzeug N 1 (≈ *Handwerkszeug*) tools *pl* 2 (*fig*) skills *pl*

Rute F 1 (≈ *Gerte*) switch; (*zum Züchtigen*) rod 2 (≈ *Wünschelrute*) divining rod; (≈ *Angelrute*) fishing rod

Rutsch M slip, fall; (≈ *Erdrutsch*) landslide; (*fig*) (POL) shift, swing; FIN slide, fall; **guten ~!** (*umg*) have a good New Year!; **in einem ~** in one go **Rutschbahn** F, **Rutsche** F MECH chute; (≈ *Kinderrutschbahn*) slide **rutschen** VI 1 (≈ *gleiten*) to slide; (≈ *ausrutschen*) to slip; AUTO to skid; **ins Rutschen kommen** to start to slip 2 (*umg* ≈ *rücken*) to move up (*umg*) **rutschfest** ADJ nonslip **rutschig** ADJ slippery

rütteln A VT to shake B VI to shake; (*Fahrzeug*) to jolt; **an etw** (*dat*) **~** *an Tür, Fenster etc* to rattle (at) sth; (*fig*) *an Grundsätzen etc* to call sth into question; **daran ist nicht zu ~** (*umg*) there's no doubt about that

S

S, s N S, s
Saal M hall
Saar F Saar **Saarland** N Saarland **saarländisch** ADJ (of the) Saarland
Saat F 1 (≈ *das Säen*) sowing 2 (≈ *Samen*) seed(s *pl*) **Saatgut** N seed(s *pl*) **Saatkartoffel** F seed potato **Saatzeit** F sowing time
Sabbat M Sabbath
sabbern VI (*umg*) to slobber
Säbel M sabre (*Br*), saber (*US*) **Säbelrasseln** N sabre-rattling (*Br*), saber-rattling (*US*)
Sabotage F sabotage (*an* +*dat* of) **Sabotageakt** M act of sabotage **Saboteur(in)** M/F(M) saboteur **sabotieren** VT to sabotage
Sa(c)charin N saccharin

Sachbearbeiter(in) M/F(M) specialist; (≈ *Beamter*) official in charge (*für* of) **Sachbereich** M (specialist) area **Sachbeschädigung** F damage to property **sachbezogen** ADJ *Fragen, Angaben* relevant **Sachbuch** N nonfiction book **sachdienlich** ADJ *Hinweise* useful **Sache** F 1 (≈ *Gegenstand*) object 2 **Sachen** PL (*umg* ≈ *Zeug*) things *pl*; JUR property; **seine ~n packen** to pack ones bags 3 (≈ *Angelegenheit*) matter; (≈ *Fall*) case; (≈ *Vorfall*) business; (≈ *Anliegen*) cause; (≈ *Aufgabe*) job; **es ist ~ der Polizei, das zu tun** it's up to the police to do that; **das ist eine ganz tolle ~** it's really fantastic; **ich habe mir die ~ anders vorgestellt** I had imagined things differently; **das ist meine/seine ~** that's my/his affair; **er macht seine ~ gut** he's doing very well; (*beruflich*) he's doing a good job; **das ist so eine ~** (*umg*) it's a bit tricky; **solche ~n liegen mir nicht** I don't like things like that; **mach keine ~n!** (*umg*) don't be silly!; **was machst du bloß für ~n!** (*umg*) the things you do!; **zur ~ kommen** to come to the point; **das tut nichts zur ~** that doesn't matter; **bei der ~ sein** to be on the ball (*umg*); **sie war nicht bei der ~** her mind was elsewhere; **jdm sagen, was ~ ist** (*umg*) to tell sb what's what 4 (≈ *Tempo*) **mit 60/100 ~n** (*umg*) at 60/100 **Sachgebiet** N subject area **sachgemäß**, **sachgerecht** A ADJ proper; **bei ~er Anwendung** if used properly B ADV properly **Sachkenntnis** F (*in Bezug auf Wissensgebiet*) knowledge of the/one's subject; (*in Bezug auf Sachlage*) knowledge of the facts **Sachkunde** F expert knowledge; SCHULE general knowledge **sachkundig** ADJ (well-)informed; *Beratung* expert **Sachlage** F situation **sachlich** A ADJ (≈ *faktisch*) factual; *Grund* practical; (≈ *sachbezogen*) *Frage, Wissen* relevant; (≈ *objektiv*) *Kritik* objective; (≈ *nüchtern*) matter-of-fact B ADV (≈ *faktisch*) unzutreffend factually; (≈ *objektiv*) objectively **sächlich** ADJ GRAM neuter **Sachregister** N subject index **Sachschaden** M damage (to property); **es entstand ~ in Höhe von …** there was damage amounting to …

Sachse M, **Sächsin** F Saxon **Sachsen** N Saxony **Sachsen-Anhalt** N Saxony-Anhalt **sächsisch** ADJ Saxon

sacht(e) A ADJ (≈ *leise*) soft; (≈ *sanft*) gentle; (≈ *vorsichtig*) careful; (≈ *allmählich*) gentle B ADV softly, gently; (≈ *vorsichtig*) carefully

Sachverhalt M facts *pl* (of the case) **Sachverstand** M expertise **Sachverständige(r)** M/F(M) expert; JUR expert witness **Sachwert** M real *od* intrinsic value; **~e** *pl* material assets *pl* **Sachzwang** M practical constraint

Sack M 1 sack; (*aus Papier, Plastik*) bag; **mit ~ und**

Pack (umg) bag and baggage (❗ ohne **with**) [2] (vulg ≈ *Hoden*) balls pl (sl) [3] (umg ≈ *Kerl, Bursche*) bastard (sl) **Sackbahnhof** M̲ terminus **sacken** V̲I̲ to sink; (≈ *durchhängen*) to sag **Sackgasse** F̲ dead end, cul-de-sac (bes Br); (fig) dead end; **in einer ~ stecken** (fig) to be (stuck) up a blind alley; (mit Bemühungen etc) to have come to a dead end **Sackhüpfen** N̲ sack race **Sackkarre** F̲ barrow

Sadismus M̲ sadism **Sadist(in)** M̲/F̲ sadist **sadistisch** A ADJ sadistic B ADV sadistically **säen** V̲T̲&̲V̲I̲ to sow; **dünn gesät** (fig) thin on the ground

Safari F̲ safari **Safaripark** M̲ safari park

Safe M̲ od N̲ safe **Safer Sex** M̲ safe sex

Safran M̲ saffron

Saft M̲ juice; (≈ *Pflanzensaft*) sap; (≈ *Flüssigkeit*) liquid **saftig** ADJ [1] Obst, Fleisch juicy; Wiese, Grün lush [2] (umg) Rechnung, Strafe, Ohrfeige hefty (umg) **Saftladen** M̲ (pej umg) dump (pej umg) **Saftsack** M̲ (umg) stupid bastard (sl)

Saga F̲ saga

Sage F̲ legend

Säge F̲ [1] (*Werkzeug*) saw [2] (österr ≈ *Sägewerk*) sawmill **Sägeblatt** N̲ saw blade **Sägefisch** M̲ sawfish **Sägemehl** N̲ sawdust **Sägemesser** N̲ serrated knife

sagen V̲T̲ [1] to say; (≈ *erzählen, berichten, ausrichten*) to tell; **er hat mir gesagt, dass er ein neues Auto hat** he told me he had a new car; **~ Sie ihm, ich möchte ihn sprechen** tell him I want to talk to him; **wie gesagt** as I say; **was ~ Sie dazu?** what do you think about it?; **was Sie nicht ~!** you don't say!; **das kann man wohl ~!** you can say that again!; **wie man so sagt** as the saying goes; **das ist nicht gesagt** that's by no means certain; **leichter gesagt als getan** easier said than done; **gesagt, getan** no sooner said than done; **jdm etw ~** to say sth to sb, to tell sb sth; **wem ~ Sie das!** you don't need to tell ME that! [2] (≈ *bedeuten*) to mean; **das hat nichts zu ~** that doesn't mean anything; **sagt dir der Name etwas?** does the name mean anything to you?; **ich will damit nicht ~, dass …** I don't mean to imply that … [3] (≈ *befehlen*) to tell; **jdm ~, er solle etw tun** to tell sb to do sth; **du hast hier (gar) nichts zu ~** you're not the boss; **das Sagen haben** to be the boss [4] **ich habe mir ~ lassen, …** (≈ *ausrichten lassen*) I've been told …; **lass dir von mir gesagt sein, …** let me tell you …; **er lässt sich** (dat) **nichts ~** he won't be told; **im Vertrauen gesagt** in confidence; **unter uns gesagt** between you and me; **genauer gesagt** to put it more precisely; **sag das nicht!** (umg) don't you be so sure!; **sage und schreibe 800 Euro** 800 euros, would you believe it; **sag mal, willst du nicht endlich Schluss machen?** come on, isn't it time to stop?

sägen V̲T̲&̲V̲I̲ to saw

sagenhaft ADJ legendary; Summe fabulous; (umg ≈ *hervorragend*) fantastic (umg)

Sägespäne P̲L̲ wood shavings pl **Sägewerk** N̲ sawmill

Sahara F̲ Sahara (Desert)

Sahne F̲ cream; **(aller)erste ~ sein** (umg) to be top-notch (umg) **Sahnebonbon** M̲ od N̲ toffee **Sahnequark** M̲ creamy quark **Sahnetorte** F̲ cream gateau **sahnig** ADJ creamy; **etw ~ schlagen** to beat sth until creamy

Saison F̲ season **Saisonarbeit** F̲ seasonal work **Saisonarbeiter(in)** M̲/F̲ seasonal worker **saisonbedingt** ADJ seasonal **saisonbereinigt** ADJ Zahlen etc seasonally adjusted

Saite F̲ MUS string **Saiteninstrument** N̲ string(ed) instrument

Sakko M̲ od N̲ sports jacket (bes Br), sport coat (US)

sakral ADJ sacred **Sakrament** N̲ sacrament **Sakrileg** N̲ (geh) sacrilege **Sakristei** F̲ sacristy

Salamander M̲ salamander

Salami F̲ salami **Salamitaktik** F̲ (umg) policy of small steps

Salär N̲ (schweiz) salary

Salat M̲ [1] (≈ *Kopfsalat*) lettuce [2] (≈ *Gericht*) salad; **da haben wir den ~!** (umg) now we're in a fine mess **Salatbesteck** N̲ salad servers pl **Salatgurke** F̲ cucumber **Salatkopf** M̲ (head

Salat — lettuce

Salat — salad

SANG

of) lettuce **Salatöl** N̄ salad oil **Salatplatte** F̄ salad **Salatschüssel** F̄ salad bowl **Salatsoße** F̄ salad dressing
Salbe F̄ ointment
Salbei M̄ sage
salbungsvoll ADJ (pej) Worte, Ton unctuous (pej)
Saldo M̄ FIN balance
Salmiak M̄ od N̄ sal ammoniac **Salmiakgeist** M̄ (liquid) ammonia
Salmonellen PL salmonellae pl **Salmonellenvergiftung** F̄ salmonella (poisoning)
Salon M̄ **1** (≈ Gesellschaftszimmer) drawing room; SCHIFF saloon **2** (≈ Friseursalon, Modesalon etc) salon **salonfähig** ADJ (iron) socially acceptable; Aussehen presentable
salopp A̱ ADJ **1** (≈ nachlässig) sloppy, slovenly; Manieren slovenly; Sprache slangy **2** (≈ ungezwungen) casual Ḇ ADV sich kleiden, sich ausdrücken casually
Salpeter M̄ saltpetre (Br), saltpeter (US), nitre (Br), niter (US) **Salpetersäure** F̄ nitric acid
Salto M̄ somersault
Salut M̄ MIL salute; **~ schießen** to fire a salute **salutieren** VT & VĪ MIL to salute
Salve F̄ salvo, volley; (≈ Ehrensalve) salute
Salz N̄ salt **salzarm** A̱ ADJ GASTR low-salt Ḇ ADV **~ essen** to eat low-salt food; **~ kochen** to use very little salt in one's cooking **Salzbergwerk** N̄ salt mine
Salzburg N̄ Salzburg
salzen VT to salt; → gesalzen **salzfrei** ADJ salt-free **Salzgebäck** N̄ savoury (Br) od savory (US) biscuits pl **Salzgurke** F̄ pickled gherkin, pickle (US) **salzhaltig** ADJ Luft, Wasser salty **Salzhering** M̄ salted herring **salzig** ADJ Speise, Wasser salty **Salzkartoffeln** PL boiled potatoes pl **Salzkorn** N̄ grain of salt **salzlos** ADJ salt-free **Salzlösung** F̄ saline solution **Salzsäule** F̄ **zur ~ erstarren** (fig) to stand as though rooted to the spot **Salzsäure** F̄ hydrochloric acid **Salzsee** M̄ salt lake **Salzstange** F̄ pretzel stick **Salzstreuer** M̄ salt shaker, saltcellar (bes Br) **Salzwasser** N̄ salt water
Samariter M̄ BIBEL Samaritan
Sambia N̄ Zambia **sambisch** ADJ Zambian
Samen M̄ **1** (BOT, fig) seed **2** (≈ Menschensamen, Tiersamen) sperm **Samenbank** F̄ sperm bank **Samenerguss** M̄ ejaculation **Samenkorn** N̄ seed **Samenspender** M̄ sperm donor
sämig ADJ Soße thick
Sammelalbum N̄ (collector's) album **Sammelband** M̄ anthology **Sammelbecken** N̄ collecting tank; (fig) melting pot (von for) **Sammelbestellung** F̄ joint order **Sammelbüchse** F̄ collecting tin **Sammel-**

fahrschein M̄, **Sammelkarte** F̄ (für mehrere Fahrten) multi-journey ticket; (für mehrere Personen) group ticket **Sammelmappe** F̄ folder **sammeln** A̱ VT to collect; Pilze etc to pick; Truppen to assemble Ḇ VR **1** (≈ zusammenkommen) to gather; (≈ sich ansammeln: Wasser etc) to accumulate **2** (≈ sich konzentrieren) to collect oneself; → gesammelt C̱ VĪ to collect (für for) **Sammelsurium** N̄ conglomeration **Sammler(in)** M̱(F̱) collector **Sammlung** F̄ **1** collection **2** (fig ≈ Konzentration) composure
Samstag M̄ Saturday; → Dienstag **samstags** ADV on Saturdays
samt A̱ PRÄP +dat along od together with Ḇ ADV **~ und sonders** the whole lot (of them/us/you), the whole bunch (umg)
Samt M̄ velvet **samtartig** ADJ velvety **Samthandschuh** M̄ velvet glove; **jdn mit ~en anfassen** (umg) to handle sb with kid gloves (umg)
sämtlich A̱ ADJ (≈ alle) all; (≈ vollständig) complete; **Schillers ~e Werke** the complete works of Schiller; **~e Anwesenden** all those present Ḇ ADV all
Sanatorium N̄ sanatorium (Br), sanitarium (US)
Sand M̄ sand; **das/die gibts wie ~ am Meer** (umg) there are heaps of them (umg); **im ~e verlaufen** (umg) to come to nothing; **etw in den ~ setzen** (umg) Projekt to blow sth (umg); Geld to squander sth
Sandale F̄ sandal
Sandbank F̄ sandbank **Sanddorn** M̄ BOT sea buckthorn **Sandgrube** F̄ sandpit (bes Br), sandbox (US); GOLF bunker **sandig** ADJ sandy **Sandkasten** M̄ sandpit (bes Br), sandbox (US); MIL sand table **Sandkorn** N̄ grain of sand **Sandpapier** N̄ sandpaper **Sandplatz** M̄ TENNIS clay court **Sandsack** M̄ sandbag; (Boxen) punchbag (Br), punching bag (US) **Sandstein** M̄ sandstone **Sandstrahl** M̄ jet of sand **sandstrahlen** VT & VĪ to sandblast **Sandstrahlgebläse** N̄ sandblasting equipment (❗ kein pl, ohne a) **Sandstrand** M̄ sandy beach **Sandsturm** M̄ sandstorm **Sanduhr** F̄ hourglass; (≈ Eieruhr) egg timer
sanft A̱ ADJ gentle; Haut soft; Tod peaceful; **mit ~er Gewalt** gently but firmly Ḇ ADV softly; hinweisen gently; **~ mit jdm umgehen** to be gentle with sb; **er ist ~ entschlafen** he passed away peacefully **Sanftheit** F̄ gentleness; (von Haut) softness
Sang M̄ **mit ~ und Klang** (fig iron) durchfallen catastrophically **Sänger(in)** M̱(F̱) singer
Sangria F̄ sangria
sang- und klanglos ADV (umg) without any ado; **sie ist ~ verschwunden** she just simply

SANI | 1172

disappeared

sanieren **A** _VIT_ **1** _Gebäude_ to renovate; _Stadtteil_ to redevelop; _Fluss_ to clean up **2** WIRTSCH to put (back) on its feet, to rehabilitate; _Haushalt_ to turn (a)round **B** _VIR_ (_Industrie_) to put itself (back) in good shape **Sanierung** _F_ **1** (_von Gebäude_) renovation; (_von Stadtteil_) redevelopment; (_von Fluss_) cleaning-up **2** WIRTSCH rehabilitation **Sanierungsgebiet** _N_ redevelopment area **Sanierungskosten** _PL_ redevelopment costs _pl_

sanitär _ADJ_ sanitary; **~e Anlagen** sanitation (facilities), sanitary facilities

Sanitäter(in) _M(F)_ first-aid attendant, paramedic; MIL (medical) orderly; (_in Krankenwagen_) ambulanceman/-woman

Sankt _ADJ_ saint; REL St _od_ Saint Nicholas

Sankt-Gallen _N_ St. Gall

Sanktion _F_ sanction **sanktionieren** _VIT_ to sanction

Saphir _M_ sapphire

Sardelle _F_ anchovy

Sardine _F_ sardine **Sardinenbüchse** _F_ sardine tin; **wie in einer ~** (_fig umg_) like sardines (_umg_)

Sardinien _N_ Sardinia

Sarg _M_ coffin, casket (_US_) **Sargdeckel** _M_ coffin lid, casket lid (_US_)

Sarkasmus _M_ sarcasm **sarkastisch** **A** _ADJ_ sarcastic **B** _ADV_ sarcastically

Sarkom _N_ MED sarcoma

Sarkophag _M_ sarcophagus

SARS _N abk von_ severe acute respiratory syndrome SARS

Satan _M_ Satan **satanisch** _ADJ_ satanic **Satanismus** _M_ Satanism

Satellit _M_ satellite **Satellitenantenne** _F_ TV satellite dish **Satellitenbild** _N_ TV satellite picture **Satellitenfernsehen** _N_ satellite television **Satellitenfoto** _N_ satellite picture **Satellitenschüssel** _F_ (TV _umg_) satellite dish **Satellitensender** _M_ satellite (TV) station **Satellitenstadt** _F_ satellite town **Satellitenübertragung** _F_ (RADIO, TV) satellite transmission

Satin _M_ satin

Satire _F_ satire (_auf +akk_ on) **Satiriker(in)** _M(F)_ satirist **satirisch** **A** _ADJ_ satirical **B** _ADV_ satirically

satt _ADJ_ **1** (≈ _gesättigt_) _Mensch_ full (up); **~ sein** to have had enough (to eat), to be full (up) (_umg_); **~ werden** to have enough to eat; **sich (an etw** _dat_) **~ essen** to eat one's fill (of sth) **2** (≈ _kräftig, voll_) _Farben, Klang_ rich; (_umg_) _Mehrheit_ comfortable **3** (_umg_ ≈ _im Überfluss_) **...~ ...** galore

Sattel _M_ saddle; **fest im ~ sitzen** (_fig_) to be

firmly in the saddle **Satteldach** _N_ saddle roof **sattelfest** _ADJ_ **~ sein** (_Reiter_) to have a good seat; **in etw** (_dat_) **~ sein** (_fig_) to have a firm grasp of sth **satteln** _VIT_ _Pferd_ to saddle (up) **Sattelschlepper** _M_ articulated lorry (_Br_), semitrailer (_US_) **Satteltasche** _F_ saddlebag

satthaben _VIT_ **jdn/etw ~** to be fed up with sb/sth (_umg_) **Sattheit** _F_ **1** (_Gefühl_) full feeling **2** (_von Farben, Klang_) richness **satthören** _VIR_ **sie konnte sich an der Musik nicht ~** she could not get enough of the music **sättigen** **A** _VIT_ **1** _Hunger, Neugier_ to satisfy; _jdn_ to make replete; (≈ _ernähren_) to feed **2** HANDEL, CHEM to saturate **B** _VIT_ to be filling **sättigend** _ADJ_ _Essen_ filling **Sättigung** _F_ **1** (_geh ≈ Sattsein_) repletion **2** CHEM saturation **Sättigungsgrad** _M_ degree of saturation **Sättigungspunkt** _M_ saturation point

Sattler(in) _M(F)_ saddler; (≈ _Polsterer_) upholsterer

sattsam _ADV_ amply; _bekannt_ sufficiently **sattsehen** _VIR_ **er konnte sich an ihr nicht ~** he could not see enough of her

Saturn _M_ ASTRON Saturn (**!** ohne **the**)

Satz _M_ **1** sentence; (≈ _Teilsatz_) clause; (≈ _Lehrsatz_) proposition; MATH theorem; **mitten im ~** in mid-sentence **2** (TYPO ≈ _das Setzen_) setting; (≈ _das Gesetzte_) type (**!** kein _pl_); **in ~ gehen** to go for setting **3** (MUS ≈ _Abschnitt_) movement **4** (≈ _Bodensatz_) dregs _pl_; (≈ _Kaffeesatz_) grounds _pl_; (≈ _Teesatz_) leaves _pl_ **5** (≈ _Zusammengehöriges_) set; (≈ _Tarifsatz_) charge; (≈ _Zinssatz_) rate **6** (≈ _Sprung_) leap; **einen ~ machen** to leap **Satzball** _M_ SPORT set point **Satzbau** _M_ sentence construction **Satzgefüge** _N_ complex sentence **Satzteil** _M_ part of a/the sentence

Satzung _F_ constitution; (_von Verein_) rules _pl_

Satzzeichen _N_ punctuation mark

Sau _F_ **1** sow; (_umg_ ≈ _Schwein_) pig **2** (_umg_) **du ~!** you dirty swine! (_umg_); **die ~ rauslassen** to let it all hang out (_umg_); **wie eine gesengte ~** like a maniac (_umg_); **jdn zur ~ machen** to bawl sb out (_umg_); **unter aller ~** bloody (_Br_) _od_ goddamn awful (_umg_)

sauber **A** _ADJ_ **1** clean; **~ sein** (_Hund etc_) to be house-trained; (_Kind_) to be (potty-)trained **2** (≈ _ordentlich_) neat, tidy **B** _ADV_ **1** (≈ _rein_) **etw ~ putzen** to clean sth **2** (≈ _sorgfältig_) very thoroughly **Sauberkeit** _F_ **1** (≈ _Hygiene, Ordentlichkeit_) cleanliness; (≈ _Reinheit_) (_von Wasser, Luft etc_) cleanness; (_von Tönen_) accuracy **2** (≈ _Anständigkeit_) honesty; (_im Sport_) fair play **säuberlich** **A** _ADJ_ neat and tidy **B** _ADV_ neatly; _trennen_ clearly **sauber machen** _VIT_ to clean **Saubermann** _M_ (_fig umg: in Politik etc_) squeaky-clean man (_umg_); **die Saubermänner** the squeaky-clean brigade (_umg_) **säubern** _VIT_ **1** (≈ _reinigen_) to clean

S

(fig euph) Partei to purge _(von of)_; MIL _Gegend_ to clear _(von of)_ **Säuberung** F **1** (≈ _Reinigung_) cleaning **2** _(fig: von Partei)_ purging; _(von Gegend)_ clearing; (POL: _Aktion_) purge

saublöd ADJ _(umg)_ bloody _(Br)_ od damn stupid _(umg)_ **Saubohne** F broad bean

Sauce F sauce; (≈ _Bratensoße_) gravy

Saudi M Saudi **Saudi-Arabien** N Saudi Arabia **saudi-arabisch** ADJ Saudi _attr_, Saudi Arabian **saudisch** ADJ Saudi _attr_, Saudi Arabian **saudumm** _(umg)_ ADJ damn stupid _(umg)_

sauer A ADJ **1** (≈ _nicht süß_) sour; _(Wein, Gurke, Hering)_ pickled; _(Sahne)_ soured **2** (≈ _verdorben_) off _präd (Br)_, bad; _(Milch)_ sour; **~ werden** to go off _(Br)_ od sour **3** CHEM acid(ic); **saurer Regen** acid rain **4** _(umg ≈ schlecht gelaunt)_ mad _(umg)_, cross; **eine ~e Miene machen** to look annoyed **~** ADV **1** (≈ _mühselig_) **das habe ich mir ~ erworben** I got that the hard way; **mein ~ erspartes Geld** money I had painstakingly saved **2** _(umg ≈ übel gelaunt)_ **~ reagieren** to get annoyed **Sauerampfer** M sorrel **Sauerbraten** M braised beef (marinaded in vinegar), sauerbraten _(US)_

Sauerei F _(umg)_ **1** (≈ _Gemeinheit_) **das ist eine ~!, so eine ~!** it's a downright disgrace **2** (≈ _Dreck, Unordnung_) mess

Sauerkirsche F sour cherry **Sauerkraut** N sauerkraut **säuerlich** ADJ sour **Sauermilch** F sour milk **Sauerrahm** M thick sour(ed) cream **Sauerstoff** M oxygen **Sauerstoffflasche** F oxygen cylinder _od (kleiner)_ bottle **Sauerstoffgerät** N breathing apparatus; (MED) _(für künstliche Beatmung)_ respirator; _(für Erste Hilfe)_ resuscitator **Sauerstoffmangel** M lack of oxygen; _(akut)_ oxygen deficiency **Sauerstoffmaske** F oxygen mask **Sauerstoffzelt** N oxygen tent **Sauerteig** M sour dough

saufen VT & VI **1** _(Tiere)_ to drink **2** _(umg: Mensch)_ to booze _(umg)_ **Säufer(in)** M(F) _(umg)_ boozer _(umg)_ **Sauferei** F _(umg)_ **1** (≈ _Trinkgelage_) booze-up _(umg)_ **2** (≈ _Trunksucht_) boozing _(umg)_ **Saufgelage** N _(pej umg)_ drinking bout _od_ binge, booze-up _(umg)_

saugen VT & VI to suck; **an etw** _(dat)_ **~** to suck sth **säugen** VT to suckle **Sauger** M _(auf Flasche)_ teat _(Br)_, nipple _(US)_ **Säugetier** N mammal **saugfähig** ADJ absorbent **Säugling** M baby, infant **Säuglingsalter** N babyhood **Säuglingspflege** F babycare **Säuglingssterblichkeit** F infant mortality

Sauhaufen M _(umg)_ bunch of slobs **saukalt** ADJ _(umg)_ damn cold _(umg)_ **Saukerl** M _(umg)_ bastard _(sl)_

Säule F column; _(fig ≈ Stütze)_ pillar **Säulendia-**

gramm N bar chart, histogram **Säulengang** M colonnade **Säulenhalle** F columned hall

Saum M (≈ _Stoffumschlag_) hem; (≈ _Naht_) seam **saumäßig** _(umg)_ ADJ lousy _(umg)_; _(zur Verstärkung)_ hell of a _(umg)_

säumen VT (≈ _nähen_) to hem; _(fig geh)_ to line **säumig** ADJ _(geh)_ _Schuldner_ defaulting

Sauna F sauna

Säure F acid; (≈ _saurer Geschmack_) sourness; _(von Wein, Bonbons)_ acidity **Saure-Gurken-Zeit** F bad time; _(in den Medien)_ silly season _(Br)_, off season _(US)_ **säurehaltig** ADJ acidic

Saurier M dinosaur

Saus M **in ~ und Braus leben** to live like a king **säuseln** VI _(Wind)_ to murmur; _(Mensch)_ to purr; **mit ~der Stimme** in a purring voice **sausen** VI **1** _(Ohren)_ to buzz; _(Wind)_ to whistle; _(Sturm)_ to roar **2** _(Geschoss)_ to whistle **3** _(umg: Mensch)_ to tear _(umg)_; _(Fahrzeug)_ to roar; **durch eine Prüfung ~** to fail _od_ flunk _(umg)_ an exam

Saustall M _(umg)_ _(unordentlich)_ pigsty _(bes Br umg)_; _(chaotisch)_ mess **Sauwetter** N _(umg)_ damn awful weather (! ohne a) _(umg)_ **sauwohl** ADJ _(umg)_ **ich fühle mich ~** I feel really good

Savanne F savanna(h)

Saxofon N saxophone, sax _(umg)_; **~ spielen** to play the saxophone (! mit **the**) **Saxofonist(in)** M(F) saxophonist

S-Bahn F _abk_ von _Schnellbahn_ suburban train; _(System)_ suburban rail system **S-Bahnhof** M, **S-Bahn-Station** F suburban train station

SBB F _abk_ von _Schweizerische Bundesbahnen_ _Swiss Railways_

Scampi PL scampi _pl_

scannen VT to scan **Scanner** M scanner

Schabe F cockroach **schaben** VT to scrape **Schaber** M scraper

Schabernack M practical joke

schäbig A ADJ **1** (≈ _unansehnlich_) shabby **2** (≈ _niederträchtig_) mean; (≈ _geizig_) stingy _(umg)_ **B** ADV **1 ~ aussehen** to look shabby **2** (≈ _gemein_) **jdn ~ behandeln** to treat sb shabbily

Schablone F stencil; (≈ _Muster_) template

Schach N chess; (≈ _Stellung im Spiel_) check; **~ (und) matt** checkmate; **im ~ stehen** _od_ **sein** to be in check; **jdn in ~ halten** _(fig)_ to keep sb in check; _(mit Pistole etc)_ to cover sb **Schachbrett** N chessboard **schachbrettartig** ADJ chequered _(Br)_, checkered _(US)_

schachern VI _(pej)_ **um etw ~** to haggle over sth

Schachfigur F chesspiece; _(fig)_ pawn **schachmatt** ADJ _(wörtl)_ (check)mated; _(fig ≈ erschöpft)_ exhausted; **jdn ~ setzen** _(wörtl)_ to

SCHA 1174

(check)mate sb; *(fig)* to snooker sb *(umg)*
Schachspiel N̄ *(≈ Spiel)* game of chess; *(≈ Brett und Figuren)* chess set **Schachspieler(in)** M̄F̄
chess player

Schacht M̄ shaft; *(≈ Kanalisationsschacht)* drain

Schachtel F̄ 1 box; *(≈ Zigarettenschachtel)* packet; **eine ~ Pralinen** a box of chocolates 2 *(umg ≈ Frau)* **alte ~** old bag *(umg)*

schächten V̄T̄ to slaughter according to religious rites

Schachzug M̄ *(fig)* move

schade ADJ **(das ist aber) ~!** what a pity *od* shame; **es ist ~ um jdn/etw** it's a pity *od* shame about sb/sth; **sich** *(dat)* **für etw zu ~ sein** to consider oneself too good for sth

Schädel M̄ skull **Schädelbruch** M̄ fractured skull

schaden V̄Ī +dat to damage; *einem Menschen* to harm, to hurt; *jds Ruf* to damage; **das/Rauchen schadet Ihrer Gesundheit/Ihnen** that/smoking is bad for your health/you; **das schadet nichts** it does no harm; *(≈ macht nichts)* that doesn't matter; **das kann nicht(s) ~** that won't do any harm

Schaden M̄ 1 *(≈ Beschädigung)* damage *(an +dat* to); *(≈ Personenschaden)* injury; *(≈ Verlust)* loss; *(≈ Unheil, Leid)* harm; **einen ~ verursachen** to cause damage (❶ ohne a); **zu ~ kommen** to suffer; *(physisch)* to be hurt *od* injured; **jdm ~ zufügen** to harm sb; **einer Sache** *(dat)* **~ zufügen** to damage sth 2 *(≈ Defekt)* fault; *(≈ körperlicher Mangel)* defect; **Schäden aufweisen** to be defective; *(Organ)* to be damaged **Schadenersatz** M̄ = Schadensersatz **Schadenfreiheitsrabatt** M̄ no-claims bonus **Schadenfreude** F̄ gloating **schadenfroh** Ā ADJ gloating B̄ ADV with malicious delight; *sagen* gloatingly **Schadensersatz** M̄ damages *pl*, compensation; **jdn auf ~ verklagen** to sue sb for damages *etc*; **~ leisten** to pay damages *etc* **schadensersatzpflichtig** ADJ liable for damages *etc*

Schadensfall M̄ **im ~** in the event of damage

schadhaft ADJ faulty, defective; *(≈ beschädigt)* damaged

schädigen V̄T̄ to damage; *jdn* to hurt, to harm **Schädigung** F̄ damage; *(von Menschen)* hurt, harm

schädlich ADJ harmful; *Wirkung* damaging; **~ für etw sein** to be damaging to sth

Schädlichkeit F̄ harmfulness

Schädling M̄ pest

Schädlingsbekämpfung F̄ pest control (❶ ohne Artikel)

Schädlingsbekämpfungsmittel N̄ pes-

ticide

schadlos ADJ **sich an jdm/etw ~ halten** to take advantage of sb/sth

Schadstoff M̄ harmful substance

schadstoffarm ADJ **~ sein** to contain a low level of harmful substances; **ein ~es Auto** a clean-air car

Schadstoffausstoß M̄ noxious emission; *(von Auto)* exhaust emission

schadstoffbelastet ADJ polluted

Schadstoffbelastung F̄ *(von Umwelt)* pollution

schadstofffrei ADJ **~ sein** to contain no harmful substances

Schaf N̄ sheep; *(umg ≈ Dummkopf)* dope *(umg)*; **drei ~e** three sheep **Schafbock** M̄ ram **Schäfchen** N̄ lamb, little sheep; **sein ~ ins Trockene bringen** *(sprichw)* to look after number one *(umg)* **Schäfchenwolken** P̄L̄ cotton wool clouds *pl* **Schäfer** M̄ shepherd **Schäferhund** M̄ Alsatian (dog) *(Br)*, German shepherd (dog) **Schäferin** F̄ shepherdess **Schaffell** N̄ sheepskin

schaffen¹ V̄T̄ *(≈ hervorbringen)* to create; **dafür ist er wie geschaffen** he's just made for it; **Probleme ~** to create problems; **Klarheit ~** to provide clarification

schaffen² Ā V̄T̄ 1 *(≈ bewältigen)* Aufgabe, Hürde, Portion etc to manage; *Prüfung* to pass; **wir habens geschafft** we've managed it; *(≈ Arbeit erledigt)* we've done it; *(≈ gut angekommen)* we've made it 2 *(umg ≈ überwältigen)* jdn to see off *(umg)*; **das hat mich geschafft** it took it out of me; *(nervlich)* it got on top of me; **geschafft sein** to be exhausted 3 *(≈ bringen)* to put sth in sth; **wie sollen wir das in den Keller ~?** how will we manage to get that into the cellar? B̄ V̄Ī 1 *(≈ tun)* to do; **sich** *(dat)* **an etw** *(dat)* **zu ~ machen** to fiddle around with sth 2 *(≈ zusetzen)* **jdm (schwer) zu ~ machen** to cause sb (a lot of) trouble 3 *(südd ≈ arbeiten)* to work

Schaffen N̄ **sein künstlerisches ~** his artistic creations *pl*

Schaffhausen N̄ Schaffhausen

Schaffleisch N̄ mutton

Schaffner(in) M̄F̄ *(im Bus)* conductor/conductress; *(im Zug)* guard *(Br)*, conductor *(US)*; *(≈ Fahrkartenkontrolleur)* ticket inspector

Schaffung F̄ creation

Schafherde F̄ flock of sheep

Schafott N̄ scaffold

Schafskäse M̄ sheep's milk cheese **Schafsmilch** F̄ sheep's milk

Schaft M̄ shaft; *(von Stiefel)* leg **Schaftstiefel** P̄L̄ high boots *pl*; MIL jackboots *pl*

Schafwolle F̄ sheep's wool **Schafzucht** F̄

SCHA

Schale — bowl

Schale — peel

Schale — peel

sheep breeding (❗ ohne Artikel)
Schakal M̲ jackal
schäkern V̲I̲ to flirt; (≈ necken) to play around
schal A̲D̲J̲ *Getränk* flat; *Geschmack* stale
Schal M̲ scarf; (≈ *Umschlagtuch*) shawl
Schale¹ F̲ bowl; (*flach, zum Servieren etc*) dish; (*von Waage*) pan
Schale² F̲ (*von Obst*) skin; (*abgeschält*) peel (❗ kein pl); (*von Nuss, Ei, Muschel*) shell; (*von Getreide*) husk, hull; **sich in ~ werfen** (*umg*) to get dressed up
schälen A̲ V̲T̲ to peel; *Tomate, Mandel* to skin; *Erbsen, Eier, Nüsse* to shell; *Getreide* to husk B̲ V̲R̲ to peel
Schalk M̲ joker; **ihm sitzt der ~ im Nacken** he's in a devilish mood
Schall M̲ sound **Schalldämmung** F̲ sound-proofing **schalldämpfend** A̲D̲J̲ *Wirkung* sound-muffling; *Material* soundproofing **Schalldämpfer** M̲ sound absorber; (*von Auto*) silencer (*Br*), muffler (*US*); (*von Gewehr etc*) silencer **schalldicht** A̲ A̲D̲J̲ soundproof B̲ A̲D̲V̲ **~ abgeschlossen** fully soundproofed **schallen** V̲I̲ to sound; (*Stimme, Glocke*) to ring (out); (≈ *widerhallen*) to resound **schallend** A̲D̲J̲ *Beifall, Ohrfeige* resounding; *Gelächter* ringing; **~ lachen** to roar with laughter **Schallgeschwindigkeit** F̲ speed of sound **Schallgrenze** F̲ sound barrier **Schallmauer** F̲ sound barrier **Schallplatte** F̲ record **Schallwelle** F̲ sound wave
Schalotte F̲ shallot
Schaltbild N̲ circuit *od* wiring diagram **schalten** A̲ V̲T̲ 1 *Gerät* to switch, to turn; **etw auf „2" ~** to turn *od* switch sth to "2" 2 *Anzeige* to place B̲ V̲I̲ 1 (*Gerät, Ampel*) to switch (*auf +akk* to); A̲U̲T̲O̲ to change (*bes Br*) *od* shift (*US*) gear; **in den 2. Gang ~** to change (*bes Br*) *od* shift (*US*) into 2nd gear 2 (*fig* ≈ *handeln*) **~ und walten** to bustle around; **jdn frei ~ und walten lassen** to give sb a free hand 3 (*umg*) (≈ *begreifen*) to get it (*umg*) **Schalter** M̲ 1 E̲L̲E̲K̲ *etc* switch 2 (*in Post, Bank, Amt*) counter; (*im Bahnhof*) ticket window **Schalterdienst** M̲ counter duty **Schalterhalle** F̲ (*in Post*) hall; (*im Bahn-*

hof) ticket hall **Schalterstunden** P̲L̲ hours pl of business **Schaltfläche** F̲ I̲T̲ button **Schaltgetriebe** N̲ manual transmission, stick shift (*US*) **Schalthebel** M̲ switch lever; A̲U̲T̲O̲ gear lever (*Br*), gear shift (*US*) **Schaltjahr** N̲ leap year **Schaltknüppel** M̲ A̲U̲T̲O̲ gear lever (*Br*), gear shift (*US*); F̲L̲U̲G̲ joystick **Schaltkreis** M̲ T̲E̲C̲H̲ (switching) circuit **Schaltplan** M̲ circuit *od* wiring diagram **Schaltpult** N̲ control desk **Schalttag** M̲ leap day **Schaltung** F̲ switching; E̲L̲E̲K̲ wiring; A̲U̲T̲O̲ gear change (*Br*), gearshift (*US*)
Scham F̲ shame; **ohne ~** unashamedly **schämen** V̲R̲ to be ashamed; **du solltest dich ~!** you ought to be ashamed of yourself!; **sich einer Sache** (*gen*) *od* **für etw ~** to be ashamed of sth; **sich für jdn ~** to be ashamed for sb; **schäme dich!** shame on you! **Schamfrist** F̲ decent interval **Schamhaar** N̲ pubic hair **Schamlippen** P̲L̲ labia pl **schamlos** A̲D̲J̲ shameless; *Lüge* brazen **Schamlosigkeit** F̲ shamelessness **Schamröte** F̲ flush of shame; **die ~ stieg ihr ins Gesicht** her face flushed with shame
Schande F̲ disgrace; **das ist eine (wahre) ~!** this is a(n absolute) disgrace!; **jdm ~ machen** to be a disgrace to sb **schänden** V̲T̲ to violate; *Sabbat etc* to desecrate; *Ansehen* to dishonour (*Br*), to dishonor (*US*) **Schandfleck** M̲ blot (*in +dat* on) **schändlich** A̲ A̲D̲J̲ shameful B̲ A̲D̲V̲ shamefully; *behandeln* disgracefully **Schandtat** F̲ scandalous deed; (*hum*) escapade; **zu jeder ~ bereit sein** (*umg*) to be always ready for mischief **Schändung** F̲ violation; (*von Sabbat*) desecration; (*von Ansehen*) dishonouring (*Br*), dishonoring (*US*)
Schänke F̲ inn **Schankkonzession** F̲ licence (*of publican*) (*Br*), excise license (*US*) **Schankstube** F̲ (public) bar (*bes Br*), saloon (*US obs*) **Schanktisch** M̲ bar
Schanze F̲ S̲P̲O̲R̲T̲ (ski) jump
Schar F̲ crowd; (*von Vögeln*) flock; **die Fans verließen das Stadion in (hellen) ~en** the fans left the stadium in droves **scharen** A̲ V̲T̲ **Menschen um sich ~** to gather people

around one **B** <u>VR</u> **sich um jdn/etw ~** to gather around sb/sth **scharenweise** <u>ADV</u> (in Bezug auf Menschen) in droves

scharf **A** <u>ADJ</u> **1** sharp; Wind, Kälte biting; Luft, Frost keen; **ein Messer ~ machen** to sharpen a knife; **mit ~em Blick** (fig) with penetrating insight **2** (≈ stark gewürzt) hot; Geruch, Geschmack pungent; (≈ ätzend) Waschmittel, Lösung caustic **3** (≈ streng) Maßnahmen severe; (umg) Prüfung, Lehrer tough; Bewachung close; Hund fierce; Kritik harsh; Protest strong; Auseinandersetzung bitter **4** (≈ echt) Munition, Schuss live **5** (umg ≈ geil) randy (Br umg), horny (umg) **B** <u>ADV</u> **1** (≈ intensiv) **~ nach etw riechen** to smell strongly of sth; **~ würzen** to season highly **2** (≈ heftig) kritisieren sharply; ablehnen adamantly; protestieren emphatically **3** (≈ präzise) bewachen, zuhören closely; **~ beobachten** to be very observant; **~ aufpassen** to pay close attention; **~ nachdenken** to have a good think **4** (≈ genau) **etw ~ einstellen** Bild etc to bring sth into focus; Sender to tune sth in (properly); **~ sehen/hören** to have sharp eyes/ears **5** (≈ abrupt) **bremsen** hard **6** (≈ hart) **~ durchgreifen** to take decisive action **7** MIL **~ schießen** to shoot with live ammunition **Scharfblick** <u>M</u> (fig) keen insight **Schärfe** <u>F</u> **1** sharpness; (von Wind, Frost) keenness **2** (von Essen) spiciness; (von Geruch, Geschmack) pungency **3** (von Strenge) severity; (von Kritik) harshness; (von Protest) strength; (von Auseinandersetzung) bitterness **schärfen** <u>VT</u> to sharpen **scharfmachen** <u>VT</u> (umg) (≈ aufstacheln) to stir up; (≈ aufreizen) to turn on (umg) **Scharfrichter(in)** <u>M(F)</u> (umg) rabble-rouser **Scharfrichter** <u>M</u> executioner **Scharfschütze** <u>M</u> marksman **Scharfschützin** <u>F</u> markswoman **Scharfsinn** <u>M</u> astuteness **scharfsinnig** **A** <u>ADJ</u> astute **B** <u>ADV</u> astutely **Scharlach** <u>M</u> **1** (Farbe) scarlet **2** (≈ Scharlachfieber) scarlet fever **scharlachrot** <u>ADJ</u> scarlet (red)

Scharlatan <u>M</u> charlatan

Scharnier <u>N</u> hinge

Schärpe <u>F</u> sash

scharren <u>VT & VI</u> to scrape; (Pferd, Hund) to paw; (Huhn) to scratch; **mit den Füßen ~** to shuffle one's feet (⚠ ohne **with**)

Scharte <u>F</u> nick

Schaschlik <u>N</u> (shish) kebab

Schatten <u>M</u> shadow; (≈ schattige Stelle) shade; **40 Grad im ~** 40 degrees in the shade; **in jds ~** (dat) **stehen** (fig) to be in sb's shadow; **jdn/etw in den ~ stellen** (fig) to put sb/sth in the shade **Schattenboxen** <u>N</u> shadow-boxing **Schattendasein** <u>N</u> shadowy existence **schattenhaft** **A** <u>ADJ</u> shadowy **B** <u>ADV</u> erkennen vaguely; sichtbar barely **Schattenkabinett** <u>N</u> POL shadow cabinet **Schattenmorelle** <u>F</u> morello cherry **schattenreich** <u>ADJ</u> shady **Schattenriss** <u>M</u> silhouette **Schattenseite** <u>F</u> shady side; (fig ≈ Nachteil) drawback **Schattenwirtschaft** <u>F</u> black economy **schattieren** <u>VT</u> to shade **Schattierung** <u>F</u> shade; (≈ das Schattieren) shading; **in allen ~en** (fig) of every shade **schattig** <u>ADJ</u> shady

 Schatten

Schatten übersetzt man mit **shadow**, wenn man den dunklen Bereich meint, der dadurch entsteht, dass eine Person oder ein Gegenstand das Sonnenlicht oder ein anderes Licht verdeckt.
Shade betont die kühle Temperatur einer schattigen Stelle, z. B. unter einem Baum oder an einer Mauer.

SPRACHGEBRAUCH ◁

Schatulle <u>F</u> casket

Schatz <u>M</u> **1** treasure; **du bist ein ~!** (umg) you're a (real) treasure od gem! **2** (≈ Liebling) sweetheart **Schatzamt** <u>N</u> Treasury

schätzbar <u>ADJ</u> assessable; **schwer ~** difficult to estimate

Schätzchen <u>N</u> darling

schätzen <u>VT</u> **1** (≈ veranschlagen) to estimate; Gemälde etc to value, to appraise; (≈ annehmen) to reckon; **wie alt ~ Sie mich denn?** how old do you reckon I am then? **2** (≈ würdigen) to value; **jdn ~** to think highly of sb; **etw zu ~ wissen** to appreciate sth; **sich glücklich ~** to consider oneself lucky; → **geschätzt Schatzsuche** <u>F</u> treasure hunt; **auf ~ gehen** to go on a treasure hunt **Schätzung** <u>F</u> estimate; (von Wertgegenstand) valuation **schätzungsweise** <u>ADV</u> (≈ ungefähr) approximately; (≈ so schätze ich) I reckon **Schätzwert** <u>M</u> estimated value

Schau <u>F</u> **1** (≈ Vorführung) show; (≈ Ausstellung) display, exhibition; **etw zur ~ stellen** (≈ ausstellen) to put sth on show; (fig) to make a show of sth; (≈ protzen mit) to show off sth **2** (umg) **eine ~ abziehen** to put on a display; **das ist nur ~** it's only show; **jdm die ~ stehlen** to steal the show from sb **Schaubild** <u>N</u> diagram; (≈ Kurve) graph

Schauder <u>M</u> shudder **schauderhaft** <u>ADJ</u> terrible **schaudern** <u>VI</u> to shudder; **mit Schaudern** with a shudder

schauen <u>VI</u> to look; **auf etw** (akk) **~** to look at sth; **um sich ~** to look around (one); **da schaust du aber!** there, see!; **da schau her!** (südd umg) well, well!; **schau, dass du ...** see od mind (that) you ...

Schauer <u>M</u> **1** (≈ Regenschauer) shower **2** =

Schauder **Schauergeschichte** F̲ horror story **schauerlich** A̲D̲J̲ horrible; (≈ gruselig) eerie **schauern** V̲I̲ (≈ schaudern) to shudder **Schaufel** F̲ shovel; (kleiner: für Mehl, Zucker) scoop; (von Wasserrad, Turbine) vane **schaufeln** V̲T̲&V̲I̲ to shovel; Grab, Grube to dig **Schaufenster** N̲ shop window **Schaufensterauslage** F̲ window display **Schaufensterbummel** M̲ window-shopping expedition; **einen ~ machen** to go window-shopping **Schaufensterpuppe** F̲ display dummy **Schaugeschäft** N̲ show business **Schaukampf** M̲ exhibition fight **Schaukasten** M̲ showcase **Schaukel** F̲ swing **schaukeln** A̲ V̲I̲ **1** (mit Schaukel) to swing; (im Schaukelstuhl) to rock **2** (≈ sich hin und her bewegen) to sway (back and forth); (Schiff) to pitch and toss B̲ V̲T̲ to rock; **wir werden die Sache schon ~** (umg) we'll manage it **Schaukelpferd** N̲ rocking horse **Schaukelstuhl** M̲ rocking chair **Schaulaufen** N̲ exhibition skating; (Veranstaltung) skating display **schaulustig** A̲D̲J̲ curious **Schaulustige** P̲L̲ (curious) onlookers pl **Schaum** M̲ foam, froth; (≈ Seifenschaum) lather; (zum Feuerlöschen) foam; (von Bier) head, froth; **~ vor dem Mund haben** to foam at the mouth **Schaumbad** N̲ bubble od foam bath **schäumen** V̲I̲ to foam, to froth; (Seife, Waschmittel) to lather (up); (Limonade, Wein) to bubble **Schaumfestiger** M̲ mousse **Schaumgummi** N̲ od M̲ foam rubber **schaumig** A̲D̲J̲ foamy, frothy; **ein Ei ~ schlagen** to beat an egg until frothy **Schaumkrone** F̲ whitecap **Schaumschläger(in)** M̲(F̲) (fig umg) man/woman full of hot air (umg) **Schaumstoff** M̲ foam material **Schaumwein** M̲ sparkling wine **Schauplatz** M̲ scene; **am ~ sein** to be at the scene **Schauprozess** M̲ show trial **schaurig** A̲D̲J̲ gruesome **Schauspiel** N̲ T̲H̲E̲A̲T̲ drama, play; (fig) spectacle **Schauspieler** M̲ actor; (fig) (play-)actor **Schauspielerin** F̲ actress; (fig) (play-)actress **schauspielerisch** A̲D̲J̲ acting attr; Talent for acting **schauspielern** V̲I̲ to act; (fig) to (play-)act **Schauspielhaus** N̲ playhouse **Schauspielschule** F̲ drama school **Schausteller(in)** M̲(F̲) showman

Scheck M̲ cheque (Br), check (US); **mit (einem)** od **per ~ bezahlen** to pay by cheque etc **Scheckbetrug** M̲ cheque (Br) od check (US) fraud **Scheckheft** N̲ chequebook (Br), checkbook (US) **scheckig** A̲D̲J̲ spotted; Pferd dappled **Scheckkarte** F̲ cheque card (Br), check card (US) **scheel** A̲ A̲D̲J̲ (≈ abschätzig) disparaging; **ein ~er Blick** a dirty look B̲ A̲D̲V̲ **jdn ~ ansehen** to give sb a dirty look; (≈ abschätzig) to look askance at sb **Scheffel** M̲ **sein Licht unter den ~ stellen** (umg) to hide one's light under a bushel **scheffeln** V̲T̲ Geld to rake in (umg) **Scheibe** F̲ **1** disc (bes Br), disk; (≈ Schießscheibe) target; (Eishockey) puck; (≈ Wählscheibe) dial; (≈ Töpferscheibe) wheel **2** (≈ abgeschnittene Scheibe) slice; **etw in ~n schneiden** to slice sth (up) **3** (≈ Glasscheibe) (window)pane; (≈ Fenster) window **Scheibenbremse** F̲ disc (bes Br) od disk brake **Scheibenwaschanlage** F̲ windscreen (Br) od windshield (US) washers pl **Scheibenwischer** M̲ windscreen (Br) od windshield (US) wiper **Scheich** M̲ sheik(h) **Scheichtum** N̲ sheik(h)dom **Scheide** F̲ sheath; (≈ Vagina) vagina **scheiden** A̲ V̲T̲ **1** (≈ auflösen) Ehe to dissolve; Eheleute to divorce; **sich ~ lassen** to get divorced; → **geschieden** **2** (geh ≈ trennen) to separate B̲ V̲R̲ (Wege) to divide; (Meinungen) to diverge **Scheideweg** M̲ (fig) **am ~ stehen** to be at a crossroads **Scheidung** F̲ **1** (≈ das Scheiden) separation **2** (≈ Ehescheidung) divorce; **in ~ leben** to be in the middle of divorce proceedings; **die ~ einreichen** to file a petition for divorce **Scheidungsgrund** M̲ grounds pl for divorce **Schein**¹ M̲ **1** (≈ Licht) light; (matt) glow **2** (≈ An-

Scheibe — slice

Scheibe — (window)pane

Scheibe — CD, disc

schein) appearances *pl*; **~ und Sein** appearance and reality; **der ~ trügt** appearances are deceptive; **etw nur zum ~ tun** only to pretend to do sth
Schein² M̲ (≈ *Geldschein*) note, bill (US); (≈ *Bescheinigung*) certificate; **~e machen** UNIV to get credits
Scheinasylant(in) M̲(F̲) (*oft neg!*) bogus asylum-seeker **scheinbar** A̲ ADJ apparent, seeming *attr* B̲ ADV apparently, seemingly **Scheinehe** F̲ sham marriage **scheinen** V/I ❶ (= *leuchten*) to shine ❷ (*a. v/i unpers* ≈ *den Anschein geben*) to seem, to appear; **mir scheint, (dass) …** it seems to me that … **scheinheilig** ADJ hypocritical **Scheinheiligkeit** F̲ hypocrisy; (≈ *vorgetäuschte Arglosigkeit*) feigned innocence **scheintot** ADJ seemingly dead; (*fig*) *Mensch, Partei* on one's/its last legs **Scheinwerfer** M̲ (*zum Beleuchten*) floodlight; (*im Theater*) spotlight; (≈ *Suchscheinwerfer*) searchlight; AUTO (head)light **Scheinwerferlicht** N̲ floodlight(ing); (*im Theater*) spotlight; (*fig*) limelight
Scheiß M̲ (*sl*) shit (*sl*), crap (*sl*); **~ machen** (≈ *herumalbern*) to mess around (*umg*) **Scheißdreck** M̲ (*vulg* ≈ *Kot*) shit (*sl*), crap (*sl*); **wegen jedem ~** about every effing (*sl*) *od* bloody (*Br umg*) little thing; **das geht dich einen ~ an** it's none of your effing (*sl*) *od* bloody (*Br umg*) business **Scheiße** F̲ (*vulg*) shit (*sl*); **in der ~ sitzen** (*umg*) to be up shit creek (*sl*); **~ bauen** (*umg*) to screw up (*sl*) **scheißegal** ADJ (*umg*) **das ist mir doch ~!** I don't give a shit (*sl*) *od* a damn (*umg*) **scheißen** V/I (*vulg*) to shit (*sl*), to crap (*sl*); **auf jdn/etw** (*akk*) **~** (*fig sl*) not to give a shit about sb/sth (*sl*) **Scheißhaus** N̲ (*sl*) shithouse (*sl*) **Scheißkerl** M̲ (*umg*) bastard (*sl*)
Scheit M̲ piece of wood
Scheitel M̲ (≈ *Haarscheitel*) parting (*Br*), part (*US*) **scheiteln** V/T to part **Scheitelpunkt** M̲ vertex
Scheiterhaufen M̲ (*funeral*) pyre; (HIST: *zur Hinrichtung*) stake
scheitern V/I to fail; (*Verhandlungen, Ehe*) to break down **Scheitern** N̲ failure; (*von Verhandlungen, Ehe*) breakdown; **zum ~ verurteilt** doomed to failure
Schelle F̲ ❶ bell ❷ TECH clamp ❸ (≈ *Handschelle*) handcuff
Schellfisch M̲ haddock
schelmisch ADJ *Blick, Lächeln* mischievous
Schelte F̲ scolding; (≈ *Kritik*) attack **schelten** V/T to scold
Schema N̲ scheme; (≈ *Darstellung*) diagram; (≈ *Vorlage*) plan; (≈ *Muster*) pattern; **nach ~ F** in the same (old) way

schematisch A̲ ADJ schematic B̲ ADV **etw ~ darstellen** to show sth schematically
Schemel M̲ stool
schemenhaft ADJ shadowy; *Erinnerungen* hazy
Schenke F̲ inn
Schenkel M̲ ❶ (ANAT) (≈ *Oberschenkel*) thigh; (≈ *Unterschenkel*) lower leg ❷ (MATH: *von Winkel*) side
Schenkelhalsbruch M̲ fracture of the neck of the femur
schenken V/T ❶ (≈ *Geschenk geben*) **jdm etw ~** to give sb sth *od* give sth to sb (as a present *od* gift); **etw geschenkt bekommen** to get sth as a present *od* gift; **das ist (fast) geschenkt!** (*umg* ≈ *billig*) that's a giveaway (*umg*) ❷ (≈ *erlassen*) **jdm etw ~** to let sb off sth; **deine Komplimente kannst du dir ~!** you can keep your compliments (*umg*) **Schenkung** F̲ JUR gift **Schenkungsurkunde** F̲ deed of gift
Scherbe F̲ fragment; (≈ *Glasscherbe*) broken piece of glass; **in ~n gehen** to shatter; (*fig*) to go to pieces
Schere F̲ ❶ (*Werkzeug*) (*klein*) scissors *pl*; (*groß*) shears *pl*; **eine ~** a pair of scissors/shears ❷ ZOOL pincer

Schere — scissors

Schere — pincer

scheren¹ V/T to clip; *Schaf* to shear
scheren² V/T & V/R (≈ *kümmern*) **sich nicht um jdn/etw ~** not to care about sb/sth; **was schert mich das?** what do I care (about that?)
Scherenschnitt M̲ silhouette
Schererei F̲ (*umg*) trouble (❗ *kein pl*)
Scherflein N̲ **sein ~ (zu etw) beitragen** (*Geld*) to pay one's bit (towards sth); (*fig*) to do one's bit (for sth) (*umg*)

Schermaus F (schweiz ≈ Maulwurf) mole
Scherz M joke; **aus** od **zum ~** as a joke; **im ~** in jest; **mach keine ~e!** (umg) you're joking!; **~ beiseite!** joking aside **Scherzartikel** M joke (article) **scherzen** VI to joke, to jest; **mit jdm/etw ist nicht zu ~** one can't trifle with sb/sth **Scherzfrage** F riddle **scherzhaft** ADJ jocular; Angelegenheit joking; **etw ~ meinen** to mean sth as a joke
scheu ADJ (≈ schüchtern) shy; (≈ zaghaft) Versuche cautious **Scheu** F fear (vor +dat of); (≈ Schüchternheit) shyness; (von Reh, Tier) timidity; (≈ Hemmung) inhibition **scheuchen** VT to shoo (away); (≈ verscheuchen) to scare off **scheuen** A VT Kosten, Arbeit to shy away from; Menschen, Licht to shun; **weder Mühe noch Kosten ~** to spare neither trouble nor expense B VR **sich vor etw** (dat) **~** (≈ Angst haben) to be afraid of sth; (≈ zurückschrecken) to shy away from sth C VI (Pferd etc) to shy (vor +dat at)
Scheuerlappen M floorcloth **scheuern** A VT&VI 1 (≈ putzen) to scour; (mit Bürste) to scrub 2 (≈ reiben) to chafe B VT (umg) **jdm eine ~** to smack sb (one) (umg)
Scheuklappe F blinker (Br), blinder (US)
Scheune F barn
Scheusal N monster
scheußlich ADJ dreadful; (≈ abstoßend hässlich) hideous; **~ schmecken** to taste terrible
Schi M = Ski
Schicht F 1 (≈ Lage) layer; (≈ dünne Schicht) film; (≈ Farbschicht) coat; **breite ~en der Bevölkerung** large sections of the population 2 (≈ Arbeitsabschnitt) shift; **er muss ~ arbeiten** he has to work shifts **Schichtarbeit** F shiftwork **Schichtarbeiter(in)** M(F) shiftworker **schichten** VT to layer; Holz to stack **Schichtwechsel** M change of shifts
schick ADJ, ADV = chic **Schick** M style
schicken A VT&VI to send; **(jdm) etw ~** to send sth (to sb), to send (sb) sth B VR UNPERS (≈ sich ziemen) to be fitting
Schickeria F (iron) in-crowd (umg)
Schickimicki M (umg) trendy (umg)
Schicksal N fate; **(das ist) ~** (umg) that's life; **jdn seinem ~ überlassen** to abandon sb to his fate **schicksalhaft** ADJ fateful **Schicksalsschlag** M great misfortune
Schiebedach N sunroof **Schiebefenster** N sliding window **schieben** A VT 1 (≈ bewegen) to push; **etw vor sich** (dat)**her ~** (fig) to put sth off; **die Schuld auf jdn ~** to put the blame on sb; **die Verantwortung auf jdn ~** to place the responsibility at sb's door 2 (umg ≈ handeln mit) to traffic in; Drogen to push (umg) B VI 1 (≈ schubsen) to push 2 (umg) **mit etw ~** to traffic in sth; **mit Drogen ~** to push drugs (umg) **Schiebetür** F sliding door **Schiebung** F (≈ Begünstigung) string-pulling (⚠ kein pl); SPORT rigging; **das war doch ~** that was a fix
schiech ADJ (österr ≈ hässlich) ugly
Schiedsgericht N court of arbitration **Schiedsrichter(in)** M(F) arbitrator, arbiter; (Fußball, Rugby, Basketball, Hockey, Ringen, Boxen) referee; (Tennis, Baseball, Volleyball, BAdminton, Cricket) umpire; (≈ Preisrichter) judge **schiedsrichtern** VI (umg) to arbitrate/referee/umpire/judge **Schiedsspruch** M (arbitral) award **Schiedsstelle** F arbitration service
schief A ADJ crooked, not straight präd; Winkel oblique; Bild distorted; **~e Ebene** PHYS inclined plane B ADV (≈ schräg) halten, wachsen crooked; **das Bild hängt ~** the picture is crooked od isn't straight; **jdn ~ ansehen** (fig) to look askance at sb
Schiefer M (Gesteinsart) slate **Schieferdach** N slate roof **schiefergrau** ADJ slate-grey (Br), slate-gray (US) **Schiefertafel** F slate
schiefgehen VI to go wrong **schieflachen** VR (umg) to kill oneself (laughing) (umg)
schiefliegen VI (umg) to be wrong
schielen VI to squint, to be cross-eyed; **auf einem Auge ~** to have a squint in one eye; **nach jdm/etw ~** (umg) to look at sb/sth out of the corner of one's eye; (begehrlich) to look sb/sth up and down; (heimlich) to sneak a look at sb/sth
Schienbein N shin; (≈ Schienbeinknochen) shinbone **Schiene** F 1 rail; MED splint 2 **Schienen** PL BAHN track sg, rails pl; **aus den ~n springen** to leave the rails **schienen** VT to splint **Schienenersatzverkehr** M BAHN alternative transport (when trains or trams are not running) **Schienenfahrzeug** N track vehicle **Schienennetz** N BAHN rail network
schier ADJ (≈ rein) pure; (fig) sheer

Schienen — rails   Schiene — splint

Schießbefehl M order to fire *od* shoot **Schießbude** F shooting gallery (⚠ Vorsicht, zwei „ß") **schießen** A VT to shoot; *Kugel, Rakete* to fire; FUSSB *etc* to kick; *Tor* to score B VI **1** (*mit Waffe, Ball*) to shoot; **auf jdn/etw ~** to shoot at sb/sth; **aufs Tor ~** to shoot at goal; **das ist zum Schießen** (*umg*) that's a scream (*umg*) **2** (≈ *in die Höhe schießen*) to shoot up; (*Flüssigkeit*) to shoot; (≈ *spritzen*) to spurt; **er ist** *od* **kam um die Ecke geschossen** he shot (a)round the corner **Schießerei** F shoot-out; (≈ *das Schießen*) shooting **Schießplatz** M (shooting *od* firing) range **Schießpulver** N gunpowder **Schießscheibe** F target **Schießstand** M shooting range; (≈ *Schießbude*) shooting gallery (⚠ Vorsicht, zwei „ß")

Schiff N **1** ship; **auf dem ~** on board ship (⚠ ohne *of the*) **2** ARCH (≈ *Mittelschiff*) nave; (≈ *Seitenschiff*) aisle **schiffbar** ADJ *Gewässer* navigable **Schiffbau** M shipbuilding **Schiffbruch** M **~ erleiden** (*wörtl*) to be shipwrecked; (*fig*) to fail **schiffbrüchig** ADJ shipwrecked **Schiffchen** N **1** little boat **2** MIL forage cap **Schiffeversenken** N (≈ *Spiel*) battleships *sg* **Schifffahrt** F shipping; (≈ *Schifffahrtskunde*) navigation **Schifffahrtsgesellschaft** F shipping company **Schifffahrtsstraße** F, **Schifffahrtsweg** M (≈ *Kanal*) waterway; (≈ *Schifffahrtslinie*) shipping route **Schiffschaukel** F swingboat **Schiffsjunge** M ship's boy **Schiffsladung** F shipload **Schiffsrumpf** M hull **Schiffsverkehr** M shipping **Schiit(in)** M(F) Shiite **schiitisch** ADJ Shiite **Schikane** F **1** harassment (⚠ *kein pl*); (*von*

Schiff — nave

Schiff — ship

Schild — shield

Schild — (traffic) sign

Mitschülern) bullying (⚠ *kein pl*) **2 mit allen ~n** (*umg*) with all the trimmings **schikanieren** VT to harass; *Mitschüler* to bully
Schikoree F chicory
Schild¹ M shield; (*von Schildkröte*) shell; **etwas im ~e führen** (*fig*) to be up to something
Schild² N sign; (≈ *Wegweiser*) signpost; (≈ *Namensschild*) nameplate; (≈ *Preisschild*) ticket; (≈ *Etikett*) label; (≈ *Plakette*) badge; (≈ *Plakat*) placard; (*an Haus*) plaque
Schildbürgerstreich M foolish act
Schilddrüse F thyroid gland
schildern VT *Ereignisse* to describe; (≈ *skizzieren*) to outline **Schilderung** F (≈ *Beschreibung*) description; (≈ *Bericht*) account
Schildkröte F (≈ *Landschildkröte*) tortoise; (≈ *Wasserschildkröte*) turtle (⚠ Im amerikanischen Englisch wird mit **turtle** sowohl die Landschildkröte als auch die Wasserschildkröte bezeichnet.) **Schildkrötensuppe** F turtle soup **Schildlaus** F scale insect
Schilf N reed; (≈ *mit Schilf bewachsene Fläche*) reeds *pl*
schillern VI to shimmer **schillernd** ADJ *Farben* shimmering; (*fig*) *Charakter* enigmatic
Schilling M shilling; (*österr*) schilling
Schimmel¹ M (≈ *Pferd*) grey (Br), gray (US)
Schimmel² M (*auf Nahrungsmitteln*) mould (Br), mold (US); (*auf Leder etc*) mildew **schimmelig** ADJ *Nahrungsmittel* mouldy (Br), moldy (US); *Leder etc* mildewy **schimmeln** VI (*Nahrungsmittel*) to go mouldy (Br) *od* moldy (US); (*Leder etc*) to go mildewy **Schimmelpilz** M mould (Br), mold (US)
Schimmer M glimmer; (*von Metall*) gleam; (*im Haar*) sheen; **keinen (blassen) ~ von etw haben** (*umg*) not to have the faintest idea about sth (*umg*) **schimmern** VI to glimmer; (*Metall*) to gleam
Schimpanse M, **Schimpansin** F chimpanzee, chimp (*umg*)
schimpfen VI to get angry; (≈ *sich beklagen*) to

moan; (≈ *fluchen*) to curse; **mit jdm ~** to tell sb off; **auf** *od* **über jdn/etw ~** to curse (about *od* at) sb/sth **Schimpfwort** N̄ swearword
Schindel F̄ shingle
schinden A V̄T̄ 1 (≈ *quälen*) to maltreat; (≈ *ausbeuten*) to overwork, to drive hard 2 (umg ≈ *herausschlagen*) Arbeitsstunden to pile up; **Zeit ~** to play for time; **(bei jdm) Eindruck ~** to make a good impression (on sb) B V̄R̄ (≈ *hart arbeiten*) to struggle; (≈ *sich quälen*) to strain **Schindluder** N̄ (umg) **mit etw ~ treiben** to misuse sth; **mit Gesundheit** to abuse sth
Schinken M̄ 1 ham 2 (pej umg) (≈ *großes Buch*) tome; (≈ *großes Bild*) great daub (pej umg) **Schinkenspeck** M̄ bacon **Schinkenwurst** F̄ ham sausage
Schippe F̄ shovel; **jdn auf die ~ nehmen** (fig umg) to pull sb's leg (umg)
Schiri M̄ (umg) ref (umg)
Schirm M̄ 1 (≈ *Regenschirm*) umbrella; (≈ *Sonnenschirm*) sunshade; (von Pilz) cap 2 (≈ *Mützenschirm*) peak 3 (≈ *Lampenschirm*) shade **Schirmherr(in)** M/F patron **Schirmherrschaft** F̄ patronage **Schirmmütze** F̄ peaked cap **Schirmständer** M̄ umbrella stand
Schiss M̄ (sl) **(fürchterlichen) ~ haben** to be scared to death (vor +dat of) (umg); **~ kriegen** to get scared
schizophren ADJ MED schizophrenic **Schizophrenie** F̄ MED schizophrenia
Schlacht F̄ battle **schlachten** V̄T̄ to slaughter **Schlachtenbummler(in)** M/F (SPORT umg) away supporter **Schlachter(in)** M/F (bes nordd), **Schlächter(in)** M/F (dial, fig) butcher **Schlachterei** F̄ (bes nordd) butcher's (shop) **Schlachtfeld** N̄ battlefield **Schlachtfest** N̄ country feast to eat up meat from freshly slaughtered pigs **Schlachthaus** N̄, **Schlachthof** M̄ slaughterhouse **Schlachtplan** M̄ battle plan; (für Feldzug) campaign plan; (fig) plan of action **Schlacht-**

Schirm — umbrella

Schirm — shade

vieh N̄ animals *pl* for slaughter
Schlacke F̄ (≈ *Verbrennungsrückstand*) clinker (❗ kein *pl*)
schlackern V̄Ī (umg) to tremble; (Kleidung) to hang loosely
Schlaf M̄ sleep; **einen leichten/tiefen ~ haben** to be a light/deep sleeper; **im ~ reden** to talk in one's sleep; **es fällt mir nicht im ~(e) ein, das zu tun** I wouldn't dream of doing that; **das kann er (wie) im ~** (fig umg) he can do that in his sleep **Schlafanzug** M̄ pyjamas *pl* (Br), pajamas *pl* (US) **Schlafcouch** F̄ sofa bed **Schlafdefizit** N̄ sleep deficit
Schläfe F̄ temple
schlafen V̄Ī to sleep; (umg ≈ *nicht aufpassen*) to be asleep; **~ gehen** to go to bed; **schläfst du schon?** are you asleep?; **schlaf gut** sleep well; **bei jdm ~** to stay overnight with sb; **mit jdm ~** (euph) to sleep with sb

 schlafen gehen ≠ to go to sleep

| schlafen gehen | = | to go to bed |
| to go to sleep | = | einschlafen (*Mensch, Körperteil*) |

FALSCHE FREUNDE ◀

Schläfenlocke F̄ sidelock
Schlafenszeit F̄ bedtime **Schläfer(in)** M/F 1 sleeper; (fig) dozy person (umg) 2 (≈ *Terrorist in Wartestellung*) sleeper
schlaff ADJ limp; (≈ *locker*) Seil slack; Haut, Muskeln flabby; (≈ *energielos*) listless
Schlafgelegenheit F̄ place to sleep **Schlaflied** N̄ lullaby **schlaflos** ADJ sleepless; **~ liegen** to lie awake **Schlaflosigkeit** F̄ sleeplessness, insomnia **Schlafmittel** N̄ sleeping drug; (fig iron) soporific **Schlafmütze** F̄ (umg) sleepyhead (umg); (≈ *träger Mensch*) dope (umg); **he, du ~!** hey, dopey! (umg) **Schlafraum** M̄ dormitory, dorm (umg) **schläfrig** ADJ sleepy **Schläfrigkeit** F̄ sleepiness **Schlafsaal** M̄ dormitory **Schlafsack** M̄ sleeping bag **Schlafstadt** F̄ dormitory town **Schlafstörung** F̄ sleeplessness, insomnia **Schlaftablette** F̄ sleeping pill **schlaftrunken** (geh) ADJ drowsy **Schlafwagen** M̄ sleeping car **schlafwandeln** V̄Ī to sleepwalk **Schlafwandler(in)** M/F sleepwalker **Schlafzimmer** N̄ bedroom
Schlag M̄ 1 blow (gegen against); (mit der Handfläche) smack, slap; (≈ *Handkantenschlag*) chop (umg); (≈ *Ohrfeige*) cuff; (≈ *Glockenschlag*) chime; (≈ *Gehirnschlag, Schlaganfall*) stroke; (≈ *Herzschlag, Pulsschlag*) beat; (≈ *Donnerschlag*) clap; (≈ *Stromschlag*) shock; (≈ *Militärschlag*) strike; **~ auf ~** (fig) one af-

ter the other; **jdm einen schweren ~ versetzen** (fig) to deal a severe blow to sb; **ein ~ ins Gesicht** a slap in the face; **ein ~ ins Wasser** (umg) a letdown (umg); **auf einen ~** (umg) all at once; **wie vom ~ gerührt** od **getroffen sein** to be flabbergasted (umg) [2] (umg ≈ Wesensart) type (of person etc); **vom alten ~** of the old school [3] (österr ≈ Schlagsahne) cream [4] (≈ Hosenschlag) flare; **eine Hose mit ~** flares pl (umg) **Schlagabtausch** M (Boxen) exchange of blows; (fig) (verbal) exchange **Schlagader** F artery **Schlaganfall** M stroke **schlagartig** ADJ sudden [B] ADV suddenly **Schlagbaum** M barrier **Schlagbohrer** M hammer drill **schlagen** [A] VT & VI [1] to hit; (≈ hauen) to beat; (mit der flachen Hand) to slap, to smack; (mit der Faust) to punch; (mit Hammer, Pickel etc) Loch to knock; **jdn bewusstlos ~** to knock sb out; (mit vielen Schlägen) to beat sb unconscious; **jdm ins Gesicht ~** to hit/slap/punch sb in the face; **na ja, ehe ich mich ~ lasse!** (hum umg) I suppose you could twist my arm (hum umg) [2] (≈ läuten) to chime; Stunde to strike; **eine geschlagene Stunde** a full hour [B] VT [1] (≈ besiegen) to beat; **sich geschlagen geben** to admit defeat [2] GASTR to beat; (mit Schneebesen) to whisk; Sahne to whip [C] VI [1] (Herz, Puls) to beat; (heftig) to pound [2] (≈ auftreffen) **mit dem Kopf auf/gegen etw** (akk) **~** to hit one's head on/against sth [3] (Regen) to beat; (Wellen) to pound; (Blitz) to strike (in etw (akk) sth) [4] (Flammen) to shoot out (aus of); (Rauch) to pour out (aus of) [5] (umg ≈ ähneln) **er schlägt sehr nach seinem Vater** he takes after his father a lot [D] VR [1] (≈ sich prügeln) to fight; **sich um etw ~** to fight over sth; **sich auf jds Seite** (akk) **~** to side with sb; (≈ die Fronten wechseln) to go over to sb **Schlager** M [1] MUS pop song; (erfolgreich) hit (song) [2] (umg ≈ Erfolg) hit; (≈ Verkaufsschlager) bestseller **Schläger** M (≈ Tennisschläger, Federballschläger) racquet (Br), racket (US); (≈ Hockeyschläger, Eishockeyschläger) stick; (≈ Golfschläger) club; (≈ Baseballschläger, Tischtennisschläger) bat **Schläger(in)** MF (≈ Raufbold) thug **Schlägerei** F brawl **Schlagermusik** F pop music **Schlagersänger(in)** MF pop singer **schlagfertig** [A] ADJ Antwort quick and clever; **er ist ein ~er Mensch** he is always ready with a quick (-witted) reply [B] ADV **~ antworten** to be quick with an answer **Schlagfertigkeit** F (von Mensch) quick-wittedness; (von Antwort) cleverness **Schlaghose** F flares pl (umg) **Schlaginstrument** N percussion instrument **schlagkräftig** ADJ Boxer, Argumente powerful **Schlagloch** N pothole **Schlagmann** M (Rudern) stroke; (Baseball) batter **Schlagobers** N (österr) (whipping) cream; (geschlagen) whipped cream **Schlagring** M [1] knuckle-duster [2] MUS plectrum **Schlagsahne** F (whipping) cream; (geschlagen) whipped cream **Schlagseite** F SCHIFF list; **~ haben** SCHIFF to be listing; (hum umg ≈ betrunken sein) to be three sheets to the wind (umg) **Schlagstock** M (form) baton **Schlagwort** N [1] (≈ Stichwort) headword [2] (≈ Parole) slogan **Schlagzeile** F headline; **~n machen** (umg) to hit the headlines **Schlagzeug** N drums pl; (in Orchester) percussion (❶ kein pl); **~ spielen** to play the drums/the percussion (❶ mit **the**) **Schlagzeuger(in)** MF drummer; (in Orchester) percussionist

Schlamassel M od N (umg) (≈ Durcheinander) mix-up; (≈ missliche Lage) mess (umg) **Schlamm** M mud **schlammig** ADJ muddy **Schlammschlacht** F (umg) mud bath **Schlampe** F (pej umg) slut (umg) **schlampen** VI (umg) to be sloppy (in one's work) **Schlamperei** F (umg) sloppiness; (≈ schlechte Arbeit) sloppy work **schlampig** [A] ADJ sloppy; (≈ unordentlich) untidy [B] ADV (≈ nachlässig) carelessly; (≈ ungepflegt) slovenly

Schlange F [1] snake [2] (≈ Menschenschlange, Autoschlange) queue (Br), line (US); **~ stehen** to queue (up) (Br), to stand in line (US) [3] TECH coil **schlängeln** VR (Weg, Menschenmenge) to wind (its way); (Fluss auch) to meander; **eine geschlängelte Linie** a wavy line **Schlangenbiss** M snakebite **Schlangengift** N snake venom **Schlangenhaut** F snake's skin; (≈ Leder) snakeskin **Schlangenleder** N snakeskin

Schlange — snake

Schlange — Br queue, US line

Schlangenlinie F̲ wavy line; **(in) ~n fahren** to swerve about

schlank A̲D̲J̲ **1** slim; **~ werden** to slim; **ihr Kleid macht sie ~** her dress makes her look slim **2** (fig ≈ effektiv) lean **Schlankheit** F̲ slimness **Schlankheitskur** F̲ diet; M E D course of slimming treatment; **eine ~ machen** to be on a diet

schlapp A̲D̲J̲ (umg) (≈ erschöpft) worn-out; (≈ energielos) listless; (nach Krankheit etc) run-down **Schlappe** F̲ (umg) setback; bes S P O R T defeat; **eine ~ einstecken (müssen)** to suffer a setback/defeat **schlappmachen** V̲I̲ (umg) to wilt; (≈ ohnmächtig werden) to collapse **Schlappschwanz** M̲ (pej umg) wimp (umg)

schlau A̲ A̲D̲J̲ smart; (≈ gerissen) cunning; **ein ~er Bursche** a crafty devil (umg); **ich werde nicht ~ aus ihm/dieser Sache** I can't make him/it out B̲ A̲D̲V̲ cleverly

Schlauch M̲ hose; M E D tube; (≈ Fahrradschlauch, Autoschlauch) (inner) tube; **auf dem ~ stehen** (umg) (≈ nicht begreifen) not to have a clue (umg); (≈ nicht weiterkommen) to be stuck (umg) **Schlauchboot** N̲ rubber dinghy **schlauchen** (umg) A̲ V̲T̲ jdn (Reise, Arbeit etc) to wear out B̲ V̲I̲ (umg ≈ Kraft kosten) to take it out of you/one etc (umg); **das schlaucht echt!** it really takes it out of you (umg)

Schlaufe F̲ loop; (≈ Aufhänger) hanger **Schlauheit** F̲ **1** cleverness; (von Mensch, Idee auch) shrewdness; (≈ Gerissenheit) cunning **2** (≈ Bemerkung) clever remark **schlaumachen** V̲R̲ (umg) **sich über etw** (akk) **~** to inform oneself about sth **Schlaumeier** M̲ smart aleck (umg)

schlecht A̲ A̲D̲J̲ **1** bad; Gesundheit poor; **in Sport ist Julia ~er als ich** Julia is worse at sport than I am; **sich zum Schlechten wenden** to take a turn for the worse; **nur Schlechtes von jdm** od **über jdn sagen** not to have a good word to say for sb; **jdm ist (es) ~** sb feels ill; **~ aussehen** to look bad; **mit jdm/etw sieht es ~ aus** sb/sth looks in a bad way **2** (≈ ungenießbar) off präd (Br), bad; **~ werden** to go off (Br) od bad B̲ A̲D̲V̲ badly; lernen with difficulty; **~ über jdn sprechen/von jdm denken** to speak/think ill of sb; **~ gelaunt** bad-tempered; **heute geht es ~** today is not very convenient; **ich kann sie ~ sehen** I can't see her very well; **ich kann jetzt ~ absagen** I can hardly cancel now; **auf jdn/etw ~ zu sprechen sein** not to have a good word to say for sb/sth **schlechterdings** A̲D̲V̲ (≈ völlig) absolutely; (≈ nahezu) virtually **schlecht gehen** V̲I̲, **schlechtgehen** V̲I̲ U N P E R S **es geht jdm schlecht** sb is in a bad way; (finanziell) sb is doing badly **schlechthin** A̲D̲V̲ (≈ vollkommen) quite; (≈ als solches, in seiner Ge-

samtheit) per se **Schlechtigkeit** F̲ **1** badness **2** (≈ schlechte Tat) misdeed **schlechtmachen** V̲T̲ (≈ herabsetzen) to denigrate **Schlechtwettergeld** N̲ bad-weather pay

schlecken (österr, südd) V̲T̲ & V̲I̲ = **lecken**[2]

Schlehe F̲ sloe

schleichen A̲ V̲I̲ to creep; (Fahrzeug, Zeit) to crawl B̲ V̲R̲ **1** (≈ leise gehen) to creep; **sich in jds Vertrauen** (akk) **~** to worm one's way into sb's confidence **2** (südd, österr ≈ weggehen) to go away; **schleich dich!** get lost! (umg) **schleichend** A̲D̲J̲ creeping; Krankheit, Gift insidious **Schleichweg** M̲ secret path; **auf ~en** (fig) on the quiet **Schleichwerbung** F̲ plug (umg); **für etw ~ machen** to plug sth

Schleie F̲ Z O O L tench

Schleier M̲ veil **Schleiereule** F̲ barn owl **schleierhaft** A̲D̲J̲ (umg) baffling; **es ist mir völlig ~** it's a complete mystery to me

Schleife F̲ **1** loop; (≈ Straßenschleife) twisty bend **2** (von Band) bow; (≈ Fliege) bow tie; (≈ Kranzschleife) ribbon

schleifen[1] A̲ V̲T̲ to drag B̲ V̲I̲ **1** to trail, to drag **2** (≈ reiben) to rub; **die Kupplung ~ lassen** A U T O to slip the clutch; **die Zügel ~ lassen** to slacken the reins

schleifen[2] V̲T̲ Messer to sharpen; Werkstück, Linse to grind; Parkett to sand; Glas to cut **Schleifmaschine** F̲ grinding machine **Schleifpapier** N̲ abrasive paper **Schleifstein** M̲ grinding stone, grindstone

Schleim M̲ **1** slime; M E D mucus; (in Atemorganen) phlegm **2** G A S T R gruel **Schleimer(in)** M̲(F̲) (umg) crawler (umg) **Schleimhaut** F̲ mucous membrane **schleimig** A̲D̲J̲ slimy; M E D mucous **schleimlösend** A̲D̲J̲ expectorant

schlemmen V̲I̲ (≈ üppig essen) to feast; (≈ üppig leben) to live it up **Schlemmer(in)** M̲(F̲) bon vivant

schlendern V̲I̲ to stroll **Schlendrian** M̲ (umg) casualness; (≈ Trott) rut

schlenkern V̲T̲ & V̲I̲ to swing, to dangle; **mit den Armen ~** to swing od dangle one's arms

Schleppe F̲ (von Kleid) train **schleppen** A̲ V̲T̲ (≈ tragen) Gepäck to lug; (≈ zerren) to drag; Auto to tow; Flüchtlinge to smuggle B̲ V̲R̲ to drag oneself; (Verhandlungen etc) to drag on **schleppend** A̲D̲J̲ Gang shuffling; Bedienung, Geschäft sluggish; **nur ~ vorankommen** to progress very slowly **Schlepper(in)** M̲(F̲) **1** (sl: für Lokal) tout **2** (≈ Fluchthelfer) people smuggler **Schleppkahn** M̲ (canal) barge **Schlepplift** M̲ ski tow **Schleppnetz** N̲ trawl (net)

Schlesien N̲ Silesia **Schlesier(in)** M̲(F̲) Silesian **schlesisch** A̲D̲J̲ Silesian

Schleswig-Holstein N̲ Schleswig-Holstein

Schleuder F ①(Waffe) sling; (≈ Wurfmaschine) catapult ②(≈ Zentrifuge) centrifuge; (für Honig) extractor; (≈ Wäscheschleuder) spin-dryer **Schleudergefahr** F VERKEHR risk of skidding; „Achtung ~" "slippery road ahead" **schleudern** A VT & VI ①(≈ werfen) to hurl ②TECH to centrifuge; Honig to extract; Wäsche to spin-dry B VI AUTO to skid; **ins Schleudern geraten** to go into a skid; (fig umg) to run into trouble **Schleuderpreis** M giveaway price **Schleudersitz** M FLUG ejector seat; (fig) hot seat

schleunigst ADV straight away; **verschwinde, aber ~!** beat it, on the double!

Schleuse F (für Schiffe) lock; (zur Regulierung des Wasserlaufs) sluice **schleusen** VT Schiffe to pass through a lock; Wasser to channel; (langsam) Menschen to filter; Antrag to channel; (fig: heimlich) Flüchtlinge to smuggle

Schlich M ruse; **jdm auf die ~e kommen** to catch on to sb

schlicht A ADJ simple; **~ und einfach** plain and simple B ADV ①(≈ einfach) simply ②(≈ glattweg) erfunden simply; vergessen completely **schlichten** A VT Streit (≈ beilegen) to settle B VI to mediate, to arbitrate (bes IND) **Schlichter(in)** M(F) mediator; IND arbitrator **Schlichtheit** F simplicity

Schlichtung F (≈ Vermittlung) mediation, arbitration (bes IND); (≈ Beilegung) settlement **schlichtweg** ADV → schlechthin

Schlick M silt, ooze; (≈ Ölschlick) slick

Schliere F streak

Schließe F fastening **schließen** A VT ①(≈ zumachen, beenden) to close; (≈ Betrieb einstellen) to close down ②(≈ eingehen) Vertrag to conclude; Frieden to make; Bündnis to enter into; Freundschaft to form B VR (≈ zugehen) to close C VI ①(≈ zugehen, enden) to close; (≈ Betrieb einstellen) to close down; „geschlossen" "closed" ②(≈ schlussfolgern) to infer; **auf etw (akk) ~ lassen** to indicate sth; → geschlossen **Schließfach** N locker; (≈ Bankschließfach) safe-deposit box **schließlich** ADV (≈ endlich) in the end, eventually; (≈ immerhin) after all **Schließung** F (≈ das Schließen) closing; (≈ Betriebseinstellung) closure

Schliff M (von Glas, Edelstein) cut; (fig ≈ Umgangsformen) polish; **jdm den letzten ~ geben** (fig) to perfect sb

schlimm A ADJ bad; Krankheit, Wunde nasty; Nachricht awful; **es gibt Schlimmere als ihn** there are worse than him; **das finde ich nicht ~** I don't find that so bad; **eine ~e Zeit** bad times pl; **das ist halb so ~!** that's not so bad!; **wenn es nichts Schlimmeres ist!** if that's all it is!; **es gibt Schlimmeres** it could be worse; **im ~sten Fall** if (the) worst comes to (the) worst B ADV zurichten horribly; **wenn es ganz ~ kommt** if things get really bad; **es steht ~ (um ihn)** things aren't looking too good (for him) **schlimmstenfalls** ADV at (the) worst

Schlinge F loop; (an Galgen) noose; (MED ≈ Armbinde) sling; (≈ Falle) snare

Schlingel M rascal

schlingen¹ (geh) A VT (≈ binden) Knoten to tie; (≈ umbinden) Schal etc to wrap (um +akk around) B VR **sich um etw ~** to coil (itself) around sth

schlingen² VI to gobble

schlingern VI (Schiff) to roll; **ins Schlingern geraten** AUTO etc to go into a skid

Schlips M tie, necktie (US)

schlitteln VI (schweiz) to toboggan **Schlitten** M ①sledge, sled; (≈ Pferdeschlitten) sleigh; (≈ Rodelschlitten) toboggan; (≈ Rennschlitten) bobsleigh ②(umg ≈ Auto) big car **Schlittenfahrt** F sledge ride; (mit Rodelschlitten) toboggan ride; (mit Pferdeschlitten etc) sleigh ride **schlittern** VI (≈ ausrutschen) to slip; (Wagen) to skid; (fig) to slide, to stumble; **in den Konkurs ~** to slide into bankruptcy **Schlittschuh** M (ice) skate; **~ laufen** to (ice-)skate **Schlittschuhlaufen** N (ice-)skating **Schlittschuhläufer(in)** M(F) (ice-)skater

Schlitz M slit; (≈ Einwurfschlitz) slot; (≈ Hosenschlitz) fly, flies pl (Br) **Schlitzauge** N slant eye **schlitzäugig** ADJ slant-eyed **schlitzen** VT to slit **Schlitzohr** N (fig) sly fox

Schloss N ①(≈ Gebäude) castle; (≈ Palast) palace; (≈ großes Herrschaftshaus) mansion ②(≈ Türschloss etc) lock; (≈ Vorhängeschloss) padlock; **hinter ~ und Riegel sitzen/bringen** to be/put behind bars

Schlosser(in) M(F) locksmith

Schlot M (≈ Schornstein) chimney (stack); **rauchen wie ein ~** (umg) to smoke like a chimney (umg)

Schloss — castle

Schloss — lock

1185 ‖ SCHM

schlottern _V/I_ **1** (_vor +dat_ with) (≈ _zittern_) to shiver; (_vor Angst_) to tremble; **ihm schlotterten die Knie** his knees were knocking **2** (_Kleider_) to hang loose

Schlucht _F_ gorge

schluchzen _VT & VI_ to sob

Schluck _M_ drink; (≈ _ein bisschen_) drop; (≈ _das Schlucken_) swallow; (_großer_) gulp; (_kleiner_) sip; **einen ~ aus der Flasche nehmen** to take a drink from the bottle **Schluckauf** _M_ hiccups _pl_; **einen ~ haben** to have (the) hiccups **schlucken** **A** _VT_ **1** to swallow; **Pillen ~** (_sl_) to pop pills (_umg_) **2** (HANDEL _umg_ ≈ _absorbieren_) to swallow up; (_Benzin, Öl_) to guzzle **B** _VI_ to swallow; **daran hatte er schwer zu ~** (_fig_) he found that difficult to swallow **Schlucker** _M_ (_umg_) **armer ~** poor devil **Schluckimpfung** _F_ oral vaccination

schlud(e)rig (_umg_) **A** _ADJ_ _Arbeit_ sloppy **B** _ADV_ sloppily **schludern** (_umg_) **A** _VT_ to skimp **B** _VI_ to do sloppy work **Schludrigkeit** _F_ (_umg_) sloppiness

schlummern _VI_ (_geh_) to slumber (_liter_)

Schlund _M_ ANAT pharynx; (_fig liter_) maw (_liter_)

schlüpfen _VI_ to slip; (_Küken_) to hatch (out) **Schlüpfer** _M_ panties _pl_, knickers _pl_ (_Br_) **Schlupfloch** _N_ hole, gap; (≈ _Versteck_) hideout; (_fig_) loophole **schlüpfrig** _ADJ_ **1** slippery **2** (_fig_) _Bemerkung_ suggestive

schlurfen _VI_ to shuffle

schlürfen _VT & VI_ to slurp

Schluss _M_ **1** (≈ _Ende_) end; **~ damit!** stop it!; **nun ist aber ~!** that's enough now!; **bis zum ~ bleiben** to stay to the end; **~ machen** (_umg_) (≈ _aufhören_) to finish; (≈ _zumachen_) to close; (≈ _Selbstmord begehen_) to end it all; (≈ _Freundschaft beenden_) to break it off; **ich muss ~ machen** (_am Telefon_) I'll have to go now **2** (≈ _Folgerung_) conclusion; **zu dem ~ kommen, dass ...** to come to the conclusion that ... **Schlussabrechnung** _F_ final statement **Schlussakkord** _M_ final chord

Schlüssel _M_ key (_zu_ to); TECH spanner (_Br_), wrench; (≈ _Verteilungsschlüssel_) ratio (of distribution); MUS clef **Schlüsselbein** _N_ collarbone **Schlüsselblume** _F_ cowslip **Schlüsselbund** _M od N_ bunch of keys **Schlüsseldienst** _M_ key cutting service **Schlüsselerlebnis** _N_ PSYCH crucial experience **Schlüsselfigur** _F_ key figure **Schlüsselkind** _N_ (_umg_) latchkey kid (_umg_) **Schlüsselloch** _N_ keyhole **Schlüsselposition** _F_ key position

schlussfolgern _VI_ to conclude **Schlussfolgerung** _F_ conclusion **Schlussformel** _F_ (_in Brief_) complimentary close **schlüssig** **A** _ADJ_ _Beweis_ conclusive; _Konzept_ logical **B** _ADV_ begründen conclusively **Schlusslicht** _N_ tail-

light; (_umg: bei Rennen etc_) back marker; **~ der Tabelle sein** to be bottom of the table **Schlusspfiff** _M_ final whistle **Schlussstrich** _M_ (_fig_) **einen ~ unter etw** (_akk_) **ziehen** to consider sth finished **Schlussverkauf** _M_ (end-of-season) sale (_Br_), season close-out sale (_US_)

Schmach _F_ (_geh_) disgrace **schmachten** _VI_ (_geh_ ≈ _leiden_) to languish **schmächtig** _ADJ_ slight

schmackhaft _ADJ_ (≈ _wohlschmeckend_) tasty; **jdm etw ~ machen** (_fig_) to make sth palatable to sb

schmal _ADJ_ **1** narrow; _Hüfte, Taille_ slender, narrow; _Lippen_ thin **2** (_fig_ ≈ _karg_) meagre (_Br_), meager (_US_) **schmälern** _VT_ to diminish **Schmalfilm** _M_ cine film (_Br_), movie film (_US_) **Schmalspur** _F_ BAHN narrow gauge **Schmalspur-** (_pej_) small-time

Schmalz¹ _N_ **1** fat; (≈ _Schweineschmalz_) lard; (≈ _Bratenschmalz_) dripping (_Br_), drippings _pl_ (_US_) **2** (≈ _Ohrenschmalz_) earwax

Schmalz² _M_ (_pej umg_) schmaltz (_umg_) **schmalzig** (_pej umg_) _ADJ_ schmaltzy (_umg_)

Schmankerl _N_ (_südd, österr_ ≈ _Speise_) delicacy

schmarotzen _VI_ to sponge, to scrounge (_bei_ off); BIOL to be parasitic (_bei_ on) **Schmarotzer** _M_ BIOL parasite **Schmarotzer(in)** _M(F)_ (_fig_) sponger

Schmarr(e)n _M_ **1** (_südd, österr_ GASTR) _pancake cut up into small pieces_ **2** (_umg_ ≈ _Quatsch_) rubbish (_Br_)

schmatzen _VI_ (_beim Essen_) to eat noisily, to smack (_US_)

schmecken **A** _VI_ to taste (_nach_ of); (≈ _gut schmecken_) to be good, to taste good; **ihm schmeckt es** (≈ _gut finden_) he likes it; (≈ _Appetit haben_) he likes his food; **das schmeckt ihm nicht** he doesn't like it; **nach etw ~** (_fig_) to smack of sth; **das schmeckt nach nichts** it's tasteless; **schmeckt es (Ihnen)?** do you like it?; **es sich** (_dat_) **~ lassen** to tuck in; **sich** (_dat_) **etw ~ lassen** to tuck into sth **B** _VT_ to taste

Schmeichelei _F_ flattery **schmeichelhaft** _ADJ_ flattering **schmeicheln** _VI_ **1 jdm ~** to flatter sb **2** (≈ _verschönen_) to flatter; **das Bild ist aber geschmeichelt!** the picture is very flattering **Schmeichler(in)** _M(F)_ flatterer; (≈ _Kriecher_) sycophant **schmeichlerisch** _ADJ_ flattering

schmeißen (_umg_) **A** _VT_ **1** (≈ _werfen_) to sling (_umg_), to chuck (_umg_) **2** (_umg_) **eine Party ~** to throw a party; **den Laden ~** to run the (whole) show **3** (≈ _aufgeben_) to chuck in (_umg_) **B** _VI_ (≈ _werfen_) to throw; **mit Steinen ~** to throw stones **Schmeißfliege** _F_ bluebottle

Schmelze _F_ **1** METALL, GEOL melt **2** (≈ _Schmel-_

SCHM | 1186

zen) melting **3** (≈ *Schmelzhütte*) smelting plant **schmelzen** Ⓐ VI̅ to melt; (*Reaktorkern*) to melt down Ⓑ VT̅ to melt; *Erz* to smelt **Schmelzkäse** M̅ cheese spread **Schmelzofen** M̅ melting furnace; (*für Erze*) smelting furnace **Schmelzpunkt** M̅ melting point **Schmelztiegel** M̅ melting pot **Schmelzwasser** N̅ melted snow and ice; GEOG, PHYS meltwater

Schmerz M̅ pain *pl selten*; (≈ *Kummer*) grief (❗) *kein pl*); **~en haben** to be in pain; **wo haben Sie ~en?** where does it hurt?; **jdm ~en bereiten** to cause sb pain; **unter ~en** while in pain; (*fig*) regretfully **schmerzempfindlich** ADJ *Mensch* sensitive to pain **schmerzen** VT̅ & VI̅ to hurt; **es schmerzt** it hurts; **eine ~de Stelle** a painful spot **Schmerzensgeld** N̅ JUR damages *pl* **schmerzfrei** ADJ free of pain; *Operation* painless **Schmerzgrenze** F̅ pain barrier **schmerzhaft** ADJ painful **schmerzlindernd** ADJ pain-relieving, analgesic (MED) **schmerzlos** ADJ painless **Schmerzmittel** N̅ painkiller **schmerzstillend** ADJ pain-killing, analgesic (MED); **~es Mittel** painkiller **Schmerztablette** F̅ painkiller **schmerzverzerrt** ADJ *Gesicht* distorted with pain **schmerzvoll** ADJ painful

Schmetterball M̅ smash **Schmetterling** M̅ butterfly **schmettern** VT̅ **1** (≈ *schleudern*) to smash **2** *Lied, Arie* to bellow out

Schmied(in) M̅F̅ (black)smith **Schmiede** F̅ forge **Schmiedeeisen** N̅ wrought iron **schmiedeeisern** ADJ wrought-iron **schmieden** VT̅ to forge (*zu* into); (≈ *ersinnen*) *Plan, Komplott* to hatch

schmiegen VR̅ **sich an jdn ~** to cuddle up to sb **schmiegsam** ADJ supple; *Stoff* soft; (*fig* ≈ *anpassungsfähig*) adaptable

Schmiere F̅ **1** (*umg*) grease; (≈ *Salbe*) ointment **2** (*umg*) **~ stehen** to be the look-out **schmieren** VT̅ **1** (≈ *streichen*) to smear; *Butter, Aufstrich* to spread; *Brot* (*mit Butter*) to butter; *Salbe* to rub in (*in +akk* -to); (≈ *einfetten*) to grease; TECH to lubricate; **sie schmierte sich ein Brot** she made herself a sandwich; **es geht** *od* **läuft wie geschmiert** it's going like clockwork; **jdm eine ~** (*umg*) to smack sb one (*umg*) **2** (*pej* ≈ *schreiben*) to scrawl; (≈ *malen*) to daub **3** (*umg* ≈ *bestechen*) **jdn ~** to grease sb's palm (*umg*) **Schmiererei** F̅ (*pej umg*) (≈ *Geschriebenes*) scrawl; (≈ *Parolen etc*) graffiti *od* (≈ *Malerei*) daubing **Schmierfett** N̅ (lubricating) grease **Schmierfink** M̅ (*pej*) **1** (≈ *Autor, Journalist*) hack; (≈ *Skandaljournalist*) muckraker (*umg*) **2** (≈ *Schüler*) messy writer **Schmiergeld** N̅ bribe **Schmierheft** N̅ notebook **schmierig** ADJ greasy; (*fig*) (≈ *unanständig*) filthy;

(≈ *schleimig*) smarmy (*Br umg*) **Schmiermittel** N̅ lubricant **Schmieröl** N̅ lubricating oil **Schmierpapier** N̅ jotting paper (*Br*), scratch paper (*US*) **Schmierseife** F̅ soft soap **Schmierzettel** M̅ piece of scrap paper

Schminke F̅ make-up **schminken** Ⓐ VT̅ to make up; **sich** (*dat*) **die Lippen/Augen ~** to put on lipstick/eye make-up Ⓑ VR̅ to put on make-up; **sie schminkt sich nie** she never wears make-up

schmirgeln VT̅ & VI̅ to sand **Schmirgelpapier** N̅ sandpaper

Schmöker M̅ book (*of light literature*); (*dick*) tome **schmökern** (*umg*) VI̅ to bury oneself in a book/magazine *etc*

schmollen VI̅ to pout; (≈ *gekränkt sein*) to sulk **Schmollmund** M̅ pout; **einen ~ machen** to pout

Schmorbraten M̅ pot roast **schmoren** Ⓐ VT̅ to braise Ⓑ VI̅ GASTR to braise; (*umg* ≈ *schwitzen*) to roast

Schmuck M̅ **1** (≈ *Schmuckstücke*) jewellery (*Br*) (❗ *kein pl*), jewelry (*US*) (❗ *kein pl*) **2** (≈ *Verzierung*) decoration; (*fig*) embellishment **schmücken** Ⓐ VT̅ to decorate; *Rede* to embellish Ⓑ VR̅ **sich mit etw ~** to adorn oneself with sth **schmucklos** ADJ plain; *Einrichtung, Stil* simple **Schmuckstück** N̅ (≈ *Ring etc*) piece of jewellery; (*fig* ≈ *Prachtstück*) gem

schmuddelig ADJ messy; (≈ *schmierig*) filthy **Schmuggel** M̅ smuggling **schmuggeln** VT̅ & VI̅ (*wörtl, fig*) to smuggle; **mit etw ~** to smuggle sth **Schmuggelware** F̅ smuggled goods *pl* **Schmuggler(in)** M̅F̅ smuggler

schmunzeln VI̅ to smile **Schmunzeln** N̅ smile

schmusen VI̅ (*umg*) (≈ *zärtlich sein*) to cuddle; **mit jdm ~** to cuddle sb **schmusig** ADJ (*umg*) smoochy

Schmutz M̅ **1** dirt **2** (*fig*) filth; **jdn/etw in den ~ ziehen** to drag sb/sth through the mud **schmutzen** VI̅ to get dirty **Schmutzfink** M̅ (*umg*) (≈ *unsauberer Mensch*) dirty slob (*umg*); (≈ *Kind*) mucky pup (*Br umg*), messy thing (*bes US umg*); (*fig*) (≈ *Mann*) dirty old man **Schmutzfleck** M̅ dirty mark **Schmutzfracht** F̅ dirty cargo **schmutzig** ADJ dirty; **sich ~ machen** to get oneself dirty

Schnabel M̅ **1** (≈ *Vogelschnabel*) beak, bill **2** (*von Kanne*) spout **3** (*umg* ≈ *Mund*) mouth; **halt den ~!** shut your mouth! (*umg*)

schnacken VI̅ (*nordd*) to chat

Schnake F̅ **1** (*umg* ≈ *Stechmücke*) gnat, midge (*Br*) **2** (≈ *Weberknecht*) daddy-longlegs

Schnalle F̅ **1** (≈ *Schuhschnalle, Gürtelschnalle*) buckle **2** (*an Handtasche*) clasp **schnallen** VT̅ **1** (≈

befestigen) to strap; *Gürtel* to fasten **2** (*umg ≈ begreifen*) **etw ~** to catch on to sth

Schnäppchen N̄ bargain; **ein ~ machen** to get a bargain **Schnäppchenpreis** M̄ (*umg*) bargain price **schnappen** Ā V̄Ī **nach jdm/ etw ~** to snap at sb/sth; (*≈ greifen*) to snatch at sb/sth B̄ V̄T̄ (*umg*) **1** (*≈ ergreifen*) to grab; **sich** (*dat*) **jdn/etw ~** to grab sb/sth (*umg*) **2** (*≈ fangen*) to catch **Schnappschuss** M̄ (*≈ Foto*) snap (-shot)

Schnaps M̄ (*≈ klarer Schnaps*) schnapps; (*umg*) (*≈ Branntwein*) spirits *pl* **Schnapsbrennerei** F̄ (*Gebäude*) distillery **Schnapsidee** F̄ (*umg*) crazy idea

schnarchen V̄Ī to snore

schnattern V̄Ī (*Gans*) to gabble; (*Ente*) to quack; (*umg ≈ schwatzen*) to natter (*umg*)

schnauben V̄Ī **1** (*Tier*) to snort **2 vor Wut ~** to snort with rage

schnaufen V̄Ī (*≈ schwer atmen*) to wheeze; (*≈ keuchen*) to puff

Schnauz M̄ (*schweiz*), **Schnauzbart** M̄ moustache (*Br*), mustache (*US*) **Schnauze** F̄ **1** (*von Tier*) snout **2** (*umg*) (*≈ Mund*) gob (*Br umg*), trap (*umg*); (**halt die**) **~!** shut your trap! (*umg*); **die ~ (gestrichen) vollhaben** to be fed up (to the back teeth) (*umg*); **eine große ~ haben** to have a big mouth **schnäuzen** V̄T̄&V̄R̄ **sich ~, (sich) die Nase ~** to blow one's nose **Schnauzer** M̄ (*≈ Hundeart*) schnauzer

Schnecke F̄ **1** (ZOOL, *fig*) snail; (*≈ Nacktschnecke*) slug; GASTR escargot; **jdn zur ~ machen** (*umg*) to bawl sb out (*umg*) **2** (GASTR: *Gebäck*) ≈ Chelsea bun **Schneckenhaus** N̄ snail shell **Schneckenpost** F̄ (*umg*) snail mail (*umg*) **Schneckentempo** N̄ (*umg*) **im ~** at a snail's pace

Schnee M̄ **1** snow; **in den Bergen liegt viel ~** there's a lot of snow in the mountains; **das ist ~ von gestern** (*umg*) that's old hat **2** (*≈ Eischnee*) whisked egg white; **Eiweiß zu ~ schlagen** to whisk the egg white(s) till stiff **3** (*umg ≈ Heroin, Kokain*) snow (*sl*) **Schneeball** M̄ snowball **Schneeballprinzip** N̄ snowball effect **Schneeballschlacht** F̄ snowball fight **Schneeballsystem** N̄ accumulative process **schneebedeckt** ADJ snow-covered **Schneebesen** M̄ GASTR whisk **schneeblind** ADJ snow-blind **Schneebrille** F̄ snow goggles *pl* **Schneedecke** F̄ blanket *od* covering of snow **Schneefall** M̄ snowfall, fall of snow **Schneeflocke** F̄ snowflake **schneefrei** ADJ *Gebiet* free of snow **Schneegestöber** N̄ (*leicht*) snow flurry; (*stark*) snowstorm **Schneeglätte** F̄ hard-packed snow (❗) kein *pl* **Schneeglöckchen** N̄ snowdrop **Schneegrenze** F̄ snow line **Schneeket-**

-te F̄ AUTO snow chain **Schneemann** M̄ snowman **Schneematsch** M̄ slush **Schneepflug** M̄ TECH, SKI snowplough (*Br*), snowplow (*US*) **Schneeregen** M̄ sleet **Schneeschaufel** F̄ snow shovel, snowpusher (*US*) **Schneeschmelze** F̄ thaw **Schneeschuh** M̄ snowshoe; (*obs* SKI) ski **Schneesturm** M̄ snowstorm; (*stärker*) blizzard **Schneetreiben** N̄ driving snow **Schneeverhältnisse** PL̄ snow conditions *pl* **Schneeverwehung** F̄ snowdrift **Schneewehe** F̄ snowdrift **schneeweiß** ADJ snow-white; *Hände* lily-white **Schneewittchen** N̄ Snow White

Schneid M̄ (*umg*) guts *pl* (*umg*) **Schneidbrenner** M̄ TECH cutting torch **Schneide** F̄ (sharp *od* cutting) edge; (*von Messer*) blade **schneiden** Ā V̄Ī to cut B̄ V̄T̄ **1** to cut; (*≈ klein schneiden*) *Gemüse etc* to chop; SPORT *Ball* to slice; MATH to intersect with; (*Weg*) to cross; **jdn ~** (*beim Überholen*) to cut in on sb; (*≈ ignorieren*) to cut sb dead (*Br*) *od* off **2** *Film, Tonband* to edit **3** (*fig ≈ meiden*) to cut C̄ V̄R̄ **1** (*Mensch*) to cut oneself; **sich in den Finger ~** to cut one's finger **2** (*umg ≈ sich täuschen*) **da hat er sich aber geschnitten!** he's made a big mistake **3** (*Linien, Straßen etc*) to intersect **schneidend** ADJ biting; *Ton* piercing **Schneider** M̄ (*Gerät*) cutter; **aus dem ~ sein** (*fig*) to be out of the woods **Schneider(in)** M̄F̄ tailor **Schneiderei** F̄ (*≈ Werkstatt*) tailor's **schneidern** Ā V̄Ī (*beruflich*) to be a tailor; (*als Hobby*) to do dressmaking B̄ V̄T̄ to make **Schneidersitz** M̄ **im ~ sitzen** to sit cross-legged **Schneidezahn** M̄ incisor **schneidig** ADJ *Mensch* dashing; *Musik, Rede* rousing; *Tempo* fast

schneien Ā V̄Ī UNPERS to snow B̄ V̄T̄ UNPERS **es schneite Konfetti** confetti rained down C̄ V̄Ī (*fig*) to rain down; **jdm ins Haus ~** (*umg*) (*Besuch*) to drop in on sb; (*Rechnung, Brief*) to arrive in the post

Schneise F̄ break; (*≈ Waldschneise*) lane

schnell Ā ADJ quick; *Auto, Zug, Strecke* fast; *Hilfe* speedy B̄ ADV quickly; *arbeiten, handeln* fast; **nicht so ~!** not so fast!; **das geht ~** (*grundsätzlich*) it doesn't take long; **das ging ~** that was quick; **mach ~/~er!** hurry up!; **das ging alles viel zu ~** it all happened much too quickly *od* fast; **das werden wir ~ erledigt haben** we'll soon have that finished; **sie wird ~ böse** she loses her temper quickly; **das werde ich so ~ nicht wieder tun** I won't do that again in a hurry **Schnellboot** N̄ speedboat **Schnelle** F̄ **1** (*≈ Schnelligkeit*) speed; **etw auf die ~ machen** to do sth quickly *od* in a rush **2** (*≈ Stromschnelle*) rapids *pl* **schnellen** V̄Ī to shoot; **in die Höhe**

~ to shoot up **Schnellhefter** M̲ spring folder **Schnelligkeit** F̲ speed; (von Hilfe) speediness **Schnellimbiss** M̲ **1** (Essen) (quick) snack **2** (Raum) snack bar **Schnellkochtopf** M̲ (≈ Dampfkochtopf) pressure cooker **schnelllebig** A̲D̲J̲ Zeit fast-moving **Schnellreinigung** F̲ express cleaning service **schnellstens** A̲D̲V̲ as quickly as possible **Schnellstraße** F̲ expressway

Schnepfe F̲ snipe; (pej umg) silly cow (umg)

schneuzen V̲T̲ & V̲R̲ → schnäuzen

Schnippchen N̲ (umg) **jdm ein ~ schlagen** to play a trick on sb **schnippen** V̲I̲ **mit den Fingern ~** to snap one's fingers **schnippisch** A̲ A̲D̲J̲ saucy B̲ A̲D̲V̲ saucily **Schnipsel** M̲ od N̲ (umg) scrap; (≈ Papierschnipsel) scrap of paper

Schnitt M̲ **1** cut; (von Gesicht) shape; MED incision; (≈ Schnittmuster) pattern **2** FILM editing (❗ kein pl) **3** (MATH) (≈ Schnittpunkt) (point of) intersection; (≈ Schnittfläche) section; (umg ≈ Durchschnitt) average; **im ~** on average **Schnittblumen** P̲L̲ cut flowers pl **Schnitte** F̲ slice; (belegt) open sandwich; (zusammengeklappt) sandwich **schnittig** A̲D̲J̲ smart **Schnittlauch** M̲ chives pl, chive (US) **Schnittmuster** N̲ (zum Schneidern) (paper) pattern **Schnittpunkt** M̲ intersection **Schnittstelle** F̲ cut; (IT, fig) interface **Schnittwunde** F̲ cut; (tief) gash

Schnitzel[1] M̲ od M̲ (≈ Papierschnitzel) bit of paper; (≈ Holzschnitzel) shaving

Schnitzel[2] N̲ GASTR veal/pork cutlet

Schnitzeljagd F̲ paper chase **schnitzeln** V̲T̲ Gemüse to shred

schnitzen V̲T̲ & V̲I̲ to carve **Schnitzer** M̲ (umg) (in Benehmen) blunder; (≈ Fehler) howler (Br umg), blooper (US umg) **Schnitzer(in)** M̲F̲ woodcarver **Schnitzerei** F̲ (wood)carving

schnodd(e)rig A̲D̲J̲ (umg) Mensch, Bemerkung brash

schnöde A̲D̲J̲ (≈ niederträchtig) despicable; Ton contemptuous; **~s Geld** filthy lucre

Schnorchel M̲ snorkel **schnorcheln** V̲I̲ to go snorkelling (Br) od snorkeling (US)

Schnörkel M̲ flourish; (an Möbeln, Säulen) scroll; (fig ≈ Unterschrift) squiggle (hum)

schnorren V̲T̲ & V̲I̲ (umg) to scrounge (umg) (bei from) **Schnorrer(in)** M̲F̲ (umg) scrounger (umg)

Schnösel M̲ (umg) snotty(-nosed) little upstart (umg) **schnöselig** (umg) A̲D̲J̲ Benehmen snotty (umg)

schnuckelig A̲D̲J̲ (umg ≈ gemütlich) snug, cosy; (≈ niedlich) cute

Schnüffelei F̲ (umg) snooping (umg) **schnüffeln** A̲ V̲I̲ **1** to sniff; **an etw** (dat) **~** to sniff (at)

sth **2** (fig umg ≈ spionieren) to snoop around (umg) B̲ V̲T̲ to sniff **Schnüffler(in)** M̲F̲ (fig umg) snooper (umg); (≈ Detektiv) private eye (umg)

Schnuller M̲ (umg) dummy (Br), pacifier (US)

Schnulze F̲ (umg) schmaltzy film/book/song (umg) **schnulzig** (umg) A̲D̲J̲ slushy (umg)

Schnupfen M̲ cold; (einen) **~ bekommen** to catch a cold **Schnupftabak** M̲ snuff

schnuppe A̲D̲J̲ (umg) **jdm ~ sein** to be all the same to sb

Schnupperkurs M̲ (umg) taster course **schnuppern** A̲ V̲I̲ to sniff; **an etw** (dat) **~** to sniff (at) sth B̲ V̲T̲ to sniff; (fig) Atmosphäre etc to sample

Schnur F̲ (≈ Bindfaden) string; (≈ Kordel) cord **Schnürchen** N̲ **es läuft alles wie am ~** everything's going like clockwork **schnüren** V̲T̲ Paket to tie up; Schuhe to lace (up) **schnurgerade** A̲D̲J̲ (dead) straight **Schnürl** N̲ (österr) (piece of) string **schnurlos** A̲D̲J̲ cordless **Schnürlregen** M̲ (österr) pouring rain **Schnürlsamt** M̲ (österr) corduroy

Schnurrbart M̲ moustache (Br), mustache (US) **schnurren** V̲I̲ (Katze) to purr; (Spinnrad etc) to hum

Schnürschuh M̲ lace-up shoe **Schnürsenkel** M̲ shoelace **schnurstracks** A̲D̲V̲ straight

schnurz(egal) A̲D̲J̲ (umg) **das ist ihm ~** he couldn't give a damn (about it) (umg)

Schock M̲ shock; **unter ~ stehen** to be in (a state of) shock **schocken** V̲T̲ (umg) to shock **schockieren** V̲T̲ & V̲I̲ to shock; (stärker) to scandalize; **~d** shocking; **schockiert sein** to be shocked (über +akk at)

schofel, schofelig (umg) A̲D̲J̲ Behandlung shabby, rotten (❗ kein Adverb) (umg); Geschenk miserable; **jdn ~ behandeln** to treat sb shabbily

Schöffe M̲, **Schöffin** F̲ ≈ juror **Schöffengericht** N̲ court (with jury)

Schokolade F̲ chocolate **Schokoriegel** M̲ chocolate bar

Scholle[1] F̲ (Fisch) plaice

Scholle[2] F̲ (≈ Eisscholle) (ice) floe; (≈ Erdscholle) clod (of earth)

schon A̲D̲V̲ **1** already; **er ist ~ hier!** he's (already) here!; **es ist ~ 11 Uhr** it's (already) 11 o'clock; **das habe ich dir doch ~ hundertmal gesagt** I've told you that a hundred times; **~ damals** even then; **~ im 13. Jahrhundert** as early as the 13th century; **~ am nächsten Tag** the very next day; **ich bin ~ lange fertig** I've been ready for ages; **~ immer** always; **ich habe das ~ mal gehört** I've heard that before; **warst du ~ (ein)mal dort?** have you ever been there? **2** (≈ bereits) ever; **warst du ~ dort?** have

1189 │ SCHR

you been there (yet)?; (≈ *je*) have you (ever) been there?; **ist er ~ hier?** is he here yet?; **musst du ~ gehen?** must you go so soon?; **wie lange wartest du ~?** how long have you been waiting? **3** (≈ *bloß*) just; **allein ~ der Gedanke, dass …** just the thought that …; **wenn ich das ~ sehe!** if I even see that! **4** (≈ *bestimmt*) all right; **du wirst ~ sehen** you'll see (all right); **das wirst du ~ noch lernen** you'll learn that one day **5** **das ist ~ möglich** that's quite possible; **hör ~ auf damit!** will you stop that!; **nun sag ~!** come on, tell me/us *etc*!; **mach ~!** get a move on! (*umg*); **ja ~, aber …** (*umg*) yes (well), but …; **was macht das ~, wenn …** what does it matter if …; **~ gut!** okay! (*umg*); **ich verstehe ~** I understand; **ich weiß ~** I know

schön **A** ADJ **1** beautiful; *Mann* handsome **2** (≈ *nett, angenehm*) good; *Gelegenheit* great; (*umg* ≈ *gut*) nice; **eines ~en Tages** one fine day; **~e Ferien!** have a good holiday (*bes Br*) *od* vacation (*US*); **zu ~, um wahr zu sein** (*umg*) too good to be true; **na ~** fine, okay; **~ und gut, aber …** that's all very well but … **3** (*iron*) *Unordnung* fine; *Überraschung* lovely; **du bist mir ein ~er Freund** a fine friend you are; **das wäre ja noch ~er** (*umg*) that's (just) too much! **4** (≈ *beträchtlich*) *Erfolg* great; *Gewinn* handsome; **eine ganz ~e Leistung** quite an achievement; **eine ganz ~e Menge** quite a lot **B** ADV **1** (≈ *gut*) well; *schreiben* beautifully; **sich ~ anziehen** to get dressed up; **~ weich/warm/stark** nice and soft/warm/strong; **schlaf ~** sleep well **2** (*umg*) (≈ *brav, lieb*) nicely; (≈ *sehr, ziemlich*) really; **sei ~ brav** be a good boy/girl; **ganz ~ teuer/kalt** pretty expensive/cold; **ganz ~ lange** quite a while

Schonbezug M (*für Matratzen*) mattress cover; (*für Möbel*) loose cover; (*für Autositz*) seat cover **schonen** **A** V/T *Gesundheit* to look after; *Ressourcen* to conserve; *Umwelt* to protect; *jds Nerven* to spare; *Gegner* to be easy on; *Bremsen, Batterie* to go easy on; **er muss den Arm noch ~** he still has to be careful with his arm **B** V/R to look after oneself; **er schont sich für das nächste Rennen** he's saving himself for the next race **Schöne** F (*liter, hum* ≈ *Mädchen*) beauty **schönen** V/T *Zahlen* to dress up

schonend **A** ADJ gentle; (≈ *rücksichtsvoll*) considerate; *Waschmittel* mild **B** ADV **jdm etw ~ beibringen** to break sth to sb gently; **etw ~ behandeln** to treat sth with care

Schönfärberei F (*fig*) glossing things over **Schöngeist** M aesthete **schöngeistig** ADJ aesthetic; **~e Literatur** belletristic literature **Schönheit** F beauty **Schönheits-chirurgie** F cosmetic surgery **Schön-**

heitsfarm F beauty farm **Schönheits-fehler** M blemish; (*von Gegenstand*) flaw **Schönheitskönigin** F beauty queen **Schönheitsoperation** F cosmetic surgery **Schönheitspflege** F beauty care **Schönheitswettbewerb** M beauty contest

Schonkost F light diet; (≈ *Spezialdiät*) special diet

schön machen, schönmachen **A** V/T *Kind* to dress up; *Wohnung* to decorate **B** V/R to get dressed up; (≈ *sich schminken*) to make (oneself) up **Schönschrift** F **in ~** in one's best (hand)writing

Schonung F **1** (≈ *Waldbestand*) (protected) forest plantation area **2** (≈ *das Schonen*) (*von Ressourcen*) saving; (*von Umwelt*) protection; **zur ~ meiner Gefühle** to spare my feelings **3** (≈ *Nachsicht*) mercy **schonungslos** **A** ADJ ruthless; *Wahrheit* blunt; *Offenheit* brutal; *Kritik* savage **B** ADV ruthlessly **Schonzeit** F close season; (*fig*) honeymoon period

Schopf M (shock of) hair; **eine Gelegenheit beim ~ ergreifen** to seize an opportunity with both hands **2** (*österr* ≈ *Schuppen*) shed

schöpfen V/T **1** (*a. v/i*) (*aus* from) *Wasser* to scoop; *Suppe* to ladle **2** *Kraft* to summon up; *Hoffnung* to find; **Hoffnung** *etc* **aus etw ~** to draw hope *etc* from sth **3** (*a. v/i* ≈ *schaffen*) *Kunstwerk* to create; *neuen Ausdruck* to coin **Schöpfer(in)** M(F) creator; (≈ *Gott*) Creator **schöpferisch** **A** ADJ creative **B** ADV creatively; **sie ist ~ veranlagt** she is creative; (≈ *künstlerisch*) she is artistic **Schöpfkelle** F, **Schöpflöffel** M ladle **Schöpfung** F creation (❗ Die Schöpfung im biblischen Sinn wird großgeschrieben.)

Schorf M crust; (≈ *Wundschorf*) scab

Schorle F/N spritzer

Schornstein M chimney; (*von Schiff, Lokomotive*) funnel, (smoke)stack **Schornsteinfeger(in)** M(F) chimney sweep

Schoß M lap; **die Hände in den ~ legen** (*fig*) to sit back (and take it easy) **Schoßhund** M lapdog

Schössling M BOT shoot

Schote F BOT pod

Schotte M Scot **Schottenmuster** N tartan **Schottenrock** M (≈ *Kilt*) kilt

Schotter M gravel; (*im Straßenbau*) (road) metal; BAHN ballast

Schottin F Scot **schottisch** ADJ Scottish **Schottland** N Scotland (❗ Vorsicht, ein „t".)

schraffieren V/T to hatch **Schraffierung** F hatching

schräg **A** ADJ **1** (≈ *schief, geneigt*) sloping; *Kante*

S

SCHR | 1190

> **schottisch**

„Schottischer Akzent" wird immer mit **Scottish accent** übersetzt. Das Wort **Scotch** hat in diesem Zusammenhang nichts zu suchen. **Scottish** wird auch für Personen und Dinge aus Schottland verwendet: **our Scottish friends, traditional Scottish music** usw.

Scotch hingegen wird, wenn es sich auf Personen bezieht, als abfällig empfunden. Neutral ist es nur in Bezug auf Lebensmittel und Whisky: **Scotch beef** — schottisches Rindfleisch, **Scotch whisky**.

SPRACHGEBRAUCH

---

bevelled (Br), beveled (US) **2** (umg) (≈ verdächtig) fishy (umg) **B** ADV (≈ geneigt) at an angle; (≈ krumm) slanting; gestreift diagonally; **~ gegenüber** diagonally opposite; **den Kopf ~ halten** to hold one's head at an angle; **jdn ~ ansehen** (fig) to look askance at sb **Schrägbank** F SPORT incline bench **Schräge** F (≈ schräge Fläche) slope; (≈ schräge Kante) bevel; (im Zimmer) sloping ceiling **Schrägstrich** M oblique, slash **Schramme** F scratch **schrammen** VT to scratch

Schrank M cupboard (Br), closet (US); (≈ Kleiderschrank) wardrobe (Br), closet (US); (≈ Spind) locker **Schranke** F barrier; (fig) (≈ Grenze) limit **schrankenlos** ADJ (fig) unbounded, boundless; Forderungen unrestrained **Schrankenwärter(in)** M(F) attendant (at level crossing) **schrankfertig** ADJ Wäsche washed and ironed **Schrankkoffer** M clothes trunk **Schrankwand** F wall unit

Schraubdeckel M screw(-on) lid **Schraube** F screw; **bei ihr ist eine ~ locker** (umg) she's got a screw loose (umg) **schrauben** VT & VI to screw; **etw in die Höhe ~** (fig) Preise to push sth up; Ansprüche to raise **Schraubendreher** M screwdriver **Schraubenmutter** F nut **Schraubenschlüssel** M spanner (Br), wrench (US) **Schraubenzieher** M screwdriver **Schraubstock** M vice **Schraubverschluss** M screw top

Schrebergarten M allotment (Br), garden plot

Schreck M fright; **vor ~** in fright; zittern with fright; **einen ~(en) bekommen** to get a fright; **mit dem ~(en) davonkommen** to get off with no more than a fright; **ach du ~!** (umg) blast! (umg) **schrecken** A VT (≈ ängstigen) to frighten; (stärker) to terrify; **jdn aus dem Schlaf ~** to startle sb out of his sleep B VR (österr) to get a fright **Schrecken** M **1** = Schreck **2** (≈ Entsetzen) terror; **jdn in Angst und ~ versetzen** to frighten and terrify sb **schreckensblass, schreckensbleich** ADJ as white as a sheet **Schreckgespenst** N nightmare **schreckhaft** ADJ easily startled **schrecklich** A ADJ terrible B ADV **1** (≈ entsetzlich) horribly; **~ schimpfen** to swear dreadfully **2** (umg ≈ sehr) terribly; **~ viel** an awful lot (of); **~ wenig** very little **Schreckschuss** M warning shot **Schrecksekunde** F moment of shock

Schredder M shredder

Schrei M cry; (brüllender) yell; (gellender) scream; (kreischender) shriek; **ein ~ der Entrüstung** an (indignant) outcry; **der letzte ~** (umg) the latest thing

Schreibblock M (writing) pad **schreiben** A VT **1** to write; Klassenarbeit to do; **schwarze/rote Zahlen ~** HANDEL to be in the black/red; **wo steht das geschrieben?** where does it say that? **2** (orthografisch) to spell; **wie schreibt man das?** how do you spell that? B VI to write; **jdm ~** to write to sb, to write sb (US); **an einem Roman** etc **~** to be working on od writing a novel etc C VR **1** (≈ korrespondieren) to write (to each other) **2** (≈ geschrieben werden) to be spelt (bes Br) od spelled; **wie schreibt er sich?** how does he spell his name? **Schreiben** N (≈ Mitteilung) communication (form); (≈ Brief) letter **Schreiber** M (umg ≈ Schreibgerät) **keinen ~ haben** to have nothing to write with **Schreiber(in)** M(F) writer; (≈ Gerichtsschreiber) clerk/clerkess; (pej ≈ Schriftsteller) scribbler **schreibfaul** ADJ lazy (about letter writing) **Schreibfehler** M (spelling) mistake; (aus Flüchtigkeit) slip of the pen **schreibgeschützt** ADJ IT write-protected **Schreibheft** N exercise book **Schreibkraft** F typist **Schreibmaschine** F typewriter; **mit der ~ geschrieben** typewritten **Schreibmaschinenpapier** N typing paper **Schreibschrift** F cursive (hand)writing; (gedruckt) cursive script

Schraube — screw

(Schiffs)schraube — propeller, screw

Schreibschutz M̲ IT write protection **Schreibtisch** M̲ desk **Schreibtischlampe** M̲ desk lamp **Schreibtischtäter(in)** M̲F̲ mastermind behind the scenes (of a/the crime) **Schreibung** F̲ spelling; **falsche ~** misspelling **Schreibwaren** P̲L̲ stationery *sg* **Schreibwarenhändler(in)** M̲F̲ stationer **Schreibwarenhandlung** F̲ stationer's (shop) **Schreibweise** F̲ (≈ *Stil*) style; (≈ *Rechtschreibung*) spelling

schreien A̲ V̲I̲ to shout; (*gellend*) to scream; (*kreischend*) to shriek; (≈ *brüllen*) to yell; (≈ *weinen: Kind*) to howl; **es war zum Schreien** (*umg*) it was a scream (*umg*) B̲ V̲R̲ **sich heiser ~** to shout oneself hoarse **Schreihals** M̲ (*umg*) (≈ *Baby*) bawler (*umg*); (≈ *Unruhestifter*) noisy troublemaker **Schrein** M̲ (*geh*) shrine **Schreiner(in)** M̲F̲ (*bes südd*) carpenter

schreiten V̲I̲ (*geh*) (≈ *schnell gehen*) to stride; (≈ *feierlich gehen*) to walk; (≈ *stolzieren*) to strut; **zu etw ~** (*fig*) to get down to sth; **zur Abstimmung ~** to proceed to a vote

Schrift F̲ ① writing (⚠ kein pl); TYPO type; **sie hat eine schöne ~** she has beautiful handwriting (⚠ ohne a) ② (≈ *Schriftstück*) document ③ (≈ *Broschüre*) leaflet; (≈ *kürzere Abhandlung*) paper; **die (Heilige) ~** the (Holy) Scriptures *pl* **Schriftart** F̲ TYPO typeface **Schriftbild** N̲ script **Schriftdeutsch** N̲ written German; (*nicht Dialekt*) standard German **Schriftführer(in)** M̲F̲ secretary **Schriftgrad** M̲ type size **schriftlich** A̲ A̲D̲J̲ written; **in ~er Form** in writing; **die ~e Prüfung** the written exam B̲ A̲D̲V̲ in writing; **etw ~ festhalten** to put sth down in writing; **das kann ich Ihnen ~ geben** (*fig umg*) I can tell you that for free (*umg*) **Schriftsatz** M̲ ① JUR legal document ② TYPO form(e) **Schriftsetzer(in)** M̲F̲ typesetter **Schriftsprache** F̲ written language; (≈ *nicht Dialekt*) standard language **Schriftsteller(in)** M̲ writer **schriftstellerisch** A̲ A̲D̲J̲ *Arbeit, Talent* literary B̲ A̲D̲V̲ **~ tätig sein** to write **Schriftstück** N̲ paper; JUR document **Schriftverkehr** M̲, **Schriftwechsel** M̲ correspondence

schrill A̲ A̲D̲J̲ *Ton, Stimme* shrill; *Farbe, Outfit* garish B̲ A̲D̲V̲ shrilly; *gekleidet* loudly

Schritt M̲ ① step (*zu* towards); (*weit ausholend*) stride; (*hörbar*) footstep; (≈ *Gang*) walk; (≈ *Tempo*) pace; **den ersten ~ tun** (*fig*) to make the first move; **~e gegen jdn/etw unternehmen** to take steps against sb/sth; **auf ~ und Tritt** wherever one goes; **~ für ~** step by step; **~ halten** to keep up ② (≈ *Schrittgeschwindigkeit*) walking pace; „**Schritt fahren**" "dead slow" (*Br*), "slow" ③ (≈ *Hosenschritt*) crotch **Schrittmacher** M̲ MED pacemaker **Schrittmacher(in)** M̲F̲ SPORT pacemaker (*bes Br*), pacer **Schritttempo** N̲ walking speed **schrittweise** A̲ A̲D̲V̲ gradually B̲ A̲D̲J̲ gradual

schroff A̲ A̲D̲J̲ (≈ *barsch*) curt; (≈ *krass*) abrupt; (≈ *steil, jäh*) precipitous B̲ A̲D̲V̲ ① (≈ *barsch*) curtly ② (≈ *steil*) steeply

schröpfen V̲T̲ **jdn ~** (*fig*) to rip sb off (*umg*) **Schrot** M̲ *od* N̲ ① grain; (≈ *Weizenschrot*) ≈ wholemeal (*Br*), ≈ whole-wheat (*US*) ② JAGD shot **Schrotflinte** F̲ shotgun **Schrotkugel** F̲ pellet **Schrotladung** F̲ round of shot **Schrott** M̲ scrap metal; (*fig*) rubbish (*Br*), garbage **Schrotthändler(in)** M̲F̲ scrap dealer *od* merchant **Schrotthaufen** M̲ (*wörtl*) scrap heap; (*fig ≈ Auto*) pile of scrap **Schrottplatz** M̲ scrap yard **schrottreif** A̲D̲J̲ ready for the scrap heap **Schrottwert** M̲ scrap value

schrubben V̲T̲ & V̲I̲ to scrub **Schrubber** M̲ (long-handled) scrubbing (*Br*) *od* scrub (*US*) brush

Schrulle F̲ quirk **schrullig** A̲D̲J̲ odd **schrump(e)lig** A̲D̲J̲ (*umg*) wrinkled **schrumpfen** V̲I̲ to shrink; (*Leber, Niere*) to atrophy; (*Muskeln*) to waste, to atrophy; (*Exporte, Interesse*) to dwindle; (*Industriezweig*) to decline **Schrumpfung** F̲ shrinking; (≈ *Raumverlust*) shrinkage; MED atrophy(ing); (*von Exporten*) dwindling, diminution; (*von Industriezweig etc*) decline

Schub M̲ ① (≈ *Stoß*) push, shove ② PHYS thrust; (*fig ≈ Impuls*) impetus ③ (≈ *Anzahl*) batch **Schubfach** N̲ drawer **Schubkarre** F̲ wheelbarrow **Schubkraft** F̲ PHYS thrust **Schublade** F̲ drawer; (*fig*) pigeonhole, compartment **Schubs** M̲ (*umg*) shove (*umg*), push **schubsen** V̲T̲ & V̲I̲ (*umg*) to shove (*umg*), to push **schubweise** A̲D̲V̲ in batches

schüchtern A̲ A̲D̲J̲ shy B̲ A̲D̲V̲ shyly **Schüchternheit** F̲ shyness

Schuft M̲ heel (*umg*) **schuften** V̲I̲ (*umg*) to slave away **Schufterei** F̲ (*umg*) graft (*umg*)

Schuh M̲ shoe; **jdm etw in die ~e schieben** (*umg*) to put the blame for sth on sb **Schuhbürste** F̲ shoe brush **Schuhcreme** F̲ shoe polish **Schuhgröße** F̲ shoe size **Schuhlöffel** M̲ shoehorn **Schuhmacher(in)** M̲F̲ shoemaker; (≈ *Flickschuster*) cobbler **Schuhnummer** F̲ (*umg*) shoe size **Schuhputzer(in)** M̲F̲ bootblack, shoeshine boy/girl (*US*) **Schuhsohle** F̲ sole (of a/one's shoe) **Schuhwerk** N̲ footwear

Schulabgänger(in) M̲F̲ school-leaver (*Br*), graduate (*US*) **Schulabschluss** M̲ school-leaving qualification, ≈ high school diploma (*US*) **Schulalter** N̲ school age; **im ~** of school

SCHU | 1192

age **Schulanfang** M [1] (*in der Grundschule*) first day at school [2] (*nach den Ferien*) beginning of term [3] (*morgens*) start of school; **~ ist um acht Uhr** school starts at eight o'clock **Schularbeit** F [1], **Schulaufgaben** PL homework (⚠ kein pl) [2] (*österr*) test **Schulausflug** M school trip, field trip (*US*) **Schulbank** F school desk; **die ~ drücken** (*umg*) to go to school **Schulbeispiel** N (*fig*) classic example (*für* of) **Schulbesuch** M school attendance **Schulbildung** F (school) education **Schulbuch** N schoolbook **Schulbus** M school bus **Schulchor** M school choir

schuld ADJ **~ sein** to be to blame (*an +dat* for); **er war ~ an dem Streit** the argument was his fault; **du bist selbst ~** that's your own fault **Schuld** F [1] (≈ *Verantwortlichkeit*) **~ haben** to be to blame (*an +dat* for); **du hast selbst ~** that's your own fault; **die ~ auf sich** (*akk*) **nehmen** to take the blame; **jdm die ~ geben** to blame sb; **das ist meine/deine ~** that is my/your fault;

durch meine/deine ~ because of me/you; **jdm ~ geben** to blame sb [2] (≈ *Schuldgefühl*) guilt; (≈ *Unrecht*) wrong; **ich bin mir keiner ~ bewusst** I'm not aware of having done anything wrong [3] (≈ *Zahlungsverpflichtung*) debt; **~en machen** to run up debts; **~en haben** to be in debt **schuldbewusst** ADJ *Mensch* feeling guilty; *Gesicht* guilty **schulden** VT to owe; **das schulde ich ihm** I owe it to him; **jdm Dank ~** to owe sb a debt of gratitude **schuldenfrei** ADJ free of debt(s); *Besitz* unmortgaged **Schuldenlast** F debts *pl* **schuldfähig** ADJ JUR criminally responsible **Schuldfrage** F question of guilt **Schuldgefühl** N senseof guilt (⚠ kein pl), feeling of guilt

Schuldienst M (school)teaching (⚠ ohne Artikel); **im ~ (tätig) sein** to be a teacher **schuldig** ADJ [1] guilty; (≈ *verantwortlich*) to blame; *präd* (*an +dat* for); **einer Sache** (*gen*) **~ sein** to be guilty of sth; **jdn ~ sprechen** to find sb guilty;

▶ **Schule in Großbritannien**

In Großbritannien gibt es für England, Schottland, Wales und Nordirland faktisch getrennte Schulsysteme, die aber nur geringfügig voneinander abweichende Merkmale aufweisen. Alle Kinder im Alter von 5 bis 16 Jahren sind schulpflichtig.

Die Mehrheit der Schüler besucht **state schools**, die vom Staat finanziert werden und daher gebührenfrei sind. Die Ausbildung in der **secondary education** (Sekundarstufen I-II) erfolgt überwiegend an **comprehensive schools**. In diesen Ganztagsschulen beginnt der Unterricht um 9 Uhr mit der **assembly** und endet je nach Alter zwischen 15 und 16 Uhr oder später. Seit 1988 gibt es für alle staatlichen Schulen einen verbindlichen Lehrplan (**national curriculum**). Ansonsten obliegen wichtige Entscheidungen weiterhin der jeweiligen **Local Education Authority**. Die Prüfungen sind losgelöst vom Schulsystem und werden von unabhängigen Prüfungsausschüssen gestellt. Das Notenspektrum reicht von **A** („sehr gut") bis **F** („ungenügend").

Ein kleiner Teil der Schüler besucht **independent schools**, die v. a. durch Schulgebühren finanziert werden und größtenteils Internate sind. Dazu zählen auch die **public schools**, traditionelle, exklusive und teurere Privatschulen, wie z. B. **Eton** oder **Harrow**.

Traditionell wird an britischen Schulen großer Wert auf Persönlichkeitsbildung gelegt. Erst in jüngster Zeit erhielt die Wissensvermittlung Vorrang.

state schools

Alter		Schultyp	Abschluss
5-7	infant school	**primary school**	national test
8-11	junior school	(Reading, wRiting, aRithmetic)	national test
12-16		**secondary school** (science and technology)	national test / GCSE / GNVQ
17-18		**further education** (Kurse in mind. 3 Fächern)	A levels* / AVCE

* In Schottland werden diese „Highers" genannt.

LANDESKUNDE ◀

sich ~ bekennen to admit one's guilt; JUR to plead guilty [2] (≈ *verpflichtet*) **jdm etw** (akk) **~ sein** to owe sb sth; **was bin ich Ihnen ~?** how much do I owe you? **Schuldige(r)** M/F(M) guilty person; (*zivilrechtlich*) guilty party **Schuldirektor(in)** M(F) headteacher (*bes Br*), principal (*US*) **schuldlos** ADJ (*an Verbrechen*) innocent (*an +dat* of); (*an Unglück etc*) blameless **Schuldner(in)** M(F) debtor **Schuldschein** M IOU **Schuldspruch** M verdict of guilty **schuldunfähig** ADJ JUR not criminally responsible **Schule** F school; **in die** *od* **zur ~ gehen** to go to school (❗ *ohne the*); **in der ~** at school (❗ *ohne the*); **die ~ ist aus** school is over; **~ machen** to become the accepted thing; **aus der ~ plaudern** to tell tales **Schulelternbeirat** M *parents' council made up of the head of each Klassenelternbeirat and all members of the Jahrgangselternbeirat in a school which liaises with the headteacher* **schulen** V/T to train **Schulenglisch** N **mein ~** the English I learned at school **Schüler(in)** M(F) schoolboy/-girl; (*einer bestimmten Schule*) pupil (*bes Br*), student (*US*); (≈ *Jünger*) follower; **~ bekommen Ermäßigung** there is a reduction for schoolchildren **Schüleraustausch** M school exchange **Schülerausweis** M (school) student card **Schülerheim** N (school) boarding house **Schülerhort** M day home for schoolchildren **Schülerlotse** M, **Schülerlotsin** F lollipop man/lady (*Br umg*), crossing guard (*US*) **Schülermitverwaltung** F [1] (≈ *Schülerbeteiligung*) pupil participation in school administration [2] (≈ *Gremium*) school *od* student (*US*) council **Schülerparlament** N *parliament whose elected members are all pupils of a particular school or schools in a particular area* **Schülerrat** M pupils' (*bes Br*) *od* student (*US*) council **Schülerschaft** F pupils pl (*bes Br*), students pl (*US*) **Schülervertretung** F [1] (≈ *Vertreten der Schüler*) pupils' (*bes Br*) *od* student (*US*) representation [2] (≈ *Gremium*) pupils' (*bes Br*) *od* student (*US*) representative committee **Schülerzahl** F number of pupils (*bes Br*) *od* students (*US*) **Schülerzeitung** F school magazine **Schulfach** N school subject **Schulferien** PL school holidays pl (*Br*) *od* vacation (*US*) **Schulfest** N [1] (≈ *Schulfeier*) school function, school party [2] (≈ *offener Tag*) school open day **schulfrei** ADJ **die Kinder haben morgen ~** the children don't have to go to school tomorrow

Schule in den USA

In den USA liegt die Bildungshoheit bei den Bundesstaaten. Die Hauptverantwortung für das Schulwesen liegt bei den lokalen Schulbehörden (**local school boards**), es gibt keinen allgemein verbindlichen Lehrplan. Durch das System der **property tax** — die Schulbehörde erhebt Steuern von den örtlichen Haushalten und Unternehmen — ist die Ausstattung der Schulen sehr unterschiedlich und selbst bei starker Bezuschussung durch die Bundesregierung in hohem Maße abhängig von der Finanzkraft der Bevölkerung in den jeweiligen Schulbezirken.

Die allgemeine, 12-jährige Schulpflicht beginnt mit 6 Jahren, wobei häufig ein Besuch von **pre-school** oder **kindergarten** vorangeht. Die **elementary school** und die **high school** sind ganztägige Gesamtschulen mit einer Unterrichtszeit von 8 bis 15 Uhr. Die wachsende Kritik an diesem Schulsystem richtet sich u. a. gegen die sinkenden Bildungsstandards sowie die zunehmende Gewalt an Schulen. Kostspielige Ausweichmöglichkeiten für eine kleine Schülerschaft stellen **private schools** dar, zum Teil in kirchlicher Trägerschaft als sog. **parochial schools**, oder **home schooling** — Eltern unterrichten ihre Kinder selbst. Im Gegensatz zu Großbritannien werden in den USA mit **public schools** die allgemeinbildenden Schulen bezeichnet.

public schools

Alter	Schultyp	Alter	Schultyp
6-11	elementary school	6-13	elementary school
12-14	junior high school	14-17	high school
15-17	senior high school		

Abschluss: **high school diploma**

LANDESKUNDE

Schulfreund(in) MF schoolfriend **Schulgelände** N school grounds pl **Schulgeld** N school fees pl **Schulheft** N exercise book, notebook (US) **Schulhof** M school playground, schoolyard **schulisch** ADJ Leistungen at school; Bildung school attr **Schuljahr** N school year; (≈ Klasse) year **Schuljahresbeginn** M beginning of the school year **Schuljahresende** N end of the school year **Schuljunge** M schoolboy **Schulkamerad(in)** MF schoolfriend **Schulkenntnisse** ~ **in Französisch** school(-level) French **Schulkind** N schoolchild **Schulklasse** F (school) class **Schulkonferenz** F meeting held between the staff, parents and pupils of a school **Schullandheim** N hostel in countryside used as accommodation and educational facility for school visits **Schulleiter** M headmaster (Br), headteacher (Br), principal (US) **Schulleiterin** F headmistress (Br), headteacher (Br), principal (US) **Schulleitung** F school management **Schulmädchen** N schoolgirl **Schulmappe** F schoolbag **Schulmedizin** F orthodox medicine **Schulmeinung** F received opinion **Schulnote** F mark (Br), grade (US) **Schulorchester** N school orchestra **Schulpartnerschaft** F school twinning **Schulpflegschaft** F advisory committee with representatives of the parents, teachers and educational authority **Schulpflicht** F **es besteht** ~ school attendance is compulsory **schulpflichtig** ADJ Kind required to attend school; **im ~en Alter** of school age **Schulpolitik** F education policy **Schulpsychologe** M, **Schulpsychologin** F educational psychologist **Schulranzen** M (school) satchel **Schulrat** M, **Schulrätin** F schools inspector (Br), ≈ school board superintendent (US) **Schulsachen** PL school things pl; **pack deine** ~ get your things ready for school **Schulschiff** N training ship **Schulschluss** M end of school; (vor den Ferien)

> **Schule**

Wenn man mit **school** die Schule als Gebäude meint, dann sagt man **the school**.

Wir treffen uns vor der   **We meet in front of**
Schule.   **the school.**

Meint man mit **school** den Unterricht, darf man **the** nicht verwenden:

Macht dir die Schule   **Do you like school?**
Spaß?

GRAMMATIK ◄

end of term; **kurz nach** ~ just after school finishes **Schulschwänzer(in)** MF truant **Schulspeisung** F school meals pl **Schulsprecher(in)** MF pupils' representative (bes Br), student representative (US) **Schulstress** M stress at school, pressures pl of school; **im** ~ **sein** to be under stress at school **Schulstunde** F (school) period **Schulsystem** N school system **Schultasche** F schoolbag **Schulter** F shoulder; **jdm auf die** ~ **klopfen** to give sb a slap on the back; (lobend) to pat sb on the back; ~ **an** ~ (≈ dicht gedrängt) shoulder to shoulder; (≈ solidarisch) side by side; **die** od **mit den** ~**n zucken** to shrug one's shoulders; **etw auf die leichte** ~ **nehmen** to take sth lightly **Schulterblatt** N shoulder blade **Schultergelenk** N shoulder joint **schulterlang** ADJ shoulder-length **schultern** VT to shoulder **Schulterschluss** M solidarity **Schulträger** M authority responsible for the maintenance of a school; ~ **ist der Staat** the school is supported od maintained by the State **Schultüte** F cardboard cone filled with presents and sweets and given to children on their first day at school **Schultyp** M type of school **Schulung** F (≈ Ausbildung) training; POL political instruction **Schuluniform** F school uniform **Schulunterricht** M school lessons pl **Schulversager(in)** MF failure at school **Schulweg** M way to school **Schulwesen** N school system **Schulzeit** F (≈ Schuljahre) school days pl **Schulzeitung** F school newspaper **Schulzentrum** N school complex **Schulzeugnis** N school report **schummeln** VI (umg) to cheat **schumm(e)rig** ADJ Beleuchtung dim **Schund** M (pej) trash, rubbish (Br) **schunkeln** VI to link arms and sway from side to side **Schuppe** F **1** scale **2 Schuppen** PL (≈ Kopfschuppen) dandruff sg **schuppen A** VT Fische to scale **B** VR to flake **Schuppen** M **1** shed **2** (umg) (≈ übles Lokal) dive (umg) **Schur** F (≈ das Scheren) shearing **schüren** VT **1** Feuer, Glut to rake **2** (fig) to stir up; Zorn, Hass to fan the flames of **schürfen A** VI BERGB to prospect (nach for); **tief** ~ (fig) to dig deep **B** VT Bodenschätze to mine **C** VR to graze oneself; **sich am Knie** ~ to graze one's knee **Schürfwunde** F graze **Schürhaken** M poker **Schurke** M, **Schurkin** F (obs) villain **Schurkenstaat** M POL rogue state od nation **Schurwolle** F virgin wool **Schürze** F apron; (≈ Kittelschürze) overall

Schürzenjäger m̄ (umg) philanderer
Schuss m̄ ▮ shot; (≈ Schuss Munition) round; **einen ~ auf jdn/etw abgeben** to fire a shot at sb/sth; **weit (ab) vom ~ sein** (fig umg) to be miles from where the action is (umg); **der ~ ging nach hinten los** it backfired ▮ FUSSB kick; (bes zum Tor) shot ▮ (≈ Spritzer) dash; (von Humor etc) touch ▮ (umg: mit Rauschgift) shot; **(sich dat) einen ~ setzen** to shoot up (umg) ▮ (umg) **in ~ sein/kommen** to be in/get into (good) shape **Schussbereich** m̄ (firing) range
Schussel m̄ (umg) dolt (umg); (zerstreut) scatterbrain (umg)
Schüssel f bowl; (≈ Satellitenschüssel) dish; (≈ Waschschüssel) basin
schusselig ADJ (≈ zerstreut) scatterbrained (umg)
Schusslinie f firing line **Schussverletzung** f bullet wound **Schusswaffe** f firearm **Schusswechsel** m̄ exchange of shots **Schussweite** f range (of fire); **in/außer ~** within/out of range **Schusswunde** f bullet wound
Schuster(in) m/f shoemaker; (≈ Flickschuster) cobbler
Schutt m̄ (≈ Trümmer) rubble; GEOL debris; **„Schutt abladen verboten"** "no tipping" (Br), "no dumping" (US) **Schuttabladeplatz** m̄ dump
Schüttelfrost m̄ MED shivering fit **schütteln** ▮ VT to shake; (≈ rütteln) to shake about; **den Kopf ~** to shake one's head ▮ VR (vor Kälte) to shiver (vor +dat with); (vor Ekel) to shudder (vor +dat with, in)
schütten ▮ VT to tip; Flüssigkeiten to pour; (≈ verschütten) to spill ▮ VI UNPERS (umg) **es schüttet** it's pouring (with rain)
schütter ADJ Haar thin
Schutthaufen m̄ pile of rubble
Schüttstein m̄ (schweiz ≈ Spülbecken) sink
Schutz m̄ protection (vor +dat, gegen against, from); (bes MIL ≈ Deckung) cover; **im ~(e) der Nacht** under cover of night; **jdn in ~ nehmen** (fig) to take sb's part **Schutzanzug** m̄ protective clothing (❗ kein pl, ohne a) **Schutzblech** n mudguard **Schutzbrille** f protective goggles pl
Schütze m̄ ▮ marksman; (≈ Schießsportler) rifleman; (FUSSB ≈ Torschütze) scorer; (≈ Bogenschütze) archer ▮ ASTROL Sagittarius; **(ein) ~ sein** to be (a) Sagittarius
schützen ▮ VT to protect (vor +dat, gegen from, against); (bes MIL ≈ Deckung geben) to cover; **vor Hitze/Sonnenlicht ~!** keep away from heat/sunlight; **vor Nässe ~!** keep dry; → geschützt ▮ VR to protect oneself (vor +dat, gegen from, against) **schützend** ADJ protective; **ein ~es Dach** (gegen Wetter) a shelter; **seine ~e Hand über jdn halten** to take sb under one's wing ▮ ADV protectively **Schutzengel** m̄ guardian angel **Schützenhilfe** f (fig) support; **jdm ~ geben** to back sb up **Schützenverein** m̄ shooting club
Schutzfilm m̄ protective layer od coating **Schutzfolie** f protective film **Schutzgebiet** n POL protectorate **Schutzgebühr** f (token) fee **Schutzgeld** n protection money **Schutzhaft** f JUR protective custody; POL preventive detention **Schutzheilige(r)** m/f(m) patron saint **Schutzhelm** m̄ safety helmet **Schutzherr** m̄ patron **Schutzherrin** f patron, patroness **Schutzhülle** f protective cover; (≈ Buchumschlag) dust cover **Schutzimpfung** f vaccination, inoculation
Schützin f markswoman; (≈ Schießsportlerin) riflewoman; (≈ Torschützin) scorer
Schutzkleidung f protective clothing **Schützling** m̄ protégé; (bes Kind) charge **schutzlos** ▮ ADJ (≈ wehrlos) defenceless (Br), defenseless (US) ▮ ADV **jdm ~ ausgeliefert sein** to be at the mercy of sb **Schutzmacht** f POL protecting power **Schutzmann** m̄ policeman **Schutzmaske** f (protective) mask **Schutzmaßnahme** f precaution; (vorbeugend) preventive measure **Schutzpatron(in)** m/f patron saint **Schutzraum** m̄ shelter **Schutzschicht** f protective layer; (≈ Überzug) protective coating **Schutztruppe** f protection force; HIST colonial army

Schütze — scorer

Schütze — Sagittarius

SCHU | 1196

Schutzumschlag M̄ dust cover **Schutzwall** M̄ protective wall (*gegen* to keep out)
schwabbelig ADJ (*umg*) *Körperteil* flabby; *Gelee* wobbly
Schwabe M̄, **Schwäbin** F̄ Swabian **Schwaben** N̄ Swabia **schwäbisch** ADJ Swabian; **die Schwäbische Alb** the Swabian mountains *pl*
schwach A ADJ weak; *Gesundheit, Gehör* poor; *Hoffnung* faint; *Licht* dim; *Wind* light; HANDEL *Nachfrage* slack; **in Englisch ist er ~** he's quite poor at English; **das ist ein ~es Bild** (*umg*) od **eine ~e Leistung** (*umg*) that's a poor show (*umg*); **ein ~er Trost** cold comfort; **auf ~en Beinen** od **Füßen stehen** (*fig*) to be on shaky ground; (*Theorie*) to be shaky; **schwächer werden** (*Stimme*) to grow fainter; (*Licht*) to (grow) dim; (*Ton*) to fade B ADV weakly; (≈ *spärlich*) *besucht* poorly; **~ bevölkert** sparsely populated; **~ radioaktiv** with low-level radioactivity **Schwäche** F̄ weakness; (*von Stimme*) feebleness; (*von Licht*) dimness; (*von Wind*) lightness **Schwächeanfall** M̄ sudden feeling of weakness **schwächeln** V̄ī to weaken slightly; **der Dollar schwächelt** the dollar is showing signs of weakness **schwächen** V̄T̄ to weaken **Schwachkopf** M̄ (*umg*) dimwit (*umg*) **schwächlich** ADJ weakly **Schwächling** M̄ weakling **schwachmachen** V̄T̄ (*umg*) **jdn ~** to soften sb up; **mach mich nicht schwach!** don't say that! (*umg*) **Schwachpunkt** M̄ weak point **Schwachsinn** M̄ MED mental deficiency; (*fig umg* ≈ *unsinnige Tat*) idiocy ⚠ ohne a); (≈ *Quatsch*) rubbish (*Br umg*), garbage **schwachsinnig** ADJ MED mentally deficient; (*fig umg*) idiotic **Schwachstelle** F̄ weak point **Schwachstrom** M̄ ELEK low-voltage current **Schwächung** F̄ weakening
Schwaden M̄ (≈ *Dunst*) cloud
schwafeln (*pej umg*) A V̄ī to drivel (on) (*umg*); (*in einer Prüfung*) to waffle (*umg*) B V̄T̄ **dummes Zeug ~** to talk drivel (*umg*) **Schwafler(in)** M̄F̄ (*pej umg*) windbag (*umg*)
Schwager M̄ brother-in-law **Schwägerin** F̄ sister-in-law
Schwalbe F̄ swallow; **eine ~ machen** (FUSSB *sl*) to take a dive
Schwall M̄ flood
Schwamm M̄ ⬛ sponge; **~ drüber!** (*umg*) (let's) forget it! ⬛ (*dial* ≈ *Pilz*) fungus; (*essbar*) mushroom; (*giftig*) toadstool ⬛ (≈ *Hausschwamm*) dry rot **Schwammerl** N̄ (*bes österr* ≈ *Pilz*) fungus; (*essbar*) mushroom; (*giftig*) toadstool **schwammig** A ADJ ⬛ (*wörtl*) spongy ⬛ (*fig*) *Gesicht, Hände* puffy; (≈ *vage*) *Begriff* woolly B ADV (≈ *vage*) vaguely
Schwan M̄ swan **schwanen** V̄I UNPERS **ihm**

schwante etwas he sensed something might happen; **mir schwant nichts Gutes** I don't like it **Schwanengesang** M̄ (*fig*) swan song
schwanger ADJ pregnant; **sie ist im sechsten Monat ~** she is five months pregnant **Schwangere** F̄ pregnant woman **schwängern** V̄T̄ to make pregnant **Schwangerschaft** F̄ pregnancy **Schwangerschaftsabbruch** M̄ termination of pregnancy **Schwangerschaftstest** M̄ pregnancy test
Schwank M̄ THEAT farce; **ein ~ aus der Jugendzeit** (*hum*) a tale of one's youthful exploits **schwanken** V̄ī ⬛ (≈ *wanken*) to sway; (*Schiff*) (*auf und ab*) to pitch; (*seitwärts*) to roll; (*Angaben*) to vary; PHYS, MATH to fluctuate; **ins Schwanken kommen** (*Preise, Kurs, Temperatur etc*) to start to fluctuate; (*Überzeugung etc*) to begin to waver ⬛ (≈ *wechseln*) to alternate; (≈ *zögern*) to hesitate; **~, ob** to hesitate as to whether **schwankend** ADJ ⬛ (≈ *wankend*) swaying; *Gang* rolling; *Schritt* unsteady ⬛ (≈ *unschlüssig*) uncertain; (≈ *zögernd*) hesitant; (≈ *unbeständig*) unsteady **Schwankung** F̄ (*von Preisen, Temperatur etc*) fluctuation (+*gen* in); **seelische ~en** mental ups and downs (*umg*) **Schwankungsbereich** M̄ range
Schwanz M̄ ⬛ tail; (*umg: von Zug*) (tail) end; **das Pferd** od **den Gaul beim** od **am ~ aufzäumen** to do things back to front ⬛ (*sl* ≈ *Penis*) prick (*sl*) **schwänzen** (*umg*) A V̄T̄ *Stunde, Vorlesung* to skip (*umg*); *Schule* to play truant (*bes Br*) od hooky (*bes US umg*) from B V̄ī to play truant (*bes Br umg*) od hooky (*bes US umg*) **Schwanzflosse** F̄ tail fin
schwappen V̄ī ⬛ (*Flüssigkeit*) to slosh around ⬛ (≈ *überschwappen*) to splash; (*fig*) to spill
Schwarm M̄ ⬛ swarm ⬛ (*umg* ≈ *Angebeteter*) idol; (≈ *Vorliebe*) passion **schwärmen** V̄ī ⬛ to swarm ⬛ (≈ *begeistert reden*) to enthuse (*von* about); **für jdn/etw ~** to be crazy about sb/sth (*umg*); **ins Schwärmen geraten** to go into raptures **Schwärmer(in)** M̄F̄ (≈ *Begeisterter*) enthusiast; (≈ *Fantast*) dreamer **Schwärmerei** F̄ (≈ *Begeisterung*) enthusiasm; (≈ *Leidenschaft*) passion; (≈ *Verzückung*) rapture **schwärmerisch** ADJ (≈ *begeistert*) enthusiastic; (≈ *verliebt*) infatuated
Schwarte F̄ ⬛ (≈ *Speckschwarte*) rind ⬛ (*umg*) (≈ *Buch*) tome (*hum*); (≈ *Gemälde*) daub(ing) (*pej*)
schwarz A ADJ ⬛ black; **~er Humor** black humour (*Br*) od humor (*US*); **~e Liste** blacklist; **~e Magie** black magic; **das Schwarze Meer** the Black Sea; **das ~e Schaf (in der Familie)** the black sheep (of the family); **etw ~ auf weiß haben** to have sth in black and white; **in den ~en Zahlen sein, ~e Zahlen schreiben** HANDEL to be in the black; **da kannst du war-**

1197 ‖ SCHW

ten, bis du ~ wirst (umg) you can wait till the cows come home (umg) **2** (umg ≈ ungesetzlich) illicit; **der ~e Markt** the black market B ADV **1** black; einrichten, sich kleiden in black **2** (≈ illegal) erwerben illegally; **etw ~ verdienen** to earn sth on the side (umg) **Schwarz** N̄ black; **in ~ gehen** to wear black **Schwarzarbeit** F̄ illicit work; (nach Feierabend) moonlighting (umg) **schwarzarbeiten** V̄Ī to do illicit work; (nach Feierabend) to moonlight (umg) **Schwarzarbeiter(in)** M̄F̄ person doing illicit work; (nach Feierabend) moonlighter (umg) **schwarzärgern** V̄R̄ (umg) to get extremely angry **schwarzbraun** ADJ dark brown **Schwarzbrot** N̄ (braun) brown rye bread; (schwarz, wie Pumpernickel) black bread **Schwarze** F̄ black woman/girl **Schwärze** F̄ **1** (≈ Dunkelheit) blackness **2** (≈ Druckerschwärze) printer's ink **schwärzen** V̄Ī & V̄R̄ to blacken **Schwarze(r)** M̄ black **Schwarze(s)** N̄ black; (auf Zielscheibe) bull's-eye; **das kleine ~** (umg) one's/a little black dress; **ins ~ treffen** to score a bull's-eye **schwarzfahren** V̄Ī (ohne zu zahlen) to travel without paying **Schwarzfahrer(in)** M̄F̄ fare dodger (umg) **Schwarzgeld** N̄ illegal earnings pl **schwarzhaarig** ADJ black-haired **Schwarzhandel** M̄ black market; (≈ Tätigkeit) black marketeering; **im ~** on the black market **Schwarzhändler(in)** M̄F̄ black marketeer **schwärzlich** ADJ blackish; Haut dusky **schwarzmalen** V̄Ī to be pessimistic **Schwarzmalerei** F̄ pessimism **Schwarzmarkt** M̄ black market **Schwarzpulver** N̄ black (gun)powder **schwarzsehen** V̄Ī **1** TV to watch without a licence (Br) od license (US) **2** (≈ pessimistisch sein) to be pessimistic **Schwarztee** M̄ black tea **Schwarzwald** M̄ Black Forest **Schwarzwälder** ADJ Black Forest; **~ Kirschtorte** Black Forest gateau (Br) od cake (US) **schwarz-weiß, schwarzweiß** ADJ black and white **Schwarz-Weiß-Foto** N̄ black-and-white (photo) **Schwarzwurzel** F̄ GASTR salsify

Schwatz M̄ (umg) chat **schwatzen** A V̄Ī to talk; (pej) (unaufhörlich) to chatter; (≈ klatschen) to gossip B V̄T to talk; **dummes Zeug ~** to talk a lot of rubbish (bes Br umg) **schwätzen** V̄T & V̄Ī (südd, österr) = schwatzen **Schwätzer(in)** M̄F̄ (pej) chatterbox (umg); (≈ Schwafler) windbag (umg); (≈ Klatschmaul) gossip **Schwätzerei** F̄ (pej) (≈ Gerede) chatter; (≈ Klatsch) gossip **schwatzhaft** ADJ (≈ geschwätzig) talkative, garrulous; (≈ klatschsüchtig) gossipy

Schwebe F̄ **in der ~ sein** (fig) to be in the balance; JUR to be pending **Schwebebahn** F̄ suspension railway **Schwebebalken** M̄

SPORT beam **schweben** V̄Ī **1** (Nebel, Rauch) to hang; (Wolke) to float; **etw schwebt jdm vor Augen** (fig) sb has sth in mind; **in großer Gefahr ~** to be in great danger **2** (≈ durch die Luft gleiten) to float; (≈ hochschweben) to soar; (≈ niederschweben) to float down; (≈ sich leichtfüßig bewegen) to glide **schwebend** ADJ TECH, CHEM suspended; (fig) Fragen etc unresolved; JUR Verfahren pending

Schwede M̄, **Schwedin** F̄ Swede **Schweden** N̄ Sweden **schwedisch** ADJ Swedish; **hinter ~en Gardinen** (umg) behind bars **Schwefel** M̄ sulphur (Br), sulfur (US) **schwefelhaltig** ADJ containing sulphur (Br) od sulfur (US) **Schwefelsäure** F̄ sulphuric (Br) od sulfuric (US) acid **schweflig** ADJ sulphurous (Br), sulfurous (US)

Schweif M̄ auch ASTRON tail **schweifen** V̄Ī to roam; **seinen Blick ~ lassen** to let one's eyes wander (über etw (akk) over sth)

Schweigegeld N̄ hush money **Schweigemarsch** M̄ silent march (of protest) **Schweigeminute** F̄ one minute('s) silence **schweigen** V̄Ī to be silent; **kannst du ~?** can you keep a secret?; **zu etw ~** to make no reply to sth; **ganz zu ~ von ...** to say nothing of ... **Schweigen** N̄ silence; **jdn zum ~ bringen** to silence sb (a. euph) **schweigend** A ADJ silent B ADV in silence; **~ über etw** (akk) **hinweggehen** to pass over sth in silence **Schweigepflicht** F̄ pledge of secrecy; **die ärztliche ~** medical confidentiality **schweigsam** ADJ silent; (als Charaktereigenschaft) taciturn; (≈ verschwiegen) discreet

Schwein N̄ **1** pig, hog (US); (Fleisch) pork **2** (umg: Mensch) pig (umg), swine; **ein armes/faules ~** a poor/lazy bastard (sl); **kein ~** nobody **3** (umg ≈ Glück) **~ haben** to be lucky **Schweinebauch** M̄ GASTR belly of pork **Schweinebraten** M̄ joint of pork; (gekocht) roast pork **Schweinefleisch** N̄ pork **Schweinegeld** N̄ (umg) **ein ~** a packet (Br umg), a fistful (US umg) **Schweinehund** M̄ (umg) bastard (sl) **Schweinepest** F̄ VET swine fever **Schweinerei** F̄ (umg) **1** mess **2** (≈ Skandal) scandal; (≈ Gemeinheit) dirty trick (umg); **(so eine) ~!** what a dirty trick! (umg); (≈ unzüchtige Handlung) indecent act; **~en machen** to do dirty things **Schweineschmalz** N̄ dripping **Schweinestall** M̄ pigsty, pigpen (bes US) **Schweinezucht** F̄ pig-breeding; (Hof) pig farm **schweinisch** (umg) ADJ Benehmen piggish (umg); Witz dirty **Schweinkram** M̄ (umg) dirt, filth **Schweinshaxe** F̄ (südd GASTR) knuckle of pork **Schweinsleder** N̄ pigskin

Schweiß M̄ sweat **Schweißausbruch** M̄

sweating (❗ kein pl, ohne a) **schweißbedeckt** ADJ covered in sweat **Schweißbrenner** M̅ TECH welding torch **Schweißdrüse** F̅ ANAT sweat gland **schweißen** V̅T̅&̅V̅I̅ TECH to weld **Schweißer(in)** M̅(F̅) TECH welder **Schweißfüße** P̅L̅ smelly feet pl **schweißgebadet** ADJ bathed in sweat **Schweißgeruch** M̅ smell of sweat **schweißig** ADJ sweaty **Schweißnaht** F̅ TECH weld **schweißnass** ADJ sweaty **Schweißperle** F̅ bead of perspiration **Schweißstelle** F̅ weld **schweißtreibend** ADJ Tätigkeit that makes one sweat **Schweißtropfen** M̅ drop of sweat **schweißüberströmt** ADJ streaming with sweat

Schweiz F̅ **die ~** Switzerland (❗ ohne the); **die deutsche/französische/italienische ~** German/French/Italian-speaking Switzerland **Schweizer** ADJ Swiss; **~ Käse** Swiss cheese; **~ Franken** Swiss franc **Schweizer(in)** M̅(F̅) Swiss **schweizerdeutsch** ADJ Swiss-German **Schweizerdeutsch** N̅ Swiss German **schweizerisch** ADJ Swiss **Schweizermesser** N̅ Swiss army knife

Schwelbrand M̅ smouldering (Br) od smoldering (US) fire **schwelen** V̅I̅ to smoulder (Br), to smolder (US)

schwelgen V̅I̅ to indulge oneself (in +dat in); **in Erinnerungen ~** to indulge in reminiscences

Schwelle F̅ ◪ threshold; **an der ~ des Todes** at death's door ◫ BAHN sleeper (Br), cross-tie (US) **schwellen** V̅I̅ to swell; → **geschwollen**

Schwellenangst F̅ PSYCH fear of entering a place; (fig) fear of embarking on something new **Schwellenland** N̅ fast-developing nation **Schwellung** F̅ swelling

Schwemme F̅ ◪ (für Tiere) watering place ◫ (≈ Überfluss) glut (an +dat of) ◼ (≈ Kneipe) bar **schwemmen** V̅T̅ (≈ treiben) Sand etc to wash; **etw an(s) Land ~** to wash sth ashore

Schwengel M̅ (≈ Glockenschwengel) clapper; (≈ Pumpenschwengel) handle

Schwenk M̅ (≈ Drehung) wheel; FILM pan; (fig) about-turn **Schwenkarm** M̅ swivel arm **schwenkbar** ADJ swivelling (Br), swiveling (US) **schwenken** A̅ V̅T̅ ◪ (≈ schwingen) to wave; (≈ herumfuchteln mit) to brandish ◫ Lampe etc to swivel; Kran to swing; Kamera to pan ◼ GASTR Kartoffeln, Nudeln to toss B̅ V̅I̅ to swing; (Kolonne von Soldaten, Autos etc) to wheel; (Geschütz) to traverse; (Kamera) to pan **Schwenkung** F̅ swing; MIL wheel; (von Kran) swing; (von Kamera) pan (-ning)

schwer A̅ ADJ ◪ heavy; (≈ massiv) Fahrzeug, Maschine powerful; **ein 10 kg ~er Sack** a sack weighing 10 kgs ◫ (≈ ernst) serious, grave; Zeit, Schicksal hard; Leiden, Strafe severe; **~e Verluste** heavy losses; **das war ein ~er Schlag für ihn** it was a hard blow for him ◼ (≈ anstrengend, schwierig) hard; Geburt difficult B̅ ADV ◪ beladen, bewaffnet heavily ◫ arbeiten hard; bestrafen severely; **~ verdientes Geld** hard-earned money; **es mit jdm ~ haben** to have a hard time with sb ◼ (≈ ernstlich) seriously; behindert severely; kränken deeply; **~ beschädigt** severely disabled; **~ erkältet sein** to have a bad cold; **~ verunglücken** to have a serious accident ◳ (≈ nicht einfach) **~ zu sehen/sagen** hard to see/say; **~ hören** to be hard of hearing; **ein ~ erziehbares Kind** a maladjusted child; **~ verdaulich** indigestible; **~ verständlich** difficult to understand ◰ (umg ≈ sehr) really; **da musste ich ~ aufpassen** I really had to watch out **Schwerarbeit** F̅ heavy labour (Br) od labor (US) **Schwerarbeiter(in)** M̅(F̅) labourer (Br), laborer (US) **Schwerathletik** F̅ weightlifting sports, boxing, wrestling etc **schwerbehindert** ADJ severely disabled **Schwerbehinderte(r)** M̅(F̅)(M̅) severely disabled person **schwerbeschädigt** ADJ severely disabled **Schwere** F̅ ◪ heaviness ◫ (≈ Ernsthaftigkeit, von Krankheit) seriousness ◼ (≈ Schwierigkeit) difficulty **schwerelos** ADJ weightless **Schwerelosigkeit** F̅ weightlessness **schwererziehbar** ADJ → schwer **schwerfallen** V̅I̅ to be difficult (jdm for sb); **Englisch fällt ihm schwer** he finds English difficult **schwerfällig** A̅ ADJ (≈ unbeholfen) Gang heavy (in one's movements); (≈ langsam) Verstand slow; Stil ponderous B̅ ADV heavily; sprechen ponderously; sich bewegen with difficulty **Schwergewicht** N̅ ◪ (SPORT, fig) heavyweight ◫ (≈ Nachdruck) stress **schwerhörig** ADJ hard of hearing **Schwerhörigkeit** F̅ hardness of hearing **Schwerindustrie** F̅ heavy industry **Schwerkraft** F̅ gravity **schwerlich** ADV hardly **schwer machen** V̅T̅ ◪ **jdm das Leben ~** to make life difficult for sb ◫ **es jdm/sich ~** to make it od things difficult for sb/oneself **Schwermetall** N̅ heavy metal **Schwermut** F̅ melancholy **schwermütig** ADJ melancholy **schwernehmen** V̅T̅ **etw ~** to take sth hard **Schwerpunkt** M̅ PHYS centre (Br) od center (US) of gravity; (fig) (≈ Zentrum) centre (Br), center (US); (≈ Hauptgewicht) main emphasis od stress; **~e setzen** to set priorities **schwerreich** ADJ (umg) stinking rich (umg)

Schwert N̅ sword **Schwertfisch** M̅ swordfish **Schwertlilie** F̅ BOT iris

schwertun V̅R̅ (umg) **sich** (dat) **mit** od **bei etw ~** to make a big deal of sth (umg) **Schwerverbrecher(in)** M̅(F̅) criminal, felon (bes JUR)

1199 ‖ SECH

schwerverdaulich A͟D͟J → **schwer**
Schwerverkehr M͟ heavy goods traffic
Schwerverletzte(r) M͟/͟F͟I͟M͟ serious casualty
schwerwiegend A͟D͟J (fig) Fehler, Mängel, Folgen
serious
Schwester F͟ sister; (≈ Krankenschwester) nurse; (≈
Ordensschwester) nun **Schwesterfirma** F͟ sister company **schwesterlich** A͟D͟J sisterly
Schwesternheim N͟ nurses' home
Schwesternhelfer(in) M͟F͟ nursing auxiliary (Br) od assistant (US) (❗) Schreibung mit **ant**)
Schwesterschiff N͟ sister ship
Schwiegereltern P͟L parents-in-law pl
Schwiegermutter F͟ mother-in-law
Schwiegersohn M͟ son-in-law **Schwiegertochter** F͟ daughter-in-law **Schwiegervater** M͟ father-in-law
Schwiele F͟ callus; (≈ Vernarbung) welt **schwielig** A͟D͟J Hände callused
schwierig A͟ A͟D͟J difficult B͟ A͟D͟V ~ **zu übersetzen** difficult to translate **Schwierigkeit** F͟ difficulty; **in ~en geraten** to get into difficulties; **jdm ~en machen** to make trouble for sb; **jdn in ~en** (akk) **bringen** to create difficulties for sb **Schwierigkeitsgrad** M͟ degree of difficulty
Schwimmbad N͟ swimming pool; (≈ Hallenbad) swimming baths pl **Schwimmbecken** N͟ (swimming) pool **schwimmen** A͟ V͟I 1 to swim; **im Geld ~** to be rolling in it (umg) 2 (fig ≈ unsicher sein) to be at sea B͟ V͟T SPORT to swim **Schwimmen** N͟ swimming; **ins ~ geraten** (fig) to begin to flounder **Schwimmer** M͟ TECH, ANGELN float **Schwimmer(in)** M͟F͟ swimmer **Schwimmflosse** F͟ fin **Schwimmhaut** F͟ ORN web **Schwimmlehrer(in)** M͟F͟ swimming instructor **Schwimmweste** F͟ life jacket
Schwindel M͟ 1 (≈ Gleichgewichtsstörung) dizziness 2 (≈ Lüge) lie; (≈ Betrug) swindle, fraud 3 (umg ≈ Kram) **der ganze ~** the whole (kit and) caboodle (umg) **Schwindelanfall** M͟ dizzy turn **Schwindelei** F͟ (umg) (≈ leichte Lüge) fib (umg); (≈ leichter Betrug) swindle **schwindelerregend** A͟D͟J Höhe dizzy; Tempo dizzying; (umg) Preise astronomical **schwindelfrei** A͟D͟J **Wendy ist nicht ~** Wendy can't stand heights; **sie ist völlig ~** she has a good head for heights **schwindelig** A͟D͟J dizzy; **mir ist** od **ich bin ~** I feel dizzy **schwindeln** A͟ V͟I (umg ≈ lügen) to fib (umg) B͟ V͟T (umg) **das ist alles geschwindelt** it's all lies
schwinden V͟I (≈ abnehmen) to dwindle; (Schönheit) to fade; (Ton) to fade (away); (Erinnerung) to fade away; (Kräfte) to fail; **sein Mut schwand** his courage failed him

Schwindler(in) M͟F͟ swindler; (≈ Hochstapler) con man; (≈ Lügner) liar, fraud **schwindlerisch** A͟D͟J fraudulent **schwindlig** A͟D͟J = schwindelig
schwingen A͟ V͟T Schläger to swing; (drohend) Stock etc to brandish; Fahne to wave; → **geschwungen** B͟ V͟R **sich auf etw** (akk) ~ to leap onto sth; **sich über etw** (akk) ~ to vault across sth C͟ V͟I to swing; (≈ vibrieren, Saite) to vibrate **Schwingtür** F͟ swing door **Schwingung** F͟ vibration
Schwips M͟ (umg) **einen (kleinen) ~ haben** to be (slightly) tipsy
schwirren V͟I to whizz (Br), to whiz; (Fliegen etc) to buzz; **mir schwirrt der Kopf** my head is buzzing
Schwitze F͟ GASTR roux **schwitzen** V͟I to sweat v/r **sich nass ~** to get drenched in sweat **Schwitzen** N͟ sweating; **ins ~ kommen** to break out in a sweat; (fig) to get into a sweat
schwofen V͟I (umg) to dance
schwören A͟ V͟T to swear; **ich hätte geschworen, dass ...** I could have sworn that ...; **jdm/ sich etw** ~ to swear sth to sb/oneself B͟ V͟I to swear; **auf jdn/etw** ~ (fig) to swear by sb/sth
schwul A͟D͟J (umg) gay, queer (pej umg)
schwül A͟D͟J Wetter, Tag etc sultry, muggy **Schwüle** F͟ sultriness
Schwule(r) M͟ gay **Schwulenszene** F͟ gay scene
Schwulität F͟ (umg) trouble (❗) ohne a), difficulty; **in ~en geraten** to get in a fix (umg)
Schwulst M͟ (pej) bombast **schwülstig** (pej) A͟D͟J bombastic
Schwund M͟ 1 (≈ Abnahme) decrease (+gen in) 2 (von Material) shrinkage 3 MED atrophy
Schwung M͟ 1 swing; (≈ Sprung) leap 2 (wörtl ≈ Antrieb) momentum; (fig ≈ Elan) verve; **in ~ kommen** (wörtl) to gain momentum; (fig) to get going; **jdn/etw in ~ bringen** to get sb/sth going; **in ~ sein** (wörtl) to be going at full speed; (fig) to be in full swing 3 (umg ≈ Menge) stack **schwunghaft** A͟ A͟D͟J Handel flourishing B͟ A͟D͟V **sich ~ entwickeln** to grow hand over fist **schwungvoll** A͟ A͟D͟J 1 Linie, Handschrift sweeping 2 (≈ mitreißend) Rede lively B͟ A͟D͟V (≈ mit Schwung) energetically; werfen powerfully
Schwur M͟ (≈ Eid) oath; (≈ Gelübde) vow **Schwurgericht** N͟ court with a jury
Schwyz N͟ Schwyz
Science-Fiction, **Sciencefiction** F͟ science fiction, sci-fi (umg)
scrollen V͟T & V͟I IT to scroll
sechs N͟U͟M six; → **vier Sechseck** N͟ hexagon **sechseckig** A͟D͟J hexagonal **Sechserpack** M͟ six-pack **sechshundert** N͟U͟M six hundred

S

sechsmal ADV six times **Sechstagerennen** N six-day (bicycle) race **sechstägig** ADJ six-day **sechstausend** NUM six thousand **Sechstel** N sixth; → Viertel¹ **sechste(r, s)** ADJ sixth; **den ~n Sinn haben** to have a sixth sense (for sth); → vierte(r, s) **sechzehn** NUM sixteen **sechzig** NUM sixty; → vierzig
Secondhandladen M second-hand shop
See¹ F (≈ *Meer*) sea; **an der ~** by the sea; **an die ~ fahren** to go to the sea(side); **auf hoher ~** on the high seas; **auf ~** at sea; **in ~ stechen** to put to sea
See² M (≈ *Binnensee*) lake

See — sea

See — lake

Seeaal M ZOOL conger (eel) **Seebad** N (≈ *Kurort*) seaside resort **Seebär** M (hum umg) seadog (umg) **Seebeben** N seaquake **See-Elefant** M sea elephant **Seefahrer(in)** M(F) seafarer **Seefahrt** F ❶ (≈ *Fahrt*) (sea) voyage; (≈ *Vergnügungsseefahrt*) cruise ❷ (≈ *Schifffahrt*) seafaring (⚠ ohne Artikel) **Seefisch** M saltwater fish **Seefischerei** F sea fishing **Seefrachtbrief** M HANDEL bill of lading **Seegang** M swell; **starker** *od* **hoher ~** heavy *od* rough seas **seegestützt** ADJ MIL sea-based **Seehafen** M seaport **Seehund** M seal **seekrank** ADJ seasick; **Paul wird leicht ~** Paul is a bad sailor **Seeigel** M sea urchin **Seekrankheit** F seasickness **Seekrieg** M naval war **Seelachs** M GASTR pollack
Seele F soul; (≈ *Herzstück*) life and soul; **jdm aus der ~ sprechen** to express exactly what sb feels; **das liegt mir auf der ~** it weighs heavily on my mind; **sich** (dat) **etw von der ~ reden** to get sth off one's chest; **das tut mir in der ~ weh** I am deeply distressed; **eine ~ von Mensch** an absolute dear **Seelenheil** N spiritual salvation; (fig) spiritual welfare **Seelenleben** N inner life **seelenlos** ADJ soulless **Seelenruhe** F calmness; **in aller ~** calmly; (≈ *kaltblütig*) as cool as ice **seelenruhig** ADJ calm; (≈ *kaltblütig*) as cool as ice Ⓑ ADV calmly; (≈ *kaltblütig*) callously **seelenverwandt** ADJ congenial (liter); **sie waren ~** they were kindred spirits **Seelenzustand** M psychological state
Seelilie F sea lily
seelisch Ⓐ ADJ REL spiritual; (≈ *geistig*) *Gleichgewicht* mental; *Schaden* psychological; *Erschütterung* emotional Ⓑ ADV psychologically; **~ krank** mentally ill
Seelöwe M sea lion
Seelsorge F spiritual welfare **Seelsorger(in)** M(F) pastor
Seeluft F sea air **Seemacht** F naval *od* maritime power **Seemann** M sailor **seemännisch** ADJ nautical **Seemannsgarn** N (umg) sailor's yarn **Seemeile** F sea mile **Seemöwe** F seagull
Seengebiet N lakeland district
Seenot F distress; **in ~ geraten** to get into distress **Seeotter** M sea otter **Seepferd(-chen)** N sea horse **Seeräuber(in)** M(F) pirate **Seeräuberei** F piracy **Seereise** F (sea) voyage; (≈ *Kreuzfahrt*) cruise **Seerose** F water lily **Seeschlacht** F sea battle **Seestern** M ZOOL starfish **Seestreitkräfte** PL naval forces pl **Seetang** M seaweed **Seeteufel** M ZOOL monkfish **seetüchtig** ADJ seaworthy **seeuntüchtig** ADJ unseaworthy **Seeverkehr** M maritime traffic **Seevogel** M sea bird **Seeweg** M sea route; **auf dem ~ reisen** to go by sea **Seezunge** F sole
Segel N sail; **die ~ setzen** to set the sails **Segelboot** N sailing boat (Br), sailboat (US) **segelfliegen** VI to glide **Segelfliegen** N gliding **Segelflieger(in)** M(F) glider pilot **Segelflug** M (≈ *Segelfliegerei*) gliding; (≈ *Flug*) glider flight **Segelflugzeug** N glider **Segeljacht** F (sailing) yacht, sailboat (US) **Segelklub** M sailing club **segeln** Ⓐ VT & VI to sail; **~ gehen** to go for a sail Ⓑ VI (umg) **durch eine Prüfung ~** to fail an exam **Segeln** N sailing **Segelregatta** F sailing *od* yachting regatta **Segelschiff** N sailing ship **Segelsport** M sailing (⚠ ohne Artikel) **Segeltuch** N canvas
Segen M blessing; **es ist ein ~, dass ...** it is a blessing that ...; **er hat meinen ~** he has my blessing

1201 ‖ SEIN

Segler(in) M̲F̲ (≈ *Segelsportler*) yachtsman/-woman, sailor
Segment N̲ segment
segnen V̲T̲ REL to bless **Segnung** F̲ REL blessing
sehbehindert A̲D̲J̲ partially sighted

sehen

A transitives Verb   **B** reflexives Verb
C intransitives Verb

— **A** transitives Verb —

to see; (≈ *ansehen*) to look at; **gut zu ~ sein** to be clearly visible; **schlecht zu ~ sein** to be difficult to see; **da gibt es nichts zu ~** there is nothing to see; **darf ich das mal ~?** can I have a look at that?; **jdn/etw zu ~ bekommen** to get to see sb/sth; **etw in jdm ~** to see sb as sth; **ich kann den Mantel nicht mehr ~** (≈ *nicht mehr ertragen*) I can't stand the sight of that coat any more; **sich ~ lassen** to put in an appearance; **er lässt sich kaum noch bei uns ~** he hardly ever comes to see us now; **also, wir ~ uns morgen** right, I'll see you tomorrow; **da sieht man es mal wieder!** that's typical!; **du siehst das/ihn nicht richtig** you've got it/him wrong; **rein menschlich gesehen** from a purely personal point of view
— **B** reflexives Verb —

sich getäuscht ~ to see oneself deceived; **sich gezwungen ~, zu …** to find oneself obliged to …
— **C** intransitives Verb —

to see; **er sieht gut/schlecht** he can/cannot see very well; **siehe oben/unten** see above/below; **siehst du (wohl)!, siehste!** (*umg*) you see!; **~ Sie mal!** look!; **lass mal ~** let me see, let me have a look; **Sie sind beschäftigt, wie ich sehe** I can see you're busy; **mal ~!** (*umg*) we'll see; **auf etw** (*akk*) **~** (≈ *hinsehen*) to look at sth; (≈ *achten*) to consider sth important; **darauf ~, dass …** to make sure (that) …; **nach jdm ~** (≈ *betreuen*) to look after sb; (≈ *besuchen*) to go to see sb; **nach der Post ~** to see if there are any letters
Sehen N̲ seeing; (≈ *Sehkraft*) sight; **ich kenne ihn nur vom ~** I only know him by sight **sehenswert** A̲D̲J̲ worth seeing **Sehenswürdigkeit** F̲ sight **Sehfehler** M̲ visual defect **Sehkraft** F̲ (eye)sight
Sehne F̲ ◼ ANAT tendon ◻ (≈ *Bogensehne*) string
sehnen V̲R̲ **sich nach jdm/etw ~** to long for sb/sth
Sehnenzerrung F̲ pulled tendon
Sehnerv M̲ optic nerve

sehnlich ◼ A̲D̲J̲ *Wunsch* ardent; *Erwartung* eager ◻ A̲D̲V̲ *hoffen, wünschen* ardently **Sehnsucht** F̲ longing (*nach* for) **sehnsüchtig** ◼ A̲D̲J̲ longing; *Wunsch etc* ardent ◻ A̲D̲V̲ *hoffen* ardently; **~ auf etw** (*akk*) **warten** to long for sth

sehr A̲D̲V̲ ◼ (*mit Adj, adv*) very; **er ist ~ dagegen** he is very much against it; **er geht ihm ~ viel besser** he is very much better ◻ (*mit Vb*) very much, a lot; **so ~** so much; **wie ~** how much; **sich ~ anstrengen** to try very hard; **regnet es ~?** is it raining a lot?; **freust du dich darauf? — ja, ~** are you looking forward to it? — yes, very much; **zu ~** too much

Sehschwäche F̲ poor eyesight **Sehstörung** F̲ visual defect **Sehtest** M̲ eye test **Sehvermögen** N̲ powers *pl* of vision
seicht A̲D̲J̲ shallow
Seide F̲ silk **seiden** A̲D̲J̲ (≈ *aus Seide*) silk **Seidenpapier** N̲ tissue paper **Seidenraupe** F̲ silkworm **seidenweich** A̲D̲J̲ soft as silk **seidig** A̲D̲J̲ (≈ *wie Seide*) silky
Seife F̲ soap **Seifenblase** F̲ soap bubble; (*fig*) bubble **Seifenlauge** F̲ (soap)suds *pl* **Seifenoper** F̲ (*umg*) soap (opera) **Seifenpulver** N̲ soap powder **Seifenschale** F̲ soap dish **Seifenschaum** M̲ lather **seifig** A̲D̲J̲ soapy
seihen V̲T̲ (≈ *sieben*) to sieve
Seil N̲ rope; (≈ *Hochseil*) tightrope, high wire **Seilbahn** F̲ cable railway **seilspringen** V̲I̲ to skip (*Br*), to jump rope (*US*) **Seilspringen** N̲ skipping (*Br*), jumping rope (*US*) (❗ ohne the) **Seiltanz** M̲ tightrope act **Seiltänzer(in)** M̲F̲ tightrope walker

sein[1] ◼ V̲I̲ ◼ to be; **sei/seid so nett und …** be so kind as to …; **das wäre gut** that would be a good thing; **es wäre schön gewesen** it would have been nice; **er ist Lehrer** he is a teacher; **wenn ich Sie wäre** if I were *od* was you; **er war es nicht** it wasn't him; **das kann schon ~** that may well be; **ist da jemand?** is (there) anybody there?; **er ist aus Genf** he comes from Geneva; **wo warst du so lange?** where have you been all this time? ◻ **was ist?** what's the matter?, what's up (*umg*); **das kann nicht ~** that can't be (true); **wie wäre es mit …?** how about …?; **mir ist kalt** I'm cold ◻ V̲/̲A̲U̲X̲ to have; **er ist geschlagen worden** he has been beaten

sein[2] P̲O̲S̲S̲ ̲P̲R̲ (*adjektivisch*) (*bei Männern*) his; (*bei Dingen, Abstrakta*) its; (*bei Mädchen*) her; (*bei Tieren*) its, his/her; (*bei Ländern, Städten*) its, her; (*auf "man" bezüglich*) one's, his (*US*), your; **jeder hat ~e Probleme** everybody has their problems
Sein N̲ being (❗ ohne Artikel); (≈ *Existenz auch*) existence (❗ ohne Artikel); **~ und Schein** appearance and reality

seine(r, s) POSS PR (substantivisch) his; **er hat das Seine getan** (geh) he did his bit; **jedem das Seine** each to his own (Br), to each his own; **die Seinen** (geh) his family **seinerseits** ADV (≈ von ihm) on his part; (≈ er selbst) for his part **seinerzeit** ADV at that time **seinesgleichen** PRON (gleichgestellt) his equals pl; (auf „man" bezüglich) one's od his (US) equals; (gleichartig) his kind pl, of one's own kind; (pej) the likes of him pl **seinetwegen** ADV **1** (≈ wegen ihm) because of him; (≈ ihm zuliebe) for his sake; (≈ für ihn) on his behalf **2** (≈ von ihm aus) as far as he is concerned **seinetwillen** ADV **um ~** for his sake **sein lassen** V/T **etw ~** (≈ aufhören) to stop sth/doing sth; (≈ nicht tun) to leave sth; **lass das sein!** stop that!

seismisch ADJ seismic **Seismograf** M seismograph **Seismologe** M, **Seismologin** F seismologist

seit A PRÄP +dat since; (in Bezug auf Zeitdauer) for, in (bes US); **~ wann?** since when?; **~ Jahren** for years; **wir warten schon ~ zwei Stunden** we've been waiting (for) two hours; **~ etwa einer Woche** since about a week ago, for about a week **B** KONJ since **seitdem A** ADV since then **B** KONJ since

Seite F **1** side; **~ an ~** side by side; **zur ~ gehen** od **treten** to step aside; **jdm zur ~ stehen** (fig) to stand by sb's side; **das Recht ist auf ihrer ~** she has right on her side; **etw auf die ~ legen** to put sth aside; **jdn zur ~ nehmen** to take sb aside; **auf der einen ~..., auf der anderen (~) ...** on the one hand ..., on the other (hand) ...; **sich von seiner besten ~ zeigen** to show oneself at one's best; **von allen ~n** from all sides; **auf ~n** +gen = **aufseiten**; **von ~n** +gen = **vonseiten 2** (≈ Buchseite etc) page **Seitenairbag** M AUTO side-impact airbag **Seitenansicht** F side view; TECH side elevation **Seitenaufprallschutz** M AUTO side impact protection system **Seitenausgang** M side exit **Seitenblick** M sidelong glance; **mit einem ~ auf** (+akk) (fig) with one eye on **Seiteneingang** M side entrance **Seitenflügel** M side wing; (von Altar) wing **Seitenhieb** M (fig) sideswipe **seitenlang** ADJ several pages long **Seitenlinie** F **1** BAHN branch line **2** FUSSB etc touchline (Br), sideline **seitens** PRÄP +gen (form) on the part of **Seitenspiegel** M AUTO wing mirror **Seitensprung** M (fig) bit on the side (umg) (❗ kein pl) **Seitenstechen** N stitch; **~ haben/bekommen** to have/get a stitch **Seitenstraße** F side street **Seitenstreifen** M verge; (der Autobahn) hard shoulder (Br), shoulder (US) **seitenverkehrt** ADJ, ADV the wrong way round präd **Seiten-**

wechsel M SPORT changeover **Seitenwind** M crosswind **Seitenzahl** F **1** page number **2** (≈ Gesamtzahl) number of pages **seither** ADV since then

seitlich A ADJ lateral (bes NAT, TECH), side attr **B** ADV at the side; (≈ von der Seite) from the side; **~ von** at the side of

Sekret N PHYSIOL secretion

Sekretär M (≈ Schreibschrank) bureau (Br), secretary desk (US)

Sekretär(in) M(F) secretary **Sekretariat** N office

Sekt M sparkling wine, champagne

Sekte F sect

Sektglas N champagne glass

Sektierer(in) M(F) sectarian **sektiererisch** ADJ sectarian

Sektion F section; (≈ Abteilung) department

Sektor M sector; (≈ Sachgebiet) field

Sektschale F champagne glass

sekundär ADJ secondary **Sekundärliteratur** F secondary literature **Sekundarschule** F (schweiz) secondary school **Sekundarstufe** F secondary od high (bes US) school level

Sekunde F second; **auf die ~ genau** to the second **Sekundenkleber** M superglue®, instant glue **sekundenschnell** ADJ Reaktion, Entscheidung split-second attr; Antwort quick-fire attr **Sekundenzeiger** M second hand

selber DEM PR = **selbst** A **Selbermachen** N **Möbel zum ~** do-it-yourself furniture **selbst A** DEM PR **1 ich ~** I myself; **er ~** he himself; **sie ist die Güte/Tugend ~** she's kindness/virtue itself **2** (≈ ohne Hilfe) by oneself/himself/yourself etc; **das regelt sich alles von ~** it'll sort itself out (by itself); **er kam ganz von ~** he came of his own accord **B** ADV **1** (≈ eigen) **~ ernannt** self-appointed; (in Bezug auf Titel) self-styled; **~ gebacken** home-baked, home-made; **~ gebaut** home-made; Haus self-built; **~ gemacht** home-made; **~ verdientes Geld** money one has earned oneself **2** (≈ sogar) even; **~ wenn** even if **Selbstachtung** F self-respect **selbständig** etc ADJ, ADV = **selbstständig** etc **Selbstbedienung** F self-service **Selbstbedienungsrestaurant** N self-service restaurant **Selbstbefriedigung** F masturbation **Selbstbeherrschung** F self-control; **die ~ wahren/verlieren** to keep/lose one's self-control **Selbstbestätigung** F self-affirmation **Selbstbestimmungsrecht** N right of self-determination **Selbstbeteiligung** F VERS (percentage) excess **Selbstbetrug** M self-deception **selbstbewusst A** ADJ (≈ selbstsicher) self-assured **B** ADV self-confidently **Selbstbewusstsein** N

1203 ‖ SENA

self-confidence **Selbstbildnis** N̄ self-portrait **Selbstdisziplin** F̄ self-discipline **Selbsterhaltungstrieb** M̄ survival instinct **Selbsterkenntnis** F̄ self-knowledge **selbstgebacken** ADJ → selbst **selbstgefällig** A̱ ADJ self-satisfied Ḇ ADV smugly **Selbstgefälligkeit** F̄ smugness, complacency **selbstgemacht** ADJ home-made **selbstgerecht** A̱ ADJ self-righteous Ḇ ADV self-righteously **Selbstgerechtigkeit** F̄ self-righteousness **Selbstgespräch** N̄ **~e führen** to talk to oneself **selbstherrlich** (pej) A̱ ADJ (≈ eigenwillig) high-handed; (≈ selbstgefällig) arrogant Ḇ ADV (≈ eigenwillig) high-handedly; (≈ selbstgefällig) arrogantly **Selbsthilfe** F̄ self-help; **zur ~ greifen** to take matters into one's own hands **Selbsthilfegruppe** F̄ self-help group **selbstklebend** ADJ self-adhesive **Selbstkosten** PL WIRTSCH prime costs pl **Selbstkostenpreis** M̄ cost price; **zum ~** at cost **Selbstkritik** F̄ self-criticism **selbstkritisch** A̱ ADJ self-critical Ḇ ADV self-critically **Selbstläufer** M̄ (umg ≈ eigenständiger Erfolg) sure-fire success (umg) **Selbstlaut** M̄ vowel **selbstlos** A̱ ADJ selfless Ḇ ADV selflessly **Selbstlosigkeit** F̄ selflessness **Selbstmitleid** N̄ self-pity **Selbstmord** M̄ suicide **Selbstmordanschlag** M̄ suicide attack **Selbstmordattentäter(in)** M̄F̄ suicide attacker od bomber **Selbstmörder(in)** M̄F̄ suicide **selbstmörderisch** ADJ suicidal; **in ~er Absicht** intending to commit suicide **selbstmordgefährdet** ADJ suicidal **Selbstmordversuch** M̄ attempted suicide **Selbstporträt** N̄ self-portrait **Selbstschutz** M̄ self-protection **selbstsicher** A̱ ADJ self-assured Ḇ ADV self-confidently **Selbstsicherheit** F̄ self-assurance **selbstständig** ADJ A̱ ADJ independent; **~ sein** (beruflich) to be self-employed; **sich ~ machen** (beruflich) to set up on one's own; (hum) to go off on its own Ḇ ADV independently; **das entscheidet er ~** he decides that on his own **Selbstständige(r)** M̄F̄M̄ self-employed person **Selbstständigkeit** F̄ independence; (beruflich) self-employment **Selbststudium** N̄ private study **Selbstsucht** F̄ egoism **selbstsüchtig** ADJ egoistic **selbsttätig** A̱ ADJ 1 (≈ automatisch) automatic 2 (≈ eigenständig) independent Ḇ ADV (≈ automatisch) automatically **Selbsttäuschung** F̄ self-deception **Selbsttest** M̄ (von Maschine) self-test **selbstverdient** ADJ → selbst **selbstvergessen** ADJ absent-minded; Blick faraway **Selbstverpflegung** F̄ self-catering **selbstverschuldet** ADJ Unfälle, Notlagen for which one is oneself responsible; **der Unfall war ~** the accident was his/her own fault **Selbstversorger(in)** M̄F̄ 1 **~ sein** to be self-sufficient 2 (im Urlaub etc) sb who is self-catering (Br); **Appartements für ~** self-catering apartments (Br), condominiums (US) **selbstverständlich** A̱ ADJ Freundlichkeit natural; Wahrheit self-evident; **das ist doch ~!** that goes without saying; **das ist keineswegs ~** it cannot be taken for granted Ḇ ADV of course **Selbstverständlichkeit** F̄ **das war doch eine ~, dass wir …** it was only natural that we …; **etw für eine ~ halten** to take sth as a matter of course **Selbstverteidigung** F̄ self-defence (Br), self-defense (US) **Selbstvertrauen** N̄ self-confidence **Selbstverwaltung** F̄ self-administration **Selbstwahrnehmung** F̄ self-perception **Selbstwertgefühl** N̄ self-esteem **selbstzufrieden** A̱ ADJ self-satisfied Ḇ ADV complacently, smugly **Selbstzweck** M̄ end in itself

selchen V̄T̄&̄V̄Ī (südd, österr) Fleisch to smoke **Selektion** F̄ selection **selektiv** A̱ ADJ selective Ḇ ADV selectively

selig ADJ 1 REL blessed 2 (≈ überglücklich) overjoyed; Lächeln blissful **Seligkeit** F̄ 1 REL salvation 2 (≈ Glück) (supreme) happiness, bliss **Sellerie** M̄ celeriac; (≈ Stangensellerie) celery

▶ **Sellerie ist nicht immer celery**

(Knollen)sellerie	=	**celeriac**
celery	=	(Stangen)sellerie
		FALSCHE FREUNDE ◀

selten A̱ ADJ rare Ḇ ADV (≈ nicht oft) rarely **Seltenheit** F̄ rarity **Seltenheitswert** M̄ rarity value

Selter(s)wasser N̄ soda (water)

seltsam ADJ strange **seltsamerweise** ADV strangely enough

Semantik F̄ semantics sg **semantisch** ADJ semantic

Semester N̄ UNIV semester (bes US), term (of a half-year's duration); **im 7./8. ~ sein** to be in one's 4th year **Semesterferien** PL vacation sg **Semifinale** N̄ SPORT semifinal(s) **Semikolon** N̄ semicolon

Seminar N̄ 1 UNIV department; (≈ Seminarübung) seminar 2 (≈ Priesterseminar) seminary 3 (≈ Lehrerseminar) teacher training college

Semit(in) M̄F̄ Semite **semitisch** ADJ Semitic **Semmel** F̄ (dial) roll **Semmelbrösel** PL breadcrumbs pl **Semmelknödel** M̄ (südd, österr) bread dumpling

sempern V̄Ī (österr ≈ nörgeln) to moan

Senat M̄ 1 POL, UNIV senate 2 JUR Supreme

Court **Senator(in)** MF senator
Sendebereich M transmission range **Sendefolge** F 1 (≈ *Sendung in Fortsetzungen*) series *sg* 2 (≈ *Programmfolge*) programmes *pl* (Br), programs *pl* (US) **Sendemast** M radio *od* transmitter mast, broadcasting tower (US)
senden[1] A VT to send (*an +akk* to) B VI **nach jdm ~** to send for sb
senden[2] VT & VI (RADIO, TV) to broadcast; *Signal etc* to transmit **Sendepause** F interval **Sender** M transmitter; RADIO station; TV channel (*bes Br*), station (*bes US*) **Senderaum** M studio **Sendereihe** F (radio/television) series **Sendeschluss** M (RADIO, TV) close-down **Sendezeit** F broadcasting time; **in der besten ~** in prime time **Sendung** F 1 (≈ *das Senden*) sending 2 (≈ *Postsendung*) letter; (≈ *Paket*) parcel; HANDEL consignment 3 TV programme (Br), program (US); RADIO broadcast; **auf ~ sein** to be on the air
Senegal N Senegal **Senegalese** M, **Senegalesin** F Senegalese
Senf M mustard; **seinen ~ dazugeben** (*umg*) to have one's say **Senfgas** N CHEM mustard gas **Senfgurke** F gherkin pickled with mustard seeds **Senfkorn** N mustard seed
sengen A VT to singe B VI to scorch
senil ADJ (*pej*) senile **Senilität** F senility
Senior(in) MF 1 (*a*. **Seniorchef(in)**) boss 2 SPORT senior player; **die ~en** the seniors 3 **Senioren** PL senior citizens *pl* **seniorengerecht** ADJ (suitable) for the elderly; **~e Wohnungen** housing for the elderly **Seniorenheim** N retirement home, old people's home (Br) **Seniorenpass** M senior citizen's travel pass **Senioren(wohn)heim** N retirement home, old people's home (Br)
Senkblei N plumb line; (≈ *Gewicht*) plummet
senken A VT to lower; *Kopf* to bow; **den Blick ~** to lower one's gaze B VR to sink; (*Haus, Boden*) to subside; (*Stimme*) to drop **senkrecht** A ADJ vertical; MATH perpendicular; (*in Kreuzworträtsel*) down B ADV vertically, perpendicularly; *aufsteigen* straight up **Senkrechte** F vertical; MATH perpendicular **Senkrechtstarter** M FLUG vertical takeoff aircraft **Senkrechtstarter(in)** MF (*fig umg*) whiz(z) kid (*umg*) **Senkung** F 1 lowering 2 (≈ *Vertiefung*) hollow 3 MED = Blutsenkung
Sennerei F (*südd, österr*) Alpine dairy
Sensation F sensation **sensationell** ADJ sensational **Sensationsblatt** N sensational paper **Sensationslust** F desire for sensation **sensationslüstern** ADJ sensation-seeking **Sensationsnachricht** F sensational news *sg* **Sensationspresse** F sensational papers *pl*
Sense F 1 scythe 2 (*umg*) **jetzt/dann ist ~!** that's the end!
sensibel A ADJ sensitive B ADV sensitively **sensibilisieren** VT to sensitize **Sensibilität** F sensitivity **Sensor** M sensor

 sensibel ≠ sensible

| sensibel | = | **sensitive** |
| sensible | = | vernünftig |

FALSCHE FREUNDE

sentimental ADJ sentimental **Sentimentalität** F sentimentality
separat A ADJ separate; *Wohnung* self-contained B ADV separately
September M September; → März
Sequenz F sequence
Serbe M, **Serbin** F Serb, Serbian **Serbien** N Serbia **serbisch** ADJ Serb, Serbian
Serie F series *sg*; (≈ *Fernsehserie mit Fortsetzungen*) serial; **13 Siege in ~** 13 wins in a row; **in ~ gehen** to go into production; **in ~ hergestellt werden** to be mass-produced **seriell** ADJ *Herstellung* series *attr*; IT serial **Serienbrief** M IT mail-merge letter **serienmäßig** A ADJ *Autos* production *attr*; *Ausstattung* standard; *Herstellung* series *attr* B ADV *herstellen* in series **Serienmörder(in)** MF serial killer **serienweise** ADV produzieren in series; (*umg* ≈ *in Mengen*) wholesale
seriös ADJ serious; (≈ *anständig*) respectable; *Firma* reputable; **~ auftreten** to appear respectable **Seriosität** F seriousness; (≈ *Anständigkeit*) respectability; (*von Firma*) integrity
Serpentine F winding road, zigzag
Serum N serum
Server M IT server
Service[1] N (≈ *Essgeschirr*) dinner service; (≈ *Kaffee-/Teeservice*) coffee/tea service; (≈ *Gläserservice*) set
Service[2] M *od* N HANDEL service; SPORT service, serve **servieren** A VT to serve; (*umg* ≈ *anbieten*) to serve up (*umg*) (*jdm* for sb) B VI to serve **Serviertochter** F (*schweiz*) waitress
Serviette F napkin
Servobremse F power brake **Servolenkung** F power steering
servus INT (*südd, österr*) (*beim Treffen*) hello; (*beim Abschied*) cheerio (*Br umg*), see ya (*bes US umg*)
Sesam M sesame
Sessel M easy chair; (≈ *Polstersessel*) armchair; (*österr* ≈ *Stuhl*) chair **Sessellift** M chairlift **sesshaft** ADJ settled; (≈ *ansässig*) resident; **~ werden** to settle down
Set[1] M *od* N 1 (TENNIS ≈ *Satz*) set 2 (≈ *Deckchen*)

1205 | SICH

place mat

Set² M̲ TV, FILM set

Setter M̲ setter

Setup N̲ IT setup **Setupprogramm** N̲ IT setup program

setzen A̲ V̲/T̲ **1** (≈ *hintun*) to put, to set; (≈ *sitzen lassen*) to sit, to place; (≈ *sitzen lassen*) to sit, to place, to put; **jdn an Land ~** to put sb ashore; **sich** (*dat*) **etw in den Kopf ~** (*umg*) to take sth into one's head; **seine Hoffnung in jdn/etw ~** to put one's hopes in sb/sth **2** SCHIFF *Segel* to set **3** TYPO to set **4** *Preis, Summe* to put (*auf +akk* on); **Geld auf ein Pferd ~** to put money on a horse **5** (≈ *schreiben*) *Komma, Punkt* to put **6** (≈ *bestimmen*) *Ziel, Preis etc* to set; **jdm eine Frist ~** to set sb a deadline **7** (≈ *einstufen*) *Sportler* to place; TENNIS to seed; **der an Nummer eins gesetzte Spieler** TENNIS the top seed **8** → **gesetzt** B̲ V̲/R̲ **1** (≈ *Platz nehmen*) to sit down; **sich ins Auto ~** to get into the car; **sich zu jdm ~** to sit with sb; **bitte ~ Sie sich** please take a seat **2** (*Kaffee, Tee, Lösung*) to settle **C̲** V̲/I̲ (*bei Wetten*) to bet; **auf ein Pferd ~** to bet on a horse **Setzer(in)** M̲/F̲ TYPO typesetter **Setzerei** F̲ (≈ *Firma*) typesetter's

Seuche F̲ epidemic; (*fig pej*) scourge **Seuchenbekämpfung** F̲ epidemic control **Seuchengebiet** N̲ epidemic area **Seuchengefahr** F̲ danger of epidemic

seufzen V̲/T̲ & V̲/I̲ to sigh **Seufzer** M̲ sigh

Sex M̲ sex **Sex-Appeal** M̲ sex appeal **Sexbombe** F̲ (*umg*) sex bomb (*umg*) **Sexfilm** M̲ sex film **Sexismus** M̲ sexism **Sexist(in)** M̲/F̲ sexist **sexistisch** A̲D̲J̲ sexist

Sextett N̲ MUS sextet(te)

Sextourismus M̲ sex tourism **Sexualerziehung** F̲ sex education **Sexualität** F̲ sexuality **Sexualkunde** F̲ SCHULE sex education **Sexualleben** N̲ sex life **Sexualpartner(in)** M̲/F̲ sexual partner **Sexualstraftäter(in)** M̲/F̲ sex offender **Sexualverbrechen** N̲ sex(ual) offence (*Br*) *od* offense (*US*) **sexuell** A̲ A̲D̲J̲ sexual B̲ A̲D̲V̲ sexually **sexy** A̲D̲J̲ (*umg*) sexy (*umg*)

Seychellen P̲L̲ GEOG Seychelles *pl* **sezieren** V̲/T̲ & V̲/I̲ (*wörtl, fig*) to dissect **s-förmig, S-förmig** A̲D̲J̲ S-shaped **sfr** *abk von* Schweizer Franken sfr

Shampoo N̲ shampoo

Shareware F̲ IT shareware

Sherry M̲ sherry

Shetlandinseln P̲L̲ Shetland Islands *pl*

Shift-Taste F̲ IT shift key

shoppen V̲/I̲ (*umg*) to shop; **~ gehen** to go shopping **Shopping** N̲ shopping **Shoppingcenter** N̲ shopping centre (*Br*) *od* center (*US*)

Shorts P̲L̲ (pair of) shorts *pl*

Show F̲ show; **eine ~ abziehen** (*umg*) to put on a show (*umg*) **Showeinlage** F̲ entertainment section **Showgeschäft** N̲ show business **Showmaster(in)** M̲/F̲ compère, emcee (*US*)

Shuttlebus M̲ shuttle bus

siamesisch A̲D̲J̲ **~e Zwillinge** Siamese twins

Sibirien N̲ Siberia **sibirisch** A̲D̲J̲ Siberian

sich R̲E̲F̲L̲ P̲R̲ **1** (*akk*) oneself; (*3. Person sg*) himself, herself, itself; (*Höflichkeitsform sg*) yourself; (*Höflichkeitsform pl*) yourselves; (*3. Person pl*) themselves; **nur an ~** (*akk*) **denken** to think only of oneself **2** (*dat*) to oneself; (*3. Person sg*) to him-

▶ sich

Es gibt eine Reihe von Verben im Deutschen mit „sich", die im Englischen ohne Reflexivpronomen (**himself, myself, ourselves** *usw.*) wiedergegeben werden. Hier eine Auswahl der wichtigsten Verben in alphabetischer Reihenfolge:

sich ändern	to change
sich anziehen	to get dressed
sich ärgern	to be annoyed
	to get annoyed
sich ausziehen	to get undressed
sich beeilen	to hurry up
sich beschweren	to complain
sich (ver)bessern	to improve
sich bewegen	to move
sich entspannen	to relax
sich entwickeln	to develop
sich erinnern (an)	to remember
sich freuen	to be pleased
sich freuen auf	to look forward to
sich hinlegen	to lie down
sich hinsetzen	to sit down
sich interessieren für	to be interested in
sich konzentrieren	to concentrate
sich rasieren	to shave,
	to get shaved
sich treffen (mit)	to meet
sich trennen	to split up, to separate
sich verlaufen	to get lost
sich verstecken	to hide
sich waschen	to wash,
	to get washed

GRAMMATIK ◀

S

Sichel — sickle

Sichel — crescent

self, to herself, to itself; (*Höflichkeitsform sg*) to yourself; (*Höflichkeitsform pl*) to yourselves; (*3. Person pl*) to themselves; **~ die Haare waschen** to wash one's hair **3** (≈ *einander*) each other **Sichel** F sickle; (≈ *Mondsichel*) crescent

sicher A ADJ **1** (≈ *gewiss*) certain; **(sich** *dat*) **einer Sache** (*gen*) **~ sein** to be sure of sth **2** (≈ *gefahrlos*) safe; (≈ *geborgen*) secure; **vor jdm/etw ~ sein** to be safe from sb/sth; **~ ist ~** you can't be too sure **3** (≈ *zuverlässig*) reliable; (≈ *fest*) *Gefühl, Zusage* definite; *Einkommen* steady; *Stellung* secure **4** (≈ *selbstbewusst*) (self-)confident B ADV **1** *fahren, aufbewahren etc* safely **2** (≈ *selbstbewusst*) **~ auftreten** to give an impression of (self-)confidence **3** (≈ *natürlich*) of course; **~!** sure (*bes US*) **4** (≈ *bestimmt*) **das wolltest du ~ nicht sagen** surely you didn't mean that; **du hast dich ~ verrechnet** you must have counted wrong; **das ist ganz ~ das Beste** it's quite certainly the best; **das hat er ~ vergessen** I'm sure he's forgotten it **sichergehen** VI to be sure **Sicherheit** F **1** (≈ *Gewissheit*) certainty; **das ist mit ~ richtig** that is definitely right; **das lässt sich nicht mit ~ sagen** that cannot be said with any degree of certainty **2** (≈ *Schutz*) safety; (*als Aufgabe von Sicherheitsbeamten etc*) security; **die öffentliche ~** public safety (⚠ *ohne* **the**); **die innere ~** internal security (⚠ *ohne* **the**); **jdn/etw in ~ bringen** to get sb/sth to safety; **in ~ sein** to be safe **3** (≈ *Selbstsicherheit*) (self-)confidence **4** HANDEL, FIN security; (≈ *Pfand*) surety; **~ leisten** HANDEL, FIN to offer security; JUR to stand bail **Sicherheitsabstand** M safe distance **Sicherheitsbeamte(r)** M, **Sicherheitsbeamtin** F security officer **Sicherheitsbestimmungen** PL safety regulations *pl* **Sicherheitsglas** N safety glass **Sicherheitsgurt** M seat belt **Sicherheitshalber** ADV to be on the safe side **Sicherheitskontrolle** F security check **Sicherheitskopie** F IT backup copy **Sicherheitskräfte** PL security forces *pl* **Sicherheitslücke** F security gap **Sicherheitsmaßnahme** F safety precaution; POL *etc* security measure **Sicherheitsnadel** F safety pin **Sicherheitsrat** M security council **Sicherheitsrisiko** N security risk **Sicherheitsstandard** M standard of security **sicherlich** ADV = **sicher** B 3, 4 **sichern** A VT **1** to safeguard; (≈ *absichern*) to protect; (≈ *sicher machen*) *Wagen, Unfallstelle* to secure; IT *Daten* to save; **eine Feuerwaffe ~** to put the safety catch of a firearm on **2** **jdm/sich etw ~** to secure sth for sb/oneself B VR to protect oneself **sicherstellen** VT **1** *Waffen, Drogen* to take possession of; *Beweismittel* to secure **2** (≈ *garantieren*) to guarantee **Sicherung** F **1** (≈ *das Sichern*) safeguarding; (≈ *Absicherung*) protection **2** (≈ *Schutz*) safeguard **3** ELEK fuse; (*von Waffe*) safety catch **Sicherungskopie** F IT backup copy **Sicherungsverwahrung** F JUR preventive detention

Sicht F **1** (≈ *Sehweite*) visibility (⚠ *ohne* **the**); **in ~ sein/kommen** to be in/come into sight; **aus meiner ~** (*fig*) as I see it; **aus heutiger ~** from today's perspective; **auf lange/kurze ~** (*fig*) in the long/short term **2** (≈ *Ausblick*) view **3** HANDEL **auf** *od* **bei ~** at sight **sichtbar** A ADJ visible; **~ werden** (*fig*) to become apparent B ADV *altern* visibly; *sich verändern* noticeably **sichten** VT **1** (≈ *erblicken*) to sight **2** (≈ *durchsehen*) to look through **Sichtgerät** N IT VDU **sichtlich** A ADJ obvious B ADV obviously; *beeindruckt* visibly **Sichtverhältnisse** PL visibility *sg* **Sichtvermerk** M endorsement; (*im Pass*) visa stamp **Sichtweite** F visibility (⚠ *ohne Artikel*); **außer ~** out of sight **sickern** VI to seep; (*fig*) to leak out

sie PERS PR **1** (*sg, nom*) she; (*akk*) her; (*von Dingen*) it; **~ ist es** it's her; **wer hat das gemacht? — ~** who did that? — she did *od* her! **2** *pl* (*nom*) they; (*akk*) them; **~ sind es** it's them

Sie A PERS PR you B N polite *od* "Sie" form of

address; **jdn mit ~ anreden** to use the polite form of address to sb

Sieb N̄ sieve; (≈ *Teesieb*) strainer; (≈ *Gemüsesieb*) colander; **ein Gedächtnis wie ein ~ haben** to have a memory like a sieve

sieben[1] V̄T̄ to pass through a sieve; GASTR to sieve

sieben[2] NUM seven; → **vier Sieben** F̄ seven **siebenhundert** NUM seven hundred **siebenjährig** ADJ seven-year-old **Siebensachen** PL (*umg*) belongings *pl*, things *pl* **siebentausend** NUM seven thousand **Siebtel** N̄ seventh **siebte(r, s)** ADJ seventh; → **vierte(r, s) siebzehn** NUM seventeen; **Siebzehn und Vier** KART pontoon **siebzig** NUM seventy; → **vierzig**

sieden V̄Ī to boil; **~d heiß** boiling hot **Siedepunkt** M̄ (PHYS, *fig*) boiling point

Siedler(in) M̄F̄ settler **Siedlung** F̄ 1 (≈ *Ansiedlung*) settlement 2 (≈ *Wohnsiedlung*) housing estate (*Br*) *od* development (*US*)

Sieg M̄ victory (*über +akk* over)

Siegel N̄ seal **Siegellack** M̄ sealing wax **Siegelring** M̄ signet ring

siegen V̄Ī to be victorious; (*in Wettkampf*) to win; **über jdn/etw ~** (*fig*) to triumph over sb/sth; (*in Wettkampf*) to beat sb/sth **Sieger(in)** M̄F̄ victor; (*in Wettkampf*) winner **Siegerehrung** F̄ SPORT presentation ceremony **Siegermacht** F̄ POL victorious power **Siegerpodest** N̄ SPORT winners' podium *od* rostrum **siegesbewusst** ADJ confident of victory **siegessicher** A ADJ certain of victory B ADV confidently **Siegeszug** M̄ triumphal march **siegreich** ADJ triumphant; (*in Wettkampf*) winning *attr*, successful

siezen V̄T̄ **jdn/sich ~** to address sb/each other as "Sie"

Signal N̄ signal **Signalanlage** F̄ signals *pl* **signalisieren** V̄T̄ to signal

Signatur F̄ 1 signature 2 (≈ *Bibliothekssignatur*) shelf mark **signieren** V̄T̄ to sign

Silbe F̄ syllable; **er hat es mit keiner ~ erwähnt** he didn't say a word about it **Silbentrennung** F̄ syllabification; TYPO, IT hyphenation

Silber N̄ silver **Silberbesteck** N̄ silver(ware) **Silberblick** M̄ (*umg*) squint **Silberfischchen** N̄ silverfish **Silberhochzeit** F̄ silver wedding (anniversary) **Silbermedaille** F̄ silver medal **Silbermedaillengewinner(in)** M̄F̄ silver medallist (*Br*) *od* medalist (*US*) **silbern** ADJ silver; (*liter*) *Stimme, Haare* silvery (*liter*); **~e Hochzeit** silver wedding (anniversary) **Silbertanne** F̄ noble fir **silbrig** A ADJ silvery B ADV **~ schimmern/glänzen** to shim-

mer/gleam like silver

Silhouette F̄ silhouette

Silikon N̄ silicone

Silizium N̄ silicon

Silo M̄ silo

Silvester M̄ *od* N̄ New Year's Eve, Hogmanay (*bes schott*)

Simbabwe N̄ Zimbabwe

simpel ADJ simple; (≈ *vereinfacht*) simplistic **Sims** M̄ *od* N̄ (≈ *Fenstersims*) (window)sill; (≈ *Gesims*) ledge; (≈ *Kaminsims*) mantlepiece

simsen V̄T̄ & V̄Ī (TEL *umg*) to text

Simulant(in) M̄F̄ malingerer **Simulation** F̄ simulation **Simulator** M̄ NAT simulator **simulieren** A V̄Ī (≈ *sich krank stellen*) to feign illness B V̄T̄ 1 NAT, TECH to simulate 2 (≈ *vorgeben*) *Krankheit* to feign

simultan A ADJ simultaneous B ADV simultaneously **Simultandolmetscher(in)** M̄F̄ simultaneous translator

Sinfonie F̄ symphony **Sinfonieorchester** N̄ symphony orchestra **sinfonisch** ADJ symphonic

singen A V̄Ī 1 (*wörtl, fig*) to sing 2 (*umg* ≈ *gestehen*) to squeal (*umg*) B V̄T̄ to sing

Single[1] F̄ (≈ *CD*) single

Single[2] M̄ (≈ *Alleinlebender*) single

Singular M̄ GRAM singular

Singvogel M̄ songbird

sinken V̄Ī 1 to sink 2 (*Boden*) to subside 3 (*Wasserspiegel, Temperatur, Preise etc*) to fall 4 (≈ *schwinden*) to diminish; **den Mut ~ lassen** to lose courage; **in jds Achtung** (*dat*) **~** to go down in sb's estimation **Sinkflug** M̄ FLUG descent

Sinn M̄ 1 (≈ *Wahrnehmungsfähigkeit*) sense 2 **Sinne** PL (≈ *Bewusstsein*) senses *pl*; **wie von ~en** like one demented; **bist du noch bei ~en?** have you taken leave of your senses? 3 (≈ *Gedanken*) mind; **das will mir einfach nicht in den ~** I just can't understand it; **jdm durch den ~ gehen** to occur to sb; **etw im ~ haben** to have sth in mind; **mit etw nichts im ~ haben** to want nothing to do with sth 4 (≈ *Verständnis*) feeling; **~ für Gerechtigkeit** *etc* **haben** to have a sense of justice *etc* 5 (≈ *Geist*) spirit; **im ~e des Gesetzes** according to the spirit of the law; **das ist nicht in seinem ~e** that is not what he himself would have wished; **das wäre nicht im ~e unserer Kunden** it would not be in the interests of our customers 6 (≈ *Zweck*) point; **das ist nicht der ~ der Sache** that is not the point; **der ~ des Lebens** the meaning of life; **das hat keinen ~** there is no point in that 7 (≈ *Bedeutung*) meaning; **im übertragenen ~** in the figurative sense; **das macht keinen/**

wenig ~ that makes no/little sense **Sinnbild** N symbol **sinnbildlich** ADJ symbolic(al) **sinnen** (≈ *planen*) **auf etw** (akk) **~** to think of sth; **auf Abhilfe ~** to think up a remedy; → **gesonnen sinnentstellend** ADJ **~ sein** to distort the meaning **Sinnesorgan** N sense organ **Sinnestäuschung** F hallucination **Sinneswandel** M change of mind **sinngemäß** ADV **etw ~ wiedergeben** to give the gist of sth **sinnieren** VI to brood (**über** +akk over) **sinnlich** ADJ **1** *Empfindung, Eindrücke* sensory **2** (≈ *sinnenfroh*) sensuous; (≈ *erotisch*) sensual **Sinnlichkeit** F (≈ *Erotik*) sensuality **sinnlos** A ADJ **1** (≈ *unsinnig*) meaningless; *Verhalten, Töten* senseless **2** (≈ *zwecklos*) futile; **das ist völlig ~** there's no sense in that **B** ADV **1** *zerstören, morden* senselessly **2** (≈ *äußerst*) **~ betrunken** blind drunk **Sinnlosigkeit** F (≈ *Unsinnigkeit*) meaninglessness; (*von Verhalten*) senselessness; (≈ *Zwecklosigkeit*) futility **sinnvoll** A ADJ **1** *Satz* meaningful **2** (fig) (≈ *vernünftig*) sensible; (≈ *nützlich*) useful **B** ADV **sein Geld ~ anlegen** to invest one's money sensibly

Sintflut F BIBEL Flood **sintflutartig** ADJ **~e Regenfälle** torrential rain
Sinto M Sinto (gypsy); **Sinti und Roma** Sinti and Romanies
Sinus M **1** MATH sine **2** ANAT sinus
Siphon M siphon
Sippe F (extended) family; (*umg* ≈ *Verwandtschaft*) clan (*umg*) **Sippschaft** F (*pej umg*) tribe (*umg*)
Sirene F siren
Sirup M syrup
Sitte F (≈ *Brauch*) custom; (≈ *Mode*) practice; **~n und Gebräuche** customs and traditions **Sittenpolizei** F vice squad **sittenwidrig** ADJ (form) immoral
Sittich M parakeet
sittlich ADJ moral **Sittlichkeit** F morality **Sittlichkeitsverbrechen** N sex crime **Sittlichkeitsverbrecher(in)** MF sex offender
Situation F situation **Situationskomik** F situation comedy, sitcom (*umg*)
situiert ADJ **gut ~** well-off
Sitz M **1** seat; (≈ *Wohnsitz*) residence; (*von Firma*) headquarters pl **2** (*von Kleidungsstück*) sit; **einen guten ~ haben** to sit well **Sitzbank** F bench **Sitzblockade** F sit-in **Sitzecke** F corner seating unit **sitzen** VI **1** to sit; **hier sitzt man sehr bequem** it's very comfortable sitting here; **etw im Sitzen tun** to do sth sitting down; **beim Frühstück ~** to be having breakfast; **über einer Arbeit ~** to sit over a piece of work; **locker ~** to be loose; **deine Krawatte sitzt nicht richtig** your tie isn't straight **2** (≈ *seinen Sitz haben*) to sit; (*Firma*) to have its headquarters **3** (*umg* ≈ *im Gefängnis sitzen*) to do time (*umg*), to be inside (*umg*) **4** (≈ *im Gedächtnis sitzen*) to have sunk in **5** (*umg* ≈ *treffen*) to hit home; **das saß!** that hit home **sitzen bleiben** VI (*umg*) **1** (≈ *nicht aufstehen*) to remain seated **2** SCHULE to have to repeat a year **3** **auf einer Ware ~** to be left with a product **sitzen lassen** VI (*umg*) **jdn ~** (≈ *im Stich lassen*) to leave sb in the lurch **Sitzgelegenheit** F seats pl **Sitzheizung** F AUTO seat heating **Sitzkissen** N (floor) cushion **Sitzordnung** F seating plan **Sitzplatz** M seat **Sitzung** F (≈ *Konferenz*) meeting; (≈ *Gerichtsverhandlung*) session; (≈ *Parlamentssitzung*) sitting

Sizilien N Sicily
Skala F scale
Skalpell N scalpel **skalpieren** VT to scalp
Skandal M scandal **skandalös** ADJ scandalous
Skandinavien N Scandinavia **Skandinavier(in)** MF Scandinavian **skandinavisch** ADJ Scandinavian
Skateboard N skateboard; **~ fahren** to go skateboarding **Skateboarder(in)** MF skateboarder **skaten** VI (*mit Inlineskates*) to skate, to blade; (≈ *Skateboard fahren*) to skateboard **Skatepark** M skatepark **Skater(in)** MF (*mit Inlineskates*) skater; (*mit Skateboard*) skateboarder
Skelett N skeleton
Skepsis F scepticism (Br), skepticism (US) **Skeptiker(in)** MF sceptic (Br), skeptic (US) **skeptisch** A ADJ sceptical (Br), skeptical (US) **B** ADV sceptically (Br), skeptically (US)

skaten — to blade

skaten — to ride a skateboard

Sketch M KUNST, THEAT sketch
Ski M ski; **~ fahren** to ski **Skianzug** M ski suit **Skiausrüstung** F skiing gear **Skibrille** F ski goggles pl **Skifahren** N skiing **Skifahrer(in)** M(F) skier **Skigebiet** N ski(ing) area **Skigymnastik** F skiing exercises pl **Skihose** F (pair of) ski pants pl **Skikurs** M skiing course **Skilauf** M skiing **Skiläufer(in)** M(F) skier **Skilehrer** M ski instructor **Skilift** M ski lift
Skinhead M skinhead
Skipass M ski pass **Skipiste** F ski run **Skischanze** F ski jump **Skischuh** M ski boot **Skischule** F ski school **Skisport** M skiing **Skispringen** N ski jumping **Skistiefel** M ski boot **Skistock** M ski pole
Skizze F sketch; (fig ≈ Grundriss) outline **skizzieren** VT to sketch; (fig) Plan etc to outline
Sklave M, **Sklavin** F slave **Sklavenhandel** M slave trade **Sklaventreiber(in)** M(F) slave-driver **Sklaverei** F slavery (🛇 ohne Artikel) **sklavisch** A ADJ slavish B ADV slavishly
Sklerose F sclerosis
Skonto N od M cash discount
Skorpion M 1 ZOOL scorpion 2 ASTROL Scorpio; **(ein) ~ sein** to be (a) Scorpio
Skrupel M scruple; **keine ~ kennen** to have no scruples **skrupellos** A ADJ unscrupulous B ADV unscrupulously **Skrupellosigkeit** F unscrupulousness
Skulptur F sculpture
S-Kurve F S-bend
Slalom M slalom

Skorpion — scorpion

Skorpion — Scorpio

Slang M slang
Slawe M, **Slawin** F Slav **slawisch** ADJ Slavonic, Slavic
Slip M (pair of) briefs pl **Slipeinlage** F panty liner

> **Slip ≠ slip**
>
> | Slip | = | **(pair of) briefs** |
> |---|---|---|
> | slip (Kleidungsstück) | = | Unterrock |
>
> FALSCHE FREUNDE

Slipper M slip-on shoe (Br), loafer (US)
Slogan M slogan
Slowake M, **Slowakin** F Slovak **Slowakei** F **die ~** Slovakia **slowakisch** ADJ Slovakian, Slovak
Slowene M, **Slowenin** F Slovene **Slowenien** N Slovenia **slowenisch** ADJ Slovenian, Slovene
Slum M slum
Smaragd M emerald
Smiley M IT smiley
Smog M smog **Smogalarm** M smog alert
Smoking M dinner jacket (bes Br), tuxedo (bes US)
SMS F abk von Short Message Service text message; **jdm eine ~ schicken** to send sb a text message, to text sb
Snack M snack (meal)
Snob M snob **Snobismus** M snobbishness **snobistisch** ADJ snobbish
Snowboard N snowboard; **~ fahren** to go snowboarding **Snowboarder(in)** M(F) snowboarder
so A ADV 1 (mit adj, adv) so; (mit v ≈ so sehr) so much; (mit adj und Substantiv) such; **so groß** etc as big etc; **so groß** etc **wie ...** as big etc as ...; **~ nette Leute** such nice people 2 (≈ auf diese Weise) like this/that, this/that way; **mach es nicht so, sondern so** don't do it like this but like that; **so ist sie nun einmal** that's the way she is; **sei doch nicht so** don't be like that; **so ist es nicht gewesen** that's not how it was; **so oder so** either way; **das habe ich nur so gesagt** I didn't really mean it; **so genannt =** sogenannt 3 (umg ≈ umsonst) for nothing 4 **so mancher** quite a few people pl; **so ein Idiot!** what an idiot!; **na so was!** well I never!; **~ einer wie ich/er** somebody like me/him B KONJ **so dass** so that C INT so; (≈ wirklich) oh, really; (abschließend) well, right; **so, so!** well, well
sobald KONJ as soon as; **ich komme, ~ ich kann** I'll come as soon as I can (🛇 mit Futur im Hauptsatz)

SOCK | 1210

Socke F sock; **sich auf die ~n machen** (umg) to get going (umg)
Sockel M base; (von Statue) plinth, pedestal; ELEK socket
Soda F soda
sodass KONJ so that
Sodawasser N soda water
Sodbrennen N heartburn
soeben ADV just (this moment); **~ erschienen** just published
Sofa N sofa, settee
sofern KONJ provided (that); **~ ... nicht** if ... not
sofort ADV immediately; **(ich) komme ~!** (I'm) just coming!; (Kellner etc) I'll be right with you
Sofortbildkamera F Polaroid® camera
sofortig ADJ immediate **Sofortmaßnahme** F immediate measure
Softeis N soft ice cream **Softie** M (umg) caring type **Software** F IT software **Softwareentwickler(in)** M(F) software developer **Softwarepaket** N software package
Sog M suction; (von Strudel) vortex
sogar ADV even
sogenannt ADJ (≈ angeblich) so-called
Sohle F **1** (≈ Fußsohle etc) sole; (≈ Einlage) insole **2** (≈ Boden) bottom **sohlen** VT to sole

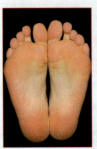

Sohle — sole   Sohle — sole

Sohn M son
Soja F soya (bes Br), soy **Sojabohne** F soya bean (bes Br), soybean **Sojabohnenkeime** PL bean sprouts pl **Sojasoße** F soya (bes Br) od soy sauce **Sojasprossen** PL bean sprouts pl
solange KONJ as od so long as
Solaranlage F (≈ Kraftwerk) solar power plant
Solarenergie F solar energy **Solarium** N solarium **Solarstrom** M solar electricity **Solarzelle** F solar cell
solch ADJ, **solche(r, s)** ADJ such; **~es Glück** such luck; **~ nette Leute** such nice people; **mein Vater hat auch ein ~es Auto** my dad has a car like that too(❗ Bei unzählbaren Substantiven und bei Pluralsubstantiven steht **such**, bei zählbaren Substantiven im Singular wird im heutigen Englisch eher **like that** gesagt.); **wir haben ~e Angst** we're so afraid; **ich habe ~en Hunger** I am so hungry (❗ Wird das deutsche Substantiv mit einem Adjektiv übersetzt, steht **so**.); **der Mensch als ~er** man as such
Sold M MIL pay **Soldat(in)** M(F) soldier **Söldner(in)** M(F) mercenary
Solei N pickled egg
Solidargemeinschaft F (mutually) supportive society; (≈ Beitragszahler) contributors pl
solidarisch A ADJ showing solidarity; **sich mit jdm ~ erklären** to declare one's solidarity with sb B ADV **~ mit jdm handeln** to act in solidarity with sb **solidarisieren** VR **sich ~ mit** to show (one's) solidarity with **Solidarität** F solidarity; **~ üben** to show solidarity
Solidaritätszuschlag M FIN solidarity surcharge on income tax (for the reconstruction of eastern Germany)
solide A ADJ solid; Arbeit, Wissen sound; Mensch, Leben respectable; Preise reasonable B ADV **1** (≈ stabil) **~ gebaut** solidly built **2** (≈ gründlich) arbeiten thoroughly
Solist(in) M(F) MUS soloist
Soll N (≈ Schuld) debit; **~ und Haben** debit and credit **sollen** A V/AUX **1** (Verpflichtung); **wir sollten einen Schirm kaufen** we ought to buy an umbrella **was soll ich/er tun?** what should I/he do?; **soll ich es ihm sagen?** shall I tell him?; **du weißt, dass du das nicht tun sollst** you know that you're not supposed to do that; **er weiß nicht, was er tun soll** he doesn't know what to do; **sie sagte ihm, er solle draußen warten** she told him (that he was) to wait outside; **es soll nicht wieder vorkommen** it won't happen again; **er soll reinkommen** tell him to come in; **der soll nur kommen!** just let him come!; **niemand soll sagen, dass ...** let no-one say that ...; **ich soll Ihnen sagen, dass ...** I've been asked to tell you that ... **2** (konjunktivisch) **das hättest du nicht tun ~** you shouldn't have done that **3** (konditional) **sollte das passieren, ...** if that should happen ..., should that happen ... **4** (Vermutung) to be supposed od meant to; **sie soll krank sein** apparently she's ill **5** (mit bestimmtem Ziel, bestimmter Absicht) to be intended od meant to; **das soll das Lernen leichter machen** this is intended to make learning easier **6** (≈ können) **so etwas soll es geben** these things happen; **man sollte glauben, dass ...** you would think that ...

B _VI_ **was soll das?** what's all this?; (≈ _warum denn das_) what's that for?; **was solls!** (_umg_) what the hell! (_umg_); **was soll ich dort?** what would I do there? **C** _VT_ **das sollst/solltest du nicht** you shouldn't do that **Sollseite** _F_ FIN debit side

solo _ADV_ MUS solo; (_fig umg_) on one's own **Solo** _N_ solo **Solotänzer(in)** _M(F)_ solo dancer; (_im Ballett_) principal dancer

Solothurn _N_ Solothurn

solvent _ADJ_ FIN solvent

Somalia _N_ Somalia **somalisch** _ADJ_ Somali

somit _ADV_ consequently, therefore

Sommer _M_ summer; **im ~** in (the) summer; **im nächsten ~** next summer **Sommeranfang** _M_ beginning of summer **Sommerfahrplan** _M_ summer timetable **Sommerferien** _PL_ summer holidays _pl_ (_Br_) _od_ vacation (_US_); JUR, PARL summer recess **Sommerfest** _N_ summer party **Sommerkleid** _N_ (_Kleidungsstück_) summer dress **Sommerkleidung** _F_ summer clothing; _bes_ HANDEL summerwear **sommerlich** **A** _ADJ_ summery **B** _ADV_ **es ist ~ warm** it's as warm as it is in summer; **~ gekleidet sein** to be in summer clothes **Sommerloch** _N_ (_umg_) silly season (_Br_), off season (_US_) **Sommerolympiade** _F_ Summer Olympics _pl_ **Sommerpause** _F_ summer break; JUR, PARL summer recess **Sommerreifen** _M_ normal tyre (_Br_) _od_ tire (_US_) **Sommerschlussverkauf** _M_ summer sale **Sommersemester** _N_ UNIV summer semester, ≈ summer term (_Br_) **Sommersonnenwende** _F_ summer solstice **Sommerspiele** _PL_ **die Olympischen ~** the Summer Olympics, the Summer Olympic Games **Sommersprosse** _F_ freckle **Sommerzeit** _F_ **1** (_Jahreszeit_) summertime (**!** zusammengeschrieben); **zur ~** in (the) summertime **2** (_Uhrzeit_) summer time (**!** zwei Wörter, mit Artikel), daylight saving time (_US_); **wann fängt die ~ an?** when does summer time begin? (_Br_), when does daylight saving time begin? (_US_)

Sonate _F_ sonata

Sonde _F_ RAUMF, MED probe; METEO sonde

Sonderangebot _N_ special offer; **im ~ sein** to be on special offer **Sonderausgabe** _F_ **1** special edition **2 Sonderausgaben** _PL_ FIN additional _od_ extra expenses _pl_ **sonderbar** _ADJ_ strange **sonderbarerweise** _ADV_ strangely enough **Sonderbeauftragte(r)** _M(F(M))_ POL special emissary **Sonderfall** _M_ special case; (≈ _Ausnahme_) exception **sondergleichen** _ADJ_ **eine Geschmacklosigkeit ~** the height of bad taste; **mit einer Arroganz ~** with unparalleled arrogance **sonderlich**

A _ADJ_ particular, especial **B** _ADV_ particularly, especially **Sondermüll** _M_ hazardous waste **sondern** _KONJ_ but; **nicht nur ..., ~ auch** not only ... but also; **nimm nicht den roten Ball, ~ den gelben** don't take the red ball. Take the yellow one (**!** **Sondern** wird oft nicht übersetzt; stattdessen bildet man zwei Sätze.) **Sonderschicht** _F_ special shift; (_zusätzlich_) extra shift **Sonderschule** _F_ special school **Sonderwünsche** _PL_ special requests _pl_ **Sonderzeichen** _N_ IT special character **Sonderzug** _M_ special train

sondieren **A** _VT_ to sound out; **die Lage ~** to find out how the land lies **B** _VI_ **~, ob ...** to try to sound out whether ... **Sondierungsgespräch** _N_ exploratory talk

Sonett _N_ sonnet

Sonnabend _M_ Saturday; → Dienstag **sonnabends** _ADV_ on Saturdays, on a Saturday; → dienstags

Sonne _F_ sun; **an** _od_ **in die ~ gehen** to go out in the sun(shine) **sonnen** _VR_ to sun oneself; **sich in etw** (_dat_) **~** (_fig_) to bask in sth **Sonnenanbeter(in)** _M(F)_ sun worshipper **Sonnenaufgang** _M_ sunrise **Sonnenbad** _N_ sunbathing (**!** kein _pl_) **ein ~ nehmen** to sunbathe **sonnenbaden** _VI_ to sunbathe **Sonnenbank** _F_ sun bed **Sonnenblume** _F_ sunflower **Sonnenblumenöl** _N_ sunflower oil **Sonnenbrand** _M_ sunburn (**!** ohne Artikel) **Sonnenbrille** _F_ (pair of) sunglasses _pl_ **Sonnencreme** _F_ suntan cream **Sonnenenergie** _F_ solar energy **Sonnenfinsternis** _F_ solar eclipse **Sonnenhut** _M_ sunhat **Sonnenkollektor** _M_ solar panel **Sonnenkraftwerk** _N_ solar power station **Sonnenlicht** _N_ sunlight **Sonnenmilch** _F_ suntan lotion **Sonnenöl** _N_ suntan oil **Sonnenrollo** _N_ sun blind **Sonnenschein** _M_ sunshine; **bei ~** in the sunshine **Sonnenschirm** _M_ sunshade **Sonnenschutzfaktor** _M_ protection factor **Sonnenschutzmittel** _N_ sunscreen **Sonnenstich** _M_ sunstroke (**!** ohne Artikel) **Sonnenstrahl** _M_ ray of sunshine; (_bes_ ASTRON, PHYS) sun ray **Sonnenstudio** _N_ tanning salon (_bes US_) _od_ studio **Sonnensystem** _N_ solar system **Sonnenuhr** _F_ sundial **Sonnenuntergang** _M_ sunset **Sonnenwende** _F_ solstice **sonnig** _ADJ_ sunny

Sonntag _M_ Sunday; → Dienstag **sonntäglich** _ADJ_ Sunday _attr_ **sonntags** _ADV_ on Sundays, on a Sunday; → dienstags **Sonntagsarbeit** _F_ Sunday working **Sonntagsfahrer(in)** _M(F)_ (_pej_) Sunday driver **Sonntagszeitung** _F_ Sunday paper **sonn- und feiertags** _ADV_ on Sundays and public holidays

SONS 1212

sonst **A** ADV **1** (≈ *außerdem*) else; (*mit s*) other; **~ noch Fragen?** any other questions?; **wer/wie** *etc* (**denn**) **~?** who/how *etc* else?; **~ niemand** nobody else; **er und ~ keiner** nobody else but he; **~ wann** (*umg*) some other time; **er denkt, er ist ~ wer** (*umg*) he thinks he's somebody special; **~ noch etwas?** is that all?, anything else?; **~ wie** (*umg*) (in) some other way; **~ wo** (*umg*) somewhere else; **~ wohin** (*umg*) somewhere else **2** (≈ *andernfalls, im Übrigen*) otherwise; **wie gehts ~?** how are things otherwise? **3** (≈ *gewöhnlich*) usually; **genau wie ~** the same as usual; **alles war wie ~** everything was as it always used to be **B** KONJ otherwise, or (else)
sonstig ADJ other
sooft KONJ whenever
Sopran M soprano **Sopranistin** F soprano
Sorbet M *od* N GASTR sorbet
Sorge F worry; (≈ *Ärger*) trouble; **keine ~!** (*umg*) don't (you) worry!; **~n haben** to have problems; **deine ~n möchte ich haben!** (*umg*) you think you've got problems!; **jdm ~n machen** *od* **bereiten** (≈ *Kummer bereiten*) to cause sb a lot of worry; (≈ *beunruhigen*) to worry sb; **es macht mir ~n, dass ...** it worries me that ...; **sich** (*dat*) **~n machen** to worry (*um* about); **lassen Sie das meine ~ sein** let me worry about that; **das ist nicht meine ~** that's not my problem **Sorgeberechtigte(r)** M/F(M) person having custody **sorgen** **A** V/R to worry; **sich ~ um** to be worried about **B** V/T **~ für** (≈ *sich kümmern um*) to take care of; (≈ *vorsorgen für*) to provide for; (≈ *herbeischaffen*) to provide; **für Aufsehen ~** to cause a sensation; **dafür ist gesorgt** that's taken care of **sorgenfrei** ADJ carefree; **~ leben** to live a carefree life **Sorgenkind** N (*umg*) problem child **Sorgerecht** N JUR custody **Sorgfalt** F care; **ohne ~ arbeiten** to work carelessly **sorgfältig** **A** ADJ careful **B** ADV carefully **sorglos** **A** ADJ (≈ *unbekümmert*) carefree; (≈ *nachlässig*) careless **B** ADV in a carefree way, carelessly **Sorglosigkeit** F (≈ *Unbekümmertheit*) carefreeness; (≈ *Leichtfertigkeit*) carelessness **sorgsam** **A** ADJ careful **B** ADV carefully
Sorte F **1** sort, type; (≈ *Klasse*) grade; (≈ *Marke*) brand; **diese ~ Äpfel** this sort of apple **2** FIN foreign currency **sortieren** V/T to sort
Sortiment N **1** assortment; (≈ *Sammlung*) collection **2** (≈ *Buchhandel*) retail book trade
SOS N SOS; **~ funken** to put out an SOS
sosehr KONJ however much
Soße F sauce; (≈ *Bratensoße*) gravy (**!** kein pl)
Souffleur M, **Souffleuse** F THEAT prompter **soufflieren** V/T & V/I THEAT to prompt
Soundkarte F IT sound card

soundso ADV **~ lange** for such and such a time; **~ groß** of such and such a size; **~ viele** so and so many
Soundtrack M (*umg*) soundtrack
Souvenir N souvenir
souverän **A** ADJ sovereign (**!** kein Adverb); (≈ *überlegen*) (most) superior (**!** kein Adverb); *Sieg* commanding **B** ADV (≈ *überlegen*) handhaben supremely well; **etw ~ meistern** to resolve sth masterfully **Souveränität** F sovereignty; (*fig* ≈ *Überlegenheit*) superiority
soviel **A** ADV → **viel B** KONJ as *od* so far as; **~ ich weiß, nicht!** not as *od* so far as I know
soweit **A** ADV → **weit B** KONJ as *od* so far as; (≈ *insofern*) in so far as
sowenig KONJ however little; **~ ich auch ...** however little I ...
sowie KONJ **1** (≈ *sobald*) as soon as **2** (≈ *und auch*) as well as **sowieso** ADV anyway, anyhow
sowjetisch ADJ HIST Soviet **Sowjetunion** F HIST Soviet Union
sowohl KONJ **~ ... als** *od* **wie** (**auch**) both ... and, ... as well as
sozial **A** ADJ social; **die ~en Berufe** the caring professions; **~er Wohnungsbau** ≈ council (*Br*) *od* public (*US*) housing; **~e Marktwirtschaft** social market economy **B** ADV **~ eingestellt sein** to be public-spirited; **~ denken** to be socially minded **Sozialabbau** M cuts *pl* in social services **Sozialabgaben** PL social security (*Br*) *od* social welfare (*US*) contributions *pl* **Sozialamt** N social security (*Br*) *od* social welfare (*US*) office **Sozialarbeit** F social work **Sozialarbeiter(in)** M(F) social worker **Sozialdemokrat(in)** M(F) social democrat **sozialdemokratisch** ADJ social democratic **Sozialeinrichtungen** PL social facilities *pl* **Sozialexperte** M, **Sozialexpertin** F social affairs expert **Sozialfall** M hardship case **Sozialhilfe** F income support (*Br*), welfare (aid) (*US*) **Sozialhilfeempfänger(in)** M(F) person receiving income support (*Br*) *od* welfare (aid) (*US*) **sozialisieren** V/T to socialize; (*POL* ≈ *verstaatlichen*) to nationalize **Sozialismus** M socialism **Sozialist(in)** M(F) socialist **sozialistisch** ADJ socialist **Sozialkunde** F SCHULE social studies *pl* **Sozialleistungen** PL employers' contribution (*sometimes including pension scheme payments*) **Sozialpartner** PL unions and management *pl* **Sozialplan** F redundancy payments scheme **Sozialpolitik** F social policy **sozialpolitisch** ADV socio-political **Sozialstaat** M welfare state **Sozialversicherung** F national insurance (*Br*), social security (*US*) **Sozialwohnung** F state-subsidized apartment, ≈ council flat (*Br*) **So-**

1213 ‖ SPAS

ziologe M̲, **Soziologin** F̲ sociologist **Soziologie** F̲ sociology **soziologisch** A̲D̲J̲ sociological

Soziussitz M̲ pillion (seat)

sozusagen A̲D̲V̲ so to speak

Spachtel M̲ (≈ Werkzeug) spatula **spachteln** A̲ V̲T̲ Mauerfugen, Ritzen to fill (in), to smooth over B̲ V̲I̲ (umg ≈ essen) to tuck in (umg), to dig in (US umg)

Spagat M̲ od N̲ (wörtl) splits pl; (fig) balancing act

Spaghetti P̲L̲, **Spagetti** P̲L̲ spaghetti sg

spähen V̲I̲ to peer; **nach jdm/etw ~** to look out for sb/sth

Spalier N̲ 1 trellis 2 (von Menschen) row; (zur Ehrenbezeigung) guard of honour (Br), honor guard (US); **~ stehen** to form a guard of honour (Br) od honor guard (US)

Spalt M̲ 1 (≈ Öffnung) gap; (≈ Riss) crack 2 (fig ≈ Kluft) split **spaltbar** A̲D̲J̲ PHYS Material fissile

Spalte F̲ 1 bes GEOL fissure; (≈ Felsspalte) crevice; (≈ Gletscherspalte) crevasse 2 TYPO, PRESSE column **spalten** V̲T̲ to split; → gespalten

Spaltung F̲ splitting; (in Partei etc) split

Spam M̲ IT spam **spammen** V̲I̲ to spam

Spamming N̲ spamming

Span M̲ shaving; (≈ Metallspan) filing

Spanferkel N̲ sucking pig

Spange F̲ clasp; (≈ Haarspange) hair slide (Br), barrette (US); (≈ Schuhspange) strap; (≈ Schnalle) buckle; (≈ Armspange) bracelet

Spaniel M̲ spaniel

Spanien N̲ Spain **Spanier(in)** M̲/F̲ Spaniard **spanisch** A̲D̲J̲ Spanish; **das kommt mir ~ vor** (umg) that seems odd to me

Spann M̲ instep **Spannbetttuch** N̲ fitted sheet **Spanne** F̲ (geh ≈ Zeitspanne) while; (≈ Verdienstspanne) margin **spannen** A̲ V̲T̲ Saite, Seil to tighten; Bogen to draw; Muskeln to tense, to flex; Gewehr to cock; Werkstück to clamp; Wäscheleine to put up; Netz to stretch; → gespannt B̲ V̲R̲ (Haut) to become taut; (Muskeln) to tense C̲ V̲I̲ (Kleidung) to be (too) tight; (Haut) to be taut **spannend** A̲D̲J̲ exciting; (stärker) thrilling; **machs nicht so ~!** (umg) don't keep me/us in suspense **Spanner** M̲ (umg ≈ Voyeur) Peeping Tom **Spannung** F̲ 1 (von Seil, Muskel etc) tautness; MECH stress 2 ELEK voltage; **unter ~ stehen** to be live 3 (fig) excitement; (≈ Spannungsgeladenheit) suspense; **etw mit ~ erwarten** to await sth full of suspense 4 (nervlich) tension 5 (≈ Feindseligkeit) tension ⚠ kein pl) **Spannungsgebiet** N̲ POL flash point **Spannungsmesser** M̲ ELEK voltmeter **Spannungsprüfer** M̲ voltage detector **Spannweite** F̲ MATH range; ARCH span; (FLUG, von Vogelflügeln) (wing)span

Spanplatte F̲ chipboard

Sparbuch N̲ savings book **Spardose** F̲ piggy bank **Spareinlage** F̲ savings deposit **sparen** A̲ V̲T̲ to save; **keine Kosten/Mühe ~** to spare no expense/effort; **spar dir deine guten Ratschläge!** (umg) you can keep your advice! B̲ V̲I̲ to save; (≈ sparsam sein) to economize; **an etw** (dat) **~** to be sparing with sth; (≈ mit etw Haus halten) to economize on sth; **bei etw ~** to save on sth; **auf etw** (akk) **~** to save up for sth **Sparer(in)** M̲/F̲ (bei Bank etc) saver **Sparflamme** F̲ **auf ~** (fig umg) just ticking over (Br umg) od coming along (US)

Spargel M̲ asparagus **Spargelcremesuppe** F̲ cream of asparagus soup

Sparguthaben N̲ savings account **Sparkasse** F̲ savings bank **Sparkonto** N̲ savings account **Sparkurs** M̲ economy drive (Br), budget (US); **einen strikten ~ einhalten** to be on a strict economy drive (Br) od budget (US) **spärlich** A̲ A̲D̲J̲ sparse; Einkünfte, Kenntnisse sketchy; Beleuchtung poor; Kleidung scanty; Mahl meagre (Br), meager (US) B̲ A̲D̲V̲ bevölkert, eingerichtet sparsely; beleuchtet poorly; **~ bekleidet** scantily clad od dressed

Sparmaßnahme F̲ economy (Br) od budgeting (US) measure **Sparpaket** N̲ savings package; POL package of austerity measures **Sparprämie** F̲ savings premium

Sparring N̲ BOXEN sparring

sparsam A̲ A̲D̲J̲ Mensch thrifty; (≈ wirtschaftlich) Motor, Verbrauch economical B̲ A̲D̲V̲ leben, essen economically; verwenden sparingly; **mit etw umgehen** to be economical with sth **Sparsamkeit** F̲ thrift; (≈ sparsames Haushalten) economizing **Sparschwein** N̲ piggy bank

spartanisch A̲D̲J̲ spartan; **~ leben** to lead a spartan life

Sparte F̲ (≈ Branche) line of business; (≈ Teilgebiet) area

Spass M̲ (österr) = Spaß

Spaß M̲ (≈ Vergnügen) fun; (≈ Scherz) joke; (≈ Streich) prank; **~ beiseite** joking apart; **viel ~!** have fun! (a. iron); **an etw** (dat) **~ haben** to enjoy sth; **wenns dir ~ macht** if it turns you on (umg); **~/keinen ~ machen** to be fun/no fun; **(nur so,) aus ~** (just) for fun; **etw im ~ sagen** to say sth as a joke; **er versteht keinen ~** he has no sense of humour (Br) od humor (US); **da verstehe ich keinen ~!** I won't stand for any nonsense; **das war ein teurer ~** (umg) that was an expensive business (umg) **Spaßbad** N̲ leisure pool **Spaßbremse** F̲ (umg) party pooper (umg), spoilsport (umg), killjoy (umg) **du bist heute wieder voll die ~** Person you're being a real spoilsport again today **spaßeshalber** A̲D̲V̲ for fun **spaßhaft**, **spaßig** A̲D̲J̲ funny **Spaß-**

S

verderber(in) [MF] spoilsport **Spaßvogel** [M] joker
Spastiker(in) [MF] spastic **spastisch** [ADJ] spastic; **~ gelähmt** suffering from spastic paralysis
spät **A** [ADJ] late; **am ~en Nachmittag** in the late afternoon **B** [ADV] late; **~ in der Nacht** late at night; **wie ~ ist es?** what's the time?; **zu ~** too late; **sie kam fünf Minuten zu ~** she was five minutes late (⚠ ohne **too**); **wir sind ~ dran** we're late
Spaten [M] spade
später **A** [ADJ] later; (≈ zukünftig) future **B** [ADV] later (on); **~ als** later than; **an ~ denken** to think of the future; **bis ~!** see you later! **spätestens** [ADV] at the latest (⚠ am Satzende) **Spätfolge** [F] late effect **Spätherbst** [M] late autumn, late fall (US) **Spätlese** [F] late vintage **Spätschaden** [M] long-term damage **Spätschicht** [F] late shift **Spätsommer** [M] late summer **Spätvorstellung** [F] late-night performance
Spatz [M] sparrow **Spatzenhirn** [N] (pej) bird-brain (umg)
spazieren [VI] to stroll; **wir waren ~** we went for a stroll **spazieren fahren** **A** [VI] to go for a ride **B** [VT] **jdn ~** to take sb for a drive **spazieren gehen** [VIE] to go for a walk **Spazierfahrt** [F] ride; **eine ~ machen** to go for a ride **Spaziergang** [M] walk; **einen ~ machen** to go for a walk **Spaziergänger(in)** [MF] stroller **Spazierstock** [M] walking stick
SPD [F] abk von **Sozialdemokratische Partei Deutschlands** Socialist Democratic Party of Germany
Specht [M] woodpecker
Speck [M] bacon; (umg: bei Mensch) flab (umg) **speckig** [ADJ] Kleidung, Haar greasy **Speckscheibe** [F] (bacon) rasher **Speckschwarte** [F] bacon rind
Spediteur(in) [MF] haulier (Br), hauler (US); (≈ Umzugsfirma) furniture remover **Spedition** [F] **1** (≈ das Spedieren) transporting **2** (≈ Firma) haulier (Br), hauler (US); (≈ Umzugsfirma) furniture remover
Speed Dating® [N] speed-dating
Speer [M] spear; SPORT javelin **Speerwerfen** [N] SPORT **das ~** the javelin
Speiche [F] **1** spoke **2** ANAT radius
Speichel [M] saliva
Speicher [M] (≈ Lagerhaus) storehouse; (im Haus) loft, attic; (≈ Wasserspeicher) tank; IT memory, store **Speicherchip** [M] IT memory chip **Speicherdichte** [F] IT storage density **Speicherkapazität** [F] storage capacity; IT memory capacity **speichern** [VT] to store; (≈ abspei-

Speiche — spoke   Speiche — radius

chern) to save **Speicherofen** [M] storage heater **Speicherplatte** [F] IT storage disk **Speicherplatz** [M] IT storage space **Speicherung** [F] storage **Speicherverwaltung** [F] IT memory management
speien **A** [VT] to spit; Lava, Feuer to spew (forth); Wasser to spout; (≈ erbrechen) to vomit **B** [VI] (≈ sich übergeben) to vomit
Speise [F] (≈ Gericht) dish; **~n und Getränke** meals and beverages; **kalte und warme ~n** hot and cold meals **Speiseeis** [N] ice cream **Speisekammer** [F] pantry **Speisekarte** [F] menu **speisen** **A** [VI] (geh) to eat **B** [VT] **1** (geh ≈ essen) to eat **2** TECH to feed **Speiseplan** [M] menu plan; **auf dem ~ stehen** to be on the menu **Speiseröhre** [F] ANAT gullet **Speisesaal** [M] dining hall; (in Hotel etc) dining room **Speisewagen** [M] BAHN dining od restaurant car
Spektakel [M] (umg) rumpus (umg); (≈ Aufregung) palaver (umg) **spektakulär** [ADJ] spectacular
Spektrum [N] spectrum
Spekulant(in) [MF] speculator **Spekulation** [F] speculation; **~en anstellen** to speculate **Spekulationsgewinn** [M] speculative profit **Spekulationsobjekt** [N] object of speculation
Spekulatius [M] spiced biscuit (Br) od cookie (US)
spekulieren [VI] to speculate; **auf etw** (akk) **~** (umg) to have hopes of sth
Spelunke [F] (pej umg) dive (umg)
spendabel [ADJ] (umg) generous **Spende** [F] donation; (≈ Beitrag) contribution **spenden** [VT] to donate, to give; (≈ beitragen) Geld to contribute; Schatten to offer; Trost to give **Spendenaffäre** [F] donations scandal **Spendenkonto** [N] donations account **Spender** [M] (≈ Seifenspender etc) dispenser **Spender(in)** [MF] donator; (≈ Beitragsleistender) contributor; MED donor **Spenderausweis** [M] donor card **Spenderherz**

SPIE

> spenden ≠ to spend

| spenden | = | **to donate, to contribute** etc. |
| spend | = | Geld ausgeben; Zeit verbringen |

FALSCHE FREUNDE

N̄ donor heart **spendieren** V̄T̄ to buy (jdm etw sb sth, sth for sb)
Spengler(in) M̄/F̄ (südd, österr ≈ Klempner) plumber
Sperling M̄ sparrow
Sperma N̄ sperm
sperrangelweit ADV (umg) ~ **offen** wide open **Sperre** F̄ 1 barrier; (≈ Polizeisperre) roadblock; TECH locking device 2 (≈ Verbot) ban; (≈ Blockierung) blockade; HANDEL embargo 3 PSYCH mental block **sperren** A V̄T̄ 1 (≈ schließen) to close; TECH to lock 2 HANDEL Konto, Gelder to block; Scheck, Kreditkarte to stop; IT Daten, Zugriff to lock 3 (SPORT ≈ ausschließen) to ban 4 (≈ einschließen) jdn in etw (akk) ~ to shut sb in sth 5 TYPO to space out; → **gesperrt** B V̄R̄ **sich (gegen etw) ~** to ba(u)lk (at sth) **Sperrfrist** F̄ waiting period (a. JUR) **Sperrgebiet** N̄ prohibited area od zone **Sperrholz** N̄ plywood **sperrig** ADJ bulky; (≈ unhandlich) unwieldy **Sperrkonto** N̄ blocked account **Sperrmüll** M̄ bulky refuse **Sperrstunde** F̄ closing time **Sperrung** F̄ (≈ Schließung) closing; TECH locking; (von Konto) blocking
Spesen PL expenses pl
Spezi[1] M̄ (südd, österr umg) pal (umg)
Spezi®[2] N̄ (Getränk) cola and orangeade
Spezialausbildung F̄ specialized training **Spezialeffekt** M̄ special effect **Spezialfall** M̄ special case **Spezialgebiet** N̄ special field **spezialisieren** V̄R̄ **sich (auf etw** akk**) ~** to specialize (in sth) **Spezialisierung** F̄ specialization **Spezialist(in)** M̄/F̄ specialist (für in) **Spezialität** F̄ speciality (Br), specialty (US) **speziell** A ADJ special B ADV (e)specially **Spezifikation** F̄ specification **spezifisch** A ADJ specific B ADV specifically **spezifizieren** V̄T̄ to specify
Sphäre F̄ (wörtl, fig) sphere
spicken A V̄T̄ GASTR Braten to baste; **mit Zitaten gespickt** peppered with quotations (bes Br) B V̄Ī (SCHULE umg) to copy off, from) **Spickzettel** M̄ crib (Br), cheat sheet (US)
Spiegel M̄ 1 mirror 2 (≈ Wasserspiegel etc) level **Spiegelbild** N̄ (wörtl, fig) reflection; (≈ seitenverkehrtes Bild) mirror image **Spiegelei** N̄ fried egg **spiegelfrei** ADJ Brille, Bildschirm etc nonreflecting **spiegelglatt** ADJ Fahrbahn, Meer etc glassy **spiegeln** A V̄Ī (≈ reflektieren) to reflect (the light); (≈ glitzern) to shine B V̄T̄ to reflect C V̄R̄ to be reflected **Spiegelreflexkamera** F̄ reflex camera **Spiegelschrift** F̄ mirror writing **Spiegelung** F̄ reflection; (≈ Luftspiegelung) mirage **spiegelverkehrt** ADJ back-to-front; **eine ~e Abbildung** a mirror image; **etw ~ abbilden** to reproduce sth as a mirror image
Spiel N̄ 1 game; (≈ Wettkampfspiel) match; (THEAT ≈ Stück) play; **ein ~ spielen** to play a game 2 KART deck, pack; (Satz) set 3 TECH (free) play; (≈ Spielraum) clearance 4 (fig) **leichtes ~ haben** to have an easy job of it; **das ~ ist aus** the game's up; **die Finger im ~ haben** to have a hand in it; **jdn/etw aus dem ~ lassen** to leave sb/sth out of it; **etw aufs ~ setzen** to put sth at stake; **auf dem ~(e) stehen** to be at stake **Spielautomat** M̄ gambling od gaming machine; (zum Geldgewinnen) fruit machine **Spielball** M̄ (Tennis) game point; (Billard) cue ball; (fig) plaything **Spielbank** F̄ casino **spielen** A V̄T̄ to play; **Karten ~** to play cards; **Tennis ~** to play tennis; **Klavier/Flöte ~** to play the piano/the flute (⚠ Bei Instrumenten steht the.); **den Beleidigten ~** to act all offended; **was wird hier gespielt?** (umg) what's going on here? B V̄Ī to play; (Schauspieler) to act; (beim Glücksspiel) to gamble; **das Stück spielt in Venedig** the play is set in Venice; **seine Beziehungen ~ lassen** to bring one's connec-

Spiel —
match

ein Spiel spielen —
to play a game

Gitarre spielen —
to play the guitar

Spiel —
deck, pack

tions into play; → gespielt **spielend** A ADJ playing B ADV easily **Spieler(in)** MF player; (≈ Glücksspieler) gambler **Spielerei** F (≈ das Spielen) playing; (beim Glücksspiel) gambling; (≈ das Herumspielen) playing around; (≈ Kinderspiel) child's play (❶ ohne Artikel) **spielerisch** ADJ ■ (≈ verspielt) playful ☑ SPORT playing; THEAT acting; **~es Können** playing/acting ability **Spielfeld** N field; (Tennis, Basketball) court **Spielfigur** F piece **Spielfilm** M feature film **Spielgeld** N (≈ unechtes Geld) play money **Spielhalle** F amusement arcade (Br), arcade **Spielhölle** F gambling den **Spielkamerad(in)** MF playmate **Spielkarte** F playing card; **Spielkasino** N (gambling) casino **Spielklasse** F division **Spielkonsole** F game(s) console **Spielleiter(in)** MF (≈ Regisseur) director **Spielmacher(in)** MF key player **Spielplan** M THEAT, FILM programme (Br), program (US) **Spielplatz** M (für Kinder) playground **Spielraum** M room to move; (fig) scope; (zeitlich) time; (bei Planung etc) leeway; TECH (free) play **Spielregel** F rule of the game **Spielsachen** PL toys pl **Spielschuld** F gambling debt **Spielshow** F game show **Spielstand** M score **Spieluhr** F music box **Spielverderber(in)** MF spoilsport **Spielverlängerung** F SPORT extra time (Br), overtime (US) **Spielverlauf** M play **Spielwaren** PL toys pl **Spielwarengeschäft** N, **Spielwarenhandlung** F toy shop (bes Br) od store (bes US) **Spielzeit** F ■ (≈ Saison) season ☑ (≈ Spieldauer) playing time **Spielzeug** N toys pl; (einzelnes) toy **Spielzeugeisenbahn** F (toy) train set

▶ **(französische) Spielkarten**

Kartenfarben

Kreuz	clubs
Pik	spades
Herz	hearts
Karo	diamonds

Kartenbilder

Ass	ace
König	king
Dame	queen
Bube	jack

WORTSCHATZ ◀

Spieß M (≈ Stich- und Wurfwaffe) spear; (≈ Bratspieß) spit; (kleiner) skewer; **den ~ umdrehen** (fig) to turn the tables **Spießbürger(in)** MF (pej) (petit) bourgeois **spießbürgerlich** (pej) ADJ

(petit) bourgeois **spießen** VT **etw auf etw** (akk) **~** (auf Pfahl etc) to impale sth on sth; (auf Gabel etc) to skewer sth on sth; (auf Nadel) to pin sth on sth **Spießer(in)** MF (pej) = Spießbürger(in) **spießig** ADJ, ADV (pej) = spießbürgerlich

Spikes PL spikes pl
Spinat M spinach
Spind M od N MIL, SPORT locker
Spindel F spindle
Spinne F spider **spinnen** A VT to spin B VI (umg) (≈ leicht verrückt sein) to be crazy; (≈ Unsinn reden) to talk garbage (umg); **spinnst du?** you must be crazy! **Spinnennetz** N cobweb, spider's web **Spinner(in)** MF ■ TEX spinner ☑ (umg) nutcase (umg) **Spinnerei** F ■ (≈ Spinnwerkstatt) spinning mill ☑ (umg) crazy behaviour (Br) od behavior (US) (❶ kein pl); (≈ Unsinn) garbage (umg) **Spinngewebe** N cobweb, spider's web **Spinnrad** N spinning wheel
Spion M (umg) (≈ Guckloch) spyhole **Spion(in)** MF spy **Spionage** F spying, espionage **Spionageabwehr** F counterintelligence od counterespionage (service) **Spionagesatellit** M spy satellite **spionieren** VI to spy; (fig umg ≈ nachforschen) to snoop around (umg)
Spirale F spiral; MED coil
Spiritismus M spiritualism **spiritistisch** ADJ **~e Sitzung** seance
Spirituosen PL spirits pl
Spiritus M (≈ Alkohol) spirit
Spital N (österr, schweiz ≈ Krankenhaus) hospital
spitz A ADJ ■ pointed; (≈ nicht stumpf) Bleistift, Nadel etc sharp; MATH Winkel acute; **~e Klammern** angle brackets ☑ (≈ gehässig) barbed; Zunge sharp B ADV (≈ spitzzüngig) kontern, antworten sharply **Spitz** M (Hunderasse) spitz **Spitzbart** M goatee **Spitze** F ■ top; (≈ von Kinn) point; (≈ Schuhspitze) toe; (≈ Fingerspitze, Nasenspitze) tip; (≈ Haarspitze) end; **etw auf die ~ treiben** to carry sth to extremes ☑ (≈ vorderes Ende) front; (≈ Tabellenspitze) top; **an der ~ stehen** to be at the head; (auf Tabelle) to be (at the) top (of the table); **an der ~ liegen** (SPORT, fig) to be in the lead ☑ (fig ≈ Stichelei) dig (bes Br), cut (US) ☑ (≈ Gewebe) lace ☑ (umg ≈ prima) great (umg); **das war einsame ~!** that was really great! (umg)
Spitzel M (≈ Informant) informer; (≈ Spion) spy; (≈ Schnüffler) snooper; (≈ Polizeispitzel) police informer
spitzen VT Bleistift to sharpen; Lippen to purse; (zum Küssen) to pucker (up); Ohren to prick up **Spitzengehalt** N top salary **Spitzengeschwindigkeit** F top speed **Spitzenhöschen** N lace panties pl **Spitzenkandidat(in)** MF top candidate **Spitzenklasse**

F top class; **ein Auto** etc **der ~** a top-class car etc **Spitzenleistung** F top performance; (fig ≈ ausgezeichnete Leistung) top-class performance **Spitzenlohn** M top wage(s pl) **Spitzenpolitiker(in)** MF leading od top politician **Spitzenposition** F leading od top position **Spitzenreiter** M (Ware) top seller; (Film, Stück etc) hit; (≈ Schlager) number one **Spitzensportler(in)** MF top(-class) sportsman/-woman **Spitzenstellung** F leading position **Spitzentechnologie** F state-of-the-art technology **Spitzenverdiener(in)** MF top earner **Spitzenverkehrszeit** F peak period **Spitzer** M (umg) (pencil) sharpener **spitzfindig** ADJ over(ly)-subtle **Spitzfindigkeit** F over-subtlety; (≈ Haarspalterei) nit-picking (🚫 kein pl) (umg) **Spitzhacke** F pickaxe (Br), pickax (US) **Spitzkehre** F 1 (≈ Kurve) hairpin bend od turn (US) 2 (beim Skifahren) kick turn **spitzkriegen** VT (umg) **~, dass ...** to get wise to the fact that ... (umg) **Spitzname** M nickname **spitzwinklig** ADJ MATH Dreieck acute-angled
Spleen M (umg) (≈ Idee) crazy idea (umg); (≈ Fimmel) obsession

---

▶ **Spleen ≠ spleen**

Spleen	=	**crazy idea, obsession**
spleen	=	Milz

FALSCHE FREUNDE ◀

Spliss M 1 (dial ≈ Splitter) splinter 2 (≈ gespaltene Haarspitzen) split ends pl
Splitt M stone chippings pl; (≈ Streumittel) grit **Splitter** M splinter **Splittergruppe** F POL splinter group **splitternackt** ADJ stark-naked
SPÖ F abk von Sozialdemokratische Partei Österreichs Austrian Socialist Party
Spoiler M spoiler
sponsern VT to sponsor **Sponsor(in)** MF sponsor
spontan A ADJ spontaneous B ADV spontaneously **Spontaneität** F spontaneity
sporadisch A ADJ sporadic B ADV sporadically
Sport M sport; SCHULE physical education, PE; **treiben Sie ~?** do you do any sport? **Sportart** F (kind of) sport **Sportarzt** M, **Sportärztin** F sports physician **sportbegeistert** ADJ keen on sport, sports-mad (Br umg), crazy about sports (US umg) **Sportfest** N sports festival **Sporthalle** F sports hall **Sportkleidung** F sportswear **Sportlehrer(in)** MF 1 (in der Schule) PE teacher 2 (im Verein) sports

instructor **Sportler** M sportsman **Sportlerin** F sportswoman **sportlich** A ADJ 1 sporting; Mensch, Auto sporty; (≈ durchtrainiert) athletic 2 Kleidung casual; (≈ sportlich-schick) smart but casual B ADV 1 **sich ~ betätigen** to do sport 2 (≈ leger) casually; **~ gekleidet** casually dressed **Sportmedizin** F sports medicine **Sportnachrichten** PL sports news mit sg v **Sportplatz** M sports field; (in der Schule) playing field(s pl) **Sportreporter(in)** MF sports reporter **Sportschuh** M casual shoe **Sportfreund(in)** MF (fig umg) pal (umg) **Sportskanone** F (umg) sporting ace (umg) **Sportunfall** M sporting accident **Sportunterricht** M sports lesson od lessons pl; SCHULE physical education, PE **Sportveranstaltung** F sporting event **Sportverein** M sports club **Sportwagen** M sports car; (für Kind) pushchair (Br), (baby) stroller (US)

Spott M mockery **spottbillig** ADJ (umg) dirt-cheap (umg) **Spöttelei** F (≈ das Spotten) mocking; (≈ ironische Bemerkung) mocking remark **spötteln** VI to mock (über jdn/etw sb/sth) **spotten** VI (≈ sich lustig machen) to mock; **über jdn/etw ~** to mock sb/sth; **das spottet jeder Beschreibung** that simply defies description **Spötter(in)** MF mocker; (≈ satirischer Mensch) satirist **spöttisch** A ADJ mocking B ADV mockingly **Spottpreis** M ridiculously low price
sprachbegabt ADJ linguistically talented **Sprache** F language; (≈ das Sprechen) speech; (≈ Fähigkeit, zu sprechen) power of speech; **in französischer** etc **~** in French etc; **mit der ~ herausrücken** to come out with it; **die ~ auf etw** (akk) **bringen** to bring the conversation (a)round to sth; **zur ~ kommen** to be brought up; **etw zur ~ bringen** to bring sth up; **mir blieb die ~ weg** I was speechless **Sprachenschule** F language school **Spracherkennung** F IT speech recognition **Sprachfehler** M speech impediment **Sprachführer** M phrase book **Sprachgebrauch** M (linguistic) usage **Sprachgefühl** N feeling for language **sprachgesteuert** ADJ IT voice-activated **sprachgewandt** ADJ articulate, fluent **Sprachkenntnisse** PL knowledge sg of languages/the language/a language; **mit englischen ~n** with a knowledge of English **Sprachkurs** M language course **Sprachlabor** N language laboratory **Sprachlehre** F grammar **sprachlich** A ADJ linguistic; Schwierigkeiten language attr; Fehler grammatical B ADV linguistically; **~ falsch/richtig** grammatically incorrect/correct **sprachlos** ADJ speechless **Sprachlosigkeit** F speechless-

ness **Sprachrohr** N̲ (fig) mouthpiece
Sprachunterricht M̲ language teaching
Sprachwissenschaft F̲ linguistics sg; (≈ Philologie) philology; **vergleichende ~en** comparative linguistics/philology **Sprachwissenschaftler(in)** M̲F̲ linguist; (≈ Philologe) philologist **sprachwissenschaftlich** A̲ A̲D̲J̲ linguistic B̲ A̲D̲V̲ linguistically
Spray M̲ od N̲ spray **Spraydose** F̲ aerosol (can) **sprayen** V̲T̲&V̲I̲ to spray **Sprayer(in)** M̲F̲ sprayer
Sprechanlage F̲ intercom **Sprechblase** F̲ balloon **sprechen** A̲ V̲I̲ to speak; (≈ reden, sich unterhalten) to talk; **wir haben gerade von dir gesprochen** we were just talking about you; **kann ich dich mal ~?** can I speak to you? (❗ **To talk** wird im Sinne von „sich unterhalten" gesagt, **to speak**, wenn nur einer redet.); **viel ~** to talk a lot; **nicht gut auf jdn/etw zu ~ sein** not to have a good thing to say about sb/sth; **mit jdm ~** to speak od talk to sb; **mit wem spreche ich?** to whom am I speaking, please?; **auf jdn/etw zu ~ kommen** to get to talking about sb/sth; **es spricht für jdn/etw(, dass …)** it says something for sb/sth (that …); **das spricht für sich (selbst)** that speaks for itself; **es spricht vieles dafür/dagegen** there's a lot to be said for/against it B̲ V̲T̲ 1̲ Sprache to speak; (≈ aufsagen) Gebet to say; **~ Sie Japanisch?** do you speak Japanese? 2̲ Urteil to pronounce 3̲ **kann ich bitte Herrn Kurz ~?** may I speak to Mr Kurz, please?; **er ist nicht zu ~** he can't see anybody; **kann ich Sie kurz ~?** can I have a quick word?; **wir ~ uns noch!** you haven't heard the last of this! **sprechend** A̲D̲J̲ Augen, Gebärde eloquent **Sprecher(in)** M̲F̲ speaker; (≈ Nachrichtensprecher) newscaster; (≈ Ansager) announcer; (≈ Wortführer) spokesperson **Sprechfunk** M̲ radiotelephone system **Sprechfunkgerät** N̲ radiotelephone; (tragbar auch) walkie-talkie **Sprechstunde** F̲ consultation (hour); (von Arzt) surgery (Br), consultation (US) **Sprechstundenhilfe** F̲ (neg!) (doctor's) receptionist **Sprechtaste** F̲ "talk" button **Sprechweise** F̲ way of speaking **Sprechzimmer** N̲ consulting room
spreizen A̲ V̲T̲ to spread; → **gespreizt** B̲ V̲R̲ (≈ sich sträuben) to kick up (umg) **Spreizfuß** M̲ splayfoot
sprengen V̲T̲ 1̲ (mit Sprengstoff) to blow up; Fels to blast; **etw in die Luft ~** to blow sth up 2̲ Tresor to break open; Fesseln to burst; Versammlung to break up; (Spiel)bank to break 3̲ (≈ besprizen) to sprinkle; Beete, Rasen to water **Sprengkopf** M̲ warhead **Sprengkörper** M̲ explosive device

Sprengkraft F̲ explosive force **Sprengladung** F̲ explosive charge **Sprengsatz** M̲ explosive device **Sprengstoff** M̲ explosive; (fig) dynamite **Sprengstoffanschlag** M̲ bomb attack **Sprengung** F̲ blowing-up; (von Felsen) blasting
Spreu F̲ chaff
Sprichwort N̲ proverb **sprichwörtlich** A̲D̲J̲ (wörtl, fig) proverbial
sprießen V̲I̲ (aus der Erde) to come up; (Knospen, Blätter) to shoot
Springbrunnen M̲ fountain **springen** V̲I̲ 1̲ to jump; (bes mit Schwung) to leap; (beim Stabhochsprung) to vault 2̲ **etw ~ lassen** (umg) to fork out for sth (umg); Runde to stand sth; Geld to fork out sth (umg) 3̲ (Glas, Porzellan) to break; (≈ Risse bekommen) to crack **springend** A̲D̲J̲ **der ~e Punkt** the crucial point **Springer** M̲ SCHACH knight **Springer(in)** M̲F̲ 1̲ jumper; (≈ Stabhochspringer) vaulter 2̲ IND stand-in **Springerstiefel** P̲L̲ Doc Martens® (boots) pl **Springflut** F̲ spring tide **Springreiten** N̲ show jumping **Springrollo** N̲ roller blind **Springseil** N̲ skipping-rope (Br), jump rope (US)
Sprinkler M̲ sprinkler **Sprinkleranlage** F̲ sprinkler system
Sprint M̲ sprint **sprinten** V̲T̲&V̲I̲ to sprint
Sprit M̲ (umg ≈ Benzin) gas (umg)
Spritze F̲ syringe; (≈ Injektion) injection; **eine ~ bekommen** to have an injection **spritzen** A̲ V̲T̲ 1̲ to spray; (≈ verspritzen) Wasser etc to splash 2̲ (≈ injizieren) to inject; (≈ eine Injektion geben) to give injections/an injection; **sich** (dat) **Heroin ~** to inject (oneself with) heroin B̲ V̲I̲ to spray; (heißes Fett) to spit **Spritzer** M̲ splash **Spritzfahrt** F̲ (umg) spin (umg); **eine ~ machen** to go for a spin (umg) **spritzig** A̲D̲J̲ Wein tangy; Auto, Aufführung lively; (≈ witzig) witty **Spritzpistole** F̲ spray gun **Spritztour** F̲ (umg) spin (umg), jaunt; **eine ~ machen** to go for a spin (umg)
spröde A̲D̲J̲ brittle; Haut rough; (≈ abweisend) Mensch aloof; Worte offhand; Charme austere
Sprosse F̲ rung **Sprossenfenster** N̲ lattice window **Sprossenwand** F̲ SPORT wall bars pl **Sprössling** M̲ shoot; (fig hum) offspring pl
Sprotte F̲ sprat
Spruch M̲ 1̲ saying; (≈ Wahlspruch) motto; **Sprüche klopfen** (umg) to talk posh (umg); (≈ angeben) to talk big (umg) 2̲ (≈ Richterspruch) judgement; (≈ Schiedsspruch) ruling **Spruchband** N̲ banner **spruchreif** A̲D̲J̲ (umg) **die Sache ist noch nicht ~** it's not definite yet so we'd better not talk about it
Sprudel M̲ mineral water; (≈ süßer Sprudel) fizzy

drink **Sprudelbad** N̄ whirlpool (bath) **spru-deln** V̄Ī to bubble; (Sekt, Limonade) to fizz; (fig) **sprudelnd** ĀDJ (wörtl) Getränke fizzy; Quelle bubbling; (fig) Witz bubbly

Sprühdose F̄ spray (can) **sprühen** Ā V̄Ī **1** to spray; (Funken) to fly **2** (fig) (vor Witz, Ideen etc) to bubble over (vor +dat with); (Augen) (vor Freude etc) to sparkle (vor +dat with); (vor Zorn etc) to flash (vor +dat with) B̄ V̄T to spray **Sprühregen** M̄ fine rain

Sprung M̄ **1** jump; (schwungvoll) leap; (≈ Satz) bound; (von Raubtier) pounce; (≈ Stabhochsprung) vault; (Wassersport) dive; **einen ~ machen** to jump; **damit kann man keine großen Sprünge machen** (umg) you can't exactly live it up on that (umg); **jdm auf die Sprünge helfen** to give sb a (helping) hand **2** (umg ≈ kurze Strecke) stone's throw (umg); **auf einen ~ bei jdm vorbeikommen** to drop in to see sb (umg) **3** (≈ Riss) crack; **einen ~ haben** to be cracked **Sprungbrett** N̄ (wörtl, fig) springboard **Sprungfeder** F̄ spring **sprunghaft** Ā ĀDJ **1** Mensch volatile **2** (≈ rapide) rapid B̄ ĀDV ansteigen by leaps and bounds **Sprungschanze** F̄ SKI ski jump **Sprungturm** M̄ diving platform

Spucke F̄ (umg) spit; **da bleibt einem die ~ weg!** (umg) it's flabbergasting (umg) **spucken** Ā V̄T to spit; (umg ≈ erbrechen) to throw up (umg); Lava to spew (out) B̄ V̄Ī to spit

spuken V̄Ī to haunt; **hier spukt es** this place is haunted

Spülbecken N̄ sink

Spule F̄ spool; IND bobbin; ELEK coil

Spüle F̄ sink

spulen V̄T to spool (a. COMPUT)

spülen Ā V̄T **1** (≈ ausspülen) Mund to rinse; Wunde to wash; Darm to irrigate; (≈ abwaschen) Geschirr to wash up **2** (Wellen etc) to wash; **etw an Land ~** to wash sth ashore B̄ V̄Ī (Waschmaschine) to rinse; (≈ Geschirr spülen) to wash up; (auf der Toilette) to flush; **du spülst und ich trockne ab** you wash and I'll dry **Spüllappen** M̄ dishcloth **Spülmaschine** F̄ (automatic) dishwasher **spülmaschinenfest** ĀDJ dishwasher-proof **Spülmittel** N̄ washing-up liquid **Spülschüssel** F̄ washing-up bowl **Spülung** F̄ rinsing; (≈ Wasserspülung) flush; (≈ Haarspülung) conditioner; (MED ≈ Darmspülung) irrigation

Spund M̄ stopper; (Holztechnik) tongue

Spur F̄ **1** (≈ Abdruck im Boden etc) track; (≈ hinterlassenes Zeichen) trace; (≈ Bremsspur) skidmarks pl; (≈ Blutspur etc, Fährte) trail; **von den Tätern fehlt jede ~** there is no clue as to the whereabouts of the persons responsible; **jdm auf die ~ kommen** to get onto sb; **~en hinterlassen** (fig) to leave one's/its mark **2** (fig ≈ kleine Menge)

trace; (von Talent etc) scrap; **von Anstand keine ~** (umg) no decency at all; **keine ~!** (umg) not at all **3** (≈ Fahrbahn) lane **4** IT track

spürbar Ā ĀDJ noticeable, perceptible B̄ ĀDV noticeably, perceptibly

spuren V̄Ī (umg) to obey; (≈ sich fügen) to toe the line

spüren V̄T to feel; **davon ist nichts zu ~** there is no sign of it; **etw zu ~ bekommen** (wörtl) to feel sth; (fig) to feel the (full) force of sth

Spurenelement N̄ trace element **Spurensicherung** F̄ securing of evidence

Spürhund M̄ tracker dog; (umg: Mensch) sleuth

spurlos ĀDJ, ĀDV without trace; **das ist nicht ~ an ihm vorübergegangen** it left its mark on him **Spurrille** F̄ VERKEHR rut

Spürsinn M̄ (JAGD, fig) nose; (fig ≈ Gefühl) feel

Spurt M̄ spurt; **zum ~ ansetzen** to make a final spurt **spurten** V̄Ī SPORT to spurt; (umg ≈ rennen) to sprint, to dash

Spurwechsel M̄ VERKEHR lane change **Spurweite** F̄ BAHN gauge; AUTO track

Squash N̄ squash **Squashschläger** M̄ squash racket

Sri Lanka N̄ Sri Lanka

Staat M̄ **1** state; (≈ Land) country; **die ~en** (umg) the States (umg); **von ~s wegen** on a governmental level **2** (≈ Ameisenstaat etc) colony **3** (fig) (≈ Pracht) pomp; (≈ Kleidung, Schmuck) finery; **~ machen (mit etw)** to make a show (of sth); **damit ist kein ~ zu machen** that's nothing to write home about (umg) **Staatenbund** M̄ confederation (of states) **Staatengemeinschaft** F̄ community of states **staatenlos** ĀDJ stateless **Staatenlose(r)** M̄/F̄M stateless person **staatlich** Ā ĀDJ state attr; (≈ staatlich geführt) state-run B̄ ĀDV by the state; **~ geprüft** state-certified **Staatsakt** M̄ state occasion **Staatsaktion** F̄ major operation **Staatsangehörige(r)** M̄/F̄M national **Staatsangehörigkeit** F̄ nationality; **welche ~ hat sie?** which nationality is she? **Staatsanleihe** F̄ government bond **Staatsanwalt** M̄, **Staatsanwältin** F̄ district attorney (US), public prosecutor (bes Br) **Staatsausgaben** P̄L public expenditure sg **Staatsbeamte(r)** M̄, **Staatsbeamtin** F̄ public servant **Staatsbegräbnis** N̄ state funeral **Staatsbesuch** M̄ state visit **Staatsbürger(in)** M̄/F̄M citizen **staatsbürgerlich** ĀDJ Pflicht civic; Rechte civil **Staatsbürgerschaft** F̄ nationality; **doppelte ~** dual nationality **Staatschef(in)** M̄/F̄ head of state **Staatsdienst** M̄ civil service **staatseigen** ĀDJ state-owned **Staatsempfang** M̄ state reception **Staatsexamen** N̄ university degree required for the teaching profession **Staatsfeind(in)** MF enemy of the state **staatsfeindlich** ADJ hostile to the state **Staatsform** F type of state **Staatsgeheimnis** N state secret **Staatsgrenze** F state frontier od border **Staatshaushalt** M national budget **Staatshoheit** F sovereignty **Staatskosten** PL public expenses pl; **auf ~** at the public expense **Staatsmann** M statesman **staatsmännisch** A ADJ statesmanlike B ADV in a statesmanlike manner **Staatsoberhaupt** N head of state **Staatsschuld** F FIN national debt **Staatssekretär(in)** MF (≈ Beamter) ≈ permanent secretary (Br), ≈ undersecretary (US) **Staatsstreich** M coup (d'état) **Staatstrauer** F national mourning **Staatsverbrechen** N political crime; (fig) major crime **Staatsverschuldung** F national debt

Stab M 1 rod; (≈ Gitterstab) bar; (≈ Dirigentenstab, für Staffellauf etc) baton; (für Stabhochsprung) pole; (≈ Zauberstab) wand; **den ~ über jdn brechen** (fig) to condemn sb 2 (≈ Mitarbeiterstab, MIL) staff; (von Experten) panel; (MIL ≈ Hauptquartier) headquarters (❗ mit Verb im Singular oder Plural) **Stäbchen** N (≈ Essstäbchen) chopstick **Stabhochspringer(in)** MF pole-vaulter **Stabhochsprung** M pole vault

stabil ADJ Möbel sturdy; Währung, Beziehung stable; Gesundheit sound **stabilisieren** VT & VR to stabilize **Stabilität** F stability

Stablampe F (electric) torch (Br), flashlight **Stachel** M (von Rosen etc) thorn; (von Kakteen, Igel) spine; (auf Stacheldraht) barb; (≈ Giftstachel: von Bienen etc) sting **Stachelbeere** F gooseberry **Stacheldraht** M barbed wire **Stacheldrahtzaun** M barbed-wire fence **stachelig** ADJ Rosen etc thorny; Kaktus etc spiny; (≈ sich stachelig anfühlend) prickly; Kinn, Bart bristly **Stachelschwein** N porcupine

Stadel M (südd, österr, schweiz) barn
Stadion N stadium
Stadium N stage
Stadt F 1 town; (≈ Großstadt) city; **die ~ Paris** the city of Paris; **in die ~ gehen** to go into town 2 (≈ Stadtverwaltung) council **stadtauswärts** ADV out of town **Stadtautobahn** F urban motorway (Br) od freeway (US) **Stadtbad** N municipal swimming pool **Stadtbahn** F suburban railway (Br), city railroad (US) **Stadtbücherei** F public library **Stadtbummel** M stroll through town **Städtchen** N small town **Städtebau** M urban development **stadteinwärts** ADV into town **Städtepartnerschaft** F town twinning (Br), sister city agreement (US) **Städter(in)** MF town resident; (≈ Großstädter) city resident

> **Städte**

Manche europäische Städtenamen lauten im Englischen ganz anders als im Deutschen. Hier einige Beispiele:

Athen	**Athens** ['æθɪnz]
Brügge	**Bruges** [bruːʒ]
Brüssel	**Brussels** ['brʌslz]
Den Haag	**The Hague** [ðəˈheɪg]
Lissabon	**Lisbon** ['lɪzbən]
Genf	**Geneva** [dʒɪˈniːvə]
Lüttich	**Liège** [lɪˈeɪʒ]
Mailand	**Milan** [mɪˈlæn]
Moskau	**Moscow** ['mɒskəʊ]
München	**Munich** ['mjuːnɪk]
Nürnberg	**Nuremberg** ['njʊərəmbɜːg]
Sevilla	**Seville** [səˈvɪl]
Venedig	**Venice** ['venɪs]
Warschau	**Warsaw** ['wɔːsɔː]
Wien	**Vienna** [vɪˈenə]

WORTSCHATZ

städtisch ADJ municipal, town attr; (≈ einer Großstadt auch) city attr; (≈ nach Art einer Stadt) urban **Stadtkern** M town/city centre (Br) od center (US) **Stadtmauer** F city wall **Stadtmitte** F town/city centre (Br) od center (US) **Stadtplan** M (street) map (of a/the town/city) **Stadtplanung** F town planning **Stadtpolizei** F (österr, schweiz) urban police (force) **Stadtpräsident(in)** MF (schweiz ≈ Bürgermeister) mayor/mayoress **Stadtrand** M outskirts pl (of a/the town/city)
Stadtrat¹ M (town/city) council
Stadtrat² M, **Stadträtin** F (town/city) councillor (Br) od councilor (US) **Stadtrundfahrt** F **eine ~ machen** to go on a (sightseeing) tour of a/the town/city **Stadtstreicher(in)** MF (town/city) tramp **Stadtteil** M district **Stadtverwaltung** F (town/city) council **Stadtviertel** N district, part of town/city **Stadtzentrum** N town/city centre (Br) od center (US)

Staffel F 1 (≈ Formation) echelon; (FLUG ≈ Einheit) squadron 2 SPORT relay (race); (≈ Mannschaft) relay team; (fig) relay; **~ laufen** to run in a relay (race) **Staffelei** F easel **Staffellauf** M relay (race) **staffeln** VT Gehälter, Tarife to grade; Anfangszeiten to stagger **Staffelung** F (von Gehältern, Tarifen) grading; (von Zeiten) staggering

STAN

Stagnation F stagnation **stagnieren** VI to stagnate
Stahl M steel; **Nerven wie ~** nerves of steel
Stahlbeton M reinforced concrete **stahlblau** ADJ steel-blue **stählern** ADJ steel; (fig) Wille of iron, iron attr; Nerven of iron; Blick steely
Stahlhelm M MIL steel helmet **Stahlrohr** N tubular steel; (Stück) steel tube **Stahlträger** M steel girder **Stahlwolle** F steel wool
Stalagmit M stalagmite **Stalaktit** M stalactite
stalinistisch ADJ Stalinist
Stall M stable; (≈ Kuhstall) cowshed; (≈ Schweinestall) (pig)sty, (pig)pen (US)
Stamm M [1] (≈ Baumstamm) trunk [2] LING stem [3] (≈ Volksstamm) tribe [4] (≈ Kunden) regular customers pl; (von Mannschaft) regular team members pl; (≈ Arbeiter) permanent workforce; (≈ Angestellte) permanent staff pl; **ein fester ~ von Kunden** regular customers **Stammaktie** F BÖRSE ordinary share **Stammbaum** M family tree; (von Zuchttieren) pedigree **Stammbuch** N book recording family events with some legal documents
stammeln VT & VI to stammer
stammen VI to come (von, aus from); (zeitlich) to date (von, aus from) **Stammform** F base form **Stammgast** M regular **Stammhalter** M son and heir **stämmig** ADJ (≈ gedrungen) stocky; (≈ kräftig) sturdy **Stammkapital** N FIN ordinary share (Br) od common stock (US) capital **Stammkneipe** F (umg) local (Br umg), local bar **Stammkunde** M, **Stammkundin** F regular (customer) **Stammkundschaft** F regulars pl **Stammplatz** M usual seat **Stammsitz** M (von Firma) headquarters (🛈 mit Verb im Singular oder Plural); (von Geschlecht) ancestral seat; (im Theater etc) regular seat **Stammtisch** M (≈ Tisch in Gasthaus) table reserved for the regulars; (≈ Stammtischrunde) group of regulars **Stammwähler(in)** M(F) POL staunch supporter **Stammzelle** F stem cell; **embryonale ~n** embryonic stem cells **Stammzellenforschung** F stem-cell research
stampfen A VI [1] (≈ laut auftreten) to stamp; **mit dem Fuß ~** to stamp one's foot [2] (Schiff) to pitch, to toss B VT [1] (≈ festtrampeln) Lehm, Sand to stamp; Trauben to press [2] (mit Stampfer) to mash
Stand M [1] (≈ das Stehen) standing position; **aus dem ~** from a standing position; **ein Sprung aus dem ~** a standing jump; **bei jdm einen schweren ~ haben** (fig) to have a hard time with sb [2] (≈ Marktstand etc) stand; (≈ Taxistand) rank [3] (≈ Lage) state; (≈ Zählerstand etc) reading; (≈ Kontostand) balance; (SPORT ≈ Spielstand) score; **beim jetzigen ~ der Dinge** the way things stand at the moment; **der neueste ~ der Forschung** the latest developments in research; **auf dem neuesten ~ der Technik sein** (Gerät) to be state-of-the-art technology; **außer ~e =** außerstande; **im ~e =** imstande; **in ~ =** instand; **zu ~e =** zustande [4] (≈ soziale Stellung) status; (≈ Klasse) class; (≈ Beruf) profession
Standard M standard **standardisieren** VT to standardize **Standardisierung** F standardization **Standardwerk** N standard textbook
Stand-by-Betrieb M IT stand-by **Stand-by-Ticket** N FLUG stand-by ticket
Ständer M stand; (umg ≈ Erektion) hard-on (sl)
Ständerat M (schweiz PARL) upper chamber
Standesamt N registry office (Br) **standesamtlich** A ADJ **~e Trauung** civil wedding B ADV **sich ~ trauen lassen** to get married in a registry office (Br), to have a civil wedding **Standesbeamte(r)** M, **Standesbeamtin** F registrar **standesgemäß** A ADJ befitting one's rank B ADV in a manner befitting one's rank **Standesunterschied** M class difference **standfest** ADJ stable; (fig) steadfast **standhaft** A ADJ steadfast B ADV **er weigerte sich ~** he steadfastly refused **Standhaftigkeit** F steadfastness **standhalten** VI (Mensch) to stand firm; (Brücke etc) to hold; **jdm ~** to stand up to sb; **einer Prüfung ~** to stand up to close examination **ständig** A ADJ [1] (≈ dauernd) permanent [2] (≈ unaufhörlich) constant B ADV (≈ andauernd) constantly; **sie beklagt sich ~** she's always complaining; **sie ist ~ krank** she's always ill **Standl** N (österr ≈ Verkaufsstand) stand **Standleitung** F TEL direct line **Standlicht** N sidelights pl; **mit ~ fahren** to drive on sidelights **Standort** M location; (von Schiff etc) position; (von Industriebetrieb) site **Standpauke** F **jdm eine ~ halten** to give sb a lecture **Standpunkt** M (≈ Meinung) point of view; **auf dem ~ stehen, dass ...** to take the view that ... **Standspur** F AUTO hard shoulder (Br), shoulder (US) **Standuhr** F grandfather clock
Stange F [1] pole; (≈ Querstab) bar; (≈ Gardinenstange) rod; (≈ Vogelstange) perch [2] **ein Anzug von der ~** a suit off the peg (Br) od rack (US); **jdn bei der ~ halten** (umg) to keep sb; **bei der ~ bleiben** (umg) to stick at it (umg); **jdm die ~ halten** (umg) to stand up for sb; **eine (schöne) ~ Geld** (umg) a tidy sum (umg) **Stängel** M stem **Stangenbohne** F runner (Br) od pole (US) bean **Stangenbrot** N French bread; (≈ Laib) French loaf **Stangensellerie** M od F celery

stänkern V̄Ī (umg ≈ Unfrieden stiften) to stir things up (umg)
Stanniolpapier N̄ silver paper
Stanze F̄ (für Prägestempel) die; (≈ Lochstanze) punch **stanzen** V̄T̄ to press; (≈ prägen) to stamp; Löcher to punch
Stapel M̄ ▌1▐ (≈ Haufen) stack ▌2▐ SCHIFF stocks pl; **vom ~ laufen** to be launched; **vom ~ lassen** to launch; (fig) to come out with (umg) **Stapelbox** F̄ stacking box **Stapellauf** M̄ SCHIFF launching **stapeln** ▌A▐ V̄T̄ to stack; (≈ lagern) to store ▌B▐ V̄R̄ to pile up **Stapelverarbeitung** F̄ IT batch processing **stapelweise** ADV in piles
stapfen V̄Ī to trudge
Star[1] M̄ ORN starling
Star[2] M̄ MED **grauer ~** cataract; **grüner ~** glaucoma
Star[3] M̄ FILM etc star **Starbesetzung** F̄ star cast

Star — starling

Star — star

Starenkasten M̄ (AUTO umg ≈ Überwachungsanlage) police camera
Stargage F̄ top fee **Stargast** M̄ star guest **stark** ▌A▐ ADJ ▌1▐ strong; **sich für etw ~ machen** (umg) to stand up for sth; **das ist seine ~e Seite** that is his strong point; **das ist ~ od ein ~es Stück!** (umg) that's a bit much! ▌2▐ (≈ dick) thick ▌3▐ (≈ heftig) Schmerzen, Kälte intense; Frost severe; Regen, Verkehr, Raucher, Trinker heavy; Sturm violent; Erkältung bad; Wind, Eindruck strong; Beifall loud; Fieber high ▌4▐ (≈ leistungsfähig) Motor powerful ▌5▐ (≈ zahlreich) Nachfrage great; **zehn Mann ~** ten strong; **300 Seiten ~** 300 pages long ▌6▐ (umg ≈ hervorragend) Leistung great (umg) ▌B▐ ADV (mit Vb) a lot; (mit Adj, Part Perf) very; applaudieren loudly; pressen hard; regnen heavily; vergrößert, verkleinert greatly; beschädigt, entzündet etc badly; bluten profusely; **~ gewürzt** highly spiced **Starkbier** N̄ strong beer
Stärke[1] F̄ ▌1▐ strength ▌2▐ (≈ Dicke) thickness ▌3▐ (≈ Heftigkeit) (von Strömung, Wind) strength; (von Schmerzen) intensity; (von Regen, Verkehr) heaviness; (von Sturm) violence ▌4▐ (≈ Leistungsfähigkeit) (von Motor) power ▌5▐ (≈ Anzahl) size; (von Nachfrage) level
Stärke[2] F̄ CHEM starch **Stärkemehl** N̄ GASTR ≈ cornflour (Br), ≈ cornstarch (US)
stärken ▌A▐ V̄T̄ ▌1▐ (≈ kräftigen) to strengthen; Gesundheit to improve ▌2▐ Wäsche to starch ▌B▐ V̄Ī to be fortifying; **~des Mittel** tonic ▌C▐ V̄R̄ to fortify oneself **Starkstrom** M̄ ELEK heavy current **Stärkung** F̄ ▌1▐ strengthening ▌2▐ (≈ Erfrischung) refreshment **Stärkungsmittel** N̄ MED tonic
starr ▌A▐ ADJ ▌1▐ stiff; (≈ unbeweglich) rigid ▌2▐ (≈ unbewegt) Blick fixed ▌3▐ (≈ regungslos) paralyzed; **~ vor Schrecken** paralyzed with fear ▌4▐ (≈ nicht flexibel) inflexible ▌B▐ ADV **jdn ~ ansehen** to stare at sb; **~ an etw (dat) festhalten** to cling to sth **Starre** F̄ stiffness **starren** V̄Ī ▌1▐ (≈ starr blicken) to stare (auf +akk at); **vor sich (akk) hin ~** to stare straight ahead ▌2▐ **vor Dreck ~** to be covered with dirt; (Kleidung) to be stiff with dirt **Starrheit** F̄ ▌1▐ (von Gegenstand) rigidity ▌2▐ (≈ Sturheit) inflexibility **starrköpfig** ▌A▐ ADJ stubborn ▌B▐ ADV stubbornly **Starrsinn** M̄ stubbornness **starrsinnig** ▌A▐ ADJ stubborn ▌B▐ ADV stubbornly
Start M̄ ▌1▐ start ▌2▐ (≈ Startlinie) start(ing line); (bei Autorennen) (starting) grid ▌3▐ FLUG takeoff; (≈ Raketenstart) launch **Startbahn** F̄ FLUG runway **startbereit** ADJ Flugzeug ready for takeoff; **ich bin ~** I'm ready to go **Startblock** M̄ SPORT starting block **starten** ▌A▐ V̄Ī to start; FLUG to take off; (≈ zum Start antreten) to take part ▌B▐ V̄T̄ to start; Satelliten, Rakete to launch; **den Computer neu ~** to restart the computer **Starter** M̄ AUTO starter **Starterlaubnis** F̄ FLUG clearance for takeoff **Starthilfe** F̄ (fig) initial aid; **jdm ~ geben** to help sb get off the ground **Starthilfekabel** N̄ jump leads pl (Br), jumper cables pl (US) **Startkapital** N̄ starting capital **startklar** ADJ FLUG clear(ed) for takeoff; (SPORT, fig) ready to start **Startlinie** F̄ starting line **Startpistole** F̄ starting pistol **Startschuss** M̄ SPORT starting signal; (fig) signal (zu for); **den ~ geben** to fire the (starting) pistol; (fig) to give the go-ahead **Startseite** F̄ (im Internet) start page

1223 ‖ STEC

Start-up-Unternehmen N̄ start-up
Startverbot N̄ FLUG ban on takeoff; SPORT ban
Stasi F̄ (East German) secret police *pl*
Statik F̄ **1** NAT statics *sg* **2** BAU structural engineering **Statiker(in)** M̄F̄ TECH structural engineer
Station F̄ **1** station; (≈ *Haltestelle*) stop; (*fig: von Leben*) phase; **~ machen** to stop off **2** (≈ *Krankenstation*) ward **stationär** Ā ADJ stationary; MED *Behandlung* inpatient *attr*; **~er Patient** inpatient **B** ADV **jdn ~ behandeln** to treat sb in hospital *od* as an inpatient **stationieren** V̄T̄ *Truppen* to station; *Atomwaffen etc* to deploy **Stationierung** F̄ (*von Truppen*) stationing; (*von Atomwaffen etc*) deployment **Stationsarzt** M̄, **Stationsärztin** F̄ ward doctor **Stationsschwester** F̄ senior nurse (*in a ward*)
statisch Ā ADJ static **B** ADV **meine Haare haben sich ~ aufgeladen** my hair is full of static electricity
Statist(in) M̄F̄ FILM extra; (*fig*) cipher
Statistik F̄ statistics *sg* **Statistiker(in)** M̄F̄ statistician **statistisch** ADJ statistical; **~ gesehen** statistically
Stativ N̄ tripod
statt Ā PRÄP +*gen od* (*umg*) +*dat* instead of; **an Kindes ~ annehmen** JUR to adopt **B** KONJ instead of **stattdessen** ADV instead
Stätte F̄ place
stattfinden V̄ī to take place **stattgeben** V̄ī +*dat* (*form*) to grant **statthaft** ADJ permitted **stattlich** ADJ **1** (≈ *ansehnlich*) *Gebäude, Anwesen* magnificent; *Bursche* strapping; *Erscheinung* imposing **2** (≈ *umfangreich*) *Sammlung* impressive; *Familie* large; (≈ *beträchtlich*) handsome
Statue F̄ statue
Statur F̄ build
Status M̄ status; **~ quo** status quo **Statussymbol** N̄ status symbol **Statuszeile** F̄ IT status bar
Stau M̄ (≈ *Wasserstauung*) build-up; (≈ *Verkehrsstauung*) traffic jam; **ein ~ von 3 km** a 3km tailback (*Br*), a 3km backup (of traffic) (*US*); **im ~ stecken** to be stuck in a traffic jam
Staub M̄ dust; BOT pollen; **~ saugen** to vacuum, to hoover® (*Br*); **~ wischen** to dust; **sich aus dem ~(e) machen** (*umg*) to clear off (*umg*)
Staubecken N̄ reservoir
staubig ADJ dusty **Staublappen** M̄ duster **staubsaugen** V̄ī to vacuum, to hoover® (*Br*) **Staubsauger** M̄ vacuum cleaner, Hoover® (*Br*) **Staubschicht** F̄ layer of dust **Staubtuch** N̄ duster **Staubwolke** F̄ cloud of dust
Staudamm M̄ dam

Staude F̄ GARTEN herbaceous perennial (plant); (≈ *Busch*) shrub
stauen Ā V̄T̄ *Wasser, Fluss* to dam (up); *Blut* to stop the flow of **B** V̄R̄ (≈ *sich anhäufen*) to pile up; (*Verkehr, Wasser, fig*) to build up; (*Blut*) to accumulate
staunen V̄ī to be amazed (*über* +*akk* at); **ich habe gestaunt, wie gut er Deutsch kann** I was amazed at how well he speaks German; **da staunst du, was?** (*umg*) you didn't expect that, did you! **Staunen** N̄ astonishment (*über* +*akk* at); **jdn in ~ versetzen** to amaze sb **staunenswert** ADJ astonishing
Stausee M̄ reservoir **Stauung** F̄ **1** (≈ *Stockung*) pile-up; (*in Lieferungen, Post etc*) hold-up; (*von Menschen*) jam; (*von Verkehr*) tailback (*Br*), backup (*US*) **2** (*von Wasser*) build-up (of water) **Stauwarnung** F̄ warning of traffic congestion
Steak N̄ steak
stechen Ā V̄ī **1** (*Dorn, Stachel etc*) to prick; (*Wespe, Biene*) to sting; (*Mücken, Moskitos*) to bite; (*mit Messer etc*) to (make a) stab (*nach* at); (*Sonne*) to beat down; (*mit Stechkarte*) (*bei Ankunft*) to clock in; (*bei Weggang*) to clock out **2** KART to trump **B** V̄T̄ **1** (*Dorn, Stachel etc*) to prick; (*Wespe, Biene*) to sting; (*Mücken, Moskitos*) to bite; (*mit Messer etc*) to stab; *Löcher* to pierce **2** KART to trump **3** *Spargel, Torf, Rasen* to cut **4** (≈ *gravieren*) to engrave; → **gestochen** **C** V̄R̄ to prick oneself (*an* +*dat* on, *mit* with); **sich** (*akk od dat*) **in den Finger ~** to prick one's finger **Stechen** N̄ **1** SPORT play-off; (*bei Springreiten*) jump-off **2** (≈ *Schmerz*) sharp pain **stechend** ADJ piercing; *Sonne* scorching; *Schmerz* sharp; *Geruch* pungent **Stechkarte** F̄ clocking-in card **Stechmücke** F̄ gnat, midge (*Br*) **Stechpalme** F̄ holly **Stechuhr** F̄ time clock
Steckbrief M̄ "wanted" poster; (*fig*) personal description **steckbrieflich** ADV **~ gesucht werden** to be wanted **Steckdose** F̄ ELEK (wall) socket **stecken** Ā V̄ī **1** (≈ *festsitzen*) to be stuck; (*Nadel, Splitter etc*) to be (sticking); **der Stecker steckt in der Dose** the plug is in the socket; **der Schlüssel steckt** the key is in the lock **2** (≈ *verborgen sein*) to be (hiding); **wo steckt er?** where has he got to?; **darin steckt viel Mühe** a lot of work has gone into that; **zeigen, was in einem steckt** to show what one is made of **3** (≈ *strotzen vor*) **voll** *od* **voller Fehler/Nadeln ~** to be full of mistakes/pins **4** (≈ *verwickelt sein in*) **in Schwierigkeiten ~** to be in difficulties; **in einer Krise ~** to be in the throes of a crisis **B** V̄T̄ **1** (≈ *hineinstecken*) to put **2** *Handarbeiten* to pin **3** (*umg* ≈ *investieren*) *Geld, Mühe* to put (*in* +*akk* into); *Zeit* to devote (*in* +*akk* to) **4** (*sl* ≈ *aufgeben*) to jack in (*Br umg*), to

STEC | 1224

chuck (umg) **5** **jdm etw ~** (umg) to tell sb sth **Stecken** M̲ stick **stecken bleiben** V̲I̲ to stick fast; (Kugel) to be lodged; (in der Rede) to falter **stecken lassen** V̲T̲ to leave; **den Schlüssel ~** to leave the key in the lock **Steckenpferd** N̲ hobbyhorse **Stecker** M̲ ELEK plug **Steckkarte** F̲ IT expansion card **Stecknadel** F̲ pin; **etw mit ~n befestigen** to pin sth (an +dat to); **eine ~ im Heuhaufen suchen** (fig) to look for a needle in a haystack **Steckplatz** M̲ IT (expansion) slot **Steckrübe** F̲ swede (Brit), rutabaga (US)

Steg M̲ **1** (≈ Brücke) footbridge; (≈ Landungssteg) landing stage **2** (≈ Brillensteg) bridge

Stegreif M̲ **aus dem ~ spielen** THEAT to improvise; **eine Rede aus dem ~ halten** to make an impromptu speech

Stehaufmännchen N̲ (Spielzeug) tumbler; **er ist ein richtiges ~** he always bounces back

stehen

A intransitives Verb   **B** transitives Verb
C reflexives Verb   **D** unpersönliches Verb

— **A** intransitives Verb —

1 to stand; (≈ warten) to wait; **fest/sicher ~** to stand firm(ly)/securely; (Mensch) to have a firm/safe foothold; **vor der Tür stand ein Fremder** there was a stranger (standing) at the door; **mit jdm/etw ~ und fallen** to depend on sb/sth; **sein Hemd steht vor Dreck** (umg) his shirt is stiff with dirt **2** (≈ sich befinden) to be; **die Vase steht auf dem Tisch** the vase is on the table; **meine alte Schule steht noch** my old school is still standing; **unter Schock ~** to be in a state of shock; **unter Drogen/Alkohol ~** to be under the influence of drugs/alcohol; **vor einer Entscheidung ~** to be faced with a decision; **ich tue, was in meinen Kräften steht** I'll do everything I can **3** (≈ geschrieben, gedruckt sein) to be; **was steht da/in dem Brief?** what does it/the letter say?; **es stand im „Kurier"** it was in the "Courier" **4** (≈ angehalten haben) to have stopped; **meine Uhr steht** my watch has stopped; **der ganze Verkehr steht** traffic is at a complete standstill **5** (≈ bewertet werden, Währung) to be (auf +dat at); **wie steht das Pfund?** what's the exchange rate for the pound?; **das Pfund steht auf EUR 1,60** the pound stands at EUR 1.60 **6** (≈ in bestimmter Position sein, Rekord) to stand (auf +dat at); **der Zeiger steht auf 4 Uhr** the clock says 4 (o'clock); **wie steht das Spiel?** what is the score?; **es steht 2:1 für München** the score is od it is 2-1 to Munich (❶ in GB gesprochen

two one, in den USA gesprochen **two to one**) **7** (≈ passen zu) **jdm ~** to suit sb **8** (grammatikalisch) **nach „in" steht der Akkusativ oder der Dativ** "in" takes the accusative or the dative **9** → gestanden **10** **die Sache steht** (umg) the whole business is settled; **es steht mir bis hier** (umg) I've had it up to here with it (umg); **für etw ~** to stand for sth; **auf jdn/etw ~** (umg) to be mad about sb/sth (umg); **zu jdm ~** to stand by sb; **zu seinem Versprechen ~** to stand by one's promise; **wie ~ Sie dazu?** what are your views on that?

— **B** transitives Verb —

Posten ~ to stand guard; **Wache ~** to mount watch

— **C** reflexives Verb —

sich gut/schlecht ~ to be well/badly off; **sich mit jdm gut/schlecht ~** to get on well/badly with sb

— **D** unpersönliches Verb —

wie stehts? how are od how's things?; **wie steht es damit?** how about it?; **es steht schlecht/gut um jdn** (gesundheitlich, finanziell) sb is doing badly/well

Stehen N̲ **1** standing; **etw im ~ tun** to do sth standing up **2** (≈ Halt) stop, standstill; **zum ~ kommen** to stop **stehen bleiben** V̲I̲ **1** (≈ anhalten) to stop; (≈ nicht weitergehen) to stay; (Zeit) to stand still; **~!** stop!; MIL halt! **2** (≈ unverändert bleiben) to be left (in); **soll das so ~?** should that stay as it is? **stehend** A̲D̲J̲ Fahrzeug stationary; Gewässer stagnant **stehen lassen** V̲T̲ to leave; **alles stehen und liegen lassen** to drop everything; (Flüchtlinge etc) to leave everything behind; **jdn einfach ~** to leave sb standing (there); **sich** (dat) **einen Bart ~** to grow a beard **Stehimbiss** M̲ stand-up snack bar **Stehkneipe** F̲ stand-up bar **Stehlampe** F̲ standard lamp

stehlen A̲ V̲T̲&̲V̲I̲ to steal; **jdm die Zeit ~** to waste sb's time B̲ V̲R̲ to steal; **sich aus der Verantwortung ~** to evade one's responsibility; → gestohlen

Stehparty F̲ buffet party **Stehplatz** M̲ **ich bekam nur noch einen ~** I had to stand; **Stehplätze** standing room sg **Stehvermögen** N̲ staying power

Steiermark F̲ **die ~** Styria (❶ ohne **the**)

steif A̲ A̲D̲J̲ **1** stiff; Penis hard; **sich ~** (wie ein Brett) **machen** to go rigid **2** (≈ förmlich) stiff; Empfang, Begrüßung, Abend formal B̲ A̲D̲V̲ **das Eiweiß ~ schlagen** to beat the egg white until stiff; **sie behauptete ~ und fest, dass …** she insisted that …; **etw ~ und fest glauben** to be convinced of sth **steifen** V̲T̲ to stiffen; Wäsche to starch **Steifheit** F̲ stiffness

Steigbügel M stirrup **Steigeisen** N climbing iron *meist pl*; (*Bergsteigen*) crampon **steigen** A VI 1 (≈ *klettern*) to climb; **auf einen Berg ~** to climb (up) a mountain; **aufs Pferd ~** to get on(to) the/one's horse; **aus dem Zug/Bus ~** to get off the train/bus 2 (≈ *sich aufwärtsbewegen*) to rise; (*Flugzeug, Straße*) to climb; (≈ *sich erhöhen*) (*Preis, Fieber*) to go up; (≈ *zunehmen*) (*Chancen etc*) to increase; **Drachen ~ lassen** to fly kites; **in jds Achtung** (*dat*) **~** to rise in sb's estimation 3 (*österr* ≈ *treten*) to step 4 (*umg* ≈ *stattfinden*) **steigt die Demo oder nicht?** is the demo on or not? B VI Treppen, Stufen to climb (up)

steigern A VI 1 (≈ *erhöhen*) to increase (*auf +akk* to, *um* bei); *Übel, Zorn* to aggravate; *Leistung* to improve 2 GRAM *Adjektiv* to compare B VI to bid (*um* for) C VR (≈ *sich erhöhen*) to increase; (≈ *sich verbessern*) to improve **Steigerung** F 1 (≈ *das Steigern*) increase (+*gen* in); (≈ *Verbesserung*) improvement 2 GRAM comparative **steigerungsfähig** ADJ improvable

Steigung F (≈ *Hang*) slope; (*von Hang, Straße*, MATH) gradient (*Br*), grade (*bes US*)

steil A ADJ 1 *Abhang, Treppe, Anstieg* steep; **eine ~e Karriere** (*fig*) a rapid rise 2 SPORT **~e Vorlage, ~er Pass** through ball B ADV steeply **Steilhang** M steep slope **Steilheit** F steepness **Steilküste** F steep coast; (≈ *Klippen*) cliffs *pl* **Steilpass** M SPORT through ball **Steilwand** F steep face

Stein M stone; (*in Uhr*) jewel; (≈ *Spielstein*) piece; (≈ *Ziegelstein*) brick; **mir fällt ein ~ vom Herzen!** (*fig*) that's a load off my mind!; **bei jdm einen ~ im Brett haben** (*fig umg*) to be well in with sb (*umg*) **Steinadler** M golden eagle **Steinbock** M 1 ZOOL ibex 2 ASTROL Capricorn; **(ein) ~ sein** to be (a) Capricorn **Steinbruch** M quarry **steinern** ADJ stone; (*fig*) stony **Steinfrucht** F stone fruit **Steingarten** M rockery **Steingut** N stoneware **steinhart** ADJ (as) hard as a rock **steinig** ADJ stony **steinigen** VI to stone **Steinkohle** F hard coal **Steinkrug** M (≈ *Kanne*) stoneware jug **Steinmetz(in)** M(F) stonemason **Steinobst** N stone fruit **Steinpilz** M boletus edulis (*fachspr*) **steinreich** ADJ (*umg*) stinking rich (*Br umg*) **Steinschlag** M rockfall; „**Achtung ~**" "danger falling stones" **Steinwurf** M (*fig*) stone's throw **Steinzeit** F Stone Age **steinzeitlich** ADJ Stone Age *attr*

Steiß M ANAT coccyx; (*hum umg*) tail (*umg*) **Steißbein** N ANAT coccyx **Steißlage** F MED breech presentation

Stelle F 1 place; (*in Tabelle, Hierarchie*) position; (*in Text, Musikstück*) passage; **an erster ~** in the first place; **eine schwache ~** a weak spot; **auf der ~ treten** (*wörtl*) to mark time; (*fig*) not to make any progress; **auf der ~** (*fig* ≈ *sofort*) on the spot; *kommen, gehen* straight away; **nicht von der ~ kommen** not to make any progress; **sich nicht von der ~ rühren** *od* **bewegen** to refuse to budge (*umg*); **zur ~ sein** to be on the spot; (≈ *bereit, etw zu tun*) to be at hand 2 (≈ *Zeitpunkt*) point; **an passender ~** at an appropriate moment 3 MATH figure; (*hinter Komma*) place 4 **an ~ von** in place of; **ich möchte jetzt nicht an seiner ~ sein** I wouldn't like to be in his position now; **an deiner ~ würde ich …** if I were you I would …; → **anstelle** 5 (≈ *Posten*) job; **eine freie** *od* **offene ~** a vacancy 6 (≈ *Dienststelle*) office; (≈ *Behörde*) authority; **da bist du bei mir/uns an der richtigen ~!** (*umg*) you've come to the right place

stellen

A transitives Verb   **B** reflexives Verb

— **A** transitives Verb —

1 (≈ *hinstellen*) to put; (≈ *an bestimmten Platz legen*) to place; **auf sich** (*akk*) **selbst** *od* **allein gestellt sein** (*fig*) to have to fend for oneself 2 (≈ *anordnen, arrangieren*) to arrange; **gestellt** *Bild, Foto* posed 3 (≈ *erstellen*) **(jdm) eine Diagnose ~** to make a diagnosis (for sb) 4 (≈ *einstellen*) to set (*auf +akk* at); **das Radio lauter/leiser ~** to turn the radio up/down 5 (*finanziell*) **gut/besser/schlecht gestellt sein** to be well/better/badly off 6 (≈ *erwischen*) to catch 7 *Aufgabe, Thema* to set (*jdm* sb); *Frage* to put (*jdm*,

Steinbock — ibex

Steinbock — Capricorn

an jdn to sb); *Antrag, Forderung* to make; **jdn vor ein Problem/eine Aufgabe** *etc* ~ to confront sb with a problem/task *etc*

— B *reflexives Verb* —

1 (≈ *sich hinstellen*) to (go and) stand (*an* +*akk* at, by); (≈ *sich aufstellen, sich einordnen*) to position oneself; (≈ *sich aufrecht hinstellen*) to stand up; **sich auf den Standpunkt ~, ...** to take the view ...; **sich hinter jdn/etw ~** (*fig*) to support *od* back sb/sth **2** (*fig* ≈ *sich verhalten*) **sich positiv/anders zu etw ~** to have a positive/ different attitude toward(s) sth; **wie stellst du dich zu ...?** what do you think of ...?; **sich gut mit jdm ~** to put oneself on good terms with sb **3** (*umg: finanziell*) **sich gut/schlecht ~** to be well/badly off **4** (≈ *sich ausliefern*) to give oneself up (*jdm* to sb); **sich den Fragen der Journalisten ~** to be prepared to answer reporters' questions; **sich einer Herausforderung ~** to take up a challenge **5** (≈ *sich verstellen*) **sich krank/schlafend** *etc* ~ to pretend to be ill/asleep *etc* **6** (*fig* ≈ *entstehen*) to arise (*für* for); **es stellt sich die Frage, ob ...** the question arises whether ...

Stellenabbau M̄ staff cuts *pl od* reductions *pl* **Stellenangebot** N̄ job offer; „**Stellenangebote**" "vacancies" **Stellenanzeige** F̄, **Stellenausschreibung** F̄ job advertisement **Stellenbeschreibung** F̄ job description **Stelleneinsparung** F̄ job cut **Stellengesuch** N̄ advertisement seeking employment; „**Stellengesuche**" "situations wanted" (*Br*), "employment wanted" **Stellenmarkt** M̄ job market; (*in Zeitung*) appointments section **Stellensuche** F̄ **auf ~ sein** to be looking for a job **Stellenvermittlung** F̄ employment bureau **stellenweise** ADV in places **Stellenwert** M̄ MATH place value; (*fig*) status; **einen hohen ~ haben** to play an important role **Stellplatz** M̄ (*für Auto*) parking space **Stellschraube** F̄ TECH adjusting screw **Stellung** F̄ position; **die ~ halten** MIL to hold one's position; (*hum*) to hold the fort; **~ beziehen** (*fig*) to declare one's position; **zu etw ~ nehmen** *od* **beziehen** to comment on sth; **gesellschaftliche ~** social status **Stellungnahme** F̄ statement (*zu* on); **eine ~ zu etw abgeben** to make a statement on sth **Stellungswechsel** M̄ change of job **stellvertretend** A ADJ (*von Amts wegen*) deputy *attr*; (≈ *vorübergehend*) acting *attr* B ADV **~ für jdn** for sb; (*Rechtsanwalt*) on behalf of sb; **~ für jdn handeln** to deputize for sb **Stellvertreter(in)** M(F) (acting) representative; (*von Amts wegen*) deputy; (*von Arzt*) locum **Stellvertretung** F̄ (≈ *Stellvertreter*) representative; (*von Amts wegen*) dep-

uty; (*von Arzt*) locum; **die ~ für jdn übernehmen** to represent sb; (*von Amts wegen*) to stand in for sb **Stellwerk** N̄ BAHN signal box (*Br*), signal *od* switch tower (*US*)

Stelze F̄ **1** stilt **2** ORN wagtail

Stemmbogen M̄ SKI stem turn **Stemmeisen** N̄ crowbar **stemmen** A V̄T̄ **1** (≈ *stützen*) to press **2** (≈ *hochstemmen*) to lift (above one's head) B V̄R̄ **sich gegen etw ~** to brace oneself against sth; (*fig*) to oppose sth

Stempel M̄ **1** stamp; (≈ *Poststempel*) postmark; (≈ *Viehstempel*) brand; (*auf Silber, Gold*) hallmark **2** (TECH) (≈ *Prägestempel*) die **3** BOT pistil **Stempelkarte** F̄ punch card **Stempelkissen** N̄ ink pad **stempeln** A V̄T̄ to stamp; *Brief* to postmark; *Briefmarke* to frank B V̄Ī̄ (*umg*) **1** **~ gehen** (≈ *arbeitslos sein*) to be on the dole (*Br umg*), to be on welfare (*US*) **2** (≈ *Stempeluhr betätigen*) (*beim Hereinkommen*) to clock in; (*beim Hinausgehen*) to clock out **Stempeluhr** F̄ time clock

Stempel — stamp

Stempel — pistel

Stengel M̄ → **Stängel**
Steno F̄ (*umg*) shorthand **Stenografie** F̄ shorthand **stenografieren** A V̄T̄ to take down in shorthand B V̄Ī̄ to take shorthand; **können sie ~?** can you take shorthand? **Stenogramm** N̄ text in shorthand; **ein ~ aufnehmen** to take shorthand **Stenotypist(in)** M(F) shorthand typist
Stent M̄ MED stent
Steppdecke F̄ quilt
Steppe F̄ steppe
steppen¹ V̄T̄ & V̄Ī̄ to (machine-)stitch; *wattierten*

Stoff to quilt

steppen² $\overline{\text{VI}}$ to tap-dance

Stepper $\overline{\text{M}}$ SPORT step machine **Steppjacke** $\overline{\text{F}}$ quilted jacket **Stepptanz** $\overline{\text{M}}$ tap dance

Sterbebett $\overline{\text{N}}$ deathbed; **auf dem ~ liegen** to be on one's deathbed **Sterbefall** $\overline{\text{M}}$ death **Sterbehilfe** $\overline{\text{F}}$ (≈ *Euthanasie*) euthanasia **sterben** $\overline{\text{VT \& VI}}$ to die; **eines natürlichen/gewaltsamen Todes ~** to die a natural/violent death; **an einer Krankheit/Verletzung ~** to die of an illness/from an injury; **vor Angst/Durst/Hunger ~** to die of fright/thirst/hunger; **gestorben sein** to be dead; (*fig: Projekt*) to be over and done with; **er ist für mich gestorben** (*fig umg*) he doesn't exist as far as I'm concerned **Sterben** $\overline{\text{N}}$ death; **im ~ liegen** to be dying **sterbenskrank** $\overline{\text{ADJ}}$ **ich fühle mich ~** I feel like death warmed up (*Br*) *od* over (*US*) **Sterbeurkunde** $\overline{\text{F}}$ death certificate **sterblich** $\overline{\text{ADJ}}$ mortal; **jds ~e Hülle** sb's mortal remains *pl* **Sterbliche(r)** $\overline{\text{M/F(M)}}$ mortal **Sterblichkeit** $\overline{\text{F}}$ mortality **Sterblichkeitsrate** $\overline{\text{F}}$ mortality rate

stereo $\overline{\text{ADV}}$ (in) stereo **Stereoanlage** $\overline{\text{F}}$ stereo (*umg*) **Stereogerät** $\overline{\text{N}}$ stereo unit **Stereoskop** $\overline{\text{N}}$ stereoscope **Stereoturm** $\overline{\text{M}}$ hi-fi stack **stereotyp** $\overline{\text{ADJ}}$ (*fig*) stereotyped, stereotypical

steril $\overline{\text{ADJ}}$ sterile **Sterilisation** $\overline{\text{F}}$ sterilization **sterilisieren** $\overline{\text{VT}}$ to sterilize

Stern $\overline{\text{M}}$ star; **in den ~en (geschrieben) stehen** (*fig*) to be (written) in the stars; **das steht (noch) in den ~en** (*fig*) it's in the lap of the gods; **unter einem guten** *od* **glücklichen ~ stehen** to be blessed with good fortune; **unter einem unglücklichen ~ stehen** to be ill-fated; **ein Hotel mit drei ~en** a three-star hotel **Sternbild** $\overline{\text{N}}$ ASTRON constellation; ASTROL sign (of the zodiac) **Sternchen** $\overline{\text{N}}$ TYPO asterisk **2** FILM starlet **Sternenbanner** $\overline{\text{N}}$ Stars and Stripes *sg* **sternenbedeckt** $\overline{\text{ADJ}}$ starry **Sternenhimmel** $\overline{\text{M}}$ starry sky **Sternfrucht** $\overline{\text{F}}$ star fruit **sternhagelvoll** $\overline{\text{ADJ}}$ (*umg*) roaring drunk (*umg*) **sternklar** $\overline{\text{ADJ}}$ *Himmel, Nacht* starry *attr*, starlit **Sternkunde** $\overline{\text{F}}$ astronomy **Sternmarsch** $\overline{\text{M}}$ POL *protest march with marchers converging on assembly point from different directions* **Sternschnuppe** $\overline{\text{F}}$ shooting star **Sternsinger** $\overline{\text{PL}}$ carol singers *pl* **Sternstunde** $\overline{\text{F}}$ great moment; **das war meine ~** that was a great moment in my life **Sternwarte** $\overline{\text{F}}$ observatory **Sternzeichen** $\overline{\text{N}}$ ASTROL sign of the zodiac; **im ~ der Jungfrau** under the sign of Virgo; **was hast du für ein ~?** what star sign are you?

▶ **Sternzeichen**

Widder	**Aries** ['eəriːz]
Stier	**Taurus** ['tɔːrəs]
Zwillinge	**Gemini** ['dʒemɪnaɪ]
Krebs	**Cancer** ['kænsə]
Löwe	**Leo** ['liːəʊ]
Jungfrau	**Virgo** ['vɜːgəʊ]
Waage	**Libra** ['liːbrə]
Skorpion	**Scorpio** ['skɔːpɪəʊ]
Schütze	**Sagittarius** [ˌsædʒɪ'teərɪəs]
Steinbock	**Capricorn** ['kæprɪkɔːn]
Wassermann	**Aquarius** [ə'kweərɪəs]
Fische	**Pisces** ['paɪsiːz].

WORTSCHATZ ◀

Steroid $\overline{\text{N}}$ steroid

stet $\overline{\text{ADJ}}$ constant; **~er Tropfen höhlt den Stein** (*sprichw*) constant dripping wears away the stone

Stethoskop $\overline{\text{N}}$ stethoscope

stetig **A** $\overline{\text{ADJ}}$ steady; **~es Meckern** constant moaning **B** $\overline{\text{ADV}}$ steadily **stets** $\overline{\text{ADV}}$ always

Steuer¹ $\overline{\text{N}}$ SCHIFF helm; AUTO (steering) wheel; FLUG controls *pl*; **am ~ sein** (*fig*) to be at the helm; **am ~ sitzen** *od* **sein** AUTO to be at the wheel, to drive; FLUG to be at the controls; **das ~ übernehmen** to take over

Steuer² $\overline{\text{F}}$ (≈ *Abgabe*) tax; (*an Gemeinde*) council tax (*Br*), local tax (*US*); (*von Firmen*) rates *pl* (*Br*), corporate property tax (*US*); **~n zahlen** to pay tax; **Gewinn vor/nach ~n** pre-/after-tax profit **Steueraufkommen** $\overline{\text{N}}$ tax revenue **steuerbar** $\overline{\text{ADJ}}$ (≈ *versteuerbar*) taxable **Steuerbeamte(r)** $\overline{\text{M}}$, **Steuerbeamtin** $\overline{\text{F}}$ tax officer **steuerbegünstigt** $\overline{\text{ADJ}}$ tax-deductible; *Waren* taxed at a lower rate **Steuerbelastung** $\overline{\text{F}}$ tax burden **Steuerberater(in)** $\overline{\text{M(F)}}$ tax consultant **Steuerbescheid** $\overline{\text{M}}$ tax assessment **Steuerbord** $\overline{\text{N}}$ SCHIFF starboard **Steuereinnahmen** $\overline{\text{PL}}$ revenue from taxation **Steuerentlastung** $\overline{\text{F}}$, **Steuerermäßigung** $\overline{\text{F}}$ tax relief **Steuererhöhung** $\overline{\text{F}}$ tax increase **Steuererklärung** $\overline{\text{F}}$ tax return **Steuerflucht** $\overline{\text{F}}$ tax evasion (*by leaving the country*) **Steuerflüchtling** $\overline{\text{M}}$ tax exile **Steuerfrau** $\overline{\text{F}}$ (*Rudersport*) cox(swain) **steuerfrei** $\overline{\text{ADJ}}$ tax-free **Steuerfreibetrag** $\overline{\text{M}}$ tax-exempt income **Steuergelder** $\overline{\text{PL}}$ taxes *pl* **Steuergerät** $\overline{\text{N}}$ tuner-amplifier **Steuerhinterziehung** $\overline{\text{F}}$ tax evasion **Steuerklasse** $\overline{\text{F}}$ tax bracket **Steuerknüppel** $\overline{\text{M}}$

STEU ‖ 1228

control column **steuerlich** A ADJ tax *attr*; **~e Belastung** tax burden B ADV **es ist ~ günstiger ... for tax purposes it is better ...**; **~ abzugsfähig** tax-deductible **Steuermann** M helmsman; *(als Rang)* (first) mate; *(Rudersport)* cox(--swain); **Zweier mit/ohne ~** coxed/coxless pairs **Steuermarke** F revenue stamp **steuermindernd** A ADJ tax-reducing B ADV **sich ~ auswirken** to have the effect of reducing tax **Steuermittel** PL tax revenue(s *pl*) **steuern** A VT 1 to steer; *Flugzeug* to pilot; *(fig) Wirtschaft, Politik* to run; IT to control 2 *(≈ regulieren)* to control B VI to head; AUTO to drive; SCHIFF to make for, to steer **Steueroase** F, **Steuerparadies** N tax haven **Steuerpflicht** F liability to tax; **der ~ unterliegen** to be liable to tax **steuerpflichtig** ADJ taxable **Steuerpflichtige(r)** M/F(M) taxpayer **Steuerpolitik** F tax *od* taxation policy **Steuerprüfer(in)** M/F(M) tax inspector, tax auditor *(bes US)* **Steuerrad** N FLUG control wheel; AUTO (steering) wheel **Steuerreform** F tax reform **Steuersatz** M rate of taxation **Steuerschuld** F tax(es *pl*) owing ⚠ ohne a) **Steuersenkung** F tax cut **Steuersünder(in)** M/F(M) tax evader **Steuerung** F 1 *(≈ das Steuern)* steering; *(von Flugzeug)* piloting; *(fig) (von Politik, Wirtschaft)* running; IT control; *(≈ Regulierung)* regulation; *(≈ Bekämpfung)* control 2 *(≈ Steuervorrichtung)* FLUG controls *pl*; TECH steering apparatus; *(elektronisch)* control **Steuerungstaste** F IT control key **Steuerveranlagung** F tax assessment **Steuervergünstigung** F tax relief **Steuerzahler(in)** M/F(M) taxpayer **Steuerzeichen** N IT control character

Steward M SCHIFF, FLUG steward **Stewardess** F stewardess

St. Gallen N St. Gall

stibitzen VT *(umg)* to pinch *(umg)*

Stich M 1 *(≈ Insektenstich)* sting; *(≈ Mückenstich)* bite; *(≈ Nadelstich)* prick; *(≈ Messerstich)* stab 2 *(≈ Stichwunde) (von Messer etc)* stab wound 3 *(≈ stechender Schmerz)* stabbing pain; *(≈ Seitenstich)* stitch 4 *Handarbeiten* stitch 5 *(≈ Kupferstich, Stahlstich)* engraving 6 *(≈ Schattierung)* tinge *(in +akk of)*; *(≈ Tendenz)* hint *(in +akk of)*; **ein ~ ins Rote** a tinge of red 7 KART trick 8 **jdn im ~ lassen** to let sb down; *(≈ verlassen)* to abandon sb; **etw im ~ lassen** to abandon sth **Stichelei** F *(pej umg)* snide *(umg) od* sneering remark **sticheln** VI *(pej umg)* to make snide remarks *(umg)*; **gegen jdn ~** to make digs *(Br) od* pokes *(US)* at sb **Stichflamme** F tongue of flame **stichhaltig** A ADJ valid; *Beweis* conclusive; **sein Alibi ist nicht ~** his alibi doesn't hold water B ADV conclusively

Stichling M ZOOL stickleback **Stichprobe** F spot check; SOZIOL (random) sample survey; **~n machen** to carry out spot checks; SOZIOL to carry out a (random) sample survey **Stichsäge** F fret saw **Stichtag** M qualifying date **Stichwaffe** F stabbing weapon **Stichwahl** F POL final ballot, runoff *(US)* **Stichwort** N 1 *(in Nachschlagewerken)* headword *(*THEAT, fig*)* cue **Stichwortkatalog** M classified catalogue *(Br) od* catalog *(US)* **Stichwortverzeichnis** N index **Stichwunde** F stab wound

sticken VT & VI to embroider **Sticker** M *(umg ≈ Aufkleber)* sticker **Stickerei** F embroidery **Stickgarn** N embroidery thread **stickig** ADJ *Luft, Zimmer* stuffy; *Klima* sticky; *(fig) Atmosphäre* oppressive **Sticknadel** F embroidery needle **Stickoxid** N nitrogen oxide **Stickstoff** M nitrogen

Stiefbruder M stepbrother

Stiefel M boot **Stiefelette** F *(≈ Frauenstiefelette)* bootee; *(≈ Männerstiefelette)* half-boot **Stiefelknecht** M bootjack

Stiefeltern PL step-parents *pl* **Stiefkind** N stepchild; *(fig)* poor cousin **Stiefmutter** F stepmother **Stiefmütterchen** N BOT pansy **stiefmütterlich** ADV *(fig)* **jdn/etw ~ behandeln** to pay little attention to sb/sth **Stiefschwester** F stepsister **Stiefsohn** M stepson **Stieftochter** F stepdaughter **Stiefvater** M stepfather

Stiege F *(≈ schmale Treppe)* (narrow) flight of stairs

Stieglitz M goldfinch

Stiel M *(≈ Griff)* handle; *(≈ Pfeifenstiel, Glasstiel, Blütenstiel)* stem; *(≈ Stängel)* stalk; *(≈ Blattstiel)* leafstalk **Stielaugen** PL *(fig umg)* **~ machen** to gawp

stier A ADJ *Blick* vacant B ADV *starren* vacantly

Stier M 1 bull; *(≈ junger Stier)* bullock 2 ASTROL Taurus; **(ein) ~ sein** to (a) be Taurus

stieren VI to stare *(auf +akk* at)

Stierkampf M bullfight **Stierkampfarena** F bullring **Stierkämpfer(in)** M/F(M) bullfighter

Stift[1] M 1 *(≈ Metallstift)* pin; *(≈ Holzstift)* peg; *(≈ Nagel)* tack 2 *(≈ Bleistift)* pencil; *(≈ Buntstift)* crayon; *(≈ Filzstift)* felt-tipped pen; *(≈ Kugelschreiber)* ballpoint (pen) 3 *(umg ≈ Lehrling)* apprentice (boy)

Stift[2] N *(≈ Domstift)* cathedral chapter; *(≈ Theologiestift)* seminary

stiften VT 1 *(≈ gründen)* to found; *(≈ spenden, spendieren)* to donate; *Preis, Stipendium etc* to endow 2 *Verwirrung, Unfrieden, Unheil* to cause; *Frieden* to bring about **Stifter(in)** M/F(M) *(≈ Gründer)* founder; *(≈ Spender)* donator **Stiftung** F foundation; *(≈ Schenkung)* donation; *(Stipendium etc)* endowment

Stier — bull

Stier — Taurus

Stiftzahn M̱ post crown
Stigma N̲ stigma
Stil M̱ style; (≈ *Eigenart*) way; **im großen ~** in a big way; ... **alten ~s** old-style ...; **das ist schlechter ~** (fig) that is bad form **Stilblüte** F̱ (hum) stylistic howler (Br umg) od blooper (US umg) **Stilbruch** M̱ stylistic incongruity; (in Roman etc) abrupt change in style **Stilebene** F̱ style level **stilisieren** V̲T̲ to stylize **Stilistik** F̱ LIT stylistics sg; (≈ *Handbuch*) guide to good style **stilistisch** ADJ stylistic; **etw ~ ändern/verbessern** to change/improve the style of sth

still A ADJ 1 (≈ *ruhig*) quiet; Gebet, Vorwurf, Beobachter silent; **~ werden** to go quiet; **um ihn/darum ist es ~ geworden** you don't hear anything about him/it any more; **im Stillen** without saying anything; **ich dachte mir im Stillen** I thought to myself; **sei doch ~!** be quiet 2 (≈ *unbewegt*) Luft still; See calm; (≈ *ohne Kohlensäure*) Mineralwasser still; **der Stille Ozean** the Pacific (Ocean); **~e Wasser sind tief** (sprichw) still waters run deep (sprichw) 3 (≈ *heimlich*) secret; **im Stillen** in secret 4 HANDEL Teilhaber sleeping (Br), silent (US); Reserven, Rücklagen secret B ADV 1 (≈ *leise*) quietly; leiden in silence; auseinandergehen, weggehen silently; **ganz ~ und leise** erledigen discreetly 2 (≈ *unbewegt*) still; **~ halten** to keep still; **~ sitzen** to sit still **Stille** F̱ 1 (≈ *Ruhe*) quiet (-ness); (≈ *Schweigen*) silence; **in aller ~** quietly 2 (≈ *Unbewegtheit*) calm(ness); (der Luft) stillness 3 (≈ *Heimlichkeit*) secrecy; **in aller ~** secretly **stillen** A V̲T̲ 1 (≈ *zum Stillstand bringen*) Tränen to stop; Schmerzen to ease; Blutung to staunch 2 (≈ *befriedigen*) to satisfy; Durst to quench 3 Säugling to breast-feed B V̲I̲ to breast-feed **Stillhalteabkommen** N̲ (FIN, fig) moratorium **stillhalten** V̲I̲ (fig) to keep quiet **Stillleben** N̲ still life **stilllegen** V̲T̲ to close down **Stilllegung** F̱ closure

stillos ADJ lacking in style; (≈ *fehl am Platze*) incongruous **Stillosigkeit** F̱ lack of style (❗ kein pl)

stillschweigen V̲I̲ to remain silent **Stillschweigen** N̲ silence; **beide Seiten haben ~ vereinbart** both sides have agreed not to say anything **stillschweigend** A ADJ silent; Einverständnis tacit B ADV tacitly; **über etw** (akk) **~ hinweggehen** to pass over sth in silence; **etw ~ hinnehmen** to accept sth silently **stillsitzen** V̲I̲ to sit still **Stillstand** M̱ standstill; (vorübergehend) interruption; (in Entwicklung) halt; **zum ~ kommen** to come to a standstill; (Maschine, Motor, Herz, Blutung) to stop; (Entwicklung) to come to a halt; **etw zum ~ bringen** to bring sth to a standstill; Maschine, Motor, Blutung to stop sth; Entwicklung to bring sth to a halt **stillstehen** V̲I̲ 1 to be at a standstill; (Fabrik, Maschine) to be idle; (Herz) to have stopped 2 (≈ *stehen bleiben*) to stop; (Maschine) to stop working

Stilmittel N̲ stylistic device **Stilmöbel** PL period furniture sg **Stilrichtung** F̱ style **stilvoll** A ADJ stylish B ADV stylishly **Stilwörterbuch** N̲ dictionary of correct usage

Stimmabgabe F̱ voting **Stimmband** N̲ vocal chord **stimmberechtigt** ADJ entitled to vote **Stimmbruch** M̱ = Stimmwechsel **Stimmbürger(in)** M(F) (schweiz) voter **Stimme** F̱ 1 (wörtl, fig) voice; (MUS ≈ *Part*) part; **mit leiser/lauter ~** in a soft/loud voice; **die ~n mehren sich, die ...** there is a growing number of people calling for ... 2 (≈ *Wahlstimme*) vote; **eine ~ haben** to have the vote; (≈ *Mitspracherecht*) to have a say; **keine ~ haben** not to be entitled to vote; (≈ *Mitspracherecht*) to have no say; **seine ~ abgeben** to cast one's vote **stimmen** A V̲I̲ 1 (≈ *richtig sein*) to be right; **stimmt es, dass ...?** is it true that ...?; **das stimmt** that's right; **das stimmt nicht** that's not right, that's wrong; **hier stimmt was nicht!** there's something wrong here; **stimmt so!** keep the change 2 (≈ *zusammenpassen*) to go (together) 3 (≈ *wählen*) to vote; **für/gegen jdn/etw ~** to vote for/against sb/sth B V̲T̲ Instrument to tune; **jdn froh/traurig ~** to make sb (feel) cheerful/sad; → gestimmt **Stimmenfang** M̱ (umg) canvassing; **auf ~ sein/gehen** to be/go canvassing **Stimmengleichheit** F̱ tie **Stimmenmehrheit** F̱ majority (of votes) **Stimmenthaltung** F̱ abstention **Stimm-**

gabel F tuning fork **stimmhaft** LING **A** ADJ voiced **B** ADV **~ ausgesprochen werden** to be voiced **stimmig** ADJ *Argumente* coherent **Stimmlage** F MUS voice, register **stimmlos** LING **A** ADJ voiceless **B** ADV **~ ausgesprochen werden** not to be voiced **Stimmrecht** N right to vote **Stimmung** F **1** mood; (≈ *Atmosphäre*) atmosphere; (*unter den Arbeitern*) morale; **in (guter) ~** in a good mood; **in schlechter ~** in a bad mood; **in ~ kommen** to liven up; **für ~ sorgen** to make sure there is a good atmosphere **2** (≈ *Meinung*) opinion; **~ gegen/für jdn/etw machen** to stir up (public) opinion against/in favour (*Br*) *od* favor (*US*) of sb/sth **Stimmungskanone** F **sie ist eine richtige ~** she's always the life and soul of the party **Stimmungsmache** F (*pej*) cheap propaganda **stimmungsvoll** ADJ *Bild* idyllic; *Atmosphäre* tremendous; *Beschreibung* atmospheric **Stimmungswandel** M change of atmosphere; POL change in (public) opinion **Stimmwechsel** M **er ist im ~** his voice is breaking **Stimmzettel** M ballot paper **Stimulation** F stimulation **stimulieren** VT to stimulate

stinkbesoffen ADJ (*umg*) plastered (*umg*) **Stinkbombe** F stink bomb **Stinkefinger** M (*umg*) **jdm den ~ zeigen** to give sb the finger (*umg*) *od* the bird (*US umg*) **stinken** VI **1** to stink (*nach* of); **wie die Pest ~** (*umg*) to stink to high heaven (*umg*) **2** (*fig umg*) **das stinkt zum Himmel** it's an absolute scandal; **an der Sache stinkt etwas** there's something fishy about it (*umg*); **mir stinkts (gewaltig)!** (*umg*) I'm fed up to the back teeth (with it) (*Br umg*) *od* to the back of my throat (with it) (*US umg*) **stinkfaul** ADJ (*umg*) bone idle (*Br*) **stinkig** ADJ (*umg*) stinking (*umg*); (≈ *verärgert*) pissed off (*sl*) **stinklangweilig** ADJ (*umg*) deadly boring **stinknormal** ADJ (*umg*) boringly normal **stinkreich** ADJ (*umg*) stinking rich (*Br umg*), rolling in it (*umg*) **stinksauer** ADJ (*sl*) pissed off (*umg*) **Stinktier** N skunk **stinkvornehm** ADJ (*umg*) dead posh (*umg*) **Stinkwut** F (*umg*) **eine ~ (auf jdn) haben** to be livid (with sb)

Stipendium N (*als Auszeichnung etc erhalten*) scholarship; (*zur allgemeinen Unterstützung des Studiums*) grant

Stippvisite F (*umg*) flying visit

Stirn F forehead; **die ~ runzeln** to wrinkle one's brow; **es steht ihm auf der ~ geschrieben** it is written all over his face; **die ~ haben, zu …** to have the effrontery to …; **jdm/einer Sache die ~ bieten** (*geh*) to defy sb/sth **Stirnband** N headband **Stirnhöhle** F frontal sinus **Stirnhöhlenkatarrh** M sinusitis

Stirnrunzeln N frown

stöbern VI to rummage (*in +dat* in, *durch* through)

stochern VI to poke (*in +dat* at); (*im Essen*) to pick (*in +dat* at); **sich** (*dat*) **in den Zähnen ~** to pick one's teeth

Stock M **1** stick; (≈ *Rohrstock*) cane; (≈ *Taktstock*) baton; (≈ *Zeigestock*) pointer; (≈ *Billardstock*) cue; **am ~ gehen** to walk with (the aid of) a stick; (*fig umg*) to be in a bad way **2** (*Pflanze*) (≈ *Rebstock*) vine; (≈ *Blumenstock*) pot plant **3** (≈ *Stockwerk*) floor; **im ersten ~** on the first floor (*Br*), on the second floor (*US*) **stockbesoffen** (*umg*) ADJ dead drunk (*umg*) **Stockbett** N bunk bed **stockdunkel** ADJ (*umg*) pitch-dark **Stöckelschuh** M high-heeled shoe **stocken** VI (*Herz, Puls*) to skip a beat; (*Worte*) to falter; (≈ *nicht vorangehen*) (*Arbeit, Entwicklung*) to make no progress; (*Unterhaltung*) to flag; (*Verhandlungen*) to grind to a halt; (*Geschäfte*) to stagnate; (*Verkehr*) to be held up; **ihm stockte der Atem** he caught his breath **stockend** ADJ faltering; *Verkehr* stop-go; **der Verkehr kam nur ~ voran** traffic was stop and go **Stockente** F mallard **Stockerl** N (*österr* ≈ *Hocker*) stool **Stockfisch** M dried cod; (*pej: Mensch*) stick-in-the-mud (*pej umg*)

Stockholm N Stockholm

stockkonservativ ADJ (*umg*) archconservative **stocknüchtern** ADJ (*umg*) stone-cold sober (*umg*) **stocksauer** ADJ (*umg*) pissed off (*umg*) **Stockschirm** M stick umbrella **stocktaub** ADJ (*umg*) as deaf as a post **Stockung** F **1** (≈ *vorübergehender Stillstand*) interruption (*+gen, in +dat* in); (≈ *Verkehrsstockung*) congestion **2** (*von Verhandlungen*) breakdown (*+gen* of, in); (*von Geschäften*) slackening off (*+gen* in) **Stockwerk** N floor; **im 5. ~** on the 5th (*Br*) *od* 6th (*US*) floor **Stockzahn** N (*österr*) molar (tooth)

Stoff M **1** material; (*als Materialart*) cloth **2** (≈ *Materie*) matter **3** (≈ *Substanz*, CHEM) substance; **tierische ~e** animal substance; **pflanzliche ~e** vegetable matter **4** (≈ *Thema*) subject (matter); (≈ *Diskussionsstoff*) topic; **~ für ein** *od* **zu einem Buch sammeln** to collect material for a book **5** (≈ *Rauschgift*) dope (*umg*) **Stoffel** M (*pej umg*) lout (*umg*) **stofflich** ADJ **1** PHIL, CHEM material **2** (≈ *den Inhalt betreffend*) as regards subject matter **Stoffpuppe** F rag doll **Stoffrest** M remnant **Stofftier** N soft toy **Stoffwechsel** M metabolism **Stoffwechselkrankheit** F metabolic disease

stöhnen VI to groan; **~d** with a groan

stoisch ADJ PHIL Stoic; (*fig*) stoic(al)

Stollen M **1** BERGB, MIL gallery ⚠ Vorsicht, zwei "l") **2** GASTR stollen **3** (≈ *Schuhstollen*) stud

1231 ‖ STRA

stolpern _VI_ to stumble (_über +akk_ over); (_fig_ ≈ _zu Fall kommen_) to come unstuck (_bes Br umg_); **jdn zum Stolpern bringen** (_wörtl_) to trip sb up; (_fig_) to be sb's downfall **Stolperstein** _M_ (_fig_) stumbling block

stolz _A_ _ADJ_ **1** proud (_auf +akk_ of); **darauf kannst du ~ sein** that's something to be proud of **2** (≈ _imposant_) _Bauwerk, Schiff_ majestic; (_iron_ ≈ _stattlich_) _Preis_ princely **B** _ADV_ proudly **Stolz** _M_ pride; **sein Garten ist sein ganzer ~** his garden is his pride and joy **stolzieren** _VI_ to strut; (_hochmütig_) to stalk

stopfen _A_ _VT_ **1** (≈ _ausstopfen, füllen_) to stuff; _Pfeife, Loch_ to fill; **jdm den Mund ~** (_umg_) to silence sb **2** (≈ _ausbessern_) to mend; (_fig_) _Haushaltslöcher etc_ to plug **B** _VI_ **1** (_Speisen_) (≈ _verstopfen_) to cause constipation; (≈ _sättigen_) to be filling **2** (≈ _flicken_) to darn **Stopfgarn** _N_ darning cotton _od_ thread

stopp _INT_ stop **Stopp** _M_ stop; (≈ _Lohnstopp_) freeze

Stoppel _F_ stubble **Stoppelbart** _M_ stubbly beard **Stoppelfeld** _N_ stubble field **stoppelig, stopplig** _ADJ_ stubbly

stoppen _A_ _VT_ **1** (≈ _anhalten_) to stop **2** (≈ _Zeit abnehmen_) to time **B** _VI_ (≈ _anhalten_) to stop **Stoppschild** _N_ stop sign **Stoppstraße** _F_ road with stop signs, stop street (_US_) **Stopptaste** _F_ stop button **Stoppuhr** _F_ stopwatch

Stöpsel _M_ plug; (≈ _Pfropfen_) stopper; (≈ _Korken_) cork

Stör _M_ ZOOL sturgeon

Störaktion _F_ disruptive action (🛈 kein pl) **störanfällig** _ADJ_ _Technik, Kraftwerk_ susceptible to faults; _Gerät, Verkehrsmittel_ liable to break down; (_fig_) _Verhältnis_ shaky

Storch _M_ stork

stören _A_ _VT_ **1** (≈ _beeinträchtigen_) to disturb; _Verhältnis, Harmonie_ to spoil; _Rundfunkempfang_ to interfere with; (_absichtlich_) to jam; **jds Pläne ~** to interfere with sb's plans; → **gestört 2** _Prozess, Feier_ to disrupt **3** (≈ _unangenehm berühren_) to disturb; **was mich an ihm/daran stört** what I don't like about him/it; **entschuldigen Sie, wenn ich Sie störe** I'm sorry if I'm disturbing you; **stört es Sie, wenn ich rauche?** do you mind if I smoke?; **das stört mich nicht** that doesn't bother me **B** _VR_ **sich an etw** (_dat_) **~** to be bothered about sth **C** _VI_ (≈ _lästig sein_) to get in the way; (≈ _unterbrechen_) to interrupt; (≈ _Belästigung darstellen_) to be disturbing; **bitte nicht ~!** please do not disturb!; **störe ich?** am I disturbing you?; **etw als ~d empfinden** to find sth bothersome **Störenfried** _M_, **Störer(in)** _M(F)_ troublemaker **Störfaktor** _M_ source of friction, disruptive factor **Störfall** _M_ (_in Kernkraftwerk etc_) malfunction, accident

Störmanöver _N_ disruptive action **stornieren** _VT & VI_ HANDEL _Auftrag, Flug_ to cancel; _Buchungsfehler_ to reverse **Stornierung** _F_ (HANDEL: _von Auftrag_) cancellation; (_von Buchung_) reversal **Storno** _M_ _od_ _N_ (HANDEL) (_von Buchungsfehler_) reversal; (_von Auftrag_) cancellation

störrisch _ADJ_ obstinate; _Kind, Haare_ unmanageable; _Pferd_ refractory

Störsender _M_ RADIO jamming transmitter **Störung** _F_ **1** disturbance **2** (_von Ablauf, Verhandlungen etc_) disruption **3** (≈ _Verkehrsstörung_) holdup **4** TECH fault **5** RADIO interference; (_absichtlich_) jamming; **atmosphärische ~en** atmospherics _pl_ **6** MED disorder **störungsfrei** _ADJ_ trouble-free; RADIO free from interference **Störungsstelle** _F_ TEL faults service

Story _F_ story

Stoß _M_ **1** push; (_leicht_) poke; (_mit Faust_) punch; (_mit Fuß_) kick; (_mit Ellbogen_) nudge; (≈ _Dolchstoß etc_) stab; (_Fechten_) thrust; (≈ _Schwimmstoß_) stroke; (≈ _Atemstoß_) gasp; **sich** (_dat_) **einen ~ geben** to pluck up courage **2** (≈ _Anprall_) impact; (≈ _Erdstoß_) tremor **3** (≈ _Stapel_) pile, stack **Stoßdämpfer** _M_ AUTO shock absorber **stoßen** _A_ _VT_ **1** (≈ _einen Stoß versetzen_) to push; (_leicht_) to poke; (_mit Faust_) to punch; (_mit Fuß_) to kick; (_mit Ellbogen_) to nudge; (≈ _stechen_) _Dolch_ to thrust; **jdn von sich ~** to push sb away; (_fig_) to cast sb aside **2** (≈ _werfen_) SPORT _Kugel_ to put **3** (≈ _zerkleinern_) _Zimt, Pfeffer_ to pound **B** _VR_ to bump _od_ bang oneself; **sich an etw** (_dat_) **~** (_wörtl_) to bump etc oneself on sth; (_fig_) to take exception to sth **C** _VI_ **1** (≈ _treffen, prallen_) to run into (_a. fig_); **gegen etw ~** to run into sth; **zu jdm ~** to meet up with sb; **auf jdn ~** to bump into sb; **auf etw** (_akk_) **~** (_Straße_) to lead into _od_ onto sth; (_Schiff_) to hit sth; (_fig_ ≈ _entdecken_) to come upon sth; **auf Erdöl ~** to strike oil; **auf Widerstand ~** to meet with resistance **2** (_Gewichtheben_) to jerk **stoßfest** _ADJ_ shockproof **Stoßseufzer** _M_ deep sigh **Stoßstange** _F_ AUTO bumper **Stoßzahn** _M_ tusk **Stoßzeit** _F_ (_im Verkehr_) rush hour; (_in Geschäft etc_) peak period

Stotterer _M_, **Stotterin** _F_ stutterer **stottern** _VT & VI_ to stutter; (_Motor_) to splutter

Stövchen _N_ (_teapot etc_) warmer

Strafanstalt _F_ prison **Strafantrag** _M_ action, legal proceedings _pl_; **~ stellen** to institute legal proceedings **Strafanzeige** _F_ **~ gegen jdn erstatten** to bring a charge against sb **Strafarbeit** _F_ SCHULE extra work (🛈 kein pl, ohne a); (_schriftlich_) lines _pl_ **Strafbank** _F_ SPORT penalty bench **strafbar** _ADJ_ _Vergehen_ punishable; **~e Handlung** punishable offence (_Br_) _od_ offense (_US_); **sich ~ machen** to commit an offence (_Br_) _od_ offense (_US_) **Straf-**

S

STRA | 1232

befehl M̄ JUR order of summary punishment **Strafe** F̄ punishment; JUR, SPORT penalty; (≈ *Geldstrafe*) fine; (≈ *Gefängnisstrafe*) sentence; **es ist bei ~ verboten, …** it is a punishable offence (*Br*) *od* offense (*US*) …; **unter ~ stehen** to be a punishable offence (*Br*) *od* offense (*US*); **eine ~ von drei Jahren Gefängnis** a three-year prison sentence; **100 Dollar ~ zahlen** to pay a 100 dollar fine; **zur ~** as a punishment **strafen** V̄T̄ to punish; **mit etw gestraft sein** to be cursed with sth **strafend** ĀDJ punitive; *Blick, Worte* reproachful; **jdn ~ ansehen** to give sb a reproachful look **Straferlass** M̄ remission (of sentence)

straff A ĀDJ *Seil* taut; *Haut* smooth; *Busen* firm; (≈ *straff sitzend*) *Hose etc* tight; (*fig* ≈ *streng*) *Disziplin, Politik* strict B ĀDV (≈ *stramm*) tightly; (≈ *streng*) *reglementieren* strictly; **~ sitzen** to fit tightly

straffällig ĀDJ **~ werden** to commit a criminal offence (*Br*) *od* offense (*US*) **Straffällige(r)** M/F(M) offender

straffen V̄T̄ to tighten; (≈ *raffen*) *Handlung, Darstellung* to tighten up

straffrei ĀDJ, ĀDV not subject to prosecution; **~ bleiben** *od* **ausgehen** to go unpunished **Straffreiheit** F̄ immunity from prosecution **Strafgebühr** F̄ surcharge **Strafgefangene(r)** M/F(M) detainee, prisoner **Strafgericht** N̄ criminal court; **ein ~ abhalten** to hold a trial **Strafgesetz** N̄ criminal law **Strafgesetzbuch** N̄ Penal Code **Strafkammer** F̄ division for criminal matters (of a court) **sträflich** A ĀDJ criminal B ĀDV *vernachlässigen etc* criminally **Sträfling** M̄ prisoner **Strafmandat** N̄ ticket **Strafmaß** N̄ sentence **strafmildernd** ĀDJ extenuating **Strafminute** F̄ SPORT **er erhielt zwei ~n** he was sent off for two minutes **Strafpredigt** F̄ **jdm eine ~ halten** to give sb a lecture **Strafprozess** M̄ criminal proceedings *pl* **Strafprozessordnung** F̄ code of criminal procedure **Strafpunkt** M̄ SPORT penalty point **Strafraum** M̄ SPORT penalty area *od* (FUSSB *a.*) box **Strafrecht** N̄ criminal law **strafrechtlich** A ĀDJ criminal B ĀDV **jdn/etw ~ verfolgen** to prosecute sb/sth **Strafregister** N̄ police records *pl*; (*hum umg*) record; **er hat ein langes ~** he has a long (criminal) record **Strafschuss** M̄ SPORT penalty (shot) **Strafstoß** M̄ FUSSB *etc* penalty (kick) **Straftat** F̄ criminal offence (*Br*) *od* offense (*US*) **Straftäter(in)** M(F) offender **Strafverfahren** N̄ criminal proceedings *pl* **strafversetzen** V̄T̄ *Beamte* to transfer for disciplinary reasons **Strafverteidiger(in)** M(F) defence (*Br*) *od* defense (*US*) counsel *od* lawyer **Strafvollzug** M̄ penal system; **offener ~**

non-confinement **Strafvollzugsanstalt** F̄ (*form*) penal institution **Strafzettel** M̄ JUR ticket

Strahl M̄ **1** ray; (≈ *Sonnenstrahl*) shaft of light; (≈ *Radiostrahl, Laserstrahl etc*) beam **2** (≈ *Wasserstrahl*) jet **Strahlemann** M̄ (*umg*) smiley **strahlen** V̄Ī **1** (*Sonne, Licht etc*) to shine; (*Sender*) to beam; (≈ *glühen*) to glow (*vor +dat* with); (*radioaktiv*) to give off radioactivity **2** (≈ *leuchten*) to gleam; (*fig*) (*Gesicht*) to beam; (*Augen*) to shine; **er strahlte vor Freude** he was beaming with happiness **Strahlenbehandlung** F̄ MED ray treatment **Strahlenbelastung** F̄ radiation **strahlend** ĀDJ radiant; *Wetter, Tag* glorious; *Farben* brilliant; **mit ~em Gesicht** with a beaming face; **es war ein ~ schöner Tag** it was a glorious day **Strahlendosis** F̄ dose of radiation **strahlenförmig** ĀDJ radial; **sich ~ ausbreiten** to radiate out **strahlengeschädigt** ĀDJ suffering from radiation damage **Strahlenkrankheit** F̄ radiation sickness **Strahlenschäden** P̄L̄ radiation injuries *pl* **Strahlenschutz** M̄ radiation protection **Strahlentherapie** F̄ radiotherapy **Strahlentod** M̄ death through radiation **strahlenverseucht** ĀDJ contaminated (with radiation) **Strahlung** F̄ radiation **strahlungsarm** ĀDJ *Monitor* low-radiation

Strähnchen N̄ streak **Strähne** F̄ (≈ *Haarsträhne*) strand **strähnig** ĀDJ *Haar* straggly

stramm A ĀDJ (≈ *straff*) tight; *Haltung* erect; *Mädchen, Junge* strapping; *Beine* sturdy; *Brust* firm; (*umg*) *Tempo* brisk; (≈ *überzeugt*) staunch; **~e Haltung annehmen** to stand to attention B ĀDV *binden* tightly; **~ sitzen** to be tight; **~ arbeiten** (*umg*) to work hard; **~ marschieren** (*umg*) to march hard; **~ konservativ** (*umg*) staunchly conservative **strammstehen** V̄Ī (MIL *umg*) to stand to attention

Strampelhöschen N̄ rompers *pl* **strampeln** V̄Ī **1** (*mit Beinen*) to flail about; (*Baby*) to thrash about **2** (*umg* ≈ *Rad fahren*) to pedal

Strand M̄ (≈ *Meeresstrand*) beach; (≈ *Seeufer*) shore; **am ~** (≈ *am Meer*) on the beach; (≈ *am Seeufer*) on the shore **Strandbad** N̄ (seawater) swimming pool; (≈ *Badeort*) bathing resort **stranden** V̄Ī to be stranded; (*fig*) to fail **Strandgut** N̄ (*wörtl, fig*) flotsam and jetsam **Strandkorb** M̄ wicker beach chair with a hood **Strandläufer** M̄ ORN sandpiper **Strandpromenade** F̄ promenade

Strang M̄ (≈ *Nervenstrang, Muskelstrang*) cord; (≈ *DNA-Strang*) strand; (≈ *Wollstrang*) hank; **der Tod durch den ~** death by hanging; **am gleichen ~ ziehen** (*fig*) to pull together; **über die Stränge schlagen** (*umg*) to run wild (*umg*) **strangu-**

lieren _VT_ to strangle
Strapaze _F_ strain **strapazieren** **A** _VT_ to be a strain on; _Schuhe, Kleidung_ to be hard on; _Nerven_ to strain; _Geduld_ to try **B** _VR_ to tax oneself **strapazierfähig** _ADJ_ _Schuhe, Kleidung, Material_ hard-wearing; _(fig umg) Nerven_ strong **strapaziös** _ADJ_ exhausting
Straps _M_ suspender belt (Br), garter belt (US)
Straßburg _N_ Strasbourg
Straße _F_ **1** road; _(in Stadt, Dorf)_ street; _(≈ kleine Landstraße)_ lane; **auf der ~** in the street; **an der ~** by the roadside; **auf die ~ gehen** _(wörtl)_ to go out on the street; _(als Demonstrant)_ to take to the streets; _(als Prostituierte)_ to go on the streets; **auf die ~ gesetzt werden** _(umg)_ to be turned out (onto the streets); _(als Arbeiter)_ to be sacked _(Br umg)_; **über die ~ gehen** to cross (the road/street); **etw über die ~ verkaufen** to sell sth to take away (Br) od to take out (US); **der Mann auf der ~** _(fig)_ the man in the street **2** _(≈ Meerenge)_ strait(s _pl_); **die ~ von Dover** etc the Straits of Dover etc **3** (TECH ≈ Fertigungsstraße) (production) line **Straßenarbeiten** _PL_ roadworks _pl_ **Straßenarbeiter(in)** _M(F)_ roadworker **Straßenbahn** _F_ _(≈ Wagen)_ tram (bes Br), streetcar (US); _(≈ Netz)_ tramway(s) (bes Br), streetcar system (US); **mit der ~** by tram (bes Br) od streetcar (US) **Straßenbahnhaltestelle** _F_ tram (bes Br) od streetcar (US) stop **Straßenbahnlinie** _F_ tramline (bes Br), streetcar line (US) **Straßenbahnwagen** _M_ tram (bes Br), streetcar (US) **Straßenbau** _M_ road construction **Straßenbauarbeiten** _PL_ roadworks _pl_ **Straßenbelag** _M_ road surface **Straßenbeleuchtung** _F_ street lighting **Straßenbenutzungsgebühr** _F_ (road) toll **Straßencafé** _N_ pavement café (Br), sidewalk café (US) **Straßenfeger(in)** _M(F)_ road sweeper **Straßenfest** _N_ street party **Straßenführung** _F_ route **Straßenglätte** _F_ slippery road surface **Straßengraben** _M_ ditch **Straßenjunge** _M_ _(pej)_ street urchin **Straßenkampf** _M_ street fighting (⚠ kein pl); **ein ~** a street fight od battle **Straßenkarte** _F_ road map **Straßenkehrer(in)** _M(F)_ road sweeper **Straßenkreuzer** _M_ _(umg)_ limo _(umg)_ **Straßenkreuzung** _F_ crossroads (⚠ mit Verb im Singular oder Plural), intersection (US) **Straßenlage** _F_ AUTO road holding **Straßenlaterne** _F_ streetlamp **Straßenmädchen** _N_ prostitute **Straßenmusikant(in)** _M(F)_ street musician **Straßennetz** _N_ road network **Straßenrand** _M_ roadside **Straßenreinigung** _F_ street cleaning **Straßenschild** _N_ street sign **Straßenschlacht** _F_ street battle **Straßensperre** _F_ roadblock **Straßenstrich** _M_ _(umg)_ walking the streets; _(Gegend)_ red-light district **Straßentransport** _M_ road transport od haulage; **im ~** by road **Straßenverhältnisse** _PL_ road conditions _pl_ **Straßenverkauf** _M_ street trading; _(≈ Außerhausverkauf)_ takeaway (Br) od takeout (US) sales _pl_ **Straßenverkehr** _M_ traffic **Straßenverkehrsordnung** _F_ ≈ Highway Code (Br), traffic rules and regulations _pl_ **Straßenverzeichnis** _N_ street directory **Straßenzustand** _M_ road conditions _pl_ **Straßenzustandsbericht** _M_ road report
Stratege _M_, **Strategin** _F_ strategist **Strategie** _F_ strategy **strategisch** **A** _ADJ_ strategic **B** _ADV_ strategically
Stratosphäre _F_ stratosphere
sträuben **A** _VR_ **1** _(Haare, Fell)_ to stand on end; _(Gefieder)_ to become ruffled; **da ~ sich einem die Haare** it's enough to make your hair stand on end **2** _(fig)_ to resist _(gegen etw sth)_ **B** _VT_ _Gefieder_ to ruffle
Strauch _M_ bush **Strauchtomate** _F_ vine-ripened tomato **Strauchwerk** _N_ _(≈ Gebüsch)_ bushes _pl_; _(≈ Gestrüpp)_ undergrowth
Strauß[1] _M_ ostrich; **wie der Vogel ~** like an ostrich
Strauß[2] _M_ bunch; _(≈ Blumenstrauß)_ bunch of flowers
strawanzen _VI_ _(österr ≈ sich herumtreiben)_ to hang around _(umg)_
Streamer _M_ IT streamer
Strebe _F_ _(≈ Deckenstrebe)_ joist **streben** _VI_ _(geh)_ **1** _(≈ sich bemühen)_ to strive _(nach, an +akk, zu for)_; (SCHULE _pej_) to swot _(umg)_; **danach ~, etw zu tun** to strive to do sth; **in die Ferne ~** to be drawn to distant parts **2** _(≈ sich bewegen)_ **nach** od **zu etw ~** to make one's way to sth
Streben _N_ _(≈ Drängen)_ striving _(nach for)_;

▶ Straße

Straße unter dem Aspekt der Fahrbahn (man verbindet damit den Verkehr, das Fahren)

— road

eine verkehrsreiche Straße — **a busy road**

Straße in geschlossener Ortschaft (man verbindet damit auch die Gebäude, den Bürgersteig usw.)

— street

auf der Straße spielen — **play in the street**

 SPRACHGEBRAUCH

STRE | 1234

Strauß — ostrich

Strauß — bunch

(nach Ruhm, Geld) aspiration (nach to); (≈ Bemühen) efforts pl **Strebepfeiler** M buttress **Streber(in)** M(F) (pej umg) pushy person; SCHULE swot (Br umg), grind (US umg) **strebsam** ADJ assiduous

Strecke F 1 (≈ Entfernung zwischen zwei Punkten, SPORT) distance; MATH line (between two points); **eine ~ zurücklegen** to cover a distance 2 (≈ Abschnitt) (von Straße, Fluss) stretch; (von Bahnlinie) section 3 (≈ Weg, Route, Flugstrecke) route; (≈ Straße) road; (≈ Bahnlinie) track; (fig ≈ Passage) passage; **auf** od **an der ~ Paris–Brüssel** on the way from Paris to Brussels; **auf freier** od **offener ~** bes BAHN on the open line; **auf der ~ bleiben** (bei Rennen) to drop out of the running; (in Konkurrenzkampf) to fall by the wayside **strecken** A VT 1 Arme, Beine to stretch; Hals to crane 2 (umg) Vorräte, Geld to eke out; Arbeit to drag out (umg); Essen, Suppe to make go further; (≈ verdünnen) to thin down, to dilute B VR 1 (≈ sich recken) to stretch 2 (≈ sich hinziehen) to drag on **Streckenabschnitt** M BAHN track section **Streckenführung** F BAHN route **Streckennetz** N rail network **streckenweise** ADV in parts **Streckverband** M MED bandage used in traction **Streetball** M streetball **Streetworker(in)** M(F) outreach worker

Streich M (≈ Schabernack) prank, trick; **jdm einen ~ spielen** (wörtl) to play a trick on sb; (fig: Gedächtnis etc) to play tricks on sb **Streicheleinheiten** PL (≈ Zärtlichkeit) tender loving care sg **streicheln** VT & VI to stroke; (≈ liebkosen) to caress **streichen** A VT 1 (mit der Hand) to stroke; **etw glatt ~** to smooth sth (out) 2 (≈ auftragen) Butter, Marmelade etc to spread; Salbe, Farbe etc to apply 3 (≈ anstreichen: mit Farbe) to paint; **frisch gestrichen!** wet (Br) od fresh (US) paint 4 (≈ tilgen) Zeile, Satz to delete; Auftrag, Plan etc to cancel; Schulden to write off; Zuschuss, Gelder, Arbeitsplätze etc to cut; **jdn/etw von** od **aus der Liste ~** to take sb/sth off the list 5 SCHIFF Segel, Flagge, Ruder to strike 6 → **gestrichen** B VI 1 (≈ über etw hinfahren) to stroke; **mit der Hand über etw** akk **~** to stroke sth (with one's hand) 2 (≈ streifen) to brush past (an +dat sth); (Wind) to waft 3 (≈ malen) to paint **Streicher** PL MUS strings pl **Streichholz** N match **Streichholzschachtel** F matchbox **Streichinstrument** N string(ed) instrument; **die ~e** the strings **Streichkäse** M cheese spread **Streichorchester** N string orchestra **Streichquartett** N string quartet **Streichquintett** N string quintet **Streichung** F (von Zeile, Satz) deletion; (≈ Kürzung) cut; (von Auftrag, Plan etc) cancellation; (von Schulden) writing off; (von Zuschüssen, Arbeitsplätzen etc) cutting **Streichwurst** F ≈ meat paste **Streife** F (≈ Patrouille) patrol; **auf ~ gehen/sein** to go/be on patrol **streifen** A VT 1 (≈ flüchtig berühren) to touch, to brush (against); (Kugel) to graze; (Auto) to scrape 2 (fig ≈ flüchtig erwähnen) to touch (up)on 3 **die Butter vom Messer ~** to scrape the butter off the knife; **den Ring vom Finger ~** to slip the ring off one's finger B VI (geh) 1 (≈ wandern) to roam 2 **sie ließ ihren Blick über die Menge ~** she scanned the crowd **Streifen** M 1 strip; (≈ Speckstreifen) rasher 2 (≈ Strich) stripe; (≈ Farbstreifen) streak; (≈ Lochstreifen, Klebestreifen etc) tape 3 FILM film **Streifendienst** M patrol duty **Streifenpolizist(in)** M(F) policeman/-woman on patrol **Streifenwagen** M patrol car **Streifschuss** M graze **Streifzug** M raid; (≈ Bummel) expedition

Streik M strike; **zum ~ aufrufen** to call a strike; **in (den) ~ treten** to go on strike **Streikaufruf** M strike call **Streikbrecher(in)** M(F) strikebreaker, scab (pej) **streiken** VI to strike (⚠ Die Vergangenheitsform **struck** ist hier nicht gebräuchlich, stattdessen weicht man auf Umschreibungen aus wie **they went on strike**.); (hum umg ≈ nicht funktionieren) to pack up (umg); (Magen) to protest; (Gedächtnis) to fail; **da streike ich** (umg) I refuse! **Streikende(r)** M(F(M)) striker **Streikgeld** N strike pay **Streikkasse** F strike fund **Streikposten** M picket

Streit M argument (um, über +akk about, over); (leichter) quarrel, squabble; (≈ Auseinandersetzung)

dispute; **~ haben** to be arguing; **wegen einer Sache ~ bekommen** to get into an argument over sth **streitbar** ADJ (≈ streitlustig) pugnacious **streiten** A VII (≈ eine Auseinandersetzung haben) to argue (um, über +akk about, over); (leichter) to quarrel; **darüber lässt sich ~** that's a debatable point B VR to argue; (leichter) to quarrel; **wir wollen uns deswegen nicht ~!** don't let's fall out over that! **Streiterei** F (umg) arguing (🔴 kein pl); **eine ~** an argument **Streitfall** M dispute, conflict; JUR case **Streitfrage** F dispute **Streitgespräch** N debate **streitig** ADJ **jdm das Recht auf etw** (akk) **~ machen** to dispute sb's right to sth **Streitigkeiten** PL quarrels pl **Streitkräfte** PL forces pl **Streitmacht** F armed forces pl **Streitpunkt** M contentious issue **streitsüchtig** ADJ quarrelsome **Streitwert** M JUR amount in dispute

Strelitzie F BOT bird of paradise (flower) **streng** A ADJ **1** strict; Maßnahmen stringent; Bestrafung, Richter severe; Anforderungen rigorous; Ausdruck, Blick, Gesicht stern; Stillschweigen absolute; Kritik, Urteil harsh **2** Geruch, Geschmack pungent; Frost, Winter severe **3** Katholik, Moslem etc strict B ADV **1** (≈ unnachgiebig) befolgen, einhalten strictly; tadeln, bestrafen severely; vertraulich strictly; **~ genommen** strictly speaking; (≈ eigentlich) actually; **~ gegen jdn/etw vorgehen** to deal severely with sb/sth; **~ geheim** top secret; **~(stens) verboten!** strictly prohibited **2** (≈ intensiv) **~ riechen/schmecken** to have a pungent smell/ taste **Strenge** F **1** strictness; (von Regel, Maßnahmen) stringency; (von Bestrafung, Richter) severity; (von Ausdruck, Blick) sternness; (von Kritik, Urteil) harshness **2** (von Geruch, Geschmack) pungency; (von Frost, Winter) severity **strenggenom-**

▶ **streng**

Wenn „streng" bedeutet, dass jemand oder etwas strenge Disziplin verlangt, verwendet man oft **strict**:

ein strenger Lehrer / eine strenge Lehrerin	a strict teacher
strenge Eltern	strict parents
strenge Regeln	strict rules
strenge Diät	a strict diet

Wird „streng" im Sinne von „hart" verwendet, steht meist **severe** oder **harsh** dafür:

ein strenger Winter	a severe winter
eine strenge Bestrafung	harsh punishment.

SPRACHGEBRAUCH ◀

men ADV → streng **strenggläubig** ADJ strict

Stress M stress; **(voll) im ~ sein** to be under (a lot of) stress **Stressball** M stress ball **stressen** VT to put under stress; **gestresst sein** to be under stress **stressfrei** ADJ stress-free **stressgeplagt** ADJ under stress; **~e Manager** highly stressed executives

stressig ADJ (umg) stressful

Stretchhose F stretch trousers pl **Stretchlimousine** F stretch limousine

Streu F straw; (aus Sägespänen) sawdust **streuen** A VT to scatter; Dünger, Sand to spread; Gewürze, Zucker etc to sprinkle; Straße etc (mit Sand) to grit; (mit Salz) to salt B VII (≈ Streumittel anwenden) to grit, to put down salt **Streuer** M shaker; (≈ Salzstreuer) cellar; (≈ Pfefferstreuer) pot **Streufahrzeug** N gritter

streunen VII to roam about; (Hund, Katze) to stray; **durch etw/in etw** (dat) **~** to roam through/around sth

Streusalz N salt (for icy roads) **Streusand** M sand; (für Straße) grit

Streuselkuchen M thin sponge cake with crumble topping

Strich M **1** line; (≈ Querstrich) dash; (≈ Schrägstrich) oblique; (≈ Pinselstrich) stroke; (von Land) stretch; **jdm einen ~ durch die Rechnung machen** to thwart sb's plans; **einen ~ (unter etw** akk) **ziehen** (fig) to forget sth; **unterm ~** at the final count **2** (von Teppich, Samt) pile; (von Gewebe) nap; (von Fell, Haar) direction of growth; **es geht (mir) gegen den ~** (umg) it goes against the grain; **nach ~ und Faden** (umg) thoroughly **3** (MUS ≈ Bogenstrich) stroke **4** (umg) (≈ Prostitution) prostitution (🔴 ohne Artikel); (≈ Bordellgegend) red-light district; **auf den ~ gehen** to be on the game (Br umg), to be a prostitute **Strichcode** M bar code (Br), universal product code (US) **stricheln** VT to sketch in; (≈ schraffieren) to hatch; **eine gestrichelte Linie** a broken line **Strichjunge** M (umg) rent boy (Br), boy prostitute **Strichkode** M = Strichcode **Strichliste** F check list **Strichmädchen** N (umg) hooker (bes US umg) **Strichmännchen** N stick figure **Strichpunkt** M semicolon **strichweise** ADV auch METEO here and there; **~ Regen** rain in places

Strick M rope; **jdm aus etw einen ~ drehen** to use sth against sb; **am gleichen** od **an einem ~ ziehen** (fig) to pull together

stricken VT & VII to knit; (fig) to construct; **an etw** (dat) **~** to work on sth **Strickjacke** F cardigan **Strickkleid** N knitted dress **Strickleiter** F rope ladder **Strickmaschine** F knitting machine **Strickmuster** N (wörtl)

STRI | 1236

knitting pattern; *(fig)* pattern **Stricknadel** F
knitting needle **Strickwaren** PL knitwear *sg*
Strickzeug N knitting
striegeln VT *Tier* to curry(comb)
Strieme F, **Striemen** M weal
strikt A ADJ strict; *Ablehnung* categorical B ADV
strictly; *ablehnen* categorically; **~ gegen etw
sein** to be totally opposed to sth
String M, **Stringtanga** M G-string, thong
Strip M *(umg)* strip(tease)
Strippe F *(umg)* 1 *(≈ Bindfaden)* string; **die ~n zie-
hen** *(fig)* to pull the strings 2 *(≈ Telefonleitung)*
phone; **an der ~ hängen** to be on the phone;
jdn an der ~ haben to have sb on the line
strippen VI to strip
Strippenzieher(in) MF *(umg)* **er war der ~**
he was the one pulling the strings
Stripper(in) MF *(umg)* stripper **Striptease**
M *od* U striptease **Stripteasetänzer(in)**
MF stripper
strittig ADJ contentious; **noch ~** still in dis-
pute
Stroboskoplampe F strobe light
Stroh N straw; *(≈ Dachstroh)* thatch **Strohbal-
len** M bale of straw **strohblond** ADJ *Mensch*
flaxen-haired; *Haare* flaxen **Strohblume** F
strawflower **Strohdach** N thatched roof
strohdumm ADJ thick *(umg)* **Strohfeuer**
N **ein ~ sein** *(fig)* to be a passing fancy **Stroh-
frau** F *(fig)* front woman **Strohhalm** M
straw; **sich an einen ~ klammern** to clutch
at straws **Strohhut** M straw hat **Stroh-
mann** M *(fig)* front man **Strohwitwe** F grass
widow **Strohwitwer** M grass widower
Strolch M *(obs)* rascal **Strolchenfahrt** F
(schweiz) joyride
Strom M 1 *(large)* river; *(≈ Strömung)* current;
(von Schweiß, Blut) river; *(von Besuchern, Flüchen etc)*
stream; **ein reißender ~** a raging torrent;
es regnet in Strömen it's pouring (with rain);
der Wein floss in Strömen the wine flowed
like water; **mit dem/gegen den ~ schwim-
men** *(fig)* to swim *od* go with/against the tide
2 ELEK current; *(≈ Elektrizität)* electricity; **unter
~ stehen** *(wörtl)* to be live; *(fig)* to be high
(umg) **stromabwärts** ADV downstream
Stromanschluss M **~ haben** to be con-
nected to the electricity mains **stromauf
(-wärts)** ADV upstream **Stromausfall** M
power failure **strömen** VI to stream; *(Gas)*
to flow; *(Menschen)* to pour *(in +akk* into, *aus*
out of); **bei ~dem Regen** in (the) pouring rain
Stromkabel N electric cable **Stromkreis**
M *(electrical)* circuit **Stromleitung** F elec-
tric cables *pl* **stromlinienförmig** ADJ
streamlined **Stromnetz** N electricity supply

system **Strompreis** M electricity price
Stromschnelle F rapids *pl* **Stromsperre**
F power cut **Stromstärke** F strength of the/
an electric current **Strömung** F current
Stromverbrauch M electricity consump-
tion **Stromversorger(in)** MF electricity
supplier **Stromversorgung** F electricity
supply **Stromzähler** M electricity meter
Strontium N strontium
Strophe F verse
strotzen VI to be full *(von, vor +dat* of); *(von Kraft,
Gesundheit)* to be bursting *(von* with); **von
Schmutz ~** to be covered with dirt
Strudel M 1 whirlpool 2 GASTR strudel
Struktur F structure; *(von Stoff etc)* texture; *(≈
Webart)* weave **Strukturanalyse** F structural
analysis **strukturell** A ADJ structural B ADV
~ bedingt structurally **strukturieren** VT
to structure **Strukturierung** F structuring
Strukturkrise F structural crisis **struk-
turschwach** ADJ lacking in infrastructure
Strukturschwäche F lack of infrastruc-
ture **Strukturwandel** M structural change
(+gen in)
Strumpf M sock; *(≈ Damenstrumpf)* stocking; **ein
Paar Strümpfe** a pair of socks/stockings
Strumpfband N garter **Strumpfhalter**
M suspender *(Br)*, garter *(US)* **Strumpfhose**
F tights *pl (Br)*, pantyhose *(US)*; **eine ~** a pair
of tights *(Br)*, a pantyhose *(US)* **Strumpfmas-
ke** F stocking mask **Strumpfwaren** PL ho-
siery *sg*
Strunk M stalk
struppig ADJ unkempt; *Tier* shaggy
Stube F *(obs)* room; *(dial ≈ Wohnzimmer)* lounge; *(in
Kaserne)* barrack room *(Br)*, quarters **Stuben-
fliege** F *(common)* housefly **Stubenho-
cker(in)** MF *(pej umg)* stay-at-home **stuben-
rein** ADJ *Katze, Hund* house-trained; *(hum)* Witz
clean
Stuck M stucco; *(zur Zimmerverzierung)* moulding
(Br), molding *(US)*
Stück N 1 piece; *(von Vieh, Wild)* head; *(von Zucker)*
lump; *(≈ Seifenstück)* bar; *(≈ abgegrenztes Land)* plot;
ich nehme fünf ~ I'll take five; **drei Euro das
~** three euros each; **im** *od* **am ~** in one piece 2
(von Buch, Rede, Reise etc) part; *(von Straße etc)*
stretch; **~ für ~** *(≈ einen Teil um den andern)* bit
by bit; **etw in ~e schlagen** to smash sth to
pieces; **ich komme ein ~ (des Weges)** mit
I'll come part of the way with you 3 **ein gutes
~ weiterkommen** to make considerable pro-
gress; **das ist (doch) ein starkes ~!** *(umg)* that's
a bit much *(umg)*; **große ~e auf etw** *(akk)* **halten**
to be very proud of sth; **aus freien ~en** of
one's own free will 4 *(≈ Bühnenstück)* play; *(≈ Mu-*

sikstück) piece **Stückarbeit** F̲ piecework **Stuckdecke** F̲ stucco(ed) ceiling **stückeln** V̲T̲ to patch **Stückelung** F̲ (≈ *Aufteilung*) splitting up; (*von Geld, Aktien*) denomination **Stückgut** N̲ **etw als ~ schicken** to send sth as a parcel (*Br*) *od* package **Stücklohn** M̲ piece(work) rate **Stückpreis** M̲ unit price **Stückwerk** N̲ unfinished work; **~ sein/bleiben** to be/remain unfinished **Stückzahl** F̲ number of pieces

Student M̲ student; (*österr* ≈ *Schüler*) schoolboy; (*einer bestimmten Schule*) pupil **Studentenausweis** M̲ student (ID) card **Studentenfutter** N̲ nuts and raisins *pl* **Studentenheim** N̲ hall of residence (*Br*), dormitory (*US*) **Studentenschaft** F̲ students *pl* **Studentenwerk** N̲ student administration **Studentenwohnheim** N̲ hall of residence (*Br*), dormitory (*US*) **Studentin** F̲ student; (*österr* ≈ *Schülerin*) schoolgirl; (*einer bestimmten Schule*) pupil **studentisch** A̲D̲J̲ student *attr*; **~e Hilfskraft** student assistant (❗ Schreibung mit **ant**) **Studie** F̲ study (*über* +*akk* of); (≈ *Abhandlung*) essay (*über* +*akk* on) **Studienabbrecher(in)** M̲F̲I̲ dropout **Studienabschluss** M̲ degree **Studienanfänger(in)** M̲F̲I̲ first year (student), freshman (*US*), fresher (*Br*) **Studienberatung** F̲ course guidance service **Studienfach** N̲ subject **Studienfahrt** F̲ study trip; S̲C̲H̲U̲L̲E̲ educational trip **Studiengang** M̲ course of studies **Studiengebühren** P̲L̲ tuition fees *pl* **Studienjahr** N̲ academic year **Studienplatz** M̲ university/college place **Studienrat** M̲, **Studienrätin** F̲ teacher at a secondary school **Studienreferendar(in)** M̲F̲I̲ student teacher **Studienreise** F̲ study trip; S̲C̲H̲U̲L̲E̲ educational trip **Studienzeit** F̲ **1** student days *pl* **2** (≈ *Dauer*) duration of a/one's course of studies **studieren** A̲ V̲I̲ to study; (≈ *Student sein*) to be a student; **ich studiere an der Universität Bonn** I am (a student) at Bonn University; **wo haben Sie studiert?** what university/college did you go to? **B** V̲T̲ to study; (≈ *genau betrachten*) to scrutinize **Studio** N̲ studio **Studium** N̲ study; (≈ *Hochschulstudium*) studies *pl*; **das ~ hat fünf Jahre gedauert** the course (of study) lasted five years; **während seines ~s** while he is/was *etc* a student; **er ist noch im ~** he is still a student

Stufe F̲ **1** step; (*im Haar*) layer; (*von Rakete*) stage **2** (*fig*) (≈ *Phase*) stage; (≈ *Niveau*) level; (≈ *Rang*) grade; (G̲R̲A̲M̲ ≈ *Steigerungsstufe*) degree; **eine ~ höher als ...** a step up from ...; **mit jdm auf gleicher ~ stehen** to be on a level with sb **stufen** V̲T̲ *Schüler, Preise, Gehälter* to grade;

Haare to layer; *Land etc* to terrace; → **gestuft Stufenbarren** M̲ asymmetric bar **stufenförmig** A̲ A̲D̲J̲ (*wörtl*) stepped; *Landschaft* terraced; (*fig*) gradual **B** A̲D̲V̲ (*wörtl*) in steps; *angelegt* in terraces; (*fig*) in stages **Stufenheck** N̲ **ein Auto mit ~** a saloon car **Stufenlehrer(in)** M̲F̲I̲ teacher who teaches pupils in a particular year **Stufenleiter** F̲ (*fig*) ladder (+*gen* to) **stufenlos** A̲D̲J̲ *Schaltung, Regelung* infinitely variable; (*fig* ≈ *gleitend*) smooth **stufenweise** A̲ A̲D̲V̲ step by step **B** A̲D̲J̲ gradual

Stuhl M̲ **1** chair; **zwischen zwei Stühlen sitzen** (*fig*) to fall between two stools; **ich wäre fast vom ~ gefallen** (*umg*) I nearly fell off my chair (*umg*); **der Heilige** *od* **Päpstliche ~** the Holy *od* Papal See **2** (≈ *Stuhlgang*) bowel movement; (≈ *Kot*) stool **Stuhlgang** M̲ bowel movement; **regelmäßig ~ haben** to have regular bowels **Stuhlkreis** M̲ circle (of chairs), **alle sitzen im ~** everyone sits in a circle **Stuhllehne** F̲ back of a chair

Stulle F̲ (*nordd*) slice of bread and butter; (≈ *Doppelstulle*) sandwich

stülpen V̲T̲ **etw auf/über etw** (*akk*) **~** to put sth on/over sth; **etw nach innen/außen ~** to turn sth to the inside/outside; **sich** (*dat*) **den Hut auf den Kopf ~** to put on one's hat

stumm A̲ A̲D̲J̲ **1** dumb **2** (≈ *schweigend*) mute; *Anklage, Blick, Gebet* silent **3** G̲R̲A̲M̲ mute **B** A̲D̲V̲ (≈ *schweigend*) silently **Stummel** M̲ (≈ *Zigarettenstummel*) end; (≈ *Kerzenstummel*) stub; (*von Gliedmaßen, Zahn*) stump **Stummfilm** M̲ silent film

Stümper(in) M̲F̲I̲ (*pej*) **1** amateur **2** (≈ *Pfuscher*) bungler **Stümperei** F̲ (*pej*) **1** amateur work **2** (≈ *Pfuscherei*) bungling; (≈ *stümperhafte Arbeit*) botched job (*umg*) **stümperhaft** (*pej*) **A** A̲D̲J̲ (≈ *nicht fachmännisch*) amateurish **B** A̲D̲V̲ *ausführen, malen* crudely; *arbeiten* poorly

stumpf A̲ A̲D̲J̲ **1** *Messer* blunt **2** (*fig*) *Haar, Farbe, Mensch* dull; *Blick, Sinne* dulled **3** M̲A̲T̲H̲ *Winkel* obtuse; *Kegel etc* truncated **B** A̲D̲V̲ *ansehen* dully **Stumpf** M̲ stump; (≈ *Bleistiftstumpf*) stub **Stumpfheit** F̲ bluntness; (*fig*) dullness **Stumpfsinn** M̲ mindlessness; (≈ *Langweiligkeit*) monotony **stumpfsinnig** A̲D̲J̲ mindless; (≈ *langweilig*) monotonous **stumpfwinklig** A̲D̲J̲ M̲A̲T̲H̲ obtuse

Stunde F̲ **1** hour; **eine halbe ~** half an hour; **von ~ zu ~** hourly; **130 Kilometer in der ~** 130 kilometres (*Br*) *od* kilometers (*US*) per *od* an hour **2** (≈ *Augenblick, Zeitpunkt*) time; **zu später ~** at a late hour; **zur ~** at present; **bis zur ~** as yet; **seine ~ hat geschlagen** (*fig*) his hour has come; **die ~ der Entscheidung/Wahrheit** the moment of decision/truth **3** (≈ *Unterricht*)

STUN | 1238

lesson; **~n geben/nehmen** to give/have od take lessons **stunden** VT **jdm etw ~** to give sb time to pay sth **Stundengeschwindigkeit** F speed per hour **Stundenkilometer** PL kilometres pl (Br) od kilometers pl (US) per od an hour **stundenlang** A ADJ lasting several hours; **nach ~em Warten** after hours of waiting B ADV for hours **Stundenlohn** M hourly wage **Stundenplan** M SCHULE timetable **stundenweise** ADV (≈ pro Stunde) by the hour; (≈ stündlich) every hour **Stundenzeiger** M hour hand **stündlich** A ADJ hourly B ADV every hour

Stunk M (umg) stink (umg); **~ machen** to kick up a stink (umg)

Stunt M stunt **Stuntman** M stunt man **Stuntwoman** F stunt woman

stupid, stupide ADJ (geh) mindless

Stups M nudge **stupsen** VT to nudge **Stupsnase** F snub nose

stur A ADJ pig-headed; **sich ~ stellen** (umg) to dig one's heels in B ADV beharren, bestehen stubbornly; **er fuhr ~ geradeaus** he just carried straight on **Sturheit** F pig-headedness

Sturm M 1 storm; **ein ~ im Wasserglas** (fig) a storm in a teacup (Br), a tempest in a teapot (US); **~ läuten** to keep one's finger on the doorbell; (≈ Alarm schlagen) to ring the alarm bell; **ein ~ der Begeisterung/Entrüstung** a wave of enthusiasm/indignation 2 (≈ Angriff) attack (auf +akk on); (SPORT ≈ Stürmerreihe) forward line; **etw im ~ nehmen** to take sth by storm; **gegen etw ~ laufen** (fig) to be up in arms against sth **stürmen** A VI 1 (Meer) to rage; (Wind auch) to blow; MIL to attack (gegen etw sth) 2 (SPORT ≈ als Stürmer spielen) to play forward; (≈ angreifen) to attack 3 (≈ rennen) to storm B VI UNPERS to be blowing a gale C VT to storm; Bank etc to make a run on **Stürmer(in)** MF SPORT forward; FUSSB auch striker **Sturmflut** F storm tide **sturmfrei** ADJ **heute Abend habe ich ~e Bude** I've got the place to myself tonight **stürmisch** ADJ 1 Meer, Überfahrt rough; Wetter, Tag blustery; (mit Regen) stormy 2 (fig) tempestuous; (≈ aufregend) Zeit stormy; Entwicklung rapid; Liebhaber passionate; Jubel, Beifall tumultuous; **nicht so ~** take it easy **Sturmschaden** M storm damage (⚠ kein pl) **Sturmtief** N METEO deep depression **Sturmwarnung** F gale warning

Sturz M 1 fall 2 (in Temperatur, Preis) drop; (von Börsenkurs) slump 3 (von Regierung, Minister) fall; (durch Coup, von König) overthrow 4 ARCH lintel **stürzen** A VI 1 (≈ fallen, abgesetzt werden) to fall; **ins Wasser ~** to plunge into the water; **er ist schwer gestürzt** he had a heavy fall 2 (≈ ren-

nen) to rush; **sie kam ins Zimmer gestürzt** she burst into the room B VT 1 (≈ werfen) to fling; **jdn ins Unglück ~** to bring disaster to sb; **jdn/etw in eine Krise ~** to plunge sb/sth into a crisis 2 (≈ kippen) to turn upside down; Pudding to turn out; **„nicht ~!"** "this side up" 3 (≈ absetzen) Regierung, Minister to bring down; (durch Coup) to overthrow; König to depose C VR **auf jdn/etw ~** to pounce on sb/sth; auf Essen to fall on sth; auf den Feind to attack sb/sth; **sich ins Wasser ~** to fling oneself into the water; **sich in Schulden ~** to plunge into debt; **sich ins Unglück ~** to plunge headlong into disaster; **sich in Unkosten ~** to go to great expense **Sturzflug** M (nose) dive **Sturzhelm** M crash helmet

Stuss M (umg) nonsense

Stute F mare

Stutz M (schweiz) 1 (umg ≈ Franken) (Swiss) franc 2 (≈ Abhang) slope

Stützbalken M beam; (in Decke) joist; (quer) crossbeam **Stütze** F 1 support; (≈ Pfeiler) pillar 2 (fig) (≈ Hilfe) help (für to); **die ~n der Gesellschaft** the pillars of society 3 (umg ≈ Arbeitslosengeld) dole (Br umg), welfare (US); **~ bekommen** to be on the dole (Br umg), to be on welfare (US) **stutzen¹** VI (≈ zögern) to hesitate

stutzen² VT to trim; Flügel, Ohren, Hecke to clip; Schwanz to dock

Stutzen M (≈ Rohrstück) connecting piece; (≈ Endstück) nozzle

stützen A VT to support; Gebäude, Mauer to shore up; **einen Verdacht auf etw** (akk) **~** to found a suspicion on sth; **die Ellbogen auf den Tisch ~** to prop one's elbows on the table; **den Kopf in die Hände ~** to hold one's head in one's hands B VR **sich auf jdn/etw ~** (wörtl) to lean on sb/sth; (fig) to count on sb/sth; (Beweise, Theorie etc) to be based on sth **stutzig** ADJ **~ werden** (≈ argwöhnisch) to become suspicious; (≈ verwundert) to begin to wonder; **jdn ~ machen** to make sb suspicious

Stützpunkt M base

stylen VT Wagen, Wohnung to design; Frisur to style **Styling** N styling

Styropor® N polystyrene

Subjekt N 1 subject 2 (pej ≈ Mensch) customer (umg) **subjektiv** A ADJ subjective B ADV subjectively **Subjektivität** F subjectivity

Subkontinent M subcontinent **Subkultur** F subculture **suboptimal** ADJ (umg) less than ideal; **das ist ~** it leaves something to be desired

Subskription F subscription (+gen, auf +akk to)

Substantiv N noun **substantivieren** VT to nominalize **substantivisch** A ADJ nom-

1239 ‖ SUMM

inal **B** ADV *verwenden* nominally
Substanz F **1** substance; (≈ *Wesen*) essence **2**
FIN capital assets *pl*; **von der ~ zehren** to live
on one's capital
subtil (*geh*) **A** ADJ subtle **B** ADV subtly
subtrahieren VT & VI to subtract **Subtrak-**
tion F subtraction **Subtraktionszeichen**
N̄ subtraction sign
Subtropen PL subtropics *pl* **subtropisch**
ADJ subtropical
Subunternehmer(in) M̄F̄ subcontractor
Subvention F subsidy **subventionieren**
VT to subsidize
subversiv **A** ADJ subversive **B** ADV **sich ~ be-**
tätigen to engage in subversive activities
Suchaktion F search operation **Suchan-**
frage F IT search enquiry **Suchbefehl** M̄
IT search command **Suchdauer** F IT search
time **Suche** F search (*nach* for); **sich auf die ~**
nach jdm/etw machen to go in search of sb/
sth; **auf der ~ nach etw sein** to be looking for
sth **suchen** **A** VT **1** (*um zu finden*) to look for;
(*stärker, intensiv*) to search for (*a.* COMPUT); **Ver-**
käufer(in) gesucht sales person wanted;
Streit/Ärger (mit jdm) ~ to be looking for
trouble/a quarrel (with sb); **Schutz vor etw**
(*dat*) **~** to seek shelter from sth; **Zuflucht ~**
bei jdm to seek refuge with sb; **du hast hier**
nichts zu ~ you have no business being here
2 (≈ *streben nach*) to seek; (≈ *versuchen*) to strive;
ein Gespräch ~ to try to have a talk **B** VI
to search; **nach jdm/etw ~** to look for sb/
sth; (*stärker*) to search for sb/sth; **nach Worten**
~ to search for words; (≈ *sprachlos sein*) to be at a
loss for words; **Suchen und Ersetzen** IT search
and replace **Sucher** M̄ FOTO viewfinder
Suchergebnis N̄ IT search result **Such-**
funktion F IT search function **Suchlauf**
M̄ (*bei Hi-Fi-Geräten*) search **Suchmannschaft**
F search party **Suchmaschine** F IT search
engine **Suchscheinwerfer** M̄ searchlight
Sucht F addiction (*nach* to); (*fig*) obsession (*nach*
with); **~ erzeugend** addictive; **an einer ~ lei-**
den to be an addict **Suchtdroge** F addictive
drug **Suchtgefahr** F danger of addiction
süchtig ADJ addicted (*nach* to); **von** *od* **nach**
etw ~ werden/sein to get/be addicted to
sth; **~ machen** (*Droge*) to be addictive **Süch-**
tige(r) M̄F̄(M̄) addict **Suchtkranke(r)** M̄F̄(M̄)
addict **Suchtkrankheit** F addictive illness
Suchtmittel N̄ addictive drug
Suchtrupp M̄ search party
Südafrika N̄ South Africa **Südafrika-**
ner(in) M̄F̄ South African **südafrikanisch**
ADJ South African **Südamerika** N̄ South
Amerĭca **Südamerikaner(in)** M̄F̄ South

American **südamerikanisch** ADJ South
American
Sudan M̄ **der ~** the Sudan **Sudanese** M̄, **Su-**
danesin F Sudanese **sudanesisch** ADJ Su-
danese
süddeutsch ADJ South German **Süd-**
deutschland N̄ South(ern) Germany **Sü-**
den M̄ south; (*von Land*) South; **aus dem ~** from
the south; **im ~ des Landes** in the south of the
country **Südfrüchte** PL citrus and tropical
fruit(s *pl*) **Südkorea** N̄ South Korea **Südlän-**
der(in) M̄F̄ southerner; (≈ *Italiener, Spanier etc*)
Mediterranean type **südländisch** ADJ south-
ern; (≈ *italienisch, spanisch etc*) Mediterranean; *Tem-*
perament Latin **südlich** **A** ADJ **1** southern; *Kurs,*
Wind, Richtung southerly **2** (≈ *mediterran*) Mediter-
ranean; *Temperament* Latin **B** ADV (to the) south;
~ von Wien (gelegen) (to the) south of Vienna
C PRÄP +*gen* (to the) south of **Südlicht** N̄
southern lights *pl*; (*fig hum* ≈ *Mensch*) Southerner
Sudoku N̄ sudoku
Südosten M̄ southeast; (*von Land*) South East
südöstlich **A** ADJ *Gegend* southeastern; *Wind*
southeast(erly) **B** ADV (to the) southeast (*von*
of) **Südpol** M̄ South Pole **Südsee** F South
Pacific **Südstaaten** PL (*der USA*) Southern
States *pl* **Südtirol** N̄ South(ern) Tyrol **Süd-**
wand F (*von Berg*) south face **südwärts**
ADV south(wards) **Südwesten** M̄ southwest;
(*von Land*) South West **südwestlich** **A** ADJ *Ge-*
gend southwestern; *Wind* southwest(erly) **B** ADV
(to the) southwest (*von* of) **Südwind** M̄ south
wind
Sueskanal M̄ Suez Canal
Suff M̄ (*umg*) **dem ~ verfallen sein** to be on the
bottle (*umg*); **im ~** while under the influence
(*umg*) **süffig** ADJ *Wein* drinkable
süffisant **A** ADJ smug **B** ADV smugly
Suffix N̄ suffix
suggerieren VT to suggest; **jdm ~, dass ...**
to get sb to believe that ... **Suggestion** F
suggestion **suggestiv** **A** ADJ suggestive **B**
ADV suggestively **Suggestivfrage** F leading
question
suhlen VR to wallow
Sühne F atonement **sühnen** VT *Unrecht* to
atone for
Suite F suite; (≈ *Gefolge*) retinue
Suizid M̄ *od* N̄ (*form*) suicide
Sulfat N̄ sulphate (*Br*), sulfate (*US*)
Sultan M̄ sultan
Sultanine F (≈ *Rosine*) sultana
Sülze F brawn
summarisch ADJ *auch* JUR summary **Summe**
F sum; (*fig*) sum total
summen **A** VT *Melodie etc* to hum **B** VI to buzz;

S

SUMM | 1240

(*Mensch, Motor*) to hum **Summer** M buzzer
summieren A VT to sum up B VR to mount
up; **das summiert sich** it (all) adds up
Sumpf M marsh; (≈ *Morast*) mud; (*in tropischen Län-
dern*) swamp; (*fig*) morass **sumpfig** ADJ marshy
Sumpfpflanze F marsh plant
Sünde F sin **Sündenbock** M (*umg*) scapegoat
Sündenregister N (*fig*) list of sins **Sün-
der(in)** M(F) sinner **sündhaft** A ADJ (*wörtl*) sin-
ful; (*fig umg*) *Preise* wicked B ADV (*umg*) **~ teuer**
wickedly expensive **sündigen** VI to sin (*an
+dat* against); (*hum*) to indulge
super (*umg*) ADJ super (*umg*), great (*umg*) **Super**
N (≈ *Benzin*) ≈ four-star (petrol) (*Br*), ≈ premium
(*US*) **Superfrau** F superwoman **Superlativ**
M superlative **Supermacht** F superpower
Supermann M superman **Supermarkt**
M supermarket **Superstar** M (*umg*) superstar
Superzahl F (*Lotto*) additional number
Suppe F soup; **klare ~** consommé; **jdm ein
schöne ~ einbrocken** (*fig umg*) to get sb into
a pickle (*umg*); **du musst die ~ auslöffeln,
die du dir eingebrockt hast** (*umg*) you've
made your bed, now you must lie on it (*sprichw*)
Suppengrün N herbs and vegetables *pl* for
making soup **Suppenhuhn** N boiling fowl
Suppenkelle F soup ladle **Suppenlöffel**
M soup spoon **Suppenschüssel** F tureen
Suppenteller M soup plate **Suppenwür-
fel** M stock cube
Surfbrett N surfboard **surfen** VI to surf; **im
Internet ~** to surf the Internet **Surfer(in)** M(F)
surfer **Surfing** N SPORT surfing
Surrealismus M surrealism **surrealis-
tisch** ADJ surrealist(ic)
surren VI (*Projektor, Computer*) to hum; (*Ventilator,
Kamera*) to whir(r); (*Insekt*) to buzz
Sushi N sushi
suspekt ADJ suspicious
suspendieren VT to suspend
süß A ADJ sweet B ADV *sagen* sweetly; **gern ~
essen** to have a sweet tooth; **~ aussehen**
to look sweet **Süße** F sweetness **süßen** VT
to sweeten; (*mit Zucker*) to sugar **Süßigkeit** F
1 sweetness 2 **~en** *pl* sweets *pl* (*Br*), candy (*US*)
Süßkartoffel F sweet potato **süßlich** ADJ
1 (≈ *leicht süß*) slightly sweet; (≈ *unangenehm süß*)
sickly (sweet) 2 (*fig*) *Worte* sweet; *Lächeln* sugary;
(≈ *kitschig*) mawkish, tacky **süßsauer** ADJ
sweet-and-sour; *Gurken etc* pickled; (*fig*) *Lächeln*
forced **Süßspeise** F sweet dish **Süßstoff**
M sweetener **Süßwasser** N freshwater
Süßwasserfisch M freshwater fish
SV F *abk* von Schülervertretung **SV-Leh-
rer(in)** M(F) liaison teacher (*between pupils
and staff*) **SV-Wahl** F pupils' (*bes Br*) *od* student

(*US*) representative committee election
Sweatshirt N sweatshirt
Swimmingpool M swimming pool
Swing M MUS, FIN swing
Symbiose F symbiosis
Symbol N symbol **Symbolfigur** F symbolic
figure **Symbolik** F symbolism **symbo-
lisch** A ADJ symbolic(al) (*für of*) B ADV symbol-
ically **symbolisieren** VT to symbolize
Symbolleiste F IT toolbar **symbolträch-
tig** ADJ heavily symbolic
Symmetrie F symmetry **Symmetrieach-
se** F axis of symmetry **symmetrisch** A
ADJ symmetric(al) B ADV symmetrically
Sympathie F (≈ *Zuneigung*) liking; (≈ *Mitgefühl*)
sympathy; **~n gewinnen** to win favour (*Br*)
od favor (*US*) **Sympathisant(in)** M(F) sympa-
thizer **sympathisch** ADJ 1 nice; **er/es ist mir
~** I like him/it 2 ANAT, PHYSIOL sympathetic
sympathisieren VI to sympathize
symphonisch ADJ = sinfonisch
Symptom N symptom **symptomatisch**
ADJ symptomatic (*für of*)
Synagoge F synagogue
synchron ADJ synchronous **Synchronge-
triebe** N AUTO synchromesh gearbox **Syn-
chronisation** F synchronization; (≈ *Überset-
zung*) dubbing **synchronisieren** VT to syn-
chronize; (≈ *übersetzen*) *Film* to dub **Synchron-
sprecher(in)** M(F) dubber **Synchronstim-
me** F dubbing voice
Syndrom N syndrome
Synergie F synergy **Synergieeffekt** M
CHEM, PHYS synergistic effect; (*fig*) synergy ef-
fect
Synode F KIRCHE synod
synonym ADJ synonymous **Synonym** N syn-
onym
syntaktisch A ADJ syntactic(al) B ADV **das ist
~ falsch** the syntax (of this) is wrong **Syntax**
F syntax
Synthese F synthesis **Synthesizer** M syn-
thesizer **Synthetik** F synthetic (fibre) (*Br*) *od*
(fiber (*US*)) **synthetisch** A ADJ synthetic B
ADV **etw ~ herstellen** to make sth synthetically
Syphilis F syphilis
Syrer(in) M(F) Syrian **Syrien** N Syria **Sy-
rier(in)** M(F) Syrian **syrisch** ADJ Syrian
System N system; **etw mit ~ machen** to do
sth systematically; **hinter dieser Sache steckt
~** there's method behind it **Systemabsturz**
M IT system crash **Systemanalyse** F sys-
tems analysis **Systemanalytiker(in)** M(F)
systems analyst **Systematik** F system **sys-
tematisch** A ADJ systematic B ADV systemat-
ically **systembedingt** ADJ determined by

the system **Systemdiskette** F systems disk **Systemfehler** M IT system error **Systemkritiker(in)** M(F) critic of the system **systemkritisch** ADJ critical of the system **Systemsoftware** F systems software **Systemsteuerung** F IT control panel **Systemtechniker(in)** M(F) IT systems engineer **Systemzwang** M obligation to conform to the system
Szenario N scenario **Szene** F scene; (≈ Bühnenausstattung) set; **sich in ~ setzen** (fig) to play to the gallery (⚠ Vorsicht, zwei „I"); **jdm eine ~ machen** to make a scene in front of sb **Szenekneipe** F (umg) hip bar (umg) **Szenenwechsel** M scene change; (fig) change of scene **Szenerie** F scenery
Szintigramm N scintigram

T

Tafel — (black)board

Tafel — bar

T, t N T, t
Tabak M tobacco **Tabakladen** M tobacconist's **Tabaksteuer** F duty on tobacco
tabellarisch A ADJ tabular B ADV in tabular form **Tabelle** F table; (≈ Diagramm) chart; SPORT (league) table **Tabellenführer(in)** M(F) SPORT league leaders pl; **~ sein** to be at the top of the (league) table **Tabellenkalkulation** F IT spreadsheet **Tabellenletzte(r)** M/F(M) **Tabellenletzter sein** to be bottom of the league **Tabellenplatz** M SPORT position in the league **Tabellenstand** M SPORT league situation
Tablett N tray
Tablette F tablet **Tablettenmissbrauch** M pill abuse **tablettensüchtig** ADJ addicted to pills
tabu ADJ taboo **Tabu** N taboo **tabuisieren** V/T to make taboo
Tabulator M tabulator **Tabulatortaste** F tab key
Tacho M (umg) speedo (Br umg) **Tachometer** M od N speedometer
Tacker M (umg) stapler
Tadel M (≈ Verweis) reprimand; (≈ Vorwurf) reproach; (≈ Kritik) criticism **tadellos** A ADJ perfect; (umg) splendid B ADV perfectly; gekleidet immaculately **tadeln** V/T jdn to rebuke; jds Benehmen to criticize
Tafel F 1 (≈ Platte) slab; (≈ Holztafel) panel; (≈ Tafel Schokolade etc) bar; (≈ Gedenktafel) plaque; (≈ Wandtafel) (black)board; (≈ Schiefertafel) slate; (ELEK ≈ Schalttafel) control panel; (≈ Anzeigetafel) board; **eine ~ Schokolade** a bar of chocolate 2 (≈ Speisetisch) table; (≈ Festmahl) meal **Tafelgeschirr** N tableware **Tafelland** N plateau **täfeln** V/T Wand to wainscot; Decke, Raum to panel **Tafelobst** N (dessert) fruit **Tafelsalz** N table salt **Tafelsilber** N silver **Täfelung** F (von Wand) wainscoting; (von Decke) (wooden) panelling (Br) od paneling (US) **Tafelwasser** N mineral water **Tafelwein** M table wine
Taft M taffeta
Tag M 1 day; **am ~** during the day; **auf den ~ (genau)** to the day; **auf ein paar ~e** for a few days; **bei ~ und Nacht** night and day (⚠ Wortstellung); **bis die ~e!** (umg) so long (umg); **den ganzen ~** (lang) all day long; **eines ~es** one day; **eines schönen ~es** one fine day; **~ für ~** day by day; **von ~ zu ~** from day to day; **guten ~!** hello (umg); (bes bei Vorstellung) how-do-you-do; **~!** (umg) hi (umg); **zweimal pro ~** twice a day; **von einem ~ auf den anderen** overnight; **bei ~(e)** ankommen while it's light; arbeiten, reisen during the day; **es wird schon ~** it's getting light already; **an den ~ kommen** (fig) to come to light; **etw an den ~ bringen** to bring sth to light; **zu ~e =** zutage 2 (umg ≈ Menstruation) **meine/ihre ~e** my/her period 3 BERGB **über ~e arbeiten** to work above ground; **unter ~e arbeiten** to work underground **Tagebau** M BERGB opencast mining **Tagebuch** N diary; (**über etw** akk) **~ führen** to keep a diary (of sth) **Tagegeld** N daily allowance **tagein** ADV ~,

TAGE 1242

tagaus day in, day out **tagelang** A ADJ lasting for days B ADV for days **tagen** VI (*Parlament, Gericht*) to sit **Tagesablauf** M day **Tagesanbruch** M daybreak **Tagesausflug** M day trip **Tagescreme** F day cream **Tagesdecke** F bedspread **Tagesgeschehen** N events *pl* of the day **Tageskarte** F 1 (≈ *Speisekarte*) menu of the day (*Br*), specialties *pl* of the day (*US*) 2 (≈ *Fahr-, Eintrittskarte*) day ticket **Tageskurs** M BÖRSE current price; (*von Devisen*) current rate **Tageslicht** N daylight; **ans ~ kommen** (*fig*) to come to light **Tageslichtprojektor** M overhead projector **Tagesmutter** F child minder (*Br*), nanny **Tagesordnung** F agenda; **auf der ~ stehen** to be on the agenda; **zur ~ übergehen** (≈ *wie üblich weitermachen*) to carry on as usual; **an der ~ sein** (*fig*) to be the order of the day **Tagessatz** M daily rate **Tagesschau** F (television) news **Tageszeit** F time (of day); **zu jeder Tages- und Nachtzeit** at all hours of the day and night **Tageszeitung** F daily (paper) **tageweise** ADV for a few days at a time **taggen** VT IT to tag **taghell** A ADJ (as) bright as day B ADV **etw ~ erleuchten** to light sth up very brightly **täglich** A ADJ daily; (*attr* ≈ *gewöhnlich*) everyday B ADV every day; **einmal ~** once a day **tags** ADV **zuvor** the day before; **~ darauf** the next day **Tagschicht** F day shift **tagsüber** ADV during the day **tagtäglich** A ADJ daily B ADV every (single) day **Tagtraum** M daydream **Tagung** F conference; (*von Ausschuss*) sitting **Tai-Chi** N t'ai chi **Taifun** M typhoon **Taille** F waist; **auf seine ~ achten** to watch one's waistline **Taillenweite** F waist measurement **tailliert** ADJ waisted, fitted **Taiwan** N Taiwan **taiwanesisch** ADJ Taiwan(ese) **Takelage** F SCHIFF rigging **Takt** M 1 MUS bar; (≈ *Rhythmus*) time; **im ~ singen/tanzen** to sing/dance in time (with the music) (❗ *ohne* **the**) 2 AUTO stroke 3 IND phase 4 (≈ *Taktgefühl*) tact 5 (≈ *Taktverkehr*) **im ~ fahren** to go at regular intervals **takten** VT IT to clock **Taktgefühl** N sense of tact **taktieren** VI (≈ *Taktiken anwenden*) to manoeuvre (*Br*), to maneuver (*US*) **Taktik** F tactics *pl* **Taktiker(in)** MF tactician **taktisch** A ADJ tactical B ADV tactically; **~ vorgehen** to use tactics; **~ klug** good tactics **taktlos** A ADJ tactless B ADV tactlessly **Taktlosigkeit** F tactlessness **Taktstock** M baton **taktvoll** A ADJ tactful B ADV tactfully

Tal N valley **talab(wärts)** ADV down into the valley **talauf(wärts)** ADV up the valley **Talent** N 1 (≈ *Begabung*) talent (*zu* for); **ein großes ~ haben** to be very talented 2 (≈ *begabter Mensch*) talented person; **junge ~e** young talent **talentiert** ADJ talented **talentlos** ADJ untalented **Talentsuche** F search for talent **Talfahrt** F descent **Talg** M tallow; GASTR suet; (≈ *Hautabsonderung*) sebum **Talgdrüse** F PHYSIOL sebaceous gland **Talisman** M talisman; (≈ *Maskottchen*) mascot **talken** VI (*umg*) to talk **Talkmaster(in)** MF talk show host (❗ *Das Wort „talk master" gibt es im Englischen nicht.*) **Talkshow** F TV talk show **Talsohle** F bottom of a/the valley; (*fig*) rock bottom **Talsperre** F dam **Tamburin** N tambourine; **~ spielen** to play the tambourine (❗ *mit* **the**) **Tampon** M tampon **tamponieren** VT to plug **Tamtam** N (*umg*) (≈ *Wirbel*) fuss; (≈ *Lärm*) row **Tandem** N tandem **Tandler(in)** MF (*österr*) 1 (≈ *Trödler*) second-hand dealer 2 (≈ *langsamer Mensch*) slowcoach (*Br umg*), slowpoke (*US umg*) **Tang** M seaweed **Tanga** M thong **Tangente** F MATH tangent; (≈ *Straße*) ring road (*Br*), expressway **tangieren** VT 1 MATH to be tangent to 2 (≈ *berühren*) *Problem* to touch on 3 (≈ *betreffen*) to affect **Tango** M tango **Tank** M tank **Tankdeckel** M filler cap (*Br*), gas cap (*US*) **tanken** A VI (*Autofahrer*) to get petrol (*Br*) *od* gas (*US*); (*Rennfahrer, Flugzeug*) to refuel; **hier kann man billig ~** you can get cheap petrol (*Br*) *od* gas (*US*) here B VT *Super, Diesel* to get; **ich tanke bleifrei** I use unleaded; **er hat einiges getankt** (*umg*) he's had a few **Tanker** M SCHIFF tanker **Tankfahrzeug** N AUTO tanker **Tanklaster** M tanker **Tanksäule** F petrol pump (*Br*), gas(oline) pump (*US*) **Tankschiff** N tanker **Tankstelle** F filling (*Br*) *od* gas(oline) (*US*) station **Tankuhr** F fuel gauge **Tankverschluss** M petrol (*Br*) *od* gas (*US*) cap **Tankwagen** M tanker; BAHN tank wagon **Tankwart(in)** MF petrol pump (*Br*) *od* gas station (*US*) attendant **Tanne** F fir; (*Holz*) pine **Tannenbaum** M 1 fir tree 2 (≈ *Weihnachtsbaum*) Christmas tree **Tannennadel** F fir needle **Tannenzapfen** M fir cone **Tansania** N Tanzania **Tante** F 1 (*Verwandte*) aunt 2 (*kinderspr*) **~ Monika**

aunty Monika **Tante-Emma-Laden** M̄ (umg) corner shop
Tantieme F̄ percentage (of the profits); (für Künstler) royalty
Tanz M̄ dance **Tanzabend** M̄ dance **tanzen** A V̄ī to dance; **~ gehen** to go dancing B V̄/T̄ to dance; **kannst du Walzer ~?** can you do the waltz? **Tänzer(in)** M̄/F̄ dancer **Tanzfläche** F̄ dance floor **Tanzkapelle** F̄ dance band **Tanzkurs** M̄ dancing course **Tanzlokal** N̄ café with dancing **Tanzmusik** F̄ dance music **Tanzorchester** N̄ dance orchestra **Tanzpartner(in)** M̄/F̄ dancing partner **Tanzschule** F̄ dancing school **Tanzsport** M̄ competitive dancing **Tanzstunde** F̄ dancing lesson **Tanztheater** N̄ dance theatre (Br) od theater (US) **Tanzturnier** N̄ dancing od dance contest
Tapet N̄ (umg) **etw aufs ~ bringen** to bring sth up
Tapete F̄ wallpaper **Tapetenwechsel** M̄ (umg) change of scenery **tapezieren** V̄/T̄ to (wall)paper; **neu ~** to repaper **Tapezierer(in)** M̄/F̄ paperhanger, decorator (Br) **Tapeziertisch** M̄ trestle table
tapfer A ADJ brave B ADV bravely; **sich ~ schlagen** (umg) to put on a brave show **Tapferkeit** F̄ bravery
tappen V̄ī 1 (≈ unsicher gehen) to go hesitantly od falteringly; **durchs Zimmer ~** to feel one's way through the room; **in eine Falle ~** to walk (right) into a trap; → **dunkel** 2 (Füße) to pad
tapsen V̄ī (umg) (Kind) to toddle; (Kleintier) to waddle **tapsig** (umg) ADJ awkward
Tarantel F̄ tarantula; **wie von der ~ gestochen** as if stung by a bee
Tarif M̄ rate; (≈ Fahrpreis) fare; **über/unter ~ bezahlen** to pay above/below the (union) rate(s) **Tarifabschluss** M̄ wage settlement **Tarifautonomie** F̄ (right to) free collective bargaining **Tarifgehalt** N̄ union rates pl **Tarifgruppe** F̄ grade **tariflich** A ADJ Arbeitszeit agreed B ADV **die Gehälter sind ~ festgelegt** there are fixed rates for salaries **Tariflohn** M̄ standard wage **Tarifpartner(in)** M̄/F̄ party to the wage od (für Gehälter) salary agreement; **die ~** union and management **Tarifrunde** F̄ pay round **Tarifverhandlungen** PL negotiations pl on pay **Tarifvertrag** M̄ pay agreement
tarnen A V̄/T̄ to camouflage; (fig) Absichten etc to disguise; **als Polizist getarnt** disguised as a policeman B V̄/R̄ (Tier) to camouflage itself; (Mensch) to disguise oneself **Tarnfarbe** F̄ camouflage colour (Br) od color (US) **Tarnkappe** F̄ magic hat **Tarnung** F̄ camouflage; (von

Tasche — Br bag, US purse

Tasche — pocket

Agent etc) disguise
Tasche F̄ 1 (≈ Handtasche, Einkaufstasche) bag (Br), purse (US); (≈ Reisetasche etc) bag; (≈ Aktentasche) case 2 (bei Kleidungsstücken) pocket; **etw in der ~ haben** (umg) to have sth in the bag (umg); **jdm das Geld aus der ~ ziehen** (umg) to get sb to part with his money; **etw aus der eigenen ~ bezahlen** to pay for sth out of one's own pocket; **jdm auf der ~ liegen** (umg) to live off sb; **jdn in die ~ stecken** (umg) to put sb in the shade (umg) **Taschenausgabe** F̄ pocket edition **Taschenbuch** N̄ paperback (book) **Taschendieb(in)** M̄/F̄ pickpocket **Taschendiebstahl** M̄ pickpocketing **Taschenformat** N̄ pocket size **Taschengeld** N̄ pocket money **Taschenlampe** F̄ torch, flashlight **Taschenmesser** N̄ pocketknife **Taschenrechner** M̄ pocket calculator **Taschentuch** N̄ handkerchief, hankie (umg), hanky (umg); (≈Papiertaschentuch) tissue **Taschenuhr** F̄ pocket watch
Tasse F̄ cup; (≈ Henkeltasse) mug; **eine ~ Kaffee** a cup of coffee
Tastatur F̄ keyboard **Taste** F̄ key; (≈ Knopf) button; „**Taste drücken**" "push button" **tasten** A V̄ī to feel; **nach etw ~** to feel for sth B V̄/R̄ to feel one's way **Tastenfeld** N̄ IT keypad **Tasteninstrument** N̄ MUS keyboard instrument **Tastentelefon** N̄ push-button telephone
Tat F̄ action; (≈ Einzeltat auch) act; (≈ Leistung) feat; (≈ Verbrechen) crime; **ein Mann der ~** a man of action; **eine gute/böse ~** a good/wicked deed; **etw in die ~ umsetzen** to put sth into action;

TATA ‖ 1244

in der ~ indeed
Tatar(beefsteak) N̄ steak tartare
Tatbestand M̄ JUR facts pl (of the case); (≈ *Sachlage*) facts pl (of the matter) **Tatendrang** M̄ thirst for action **tatenlos** A ADJ idle B ADV **wir mussten ~ zusehen** we could only stand and watch **Tatenlosigkeit** F̄ inaction **Täter(in)** M/F culprit; JUR perpetrator (form); **jugendliche ~** young offenders **Täterschaft** F̄ guilt; **die ~ leugnen** to deny one's guilt **tätig** ADJ **1** active; **in einer Sache ~ werden** (form) to take action in a matter **2** (≈ *arbeitend*) **als was sind Sie ~?** what do you do?; **er ist im Bankwesen ~** he's in banking **tätigen** V̄T HANDEL to conclude; (geh) *Einkäufe* to carry out **Tätigkeit** F̄ activity; (≈ *Beschäftigung*) occupation; (≈ *Arbeit*) work; (≈ *Beruf*) job **Tätigkeitsbereich** M̄ field of activity **Tatkraft** F̄ energy, drive **tatkräftig** A ADJ energetic; *Hilfe* active B ADV actively; **etw/jdn ~ unterstützen** to actively support sth/sb **tätlich** A ADJ violent; **gegen jdn ~ werden** to assault sb B ADV **jdn ~ angreifen** to attack sb physically **Tätlichkeit** F̄ violent act; **~en** violence sg; **es kam zu ~en** there was violence **Tatmotiv** N̄ motive (for the crime) **Tatort** M̄ scene of the crime
tätowieren V̄T to tattoo; **sich ~ lassen** to have oneself tattooed **Tätowierung** F̄ tattoo
Tatsache F̄ fact; **das ist ~** (umg) that's a fact; **jdn vor vollendete ~n stellen** to present sb with a fait accompli **tatsächlich** A ADJ real B ADV actually, in fact; **~?** really?
tätscheln V̄T to pat
Tattoo M̄ od N̄ (≈ *Tätowierung*) tattoo
Tatverdacht M̄ suspicion (of having committed a crime); **unter ~ stehen** to be under suspicion **Tatverdächtige(r)** M/F(M) suspect **Tatwaffe** F̄ weapon (used in the crime); (≈ *bei Mord*) murder weapon
Tatze F̄ paw
Tau¹ M̄ dew
Tau² N̄ (≈ *Seil*) rope
taub ADJ deaf; *Glieder* numb; *Nuss* empty
Taube F̄ ZOOL pigeon; (fig) dove **Taubenschlag** M̄ (fig) **hier geht es zu wie im ~** it's mobbed here (umg)
Taube(r) M/F(M) deaf person od man/woman etc; **die ~n** the deaf **Taubheit** F̄ **1** deafness **2** (von *Körperteil*) numbness **taubstumm** ADJ deaf-mute **Taubstumme(r)** M/F(M) deaf-mute
Tauchboot N̄ submersible **tauchen** A V̄I to dive (nach for); (≈ *kurz tauchen*) to duck under; (*U-Boot*) to dive B V̄T (≈ *kurz tauchen*) to dip; *Men-*

schen, Kopf to duck; (≈ *eintauchen*) to immerse **Tauchen** N̄ diving **Taucher(in)** M/F diver **Taucheranzug** M̄ diving (Br) od dive (US) suit **Taucherbrille** F̄ diving (Br) od dive (US) goggles pl **Taucherflosse** F̄ (diving (Br) od dive (US)) flipper **Taucherglocke** F̄ diving (Br) od dive (US) bell **Tauchsieder** M̄ immersion coil (for boiling water) **Tauchsport** M̄ (skin) diving **Tauchstation** F̄ **auf ~ gehen** (*U-Boot*) to dive; (fig ≈ *sich verstecken*) to make oneself scarce
tauen V̄T & V̄I (vi) to melt, to thaw; **es taut** it is thawing
Taufbecken N̄ font **Taufe** F̄ baptism; (bes von Kindern) christening; **etw aus der ~ heben** *Firma* to start sth up; *Projekt* to launch sth **taufen** V̄T to baptize; (≈ *nennen*) *Kind, Schiff* to christen; **sich ~ lassen** to be baptized **Täufling** M̄ child/person to be baptized **Taufpate** M̄ godfather **Taufpatin** F̄ godmother
taufrisch ADJ (fig) fresh
taugen V̄I **1** (≈ *geeignet sein*) to be suitable (zu, für for); **er taugt zu gar nichts** he is useless **2** (≈ *wert sein*) **etwas ~** to be good od all right; **nicht viel ~** to be not much good od no good **3** (österr ≈ *gefallen*) **das taugt mir** I like it **Taugenichts** M̄ good-for-nothing **tauglich** ADJ suitable (zu for); MIL fit (zu for) **Tauglichkeit** F̄ suitability; MIL fitness (for service)
taumeln V̄I to stagger; (zur *Seite*) to sway
Tausch M̄ exchange; **im ~ gegen** od **für etw** in exchange for sth; **einen guten/schlechten ~ machen** to get a good/bad deal **Tauschbörse** F̄ barter exchange **tauschen** A V̄T to exchange; *Güter* to barter; *Münzen etc* to swap; *Geld* to change (in +akk into); (umg ≈ *umtauschen*) *Gekauftes* to change; **die Rollen ~** to swap roles B V̄I to swap; (in *Handel*) to barter; **wollen wir ~?** shall we swap?; **ich möchte nicht mit ihm ~** I wouldn't like to change places with him
täuschen A V̄T to deceive; **wenn mich nicht alles täuscht** unless I'm completely wrong B V̄R to be wrong (in +dat, über +akk about); **dann hast du dich getäuscht!** then you are mistaken C V̄I (≈ *irreführen*) (*Aussehen etc*) to be deceptive; **der Eindruck täuscht** things are not what they seem **täuschend** A ADJ *Ähnlichkeit* remarkable B ADV **jdn ~ ähnlich sehen** to look remarkably like sb; **eine ~ echte Fälschung** a remarkably convincing fake
Tauschgeschäft N̄ exchange; (≈ *Handel*) barter (deal) **Tauschhandel** M̄ barter
Täuschung F̄ **1** (≈ *das Täuschen*) deception **2** (≈ *Irrtum*) mistake; (≈ *Irreführung*) deceit; (≈ *falsche Wahrnehmung*) illusion; (≈ *Selbsttäuschung*) delusion
tausend NUM a thousand; **~ Dank** a thousand thanks **Tausender** M̄ (≈ *Geldschein*) thousand

1245 ‖ TEIL

(euro/dollar etc note od bill) **Tausendfüßler** M centipede **tausendjährig** ADJ thousand--year-old; (≈ tausend Jahre lang) thousand-year (-long) **tausendmal** ADV a thousand times **Tausendstel** N thousandth **tausendste(r, s)** ADJ thousandth

Tautropfen M dewdrop **Tauwetter** N thaw **Tauziehen** N tug-of-war

Taxcard F (schweiz ≈ Telefonkarte) phonecard **Taxe** F 1 (≈ Gebühr) charge; (≈ Kurtaxe etc) tax 2 (dial) = Taxi

Taxi N taxi

taxieren V/T Preis, Wert to estimate (auf +akk at); Haus etc to value (auf +akk at)

Taxifahrer(in) M(F) taxi od cab driver, cabby (umg) **Taxistand** M taxi rank (Br) od stand

Tb(c) F TB

Teakholz N teak

Team N team **Teamarbeit** F teamwork **Teamfähigkeit** F ability to work in a team **Teamgeist** M team spirit

Technik F 1 (≈ Technologie) technology; (bes als Studienfach) engineering 2 (≈ Verfahren) technique 3 (von Auto, Motor etc) mechanics pl **Techniker(in)** M(F) engineer; (≈ Labortechniker) technician **technisch** A ADJ technical; (≈ technologisch) technological; (≈ mechanisch) mechanical; **~e Hochschule** technological university; **~er Leiter** technical director; **~e Daten** specifications B ADV technically; **er ist ~ begabt** he is technically minded **technisieren** V/T to mechanize **Techno** M MUS techno **Technokrat(in)** M(F) technocrat **technokratisch** ADJ technocratic **Technologie** F technology **Technologietransfer** M technology transfer **technologisch** A ADJ technological B ADV technologically

▶ **Technik**

„Technik" übersetzt man nur dann mit **technique** und nicht mit **technology**, wenn es um ein Verfahren, eine Methode, eine Vorgehensweise oder eine Strategie geht.

SPRACHGEBRAUCH ◀

Tee M tea; **einen im ~ haben** (umg) to be tipsy (umg) **Teebeutel** M tea bag **Teeblatt** N tea leaf **Tee-Ei** N (tea) infuser (bes Br), tea ball (bes US) **Teefilter** M tea filter **Teeglas** N tea glass **Teekanne** F teapot **Teekessel** M kettle **Teeküche** F kitchenette **Teelicht** N night-light **Teelöffel** M teaspoon; (Menge) teaspoonful

Teenager M teenager

Teer M tar **teeren** V/T to tar

Teeservice N tea set **Teesieb** N tea strainer **Teestube** F tearoom **Teetasse** F teacup **Teewagen** M tea trolley

Teflon® N Teflon®

Teheran N Teh(e)ran

Teich M pond

Teig M (≈Hefeteig) dough; (≈ Kuchenteig) cake mix; (≈ Pfannkuchenteig) batter **Teigwaren** PL (≈ Nudeln) pasta sg

Teil¹ M 1 part; **ein ~ davon** part of it (❗ ohne a); **zum größten ~** for the most part; **der dritte/vierte/fünfte** etc **~** a third/quarter/fifth etc (von of) 2 (≈ Anteil) share; **er hat sein(en) ~ dazu beigetragen** he did his bit; **sich** (dat) **sein(en) ~ denken** (umg) to draw one's own conclusions

Teil² N part; (≈ Bestandteil) component; **etw in seine ~e zerlegen** Motor, Möbel etc to take sth apart **teilbar** ADJ divisible (durch by) **Teilbereich** M part; (in Abteilung) section **Teilbetrag** M part (of an amount); (auf Rechnung) item **Teilchen** N particle; (dial ≈ Gebäckstück) cake **teilen** A V/T 1 (≈ zerlegen) to divide; **27 geteilt durch 9** 27 divided by 9; **darüber sind die Meinungen geteilt** opinions differ on that 2 (≈ aufteilen) to share (out); **etw mit jdm ~** to share sth with sb; **sich** (dat) **etw ~** to share sth; **sie teilten das Zimmer mit ihm** they shared the room with him B V/R 1 (in Gruppen) to split up 2 (Straße, Fluss) to fork; (Vorhang) to part; **in diesem Punkt ~ sich die Meinungen** opinion is divided on this **Teiler** M MATH factor **Teilerfolg** M partial success **Teilgebiet** N area **teilhaben** V/I (geh ≈ mitwirken) to participate (an +dat in) **Teilhaber(in)** M(F) HANDEL partner **Teilkaskoversicherung** F third party, fire and theft **Teilnahme** F 1 (≈ Anwesenheit) attendance (an +dat at); (≈ Beteiligung) participation (an +dat in); **seine ~ absagen** to withdraw 2 (≈ Interesse) interest (an +dat in); (≈ Mitgefühl) sympathy **teilnahmslos** A ADJ (≈ gleichgültig) indifferent B ADV indifferently; (≈ stumm leidend) listlessly **Teilnahmslosigkeit** F indifference **teilnahmsvoll** ADJ compassionate **teilnehmen** V/I **an etw** (dat) **~** to take part in sth; (≈ anwesend sein) to attend sth; **am Unterricht ~** to attend classes; **an einem Kurs ~** to do a course **Teilnehmer(in)** M(F) 1 participant; (bei Wettbewerb etc) competitor, contestant; (≈ Kursteilnehmer) student; **alle ~ an dem Ausflug** all those going on the outing 2 TEL subscriber **teils** ADV partly; **~ ... ~ ...** partly ... partly ...; (umg ≈ sowohl ... als auch) both ... and ...; **~ heiter, ~ wolkig** cloudy with sunny periods **Teilung** F division **teilweise** A ADV partly; **der Film war ~ gut** the film was good in parts; **~ bewölkt** cloudy in parts B ADJ partial **Teilzah-**

T

lung F̲ hire-purchase (Br), installment plan (US); **auf ~** on hire-purchase (Br) od (an) installment plan (US) **Teilzeit** F̲ part-time; **~ arbeiten** to work part-time, to do part-time work **Teilzeitarbeit** F̲ part-time work **Teilzeitarbeitsplatz** M̲ part-time job **teilzeitbeschäftigt** ADJ employed part time **Teilzeitbeschäftigte(r)** M̲/F̲(M̲) part-time employee **Teilzeitbeschäftigung** F̲ part-time work **Teilzeitjob** M̲ (umg) part-time job **Teilzeitkraft** F̲ part-time worker

Teint M̲ complexion

Telearbeit F̲ telecommuting **Telearbeiter(in)** M̲/F̲ telecommuter **Telearbeitsplatz** M̲ job for telecommuters **Telebanking** N̲ telebanking **Telefax** N̲ (≈ Kopie, Gerät) fax **Telefon** N̲ (tele)phone; **~ haben** to be on the phone; **ans ~ gehen** to answer the phone **Telefonat** N̲ (tele)phone call **Telefonbanking** N̲ telephone banking **Telefonbuch** N̲ (tele)phone book **Telefongebühr** F̲ call charge; (≈ Grundgebühr) telephone rental **Telefongespräch** N̲ (tele)phone call; (≈ Unterhaltung) telephone conversation **Telefonhörer** M̲ (telephone) receiver **telefonieren** V̲I̲ to make a (tele)phone call; **mit jdm ~** to speak to sb on the phone; **bei jdm ~** to use sb's phone; **ins Ausland ~** to make an international call; **er telefoniert den ganzen Tag** he is on the phone all day long **telefonisch** A̲ ADJ telephonic; **eine ~e Mitteilung** a (tele)phone message B̲ ADV Auskunft geben over the phone; **jdm etw ~ mitteilen** to tell sb sth over the phone; **ich bin ~ erreichbar** I can be contacted by phone **Telefonkabine** F̲ (schweiz) (tele)phone box (Br) od booth **Telefonkarte** F̲ phonecard **Telefonkonferenz** F̲ telephone conference **Telefonleitung** F̲ telephone line **Telefonnetz** N̲ telephone network **Telefonnummer** F̲ (tele)phone number **Telefonrechnung** F̲ (tele)phone bill **Telefonseelsorge** F̲ ≈ Samaritans pl (Br), ≈ advice hotline (US) **Telefonsex** M̲ telephone sex **Telefonterror** M̲ (umg) malicious phone calls pl, telephone harassment **Telefonverbindung** F̲ telephone line; (zwischen Orten) telephone link **Telefonwertkarte** F̲ (österr) phonecard **Telefonzelle** F̲ (tele)phone box (Br) od booth **Telefonzentrale** F̲ (telephone) switchboard **telegen** ADJ telegenic **Telegramm** N̲ telegram **Telekom** F̲ **die ~** German telecommunications service **Telekommunikation** F̲ telecommunications pl od (als Fachgebiet) sg **Telekopie** F̲ fax **Telekopierer** M̲ fax machine **Teleobjektiv** N̲ FOTO telephoto

lens Telepathie F̲ telepathy **telepathisch** ADJ telepathic **Teleshopping** N̲ teleshopping **Teleskop** N̲ telescope **Telex** N̲ telex

Teller M̲ plate; **ein ~ Suppe** a plate of soup **Tellerwäscher(in)** M̲/F̲ dishwasher

Tempel M̲ temple

Temperament N̲ ◆1◆ (≈ Wesensart) temperament; **ein hitziges ~ haben** to be hot-tempered ◆2◆ (≈ Lebhaftigkeit) vitality; **sein ~ ist mit ihm durchgegangen** he lost his temper **temperamentlos** ADJ lifeless **Temperamentlosigkeit** F̲ lifelessness **temperamentvoll** A̲ ADJ vivacious B̲ ADV exuberantly

Temperatur F̲ temperature; **erhöhte ~ haben** to have a temperature; **bei ~en von bis zu 42 Grad Celsius** in temperatures of up to 42°C **Temperaturanstieg** M̲ rise in temperature **Temperaturregler** M̲ thermostat **Temperaturrückgang** M̲ fall in temperature **Temperaturschwankung** F̲ variation in temperature **Temperatursturz** M̲ sudden drop in temperature

Tempo N̲ ◆1◆ speed; **~!** (umg) hurry up!; **~ 100** speed limit (of) 100 km/h; **aufs ~ drücken** (umg) to step on the gas (umg) ◆2◆ MUS tempo; **das ~ angeben** to set the tempo; (fig) to set the pace **Tempolimit** N̲ speed limit **temporär** (geh) ADJ temporary **Temposünder(in)** M̲/F̲ person caught for speeding **Tempus** N̲ GRAM tense

Tendenz F̲ trend; (≈ Neigung) tendency; (≈ Absicht) intention; **die ~ haben, zu ...** to have a tendency to ... **tendenziös** ADJ tendentious **tendieren** V̲I̲ ◆1◆ **dazu ~, etw zu tun** (≈ neigen) to tend to do sth; (≈ beabsichtigen) to be moving toward(s) doing sth ◆2◆ FIN, BÖRSE to tend; **fester/schwächer ~** to show a stronger/weaker tendency

Teneriffa N̲ Tenerife

Tennis N̲ tennis **Tennisball** M̲ tennis ball **Tennisplatz** M̲ tennis court **Tennisschläger** M̲ tennis racket **Tennisspieler(in)** M̲/F̲ tennis player

Tenor[1] M̲ tenor

Tenor[2] M̲ MUS tenor

Teppich M̲ carpet; **etw unter den ~ kehren** to sweep sth under the carpet; **bleib auf dem ~!** (umg) be reasonable! **Teppichboden** M̲ carpet(ing); **das Zimmer ist mit ~ ausgelegt** the room has a fitted carpet **Teppichklopfer** M̲ carpet-beater

Termin M̲ date; (für Fertigstellung) deadline; (bei Arzt, Besprechung etc) appointment; SPORT fixture; (JUR ≈ Verhandlung) hearing; **sich (dat) einen ~ geben lassen** to make an appointment

1247 | TERM

▶ **Telefonieren und Anrufbeantworter**

Telefonieren

Wenn man in Großbritannien das Telefon abnimmt, sagt man nicht unbedingt seinen Namen. Es ist üblich, sich einfach mit **Hello?** oder mit seiner Nummer, z. B. **589 29 30** (gesprochen **five eight nine / two nine / three o**), zu melden.

Bei einer Firma ist es anders — hier sagt man eher den Namen der Firma bzw. auch seinen eigenen Namen:

Good morning, Hutchinson Cleaning Services, Clare speaking, can I help you?

Wenn man die Person am Apparat nicht kennt, ist es nicht so unhöflich wie in Deutschland, einfach nach dem gewünschten Gesprächspartner zu fragen. Höflicher ist es natürlich, wenn man den eigenen Namen erwähnt:

Hello, could I speak to John, please?
Hello, this is Henry Richards from Richards Electrical Systems.
Could I speak to Elizabeth Turner in Accounts, please?
Hello, it's Anna here. Is Rebecca at home?

Hat der Gesprächspartner seinen eigenen Namen nicht genannt, kann man herausfinden, mit wem man spricht, indem man fragt:

Who am I speaking to?

Es könnte sein, dass man bei einer Firma nach der Durchwahl (**extension number**) gefragt wird. Danach kommt man oft in eine Warteschleife (**to be put on hold**). Dabei hört man meistens eine Variante der folgenden Ansagen:

Please hold the line.
Your call is being diverted. Please hold.
Your call is being held in a queue and will be answered shortly.

Am Ende des Gesprächs kann man sich als Anrufer mit **Thanks for your help** und **Goodbye** verabschieden. Eine freundliche Erwiderung darauf wäre dann **Thanks for calling**.

Anrufbeantworter

Oft erreicht man nicht den gewünschten Gesprächspartner, sondern nur seinen Anrufbeantworter oder die Voicemail. Die Ansagen könnten ungefähr so klingen, je nachdem, ob es sich um eine Privatperson oder eine Firma handelt:

Hi, this is Jim. I'm not at home right now, but leave a message after the beep and I'll get back to you; or call my mobile on 07798 567143. Thanks.

Hello, you've reached Sarah and Michael on 020 8547 3616. There's no one here to answer your call. Please leave a message after the tone and we'll call you back.

You have reached the answering machine of Hotshot Computer Systems. Unfortunately you've called outside our normal office hours. These are Monday to Friday from 9 am to 6 pm. If you have a query or would like to place an order, please leave your name and number and one of our staff will call you back as soon as possible. Thank you.

Thank you for calling Anglia Banking. If you know which extension you require, please key it in now. For account queries, please press 1. For credit enquiries, please press 2. To make a transfer, please press 3. For operator assistance, please press zero.

SPRACHGEBRAUCH ◀

Terminal N̄ od M̄ terminal
Terminbörse F̄ futures market **Termingeld** N̄ fixed-term deposit **termingemäß, termingerecht** ADJ, ADV on schedule **Terminhandel** M̄ BÖRSE forward od futures trading **Terminkalender** M̄ (appointments) diary **terminlich** ADJ **aus ~en Gründen absagen** to cancel because of problems with one's schedule **Terminmarkt** M̄ BÖRSE futures market
Terminologie F̄ terminology **terminologisch** A ADJ terminological B ADV terminologically
Terminplan M̄ (≈ Kalender) appointments list; (≈ Programm) agenda **Terminplaner** M̄ appointments calendar
Terminus M̄ term; **~ technicus** technical term
Termite F̄ termite
Terpentin N̄ od (österr) M̄ turpentine; (umg ≈ Terpentinöl) turps (umg)
Terrain N̄ terrain; (fig) territory
Terrarium N̄ terrarium
Terrasse F̄ ▮1▮ GEOG terrace ▮2▮ (≈ im Garten) patio; (≈ Dachterrasse) roof garden, deck (US); (von Restaurant) terrace **terrassenartig, terrassenförmig** A ADJ terraced B ADV in terraces
terrestrisch ADJ terrestrial
Terrier M̄ terrier
Terror M̄ terror; (≈ Terrorismus) terrorism; (≈ Terrorherrschaft) reign of terror; **~ machen** (umg) to raise hell (umg) **Terrorakt** M̄ act of terrorism **Terrorangriff** M̄ terrorist raid **Terroranschlag** M̄ terrorist attack **terrorisieren** VT to terrorize **Terrorismus** M̄ terrorism (❗ ohne **the**) **Terrorismusbekämpfung** F̄ counterterrorism **Terrorismusexperte** M̄, **Terrorismusexpertin** F̄ expert on terrorism **Terrorist(in)** M(F) terrorist **terroristisch** ADJ terrorist attr
tertiär ADJ tertiary **Terz** F̄ MUS third; (Fechten) tierce
Tesafilm® M̄ adhesive tape
Tessin N̄ **das ~** Ticino
Test M̄ test
Testament N̄ ▮1▮ JUR will; (fig) legacy; **das ~ eröffnen** to read the will; **sein ~ machen** to make one's will ▮2▮ BIBEL **Altes/Neues ~** Old/New Testament **testamentarisch** A ADJ testamentary; **eine ~e Verfügung** an instruction in the will B ADV in one's will; **etw ~ festlegen** to write sth in one's will **Testamentseröffnung** F̄ reading of the will **Testamentsvollstrecker(in)** M(F) executor; (Frau auch) executrix
Testbild N̄ TV test card **testen** VT to test (auf

+akk for) **Tester(in)** M(F) tester **Testlauf** M̄ TECH trial run **Testperson** F̄ subject (of a test) **Testpilot(in)** M(F) test pilot **Testreihe** F̄, **Testserie** F̄ series of tests **Teststopp** M̄ test ban **Teststoppabkommen** N̄ test ban treaty
Tetanus M̄ tetanus
teuer A ADJ expensive; (fig) dear; **teurer werden** to go up (in price) B ADV expensively; **etw ~ kaufen/verkaufen** to buy/sell sth for a high price; **das wird ihn ~ zu stehen kommen** (fig) that will cost him dear; **etw ~ bezahlen** (fig) to pay a high price for sth **Teuerung** F̄ rise in prices **Teuerungsrate** F̄ rate of price increases **Teuerungszulage** F̄ cost of living bonus
Teufel M̄ ▮1▮ devil ▮2▮ (umg) **scher dich zum ~** go to hell! (umg); **der ~ soll ihn holen!** to hell with him (umg); **jdn zum ~ jagen** to send sb packing (umg); **wer zum ~?** who the devil? (umg); **zum ~ mit dem Ding!** to hell with the thing! (umg); **den ~ an die Wand malen** to tempt fate; **wenn man vom ~ spricht** (sprichw) talk (Br) od speak of the devil; **wie der ~** like hell (umg); **auf ~ komm raus** like crazy (umg); **da ist der ~ los** all hell's been let loose (umg); **der ~ steckt im Detail** the devil is in the detail **Teufelsaustreibung** F̄ exorcism **Teufelskreis** M̄ vicious circle **teuflisch** ADJ fiendish
Text M̄ text; (eines Gesetzes) wording; (von Lied) words pl; (von Schlager) lyrics pl; (von Film) script; (unter Bild) caption; **weiter im ~** (umg) (let's) get on with it **Textbaustein** M̄ IT template **texten** VT & VI to write; (mit Handy) to text **Texter(in)** M(F) (für Schlager) songwriter; (für Werbesprüche) copywriter **Texterfasser(in)** M(F) keyboarder
Textilarbeiter(in) M(F) textile worker **Textilfabrik** F̄ textile factory **Textilien** PL textiles pl **Textilindustrie** F̄ textile industry
Textmarker M̄ highlighter **Textnachricht** F̄ TEL text message **Textspeicher** M̄ IT memory **Textstelle** F̄ passage **Textverarbeitung** F̄ word processing **Textverarbeitungsprogramm** N̄ word processor, word processing program **Textverarbeitungssystem** N̄ word processor
Thai M(F/M) Thai **Thailand** N̄ Thailand **thailändisch** ADJ Thai
Theater N̄ ▮1▮ theatre (Br), theater (US); **zum ~ gehen** to go on the stage; **ins ~ gehen** to go to the theatre (Br) od theater (US); **~ spielen** (wörtl) to act; (fig) to put on an act; **das ist doch alles nur ~** (fig) it's all just play-acting ▮2▮ (fig) to-do (umg), fuss; **(ein) ~ machen** to make a

1249 | **TIER**

(big) fuss **Theaterbesuch** M̅ visit to the theatre **Theaterbesucher(in)** M̅F̅ theatregoer (Br), theatergoer (US) **Theaterfestival** N̅ drama festival **Theaterkarte** F̅ theatre ticket **Theaterkasse** F̅ theatre box office **Theaterstück** N̅ (stage) play **theatralisch** Ⓐ A̅D̅J̅ theatrical Ⓑ A̅D̅V̅ theatrically

Theke F̅ (≈ Schanktisch) bar; (≈ Ladentisch) counter

Thema N̅ (≈ Gegenstand) subject; (≈ Leitgedanke a. MUS) theme; **beim ~ bleiben** to stick to the subject; **das ~ wechseln** to change the subject; **kein ~ sein** not to be an issue **Thematik** F̅ topic **thematisch** A̅D̅J̅ thematic; **~ geordnet** arranged according to subject **Themenabend** M̅ TV etc theme evening **Themenbereich** M̅, **Themenkreis** M̅ topic **Themenpark** M̅ theme park

Themse F̅ **die** ~ the Thames (❗ Schreibung); **an der ~ liegen** to be on the river Thames

Theologe M̅, **Theologin** F̅ theologian **Theologie** F̅ theology **theologisch** A̅D̅J̅ theological

Theoretiker(in) M̅F̅ theoretician **theoretisch** Ⓐ A̅D̅J̅ theoretical Ⓑ A̅D̅V̅ theoretically; **~ gesehen** theoretically **Theorie** F̅ theory (❗ ohne **the**)

Therapeut(in) M̅F̅ therapist **therapeutisch** A̅D̅J̅ therapeutic(al) **Therapie** F̅ therapy; (≈ Behandlungsmethode) (method of) treatment (gegen for) **therapieren** V̅T̅ to give therapy to **Thermalbad** N̅ thermal bath; (Gebäude) thermal baths pl; (≈ Badeort) spa **Thermalquelle** F̅ thermal spring **thermisch** A̅D̅J̅ PHYS thermal **Thermodrucker** M̅ thermal printer **Thermodynamik** F̅ thermodynamics **thermodynamisch** A̅D̅J̅ thermodynamic **Thermometer** N̅ thermometer **Thermopapier** N̅ thermal paper **Thermosflasche®** F̅ vacuum flask **Thermoskanne®** F̅ vacuum jug **Thermostat** M̅ thermostat

These F̅ hypothesis; (umg ≈ Theorie) theory

Thon M̅ (schweiz) tuna

Thriller M̅ thriller

Thrombose F̅ thrombosis

Thron M̅ throne **thronen** V̅I̅ (wörtl) to sit enthroned; (fig) to sit in state **Thronfolge** F̅ line of succession; **die ~ antreten** to succeed to the throne **Thronfolger(in)** M̅F̅ heir to the throne

Thunfisch M̅ tuna (fish)

Thurgau M̅ **der** ~ Thurgau

Thüringen N̅ Thuringia

Thymian M̅ thyme

Tibet N̅ Tibet **tibetanisch**, **tibetisch** A̅D̅J̅ Tibetan

Tick M̅ (umg ≈ Schrulle) quirk (umg); **einen ~ haben**

(umg) to be crazy **ticken** V̅I̅ to tick (away); **du tickst ja nicht richtig** (umg) you're off your rocker! (umg)

Ticket N̅ ticket

Tiebreak M̅, **Tie-Break** M̅ TENNIS tie-break (bes Br), tie-breaker

tief Ⓐ A̅D̅J̅ deep; Ton, Temperatur low; **~er Teller** soup plate; **aus ~stem Herzen** from the bottom of one's heart; **im ~en Wald** deep in the forest; **im ~en Winter** in the depths of winter; **im ~sten Innern** in one's heart of hearts Ⓑ A̅D̅V̅ 1 deep; sich bücken low; untersuchen in depth; **3 m ~ fallen** to fall 3 metres (Br) od meters (US); **~ sinken** (fig) to sink low; **bis ~ in etw** (akk) **hinein** (örtlich) a long way down/deep into sth; **~ verschneit** deep with snow; **~ in Gedanken (versunken)** deep in thought; **jdm ~ in die Augen sehen** to look deep into sb's eyes 2 (≈ sehr stark) deeply; **~ greifend** Veränderung far-reaching; sich verändern significantly; reformieren thoroughly; **~ schürfend** profound 3 (≈ niedrig) low; **ein Stockwerk ~er** on the floor below **Tief** N̅ METEO depression; (fig) low **Tiefbau** M̅ civil engineering **tiefblau** A̅D̅J̅ deep blue **Tiefdruck** M̅ METEO low pressure **Tiefdruckgebiet** N̅ METEO area of low pressure, depression **Tiefe** F̅ 1 depth 2 (≈ Intensität) deepness 3 (≈ Tiefgründigkeit) profundity 4 (von Ton) lowness **Tiefebene** F̅ lowland plain **Tiefenpsychologie** F̅ depth psychology **Tiefenschärfe** F̅ FOTO depth of field **Tiefflieger** M̅ low-flying aircraft **Tiefflug** M̅ low-altitude flight **Tiefgang** M̅ SCHIFF draught (Br), draft (US); (fig umg) depth **Tiefgarage** F̅ underground car park (Br), underground parking garage (bes US) **tiefgefrieren** V̅T̅ to (deep-)freeze **tiefgekühlt** A̅D̅J̅ (≈ gefroren) frozen; (≈ sehr kalt) chilled **Tiefgeschoss**, **Tiefgeschoß** (österr) N̅ basement **tiefgreifend** A̅D̅J̅ → **tief tiefgründig** A̅D̅J̅ profound; (≈ durchdacht) well-grounded **Tiefkühlfach** N̅ freezer compartment **Tiefkühlkost** F̅ frozen food **Tiefkühltruhe** F̅ (chest) freezer **Tiefland** N̅ lowlands pl **Tiefpunkt** M̅ low **Tiefschlag** M̅ (Boxen, fig) hit below the belt **Tiefschnee** M̅ deep (powder) snow **Tiefschneefahren** N̅ deep powder skiing, off-piste skiing **Tiefsee** F̅ deep sea **Tiefstand** M̅ low **Tiefstpreis** M̅ lowest price **Tiefsttemperatur** F̅ lowest temperature (um around) **tieftraurig** A̅D̅J̅ very sad

Tiegel M̅ (zum Kochen) (sauce)pan; (in der Chemie) crucible

Tier N̅ animal; (umg ≈ Mensch) brute; **hohes ~** (umg) big shot (umg) **Tierarzt** M̅, **Tierärztin** F̅ vet **Tierfreund(in)** M̅F̅ animal lover **Tier-**

futter N̄ animal food; (für Haustiere) pet food **Tiergarten** M̄ zoo **Tierhandlung** F̄ pet shop **Tierheim** N̄ animal home **tierisch** A ADJ animal attr; (fig) Grausamkeit bestial; **~er Ernst** (umg) deadly seriousness B ADV (umg ≈ ungeheuer) horribly (umg); wehtun like hell (umg); ernst deadly **Tierkreis** M̄ zodiac **Tierkreiszeichen** N̄ sign of the zodiac **Tierkunde** F̄ zoology **tierlieb** ADJ (very) fond of animals **Tiermedizin** F̄ veterinary medicine **Tierpark** M̄ zoo **Tierpfleger(in)** M(F) zoo keeper **Tierquälerei** F̄ cruelty to animals **Tierschutz** M̄ protection of animals **Tierschützer(in)** M(F) animal conservationist **Tierschutzverein** M̄ society for the prevention of cruelty to animals **Tierversuch** M̄ animal experiment

Tiger M̄ tiger **Tigerin** F̄ tigress **Tigerstaat** M̄ WIRTSCH tiger economy

Tilde F̄ tilde

tilgen V̄T (geh) **1** Schulden to pay off **2** (≈ beseitigen) Unrecht, Spuren to wipe out; Erinnerung to erase; Strafe to remove **Tilgung** F̄ (von Schulden) repayment

timen V̄T to time

Tinktur F̄ tincture

Tinnitus M̄ MED tinnitus

Tinte F̄ ink; **mit roter ~ schreiben** to write in red ink; **in der ~ sitzen** (umg) to be in the soup (umg) **Tintenfisch** M̄ cuttlefish; (≈ Kalmar) squid; (achtarmig) octopus **Tintenkiller** M̄ correction pen **Tintenklecks** M̄ ink blot **Tintenpatrone** F̄ (von Füller, Drucker) ink cartridge **Tintenroller** M̄ rollerball pen **Tintenstrahldrucker** M̄ ink-jet (printer)

Tipp M̄ tip; (an Polizei) tip-off **tippen** A V̄T (umg ≈ schreiben) to type B V̄I **1** (≈ klopfen) **an/auf etw** (akk) **~** to tap sth **2** (umg: am Computer) to type **3** (≈ wetten) to fill in one's coupon; **im Lotto ~** to play the lottery **4** (umg ≈ raten) to guess; **ich tippe darauf, dass …** I bet (that) … **Tippfehler** M̄ (umg) typing mistake

tipptopp (umg) A ADJ immaculate; (≈ prima) first-class B ADV immaculately; (≈ prima) really well; **~ sauber** spotless

Tippzettel M̄ (im Lotto) lottery coupon

Tipse F̄ (umg) typist

Tirol N̄ Tyrol **Tiroler(in)** M(F) Tyrolese, Tyrolean

Tisch M̄ table; (≈ Schreibtisch) desk; **bei ~** at (the) table; **vom ~ sein** (fig) to be cleared out of the way; **jdn über den ~ ziehen** (fig umg) to take sb to the cleaners (umg) **Tischdecke** F̄ tablecloth **Tischfußball** M̄ table football (Br), foosball (US) **Tischgebet** N̄ grace **Tischler(in)** M(F) joiner (bes Br), carpenter; (≈ Möbel-

tischler) cabinet-maker **Tischlerei** F̄ **1** (Werkstatt) carpenter's workshop; (≈ Möbeltischlerei) cabinet-maker's workshop **2** (umg) (≈ Handwerk) carpentry; (von Möbeltischler) cabinet-making **tischlern** (umg) V̄I to do woodwork **Tischplatte** F̄ tabletop **Tischrechner** M̄ desk calculator **Tischtennis** N̄ table tennis **Tischtennisschläger** M̄ table tennis bat (Br) od paddle (US) **Tischtuch** N̄ tablecloth

Titel M̄ title **Titelbild** N̄ cover (picture) **Titelmelodie** F̄ (von Film) theme tune **Titelmusik** F̄ theme music **Titelrolle** F̄ title role **Titelseite** F̄ cover, front page **Titelsong** M̄ title song, title track **Titelstory** F̄ cover story **Titelverteidiger(in)** M(F) title holder

Titte F̄ (sl) tit (sl)

Toast M̄ **1** (≈ Brot) toast; **ein ~** a slice of toast **2** (≈ Trinkspruch) toast; **einen ~ auf jdn ausbringen** to propose a toast to sb **Toastbrot** N̄ sliced white bread for toasting **toasten** V̄T Brot to toast **Toaster** M̄ toaster

Tobel F̄ (schweiz ≈ Schlucht) gorge, ravine

toben V̄I **1** (≈ wüten) (Mensch) to throw a fit **2** (≈ ausgelassen spielen) to rollick (about) **Tobsucht** F̄ (bei Tieren) madness; (bei Menschen) maniacal rage **tobsüchtig** ADJ mad **Tobsuchtsanfall** M̄ (umg) fit of rage; **einen ~ bekommen** to blow one's top (umg)

Tochter F̄ daughter; (≈ Tochterfirma) subsidiary **Tochterfirma** F̄ subsidiary (firm)

Tod M̄ death; **eines natürlichen/gewaltsamen ~es sterben** to die of natural causes/a violent death; **sich** (dat) **den ~ holen** to catch one's death (of cold); **jdn/etw auf den ~ nicht leiden können** (umg) to be unable to stand sb/sth; **sich zu ~(e) langweilen** to be bored to death; **zu ~e betrübt sein** to be in the depths of despair **todernst** (umg) ADJ deadly serious **Todesangst** F̄ mortal agony; **Todesängste ausstehen** (umg) to be scared to death (umg) **Todesanzeige** F̄ (als Brief) letter announcing sb's death; (≈ Annonce) obituary (notice) **Todesfall** M̄ death **Todesgefahr** F̄ mortal danger **Todeskampf** M̄ death throes pl **Todesopfer** N̄ death, casualty **Todesstrafe** F̄ death penalty **Todesursache** F̄ cause of death **Todesurteil** N̄ death sentence **Todfeind(in)** M(F) deadly enemy **todgeweiht** ADJ Mensch, Patient doomed **todkrank** ADJ (≈ sterbenskrank) critically ill; (≈ unheilbar krank) terminally ill **todlangweilig** ADJ (umg) deadly boring **tödlich** A ADJ fatal; Gefahr mortal; Waffe, Dosis lethal; (umg) Langeweile deadly **1** (mit Todesfolge) **~ verunglücken** to be killed in an accident **2** (umg ≈ äußerst) horribly (umg); langweilen to death **todmüde** ADJ (umg) dead

TÖNE

tired (*umg*) **todschick** (*umg*) A ADJ dead smart (*umg*) B ADV *gekleidet* ravishingly; *eingerichtet* exquisitely **todsicher** (*umg*) ADJ dead certain (*umg*); *Tipp* sure-fire (*umg*) **Todsünde** F mortal sin **todunglücklich** ADJ (*umg*) desperately unhappy
Töff M (*schweiz ≈ Motorad*) motorbike
Tofu N tofu
toi, toi, toi INT (*umg*) (*vor Prüfung etc*) good luck; (*unberufen*) touch wood (*Br*), knock on wood (*US*)
Toilette F toilet, lavatory (*bes Br*), bathroom (*bes US*); **auf die ~ gehen** to go to the toilet **Toilettenpapier** N toilet paper
Tokio N Tokyo
tolerant ADJ tolerant (*gegen* of) **Toleranz** F tolerance (*gegen* of) **tolerieren** VT to tolerate
toll A ADJ 1 (*≈ wild, ausgelassen*) wild; **die (drei) ~en Tage** (the last three days of) Fasching 2 (*umg ≈ großartig*) fantastic (*umg*) B ADV 1 (*umg ≈ großartig*) fantastically; *schmecken* fantastic 2 (*≈ wild, ausgelassen*) **es ging ~ zu** things were pretty wild (*umg*) **Tollkirsche** F deadly nightshade **tollkühn** ADJ *Person, Fahrt* daredevil *attr*, daring **Tollpatsch** M (*umg*) clumsy creature **tollpatschig** ADJ clumsy **Tollwut** F rabies

sg **tollwütig** ADJ rabid
Tölpel M (*umg*) fool
Tomate F tomato **Tomatenmark** N, **Tomatenpüree** N tomato puree **Tomatensaft** M tomato juice
Tombola F tombola (*Br*), raffle (*US*)
Tomograf M MED tomograph **Tomografie** F tomography **Tomogramm** N MED tomogram
Ton[1] M (*≈ Erdart*) clay
Ton[2] M 1 sound; MUS tone; (*≈ Note*) note; **den ~ angeben** (*fig*) to set the tone; **keinen ~ sagen** not to make a sound; **große Töne spucken** (*umg*) to talk big; **jdn in (den) höchsten Tönen loben** (*umg*) to praise sb to the skies 2 (*≈ Betonung*) stress; (*≈ Tonfall*) intonation 3 (*≈ Redeweise*) tone; **ich verbitte mir diesen ~** I will not be spoken to like that 4 (*≈ Farbton*) tone; (*≈ Nuance*) shade **Tonabnehmer** M pick-up **tonangebend** ADJ **~ sein** to set the tone **Tonarm** M pick-up arm **Tonart** F MUS key; (*fig ≈ Tonfall*) tone **Tonband** N tape **Tonbandgerät** N tape recorder
tönen[1] VI (*≈ klingen*) to sound; (*≈ großspurig reden*) to boast

---

 Toilette

In den Tabubereichen der Sprache gibt es traditionell eine große Auswahl an Ausdrücken, aber es gilt, den richtigen Ton zu treffen! Dies trifft auch für den Bereich Toilette / WC zu. Da sollten Sie sich im britischen Englisch folgender Unterscheidungen bewusst sein. (Zum amerikanischen Englisch kommen wir am Schluss.)

neutral:	**toilet** [ˈtɔɪlət]
umgangssprachlich:	**loo** [luː]
förmlich:	**lavatory** [ˈlævətrɪ]

Dies sind grobe Unterscheidungen der Stilebene, denn manche Leute empfinden **toilet** als salopp, für andere dagegen ist **loo** durchaus „salonfähig".

Wenn Sie bei einer britischen Familie zu Besuch sind, sagen Sie am besten:

Could I use your toilet, please?	Dürfte ich bitte Ihre Toilette benutzen?

Wenn Sie schon wissen, wo sich die Toilette befindet, können Sie Ihr Vorhaben so ankündigen:

Excuse me, I've just got to disappear for a minute.	Entschuldigung, ich muss mal kurz verschwinden.

In einem Lokal usw. fragt man so:

Where's the gents? bzw.	Wo ist die Herrentoilette?
Where's the ladies?	Wo ist die Damentoilette?

Wenn man draußen unterwegs ist, fragt man etwa:

Could you tell me where the nearest public toilets (bzw. **public lavatories**) **are?**	Können Sie mir sagen, wo die nächste öffentliche Toilette ist?

Im amerikanischen Englisch drückt man sich bei diesem Thema etwas indirekter aus. Da heißt das WC **bathroom** oder **rest room** bzw. bei Frauen oft **powder room** oder **cloakroom**.

SPRACHGEBRAUCH

tönen² _vt_ to tint; **sich** (dat) **die Haare ~** to tint one's hair; → **getönt**
Toner _M_ toner **Tonerkassette** _F_ toner cartridge
tönern _ADJ_ clay
Tonfall _M_ tone of voice; (≈ Intonation) intonation **Tonfilm** _M_ sound film
tonhaltig _ADJ_ clayey
Tonhöhe _F_ pitch **Toningenieur(in)** _M(F)_ sound engineer **Tonlage** _F_ pitch (level); (≈ Tonumfang) register **Tonleiter** _F_ scale **tonlos** _ADJ_ toneless
Tonnage _F_ SCHIFF tonnage **Tonne** _F_ **1** (≈ Behälter) barrel; (aus Metall) drum; (≈ Mülltonne) bin (Br), trash can (US) **2** (≈ Gewicht) metric ton(ne) **3** (≈ Registertonne) (register) ton
Tonspur _F_ soundtrack **Tonstörung** _F_ sound interference **Tonstudio** _N_ recording studio
Tontaube _F_ clay pigeon **Tontaubenschießen** _N_ clay pigeon shooting
Tontechniker(in) _M(F)_ sound technician
Tönung _F_ (≈ Haartönung) hair colour (Br) od color (US); (≈ Farbton) shade, tone
Top _N_ MODE top **topaktuell** _ADJ_ up-to-the-minute
Topas _M_ topaz
Topf _M_ pot; (≈ Kochtopf) (sauce)pan; **alles in einen ~ werfen** (fig) to lump everything together **Topfen** _M_ (südd, österr) quark **Töpfer(in)** _M(F)_ potter **Töpferei** _F_ pottery **töpfern** _vi_ to do pottery **Töpferscheibe** _F_ potter's wheel
topfit _ADJ_ in top form; (gesundheitlich) as fit as a fiddle
Topflappen _M_ oven cloth **Topfpflanze** _F_ potted plant
Topografie _F_ topography **topografisch** _ADJ_ topographic(al)
toppen _vt_ to top, to beat; **schwer zu ~** hard to top od beat
Tor _N_ **1** gate; (fig) gateway; (≈ Torbogen) archway; (von Garage) door **2** SPORT goal; **im ~ stehen** to be in goal (⚠ ohne **the**) **Torbogen** _M_ arch **Torchance** _F_ chance to score **Toresschluss** _M_ = **Torschluss**
Torf _M_ peat **torfig** _ADJ_ peaty **Torfmoor** _N_ peat bog od (trocken) moor
Torfrau _F_ goalkeeper **Torhüter(in)** _M(F)_ goalkeeper
töricht _ADJ_ (geh) foolish; Hoffnung idle
Torjäger(in) _M(F)_ (goal)scorer
torkeln _vi_ to stagger, to reel
Torlatte _F_ crossbar **Torlinie** _F_ goal line **torlos** _ADJ_ **das Spiel endete ~** the game ended in a goalless draw **Tormann** _M_ goalkeeper

Tornado _M_ tornado
torpedieren _vt_ to torpedo **Torpedo** _M_ torpedo
Torpfosten _M_ gatepost; SPORT goalpost
Torraum _M_ goal area **Torschluss** _M_ (fig) **kurz vor ~** at the last minute **Torschlusspanik** _F_ (umg) last minute panic **Torschuss** _M_ shot (at goal) **Torschütze** _M_, **Torschützin** _F_ (goal)scorer
Torte _F_ gâteau; (≈ Obsttorte) flan **Tortenboden** _M_ flan case od (ohne Seiten) base **Tortendiagramm** _N_ pie chart **Tortenguss** _M_ glaze **Tortenheber** _M_ cake slice
Tortur _F_ torture; (fig) ordeal
Torverhältnis _N_ score **Torwart** _M_, **Torwartin** _F_ goalkeeper
tosen _vi_ (Wellen) to thunder; (Sturm) to rage; **~der Beifall** thunderous applause
Toskana GEOG **die ~** Tuscany
tot _ADJ_ dead; (umg ≈ erschöpft) beat (umg); Stadt deserted; **~ geboren** stillborn; **~ umfallen** to drop dead; **er war auf der Stelle ~** he died instantly; **ein ~er Mann sein** (fig umg) to be a goner (umg); **~er Winkel** blind spot; MIL dead angle; **das Tote Meer** the Dead Sea; **~er Punkt** (≈ Stillstand) standstill, halt; (in Verhandlungen) deadlock; (≈ körperliche Ermüdung) low point
total _A_ _ADJ_ total _B_ _ADV_ totally **Totalisator** _M_ totalizator **totalitär** _A_ _ADJ_ totalitarian _B_ _ADV_ in a totalitarian way **Totaloperation** _F_ (von Gebärmutter) hysterectomy **Totalschaden** _M_ write-off
totarbeiten _vr_ (umg) to work oneself to death
töten _vt & vi_ to kill **Totenbett** _N_ deathbed

Tor — gate

Tor — goal

1253 ‖ TRAG

totenblass ADJ deathly pale **Totengräber(in)** M/F/in gravedigger **Totenkopf** M skull; *(auf Piratenfahne etc)* skull and crossbones **Totenschein** M death certificate **Totenstarre** F rigor mortis **Totenstille** F deathly silence **Tote(r)** M/F(M) dead person; *(bei Unfall,* MIL) casualty; **die ~n** the dead (🔴 PL ohne „s"); **es gab 3 ~** 3 people died *od* were killed **totgeboren** ADJ → **tot Totgeburt** F stillbirth **totkriegen** VT *(umg)* **nicht totzukriegen sein** to go on for ever **totlachen** VR *(umg)* to kill oneself (laughing) *(Br umg)*; **es ist zum Totlachen** it is hilarious **Toto** M *od (umg, österr, schweiz)* N (football) pools *pl (Br)*; **(im) ~ spielen** to do the pools *(Br)* **Totoschein** M pools coupon *(Br)* **Totschlag** M JUR manslaughter **totschlagen** VT to kill; **du kannst mich ~, ich weiß es nicht** *(umg)* for the life of me I don't know **totschweigen** VT to hush up *(umg)* **tot stellen** VR to pretend to be dead **Tötung** F killing

Toupet N toupée **toupieren** VT to backcomb

Tour F ❶ *(≈ Fahrt)* trip; *(≈ Tournee)* tour; *(≈ Wanderung)* walk; *(≈ Bergtour)* climb ❷ *(≈ Umdrehung)* revolution; **auf ~en kommen** *(Auto)* to reach top speed; *(fig umg)* to get into top gear; **in einer ~** *(umg)* incessantly ❸ *(umg)* **auf die krumme ~** by dishonest means; **jdm die ~ vermasseln** *(umg)* to put paid to sb's plans **Tourenrad** N tourer **Tourenwagen** M touring car **Tourismus** M tourism (🔴 ohne **the**) **Tourismusindustrie** F tourist industry **Tourist(in)** M/F(N) tourist **Touristenklasse** F tourist class **Touristik** F tourism **Tournee** F tour; **auf ~ sein** to be on tour

Toxikologe M, **Toxikologin** F toxicologist **toxikologisch** ADJ toxicological **toxisch** ADJ toxic

Trab M trot; **im ~** at a trot; **jdn in ~ halten** *(umg)* to keep sb on the go *(umg)*

Trabant M satellite **Trabantenstadt** F satellite town

traben VI to trot **Trabrennbahn** F trotting course **Trabrennen** N trotting race

Tracht F ❶ *(≈ Kleidung)* dress; *(≈ Volkstracht etc)* costume; *(≈ Schwesterntracht)* uniform ❷ **jdm eine ~ Prügel verabreichen** *(umg)* to give sb a beating **trachten** VI *(geh)* to strive *(nach* for, after); **jdm nach dem Leben ~** to be after sb's blood **trächtig** ADJ *Tier* pregnant

Trackball M IT trackball

Tradition F tradition; **(bei jdm) ~ haben** to be a tradition (for sb) **traditionell** A ADJ traditional B ADV traditionally **traditionsbe-**

wusst ADJ tradition-conscious **traditionsgemäß** ADV traditionally

Trafik F *(österr)* tobacconist's (shop) **Trafikant(in)** M/F(N) *(österr)* tobacconist

Trafo M *(umg)* transformer

Tragbahre F stretcher **tragbar** ADJ ❶ *Gerät* portable ❷ *(≈ annehmbar)* acceptable *(für* to); *(≈ erträglich)* bearable **Trage** F *(≈ Bahre)* litter

träge ADJ ❶ sluggish; *Mensch* lethargic; *(≈ faul)* lazy ❷ PHYS *Masse* inert

tragen A VT ❶ *(≈ befördern)* to carry ❷ *(≈ am Körper tragen)* to wear; **getragene Kleider** second-hand clothes ❸ *(≈ stützen)* to support ❹ *(≈ hervorbringen)* Zinsen, Ernte to yield; *Früchte* to bear ❺ *(≈ trächtig sein)* to be carrying ❻ *(≈ ertragen)* Schicksal to bear ❼ *(≈ übernehmen)* Verluste to defray; *Kosten* to bear, to carry; *Risiko* to take ❽ *(≈ haben)* Titel, Namen to bear B VI ❶ *(Eis)* to take weight ❷ **schwer an etw** *(dat)* **~** to have a job carrying sth; *(fig)* to find sth hard to bear; **zum Tragen kommen** to come to fruition; *(≈ nützlich werden)* to come in useful C VR *(Kleid, Stoff)* to wear **tragend** ADJ ❶ *(≈ stützend)* Säule, Bauteil load-bearing ❷ THEAT *Rolle* major **Träger** M ❶ *(an Kleidung)* strap; *(≈ Hosenträger)* braces *pl (Br)*, suspenders *pl* (US) ❷ BAU (supporting) beam; *(≈ Stahlträger, Eisenträger)* girder ❸ *(≈ Kostenträger)* funding provider **Träger(in)** M/F(N) *(von Lasten, Namen, Titel)* bearer; *(von Kleidung)* wearer; *(eines Preises)* winner; *(von Krankheit)* carrier **Trägerrakete** F carrier rocket **Tragetasche** F carrier bag **tragfähig** ADJ able to take a weight; *(fig)* Konzept, Lösung workable **Tragfläche** F wing **Tragflächenboot** N, **Tragflügelboot** N hydrofoil

▶ **tragen**

Was man in der Hand, auf dem Rücken oder direkt bei sich trägt, wird mit **to carry** übersetzt: **British policemen don't carry guns.** — Britische Polizisten tragen keine Waffen.

Kleidung, Ringe, Brillen, also alles, was man an- oder aufhat, wird mit **to wear** übersetzt: **She's wearing a beautiful dress.** — Sie trägt ein wunderschönes Kleid.

SPRACHGEBRAUCH ◁

Trägheit F sluggishness; *(von Mensch)* lethargy; *(≈ Faulheit)* laziness; PHYS inertia

Tragik F tragedy **Tragikomik** F tragicomedy **tragikomisch** ADJ tragicomical **Tragikomödie** F tragicomedy **tragisch** A ADJ tragic; **das ist nicht so ~** *(umg)* it's not the end of the world B ADV tragically **Tragödie**

TRAG | 1254

Träge F̄ (LIT, fig) tragedy
Tragweite F̄ (von Geschütz etc) range; **von großer ~ sein** to have far-reaching consequences
Trainer(in) M̄/F̄ trainer; (von Tennisspieler) coach; (bei Fußball) manager **trainieren** A V̄t̄ to train; Übung, Sportart to practise (Br), to practice (US); Muskel to exercise B V̄ī (Sportler) to train; (≈ Übungen machen) to exercise; (≈ üben) to practise (Br), to practice (US) **Training** N̄ training (❗ kein pl); (≈ Fitnesstraining) workout; (fig ≈ Übung) practice; **das ~ ist heute ausgefallen** training was cancelled today (❗ ohne **the**) **Trainingsanzug** M̄ tracksuit (Br), sweatsuit (US) **Trainingshose** F̄ tracksuit trousers pl (Br), sweats pl (US) **Trainingsjacke** F̄ tracksuit top (Br), sweat-jacket (US) **Trainingsschuh** M̄ training shoe
Trakt M̄ (≈ Gebäudeteil) section; (≈ Flügel) wing **traktieren** V̄t̄ (umg) (≈ schlecht behandeln) to maltreat; (≈ quälen) to torment **Traktor** M̄ tractor **trällern** V̄t̄ & V̄ī to warble
Tram F̄ (schweiz), **Trambahn** F̄ (südd) = Straßenbahn
Trampel M̄ od N̄ clumsy clot (umg) **trampeln** A V̄ī (≈ mit den Füßen stampfen) to stamp B V̄t̄ **jdn zu Tode ~** to trample sb to death **Trampelpfad** M̄ track
trampen V̄ī to hitchhike **Tramper(in)** M̄/F̄ hitchhiker
Trampolin N̄ trampoline
Tran M̄ ❶ (von Fischen) train oil ❷ (umg) **im ~** dop(e)y (umg); (≈ leicht betrunken) tipsy
Trance F̄ trance
tranchieren V̄t̄ to carve
Träne F̄ tear; **ihm kamen die ~n** tears welled (up) in his eyes; **~n lachen** to laugh till one cries **tränen** V̄ī to water **Tränendrüse** F̄ lachrymal gland **Tränengas** N̄ tear gas
Tränke F̄ drinking trough **tränken** V̄t̄ ❶ Tiere to water ❷ (≈ durchnässen) to soak
transatlantisch ĀDJ transatlantic
Transfer M̄ transfer
Transformation F̄ transformation **Transformator** M̄ transformer
Transfusion F̄ transfusion
Transistor M̄ transistor **Transistorradio** N̄ transistor (radio)
Transit M̄ transit **Transitabkommen** N̄ transit agreement
transitiv ĀDJ GRAM transitive
Transitverkehr M̄ transit traffic
transparent ĀDJ transparent **Transparent** N̄ (≈ Reklameschild etc) neon sign; (≈ Durchscheinbild) transparency **Transparenz** F̄ transparency
Transplantat N̄ (Haut) graft; (Organ) transplant
Transplantation F̄ MED transplant; (von Haut) graft; (Vorgang) transplantation; (von Haut) grafting **transplantieren** V̄t̄ & V̄ī MED Organ to transplant; Haut to graft
Transport M̄ transport **transportabel** ĀDJ Computer etc portable **Transportband** N̄ conveyor belt **Transporter** M̄ (Schiff) cargo ship; (Flugzeug) transport plane; (Auto) van **transportfähig** ĀDJ Patient moveable **Transportflugzeug** N̄ transport plane **transportieren** V̄t̄ to transport **Transportkosten** P̄L carriage sg **Transportmittel** N̄ means sg of transport **Transportunternehmen** N̄ haulier (Br), hauler (US)
Transsexuelle(r) M̄/F̄(M̄) transsexual **Transvestit** M̄ transvestite
Trapez N̄ ❶ MATH trapezium ❷ (von Artisten) trapeze **Trapezakt** M̄ trapeze act **Trapezkünstler(in)** M̄/F̄ trapeze artist
trappeln V̄ī to clatter; (Pony) to clip-clop
Trara N̄ (fig umg) hullabaloo (umg) (um about)
Trasse F̄ (Landvermessung) marked-out route
Tratsch M̄ (umg) gossip **tratschen** V̄ī (umg) to gossip
Traualtar M̄ altar
Traube F̄ (einzelne Beere) grape; (ganze Frucht) bunch of grapes; (≈ Menschentraube) bunch **Traubensaft** M̄ grape juice **Traubenzucker** M̄ dextrose
trauen A V̄ī +dat to trust; **einer Sache** (dat) **nicht ~** to be wary of sth; **ich traute meinen Augen/Ohren nicht** I couldn't believe my eyes/ears B V̄R to dare; **sich** (akk) **~, etw zu tun** to dare (to) do sth; **ich trau mich nicht** I daren't; **sich auf die Straße ~** to dare to go out C V̄t̄ to marry
Trauer F̄ mourning; (≈ Leid) sorrow, grief **Trauerfall** M̄ bereavement **Trauerfeier** F̄ funeral service **trauern** V̄ī to mourn (um jdn (for) sb, um etw sth) **Trauerspiel** N̄ tragedy; (fig umg) fiasco **Trauerweide** F̄ weeping willow
Traufe F̄ eaves pl **träufeln** V̄t̄ to dribble
Traum M̄ (wörtl, fig) dream; **aus der ~!** it's all over **Trauma** N̄ trauma; (fig a.) nightmare **traumatisch** ĀDJ traumatic **Traumberuf** M̄ dream job **träumen** A V̄ī to dream; **von jdm/etw ~** to dream about sb/sth; (≈ sich ausmalen) to dream of sb/sth; **das hätte ich mir nicht ~ lassen** I'd never have thought it possible B V̄t̄ to dream; Traum to have; **etwas Schönes ~** to have a pleasant dream **Träumer(in)** M̄/F̄ dreamer **Träumerei** F̄ ❶ (≈ das Träumen) dreaming ❷ (≈ Vorstellung) daydream **träumerisch** ĀDJ dreamy; (≈ schwärmerisch) wistful **Traumfabrik** F̄ (pej) dream factory **Traumfrau** F̄ (umg) dream woman **traum-**

1255 | TREU

haft **A** ADJ (≈ *fantastisch*) fantastic; (≈ *wie im Traum*) dreamlike **B** ADV (≈ *fantastisch*) fantastically; **~ schönes Wetter** fantastic weather **Traummann** M (*umg*) dream man **Traumpaar** N perfect couple **Traumtänzer(in)** M(F) dreamer **Traumwelt** F dream world

traurig **A** ADJ sad; *Leistung, Rekord* pathetic; *Wetter* miserable **B** ADV sadly; **um meine Zukunft sieht es ~ aus** my future doesn't look too bright **Traurigkeit** F sadness

Trauschein M marriage certificate **Trauung** F wedding **Trauzeuge** M, **Trauzeugin** F witness (*at marriage ceremony*)

Treck M trek; (≈ *Leute*) train; (≈ *Wagen etc*) wagon train **Trecking** N trekking

Treff M (*umg*) (≈ *Treffen*) meeting; (≈ *Treffpunkt*) haunt, meeting place **treffen** **A** V/T **1** (*durch Schlag, Schuss etc*) to hit (*an|in +dat* on); (*Unglück*) to strike; **auf dem Foto bist du gut getroffen** (*umg*) that's a good photo of you **2** (*fig* ≈ *kränken*) to hurt **3** (≈ *betreffen*) **es trifft immer die Falschen** it's always the wrong people who are affected; **ihn trifft keine Schuld** he's not to blame **4** (≈ *jdm begegnen*) to meet **5** **es gut/schlecht ~** to be fortunate/unlucky (*mit* with) **6** *Vorbereitungen* to make; *Vereinbarung* to reach; *Entscheidung, Maßnahmen* to take **B** V/I **1** (*Schlag, Schuss etc*) to hit; **tödlich getroffen** (*von Schuss etc*) fatally wounded; **nicht ~** to miss **2** (≈ *stoßen*) **auf jdn/etw ~** to meet sb/sth **C** VR (≈ *zusammentreffen*) to meet **D** V/R UNPERS **es trifft sich, dass …** it (just) happens that …; **das trifft sich gut/schlecht, dass …** it is convenient/inconvenient that … **Treffen** N meeting; SPORT encounter **treffend** ADJ *Beispiel* apt; **etw ~ darstellen** to describe sth perfectly **Treffer** M hit; (≈ *Tor*) goal; **einen ~ landen** (*umg*) to score a hit; FUSSB to score a goal **Treffpunkt** M meeting place

Treibeis N drift ice **treiben** **A** V/T **1** to drive; (≈ *antreiben*) to push; **jdn in den Wahnsinn ~** to drive sb mad; **jdn zum Äußersten ~** to push sb too far; **die Preise (in die Höhe) ~** to push prices up; **die ~de Kraft bei etw sein** to be the driving force behind sth **2** *Handel, Sport* to do; *Studien* to pursue; *Gewerbe* to carry on; *Unfug* to be up to; **was treibst du?** what are you up to?; **es toll ~** to have a wild time; **es zu toll ~** to overdo it; **es zu weit ~** to go too far; **es mit jdm ~** (*umg*) to have sex with sb **3** *Blüten, Knospen* to sprout **B** V/I **1** (≈ *sich fortbewegen*) to drift; **sich ~ lassen** to drift; **die Dinge ~ lassen** to let things go **Treiben** N (≈ *Getriebe*) hustle and bustle **Treiber** M IT driver **Treiber(in)** M(F) (≈ *Viehtreiber*) drover; JAGD beater **Treibgas** N (*bei Sprühdosen*) propellant **Treibhaus** N hot-

house **Treibhauseffekt** M METEO greenhouse effect **Treibhausgas** N greenhouse gas **Treibjagd** F battue (*fachspr*) **Treibsand** M quicksand **Treibstoff** M fuel

Trekking N trekking

Trend M trend; **voll im ~ liegen** to follow the trend **Trendwende** F new trend **trendy** ADJ (*umg*) trendy

trennbar ADJ separable **trennen** **A** V/T **1** to separate (*von* from); (≈ *abmachen*) to detach (*von* from); (*nach Rasse etc*) to segregate; **voneinander getrennt werden** to be separated; → getrennt **2** LING *Wort* to divide **B** VR **1** (≈ *auseinandergehen*) to separate; (≈ *Abschied nehmen*) to part; **sich von etw ~** to part with sth **2** (≈ *sich teilen: Wege*) to divide **C** V/I (*zwischen Begriffen*) to draw a distinction **Trennschärfe** F selectivity **Trennstrich** M hyphen **Trennung** F **1** (≈ *Abschied*) parting **2** (≈ *Getrenntsein*) separation; (*von Wort*) division; (*von Begriffen*) distinction; (≈ *Rassentrennung etc*) segregation; **in ~ leben** to be separated **Trennungszeichen** N hyphen **Trennwand** F partition (wall)

Treppe F (≈ *Aufgang*) (flight of) stairs pl; (*im Freien*) (flight of) steps pl; **eine ~** a staircase; **~n steigen** to climb stairs **Treppenabsatz** M half landing **Treppengeländer** N banister **Treppenhaus** N stairwell; **im ~** on the stairs

Tresen M (≈ *Theke*) bar; (≈ *Ladentisch*) counter **Tresor** M (≈ *Raum*) strongroom; (≈ *Schrank*) safe **Tretboot** N pedal boat, pedalo (*Br*) **Treteimer** M pedal bin **treten** **A** V/I **1** (*mit Fuß*) to kick (*gegen etw* sth, *nach* out at) **2** (*mit Raumangabe*) to step; **in den Hintergrund ~** (*fig*) to recede into the background; **an jds Stelle** (*akk*) **~** to take sb's place **3** (≈ *betätigen*) **in die Pedale ~** to pedal hard; **aufs Gas(pedal) ~** (≈ *Pedal betätigen*) to press the accelerator; (≈ *schnell fahren*) to put one's foot down (*umg*) **auf die Bremse ~** to brake **4** **der Schweiß trat ihm auf die Stirn** sweat appeared on his forehead; **Tränen traten ihr in die Augen** tears came to her eyes **B** V/T **1** (≈ *Fußtritt geben*) to kick; SPORT *Ecke, Freistoß* to take; **jdn mit dem Fuß ~** to kick sb **2** (*fig*) **jdn ~** (*umg* ≈ *antreiben*) to get at sb **Tretmine** F MIL (antipersonnel) mine **Tretroller** M scooter

treu **A** ADJ *Freund, Kunde etc* loyal; *Hund, Gatte etc* faithful; **jdm ~ sein/bleiben** to be/remain faithful to sb; **sich** (*dat*) **selbst ~ bleiben** to be true to oneself; **seinen Grundsätzen ~ bleiben** to stick to one's principles **B** ADV faithfully; (≈ *treuherzig*) trustingly; *ansehen* innocently; **~ sorgend** devoted **Treue** F (*von Freund, Kunde etc*) loyalty; (*von Hund*) faithfulness; (≈ *eheliche Treue*) fidelity; **jdm die ~ halten** to keep faith

TREU | 1256

with sb; *Ehegatten etc* to remain faithful to sb **Treuhand** F̲ trust **Treuhänder(in)** M̲F̲ trustee **Treuhandgesellschaft** F̲ trust company **treuherzig** A̲ A̲D̲J̲ innocent, trusting B̲ A̲D̲V̲ innocently, trustingly **treulos** A̲D̲J̲ disloyal **Treulosigkeit** F̲ disloyalty **treusorgend** A̲D̲J̲ devoted

Triangel M̲ *od (österr)* N̲ triangle
Triathlon M̲ triathlon
Tribunal N̲ tribunal
Tribüne F̲ (≈ *Rednertribüne*) platform; (≈ *Zuschauertribüne*) stand; (≈ *Haupttribüne*) grandstand **Tribünenplatz** M̲ seat in the stand, stand seat
Trichine F̲ trichina
Trichter M̲ funnel; (≈ *Bombentrichter*) crater **trichterförmig** A̲D̲J̲ funnel-shaped
Trick M̲ trick; (*raffiniert*) ploy **Trickbetrüger(in)** M̲F̲, **Trickdieb(in)** M̲F̲ confidence trickster **Trickfilm** M̲ trick film; (≈ *Zeichentrickfilm*) cartoon (film) **Trickfilmzeichner(in)** M̲F̲ cartoonist **Trickkiste** F̲ box of tricks **trickreich** (*umg*) A̲ A̲D̲J̲ tricky; (≈ *raffiniert*) clever B̲ A̲D̲V̲ erschwindeln through various tricks **tricksen** A̲ V̲I̲ SPORT swerve B̲ V̲T̲ (*umg*) **das werden wir schon ~** we'll fix it somehow, (*durch Mogeln*) we'll wangle it somehow (*umg*) **Trickskilauf** M̲ freestyle skiing, hotdogging
Trieb M̲ 1̲ (≈ *Naturtrieb*) drive; (≈ *Drang*) urge; (≈ *Verlangen*) desire; (≈ *Neigung*) inclination; (≈ *Selbsterhaltungstrieb, Fortpflanzungstrieb*) instinct 2̲ BOT shoot **Triebfeder** F̲ (*fig*) motivating force (+*gen* behind) **Triebkraft** F̲ MECH motive power; (*fig*) driving force **Triebrad** N̲ driving wheel (*Br*), gear wheel **Triebtäter(in)** M̲F̲ sexual offender **Triebwagen** M̲ BAHN railcar **Triebwerk** N̲ power plant; (*in Uhr*) mechanism
triefen V̲I̲ to be dripping wet; (*Nase*) to run; (*Auge*) to water; **~d nass** dripping wet
triftig A̲D̲J̲ convincing
Trigonometrie F̲ trigonometry **trigonometrisch** A̲D̲J̲ trigonometric(al)
Trikot N̲ (≈ *Hemd*) shirt; **das Gelbe ~** (*bei Tour de France*) the yellow jersey

▶ **Essen und Trinken**

Oft wird im Englischen das Verb **to have** verwendet, wenn man im Deutschen „essen" oder „trinken" sagt, und das, was man isst oder trinkt, wird angeschlossen:

ein gekochtes Ei zum Frühstück essen	**to have a boiled egg for breakfast**
eine Tasse Tee trinken	**to have a cup of tea**

SPRACHGEBRAUCH ◀

trillern V̲T̲ & V̲I̲ to warble **Trillerpfeife** F̲ (pea) whistle
Trillion F̲ trillion (*Br*), quintillion (*US*)
Trimester N̲ term
Trimm-dich-Pfad M̲ fitness trail **trimmen** V̲T̲ to trim; (*umg*) Mensch, Tier to teach, to train; **auf alt getrimmt** done up to look old
trinkbar A̲D̲J̲ drinkable **trinken** A̲ V̲T̲ to drink; (*schnell*) **einen ~ gehen** (*umg*) to go for a (quick) drink B̲ V̲I̲ to drink; **jdm zu ~ geben** to give sb something to drink; **auf jds Wohl ~** to drink sb's health; **er trinkt** (≈ *ist Alkoholiker*) he's a drinker **Trinker(in)** M̲F̲ drinker; (≈ *Alkoholiker*) alcoholic **trinkfest** A̲D̲J̲ **so ~ bin ich nicht** I can't hold my drink (*Br*) *od* liquor (*bes US*) very well **Trinkgeld** N̲ tip; **jdm ~ geben** to tip sb **Trinkwasser** N̲ drinking water

▶ **Trinkgeld**

Normalerweise hinterlässt man in britischen Restaurants ein Trinkgeld (**tip**) von ca. 10 %. Steht auf der Rechnung bzw. auf der Speisekarte **Service included** (inkl. Bedienung), würde man nur bei besonders gutem Service ein zusätzliches Trinkgeld geben.
In den USA ist das anders. Dort lebt die Bedienung fast ausschließlich von den Trinkgeldern. In der Rechnungssumme sind oft schon 15 % Aufschlag für Service enthalten.

LANDESKUNDE ◀

Trio N̲ trio
Trip M̲ (*umg*) trip
trippeln V̲I̲ to trip (*bes Br*), to skip; (*Boxer*) to dance around; (*Pferd*) to prance
Tripper M̲ gonorrhoea (*Br*) (🛇 ohne Artikel), gonorrhea (*US*) (🛇 ohne Artikel)
trist A̲D̲J̲ dismal; *Farbe* dull
Tritt M̲ 1̲ (≈ *Schritt*) step 2̲ (≈ *Fußtritt*) kick; **jdm einen ~ geben** to give sb a kick; (*umg* ≈ *anstacheln*) to give sb a kick in the pants (*umg*) **Trittbrett** N̲ step **Trittbrettfahrer(in)** M̲F̲ (*umg*) fare dodger; (*fig*) copycat (*umg*) **Trittleiter** F̲ stepladder
Triumph M̲ triumph; **~e feiern** to be very successful **Triumphbogen** M̲ triumphal arch **triumphieren** V̲I̲ (≈ *frohlocken*) to rejoice **triumphierend** A̲ A̲D̲J̲ triumphant B̲ A̲D̲V̲ triumphantly
trivial A̲D̲J̲ trivial **Trivialliteratur** F̲ (*pej*) light fiction
Trizeps M̲ triceps
trocken A̲ A̲D̲J̲ dry; **~ werden** to dry; (*Brot*) to go *od* get dry; **auf dem Trockenen sitzen** (*umg*) to be in a tight spot (*umg*) B̲ A̲D̲V̲ aufbewahren in a

1257 ‖ TSCH

dry place **Trockenblume** F̲ dried flower **Trockendock** N̲ dry dock **Trockenfutter** N̲ dried food **Trockengebiet** N̲ arid region **Trockenhaube** F̲ (salon) hairdryer **Trockenheit** F̲ dryness; (≈ *Trockenperiode*) drought **trockenlegen** V̲T̲ 1 *Sumpf* to drain 2 *Baby* to change **Trockenmilch** F̲ dried milk **Trockenobst** N̲ dried fruit **Trockenrasierer** M̲ electric razor **Trockenzeit** F̲ (≈ *Jahreszeit*) dry season **trocknen** V̲T̲&V̲I̲ to dry **Trockner** M̲ (≈ *Wäschetrockner*) drier

Trödel M̲ (umg) junk **Trödelei** F̲ (umg) dawdling **Trödelmarkt** M̲ flea market **trödeln** V̲I̲ to dawdle **Trödler(in)** M̲F̲ 1 (≈ *Händler*) junk dealer 2 (umg ≈ *langsamer Mensch*) slowcoach (Br umg), slowpoke (US umg)

Trog M̲ trough

trollen V̲R̲ (umg) to push off (umg)

Trommel F̲ MUS, TECH drum; ~ **spielen** to play the drum (⚠ mit **the**) **Trommelbremse** F̲ drum brake **Trommelfell** N̲ eardrum **trommeln** 🅐 V̲I̲ to drum; **gegen die Tür ~** to bang on the door 🅑 V̲T̲ *Rhythmus* to beat out **Trommler(in)** M̲F̲ drummer

Trompete F̲ trumpet; ~ **spielen** to play the trumpet (⚠ mit **the**) **trompeten** V̲I̲ to trumpet **Trompeter(in)** M̲F̲ trumpeter

Tropen P̲L̲ tropics pl **Tropenanzug** M̲ tropical suit **Tropenhelm** M̲ pith helmet **Tropenkoller** M̲ tropical madness **Tropenkrankheit** F̲ tropical disease

Tropf M̲ (≈ *Infusion*) drip (umg); **am ~ hängen** to be on a drip **tröpfchenweise** A̲D̲V̲ in dribs and drabs **tröpfeln** V̲T̲&V̲I̲ to drip **tropfen** V̲I̲ to drip **Tropfen** M̲ 1 drop; (≈ *einzelner Tropfen: an Kanne etc*) drip; **ein edler ~** (umg) a good wine; **ein ~ auf den heißen Stein** (fig umg) a drop in the ocean 2 **Tropfen** P̲L̲ (≈ *Medizin*) drops pl **tropfenweise** A̲D̲V̲ drop by drop **tropfnass** A̲D̲J̲ dripping wet **Tropfstein** M̲ dripstone; (*an der Decke*) stalactite; (*am Boden*) stalagmite **Tropfsteinhöhle** F̲ dripstone cave

Trophäe F̲ trophy

tropisch A̲D̲J̲ tropical

Trost M̲ consolation; **das ist ein schwacher ~** that's pretty cold comfort; **du bist wohl nicht ganz bei ~!** (umg) you must be out of your mind! **trösten** V̲T̲ to comfort; **jdn/sich mit etw ~** to console sb/oneself with sth; ~ **Sie sich!** never mind **tröstlich** A̲D̲J̲ comforting **trostlos** A̲D̲J̲ hopeless; *Verhältnisse* miserable; (≈ *verzweifelt*) inconsolable; (≈ *öde, trist*) dreary **Trostpflaster** N̲ consolation **Trostpreis** M̲ consolation prize

Trott M̲ (slow) trot; (fig) routine **Trottel** M̲ (umg) idiot **trottelig** (umg) A̲D̲J̲ stupid **trotten**

V̲I̲ to trot along **Trottinett** N̲ (schweiz) scooter **Trottoir** N̲ (südd, schweiz) pavement

trotz P̲R̲Ä̲P̲ +gen od (umg) +dat in spite of, despite; ~ **allem** in spite of everything **Trotz** M̲ defiance; (≈ *trotziges Verhalten*) contrariness; **jdm/einer Sache zum ~** in defiance of sb/sth **trotzdem** 🅐 A̲D̲V̲ nevertheless; **(und) ich mache das ~!** I'll do it all the same 🅑 K̲O̲N̲J̲ even though **trotzen** V̲I̲ 1 (+dat) to defy; *der Kälte, dem Klima etc* to withstand 2 (≈ *trotzig sein*) to be awkward **trotzig** 🅐 A̲D̲J̲ defiant; *Kind etc* difficult; (≈ *widerspenstig*) contrary 🅑 A̲D̲V̲ defiantly **trotzköpfig** A̲D̲J̲ *Kind* contrary **Trotzreaktion** F̲ act of defiance

trüb A̲D̲J̲ 1 *Flüssigkeit* cloudy; *Augen, Tag* dull; *Licht* dim; **im Trüben fischen** (umg) to fish in troubled waters 2 (fig ≈ *bedrückend*) cheerless; *Zukunft* bleak; *Stimmung, Aussichten, Miene* gloomy

Trubel M̲ hurly-burly

trüben 🅐 V̲T̲ 1 *Flüssigkeit* to make cloudy; *Augen, Blick* to dull 2 (fig) *Glück* to spoil; *Beziehungen* to strain; *Laune* to dampen; *Bewusstsein* to dull; *Urteilsvermögen* to dim 🅑 V̲R̲ (*Flüssigkeit*) to go cloudy; (*Augen*) to dim; (*Himmel*) to cloud over; (fig) (*Stimmung*) to be dampened; (*Verhältnis*) to become strained; (*Glück, Freude*) to be marred; → **getrübt Trübsal** F̲ (≈ *Stimmung*) sorrow; ~ **blasen** (umg) to mope **trübselig** A̲D̲J̲ gloomy; *Gegend* bleak **Trübsinn** M̲ gloom **trübsinnig** A̲D̲J̲ gloomy

trudeln V̲I̲ FLUG to spin

Trüffel F̲ (≈ *Pilz, Praline*) truffle

trügen 🅐 V̲T̲ to deceive; **wenn mich nicht alles trügt** unless I am very much mistaken 🅑 V̲I̲ to be deceptive **Trugschluss** M̲ fallacy, misapprehension

Truhe F̲ chest

Trümmer P̲L̲ rubble sg; (≈ *Ruinen*) ruins pl; (von *Schiff, Flugzeug etc*) wreckage sg

Trumpf M̲ (KART ≈ *Trumpfkarte*) trump (card); (≈ *Farbe*) trumps pl; (fig) trump card; **noch einen ~ in der Hand haben** (fig) to have an ace up one's sleeve

Trunkenheit F̲ intoxication; ~ **am Steuer** drunk driving **Trunksucht** F̲ alcoholism **trunksüchtig** A̲D̲J̲ alcoholic

Trupp M̲ (≈ *Einheit*) group; MIL squad **Truppe** F̲ 1 MIL army; (≈ *Panzertruppe etc*) corps sg 2 **Truppen** P̲L̲ troops **Truppenabzug** M̲ withdrawal of troops **Truppengattung** F̲ corps sg **Truppenübungsplatz** M̲ military training area

Trust M̲ trust

Truthahn M̲ turkey (cock) **Truthenne** F̲ turkey (hen)

Tschad M̲ **der ~** Chad

TSCH 1258

Tscheche M̲, **Tschechin** F̲ Czech **Tschechien** N̲ the Czech Republic **tschechisch** A̲D̲J̲ Czech; **die Tschechische Republik** the Czech Republic

Tschetschenien N̲ Chechnya

tschüs(s) I̲N̲T̲ (umg) bye (umg), so long (umg)

T-Shirt N̲ T-shirt

Tube F̲ tube

Tuberkulose F̲ tuberculosis

Tuch N̲ (≈ Stück Stoff) cloth; (≈ Halstuch, Kopftuch) scarf; (≈ Schultertuch) shawl; (≈ Handtuch, Geschirrtuch) towel

tüchtig A̲ A̲D̲J̲ 1 (≈ fähig) capable (in +dat at); (≈ fleißig) efficient; Arbeiter good 2 (umg ≈ groß) Portion big B̲ A̲D̲V̲ 1 (≈ fleißig, fest) hard; essen heartily 2 (umg ≈ sehr) **jdm ~ die Meinung sagen** to give sb a piece of one's mind; **~ zulangen** to tuck in (umg) **Tüchtigkeit** F̲ (≈ Fähigkeit) competence; (von Arbeiter etc) efficiency

Tücke F̲ 1 (≈ Bosheit) malice 2 (≈ Gefahr) danger; **voller ~n stecken** to be difficult; (≈ gefährlich) to be dangerous; **seine ~n haben** (Maschine etc) to be temperamental **tückisch** A̲D̲J̲ malicious; Strom etc treacherous; Krankheit pernicious

tüfteln V̲I̲ (umg) to puzzle; (≈ basteln) to fiddle about (umg); **an etw** (dat) **~** to fiddle about with sth; (geistig) to puzzle over sth

Tugend F̲ virtue **tugendhaft** A̲D̲J̲ virtuous **Tugendhaftigkeit** F̲ virtuousness

Tüll M̲ tulle; (für Gardinen) net

Tulpe F̲ B̲O̲T̲ tulip **Tulpenzwiebel** F̲ tulip bulb

tummeln V̲/̲R̲ (Hunde, Kinder etc) to romp (about) **Tummelplatz** M̲ play area; (fig) hotbed

Tümmler M̲ (bottlenose) dolphin

Tumor M̲ tumour (Br), tumor (US)

Tümpel M̲ pond

Tumult M̲ commotion; (der Gefühle) tumult

tun A̲ V̲T̲ (≈ machen) to do; **so etwas tut man nicht!** that is just not done!; **was ~?** what can be done?; **was kann ich für Sie ~?** what can I do for you?; **etw aus Liebe/Bosheit** etc **~** to do sth out of love/malice etc; **tu, was du nicht lassen kannst** well, if you have to; **jdm etwas ~** to do something to sb; (stärker) to hurt sb; **der Hund tut dir schon nichts** the dog won't hurt you; **das hat nichts damit zu ~** that's nothing to do with it; **mit ihm will ich nichts zu ~ haben** I want nothing to do with him; **es mit jdm zu ~ bekommen** to get into trouble with sb; → getan B̲ V̲R̲ **es tut sich etwas/nichts** there is something/ nothing happening; **hier hat sich einiges getan** there have been some changes here; **sich mit etw schwer ~** to have problems with sth C̲ V̲I̲ (≈ vorgeben) **so ~, als ob ...** to pretend that

...; **tu doch nicht so** stop pretending; **sie tut nur so** she's only pretending; **zu ~ haben** (≈ beschäftigt sein) to have things to do; **mit jdm zu ~ haben** to have dealings with sb

Tünche F̲ whitewash; (fig) veneer **tünchen** V̲T̲ to whitewash

Tundra F̲ tundra

Tuner M̲ tuner

Tunesien N̲ Tunisia **Tunesier(in)** M̲F̲ Tunisian **tunesisch** A̲D̲J̲ Tunisian

Tunfisch M̲ tuna (fish)

Tunke F̲ sauce **tunken** V̲T̲ to dip

tunlichst A̲D̲V̲ (≈ möglichst) if possible; **~ bald** as soon as possible

Tunnel M̲ tunnel

Tunte F̲ (pej umg) fairy (pej umg)

Tüpfelchen N̲ dot **tupfen** V̲T̲ to dab; **getupft** spotted **Tupfen** M̲ spot; (klein) dot **Tupfer** M̲ swab

Tür F̲ door; **~ an ~ mit jdm wohnen** to live next door to sb; **Weihnachten steht vor der ~** Christmas is just (a)round the corner; **jdn vor die ~ setzen** (umg) to throw sb out; **mit der ~ ins Haus fallen** (umg) to blurt it out; **zwischen ~ und Angel** in passing; **einer Sache** (dat) **~ und Tor öffnen** (fig) to open the way to sth

Turban M̲ turban

Turbine F̲ turbine

Turbolader M̲ A̲U̲T̲O̲ turbocharger **Turbomotor** M̲ turbo-engine

turbulent A̲D̲J̲ turbulent **Turbulenz** F̲ turbulence

Türfalle F̲ (schweiz), **Türgriff** M̲ (≈ Klinke) door handle

Türke M̲ Turk **Türkei** F̲ **die ~** Turkey (❶ ohne **the**) **türken** V̲T̲ (umg) etw to fiddle (umg); **die Statistik ~** to massage the figures **Türkin** F̲ Turk, Turkish woman/girl

türkis A̲D̲J̲ turquoise

türkisch A̲D̲J̲ Turkish

Türklinke F̲ door handle

Turm M̲ 1 tower; (≈ spitzer Kirchturm) spire; (im Schwimmbad) diving (Br) od dive (US) tower 2 S̲C̲H̲A̲C̲H̲ rook, castle **türmen** A̲ V̲T̲ to pile (up) B̲ V̲R̲ (Wellen) to tower up C̲ V̲I̲ (umg ≈ davonlaufen) to run off **Turmfalke** M̲ kestrel **turmhoch** A̲D̲J̲ towering **Turmspringen** N̲ high diving **Turmuhr** F̲ (von Kirche) church clock

Turnanzug M̲ leotard **Turnbeutel** M̲ gym od PE bag **turnen** V̲I̲ (an Geräten) to do gymnastics; **sie kann gut ~** she is good at gym **Turnen** N̲ gymnastics sg; (umg ≈ Leibeserziehung) gym, PE (umg) **Turner(in)** M̲F̲ gymnast **Turngerät** N̲ (≈ Reck, Barren etc) (piece of) gymnastic

1259 || ÜBEN

Turm — tower

Turm — *Br* diving tower, *US* dive tower

Turm — rook

apparatus **Turnhalle** F̱ gym(nasium) **Turnhemd** N̲ gym shirt **Turnhose** F̱ gym shorts *pl*
Turnier N̲ tournament; (≈ *Tanzturnier*) competition; (≈ *Reitturnier*) show
Turnlehrer(in) M͇F͇ gym teacher **Turnschuh** M̲ gym shoe, sneaker (*US*), trainer (*Br*) **Turnstunde** F̱ gym lesson; (*im Verein*) gymnastics lesson **Turnübung** F̱ gymnastic exercise **Turnzeug** N̲ gym kit (*Br*), gym gear (*US*)
Turnus M̲ rota (*Br*), roster
Turnverein M̲ gymnastics club
Türöffner M̲ **elektrischer ~** buzzer (*for opening the door*) **Türrahmen** M̲ doorframe **Türschild** N̲ doorplate **Türschloss** N̲ door lock
Türschnalle F̱ (*österr* ≈ *Klinke*) door handle **Türsteher(in)** M͇F͇ bouncer **Türstopper** M̲ door stopper
turteln V̲I̲ to bill and coo
Tusche F̱ (≈ *Ausziehtusche*) Indian ink; (≈ *Tuschfarbe*) watercolour (*Br*), watercolor (*US*); (≈ *Wimperntusche*) mascara
tuscheln V̲T̲&V̲I̲ to whisper
Tuschkasten M̲ paintbox
Tussi F̱ (*umg*), **Tuss** F̱ (*sl*) female (*umg*)
Tüte F̱ bag; (≈ *Eistüte*) cone; (*von Suppenpulver etc*) packet
tuten V̲I̲ to toot
Tütensuppe F̱ instant soup
Tutor(in) M͇F͇ tutor
TÜV-Plakette F̱ ≈ MOT certificate (*Br*), ≈ inspection certificate (*US*)
TV-Programm N̲ TV programmes (*Br*) *od* programs (*US*) *pl*
Twen M̲ *person in his/her twenties*
Typ M̲ [1] (≈ *Modell*) model [2] (≈ *Menschenart*) type [3] (*umg* ≈ *Mensch*) person, character; (*sl* ≈ *Mann, Freund*) guy (*umg*)
Typhus M̲ typhoid (fever)

typisch [A] A̲D̲J̲ typical (*für of*) [B] A̲D̲V̲ **~ deutsch/Mann/Frau** typically German/male/female
Typografie F̱ typography **typografisch** A̲D̲J̲ typographic(al)
Tyrann(in) M͇F͇ tyrant **Tyrannei** F̱ tyranny **tyrannisch** A̲D̲J̲ tyrannical **tyrannisieren** V̲T̲ to tyrannize

U

U, u N̲ U, u
U-Bahn F̱ underground, subway (*US*); **mit der ~ fahren** to go on the underground *od* subway (*US*) **U-Bahnhof** M̲ underground *od* subway (*US*) station; (*in London*) tube station
übel [A] A̲D̲J̲ [1] (≈ *schlimm*) bad; **das ist gar nicht so ~** that's not so bad at all [2] (≈ *moralisch, charakterlich schlecht*) wicked; *Tat* evil [3] (≈ *eklig*) *Geschmack, Geruch* nasty; **mir wird ~** I feel ill [B] A̲D̲V̲ badly; **~ dran sein** to be in a bad way; **~ gelaunt** ill-humoured (*Br*), ill-humored (*US*); **~ riechend** foul-smelling; **das schmeckt gar nicht so ~** it doesn't taste so bad **Übel** N̲ (*geh* ≈ *Krankheit*) illness; (≈ *Missstand*) evil; **ein notwendiges/das kleinere ~** a necessary/the lesser evil; **zu allem ~ ...** to make matters worse ... **Übelkeit** F̱ nausea; **~ erregen** to cause nausea **übel nehmen** V̲T̲ to take badly; **jdm etw ~** to hold sth against sb **Übeltäter(in)** M͇F͇ (*geh*) wrongdoer
üben [A] V̲T̲ [1] (≈ *erlernen*) to practise (*Br*), to practice (*US*); MIL to drill; **Klavier ~** to practise (*Br*) *od* practice (*US*) the piano (⚠ *mit the*) [2] (≈ *trainieren*) to exercise; → **geübt** [3] **Kritik an etw** (*dat*) **~** to criticize sth; **Geduld ~** to be patient [B] V̲I̲

ÜBER | 1260

to practise (Br), to practice (US)

über **A** PRÄP **1** (+akk, räumlich) over; (≈ quer über) across **2** (+dat, räumlich) over, above; **zwei Grad ~ null** two degrees (above zero); **~ jdm stehen** od **sein** (fig) to be over sb **3** (+dat, zeitlich) over; **~ Mittag geht er meist nach Hause** he usually goes home at lunch **4** (+akk) **es kam plötzlich ~ ihn** it suddenly came over him; **~ Weihnachten** over Christmas; **den ganzen Sommer ~** all summer long; **die ganze Zeit ~** all the time; **das ganze Jahr ~** all through the year; **Kinder ~ 14 Jahre** children over 14 years; **was wissen Sie ~ ihn?** what do you know about him?; **~ jdn/etw lachen** to laugh about od at sb/sth; **sich ~ etw freuen** to be pleased about sth **B** ADV **~ und ~** all over; **ich stecke ~ und ~ in Schulden** I am up to my ears in debt

überaktiv ADJ hyperactive, overactive

überall ADV everywhere; **~ herumliegen** to be lying all over the place; **~ wo** wherever; **es ist ~ dasselbe** it's the same wherever you go **überallher** ADV from all over **überallhin** ADV everywhere

Überangebot N̄ surplus (an +dat of)

überängstlich ADJ overanxious

überanstrengen **A** V̄T̄ to overstrain, to overexert; Augen to strain **B** V̄R̄ to overstrain oneself **Überanstrengung** F̄ overexertion

überarbeiten **A** V̄T̄ to rework **B** V̄R̄ to overwork **Überarbeitung** F̄ (Vorgang) reworking; (Ergebnis) revision

überaus ADV extremely

überbacken V̄T̄ (im Backofen) to put in the oven; (im Grill) to put under the grill; **mit Käse ~** au gratin

überbelegen V̄T̄ to overcrowd; Kursus, Fach etc to oversubscribe

überbelichten V̄T̄ FOTO to overexpose

überbesetzt ADJ Behörde overstaffed

überbewerten V̄T̄ to overvalue

überbieten **A** V̄T̄ (bei Auktion) to outbid (um by); (fig) to outdo; Leistung, Rekord to beat **B** V̄R̄ **sich in etw** (dat) **(gegenseitig) ~** to vie with one another in sth

Überbleibsel N̄ remnant; (≈ Speiserest) leftover meist pl

Überblick M̄ **1** (≈ freie Sicht) view **2** (≈ Einblick) perspective, overview; **ihm fehlt der ~** he has no overall picture; **den ~ verlieren** to lose track (of things) **überblicken** V̄T̄ **1** Stadt to overlook **2** (fig) to see

überbringen V̄T̄ **jdm etw ~** to bring sb sth **Überbringer(in)** M̄F̄ bringer; (von Scheck etc) bearer

überbrücken V̄T̄ (fig) to bridge; Gegensätze to reconcile **Überbrückungskredit** M̄ bridging loan

überbuchen V̄T̄ to overbook

überdachen V̄T̄ to cover over; **überdachte Bushaltestelle** covered bus shelter

überdauern V̄T̄ to survive

überdenken V̄T̄ to think over; **etw noch einmal ~** to reconsider sth

überdeutlich ADJ all too obvious

überdies ADV (geh ≈ außerdem) moreover

Überdosis F̄ overdose; **sich** (dat) **eine ~ Heroin spritzen** to overdose on heroin

Überdruck M̄ TECH excess pressure (⬤ kein pl) **Überdruckventil** N̄ pressure relief valve

Überdruss M̄ (≈ Übersättigung) surfeit (an +dat of); (≈ Widerwille) aversion (an +dat to); **bis zum ~** ad nauseam **überdrüssig** ADJ jds/einer Sache ~ sein to be weary of sb/sth

überdurchschnittlich **A** ADJ above-average **B** ADV exceptionally; **sie verdient ~ gut** she earns more than the average

Übereifer M̄ overzealousness; (pej ≈ Wichtigtuerei) officiousness **übereifrig** ADJ overzealous; (pej ≈ wichtigtuerisch) officious

übereilen V̄T̄ to rush **übereilt** ADJ overhasty

übereinander ADV **1** (räumlich) on top of each other, one on top of the other **2** reden etc about each other **übereinanderschlagen** V̄T̄ **die Beine ~** to cross one's legs

übereinkommen V̄Ī̄ to agree **Übereinkommen** N̄, **Übereinkunft** F̄ agreement **übereinstimmen** V̄Ī̄ to agree; (Meinungen) to tally; **mit jdm in etw** (dat) **~** to agree with sb on sth **übereinstimmend** ADJ corresponding; Meinungen concurring; **wir sind ~ der Meinung, dass ...** we unanimously agree that ...; **~ mit** in agreement with **Übereinstimmung** F̄ **1** (≈ Einklang) correspondence; **zwei Dinge in ~ bringen** to bring two things into line **2** (von Meinung) agreement; **in ~ mit jdm** in agreement with sb; **in ~ mit etw** in accordance with sth

überempfindlich ADJ (gegen to) oversensitive, hypersensitive (a. MED) **Überempfindlichkeit** F̄ (gegen to) oversensitivity, hypersensitivity (a. MED)

überfressen V̄R̄ (umg) to eat too much, to overeat; **überfriss dich nicht!** don't stuff yourself (umg)

übererfüllen V̄T̄ Norm, Soll to exceed (um by)

überessen V̄R̄ to overeat

überfahren V̄T̄ **1** jdn, Tier to run over **2** (≈ übersehen) Ampel etc to go through **3** (umg ≈ übertölpeln) **jdn ~** to railroad sb into it **Überfahrt** F̄

ÜBER

crossing
Überfall M (≈ Angriff) attack (auf +akk on); (bes auf offener Straße) mugging (auf +akk of); (auf Bank etc) raid (auf +akk on); (auf Land) invasion (auf +akk of)
überfallen VT ☐ (≈ angreifen) to attack; (bes auf offener Straße) to mug; Bank etc to raid, to hold up; Land to invade ☐ (fig umg ≈ überraschend besuchen) to descend (up)on; **jdn mit Fragen ~** to bombard sb with questions
überfällig ADJ overdue meist präd
überfliegen VT (wörtl) to fly over; (≈ flüchtig ansehen) Buch etc to glance through
überflügeln VT to outdistance; (in Leistung) to outdo
Überfluss M ☐ (super)abundance (an +dat of); (≈ Luxus) affluence; **im ~ leben** to live in luxury; **im ~ vorhanden sein** to be in plentiful supply ☐ **zu allem ~** (≈ obendrein) into the bargain
Überflussgesellschaft F affluent society
überflüssig ADJ superfluous; (≈ unnötig) unnecessary; (≈ zwecklos) useless
überfluten VT jdn (≈ überschwemmen) to overflow
Überflutung F (wörtl) flood; (≈ das Überfluten, fig) flooding (⚠ kein pl)
überfordern VT to overtax; **damit ist er überfordert** that's asking too much of him
überfragt ADJ stumped (for an answer); **da bin ich ~** there you've got me
Überfremdung F (neg!) foreign infiltration
überfrieren VI to freeze over
überführen VT ☐ to transfer; Wagen to drive ☐ Täter to convict (+gen of) **Überführung** F ☐ transportation ☐ JUR conviction ☐ (≈ Brücke) bridge; (≈ Fußgängerüberführung) footbridge
überfüllt ADJ overcrowded; Lager overstocked
Überfunktion F hyperactivity
Übergabe F handing over (⚠ kein pl); MIL surrender
Übergang M ☐ crossing; (≈ Bahnübergang) level crossing (Br), grade crossing (US) ☐ (≈ Grenzübergangsstelle) checkpoint ☐ (fig ≈ Wechsel) transition
übergangslos ADJ, ADV without a transition
Übergangslösung F interim solution
Übergangsphase F transitional phase
Übergangszeit F transitional period
übergeben ☐ VT (≈ überreichen) to hand over; Dokument to hand (jdm sb) ☐ VR (≈ sich erbrechen) to vomit; **ich muss mich ~** I'm going to be sick
übergehen[1] VI ☐ **in etw** (akk) **~** (in einen anderen Zustand) to turn into sth; **in jds Besitz** (akk) **~** to become sb's property ☐ **auf jdn ~** (≈ übernommen werden) to pass to sb ☐ **zu etw ~** to go over to sth
übergehen[2] VT to pass over
übergenau ADJ over-meticulous, pernickety (umg)

übergeordnet ADJ ☐ Behörde higher ☐ GRAM Satz superordinate
Übergepäck N FLUG excess baggage
übergeschnappt ADJ (umg) crazy; → überschnappen
Übergewicht N overweight; **~ haben** (Paket, Mensch) to be overweight
überglücklich ADJ overjoyed
übergreifen VI (Feuer, Streik etc) to spread (auf +akk to) **Übergriff** M (≈ Einmischung) infringement (auf +akk of); MIL attack (auf +akk upon)
übergroß ADJ oversize(d) **Übergröße** F (bei Kleidung) outsize
überhaben VT (umg) ☐ (≈ satthaben) to be sick (and tired) of (umg) ☐ (≈ übrig haben) to have left (over)
überhandnehmen VI to get out of hand
Überhang M ☐ (≈ Felsüberhang) overhang ☐ (≈ Überschuss) surplus (an +dat of) **überhängen** VT **sich** (dat) **einen Mantel ~** to put a coat round one's shoulders
überhäufen VT jdn to overwhelm; **jdn mit Geschenken ~** to heap presents (up)on sb
überhaupt ADV ☐ (≈ im Allgemeinen) in general; (≈ überdies) anyway; **und ~, warum nicht?** and after all, why not? ☐ (in Fragen, Verneinungen) at all; **~ nicht** not at all; **~ nie** never (ever); **~ kein Grund** no reason whatsoever ☐ (≈ eigentlich) **wie ist das ~ möglich?** how is that possible?; **was wollen Sie ~ von mir?** (herausfordernd) what do you want from me?; **wer sind Sie ~?** who do you think you are?
überheblich ADJ arrogant **Überheblichkeit** F arrogance
überheizen VT to overheat **überhitzt** ADJ (fig) Konjunktur overheated; Gemüter very heated präd
überhöht ADJ Preise, Geschwindigkeit excessive
überholen ☐ VT ☐ Fahrzeug to overtake (bes Br), to pass ☐ TECH Maschine etc to overhaul ☐ VI to overtake **Überholmanöver** N AUTO overtaking manoeuvre (Br), passing maneuver (US) **Überholspur** F AUTO overtaking (bes Br) od fast lane **überholt** ADJ out-dated **Überholverbot** N restriction on overtaking (bes Br); (als Schild etc) no overtaking (bes Br)
überhören VT not to hear; (≈ nicht hören wollen) to ignore; **das will ich überhört haben!** I didn't hear that!
überirdisch ADJ above ground
überkandidelt ADJ over the top, over-the--top attr
Überkapazität F overcapacity
überkochen VI to boil over
überkommen VT (≈ überfallen) to come over; **Furcht** etc **überkam ihn** he was overcome with

ÜBER 1262

fear *etc*

überkreuzen $\overline{VT}$ (≈ überqueren) to cross

überladen[1] $\overline{VT}$ to overload

überladen[2] $\overline{ADJ}$ *Wagen* overloaded; (*fig*) *Stil* over-ornate

überlagern $\boxed{A}$ $\overline{VT}$ *Thema, Problem etc* to eclipse $\boxed{B}$ $\overline{VR}$ (≈ sich überschneiden) to overlap

überlang $\overline{ADJ}$ *Oper etc* overlength **Überlänge** $\overline{F}$ excessive length

überlappen $\overline{VI \& VR}$ to overlap

überlassen $\overline{VT}$ $\boxed{1}$ (≈ haben lassen) **jdm etw ~** to let sb have sth $\boxed{2}$ (≈ anheimstellen) **es jdm ~, etw zu tun** to leave it (up) to sb to do sth; **das bleibt (ganz) Ihnen ~** that's (entirely) up to you $\boxed{3}$ (≈ in Obhut geben) **jdm etw ~** to leave sth with sb; **sich** (*dat*) **selbst ~ sein** to be left to one's own devices; **jdn seinem Schicksal ~** to leave sb to his fate

überlasten $\overline{VT}$ *jdn* to overtax; *Telefonnetz, Brücke* to overload; **überlastet sein** to be under too great a strain; (≈ überfordert sein) to be overtaxed; ELEK *etc* to be overloaded **Überlastung** $\overline{F}$ (*von Mensch*) overtaxing; (≈ Überlastetsein) strain; (ELEK, *durch Gewicht*) overloading

überlaufen[1] $\overline{VI}$ $\boxed{1}$ (*Gefäß*) to overflow $\boxed{2}$ (MIL, *fig* ≈ überwechseln) to desert; **zum Feind ~** to go over to the enemy

überlaufen[2] $\overline{ADJ}$ overcrowded; (*mit Touristen*) overrun

Überläufer(in) $\overline{M(F)}$ turncoat

überleben $\overline{VT \& VI}$ to survive **Überlebende(r)** $\overline{M/F(M)}$ survivor **Überlebenschance** $\overline{F}$ chance of survival **überlebensgroß** $\overline{ADJ}$ larger-than-life *attr*, larger than life *präd* **Überlebenstraining** $\overline{N}$ survival training

überlegen[1] $\boxed{A}$ $\overline{VI}$ (≈ nachdenken) to think; **ohne zu ~** without thinking; (≈ ohne zu zögern) without thinking twice $\boxed{B}$ $\overline{VT}$ (≈ durchdenken) to think about, to consider; **das werde ich mir ~** I'll think about it; **ich habe es mir anders überlegt** I've changed my mind (about it); **das hätten Sie sich** (*dat*) **vorher ~ müssen** you should have thought about that before *od* sooner

überlegen[2] $\boxed{A}$ $\overline{ADJ}$ superior; **jdm ~ sein** to be superior to sb $\boxed{B}$ $\overline{ADV}$ in a superior manner **Überlegenheit** $\overline{F}$ superiority

überlegt $\overline{ADJ}$ (well-)considered **Überlegung** $\overline{F}$ (≈ Nachdenken) consideration, thought; **bei näherer ~** on closer examination

überleiten $\overline{VI}$ **zu etw ~** to lead up to sth

überlesen $\overline{VT}$ (≈ übersehen) to miss

überliefern $\overline{VT}$ *Tradition* to hand down; **etw der Nachwelt ~** to preserve sth for posterity **Überlieferung** $\overline{F}$ tradition

überlisten $\overline{VT}$ to outwit

Übermacht $\overline{F}$ superior strength; **in der ~**

sein to have the greater strength **übermächtig** $\overline{ADJ}$ *Stärke* superior; *Feind* powerful; (*fig*) *Institution* all-powerful

Übermaß $\overline{N}$ excessive amount (*an +akk* of); **im ~ to** *od* **in** excess **übermäßig** $\boxed{A}$ $\overline{ADJ}$ excessive $\boxed{B}$ $\overline{ADV}$ excessively

übermenschlich $\overline{ADJ}$ superhuman

übermitteln $\overline{VT}$ to convey (*jdm* to sb); *Daten, Meldung* to transmit **Übermittlung** $\overline{F}$ conveyance; (*von Meldung*) transmission

übermorgen $\overline{ADV}$ the day after tomorrow

übermüden $\overline{VT}$ to overtire **übermüdet** $\overline{ADJ}$ overtired **Übermüdung** $\overline{F}$ overtiredness

Übermut $\overline{M}$ high spirits *pl* **übermütig** $\boxed{A}$ $\overline{ADJ}$ (≈ ausgelassen) boisterous $\boxed{B}$ $\overline{ADV}$ (≈ ausgelassen) boisterously

übernächste(r, s) $\overline{ADJ}$ next ... but one; **die ~ Woche** the week after next

übernachten $\overline{VI}$ to sleep; (*eine Nacht*) to spend the night **übernächtigt**, (*bes österr*) **übernächtig** $\overline{ADJ}$ bleary-eyed **Übernachtung** $\overline{F}$ overnight stay; **~ und Frühstück** bed and breakfast **Übernachtungsmöglichkeit** $\overline{F}$ overnight accommodation ($\textcolor{red}{\textbf{!}}$ kein pl)

Übernahme $\overline{F}$ $\boxed{1}$ takeover; (≈ das Übernehmen) taking over; (*von Ansicht*) adoption; **freundliche/feindliche ~** HANDEL friendly/hostile takeover $\boxed{2}$ (*von Amt*) assumption **Übernahmeangebot** $\overline{N}$ takeover bid

übernatürlich $\overline{ADJ}$ supernatural

übernehmen $\boxed{A}$ $\overline{VT}$ $\boxed{1}$ (≈ annehmen) to take; *Aufgabe, Verantwortung, Funktion* to take on; *Kosten* to agree to pay; **es ~, etw zu tun** to undertake to do sth $\boxed{2}$ (*ablösend*) to take over (*von* from); *Ansicht* to adopt $\boxed{B}$ $\overline{VR}$ to take on too much; (≈ sich überanstrengen) to overdo it; **~ Sie sich nur nicht!** (*iron*) don't strain yourself! (*iron*)

überparteilich $\overline{ADJ}$ nonparty *attr*; (≈ unvoreingenommen) nonpartisan; PARL *Problem* all-party *attr*

Überproduktion $\overline{F}$ overproduction

überprüfbar $\overline{ADJ}$ checkable **überprüfen** $\overline{VT}$ to check; *Maschine* FIN *Bücher* to inspect, to examine; *Lage, Frage* to review; *Ergebnisse etc* to scrutinize; POL *jdn* to screen **Überprüfung** $\overline{F}$ $\boxed{1}$ checking; (*von Maschinen,* FIN: *von Büchern*) inspection, examination; POL screening $\boxed{2}$ (≈ Kontrolle) inspection

überqualifiziert $\overline{ADJ}$ overqualified

überqueren $\overline{VT}$ to cross

überragend $\overline{ADJ}$ (*fig*) outstanding

überraschen $\overline{VT}$ to surprise; **jdn bei etw ~** to catch sb doing sth; **von einem Gewitter überrascht werden** to be caught in a storm **überraschend** $\boxed{A}$ $\overline{ADJ}$ surprising; *Besuch* surprise *attr*; *Tod* unexpected $\boxed{B}$ $\overline{ADV}$ unexpectedly **überrascht** $\overline{ADJ}$ surprised (*über +dat* at) **Über**

ÜBER

raschung F surprise
überreagieren VI to overreact Überreaktion F overreaction
überreden VT to persuade; **jdn zu etw ~** to talk sb into sth Überredungskunst F persuasiveness
überregional ADJ (≈ national) national
überreichen VT **(jdm) etw ~** to hand sth over (to sb); (feierlich) to present sth (to sb)
Überreichung F presentation
Überrest M remains pl
überrumpeln VT (umg) to take by surprise; (≈ überwältigen) to overpower
überrunden VT SPORT to lap; (fig) to outstrip
übersättigen VT to satiate; Markt to oversaturate Übersättigung F satiety; (des Marktes) oversaturation
Überschallflugzeug N supersonic aircraft, SST (bes US) Überschallgeschwindigkeit F supersonic speed; **mit ~ fliegen** to fly supersonic Überschallknall M sonic boom
überschatten VT to overshadow
überschätzen A VT to overestimate B VR to overestimate oneself Überschätzung F overestimation
überschaubar ADJ Plan etc easily understandable; Zeitraum reasonable; **die Folgen sind noch nicht ~** the consequences cannot yet be clearly seen überschauen VT = überblicken
überschäumen VI to froth over; (fig) to bubble (over) (vor +dat with); (vor Wut) to seethe
überschlafen VT Problem etc to sleep on
Überschlag M 1 (≈ Berechnung) (rough) estimate 2 (≈ Drehung) somersault (a. SPORT)
überschlagen¹ A VT/I 1 (≈ auslassen) to skip 2 (≈ berechnen) Kosten etc to estimate (roughly) B V/R (Auto) to turn over; (fig: Ereignisse) to come thick and fast; **sich vor Hilfsbereitschaft** (dat) **~** to fall over oneself to be helpful
überschlagen² VI (Stimmung etc) **in etw** (akk) **~** to turn into sth
überschnappen VI (Stimme) to crack; (umg: Mensch) to crack up (umg); → übergeschnappt
überschneiden VR (Linien) to intersect; (fig: Interessen, Ereignisse etc) to overlap; (völlig) to coincide; (unerwünscht) to clash
Überschreibemodus M IT overwrite od overstrike mode überschreiben VT 1 (≈ betiteln) to head 2 (≈ übertragen) **etw auf jdn ~** to sign sth over to sb 3 IT Daten to overwrite; Text to type over
überschreiten VT to cross; (fig) to exceed
Überschrift F heading; (≈ Schlagzeile) headline
Überschuss M surplus (an +dat of) überschüssig ADJ surplus

überschütten VT 1 (≈ bedecken) **jdn/etw mit etw ~** to cover sb/sth with sth; mit Flüssigkeit to pour sth onto sb/sth 2 (≈ überhäufen) **jdn mit etw ~** to heap sth on sb
überschwänglich A ADJ effusive B ADV effusively
überschwappen VI to splash over
überschwemmen VT to flood Überschwemmung F (wörtl) flood; (fig) inundation Überschwemmungsgefahr F danger of flooding
überschwenglich ADJ, ADV → überschwänglich
Übersee **in/nach ~** overseas; **aus/von ~** from overseas
übersehbar ADJ 1 (wörtl) Gegend etc visible 2 (fig ≈ erkennbar) clear; (≈ abschätzbar) Kosten etc assessable; **der Schaden ist noch gar nicht ~** the damage cannot be assessed yet übersehen VT 1 (wörtl) Gegend etc to have a view of 2 (≈ erkennen) Folgen, Sachlage to see clearly; (≈ abschätzen) Kosten to assess 3 (≈ nicht erkennen) to overlook; (≈ nicht bemerken) to miss; **~, dass ...** to overlook the fact that ...
übersenden VT to send
übersetzen¹ VT (a. v/i, in andere Sprachen) to translate; **etw falsch ~** to mistranslate sth; **sich schwer ~ lassen** to be hard to translate
übersetzen² A VT (mit Fähre) to ferry across B VI to cross (over)
Übersetzer(in) M/F translator Übersetzung F 1 translation 2 (TECH ≈ Übertragung) transmission
Übersicht F 1 (≈ Überblick) overall view; **die ~ verlieren** to lose track of things 2 (≈ Tabelle) table übersichtlich A ADJ Gelände etc open; Darstellung etc clear B ADV clearly; **~ angelegt** clearly laid out Übersichtlichkeit F (von Gelände etc) openness; (von Darstellung etc) clarity
übersiedeln VI to move (von from, nach, in +akk to)
überspannt ADJ Ideen extravagant; (≈ exaltiert) eccentric
überspielen VT 1 (≈ verbergen) to cover (up) 2 (≈ übertragen) Aufnahme to transfer
überspitzt ADJ (≈ zu spitzfindig) over(ly) subtle, fiddly (Br umg); (≈ übertrieben) exaggerated
überspringen¹ VT 1 Hindernis to clear 2 (≈ auslassen) Klasse, Kapitel, Lektion to skip
überspringen² VI (≈ sich übertragen) to jump (auf +akk to); (Begeisterung) to spread quickly (auf +akk to)
überstehen¹ VT (≈ durchstehen) to get through; (≈ überleben) to survive; Krankheit to get over; **das Schlimmste ist jetzt überstanden** the worst is over now

ÜBER 1264

überstehen[2] _VI_ (≈ hervorstehen) to jut _od_ stick out

übersteigen _VT_ **1** (≈ klettern über) to climb over **2** (≈ hinausgehen über) to exceed **übersteigert** _ADJ_ excessive

überstimmen _VT_ to outvote

überstrapazieren _VR_ to wear oneself out

überstreichen _VT_ **eine Wand ~** to paint over a wall

Überstunde _F_ hour of overtime; **~n** overtime _sg_; **zwei ~n machen** to do two hours overtime

überstürzen **A** _VT_ to rush into **B** _VR_ (Ereignisse etc) to happen in a rush **überstürzt** **A** _ADJ_ overhasty **B** _ADV_ rashly

übertariflich _ADJ, ADV_ above the agreed rate

überteuert _ADJ_ overexpensive; _Preise_ inflated

übertönen _VT_ to drown

Übertrag _M_ amount carried forward (bes Br) _od_ over (bes US) **übertragbar** _ADJ_ transferable; _Krankheit_ communicable (form) (auf +akk to), infectious; (durch Berührung) contagious

übertragen[1] **A** _VT_ **1** (≈ übergeben) to transfer; _Krankheit_ to pass on (auf +akk to); TECH _Kraft_ to transmit **2** (≈ kopieren) to copy (out); (≈ transkribieren) to transcribe **3** TV, RADIO to transmit; **etw im Fernsehen ~** to televise sth **4** (≈ übersetzen) _Text_ to render (in +akk into) **5** _Methode_ to apply (auf +akk to) **6** (≈ verleihen) _Würde_ to confer (jdm on sb); _Vollmacht, Amt_ to give (jdm sb) **7** (≈ auftragen) _Aufgabe_ to assign (jdm to sb) **B** _VR_ (Krankheit etc) to be passed on (auf +akk to); TECH to be transmitted (auf +akk to); (Heiterkeit etc) to spread (auf +akk to) **übertragen**[2] **A** _ADJ_ _Bedeutung etc_ figurative **B** _ADV_ (≈ figurativ) figuratively

Übertragung _F_ **1** (≈ Transport) transfer; (von Krankheit) passing on **2** TV, RADIO transmission **3** (≈ Übersetzung) rendering **4** (≈ Anwendung) application **Übertragungsgeschwindigkeit** _F_ IT transfer rate **Übertragungsrate** _F_ IT transmission rate

übertreffen **A** _VT_ to surpass (an +akk in); _Rekord_ to break; **er ist nicht zu ~** he is unsurpassable **B** _VR_ **sich selbst ~** to excel oneself

übertreiben _VT_ **1** (a. v/i ≈ aufbauschen) to exaggerate **2** (≈ zu weit treiben) to overdo; → **übertrieben Übertreibung** _F_ exaggeration

übertreten _VT_ _Grenze etc_ to cross; (fig) _Gesetz, Verbot_ to break **Übertretung** _F_ (von Gesetz etc) violation

übertrieben **A** _ADJ_ exaggerated; _Vorsicht_ excessive **B** _ADV_ (≈ übermäßig) excessively; → **übertreiben**

Übertritt _M_ (über Grenze) crossing (über +akk of); (zu anderem Glauben) conversion; (zu anderer Partei) defection

übervölkern _VT_ to overpopulate **Übervölkerung** _F_ overpopulation

übervoll _ADJ_ too full; _Glas_ full to the brim

übervorsichtig _ADJ_ overcautious

übervorteilen _VT_ to cheat, to do down (umg)

überwachen _VT_ (≈ kontrollieren) to supervise; (≈ beobachten) to observe; _Verdächtigen_ to keep under surveillance; (mit Radar, fig) to monitor **Überwachung** _F_ supervision; (≈ Beobachtung) observation; (von Verdächtigen) surveillance; (mit Radar, fig) monitoring **Überwachungsanlage** _F_ closed-circuit television, CCTV **Überwachungskamera** _F_ surveillance camera **Überwachungsstaat** _F_ Big Brother state

überwältigen _VT_ (wörtl) to overpower; (zahlenmäßig) to overwhelm; (≈ bezwingen) to overcome **überwältigend** _ADJ_ overwhelming; _Schönheit_ stunning; _Erfolg_ phenomenal

überwechseln _VI_ to move (in +akk to); (zu Partei etc) to go over (zu to)

Überweg _M_ **~ für Fußgänger** pedestrian crossing

überweisen _VT_ _Geld_ to transfer (an +akk, auf +akk to); _Patienten_ to refer (an +akk, auf +akk to) **Überweisung** _F_ (≈ Geldüberweisung) (credit) transfer; (von Patient) referral **Überweisungsschein** _M_ referral slip

überwiegen _VI_ to be predominant **überwiegend** **A** _ADJ_ predominant; _Mehrheit_ vast; **der ~e Teil** (+gen) the majority (of) **B** _ADV_ predominantly

überwinden **A** _VT_ to overcome **B** _VR_ **sich ~, etw zu tun** to force oneself to do sth; **ich konnte mich nicht dazu ~** I couldn't bring myself to do it **Überwindung** _F_ overcoming; (≈ Selbstüberwindung) will power; **das hat mich viel ~ gekostet** that took me a lot of will power

überwintern _VI_ **1** to spend the winter (in +dat in, at) **2** (Tier) to hibernate

Überzahl _F_ **in der ~ sein** to be in the majority **überzählig** _ADJ_ (≈ überschüssig) surplus; (≈ überflüssig) superfluous

überzeugen **A** _VT_ to convince; **ich bin davon überzeugt, dass …** I am convinced that … **B** _VI_ to be convincing **C** _VR_ **sich (selbst) ~** (mit eigenen Augen) to see for oneself; **~ Sie sich selbst!** see for yourself! **überzeugend** **A** _ADJ_ convincing **B** _ADV_ convincingly **Überzeugung** _F_ conviction; (≈ Prinzipien) convictions pl, beliefs pl; **aus ~** out of principle; **ich bin der festen ~, dass …** I am firmly convinced that …; **zu der ~ gelangen, dass …** to become convinced that … **Überzeugungskraft** _F_ persuasiveness

überziehen[1] **A** _VT_ **1** (≈ bedecken) to cover; (mit

Schicht) to coat **2** *Konto* to overdraw **3** *Redezeit etc* to overrun **4** (≈ *übertreiben*) to overdo; → **überzogen** **B** *VI* (*Redner*) to overrun
überziehen² *VT* (≈ *anziehen*) (**sich** *dat*) **etw ~** to put sth on
Überziehungskredit M̅ overdraft provision **überzogen** A̅D̅J̅ (≈ *übertrieben*) excessive; → **überziehen¹** **Überzug** M̅ cover
üblich A̅D̅J̅ usual; (≈ *herkömmlich*) customary; (≈ *normal*) normal; **wie ~** as usual; **allgemein ~ sein** to be common practice **üblicherweise** A̅D̅V̅ normally
U-Boot N̅ submarine, sub (*umg*)
übrig A̅D̅J̅ **1** (≈ *verbleibend*) rest of, remaining; (≈ *andere*) other; **alle ~en Bücher** all the remaining *od* all the rest of the books **2** left (over); (≈ *zu entbehren*) spare; **etw ~ haben** to have sth left (over)/to spare; → **übrighaben** **3** **das Übrige** the rest, the remainder; **im Übrigen** incidentally, by the way **übrig bleiben** V̅I̅ to be left (over); **da wird ihm gar nichts anderes ~** he won't have any choice **übrigens** A̅D̅V̅ incidentally, by the way
übrighaben V̅I̅ (≈ *mögen*) **für jdn/etw nichts ~** to have no time for sb/sth; **für jdn/etw viel ~** to be very fond of sb/sth
Übung F̅ **1** practice; **aus der ~ kommen** to get out of practice; **in ~ bleiben** to keep in practice; **zur ~** as practice; **~ macht den Meister** (*sprichw*) practice makes perfect (*sprichw*) **2** MIL, SPORT, SCHULE exercise **Übungsbuch** N̅ book of exercises **Übungssache** F̅ **das ist reine ~** it's all a matter of practice
Ufer N̅ (≈ *Flussufer*) bank; (≈ *Seeufer*) shore; **etw ans ~ spülen** to wash sth ashore; **der Fluss trat über die ~** the river burst its banks **uferlos** A̅D̅J̅ (≈ *endlos*) endless; (≈ *grenzenlos*) boundless; **ins Uferlose gehen** (*Debatte etc*) to go on forever; (*Kosten*) to go up and up
UFO, Ufo N̅ UFO, Ufo
Uganda N̅ Uganda **ugandisch** A̅D̅J̅ Ugandan
U-Haft F̅ (*umg*) custody
Uhr F̅ **1** clock; (≈ *Armbanduhr, Taschenuhr*) watch; (≈ *Wasseruhr, Gasuhr*) meter; **nach meiner ~** by my watch; **rund um die ~** round the clock **2** (*bei Zeitangaben*) **um 11 ~** at 11 o'clock, at 11 am; **um 15 ~** at 3 o'clock, at 3pm (❗️ Im Englischen wird die Angabe mit 24 Stunden seltener gemacht. Stattdessen verwendet man **am** für vormittags und **pm** für nachmittags und abends.); **wie viel ~ ist es?** what time is it?, what's the time?; **um wie viel ~?** (at) what time? **Uhr(arm)band** N̅ watch strap; (*aus Metall*) watch bracelet **Uhrmacher(in)** M̅/F̅ clockmaker, watchmaker **Uhrwerk** N̅

clockwork mechanism **Uhrzeiger** M̅ (clock/watch) hand **Uhrzeigersinn** M̅ **im ~** clockwise; **entgegen dem ~** anticlockwise (*Br*), counterclockwise (*US*) **Uhrzeit** F̅ time (of day)
Uhu M̅ eagle owl
Ukraine F̅ **die ~** the Ukraine **ukrainisch** A̅D̅J̅ Ukrainian
UKW *abk von* Ultrakurzwelle RADIO ≈ FM
Ulk M̅ (*umg*) lark (*Br umg*), hoax (*US umg*); (≈ *Streich*) trick; **~ machen** to clown *od* play around **ulkig** A̅D̅J̅ (*umg*) funny
Ulme F̅ elm
ultimativ A̅D̅J̅ **1** *Forderung etc* given as an ultimatum **2** (*umg ≈ beste*) *Film, Buch* ultimate (*umg*)
Ultimatum N̅ ultimatum; **jdm ein ~ stellen** to give sb an ultimatum
ultrahocherhitzt A̅D̅J̅ *Milch* long-life *attr*, UHT
ultramodern A̅D̅J̅ ultramodern **Ultraschall** M̅ PHYS ultrasound **Ultraschallgerät** N̅ ultrasound scanner **Ultraschalluntersuchung** F̅ scan (*Br*), ultrasound **ultraviolett** A̅D̅J̅ ultraviolet
um **A** PRÄP *+akk* **1** **um ... (herum)** around; **um sich schauen** to look around one **2** (*zur Zeitangabe*) at; (*genau*) **um acht** at eight (sharp); **um Weihnachten** around Christmas **3** (≈ *betreffend*) about; **es geht um das Prinzip** it's a question of principles **4** (≈ *für*) **der Kampf um die Stadt** the battle for the town; **um Geld spielen** to play for money; **sich um etw sorgen** to worry about sth **5** (*bei Differenzangaben*) by; **um 10% teurer** 10% more expensive; **um vieles besser** far better; **um nichts besser** no better; **etw um 4 cm verkürzen** to shorten sth by 4 cm **B** PRÄP *+gen* **um ... willen** for the sake of **C** KONJ **um ... zu** (*final*) (in order) to **D** A̅D̅V̅ (≈ *ungefähr*) **um (die) 30 Schüler** *etc* about *od* (a)round about 30 pupils *etc*
umändern V̅I̅ to alter
umarbeiten V̅I̅ to alter; *Buch etc* to rewrite, to rework
umarmen V̅I̅ to embrace, to hug **Umarmung** F̅ embrace (*a. euph*), hug
Umbau M̅ rebuilding, renovation; (*zu etwas anderem*) conversion (*zu into*); (≈ *Umänderung*) alterations *pl*; **das Gebäude befindet sich im ~** the building is being renovated **umbauen** V̅I̅ to rebuild, to renovate; (*zu etw anderem*) to convert (*zu into*); (≈ *umändern*) to alter
umbenennen V̅I̅ to rename (*in etw akk* sth)
umbesetzen V̅I̅ THEAT to recast; *Mannschaft* to reorganize
umbiegen **A** V̅I̅ to bend **B** V̅I̅ (*im Auto*) to turn round
umbilden V̅I̅ (*fig*) to reorganize; POL *Kabinett* to reshuffle (*Br*), to shake up (*US*) **Umbildung** F̅

UMBI | 1266

reorganization; POL reshuffle (*Br*), shake up (*US*)

umbinden _VT_ to put on; **sich** (*dat*) **einen Schal ~** to put a scarf on

umblättern _VT & VI_ to turn over

umbringen _A_ _VT_ to kill _B_ _VR_ to kill oneself; **er bringt sich fast um vor Höflichkeit** (*umg*) he falls over himself to be polite

Umbruch _M_ **1** radical change **2** TYPO make--up

umbuchen _VT_ **1** _Flug, Termin_ to alter one's booking for **2** FIN _Betrag_ to transfer

umdenken _VI_ to change one's ideas; **darin müssen wir ~** we'll have to rethink that

umdisponieren _VI_ to change one's plans

umdrehen _A_ _VT_ to turn over; (*um die Achse*) to turn (a)round; _Schlüssel_ to turn _B_ _VR_ to turn (a)round (*nach* to look at); (*im Bett etc*) to turn over

Umdrehung _F_ turn; PHYS revolution, rotation; VERKEHR revolution, rev

umeinander _ADV_ about each other *od* one another; (*räumlich*) (a)round each other

umfahren[1] _VT_ (*≈ überfahren*) to run over

umfahren[2] _VT_ (*≈ fahren um*) to go (a)round; (*mit dem Auto*) to drive (a)round; (*auf Umgehungsstraße*) to bypass **Umfahrung** _F_ (*österr*) bypass, beltway (*US*)

umfallen _VI_ to fall over; (*Gegenstand*) to fall (down); (*umg ≈ ohnmächtig werden*) to pass out; (*fig umg ≈ nachgeben*) to give in; **zum Umfallen müde sein** to be ready to drop; **wir arbeiteten bis zum Umfallen** we worked until we were ready to drop

Umfang _M_ **1** (*von Kreis etc*) circumference; (*≈ Bauchumfang*) girth **2** (*fig*) (*≈ Ausmaß*) extent; (*≈ Reichweite*) range; (*von Untersuchung etc*) scope; (*von Verkauf etc*) volume; **in großem ~** on a large scale **umfangreich** _ADJ_ extensive; (*≈ geräumig*) spacious

umfassen _VT_ **1** to grasp; (*≈ umarmen*) to embrace **2** (*fig*) (*≈ einschließen*) _Zeitperiode_ to cover; (*≈ enthalten*) to contain **umfassend** _A_ _ADJ_ extensive; (*≈ vieles enthaltend*) comprehensive; _Geständnis_ full, complete _B_ _ADV_ comprehensively

Umfeld _N_ surroundings *pl*; (*fig*) sphere

umfliegen _VT_ (*≈ fliegen um*) to fly (a)round

umformatieren _VT_ IT to reformat

umformen _VT_ **1** to reshape (*in +akk* into) **2** ELEK to convert

umformulieren _VT_ to reword, to rephrase

Umfrage _F_ SOZIOL survey; *bes* POL (opinion) poll **Umfrageergebnis** _N_ survey/poll result(s *pl*)

umfüllen _VT_ to transfer into another bottle/container *etc*

umfunktionieren _VT_ to change the function of; **etw zu etw ~** to turn sth into sth

Umgang _M_ **1** (*≈ gesellschaftlicher Verkehr*) dealings *pl*; (*≈ Bekanntenkreis*) acquaintances *pl*; **schlechten ~ haben** to keep bad company; **er ist kein ~ für dich** he's not fit company for you **2** **im ~ mit Tieren muss man ...** in dealing with animals one must ...; **der ~ mit Kindern muss gelernt sein** you have to learn how to handle children **umgänglich** _ADJ_ affable **Umgangsformen** _PL_ manners *pl* **Umgangssprache** _F_ colloquial language (❶ ohne the) **umgangssprachlich** _ADJ_ colloquial

umgeben _A_ _VT_ to surround _B_ _VR_ **sich mit jdm/etw ~** to surround oneself with sb/sth

Umgebung _F_ (*≈ Umwelt*) surroundings *pl*; (*≈ Nachbarschaft*) neighbourhood (*Br*), neighborhood (*US*); (*≈ gesellschaftlicher Hintergrund*) background

umgehen[1] _VI_ **1** (*Gerücht etc*) to go (a)round; (*Grippe*) to be going round **2** **mit jdm/etw ~ können** to know how to handle sb/sth; **mit jdm grob/behutsam ~** to treat sb roughly/gently; **sorgsam mit etw ~** to be careful with sth

umgehen[2] _VT_ (*fig*) to avoid; _Gesetz_ to get (a)round

umgehend _A_ _ADJ_ immediate _B_ _ADV_ immediately

Umgehung _F_ (*≈ Vermeidung*) avoidance; (*von Gesetz*) circumvention; (*von Frage*) evasion **Umgehungsstraße** _F_ bypass, beltway (*US*)

umgekehrt _A_ _ADJ_ _Reihenfolge_ reverse; (*≈ gegenteilig*) opposite, contrary; (*≈ andersherum*) the other way (a)round; **in die ~e Richtung fahren** to go in the opposite direction; **genau ~!** quite the contrary!; → **umkehren** _B_ _ADV_ (*≈ andersherum*) the other way (a)round; **... und/oder ~** ... and/or vice versa

umgestalten _VT_ to alter; (*≈ reorganisieren*) to reorganize; (*≈ umordnen*) to rearrange

umgewöhnen _VR_ to readapt

umgraben _VT_ to dig over; _Erde_ to turn (over)

umgucken _VR_ = **umsehen**

umhaben _VT_ (*umg*) to have on

Umhang _M_ cape; (*länger*) cloak; (*≈ Umhängetuch*) shawl **umhängen** _VT_ **1** _Rucksack etc_ to put on; _Jacke, Schal etc_ to drape (a)round; _Gewehr_ to sling on; **sich** (*dat*) **etw ~** to put sth on, to drape sth (a)round one **2** _Bild_ to rehang **Umhängetasche** _F_ shoulder bag

umhauen _VT_ **1** _Baum_ to chop down **2** (*umg ≈ umwerfen*) to knock over **3** (*umg*) (*≈ erstaunen*) to bowl over (*umg*)

umher _ADV_ around, about (*Br*) **umherlaufen** _VI_ to walk around; (*≈ rennen*) to run around

umherziehen _VI_ to move around (*in etw* (*dat*) sth)

U

umhinkönnen _vi_ **ich kann nicht umhin, das zu tun** I can't avoid doing it; _(einem Zwang folgend)_ I can't help doing it
umhören _VR_ to ask around
umhüllen _VT_ to wrap (up) _(mit in)_
umkämpfen _VT_ _Stadt_ to fight over; _Wahlkreis_ to contest
Umkehr _F_ **1** _(wörtl)_ turning back; **jdn zur ~ zwingen** to force sb to turn back **2** _(fig geh ≈ Änderung)_ change **umkehrbar** _ADJ_ reversible
umkehren **A** _VI_ to turn back **B** _VT_ _Reihenfolge, Trend_ to reverse; _Verhältnisse_ to overturn; GRAM, MATH to invert; → _umgekehrt_ **C** _VR_ _(Verhältnisse)_ to become reversed
umkippen **A** _VT_ to tip over; _Auto_ to overturn; _Vase_ to knock over **B** _vi_ **1** to tip over; _(Auto)_ to overturn **2** _(umg ≈ ohnmächtig werden)_ to pass out **3** _(Fluss, See)_ to become ecologically dead
umklappen _VT_ to fold down
Umkleidekabine _F_ changing cubicle **Umkleideraum** _M_ changing room
umknicken **A** _VT_ _Ast, Mast_ to snap; _Baum_ to break; _Strohhalm_ to bend over **B** _vi_ _(Ast)_ to snap; _(Strohhalm)_ to get bent over; **mit dem Fuß ~** to twist one's ankle
umkommen _vi_ _(≈ sterben)_ to be killed; **vor Langeweile ~** _(umg)_ to be bored to death _(umg)_
Umkreis _M_ _(≈ Umgebung)_ surroundings _pl_; _(≈ Gebiet)_ area; _(≈ Nähe)_ vicinity; **im näheren ~** in the vicinity **umkreisen** _VT_ to circle (around); RAUMF to orbit
umkrempeln _VT_ **1** _Ärmel, Hosenbein_ to turn up; _(mehrmals)_ to roll up **2** _(≈ umwenden)_ to turn inside out; _(umg) Betrieb, System_ to shake up _(umg)_
umladen _VT_ to transfer
Umlage _F_ **eine ~ machen** to split the cost
umlagern _VT_ _(≈ einkreisen)_ to surround
Umlauf _M_ _(≈ das Kursieren)_ circulation _(a. fig)_; **im ~ sein** to be in circulation **Umlaufbahn** _F_ orbit
Umlaut _M_ **1** umlaut **2** _(Laut)_ vowel with umlaut
umlegen _VT_ **1** _(≈ umhängen)_ to put round **2** _(≈ umklappen) Hebel_ to turn **3** _(≈ verlegen) Kranke_ to move; _Termin_ to change _(auf +akk to)_ **4** _(≈ verteilen)_ **die 200 Euro wurden auf uns fünf umgelegt** the five of us each had to pay a contribution toward(s) the 200 euros **5** _(umg ≈ ermorden)_ to bump off _(umg)_
umleiten _VT_ to divert **Umleitung** _F_ diversion; _(Strecke auch)_ detour
umlernen _vi_ to retrain; _(fig)_ to change one's ideas
umliegend _ADJ_ surrounding
Umluftherd _M_ fan-assisted oven
ummelden _VR_ to register one's change of address
Umnachtung _F_ **geistige ~** mental derangement
umorganisieren _VT_ to reorganize
umpflanzen _VT_ _(≈ woanders pflanzen)_ to transplant; _Topfpflanze_ to repot
umpflügen _VT_ to plough _(Br) od_ plow _(US)_ up
umquartieren _VT_ to move
umrahmen _VT_ to frame
umranden _VT_ to edge
umräumen **A** _VT_ to rearrange; _(≈ an anderen Platz bringen)_ to shift **B** _vi_ to rearrange the furniture
umrechnen _VT_ to convert _(in +akk_ into) **Umrechnung** _F_ conversion **Umrechnungskurs** _M_ exchange rate **Umrechnungstabelle** _F_ conversion table
umreißen _VT_ _(≈ skizzieren)_ to outline
umringen _VT_ to surround
Umriss _M_ outline; _(≈ Kontur)_ contour(s _pl_); **etw in ~en zeichnen/erzählen** to outline sth
umrühren _VT_ to stir
umrüsten _VT_ TECH to adapt; **etw auf etw** _(akk)_ **~** to convert sth to sth
umsatteln _vi_ _(umg) (beruflich)_ to change jobs; **von etw auf etw** _(akk)_ **~** to switch from sth to sth
Umsatz _M_ HANDEL turnover **Umsatzbeteiligung** _F_ commission **Umsatzplus** _N_ HANDEL increase in turnover **Umsatzrückgang** _M_ drop in turnover **Umsatzsteuer** _F_ sales tax
umschalten _vi_ to flick the/a switch; _(auf anderen Sender)_ to turn over _(auf +akk_ to); _(Ampel)_ to change **Umschalttaste** _F_ IT shift key
Umschau _F_ **~ halten** to look around _(nach_ for)
umschauen _VR_ _(bes dial)_ = _umsehen_
umschiffen _VT_ to sail (a)round
Umschlag _M_ **1** _(≈ Hülle)_ cover; _(≈ Briefumschlag)_ envelope; _(≈ Buchumschlag)_ jacket **2** MED compress **3** _(≈ Ärmelumschlag)_ cuff; _(≈ Hosenumschlag)_ turn-up _(Br)_, cuff _(US)_ **umschlagen** **A** _VT_ **1** _Ärmel, Hosenbein_ to turn up; _Kragen_ to turn down **2** _(≈ umladen) Güter_ to transship **B** _vi_ _(≈ sich ändern)_ to change (suddenly); _(Wind)_ to veer; **ins Gegenteil ~** to become the opposite **Umschlaghafen** _M_ port of transshipment **Umschlagplatz** _M_ trade centre _(Br) od_ center _(US)_
umschlungen _ADJ_ **eng ~** with their _etc_ arms tightly (a)round each other
umschmeißen _VT_ _(≈ umwerfen)_ to knock over
umschreiben[1] _VT_ _Text etc_ to rewrite
umschreiben[2] _VT_ _(≈ mit anderen Worten ausdrücken)_ to paraphrase; _(≈ darlegen)_ to describe **Umschreibung** _F_ _(≈ das Umschriebene)_ para-

phrase; (≈ *Darlegung*) description

umschulden _VT_ HANDEL *Kredit* to convert, to fund

umschulen _VT_ **1** (*beruflich*) to retrain **2** (*auf andere Schule*) to transfer (to another school) **Umschulung** _F_ retraining; (*auf andere Schule*) transfer

umschwärmen _VT_ to swarm (a)round; (≈ *verehren*) to idolize

Umschweife _PL_ **ohne ~** straight out

umschwenken _VI_ **1** (*Anhänger, Kran*) to swing out; (*fig*) to do an about-turn (*Br*) od about-face (*US*) **2** (*Wind*) to veer

Umschwung _M_ (*fig*) (≈ *Veränderung*) drastic change; (*ins Gegenteil*) about-turn (*Br*), about-face (*US*)

umsegeln _VT_ to sail (a)round

umsehen _VR_ to look around (*nach* for); (*rückwärts*) to look back; **sich in der Stadt ~** to have a look (a)round the town; **ich möchte mich nur mal ~** (*in Geschäft*) I'm just looking

um sein _VI_ (*Frist, Zeit*) to be up

umseitig _ADJ, ADV_ overleaf

umsetzen _VT_ **1** *Waren, Geld* to turn over **2** **etw in die Tat ~** to translate sth into action

Umsicht _F_ circumspection, prudence **umsichtig** _A_ _ADJ_ circumspect, prudent _B_ _ADV_ circumspectly, prudently

umsiedeln _VT & VI_ to resettle **Umsiedlung** _F_ resettlement

umso _KONJ_ (≈ *desto*) **~ besser/schlimmer!** so much the better/worse!; **~ mehr, als ...** all the more considering *od* as

umsonst _ADV_ **1** (≈ *unentgeltlich*) free (of charge (*bes* HANDEL)) **2** (≈ *vergebens*) in vain; (≈ *erfolglos*) without success

umsorgen _VT_ to look after

umspringen _VI_ **mit jdm grob** *etc* **~** (*umg*) to treat sb roughly *etc*

Umstand _M_ **1** circumstance; (≈ *Tatsache*) fact; **den Umständen entsprechend** much as one would expect (under the circumstances); **nähere Umstände** further details; **in anderen Umständen sein** to be expecting; **unter keinen Umständen** under no circumstances; **unter Umständen** possibly **2** **Umstände** _PL_ (≈ *Mühe*) bother *sg*; (≈ *Förmlichkeit*) fuss *sg*; **machen Sie bloß keine Umstände!** please don't go to any bother **umständlich** _A_ _ADJ_ *Methode* (awkward and) involved; *Vorbereitung* elaborate; *Erklärung* long-winded; *Abfertigung* laborious; **sei doch nicht so ~!** don't make everything twice as hard as it really is!; **das ist mir zu ~** that's too much bother _B_ _ADV_ *erklären* in a roundabout way; *vorgehen* awkwardly **Umständlichkeit** _F_ (*von Methode*) involvedness; (*von Erklärung etc*)

long-windedness **Umstandskleid** _N_ maternity dress **Umstandskleidung** _F_ maternity wear **Umstandskrämer(in)** _M(F)_ (*umg*) fusspot (*Br umg*), fussbudget (*US*) **Umstandswort** _N_ adverb

umstehend _A_ _ADJ_ **1** (≈ *in der Nähe stehend*) standing nearby **2** (≈ *umseitig*) overleaf _B_ _ADV_ overleaf

umsteigen _VI_ **1** (*in Bus, Zug etc*) to change (buses/trains *etc*) **2** (*fig umg*) to switch (over) (*auf +akk* to)

umstellen[1] _A_ _VT_ to change (a)round; *Hebel, Betrieb* to switch over; *Uhr* to change; *Währung* to change over _B_ _VI_ **auf etw** (*akk*) **~** (*Betrieb*) to switch over to sth _C_ _VR_ **sich auf etw** (*akk*) **~** to adjust to sth

umstellen[2] _VT_ (≈ *einkreisen*) to surround **Umstellung** _F_ **1** changing (a)round **2** (*von Hebel, Betrieb*) switch-over; (*von Währung*) changeover; **~ auf Erdgas** conversion to natural gas **3** (*fig* ≈ *das Sichumstellen*) adjustment (*auf +akk* to); **das wird eine große ~ für ihn sein** it will be a big change for him

umstimmen _VT_ **jdn ~** to change sb's mind; **er ließ sich nicht ~** he was not to be persuaded

umstoßen _VT_ *Gegenstand* to knock over; (*fig*) to change; (*Umstände etc*) *Plan, Berechnung* to upset

umstritten _ADJ_ controversial

umstrukturieren _VT_ to restructure

Umsturz _M_ coup (d'état) **umstürzen** _A_ _VT_ to overturn; (*fig*) *Regierung* to overthrow _B_ _VI_ to fall

umtaufen _VT_ to rebaptize; (≈ *umbenennen*) to rechristen

Umtausch _M_ exchange; **diese Waren sind vom ~ ausgeschlossen** these goods cannot be exchanged **umtauschen** _VT_ to (ex)change; *Geld* to change (*in +akk* into)

umtopfen _VT_ *Blumen etc* to repot

Umtriebe _PL_ machinations *pl*; **umstürzlerische ~** subversive activities

umtun _VR_ (*umg*) to look around (*nach* for)

umverteilen _VT_ to redistribute **Umverteilung** _F_ redistribution

umwandeln _VT_ to change (*in +akk* into); (HANDEL, NAT) to convert (*in +akk* to); JUR *Strafe* to commute (*in +akk* to); (*fig*) to transform (*in +akk* into) **Umwandlung** _F_ change; HANDEL, NAT conversion; (*fig*) transformation

umwechseln _VT_ *Geld* to exchange (*in +akk* for), to change (*in +akk* into)

Umweg _M_ detour; (*fig*) roundabout way; **wenn das für Sie kein ~ ist** if it doesn't take you out of your way; **etw auf ~en erfahren** (*fig*) to find sth out indirectly

Umwelt F environment **umweltbedingt** ADJ determined by the environment **Umweltbehörde** F environmental authority **umweltbelastend** ADJ causing environmental pollution **umweltbewusst** ADJ Person environmentally aware **Umweltbewusstsein** N environmental awareness **Umweltexperte** M, **Umweltexpertin** F environmental expert **umweltfreundlich** ADJ environmentally friendly, eco-friendly **Umweltfreundlichkeit** F environmental friendliness **umweltgefährdend** ADJ harmful to the environment **Umweltgift** N environmental pollutant **Umweltkatastrophe** F ecological disaster **Umweltkriminalität** F environmental crimes pl **Umweltpapier** N recycled paper **Umweltpolitik** F environmental policy **Umweltschaden** M damage to the environment **umweltschädlich** ADJ harmful to the environment **umweltschonend** ADJ environmentally friendly **Umweltschutz** M conservation **Umweltschutzbeauftragte(r)** M(F(M)) environmental protection officer **Umweltschützer(in)** M(F) conservationist, environmentalist **Umweltschutzorganisation** F environmentalist group **Umweltsteuer** F ecology tax **Umweltsünder(in)** M(F) (umg) polluter **Umweltverschmutzung** F pollution (of the environment) **umweltverträglich** ADJ Produkte, Stoffe not harmful to the environment **Umweltverträglichkeit** F environmental friendliness **Umweltzerstörung** F destruction of the environment
umwenden A VT to turn over B VR to turn ((a)round) (nach to)
umwerben VT to court
umwerfen VT 1 Gegenstand to knock over; Möbelstück etc to overturn 2 (fig ≈ ändern) to upset; Vorstellungen to throw over 3 (fig umg) to stun
umwerfend ADJ fantastic
umwickeln VT to wrap (a)round
umzäunen VT to fence (a)round
umziehen A VI to move; **nach Köln ~** to move to Cologne B VR to change, to get changed
umzingeln VT to surround, to encircle
Umzug M 1 (≈ Wohnungsumzug) move, removal (bes Br) 2 (≈ Festzug) procession; (≈ Demonstrationszug) parade
UN F abk von United Nations UN (⚠ mit Verb im Singular)
unabänderlich ADJ (≈ unwiderruflich) unalterable; Entschluss irrevocable; **~ feststehen** to be absolutely certain

unabhängig ADJ independent (von of); **~ davon, was Sie meinen** irrespective of what you think **Unabhängigkeit** F independence **Unabhängigkeitserklärung** F declaration of independence **Unabhängigkeitstag** M (in USA) Independence Day (⚠ ohne **the**), Fourth of July (⚠ mit **the**)
unabkömmlich ADJ (geh) busy; (≈ unverzichtbar) indispensable
unablässig A ADJ continual B ADV continually
unabsehbar ADJ (fig) Folgen etc unforeseeable; Schaden immeasurable; **auf ~e Zeit** for an indefinite period
unabsichtlich A ADJ unintentional B ADV unintentionally
unabwendbar ADJ inevitable
unachtsam ADJ (≈ unaufmerksam) inattentive; (≈ nicht sorgsam) careless; (≈ unbedacht) thoughtless
unähnlich ADJ dissimilar
unanfechtbar ADJ incontestable; Beweis irrefutable
unangebracht ADJ uncalled-for; (für Kinder etc) unsuitable; (≈ unzweckmäßig) Maßnahmen inappropriate
unangefochten ADJ unchallenged; Urteil, Testament uncontested
unangemeldet A ADJ unannounced (⚠ kein Adverb); Besucher unexpected B ADV unannounced; besuchen without letting sb know
unangemessen A ADJ (≈ zu hoch) unreasonable; (≈ unzulänglich) inadequate; **einer Sache** (dat) **~ sein** to be inappropriate to sth B ADV hoch, teuer unreasonably; sich verhalten inappropriately
unangenehm ADJ unpleasant; Frage awkward; **er kann ~ werden** he can get quite nasty
unannehmbar ADJ unacceptable **Unannehmlichkeit** F trouble (⚠ kein pl); **~en bekommen** to get into trouble
unansehnlich ADJ unsightly; Tapete, Möbel

Umzug — move

Umzug — procession, parade

shabby

unanständig ADJ **1** (≈ *unerzogen*) bad-mannered **2** (≈ *anstößig*) dirty; *Wörter* rude; *Kleidung* indecent **Unanständigkeit** F **1** (≈ *Unerzogenheit*) bad manners *pl* **2** (≈ *Obszönität*) obscenity

unantastbar ADJ sacrosanct; *Rechte* inviolable

unappetitlich ADJ unappetizing

Unart F bad habit **unartig** ADJ naughty

unaufdringlich ADJ unobtrusive

unauffällig ADJ inconspicuous; (≈ *schlicht*) unobtrusive

unauffindbar ADJ nowhere to be found; *vermisste Person* untraceable

unaufgefordert A ADJ unsolicited (*bes* HANDEL) B ADV without being asked

unaufgeklärt ADJ unexplained; *Verbrechen* unsolved

unaufhaltsam ADJ unstoppable

unaufhörlich A ADJ incessant B ADV incessantly

unaufmerksam ADJ inattentive

unaufrichtig ADJ insincere

unausbleiblich ADJ inevitable

unausgefüllt ADJ *Leben, Mensch* unfulfilled

unausgeglichen ADJ unbalanced **Unausgeglichenheit** F imbalance

unausgegoren ADJ immature

unausgesprochen ADJ unspoken

unausgewogen ADJ unbalanced **Unausgewogenheit** F imbalance

unaussprechlich ADJ **1** *Wort* unpronounceable **2** *Leid etc* inexpressible

unausstehlich ADJ intolerable

unausweichlich ADJ unavoidable

unbändig ADJ **1** *Kind* boisterous **2** *Freude, Hass, Zorn* unrestrained (🛑 kein Adverb); *Ehrgeiz* boundless; **sich ~ freuen** to be absolutely thrilled

unbarmherzig A ADJ merciless B ADV mercilessly

unbeabsichtigt A ADJ unintentional B ADV unintentionally

unbeachtet ADJ unnoticed; *Warnung* unheeded; **~ bleiben** to go unnoticed/unheeded; **jdn/ etw ~ lassen** not to take any notice of sb/sth

unbeantwortet ADJ, ADV unanswered

unbebaut ADJ *Land* undeveloped; *Grundstück* vacant; *Feld* uncultivated

unbedacht A ADJ (≈ *hastig*) rash; (≈ *unüberlegt*) thoughtless B ADV rashly

unbedarft ADJ (*umg*) simple-minded

unbedenklich A ADJ (≈ *ungefährlich*) quite safe B ADV (≈ *ungefährlich*) quite safely; (≈ *ohne zu zögern*) without thinking (twice (*umg*))

unbedeutend ADJ insignificant; (≈ *geringfügig*) *Änderung etc* minor

unbedingt A ADJ **1** absolute **2** (*österr, schweiz*) *Gefängnisstrafe* unconditional B ADV (≈ *auf jeden Fall*) really; *nötig* absolutely; **ich musste sie ~ sprechen** I really had to speak to her; **nicht ~ not** necessarily

unbeeindruckt ADJ, ADV unimpressed (*von* by)

unbefahrbar ADJ *Straße, Weg* impassable

unbefangen A ADJ **1** (≈ *unvoreingenommen*) impartial **2** (≈ *ungehemmt*) uninhibited B ADV **1** (≈ *unvoreingenommen*) impartially **2** (≈ *ungehemmt*) without inhibition **Unbefangenheit** F **1** (≈ *unparteiische Haltung*) impartiality **2** (≈ *Ungehemmtheit*) uninhibitedness

unbefriedigend ADJ unsatisfactory **unbefriedigt** ADJ unsatisfied; (≈ *unzufrieden*) dissatisfied

unbefristet A ADJ *Arbeitsverhältnis* permanent; *Visum* permanent B ADV for an indefinite period; **etw ~ verlängern** to extend sth indefinitely

unbefugt ADJ unauthorized; **Eintritt für Unbefugte verboten** no admittance to unauthorized persons

unbegabt ADJ untalented

unbegreiflich ADJ (≈ *unverständlich*) incomprehensible; *Dummheit* inconceivable

unbegrenzt A ADJ unlimited; *Frist* indefinite; **auf ~e Zeit** indefinitely; **in ~er Höhe** of an unlimited amount B ADV indefinitely

unbegründet ADJ unfounded; **eine Klage als ~ abweisen** to dismiss a case

Unbehagen N uneasy feeling; (≈ *Unzufriedenheit*) discontent (*an +dat* with); (*körperlich*) discomfort **unbehaglich** ADJ uncomfortable

unbehandelt ADJ *Wunde, Obst* untreated

unbehelligt A ADJ (≈ *unbelästigt*) unmolested; (≈ *unkontrolliert*) unchecked B ADV (≈ *unkontrolliert*) unchecked; (≈ *ungestört*) in peace

unbeherrscht ADJ *Reaktion* uncontrolled; *Mensch* lacking self-control **Unbeherrschtheit** F (*von Mensch*) lack of self-control

unbeholfen A ADJ clumsy; (≈ *hilflos*) helpless B ADV clumsily **Unbeholfenheit** F clumsiness; (≈ *Hilflosigkeit*) helplessness

unbeirrbar, **unbeirrt** A ADJ unwavering B ADV *festhalten* unwaveringly; *weitermachen* undeterred

unbekannt ADJ unknown; **das war mir ~** I didn't know that; **~e Größe** (MATH, *fig*) unknown quantity; **Strafanzeige gegen ~** charge against person or persons unknown **Unbekannte** F MATH unknown **Unbekannte(r)** M/F(M) stranger **unbekannterweise** ADV **grüß ihn von mir ~** say hello to him from me, even though we haven't met

unbekleidet ADJ bare; **sie war ~** she had

1271 || UNDI

nothing on
unbekümmert ADJ 1 (≈ unbesorgt) unconcerned 2 (≈ sorgenfrei) carefree B ADV (≈ unbesorgt) without worrying; (≈ sorglos) without a care in the world
unbelastet ADJ 1 (≈ ohne Last) unladen 2 (≈ ohne Schulden) unencumbered 3 (≈ ohne Sorgen) free from worries 4 (≈ schadstofffrei) unpolluted
unbelehrbar ADJ fixed in one's views; Rassist etc dyed-in-the-wool attr; **er ist ~** you can't tell him anything
unbeleuchtet ADJ Straße, Weg unlit
unbeliebt ADJ unpopular (bei with); **sich ~ machen** to make oneself unpopular
unbemannt ADJ unmanned
unbemerkt ADJ, ADV unnoticed; **~ bleiben** to go unnoticed
unbenutzt ADJ, ADV unused
unbeobachtet ADJ unnoticed
unbequem ADJ (≈ ungemütlich) uncomfortable; (≈ lästig) Frage, Situation awkward; (≈ mühevoll) difficult; **diese Schuhe sind mir zu ~** these shoes are too uncomfortable; **der Regierung ~ sein** to be an embarrassment to the government
Unbequemlichkeit F 1 (≈ Ungemütlichkeit) lack of comfort; (von Situation) awkwardness 2 inconvenience
unberechenbar ADJ unpredictable
unberechtigt ADJ Sorge etc unfounded; Kritik unjustified; (≈ unbefugt) unauthorized
unberührt ADJ 1 untouched; (fig) Natur unspoiled; **~ sein** (Mädchen) to be a virgin 2 (≈ unbetroffen) unaffected
unbeschädigt ADJ, ADV undamaged; Siegel unbroken
unbescheiden ADJ Mensch, Plan presumptuous
unbescholten ADJ (geh) respectable; Ruf spotless; JUR with no previous convictions
unbeschrankt ADJ unguarded
unbeschränkt ADJ unrestricted; Macht absolute; Geldmittel, Zeit unlimited
unbeschreiblich A ADJ indescribable; Frechheit enormous B ADV schön, gut etc indescribably
unbeschwert A ADJ (≈ sorgenfrei) carefree; Unterhaltung light-hearted B ADV (≈ sorgenfrei) carefree
unbesehen ADV indiscriminately; (≈ ohne es anzusehen) without looking at it/them; **das glaube ich dir ~** I believe it if you say so
unbesetzt ADJ vacant; Schalter closed
unbesiegbar ADJ invincible **unbesiegt** ADJ undefeated
unbesonnen A ADJ rash B ADV rashly **Unbesonnenheit** F rashness
unbesorgt A ADJ unconcerned; **Sie können ganz ~ sein** you can set your mind at rest B ADV without worrying
unbeständig ADJ Wetter changeable; Mensch unsteady; (in Leistungen) erratic **Unbeständigkeit** F (von Wetter) changeability; (von Mensch) unsteadiness; (in Leistungen) erratic behaviour (Br) od behavior (US)
unbestechlich ADJ 1 Mensch incorruptible 2 Urteil unerring
unbestellt ADJ **~e Ware** unsolicited goods pl
unbestimmt ADJ 1 (≈ ungewiss) uncertain 2 (≈ undeutlich) Gefühl etc vague; **auf ~e Zeit** for an indefinite period 3 GRAM indefinite
unbestreitbar ADJ Tatsache indisputable; Verdienste unquestionable **unbestritten** ADJ indisputable
unbeteiligt ADJ 1 (≈ uninteressiert) indifferent 2 (≈ nicht teilnehmend) uninvolved (⚠ kein Adverb) (an +dat, bei in); **~ dabeistehen** to stand there and not get involved
unbetont ADJ unstressed
unbewacht ADJ, ADV unguarded; Parkplatz unattended
unbewaffnet ADJ unarmed
unbeweglich A ADJ 1 (≈ nicht zu bewegen) immovable; (≈ steif) stiff; (geistig) rigid 2 (≈ bewegungslos) motionless B ADV dastehen motionless
unbewohnbar ADJ uninhabitable **unbewohnt** ADJ uninhabited; Haus unoccupied
unbewusst A ADJ unconscious B ADV unconsciously
unbezahlbar ADJ 1 (≈ zu teuer) prohibitively expensive 2 (fig) (≈ nützlich) invaluable; (≈ komisch) priceless
unblutig ADJ Sieg, Umsturz etc bloodless
unbrauchbar ADJ (≈ nutzlos) useless; (≈ nicht zu verwenden) unusable
unbürokratisch ADJ unbureaucratic
unchristlich ADJ unchristian
und KONJ and; **~?** well?; **..., ~ wenn ich selbst bezahlen muss** ... even if I have to pay myself
Undank M ingratitude; **~ ernten** to get little thanks **undankbar** ADJ Mensch ungrateful
undatiert ADJ undated
undefinierbar ADJ indefinable
undemokratisch ADJ undemocratic
undenkbar ADJ inconceivable
undeutlich A ADJ indistinct; Schrift illegible; Erklärung unclear B ADV **~ sprechen** to speak indistinctly; **ich konnte es nur ~ verstehen** I couldn't understand it very clearly
undicht ADJ (≈ luftdurchlässig) not airtight; (≈ wasserdurchlässig) not watertight; Dach leaky, leaking; **das Rohr ist ~** the pipe leaks; **das Fenster ist ~** the window lets in a draught (Br) od draft (US)

UNDI | 1272

Unding N̄ absurdity; **es ist ein ~, zu ...** it is preposterous *od* absurd to ...
undiplomatisch ADJ undiplomatic
undiszipliniert A ADJ undisciplined B ADV in an undisciplined way
undurchlässig ADJ impervious (*gegen* to); *Grenze* closed
undurchschaubar ADJ unfathomable
undurchsichtig ADJ 1 *Fenster, Stoff* opaque 2 (*fig pej*) *Mensch, Methoden* devious; *Motive* obscure
uneben ADJ uneven; *Gelände* rough **Unebenheit** F̄ unevenness; (*von Gelände*) roughness
unecht ADJ false; (≈ *vorgetäuscht*) fake; *Schmuck, Edelstein, Blumen etc* artificial
unehelich ADJ illegitimate; **~ geboren sein** to be illegitimate
unehrlich A ADJ dishonest B ADV dishonestly **Unehrlichkeit** F̄ dishonesty
uneigennützig A ADJ unselfish B ADV unselfishly **Uneigennützigkeit** F̄ unselfishness
uneingeschränkt A ADJ absolute, total; *Freiheit* unlimited; *Zustimmung* unqualified; *Vertrauen* absolute; *Lob* unreserved B ADV absolutely, totally; *zustimmen* without qualification; (*loben, vertrauen* unreservedly
uneingeweiht ADJ uninitiated
uneinheitlich ADJ nonuniform; *Arbeitszeiten* varied; *Qualität* inconsistent
uneinig ADJ 1 (≈ *verschiedener Meinung*) **über etw** (*akk*) **~ sein** to disagree about sth 2 (≈ *zerstritten*) divided **Uneinigkeit** F̄ disagreement (+*gen* between)
uneinnehmbar ADJ impregnable
uneins ADJ (≈ *zerstritten*) divided; **(mit jdm) ~ sein/werden** to disagree with sb
unempfänglich ADJ (*für* to) unsusceptible; (*für Atmosphäre*) insensitive
unempfindlich ADJ (*gegen* to) insensitive; (*gegen Krankheiten etc*) immune; *Teppich* hard-wearing and stain-resistant **Unempfindlichkeit** F̄ (*gegen* to) insensitivity; (*gegen Krankheiten etc*) immunity
unendlich A ADJ infinite; (*zeitlich*) endless; **(bis) ins Unendliche** to infinity B ADV infinitely; (*fig ≈ sehr*) terribly; **~ lange diskutieren** to argue endlessly **Unendlichkeit** F̄ infinity (🔴 ohne the); (*zeitlich*) endlessness; (*von Universum*) boundlessness
unentbehrlich ADJ indispensable
unentdeckt ADJ undiscovered
unentgeltlich ADJ, ADV free of charge
unentschieden A ADJ undecided; (≈ *entschlusslos*) indecisive; SPORT drawn; **ein ~es Rennen** a dead heat B ADV **~ enden** to end in a draw *od* tie; **sich ~ trennen** to draw, to tie **Unentschieden** N̄ SPORT draw

unentschlossen ADJ (≈ *nicht entschieden*) undecided; *Mensch* indecisive
unentschuldigt A ADJ unexcused; **~es Fehlen** absenteeism; SCHULE truancy B ADV without an excuse
unentwegt A ADJ (*mit Ausdauer*) constant B ADV constantly; **~ weitermachen** to continue unceasingly
unerbittlich A ADJ *Kampf* relentless; *Härte* unyielding; *Mensch* pitiless B ADV (≈ *hartnäckig*) stubbornly; (≈ *gnadenlos*) ruthlessly
unerfahren F̄ ADJ inexperienced **Unerfahrenheit** F̄ inexperience
unerfindlich ADJ incomprehensible; **aus ~en Gründen** for some obscure reason
unerfreulich ADJ unpleasant
unerfüllbar ADJ unrealizable **unerfüllt** ADJ unfulfilled
unergiebig ADJ *Quelle, Thema* unproductive; *Ernte* poor
unergründlich ADJ unfathomable
unerheblich ADJ insignificant
unerhört¹ ADJ (≈ *ungeheuer*) enormous; (≈ *empörend*) outrageous; *Frechheit* incredible
unerhört² ADJ *Bitte, Gebet* unanswered
unerkannt A ADJ unrecognized B ADV without being recognized
unerklärbar, unerklärlich ADJ inexplicable; **das ist mir ~** I can't understand it
unerlässlich ADJ essential
unerlaubt A ADJ forbidden; *Parken* unauthorized; (≈ *ungesetzlich*) illegal B ADV *betreten, verlassen* without permission **unerlaubterweise** ADV without permission
unerledigt ADJ unfinished; *Post* unanswered; *Rechnung* outstanding; **etw ~ lassen** not to deal with sth
unermesslich A ADJ *Reichtum, Leid* immense; *Weite, Ozean* vast B ADV *reich, groß* immensely
unermüdlich A ADJ tireless B ADV tirelessly
unerreichbar ADJ *Ziel* unattainable; *Ort* inaccessible
unersättlich ADJ insatiable
unerschöpflich ADJ inexhaustible
unerschrocken A ADJ courageous B ADV courageously
unerschütterlich ADJ unshakeable; *Ruhe* imperturbable
unerschwinglich ADJ prohibitive; **für jdn ~ sein** to be beyond sb's means
unersetzlich ADJ irreplaceable
unerträglich A ADJ unbearable B ADV *heiß, laut* unbearably
unerwähnt ADJ unmentioned; **~ bleiben** not to be mentioned
unerwartet A ADJ unexpected B ADV unex-

pectedly
unerwünscht ADJ *Kind* unwanted; *Besuch, Effekt* unwelcome; *Eigenschaften* undesirable; **du bist hier ~** you're not welcome here
unerzogen ADJ ill-mannered
unfachgemäß A ADJ unprofessional B ADV unprofessionally
unfähig ADJ ① incompetent ② **~ sein, etw zu tun** to be incapable of doing sth; *(vorübergehend)* to be unable to do sth **Unfähigkeit** F ① (≈ *Untüchtigkeit*) incompetence ② (≈ *Nichtkönnen*) inability
unfair A ADJ unfair *(gegenüber* to) B ADV unfairly
Unfall M accident **Unfallflucht** F failure to stop after an accident; **~ begehen** to commit a hit-and-run offence *(Br)* od offense *(US)* **Unfallfolge** F result of an/the accident **unfallfrei** ADJ accident-free **Unfallopfer** N casualty **Unfallort** M scene of an/the accident **Unfallrisiko** N accident risk **Unfallschaden** M damages *pl* **Unfallstation** F casualty (ward) *(Br)*, emergency room *(US)*, ER *(US)* **Unfallstelle** F scene of an/the accident **Unfalltod** M accidental death **Unfallursache** F cause of an/the accident **Unfallverhütung** F accident prevention **Unfallwagen** M car involved in an/the accident **Unfallzeuge** M, **Unfallzeugin** F witness to an/the accident
unfassbar ADJ incomprehensible
unfehlbar A ADJ infallible B ADV without fail **Unfehlbarkeit** F infallibility
unfein A ADJ unrefined (⚠ kein Adverb); **das ist ~** that's bad manners B ADV *sich ausdrücken* in an unrefined way; *sich benehmen* in an ill-mannered way
unflätig ADJ offensive
unfolgsam ADJ disobedient
unformatiert ADJ IT unformatted
unförmig ADJ (≈ *formlos*) shapeless; (≈ *groß*) cumbersome; *Füße, Gesicht* unshapely
unfrankiert ADJ, ADV unfranked
unfreiwillig ADJ ① (≈ *gezwungen*) compulsory; **ich war ~er Zeuge** I was an unwilling witness ② (≈ *unbeabsichtigt*) *Witz, Fehler* unintentional
unfreundlich A ADJ unfriendly *(zu, gegen* to); *Wetter* inclement; *Landschaft* cheerless B ADV in an unfriendly way; **~ reagieren** to react in an unfriendly way **Unfreundlichkeit** F unfriendliness; *(von Wetter)* inclemency
unfruchtbar ADJ infertile; *(fig)* sterile; **~ machen** to sterilize **Unfruchtbarkeit** F infertility; *(fig)* sterility
Unfug M nonsense; **~ treiben** to get up to mischief; **grober ~** JUR public nuisance
Ungar(in) M(F) Hungarian **ungarisch** ADJ

Hungarian **Ungarn** N Hungary
ungeachtet PRÄP +gen in spite of, despite; **~ aller Ermahnungen** despite all warnings
ungeahnt ADJ undreamt-of
ungebeten ADJ uninvited
ungebildet ADJ uncultured; (≈ *ohne Bildung*) uneducated
ungeboren ADJ unborn
ungebräuchlich ADJ uncommon
ungebraucht ADJ, ADV unused
ungebrochen ADJ *(fig) Rekord, Wille* unbroken
ungebunden ADJ (≈ *unabhängig*) *Leben* (fancy-)free; (≈ *unverheiratet*) unattached; **parteipolitisch ~** (politically) independent
ungedeckt ADJ ① SPORT *Tor* undefended; *Spieler* unmarked; *Scheck, Kredit* uncovered ② *Tisch* unlaid *(Br)*, not set *präd*
Ungeduld F impatience; **vor ~** with impatience; **voller ~** impatiently **ungeduldig** A ADJ impatient B ADV impatiently
ungeeignet ADJ unsuitable
ungefähr A ADJ approximate, rough B ADV roughly; **das kommt nicht von ~** it's no accident; **so ~!** more or less!; **~ (so) wie** a bit like; **dann weiß ich ~ Bescheid** then I've got a rough idea; **das hat sich ~ so abgespielt** it happened something like this
ungefährlich ADJ safe; *Tier, Krankheit* harmless **Ungefährlichkeit** F safeness; *(von Tier, Krankheit)* harmlessness
ungefragt ADV **sie tat es ~** she did it without being asked
ungehalten A ADJ indignant *(über +akk* about) B ADV indignantly
ungeheizt ADJ unheated
ungehemmt ADJ unrestrained
ungeheuer A ADJ ① → **ungeheuerlich** ② (≈ *riesig*) enormous; *(in Bezug auf Länge, Weite)* vast ③ (≈ *genial, kühn*) tremendous B ADV (≈ *sehr*) enormously; *(negativ)* terribly, awfully **Ungeheuer** N monster **ungeheuerlich** ADJ monstrous; *Leichtsinn* outrageous; *Verdacht, Dummheit* dreadful **Ungeheuerlichkeit** F *(von Tat)* atrociousness; *(von Verleumdung)* outrageousness
ungehindert A ADJ unhindered B ADV without hindrance
ungehobelt ADJ *Benehmen* boorish
ungehörig ADJ impertinent
ungehorsam ADJ disobedient **Ungehorsam** M disobedience; MIL insubordination; **ziviler ~** civil disobedience
ungeklärt ADJ *Frage, Verbrechen* unsolved; *Ursache* unknown; **unter ~en Umständen** in mysterious circumstances
ungekürzt A ADJ not shortened; *Buch* una-

UNGE ‖ 1274

bridged; Film uncut B ADV veröffentlichen una-
bridged; (Film) uncut; **der Artikel wurde ~ ab-
gedruckt** the article was printed in full

ungeladen ADJ Gäste etc uninvited

ungelegen A ADJ inconvenient B ADV **komme
ich (Ihnen) ~?** is this an inconvenient time for
you?; **etw kommt jdm ~** sth is inconvenient
for sb

ungelernt ADJ unskilled

ungelogen ADV honestly

ungemein ADV tremendous; **das freut mich ~**
I'm really really pleased

ungemütlich ADJ uncomfortable; Wohnung
not very cosy; Mensch awkward; Wetter unpleas-
ant; **mir wird es hier ~** I'm getting a bit un-
comfortable; **er kann ~ werden** he can get
nasty

ungenannt ADJ 1 Mensch anonymous 2 Summe
unspecified

ungenau A ADJ inaccurate; (≈ nicht wahrheitsge-
treu) inexact; (≈ vage) vague B ADV inaccurately
Ungenauigkeit F inaccuracy

ungeniert ADJ (≈ ungehemmt) unembar-
rassed; (≈ taktlos) uninhibited B ADV openly; (≈
taktlos) without any inhibition

ungenießbar ADJ (≈ nicht zu essen) inedible; (≈
nicht zu trinken) undrinkable; (umg) Mensch unbear-
able

ungenügend A ADJ inadequate, insufficient;
SCHULE unsatisfactory B ADV inadequately, in-
sufficiently

ungenutzt ADJ unused; Energien unexploited;
eine Chance ~ lassen to miss an opportunity
ungepflegt ADJ Mensch unkempt; Rasen, Hände
neglected

ungeprüft A ADJ untested; Vorwürfe un-
checked B ADV without testing, without check-
ing

ungerade ADJ odd attr

ungerecht A ADJ unjust, unfair B ADV un-
justly, unfairly **ungerechtfertigt** ADJ un-
justified **Ungerechtigkeit** F injustice

ungeregelt ADJ Zeiten irregular; Leben disor-
dered

Ungereimtheit F inconsistency

ungern ADV reluctantly

ungerührt ADJ, ADV unmoved

ungesagt ADJ unsaid

ungesalzen ADJ unsalted

ungeschehen ADJ **etw ~ machen** to undo
sth

Ungeschicklichkeit F clumsiness **unge-
schickt** A ADJ clumsy; (≈ unbedacht) careless
B ADV clumsily

ungeschminkt ADJ without make-up; (fig)
Wahrheit unvarnished

ungeschoren ADJ unshorn; **jdn ~ lassen**
(umg) to spare sb; **~ davonkommen** (umg) to es-
cape unscathed; (Verbrecher) to get off (scot-
-free)

ungeschrieben ADJ unwritten

ungeschützt ADJ unprotected

ungesellig ADJ unsociable

ungesetzlich ADJ unlawful, illegal

ungestört A ADJ undisturbed; **hier sind wir
~** we won't be disturbed here B ADV arbeiten,
sprechen without being interrupted

ungestraft ADV with impunity

ungestüm A ADJ impetuous B ADV impetu-
ously **Ungestüm** N impetuousness

ungesund ADJ unhealthy; (≈ schädlich) harmful

ungesüßt ADJ unsweetened

ungeteilt ADJ undivided; Beifall universal

ungetrübt ADJ clear; Glück perfect

Ungetüm N monster

ungewiss ADJ uncertain; (≈ vage) vague; **eine
Reise ins Ungewisse** (fig) a journey into the un-
known; **jdn (über etw akk) im Ungewissen las-
sen** to leave sb in the dark (about sth) **Unge-
wissheit** F uncertainty

ungewöhnlich ADJ unusual **ungewohnt**
ADJ (≈ fremdartig) unfamiliar; (≈ unüblich) unusual

ungewollt A ADJ unintentional B ADV unin-
tentionally

Ungeziefer N pests pl

ungezogen ADJ ill-mannered

ungezwungen A ADJ casual; Benehmen natu-
ral B ADV casually; sich benehmen naturally

ungläubig ADJ unbelieving; REL infidel; (≈ zwei-
felnd) doubting **Ungläubige(r)** M/F(M) unbe-
liever **unglaublich** ADJ unbelievable **un-
glaubwürdig** ADJ implausible; Dokument du-
bious; Mensch unreliable

ungleich A ADJ dissimilar, unalike präd; Größe,
Farbe different; Mittel, Kampf unequal; MATH not
equal B ADV 1 (unterschiedlich) unequally 2 (vor
Komparativ) much **Ungleichgewicht** N (fig)
imbalance **Ungleichheit** F dissimilarity;
(von Größe, Farbe) difference; (von Mitteln, Kampf) in-
equality **ungleichmäßig** A ADJ uneven; Ge-
sichtszüge, Puls irregular B ADV unevenly

Unglück N (≈ Unfall) accident; (≈ Schicksalsschlag)
disaster; (≈ Unheil) misfortune; (≈ Pech) bad luck;
in sein ~ rennen to head for disaster; **das
bringt ~** that brings bad luck; **zu allem ~**
to make matters worse; **ein ~ kommt selten
allein** (sprichw) it never rains but it pours (Br
sprichw), when it rains, it pours (US sprichw) **un-
glücklich** A ADJ 1 (≈ traurig) unhappy; Liebe un-
requited 2 (≈ bedauerlich) unfortunate B ADV 1
(traurig) unhappily; **~ verliebt sein** to be
crossed in love 2 (ungünstig) unfortunately; **~**

enden to turn out badly 🔢 *stürzen, fallen* awkwardly **unglücklicherweise** ADV unfortunately **Unglücksfall** M accident

Ungnade F disgrace; **bei jdm in ~ fallen** to fall out of favour (Br) od favor (US) with sb **ungnädig** ADJ ungracious; (hum) unkind

ungrammatisch ADJ ungrammatical

ungültig ADJ invalid; (≈ *nichtig*) void; *Stimmzettel* spoiled; SPORT *Tor* disallowed

ungünstig ADJ unfavourable (Br), unfavorable (US); *Entwicklung* undesirable; *Termin* inconvenient; *Augenblick, Wetter* bad

ungut ADJ bad; **nichts für ~!** no offence (Br) od offense! (US)

unhaltbar ADJ *Zustand* intolerable; *Vorwurf etc* untenable; *Torschuss* unstoppable

unhandlich ADJ unwieldy

Unheil N disaster; **~ stiften** to do damage

unheilbar ADJ incurable; **~ krank sein** to be terminally ill

unheimlich A ADJ 🔢 (≈ *angsterregend*) frightening; **das/er ist mir ~** it/he gives me the creeps (umg) 🔢 (umg) tremendous (umg) B ADV (umg ≈ *sehr*) incredibly (umg); **~ viel Geld** a tremendous amount of money (umg)

unhöflich A ADJ impolite B ADV impolitely

Unhöflichkeit F impoliteness

unhygienisch ADJ unhygienic

uni self-coloured (Br), self-colored (US), plain **Uni** F (umg) uni (umg), U (US umg)

Uniform F uniform **uniformiert** ADJ uniformed **Uniformierte(r)** M/F(M) person/ man/woman in uniform

Unikum N 🔢 unique thing *etc* 🔢 (umg) real character

unilateral A ADJ unilateral B ADV unilaterally

unintelligent ADJ unintelligent

uninteressant ADJ uninteresting; **das ist doch völlig ~** that's of absolutely no interest **uninteressiert** ADJ uninterested (*an +dat* in)

Union F union; **die ~** POL the CDU and CSU

universal A ADJ universal B ADV universally **Universalgenie** N universal genius **universell** A ADJ universal B ADV universally **Universität** F university; **auf die ~ gehen** to go to university (❗ ohne **the**) **Universitätsbibliothek** F university library **Universitätsgelände** N university campus **Universitätsklinik** F university clinic **Universitätsstadt** F university town **Universitätsstudium** N (*Ausbildung*) university training **Universum** N universe

unken VI (umg) to foretell gloom

unkenntlich ADJ unrecognizable; *Inschrift etc* indecipherable **Unkenntlichkeit** F **bis zur ~** beyond recognition **Unkenntnis** F ignorance; **aus ~** out of ignorance

unklar A ADJ unclear; (≈ *undeutlich*) blurred; **es ist mir völlig ~, wie das geschehen konnte** I (just) can't understand how that could happen; **über etw** (akk) **völlig im Unklaren sein** to be completely in the dark about sth B ADV unclearly **Unklarheit** F lack of clarity; (*über Tatsachen*) uncertainty; **darüber herrscht noch ~** this is still uncertain *od* unclear

unklug A ADJ unwise B ADV unwisely

unkompliziert ADJ uncomplicated

unkontrollierbar ADJ uncontrollable **unkontrolliert** ADJ, ADV unchecked

unkonventionell A ADJ unconventional B ADV unconventionally

unkonzentriert ADJ **er ist ~** he lacks concentration

Unkosten PL costs *pl*; (≈ *Ausgaben*) expenses *pl*; **sich in ~ stürzen** (umg) to go to a lot of expense **Unkostenbeitrag** M contribution toward(s) costs/expenses

Unkraut N weed; **~ vergeht nicht** (sprichw) it would take more than that to finish me/him *etc* off! (hum) **Unkrautbekämpfung** F weed control **Unkrautbekämpfungsmittel** N weed killer

unkritisch A ADJ uncritical B ADV uncritically

unkündbar ADJ *Beamter* permanent; *Vertrag* binding; **in ~er Stellung** in a permanent position

unkundig ADJ ignorant (+*gen* of)

unlauter ADJ dishonest; *Wettbewerb* unfair

unleserlich ADJ illegible

unlogisch ADJ illogical

unlösbar ADJ (fig) *Problem etc* insoluble; *Widerspruch* irreconcilable **unlöslich** ADJ CHEM insoluble

Unlust F 🔢 (≈ *Widerwille*) reluctance 🔢 (≈ *Lustlosigkeit*) listlessness

Unmasse F (umg) load (umg); **~n von Büchern** loads od masses of books (umg)

unmaßgeblich A ADJ (≈ *nicht entscheidend*) *Urteil* not authoritative; (≈ *unwichtig*) *Äußerung* inconsequential; **nach meiner ~en Meinung** (hum) in my humble opinion B ADV insignificantly

unmäßig A ADJ excessive B ADV *essen, trinken* to excess; *rauchen* excessively

Unmenge F vast number; (*bei unzählbaren Mengenbegriffen*) vast amount; **~n essen** to eat an enormous amount

Unmensch M monster; **ich bin ja kein ~** I'm not an ogre **unmenschlich** A ADJ 🔢 inhuman 🔢 (umg ≈ *unerträglich*) terrible B ADV *behandeln* in an inhuman way **Unmenschlichkeit** F inhumanity; **~en** inhumanity

unmerklich A ADJ imperceptible B ADV imperceptibly

unmissverständlich **A** _ADJ_ unequivocal **B**
ADV unequivocally; **jdm etw ~ zu verstehen
geben** to tell sb sth in no uncertain terms

unmittelbar **A** _ADJ_ _Nähe_ immediate; (≈ _direkt_)
direct; **aus ~er Nähe schießen** to fire at close
range **B** _ADV_ immediately; (≈ _ohne Umweg_) direct-
ly; **~ vor** (+dat) (_zeitlich_) immediately before;
(_räumlich_) right in front of

unmöbliert _ADJ_ _Zimmer_ unfurnished; **~ woh-
nen** to live in unfurnished accommodation

unmodern **A** _ADJ_ old-fashioned **B** _ADV_ _gekleidet_
in an old-fashioned way

unmöglich **A** _ADJ_ impossible; **sich ~ machen**
to make oneself look ridiculous **B** _ADV_ (≈ _keines-
falls_) not possibly; **ich kann es ~ tun** I cannot
possibly do it; **~ aussehen** (_umg_) to look ridic-
ulous **Unmöglichkeit** _F_ impossibility; **das
ist ein Ding der ~!** that's quite impossible!

unmoralisch _ADJ_ immoral

unmündig _ADJ_ under-age **Unmündigkeit**
_F_ minority

unmusikalisch _ADJ_ unmusical

unnachgiebig _ADJ_ inflexible

unnachsichtig **A** _ADJ_ severe; (_stärker_) merci-
less **B** _ADV_ _verfolgen_ mercilessly; _bestrafen_ severe-
ly

unnahbar _ADJ_ _Mensch_ unapproachable

unnatürlich _ADJ_ unnatural; _Tod_ violent

unnötig **A** _ADJ_ unnecessary **B** _ADV_ unnecessar-
ily **unnötigerweise** _ADV_ unnecessarily

unnütz _ADJ_ useless; (≈ _umsonst_) pointless

unökonomisch _ADJ_ uneconomic; _Fahrweise_
uneconomical

unordentlich _ADJ_ untidy; _Lebenswandel_ disor-
derly **Unordnung** _F_ disorder (❗ ohne a);
(≈ _Durcheinander_) mess; **etw in ~ bringen** to mess
sth up

unorganisch _ADJ_ inorganic

unorthodox _ADJ_ unorthodox

unparteiisch **A** _ADJ_ impartial **B** _ADV_ impar-
tially **Unparteiische(r)** _M/F(M)_ **der ~** SPORT
the referee

unpassend _ADJ_ inappropriate; _Augenblick_ in-
convenient

unpersönlich _ADJ_ impersonal

unpolitisch _ADJ_ unpolitical

unpopulär _ADJ_ unpopular

unpraktisch _ADJ_ _Mensch_ unpractical; _Lösung_
impractical

unproblematisch _ADJ_ unproblematic

unproduktiv _ADJ_ unproductive

unpünktlich _ADJ_ _Mensch_ unpunctual; _Zug_ not
on time **Unpünktlichkeit** _F_ unpunctuality

unqualifiziert _ADJ_ _Arbeitskraft_ unqualified; _Ar-
beiten, Jobs_ unskilled; _Äußerung_ incompetent

unrasiert _ADJ_ unshaven

unrealistisch _ADJ_ unrealistic

unrecht _ADJ_ wrong; **das ist mir gar nicht so ~**
I don't really mind; **~ haben** to be wrong; **~
tun** to do wrong **Unrecht** _N_ wrong, injustice;
zu ~ _verdächtigt_ unjustly; **im ~ sein** to be wrong;
jdm ein ~ tun to do sb an injustice **unrecht-
mäßig** _ADJ_ unlawful **Unrechtsregime** _N_
POL tyrannical regime

unregelmäßig **A** _ADJ_ irregular **B** _ADV_ irregu-
larly **Unregelmäßigkeit** _F_ irregularity

unreif _ADJ_ _Obst_ unripe; _Mensch, Verhalten_ imma-
ture

unrentabel _ADJ_ unprofitable

unrichtig _ADJ_ incorrect; _Vorwurf, Angaben etc_
false

Unruhe _F_ **1** restlessness; (≈ _Nervosität_) agitation;
in ~ sein to be restless; (≈ _besorgt_) to be agitated
2 (≈ _Unfrieden_) unrest (❗ kein pl); **~ stiften** to
create unrest **3** **(politische) ~n** (political) dis-
turbances **Unruhestifter(in)** _M(F)_ trouble-
maker **unruhig** _ADJ_ restless; (≈ _laut_) noisy;
Schlaf, Meer troubled

unrühmlich _ADJ_ inglorious

uns **A** _PERS PR_ us; (_dat auch_) to us; **bei ~** (≈ _zu Hause,
im Betrieb etc_) at our place; (≈ _in unserem Land_) in
our country; **bei ~ zu Hause** at our house;
ein Freund von ~ a friend of ours; **das gehört
~** that is ours **B** _REFL PR_ ourselves; (≈ _einander_)
each other

unsachgemäß **A** _ADJ_ improper **B** _ADV_ impro-
perly

unsanft _ADJ_ rough; (≈ _unhöflich_) rude

unsauber _ADJ_ **1** (≈ _schmutzig_) dirty **2** _Handschrift_
untidy; _Schuss, Schnitt_ inaccurate; _Ton_ impure

unschädlich _ADJ_ harmless; **jdn ~ machen**
(_umg_) to take care of sb (_umg_)

unscharf _ADJ_ _Erinnerung_ hazy; **der Sender ist ~
eingestellt** the station is not tuned clearly

unschätzbar _ADJ_ _Wert, Verlust_ incalculable;
von ~em Wert invaluable

unscheinbar _ADJ_ inconspicuous; (≈ _unattraktiv_)
Aussehen unprepossessing

unschlagbar _ADJ_ unbeatable

unschlüssig _ADJ_ undecided; (≈ _zögernd_) irreso-
lute

unschön _ADJ_ (≈ _hässlich_) unsightly; (_stärker_) ugly;
(≈ _unangenehm_) unpleasant; _Szenen_ ugly

Unschuld _F_ **1** innocence **2** (≈ _Jungfräulichkeit_)
virginity **unschuldig** **A** _ADJ_ **1** innocent; **an
etw** (_dat_) **~ sein** not to be guilty of sth; **er
war völlig ~ an dem Unfall** he was in no
way responsible for the accident **2** (≈ _jungfräu-
lich_) virginal **B** _ADV_ **1** JUR **jdn ~ verurteilen** to
convict sb when he is innocent **2** (≈ _arglos_) _fra-
gen_ innocently

UNMI | 1276

U

1277 ‖ UNTE

unselbstständig ▣ ADJ lacking in independence; **eine ~e Tätigkeit ausüben** to work as an employee ▣ ADV (≈ mit fremder Hilfe) not independently **Unselbstständigkeit** F̲ lack of independence

unser POSS PR our **unsereiner, unsereins** INDEF PR (umg) the likes of us (umg) **unsere(r, s)** POSS PR (substantivisch) ours; **der/die/das Unsere** (geh) ours; **wir tun das Unsere** (geh) we are doing our bit; **die Unseren** (geh) our family **unsererseits** ADV (≈ auf unserer Seite) for our part; (≈ von unserer Seite) on our part **unseresgleichen** INDEF PR people like us

unseriös ADJ Mensch slippery; Auftreten, Bemerkung frivolous; Methoden, Firma shady; Angebot not serious

unsertwegen ADV (≈ wegen uns) because of us; (≈ um uns) about us; (≈ für uns) on our behalf

unsicher ▣ ADJ **1** (≈ gefährlich) dangerous; **die Gegend ~ machen** (fig umg) to hang out (umg) **2** (≈ verunsichert) insecure, unsure (of oneself) **3** (≈ ungewiss) unsure; (≈ unstabil) uncertain, unstable; Kenntnisse shaky ▣ ADV (≈ schwankend) unsteadily; (≈ nicht selbstsicher) uncertainly **Unsicherheit** F̲ (≈ Gefahr) danger; (≈ mangelndes Selbstbewusstsein) insecurity; (≈ Ungewissheit) uncertainty

unsichtbar ADJ invisible

Unsinn M̲ nonsense (🔴 ohne a); **~ machen** to do silly things; **lass den ~!** stop fooling about! **unsinnig** ADJ (≈ sinnlos) foolish; (≈ ungerechtfertigt) unreasonable; (stärker) absurd

Unsitte F̲ bad habit **unsittlich** ▣ ADJ immoral; (in sexueller Hinsicht) indecent ▣ ADV indecently; **er hat sich ihr ~ genähert** he made indecent advances to her

unsolide ADJ Mensch free-living; (≈ unredlich) Firma, Angebot unreliable; **ein ~s Leben führen** to be free-living

unsozial ADJ antisocial

unsportlich ADJ **1** (≈ ungelenkig) unsporty **2** (≈ unfair) unsporting

unsterblich ▣ ADJ immortal; Liebe undying; **jdn ~ machen** to immortalize sb ▣ ADV (umg) **sich ~ blamieren** to make a complete idiot of oneself; **~ verliebt sein** to be madly in love (umg)

unstimmig ADJ Aussagen etc at variance, differing attr **Unstimmigkeit** F̲ (≈ Ungenauigkeit) discrepancy; (≈ Streit) difference

Unsumme F̲ vast sum

unsympathisch ADJ unpleasant; **er ist mir ~** I don't like him

unsystematisch ▣ ADJ unsystematic ▣ ADV unsystematically

Untat F̲ atrocity

untätig ▣ ADJ (≈ müßig) idle; (≈ nicht handelnd)

passive ▣ ADV idly; **sie sah ~ zu, wie er verblutete** she stood idly by as he bled to death **Untätigkeit** F̲ (≈ Müßiggang) idleness; (≈ Passivität) passivity

untauglich ADJ (zu, für for) unsuitable; (für Wehrdienst) unfit

unteilbar ADJ indivisible

unten ADV (≈ am unteren Ende) at the bottom; (≈ tiefer, drunten) (down) below; (≈ an der Unterseite) underneath; (in Gebäude) downstairs; **von ~** from below; **nach ~** down; **~ am Berg** at the bottom of the hill; **~ im Glas** at the bottom of the glass; **weiter ~** further down; **~ erwähnt, ~ genannt** mentioned below; **er ist bei mir ~ durch** (umg) I'm through with him (umg); **~ stehend** following; (wörtl) standing below; **~ wohnen** to live downstairs

unter PRÄP +dat od +akk under; (≈ drunter) underneath, below; (≈ zwischen, innerhalb) among(st); **~ 18 Jahren** under 18 years (of age); **Temperaturen ~ 25 Grad** temperatures below 25 degrees; **~ $ 50** less than $50; **der Boden ~ ihren Füßen** the ground beneath her feet; **~ sich** (dat) **sein** to be by themselves; **~ etw leiden** to suffer from sth; **~ anderem** among other things

Unterabteilung F̲ subdivision

Unterarm M̲ forearm

unterbelichtet ADJ FOTO underexposed

unterbesetzt ADJ understaffed

unterbewusst ▣ ADJ subconscious; **das Unterbewusste** the subconscious ▣ ADV subconsciously **Unterbewusstsein** N̲ subconscious; **im ~** subconsciously

unterbezahlt ADJ underpaid

unterbieten V̲T̲ Konkurrenten, Preis to undercut; (fig) to surpass

unterbinden V̲T̲ to stop; MED Blutung to ligature

unterbleiben V̲I̲ **1** (≈ aufhören) to cease **2** (≈ nicht geschehen) not to happen

Unterbodenschutz M̲ VERKEHR protective undercoating

unterbrechen V̲T̲ to interrupt; Stille to break; Telefonverbindung to disconnect; Spiel to suspend; Schwangerschaft to terminate; **entschuldigen Sie bitte, wenn ich Sie unterbreche** forgive me for interrupting **Unterbrechung** F̲ interruption; (von Stille) break (+gen in); (von Spiel) stoppage; **ohne ~** without a break

unterbreiten V̲T̲ Plan to present; (jdm) **ein Angebot ~** to make an offer (to sb)

unterbringen V̲T̲ **1** (≈ verstauen) to put; (in Heim etc) to put; **etw bei jdm ~** to leave sth with sb **2** (≈ Unterkunft geben) Menschen to accommodate; Sammlung to house; **gut/schlecht unterge-**

bracht sein to have good/bad accommodation; (≈ versorgt werden) to be well/badly looked after **Unterbringung** F accommodation (Br), accommodations pl (US)

unterbuttern VT (umg ≈ unterdrücken) to ride roughshod over; **lass dich nicht ~!** don't let them push you around

Unterdeck N SCHIFF lower deck

unterdes(sen) ADV meanwhile

unterdrücken VT **1** (≈ beherrschen) Volk to oppress; Freiheit, Meinung to suppress **2** (≈ zurückhalten) Neugier, Gähnen, Gefühle to suppress; Tränen, Bemerkung to hold back **Unterdrücker(in)** M(F) oppressor **Unterdrückung** F **1** (von Volk) oppression; (von Freiheit) suppression **2** (von Neugier, Gähnen, Gefühlen) suppression; (von Tränen, Bemerkung) holding back

unterdurchschnittlich ADJ below average

untereinander ADV **1** (≈ gegenseitig) each other; (≈ miteinander) among ourselves/themselves etc **2** (räumlich) one below the other

unterentwickelt ADJ underdeveloped

untere(r, s) ADJ lower

unterernährt ADJ undernourished **Unterernährung** F malnutrition

Unterfangen N (geh) venture, undertaking

unterfordert ADJ **ich fühle mich ~** I'm not being challenged (enough)

Unterführung F underpass

Untergang M **1** (von Schiff) sinking **2** (von Gestirn) setting **3** (≈ das Zugrundegehen) decline; (von Individuum) downfall

untergeben ADJ subordinate **Untergebene(r)** M(F(M)) subordinate

untergehen VI **1** (≈ versinken) to sink; (fig: im Lärm etc) to be submerged od drowned **2** (Gestirn) to set **3** (≈ zugrunde gehen) to decline; (Individuum) to perish

untergeordnet ADJ subordinate; Bedeutung secondary; → unterordnen

Untergeschoss N, **Untergeschoß** (österr) N basement

Untergewicht N underweight; **~ haben** to be underweight

untergliedern VT to subdivide

untergraben VT (≈ zerstören) to undermine

Untergrund M **1** GEOL subsoil **2** (≈ Farbschicht) undercoat; (≈ Hintergrund) background **3** POL etc underground **Untergrundbahn** F underground (Br), subway (US)

unterhalb ADV, PRÄP +gen below; **~ von** below

Unterhalt M **1** (≈ Lebensunterhalt) maintenance (bes Br JUR), alimony; **seinen ~ verdienen** to earn one's living **2** (≈ Instandhaltung) upkeep

unterhalten A VT **1** (≈ versorgen) to support **2** (≈ betreiben) Geschäft, Kfz to run **3** (≈ instand halten) Gebäude, Kontakte, Beziehungen to maintain **4** Gäste, Publikum to entertain B VR **1** (≈ sprechen) to talk (mit to, with); **sich mit jdm (über etw akk) ~** to (have a) talk od chat with sb (about sth) **2** (≈ sich vergnügen) to have a good time **Unterhalter(in)** M(F) entertainer **unterhaltsam** ADJ entertaining **unterhaltsberechtigt** ADJ entitled to maintenance (Br) od alimony **Unterhaltsgeld** N maintenance (Br), alimony **Unterhaltskosten** PL (von Gebäude) maintenance (Br) od alimony (costs pl); (von Kfz) running costs pl **Unterhaltspflicht** F obligation to pay maintenance (Br) od alimony **unterhaltspflichtig** ADJ under obligation to pay maintenance (Br) od alimony **Unterhaltszahlung** F maintenance payment **Unterhaltung** F **1** (≈ Gespräch) talk, conversation **2** (≈ Amüsement) entertainment; **wir wünschen gute ~** we hope you enjoy the programme (Br) od program (US) **Unterhaltungselektronik** F (≈ Industrie) consumer electronics sg; (≈ Geräte) audio systems pl

Unterhändler(in) M(F) negotiator

Unterhaus N Lower House, House of Commons (Br)

unterheben VT GASTR to stir in (lightly)

Unterhemd N vest (Br), undershirt (US)

Unterholz N undergrowth

Unterhose F (≈ Herrenunterhose) (pair of) underpants pl, briefs pl; (≈ Damenunterhose) (pair of) pants pl (Br) od panties pl (US)

unterirdisch ADJ, ADV underground

unterjochen VT to subjugate

unterjubeln VT (umg ≈ andrehen) **jdm etw ~** to palm sth off on sb (umg)

Unterkiefer M lower jaw

unterkommen VI (≈ Unterkunft finden) to find accommodation; (umg ≈ Stelle finden) to find a job (als as, bei with, at); **bei jdm ~** to stay at sb's (place)

Unterkörper M lower part of the body

unterkriegen VT (umg) to bring down; (≈ deprimieren) to get down; **lass dich von ihnen nicht ~** don't let them get you down

unterkühlt ADJ Körper affected by hypothermia; (fig) Atmosphäre chilly **Unterkühlung** F MED hypothermia **Unterkunft** F accommodation (Br) (❗ kein pl), accommodations pl (US), lodging; **~ und Verpflegung** board and lodging **Unterlage** F **1** (für Teppich) underlay; (im Bett) draw sheet **2** (≈ Beleg) document **unterlassen** VT (≈ nicht tun) to refrain from; (≈ nicht durchführen) not to carry out; **~ Sie das!** don't do that!; **er hat es ~, mich zu benachrichtigen** he failed to notify me; **~e Hilfeleistung** JUR failure to give assistance

UNTE 1279

Unterlauf M̲ lower reaches pl (of a river) **unterlaufen** A̲ V̲ī +dat (Irrtum) to occur; **mir ist ein Fehler ~** I made a mistake B̲ V̲T̲ Bestimmungen to get (a)round; (≈ umgehen) to circumvent **unterlegen** A̲D̲J̲ inferior; (≈ besiegt) defeated; **jdm ~ sein** to be inferior to sb **Unterlegscheibe** F̲ TECH washer
Unterleib M̲ abdomen **Unterleibchen** N̲ (österr ≈ Unterhemd) vest (Br), undershirt (US) **Unterleibskrebs** M̲ cancer of the abdomen; (bei Frau) cancer of the womb **Unterleibsschmerzen** P̲L̲ abdominal pains pl
unterliegen V̲ī **1** (≈ besiegt werden) to be defeated (+dat by) **2** (+dat ≈ unterworfen sein) to be subject to; einer Steuer to be liable to; **es unterliegt keinem Zweifel, dass …** it is not open to any doubt that …
Unterlippe F̲ bottom lip
untermauern V̲T̲ to underpin
Untermenü N̲ IT submenu
Untermiete F̲ subtenancy; **bei jdm zur ~ wohnen** to be sb's tenant **Untermieter(in)** M̲F̲ lodger (bes Br), subtenant
unternehmen V̲T̲ to do; Versuch, Reise to make; **Schritte ~** to take steps **Unternehmen** N̲ **1** (≈ Firma) business, concern, enterprise **2** (≈ Aktion) undertaking, enterprise, venture; MIL operation **Unternehmensberater(in)** M̲F̲ management consultant **Unternehmer(in)** M̲F̲ employer; (alten Stils) entrepreneur; (≈ Industrieller) industrialist; **die ~** the employers **unternehmerisch** A̲D̲J̲ entrepreneurial **Unternehmung** F̲ **1** = Unternehmen 2 **2** (≈ Transaktion) undertaking **unternehmungslustig** A̲D̲J̲ enterprising
Unteroffizier(in) M̲F̲ **1** (≈ Rang) noncommissioned officer **2** (≈ Dienstgrad) (bei der Armee) sergeant (Br), corporal (US); (bei der Luftwaffe) corporal (Br), airman first class (US)
unterordnen A̲ V̲T̲ to subordinate (+dat to); → **untergeordnet** B̲ V̲R̲ to subordinate oneself (+dat to)
unterprivilegiert A̲D̲J̲ underprivileged
Unterredung F̲ discussion
Unterricht M̲ classes pl; **während des ~s** during class (⚠ hier Singular und ohne **the**); **~ in Fremdsprachen** foreign language teaching; **(jdm) ~ geben** od **erteilen** to teach (sb) (in etw (dat) sth); **am ~ teilnehmen** to attend classes **unterrichten** A̲ V̲T̲ **1** (≈ Unterricht geben) Schüler, Fach to teach; **jdn in etw** (dat) **~** to teach sb sth **2** (≈ informieren) to inform (von, über +akk about) B̲ V̲ī to teach **unterrichtet** A̲D̲J̲ informed; **gut ~e Kreise** well-informed circles **Unterrichtsfach** N̲ subject **unterrichtsfrei** A̲D̲J̲ **~e Stunde** free period; **mor-**

gen haben wir ~ there are no lessons tomorrow **Unterrichtsstoff** M̲ subject matter **Unterrichtsstunde** F̲ lesson, period **Unterrichtszeit** F̲ teaching time **Unterrichtung** F̲ (≈ Belehrung) instruction; (≈ Informierung) information
Unterrock M̲ underskirt
untersagen V̲T̲ to forbid; **(das) Rauchen (ist hier) strengstens untersagt** smoking (is) strictly prohibited (here)
Untersatz M̲ mat; (für Gläser etc) coaster (bes Br); (für Blumentöpfe etc) saucer
unterschätzen V̲T̲ to underestimate
unterscheiden A̲ V̲T̲ to distinguish; **A nicht von B ~ können** to be unable to tell the difference between A and B; **zwei Personen (voneinander) ~** to tell two people apart B̲ V̲ī to differentiate C̲ V̲R̲ **sich von etw/jdm ~** to differ from sth/sb **Unterscheidung** F̲ differentiation; (≈ Unterschied) difference
Unterschenkel M̲ lower leg
Unterschicht F̲ lower class, lower classes pl
unterschieben V̲T̲ (fig) **jdm etw ~** (≈ anlasten) to palm sth off on sb
Unterschied M̲ difference; **es ist ein (großer) ~, ob …** it makes a (big) difference whether …; **im ~ zu (jdm/etw)** in contrast to (sb/sth) **unterschiedlich** A̲ A̲D̲J̲ different; (≈ veränderlich) variable; (≈ gemischt) varied B̲ A̲D̲V̲ differently; **~ gut/lang** of varying quality/length **unterschiedslos** A̲ A̲D̲J̲ indiscriminate B̲ A̲D̲V̲ (≈ undifferenziert) indiscriminately; (≈ gleichberechtigt) equally
unterschlagen V̲T̲ Geld to embezzle; Beweise etc to withhold; (umg) Neuigkeit etc to keep quiet about **Unterschlagung** F̲ (von Geld) embezzlement; (von Beweisen etc) withholding
Unterschlupf M̲ (≈ Obdach, Schutz) shelter; (≈ Versteck) hiding place
unterschreiben V̲T̲ to sign **Unterschrift** F̲ **1** signature; **seine ~ unter etw** (akk) **setzen** to sign sth **2** (≈ Bildunterschrift) caption **Unterschriftensammlung** F̲ petition **unterschriftsberechtigt** A̲D̲J̲ authorized to sign **Unterschriftsberechtigte(r)** M̲/F̲(M̲) authorized signatory **unterschriftsreif** A̲D̲J̲ Vertrag ready to be signed
unterschwellig A̲ A̲D̲J̲ subliminal B̲ A̲D̲V̲ subliminally
Unterseeboot N̲ submarine
Unterseite F̲ underside
Untersetzer M̲ = Untersatz
untersetzt A̲D̲J̲ stocky
unterstehen A̲ V̲ī +dat (≈ unterstellt sein) to be under (the control of); jdm to be subordinate to; (in Firma) to report to B̲ V̲R̲ (≈ wagen) to dare;

U

untersteh dich (ja nicht)! (don't) you dare!
unterstellen[1] $\overline{VT}$ **1** (≈ unterordnen) to (make) subordinate (+dat to); **jdm unterstellt sein** to be under sb; (in Firma) to report to sb **2** (≈ annehmen) to assume, to suppose **3** (≈ unterschieben) **jdm etw ~** to insinuate that sb has done/said sth
unterstellen[2] $\overline{A}$ $\overline{VT}$ (≈ unterbringen) to keep; Möbel to store $\overline{B}$ $\overline{VR}$ to take shelter
Unterstellung $\overline{F}$ (≈ falsche Behauptung) misrepresentation; (≈ Andeutung) insinuation
unterste(r, s) $\overline{ADJ}$ lowest; (≈ letzte) last
unterstreichen $\overline{VT}$ to underline
Unterstufe $\overline{F}$ SCHULE lower school, lower grade (US)
unterstützen $\overline{VT}$ to support **Unterstützung** $\overline{F}$ **1** support **2** (≈ Zuschuss) assistance; **staatliche ~** state aid
untersuchen $\overline{VT}$ **1** (≈ prüfen) to examine (auf +akk for); (≈ erforschen) to look into; (chemisch, technisch etc) to test (auf +akk for); **sich ärztlich ~ lassen** to have a medical (examination) **2** (≈ nachprüfen) to check **Untersuchung** $\overline{F}$ **1** (≈ das Untersuchen) examination (auf +akk for); (≈ Erforschung) investigation (+gen, über +akk into); (chemisch, technisch) test (auf +akk for); (ärztlich) examination **2** (≈ Nachprüfung) check **Untersuchungsausschuss** $\overline{M}$ investigating committee (❗ Vorsicht, Schreibung); (nach Unfall etc) committee of inquiry **Untersuchungsergebnis** $\overline{N}$ JUR findings pl; MED result of an/the examination; NAT test result **Untersuchungsgefängnis** $\overline{N}$ prison (for people awaiting trial) **Untersuchungshaft** $\overline{F}$ **in ~ sitzen** (umg) to be in prison awaiting trial **Untersuchungskommission** $\overline{F}$ investigating committee (❗ Vorsicht, Schreibung); (nach schwerem Unfall etc) board of inquiry **Untersuchungsrichter(in)** $\overline{MF}$ examining magistrate
untertags $\overline{ADV}$ during the day
Untertan(in) $\overline{MF}$ (obs ≈ Staatsbürger) subject; (pej) underling (pej)
Untertasse $\overline{F}$ saucer; **fliegende ~** flying saucer
untertauchen $\overline{VI}$ to dive (under); (fig) to disappear
Unterteil $\overline{N}$ od $\overline{M}$ bottom part
unterteilen $\overline{VT}$ to subdivide (in +akk into) **Unterteilung** $\overline{F}$ subdivision (in +akk into)
Unterteller $\overline{M}$ saucer
Untertitel $\overline{M}$ subtitle; (für Bild) caption
Unterton $\overline{M}$ undertone
untertourig $\overline{ADV}$ **~ fahren** to drive with low revs
untertreiben $\overline{A}$ $\overline{VT}$ to understate $\overline{B}$ $\overline{VI}$ to play things down **Untertreibung** $\overline{F}$ under-

statement
untertunneln $\overline{VT}$ to tunnel under
untervermieten $\overline{VT\,\&\,VI}$ to sublet
Unterversorgung $\overline{F}$ inadequate provision
unterwandern $\overline{VT}$ to infiltrate
Unterwäsche $\overline{F}$ underwear (❗ kein pl)
Unterwasserkamera $\overline{F}$ underwater camera
unterwegs $\overline{ADV}$ on the od one's/its way (nach, zu to); (≈ auf Reisen) away
unterweisen $\overline{VT}$ to instruct (in +dat in) **Unterweisung** $\overline{F}$ instruction
Unterwelt $\overline{F}$ underworld
unterwerfen $\overline{A}$ $\overline{VT}$ **1** Volk, Land to conquer **2** (≈ unterziehen) to subject (+dat to) $\overline{B}$ $\overline{VR}$ **sich jdm/einer Sache ~** to submit to sb/sth **unterwürfig** $\overline{ADJ}$ (pej) obsequious
unterzeichnen $\overline{VT}$ (form) to sign **Unterzeichner(in)** $\overline{MF}$ signatory **Unterzeichnete(r)** $\overline{MF|M}$ (form) **der/die ~** the undersigned
unterziehen $\overline{A}$ $\overline{VR}$ (≈ unterwerfen) **sich einer Sache** (dat) **~ (müssen)** to (have to) undergo sth; **sich einer Prüfung** (dat) **~** to take an examination $\overline{B}$ $\overline{VT}$ to subject (+dat to)
Untiefe $\overline{F}$ shallow
Untier $\overline{N}$ monster
untragbar $\overline{ADJ}$ Zustände intolerable; Risiko unacceptable
untrennbar $\overline{A}$ $\overline{ADJ}$ inseparable $\overline{B}$ $\overline{ADV}$ **mit etw ~ verbunden sein** (fig) to be inextricably linked with sth
untreu $\overline{ADJ}$ Liebhaber etc unfaithful **Untreue** $\overline{F}$ (von Liebhaber etc) unfaithfulness
untröstlich $\overline{ADJ}$ inconsolable
untrüglich $\overline{ADJ}$ Gedächtnis, Gespür infallible; Zeichen unmistakable
Untugend $\overline{F}$ (≈ Laster) vice; (≈ schlechte Angewohnheit) bad habit
unübel $\overline{ADJ}$ **(gar) nicht (so) ~** not bad (at all)
unüberbietbar $\overline{ADJ}$ Preis, Rekord etc unbeatable; Leistung unsurpassable; Frechheit unparalleled
unüberlegt $\overline{A}$ $\overline{ADJ}$ rash $\overline{B}$ $\overline{ADV}$ rashly
unübersehbar $\overline{ADJ}$ Schaden, Folgen incalculable; Menge vast
unübersetzbar $\overline{ADJ}$ untranslatable
unübersichtlich $\overline{ADJ}$ **1** Gelände broken; Kurve, Stelle blind **2** (≈ durcheinander) System confused
unübertrefflich $\overline{ADJ}$ unsurpassable **unübertroffen** $\overline{ADJ}$ unsurpassed
unüblich $\overline{ADJ}$ not usual
unumgänglich $\overline{ADJ}$ essential; (≈ unvermeidlich) inevitable
unumschränkt $\overline{ADJ}$ unlimited; Herrscher absolute
unumstößlich $\overline{A}$ $\overline{ADJ}$ Tatsache irrefutable; Ent-

schluss irrevocable **B** ADV **~ feststehen** to be absolutely definite

unumstritten A ADJ indisputable **B** ADV indisputably

unumwunden ADV frankly

ununterbrochen ADJ uninterrupted; (≈ *ständig*) continuous; **es regnete ~** it wouldn't stop raining; **er redet ~** he never stops talking

unveränderlich ADJ (≈ *gleichbleibend*) unchanging; (≈ *unwandelbar*) unchangeable; **eine ~e Größe** MATH an invariable **unveränderT A** ADJ unchanged **B** ADV always

unverantwortlich ADJ irresponsible

unveräußerlich ADJ *Rechte* inalienable

unverbesserlich ADJ incorrigible

unverbindlich ADJ **1** (≈ *nicht bindend*) *Angebot, Richtlinie* not binding **2** (≈ *vage*) noncommittal; **sich** (dat) **etw ~ schicken lassen** to have sth sent without obligation

unverdächtig ADJ unsuspicious; **sich möglichst ~ benehmen** to arouse as little suspicion as possible

unverdaulich ADJ indigestible

unverdorben ADJ unspoilt

unverdrossen A ADJ (≈ *nicht entmutigt*) undeterred; (≈ *unermüdlich*) indefatigable; (≈ *unverzagt*) undaunted **B** ADV (≈ *unverzagt*) undauntedly

unverdünnt ADJ undiluted

unvereinbar ADJ incompatible

unverfänglich ADJ harmless

unverfroren ADJ brazen

unvergessen ADJ unforgotten **unvergesslich** ADJ unforgettable

unvergleichlich ADJ unique, incomparable

unverhältnismäßig ADV disproportionately; (≈ *übermäßig*) excessively

unverheiratet ADJ unmarried

unverhofft A ADJ unexpected **B** ADV unexpectedly; **~ Besuch bekommen** to get an unexpected visit

unverkäuflich ADJ unsaleable; **~es Muster** free sample

unverkennbar ADJ unmistak(e)able

unverletzlich ADJ (fig) *Rechte, Grenze* inviolable **unverletzt** ADJ uninjured, unhurt

unvermeidlich ADJ inevitable; (≈ *nicht zu umgehen*) unavoidable

unvermindert ADJ, ADV undiminished

unvermittelt A ADJ (≈ *plötzlich*) sudden **B** ADV suddenly

unvermutet A ADJ unexpected **B** ADV unexpectedly

Unvernunft F̲ (≈ *Uneinsichtigkeit*) unreasonableness **unvernünftig** ADJ (≈ *uneinsichtig*) unreasonable

unveröffentlicht ADJ unpublished

unverrichtet ADJ **~er Dinge** without having achieved anything

unverschämt A ADJ outrageous; *Frage, Benehmen etc* impudent; **~es Glück** unbelievable luck **B** ADV **1** (≈ *dreist*) *grinsen* impudently; *lügen* blatantly **2** (umg ≈ *unerhört*) *teuer* outrageously **Unverschämtheit** F̲ **1** outrageousness; (von *Frage, Benehmen etc*) impudence; **die ~ besitzen, etw zu tun** to have the impudence to do sth **2** (*Bemerkung*) impertinence; (*Tat*) outrageous thing

unverschuldet A ADJ **ein ~er Unfall** an accident which was not his/her *etc* fault **B** ADV **~ in eine Notlage geraten** to get into difficulties through no fault of one's own

unversehens ADV all of a sudden; (≈ *überraschend*) unexpectedly

unversehrt ADJ *Mensch* unscathed; (≈ *unbeschädigt*) intact *präd*

unversöhnlich ADJ *Standpunkte etc* irreconcilable

Unverstand M̲ lack of judgement **unverständlich** ADJ (≈ *nicht zu hören*) inaudible; (≈ *unbegreifbar*) incomprehensible **Unverständnis** N̲ lack of understanding

unversucht ADJ **nichts ~ lassen** to try everything

unverträglich ADJ (≈ *unverdaulich*) indigestible; (*mit anderer Substanz etc*) incompatible

unverwechselbar ADJ unmistak(e)able

unverwundbar ADJ invulnerable

unverwüstlich ADJ indestructible; *Humor, Mensch* irrepressible

unverzeihlich ADJ unforgivable

unverzichtbar ADJ *Recht* inalienable; *Bedingung, Bestandteil* indispensable

unverzinslich ADJ interest-free

unverzüglich A ADJ immediate **B** ADV immediately

unvollendet ADJ unfinished

unvollkommen ADJ (≈ *unvollständig*) incomplete; (≈ *fehlerhaft*) imperfect

unvollständig ADJ incomplete

unvorbereitet ADJ, ADV unprepared

unvoreingenommen A ADJ impartial **B** ADV impartially **Unvoreingenommenheit** F̲ impartiality

unvorhergesehen ADJ unforeseen; *Besuch* unexpected

unvorsichtig A ADJ careless; (≈ *voreilig*) rash **B** ADV carelessly; (≈ *unbedacht*) rashly

unvorstellbar ADJ inconceivable

unvorteilhaft ADJ unfavourable (*Br*), unfavorable (*US*); *Kleid, Frisur etc* unbecoming

unwahr ADJ untrue **Unwahrheit** F̲ (von *Äußerung*) untruthfulness; **die ~ sagen** not to tell

the truth
unwahrscheinlich A ADJ unlikely; (≈ *unglaubhaft*) implausible; (*umg* ≈ *groß*) incredible (*umg*) B ADV (*umg*) incredibly (*umg*) **Unwahrscheinlichkeit** F unlikeliness
unweigerlich A ADJ *Folge* inevitable B ADV inevitably
unweit ADV, PRÄP +gen not far from
Unwesen N **sein ~ treiben** to be up to mischief; (*Landstreicher etc*) to make trouble
unwesentlich A ADJ irrelevant; (≈ *unwichtig*) unimportant B ADV *erhöhen* insignificantly; *verändern* only slightly; *jünger, besser* just slightly
Unwetter N (thunder)storm
unwichtig ADJ unimportant; (≈ *belanglos*) irrelevant
unwiderruflich A ADJ irrevocable B ADV definitely
unwiderstehlich ADJ irresistible
Unwille(n) M displeasure (*über* +akk at)
unwillkürlich A ADJ spontaneous; (≈ *instinktiv*) instinctive B ADV *zusammenzucken* instinctively; **ich musste ~ lachen** I couldn't help laughing
unwirklich ADJ unreal
unwirksam ADJ ineffective; (≈ *nichtig*) null, void
unwirsch ADJ *Mensch, Benehmen* surly, gruff; *Bewegung* brusque
unwirtlich ADJ inhospitable
unwirtschaftlich ADJ uneconomic
Unwissen N ignorance **unwissend** ADJ ignorant **Unwissenheit** F ignorance **unwissentlich** ADV unwittingly
unwohl ADJ (≈ *unpässlich*) unwell; (≈ *unbehaglich*) uneasy; **ich fühle mich ~** I don't feel well **Unwohlsein** N indisposition; (≈ *unangenehmes Gefühl*) unease
Unwort N taboo word, non-word
unwürdig ADJ unworthy (+gen of); (≈ *schmachvoll*) degrading
Unzahl F **eine ~ von** a host of **unzählbar** ADJ 1 (*sehr viele*) countless 2 GRAM uncountable
unzählig ADJ innumerable; **~e Mal(e)** countless times; **~ viele Bücher** innumerable books
Unze F ounce
unzeitgemäß ADJ (≈ *altmodisch*) old-fashioned
unzerbrechlich ADJ unbreakable
unzertrennlich ADJ inseparable
unzivilisiert ADJ (*wörtl, fig*) uncivilized
Unzucht F *bes* JUR sexual offence (*Br*) *od* offense (*US*); **~ treiben** to fornicate **unzüchtig** ADJ *bes* JUR indecent; *Schriften* obscene
unzufrieden ADJ dissatisfied; (≈ *missmutig*) unhappy **Unzufriedenheit** F dissatisfaction, discontent; (≈ *Missmut*) unhappiness
unzulänglich A ADJ (≈ *nicht ausreichend*) insufficient; (≈ *mangelhaft*) inadequate B ADV inadequately
unzulässig ADJ inadmissible; *Gebrauch* improper
unzumutbar ADJ *Bedingungen* unreasonable
unzurechnungsfähig ADJ of unsound mind **Unzurechnungsfähigkeit** F unsoundness of mind
unzusammenhängend ADJ incoherent
unzustellbar ADJ **falls ~ bitte zurück an Absender** if undelivered please return to sender
unzutreffend ADJ inappropriate, inapplicable; (≈ *unwahr*) incorrect; **Unzutreffendes bitte streichen** delete as applicable
unzuverlässig ADJ unreliable
unzweckmäßig ADJ (≈ *nicht ratsam*) inexpedient; (≈ *ungeeignet*) unsuitable
unzweideutig ADJ unambiguous
unzweifelhaft A ADJ undoubted, unquestionable B ADV without doubt, undoubtedly
Update N IT update **updaten** VT & VI IT to update
üppig ADJ *Wachstum* luxuriant; *Haar* thick; *Mahl, Ausstattung* sumptuous; *Figur* voluptuous; *Fantasie* rich
Urabstimmung F ballot
Ural M (*Gebirge*) **der ~** the Urals *pl*
uralt ADJ ancient
Uran N uranium
Uranus M ASTRON Uranus (⚠ ohne *the*)
uraufführen VT to give the first performance (of), to play for the first time; *Film* to premiere *meist passiv* **Uraufführung** F premiere
urbar ADJ **die Wüste ~ machen** to reclaim the desert; **Land ~ machen** to cultivate land
Urbevölkerung F natives *pl*; (*in Australien*) Aborigines *pl*
urchig ADJ (*schweiz*) = **urwüchsig**
ureigen ADJ very own; **es liegt in seinem ~sten Interesse** it's in his own best interests
Ureinwohner(in) M(F) native; (*in Australien*) Aborigine **Urenkel** M great-grandchild, great-grandson **Urenkelin** F great-granddaughter **urgemütlich** ADJ (*umg*) really cosy (*Br*) *od* cozy (*US*) **Urgeschichte** F prehistory (⚠ ohne *the*) **Urgewalt** F elemental force **Urgroßeltern** PL great-grandparents *pl* **Urgroßmutter** F great-grandmother **Urgroßvater** M great-grandfather **Urheber(in)** M(F) (*JUR ≈ Verfasser*) author **Urheberrecht** N copyright (*an* +dat on) **urheberrechtlich** ADJ, ADV on copyright *attr*; **~ geschützt** copyright(ed) **Urheberschaft** F authorship
Uri N Uri
urig ADJ (*umg*) *Mensch* earthy; *Lokal etc* ethnic

Urin M urine **urinieren** VI to urinate
Urknall M ASTRON big bang **urkomisch** ADJ (umg) screamingly funny (umg)
Urkunde F document; (≈ Siegerurkunde, Bescheinigung etc) certificate **Urkundenfälschung** F falsification of documents
Urlaub M (≈ Ferien) holiday(s pl) (bes Br), vacation (US); bes MIL leave (of absence), furlough (US); **im ~ sein** to be on holiday (bes Br) od vacation (US)/on leave (❗ alle ohne the); **in ~ fahren** to go on holiday (bes Br) od vacation (US)/on leave; **(sich** dat**) einen Tag ~ nehmen** to take a day off **Urlauber(in)** M(F) holiday-maker (Br), vacationist (US) **Urlaubsfoto** N holiday (Br) od vacation (US) photo **Urlaubsgeld** N holiday pay od money (Br), vacation pay od money (US) **Urlaubspläne** PL holiday (Br) od vacation (US) plans pl **urlaubsreif** ADJ (umg) ready for a holiday (bes Br) od vacation (US) **Urlaubsreise** F holiday (bes Br) od vacation (US) trip **Urlaubsstimmung** F holiday mood **Urlaubstag** M (one day of) holiday (bes Br) od vacation (US) **Urlaubsvertretung** F temporary replacement **Urlaubszeit** F holiday (bes Br) od vacation (US) period od season
Urne F urn; (≈ Losurne) box; (≈ Wahlurne) ballot box
Urologe M, **Urologin** F urologist **Urologie** F urology **urologisch** ADJ urological
urplötzlich (umg) A ADJ very sudden B ADV all of a sudden **Ursache** F cause; (≈ Grund) reason; (≈ Anlass) occasion; **~ und Wirkung** cause and effect; **keine ~!** (auf Dank) don't mention it!; (auf Entschuldigung) that's all right; **aus ungeklärter ~** for reasons unknown **Ursprung** M origin; (≈ Abstammung) extraction; **seinen ~ in etw** (dat) **haben** to originate in sth **ursprünglich** A ADJ original; (≈ anfänglich) initial B ADV originally; (≈ anfänglich) initially **Ursprungsland** N HANDEL country of origin **Ursprungszeugnis** N certificate of origin
Urteil N ◨ judgement; (≈ Entscheidung) decision; (≈ Meinung) opinion; **ein ~ über jdn/etw fällen** to pass judgement on sb/sth; **sich** (dat) **kein ~ über etw** (akk) **erlauben können** to be in no position to judge sth; **sich** (dat) **ein ~ über jdn/etw bilden** to form an opinion about sb/sth ◩ (JUR ≈ Gerichtsurteil) verdict; (≈ Strafmaß) sentence; **das ~ über jdn sprechen** JUR to pass judgement on sb **urteilen** VI to judge (nach by); **über etw** (akk) **~** to judge sth; (≈ seine Meinung äußern) to give one's opinion on sth; **nach seinem Aussehen zu ~** judging by his appearance **Urteilsbegründung** F JUR opinion **Urteilskraft** F power of judgement; (≈ Umsichtigkeit) discernment **Urteilsspruch** M JUR judgement; (von Geschworenen) verdict; (von Strafgericht) sentence **Urteilsverkündung** F JUR pronouncement of judgement **Urteilsvermögen** N faculty of judgement
Uruguay N Uruguay
Urur- great-great- **Urvater** M forefather **Urwald** M primeval forest; (in den Tropen) jungle **urwüchsig** ADJ (≈ naturhaft) natural; Natur unspoilt; (≈ derb, kräftig) sturdy; Mensch rugged; Humor earthy **Urzeit** F primeval times pl; **seit ~en** since primeval times; (umg) for aeons (Br umg) od eons (US umg); **vor ~en** in primeval times; (umg) ages ago **urzeitlich** ADJ primeval **Urzustand** M original state
USA PL **die ~** the USA sg **US-Amerikaner(in)** M(F) American
Usbekistan N Uzbekistan
User M, **Userin** F IT user
Utensil N utensil
Uterus M uterus
Utopie F utopia; (≈ Wunschtraum) utopian dream **utopisch** ADJ utopian **utopistisch** ADJ (pej) utopian
UV-Schutz M UV block od screen
UV-Strahlen PL ultraviolet rays pl

V, v N, v
Vagabund(in) M(F) vagabond
vage A ADJ vague B ADV vaguely; **etw ~ andeuten** to give a vague indication of sth
Vagina F vagina
Vakuum N vacuum **vakuumverpackt** ADJ vacuum-packed
Valentinstag M (St) Valentine's Day (❗ ohne the)
Valenz F valency
Valuta F (≈ Währung) foreign currency
Vamp M vamp **Vampir** M vampire
Van M people carrier
Vandale M, **Vandalin** F vandal **Vandalismus** M vandalism
Vanille F vanilla **Vanilleeis** N vanilla ice cream **Vanillegeschmack** M vanilla flavour (Br) od flavor (US) **Vanillesoße** F custard **Vanillinzucker** M vanilla sugar
variabel ADJ variable **Variable** F variable **Variante** F variant (zu on) **Variation** F variation **Varieté** N, **Varietee** N ◨ variety (entertainment), vaudeville (bes US) ◩ (≈ Theater)

VARI | 1284

music hall (*Br*), vaudeville theater (*US*) **variieren** <u>VT & VI</u> to vary
Vase <u>F</u> vase
Vaseline <u>F</u> Vaseline®
Vater <u>M</u> father (❗ als Anrede großgeschrieben); **mein ~** my dad (*umg*); **~ von zwei Kindern sein** to be the father of two children; **er ist ganz der ~** he's very like his father; **~ Staat** (*hum*) the State **Vaterfigur** <u>F</u> father figure **Vaterland** <u>N</u> native country; (*bes Deutschland*) Fatherland **vaterländisch** <u>ADJ</u> (≈ *national*) national; (≈ *patriotisch*) patriotic **Vaterlandsliebe** <u>F</u> patriotism **väterlich** <u>A</u> <u>ADJ</u> paternal <u>B</u> <u>ADV</u> like a father **väterlicherseits** <u>ADV</u> on one's father's side; **meine Großeltern ~** my paternal grandparents **Vaterliebe** <u>F</u> paternal love **Vaterschaft** <u>F</u> fatherhood (❗ ohne Artikel); *bes* JUR paternity **Vaterschaftsklage** <u>F</u> paternity suit **Vaterschaftsnachweis** <u>M</u> proof of paternity **Vatertag** <u>M</u> Father's Day **Vaterunser** <u>N</u> Lord's Prayer **Vati** <u>M</u> (*umg*) dad(dy) (*umg*) (❗ als Anrede großgeschrieben)
Vatikan <u>M</u> Vatican **Vatikanstadt** <u>F</u> Vatican City
V-Ausschnitt <u>M</u> V-neck; **ein Pullover mit ~** a V-neck pullover
v. Chr. *abk von* vor Christus BC, before Christ
vegan <u>ADJ</u> vegan **Veganer(in)** <u>MF</u> vegan
Vegetarier(in) <u>MF</u> vegetarian **vegetarisch** <u>A</u> <u>ADJ</u> vegetarian <u>B</u> <u>ADV</u> **~ leben** to be a vegetarian; **sich ~ ernähren** to live on a vegetarian diet **Vegetation** <u>F</u> vegetation **vegetativ** <u>ADJ</u> vegetative; *Nervensystem* autonomic **vegetieren** <u>VI</u> to vegetate; (≈ *kärglich leben*) to eke out a bare existence
Veilchen <u>N</u> violet **veilchenblau** <u>ADJ</u> violet
Vektor <u>M</u> vector
Velo <u>N</u> (*schweiz*) bike (*umg*)
Velours <u>N</u> (*a.* **Veloursleder**) suede
Vene <u>F</u> vein
Venedig <u>N</u> Venice
Venenentzündung <u>F</u> phlebitis
Venezolaner(in) <u>MF</u> Venezuelan **venezolanisch** <u>ADJ</u> Venezuelan **Venezuela** <u>N</u> Venezuela
Ventil <u>N</u> valve; (*fig*) outlet **Ventilation** <u>F</u> ventilation; (*Anlage*) ventilation system **Ventilator** <u>M</u> ventilator
Venus <u>F</u> ASTRON Venus (❗ ohne **the**)
verabreden <u>A</u> <u>VT</u> to arrange; **zum verabredeten Zeitpunkt** at the agreed time; **schon verabredet sein** to have something else on (*umg*); **mit jdm verabredet sein** to have arranged to meet sb; (*geschäftlich*) to have an appointment with sb; (*bes mit Freund/Freundin*) to

have a date with sb <u>B</u> <u>VR</u> **sich mit jdm ~** to arrange to meet sb; (*geschäftlich*) to arrange an appointment with sb; (*bes mit Freund/Freundin*) to make a date with sb **Verabredung** <u>F</u> (≈ *Vereinbarung*) arrangement; (≈ *Treffen*) engagement (*form*); (*geschäftlich*) appointment; (*bes mit Freund/Freundin*) date
verabscheuen <u>VT</u> to detest **verabscheuenswert** <u>ADJ</u> detestable
verabschieden <u>A</u> <u>VT</u> to say goodbye to; (≈ *entlassen*) *Beamte* to discharge; POL *Haushaltsplan* to adopt; *Gesetz* to pass <u>B</u> <u>VR</u> **sich (von jdm) ~** to say goodbye (to sb) **Verabschiedung** <u>F</u> (*von Beamten etc*) discharge; (POL: *von Gesetz*) passing; (*von Haushaltsplan*) adoption
verachten <u>VT</u> to despise; **nicht zu ~** (*umg*) not to be sneezed at (*umg*) **verachtenswert** <u>ADJ</u> despicable **verächtlich** <u>A</u> <u>ADJ</u> contemptuous; (≈ *verachtenswert*) despicable <u>B</u> <u>ADV</u> contemptuously **Verachtung** <u>F</u> contempt (*von* for); **jdn mit ~ strafen** to treat sb with contempt
veralbern <u>VT</u> (*umg*) to make fun of
verallgemeinern <u>VT & VI</u> to generalize **Verallgemeinerung** <u>F</u> generalization
veralten <u>VI</u> to become obsolete; (*Ansichten, Methoden*) to become antiquated **veraltet** <u>ADJ</u> obsolete; *Ansichten* antiquated
Veranda <u>F</u> veranda
veränderbar <u>ADJ</u> changeable **veränderlich** <u>ADJ</u> variable; *Wetter* changeable **Veränderlichkeit** <u>F</u> variability **verändern** <u>A</u> <u>VT</u> to change <u>B</u> <u>VR</u> to change; (≈ *Stellung wechseln*) to change one's job; **sich zu seinem Vorteil/Nachteil ~** (*im Aussehen*) to look better/worse; (*charakterlich*) to change for the better/worse **Veränderung** <u>F</u> change
verängstigen <u>VT</u> (≈ *erschrecken*) to frighten; (≈ *einschüchtern*) to intimidate
veranlagen <u>VT</u> to assess (*mit* at) **veranlagt** <u>ADJ</u> **melancholisch ~ sein** to have a melancholy disposition; **praktisch ~ sein** to be practically minded; **künstlerisch ~ sein** to have an artistic bent **Veranlagung** <u>F</u> <u>1</u> (*körperlich*) predisposition; (*charakterlich*) nature; (≈ *Hang*) tendency; (≈ *Talent*) bent <u>2</u> (*von Steuern*) assessment
veranlassen <u>VT</u> **etw ~** (≈ *in die Wege leiten*) to arrange for sth; (≈ *befehlen*) to order sth; **wir werden alles Weitere ~** we will take care of everything else **Veranlassung** <u>F</u> cause; **auf ~ von** *od +gen* at the instigation of; **~ zu etw geben** to give cause for sth
veranschaulichen <u>VT</u> to illustrate **Veranschaulichung** <u>F</u> illustration
veranschlagen <u>VT</u> to estimate (*auf +akk* at); **etw zu hoch ~** to overestimate sth; **etw zu**

VERB

niedrig ~ to underestimate sth
veranstalten VT to organize; *Wahlen* to hold; *Umfrage* to do; *Party etc* to hold **Veranstalter(in)** M/F organizer; *(von Konzerten etc)* promoter **Veranstaltung** F **1** event *(von organized by)*; *(feierlich)* function **2** *(= das Veranstaltens)* organization **Veranstaltungskalender** M calendar of events
verantworten A VT to accept (the) responsibility for; **wie könnte ich es denn ~, …?** it would be most irresponsible of me …; **ein weiterer Streik wäre nicht zu ~** another strike would be irresponsible B VR **sich für** *od* **wegen etw ~** to justify sth *(vor +dat* to); *für Missetaten etc* to answer for sth *(vor +dat* before)
verantwortlich ADJ responsible *(für* for); *(= haftbar)* liable; **jdn für etw ~ machen** to hold sb responsible for sth **Verantwortliche(r)** M/F(M) person responsible **Verantwortung** F responsibility; **auf eigene ~** on one's own responsibility; **auf deine ~!** on your own head be it! (Br), it's your ass! (US *umg*); **die ~ (für etw) tragen** to take responsibility (for sth) (!) **ohne (the) verantwortungsbewusst** A ADJ responsible B ADV responsibly **Verantwortungsbewusstsein** N sense of responsibility **verantwortungslos** A ADJ irresponsible B ADV irresponsibly **verantwortungsvoll** ADJ responsible
veräppeln VT *(umg)* **jdn ~** to pull sb's leg; *(= verspotten)* to make fun of sb
verarbeiten VT to use *(zu etw* to make sth); TECH, BIOL *etc* to process; *Daten* to process; *(= bewältigen)* to overcome **Verarbeitung** F **1** use, using; TECH, BIOL, IT processing; *(= Bewältigung)* overcoming **2** *(= Aussehen)* finish
verärgern VT **jdn ~** to annoy sb; *(stärker)* to anger sb **verärgert** A ADJ annoyed; *(stärker)* angry B ADV *reagieren* angrily
verarmen VI to become impoverished
verarschen VT *(umg)* to take the piss out of (Br *sl*), to make fun of; *(= für dumm verkaufen)* to mess around *(umg)*
verarzten VT *(umg)* to fix up *(umg)*; *(mit Verband)* to patch up
verausgaben VR to overexert oneself
veräußern VT *(form ≈ verkaufen)* to dispose of; *Rechte, Land* to alienate *(form)*
Verb N verb **verbal** A ADJ verbal B ADV verbally
Verband M **1** MED dressing; *(mit Binden)* bandage **2** *(≈ Bund)* association **Verband(s)kasten** M first-aid box **Verband(s)material** N dressing material **Verband(s)zeug** N dressing material
verbannen VT to banish *(a. fig)*, to exile *(aus from, auf* to) **Verbannung** F banishment
verbarrikadieren VR to barricade oneself in *(in etw (dat)* sth)
verbauen VT *(≈ versperren)* to obstruct
verbeißen A VT *(fig umg)* **sich (dat) etw ~** *Bemerkung* to bite back sth; *Schmerz* to hide sth; **sich (dat) das Lachen ~** to keep a straight face B VR **sich in etw (akk) ~** *(fig)* to become fixed on sth; → **verbissen**
verbergen A VT to hide; **jdm etw ~** *(= verheimlichen)* to keep sth from sb B VR to hide (oneself); → **verborgen**
verbessern A VT **1** *(= besser machen)* to improve; *Leistung, Bestzeit* to improve (up)on **2** *(= korrigieren)* to correct B VR **1** to improve; *(beruflich)* to better oneself **2** *(= sich korrigieren)* to correct oneself **Verbesserung** F **1** improvement *(von* in); *(= berufliche Verbesserung)* betterment **2** *(= Berichtigung)* correction **Verbesserungsvorschlag** M suggestion for improvement
verbeugen VR to bow *(vor +dat* to) **Verbeugung** F bow
verbeulen VT to dent
verbiegen A VT to bend (out of shape); **verbogen** bent B VR to bend; *(Holz)* to warp
verbieten VT to forbid; *Zeitung, Partei etc* to ban; **jdm ~, etw zu tun** to forbid sb to do sth; → **verboten**
verbilligen VT to reduce the cost of; *Preis* reduce; **verbilligte Waren** reduced goods
verbinden A VT **1** MED to dress; *(mit Binden)* to bandage; **jdm die Augen ~** to blindfold sb **2** *(= verknüpfen)* to connect **3** TEL **(Sie sind hier leider) falsch verbunden!** (I'm sorry, you've got the) wrong number!; **mit wem bin ich verbunden?** who am I speaking to? **4** *(= gleichzeitig tun)* to combine **5** *(= assoziieren)* to associate **6** *(= mit sich bringen)* **mit etw verbunden sein** to involve sth B VR *(= zusammenkommen)* to combine; *(= sich zusammentun)* to join forces **verbindlich** A ADJ **1** obliging **2** *(= verpflichtend)* obligatory; *Zusage* binding B ADV **1** *(= bindend)* **etw ~ vereinbart haben** to have a binding agreement (regarding sth); **~ zusagen** to accept definitely **2** *(= freundlich)* **~ lächeln** to give a friendly smile **Verbindlichkeit** F **1** *(= Entgegenkommen)* obliging ways *pl* **2** *(von Zusage)* binding nature **3** **Verbindlichkeiten** PL HANDEL, JUR obligations *pl* **Verbindung** F **1** connection; *(= Kontakt)* contact *(zu, mit* with); **in ~ mit** *(≈ zusammen mit)* in conjunction with; *(= im Zusammenhang mit)* in connection with; **jdn mit etw in ~ bringen** to connect sb with sth; *(= assoziieren)* to associate sb with sth; **~ mit jdm aufnehmen** to contact sb; **mit jdm in**

VERB | 1286

~ bleiben to stay in touch with sb; **sich (mit jdm) in ~ setzen** to get in touch (with sb) **2** (TEL ≈ *Anschluss*) line **3** (≈ *Kombination*) combination **4** (≈ *Bündnis*) association; UNIV society

verbissen A ADJ *Arbeiter* determined; *Kampf* dogged; *Miene* determined **B** ADV determinedly; *kämpfen* doggedly; → **verbeißen Verbissenheit** F̲ (*von Kampf*) doggedness; (*von Miene*) determination

verbitten V̲T̲ **sich** (*dat*) **etw ~** to refuse to tolerate sth; **das verbitte ich mir!** I won't have it!

verbittern V̲T̲ to embitter **verbittert** ADJ embittered

verblassen V̲I̲ to fade

Verbleib M̲ (*form*) whereabouts *pl* **verbleiben** V̲I̲ to remain; **… verbleibe ich Ihr …** (*form*) … I remain, Yours sincerely (*Br*) *od* Sincerely (yours) (*US*) …; **wir sind so verblieben, dass wir …** we agreed to …

verbleit ADJ *Benzin* leaded

verblöden V̲I̲ (*umg*) to become a zombi(e) (*umg*)

verblüffen V̲T̲ (≈ *erstaunen*) to stun; (≈ *verwirren*) to baffle **verblüffend** ADJ amazing; **sie sind sich ~ ähnlich** they're amazingly alike **verblüfft A** ADJ amazed **B** ADV *aufsehen* perplexed; *sich umdrehen* in surprise **Verblüffung** F̲ (≈ *Erstaunen*) amazement; (≈ *Verwirrung*) bafflement

verbluten V̲I̲ to bleed to death

verborgen ADJ hidden; **etw ~ halten** to hide sth; **sich ~ halten** to hide; → **verbergen**

Verbot N̲ ban (+*gen* on); **trotz des ärztlichen ~es** against doctor's orders **verboten** ADJ forbidden; (*amtlich*) prohibited; (≈ *gesetzeswidrig*) *Handel* illegal; *Zeitung, Partei etc* banned; **Rauchen/Parken ~** no smoking/parking; **er sah ~ aus** (*umg*) he was a real sight (*umg*); → **verbieten Verbotsschild** N̲ notice (*prohibiting something*); (*im Verkehr*) prohibition sign

Verbrauch M̲ consumption (*von, an* +*dat* of); (*von Geld*) expenditure; **zum baldigen ~ bestimmt** to be used immediately **verbrauchen** V̲T̲ **1** to use; *Energie etc* to consume; *Vorräte* to use up **2** (≈ *abnützen*) *Kräfte etc* to exhaust **Verbraucher(in)** M̲F̲ consumer **Verbraucherberatung** F̲ consumer advice centre (*Br*) *od* center (*US*) **Verbrauchermarkt** M̲ large supermarket **Verbraucherschutz** M̲ consumer protection **Verbrauchsgüter** P̲L̲ consumer goods *pl*

verbrechen V̲T̲ **1** *Straftat* to commit **2** (*umg* ≈ *anstellen*) **was habe ich denn jetzt schon wieder verbrochen?** what on earth have I done now? **Verbrechen** N̲ crime **Verbrechensbekämpfung** F̲ combating crime (❗ ohne Artikel) **Verbrecher(in)** M̲F̲ crim-

inal **verbrecherisch** ADJ criminal; **in ~er Absicht** with criminal intent **Verbrechertum** N̲ criminality

verbreiten A V̲T̲ to spread; (≈ *ausstrahlen*) *Wärme, Ruhe* to radiate; **eine (weit) verbreitete Ansicht** a widely held opinion **B** V̲R̲ (≈ *sich ausbreiten*) to spread **verbreitern A** V̲T̲ to widen **B** V̲R̲ to get wider **Verbreitung** F̲ spreading

verbrennen A V̲T̲ to burn; (≈ *einäschern*) *Tote* to cremate; (≈ *versengen*) to scorch; *Haar* to singe; **sich** (*dat*) **die Zunge ~** to burn one's tongue; **sich** (*dat*) **den Mund ~** (*fig*) to open one's big mouth (*umg*) **B** V̲R̲ to burn oneself **C** V̲I̲ to burn; (*Haus etc*) to burn down; (*durch Sonne, Hitze*) to be scorched **Verbrennung** F̲ **1** (≈ *das Verbrennen*) burning; (*von Leiche*) cremation **2** (≈ *Brandwunde*) burn **Verbrennungsmotor** M̲ internal combustion engine **Verbrennungsofen** M̲ furnace; (*für Müll*) incinerator

verbringen V̲T̲ *Zeit etc* to spend

verbrühen A V̲T̲ to scald **B** V̲R̲ to scald oneself **Verbrühung** F̲ scalding; (≈ *Wunde*) scald

verbuchen V̲T̲ to enter (up) (in a/the book); **einen Betrag auf ein Konto ~** to credit a sum to an account; **einen Erfolg (für sich) ~** to notch up a success (*umg*)

verbummeln V̲T̲ (*umg* ≈ *verlieren*) to lose (❗ Schreibung mit einem „o"); (≈ *vertrödeln*) *Nachmittag* to waste

Verbund M̲ WIRTSCH combine **verbünden** V̲R̲ to ally oneself (*mit* to); (*Staaten*) to form an alliance; **verbündet sein** to be allies **Verbundenheit** F̲ (*mit Menschen, Natur*) closeness (*mit* to); (*mit Land, Tradition*) attachment (*mit* to) **Verbündete(r)** M̲F̲(M̲) ally **Verbundglas** N̲ laminated glass **Verbundstoff** M̲ composite (material)

verbürgen A V̲R̲ **sich für jdn/etw ~** to vouch for sb/sth **B** V̲T̲ (≈ *dokumentieren*) **historisch verbürgt sein** to be historically documented

verbüßen V̲T̲ to serve

verchromen V̲T̲ to chromium-plate

Verdacht M̲ suspicion; **jdn in ~ haben** to suspect sb; **im ~ stehen, etw getan zu haben** to be suspected of having done sth; **(gegen jdn) ~ schöpfen** to become suspicious (of sb); **~ erregen** to arouse suspicion; **etw auf ~ tun** (*umg*) to do sth on spec (*umg*) **verdächtig** ADJ suspicious; **sich ~ machen** to arouse suspicion; **die drei ~en Personen** the three suspects **verdächtigen** V̲T̲ to suspect (+*gen* of); **er wird des Diebstahls verdächtigt** he is suspected of theft **Verdächtige(r)** M̲F̲(M̲) suspect

verdammen V̲T̲ (≈ *verfluchen*) to damn; (≈ *verurteilen*) to condemn **verdammt** (*umg*) **A** ADJ

damned (umg); **B** ADV **damn** (umg); **das tut ~ weh** that hurts like hell (umg); **~ viel Geld** a hell of a lot of money (umg) **C** INT **verdammt!** damn (it) (umg); **~ noch mal!** damn it all (umg)

verdampfen VT & VI to vaporize

verdanken VT **jdm etw ~** to owe sth to sb; **das verdanke ich dir** (iron) I've got you to thank for that

verdattert ADJ, ADV (umg ≈ verwirrt) flabbergasted (umg)

verdauen VT to digest **verdaulich** ADJ digestible **Verdauung** F digestion **Verdauungsbeschwerden** PL digestive trouble sg **Verdauungsspaziergang** M constitutional **Verdauungsstörung** F indigestion (❗ kein pl)

Verdeck N (von Kinderwagen) hood (Br), canopy; (von Auto) soft top **verdecken** VT to hide; (≈ zudecken) to cover (up); Sicht to block; (fig) to conceal **verdeckt** ADJ concealed; Ermittler, Einsatz undercover

verdenken VT **jdm etw ~** to hold sth against sb; **ich kann es ihm nicht ~** I can't blame him

verderben **A** VT to spoil; (stärker) to ruin; (moralisch) to corrupt; (≈ verwöhnen) to spoil; **jdm etw ~** to spoil sth for sb; **es (sich** dat**) mit jdm ~** to fall out with sb **B** VI (Material) to become spoiled/ruined; (Nahrungsmittel) to go off (Br) od bad; → **verdorben Verderben** N (≈ Unglück) undoing; **in sein ~ rennen** to be heading for disaster **verderblich** ADJ pernicious; Lebensmittel perishable

verdeutlichen VT to show clearly; (≈ deutlicher machen) to clarify; (≈ erklären) to explain

ver.di F abk von **Vereinigte Dienstleistungsgewerkschaft** German service sector union

verdichten **A** VT PHYS to compress; (fig ≈ komprimieren) to condense **B** VR to thicken; (Schneetreiben) to worsen; (fig ≈ häufen) to increase; (Verdacht) to deepen

verdienen **A** VT **1** (≈ einnehmen) to earn; (≈ Gewinn machen) to make; **sich** (dat) **etw ~** to earn the money for sth **2** (fig) Lob, Strafe to deserve; **er verdient es nicht anders/besser** he doesn't deserve anything else/any better; → **verdient** **B** VI to earn; (≈ Gewinn machen) to make (a profit) (an +dat on); **er verdient gut** he earns a lot; **er verdient schlecht** he doesn't earn much; **am Krieg ~** to profit from war **Verdiener(in)** M/F wage earner

Verdienst¹ M (≈ Einkommen) income; (≈ Profit) profit

Verdienst² N **1** merit; (≈ Dank) credit; **es ist sein ~(, dass …)** it is thanks to him (that …) **2** (≈ Leistung) contribution; **ihre ~e um die Wissenschaft** her services to science

Verdienstausfall M loss of earnings **Verdienstorden** M order of merit **verdienstvoll** ADJ commendable **verdient** **A** ADJ **1** Lohn, Strafe rightful; Lob well-deserved **2** Künstler, Politiker of outstanding merit **B** ADV gewinnen deservedly; → **verdienen verdientermaßen** ADV deservedly

verdonnern VT (umg: zu Haft etc) to sentence (zu to); **jdn zu etw ~** to order sb to do sth as a punishment

verdoppeln **A** VT to double; (fig) Anstrengung etc to redouble **B** VR to double **Verdopp(e)lung** F doubling; (von Anstrengung) redoubling

verdorben ADJ **1** Lebensmittel bad; Magen upset **2** Stimmung spoiled **3** (moralisch) corrupt; (≈ verzogen) Kind spoiled; → **verderben**

verdorren VI to wither

verdrängen VT jdn to drive out; (≈ ersetzen) to replace; PHYS Wasser, Luft to displace; (fig) Sorgen to dispel; PSYCH to repress; **jdn aus dem Amt ~** to oust sb (from office) **Verdrängung** F driving out; (≈ Ersetzung) replacing; PHYS displacement; (von Sorgen) dispelling; PSYCH repression

verdrecken VT & VI (umg) to get dirty; **verdreckt** filthy (dirty)

verdrehen VT to twist; (≈ verknacksen) to sprain; Hals to crick; Augen to roll; Tatsachen to distort

verdreifachen VT & VI to triple

verdreschen VT (umg) to beat up

verdrießlich ADJ morose **verdrossen** ADJ (≈ schlecht gelaunt) morose; (≈ unlustig) Gesicht unwilling **Verdrossenheit** F (≈ schlechte Laune) moroseness; (≈ Lustlosigkeit) unwillingness; (über Politik etc) dissatisfaction (über +akk with)

verdrücken **A** VT (umg) Essen to polish off (umg) **B** VR (umg) to beat it (umg)

Verdruss M frustration; **zu jds ~** to sb's annoyance

verduften VI **1** (≈ seinen Duft verlieren) to lose its smell (❗ Schreibung mit einem „o"); (Tee, Kaffee) to lose its aroma **2** (umg ≈ verschwinden) to beat it (umg)

verdummen **A** VT jdn **~** (≈ dumm machen) to dull sb's mind **B** VI to stultify

verdunkeln **A** VT to darken; (im Krieg) to black out; (fig) Motive etc to obscure **B** VR to darken **Verdunkelung** F **1** darkening; (im Krieg) blacking out; (fig) obscuring **2** JUR suppression of evidence **Verdunkelungsgefahr** F JUR danger of suppression of evidence

verdünnen VT to thin (down); (mit Wasser) to water down; Lösung to dilute **Verdünner** M thinner **Verdünnung** F thinning; (von Lösung) dilution; (mit Wasser) watering down

verdunsten VI to evaporate **Verduns-**

tung F evaporation
verdursten VI to die of thirst
verdüstern VT & VR to darken
verdutzt ADJ, ADV (umg) taken aback; (≈ verwirrt) baffled
veredeln VT Metalle, Erdöl to refine; BOT to graft; Geschmack to improve
verehren VT [1] (≈ hoch achten) to admire; Gott, Heiligen to honour; (≈ ehrerbietig lieben) to worship [2] (≈ schenken) **jdm etw ~** to give sb sth **Verehrer(in)** M(F) admirer **verehrt** ADJ (in Anrede) **(sehr) ~e Anwesende/~es Publikum** Ladies and Gentlemen
vereidigen VT to swear in; **jdn auf etw** (akk) **~** to make sb swear on sth **Vereidigung** F swearing in
Verein M organization; (≈ Sportverein) club; **ein wohltätiger ~** a charity
vereinbar ADJ compatible; Aussagen consistent; **nicht (miteinander) ~** incompatible; Aussagen inconsistent **vereinbaren** VT [1] to agree; Zeit, Treffen, Tag to arrange; **vereinbart** agreed; **zum vereinbarten Liefertermin** by the agreed delivery date; **es gilt als vereinbart, dass ...** it is understood that ... [2] **mit etw zu ~ sein** to be compatible with sth; (Aussagen) to be consistent with sth; (Ziele, Ideale) to be reconcilable with sth **Vereinbarung** F (≈ Abmachung) agreement; **laut ~** as agreed; **nach ~** by arrangement **vereinbarungsgemäß** ADV as agreed
vereinen A VT to unite; → **vereint** B VR to join together
vereinfachen VT to simplify
vereinheitlichen VT to standardize **Vereinheitlichung** F standardization
vereinigen A VT to unite; Eigenschaften to bring together; HANDEL Firmen to merge (zu into); **alle Stimmen auf sich** (akk) **~** to collect all the votes B VR to unite; (Firmen) to merge **vereinigt** ADJ united; **Vereinigtes Königreich** United Kingdom; **Vereinigte Staaten** United States sg; **Vereinigte Arabische Emirate** United Arab Emirates **Vereinigung** F [1] (≈ das Vereinigen) uniting; (von Eigenschaften) bringing together; (von Firmen) merging [2] (≈ Organisation) organization

vereinsamen VI to become lonely od isolated **Vereinsamung** F loneliness
Vereinshaus N clubhouse **Vereinsmitglied** N club member
vereint A ADJ united; **die Vereinten Nationen** the United Nations sg B ADV together, in unison; → **vereinen**
vereinzelt A ADJ occasional attr B ADV occasionally; **... ~ bewölkt** ... with cloudy patches

vereisen VI to freeze; (Straße) to freeze over; (Fensterscheibe) to ice over **vereist** ADJ Straßen, Fenster icy; Bäche frozen; Piste iced-up
vereiteln VT to foil
vereitern VI to go septic
verenden VI to perish
verengen A VR to narrow; (Gefäße, Pupille) to contract B VT to make narrower **Verengung** F [1] narrowing; (von Pupille, Gefäß) contraction [2] (≈ verengte Stelle) narrow part (in +dat of)
vererben A VT [1] Besitz to leave, to bequeath (+dat, an +akk to); (hum) to hand on (jdm to sb) [2] Eigenschaften to pass on (+dat, auf +akk to); Krankheit to transmit B VR to be passed on/transmitted (auf +akk to) **vererblich** ADJ Krankheit hereditary **Vererbungslehre** F genetics sg
verewigen A VT to immortalize B VR to immortalize oneself
Verfahren N (≈ Vorgehen) actions pl; (≈ Verfahrensweise) procedure; TECH process; (≈ Methode) method; JUR proceedings pl
verfahren¹ VI (≈ vorgehen) to act; **mit jdm streng ~** to deal strictly with sb
verfahren² A VT (≈ verbrauchen) Geld, Zeit to spend in travelling (Br) od traveling (US); Benzin to use up B VR (≈ sich verirren) to lose one's way (⚠ Schreibung mit einem „o")
verfahren³ ADJ Situation muddled
Verfahrenstechnik F process engineering
Verfahrensweise F procedure
Verfall M (≈ Zerfall) decay; (von Gebäude) dilapidation; (gesundheitlich, von Kultur etc) decline; (von Scheck, Karte) expiry
verfallen¹ VI [1] (≈ zerfallen) to decay; (Bauwerk) to fall into disrepair; (körperlich) to deteriorate; (Kultur etc) to decline [2] (≈ ungültig werden) to become invalid; (Fahrkarte) to expire; (Termin, Anspruch) to lapse [3] (≈ abhängig werden) **einer Sache ~ sein** to be a slave to sth; **dem Alkohol etc to be addicted to sth; jdm völlig ~ sein** to be completely under sb's spell [4] **auf etw** (akk) **~** to think of sth; **in etw** (akk) **~** to sink into sth; **in einen tiefen Schlaf ~** to fall into a deep sleep
verfallen² ADJ Gebäude dilapidated; (≈ abgelaufen) invalid; Strafe lapsed
Verfallsdatum N expiry date; (der Haltbarkeit) best-before date
verfälschen VT to distort; Daten to falsify; Geschmack to adulterate
verfänglich ADJ Situation awkward; Beweismaterial incriminating; (≈ gefährlich) dangerous; Frage tricky
verfärben A VT to discolour (Br), to discolor (US) B VR to change colour (Br) od color (US); (Metall, Stoff) to discolour (Br), to discolor (US); **sich grün/rot ~** to turn green/red

verfassen _vt_ to write; _Urkunde_ to draw up **Verfasser(in)** _M(F)_ writer; _(von Buch etc auch)_ author **Verfassung** _F_ **1** POL constitution **2** (≈ _Zustand_) state; _(seelisch)_ state of mind; **sie ist in guter/schlechter ~** she is in good/bad shape **Verfassungsänderung** _F_ constitutional amendment **verfassungsfeindlich** _ADJ_ anticonstitutional **verfassungsmäßig** _ADJ_ constitutional **Verfassungsschutz** _M_ (_Aufgabe_) defence (_Br_) _od_ defense (_US_) of the constitution; _(Organ, Amt)_ office responsible for defending the constitution **verfassungswidrig** _ADJ_ unconstitutional

verfaulen _vi_ to decay; _(Körper, organische Stoffe)_ to decompose **verfault** _ADJ_ decayed; _Fleisch, Obst etc_ rotten

verfechten _vt_ to defend; _Lehre_ to advocate **Verfechter(in)** _M(F)_ advocate

verfehlen _vt_ (≈ _verpassen_) to miss; **den Zweck ~** not to achieve its purpose; **das Thema ~** to be completely off the subject **verfehlt** _ADJ_ (≈ _unangebracht_) inappropriate; (≈ _misslungen_) unsuccessful **Verfehlung** _F_ (≈ _Vergehen_) misdemeanour (_Br_), misdemeanor (_US_); (≈ _Sünde_) transgression

verfeinern _vt & vr_ to improve **verfeinert** _ADJ_ sophisticated **Verfeinerung** _F_ improvement

verfestigen _vt_ to harden; (≈ _verstärken_) to strengthen

Verfettung _F_ (MED: _von Körper_) obesity

verfilmen _vt_ _Buch_ to make a film of **Verfilmung** _F_ filming; (≈ _Film_) film (version)

verfilzt _ADJ_ _Haare_ matted

verfinstern A _vt_ to darken; _Sonne, Mond_ to eclipse **B** _vr_ to darken **Verfinsterung** _F_ darkening; _(von Sonne etc)_ eclipse

verflachen _vi_ to flatten out; _(fig: Diskussion)_ to become superficial

verflechten _vt_ to interweave; _Methoden_ to combine **Verflechtung** _F_ interconnection (+_gen_ between); POL, WIRTSCH integration

verfliegen _vi_ _(Stimmung, Zorn etc)_ to blow over (_umg_), to pass; _(Kummer etc)_ to vanish; _(Alkohol)_ to evaporate; _(Zeit)_ to fly

verflixt (_umg_) **A** _ADJ_ blessed (_umg_), darned (_umg_); (≈ _kompliziert_) tricky **B** _INT_ **verflixt!** blow! (_Br umg_), darn! (_US umg_)

verflossen _ADJ_ **1** _Jahre, Tage_ bygone **2** (_umg_ ≈ _ehemalig_) one-time _attr_ (_umg_); **ihr Verflossener** her ex (_umg_)

verfluchen _vt_ to curse **verflucht** _ADJ_ (_umg_) damn (_umg_)

verflüchtigen _vr_ _(Alkohol etc)_ to evaporate; _(fig) (Ärger)_ to be dispelled

verflüssigen _vt & vr_ to liquefy **Verflüssigung** _F_ liquefaction

verfolgen _vt_ to pursue; (≈ _jds Spuren folgen_) _jdn_ to trail; _Tier_ to track; _Entwicklung, Spur_ to follow; _(politisch, religiös)_ to persecute; _(Gedanke etc) jdn_ to haunt; **vom Unglück verfolgt werden** to be dogged by ill fortune; **jdn gerichtlich ~** to prosecute sb **Verfolger(in)** _M(F)_ **1** pursuer **2** _(politisch etc)_ persecutor **Verfolgung** _F_ pursuit; (≈ _politische Verfolgung_) persecution (⚠ kein pl); **die ~ aufnehmen** to take up the chase **Verfolgungsjagd** _F_ wild chase; _(im Auto)_ car chase **Verfolgungswahn** _M_ persecution mania

verfrachten _vt_ HANDEL to transport; (_umg_) _jdn_ to bundle off (_umg_)

verfremden _vt_ _Thema, Stoff_ to make unfamiliar **Verfremdung** _F_ defamiliarization; THEAT, LIT alienation

verfressen _ADJ_ (_umg_) greedy

verfroren _ADJ_ (≈ _durchgefroren_) frozen

verfrüht _ADJ_ (≈ _zu früh_) premature; (≈ _früh_) early

verfügbar _ADJ_ available **Verfügbarkeit** _F_ availability **verfügen A** _vi_ **über etw** (_akk_) **~** to have sth at one's disposal; (≈ _besitzen_) to have sth; **über etw** (_akk_) **frei ~ können** to be able to do as one wants with sth **B** _vt_ to order; _(gesetzlich)_ to decree **Verfügung** _F_ **1** **jdm etw zur ~ stellen** to put sth at sb's disposal; (≈ _leihen_) to lend sb sth; **(jdm) zur ~ stehen** (≈ _verfügbar sein_) to be available (to sb); **etw zur ~ haben** to have sth at one's disposal **2** _(behördlich)_ order; _(von Gesetzgeber)_ decree; (≈ _Anweisung_) instruction

verführen _vt_ to tempt; _(bes sexuell)_ to seduce; _das Volk etc_ to lead astray; **jdn zu etw ~** to encourage sb to do sth **Verführer** _M_ seducer **Verführerin** _F_ seductress **verführerisch** _ADJ_ seductive; (≈ _verlockend_) tempting **Verführung** _F_ seduction; (≈ _Verlockung_) enticement **Verführungskunst** _F_ seductive manner; **Verführungskünste** seductive charms

verfüttern _vt_ to feed (_an_ +_akk_ to); **etw an die Vögel ~** to feed sth to the birds

Vergabe _F_ _(von Arbeiten)_ allocation; _(von Auftrag etc)_ award

vergammeln (_umg_) _vi_ **1** (≈ _verderben_) to get spoiled; _(Speisen)_ to go bad **2** (≈ _verlottern_) to go to the dogs (_umg_); _(Gebäude)_ to become run down; **vergammelt aussehen** to look scruffy

vergangen _ADJ_ **1** (≈ _letzte_) last **2** _Jahre_ past; _Zeiten_ bygone; → **vergehen Vergangenheit** _F_ past; GRAM past (tense); **der ~ angehören** to be a thing of the past **Vergangenheitsbewältigung** _F_ process of coming to terms with the past **Vergangenheitsform** _F_

past tense **vergänglich** ADJ transitory **Vergänglichkeit** F transitoriness
vergasen VT (TECH: *in Motor*) to carburet; *Kohle* to gasify; (≈ *durch Gas töten*) to gas **Vergaser** M AUTO carburettor (Br), carburetor (US) **Vergasung** F TECH carburation; (*von Kohle*) gasification; (≈ *Tötung*) gassing
vergeben A VT 1 (≈ *weggeben*) *Auftrag, Preis* to award (*an +akk* to); *Stellen* to allocate; *Kredit* to give out; *Arbeit* to assign; (*fig*) *Chance* to throw away; **er/sie ist schon ~** (*umg*) he/she is already spoken for (*umg*) 2 (≈ *verzeihen*) to forgive; **jdm etw ~** to forgive sb (for) sth B VR KART to misdeal **vergebens** ADV, ADJ präd in vain **vergeblich** A ADJ futile; **alle Versuche waren ~** all attempts were in vain B ADV in vain **Vergeblichkeit** F futility **Vergebung** F forgiveness
vergehen A VI 1 to pass; (*Liebe*) to die; (*Schönheit*) to fade; **wie doch die Zeit vergeht** how time flies; **mir ist die Lust dazu vergangen** I don't feel like it any more; **mir ist der Appetit vergangen** I have lost my appetite; **es werden noch Monate ~, ehe ...** it will be months before ...; → vergangen 2 **vor etw** (*dat*) **~** to be dying of sth; **vor Angst ~** to be scared to death B VR **sich an jdm ~** to do sb wrong; (*unsittlich*) to assault sb indecently **Vergehen** N (≈ *Verstoß*) offence (Br), offense (US)
vergelten VT **jdm etw ~** to repay sb for sth **Vergeltung** F (≈ *Rache*) retaliation **Vergeltungsschlag** M act of reprisal
vergessen A VT to forget; (≈ *liegen lassen*) to leave (behind); **das werde ich dir nie ~** I will never forget that; **das kannst du (voll) ~!** (*umg*) forget it! B VR (*Mensch*) to forget oneself **Vergessenheit** F oblivion; **in ~ geraten** to vanish into oblivion **vergesslich** ADJ forgetful **Vergesslichkeit** F forgetfulness
vergeuden VT to waste **Vergeudung** F wasting
vergewaltigen VT to rape; (*fig*) *Sprache etc* to murder **Vergewaltiger** M rapist **Vergewaltigung** F rape
vergewissern VR **sich einer Sache** (*gen*) **~** to make sure of sth
vergiften A VT to poison B VR to poison oneself **Vergiftung** F poisoning (⚠ kein pl); (*der Luft*) pollution
Vergissmeinnicht N forget-me-not
verglasen VT to glaze
Vergleich M 1 comparison; **im ~ zu** in comparison with, compared with *od* to; **in keinem ~ zu etw stehen** to be out of all proportion to sth; (*Leistungen*) not to compare with sth 2 JUR

settlement **vergleichbar** ADJ comparable **vergleichen** A VT to compare; **verglichen mit** compared with; **sie sind nicht (miteinander) zu ~** they cannot be compared (to one another) B VR 1 **sich mit jdm ~** to compare oneself with sb 2 JUR to reach a settlement (*mit* with) **vergleichend** ADJ comparative **vergleichsweise** ADV comparatively
verglühen VI (*Feuer*) to die away; (*Raumkapsel, Meteor etc*) to burn up
vergnügen A VT to amuse B VR to enjoy oneself; **sich mit jdm/etw ~** to amuse oneself with sb/sth **Vergnügen** N pleasure; (≈ *Spaß*) fun (⚠ ohne a); (≈ *Erheiterung*) amusement; **das war ein teures ~** (*umg*) that was an expensive bit of fun; **mit ~** with pleasure; **mit wem habe ich das ~?** (*form*) with whom do I have the pleasure of speaking? (*form*) **vergnügt** A ADJ *Abend, Stunden* enjoyable; *Mensch, Stimmung* cheerful; **über etw** (*akk*) **~ sein** to be pleased about sth B ADV happily **Vergnügung** F pleasure; (≈ *Veranstaltung*) entertainment **Vergnügungsindustrie** F entertainment industry **Vergnügungspark** M amusement park **vergnügungssüchtig** ADJ pleasure-loving **Vergnügungsviertel** N entertainments district; (*mit Bordellen*) red-light district
vergolden VT *Statue, Buchkante* to gild; *Schmuck* to gold-plate **vergoldet** ADJ *Buchseiten* gilt; *Schmuck* gold-plated
vergöttern VT to idolize
vergraben A VT to bury B VR to bury oneself
vergraulen VT (*umg*) to put off; (≈ *vertreiben*) to scare off
vergreifen VR 1 (≈ *danebengreifen*) to make a mistake; **sich im Ton ~** (*fig*) to adopt the wrong tone; **sich im Ausdruck ~** (*fig*) to use the wrong expression; → vergriffen 2 **sich an etw** (*dat*) **~** *an fremdem Eigentum* to misappropriate sth; (*euph* ≈ *stehlen*) to help oneself to sth (*euph*); **sich an jdm ~** (≈ *missbrauchen*) to assault sb (sexually)
vergreisen VI (*Bevölkerung*) to age; (*Mensch*) to become senile; **vergreist** aged, senile **Vergreisung** F (*von Bevölkerung*) ageing; (*von Mensch*) senility
vergriffen ADJ unavailable; *Buch* out of print; → vergreifen
vergrößern A VT (*räumlich*) *Fläche, Gebiet* to extend; *Vorsprung, Produktion* to increase; *Maßstab, Foto* to enlarge; *Absatzmarkt* to expand; (*Lupe, Brille*) to magnify B VR to increase; (*räumlich*) to be extended; (*Absatzmarkt*) to expand; (*Pupille, Gefäße*) to dilate; (*Organ*) to become enlarged; **wir wollen uns ~** (*umg*) we want to move to a bigger place **Vergrößerung** F 1 (*räumlich*) exten-

sion; (umfangmäßig, zahlenmäßig) increase; (von Maßstab, Fotografie) enlargement; (von Absatzmarkt) expansion; (mit Lupe, Brille) magnification ◨ (≈ vergrößertes Bild) enlargement **Vergrößerungsglas** N̄ magnifying glass

Vergünstigung F̄ (≈ Vorteil) privilege

vergüten VT̄ **jdm etw ~** Unkosten to reimburse sb for sth; Preis to refund sb sth; Arbeit to pay sb for sth **Vergütung** F̄ (von Unkosten) reimbursement; (von Preis) refunding; (für Arbeit) payment

verhaften VT̄ to arrest; **Sie sind verhaftet!** you are under arrest! **Verhaftung** F̄ arrest

Verhalten N̄ (≈ Benehmen) behaviour (Br), behavior (US); (≈ Vorgehen) conduct

verhalten[1] VR̄ (≈ sich benehmen) to behave; (≈ handeln) to act; **sich ruhig ~** to keep quiet; (≈ sich nicht bewegen) to keep still; **wie verhält sich die Sache?** how do things stand?; **wenn sich das so verhält, ...** if that is the case ...

verhalten[2] A ADJ restrained; Stimme muted; Atem bated; Optimismus guarded; Tempo measured B ADV sprechen in a restrained manner; sich äußern with restraint

verhaltensauffällig ADJ PSYCH displaying behavioural (Br) od behavioral (US) problems **Verhaltensforscher(in)** M(F) behavioural (Br) od behavioral (US) scientist **Verhaltensforschung** F̄ behavioural (Br) od behavioral (US) research **verhaltensgestört** ADJ disturbed **Verhaltensstörung** F̄ behavioural (Br) od behavioral (US) disturbance **Verhaltensweise** F̄ behaviour (Br), behavior (US)

Verhältnis N̄ ◨ (≈ Proportion) proportion; MATH ratio; **im ~ zu** in relation to; **im ~ zu früher** (≈ verglichen mit) in comparison with earlier times; **in keinem ~ zu etw stehen** to be out of all proportion to sth ◨ (≈ Beziehung) relationship (zu with); (≈ Liebesverhältnis) affair ◨ **Verhältnisse** PL (≈ Umstände) conditions pl; (finanzielle) circumstances pl; **unter** od **bei normalen ~sen** under normal circumstances; **über seine ~se leben** to live beyond one's means; **klare ~se schaffen** to get things straight **verhältnismäßig** A ADJ ◨ (≈ proportional) proportional; (bes JUR ≈ angemessen) commensurate ◨ (≈ relativ) comparative B ADV ◨ (≈ proportional) proportionally ◨ (≈ relativ, umg ≈ ziemlich) relatively **Verhältniswahlrecht** N̄ (system of) proportional representation

verhandeln A VT̄ ◨ (≈ aushandeln) to negotiate ◨ JUR Fall to hear B VĪ ◨ to negotiate (über +akk about); (umg ≈ diskutieren) to argue ◨ JUR **in einem Fall ~** to hear a case **Verhandlung** F̄ ◨ negotiations pl; (≈ das Verhandeln) negotiation; **(mit jdm) in ~(en) treten** to enter into negotiations (with sb) ◨ JUR hearing; (≈ Strafverhandlung) trial **Verhandlungsbasis** F̄ basis for negotiation(s); **~ EUR 2.500** (price) EUR 2,500 or near(est) offer

verhängen VT̄ ◨ Strafe etc to impose (über +akk on); Notstand to declare (über +akk in); (Sport) Elfmeter etc to award ◨ (≈ zuhängen) to cover (mit with) **Verhängnis** N̄ (≈ Katastrophe) disaster; **jdm zum ~ werden** to be sb's undoing **verhängnisvoll** ADJ disastrous; Tag fateful

verharmlosen VT̄ to play down

verharren VĪ to pause; (in einer bestimmten Stellung) to remain

verhärten VT̄ & VR̄ to harden

verhasst ADJ hated; **das ist ihm ~** he hates that

verhätscheln VT̄ to pamper

Verhau M̄ (≈ Käfig) coop

verhauen (umg) A VT̄ ◨ (≈ verprügeln) to beat up; (zur Strafe) to beat ◨ Prüfung etc to make a mess of (umg) B VR̄ ◨ (≈ sich verprügeln) to have a fight ◨ (≈ sich irren) to slip up (umg)

verheddern VR̄ (umg) to get tangled up; (beim Sprechen) to get in a muddle

verheerend ADJ ◨ Sturm, Katastrophe devastating; Anblick ghastly ◨ (umg ≈ schrecklich) ghastly (umg) **Verheerung** F̄ devastation (⚠ kein pl)

verhehlen VT̄ **jdm etw ~** to conceal sth from sb

verheilen VĪ to heal

verheimlichen VT̄ to keep secret (jdm from sb); **ich habe nichts zu ~** I have nothing to hide

verheiraten A VT̄ to marry (mit, an +akk to) B VR̄ to get married **verheiratet** ADJ married (with to); **glücklich ~ sein** to be happily married

verheizen VT̄ to burn, to use as fuel; (fig umg) Sportler to burn out; Minister, Untergebene to crucify; **Soldaten im Kriege ~** (umg) to send soldiers to the slaughter

verhelfen VĪ **jdm zu etw ~** to help sb to get sth

verherrlichen VT̄ to glorify; Gott to praise **Verherrlichung** F̄ glorification; (von Gott) praising

verheult ADJ Augen puffy, swollen from crying

verhexen VT̄ to bewitch; (umg) Maschine etc to put a jinx on (umg); **heute ist alles wie verhext** (umg) there's a jinx on everything today (umg)

verhindern VT̄ to prevent; Plan to foil; **das lässt sich nicht ~** it can't be helped; **er war an diesem Abend verhindert** he was unable to come that evening **Verhinderung** F̄ prevention; (von Plan) foiling, stopping

verhöhnen VT̄ to mock, to deride

verhökern _vt_ (umg) to flog (off) (umg)
Verhör _N_ questioning; (bei Gericht) examination
verhören _A vt_ to question, to interrogate; (bei Gericht) to examine; (umg) to quiz (umg) _B vr_ to mishear
verhungern _vi_ to starve, to die of starvation; **ich bin am Verhungern** (umg) I'm starving (umg)
verhunzen _vt_ (umg) to ruin
verhüten _vt_ to prevent; **~de Maßnahmen** preventive measures **Verhütung** _F_ prevention; (≈ Empfängnisverhütung) contraception **Verhütungsmittel** _N_ contraceptive
verinnerlichen _vt_ to internalize
verirren _vr_ to get lost; (fig) to go astray; (Tier, Kugel) to stray **Verirrung** _F_ losing one's way (⚠ ohne Artikel); (fig) aberration
verjagen _vt_ to chase away
verjähren _vi_ to come under the statute of limitations; (Anspruch) to be in lapse; **verjährtes Verbrechen** statute-barred crime; **das ist schon längst verjährt** (umg) that's all over and done with **Verjährung** _F_ limitation; (von Anspruch) lapse **Verjährungsfrist** _F_ limitation period
verjüngen _A vt_ to rejuvenate; (≈ jünger aussehen lassen) to make look younger; **das Personal ~** to build up a younger staff _B vr_ 1 (≈ jünger werden) to become younger; (Haut) to become rejuvenated 2 (≈ dünner werden) to taper; (Rohr) to narrow
verkabeln _vt_ TEL to link up to the cable network **Verkabelung** _F_ TEL linking up to the cable network
verkalken _vi_ (Arterien) to harden; (Kessel etc) to fur up; (umg: Mensch) to become senile **verkalkt** _ADJ_ (umg) senile
verkalkulieren _vr_ to miscalculate
Verkalkung _F_ (von Arterien) hardening; (umg) senility
verkannt _ADJ_ unrecognized; → verkennen
verkappt _ADJ_ hidden
Verkauf _M_ 1 sale; (≈ das Verkaufen) selling; **beim ~ des Hauses** when selling the house 2 (≈ Abteilung) sales _sg_ (⚠ ohne Artikel) **verkaufen** _A vt & vi_ to sell (für, um for); **„zu ~"** "for sale"; **etw an jdn ~** to sell sb sth, to sell sth to sb _B vr_ (Ware) to sell; (Mensch) to sell oneself **Verkäufer(in)** _M/F_ seller; (in Geschäft) sales assistant (⚠ Schreibung mit ant); (im Außendienst) salesman/saleswoman/salesperson; (JUR: von Grundbesitz etc) vendor **verkäuflich** _ADJ_ sal(e)able; (≈ zu verkaufen) for sale; **leicht/schwer ~** easy/hard to sell **Verkaufsabteilung** _F_ sales department **Verkaufsförderung** _F_ sales promotion **verkaufsoffen** _ADJ_ open for business; **~er Sonntag** Sunday on which the shops are open **Verkaufspreis** _M_ retail price **Verkaufsschlager** _M_ big seller **Verkaufswert** _M_ market value _od_ price
Verkehr _M_ 1 traffic; **dem ~ übergeben** Straße etc to open to traffic 2 (≈ Verbindung) contact; (≈ Umgang) company; (≈ Geschlechtsverkehr) intercourse 3 (≈ Handelsverkehr) trade; (≈ Zahlungsverkehr) business; (≈ Umlauf) circulation; **etw aus dem ~ ziehen** Banknoten to take sth out of circulation; Produkte to withdraw sth **verkehren** _A vi_ 1 (≈ fahren) to run; (Flugzeug) to fly 2 (≈ Kontakt pflegen) **bei jdm ~** to frequent sb's house; **mit jdm ~** to associate with sb; **in einem Lokal ~** to frequent a pub; **in Künstlerkreisen ~** to move in artistic circles _B vr_ to turn (in +akk into); **sich ins Gegenteil ~** to become reversed **Verkehrsampel** _F_ traffic lights _pl_ **Verkehrsanbindung** _F_ transport links _pl_ **verkehrsarm** _ADJ_ Zeit, Straße quiet **Verkehrsaufkommen** _N_ volume of traffic **Verkehrsbehinderung** _F_ JUR obstruction (of traffic) **verkehrsberuhigt** _ADJ_ traffic-calmed **Verkehrsberuhigung** _F_ traffic calming (⚠ ohne the) **Verkehrsbetriebe** _PL_ transport services _pl_ **Verkehrsbüro** _N_ tourist information office **Verkehrschaos** _N_ chaos on the roads **Verkehrsdelikt** _N_ traffic offence (Br) _od_ offense (US) **Verkehrsführung** _F_ traffic management system **Verkehrsfunk** _M_ radio traffic service **verkehrsgünstig** _ADJ_ Lage convenient **Verkehrshinweis** _M_ traffic announcement **Verkehrsinsel** _F_ traffic island **Verkehrslärm** _M_ traffic noise **Verkehrsleitsystem** _N_ traffic guidance system **Verkehrsmeldung** _F_ traffic report **Verkehrsmittel** _N_ means _sg_ of transport; **öffentliche ~** public transport **Verkehrsnetz** _N_ traffic network **Verkehrsopfer** _N_ road casualty **Verkehrsordnung** _F_ ≈ Highway Code (Br), traffic rules and regulations _pl_ **Verkehrspolizei** _F_ traffic police _pl_ **Verkehrspolizist(in)** _M/F_ traffic policeman/-woman **Verkehrsregel** _F_ traffic regulation **Verkehrsregelung** _F_ traffic control **verkehrsreich** _ADJ_ Gegend busy; **~e Zeit** peak (traffic) time **Verkehrsschild** _N_ road sign **verkehrssicher** _ADJ_ Fahrzeug roadworthy **Verkehrsstau** _M_, **Verkehrsstauung** _F_ traffic jam **Verkehrssünder(in)** _M/F_ (umg) traffic offender (Br) _od_ violator (US) **Verkehrsteilnehmer(in)** _M/F_ road user **Verkehrstote(r)** _M/F(M)_ road casualty **verkehrstüchtig** _ADJ_ Fahrzeug roadworthy; Mensch fit to drive **Verkehrsunfall** _M_ road accident **Verkehrsunterricht** _M_ traffic instruction

Verkehrsverbindung F link; (≈ Anschluss) connection **Verkehrsverbund** M integrated transport system **Verkehrsverein** M *local organization concerned with upkeep of tourist attractions, facilities etc* **Verkehrsverhältnisse** PL traffic situation *sg* **Verkehrsweg** M highway **verkehrswidrig** ADJ contrary to road traffic regulations **Verkehrszeichen** N road sign

verkehrt A ADJ wrong; **das Verkehrte** the wrong thing; **der/die Verkehrte** the wrong person B ADV wrongly; **etw ~ (herum) anhaben** (≈ linke Seite nach außen) to have sth on inside out; (≈ vorne nach hinten) to have sth on back to front

verkennen VT to misjudge; **es ist nicht zu ~, dass …** it is undeniable that …; → **verkannt**

Verkettung F (fig) interconnection

verklagen VT to sue (wegen for); **jdn auf etw** (akk) **~** to take sb to court for sth

verklappen VT Abfallstoffe to dump **Verklappung** F dumping

verkleben VI (Wunde) to close; (Augen) to get gummed up; **mit etw ~** to stick to sth

verkleiden A VT 1 jdn to disguise; (≈ kostümieren) to dress up; **alle waren verkleidet** everyone was in fancy dress 2 Wand to line; (≈ vertäfeln) to panel; (≈ bedecken) to cover B VR to disguise oneself; (≈ sich kostümieren) to dress (oneself) up **Verkleidung** F (≈ Kostümierung) dressing up; (≈ Kleidung) disguise; (≈ Kostüm) fancy dress

verkleinern A VT to reduce; Raum, Firma to make smaller; Maßstab to scale down; Abstand to decrease B VR to be reduced; (Raum, Firma) to become smaller; (Abstand) to decrease; (Not) to become less **Verkleinerung** F reduction; (von Firma) making smaller; (von Maßstab) scaling down **Verkleinerungsform** F diminutive form

verklemmt ADJ (umg) Mensch inhibited **Verklemmtheit** F (umg), **Verklemmung** F inhibitions *pl*

verklickern VT (umg) **jdm etw ~** to put sb straight on sth

verklingen VI to fade away; (fig) to fade

verknacksen VT **(sich** dat**) den Knöchel** *od* **Fuß ~** to twist one's ankle

verknallen (umg) VR **sich (in jdn) ~** to fall for sb (umg); **sie ist in ihn verknallt** she's got a crush on him (umg)

verknappen VT to cut back; Rationen to cut down (on)

verkneifen VT (umg) **sich** (dat) **etw ~** Lächeln to keep back sth; Bemerkung to bite back sth; **ich konnte mir das Lachen nicht ~** I couldn't help laughing

verkniffen ADJ Miene strained; (≈ verbittert) pinched

verknoten VT to tie, to knot

verknüpfen VT 1 (≈ verknoten) to knot (together); IT to integrate 2 (fig) to combine; (≈ in Zusammenhang bringen) to link; **etw mit Bedingungen ~** to attach conditions to sth

verkochen VI (Flüssigkeit) to boil away; (Kartoffeln) to overcook

verkohlen A VI to become charred B VT 1 Holz to char 2 (umg) **jdn ~** to pull sb's leg (umg)

verkommen[1] VI 1 (Mensch) to go to pieces; (moralisch) to become dissolute 2 (Gebäude) to fall to pieces; (Stadt) to become run-down 3 (≈ nicht genutzt werden: Lebensmittel, Fähigkeiten etc) to go to waste

verkommen[2] ADJ Mensch depraved; Gebäude dilapidated; Garten wild

verkomplizieren VT **das verkompliziert die Sache nur** that just makes things more complicated

verkorksen VT (umg) to screw up (umg); **sich** (dat) **den Magen ~** to upset one's stomach

verkorkst ADJ (umg) Mensch screwed up (umg)

verkörpern VT to embody; THEAT to play (the part of)

verköstigen VT to feed

verkrachen VR (umg) **sich (mit jdm) ~** to fall out (with sb)

verkraften VT to cope with; (finanziell) to afford

verkrampfen VR to become cramped; (Hände) to clench up; **verkrampft** (fig) tense

verkriechen VR to creep away; (fig) to hide (oneself away)

verkrümeln VR (umg) to disappear

verkrümmen A VT to bend B VR to bend; (Rückgrat) to become curved; (Holz) to warp **verkrümmt** ADJ bent; Wirbelsäule curved **Verkrümmung** F bend (+gen in), distortion (bes TECH); (von Holz) warp; **~ der Wirbelsäule** curvature of the spine

verkrüppeln A VT to cripple B VI to become crippled; (Baum etc) to grow stunted

verkrusten VI & VR to become encrusted **verkrustet** ADJ Wunde scabby; Ansichten decrepit

verkühlen VR (umg) to get a chill

verkümmern VI (Organ) to atrophy; (≈ eingehen: Pflanze) to die; (Talent) to go to waste; (Mensch) to waste away; **geistig ~** to become intellectually stunted

verkünden VT to announce; Urteil to pronounce; neue Zeit to herald

verkupfern VT to copper(-plate)

verkuppeln VT (pej) to pair off; **jdn an jdn ~**

VERK | 1294

(*Zuhälter*) to procure sb for sb
verkürzen VT to shorten; *Abstand* to narrow; *Aufenthalt* to cut short; **sich** (*dat*) **die Zeit ~** to pass the time **Verkürzung** F shortening; (*von Abstand*) narrowing
verladen VT to load 2 (*fig umg*) to con (*umg*)
Verlag M publishing house; **einen ~ finden** to find a publisher
verlagern VT & V/R to shift **Verlagerung** F shift
Verlagskauffrau F, **Verlagskaufmann** M publishing manager **Verlagsleiter(in)** M(F) publishing director **Verlagsprogramm** N list
verlangen A VT 1 (≈ *fordern*) to demand; *Preis* to ask; *Erfahrung* to require; **das ist nicht zu viel verlangt** it's not asking too much 2 (≈ *fragen nach*) to ask for; **Sie werden am Telefon verlangt** you are wanted on the phone B VI **~ nach** to ask for; (≈ *sich sehnen nach*) to long for **Verlangen** N (*nach* for) desire; (≈ *Sehnsucht*) yearning; (≈ *Begierde*) craving; **auf ~** on demand; **auf ~ der Eltern** at the request of the parents
verlängern A VT to extend; *Leben, Schmerzen* to prolong; *Ärmel etc* to lengthen; *Pass etc* to renew; **ein verlängertes Wochenende** a long weekend B V/R to be extended; (*Leiden etc*) to be prolonged **Verlängerung** F 1 extension; (*von Pass etc*) renewal 2 (SPORT: *von Spielzeit*) extra time (*Br*), over time (*US*); (≈ *nachgespielte Zeit*) injury time (*Br*), over time (*US*); **das Spiel geht in die ~** they're going to play extra time *etc* **Verlängerungsschnur** F ELEK extension lead
verlangsamen VT & V/R to slow down
Verlass M **auf jdn/etw ist kein ~** there is no relying on sb/sth
verlassen[1] A VT to leave; (*fig: Mut, Hoffnung*) jdn to desert; IT *Programm* to exit B V/R **sich auf jdn/etw ~** to rely on sb/sth; **darauf können Sie sich ~** you can be sure of that
verlassen[2] ADJ deserted; (≈ *einsam*) lonely; *Auto* abandoned
verlässlich ADJ reliable **Verlässlichkeit** F reliability
Verlauf M course; (≈ *Ausgang*) end; **im ~ der Jahre** over the (course of) years; **einen guten/schlechten ~ nehmen** to go well/badly **verlaufen** A VI 1 (≈ *ablaufen*) to go; (*Feier*) to go off; (*Untersuchung*) to proceed; (≈ *sich erstrecken*) to run; **die Spur verlief im Sand** the track disappeared in the sand B V/R (≈ *sich verirren*) to get lost; (≈ *verschwinden: Menschenmenge*) to disperse **Verlaufsform** F GRAM progressive form
verlautbaren VT & VI (*form*) to announce; **etw ~ lassen** to let sth be announced **Verlautbarung** F announcement **verlauten** VI **er hat ~ lassen, dass ...** he indicated that ...
verleben VT to spend; **eine schöne Zeit ~** to have a nice time
verlegen[1] A VT 1 (*an anderen Ort*) to move 2 (≈ *verschieben*) to postpone (*auf +akk* until); (≈ *vorverlegen*) to bring forward (*auf +akk* to) 3 (≈ *an falschen Platz legen*) to mislay 4 (≈ *anbringen*) *Kabel, Fliesen etc* to lay 5 (≈ *drucken lassen*) to publish B V/R **sich auf etw** (*akk*) **~** to resort to sth; **er hat sich neuerdings auf Golf verlegt** he has taken to golf recently
verlegen[2] A ADJ 1 embarrassed (⚠ kein Adverb) 2 **um eine Antwort ~ sein** to be lost for an answer B ADV in embarrassment **Verlegenheit** F 1 (≈ *Betretenheit*) embarrassment; **jdn in ~ bringen** to embarrass sb 2 (≈ *unangenehme Lage*) embarrassing situation; **wenn er in finanzieller ~ ist** when he's in financial difficulties **Verlegenheitslösung** F stopgap
Verleger(in) M(F) publisher; (≈ *Händler*) distributor
Verlegung F 1 (*räumlich*) transfer 2 (*zeitlich*) postponement (*auf +akk* until); (≈ *Vorverlegung*) bringing forward (*auf +akk* to) 3 (*von Kabeln etc*) laying
Verleih M 1 (≈ *Unternehmen*) rental company; (≈ *Filmverleih*) distributor(s *pl*) 2 (≈ *das Verleihen*) renting (out), hiring (out) (*Br*); (≈ *Filmverleih*) distribution **verleihen** VT 1 (≈ *ausleihen*) to lend (*an jdn* to sb); (*gegen Gebühr*) to rent (out), to hire (out) (*Br*) 2 (≈ *zuerkennen*) to award (*jdm* (to) sb); *Titel* to confer (*jdm* on sb) 3 (≈ *geben, verschaffen*) to give **Verleihung** F 1 (≈ *das Ausleihen*) lending; (*gegen Gebühr*) renting, rental 2 (*von Preis etc*) award (-ing); (*von Titel*) conferment
verleiten VT (≈ *verlocken*) to tempt; (≈ *verführen*) to lead astray; **jdn zum Stehlen ~** to lead sb to steal
verlernen VT to forget; **das Tanzen ~** to forget how to dance
verlesen A VT 1 (≈ *vorlesen*) to read (out) 2 *Gemüse etc* to sort B V/R **ich habe mich wohl ~** I must have misread it
verletzbar ADJ vulnerable **verletzen** A VT 1 to injure; (*in Kampf etc*) to wound; (*fig*) jdn, jds *Gefühle* to hurt 2 *Gesetz* to break; *Rechte* to violate B V/R to injure oneself **verletzend** ADJ *Bemerkung* hurtful **Verletzte(r)** M/F(M) injured person; (*bei Kampf*) wounded man; **es gab drei ~** three people were injured **Verletzung** F (≈ *Wunde*) injury
verleugnen VT to deny; **es lässt sich nicht ~, dass ...** there is no denying that ...
verleumden VT to slander; (*schriftlich*) to libel **Verleumder(in)** M(F) slanderer; (*durch Ge-*

schriebenes) libeller *(bes Br)*, libeler *(US)* **verleumderisch** ADJ slanderous; *(in Schriftform)* libellous *(bes Br)*, libelous *(US)* **Verleumdung** F slandering; *(schriftlich)* libelling *(bes Br)*, libeling *(US)*; (≈ *Bemerkung)* slander; (≈ *Bericht)* libel **Verleumdungskampagne** F smear campaign

verlieben VR to fall in love *(in +akk* with) **verliebt** A ADJ *Blicke, Worte* amorous; **(in jdn/etw) ~ sein** to be in love (with sb/sth) B ADV *ansehen* lovingly

verlieren A VT to lose (⚠ Schreibung mit einem „o"); **er hat hier nichts verloren** *(umg)* he has no business to be here B VI to lose; **sie hat an Schönheit verloren** she has lost some of her beauty C VR (≈ *verschwinden)* to disappear; → **verloren Verlierer(in)** M/F loser (⚠ Schreibung mit einem „o")

Verlies N dungeon
verlinken VT to hyperlink
verloben VR *(mit* to) to get engaged **Verlobte(r)** M/F(M) **mein ~r** my fiancé; **meine ~** my fiancée **Verlobung** F engagement
verlocken VT & VI to entice **Verlockung** F enticement; (≈ *Reiz)* allure
verlogen ADJ *Mensch* lying; *Versprechungen* false; *Moral* hypocritical **Verlogenheit** F *(von Mensch)* mendacity *(form)*; *(von Versprechungen)* falseness; *(von Moral)* hypocrisy
verloren ADJ lost; GASTR *Eier* poached; **jdn/etw ~ geben** to give sb/sth up for lost; **auf ~em Posten stehen** to be fighting a losing battle; → **verlieren verloren gehen** VI to get lost
verlosen VT to raffle (off) **Verlosung** F (≈ *Lotterie)* raffle; (≈ *Ziehung)* draw
Verlust M 1 loss; **mit ~ verkaufen** to sell at a loss 2 **Verluste** PL losses *pl*; **schwere ~e haben** to have taken heavy losses **Verlustgeschäft** N (≈ *Firma)* lossmaking business *(Br)*, business operating in the red **verlustreich** ADJ 1 HANDEL *Firma* heavily loss-making 2 MIL *Schlacht* involving heavy losses

vermachen VT **jdm etw ~** to bequeath sth to sb **Vermächtnis** N bequest; *(fig)* legacy
vermählen *(form)* A VT to marry B VR **sich (mit jdm) ~** to marry (sb) **Vermählung** F *(form)* marriage
vermarkten VT to market; *(fig)* to commercialize **Vermarktung** F marketing; *(fig)* commercialization
vermasseln VT *(umg)* to mess up *(umg)*; *Prüfung* to make a mess of
vermehren A VT to increase B VR to increase; (≈ *sich fortpflanzen)* to reproduce; *(Bakterien)* to multiply **Vermehrung** F increase; (≈ *Fort-*

pflanzung) reproduction; *(von Bakterien)* multiplying
vermeidbar ADJ avoidable **vermeiden** VT to avoid; **es lässt sich nicht ~** it is inevitable *od* unavoidable
vermeintlich ADJ supposed
vermengen VT to mix; *(fig umg) Begriffe etc* to mix up
Vermerk M remark; (≈ *Stempel)* stamp
vermessen[1] VT to measure; *Gelände* to survey
vermessen[2] ADJ (≈ *anmaßend)* presumptuous **Vermessenheit** F (≈ *Anmaßung)* presumption
Vermessung F measurement; *(von Gelände)* survey
vermiesen VT *(umg)* **jdm etw ~** to spoil sth for sb
vermieten VT to rent (out), to lease (JUR); **Zimmer zu ~** room for rent **Vermieter** M lessor; *(von Wohnung etc)* landlord **Vermieterin** F lessor; *(von Wohnung etc)* landlady **Vermietung** F renting (out); *(von Auto)* rental, hiring (out) *(Br)*
vermindern A VT to reduce; *Zorn* to lessen; **verminderte Zurechnungsfähigkeit** JUR diminished responsibility B VR to decrease; *(Zorn)* to lessen; *(Reaktionsfähigkeit)* to diminish **Verminderung** F reduction *(+gen* of); *(von Reaktionsfähigkeit)* diminishing
verminen VT to mine
vermischen A VT to mix; **„Vermischtes"** "miscellaneous" B VR to mix
vermissen VT to miss; **vermisst werden** to be missing; **etw an jdm/etw ~** to find sb/sth lacking in sth; **wir haben dich bei der Party vermisst** we didn't see you at the party; **etw ~ lassen** to be lacking in sth **Vermisste(r)** M/F(M) missing person
vermitteln A VT to arrange *(jdm* for sb); *Stelle, Partner* to find *(jdm* for sb); *Gefühl, Einblick* to convey, to give *(jdm* to sb); *Wissen* to impart *(jdm* to sb); **wir ~ Geschäftsräume** we are agents for business premises B VI to mediate; **~d eingreifen** to intervene **Vermittler(in)** M/F(M) 1 mediator 2 HANDEL agent **Vermittlung** F 1 arranging; *(von Stelle, Briefpartner)* finding; *(in Streitigkeiten)* mediation; *(von Gefühl, Einblick)* conveying; *(von Wissen)* imparting 2 (≈ *Stelle, Agentur)* agency 3 (TEL ≈ *Amt)* exchange; *(in Firma etc)* switchboard **Vermittlungsgebühr** F commission **Vermittlungsversuch** M attempt at mediation
vermöbeln VT *(umg)* to beat up
vermodern VI to moulder *(Br)*, to molder *(US)*
Vermögen N 1 (≈ *Reichtum)* fortune 2 (≈ *Besitz)* property **vermögend** ADJ (≈ *reich)* wealthy

VERM | 1296

Vermögensberater(in) _MF_ investment analyst **Vermögensbildung** _F_ creation of wealth **Vermögenssteuer** _F_ wealth tax **Vermögensverhältnisse** _PL_ financial circumstances _pl_ **Vermögensverwaltung** _F_ asset management **vermögenswirksam** _ADJ_ **~e Leistungen** employer's contributions to tax-deductible savings scheme

vermummen _VR_ (≈ sich verkleiden) to disguise oneself; **vermummte Demonstranten** masked demonstrators

vermuten _VT_ to suspect; **ich vermute es nur** that's only an assumption; **wir haben ihn dort nicht vermutet** we did not expect him to be there **vermutlich** _A_ _ADJ_ presumable; _Täter_ suspected _B_ _ADV_ presumably **Vermutung** _F_ (≈ Annahme) assumption; (≈ Mutmaßung) conjecture; (≈ Verdacht) hunch; **die ~ liegt nahe, dass …** there are grounds for the assumption that …

vernachlässigen _VT_ to neglect

vernarren _VR_ (umg) **sich in etw ~** to fall for sth; **in jdn vernarrt sein** to be crazy about sb (umg)

vernaschen _VT_ (umg) **1** (für Süßigkeiten ausgeben) **er vernascht sein ganzes Taschengeld** he spends all his pocket money (Br) od allowance (US) on sweets (Br) od candy (US) **2** (Mädchen) to lay (umg)

vernehmbar _A_ _ADJ_ (≈ hörbar) audible _B_ _ADV_ audibly **vernehmen** _VT_ **1** (≈ hören ≈ erfahren) to hear **2** _JUR_ _Zeugen_ to examine; (Polizei) to question **vernehmlich** _A_ _ADJ_ clear _B_ _ADV_ audibly **Vernehmung** _F_ (JUR: von Zeugen) examination; (durch Polizei) questioning

verneigen _VR_ to bow; **sich vor jdm/etw ~** (wörtl) to bow to sb/sth; (fig) to bow down before sb/sth **Verneigung** _F_ bow (vor +dat before)

verneinen _VT & VI_ _Frage_ to answer in the negative; (≈ leugnen) _Tatsache_ to deny; _These_ to dispute; _GRAM_ to negate; **die verneinte Form** the negative (form) **verneinend** _ADJ_ negative **Verneinung** _F_ (≈ Leugnung) denial; (von These etc) disputing; _GRAM_ negation; (≈ verneinte Form) negative

vernetzen _VT_ to link up; _IT_ to network **Vernetzung** _F_ linking-up; _IT_ networking

vernichten _VT_ to destroy **vernichtend** _A_ _ADJ_ devastating; _Niederlage_ crushing _B_ _ADV_ **jdn ~ schlagen** _MIL_, _SPORT_ to annihilate sb **Vernichtung** _F_ destruction **Vernichtungsschlag** _M_ devastating blow; **zum ~ ausholen** to prepare to deliver the final blow

verniedlichen _VT_ to trivialize

vernieten _VT_ to rivet

Vernissage _F_ opening (at art gallery)

Vernunft _F_ reason; **zur ~ kommen** to come to one's senses; **~ annehmen** to see reason; **jdn zur ~ bringen** to make sb see sense **vernünftig** _A_ _ADJ_ sensible; (≈ logisch denkend) rational; (umg) (≈ anständig) decent; (≈ annehmbar) reasonable _B_ _ADV_ sensibly; (≈ logisch) rationally; (umg) (≈ anständig) decently; (≈ annehmbar) reasonably

veröden _VI_ to become desolate

veröffentlichen _VT & VI_ to publish **Veröffentlichung** _F_ publication

verordnen _VT_ to prescribe (jdm etw sth for sb) **Verordnung** _F_ **1** _MED_ prescription **2** (form ≈ Verfügung) decree

verpachten _VT_ to lease (an +akk to)

verpacken _VT_ to pack; (≈ einwickeln) to wrap **Verpackung** _F_ **1** (≈ Material) packaging (🛑 kein pl) **2** (≈ das Verpacken) packing; (≈ das Einwickeln) wrapping **Verpackungskosten** _PL_ packing od packaging costs _pl_ **Verpackungsmaterial** _N_ packaging (material) **Verpackungsmüll** _M_ packaging waste

verpassen _VT_ **1** (≈ versäumen) to miss **2** (umg ≈ zuteilen) **jdm etw ~** to give sb sth; (≈ aufzwingen) to make sb have sth; **jdm eins** od **eine Ohrfeige ~** to smack sb one (umg)

verpatzen _VT_ (umg) to spoil

verpennen (umg) _A_ _VT_ (≈ verschlafen) _Termin, Zeit_ to miss by oversleeping; (≈ verpassen) _Einsatz_ to miss _B_ _VI & VR_ to oversleep

verpesten _VT_ to pollute

verpetzen _VT_ (umg) to tell on (umg) (bei to)

verpfänden _VT_ to pawn

verpfeifen _VT_ (umg) to grass on (bei to) (umg)

verpflanzen _VT_ to transplant; _Haut_ to graft **Verpflanzung** _F_ transplant; (von Haut) grafting

verpflegen _A_ _VT_ to feed _B_ _VR_ **sich (selbst) ~** to feed oneself; (≈ selbst kochen) to cater for oneself **Verpflegung** _F_ **1** (≈ das Verpflegen) catering; _MIL_ rationing **2** (≈ Essen) food; _MIL_ provisions _pl_; **mit voller ~** (≈ mit Vollpension) with full board

verpflichten _A_ _VT_ **1** to oblige; **sich verpflichtet fühlen, etw zu tun** to feel obliged to do sth; **jdm verpflichtet sein** to be under an obligation to sb **2** (≈ binden) to commit; (vertraglich etc) to bind; (durch Gesetz) to oblige; **~d** binding **3** (≈ einstellen) to engage; _Sportler_ to sign on; _MIL_ to enlist _B_ _VI_ (≈ bindend sein) to be binding; **das verpflichtet zu nichts** there is no obligation involved _C_ _VR_ **sich zu etw ~** to undertake to do sth; (vertraglich) to commit oneself to doing sth **Verpflichtung** _F_ **1** obligation (zu etw to do sth); (finanziell) commitment (zu etw to do sth); (≈ Aufgabe) duty **2** (≈ Einstellung) engaging;

(von Sportlern) signing on; MIL enlistment
verpfuschen V̄T̄ (umg) Arbeit etc to bungle; Leben, Erziehung to screw up (sl), to ruin
verpissen V̄R̄ (sl) to clear out (umg)
verplanen V̄T̄ Zeit to book up; Geld to budget
verplappern V̄R̄ (umg) to open one's mouth too wide (umg)
verplempern V̄T̄ (umg) to waste
verpönt ADJ frowned (up)on (bei by)
verprügeln V̄T̄ to beat up
verpulvern V̄T̄ (umg) to fritter away
Verputz M̄ plaster; (≈ Rauputz) roughcast **verputzen** V̄T̄ **1** Wand to plaster; (mit Rauputz) to roughcast **2** (umg ≈ aufessen) to polish off (umg)
verrammeln V̄T̄ to barricade
verramschen V̄T̄ HANDEL to sell off cheap; (umg a.) to flog (Br umg)
Verrat M̄ betrayal (an +dat of); JUR treason (an +dat against) **verraten** A V̄T̄ Geheimnis, jdn to betray; (≈ ausplaudern) to tell; (fig ≈ erkennen lassen) to reveal; **nichts ~!** don't say a word! B V̄R̄ to give oneself away **Verräter(in)** M̄/F̄ traitor (+gen to); **verräterisch** ADJ treacherous, JUR treasonable; (≈ verdächtig) Blick, Lächeln etc telltale attr
verrauchen V̄Ī (fig: Zorn, Enttäuschung) to subside **verräuchern** V̄T̄ to fill with smoke
verrechnen A V̄T̄ (≈ begleichen) to settle; Scheck to clear; Gutschein to redeem; **etw mit etw ~** (≈ gegeneinander aufrechnen) to balance sth with sth B V̄R̄ to miscalculate; **sich um zwei Euro ~** to be out by two euros **Verrechnung** F̄ settlement; (von Scheck) clearing; „**nur zur ~**" "A/C payee only" **Verrechnungsscheck** M̄ crossed cheque (Br), voucher check (US)
verrecken V̄Ī (vulg) to croak (umg); (sl ≈ kaputtgehen) to give up the ghost (umg)
verregnet ADJ rainy
verreisen V̄Ī to go away (on a trip od journey); **er ist geschäftlich verreist** he's away on business; **mit der Bahn ~** to go on a train journey
verreißen V̄T̄ (≈ kritisieren) to tear to pieces
verrenken V̄T̄ to dislocate; Hals to crick **Verrenkung** F̄ contortion; MED dislocation
verriegeln V̄T̄ to bolt
verringern A V̄T̄ to reduce B V̄R̄ to decrease **Verringerung** F̄ (≈ das Verringern) reduction; (≈ Abnahme) decrease; (von Abstand) lessening
verrinnen V̄Ī (Wasser) to trickle away (in +dat into); (Zeit) to elapse
Verriss M̄ slating review
verrohen A V̄T̄ to brutalize B V̄Ī to become brutalized; (Sitten) to coarsen **Verrohung** F̄ brutalization
verrosten V̄Ī to rust; **verrostet** rusty
verrotten V̄Ī to rot; (≈ sich organisch zersetzen) to decompose
verrücken V̄T̄ to move **verrückt** ADJ **1** (≈ geisteskrank) mad **2** (umg) crazy; **~ auf** (+akk) od **nach** crazy about (umg); **wie ~** like crazy (umg); **jdn ~ machen** to drive sb crazy od wild (umg); **~ werden** to go crazy; **du bist wohl ~!** you must be crazy! **Verrückte(r)** M̄/F̄(M̄) (umg) lunatic **Verrücktheit** F̄ (umg) madness, craziness; (Handlung) crazy thing **verrücktspielen** V̄Ī (umg) to play up **Verrücktwerden** N̄ **zum ~** enough to drive one mad od crazy
Verruf M̄ **in ~ geraten** to fall into disrepute; **jdn/etw in ~ bringen** to bring sb/sth into disrepute **verrufen** ADJ disreputable
verrühren V̄T̄ to mix
verrutschen V̄Ī to slip
Vers M̄ verse; (≈ Zeile) line
versagen A V̄T̄ **jdm/sich etw ~** to deny sb/oneself sth; **etw bleibt** od **ist jdm versagt** sb is denied sth B V̄Ī to fail; (Maschine) to break down; **die Beine/Nerven etc versagten ihm** his legs/nerves etc gave way **Versagen** N̄ failure; (von Maschine) breakdown; **menschliches ~** human error **Versager(in)** M̄/F̄ failure
versalzen V̄T̄ to put too much salt in/on; (umg ≈ verderben) to spoil; **~es Essen** oversalty food
versammeln A V̄T̄ to assemble; **Leute um sich ~** to gather people around one B V̄R̄ to assemble; (Ausschuss) to meet **Versammlung** F̄ (≈ Veranstaltung) meeting; (≈ versammelte Menschen) assembly **Versammlungsfreiheit** F̄ freedom of assembly
Versand M̄ (≈ das Versenden) dispatch (bes Br), shipment **Versandabteilung** F̄ shipping department **Versandgeschäft** N̄ (≈ Firma) mail-order firm **Versandhandel** M̄ mail-order business **Versandhaus** N̄ mail-order firm **Versandhauskatalog** M̄ mail-order catalogue (Br) od catalog (US) **Versandkosten** P̄L̄ transport(ation) costs pl
versauen V̄T̄ (umg) **1** (≈ verschmutzen) to make a mess of **2** (≈ ruinieren) to ruin
versaufen (umg) V̄T̄ Geld to spend on booze (umg); → versoffen
versäumen V̄T̄ to miss; Zeit to lose (!) Schreibung mit einem „o"); Pflicht to neglect; **(es) ~, etw zu tun** to fail to do sth **Versäumnis** N̄ (≈ Nachlässigkeit) failing; (≈ Unterlassung) omission
verschachtelt ADJ Satz complex; **ineinander ~** interlocking
verschaffen V̄T̄ **1** **jdm etw ~** Geld, Alibi to provide sb with sth **2** **sich** (dat) **etw ~** to obtain sth; Kenntnisse to acquire sth; Ansehen, Vorteil to gain sth; Respekt to get sth
verschandeln V̄T̄ to ruin

verschanzen V/R to entrench oneself (hinter +dat behind); (≈ sich verbarrikadieren) to barricade oneself in (in etw (dat) sth)

verschärfen A VT Tempo to increase; Gegensätze to intensify; Lage to aggravate; Spannungen to heighten; (≈ strenger machen) to tighten B V/R (Tempo) to increase; (Wettbewerb, Gegensätze) to intensify; (Lage) to become aggravated; (Spannungen) to heighten **verschärft** A ADJ Tempo, Wettbewerb increased; Lage aggravated; Spannungen heightened; Kontrollen tightened B ADV **aufpassen** to keep a closer watch; **~ kontrollieren** to keep a tighter control

verscharren VT to bury

verschätzen V/R to misjudge, to miscalculate (in etw (dat) sth); **sich um zwei Monate ~** to be out by two months

verschenken VT to give away

verscherzen VT sich (dat) etw ~ to lose sth (❗ Schreibung mit einem „o"); **es sich (dat) mit jdm ~** to spoil things (for oneself) with sb

verscheuchen VT to scare away

verscheuern VT (umg) to sell off

verschicken VT 1 (≈ versenden) to send off 2 (zur Kur etc) to send away 3 (≈ deportieren) to deport

verschieben A VT 1 (≈ verrücken) to move 2 (≈ aufschieben) to change; (auf später) to postpone (um for) 3 (umg) Waren to traffic in B V/R 1 (≈ verrutschen) to move out of place; (fig: Schwerpunkt) to shift 2 (zeitlich) to be postponed **Verschiebung** F 1 (≈ das Verschieben) moving 2 (von Termin) postponement

verschieden A ADJ 1 (≈ unterschiedlich) different; **das ist ganz ~** (≈ wird verschieden gehandhabt) that varies 2 (≈ mehrere, einige) several 3 **Verschiedenes** different things; (in Zeitungen, Listen) miscellaneous B ADV differently; **die Häuser sind ~ hoch** the houses vary in height **verschiedenartig** ADJ different; (≈ mannigfaltig) diverse **Verschiedenheit** F difference (+gen of, in); (≈ Vielfalt) variety **verschiedentlich** ADV (≈ mehrmals) several times; (≈ vereinzelt) occasionally

verschießen VT 1 Munition to use up 2 (Sport) to miss

verschimmeln VI to go mouldy (Br) od moldy (US); **verschimmelt** (wörtl) mouldy (Br), moldy (US)

verschlafen[1] A VI & V/R to oversleep B VT Termin to miss by oversleeping; (≈ schlafend verbringen) Tag, Morgen to sleep through; (≈ verpassen) Einsatz to miss

verschlafen[2] ADJ sleepy

Verschlag M (≈ abgetrennter Raum) partitioned area; (≈ Schuppen) shed **verschlagen** VT 1 (≈ nehmen) Atem to take away; **das hat mir die Sprache ~** it left me speechless 2 (≈ geraten lassen) to bring; **an einen Ort ~ werden** to end up somewhere

verschlampen VT (umg ≈ verlieren) to go and lose (umg) (❗ Schreibung mit einem „o")

verschlechtern A VT to make worse; Qualität to impair B V/R to get worse; **sich finanziell ~** to be worse off financially; **sich beruflich ~** to take a worse job **Verschlechterung** F worsening; (von Leistung) decline; **eine finanzielle ~** a financial setback

verschleiern A VT to veil; Blick to blur B V/R (Frau) to veil oneself

Verschleiß M wear and tear; (≈ Verluste) loss **verschleißen** A VT (≈ kaputt machen) to wear out; (≈ verbrauchen) to use up B VI to wear out; → verschlissen C V/R to wear out; (Menschen) to wear oneself out

verschleppen VT 1 (≈ entführen) jdn to abduct; Gefangene, Kriegsopfer to displace 2 (≈ hinauszögern) Prozess to draw out; POL to delay; Krankheit to protract **Verschleppte(r)** M/F(M) displaced person **Verschleppung** F 1 (von Menschen) abduction 2 (≈ Verzögerung, von Krankheit) protraction; (von Gesetzesänderung) delay **Verschleppungstaktik** F delaying tactics pl

verschleudern VT HANDEL to dump; (≈ vergeuden) Vermögen, Ressourcen to squander

verschließbar ADJ Dosen, Gläser etc sealable; Tür, Schublade lockable **verschließen** VT 1 (≈ abschließen) to lock (up); (fig) to close; (≈ versperren) to bar; (mit Riegel) to bolt; → verschlossen 2 (≈ zumachen) to close; Brief to seal; (mit Pfropfen) Flasche to cork; **die Augen/Ohren (vor etw dat) ~** to shut one's eyes/ears (to sth)

verschlimmbessern VT (hum) to make worse **verschlimmern** A VT to make worse B V/R to get worse **Verschlimmerung** F worsening

verschlingen VT (≈ gierig essen) to devour; (fig) (Welle, Dunkelheit) to engulf; (≈ verbrauchen) Geld, Strom etc to eat up; **jdn mit Blicken ~** to devour sb with one's eyes

verschlissen ADJ worn (out); (fig) Politiker etc burned-out (umg); → verschlissen

verschlossen ADJ closed; (mit Schlüssel) locked; (mit Riegel) bolted; Briefumschlag sealed; **hinter ~en Türen** behind closed doors; → verschließen **Verschlossenheit** F (von Mensch) reserve

verschlucken A VT to swallow B V/R to swallow the wrong way

Verschluss M 1 (≈ Schloss) lock; (≈ Pfropfen) stopper; (an Kleidung) fastener; (an Schmuck) catch; (an Tasche, Buch, Schuh) clasp; **etw unter ~ halten** to keep sth under lock and key 2 FOTO shutter

1299 ‖ VERS

verschlüsseln V̲T̲ to (put into) code **Verschlüsselung** F̲ coding
verschmähen V̲T̲ to spurn
verschmelzen V̲I̲ to melt together; (*Metalle*) to fuse; (*Farben*) to blend; (*fig*) to blend (*zu* into)
verschmerzen V̲T̲ to get over
verschmieren A̲ V̲T̲ 1 (≈ *verstreichen*) to spread (*in +dat* over) 2 *Gesicht* to smear; *Geschriebenes* to smudge B̲ V̲I̲ to smudge **verschmiert** A̲D̲J̲ *Gesicht* smeary
verschmitzt A̲D̲J̲ mischievous
verschmutzen A̲ V̲T̲ to dirty; *Luft, Umwelt* to pollute B̲ V̲I̲ to get dirty; (*Luft, Wasser, Umwelt*) to become polluted **verschmutzt** A̲D̲J̲ dirty, soiled; *Luft etc* polluted **Verschmutzung** F̲ 1 (≈ *das Verschmutzen*) dirtying; (*von Luft, Umwelt*) pollution; (*von Fahrbahn*) muddying 2 (≈ *das Verschmutztsein*) dirtiness (🔋 kein pl); (*von Luft etc*) pollution
verschnaufen V̲I̲&V̲R̲ (*umg*) to take a breather (*umg*) **Verschnaufpause** F̲ breather
verschneiden V̲T̲ *Wein, Rum* to blend
verschneit A̲D̲J̲ snow-covered
verschnupft A̲D̲J̲ (*umg*) 1 (≈ *erkältet*) *Mensch* with a cold 2 (≈ *beleidigt*) peeved (*umg*)
verschnüren V̲T̲ to tie up
verschollen A̲D̲J̲ *Flugzeug, Mensch etc* missing; **ein lange ~er Freund** a long-lost friend; **er ist ~** (*im Krieg*) he is missing, presumed dead
verschonen V̲T̲ to spare (*jdn von etw dat* sb sth); **verschone mich damit!** spare me that!; **von etw verschont bleiben** to escape sth
verschönern V̲T̲ to improve (the appearance of); *Wohnung* to brighten (up) **Verschönerung** F̲ improvement; (*von Wohnung, Zimmer*) brightening up
verschränken V̲T̲ to cross over; *Arme* to fold
verschrecken V̲T̲ to frighten off
verschreiben A̲ V̲T̲ (≈ *verordnen*) to prescribe B̲ V̲R̲ 1 (≈ *falsch schreiben*) to make a slip (of the pen) 2 **sich einer Sache** (*dat*) **~** to devote oneself to sth **verschreibungspflichtig** A̲D̲J̲ only available on prescription
verschrie(e)n A̲D̲J̲ **als etw verschrieen** notorious for being sth
verschroben A̲D̲J̲ strange
verschrotten V̲T̲ to scrap
verschrumpeln V̲I̲ to shrivel
verschüchtern V̲T̲ to intimidate
verschulden A̲ V̲T̲ to be to blame for; *Unfall* to cause B̲ V̲R̲ to get into debt **Verschulden** N̲ fault; **ohne sein/mein ~** through no fault of his (own)/of my own *od* of mine
verschütten V̲T̲ 1 *Flüssigkeit* to spill 2 (≈ *begraben*) **verschüttet werden** (*Mensch*) to be buried (alive) **verschüttet** A̲D̲J̲ buried (alive) **ver-**

schüttgehen V̲I̲ (*umg*) to get lost
verschweigen V̲T̲ to withhold (*jdm etw* sth from sb); → **verschwiegen**
verschwenden V̲T̲ to waste (*auf +akk* on) **Verschwender(in)** M̲/F̲ spendthrift **verschwenderisch** A̲ A̲D̲J̲ wasteful; *Leben* extravagant; (≈ *üppig*) lavish; *Fülle* lavish B̲ A̲D̲V̲ wastefully; **mit etw ~ umgehen** to be lavish with sth **Verschwendung** F̲ **~ von Geld/ Zeit** waste of money/time
verschwiegen A̲D̲J̲ *Mensch* discreet; *Ort* secluded; → **verschweigen** **Verschwiegenheit** F̲ (*von Mensch*) discretion; **zur ~ verpflichtet** bound to secrecy
verschwimmen V̲I̲ to become blurred *od* indistinct; **ineinander ~** to melt *od* merge into one another; → **verschwommen**
verschwinden V̲I̲ to disappear, to vanish; **verschwinde!** clear out! (*umg*); **(mal) ~ müssen** (*euph umg*) to have to go to the bathroom; → **verschwunden** **Verschwinden** N̲ disappearance **verschwindend** A̲D̲V̲ **~ wenig** very, very few; **~ klein** *od* **gering** minute
verschwitzen V̲T̲ (*umg* ≈ *vergessen*) to forget; **ich habs total verschwitzt** I clean forgot
verschwitzt A̲D̲J̲ *Kleidungsstück* sweat-stained; (≈ *feucht*) sweaty
verschwommen A̲ A̲D̲J̲ *Foto* fuzzy; *Erinnerung* vague B̲ A̲D̲V̲ *sehen* blurred; *sich erinnern* vaguely; → **verschwimmen**
verschwören V̲R̲ 1 (≈ *ein Komplott schmieden*) to plot (*mit* with, *gegen* against) 2 (≈ *sich verschreiben*) **sich einer Sache** (*dat*) **~** to give oneself over to sth **Verschwörer(in)** M̲/F̲ conspirator **Verschwörung** F̲ conspiracy, plot
verschwunden A̲D̲J̲ missing; → **verschwinden**
versehen A̲ V̲T̲ 1 (≈ *ausüben*) *Amt etc* to occupy; *Dienst* to perform; *Dienst* to provide 2 (≈ *ausstatten*) **jdn mit etw ~** to provide sb with sth; **mit etw ~ sein** to have sth 3 (≈ *geben*) to give B̲ V̲R̲ 1 (≈ *sich irren*) to be mistaken 2 **sich mit etw ~** (≈ *sich ausstatten*) to equip oneself with sth 3 **ehe man sichs versieht** before you could turn (a)round **Versehen** N̲ (≈ *Irrtum*) mistake; (≈ *Unachtsamkeit*) oversight; **aus ~** by mistake **versehentlich** A̲ A̲D̲J̲ inadvertent; (≈ *irrtümlich*) erroneous B̲ A̲D̲V̲ inadvertently, by mistake
Versehrte(r) M̲/F̲(M̲) disabled person/man/ woman *etc*
versenden V̲T̲ to send **Versendung** F̲ sending
versengen V̲T̲ (*Sonne, mit Bügeleisen*) to scorch; (*Feuer*) to singe
versenken A̲ V̲T̲ to sink; *das eigene Schiff* to scuttle B̲ V̲R̲ **sich in etw** (*akk*) **~** to become im-

V

mersed in sth **Versenkung** F **1** (≈ *das Versenken*) sinking; (*von eigenem Schiff*) scuttling **2** (*umg*) **in der ~ verschwinden** to vanish; **aus der ~ auftauchen** to reappear

versessen ADJ (*fig*) **auf etw** (*akk*) **~ sein** to be very keen on sth **Versessenheit** F keenness (*auf +akk* on)

versetzen A VT **1** to move; (SCHULE: *in höhere Klasse*) to move up **2** (*umg*) (≈ *verkaufen*) to sell; (≈ *verpfänden*) to pawn **3** (*umg* ≈ *nicht erscheinen*) **jdn ~** to stand sb up (*umg*) **4** **jdn in fröhliche Stimmung ~** to put sb in a cheerful mood; **jdn in die Lage ~, etw zu tun** to put sb in a position to do sth **5** (≈ *geben*) *Stoß, Tritt etc* to give **B** VR **sich in jds Lage ~** to put oneself in sb's place *od* position **Versetzung** F (*beruflich*) transfer; SCHULE moving up

verseuchen VT (*mit Bakterien, Viren*) to infect; (*mit Giftstoffen, fig*) to contaminate **verseucht** ADJ (*mit Bakterien, Viren*) infected; (*mit Gas, Giftstoffen*) contaminated; **radioaktiv ~** contaminated by radiation *od* radioactivity **Verseuchung** F (*mit Bakterien, Viren*) infection; (*mit Giftstoffen, fig*) contamination (⚠ kein pl)

Versicherer M insurer; (*bei Schiffen*) underwriter **versichern** A VT **1** (≈ *bestätigen*) to assure; (≈ *beteuern*) to protest; **jdm ~, dass ...** to assure sb that ... **2** VERS to insure; **gegen etw versichert sein** to be insured against sth **B** VR **1** (≈ *Versicherung abschließen*) to insure oneself; **sich gegen Unfall ~** to take out accident insurance **2** (≈ *sich vergewissern*) to make sure *od* certain **Versicherte(r)** M/F(M) insured (party) **Versicherung** F **1** (≈ *Bestätigung*) assurance **2** (≈ *Feuerversicherung etc*) insurance **3** (≈ *Gesellschaft*) insurance company **Versicherungsbeitrag** M (*bei Haftpflichtversicherung etc*) insurance premium **Versicherungsbetrug** M insurance fraud **Versicherungskarte** F insurance card; **die grüne ~** VERKEHR the green card (*Br*), *insurance document for driving abroad* **Versicherungsmakler(in)** M(F) insurance broker **Versicherungsnehmer(in)** M(F) (*form*) policy holder **Versicherungspolice** F insurance policy **Versicherungsschein** M insurance policy **Versicherungsschutz** M insurance cover **Versicherungssumme** F sum insured **Versicherungsvertrag** M insurance contract

versickern VI to seep away; (*fig: Interesse*) to peter out; (*Geld*) to trickle away

versiegeln VT to seal

versiegen VI (*Fluss*) to dry up; (*Interesse*) to peter out; (*Kräfte*) to fail

versiert ADJ **in etw** (*dat*) **~ sein** to be experienced *od* (*in Bezug auf Wissen*) (well) versed in sth

versifft ADJ (*sl*) yucky (*umg*)

versilbern VT (≈ *mit Silber überziehen*) to silver (-plate); (*fig umg* ≈ *verkaufen*) to sell

versinken VI to sink; **in etw** (*akk*) **~** (*fig*) in Trauer, Chaos to sink into sth; *in Anblick, Gedanken* to lose oneself in sth (⚠ Schreibung mit einem „o"); → **versunken**

Version F version

versklaven VT (*wörtl, fig*) to enslave

Versmaß N metre (*Br*), meter (*US*)

versoffen ADJ (*umg*) boozy (*umg*); → **versaufen**

versohlen VT (*umg*) to belt (*umg*)

versöhnen A VT to reconcile; **~de Worte** conciliatory words **B** VR to be(come) reconciled; (*Streitende*) to make it up; **sich mit etw ~** to reconcile oneself to sth **versöhnlich** ADJ conciliatory; (≈ *nicht nachtragend*) forgiving **Versöhnung** F reconciliation

versorgen VT (≈ *sich kümmern um*) to look after; (≈ *beliefern*) to supply; (≈ *unterhalten*) *Familie* to provide for **Versorgung** F (≈ *Pflege*) care; (≈ *Belieferung*) supply; **die ~ mit Strom** the supply of electricity; **die ~ im Alter** providing for one's old age **Versorgungsschwierigkeiten** PL supply problems *pl* **Versorgungsstaat** M all-providing state

verspannt ADJ *Muskeln* tense

verspäten VR to be late **verspätet** A ADJ late; *Zug, Flugzeug* delayed **B** ADV late; *gratulieren* belatedly **Verspätung** F delay; **(10 Minuten) ~ haben** to be (10 minutes) late; **mit ~ ankommen** to arrive late

versperren VT *Weg etc* to block

verspielen A VT *Geld, Zukunft* to gamble away; *Vertrauen* to lose (⚠ Schreibung mit einem „o") **B** VI (*fig*) **er hatte bei ihr verspielt** he had had it as far as she was concerned (*umg*) **verspielt** ADJ playful; *Verzierung* dainty

verspotten VT to mock

versprechen A VT to promise (*jdm etw* sb sth); **das verspricht interessant zu werden** it promises to be interesting; **sich** (*dat*) **viel/wenig von etw ~** to have high hopes/no great hopes of sth; **was versprichst du dir davon?** what do you expect to achieve (by that)? **B** VR (≈ *etwas Nichtgemeintes sagen*) to make a slip (of the tongue) **Versprechen** N promise **Versprecher** M (*umg*) slip (of the tongue) **Versprechung** F promise

versprühen VT to spray; *Charme* to exude

verspüren VT to feel

verstaatlichen VT to nationalize **Verstaatlichung** F nationalization

Verstand M (≈ *Fähigkeit zu denken*) reason; (≈ *Intellekt*) mind; (≈ *Vernunft*) (common) sense; (≈ *Ur-*

VERS

teilskraft) (powers *pl* of) judgement; **den ~ verlieren** to lose one's mind; **hast du denn den ~ verloren?** are you out of your mind? (*umg*); **jdn um den ~ bringen** to drive sb out of his/her mind (*umg*); **nicht ganz bei ~ sein** not to be in one's right mind

verständigen A *vt* to notify (*von* of, about) B *VR* to communicate (with each other); (≈ *sich einigen*) to come to an understanding **Verständigung** F 1 (≈ *Benachrichtigung*) notification 2 (≈ *das Sichverständigen*) communication (⚠ ohne *a*) 3 (≈ *Einigung*) understanding **Verständigungsschwierigkeiten** PL difficulty communicating

verständlich A ADJ (≈ *begreiflich*) understandable; (≈ *intellektuell erfassbar*) comprehensible; (≈ *hörbar*) audible; (≈ *klar*) *Erklärung* intelligible; **jdm etw ~ machen** to make sb understand sth; **sich ~ machen** to make oneself understood B ADV clearly **verständlicherweise** ADV understandably (enough) **Verständnis** N 1 (≈ *das Begreifen*) (*für* of) understanding (*für* of); (≈ *Mitgefühl*) sympathy (*für* for); **für sowas habe ich kein ~** I have no time for that kind of thing; **dafür hast du mein vollstes ~** you have my fullest sympathy 2 (≈ *Kunstverständnis etc*) appreciation (*für* of) **verständnislos** A ADJ uncomprehending; (≈ *ohne Mitgefühl*) unsympathetic; (*für Kunst*) unappreciative B ADV uncomprehendingly; (≈ *ohne Mitgefühl*) unsympathetically; (*gegenüber Kunst*) unappreciatively **verständnisvoll** ADJ understanding; *Blick* knowing *nur attr*

verstärken A *vt* to reinforce; *Spannung* to intensify; *Signal, Musik* to amplify B *VR* (*fig*) to intensify **Verstärker** M RADIO, ELEK amplifier **Verstärkung** F reinforcement; (*von Spannung*) intensification; ELEK, MUS amplification

verstauben *vi* to get dusty; (*fig*) to gather dust; **verstaubt** covered in dust; (*fig*) *Ideen* fuddy-duddy (*umg*)

verstauchen *vt* to sprain; **sich** (*dat*) **den Fuß** *etc* **~** to sprain one's foot *etc*

verstauen *vt Gepäck* to load; SCHIFF to stow; (*hum*) *Menschen* to pile

Versteck N hiding place; (*von Verbrechern*) hideout **verstecken** A *vt* to hide (*vor* +*dat* from) B *VR* to hide; **sich vor jdm ~** to hide from sb; **sich hinter etw** (*dat*) **~** to hide behind sth; **Verstecken spielen** to play hide-and-seek (*Br*) *od* hide-and-go-seek (*US*) **Versteckspiel** N hide-and-seek (*Br*), hide-and-go-seek (*US*) **versteckt** ADJ hidden; *Eingang* concealed; *Andeutung* veiled

verstehen A *vt&vi* to understand; **jdn falsch ~** to misunderstand sb; **versteh mich recht**

don't get me wrong; **wenn ich recht verstehe …** if I understand correctly …; **jdm zu ~ geben, dass …** to give sb to understand that … B *vt* 1 (≈ *können*) to know; **es ~, etw zu tun** to know how to do sth; **etwas/nichts von etw ~** to know something/nothing about sth 2 (≈ *auslegen*) to understand, to see; **etw unter etw** (*dat*) **~** to understand sth by sth C *vr* 1 (≈ *kommunizieren können*) to understand each other 2 (≈ *miteinander auskommen*) **sich mit jdm ~** to get on (*Br*) *od* along with sb 3 (≈ *klar sein*) to go without saying; **versteht sich!** (*umg*) of course! 4 **sich auf etw** (*akk*) **~** to be (an) expert at sth; **die Preise ~ sich einschließlich Lieferung** prices are inclusive of delivery

versteigern *vt* to auction (off) **Versteigerung** F (sale by) auction

versteinern A *vi* GEOL to fossilize; (*Holz*) to petrify B *VR* (*fig*) (*Miene, Gesicht*) to harden **Versteinerung** F (*Vorgang*) fossilization; (*von Holz*) petrification; (≈ *versteinertes Tier etc*) fossil

verstellbar ADJ adjustable **verstellen** *vt* 1 (≈ *anders einstellen*) to adjust; *Möbel* to move (out of position); (≈ *falsch einstellen*) to adjust wrongly; *Uhr* to set wrong 2 *Stimme* to disguise 3 (≈ *versperren*) to block B *VR* **er kann sich gut ~** he's good at playing a part

versteuern *vt* to pay tax on; **versteuerte Waren** taxed goods; **das zu ~de Einkommen** taxable income

verstimmen *vt* (*wörtl*) to put out of tune; (*fig*) to put out **verstimmt** ADJ *Klavier etc* out of tune *präd*; (*fig*) (≈ *verdorben*) *Magen* upset; (≈ *verärgert*) put out **Verstimmung** F disgruntlement; (*zwischen Parteien*) ill will

verstohlen A ADJ furtive B ADV furtively

verstopfen *vt* to stop up; *Straße, Blutgefäß* to block **verstopft** ADJ blocked; *Nase* stuffed up, blocked (up); *Mensch* constipated **Verstopfung** F blockage; MED constipation

verstorben ADJ deceased; **mein ~er Mann** my late husband **Verstorbene(r)** M/F(M) deceased

verstört ADJ disturbed; (*vor Angst*) distraught

Verstoß M violation (*gegen* of) **verstoßen** A *vt* jdn to disown B *vi* **gegen etw ~** to offend against sth

verstrahlt ADJ contaminated (by radiation) **Verstrahlung** F radiation

verstreichen A *vt Salbe, Farbe* to apply (*auf* +*dat* to) B *vi* (*Zeit*) to elapse; (*Frist*) to expire

verstreuen *vt* to scatter; (*versehentlich*) to spill

verstricken (*fig*) A *vt* to involve, to embroil B *VR* to become entangled, to get tangled up

verströmen *vt* to exude

verstümmeln *vt* to mutilate; *Nachricht* to gar-

VERS ‖ 1302

ble **Verstümmelung** F mutilation; _(von Nachricht)_ garbling (⚠ kein pl)
verstummen V/I _(Mensch)_ to go _od_ fall silent; _(Gespräch, Musik)_ to stop; _(≈ langsam verklingen)_ to die away
Versuch M attempt _(zu tun at doing, to do)_; _(wissenschaftlich)_ experiment; _(≈ Test)_ trial, test; **einen ~ machen** to make an attempt, to carry out an experiment/a trial; **das käme auf einen ~ an** we'll have to (have a) try **versuchen** V/T _(a. v/i)_ to try; **es mit etw ~** to try sth; **es mit jdm ~** to give sb a try; **versuchter Diebstahl** attempted theft **Versuchsballon** M **einen ~ steigen lassen** _(fig)_ to fly a kite **Versuchskaninchen** N _(fig)_ guinea pig **Versuchsobjekt** N test object; _(fig: Mensch)_ guinea pig **Versuchsperson** F test _od_ experimental subject **versuchsweise** ADV on a trial basis; _einstellen_ on trial **Versuchung** F temptation; **jdn in ~ führen** to lead sb into temptation; **in ~ kommen** to be tempted
versumpfen V/I **1** _(Gebiet)_ to become marshy _od_ boggy **2** _(fig umg ≈ lange zechen)_ to get involved in a booze-up _(umg)_
versunken ADJ sunken; _(fig)_ engrossed; **in Gedanken ~** immersed in thought; → versinken
versüßen V/T _(fig)_ to sweeten
vertagen V/T to adjourn; _(≈ verschieben)_ to postpone _(auf +akk until, till)_
vertauschen V/T **1** _(≈ austauschen)_ to exchange _(gegen, mit_ for); **vertauschte Rollen** reversed roles **2** _(≈ verwechseln)_ to mix up
verteidigen A V/T to defend B V/R to defend oneself **Verteidiger(in)** M/F defender; _(≈ Anwalt)_ defence _(Br) od_ defense _(US)_ lawyer **Verteidigung** F defence _(Br)_, defense _(US)_ **Verteidigungsfall** M **wenn der ~ eintritt** if defence should be necessary **Verteidigungsminister(in)** M/F Minister of Defence _(Br)_, Secretary of Defense _(US)_ **Verteidigungsministerium** N Ministry of Defence _(Br)_, Department of Defense _(US)_
verteilen A V/T _(≈ austeilen)_ to distribute; _Süßigkeiten etc_ to share out; _Essen_ to dish out; THEAT _Rollen_ to allocate; _Farbe_ to spread; _(≈ verstreuen)_ spread out B V/R _(Bevölkerung, Farbe)_ to spread (itself) out; _(Reichtum etc)_ to be distributed; _(zeitlich)_ to be spread _(über +akk_ over) **Verteiler** M **1** TECH distributor **2** _(≈ Verteilerschlüssel)_ distribution list **Verteilernetz** N ELEK distribution system; HANDEL distribution network **Verteilerschlüssel** M distribution list **Verteilung** F distribution; _(≈ Zuteilung)_ allocation
vertelefonieren V/T _(umg) Geld, Zeit_ to spend on the phone
verteuern A V/T to make more expensive B

V̅R̅ to become more expensive **Verteuerung** F increase in price
verteufeln V/T to condemn
vertiefen A V/T to deepen; _Kontakte_ to strengthen B V/R to deepen; **in etw** _(akk)_ **vertieft sein** _(fig)_ to be engrossed in sth **Vertiefung** F **1** _(≈ das Vertiefen)_ deepening **2** _(in Oberfläche)_ depression
vertikal A ADJ vertical B ADV vertically **Vertikale** F vertical line
vertilgen V/T **1** _Unkraut etc_ to destroy **2** _(umg ≈ aufessen)_ to demolish _(umg)_
vertippen V/R _(umg: beim Schreiben)_ to make a typing error
vertonen V/T to set to music
Vertrag M contract; _(≈ Abkommen)_ agreement; POL treaty
vertragen A V/T to take; _(≈ aushalten)_ to stand; **Eier kann ich nicht ~** eggs don't agree with me; **Patienten, die kein Penizillin ~** patients who are allergic to penicillin; **so etwas kann ich nicht ~** I can't stand that kind of thing; **viel ~ können** _(umg: Alkohol)_ to be able to hold one's drink _(Br) od_ liquor _(US)_; **jd könnte etw ~** _(umg)_ sb could do with sth B V/R **sich (mit jdm) ~** to get on _(Br) od_ along (with sb); **sich wieder ~** to be friends again; **sich mit etw ~** _(Farbe)_ to go with sth; _(Verhalten)_ to be consistent with sth
vertraglich A ADJ contractual B ADV by contract; _festgelegt_ in the/a contract
verträglich ADJ _(≈ umgänglich)_ good-natured; _Speise_ digestible; _(≈ bekömmlich)_ wholesome; **ökologisch/sozial ~** ecologically/socially acceptable
Vertragsabschluss M conclusion of a/the contract **Vertragsbruch** M breach of contract **vertragsbrüchig** ADJ **~ werden** to be in breach of contract **Vertragsentwurf** M draft contract **vertragsgemäß** ADJ, ADV as stipulated in the contract **vertragsschließend** ADJ contracting **Vertragsspieler(in)** M/F player under contract **Vertragsstrafe** F penalty for breach of contract
vertrauen V/I **jdm/einer Sache ~** to trust sb/sth; **auf jdn/etw ~** to trust in sb/sth; → vertraut **Vertrauen** N trust, confidence (⚠ ohne the) _(zu, in +akk, auf +akk_ in); **im ~ (gesagt)** strictly in confidence; **im ~ auf etw** _(akk)_ trusting in sth; **jdn ins ~ ziehen** to take sb into one's confidence; **jdm das ~ aussprechen** PARL to pass a vote of confidence in sb **vertrauenerweckend** ADJ **einen ~en Eindruck machen** to inspire confidence **vertrauensbildend** ADJ confidence-building **Vertrauensfrage** F question _od_ matter of trust; **die ~ stellen** PARL to ask for a vote

of confidence **Vertrauensfrau** F̄ M̄ intermediary agent; (in Gewerkschaft) (union) negotiator od representative **Vertrauenslehrer(in)** M(F) liaison teacher (between pupils and staff) **Vertrauensmann** M̄ intermediary agent; (in Gewerkschaft) (union) negotiator od representative **Vertrauenssache** F̄ confidential matter; (≈ Frage des Vertrauens) question od matter of trust **vertrauensvoll** **A** ADJ trusting **B** ADV trustingly **Vertrauensvotum** N̄ PARL vote of confidence **vertrauenswürdig** ADJ trustworthy **vertraulich** **A** ADJ **1** (≈ geheim) confidential **2** (≈ freundschaftlich) friendly; (≈ plumpvertraulich) familiar **B** ADV confidentially, in confidence **Vertraulichkeit** F̄ confidentiality; (≈ Aufdringlichkeit) familiarity
verträumt ADJ dreamy
vertraut ADJ intimate; Umgebung familiar; **sich mit etw ~ machen** to familiarize oneself with sth; **mit etw ~ sein** to be familiar with sth; → vertrauen **Vertraute(r)** M(F) close friend **Vertrautheit** F̄ intimacy; (von Umgebung) familiarity
vertreiben V̄T to drive away; (aus Land) to expel (aus from); (aus Amt) to oust; Feind to repulse; (fig) Sorgen to banish; HANDEL Waren to sell; **sich** (dat) **die Zeit mit etw ~** to pass (away) the time with sth **Vertreibung** F̄ (aus from) expulsion; (aus Amt etc) ousting
vertretbar ADJ justifiable; Argument tenable **vertreten** V̄T **1** (≈ jds Stelle übernehmen) to replace, to stand in for **2** jds Interessen, Wahlkreis to represent; **~ sein** to be represented **3** (≈ verfechten) Standpunkt, Theorie to support; Meinung to hold; (≈ rechtfertigen) to justify (vor +dat to) **4** **sich** (dat) **die Beine** od **Füße ~** (umg) to stretch one's legs **Vertreter(in)** M(F) **1** representative; HANDEL agent **2** (≈ Ersatz) replacement; (in Amt) deputy **3** (von Doktrin) supporter; (von Meinung) holder **Vertretung** F̄ **1** (von Menschen) replacement; **die ~ (für jdn) übernehmen** to replace sb; **in ~** (in Briefen) on behalf of **2** (von Interessen, Wahlkreis) representation; **die ~ meiner Interessen** representing my interests **3** (≈ das Verfechten) supporting; (von Meinung) holding **4** (HANDEL ≈ Firma) agency **5** (≈ Botschaft) **diplomatische ~** embassy
Vertrieb M̄ **1** sales pl **2** (≈ Abteilung) sales department
Vertriebene(r) M(F) exile
Vertriebsabteilung F̄ sales department
Vertriebskosten PL marketing costs pl
Vertriebsleiter(in) M(F) sales manager
Vertriebssystem N̄ distribution system
Vertriebsweg M̄ channel of distribution

vertrocknen V̄I to dry out; (Esswaren) to go dry; (Pflanzen) to wither, to shrivel; (Quelle) to dry up
vertrödeln V̄T (umg) to fritter away, to squander
vertrösten V̄T to put off; **jdn auf später ~** to put sb off
vertun **A** V̄T to waste **B** V̄R (umg) to slip up (umg)
vertuschen V̄T to hush up
verübeln V̄T **jdm etw ~** to take sth amiss; **das kann ich dir nicht ~** I can't blame you for that
verüben V̄T to commit
verulken V̄T (umg) to make fun of
verunglimpfen V̄T to disparage
verunglücken V̄I to have an accident; (fig umg ≈ misslingen) to go wrong; **mit dem Auto ~** to be in a car crash **Verunglückte(r)** M(F)(M) casualty
verunreinigen V̄T Luft, Wasser to pollute; (≈ beschmutzen) to dirty **Verunreinigung** F̄ (von Fluss, Wasser) pollution; (≈ Beschmutzung) dirtying
verunsichern V̄T to make unsure (in +dat of); **verunsichert sein** to be uncertain
veruntreuen V̄T to embezzle **Veruntreuung** F̄ embezzlement
verursachen V̄T to cause **Verursacher(in)** M(F) **der ~ kommt für den Schaden auf** the party responsible is liable for the damage **Verursacherprinzip** N̄ originator principle; (bei Umweltschäden auch) polluter pays principle **Verursachung** F̄ causing
verurteilen V̄T to condemn; JUR to convict (für of); (zu Strafe) to sentence; **jdn zu einer Gefängnisstrafe ~** to give sb a prison sentence **Verurteilte(r)** M(F)(M) convicted man/woman, convict (JUR) **Verurteilung** F̄ condemnation; (≈ das Schuldigsprechen) conviction; (zu einer Strafe) sentencing
vervielfachen V̄T & V̄R to multiply
vervielfältigen V̄T to duplicate; (≈ fotokopieren) to photocopy **Vervielfältigung** F̄ **1** (≈ das Vervielfältigen) duplication **2** (≈ Abzug) copy
vervierfachen V̄T & V̄R to quadruple
vervollständigen V̄T to complete **Vervollständigung** F̄ completion
verwackeln V̄T to blur
verwählen V̄R to misdial
verwahren **A** V̄T (≈ aufbewahren) to keep (safe) **B** V̄R **sich gegen etw ~** to protest against sth
verwahrlosen V̄I to go to seed; (Park) to become neglected **verwahrlost** ADJ neglected **Verwahrlosung** F̄ neglect
Verwahrung F̄ (von Geld etc) keeping; (von Täter) detention; **jdm etw in ~ geben** to give sth to sb for safekeeping; **jdn in ~ nehmen** to take

sb into custody
verwalten V/T to manage; *Amt* to hold; POL *Provinz etc* to govern **Verwalter(in)** M(F) administrator **Verwaltung** F **1** (≈ *das Verwalten*) management; (*von Amt*) holding; (*von Provinz*) government **2** (≈ *Behörde*) administration; **städtische ~** municipal authorities *pl* **Verwaltungsbezirk** M administrative district **Verwaltungsgebühr** F administrative charge
verwandeln A V/T (≈ *umformen*) to change, to transform; JUR *Strafe* to commute; **jdn/etw in etw** (*akk*) **~** to turn sb/sth into sth; **einen Strafstoß ~** to score (from) a penalty; **er ist wie verwandelt** he's a changed man B V/I (SPORT *sl*) **zum 1:0 ~** to make it 1-0 (⚠ in GB gesprochen **one nil**, in den USA gesprochen **one to nothing**) C V/R to change; **sich in etw** (*akk*) **~** to change *od* turn into sth **Verwandlung** F change, transformation
verwandt ADJ related (*mit* to); *Denker, Geister* kindred *attr* **Verwandte(r)** M/F(M) relation, relative **Verwandtschaft** F relationship; (≈ *die Verwandten*) relations *pl*; (*fig*) affinity **verwandtschaftlich** ADJ family *attr* **Verwandtschaftsgrad** M degree of relationship
verwanzt ADJ *Kleider* bug-infested; (*umg* ≈ *mit Abhörgeräten*) bugged
verwarnen V/T to caution **Verwarnung** F caution **Verwarnungsgeld** N exemplary fine
verwaschen ADJ faded (*in the wash*); (≈ *verwässert*) *Farbe* watery; (*fig*) wishy-washy (*umg*)
verwässern V/T to water down
verwechseln V/T to mix up; **jdn (mit jdm) ~** to confuse sb with sb; **zum Verwechseln ähnlich sein** to be the spitting image of each other **Verwechslung** F confusion; (≈ *Irrtum*) mistake
Verwehung F (≈ *Schneeverwehung*) (snow)drift; (≈ *Sandverwehung*) (sand)drift
verweichlichen V/T **jdn ~** to make sb soft; **ein verweichlichter Mensch** a weakling **Verweichlichung** F softness
Verweigerer M, **Verweigerin** F refusenik (*umg*); (≈ *Kriegsdienstverweigerer*) conscientious objector **verweigern** V/T to refuse; *Befehl* to refuse to obey; *Kriegsdienst* to refuse to do; **jdm etw ~** to refuse *od* deny sb sth **Verweigerung** F refusal
verweint ADJ *Augen* tear-swollen; *Gesicht* tear-stained
Verweis M **1** (≈ *Rüge*) reprimand, admonishment; **jdm einen ~ erteilen** to reprimand *od* admonish sb **2** (≈ *Hinweis*) reference (*auf* +*akk* to) **verweisen** V/T **1** (≈ *hinweisen*) **jdn**

auf etw (*akk*)**/an jdn ~** to refer sb to sth/sb **2** (*von der Schule*) to expel; **jdn vom Platz** *od* **des Spielfeldes ~** to send sb off **3** JUR to refer (*an* +*akk* to)
verwelken V/I (*Blumen*) to wilt; (*fig*) to fade
verwenden A V/T to use; **Mühe auf etw** (*akk*) **~** to put effort into sth; **Zeit auf etw** (*akk*) **~** to spend time on sth B V/R **sich (bei jdm) für jdn ~** to intercede (with sb) on sb's behalf **Verwendung** F use; (*von Zeit, Geld*) expenditure (*auf* +*akk* on); **keine ~ für etw haben** to have no use for sth; **für jdn/etw ~ finden** to find a use for sb/sth
verwerfen V/T (≈ *ablehnen*) to reject; *Ansicht* to discard; JUR *Klage, Antrag* to dismiss; *Urteil* to quash **verwerflich** ADJ reprehensible **Verwerfung** F **1** (≈ *Ablehnung*) rejection; JUR dismissal; (*von Urteil*) quashing **2** GEOL fault
verwertbar ADJ usable **verwerten** V/T (≈ *verwenden*) to make use of; *Reste* to use; *Kenntnisse* to utilize, to put to good use; (*kommerziell*) to exploit; (*Körper*) *Nahrung* to process **Verwertung** F utilization; (*von Resten*) using; (*kommerziell*) exploitation
verwesen V/I to decay; (*Fleisch*) to rot **Verwesung** F decay
verwetten V/T to gamble away
verwickeln A V/T *Fäden etc* to tangle (up); **jdn in etw** (*akk*) **~** to involve sb in sth B V/R (*Fäden etc*) to become tangled; **sich in etw** (*akk*) **~** (*fig*) in *Widersprüche* to get oneself tangled up in sth; in *Skandal* to get mixed up in sth **verwickelt** ADJ (*fig umg*) (≈ *schwierig*) complicated **Verwick(e)lung** F involvement (*in* +*akk* in); (≈ *Komplikation*) complication
verwildern V/I (*Garten*) to become overgrown; (*Haustier*) to become wild **verwildert** ADJ wild; *Garten* overgrown; *Aussehen* unkempt
verwinkelt ADJ *Straße, Gasse* winding
verwirklichen A V/T to realize B V/R to be realized **Verwirklichung** F realization
verwirren A V/T **1** *Fäden etc* to tangle (up) **2** (≈ *durcheinanderbringen*) to confuse B V/R (*Fäden etc*) to become tangled (up); (*fig*) to become confused **verwirrend** ADJ confusing **Verwirrung** F confusion
verwischen V/T to blur; *Spuren* to cover over
verwittern V/I to weather
verwitwet ADJ widowed
verwöhnen A V/T to spoil B V/R to spoil oneself **verwöhnt** ADJ spoiled; *Geschmack* discriminating
verworren ADJ confused; (≈ *verwickelt*) intricate
verwundbar ADJ vulnerable **Verwundbarkeit** F vulnerability **verwunden** V/T to wound

verwunderlich ADJ surprising; (stärker) astonishing, amazing; (≈ sonderbar) strange, odd **verwundern** VT to astonish, to amaze **verwundert** A ADJ astonished, amazed B ADV in astonishment, in amazement **Verwunderung** F astonishment, amazement
Verwundete(r) M/F(M) casualty (⚠ **Casualties** sind auch die „tödlich Verletzten, Gefallenen".) **Verwundung** F wound
verwunschen ADJ enchanted
verwünschen VT 1 (≈ verfluchen) to curse 2 (in Märchen ≈ verhexen) to bewitch **Verwünschung** F (≈ Fluch) curse
verwüsten VT to devastate **Verwüstung** F devastation (⚠ kein pl); **~en anrichten** to inflict devastation
verzagt A ADJ despondent B ADV despondently
verzählen VR to miscount
verzahnen VT Zahnräder to cut teeth od cogs in, to gear (Br); (fig) to (inter)link
verzapfen VT (umg) Unsinn to come out with; (pej) Artikel to concoct
verzaubern VT to put a spell on
verzehnfachen VT & VR to increase tenfold
Verzehr M consumption **verzehren** VT to consume
verzeichnen VT (≈ notieren) to record; (bes in Liste) to enter; **Todesfälle waren nicht zu ~** there were no fatalities; **einen Erfolg zu ~ haben** to have scored a success **Verzeichnis** N index; (≈ Tabelle) table; (amtlich) register; IT directory
verzeihen VT & VI (≈ vergeben) to forgive; (≈ entschuldigen) to excuse; **jdm (etw) ~** to forgive sb (for sth); **das ist nicht zu ~** that's unforgivable; **~ Sie!** excuse me!; **~ Sie die Störung** excuse me for disturbing you (⚠ Wenn man jemanden anspricht, sagt man **excuse me**, wenn man sich entschuldigt, sagt man **sorry**.) **verzeihlich** ADJ forgivable **Verzeihung** F forgiveness; (≈ Entschuldigung) pardon; **~!** excuse me!; **(jdn) um ~ bitten** to apologize (to sb)
verzerren VT to distort; Gesicht etc to contort
verzetteln VR to waste a lot of time; (bei Diskussion) to get bogged down
Verzicht M renunciation (auf +akk of); (auf Anspruch) abandonment (auf +akk of); (≈ Opfer) sacrifice; (auf Recht, Amt) relinquishment (auf +akk of) **verzichten** VI to do (Br) od go without; **auf jdn/etw ~** (≈ ohne auskommen müssen) to do (Br) od go without sb/sth; (≈ aufgeben) to give up sb/sth; auf Erbschaft to renounce sth; auf Anspruch to waive sth; auf Recht to relinquish sth; (von etw absehen) auf Kommentar to abstain from sth; **auf jdn/etw ~ können** to be able to do (Br) od go without sb/sth

verziehen A VT 1 Mund etc to twist (zu into); **das Gesicht ~** to pull (Br) od make a face 2 Kinder (≈ verwöhnen) to spoil; → verzogen B VR 1 (Stoff) to go out of shape; (Holz) to warp 2 (Mund, Gesicht etc) to contort 3 (≈ verschwinden) to disappear; (Wolken) to disperse C VI to move (nach to)
verzieren VT to decorate **Verzierung** F decoration
verzinsen VT to pay interest on **verzinslich** ADJ **nicht ~** free of interest
verzogen ADJ Kind (≈ verwöhnt) spoiled; → verziehen
verzögern A VT to delay; (≈ verlangsamen) to slow down B VR to be delayed **Verzögerung** F delay, hold-up **Verzögerungstaktik** F delaying tactics pl
verzollen VT to pay duty on; **haben Sie etwas zu ~?** have you anything to declare?
verzückt A ADJ enraptured, ecstatic B ADV ansehen adoringly **Verzückung** F rapture, ecstasy; **in ~ geraten** to go into raptures od ecstasies (wegen over)
Verzug M 1 delay; **mit etw in ~ geraten** to fall behind with sth; mit Zahlungen to fall into arrears (bes Br) od behind with sth 2 **es ist Gefahr im ~** there's danger ahead **Verzugszinsen** PL interest sg payable (on arrears (bes Br))
verzweifeln VI to despair (an +dat of); **es ist zum Verzweifeln!** it drives you to despair!
verzweifelt A ADJ Stimme etc despairing attr, full of despair; Lage, Versuch desperate; **ich bin (völlig) ~** I'm in (the depths of) despair; (≈ ratlos) I'm at my wits' end B ADV desperately **Verzweiflung** F despair; (≈ Ratlosigkeit) desperation; **etw aus ~ tun** to do sth in desperation
verzwickt ADJ (umg) tricky
Veteran(in) M(F) veteran
Veterinärmedizin F veterinary medicine
Veto N veto
Vetter M cousin **Vetternwirtschaft** F (umg) nepotism
Viadukt M viaduct
Vibration F vibration **vibrieren** VI to vibrate; (Stimme) to quiver; (Ton) to vary
Video N video **Videoclip** M video clip **Videogerät** N video (recorder) **Videokamera** F video camera **Videokassette** F video cassette **Videokonferenz** F video conference **Videorekorder** M video recorder **Videotext** M Teletext® **Videothek** F video (tape) library **Videoüberwachung** F video surveillance; (Anlage) closed circuit TV, CCTV
Vieh N (≈ Nutztiere) livestock; (≈ bes Rinder) cattle pl **Viehbestand** M livestock **Viehfutter** N

(animal) fodder *od* feed **viehisch** ADJ brutish; *Benehmen* swinish; **~ wehtun** to be unbearably painful **Viehzucht** F (live)stock breeding; (≈ *Rinderzucht auch*) cattle breeding

viel INDEF PR, ADJ **1** (*adjektivisch*) a lot of, a great deal of; (*substantivisch*) a lot, a great deal; (*bes fragend, verneint*) much; **~es** a lot of things; **um ~es besser** *etc* a lot *od* much *od* a great deal better *etc*; **so ~** so much; **halb/doppelt so ~** half/twice as much; **so ~ (Arbeit** *etc*) so much *od* such a lot (of work *etc*); **wie ~** how much; (*bei Mehrzahl*) how many; **zu ~** too much; **~ zu ~** much *od* far too much; **einer/zwei** *etc* **zu ~** one/two *etc* too many; **was zu ~ ist, ist zu ~** that's just too much; **ein bisschen ~ (Regen** *etc*) a bit too much (rain *etc*); **~ zu tun haben** to have a lot to do **2 ~e** *pl* (*adjektivisch*) many, a lot of; (*substantivisch*) many, a lot; (≈ *viele Menschen*) a lot of people; (*verneint*) many people; **seine ~en Fehler** his many mistakes; **~e glauben, …** many (people) *od* a lot of people believe … **3** (*adverbial*) a lot, a great deal; (*bes fragend, verneint*) much; **er arbeitet ~** he works a lot; **er arbeitet nicht ~** he doesn't work much; **sich ~ einbilden** to think a lot of oneself; **~ größer** *etc* much *od* a lot bigger *etc*; **~ beschäftigt** very busy; **~ diskutiert** much discussed; **~ sagend** → vielsagend; (*adverbial*) meaningfully; **~ zu …** much too …; **~ zu ~e** far too many **vieldeutig** ADJ ambiguous **Vieldeutigkeit** F ambiguity **Vieleck** N polygon **vielerlei** ADJ **1** various, all sorts of **2** (*substantivisch*) all kinds *od* sorts of things **vielfach** A ADJ multiple, manifold; **auf ~e Weise** in many ways; **auf ~en Wunsch** at the request of many people **B** ADV many times; (≈ *in vielen Fällen*) in many cases **Vielfache(s)** N MATH multiple; **um ein ~s besser** *etc* many times better *etc* **Vielfalt** F (great) variety **vielfältig** ADJ varied, diverse **vielfarbig** ADJ multicoloured (Br), multicolored (US) **Vielflieger(in)** M(F) frequent flier **Vielfraß** M (fig) glutton **vielköpfig** ADJ (umg) *Familie* large

vielleicht ADV **1** perhaps; **hat er sich ~ verirrt?** maybe he has got lost **2** (≈ *wirklich*) really; **willst du mir ~ erzählen, dass …?!** do you really mean to tell me that …?; **du bist ~ ein Idiot!** you really are an idiot!; **ich war ~ nervös!** was I nervous! **3** (≈ *ungefähr*) perhaps, about

vielmals ADV **danke ~!** thank you very much!, many thanks!; **er lässt ~ grüßen** he sends his best regards **vielmehr** ADV rather; (≈ *sondern, nur*) just **vielsagend** A ADJ meaningful **B** ADV meaningfully **vielschichtig** ADJ (fig) complex **vielseitig** A ADJ *Mensch, Gerät* versatile; *Interessen* varied; **auf ~en Wunsch** by popular request **B** ADV **~ interessiert sein** to have varied interests **Vielseitigkeit** F (von Mensch, Gerät) versatility; (von Interessen) multiplicity **vielsprachig** ADJ multilingual **vielverheißend** ADJ promising **vielversprechend** ADJ promising **Vielzahl** F multitude **Vielzweck-** multipurpose

vier NUM **1** four; **sie ist ~ (Jahre)** she's four (years old); **mit ~ (Jahren)** at the age of four; **~ Millionen** four million; **es ist ~ (Uhr)** it's four (o'clock); **um/gegen ~ (Uhr)** *od* **~e** (umg) at/around four (o'clock); **halb ~** half past three; **wir waren ~** *od* **zu ~t** there were four of us; **sie kamen zu ~t** four of them came **2 jdn unter ~ Augen sprechen** to speak to sb in private; **ein Gespräch unter ~ Augen** a private conversation; **auf allen ~en** (umg) on all fours **Vier** F four **Vierbeiner** M (hum) four-legged friend (hum) **vierbeinig** ADJ four-legged **vierblätt(e)rig** ADJ four-leaved **vierdimensional** ADJ four-dimensional **Viereck** N (≈ *Rechteck*) rectangle **viereckig** ADJ square; (≈ *rechteckig*) rectangular **Vierer** M (Rudern etc) four; (südd, österr: Ziffer) four **Viererbob** M four-man bob (Br) *od* bobsled (US) **vierfach** ADJ fourfold, quadruple (*bes* MATH); **die ~e Menge** four times the amount **vierfüßig** ADJ four-legged **vierhändig** ADJ MUS four-handed; **~ spielen** to play something for four hands **vierhundert** NUM four hundred **vierjährig** ADJ (≈ *4 Jahre alt*) four-year-old *attr*; (≈ *4 Jahre dauernd*) four-year *attr*; **ein ~es Kind** a four-year-old child **Vierjährige(r)** M(F/M) four-year-old **vierköpfig** ADJ **eine ~e Familie** a family of four **Vierling** M quadruplet, quad (umg) **viermal** ADV four times **viermalig** ADJ *Weltmeister etc* four-times *attr* **Vierradantrieb** M four-wheel drive **vierräd(e)rig** ADJ four-wheeled **vierseitig** ADJ four-sided; *Brief, Broschüre* four-page *attr* **Viersitzer** M four-seater **vierspurig** ADJ four-lane *attr* **vierstellig** ADJ four-figure *attr* **vierstimmig** A ADJ four-part *attr*, for four voices **B** ADV **~ singen** to sing a song for four voices **vierstöckig** ADJ *Haus* four-storeyed (Br), four-storied (US) **vierstufig** ADJ four-stage *attr* **vierstündig** ADJ *Reise, Vortrag* four-hour *attr* **vier ADV zu ~;** = **vier viertägig** ADJ (≈ *4 Tage dauernd*) four-day **Viertakter** M (umg), **Viertaktmotor** M four-stroke (engine) **viertausend** NUM four thousand **vierte** ADJ → vierte(r, s) **vierteilig** ADJ four-piece *attr*; *Roman* four-part *attr*, in four parts

viertel ADJ quarter; **eine ~ Stunde** a quarter of an hour; **ein ~ Liter** a quarter (of a) litre

(Br) od liter (US); **drei ~ voll** three-quarters full **Viertel**[1] N̄ schweiz a. M̄ **1** (Bruchteil) quarter; (umg) (≈ Viertelpfund) ≈ quarter; (≈ Viertelliter) quarter litre (Br) od liter (US) (❗ Wenn man Wein bestellt, sagt man **a glass of wine**, also nicht „a quarter".); **drei ~ der Bevölkerung** three quarters of the population **2** (Uhrzeit) **(ein) ~ nach/vor sechs** (a) quarter past/to six

Viertel[2] N̄ (≈ Stadtbezirk) quarter, district **Viertelfinale** N̄ quarterfinals pl **Vierteljahr** N̄ three months pl, quarter (HANDEL, FIN) **vierteljährig** ADJ Frist three months' **vierteljährlich** A ADJ quarterly; Kündigungsfrist three months' attr B ADV quarterly **Viertelliter** M̄ od N̄ quarter of a litre (Br) od liter (US) **vierteln** V̄T̄ (≈ in vier Teile teilen) to divide into four **Viertelnote** F̄ crotchet (Br), quarter note (US) **Viertelpfund** N̄ ≈ quarter (of a pound) **Viertelstunde** F̄ quarter of an hour **viertelstündig** ADJ Vortrag lasting quarter of an hour **viertelstündlich** A ADJ Abstand quarter-hour B ADV every quarter of an hour **Viertelton** M̄ quarter tone

viertens ADV fourth(ly), in the fourth place **Vierte(r)** M̄/F̄(M̄) fourth; **~r werden** to be od come fourth; **am ~n (des Monats)** on the fourth (of the month) **vierte(r, s)** ADJ fourth; **der ~ Oktober** the fourth of October; **den 4. Oktober** October 4th, October the fourth; **am ~n Oktober** on the fourth of October; **der ~ Stock** the fourth (Br) od fifth (US) floor; **im ~n Kapitel/Akt** in chapter/act four **viertürig** ADJ four-door attr **vierwöchig** ADJ four-week attr, four weeks long **vierzehn** NUM fourteen; **~ Tage** two weeks, a fortnight sg (Br) **vierzehntägig** ADJ two-week attr, lasting a fortnight (Br) od two weeks **vierzig** NUM forty; **(mit) ~ (km/h) fahren** to drive at forty (km/h); **etwa ~ (Jahre alt)** about forty (years old); (Mensch auch) fortyish (umg); **mit ~ (Jahren)** at forty (years of age); **Mitte ~** in one's mid--forties; **über ~** over forty **Vierzig** F̄ forty **vierziger** ADJ → Vierzigerjahre **Vierziger** M̄ die ~ pl (≈ Vierzigerjahre) one's forties; **er ist in den ~n** he is in his forties; **er ist Mitte der ~** he is in his mid-forties **Vierziger(in)** M̄/F̄(M̄) forty-year-old; **die ~** pl people in their forties **Vierzigerjahre** P̄L̄ **die ~** one's forties; (≈ Jahrzehnt) the forties (❗ mit Verb im Singular oder Plural) **vierzigjährig** ADJ (≈ 40 Jahre alt) forty-year-old; (≈ 40 Jahre dauernd) forty-year **Vierzigstundenwoche** F̄ forty-hour week **Vierzimmerwohnung** F̄ four-room flat (Br) od apartment **Vierzylindermotor** M̄ four-cylinder engine

Vietnam N̄ Vietnam **Vietnamese** M̄, **Vietnamesin** F̄ Vietnamese **vietnamesisch** ADJ Vietnamese

Vignette F̄ vignette; AUTO permit (for motorway driving)

Villa F̄ villa **Villenviertel** N̄ exclusive residential area

Viola F̄ MUS viola

violett ADJ purple; (heller) violet

Violine F̄ violin; **~ spielen** to play the violin (❗ mit **the**)

Violoncello N̄ violoncello; **~ spielen** to play the violoncello (❗ mit **the**)

VIP M̄ abk von very important person VIP

Virenschutzprogramm N̄ IT anti-virus program **Virensuchprogramm** N̄ IT virus checker (Br) od scanner

virtuell ADJ Realität etc virtual

Virtuose M̄, **Virtuosin** F̄ virtuoso

Virus N̄ od M̄ virus **Virusinfektion** F̄ viral od virus infection **Virusprogramm** N̄ IT virus (program)

Visage F̄ (umg) face **Visagist(in)** M̄(F̄) make--up artist

vis-à-vis, vis-a-vis A ADV opposite (von to) B PRÄP +dat opposite

Visier N̄ **1** (am Helm) visor **2** (an Gewehren) sight

visieren V̄T̄ (schweiz) (≈ beglaubigen) to certify; (≈ abzeichnen) to sign

Vision F̄ vision

Visite F̄ (MED: im Krankenhaus) round **Visitenkarte** F̄ visiting od calling (US) card

visuell ADJ visual

Visum N̄ **1** visa **2** (schweiz ≈ Unterschrift) signature

vital ADJ vigorous; (≈ lebenswichtig) vital **Vitalität** F̄ vitality

Vitamin N̄ vitamin **vitaminarm** ADJ poor in vitamins **vitaminhaltig** ADJ containing vitamins **Vitaminmangel** M̄ vitamin deficiency **vitaminreich** ADJ rich in vitamins **Vitamintablette** F̄ vitamin pill

Vitrine F̄ (≈ Schrank) glass cabinet; (≈ Schaukasten) display case

Vize M̄ (umg) number two (umg) **Vizemeister(in)** M̄(F̄) runner-up **Vizepräsident(in)** M̄(F̄) vice president **Vizeweltmeister(in)** M̄(F̄) runner-up in the world championship

Vogel M̄ bird; **ein seltsamer ~** (umg) a strange bird (umg); **den ~ abschießen** (umg) to surpass everyone (iron); **einen ~ haben** (umg) to be crazy (umg) **Vogelbauer** N̄ birdcage **Vogelbeere** F̄ (a. **Vogelbeerbaum**) rowan (tree); (≈ Frucht) rowan(berry) **Vogelfutter** N̄ bird food; (≈ Samen) birdseed **Vogelgrippe** F̄ bird flu **Vogelhäuschen** N̄ (≈ Futterhäuschen) birdhouse **Vogelkäfig** M̄ birdcage **Vogelkun-**

VOGE 1308

▶ Vögel

Singvögel

Amsel	**blackbird**	Nachtigall	**nightingale**
Drossel	**thrush**	Rotkehlchen	**robin** ['rɒbɪn]
Fink	**finch** [fɪntʃ]	Schwalbe	**swallow** ['swɒləʊ]
Haus-, Mehl-schwalbe	**house martin**	Spatz, Sperling	**sparrow**
Lerche	**lark**	Star	**starling**
Meise	**tit**	Taube	**pigeon** ['pɪdʒɪn], **dove*** [dʌv]

Größere Vögel und Raubvögel

Adler	**eagle**	Geier	**vulture**
Bussard	**buzzard** ['bʌzəd]	Habicht	**hawk**
Dohle	**jackdaw**	Krähe	**crow** [krəʊ]
Elster	**magpie**	Rabe	**raven**
Eule	**owl** [aʊl]	Specht	**woodpecker**
Falke	**falcon** ['fɔːlkən]	Sperber	**sparrowhawk**
Fasan	**pheasant** ['feznt]		

Wasservögel

Eisvogel	**kingfisher**	Kranich	**crane**
Ente	**duck**	Lund, Papageientaucher	**puffin**
Fischreiher	**heron** ['herən]	Möwe	**(sea)gull**
Flamingo	**flamingo**	Pelikan	**pelican** ['pelɪkən]
Gans	**goose**	Schwan	**swan** [swɒn]
Kormoran	**cormorant** ['kɔːmərənt]		

Hausvögel

Kakadu	**cockatoo** [ˌkɒkə'tuː]	Papagei	**parrot** ['pærət]
Kanarienvogel	**canary** [kə'nɛərɪ]	Wellensittich	**budgerigar** ['bʌdʒərɪgaː], (*umg*) **budgie**

* **pigeon** ist der übliche Name für die Taube, während **dove** meistens die Friedenstaube bezeichnet

WORTSCHATZ ◀

V

de F̲ ornithology **vögeln** V̲I̲T̲&̲V̲I̲ (*umg*) to screw (*sl*) **Vogelnest** N̲ bird's nest **Vogelpers-pektive** F̲ bird's-eye view **Vogelscheu-che** F̲ scarecrow **Vogel-Strauß-Politik** F̲ head-in-the-sand policy **Vogerlsalat** M̲ (*österr*) corn salad
Vogesen P̲L̲ Vosges *pl*
Voicemail F̲ TEL voice mail
Vokabel F̲ word; **~n** *pl* vocabulary *sg*, vocab *sg* (SCHULE *umg*) **Vokabelheft** N̲ vocabulary book **Vokabeltest** M̲ vocabulary test **Vo-kabular** N̲ vocabulary

Vokal M̲ vowel **Vokalmusik** F̲ vocal music
Volk N̲ **1** people *pl*; (≈ Nation) nation; (*pej* ≈ Pack) rabble *pl*; **etw unters ~ bringen** *Nachricht* to spread sth; *Geld* to spend sth **2** (≈ *ethnische Ge-meinschaft*) people *sg*; **die Völker Afrikas** the peoples of Africa **3** ZOOL colony **Völker-kunde** F̲ ethnology **völkerkundlich** A̲D̲J̲ ethnological **Völkermord** M̲ genocide **Völkerrecht** N̲ international law **völker-rechtlich** A̲D̲J̲ under international law **Völ-kerverständigung** F̲ international under-standing **Völkerwanderung** F̲ HIST migra-

1309 VOLL

tion of the peoples; (hum) mass exodus **Volksabstimmung** F̲ plebiscite **Volksaufstand** M̲ national uprising **Volksbefragung** F̲ public opinion poll **Volksbegehren** N̲ petition for a referendum **Volksentscheid** M̲ referendum **Volksfest** N̲ public festival; (≈ Jahrmarkt) funfair **Volksgruppe** F̲ ethnic group **Volksheld(in)** M̲/F̲ popular hero/heroine **Volkshochschule** F̲ adult education centre (Br) od center (US) **Volkslauf** M̲ SPORT open cross-country race **Volkslied** N̲ folk song **Volksmund** M̲ vernacular **Volksmusik** F̲ folk music **volksnah** ADJ popular, in touch with the people; POL grass-roots attr **Volksrepublik** F̲ people's republic **Volksschule** F̲ (österr) primary (Br) od elementary school **Volksstamm** M̲ tribe **Volkstanz** M̲ folk dance **Volkstrauertag** M̲ national day of mourning, ≈ Remembrance Day (Br), ≈ Veterans' Day (US) **volkstümlich** ADJ folk attr, folksy; (≈ traditionell) traditional; (≈ beliebt) popular **Volksversammlung** F̲ people's assembly; (≈ Kundgebung) public gathering **Volksvertreter(in)** M̲/F̲ representative of the people **Volksvertretung** F̲ representative body (of the people) **Volkswirt(in)** M̲/F̲ economist **Volkswirtschaft** F̲ national economy; (Fach) economics sg, political economy **volkswirtschaftlich** ADJ Schaden, Nutzen economic **Volkswirtschaftslehre** F̲ economics sg, political economy **Volkszählung** F̲ (national) census

voll A ADJ **1** full; Erfolg complete; Jahr, Wahrheit whole; Haar thick; **~er ...** full of ...; **~ (von od mit) etw** full of sth; **jdn nicht für ~ nehmen** not to take sb seriously **2 ~ sein** (umg) (≈ satt) to be full, to be full up (Br); (≈ betrunken) to be tight (Br umg) B ADV fully; (≈ vollkommen auch) completely; (sl ≈ total) dead (Br umg), real (US umg); **~ und ganz** completely, wholly; **~ hinter jdm/etw stehen** to be fully behind sb/sth; **~ zuschlagen** (umg) to hit out; **~ dabei sein** (umg) to be totally involved **vollauf** ADV fully, completely; **das genügt ~** that's quite enough **vollautomatisch** ADJ fully automatic **Vollbart** M̲ (full) beard **Vollbeschäftigung** F̲ full employment **Vollbesitz** M̲ **im ~** +gen in full possession of **Vollblut** N̲ thoroughbred **Vollbremsung** F̲ emergency stop **vollbringen** V̲T̲ (≈ ausführen) to achieve; Wunder to work **vollbusig** ADJ full--bosomed **Volldampf** M̲ SCHIFF full steam; **mit ~** at full steam; (umg) flat out (bes Br) **vollenden** V̲T̲ (≈ abschließen) to complete; (≈ vervollkommnen) to make complete **vollendet** A ADJ completed; Schönheit perfect B ADV perfectly

vollends ADV (≈ völlig) completely **Vollendung** F̲ completion; (≈ Vollkommenheit) perfection **voller** ADJ → voll **vollessen** V̲R̲ (umg) to gorge oneself

Volleyball M̲ volleyball

Vollgas N̲ full throttle; **~ geben** to open it right up; **mit ~** (fig umg) full tilt **vollgießen** V̲T̲ (≈ auffüllen) to fill (up) **Vollidiot(in)** M̲/F̲ (umg) complete idiot **völlig** A ADJ complete; **das ist mein ~er Ernst** I'm completely od absolutely serious B ADV completely; **er hat ~ recht** he's absolutely right **volljährig** ADJ of age; **~ werden/sein** to come/be of age **Volljährigkeit** F̲ majority (⚠ ohne Artikel) **Vollkaskoversicherung** F̲ fully comprehensive insurance **vollkommen** A ADJ perfect; (≈ völlig) complete, absolute B ADV completely **Vollkommenheit** F̲ perfection; (≈ Vollständigkeit) completeness, absoluteness **Vollkornbrot** N̲ coarse wholemeal (Br) od wholegrain bread **vollkotzen** V̲T̲ (umg) **etw ~** to spew all over sth (umg) **volllabern** V̲T̲ (umg) **jdn ~** to bend sb's ear (umg) **volllaufen** V̲I̲ to fill up; **etw ~ lassen** to fill sth (up); **sich ~ lassen** (umg) to get tanked up (umg) **vollmachen** V̲T̲ **1** Gefäß to fill (up); Dutzend to make up; Sammlung, Set to complete **2** (umg) Windeln to fill (Br), to dirty (US) **Vollmacht** F̲ (legal) power od authority (⚠ kein pl, ohne a); (Urkunde) power of attorney; **jdm eine ~ erteilen** to grant sb power of attorney **Vollmilch** F̲ full-cream milk **Vollmilchschokolade** F̲ full-cream milk chocolate **Vollmond** M̲ full moon; **heute ist ~** there's a full moon today **Vollnarkose** F̲ general anaesthetic (Br) od anesthetic (US) **Vollpension** F̲ full board **vollschlagen** V̲T̲ (umg) **sich** (dat) **den Bauch ~** to stuff oneself (with food) (umg) **vollschreiben** V̲T̲ Heft, Seite to fill (with writing) **vollständig** A ADJ complete; Adresse full attr; **nicht ~** incomplete B ADV completely **Vollständigkeit** F̲ completeness **vollstopfen** V̲T̲ to cram full **vollstrecken** V̲T̲ to execute; Urteil to carry out **Vollstreckung** F̲ execution; (von Todesurteil) carrying out **Vollstreckungsbescheid** M̲ writ of execution **volltanken** V̲T̲ & V̲I̲ to fill up **Volltext** M̲ IT full text **Volltextsuche** F̲ full text search **Volltreffer** M̲ bull's eye **volltrunken** ADJ completely drunk **Vollversammlung** F̲ general assembly; (von Stadtrat etc) full meeting **Vollwaschmittel** N̲ detergent **vollwertig** ADJ Mitglied full attr; Ersatz (fully) adequate **Vollwertkost** F̲ wholefoods pl **vollzählig** A ADJ Anzahl complete; **um ~es Erscheinen wird gebeten** everyone is requested to attend

VOLL | 1310

B _ADV_ **sie sind ~ erschienen** everyone came **vollziehen** **A** _VIT_ to carry out; _Trauung_ to perform **B** _VIR_ to take place **Vollzug** _M_ (≈ _Strafvollzug_) penal system **Vollzugsanstalt** _F_ (_form_) penal institution **Vollzugsbeamte(r)** _M_, **Vollzugsbeamtin** _F_ (_form_) warder
Volontär(in) _M(F)_ trainee **Volontariat** _N_ (_Zeit_) practical training **volontieren** _VII_ to be training (_bei_ with)
Volt _N_ volt **Voltmeter** _N_ voltmeter **Voltzahl** _F_ voltage
Volumen _N_ (_wörtl, fig_ ≈ _Inhalt_) volume
von _PRÄP_ +dat **1** from; **nördlich ~** to the North of; **~ heute ab** _od_ **an** from today; **~ dort aus** from there; **~ ... bis** from ... to; **~ morgens bis abends** from morning till night **2** (_Urheberschaft ausdrückend_) by; **das Gedicht ist ~ Schiller** the poem is by Schiller; **das Kind ist ~ ihm** the child is his; **~ etw begeistert** enthusiastic about sth **3** **ein Riese ~ einem Mann** (_umg_) a giant of a man; **dieser Dummkopf ~ Gärtner!** (_umg_) that idiot of a gardener!; **im Alter ~ 50 Jahren** at the age of 50
voneinander _ADV_ of each other, of one another; **sich ~ trennen** to part _od_ separate (from each other _od_ one another)
vonseiten _PRÄP_ +gen on the part of
vor **A** _PRÄP_ +akk _od_ +dat **1** (+dat, _räumlich_) in front of; (≈ _außerhalb von_) outside; (_bei Reihenfolge_) before; **die Stadt lag ~ uns** the town lay before us; **~ allen Dingen, ~ allem** above all; **~ dem Fernseher sitzen** to sit in front of the TV **2** (+akk, _Richtung angebend_) in front of **3** (+dat, _zeitlich_) before; **zwanzig (Minuten) ~ drei** twenty (minutes) to three; **heute ~ acht Tagen** a week ago today; **~ einigen Tagen** a few days ago; **~ Hunger sterben** to die of hunger; **~ Kälte zittern** to tremble with cold **4** **jdm/etw sicher sein** to be safe from sb/sth; **Achtung ~ jdm/etw haben** to have respect for sb/sth **B** _ADV_ **~ und zurück** backwards and forwards
vorab _ADV_ to begin _od_ start with
Vorabend _M_ evening before; **das war am ~** that was the evening before
Vorahnung _F_ presentiment, premonition
voran _ADV_ **1** (≈ _vorn_) first **2** (≈ _vorwärts_) forwards **vorangehen** _VII_ **1** (≈ _an der Spitze gehen_) to go first _od_ in front; (≈ _anführen_) to lead the way **2** (_zeitlich_) **einer Sache** (_dat_) **~** to precede sth **3** (_a. v/i unpers_ ≈ _Fortschritte machen_) to come along **vorankommen** _VII_ to make progress; **beruflich ~** to get on in one's job
Voranmeldung _F_ appointment
Voranschlag _M_ estimate
Vorarbeit _F_ groundwork **vorarbeiten** _VIT_

& _VI_ to work in advance **Vorarbeiter** _M_ foreman **Vorarbeiterin** _F_ forewoman
Vorarlberg _N_ Vorarlberg
voraus _ADV_ (≈ _voran_) in front (+dat of); (_fig_) ahead (+dat of); **im Voraus** in advance **vorausahnen** _VIT_ to anticipate **vorausbezahlt** _ADJ_ prepaid **vorausfahren** _VII_ to go in front (+dat of); (_Fahrer_) to drive in front (+dat of) **vorausgehen** _VII_ = vorangehen **vorausgesetzt** _ADJ_ ~, **(dass)** ... provided (that) ... **vorausaben** _VIT_ **jdm etw ~** to have the advantage of sth over sb **vorausplanen** _VIT_ **&** _VI_ to plan ahead **Voraussage** _F_ prediction; (≈ _Wettervoraussage_) forecast **voraussagen** _VIT_ to predict (_jdm_ for sb); _Wetter_ to forecast **vorausschicken** _VIT_ to send on ahead _od_ in advance (+dat of); (_fig_ ≈ _vorher sagen_) to say in advance (+dat of) **vorausshen** _VIT_ to foresee; **das war vorauszusehen!** that was (only) to be expected! **voraussetzen** _VIT_ to presuppose; _Zustimmung, Verständnis_ to take for granted; (≈ _erfordern_) to require; **wenn wir einmal ~, dass** ... let us assume that ... **Voraussetzung** _F_ prerequisite, precondition; (≈ _Erfordernis_) requirement; (≈ _Annahme_) assumption; **unter der ~, dass** ... on condition that ... (**!** ohne the) **voraussichtlich** **A** _ADJ_ expected **B** _ADV_ probably
Vorbehalt _M_ reservation; **unter dem ~, dass** ... with the reservation that ... **vorbehalten** _VIT_ **sich** (_dat_) **etw ~** to reserve sth (for oneself); _Recht_ to reserve sth; **alle Rechte ~** all rights reserved; **Änderungen (sind) ~** subject to alterations **vorbehaltlos** **A** _ADJ_ unconditional **B** _ADV_ without reservations
vorbei _ADV_ **1** (_räumlich_) past, by; **~ an** (+dat) past **2** (_zeitlich_) **~ sein** to be past; (≈ _beendet_) to be over; **es ist schon 8 Uhr ~** it's already past _od_ after 8 o'clock; **damit ist es nun ~** that's all over now; **aus und ~** over and done **vorbeibringen** _VIT_ (_umg_) to drop by _od_ in **vorbeifahren** _VII_ to go/drive past (_an jdm_ sb); **bei jdm ~** (_umg_) to drop in on sb **vorbeigehen** _VII_ **1** to go past _od_ by (_an jdm/etw_ sb/sth); **bei jdm ~** (_umg_) to drop in on sb; **im Vorbeigehen** in passing **2** (≈ _vergehen_) to pass **vorbeikommen** _VII_ (_an jdm/etw_ sb/sth) to pass, to go past; (_an einem Hindernis_) to get past; **an einer Aufgabe nicht ~** to be unable to avoid a task **vorbeilassen** _VIT_ to let past (_an jdm/etw_ sb/sth) **vorbeireden** _VII_ **an etw** (_dat_) **~** to talk round sth; **aneinander ~** to talk at cross purposes
vorbelastet _ADJ_ handicapped
Vorbemerkung _F_ introductory _od_ preliminary remark

V

vorbereiten A VT to prepare B VR to prepare (oneself) (auf +akk for) **Vorbereitung** F preparation; **~en treffen** to make preparations
vorbestellen VT to order in advance **Vorbestellung** F advance order; (von Zimmer) (advance) booking
vorbestraft ADJ previously convicted
vorbeugen A VI to prevent (einer Sache dat sth) B VR to bend forward **vorbeugend** ADJ preventive **Vorbeugung** F prevention (gegen, von of)
Vorbild N model; (≈ Beispiel) example; **nach amerikanischem ~** following the American example; **sich** (dat) **jdn zum ~ nehmen** to model oneself on sb **vorbildlich** A ADJ exemplary B ADV exemplarily
vorbringen VT 1 (≈ nach vorn bringen) to take up od forward 2 (≈ äußern) to say; Wunsch, Forderung to state; Klage to lodge; Kritik to make; Bedenken to express; Argument to produce
Vordach N canopy
vordatieren VT to postdate; Ereignis to predate
Vordenker(in) M(F) mentor
Vorderachse F front axle **Vorderansicht** F front view **Vorderbein** N foreleg **vordere(r, s)** ADJ front **Vordergrund** M foreground; **im ~ stehen** (fig) to be to the fore; **etw in den ~ rücken** od **stellen** (fig) to give priority to sth; **in den ~ treten** (fig) to come to the fore **vordergründig** ADJ (fig) (≈ oberflächlich) superficial **Vordermann** M person in front; **sein ~** the person in front of him; **etw auf ~ bringen** (fig umg) Kenntnisse to brush sth up; (≈ auf neuesten Stand bringen) to bring sth up-to-date **Vorderrad** N front wheel **Vorderradantrieb** M front-wheel drive **Vorderseite** F front **Vordersitz** M front seat **vorderste(r, s)** ADJ front(most) **Vorderteil** N front part **Vordertür** F front door
vordrängeln VR 1 (nach vorn) to push (forward) 2 (in einer Schlange) to push in
vordrängen VR to push to the front
vordringen VI to advance; **bis zu etw ~** to get as far as sth **vordringlich** ADJ urgent
Vordruck M form
vorehelich ADJ premarital
voreilig ADJ rash; **~e Schlüsse ziehen** to jump to conclusions
voreinander ADV (räumlich) in front of one another; **wir haben keine Geheimnisse ~** we have no secrets from each other
voreingenommen ADJ prejudiced, biased **Voreingenommenheit** F prejudice, bias
voreingestellt ADJ bes IT preset **Voreinstellung** F bes IT presetting

vorenthalten VT **jdm etw ~** to withhold sth from sb
Vorentscheidung F preliminary decision; SPORT preliminary round od heat
vorerst ADV for the time being
Vorfahr M ancestor
vorfahren VI 1 (≈ nach vorn fahren) to drive od move forward 2 (≈ ankommen) to drive up 3 (≈ früher fahren) **wir fahren schon mal vor** we'll go on ahead **Vorfahrt** F right of way; **„Vorfahrt (be)achten"** "give way" (Br), "yield" (US); **jdm die ~ nehmen** to ignore sb's right of way **Vorfahrtsschild** N give way (Br) od yield (US) sign **Vorfahrtsstraße** F major road
Vorfall M incident **vorfallen** VI (≈ sich ereignen) to happen
vorfeiern VT & VI to celebrate early
Vorfeld N (fig) run-up (+gen to); **im ~ der Wahlen** in the run-up to the elections
vorfinden VT to find, to discover
Vorfreude F anticipation
vorfühlen VI (fig) **bei jdm ~** to sound od feel (US) sb out
vorführen VT 1 **den Gefangenen dem Haftrichter ~** to bring the prisoner up before the magistrate 2 (≈ zeigen) to present; Kunststücke to perform (+dat to); Film to show; Gerät to demonstrate (+dat to) **Vorführung** F presentation; (von Filmen) showing; (von Geräten) demonstration; (von Kunststücken) performance
Vorgang M 1 (≈ Ereignis) event 2 TECH etc process
Vorgänger(in) M(F) predecessor
Vorgarten M front garden
vorgeben VT 1 (≈ vortäuschen) to pretend; (≈ fälschlich beteuern) to profess 2 SPORT to give (a start of)
vorgefasst ADJ Meinung preconceived
Vorgefühl N anticipation; (≈ böse Ahnung) presentiment, foreboding
vorgehen VI 1 (≈ handeln) to act; **gerichtlich gegen jdn ~** to take legal action against sb 2 (≈ geschehen) to go on 3 (Uhr) to be fast 4 (≈ nach vorn gehen) to go forward; (≈ früher gehen) to go on ahead 5 (den Vorrang haben) to come first **Vorgehen** N action
Vorgeschichte F 1 (eines Falles) past history 2 (≈ Urgeschichte) prehistoric times pl **vorgeschichtlich** ADJ prehistoric
Vorgeschmack M foretaste
Vorgesetzte(r) M(F)M superior
vorgestern ADV the day before yesterday; **von ~** (fig) antiquated
vorgreifen VI **jdm ~** to forestall sb; **einer Sache** (dat) **~** to anticipate sth **Vorgriff** M anticipation (auf +akk of); **im ~ auf** (+akk) in antic-

ipation of

vorhaben `VT` to intend; (≈ *geplant haben*) to have planned; **was haben Sie heute vor?** what are your plans for today?; **hast du heute Abend schon etwas vor?** have you already got something planned this evening?

vorhalten `A` `VT` **1** = **vorwerfen** **2** (*als Beispiel*) **jdm jdn/etw ~** to hold sb/sth up to sb **3** (≈ *vor den Körper halten*) to hold up **B** `VI` (≈ *anhalten*) to last **Vorhaltung** `F` reproach; **jdm (wegen etw) ~en machen** to reproach sb (with *od* for sth)

Vorhand `F` SPORT forehand

vorhanden `ADJ` (≈ *verfügbar*) available; (≈ *existierend*) in existence; **davon ist genügend ~** there's plenty of that **Vorhandensein** `ADJ` existence

Vorhang `M` curtain

Vorhängeschloss `N` padlock

Vorhaut `F` foreskin

vorher `ADV` before **vorherbestimmen** `VT` *Schicksal* to predetermine; (*Gott*) to preordain

vorhergehend `ADJ` *Tag, Ereignisse* preceding

vorherig `ADJ` previous; *Vereinbarung* prior

Vorherrschaft `F` predominance, supremacy; (≈ *Hegemonie*) hegemony **vorherrschen** `VI` to predominate **vorherrschend** `ADJ` predominant; (≈ *weitverbreitet*) prevalent

Vorhersage `F` forecast **vorhersagen** `VT` = **voraussagen vorhersehen** `VT` to foresee

vorhin `ADV` just now

Vorhinein `ADV` **im ~** in advance

vorig `ADJ` (≈ *früher*) previous; (≈ *vergangen*) *Jahr etc* last

Vorjahr `N` previous year

Vorkämpfer(in) `MF` pioneer (*für* of)

Vorkasse `F` „Zahlung nur gegen ~" "advance payment only"

vorkauen `VT` *Nahrung* to chew; **jdm etw** (*akk*) **~** (*fig umg*) to spoon-feed sth to sb (*umg*)

Vorkehrung `F` precaution; **~en treffen** to take precautions

Vorkenntnis `F` previous knowledge (❗ kein pl)

vorknöpfen `VT` (*fig umg*) **sich** (*dat*) **jdn ~** to take sb to task

vorkommen `VI` **1** (*a. v/i unpers* ≈ *sich ereignen*) to happen; **so etwas ist mir noch nie vorgekommen** such a thing has never happened to me before **2** (≈ *vorhanden sein*) to occur; (*Pflanzen, Tiere*) to be found **3** (≈ *erscheinen*) to seem; **das kommt mir merkwürdig vor** that seems strange to me; **sich** (*dat*) **überflüssig ~** to feel superfluous **4** (≈ *nach vorn kommen*) to come forward **Vorkommnis** `N` incident

Vorkriegszeit `F` prewar period

vorladen `VT` JUR to summons **Vorladung** `F` summons

Vorlage `F` **1** (≈ *das Vorlegen*) presentation; (*von Beweismaterial*) submission; **gegen ~ einer Sache** (*gen*) (up)on production *od* presentation of sth **2** (≈ *Muster*) pattern; (≈ *Entwurf*) draft

vorlassen `VT` **1** (*umg*) **jdn ~** (≈ *vorbeigehen lassen*) to let sb pass; **ein Auto ~** (≈ *überholen lassen*) to let a car pass **2** (≈ *Empfang gewähren*) to allow in

Vorlauf `M` SPORT qualifying *od* preliminary heat **Vorläufer(in)** `MF` forerunner **vorläufig** `A` `ADJ` temporary; *Urteil* preliminary **B** `ADV` **für's Erste** for the time being

vorlaut `ADJ` cheeky (*Br*), impertinent

Vorleben `N` past (life)

vorlegen `VT` **1** (≈ *präsentieren*) to present; *Pass* to show; *Beweismaterial* to submit **2** *Riegel* to put across; *Schloss* to put on **Vorleger** `M` mat

vorlehnen `VR` to lean forward

Vorleistung `F` (WIRTSCH ≈ *Vorausbezahlung*) advance (payment)

vorlesen `VT & VI` **jdm (etw) ~** to read (sth) to sb **Vorlesung** `F` UNIV lecture; **über etw** (*akk*) **~en halten** to give (a course of) lectures on sth **Vorlesungsverzeichnis** `N` lecture timetable

vorletzte(r, s) `ADJ` next to last, penultimate; **im ~n Jahr** the year before last

Vorliebe `F` preference

vorliebnehmen `VI` **mit jdm/etw ~** to make do with sb/sth

vorliegen `A` `VI` (≈ *zur Verfügung stehen*) to be available; (≈ *vorhanden sein*) (*Irrtum, Schuld etc*) to exist; **jdm ~** (*Gründe, Voraussetzungen*) to exist; (*Unterlagen etc*) to be with sb; **etw liegt gegen jdn vor** sth is against sb; (*gegen Angeklagten*) sb is charged with sth **B** `VI UNPERS` to be; **es muss ein Irrtum ~** there must be some mistake

vorlügen `VT` **jdm etwas ~** to lie to sb

vormachen `VT` **jdm etw ~** (≈ *zeigen*) to show sb how to do sth; (*fig* ≈ *täuschen*) to fool sb; **ich lasse mir so leicht nichts ~** you/he *etc* can't fool me so easily; **sich** (*dat*) **(selbst) etwas ~** to fool oneself

Vormacht(stellung) `F` supremacy (*gegenüber* over)

Vormarsch `M` MIL advance; **im ~ sein** (*fig*) to be gaining ground

vormerken `VT` to note down; *Plätze* to reserve; **ich werde Sie für Mittwoch ~** I'll put you down for Wednesday

Vormieter(in) `MF` previous tenant

Vormittag `M` morning; **am ~** in the morning; **heute ~** this morning **vormittags** `ADV` in the morning; (≈ *jeden Morgen*) in the morning(s)

Vormund `M` guardian **Vormundschaft** `F`

guardianship

vorn ADV **1** in front; **nach ~** (≈ *ganz nach vorn*) to the front; (≈ *weiter nach vorn*) forwards; **~ im Bild** in the front of the picture; **sie waren ziemlich weit ~** they were quite far ahead **2** (≈ *am Anfang*) **von ~** from the beginning; **von ~ anfangen** to begin at the beginning; (*neues Leben*) to start afresh **3** (≈ *am vorderen Ende*) at the front; **~ im Auto** in the front of the car; **er betrügt sie von ~ bis hinten** he deceives her right, left and centre (*Br*) *od* center (*US*)

Vorname M first name

vornehm A ADJ **1** (*kultiviert*) distinguished; *Benehmen* genteel; **die ~e Gesellschaft** high society **2** (≈ *elegant*) *Wohngegend, Haus* posh (*umg*); *Geschäft* exclusive; *Kleid* elegant; *Auto* smart; *Geschmack* refined B ADV *wohnen* grandly; **~ tun** (*pej umg*) to act posh (*umg*)

vornehmen VT (≈ *ausführen*) to carry out; *Änderungen* to do; *Messungen* to take; (**sich** *dat*) **etw ~** (≈ *in Angriff nehmen*) to get to work on sth; (≈ *planen*) to intend to do sth; **ich habe mir zu viel vorgenommen** I've taken on too much; **sich** (*dat*) **jdn ~** (*umg*) to have a word with sb

vornherein ADV **von ~** from the start

vornüber ADV forwards

Vorort M (≈ *Vorstadt*) suburb **Vorortzug** M suburban train

Vorplatz M forecourt

Vorposten M MIL outpost

Vorprogramm N supporting bill, warm-up act (*US*) **vorprogrammieren** VT to preprogram **vorprogrammiert** ADJ *Erfolg* automatic; *Verhaltensweise* preprogrammed

Vorrang M **1** **~ haben** to have priority; **jdm den ~ geben** to give sb priority **2** (*österr* ≈ *Vorfahrt*) right of way **vorrangig** ADJ priority *attr*; **~ sein** to have (top) priority; **eine Angelegenheit ~ behandeln** to give a matter priority treatment

Vorrat M stock; *bes* HANDEL stocks *pl*; (≈ *Geldvorrat*) reserves *pl*; (*an Atomwaffen*) stockpile; **solange der ~ reicht** HANDEL while stocks last **vorrätig** ADJ in stock; (≈ *verfügbar*) available **Vorratskammer** F pantry

vorrechnen VT **jdm etw ~** to calculate sth for sb; **jdm seine Fehler ~** (*fig*) to enumerate sb's mistakes

Vorrecht N prerogative; (≈ *Vergünstigung*) privilege

Vorredner(in) M(F) (≈ *vorheriger Redner*) previous speaker

Vorrichtung F device

vorrücken A VT to move forward; *Schachfigur* to advance B VI to move forward; MIL to advance; (*im Beruf etc*) to move up; **in vorgerücktem Alter** in later life; **zu vorgerückter Stunde** at a late hour

Vorruhestand M early retirement

Vorrunde F SPORT preliminary *od* qualifying round

vorsagen A VT **jdm etw ~** *Antwort, Lösung* to tell sb sth B VI SCHULE **jdm ~** to tell sb the answer

Vorsaison F low season

Vorsatz M (*firm*) intention; **mit ~** JUR with intent **vorsätzlich** A ADJ deliberate; JUR *Mord etc* wilful B ADV deliberately

Vorschau F preview; (*für Film*) trailer

Vorschein M **zum ~ kommen** (*wörtl* ≈ *sichtbar werden*) to appear; (*fig* ≈ *entdeckt werden*) to come to light

vorschieben VT **1** (≈ *davorschieben*) to push in front; *Riegel* to put across **2** (*fig* ≈ *vorschützen*) to put forward as an excuse

vorschießen VT **jdm Geld ~** to advance sb money

Vorschlag M suggestion; (≈ *Rat*) advice; (≈ *Angebot*) proposition; **auf ~ von** *od* **+gen** at *od* on the suggestion of **vorschlagen** VT to suggest; **jdn für ein Amt ~** to propose sb for a position

vorschnell ADJ, ADV = voreilig

vorschreiben VT (≈ *befehlen*) to stipulate; MED *Dosis* to prescribe; **jdm ~, wie/was ...** to dictate to sb how/what ...; **gesetzlich vorgeschrieben** stipulated by law **Vorschrift** F (≈ *Bestimmung*) regulation; (≈ *Anweisung*) instruction; **jdm ~en machen** to give sb orders; **sich an die ~en halten** to observe the regulations; **Arbeit nach ~** work to rule **vorschriftsmäßig** A ADJ regulation *attr*; *Verhalten* correct, proper *attr* B ADV (≈ *laut Anordnung*) according to (the) regulations

Vorschule F nursery school

Vorschuss M advance **Vorschusslorbeeren** PL premature praise *sg*

vorschützen VT to plead as an excuse; *Unwissenheit* to plead

vorschwärmen VI **jdm von etw ~** to rave (on) about sth to sb

vorschweben VI **jdm schwebt etw vor** sb has sth in mind

vorsehen A VT (≈ *planen*) to plan; (≈ *einplanen*) *Kosten* to allow for; *Zeit* to allow; (*im Gesetz*) to provide for; **jdn für etw ~** (≈ *beabsichtigen*) to have sb in mind for sth B VR (≈ *sich in Acht nehmen*) to watch out; **sich vor jdm/etw ~** to beware of sb/sth **Vorsehung** F **die (göttliche) ~** (divine) Providence

vorsetzen VT **1** *Fuß* to put forward **2** **jdm etw ~** (≈ *geben*) to give sb sth; (≈ *anbieten*) to offer sb

VORS 1314

sth **Vorsicht** F̲ care; (bei Gefahr) caution; ~ **walten lassen** to be careful; (bei Gefahr) to exercise caution; (≈ behutsam vorgehen) to be wary; **zur ~ mahnen** to advise caution; **~!** watch out!; **"Vorsicht Stufe"** "mind the step"; **mit ~** carefully; (bei Gefahr) cautiously; **was er sagt ist mit ~ zu genießen** (hum umg) you have to take what he says with a pinch of salt (umg) **vorsichtig** **A** A̲D̲J̲ careful; (≈ besonnen) cautious; (≈ misstrauisch) wary; Schätzung cautious; **sei ~, dass du nicht fällst** be careful you don't fall (⚠ ohne that) **B** A̲D̲V̲ **1** (umsichtig) carefully **2** (zurückhaltend) **sich ~ äußern** to be very careful what one says **vorsichtshalber** A̲D̲V̲ as a precaution **Vorsichtsmaßnahme** F̲ precaution **Vorsilbe** F̲ prefix **vorsingen** V̲T̲&V̲I̲ (vor Zuhörern) **jdm (etw) ~** to sing (sth) to sb **vorsintflutlich** A̲D̲J̲ (umg) antiquated **Vorsitz** M̲ chairmanship; **den ~ haben** to be chairman; **den ~ übernehmen** to take the chair **Vorsitzende(r)** M̲/F̲(M̲) chairman; (Frau auch) chairwoman; (von Verein) president (⚠ alle mit Namen und in der Anrede großgeschrieben)

Vorsorge F̲ (≈ Vorsichtsmaßnahme) precaution; **~ treffen** to take precautions; (fürs Alter) to make provision **vorsorgen** V̲I̲ to make provision; **für etw ~** to provide for sth **Vorsorgeuntersuchung** F̲ MED medical checkup **vorsorglich** A̲D̲J̲ precautionary **Vorspann** M̲ (FILM, TV: Titel und Namen) opening credits pl **Vorspeise** F̲ hors d'œuvre, starter (Br) **Vorspiegelung** F̲ pretence (Br), pretense (US); **das ist nur (eine) ~ falscher Tatsachen** (hum) it's all sham **Vorspiel** N̲ (≈ Einleitung) prelude; THEAT prologue (Br), prolog (US); (bei Geschlechtsverkehr) foreplay **vorspielen** **A** V̲T̲ **jdm etw ~** MUS to play sth to sb; (fig) to act out a sham of sth in front of sb; **spiel mir doch nichts vor** don't try and pretend to me **B** V̲I̲ (vor Zuhörern) to play; **jdn ~ lassen** (bei Einstellung) to audition sb **vorsprechen** **A** V̲T̲ (≈ vortragen) to recite **B** V̲I̲ **1** (form ≈ jdn aufsuchen) to call (bei jdm on sb) **2** THEAT to audition **vorspringen** V̲I̲ to jump od leap forward; (≈ herausragen) to jut out, to project; (Nase, Kinn) to be prominent **Vorsprung** M̲ **1** ARCH projection; (von Küste) promontory **2** (SPORT, fig ≈ Abstand) lead (vor +dat over); (≈ Vorgabe) start; **jdm 10 Minuten ~ geben** to give sb a 10-minute start; **einen ~ vor jdm haben** to be ahead of sb

vorspulen V̲T̲ to wind forward **Vorstadt** F̲ suburb **Vorstand** M̲ (≈ leitendes Gremium) board; (von Verein) committee (⚠ Vorsicht, Schreibung); (von Partei) executive **Vorstandsvorsitzende(r)** M̲/F̲(M̲) chairperson of the board of directors **vorstehen** V̲I̲ **1** (≈ hervorragen) to jut out; (Zähne) to protrude; (Kinn, Nase) to be prominent **2 einer Sache ~** einer Firma, einer Partei to be the chairperson of sth; der Regierung to be the head of sth; einer Abteilung, einer Behörde to be in charge of sth **Vorsteherdrüse** F̲ prostate (gland) **vorstellbar** A̲D̲J̲ conceivable **vorstellen** **A** V̲T̲ **1** (nach vorn) to move forward; Uhr to put forward (um by) **2** (≈ darstellen) to represent; (≈ bedeuten) to mean; **etwas ~** (fig ≈ Ansehen haben) to count for something **3** (≈ vorführen) to present (jdm to sb); **jdn jdm ~** to introduce sb to sb **4 sich** (dat) **etw ~** to imagine sth; **das kann ich mir gut ~** I can imagine that (well); **sich** (dat) **etw unter etw** (dat) **~** Begriff, Wort to understand sth by sth; **darunter kann ich mir nichts ~** it doesn't mean anything to me; **was haben Sie sich (als Gehalt) vorgestellt?** what (salary) did you have in mind?; **stell dir das nicht so einfach vor** don't think it's so easy **B** V̲R̲ (≈ sich bekannt machen) to introduce oneself (jdm to sb) **vorstellig** A̲D̲J̲ **bei jdm ~ werden** (wegen Beschwerde) to go to sb, to complain to sb **Vorstellung** F̲ **1** (≈ Gedanke) idea; (bildlich) picture; (≈ Einbildung) illusion; (≈ Vorstellungskraft) imagination; **du hast falsche ~en** you are wrong (in your ideas); **das entspricht ganz meiner ~** that is just how I imagined it; **sich** (dat) **eine ~ von etw machen** to form an idea od (Bild) picture of sth **2** THEAT etc performance **Vorstellungsgespräch** N̲ (job) interview **Vorstellungskraft** F̲ imagination **Vorstellungsvermögen** N̲ powers pl of imagination **Vorsteuer** F̲ (≈ Mehrwertsteuer) input tax **Vorsteuerabzug** M̲ input tax deduction **Vorstoß** M̲ (≈ Vordringen) venture; MIL advance; (fig ≈ Versuch) attempt **vorstoßen** **A** V̲T̲ to push forward **B** V̲I̲ to venture; SPORT to attack; MIL to advance; **ins Viertelfinale ~** to advance into the quarterfinal **Vorstrafe** F̲ previous conviction **Vorstrafenregister** N̲ criminal record **vorstrecken** V̲T̲ to stretch forward; Arme, Hand to stretch out; Geld to advance (jdm sb) **Vorstufe** F̲ preliminary stage **Vortag** M̲ day before, eve; **am ~ der Konferenz** (on) the day before the conference **vortäuschen** V̲T̲ Krankheit to feign; Straftat, Orgasmus to fake

1315 ‖ VULK

Vorteil M̄ advantage; **die Vor- und Nachteile** the pros and cons; **jdm gegenüber im ~ sein** to have an advantage over sb; **von ~ sein** to be advantageous; **im ~ sein** to have the advantage (*jdm gegenüber* over sb); **„Vorteil Federer"** TENNIS "advantage Federer" **vorteilhaft** ADJ advantageous; *Kleid, Frisur* flattering; *Geschäft* lucrative

Vortrag M̄ **1** (≈ *Vorlesung*) lecture; (≈ *Bericht*) talk; **einen ~ halten** to give a lecture/talk **2** (≈ *Art des Vortragens*) performance **3** FIN balance carried forward **vortragen** V̄T **1** (≈ *berichten*) to report; *Fall, Forderungen* to present; *Bedenken, Wunsch* to express **2** (≈ *vorsprechen*) *Gedicht* to recite; *Rede* to give; MUS to perform; *Lied* to sing **3** FIN to carry forward

vortrefflich ADJ excellent

vortreten V̄I **1** (*wörtl*) to step forward **2** (≈ *hervorragen*) to project; (*Augen*) to protrude **Vortritt** M̄ precedence; (*schweiz* ≈ *Vorfahrt*) right of way; **jdm den ~ lassen** to let sb go first

vorüber ADV **~ sein** to be past; (*Gewitter, Winter*) to be over; (*Schmerz*) to have gone **vorübergehen** V̄I **1** (*räumlich*) to go past (*an etw* (*dat*) sth); **an jdm/etw ~** (*fig* ≈ *ignorieren*) to ignore sb/sth **2** (*zeitlich*) to pass; (*Gewitter*) to blow over **vorübergehend** A ADJ (≈ *flüchtig*) passing *attr*; (≈ *zeitweilig*) temporary B ADV temporarily

Vorurteil N̄ prejudice (*gegenüber* against); **~e haben** to be prejudiced **vorurteilsfrei, vorurteilslos** A ADJ unprejudiced B ADV without prejudice

Vorvergangenheit F̄ GRAM pluperfect

Vorverkauf M̄ THEAT, SPORT advance booking

vorverlegen V̄T *Termin* to bring forward

Vorverurteilung F̄ prejudgement

vorvorgestern ADV (*umg*) three days ago

vorvorletzte(r, s) ADJ last but two

vorwagen V̄R to venture forward

Vorwahl F̄ **1** preliminary election; (*US*) primary **2** TEL dialling (*Br*) *od* area (*US*) code **vorwählen** V̄T TEL to dial first **Vorwahlnummer** F̄ dialling (*Br*) *od* area (*US*) code

Vorwand M̄ pretext; **unter dem ~, dass ...** under the pretext that ...

vorwarnen V̄T **jdn ~** to warn sb (in advance) **Vorwarnung** F̄ (prior *od* advance) warning

vorwärts ADV forwards, forward; **~!** (*umg*) let's go (*umg*); **~ und rückwärts** backwards and forwards **vorwärtskommen** V̄I (*fig*) to make progress (*in +dat, mit* with); (*beruflich*) to get on

Vorwäsche F̄ prewash

vorweg ADV (≈ *an der Spitze*) at the front; (≈ *vorher*) before(hand); (≈ *von vornherein*) at the outset **Vorwegnahme** F̄ anticipation **vorwegnehmen** V̄T to anticipate

Vorweihnachtszeit F̄ pre-Christmas period

vorweisen V̄T to produce

vorwerfen V̄T (*fig*) **jdm etw ~** (≈ *anklagen*) to reproach sb for sth; (≈ *beschuldigen*) to accuse sb of sth; **das wirft er mir heute noch vor** he still holds it against me; **ich habe mir nichts vorzuwerfen** my conscience is clear

vorwiegend A ADJ predominant B ADV predominantly

vorwitzig ADJ cheeky

Vorwort N̄ foreword; (*bes von Autor*) preface

Vorwurf M̄ reproach; (≈ *Beschuldigung*) accusation; **jdm (wegen etw) Vorwürfe machen** to reproach sb (for sth) **vorwurfsvoll** A ADJ reproachful B ADV reproachfully

Vorzeichen N̄ (≈ *Omen*) omen; MED early symptom; MATH sign

vorzeigbar ADJ presentable **vorzeigen** V̄T to show; *Zeugnisse* to produce

Vorzeit F̄ **in der ~** in prehistoric times **vorzeitig** A ADJ early; *Altern etc* premature B ADV early, prematurely

vorziehen V̄T **1** (≈ *hervorziehen*) to pull out; (≈ *zuziehen*) *Vorhänge* to draw **2** (*fig* ≈ *lieber mögen*) to prefer; (≈ *bevorzugen*) *jdn* to favour (*Br*), to favor (*US*); **es ~, etw zu tun** to prefer to do sth **3** *Wahlen, Termin* to bring forward **Vorzimmer** N̄ anteroom; (≈ *Büro*) outer office; (*österr* ≈ *Diele*) hall **Vorzug** M̄ preference; (≈ *gute Eigenschaft*) merit; **einer Sache** (*dat*) **den ~ geben** (*form*) to give sth preference **vorzüglich** ADJ excellent **Vorzugsaktie** F̄ BÖRSE preference share **Vorzugspreis** M̄ special discount price **vorzugsweise** ADV preferably; (≈ *hauptsächlich*) mainly

Voyeur(in) M̄(F̄) voyeur

vulgär ADJ vulgar; **drück dich nicht so ~ aus** don't be so vulgar **Vulgarität** F̄ vulgarity

Vulkan M̄ volcano **Vulkanausbruch** M̄ volcanic eruption **vulkanisch** ADJ volcanic

W

W, w N W, w
Waadt F Vaud
Waage F **1** (*Gerät*) scales *pl*; **eine ~ a pair of scales**; **sich** (*dat*) **die ~ halten** (*fig*) to balance one another **2** ASTROL Libra; **(eine) ~ sein** to be (a) Libra **waagerecht** A ADJ horizontal; (*im Kreuzworträtsel*) across B ADV levelly **Waagschale** F scale; **jedes Wort auf die ~ legen** to weigh every word (carefully)

Waage — scales

Waage — Libra

wabbelig ADJ *Pudding* wobbly
Wabe F honeycomb
wach ADJ awake *präd*; **in ~em Zustand** in the waking state; **sich ~ halten** to stay awake; **~ werden** to wake up; **~ liegen** to lie awake
Wache F **1** (≈ *Wachdienst*) guard (duty); (**bei jdm**) **~ halten** to keep guard (over sb); **~ stehen** to be on guard (duty) **2** (MIL ≈ *Wachposten*) guard **3** (≈ *Polizeiwache*) (police) station **wachen** VI (≈ *Wache halten*) to keep watch; **bei jdm ~** to sit up with sb; **über etw** (*akk*) **~** to (keep) watch over sth **wach halten** VT (*fig*) *Erinnerung* to keep alive; *Interesse* to keep up **Wachhund** M watchdog **Wachmann** M watchman; (*österr*) policeman
Wacholder M **1** BOT juniper (tree) **2** = Wacholderschnaps **Wacholderbeere** F juniper berry **Wacholderschnaps** M alcohol made from juniper berries, ≈ gin
Wachposten M sentry
wachrufen VT (*fig*) *Erinnerung etc* to call to mind, to evoke
Wachs N wax
wachsam ADJ vigilant; (≈ *vorsichtig*) on one's guard **Wachsamkeit** F vigilance

wachsen¹ VI to grow; → gewachsen
wachsen² VT to wax **Wachsfigur** F wax figure **Wachsfigurenkabinett** N waxworks *pl* **Wachsmalstift** M wax crayon **Wachstuch** N oilcloth
Wachstum N growth **Wachstumsbranche** F growth industry **wachstumsfördernd** ADJ growth-promoting **wachstumshemmend** ADJ growth-inhibiting **Wachstumshormon** N growth hormone **Wachstumsrate** F growth rate
wachsweich ADJ (as) soft as butter
Wachtel F quail
Wächter(in) M(F) guardian; (≈ *Nachtwächter*) watchman; (≈ *Museumswächter*) attendant **Wach(t)turm** M watchtower **Wachzimmer** N (*österr*: *von Polizei*) duty room
wack(e)lig ADJ wobbly; (*fig*) *Firma, Kompromiss* shaky; **auf wackeligen Füßen stehen** (*fig*) to have no sound basis **Wackelkontakt** M loose connection **wackeln** VI to wobble; (≈ *zittern*) to shake; (*Schraube*) to be loose; (*fig: Position*) to be shaky **Wackelpeter** M (*umg*) jelly (*Br*), Jell-O® (*US*)
wacker A ADJ (≈ *tapfer*) brave B ADV (≈ *tapfer*) bravely; **sich ~ schlagen** (*umg*) to put up a brave fight
Wade F calf **Wadenbein** N fibula
Waffe F weapon; (≈ *Schusswaffe*) gun; **~n** MIL arms; **die ~n strecken** to surrender
Waffel F waffle; (≈ *Keks, Eiswaffel*) wafer **Waffeleisen** N waffle iron
waffenfähig ADJ *Uran* weapons-grade **Waffengewalt** F **mit ~** by force of arms **Waffenhandel** M arms trade **Waffenhändler(in)** M(F) arms dealer **Waffenlager** N (*von Armee*) ordnance depot **Waffenruhe** F ceasefire **Waffenschein** M firearms licence (*Br*) *od* license (*US*) **Waffenstillstand** M armistice
wagemutig ADJ daring, bold **wagen** A VT to venture; (≈ *riskieren*) to risk; (≈ *sich getrauen*) to dare; **ich wags** I'll risk it; **wer nicht wagt, der nicht gewinnt** (*sprichw*) nothing ventured, nothing gained (*sprichw*) B VR to dare; **sich ~, etw zu tun** to dare (to) do sth; **ich wage mich nicht daran** I dare not do it; → gewagt
Wagen M **1** (≈ *Personenwagen*) car; (≈ *Lieferwagen*) van; (≈ *Planwagen*) wagon; (≈ *Handwagen*) (hand-)cart **2** ASTRON **der Große** ~ the Big Dipper **Wagenheber** M jack **Wagenladung** F (*von Lastwagen*) truckload; (*von Eisenbahn*) wagonload **Wagenpark** M fleet of cars
Waggon M (goods) wagon
waghalsig ADJ daredevil *attr* **Wagnis** N hazardous business; (≈ *Risiko*) risk

Wagon M → Waggon
Wähe F (schweiz GASTR) flan
Wahl F ① (≈ Auswahl) choice; **die ~ fiel auf ihn** he was chosen; **wir hatten keine (andere) ~ (, als)** we had no alternative (but); **drei Kandidaten stehen zur ~** there is a choice of three candidates; **seine ~ treffen** to make one's choice od selection; **du hast die ~** take your pick; **wer die ~ hat, hat die Qual** (sprichw) he is/you are etc spoiled for choice ② POL etc election; (≈ Abstimmung) vote; (geheim) ballot; **(die) ~en** (the) elections; **die ~ gewinnen** to win the election; **zur ~ gehen** to go to the polls ③ (≈ Qualität) quality; **erste ~** top quality **wählbar** ADJ eligible (for office) **wahlberechtigt** ADJ entitled to vote **Wahlberechtigte(r)** M/F(M) person entitled to vote **Wahlbeteiligung** F poll; **eine hohe ~** a heavy poll **Wahlbezirk** M ward **wählen** A VT ① (von from, out of) to choose; (≈ auswählen) to select; → gewählt ② TEL Nummer to dial ③ (≈ durch Wahl ermitteln) Regierung etc to elect; (≈ sich entscheiden für) Partei, Kandidaten to vote for; **jdn zum Präsidenten ~** to elect sb president B VI ① (≈ auswählen) to choose ② TEL to dial ③ (≈ Wahlen abhalten) to hold elections; (≈ Stimme abgeben) to vote; **~ gehen** to go to the polls **Wahlentscheidung** F decision who/what to vote for **Wähler(in)** M(F) POL voter; **die ~** the electorate (⚠ mit Verb im Singular oder Plural) **Wahlergebnis** N election result **wählerisch** ADJ particular; **sei nicht so ~!** don't be so choosy **Wählerschaft** F electorate (⚠ mit Verb im Singular oder Plural) **Wählerstimme** F vote **wählerwirksam** ADJ Politik, Parole vote-winning **Wahlfach** N SCHULE option, elective (US) **wahlfrei** ADJ SCHULE optional **Wahlgang** M ballot **Wahlheimat** F adopted country **Wahlhelfer(in)** M(F) (im Wahlkampf) electoral assistant (⚠ Schreibung mit ant); (bei der Wahl) polling officer **Wahlkabine** F polling booth **Wahlkampf** M election(eering) campaign **Wahlkreis** M constituency **Wahlleiter(in)** M(F) returning officer (Br), chief election official (US) **Wahllokal** N polling station **wahllos** A ADJ indiscriminate B ADV at random **Wahlmöglichkeit** F choice **Wahlniederlage** F election defeat **Wahlplakat** N election poster **Wahlrecht** N (right to) vote; **allgemeines ~** universal suffrage; **das aktive ~** the right to vote; **das passive ~** eligibility (for political office) **Wahlrede** F election speech **Wahlsieg** M election victory **Wahlspruch** M (≈ Motto) motto **Wahltag** M election day **Wahlurne** F ballot box **Wahlversprechungen** PL election promises pl **Wahlvolk** N **das ~** the electorate **wahlweise** ADV alternatively; **~ Kartoffeln oder Reis** (a) choice of potatoes or rice **Wahlwiederholung** F TEL **(automatische) ~** (automatic) redial **Wahlzelle** F polling booth

Wahn M ① illusion, delusion ② (≈ Manie) mania **wähnen** VR (geh) **sich sicher ~** to imagine oneself (to be) safe **Wahnidee** F delusion **Wahnsinn** M madness; **jdn in den ~ treiben** to drive sb mad; **einfach ~!** (umg ≈ prima) way out (umg), wicked! (Br sl) **wahnsinnig** A ADJ mad; (≈ toll, super) brilliant (umg); (attr ≈ sehr groß, viel) terrible; **wie ~** (umg) like mad; **das macht mich ~** (umg) it's driving me crazy (umg); **~ werden** to go crazy (umg) B ADV (umg) incredibly (umg); **~ viel** an incredible amount (umg) **Wahnsinnige(r)** M/F(M) madman/-woman **Wahnsinnsidee** F (umg) crazy idea (umg) **Wahnvorstellung** F delusion

wahr ADJ true; (attr ≈ wirklich) real; **im ~sten Sinne des Wortes** in the true sense of the word; **etw ~ machen** Pläne to make sth a reality; Drohung to carry sth out; **~ werden** to come true; **so ~ mir Gott helfe!** so help me God!; **so ~ ich hier stehe** as sure as I'm standing here; **das darf doch nicht ~ sein!** (umg) it can't be true!; **das ist nicht das Wahre** (umg) it's no great shakes (umg)

wahren VT ① (≈ wahrnehmen) Interessen to look after ② (≈ erhalten) Ruf to preserve; Geheimnis to keep

während A PRÄP +gen od +dat during; **~ der ganzen Nacht** all night long B KONJ while

wahrhaben VT **etw nicht ~ wollen** not to want to admit sth **wahrhaft** A ADJ (≈ ehrlich) truthful; (≈ echt) Freund true; (attr ≈ wirklich) real B ADV really **wahrhaftig** A ADJ (geh) (≈ aufrichtig) truthful B ADV really **Wahrheit** F truth; **in ~** in reality; **die ~ sagen** to tell the truth **wahrheitsgemäß, wahrheitsgetreu** A ADJ Bericht truthful; Darstellung faithful B ADV truthfully **wahrlich** ADV really, indeed **wahrnehmbar** ADJ perceptible; **nicht ~** imperceptible **wahrnehmen** VT ① to perceive; Veränderungen etc to be aware of; Geräusch to hear; Licht to see ② Frist, Termin to observe; Gelegenheit to take; Interessen to look after **Wahrnehmung** F ① (mit den Sinnen) perception ② (von Interessen) looking after **Wahrnehmungsvermögen** N perceptive faculty **wahrsagen** VI to tell fortunes; **jdm ~** to tell sb's fortune **Wahrsager(in)** M(F) fortune-teller **Wahrsagung** F prediction

währschaft ADJ (schweiz) (≈ gediegen) Ware, Arbeit

reliable; (≈ reichhaltig) Essen wholesome
wahrscheinlich A ADJ probable, likely B ADV probably **Wahrscheinlichkeit** F probability; **mit großer ~, aller ~ nach** in all probability
Wahrung F 1 (≈ Wahrnehmung) safeguarding 2 (≈ Erhaltung) preservation; (von Geheimnis) keeping
Währung F currency **Währungsblock** M monetary bloc **Währungseinheit** F monetary unit **Währungsfonds** M Monetary Fund **Währungspolitik** F monetary policy **Währungsraum** M currency area **Währungsreserve** F currency reserve **Währungssystem** N monetary system **Währungsumstellung** F currency changeover od conversion **Währungsunion** F monetary union; **europäische ~** European monetary union

> **Währung**

Für einige Währungen gibt es umgangssprachliche Ausdrücke, z. B.

nickel ['nɪkl]	5-Cent-Stück in den USA und Kanada
dime [daɪm]	10-Cent-Stück in den USA und Kanada
quarter ['kwɔːtə]	25-Cent-Stück in den USA und Kanada
buck [bʌk]	amerikanischer und australischer Dollar
quid [kwɪd]	britisches Pfund

SPRACHGEBRAUCH

Wahrzeichen N emblem
Waise F orphan **Waisenhaus** N orphanage **Waisenkind** N orphan **Waisenknabe** M (liter) orphan (boy); **gegen dich ist er ein ~** (umg) he's no match for you, you would run rings round him (umg)
Wal M whale
Wald M wood(s pl); (großer) forest **Waldbestand** M forest land **Waldbrand** M forest fire **Waldgebiet** N wooded area, woodland **Waldhorn** N MUS French horn; **~ spielen** to play the French horn (❗ **mit the**) **waldig** ADJ wooded **Waldland** N woodland(s pl) **Waldlehrpfad** M nature trail **Waldmeister** M BOT woodruff
Waldorfschule F ≈ Rudolf Steiner School
Waldrand M **am ~** at od on the edge of the forest **waldreich** ADJ densely wooded **Waldschäden** PL forest damage **Waldsterben** N forest dieback (due to pollution)

Wald-und-Wiesen- (umg) common-or-garden (Br umg), garden-variety (US umg)
Wales N Wales
Walfang M whaling **Walfisch** M (umg) whale
Waliser M Welshman **Waliserin** F Welshwoman **walisisch** ADJ Welsh
Walking N speed walking **Walkman®** M RADIO Walkman®
Wall M embankment; (fig) bulwark
Wallfahrer(in) M(F) pilgrim **Wallfahrt** F pilgrimage **Wallfahrtsort** M place of pilgrimage
Wallis N Valais
Wallone M, **Wallonin** F Walloon
Wallung F MED (hot) flush (Br) od flash (US) meist pl
Walnuss F walnut
Walross N walrus
walten VI (geh) to prevail (in +dat over); (≈ wirken) to be at work; **Vorsicht/Milde ~ lassen** to exercise caution/leniency; **Gnade ~ lassen** to show mercy
Walze F roller **walzen** VT to roll
wälzen A VT 1 (≈ rollen) to roll 2 (umg) Akten, Bücher to pore over; Probleme to turn over in one's mind B VR to roll; (schlaflos im Bett) to toss and turn
Walzer M waltz; **Wiener ~** Viennese waltz
Wälzer M (umg) heavy tome (hum) **Walzstraße** F rolling train **Walzwerk** N rolling mill
Wampe F (umg) paunch
Wand F wall; (von Behälter) side; (≈ Felswand) (rock) face; (fig) barrier; **in seinen vier Wänden** (fig) within one's own four walls; **mit dem Kopf gegen die ~ rennen** (fig) to bang one's head against a brick wall; **die ~ od Wände hochgehen** (umg) to go up the wall (umg)
Wandale M, **Wandalin** F = Vandale
Wandbrett N (wall) shelf
Wandel M change; **im ~ der Zeiten** throughout the ages **wandeln** VT & VR (≈ ändern) to change
Wanderarbeiter(in) M(F) migrant worker **Wanderausstellung** F touring exhibition **Wanderer** M, **Wanderin** F hiker **Wanderkarte** F map of walks **Wanderlust** F wanderlust **wandern** VI 1 (≈ gehen) to wander 2 (≈ sich bewegen) to move; (Blick, Gedanken) to wander 3 (zur Freizeitgestaltung) to hike 4 (umg: ins Bett, in den Papierkorb) to go **Wanderpokal** M challenge cup **Wanderschaft** F travels pl; **auf ~ gehen** to go off on one's travels **Wanderschuhe** PL walking shoes pl **Wanderung** F 1 (≈ Ausflug) walk; **eine ~ machen** to go on a walk od hike 2 (von Vögeln, Völkern) migration

Wanderverein M hiking club **Wanderweg** M walk, (foot)path
Wandgemälde N mural **Wandkalender** M wall calendar **Wandkarte** F wall map
Wandlampe F wall lamp
Wandlung F change; (≈ völlige Umwandlung) transformation **wandlungsfähig** ADJ adaptable; Schauspieler etc versatile
Wandmalerei F (Bild) mural, wall painting
Wandschirm M screen **Wandschrank** M wall cupboard **Wandtafel** F (black)board **Wandteppich** M tapestry **Wanduhr** F wall clock
Wange F (geh) cheek
wanken VI (≈ schwanken) to sway; (fig: Regierung) to totter; (≈ unsicher sein) to waver
wann INTERROG ADV when; **bis ~ ist das fertig?** when will that be ready (by)?; **bis ~ gilt der Ausweis?** until when is the pass valid?
Wanne F bath; (≈ Badewanne auch) (bath)tub
Wanze F bug
WAP N IT abk von Wireless Application Protocol WAP **WAP-Handy** N WAP phone
Wappen N coat of arms **Wappenkunde** F heraldry
wappnen VR (fig) **sich (gegen etw) ~** to prepare (oneself) (for sth)
Ware F product; (einzelne Ware) article 2 **Waren** PL goods pl **Warenangebot** N range of goods for sale **Warenaufzug** M goods hoist **Warenbestand** M stocks pl of goods **Warenhaus** N (department) store **Warenlager** N warehouse; (≈ Bestand) stocks pl **Warenprobe** F trade sample **Warenwert** M goods od commodity value **Warenzeichen** N HIST trademark
warm A ADJ warm; Getränk, Speise hot; **mir ist ~** I'm warm; **das hält ~** it keeps you warm; **das Essen ~ stellen** to keep the food hot; **~ werden** (fig umg) to thaw out (umg); **mit jdm ~ werden** (umg) to get close to sb B ADV **sitzen** in a warm place; **schlafen** in a warm room; **sich ~ anziehen** to dress up warmly; **jdn wärmstens empfehlen** to recommend sb warmly
Warmblüter M ZOOL warm-blooded animal **warmblütig** ADJ warm-blooded
Warmduscher M (sl ≈ Weichling) wimp (umg)
Wärme F warmth; (von Wetter etc, PHYS) heat **wärmebeständig** ADJ heat-resistant **Wärmedämmung** F (heat) insulation **Wärmeenergie** F thermal energy **Wärmekraftwerk** N thermal power station **wärmen** A VT to warm; Essen to warm up B VR to warm oneself (up), to warm up **Wärmepumpe** F heat pump **Wärmeschutz** M heat shield **Wärmetechnik** F heat technology

Wärmflasche F hot-water bottle **Warmhalteplatte** F hot plate **warmherzig** ADJ warm-hearted **warm laufen** VI to warm up **Warmluft** F warm air **Warmmiete** F rent including heating **Warmstart** M AUTO, IT warm start **Warmwasserbereiter** M water heater **Warmwasserheizung** F hot-water central heating **Warmwasserspeicher** M hot-water tank
Warnanlage F warning system **Warnblinklicht** N flashing warning light; (an Auto) hazard warning light **Warndreieck** N warning triangle **warnen** VT & VI to warn (vor +dat of); **jdn (davor) ~, etw zu tun** to warn sb against doing sth, to warn sb not to do sth **Warnhinweis** M (≈ Aufdruck) warning **Warnschild** N warning sign **Warnschuss** M warning shot **Warnsignal** N warning signal **Warnstreik** M token strike **Warnung** F warning

▶ **warnen**

Wenn man jemanden mit „Vorsicht!" oder „Pass auf!" warnen will, sagt man **Look out!** oder **Watch out!**
Wenn man vor etwas Bestimmtem warnen will, schließt man ein **for** an:

Pass auf, eine Katze.   **Look out/Watch out for the cat.**

SPRACHGEBRAUCH ◀

Warschau N Warsaw
Wartehalle F waiting room **Wartehäuschen** N shelter; (für Bus) bus shelter **Warteliste** F waiting list
warten[1] VI to wait (auf +akk for); **warte mal!** hold on; **na warte!** (umg) just you wait!; **da (-rauf) kannst du lange ~** (iron) you can wait till the cows come home; **mit dem Essen auf jdn ~** to wait for sb (to come) before eating; **lange auf sich ~ lassen** (Sache) to be a long time (in) coming; (Mensch) to take one's time
warten[2] VT Auto to service
Wärter(in) M(F) attendant; (≈ Tierwärter) keeper; (≈ Gefängniswärter) warder (Br), guard
Wartesaal M waiting room **Warteschlange** F queue (Br), line (US); IT queue **Warteschleife** F FLUG holding pattern **Wartezeit** F waiting period; (an Grenze etc) wait **Wartezimmer** N waiting room
Wartung F (von Auto) servicing **wartungsfrei** ADJ maintenance-free
warum INTERROG ADV why; **~ nicht?** why not?
Warze F wart; (≈ Brustwarze) nipple
was A INT PR what; (≈ wie viel) how much; **~ ist?**

what is it?, what's up?; ~ **ist, kommst du mit?** well, are you coming?; ~ **denn?** (*ungehalten*) what (is it)?; (*um Vorschlag bittend*) but what?; **das ist gut, ~?** (*umg*) that's good, isn't it?; ~ **für ...** what sort *od* kind of ...; ~ **für ein schönes Haus!** what a lovely house! B REL PR (*auf ganzen Satz bezogen*) which; **das, ~ ...** that which ..., what ... (⚠ ohne Komma vor **which**); ~ **auch (immer)** whatever; **alles, ~ ...** everything (that) ... C INDEF PR (*umg*) something; (*verneint*) anything; (*unbestimmter Teil einer Menge*) some, any; (**na**), **so ~!** well I never!; **ist (mit dir) ~?** is something the matter (with you)?; → **etwas**
Waschanlage F (*für Autos*) car wash **waschbar** ADJ washable **Waschbär** M raccoon **Waschbecken** N washbasin **Waschbrett** N washboard **Waschbrettbauch** M (*umg*) washboard abs *pl* (*umg*), sixpack (*umg*) **Wäsche** F 1 washing; (≈ *Schmutzwäsche*, *bei Wäscherei*) laundry; **in der ~ sein** to be in the wash 2 (≈ *Bettwäsche*, *Tischwäsche*) linen; (≈ *Unterwäsche*) underwear; **dumm aus der ~ gucken** (*umg*) to look stupid **waschecht** ADJ fast; (*fig*) genuine **Wäscheklammer** F clothes peg (*Br*), clothes pin (*US*) **Wäschekorb** M dirty clothes basket **Wäscheleine** F (clothes)line **waschen** A VT to wash; (*fig*) *Geld* to launder; (**Wäsche**) ~ to do the washing; **sich** (*dat*) **die Hände ~** to wash one's hands; **Waschen und Legen** (*beim Friseur*) shampoo and set B VR to wash; **eine Geldbuße, die sich gewaschen hat** (*umg*) a really heavy fine **Wäscherei** F laundry **Wäscheschleuder** F spin-drier **Wäscheständer** M clotheshorse **Wäschetrockner** M (≈ *Trockenautomat*) drier **Waschgang** M stage of the washing programme (*Br*) *od* program (*US*) **Waschgelegenheit** F washing facilities *pl* **Waschküche** F washroom, laundry **Waschlappen** M flannel; (*umg* ≈ *Feigling*) sissy (*umg*) **Waschmaschine** F washing machine **Waschmittel** N detergent **Waschpulver** N washing powder **Waschraum** M washroom **Waschsalon** M laundrette (*Br*), Laundromat® (*US*) **Waschstraße** F (*zur Autowäsche*) car wash **Waschzettel** M TYPO blurb **Waschzeug** N toilet things *pl*
Wasser N water; ~ **abstoßend** water-repellent; ~ **lassen** MED to pass water; **unter ~ stehen** to be flooded; **ein Boot zu ~ lassen** to launch a boat; **ins ~ fallen** (*fig*) to fall through; **sich über ~ halten** (*fig*) to keep one's head above water; **er ist mit allen ~n gewaschen** he knows all the tricks; **dabei läuft mir das ~ im Mund(e) zusammen** it makes my mouth water **Wasseranschluss** M mains water

supply **wasserarm** ADJ *Gegend* arid **Wasserball** M (*Spiel*) water polo **Wasserbett** N water bed **Wässerchen** N **er sieht aus, als ob er kein ~ trüben könnte** he looks as if butter wouldn't melt in his mouth **Wasserdampf** M steam **wasserdicht** ADJ watertight; *Uhr*, *Stoff etc* waterproof **Wasserenthärter** M water softener **Wasserfahrzeug** N watercraft **Wasserfall** M waterfall; **wie ein ~ reden** (*umg*) to talk nineteen to the dozen (*Br umg*), to talk a blue streak (*US umg*) **Wasserfarbe** F watercolour (*Br*), watercolor (*US*) **wassergekühlt** ADJ water-cooled **Wasserglas** N (≈ *Trinkglas*) water glass, tumbler **Wassergraben** M SPORT water jump; (*um Burg*) moat **Wasserhahn** M water tap (*bes Br*), faucet (*US*) **wässerig** ADJ watery; CHEM aqueous; **jdm den Mund ~ machen** (*umg*) to make sb's mouth water **Wasserkessel** M kettle; TECH boiler **Wasserkocher** M electric kettle **Wasserkraft** F water power **Wasserkraftwerk** N hydroelectric power station **Wasserkühlung** F AUTO water-cooling **Wasserlassen** N MED passing water, urination **Wasserleitung** F (≈ *Rohr*) water pipe **wasserlöslich** ADJ water-soluble **Wassermangel** M water shortage **Wassermann** M ASTROL Aquarius (⚠ ohne Artikel); (**ein**) ~ **sein** to be (an) Aquarius **Wassermelone** F watermelon **wassern** VI FLUG to land on water **wässern** VT *Erbsen etc* to soak; *Felder*, *Rasen* to water **Wasserpflanze** F aquatic plant **Wasserpistole** F water pistol **Wasserratte** F water rat; (*umg: Kind*) water baby **Wasserrohr** N water pipe **Wasserschaden** M water damage **wasserscheu** ADJ scared of water **Wasserschildkröte** F turtle **Wasserski** A M water-ski B N water-skiing **Wasserspiegel** M (≈ *Wasserstand*) water level **Wassersport** M **der ~** water sports *pl* **Wasserspülung** F flush **Wasserstand** M water level **Wasserstoff** M hydrogen **Wasserstoffbombe** F hydrogen bomb **Wasserstrahl** M jet of water **Wasserstraße** F waterway **Wassertier** N aquatic animal **Wasserturm** M water tower **Wasseruhr** F (≈ *Wasserzähler*) water meter **Wasserung** F water landing; RAUMF splashdown **Wasserversorgung** F water supply **Wasserverunreinigung** F water pollution **Wasservogel** M waterfowl **Wasserwaage** F spirit level (*Br*), water level gauge (*US*) **Wasserweg** M waterway; **auf dem ~** by water **Wasserwerfer** M water cannon **Wasserwerk** N waterworks (⚠ mit Verb im Singular oder Plural) **Wasserzähler** M water meter **Was-**

serzeichen N watermark
waten VI to wade
Watsche F (südd, österr umg) = Ohrfeige
watscheln VI to waddle
watschen VT = ohrfeigen **Watschen** F = Watsche
Watt[1] N ELEK watt
Watt[2] N GEOG mud flats pl
Watte F cotton wool (Br), cotton (US) **Wattebausch** M cotton-wool (Br) od cotton (US) ball
Wattenmeer N mud flats pl
Wattestäbchen N cotton bud **wattieren** VT to pad; (≈ füttern) to line with padding; **wattierte Umschläge** padded envelopes **Wattierung** F padding
Wattmeter N wattmeter **Wattzahl** F wattage
WC N toilet, bathroom (US), rest room (US)
Web N Web; **im ~** on the Web **Webadresse** F website address **Webcam** F webcam **Webdesigner(in)** M(F) web designer
weben VT&VI to weave; Spinnennetz to spin **Weber(in)** M(F) weaver **Weberei** F (≈ Betrieb) weaving mill
Weberknecht M ZOOL harvestman
Webkamera F web camera **Webseite** F web page **Webserver** M Internet server **Website** F website
Webstuhl M loom
Websurfer(in) M(F) web surfer
Wechsel M **1** (≈ Änderung) change; (abwechselnd) alternation; **im ~** (≈ abwechselnd) in turn **2** (SPORT ≈ Staffelwechsel) (baton) change **3** FIN bill (of exchange) **Wechselbeziehung** F correlation **Wechselgeld** N change **wechselhaft** ADJ changeable **Wechseljahre** PL menopause sg; **in den ~n sein** to be suffering from the menopause **Wechselkurs** M rate of exchange **wechseln** A VT to change (in +akk into); (≈ austauschen) to exchange; **den Platz mit jdm ~** to exchange one's seat with sb B VI to change; SPORT to change (over) **wechselnd** ADJ changing; (≈ abwechselnd) alternating; Launen changeable; **mit ~em Erfolg** with varying (degrees of) success; **~ bewölkt** cloudy with sunny intervals **wechselseitig** ADJ reciprocal **Wechselstrom** M alternating current **Wechselstube** F bureau de change (Br), exchange **Wechselwähler(in)** M(F) floating voter **wechselweise** ADV in turn, alternately **Wechselwirkung** F interaction
Weckdienst M wake-up call service **wecken** VT to wake (up); (fig) to arouse; Bedarf to create; Erinnerungen to bring back **Wecken** M (dial) (bread) roll **Wecker** M alarm clock; **den ~ auf 7 Uhr stellen** to set the alarm clock for 7 o'clock; **jdm auf den ~ fallen** (umg) to get on sb's nerves
Weckglas® N preserving jar **Weckring®** M rubber ring (for preserving jars)
Weckruf M TEL TEL alarm call
Wedel M (≈ Fächer) fan; (≈ Staubwedel) feather duster **wedeln** A VI **1** (**mit dem Schwanz**) **~** (Hund) to wag its tail **2** SKI to wedel B VT to waft
weder KONJ **~ ... noch ...** neither ... nor ...
weg ADV (≈ fort) **~ sein** (≈ fortgegangen etc) to have gone; (≈ nicht hier) to be away; (umg) (≈ geistesabwesend) to be not quite with it (umg); (≈ begeistert) to be bowled over (von by); **weit ~ von hier** far (away) from here; **~ mit euch!** away with you!; **nichts wie ~ von hier!** let's scram (umg); **~ da!** (get) out of the way!; **Hände ~!** hands off!
Weg M **1** (≈ Pfad, fig) path; (≈ Straße) road; **jdm/einer Sache im ~ stehen** (fig) to stand in the way of sb/sth **2** (≈ Route) way; (≈ Entfernung) distance; (≈ Reise) journey; (zu Fuß) walk; **auf dem ~ nach London** on the way to London; **sich auf den ~ machen** to set off; **jdm aus dem ~ gehen** (wörtl) to get out of sb's way; (fig) to avoid sb; **jdm über den ~ laufen** (fig) to run into sb; **etw in die ~e leiten** to arrange sth; **auf dem besten ~ sein, etw zu tun** to be well on the way to doing sth; **auf diesem ~e** this way; **auf diplomatischem ~e** through diplomatic channels; **zu ~e** = zuwege
wegbekommen VT (≈ loswerden) to get rid of (von from); Fleck etc to remove (von from); (von bestimmtem Ort) to get away (von from)
Wegbeschreibung F (written) directions pl
wegbleiben VI to stay away; (≈ nicht mehr kommen) to stop coming **wegbringen** VT to take away
wegen PRÄP +gen od (umg) +dat because of; **jdn ~ einer Sache bestrafen** etc to punish etc sb for sth; **von ~!** (umg) you've got to be kidding! (umg)
wegfahren VI (≈ abfahren) to leave; (Fahrer) to drive off; (≈ verreisen) to go away **Wegfahrsperre** F AUTO **(elektronische) ~** (electronic) immobilizer **wegfallen** VI to be discontinued; (Bestimmung) to cease to apply; **~ lassen** to discontinue; (≈ auslassen) to omit **wegfliegen** VI to fly away; (mit Flugzeug) to fly out **Weggang** M departure **weggeben** VT (≈ verschenken) to give away **weggehen** VI to go; (≈ umziehen etc) to go away; (≈ ausgehen) to go out; (umg: Ware) to sell; **von zu Hause ~** to leave home **weghaben** VT (umg) **jdn/etw ~ wollen** (umg) to want to get rid of sb/sth **weghören** VI not to listen **wegjagen** VT to chase away **wegkommen** VI (umg) (≈

abhandenkommen) to disappear; (≈ weggehen können) to get away; **mach, dass du wegkommst!** hop it! (umg) **weglassen** VT (≈ auslassen) to leave out; (umg ≈ gehen lassen) to let go **weglaufen** VI to run away (vor +dat from) **weglegen** VT (in Schublade etc) to put away; (zur Seite) to put aside **wegmüssen** VI to have to go **wegnehmen** VT to take; (≈ entfernen) to take away; (≈ verdecken) Sonne to block out; Sicht to block; (≈ beanspruchen) Zeit, Platz to take up
Wegrand M wayside
wegräumen VT to clear away; (in Schrank) to put away **wegrennen** VI (umg) to run away **wegschaffen** VT (≈ beseitigen) to get rid of; (≈ wegräumen) to clear away **wegschicken** VT jdn to send away **wegschließen** VT to lock away **wegschmeißen** VT (umg) to chuck away **wegschnappen** VT (umg) **jdm etw ~** to snatch sth (away) from sb **wegsehen** VI to look away **wegstecken** VT (wörtl) to put away; (umg) Niederlage, Kritik to take **wegtreten** VI **~!** MIL dismiss!, dismissed!; **er ist (geistig) weggetreten** (umg ≈ schwachsinnig) he's not all there (umg) **wegtun** VT to put away; (≈ wegwerfen) to throw away
Wegweiser M sign; (fig: Buch etc) guide
wegwerfen VT to throw away **wegwerfend** ADJ dismissive **Wegwerfgesellschaft** F throwaway society **Wegwerfverpackung** F disposable packaging **wegwischen** VT to wipe off **wegwollen** VI (≈ verreisen) to want to go away **wegziehen** A VT to pull away (jdm from sb) B VI to move away **weh** A ADJ (≈ wund) sore B INT **o ~!** oh dear!
wehe INT **~ (dir), wenn du das tust** you'll be sorry if you do that **Wehe** F 1 (≈ Schneewehe etc) drift 2 **Wehen** PL (wörtl ≈ Geburtswehen) (labour (Br) od labor (US)) pains pl; **die ~n setzten ein** the contractions started, she went into labour (Br) od labor (US) **wehen** VI 1 (Wind) to blow; (Fahne) to wave 2 (Duft) to waft **Wehklage** F (liter) lament(ation) **wehleidig** ADJ (≈ jammernd) whining attr **Wehmut** F melancholy; (≈ Sehnsucht) wistfulness; (nach Vergangenem) nostalgia **wehmütig** ADJ melancholy; (≈ sehnsuchtsvoll) wistful; (≈ nostalgisch) nostalgic
Wehr[1] F **sich zur ~ setzen** to defend oneself
Wehr[2] N weir
Wehrbeauftragte(r) M/F(M) commissioner for the armed forces **Wehrdienst** M military service; **seinen ~ (ab)leisten** to do one's military service **Wehrdienstverweigerer** M, **Wehrdienstverweigerin** F conscientious objector **wehren** VR to defend oneself; (≈ sich aktiv widersetzen) to (put up a) fight; **sich gegen einen Plan** etc **~** to fight (against) a plan etc **Wehrersatzdienst** M alternative national service **wehrlos** ADJ defenceless (Br), defenseless (US); (fig) helpless; **jdm ~ ausgeliefert sein** to be at sb's mercy **Wehrlosigkeit** F defencelessness (Br), defenselessness (US); (fig) helplessness **Wehrpflicht** F (allgemeine) ~ (universal) conscription **wehrpflichtig** ADJ liable for military service **Wehrpflichtige(r)** M/F(M) person liable for military service; (Eingezogener) conscript (Br), draftee (US) **Wehrsold** M (military) pay
wehtun VT to hurt; **mir tut der Rücken weh** my back hurts; **sich/jdm ~** to hurt oneself/sb **Weib** N woman **Weibchen** N ZOOL female **Weiberheld** M (pej) lady-killer **weibisch** ADJ effeminate **weiblich** ADJ female; (GRAM, ≈ fraulich) feminine **Weib(s)stück** N (pej) bitch (umg)
weich A ADJ soft; Ei soft-boiled; Fleisch tender; (≈ mitleidig) soft-hearted; **~e Drogen** soft drugs; **~ werden** to soften; **~e Währung** soft currency B ADV softly; **~ gekocht** Ei soft-boiled; **~ landen** to land softly
Weiche F BAHN points pl (Br), switch (US); **die ~n stellen** (fig) to set the course
Weichei N (pej sl) wimp (umg)
weichen[1] VT & VI to soak
weichen[2] VI (≈ weggehen) to move; (≈ zurückweichen) to retreat (+dat, vor +dat from); (fig ≈ nachgeben) to give way (+dat to); **nicht von jds Seite ~** not to leave sb's side
Weichheit F softness; (von Fleisch) tenderness **weichherzig** ADJ soft-hearted **Weichkäse** M soft cheese **weichlich** ADJ (fig) weak; (≈ verhätschelt) soft **Weichling** M (pej) weakling **weichmachen** VT (fig) to soften up **Weichmacher** M CHEM softener **Weichselkirsche** F (südd, schweiz) sour cherry **weich spülen** VT, **weichspülen** VT to condition; Wäsche to use (fabric) conditioner on **Weichspüler** M conditioner **Weichteile** PL soft parts pl; (umg ≈ Geschlechtsteile) private parts pl **Weichtier** N mollusc
Weide[1] F BOT willow
Weide[2] F AGR pasture; (≈ Wiese) meadow **Weideland** N AGR pasture(land) **weiden** A VI to graze B VT to (put out to) graze C VR **sich an etw** (dat) **~** (fig) to revel in sth **Weidenkätzchen** N pussy willow **Weidenkorb** M wicker basket
weidmännisch A ADJ huntsman's attr B ADV in a huntsman's manner
weigern VR to refuse **Weigerung** F refusal
Weihe F KIRCHE consecration; (≈ Priesterweihe) ordination; **höhere ~n** (fig) greater glory **weihen** VT 1 KIRCHE to consecrate; Priester to or-

Weide — willow   Weide — pasture

dain [2] (≈ widmen) **dem Tod(e)/Untergang geweiht** doomed (to die/fall)
Weiher M̲ pond
Weihnachten N̲ Christmas; **fröhliche** od **frohe ~!** happy (bes Br) od merry Christmas!; **(zu** od **an) ~** at Christmas; **etw zu ~ bekommen** to get sth for Christmas **weihnachtlich** A̲ A̲D̲J̲ Christmassy (umg), festive B̲ A̲D̲V̲ **geschmückt** festively **Weihnachtsabend** M̲ Christmas Eve **Weihnachtsbaum** M̲ Christmas tree **Weihnachtsfeiertag** M̲ **(erster)** Christmas Day; **(zweiter)** Boxing Day **Weihnachtsferien** P̲L̲ Christmas holidays pl (Br), Christmas vacation (US) **Weihnachtsfest** N̲ Christmas **Weihnachtsgans** F̲ Christmas goose; **jdn ausnehmen wie eine ~** (umg) to fleece sb (umg) **Weihnachtsgeld** N̲ Christmas bonus **Weihnachtsgeschenk** N̲ Christmas present **Weihnachtskarte** F̲ Christmas card **Weihnachtslied** N̲ (Christmas) carol **Weihnachtsmann** M̲ Father Christmas (Br), Santa Claus (❗ beide ohne **the**) **Weihnachtsmarkt** M̲ Christmas fair **Weihnachtstag** M̲ = Weihnachtsfeiertag **Weihnachtstisch** M̲ table for Christmas presents **Weihnachtszeit** F̲ Christmas (time)
Weihrauch M̲ incense **Weihwasser** N̲ holy water
weil K̲O̲N̲J̲ because
Weilchen N̲ **ein ~** a (little) while **Weile** F̲ while; **vor einer (ganzen) ~** quite a while ago
Wein M̲ wine; (≈ Weinstöcke) vines pl; (≈ Weintrauben) grapes pl; **jdm reinen ~ einschenken** to tell sb the truth **Weinbau** N̲ wine growing **Weinbauer** M̲, **Weinbäuerin** F̲ wine grower **Weinbeere** F̲ grape **Weinberg** M̲ vineyard **Weinbergschnecke** F̲ snail; (auf Speisekarte) escargot **Weinbrand** M̲ brandy
weinen V̲T̲&V̲I̲ to cry; **es ist zum Weinen!** it's enough to make you weep! (bes Br) **weinerlich** A̲D̲J̲ whining
Weinernte F̲ grape harvest **Weinessig** M̲ wine vinegar **Weinflasche** F̲ wine bottle **Weingegend** F̲ wine-growing area **Weinglas** N̲ wine glass **Weingummi** N̲ od M̲ wine gum **Weingut** N̲ wine-growing estate **Weinhändler(in)** M̲F̲(M̲) wine dealer **Weinhandlung** F̲ wine shop (bes Br) od store **Weinhauer(in)** M̲F̲(M̲) (bes österr) wine grower **Weinkarte** F̲ wine list **Weinkeller** M̲ wine cellar; (≈ Lokal) wine bar **Weinkenner(in)** M̲F̲(M̲) connoisseur of wine
Weinkrampf M̲ crying fit; MED uncontrollable fit of crying
Weinkraut N̲ sauerkraut **Weinlese** F̲ grape harvest **Weinlokal** N̲ wine bar **Weinprobe** F̲ wine tasting **Weinrebe** F̲ (grape)vine **weinrot** A̲D̲J̲ claret **Weinstein** M̲ tartar **Weinstock** M̲ vine **Weinstube** F̲ wine tavern **Weintraube** F̲ grape
weise A̲D̲J̲ wise
Weise F̲ (≈ Verfahren etc) way; **auf diese ~** in this way; **in keiner ~** in no way
weisen (geh) A̲ V̲T̲ **jdm etw ~** to show sb sth; **jdn vom Feld ~** SPORT to order sb off (the field); **etw von sich ~** (fig) to reject sth B̲ V̲I̲ to point (nach towards, auf +akk at)
Weise(r) M̲F̲(M̲) wise man/woman **Weisheit** F̲ [1] wisdom [2] (≈ weiser Spruch) wise saying, pearl of wisdom (meist iron) **Weisheitszahn** M̲ wisdom tooth
weismachen V̲T̲ **jdm etw ~** to make sb believe sth; **das kannst du mir nicht ~!** you can't expect me to believe that
weiß A̲ A̲D̲J̲ white; **das Weiße Haus** the White House; **das Weiße vom Ei** egg white B̲ A̲D̲V̲ **anstreichen** white; **sich kleiden** in white
weissagen V̲T̲ to prophesy **Weissagung** F̲ prophecy
Weißbier N̲ light, fizzy beer made using top-fermentation yeast **Weißblech** N̲ tinplate **Weißbrot** N̲ white bread (❗ kein pl); (≈ Laib) loaf of white bread **weißen** V̲T̲ to whiten; (≈ weiß tünchen) to whitewash **Weiße(r)** M̲F̲(M̲) white, white man/woman **Weißglut** F̲ white heat; **jdn zur ~ bringen** to make sb livid (with rage) **Weißgold** N̲ white gold **weißhaarig** A̲D̲J̲ white-haired **Weißherbst** M̲ ≈ rosé **Weißkohl** M̲, **Weißkraut** N̲ (südd, österr) white cabbage **weißlich** A̲D̲J̲ whitish **Weißmacher** M̲ (in Waschmittel) brightening agent; (in Papier) whitener **Weißrusse** M̲, **Weißrussin** F̲ White Russian **Weißrussland** N̲ White Russia **Weißwein** M̲ white wine **Weißwurst** F̲ veal sausage

Weisung F directive; **auf ~** on instructions
weisungsberechtigt ADJ JUR authorized to issue directives
weit A ADJ 1 (≈ breit) wide; Meer open; Begriff broad; Unterschied big; **~e Kreise der Bevölkerung** large sections of the population 2 (≈ lang) Weg, Reise long; **in ~er Ferne** a long way away; **so ~ sein** (≈ bereit) to be ready; **es ist bald so ~** the time has nearly come B ADV 1 (Entfernung) far; **~er** further; **am ~esten** (the) furthest; **es ist noch ~ bis Bremen** it's still a long way to Bremen; **~ gereist** widely travelled (Br) or traveled (US); **~ hergeholt** far-fetched; **~ und breit** for miles around; **~ ab** od **weg (von)** far away (from); **ziemlich ~ am Ende** fairly near the end; **von Weitem** from a long way away; **von ~ her** from a long way away; **~ entfernt** a long way away; **~ entfernt** od **gefehlt!** far from it! 2 (≈ breit) offen wide; **10 cm ~** 10cm wide; **~ verbreitet** = weitverbreitet 3 (in Entwicklung) **~ fortgeschritten** far advanced; **wie ~ bist du?** how far have you got?; **so ~, so gut** so far so good; **sie sind nicht ~ gekommen** they didn't get far; **jdn so ~ bringen, dass ...** to bring sb to the point where ...; **er wird es ~ bringen** he will go far; **es so ~ bringen, dass ...** to bring it about that ... 4 (zeitlich) **(bis) ~ in die Nacht** (till) far into the night; **~ nach Mitternacht** well after midnight 5 (≈ erheblich) far; **~ über 60** well over 60 6 **zu ~ gehen** to go too far; **das geht zu ~!** that's going too far!; **so ~** (≈ im Großen und Ganzen) by and large; (≈ bis jetzt) up to now; (≈ bis zu diesem Punkt) thus far; **so ~ wie möglich** as far as possible; **bei Weitem besser** etc **als** far better etc than; **bei Weitem der Beste** by far the best; **bei Weitem nicht so gut** etc **(wie...)** not nearly as good etc (as ...) **weitab** ADV **~ von** far (away) from **weitaus** ADV far **Weitblick** M (fig) vision
weitblickend ADJ far-sighted
Weite¹ F (≈ Ferne) distance; (≈ Länge) length; (≈ Größe) expanse; (≈ Durchmesser, Breite) width
Weite² N distance; **das ~ suchen** to take to one's heels
weiten A VT to widen B VR to broaden
weiter A ADJ (fig) further; (≈ andere) other; **~e Auskünfte** further information B ADV (≈ noch hinzu) further; (≈ sonst) otherwise; **nichts ~ als ...** nothing more than ..., nothing but ...; **ich brauche nichts ~ als ...** all I need is ...; **wenn es ~ nichts ist, ...** well, if that's all (it is), ...; **immer ~** on and on; **und ~?** and then?; **und so ~** and so on; → Weitere(s) **weiterarbeiten** VI to carry on working **weiter bestehen** VI to continue to exist **weiterbilden** VR to continue one's education **Weiterbildung** F continuing education; (beruflich) further training; (an Hochschule) further education **Weiterbildungskolleg** N college of continuing education **weiterbringen** VT **das bringt uns auch nicht weiter** that doesn't get us any further **weiterempfehlen** VT to recommend (to one's friends etc) **weiterentwickeln** VT & VR to develop **weitererzählen** VT Geheimnis etc to repeat, to pass on **Weitere(s)** N further details pl; **das ~** the rest; **alles ~** everything else; **bis auf ~s** for the time being; (auf Schildern etc) until further notice **weiterfahren** VI (≈ Fahrt fortsetzen) to go on; (≈ durchfahren) to drive on **Weiterfahrt** F continuation of the/one's journey **Weiterflug** M continuation of the/one's flight; **Passagiere zum ~ nach ...** passengers continuing their flight to ... **weiterführen** VT & VI to continue; **das führt nicht weiter** (fig) that doesn't get us anywhere **weiterführend** ADJ Schule secondary; Qualifikation higher **weitergeben** VT to pass on **weitergehen** VI to go on; **so kann es nicht ~** (fig) things can't go on like this **weiterhelfen** VI to help (along) (jdm sb) **weiterhin** ADV **etw ~ tun** to carry on doing sth **weiterkommen** VI to get further; (fig a.) to make progress; **nicht ~** (fig) to be stuck **weiterleiten** VT to pass on (an +akk to); (≈ weitersenden) to forward **weiterlesen** VI to carry on reading; **lies weiter!** go on! **weitermachen** VT & VI to carry on (etw with sth); **~!** carry on! **Weiterreise** F continuation of the/one's journey; **auf der ~ nach ...** when I etc was travelling (Br) od traveling (US) to ... **weiters** ADV (österr) furthermore **weitersagen** VT to repeat; **nicht ~!** don't tell anyone! **weiterverarbeiten** VT to process **Weiterverarbeitung** F reprocessing **weitervermieten** VT to sublet
weitgehend, weit gehend A ADJ Vollmachten etc far-reaching; Übereinstimmung etc a large degree of B **weitgehend** ADV to a great extent **weitgereist** ADJ → weit **weither** ADV (a. **von weit her**) from a long way away **within** ADV for a long way; (fig) bekannt widely **weitläufig** A ADJ 1 Park, Gebäude spacious; (≈ verzweigt) rambling 2 Verwandte distant B ADV **sie sind ~ verwandt** they are distant relatives **weiträumig** A ADJ wide-ranging B ADV **die Unfallstelle ~ umfahren** to keep well away from the scene of the accident **weitreichend, weit reichend** ADJ (fig) far-reaching **weitschweifig** ADJ long-winded **Weitsicht** F (fig) far-sightedness **weitsichtig** ADJ MED long-sighted (Br), far-sighted (bes US);

WELT

(fig) far-sighted **Weitsichtigkeit** F MED long-sightedness *(Br)*, far-sightedness *(bes US)* **Weitspringen** N SPORT long jump **Weitspringer(in)** M(F) SPORT long jumper **Weitsprung** M SPORT long jump **weitverbreitet**, **weit verbreitet** ADJ widespread **Weitwinkelobjektiv** N wide-angle lens **Weizen** M wheat **Weizenbier** N light, very fizzy beer made by using wheat, malt and top-fermentation yeast **Weizenmehl** N wheat flour
welch INT PR ~ **(ein)** what **welche(r, s)** A INT PR **1** *(adjektivisch)* what; *(bei Wahl aus einer begrenzten Menge)* which **2** *(substantivisch)* which (one) **3** *(in Ausrufen)* ~ **Freude!** what joy! B INDEF PR some; *(verneint)* any; **ich habe keine Äpfel, haben Sie ~?** I don't have any apples, do you have any? (in Fragen **any**)

welche, welcher, welches

Wird mit „welche", „welcher" oder „welches" eine Frage eingeleitet, die nach der Art einer Person, Sache oder Erscheinung fragt, verwendet man what + Substantiv:

Welchen (= was für einen) Computer hast du?	**What computer have you got?**

Wird mit „welche", „welcher" oder „welches" nach genau einer Person, Sache oder Erscheinung aus einer Gruppe gefragt, verwendet man which + Substantiv:

Welcher (der) Computer funktioniert nicht?	**Which computer isn't working?**

GRAMMATIK

welk ADJ *Blume* wilted; *Blatt* dead; *(fig) Schönheit* fading; *Haut* tired-looking; *(≈ schlaff)* flaccid **welken** V/I to wilt; *(Haut)* to grow tired-looking
Wellblech N corrugated iron **Welle** F **1** wave; (RADIO ≈ *Frequenz*) wavelength **2** *(fig ≈ Mode)* craze **3** TECH shaft **wellen** A V/T *Haar* to wave; *Blech etc* to corrugate B V/R to become wavy; **gewelltes Haar** wavy hair **Wellenbad** N swimming pool with wave machine **Wellenbereich** M PHYS, TEL frequency range; RADIO waveband **wellenförmig** ADJ wave-like; *Linie* wavy **Wellengang** M waves *pl*, swell **Wellenlänge** F PHYS, TEL wavelength; **auf der gleichen ~ sein** *od* **liegen** *(umg)* to be on the same wavelength *(umg)* **Wellenlinie** F wavy line **Wellenreiten** N surfing **Wellensittich** M budgerigar,

budgie *(umg)* **wellig** ADJ *Haar etc* wavy
Wellness F wellness
Wellpappe F corrugated cardboard
Welpe M pup; *(von Wolf, Fuchs)* cub
Wels M catfish
welsch ADJ **1** *(≈ welschsprachig)* Romance-speaking **2** *(schweiz)* (Swiss-)French; **die ~e Schweiz** French Switzerland
Welt F world; **die Dritte ~** the Third World; **alle ~** everybody; **das kostet doch nicht die ~** it won't cost a fortune; **uns/sie trennen ~en** *(fig)* we/they are worlds apart; **auf der ~ in** in the world; **aus aller ~** from all over the world; **aus der ~ schaffen** to eliminate; **in aller ~** all over the world; **warum in aller ~ …?** why on earth …?; **um nichts in der ~, nicht um alles in der ~** not for all the tea in China *(umg)*; **ein Mann/eine Frau von ~** a man/woman of the world; **zur ~ kommen** to come into the world **Weltall** N universe **Weltanschauung** F philosophy of life; PHIL, POL world view **Weltbank** F World Bank **weltbekannt**, **weltberühmt** ADJ world-famous **weltbeste(r, s)** ADJ world's best **Weltbevölkerung** F world population **weltbewegend** ADJ world-shattering **Weltbild** N conception of the world **Weltenbummler(in)** M(F) globetrotter **Welterfolg** M global *od* worldwide success
Weltergewicht N BOXEN welterweight
welterschütternd ADJ world-shattering
weltfremd ADJ unworldly **Weltgeschichte** F world history **Weltgesundheitsorganisation** F World Health Organization **weltgewandt** ADJ sophisticated **Welthandel** M world trade **Weltherrschaft** F world domination **Weltkarte** F map of the world **Weltklasse** F ~ **sein** to be world class; *(umg)* to be fantastic *(umg)* **Weltkrieg** M world war; **der Erste/Zweite ~** the First/Second World War **Weltkulturerbe** N world cultural heritage; *(≈ einzelnes Kulturgut)* World Heritage Site **weltläufig** ADJ cosmopolitan **weltlich** ADJ worldly; *(≈ nicht kirchlich)* secular **Weltliteratur** F world literature **Weltmacht** F world power **Weltmarkt** M world market **Weltmeer** N ocean; **die sieben ~e** the seven seas **Weltmeister(in)** M(F) world champion **Weltmeisterschaft** F world championship; FUSSB World Cup **weltoffen** ADJ cosmopolitan **Weltöffentlichkeit** F general public **Weltpolitik** F world politics *pl* **Weltrang** M **von ~** world-famous **Weltrangliste** F world rankings *pl* **Weltraum** M (outer) space (ohne **the**) **Weltraumforschung** F space research **weltraum-**

gestützt ADJ space-based **Weltraumstation** F space station **Weltreich** N empire **Weltreise** F world tour **Weltrekord** M world record **Weltrekordinhaber(in)** M(F) world od world's (US) record holder **Weltreligion** F world religion **Weltschmerz** M world-weariness **Weltsicherheitsrat** M POL (United Nations) Security Council **Weltstadt** F cosmopolitan city **Weltuntergang** M end of the world **Weltuntergangsstimmung** F apocalyptic mood **weltweit** ADJ, ADV worldwide **Weltwirtschaft** F world economy **Weltwirtschaftskrise** F world economic crisis **Weltwunder** N **die sieben ~** the Seven Wonders of the World

wem A INT PR who ... to, to whom B REL PR (≈ derjenige, dem) the person who ... to C INDEF PR (umg ≈ jemandem) to somebody

wen A INT PR who, whom B REL PR (≈ derjenige, den) the person (who) C INDEF PR (umg ≈ jemanden) somebody

Wende F turn; (≈ Veränderung) change; (≈ Wendepunkt) turning point; POL (political) watershed **Wendehals** M ORN wryneck; (fig umg) turncoat (pej) **Wendekreis** M 1 tropic; **der nördliche ~** the Tropic of Cancer; **der südliche ~** the Tropic of Capricorn 2 AUTO turning circle **Wendeltreppe** F spiral staircase **wenden** A VT (≈ umdrehen) to turn; GASTR Eierpfannkuchen to toss; Schnitzel etc to turn (over); **bitte ~!** please turn over B V/R 1 (≈ sich umdrehen) to turn (around); (Wetter, Glück) to change; **sich zu jdm/etw ~** to turn toward(s) sb/sth; **sich zum Guten ~** to take a turn for the better 2 **sich an jdn ~** (um Auskunft) to consult sb; (um Hilfe) to turn to sb; (Buch etc) to be directed at sb C VI to turn; (≈ umkehren) to turn (a)round; **„wenden verboten"** "no U-turns" **Wendepunkt** M turning point

wendig ADJ agile; Auto manoeuvrable (Br), maneuverable (US); (fig) Politiker etc agile **Wendigkeit** F agility; (von Auto etc) manoeuvrability (Br), maneuverability (US); (fig: von Politiker etc) agility

Wendung F 1 turn; **eine unerwartete ~ nehmen** (fig) to take an unexpected turn; **eine ~ zum Guten nehmen** to change for the better 2 (≈ Redewendung) expression

wenig A ADJ, INDEF PR 1 little; **das ist ~** that isn't much; **so ~ wie** od **als möglich** as little as possible; **mein ~es Geld** what little money I have; **ich habe ~ Zeit** I don't have much time (❗ Wenn der englische Satz verneint ist, steht bei unzählbaren Substantiven **not much**.); **sie hat zu ~ Geld** etc she doesn't have enough money etc 2 **~e** pl (≈ ein paar) a few; **in ~en Tagen** in (just) a few days; **einige ~e Leute** a few people 3 (auch adv) **ein ~** a little; **ein ~ Salz** a little salt B ADV little; **~ besser** little better; **~ bekannt** little-known attr, little known präd; **~ erfreulich** not very pleasant; **zu ~** not enough; **einer/zwei** etc **zu ~** one/two etc too few **weniger** A ADJ, INDEF PR less; (+pl) fewer; **~ werden** to get less and less; **~ Geld** less money; **~ Unfälle** fewer accidents B ADV less; **das finde ich ~ schön!** that's not so nice! C KONJ, PRÄP +akk od +gen less; **sieben ~ drei ist vier** seven less three is four **wenigstens** ADV at least **wenigste(r, s)** ADJ, INDEF PR, ADV **er hat die ~n Fehler gemacht** he made the fewest mistakes; **sie hat das ~ Geld** she has the least money (❗ Bei zählbaren Dingen steht **fewest**, bei nicht zählbaren **least**.); **am ~n** least; (pl) fewest; **das ist noch das ~!** (umg) that's the least of it!

wenn KONJ 1 (konditional) if; **passt es dir, ~ morgen komme?** would it suit you if I came tomorrow? (❗ Wenn im englischen Hauptsatz das Konditional steht, kommt im if-Satz das „simple past"); **~ er nicht gewesen wäre, ...** if it had not been for him, ...; **selbst** od **und ~ even if; ~ ... auch ...** even though od if ...; **~ man bedenkt, dass ...** when you consider that ...; **~ ich doch** od **nur** od **bloß ...** if only I ...; **~ er nur da wäre!** if only he were here!; **außer ~** except if 2 (zeitlich) when; **jedes Mal** od **immer ~** whenever; **außer ~** except when **Wenn** N **ohne ~ und Aber** without any ifs and buts **wennschon** ADV (umg) **(na od und) ~!** so what? (umg); **~, dennschon!** in for a penny, in for a pound! (bes Br sprichw)

 wenn

Steht fest, dass etwas passieren wird, übersetzt man **wenn** mit **when**. Wenn etwas nicht sicher ist, man für „wenn" also auch „falls" einsetzen könnte, benutzt man **if**.

SPRACHGEBRAUCH

wer A INT PR who; **~ von ...** which (one) of ... B REL PR (≈ derjenige, der) the person who C INDEF PR (umg ≈ jemand) somebody **Werbeabteilung** F publicity department **Werbeagentur** F advertising agency **Werbebanner** N banner; INTERNET banner ad **Werbeblock** M TV commercial break **Werbeclip** M TV advert **Werbefachfrau** F advertising woman **Werbefachmann** M advertising man **Werbefernsehen** N commercial television; (Sendung) TV advertisements pl **Werbefilm** M advertising od promotional

WERT 1327

film **Werbegag** M publicity stunt **Werbegeschenk** N gift **Werbegrafiker(in)** M(F) commercial artist **Werbekampagne** F publicity campaign; (für Verbrauchsgüter) advertising campaign **Werbekosten** PL advertising od promotional costs pl **Werbeleiter(in)** M(F) advertising manager **werben** A VT Mitglieder, Mitarbeiter to recruit; Kunden to attract B VI to advertise; **für etw ~** to advertise sth; **um etw ~** to solicit sth; **um Verständnis ~** to try to enlist understanding; **um ein Mädchen ~** to court a girl **Werbeslogan** M publicity slogan; (für Verbrauchsgüter) advertising slogan **Werbespot** M commercial **Werbetext** M advertising copy (!) kein pl) **Werbetexter(in)** M(F) (advertising) copywriter **Werbetrommel** F **die ~ (für etw) rühren** (umg) to push sth **werbewirksam** ADJ effective (for advertising purposes) **Werbung** F bes HANDEL advertising; (POL ≈ Propaganda) pre-election publicity; (von Kunden, Stimmen) winning; (von Mitgliedern) recruitment; **~ für etw machen** to advertise sth **Werbungskosten** PL (von Mensch) professional outlay sg; (von Firma) business expenses pl

Werdegang M development; (beruflich) career **werden** A V/AUX 1 (zur Bildung des Futurs) **ich werde es tun** I'll do it; **ich werde das nicht tun** I won't do that; **es wird gleich regnen** it's going to rain 2 (zur Bildung des Konjunktivs) **das würde ich gerne tun** I'd like to do that; **das würde ich nicht gerne tun** I wouldn't like to do that; **er würde kommen, wenn …** he would come if …; **würden Sie mir bitte das Buch geben?** would you give me the book, please? 3 (zur Bildung des Passivs) **geschlagen ~** to be beaten; **mir wurde gesagt, dass …** I was told that … 4 (bei Vermutung) **sie wird wohl in der Küche sein** she'll probably be in the kitchen; **das wird etwa 20 Euro kosten** it will cost roughly 20 euros B VI 1 (mit Adjektiv) to get; **mir wird kalt/warm** I'm getting cold/warm; **blass/kalt ~** to go pale/cold; **mir wird schlecht/besser** I feel bad/better; **die Fotos sind gut geworden** the photos have come out well 2 (mit Substantiv, Pronomen) to become; **Lehrer ~** to become a teacher (!) Bei Berufen steht der unbestimmte Artikel); **was willst du einmal ~?** what do you want to be when you grow up?; **Präsident ~** to become president (!) Bei Ämtern, die nur von einer Person wahrgenommen werden, steht kein Artikel.); **Erster ~** to come first; **das ist nichts geworden** it came to nothing 3 (bei Altersangaben) **er ist gerade 40 geworden** he has just turned 40 4 **es wird Zeit, dass er kommt** it's time (that) he came; **es wird kalt/spät** it's getting cold/late; **es wird Winter** winter is coming; **was ist aus ihm geworden?** what has become of him?; **aus ihm wird noch einmal was!** he'll make something of himself yet!; **daraus wird nichts** nothing will come of that; (≈ das kommt nicht infrage) that's out of the question; **zu etw ~** to turn into sth; **was soll nun ~?** so what's going to happen now? **werdend** ADJ nascent; **~e Mutter** expectant mother

werfen A VT to throw (nach at); **Bomben ~** (von Flugzeug) to drop bombs; **eine Münze ~** to toss a coin; „**nicht ~**" "handle with care"; **etw auf den Boden ~** to throw sth to the ground; **jdn aus dem Haus** etc **~** to throw sb out (of the house etc) B VI (≈ schleudern) to throw; **mit etw (auf jdn/etw) ~** to throw sth (at sb/sth) C VR to throw oneself (auf +akk (up)on, at) **Werfer(in)** M(F) thrower

Werft F shipyard; (für Flugzeuge) hangar **Werftarbeiter(in)** M(F) shipyard worker

Werk N 1 (≈ Arbeit, Buch etc) work; (geh ≈ Tat) deed; (≈ Gesamtwerk) works pl; **das ist sein ~** this is his doing 2 (≈ Betrieb) works (!) mit Verb im Singular oder Plural (Br), factory; **ab ~** HANDEL ex works (Br), ex factory 3 (≈ Triebwerk) mechanism **Werkbank** F workbench **werken** VI to work; (handwerklich) to do handicrafts; **Werken** SCHULE handicrafts **Werkschutz** M factory security service **werkseigen** ADJ company attr **Werksgelände** N factory premises pl **Werksleitung** F factory management **Werkstatt** F, **Werkstätte** F workshop; (für Autoreparaturen) garage **Werkstoff** M material **Werkstück** N TECH workpiece **Werktag** M working day **werktags** ADV on weekdays **Werkzeug** N tool **Werkzeugkasten** M toolbox

Wermut M (≈ Wermutwein) vermouth **Wermutstropfen** M (fig geh) drop of bitterness

wert ADJ 1 **etw ~ sein** to be worth sth; **nichts ~ sein** to be worthless; (≈ untauglich) to be no good; **Glasgow ist eine Reise ~** Glasgow is worth a visit 2 (≈ nützlich) useful **Wert** M 1 value; (bes menschlicher) worth; **einen ~ von fünf Euro haben** to be worth five euros; **im ~(e) von** to the value of; **sie hat innere ~e** she has certain inner qualities; **~ auf etw** (akk) **legen** (fig) to set great store by sth (bes Br); **das hat keinen ~** (umg) there's no point 2 (von Test, Analyse) result **Wertarbeit** F craftsmanship **werten** VT & VI (≈ einstufen) to rate (als as); Klassenarbeit etc to grade; (≈ beurteilen) to judge (als as be); **ein Tor nicht ~** FUSSB etc to disallow a goal **Wertesystem** N system of values **wertfrei** A ADJ B ADV in a neutral way

Wertgegenstand M object of value; **Wertgegenstände** pl valuables pl **Wertigkeit** F [1] CHEM valency [2] (≈ Wert) importance **wertlos** ADJ worthless **Wertlosigkeit** F worthlessness **Wertminderung** F reduction in value **Wertpapier** N security; **~e** pl stocks and shares pl **Wertsache** F object of value **Wertschätzung** F (liter) esteem, high regard **Wertsteigerung** F increase in value **Wertstoff** M reusable material **Wertstoffhof** M recycling centre (Br) od center (US) **Wertung** F [1] (≈ Bewertung) evaluation; (≈ Punkte) score [2] (≈ das Werten) rating; (von Klassenarbeit) grading; (≈ das Beurteilen) judging **Werturteil** N value judgement **wertvoll** ADJ valuable
Werwolf M werewolf
Wesen N [1] (≈ Wesentliches) essence; **es liegt im ~ einer Sache ...** it's in the nature of a thing ... [2] (≈ Geschöpf) being; (≈ tierisches Wesen) creature; (≈ Mensch) person; **ein menschliches ~** a human being **Wesensart** F nature, character **wesentlich** A ADJ essential; (≈ erheblich) substantial; (≈ wichtig) important; **das Wesentliche** the essential part; (von dem, was gesagt wurde) the gist; **im Wesentlichen** basically; (≈ im Großen und Ganzen) in the main B ADV (≈ grundlegend) fundamentally; (≈ erheblich) considerably; **es ist mir ~ lieber, wenn wir ...** I would much rather we ...
weshalb A INTERROG ADV why B REL ADV which is why; **der Grund, ~ ...** the reason why ...
Wespe F wasp **Wespennest** N wasp's nest; **in ein ~ stechen** (fig) to stir up a hornets' nest **Wespenstich** M wasp sting
wessen PRON **~ hat man dich angeklagt?** of what have you been accused?
Wessi M (umg) Westerner, West German **westdeutsch** ADJ GEOG Western German; POL, HIST West German **Westdeutsche(r)** M/F(M) West German
Weste F waistcoat (Br), vest (US)
Westen M west; (von Land) West; **der ~** POL the West; **aus dem ~, von ~ (her)** from the west; **nach ~ (hin)** to the west; **im ~ der Stadt/des Landes** in the west of the town/country; **weiter im ~** further west; **im ~ Frankreichs** in the west of France
Westentasche F waistcoat (Br) od vest (US) pocket; **etw wie seine ~ kennen** (umg) to know sth like the back of one's hand (umg)
Western M western
Westeuropa N Western Europe **westeuropäisch** ADJ West(ern) European; **~e Zeit** Greenwich Mean Time
Westfale M, **Westfälin** F Westphalian **Westfalen** N Westphalia **westfälisch** ADJ Westphalian
Westjordanland N **das ~** the West Bank **Westküste** F west coast **westlich** A ADJ western; Kurs, Wind, Richtung westerly; POL Western B ADV (to the) west; **~ von ...** (to the) west of ... C PRÄP +gen (to the) west of **Westmächte** PL POL **die ~** the western powers pl **westöstlich** ADJ west-to-east; **in ~er Richtung** from west to east **westwärts** ADV westward(s) **Westwind** M west wind
weswegen INTERROG ADV why
wett ADJ **~ sein** to be quits
Wettbewerb M competition **Wettbewerber(in)** M(F) competitor **wettbewerbsfähig** ADJ competitive **wettbewerbswidrig** ADJ anticompetitive
Wettbüro N betting office **Wette** F bet; **darauf gehe ich jede ~ ein** I'll bet you anything you like; **die ~ gilt!** done!; **mit jdm um die ~ laufen** od **rennen** to race sb **wetteifern** VI **mit jdm um etw ~** to compete with sb for sth **wetten** VT & VI to bet; **auf etw** (akk) **~** to bet on sth; **mit jdm ~** to bet with sb; **ich wette 100 gegen 1(, dass ...)** I'll bet (you) 100 to 1 (that ...)
Wetter N [1] weather (⚠ ohne a); **bei so einem ~** in such weather; **was haben wir heute für ~?** what's the weather like today? [2] (≈ Unwetter) storm [3] BERGB air; **schlagende ~** pl firedamp sg
Wetter(in) M(F) better
Wetteraussichten PL weather outlook sg **Wetterbericht** M weather report **wetterbeständig** ADJ weatherproof **wetterempfindlich** ADJ sensitive to (changes in) the weather **wetterfest** ADJ weatherproof **Wetterfrosch** M (hum umg) weatherman (umg) **wetterfühlig** ADJ sensitive to (changes in) the weather **Wetterhahn** M weathercock (bes Br), weather vane **Wetterkarte** F weather map **Wetterkunde** F meteorology **Wetterlage** F weather situation **Wetterleuchten** N sheet lightning; (fig) storm clouds pl
wettern VI to curse and swear; **gegen** od **auf etw** (akk) **~** to rail against sth
Wetterstation F weather station **Wettersturz** M sudden fall in temperature and atmospheric pressure **Wetterumschwung** M sudden change in the weather **Wettervorhersage** F weather forecast **Wetterwarte** F weather station **wetterwendisch** ADJ (fig) changeable
Wettfahrt F race **Wettkampf** M competition **Wettkämpfer(in)** M(F) competitor **Wettlauf** M race; **ein ~ gegen die Zeit** a race against time

WERT | 1328

wettmachen _vt_ to make up for; _Verlust etc_ to make good; _Rückstand_ to make up
Wettrennen _N_ race **Wettrüsten** _N_ arms race **Wettschein** _M_ betting slip **Wettstreit** _M_ competition; **mit jdm im ~ liegen** to compete with sb
wetzen _vt_ to whet **Wetzstein** _M_ whetstone
WG _F abk von_ **Wohngemeinschaft**
Whirlpool® _M_ whirlpool bathtub
Whisky _M_ whisky, whiskey (US); (_irischer_) whiskey
wichsen _vi_ (_sl_ ≈ _onanieren_) to jerk off (_sl_) **Wichser** _M_ (_sl_) wanker (_Br sl_), jerk-off (_US sl_)
Wicht _M_ (≈ _Kobold_) goblin; (_fig_ ≈ _verachtenswerter Mensch_) scoundrel
wichtig **A** _ADJ_ important; **alles Wichtige** everything of importance; **Wichtigeres zu tun haben** to have more important things to do; **das Wichtigste** the most important thing **B** _ADV_ **sich selbst/etw (zu) ~ nehmen** to take oneself/sth (too) seriously **Wichtigkeit** _F_ importance **wichtigmachen** _vr_ (_umg_) to be full of one's own importance **Wichtigtuer(in)** _M(F)_ (_pej_) pompous idiot **wichtigtun** _vr_ (_umg_ ≈ _sich aufspielen_) to be full of one's own importance
Wicke _F_ BOT vetch; (≈ _Gartenwicke_) sweet pea
Wickel _M_ MED compress **wickeln** **A** _vt_ **1** (≈ _schlingen_) to wind (_um_ round); _Verband etc_ to bind **2** (≈ _einwickeln_) to wrap (_in +akk_ in); **einen Säugling ~** to change a baby's nappy (_Br_) _od_ diaper (_US_) **B** _vr_ to wrap oneself (_in +akk_ in) **Wickelraum** _M_ (_in Kaufhaus etc_) baby changing room **Wickelrock** _M_ wraparound skirt **Wickeltisch** _M_ baby's changing table
Widder _M_ **1** ZOOL ram **2** ASTROL Aries; **(ein) ~ sein** to be (an) Aries
wider _PRÄP +akk_ (_geh_) against; **~ Erwarten** contrary to expectations **widerfahren** _vi UNPERS +dat_ (_geh_) to happen (_jdm_ to sb) **Widerhaken** _M_ barb **Widerhall** _M_ echo; **keinen ~ finden** (_Interesse_) to meet with no response **widerlegen** _vt_ _Behauptung etc_ to refute; _jdn_ to prove wrong **Widerlegung** _F_ refutation, disproving **widerlich** **A** _ADJ_ disgusting; _Mensch_ repulsive **B** _ADV_ _sich benehmen_ disgustingly; **~ riechen/schmecken** to smell/taste disgusting **Widerling** _M_ (_umg_) creep (_umg_) **widernatürlich** _ADJ_ unnatural **widerrechtlich** **A** _ADJ_ illegal **B** _ADV_ illegally; **sich (_dat_) etw ~ aneignen** to misappropriate sth **Widerrede** _F_ (≈ _Widerspruch_) contradiction; **keine ~!** don't argue!; **ohne ~** without protest **Widerruf** _M_ revocation; (_von Aussage_) retraction **widerrufen** _vt_ _Erlaubnis, Anordnung etc_ to revoke, to withdraw; _Aussage_ to retract **Widersacher(in)** _M(F)_ adversary **widersetzen** _vr_ **sich jdm/einer Sache ~** to oppose sb/sth; _der Festnahme_ to resist sth; _einem Befehl_ to refuse to comply with sth **widersinnig** _ADJ_ absurd **widerspenstig** _ADJ_ stubborn; _Kind, Haar_ unruly **widerspiegeln** **A** _vt_ to reflect **B** _vr_ to be reflected **widersprechen** **A** _vi_ **jdm/einer Sache ~** to contradict sb/sth **B** _vr_ (_einander_) to contradict each other **Widerspruch** _M_ **1** contradiction; **ein ~ in sich selbst** a contradiction in terms; **in** _od_ **im ~ zu** contrary to; **in** _od_ **im ~ zu etw stehen** to be contrary to sth **2** (≈ _Protest_) protest; (≈ _Ablehnung_) opposition; JUR appeal; **kein ~!** don't argue!; **~ einlegen** JUR to appeal **widersprüchlich** _ADJ_ contradictory; _Verhalten_ inconsistent **Widerspruchsgeist** _M_ spirit of opposition **widerspruchslos** **A** _ADJ_ (≈ _unangefochten_) unopposed; (≈ _ohne Einwände_) without contradiction **B** _ADV_ (≈ _unangefochten_) without opposition; (≈ _ohne Einwände_) without contradiction **Widerstand** _M_ resistance; (≈ _Ablehnung_) opposition; (ELEK: _Bauelement_) resistor; **gegen jdn/etw ~ leisten** to resist sb/sth **Widerstandsbewegung** _F_ resistance movement **widerstandsfähig** _ADJ_ robust; _Pflanze_ hardy; MED, TECH _etc_ resistant (_gegen_ to) **Widerstandsfähigkeit** _F_ robustness; (_von Pflanze_) hardiness; MED, TECH _etc_ resistance (_gegen_ to) **Widerstandskämpfer(in)** _M(F)_ member of the resistance **widerstandslos** _ADJ, ADV_ without resistance **widerstehen** _vi +dat_ (≈ _nicht nachgeben_) to resist; (≈ _standhalten_) to withstand **widerstreben** _vi +dat_ **es widerstrebt mir, so etwas zu tun** it goes against the grain (_Br_) _od_ my grain (_US_) to do anything like that **widerstrebend** **A** _ADJ_ (≈ _widerwillig_) reluctant **B** _ADV_ (_widerwillig_) unwillingly **widerwärtig** **A** _ADJ_ objectionable; (≈ _ekelhaft_) disgusting **B** _ADV_ **~ schmecken/stinken** to taste/smell disgusting **Widerwille** _M_ (≈ _Ekel_) disgust (_gegen_ for); (≈ _Abneigung_) distaste (_gegen_ for); (≈ _Widerstreben_) reluctance **widerwillig** **A** _ADJ_ reluctant **B** _ADV_ reluctantly **Widerworte** _PL_ **~ geben** to answer back; **ohne ~** without protest
widmen **A** _vt_ **jdm etw ~** to dedicate sth to sb **B** _vr +dat_ to devote oneself to; _den Gästen etc_ to attend to; _einer Aufgabe_ to apply oneself to **Widmung** _F_ (_in Buch etc_) dedication (_an +akk_ to)
widrig _ADJ_ adverse
wie **A** _INTERROG ADV_ **1** how; **~ wärs mit einem Whisky?** (_umg_) how about a whisky? **2** (≈ _welcher Art_) **~ wars auf der Party?** what was the party like?; **~ ist er (denn)?** what's he like? **3** (≈ _was_) **~ heißt er/das?** what's he/it called?; **~?** what?; **~ bitte?** sorry?; (_entrüstet_) I beg your par‑

don! **4** (in Ausrufen) how; **und ~!, aber ~!** and how! (umg); **~ groß er ist!** how big he is!; **das macht dir Spaß, ~?** you like that, don't you? **B** ADV **die Art, ~ sie geht** the way (in which) she walks; **~ stark du auch sein magst** however strong you may be; **~ sehr … auch** however much **C** KONJ **1** (vergleichend) (auf Adj, adv bezüglich) as; (auf s bezüglich) like; **so … ~** as … as; **so lang ~ breit** as long as it etc is wide; **weiß ~ Schnee** (as) white as snow; **eine Nase ~ eine Kartoffel** a nose like a potato; **~ gewöhnlich/immer** as usual/always od ever; **~ du weißt** as you know **2** (≈ als) **größer ~** bigger than; **nichts ~ Ärger** etc nothing but trouble etc **3** (umg) **~ wenn** as if **4** **er sah, ~ es geschah** he saw it happen; **sie spürte, ~ es kalt wurde** she felt it getting cold

 wie

Bei Personen sollte man auf folgenden Unterschied achten:
How fragt nach dem Wohlbefinden:

How is your mother?	Wie gehts deiner Mutter?

What … like? fragt nach dem Typ, der Persönlichkeit:

What's the new teacher like?	Wie ist der neue Lehrer / die neue Lehrerin so?

SPRACHGEBRAUCH

Wiedehopf M hoopoe
wieder ADV again; **immer ~** again and again; **~ mal** (once) again; **~ ist ein Jahr vorbei** another year has passed; **wie, schon ~?** what, again?; **~ da** back (again) **Wiederaufbau** M reconstruction **wiederaufbauen** VT & VI to reconstruct **wiederaufbereiten** VT to recycle; Atommüll, Abwasser to reprocess **Wiederaufbereitung** F recycling; (von Atommüll) reprocessing **Wiederaufbereitungsanlage** F recycling plant; (für Atommüll) reprocessing plant **Wiederaufnahme** F **1** (von Tätigkeit, Gespräch etc) resumption **2** (im Verein etc) readmittance **wiederaufnehmen** VT **1** (≈ wieder beginnen) to resume **2** Vereinsmitglied to readmit **Wiederbeginn** M recommencement; (von Schule) reopening **wiederbekommen** VT to get back **wiederbeleben** VT to revive **Wiederbelebung** F revival **Wiederbelebungsversuch** M attempt at resuscitation; (fig) attempt at revival **wiederbringen** VT to bring back **wiedereinführen** VT to reintroduce; (Comm) Waren to reimport **Wiedereingliederung** F reintegration **wiedereinstellen** VT to re-employ **Wiedereintritt** M reentry (in +akk into) **wiederentdecken** VT to rediscover **Wiederentdeckung** F rediscovery **wiedererkennen** VT to recognize; **das/er war nicht wiederzuerkennen** it/he was unrecognizable **wiedererlangen** VT to regain; Eigentum to recover **wiedereröffnen** VT & VI to reopen **Wiedereröffnung** F reopening **wiedererstatten** VT Unkosten etc to refund (jdm etw sb for sth) **Wiedererstattung** F refund (-ing) **wiederfinden** VT to find again; (fig) Mut etc to regain **Wiedergabe** F **1** (von Rede, Ereignis) account **2** (≈ Darbietung: von Stück etc) rendition **3** (≈ Übersetzung) translation **4** (≈ Reproduktion) reproduction **5** (≈ Rückgabe) return **wiedergeben** VT **1** to give back **2** (≈ erzählen) to give an account of **3** (≈ übersetzen) to translate **4** (≈ reproduzieren) to reproduce **wiedergeboren** ADJ reborn **Wiedergeburt** F rebirth **wiedergewinnen** VT to regain; jdn to win back; Land to reclaim; Selbstvertrauen to recover **wiedergutmachen** VT Schaden to compensate for; Fehler to rectify; POL to make reparations for; **das ist nie wiedergutzumachen** that can never be put right **Wiedergutmachung** F compensation; POL reparations pl **wiederhaben** VT (umg) **etw ~ wollen** to want sth back **wiederherstellen** VT Gebäude, Ordnung, Gesundheit to restore; Beziehungen to re-establish **Wiederherstellung** F restoration
wiederholen[1] **A** VT & VI to repeat; (zusammenfassend) to recapitulate; Lernstoff to revise, to review (US); Prüfung, Elfmeter to retake **B** VR (Mensch) to repeat oneself; (Thema, Ereignis) to recur
wiederholen[2] VT (≈ zurückholen) to get back **wiederholt A** ADJ repeated; **zum ~en Male** once again **B** ADV repeatedly **Wiederholung** F repetition; (von Prüfung, Elfmeter) retaking; (von Sendung) repeat; (von Lernstoff) revision **Wiederholungsspiel** N SPORT replay **Wiederhören** N **(auf) ~!** goodbye! **wiederkäuen A** VT to ruminate; (fig umg) to go over again and again **B** VI to ruminate **Wiederkäuer** M ruminant **Wiederkehr** F (≈ Rückkehr) return; (≈ ständiges Vorkommen) recurrence **wiederkehren** VI (≈ zurückkehren) to return; (≈ sich wiederholen) to recur **wiederkehrend** ADJ recurring **wiederkommen** VI to come back **wiedersehen** VT to see again; **wann sehen wir uns wieder?** when will we see each other again? **Wiedersehen** N (nach längerer Zeit) reunion; **(auf) ~!** goodbye!

WIND

wiederum ADV (≈ andererseits) on the other hand; (≈ allerdings) though **wiedervereinigen** A VT to reunite; *Land* to reunify B VR to reunite **Wiedervereinigung** F reunification **Wiederverkaufswert** M resale value **wiederverwendbar** ADJ reusable **wiederverwenden** VT to reuse **wiederverwertbar** ADJ recyclable **wiederverwerten** VT to recycle **Wiederverwertung** F recycling
Wiege F cradle
wiegen[1] A VT 1 (≈ hin und her bewegen) to rock; *Hüften* to sway 2 (≈ zerkleinern) to chop up B VR (*Boot etc*) to rock (gently); (*Mensch, Äste etc*) to sway
wiegen[2] VT & VI (≈ abwiegen) to weigh; **wie viel wiegst du?** how heavy are you?; **schwer ~** (fig) to carry a lot of weight; → **gewogen**
Wiegenlied N lullaby
wiehern VI to neigh
Wien N Vienna **Wiener** ADJ Viennese; **~ Würstchen** frankfurter; **~ Schnitzel** Wiener schnitzel **wienerisch** ADJ Viennese
wienern VT to polish
Wiese F meadow; (*umg* ≈ *Rasen*) grass
Wiesel N weasel
wieso INTERROG ADV why; **~ nicht** why not; **~ weißt du das?** how do you know that?
wie viel INTERROG ADV → **viel wievielmal** INTERROG ADV how many times **Wievielte(r)** M (*bei Datum*) **der ~ ist heute?** what's the date today?; **wievielte(r, s)** INTERROG ADJ **das ~ Kind ist das jetzt?** how many children is that now?; **zum ~n Mal bist du schon in England?** how often have you been to England?; **am ~n September hast du Geburtstag?** what date in September is your birthday?
wieweit KONJ to what extent
Wikinger(in) M(F) Viking
wild A ADJ wild; *Stamm* savage; (≈ laut, ausgelassen) boisterous; (≈ ungesetzlich) *Parken, Zelten etc* illegal; *Streik* wildcat attr, unofficial; **seid nicht so ~!** calm down a bit!; **jdn ~ machen** to make sb furious, to drive sb crazy; **~ auf jdn/etw sein** (umg) to be mad about sb/sth (umg); **das ist halb so ~** (umg) never mind B ADV 1 (≈ unordentlich) **~ durcheinanderliegen** to be strewn all over the place 2 (≈ hemmungslos) like crazy; **um sich schlagen** wildly; **wie ~ arbeiten** etc to work etc like mad 3 (≈ in der freien Natur) **~ leben** to live in the wild; **~ wachsen** to grow wild **Wild** N (≈ Tiere, Fleisch) game; (≈ Rotwild) deer; (≈ Fleisch von Rotwild) venison **Wildbach** M torrent **Wildbahn** F **auf** od **in freier ~** in the wild **Wilddieb(in)** M(F) poacher **Wilde(r)** M/F(M) savage; (fig) madman **Wilderei** F poaching **Wilderer** M, **Wilderin** F poacher **wildern** VI to poach **Wildfleisch** N game; (*von Rotwild*) venison **wildfremd** ADJ (umg) completely strange; **~e Leute** complete strangers **Wildgans** F wild goose **Wildheit** F wildness **Wildhüter(in)** M(F) gamekeeper **Wildkatze** F wildcat **Wildleder** N suede **wildledern** ADJ suede **Wildnis** F wilderness; **in der ~ leben** to live in the wild **Wildpark** M game park; (*für Rotwild*) deer park **Wildsau** F wild sow; (fig sl) pig (umg) **Wildschwein** N wild boar **Wildwasser** N white water **Wildwechsel** M (*bei Rotwild*) deer path; „**Wildwechsel**" "wild animals" **Wildwestfilm** M western
Wille M will; (≈ Absicht) intention; **wenn es nach ihrem ~n ginge** if she had her way; **er musste wider ~n** od **gegen seinen ~n lachen** he couldn't help laughing; **seinen ~n durchsetzen** to get one's (own) way; **jdm seinen ~n lassen** to let sb have his own way; **beim besten ~n nicht** not with the best will in the world; **wo ein ~ ist, ist auch ein Weg** (sprichw) where there's a will there's a way (sprichw) **willenlos** ADJ weak-willed **willens** ADJ (geh) **~ sein** to be willing **Willenskraft** F willpower **willensschwach** ADJ weak-willed **Willensschwäche** F weak will **willensstark** ADJ strong-willed **Willensstärke** F willpower **willentlich** A ADJ wilful B ADV deliberately **willig** A ADJ willing B ADV willingly
willkommen ADJ welcome; **du bist (mir) immer ~** you are always welcome; **jdn ~ heißen** to welcome sb; **es ist mir ganz ~, dass …** I quite welcome the fact that … **Willkommensgruß** M greeting
Willkür F (*politisch*) despotism; (*bei Handlungen*) arbitrariness; **ein Akt der ~** a despotic/an arbitrary act **willkürlich** A ADJ arbitrary; *Herrscher* autocratic B ADV handeln arbitrarily
wimmeln VI (a. v/i unpers) **der See wimmelt von Fischen** the lake is teeming with fish; **hier wimmelt es von Fliegen** this place is swarming with flies; **dieses Buch wimmelt von Fehlern** this book is riddled with mistakes
Wimmerl N (österr ≈ Pickel) spot
wimmern VI to whimper
Wimper F (eye)lash; **ohne mit der ~ zu zucken** (fig) without batting an eyelid (Br) od eyelash (US) **Wimperntusche** F mascara
Wind M wind; **bei ~ und Wetter** in all weathers; **daher weht der ~!** (fig) so that's the way the wind is blowing; **gegen den ~ segeln** (wörtl) to sail into the wind; (fig) to swim against the stream, to run against the wind (US); **jdm den ~ aus den Segeln nehmen** (fig) to take the wind out of sb's sails; **in alle (vier) ~e zer-**

WIND | 1332

streut sein (fig) to be scattered to the four corners of the earth; **von etw ~ bekommen** (fig umg) to get wind of sth **Windbeutel** M cream puff **Windbluse** F windcheater **Windbö(e)** F gust of wind

Winde[1] F TECH winch

Winde[2] F BOT bindweed

Windel F nappy (Br), diaper (US) **Windeleinlage** F nappy (Br) od diaper (US) liner **windelweich** ADV **jdn ~ schlagen** od **hauen** (umg) to beat sb black and blue

winden A VT to wind; *Kranz* to bind; (≈ *hochwinden*) *Last* to winch B VR to wind; (*vor Schmerzen*) to writhe (*vor +dat* with, in); (*vor Verlegenheit*) to squirm (*vor +dat* with, in); (fig ≈ *ausweichen*) to try to wriggle out; → **gewunden**

Windenergie F wind energy **Windeseile** F **etw in** od **mit ~ tun** to do sth in no time (at all); **sich in** od **mit ~ verbreiten** to spread like wildfire **Windfarm** F wind farm **windgeschützt** ADJ sheltered (from the wind) **Windhund** M 1 greyhound 2 (fig pej) rake **windig** ADJ windy; (fig) dubious **Windjacke** F windcheater (Br), windproof jacket (US) **Windkraft** F wind power **Windkraftanlage** F wind power station **Windlicht** N lantern **Windmühle** F windmill **Windpocken** PL chickenpox sg **Windrichtung** F wind direction **Windrose** F SCHIFF compass card; METEO wind rose **Windschatten** M lee; (*von Fahrzeugen*) slipstream **windschief** ADJ crooked **Windschutzscheibe** F windscreen (Br), windshield (US) **Windstärke** F strength of the wind **windstill** ADJ still; *Platz, Ecke etc* sheltered **Windstille** F calm **Windstoß** M gust of wind **Windsurfbrett** N windsurfer **windsurfen** VI to windsurf; **~ gehen** to go windsurfing **Windsurfen** N windsurfing **Windsurfer(in)** M(F) windsurfer **Windturbine** F wind turbine

Windung F (*von Weg, Fluss etc*) meander; (TECH: *von Schraube*) thread; (ELEK: *von Spule*) coil

Wink M (≈ *Zeichen*) sign; (≈ *Hinweis, Tipp*) hint

Winkel M 1 MATH angle 2 TECH square 3 (fig) (≈ *Stelle, Ecke*) corner; (≈ *Plätzchen*) spot **Winkeleisen** N angle iron **winkelförmig** A ADJ angled B ADV **~ gebogen** bent at an angle **winkelig** ADJ = **winklig Winkelmesser** M protractor

winken A VI to wave; (*jdm to sb*); **dem Kellner ~** to signal to the waiter; **jdm winkt etw** (fig ≈ *steht in Aussicht*) sb can expect sth; **dem Sieger winkt eine Reise nach Italien** the winner will receive a trip to Italy B VT to wave; **jdn zu sich ~** to beckon sb over to one

winklig ADJ *Haus, Altstadt* full of nooks and crannies; *Gasse* twisty

winseln VI to whine

Winter M winter; **im ~** in (the) winter **Winteranfang** M beginning of winter **Winterdienst** M VERKEHR winter road treatment **Winterfahrplan** M winter timetable **Wintergarten** M winter garden **Winterlandschaft** F winter landscape **winterlich** A ADJ wintry, winter attr B ADV **es ist ~ kalt** it's as cold as it is in winter; **~ gekleidet** dressed for winter **Winterolympiade** F Winter Olympics pl **Winterreifen** M winter tyre (Br) od tire (US) **Winterschlaf** M ZOOL hibernation (⚠ ohne *the*); **(den) ~ halten** to hibernate **Winterschlussverkauf** M winter (clearance) sale **Wintersemester** N winter semester **Winterspiele** PL **(Olympische) ~** Winter Olympics pl **Wintersport** M winter sports pl; (≈ *Wintersportart*) winter sport **Winterzeit** F 1 (*Jahreszeit*) wintertime (⚠ zusammengeschrieben); **zur ~** in (the) wintertime 2 (*Uhrzeit*) winter time (⚠ zwei Wörter, ohne Artikel), standard time (US); **wann fängt die ~ an?** when does winter time begin? (Br), when does standard time begin? (US)

Winzer(in) M(F) wine grower

winzig ADJ tiny; **~ klein** minute, tiny little attr

Winzling M (umg) mite

Wipfel M treetop

Wippe F (*zum Schaukeln*) seesaw **wippen** VI (≈ *mit Wippe schaukeln*) to seesaw; **mit dem Fuß ~** to jiggle one's foot

wir PERS PR we; **~ alle** all of us; **~ beide** both of us; **~ drei** the three of us; **wer war das? — ~ nicht** who was that? — it wasn't us

Wirbel M 1 whirl; (*in Fluss etc*) whirlpool; (≈ *Aufsehen*) to-do; **(viel/großen) ~ machen/verursachen** to make/cause (a lot of/a big) commotion 2 (≈ *Trommelwirbel*) (drum) roll 3 ANAT vertebra **wirbellos** ADJ ZOOL invertebrate **wirbeln** VI to whirl; (*Laub, Rauch*) to swirl **Wirbelsäule** F ANAT spinal column **Wirbelsturm** M whirlwind **Wirbeltier** N vertebrate **Wirbelwind** M whirlwind

wirken VI 1 (≈ *tätig sein*) (*Mensch*) to work; (*Kräfte etc*) to be at work; (≈ *Wirkung haben*) to have an effect; **als Katalysator ~** to act as a catalyst; **abführend ~** to have a laxative effect; **etw auf sich** (*akk*) **~ lassen** to take sth in 2 (≈ *erscheinen*) to seem

wirklich A ADJ real; **im ~en Leben** in real life B ADV really; **nicht ~** not really; **ich war das ~ nicht** it really was not me; **~?** (*als Antwort*) really? **Wirklichkeit** F reality; **~ werden** to come true; **in ~** in reality **wirklichkeits-**

fremd ADJ unrealistic **wirklichkeitsgetreu** A ADJ realistic B ADV realistically **wirksam** A ADJ effective; **am 1. Januar ~ werden** (form: Gesetz) to take effect on January 1st B ADV effectively; verbessern significantly **Wirksamkeit** F effectiveness **Wirkstoff** M bes PHYSIOL active substance **Wirkung** F effect (bei on); **zur ~ kommen** to take effect; **mit ~ vom 1. Januar** (form) with effect from January 1st **Wirkungsgrad** M (degree of) effectiveness **wirkungslos** ADJ ineffective **wirkungsvoll** A ADJ effective B ADV effectively **Wirkungsweise** F (von Medikament) action **wirr** ADJ confused; Blick crazed; Haare, Fäden tangled; Gedanken weird; (≈ unrealistisch) wild; **~es Zeug reden** to talk gibberish **Wirren** PL confusion sg **Wirrwarr** M confusion; (von Verkehr) chaos (⚠ ohne **a**)
Wirsing M savoy cabbage
Wirt M landlord; (BIOL, selten ≈ Gastgeber) host **Wirtin** F landlady; (≈ Gastgeberin) hostess **Wirtschaft** F ① (≈ Volkswirtschaft) economy; (≈ Handel) industry and commerce ② (≈ Gastwirtschaft) ≈ pub (Br), ≈ bar (US) ③ (umg ≈ Zustände) **eine schöne** od **saubere ~** (iron) a fine state of affairs **wirtschaften** VI **(sparsam) ~** to economize; **gut ~ können** to be economical **wirtschaftlich** A ADJ ① economic ② (≈ sparsam) economical B ADV (≈ finanziell) financially **Wirtschaftlichkeit** F ① (≈ Rentabilität) profitability ② (≈ ökonomischer Betrieb) economy **Wirtschaftsflüchtling** M (oft neg!) economic refugee **Wirtschaftsführer(in)** M(F) leading industrialist **Wirtschaftsgeld** N house-

Wirbel — whirl

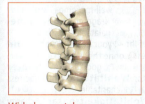

Wirbel — vertebra

keeping (money) (Br), household allowance (US) **Wirtschaftsgemeinschaft** F economic community **Wirtschaftsgipfel** M economic summit **Wirtschaftsgüter** PL economic goods pl **Wirtschaftsjahr** N financial year, fiscal year **Wirtschaftskriminalität** F white collar crime **Wirtschaftskrise** F economic crisis **Wirtschaftslage** F economic situation **Wirtschaftsminister(in)** M(F) minister of trade and industry (Br), secretary of commerce (US) **Wirtschaftsministerium** N ministry of trade and industry (Br), department of commerce (US) **Wirtschaftsplan** M economic plan **Wirtschaftspolitik** F economic policy **wirtschaftspolitisch** ADJ Maßnahmen etc economic policy attr; **~er Sprecher** spokesman on economic policy **Wirtschaftsprüfer(in)** M(F) accountant; (zum Überprüfen der Bücher) auditor **Wirtschaftsraum** M WIRTSCH economic area **Wirtschaftsunion** F economic union **Wirtschaftswachstum** N economic growth **Wirtschaftswissenschaft** F economics sg **Wirtschaftswissenschaftler(in)** M(F) economist **Wirtschaftswunder** N economic miracle **Wirtshaus** N ≈ pub (Br), ≈ bar (US), ≈ saloon (obs US); (bes auf dem Land) inn **Wirtsleute** PL landlord and landlady **Wirtsstube** F lounge **Wisch** M (pej umg) piece of paper **wischen** A VT & VI to wipe; (schweiz ≈ fegen) to sweep; **Einwände (einfach) vom Tisch ~** (fig) to sweep aside objections B VT (umg) **jdm eine ~** to clout sb one (Br umg), to clobber sb (umg); **einen gewischt bekommen** ELEK to get a shock **Wischer** M AUTO (windscreen (Br) od windshield (US)) wiper **Wischerblatt** N AUTO wiper blade **Wischtuch** N cloth
Wisent M bison
wispern VT & VI to whisper
Wissbegier(de) F thirst for knowledge **wissbegierig** ADJ Kind eager to learn **wissen** VT & VI to know (über +akk, von about); **ich weiß (es) (schon)** I know; **ich weiß (es) nicht** I don't know; **weißt du das Neuste?** have you heard the latest?; **von jdm/etw nichts ~ wollen** not to be interested in sb/sth; **das musst du (selbst) ~** it's your decision; **das hättest du ja ~ müssen!** you ought to have realized that; **man kann nie ~** you never know; **weiß Gott** (umg) God knows (umg); **(ja) wenn ich das wüsste!** goodness knows!; **nicht, dass ich wüsste** not as far as I know; **dass du es (nur) (gleich) weißt** just so you know; **weißt du noch, wie schön es damals war?** do you remember how great things were

then?; **jdn etw ~ lassen** to let sb know sth; **von etw ~** to know of *od* about sth; **er weiß von nichts** he doesn't know anything about it **Wissen** N̄ knowledge; **meines ~s** to my knowledge; **nach bestem ~ und Gewissen** to the best of one's knowledge and belief **wissend** ADJ *Blick etc* knowing **Wissenschaft** F̄ science (⚠ Hier steht kein Artikel. Wenn allerdings eine einzelne Disziplin gemeint ist, kann der Artikel stehen.) **Wissenschaftler(in)** M(F) scientist; (≈ *Geisteswissenschaftler*) academic **wissenschaftlich** A ADJ scientific; (≈ *geisteswissenschaftlich*) academic B ADV scientifically **Wissensdrang** M̄, **Wissensdurst** M̄ (*geh*) thirst for knowledge **Wissensgebiet** N̄ field (of knowledge) **Wissenslücke** F̄ gap in one's knowledge **Wissensstand** M̄ state of knowledge **wissenswert** ADJ worth knowing **wissentlich** A ADJ deliberate B ADV deliberately

Witterung F̄ (≈ *Wetter*) weather; **bei guter ~** if the weather is good **Witterungsverhältnisse** PL weather conditions *pl*

Witwe F̄ widow **Witwer** M̄ widower

Witz M̄ [1] (≈ *Geist*) wit [2] (*Äußerung*) joke (**über** +akk about); **einen ~ machen** to make a joke; **mach keine ~e!** don't be funny; **das ist doch wohl ein ~** he/you *etc* must be joking [3] **der ~ an der Sache ist, dass ...** the great thing about it is that ... **Witzbold** M̄ joker **witzeln** VI to joke (**über** +akk about) **witzig** ADJ funny **witzlos** ADJ (*umg* ≈ *unsinnig*) pointless

wo A INTERROG, REL ADV where; **überall, wo** wherever; **wo immer ...** wherever ...; **ach** *od* **i wo!** (*umg*) nonsense! B KONJ **wo möglich** where possible **woanders** ADV somewhere else **wobei** ADV **~ ist das passiert?** how did that happen?; **~ hast du ihn erwischt?** what did you catch him doing?; **~ mir gerade einfällt** which reminds me

Woche F̄ week; **zweimal in der ~** twice a week; **in dieser ~** this week **Wochenarbeitszeit** F̄ working week **Wochenend-** weekend **Wochenendbeilage** F̄ weekend supplement **Wochenendbeziehung** F̄ long-distance relationship **Wochenende** N̄ weekend; **was machst du am ~?** what are you doing at the weekend?; **schönes ~!** have a nice weekend **Wochenendtrip** M̄ weekend trip **Wochenendurlaub** M̄ weekend holiday **Wochenkarte** F̄ weekly season ticket **wochenlang** ADJ, ADV for weeks; **nach ~em Warten** after weeks of waiting **Wochenlohn** M̄ weekly wage **Wochenmarkt** M̄ weekly market **Wochentag** M̄ weekday (*including Saturday*) **wochen-**

tags ADV on weekdays **wöchentlich** ADJ weekly

Wodka M̄ vodka

wodurch ADV [1] how [2] which **wofür** ADV [1] for what, what ... for; (≈ *warum*) why [2] for which, which ... for

Woge F̄ wave; **wenn sich die ~n geglättet haben** (*fig*) when things have calmed down

wogegen ADV [1] (*in Fragen*) against what, what ... against [2] (*relativ*) against which, which ... against **woher** ADV where ... from; **~ weißt du das?** how do you (come to) know that? **wohin** ADV where; **~ damit?** where shall I/we put it?; **~ man auch schaut** wherever you look **wohingegen** KONJ whereas

wohl A ADV [1] well; **sich ~ fühlen** → wohlfühlen; **bei dem Gedanken ist mir nicht ~** I'm not very happy at the thought; **~ oder übel** whether one likes it or not [2] (≈ *wahrscheinlich*) probably; (*iron* ≈ *bestimmt*) surely; **es ist ~ anzunehmen, dass ...** it is to be expected that ...; **du bist ~ verrückt** you must be crazy!; **das ist doch ~ nicht dein Ernst!** you can't be serious! [3] (≈ *vielleicht*) perhaps; (≈ *etwa*) about; **ob ~ noch jemand kommt?** I wonder if anybody else is coming?; **das mag ~ sein** that may well be B KONJ (≈ *zwar*) **~, aber ...** that may well be, but ... **Wohl** N̄ welfare; **zum ~!** cheers!; **auf dein ~!** your health!; **auf jds ~ trinken** to drink sb's health **wohlauf** ADJ well, in good health **Wohlbefinden** N̄ wellbeing **Wohlbehagen** N̄ feeling of wellbeing **wohlbehalten** ADV *ankommen* safe and sound **wohlbekannt** ADJ well-known **Wohlergehen** N̄ welfare **wohlerzogen** ADJ (*geh*) well-bred; *Kind* well--mannered **Wohlfahrt** F̄ (≈ *Fürsorge*) welfare **Wohlfahrtsorganisation** F̄ charitable organization **Wohlfahrtsstaat** M̄ welfare state **wohlfühlen** VR to feel happy; (≈ *wie zu Hause*) to feel at home; (*gesundheitlich*) to feel well **Wohlgefühl** N̄ feeling of wellbeing **wohlgemerkt** ADV mind (you) (⚠ nur am Satzanfang oder am Satzende) **wohlgenährt** ADJ well-fed **wohlhabend** ADJ well--to-do, prosperous **wohlig** ADJ pleasant **Wohlklang** M̄ (*geh*) melodious sound **wohlmeinend** ADJ well-meaning **wohlriechend** ADJ (*geh*) fragrant **wohlschmeckend** ADJ (*geh*) palatable **Wohlsein** N̄ **zum ~!, auf Ihr ~!** your health! **Wohlstand** M̄ (⚠ ohne **the**) affluence **Wohltat** F̄ [1] (≈ *Genuss*) relief [2] (≈ *gute Tat*) good deed **Wohltäter** M̄ benefactor **Wohltäterin** F̄ benefactress **wohltätig** ADJ charitable **Wohltätigkeit** F̄ charity **Wohltätigkeitsbasar** M̄ charity bazaar **wohltuend** ADJ (most) agreeable

wohltun _VI_ (≈ angenehm sein) to do good (jdm sb); **das tut wohl** that's good **wohlüberlegt** _ADJ_ well-thought-out; **etw ~ machen** to go after careful consideration **wohlverdient** _ADJ_ well-deserved **wohlweislich** _ADV_ very wisely **Wohlwollen** _N_ goodwill **wohlwollend** _A_ _ADJ_ benevolent _B_ _ADV_ favourably (Br), favorably (US); **einer Sache** (dat) **~ gegenüberstehen** to approve of sth

Wohnblock _M_ block of flats (Br), apartment house (US) **wohnen** _VI_ to live; (vorübergehend) to stay; **wo ~ Sie?** where do you live/are you staying? **Wohnfläche** _F_ living space **Wohngebäude** _N_ residential building **Wohngebiet** _N_, **Wohngegend** _F_ residential area **Wohngeld** _N_ housing benefit (Br), housing subsidy (US) **Wohngemeinschaft** _F_ (Menschen) people sharing a flat (Br) od apartment/house; **in einer ~ leben** to share a flat etc **wohnhaft** _ADJ_ (form) resident **Wohnhaus** _N_ residential building **Wohnheim** _N_ (bes für Arbeiter) hostel; (für Studenten) hall (of residence), dormitory (US); (für alte Menschen) home **Wohnküche** _F_ kitchen-cum-living room (Br), combined kitchen and living room (US) **wohnlich** _ADJ_ homely **Wohnmobil** _N_ camper, RV (US) **Wohnort** _M_ place of residence **Wohnraum** _M_ living room; (≈ Wohnfläche) living space **Wohnsitz** _M_ domicile; **ohne festen ~** of no fixed abode **Wohnung** _F_ flat (Br), apartment; (≈ Unterkunft) lodging **Wohnungsbau** _M_ house building (⚠ ohne the) **Wohnungsinhaber(in)** _M(F)_ householder; (≈ Eigentümer auch) owner-occupier **Wohnungslose(r)** _M(F)M_ homeless person **Wohnungsmakler(in)** _M(F)_ estate agent (bes Br), real estate agent (US) **Wohnungsmarkt** _M_ housing market **Wohnungsnot** _F_ serious housing shortage **Wohnungsschlüssel** _M_ key (to the flat (Br) od apartment) **Wohnungssuche** _F_ **auf ~ sein** to be flat-hunting (Br) od apartment-hunting (bes US) **Wohnungstür** _F_ door (to the flat (Br) od apartment) **Wohnungswechsel** _M_ change of address **Wohnviertel** _N_ residential area **Wohnwagen** _M_ caravan (Br), trailer (US) **Wohnzimmer** _N_ living room

Wok _M_ GASTR wok

wölben _A_ _VT_ to curve; Blech etc to bend _B_ _VR_ to curve; (Asphalt) to bend; (Tapete) to bulge out; (Decke, Brücke) to arch; → gewölbt **Wölbung** _F_ curvature; (bogenförmig) arch

Wolf _M_ _1_ wolf _2_ TECH shredder; (≈ Fleischwolf) mincer (Br), grinder (US) **Wölfin** _F_ she-wolf

Wolfram _N_ tungsten

Wolfsmilch _F_ BOT spurge

Wolke _F_ cloud; **aus allen ~n fallen** (fig) to be flabbergasted (umg) **Wolkenbruch** _M_ cloudburst **Wolkenkratzer** _M_ skyscraper **wolkenlos** _ADJ_ cloudless **wolkig** _ADJ_ cloudy; (fig) obscure

Wolldecke _F_ (woollen (Br) od woolen (US)) blanket **Wolle** _F_ wool

wollen[1] _ADJ_ woollen (Br), woolen (US)

wollen[2] _A_ _VI/AUX_ to want; **ich will gehen** I want to go (⚠ Das englische **I will** ist eine Form des Futurs und heißt „ich werde".); **etw haben ~** to want (to have) sth; **etw gerade tun ~** to be going to do sth; **keiner wollte etwas gehört haben** nobody would admit to hearing anything; **~ wir uns nicht setzen?** why don't we sit down?; **na, ~ wir gehen?** well, shall we go?; **komme, was da wolle** come what may _B_ _VT_ to want; **was ~ sie?** what do they want?; **ohne es zu ~** without wanting to; **das wollte ich nicht** (≈ war unbeabsichtigt) I didn't mean to (do that); **was willst du (noch) mehr!** what more do you want!; **er hat gar nichts zu ~** he has no say at all; → gewollt _C_ _VI_ **man muss nur ~** you just have to want to; **da ist nichts zu ~** there is nothing we/you can do (about it); **so Gott will** God willing; **~, dass jd etw tut** to want sb to do sth; **ich wollte, ich wäre …** I wish I were …; **ob du willst oder nicht** whether you like it or not; **wenn du willst** if you like; **ich will nach Hause** I want to go home; **zu wem ~ Sie?** whom do you want to see?

▶ **nicht wollen**

Nicht wollen im Sinne von „sich weigern, etwas zu tun", wird oft mit **won't** übersetzt:

Sie will uns nicht sagen, She won't tell us
wo der Schlüssel ist.   where the key is.

GRAMMATIK

Wolljacke _F_ cardigan **Wollmütze** _F_ woolly hat **Wollsachen** _PL_ woollens pl (Br), woolens pl (US)

Wollwaren _PL_ woollens pl (Br), woolens pl (US) **womit** _ADV_ _1_ (in Fragen) with what, what … with _2_ (relativ) with which **womöglich** _ADV_ possibly **wonach** _ADV_ _1_ (in Fragen) after what, what … after; **~ riecht das?** what does it smell of? _2_ (relativ) **das Land, ~ du dich sehnst** the land (which) you are longing for

Wonne _F_ (geh) (≈ Glückseligkeit) bliss (⚠ kein pl); (≈ Vergnügen) joy; **es ist eine wahre ~** it's a sheer delight **wonnig** _ADJ_ delightful; Gefühl blissful **woran** _ADV_ _1_ (in Fragen) **~ denkst du?** what are you thinking about?; **~ liegt das?** what's the

WORA | 1336

reason for it?; **~ ist er gestorben?** what did he die of? **2** *(relativ)* **das, ~ ich mich gerne erinnere** what I like to recall; **..., ~ ich schon gedacht hatte** ... which I'd already thought of; **~ er auch immer gestorben ist** ... whatever he died of ... **worauf** ADV **1** *(in Fragen, räumlich)* on what, what ... on; **~ wartest du?** what are you waiting for? **2** *(relativ, zeitlich)* whereupon; **das ist etwas, ~ ich mich freue** that's something I'm looking forward to **woraufhin** REL ADV whereupon **woraus** ADV **1** *(in Fragen)* out of what, what ... out of **2** *(relativ)* out of which, which ... out of; **das Buch, ~ ich gestern vorgelesen habe** the book I was reading from yesterday **worin** ADV **1** *(in Fragen)* in what, what ... in **2** *(relativ)* in which, which ... in

Workshop M workshop **Workstation** F IT work station

Wort N **1** *(≈ Vokabel)* word; **~ für ~** word for word **2** *(≈ Äußerung)* word; **das ist ein ~!** wonderful!; **mit einem ~** in a word; **mit anderen ~en** in other words; **kein ~ mehr** not another word; **ich verstehe kein ~!** I don't understand a word (of it); *(≈ kann nichts hören)* I can't hear a word (that's being said); **ein ernstes ~ mit jdm reden** to have a serious talk with sb; **ein ~ gab das andere** one thing led to another; **jdm aufs ~ glauben** to believe sb implicitly **3** *(≈ Rede)* **einer Sache** *(dat)* **das ~ reden** to put the case for sth; **jdm ins ~ fallen** to interrupt sb; **zu ~ kommen** to get a chance to speak; **sich zu ~ melden** to ask to speak; **jdm das ~ erteilen** to allow sb to speak **4** *(≈ Ausspruch)* saying; *(≈ Zitat)* quotation; *(≈ Text, Sprache)* words *pl*; **in ~en** in words; **das geschriebene/gesprochene ~** the written/spoken word; **jdm aufs ~ gehorchen** to obey sb's every word; **das letzte ~ haben** to have the last word **5** *(≈ Versprechen)* word; **auf mein ~** I give (you) my word; **jdn beim ~ nehmen** to take sb at his word; **sein ~ halten** to keep one's word **Wortart** F GRAM part of speech **wortbrüchig** ADJ **~ werden** to break one's word **Wörtchen** N **mit ihm habe ich noch ein ~ zu reden** *(umg)* I want a word with him **Wörterbuch** N dictionary **Wortführer** M spokesman **Wortführerin** F spokeswoman **wortgetreu** ADJ, ADV verbatim **wortgewandt** ADJ eloquent **wortkarg** ADJ taciturn **Wortlaut** M wording; **im ~** verbatim **wörtlich** A ADJ literal; *Rede* direct B ADV *wiedergeben, zitieren, abschreiben* verbatim; *übersetzen* literally; **das darf man nicht so ~ nehmen** you mustn't take it literally **wortlos** A ADJ silent B ADV without saying a word **Wortmeldung** F request to speak **Wortschatz** M vocabulary **Wortschöp-**

fung F neologism **Wortschwall** M torrent of words **Wortspiel** N pun **Wortwahl** F choice of words **Wortwechsel** M exchange (of words) **wortwörtlich** A ADJ word-for--word B ADV word for word

worüber ADV **1** *(in Fragen)* about what, what ... about; *(örtlich)* over what, what ... over **2** *(relativ)* about which, which ... about; *(örtlich)* over which, which ... over **worum** ADV **1** *(in Fragen)* about what, what ... about; **~ handelt es sich?** what's it about? **2** *(relativ)* about which, which ... about **worunter** ADV **1** *(in Fragen)* under what **2** *(relativ)* under which **wovon** ADV **1** *(in Fragen)* from what, what ... from **2** *(relativ)* from which, which ... from; **das ist ein Gebiet, ~ er viel versteht** that is a subject he knows a lot about **wovor** ADV **1** *(in Fragen, örtlich)* before what, what ... before; **~ fürchtest du dich?** what are you afraid of? **2** *(relativ)* before which, which ... before; **~ du dich auch fürchtest, ...** whatever you're afraid of ... **wozu** ADV **1** *(in Fragen)* to what, what ... to; *(≈ warum)* why; **~ soll das gut sein?** what's the point of that? **2** *(relativ)* to which, which ... to; **~ du dich auch entschließt, ...** whatever you decide (on) ...

Wrack N wreck

wringen VT & VI to wring

Wucher M profiteering; *(bei Geldverleih)* usury **Wucherer** M, **Wucherin** F profiteer; *(≈ Geldverleiher)* usurer **wuchern** VI **1** *(Pflanzen)* to grow rampant; *(Geschwür)* to grow rapidly **2** *(Kaufmann etc)* to profiteer; *(Geldverleiher)* to practise *(Br)* od practice *(US)* usury **Wucherpreis** M exorbitant price **Wucherung** F MED growth **Wucherzins** M exorbitant interest

Wuchs M *(≈ Wachstum)* growth; *(≈ Gestalt, Form)* stature; *(von Mensch)* build

Wucht F **1** force; **mit voller ~** with full force **2** *(umg)* **das ist eine ~!** that's smashing! *(Br umg)*, that's a hit *(US umg)* **wuchten** VT *Paket* to heave, to drag; *Gewicht* to heave

wühlen A VI **1** *(nach for)* to dig; *(Maulwurf etc)* to burrow; *(Schwein)* to root; **im Schmutz** *od* **Dreck ~** *(fig)* to wallow in the mire *od* mud **2** *(≈ suchen)* to rummage *(nach etw* for sth*)* B VR **sich durch die Menge/die Akten ~** to burrow one's way through the crowd/the files **Wühlmaus** F vole **Wühltisch** M *(umg)* bargain counter

Wulst M bulge; *(an Reifen)* bead; **ein ~ von Fett** a roll of fat **wulstig** ADJ bulging; *Rand, Lippen* thick

wund A ADJ sore; **ein ~er Punkt** a sore point B ADV **etw ~ kratzen/scheuern** to scratch/chafe sth until it's raw; **sich** *(dat)* **die Füße ~ laufen** *(wörtl)* to walk until one's feet are

WÜRZ

raw; (fig) to walk one's legs off; **sich** (dat) **die Finger ~ schreiben** (fig) to write one's fingers to the bone; **eine ~ gelegene Stelle** a bedsore **Wundbrand** M gangrene **Wunde** F wound; **alte ~n wieder aufreißen** (fig) to open up old wounds

Wunder N miracle; **wie durch ein ~** as if by a miracle; **er glaubt, ~ wer zu sein** he thinks he's marvellous (Br) od marvelous (US); **~ tun** od **wirken** to do wonders; **diese Medizin wirkt ~** this medicine works wonders; **kein ~** no wonder **wunderbar** A ADJ 1 (≈ schön) wonderful 2 (≈ übernatürlich) miraculous B ADV (≈ herrlich) wonderfully **Wunderkerze** F sparkler **Wunderkind** N child prodigy **wunderlich** ADJ (≈ merkwürdig) strange **Wundermittel** N miracle cure **wundern** A VT UNPERS to surprise; **das wundert mich nicht** I'm not surprised B VR to be surprised (über +akk at); **ich wundere mich immer wieder, wie viel er weiß** I'm always surprised at how much he knows (⚠ **I wonder** heißt nicht „ich wundere mich", sondern „ich frage mich".); **du wirst dich ~!** you'll be amazed!; **da wirst du dich aber ~!** you're in for a surprise **wunderschön** ADJ beautiful **wundervoll** A ADJ wonderful B ADV wonderfully **Wunderwerk** N miracle

Wundheit F soreness **Wundpflaster** N adhesive plaster **Wundsalbe** F ointment **Wundstarrkrampf** M tetanus

Wunsch M wish; (≈ sehnliches Verlangen) desire; (≈ Bitte) request; **nach ~** just as he/she etc wants/wanted; (≈ wie geplant) according to plan; (≈ nach Bedarf) as required; **alles geht nach ~** everything is going smoothly; **haben Sie (sonst) noch einen ~?** (beim Einkauf etc) is there anything else you would like?; **auf jds ~ hin** at sb's request; **auf allgemeinen ~ hin** by popular request **Wunschdenken** N wishful thinking **Wünschelrute** F divining rod **wünschen** A VT 1 **sich** (dat) **etw ~** to want sth; (≈ den Wunsch äußern) to ask for sth; **ich wünsche mir, dass du …** I would like you to …; **was wünschst du dir?** what do you want?; **du darfst dir etwas ~** you can make a wish; **jdm etw ~** to wish sb sth; **wir ~ dir gute Besserung/eine gute Reise** we hope you get well soon/have a pleasant journey 2 (≈ ersehen, hoffen) to wish; **ich wünschte, ich hätte dich nie gesehen** I wish I'd never seen you 3 (≈ verlangen) to want; **was ~ Sie?** (in Geschäft) can I help you?; (in Restaurant) what would you like? B VI (≈ begehren) to wish; **ganz wie Sie ~** (just) as you wish; **zu ~/viel zu ~ übrig lassen** to leave something/a great deal to be desired **wünschenswert** ADJ desirable **wunschgemäß** ADV (≈ wie erbeten) as requested; (≈ wie geplant) as planned **Wunschkind** N planned child **Wunschkonzert** N RADIO musical request programme (Br) od program (US) **Wunschliste** F wish list **wunschlos** ADV **~ glücklich** perfectly happy **Wunschtraum** M dream; (≈ Illusion) illusion **Wunschzettel** M wish list

Würde F 1 dignity; **unter jds ~ sein** to be beneath sb 2 (≈ Auszeichnung) honour (Br), honor (US); (≈ Titel) title; (≈ Amt) rank **Würdenträger(in)** M(F) dignitary **würdig** A ADJ 1 (≈ würdevoll) dignified 2 (≈ wert) worthy; **jds/einer Sache ~/nicht ~ sein** to be worthy/unworthy of sb/sth B ADV **sich verhalten** with dignity; **jdn behandeln** with respect; **vertreten** worthily **würdigen** VT (≈ anerkennen) to appreciate; (≈ lobend erwähnen) to acknowledge; (≈ respektieren) to respect; (≈ ehren) to pay tribute to; **etw zu ~ wissen** to appreciate sth

Wurf M 1 throw; (beim Kegeln etc) bowl 2 ZOOL litter

Würfel M 1 cube; **etw in ~ schneiden** to dice sth 2 (≈ Spielwürfel) dice, die (form); **die ~ sind gefallen** (fig) the die is cast **Würfelbecher** M shaker **würfeln** A VI to throw; (≈ Würfel spielen) to play at dice; **um etw ~** to throw dice for sth B VT 1 Zahl to throw 2 (≈ in Würfel schneiden) to dice **Würfelzucker** M cube sugar

Wurfgeschoss N, **Wurfgeschoß** (österr) N projectile **Wurfpfeil** M dart **Wurfsendung** F circular

würgen A VT jdn to strangle B VI (≈ mühsam schlucken) to choke; **an etw** (dat) **~** (wörtl) to choke on sth

Wurm M worm; **da ist der ~ drin** (fig umg) there's something wrong somewhere; (≈ verdächtig) there's something fishy about it (umg) **wurmen** VT UNPERS (umg) to rankle with **Wurmfortsatz** M ANAT vermiform appendix **Wurmkur** F worming treatment **wurmstichig** ADJ Holz full of wormholes

Wurst F sausage; **das ist mir (vollkommen) ~** (umg) it's all the same to me **Würstchen** N 1 **heiße** od **warme ~** hot sausages; **Frankfurter/Wiener ~** frankfurters/wienies 2 (pej: Mensch) squirt (umg); **ein armes ~** (fig) a poor soul **Würstchenbude** F ≈ hot-dog stand **wursteln** VI (umg) to muddle along; **sich durchs Leben ~** to muddle (one's way) through life **Wurstfinger** PL (pej umg) pudgy fingers pl **Wurstsalat** M sausage salad **Wurstwaren** PL sausages pl

Würze F (≈ Gewürz) seasoning, spice; (≈ Aroma) aroma; (fig ≈ Reiz) spice; (von Bier) wort

Wurzel F 1 root; **~n schlagen** (wörtl) to root; (fig) to put down roots 2 MATH root; **die ~ aus einer Zahl ziehen** to find the root of a number; **(die) ~ aus 4 ist 2** the square root of 4 is 2 **Wurzelbehandlung** F (von Zahn) root treatment **Wurzelzeichen** N MATH radical sign **Wurzelziehen** N MATH root extraction

würzen VT to season; (fig) to add spice to **würzig** A ADJ Speise tasty; (≈ scharf) spicy; Geruch etc aromatic; Luft fragrant B ADV **~ schmecken** to be spicy; (Käse) to have a sharp taste; **~ riechen** to smell spicy

Wuschelkopf M (≈ Haare) mop of curly hair

Wust M (umg) (≈ Durcheinander) jumble; (≈ Menge) pile; (≈ Kram, Gerümpel) junk (umg)

wüst A ADJ 1 (≈ öde) desolate 2 (≈ unordentlich) chaotic; (≈ ausschweifend) wild 3 (≈ rüde) Beschimpfung etc vile; (≈ arg) terrible B ADV **~ aussehen** to look a real mess; **jdn ~ beschimpfen** to use vile language to sb

Wüste F GEOG desert; (fig) waste(land) **Wüstenklima** N desert climate **Wüstensand** M desert sand

Wut F 1 (≈ Zorn, Raserei) rage; **(auf jdn/etw) eine ~ haben** to be furious (with sb/sth); **jdn in ~ bringen** to infuriate sb 2 (≈ Verbissenheit) frenzy **Wutanfall** M fit of rage; (bes von Kind) tantrum **wüten** VI (≈ toben) to rage; (≈ zerstörerisch hausen) to cause havoc; (verbal) to storm (gegen at); (Menge) to riot **wütend** ADJ furious; Proteste angry; Kampf raging; **auf jdn/etw (akk) ~ sein** to be mad at sb/sth **wutentbrannt** ADJ furious **wutverzerrt** ADJ distorted with rage

WWW N IT abk von World Wide Web WWW

X, x N X, x; **Herr X** Mr X; **er lässt sich kein X für ein U vormachen** he's not easily fooled
x-Achse F x-axis
X-Beine PL knock-knees pl; **~ haben** to be knock-kneed **x-beinig** ADJ knock-kneed
x-beliebig ADJ any old (umg); **wir können uns an einem ~en Ort treffen** we can meet anywhere you like
X-Chromosom N X-chromosome
x-fach A ADJ **die ~e Menge** MATH n times the amount B ADV so many times
x-förmig, X-förmig ADJ X-shaped
x-mal ADV (umg) umpteen times (umg)

x-te(r, s) ADJ MATH nth; (umg) nth (umg), umpteenth (umg); **zum ~n Mal(e)** for the umpteenth time (umg)
Xylofon N xylophone; **~ spielen** to play the xylophone (⚠ mit the)

Y, y N Y, y
y-Achse F y-axis
Yacht F yacht
Y-Chromosom N Y-chromosome
Yen M yen
Yeti M yeti
Yoga M od N yoga
Yogi M yogi
Ypsilon N the letter Y
Yucca F yucca
Yuppie M yuppie

Z, z N Z, z

zack INT (umg) pow **Zack** M (umg) **auf ~ bringen** to knock into shape (umg); **auf ~ sein** to be on the ball (umg) **Zacke** F, **Zacken** M point; (von Gabel) prong; (von Kamm) tooth **zackig** ADJ 1 (≈ gezackt) jagged 2 (umg) Soldat smart; Tempo, Musik brisk

zaghaft A ADJ timid B ADV timidly **Zaghaftigkeit** F timidity

zäh A ADJ tough; (≈ dickflüssig) glutinous; (≈ schleppend) Verkehr etc slow-moving; (≈ ausdauernd) dogged B ADV verhandeln tenaciously; sich widersetzen doggedly **zähflüssig** ADJ thick; Verkehr slow-moving **Zähigkeit** F toughness; (≈ Ausdauer) doggedness

Zahl F number; (≈ Ziffer, bei Geldmengen etc auch) figure; **~en nennen** to give figures; **eine fünfstellige ~** a five-figure number; **in großer ~** in large numbers

zahlbar ADJ payable (an +akk to)

zahlen VT & VI to pay; **Herr Ober, (bitte) ~!** waiter, the bill (bes Br) od check (US) please; **was habe ich (Ihnen) zu ~?** what do I owe you?

zählen A _vi_ **1** to count; **auf jdn/etw ~** to count on sb/sth **2** (≈ _gehören_) **er zählt zu den besten Schriftstellern unserer Zeit** he ranks as one of the best authors of our time **3** (≈ _wichtig sein_) to matter B _vt_ to count; **seine Tage sind gezählt** his days are numbered **Zahlenangabe** _F_ figure **zahlenmäßig** A _adj_ numerical B _adv_ **1 ~ überlegen sein** to be greater in number; **~ stark** large in number **2** (≈ _in Zahlen_) in figures **Zahlenmaterial** _n_ figures _pl_ **Zahlenschloss** _n_ combination lock **Zahlenverhältnis** _n_ (numerical) ratio **Zahler(in)** _M(F)_ payer

Zähler _M_ **1** MATH numerator **2** (≈ _Messgerät_) meter **Zählerstand** _M_ meter reading

zahllos _adj_ countless **zahlreich** _adj_ numerous **Zahltag** _M_ payday **Zahlung** _F_ payment; **in ~ nehmen** to take in part exchange; **in ~ geben** to trade in

Zählung _F_ count; (≈ _Volkszählung_) census

Zahlungsanweisung _F_ giro transfer order (_Br_), money transfer order (_US_) **Zahlungsaufforderung** _F_ request for payment **Zahlungsaufschub** _M_ extension (of credit) **Zahlungsbedingungen** _pl_ terms _pl_ (of payment) **Zahlungsempfänger(in)** _M(F)_ payee **zahlungsfähig** _adj_ able to pay; _Firma_ solvent **Zahlungsfähigkeit** _F_ ability to pay; (_von Firma_) solvency **Zahlungsfrist** _F_ time allowed for payment **zahlungskräftig** _adj_ wealthy **Zahlungsmittel** _n_ means _sg_ of payment; (≈ _Münzen, Banknoten_) currency; **gesetzliches ~** legal tender **Zahlungsschwierigkeiten** _pl_ financial difficulties _pl_ **zahlungsunfähig** _adj_ unable to pay; _Firma_ insolvent **Zahlungsunfähigkeit** _F_ inability to pay; (_von Firma_) insolvency **Zahlungsverkehr** _M_ payments _pl_ **Zahlungsweise** _F_ method of payment

Zählwerk _n_ counter

Zahlwort _n_ numeral

zahm _adj_ tame **zähmen** _vt_ to tame; (_fig_) to control **Zähmung** _F_ taming

Zahn _M_ **1** tooth; (_von Briefmarke_) perforation; (≈ _Radzahn_) cog; **Zähne bekommen** _od_ **kriegen** (_umg_) to cut one's teeth; **der ~ der Zeit** the ravages _pl_ of time; **ich muss mir einen ~ ziehen lassen** I've got to have a tooth out; **jdm auf den ~ fühlen** to sound sb out **2** (_umg_ ≈ _Geschwindigkeit_) **einen ~ draufhaben** to be going like the clappers (_umg_) **Zahnarzt** _M_, **Zahnärztin** _F_ dentist **Zahnarzthelfer(in)** _M(F)_ dental nurse **zahnärztlich** _adj_ dental; **sich ~ behandeln lassen** to go to the dentist **Zahnbehandlung** _F_ dental treatment **Zahnbelag** _M_ film on the teeth **Zahn-**

bürste _F_ toothbrush **Zahncreme** _F_ toothpaste **zähneknirschend** _adj, adv_ (_fig_) gnashing one's teeth **zahnen** _vi_ to teethe; → gezahnt **Zahnersatz** _M_ dentures _pl_ **Zahnfäule** _F_ tooth decay **Zahnfleisch** _n_ gum(s _pl_) **Zahnfleischbluten** _n_ bleeding of the gums **Zahnfüllung** _F_ filling **Zahnklammer** _F_ brace **Zahnkranz** _M_ TECH gear rim **zahnlos** _adj_ toothless **Zahnlücke** _F_ gap between one's teeth **Zahnmedizin** _F_ dentistry **Zahnpasta** _F_ toothpaste **Zahnpflege** _F_ dental hygiene **Zahnrad** _n_ cogwheel **Zahnradbahn** _F_ rack railway (_Br_), rack railroad (_US_) **Zahnschmelz** _M_ (tooth) enamel **Zahnschmerzen** _pl_ toothache (⚠ kein _pl_) **Zahnseide** _F_ dental floss **Zahnspange** _F_ brace **Zahnstein** _M_ tartar **Zahnstocher** _M_ toothpick **Zahntechniker(in)** _M(F)_ dental technician **Zahnweh** _n_ toothache

Zander _M_ ZOOL pikeperch

Zange _F_ (pair of) pliers _pl_; (≈ _Beißzange_) (pair of) pincers _pl_; (≈ _Greifzange, Zuckerzange_) (pair of) tongs _pl_; MED forceps _pl_ **Zangengeburt** _F_ forceps delivery

Zankapfel _M_ bone of contention **zanken** _vi & vr_ to quarrel; **(sich) um etw ~** to quarrel over sth **Zankerei** _F_ quarrelling (_Br_), quarreling (_US_) **zänkisch** _adj_ quarrelsome

Zäpfchen _n_ (≈ _Gaumenzäpfchen_) uvula; (≈ _Suppositorium_) suppository **zapfen** _vt_ to tap **Zapfen** _M_ (≈ _Spund_) bung, spigot; (≈ _Pfropfen_) stopper; (≈ _Tannenzapfen etc_) cone; (≈ _Holzverbindung_) tenon **Zapfenstreich** _M_ MIL tattoo, last post (_Br_), taps _sg_ (_US_) **Zapfhahn** _M_ tap **Zapfsäule** _F_ petrol pump (_Br_), gas pump (_US_)

zappelig _adj_ wriggly; (≈ _unruhig_) fidgety **zappeln** _vi_ to wriggle; (≈ _unruhig sein_) to fidget; **jdn ~ lassen** (_fig umg_) to keep sb in suspense **Zappelphilipp** _M_ fidget(er)

zappen _vi_ (TV _umg_) to zap (_umg_)

Zar _M_ tsar (⚠ mit Namen großgeschrieben) **Zarin** _F_ tsarina (⚠ mit Namen großgeschrieben)

zart A _adj_ (≈ _sanft_) soft; _Braten_ tender; (≈ _fein_) delicate; **im ~en Alter von ...** at the tender age of ...; **das ~e Geschlecht** the gentle sex B _adv_ umgehen, berühren gently **zartbesaitet** _adj_ highly sensitive **zartbitter** _adj_ _Schokolade_ plain **zartfühlend** _adj_ sensitive **Zartgefühl** _n_ sensitivity **zartgrün** _adj_ pale green **Zartheit** _F_ (_von Haut_) softness; (_von Braten_) tenderness; (_von Farben, Teint_) delicateness **zärtlich** A _adj_ tender, affectionate B _adv_ tenderly **Zärtlichkeit** _F_ **1** affection **2** (≈ _Liebkosung_) caress; **~en** (≈ _Worte_) tender words

Zäsium N = Cäsium

Zauber M (≈ *Magie*) magic; (≈ *Zauberbann*) (magic) spell; (fig ≈ *Reiz*) magic; **der ganze ~** (umg) the whole lot (umg) **Zauberei** F (≈ *das Zaubern*) magic **Zauberer** M magician; (in *Märchen etc auch*) sorcerer **zauberhaft** ADJ enchanting **Zauberin** F (female) magician; (in *Märchen etc auch*) sorceress **Zauberkünstler(in)** M(F) conjurer **Zauberkunststück** N conjuring trick **zaubern** A VI to do magic; (≈ *Kunststücke vorführen*) to do conjuring tricks B VT **etw aus etw ~** to conjure sth out of sth **Zauberspruch** M (magic) spell **Zauberstab** M (magic) wand **Zaubertrank** M magic potion **Zaubertrick** M conjuring trick **Zauberwort** N magic word

zaudern VI to hesitate

Zaum M bridle; **jdn/etw im ~(e) halten** (fig) to keep a tight rein on sb/sth **zäumen** VT to bridle **Zaumzeug** N bridle

Zaun M fence **zaundürr** ADJ (österr) thin as a rake **Zaunkönig** M ORN wren **Zaunpfahl** M (fencing) post; **jdm einen Wink mit dem ~ geben** to give sb a broad hint

z. B. abk von **zum Beispiel** eg

Zebra N zebra **Zebrastreifen** M pedestrian crossing

Zeche F 1 (≈ *Rechnung*) bill (bes Br), check (US) 2 (≈ *Bergwerk*) (coal) mine **zechen** VI to booze (umg) **Zechprellerei** F *leaving without paying the bill at a restaurant etc*

Zecke F tick

Zeder F cedar

Zeh M, **Zehe** F toe; (≈ *Knoblauchzehe*) clove; **auf (den) ~en gehen** to tiptoe; **jdm auf die ~en treten** (fig umg) to tread on sb's toes **Zehennagel** M toenail **Zehenspitze** F tip of the toe

Zeh(e) — toe

Zehe — clove

zehn NUM ten; → **vier Zehn** F ten **Zehncentstück** N ten-cent piece **Zehner** M 1 MATH ten 2 (umg) (≈ *Münze*) ten; (≈ *Geldschein*) tenner (umg) **Zehnerkarte** F (für Bus etc) 10-journey ticket; (für Schwimmbad etc) 10-visit ticket **Zehnerpackung** F packet of ten **Zehneuroschein** M ten-euro note (Br) od bill (US) **Zehnfingersystem** N touch-typing method **Zehnkampf** M SPORT decathlon **Zehnkämpfer** M decathlete **zehnmal** ADV ten times **zehntausend** NUM ten thousand; **Zehntausende von Menschen** tens of thousands of people **Zehntel** N tenth **zehntens** ADV tenth(ly) **zehnte(r, s)** ADJ tenth; → **vierte(r, s)**

Zeichen N sign; (NAT, auf Landkarte) symbol; character; (≈ *Hinweis, Signal*) signal; (≈ *Vermerk*) mark; (auf Briefköpfen) reference; **ein ~ setzen** to set an example; **als** od **zum ~** as a sign; **jdm ein ~ geben** to give sb a signal od sign; **unser/Ihr ~** (form) our/your reference; **er ist im ~** od **unter dem ~ des Widders geboren** he was born under the sign of Aries **Zeichenblock** M sketch pad **Zeichenbrett** N drawing board **Zeichendreieck** N set square (Br), triangle (US) **Zeichenerklärung** F (auf Fahrplänen etc) key (to the symbols); (auf Landkarte) legend **Zeichensetzung** F punctuation **Zeichensprache** F sign language **Zeichentrickfilm** M (animated) cartoon **zeichnen** A VI to draw; (form ≈ *unterzeichnen*) to sign B VT 1 (≈ *abzeichnen*) to draw; (≈ *entwerfen*) Plan, Grundriss to draw up; (fig ≈ *porträtieren*) to portray 2 (≈ *kennzeichnen*) to mark; → **gezeichnet** 3 FIN Aktien to subscribe (for); **gezeichnet** Kapital subscribed **Zeichner(in)** M(F) 1 artist 2 FIN subscriber (von to) **zeichnerisch** A ADJ graphic; **sein ~es Können** his drawing ability B ADV **~ begabt sein** to have a talent for drawing; **etw ~ darstellen** to represent sth in a drawing **Zeichnung** F 1 drawing; (≈ *Entwurf*) draft; (fig ≈ *Schilderung*) portrayal 2 (≈ *Muster*) patterning; (von Gefieder, Fell) markings pl 3 FIN subscription **zeichnungsberechtigt** ADJ authorized to sign

Zeigefinger M index finger **zeigen** A VI to point; **auf jdn/etw ~** to point at sb/sth B VT to show; **jdm etw ~** to show sb sth; **dem werd ichs (aber) ~!** (umg) I'll show him! C VR to appear; (Gefühle) to show; **es zeigt sich, dass …** it turns out that …; **es wird sich ~, wer Rrecht hat** we shall see who's right **Zeiger** M indicator; (≈ *Uhrzeiger*) hand; **der große/kleine ~** the big/little hand **Zeigestock** M̲ pointer

Zeile F̲ line; **zwischen den ~n lesen** to read between the lines **Zeilenabstand** M̲ line spacing **Zeilenumbruch** F̲ (**automatischer**) **~** IT wordwrap **Zeilenvorschub** M̲ IT line feed **zeilenweise** A̲D̲V̲ in lines; (≈ *nach Zeilen*) by the line

Zeisig M̲ ORN siskin

zeit P̲R̲Ä̲P̲ +gen **~ meines/seines Lebens** in my/his lifetime **Zeit** F̲ time; (≈ *Epoche*) age; **die gute alte ~** the good old days; **das waren noch ~en!** those were the days; **die ~ Goethes** the age of Goethe; **für alle ~en** for ever; **mit der ~ gehen** to move with the times; **eine Stunde ~ haben** to have an hour (to spare); **sich** (*dat*) **für jdn/etw ~ nehmen** to devote time to sb/sth; **du hast dir aber reichlich ~ gelassen** you certainly took your time (❗ mit Pronomen); **keine ~ verlieren** to lose no time; **damit hat es noch ~** there's plenty of time; **das hat ~ bis morgen** that can wait until tomorrow; **lass dir ~** take your time; **es wird höchste ~, dass er anruft** it's high time he rang (❗ Vergangenheitsform); **in letzter ~** recently; **die ganze ~ über** the whole time; **eine ~ lang** a while; **mit der ~** gradually; **es wird langsam ~, dass ...** it's about time that ...; **in der ~ von 10 bis 12** between 10 and 12 (o'clock); **seit dieser ~** since then; **zu der ~, als ...** (at the time) when ...; **alles zu seiner ~** (*sprichw*) all in good time; **von ~ zu ~** from time to time; → **zurzeit Zeitabschnitt** M̲ period (of time) **Zeitalter** N̲ age, era; **in unserem ~** in this day and age **Zeitangabe** F̲ (≈ *Datum*) date; (≈ *Uhrzeit*) time (of day) **Zeitarbeit** F̲ temporary work **Zeitarbeiter(in)** M̲F̲ temporary worker **Zeitar-**

▶ Zeit

Nach folgenden Zeitausdrücken folgt, im Gegensatz zum Deutschen, die Vergangenheitsform:

es ist Zeit, dass du gehst	**it's time you went** (= **it's time for you to go**)
es ist höchste Zeit, dass du gehst	**it's high time you went**
es wird Zeit, dass du gehst	**it's about time you went** (= **it's about time for you to go**)

GRAMMATIK ◀

beitsfirma F̲ temping agency **Zeitarbeitskraft** F̲ temp **Zeitaufwand** M̲ **mit großem ~ verbunden sein** to be extremely time-consuming **Zeitbombe** F̲ time bomb **Zeitdruck** M̲ pressure of time; **unter ~** under pressure **Zeiteinheit** F̲ time unit **Zeitenfolge** F̲ GRAM sequence of tenses **Zeitersparnis** F̲ saving of time **Zeitfenster** N̲ time slot **Zeitfrage** F̲ question of time **Zeitgeist** M̲ Zeitgeist **zeitgemäß** A̲D̲J̲ up-to-date *attr*, up tp date *präd* **Zeitgenosse** M̲, **Zeitgenossin** F̲ contemporary **zeitgenössisch** A̲D̲J̲ contemporary **Zeitgewinn** M̲ gain in time **zeitgleich** A̲D̲V̲ at the same time (*mit* as) **zeitig** A̲D̲J̲, A̲D̲V̲ early **Zeitlang** F̲ → **Zeit zeitlebens** A̲D̲V̲ all one's life **zeitlich** A̲ A̲D̲J̲ temporal; *Verzögerungen* time-related; *Reihenfolge* chronological; **aus ~en Gründen** for reasons of time; **einen hohen ~en Aufwand erfordern** to require a great deal of time B̲ A̲D̲V̲ timewise (*umg*); **~ befristet sein** to have a time limit **zeitlos** A̲D̲J̲ timeless **Zeitlupe** F̲ slow motion (❗ ohne Artikel) **Zeitlupentempo** N̲ **im ~** (*wörtl*) in slow motion; (*fig*) at a snail's pace (❗ **in slow motion** ohne **the**) **Zeitmangel** M̲ lack of time; **aus ~** for lack of time **Zeitmessung** F̲ timekeeping **zeitnah** A̲ A̲D̲J̲ 1̲ (≈ *baldig*) immediate 2̲ (≈ *zeitgenössisch*) contemporary B̲ A̲D̲V̲ (≈ *bald*) immediately, instantly **Zeitnot** F̲ shortage of time; **in ~ sein** to be pressed for time **Zeitplan** M̲ schedule **Zeitpunkt** M̲ time; (≈ *Augenblick*) moment; **zu diesem ~** at that time **Zeitraffer** M̲ **einen Film im ~ zeigen** to show a time-lapse film **zeitraubend** A̲D̲J̲ time-consuming **Zeitraum** M̲ period of time; **in einem ~ von ...** over a period of ... **Zeitrechnung** F̲ calendar; **nach christlicher ~** according to the Christian calendar **Zeitschaltuhr** F̲ timer **Zeitschrift** F̲ (≈ *Illustrierte*) magazine; (*wissenschaftlich*) periodical **Zeitspanne** F̲ period of time **zeitsparend** A̲ A̲D̲J̲ time-saving B̲ A̲D̲V̲ expeditiously; **möglichst ~ vorgehen** to save as much time as possible **Zeittafel** F̲ chronological table **Zeitumstellung** F̲ (≈ *Zeitänderung*) changing the clocks

Zeitung F̲ (news)paper **Zeitungsabonnement** N̲ subscription to a newspaper **Zeitungsanzeige** F̲ newspaper advertisement **Zeitungsartikel** M̲ newspaper article **Zeitungsausschnitt** M̲ newspaper cutting **Zeitungsbericht** M̲ newspaper report **Zeitungshändler(in)** M̲F̲ newsagent, newsdealer (*US*) **Zeitungskiosk** M̲ newsstand **Zeitungsleser(in)** M̲F̲ newspaper reader **Zeitungspapier** N newsprint; (als Altpapier) newspaper **Zeitungsredakteur(in)** MF newspaper editor

Zeitunterschied M time difference **Zeitverschiebung** F **1** time shift; (≈ Zeitunterschied) time difference; **unter der ~ leiden** to be jetlagged **2** (von Termin) rescheduling **Zeitverschwendung** F waste of time **Zeitvertrag** M temporary contract **Zeitvertreib** M way of passing the time; (≈ Hobby) pastime; **zum ~** to pass the time **zeitweilig A** ADJ temporary **B** ADV for a while; (≈ kurzzeitig) temporarily **zeitweise** ADV at times **Zeitwort** N verb **Zeitzeichen** N time signal **Zeitzeuge** M, **Zeitzeugin** F contemporary witness **Zeitzone** F time zone **Zeitzünder** M time fuse

Zelle F cell; (≈ Kabine) cabin; (≈ Telefonzelle) (phone) booth **Zellgewebe** N cell tissue **Zellkern** M nucleus (of a/the cell) **Zellstoff** M cellulose **Zellteilung** F cell division **Zellulose** F cellulose

Zelt N tent; (≈ Zirkuszelt) big top **Zeltbahn** F strip of canvas **zelten** VI to camp; **Zelten verboten** no camping **Zelter(in)** MF camper **Zelthering** M tent peg **Zeltlager** N camp **Zeltpflock** M tent peg **Zeltplane** F tarpaulin **Zeltplatz** M campsite

Zement M cement **zementieren** VT to cement; (≈ verputzen) to cement over; (fig) to reinforce **Zement(misch)maschine** F cement mixer

Zenit M zenith

zensieren VT **1** (a. v/i ≈ benoten) to mark **2** Bücher etc to censor **Zensur** F **1** (≈ Kontrolle) censorship (❗ ohne Artikel); (≈ Prüfstelle) censors pl **2** (≈ Note) mark

Zentiliter M od N centilitre (Br), centiliter (US) **Zentimeter** M od N centimetre (Br), centimeter (US) **Zentimetermaß** N (metric) tape measure

Zentner M (metric) hundredweight, 50 kg; (österr, schweiz) 100 kg

zentral A ADJ central **B** ADV centrally **Zentralbank** F central bank **Zentrale** F (von Firma etc) head office; (für Taxis, MIL) headquarters (❗ mit Verb im Singular oder Plural); (≈ Schaltzentrale) central control (office); (≈ Telefonzentrale) exchange; (von Firma etc) switchboard **Zentraleinheit** F IT central processing unit **Zentralheizung** F central heating **zentralisieren** VT to centralize **Zentralismus** M centralism **zentralistisch** ADJ centralist **Zentralnervensystem** N central nervous system **Zentralrechner** M IT mainframe **Zentralverriegelung** F AUTO central

(door) locking **zentrieren** VT to centre (Br), to center (US) **Zentrifugalkraft** F centrifugal force **Zentrifuge** F centrifuge **Zentrum** N centre (Br), center (US)

Zeppelin M zeppelin

Zepter N sceptre (Br), scepter (US) **zerbeißen** VT to chew; Knochen, Keks etc to crunch

zerbeulen VT to dent; **zerbeult** battered **zerbomben** VT to flatten with bombs; **zerbombt** Stadt, Gebäude bombed out präd, bombed-out attr

zerbrechen A VT (wörtl) to break into pieces **B** VI to break into pieces; (Glas, Porzellan etc) to smash; (fig) to be destroyed (an +dat by); (Ehe) to fall apart **zerbrechlich** ADJ fragile; alter Mensch frail **Zerbrechlichkeit** F fragility; (von altem Menschen) frailness

zerbröckeln VT & VI to crumble

zerdrücken VT to squash; Gemüse to mash; (≈ zerknittern) to crush, to crease

Zeremonie F ceremony

Zerfall M disintegration; (von Atom) decay; (von Land, Kultur) decline; (von Gesundheit) decline **zerfallen¹** VI (≈ sich auflösen) to disintegrate; (Gebäude) to fall in ruin; (Atomkern) to decay; (≈ auseinanderfallen) to fall apart; (Kultur) to decline **zerfallen²** ADJ Haus tumbledown; Gemäuer crumbling **Zerfallserscheinung** F sign of decay

zerfetzen VT to tear to pieces; Brief etc to rip up

zerfleischen VT to tear to pieces; **einander ~** (fig) to tear each other apart

zerfließen VI (Tinte, Make-up etc) to run; (Eis etc, fig: Reichtum etc) to melt away; **in Tränen ~** to dissolve into tears; **vor Mitleid ~** to be overcome with pity

zergehen VI to dissolve; (≈ schmelzen) to melt; **auf der Zunge ~** (Gebäck etc) to melt in the mouth

zerhacken VT to chop up

zerkauen VT to chew

zerkleinern VT to cut up; (≈ zerhacken) to chop (up); (≈ zermahlen) to crush

zerklüftet ADJ Tal etc rugged; Ufer indented **zerknautschen** VT (umg) to crease

zerknirscht ADJ remorseful **Zerknirschung** F remorse

zerknittern VT to crease

zerknüllen VT to crumple up

zerkochen VT & VI to cook to a pulp

zerkratzen VT to scratch

zerlassen VT to melt

zerlaufen VI to melt

zerlegbar ADJ **die Möbel waren leicht ~** the

furniture could easily be taken apart **zerlegen** VT (≈ auseinandernehmen) to take apart; Argumente to break down; (≈ zerschneiden) to cut up; BIOL to dissect; CHEM to break down **Zerlegung** F taking apart; MATH reduction; BIOL dissection

zerlesen ADJ Buch well-thumbed

zerlumpt ADJ ragged

zermahlen VT to grind

zermalmen VT to crush

zermartern VT **sich** (dat) **den Kopf** od **das Hirn ~** to rack one's brains

zermürben VT (fig) **jdn ~** to wear sb down

zerpflücken VT to pick to pieces

zerquetschen VT to squash **Zerquetschte** PL (umg) **zehn Euro und ein paar ~** ten euros something (or other)

Zerrbild N distorted picture

zerreden VT to beat to death (umg)

zerreiben VT to crumble; (fig) to crush

zerreißen A VT 1 to tear; (in Stücke) to tear to pieces; Brief etc to tear up; Land to tear apart; → zerrissen 2 (≈ kritisieren) Stück, Film to tear apart B VI (Stoff) to tear **Zerreißprobe** F (wörtl) pull test; (fig) real test

zerren A VT to drag; Sehne to pull; **sich** (dat) **einen Muskel ~** to pull a muscle B VI **an etw** (dat) **~** to tug at sth; **an den Nerven ~** to be nerve-racking

zerrinnen VI to melt (away); (fig) (Träume, Pläne) to fade away; (Geld) to disappear

zerrissen ADJ (fig) Volk, Partei strife-torn; Mensch (inwardly) torn; → zerreißen **Zerrissenheit** F (fig) (von Volk, Partei) disunity (🛑 kein pl); (von Mensch) (inner) conflict

Zerrung F (von Sehne) pulled ligament; (von Muskel) pulled muscle

zerrütten VT to destroy; Nerven to shatter; **eine zerrüttete Ehe/Familie** a broken marriage/home **Zerrüttung** F destruction; (von Ehe) breakdown; (von Nerven) shattering

zersägen VT to saw up

zerschlagen¹ A VT 1 to smash (to pieces); Glas etc to shatter 2 (fig) Widerstand to crush; Hoffnungen, Pläne to shatter; Verbrecherring etc to break; Staat to smash B VR (≈ nicht zustande kommen) to fall through; (Hoffnung) to be shattered

zerschlagen² ADJ washed out (umg)

zerschmettern VT to shatter; Feind to crush

zerschneiden VT to cut; (in Stücke) to cut up

zersetzen A VT to decompose; (Säure) to corrode; (fig) to undermine B VR to decompose; (durch Säure) to corrode; (fig) to become undermined od subverted **Zersetzung** F CHEM decomposition; (durch Säure) corrosion; (fig) (≈ Untergrabung) undermining

zersplittern A VT to shatter; Holz to splinter; Gruppe, Partei to fragment B VI to shatter; (Holz, Knochen) to splinter; (fig) to split up

zerspringen VI to shatter; (≈ einen Sprung bekommen) to crack

zerstampfen VT (≈ zertreten) to stamp on; (≈ zerkleinern) to crush; Kartoffeln etc to mash

zerstäuben VT to spray **Zerstäuber** M spray

zerstechen VT 1 (Mücken) to bite (all over); (Bienen etc) to sting (all over) 2 Haut, Reifen to puncture

zerstörbar ADJ destructible; **nicht ~** indestructible **zerstören** A VT to destroy; (Rowdys) to vandalize; Gesundheit to wreck B VI to destroy **zerstörerisch** A ADJ destructive B ADV destructively **Zerstörung** F destruction; (durch Rowdys) vandalizing **Zerstörungswut** F destructive mania

zerstreuen A VT 1 (≈ verstreuen) to scatter (in +dat over); Volksmenge etc to disperse; (fig) to dispel 2 (≈ ablenken) **jdn ~** to take sb's mind off things B VR 1 (≈ sich verteilen) to scatter; (Menge) to disperse; (fig) to be dispelled 2 (≈ sich ablenken) to take one's mind off things; (≈ sich amüsieren) to amuse oneself **zerstreut** ADJ (fig) Mensch absent-minded **Zerstreutheit** F absent-mindedness **Zerstreuung** F 1 (≈ Ablenkung) diversion; **zur ~** as a diversion 2 (≈ Zerstreutheit) absent-mindedness

zerstritten ADJ **~ sein** (Paar, Geschäftspartner) to have fallen out; (Partei) to be disunited

zerstückeln VT to cut up; Leiche to dismember

Zertifikat N certificate

zertrampeln VT to trample on

zertreten VT to crush (underfoot); Rasen to ruin

zertrümmern VT to smash; Einrichtung to smash up; Hoffnungen to destroy

Zervelatwurst F cervelat

zerzausen VT to ruffle; Haar to tousle **zerzaust** ADJ windswept

Zettel M piece of paper; (≈ Notizzettel) note; (≈ Anhängezettel) label; (≈ Handzettel) leaflet, handbill (bes US), flyer; (≈ Formular) form

Zeug N 1 (umg) stuff (🛑 kein pl, ohne a); (≈ Ausrüstung) gear (umg); (≈ Kleidung) things pl (umg) 2 (umg ≈ Unsinn) nonsense; **dummes ~ reden** to talk a lot of nonsense 3 (≈ Fähigkeit) **das ~ zu etw haben** to have (got) what it takes to be sth (umg) 4 **was das ~ hält** (umg) for all one is worth; laufen, fahren like mad; **sich für jdn ins ~ legen** (umg) to stand up for sb; **sich ins ~ legen** to go flat out (bes Br) od all out (US)

Zeuge M, **Zeugin** F JUR, fig witness (+gen to);

vor *od* **unter ~n** in front of witnesses
zeugen[1] V/T *Kind* to father
zeugen[2] V/I **1** (≈ *aussagen*) to testify; (*bes vor Gericht*) to give evidence **2 von etw ~** to show sth
Zeugenaussage F testimony **Zeugenbank** F witness box (*Br*), witness stand (*US*) **Zeugenstand** M witness box (*Br*), witness stand (*US*) **Zeugin** F witness **Zeugnis** N **1** (≈ *Zeugenaussage, Beweis*) evidence; **für/gegen jdn ~ ablegen** to testify for/against sb **2** (≈ *Schulzeugnis*) report **3** (≈ *Bescheinigung*) certificate; (*von Arbeitgeber*) reference **Zeugnisheft** N SCHULE report card **Zeugnisverweigerungsrecht** N right of a witness to refuse to give evidence
Zeugung F fathering **zeugungsfähig** ADJ fertile **Zeugungsfähigkeit** F fertility **zeugungsunfähig** ADJ sterile **Zeugungsunfähigkeit** F sterility
Zicke F **1** *(pej umg ≈ Frau)* silly cow (*umg*) **Zicken** PL (*umg*) **mach bloß keine ~!** no nonsense now!; **~ machen** to make trouble **zickig** ADJ (*umg*) **1** uptight; (≈ *aggressiv*) bitchy **2** (≈ *prüde*) prudish
Zickzack M zigzag; **im ~ laufen** to zigzag
Ziege F **1** goat; (*weiblich*) (nanny) goat **2** *(pej umg ≈ Frau)* cow (*umg*)
Ziegel M (≈ *Backstein*) brick; (≈ *Dachziegel*) tile **Ziegelstein** M brick
Ziegenbock M billy goat **Ziegenkäse** M goat's milk cheese **Ziegenleder** N kid (leather) **Ziegenmilch** F goat's milk **Ziegenpeter** M mumps *sg*
ziehen A V/T **1** to pull; **etw durch etw ~** to pull sth through sth; **es zog ihn in die weite Welt** he felt drawn toward(s) the big wide world; **unangenehme Folgen nach sich ~** to have unpleasant consequences **2** (≈ *herausziehen*) to pull out *(aus of)*; *Zahn, Fäden* to take out; *Los* to draw; **Zigaretten (aus dem Automaten) ~** to get cigarettes from the machine **3** (≈ *zeichnen*) *Kreis, Linie* to draw **4** (≈ *verlegen*) *Graben* to dig; *Mauer* to build; *Zaun* to put up; *Grenze* to draw **5** (≈ *züchten*) *Blumen* to grow; *Tiere* to breed **B** V/I **1** (≈ *zerren*) to pull; **an etw** (*dat*) **~** to pull (on *od* at) sth **2** (≈ *umziehen*) to move; **nach Bayern ~** to move to Bavaria **3** (*Soldaten, Volksmassen*) to march; (≈ *durchstreifen*) to wander; (*Wolken*) to drift; (*Vögel*) to fly; **durch die Stadt ~** to wander about the town; **in den Krieg ~** to go to war **4** (≈ *Zug haben, Ofen*) to draw; **an der Pfeife/Zigarette ~** to take a drag on one's pipe/cigarette **5** *(umg ≈ Eindruck machen)* **so was zieht beim Publikum/bei mir nicht** the public/I don't like that sort of thing; **so was zieht immer** that sort of thing always goes down well **6** (≈ *sieden*:

Tee) to draw **C** V/UNPERS **es zieht** there's a draught (*Br*) *od* draft (*US*) **D** V/R **sich ~ 1** (≈ *sich erstrecken*) to extend; **dieses Treffen zieht sich!** this meeting is dragging on! **2** (≈ *sich dehnen*) to stretch; (*Holz*) to warp **Ziehharmonika** F concertina; (*mit Tastatur*) accordion (🔴 Vorsicht, mit „i") **Ziehung** F draw
Ziel N **1** (≈ *Reiseziel*) destination; (≈ *Absicht*) goal; **mit dem ~ ...** with the aim ...; **etw zum ~ haben** to have sth as one's goal; **sich** (*dat*) **ein ~ setzen** to set oneself a goal; **am ~ sein** to be at one's destination; (*fig*) to have reached *od* achieved one's goal **2** SPORT finish; **durchs ~ gehen** to cross the finishing line **3** (MIL, *fig*) target; **über das ~ hinausschießen** (*fig*) to overshoot the mark **zielen** V/I (*Mensch*) to aim (*auf +akk, nach* at); (*fig: Kritik etc*) to be aimed (*auf +akk* at); → geziert **Zielfernrohr** N telescopic sight **Zielgerade** F home straight **Zielgruppe** F target group **Ziellinie** F SPORT finishing line **ziellos** A ADJ aimless **B** ADV aimlessly **Zielscheibe** F target **Zielsetzung** F target **zielsicher** A ADJ unerring; *Handeln* purposeful **B** ADV unerringly **zielstrebig** ADJ determined **Zielstrebigkeit** F determination
ziemlich A ADJ *Strecke* considerable; *Vermögen* sizable; **das ist eine ~e Frechheit** that's a real cheek (*Br*), that's really fresh (*US*); **eine ~e Anstrengung** quite an effort; **mit ~er Sicherheit** fairly certainly **B** ADV **1** quite; *sicher, genau* reasonably; **wir haben uns ~ beeilt** we've hurried quite a bit; **~ lange** quite a long time; **~ viel** quite a lot **2** *(umg ≈ beinahe)* almost; **so ~ alles** just about everything; **so ~ dasselbe** pretty much the same
Zierde F ornament; (≈ *Schmuckstück*) adornment; **zur ~** for decoration **zieren** A V/T to adorn; *Speisen* to garnish; *Kuchen* to decorate; (*fig ≈ auszeichnen*) to grace **B** V/R (≈ *sich bitten lassen*) to make a fuss; **ohne sich zu ~** without having to be pressed; **zier dich nicht!** don't be shy; → geziert **Zierfisch** M ornamental fish **Ziergarten** M ornamental garden **Zierleiste** F border; (*an Auto*) trim **zierlich** ADJ dainty; *Porzellanfigur etc* delicate
Ziffer F **1** (≈ *Zahlzeichen*) digit; (≈ *Zahl*) figure; **römische/arabische ~n** roman/arabic numerals; **eine Zahl mit drei ~n** a three-figure number **2** (*eines Paragrafen*) clause **Zifferblatt** N (*an Uhr*) dial; (*von Armbanduhr*) (watch) face
zig ADJ (*umg*) umpteen (*umg*)
Zigarette F cigarette **Zigarettenanzünder** M (*in Auto*) cigar lighter **Zigarettenautomat** M cigarette machine **Zigarettenpapier** N cigarette paper **Zigaretten-**

pause F̲ cigarette break **Zigaretten-schachtel** F̲ cigarette packet *od* pack (*bes US*)
Zigarillo M̲ *od* N̲ cigarillo
Zigarre F̲ cigar
Zigeuner(in) M̲/F̲ (*neg!*) gypsy **zigeunern** V̲I̲ (*umg*) to rove
zigmal A̲D̲V̲ (*umg*) umpteen times (*umg*)
Zimmer N̲ room; **sie ist auf ihrem ~** she's in her room; **„Zimmer frei"** "vacancies" **Zimmerantenne** F̲ indoor aerial (*Br*) *od* antenna (*US*) **Zimmerdecke** F̲ ceiling **Zimmerhandwerk** N̲ carpentry **Zimmerkellner** M̲ room waiter **Zimmerkellnerin** F̲ room waitress **Zimmerlautstärke** F̲ low volume **Zimmermädchen** N̲ chambermaid **Zimmermann** M̲ carpenter **zimmern** A̲ V̲T̲ to make from wood B̲ V̲I̲ **an etw** (*dat*) **~** (*wörtl*) to make sth from wood; (*fig*) to work on sth **Zimmernachweis** M̲ accommodation service **Zimmerpflanze** F̲ house plant **Zimmerservice** M̲ room service **Zimmersuche** F̲ **auf ~ sein** to be looking for rooms/a room **Zimmervermittlung** F̲ accommodation service
zimperlich A̲D̲J̲ (≈ *überempfindlich*) nervous (*gegen* about); (*beim Anblick von Blut etc*) squeamish; (≈ *prüde*) prissy; (≈ *wehleidig*) soft; **da darf man nicht so ~ sein** you can't afford to be soft
Zimt M̲ cinnamon
Zink N̲ zinc
Zinke F̲ (*von Gabel*) prong; (*von Kamm, Rechen*) tooth
zinken V̲T̲ *Karten* to mark
Zinn N̲ **1** tin **2** (≈ *Legierung, Zinnprodukte*) pewter **Zinnbecher** M̲ pewter tankard **zinnen** A̲D̲J̲ pewter **Zinnfigur** F̲ pewter figure
zinnoberrot A̲D̲J̲ vermilion
Zinnsoldat M̲ tin soldier
Zins¹ M̲ (*südd, österr, schweiz*) (≈ *Mietzins*) rent
Zins² M̲ (≈ *Geldzins*) interest (🛈 *kein pl*); **~en bringen** to earn interest; **mit ~en** with interest **Zinsabschlagsteuer** F̲ tax on interest payments **Zinseinkünfte** P̲L̲ interest income (🛈 *kein pl*) **Zinseszins** M̲ compound interest **zinsfrei** A̲ A̲D̲J̲ **1** (≈ *frei von Abgaben*) tax-free; (*südd, österr, schweiz*) (≈ *mietfrei*) rent-free **2** *Darlehen* interest-free B̲ A̲D̲V̲ *Geld leihen* interest-free **Zinsfuß** M̲ interest rate **zinslos** A̲D̲J̲,A̲D̲V̲ interest-free **Zinsniveau** N̲ level of interest rates **Zinssatz** M̲ interest rate; (*bei Darlehen*) lending rate **Zinssenkung** F̲ reduction in the interest rate **Zinssteuer** F̲ tax on interest
Zionismus M̲ Zionism **zionistisch** A̲D̲J̲ Zionist
Zipfel M̲ (*von Tuch, Decke*) corner; (*von Mütze*)

point; (*von Hemd, Jacke*) tail; (*von Wurst*) end; (*von Land*) tip **Zipfelmütze** F̲ pointed cap
Zipp® M̲ (*österr*) zip
zippen V̲T̲ & V̲I̲ IT to zip
Zirbeldrüse F̲ pineal body
Zirbelkiefer F̲ Swiss *od* stone pine
zirka A̲D̲V̲ about
Zirkel M̲ **1** (≈ *Gerät*) pair of compasses; (≈ *Stechzirkel*) pair of dividers **2** (≈ *Kreis*) circle
Zirkulation F̲ circulation **zirkulieren** V̲I̲ to circulate
Zirkumflex M̲ LING circumflex
Zirkus M̲ circus; (≈ *Getue*) fuss **Zirkuszelt** N̲ big top
Zirrhose F̲ cirrhosis
Zirruswolke F̲ cirrus (cloud)
zischeln V̲I̲ to whisper
zischen A̲ V̲I̲ to hiss; (*Limonade*) to fizz; (*Fett, Wasser*) to sizzle B̲ V̲T̲ (≈ *zischend sagen*) to hiss
Zisterne F̲ well
Zitat N̲ quotation
Zither F̲ zither
zitieren V̲T̲ **1** *Textstelle* to quote; *Beispiel* to cite **2** (≈ *vorladen, rufen*) to summon (*vor* +*akk* before, *an* +*akk, zu* to)
Zitronat N̲ candied lemon peel **Zitrone** F̲ lemon; **jdn wie eine ~ auspressen** to squeeze sb dry **zitronengelb** A̲D̲J̲ lemon yellow **Zitronenlimonade** F̲ lemonade **Zitronenpresse** F̲ lemon squeezer **Zitronensaft** M̲ lemon juice **Zitronensäure** F̲ citric acid **Zitronenschale** F̲ lemon peel **Zitrusfrucht** F̲ citrus fruit
zitt(e)rig A̲D̲J̲ shaky **zittern** V̲I̲ to tremble; (≈ *erschüttert werden*) to shake; **mir ~ die Knie** my knees are shaking; **vor Kälte ~** to shiver with cold; **vor jdm ~** to be terrified of sb **Zittern** N̲ **1** (≈ *Beben*) shaking; (*vor Kälte*) shivering; (*von Stimme*) quavering **2** (≈ *Erschütterung*) shaking **Zitterpappel** F̲ aspen (tree) **Zitterpartie** F̲ (*fig*) nail-biter (*umg*)
Zitze F̲ teat
zivil A̲D̲J̲ **1** (≈ *nicht militärisch*) civilian; *Schaden* non-military; **im ~en Leben** in civilian life (🛈 *ohne the*); **~er Ersatzdienst** community service (*as alternative to military service*) (🛈 *ohne the*) **2** (*umg* ≈ *anständig*) civil; *Preise* reasonable **Zivil** N̲ (*nicht Uniform*) civilian clothes *pl*; **Polizist in ~** plain-clothes policeman **Zivilbevölkerung** F̲ civilian population **Zivilcourage** F̲ courage (*to stand up for one's beliefs*) **Zivildienst** M̲ community service (*as alternative to military service*) (🛈 *ohne the*) **Zivildienstleistende(r)** M̲/F̲(M̲) person doing community service (*instead of military service*) **Zivilfahnder(in)** M̲/F̲ plain-clothes policeman/-woman

Zivilisation F civilization **Zivilisations-krankheit** F illness caused by today's lifestyle **zivilisieren** VT to civilize **zivilisiert** A ADJ civilized B ADV **sich ~ benehmen** to behave in a civilized manner **Zivilist(in)** M(F) civilian **Zivilkammer** F civil division **Zivilperson** F civilian **Zivilprozess** M civil action **Zivilprozessordnung** F JUR code of civil procedure **Zivilrecht** N civil law **zivilrechtlich** ADJ civil law attr, of civil law; Prozess civil attr; **jdn ~ verfolgen** to bring a civil action against sb
Zivilschutz M civil defence (Br) od defense (US)
Znüni M (schweiz) morning break
zocken VI (umg) to gamble **Zocker(in)** M(F) (umg) gambler
Zoff M (umg ≈ Ärger) trouble
zögerlich ADJ hesitant **zögern** VI to hesitate; **er zögerte lange mit der Antwort** he hesitated (for) a long time before replying **Zögern** N hesitation **zögernd** A ADJ hesitant B ADV hesitantly
Zölibat N od M celibacy
Zoll¹ M (≈ Längenmaß) inch
Zoll² M 1 (≈ Warenzoll) customs duty; (≈ Straßenzoll) toll; **einem ~ unterliegen** to carry duty 2 (≈ Stelle) **der ~** customs pl; **durch den ~ kommen** to get through customs (⚠ **ohne the**) **Zollabfertigung** F (≈ Vorgang) customs clearance **Zollamt** N customs house **Zollbeamte(r)** M, **Zollbeamtin** F customs officer
zollen VT **jdm Anerkennung/Achtung/Beifall ~** to acknowledge/respect/applaud sb
Zollerklärung F customs declaration **Zollfahnder(in)** M(F) customs investigator **Zollfahndung** F customs investigation department **zollfrei** ADJ, ADV duty-free **Zollgebühr** F (customs) duty **Zollkontrolle** F customs check **Zolllager** N bonded warehouse **Zöllner(in)** M(F) (umg ≈ Zollbeamter) customs officer **Zollpapiere** PL customs documents pl **zollpflichtig** ADJ dutiable **Zollstock** M ruler **Zolltarif** M customs tariff **Zollunion** F customs union
Zombie M zombie
Zone F zone; (von Fahrkarte) fare stage
Zoo M zoo **Zoohandlung** F pet shop (Br) od store (US) **Zoologe** M, **Zoologin** F zoologist **Zoologie** F zoology **zoologisch** ADJ zoological
Zoom N zoom shot; (≈ Objektiv) zoom lens **Zoomobjektiv** N zoom lens
Zopf M 1 (≈ Haartracht) pigtail, plait; **Zöpfe tragen** to wear one's hair in pigtails; **ein alter ~** (fig) an antiquated custom 2 (≈ Gebäck) plaited

loaf
Zorn M anger; **in ~ geraten** to fly into a rage; **im ~** in a rage; **einen ~ auf jdn haben** to be furious with sb **Zornausbruch** M fit of anger **zornig** A ADJ angry; **~ werden** to lose one's temper; **auf jdn ~ sein** to be angry with sb B ADV angrily
Zote F dirty joke
zottelig ADJ (umg) Haar, Fell shaggy **zottig** ADJ Fell, Tier shaggy

---

ZU

A Präposition	B Adverb
C Adjektiv	D Konjunktion

— **A Präposition** —

+dat 1 (örtlich) to; **zum Bahnhof** to the station; **bis zu** as far as; **zum Meer hin** toward(s) the sea; **sie sah zu ihm hin** she looked toward(s) him; **die Tür zum Keller** the door to the cellar; **sich zu jdm setzen** to sit down next to sb; **setz dich doch zu uns** come and sit with us 2 (zeitlich) at; **zu Mittag** (≈ am Mittag) at midday; **die Zahlung ist zum 15. April fällig** the payment is due on 15th April; **zum 31. Mai kündigen** to give in (Br) od turn in (US) one's notice for 31st May 3 (Zusatz) **Wein zum Essen trinken** to drink wine with one's meal; **nehmen Sie Milch zum Kaffee?** do you take milk in your coffee?; **etw zu etw tragen** (Kleidung) to wear sth with sth 4 (Zweck) for; **Wasser zum Waschen** water for washing; **Papier zum Schreiben** paper to write on; **das Zeichen zum Aufbruch** the signal to leave; **zur Erklärung** by way of explanation 5 (Anlass) **etw zum Geburtstag bekommen** to get sth for one's birthday; **zu Ihrem 60. Geburtstag** on your 60th birthday; **jdm zu etw gratulieren** to congratulate sb on sth; **jdn zum Essen einladen** to invite sb for a meal; **jdn zu etw vernehmen** to question sb about sth 6 (Veränderung) into; **zu etw werden** to turn into sth; **jdn/etw zu etw machen** to make sb/sth (into) sth; **jdn zum König wählen** to choose sb as king; **jdn zu etw ernennen** to nominate sb sth 7 (Verhältnis) **Liebe zu jdm** love for sb; **meine Beziehung zu ihm** my relationship with him; **im Vergleich zu** in comparison with; **im Verhältnis drei zu zwei** MATH in the ratio (of) three to two; **das Spiel steht 3:2** the score is 3-2 (⚠ in GB gesprochen **three two**, in den USA gesprochen **three to two**) 8 (bei Zahlenangaben) **zu zwei Prozent** at two per cent (Br) od percent (US); **fünf (Stück) zu 80 Cent** five for 80 cents; **zum**

halben Preis at half price

— **B** Adverb —

1 (≈ *allzu*) too; **zu sehr** too much **2** (≈ *geschlossen*) shut; **auf/zu** (*an Hähnen etc*) on/off; **die Geschäfte haben jetzt zu** the shops are shut now **3** (*umg* ≈ *los, weiter*) **immer** *od* **nur zu!** just keep on! **4** (*örtlich*) toward(s); **nach hinten zu** toward(s) the back; **auf den Wald zu** toward(s) the forest

— **C** Adjektiv —

(*umg* ≈ *geschlossen*) shut; → **zu sein**

— **D** Konjunktion —

to; **etw zu essen** sth to eat; **er hat zu gehorchen** he has to do as he's told; **nicht mehr zu gebrauchen** no longer usable; **ich habe noch zu arbeiten** I still have some work to do; **ohne es zu wissen** without knowing it; **um besser sehen zu können** in order to see better; **der zu prüfende Kandidat** the candidate to be examined

zuallererst ADV first of all **zuallerletzt** ADV last of all

zubauen V/T *Lücke* to fill in; *Platz, Gelände* to build up; *Blick* to block with buildings/a building

Zubehör N *od* M equipment (❗ kein *pl*); (≈ *Kleidung*) accessories *pl*; **Küche mit allem ~** fully equipped kitchen

zubeißen V/I to bite

zubekommen V/T (*umg*) *Kleidung* to get done up; *Tür, Fenster* to get shut

zubereiten V/T to prepare **Zubereitung** F preparation

zubilligen V/T **jdm etw ~** to grant sb sth

zubinden V/T to tie up; **jdm die Augen ~** to blindfold sb

zubleiben V/I (*umg*) to stay shut

zubringen V/T (≈ *verbringen*) to spend **Zubringer** M **1** TECH conveyor **2** (≈ *Straße*) feeder road **3** (*a.* **Zubringerbus**) shuttle (bus) **Zubringerdienst** M shuttle service **Zubringerstraße** F feeder road

Zubrot N extra income

Zucchini F courgette (*Br*), zucchini (*US*)

Zucht F **1** (≈ *Disziplin*) **~ (und Ordnung)** discipline **2** (*von Tieren*) breeding; (*von Pflanzen*) growing; (*von Bakterien, Perlen*) culture; **die ~ von Pferden** horse breeding **züchten** V/T to breed; *Bienen* to keep; *Pflanzen* to grow; *Perlen, Bakterien* to cultivate **Züchter(in)** M(F) (*von Tieren*) breeder; (*von Pflanzen*) grower; (*von Bienen*) keeper **Zuchthaus** N (≈ *Gebäude*) prison (*for serious offenders*), penitentiary (*US*) **Züchtigung** F beating; **körperliche ~** corporal punishment **Zuchtperle** F cultured pearl **Zuchttier** N breeding animal **Züchtung** F (*von Tieren*) breeding; (*von Bienen*) keeping; (*von Pflanzen*)

growing **Zuchtvieh** N breeding cattle

zuckeln V/I (*umg*) to jog

zucken V/I **1** (*nervös*) to twitch; (*vor Schreck*) to start; (*vor Schmerzen*) to flinch **2** (*Blitz*) to flash; (*Flammen*) to flare up

zücken V/T *Messer, Pistole* to pull out; (*umg*) *Notizbuch, Brieftasche* to pull out

Zucker M **1** sugar; **ein Stück ~** a lump of sugar **2** (MED ≈ *Zuckergehalt*) sugar; (≈ *Krankheit*) diabetes *sg*; **~ haben** (*umg*) to be a diabetic **Zuckerdose** F sugar bowl **Zuckererbse** F mangetout (pea) (*Br*), snow pea (*US*), sugar pea (*US*) **zuckerfrei** ADJ sugar-free **Zuckergehalt** M sugar content **Zuckerguss** M icing, frosting (*bes US*) **zuckerkrank** ADJ diabetic **Zuckerkranke(r)** M/F(M) diabetic **Zuckerkrankheit** F diabetes *sg* **Zuckerl** N (*südd, österr*) sweet (*Br*), candy (*US*) **Zuckerlecken** N **das ist kein ~** (*umg*) it's no picnic (*umg*) **zuckern** V/T to put sugar in **Zuckerrohr** N sugar cane **Zuckerrübe** F sugar beet **Zuckerspiegel** M MED (blood) sugar level **zuckersüß** ADJ as sweet as sugar **Zuckerwatte** F candy floss **Zuckerzange** F sugar tongs *pl*

Zuckung F twitch; (*stärker: krampfhaft*) convulsion

zudecken V/T to cover; (*im Bett*) to tuck up *od* in

zudem ADV (*geh*) moreover

zudrehen V/T *Wasserhahn etc* to turn off; (≈ *zuwenden*) to turn (+*dat* to)

zudringlich ADJ *Art* pushy (*umg*); *Nachbarn* intrusive; **~ werden** (*zu jdm*) to make advances (*zu* to)

zueinander ADV (≈ *gegenseitig*) to each other; *Vertrauen haben* in each other

zueinanderpassen V/I to go together; (*Menschen*) to suit each other

zuerkennen V/T to award (*jdm to sb*); *Recht* to grant (*jdm etw* sb sth)

zuerst ADV **1** first; **ich kam ~ an** I was (the) first to arrive; **das muss ich morgen früh ~ machen** I must do that first thing tomorrow (morning) **2** (≈ *anfangs*) at first; **~ muss man ...** first (of all) you have to ...

zufahren V/I **auf jdn ~** (*mit Kfz*) to drive toward(s) sb; (*mit Fahrrad*) to ride toward(s) sb **Zufahrt** F approach (road); (≈ *Einfahrt*) entrance; (*zu einem Haus*) drive(way) **Zufahrtsstraße** F access road; (*zur Autobahn*) approach road

Zufall M chance, accident; (≈ *Zusammentreffen*) coincidence; **das ist ~** it's pure chance; **durch ~** (quite) by chance; **es ist kein ~, dass ...** it's no accident that ...; **es war ein glücklicher ~, dass ...** it was lucky that ...; **wie es der ~ so will** as chance would have it (❗ ohne **the**); **etw dem ~ überlassen** to leave sth to chance

zufallen _vi_ **1** (≈ sich schließen) (Fenster etc) to close; **ihm fielen beinahe die Augen zu** he could hardly keep his eyes open **2 jdm ~** (Erbe) to pass to sb; (Preis etc) to go to sb; (Aufgabe) to fall to sb

zufällig A _adj_ chance attr; **das war rein ~ it** was pure chance; **es ist nicht ~, dass er …** it's no accident that he … **B** _adv_ by chance; (bei Fragen) by any chance; (bes bei Zusammentreffen von Ereignissen) coincidentally; **er ging ~ vorüber** he happened to be passing **Zufallsgenerator** _m_ random generator; (für Zahlen) random-number generator **Zufallstreffer** _m_ fluke

zufassen _vi_ (≈ zugreifen) to take hold of it/them; (Hund) to make a grab; (fig ≈ schnell handeln) to seize an/the opportunity

zufliegen _vi_ **1 auf etw** (akk) **~** to fly toward(s) od (direkt) into sth **2** (+dat) to fly to; **der Vogel ist uns zugeflogen** the bird flew into our house; **ihm fliegt alles nur so zu** (fig) everything comes so easily to him

Zuflucht _f_ refuge (a. fig), shelter (vor +dat from); **~ suchen** to seek refuge; **zu etw ~ nehmen** (fig) to resort to sth

Zufluss _m_ influx, inflow; (MECH ≈ Zufuhr) supply

zufolge _präp_ +dat od +gen (form) (≈ gemäß) according to

zufrieden A _adj_ contented, content präd; **ein ~es Gesicht machen** to look pleased; **mit jdm/etw ~ sein** to be satisfied with sb/sth; **er ist nie ~** he's never satisfied **B** _adv_ contentedly; **~ lächeln** to smile contentedly **zufriedengeben** _vr_ **sich mit etw ~** to be content with sth **Zufriedenheit** _f_ contentedness; (≈ Befriedigtsein) satisfaction **zufriedenlassen** _vt_ to leave alone **zufriedenstellen** _vt_ to satisfy; **eine wenig ~de Antwort** a less than satisfactory answer

zufrieren _vi_ to freeze (over)

zufügen _vt_ **1** Leid, Schmerz to cause; Niederlage to inflict; **jdm Schaden ~** to harm sb **2** (≈ hinzufügen) to add

Zufuhr _f_ (≈ Versorgung) supply (in +akk, nach to); (METEO: von Luftstrom) influx **zuführen A** _vt_ +dat **1** (≈ versorgen mit) to supply; IT Papier to feed (+dat to) **2** (≈ bringen) to bring; **einem Geschäft Kunden ~** to bring customers to a business **B** _vi_ **auf etw** (akk) **~** to lead to sth

Zug¹ _m_ **1** (≈ Ziehen) pull (an +dat on, at); (≈ Zugkraft, Spannung) tension **2** (≈ Luftzug) draught (Br), draft (US); (≈ Atemzug) breath; (an Zigarette) puff; (≈ Schluck) gulp; **das Glas in einem ~ leeren** to empty the glass with one gulp; **etw in vollen Zügen genießen** to enjoy sth to the full; **in**

den letzten Zügen liegen (umg) to be on one's last legs (umg) **3** (beim Schwimmen) stroke; (beim Rudern) pull (mit at); (bei Brettspiel) move; **~ um ~** (fig) step by step; **nicht zum ~e kommen** (umg) not to get a look-in (umg); **du bist am ~** it's your move

Zug² _m_ (≈ Eisenbahnzug) train; **mit dem ~ fahren** to go by train (❗ ohne **the**)

Zug³ _m_ (≈ Gesichtszug) feature; (≈ Charakterzug) characteristic; (≈ Anflug) touch; **das ist kein schöner ~ von ihm** that's not one of his nicer characteristics

Zug⁴ _n_ (Kanton und Stadt) Zug

Zugabe _f_ extra; MUS, THEAT encore

Zugabteil _n_ train compartment

Zugang _m_ **1** (≈ Eingang) entrance; (≈ Zutritt) admittance; (fig) access; **„kein ~"** "no entry" **2** (von Patienten) admission; (von Waren) receipt **zugänglich** _adj_ accessible; Mensch approachable; **der Öffentlichkeit ~** open to the public; **für etw nicht ~ sein** not to respond to sth

Zugbegleiter(in) _m(f)_ BAHN guard (Br), conductor (US) **Zugbrücke** _f_ drawbridge

zugeben _vt_ **1** (≈ zusätzlich geben) **jdm etw ~** to give sb sth extra **2** GASTR to add **3** (≈ zugestehen) to admit; **jdm gegenüber etw ~** to confess sth to sb; **zugegeben** admittedly; **gibs zu!** admit it! **zugegebenermaßen** _adv_ admittedly

zugehen A _vi_ **1** (Tür, Deckel) to shut **2 auf jdn/ etw ~** to approach sb/sth; **aufeinander ~** to approach one another; (fig a.) to compromise; **es geht nun auf den Winter zu** winter is drawing in; **er geht schon auf die siebzig zu** he's getting on for seventy; **dem Ende ~** to near its end **3** (+dat, Nachricht, Brief etc) to reach **B** _vi_ _unpers_ **1 dort geht es … zu** things are … there; **es ging sehr lustig zu** (umg) we/they etc had a great time (umg) **2** (≈ geschehen) to happen

Zugehörigkeit _f_ (zu Land, Glauben) affiliation; (≈ Mitgliedschaft) membership (zu of)

zugeknöpft _adj_ (fig umg) Mensch reserved; → zuknöpfen

Zügel _m_ rein; **die ~ fest in der Hand haben** (fig) to have things firmly in hand; **die ~ locker lassen** (fig) to give free rein (bei to) **zügeln A** _vt_ Pferd to rein in; (fig) to curb **B** _vr_ to restrain oneself **C** _vi_ (schweiz ≈ umziehen) to move (house)

Zugeständnis _n_ concession (+dat, an +akk to) **zugestehen** _vt_ (≈ einräumen) to concede; (≈ zugeben) to admit; **jdm etw ~** (≈ einräumen) to grant sb sth

zugetan _adj_ **jdm/einer Sache ~ sein** to be fond of sb/sth

Zugezogene(r) _m/f(m)_ newcomer

Zugführer(in) _m(f)_ BAHN chief guard (Br) od

1349 | ZULE

conductor (US)

zugießen V̄T̄ **1** (≈ hinzugießen) to add **2** (mit Beton etc) to fill (in)

zugig ADJ draughty (Br), drafty (US)

zügig A ADJ swift B ADV quickly

zugleich ADV at the same time

Zugluft F̄ draught, draft (US) **Zugpferd** N̄ carthorse; (fig) crowd puller

zugreifen V̄Ī **1** (≈ schnell nehmen) to grab it/them; (fig) to get in quickly (umg); (bei Tisch) to help oneself; **greifen Sie bitte zu!** please help yourself! **2** IT **auf etw** (akk) ~ to access sth **Zugriff** M̄ **1** **durch raschen** ~ by stepping in quickly; **sich dem** ~ **der Polizei/Gerichte entziehen** to evade justice **2** IT access (auf +akk to) **Zugriffszeit** F̄ access time

zugrunde ADV **1** ~ **gehen** to perish; **jdn/etw** ~ **richten** to destroy sb/sth; (finanziell) to ruin sb/sth **2** **einer Sache** (dat) ~ **liegen** to underlie sth; ~ **liegend** underlying

Zugtier N̄ draught animal (Br), draft animal (US)

zugucken V̄Ī = zusehen 1

Zugunglück N̄ train accident

zugunsten PRÄP +gen od +dat ~ **(von)** in favour (Br) od favor (US) of

zugutehalten V̄T̄ **jdm etw** ~ to grant sb sth **zugutekommen** V̄Ī **jdm** ~ to be of benefit to sb; (Geld, Erlös) to benefit sb; **jdm etw** ~ **lassen** to let sb have sth

Zugverbindung F̄ train connection **Zugvogel** M̄ migratory bird **Zugzwang** M̄ SCHACH zugzwang; (fig) tight spot; **die Gegenseite steht jetzt unter** ~ the other side is now forced to move

zuhaben V̄Ī (umg: Geschäft etc) to be closed

zuhalten A V̄T̄ to hold shut; **sich** (dat) **die Nase** ~ to hold one's nose; **sich** (dat) **die Augen/Ohren** ~ to put one's hands over one's eyes/ears B V̄Ī **auf etw** (akk) ~ to head straight for sth

Zuhälter M̄ pimp

zu Hause, **zuhause** ADV → Haus **Zuhause** N̄ home

zuheilen V̄Ī to heal up

Zuhilfenahme F̄ **unter** ~ **von** od +Gen with the aid of

zuhören V̄Ī to listen (+dat to); **hör mal zu!** (drohend) now (just) listen (to me)! **Zuhörer(in)** MFĪ listener; **die** ~ (≈ das Publikum) the audience sg

zujubeln V̄Ī **jdm** ~ to cheer sb

zukleben V̄T̄ Briefumschlag to seal; (mit Klebstoff) to stick up

zuknallen V̄T̄ & V̄Ī (umg) to slam

zuknöpfen V̄T̄ to button (up); → zugeknöpft

zukommen V̄Ī **1** **auf jdn/etw** ~ to come toward(s) od (direkt) up to sb/sth; **die Aufgabe, die nun auf uns zukommt** the task which is now in store for us; **die Dinge auf sich** (akk) ~ **lassen** to take things as they come **2** **jdm etw** ~ **lassen** Brief etc to send sb sth

Zukunft F̄ **1** **die** ~ the future; **in** ~ in future; **ein Beruf mit** ~ a career with prospects; **das hat keine** ~ there's no future in it **2** GRAM future (tense) **zukünftig** A ADJ future; **der** ~**e Präsident** the president elect B ADV in future **Zukunftsangst** F̄ (vor der Zukunft) fear of the future; (um die Zukunft) fear for the future **Zukunftsaussichten** PL future prospects pl **Zukunftsforscher(in)** MFĪ futurologist **Zukunftsforschung** F̄ futurology **Zukunftskonzept** N̄ plans pl for the future **Zukunftsmusik** F̄ (fig umg) pie in the sky (umg) **Zukunftspläne** PL plans pl for the future **Zukunftsroman** M̄ science fiction novel **zukunftsträchtig** ADJ with a promising future

zulächeln V̄Ī **jdm** ~ to smile at sb

Zulage F̄ **1** (≈ Geldzulage) extra pay (⚠ ohne a); (≈ Sonderzulage) bonus (payment) **2** (≈ Gehaltserhöhung) rise (Br), raise (US)

zulangen V̄Ī (umg) to help oneself; **kräftig** ~ (beim Essen) to tuck in (umg)

zulassen V̄T̄ **1** (≈ Zugang gewähren) to admit (≈ amtlich) to authorize; Arzt to register; Arzneimittel to approve; Kraftfahrzeug to license; Prüfling to admit; **amtlich zugelassen sein** to be authorized; **staatlich zugelassen sein** to be state-registered; **eine nicht zugelassene Partei** an illegal party **3** (≈ gestatten) to allow **4** (≈ geschlossen lassen) to keep shut **zulässig** ADJ permissible; Beweis, Klage admissible; ~**e Höchstgeschwindigkeit** (upper) speed limit **Zulassung** F̄ **1** (≈ Gewährung von Zugang) admittance; (amtlich) authorization; (von Kfz) licensing; (als praktizierender Arzt) registration **2** (Dokument) papers pl; (bes von Kfz) vehicle registration document; (≈ Lizenz) licence (Br), license (US) **Zulassungsbeschränkung** F̄ bes UNIV restriction on admissions **Zulassungsstelle** F̄ registration office

zulasten ADV → Last

Zulauf M̄ **großen** ~ **haben** to be very popular **zulaufen** V̄Ī **1** **auf jdn/etw** ~ to run toward(s) sb/sth **2** (Wasser etc) to add; **lass noch etwas kaltes Wasser** ~ add some more cold water **3** (Hund etc) **jdm** ~ to stray into sb's house; **eine zugelaufene Katze** a stray (cat) **zulegen** A V̄T̄ **1** (≈ dazulegen) to put on; Geld to add; (bei Verlustgeschäft) to lose (⚠ Schreibung mit einem „o"); **etwas Tempo** ~ (umg) to get

Z

ZULE | 1350

a move on (umg) **2** (umg: an Gewicht) to put on; **die SPD konnte 5% ~** the SPD managed to gain 5% **3** (≈ anschaffen) **sich** (dat) **etw ~** (umg) to get oneself sth **B** VI̲ (umg: an Gewicht) to put on weight; (Umsatz) to increase

zuleide A̲D̲V̲ **jdm etwas ~ tun** to do sb harm

zuletzt A̲D̲V̲ **1** (≈ schließlich) in the end; **~ kam sie doch** she came in the end; **ganz ~** right at the last moment **2** (≈ an letzter Stelle) last; **ich kam ~** I came last; **wann haben Sie ihn ~ gesehen?** when did you last see him?; **nicht ~ wegen** not least because of

zuliebe A̲D̲V̲ **etw jdm ~ tun** to do sth for sb's sake od for sb; **das geschah nur ihr ~** it was done just for her

Zulieferer M̲, **Zulieferin** F̲ WIRTSCH supplier

zum geht es hier ~ Bahnhof? is this the way to the station?; **~ Essen gehen** to go and eat; **es ist ~ Weinen** it's enough to make you cry; → **zu**

zumachen A̲ VT̲ (≈ schließen) to shut; Flasche to close; **die Augen ~** to close one's eyes **B** VI̲ (umg) **1** (≈ den Laden zumachen) to close (down) **2** (umg ≈ sich beeilen) to get a move on (umg)

zumal K̲O̲N̲J̲ **~ (da)** particularly as od since

zumauern VT̲ to brick up

zumeist A̲D̲V̲ mostly

zumindest A̲D̲V̲ at least

zumüllen VT̲ (umg: mit Junkmail, Spam) to bombard (umg)

zumutbar A̲D̲J̲ reasonable; **jdm** od **für jdn ~ sein** to be reasonable for sb; **nicht ~ sein** to be unreasonable **Zumutbarkeit** F̲ reasonableness

zumute A̲D̲V̲ **wie ist Ihnen ~?** how do you feel?; **mir ist traurig ~** I feel sad; **mir war dabei gar nicht wohl ~** I felt uneasy about it

zumuten VT̲ **jdm etw ~** to expect sth of sb; **das können Sie niemandem ~** you can't expect that of anyone; **sich** (dat) **zu viel ~** to take on too much **Zumutung** F̲ unreasonable demand; (≈ Unverschämtheit) nerve (umg); **das ist eine ~!** that's a bit much!

zunächst A̲D̲V̲ **1** (≈ zuerst) first (of all); **~ einmal** first of all **2** (≈ vorläufig) for the time being

zunageln VT̲ Fenster etc to nail up; (mit Brettern) to board up; Kiste etc to nail down

zunähen VT̲ to sew up

Zunahme F̲ increase (+gen, an +dat in)

Zuname M̲ surname

zündeln VI̲ to play (about) with fire

zünden A̲ VI̲ to catch fire; (Streichholz) to light; (Motor) to fire; (Sprengkörper) to go off; (fig) to kindle enthusiasm **B** VT̲ to ignite; Sprengkörper to set off; Feuerwerkskörper to let off **zündend**

A̲D̲J̲ (fig) stirring; Vorschlag exciting **Zünder** M̲ **1** (für Sprengstoff) fuse; (für Mine) detonator **2** **Zünder** P̲L̲ (österr ≈ Streichhölzer) matches pl **Zündflamme** F̲ pilot light **Zündholz** N̲ match(stick) **Zündkerze** F̲ AUTO spark(ing) plug **Zündschlüssel** M̲ AUTO ignition key **Zündschnur** F̲ fuse **Zündstoff** M̲ (≈ Sprengstoff) explosives pl; (fig) explosive stuff **Zündung** F̲ ignition; **die ~ einstellen** AUTO to adjust the timing

zunehmen A̲ VI̲ to increase; (an Erfahrung etc) to gain (an +dat in); (Mensch: an Gewicht) to put on weight; (Mond) to wax **B** VT̲ (Mensch: an Gewicht) to gain **zunehmend** A̲ A̲D̲J̲ increasing; Mond crescent; **bei** od **mit ~em Alter** with advancing age; **in ~em Maße** to an increasing degree **B** A̲D̲V̲ increasingly

Zuneigung F̲ affection

zünftig A̲D̲J̲ (≈ regelrecht) proper; (≈ gut, prima) great

Zunge F̲ tongue; (von Waage) pointer; **eine böse/spitze ~ haben** to have an evil/a sharp tongue; **böse ~n behaupten, …** malicious gossip has it …; **das Wort liegt mir auf der ~** the word is on the tip of my tongue **züngeln** VI̲ (Flamme, Feuer) to lick **Zungenbrecher** M̲ tongue twister **Zungenkuss** M̲ French kiss **Zungenspitze** F̲ tip of the tongue **Zünglein** N̲ **das ~ an der Waage sein** (fig) to tip the scales

zunichtemachen VT̲ to ruin

zunutze A̲D̲V̲ **sich** (dat) **etw ~ machen** (≈ ausnutzen) to capitalize on sth

zuoberst A̲D̲V̲ on od at the (very) top

zuordnen VT̲ +dat to assign to; **jdn/etw jdm ~** to assign sb/sth to sb

zupacken VI̲ (umg) **1** (≈ zugreifen) to make a grab for it etc **2** (≈ helfen) **mit ~** to give me/them etc a hand

Zupfinstrument N̲ MUS plucked string instrument

zuprosten VI̲ **jdm ~** to drink sb's health

zur ~ Schule gehen to go to school; **~ Orientierung** for orientation; **~ Abschreckung** as a deterrent; → **zu**

zurande A̲D̲V̲ **mit etw/jdm ~ kommen** (to be able) to cope with sth/sb

zurate A̲D̲V̲ **jdn/etw ~ ziehen** to consult sb/sth **zuraten** VI̲ **jdm ~, etw zu tun** to advise sb to do sth; **auf sein Zuraten (hin)** on his advice

zurechnungsfähig A̲D̲J̲ of sound mind **Zurechnungsfähigkeit** F̲ soundness of mind; **verminderte ~** diminished responsibility

zurechtbiegen VT̲ to bend into shape; (fig) to twist **zurechtfinden** VR̲ to find one's way

Z

(in +dat around); **sich mit etw ~** to get the hang of sth (umg); (durch Gewöhnung) to get used to sth **zurechtkommen** V̄Ī **1** (fig) to get on; (≈ bewältigen) to cope; (≈ genug haben) to have enough; **kommen Sie ohne das zurecht?** (umg) can you manage without it? **2** (finanziell) to manage **zurechtlegen** V̄T̄ **sich** (dat) **etw ~** to lay sth out ready; (fig) to work sth out **zurechtmachen** (umg) **A** V̄T̄ Zimmer, Essen etc to prepare; Bett to make up **B** V̄R̄ to get dressed; (≈ sich schminken) to put on one's make-up **zurechtweisen** V̄T̄ to rebuke; Schüler etc to reprimand **Zurechtweisung** F̱ rebuke; (von Schüler) reprimand

zureden V̄Ī jdm **~** (≈ ermutigen) to encourage sb; (≈ überreden) to persuade sb; **auf mein Zureden (hin)** with my encouragement; (Überreden) with my persuasion

zureiten A V̄T̄ Pferd to break in **B** V̄Ī **auf jdn/etw ~** to ride toward(s) sb/sth

Zürich N̄ Zurich

zurichten V̄T̄ (≈ beschädigen) to make a mess of; (≈ verletzen) to injure; **jdn übel ~** to beat sb up **zurück** Ā̱D̄V̄ back; (mit Zahlungen) behind; (fig ≈ zurückgeblieben, von Kind) backward; **fünf Punkte ~** SPORT five points behind; **~!** get back!; **einmal München und ~** a return (bes Br) od a round-trip ticket (US) to Munich; **ich bin in zehn Minuten wieder ~** I will be back (again) in 10 minutes **zurückbehalten** V̄T̄ to keep (back); **er hat Schäden ~** he suffered lasting damage **zurückbekommen** V̄T̄ (≈ zurückerhalten) to get back (Br), to get back at **zurückbilden** V̄R̄ (Geschwür) to recede; BIOL to regress **zurückbleiben** V̄Ī **1** (an einem Ort) to stay behind **2** (≈ übrig bleiben) to be left; (Schaden, Behinderung) to remain **3** (≈ nicht Schritt halten) to fall behind; (in Entwicklung) to be retarded; → zurückgeblieben **zurückblicken** V̄Ī to look back (auf +akk at); (fig) to look back (auf +akk on) **zurückbringen** V̄T̄ (≈ wieder herbringen) to bring back; (≈ wieder wegbringen) to take back **zurückdatieren** V̄T̄ to backdate **zurückdenken** V̄Ī to think back (an +akk to) **zurückdrehen** V̄T̄ to turn back; **die Zeit ~** to put (Br) od turn (US) back the clock **zurückerstatten** V̄T̄ to refund; Ausgaben to reimburse **zurückerwarten** V̄T̄ jdn **~** to expect sb back **zurückfahren A** V̄Ī (an einen Ort) to go back; (bes als Fahrer) to drive back **B** V̄T̄ **1** (mit Fahrzeug) to drive back **2** (≈ drosseln) Produktion to cut back **zurückfallen** V̄Ī to fall back; SPORT to drop back; (fig) (Umsätze etc) to fall; (in Leistungen) to fall behind; **in alte Gewohnheiten ~** to fall back into old habits **zurückfinden** V̄Ī to find the way back **zurückfliegen** V̄T̄ & V̄Ī to fly back

zurückfordern V̄T̄ **etw ~** to demand sth back **zurückführen** V̄T̄ **1** (≈ zurückbringen) to lead back **2** (≈ ableiten aus) to put down to; **das ist darauf zurückzuführen, dass ...** that can be put down to the fact that ... **zurückgeben** V̄T̄ to give back; Ball, Kompliment, Beleidigung to return; (≈ erwidern) to retort **zurückgeblieben** Ā̱D̄J̄ geistig/körperlich mentally/physically retarded; → zurückbleiben **zurückgehen** V̄Ī **1** to go back (nach, in +akk auf +akk to); **Waren/Essen** etc **~ lassen** to send back goods/food etc **2** (fig ≈ abnehmen) to go down; (Geschäft, Produktion) to fall off; (Schmerz, Sturm) to die down **zurückgezogen Ā̱ Ā̱D̄J̄** Mensch withdrawn, retiring; Lebensweise secluded **B** Ā̱D̄V̄ in seclusion; **er lebt sehr ~** he lives a very secluded life; → zurückziehen **zurückgreifen** V̄Ī (fig) to fall back (auf +akk upon) **zurückhalten A** V̄T̄ to hold back; (≈ aufhalten) jdn to hold up; (≈ nicht freigeben) Informationen to withhold; Ärger etc to restrain; **jdn von etw** (dat) **~** to keep sb from sth **B** V̄R̄ (≈ sich beherrschen) to control oneself; (≈ reserviert sein) to be retiring; (≈ im Hintergrund bleiben) to keep in the background; **sich mit seiner Kritik ~** to be restrained in one's criticism; **ich musste mich schwer ~** I had to take a firm grip on myself **zurückhaltend Ā̱ Ā̱D̄J̄** (≈ beherrscht) restrained; (≈ reserviert) reserved; (≈ vorsichtig) cautious; **mit Kritik nicht ~ sein** to be unsparing in one's criticism **B** Ā̱D̄V̄ with restraint **zurückkaufen** V̄T̄ to buy back **zurückkehren** V̄Ī to return **zurückkommen** V̄Ī to come back; (≈ Bezug nehmen) to refer (auf +akk to) **zurückkönnen** V̄Ī (umg) to be able to go back; **ich kann nicht mehr zurück** (fig) there's no going back! **zurücklassen** V̄T̄ (≈ hinterlassen) to leave; (≈ liegen lassen) to leave behind **zurücklegen Ā̱** V̄T̄ **1** (an seinen Platz) to put back **2** (≈ reservieren) to put aside; (≈ sparen) to put away **3** Strecke to cover **B** V̄R̄ to lie back **zurücklehnen** V̄T̄ & V̄R̄ to lean back **zurückliegen** V̄Ī (örtlich) to be behind; **der Unfall liegt etwa eine Woche zurück** the accident was about a week ago **zurückmelden** V̄R̄ to report back (bei to) **zurücknehmen** V̄T̄ (umg) to have to go back **zurücknehmen** V̄T̄ to take back; Entscheidung to reverse; Angebot to withdraw; **sein Wort ~** to break one's word **zurückreichen** V̄Ī (Tradition etc) to go back (in +akk to) **zurückreisen** V̄Ī to travel back **zurückrufen Ā̱** V̄T̄ to call back; Botschafter, Produkte to recall; **jdm etw ins Gedächtnis ~** to conjure sth up for sb **B** V̄Ī to call back **zurückscheuen** V̄Ī to shy away (vor +dat from) **zurückschicken** V̄T̄ to send back **zurück-**

schlagen A VT *Ball* to return; *Angriff etc* to beat back B VI to hit back; MIL to retaliate **zurückschrauben** VT *(fig umg) Erwartungen* to lower; *Subventionen* to cut back **zurückschrecken** VI to start back; *(fig)* to shy away *(vor +dat* from); **vor nichts ~** to stop at nothing **zurücksehnen** VR to long to return *(nach to)* **zurücksenden** VT to send back **zurücksetzen** A VT **1** *(nach hinten)* to move back; *Auto* to reverse **2** *(an früheren Platz)* to put back B VR to sit back C VI *(mit Fahrzeug)* to reverse **zurückspringen** VI to leap *od* jump back **zurückspulen** VT to rewind **zurückstecken** VI **1** *(≈ weniger Ansprüche stellen)* to lower one's expectations **2** *(≈ nachgeben)* to backtrack **zurückstehen** VI **hinter etw** *(dat)* **~** to take second place to sth **zurückstellen** VT **1** to put back; *(nach hinten)* to move back **2** *(fig ≈ verschieben)* to defer; *Pläne* to postpone; *Bedenken etc* to put aside **zurückstufen** VT to downgrade **zurücktreten** VI **1** *(≈ zurückgehen)* to step back; **bitte ~!** stand back, please!; **einen Schritt ~** to take a step back **2** *(von Amt)* to resign **3** *(von Vertrag etc)* to withdraw *(von from)* **4** *(fig ≈ im Hintergrund bleiben)* to come second *(hinter jdm/etw* to sb/sth) **zurücktun** VT *(umg)* to put back **zurückverfolgen** VT *(fig)* to trace back **zurückversetzen** A VT *(in seinen alten Zustand)* to restore *(in +akk* to); *(in eine andere Zeit)* to take back *(in +akk* to) B VR to think oneself back *(in +akk* to) **zurückweichen** VI *(erschrocken)* to shrink back; *(ehrfürchtig)* to stand back; MIL to withdraw; *(Hochwasser)* to subside **zurückweisen** VT to reject; *Bittsteller* to turn away; *Vorwurf, Klage* to dismiss; *Angriff* to repel; *(an der Grenze)* to turn back **zurückwollen** VI *(umg)* to want to go back **zurückzahlen** VT to repay **zurückziehen** A VT to pull back; *Antrag, Klage etc* to withdraw B VR to retire; MIL to withdraw; → **zurückgezogen** C VI to move back **zurückzucken** VI to recoil **Zuruf** M shout; *(aufmunternd)* cheer **zurufen** VT & VI **jdm etw ~** to shout sth to sb **zurzeit** ADV at present **Zusage** F **1** *(≈ Zustimmung)* consent **2** *(≈ Annahme)* acceptance **3** *(≈ Versprechen)* promise **zusagen** A VT *(≈ versprechen)* to promise B VI **1** *(≈ annehmen)* **(jdm) ~** to accept **2** *(≈ gefallen)* **jdm ~** to appeal to sb **zusammen** ADV together; **alle/alles ~** all together **Zusammenarbeit** F co-operation; *(mit dem Feind)* collaboration; **in ~ mit** in co-operation with **zusammenarbeiten** VI to co-operate; *(mit dem Feind)* to collaborate **zusammenbauen** VT to assemble **zusammenbeißen** VT **die Zähne ~** *(wörtl)* to clench

one's teeth; *(fig)* to grit one's teeth **zusammenbekommen** VT to get together; *Geld* to collect **zusammenbinden** VT to tie together **zusammenbleiben** VI to stay together **zusammenbrechen** VI to break down; *(Gebäude)* to cave in; *(Wirtschaft)* to collapse; *(Verkehr etc)* to come to a standstill **zusammenbringen** VT **1** to bring together; *Geld* to raise **2** *(umg ≈ zustande bringen)* to manage; *Worte* to put together **Zusammenbruch** M breakdown; *(fig)* collapse **zusammenfahren** VI **1** *(≈ zusammenstoßen)* to collide **2** *(≈ erschrecken)* to start **zusammenfallen** VI **1** *(≈ einstürzen)* to collapse **2** *(durch Krankheit etc)* to waste away **3** *(Ereignisse)* to coincide **zusammenfalten** VT to fold up **zusammenfassen** A VT **1** *(≈ verbinden)* to combine *(zu in)* **2** *Bericht etc* to summarize; **etw in einem Satz ~** to sum sth up in one sentence B VI *(≈ das Fazit ziehen)* to summarize; **wenn ich kurz ~ darf** just to sum up **Zusammenfassung** F **1** combination **2** *(≈ Überblick)* summary **zusammenfließen** VI to flow together **Zusammenfluss** M confluence **zusammengehören** VI to belong together; *(als Paar)* to form a pair **zusammengehörig** ADJ *Kleidungsstücke etc* matching; *(≈ verwandt)* related **Zusammengehörigkeit** F common bond **Zusammengehörigkeitsgefühl** N *(in Gemeinschaft)* communal spirit; *bes* POL feeling of solidarity **zusammengesetzt** ADJ **aus etw ~ sein** to consist of sth; **~es Wort/ Verb** compound (word)/verb **zusammengewürfelt** ADJ motley; *Mannschaft* scratch *attr* **Zusammenhalt** M *(fig: in einer Gruppe)* cohesion; *bes* POL solidarity **zusammenhalten** A VT *(≈ verbinden)* to hold together; *(umg) Geld etc* to hold on to B VI to hold together; *(fig: Gruppe etc)* to stick together **Zusammenhang** M *(≈ Beziehung)* connection *(von, zwischen +dat* between); *(≈ Wechselbeziehung)* correlation *(von, zwischen +dat* between); *(im Text)* context; **jdn mit etw in ~ bringen** to connect sb with sth; **im** *od* **in ~ mit etw stehen** to be connected with sth; **in diesem ~** in this context **zusammenhängen** VI to hang (together); *(fig)* to be connected; **~d** *Rede, Erzählung* coherent; **das hängt damit zusammen, dass ...** that is connected with the fact that ... **zusammenhang(s)los** ADJ incoherent **zusammenklappen** VT *Messer, Tisch etc* to fold up; *Schirm* to shut **zusammenkleben** VT & VI to stick together **zusammenkneifen** VT *Lippen etc* to press together; *Augen etc* to screw up **zusammenknüllen** VT to crumple up **zusammenkommen** VI to meet (together); (Umstände) to combine; (fig: Schulden etc) to mount up; (Geld bei einer Sammlung) to be collected; **er kommt viel mit Menschen zusammen** he meets a lot of people **Zusammenkunft** F̲ meeting; (zwanglos) get-together **zusammenlaufen** V̲I̲ **1** (≈ an eine Stelle laufen) to gather; (Flüssigkeit) to collect **2** (Straßen) to converge **zusammenleben** V̲I̲ to live together **Zusammenleben** N̲ living together (❗ ohne Artikel) **zusammenlegen** A̲ V̲T̲ **1** (≈ falten) to fold (up) **2** (≈ vereinigen) to combine; Patienten to put together; (≈ zentralisieren) to centralize B̲ V̲I̲ (≈ Geld gemeinsam aufbringen) to club (Br) od pitch in (US) together **zusammennehmen** A̲ V̲T̲ to gather up; Mut to summon up B̲ V̲R̲ (≈ sich zusammenreißen) to pull oneself together; (≈ sich beherrschen) to control oneself **zusammenpassen** V̲I̲ (Menschen) to suit each other; (Farben, Stile) to go together; **gut ~** to go well together **zusammenpferchen** V̲T̲ to herd together; (fig) to pack together **zusammenprallen** V̲I̲ to collide; (fig) to clash **zusammenraufen** V̲R̲ to achieve a viable working relationship **zusammenrechnen** V̲T̲ to add up **zusammenreimen** A̲ V̲T̲ (umg) **sich** (dat) **etw ~** to figure sth out (for oneself) B̲ V̲R̲ to make sense **zusammenreißen** V̲R̲ to pull oneself together **zusammenrollen** A̲ V̲T̲ to roll up B̲ V̲R̲ to curl up **zusammenrücken** V̲T̲ Möbel etc to move closer together **zusammenscheißen** V̲T̲ (vulg) **jdn ~** to give sb a rocket (Br umg), to chew sb's ass out (US vulg) **zusammenschlagen** V̲T̲ **1** Hände to clap **2** (≈ verprügeln) to beat up **zusammenschließen** V̲R̲ to join together; HANDEL to merge **Zusammenschluss** M̲ joining together; HANDEL merger; (von politischen Gruppen) amalgamation **zusammenschreiben** V̲T̲ Wörter to write together **zusammenschrumpfen** V̲I̲ to shrivel up; (fig) to dwindle (auf +akk to) **zusammen sein** V̲I̲ **mit jdm ~** to be with sb; (umg ≈ befreundet) to be going out with sb **Zusammensein** N̲ being together (❗ ohne Artikel); (von Gruppe) get-together **zusammensetzen** A̲ V̲T̲ **1** Gäste etc to put together **2** Gerät to assemble (zu to make) B̲ V̲R̲ **1** to sit together; **sich auf ein Glas Wein ~** to get together over a glass of wine **2** **sich ~ aus** to consist of **Zusammensetzung** F̲ (≈ Struktur) composition; (≈ Mischung) mixture (aus of) **zusammenstauchen** V̲T̲ (umg) to give a dressing-down (umg), to chew out (US umg) **zusammenstecken** A̲ V̲T̲ Einzelteile to fit together B̲ V̲I̲ (umg) to be together **zusammenstellen** V̲T̲ to put together; (nach einem Muster) to ar-

range; Daten to compile; Liste, Fahrplan to draw up; SPORT Mannschaft to pick **Zusammenstellung** F̲ (≈ Kombination) (nach Muster) arrangement; (von Daten) compilation; (≈ Liste) list; (≈ Zusammensetzung) composition; (≈ Übersicht) survey **Zusammenstoß** M̲ collision; (fig ≈ Streit) clash **zusammenstoßen** V̲I̲ (≈ zusammenprallen) to collide; (fig ≈ sich streiten) to clash; **mit jdm ~** to collide with sb; (fig) to clash with sb **zusammenstreichen** V̲T̲ to cut (down) (auf +akk to) **zusammensuchen** V̲T̲ to collect (together) **zusammentragen** V̲T̲ to collect **zusammentreffen** V̲I̲ (Menschen) to meet; (Ereignisse) to coincide **Zusammentreffen** N̲ meeting; (bes zufällig) encounter; (zeitlich) coincidence **zusammentrommeln** V̲T̲ (umg) to round up (umg) **zusammentun** A̲ V̲T̲ (umg) to put together B̲ V̲R̲ to get together **zusammenwachsen** V̲I̲ to grow together; (fig) to grow close **zusammenzählen** V̲T̲ to add up **zusammenziehen** A̲ V̲T̲ **1** Muskel to draw together; (≈ verengen) to narrow; Schlinge to tighten **2** (fig) Truppen, Polizei to assemble B̲ V̲R̲ to contract; (≈ enger werden) to narrow; (Gewitter, Unheil) to be brewing C̲ V̲I̲ to move in together; **mit jdm ~** to move in with sb **zusammenzucken** V̲I̲ to start

Zusatz M̲ addition **Zusatzgerät** N̲ attachment; IT add-on **Zusatzkosten** P̲L̲ additional costs pl **zusätzlich** A̲ A̲D̲J̲ additional B̲ A̲D̲V̲ in addition **Zusatzstoff** M̲ additive **Zusatzzahl** F̲ (Lotto) additional number, bonus number (Br)

zuschauen V̲I̲ (bes dial) = zusehen **Zuschauer(in)** M̲F̲ spectator (a. SPORT); TV viewer; THEAT member of the audience; (≈ Beistehender) onlooker **Zuschauerraum** M̲ auditorium

zuschicken V̲T̲ **jdm etw ~** to send sth to sb **zuschieben** V̲T̲ to push sth over to sb; (heimlich) to slip sb sth; **jdm die Verantwortung/Schuld ~** to put the responsibility/blame on sb

Zuschlag M̲ **1** (≈ Erhöhung) extra charge, surcharge (bes HANDEL, WIRTSCH); (auf Fahrpreis) supplement **2** (bei Versteigerung) acceptance of a bid; (≈ Auftragserteilung) acceptance of a/the tender; **er erhielt den ~** the lot went to him; (nach Ausschreibung) he was awarded the contract **zuschlagen** A̲ V̲T̲ **1** Tür, Fenster to slam (shut), to bang shut **2** (bei Versteigerung) **jdm etw ~** to knock sth down to sb B̲ V̲I̲ **1** (≈ kräftig schlagen) to strike (a. fig); (≈ losschlagen) to hit out **2** (Tür) to slam (shut) **3** (fig umg ≈ zugreifen) (bei Angebot) to go for it; (beim Essen) to get stuck in (umg); (Polizei) to pounce **zuschlag(s)-**

Z

ZUSC 1354

pflichtig ADJ *Zug, Service* subject to a supplement

zuschließen VT to lock; *Laden* to lock up

zuschnappen VI **1** (≈ *zubeißen*) **der Hund schnappte zu** the dog snapped at me/him *etc* **2** (*fig: Polizei*) to pounce **3** (*Schloss*) to snap shut

zuschneiden VT to cut to size; *Handarbeiten* to cut out; **auf jdn/etw genau zugeschnitten sein** to be tailor-made for sb/sth **Zuschnitt** M **1** (≈ *Zuschneiden*) cutting **2** (≈ *Form*) cut

zuschreiben VT (*fig*) to attribute (+*dat* to); **das hast du dir selbst zuzuschreiben** you've only got yourself to blame

Zuschrift F letter; (*auf Anzeige*) reply

zuschulden ADV **sich** (*dat*) **etwas ~ kommen lassen** to do something wrong

Zuschuss M subsidy; (*nicht amtlich*) contribution **Zuschussbetrieb** M lossmaking (*Br*) *od* losing (*US*) concern

zuschütten VT to fill in

zusehen VI **1** to watch; (≈ *unbeteiligter Zuschauer sein*) to look on; (≈ *etw dulden*) to sit back by (and watch); **jdm ~** to watch sb; **jdm bei der Arbeit ~** to watch sb working **2** (≈ *dafür sorgen*) **~, dass ...** to see to it that ..., to make sure (that) ... **zusehends** ADV visibly; (≈ *rasch*) rapidly

zu sein VI to be shut; (*umg* ≈ *betrunken, high sein*) to be stoned (*umg*)

zusenden VT to send

zusetzen VI **jdm ~** (≈ *unter Druck setzen*) to lean on sb (*umg*); (≈ *drängen*) to pester sb; (≈ *schwer treffen*) to hit sb hard

zusichern VT **jdm etw ~** to assure sb of sth **Zusicherung** F assurance

zusperren VT (*südd, österr, schweiz*) to lock

zuspielen VT **jdm etw ~** (*fig*) to pass sth on to sb; (*der Presse*) to leak sth to sb

zuspitzen VR to be pointed; (*fig: Lage, Konflikt*) to intensify

zusprechen A VT *Gewinn etc* to award; **das Kind wurde dem Vater zugesprochen** the father was granted custody (of the child); **jdm Mut ~** (*fig*) to encourage sb B VI **jdm (gut) ~** to talk *od* speak (nicely) to sb **Zuspruch** M (≈ *Anklang*) **(großen) ~ finden** to be (very) popular; (*Stück, Film*) to meet with general acclaim

Zustand M state; (*von Haus, Auto,* MED) condition; (≈ *Lage*) state of affairs; **in gutem/schlechtem ~** in good/poor condition; **in angetrunkenem ~** under the influence of alcohol; **Zustände kriegen** (*umg*) to have a fit (*umg*); **das sind ja schöne Zustände!** (*iron*) that's a fine state of affairs! (*iron*)

zustande ADV **1** **~ bringen** to manage; *Arbeit* to get done **2** **~ kommen** (≈ *erreicht werden*) to

be achieved; (≈ *geschehen*) to come about; (≈ *stattfinden*) to take place

zuständig ADJ (≈ *verantwortlich*) responsible; *Amt etc* appropriate; **dafür ist er ~** that's his responsibility; **~ sein** JUR to have jurisdiction **Zuständigkeit** F (≈ *Kompetenz*) competence; JUR jurisdiction; (≈ *Verantwortlichkeit*) responsibility **Zuständigkeitsbereich** M area of responsibility; JUR jurisdiction

zustecken VT **jdm etw ~** to slip sb sth

zustehen VI **etw steht jdm zu** sb is entitled to sth; **es steht ihr nicht zu, das zu tun** it's not for her to do that

zustellen VT **1** *Brief, Paket etc* to deliver; JUR to serve (*jdm etw* sb with sth) **2** *Tür etc* to block **Zusteller(in)** M(F) deliverer; (≈ *Briefträger*) postman/woman (*Br*), mailman/-woman (*US*) **Zustellgebühr** F delivery charge **Zustellung** F delivery; JUR service (of a writ)

zustimmen VI **(einer Sache** *dat*) **~** to agree (to sth); (≈ *einwilligen*) to consent (to sth); **jdm ~** to agree with sb; **eine ~de Antwort** an affirmative answer **Zustimmung** F (≈ *Einverständnis*) agreement; (≈ *Einwilligung*) consent; (≈ *Beifall*) approval; **allgemeine ~ finden** to meet with general approval; **mit ~** (+*gen*) with the agreement of

zustoßen A VT *Tür etc* to push shut B VI **1** (*mit Messer etc*) to plunge a/the knife *etc* in **2** (≈ *passieren*) **jdm ~** to happen to sb

zustürzen VI **auf jdn/etw ~** to rush up to sb/sth

zutage ADV **etw ~ bringen** (*fig*) to bring sth to light; **~ kommen** to come to light

Zutaten PL GASTR ingredients *pl*

zuteilen VT (*jdm* to sb) to allocate; *Arbeitskraft* to assign

zutiefst ADV deeply

zutrauen VT **jdm etw ~** to think sb (is) capable of (doing) sth; **sich** (*dat*) **zu viel ~** to overrate one's own abilities; (≈ *sich übernehmen*) to take on too much; **ich traue ihnen alles zu** (*Negatives*) I wouldn't put anything past them; **das ist ihm zuzutrauen!** (*iron*) I wouldn't put it past him! **zutraulich** ADJ *Kind* trusting; *Tier* friendly

zutreffen VI (≈ *gelten*) to apply (*auf +akk, für* to); (≈ *richtig sein*) to be accurate; (≈ *wahr sein*) to be true; **seine Beschreibung traf überhaupt nicht zu** his description was completely inaccurate **zutreffend** A ADJ (≈ *richtig*) accurate; (≈ *etw zutreffend*) applicable; **Zutreffendes bitte unterstreichen** underline where applicable B ADV accurately

Zutritt M (≈ *Einlass*) entry; (≈ *Zugang*) access; **kein ~, ~ verboten** no entry

Z

1355 ‖ ZWEI

Zutun N̄ assistance; **es geschah ohne mein ~** I did not have a hand in the matter
zuunterst ADV right at the bottom
zuverlässig ADJ reliable; **aus ~er Quelle** from a reliable source **Zuverlässigkeit** F̄ reliability
Zuversicht F̄ confidence; **in der festen ~, dass ...** confident that ... **zuversichtlich** ADJ confident
zuviel ADJ, ADV → **viel**
zuvor ADV before; (≈ zuerst) beforehand; **am Tage ~** the day before **zuvorkommen** V̄Ī +dat to anticipate; **jdm ~** to beat sb to it **zuvorkommend** A ADJ obliging; (zu towards) B ADV obligingly
Zuwachs M̄ **1** (≈ Wachstum) growth (an +dat of) **2** (≈ Höhe des Wachstums) increase (an +dat in) **zuwachsen** V̄Ī (Loch) to grow over; (Garten etc) to become overgrown; (Wunde) to heal
zuwege ADV **etw ~ bringen** to manage sth; (≈ erreichen) to achieve sth; **gut/schlecht ~ sein** (umg) to be in good/poor health
zuweisen V̄T to assign (jdm etw sth to sb)
zuwenden A V̄T **1** to turn (+dat to, towards); **jdm das Gesicht ~** to turn to face sb **2 jdm Geld etc ~** to give sb money etc B V̄R **sich jdm/ einer Sache ~** to turn to sb/sth; (≈ sich widmen) to devote oneself to sb/sth **Zuwendung** F̄ **1** (≈ Liebe) care **2** (≈ Geldsumme) sum (of money); (≈ Schenkung) donation
zuwenig ADJ, ADV → **wenig**
zuwerfen V̄T **1** (≈ schließen) Tür to slam (shut) **2 jdm etw ~** to throw sth to sb; **jdm einen Blick ~** to cast a glance at sb
zuwider ADV **er/das ist mir ~** I detest od loathe him/that
zuwinken V̄Ī **jdm ~** to wave to sb
zuzahlen A V̄T **zehn Euro ~** to pay another ten euros B V̄Ī to pay extra
zuzeln V̄Ī (österr) (≈ lutschen) to suck; (≈ langsam trinken) to sip away (an +dat an)
zuziehen V̄T **1** Vorhang to draw; Tür to pull shut; Schlinge to pull tight **2 sich** (dat) **eine Verletzung ~** (form) to sustain an injury **Zuzug** M̄ (≈ Zustrom) influx; (von Familie etc) arrival (nach in), move (nach to) **Zuzüger(in)** M̄(F) (schweiz) (≈ Neuling) newcomer; (≈ Zuwanderer) immigrant **zuzüglich** PRÄP +gen plus
zuzwinkern V̄Ī **jdm ~** to wink at sb
Zvieri M̄ od N̄ (schweiz) afternoon snack
Zwang M̄ (≈ Notwendigkeit) compulsion; (≈ Gewalt) force; (≈ Verpflichtung) obligation; **gesellschaftliche Zwänge** social constraints; **tu dir keinen ~ an** (iron) don't force yourself **zwängen** V̄T to force; **sich in/durch etw** (akk) **~** to squeeze into/through sth **zwanghaft** ADJ PSYCH

compulsive **zwanglos** A ADJ (≈ ohne Förmlichkeit) informal; (≈ locker) casual B ADV informally; **da geht es recht ~ zu** things are very informal there **Zwanglosigkeit** F̄ informality; (≈ Lockerheit) casualness **Zwangsabgabe** F̄ WIRTSCH compulsory levy **Zwangsarbeit** F̄ hard labour (Br) od labor (US); (von Kriegsgefangenen) forced labo(u)r **Zwangsarbeiter(in)** M̄(F) forced labourer (Br) od laborer (US) **zwangsernähren** V̄T to force-feed **Zwangsernährung** F̄ force-feeding **Zwangsjacke** F̄ straitjacket **Zwangslage** F̄ predicament **zwangsläufig** A ADJ inevitable B ADV inevitably **Zwangspause** F̄ (beruflich) **eine ~ machen müssen** to have to stop work temporarily **Zwangsvorstellung** F̄ PSYCH obsession **zwangsweise** A ADV compulsorily B ADJ compulsory
zwanzig NUM twenty; → **vierzig Zwanzig** F̄ twenty **Zwanziger** M̄ (umg ≈ Geldschein) twenty-euro etc note (Br) od bill (US) **Zwanzigeuroschein** M̄ twenty-euro note (Br) od bill (US) **zwanzigste(r, s)** ADJ twentieth
zwar ADV **1** (≈ wohl) **sie ist ~ sehr schön, aber ...** it's true she's very beautiful but ...; **ich weiß ~, dass es schädlich ist, aber ...** I do know it's harmful but ... (❗) wird oft nicht übersetzt, sondern durch Betonung oder Verwendung von **to do** ausgedrückt) **2** (erklärend) **und ~** in fact, actually; **ich werde ihm schreiben, und ~ noch heute** I'll write to him and I'll do it today
Zweck M̄ **1** (≈ Ziel) purpose; **einem guten ~ dienen** to be for a good cause; **seinen ~ erfüllen** to serve its/one's purpose **2** (≈ Sinn) point; **das hat keinen ~** it's pointless **3** (≈ Absicht) aim; **zu diesem ~** to this end **Zweckbau** M̄ functional building **zweckdienlich** ADJ appropriate; **~e Hinweise** (any) relevant information
Zwecke F̄ tack; (≈ Reißzwecke) drawing pin (Br), thumbtack (US)
zweckgebunden ADJ Steuern etc for a specific purpose **zwecklos** ADJ pointless; Versuch futile **Zwecklosigkeit** F̄ pointlessness; (von Versuch) futility **zweckmäßig** ADJ (≈ nützlich) useful; Kleidung etc suitable **Zweckmäßigkeit** F̄ (≈ Nützlichkeit) usefulness; (von Kleidung etc) suitability **Zweckoptimismus** M̄ calculated optimism **zwecks** PRÄP +gen (form) for the purpose of
zwei NUM two; **wir ~** the two of us; → **vier Zwei** F̄ two **Zweibeiner(in)** M̄(F) (hum umg) human being **zweibeinig** ADJ two-legged **Zweibettzimmer** N̄ twin room **zweideutig** A ADJ ambiguous; (≈ schlüpfrig) sugges-

Z

tive **B** ADV ambiguously **Zweideutigkeit** F **1** ambiguity; (≈ *Schlüpfrigkeit*) suggestiveness **2** (≈ *Bemerkung*) ambiguous remark; (≈ *Witz*) risqué joke **zweidimensional** ADJ two-dimensional **Zweidrittelmehrheit** F PARL two-thirds majority **zweieiig** ADJ *Zwillinge* nonidentical **Zweierbeziehung** F relationship **zweierlei** ADJ two kinds of; **auf ~ Art** in two different ways; **~ Meinung sein** to be of (two) different opinions **zweifach** ADJ double; (≈ *zweimal*) twice; **in ~er Ausfertigung** in duplicate **Zweifamilienhaus** N two-family house **zweifarbig** ADJ two-colour (*Br*), two-color (*US*)

Zweifel M doubt; **im ~** in doubt; **ohne ~** without doubt; **außer ~ stehen** to be beyond doubt; **es besteht kein ~, dass …** there is no doubt that … **zweifelhaft** ADJ doubtful **zweifellos** ADV undoubtedly **zweifeln** VI to doubt; **an etw/jdm ~** to doubt sth/sb; **daran ist nicht zu ~** there's no doubt about it **Zweifelsfall** M borderline case; **im ~** when in doubt **zweifelsfrei** **A** ADJ unequivocal **B** ADV beyond (all) doubt **zweifelsohne** ADV undoubtedly

Zweig M branch; (*dünner, kleiner*) twig **Zweiggeschäft** N branch

zweigleisig ADJ double-tracked, double-track *attr*; **~ argumentieren** to argue along two different lines

Zweigniederlassung F subsidiary **Zweigstelle** F branch (office)

zweihändig **A** ADJ with two hands, two-handed **B** ADV MUS *spielen* two-handed **zweihundert** NUM two hundred **zweijährig** ADJ **1** *Kind etc* two-year-old *attr*, two years old; *Dauer* two-year *attr*, of two years; **mit ~er Verspätung** two years late **2** BOT *Pflanze* biennial **Zweikampf** M (≈ *Duell*) duel **zweimal** ADV twice; **~ täglich** twice daily *od* a day; **sich** (*dat*) **etw ~ überlegen** to think twice about sth; **das lasse ich mir nicht ~ sagen** I don't have to be told twice **zweimalig** ADJ twice repeated; *Weltmeister etc* two-times *attr* **zweimonatig** ADJ **1** *Dauer* two-month *attr*, of two months **2** *Säugling etc* two-month-old *attr* **zweimonatlich** ADJ, ADV bimonthly (*bes* HANDEL, ADMIN) **zweimotorig** ADJ twin-engined **Zweiparteiensystem** N two-party system **zweiräd(e)rig** ADJ two-wheeled **Zweireiher** M double-breasted suit *etc* **zweireihig** ADJ double-row *attr*, in two rows; *Anzug* double-breasted **zweischneidig** ADJ double-edged; **das ist ein ~es Schwert** (*fig*) it cuts both ways **zweiseitig** ADJ *Brief, Erklärung etc* two-page *attr*; *Vertrag etc* bilateral **Zwei-**

sitzer M AUTO, FLUG two-seater **zweispaltig** ADJ double-columned **zweisprachig** **A** ADJ bilingual; *Dokument* in two languages **B** in two languages; **~ aufwachsen** to grow up bilingual **Zweisprachigkeit** F bilingualism **zweispurig** ADJ double-tracked, double-track *attr*; *Autobahn* two-laned, two-lane *attr* **zweistellig** ADJ *Zahl* two-digit *attr*, with two digits **zweistöckig** **A** ADJ two-storey *attr* (*Br*), two-story *attr* (*US*) **B** ADV **~ bauen** to build buildings with two storeys (*Br*) *od* stories (*US*) **zweistündig** ADJ two-hour *attr*, of two hours **zweistündlich** ADJ, ADV every two hours **zweit** ADV **zu ~** (≈ *in Paaren*) in twos; **wir gingen zu ~ spazieren** the two of us went for a walk; **das Leben zu ~** living with someone; → **vier** **zweitägig** ADJ two-day *attr*, of two days **Zweitaktmotor** M two-stroke engine **zweitälteste(r, s)** ADJ second oldest **zweitausend** NUM two thousand **Zweitauto** N second car **zweitbeste(r, s)** ADJ second best **zweiteilig** ADJ *Roman* two-part *attr*, in two parts; *Kleidungsstück* two-piece **zweitens** ADV secondly **Zweite(r)** M/F(M) second; SPORT *etc* runner-up; **wie kein ~r** like nobody else **zweite(r, s)** ADJ second; **~r Klasse fahren** to travel second (class); **jeden ~n Tag** every other day; **in ~r Linie** secondly; → **vierte(r, s)** **zweitgrößte(r, s)** ADJ second largest **zweithöchste(r, s)** ADJ second highest **zweitklassig** ADJ (*fig*) second-class **zweitletzte(r, s)** ADJ last but one *attr*, *präd* **zweitrangig** ADJ = zweitklassig **Zweitschlüssel** M duplicate key **Zweitstimme** F second vote **zweitürig** ADJ AUTO two-door **zweiwöchig** ADJ two-week *attr*, of two weeks **zweizeilig** ADJ two-line *attr*; TYPO *Abstand* double-spaced **Zweizimmerwohnung** F two-room(ed) apartment **Zweizylindermotor** M two-cylinder engine

Zwerchfell N ANAT diaphragm

Zwerg(in) M/F(M) dwarf; (≈ *Gartenzwerg*) gnome; (*fig* ≈ *Knirps*) midget **Zwergpudel** M toy poodle **Zwergstaat** M miniature state **Zwergwuchs** M dwarfism

Zwetschge F, **Zwetschke** (*österr*) F plum **zwicken** VI **1** (*österr umg* ≈ *kneifen*) to pinch **2** (*österr* ≈ *Fahrschein entwerten*) to punch

Zwickmühle F **in der ~ sitzen** (*fig*) to be in a catch-22 situation (*umg*)

Zwieback M rusk

Zwiebel F onion; (≈ *Blumenzwiebel*) bulb **zwiebelförmig** ADJ onion-shaped **Zwiebelkuchen** M onion tart **Zwiebelring** M onion ring **Zwiebelschale** F onion skin **Zwiebelsuppe** F onion soup **Zwiebelturm**

$\overline{\text{M}}$ onion dome

Zwielicht $\overline{\text{N}}$ twilight; **ins ~ geraten sein** *(fig)* to appear in an unfavourable *(Br) od* unfavorable *(US)* light **zwielichtig** $\overline{\text{ADJ}}$ *(fig)* shady **zwiespältig** $\overline{\text{ADJ}}$ *Gefühle* mixed **Zwietracht** $\overline{\text{F}}$ discord

Zwilling $\overline{\text{M}}$ twin; **die ~e** ASTROL Gemini; **(ein) ~ sein** ASTROL to be (a) Gemini **Zwillingsbruder** $\overline{\text{M}}$ twin brother **Zwillingspaar** $\overline{\text{N}}$ twins *pl* **Zwillingsschwester** $\overline{\text{F}}$ twin sister

Zwinge $\overline{\text{F}}$ TECH (screw) clamp **zwingen** $\blacksquare$ $\overline{\text{VT}}$ to force; **jdn zu etw ~** to force sb to do sth; **ich lasse mich nicht (dazu) ~** I won't be forced (to do it *od* into it) $\blacksquare$ $\overline{\text{VR}}$ to force oneself **zwingend** $\blacksquare$ $\overline{\text{ADJ}}$ *Notwendigkeit* urgent; *Beweis* conclusive; *Argument* cogent; *Gründe* compelling $\blacksquare$ $\overline{\text{ADV}}$ **etw ist ~ vorgeschrieben** sth is mandatory **Zwinger** $\overline{\text{M}}$ (≈ *Käfig*) cage; (≈ *Hundezwinger*) kennels *pl*; (*von Burg*) (outer) ward **zwinkern** $\overline{\text{VI}}$ to blink; (*um jdm etw zu bedeuten*) to wink

Zwirn $\overline{\text{M}}$ (strong) thread

zwischen $\overline{\text{PRÄP}}$ +*dat od* +*akk* between; (*in Bezug auf mehrere auch*) among; **mitten ~** right in the middle of **Zwischenablage** $\overline{\text{F}}$ IT clipboard **Zwischenaufenthalt** $\overline{\text{M}}$ stopover **Zwischenbemerkung** $\overline{\text{F}}$ interjection **Zwischenbericht** $\overline{\text{M}}$ interim report **Zwischenbilanz** $\overline{\text{F}}$ HANDEL interim balance; *(fig)* provisional appraisal **Zwischending** $\overline{\text{N}}$ cross (between the two) **zwischendurch** $\overline{\text{ADV}}$ (*zeitlich*) in between times; (≈ *inzwischen*) (in the) meantime; **das mache ich so ~** I'll do that on the side; **Schokolade für ~** chocolate for between meals **Zwischenergebnis** $\overline{\text{N}}$ interim result; SPORT latest score **Zwischenfall** $\overline{\text{M}}$ incident; **ohne ~** without incident **Zwischenfrage** $\overline{\text{F}}$ question **Zwischenhandel** $\overline{\text{M}}$ HANDEL intermediate trade **Zwischenhändler(in)** $\overline{\text{MF}}$ middleman **Zwischenlager** $\overline{\text{N}}$ temporary store **zwischenlagern** $\overline{\text{VT}}$ to store (temporarily) **Zwischenlagerung** $\overline{\text{F}}$ temporary storage **zwischenlanden** $\overline{\text{VI}}$ FLUG to stop over **Zwischenlandung** $\overline{\text{F}}$ FLUG stopover **Zwischenmahl-**

zeit $\overline{\text{F}}$ snack (between meals) **zwischenmenschlich** $\overline{\text{ADJ}}$ interpersonal; **~e Beziehungen** interpersonal relations **Zwischenprüfung** $\overline{\text{F}}$ intermediate examination **Zwischenraum** $\overline{\text{M}}$ gap; (≈ *Zeilenabstand*) space; (*zeitlich*) interval **Zwischenruf** $\overline{\text{M}}$ interruption; **~e** heckling **Zwischenspeicher** $\overline{\text{M}}$ IT cache (memory) **zwischenstaatlich** $\overline{\text{ADJ}}$ international; (*zwischen Bundesstaaten*) interstate **Zwischenstadium** $\overline{\text{N}}$ intermediate stage **Zwischenstation** $\overline{\text{F}}$ (intermediate) stop; **in London machten wir ~** we stopped off in London **Zwischenstufe** $\overline{\text{F}}$ *(fig)* intermediate stage **Zwischenwand** $\overline{\text{F}}$ dividing wall; (≈ *Stellwand*) partition **Zwischenzeit** $\overline{\text{F}}$ (≈ *Zeitraum*) interval; **in der ~** (in the) meantime **Zwischenzeugnis** $\overline{\text{N}}$ SCHULE end of term report

Zwist $\overline{\text{M}}$ *(geh)* discord; (≈ *Fehde, Streit*) dispute **zwitschern** $\overline{\text{VT\&VI}}$ to twitter; (*Lerche*) to warble; **einen ~** (*umg*) to have a drink

Zwitter $\overline{\text{M}}$ hermaphrodite; *(fig)* cross (*aus* between)

zwölf $\overline{\text{NUM}}$ twelve; **~ Uhr mittags/nachts** (12 o'clock) midday/midnight; **fünf Minuten vor ~** *(fig)* at the eleventh hour; → **vier Zwölffingerdarm** $\overline{\text{M}}$ duodenum **zwölfte(r, s)** $\overline{\text{ADJ}}$ twelfth; → **vierte(r, s)**

Zyankali $\overline{\text{N}}$ CHEM potassium cyanide **zyklisch** $\blacksquare$ $\overline{\text{ADJ}}$ cyclic(al) $\blacksquare$ $\overline{\text{ADV}}$ cyclically **Zyklon** $\overline{\text{M}}$ cyclone **Zyklus** $\overline{\text{M}}$ cycle

Zylinder $\overline{\text{M}}$ $\blacksquare$ MATH, TECH cylinder $\blacksquare$ (≈ *Hut*) top hat **zylinderförmig** $\overline{\text{ADJ}}$ = **zylindrisch Zylinderkopf** $\overline{\text{M}}$ AUTO cylinder head **Zylinderkopfdichtung** $\overline{\text{F}}$ cylinder head gasket **zylindrisch** $\overline{\text{ADJ}}$ cylindrical

Zyniker(in) $\overline{\text{MF}}$ cynic **zynisch** $\blacksquare$ $\overline{\text{ADJ}}$ cynical $\blacksquare$ $\overline{\text{ADV}}$ cynically **Zynismus** $\overline{\text{M}}$ cynicism **Zypern** $\overline{\text{N}}$ Cyprus **Zypresse** $\overline{\text{F}}$ BOT cypress **Zypriot(in)** $\overline{\text{MF}}$ Cypriot **zyprisch** $\overline{\text{ADJ}}$ Cypriot **Zyste** $\overline{\text{F}}$ cyst

Anhang

Britische und amerikanische Abkürzungen	1361
Deutsche Abkürzungen	1376
Literarische Fachbegriffe	1385
Englische Kurzgrammatik	**1395**
Englische unregelmäßige Verben	1451
Zahlen	1458
Britische und amerikanische Maße und Gewichte	1461
Deutsche Maße und Gewichte	1463
Temperaturumrechnung	1465
Kommunikation auf Englisch	**1467**
Verzeichnis der Info-Fenster	1499
Bildnachweis	1504
Abkürzungen und Symbole	1509

Anhang

Britische und amerikanische Abkürzungen

Deutsche Abkürzungen

Linguistische Fachbegriffe

Englische Kurzgrammatik

Britische und amerikanische Maße,

Zahlen

Britische und amerikanische Maße und Gewichte

Deutsche Maße und Gewichte

Temperaturaichung

Kommunikation auf Englisch

Verständnis der Uhrzeiten

Bildleisten

Abkürzungen und Symbole

Britische und amerikanische Abkürzungen | British and American Abbreviations

A

a acre Acre *m (4046,8 m²)*

A answer Antw., Antwort *f*; **ampere** A, Ampere *n oder pl*

AA Alcoholics Anonymous Anonyme Alkoholiker *pl*; *Br* **Automobile Association** *(Automobilklub)*

AAA [*häufig*: ˌtrɪplˈeɪ] *(Br)* **Amateur Athletic Association** *(Leichtathletikverband)*; *(US)* **American Automobile Association** *(Automobilklub)*

ABC American Broadcasting Company *(amerikanische Rundfunkgesellschaft)*

abs abdominal muscles Bauchmuskeln *pl*

ABS antilock braking system ABS *n*, Antiblockiersystem *n*

AC alternating current Wechselstrom *m*

A/C, a/c account current Kontokorrent *n*; **account** Kto., Konto *n*; Rechnung *f*

acc., acct. account Kto., Konto *n*; Rechnung *f*

AD Anno Domini im Jahr des Herrn, n. Chr., nach Christus

AFC automatic frequency control automatische Frequenz(fein)abstimmung

AFN American Forces Network *(Rundfunkanstalt der US-Streitkräfte)*

AGM annual general meeting ordentliche Jahreshauptversammlung

AI artificial intelligence KI, künstliche Intelligenz

AIDS acquired immune deficiency syndrome Aids *n*

AK Alaska *(Staat der USA)*

AL Alabama *(Staat der USA)*

AM amplitude modulation *(Frequenzbereich der Kurz-, Mittel- und Langwellen)*; *(US)* → **MA (Master of Arts)**; *bes (US)* → **a.m.**

a.m., am ante meridiem (= before noon) morgens, vorm., vormittags

AMF Allied Mobile Forces schnelle Eingreiftruppe der NATO

a/o account of a conto von, auf Rechnung von

AOB any other business Sonstiges

AP Associated Press *(amerikanische Nachrichtenagentur)*; **American plan** Vollpension *f*

Apr. April April *m*

AR Arkansas *(Staat der USA)*

ARC American Red Cross das Amerikanische Rote Kreuz

arr. arrival Ank., Ankunft *f*

A/S account sales Verkaufsabrechnung *f*

asap [ˈeɪzæp] **as soon as possible** möglichst bald

ASCII [ˈæskiː] **American Standard Code for Information Interchange** ASCII *(standardisierter Kode zur Darstellung alphanumerischer Zeichen)*

asst. assistant Asst., Assistent(in)

ATM automated teller machine *(US)* Geldautomat *m*

attn attention (of) z. Hd., zu Händen (von), für

Aug. August Aug., August *m*

av. average Durchschnitt *m*; Havarie *f*

Ave Avenue Allee *f*, Straße *f*

AWACS ['eɪwæks] **Airborne Warning and Control System** (*luftgestütztes Frühwarnsystem*)

AZ Arizona (*Staat der USA*)

B

BA Bachelor of Arts Bachelor *m* der Philosophie; **British Airways** (*britische Luftverkehrsgesellschaft*)

B & B bed and breakfast Übernachtung *f* mit Frühstück

BBC British Broadcasting Corporation BBC *f* (*britische Rundfunkgesellschaft*)

BC before Christ v. Chr., vor Christus

B/E bill of exchange Wechsel *m*

Beds [bedz] **Bedfordshire**

BEng Bachelor of Engineering Bachelor *m* der Ingenieurwissenschaft(en)

Berks [bɑːks] **Berkshire**

BL Bachelor of Law Bachelor *m* des Rechts

BLit Bachelor of Literature Bachelor *m* der Literatur(wissenschaft)

BLitt Bachelor of Letters Bachelor *m* der Literaturwissenschaft

Blvd Boulevard Boulevard *m*

BM Bachelor of Medicine Bachelor *m* der Medizin

BOT *Br* **Board of Trade** Handelsministerium *n*

BR British Rail (*Eisenbahn in Großbritannien*)

BRCS British Red Cross Society *das* Britische Rote Kreuz

Br., Brit. Britain Großbritannien *n*; **British** britisch

Bros. brothers Gebr., Gebrüder *pl* (*in Firmenbezeichnungen*)

BS (*US*) **Bachelor of Science** Bachelor *m* der naturwissenschaftlichen Fakultät; (*Br*) **Bachelor of Surgery** Bachelor *m* der Chirurgie; **British Standard** Britische Norm

BSc *BR* **Bachelor of Science** Bachelor *m* der naturwissenschaftlichen Fakultät

BScEcon Bachelor of Economic Science Bachelor *m* der Wirtschaftswissenschaft(en)

BSE bovine spongiform encephalopathy BSE

BSI British Standards Institution (*britische Normungsorganisation*)

BT British Telecom *die* Britische Telecom

Bucks [bʌks] **Buckinghamshire**

C

C Celsius C, Celsius; **centigrade** hundertgradig (*Thermometereinteilung*)

c cent(s) Cent *m od pl*; **century** Jh., Jahrhundert *n*; **circa** ca., circa, ungefähr; **cubic** Kubik…

CA California Kalifornien *n* (*Staat der USA*); **chartered accountant** (*Br*) konzessionierter Wirtschaftsprüfer *oder* Buchprüfer *oder* Steuerberater

C/A current account Girokonto *n*

CAD computer-aided design CAD *n* (*computerunterstütztes Design*)

CAI computer-assisted (*oder* **-aided**) **instruction** computerunterstützter Unterricht

CAL computer-assisted learning
computerunterstütztes Lernen
CAM computer-aided manufacture CAM
(*computerunterstütztes Fertigen*)
Cambs [kæmz] **Cambridgeshire**
Can. Canada Kanada *n*; **Canadian**
kanadisch
CAP *EU*: **common agricultural policy**
GAP, gemeinsame Agrarpolitik
CB Citizens' Band CB-Funk *m* (*Wellen-
bereich für privaten Funkverkehr*)
CBS Columbia Broadcasting System
(*amerikanische Rundfunkgesellschaft*)
CC city council Stadtrat *m*; (*Br*) **county
council** Grafschaftsrat *m*
cc *Br* **cubic centimetre(s)** cm³, Kubik-
zentimeter *m od pl*; **carbon copy**
Durchschlag *m*, Kopie *f* an:
CD compact disc CD *f*; **corps diploma-
tique** CD, diplomatisches Korps
CE Church of England Anglikanische
Kirche
**CEE Central and Eastern European
countries** mittel- und osteuropäische
Länder *pl*
CEO (*US*) **chief executive officer**
Hauptgeschäftsführer(in), Vorstands-
vorsitzende(r), Konzernchef(in), General-
direktor(in)
cert. certificate Bescheinigung *f*
CET Central European Time MEZ,
mitteleuropäische Zeit
CF TEL **call forwarding** Rufumleitung *f*
cf. confer vgl., vergleiche
CFC chlorofluorocarbon FCKW *n*
CFO (*US*) **chief financial officer** Leiter(in)
der Finanzabteilung
Ches Cheshire

CIA Central Intelligence Agency CIA (*US-
Geheimdienst*); **cash in advance**
Vorkasse *f*
CID (*Br*) **Criminal Investigation
Department** Kripo *f*
c.i.f., cif cost, insurance, freight Kosten,
Versicherung und Fracht einbegriffen
**CIS Commonwealth of Independent
States** GUS *f*
CJD Creutzfeldt-Jakob disease
Creutzfeldt-Jakob-Krankheit *f*
CO Colorado (*Staat der USA*);
commanding officer Kommandeur *m*
Co. Company Gesellschaft *f*; **county** (*Br*)
Grafschaft *f*; (*US*) Kreis *m* (*Verwaltungs-
bezirk*)
c/o care of (wohnhaft) bei
COD cash [(*US*) **collect**] **on delivery** per
Nachnahme
C of E Church of England Anglikanische
Kirche
col. column Sp., Spalte *f* (*in Buch etc*)
Cons (*Br*) POL **Conservative** Konservative(r)
m/f (*m*); konservativ
cont, contd continued Forts., Fortsetzung
f; fortgesetzt
Corn Cornwall
CP Canadian Press (*Nachrichtenagentur*);
Communist Party KP, Kommunistische
Partei
CPA (*US*) **certified public accountant**
amtlich zugelassene(r) Wirtschafts-
prüfer(in)
CPU COMPUT **central processing unit**
Zentraleinheit *f*
CT Connecticut (*Staat der USA*)
ct, cts cent(s) Cent *m od pl*
cu cubic Kubik...
CV, cv curriculum vitae Lebenslauf *m*

CVR cockpit voice recorder Stimmaufzeichnungsgerät *n*

c.w.o. cash with order Barzahlung *f* bei Bestellung

cwt hundredweight (*etwa 1*) Zentner *m* (*Br 50,8 kg, US 45,36 kg*)

d. depth T, Tiefe *f*; **died** gest., gestorben

DAT digital audio tape DAT *n* (*Tonbandkassette für Digitalaufnahmen mit DAT-Rekordern*)

DC direct current Gleichstrom *m*; **District of Columbia** Bundesdistrikt der USA (= *Gebiet der amerikanischen Hauptstadt Washington*)

DDT dichlorodiphenyltrichloroethane DDT, Dichlordiphenyltrichloräthan *n*

DE Delaware (*Staat der USA*)

Dec. December Dez., Dezember *m*

dep. departure Abf., Abfahrt *f*

dept department Abt., Abteilung *f*

Derbys Derbyshire

Dip., dip. diploma Diplom *n*

Dir., dir. director Dir., Direktor(in), Leiter(in)

disc. discount Diskont *m*; Rabatt *m*, Preisnachlass *m*

div. dividend Dividende *f*; **divorced** gesch., geschieden; **division** Abt., Abteilung *f* (*in Firma*); SPORT Liga *f*

DIY do-it-yourself Heimwerken *n*

DJ disc jockey DJ, Discjockey *m*; **dinner jacket** Smoking(jacke *f*) *m*

DNA deoxyribonucleic acid DNS *f*

doc. document Dokument *n*, Urkunde *f*

dol. dollar(s) Dollar *m od pl*

Dors Dorset

DOS disk operating System DOS, Betriebssystem *n*

doz. dozen(s) Dtzd., Dutzend *n od pl*

DP data processing DV

dpt department Abt., Abteilung *f*

Dr Doctor Dr., Doktor *m*; *in Straßennamen*: **Drive** *etwa*: Fahrstraße *f*, Zufahrt *f*

DTP desktop publishing DTP *n*

DVD digital versatile *oder* **video disk** DVD

DVT deep vein thrombosis tiefe Venenthrombose, FLUG *a*. Economy-Class-Syndrom *n*

dz. dozen(s) Dtzd., Dutzend *n od pl*

E east O, Ost(en *m*); **eastern** ö, östlich; **English** englisch

EC HIST **European Community** EG, Europäische Gemeinschaft

ECB European Central Bank EZB, Europäische Zentralbank

ECG electrocardiogram EKG

ECJ European Court of Justice EuGH, Europäischer Gerichtshof

Ed., ed. edited h(rsg)g., herausgegeben; **edition** Aufl., Auflage *f*; **editor** H(rs)g., Herausgeber(in)

EDD electronic direct debit elektronisches Lastschriftverfahren

EDP electronic data processing EDV

EEA European Economic Area EWR, Europäischer Wirtschaftsraum

EEC HIST **European Economic Community** EWG, Europäische Wirtschaftsgemeinschaft

EEG electroencephalogram EEG

EFL English as a Foreign Language Englisch *n* als Fremdsprache

EFT electronic funds transfer
elektronischer Zahlungsverkehr

EFTA ['eftə] **European Free Trade Association** EFTA, Europäische Freihandelsgemeinschaft

Eftpos electronic funds transfer at point of sale elektronische Kasse

e.g. exempli gratia (= for instance) z. B., zum Beispiel

EIB European Investment Bank EIB, Europäische Investitionsbank

ELT English Language Teaching Englischunterricht *m* für Ausländer

EMI European Monetary Institute EWU, Europäisches Währungsinstitut

EMS European Monetary System EWS, Europäisches Währungssystem

EMU (European) Economic and Monetary Union EW(W)U, Europäische (Wirtschafts- und) Währungsunion

Eng. England England *n*; **English** engl., englisch

ENT ear, nose, and throat HNO, Hals-Nasen-Ohren-

EP European Parliament EP, Europäisches Parlament

EPO European Patent Office EPA, Europäisches Patentamt

ERM Exchange Rate Mechanism Wechselkursmechanismus *m*

ESA European Space Agency Europäische Weltraumbehörde

ESCB European System of Central Banks ESZB, Europäisches System der Zentralbanken

ESL English as a second language Englisch *n* als Zweit- oder Fremdsprache

esp. especially bes., bes, besonders

Ess Essex

est. established gegr., gegründet; **estimated** gesch., geschätzt

ETA estimated time of arrival voraussichtliche Ankunft(szeit)

etc., &c. et cetera, and the rest, and so on etc., usw., und so weiter

ETD estimated time of departure voraussichtliche Abflugzeit *bzw.* Abfahrtszeit

EU European Union EU

EUR euro EUR, Euro *m*

EURATOM [jʊərˈætəm] **European Atomic Energy Community** Euratom, Europäische Atomgemeinschaft

excl. exclusive, excluding ausschl., ausschließlich, ohne

ext. TEL **extension** Apparat *m* (*Nebenanschluss*); **external, exterior** äußerlich, Außen-

F

f female, feminine weibl., weiblich; **following** f., folg., folgend; **foot (feet)** Fuß *m od pl* (*30,48 cm*)

F Fahrenheit F, Fahrenheit (*Thermometereinteilung*)

FA (*Br*) **Football Association** Fußballverband *m*

FAQ [fæk], *pl auch* **FAQs** INTERNET **frequently asked question(s)** häufig gestellte Frage(n)

FBI (*US*) **Federal Bureau of Investigation** FBI (*Bundeskriminalamt*)

FDR flight data recorder Flug(daten)-schreiber *m*

Feb. February Febr., Februar *m*

fed. federal POL Bundes-

fig. figure(s) Abb., Abbildung(en *pl*) *f*

FL Florida (*Staat der USA*)

fl. floor Stock(werk n) m
FM frequency modulation UKW (*Frequenzbereich der Ultrakurzwellen*)
FMD foot-and-mouth (disease) MKS, Maul- und Klauenseuche f
foll. following f., folg., folgend
fr. HIST **franc(s)** Franc(s pl) m; Franken m od pl
FRG Federal Republic of Germany BRD, Bundesrepublik f Deutschland
Fri. Friday Fr., Freitag m
ft foot (feet) Fuß m od pl (30,48 cm)
FTAA Free Trade Area of the Americas Freihandelszone der Staaten des amerikanischen Kontinents

G

g gram(s), gramme(s) g, Gramm n od pl
GA Georgia (*Staat der USA*)
gal., gall. gallon(s) Gallone(n pl) f (Br 4,546 l, US 3,785 l)
GATT HIST **General Agreement on Tariffs and Trade** Allgemeines Zoll- und Handelsabkommen
GB Great Britain GB, Großbritannien n; **gigabyte** GB, Gbyte n
GCE HIST **General Certificate of Education** (*britische Schulabschlussprüfung*)
GCSE (*Br*) **General Certificate of Secondary Education** (*britische Schulabschlussprüfung*)
Gdns Gardens Park m, Garten(anlagen pl) m
GDP gross domestic product BIP, Bruttoinlandsprodukt n
Gen. general General m
gen. general(ly) allgemein

GI government issue von der Regierung ausgegeben, Staatseigentum n; GI m, der amerikanische Soldat
GIGO IT **garbage in, garbage out** (*a. fig*) falsche Eingabe, falsche Ausgabe
Glos [glɒs] **Gloucestershire**
gm gram(s), gramme(s) Gramm n od pl
GMT Greenwich Mean Time WEZ, westeuropäische Zeit
GNP gross national product BSP, Bruttosozialprodukt n
Gov. government Regierung f; **governor** Gouverneur(in)
Govt, govt government Regierung f
GP general practitioner Arzt m, Ärztin f für Allgemeinmedizin
GPO general post office Hauptpostamt n
GPS global positioning system GPS, globales Positionierungssystem (*Standortermittlung via Satellitenpeilung*)
GSM General Sales Manager Verkaufsleiter(in); **global system for mobile communications** GSM (*einheitlicher europäischer Mobilfunkstandard*)

H

h. hour(s) Std., Stunde(n pl) f, Uhr (*bei Zeitangaben*); **height** H., Höhe f
Hants [hænts] **Hampshire**
HBM His/Her Britannic Majesty Seine/Ihre Britannische Majestät
Heref & Worcs Hereford and Worcester
Herts [hɑːts] **Hertfordshire**
HGM human growth hormone menschliches Wachstumshormon
HGV (*Br*) **heavy goods vehicle** Schwerlastkraftwagen m, Schwerlaster m
HI Hawaii (*Staat der USA*)

HIPC heavily indebted poor countries hoch verschuldete arme Länder *pl*

HIV human immunodeficiency virus HIV, HIV-Virus *m od n*

HM His/Her Majesty Seine/Ihre Majestät

HMS His/Her Majesty's Ship Seiner/Ihrer Majestät Schiff *n*

HO head office Hauptgeschäftsstelle *f*, Zentrale *f*; (*Br*) **Home Office** Innenministerium *n*

Hon. Honorary ehrenamtlich; **Honourable** *der od die* Ehrenwerte (*Anrede und Titel*)

HP high pressure Hochdruck *m*; **hire purchase** Ratenkauf *m*; **horsepower** PS, Pferdestärke *f*

HQ, Hq. headquarters Hauptquartier *n*

hr hour Std., Stunde *f*

HR the human resources Personalabteilung *f*

HRH His/Her Royal Highness Seine/Ihre Königliche Hoheit

hrs. hours Std(n)., Stunden *pl*

ht height H., Höhe *f*

http hypertext transfer protocol http (*Kommunikationsprotokoll im World Wide Web*)

I

IA Iowa (*Staat der USA*)

IATA [aɪˈɑːtə] **International Air Transport Association** Internationaler Luftverkehrsverband

ib., ibid. ibidem (= **in the same place**) ib., ibd., ebd., ebenda

IC integrated circuit integrierter Schaltkreis; **intellectual capital** geistiges Kapital

ICT information and communications technology Informations- und Kommunikationstechnologie *f*

ID identification Identifizierung *f*; Ausweis *m*; **identity** Identität *f*; **Idaho** (*Staat der USA*)

IDP international driving permit internationaler Führerschein

i.e., ie id est (= **that is to say**) d. h., das heißt

IL Illinois (*Staat der USA*)

ill., illus., illust. illustration Abb., Abbildung *f*; **illustrated** bebildert, illustriert

IMF International Monetary Fund IWF, Internationaler Währungsfonds

IN Indiana (*Staat der USA*)

in. inch(es) Zoll *m od pl* (*2,54 cm*)

Inc., inc. incorporated (amtlich) eingetragen, (*bes US*) AG *f*

incl. inclusive, including einschl., einschließlich

inst. instant d. M., dieses Monats

I/O ɪт input/output Eingabe/Ausgabe

IOC International Olympic Committee IOK, Internationales Olympisches Komitee

IOU I owe you Schuldschein *m*

IPO initial public offer(ing) Erstnotiz *f*, Börsenzulassung *f* (*einer Aktie*)

IQ intelligence quotient IQ *m*

Ir. Ireland Irland *n*; **Irish** irisch

IRA Irish Republican Army Irisch-Republikanische Armee

IRC International Red Cross IRK, *das* Internationale Rote Kreuz

Is Island(s), Isle(s) Insel(n *pl*) *f*

ISBN international standard book number ISBN *f*

ISO International Organization for Standardization Internationale Organisation für Standardisierung, Internationale Normenorganisation

ISP internet service provider Internetdiensteanbieter *m*

ISS international space station ISS, internationale Raumstation

IT information technology IT, Informationstechnologie *f*

ITV Independent Television *unabhängige britische kommerzielle Fernsehanstalten*

IUD intra-uterine device Intrauterinpessar *n*

IVF in vitro fertilization In-vitro-Fertilisation *f*, *künstliche Befruchtung außerhalb des Körpers der Frau*

IYHF International Youth Hostel Federation Internationaler Jugendherbergsverband

J

J joule(s) J, Joule *n od pl*

Jan. January Jan., Januar *m*

Jnr, Jr Junior jr., jun., junior

Jul. July Juli *m*

Jun. June Juni *m*; **Junior** → **Jnr**

jun., junr junior jr., jun., junior

K

KB kilobyte KB, Kbyte *n*

kg kilogram(me)(s) kg, Kilogramm *n od pl*

km kilometre(s) km, Kilometer *m od pl*

KM knowledge management Knowledge-Management *n*, Wissensmanagement *n*

KO knockout K. o., Knockout *m*

kph kilometres per hour kmh, Kilometer *pl* pro Stunde

KS Kansas (*Staat der USA*)

kV, kv kilovolt(s) kV, Kilovolt *n od pl*

kW, kw kilowatt(s) kW, Kilowatt *n od pl*

KY Kentucky (*Staat der USA*)

L

L (*Br*) **learner** (**driver**) Fahrschüler(in) (*Plakette an Kraftfahrzeugen*); **large** (**size**) groß; **Lake** See *m*

l. left l., links; **line** Z., Zeile *f*, **litre(s)** l, Liter *m od n od pl*

LA Los Angeles (*Stadt in Kalifornien*); **Louisiana** (*Staat der USA*)

Lab (*Br*) POL **Labour** (die) Labour Party

LAN IT **Local Area Network** LAN, lokales (Rechner)netz

Lancs [læŋks] **Lancashire**

lat. latitude geografische Breite

lb., lb pound(s) Pfund *n od pl* (*Gewicht*)

lbs pounds Pfund *pl* (*Gewicht*)

L/C letter of credit Akkreditiv *n*

LCD liquid crystal diode Flüssigkristalldiode *f*

LED light-emitting diode Leuchtdiode *f*

Leics Leicestershire

Lib (*Br*) POL **Liberal** Liberale(r) *m/f(m)*; liberal

Lincs [lɪŋks] **Lincolnshire**

loc. cit. loco citato (= at the place already cited) a. a. O., am angeführten Ort

long. longitude geografische Länge

l.p. low pressure Tiefdruck *m*

LP (*Br*) **Labour Party** (die) Labour Party (*Großbritannien*); **long-playing** (**record**) LP *f*, Langspielplatte *f*

LPG liquefied petroleum gas Autogas *n*

LPO London Philharmonic Orchestra *das* Londoner Philharmonieorchester

LSD lysergic acid diethylamide LSD

LSO London Symphony Orchestra *das* Londoner Sinfonieorchester

Ltd, ltd limited mit beschränkter Haftung

LTU long-term unemployed *pl* Langzeitarbeitslose *pl*

LW long wave LW, Langwelle *f* (*Rundfunk*)

M

M (*Br*) **motorway** A, Autobahn *f*; **medium (size)** mittelgroß

m metre(s) *m*, Meter *m* *od* *n* *od* *pl*; **mile(s)** Meile(n *pl*) *f*; **married** verh., verheiratet; **male, masculine** männl., männlich; **million(s)** Mio., Mill., Million(en *pl*) *f*; **minute(s)** min., Min., Minute(n *pl*) *f*

MA Master of Arts M.A., Magister Artium *m*; **Massachusetts** (*Staat der USA*); **military academy** Militärakademie *f*

Mar. March März *m*

masc LING **masculine** maskulin

MB megabyte MB, Mbyte *n*

MBA Master of Business Administration Magister *m* der Betriebswirtschaftslehre

MBE Member (of the Order) of the British Empire Angehörige(r) *m/f* (*m*) des Ordens des Britischen Empire (*englischer Ehrentitel*)

MBO management buyout Management-Buy-Out *n* (*Aufkauf eines Unternehmens durch Mitglieder der Geschäftsleitung*); **management by objectives** Führen *n* durch Zielvereinbarung

MC master of ceremonies Conférencier *m*

MCA maximum credible accident GAU *m*, größter anzunehmender Unfall

MCP male chauvinist pig (*pej umg*) Chauvischwein *n*, (*hum*) Chauvi *m*

MD Maryland (*Staat der USA*)

ME Maine (*Staat der USA*)

med. medical medizinisch; **medicine** Medizin *f*; **medium (size)** mittelgroß; **medieval** mittelalterlich

MEP Member of the European Parliament Europaabgeordnete(r) *m/f* (*m*)

MFC TEL **multifrequency code** MFV, Mehrfrequenzwahlverfahren *n*

mg milligram(me)(s) mg, Milligramm *n* *od* *pl*

MI Michigan (*Staat der USA*)

min. minute(s) min., Min., Minute(n *pl*) *f*; **minimum** Min., Minimum *n*

ml mile(s) Meile(n *pl*) *f* (1609,34 *m*)

mls miles Meilen *pl*

mm millimetre(s) mm, Millimeter *m* *od* *n* *od* *pl*

MN Minnesota (*Staat der USA*)

MO Missouri (*Staat der USA*); **money order** Post- *oder* Zahlungsanweisung *f*; **mail-order** Versandhaus-: **mail-order catalog(ue)** Versandhauskatalog *m*

Mon. Monday Mo., Montag *m*

MP (*Br*) **Member of Parliament** Unterhausabgeordnete(r) *m/f* (*m*); **Military Police** Militärpolizei *f*

mpg miles per gallon (*Benzinverbrauch in Meilen pro Gallone*)

mph miles per hour Stundengeschwindigkeit *f* (*in Meilen pro Stunde*)

MPV multi-purpose vehicle Mehrzweckfahrzeug *n*

Mr ['mɪstə] **Mister** Herr *m*

Mrs ['mɪsɪz] (*ursprünglich*) **Mistress** Fr., Frau *f*

MRT magnetic resonance tomography Kernspintomografie *f* (MR)

Ms [mɪz] Fr., Frau *f* (*neutrale Anredeform für unverheiratete und verheiratete Frauen*)

MS Mississippi (*Staat der USA*); **manuscript** Ms., Mskr., Manuskript *n*; **motorship** MS, Motorschiff *n*

MSc Master of Science Magister *m* der Naturwissenschaften

MT Montana (*Staat der USA*)

Mt Mount Berg *m*

mth, mths month(s) Monat(e *pl*) *m*

MW medium wave MW, Mittelwelle *f* (*Rundfunk*)

N

N north N, Nord(en *m*); **north(ern)** *n*, nördlich

n/a not applicable entfällt

NASA ['næsə] (*US*) **National Aeronautics and Space Administration** NASA, Nationale Luft- und Raumfahrtbehörde

NATO ['neɪtəʊ] **North Atlantic Treaty Organization** Nato *f*

NB, n.b. nota bene (= note well) NB, notabene

NBC National Broadcasting Company (*amerikanische Rundfunkgesellschaft*)

NC North Carolina (*Staat der USA*)

ND North Dakota (*Staat der USA*)

NE Nebraska (*Staat der USA*); **northeast** NO, Nordost(en *m*); **northeast(ern)** nö, nordöstlich

neg. negative neg., negativ

NGO non-governmental organization Nichtregierungsorganisation *f*

NH New Hampshire (*Staat der USA*)

NHS (*Br*) National Health Service staatlicher Gesundheitsdienst

NJ New Jersey (*Staat der USA*)

NM New Mexico (*Staat der USA*)

No. north N, Nord(en *m*); **numero** (= **number**) Nr., Nummer *f*

no. numero (= **number**) Nr., Nummer *f*

Northants [nɔː'θænts] Northamptonshire

Northd Northumberland

Notts Nottinghamshire

Nov. November Nov., November *m*

NPT nuclear non-proliferation treaty Vertrag *m* über die Nichtweiterverbreitung von Atomwaffen

NSB (*Br*) National Savings Bank *etwa*: Postsparkasse *f*

NT New Testament NT, Neues Testament

Nth North Nord-

nt.wt. net weight Nettogewicht *n*

NV Nevada (*Staat der USA*)

NW northwest NW, Nordwest(en *m*); **northwest(ern)** nw, nordwestlich

NY New York (*Staat der USA*)

NYC, N.Y.C. New York City (die Stadt) New York *n*

NZ New Zealand Neuseeland *n*

OAP old age pensioner Rentner(in) *m* (*f*), Senior(in) *m* (*f*)

OAS Organization of American States Organisation *f* Amerikanischer Staaten

Oct. October Okt., Oktober *m*

OD overdose Überdosis *f*

OECD Organization for Economic Cooperation and Development Organisation *f* für wirtschaftliche Zusammenarbeit und Entwicklung

OH Ohio (*Staat der USA*)

OHMS On His/Her Majesty's Service im Dienst Seiner/Ihrer Majestät; Dienstsache *f*

OHP overhead projector Overhead-projektor *m*

OK Oklahoma (*Staat der USA*)

o.n.o. or nearest offer VB, Verhand-lungsbasis *f*

OPEC Organization of (the) Petroleum Exporting Countries OPEC *f*, Organisa-tion *f* der Erdöl exportierenden Länder

OR Oregon (*Staat der USA*)

OT Old Testament AT, Altes Testament

Oxon [ˈɒksən] **Oxfordshire** (*ursprünglich:* **Oxonia**); **Oxoniensis** (= **of Oxford University**) ... der Universität Oxford

oz ounce(s) Unze(n *pl*) *f* (*28,35 g*)

P

p (*Br*) **penny, pence** (*Währungseinheit*)

p. page S., Seite *f*; **part** T., Teil *m*

PA Pennsylvania (*Staat der USA*)

p.a. per annum (= **per year**) pro Jahr, jährlich

PAS AUTO **power-assisted steering** Servolenkung *f*

PAYE (*Br*) **pay as you earn** (*Quellen-abzugsverfahren. Arbeitgeber zieht Lohn- bzw. Einkommensteuer direkt vom Lohn bzw. Gehalt ab*)

PC personal computer PC *m*, Personal Computer *m*; (*Br*) **police constable** Polizist(in), Wachtmeister(in)

pcm per calendar month pro (Kalender)monat (*bei Mietangaben*)

PCS personal communications services *Mobilfunkstandard in den USA*

p.d. per diem (= **by the day**) pro Tag

PDA personal digital assistant PDA, (*allgemein a.*) Palmtop *m*, Klein-computer *m*

PE physical education Sport *m* (*Schulfach*)

P.E.N., PEN [pen], *meist* **PEN Club** P.E.N.-Club *m*

per pro., per proc. per procurationem (= **by proxy**) pp., ppa., per Prokura; (= **on behalf of**) i. A., im Auftrag

PGD preimplantation (genetic) diagnosis PID, Präimplantationsdiagnose *f*

PhD philosophiae doctor (= **Doctor of Philosophy**) Dr. phil., Doktor *m* der Philosophie

PIN personal identification number PIN *f*, PIN-Code *m*, Geheimzahl *f*

Pl Place Platz *m*

pl plural Pl, pl Plural *m*

PLC, Plc, plc (*Br*) **public limited company** AG, Aktiengesellschaft *f*

PM (*Br*) **Prime Minister** Premier-minister(in); (*US*) → **p.m.**

p.m., pm post meridiem (= **after noon**) abends, nachm., nachmittags

PMS premenstrual syndrome prämenstruelles Syndrom

PO postal order Postanweisung *f*; **post office** Postamt *n*

POB post office box Postfach *n*

POD pay on delivery per Nachnahme

pop. population Einw., Einwohner(zahl *f*) *pl*

POS point of sale POS, Verkaufsort *m*, Verkaufsstelle *f*

POW prisoner of war Kriegsgefangene(r) *m/f(m)*

pp. pages Seiten *pl*

p.p. → **per pro(c).**

PR public relations PR *f*, Öffentlichkeitsarbeit *f*

Pres. president Präsident *m*

Prof. Professor Prof., Professor *m*

PS postscript PS, Postskript(um) *n*

PTA parent-teacher association Eltern-Lehrer-Vertretung *f*, Elternbeirat *m*

PTO, p.t.o. please turn over b. w., bitte wenden

PX post exchange (*Verkaufsladen für Angehörige der US-Streitkräfte*)

R

® registered trademark eingetragene Marke *f*

r. right r., rechts

RAC (*Br*) **Royal Automobile Club** *der* Königliche Automobilklub

RAF Royal Air Force *die* Königlich-Britische Luftwaffe

RAM [ræm] COMPUT **random access memory** Speicher *m* mit wahlfreiem Zugriff, Direktzugriffsspeicher *m*, Arbeitsspeicher *m*

RC Roman Catholic r.-k., röm.-kath.

Rd Road Str., Straße *f*

ref. (**in** *od* **with**) **reference to** Betr., Betreff

regd registered eingetragen; eingeschrieben

rep repetition Wdh., Wiederholung *f*

ret., retd retired i. R., im Ruhestand, a. D., außer Dienst

Rev., Revd REL **Reverend** Hochwürden (*Titel und Anrede*)

RI Rhode Island (*Staat der USA*)

RN Royal Navy *die* Königlich-Britische Marine

RNA ribonucleic acid RNS, Ribonukleinsäure *f*

ROM [rɒm] COMPUT **read only memory** Lesespeicher *m*

RP (*Br*) **received pronunciation** Standardaussprache *f* (*des Englischen in Südengland*); **reply paid** Rückantwort bezahlt

r.p.m. revolutions per minute U/min., Umdrehungen *pl* pro Minute

RRP recommended retail price unverbindlicher (Einzelhandels)richtpreis, unverbindliche Preisempfehlung

RS (*Br*) **Royal Society** Königliche Gesellschaft (*traditionsreicher naturwissenschaftlicher Verein*)

RSVP répondez s'il vous plaît (= **please reply**) u. A. w. g., um Antwort wird gebeten

Rt Hon. Right Honourable *der* Sehr Ehrenwerte (*Titel und Anrede*)

RV (*US*) **recreational vehicle** Wohnwagen *m*

S

S south S, Süd(en *m*); **south(ern)** s, südlich; **small** (**size**) klein

s second(s) Sek., sek., s, Sekunde(n *pl*) *f*; (*Br*) HIST **shilling(s)** Schilling, *m od pl*

SA Salvation Army Heilsarmee *f*; **South Africa** Südafrika *n*

s.a.e. stamped addressed envelope frankierter Rückumschlag

Salop ['sæləp] **Shropshire**

SALT [sɔːlt] HIST **Strategic Arms Limitation Talks** (*Verhandlungen zwischen der Sowjetunion und den USA über Begrenzung und Abbau strategischer Waffensysteme*)

SASE (*bes US*) **self-addressed stamped envelope** *frankierter, mit eigener Anschrift versehener Briefumschlag*

Sat. Saturday Sa., Samstag *m*, Sonnabend *m*

SAT (*US*) **scholastic aptitude test** Aufnahmeprüfung *f*; (*Br*) **standard assessment task** Einstufungstest *m*

SC South Carolina (*Staat der USA*)

SD South Dakota (*Staat der USA*)

SDP (*Br*) **Social Democratic Party** Sozialdemokratische Partei

SE southeast SO, Südost(en *m*); **southeast(ern)** sö, südöstlich; **Stock Exchange** Börse *f*

Sec. Secretary Sekr., Sekretär(in); POL Minister(in)

sec. second(s) Sek., sek., s, Sekunde(n *pl*) *f*; **secretary** Sekr., Sekretär(in)

Sen., sen. Senior sen., senior

Sep., Sept. September Sept., September *m*

SF science fiction Science-Fiction *f*

SME small and medium-sized enterprises *pl* kleine und mittelständische Unternehmen *pl*, KMU *pl*

SMS Short Message Service SMS

Soc. society Gesellschaft *f*, Verein *m*

Som Somerset

Sq. Square Pl, Platz *m*

sq. square Quadrat-

SS steamship Dampfer *m*

St Saint ... St. ..., Sankt ...; **Street** Str., Straße *f*

st (*Br*) **stone** (*Gewichtseinheit von 6,35 kg*)

STA scheduled time of arrival planmäßige Ankunft(szeit)

Staffs [stæfs] **Staffordshire**

STD sexually transmitted disease Geschlechtskrankheit *f*; (*Br*) TEL **subscriber trunk dialling** Selbstwählferndienst *m*; **scheduled time of departure** planmäßige Abflug- *bzw.* Abfahrtszeit

Sth South Süd-

Suff Suffolk

Sun. Sunday So., Sonntag *m*

SW southwest SW, Südwest(en *m*); **southwest(ern)** sw, südwestlich; **short wave** KW, Kurzwelle *f* (*Rundfunk*)

T

t ton(s) Tonne(n *pl*) *f* (*Br 1016 kg*, (*US*) *907,18 kg*); **tonne(s)** (= **metric ton[s]**) t, Tonne(n *pl*) *f* (*1000 kg*)

TAN transaction number Transaktionsnummer *f* (*für Onlinebankgeschäfte*)

TB tuberculosis Tb, Tbc, Tuberkulose *f*

tel. telephone (number) Tel., Telefon (-nummer *f*) *n*

TGWU (*Br*) **Transport and General Workers' Union** Transportarbeitergewerkschaft *f*

Thur., Thurs. Thursday Do., Donnerstag *m*

TLC tender loving care liebevolle Zuwendung

TM trademark eingetragene Marke

TN Tennessee (*Staat der USA*)

TU trade(s) union Gewerkschaft *f*

TUC (*Br*) **Trades Union Congress** Gewerkschaftsbund *m*

Tue., Tues. Tuesday Di(e)., Dienstag *m*

TX Texas (*Staat der USA*)

U

UCE unsolicited commercial e-mail unaufgefordert zugesandte Werbe-E-Mail

UEFA [ju:'eifə] Union of European Football Associations UEFA

UFO ['ju:fəʊ] *od* [,ju: ef 'əʊ] *pl* **UFO's, UFOs** unidentified flying object UFO

UHF ultrahigh frequency UHF, Ultrahochfrequenz(bereich *m*) *f*, Dezimeterwellenbereich *m*

UHT ultra-heat-treated: **UHT milk** H-Milch *f*

UK United Kingdom Vereinigtes Königreich

UMTS IT universal mobile telecommunications system *Übertragungsstandard für drahtlose Kommunikation*

UN United Nations UNO, *die* Vereinten Nationen *pl*

UNESCO [ju:'neskəʊ] United Nations Educational, Scientific, and Cultural Organization UNESCO, Organisation *f* der Vereinten Nationen für Erziehung, Wissenschaft und Kultur

UNICEF ['ju:nɪsef] United Nations Children's Fund UNICEF, Kinderhilfswerk *n* der Vereinten Nationen

UNO ['ju:nəʊ] United Nations Organization UNO, *die* Vereinten Nationen

UPI United Press International (*amerikanische Nachrichtenagentur*)

URL INTERNET uniform resource locator URL, einheitlicher Quellenlokalisierer, URL-Adresse *f*

US United States Vereinigte Staaten *pl*

USA United States of America *die* USA *pl*, Vereinigte Staaten *pl* von Amerika

USSR HIST Union of Soviet Socialist Republics die UdSSR, Union *f* der Sozialistischen Sowjetrepubliken

USW ultrashort wave UKW, Ultrakurzwelle *f* (*Rundfunk*)

UT Utah (*Staat der USA*)

V

V volt(s) V, Volt *n od pl*

VA Virginia (*Staat der USA*)

VAT [,vi: eɪ 'ti:] *od* [væt] value-added tax MwSt., Mehrwertsteuer *f*

VCR video cassette recorder Videorekorder *m*

VD venereal disease Geschlechtskrankheit *f*

VDU visual display unit Sichtgerät *n*

VHF very high frequency VHF, UKW, Ultrakurzwelle(nbereich *m*) *f*

VIN vehicle identification number Kfz-Kennzeichen *n*

VIP very important person VIP (*prominente Persönlichkeit*)

vol. volume Bd., Band *m*

vols volumes Bde., Bände *pl*

vs. versus contra, gegen

VS veterinary surgeon Tierarzt *m*

VSO (*Br*) voluntary service overseas Entwicklungsdienst *m*

VSOP very special *od* superior old pale (*Qualitätsbezeichnung für 20–25 Jahre alten Weinbrand, Portwein etc*)

VT Vermont (*Staat der USA*)

vv, v.v. vice versa v. v., umgekehrt

W

W *west* W, West(en *m*); **west(ern)** w, westlich; **watt(s)** W, Watt *n od pl*
w. *with* m., mit; **width** Br, Breite *f*
WA *Washington* (*Staat der USA*)
WAP IT *wireless application protocol* Übertragungsstandard für drahtlose Kommunikation
War., Warks *Warwickshire*
WC *water closet* WC *n*, Toilette *f*
Wed., Weds. *Wednesday* Mi., Mittwoch *m*
WHO *World Health Organization* WGO, Weltgesundheitsorganisation *f*
WI *Wisconsin* (*Staat der USA*)
Wilts *Wiltshire*
WP *word processor* Textverarbeitungssystem *n*, -gerät *n*; **word processing** Textverarbeitung *f*; **weather permitting** bei schönem Wetter, wenn es das Wetter erlaubt
w.p.m., wpm *words per minute* Wörter *pl* pro Minute
wt., wt *weight* Gew., Gewicht *n*
WV *West Virginia* (*Staat der USA*)
WWI *World War I* der Erste Weltkrieg
WWII *World War II* der Zweite Weltkrieg
WWW INTERNET *World-Wide Web* WWW, *kurz*: Web *n*
WY *Wyoming* (*Staat der USA*)

XL *extra large* (**size**) extragroß
Xroads [ˈeksrəʊdz] *crossroads* Straßenkreuzung *f*
XS *extra small* (**size**) extraklein

yd *pl a.* **yds** *yard(s)* Yard(s *pl*) *n* (*91,44 cm*)
YHA *Youth Hostels Association* Jugendherbergsverband *m*
YMCA *Young Men's Christian Association* CVJM, Christlicher Verein Junger Männer
Yorks [jɔːks] *Yorkshire*
YWCA *Young Women's Christian Association* CVJF, Christlicher Verein Junger Frauen und Mädchen

Deutsche Abkürzungen |
German Abbreviations

A

AA *das* **Auswärtige Amt** Foreign Office
Abb. Abbildung ill(us)., illustration; fig., figure
Abf. Abfahrt dep., departure
Abk. Abkürzung abbr., abbreviation
ABM Arbeitsbeschaffungsmaßnahme job creation scheme
Abo Abonnement subscription
Abs. Absatz par., paragraph; **Absender** sender
ABS Antiblockiersystem ABS, anti-lock braking system
Abschn. Abschnitt section; ch., chapter
Abt. Abteilung dept, department
abzgl. abzüglich less, minus
a. D. außer Dienst ret., retired; **an der Donau** on the Danube
ADAC Allgemeiner Deutscher Automobil-Club General German Automobile Association
Adr. Adresse address
AG Aktiengesellschaft (*Br*) PLC, Plc, public limited company; (*US*) incorporated company
AKW Atomkraftwerk nuclear power station
allg. allgemein gen., general
a. M. am Main on the Main
am., amer. (amerik.) amerikanisch Am., American
amtl. amtlich off., official
Anh. Anhang app., appendix
Ank. Ankunft arr., arrival

Anl. Anlage(n) (*im Brief*) enc(l)., enclosure(s)
Anm. Anmerkung note
anschl. anschließend foll., following
a. o. Prof. außerordentlicher Professor (*Br*) senior lecturer; (*US*) associate professor
APO HIST **außerparlamentarische Opposition** extraparliamentary opposition
App. Apparat TEL ext., extension; telephone
ARD Arbeitsgemeinschaft der öffentlich-rechtlichen Rundfunkanstalten der Bundesrepublik Deutschland *Working Pool of the Broadcasting Corporations of the Federal Republic of Germany*
a. Rh. am Rhein on the Rhine
Art. Artikel art., article
AU, ASU Abgas(sonder)untersuchung exhaust-emission check
Aufl. Auflage ed., edition
Az. Aktenzeichen file number

B

b. bei at; with; *räumlich*: nr, near; *Adresse*: c/o, care of
BAföG Bundesausbildungsförderungsgesetz student financial assistance scheme, Federal law for the promotion of training
Bd. Band (*Buch*) vol., volume
Bde. Bände (*Bücher*) vols, volumes
beil. beiliegend encl., enclosed
BENELUX Belgien, Niederlande, Luxemburg Benelux countries, Belgium, the Netherlands, and Luxembourg

bes. besonders esp., especially
Best.-Nr. Bestellnummer ord. no., order number
Betr. Betreff, betrifft (*in Briefen*) re
betr. betreffend, betreffs conc., concerning; regarding
Bev. Bevölkerung pop., population
Bez. Bezeichnung mark; (*Name*) name, designation; **Bezirk** dist., district
BGB Bürgerliches Gesetzbuch Civil Code
BGH Bundesgerichtshof Federal Supreme Court
BH Büstenhalter bra
Bhf. Bahnhof Sta., station
BLZ Bankleitzahl (bank) sort code
BND Bundesnachrichtendienst Federal Intelligence Service
BRD Bundesrepublik Deutschland FRG, Federal Republic of Germany; HIST West Germany
brit. britisch Br(it)., British
BRT Bruttoregistertonnen GRT, gross register tons
BSE bovine spongiforme Enzephalopathie BSE, bovine spongiform encephalopathy
Btx Bildschirmtext viewdata
Bw. Bundeswehr Federal Armed Forces
b. w. bitte wenden PTO, p.t.o., please turn over
BWL Betriebswirtschaftslehre business management
bzgl. bezüglich with reference to
bzw. beziehungsweise resp., respectively

C

C Celsius C, Celsius, centigrade
ca. circa, ungefähr, etwa c, ca, circa; about; approx., approximately
cand. candidatus, Kandidat (*Prüfungsanwärter*) candidate
CD Compact Disc CD
CDU Christlich-Demokratische Union Christian Democratic Union
Co. (*obs*) **Compagnie** (*Handelsgesellschaft*) co., company; **Compagnon** (*Mitinhaber*) partner
CSU Christlich-Soziale Union Christian Social Union
ct cent(s) ct(s)
CVJF Christlicher Verein Junger Frauen und Mädchen YWCA, Young Women's Christian Association
CVJM Christlicher Verein Junger Männer YMCA, Young Men's Christian Association; **Christlicher Verein Junger Menschen** Young People's Christian Association

D

d. Ä. der Ältere Sen., sen., Snr, Sr, senior
DAX® Deutscher Aktienindex German Stock Index
DB® Deutsche Bahn AG German Railways, Plc; **Deutsche Bundesbank** German Federal Bank
DDR HIST **Deutsche Demokratische Republik** GDR, German Democratic Republic; East Germany
DFB Deutscher Fußballbund German Football Association

DGB Deutscher Gewerkschaftsbund Federation of German Trade Unions
dgl. dergleichen, desgleichen the like
d. Gr. der/die Große the Great
d. h. das heißt i.e., that is
DHH Doppelhaushälfte semi
d. i. das ist i.e., that is
DIN Deutsches Institut für Normung German Institute for Standardization; **Deutsche Industrienormen** German Industrial Standards
Dipl Diplom (... with a) diploma (in ...)
Dipl-Ing. Diplomingenieur(in) *etwa:* graduate engineer
Dir. Direktor Dir., dir. director; **Direktion** *the* directors *Pl*
d. J. der Jüngere Jun., jun., Jnr, Jr, junior; **dieses Jahres** of this year
DJH Deutsches Jugendherbergswerk German Youth Hostel Association
DM HIST **Deutsche Mark** German Mark(s), Deutschmark(s)
d. M. dieses Monats inst., instant
d. O. der/die/das Obige the above-mentioned
Doz. Dozent(in) lecturer
dpa Deutsche Presseagentur German Press Agency
Dr. Doktor Dr, Doctor
Dr. jur. Doktor der Rechte LLD, Doctor of Laws
Dr. med. Doktor der Medizin MD, Doctor of Medicine
Dr. phil. Doktor der Philosophie DPhil, PhD, Doctor of Philosophy
Dr. rer. nat. Doktor der Naturwissenschaften DSc, ScD, Doctor of Science
Dr. theol. (*evangelisch:* **D. theol.**) **Doktor der Theologie** DD, Doctor of Divinity

dt. deutsch Ger., German
DTP Desktop-Publishing DTP
Dtzd. Dutzend doz., dozen(s)
DV Datenverarbeitung DP, data processing

ebd. ebenda ib(id)., ibidem, in the same place
EBK Einbauküche fitted kitchen
Ed. Edition, Ausgabe ed., edition
ed. edidit, hat herausgegeben ed., edited by, published by
EDV elektronische Datenverarbeitung EDP, electronic data processing
EEG Elektroenzephalogramm EEG, electroencephalogram
EG HIST **Europäische Gemeinschaft** EC, European Community
e. h. ehrenhalber hon., honorary
ehm., ehem. ehemals formerly; **ehemalig** former
eidg. eidgenössisch (= *schweizerisch*) fed., federal, confederate, Swiss
eigtl. eigentlich actual(ly), real(ly), *adv a.* strictly speaking
einschl. einschließlich incl., inclusive (-ly), including; **einschlägig** relevant
EKD Evangelische Kirche in Deutschland Protestant Church in Germany
EKG Elektrokardiogramm ECG, electrocardiogram
engl. englisch Eng., English
entspr. entsprechend corr., corresponding
EPA Europäisches Patentamt EPO, European Patent Office
erb. erbaut built, erected
Erw. Erwachsene *pl* adults

ESZB Europäisches System der Zentralbanken ESCB, European System of Central Banks

EU Europäische Union EU, European Union

EuGH Europäischer Gerichtshof ECJ, European Court of Justice

EUR Euro EUR, euro

ev. evangelisch Prot., Protestant

e. V. eingetragener Verein registered society *od* association

evtl. eventuell poss., possibly; perhaps

EWS Europäisches Währungssystem EMS, European Monetary System

EWU Europäische Währungsunion EMU, European Monetary Union

exkl. exklusive exc., except(ed); excl., exclusive, excluding

ExPl Exemplar sample, copy

EZB Europäische Zentralbank ECB, European Central Bank

F

F Fahrenheit F, Fahrenheit

Fa. Firma firm; (*auf Adressen*) Messrs

Fam. Familie family; (*auf Adressen*) Mr & Mrs ... (and family)

FC Fußballclub FC, Football Club

FCKW Fluorchlorkohlenwasserstoff CFC, chlorofluorocarbon

FDP Freie Demokratische Partei Liberal Democratic Party

FH Fachhochschule *etwa*: (advanced) technical college

Fig. Figur fig., figure; diag., diagram

fig. figurativ, figürlich, bildlich fig., figurative(ly)

FKK Freikörperkultur nudism

folg. folgend(e *etc*) foll., following

Forts. Fortsetzung continuation; **Forts. f. Fortsetzung folgt** to be contd, to be continued

Fr. Frau Mrs; Ms (*Familienstand nicht erkennbar*)

Frl. Fräulein Miss

frz. französisch Fr., French

G

GAP *EU:* **gemeinsame Agrarpolitik** CAP, common agricultural policy

GAU größter anzunehmender Unfall MCA, maximum credible accident

GB, Gbyte Gigabyte GB

geb. geboren b., born; **geborene ...** née; **gebunden** bd, bound

Gebr. Gebrüder Bros., Brothers

gegr. gegründet founded; est(ab)., established

gek. gekürzt (*Buch, Text*) abr., abridged

Ges. Gesellschaft assoc., association; co., company; soc., society; **Gesetz** law

gesch. geschieden div., divorced

ges. gesch. gesetzlich geschützt regd, registered

gest. gestorben d., died, deceased

Gew. Gewicht w., wt, weight

gez. gezeichnet (*vor der Unterschrift*) sgd, signed

ggf., ggfs. gegebenenfalls should the occasion arise; if necessary; if applicable

GmbH Gesellschaft mit beschränkter Haftung limited liability company

GUS Gemeinschaft Unabhängiger Staaten CIS, Commonwealth of Independent States

Hbf. Hauptbahnhof cent. sta., central station; main sta., main station
h. c. honoris causa, ehrenhalber hon., honorary
Hg., Hrsg. Herausgeber ed., editor
hg., hrsg. herausgegeben ed., edited
hins. hinsichtlich with regard to, regarding, as to
HIV human immunodeficiency virus HIV
HP Halbpension half board
Hr., Hrn. Herr(n) Mr

i. im, in in (the)
i. A. im Auftrag p.p., per pro
i. Allg. im Allgemeinen in general, gen., generally; (*im Ganzen*) on the whole
i. B. im Besonderen in particular
IC® Intercity(zug) intercity (train)
ICE® Intercityexpress(zug) high-speed train
i. D. im Dienst on duty; **im Durchschnitt** on av., on average
i. H. im Hause on the premises
IHK Industrie- und Handelskammer Chamber of Industry and Commerce
Ing. Ingenieur(in) eng., engineer
Inh. Inhaber(in) prop., propr, proprietor; **Inhalt** cont., contents
inkl. inklusive incl., including, included; inclusive of
i. R. im Ruhestand ret., retd, retired
IRK Internationales Rotes Kreuz IRC, International Red Cross

ISBN Internationale Standardbuchnummer ISBN, international standard book number
i. V. in Vertretung p.p., by proxy, on behalf of; **in Vorbereitung** in prep., in preparation
IWF Internationaler Währungsfonds IMF, International Monetary Fund

Jh. Jahrhundert c, cent., century
jhrl. jährlich yearly, ann., annual(ly)
jr., jun. junior Jun., jun., Jnr, Jr, junior
jur. juristisch leg., legal

K

K Kilobyte k, kilobyte
Kap. Kapitel ch(ap)., chapter
kath. katholisch C(ath)., Catholic
KB, Kbyte Kilobyte KB, kilobyte
Kfm. Kaufmann merchant; businessman; trader; dlr, dealer; agt, agent
kfm. kaufmännisch com(m)., commercial
Kfz Kraftfahrzeug motor vehicle
KG Kommanditgesellschaft limited partnership
KI künstliche Intelligenz AI, artificial intelligence
Kl. Klasse cl., class
KP Kommunistische Partei CP, Communist Party
Kripo Kriminalpolizei (*Br*) CID, criminal investigation department
KST Kernspintomografie MRT, magnetic resonance tomography
Kto. Konto acct, a/c, account

L

l. links l., left
led. ledig single, unmarried
lfd. laufend current, running
lfd. Nr. laufende Nummer ser. no., serial number
Lfg., Lfrg. Lieferung dely, delivery
Lkw, LKW Lastkraftwagen (*Br*) HGV, heavy goods vehicle; (*Br*) lorry; (*US*) truck
LP Langspielplatte LP, long-playing record
lt. laut acc. to, according to; as per
ltd. leitend man., managing
Ltg. Leitung direction; mangt, management
luth. lutherisch Luth., Lutheran

M

M HIST **Mark** mark(s) (*Währung*)
MA Mittelalter MA, Middle Ages
MAD Militärischer Abschirmdienst Military Counter-Intelligence Service
max. maximal max., maximum
MB Megabyte MB, megabyte
mbH mit beschränkter Haftung with limited liability
Mbyte Megabyte MB, megabyte
MdB Mitglied des Bundestages Member of the Bundestag
MdL Mitglied des Landtages Member of the Landtag
mdl. mündlich verbal, oral
m. E. meines Erachtens in my opinion
MEZ mitteleuropäische Zeit CET, Central European Time
MFV TEL **Mehrfrequenzwahlverfahren** MFC, multifrequency code
MG Maschinengewehr MG, machine gun
Mill. Million(en) m, million
Min., min. Minute(n) min., minute(s)
min. minimal min., minimum
Mio. Million(en) m, million
Mitw. Mitwirkung assistance, participation, cooperation
MKS Maul- und Klauenseuche FMD, foot-and-mouth (disease)
möbl. möbliert furn., furnished
mod. modern mod., modern
MP Maschinenpistole submachine gun
Mrd. Milliarde(n) bn, billion; (*Br a.*) thousand million
MS multiple Sklerose MS, multiple sclerosis
mtl. monatlich monthly
m. W. meines Wissens as far as I know
MwSt., MWSt. Mehrwertsteuer VAT, value-added tax

N Nord(en) N, north
n. nach after
Nchf., Nachf. Nachfolger successor
nachm. nachmittags p.m., pm, in the afternoon
näml. nämlich viz, i.e., namely, that is to say
n. Chr. nach Christus AD, anno domini
N. N. nomen nominandum name hitherto unknown
NO Nordost(en) NE, northeast
Nr. Nummer No., no., number
NW Nordwest(en) NW, northwest

O Ost(en) E, east

o. oben above; **oder** or; **ohne** w/o, without
o. ä. oder ähnlich or the like
o. Ä. oder Ähnliche(s *etc*) or the like
OB Oberbürgermeister mayor, *in GB*: Lord Mayor
o. B. ohne Befund results negative
Obb. Oberbayern Upper Bavaria
od. oder or
OHG offene Handelsgesellschaft general partnership
o. Prof. ordentlicher Professor Prof., prof., (full) professor
Orig. Original orig., original
orth. orthodox Orth., Orthodox (*Religion*)
österr. österreichisch Aus., Austrian
OSZE Organisation für Sicherheit und Zusammenarbeit in Europa OSCE, Organisation for Security and Cooperation in Europe

p. A., p. Adr. per Adresse c/o, care of
PC Personal Computer PC, personal computer
pers. persönlich pers., personal; personally, in person
Pf HIST **Pfennig** pf., pfennig
Pfd. Pfund (*Gewicht*) German pound(s)
PID Präimplantationsdiagnostik PGD, preimplantation (genetic) diagnosis *od* diagnostics
Pkt. Punkt pt, point
Pkw, PKW Personenkraftwagen (motor) car
Pl Platz Sq., Square
PLZ Postleitzahl postcode, (*US*) zip code

pp., ppa. per Prokura p.p., per pro(c)., by proxy
Priv.-Doz. Privatdozent unsalaried lecturer
Prof. Professor Prof., Professor
PS Pferdestärken H.P, hp, horsepower; **Postskriptum** PS, postscript

qkm (*obs*) **Quadratkilometer** sq.km, square kilometre
qm (*obs*) **Quadratmeter** sq.m, square metre

R

® eingetragene Marke registered (trademark)
r. rechts r., right
RA Rechtsanwalt lawyer; (*Br*) sol., solr, solicitor; bar., barrister; (*US*) att., atty, attorney
RAF Rote-Armee-Fraktion Red Army Faction
RAM random access memory RAM
rd. rund (= *ungefähr*) roughly
Reg.-Bez. Regierungsbezirk administrative district
Rel. Religion rel., religion
Rep. Republik Rep., Republic
resp. respektive resp., respectively
RH Reihenhaus terrace
RIAS HIST **Rundfunk im amerikanischen Sektor** (*von Berlin*) Radio in the American Sector (*of Berlin*)
rk., r.-k. römisch-katholisch RC, Roman Catholic
ROM read-only memory ROM

röm. römisch Rom., Roman

S

S Süd(en) S, south; **Schilling** HIST S, schilling
S. Seite p., page
s. siehe v., vide; see
S-Bahn Schnellbahn sub-urban (fast) train(s), suburban railway
Sek., sek. Sekunde(n) sec., second(s)
sen. senior Sen., sen., Snr, Sr, senior
SO Südost(en) SE, southeast
s. o. siehe oben see above
sog. sogenannt(e, -es etc**)** so-called
SPD Sozialdemokratische Partei Deutschlands Social Democratic Party of Germany
SS Sommersemester summer semester od (Br) term
St. Sankt St, Saint; **Stück** pc., pl pcs., piece(s)
Std. Stunde(n) h., pl auch hrs, sg auch hr, hour(s)
stdl. stündlich hourly, every hour
Stdn. Stunden h., hrs, hours
stellv. stellvertretend asst, assistant
StGB Strafgesetzbuch penal od criminal code
Str. Straße St, Street; Rd, Road
stud. studiosus, Student student
StVO Straßenverkehrsordnung (road) traffic regulations; (Br) Highway Code
s. u. siehe unten see below
SW Südwest(en) SW, southwest

T

tgl., tägl. täglich daily, a od per day

Tel. Telefon tel., telephone
TH Technische Hochschule college of technology, technical university
TOP Tagesordnungspunkt agenda item
TU Technische Universität technical university
TÜV Technischer Überwachungsverein etwa: Association for Technical Inspection; Technical Control Board

U

U-Bahn Untergrundbahn (Br) underground; (US) subway
u. und and
u. a. und andere(s) and others (other things); **unter anderem (anderen)** among other things, inter alia (among others)
u. Ä. und Ähnliche(s) and the like
u. A. w. g. um Antwort wird gebeten RSVP, please reply
u. dgl., u. dgl. m. und dergleichen (mehr) and so on; and the like
ü. d. M. über dem Meeresspiegel above sea level
UdSSR HIST **Union der Sozialistischen Sowjetrepubliken** USSR, Union of Soviet Socialist Republics
UKW Ultrakurzwelle ultrashort wave; FM, frequency modulation
U/min. Umdrehungen pro Minute r.p.m., revolutions per minute
urspr. ursprünglich orig., original(ly)
usw. und so weiter etc., and so on
u. U. unter Umständen poss., possibly; perh., perhaps; if need be
UV Ultraviolett UV, ultraviolet

V

v. von, vom of; from; by

V Volt V, volt(s)

V. Vers v., verse; l., line

VB Verhandlungsbasis (*Preis*) guide price, ... o.n.o., ... or near(est) offer

v. Chr. vor Christus BC, before Christ

v. D. vom Dienst on duty, in charge

VEB (*DDR*) HIST **volkseigener Betrieb** state-owned enterprise

Verf. Verfasser author

verh. verheiratet mar., married

Verl. Verlag publishing house *od* company, publishers *pl*

verw. verwitwet widowed

vgl. vergleiche cf., confer; cp., compare

v. H. vom Hundert pc, per cent

VHS Volkshochschule *Institution:* adult education program(me); *Kurse:* adult evening classes

v. J. vorigen Jahres of last year

v. M. vorigen Monats of last month

vorm. vormittags a.m., am, in the morning; **vormals** formerly

Vors. Vorsitzende chair; chm., chairman *bzw.* chw., chairwoman

VP Vollpension full board; board and lodging

v. T. vom Tausend per thousand

W

W West(en) W, west; **Watt** W, watt(s)

Wdh., Wdhlg. Wiederholung repetition; TV *etc* repeat

WEZ westeuropäische Zeit GMT, Greenwich Mean Time

WG Wohngemeinschaft flat share; people sharing a flat (*bes US* an apartment) *od* a house

Whg. Wohnung (*Br*) flat, (*bes US*) apt., apartment

WS Wintersemester winter semester *od* (*Br*) term

WWU Wirtschafts- und Währungsunion EMU, Economic and Monetary Union

WWW INTERNET **World Wide Web** WWW, www, World Wide Web

Z

Z. Zeile l., line; **Zahl** number

z. zu, zum, zur at; to

z. B. zum Beispiel e.g., for example, for instance

ZDF Zweites Deutsches Fernsehen Second Channel *od* Program(me) of German Television Broadcasting

zeitgen. zeitgenössisch contemporary

z. H., z. Hd. zu Händen attn, attention (of)

Zi. Zimmer rm (no.), room (number); **Ziffer** fig., figure; No., no., number; JUR subparagraph; *in Vertrag etc:* item

z. T. zum Teil partly

Ztg. Zeitung (news)paper

zur. zurück back

zus. zusammen tog., together

zuzgl., zzgl. zuzüglich plus

zw. zwischen bet., between; among

zz., zzt. zurzeit (*jetzt, gegenwärtig*) at present, for the time being

z. Z., z. Zt. zur Zeit (*rückblickend*) at the time of

Literarische Fachbegriffe

Literarische Fachbegriffe | Literary Terms

Stilmittel | Stylistic Devices

allegory [ˈælɪgərɪ]	**Allegorie**	Bildliche Darstellung eines Gedankens oder eines abstrakten Begriffs (systematisierte Metapher); z. B. die Justitia als Frauengestalt mit verbundenen Augen und einer Waage in der Hand als Personifikation der Gerechtigkeit.
alliteration [ə,lɪtəˈreɪʃən]	**Alliteration**	zwei benachbarte Wörter beginnen mit demselben Laut; z. B. **long life**.
allusion [əˈluːʒən]	**Anspielung**	Bezug auf etwas Bekanntes, z. B. auf ein geschichtliches Ereignis oder auf eine berühmte Person.
ambiguity [,æmbɪˈgjʊɪtɪ]	**Doppel-/ Mehrdeutigkeit**	Formulierung, die verschiedene Interpretationen zulässt.
analogy [əˈnælədʒɪ]	**Analogie**	Darstellung einer Idee durch eine andere mit ähnlichen oder parallelen Merkmalen.
anaphora [əˈnæfərə]	**Anapher**	Wiederholung eines Wortes oder einer Phrase am Anfang aufeinanderfolgender Zeilen, Sätze oder Teilsätze.
anecdote [ˈænɪkdəʊt]	**Anekdote**	kurze, meist unterhaltsame Ges.chichte über einen Vorfall oder eine Person.
anticlimax [,æntɪˈklaɪmæks]	**Antiklimax**	Gegenteil von Klimax; „abfallende Steigerung": Wörter oder Phrasen sind so angeordnet, dass sie sich vom stärksten zum schwächsten Ausdruck „steigern".
antithesis [ænˈtɪθɪsɪs]	**Antithese**	Gegenüberstellung gegensätzlicher Begriffe, meist im Zusammenspiel mit ähnlichen Satzmustern.
assonance [ˈæsənəns]	**Assonanz**	Wiederholung gleicher oder ähnlicher betonter Vokale in benachbarten Wörtern; z. B. sw**ee**t dr**ea**ms
blank verse [,blæŋkˈvɜːs]	**Blankvers**	reimloser fünfhebiger Jambus.
chiasmus [kaɪˈæzməs]	**Chiasmus**	Überkreuzstellung; Umkehrung des Satzmusters bzw. Abfolge der Wortguppen in zwei aufeinanderfolgenden Sätzen.

cliché [ˈkliːʃeɪ]	Klischee	häufig gebrauchte (und daher meist abgedroschen wirkende) Formulierung.
climax [ˈklaɪmæks]	Klimax	Wörter oder Phrasen sind so angeordnet, dass sie sich vom schwächsten zum stärksten Ausdruck steigern.
connotation [ˌkɒnəˈteɪʃən]	Konnotation	zusätzliche, oft emotionale Bedeutung eines Wortes.
consonance [ˈkɒnsənəns]	Konsonanz	Wiederholung gleicher oder ähnlicher Konsonanten in benachbarten Wörtern; z. B. **coming home**.
ellipsis [ɪˈlɪpsɪs]	Ellipse	Auslassung eines Wortes oder Satzteils, das / der zum Verständnis nicht unbedingt nötig ist.
enjambement [ɪnˈdʒam(b)mənt]	Enjambement	im Gedicht: Weiterführen einer Satz- und Sinneinheit über das Versende hinaus.
euphemism [ˈjuːfəmɪzəm]	Euphemismus	Beschönigung: Umschreibung eines tabuisierten oder anstößigen Wortes.
exaggeration [ɪɡˌzædʒəˈreɪʃən]	Übertreibung	
figurative images [ˈfɪɡjʊrətɪv ˈɪmɪdʒɪz]	Tropen / bildhafte Figuren	Bewusste Abweichung von der eigentlichen Bedeutung eines Wortes oder von der als normal geltenden Reihenfolge bzw. Kombination von Wörtern, um beim Leser einen bestimmten Effekt hervorzurufen; Oberbegriff für verschiedene Stilmittel wie Euphemismus oder Metapher.
hyperbole [haɪˈpɜːbəlɪ]	Hyperbel	Übertreibung zur Betonung eines Sachverhalts: z. B. **I've been waiting for ages.**
inversion [ɪnˈvɜːʃən]	Inversion	Umstellung der regelmäßigen Abfolge von Wörtern bzw. Satzteilen.
irony [ˈaɪrənɪ]	Ironie	Bezeichnung eines Sachverhalts durch sein Gegenteil, häufig als Kritik oder als Mittel des Spotts.
metaphor [ˈmetəfə]	Metapher	indirekter, bildlicher Vergleich unter Verzicht auf Vergleichswörter wie **like** u. Ä.
onomatopeia [ˌɒnəmætəˈpiːə]	Onomatopöie	lautmalerischer Ausdruck; z. B. **cuckoo**.
oxymoron [ˌɒksɪˈmɔːrɒn]	Oxymoron	Verbindung zweier Begriffe, die einander eigentlich ausschließen; z. B. **bittersweet**.
paradox [ˈpærədɒks]	Paradoxon	scheinbar widersinnige Behauptung, deren Sinn sich erst bei genauerer Interpretation erschließt.

parallelism ['pærəlelɪzəm]	Parallelismus	Beibehaltung einer bestimmten Satzstruktur in mehreren aufeinanderfolgenden Sätzen.
parody ['pærədɪ]	Parodie	spöttische Nachahmung eines Werkes, die z. B. den Stil des Autors oder einer Gattung durch Übertreibung lächerlich macht.
personification [pɜː,sɒnɪfɪ'keɪʃən]	Personifikation	„Vermenschlichung": einem Objekt oder einem Abstraktum werden menschliche Attribute zugeordnet.
pun [pʌn]	Wortspiel	Spiel mit der Doppeldeutigkeit oder dem Gleichklang verschiedener Wörter.
register ['redʒɪstə]	Sprachebene	der einer Sprechsituation angemessene Sprachstil, z. B. gehoben, umgangssprachlich, formal usw.
repetition [,repɪ'tɪʃən]	Wiederholung	Wiederholung einzelner Wörter oder Wortgruppen zur besonderen Hervorhebung der Aussage.
sarcasm ['sɑːkæzəm]	Sarkasmus	beißende, verletzende Ironie.
satire ['sætaɪə]	Satire	überspitzte Darstellung von Personen, Institutionen oder Gesellschaftsklassen durch Übertreibung und Ironie.
simile ['sɪmɪlɪ]	Vergleich	direkter Vergleich, meist unter Verwendung von Vergleichswörtern wie **like**.
symbol ['sɪmbl]	Symbol	Gegenstand, der eine Idee, eine Eigenschaft o. Ä. repräsentiert; z. B. Ring für die Unendlichkeit der Ehe.
understatement ['ʌndə,steɪtmənt]	Untertreibung	Darstellung eines Sachverhalts als unwichtig; z. B. als Mittel der Ironie oder zur Betonung.

Erzählperspektiven | Narrative Perspectives

narrator [nə'reɪtə]	Erzähler	Derjenige, aus dessen Perspektive erzählt wird. Die Erzählperspektive ist insofern von Bedeutung, als sie den Leser entscheidend beeinflusst: Meist identifiziert sich der Leser mit der Person, aus deren Sicht er die Geschichte erlebt. Der Erzähler darf nicht mit dem Autor gleichgesetzt werden.

point of view [pɔɪnt əv 'vjuː]	**Erzählerstandpunkt**	Perspektive, aus der der Erzähler das Geschehen beobachtet und erzählt. **limited point of view**: Der Erzähler beobachtet das Geschehen aus der Perspektive einer Figur bzw. ist als Figur an der Handlung beteiligt. **unlimited point of view**: Der Erzähler ist allwissend und weiß, was in allen Figuren vor sich geht. **multiple point of view**: Der Erzähler wechselt die Perspektiven, aus denen er erzählt.
first-person narrator [fɜːst 'pɜːsn nə'reɪtə]	**Icherzähler**	Der Erzähler ist selbst an der Handlung beteiligt. Die Informationen sind begrenzt, denn der Leser erfährt nur das, was der Erzähler erlebt oder beobachtet (**limited point of view**).
third-person narrator [θɜːd 'pɜːsn nə'reɪtə]	**allwissender/personaler Erzähler**	Der Erzähler ist nicht am Geschehen beteiligt und erzählt die Geschichte in der dritten Person (**he, she, they**). Dabei kann der Erzähler allwissend sein (**omniscient narrator**), d. h. er kann zwischen verschiedenen Perspektiven wechseln und er weiß, was in den beteiligten Personen vorgeht (**unlimited point of view**). Oder der Erzähler beobachtet die Geschichte zwar von außen und spricht von den Charakteren in der dritten Person, schildert die Ereignisse aber aus der Sicht eines einzelnen Charakters (personaler Erzähler; **limited point of view**).
omniscient narrator [ɒm'nɪsɪənt nə'reɪtə]	**allwissender Erzähler**	siehe **third-person narrator**
intrusive narrator [ɪn'truːsɪv nə'reɪtə]	**auktorialer Erzähler**	Allwissender Erzähler, der die Charaktere und Ereignisse kommentiert und auf diese Weise den Leser beeinflussen kann.
unreliable narrator [ˌʌnrɪ'laɪəbl nə'reɪtə]	**unglaubwürdiger Erzähler**	Icherzähler, der die Handlung aus seiner eingeschränkten Perspektive erzählt und die Ereignisse dabei anders darstellt, als sie der Leser wahrnimmt, häufig mit ironischer Wirkung.

Erzähltechniken | Narrative Techniques

acting time ['æktɪŋ 'taɪm]	**Handlungszeit**	Zeitraum, der in einem fiktionalen Text dargestellt wird. Die Handlungszeit ist i. d. R. länger als die Erzählzeit; z. B. Beschreibung mehrerer Jahre auf wenigen Seiten.
explicit (direct) characterization [ɪk'splɪsɪt (daɪ'rekt) ˌkærəktəraɪ'zeɪʃən]	**explizite Charakterisierung**	Darstellung eines Charakters durch direkte Beschreibung seines äußeren Erscheinungsbildes, seiner Eigenschaften, Fähigkeiten, Vorlieben usw.
external action [ɪk'stɜːnl 'ækʃən]	**äußere Handlung**	konkrete Ereignisse und Verhaltensweisen.
falling action ['fɔːlɪŋ 'ækʃən]	**fallende Handlung**	Ereignisse, die dem Höhepunkt folgen.
flashback ['flæʃbæk]	**Rückgriff**	Unterbrechung der fortlaufenden Handlung, um zu früheren Ereignissen zurückzukehren; dient häufig dazu, dem Leser notwendige Hintergrundinformationen zu liefern.
flat character [flæt 'kærəktə]	**typisierte Figur**	repräsentiert nur einen einzigen oder einige wenige Charakterzüge; sein Verhalten ist oft vorhersehbar. Meist für weniger wichtige Figuren eingesetzt.
foreshadowing [fɔː'ʃædəʊɪŋ]	**Vorahnung**	Hinweise lassen den Leser erahnen, was als nächstes passieren könnte.
implicit (indirect) characterization [ɪm'plɪsɪt (ˌɪndɪ'rekt) ˌkærəktəraɪ'zeɪʃən]	**implizite Charakterisierung**	Darstellung eines Charakters durch Beschreibung seines Verhaltens, seiner Gefühle, Umgebung usw., die dem Leser Rückschlüsse auf bestimmte Wesensmerkmale erlauben.
interior monologue [ɪn'tɪərɪə 'mɒnəlɒg]	**innerer Monolog**	Erzähltext in der ersten Person, der die Gedanken eines Charakters wiedergibt; häufig ohne erkennbare chronologische oder thematische Ordnung.
internal action [ɪn'tɜːnl 'ækʃən]	**innere Handlung**	alles, was sich in den Gedanken der einzelnen Charaktere abspielt.
metre, (US) meter ['miːtə]	**Metrum, Versmaß**	Abfolge betonter Silben im Vers, die mehr oder weniger einem regelmäßigen Muster folgen.

LITERARISCHE FACHBEGRIFFE | 1392

narrated time [nə'reɪtɪd taɪm]	erzählte Zeit	siehe **acting time**.
narrative time ['nærətɪv taɪm]	Erzählzeit	Zeit, die notwendig ist, um die Ereignisse erzählerisch darzustellen; entspricht der Lesezeit.
panoramic presentation [ˌpænə'ræmɪk ˌprezən'teɪʃən]	berichtende Erzählung	verdichtende Erzählweise: In wenigen Sätzen wird zusammengefasst, was über eine längere Zeitspanne hinweg passiert ist.
plot [plɒt]	Handlung, Fabel	
prose [prəʊz]	Prosa	Form der geschriebenen Sprache, die nicht in Versen organisiert ist, keine Reime aufweist und keinem bestimmten Rhythmus folgt.
protagonist [prəʊ'tægənɪst]	Protagonist, Hauptperson	zentrale Figur einer Erzählung, eines Romans, eines Theaterstücks o. Ä.
rising action ['raɪzɪŋ 'ækʃən]	steigende Handlung	Handlung, die zum Höhepunkt führt.
round character [raʊnd 'kærəktə]	runde Figur	repräsentiert viele verschiedene, sich eventuell widersprechende Charakterzüge und ähnelt im Gegensatz zum **flat character** einer realen Person; ihr Verhalten ist oft nicht vorhersehbar.
scenic presentation ['siːnɪk ˌprezən'teɪʃən]	szenische Erzählung	detaillierte Darstellung eines Ereignisses.
setting ['setɪŋ]	Schauplatz	Ort, an dem die Handlung spielt.
showing ['ʃəʊɪŋ]	szenisches Erzählen	ausschnitthafte Darstellung; direkte Wiedergabe der Ereignisse; der Leser glaubt, am Geschehen beteiligt zu sein.
stream of consciousness [striːm əv 'kɒnʃəsnəs]	Bewusstseinsstrom	Versuch, den oft unstrukturierten Gedankenfluss einer Figur zu vermitteln; erkennbar an unvollständigen Sätzen und Gedankensprüngen, manchmal unter weitgehendem Verzicht auf syntaktische Regeln und Zeichensetzung.
telling ['telɪŋ]	berichtendes Erzählen	sachliche Darstellung, evtl. vom Erzähler kommentiert.

telling name ['telɪŋ neɪm]	**sprechender Name**	Name, der etwas über den Charakter der betreffenden Person aussagt.
tone [təʊn]	**Ton**	Tonfall; Schreibweise; Grundstimmung, die im Text vermittelt wird; z. B. **formal tone**: formeller Ton **informal tone**: informeller Ton **matter-of-fact tone**: sachlich-nüchterner Ton **jocular tone**: witziger Ton
verse [vɜːs]	**Vers**	Zeile einer Dichtung in gebundener Rede mit Metrum, Rhythmus und häufig Reim am Zeilenende.

Englische Kurzgrammatik

Groß- und Kleinschreibung 1397

Der Artikel 1397

Das Substantiv 1398

Das Pronomen 1401

Das Adjektiv 1411

Das Adverb 1412

Das Verb und die Zeiten 1414

Die Hilfsverben 1423

Infinite Verbformen 1432

Der Satz 1436

Konjunktionen und textstrukturierende Elemente 1444

Groß- und Kleinschreibung

Im Englischen werden die meisten Wörter kleingeschrieben. Großgeschrieben werden lediglich das erste Wort des Satzes, das Pronomen I, Namensbestandteile wie Mr, Ms und Dr, Religionen und Religionszugehörigkeiten, Personennamen und geografische Namen (also Namen von Städten, Regionen, Ländern, Flüssen, Meeren usw.) sowie Wörter, die sich von solchen Namen ableiten.

That's our new **English** teacher, **Mrs** Baxter.	Das ist unsere neue Englischlehrerin, Frau Baxter.
He asked me if **I**'d ever been to **America**.	Er fragte mich, ob ich schon mal in Amerika war.
Daniel is **Jewish**.	Daniel ist Jude.

Der Artikel

Der unbestimmte Artikel

Der unbestimmte Artikel heißt a. Vor Wörtern, die mit einem Vokal beginnen, wird er zu an. Ausschlaggebend ist dabei nicht das Schriftbild, sondern die **Aussprache**:

a book	ein Buch
an interesting book	ein interessantes Buch
a uniform	eine Uniform
an hour	eine Stunde

Der bestimmte Artikel

Der bestimmte Artikel heißt the. Seine Aussprache variiert, je nachdem, ob ein Vokal oder ein Konsonant folgt. Ebenso wie beim unbestimmten Artikel gibt dabei die Aussprache, nicht das Schriftbild des folgenden Wortes den Ausschlag:

the [ðə] book	das Buch
the [ðiː] interesting book	das interessante Buch
the [ðə] uniform	die Uniform
the [ðiː] hour	die Stunde

Das Substantiv
Das Geschlecht

Im Englischen gibt es kein grammatikalisches Geschlecht. Nur diejenigen Substantive sind männlich oder weiblich, deren natürliches Geschlecht männlich oder weiblich ist, z. B. man, woman, brother, sister, etc. Alle anderen Substantive sind sächlich. Da der Artikel für alle Geschlechter einheitlich ist, ist das Geschlecht nur am Pronomen erkennbar.

I went to see my **doctor** and **he** gave me a prescription.	Ich war bei meinem **Arzt**, und **er** hat mir etwas verschrieben.
Our **neighbour** is very old so **she** doesn't go out much.	Unsere **Nachbarin** ist sehr alt, deshalb kommt **sie** nicht viel raus.

Den meisten Berufsbezeichnungen oder Nationalitätsbezeichnungen sieht man im Englischen nicht an, ob eine Frau oder ein Mann gemeint ist.

Ms Norris is a wonderful **doctor**.	Frau Norris ist eine tolle **Ärztin**.
Jamie wants to become a **doctor**.	Jamie möchte gerne **Arzt** werden.
We met a very nice **Australian**.	Wir haben einen sehr netten **Australier** / eine sehr nette **Australierin** kennengelernt.

Wird aus dem Kontext nicht klar, dass es sich um eine Frau handelt, soll dies aber betont werden, sagt man an **Australian lady** (sehr höflich), an **Australian woman** oder an **Australian girl**. Entsprechend könnte man einen Australier als an **Australian gentleman** (sehr höflich), an **Australian man**, an **Australian boy** oder an **Australian guy** (umgangssprachlich) bezeichnen. Ähnlich vorgehen kann man bei Berufen und sagen **lady doctor**, **woman doctor** oder **female doctor** bzw. **male doctor**.

Tiere erhalten nur dann das grammatische Geschlecht männlich oder weiblich, wenn sie einen Namen haben oder ein besonders emotionales Verhältnis ausgedrückt werden soll, z. B. bei Hunden und Katzen.

My cat Mizzy is so sweet. **She** loves to curl up on my lap.	Meine Katze Mizzy ist so süß. **Sie** rollt sich gern auf meinem Schoß ein.
Our neighbour's dog is so greedy. **It's** always stealing food.	Der Hund unseres Nachbarn ist so verfressen. **Er** stiehlt dauernd Essen.

1399 ‖ SUBSTANTIV

Die Pluralbildung

Der regelmäßige Plural

Der Plural der meisten Substantive wird durch Anhängen von -s gebildet.

table — tables	Tisch — Tische
plan — plans	Plan — Pläne

Bei Substantiven, die auf -ch, -s, -sh, -x enden, wird -es angehängt.

match — matches	Streichholz — Streichhölzer
class — classes	Klasse — Klassen
wish — wishes	Wunsch — Wünsche
box — boxes	Schachtel — Schachteln

⚠ **Achtung:** bei quiz wird das -z verdoppelt und ein -es angehängt.

quiz — quizzes	Quiz — Quiz

Ein -y am Ende eines Substantivs wird, wenn es auf einen Konsonant folgt, im Plural zu -ies.

pony — ponies	Pony — Ponys
baby — babies	Baby — Babys

⚠ **Aber:**

boy — boys	Junge — Jungen
day — days	Tag — Tage
guy — guys	Kerl — Kerle
play — plays	(Theater)stück — Stücke
toy — toys	Spielzeug — Spielzeuge

Bei Substantiven, die auf -f oder -fe enden, wird der Plural meist auf -ves gebildet.

calf — calves	Kalb — Kälber
half — halves	Hälfte — Hälften
knife — knives	Messer — Messer
leaf — leaves	Blatt — Blätter
life — lives	Leben — Leben
shelf — shelves	Regal — Regale
wife — wives	(Ehe)frau — Frauen

An Substantive, die auf -o enden, wird im Plural -es angehängt.

hero — hero**es**	Held — Helden
tomato — tomato**es**	Tomate — Tomaten
potato — potato**es**	Kartoffel — Kartoffeln

🔴 **Ausnahme:** Bei Wörtern, die nicht englischen Ursprungs sind, wie z. B. disco, kilo, photo, piano, radio, video wird nur ein -s angehängt.

Bei manchen Wörtern kann man den Plural mit oder ohne e bilden, wie z. B. flamingo(e)s, ghetto(e)s, lasso(e)s, mango(e)s, mosquito(e)s, motto(e)s, tornado(e)s, zero(e)s. Im Zweifelsfall empfiehlt es sich, im Wörterbuch nachzuschlagen.

Der unregelmäßige Plural
Manche Substantive bilden den Plural unregelmäßig.

child — children	Kind — Kinder
woman — women	Frau — Frauen
man — men	Mann — Männer
foot — feet	Fuß — Füße
tooth — teeth	Zahn — Zähne
goose — geese	Gans — Gänse
mouse — mice	Maus — Mäuse
sheep — sheep	Schaf — Schafe
fish — fish	Fisch — Fische
deer — deer	Hirsch — Hirsche

Die Fälle des Substantivs

Die Formen des Substantivs sind im Nominativ und im Akkusativ identisch.

| He bought **the computer**. | Er kaufte **den Computer**. |

Auch der Dativ ist in der Form mit dem Nominativ identisch, wird aber oft durch ein to verstärkt. In diesem Fall steht er nach dem Akkusativobjekt.

| I gave **Chris** the CD. / I gave the CD **to Chris**. | Ich gab **Chris** die CD. |

Es gibt zwei Möglichkeiten, Zugehörigkeit oder Besitz anzuzeigen. Bei Zugehörigkeit zu einer Sache wird der Genitiv meistens mit of gebildet.

| The roof **of the house** leaks. | Das Dach **des Hauses** ist undicht. |

Bei Personen wird der Genitiv meistens durch Anhängen von -'s gebildet.

Is this **Helen's** car?	Ist das **Helens** Auto?
No, it's my **dad's** car.	Nein, es ist das Auto **meines Vaters**.

Endet das Substantiv bzw. der Name bereits mit einem -s oder auf -z so wird dennoch -'s oder aber nur ein ' angehängt.

Have you met **Liz'** / **Liz's** new boyfriend?	Hast du schon **Liz'** neuen Freund kennengelernt?

An das Plural-s von Familiennamen wird ein ' angehängt.

That man was hanging around the **Wilsons'** house.	Der Mann lungerte um das Haus der **Wilsons** herum.

Das Pronomen

Das Personalpronomen

Anders als beim Substantiv unterscheidet man bei den Personalpronomen zwischen **Subjektform** und **Objektform**.

Im Englischen gibt es **keine Höflichkeitsform**, sowohl du als auch Sie wird mit you wiedergegeben.

Formen

	Subjektform	Objektform
1. sg	I	me
2. sg	you	you
3. sg	he / she / it	him / her / it
1. pl	we	us
2. pl	you	you
3. pl	they	them

I like this band.	Ich mag diese Band.
Would **you** help David, please?	Würdest **du** / Würden **Sie** bitte David helfen?
He / **She** can't answer the phone.	**Er** / **Sie** kann nicht ans Telefon gehen.
It's been raining all day.	**Es** hat den ganzen Tag geregnet.
We're going skiing in February.	**Wir** gehen im Februar Ski fahren.
You can come in.	**Ihr** könnt / **Sie** können hereinkommen.
They don't look very friendly.	**Sie** sehen nicht sehr freundlich aus.

Now, listen to **me**.	Nun hör **mir** mal zu.
Holly is looking for **you**.	Holly sucht **dich** / **Sie**.
I can't see **him** / **her** / **it**.	Ich kann **ihn** / **sie** / **es** nicht sehen.
Zak will never forgive **us**.	Das wird **uns** Zak nie verzeihen.
Can I come with **you**?	Kann ich mit **euch** / **Ihnen** kommen?
Are you going to invite **them** all?	Willst du **sie** alle einladen?

Die Formen von Dativ und Akkusativ sind dabei identisch.

| Why don't you ask **him**? | Warum fragst du nicht **ihn**? |
| He gave **him** his e-mail address. | Er gab **ihm** seine E-Mail-Adresse. |

Für das deutsche unbestimmte Pronomen man gibt es verschiedene Entsprechungen.

you	**You** never know.	**Man** weiß nie.
they	**They** say that he is very rich.	**Man** sagt, er sei sehr reich.
one	**One** shouldn't believe everything.	**Man** sollte nicht alles glauben.
people	**People** often look at you as if you're mad.	Oft wird **man** angeschaut, als wäre man verrückt.
somebody	**Somebody** should tell him.	**Man** sollte es ihm sagen.
we	**We** ought to do something about this.	**Man** sollte etwas dagegen unternehmen.

Das Possessivpronomen

Possessivpronomen können vor einem Substantiv (attributiv) oder aber allein stehen. Dafür gibt es zwei verschiedene Formen.

Formen

	vor einem Substantiv	alleinstehend
1. sg	my	mine
2. sg	your	yours
3. sg	his / her / its	his / hers
1. pl	our	ours
2. pl	your	yours
3. pl	their	theirs

But Jake is **my** boyfriend. He's **mine**.	Aber Jake ist **mein** Freund. Er gehört **mir**.
Is this **your** car? I thought **yours** was red.	Ist das **dein** / **Ihr** Auto? Ich dachte, **deines** / **Ihres** wäre rot.
Isn't that **his** / **her** jacket? — No, **his** / **hers** is over there.	Ist das nicht **seine** / **ihre** Jacke? — Nein, **seine** / **ihre** ist dort drüben.
The kitten loves **its** new toy.	Das Kätzchen liebt **sein** neues Spielzeug.
This is **our** garden. — **Ours** is a bit smaller.	Das ist **unser** Garten — **Unserer** ist etwas kleiner.
Do you hate **your** school? — Yes, do you hate **yours**?	Hasst du **deine** Schule? — Ja, hasst du **deine**?
Are those **their** presents? — No, I can't find **theirs**.	Sind das **ihre** Geschenke? — Nein, ich kann **ihre** nicht finden.

⚠ **Achtung:** Das Possessivpronomen its ist nicht mit der Kurzform it's zu verwechseln!

This city is famous for **its** nightlife.	Diese Stadt ist für **ihr** Nachtleben berühmt.
It's seven o'clock.	**Es ist** 7 Uhr.

PRONOMEN | 1404

Das Reflexivpronomen

Formen

1. sg	myself	mich
2. sg	yourself	dich
3. sg	himself / herself / itself	sich
1. pl	ourselves	uns
2. pl	yourselves	euch
3. pl	themselves	sich

I cut **myself** this morning.	Ich habe **mich** heute Morgen geschnitten.
Have you ever asked **yourself** if you really love him?	Hast du **dich** jemals gefragt, ob du ihn wirklich liebst?
Oliver looked at **himself** in the mirror.	Oliver sah **sich** im Spiegel an.
We could see **ourselves** reflected in the glass.	Wir sahen **uns** im Glas widergespiegelt.
Did you enjoy **yourselves**?	Habt ihr **euch** gut amüsiert?
They helped **themselves**.	Sie bedienten **sich** selbst.

Das Reflexivpronomen wird auch verwendet, um ein Nomen oder Pronomen im Satz besonders hervorzuheben. Das entspricht dann einem deutschen selbst oder einem (höchst)persönlich

Did you write this song **yourself**?	Hast du dieses Lied **selbst** geschrieben?
The headmistress **herself** came to talk to us.	Die Direktorin kam **höchstpersönlich**, um mit uns zu sprechen.

🔴 **Achtung:** Um Gegenseitigkeit auszudrücken, verwendet man das reziproke Pronomen each other.

They weren't very fond of **each other**.	Sie mochten **sich / einander** nicht besonders gern.
We looked at **each other**.	Wir sahen **uns / einander** an.

PRONOMEN

Das Relativpronomen

Das **Relativpronomen** wird benutzt, um einen **Relativsatz** einzuleiten. Dieser dient dazu, ein **unmittelbar vorhergehendes Wort** oder aber einen **ganzen Satz** näher zu erläutern. Man benutzt unterschiedliche Relativpronomen, je nachdem, worauf man sich beziehen möchte.

Relativpronomen	wird verwendet für	im
who	Personen	Nominativ, Akkusativ
which	Dinge	Nominativ, Akkusativ
that	Personen oder Dinge; wird nur im notwendigen Relativsatz verwendet.	Nominativ, Akkusativ
whose	Personen oder Dinge	Genitiv
who ... to	Personen	Dativ
where	Ortsangaben	
when	Zeitangaben	
why	Grund	
which	ganzer Satz	

🛑 **Achtung:** what kann **nie** als Relativpronomen verwendet werden.

The boy **who / that** winked at us is my brother.	Der Junge, **der** uns zugeblinzelt hat, ist mein Bruder.
The woman **who / that** caused the accident had been drinking.	Die Frau, **die** den Unfall verursacht hat, hatte getrunken.
My dad doesn't like music **which / that** is too loud.	Mein Vater mag keine Musik, **die** zu laut ist.
The train **which / that** we have just missed goes directly to London.	Der Zug, **den** wir gerade verpasst haben, fährt direkt nach London.
Isn't that the girl **whose** mobile phone was stolen?	Ist das nicht das Mädchen, **dessen** Handy gestohlen wurde?
There's a café near there **whose** name I can't remember.	Da ist ein Café in der Nähe, an **dessen** Namen ich mich nicht erinnern kann.
Who is that lady **who** you were just talking **to**?	Wer ist die Frau, mit **der** du gerade geredet hast?
That's the place **where** I was born.	Das ist der Ort, **an dem** ich geboren wurde.

That was the moment **when** she knew something was wrong.	Das war der Augenblick, **als** sie wusste, dass etwas nicht stimmte.
Do you know the reason **why** Sarah is behaving so strangely?	Weißt du, **warum** Sarah sich so seltsam benimmt?
Lucas invited me out for a coffee, **which** really cheered me up.	Lucas lud mich zu einem Kaffee ein, **was** mich wirklich aufgemuntert hat.

Das Relativpronomen kann im notwendigen Relativsatz entfallen, wenn es Objekt des Relativsatzes ist oder, anders ausgedrückt, wenn es vor einem Substantiv oder einem Pronomen steht.

| The train (which / that) we have just missed goes direct to London. | Der Zug, **den** wir gerade verpasst haben, fährt direkt nach London. |

Das Demonstrativpronomen

Demonstrativpronomen werden verwendet, um auf etwas hinzuweisen. Sie stehen meist attributiv vor einem Substantiv.

Formen

| this (sg) — these (pl) | dieser / diese / dieses — diese |
| that (sg) — those (pl) | jener / jene / jenes — jene |

Demonstrativpronomen werden benutzt, um zwei Dinge einander gegenüberzustellen. Dabei wird zunächst this — these, dann that — those benutzt.

| What do you think of **this** pullover? — I prefer **that** one. | Wie findest du diesen Pullover? — Mir gefällt der andere besser. |

Darüber hinaus wird this — these verwendet, um auf zeitlich oder räumlich nahe Liegendes, that — those, um auf zeitlich oder räumlich Entferntes hinzuweisen.

What are you going to do **this** week?	Was machst du **diese** Woche?
Women weren't allowed to vote in **those** days.	Frauen durften **damals** nicht wählen.
Where did you get **these** flowers?	Wo hast du **die(se)** Blumen her?
Those flowers in the café last week were lovely.	**Die (Jene)** Blumen letzte Woche im Café waren wunderschön.

Das Interrogativpronomen

Interrogativpronomen werden verwendet, um eine Frage einzuleiten.
Wenn man nach einer Person fragt, verwendet man who, whose oder whom. Dabei ist zu beachten, dass whom wesentlich förmlicher ist als who und in der gesprochenen Sprache praktisch nicht verwendet wird.

Who did that?	**Wer** hat das getan?
Whose brilliant idea was this?	**Wessen** tolle Idee war das?
Who / **Whom** did you ask?	**Wen** hast du gefragt?

Um nach Dingen zu fragen, benutzt man what.

What is that?	**Was** ist das?
What did she say?	**Was** hat sie gesagt?

Will man sich nach Dingen oder Personen innerhalb einer Gruppe erkundigen, so benutzt man which.

Which (one) of you plays the guitar?	**Wer** von euch spielt Gitarre?
Wow! You've got so many DVDs! **Which** do you like best?	Wow, du hast so viele DVDs! **Welche** magst du am liebsten?

Nach Ort und Zeit fragt man mit where und when.

Where have you been?	**Wo** warst du?
Where are you going?	**Wohin** gehst du?
When will you be back?	**Wann** kommst du wieder?
When did you call?	**Wann** hast du angerufen?

Möchte man den Grund für etwas erfahren, so verwendet man why.

Why didn't you tell me?	**Warum** hast du mir nichts gesagt?

Unbestimmte Pronomen und Begleiter

Some und any und ihre Zusammensetzungen

**Bei einer unbestimmten Menge oder Anzahl verwendet man some und any.
Dabei verwendet man some.**

— in **bejahten Sätzen**

| There's **some** chocolate left. | Es ist noch (**etwas**) Schokolade übrig. |

— wenn man etwas **anbietet**

| Would you like **some** crisps? | Möchtest du (**ein paar**) Chips? |

— wenn man um etwas **bittet**

| Could I have **some** more pizza, please? | Könnte ich bitte noch (**etwas**) Pizza haben? |

Any wird dagegen verwendet

— in **verneinten Sätzen**; **not any** entspricht dabei dem deutschen **kein**.

| There aren'**t any** good films on at the cinema at the moment. | Momentan gibt es im Kino **keine** guten Filme. |

— **in Fragen**

| Do you have **any** money? | Hast du Geld? |

— **in Konditionalsätzen**

| **If** there are **any** problems, just tell me. | Wenn es (**irgendwelche**) Probleme gibt, sagen Sie es mir einfach. |

Für die Zusammensetzungen von some und any gelten die gleichen Regeln.

| somebody / someone anybody / anyone | (irgend)jemand |

| There's **somebody** waiting for you | Da wartet **jemand** auf dich. |
| Would **anyone** like to go with me? | Möchte **jemand** mit mir mitkommen? |

| somewhere anywhere | irgendwo |

| I must have forgotten my MP3 player **somewhere**. I can'**t** find it **anywhere**. | Ich muss meinen MP3-Player **irgendwo** vergessen haben. Ich kann ihn **nirgendwo** finden. |

PRONOMEN

| something | (irgend)etwas |
| anything | |

| **If** there is **anything** I should know, please tell me. | Wenn es **(irgend)etwas** gibt, was ich wissen sollte, dann sagen Sie es mir bitte. |
| There's **something** wrong with my mobile. | Mit meinem Handy stimmt **(irgend)etwas** nicht. |

| somehow | irgendwie |

| We must find out what happened **somehow**. | **Irgendwie** müssen wir herausfinden, was passiert ist. |

🔴 **Anyhow** wird in diesem Zusammenhang normalerweise nicht verwendet.

Every, each und any

Sowohl every, als auch each und any werden im Deutschen mit **jeder / jede / jedes** wiedergegeben.

Every sagt man, wenn man allgemein gesprochen alle meint.

| **Every** file had been deleted. | **Jede** Datei war gelöscht worden. |

Each verwendet man, wenn man über jeden Einzelnen, jede Einzelne, jedes Einzelne einer bestimmten Gruppe spricht. Häufig steht es zusammen mit of.

| **Each** member of the team played really well. | **Jedes** Mitglied der Mannschaft spielte wirklich gut. |
| **Each (one) of** you knows what to do. | **Jeder von** euch weiß, was er tun muss. |

Any in bejahten Sätzten bedeutet jeder beliebige.

| Which magazine would you like? — **Any** will do. | Welche Zeitschrift möchtest du? — **Irgendeine**. |

Für die Zusammensetzungen von every und any gelten die gleichen Regeln.

| everybody / everyone | jeder |
| anybody / anyone | |

| **Everybody** should be able to use a computer. | **Jeder** sollte in der Lage sein, einen Computer zu bedienen. |
| This is such an easy question, **anyone** could answer it. | Das ist so eine einfache Frage, die könnte **jeder** beantworten. |

everywhere / anywhere	überall
Where is Jamie? I've looked **everywhere** and I can't find him.	Wo ist Jamie? Ich habe **überall** gesucht und ihn nicht gefunden.
He could be **anywhere**, I suppose.	Ich denke, er könnte **überall** sein.

everything / anything	alles
Everything he told you was a lie.	**Alles**, was er dir erzählt hat, war gelogen.
Mia would do **anything** to get Adam back.	Mia würde **alles** tun, um Adam zurückzugewinnen.

Much und many, little und few

Much und many werden im deutschen mit viel und viele wiedergegeben. Much steht vor nicht zählbaren Substantiven, many vor zählbaren.

We haven't got **much** time.	Wir haben nicht **viel** Zeit.
How **many** songs are there on their new album?	Wie **viele** Titel sind auf ihrem neuen Album?

In bejahten Aussagesätzen steht jedoch anstatt much häufig lots of **oder** a lot of.

We've got **lots of / a lot of** money.	Wir haben **jede Menge** Geld.

Little steht vor nicht zählbaren, few vor zählbaren Substantiven. Sie entsprechen im Deutschen den Mengenangaben wenig und wenige.

There is **little** light in this room.	In dieses Zimmer fällt **wenig** Licht.
It is not exactly a big library. They have very **few** books here.	Die Bücherei ist nicht gerade groß, es gibt hier nur sehr **wenige** Bücher.

🔴 **Achtung:** Zwischen der Bedeutung von little und a little bzw. few und a few besteht ein Unterschied. A few und a little bedeutet ein bisschen und ein wenig oder ein paar.

Few people have any sympathy with him.	Nur **wenige** Leute haben Mitleid mit ihm.
I've got **a few** pounds left.	Ich habe noch **ein paar** Pfund übrig.
There's **little** point in telling him.	Es hat **wenig** Sinn, es ihm zu sagen.
I listened to the radio for **a little** while.	Ich habe **ein bisschen** Radio gehört.

Much, little und a lot (ohne of) können auch alleine stehen.

Little has been said about it.	Darüber ist bisher **wenig** gesagt worden.
There's not **much** we can do.	Wir können nicht **viel** tun.
There's **a lot** left to do.	Es gibt noch **viel** zu tun.

Das Adjektiv

Adjektive beschreiben **Eigenschaften** von Dingen oder Personen. Sie **verändern sich nicht**, egal, ob das Substantiv männlich oder weiblich ist, im Singular oder im Plural steht.

Die Stellung des Adjektivs

Das Adjektiv steht entweder direkt vor dem Substantiv, das es beschreibt oder nach dem Verb be.

I've bought a **blue** baseball cap.	Ich habe eine **blaue** Baseballmütze gekauft.
The baseball cap is **blue**.	Die Baseballmütze ist **blau**.

Die Steigerung des Adjektivs

Einsilbige Adjektive sowie zweisilbige Adjektive, die auf -y, -ow, -er oder -le enden, werden durch Anhängen von -er, -est gesteigert. Das -y wird dabei zu -i-.

tall, tall**er**, tall**est**	groß, größer, am größten
easy, eas**ier**, eas**iest**	leicht, leichter, am leichtesten
narrow, narrow**er**, narrow**est**	eng, enger, am engsten
clever, clever**er**, clever**est**	schlau, schlauer, am schlausten
simple, simpl**er**, simpl**est**	einfach, einfacher, am einfachsten

Wenn der Endkonsonant auf einen kurzen Vokal folgt, wird er verdoppelt.

big, big**ger**, big**gest**	groß, größer, am größten
hot, hot**ter**, hot**test**	heiß, heißer, am heißesten

Alle anderen Adjektive werden mit more and most gesteigert.

careful, **more** careful, **most** careful	vorsichtig, vorsichtiger, am vorsichtigsten

Es gibt auch einige Adjektive, die unregelmäßig gesteigert werden.

bad, **worse**, **worst**	schlecht, schlechter, am schlechtesten
far, **further / farther**, **furthest / farthest**	weit, weiter, am weitesten
good, **better**, **best**	gut, besser, am besten
little, **less**, **least**	wenig, weniger, am wenigsten
much, **more**, **most**	viel, mehr, am meisten
many, **more**, **most**	viele, mehr, am meisten

Der Vergleich

Wenn man zwei Dinge oder Personen vergleichen will, benutzt man as + Adjektiv + as um Gleichheit auszudrücken.

Kyle is **as tall as** Matthew.	Kyle ist **so groß wie** Matthew.

Bei Ungleichheit benutzt man Komparativ + than oder not as + Adjektiv + as.

This story is **shorter** and **more interesting than** the one we read yesterday.	Diese Geschichte ist **kürzer** und **interessanter als** die, die wir gestern gelesen haben.
My suitcase is **not as big and heavy as** yours.	Mein Koffer ist **nicht so groß und schwer wie** deiner.

Das Adverb

Adverbien bestimmen ein **Verb**, ein **Adjektiv**, ein **Adverb** oder einen **ganzen Satz** näher.

Formen

In der Regel werden Adverbien durch Anhängen von -ly an ein Adjektiv gebildet.

Becky opened the door **carefully**.	Becky öffnete vorsichtig die Tür.

Bei mehrsilbigen Adjektiven, die auf -y enden, wird das -y zu -i-.

happy	happi**ly**

⛔ **Aber:**

shy	shy**ly**

Bei Adjektiven auf -le wird lediglich das -e durch ein -y ersetzt.

simple	simp**ly**

An Adjektive, die auf -ic enden, wird -ally angehängt.

automatic	automatic**ally**

Zu manchen Adjektiven kann man keine Adverbien bilden, sie müssen umschrieben werden

friendly	**in a** friendly **way**
silly	**in a** silly **way**

ADVERB

Es gibt einige unregelmäßige Adverbien, deren Form identisch ist mit dem Adjektiv,
so z. B. early, far, fast, fine, hard, late, little, long, low, much, near.

We got up **early** this morning.	Wir sind heute Morgen **früh** aufgestanden.
I think this band is going to go **far**.	Ich glaube, diese Band wird es **weit** bringen.
He can run very **fast**.	Er kann sehr **schnell** laufen.
That suits me **fine**.	Das passt mir **gut**.
They worked very **hard**.	Sie arbeiteten sehr **schwer**.
Ryan came home **late** last night.	Ryan ist gestern **spät** nach Hause gekommen.
He is **little** known as a musician.	Als Musiker ist er **kaum** bekannt.
Long may it continue.	Hoffentlich hält das **lange** an.
The plane flew **low** over the city.	Das Flugzeug flog **tief** über die Stadt.
I haven't seen Connor **much** recently.	Ich habe Connor in letzter Zeit **kaum** gesehen.
Don't come any **nearer**.	Komm nicht **näher**.

⚠ Achtung: hardly bedeutet kaum.

He **hardly** sleeps.	Er schläft **kaum**.

Darüber hinaus gibt es die unregelmäßige Form

good	well
Jake is a **good** piano player.	Jake ist ein **guter** Klavierspieler.
He plays really **well**.	Er spielt wirklich **gut**.

Viele Adverbien werden gar nicht von einem Adjektiv abgeleitet. Zu ihnen gehören
viele Adverbien der Zeit und der Häufigkeit wie always, never, soon, yesterday.

Jamila **always** gets up at eight.	Jamila steht **immer** um 8 Uhr auf.
Sophie **never** texts me.	Sophie schickt mir **nie** eine SMS.
I'll call you **soon**.	Ich rufe dich **bald** an.
Megan came back **yesterday**.	Megan ist **gestern** zurückgekommen.

VERB 1414

Die Steigerung des Adverbs

Grundsätzlich gelten für die Steigerung des Adverbs die gleichen Regeln wie für die Steigerung des Adjektivs. Für Adverbien auf **-ly** verwendet man jedoch die Form **more** / **most**.

Amy can speak English **more confidently** than Hannah.	Amy drückt sich auf Englisch sicherer aus als Hannah.

Einige Adverbien werden unregelmäßig gesteigert.

badly, **worse**, **worst**	schlecht, schlechter, am schlechtesten
well, **better**, **best**	gut, besser, am besten

Das Verb und die Zeiten

Simple present

Formen

Außer der 3. Person Singular sind alle Formen des **simple present** mit dem Infinitiv identisch. Bei der **3. Person Singular** wird an den Infinitiv ein **-s** angehängt.

I / you	sing	walk	see
he / she / it	sings	walks	sees
we / you / they	sing	walk	see

Dabei gelten folgende Ausnahmeregelungen:

— **Ein -y nach einem Konsonanten wird zu -ies.**

to carry	he carries
to try	she tries
to cry	he cries

— **An die Endungen** -ch, -o -s, -sh, -x, -z **wird** -es **angehängt.**

to watch	she watch**es**
to do	he do**es**
to hiss	she hiss**es**
to wash	he wash**es**
to relax	she rela**xes**
to buzz	it buzz**es**

Gebrauch

Das simple present **wird verwendet,**

— **wenn man von Gewohnheiten spricht oder von Handlungen, die regelmäßig wiederkehren.**

Mr Dixon **smokes**.	Mr Dixon raucht.
The Beckhams **live** in that big house over there.	Die Beckhams wohnen in dem großen Haus da.

— **um über allgemein gültige Tatsachen zu sprechen.**

The sun **rises** in the east.	Die Sonne geht im Osten auf.

— **um über Vorlieben zu sprechen.**

My dog **likes** ice-cream.	Mein Hund mag gern Eis.

Das simple present **wird zusammen mit Wörtern wie** always, usually, often, never **etc. verwendet.**

Present progressive

Formen

Das present progressive **wird mir dem Präsens von** to be **und der** -ing**-Form des Verbs gebildet.**

I	am	walking
you	are	walking
he / she / it	is	walking
we / you / they	are	walking

Gebrauch

Das present progressive wird benutzt, um über etwas zu sprechen, was im Moment des Sprechens geschieht.

Hurry up! The train **is coming**.	Beeil dich, der Zug kommt.
What **are** you **doing**?	Was machst du (gerade)?
I'm **tidying** up my room.	Ich bin dabei, mein Zimmer aufzuräumen.

Das deutsche Adverb **gerade** oder die Konstruktion **dabei sein, etwas zu tun**, ist eine Möglichkeit, das **present progressive** im Deutschen wiederzugeben.

Simple past

Formen

— **Bei regelmäßigen Verben wird zur Bildung des simple past -ed an den Infinitiv des Verbs angehängt.**

to watch	watch**ed**
to call	call**ed**
to listen	listen**ed**

— **Bei Verben, die auf -e enden, wird nur -d angehängt.**

to like	lik**ed**
to hate	hat**ed**
to live	liv**ed**

— **Endet ein Verb auf -y, so wird dies zu -ied.**

to cry	cr**ied**
to try	tr**ied**
to carry	carr**ied**

— **Der Endkonsonant wird nach einem kurzem Vokal verdoppelt.**

to stop	stop**ped**
to admit	admit**ted**
to drag	drag**ged**

🛑 **Achtung:** Bei der Endung **-el** und **-al** wird nur im britischen English das **l** verdoppelt, im amerikanischen Englisch steht nur ein **l**: to travel travelled (Br) od traveled (US), to signal signalled (Br) od signaled (US).

Darüber hinaus gibt es eine ganze Reihe von Verben mit unregelmäßigen Formen im **past tense**. Eine Liste dieser Verben finden Sie auf der Seite 1451.

1417 ║ VERB

Gebrauch

Das simple past wird bei Ereignissen verwendet, die keinen direkten Bezug mehr zur Gegenwart haben. Sie sind abgeschlossen und unveränderlich.

Joe **met** me in town yesterday.	Joe hat sich gestern mit mir in der Stadt getroffen.
First we **went** shopping, then we **had** a burger, and afterwards we **went** to the cinema.	Zuerst gingen wir einkaufen, dann aßen wir einen Hamburger, und danach sind wir ins Kino gegangen.

Signalwörter für das simple past sind Zeitangaben wie last year, ... years ago, in 2007, yesterday, then, afterwards, later.

Past progressive

Formen

Das past progressive wird mit dem past tense von to be und der -ing-Form des Verbs gebildet.

I	was	walking
you	were	walking
he / she / it	was	walking
we / you / they	were	walking

Gebrauch

Das past progressive wird verwendet

— um über eine **länger andauernde Handlung** in der Vergangenheit zu sprechen, die **von einer anderen, kürzeren Handlung unterbrochen** wird.

I **was watching** TV when my mobile rang.	Ich habe gerade ferngesehen, als mein Handy klingelte.

— um über **zwei parallel ablaufende Handlungen in der Vergangenheit** zu sprechen.

Tom **was doing** his homework while his sister **was playing** a computer game.	Tom machte seine Hausaufgaben, während seine Schwester ein Computerspiel spielte.

Present perfect simple

Formen

Das present perfect simple wird mit have / has + past participle gebildet.

I / you	have	walked
he / she / it	has	walked
we / you / they	have	walked

Für die Bildung des regelmäßigen past participle gelten die gleichen Regeln wie für die Bildung des past tense. Eine Übersicht über die unregelmäßigen Formen finden Sie auf der Seite 1451.

Gebrauch

Das present perfect simple wird gebraucht

— um über **Handlungen** zu sprechen, die noch nicht lange zurückliegen, und die spürbare **Auswirkungen auf die Gegenwart** haben.

Matt can't play football with us. He **has broken** his leg.	Matt kann nicht mit uns Fußball spielen. Er hat sich das Bein gebrochen.

— um über **Handlungen** zu sprechen, die in der Vergangenheit begonnen haben und **bis in die Gegenwart hineinreichen**. Im Deutschen kann man oft bisher, bis jetzt oder Ähnliches hinzufügen.

They **haven't been** to America.	Sie waren bisher noch nicht in Amerika.
Molly is my best friend. I **have known** her since I was five.	Molly ist meine beste Freundin. Ich kenne sie schon seit ich fünf war.

— um darüber zu sprechen, **dass (nicht wann)** etwas geschehen ist.

Have you **phoned** Danny yet? — No, I still **haven't found** his number.	Hast du Danny schon angerufen? — Nein, ich habe seine Nummer noch nicht gefunden.

Signalwörter wie since, never, ever, yet verlangen die Verwendung des present perfect simple. Es entspricht häufig einem deutschen **schon**.

🛑 **Achtung:** die Form von have und das past participle dürfen im present perfect nicht getrennt werden. Have something done heißt etwas machen lassen.

Rachel **has her hair cut** once a month.	Rachel **lässt sich** jeden Monat **die Haare schneiden.**

1419 | VERB

Present perfect progressive

Formen
Das **present perfect progressive** wird mit **have / has been** + **-ing-Form gebildet.**

I / you	have	been	walking
he / she / it	has	been	walking
we / you / they	have	been	walking

Gebrauch
Ähnlich wie das **present perfect simple** wird auch das **present perfect progressive** für **Handlungen** verwendet, die **noch nicht oder gerade erst abgeschlossen** sind. Allerdings steht hier die **Dauer** der Handlung im Vordergrund.

| Where have you been? **I've been waiting** for a whole hour! | Wo bist du gewesen? Ich warte seit einer geschlagenen Stunde! |

Past perfect simple

Formen
Das **past perfect simple** wird mit **had** + **past participle** gebildet.

| I / you / he / she / it / we / you / they | had | walked |

Gebrauch
Das **past perfect simple** verwendet man, wenn man von Ereignissen berichtet, die stattfanden vor denen, über die man spricht.

| Mohammed was glad that he **had brought** his laptop. | Mohammed war froh, dass er seinen Laptop mitgebracht hatte. |

Past perfect progressive

Formen

Das past perfect progressive wird mit had been + -ing-Form gebildet.

I / you / he / she / it / we / you / they	had been	walking

Gebrauch

Das past perfect progressive verhält sich zum past tense so wie das present perfect progressive zum present tense, d. h. es betont die **Dauer von Handlungsabläufen**, die sich **bis zu einem bestimmten Punkt in der Vergangenheit** hinzogen.

When Bart finally arrived we **had been waiting** for a whole hour.

Als Bart endlich ankam, hatten wir bereits eine geschlagene Stunde gewartet.

Das Futur

will future

Es wird gebildet mit will + Infinitiv.

I / you / he / she / it / we / you / they	will	walk

Meist wird das will zu Apostroph und ll verkürzt.

Das will future wird verwendet

— um etwas zu beschreiben, was geschehen wird, oder was man fest vorhat.

He'**ll** be surprised to see you.

Er wird überrascht sein, dich zu sehen.

Steven **will** go with you.

Steven geht mit dir mit.

I'**ll** do it straight away.

Ich mache es jetzt gleich.

— für zukünftige Ereignisse, die man **nicht beeinflussen** kann.

Tomorrow **will be** sunny with occasional showers in the east.

Morgen wird es sonnig mit gelegentlichen Schauern im Osten.

— um ein **spontanes Angebot** oder ein **Versprechen** zu machen.

Don't worry about the dishes. I'**ll do** them for you.

Mach dir keine Gedanken um das Geschirr. Ich spüle (es) für dich ab.

— nach Ausdrücken wie I think, I guess.

I think I'**ll have** another coffee.

Ich glaube, ich trinke noch einen Kaffee.

Im Englischen wird das Futur wesentlich häufiger verwendet als im Deutschen.

Going-to future

Neben dem will future ist dies die am häufigsten verwendete Futurform. Sie wird gebildet mit der entsprechenden Form von to be + going to + Infinitiv.

I	am	going to	walk
you	are	going to	walk
he / she / it	is	going to	walk
we / you / they	are	going to	walk

Verwendet wird das going-to future

— um über **Pläne** oder Absichten zu sprechen.

| I'**m going to have** a big party for my next birthday. | Zu meinem nächsten Geburtstag mache ich eine riesige Party. |
| I'**m going to finish** this today. | Ich werde das heute fertig machen. |

— wenn **sichere Anzeichen** auf ein kommendes Ereignis hinweisen.

| Look at those dark clouds! I think it'**s going to rain**. | Sieh dir diese dunklen Wolken an! Ich glaube, es wird regnen. |

Das Passiv

Formen

Im Passiv wird das **Objekt des Aktivsatzes zum Subjekt**. Anders als im Deutschen kann dabei **sowohl** das **Dativobjekt als auch** das **Akkusativobjekt** des Aktivsatzes zum Subjekt des Passivsatzes werden.

Aktiv	They gave **me** some information about the course.	Man gab mir Informationen zu dem Kurs.
Passiv	**I** was given some information about the course	--
Aktiv	She invited **me** to the party.	Sie hat mich zu der Party eingeladen.
Passiv	**I** was invited to the party.	Ich wurde zu der Party eingeladen.

Das Passiv wird mit der jeweiligen Form des Verbs **to be** und dem **past participle** gebildet. Passivsätze können in allen Zeiten gebildet werden. Die Verlaufsform wird jedoch nur im present tense und im past tense verwendet. Im Einzelnen werden die Formen folgendermaßen gebildet:

Zeit	Aktiv	Passiv
simple present	They often **tease** Ben.	Ben **is** often **teased**.
present progressive	Someone **is watching** Dylan.	Dylan **is being watched**.
will future	The rain **will flood** the school.	The school **will be flooded**.
going-to future	They **are going to invite** Charlie.	Charlie **is going to be invited**.
simple past	Katrina **gave** Emma a present.	Emma **was given** a present.
past progressive	Someone **was following** them.	They **were being followed**.
present perfect	They **have** never **asked** me to join them.	I **have** never **been asked** to join them.
past perfect	Someone **had given** Max the website address.	Max **had been given** the website address.

Gebrauch

Das Passiv rückt die **Handlung an sich** in den Mittelpunkt, der Verursacher ist zweitrangig. Deshalb findet das Passiv vor allem dort Verwendung, wo es **unwichtig** ist, **wer** etwas getan hat.

Wenn der Handelnde dennoch genannt werden soll, so wird er mit **by** angeschlossen.

Harry was picked up at the station **by** his dad.	Harry wurde von seinem Vater am Bahnhof abgeholt.

Die Hilfsverben
Vollständige Hilfsverben

Die Verben **to be**, **to have** und **to do** können sowohl als Vollverben fungieren als auch als Hilfsverben. Als Hilfsverben werden sie zur Bildung der Zeiten und bei Fragen verwendet.

▶ to be

present tense

	bejaht		verneint	
	Langform	*Kurzform*	*Langform*	*Kurzform*
I	am	'm	am not	'm not
you	are	're	are not	aren't
he / she / it	is	's	is not	isn't
we / you / they	are	're	are not	aren't

past tense

	bejaht		verneint	
	Langform	*Kurzform*	*Langform*	*Kurzform*
I	was	—	was not	wasn't
you	were	—	were not	weren't
he / she / it	was	—	was not	wasn't
we / you / they	were	—	were not	weren't

past participle been
Alle anderen Zeiten von **to be** werden regelmäßig gebildet.

▶ to have

present tense

	bejaht		verneint	
	Langform	*Kurzform*	*Langform*	*Kurzform*
I / you	have	've	have not	haven't
he / she / it	has	's	has not	hasn't
we / you / they	have	've	have not	haven't

▶▶

past tense

	bejaht		verneint	
	Langform	Kurzform	Langform	Kurzform
I / you / he / she / it / we / you / they	had	'd	had not	hadn't

past participle had

Alle anderen Zeiten von **to have** werden regelmäßig gebildet.

▶ **to do**

present tense

	bejaht		verneint	
	Langform	Kurzform	Langform	Kurzform
I / you	do	—	do not	don't
he / she / it	does	—	does not	doesn't
we / you / they	do	—	do not	don't

past tense

	bejaht		verneint	
	Langform	Kurzform	Langform	Kurzform
I / you / he / she / it / we / you / they	did	—	did not	didn't

past participle done

Alle anderen Zeiten von **to do** werden regelmäßig gebildet.

Modale Hilfsverben

— Modale Hilfsverben werden **nur zusammen mit einem Vollverb** verwendet. Dieses Vollverb steht dann im Infinitiv und wird meist ohne **to** angeschlossen.
— Auch in der 3. Person Singular wird **kein -s** angehängt.
— Modale Hilfsverben haben nur eine oder zwei Zeitformen. Für die fehlenden Zeitformen muss man auf **Ersatzverben** zurückgreifen.

▶ can

Formen

present tense

	bejaht		verneint	
	Langform	*Kurzform*	*Langform*	*Kurzform*
I / you / he / she / it / we / you / they	can	--	cannot	can't

past tense

	bejaht		verneint	
	Langform	*Kurzform*	*Langform*	*Kurzform*
I / you / he / she / it / we / you / they	could	--	could not	couldn't

Fähigkeit, Möglichkeit
Ersatzverb: **to be able to**

Toby **can** play the drums.	Toby **kann** Schlagzeug spielen.
Will you **be able to** phone me tonight?	**Kannst** du mich heute Abend anrufen?
She **couldn't / wasn't able to** get there in time.	Sie **konnte** nicht rechtzeitig dort sein.

Erlaubnis und Verbot
Ersatzverb: **to be allowed to**

Can I go to the party, Mum? — No, you **can't**.	**Darf / Kann** ich auf die Party gehen, Mama? — Nein.
We **couldn't / weren't allowed to** have pets in our previous flat.	Wir **durften** in unserer vorigen Wohnung keine Haustiere haben.

Verneinte Form: Unmöglichkeit

⚠ **Achtung:** Hier heißt die Vergangenheitsform can't have + past participle.

That **can't** be Jessica. She's much too old.	Das **kann nicht** Jessica sein. Sie ist viel zu alt.
Lewis **can't have been** at the concert yesterday. He wasn't even in town.	Lewis **kann** gestern **nicht** in dem Konzert **gewesen sein**. Er war gar nicht in der Stadt.

 could

Formen

	bejaht		verneint	
	Langform	*Kurzform*	*Langform*	*Kurzform*
I / you / he / she / it / we / you / they	could	--	could not	couldn't

Vergangenheit von can

Jack **couldn't** go because the tickets were too expensive. | Jack **konnte** nicht hingehen, weil die Eintrittskarten zu teuer waren.

Höfliche Frage

Could you pass me the butter, please? | **Könntest** du mir bitte die Butter geben?

Vorschlag / Möglichkeit

We **could** go swimming. | Wir **könnten** schwimmen gehen.

 may

Formen

	bejaht		verneint	
	Langform	*Kurzform*	*Langform*	*Kurzform*
I / you / he / she / it / we / you / they	may	--	may not	--

Erlaubnis und Verbot

Ersatzverb: to be allowed to

May we go out and play football? — No, you **may not**. You've still got homework to do.	**Dürfen** wir rausgehen und Fußball spielen? — Nein, ihr habt noch Hausaufgaben zu machen.
I'll never **be allowed** to stay out so late.	So spät **darf** ich nicht wegbleiben.

▶ might

Formen

	bejaht		verneint	
	Langform	*Kurzform*	*Langform*	*Kurzform*
I / you / he / she / it / we / you / they	might	--	might not	mightn't

Vorsichtiger Vorschlag / schwache Möglichkeit

You **might** tidy your room this weekend.	Du **könntest** dieses Wochenende **vielleicht** dein Zimmer aufräumen.

Schwache Vermutung

I **might** have used the wrong password by mistake.	Ich habe **vielleicht** versehentlich das falsche Passwort verwendet.

Might entspricht häufig einem deutschen **vielleicht**.

▶ must

Formen

	bejaht	
	Langform	*Kurzform*
I / you / he / she / it / we / you / they	must	--

Verpflichtung / müssen

Ersatzverb: to have to

We **must** hurry or we'll be late.	Wir **müssen** uns beeilen, sonst kommen wir zu spät.
Alex **had to** take the next train.	Alex **musste** mit dem nächsten Zug fahren.

Starke Vermutung / Schlussfolgerung

⚠ **Achtung:** Hier heißt die Vergangenheitsform must have + past participle.

This **must** be your brother. He looks very much like you.	Das **muss** dein Bruder sein. Er sieht dir sehr ähnlich.
Joe isn't answering his mobile. He **must have** switched it off.	Joe geht nicht an sein Handy. Er **muss** es (**wohl**) ausgeschaltet haben.

⚠ **Achtung:** Die Verneinung von must ist needn't. Mustn't heißt so viel wie nicht dürfen.

Must I hand in my assignment by tomorrow? — No, you **needn't**. You can hand it in on Monday.	**Muss** ich mein Referat bis morgen abgeben? — Nein, das **musst** du **nicht**. Du kannst es Montag abgeben.
You **mustn't** tell him everything.	Du **darfst** ihm **nicht** alles erzählen.

▶ shall

Formen

	bejaht		verneint	
	Langform	*Kurzform*	*Langform*	*Kurzform*
I / you / he / she / it / we / you / they	shall	'll	shall not	shan't

---

Shall wird nur in der ersten Person Singular und Plural verwendet. I shall und we shall werden normalerweise zu I'll und we'll verkürzt. Wenn es ausgeschrieben wird, bedeutet es, dass man die feste Absicht hat, es zu tun.

Shall wird im amerikanischen Englisch kaum gebraucht und durch should oder will ersetzt.

Vorschlag

Shall / Should I open the window?	**Soll** ich das Fenster aufmachen?

Bitte um Rat

In dieser Bedeutung kommt shall praktisch nur in Fragen vor.

Shall / Should I look it up on the Internet?	**Soll** ich im Internet danach suchen?

Feste Absicht

We **shall** overcome.	Wir **werden** siegen.

Anstelle von will in der 1. Person Singular im will future

I **shan't / won't** be able to come tomorrow.	Ich **kann** morgen **nicht** kommen.

▶ should

Formen

	bejaht		verneint	
	Langform	*Kurzform*	*Langform*	*Kurzform*
I / you / he / she / it / we / you / they	should	--	should not	shouldn't

Rat, Pflicht

Ersatzverb: to be supposed to

Um über **Verpflichtungen in der Vergangenheit** zu sprechen, benutzt man auch should have + past participle.

You **should** really go now.	Du **solltest** jetzt wirklich gehen.
Sam was **supposed to** phone / **should have** phoned his mum tonight, but he forgot.	Sam **hätte eigentlich** heute Abend seine Mutter anrufen **sollen**, aber er hat es vergessen.

HILFSVERB

 ought to

Formen

	bejaht		verneint	
	Langform	*Kurzform*	*Langform*	*Kurzform*
I / you / he / she / it / we / you / they	ought to	--	ought not to	oughtn't

Verpflichtung

Ähnlich wie should drückt ought to eine Verpflichtung aus. Ought to wird vor allem verwendet, wenn es um **moralische Verpflichtungen** oder um selbst auferlegte **Pflichten** geht.

Ought to entspricht oft einem deutschen eigentlich.

| I think you **ought to** tell the police everything now. | Ich glaube, du **solltest** der Polizei jetzt alles sagen. |
| I **ought to** do my homework now. | Ich **müsste** jetzt **eigentlich** meine Hausaufgaben machen. |

Um über Verpflichtungen in der Vergangenheit zu sprechen, benutzt man ought to have + past participle.

| Mia **ought to have** warned me. | Mia **hätte** mich **warnen sollen**. |

 will

Formen

	bejaht		verneint	
	Langform	*Kurzform*	*Langform*	*Kurzform*
I / you / he / she / it / we / you / they	will	'll	will not	won't

Zukunft

| It **will** be dark soon. | Es **wird** bald dunkel. |

Konditionalsatz

If Ellie passes the exam, she**'ll** be so relieved.	Wenn Ellie die Prüfung besteht, **wird** sie so erleichtert **sein**.

Weigerung

Mit der Verneinung von will kann man die Weigerung, etwas zu tun, ausdrücken.

I **won't** let you do it.	Ich **werde nicht** zulassen, dass du das tust.

would

Formen

	bejaht		verneint	
	Langform	*Kurzform*	*Langform*	*Kurzform*
I / you / he / she / it / we / you / they	would	'd	would not	wouldn't

Höfliche Bitte

Would you lend me £1, please?	**Würdest** du mir bitte ein Pfund leihen?

Konditionalsatz

If she gave you her number, **would** you really phone her?	Wenn sie dir ihre Nummer gäbe, **würdest** du sie wirklich anrufen?

Weigerung in der Vergangenheit

Will man ausdrücken, dass sich in der Vergangenheit jemand geweigert hat, etwas zu tun, nimmt man die verneinte Form von would.

Jasmine wanted to borrow my cameraphone but I **wouldn't** let her.	Jasmine wollte sich mein Fotohandy ausleihen, aber ich **wollte** es ihr nicht geben.

INFINITIV 1432

Infinite Verbformen

Unter **infiniten Verbformen** versteht man diejenigen Formen des Verbs, die **unveränderlich** sind und formal weder einer Person noch einer Zeit zugeordnet werden können.

Der Infinitiv

Der Infinitiv kann von allen Verben mit Ausnahme der modalen Hilfsverben gebildet werden. Er erscheint mit oder ohne **to**.

Funktion im Satz

Der Infinitiv kann verschiedene Funktionen im Satz übernehmen.

— **Subjekt**

To be, or **not to be**, that is the question.	Sein oder Nichtsein, das ist die Frage.

— **Objekt**

Do you know how **to open** this door?	Weißt du, wie man diese Tür aufmacht?

— **Adverbiale Bestimmung**

I went into town **to buy** some new boots.	Ich ging in die Stadt, **um** neue Stiefel **zu kaufen**.

Der Infinitiv mit to

Der Infinitiv mit **to** erscheint

— **nach Verben, die einen Wunsch oder eine Absicht ausdrücken.**

I **would like to go** to Mexico one day.	Eines Tages **möchte ich gerne** nach Mexiko **fahren**.
Emily **hopes to study** medicine.	Emily **hofft, dass** sie Medizin studieren kann.

— **nach Verben, die eine Warnung, einen Befehl oder einen Ratschlag ausdrücken.**

I **warned you not to go** near that dog.	Ich **habe dich (doch) davor gewarnt**, diesem Hund zu nahe kommen.
Luke **told** him **to stop** copying his work.	Luke **sagte** ihm, er **solle aufhören**, von ihm abzuschreiben.

— **zum Ausdruck eines Zwecks.**

Lily bought the magazine **to get** the free CD.	Lily hat die Zeitschrift gekauft, **um** die kostenlose CD **zu bekommen**.

1433 | INFINITIV

— **nach Adjektiven.**

It is not **easy to answer** this question.

Es ist nicht einfach, diese Frage **zu beantworten.**

— **nach Fragewörtern oder** whether.

We didn't know **where to go.**

Wir wussten nicht, **wo wir hingehen** sollten.

Daniel didn't know **whether to stay or to go.**

Daniel wusste nicht, **ob er bleiben oder gehen sollte.**

— **nach Substantiven oder Zusammensetzungen mit** some, any **oder** no.

Mr Greenway was the right **person to turn to.**

Mr Greenway war die richtige **Person, an die man sich wenden konnte.**

There isn't **anybody to ask.**

Es ist **niemand** hier, **den wir fragen könnten.**

Charlie has **nothing** to worry about.

Charlie braucht sich **keine** Sorgen machen.

Der Infinitiv ohne to

Der Infinitiv ohne to erscheint

— **nach den meisten Modalverben.**

You **mustn't listen** to him.

Du **darfst nicht** auf ihn **hören.**

— **nach** let **und** make.

Mum **made me take** the miniskirt back to the shop.

Meine Mutter **hat mich gezwungen,** den Minirock ins Geschäft zurückzubringen.

Matt **let** me **use** his computer.

Matt **ließ** mich seinen Computer **benutzen.**

— **bei Vorschlägen mit** why (not).

Why don't we have a pizza?

Wie wär's mit einer Pizza?

— **häufig nach Verben der Sinneswahrnehmung.**

I **heard** someone **shout** "Stop!"

Ich **hörte,** wie jemand „Halt!" **rief.**

Das Gerund

Formen

Das Gerund entsteht durch Anhängen von **-ing** an den Infinitiv des Verbs. Es gibt auch eine **Passivform**, sie wird mit **being** + **past participle** gebildet.

Infinitiv	Gerund aktiv	Gerund passiv
to call	call**ing**	**being** called
to drive	driv**ing**	**being** driven
to take	tak**ing**	**being** taken

Funktion im Satz

Ebenso wie der Infinitiv kann das Gerund verschiedene Funktionen im Satz übernehmen:

— **Subjekt**

Travelling on buses always makes me sick.	Beim Busfahren wird mir immer schlecht.

— **Objekt**

Most people enjoy **doing** nothing.	Die meisten Leute genießen es, nichts **zu tun**.

— **Adverbiale Bestimmung**

Caitlin won't leave the house **without putting on** some make-up.	Caitlin verlässt das Haus nicht, **ohne sich vorher zu schminken**.

Das Gerund ist bei einer Reihe von Verben obligatorisch, unter anderem nach love, hate, like, enjoy, prefer, be keen on.

⚠ **Achtung:** Nach would like to darf nur der Infinitiv, nie das Gerund stehen.

Leo **would like to go** to Canada one day.	Leo **würde gern** einmal nach Kanada fahren.

Das Partizip

Formen

Es gibt zwei Hauptformen des Partizips: das present participle und das past participle. Zur Bildung des present participle wird an den Infinitiv ein **-ing** angehängt. Die Bildung des regelmäßigen past participle folgt den gleichen Regeln wie die Bildung des past tense. Eine Liste der unregelmäßigen past participles finden Sie auf Seite 1451.

Infinitiv	present participle	past participle
to plant	plant**ing**	plant**ed**
to ask	ask**ing**	ask**ed**
to catch	catch**ing**	**caught**

Während das present participle aktivische Bedeutung hat, hat das past participle passivische Bedeutung. Beide werden im Deutschen meist mit einem Relativsatz wiedergegeben.

I saw some men **planting** trees.	Ich sah ein paar Männer, **die** Bäume **pflanzten**.
She was approached by a man **asking** the way to the station.	Ein Mann sprach sie an **und fragte**, wie man zum Bahnhof kommt.
The trees **planted** last year have grown quickly.	Die Bäume, **die** letztes Jahr **gepflanzt wurden**, sind schnell gewachsen.
The man **caught** by the police was not the murderer.	Der Mann, **den** die Polizei **festgenommen hat**, war nicht der Mörder.

Daneben gibt es noch die Form being + past participle um einen passiven Vorgang in seinem Verlauf zu betrachten. Hier wird der Nebensatz im Deutschen oft mit einem wie eingeleitet.

We watched the trees **being planted**.	Wir sahen zu, **wie** die Bäume **gepflanzt wurden**.

Funktion im Satz

Das Partizip kann verwendet werden
— als Adjektiv; es steht dann vor dem Substantiv, das es beschreibt.

The **missing** boys were finally found.	Die **vermissten** Jungen wurden schließlich wieder gefunden.
The **injured** driver was taken to hospital.	Der **verletzte** Fahrer wurde ins Krankenhaus gebracht.

— um einen Relativsatz zu ersetzen; es steht dann nach dem Substantiv, das näher erklärt wird.

The boys **missing** in Glasgow were finally found.	Die Jungen, **die** in Glasgow **vermisst wurden**, wurden schließlich gefunden.
The driver **injured** in the accident was taken to hospital.	Der Fahrer, **der** bei dem Unfall **verletzt wurde**, wurde ins Krankenhaus gebracht.
Have you seen the new film **being shown** at the cinema at the moment?	Hast du den neuen Film gesehen, **der** gerade im Kino läuft?

— nach Verben der Ruhe und Bewegung.

Holly **came running** towards me.	Holly **kam** auf mich **zugerannt**.
Everybody **stood waiting** outside.	Alle **standen** draußen **und warteten**.
The food **remained untouched**.	Das Essen **blieb unangetastet**.
The hills **lay covered** in snow.	Die Hügel **lagen** schnee**bedeckt** da.

— nach Verben der Sinneswahrnehmung.

Yesterday I **saw** Bianca and Jack **having** coffee together.	Gestern **sah** ich, **wie** Bianca und Jack zusammen Kaffee **tranken**.
Can you **hear** the birds **singing**?	**Hörst** du die Vögel **singen**?

Der Satz

Der Aussagesatz

Die Satzstellung ist im Englischen sehr streng festgelegt. Sie folgt im Aussagesatz immer dem Schema Subjekt — Verb — Objekt (**SVO-Regel**).

Jesse likes pizza.	Jesse mag Pizza gern / isst gern Pizza.
Vicky lost her key.	Vicky hat ihren Schlüssel verloren.

Das Verb und das Objekt dürfen dabei nicht getrennt werden.

Vicky **lost her key** a week ago.	Vicky hat vor einer Woche ihren Schlüssel verloren.

Das gilt auch, wenn der Satz z. B. mit einer zeitlichen Bestimmung oder mit einer Konjunktion beginnt.

On Saturday **Becky is going to the cinema** because **it's her birthday**.	Am Samstag geht Becky ins Kino, weil sie Geburtstag hat.

Treffen in einem Satz eine Ortsbestimmung und eine Zeitbestimmung aufeinander, so gilt stets Ort vor Zeit (**OVZ-Regel**).

Vicky lost her key **in Belfast a week ago**.	Vicky hat ihren Schlüssel vor einer Woche in Belfast verloren.

Die Verneinung

Um einen Satz zu verneinen, ist ein Hilfsverb nötig, das mit not bzw. n't verneint wird.

bejaht	verneint
Shannon **can** swim.	Shannon **can't** swim.
Oliver **has gone** to town.	Oliver **hasn't gone** to town.

Steht in einem Satz kein Hilfsverb, so muss in der Verneinung to do verwendet werden.

bejaht	verneint
Oscar **likes** music.	Oscar **doesn't like** music.
Katie **went** to the theatre.	Katie **didn't go** to the theatre.

Einzig und allein beim Verb to be ist kein Hilfsverb nötig.

bejaht	verneint
Tom **is** rude.	Tom **isn't** rude.
Toby **was** at home.	Toby **wasn't** at home.

Der Befehl

Die Befehlsform des Verbs ist immer mit dem Infinitiv identisch.

| Sit down, please. | Setz dich bitte. Setzt euch bitte. Setzen Sie sich bitte. (Singular und Plural) |

Die verneine Aufforderung wird mit don't + Infinitiv gebildet.

| Don't listen to him. | Hör ihm nicht zu. Hört ihm nicht zu. Hören Sie ihm nicht zu. (Singular und Plural) |

Die Frage

Fragen mit Fragewörtern

Fragen, in denen das Fragewort das Subjekt oder Teil des Subjekts des Fragesatzes ist, haben die gleiche Wortstellung wie Aussagesätze. Dies ist der Fall bei den Fragewörtern who? (Nominativ — wer?) what? which? which of?

Who has ever been to the States?	**Wer** war schon mal in den Staaten?
What are you getting for Christmas?	**Was** bekommst du zu Weihnachten?
Which of these colours do you like best?	**Welche** dieser Farben gefällt dir am besten?

Ist das Fragewort nicht Subjekt des Satzes, so folgt auf das Fragewort zunächst das Hilfsverb, dann das Subjekt, dann das Hauptverb.

Where has he gone now?	**Wohin** ist er jetzt gegangen?
Why can't you come with us?	**Warum** kannst du nicht mit uns kommen?
Who shall we ask?	**Wen** sollen wir fragen?

Ist kein Hilfsverb vorhanden, so muss mit dem Hilfsverb to do umschrieben werden.

When did you leave?	**Wann** bist du gegangen?
Why don't you come with us?	**Warum** kommst du nicht mit?

Fragen ohne Fragewörter

Um eine Frage zu stellen, ist ein **Hilfsverb** nötig, das mit **not** bzw. **n't** verneint wird. Dieses Hilfsverb steht am Anfang des Satzes. Danach folgen Subjekt, Hauptverb und gegebenenfalls Objekt.

Aussage	Frage
Shannon **can swim**.	Can Shannon **swim**?
Oliver **has gone** to town.	**Has** Oliver **gone** to town?

Verfügt der Satz über kein Hilfsverb, so muss to do verwendet werden.

Aussage	Frage
Oscar **likes** music.	**Does** Oscar **like** music?
Katie **went** to the theatre.	**Did** Katie **go** to the theatre?

Beim Verb to be ist kein Hilfsverb nötig.

Aussage	Frage
Lily **is** good at English.	**Is** Lily good at English?
Toby **was** at home.	**Was** Toby at home?

Die Kurzanwort

In Anworten auf Fragen ohne Fragewörter wird sehr häufig das Hilfsverb bzw. das Verb to be aus der Frage wieder aufgenommen und wiederholt.

Frage	Anwort
Has Oliver gone to town?	Yes, he **has**.
Did Katie go to the theatre?	No, she **didn't**.
Was Toby at home?	Yes, he **was**.

❗ **Achtung:** Auf eine Frage mit must lautet die verneinte Antwort needn't.

Must we walk?	No, we **needn't**. We can take the bus.

Die Bestätigungsfrage

Die Bestätigungsfrage (question tag) wird verwendet, wenn der Sprecher von seinem Gegenüber Zustimmung erwartet. Sie entspricht einem deutschen nicht wahr?, oder? Die Bestätigungsfrage eines bejahten Satzes ist verneint und umgekehrt.

You **do** like chocolate, **don't** you?	Du magst doch Schokolade, nicht wahr?
You **aren't** serious, **are** you?	Das ist nicht dein Ernst, oder?

Die Bestätigungsfrage greift das Hilfsverb des Aussagesatzes auf, das Subjekt wird dabei zum Personalpronomen.

The Smiths are on holiday, **aren't they**?	Die Smiths sind im Urlaub, nicht wahr?
Sarah **doesn't** like me, **does** she?	Sarah mag mich nicht, oder?

Verfügt der Aussagesatz über kein Hilfsverb, so muss mit to do umschrieben werden.

Zoe **likes** dogs, **doesn't** she?	Zoe mag Hunde, nicht wahr?

Der Relativsatz

Notwendige und nicht notwendige Relativsätze

Im Englischen unterscheidet man zwischen **notwendigen** und **nicht notwendigen** Relativsätzen. Ein **Relativsatz** ist dann **notwendig**, wenn er **wichtige Informationen** enthält, ohne die der Satz unvollständig wäre: Solche Relativsätze werden **nicht durch ein Komma abgetrennt**. In notwendigen Relativsätzen wird das Relativpronomen that bevorzugt.

Do you remember that boy **that / who** used to be in our class?	Erinnerst du dich an den Jungen, **der mal in unserer Klasse war**?

Ein **nicht notwendiger Relativsatz** enthält lediglich **zusätzliche Informationen**, die für das Verstehen des Satzes entbehrlich sind. Ein solcher Relativsatz **wird durch ein Komma vom Hauptsatz abgesetzt.**

My grandparents, **who live in Scotland,** have been together for 50 years now.	Meine Großeltern, **die (übrigens) in Schottland leben,** sind nun schon seit 50 Jahren zusammen.

❗ **Achtung:** Das Relativpronomen that kann nur im notwendigen Relativsatz stehen. Im nicht notwendigen Relativsatz muss who oder which verwendet werden.

Wegfall des Relativpronomens
Im **notwendigen Relativsatz** kann das Relativpronomen entfallen, wenn es Objekt des **Relativsatzes** ist oder, anders ausgedrückt, wenn es vor einem Substantiv oder einem Pronomen steht.

The text (**that**) Robert sent was really funny.	Die SMS, **die** Robert geschickt hat, war wirklich lustig.

Stellung der Präpositionen
Präpositionen werden in der Regel an das Ende des **Relativsatzes** gestellt.

That was the best concert (**that**) I have ever been **to.**	Das war das beste Konzert, **in dem** ich je war.

Der Bedingungssatz
Ein Bedingungssatz drückt aus, was unter einer bestimmten Bedingung geschehen wird, geschehen würde oder geschehen wäre.

Typ 1
Diese Art des Bedingungssatzes bezieht sich auf **Zukünftiges**. Die **Möglichkeit**, dass das **Ereignis tatsächlich eintritt**, ist **gegeben**.
Er wird gebildet mit If + present tense **im Nebensatz und** will future **im Hauptsatz.**

If Luke passes all his exams, his parents will **be delighted.**	Wenn Luke all seine Prüfungen besteht, sind seine Eltern überglücklich.

Anstatt will **kann im Hauptsatz auch** can, may, shall **oder** must **stehen.**

You **can** come too, **if** you like.	Wenn du willst, kannst du auch kommen.
If she asks you, you **mustn't** tell her where you've been.	Wenn sie dich fragt, darfst du ihr nicht sagen, wo du warst.

Typ 2

Er wird gebildet mit **If** + **past tense** im Nebensatz und **would** + **Infinitiv** im Hauptsatz. Mit diesem Bedingungssatz spricht man über

— **ein zukünftiges Ereignis, wenn die Wahrscheinlichkeit des Eintretens als nicht sehr hoch eingeschätzt wird.**

If Andrew **studied** harder, he **would pass** his exam.	Wenn Andrew mehr lernen würde, würde er die Prüfung bestehen.

— **die Unmöglichkeit eines gegenwärtigen Ereignisses.**

If they **didn't live** so far away, we **would** visit my grandparents more often.	Wenn sie nicht so weit weg wohnen würden, würden wir meine Großeltern öfter besuchen.

Anstatt would kann im if-Satz auch could, might oder should stehen.

If it **wasn't raining**, we **could** play football.	Wenn es nicht regnen würde, könnten wir Fußball spielen.
If Andrew **studied** harder, he **might pass** his exam.	Wenn Andrew mehr lernen würde, könnte er die Prüfung bestehen.

Typ 3

Der dritte Typ des Bedingungssatzes schließlich wird gebildet mit **If** + **past perfect** im Nebensatz und **would have** + **Infinitiv** im Hauptsatz. Er wird verwendet, um über bereits Vergangenes zu sprechen. Was im Hauptsatz beschrieben wird, kann nicht mehr eintreten.

If Andrew **had studied** harder, he **would have** passed the exam.	Wenn Andrew mehr gelernt hätte, hätte er die Prüfung bestanden.

Anstatt **would have** kann im **if-Satz** auch **could have**, **might have** oder **should have** stehen.

If Andrew **had studied** harder, he **might have** passed the exam.	Wenn Andrew mehr gelernt hätte, hätte er die Prüfung vielleicht bestanden.

INDIREKTE REDE | 1442

Die indirekte Rede

Ohne Zeitverschiebung

Steht bei der **indirekten Rede** das **einleitende Verb** im **Präsens**, im present perfect oder im **Futur**, so **ändern** sich die Verbformen in der indirekten Rede **nicht**. Lediglich die Pronomen werden der neuen Sprechsituation angepasst.

Direkte Rede	**Indirekte Rede**
Dad: "**I**'ve missed the bus. **I**'ll be late."	Dad **is** on the phone. He **says he**'s missed the bus and **he**'ll be late.
Greg: "**I**'m going to call **Fiona** tonight."	Hello Fiona, Greg **has just told** me that **he** is going to call **you** tonight.

Mit Zeitverschiebung

Steht das **einleitende Verb** im past tense oder im past perfect, so **verschieben** sich die **Zeiten** in der indirekten Rede.

Direkte Rede	**Indirekte Rede**
present tense	past tense
present perfect	past perfect
past tense	past perfect
past perfect	bleibt
going-to future	was / were going to
will / shall / can / may	would / should / could / might
would / should / could / might	bleiben

Aussagesatz

Direkte Rede	**Indirekte Rede**
Emma: "**I**'m sorry **I**'m late. **I**'ve missed the bus because I fell on the way to the bus stop."	Emma **said** she **was** sorry that she **was** late. She **had missed** the bus because she **had fallen** on the way to the bus stop.
Kyle: "I **went** to the party because Ryan **had invited** me."	Kyle told me that he **had gone** to the party because Ryan **had invited** him.
Lauren: "I**'m going to** buy some crisps."	Lauren told me that she **was going to** buy some crisps.
Abbie: "You **can** use my laptop."	Abbie **told** me that we **could** use her laptop.
Sarah: "I **would** never ask Josh."	Sarah **said** that she **would** never ask Josh.

Aufforderung

Die **indirekte Aufforderung** wird mit dem Infinitiv mit **to** gebildet die verneinte Aufforderung mit **not to**.

Direkte Rede	Indirekte Rede
Dean: "**Tell** me everything. **Don't be** afraid."	Dean asked me **to tell** him everything. He told me **not to be** afraid.

Frage

Bei der **indirekten Frage mit Fragewort** wird das Fragewort wieder aufgenommen. Das **Subjekt** rückt **vor das Verb** und die **Wortstellung** entspricht der des **Aussagesatzes**.

Direkte Rede	Indirekte Rede
Isobel: "Where **have you been**?"	Isobel asked me **where I had been**.
Scott: "Why **didn't** you **stop by**?"	Scott wanted to know **why I hadn't stopped by**.

Enthält eine Frage **kein Fragewort**, so wird die indirekte Frage unter Zuhilfenahme von **if** oder **whether** gebildet.

Direkte Rede	Indirekte Rede
Evan: "Would you like to join us?"	Evan asked us **if** / **whether** we would like to join them.

Ort, Zeit und Demonstrativpronomen

Neben den Personalpronomen werden in der indirekten Rede auch Zeit, Ort und Demonstrativpronomen der neuen Sprechsituation angepasst.

Direkte Rede	Indirekte Rede
now	then
today / tonight	that day / that night
yesterday	the day before
tomorrow	the next / following day
last month / week etc.	the month / week etc. before
ago	before
this / these	that / those
here	there

Direkte Rede	Indirekte Rede
Amy: "I'm going to watch **this** DVD **tonight** and I will finish my assignment **tomorrow**."	Amy said **that** she was going to watch **that** DVD **that night** and that she would finish her assignment **the next day**.

Konjunktionen und textstrukturierende Elemente

Konjunktionen dienen dazu, Texte zu strukturieren, indem sie Sätze und Satzteile logisch miteinander verknüpfen.

Zeit

before: vorzeitig

Give me a ring **before** you leave.	Ruf mich an, **bevor** du gehst.
Before we went to see Grandma we bought some flowers.	**Bevor** wir Oma besuchten, kauften wir ein paar Blumen.

after: nachzeitig

After Joe had finished breakfast, he caught a bus into town.	**Nachdem** Joe gefrühstückt hatte, fuhr er mit dem Bus in die Stadt.

until: Zeitlimit

I have to wait at home **until** my parents get back.	Ich muss zu Hause warten, **bis** meine Eltern zurückkommen.

when, while: gleichzeitig

When they saw Sam, they waved to him.	**Als** sie Sam sahen, winkten sie ihm.
Nick sent Ian a text **while** he was waiting for the train.	Nick schickte Ian eine SMS, **während** er auf den Zug wartete.

🛑 **Achtung:** Nach during folgt nie ein Nebensatz sondern ein **Nomen**.

I didn't dare to talk **during** the film.	**Während** des Films wagte ich nicht zu sprechen.

Aneinanderreihung

Die häufigste Konjunktion mit der zwei Sätze aneinandergereiht werden, ist and.

Joshua likes football **and** he's also interested in music.	Joshua mag Fußball, **und** er interessiert sich auch für Musik.

Besides leitet ein zweitrangiges Argument ein.

I don't want to invite Patrick. **Besides,** I can't find his phone number.	Ich will Patrick nicht einladen. **Außerdem** kann ich seine Telefonnummer nicht finden.

Förmlicher sind moreover und furthermore.

Too much chocolate makes you fat. **Moreover / Furthermore** it is bad for your teeth.	Zu viel Schokolade macht dick. **Außerdem** ist sie schlecht für die Zähne.

Will man mehrere Argumente aneinanderreihen, kann man Firstly / First of all,... Secondly, ... (Thirdly,) benutzen.

First of all / Firstly, smoking is bad for your health. **Secondly**, cigarette smoke makes me feel sick, and **thirdly**, cigarettes are very expensive.	**Erstens** ist Rauchen ungesund. **Zweitens** wird mir von Zigarettenrauch schlecht, und **drittens** sind Zigaretten sehr teuer.

⚠ **Achtung: Firstly / First of all ist nicht zu verwechseln mit at first.**

At first I was afraid of the dog, but then I saw that it was wagging its tail.	**Zuerst** hatte ich Angst vor dem Hund, aber dann sah ich, dass er mit dem Schwanz wedelte.

Gegensatz

Die häufigste Konjunktion zum Audruck eines Gegensatzes ist but.

Karen hates milk **but** she sometimes eats yogurt.	Karen hasst Milch, **aber** Jogurt isst sie manchmal.

Although wird sowohl in förmlichen Texten als auch in der gesprochenen Sprache verwendet.

Although Mitch seems to be so careless, he is extremely reliable.	**Obwohl** Mitch so leichtsinnig wirkt, ist er extrem zuverlässig.

Despite und **in spite of** + **Nomen** sind förmlicher als **although**.

Despite / In spite of her age, Muriel is incredibly fit.	**Trotz** ihres Alters ist Muriel unglaublich fit.

However und **Nevertheless** werden vorwiegend in geschriebenen Texten verwendet.

Jennifer usually gets up early. When she is on holiday, **however**, she loves to sleep in.	Normalerweise steht Jennifer früh auf. Wenn sie **jedoch** im Urlaub ist, schläft sie gerne aus.
Mitch seems to be so careless. **Nevertheless**, he is extremely reliable.	Mitch wirkt so leichtsinnig. **Trotzdem** ist er extrem zuverlässig.

Whereas und **while** werden verwendet, um zwei Dinge, Handlungen oder Personen direkt gegenüberzustellen.

Whereas / While Sebastian likes rock music, his twin brother prefers classical music.	Sebastian mag Rockmusik, **während** sich sein Zwillingsbruder mehr für klassische Musik interessiert.

Will man zwei Argumente einander gegenüber stellen, so benutzt man **On the one hand ... On the other hand**.

On the one hand, it would be nice to move to Australia, but **on the other hand**, I'd miss all my friends.	**Einerseits** wäre es schön, nach Australien zu ziehen, **andererseits** würde ich alle meine Freunde vermissen.

Grund

Because ist die am häufigsten verwendete Konjunktion um einen Grund anzugeben.

I am wet through **because** I forgot my umbrella.	Ich bin nass bis auf die Knochen, **weil** ich meinen Regenschirm vergessen habe.

Zu Beginn des Satzes werden anstatt **because** lieber **since** oder **as** verwendet. **Since** und **as** sind förmlicher als **because**.

Since / As it was raining, we decided to stay at home.	**Da** es regnete, beschlossen wir, zu Hause zu bleiben.

Due to + Nomen oder due to the fact that + Nebensatz ist noch förmlicher.

The plane was delayed **due to** bad weather.	Das Flugzeug hatte **wegen** schlechten Wetters Verspätung.
Toby was very embarrassed **due to the fact** that he had a big spot on his nose.	**Aufgrund der Tatsache**, dass er einen großen Pickel auf der Nase hatte, war Toby sehr verlegen.

Folge

So

We liked the place, **so** we decided to stay.	Es gefiel uns dort, **also** beschlossen wir zu bleiben.

Therefore und thus sind förmlicher als so.

Zak had stolen some money. **Therefore / Thus** he was expelled from school.	Zak hatte Geld gestohlen. **Deshalb** wurde er von der Schule verwiesen.

Zweck

(In order) to, so that

Danny asked for some money **(in order) to** buy a new schoolbag.	Danny bat um Geld, **um** eine neue Schultasche **zu** kaufen.
Henry put on his glasses **so that** he could see the blackboard better.	Henry setzte seine Brille auf, **damit** er die Tafel besser sehen konnte.

Einschränkung

unless, otherwise

They won't let you in **unless** you show them your ticket.	Die werden dich nicht hineinlassen, **es sei denn**, du zeigst ihnen deine Eintrittskarte.
You'll have to show them your ticket. **Otherwise** they won't let you in.	Du musst ihnen deine Eintrittskarte zeigen, **sonst** werden sie dich nicht hineinlassen.

Anhang

Englische unregelmäßige Verben	1451
Zahlen	1458
Britische und amerikanische Maße und Gewichte	1461
Deutsche Maße und Gewichte	1463
Temperaturumrechnung	1465
Kommunikation auf Englisch	**1467**
Verzeichnis der Info-Fenster	1499
Bildnachweis	1504
Abkürzungen und Symbole	1509

Englische unregelmäßige Verben

infinitive	simple past	past participle	Deutsch
arise	arose	arisen	aufkommen
awake	awoke	awoken, awaked	erwachen
be	was, were	been	sein
bear	bore	born(e)	(er)tragen, gebären
beat	beat	beaten	schlagen
become	became	become	werden
begin	began	begun	beginnen, anfangen
behold	beheld	beheld	erblicken
bend	bent	bent	biegen, beugen
beset	beset	beset	heimsuchen
bet	bet, betted	bet, betted	wetten
bid	bade	bid	bitten, sagen
bid	bid	bid	bieten (*Auktion*), reizen (*Karten*)
bind	bound	bound	binden
bite	bit	bitten	beißen, stechen (*Insekt*)
bleed	bled	bled	bluten
blow	blew	blown	blasen, wehen (*Wind*)
break	broke	broken	brechen, kaputt machen, kaputtgehen
breed	bred	bred	brüten, züchten
bring	brought	brought	bringen
broadcast	broadcast, broadcasted	broadcast, broadcasted	senden (*Radio, TV*)
browbeat	browbeat	browbeaten	unter Druck setzen
build	built	built	bauen
burn	burnt (*Br*), burned	burnt, burned	brennen
burst	burst	burst	platzen, sprengen (*Rohr*)
buy	bought	bought	kaufen
can	could	(been able)	können
cast	cast	cast	werfen
catch	caught	caught	fangen, erwischen
choose	chose	chosen	(aus)wählen
cling	clung	clung	sich klammern, sich anschmiegen (*Kleidung*)
clothe	clothed, clad	clothed, clad	anziehen (*Kleidung*)
come	came	come	kommen

UNREGELMÄSSIGE VERBEN 1452

infinitive	simple past	past participle	Deutsch
cost	cost	cost	kosten
cost	costed	costed	veranschlagen
creep	crept	crept	kriechen, schleichen
cut	cut	cut	schneiden
deal	dealt	dealt	verteilen, dealen
dig	dug	dug	graben, bohren
dive	dived, dove	dived	springen, tauchen
do	did	done	machen, tun
draw	drew	drawn	zeichnen, ziehen
dream	dreamed, dreamt (Br)	dreamed, dreamt (Br)	träumen
drink	drank	drunk	trinken
drive	drove	driven	fahren, treiben
dwell	dwelt	dwelt	weilen
eat	ate	eaten	essen
fall	fell	fallen	fallen
feed	fed	fed	füttern, ernähren
feel	felt	felt	(sich) fühlen
fight	fought	fought	kämpfen
find	found	found	finden
flee	fled	fled	fliehen
fling	flung	flung	schleudern, werfen
fly	flew	flown	fliegen
forbid	forbad(e)	forbidden	verbieten
forego	forewent	foregone	verzichten auf
foresee	foresaw	foreseen	vorhersehen
foretell	foretold	foretold	vorhersagen
forget	forgot	forgotten	vergessen
forgive	forgave	forgiven	verzeihen
forgo	forwent	forgone	verzichten auf
forsake	forsook	forsaken	verlassen
forswear	forswore	forsworn	abschwören
freeze	froze	frozen	(ge)frieren, erstarren
get	got	got, gotten (US)	bekommen
give	gave	given	geben
go	went	gone	gehen, fahren
grind	ground	ground	mahlen, schleifen (Messer)
grow	grew	grown	wachsen

infinitive	simple past	past participle	Deutsch
hang	hung	hung	hängen
hang	hanged	hanged	erhängen
have	had	had	haben
hear	heard	heard	hören
hew	hewed	hewn, hewed	hauen
hide	hid	hidden	verbergen, verstecken
hit	hit	hit	schlagen, treffen
hold	held	held	halten
hurt	hurt	hurt	verletzen, wehtun
keep	kept	kept	(be)halten
kneel	knelt, kneeled	knelt, kneeled	knien
knit	knitted, knit	knitted, knit	stricken
know	knew	known	wissen, kennen
lay	laid	laid	legen
lead	led	led	(an)führen
lean	leant (*Br*), leaned	leant (*Br*), leaned	lehnen, sich neigen
leap	leapt (*Br*), leaped	leapt (*Br*), leaped	springen
learn	learnt (*Br*), learned	learnt (*Br*), learned	lernen, erfahren
leave	left	left	(ver)lassen
lend	lent	lent	(ver)leihen
let	let	let	(zu)lassen
lie	lay	lain	liegen
light	lit, lighted	lit, lighted	(be)leuchten, anzünden
lose	lost	lost	verlieren
make	made	made	machen
may	might	–	können, dürfen
mean	meant	meant	bedeuten, meinen
meet	met	met	treffen, kennenlernen
mishear	misheard	misheard	verhören
mislay	mislaid	mislaid	verlegen
mislead	misled	misled	irreführen
misread	misread	misread	falsch lesen/verstehen
misspell	misspelt, misspelled	misspelt, misspelled	falsch schreiben
mistake	mistook	mistaken	falsch verstehen, sich irren
misunder-stand	misunderstood	misunderstood	missverstehen
mow	mowed	mown, mowed	mähen
must	(had to)	(had to)	müssen

infinitive	simple past	past participle	Deutsch
offset	offset	offset	ausgleichen
outbid	outbid	outbid	überbieten
outdo	outdid	outdone	hinter sich lassen
outgrow	outgrew	outgrown	herauswachsen, entwachsen
outrun	outran	outrun	davonlaufen
outshine	outshone	outshone	in den Schatten stellen
overcome	overcame	overcome	überwinden, überwältigen
overdo	overdid	overdone	übertreiben
overeat	overate	overeaten	sich überessen
overfeed	overfed	overfed	überfüttern
overhang	overhung	overhung	hängen/hinausragen über
overhear	overheard	overheard	zufällig mit anhören
overlay	overlaid	overlaid	überziehen
overpay	overpaid	overpaid	überbezahlen
override	overrode	overridden	aufheben
overrun	overran	overrun	einfallen (*Truppen*), überziehen (*Zeit*)
oversee	oversaw	overseen	beaufsichtigen
overshoot	overshot	overshot	hinausschießen über
oversleep	overslept	overslept	verschlafen
overspend	overspent	overspent	zu viel ausgeben
overtake	overtook	overtaken	einholen, überholen
overthrow	overthrew	overthrown	stürzen (*Diktator*)
pay	paid	paid	(be)zahlen
put	put	put	setzen, stellen, legen
quit	quit, quitted	quit, quitted	aufgeben, aufhören mit, verlassen
read	read	read	lesen
remake	remade	remade	neu machen
repay	repaid	repaid	zurückzahlen
reread	reread	reread	nochmals lesen
reset	reset	reset	zurücksetzen, neu stellen
retell	retold	retold	wiederholen
rethink	rethought	rethought	überdenken
rid	rid, ridded	rid, ridded	befreien, loswerden
ride	rode	ridden	reiten, fahren (*Fahrrad*)
ring	rang	rung	klingeln, läuten
rise	rose	risen	steigen

1455 | UNREGELMÄSSIGE VERBEN

infinitive	simple past	past participle	Deutsch
run	ran	run	laufen, rennen, führen (*Geschäft*)
saw	sawed	sawed, sawn	sägen
say	said	said	sagen
see	saw	seen	sehen
seek	sought	sought	suchen, streben nach
sell	sold	sold	verkaufen
send	sent	sent	schicken, senden
set	set	set	setzen, stellen, legen
sew	sewed	sewn	nähen
shake	shook	shaken	schütteln, wackeln, zittern
shave	shaved	shaved, shaven	rasieren
shear	sheared	shorn, sheared	scheren
shed	shed	shed	verlieren (*Haare*), vergießen (*Tränen*), verbreiten (*Licht*)
shine	shone	shone	leuchten, scheinen
shit	shit, shat	shit	scheißen
shoe	shoed, shod	shoed, shod	beschlagen (*Pferd*)
shoot	shot	shot	schießen
show	showed	shown	zeigen
shrink	shrank	shrunk	schrumpfen, einlaufen (*Kleidung*)
shut	shut	shut	schließen
sing	sang	sung	singen
sink	sank	sunk	(ver)senken, (ver)sinken (*Sonne*)
sit	sat	sat	sitzen
slay	slew	slain	erschlagen
sleep	slept	slept	schlafen
slide	slid	slid	rutschen, gleiten
sling	slung	slung	schleudern
slink	slunk	slunk	schleichen
slit	slit	slit	(auf)schlitzen
smell	smelt, smelled	smelt, smelled	riechen
sow	sowed	sown, sowed	säen
speak	spoke	spoken	sprechen
speed	sped, speeded	sped, speeded	flitzen
spell	spelt, spelled	spelt, spelled	schreiben, buchstabieren

infinitive	simple past	past participle	Deutsch
spend	spent	spent	ausgeben (*Geld*), verbringen (*Zeit*)
spill	spilt, spilled	spilt, spilled	verschütten
spin	spun, span	spun	spinnen, drehen, wirbeln
spit	spat	spat	spucken
split	split	split	(zer)teilen
spoil	spoiled, spoilt	spoiled, spoilt	verderben
spread	spread	spread	ausbreiten, verteilen
spring	sprang, sprung	sprung	springen, entstehen
stand	stood	stood	stehen
steal	stole	stolen	stehlen
stick	stuck	stuck	kleben, stecken
sting	stung	stung	stechen, brennen
stink	stank	stunk	stinken
strew	strewed	strewed, strewn	verstreuen, bestreuen
stride	strode	stridden	schreiten
strike	struck	struck	schlagen, stoßen, treffen
strive	strove	striven	bemüht sein, nach etw. streben
swear	swore	sworn	schwören, fluchen
sweep	swept	swept	fegen, kehren
swell	swelled	swollen, swelled	blähen, (an)schwellen
swim	swam	swum	schwimmen
swing	swung	swung	schwingen, schaukeln
take	took	taken	nehmen
teach	taught	taught	lehren, unterrichten
tear	tore	torn	(zer)reißen
tell	told	told	erzählen, sagen
think	thought	thought	denken, glauben, meinen
throw	threw	thrown	werfen
thrust	thrust	thrust	stoßen
tread	trod	trodden	treten, gehen
typecast	typecast	typecast	auf eine Rolle festlegen, abstempeln
undercut	undercut	undercut	unterbieten (*Preis*)
undergo	underwent	undergone	durchmachen (*Entwicklung*)
underlie	underlay	underlain	zugrunde liegen
understand	understood	understood	verstehen

infinitive	simple past	past participle	Deutsch
undertake	undertook	undertaken	übernehmen (*Aufgabe*)
underwrite	underwrote	underwritten	bürgen, versichern
undo	undid	undone	öffnen, rückgänig machen
unwind	undwound	undwound	abwickeln, abschalten
uphold	upheld	upheld	wahren (*Tradition*), hüten (*Gesetz*)
upset	upset	upset	umstoßen, ärgern
wake	woke, waked	woken, waked	(auf)wecken, aufwachen
wear	wore	worn	tragen (*Kleidung*)
weave	wove	woven	weben
wed	wedded, wed	wedded, wed	heiraten
weep	wept	wept	weinen
wet	wetted, wet	wetted, wet	nass machen, befeuchten
win	won	won	gewinnen
wind	wound	wound	wickeln, kurbeln
withdraw	withdrew	withdrawn	zurückziehen, abheben (*Geld*)
withhold	withheld	withheld	verweigern, vorenthalten
withstand	withstood	withstood	standhalten
wring	wrung	wrung	auswringen
write	wrote	written	schreiben

Zahlen

Kardinalzahlen I Cardinal Numbers

0	*null* zero, nought	20	*zwanzig* twenty
1	*eins* one	21	*einundzwanzig* twenty-one
2	*zwei* two	22	*zweiundzwanzig* twenty-two
3	*drei* three	30	*dreißig* thirty
4	*vier* four	31	*einunddreißig* thirty-one
5	*fünf* five	40	*vierzig* forty
6	*sechs* six	50	*fünfzig* fifty
7	*sieben* seven	60	*sechzig* sixty
8	*acht* eight	70	*siebzig* seventy
9	*neun* nine	80	*achtzig* eighty
10	*zehn* ten	90	*neunzig* ninety
11	*elf* eleven	100	*hundert* a od one hundred
12	*zwölf* twelve	101	*hundert(und)eins* a hundred and one
13	*dreizehn* thirteen	200	*zweihundert* two hundred
14	*vierzehn* fourteen	300	*dreihundert* three hundred
15	*fünfzehn* fifteen	572	*fünfhundert(und)zweiundsiebzig*
16	*sechzehn* sixteen		five hundred and seventy-two
17	*siebzehn* seventeen	1000	*(ein)tausend* a od one thousand
18	*achtzehn* eighteen	1002	*(ein)tausend(und)zwei* a od one thousand
19	*neunzehn* nineteen		and two

1,000,000	a od one million	1 000 000	eine Million
2,000,000	two million	2 000 000	zwei Millionen
1,000,000,000	a od one billion	1 000 000 000	eine Milliarde
1,000,000,000,000	a od one trillion	10^{12}	eine Billion

❶ Das *and* in Zahlen über hundert kann im amerikanischen Englisch entfallen: five hundred (and) twenty.

1459 | ZAHLEN

Jahreszahlen I Years

1066	*tausendsechsundsechzig* ten sixty-six
2000	*zweitausend* two thousand
2009	*zweitausend(und)neun* two thousand and nine

Ordinalzahlen I Ordinal Numbers

1st	*erste* first	21st	*einundzwanzigste* twenty-first
2nd	*zweite* second	22nd	*zweiundzwanzigste* twenty-second
3rd	*dritte* third	23rd	*dreiundzwanzigste* twenty-third
4th	*vierte* fourth	30th	*dreißigste* thirtieth
5th	*fünfte* fifth	31st	*einunddreißigste* thirty-first
6th	*sechste* sixth	40th	*vierzigste* fortieth
7th	*siebte* seventh	50th	*fünfzigste* fiftieth
8th	*achte* eighth	60th	*sechzigste* sixtieth
9th	*neunte* ninth	70th	*siebzigste* seventieth
10th	*zehnte* tenth	80th	*achtzigste* eightieth
11th	*elfte* eleventh	90th	*neunzigste* ninetieth
12th	*zwölfte* twelfth	100th	*hundertste* (one) hundredth
13th	*dreizehnte* thirteenth	101st	*hundertunderste* hundred and first
14th	*vierzehnte* fourteenth	200th	*zweihundertste* two hundredth
15th	*fünfzehnte* fifteenth	300th	*dreihundertste* three hundredth
16th	*sechzehnte* sixteenth	1000th	*tausendste* (one) thousandth
17th	*siebzehnte* seventeenth	1950th	*(ein)tausendneunhundertfünfzigste*
18th	*achtzehnte* eighteenth		nineteen hundred and fiftieth
19th	*neunzehnte* nineteenth	2000th	*zweitausendste* two thousandth
20th	*zwanzigste* twentieth		

ZAHLEN | 1460

Bruchzahlen und Rechenvorgänge I
Fractions and other Mathematical Functions

$^1/_2$	*ein halb* one *od* a half
1 $^1/_2$	*anderthalb* one and a half
2 $^1/_2$	*zweieinhalb* two and a half
$^1/_3$	*ein Drittel* one *od* a third
$^2/_3$	*zwei Drittel* two thirds
$^1/_4$	*ein Viertel* one *od* a quarter, one fourth
$^3/_4$	*drei Viertel* three quarters, three fourths
$^1/_5$	*ein Fünftel* one *od* a fifth
3 $^4/_5$	*drei vier Fünftel* three and four fifths
$^5/_8$	*fünf Achtel* five eighths
75 %	*fünfundsiebzig Prozent* seventy-five per cent, *US* percent
0.45	*null Komma vier fünf* (nought [nɔ:t]) point four five
2.5	*zwei Komma fünf* two point five
7 + 8 = 15	*sieben und od plus acht ist fünfzehn* seven and *od* plus eight are fifteen
9 − 4 = 5	*neun minus od weniger vier ist fünf* nine minus *od* less four is five
2 × 3 = 6	*zwei mal drei ist sechs* twice three is *od* makes six
20 : 5 = 4	*zwanzig dividiert od geteilt durch fünf ist vier* twenty divided by five is four

MASSE UND GEWICHTE

Britische und amerikanische Maße und Gewichte

Längenmaße

1 inch	= 2,54 cm
1 foot	= 12 inches = 30,48 cm
1 yard	= 3 feet = 91,44 cm
1 (statute) mile	= 1760 yards = 1,609 km

Flächenmaße

1 square inch	= 6,452 cm^2
1 square foot	= 144 square inches
	= 929,029 cm^2
1 square yard	= 9 square feet
	= 8361,26 cm^2
1 acre	= 4840 square yards
	= 4046,8 m^2
1 square mile	= 640 acres
	= 259 ha = 2,59 km^2

Handelsgewichte

1 ounce		= 28,35 g
1 pound		= 16 ounces
		= 453,59 g
1 stone		= 14 pounds
		= 6,35 kg
1 hundredweight	Br	= 1 quintal
		= 112 pounds
		= 50,802 kg
	US	= 100 pounds
		= 45,359 kg
1 long ton		= 20 hundredweights
	Br	= 1016,05 kg
1 short ton		= 20 hundredweights
	US	= 907,185 kg
1 metric ton		= 1000 kg

Raummaße

1 cubic inch	= 16,387 cm³
1 cubic foot	= 1728 cubic inches
	= 0,02832 m³
1 cubic yard	= 27 cubic feet
	= 0,7646 m³

Britische Flüssigkeitsmaße

1 pint	= 0,568 l
1 quart	= 2 pints
	= 1,136 l
1 gallon	= 4 quarts
	= 4,5459 l

Amerikanische Flüssigkeitsmaße

1 pint	= 0,4732 l
1 quart	= 2 pints
	= 0,9464 l
1 gallon	= 4 quarts
	= 3,7853 l
1 barrel petroleum	= 42 gallons
	= 158,97 l
	= 1 Barrel Rohöl

Deutsche Maße und Gewichte

Längenmaße

1 mm	**Millimeter**	millimetre	= 0.039 inches
1 cm	**Zentimeter**	centimetre	= 0.39 inches
1 dm	**Dezimeter**	decimetre	= 3.94 inches
1 m	**Meter**	metre	= 1.094 yards
			= 3.28 feet
			= 39.37 inches
1 km	**Kilometer**	kilometre	= 1,093.637 yards
			= 0.621 British *or* Statute Miles
1 sm	**Seemeile**	nautical mile	= 1,852 metres
	(*internationales Standardmaß*)		

Flächenmaße

1 mm²	**Quadratmillimeter**	square millimetre	= 0.0015 square inches
1 cm²	**Quadratzentimeter**	square centimetre	= 0.155 square inches
1 m²	**Quadratmeter**	square metre	= 1.195 square yards
			= 10.76 square feet
1 ha	**Hektar**	hectare	= 11,959.90 square yards
			= 2.47 acres
1 km²	**Quadratkilometer**	square kilometre	= 247.11 acres
			= 0.386 square miles

Raummaße

1 cm³	**Kubikzentimeter**	cubic centimetre	= 0.061 cubic inches
1 dm³	**Kubikdezimeter**	cubic decimetre	= 61.025 cubic inches
1 m³	**Kubikmeter**	cubic metre	= 1.307 cubic yards
			= 35.31 cubic feet
1 RT	**Registertonne**	register ton	= 100 cubic feet

Flüssigkeitsmaße

1 l	Liter	litre	Br	= 1.76 pints
				= 0.88 quarts
				= 0.22 gallons
			US	= 2.11 pints
				= 1.06 quarts
				= 0.26 gallons
1 hl	Hektoliter	hectolitre	Br	= 22.009 gallons
			US	= 26.42 gallons

Gewichte

1 Pfd.	Pfund	pound (German)	= ½ kilogram(me)
			= 500 gram(me)s
			= 1.102 pounds (avdp.*)
			= 1.34 pounds (troy)
1 kg	Kilogramm, Kilo	kilogram(me)	= 2.204 pounds (avdp.*)
			= 2.68 pounds (troy)
1 Ztr.	Zentner	centner	= 100 pounds (German)
			= 50 kilogram(me)s
			= 110.23 pounds (avdp.*)
			= 0.98 British hundredweights
			= 1.102 U.S. hundredweights
1 t	Tonne	ton	= 0.984 British tons
			= 1.102 U.S. tons
			= 1.000 metric tons

* **avdp. = avoirdupois** Handelsgewicht

Temperaturumrechnung
Celsius – Fahrenheit I Fahrenheit – Celsius

°C	°F		°F	°C
220	428		430	221
200	392		390	199
180	356		360	182
100	212		200	93
60	140		140	60
40	104		100	38
30	86		80	27
20	68		60	16
10	50		50	10
0	32		32	0
−10	14		0	−18
−15	5		−4	−20
−20	−4		−15	−26

Die Umrechnungswerte sind gerundet. Die exakte Umrechnungsformel lautet:

von Fahrenheit nach Celsius: $(°F − 32) × 5/9 = °C$

von Celsius nach Fahrenheit: $(9/5 × °C) + 32 = °F$

Kommunikation auf Englisch

Aufmachung eines englischen Briefes

Persönlicher Brief

Anschrift des Absenders	17 Larkins Lane, Caterham, Surrey, CR2 6HW
Datum	16th June, 2010
Anrede Inhalt	Dear Ms Jackson, Thank you for ...
Grußwendung Unterschrift	Yours sincerely, Peter Miller

— Die Hausnummer steht vor dem Straßennamen (meist ohne Komma).

— Die Postleitzahl wird bei britischen Adressen auf einer getrennten Zeile, bei amerikanischen Adressen nach Abkürzung des Bundesstaats aufgeführt (z. B. NY 10019).

— Wenn dem Briefempfänger oder der -empfängerin die Adresse des Absenders bekannt ist, braucht der Absender nur das Datum anzugeben. Häufig wird aber — wie im Deutschen — der Ort des Absenders dem Datum vorangestellt.

Offizieller Brief

Anschrift des Absenders	3 Poppy Lane Swansea SA4 5RL
Telefonnummer Faxnummer E-Mail-Adresse	Tel. 01792 61835 Fax 01792 62334 e-mail: dthom@costa.co.uk
Name und Anschrift des Empfängers	Mr Joseph Baker The Manager Rinton Inc. 110 East 45th St. New York NY 10019
	27 October 2010
Datum	
Anrede	Dear Mr Baker I am writing to inform you ...
	Yours sincerely
Grußwendung	
Unterschrift Name des Absenders	*D. Thomson* David Thomson

Viele Varianten dieser Grundform sind möglich, wobei folgende Punkte aber beachtet werden sollten:

— Zeichensetzung: Bei der linksbündigen Form oben entfallen, wie im Deutschen, in Adresse, Anrede, nach der Grußwendung und beim Datum die Satzzeichen, wie z. B. Kommas. Wird eingerückt, so werden normalerweise auch Satzzeichen verwendet.

— Das Datum erscheint meist rechts, kann aber auch links stehen.

— Name des Absenders: Der Personenname des Absenders erscheint unter der Unterschrift.

Datum

Das Datum darf auf ganz unterschiedliche Art und Weise geschrieben werden.
Hier einige der üblichen Varianten:

1st May, 2010   *May 1st, 2010*   *1 May, 2010*   *May 1, 2010*

Diese Varianten können auch ohne Komma geschrieben werden. Anders als im Deutschen wird bei dieser ausführlichen Form der Datumsangabe kein Punkt nach einer Zahl gesetzt.

Dann gäbe es noch folgende Kurzformen:
1. 5. 10 und *1/5/10*

Bei der Kurzform ist aber Vorsicht geboten, denn in amerikanischen Briefen wird hier die Monatszahl zuerst angegeben, was sehr leicht zu Missverständnissen führen kann:
5/1/10 (*US* = der erste Mai)

Anrede und Grußwendungen

Bei der Anrede lautet das Schlüsselwort im Englischen *Dear*. Nach der Anrede kann ein Komma folgen, häufig wird aber keins gesetzt. Auf keinen Fall folgt aber ein Ausrufezeichen.

Grußwendungen sind dafür vielfältiger. Man kann sie grob in folgende Kategorien aufteilen:

Art des Briefes	Anrede	Grußwendung
An einen Empfänger, dessen Name nicht bekannt ist	*Dear Sir,* *Dear Madam,* *Dear Sir or Madam,* *Dear Sirs,*	*Yours faithfully,* häufig heute auch schon: *Yours sincerely,* obwohl das eigentlich nicht ganz korrekt ist.
An einen Empfänger, dessen Name bekannt ist	*Dear Mr MacDonald,* *Dear Ms Freeman,* *Dear Lawrence,*	*Yours sincerely,* persönlicher: *Kind regards	Best wishes	Best	All the best*

Art des Briefes	Anrede	Grußwendung
An nähere Bekannte, Freunde und Verwandte	*Dear Katy,* *Dear Mum,* *Dear Jane and Bob,*	*All the best,*
		vertrauter: *Love,*
	intimer: *My dear Judy,*	intimer: *With love,* *(With) Love from,* *Love from us all / both,* *Love to you all / both,* *Love and best wishes,*
		intimer: *Lots of love,* *Much love,* *All our love,*
An Freund, Freundin, Partner	*My dear Emma,*	*With love,*
	emotionaler: *Darling Ron,*	emotionaler: *All my love,*

— Anders als im Deutschen entfällt Mr, Mrs, Miss, Ms vor akademischen und militärischen Titeln usw.: **Dear Professor Taylor, Dear Dr Jones, Dear Major Bryant**.

— Wenn man vermeiden möchte, mithilfe der Anrede zu spezifizieren, ob eine Frau verheiratet ist oder nicht, benutzt man das Kürzel *Ms. Miss* wird von vielen Frauen als diskriminierend empfunden. Manche verheiratete Frauen bezeichnen sich allerdings noch als *Mrs*, obwohl die neutrale Alternative mittlerweile schon recht verbreitet ist.

— Auf den Punkt nach Kurzformen Mr, Mrs, Ms, Dr usw. wird im britischen Englisch generell und im amerikanischen Englisch oft verzichtet. Voraussetzung ist, dass der letzte Buchstabe der Abkürzung auch der letzte Buchstabe des vollständigen Wortes (Doctor → Dr) ist. Dies ist z. B. bei Professor nicht der Fall (→ Prof.).

Briefe
Liebesbrief

Meine liebste Johanna,

es war so schön, die paar Tage mit Dir im Tamar Valley zu verbringen. Leider waren die Ferien aber viel zu kurz, um mich über die lange Zeit hinwegzutrösten, die wir jetzt getrennt sein werden. [...].

Du weißt ja, dass ich am Anfang etwas Angst vor dem Wiedersehen hatte, weil man schließlich immer befürchten muss, nach so langer Zeit etwas befangen zu sein. Schon nach den ersten paar Momenten am Flughafen habe ich aber gewusst, dass es mit Dir etwas anderes ist. Du bist so süß und witzig und schaffst es, mich ehrlich zum Lachen zu bringen, wie ich es selten erlebt habe. Es war so lieb, als Du nicht gezögert hast, mich zur Begrüßung zu küssen, obwohl Deine Eltern direkt neben uns standen.

Ich weiß, wie viel Du zu tun hast, und dass es die Entfernung schwer macht, uns öfter zu sehen, aber ich bin mir sicher, dass wir es schaffen können. Wenn Du möchtest, kannst Du mich bald für ein paar Tage (vielleicht eine Woche, oder auch mehr) in Berlin besuchen kommen. Meine Freunde können es kaum erwarten, Dich kennenzulernen, denn ich habe sie in den letzten Wochen ständig mit Erzählungen von Dir genervt. Außerdem möchte ich, dass Du meine Familie triffst, damit ich Dir beweisen kann, dass meine Eltern wirklich schlimmer sind als Deine. Abgesehen von all dem ist Berlin eine tolle Stadt, und es gibt unheimlich viel zu sehen. Neben tausend anderen Gründen solltest Du mich also schon alleine deshalb bald besuchen kommen.

Ich vermisse Dich.

Liebe Grüße

Peter

Love letter

Darling Johanna

It was so lovely to spend those few days with you in the Tamar Valley. But unfortunately the holiday was much too short to make up for the long separation that lies ahead of us. [...]

You know that I was a little scared of seeing you again at first because you're always afraid of being a bit awkward after such a long time apart. But I already knew after those first few moments at the airport that it's different with you. You're so sweet and funny and you really know how to make me laugh in a way that few people have ever been able to before. It was so lovely when you didn't hesitate to kiss me when we met even though your parents were standing right next to us.

I know how busy you are and that it's difficult to see each other more often because we're so far apart but I'm sure we can manage it. If you like you can come and visit me in Berlin soon for a few days (or maybe for a week or even longer). My friends can't wait to meet you because I've been annoying them over the last few weeks by talking about you constantly. Plus I'd like you to meet my family so that I can prove to you that my parents really are worse than yours. Apart from all that, Berlin is a great city and there's absolutely masses to see. So you should come and visit me for that reason alone quite apart from all the thousands of other reasons.

I miss you.

Lots of love

Peter

Bewerbung um ein Praktikum bei einer Hilfsorganisation

Jochen Peters
Schillerweg 75
D-80126 München
Tel.: 00 49 89 23 26 27
Mobil: 0150 470 83 27
E-Mail: jochen@peters.de

helping hands
P.O. Box 4500
Boston, MA 02108-1696

München 8.3.2009

Sehr geehrte Damen und Herren,

auf Ihrer Internetseite habe ich mich über die Möglichkeit eines Praktikums in Ihrer Hilfsorganisation informiert. Die Vielseitigkeit des Angebots und die langjährige Erfahrung in der Arbeit mit PraktikantInnen hat mich auf „helping hands" neugierig gemacht.

...

Bei einem Schulpraktikum in der neunten Klasse, das ich bei einem in meiner Heimatstadt ansässigen ambulanten Pflegedienst absolviert habe, konnte ich schon erste Einblicke in die sozialen Berufe erhalten. Jetzt möchte ich meine Eignung gerne über einen etwas längeren Zeitraum hinweg und in einer mir ungewohnten Umgebung überprüfen. Da ich in der Schule Englisch und Französisch gelernt habe, wären meine bevorzugten Gebiete die Vereinigten Staaten, Südafrika, Bangladesch, Albanien und Gabun. Falls es nötig sein sollte, könnte ich aber auch leicht meine Grundkenntnisse in Spanisch für einen Einsatz in einem spanischsprachigen Land aufbessern.

Über eine Einladung zu einem persönlichen Gespräch würde ich mich sehr freuen.

Mit freundlichen Grüßen

Jochen Peters

Application to do work experience at an aid organization

Schillerweg 75
D-80126 Munich
Tel.: +49 (0)89 232 627
Mobile: +49 (0)150 470 83 27
E-mail: jochen@peters.de

8.3.2009

helping hands
P.O. Box 4500
Boston, MA 02108-1696

Dear Sir or Madam

I see from your website that it is possible to do work experience at your aid organization. I was particularly struck by the variety of work experience on offer at 'helping hands' and by your long experience of working with student trainees.

...

When I was in the ninth year at school I undertook a period of work experience at a local home care provider in my home town which allowed me to gain my first insights into the caring professions. Now I would like to put my aptitude to the test over a longer period of time and in an unfamiliar environment. As I learnt English and French at school, I would prefer to work in the United States, South Africa, Bangladesh, Albania or Gabon. If necessary, however, I could also easily improve my basic knowledge of Spanish for working in a Spanish-speaking country.

I would be very happy to attend for an interview.

Yours faithfully

Jochen Peters

Bewerbung um einen Ferienjob

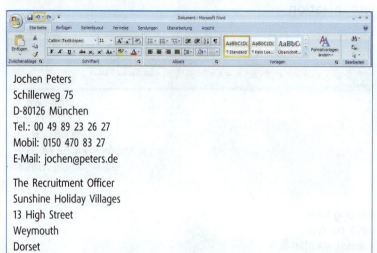

Jochen Peters
Schillerweg 75
D-80126 München
Tel.: 00 49 89 23 26 27
Mobil: 0150 470 83 27
E-Mail: jochen@peters.de

The Recruitment Officer
Sunshine Holiday Villages
13 High Street
Weymouth
Dorset

München, 8.5.2009

Sehr geehrte Damen und Herren,

im Internet habe ich mich über Ihren Club informiert, und möchte mich hiermit für Sommer 2009 um eine Stelle bei Ihnen bewerben.

Ich bin 21 Jahre alt und habe gerade meinen Zivildienst beendet. Mein Abitur schloss ich im Jahre 2007 mit der Note 2,1 ab. Zurzeit bin ich mit einer Aushilfstätigkeit im Hotelgewerbe beschäftigt.

Nun suche ich für ungefähr 3 Monate einen Sommerjob oder eine Praktikumsstelle in Großbritannien oder in einem englischsprachigen Land, um meine Englischkenntnisse zu vertiefen. Meine bevorzugten Einsatzbereiche wären an der Rezeption oder auch als Animateur. Voraussichtlich könnte ich am 1. Juni 2009 bei Ihnen anfangen.

Beiliegend sende ich Ihnen einen kurzen Lebenslauf, aus dem meine Schulausbildung hervorgeht. Ich habe im Rahmen eines Schüleraustauschs drei Wochen in England verbracht und im letzten Jahr einen Englisch-Intensivkurs auf Malta absolviert. Meine Hobbys sind Radsport, Musik (Jazz, Funk, Electro) und fremdsprachige Literatur.

Ich freue mich auf Ihre baldige Antwort.

Mit freundlichen Grüßen

Jochen Peters

Anl.

Application for a holiday job

Schillerweg 75
D-80126 Munich
Tel.: +49 (0)89 232 627
Mobile: +49 (0)150 470 83 27
E-mail: jochen@peters.de

8.5.2009

The Recruitment Officer
Sunshine Holiday Villages
13 High Street
Weymouth
Dorset

Dear Sir or Madam

I found out about your club on the Internet and would like to apply for a summer job with you in 2009.

I am 21 years old and have just completed my period of community service. I took my school-leaving examinations (Abitur) in 2007 and achieved a grade of 2.1. At the moment I have a temporary job in the hotel trade.

I am now looking for a summer job or a placement in Britain or an English-speaking country for about three months in order to expand my knowledge of English. My preference would be to work at reception or as an entertainments officer. As things stand at the moment I will be able to start working for you on 1st June 2009.

I enclose a short CV with details of my education. I spent three weeks in England on a school exchange visit and last year I completed an intensive course in English on Malta. My hobbies are cycling, music (Jazz, Funk, Electro) and foreign literature.

I look forward to hearing from you soon.

Yours faithfully

Jochen Peters

Encl.

Lebenslauf

Jochen Peters
Schillerweg 75
D-80126 München
Tel.: 00 49 89 23 26 27
Mobil: 0150 4 70 83 27
E-Mail: jochen@peters.de

Persönliche Daten

Geburtstag	29. Juli 1989
Geburtsort	München
Nationalität	Deutsch
Sprachen	Deutsch (Muttersprache), Englisch (gut), Französisch (Basiskenntnisse)

Ausbildung

August 2003 – Juli 2006	Sophie-Scholl-Gymnasium, München; Abitur (Note: 2,1)
Juli 1997 – August 2003	St. Angela-Schule, Rosenheim
Juli 1989 – Juli 1993	Grundschule „Am Tannenwäldchen", Rosenheim

Anstellungen und Engagement

August 2006 – April 2007	Zivildienst im Kinderheim „Rosa Raupe" in München
Juli 2006	Sprachkurs auf Malta (4 Wochen)
Oktober 2005	Aushilfstätigkeit bei der Buchmesse Frankfurt
Februar – Juni 2004	Schulprojekt; Gründung eines virtuellen Verlags
August 2003	3-wöchiger Aufenthalt in England im Rahmen eines Schüleraustauschs
August 2003 – Juni 2006	Mitglied der Theather-AG am Sophie-Scholl-Gymnasium, München

Interessen

Musik (Jazz, Funk, Electro), fremdsprachige Literatur, Radsport

Curriculum vitae

> Es ist nicht üblich, einem englischen Lebenslauf ein Foto beizufügen.

Jochen Peters
Schillerweg 75
D-80126 Munich
Tel.: +49 (0)89 232 627
Mobile: +49 (0)150 470 83 27
E-mail: jochen@peters.de

Personal Information

Date of birth	29 July 1989
Place of birth	Munich
Nationality	German
Languages	German (native language), English (good), French (basic)

Education

August 2003 – July 2006	Sophie-Scholl-Gymnasium, Munich. Abitur school-leaving exam (Grade: 2.1 [on a scale where 1.0 is the highest possible grade and 6.0 the lowest])
July 1997 – August 2003	St. Angela-Schule, Rosenheim
July 1989 – July 1993	Grundschule „Am Tannenwäldchen", Rosenheim

Employment and activities

August 2006 – April 2007	Community service at the "Rosa Raupe" children's home in Munich
July 2006	Language course on Malta (4 weeks)
October 2005	Temporary job at the Frankfurt Book Fair
February – June 2004	School project: foundation of a virtual publishing company
August 2003	3 week stay in England as part of a school exchange visit
August 2003 – June 2006	Member of the theatre group at the Sophie- Scholl-Gymnasium, Munich

Interests

	Music (Jazz, Funk, Electro), foreign literature, cycling

Bewerbung um eine Au-pair-Stelle

Sehr geehrte Frau ...,

ich melde mich auf Ihre Anzeige in „Die Zeit", in der Sie eine Au-pair-Stelle inseriert haben.

Ich bin 19 Jahre alt. Meine Mutter ist als Juristin in einer großen Firma tätig, und mein Vater ist Lehrer. Mein Abitur habe ich gerade erfolgreich bestanden. Nachdem ich neun Jahre Englisch hatte, möchte ich das Sprachenstudium an der Universität fortsetzen. Deswegen bin ich an einem Aufenthalt in England von ungefähr sechs Monaten besonders interessiert.

Im Umgang mit Kindern habe ich schon einige Erfahrung, da ich oft als Babysitterin eingesetzt wurde. Ich helfe gegen Zahlung eines Taschengeldes, wie in Ihrer Anzeige angeboten, auch gern im Haushalt. Wichtig wäre für mich allerdings auch, dass ich Zeit habe, Kurse zu besuchen und den einen oder anderen Abend in der Woche freihabe.

Ich wäre Ihnen sehr dankbar, wenn Sie mir Genaueres zu den Bedingungen und der Dauer meiner Tätigkeit mitteilen könnten.

Ich freue mich auf Ihre Antwort.

Mit freundlichen Grüßen

...

Application for a job as an au-pair

Dear Mrs ...

I am writing to you in response to your advertisement for an au-pair which you placed in 'Die Zeit' newspaper.

I am 19 years old. My mother works as a lawyer in a large company and my father is a teacher. I have just successfully passed my 'Abitur' school-leaving examination. As I have been learning English for nine years, I would like to continue studying languages at university. I am therefore particularly interested in staying in England for about six months.

I already have some experience in dealing with children as I have often worked as a babysitter. I am also happy to help around the house in exchange for pocket money as you offered in your advertisement. However, it would also be important to me to have time to attend courses and to have an evening off sometime in the week.

I would be very grateful if you could give me further details regarding the terms and length of my employment.

I look forward to hearing from you.

Yours sincerely

...

Erste Kontaktaufnahme mit Gastfamilie

Liebe Browns, liebe Anna, lieber Thomas,

ich freue mich sehr, dass ich im April zwei Wochen bei Ihnen / Euch verbringen kann. Ihre / Eure (E-Mail-)Adresse habe ich von meiner Lehrerin Frau Rudorf bekommen, die den Austausch mitorganisiert. Damit Sie / Ihr mich schon mal kennenlernen / kennenlernt, habe ich ein Foto von mir beigelegt (angehängt).

Neben Gassigehen mit meinem Hund Viktor spiele ich gerne Basketball und treffe meine Freunde im Park. Außerdem interessiere ich mich für Mountainbiking und Computerspiele (besonders Strategiespiele).

Ich habe gehört, dass Endcliffe eine schöne Wohngegend sein soll und es einen Park gleich in der Nähe gibt. Hoffentlich erlaubt es das Aprilwetter dann auch, dass man etwas Zeit draußen verbringt.

Ich würde mich freuen, wenn Sie / Ihr es noch schaffen / schafft, mir zu antworten. Wenn nicht, lernen wir uns ja dann in ein paar Tagen / Wochen kennen.

Bis dann und viele Grüße

Britta

Getting in touch with a host family for the first time

Dear Mr and Mrs Brown, Anna and Thomas

I'm so happy that I'm going to be able to spend two weeks with you in April. I got your (e-mail) address from my teacher, Frau Rudorf, who is involved in organizing the exchange. I've enclosed (attached) a photo of myself so that you know what I look like.

Apart from going for walks with my dog 'Viktor', I like playing basketball and I meet up with my friends in the park. I am also interested in mountain biking and computer games (especially strategy games).

I've heard that Endcliffe is supposed to be a nice residential area and that there is a park right nearby. Hopefully, the April weather will also allow us to spend some time outdoors.

I'd be so pleased to hear back from you if you can manage it. And if not, we'll be meeting one another in a couple of days / weeks anyway.

Until then. Kind regards.

Britta

Formulierungshilfen: wenn etwas peinlich oder kritisch wird

Wie Sie in meinen Anlagen sehen können, habe ich die geforderte TOEFL-Punktzahl nicht ganz erreicht, hoffe aber, dass Sie meine Bewerbung trotzdem in Erwägung ziehen. Ich habe schon in die Wege geleitet, in den nächsten Wochen meine Sprachkompetenz durch Zusatzunterricht zu verbessern.

Es tut mir sehr leid, dass ich Sie schon wieder belästigen muss, aber bezüglich des Anmeldeformulars habe ich noch ein paar Fragen.

Leider habe ich versäumt, in meiner letzten E-Mail die ausgefüllte PDF-Datei anzuhängen. Bitte entschuldigen Sie die entstandenen Unannehmlichkeiten.

Ich bitte Sie hiermit nochmals, mein erneutes Zuspätkommen zu entschuldigen.

Aufgrund der Organisationsstrukturen in meinem Ausbildungsbetrieb war es mir leider nicht möglich, einen Schwerpunkt auf Fremdsprachenkommunikation zu legen. Da ich aber in meiner Freizeit meine Sprachkenntnisse in Englisch stets weiter vertieft habe, bin ich überzeugt, die nötigen Qualifikationen vorweisen zu können.

Ich bitte Sie, meine Beharrlichkeit zu entschuldigen, aber mit der vorgeschlagenen Lösung bin ich noch nicht einverstanden.

Leider muss ich Ihnen mitteilen, dass ich aufgrund anderer / familiärer / schulischer Verpflichtungen unser Treffen am 20. Januar kurzfristig absagen muss. Es wird mir voraussichtlich nicht möglich sein, vor dem 25. Januar nach London zu kommen. Ich bitte Sie vielmals um Entschuldigung und hoffe, dass Sie bereit sind, einen neuen Termin festzulegen. Über eine Antwort von Ihnen würde ich mich sehr freuen. Sie erreichen mich auch telefonisch unter 0150 - 470 83 27.

Sample texts: dealing with embarrassing or critical situations

As you can see from the documents I have enclosed, I did not quite achieve the number of TOEFL points required. However, I hope that you will still consider my application. I have already arranged for extra tuition over the next few weeks in order to improve my language skills.

I am really sorry to bother you again but I still have a couple of questions regarding the application form.

Unfortunately, I forgot to attach the completed PDF file to my last e-mail. I am sorry for the trouble I have caused.

I am asking you once again to forgive me for repeatedly being late.

Unfortunately, as a result of the organizational structures in my training establishment, I was unable to focus primarily on foreign languages. However, since I have been working constantly to improve my knowledge of English in my spare time, I am convinced that I possess the necessary qualifications for this role.

I hope you will forgive my persistence, but I do not agree with the proposed solution.

Unfortunately, I have to tell you that I will have to cancel our meeting on 20th January at short notice because of other / family / school commitments. As things stand at the moment, I will be unable to come to London before 25th January. I am terribly sorry about this and hope that you are willing to set a new date. I am looking forward very much to hearing from you. You can also reach me by phone on +49 (0)150 - 470 83 27.

E-Mails, Postkarten und andere Mitteilungen

E-Mails sind oft in der Formulierung etwas lockerer als Briefe. Äußerlich unterscheiden sie sich im Englischen und Deutschen kaum.

Wishing a friend Happy Birthday | Glückwünsche zum Geburtstag eines Freundes

Dear David

Happy Birthday! I hope you have lots of fun today with your family and friends.

Thanks again for the invitation. I'm so sorry that I can't be there this year, but I've just got too much schoolwork to do. Once the stress of exams is over, I'm going to look for a job and save up for a plane ticket so that I can come and visit you again.

See you soon. Give my love to everyone.

Annika

Lieber David,

ich wünsche Dir alles Gute zum Geburtstag! Hoffentlich hast Du heute viel Spaß mit Deiner Familie und Deinen Freunden.

Vielen Dank noch einmal für die Einladung. Es tut mir so leid, dass ich dieses Jahr nicht dabei sein kann, aber ich habe einfach zu viel für die Schule zu tun. Wenn der Prüfungsstress hinter mir liegt, werde ich mir einen Job suchen und auf ein Flugticket sparen, um Euch mal wieder besuchen zu kommen.

Bis bald und liebe Grüße an alle,

Annika

Saying thank you for a present | Sich für ein Geschenk bedanken

Dear Uncle Matthew

Thank you very much indeed for your present! I was so thrilled to be able to buy the second part of […] at last. Without you I would have had to save up for it for ages. It's great fun to play. I'll definitely have to show you how. Maybe the next time you come and visit us.

Love

Colin

Lieber Onkel Matthew,

vielen herzlichen Dank für Dein Geschenk! Ich habe mich so gefreut, dass ich mir endlich den zweiten Teil von […] kaufen konnte, auf den ich ohne Dich noch ewig hätte sparen müssen. Es macht wirklich Spaß, es zu spielen. Wenn du das nächste Mal zu Besuch kommst, muss ich Dir unbedingt zeigen, wie es geht.

Viele Grüße

Dein Colin

Christmas and New Year greetings | Grüße zu Weihnachten und Neujahr

Dear Jennifer and Andrew

I wish you and your family a very Merry Christmas and a Happy New Year. I hope you have a nice time with all your relatives.

We're lucky because it looks as if it's going to be a white Christmas here. Grandma suggested that we open our presents on the 25th December like you traditionally do, but everyone protested.

I hope we'll manage to meet up soon.

Aaron

Liebe Jennifer, lieber Andrew,

Euch und Eurer Familie wünsche ich von ganzem Herzen ein frohes Fest und alles Gute fürs neue Jahr. Ich hoffe, Ihr verbringt eine angenehme Zeit im Kreis der Familie.

Wir haben Glück, denn es wird hier voraussichtlich weiße Weihnachten geben. Großmutter hat vorgeschlagen, die Bescherung wie bei Euch üblich auf den 25. Dezember zu legen, hat aber damit nur Protest geerntet.

Hoffentlich schaffen wir es, uns bald einmal wieder zu treffen.

Aaron

Saying thank you for Christmas and New Year greetings | Sich für Weihnachts- und Neujahrsgrüße bedanken

Dear Nadya

How sweet of you to write to us! We've been thinking about you too and talking about the lovely time we spent together.

Vera and Martin are coming on New Year's Eve and we're looking forward to having a full house.

Merry Christmas and a Happy New Year to you too.

Love

Anna

Liebe Nadya,

wie lieb von Dir, uns zu schreiben! Wir haben auch an Dich gedacht und von der schönen Zeit gesprochen, die wir gemeinsam verbracht haben.

Vera und Martin kommen zu Silvester, und wir freuen uns schon darauf, dass unser Haus voll wird.

Ich wünsche Dir ebenfalls ein schönes Weihnachtsfest und ein glückliches neues Jahr.

Liebe Grüße

Anna

Enquiry about prices and reservations at a youth hostel | Anfrage zu Preisen und Reservierung bei Jugendherberge

Dear Sir or Madam

I would be very grateful if you could tell me if you have a pitch for a two-man tent / a twin room / two beds available from 25th August to 5th September. Could you also please send me some information about prices per person and pitch and other costs which may be incurred (for shower tokens, use of washing machines etc.)?

I would also like to know how long your reception is open and if there are provisions for late arrivals as we will not be arriving on 25th August until around 11pm.

Yours faithfully

Angelika Steiner

Sehr geehrte Damen und Herren,

ich wäre Ihnen sehr dankbar, wenn Sie mir Bescheid geben könnten, ob Sie vom 25. August bis 5. September noch einen Platz für ein Zweierzelt / ein Zweibettzimmer / zwei Betten zur Verfügung haben. Außerdem bitte ich Sie um Informationen über Preise pro Person und Zeltplatz und andere Kosten, die noch anfallen könnten (Duschmarken, Waschmaschinenbenutzung etc.).

Da wir am 25. August erst gegen 23 Uhr ankommen werden, würde ich gerne erfahren, wie lange Ihre Rezeption besetzt ist, und ob es Vorkehrungen für Spätanreisende gibt.

Mit freundlichen Grüßen

Angelika Steiner

Meeting up |
Treffen wir uns?

An: Tom Halliday@btinternet.com

Cc:

Betreff: Meeting up

Hi Tom

Just to let you know that we're planning to come into Newcastle at the weekend and we were wondering if you'd like to meet up. Joe wants to go and check out the new computer games at the shop on Crown Street. They've just got some new stuff in from the States. Fancy coming too? We're getting the 11.30 train and should get into Newcastle at 12.15. How about meeting us outside the newsagent's at the station? Let me know how you're fixed.

See you soon

Jill

Hallo Tom,

ich wollte Dir nur Bescheid geben, dass wir planen, am Wochenende nach Newcastle zu kommen und fragen, ob wir uns treffen wollen. Joe will sich die neuen Computer-spiele im Geschäft in der Crown Street ansehen. Die haben gerade neue Sachen aus den USA bekommen. Hast Du Lust mitzukommen? Wir nehmen den Zug um 11.30 Uhr, der um 12.15 Uhr in Newcastle ankommen soll. Wie wäre es, wenn wir uns vor dem Zeitungskiosk im Bahnhof treffen? Gib mir Bescheid, wie es bei Dir aussieht.

Bis bald

Jill

Postcard | Postkarte

St Ives, 21st June

Hi Mum and Dad

Having a brilliant time here in Cornwall. The beaches are fantastic and the sun just hasn't stopped shining. We've been able to go windsurfing every day. And guess what! I only fell in five times yesterday – that must be a record! B&B is great, wonderful big breakfasts and friendly landlady. I can't believe I've only got three days left. Wish you were here.

Lots of love

Cassie

Mr and Mrs Donaldson
"The Willows"
55 Pennington Lane
Liverpool, L33 2AR

Hallo Mama und Papa,

wir haben eine großartige Zeit hier in Cornwall. Die Strände sind fantastisch, und die Sonne scheint den ganzen Tag. Wir konnten jeden Tag windsurfen gehen. Und stellt Euch vor: Ich bin gestern nur fünf Mal ins Wasser gefallen – das muss ein Rekord sein! Die Frühstückspension ist toll, gutes üppiges Frühstück und eine freundliche Wirtin. Ich kann nicht glauben, dass wir nur noch drei Tage bleiben. Wäre schön, wenn Ihr auch hier sein könntet.

Liebe Grüße

Cassie

Valentine's Card | Karte zum Valentinstag

Roses are red
Violets are blue
Sugar is sweet
And so are you.

Happy Valentine's Day
From a secret admirer
XXX

Rosen sind rot
Veilchen sind blau
Zucker ist süß
Und das bist Du auch.

Einen schönen Valentinstag
wünscht ein heimlicher Verehrer
XXX

Booking

Dunkeld Youth Hostel,
Mill Road,
Dunkeld,
Perthshire,
PH8 4TP

28th March 2009

Dear Mr Schneider,

Many thanks for your recent enquiry. I am pleased to be able to inform you that we do have vacancies in the dormitory available for four people from 4th – 8th July. The cost per person per night is £15 for seniors over 16 and £13 for juniors under 16. There is also a surcharge of £1 per person if you are not a member of either the International or Scottish Youth Hostel Association. Our facilities include a communal kitchen and dining room, showers, a recreation room and laundry facilities.

Please could you let me know if you would like me to make this a definite booking.

Kind regards,

Janice MacIvor
(warden)

Reservierung

Dunkeld Youth Hostel,
Mill Road,
Dunkeld,
Perthshire,
PH8 4TP

28. März 2009

Sehr geehrter Herr Schneider,

vielen Dank für Ihre Anfrage. Ich freue mich, Ihnen mitteilen zu können, dass wir vom 4. – 8. Juli noch vier freie Plätze im Schlafsaal zur Verfügung haben. Der Preis pro Person und Nacht beläuft sich auf £ 15 für Personen ab 16 Jahren und £ 13 für Personen unter 16 Jahren. Wenn Sie kein Mitglied des Internationalen oder Schottischen Jugendherbergsverbandes sind, fällt ein Aufpreis von £ 1 pro Person an. Unsere Einrichtung umfasst eine Gemeinschaftsküche und einen Speisesaal, Duschen, einen Freizeitraum und eine Waschküche.

Bitte teilen Sie mir mit, ob Sie eine verbindliche Buchung wünschen.

Mit freundlichen Grüßen

Janice MacIvor
(Herbergsmutter)

Thank you. | Danke.

Hi Kirstie

I'm just writing to say how much I enjoyed staying with you and your family during the school exchange visit recently. Please say thanks to your parents for making me feel so welcome, and thanks to you too! I enjoyed going out with you and your friends very much and I think my English is now at least twice as good as it was before. Plus I learned some really useful words that we'd never be taught at school!

I hope your exams are going okay and I'm looking forward very much to seeing you soon in Germany.

Love

Antje

Hi Kirstie,

ich schreibe Dir nur, um noch mal zu sagen, wie viel Spaß es mir gemacht hat, während des Schüleraustausches bei Dir und Deiner Familie zu wohnen. Bitte bedanke Dich in meinem Namen bei Deinen Eltern dafür, dass ich mich so willkommen fühlen konnte, und vielen Dank auch an Dich! Es hat mir viel Spaß gemacht, mit Dir und Deinen Freunden auszugehen, und ich denke, mein Englisch ist jetzt mindestens doppelt so gut wie zuvor. Außerdem habe ich ein paar sehr nützliche Wörter gelernt, die uns niemals in der Schule beigebracht werden würden!

Ich hoffe, Deine Prüfungen laufen gut, und ich freue mich sehr darauf, Dich bald in Deutschland zu sehen.

Liebe Grüße

Antje

SMS

English

Hi mate. How are you? Thanks for your text. Just got back from holiday. It was excellent. See you at the party later tonight? Are you going? You are the greatest mate ever. Hope to see you soon. Bye for now, Joe.

Deutsch

Hallo, wie gehts? Danke für deine Nachricht. Bin gerade vom Urlaub zurück. Es war echt super! Sehen wir uns später auf der Party? Gehst du hin? Du bist der coolste von allen. Ich hoffe, wir sehen uns gleich. Bis später, Joe.

Ein paar SMS-Kürzel

2	to	lol	laugh out loud
2moro	tomorrow	luv u	I love you
2nite	tonight	m8	mate (= friend)
4	for	msg	message
4eva	forever	oic	oh, I see
atb	all the best	omg	oh my god!
bcnu	be seeing you	plz	please
bf	best friend	pos	parents over shoulder
bff	best friend(s) forever	rofl	rolling on the floor
bfn	bye for now		laughing
btw	by the way	ru	are you
coz	because	soz	sorry
cu	see you	ttfn	ta ta (Br goodbye) for now
da	the	ttyl	talk to you later
gr8t	great	txt	text
hmwk	homework	u	you
hru	how are you?	ur	your
idk	I don't know	wz	was
jk	just kidding	xlnt	excellent
l8r	(see you) later		

Verzeichnis der Info-Fenster

Englisch – Deutsch

der Gebrauch des unbestimmten Artikels a(n)	21
accent	24
accustomed to	26
advice	31
advise mit Infinitiv oder Gerund	31
ago und past tense	34
to agree	35
A level	37
alcoholic	37
not answering	45
englische Fremdwörter	45
die Verwendung von any	47
April Fools' Day	50
architectural styles	51
back to front	62
bacteria: englische Fremdwörter	63
bank holiday	66
barracks ≠ Baracken	68
bat	69
bathroom	70
BBC	71
in / at the beginning	75
Verben ohne -ing-Form	76
beware ≠ bewahren	79
Big Apple	80
billion	81
blonde	85
Bonfire Night	89
Boxing Day	94
breakfast (English/continental)	97
Britain or the UK	99
die britische Regierung	99
Burns' Night	104
by	107
cakes	109
Notting Hill Carnival	115

chairman/chairperson	121
chatting on the Internet	124
checks and balances	125
chemist	126
chips	127
Christmas Day	129
closet ≠ Klosett	135
club	136
the British Commonwealth	144
Congress	151
the Constitution	153
showing conviction – Überzeugung ausdrücken	157
British Council	161
daily	175
date	177
St David's Day	177
to disagree	194
disc, disk	194
dollar	202
Plural bei Zahlenangaben	206
drugstore	211
during	213
economic, economical	217
elementary school	221
emoticons	223
to emphasize	224
Encyclopaedia Britannica	225
das Possessivpronomen nach somebody und everybody	234
faithful	245
faithfully	245
to feel	251
Fifth Avenue	254
fish and chips	260
foot, feet	268

VERZEICHNIS DER INFO-FENSTER | 1500

- The Fourth of July — 272
- GCSE — 284
- St George's Day — 285
- the gerund — 286
- GNVQ — 293
- grade — 298
- Great Britain — 301
- group — 304
- grown-up — 304
- gypsies — 307
- hair — 308
- half three = half past three — 309
- handy — 312
- harbor, harbour — 313
- hello — 321
- hero — 322
- high school — 324
- House of Commons — 333
- House of Lords — 333
- ID — 338
- inch — 346
- intention — 357
- to introduce someone — 360
- kilo — 374
- to know — 376
- Signalwörter für das past tense — 381
- let's ... — 388
- licence, license — 389
- liqueur ≠ liquor — 395
- little / a little — 396
- lollipop woman, lollipop man — 398
- to look — 399
- Love, ... — 402
- lunch — 404
- lyrics — 405
- mall — 409
- marmalade — 412
- may — 416
- medium — 418

- might — 422
- minister — 425
- most — 432
- 9/11 — 446
- to offer something — 456
- not only — 460
- What's your opinion? — 462
- pair — 473
- Pancake Day — 474
- past tense — 479
- St Patrick's Day — 480
- Pearl Harbor — 482
- pedestrian crossing — 483
- pence — 484
- to ask permission — 486
- pie — 490
- Political Correctness — 503
- porridge — 505
- port — 506
- president — 513
- primary school — 516
- prime minister — 516
- prize und price — 517
- promise — 520
- pub — 524
- public school — 525
- racket — 533
- rain — 535
- raise und rise — 535
- rare — 537
- not really — 540
- regret + Infinitiv oder Gerund — 546
- Religionen/Weltanschauungen und ihre Anhänger — 548
- remember + Infinitiv oder Gerund — 549
- sandwich — 572
- Santa Claus — 572
- Scotch, Scots oder Scottish? — 577
- seat — 580

VERZEICHNIS DER INFO-FENSTER

secondary school	581
see	583
self-conscious	584
Sir	603
sixth form	604
slash	606
soap opera	613
some	615
to sound	618
stick	634
stop + Infinitiv oder Gerund	636
supper	647
Supreme Court	648

taste + Adjektiv	658
Thanksgiving Day	664
the	664
they bei unbekanntem grammatischem Geschlecht	665
die Regierung der USA	707
wardrobe	720
as well	727
while	730
to wish mit past tense	734
woman	736
to say yes	742

Deutsch – Englisch

Abendessen	748
Abneigungen – dislikes	753
Absender	755
Advent	759
aktuell ≠ actual	761
Allee ≠ alley	762
also ≠ also	763
Anführungszeichen	768
Angina ≠ angina	769
Anrede und Titel	773
Ansichtskarte	775
Apostroph	778
Guten Appetit	778
Autobahn	800
Bank: bank oder bench?	803
Baumwolle ≠ cotton wool	806
Beamte(r), Beamtin	807
bekommen ≠ to become	814
englische Substantive, die immer im Singular stehen	826
bilden ≠ build	828
bis	829
Signalwörter für das present perfect	830
kleine Mengen	830

danke – bitte	830
brav ≠ brave	837
Brieftasche ≠ briefcase	838
bringen: take, bring oder get?	838
Brite, Britin	839
Chef	845
Chinese, Chinesin	845
Chips ≠ (Br) chips	845
City	846
Datum	851
Deutsche, Deutscher	856
Dezimalzahlen	856
dick	857
Doktor	860
Dollar	860
Dom ≠ dome	861
dürfen	870
ein, eine	874
engagiert ≠ engaged	888
Engländer, Engländerin	888
Entschuldigung	892
Erdachse ≠ axle	894
erinnern: remind oder remember?	897
Essen und Trinken	902

VERZEICHNIS DER INFO-FENSTER

■ eventuell ≠ eventually	904
■ Fabrik ≠ fabric	905
■ fast (deutsch) ≠ fast (englisch)	909
■ Fastnacht	909
■ Fehler	911
■ Fisch	917
■ Fleisch: meat oder flesh?	919
■ Flirt ≠ flirt	920
■ am Flughafen	921
■ Flüsse	922
■ Frau	925
■ Freund(in)	928
■ fühlen	930
■ der Genitiv	947
■ Gerüche	950
■ Gesundheit!	955
■ Gewürze	957
■ Gift ≠ gift	958
■ Grad ≠ grade	963
■ graziös ≠ gracious	964
■ Grüße ausrichten	968
■ Gymnasium ≠ gymnasium	970
■ haben	971
■ Hafen	971
■ Handtasche	977
■ Handy ≠ handy	977
■ Hase	978
■ Herr	987
■ Himmel	991
■ hoch	995
■ Hochschule ≠ high school	997
■ Jude, Jüdin	1013
■ Tiere und ihre Jungen	1013
■ Karton ≠ carton	1019
■ Katholik, Katholikin	1020
■ kein: no statt not any	1022
■ Kellnerin	1022
■ kennenlernen	1023
■ Kerne und Steine im Obst	1023

■ klein	1029
■ kochen: cook, make oder boil?	1033
■ Komma	1035
■ Kondensmilch ≠ condensed milk	1037
■ konsequent ≠ consequent	1038
■ Krawatte ≠ cravat	1045
■ Kritik ≠ critic	1048
■ lassen	1057
■ Lehnwörter	1061
■ leihen	1063
■ Likör ≠ liquor	1067
■ lila	1067
■ Lust ≠ lust	1072
■ Mappe ≠ map	1077
■ Marine ≠ marine	1077
■ Marmelade	1078
■ mechanisch ≠ mechanic	1081
■ Mehrheit	1082
■ Meinung ≠ meaning	1083
■ Menü (= Speisenfolge) ≠ menu	1084
■ Musikbox ≠ music box	1096
■ Nachtisch	1101
■ Nähe	1102
■ Nationalitäten	1104
■ nein	1106
■ Noten	1112
■ Notrufnummer	1113
■ null	1113
■ öffentliche Schule ≠ public school (Br)	1116
■ Oldtimer ≠ oldtimer	1117
■ Paar	1121
■ Pension (= kleineres Hotel) ≠ pension	1126
■ Pest ≠ pest	1128
■ Petroleum ≠ petroleum	1128
■ Pfund	1130
■ Planeten	1132
■ Platz (Sitzplatz)	1134
■ Platz nehmen ≠ to take place	1134
■ Politik: politics oder policy?	1135

1503 ‖ VERZEICHNIS DER INFO-FENSTER

- Präservativ ≠ preservative — 1138
- Prospekt ≠ prospect — 1141
- Protestant, Protestantin — 1141
- Provision ≠ provision — 1142
- prüfen ≠ to prove — 1142
- Pudding ≠ pudding — 1143
- Rente ≠ rent — 1159
- Rezept ≠ receipt — 1161
- Körperteile und wem sie gehören — 1165
- Rückseite ≠ backside (Br) — 1166
- Schatten — 1176
- schlafen gehen ≠ to go to sleep — 1181
- schottisch — 1190
- Schule in Großbritannien — 1192
- Schule in den USA — 1193
- Schule — 1194
- Sellerie ist nicht immer celery — 1203
- sensibel ≠ sensible — 1204
- sich — 1205
- Slip ≠ slip — 1209
- spenden ≠ to spend — 1215

- (französische) Spielkarten — 1216
- Spleen ≠ spleen — 1217
- Städte — 1220
- Sternzeichen — 1227
- Straße — 1233
- streng — 1235
- Technik — 1245
- Telefonieren und Anrufbeantworter — 1247
- Toilette — 1251
- tragen — 1253
- Essen und Trinken — 1256
- Trinkgeld — 1256
- Vögel — 1308
- Währung — 1318
- warnen — 1319
- welche, welcher, welches — 1325
- wenn — 1326
- wie — 1330
- nicht wollen — 1335
- Zeit — 1341

Bildnachweis

Das Bildmaterial im Teil Englisch-Deutsch, Deutsch-Englisch und im Anhang stammt von der Online-Bildagentur www.fotolia.com. Im Sinne des Urheberrechtsschutzes werden die Copyrights © der einzelnen Bilder angegeben.

© Englisch – Deutsch

alley: sas *oben*; Löhr *unten*; **antenna:** Martin N *oben*; Cristina Bedia *unten*; **arm:** unpict *links*; Maksim Shebeko *Mitte*; Esther Hildebrandt *rechts*; **ball:** Albo *links*; unpict *Mitte*; Francois E. du Plessis *rechts*; **bar:** Falco *links*; Bodo Steckel *Mitte*; Primoz Kostanjevec *rechts*; **bat:** mdb *oben*; Otto Durst *unten*; **bath:** Nicola Gavin *links*; AGITA LEIMANE *Mitte*; Dron *rechts*; **bead:** SGackowska *links*; Milan Jurkovic *rechts*; **bed:** Mehmet Dilsiz *oben*; fux *unten*; **bill:** clamax *oben*; Johnny Lye *unten*; **blade:** David Wood *links*; Melvyn Goodman *Mitte*; Olga Lyubkina *rechts*; **bolt:** Torsten Balzer *oben*; Blancher Benoît *unten*; **boot:** Falco *oben*; GeorgeD *unten*; **bow:** Sascha Jung *oben*; Martina Chmielewski *unten*; **bowl:** ichtor *oben*; Günther Castanetti *unten*; **box:** Mark Aplet *oben*; demarco *unten*; **branch:** Vasili Agrenenko *oben*; Nina Hoff *unten*; **bulb:** FotoLyriX *oben*; Henri Schmit *unten*; **butterfly:** Mônica Vieira *oben*; Scott Slattery *unten*; **cabin:** eldoronki *oben*; panimo *unten*; **cable:** Matthew Scholey *oben*; Marc Dietrich *unten*; **calf:** Richter *oben*; Jean-Luc Bobin *unten*; **car:** goce risteski *oben*; Georg Tschannett *unten*; **card:** Fotoplaner *links*; mipan *Mitte*; Lorelyn Medina *rechts*; **carriage:** spuno *oben*; WALDI *unten*; **castle:** Kimprebble *oben*; RRF *unten*; **chip:** wolfgang Kabisch *links*; Sabine *Mitte links*; Feng Yu *Mitte rechts*; Markus Mohr *rechts*; **clip:** Maksym Yemelyanov *oben*; Uwe Landgraf *unten*; **coat:** terex *links*; 5AM Images *Mitte*; Marion Neuhauß *rechts*; **collar:** overthehill *oben*; Alexey Stiop *unten*; **conductor:** James Steidl *links*; grafficx *rechts*; **cone:** Marvin Ristau de *links*; broker *rechts*; **corn:** Tim2611 *links*; macroman *Mitte*; AGphotographer *rechts*; **crane:** jimcox40 *links*; Christian Musat *rechts*; **crow:** Arturo Limón *oben*; Marty Kropp *unten*; **currant:** Nedjo *oben*; Anne Katrin Figge *unten*; **disc:** Kai Schwarzmayr *links*; sebastian kaulitzki *Mitte*; Ronald Hudson *rechts*; **drumstick:** sumnersgraphicsinc *oben*; Springfield Gallery *unten*; **dryer:** David Kesti *links*; Vladislav Gajic *Mitte*; Glenda Powers *rechts*; **dummy:** drob *links*; objectsforall *rechts*; **ear:** ASK_H *links*; Erica 39 *rechts*; **edge:** Claudio Baldini *oben*; Carsten Weigel *unten*; **engine:** MV *oben*; Dmitry Nikolaev *unten*; **fall:** Alain Balthazard *links*; Stuart Monk *Mitte*; Bobby4237 *rechts*; **fan:** Wayne Abraham *links*; Goran Bogicevic *Mitte*; Tomasz Trojanowski *rechts*; **fence:** ChristianSchwier.de *oben*; martini *unten*; **file:** Ewe Degiampietro *links*; kreego *Mitte*; Stefan Habersack *rechts*; **fireworks:** Bram J. Meijer *oben*; Scott Bufkin *unten*; **folder:** Hans-Joachim Roy *links*; Roslen Mack *rechts*; **fork:** Marta Ruiz *oben*; henryart *unten*; **fringe:** angelo.gi *links*; gulnara khaliqova *rechts*; **funnel:** Aleksandr Ugorenkov *links*; Charles Kaye *rechts*; **grass:** Kárpáti Gábor *oben*; Ulla Rose *unten*; **grill:** doug Olson *oben*; Hadi

Djunaedi *unten*; **gum:** Bradlee Mauer *links*; SimpleVision *Mitte*; vision images *rechts*; **hall:** Vaclav Janousek *links*; joachim wenske *Mitte*; George Mayer *rechts*; **hood:** Andreas Gradin *oben*; Christopher Nolan *unten*; **horn:** marilyn barbone *links*; milosluz *Mitte*; calamity_john *rechts*; **ice:** Mikko Pitkänen *oben*; Igor Groshev *unten*; **iron:** Maciej Karcz *links*; Maksim Godkin *rechts*; **jack:** Michael Siller *links*; Franz Pfluegl *rechts*; **jacket:** TA Craft Photography *links*; Offscreen *Mitte*; Joe Gough *rechts*; **jam:** Monika Adamczyk *oben*; Pix by Marti *unten*; **jet:** Hendrik Püschel *oben*; sharply_done *unten*; **joint:** Udo Kroener *links*; Paul Cowan *rechts*; **journal:** Retroman *oben*; jimcox40 *unten*; **key:** Olaru Radian-Alexandru *oben*; Jens Se *unten*; **kiwi:** Jason Stitt *oben*; Janusz Z. Kobylanski *unten*; **lace:** Svetlana Tikhonova *oben*; matteo NATALE *unten*; **letter:** Christophe Villedieu *oben*; Lim Jerry *unten*; **lip:** unpict *oben*; Svetlana Shapiro *unten*; **litter:** Robert Kelly *oben*; Dominiq *unten*; **lock:** Robert Gortana *oben*; Marc Dietrich *unten*; **marble:** Xavier Teboul *links*; Akhilesh Sharma *rechts*; **match:** MichaelJordan *oben*; Goran Bogicevic *unten*; **moth:** Edsweb *oben*; zagorskid *unten*; **neck:** Stefan Redel *oben*; artivista | werbeatelier *unten*; **nut:** Yvonne Baumann *oben*; Stephen Crisp *unten*; **oil:** Wladimir Tolstich *links*; sebastian kaulitzki *rechts*; **olive:** Elena Elisseeva *oben*; Christian Jung *unten*; **organ:** Thomas Mounsey *oben*; Chris Loneragan *unten*; **pack:** Adrian Hillman *links*; Michael Flippo *Mitte*; Radu Razvan *rechts*; **paper:** Valery Bezusov *links*; tdoes *rechts*; **peak:** Galyna Andrushko *oben*; Cmon *unten*; **pin:** .shock *oben*; Gina Rothfels *unten*; **pincers:** svlumagraphica *oben*; EcoView *unten*; **pipe:** Artur Blaszak *links*; Elnur *Mitte*; Patrizier-Design *rechts*; **pit:** Sigtrix *links*; Milan Surkala *Mitte*; volff *rechts*; **plastic:** Valentin Essen *oben*; Michael Röder *unten*; **plug:** Sean Gladwell *links*; Annfoto *Mitte*; Juergen Muehlig *rechts*; **pointer:** Mike McDonald *links*; Mograph *Mitte*; Alexey Klementiev *rechts*; **pool:** Gerd Reiber *oben*; TiG *unten*; **pound:** Steve Humphreys *oben*; Joe Gough *unten*; **print:** Ackley Road Photos *links*; Christine Lamour *Mitte*; Trutta *rechts*; **pupil:** Vasiliy Koval *oben*; juanjo tugores *unten*; **rail:** Sunnydays *links*; lukasz gonerski *Mitte*; Thaut Images *rechts*; **rook:** sasha *oben*; RRF *unten*; **row:** Joss *oben*; Steven Pepple *unten*; **rug:** Piotr Sikora *oben*; Jo Ann Snover *unten*; **run:** Martin Hochrein *oben*; Martin *unten*; **service:** fotosergio *links*; Pixelspieler *Mitte*; emmanuel Féré *rechts*; **set:** Stephan Röcken *oben*; Nguyen Thai *unten*; **shade:** RalfenStein *links*; martina *rechts*; **shell:** Saniphoto *links*; eyewave *Mitte links*; Franco Deriu *Mitte rechts*; Daniel Bujack *rechts*; **shooting:** Vladimir Konjushenko *oben*; Sloane Schoeneberg *unten*; **shower:** Ron Downey *oben*; Kelli Dailey *unten*; **site:** Fede77 *links*; .shock *Mitte*; Jan Beltz *rechts*; **slab:** Alexandra Landa *oben*; Michal Adamczyk *unten*; **sleeve:** endostock *oben*; Matei Dobrescu *unten*; **spade:** Luminis *oben*; Johnny Lye *unten*; **spine:** James Steidl *links*; David Lloyd *Mitte*; HannaSigel *rechts*; **spray:** petergoli *oben*; TMAX *unten*; **sprout:** Ruta Saulyte *links*; MarkFGD *rechts*; **stall:** Wendy Hotalling *oben*; Adkok *unten*; **star:** a4web.at *oben*; Andrejs Pidjass *unten*; **stick:** 10ste *oben*; jamocki *unten*; **street sweeper:** Radu Razvan *links*; Baloncici *rechts*; **table:** Jaimie Duplass *oben*; Sharpshot *unten*; **tablet:** Maria Brzostowska *oben*; dabjola *unten*; **tanker:** philippev *oben*; Turid Bjørnsen *unten*; **tape:** Alvin Teo *oben*; Dmitry Rukhlenko *unten*; **ticket:** Tootles *oben*; Ronald Hudson *unten*; **timber:** Hii Boh Teck *oben*; geewhiz *unten*; **toast:** Helen Shorey *oben*; pressmaster *unten*; **tongs:** David Hernandez *oben*; Graça Victoria *unten*; **trailer:** Goran Bogicevic *oben*; Marie-Thérèse GUIHAL *unten*; **truck:** Rick Sargeant *oben*; Roman Dekan *unten*; **trunk:** Chawki Jreige *links*; David Monjou *Mitte links*; Andrey Chmelyov *Mitte rechts*; Tino Hemmann *rechts*; **tub:** Johanna Goodyear *oben*; Lisa Turay *unten*; **tube:** Windsor *links*; Sergey Danilov *Mitte*; Sam Shapiro *rechts*; **umbrella:** ewa kubicka *oben*; Andy Spliethof *unten*; **urn:** ChristianSchwier.de *oben*; Kim Moilanen *unten*; **vault:** Philophoto *links*; séb_compiegne *Mitte*; Photoroller *rechts*; **wagon:** megasquib *links*; dinostock *rechts*; **wardrobe:** El_kaus *links*; iofoto *rechts*; **wedge:** Twilight_Art_Pictures *oben*; sumnersgraphicsinc *unten*; **windsurfer:** Mike Price *oben*; mim *unten*; **wood:** pascal cribier *oben*; SBL *unten*.

© **Deutsch – Englisch**

Anhänger: Bine *links*; Maksym Yemelyanov *rechts*; **Ball:** Albo *links*; Feng Yu *Mitte*; Francois E. du Plessis *rechts*; **Band:** Olaf Schmitz *links*; Eva Blanda *rechts*; **Bank:** Moremi *oben*; Roman Levin *unten*; **Barren:** Alexey Shkitenkov *links*; Galina Barskaya *rechts*; **Becken:** Thor Jorgen Udvang *links*; JASON WINTER *Mitte*; maxwell *rechts*; **Bein:** Izaokas Sapiro *oben*; Franz Pfluegl *unten*; **Birne:** SL-66 *oben*; Henri Schmit *unten*; **Blatt:** DLeonis Caldicola; **Blitz:** Blancher Benoît *links*; dinostock *rechts*; **Block:** Daniel Tribote *oben*; FrankU *unten*; **Box:** Dmitry Koksharov *oben*; Spectral-Design *unten*; **Bremse:** Bartlomiej Nowak *oben*; Thomas Wagner *unten*; **Brille:** IKO *oben*; Ljupco Smokovski *unten*; **Bruch:** Redphotographer *links*; London_England *rechts*; **Bügel:** Zauberhut *oben*; Gabriele Abu-Dayeh *unten*; **Chip:** Feng Yu *links*; Sabine *Mitte*; askaja *rechts*; **Delfin:** Norbert Michutta *oben*; FCS Photography *unten*; **Dose:** TRITOOTH *links*; Lothar Drechsel *rechts*; **Feder:** delphine mayeur *links*; Matthias Krüttgen *rechts*; **Fliege:** macroman *oben*; fotografiche.eu *unten*; **Flügel:** Kica Henk *links*; Stefan Baum *Mitte*; photlook *rechts*; **Glas:** Eisenhans *links*; Scott Karcich *Mitte*; Jaydiz Mastermind *rechts*; **Hahn:** Kramer *oben*; Iosif Szasz-Fabian *unten*; **Haube:** Franz Metelec *oben*; Jason Murillo *unten*; **Hof:** Andrea Spedo *links*; charly_lippert *rechts*; **Horn:** marilyn barbone *links*; calamity_john *Mitte*; Alexander Orlov *rechts*; **Kapelle:** Prostist *links*; Andreas Winterer *rechts*; **Karo:** Kevkel *oben*; Thorsten *unten*; **Karte:** Klaus Eppele *links*; michanolimit *Mitte links*; Hans Auer *Mitte rechts*; C5aba *rechts*; **Karton:** Ximinez *oben*; Mareen Friedrich *unten*; **Kästchen:** macumazahn *oben*; Eisenhans *unten*; **Kegel:** Davide Pastore *links*; Christophe Cornil *Mitte*; tiero *rechts*; **Kerze:** L. Shat *links*; Gina Smith *rechts*; **Kiefer:** Michael Bauer *oben*; Zoltán Pataki *unten*; **Klammer:** Otto Durst *oben*; Maria.P. *unten*; **knacken:** claudia Otte *oben*;

Trombax *unten;* **kochen:** jeremias münch *oben;* Lucky Dragon *unten;* **Kolben:** Stephen Sweet *links;* Anne Katrin Figge *Mitte;* Irochka *rechts;* **Korn:** Robby Schenk *oben;* Karsten Brand *unten;* **Kostüm:** Marco Lo Rito *links;* Tracy Martinez *rechts;* **kraulen:** Patrizier-Design *oben;* Pixeljäger *unten;* **Krebs:** Kaiya_Rose *oben;* mm *unten;* **Kreisel:** Kerry *oben;* Presseservice *unten;* **Kreuz:** bofotolux *links;* Holly Ormsbee *Mitte;* Franz Pfluegl *rechts;* **Krippe:** Hedgehog *oben;* Anyka *unten;* **Kuppe:** Richard Hannington *oben;* Anette Linnea Rasmussen *unten;* **Laden:** York *oben;* detlef menzel *unten;* **Lager:** rcaucino *oben;* Sven Hoppe *unten;* **Läufer:** Klaus Eppele *oben;* Victoria Short *unten;* **Linse:** broker *links;* Douglas Freer *Mitte;* vladislav susoy *rechts;* **Maus:** Emilia Stasiak *oben;* B@rmaley *unten;* **Mohn:** infomatique *links;* SteadyLens *rechts;* **Mühle:** Jean-Michel POUGET *links;* lofik *rechts;* **Nagel:** pucci raf *oben;* bbroianigo *unten;* **Nelke:** Alx *oben;* [saurebeere] *unten;* **Note:** Mo *oben;* Fotoplaner *unten;* **Paprika:** Leszek Ogrodnik *oben;* Yana *unten;* **Pass:** Sharon Day *oben;* Dorlies Fabri *unten;* **Pferd:** Kseniya Abramova *oben;* frank trautvetter *unten;* **Pflaster:** Goos_Lar *oben;* Peter Walenzyk *unten;* **Platte:** oliver-marc steffen *links;* itestro *Mitte;* Marek Kosmal *rechts;* **Platz:** Pascal Reis *links;* Baloncici *Mitte;* CatPaty13 *rechts;* **Puppe:** Fotoskat *links;* elgris *Mitte;* scarlet61 *rechts;* **Rad:** Wally Stemberger *links;* Sergey Lavrentev *rechts;* **Rock:** sparkmom *links;* iofoto *rechts;* **Rost:** Martina Berg *Salat:* Torsten Schon *oben;* Fatman73 *unten;* **Schale:** Artyom Yefimov *links;* Radu Razvan *Mitte;* robynmac *rechts;* **Scheibe:** PeJo *links;* Heinrich *Mitte;* cspcreative *rechts;* **Schere:** Sandra Brunsch *oben;* hans12 *unten;* **Schiene:** Richard Schramm *links;* Julián Rovagnati *rechts;* **Schiff:** Nabil BIYAHMADINE *oben;* Martina Berg *unten;* **Schild:** Maksym Yemelyanov *links;* Joerg Krumm *rechts;* **Schirm:** jumo.kd *links;* Andro *rechts;* **Schlange:** Fotoskat *oben;* Florian S. *unten;* **Schloss:** jean luc bohin *links;* Marc Dietrich *rechts;* **Schraube:** Michael Kempf *links;* Ekaterina Sidorenko *rechts;* **Schütze:** ArtmannWitte *oben;* mm *unten;* **See:** Michele Campini *oben;* Bianka Hagge *unten;* **Sichel:** milosluz *oben;* laurent dambies *unten;* **skaten:** Franz Pfluegl *oben;* Nicolas Kelen *unten;* **Skorpion:** Matthias Nordmeyer *oben;* mm *unten;* **Sohle:** Philip Lange *links;* Nikolai Sorokin *rechts;* **Speiche:** Markus Götze *links;* www.jenshagen.info *rechts;* **Spiel:** Lucy Clark *links;* willem169 *Mitte links;* Alexander Zbruyev *Mitte rechts;* Lorelyn Medina *rechts;* **Star:** Robert Taylor *oben;* Andrejs Pidjass *unten;* **Steinbock:** Maximilian Jirik *oben;* mm *unten;* **Stempel:** HAKOpromotion *oben;* jbach *unten;* **Stier:** Marco Koroll *oben;* mm *unten;* **Strauß:** Chris Fourie *oben;* Jose Gil *unten;* **Tafel:** mipan *oben;* giuseppe porzani *unten;* **Tasche:** Alex *oben;* Sven Hoppe *unten;* **Tor:** downer *oben;* Ilan Amith *unten;* **Turm:** Philophoto *links;* Klaus Eppele *Mitte;* RRF *rechts;* **Umzug:** ExQuisine *links;* reises *rechts;* **Waage:** bstojanovic *links;* mm *rechts;* **Weide:** cherie *links;* delmo07 *rechts;* **Wirbel:** saschi79 *oben;* Eric Martinez *unten;* **Zehe:** Axelle Maréchal *oben;* foto.fred *unten.*

BILDNACHWEIS | 1508

© Anhang

Bewerbungsfoto (S. 1478): Pasquale Di Donato; Rose (S. 1493): Christian Lück
Der Nachdruck der Screen Shots von Microsoft® Office Word 2007 erfolgte mit
freundlicher Erlaubnis der Microsoft® Corporation. Microsoft® ist Inhaber der Marke.

Abkürzungen und Symbole

a.	auch
abk	Abkürzung
<u>ADJ</u>	Adjektiv, Eigenschaftswort
ADMIN	Administration, Verwaltung
<u>ADV</u>	Adverb, Umstandswort
AGR	Landwirtschaft
akk	Akkusativ, 4. Fall
ANAT	Anatomie
ARCH	Architektur
ARCHÄOL	Archäologie
art	Artikel, Geschlechtswort
ASTROL	Astrologie
ASTRON	Astronomie
attr	attributiv, beifügend
Aus	Australien, australisches Englisch
AUTO	Auto und Kraftfahrzeuge
BAHN	Eisenbahn
BAU	Hoch- und Tiefbau
BERGB	Bergbau
bes	besonders
<u>BEST ART</u>	bestimmter Artikel
BIBEL	Bibel
BIOL	Biologie
BÖRSE	Börse
BOT	Botanik, Pflanzenkunde
Br	(nur) britisches Englisch
Can	Canada/Kanada, kanadisches Englisch
CHEM	Chemie
D	Deutschland
dat	Dativ, 3. Fall
dat obj	Dativobjekt, Satzergänzung im 3. Fall
<u>DEM ADJ</u>	demonstratives Adjektiv
<u>DEM ADV</u>	demonstratives Adverb
<u>DEM PR</u>	Demonstrativpronomen
dial	Dialekt, dialektal
ELEK	Elektrizität
emph	emphatisch, betont

etc	usw.
etw	etwas
euph	euphemistisch, beschönigend
F̄, f	feminin, weiblich
fachspr	fachsprachlich, Fachwortschatz
fig	figurativ, übertragen
FILM	Film, Kino
FIN	Finanzen
FISCH	Fischerei
FLUG	Luftfahrt
form	förmlich
FOTO	Fotografie
FUSSB	Fußball
GARTEN	Gartenbau
GASTR	Gastronomie, Kochkunst
geh	gehobener Sprachgebrauch
gen	Genitiv, 2. Fall
GEOG	Geografie
GEOL	Geologie
GRAM	Grammatik
HANDEL	Handel
HERALD	Heraldik, Wappenkunde
HIST	historisch, Geschichte
hum	humorvoll, scherzhaft
INDEF PR	Indefinitpronomen, unbestimmtes Fürwort
IND	Industrie
inf	Infinitiv, Nennform
INT	Interjektion, Ausruf
INTERNET	Internet
INTERROG ADJ	interrogatives Adjektiv, Frageadjektiv
INTERROG ADV	interrogatives Adverb, Frageadverb
INT PR	Interrogativpronomen, Fragefürwort
inv	invariabel, unveränderlich
Ir	irisch
iron	ironisch
IT	Computer, Informationstechnologie
JAGD	Jagd
jd	jemand
jdm	jemandem
jdn	jemanden

jds	jemandes
JUR	Rechtswesen
KART	Kartenspiel
kinderspr	Kindersprache
KIRCHE	Kirche
komp	Komparativ, Höherstufe
KONJ	Konjunktion, Bindewort
KUNST	Kunst
LING	Linguistik, Sprachwissenschaft
LIT	Literatur
liter	literarisch
M̄, *m*	maskulin, männlich
MATH	Mathematik
MECH	Mechanik
MED	Medizin
METALL	Metallurgie
METEO	Meteorologie
M̄/F̄, *m/f*	maskulin oder feminin
M̄/F̄(M̄), *m/f(m)*	maskulin oder feminin; eingeklammerter Teil nur maskulin
MIL	Militär
MODE	Mode
mst	meist, gewöhnlich
MUS	Musik
MYTH	Mythologie
N̄, *n*	Neutrum, sächlich
NAT	Naturwissenschaften
neg!	wird oft als beleidigend empfunden
nordd	norddeutsch
NŪM	Numerale, Zahlwort
obj	Objekt, Satzergänzung
od	oder
OPT	Optik
ORN	Ornithologie, Vogelkunde
österr	österreichisch
PARL	Parlament
pej	pejorativ, abwertend
PERS PR	Personalpronomen, persönliches Fürwort
PHARM	Pharmazie
PHIL	Philosophie
PHON	Phonetik

PHYS	Physik
PHYSIOL	Physiologie
PL, pl	Plural
poet	poetisch
POL	Politik
POSS ADJ	possessives Adjektiv
POSS PR	Possessivpronomen, besitzanzeigendes Fürwort
PPERF, pperf	Partizip Pefekt
PPR, ppr	Partizip Präsens
präd	prädikativ, aussagend
PRÄF	Präfix, Vorsilbe
PRÄP, präp	Präposition, Verhältniswort
präs	Präsens, Gegenwart
prät	Präteritum, Vergangenheit
PRESSE	Presse
PRON	Pronomen, Fürwort
PSYCH	Psychologie
®	eingetragene Marke
RADIO	Rundfunk
RAUMF	Raumfahrt
REFL PR	Reflexivpronomen, rückbezügliches Fürwort
REL	Religion
REL ADV	Relativadverb, bezügliches Adverb
REL PR	Relativpronomen, bezügliches Fürwort
S, s	Substantiv, Hauptwort
sb	somebody – jemand, jemandem, jemanden
SCHIFF	Schifffahrt, Seefahrt
schott	schottisch
SCHULE	Schulwesen
schweiz	schweizerisch
sg	Singular, Einzahl
SKI	Skisport
sl	saloppe Umgangssprache, Slang
SOZIALW	Sozialwissenschaften
SOZIOL	Soziologie
SPORT	Sport
sprichw	Sprichwort
sth	something – etwas
südd	süddeutsch
suf	Suffix, Nachsilbe

sup	Superlativ, Höchststufe
TECH	Technik
TEL	Telekommunikation, Nachrichtentechnik
TEX	Textilien
THEAT	Theater
trennb	trennbar, veränderbare Folge
TV	Fernsehen
TYPO	Typografie, Buchdruck
u.	und
umg	umgangssprachlich
UNBEST ART	unbestimmter Artikel
UNBEST PRON	unbestimmtes Pronomen
UNIV	Universität, Hochschule
unpers	unpersönlich
untrennb	untrennbar
US	(nord)amerikanisch
V/AUX	Hilfsverb, Hilfszeitwort
VERS	Versicherungswesen
V/I	intransitives Verb, intransitives Zeitwort
V/R	reflexives Verb, rückbezügliches Zeitwort
V/T	transitives Verb, transitives Zeitwort
V/T & V/I	transitives und intransitives Verb, transitives und intransitives Zeitwort
V/T, V/I, V/R	transitives, intransitives und reflexives Verb, transitives, intransitives und reflexives Zeitwort
V/T & V/R	transitives und reflexibles Verb
vulg	vulgär
WIRTSCH	Wirtschaft
wörtl	wörtlich
ZOOL	Zoologie
~	Tilde, Platzhalter für vorausgehendes Stichwort
≈	entspricht etwa
=	ist gleich
→	Verweis
+	plus, und, mit
♦	phrasal verb – Verb + Adverb, Verb + Präposition
❶	Vorsicht, Fehlerquelle!

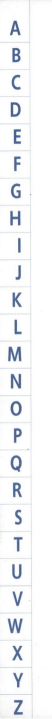